BROCKHAUS ENZYKLOPÄDIE
Deutsches Wörterbuch III

BROCKHAUS ENZYKLOPÄDIE

Neunzehnte,
völlig neu bearbeitete Auflage

Band 28

Deutsches Wörterbuch
REH–ZZ

Herausgegeben und bearbeitet vom
Wissenschaftlichen Rat und den Mitarbeitern
der Dudenredaktion unter der Leitung von
Günther Drosdowski

F.A. Brockhaus Mannheim

Namen und Kennzeichen, die als Warenzeichen bekannt sind und entsprechenden Schutz genießen, sind beim fettgedruckten Stichwort durch das Zeichen ® gekennzeichnet. Handelsnamen ohne Warenzeichencharakter sind nicht gekennzeichnet. Aus dem Fehlen des Zeichens ® darf im Einzelfall nicht geschlossen werden, daß ein Name oder Zeichen frei ist. Eine Haftung für ein etwaiges Fehlen des Zeichens ® wird ausgeschlossen. Das Wort BROCKHAUS ist für Bücher aller Art für den Verlag F.A. Brockhaus GmbH als Warenzeichen geschützt.

Bearbeitung:
Prof. Dr. Günther Drosdowski

Mitarbeiter an diesem Band:
Dr. Maria Dose,
Jürgen Folz, Ursula Kraif, Dieter Mang,
Dr. Charlotte Schrupp,
Dr. Christine Tauchmann, Olaf Thyen,
Marion Trunk-Nußbaumer M.A.

Die Deutsche Bibliothek – CIP-Einheitsaufnahme

Brockhaus-Enzyklopädie. – 19., völlig neu bearb. Aufl. – Mannheim: Brockhaus.
  18. Aufl. u.d.T.: Der große Brockhaus
  ISBN 3-7653-1100-6 Hldr. Goldschnitt
  ISBN 3-7653-1200-2 Hldr. Goldschnitt (mit Vorauslexikon)
  19., völlig neu bearb. Aufl.
  Bd. 28. Deutsches Wörterbuch Bd. 3. Reh – Zz. – 1995

Deutsches Wörterbuch / hrsg. und bearb. vom Wissenschaftlichen Rat und den Mitarb. der Dudenred. unter der Leitung von Günther Drosdowski. – Mannheim: Brockhaus.
  (Brockhaus-Enzyklopädie; ...)
  NE: Drosdowski, Günther [Hrsg.]
  Bd. 3. Reh – Zz. – 1995 (Brockhaus-Enzyklopädie; Bd. 28)
  ISBN 3-7653-1128-6 Hldr. Goldschnitt in Schuber
  ISBN 3-7653-1028-X Ldr. Goldschnitt in Schuber

Das Werk einschließlich aller seiner Teile ist urheberrechtlich geschützt. Jede Verwertung außerhalb der engen Grenzen des Urheberrechtsgesetzes ist ohne Zustimmung des Verlages unzulässig und strafbar. Das gilt insbesondere für Vervielfältigungen, Übersetzungen, Mikroverfilmungen und die Einspeicherung und Verarbeitung in elektronischen Systemen.

© F.A. Brockhaus GmbH, Mannheim 1995
Schutzumschlag und Einband nach Entwurf von Peter Plasberg, Hamburg
Satz: Bibliographisches Institut & F.A. Brockhaus AG, Mannheim (DIACOS Siemens)
Druck: Zechnersche Buchdruckerei Speyer
Papier: 65 g/m^2 LUX holzfrei, pigmentiert, der Papierfabrik Iridium, Frankreich
Einband: Großbuchbindereien
Lachenmaier, Reutlingen, und Sigloch, Künzelsau
Printed in Germany
ISBN 3-7653-1128-6

Reh, das; -[e]s, -e [mhd. rē(ch), ahd. rēh(o), urspr. = das graubunt, braungelb Gesprenkelte, nach der Farbe des Felles, das im Sommer rotgelb u. im Winter gelblichgrau ist]: *dem Hirsch ähnliches, aber kleineres, zierlicheres Tier mit kurzem Geweih, das vorwiegend in Wäldern lebt u. sehr scheu ist:* -e äsen auf dem Feld; das R. schreckt, fiept; das Mädchen ist scheu, schlank wie ein R..
Re|ha|bi|li|tand, der; -en, -en [mlat. rehabilitandus = in den früheren Stand Wiedereinzusetzender, Gerundiv von: rehabilitare, ↑rehabilitieren]: *körperlich od. geistig Behinderter, der durch Maßnahmen der Rehabilitation (1) in das berufliche u. gesellschaftliche Leben [wieder]eingegliedert werden soll;* **Re|ha|bi|li|tan|din,** die; -, -nen: w. Form zu ↑Rehabilitand; **Re|ha|bi|li|ta|ti|on,** die; -, -en [1: engl. rehabilitation; 2: (frz. réhabilitation <) mlat. rehabilitatio]: **1.** *[Wieder]eingliederung eines körperlich od. geistig Behinderten in das berufliche u. gesellschaftliche Leben:* die medizinische, berufliche und soziale R.; die R. von Körperbehinderten; R. in der Zahnheilkunde; R. des Herzinfarkts, der chronischen endogenen Psychosen *(nach einem Herzinfarkt, im Falle von ... Psychosen).* **2.** *Rehabilitierung* (1); **re|ha|bi|li|ta|ti|ons|kli|nik,** die: *der Rehabilitation (1) von Kranken dienende Klinik;* **Re|ha|bi|li|ta|ti|ons|zen|trum,** das: *der Rehabilitation (1) dienende Anstalt;* **re|ha|bi|li|ta|tiv** ⟨Adj.⟩ [engl.-amerik. rehabilitative] (selten): *die Rehabilitation (1) betreffend, der Rehabilitation (1) dienend;* **re|ha|bi|li|tie|ren** ⟨sw. V.; hat⟩ [1: frz. réhabiliter < mlat. rehabilitare = in den früheren Stand, in die früheren Rechte wiedereinsetzen; 2: engl. to rehabilitate]: **1.** *jmds. od. sein eigenes [soziales] Ansehen wiederherstellen, jmdn. in frühere [Ehren]rechte wiedereinsetzen:* einen Politiker, Funktionär [vor der Öffentlichkeit] r.; jmdn. durch Wiederaufnahme des Verfahrens r.; durch ihren Sieg konnte sich die Mannschaft wieder r.; Ü die philosophischen Anstrengungen, ... das ... Naturrecht ... zu r. (Habermas, Spätkapitalismus 137). **2.** *durch Maßnahmen der Rehabilitation (1) in das berufliche u. gesellschaftliche Leben [wieder] eingliedern:* einen Unfallgeschädigten, Querschnittgelähmten r.; **Re|ha|bi|li|tie|rung,** die; -, -en: **1.** (bes. Rechtsspr.) *das Rehabilitieren* (1); *Wiederherstellung der verletzten Ehre einer Person [u. die Wiedereinsetzung in frühere Rechte]:* die R. des Ministers durch den Kanzler; er (= Vogel) hat diese Organisationen vor dem Landgericht Berlin verklagt und verlangt die R. (Saarbr. Zeitung 9. 7. 80, 2); um seine R. kämpfen; Ü die R. des Handwerks. **2.** *Rehabilitation* (1): *die berufliche R. Hirnverletzter; die Erziehung und R. von drogensüchtigen Jugendlichen.*
Reh|au|ge, das ⟨meist Pl.⟩: *großes braunes Auge;* **reh|äu|gig** ⟨Adj.⟩: *mit Rehaugen.*
Re|haus|sé [rə'o:], der; -s, -s [frz. rehaut, zu: rehausser = erhöhen; hervorheben, unterstreichen] (Malerei selten): *Höhung.*
Re|ha|zen|trum, das; -s, ...tren: Kurzwort für: ↑Rehabilitationszentrum.

Reh|bein, das [die spaltähnliche Geschwulst wird mit dem Huf eines Rehs verglichen] (Tiermed.): *Überbein an der äußeren Seite des Sprunggelenks beim Pferd;* **Reh|bock,** der: *männliches Reh;* **reh|bra|ten,** der: *gebratener Rehrücken;* **reh|braun** ⟨Adj.⟩: *leicht rötlich hellbraun.*
Re|he, die; - [mhd. ræhe, zu: ræhe = steif (in den Gelenken)] (Tiermed.): *Hautentzündung am Pferdehuf mit der Folge plötzlicher Lahmheit.*
reh|far|ben, reh|far|big ⟨Adj.⟩: *rehbraun;* **reh|fü|ßig** ⟨Adj.⟩: *(von einer weiblichen Person) leichtfüßig:* da hörte ich sie auch die Treppe herunterkommen; gar nicht r. übrigens (Fallada, Trinker 47); **Reh|geiß,** die: *weibliches Reh;* **Reh|junge,** das ⟨o. Pl.⟩ (österr.): *Rehklein;* **Reh|kalb,** das: *Rehkitz;* **Reh|keu|le,** die: *Keule (2) vom Reh;* **Reh|kitz,** das: *Junges vom Reh;* **Reh|klein,** das: vgl. Gänseklein.
Reh|krank|heit, die; - [zu ↑Rehe] (Tiermed.): *Rehe.*
Reh|le|der, das: *Leder aus dem Fell des Rehs;* **reh|le|dern** ⟨Adj.⟩: *aus Rehleder;* **Reh|ling,** der; -s, -e [Rehe sollen diesen Pilz gerne fressen] (landsch.): *Pfifferling;* **Reh|me|dail|lon,** das (Gastr.): *Medaillon (3) vom Reh;* **Reh|pol|sten,** der [vgl. Posten (5)]: *(früher bei der Jagd auf Schalenwild verwendete) stärkste Schrotsorte;* **Reh|ra|gout,** das: *Ragout aus Fleisch vom Reh;* **Reh|rücken¹,** der: **1.** vgl. Hirschrücken. **2.** *Rührkuchen in Kastenform mit Schokoladenglasur;* **Reh|wild,** das (Jägerspr.): *Rehe;* **Reh|zie|mer,** der (bes. Jägerspr.): *Ziemer (1) vom Reh.*
Rei|bach, Rebbach, der; -s [jidd. rewach = Zins < hebr. rawaḥ] (salopp): *[durch Manipulation erzielter] unverhältnismäßig hoher Gewinn bei einem Geschäft:* der R. teilen; bei diesem Geschäft hat er einen kräftigen R. gemacht; Auch der Autoindustrie gelang im Zeichen der Krise ein R. (Spiegel 51, 1973, 73).
Reib|ah|le, die (Technik): *Werkzeug zum Glattreiben von Bohrungen, Bohrlöchern;* **Rei|be,** die; -, -n [zu ↑reiben (2)] (landsch.): ¹*Raspel (2);* **Rei|be|brett,** das: *Brett zum Glätten des Putzes (1);* **Reib|ei|sen,** das: **1.** (landsch.) ¹*Raspel (2):* Sein Bart wuchs schnell. Über Nacht wurde sein Gesicht rauh wie ein R. (ugs.; sehr rauh) (Singer [Übers.], Feinde 14). **2.** (salopp) *widerborstige weibliche Person:* seine Frau ist ein richtiges R.; **Rei|be|keu|le,** die (landsch., sonst veraltet): *keulenartiges hölzernes Küchengerät zum Teigrühren u. Zerstampfen;* **Rei|be|ku|chen,** der: **1.** (landsch., bes. rhein.) *Kartoffelpuffer.* **2.** (landsch.) *Rühr-, Napfkuchen;* **Rei|be|laut,** der (Sprachw.): *Spirans, Spirant;* **rei|ben** ⟨st. V.; hat⟩ /vgl. gerieben/ [mhd. rīben, ahd. rīban, urspr. wohl = drehend zerkleinern]: **1. a)** *mit etw. unter Anwendung eines gewissen Drucks über etw. in [mehrmaliger] kräftiger Bewegung hinfahren:* jmds. Hände; jmdm. die Hände r.; Wollsachen sollen beim Waschen nicht gerieben werden; sich die Backen r.; ich rieb meine die, (häufiger:) mir die Augen, die Stirn, die Schläfen, die Nase; Er rieb seine Zunge gegen den ausgetrockneten Gaumen (Ott, Haie 181); das Pferd reibt sich an der Mauer; den Boden r. (österr.; scheuern); **b)** *durch Reiben (1 a) in einen bestimmten Zustand versetzen:* das Tafelsilber blank r.; Er ... rieb sich die Schmisse rot *(rieb so lange, bis sie rot wurden)* (Bieler, Bonifaz 130); die Armlehnen sind blank gerieben *(durch Abnutzung blank geworden);* **c)** *reibend (1 a) an, in, über etw. hinfahren:* an seinen Fingern r.; mit dem Handballen in den Augen r.; mit einem Tuch über die Schuhe r.; **d)** *durch Reiben (1 a) entfernen:* einen Fleck aus dem Kleid, sich (Dativ) die Farbe von den Fingern r.; Pippig zog den Kopf zurück und rieb sich fluchend den Staub aus den Augen (Apitz, Wölfe 111); Ü sie rieb sich (Dativ) den Schlaf aus den Augen; **e)** *durch Reiben (1 a) in etw. hineinbringen, an eine Stelle bringen:* die Creme auf die Haut, in die Haare r.; ohne daß irgendein Täuscher ihnen (= den Rossen) Pfeffer unter den Schwanz gerieben ... hätte (Langgässer, Siegel 272). **2.** *durch Reiben (1 a) auf einer ¹Raspel (2) zerkleinern:* Kartoffeln, Nüsse, Käse r.; der Kuchen war mit geriebenen Mandeln bestreut. **3.** *sich in allzu enger Berührung ständig über etw. bewegen, scheuern (2 a):* der Kragen reibt; die Schuhe reiben an den Fersen; Die Wäsche wird abgenutzt, weil sie beim Drehen in der Trockenkammer an Metall reibt (DM 5, 1966, 60). **4.** *sich einen Körperteil, die Haut durch Reiben (1 a) verletzen:* ich habe mir die Haut wund gerieben; ich habe ... mein ... Zeug vorgezeigt, allerdings mit blutig geriebenen Händen (Remarque, Westen 23). **5.** ⟨r. + sich⟩ *[im Zusammenleben, in einer Gemeinschaft o.ä.] auf jmdn., etw. als einen Widerstand stoßen [u. mit seinen Auseinandersetzung suchen]:* sich mit seinen Kollegen, Nachbarn r.; beiden Temperamente rieben sich [aneinander]; sich an einem Problem r. **6.** (Technik) *mit der Reibahle glätten.* **7.** (salopp selten) *onanieren, masturbieren:* nachts, heimlich r.; ⟨subst.:⟩ Gruppenonanie ... Wir anderen waren schon alle ganz schön am Reiben (M. Walser, Pferd 52); **Reib|e|putz,** der: *Putz (1), der so auf der Wand verrieben wird, daß musterähnliche Einkerbungen, Rillen entstehen;* **Rei|ber,** der; -s, -: **1.** (landsch.) ¹*Raspel (2).* **2.** (bild. Kunst, Buchw.) *mit Roßhaar ausgestopfter Lederballen, der beim Reiberdruck die Vorlage auf das Papier überträgt;* **Rei|ber|druck,** der (Pl. -drucke) (bild. Kunst, Buchw.): **1.** ⟨o. Pl.⟩ *älteres Druckverfahren beim Holzschnitt, bei dem die Vorlage durch einen Reiber (2) auf das Papier übertragen wird.* **2.** *in der Technik des Reiberdrucks hergestellter Abzug;* **Rei|be|rei,** die; -, -en ⟨meist Pl.⟩: *die partnerschaftlichen Beziehungen beeinträchtigende Meinungsverschiedenheit, Auseinandersetzung über etw., Streitigkeit:* hin und wieder hat es -en im Betrieb, zwischen den Eheleuten; es gab oft -en mit den Eltern, zu Hause -en haben; **Reib|fet|zen,** der (österr. ugs.): *Fetzen (2 c);* **Reib|flä|che,** die: *präparierte Fläche an einer Streichholzschachtel zum Anzünden des Streichholzes;* **Reib|ger|stel,** das ⟨o. Pl.⟩

(österr.): *Suppeneinlage aus fein geriebenem Nudelteig;* **Reib|ge|trie|be,** das (Technik): *Getriebe, bei dem das Drehmoment durch Reibung mit Hilfe von Reibrädern übertragen wird;* **Reib|holz,** das (Seew.): *außenbords umlaufende Scheuerleiste an Wasserfahrzeugen zum Schutz von Bordwand u. Kaimauer;* **Reib|kä|se,** der: **1.** *Käse, der gerieben* (2) *werden kann.* **2.** *geriebener Käse;* **Reib|rad,** das (Technik): *Rad, das seine Drehbewegung, sein Drehmoment durch Reibung überträgt;* **Reib|scha|le,** die: *flache Schale, meist aus Porzellan, zum Zerkleinern grobkörniger Substanzen (im Labor);* **Reib|schei|be,** die (Technik): *Friktionsscheibe;* **reib|schlei|fen** 〈st. V.; hat; nur im Inf. gebr.〉 (Metallbearb.): *läppen;* **Reib|tuch,** das 〈Pl. ...tücher〉 (österr.): *Scheuertuch, Aufwischlappen;* **Rei|bung,** die; -, -en [mhd. rībunge]: **1.** *das Reiben* (1 a, 3, 6, 7). **2.** *das Sichreiben* (5): Die R. mit der Umwelt war unausbleiblich, im Konflikt mußte kommen (Thieß, Reich 228); Städte, in welchen ein genau geplanter Kreislauf ... sich ohne R. *(Schwierigkeiten, irgendwelche Hindernisse)* und Stockung vollzieht (Chr. Wolf, Himmel 156). **3.** *(Physik) Widerstand, der bei der Bewegung zweier sich berührender Körper auftritt:* äußere R. *(Reibung zwischen zwei Körpern);* innere R. *(Reibung innerhalb eines Körpers);* **Rei|bungs|bahn,** die (Physik): *Adhäsionsbahn;* **Rei|bungs|bei|wert,** der (Physik): *Reibungskoeffizient;* **Rei|bungs|elek|tri|zi|tät,** die (Physik): *entgegengesetzte elektrische Aufladung zweier verschiedener Isolatoren* (1), *wenn sie aneinandergerieben werden; Triboelektrizität;* **Rei|bungs|flä|che,** die: **1.** *Fläche, an der eine Reibung* (1, 3) *entsteht.* **2.** *Grund, Möglichkeit zur Reibung* (2): ein Zusammenleben auf so engem Raum erzeugt auch größere -n; **Rei|bungs|hit|ze,** die: vgl. Reibungswärme; **Rei|bungs|ko|ef|fi|zi|ent,** der (Physik): *vom Werkstoff, von der Oberflächenbeschaffenheit u. der Geschwindigkeit der Körper abhängiger Koeffizient der Reibung* (3); **rei|bungs|los** 〈Adj.; -er, -este〉: *ohne Hemmnisse verlaufend, erfolgend, sich durchführen lassend; keine Schwierigkeiten bereitend:* eine -e Zusammenarbeit, Eingliederung; der Übergang vollzog sich r.; ... desto - er funktioniert das parlamentarische Regierungssystem (Fraenkel, Staat 228); **Rei|bungs|lo|sig|keit,** die; -: *reibungsloser Verlauf;* **Rei|bungs|punkt,** der: *etw., worüber es zu Reibungen* (2) *kommt od. kommen kann:* -e beseitigen; **Rei|bungs|ver|lust,** der (Physik): *Verlust von Energie* (2), *die durch Reibung verursacht wird; Umwandlung von Bewegungsenergie in Wärmeenergie:* Ü bei den vielen Widerständen und zu überwindenden Schwierigkeiten entstehen -e *(wird viel Kraft vergeudet);* **Rei|bungs|wär|me,** die (Physik): *durch Reibung* (3) *entstehende Wärme;* **Rei|bungs|wi|der|stand,** der (Physik): *Reibung* (3); **Reib|zun|ge,** die (Zool.): *Radula.*
reich 〈Adj.〉 [mhd. rīch(e), ahd. rīhhi, eigtl. = von königlicher Abstammung, wahrsch. aus dem Kelt.]: **1.** *viel Geld u. materielle Güter besitzend, Überfluß daran habend:* ein -er Mann; -e Leute; eine -e Witwe; die -ste Stadt der Welt; ein Sohn aus -em Haus *(reicher Eltern);* sie sind unermeßlich, sagenhaft r.; sie sind über Nacht r. geworden; mit euren dauernden Eilsendungen macht ihr nur die Post r. *(macht ihr euch überflüssige Ausgaben);* er hat r. *(eine reiche Frau)* geheiratet; Ü sie ist [innerlich] r. durch ihre Kinder. **2. a)** *(in bezug auf Ausstattung, Gestaltung o. ä.) durch großen Aufwand gekennzeichnet; prächtig:* eine -e Ausmalung der Säle; eine -e Ornamentik; Elegante Läden, -e (geh.: *prächtige, kostbare)* Auslagen, blinkend und lockend (Koeppen, Rußland 29); weil es heißt, daß ... Narses genug Geld mit sich führe, um alte Soldausstände zu begleichen und -e (geh.: *kostbare, teure)* Geschenke zu machen (Thieß, Reich 617); sich r. kleiden; die Fassade ist r. geschmückt, gestaltet; **b)** *durch eine Fülle von etw. gekennzeichnet:* eine -e Ernte, Ausbeute; -es *(ergiebige)* Ölquellen, Bodenschätze; ein -es *(reichhaltiges, opulentes)* Mahl; sie hat -es *(fülliges)* Haar; denn wie sie mit -em *(fülligem, üppigem)* Haarknoten aus der Dorfschule zurückkommt, findet sie von Matern allenfalls Gerüchte (Grass, Hundejahre 472); in -em *(hohem)* Maße; -en *(starken, viel)* Beifall ernten; jmdn. r. *(reichlich, großzügig)* beschenken, belohnen; das Buch ist r. *(reichhaltig)* illustriert; ... durch die Vorsorge für ihren Tod ihr Leben um so -er *(intensiver)* genießen zu können (Jens, Mann 105); * r. an etw. sein *(etw. in großer Menge, Fülle haben):* die Gegend ist r. an Mineralien; diese Epoche ist r. an literarischen Werken; er war r. an Jahren (geh.; *hatte bereits ein langes Leben hinter sich);* 〈auch attr.:〉 ... gehört zu den wunderlichsten Kapiteln der an Merkwürdigkeiten -en Kirchengeschichte (Thieß, Reich 498); **c)** *durch Vielfalt gekennzeichnet; vielfältig [u. umfassend]:* eine -e Auswahl; -e Möglichkeiten, Erfahrungen; der -ste Bestand mittelalterlicher Buchmalerei; die -ste Entfaltung bei etw. finden; ein -es *(viele Möglichkeiten bietendes)* Betätigungsfeld; sie hatte ein -es *(vieles enthaltendes u. dadurch erfülltes)* Leben;
Reich, das; -[e]s, -e [mhd. rīch(e), ahd. rīhhi, zu † reich od. unmittelbar aus dem Kelt.]: *sich meist über das Territorium mehrerer Stämme od. Völker erstreckender Herrschaftsbereich eines Kaisers, Königs o. ä.:* ein großes, mächtiges R.; das Römische R.; das R. Alexanders des Großen; das Heilige Römische R. Deutscher Nation (Titel des Deutschen Reiches vom 15. Jh. bis 1806); das [Deutsche] R. (1. *nicht fachspr. Bez. für den deutschen Feudalstaat von 911 bis 1806.* 2. *der deutsche Nationalstaat von 1871 bis 1945);* das Dritte R. *(das Deutsche Reich während der nationalsozialistischen Herrschaft von 1933 bis 1945);* das tausendjährige R. (ns., noch iron.: *das Dritte Reich);* das Tausendjährige R. *(im Chiliasmus gemeinsame himmlische Herrschaft Christi u. der Heiligen nach der Wiederkunft Christi auf die Erde);* das R. Gottes *(in der jüdischen u. christlichen Eschatologie endzeitliche Herrschaft Gottes);* das R. der Mitte *(China);* Kaiser und R.; ein R. errichten; Auflösung und Zerfall eines -es; ... zu Nürnberg, wohin er (= der Kaiser) ... die Großen des -es berief (Hacks, Stücke 59); Ü (oft geh.:) das R. der Träume, der Gedanken, der Phantasie; das R. der Schatten (dichter.; *das Totenreich);* das R. der Töne *(die Musik;* Thieß, Legende 69); daß es dem -e der Finsternis *(dem Bösen)* erlaubt ist, bei allen Zutritt zu verschaffen (Nigg, Wiederkehr 187); das R. *(der [Lebens]bereich)* der Frau; Der Schirrmeister und der Fourier hatten ihr *(ihren Tätigkeitsbereich)* in den ... Kellerräumen des Konvikts (Kuby, Sieg 146); * **ins R. der Fabel gehören** *(nicht wahr sein);* **etw. ins R. der Fabel verbannen/verweisen** *(etw. nicht für wahr halten);* **-reich:** drückt in Bildungen mit Substantiven aus, daß die beschriebene Sache über etw. in hohem Maße verfügt, in großer Menge aufweist, bietet: episoden-, kalk-, kalorien-, variationsreich; **reich|be|gü|tert**[1] 〈Adj.; reicher begütert, am reichsten begütert〉: *über einen großen Besitz verfügend; reich* (1): eine -e Familie; **Rei|che,** der u. die; -n, -n 〈Dekl. ↑ Abgeordnete〉: *jmd., der reich* (1) *ist.*
rei|chen 〈sw. V.; hat〉 [mhd. reichen, ahd. reichen, urspr. = sich erstrecken]: **1. a)** (oft geh.) *jmdm. etw. zum Nehmen hinhalten:* jmdm. ein Buch, für seine Zigarette Feuer, bei Tisch das Salz r.; der Schaffner die Fahrkarte r.; der Geistliche reichte ihnen das Abendmahl; sie reichten sich [gegenseitig]/(geh.:) einander [zur Begrüßung, zur Versöhnung] die Hand; er reichte ihm das Essen durch die Luke in der Tür; Ü Menschen mit sonst gegensätzlichen Anschauungen reichen sich die Hand als Christen (Nigg, Wiederkehr 15); **b)** *[einem Gast] servieren, anbieten:* den Gästen Erfrischungen r.; Getränke wurden an der Bar gereicht; (in Kochrezepten:) dazu reicht man Butterreis oder Spätzle. **2. a)** *in genügender Menge für einen bestimmten Zweck o. ä. vorhanden sein:* das Geld reicht nicht [mehr]; das Brot muß für viele Personen, noch bis Montag r.; der Stoff reicht [für ein, zu einem Kostüm]; das muß für uns beide r.; drei Männer reichen für den Möbeltransport; der [Treibstoff im] Tank reicht für eine Fahrstrecke von 500 km; danke, es reicht *(ich habe genug);* die Schnur reicht *(ist lang genug);* solange der Vorrat reicht *(noch etw. von der betreffenden Sache vorhanden ist);* daß die ... Steinkohlenlager ... noch mindestens 1000 Jahre ... r. werden (Kosmos 3, 1965, 13); Ich hatte in Frankreich mittlere Erfolge, aber es reichte nie zur Spitze *(meine Leistungen waren keine Spitzenklasse;* Freizeitmagazin 12, 1978, 2); So was kann ich ja gar nicht diktieren, dafür reicht mein Kopf nicht *(bin ich nicht intelligent genug;* Fallada, Jeder 290); * **jmdm. reicht es** (ugs.; ↑ langen 1 a); **b)** *in genügender Menge bis zu einem bestimmten Zeitpunkt zur Verfügung haben, ohne daß es vorher aufgebraucht wird; mit etw. auskommen:* mit dem Geld nicht r.; mit dem Aufschnitt reichen wir noch bis

morgen. **3.** *sich bis zu einem bestimmten Punkt erstrecken:* er reicht mit dem Kopf bis zur Decke; die Zweige des Obstbaums reichen bis in den Garten des Nachbarn; Der Schnitt reicht bis tief ins Unterhautfettgewebe (Hackethal, Schneide 31); soweit der Himmel reicht *(soweit man sehen kann; überall);* Ü sein Einfluß reicht sehr weit; die Entwicklung reicht vom Spätmittelalter bis ins 17. Jahrhundert; Das Angebot reicht vom Schlauchboot über Surfbretter ... bis hin zur Luxusyacht (Caravan 1, 1980, 8). ♦ **4. a)** *strecken* (1 c): Wenn er ... in freier nächtlicher Stunde ... über einen großen Platz wandelte und seine Hände gen Himmel reichte (Goethe, Theatralische Sendung I, 20); **b)** *irgendwohin greifen, fassen:* ... indem es (= das Kind) mit den kleinen Händchen lange in die Höhe gereicht hatte, ehe es (= das Brot) noch abgeschnitten war, und nun mit seinem Abendbrote vergnügt ... wegsprang (Goethe, Werther I, 16. Junius); **c)** *erreichen* (1): Steig auf meine Schultern, da kannst du die Lücke r. (Goethe, Götz III); Ü Wart'! Heute reich' ich dich *(bekomme ich dich zu fassen).* Heute streust du keinen Sand mir in die Augen (Kleist, Krug 11); **d)** *erreichen* (4): Wie gering mußt' er sie schätzen, da er's unternahm, bei Ihnen mit diesem plumpen Gaukelspiel zu r.! (Schiller, Don Carlos V, 4).
Rei|chen|hall: ↑ Bad Reichenhall.
reich|ge|glie|dert[1] ⟨Adj.; reicher gegliedert, am reichsten gegliedert⟩: *in reichem* (2 c) *Maße gegliedert:* die -e Lebensgemeinschaft des Waldes; **reich|ge|schmückt[1]** ⟨Adj.; reicher geschmückt, am reichsten geschmückt⟩: *in reichem* (2 a) *Maße geschmückt:* eine -e Fassade; **reich|ge|schnitzt[1]** ⟨Adj.; reicher geschnitzt, am reichsten geschnitzt⟩: *in reichem Maße geschnitzt* (2): ein -es Chorgestühl; **reich|hal|tig** ⟨Adj.⟩: *vieles enthaltend:* eine -e Speisekarte, Bibliothek; ihr Vokabular war nicht sehr r.; ein geräumiges und r. ausgestattetes Auto (ADAC-Motorwelt 11, 1986, 32); **Reich|hal|tig|keit,** die; -: *reichhaltige Beschaffenheit;* **reich|lich** ⟨Adj.⟩ [mhd. rīchlich, ahd. rīhlīh, zu ↑ reich]: **a)** *in großer, sehr gut ausreichender Menge; mehr als genügend:* ein -es Trinkgeld; -er Niederschlag; -e Belichtung; das Essen war gut und r.; der Mantel für den Jungen ist r. *(ist so groß, daß er noch hineinwachsen muß);* Fleisch ist noch r. vorhanden; das ist r. gerechnet, gewogen; wir haben noch r. Zeit, Platz; dazu ist r. Gelegenheit; Die Bürgerinitiative ... hat r. Erfahrungen mit gerichtlichen Klagen (natur 2, 1991, 18); r. zu leben haben; r. mit allem versorgt sein; r. spenden; **b)** *mehr als:* eine -e Million Evakuierter; seit r. einem Jahrzehnt arbeitsunfähig sein; erst nach r. einer Stunde bemerkte man sein Fehlen; Das ist ein -es *(gutes)* Prozent mehr als 1986 (NNN 25. 2. 88, 1); **c)** ⟨intensivierend bei Adj.⟩ (ugs.) *ziemlich; sehr:* eine r. langwierige Arbeit; er kam r. spät; das Kleid ist r. kurz; daß ich mit dreißig Jahren schon r. alt bin, um Kinder zu bekommen (Ossowski, Liebe ist 9); **Reich|lich|keit,** die; -: *reichliches Vorhandensein, reichliche Beschaffenheit.*
Reichs|ab|ga|ben|ord|nung, die ⟨o. Pl.⟩: *amtl. Bez. für* ↑ Abgabenordnung (1919 erlassenes Gesetz für die Finanzverwaltung); Abk.: RAbgO, RAO; **Reichs|abt,** der (hist.): *zu den Reichsständen gehörender Abt;* **Reichs|ab|tei,** die (hist.): *reichsunmittelbare Abtei;* **Reichs|äb|tis|sin,** die (hist.): w. Form zu ↑ Reichsabt; **Reichs|acht,** die: *vom Reichsgericht (bis ins 18. Jh.) verhängte, sich auf das gesamte Gebiet des Deutschen Reiches erstreckende* ²Acht; **Reichs|adel,** der: *reichsunmittelbarer Adel;* **Reichs|ad|ler,** der ⟨o. Pl.⟩: *Adler im Wappen des Deutschen Reiches;* **Reichs|amt,** das: *oberste Verwaltungsbehörde des Deutschen Reiches von 1871–1918;* **Reichs|an|walt,** der: *Staatsanwalt beim Reichsgericht;* **Reichs|an|walt|schaft,** die ⟨o. Pl.⟩: *Staatsanwaltschaft beim Reichsgericht;* **Reichs|ap|fel,** der ⟨o. Pl.⟩: *Kugel mit daraufstehendem Kreuz als Teil der Reichsinsignien;* **Reichs|ar|beits|dienst,** der ⟨o. Pl.⟩ (ns.): *Organisation zur Durchführung eines gesetzlich vorgeschriebenen halbjährigen Arbeitsdienstes;* **Reichs|au|to|bahn,** die: *Autobahn im Deutschen Reich von 1934 bis 1945;* **Reichs|bahn,** die ⟨o. Pl.⟩: **a)** *staatliches Eisenbahnunternehmen im Deutschen Reich von 1920 bis 1945;* **b)** *staatliches Eisenbahnunternehmen in der ehem. DDR;* **c)** *(seit 1990) selbständiges Eisenbahnunternehmen des Bundes (neben der Deutschen Bundesbahn) in den Bundesländern auf dem Gebiet der ehem. DDR;* **Reichs|bank,** die: **a)** ⟨o. Pl.⟩ *zentrale Notenbank des Deutschen Reiches von 1876 bis 1945;* **b)** ⟨Pl. -banken⟩ *(in best. Staaten) Notenbank:* die schwedische R.; **reichs|deutsch** ⟨Adj.⟩: *die Reichsdeutschen, das Deutsche Reich betreffend:* dem rosigen Leutnant Kindermann, -er Abkunft (Roth, Radetzkymarsch 52); **Reichs|deut|sche,** der u. die: *jmd., der in der Zeit der Weimarer Republik u. des Dritten Reiches die deutsche Staatsangehörigkeit besaß u. innerhalb der Grenzen des Deutschen Reiches lebte;* **Reichs|dorf,** das: *(bis 1803) reichsunmittelbares Dorf ohne Sitz u. Stimme im Reichstag;* **reichs|frei** ⟨Adj.⟩: *reichsunmittelbar;* **Reichs|frei|herr,** der: **1.** ⟨o. Pl.⟩ *(seit der Mitte des 18. Jh.s) Titel des Reichsritter.* **2.** *Träger des Titels Reichsfreiherr* (1); **Reichs|ge|biet,** das: *Gebiet des Deutschen Reiches;* **Reichs|gei|er,** der (ugs. scherzh.): **1.** *Reichsadler.* **2.** *Adler als Wappentier der Bundesrepublik Deutschland (bes. auf Münzen);* **Reichs|ge|richt,** das: *höchstes Gericht des Deutschen Reiches für Angelegenheiten des Zivil- u. Strafrechts;* **Reichs|graf,** der (hist.): *reichsunmittelbarer Graf;* **Reichs|grä|fin,** die (hist.): w. Form zu ↑ Reichsgraf; **Reichs|gren|ze,** die: *Grenze des Deutschen Reiches;* **Reichs|grün|dung,** die: *Gründung eines Reiches, bes. des Deutschen Reiches von 1871;* **Reichs|in|si|gni|en** ⟨Pl.⟩: *aus Krone, Reichsapfel, Zepter, Schwert, Heiliger Lanze u. Reichskleinodien bestehende Insignien des Deutschen Reiches (bis 1806);* **Reichs|kam|mer|ge|richt,** das ⟨o. Pl.⟩: *oberstes Gericht des Deutschen Reiches von 1495 bis 1806;* **Reichs|kanz|ler,** der: **1.** *im Deutschen Reich (1871–1918) höchster, vom Kaiser ernannter, allein verantwortlicher u. einziger Minister, der die Politik des Reiches leitete u. den Vorsitz im Bundesrat führte.* **2. a)** *in der Weimarer Republik Vorsitzender der Reichsregierung;* **b)** *während des Dritten Reichs diktatorisches Staatsoberhaupt;* **Reichs|klein|odi|en** ⟨Pl.⟩: *Krönungsornat, Handschuh, Reliquiare u. a. als Reichsinsignien im weiteren Sinne;* **Reichs|kri|stạll|nacht,** die ⟨o. Pl.⟩ (ns.; Jargon): *Kristallnacht;* **Reichs|mark,** die: *Währungseinheit des Deutschen Reiches von 1924 bis 1948;* Abk.: RM; **Reichs|mi|ni|ster,** der: **1.** *von der Frankfurter Nationalversammlung 1848/49 eingesetzter Minister.* **2.** *Reichskanzler* (1). **3.** *auf Vorschlag des Reichskanzlers vom Reichspräsidenten ernanntes Mitglied der Reichsregierung (von 1919 bis 1933);* **reichs|mit|tel|bar** ⟨Adj.⟩: *der Landeshoheit eines Fürsten unterstehend;* **Reichs|pfen|nig,** der: *Währungseinheit des Deutschen Reiches von 1924 bis 1948 (100 Reichspfennig = 1 Reichsmark);* Abk.: Rpf; **Reichs|po|grọm|nacht,** die ⟨o. Pl.⟩: *Kristallnacht;* ... gedachten über 3000 Menschen ... mit einem Schweigemarsch der R. (MM 10. 11. 92, 1); **Reichs|post,** die ⟨o. Pl.⟩: *staatliches Postunternehmen im Deutschen Reich von 1924 bis 1945;* **Reichs|prä|si|dent,** der: *unmittelbar vom Volk auf sieben Jahre gewähltes, mit weitreichenden Vollmachten ausgestattetes Staatsoberhaupt des Deutschen Reiches von 1919 bis 1934;* **Reichs|rat,** der: **a)** *in verschiedenen europäischen Staaten beratendes [gesetzgebendes] Staatsorgan;* **b)** ⟨o. Pl.⟩ *im Deutschen Reich von 1919 bis 1934 Vertretung der Länder bei Gesetzgebung u. Verwaltung des Reiches;* **Reichs|recht,** das ⟨o. Pl.⟩: *Recht des Deutschen Reiches (im Unterschied zum Landesrecht):* R R. bricht Landesrecht (bezogen auf eine Sache, die wichtiger ist als etw. bestimmtes Anderes [alter Rechtsgrundsatz; ↑ brechen (4)]; **Reichs|re|gie|rung,** die: *aus dem Reichskanzler u. den Reichsministern bestehendes oberstes Exekutivorgan des Deutschen Reiches von 1919 bis 1945;* **Reichs|rit|ter,** der: *(im Deutschen Reich bis 1806) Angehöriger des reichsunmittelbaren niederen Adels in Schwaben, Franken u. am Rhein;* **Reichs|stadt,** die: *im Deutschen Reich bis 1806 reichsunmittelbare Stadt;* **Reichs|stän|de** ⟨Pl.⟩: *im Deutschen Reich bis 1806 reichsunmittelbare Glieder (wie Kurfürsten, [Erz]bischöfe, Herzöge, Markgrafen, Reichsstädte u. a.) mit Sitz u. Stimme im Reichstag:* geistliche R., weltliche R.; **Reichs|stra|ße,** die: *Fernstraße im Deutschen Reich von 1934 bis 1945;* **Reichs|tag,** der: **1. a)** *im Deutschen Reich bis 1806 Versammlung der Reichsstände;* **b)** ⟨o. Pl.⟩ *Vertretung der Reichsstände gegenüber dem Kaiser.* **2.** ⟨o. Pl.⟩ **a)** *Volksvertretung im Norddeutschen Bund von 1867 bis 1871 u. im Deutschen Reich von 1871 bis 1945;* **b)** *im Deutschen Reich von 1919 bis 1933 mit der Legislative betraute Volksvertretung.* **3.** *(in best. Staa-*

ten) Parlament: der dänische, finnische, niederländische R. **4.** (o. Pl.) *Gebäude für die Versammlungen des Reichstags;* **Reichs|tags|ab|ge|ord|ne|te,** der u. die: *Abgeordnete[r] des Reichstages* (2, 3); **Reichs|tags|brand,** der (o. Pl.): *durch Brandstiftung verursachter Brand des Reichstagsgebäudes in Berlin am 27. 2. 1933;* **Reichs|tags|ge|bäu|de,** das: *Reichstag* (4); **Reichs|tags|man|dat,** das: *Mandat* (2) *für den Reichstag* (2, 3); **Reichs|tags|wahl,** die: *Wahl zum Reichstag* (2, 3); **Reichs|ta|ler,** der: *von 1566 bis etwa 1750 besonders in Deutschland [als Rechnungseinheit] gebrauchte Silbermünze;* **reichs|un|mit|tel|bar** (Adj.): *nicht der Landeshoheit eines Fürsten, sondern nur Kaiser u. Reich unterstehend;* **Reichs|ver|si|che|rungs|ord|nung,** die (o. Pl.): *Gesetz zur Regelung der öffentlich-rechtlichen Invaliden-, Kranken- u. Unfallversicherung;* Abk.: RVO; **Reichsverweser,** der: **a)** *im Deutschen Reich bis 1806 Stellvertreter des Kaisers bei Vakanz* (1 a) *des Throns od. während seiner Abwesenheit;* **b)** *von der Frankfurter Nationalversammlung 1848 bis zur Kaiserwahl bestellter Inhaber der Zentralgewalt;* **Reichs|wehr,** die (o. Pl.): *aus Heer u. Marine bestehende Streitkräfte des Deutschen Reiches von 1921 bis 1935.* **Reich|tum,** der; -s, -tümer [mhd. rīchtuom, ahd. rīhtuom, zu ↑reich]: **1. a)** (o. Pl.) *großer Besitz, Ansammlung von Vermögenswerten, die Wohlhabenheit u. Macht bedeuten:* jmds. unermeßlicher R.; R. vergeht; sein R. ermöglicht ihm ein bequemes Leben; R. erwerben; seinen R. genießen, verwalten, mehren; die Quellen wirtschaftlichen -s; zu R. kommen *(reich werden);* Ü jmds. seelischer R.; der innere R. eines Volkes; **b)** (nur Pl.) *Dinge, die den Reichtum einer Person, eines Landes o. ä. ausmachen; finanzielle, materielle Güter; Vermögenswerte:* die Reichtümer eines Landes; die Reichtümer der Erde *(die Bodenschätze);* Reichtümer sammeln, anhäufen, vergeuden; damit kann man keine Reichtümer erwerben (ugs.; *daran ist nichts zu verdienen*); jmdn. mit Reichtümern überhäufen. **2.** (o. Pl.) *Reichhaltigkeit, reiche Fülle von etw.:* der R. an Singvögeln; der R. an Geist, Gemüt trat darin zutage; der R. *(die Pracht) der Ausstattung;* der Reiner (= des Tafelbildes der Spätgotik) Komposition und seiner malerischen Mittel (Bild. Kunst III, 71); ich staunte über den R. seiner Kenntnisse, seiner Einfälle; **reich|ver|ziert**[1] (Adj.; reicher verziert, am reichsten verziert): vgl. reichgeschmückt: ein -es Portal. **Reich|wei|te,** die; -, -n [zu ↑reichen]: **1.** *Entfernung, in der jmd., etw. [mit der Hand] noch erreicht werden kann:* sich jmdm. auf R. nähern; sich außer R. halten; in R. sein, kommen; etw. immer in R. haben; das Buch lag in ihrer R.; Geschütze mit großer, geringer R. *(Geschütze, deren Geschosse eine große, geringe Entfernung zurücklegen können);* ein Auftragsbestand, der eine theoretische R. von rund 14 Monaten hat *(der theoretisch für 14 Monate Arbeit reicht);* eine Entscheidung ist noch nicht in R.

(steht noch nicht bevor); sie (= die Magie) suchte ... nach ... einer Vervielfachung der R. *(Wirksamkeit)* der menschlichen Handlung (Gehlen, Zeitalter 19); Die DDR-Mannschaft ... lag bis zum zweiten Wechsel noch in R. einer Medaille *(war nahe daran, eine Medaille zu gewinnen;* NNN 22. 2. 88, 1). **2.** (Flugw.) *Strecke, die ein Flugzeug ohne Auftanken zurücklegen kann;* Aktionsradius (2). **3.** (Funkt.) *Entfernung, bis zu der ein Sender einwandfrei empfangen werden kann.* **4.** (Physik) *Strecke, die eine Strahlung beim Durchgang durch Materie zurücklegt, bis ihre Energie durch den Aufprall auf Materieteilchen aufgezehrt ist.*
reif (Adj.) [mhd. rīfe, ahd. rīfi, urspr. = etw., was abgepflückt, geerntet werden kann]: **1.** *im Wachstum voll entwickelt u. für die Ernte, zum Pflücken geeignet:* -e Äpfel, Kirschen, Erdbeeren, Bananen; -es Obst; -e Samenkapseln; die Pflaumen sind noch nicht r., erst halb r.; die Getreide wird r.; Ü er brauchte nur die -e Frucht zu pflücken *(der Erfolg der Sache fiel ihm ohne eigene Anstrengung zu);* -er *(durch Lagerung im Geschmack voll entfalteter)* Camembert; ein -er *(abgelagerter),* alter Cognac; das Geschwür ist r. *(für einen Eingriff genügend entwickelt);* * **r. für etw.** (ugs.; *in einen solchen Zustand geraten, gebracht, daß [zunächst] nur noch etw. Bestimmtes in Frage kommt):* r. fürs Irrenhaus, Bett, für den Urlaub, für die Pensionierung sein; die Häuser waren alle r. für den Abbruch; jmdn. r. fürs Krankenhaus schlagen; ich bin eine alte Frau, r. für den Friedhof (Dürrenmatt, Meteor 62). **2. a)** *erwachsen, durch Lebenserfahrung innerlich gefestigt:* ein -er Mann; eine -e Frau; im -eren Alter, in den -eren Jahren *(in einem Alter, in dem man bereits Erfahrungen gesammelt hat)* urteilt man anders; die Jugendlichen sind noch nicht r., wenn sie die Schule verlassen; ihre Kinder sind inzwischen -er geworden; er ist für diese Aufgabe, für dieses Amt noch nicht r. [genug] *(noch nicht genügend vorbereitet, dazu noch nicht fähig);* Sie sind noch gar nicht r. für ein ernstes Gespräch *(mit ihnen läßt sich noch gar kein ernstes Gespräch führen;* Ott, Haie 212); **b)** *von Fähigkeit, Überlegung, Erfahrung zeugend; ausgewogen u. abgerundet:* eine -e Arbeit, Leistung; ein -es Urteil, Werk; der (= der Aufsatz) wär'... erstaunlich r. für ihr Alter (Kempowski, Immer 109); die wissenschaftliche Untersuchung, Abhandlung ist noch nicht r. für die/zur Veröffentlichung; dafür, dazu ist die Zeit noch nicht r. *(die Entwicklung ist noch nicht soweit fortgeschritten).*
¹Reif, der; -[e]s [mhd. rīfe, ahd. (h)rīfo, wahrsch. eigtl. = etw., was man abstreifen kann]: **1.** *Niederschlag, der sich in Bodennähe, bes. auf Zweigen, u. am Erdboden in Form von feinen schuppen-, federod. nadelförmigen Eiskristallen abgesetzt hat:* auf den Wiesen lag R.; es ist R. gefallen; Vaters rauchender Atem hatte sich in seinem Schnurrbart als R. abgesetzt (Schnurre, Bart 190); die Zweige, Grashalme sind mit R. bedeckt, überzogen; Ü da fiel ein eisiger R. auf die gesel-

lige Runde, und die gute Stimmung war verflogen. **2.** (Jägerspr.) *die obersten weißen Spitzen des Gamsbartes;* ²Reim.
²Reif, der; -[e]s, -e [mhd. reif, ahd. reif = Seil, Strick, urspr. wohl = abgerissener Streifen] (geh.): *ringförmiges Schmuckstück:* ein schlichter, mit Edelsteinen besetzter R.; sie zog den R. vom Finger; ihn gelüstet es, die heiße Stirn mit dem goldenen R. einer Kaiserkrone zu kühlen (St. Zweig, Fouché 121).
-reif: 1. drückt in Bildungen mit Substantiven aus, daß die beschriebene Person oder Sache etw. dringend nötig hat oder daß etw. dringend nötig ist: abtritts-, irrenhausreif. **2.** drückt in Bildungen mit Substantiven aus, daß die beschriebene Person oder Sache so weit gediehen, entwickelt ist, daß sie die Qualifikation für etw. hat, für etw. tauglich, geeignet ist: entscheidungs-, kabarett-, oscarreif. **Reife,** die; - [mhd. dafür rīfecheit, ahd. rīfī]: **1.** *reifer* (1) *Zustand, das Reifsein:* die R. des Obstes; Obst im Zustand der R. ernten; während der R. *(des Reifens)* brauchen die Trauben viel Sonne; die Erdbeeren kommen nadurch besser zur R. **2. a)** *reife* (2 a) *Haltung, Verfassung, das Reifsein:* jmds. körperliche, geistige, seelische, innere, sittliche, menschliche, politische R.; das Zeugnis der R. *(Reifezeugnis);* Der Jugend fehlt die R. meistens zu jung. Der Umgang mit der R. (geh.; *mit Menschen reiferen Alters*) ist ihr ... zuträglich (Th. Mann, Krull 368); **b)** *das Reifsein, Ausgewogenheit u. Abgerundetheit:* die R. seiner Gedanken, des Vortrags der Sängerin; Das Unternehmen ... wurde ... inzwischen zu voller R. *(auf seinen höchsten Entwicklungsstand)* gebracht (Foto-Magazin 8, 1967, 26); * **mittlere R.** *(Abschluß der Realschule od. der 10. Klasse der höheren Schule);* **Rei|fe|grad,** der: *Grad der Reife* (1).
Rei|fel|holz, das; -es, -hölzer (Sattlerei): *Werkzeug zum Reifeln;* **rei|feln** (sw. V.; hat) [Nebenf. von ↑riefeln] (Sattlerei): *auf Waren aus Rindsleder entlang den Kanten (z. B. bei Aktentaschen, Gürteln) mit einem entsprechenden Werkzeug Striche zur Verzierung eindrücken.*
¹rei|fen (sw. V.) /vgl. gereift/ [mhd. rīfen, ahd. rīfen, rīfēn]: **1. a)** *reif* (1) *werden* (ist): das Obst, Getreide reift dieses Jahr später; zur Zeit, wenn die Äpfel reifen, das Korn reift; die Tomaten reifen an der, ohne Sonne; Der größte Teil der menschlichen Zwillinge ... entsteht ... aus Eiern, die gleichzeitig reifen (Medizin II, 83); Doch reifte in ihr (dichter.; *wuchs in ihrem Leib*) das dritte Kind (Jahnn, Geschichten 16); **b)** (geh.) *reif* (1) *machen* (hat): die Sonne reifte die Pfirsiche. **2.** (geh.) **a)** *reif* (2 a), *älter u. innerlich gefestigter werden* (ist): diese Erfahrungen haben ihn [zum Manne] r. lassen; das Kind ist früh gereift; als sei sie plötzlich gereift, zur Frau geworden (K. Mann, Wendepunkt 131); wonach der Leidende ... in einen höheren Zustand der Erkennens und der Vergeistigung reife *(hineinwachse;* Thieß, Reich 199); **b)** *reif* (2 a), *innerlich gefestigter, erfahrener machen* (hat): diese Erfahrung, der Schmerz hat

ihn gereift; von stürmischen Zeiten gereift ..., bewährt Fouché seine alte Tatkraft (St. Zweig, Fouché 87); **c)** *in jmdm. allmählich entstehen, sich entwickeln* ⟨ist⟩: *Entscheidungen, die Dinge in Ruhe r. lassen; langsam reifte [aus der Unterdrückung] der Widerstand; in ihm reifte der Gedanke auszuwandern; seine Ahnung war zur Gewißheit gereift (schließlich zur Gewißheit geworden).*
²**rei**|**fen** ⟨sw. V.; hat; unpers.⟩ [spätmhd. rīfen]: *als ¹Reif (1) in Erscheinung treten:* es hat heute nacht gereift.
³**rei**|**fen** ⟨sw. V.; hat⟩ (Fachspr.): *(ein Faß) mit Reifen (1 a) versehen;* **Rei**|**fen,** der; -s, - [Nebenf. aus den schwach gebeugten Formen von ↑²Reif]: **1. a)** *kreisförmig zusammengefügtes Band, meist aus Metall:* ein hölzerner, eiserner R.; ein R. aus Stahl; R. um ein Faß legen, schlagen; **b)** *bei der Gymnastik, bei Dressurvorführungen u. als Kinderspielzeug verwendeter größerer, ringförmiger Gegenstand:* R. werfen, fangen; der Tiger sprang durch einen R. **2.** *die Felge umgebender, meist aus luftgefülltem Gummischlauch u. Mantel (3) bestehender Teil eines Rades von Fahrzeugen:* schlauchlose, platte, quietschende R.; der linke vordere R. ist geplatzt, hat ein Loch; die R. sind abgefahren; einen R. aufziehen, auf-, abmontieren, aufpumpen, flicken, erneuern, wechseln. **3.** ²*Reif:* daß im Handel weder goldene noch silberne -en (= Verlobungsringe) zu haben waren (Kant, Impressum 201); einen R. im Haar tragen; **Rei**|**fen**|**ab**|**rieb,** der; ⟨o. Pl.⟩: *Abrieb (1) bei Autoreifen;* **Rei**|**fen**|**druck,** der ⟨Pl. -drücke⟩: *Luftdruck im Reifen (2);* **Reifen**|**ge**|**räusch,** das: *beim Abrollen des Reifens auf der Fahrbahn auftretendes Geräusch;* **Rei**|**fen**|**pan**|**ne,** die: *durch einen Defekt am Reifen (2) hervorgerufene Panne;* **Rei**|**fen**|**plat**|**zer,** der; -s, - (ugs.): *das Platzen eines Reifens (2);* **Rei**|**fen**|**pro**|**fil,** das: *Profil (5) eines Reifens (2);* **Rei**|**fen**|**scha**|**den,** der: *Schaden, Defekt am Reifen (2);* **Rei**|**fen**|**spiel,** das: *Kinderspiel, bei dem ein Reifen (1 b) mit einem Stock getrieben wird;* **Rei**|**fen**|**spur,** die: *Spur (1a) eines Reifens (2);* **Rei**|**fen**|**ste**|**cher,** der (ugs. abwertend): *jmd., der in zerstörerischer Absicht Autoreifen zerstirt;* **Rei**|**fen**|**wech**|**sel,** der: *das Auswechseln eines [defekten] Reifens (2).*
Rei|**fe**|**pro**|**zeß,** der: *Reifungsprozeß;* **Rei**|**fe**|**prü**|**fung,** die: *Abschlußprüfung an einer höheren Schule; Abitur;* **Rei**|**fe**|**rei,** die; -, -en: *Anlage zum Reifen von Früchten, bes. Bananen, nach [absichtlich] vorzeitiger Ernte;* **Rei**|**fe**|**tei**|**lung,** die (Biol.): *Meiose;* **Rei**|**fe**|**test,** der: *kurz für ↑ Schulreifetest;* **Rei**|**fe**|**zeit,** die: **1.** *Zeit des ¹Reifens (1 a, 2 a).* **2.** *Pubertät;* **Rei**|**fe**|**zeug**|**nis,** das (veraltend): *Abiturzeugnis.*
Reif|**glät**|**te,** die: *Straßenglätte infolge von ¹Reif (1).*
Reif|**heit,** die; - (selten): *Reife;* **Reif**|**heits**|**grad,** der (seltener): *Reifegrad.*
Rei|**fi**|**ka**|**ti**|**on** [rei...], die; -, -en [engl. reification, zu lat. res (Gen.: rei) = Sache, Ding u. -ficatio = das Machen, Bewirken]: *Vergegenständlichung, Konkretisie-*rung; **rei**|**fi**|**zie**|**ren** [rei...] ⟨sw. V.; hat⟩: *eine Reifikation vornehmen.*
reif|**lich** ⟨Adj.⟩ [zu ↑ reif]: *gründlich, eingehend (in bezug auf eine Situation vor einer endgültigen Entscheidung, Wahl o. ä.):* nach -er Erwägung, Betrachtung, Überlegung; ich habe es mir r. überlegt; er habe sich das Problem ... noch einmal r. durch den Kopf gehen lassen (Loest, Pistole 259).
Reif|**pilz,** der [zu ↑ ¹Reif (1)]: *auf sandigen Böden vorkommender Blätterpilz mit weißlich ²bereiftem ¹Hut (2) u. Stiel.*
Reif|**rock,** der (früher): **a)** *Damenrock, dessen Unterrock durch mehrere, nach unten jeweils weitere Reifen versteift ist;* **b)** *bes. durch seitliche Stützen [mit Fischbeinstäbchen] stark ausladender, jedoch die Füße frei lassender Damenrock;* **Reif**|**spiel:** ↑ *Reifenspiel.*
Rei|**fung,** die; -: *das ¹Reifen (1 a, 2 a), Reifwerden;* **Rei**|**fungs**|**pro**|**zeß,** der: *Prozeß des ¹Reifens (1 a, 2 a), Reifwerdens.*
Reif|**wei**|**de,** die (Bot.): *in den Alpen wild wachsende ¹Weide mit gelbbraunen bis roten, oft stark blau bereiften Zweigen.*
Rei|**gen,** der; -s, - [älter: Reihen, mhd. rei(g)e < afrz. raie = Tanz, H. u.] (früher): *von Gesang begleiteter [Rund]tanz, bei dem eine größere Zahl von Tänzern [paarweise] einem Vortänzer u. Vorsänger schreitend od. hüpfend folgt:* einen R. tanzen, aufführen; das Brautpaar eröffnete den R., führte den R. an; Ü ein gespenstischer R. von gefallenen Soldaten; ein bunter R. *(eine bunte Folge)* von Melodien; ... ging der R. der Pressekonferenzen *(gingen die Pressekonferenzen unaufhörlich;* weiter (Augsburger Allgemeine 22./23. 4. 78, 14); * **den R. eröffnen** *(den Anfang mit etw. machen):* der Oberst ..., der den R. der Leihwagenprozesse eröffnete (Dönhoff, Ära 38); **den R. beschließen** *(bei etw. der letzte sein);* **Rei**|**gen**|**tanz,** der: *Reigen.*
Rei|**he,** die; -, -n [mhd. rīhe, zu dem st. V. mhd. rīhen, ahd. rīhan, ↑¹Reihen, mhd.]: **1. a)** *etw., was so angeordnet ist, daß es in seiner Gesamtheit geradlinig aufeinanderfolgt:* eine lange R. Bücher, Pokale; eine R. hoher Tannen, (seltener:) eine R. mit hohen Tannen; eine fortlaufende, lückenlose R. bilden; in der zweiten, zehnten R. *(Stuhlreihe)* sitzen; die -n lichteten sich *(immer mehr Anwesende gingen);* zwei -n rechts, zwei -n links stricken; die Pappeln stehen in langer R.; Gläser in eine R. stellen; Salat in R. *(hintereinander)* als auch parallel schalten (Elektronik 10, 1971, A 48); * **bunte R. machen** *(sich so setzen, daß jeweils eine Frau u. ein Mann abwechselnder sitzen);* **etw. auf die R. kriegen/bringen** (ugs.; *etw. bewältigen, erledigen können):* Das mit meiner Frau krieg' ich auf die R. (Playgirl 4, 1991, 43); Bei den Dalli-Dalli-Maschenfight gilt es, innerhalb kürzester Frist einen ... Winterschal auf die R. zu bringen (Göttinger Tageblatt 30. 8. 85, o. S.); **in der ersten R. sitzen** *(die größten Möglichkeiten, Chancen haben; bevorzugt werden);* **b)** *geordnete Aufstellung von Menschen in einer geraden Linie, bes. im Sport u. beim Militär:* durch die -n gehen; in -n antreten; in die R. treten; sich in fünf -n aufstellen; in -n, in geschlossener R. marschieren; in langer R. vor dem Laden anstehen; Ü die -n der älteren Generation lichten sich *(es sind schon viele Menschen aus der älteren Generation gestorben);* Diese Amerikanerin ... hat sich mit einem Schlag in die vorderste R. gesungen (FAZ 20. 11. 61, 16); Wir erwarten Kenntnisse in Personalführung, -planung, ... Auch Herren aus der zweiten R. *(Herren, die bisher noch nicht in führenden Positionen tätig waren)* erhalten eine faire Chance (Saarbr. Zeitung 5./6. 6. 80, XVIII); die -n der Opposition stärken; Die Partei war bedroht ..., und der Appell, die -n fester zu schließen, rührte uns an (Kantorowicz, Tagebuch I, 34); die Kritik kam aus den eigenen -n *(von den eigenen Leuten);* der Verein hat einige Nationalspieler in seinen -n *(unter den Spielern seiner Mannschaft);* * **in Reih und Glied** *(exakt, genau, in strenger Ordnung in einer Reihe aufeinanderfolgend):* in Reih und Glied stehen, aufgestellt sein; Viele Rosenstöcke in Reih und Glied (Sacher-Masoch, Parade 128); **in einer R. mit jmdm. stehen** *(jmdm. ebenbürtig 2 sein);* **sich in eine R. mit jmdm. stellen** *(sich mit jmdm. gleichstellen);* **aus der R. tanzen** (ugs.; *sich anders verhalten als die anderen):* Der Verlag ... ist mit der Veröffentlichung dieses Buches mutig aus der R. getanzt (Spiegel 47, 1976, 225); **nicht in der R. sein** (ugs.; *sich [gesundheitlich] nicht wohl fühlen);* **jmdn. in die R. bringen** (ugs.; *jmdn. wieder gesund machen);* **etw. in die R. bringen** (ugs.; *etw. in Ordnung bringen, reparieren);* **[wieder] in die R. kommen** (ugs.; 1. *[wieder] gesund werden.* 2. *[wieder] in Ordnung kommen).* **2.** ⟨o. Pl.⟩ *zeitlich geregeltes Nacheinander eines bestimmten Vorgangs, Ablaufs:* sich streng an die R. halten; * **die R. ist an jmdm.** *(jmd. ist der nächste, der abgefertigt o. ä. wird);* **an der R. sein** (ugs.; 1. *derjenige sein, der jetzt abgefertigt o. ä. wird.* 2. *jetzt behandelt werden:* Tagesordnungspunkt 8 ist an der R. 3. *von etw. Unangenehmem betroffen sein:* jetzt bist du an der R.!); **an die R. kommen** (ugs.; 1. *der nächste sein.* 2. *als nächstes behandelt werden.* 3. *etw. Unangenehmes zu erwarten haben:* jetzt kommst du an die R.!); **aus der R. sein/kommen** (ugs.; *verwirrt, konfus sein/werden):* sei still, sonst komme ich ganz aus der R.!); **außer der R.** (1. *als Ausnahme zwischendurch:* er wurde außer der R. behandelt. 2. landsch.: *außergewöhnlich:* Diemut und ihre Mutter zu verwechseln, das ist wohl außer der R. [Gaiser, Schlußball 196]); **in R.** *(nacheinander, in Folge):* sie hat schon drei Mal in R. übergetreten; der dritte Pokalgewinn in R. (sport echo 30. 11. 87, 6); **der R. nach/**(seltener:) **der R. nach** *(einer, eine, eines nach dem anderen):* der R. nach antreten; die Anträge nach der R. bearbeiten; der R. nach erzählen; Er sah die Mädchen der R. nach an (Böll, Adam 66). **3. a)** *Folge, Serie:* eine beliebte R. im Rundfunk; das ist eine populärwissenschaftliche R.; das Taschenbuch wird in einer neuen R. des Verlages erscheinen;

b) (Math.) *mathematische Größen, die nach einer bestimmten Gesetzmäßigkeit, in einem bestimmten regelmäßigen Abstand aufeinanderfolgen:* eine arithmetische R. *(Reihe mit gleicher Differenz zwischen den aufeinanderfolgenden Gliedern);* eine geometrische R. *(Reihe mit gleichen Quotienten zwischen den aufeinanderfolgenden Gliedern).* **4.** *größere Anzahl von Personen, Dingen, Erscheinungen o. ä., die in bestimmter Weise zusammengehören, in ihrer Art, Eigenschaft ähnlich, gleich sind:* im Hafengebiet steht eine R. von unbewohnten Häusern; eine [ganze] R. Frauen hat/haben protestiert; eine R. typischer Merkmale, von typischen Merkmalen aufzählen; sie stellten dem Minister eine R. von Fragen; nach einer R. von schönen Tagen regnet es wieder; seit einer R. von Jahren; ... wurden eine R. von familienfreundlichen Tarifen eingeführt (MM 22. 10. 80, 12). **5.** (Schach) *einer der acht waagerechten Abschnitte des Schachbretts.* **6.** (Musik) *Tonfolge der Zwölftonmusik, in der kein Ton wieder auftreten darf, bevor alle anderen elf Töne erklungen sind.*
¹rei|hen ⟨sw. V.; hat⟩ [als sw. V. zu ↑ Reihe, auch zu mhd. rīhen (st. V.), ahd. rīhan (st. V.) = auf einen Faden ziehen, spießen] (geh.): **1. a)** *aufreihen:* Perlen a.; um das Podium gereiht stehen Stühle; **b)** *einreihen* (b): Werber zogen durchs Land, trommelten Arbeitslose und Arbeitsscheue zusammen, reihten sie in die Freikorps (Feuchtwanger, Erfolg 617). **2.** ⟨r. + sich⟩ *[zeitlich] folgen, sich anschließen:* Wagen reihte sich an Wagen; ein Regentag reihte sich an den anderen; Sie las, und Worte reihten sich an Worte und Satz an Satz (Plievier, Stalingrad 233);
²rei|hen ⟨reihte/(seltener:) rieh, hat gereiht/geriehen⟩ [zum et. St. V. mhd. rīhen, ↑ ¹reihen]: ²*anreihen.*
³rei|hen ⟨sw. V.; hat⟩ [spätmhd. reyen, H. u.] (Jägerspr.): *(von Erpeln) während der Paarungszeit zu mehreren einer Ente folgen.*
¹Rei|hen, der; -s, - [mhd. rīhe = Rist, ahd. rīho = Wade, Kniekehle] (südd.): *Fußrücken.*
²Rei|hen, der; -s, - (veraltet): *Reigen.*
Rei|hen|bau, der ⟨Pl. -ten⟩: **1.** ⟨o. Pl.⟩ (Bauw.) *Reihenbauweise.* **2.** **Rei|hen|bau|wei|se**, die ⟨o. Pl.⟩ (Bauw.): *Bauweise, bei der mehrere [Einfamilien]häuser geradlinig od. gestaffelt einheitlich aneinandergebaut werden;* **Rei|hen|bil|dung**, die: *Bildung einer Reihe von Wörtern nach einem bestimmten Typ;* **Rei|hen|bun|ga|low**, der: vgl. Reihenhaus; **Rei|hen|dorf**, das: *Straßendorf;* **Rei|hen|end|haus**, das (Bauw.): *Eckhaus eines Ensembles von Reihenhäusern;* **Rei|hen|fa|bri|ka|ti|on**, die: *Serienproduktion;* **Rei|hen|fol|ge**, die: *unter bestimmten Gesichtspunkten, zeitlich od. im Hinblick auf den Abstand, die Größe, Thematik o. ä. festgelegte Aufeinanderfolge von etw.:* die R. einhalten; die R. hat sich geändert; in umgekehrter R.; **Rei|hen|for|mel**, die (Chemie): *chemische Formel, die in einer Reihe (5) ausgedrückt wird;* **Rei|hen|grab**, das: *Einzelgrab in einer fortlaufenden Reihe von Gräbern eines Friedhofs;* **Rei|hen|haus**, das: *einzelnes Haus als Teil einer in Reihenbauweise angelegten Häuserreihe;* **Rei|hen|haus|sied|lung**, die: *Siedlung (1 a) von Reihenhäusern;* **Rei|hen|mit|tel|haus**, das (Bauw.): *Reihenhaus innerhalb der fortlaufenden Reihe gleichartiger Reihenhäuser (im Unterschied zum Reihenendhaus);* **Rei|hen|mo|tor**, der: *Motor, bei dem die Zylinder [parallel] in einer Reihe angeordnet sind;* **Rei|hen|schal|tung**, die (Elektrot.): *elektrische Schaltung, bei der alle Stromerzeuger u. Stromverbraucher hintereinandergeschaltet u. vom gleichen Strom durchflossen werden;* **Rei|hen|sied|lung**, die: vgl. Reihendorf; **Rei|hen|un|ter|su|chung**, die: *[staatlich angeordnete] vorbeugende Untersuchung bestimmter Bevölkerungsgruppen zur Früherkennung bestimmter Krankheiten;* **rei|hen|wei|se** ⟨Adv.⟩: **1.** (ugs.) *in großer Zahl, in großen Mengen; sehr viel:* die Soldaten fielen r.; ... schlug der Newcomer r. weite Pässe (NZZ 29. 9. 86, 45). **2.** *in Reihen* (1 b): r. vortreten; **Rei|hen|zahl**, die: *Zahl in einer Reihe* (5).
Rei|her, der; -s, - [mhd. reiger, ahd. reigaro, eigtl. = Krächzer, (heiserer) Schreier]: **a)** *(in zahlreichen Arten vorkommender) an Gewässern lebender, langbeiniger Vogel mit sehr schlankem Körper u. einem langen Hals u. Schnabel:* **kotzen wie ein R.** (derb; *sich heftig u. lange übergeben;* vgl. reihern a); **b)** *Fischreiher;* **Rei|her|bei|ze**, die (Jagdw.): vgl. ¹Beize (3); **Rei|her|en|te**, die [die Ente hat einen Federschopf wie ein Fischreiher]: *Ente mit blaugrauem Schnabel, gelben Augen u. einem Federschopf am Hinterkopf;* **Rei|her|fal|ke**, der: *abgerichteter Falke zum Anlocken von Reihern;* **Rei|her|fe|der**, die: *Feder eines Reihers, die bes. zur Dekoration von Hüten o. ä. verwendet wird;* **Rei|her|horst**, der: *Horst (1) eines Reihers;* **Rei|her|jagd**, die: *Jagd auf Reiher;* **rei|hern** ⟨sw. V.; hat⟩ [a: der Reiher füttert seine Jungen aus dem Kropf, würgt die Nahrung also heraus; b: nach dem dünnflüssigen Kot des Reihers]: **a)** (salopp) *heftig erbrechen;* **b)** (landsch. salopp) *Durchfall haben;* **Rei|her|schna|bel**, der: *dem Storchschnabel ähnliche Pflanze mit rosa Blüten u. langen, spitzen, an einen Schnabel erinnernden Kapselfrüchten.*
Reih|fa|den, der: *Nähfaden zum* ²*Anreihen;* **Reih|garn**, das: vgl. Reihfaden; **-rei|hig**: in Zusb., z. B. mehr-, zweireihig; **Reih|lei|ne**, die: *Marlleine;* **Reih|stich**, der: vgl. Reihfaden; **reih|um** [raiˈʊm] ⟨Adv.⟩: *nach der Reihe, abwechselnd; von einem zum anderen:* r. etw. vorlesen; die Flasche r. gehen lassen; die Frauen gingen ... zur Kapelle hinüber, fielen r. auf die Knie (Fest, Im Gegenlicht 262); **Rei|hung**, die; -, -en: *das* ¹*Reihen.*
Reih|zeit, die [zu ↑³reihen] (Jägerspr.): *Paarungszeit der Enten.*
Rei|ki [reːki], das; -s [jap. = universale Lebensenergie]: *alte japanische Heilkunst, die nach ihrer Auffassung unerschöpfliche Lebensenergie des Universums für eine revitalisierende u. heilende Wirkung auf Körper, Seele u. Geist nutzbar zu machen.*
¹Reim, der; -[e]s, -e [mhd. rīm < afrz. rime, aus dem Germ., vgl. ahd. rīm = Reihe(nfolge)]: **a)** (Verslehre) *gleichklingende [End]silben verschiedener Wörter am Ausgang od. in der Mitte von zwei od. mehreren Versen, Zeilen:* ein stumpfer, klingender, weiblicher, männlicher R.; -e bilden, schmieden; ein Gruß, ein Glückwunsch in -en; * **sich** ⟨Dativ⟩ **einen R. auf etw. machen [können]** (↑ Vers 1); **b)** *kleines Gedicht mit gereimten Versen;* **Reimspruch**: *jedes Bild war mit einem R. versehen.*
²Reim, der; -[e]s [vgl. gereimelt] (Jägerspr.): ¹*Reif* (2).
Reim|art, die: *Art* (4 a) *eines* ¹*Reims;* **Reim|chro|nik**, die: *(im MA.) Chronik in gereimten Versen;* **rei|men** ⟨sw. V.; hat⟩ [mhd. rīmen]. **1. a)** ¹*Reime bilden:* er kann gut r.; **b)** *ein Wort so verwenden, daß es mit einem anderen einen* ¹*Reim ergibt:* „fein" auf, mit „klein" r.; **c)** *etw. in die Form von Versen bringen, die sich reimen* (2): ein Sonett r.; die Strophen sind schlecht gereimt. **2.** ⟨r. + sich⟩ *einen* ¹*Reim bilden:* die beiden Wörter reimen sich; „kalt" reimt sich auf „bald"; R reim dich, oder ich fress' dich! (ugs. scherzh.; Kommentar zu einem holprigen ¹Reim; nach dem verkürzten Titel einer Satire von G. W. Sacer [1635–1699]); Ü das, was du sagst, reimt sich nicht (*ist voller Widersprüche*); **Rei|mer**, der; -s, - [mhd. rīmære]: **a)** (veraltet) *Dichter;* **b)** (abwertend) *Dichterling;* **Reim|le|rei**, die; -, -en (abwertend): *schlechtes, holpriges Reimen;* **Reim|le|rin**, die; -, -nen: w. Form zu ↑ Reimer (b); **Reim|le|xi|kon**, das: *Nachschlagewerk, das eine Zusammenstellung von Wörtern enthält, die sich reimen;* **reim|los** ⟨Adj.⟩: *keinen Reim aufweisend:* ein -es Gedicht; **Reim|paar**, das (Verslehre): *zwei aufeinanderfolgende Verse, Zeilen, die durch einen* ¹*Reim verbunden sind.*
Re|im|plan|ta|ti|on, die; -, -en [aus lat. re- = wieder u. ↑ Implantation] (Med.): *Wiedereinpflanzung.*
Re|im|port, der; -[e]s, -e, **Re|im|por|ta|ti|on**, die; -, -en [zu lat. re- = wieder u. ↑ Import] (Wirtsch.): *Import, Wiedereinfuhr ausgeführter Waren;* **re|im|por|tie|ren** ⟨sw. V.; hat⟩ [↑ importieren] (Wirtsch.): *ausgeführte Waren importieren.*
Reim|pro|sa, die (Literaturw.): *Prosa, die* ¹*Reime als rhetorische Figur verwendet.*
Reims [frz.: rɛ̃ːs]: *Stadt in Frankreich.*
Reim|schmied, der (meist abwertend): vgl. Versemacher.
Reim|ser, der; -s, -: Ew. zu ↑ Reims; **Reim|se|rin**, die; -, -nen: w. Form zu ↑ Reimser.
Reim|spruch, der: *gereimtes Sprichwort;* **Reim|wort**, das ⟨Pl. -wörter⟩: *Wort, das den Reim trägt;* **Reim|wör|ter|buch**, das: vgl. Reimlexikon.
¹rein ⟨Adv.⟩ (ugs.): *herein; hinein.*
²rein [mhd. reine, ahd. (h)reini, urspr. = gesiebt]: **I.** ⟨Adj.⟩ **1.** *nicht mit etw. vermischt, was nicht von Natur aus, von der Substanz, Art her dazugehört; ohne fremden Zusatz, ohne verfälschende, andersartige Einwirkung:* -er Wein, Alkohol, Sauerstoff, -es Gold, Wasser; die -e Höhenluft atmen; -e *(unvermischte, leuch-*

tende) Farben; -es *(akzent-, fehlerfreies)* Deutsch sprechen; die Hunde sind von -er Rasse *(reinrassig);* nach der Einführung der -en Form wird die Gestalt ... mit Ornamentik ... belebt (Bild. Kunst III, 49); einen Stoff chemisch r. herstellen; der Chor klingt r. *(singt technisch u. musikalisch einwandfrei);* das Instrument klingt r. *(ist gut gestimmt, hat eine gute Resonanz);* Ü etw. vom Standpunkt der -en *(vom Gegenständlichen abstrahierenden)* Erkenntnis beurteilen. **2. a)** *nichts anderes als; bloß:* die -e Wahrheit sagen; das war r. Zufall, -es Glück; eine Krankheit ist -e Einbildung; etw. aus -em Trotz tun; etw. für eine -e Komödie halten; Der Bundespressechef hat ... diese Nachricht als -e Spekulation bezeichnet (Dönhoff, Ära 84); die -e Flugzeit *(Flugzeit ohne Abfertigung u. Wartezeiten);* die -e Spielzeit *(Spielzeit ohne Unterbrechungen)* betrug 40 Minuten; das ist -e *(von der Erfahrung, Praxis losgelöste)* Theorie, Mathematik; **b)** *so beschaffen, daß es keine Ausnahme, Abweichung von dem Genannten od. etw. darüber Hinausgehendes gibt:* eine -e Arbeitergegend, wo nur kleine Leute wohnen (Aberle, Stehkneipen 34); Es (= das College in Boston) war eine -e Mädchenschule (Kemelman [Übers.], Dienstag 19). **3.** ⟨intensivierend bei Substantiven⟩ (ugs.) **a)** *äußerst eindeutig u. hochgradig:* das ist ja -er Wahnsinn, der -ste Schwachsinn; wie ist er -er Typus des ... deutschen Spießbürgers war (Niekisch, Leben 161); Reiner Streß, eine totale nervliche Belastung (tip 12, 1984, 88); **b)** (ugs.) *so beschaffen, daß in seiner Erscheinung mit dem Genannten vergleichbar ist:* das ist ja die -ste Völkerwanderung!; dein Zimmer ist der -ste Saustall!; So waren diese Gänge in den Magazine oft die -sten Abenteuer (Innerhofer, Schattseite 103). **4.** *makellos sauber; frei von Flecken, Schmutz o. ä.:* ein -es Hemd anziehen; einen -en Teint haben; etw. auf ein -es *(unbeschriebenes)* Blatt Papier schreiben; Ü ein -es *(unbelastetes)* Gewissen haben; -en Herzens sein; * **etw. ins -e schreiben** *(eine sorgfältige Abschrift von etw. machen);* **etw. ins -e bringen** *(Unstimmigkeiten, Mißverständnisse o. ä. zur Zufriedenheit aller Beteiligten klären);* **mit jmdm., etw. ins -e kommen** *(die Probleme, Schwierigkeiten, die man mit jmdm., etw. hat, beseitigen);* **mit sich [selbst] ins -e kommen** *(Klarheit über ein bestimmtes Problem, das einen selbst betrifft, gewinnen);* **mit etw. im -en sein** *(Klarheit über etw. haben);* **mit jmdm. im -en sein** *(Übereinstimmung mit jmdm. erzielt haben).* **5.** (jüd. Rel.) *koscher* (1): -e Tiere, Speisen. **II.** ⟨Adv.⟩ **a)** drückt aus, daß etw. auf die genannte Eigenschaft beschränkt ist: *ausschließlich:* Bekundungen von r. politischem Charakter; etw. aus r. persönlichen Gründen tun; Frau Julika sollte sich wieder einer r. künstlerischen Arbeit widmen (Frisch, Stiller 476); **b)** gibt den Hinweis, daß etw. aus einem bestimmten Grund, Umstand so ist, erhöhten Nachdruck: das kann mir r. zeitlich nicht leisten; Rein zufällig lesen wir ... (Caravan 1, 1980, 24); **c)** (ugs.) gibt einer Aussage, Feststellung starken Nachdruck: *völlig, ganz u. gar:* das ist im Augenblick r. unmöglich; r. gar nichts *(überhaupt nichts)* wissen, sagen, verstehen; Sie (= die Kette) war r. gar nichts wert *(völlig wertlos;* Th. Mann, Krull 190).

Rein, die; -, -en [spätmhd. reindel, reydl, ahd. rīna.] (südd., österr.): *[größerer] flacher Kochtopf.*

Rein|an|ke: ↑ Rheinanke.

rein|bei|ßen ⟨st. V.; hat⟩ (ugs.): *hineinbeißen;* * **zum Reinbeißen sein/aussehen** *(sehr appetitlich sein, aussehen).*

Rein|be|stand, der (Forstw.): *nur aus einer bestimmten Art bestehender, einheitlicher Baumbestand;* **Rein|bei|trag,** der: vgl. Reinertrag; **rein|blau** ⟨Adj.⟩: *von ungetrübter, klarem Blau.*

rein|but|tern ⟨sw. V.; hat⟩ (salopp): *buttern* (3).

Rein|del, Reindl: Vkl. zu ↑ Rein.

rein|drü|cken¹ ⟨sw. V.; hat⟩ (ugs.): *hineindrücken;* **rein|dür|fen** ⟨unr. V.; hat⟩ (ugs.): *hinein-, hereindürfen.*

Rei|ne, die; - [mhd. reine] (dichter.): *Reinheit.*

Rei|ne|clau|de [rɛ:nəˈkloːdə]: ↑ Reneklode.

Rein|ein|kom|men, das: *Nettoeinkommen;* **Rein|ein|nah|me,** die; -: vgl. Reinertrag; **Rei|ne|ma|che|frau,** die: *Putzfrau;* Reinmachefrau, Reinmachen, das; -s (landsch.): *das Putzen* (1 a): bei den Nachbarn ist großes R. *(Hausputz);* ♦ **rei|nen** ⟨sw. V.; hat⟩ [mhd., ahd. reinen]: *reinigen:* Da muß ich mich denn selber r. (Grillparzer, Weh dem V); **rein|er|big** ⟨Adj.⟩ (Biol.): *homozygot;* **Rein|er|big|keit,** die; - (Biol.): *Homozygotie;* **Rein|er|lös,** der; -: vgl. Reinertrag; **Rein|er|trag,** der: *Ertrag nach Abzug der Unkosten o. ä.; Nettoertrag.*

Rei|net|te: ↑ Renette.

rei|ne|weg, reinweg ⟨Adv.⟩ [zu ↑²rein (3)] (ugs.): *(verstärkend) vollständig, ganz u. gar:* erzählen Sie mir mal r. alles; Richtig, hatt' ich doch reineweg vergessen (Erné, Fahrgäste 109).

rein|fah|ren ⟨st. V.; ist⟩ (ugs.): *hinein-, hereinfahren;* **Rein|fall,** der: *unangenehme Überraschung, große Enttäuschung:* die Tagung, der Film ist ein ziemlicher R.; der neue Buchhalter ist ein glatter R.; das war geschäftlich gesehen ein R.; einen R. mit etw. erleben; **rein|fal|len** ⟨st. V.; ist⟩ (ugs.): *hinein-, hereinfallen.*

Re|in|fark| t, der; -[e]s, -e [aus lat. re- = wieder u. ↑ Infarkt] (Med.): *wiederholter Infarkt.*

Re|in|fek|ti|on, die; -, -en [aus lat. re- = wieder u. ↑ Infektion] (Med.): *erneute Ansteckung mit der gleichen Erreger;* **re|in|fi|zie|ren** ⟨sw. V.; hat⟩ (Med.): **a)** *durch gleiche Erreger wieder infizieren;* **b)** ⟨r. + sich⟩ *sich mit gleichen Erregern wieder infizieren.*

rein|flie|gen ⟨st. V.; ist⟩ (ugs.): *hinein-, hereinfliegen.*

Re|in|force|ment [riːnˈfɔːsmənt], das; - [engl. reinforcement, zu: to reinforce = (ver)stärken] (Psych.): *Bestätigung, Bekräftigung einer erwünschten Handlungsweise, um ihre gewohnheitsmäßige Verfestigung zu erreichen* (z. B. Lob).

Re|in|fu|si|on, die; -, -en [zu lat. re- = wieder u. ↑ Infusion] (Med.): *intravenöse Wiederzuführung von verlorenem od. vorher dem Organismus entzogenem, aber noch nicht geronnenem Blut in den Blutkreislauf.*

rein|ge|hen ⟨unr. V.; ist⟩ (ugs.): *hineingehen;* **Rein|ge|schmeck|te,** der u. die; -n, -n ⟨Dekl. ↑ Abgeordnete⟩ (bes. schwäb.): *Hereingeschmeckte[r].*

Rein|ge|wicht, das: *Gewicht ohne Verpackung o. ä.; Nettogewicht;* **Rein|ge|winn,** der: vgl. Reinertrag; **rein|gol|den** ⟨Adj.⟩: vgl. reinleinen; **Rein|hal|tung,** die; -: *Erhaltung des natürlichen, sauberen Zustands von etw.:* die R. der Luft; ein Abkommen über die R. des Bodensees.

rein|hän|gen, sich ⟨sw. V.; hat⟩ (ugs.): *sich bei etw. engagieren, sich einer Sache annehmen:* er hat sich zu sehr [in die Sache] reingehängt; **rein|hau|en** ⟨unr. V.; haute/hieb, hat gehauen/(landsch.: gehaut⟩ (salopp): **a)** *dreschen* (3a): * **jmdm. eine r.** *(jmdn. verprügeln; jmdm. einen Schlag [ins Gesicht] versetzen):* hau mir doch eine rein, die alte Pumapisse (Hornschuh, Ich bin 13); **b)** *viel essen:* ordentlich r.; ... und haue abends um neun noch drei Stullen rein (Loest, Pistole 218).

Rein|heit, die; - [zu ↑²rein]: **1.** *reine Beschaffenheit:* kristalline, spektrale R.; die R. der Lehre, Form. **2.** *reine* (I, 4) *Beschaffenheit:* das Waschmittel garantiert hundertprozentige R. der Wäsche; Ü die R. des Herzens; daß sie (= die kleinen Kinder) aber unschuldig im Sinne wirklicher R. ... seien (Th. Mann, Krull 60); **Rein|heits|ge|bot,** das (Brauereiwesen): *Lebensmittelgesetz, das vorschreibt, daß zum Brauen von Bier nur aus Gerste gewonnenes Malz, Hopfen, Wasser u. (heute auch) Hefe verwendet werden dürfen;* **Rein|heits|grad,** der (Chemie): *Grad der Reinheit* (1) *einer Substanz.*

rein|hö|ren ⟨sw. V.; hat⟩: **1.** *etw. kurz anhören [um einen Eindruck davon zu verschaffen]:* nur einmal kurz in eine Platte r. **2.** ⟨r. + sich⟩ *sich durch das Anhören mit etw. vertraut machen:* in diese fremdartige Melodik muß man sich r.

rei|ni|gen ⟨sw. V.; hat⟩ [mhd. reinegen, zu: reinic =rein]: *Schmutz, Flecken o. ä. von etw. entfernen; etw. säubern, saubermachen:* die Kleider, die Pfeife, Wunde, Treppe, Straße r.; Abgase r.; etw. chemisch r. lassen; sich von Kopf bis Fuß r.; Er ... reinigt ... seine Hände mit Bimsstein und Seife von dem zähen Fett (Fr. Wolf, Zwei 379); gereinigte Luft r.; ⟨subst.:⟩ den Anzug zum Reinigen bringen, geben; Ü ... den Verwaltungsapparat r. *(gegen Schlendrian, Korruption o. ä. vorgehen)* (Rothfels, Opposition 129); ein reinigendes Gewitter *(Ausräumung eines Konflikts; Befreiung von Ärger o. ä. durch einen heftigen Streit)* tut not; **Rei|ni|ger,** der; -s, -: **a)** *chemisches Mittel zum Reinigen von etw.:* ein hochwirksamer R.; **b)** *jmd., der etw. reinigt;* **Rei|ni|ge|rin,** die; -, -nen: w. Form zu ↑ Reiniger (b); **Rei|ni|gung,** die; -, -en [mhd. reinigunge]: **1.** ⟨Pl. selten⟩ *das Reinigen:* die R. des Gesichts, der Hose, des Wassers, der Gase; rituelle R. (Rel.); *Waschung als symbolische Handlung zur Beseitigung von Unrein-*

heit); Ü Für eine R. unserer politisch verhetzten Atmosphäre (Tucholsky, Zwischen 110). **2.** *Unternehmen, Geschäft, das chemisch reinigt:* die R. hat heute geschlossen; den Anzug, Mantel in die R. bringen; **Rei|ni|gungs|an|stalt,** die (seltener): *Reinigung* (2); **Rei|ni|gungs|ap|pa|rat,** der: *Vorrichtung zum Reinigen von Flüssigkeiten od. Gasen;* **Rei|ni|gungscreme,** die: *kosmetische Creme zur Reinigung u. Pflege des Gesichts;* **Rei|ni|gungs|eid,** der: *(im MA.) in einem Prozeß geleisteter Eid zur Bezeugung der Unschuld;* **Rei|ni|gungs|in|sti|tut,** das (seltener): *Reinigung* (2); **Rei|ni|gungskraft,** die: *Kraft, Fähigkeit zu reinigen, die einer Sache innewohnt;* **Rei|ni|gungsmilch,** die: vgl. Reinigungscreme; **Rei|nigungs|mit|tel,** das: *chemisches Mittel zum Reinigen von etw;* **Rei|ni|gungs|poli|tur,** die: vgl. Reinigungsmittel.

Re|in|kar|na|ti|on, die; -, -en [zu lat. re- = wieder u. ↑Inkarnation] (bes. ind. Religionen): *Übergang der Seele eines Menschen in einen neuen Körper u. eine neue Existenz; Seelenwanderung;* **re|in|karnie|ren,** sich ⟨sw. V.; hat⟩ (bes. ind. Religionen): *eine Reinkarnation erfahren.*

rein|knal|len ⟨sw. V.; hat⟩ (salopp): *knallen* (2 b, c): * *jmdm. eine r.* (↑knallen c); **rein|knien,** sich ⟨sw. V.; hat⟩ (ugs.): *hineinknien;* **rein|kom|men** ⟨st. V.; ist⟩ (ugs.): *hinein-, hereinkommen;* **rein|können** ⟨unr. V.; hat⟩ (ugs.): *hinein-, hereinkönnen;* **rein|krie|gen** ⟨sw. V.; hat⟩ (ugs.): *hinein-, hereinkriegen.*

Rein|kul|tur, die: **1.** (Landw.) *Monokultur.* **2.** (Biol.) *Bakterienkultur, die nur auf ein Individuum* (3) *od. sehr wenige Individuen einer Art od. eines Stammes zurückgeht:* eine R. züchten, erhalten; **in R.** *(in einer Ausprägung, einem Ausmaß, das nicht übertroffen werden kann):* das ist Kitsch, Konservatismus in R. **3.** (Forstw.) *Reinbestand.*

rein|lan|gen ⟨sw. V.; hat⟩ (ugs.): **1.** *hineinlangen:* * *jmdm. eine r. (jmdm. einen Schlag, bes. eine Ohrfeige, versetzen).* **2.** (landsch.) *[bei der Darstellung von etw.] übertreiben:* bis zum Ellenbogen r. *(maßlos übertreiben);* **rein|le|gen** ⟨sw. V.; hat⟩ (ugs.): *hinein-, hereinlegen.*

rein|lei|nen ⟨Adj.⟩: *aus reinem Leinen;* **rein|lich** ⟨Adj.⟩ [mhd. reinlich]: **1. a)** *sehr auf Sauberkeit* (1) *bedacht:* sie ist ein -er Mensch, sehr r.; **b)** *sehr sauber* (1): eine -e Stadt; sie waren r. gekleidet. **2.** *sehr genau; sorgfältig, gründlich:* eine -e Differenzierung der Begriffe; die Bestandteile müssen r. getrennt werden; ... entledige mich auch meines Stärkhemdes, das ich, r. gefaltet, der übrigen Garderobe hinzufügte (Th. Mann, Krull 109); **Rein|lichkeit,** die ⟨o. Pl.⟩: *das Reinlichsein;* **Rein|lichkeits|be|dürf|nis,** das: *Bedürfnis nach Reinlichkeit;* **Rein|lich|keits|fim|mel,** der (abwertend): *übertriebener Reinlichkeitssinn;* **rein|lich|keits|lie|bend** ⟨Adj.⟩: *auf Reinlichkeit bedacht;* **Rein|lich|keitssinn,** der ⟨o. Pl.⟩: *Sinn für Reinlichkeit;* **Rein|luft|ge|biet,** das (Fachspr.): *Gebiet außerhalb von Ballungsräumen, das nur in geringem Maß von der Luftverschmutzung betroffen ist;* **Rein|ma|che|frau;** ↑Reinemachefrau; **Rein|ma|chen:** ↑Reinemachen; **Rein|nickel¹,** das: *reines Nickel.*

rein|ras|seln ⟨sw. V.; ist⟩ (salopp): *hereinrasseln.*

rein|ras|sig ⟨Adj.⟩: *(von Tieren) nicht gekreuzt, von einer Rasse abstammend;* **Rein|ras|sig|keit,** die; -: *das Reinrassigsein.*

rein|re|den ⟨sw. V.; hat⟩ (ugs.): *hineinreden;* **rein|rei|ßen** ⟨st. V.; hat⟩ (ugs.): **1.** *hineinreiten* (2): Deine Kollegen werden dich doch nicht r.! (Fallada, Mann 52); Ü der Totalschaden an meinem Wagen hat mich ganz schön reingerissen *(hat mich viel Geld gekostet).* **2.** *hineinreißen, hereinreißen* (1); **rein|rei|ten** ⟨st. V.⟩: **1.** (ugs.) *hineinreiten* (1) ⟨ist⟩. **2.** (salopp) *hineinreiten* (2) ⟨hat⟩; **rein|rie|chen** ⟨st. V.; hat⟩ (ugs.): *Einblick in etw. gewinnen, eine Vorstellung von etw. bekommen wollen u. sich deshalb kurz, flüchtig damit beschäftigen:* ein Redakteur sollte auch mal in die Herstellung r.; **rein|schau|en** ⟨sw. V.; hat⟩ (ugs.): *hinein-, hereinschauen;* **rein|schau|feln** ⟨sw. V.; hat⟩ (ugs.): *hineinschaufeln;* **rein|schie|ben** ⟨st. V.; hat⟩ (ugs.): *hineinschieben.*

Rein|schiff, das; -s (Seemannsspr.): *gründliches Reinigen des Schiffes:* das eigentliche R. beginnt mit der Morgenwache; beim R. das Vordeck zugeteilt bekommen; * **R. machen** (ugs.; *eine Angelegenheit bereinigen).*

rein|schla|gen ⟨st. V.; hat⟩ (ugs.): **1.** *hineinschlagen.* **2.** * *jmdm. eine r.* (salopp: *jmdm. mit voller Wucht einen Schlag, bes. eine Ohrfeige, versetzen);* **rein|schlin|gen** ⟨st. V.; hat⟩ (salopp): *hineinschlingen;* **rein|schlit|tern** ⟨sw. V.; ist⟩ (ugs.): *hineinschlittern;* **rein|schmei|ßen** ⟨st. V.; hat⟩ (ugs.): *hineinwerfen* (1, 2); **rein|schmuggeln** ⟨sw. V.; hat⟩ (ugs.): *hinein-, hereinschmuggeln;* **rein|schnei|en** ⟨sw. V.; hat/ist⟩ (ugs.): *hinein-, hereinschneien;* **reinschrei|ben** ⟨st. V.; hat⟩ (ugs.): *hineinschreiben:* das können wir glatt mit r. in den Prospekt (Danella, Hotel 110).

Rein|schrift, die: *sorgfältige Abschrift;* **rein|schrift|lich** ⟨Adj.⟩: *als Reinschrift abgeschrieben.*

rein|se|geln ⟨sw. V.; ist⟩ (salopp): *hereinrasseln;* **rein|se|hen** ⟨sw. V.; hat⟩ (ugs.): *hinein-, hereinsehen;* **rein|sil|bern** ⟨Adj.⟩: vgl. reinleinen; **rein|sol|len** ⟨unr. V.; hat⟩ (ugs.): *hinein-, hereinsollen;* **rein|spa|zie|ren** ⟨sw. V.; ist⟩ (ugs.): *hinein-, hereinspazieren;* **re|in|stal|lie|ren** ⟨sw. V.; hat⟩ [zu lat. re- = wieder u. ↑installieren]: *(in ein Amt) wiedereinsetzen.*

rein|stecken¹ ⟨sw. V.; hat⟩ (ugs.): *hinein-, hereinstecken;* **rein|stei|gen** ⟨st. V.; ist⟩ (ugs.): *hinein-, hereinsteigen;* **rein|steigern,** sich ⟨sw. V.; hat⟩ (ugs.): *sich in etw. hineinsteigern.*

Rein|stoff, der (Chemie): *Stoff, der unvermischt, frei von andersartigen Komponenten ist* (z. B. Element, chemische Verbindung).

rein|stol|pern ⟨sw. V.; ist⟩ (ugs.): *hineinstolpern;* **rein|stop|fen** ⟨sw. V.; hat⟩ (ugs.): *hineinstopfen;* **rein|tap|pen** ⟨sw. V.; ist⟩ (ugs.): *hineintappen.*

Re|in|te|gra|ti|on, die; -, -en [zu lat. re- = wieder u. ↑Integration]: **1.** *Redintegration* (2). **2.** *Wiedereingliederung.* **3.** (veraltet) *Wiederherstellung;* **re|in|te|grie|ren** ⟨sw. V.; hat⟩: *wiedereingliedern:* Jugendliche in derartige Gefängnisse zu sperren mit der Vorgabe, ... sie zu r. in unsere Gesellschaft (Petersen, Resonanz 180).

rein|tre|ten ⟨st. V.⟩: **1.** (ugs.) *hineintreten* (2) ⟨ist⟩. **2.** ⟨hat⟩ (salopp) * *jmdm., jmdn. hinten r. (jmdm. mit voller Wucht einen Tritt ins Gesäß versetzen).*

Rein|ver|mö|gen, das: vgl. Reinertrag.

re|in|ve|stie|ren ⟨sw. V.; hat⟩ [zu lat. re- = wieder u. ↑investieren] (Wirtsch.): *freiwerdendes Kapital erneut investieren* (1a).

rein|wa|schen ⟨st. V.; hat⟩: *von einer Schuld, einem Verdacht befreien:* er konnte sich, die Aussage konnte ihn nicht r.; **rein|weg:** ↑reineweg.

rein|wer|fen ⟨st. V.; hat⟩ (ugs.): *hineinwerfen* (1, 2, 3), *hereinwerfen.*

¹rein|wol|len ⟨Adj.⟩: vgl. reinleinen.

²rein|wol|len ⟨unr. V.; hat⟩ (ugs.): *hinein-, hereinwollen.*

rein|wür|gen ⟨sw. V.; hat⟩ (ugs.): **1.** *hineinwürgen.* **2.** * *jmdm. eine/eins r. (gegen jmdn., dessen Verhalten, Vorgehen man als ärgerlich o. ä. empfindet, etwas unternehmen, was ihm unangenehm ist u. seine Aktivitäten einschränkt);* **rein|zie|hen** ⟨unr. V.⟩ (ugs.): **1.** *hineinziehen* (1-5). **2.** ⟨r. + sich⟩ *konsumieren:* sich eine Bratwurst, eine Flasche Whisky r.; Ü sich ein Video r.; Der zieht sich jeden Morgen ... ein Bibelwort rein (Spiegel 3, 1987, 41).

Rein|zucht, die: **a)** *Zucht von reinrassigen Tieren;* **b)** (Biol.) *Paarung von Individuen einer Art.*

rein|zwän|gen ⟨sw. V.; hat⟩ (ugs.): *hineinzwängen.*

¹Reis, der; -es, (Sorten:) -e [mhd. rīs < mlat. risus (risum) < lat. oriza, oryza < griech. óryza, über das Aind. u. Pers. wohl aus einer südasiatischen Spr.]: **a)** *(in warmen Ländern wachsende, zu den Gräsern gehörende) hochwachsende Pflanze mit breiten Blättern u. langen Rispen (deren Früchte ein Grundnahrungsmittel bilden):* R. anbauen, pflanzen, ernten; **b)** *Frucht des Reises* (a): [un]geschälter, polierter R.; R. muß beim Kochen körnig bleiben; Huhn mit R.

²Reis, das; -es, -er [mhd. rīs, ahd. [h]rīs; wahrsch. urspr. = sich zitternd Bewegendes]: **a)** (geh.) *kleiner, dünner Zweig:* Ein trockenes R. war ihm zwischen die Finger geraten, und er stocherte damit nachdenklich im Boden (Musil, Mann 1171); Vögel tragen -er zum Nest; -er sammeln, binden; ein Feuer aus -ern; das Beet im Winter mit -ern *(Reisig)* zudecken; Spr viele -er machen einen Besen *(mit vereinten Kräften läßt sich viel erreichen);* **b)** (geh.) *junger Sproß, Schößling:* Joseph, ihr R., der wahrhafte Sohn, wuchs heran (Th. Mann, Joseph 165); **c)** *Pfropfreis.*

³Reis: Pl. von ↑²Real.

Reis|auf|lauf, der (Kochk.): *[süßer] Auflauf* (2) *aus Reis u. anderen Zutaten;* **Reis|bau,** der ⟨o. Pl.⟩: *Anbau von Reis;* **Reis|bau|er,** der: ¹*Bauer* (1 a), *der* ¹*Reis* (a) *anbaut;* **Reis|bäu|e|rin,** die: w. Form zu ↑Reisbauer.

Reis|be|sen, der: *Reisigbesen.*

Reis|brannt|wein, der: vgl. Arrak; **Reis-brei,** der: *in Milch weichgekochter Reis mit Zucker u. Gewürzen.*
Reis|bün|del, das (veraltet): *Reisigbündel*; **Reis|bür|ste,** die: vgl. Reisbesen.
Rei|se, die; -, -n [mhd. reise = Aufbruch, (Heer)fahrt, ahd. reisa = (Heer)fahrt, zu mhd. risen, ahd. risan = sich erheben, steigen, fallen; 2: LÜ von engl. trip, ↑Trip]: **1.** *Fahrt zu einem entfernteren Ort:* eine große, weite, kurze, teure, angenehme, beschwerliche, dienstliche, geschäftliche R.; eine R. an die See, ins Ausland, in ferne Länder, nach Übersee, nach Polen, um die Welt, durch die Sowjetunion, zur Messe, zu Verwandten; eine R. im/mit dem Auto, im Flugzeug, mit der Eisenbahn, zu Fuß, zur See; die R. dient der Erholung; wohin soll diesmal die R. gehen?; *Selbständige Aquarelle ... sind erst Dürers Landschaften, vor allem der ersten italienischen R.* (*Reise nach Italien*; Bild. Kunst III, 13); eine R. vorhaben, planen, durchführen, machen; jmdm. [eine] gute, glückliche R. wünschen; der Brief hat eine lange R. gemacht (ugs.; *war lange unterwegs*); *was soll ich auf die R. mitnehmen?*; er ist noch nicht von der R. zurück; Vorbereitungen zur R. treffen; auf der R. *(unterwegs)* gab es viel zu sehen; R wenn einer eine R. tut, so kann er was erzählen (nach M. Claudius); Ü eine R. in die Vergangenheit *(das Sicherinnern o.ä. an Vergangenes);* [nicht] wissen, wohin die R. geht (ugs.; *[nicht] erkennen, in welcher Richtung sich etw. weiterentwickelt*); * **seine letzte R. antreten** (verhüll.; *sterben*); **auf -n gehen** (*verreisen*); **auf -n sein** *(unterwegs, verreist sein);* **jmdn. auf die R. schicken** (Sport Jargon; 1. *[einen Läufer, Fahrer o.ä.] auf die Bahn schicken, starten lassen, losschicken*: in 30 oder 60 Sekunden Abstand wurden hier die einzelnen Aktiven „auf die Reise" geschickt [Gast, Bretter 12]. **2.** *beim Fußball o.ä. einem Mitspieler eine weite Vorlage geben:* Jupp schickte seinen Vereinskollegen mit einem Steilpaß auf die R. [Walter, Spiele 213]). **2.** (Jargon) *traumhafter Zustand des Gelöstseins nach der Einnahme von Rauschgift; Rausch:* sie machten wieder eine R., hatten sich mit starken Drogen auf die R. geschickt; **Rei|se|an|den|ken,** das: *von einer Reise mitgebrachtes Andenken* (2); **Rei|se|apo|the|ke,** die: *Tasche, Behälter mit einer Zusammenstellung von Medikamenten, mit Verbandzeug u.ä.;* **Rei|se|be|darf,** der: *alles, was für eine Reise benötigt wird;* **Rei|se|be|glei|ter,** der: *jmd., der einen anderen [als Betreuer] auf einer Reise begleitet od. der zufällig das gleiche Reiseziel hat;* **Rei|se|be|glei-te|rin,** die: w. Form zu ↑Reisebegleiter; **Rei|se|bei|la|ge,** die: *[regelmäßig erscheinende] Beilage* (2), *in der über ein Urlaubsgebiet o.ä. berichtet wird;* **Rei|se-be|kannt|schaft,** die: *Person, die jmd. auf einer Reise kennengelernt hat:* eine flüchtige R.; **Rei|se|be|richt,** der: **a)** *[persönlicher] Bericht über eine Reise;* **b)** *Reisebeschreibung;* **Rei|se|be|schrei|bung,** die: *ausführliche, manchmal mit Erdachtem u. Erdichtetem verknüpfte literarische Beschreibung einer Reise [in Buchform]:* er

liest gerne -en; **Rei|se|be|steck,** das: *zusammengestecktes od. in einem Futteral untergebrachtes leichtes Besteck* (1 a) *für die Reise;* **Rei|se|buch,** das: *Reisebeschreibung od. Reiseführer in Buchform;* **Rei|se|buch|han|del,** der: *Buchhandel über reisende Vertreter, die beim Kunden Bestellungen (bes. auf größere, in Fortsetzungen erscheinende u. in Raten zu zahlende Objekte) aufnehmen u.* **Rei|se|bü|ro,** das: **a)** *Unternehmen, in dem Reisen vermittelt, Fahrkarten verkauft, Buchungen aufgenommen u. Beratungen über Reisewege u. -ziele durchgeführt werden;* **b)** *Geschäftsraum eines Reisebüros* (a): zum, ins R. gehen; **Rei|se|bus,** der: kurz für ↑Reiseomnibus; **Rei|se|decke¹,** die: *leichte Wolldecke für die Reise;* **Rei|se-di|ä|ten** ⟨Pl.⟩ (veraltend): *Diäten* (1) *für Reisen;* **Rei|se|di|plo|ma|tie,** die: *durch häufige Reisen eines Politikers, von Politikern ausgeübte Diplomatie* (1 a); **Rei|se-ein|druck,** der ⟨meist Pl.⟩: *auf einer Reise gewonnener Eindruck* (1); **Rei|se|er|in-ne|rung,** die: *Erinnerung an eine Reise;* **Rei|se|er|laub|nis,** die: *Erlaubnis zu einer Reise, zum Reisen;* **Rei|se|er|leb|nis,** das: *Erlebnis auf einer Reise;* **Rei|se|er-leich|te|rung,** die: *(bes. für die Bürger der ehem. DDR) Erleichterung der Erteilung der behördlichen Erlaubnis, ins westliche Ausland u. bes. nach Westdeutschland zu reisen;* **rei|se|fä|hig** ⟨Adj.⟩: *(von Kranken, Verletzten) in einem Zustand, der eine Reise erlaubt:* der Kranke ist noch nicht r.; **rei|se|fer|tig** ⟨Adj.⟩: *fertig für die Reise, zum Reisen:* r. dastehen; **Rei|se-fie|ber,** das (ugs.): *Aufgeregtheit, innere Unruhe vor Beginn einer Reise;* **Rei|se-frei|heit,** die ⟨o. Pl.⟩: *(von den Bewohnern der ehem. DDR geforderte) Freiheit, ins [westliche] Ausland reisen zu können;* **rei-se|freu|dig** ⟨Adj.⟩: *reiselustig;* **Rei|se-füh|rer,** der: **1.** *jmd., der Reisende, bes. Reisegruppen, führt u. ihnen die Sehenswürdigkeiten am jeweiligen Ort zeigt.* **2.** *Buch, das dem Reisenden alles Notwendige über Unterkünfte, Verkehrsmittel, kulturelle Einrichtungen o.ä. vermittelt;* **Rei|se|füh|re|rin,** die: w. Form zu ↑Reiseführer (1); **Rei|se|ge|fähr|tin,** die: w. Form zu ↑Reisegefährte; **Rei|se|geld,** das: **1.** *für eine Reise, bes. für die Fahrkarten, benötigtes Geld.* **2.** ⟨Pl.⟩ *Reisespesen;* **Rei|se|ge|päck,** das: *auf einer Reise mitgeführtes Gepäck;* **Rei|se|ge|päck|ver|si-che|rung,** die: *für einen begrenzten Zeitraum, die Dauer der Reise geltende Versicherung des Gepäcks gegen Diebstahl od. Verlust:* eine R. abschließen; **Rei|se|ge-schwin|dig|keit,** die: *für die gesamte Fahrt, vom Ausgangspunkt bis zum Ziel, berechnete Durchschnittsgeschwindigkeit eines Verkehrsmittels;* **Rei|se|ge|sell-schaft,** die: **1.** *Gruppe von Menschen, die gemeinsam eine [von einem Reisebüro o.ä. organisierte] Reise unternehmen:* die Kathedrale ist voll von -en. **2.** ⟨o. Pl.⟩ *Zusammensein mit jmdm., Begleitung auf einer Reise:* daß seine Frau ... sich freuen würde, so gute R. zu bekommen (Baum, Paris 142); **Rei|se|ge|wer|be,** das: *ambulant ausgeübtes Gewerbe (Verkauf, Schaustellung, Straßenmusik o.ä.);* **Rei|se|ge-**

wer|be|kar|te, die (Amtsspr.): *Gewerbeschein für das Reisegewerbe;* **Rei|se-grup|pe,** die: vgl. Reisegesellschaft (1); ◆ **Rei|se|ha|bit,** der, auch: das: *Reisekleidung:* Madame Mozart trägt ein bequemes R., hellgrün und weiß gestreift (Mörike, Mozart 214); **Rei|se|hand|buch,** das: *Reiseführer* (2); **Rei|se|ka|der,** der (bes. in den früheren sozialistischen Staaten): **1.** *Kader* (2), *dessen Angehörigen es erlaubt ist, ins [westliche] Ausland zu reisen:* ... haben sowjetische Künstler in aller Regel den Vorzug, ... in den R. ihres Staates aufgenommen zu werden (Frankfurter Rundschau 6. 12. 86, 8). **2.** *Angehöriger eines Reisekaders:* daß sich der 59jährige ... bereits 1978 zur Mitarbeit beim Ministerium für Staatssicherheit ... als R. verpflichtet habe (Welt 19./20. 7. 86, 1); **Rei|se|kas|se,** die: *für eine Einzel- od. Gruppenreise gespartes od. zusammengelegtes Geld;* **Rei|se|kis|sen,** das: *kleines [aufblasbares] Kissen für die Reise;* **Rei|se|klei|dung,** die: *praktische Kleidung für die Reise;* **Rei|se|kof|fer,** der: *Koffer* (1); **Rei|se|korb,** der (früher): *bei großen Reisen od. Umzügen verwendeter Korb* (1a) *mit umschließbarem Deckel;* **Rei|se|ko|sten** ⟨Pl.⟩: *Kosten für Fahrt, Unterkunft, Verpflegung u.ä., die auf einer Reise anfallen;* **Rei|se|ko|sten-ab|rech|nung,** die: *Abrechnung* (2) *der Kosten einer Dienst- od. Geschäftsreise;* **Rei|se|ko|sten|zu|schuß,** der: *Zuschuß* (1) *zu den Reisekosten;* **Rei|se|krank-heit,** die: *Kinetose;* **Rei|se|kre|dit|brief,** der (Bankw.): *im Reiseverkehr, bes. bei Auslandsreisen, verwendeter Kreditbrief;* **Rei|se|land,** das ⟨Pl. -länder⟩: *Land, in das viele Reisen unternommen werden:* Österreich ist ein beliebtes R.; **Rei|se|lei-ter,** der: *Leiter einer Gesellschaftsreise, der für die Organisation (Fahrt, Unterkunft, Ausflüge, Führungen) verantwortlich ist;* **Rei|se|lei|te|rin,** die: w. Form zu ↑Reiseleiter; **Rei|se|lek|tü|re,** die: *Lesestoff für die Reise;* vgl. Reisewagen; **Rei|se|lust,** die ⟨o. Pl.⟩: *Lust zum [häufigen] Reisen:* von R. gepackt sein; **rei|se|lu|stig** ⟨Adj.⟩: *voller Reiselust;* **Rei|se|mar|schall,** der [urspr. kundiger Reisebegleiter eines Fürsten] (ugs. scherzhaft): *Begleiter auf einer Reise, Reiseleiter;* **Rei|se|ma|schi-ne,** die: kurz für ↑Reiseschreibmaschine; **Rei|se|mo|bil,** das: *Fahrzeug mit zugehörigem eingerichtetem Wohnteil, „Haus auf Rädern";* **rei|sen** ⟨sw. V.; ist⟩ [mhd. reisen, ahd. reisōn, zu ↑Reise]: **a)** *eine Reise machen:* allein, in Gesellschaft, geschäftlich, zur Erholung, unter fremdem Namen, inkognito r.; an die See, aufs Land, ins Gebirge, nach Berlin, nach Italien, ins Ausland, zu Verwandten, zu einem Kongreß r.; wir reisen mit dem Auto, mit der Bahn, im Schlafwagen, mit (geh. veraltend:) zu Schiff, mit dem Flugzeug; **b)** *eine Reise antreten, abfahren, abreisen:* wir reisen am Dienstag sehr früh; wann reist ihr?; Ich wollte, bevor ich reiste, den weißen Hirsch im Vestibül ... noch einmal sehen (Th. Mann, Krull 425); **c)** *Reisen unternehmen, [als Reisender] viel unterwegs sein, sich oft auf Reisen befinden:* er reist gern;

Reisende

sie sind schon viel und weit gereist; er reist immer 1. Klasse/in der 1. Klasse; er reist *(ist Handelsvertreter)* für seine Firma im norddeutschen Raum; er reist in Unterwäsche *(Jargon: ist Reisender 2 für Unterwäsche);* reisende *(umherziehende)* Schausteller; **Rei|sen|de,** der u. die; -n, -n ⟨Dekl. ↑Abgeordnete⟩: **1.** *jmd., der sich auf einer Reise befindet:* ein verspäteter -r; zwei R. waren zugestiegen; die -n werden gebeten, ihre Plätze einzunehmen; R R. soll man nicht aufhalten *(jmdn., der sich entschlossen hat, einen Ort zu verlassen, etw. aufzugeben o. ä., soll man nicht zurückhalten).* **2.** Handelsvertreter: er ist -r für eine große Textilfirma, in Elektrogeräten; **Rei|se|ne|ces|saire,** das: *Beutel, Tasche o. ä. mit Fächern zum Unterbringen von Waschzeug u. sonstigen Toilettenartikeln;* **Rei|se|om|ni|bus,** der: *Omnibus für Reisen;* **Rei|se|on|kel,** der (ugs. scherzh.): *Mann, der gern u. viel reist;* **Rei|se|pa|pier,** das ⟨meist Pl.⟩: *Papier für [Auslands]reisen;* **Rei|se|paß,** der: *Paß* (1); ♦ **Rei|se|pi|stol,** das: *kleinere Pistole, die man auf Reisen mit sich führt:* Gasparde ... ergriff ... plötzlich das R., das noch in meinem Gürtel stak (C. F. Meyer, Amulett 61); **Rei|se|plaid,** das: *Reisedecke;* **Rei|se|plan,** der: *²Plan* (1 a) *für eine Reise;* **Rei|se|pro|spekt,** der: *[in einem Reisebüro erhältlicher] Prospekt* (1), *in dem Orte u. Unterkunftsmöglichkeiten eines bestimmten Urlaubsgebietes dargestellt u. angepriesen werden;* **Rei|se|pro|vi|ant,** der: vgl. Proviant.
Rei|ser: Pl. von ↑²Reis; **Rei|ser|be|sen,** der: *Reisigbesen.*
Rei|se|rei, die; -, -en (ugs. abwertend): *[dauerndes] Reisen:* ich bin diese ewige R. leid.
rei|sern ⟨sw. V.; hat⟩ [zu ↑²Reis] (Jägerspr.): *(vom Schweißhund) Witterung von Ästen u. Zweigen nehmen, die das Wild gestreift hat.*
Reis|ern|te, die: **1.** *das Ernten des ¹Reises* (a). **2.** *Gesamtheit des geernteten ¹Reises.*
Rei|se|rou|te, die: vgl. Route; **Rei|se|ruf,** der: *von Automobilklubs während der Reisezeit an Rundfunkanstalten weitergegebene dringende Bitte von Angehörigen sich unterwegs befindender Autofahrer, diese über Funk nach Hause zu rufen:* einen R. senden; **Rei|se|sack,** der: *Sack für Sachen, die man auf die Reise mitnimmt, bes. für Seeleute;* **Rei|se|sai|son,** die: *Hauptreisezeit;* **Rei|se|scheck,** der: **1.** *Zahlungsmittel, bes. für Auslandsreisen, das die Auszahlung eines bestimmten Betrages durch eine Bank des besuchten Landes garantiert.* **2.** (ehem. DDR) *Schein, der zu einer Ferienreise an einen bestimmten Ort berechtigt;* **Rei|se|schil|de|rung,** die: *Reisebericht;* **Rei|se|schreib|ma|schi|ne,** die: *leichte Schreibmaschine, die mit Deckel u. Griff als kleiner Koffer zu tragen ist;* **Kofferschreibmaschine;** **Rei|se|schrift|stel|ler,** der: *Schriftsteller, der Reisebücher verfaßt;* **Rei|se|schrift|stel|le|rin,** die: w. Form zu ↑Reiseschriftsteller; **Rei|se|se|gen,** der: *Segen* (1 a) *der jmdm., der auf Reisen geht, gespendet wird:* Großmutter, wie immer, wenn ich fortfahre, gibt mir ihren R. mit (Zeller, Amen 63); **Rei|se|spe|sen** ⟨Pl.⟩: *bestimmte Summe, Geldbetrag, den jmd. im Zusammenhang mit einer dienstlichen, geschäftlichen Reise für seine Auslagen, Aufwendungen erhält;* **Rei|se|tag,** der: **1.** *Tag der Abreise.* **2.** *ein bestimmter Tag der Reise:* am dritten R. waren sie in Athen; **Rei|se|tan|te,** die: vgl. Reiseonkel; **Rei|se|ta|sche,** die: *größere Tasche für Reisen;* **Rei|se|tip,** der (ugs.): *Tip* (1) *für eine Reise;* **Rei|se|un|ko|sten** ⟨Pl.⟩: vgl. Reisekosten; **Rei|se|un|ter|neh|men,** das: **1.** (seltener) *Projekt einer [größeren] Reise:* unser R. verlief glücklich; **Rei|se|un|ter|neh|mer,** der: *Reiseveranstalter;* **Rei|se|un|ter|neh|me|rin,** die: w. Form zu ↑Reiseunternehmer; **Rei|se|uten|si|li|en** ⟨Pl.⟩: *Sachen, die auf einer Reise gebraucht werden;* **Rei|se|ver|an|stal|ter,** der: *Veranstalter von Gesellschaftsreisen;* **Rei|se|ver|an|stal|te|rin,** die: w. Form zu ↑Reiseveranstalter; **Rei|se|ver|bot,** das: *Verbot zu reisen:* R. haben; **Rei|se|ver|kehr,** der: *durch viele Urlaubsreisen geprägter Verkehr:* auf den Autobahnen herrscht starker R.; **Rei|se|ver|kehrs|kauf|frau,** die: vgl. Reiseverkehrskaufmann; **Rei|se|ver|kehrs|kauf|mann,** der: *in einem Reisebüro tätiger Fachmann für den Reiseverkehr* (Berufsbez.); **Rei|se|ver|pfle|gung,** die: *Reiseproviant;* **Rei|se|ver|tre|ter,** der: *Handelsvertreter;* **Rei|se|ver|tre|te|rin,** die: w. Form zu ↑Reisevertreter; **Rei|se|vor|be|rei|tung,** die ⟨meist Pl.⟩: *Vorbereitung auf eine Reise:* -en treffen; **Rei|se|wa|gen,** der: *größeres, bequemes Auto, das besonders für weite Fahrten geeignet ist;* **Rei|se|wecker¹,** der: *kleinerer Wecker für die Reise;* **Rei|se|weg,** der: *Reiseroute;* **Rei|se|wel|le,** die: *vorübergehend starker Reiseverkehr (auf den Straßen u. bei der Bahn);* **Rei|se|wet|ter,** das ⟨o. Pl.⟩: *Wetter zum Reisen, während einer Reise;* **Rei|se|wet|ter|be|richt,** der: *Wetterbericht, der bes. das für bestimmte Urlaubsgebiete zu erwartende Wetter vorhersagt;* **Rei|se|wet|ter|ver|si|che|rung,** die: *Versicherung, durch die eine Entschädigung bei verregnetem Urlaub vereinbart wird;* **Rei|se|zeit,** die: *Urlaubszeit;* **Rei|se|ziel,** das: *Ziel, zu dem eine Reise führt, führen soll:* sein R. erreichen; Paris ist ein beliebtes R.; **Rei|se|zug,** der (Eisenb.): *der Personenbeförderung dienender Zug;* **Rei|se|zu|wa|gen,** der (Eisenb.): *Wagen* (2) *eines Reisezugs;* **Rei|se|zu|schuß,** der: *Reisekostenzuschuß.*

Reis|feld, das: *Feld, auf dem ¹Reis* (a) *angebaut wird;* **Reis|ge|richt,** das: *²Gericht aus ¹Reis* (b).

Reis|holz, das ⟨o. Pl.⟩ (veraltet): *Reisig.*

rei|sig ⟨Adj.⟩ [mhd. reisic, zu ↑Reise]: **a)** *(im MA.) zur Heerfahrt gerüstet, beritten;* **b)** (veraltet, noch iron.) *kriegerisch, streitbar:* der -e alte Professor; Hohngelächter der plötzlich verbündeten -en Helden Papa und Onkel Adolf (Tucholsky, Zwischen 118).

Rei|sig, das; -s [mhd. rīsech, rīsach, zu ↑²Reis]: *abgebrochene od. vom Baum gefallene dürre Zweige:* das R. knistert im Ofen; R. sammeln; mit trockenem R. ein Feuer machen; **Rei|sig|be|sen,** der: *aus Reisig gebundener Besen;* **Rei|sig|bün|del,** das: *zu einem Bündel zusammengeschnürtes Reisig.*

Rei|si|ge, der; -n, -n ⟨Dekl. ↑Abgeordnete⟩ [spätmhd. reisige, Subst. von ↑reisig]: *(im MA.) berittener Söldner.*

Rei|sig|feu|er, das: *Feuer, das mit Reisig unterhalten wird;* **Rei|sig|ge|flecht,** das: *Geflecht aus Reisig;* **Rei|sig|hau|fen,** der: *Haufen* (1) *von Reisig;* **Rei|sig|holz,** das ⟨o. Pl.⟩: *Reisig.*

Reis|im|port, der: *Import* (1) *von ¹Reis* (b); **Reis|klöß|chen,** das ⟨Kochk.⟩: *kleiner Kloß aus Milch od. Brühe gekochtem ¹Reis* (b); **Reis|knö|del,** der ⟨Kochk.⟩: *Reisklößchen;* **Reis|korn,** das: *einzelne kornartige Frucht des ¹Reises* (a).

re|is|la|mi|sie|ren ⟨sw. V.; hat⟩ [aus lat. re- = wieder, zurück u. ↑islamisieren]: *erneut islamisieren.*

Reis|lauf, der; -[e]s, **Reis|lau|fen,** das; -s [zu ↑Reise]: *(im MA.) das Eintreten in fremden Kriegsdienst, Weggehen (bes. von Schweizern) als Söldner in ein fremdes Heer;* **Reis|läu|fer,** der; -s, -: *(im MA.) Söldner in fremdem Dienst.*

Reis|mehl, das: *zu einem gut quellenden Stärkemehl zermahlene Reiskörner;* **Reis|mel|de,** die (Bot.): *Quinoa;* **Reis|pa|pier,** das [das Papier wurde früher auch aus Reisstroh hergestellt]: *handgeschöpftes, wie Seide wirkendes, sehr reißfestes u. dauerhaftes Papier;* Chinapapier; Japanpapier; **Reis|pflan|ze,** die: *einzelne Pflanze des ¹Reises* (a); **Reis|pro|duk|ti|on,** die: *Produktion* (1a) *von ¹Reis* (b) *als Nahrungsmittel;* **Reis|rand,** der ⟨Kochk.⟩: *auf einer Platte als fester, glatter Ring um ein [Fleisch]gericht angerichteter körniger Reis.*

Reiß|ah|le, die [zu ↑reißen in der alten Bed. „zeichnen, entwerfen"]: *Reißnadel;* **Reiß|aus,** der [eigtl. subst. Imperativ von „ausreißen"]: *nur in der Verbindung* **R. nehmen** (ugs.: *entfliehen, schnell weglaufen:* vor dem großen Hund nahm der Junge R.; ⟨selten auch ohne Verb:⟩ in wildem R. (Th. Mann, Joseph 181); **Reiß|bahn,** die (Flugw.): *an einem Freiballon über die Öffnung geklebte Stoffbahn, die bei der Landung heruntergezogen wird, um Gas entweichen bzw. die Ballonhülle einströmen zu lassen;* **Reiß|baum|wol|le,** die (Textilind.): *aus Abfällen von Baumwolle aufbereiteter Reißspinnstoff;* Effiloches; **Reiß|blei,** das [vgl. Reißahle]: *Graphit zum Anreißen* (5); **Reiß|brett,** das [vgl. Reißahle]: *großes rechtwinkliges Brett aus glattem, fugenlosem Holz, das als Unterlage für [technische] Zeichnungen dient:* Papier auf das R. spannen; die Straßen laufen wie auf dem R. *(ganz gerade u. rechtwinklig);* **Reiß|brett|stift,** der: *Reißzwecke.*

Reiß|schleim, der: *Schleim aus weichgekochtem, durch ein feines Sieb gegebenem Reis (bei Magenstörungen od. als Zusatz zur Säuglingsnahrung);* **Reis|schnaps,** der: *Reisbranntwein.*

rei|ßen ⟨st. V.⟩ /vgl. reißend; gerissen/ [mhd. rīzen, ahd. rīzan, urspr. = einen Einschnitt machen, ritzen, später auch: (Runen)zeichen einritzen, zeichnen, entwerfen]: **1.** *entzwei-, auseinandergehen, abreißen* ⟨ist⟩: der Faden, das Seil kann r.; Papier reißt leicht; der Film ist gerissen; mir ist das Schuhband gerissen. **2.** ⟨hat⟩ **a)** *durch kräftiges Ziehen auseinandertrennen:* ich habe den Brief mittendurch gerissen; der Stoff soll beim Verkauf nicht geschnitten, sondern nach dem Faden gerissen werden; dies Material läßt sich nicht r.; **b)** *in einzelne Teile zerreißen:* etw. in Stücke, Fetzen r.; den Stoff in schmale Bahnen r.; Ü ich könnte mich in Stücke r. [vor Wut] (ugs.; *ich bin sehr ärgerlich über mich selbst*). **3.** *durch Reißen (2), Gewalteinwirkung, Beschädigung entstehen lassen, in etw. hervorrufen* ⟨hat⟩: du hast dir ein Dreieck in die Hose gerissen; die Bombe riß einen Trichter in den Boden; Ü sein Tod hat eine schmerzhafte Lücke [in unseren Kreis] gerissen; diese Reparatur wird ein gehöriges Loch in meinen Geldbeutel r. (ugs.; *wird sehr teuer werden*). **4.** ⟨hat⟩ **a)** *sich verletzen, sich ritzen:* ich habe mich [am Stacheldraht] gerissen; du hast dich ja blutig gerissen; beim Brombeerpflücken habe ich mir die Arme blutig gerissen; **b)** *sich als Verletzung beibringen:* beim Klettern habe ich mir eine schmerzhafte Wunde an der Hand gerissen; an einem Nagel kann man sich ⟨Dativ⟩ ja Wunden r. **5.** ⟨hat⟩ **a)** *von einer bestimmten Stelle mit kräftigem Ruck wegziehen; ab-, fort-, wegreißen:* Pflanzen aus dem Boden, einen Ast vom Baum r.; jmdm. etw. aus den Händen r.; man riß ihr das Kind aus den Armen; dieser Wind reißt einem den Hut vom Kopf; er hat mir die Kleider vom Leib gerissen *(mich ganz schnell ausgezogen);* ich riß ein Blatt aus meinem Taschenbuch (Th. Mann, Krull 287); Ü der Wecker hat ihn unsanft aus dem Schlaf gerissen; Der Pfarrer war aus seinen Überlegungen gerissen (Andersch, Sansibar 104); so aus dem Zusammenhang gerissen, ist der Satz unverständlich; **b)** ⟨r. + sich⟩ *sich von einer bestimmten Stelle losreißen, sich aus etw. befreien:* sich aus jmds. Armen r.; der Hund hat sich von der Kette gerissen; Ü er riß sich aus seiner Erstarrung, aus seinen Träumen; ... riß er sich aus seinem Selbstbetrug (H. Mann, Unrat 130); **c)** (Leichtathletik) *die Sprunglatte od. die Hürde herunter-, umwerfen:* beim ersten Versuch über 1,80 m hat sie [die Latte] knapp gerissen; er riß zwei Hürden. **6.** *an eine Stelle, in eine Richtung stoßen, schieben, drücken; hinreißen* ⟨hat⟩: eine Welle riß ihn zu Boden; im letzten Augenblick riß er den Wagen *(das Lenkrad)* zur Seite; er war so schwach, daß sie ihn immer wieder in die Höhe r. mußten; die Flut reißt alles mit sich; das Boot wurde in den Strudel gerissen; Ü alle wurden mit ins Verderben gerissen; Napoleon, ... der ... die Welt rücksichtslos in mörderische Abenteuer riß (St. Zweig, Fouché 187); **[innerlich] hin und her gerissen werden/ sein (sich zwischen zwei Dingen od. Menschen nicht entscheiden können).* **7.** *ziehen, zerren [damit etw. ab- od. aufgeht]* ⟨hat⟩: zum Öffnen des Fallschirms die Leine/an der Leine r.; er reißt an der Klingelschnur; der Hund riß wütend an seiner Leine; Die Pferde ... rissen *(rupften)* das saftige Gras (Hagelstange, Spielball 150); Ü das Warten riß mir an den Nerven. **8.** *(von Raubtieren) ein Tier jagen u. durch Bisse töten* ⟨hat⟩: der Wolf hat drei Schafe gerissen; ich finde einen Löwen, der gerade ein Gnu gerissen hat und der darauf liegt (Grzimek, Serengeti 74). **9.** *mit Gewalt an sich nehmen, sich einer Sache bemächtigen* ⟨hat⟩: die Macht, die Herrschaft an sich r.; sie hat den Brief sofort an sich gerissen; Er war der Auffassung, Hitler werde auch noch die Schweiz an sich r. (Niekisch, Leben 272); Ü immer will er das Gespräch an sich r. *(will nicht Zuhörer sein, sondern selbst reden).* **10.** ⟨r. + sich⟩ (ugs.) *sich heftig darum reißen, etw. Bestimmtes zu erreichen, zu bekommen, zu sehen, zu erleben* ⟨hat⟩: die Fans rissen sich um den Sänger, um die Eintrittskarten zu seinem Konzert; um diesen schwierigen Auftrag reiße ich mich bestimmt nicht; Es ist nicht so, daß ich mich darum reiße, jetzt schon ein Kind zu kriegen (Danella, Hotel 105); *⟨häufig im 1. Part.:⟩* das Buch findet reißenden Absatz *(man reißt sich darum, viele kaufen es);* diese Ware werden wir doch reißend los. **11.** (selten) *einen ziehenden Schmerz empfinden* ⟨hat⟩: es reißt mich in allen Gliedern. **12.** (Schwerathletik) *ein Gewicht in einem Zug vom Boden bis über den Kopf, bis zur Hochstrecke bringen* ⟨hat⟩: ... hantiert Adolfo mit Zentnergewichten ... Er stößt, stemmt und reißt (Jaeger, Freudenhaus 14); ⟨meist subst.:⟩ er hat den Weltrekord im Reißen eingestellt. **13.** ⟨hat⟩ **a)** (veraltet) *zeichnen:* eilig eine Skizze r.; **b)** (Kunstwiss.) *Zeichnungen in eine Metallplatte ritzen;* **Rei|ßen,** das; -s (ugs.): *reißende* (11), *ziehende Gliederschmerzen, Rheumatismus:* das R. haben; **rei|ßend** ⟨Adj.⟩: **1.** *stark, heftig strömend:* ein -er Fluß; während der Schneeschmelze kann der Bach r. sein. **2.** *stark, heftig ziehend:* -e Schmerzen haben. **3.** *sehr schnell (zu verkaufen):* -en Absatz finden; etw. r. verkaufen; sie wurde ihm für Luftballons r. los. **4.** *wild:* ein -es Tier *(ein wildes Tier, ein Raubtier);* **Rei|ßer,** der; -s, - [1: viell. eigtl. = etw., was an den Nerven reißt]: **1.** (ugs., oft abwertend) **a)** *sehr wirkungsvolles, spannendes Bühnenstück, Film, Buch, das dem Nervenkitzel dient, aber wenig künstlerische Qualität hat;* **b)** *Massenware, Artikel, das reißend verkauft wird.* **2.** (Fußball Jargon) *Spieler, der im Alleingang die gegnerische Abwehr aufreißen u. Tore erzielen kann:* er soll die Rolle des ... im Sturm übernehmen; **rei|ße|risch** ⟨Adj.⟩ (abwertend): *für einen Reißer* (1) *kennzeichnend, grell u. auf billige Art wirkungsvoll:* -e Schlagzeilen; die Farben sind mir zu r.; r. werben; **Rei|ße|der,** die; [vgl. Reißahle]: *Gerät zum Auszeichnen von Linien in verschiedener Stärke aus zwei an einem Griff befestigten Stahlblättern mit ausgeschliffenen Spitzen, deren Abstand zueinander sich durch eine Schraube verstellen läßt;* Ziehfeder; **reiß|fest** ⟨Adj.⟩: *(bes. von Textilien) ziemlich widerstandsfähig gegen Zerreißen, viel Druck od. Zug aushaltend:* -e Gewebe; dieser Faden ist nicht r. genug; **Reiß|fe|stig|keit,** die: *das Reißfestsein.* ♦ **Reiß|koh|le,** die: *Zeichenkohle:* da ich hier zum ersten Male in meinem Leben mich mit meiner R. an das Blumenstück gemalter Lieb mache (Jean Paul, Wutz 14); **Reiß|län|ge,** die: (Textilind., Papierherstellung): *Länge einer Faser, eines Fadens, die erreichbar ist, ohne daß das Material durch sein Eigengewicht zerreißt;* **Reiß|lei|ne,** die: (Flugw.): *Leine, mit der durch Ziehen der Fallschirm geöffnet od. beim Freiballon die Reißbahn abgerissen wird;* **Reiß|li|nie,** die: *durch Perforation* (1 b) *vorbereitete Linie, an der ein bestimmtes Stück Papier od. Karton glatt abgerissen werden kann;* **Reiß|na|del,** die: *spitze Stahlnadel zum Anreißen von Linien auf Werkstücken;* vgl. *Reißnagel,* der; vgl. Reißzwecke; **Reiß|schie|ne,** die [vgl. Reißahle]: *flaches Lineal mit Querleiste, das, an der Kante des Reißbretts angelegt, das exakte Zeichnen von parallelen Linien ermöglicht;* **Reiß|spinn|stoff,** der (Textilind.): *aus [mit dem Reißwolf] zerrissenem Altmaterial gewonnener Spinnstoff;* **Reiß|stift,** der: kurz für: ↑ Reißbrettstift.

Reis|stär|ke, die: *aus* ¹*Reis* (b) *gewonnene [Wäsche]stärke.*

Reiß|teu|fel, der (ugs.): *jmd., der viel Kleidung u. Schuhe verbraucht, bei dem alles sehr schnell entzweigeht.*

Reis|stroh, das: *weiches Stroh vom Reis (das für Körbe, Hüte, Matten u. ä. verwendet wird u. auch als Streu dient);* **Reis|stroh|tep|pich,** der: *Teppich aus Reisstroh.*

Re-is|sue [ri:'ɪʃuː], das; -s, -s [engl. reissue, aus: re- = wieder u. issue = Ausgabe (4 b)]: *Wiederherausgabe (eines Buches o. ä.).*

Reis|sup|pe, die: *Suppe mit Reis als Einlage.*

Reiß|ver|schluß, der: *an Kleidungsstücken, Taschen o. ä. an Stelle von Knöpfen angebrachte Vorrichtung, die aus kleinen Gliedern, Zähnchen besteht, die beim Zuziehen ineinandergreifen, so daß etw. geschlossen ist:* der R. klemmt; den R. öffnen, schließen, einen neuen R. einnähen; **Reiß|ver|schluß|sy|stem,** das (Verkehrsw.): *abwechselndes Einordnen von Fahrzeugen aus zwei Richtungen od. Fahrspuren, die in einer einzigen Spur zusammenkommen u. weiterfahren müssen;* **Reiß|ver|schluß|ver|fah|ren,** das (Verkehrsw.): *Reißverschlußsystem;* **Reiß|wolf,** der: *Maschine, in der Papier od. Textilien völlig zerfasert werden;* **Reiß|wol|le,** die: *aus [mit dem Reißwolf] zerrissenen wollenen Textilien gewonnener Spinnstoff;* **Reiß|zahn,** der: *bes. groß u. scharfkantig ausgebildeter Backenzahn der Raubtiere;* **Reiß|zeug,** das: *Zusammenstellung der wichtigsten Geräte zum technischen Zeichnen (Zirkel, Reißfedern, Reißschiene usw.);* **Reiß|zir|kel,** der: *Zirkel mit Reißfeder;* **Reiß|zwecke**¹, die: *kleiner Nagel mit kurzem Dorn u. breitem, flachem Kopf, der sich leicht eindrücken läßt u. zum Festhalten von Plakaten, Zetteln, Bildern an Wänden o. ä. dient; Heftzwecke.*

Rei|ste, die; -, -n [H. u.] (schweiz.): *Holzrutsche;* **rei|sten** ⟨sw. V.; hat⟩ (schweiz.): *Holz auf einer Reiste zu Tal rutschen lassen.*

Reis|wein, der: *Sake.*

Reit|an|zug, der: vgl. Reitkleidung; **Reit-**

Reitdreß

bahn, die: *abgegrenzter größerer Platz im Freien od. in einer Halle, der hauptsächlich zum Reitunterricht u. zum Zureiten der Pferde dient:* in der R. üben; **Reitdreß,** der: vgl. Reitkleidung.

Rei|tel, der; -s, - [mhd. (md.) reitel, reidel, zu: rīden = drehen] (md.): *Hebel zum Drehen, Knebel;* **Rei|tel|holz,** das ⟨Pl. ...hölzer⟩ (md.): *Reitel;* **rei|teln** ⟨sw. V.; hat⟩ (md.): *mit dem Reitel zusammendrehen, festdrehen.*

rei|ten ⟨st. V.⟩ [mhd. rīten, ahd. rītan, urspr. = in Bewegung sein, reisen, fahren]: **1. a)** *sich auf einem Reittier (bes. einem Pferd) fortbewegen* ⟨ist/(seltener:) hat⟩: scharf, forsch, schnell r.; r. lernen; r. können; er hat seit frühester Jugend geritten *(den Reitsport betreiben),* ist viel geritten; auf einem Kamel r.; im Schritt, Trab, Galopp r.; sie ist früher im Damensattel geritten; in raschem Tempo r.; ohne Steigbügel r.; Ü die Hexe reitet auf einem Besen; er ließ das Kind auf seinen Schultern, auf seinen Knien r.; ... hat die SPD geglaubt, auf den verschiedenen Wellen der „Ohne-mich-Bewegung" erfolgreich r. *(sie für ihre Zwecke nutzen)* zu können (Dönhoff, Ära 31); **b)** ⟨r. + sich; unpers.; hat⟩ *sich unter bestimmten Umständen in bestimmter Weise reiten lassen:* bei Regen reitet es sich schlecht, läßt sich schlecht r.; in der Reitbahn reitet es sich leichter als im freien Gelände. **2.** ⟨ist/hat⟩ **a)** *auf einem Reittier zurücklegen, reitend zubringen:* eine schöne Strecke r.; wir wollen einen neuen Weg r.; es sind noch vier Kilometer [bis zum Jagdhaus] zu r.; vier Runden r.; ich bin/habe gestern drei Stunden geritten; **b)** *auf dem Pferd absolvieren, bewältigen:* [die] Hohe Schule, ein Turnier r.; er ist/hat schon viele Wettbewerbe geritten; die Jagd soll bei jedem Wetter geritten werden. **3.** ⟨hat⟩ *ein bestimmtes Reittier haben, benutzen:* einen Fuchs, einen Schimmel r.; beim Turnier ritt er eine achtjährige Stute; Beduinen reiten Kamele; Ü der Stier reitet *(begattet)* die Kuh. **4.** *ein Tier reitend an einen Platz bringen* ⟨hat⟩: das Pferd auf die Weide, zur Tränke r.; Ü jmdn. in die Patsche r. **5.** *(ein Tier) durch Reiten in einen bestimmten Zustand bringen* ⟨hat⟩: ich habe das Pferd müde geritten; schlechte Reiter haben das Pferd zuschanden geritten. **6.** ⟨r. + sich; hat⟩ **a)** *so reiten, daß ein Körperteil in einen bestimmten Zustand gerät:* ich habe mir das Gesäß wund, die Knie steif geritten; **b)** *sich durch Reiten zuziehen:* paß auf, daß du dir keine Schwielen, keine blauen Flecken reitest! **7.** *(veraltend) jmdn. völlig beherrschen* ⟨hat⟩: was hat dich denn geritten, daß du so zornig bist?; Die Mißidee, die ihn ritt (Th. Mann, Zauberberg 950); Tradition reitet uns; wir gehen noch an der Trense des Herkömmlichen (Kant, Impressum 36); ¹**Rei|ter,** der; -s, - [mhd. rīter, spätahd. ritāre]: **1. a)** *jmd., der reitet:* ein tollkühner R.; die R. sammeln sich zum Ausritt; * **die Apokalyptischen R.** (↑apokalyptisch 1); **ein R. über den Bodensee** *(jmd., der etw. unternimmt, über dessen Gefährlichkeit, Tragweite er sich nicht im klaren ist;* Abwandlung von „ein Ritt über den Bodensee", ↑Ritt): „Ein tolles Experiment", giggelt er im Rückblick auf seinen ersten Ausflug in die Weltpolitik: „Wie ein R. über den Bodensee komme ich mir vor." (Spiegel 6, 1983, 47); **b)** *(früher) berittener Soldat, Kavallerist.* **2. a)** *(österr.) Heureiter;* **b) * spanischer R.** (Milit.: *mit Stacheldraht bespanntes [Holz]gestell, das als Sperre, Hindernis aufgestellt wird;* H. u.; viell. im 16. Jh. zur Zeit des niederl. Aufstandes gegen Spanien entstanden). **3. a)** *aufgesetztes leichtes Laufgewicht bei feinen Präzisionswaagen:* den R. einstellen, verschieben; **b)** *aufklemmbare, meist farbige Markierung zur Kennzeichnung von Karteikarten, zur Angabe der Konfektionsgröße auf Kleiderstangen o. ä.;* **c)** (Jargon) *Gestell mit Werbesprüchen o. ä., das leicht transportiert u. schnell irgendwo aufgestellt werden kann.* ²**Rei|ter,** die; -, -n [mhd. rīter, ahd. rit(e)ra] (landsch., bes. österr.): *grobes Sieb [für Getreide].*

Rei|ter|an|griff, der: *Angriff der Reiterei* (1); **Rei|ter|at|tacke¹,** die: *Reiterangriff;* **Rei|te|rei,** die; -, -en: **1.** (Milit. früher) *Kavallerie* (a): *die leichte, schwere R.* (¹*Reiter mit leichter, schwerer Bewaffnung* 1 a). **2.** ⟨o. Pl.⟩ (ugs.) *das Reiten, reiterliche Betätigung:* die R. macht ihr großen Spaß.

re|i|te|re|tur [lat.]: *es werde erneuert* (Hinweis auf Rezepten); Abk.: reit.

Rei|ter|ge|fecht, das: *Gefecht* (1) *der Reiterei* (1); **Rei|te|rin,** die; -, -nen: w. Form zu ↑¹Reiter (1a); **rei|ter|lich** ⟨Adj.⟩: *das Reiten betreffend; in bezug auf das Reiten, im Reiten:* -es Können; -e Leistungen; In reiterlich leidenschaftlichem Bemühen, ihm (= dem Pferd) nach besten Kräften r. gerecht zu werden (Dwinger, Erde 89); **rei|ter|los** ⟨Adj.⟩: *ohne Reiter:* ein -es Pferd.

rei|tern ⟨sw. V.; hat⟩ [mhd. rītern, ahd. (h)rītarōn, zu ↑²Reiter] (landsch., österr.): *durch die ²Reiter geben, sieben:* Sand, Getreide r.

Rei|ter|re|gi|ment, das: *Kavallerieregiment;* **Rei|ter|schlacht,** die: vgl. Reitergefecht; **Rei|ters|mann,** der ⟨Pl. ...männer, auch: ...leute⟩ (veraltend): ¹*Reiter:* ein echter R.; **Rei|ter|spra|che,** die: *Fachsprache der ¹Reiter;* **Rei|ter|stand|bild,** das: *Standbild eines Reiters auf dem Pferd;* **Rei|ter|sta|tue,** die: *Reiterstandbild;* **Rei|ter|stück|chen,** das: **a)** *Kunststück [eines Artisten] zu Pferde;* **b)** *Husarenstück.*

Rei|te|rung, die; -, -en (landsch., bes. österr.): *das Reitern.*

Rei|ter|ver|ein, der: *Verein zur Pflege des Pferdesports;* **Reit|ger|te,** die: vgl. Reitpeitsche; **Reit|ho|se,** die: *in Stiefeln zu tragende, enganliegende, sehr feste Hose des Reiters mit schützendem Lederbesatz am Gesäß;* **Reit|jackett¹,** das: vgl. Reitkleidung; **Reit|jagd,** die: **a)** *das Jagen zu Pferde;* **b)** *gemeinschaftlich veranstaltetes Sportreiten, z. B. als Fuchsjagd* (2); **Reit|klei|dung,** die: *beim Reiten getragene [einheitliche] Kleidung;* **Reit|knecht,** der: (früher) *mit der Versorgung der Reitpferde betreuter Knecht;* **Reit|kno|chen,** der (Med.): *Verknöcherung von Muskeln am Oberschenkel bei ¹Reitern* (1a); **Reit|ko|stüm,** das: vgl. Reitkleidung; **Reit|leh|re,** die: *Lehrbuch, das Anleitungen zum Reiten enthält;* **Reit|leh|rer,** der: *jmd., der Reitunterricht erteilt;* **Reit|leh|re|rin,** die: w. Form zu ↑Reitlehrer; **Reit|peit|sche,** die: *Peitsche zum Antreiben u. Lenken des Reitpferdes;* **Reit|pferd,** das: *leichteres, zum Reiten bes. herangebildetes Pferd;* **Reit|sat|tel,** der: *Sattel* (1a); **Reit|schu|le,** die: **1.** *Einrichtung* (3), *in der Reitstunden erteilt werden.* **2.** (südd., schweiz.) *Karussell;* **Reit|sitz,** der: **1.** *Sitzhaltung auf dem Pferd, meist mit gespreizten Beinen:* gerade und locker im R. sitzen. **2.** (Turnen) *Stütz am Barren, bei dem ein nach außen gespreiztes, gestrecktes Bein mit dem Oberschenkel auf dem Holm aufliegt;* **Reit|sport,** der: *das Reiten als sportliche Betätigung;* **Reit|stall,** der: *Stall für Reitpferde:* er besitzt einen großen R. *(er hat mehrere Reitpferde, eine Pferdezucht);* **Reit|stie|fel,** der: *von Reitern getragener langschäftiger Stiefel aus weichem Leder;* **Reit|stock,** der: **1.** vgl. Reitpeitsche. **2.** (Technik) *verstellbares Teil an Drehbänken u. Werkzeugmaschinen, das die Pinole trägt u. zum Spannen des Werkstücks zwischen Spitzen sowie zum Abstützen dient;* **Reit|stun|de,** die: *Unterrichtsstunde bei einem Reitlehrer;* **Reit|the|ra|pie,** die (Med.): *Hippotherapie;* **Reit|tier,** das: *Tier, auf dem geritten werden kann (Pferd, Esel, Kamel o. ä.);* **Reit|tur|nier,** das: *sportlicher Wettbewerb im Reiten;* **Reit- und Fahr|tur|nier,** das (Sport): *Reitturnier, zu dem auch Wettbewerbe im Fahren von Gespannen gehören;* **Reit- und Spring|tur|nier,** das (Sport): *Turnier mit Wettbewerben im Springen u. im [Dressur]reiten;* **Reit|un|ter|richt,** der: *Unterricht im Reiten;* **Reit|weg,** der: *eigens zum Reiten angelegter Weg;* **Reit|zeug,** das (ugs.): *alles zum Reiten Benötigte, einschließlich Reitkleidung.*

Reiz, der; -es, -e [zu ↑reizen]: **1.** *äußere od. innere Einwirkung auf den Organismus, z. B. auf die Sinnesorgane, die eine bestimmte, nicht vom Willen gesteuerte Reaktion auslöst:* ein schwacher, leichter, mechanischer, chemischer, physikalischer R.; ein R. trifft das Auge, das Ohr; durch den R. des Lichts verengt sich die Pupille. **2. a)** *von jmdm. od. einer Sache ausgehende verlockende Wirkung; Antrieb, Anziehungskraft:* der R. des Neuen, des Verbotenen; der kitzelnde R. eines Films, eines Bildes; in dieser Aufgabe liegt für mich ein besonderer R.; das Schachspiel übt auf ihn einen großen R. aus; die Sache hat für sie jeden R. verloren; Jedes Alter hat seine -e, ... aber jedes Alter auch seine Qualen (v. d. Grün, Glatteis 157); die Sache entbehrt nicht eines gewissen -es; **b)** *Zauber, Anmut, Schönheit, Charme:* der R. eines Anblicks, der Natur; weibliche -e; sie zeigt ihre -e, läßt all ihre -e spielen *(zeigt in verführerischer Weise ihre Schönheit);* ... wäre nicht Loris -en verfallen gewesen (A. Kolb, Daphne 61); eine Temperaskizze, unfertig und grob, aber von großem R. (Böll, Haus 153); **Reiz|aus|brei|tung,** die: *Ausbreitung eines Reizes* (1); **reiz|bar** ⟨Adj.⟩: **1.** *leicht zu reizen, zu verärgern; empfindlich bis zum Jähzorn:* -er Mensch; Er war r., ruhelos und ständig gespannt (Meckel, Suchbild 54);

Föhn macht manche r. **2.** (selten) *empfindsam, empfänglich für besondere Reize:* ein -es Organ für etw. haben; **Reiz|bar|keit,** die; -: *das Reizbarsein;* **Reiz|bla|se,** die (Med.): *Reizzustand der Harnblase mit häufigem Harndrang;* **reiz|emp|fäng|lich** ⟨Adj.⟩: *für Reize* (1) *empfänglich, Reize leicht aufnehmend;* **Reiz|emp|fäng|lich|keit,** die ⟨o. Pl.⟩: *das Reizempfänglichsein;* **reiz|emp|find|lich** ⟨Adj.⟩: *reizempfänglich;* **Reiz|emp|find|lich|keit,** die ⟨o. Pl.⟩: *das Reizempfindlichsein;* **Reiz|emp|fin|dung,** die: *Empfindung* (a) *eines Reizes* (1); **rei|zen** ⟨sw. V.; hat⟩ /vgl. gereizt, reizend/ [mhd. reizen (reiʒen), ahd. reizzen (reiʒen), Veranlassungsverb zu ↑ reißen, also eigtl. = einritzen machen]: **1.** *herausfordern, provozieren, ärgern, in heftige Erregung versetzen:* er hat mich sehr, schwer, bis aufs äußerste gereizt; jmds. Zorn/jmdn. zum Zorn r.; er wurde von den Schülern immer wieder gereizt; Kinder reizten den Hund; das rote Tuch reizt den Stier. **2.** *als schädlicher Reiz* (1) *auf einen Organismus einwirken, ihn angreifen:* der Rauch reizt die Augen; seine Schleimhäute sind [durch eine Erkältung] stark gereizt; Juckpulver reizt zum Niesen; ein zum Erbrechen reizender Gestank. **3. a)** *jmds. Interesse, Aufmerksamkeit o. ä. erregen u. ihn herausfordern, sich damit zu beschäftigen od. etw. zu unternehmen:* die Aufgabe, das Buch reizt ihn; es reizt immer wieder, etwas Neues anzufangen; Ihre Erzählungen ... reizten den Widerspruch, aber auch die Neugier der zünftigen Erdkundler (Grzimek, Serengeti 95); der Anblick reizt [mich] zum Lachen; eine so leichtgläubige ... Familie ... mußte den Sadismus in ihm r. und ihn locken, sie zu verderben (A. Kolb, Schaukel 117); **b)** *eine angenehme, anziehende Wirkung auslösen, verlocken, bezaubern:* der Duft der Speisen reizt den Magen, den Gaumen; die warme Sonne reizt uns zum Verweilen; ein Wild r. (Jägerspr.; *durch Lockrufe, Nachahmung seiner Stimme heranlocken*). **4.** (Kartenspiel) *durch das Nennen bestimmter Werte, die sich aus den eigenen Karten ergeben, die anderen möglichst zu überbieten u. das Spiel in die Hand zu bekommen versuchen:* er reizte [bis] 46, einen Grand; Jan, der gerade von Matzerath gereizt wurde und bei dreiunddreißig paßte (Grass, Blechtrommel 78); **rei|zend** ⟨Adj.⟩ [zu ↑ reizen (3 b)]: *besonders hübsch, sehr gefallend, besonderes Gefallen erregend, den Sinnen schmeichelnd:* ein -es Mädchen, Kind; eine -e Landschaft, ein -er Anblick; es war das -ste Erlebnis des ganzen Urlaubs; es war ganz r. bei euch; ich finde es r. von dir, daß du uns besuchst; sie hat sich r. benommen; hat ganz r. geplaudert; das ist ja r., eine -e Überraschung (ugs. iron.; *schlimm, unangenehm*)!; **Reiz|fi|gur,** die: *durch ihr Verhalten, ihre Äußerungen o. ä. [negative] Emotionen auslösende Person:* er ist für die Linken eine Reizfigur; **reiz|frei** ⟨Adj.⟩: *bes. die Haut o. ä. nicht reizend* (1): -e Seife; **Reiz|gas,** das: *eine starke Reizung des. der Schleimhaut verursachendes Gas;* **Reiz|hu|sten,** der (Med.): *durch ein Kit-*

zeln im Hals ausgelöster, hartnäckiger Husten *(der nicht auf Verschleimung o. ä. beruht).*
Rei|zia|num, das; -s, ...na [nach dem dt. Gelehrten F. W. Reiz (1733–1790)] (Verslehre): *antikes lyrisches Versmaß.*
Reiz|ker, der; -s, - [frühnhd. reisken (Pl.), aus dem Slaw., vgl. tschech. ryzec, eigtl. = der Rötliche, nach dem roten Milchsaft]: **a)** *in verschiedenen Arten vorkommender, weißen od. rötlichen Milchsaft absondernder Blätterpilz;* **b)** *orangeroter, an Druckstellen grün anlaufender Reizker* (a) *mit konzentrischen dunkleren Zonen auf dem Hut u. rotem Milchsaft; Herbstling* (3).
Reiz|kli|ma, das (Med., Met.): *Klima (im Hochgebirge, an den Küsten der Ozeane u. ä.), das durch starke Temperatur- u. Luftdruckschwankungen, heftige Winde u. intensive Sonneneinstrahlung einen besonderen, kräftigenden Reiz auf den Organismus ausübt;* **Reiz|kör|per,** der (Med.): *Stoff, der als Reiz u. Anregung auf bestimmte Organe wirkt;* **Reiz|kör|per|the|ra|pie,** die (Med.): *Behandlung bes. von chronischen Entzündungen durch Reizkörper;* **reiz|los** ⟨Adj.; -er, -este⟩: **a)** *ohne Gaumenreiz, nicht od. kaum gewürzt: -e Kost;* **b)** *ohne Reiz* (2 b), *wenig schön, langweilig:* ein -es Gesicht; ein blasses und stilles Mädchen, das ungeschickt und r. ist (Reich-Ranicki, Th. Mann 99); **Reiz|lo|sig|keit,** die ⟨o. Pl.⟩: *das Reizlossein;* **Reiz|ma|gen,** der (Med.): *Störung des Magens mit Übersäuerung, Druck- u. Völlegefühl;* **Reiz|mit|tel,** das (Med., Pharm.): *anregendes Mittel, Stimulans;* **Reiz|quel|le,** die: *Quelle* (2) *eines Reizes* (1); **Reiz|rich|tung,** die: *Richtung eines Reizes* (1); **reiz|sam** ⟨Adj.⟩ (veraltet): *reizbar* (1); **Reiz|sam|keit,** die ⟨o. Pl.⟩ (veraltet): *das Reizsamsein;* **Reiz|schwel|le,** die (Psych., Physiol.): *Grenze, von der an ein Nerven treffender Reiz eine Empfindung u. entsprechende Reaktion auslöst;* **Reiz|stär|ke,** die: *Stärke eines Reizes* (1); **Reiz|stoff,** der: **a)** *Reizkörper;* **b)** *Substanz, die ätzend auf Haut, Augen, Schleimhäute u. ä. einwirkt:* die -e in den Autoabgasen; **Reiz|strom,** der (Med.): *bei der Elektrodiagnostik u. Elektrotherapie angewendeter elektrischer Strom;* **Reiz|the|ma,** das: vgl. Reizwort (2): die Atomenergie ist das R. Nummer eins; Neue Medien – ein R. für viele Sozialdemokraten (Vorwärts 17. 5. 84, XI); **Reiz|the|ra|pie,** die (Med.): *Behandlung mit Mitteln, die Reizwirkungen auf den Organismus ausüben u. Funktionen anregen (z. B. Wärme, Bestrahlung, Massage);* **Reiz|über|flu|tung,** die (Psych.): *Fülle der auf den Menschen einwirkenden Reize durch Massenmedien, Reklame, Lärm u. ä.;* **Reiz|ung,** die; -, -en: **1. a)** *das Reizen, Gereiztwerden;* **b)** *ausgeübter Reiz:* mechanische, chemische -en. **2.** (Med.) *leichte Entzündung:* eine R. der Bronchien, der Schleimhäute; **reiz|voll** ⟨Adj.⟩: **a)** *von besonderem Reiz* (2 b) *hübsch [anzusehen]:* eine -e Gegend, Kleid ist sehr r.; **b)** *verlockend, lohnend:* eine -e Aufgabe; Es wäre r., die Gedanken weiter auszuspinnen (Jens, Mann 130), das eben ist was die Lektüre sei-

ner Essays überaus r. macht (Reich-Ranicki, Th. Mann 70); **Reiz|wä|sche,** die: *Unterwäsche, die auf Grund entsprechenden Aussehens auf andere erotisch anziehend wirken soll:* schwarze R.; **Reiz|wort,** das ⟨Pl. ...wörter u. -e⟩: **1.** (Psych.) *Wort, das einer Versuchsperson vorgelegt wird u. auf das sie reagieren soll.* **2.** *eine aktuelle Frage berührendes, [negative] Emotionen auslösendes Wort:* Kernenergie ist zum R. geworden; Emanzipation – R. aller Päpste, Bilderbuchkatholiken und stramm Konservativen (Dierichs, Männer 181).
Re|jek|ti|on, die; -, -en [lat. reiectio = das Zurückwerfen, zu: reicere, ↑ rejizieren]: **1.** (Med.) *Abstoßung transplantierter Organe durch den Organismus des Empfängers.* **2.** (Rechtsspr. selten) *Abweisung, Verwerfung (einer Klage o. ä.);* **Re|jek|to|ri|um,** das; -s, ...ien (Rechtsspr.): *abweisendes Revisionsurteil;* **re|ji|zie|ren** ⟨sw. V.; hat⟩ [lat. reicere, eigtl. = zurückwerfen, zurückbringen]: **a)** (Rechtsspr.) *(einen Antrag, eine Klage o. ä.) verwerfen, abweisen;* ♦ **b)** *ablehnen, zurückweisen:* sind unserer achtundsiebzig, meistens ruinierte Krämer, rejizierte Magister und Schreiber aus den schwäbischen Provinzen (Schiller, Räuber II, 3).
Ré|jouis|sance [reʒui'sã:s], die; -, -n [...sn̩] [frz. réjouissance = Fröhlichkeit, zu: réjouir = erfreuen, erheitern] (Musik): *(im 17. u. 18. Jh.) scherzoartiger, heiterer Satz einer Suite.*
Re|ka|les|zenz, die; - [zu lat. recalescere = wieder warm werden] (Chemie): *Wiedererwärmung, -erhitzung.*
Re|ka|pi|tu|la|ti|on, die; -, -en [spätlat. recapitulatio = Zusammenfassung, zu: recapitulare, ↑ rekapitulieren]: **1.** (bildungsspr.) **a)** *das Rekapitulieren;* **b)** *das Rekapitulierte.* **2.** (Biol.) *(von der vorgeburtlichen Entwicklung der Einzelwesen) gedrängte Wiederholung der Stammesentwicklung;* **Re|ka|pi|tu|la|ti|ons|theo|rie,** die ⟨o. Pl.⟩ [nach engl. recapitulation theory] (Biol.): *biogenetisches Grundgesetz;* **re|ka|pi|tu|lie|ren** ⟨sw. V.; hat⟩ [spätlat. recapitulare, zu lat. re- = wieder, zurück u. capitulum, ↑ Kapitel] (bildungsspr.): *in zusammengefaßter Form wiederholen, noch einmal vergegenwärtigen; sich wesentlichen Punkte eines Vortrages r.;* der Inspektor versucht, die letzten Stunden vor der Tat zu r. (Sobota, Minus-Mann 46); lassen Sie uns kurz r., was wir bisher auszusagen versuchten (Weiss, Marat 131); um zu r.: ...
re|ka|tho|li|sie|ren ⟨sw. V.; hat⟩ [aus lat. re- = wieder, zurück u. ↑ katholisieren]: *erneut katholisieren:* in der ersten Hälfte des 17. Jahrhunderts wurde Böhmen rekatholisiert.
Re|kel, der; -s, - [mnd. rekel = Bauernhund] (nordd. abwertend): *Flegel* (1); **Re|ke|lei,** die; -, -en (ugs.): *[dauerndes] Sichrekeln;* **re|keln,** sich ⟨sw. V.; hat⟩ (ugs.): *ungezwungen, mit Behagen seinen Körper recken u. dehnen:* sich nach dem Schlafen r.; sich im Bett, im Liegestuhl, in der Sonne r.
Re|kla|mant, der; -en, -en [zu lat. reclamans (Gen.: reclamantis), 1. Part. von: reclamare, ↑ reklamieren] (bildungsspr.):

Reklamante

jmd., der reklamiert (1), *Beschwerde führt;* **Re|kla|man|te,** die; -, -n (Buchw. früher): ¹*Kustode* (1); **Re|kla|man|tin,** die; -, -nen (bildungsspr.): w. Form zu ↑Reklamant; **Re|kla|ma|ti|on,** die; -, -en [lat. reclamatio = Gegengeschrei, das Neinsagen, zu: reclamare, ↑reklamieren]: *das Reklamieren* (1); *Beanstandung bestimmter Mängel od. Inkorrektheiten:* eine R. wegen beschädigter, verdorbener Ware, nicht termingerechter Lieferung, schlechter Durchführung der Reparatur; die -en der Kundschaft häuften sich; eine R. erheben, vorbringen, anerkennen, zurückweisen; eine R. (Sport; *Protest der Spieler gegen eine Entscheidung des Schiedsrichters*) wegen Abseits; **Re|kla|ma|ti|ons|frist,** die: *Frist, innerhalb deren eine Reklamation erhoben werden kann;* **Re|kla|ma|ti|ons|recht,** das: *Recht, eine Reklamation vorzubringen;* **Re|kla|ma|ti|ons|schrei|ben,** das: *Schreiben, mit dem eine Reklamation vorgebracht wird;* **Re|kla|me,** die; -, -n [frz. réclame, eigtl. = das Ins-Gedächtnis-Rufen, zu älter: reclamer < lat. reclamare, ↑reklamieren]: **a)** *[mit aufdringlichen Mitteln durchgeführte] Anpreisung von etw.* (bes. einer Ware, Dienstleistung) *mit dem Ziel, eine möglichst große Anzahl von Personen als Interessenten, Kunden zu gewinnen; Werbung:* eine gute, marktschreierische, schlechte R.; für ein Waschmittel, eine Zigarettenmarke, einen Film R. machen *(werben);* ... der ein großes Pappschild vor der Brust trug und R. lief (u.a.: *als Reklameläufer durch die Straßen zog;* Lenz, Brot 157); Ü er macht überall für seinen Arzt R. (ugs.; *lobt ihn sehr u. empfiehlt ihn*); mit etw., jmdm. R. machen (ugs.; *mit etw., jmdm. renommieren, angeben*); **b)** (ugs.) *etw., womit für etw. Reklame* (a) *gemacht wird:* die -n *(Werbeanzeigen)* in der Zeitung, Zeitschrift; die R. *(das Reklameplakat)* muß von der Hauswand entfernt werden; im Briefkasten war nur R. *(waren nur Reklameprospekte);* ... Kinosaal ... Auf der Leinwand lief bereits die R. *(der Reklamefilm)* (Innerhofer, Schattseite 22); **Re|kla|me|ar|ti|kel,** der: *(von Firmen o. ä.) zu Reklamezwecken verschenkter Gebrauchsgegenstand [von geringem Wert];* **Re|kla|me|bild,** das: vgl. Reklameschild; **Re|kla|me|chef,** der (meist abwertend): *Werbechef;* **Re|kla|me|che|fin,** die (meist abwertend): w. Form zu ↑Reklamechef; **Re|kla|me|fach|frau,** die (meist abwertend): vgl. Reklamefachmann; **Re|kla|me|fach|mann,** der (meist abwertend): *Werbefachmann;* **Re|kla|me|feld|zug,** der: *Werbekampagne;* **Re|kla|me|film,** der: *Werbefilm;* **Re|kla|me|flä|che,** die: *Fläche, auf der Reklameplakate angebracht werden dürfen;* **Re|kla|me|gän|ger,** der: *Reklameläufer;* **Re|kla|me|gän|ge|rin,** die: w. Form zu ↑Reklamegänger; **re|kla|me|haft** ⟨Adj.; -er, -este⟩ (meist abwertend): *wie für eine Reklame* (b), *in der Art einer Reklame* (b); **Re|kla|me|ko|sten** ⟨Pl.⟩: *Werbekosten;* **Re|kla|me|läu|fer,** der: *jmd., der gegen Entgelt zu Werbezwecken mit einem Reklameschild in belebten Straßen auf u. ab geht;* **Re|kla|me|läu|fe|rin,** die: w. Form zu ↑Reklameläu-

fer; **Re|kla|me|luft|bal|lon,** der: vgl. Reklameschild; **Re|kla|me|ma|che|rei,** die; - (ugs. abwertend): *als lästig empfundenes Reklamemachen;* **Re|kla|me|pla|kat,** das: vgl. Reklameschild; **Re|kla|me|preis,** der (veraltend): *Werbepreis;* **Re|kla|me|pro|spekt,** der: *Prospekt, in dem für etw. Reklame gemacht wird;* **Re|kla|me|psy|cho|lo|gie,** die: *Werbepsychologie;* **Re|kla|me|rum|mel,** der (ugs. abwertend): *in großem Rahmen mit aufwendigen u. aufdringlichen Mitteln organisierte Reklame;* **Re|kla|me|schild,** das: *Schild, mit dem für etw. Reklame gemacht wird;* **Re|kla|me|schön|heit,** die: *sorgfältig zurechtgemachte, junge weibliche Person, die durch ebenmäßige, aber ausdruckslose Schönheit auffällt;* **Re|kla|me|sen|dung,** die: *Werbesendung;* **Re|kla|me|ta|fel,** die: vgl. Reklameschild; **Re|kla|me|trick,** der: *der Reklame* (a) *dienender Trick;* **Re|kla|me|trom|mel,** die: in der Wendung **die R. rühren/schlagen** (↑*Werbetrommel*); **Re|kla|me|wand,** die: vgl. Reklamefläche; **Re|kla|me|we|sen,** das ⟨o. Pl.⟩ (veraltet): *Werbung;* **Re|kla|me|zet|tel,** der: *Handzettel, auf dem für etw. Reklame gemacht wird;* **Re|kla|me|zweck,** der: *Werbezweck;* **re|kla|mie|ren** ⟨sw. V.; hat⟩ [lat. reclamare = dagegenschreien, laut nein rufen, widersprechen, aus: re- = zurück, wieder u. clamare = laut rufen, schreien]: **1.** *(bei der zuständigen Stelle) beanstanden, sich darüber beschweren, daß etw. nicht in dem Zustand ist, etw. nicht od. nicht so ausgeführt ist, wie man es eigentlich erwarten darf:* verdorbene Lebensmittel, eine beschädigte, verlorengegangene Sendung, eine falsche Kontierung r.; ein Auslandsgespräch [beim Fernamt] r.; ⟨auch ohne Akk.-Obj.:⟩ er reklamierte, weil der Betrag nicht stimmte; ich habe wegen der Sendung bei der Post reklamiert *(Nachforschungen über den Verbleib derselben beantragt);* gegen eine Verfügung r. *(Einspruch erheben);* die Spieler reklamierten (Sport; *protestierten*) gegen die Entscheidung des Unparteiischen. **2.** *etw., worauf man ein [vermeintliches] Anrecht hat, [zurück]fordern; etw., jmdn. (für sich) beanspruchen:* eine Idee, den Erfolg einer Verhandlung für sich r.; Ausgerechnet die lautesten Stimmungsmacher für das Auto reklamieren für sich ... die Aufnahme ins Konzert der Naturschützer (natur 3, 1991, 76); Otto Brenner ..., der ... mehr Lohn und eine ... kürzere Arbeitswoche reklamiert (Spiegel 52, 1965, 20); falls der Ring nicht reklamiert wird *(falls der Reklamant keinen Anspruch darauf erhebt),* gehört er nach einem Jahr dem Finder; die Spieler reklamierten Abseits (Sport; *forderten vom Schiedsrichter, auf Abseits zu erkennen*); **Re|kla|mie|rung,** die; -, -en (bildungsspr. selten): *das Reklamieren, Reklamiertwerden.*

Re|kli|na|ti|on, die; -, -en [spätlat. reclinatio = das Zurückbeugen] (Med.): *Zurückbiegen einer verkrümmten Wirbelsäule, die darauf in einem Gipsbett in dieser Stellung fixiert wird.*

Re|klu|sen ⟨Pl.⟩ [mlat. reclusi, zu (spät)lat. reclusum, 2. Part. von: recludere = einschließen]: *Inklusen.*

Re|ko|die|rung, die; -, -en [zu lat. re- = wieder, zurück u. ↑Kodierung] (Sprachw.): *(beim Übersetzen) nach der Analyse der Ausgangssprache (Dekodierung) erfolgende Umsetzung in den Kode der Zielsprache.*

Re|ko|gni|ti|on, die; -, -en [lat. recognitio = das Wiedererkennen, Prüfung, zu: recognoscere, ↑rekognoszieren] (Rechtsspr. veraltet): *[gerichtliche od. amtliche] Anerkennung der Echtheit einer Person, Sache od. Urkunde;* **re|ko|gnos|zie|ren** ⟨sw. V.; hat⟩ [lat. recognoscere = prüfen]: **1.** (Milit. schweiz., sonst veraltet) *erkunden, auskundschaften:* Stärke und Stellung des Feindes, das Gelände r.; (bildungsspr. scherzh.:) er rekognoszierte ihre Vermögensverhältnisse; ♦ Übrigens war der Berg (= der Vesuv) ganz still ... Ich habe ihn nun rekognosziert, um ihn förmlich, sobald das Wetter gut werden will, zu belagern (Goethe, Italien. Reise 2. 3. 87 [Neapel]). **2.** (Rechtsspr. veraltet) *[gerichtlich od. amtlich] die Echtheit einer Person, Sache od. Urkunde anerkennen;* **Re|ko|gnos|zie|rung,** die; -, -en: **1.** (Milit. schweiz., sonst veraltet) *Erkundung.* **2.** *Identifizierung:* ... hatte man ... die Toten ... zur R. aufgebahrt (Zuckmayer, Herr 155); ♦ **Re|ko|gnos|zie|rungs|ritt,** der: *Erkundungsritt:* in der achten Stunde, wo er von einem -e zurück zu sein glaubte (C. F. Meyer, Page 151).

Re|kom|bi|na|ti|on, die; -, -en [zu lat. re- = wieder, zurück u. ↑Kombination]: **1.** (Chemie, Physik) *Wiedervereinigung der durch Dissoziation* (3) *od. Ionisation gebildeten, entgegengesetzt elektrisch geladenen Teile eines Moleküls bzw. eines positiven Ions mit einem Elektron zu einem neutralen Gebilde.* **2.** (Biol.) *Bildung einer neuen Kombination der Gene im Verlauf der Meiose.*

Re|kom|man|da|ti|on, die; -, -en [frz. recommandation, zu: recommander, ↑rekommandieren]: **1.** (Postw. österr., sonst veraltet) *Einschreiben.* **2.** (bildungsspr. veraltet) *Empfehlung;* **Re|kom|man|da|ti|ons|schrei|ben,** das (bildungsspr. veraltet): *Empfehlungsschreiben;* **re|kom|man|die|ren** ⟨sw. V.; hat⟩ [frz. recommander = einschreiben (2); empfehlen; vgl. kommandieren]: **1.** (Postw. österr.) *(eine Postsendung) einschreiben [lassen]:* einen Brief r.; ⟨meist im 2. Part.:⟩ ein rekommandiertes Päckchen; etw. rekommandiert aufgeben. **2.** (landsch., bes. österr., sonst veraltet) *[sich] empfehlen* (1, 3).

Re|kom|pa|ra|ti|on, die; -, -en [zu lat. re- = wieder, zurück u. ↑Komparation]: *Wiedererwerbung.*

Re|kom|pens, die; -, -en [engl. recompense < (m)frz. récompense, zu: récompenser < spätlat. recompensare, ↑rekompensieren] (bes. Wirtsch.): *das Rekompensieren* (1); **Re|kom|pen|sa|ti|on,** die; -, -en [spätlat. recompensatio = das Wiederausgleichen]: **1.** (Wirtsch.) *Rekompens.* **2.** (Med.) *Wiederherstellung des Zustandes der Kompensation* (d); **re|kom|pen|sie|ren** ⟨sw. V.; hat⟩ [spätlat. recompensare = wieder ausgleichen]: **1.** (bes. Wirtsch.) *einen materiellen Schaden,*

Verlust wieder ausgleichen; entschädigen. **2.** *(Med.)* **den Zustand der Kompensation (d) wiederherstellen;** Re|kom|penz (österr. Amtsspr.): ↑ Rekompens.
Re|kom|po|si|ti|on, die; -, -en [aus lat. re- = wieder u. ↑ Komposition] (Sprachw.): *Neubildung eines zusammengesetzten Wortes, bei der auf die ursprüngliche Form eines Kompositionsgliedes zurückgegriffen wird* (z. B. frz. commander [= befehlen] nicht nach lat. commendare, sondern nach lat. mandare); Re|kom|po|si|tum, das; -s, ...ta (Sprachw.): *durch Rekomposition gebildetes zusammengesetztes Wort.*
Re|kon|sti|tu|ti|on, die; -, -en [zu lat. re- = wieder, zurück u. ↑ Konstitution] (veraltet): *Wiederherstellung.*
re|kon|stru|ier|bar ⟨Adj.⟩: *sich rekonstruieren lassend;* re|kon|stru|ie|ren ⟨sw. V.; hat⟩ [frz. reconstruire, aus: re- = wieder u. construire < lat. construere, ↑ konstruieren]: **1.** *(aus den Überresten od. mit Hilfe von Quellen o. ä.) den ursprünglichen Zustand von etw. wiederherstellen od. nachbilden:* einen antiken Tempel r.; nach Skelettfunden rekonstruierte Tierformen. **2.** *(an Hand bestimmter Anhaltspunkte) den Ablauf von etw., was sich in der Vergangenheit ereignet hat, in seinen Einzelheiten erschließen u. genau wiedergeben, darstellen:* ein Gespräch Punkt für Punkt, bis in die Einzelheiten, einwandfrei, fehlerlos, lückenlos r.; einen Unfall, ein Geschehen, die Vorgänge am Tatort [nach Zeugenaussagen] r.; Die Polizei rekonstruiert, daß der ... Mörder beide Opfer ... niedergeschlagen hat und den Wagen ... in das Wasserloch rollen ließ (Noack, Prozesse 106). **3.** *(regional) zu größerem [wirtschaftlichem] Nutzen umgestalten u. ausbauen, modernisieren:* Maschinen, Handelseinrichtungen, Arbeitsplätze, Straßen r.; ... wurden ... bisher 6,4 Kilometer Gasleitung rekonstruiert (Freie Presse 17. 11. 88, 3); Nun hat Amadeus Hämmisch ... das Haus gründlich rekonstruiert *(renoviert)* und eine ... Bar ... hineingezaubert (NNN 31. 7. 86, o. S.); Re|kon|stru|ie|rung, die; -, -en: *Rekonstruktion* (1 a, 2 a, 3); re|kon|struk|ta|bel ⟨Adj.⟩ (bildungsspr. selten): *rekonstruierbar;* Re|kon|struk|ti|on, die; -, -en [nach frz. reconstruction; 3: nach russ. rekonstrukcija]: **1. a)** *das Rekonstruieren* (1); *das Wiederherstellen, Nachbilden (des ursprünglichen Zustandes von etw.):* die R. nabatäischer Keramik; **b)** *das Ergebnis des Rekonstruierens* (1); *das Wiederhergestellte, Nachgebildete:* eine stilreine R.; diese Tafel zeigt -en fossiler Tiere. **2. a)** *das Rekonstruieren* (2); *das Erschließen, Darstellen, Wiedergeben von etw. Geschehenem in den Einzelheiten seines Ablaufs:* Spuren ermöglichen eine erste, ungefähre R. des Verbrechens (Mostar, Unschuldig 21); **b)** *das Ergebnis des Rekonstruierens* (2); *detaillierte Erschließung u. Darstellung, Wiedergabe:* die vorliegende R. des Tatherganges ist genau zu überprüfen. **3.** *(regional) [wirtschaftliche] Umgestaltung, Modernisierung:* die R. von Betriebsanlagen; *Das traditionsreiche Bauwerk wird während der R. (Renovierung) des ... Opernhauses als würdige*

Spielstätte ... dienen (Freie Presse 30. 4. 88, 1); Re|kon|struk|ti|ons|ar|bei|ten ⟨Pl.⟩: *Arbeiten, die der Rekonstruktion* (1 a, 2 a, 3) *von etw. dienen;* Re|kon|struk|ti|ons|plan, der (regional): *Plan für eine Rekonstruktion* (3); Re|kon|struk|ti|ons|vor|ha|ben, das (regional): *Vorhaben, eine Rekonstruktion* (3) *durchzuführen;* Re|kon|struk|ti|ons|zeich|nung, die: *Zeichnung, die eine Rekonstruktion* (1 b, 2 b) *von etw. darstellt.*
re|kon|va|les|zent ⟨Adj.⟩ [zu spätlat. reconvalescens (Gen.: reconvalescentis), 1. Part. von: reconvalescere, ↑ rekonvaleszieren] (Med.): *sich im Stadium der Genesung befindend;* Re|kon|va|les|zent, der; -en, -en (Med.): *Genesender;* Re|kon|va|les|zen|ten|se|rum, das (Med.): *aus dem Blut Genesender gewonnenes, Antikörper gegen die überwundene Krankheit enthaltendes Serum;* Re|kon|va|les|zen|tin, die; -, -nen (Med.): w. Form zu ↑ Rekonvaleszent; Re|kon|va|les|zenz, die; - (Med.): **a)** *Genesung;* **b)** *Genesungszeit;* re|kon|va|les|zie|ren ⟨sw. V.; hat⟩ [spätlat. reconvalescere = wieder erstarken, aus: re- = wieder, zurück u. valescere = erstarken, zu: valere = stark sein] (Med.): *sich auf dem Weg der Besserung befinden, genesen.*
Re|kon|zi|li|a|ti|on, die; -, -en [lat. reconciliatio = Wiederherstellung; Versöhnung] (kath. Kirche): **1.** *Lossprechung vom Kirchenbann.* **2.** *erneute Weihe einer entweihten Kirche, Kapelle od. eines Friedhofs.*
Re|kord, der; -[e]s, -e [engl. record, eigtl. = Aufzeichnung; Urkunde, zu: to record = (schriftlich) aufzeichnen < afrz. recorder < lat. recordari = sich vergegenwärtigen; sich erinnern, zu: cor (Gen.: cordis) = Herz; Gemüt; Gedächtnis]: **1.** *(in bestimmten Sportarten) unter gleichen Bedingungen erreichte Höchstleistung:* ein neuer, europäischer, olympischer; der R. wurde um 2 Sekunden verbessert, überboten; einen R. [in einer sportlichen Disziplin] aufstellen, erringen, erzielen, behaupten, halten, innehaben; einen R. brechen, schlagen; sie verfehlte den bestehenden R. im Hürdenlauf um eine Zehntelsekunde; einen R. einstellen, egalisieren *(einen bestehenden Rekord erreichen, aber nicht übertreffen);* bei der [inter]nationalen Sportbehörde einen R. *(Rekordversuch)* anmelden; sie ist R. gefahren, gelaufen, geschwommen. **2.** *Höchstmaß; etw., was es in diesem Ausmaß noch nicht gab:* die Ernte stellt einen R. dar; ein trauriger R. *(etw. in seinem Ausmaß sehr Bedauerliches);* der Sommerschlußverkauf bricht in diesem Jahre alle -e; die Hitzewelle erreichte heute mit 42 Grad Celsius einen R.; *wobei die Kongreßteilnehmer die Ästhetik der R. der Substanzlosigkeit schlagen* (Tucholsky, Werke II, 350);
Re|kord-: *drückt in Bildungen mit Substantiven aus, daß etw. in bezug auf Ausmaß, Menge, Anzahl o. ä. außergewöhnlich od. noch nicht dagewesen ist:* Rekordgage, -hitze, -preis, -umsatz; Re|kord|be|such, die; *Rekordbeteiligung;* Re|kord|be|tei|li|gung, die: *außergewöhnliche od. beste bis dahin er-*

reichte Beteiligung; Re|kord|er|geb|nis, das: *außergewöhnlich gutes od. bestes bis dahin erzieltes Ergebnis;* Re|kord|ern|te, die: vgl. Rekordergebnis; Re|kord|flug, der: *Flug, mit dem ein neuer Rekord aufgestellt wird;* Re|kord|hal|ter, der: *Sportler, der, Mannschaft, die (meist über eine längere Zeit) einen Rekord hält;* Re|kord|hal|te|rin, die: w. Form zu ↑ Rekordhalter; Re|kord|hö|he, die: *Höhe, mit der (bes. im Hochsprung) ein neuer Rekord aufgestellt wird;* Re|kord|in|ha|ber, der: *Rekordhalter;* Re|kord|in|ha|be|rin, die: w. Form zu ↑ Rekordinhaber; Re|kord|in|ter|na|tio|na|le, der u. die: *Nationalspieler(in) mit den meisten Einsätzen in Länderspielen;* Re|kord|jahr, das: *Jahr, das in bestimmter Hinsicht einen Rekord* (2) *darstellt;* Re|kord|lei|stung, die: vgl. Rekordergebnis; Re|kord|ler, der; -s, -: *Sportler, der einen neuen Rekord erzielt hat;* Re|kord|le|rin, die: w. Form zu ↑ Rekordler; Re|kord|mar|ke, die: *Rekord;* Re|kord|mar|kie|rung, die: *Markierung, die bei einem Sprung-, Wurf- od. Stoßwettbewerb die bestehenden Rekord anzeigt;* Re|kord|mei|ster, der: *Sportler, Mannschaft mit den meisten gewonnenen Meisterschaften;* Re|kord|mei|ste|rin, die: w. Form zu ↑ Rekordmeister; Re|kord|pro|to|koll, das: *schriftliche Bestätigung einer Rekordleistung;* Re|kord|run|de, die: *(bes. eines Rennens), in der ein Rekord* (1) *aufgestellt wird;* Re|kord|se|rie, die: *Serie, Folge von Rekorden* (1); Re|kord|spring|prü|fung, die (Reiten): *Prüfung im Hoch- u. Weitspringen über ansteigenden Hindernis mit steigenden Abmessungen;* Re|kord|sprit|ze ⓇⓌ, die (Med.): *(auseinandernehmbare) Spritze mit Glaszylinder u. eingeschliffenem Metallkolben;* Re|kord|sucht, die (o. Pl.): *übersteigertes Bestreben, Rekorde aufzustellen;* re|kord|ver|däch|tig ⟨Adj.⟩ (Jargon): *einen Rekord erwarten lassend;* Re|kord|ver|such, der: *Versuch, einen neuen Rekord aufzustellen:* einen R. anmelden; Re|kord|wei|te, die: vgl. Rekordhöhe; Re|kord|zahl, die: vgl. Rekordhöhe; Re|kord|zeit, die: *Bestzeit, mit der ein neuer Rekord aufgestellt wird:* die R. halten; sie schwamm die 100 Meter in einer neuen R.
Re|krea|ti|on, die; -, -en [lat. recreatio, zu: recreare, ↑ rekreieren] (veraltet): *Erfrischung; Erholung.* Nach dem Mittagessen begab sich die Postulantinnen und die Novizinnen zur R. in den Handarbeitsraum (Bieler, Mädchenkrieg 377).
Re|kre|di|tiv, das; -s, -e [zu mlat. recredere = (in eine Urkunde als echt) anerkennen] (Dipl.): *schriftliche Bestätigung des Empfangs eines diplomatischen Abberufungsschreibens durch das Staatsoberhaupt.*
re|kre|ie|ren ⟨sw. V.; hat⟩ [lat. recreare] (veraltet): **a)** *erfrischen;* **b)** *⟨r. + sich⟩ sich erholen, sich erfrischen.*
Re|kret, das; -[e]s, -e ⟨meist Pl.⟩ [zu lat. re- = wieder, zurück u. cretum, 2. Part. von: cernere = (ent)scheiden, geb. nach ↑ Sekret] (Biol.): *von der Pflanze aufgenommener mineralischer Ballaststoff, der nicht in den pflanzlichen Stoffwechsel eingeht, sondern unverändert in den Zellwän-*

Rekretion

den abgelagert wird; **Re|kre|ti|on,** die; -, -en (Biol.): *das Wiederausscheiden von Rekreten.*

Re|kri|mi|na|ti|on, die; -, -en (Rechtsspr. veraltet): *Gegenbeschuldigung, Gegenklage;* **re|kri|mi|nie|ren** ⟨sw. V.; hat⟩ [zu lat. re- = zurück, wieder u. criminari = anschuldigen, anklagen] (Rechtsspr. veraltet): *Gegenklage erheben.*

Re|kri|stal|li|sa|ti|on, die; -, -en (Technik): *Umgestaltung des kristallinen Gefüges bei kalt verformten Körpern, bes. metallischen Werkstoffen, durch [leichte] Erwärmung.*

Re|kru|des|zenz, die; - [zu lat. recrudescere = wieder schlimmer werden] (Med.): *Wiederverschlimmerung einer Krankheit.*

Re|krut, der; -en, -en [älter frz. recreute (= frz. recrue), eigtl. = Nachwuchs (an Soldaten), subst. 2. Part. von: recroître = nachwachsen, zu: croître < lat. crescere = wachsen] (Milit.): *Soldat in der Grundausbildung;* **Re|kru|ten|aus|bil|der,** der (Milit.): *jmd., bes. Unteroffizier, der Rekruten ausbildet;* **Re|kru|ten|aus|bil|dung,** die ⟨Pl. selten⟩: *allgemeine Grundausbildung;* **Re|kru|ten|aus|he|bung,** die (Milit. veraltend): *Einberufung Wehrpflichtiger zur Grundausbildung;* **Re|kru|ten|schlei|fer,** der (Soldatenspr. abwertend): *jmd., der Rekruten ¹schleift* (2); **Re|kru|ten|schlei|fe|rei,** die ⟨Pl. selten⟩ (Soldatenspr. abwertend): *¹Schleifen* (2) *von Rekruten;* **Re|kru|ten|schu|le,** die (Milit. schweiz.): *Grundausbildung;* **Re|kru|ten|ver|ei|di|gung,** die (Milit.): *Vereidigung von Rekruten;* **Re|kru|ten|zeit,** die ⟨Pl. selten⟩ (Milit.): *Zeit der allgemeinen Grundausbildung;* **re|kru|tie|ren** ⟨sw. V.; hat⟩ [frz. recruter]: **1. a)** ⟨r. + sich⟩ *(in bezug auf die Angehörigen, Mitglieder einer bestimmten Gruppe, Organisation o. ä.) aus einem bestimmten Bereich herkommen, sich zusammensetzen, ergänzen:* die Bewerber rekrutieren sich hauptsächlich aus Gastarbeiterkreisen; Das Gros der Mitarbeiter wird sich aus Deutschen r. (Welt 24. 9. 66, 18); **b)** *(in bezug auf eine bestimmte Gruppe von Personen) zusammenstellen, zahlenmäßig aus etw. ergänzen:* das Forschungsteam wurde hauptsächlich aus jungen Wissenschaftlern rekrutiert; **c)** *zu einem bestimmten Zweck beschaffen:* Arbeitskräfte r.; Mancherorts hat man Mühe, das Personal für die politischen Ämter zu r. (NZZ 30. 8. 86, 27); die ... Killertruppe, von Speer zur Irreführung der Behörden ... rekrutiert (Prodöhl, Tod 44). **2.** (Milit. veraltet) *einberufen, einziehen;* **Re|kru|tie|rung,** die; -, -en: *das Rekrutieren, Sichrekrutieren;* **Re|kru|tie|rungs|sy|stem,** das: *System des Rekrutierens* (2); **Re|kru|tin,** die; -, -nen: w. Form zu ↑Rekrut: In die Kaserne ... Montebello in Rom sind die ersten 29 -nen eingerückt (Rheinpfalz 20. 11. 92, 12).

Rek|ta: Pl. von ↑Rektum; **Rek|ta|in|dos|sa|ment,** das; -[e]s, -e, **Rek|ta|klau|sel,** die; -, -n [zu lat. recta (via) = auf direktem Wege] (Bankw.): *Vermerk auf einem Wertpapier, der die Übertragung des Papiers verbietet;* **rek|tal** ⟨Adj.⟩ [zu ↑Rektum] (Med.): **a)** *den Mastdarm betreffend:* -e Untersuchung; **b)** *durch den, im Mastdarm [erfolgend]:* eine -e Infusion; die Temperatur r. messen; Zäpfchen r. einführen; **Rek|tal|er|näh|rung,** die (Med.): *rektale künstliche Ernährung;* **Rekt|al|gie,** die; -, -n [zu ↑Rektum u. griech. álgos = Schmerz] (Med.): *Schmerz im Mastdarm;* **Rek|tal|nar|ko|se,** die (Med.): vgl. Rektalernährung; **Rek|tal|tem|pe|ra|tur,** die: *im Mastdarm gemessene Körpertemperatur;* **Rek|tal|un|ter|su|chung,** die: *Untersuchung des Mastdarms;* **Rekt|an|gel,** das; -s, - [zu ↑rektangulär] (Math. veraltend): *Rechteck;* **rekt|an|gu|lär** ⟨Adj.⟩ [zu lat. rectiangulus = rechtwinklig] (Math. veraltend): *rechteckig, rechtwinklig;* ◆ **Rekt|an|gu|lum,** das; -s, ...la [↑Rektangel]: *Rechteck:* Hatt' er nicht das braune R. (= den Pfefferkuchen) schon in der Tasche ...? (Jean Paul, Wutz 19); **Rek|ta|pa|pier,** das; -s, -e (Bankw.): *Namenspapier;* **Rek|ta|scheck,** der; -s, -s (Bankw. selten): vgl. Rektawechsel; **Rekt|as|zen|si|on,** die; -, -en [nach lat. ascensio recta = gerade Aufsteigung] (Astron.): *auf dem Himmelsäquator gemessener Winkel zwischen dem Stundenkreis des Frühlingspunktes u. dem Stundenkreis des Gestirns;* **Rek|ta|wech|sel,** der; -s, - (Bankw.): *auf den Namen des Inhabers ausgestellter Wechsel;* **rek|te:** ↑recte; **Rek|ti|fi|kat,** das; -[e]s, -e [zu ↑rektifizieren] (Chemie): *durch Rektifizieren gewonnene Fraktion* (2); **Rek|ti|fi|ka|ti|on,** die; -, -en: **1.** (Math.): *Bestimmung der Bogenlänge einer Kurve.* **2.** (Chemie) *das Rektifizieren* (2). **3.** (bildungsspr. veraltet) *Richtigstellung, Berichtigung;* **Rek|ti|fi|zier|an|la|ge,** die; -, -n (Technik): *Rektifizierkolonne;* **rek|ti|fi|zie|ren** ⟨sw. V.; hat⟩ [mlat. rectificare = richtigen, zu lat. rectus (↑recte) u. facere = machen]: **1.** (Math.) *die Bogenlänge einer Kurve bestimmen.* **2.** (Chemie) *wiederholt destillieren.* **3.** (bildungsspr. veraltet) *richtigstellen, berichtigen;* **Rek|ti|fi|zier|ko|lon|ne,** die; -, -n (Technik): *technische Anlage zum Rektifizieren* (2); **Rek|ti|on,** die; -, -en [lat. rectio = Regierung, Leitung, zu: regere, ↑regieren] (Grammatik): *Fähigkeit eines Verbs, Adjektivs od. einer Präposition, den Kasus eines abhängigen Wortes im Satz zu bestimmen;* **Rek|to,** Recto, das; -s, -s [lat. recto (folio) = auf der rechten (Seite)] (Fachspr.): *Vorderseite eines Blattes in nicht paginierten Handschriften od. Büchern;* **Rek|tor,** der; -s, ...oren [mlat. rector < lat. rector = Leiter, zu: regere, ↑regieren]: **1.** *Leiter einer Grund-, Haupt-, Real- od. Sonderschule.* **2.** *(aus dem Kreis der ordentlichen Professoren) für eine bestimmte Zeit gewählter Repräsentant einer Hochschule.* **3.** (kath. Kirche) *Geistlicher, der einer kirchlichen Einrichtung vorsteht;* **Rek|to|rat,** das; -[e]s, -e [1 a: mlat. rectoratus]: **1. a)** *Amt eines Rektors:* das R. [der Universität] übernehmen; **b)** *Amtszeit eines Rektors.* **2.** *Amtszimmer eines Rektors:* wenn irgend etwas vorfiel ..., dann hieß es: Ab ins R.! (Kempowski, Immer 66). **3.** *Verwaltungsgremium, dem der Rektor* (2), *die beiden Prorektoren u. der Kanzler angehören;* **Rek|to|rats|kanz|lei,** die; vgl. Rektoratszimmer; **Rek|to|rats|re|de,** die: *Rede eines Rektors* (2) *bei der Übernahme seines Amtes;* **Rek|to|rats|über|ga|be,** die: *offizielle Übergabe des Rektorats* (1 a); **Rek|to|rats|zim|mer,** das: *Rektorat* (2); **Rek|to|ren|kon|fe|renz,** die: *mit der Lösung bestimmter, bes. die Hochschulen betreffender Probleme betrauter Zusammenschluß von Vertretern der Hochschulen eines Landes;* **Rek|to|rin,** die; -, -nen: w. Form zu ↑Rektor (1, 2); **Rek|to|skop,** das; -s, -e [zu ↑Rektum u. griech. skopeīn = betrachten] (Med.): *Endoskop zur Untersuchung des Mastdarms; Mastdarmspiegel;* **Rek|to|sko|pie,** die; -, -n (Med.): *Untersuchung mit dem Rektoskop; Mastdarmspiegelung;* **rek|to|sko|pisch** ⟨Adj.⟩ (Med): *die Rektoskopie betreffend, darauf beruhend, mittels Rektoskop[ie];* **Rek|to|zel|le,** die; -, -n [zu ↑Rektum u. griech. kēlē = Geschwulst; Bruch] (Med.): *Mastdarmvorfall;* **Rek|tum,** das; -s, Rekta [gek. aus lat. intestinum rectum = gestrecktes, gerader Darm] (Med.): *Mastdarm;* **Rek|tum|pro|laps,** der (Med.): *Mastdarmvorfall.*

re|kul|ti|vie|ren ⟨sw. V.; hat⟩ [aus ↑re- u. ↑kultivieren] (Fachspr.): *[durch Bergbau] unfruchtbar gewordenen Boden wieder urbar machen;* **Re|kul|ti|vie|rung,** die; -, -en (Fachspr.): *das Rekultivieren;* **Re|kul|ti|vie|rungs|plan,** der: *Plan für die Rekultivierung unfruchtbar gewordenen Bodens.*

Re|ku|pe|ra|ti|on, die; - [lat. recuperatio = Wiedergewinnung]: **1.** *(Technik) Verfahren zur Vorwärmung von Luft durch heiße Abgase mit Hilfe eines Rekuperators.* **2.** (Geschichtswissenschaft) *Rückgewinnung von Territorien auf Grund verbriefter Rechte;* **Re|ku|pe|ra|tor,** der; -s, ...oren [zu lat. recuperare = wiedergewinnen] (Technik): *(in Feuerungsanlagen) Wärmeaustauscher zur Rückgewinnung der Wärme heißer Abgase.*

Re|kur|rens|fie|ber, das; -s [zu lat. recurrens (Gen.: recurrentis) = wiederkehrend, 1. Part. von: recurrere, ↑rekurrieren] (Med.): *durch Insekten übertragbare Infektionskrankheit mit wiederholt (nach fieberfreien Tagen) auftretenden Fieberanfällen; Rückfallfieber;* **re|kur|rent** ⟨Adj.⟩ [lat. recurrens, ↑Rekurrensfieber]: *rekursiv;* **Re|kur|renz,** die; - [engl. recurrence, eigtl. = Wiederholung] (Sprachw.): *Rekursivität;* **re|kur|rie|ren** ⟨sw. V.; hat⟩ [(frz. recourir <) lat. recurrere, eigtl. = zurücklaufen]: **1.** (bildungsspr.) *auf etw. früher Erkanntes, Gesagtes o. ä. zurückgehen, Bezug nehmen [u. daran anknüpfen]:* auf einen theoretischen Ansatz, auf die ursprüngliche Bedeutung eines Wortes r.; Die Verfechter einer strafrechtlichen Freigabe des Ehebruchs ... rekurrieren ... auf aufklärerisches, liberales Gedankengut (NJW 19, 1984, 1072). **2.** (Rechtsspr. österr., schweiz., sonst veraltet) *Beschwerde, Berufung einlegen:* gegen eine Verfügung, einen Beschluß r.; **Re|kurs,** der; -es, -e [frz. recours < lat. recursus = Rücklauf, Rückkehr, zu: recurrere, ↑rekurrieren]: **1.** (bildungsspr.) *Rückgriff, Bezug[nahme] auf etw. früher Erkanntes, Gültiges, auf etw. bereits Erwähntes o. ä.:* auf etw. R. nehmen; Es genügt ... der R. auf die Grundnormen vernünftiger Rede (Habermas, Spätkapitalismus

138). **2.** (österr. u. schweiz. Rechtsspr., sonst veraltet) *Einspruch, Beschwerde:* R. einreichen, einlegen, erheben, zurückweisen; *daß ich am nächsten Mittwoch hingerichtet werden soll, ... keine Chance, R. anzumelden* (Frisch, Montauk 22); **Re|kur|si|on**, die; - [spätlat. recursio = das Zurücklaufen] (Math.): *das Zurückführen einer zu definierenden Größe od. Funktion auf eine od. mehrere bereits definierte;* **Re|kur|si|ons|for|mel**, die (Math.): *Formel (2) für eine Rekursion;* **re|kur|siv** ⟨Adj.⟩ [2: engl. recursive]: **1.** (Math.) *(bis zu bekannten Werten) zurückgehend.* **2.** (Sprachw.) *(bei der Bildung von Sätzen) auf Regeln, die mehr als einmal bei der Bildung eines Satzes anwendbar sind, zurückgreifend;* **Re|kur|si|vi|tät**, die; - (Sprachw.): *Eigenschaft einer Grammatik, nach bestimmten Regeln neue Sätze zu bilden.*

Re|ku|sa|ti|on, die; -, -en [lat. recusatio, zu: recusare = ablehnen, zurückweisen, sich verwahren] (Rechtsspr. veraltet): *Weigerung, Ablehnung* (z. B. gegenüber einem als befangen erachteten Richter in einem Rechtsstreit).

Re|lais [rə'lɛː], das; - [rə'lɛː(s)], - [rə'lɛːs] frz. relais, eigtl. = Station für den Pferdewechsel, zu afrz. relaier = zurücklassen]: **1.** (Elektrot.) *automatische Schalteinrichtung, die mittels eines schwachen Stroms Stromkreise mit einem stärkeren Strom öffnet u. schließt:* ein elektromagnetisches, elektronisches R.; *die Waschgänge einer Waschmaschine werden durch ein R. ein- und ausgeschaltet;* Fernsprechverbindungen werden über R. hergestellt. **2.** (früher) **a)** *Pferdewechsel im Postverkehr u. beim Militär;* **b)** *Relaisstation (2).* **3.** (Milit. früher) *(zur Überbringung von Befehlen, Nachrichten) an bestimmten Orten aufgestellte kleinere Abteilung von Reitern.* **4.** (früher) *Weg zwischen Wall u. Graben einer Festung;* **Re|lais|dia|gramm**, das (Elektrot.): *Diagramm, das den Ablauf einer Relaisschaltung wiedergibt;* **Re|lais|pferd**, das (früher): *Pferd der Relaisstation (2);* **Re|lais|sa|tel|lit**, das: *Kommunikationssatellit, der wie eine Relaisstation (1) arbeitet;* **Re|lais|schal|tung**, die: *Schaltung durch [ein] Relais (1);* **Re|lais|sta|ti|on**, die: **1.** *Sendestation, die eine Sendung aufnimmt u. nach Verstärkung wieder ausstrahlt (um in Gebieten, die vom Hauptsender schwer erreichbar sind, den Empfang zu ermöglichen).* **2.** (früher) *Station für den Pferdewechsel im Postverkehr u. beim Militär;* **Re|lais|steue|rung**, die: *Steuerung durch [ein] Relais (1);* **Re|lais|tech|nik**, die: *Technik der Relaisschaltung u. -steuerung.*

Re|lance [rə'lãːs], die; -, -n [...sn; frz. relance, zu: relancer = wiederbeleben, wiederaufnehmen] (schweiz.): *das Wiederaufgreifen einer politischen Idee.*

Re|laps, der; -es, -e [zu lat. relapsum, 2. Part. von: relabi = zurückfallen] (Med.): *Rückfall (1).*

re|la|ti|ni|sie|ren ⟨sw. V.; hat⟩ [aus ↑ re-, ↑ latinisieren] (Sprachw.): *wieder in lateinische Sprachform bringen* (z. B. Sextet aus ital. sestetto).

Re|la|ti|on, die; -, -en [lat. relatio = Bericht(erstattung), zu: relatum, ↑ relativ]: **1. a)** (bildungsspr.; Fachspr.) *Beziehung, in der sich [zwei] Dinge, Gegebenheiten, Begriffe vergleichen lassen od. [wechselseitig] bedingen; Verhältnis:* logische -en; *die R. zwischen Inhalt und Form; dieser Begriff drückt eine R. aus; zwei Größen zueinander in R. setzen; etw. in [eine, die richtige] R. zu etw. bringen;* Angebot und Nachfrage sind in gleicher R. gestiegen; *dieser Preis steht in keiner [vertretbaren] R. zur Qualität der Ware;* bis 5000 Mark ... erfolgt der Umtausch in der R. 1 : 1 (Freie Presse 15. 2. 90, 4); **b)** (Math.) *Beziehung zwischen den Elementen einer Menge* (2). **2.** (veraltend) *gesellschaftliche, geschäftliche o. ä. Verbindung:* mit jmdm. in R. stehen; *Hubertus ... verfügt, dank seinem schönen Titel ... , über einflußreiche -en* (K. Mann, Wendepunkt 341). **3.** (veraltend) *[amtlicher] Bericht, Berichterstattung:* eine R. einreichen; *Eine R. über das Geschehene sandte Khair-Beg an den Sultan* (Jacob, Kaffee 32). **4.** (Verkehrsw.) *regelmäßig befahrene Linie (6 a):* Haltepunkt Steinpleis kann in der R. Zwickau - Reichenbach - Zwickau ... nicht bedient werden (Freie Presse 25. 11. 87, 7). **5.** (hist.) *Zurückweisung einer Eidesleistung;* **re|la|tio|nal** ⟨Adj.⟩ (bildungsspr.): *die Relation (1) betreffend; in Beziehung, Beziehung zueinander darstellend;* **Re|la|tio|na|lis|mus**, **Re|la|tio|nis|mus**, der; -: *Relativismus (1);* **Re|la|ti|ons|ad|jek|tiv**, das (Sprachw.): *Relativadjektiv;* **Re|la|ti|ons|be|griff**, der (Logik): *Begriff, der eine Relation (1) ausdrückt* (z. B. „kleiner sein als"); **re|la|tiv** [auch: 'reː...] ⟨Adj.⟩ [frz. relatif < spätlat. relativus = bezüglich, zu lat. relatum, 2. Part. von: referre, ↑ referieren]: **1.** (bildungsspr.; Fachspr.) **a)** *nur in bestimmten Grenzen, unter bestimmten Gesichtspunkten, von bestimmtem Standpunkt aus zutreffend u. daher in seiner Gültigkeit, in seinem Wert o. ä. eingeschränkt:* Schönheit und Häßlichkeit sind -e Begriffe; eine -e Besserung; so sagt man, alles sei r.; etw. erweist sich als r.; etw. trifft nur r. (bedingt) zu; **b)** ⟨attr. bei Adjektiven u. Adverben, gelegentl. auch bei Substantiven, die von Adjektiven abgeleitet sind⟩ *gemessen an den Umständen, an dem, was man gewohnt ist, was man üblicherweise erwartet; vergleichsweise, ziemlich; verhältnismäßig:* ein r. kalter Winter; eine r. ruhige Gegend; diese Angelegenheit ist r. wichtig; sie geht r. oft ins Kino; es geht ihm r. gut; Unser ... Kontakt mit ihr begann r. spät (K. Mann, Wendepunkt 70); ich war verwundert über seine -e Großzügigkeit. **2.** (bes. Fachspr.) *nicht unabhängig, sondern in Beziehung, Relation o. ä. stehend u. dadurch bestimmt:* -e Größen; -e Feuchtigkeit (Met.; *Prozentsatz der tatsächlich vorhandenen Luftfeuchtigkeit in bezug auf die bei gegebener Temperatur maximal mögliche Luftfeuchtigkeit*); -es Gehör (Musik; *Fähigkeit, die Höhe eines Tones auf Grund von Intervallen festzustellen*); -es Tempus (Sprachw.; *unselbständiges, auf das Tempus eines anderen Geschehens im zusammengesetzten Satz bezogenes Tempus [Plusquamperfekt u. 2. Futur]*); **Re|la|tiv**, das; -s, -e (Sprachw.): *Relativ-*

adverb, Relativpronomen; **Re|la|ti|va**: Pl. von ↑ Relativum; **Re|la|tiv|ad|jek|tiv**, das (Sprachw.): *Adjektiv, das keine Eigenschaft, sondern eine Beziehung ausdrückt* (z. B. das väterliche Haus = das dem Vater gehörende Haus); **Re|la|tiv|ad|verb**, das (Sprachw.): *Adverb, das den Gliedsatz, des es einleitet, auf das Substantiv (Pronomen) od. Adverb des übergeordneten Satzes bezieht; bezügliches Umstandswort* (z. B. wo); **Re|la|tiv|be|schleu|ni|gung**, die (Physik): vgl. Relativbewegung; **Re|la|tiv|be|we|gung**, die (Physik): *auf einen anderen Körper bezogene Bewegung eines Körpers;* **Re|la|tiv|ge|schwin|dig|keit**, die (Physik): vgl. Relativbewegung; **re|la|ti|vie|ren** ⟨sw. V.; hat⟩ (bildungsspr.): *zu etw. anderem in Beziehung setzen u. dadurch in seinem Wert o. ä. einschränken; etw. wird dadurch relativiert, daß ...;* Der wechselnde Kreis der Bezugspersonen ... relativiert die einseitigen Einflüsse eines Elternpaares (Wohngruppe 35); ich machte dazu eine relativierende Bemerkung (W. Brandt, Begegnungen 132); **Re|la|ti|vie|rung**, die; -, -en (bildungsspr.): *das Relativieren;* **re|la|ti|visch** ⟨Adj.⟩ (Sprachw.): *bezüglich (2);* **Re|la|ti|vis|mus**, der; - (Philos.): **1.** *erkenntnistheoretische Lehre, nach der nur die Beziehungen der Dinge zueinander, nicht aber diese selbst erkennbar sind.* **2.** *Anschauung, nach der jede Erkenntnis nur relativ (bedingt durch den Standpunkt des Erkennenden) richtig, jedoch nie allgemeingültig wahr ist;* **Re|la|ti|vist**, der; -en, -en: **a)** (Philos.) *Vertreter des Relativismus;* **b)** (bildungsspr.) *jmd., für den alle Erkenntnis subjektiv ist:* ein geborener R.; **Re|la|ti|vi|stin**, die; -, -nen: w. Form zu ↑ Relativist; **re|la|ti|vi|stisch** ⟨Adj.⟩: **1.** (Philos.) *den Relativismus betreffend, zu ihm gehörend, ihm gemäß.* **2.** (Physik) *die Relativitätstheorie betreffend; ihr gemäß, auf ihr beruhend:* -e (*durch die Relativitätstheorie erweiterte*) Mechanik. **3.** (bildungsspr.) *die Relativität betreffend, ihm entsprechend, gemäß;* **Re|la|ti|vi|tät**, die; -, -en ⟨Pl. selten⟩ (bildungsspr.; Fachspr.): *das Relativsein;* **Re|la|ti|vi|täts|prin|zip**, das (Physik): *Prinzip, nach dem sich jeder physikalische Vorgang in gleichförmig gegeneinander bewegten Bezugssystemen (1) in der gleichen Weise darstellen läßt;* **Re|la|ti|vi|täts|theo|rie**, die ⟨o. Pl.⟩ (Physik): *(von A. Einstein begründete) Theorie, nach der Raum, Zeit u. Masse vom Bewegungszustand eines Beobachters abhängig is. deshalb relative (2) Größen sind;* **Re|la|tiv|pro|no|men**, das (Sprachw.): *Pronomen, das einen Nebensatz einleitet u. ihn auf ein od. mehrere Substantive od. Pronomen des übergeordneten Satzes bezieht; bezügliches Fürwort;* **Re|la|tiv|satz**, der (Sprachw.): *durch ein Relativ eingeleiteter Gliedsatz;* **Re|la|tiv|vum**, das; -s, ...va (Sprachw.): *Relativ;* **Re|la|tor**, der; -s, ...oren [spätlat. relator = der Berichterstatter] (Logik, Philos.): *mehrstelliger Prädikator;* **Re|la|tum**, das; -s, ...ta (Sprachw.): *zweites Glied einer aus zwei Objekten bestehenden Relation, das dasjenige Objekt wiedergibt, auf das die Handlung gerichtet ist* (z. B. in „der Jäger

schoß auf den Fuchs" ist „Fuchs" das Relatum).
Re|launch [ri'lo:ntʃ], der u. das; -[e]s, -[e]s [engl. relaunch, aus: re- = wieder u. launch = Lancierung] (Werbespr.): *verstärkter Einsatz von Werbemitteln für ein schon länger auf dem Markt befindliches Produkt;* **re|laun|chie|ren** ⟨sw. V.; hat⟩ (Werbespr.): *für ein schon länger auf dem Markt befindliches Produkt verstärkt werben.*
Re|la|xans, das; -, ...anzien u. ...antia [zu lat. relaxans, 1. Part. von: relaxare = schlaff machen] (Med.): *Arzneimittel, das eine Erschlaffung, Entspannung bes. der Muskeln bewirkt;* **Re|la|xa|ti|on**, die; - [lat. relaxatio = das Nachlassen, zu: relaxare, ↑Relaxans]: **1.** (Med.) *Erschlaffung, Entspannung (bes. der Muskulatur).* **2.** (Physik) *verzögertes Eintreten eines neuen Gleichgewichtszustands infolge innerer Widerstände (z. B. Reibung) in einem materiellen System (z. B. einem Stoff) nach Änderung eines äußeren Kraftfeldes.* **3.** (Chemie) *Wiederherstellung eines chemischen Gleichgewichts nach einer Störung (z. B. durch Einwirkung elektrischer Felder);* **Re|la|xa|ti|ons|me|tho|de**, die: **1.** (Math.) *Näherungsverfahren zur Auflösung von Gleichungen.* **2.** (Psych.) *Verfahren zur Erreichung eines stabilen seelischen Gleichgewichts (z. B. autogenes Training);* **re|laxed** [ri'lɛkst] ⟨Adj.⟩ [engl., zu: to relax, ↑relaxen] (ugs.): *gelöst, zwanglos:* Beduinen mit ihren weißen Kopftüchern saßen total r. im Kreis (Christiane, Zoo 225); alle sagen, ich sehe so r. und hübsch aus (Praunheim, Sex 24); **re|la|xen** [ri'lɛksn̩] ⟨sw. V.; hat⟩ [engl. to relax < lat. relaxare, ↑Relaxans] (ugs.): *sich körperlich entspannen; sich erholen:* wenn alles vorbei ist, muß ich dringend r.; Vor ihren Auftritten relaxten die drei ... ganz easy im Hotel (Bravo 42, 1988, 73); Die Fans lieben das relaxte Feeling *(die entspannte, gelöste Atmosphäre)* auf dem von süßlichen Düften umwehten Gelände (Oxmox 6, 1983, 9); **Re|la|xing** [ri'lɛksɪŋ], das; -s [engl. relaxing] (ugs.): *das Relaxen;* **Re|lease** [ri'li:s], das; -, -s [...sɪs, auch: ...sɪz], **Release-Cen|ter**, das [zu engl. to release = befreien < afrz. relaissier, relesser < lat. relaxare, ↑Relaxans]: (2) *Einrichtung, in der Rauschgiftsüchtige geheilt werden sollen;* **Re|lea|ser** [ri'li:zɐ], der; -s, - [zu engl. to release, ↑Release] (Jargon): *Psychotherapeut, Sozialarbeiter o. ä., der an der Behandlung Rauschgiftsüchtiger mitwirkt;* **Re|lease-Zen|trum**, das: *Release-Center.*
Re|le|ga|ti|on, die; -, -en [lat. relegatio = Ausschließung, zu: relegare, ↑relegieren] (bildungsspr.): *Verweisung von der [Hoch]schule;* **Re|le|ga|ti|ons|spiel**, das (Sport): *Qualifikationsspiel zwischen [einer] der schlechtesten Mannschaft der höheren u. [einer] der besten der tieferen Spielklasse um einen Platz in der höheren Spielklasse;* **re|le|gie|ren** ⟨sw. V.; hat⟩ [lat. relegare = fortschicken, verbannen] (bildungsspr.): *(aus disziplinären Gründen) von der [Hoch]schule verweisen:* einen Schüler vor dem Abitur r.; die relegierten Studenten mißachteten das Hausverbot; **Re|le|gie|rung**, die; -, -en: *das Relegieren, Relegiertwerden.*

re|le|vant ⟨Adj.; -er, -este⟩ [älter = schlüssig, richtig, wohl nach mlat. relevantes (articuli) = berechtigte, beweiskräftige (Argumente im Rechtsstreit), zu lat. relevans (Gen.: relevantis), 1. Part. von: relevare = in die Höhe heben (↑Relief), nach dem Bild der Waagschalen; seit der 2. Hälfte des 20. Jh.s beeinflußt von engl. relevant] (bildungsspr.): *in einem bestimmten Zusammenhang bedeutsam, [ge]wichtig:* eine [historisch, naturwissenschaftlich, politisch] -e Frage; dieser Punkt ist für unser Thema nicht r.; gute Beziehungen, die uns wie der gesamten ... Großindustrie am Herzen liegen, werden auch außenpolitisch r. (Delius, Siemens-Welt 48); **Re|le|vanz**, die; - [vgl. engl. relevance] (bildungsspr.): *Bedeutsamkeit, Wichtigkeit in einem bestimmten Zusammenhang:* weil Forschung keine Privatangelegenheit des Gelehrten sei, sondern ... gesellschaftliche R. besitze (MM 19. 6. 71, 32); etw. ist von, gewinnt, verliert an [wirtschaftlicher] R.; **Re|le|va|ti|on**, die; -, -en [lat. relevatio = Erleichterung, eigtl. = das Aufschweben, zu: relevare, ↑Relief] (Rechtsspr. veraltet): *Befreiung von einer Verbindlichkeit.*
Re|li, die; - ⟨meist o. Art.⟩ (Schülerspr.): *Religion als Schulfach.*
re|li|a|bel ⟨Adj.⟩ [engl. reliable, zu: to rely = sich verlassen auf] (bildungsspr. selten): *verläßlich;* **Re|li|a|bi|li|tät**, die; - [engl. reliability, zu: reliable, ↑reliabel] (bildungsspr. selten): *Zuverlässigkeit eines wissenschaftlichen Versuchs, Tests.*
Re|li|ef, das; -s, -s u. -e [frz. relief, eigtl. = das Hervorheben, zu: relever < lat. relevare = in die Höhe heben, aufheben]: **1.** (bild. Kunst) *aus einer Fläche (aus Stein, Metall o. ä.) erhaben herausgearbeitetes od. in sie vertieftes Bildwerk:* das R. eines Kirchenportals, Grabsteins; ein R. herausarbeiten, in eine Wand einlassen; etw. im/in R. darstellen; Ü einer Sache, jmdm. R. geben, verleihen *(einer Sache, jmdm. ein Gepräge, ein bestimmtes Gewicht geben).* **2.** (Geogr.) **a)** *Form der Erdoberfläche;* **b)** *maßstabsgetreue plastische Nachbildung [eines Teils] der Erdoberfläche:* ein aus Gips modelliertes R.; **re|li|ef|ar|tig** ⟨Adj.⟩: *in der Art eines Reliefs (1), wie ein Relief;* **Re|li|ef|band**, das ⟨Pl. ...bänder⟩: *bandförmiges Relief (1);* **Re|li|ef|dar|stel|lung**, die: *Darstellung in Relief (1);* **Re|li|ef|druck**, der ⟨Pl. ...drucke⟩ (Druckw.): **a)** ⟨o. Pl.⟩ *Druckverfahren, bei dem Schriftzeichen, Verzierungen o. ä. in Relief (z. B. auf Papier, Leder) gedruckt werden;* **b)** *Schrift, Verzierung o. ä., die in Relief gedruckt ist;* **Re|li|ef|ener|gie**, die (Geogr.): *einem bestimmten Ausschnitt der Erdoberfläche aufgrund seiner Höhenunterschiede (zwischen dem höchsten u. niedrigsten Punkt) innewohnende potentielle Energie, die bei der Abtragung wirksam wird;* **Re|li|ef|glo|bus**, der: *Globus mit Relief (2 b);* **re|lie|fie|ren** ⟨sw. V.; hat⟩: *mit einem Relief (1) versehen;* **Re|lie|fie|rung**, die; -, -en: *das Reliefieren;* **Re|li|ef|in|tar|sia, Re|li|ef|in|tar|sie**, die: *Verbindung von Einlegearbeit u. Schnitze-*

rei; **Re|li|ef|kar|te**, die: *Landkarte, auf der das Relief (2 a) mit Hilfe von Farbabstufung, Schraffierung o. ä. dargestellt ist;* **Re|li|ef|ke|ra|mik**, die (Kunstwiss.): **1.** ⟨o. Pl.⟩ *Keramik (1 a) mit erhabenem Dekor (seit der frühen Bronzezeit).* **2.** *einzelner, der Reliefkeramik (1) zuzurechnender Gegenstand;* **Re|li|ef|kli|schee**, das (Druckw. Jargon): *Klischee (1) für den Reliefdruck (a);* **Re|li|ef|mu|ster**, das (Textilind.): *Muster bei Wirk- od. Strickwaren, das sich plastisch abhebt;* **Re|li|ef|sticke|rei**[1], die: **a)** ⟨o. Pl.⟩ *Technik des Stickens, bei der sich das gestickte Muster reliefartig von der Unterlage abhebt;* **b)** *in der Technik der Reliefstickerei (a) Gesticktes;* **Re|li|ef|um|kehr**, die (Geol.): *Inversion* (4).

Re|li|gio, die; -, ...ones [...ne:s] [mlat. religio < lat. religio, ↑Religion] (kath. Kirche): *klösterlicher Verband;* **Re|li|gi|on**, die; -, -en [lat. religio = Gottesfurcht, H. u.; in der christlichen Theologie häufig gedeutet als „(Zurück)bindung an Gott", zu lat. religare = zurückbinden]: **1.** *(meist von einer größeren Gemeinschaft angenommener) bestimmter, durch Lehre u. Satzungen festgelegter Glaube u. sein Bekenntnis:* die buddhistische, christliche, jüdische, mohammedanische R.; die alten, heidnischen -en; eine R. begründen; einer R. *(Glaubensgemeinschaft)* angehören; sich zu einer R. bekennen; R R. ist Opium für das Volk (mißverständliche Verkürzung einer Aussage in Karl Marx' [1818-1883] Abhandlung „Zur Kritik der Hegelschen Rechtsphilosophie" [1844]); Ü Die R. des Fortschritts ... wird ihre totale Pleite noch auf dieser Erde erleben (Gruhl, Planet 218). **2.** ⟨o. Pl.⟩ *gläubig verehrende Anerkennung einer alles Sein bestimmenden göttlichen Macht; religiöse (2) Weltanschauung:* ein Mensch ohne R.; über R. sprechen, ein Streitgespräch führen. **3.** ⟨o. Pl., o. Art.⟩ *Religionslehre als Schulfach, Religionsunterricht:* sie unterrichtet R.; wir haben zweimal in der Woche R.; **Re|li|gio|nes**: Pl. von ↑Religio; **Re|li|gi|ons|aus|übung**, die; -, -: *Ausübung einer bestimmten Religion* (1); **Re|li|gi|ons|be|kennt|nis**, das: *das Sichbekennen, die Zugehörigkeit zu einer bestimmten Religion* (1, 2); **Re|li|gi|ons|buch**, das: *Lehrbuch für das Schulfach Religion;* **Re|li|gi|ons|din|ge** ⟨Pl.⟩: *Fragen der Religion* (1, 2): sie kannte ja schon seine Gleichgültigkeit in -n (Kühn, Zeit 69); **Re|li|gi|ons|er|satz**, der: *Ersatz für eine Religion:* Kunst als R.; **Re|li|gi|ons|eth|no|lo|gie**, die: *Teilbereich der Völkerkunde, der die Glaubensvorstellungen, die magischen u. rituellen Praktiken einzelner Völker zum Gegenstand hat;* **Re|li|gi|ons|frei|heit**, die ⟨o. Pl.⟩: *Glaubensfreiheit;* **Re|li|gi|ons|frie|de**, der: *Friede, mit dem ein Religionskrieg beigelegt wurde;* **Re|li|gi|ons|ge|mein|schaft**, die: *Glaubensgemeinschaft;* **Re|li|gi|ons|ge|schich|te**, die: **1.** ⟨o. Pl.⟩ **a)** *geschichtliche Entwicklung der Religionen:* die R. des Abendlandes; **b)** *Teilgebiet der Religionswissenschaft, in dem die geschichtliche Entwicklung der Religionen erforscht wird:* R. studieren. **2.** *Werk, das die Religionsgeschichte (1 a) zum Thema* hat: er ist der Verfasser einer R.; **re|li|gi|ons|ge|schicht|lich** ⟨Adj.⟩: *die Religionsgeschichte betreffend;* **Re|li|gi|ons|ge|sell|schaft,** die: *Glaubensgemeinschaft;* **Re|li|gi|ons|hi|sto|ri|ker,** der: *Wissenschaftler auf dem Gebiet der Religionsgeschichte* (b); **Re|li|gi|ons|hi|sto|ri|ke|rin,** die: w. Form zu ↑Religionshistoriker; **re|li|gi|ons|hi|sto|risch** ⟨Adj.⟩: *religionsgeschichtlich;* **Re|li|gi|ons|kampf,** der: *Glaubenskampf;* **Re|li|gi|ons|krieg,** der: *Glaubenskrieg;* **Re|li|gi|ons|leh|re,** die: 1. *bestimmte Lehre* (2 a) *einer Religion* (1): *die Vielfalt der -n.* 2. ⟨o. Pl.⟩ *Religionsunterricht;* **Re|li|gi|ons|leh|rer,** der: *Lehrer im Schulfach Religion;* **Re|li|gi|ons|leh|re|rin,** die: w. Form zu ↑Religionslehrer; **re|li|gi|ons|los** ⟨Adj.⟩: *ohne Religion* (1, 2), *keiner Religion* (1) *angehörend, keine Religion* (2) *habend;* **Re|li|gi|ons|lo|sig|keit,** die; - ⟨o. Pl.⟩: *das Religionslossein;* **Re|li|gi|ons|phi|lo|soph,** der: *Wissenschaftler auf dem Gebiet der Religionsphilosophie;* **Re|li|gi|ons|phi|lo|so|phie,** die ⟨o. Pl.⟩: *Wissenschaft vom Ursprung, Wesen u. Wahrheitsgehalt der Religionen;* **Re|li|gi|ons|phi|lo|so|phin,** die: w. Form zu ↑Religionsphilosoph; **re|li|gi|ons|phi|lo|so|phisch** ⟨Adj.⟩: *die Religionsphilosophie betreffend;* **Re|li|gi|ons|psy|cho|lo|gie,** die: *Teilgebiet der Religionswissenschaft, in dem die seelischen Vorgänge des religiösen Erlebens u. Verhaltens erforscht werden;* **re|li|gi|ons|psy|cho|lo|gisch** ⟨Adj.⟩: *die Religionspsychologie betreffend;* **Re|li|gi|ons|so|zio|lo|gie,** die: *Teilgebiet der Religionswissenschaft, in dem die sozialen Aspekte der Religionen erforscht werden;* **re|li|gi|ons|so|zio|lo|gisch** ⟨Adj.⟩: *die Religionssoziologie betreffend;* **Re|li|gi|ons|stif|ter,** der: *Begründer einer Religion* (1); **Re|li|gi|ons|stif|te|rin,** die: w. Form zu ↑Religionsstifter; **Re|li|gi|ons|streit,** der: *Glaubensstreit;* **Re|li|gi|ons|stun|de,** die: *Unterrichtsstunde im Schulfach Religion;* **Re|li|gi|ons|un|ter|richt,** der: *Unterricht im Schulfach Religion;* **Re|li|gi|ons|ver|ge|hen,** das: *die Religion* (1, 2) *verletzendes Vergehen;* **Re|li|gi|ons|wech|sel,** der: *Glaubenswechsel;* **Re|li|gi|ons|wis|sen|schaft,** die ⟨o. Pl.⟩: *Wissenschaft, die Form u. Inhalt der Religionen u. ihre Beziehung zu anderen Lebensbereichen erforscht;* **Re|li|gi|ons|wis|sen|schaft|ler,** der: *Wissenschaftler auf dem Gebiet der Religionswissenschaft;* **Re|li|gi|ons|wis|sen|schaft|le|rin,** die: w. Form zu ↑Religionswissenschaftler; **re|li|gi|ons|wis|sen|schaft|lich** ⟨Adj.⟩: *die Religionswissenschaft betreffend, zu ihr gehörend;* **Re|li|gi|ons|zu|ge|hö|rig|keit,** die ⟨Pl. selten⟩: *Zugehörigkeit zu einer bestimmten Religionsgemeinschaft;* **Re|li|gi|ons|zwang,** der ⟨o. Pl.⟩: *Zwang, einer bestimmten Religion* (1) *anzugehören;* ♦ **re|li|gi|os** ⟨Adj.⟩: ↑religiös; ... *daß sich sein Geist in Zeiten der Not zu -en Ideen ... erhob* (Goethe, Benvenuto Cellini, Anhang XIII); **re|li|gi|ös** ⟨Adj.⟩: ⟨-er, -este⟩ [(frz. religieux <) lat. religiosus = gottesfürchtig, fromm]: 1. *die Religionen betreffend, zur Religion* (1, 2) *gehörend, auf ihr beruhend:* -e *Vorschriften, Überlieferungen,* -e *Zweifel,* -e *Gruppen; die* -e

Spaltung *eines Staates; er ist r. interessiert, gebunden;* ⟨subst.:⟩ *er steht allem Religiösen ablehnend gegenüber.* 2. *in seinem Denken u. Handeln geprägt vom Glauben an eine göttliche Macht; gläubig:* ein *-er Mensch;* -e *(fromme) Ergriffenheit; er ist sehr r.; ihre Kinder sind r. erzogen worden;* **Re|li|gi|o|se,** der u. die; -n, -n ⟨Dekl. ↑Abgeordnete⟩ [mlat. religiosus, zu kirchenlat. religiosus = *dem geistlichen Stand angehörend*] (kath. Kirche): *Angehörige[r] einer Ordensgemeinschaft;* **Re|li|gi|o|si|tät,** die; - [(frz. religiosité <) spätlat. religiositas = Frömmigkeit] (bildungsspr.): *das Religiössein, religiöse* (2) *Haltung;* **re|li|gi|o|so** [reli'dʒo:zo] ⟨Adv.⟩ [ital. religioso < lat. religiosus, ↑religiös] (Musik): *andächtig, feierlich.*

re|likt ⟨Adj.⟩ [zu lat. relictum, 2. Part. von: relinquere, ↑Reliquie] (Biol.): *(von Tieren u. Pflanzen) in Resten vorkommend;* **Relikt,** das; -[e]s, -e [zu lat. relictum, ↑relikt] (Biol.): 1. *etw., was aus einer zurückliegenden Zeit übriggeblieben ist; Überrest, Überbleibsel:* steinerne, knöcherne -e; *diese Funde sind bedeutsame -e aus einer frühen Epoche dieses Volkes; diese Gewohnheit ist ein R. aus seiner Kindheit; Am Weg liegt Bunranny Castle, ritterliches R. vergangener Tage* (Gute Fahrt 4, 1974, 52). 2. (Biol.) *nur noch als Restbestand auf begrenztem Raum vorkommende Tier- od. Pflanzenart.* 3. (Sprachw.) *Wort od. Form als erhalten gebliebener Überrest aus dem früheren Zustand einer Sprache.* 4. (Geol.) *unverändert gebliebener Gesteinsteil in einem umgewandelten Gestein.* 5. (Geogr.) *Boden, der von einer Klimaänderung kaum beeinflußt wurde;* **Re|lik|ten** ⟨Pl.⟩ (veraltet): 1. *Hinterbliebene.* 2. *Hinterlassenschaft.* 3. (Zool.): *nur noch als Relikte* (2) *vorkommende Exemplare einer früher existierenden Tierwelt;* **Re|lik|ten|flo|ra,** die (Bot.): *nur noch als Relikte* (2) *vorkommende Exemplare einer früher existierenden Pflanzenwelt;* **Re|likt|ge|biet,** das: 1. (Sprachw.) *Gebiet mit Relikten* (3). 2. (Biol.) *Gebiet mit Relikten* (2); *Refugialgebiet.*

Re|ling, die; -, seltener auch: -e ⟨Pl. -ten⟩ [niederd. regeling, zu mniederd. regel = Riegel, Querholz] (Seew.): *Geländer, das das Deck eines Schiffes umgibt:* an der R. stehen; sich über die R. beugen.

Re|li|qui|ar, das; -s, -e [mlat. reliquiarium, zu kirchenlat. reliquiae, ↑Reliquie] (kath. Kirche): *künstlerisch gestaltetes Behältnis für Reliquien;* **Re|li|quie,** die; -, -n [mhd. reliquie < kirchenlat. reliquiae (Pl.) < lat. reliquiae = Zurückgelassenes, zu: reliquus = zurückklassen, aus: re- = zurück, wieder u. linquere = (zurück)lassen] (Rel., bes. kath. Kirche): *Überrest der Gebeine, Asche, Kleider o. ä. eines Heiligen, Religionsstifters o. ä., der als Gegenstand religiöser Verehrung dient:* eine sehr alte, kostbare, unechte R.; eine R. in einem Schrein aufbewahren, ausstellen; -n verehren; er hütete, verwahrte das Bild wie eine R. *(sehr sorgfältig);* **Re|li|qui|en|be|häl|ter,** der: *Reliquiar;* **Re|li|qui|en|kult,** der: vgl. Reliquienverehrung; **Re|li|qui|en|schrein,** der: *Reliquiar in Form eines Schreins;* **Re|li|qui-**

en|ver|eh|rung, die: *religiöse Verehrung von Reliquien.*

Re|lish ['rɛlɪʃ], das; -s, -es [...ʃɪs u. ...ʃɪz; engl. relish = Gewürz, Würze] (Kochk.): *würzige Tunke aus pikant eingelegten, zerkleinerten Gemüsestückchen.*

Re|luk|tanz, die; -, -en [zu lat. reluctari = Widerstand leisten] (Physik): *magnetischer Widerstand.*

Re|lu|xa|ti|on, die; -, -en [zu lat. re- = wieder, zurück u. ↑Luxation] (Med.): *wiederholte Ausrenkung eines Gelenks (z. B. bei angeborener Schwäche der Gelenkkapsel).*

Rem, das; -s, -s [Kurzw. aus engl. Roentgen equivalent man] (früher): *Maßeinheit für die biologische Wirkung von radioaktiver Strahlung auf den Organismus* (Zeichen: rem).

Re|make ['riːˈmeɪk], das; -s, -s [engl. remake, zu: to remake = wieder machen] (Fachspr.): *Neufassung einer künstlerischen Produktion, bes. neue Verfilmung älterer, bereits verfilmter Stoffe.*

re|ma|nent ⟨Adj.⟩ [zu lat. remanens (Gen.: remanentis), 1. Part. von: remanere = zurückbleiben] (Fachspr., bildungsspr.): *bleibend, zurückbleibend:* -er Magnetismus *(Remanenz);* **Re|ma|nenz,** die; - [zu lat. remanere, ↑remanent] (Physik): *nach Aufhören der magnetischen Induktion in einem magnetisierten Stoff zurückbleibender Magnetismus; Restmagnetismus.*

re|mar|ka|bel ⟨Adj.⟩ [frz. remarquable, zu: remarquer = bemerken, feststellen] (veraltet): *bemerkenswert;* **Re|marque|druck** [rəˈmark...], der; -[e]s, -e [zu frz. remarque = Anmerkung]: *erster Druck von Kupferstichen, Lithographien u. Radierungen, der neben der eigentlichen Zeichnung am Rande noch eine Anmerkung in Form einer kleinen Skizze o. ä. aufweist, die vor dem endgültigen Druck abgeschliffen wird.*

Re|ma|su|ri: ↑Ramasuri.

Re|ma|te|ria|li|sa|ti|on, die; -, -en [zu lat. re- = ↑Materialisation (2)] (Parapsych.): *Rückführung eines unsichtbaren Gegenstandes in seinen ursprünglichen materiellen Zustand.*

Rem|bours [rãˈbuːɐ̯], der; -[es], -s [...ɐ̯(s)], [...ɐ̯s; gek. aus frz. remboursement, zu: rembourser, ↑remboursieren] (Bankw.): *Begleichung einer Forderung aus einem Geschäft im Überseehandel durch Vermittlung einer Bank;* **Rem|bours|ge|schäft,** das (Bankw.): *durch eine Bank abgewickeltes u. finanziertes Geschäft im Überseehandel;* **rem|bour|sie|ren** [rãbʊr...] ⟨sw. V.; hat⟩ [frz. rembourser = zurückzahlen, zu: bourse = (Geld)beutel < spätlat. bursa, ↑¹Börse] (Bankw.): *eine Forderung aus einem Geschäft im Überseehandel durch Vermittlung einer Bank begleichen;* **Rem|bours|kre|dit,** der; -[e]s, -e (Bankw.): *einem Importeur von seiner Bank zur Bezahlung einer in Übersee gekauften Ware gewährter Kredit.*

Rem|brandt|hut, der [der Hut ist häufig auf den Gemälden des niederl. Malers Rembrandt (1606–1669) zu sehen] (Mode): *am Anfang des 20. Jh.s üblicher Damenhut mit breiter Krempe.*

Re|me|dia, Re|me|di|en: Pl. von ↑Remedium; **re|me|die|ren** ⟨sw. V.; hat⟩ [spätlat. remediare, remediari] (Med. selten):

heilen; **Re|me|di|um,** das; -s, ...ia u. ...ien [lat. remedium = Heilmittel, auch: Hilfs-, Rechtsmittel]: **1.** (Med.) *Heilmittel.* **2.** (Münzk.) *zulässige Abweichung vom gesetzlich geforderten Gewicht u. Feingehalt bei Münzen;* **Re|me|dur,** die; -, -en (veraltend): *Beseitigung, Abschaffung von Mißständen; Abhilfe: Der sei ein Hauptkerl und werde schon R. schaffen* (Th. Mann, Zauberberg 729); *Charles sieht den Widerspruch und versucht R.* (Spiegel 45, 1988, 226).

Re|mi|grant, der; -en, -en [zu lat. remigrans (Gen.: remigrantis), 1. Part. von: remigrare = zurückkehren] (bildungsspr.): *Emigrant, der wieder in sein Land zurückkehrt; Rückwanderer;* **Re|mi|gran|tin,** die; -, -nen (bildungsspr.): w. Form zu ↑Remigrant; **Re|mi|grier|te,** der u. die; -n, -n (Dekl. ↑Abgeordnete) (selten): *jmd., der aus der Emigration zurückgekehrt ist.*

re|mi|li|ta|ri|sie|ren ⟨sw. V.; hat⟩ [zu ↑re- u. ↑militarisieren]: *(in einem Land, Gebiet) erneut militärische Anlagen errichten, wieder Truppen aufstellen, das aufgelöste Heerwesen von neuem organisieren; wiederbewaffnen;* **Re|mi|li|ta|ri|sie|rung,** die; -: *das Remilitarisieren, Remilitarisiertwerden.*

Re|mi|nis|zenz, die; -, -en [wohl unter Einfluß von frz. réminiscence < spätlat. reminiscentia = Rückerinnerung, zu lat. reminisci = sich erinnern] (bildungsspr.): **1.** *Erinnerung von einer gewissen Bedeutsamkeit:* In meinem Zimmer nämlich hing ein ziemlich großer Vierfarbdruck, R. an die aktive Dienstzeit meines Vaters (Lentz, Muckefuck 8). **2.** *ähnlicher Zug, Ähnlichkeit; Anklang:* sein Werk enthält viele -en an das seines Lehrmeisters; **Re|mi|nis|ze|re** ⟨o. Art.; indekl.⟩ [lat. reminiscere = gedenke!, nach dem ersten Wort des Eingangsverses der Liturgie des Sonntags, Ps. 25, 6]: *zweiter Fastensonntag, fünfter Sonntag vor Ostern;* **re|mi|nis|zie|ren** ⟨sw. V.; hat⟩ (bildungsspr.): *jmdm., sich in Erinnerung rufen:* Das waren Zeiten, ja, reminisziert er, aber jetzt warte hier ... der Krankenwagen auf ihn (Heym, Nachruf 682); Er begann ... über die gemeinsamen Schuljahre zu r. *(im Gespräch die gemeinsamen Schuljahre in die Erinnerung zurückzurufen),* indem er sich verschiedener Professoren ... entsann (Habe, Namen 342).

re|mis [rə'mi:] ⟨indekl. Adj.⟩ [frz. remis, eigtl. = zurückgestellt (als ob nicht stattgefunden), 2. Part. von: remettre = zurückstellen < lat. remittere, ↑remittieren] (Sport, bes. Schach): *(von Schachpartien u. sportlichen Wettkämpfen) unentschieden:* die Partie endete r., ging r. aus, blieb schließlich r.; nach erbittertem Kampf trennten sich die beiden Mannschaften r.; **Re|mis,** das; - [rə'mi:(s)], - [rə'mi:s] u. (bes. Schach:) -en [rə'mi:zn̩] (Sport, bes. Schach): *unentschiedener Ausgang einer Schachpartie, eines sportlichen Wettkampfs; Unentschieden:* der Großmeister erreichte nur ein R., bot dem Gegner ein R. an; die Mannschaft spielte auf R., mußte sich mit einem R. begnügen; ... waren die Wismarer bemüht, das R. zu halten (NNN 1. 9. 86, o. S.); **Re|mi|se** [1,

2: re...; 3: rə...], die; -, -n [frz. remise, subst. Fem. von: remis, ↑remis; 3: zu ↑remis]: **1.** (veraltend) *Schuppen o. ä. zum Abstellen von Wagen, Kutschen, von Geräten, Werkzeugen o. ä.:* In den -n der alten Armee konnte man die Bestandteile der zertrümmerten Fiaker sehen (Roth, Kapuzinergruft 106). **2.** (Jägerspr.) *dem Niederwild als Deckung u. Unterschlupf dienendes [künstlich angelegtes] Gestrüch, Gehölz.* **3.** (Schach) *unentschiedener Ausgang einer Schachpartie;* **Re|mi|sier** [rəmi'zie:], der; -s, -s [frz. remisier]: *Vermittler von Wertpapiergeschäften zwischen dem Publikum u. dem Börsenmakler u. den Banken;* **re|mi|sie|ren** [rə...] ⟨sw. V.; hat⟩ (Sport, bes. Schach): *ein Remis erzielen;* **Re|mis|si|on** [re-], die; -, -en [lat. remissio = das Zurücksenden; das Nachlassen, Erlassen]: **1.** (Buchw.) *Rücksendung von Remittenden.* **2.** (Med.) *Rückgang, vorübergehendes Nachlassen von Krankheitssymptomen:* ... kam es bei 37 Prozent der behandelten Fälle von ... Leukämie zu deutlichen -en (MM 15. 5. 70, 3). **3.** (veraltet) *Erlaß; Nachsicht.* **4.** *(in der Lichttechnik) das Zurückwerfen von Licht an undurchsichtigen Flächen;* **Re|mit|ten|de,** die; -, -n [lat. remittenda = Zurückzusendendes, Neutr. Pl. des Gerundivs von: remittere, ↑remittieren] (Buchw.): *beschädigtes od. fehlerhaftes Druckerzeugnis, das an den Verlag zurückgeschickt wird;* **Re|mit|tent,** der; -en, -en (Geldw.): *Person, an die die Wechselsumme zu zahlen ist; Wechselnehmer;* **Re|mit|ten|tin,** die; -, -nen (Geldw.): w. Form zu ↑Remittent; **re|mit|tie|ren** ⟨sw. V.; hat⟩ [lat. remittere = zurückschicken]: **1.** (Buchw.) *als Remittende zurückschicken, zurückgehen lassen.* **2.** (Med.) *(von Krankheitserscheinungen, bes. von Fieber) vorübergehend nachlassen:* Eine Krankheit ..., die ... meist spontan remittiert, ist die kollagene Kolitis (DÄ 47, 1985, 2). **3.** (Wirtsch.) *das Geld für eine empfangene Leistung übersenden.*

Rem|mi|dem|mi, das; -s [H. u.] (ugs.): *lautes, buntes Treiben; großer Trubel, Betrieb:* in allen Räumen herrschte, war [ein] ziemliches, großes, unglaubliches R.; hier ist immer R. *(hier ist immer etwas los);* hier gibt's noch allerhand R. *(hier passiert noch allerlei);* Kaum ist die Tür hinter ihm zu, fangen einige sofort an, R. *(Lärm)* zu machen (elan 1, 1980, 19).

re|mo|ne|ti|sie|ren ⟨sw. V.; hat⟩ [zu ↑re- u. ↑monetisieren] (Bankw.): **1.** *(von Münzen) wieder in Umlauf setzen.* **2.** *(von Wertpapieren) gegen Geld eintauschen.*

Re|mon|stra|ti|on, die; -, -en [mlat. remonstratio, zu: remonstrare, ↑remonstrieren] (Rechtsspr. veraltet): *Gegenvorstellung, Einspruch, Einwand;* **re|mon|strie|ren** ⟨sw. V.; hat⟩ [mlat. remonstrare] (Rechtsspr. veraltet): *Einwände erheben, Gegenvorstellungen machen:* Keine Verteidigung kann dagegen r. (Tucholsky, Zwischen 72); ♦ Kaum ein paar (= Vögel) hat er auf mein inständiges Bitten hier oben leben lassen, und just nicht die besten. – Ihr solltet ihm r. (Goethe, Die Vögel).

re|mon|tant [auch: remõ'tant] ⟨Adj.⟩ [frz. remontant, zu: remonter = remontieren

(1)] (Bot.): *(nach der Hauptblüte) nochmals blühend;* **Re|mon|tant|ro|se,** die [zu ↑remontant]: *zweimal im Jahr blühende Rose von kräftigem Wuchs mit vielen Stacheln u. weißen, rosa od. roten, dicht gefüllten, duftenden Blüten;* **Re|mon|te** [auch: re'mõ:tə], die; -, -n [frz. (cheval de) remonte, zu: remonter = remontieren (2)] (Milit. früher): **1.** *Remontierung.* **2.** *junges, noch nicht zugerittenes od. erst kurz angerittenes Pferd:* eine R. einreiten; ♦ Da ließen sie ihn heimreiten mit seinem Pferd ... Er kriegte auf drei Monate Urlaub und sollte mit der R. wieder zurückkommen (Cl. Brentano, Kasperl 356); **Re|mon|te|pferd,** das; -[e]s, -e (Milit. früher): *Remonte* (2); **re|mon|tie|ren** ⟨sw. V.; hat⟩ [frz. remonter, eigtl. = wieder (hin)aufgehen, aufsteigen]: **1.** (Bot.) *(nach der Hauptblüte) nochmals blühen.* **2.** (Milit. früher) *den militärischen Pferdebestand durch junge Pferde ergänzen;* **Re|mon|tie|rung,** die; -, -en (Milit. früher): *das Remontieren* (2); **Re|mon|toir|uhr** [remõ'toa:ɐ̯-], die; -, -en [zu frz. remontoir = Stellrad (an Uhren), zu: remonter = (eine Uhr) wieder aufziehen]: *Taschenuhr mit Krone* (8).

Re|mor|queur [remɔr'kø:ɐ̯], der; -s, -e [frz. remorqueur] (bes. österr.): *kleiner Schleppdampfer;* **re|mor|quie|ren** [remɔr'ki:rən] ⟨sw. V.; hat⟩ [frz. remorquer] (bes. österr.): *ins Schlepptau nehmen.*

Re|mote sen|sing [rɪ'moʊt 'sɛnsɪŋ], das; -s [engl. remote sensing, eigtl. = das Fernfühlen, zu: remote = (weit) entfernt u. to sense = fühlen, spüren]: *Forschungsrichtung, die Phänomene aus großer Entfernung untersucht (z. B. die Oberfläche u. Gashülle von Objekten im Weltraum mittels Raumsonden);* **Re|mo|ti|on,** die; -, -en [lat. remotio, eigtl. = das Zurückbewegen, zu: removere, ↑removieren] (veraltet): *Entfernung, Absetzung;* **re|mo|tiv** ⟨Adj.⟩ (Logik): *dem Subjekt ein Prädikat absprechend.*

Re|mou|la|de [remu...], die; -, -n [frz. rémoulade, H. u.]: *Mayonnaise mit Kräutern u. zusätzlichen Gewürzen;* **Re|mou|la|den|so|ße,** die: *Remoulade.*

re|mo|vie|ren ⟨sw. V.; hat⟩ [lat. removere (2. Part.: remotum), eigtl. = zurückbewegen] (veraltet): *entfernen, absetzen.*

Rem|pe|lei, die; -, -en: **a)** (ugs.) *das Rempeln* (a); **b)** (Sport, bes. Fußball) *das Rempeln;* **rem|peln** ⟨sw. V.; hat⟩ [urspr. Studentenspr., zu obersächs. Rämpel = Klotz; Flegel]: **a)** (ugs.) *mit dem Körper, mit dem Arm stoßen, anstoßen, wegstoßen:* er wurde im Gedränge mehrfach gerempelt; Ein Gendarm rempelte den Betreffenden in den Rücken (Kühn, Zeit 146); **b)** (Sport, bes. Fußball) *einen gegnerischen Spieler mit dem Körper, bes. mit angelegtem Arm wegstoßen, durch Stoßen vom Ball wegzudrängen suchen:* er hat seinen Gegenspieler in erlaubter Weise, im Kampf um den Ball gerempelt.

REM-Pha|se, die; -, -n [Abk. von engl. rapid eye movements = schnelle Augenbewegungen] (Fachspr.): *während des Schlafs [mehrmals] auftretende Phase, in der schnelle Augenbewegungen auftreten,*

die erkennen lassen, daß der Schläfer träumt.
Rem|pla|çant [rapla'sã:], der; -s, -s [frz. remplaçant, subst. 1. Part. von: remplacer, ↑remplacieren] (früher): *Stellvertreter, Ersatzmann, den ein Wehrpflichtiger stellen kann;* **rem|pla|cie|ren** [rãpla-'si:rən] ⟨sw. V.; hat⟩ [frz. remplacer = ersetzen, austauschen] (früher): *einen Ersatzmann zur Ableistung des Wehrdienstes stellen.*
Rẹmp|ler, der; -s, - [zu ↑rempeln]: (bes. Fußball, sonst ugs.) *Stoß, mit dem man jmdn. rempelt.*
Rẹmp|ter: ↑Remter.
Rẹm|scheid: *Stadt in Nordrhein-Westfalen.*
Rẹm|ter, Rempter, der; -s, - [mniederd. rem(e)ter, mhd. revent(er), wohl umgebildet aus mlat. refectorium, ↑Refektorium]: *Versammlungs-, Speisesaal in Ordensburgen, Klöstern.*
Re|mu|ne|ra|ti|on, die; -, -en [lat. remuneratio, zu: remunerari, ↑remunerieren] (österr., sonst veraltet): *Entschädigung, Vergütung;* **re|mu|ne|rie|ren** ⟨sw. V.; hat⟩ [lat. remunerari = beschenken] (österr., sonst veraltet): *entschädigen, vergüten.*
¹**Ren** [rɛn, re:n], das; -s, -s [rɛns] u. **Rene** [skand., eigtl. = gehörntes od. geweihtragendes Tier]: *(in den Polargebieten lebendes, zu den Hirschen gehörendes) großes Säugetier mit dichtem, dunkel- bis graubraunem, im Winter hellerem Fell u. starkem, unregelmäßig verzweigtem, an den Enden oft schaufelförmigem Geweih.*
²**Ren**, der; -s, **Renes** [...e:s; lat. ren] (Med.): *Niere* (a).
Re|nais|sance [rənɛ'sã:s], die; -, -n [...sn̩; frz. renaissance, eigtl. = Wiedergeburt, zu: renaître = wiedergeboren werden]: 1. ⟨o. Pl.⟩ **a)** *Stil, kulturelle Bewegung in Europa im Übergang vom Mittelalter zur Neuzeit, die von Italien ausgeht u. gekennzeichnet ist durch eine Rückbesinnung auf Werte u. Formen der griechisch-römischen Antike in Literatur, Philosophie, Wissenschaft u. für die bes. in Kunst u. Architektur Einfachheit u. Klarheit der Formen u. der Linienführung charakteristisch sind: das Aufkommen, die Blüte der R. in Italien;* **b)** *Epoche der Renaissance (1 a) vom 14. bis 16. Jh: die Malerei in der R.* **2.** *geistige u. künstlerische Bewegung, die nach einer längeren zeitlichen Unterbrechung bewußt an ältere Traditionen, bes. an die griechisch-römische Antike, anzuknüpfen u. sie weiterzuentwickeln versucht: die karolingische R.; die R. des zwölften Jh.s.* **3.** (bildungsspr.) *erneutes Aufleben, neue Blüte: die R. des Hutes in der Damenmode; ... erlebte die Nikolaikirche ... durch die Restaurierung eine würdige R.* (NNN 22. 9. 89,3); *Andres Segovia ... gilt als Altmeister der Gitarre, der er in den 30er Jahren zu weltweiter R. verhalf* (Oxmox 5, 1985, 184); **Re|nais|sance-bau**, der ⟨Pl. -ten⟩: *in der Renaissance (1b) errichtetes Bauwerk;* **Re|nais-sance|dich|ter**, der: *Dichter der Renaissance (1);* **Re|nais|sance|dich|tung**, die: *Dichtung der Renaissance (1b);* **Re-nais|sance|fürst**, der: vgl. Renaissancedichter; **Re|nais|sance|ma-**

le|rei, die: vgl. Renaissancedichtung; **Re|nais|sance|mu|sik**, die: *in der Epoche der Renaissance entstandene, von deren geistigen Strömungen jedoch meist unabhängige, bes. geistliche Musik, deren wichtigste Gattungen* ¹*Messe (2) u. Motette sind;* **Re|nais|sance|papst**, der; vgl. Renaissancedichter; **Re|nais|sance|stil**, der ⟨o. Pl.⟩: *(bes. in der bildenden Kunst) für die Renaissance (1b) charakteristischer Stil;* **Re|nais|sance|zeit**, die ⟨o. Pl.⟩: *Renaissance (1b);* **re|nais|san-cistisch** [...sã'sɪs...] ⟨Adj.⟩: *für die Renaissance (1) typisch, im Stil der Renaissance (1).*
re|nal ⟨Adj.⟩ [zu lat. ren = Niere] (Med.): *die Nieren betreffend, von ihnen ausgehend.*
re|na|tu|rie|ren ⟨sw. V.; hat⟩ [zu lat. re- = wieder, zurück u. ↑Natur]: *(eine kultivierte, genutzte Bodenfläche o. ä.) wieder in einen naturnahen Zustand zurückführen: Zwischen drei und 15 Millionen Mark ... kostet es, allein einen Kilometer Bachlauf zu r.* (Welt 4. 1. 90, 19); **Re|na-tu|rie|rung**, die; -, -en: *das Renaturieren.*
Ren|con|tre: ↑Renkontre.
Ren|dant, der; -en, -en [frz. rendant, subst. 1. Part. von: rendre = zurückstatten, über das Vlat. < lat. reddere, ↑Rente]: *Zahlmeister, Rechnungsführer in größeren Kirchengemeinden od. Gemeindeverbänden;* **Ren|dan|tur**, die; -, -en (veraltet): *Gelder einnehmende u. auszahlende Behörde;* **Ren|de|ment** [rãdə'mã:], das; -s, -s [frz. rendement, eigtl. = Ertrag, zu: rendre, ↑Rendant]: **1.** *Gehalt eines Rohstoffes in seinen Bestandteilen, bes. der Gehalt an reiner [Schaf]wolle in Rohwolle.* **2.** (schweiz., bes. Sport) *Leistung (2 a): Bis zur „Halbzeit" gefielen die Luganesi ... weit besser als der Platzklub, in dem insbesondere die erste Angriffsformation ... nicht das gewünschte R. erreichte* (NZZ 23. 10. 86, 39); **Ren|dez-vous** [rãde'vu:, auch: 'rã:devu], das; - [...'vu:(s), auch: 'rã:devu(:s), - [...'vu:s, auch: 'rã:devu:s; frz. rendez-vous, subst. 2. Pers. Pl. Imperativ von: se rendre = sich irgendwohin begeben; 2: engl. rendezvous, eigtl. = Treffen, Treffpunkt]: **1.** (veraltend, meist noch scherzh.) *verabredetes Treffen (von Verliebten, von einem Paar); Verabredung, Stelldichein: Ein R. im Park, in einem Café; ein [heimliches] R. mit jmdm. haben; ein R. verabreden, vorhaben, versäumen, verpassen, absagen; sich einem R.; Ü viele Künstler gaben sich in ihrem Haus ein R. (trafen sich dort, kamen dort zusammen).* **2.** (Raumf.) *gezielte Annäherung, Zusammenführung von Raumfahrzeugen im Weltraum zur Ankopplung;* **Ren|dez-vous|ma|nö|ver**, das (Raumf.): *bei, zu einem Rendezvous (2) notwendiges Manöver;* **Ren|dez|vous|tech|nik**, die (Raumf.): *Technik (1) des Rendezvous (2);* **Ren|di|te** [rɛn...], die; -, -n [ital. rendita = Einkünfte, Gewinn, subst. 2. Part. von: rendere < lat. reddere, ↑Rente] (Wirtsch.): *jährlicher Ertrag einer Kapitalanlage;* **Ren|di|ten|haus**, das (schweiz.): *Mietshaus;* **Ren|di|te|ob|jekt**, das: *Objekt (z. B. Immobilien) mit guter Rendite.*

Rend|zi|na, die; - [poln.] (Geol.): *brauner bis dunkelbrauner Boden mit ausgeflocktem Humus, der in trockenen Gebieten der gemäßigten Klimazone auf Kalkstein entsteht.*
Re|ne|gat, der; -en, -en [frz. renégat < ital. rinnegato < mlat. renegatus, zu: renegare, aus lat. re- = wieder(holt) u. negare, ↑negieren] (bildungsspr.): *jmd., der seine bisherige politische od. religiöse Überzeugung wechselt, der von den festgelegten Richtlinien abweicht [u. in ein anderes Lager überwechselt]; Abweichler, Abtrünniger: ... weshalb nun von ihm gefordert wurde, daß er sich weiterhin zum deutschen Nationalismus bekenne. Tat er es nicht, so war er ein R.* (K. Mann, Wendepunkt 235); **Re|ne|ga|ten|tum**, das; -s (bildungsspr.): *Verhalten, Handeln, Einstellung eines Renegaten;* **Re|ne-ga|tin**, die; -, -nen (bildungsspr.): w. Form zu ↑Renegat; **Re|ne|ga|ti|on**, die; -, -en (bildungsspr.): *das Abweichen von einer Überzeugung, Abfall vom Glauben.*
Re|ne|klo|de [re:nə...], (auch:) Reineclaude, die; -, -n [frz. reineclaude, eigtl. = Königin Claude, nach der Gemahlin des frz. Königs Franz I. (1494–1547)]: **1.** *Pflaumenbaum mit kugeligen, grünlichen od. gelblichen, süßen Früchten.* **2.** *Frucht der Reneklode (1);* **Re|nẹt|te** [re...], (auch:) Reinette [rɛ...], die; -, -n [frz. reinette, rainette, viell. Vkl. von: reine = Königin; vgl. russ., Königs-]: *meist süß-säuerlich schmeckender Apfel mit verschiedenen Sorten (z. B. Cox' Orange).*
Ren|for|cé [rãfɔr'se:], der od. das; -s, -s [frz. renforcé = verstärkt, 2. Part. von: renforcer = verstärken]: *als Kleider- u. Wäschestoff verwendetes mittelfeines Baumwollgewebe in Leinwandbindung.*
re|ni|tẹnt ⟨Adj.; -er, -este⟩ [frz. rénitent < lat. renitens (Gen.: renitentis), 1. Part. von: reniti = sich widersetzen] (bildungsspr.): *sich am Willen, den Wünschen, Weisungen anderer hartnäckig widersetzend, sich dagegen auflehnend; widersetzlich: -e Burschen, Schüler; -e Äußerungen; eine -e Haltung einnehmen; Mit ihm mußten Hunderte von alten Parteimitgliedern sterben, die zu r. geworden waren* (K. Mann, Mephisto 373); *sich die; -, -n* ⟨Dekl. ↑Abgeordnete⟩ (bildungsspr.): *jmd., der renitent ist;* **Re|ni|tẹnz**, die; - [frz. rénitence] (bildungsspr.): *renitentes Verhalten.*
Rẹn|ke, die; -, -n: ↑Renken.
rẹn|ken ⟨sw. V.; hat⟩ [mhd. renken, ahd. (bi)renkan, verw. mit ↑wringen] (veraltet): *drehend hin u. her bewegen.*
Rẹn|ken, der; -s, - [spätmhd. renke, zusgez. aus mhd. rīnanke = Rheinanke; der Fisch wurde wohl zuerst im Rhein gefangen]: *(zu den Knochenfischen gehörender) Fisch mit silberweißem Bauch u. braungrünem Rücken.*
Ren|kon|tre [rã'kõ:tɐ, auch: ...trə], das; -s, -s [frz. rencontre, zu: rencontrer = begegnen] (veraltend): *meist feindselig verlaufende Begegnung: ein R. mit dem Chef haben;* ♦ *Ich habe dreißig -s (Zusammentreffen mit feindlichen Truppen) mitgemacht ... Ich habe mich manches-*

Renkverschluß

mal auch feige gefühlt (Fontane, Jenny Treibel 64).
Renk|ver|schluß, der [zu ↑renken] (Technik): Bajonettverschluß.
Ren|min|bi, der; -s, -s [chin., eigtl. = Währung des Volkes]: Währungseinheit der Volksrepublik China.
Renn|au|to, das: vgl. Rennwagen; **Rennbahn**, die: Anlage für Wettkämpfe im Rennsport; **Renn|boot**, das: für Rennen entworfenes, gebautes Motor-, Ruder-, Paddel-, Segelboot; **ren|nen** ⟨unr. V.⟩ [mhd., ahd. rennen, Veranlassungswort zu ↑rinnen u. eigtl. = laufen machen]: 1. ⟨ist⟩ a) schnell, in großem Tempo, meist mit ausholenden Schritten laufen: sehr schnell, mit großen Sätzen r.; er rannte, so schnell er konnte; er kam wie ein Wiesel über den Platz gerannt; auf die Straße, um die Ecke r.; Paviane rennen in gestrecktem Lauf unter die nächsten Bäume (Grzimek, Serengeti 133); er ist die ganze Strecke gerannt; Ü meine Uhr rennt wieder (ugs.; geht wieder vor); wie die Uhr rennt! (ugs.; wie die Zeit so schnell vergeht!); b) (ugs. abwertend) sich zum Mißfallen, Ärger o. ä. anderer zu einem bestimmten Zweck irgendwohin begeben, jmdn. aufsuchen: [dauernd] ins Kino r.; wegen jeder Kleinigkeit zum Arzt r.; Und ewig rennt er beiden (Grass, Katz 32). 2. unversehens, mit einer gewissen Wucht an jmdn., etw. stoßen, gegen jmdn., etw. prallen ⟨ist⟩: gegen einen Pfeiler r., sie ist im Dunkeln [mit dem Kopf] an/gegen eine Wand gerannt. 3. ⟨hat⟩ a) sich durch Anstoßen, durch einen Aufprall an einem Körperteil eine Verletzung zuziehen: ich habe mir ein Loch in den Kopf, ins Knie gerannt; b) (landsch.) jmdm., sich, einen Körperteil stoßen [u. dabei verletzen]: ich habe mich, habe mir den Ellenbogen [an der scharfen Kante] gerannt; habe ich dich gerannt? 4. (ugs.) jmdm., sich mit Heftigkeit einen [spitzen] Gegenstand in einen Körperteil stoßen ⟨hat⟩: jmdm. ein Messer in/zwischen die Rippen r.; die Schwester hat mir gleich die Spritze in den Po gerannt. 5. (Jägerspr.) (von weiblichen Füchsen) brünstig, läufig sein ⟨ist⟩: die Füchsin rennt; **Ren|nen**, das; -s, -: 1. sportlicher Wettbewerb, bei dem die Schnelligkeit, mit der eine Strecke reitend, laufend, fahrend zurückgelegt wird, über den Sieg entscheidet: ein schnelles, spannendes, gutes R.; ein R. findet statt, wird abgehalten; das R. geht über fünfzig Runden, ist entschieden, gelaufen; ein R. veranstalten; er fährt in dieser Saison noch drei R.; er ist ein beherztes, hervorragendes R. gelaufen, geritten, gefahren; ein R. gewinnen, verlieren, aufgeben; er hat das R. für sich entschieden; Der AvD hatte das R. ... nur für die damalige Formel 2 ... ausgeschrieben (Frankenberg, Fahrer 82); als Sprinter, Langstreckenläufer, als Favorit, Außenseiter an einem R. teilnehmen; als Sieger aus dem R. hervorgehen; dreißig Fahrer, Wagen, zwölf Pferde gingen ins R.; jmdn. aus dem R. werfen; für ein R. melden; nach dem ersten Lauf lag er hervorragend im R.; weiter im R. bleiben; als Zuschauer zu einem R. gehen; R das R. ist gelaufen (ugs.; die Sache ist erledigt; es ist alles vor-

über); Ü die Firma hat das R. (die Bemühungen mit anderen Konkurrenten zusammen) um den Auftrag aufgegeben; er liegt mit seiner Bewerbung gut im R. (hat gute Aussichten auf Erfolg); jmdn. (als Kandidaten) ins R. schicken; * ein totes R. (Jargon; Rennen, bei dem mehrere Teilnehmer gleichzeitig im Ziel eintreffen, bei dem ein einzelner Sieger nicht festgestellt werden kann); das R. machen (ugs.; bei einer Unternehmung, einem Vergleich u. ä. am erfolgreichsten sein, der Sieger sein); **Ren|ner**, der; -s, -: 1. gutes, schnelles Rennpferd: sein neues Pferd ist ein echter, großartiger R. 2. (Jargon) etw., was sehr begehrt ist, großen Anklang findet, sich großer Nachfrage erfreut, bes. Verkaufsschlager: Compact Discs sind der R. der Unterhaltungselektronik; Überhaupt scheint Jugoslawien einer der großen R. dieser Urlaubssaison zu werden (Augsburger Allgemeine 11./12. 2. 78, 21); Er erzählt von einem Film, der sich als R. entpuppte (Frings, Liebesdinge 28); **Ren|ne|rei**, die; -, -en (ugs., oft abwertend): fortwährende, übertriebene, als lästig empfundene Eile, Hetze; hastiges, als lästig empfundenes Umhereilen: diese R. den ganzen Tag machte sie nervös, wurde ihr zuviel; **Renn|fah|rer**, der: jmd., der Rennen im Motor- od. Radsport bestreitet; **Renn|fah|re|rin**, die: w. Form zu ↑Rennfahrer; **Renn|for|mel**, die: Formel (4); **Renn|ge|mein|schaft**, die: Zusammenschluß von Ruderern verschiedener Vereine zur Steigerung der Leistung in einem gemeinsamen Rennboot; **Renn|jacht**, die: vgl. Rennboot; **Renn|klas|se**, die: Klasse (5 b) von Segelbooten gleicher Bauart; **Renn|läu|fer**, der: jmd., der an Skirennen teilnimmt; **Renn|läu|fe|rin**, die: w. Form zu ↑Rennläufer; **Renn|lei|tung**, die: 1. ⟨o. Pl.⟩ Leitung (1 a) eines Rennens. 2. ein Rennen leitende Personen; **Renn|ma|schi|ne**, die: 1. für Rennen konstruiertes, gebautes Motorrad. 2. Rennrad; **Renn|pferd**, das: für Rennen gezüchtetes, gezogenes, geeignetes Reitpferd; **Renn|pi|ste**, die: Piste (2); **Renn|platz**, der: vgl. Rennbahn; **Renn|quin|tett**, das: Pferdewette, bei der in zwei verschiedenen Pferderennen jeweils die drei erstplazierten Pferde in der richtigen Reihenfolge vorhergesagt werden müssen; **Renn|rad**, das: für Rennen konstruiertes, gebautes, sehr leichtes Fahrrad; **Renn|rei|fen**, der: für den Rennsport konstruierter Reifen (2); **Renn|rei|ter**, der: Reiter, der an Pferderennen beteiligt; **Renn|rei|te|rin**, die: w. Form zu ↑Rennreiter; **Renn|ro|del**, der: Rennschlitten; **Renn|schlit|ten**, der: für Rennen konstruierter, niedrig gebauter Schlitten; **Renn|schuh**, der: leichter Schuh ohne Absatz, an dessen Sohle Dornen befestigt sind, die einem Läufer größeren Halt u. mehr Kraft verleihen; **Renn|se|geln**, das; -s (Sport): vgl. Rennsegelsport; **Renn|se|gel|sport**, der: vgl. Rennsport; **Renn|sport**, der: Gesamtheit der Sportarten, in denen die Geschwindigkeit, mit der bestimmte Strecken zurückgelegt werden, über den Sieg in einem Wettkampf entscheidet, bes. im Motor-, Rad- u. Pferdesport; **Renn|stall**, der: 1. Bestand an Rennpferden eines Besitzers. 2. Mann-

schaft der Rennfahrer einer Firma; **Renn|stall|be|sit|zer**, der: Besitzer eines Rennstalls (1); **Renn|stall|be|sit|ze|rin**, die: w. Form zu ↑Rennstallbesitzer; **Rennstrecke**[1], die: Strecke, die bei Rennen auf einer Rennbahn zurückgelegt werden muß; **Renn|tag**, der: a) Tag, an dem ein Rennen stattfindet; b) einzelner Tag eines mehrere Tage dauernden Rennens; **Renn|wa|gen**, der: 1. auf das Erreichen höchster Geschwindigkeiten hin konstruiertes, ausschließlich für den Rennsport gebautes, einsitziges Auto. 2. leichter, zweirädriger, von Pferden gezogener Wagen im Wagenrennen der Antike; **Renn|wett|be|werb**, der: Wettbewerb im Rennsport; **Renn|wet|te**, die: Pferdewette.
Re|no|gra|phie, die; -, -n [zu lat. ren = Niere u. ↑-graphie] (Med.): röntgenographische Darstellung der Nieren.
Re|nom|ma|ge [...'ma:ʒə], die; -, -n (bildungsspr. veraltet): Prahlerei: ♦ unsereins mit seiner Million Unterbilanz, gestatten Sie mir diese kleine R. (Fontane, Effi Briest 101); **Re|nom|mee**, das; -s, - ⟨Pl. selten⟩ [frz. renommée, subst. 2. Part. von: renommer, ↑renommieren] (bildungsspr.): a) Ruf, in dem jmd., etw. steht; Leumund: ein gutes, ausgezeichnetes, übles, zweifelhaftes R. haben; ... welch schlechtes R. das für die Kinderanstalt bedeute (Kühn, Zeit 239); die Zürcher ETH, die überdurchschnittlich „ausländerfreundlich" sei und entsprechend ein hohes internationales R. genieße (Tages Anzeiger 30. 7. 84, 7); b) guter Ruf, den jmd., etw. genießt; hohes Ansehen, Wertschätzung: er, das Hotel hat, besitzt R.; ein Haus von R. ♦ ⟨auch: die; -, -:⟩ er ist eifrig auf die R. seiner Truppe (Goethe, Theatralische Sendung I, 20); **re|nom|mie|ren** ⟨sw. V.; hat⟩ [frz. renommer = wieder ernennen od. erwählen; immer wieder nennen, rühmen, aus: re- = wieder u. nommer = (be)nennen, ernennen] (bildungsspr.): vorhandene Vorzüge immer wieder betonen, sich damit wichtig tun; prahlen: mit seinen Taten, mit seinen reichen Eltern, mit seinem Titel, Wissen r.; er kann nichts erzählen, ohne zu r.; **Re|nom|mier|stück**, das (bildungsspr.): etw., was unter anderem Gleichartigem durch seinen besonderen Wert, seine Schönheit, Brauchbarkeit o. ä. auffällt u. dabei geeignet ist, immer wieder vorgezeigt, erwähnt zu werden; **Re|nom|mier|sucht**, die (bildungsspr. abwertend): übersteigertes Bedürfnis, Bestreben, mit etw. zu renommieren; **re|nom|mier|süch|tig** ⟨Adj.; -er, -este⟩ (bildungsspr.): einen guten Ruf habend, hohes Ansehen genießend; angesehen, geschätzt: ein -er Wissenschaftler, Architekt; ein -es Geschäft, Hotel; die Klinik ist international r.; **Re|nom|mist**, der; -en, -en (bildungsspr. abwertend): jmd., der mit etw. renommiert; Prahlhans; **Re|nom|mi|ste|rei**, die; -, -en (bildungsspr. abwertend): Prahlerei; **Re|nom|mi|stin**, die; -, -nen (bildungsspr. abwertend): w. Form zu ↑Renommist.
Re|non|ce [rə'nõ:s(ə), auch: re ...], die; -, -en [...sŋ] [frz. renonce = das Nichtbedienen, zu: renoncer, ↑renoncieren]: a) Fehlfarbe (1); ♦ b) Person od. Sache, die jmdm. zuwider ist: am wenigsten hab' ich Lust,

dich mit Schliemann zu ärgern, der von Anfang an deine R. war (Fontane, Jenny Treibel 69); **auch:** re...] ⟨sw. V.; hat⟩ [frz. renoncer < lat. renuntiare, eigtl. = zurückberichten, Bericht erstatten] (veraltet): *verzichten.*
Re|no|va|tio im|pe|rii Ro|ma|no|rum, die; - - - [lat. = Erneuerung des Römischen Reiches]: *(im Mittelalter) Idee von der Erneuerung der römischen Kaiserwürde u. deren Übertragung auf die deutschen Könige;* **Re|no|va|ti|on,** die; -, -en [lat. renovatio = Erneuerung] (schweiz., sonst veraltend): *Renovierung:* Die R. der alten Turnhalle und der ... Militärunterkunft ... kann ... vorgenommen werden (Vaterland 27. 3. 85, 29); **re|no|va|ti|ons|be|dürf|tig** ⟨Adj.⟩ (bes. schweiz.): *renovierungsbedürftig;* **re|no|vie|ren** ⟨sw. V.; hat⟩ [lat. renovare, zu: novus = neu]: *(schadhaft, unansehnlich gewordene Gebäude, Innenausstattungen o. ä.) wieder instand setzen, neu herrichten; erneuern* (1 b): eine Villa, Kirche, eine Fassade r.; sie haben das Hotel innen und außen r. lassen; **Re|no|vie|rung,** die; -, -en: *das Renovieren:* das Lokal ist wegen R. vorübergehend geschlossen; **re|no|vie|rungs|be|dürf|tig** ⟨Adj.⟩: *in solch einem Zustand, daß eine Renovierung notwendig ist:* Einfamilienhaus m. Garten, Altbau, r., 65 000 DM (Saarbr. Zeitung 15./16. 12. 79, 13).
Ren|sei|gne|ment [rãsɛnjə'mã:], das; -s, -s [frz. renseignement, zu: renseigner = Auskunft geben] (veraltet): *Auskunft, Nachweis.*
ren|ta|bel ⟨Adj.; ...bler, -ste⟩ [französierende Bildung zu ↑ rentieren]: *so geartet, daß es sich rentiert; lohnend, einträglich:* rentable Geschäfte, Investitionen; eine rentable Produktion; ein rentabler Betrieb; Eine Geldanlage in der Forstwirtschaft kann r. im reinen Geldsinne nie r. sein (Mantel, Wald 131); r. wirtschaften, produzieren; **Ren|ta|bi|li|tät,** die; - (bes. Wirtsch.): *die Rentabelsein; Wirtschaftlichkeit;* **Ren|ta|bi|li|täts|prü|fung,** die (Wirtsch.): *Prüfung der Rentabilität eines Geschäftes o. ä. durch Gegenüberstellung von Aufwendung u. Ertrag;* **Ren|ta|bi|li|täts|rech|nung,** die (Wirtsch.): *Berechnung der Rentabilität.*
Rent|amt, das; -[e]s, ...ämter [zu ↑ Rente] (früher): **a)** *Behörde der Finanzverwaltung eines Landesherrn;* **b)** *Behörde zur Verwaltung der grundherrschaftlichen Einnahmen;* **Ren|te,** die; -, -n [mhd. rente < (a)frz. rente, über das Vlat. zu lat. reddere = zurückgeben]: **a)** *regelmäßiger, monatlich zu zahlender Geldbetrag, der jmdm.* (als Einkommen auf Grund einer gesetzlichen Versicherung bei Erreichen der entsprechenden Altersgrenze, bei Erwerbsunfähigkeit o. ä.) *zusteht:* eine hohe, niedrige, schmale, kleine, bescheidene, ausreichende R.; dynamische, dynamisierte *(den Veränderungen der Bruttolöhne angepaßte)* -n; eine R. beantragen, beanspruchen, bekommen, beziehen; Anspruch auf eine R. haben; jmdm. auf R. setzen (ugs.; *berenten*); * **auf/in R. gehen** (ugs.; *auf Grund der erreichten Altersgrenze aus dem Arbeitsverhältnis ausscheiden u. eine*

Rente beziehen); **auf/in R. sein** (ugs.; *Rentner sein);* **b)** *regelmäßige Zahlungen, die jmd. aus einem angelegten Kapital, aus Rechten gegen andere, als Zuwendung von anderen o. ä. erhält:* da die Verpachtung seiner Ländereien ihm jährlich zwölftausend Pfund St. bringe (Mostar, Unschuldig 24); **Ren|tei,** die; -, -en (früher): *Rentamt;* **Ren|ten|al|ter,** das: *Lebensalter, mit dessen Erreichen jmd. aus seinem Arbeitsverhältnis ausscheidet u. eine Rente* (a) *bezieht:* das R. erreichen; im R. stehen; ins R. kommen; **Ren|ten|an|lei|he,** die (Wirtsch.): *Anleihe, bei der der Schuldner nur zur Zinszahlung nicht aber zur Tilgung verpflichtet ist;* **Ren|ten|an|pas|sung,** die (Rentenvers.): *durch Gesetz vorgeschriebene Anpassung der Altersrenten an die Löhne in einem bestimmten Verhältnis* (z. B. dem Bruttolohn orientierter Wert); **Ren|ten|an|spruch,** der: *gesetzlicher Anspruch auf eine Rente* (a); **Ren|ten|an|wart|schaft,** die (Rentenvers.); **Ren|ten|bank,** die ⟨Pl. -en⟩ (Wirtsch.): *öffentlich-rechtliches Kreditinstitut zur Pflege des Realkredits für landwirtschaftliche Siedlungen;* **Ren|ten|ba|sis,** die (Wirtsch.): (bes. bei Immobiliengeschäften) *Art der Zahlung, bei der der Verkäufer den Kaufpreis [teilweise] als [Leib]rente erhält:* ein Haus auf R. kaufen; **Ren|ten|be|mes|sungs|grund|la|ge,** die (Rentenvers.): *Grundlage zur Berechnung der gesetzlichen Renten* (z. B. der jährlich festgelegte, am Bruttolohn orientierte Wert); **Ren|ten|be|ra|ter,** der: *jmd., der andere [berufsmäßig] in Angelegenheiten, die die Rente* (a) *betreffen, berät;* **Ren|ten|be|rech|tigt** ⟨Adj.⟩: *berechtigt, eine Rente* (a) *zu beziehen;* **Ren|ten|be|steue|rung,** die: *Besteuerung von Renten* (b); **Ren|ten|emp|fän|ger,** der: *jmd., der eine gesetzliche Rente* (a) *bezieht;* **Ren|ten|emp|fän|ge|rin,** die: *w. Form zu* ↑ Rentenempfänger; **Ren|ten|er|hö|hung,** die: *Erhöhung der Rente* (a); **Ren|ten|for|mel,** die (Rentenvers.): *mathematische Formel, nach der die Höhe einer Rente* (a) *berechnet wird;* **Ren|ten|mark,** die (früher): *(1923 zur Überwindung der Inflation eingeführte) Einheit der deutschen Währung;* **Ren|ten|markt,** der (Börsenw.): *Handel in festverzinslichen Wertpapieren;* **Ren|ten|pa|pier,** das (Bankw.): *Rentenwert;* **ren|ten|pflich|tig** ⟨Adj.⟩: *verpflichtet, jmdm. eine Rente zu zahlen;* **Ren|ten|re|form,** die: *Reform im Bereich der gesetzlichen Rentenversicherung;* **Ren|ten|schuld,** die (Rechtsspr., Bankw.): *Grundschuld, bei der aus einem belasteten Grundstück keine feste Geldsumme, sondern eine Rente* (a) *gezahlt wird;* **Ren|ten|ver|schrei|bung,** die (Bankw.): *Wertpapier, das die Zahlung einer Rente* (b) *verbrieft;* **Ren|ten|ver|si|che|rung,** die: **1.** *Versicherung* (als Teil der Sozialversicherung), *die bei Erreichung der Altersgrenze des Versicherten, bei Berufs- od. Erwerbsunfähigkeit od. im Falle des Todes Rente* (a) *an den Versicherten od. an die Hinterbliebenen zahlt.* **2.** *staatliche Einrichtung, Anstalt für die Rentenversicherung* (1); **Ren|ten|wert,** der (Bankw.): *festverzinsliches Wertpapier;*

Ren|ten|zah|lung, die: *auf Grund von Rentenanspruch zu leistende Zahlung.*
¹**Ren|tier** ['rɛn...], 'rɛn:...], das [verdeutlichende Zus.]: *Ren.*
²**Ren|tier** [rɛn'tie:], der; -s, -s [frz. rentier, zu: rente, ↑ Rente]: **1.** (veraltend) *jmd., der ganz od. überwiegend von Renten* (b) *lebt:* ein wohlhabender R. **2.** (selten) *Rentner* (1); **Ren|tie|re** [rɛn'tie:rə], die; -, -n: w. Form zu ↑²Rentier; **ren|tie|ren** ⟨sw. V.; hat⟩ [mit französierender Endung geb. zu mhd. renten = Gewinn bringen]: **1.** ⟨r. + sich⟩ *in materieller od. ideeller Hinsicht von Nutzen sein, Gewinn bringen, einträglich sein:* das Geschäft, die neue Anlage beginnt sich zu r.; der Aufwand, die Anstrengung hat sich rentiert, rentiert sich nicht; ⟨auch unpers.:⟩ ob es sich für die Fluggesellschaft r. würde, den Vogel zu demontieren (Cotton, Silver-Jet 149); ⟨selten auch ohne „sich":⟩ Da hatte einer eine Schweinezucht ..., aber die rentierte nie (Frisch, Stiller 474). **2.** (Bankw.) *Rendite bringen:* Manche Aktien dürften künftig sogar höher r. als die Festverzinslichen (Augsburger Allgemeine 3./4. 6. 78, 15); daß die Papiere momentan mit knapp sechs Prozent rentiert (Rheinpfalz 1. 10. 92, 4).
Ren|tier|flech|te ['rɛn..., rɛ:n...], die [zu ↑ ¹Rentier]: *(auf trockenen Heide- u. Waldböden wachsende) Flechte, die in nördlichen Ländern bes. als Nahrung für Rens im Winter dient;* **Ren|tier|her|de,** die: *Herde von Rentieren.*
ren|tier|lich ⟨Adj.⟩ (seltener): *rentabel:* Um den Bau von Mietwohnungen -er zu machen, will Bonn den Mieterschutz lockern (Spiegel 12/13, 1978, 36).
Ren|tier|zucht ['rɛn..., 'rɛ:n...], die: *Aufzucht u. Haltung von Rentieren unter wirtschaftlichem Aspekt.*
Rent|ner, der; -s, -: **1.** *jmd., der eine Rente* (a) *bezieht:* ein rüstiger R.; der gute Striegel wird in einem knappen Jahr R. (H. Gerlach, Demission 33). **2.** (selten) ²Rentier (1); **Rent|ner|da|sein,** das: *das Leben, Lebensform als Rentner* (1): Für so ein R., wie mir das für später denke, ist sie eigentlich nun die ganze (Danella, Hotel 199); **Rent|ner|fun|zel,** die (salopp scherzh.): *Zusatzbremsleuchte;* **Rent|ne|rin,** die; -, -nen: w. Form zu ↑ Rentner.
ren|toi|lie|ren [rãtoa'li:rən] ⟨sw. V.; hat⟩ [frz. rentoiler, zu: toile = Leinwand] (Kunstwiss.): *ein Gemälde, dessen Leinwand brüchig geworden ist, auf eine neue übertragen.*
Ren|trant [rã'trã:], der; -s, -s [frz. rentrant, zu: rentrer = zurückkehren]: *einspringender Winkel in Festungswerken.*
Re|nu|me|ra|ti|on, die; -, -en [zu lat. renumerare, ↑ renumerieren] (Wirtsch.): *Rückzahlung,* ↑ renumerieren; **re|nu|me|rie|ren** ⟨sw. V.; hat⟩ [lat. renumerare] (Wirtsch.): *zurückzahlen.*
Re|nun|tia|ti|on, Re|nun|zia|ti|on, die; -, -en [(spät)lat. renuntiatio = Verzicht]: *das Renunzieren;* **re|nun|zie|ren** ⟨sw. V.; hat⟩ [lat. renuntiare] (veraltet): *verzichten;* [als Monarch] *abdanken.*
Ren|vers [rã'vɛːɐ̯, auch: rã'vɛrs], der; - [zu frz. renverser = umkehren; der Bewegungsablauf erfolgt umgekehrt zur normalen Gangart] (Reitsport): *Seitengang*

renversieren

des Pferdes, wobei der innere Hinterfuß dem äußeren Vorderfuß folgt; Seitengang (2); **ren|ver|sie|ren** ⟨sw. V.; hat⟩ [frz. renverser, eigtl. = umwerfen, umstoßen] (veraltet): *umstürzen, in Unordnung bringen.*
Ren|voi [rã'voa], der; - [frz. renvoi, zu: renvoyer = zurückschicken] (Wirtsch.): *Rücksendung.*
Re|ok|ku|pa|ti|on, die; -, -en [aus lat. re- = wieder u. ↑Okkupation]: *das Reokkupieren;* **re|ok|ku|pie|ren** ⟨sw. V.; hat⟩ [↑okkupieren]: *[militärisch] wiederbesetzen.*
Re|or|ga|ni|sa|ti|on, die; -, -en ⟨Pl. selten⟩ [frz. réorganisation, zu: réorganiser = neu gestalten] (bildungsspr.): **1.** *neue systematische Gestaltung, Umgestaltung; Neuordnung:* die R. eines Staatswesens. **2.** (Med.) *Neubildung zerstörten Gewebes im Rahmen von Heilungsvorgängen im Organismus;* **Re|or|ga|ni|sa|tor**, der; -s, ...oren (bildungsspr.): *jmd., der etw. reorganisiert:* der R. einer Partei; **Re|or|ga|ni|sa|to|rin**, die; -, -nen (bildungsspr.): w. Form zu ↑Reorganisator; **re|or|ga|ni|sie|ren** ⟨sw. V.; hat⟩ [frz. réorganiser] (bildungsspr.): *systematisch neu gestalten, umgestalten; die Reorganisation* (1) *von etw. durchführen, verantwortlich leiten;* **Re|or|ga|ni|sie|rung**, die; -, -en ⟨Pl. selten⟩ (bildungsspr.): *das Reorganisieren.*
Rep, der; -s, -s u. Repse (Jargon): kurz für ↑Republikaner (3).
re|pa|ra|bel ⟨Adj.⟩ [lat. reparabilis, zu: reparare, ↑reparieren] (bildungsspr., Fachspr.): *so beschaffen, daß es repariert, behoben, in seiner Funktion wiederhergestellt werden kann:* ein nicht mehr reparabler Defekt; ein reparabler Knochenbruch; der Motor[schaden] ist r.; Ü Die psychischen Schäden, die der Gefängnisaufenthalt im einzelnen Häftling anrichtet, sind ... kaum mehr r. (Ziegler, Konsequenz 75); **Re|pa|ra|teur** [...'tø:ɐ̯], der; -s, -e [frz. réparateur < lat. reparator, zu: reparare, ↑reparieren] (seltener): *jmd., der [berufsmäßig] repariert;* **Re|pa|ra|teu|rin**, die; -, -nen (seltener): w. Form zu ↑Reparateur; **Re|pa|ra|ti|on**, die; -, -en [(1: frz. réparations [Pl.] <) spätlat. reparatio = Instandsetzung]: **1.** ⟨Pl.⟩ *offiziell zwischen zwei Staaten ausgehandelte wirtschaftliche, finanzielle Leistungen zur Wiedergutmachung der Schäden, Zerstörung, die ein besiegtes Land im Krieg in einem anderen Land angerichtet hat:* -en leisten, zahlen müssen. **2.** (Med.) *natürlicher Ersatz von zerstörtem, abgestorbenem Körpergewebe durch Granulations- u. Narbengewebe im Rahmen der Wundheilung.* **3.** (selten) *Reparatur;* **Re|pa|ra|ti|ons|ab|kom|men**, das: *Abkommen über Reparationen* (1); **Re|pa|ra|ti|ons|an|spruch**, der: *Anspruch auf Reparationen* (1); **Re|pa|ra|ti|ons|aus|schuß**, der: *Ausschuß* (2), *der die Höhe von Reparationen* (1) *festsetzt;* **Re|pa|ra|ti|ons|kom|mis|si|on**, die: vgl. Reparationsausschuß; **Re|pa|ra|ti|ons|last**, die: *Belastung durch Reparationen* (1); **Re|pa|ra|ti|ons|lei|stung**, die: *Reparation* (1); **Re|pa|ra|ti|ons|lie|fe|rung**, die: vgl. Reparationszahlung; **Re|pa|ra|ti|ons|schuld**, die: **a)** *Reparationen* (1), *die noch gezahlt werden müssen;* **b)** *Ver-*

pflichtung, Reparationen (1) *zu zahlen;* **Re|pa|ra|ti|ons|zah|lung**, die: *Zahlung von Reparationen* (1); **Re|pa|ra|tur**, die; -, -en [mlat. reparatura]: *Arbeit, die ausgeführt wird, um etw. zu reparieren; das Reparieren:* eine einfache, große R.; an etw. eine R. vornehmen; -en ausführen; eine R. lohnt nicht mehr; die Uhr, das Radio, den Staubsauger in, zur R. geben; der Wagen ist in R.; **re|pa|ra|tur|an|fäl|lig** ⟨Adj.⟩: *so beschaffen, daß leicht Störungen o. ä. auftreten können, die dann Reparaturen nötig machen:* dieses Fabrikat ist sehr r.; **Re|pa|ra|tur|an|fäl|lig|keit**, die: *das Reparaturanfälligsein;* **Re|pa|ra|tur|ar|beit**, die ⟨meist Pl.⟩: *Reparatur:* -en ausführen; **re|pa|ra|tur|be|dürf|tig** ⟨Adj.⟩: *in solch einem Zustand, daß es repariert werden müßte;* **Re|pa|ra|tur|bri|ga|de**, die (ehem. DDR): *Brigade* (3), *die Reparaturen ausführt;* **Re|pa|ra|tur|ko|lon|ne**, die (ehem. DDR): vgl. Reparaturbrigade; **Re|pa|ra|tur|ko|sten** ⟨Pl.⟩: *Kosten für eine Reparatur;* **Re|pa|ra|tur|schein**, der: vgl. Reparaturzettel; **Re|pa|ra|tur|stütz|punkt**, der (ehem. DDR): *Einrichtung der kommunalen Wohnungsverwaltung, die Reparaturen ausführen läßt od. Mietern durch Ausgabe von Material u. Werkzeugen u. durch Beratung die Reparatur ermöglicht;* **Re|pa|ra|tur|werk|statt**, die: *Werkstatt für Reparaturen;* **Re|pa|ra|tur|werk|stät|te**, die (geh.): *Reparaturwerkstatt;* **Re|pa|ra|tur|zeit**, die: *Zeit, die für eine Reparatur benötigt wird;* **Re|pa|ra|tur|zet|tel**, der: *Quittung über etw., was zur Reparatur gegeben worden ist;* **re|pa|rier|bar** ⟨Adj.⟩: *sich reparieren lassend:* etw. ist nicht mehr r.; **re|pa|rie|ren** ⟨sw. V.; hat⟩ [lat. reparare = wiederherstellen, ausbessern, aus: re- (↑re-, Re-) u. parare, ↑¹parieren]: *etw., was nicht mehr funktioniert, entzweigegangen ist, schadhaft geworden ist, wieder in den früheren intakten, gebrauchsfähigen Zustand bringen:* das Fahrrad, Bügeleisen r.; einen Schaden r. (beheben); die Armatur ist nicht mehr zu r.; etw. notdürftig r.; Ü sie (= die SKA) kam für alle Kosten auf, um den Klienten Schaden zu r. (NZZ 25. 10. 86, 41); **Re|pa|rie|rung**, die; -, -en: *das Reparieren, Reparierwertes.*
re|par|tie|ren ⟨sw. V.; hat⟩ [frz. répartir, aus: ré- = wieder u. älter partir = teilen < lat. partiri] (Börsenw.): *Wertpapiere zuteilen; Kostenanteile untereinander aufteilen;* **Re|par|tie|rung**, die; -, -en (Börsenw.): *Repartition;* **Re|par|ti|ti|on**, die; -, -en [frz. répartition, zu: répartir, ↑repartieren] (Börsenw.): *das Repartieren.*
Re|pas|sa|ge [repa'sa:ʒə], die; -, -n [frz. repassage, zu: repasser, ↑repassieren] (veraltet): *das Nachprüfen u. Instandsetzen neuer Uhren in der Uhrmacherei;* **re|pas|sie|ren** ⟨sw. V.; hat⟩ [frz. repasser = wieder bearbeiten]: **1.** (Metallbearb.) *ein Werkstück durch Kaltformung glätten.* **2.** (Textilind.) **a)** *Laufmaschen aufnehmen;* **b)** *beim Färben eine Behandlung wiederholen.* **3.** (veraltet) *zurückweisen.* **4.** [*Rechnungen*] *wieder durchsehen;* **Re|pas|sie|re|rin**, die; -, -nen (Textilind.): *Arbeiterin, die repassiert* (2 a).

Re|pa|tri|ant, der; -en, -en (Politik, Rechtsspr.): *in die Heimat zurückgeführter Kriegs- od. Zivilgefangener;* **Re|pa|tri|an|tin**, die; -, -nen (Politik, Rechtsspr.): w. Form zu ↑Repatriant; **re|pa|tri|ie|ren** ⟨sw. V.; hat⟩ [spätlat. repatriare = ins Vaterland zurückkehren] (Politik, Rechtsspr.): **1.** *jmdm. die frühere Staatsangehörigkeit wiederverleihen:* ... sind alle in der Industrie tätigen Technologen daher entweder Ausländer oder repatriierte Schweizer (Schweizer Maschinenbau 16. 8. 83, 31). **2.** *einen Kriegs- od. Zivilgefangenen in sein Land zurückkehren lassen;* **Re|pa|tri|ie|rung**, die; -, -en (Politik, Rechtsspr.): *das Repatriieren; Repatriiertwerden.*
Re|peat [rɪ'piːt], das; -s, -s [engl. repeat = Wiederholung] (Musik): *Repeatperkussion;* **Re|pea|ter** [...'piːtə], der; -s, - [engl. repeater, zu: to repeat = wiederholen] (Elektrot., Elektronik): *Gerät, das empfangene Signale verstärkt* [u. regeneriert] *weitersendet;* **Re|peat|per|kus|si|on**, die (Musik): *Wiederholung des angeschlagenen Tones od. Akkordes in rascher Folge (bei der elektronischen Orgel).*
Re|pel|lent [ri'pɛlənt], das; -s, -s [engl. repellent, zu: repellent = abstoßend] (Chemie): *chemische Substanz, die auf Insekten abstoßend wirkt, ohne ihnen zu schaden.*
Re|per|kus|si|on, die; -, -en [lat. repercussio = das Zurückschlagen, -prallen] (Musik): **1.** *das Rezitieren auf einem Ton, bes. im Gregorianischen Gesang.* **2.** *bei der Fuge Durchgang des Themas in allen Stimmen.* **3.** *Wiederholung des gleichen Tones;* **Re|per|kus|si|ons|ton**, der (Musik): *neben der Finalis wichtigster Ton in der Kirchentonart.*
Re|per|toire [...'toa:ɐ̯], das; -s, -s [frz. répertoire < spätlat. repertorium = Verzeichnis, eigtl. = Fundstätte, zu lat. reperire = wiederfinden] (bildungsspr.): *Gesamtheit von literarischen, dramatischen* (1), *musikalischen Werken od. artistischen o. ä. Nummern, Darbietungen, die einstudiert sind u. jederzeit gespielt, vorgetragen od. vorgeführt werden können:* ein R. zusammenstellen; der Sänger beherrscht sein R. souverän; ein Stück aus dem R. (Spielplan) des Theaters streichen, wieder in das R. aufnehmen; zum R. des Pianisten gehört vor allem der Jazz; Ü dieser Boxer hat ein großes R. an Schlägen; **Re|per|toire|stück**, das: *populäres Stück, das immer wieder auf den verschiedensten Spielplänen steht;* **Re|per|to|ri|um**, das; -s, ...ien [spätlat. repertorium, ↑Repertoire] (bildungsspr.): *wissenschaftliches Nachschlagewerk.*
re|pe|ta|tur [lat. repetatur = es möge wiederholt werden, 3. Pers. Konj. Präs. Passiv von: repetere, ↑repetieren]: *soll erneuert werden* (Hinweis auf ärztlichen Rezepten); Abk.: rep.; **Re|pe|tent**, der; -en, -en [zu lat. repetens (Gen.: repetentis), 1. Part. von: repetere, ↑repetieren] (bildungsspr.): **1.** *Schüler, der eine Klasse wiederholt.* **2.** (veraltet) *Repetitor;* **Re|pe|ten|tin**, die; -, -nen (bildungsspr.): w. Form zu ↑Repetent; **re|pe|tie|ren** ⟨sw. V.; hat⟩ [lat. repetere, eigtl. = wieder auf etw. losgehen; von neuem verlangen,

aus: re- = wieder, zurück u. petere = zu erreichen suchen, streben, verlangen]: **1.** (bildungsspr.) *durch Wiederholen einüben, lernen:* eine Lektion, Vokabeln r.; „Wala ist die allkundige Stabträgerin aus der Edda", repetierte David (Kant, Impressum 57). **2.** (bildungsspr.) *eine Klasse noch einmal durchlaufen (wenn das Klassenziel nicht erreicht worden ist):* der Schüler mußte r. **3.** (Fachspr.) **a)** *(von Uhren) auf Druck od. Zug die Stunde nochmals angeben, die zuletzt durch Schlagen angezeigt worden ist:* die Uhr repetiert nicht; **b)** *(beim Klavier) als Ton richtig zu hören sein, richtig anschlagen:* das g repetiert nicht; **Re|pe|tier|ge|wehr,** das: *automatisches Gewehr mit einem Magazin* (3 a); Mehrlader; **Re|pe|tier|uhr,** die: *Taschenuhr mit Schlagwerk, das bei Druck auf einen Knopf die letzte volle Stunde u. die seitdem abgelaufenen Viertelstunden anzeigt;* **Re|pe|ti|ti|on,** die; -, -en [lat. repetitio, zu: repetere, ↑ repetieren] (bildungsspr.): *Wiederholung einer Äußerung, eines Textes als Übung o. ä.;* **re|pe|ti|tiv** ⟨Adj.⟩ [vgl. engl. repetitive] (bildungsspr.): *sich wiederholend:* monotone, -e Arbeit verrichten; **Re|pe|ti|tor,** der; -s, ...oren [spätlat. repetitor = Wiederholer] jmd., **a)** (bildungsspr.) *der Studierende [der juristischen Fakultät] durch Wiederholung des Lehrstoffes auf das Examen vorbereitet;* **b)** *(Musik, Theater) Korrepetitor;* **Re|pe|ti|to|rin,** die; -, -nen: w. Form zu ↑ Repetitor; **Re|pe|ti|to|rium,** das; -s, ...ien (bildungsspr. veraltend): *Buch, Unterricht, der der Wiederholung eines bestimmten Stoffes dient.* **Re|plan|ta|ti|on,** die; -, -en [zu spätlat. replantare = wieder einpflanzen] (Med.): *Reimplantation;* **re|plan|tie|ren** ⟨sw. V.; hat⟩ (Med.): *wieder einpflanzen:* Von 1963 bis 1983 sind ... in fünf Zentren 3 706 Extremitäten replantiert worden (Welt 15. 7. 86, 6). **Re|pli|ca,** die; -, -s [ital. replica = Wiederholung, zu lat. replicare, ↑ replizieren; 2: engl. replica < ital. replica]: **1.** (Musik) *(Vorschrift für die) Wiederholung eines Stücks od. eines Teils davon.* **2.** [auch ˈrɛplɪka] *originalgetreue Nachbildung eines nicht mehr produzierten Kraftfahrzeugtyps (meist mit einer Kunststoffkarosserie).* **Re|plik,** die; -, -en [(frz. réplique = Antwort, Gegenrede <) (m)lat. replica(tio) = Wiederholung, zu lat. replicare, ↑ replizieren]: **1. a)** (bildungsspr.) *Erwiderung auf Äußerungen, Thesen o. ä. eines anderen:* eine glänzende, geharnischte R. schreiben, vortragen; Meine R. auf Breschnews Erläuterung begann ich mit einer Würdigung des Vertrages (W. Brandt, Begegnungen 450); **b)** (Rechtsspr.) *Erwiderung, Gegenrede (bes. des Klägers auf die Verteidigung des Beklagten).* **2.** (Kunstwiss.) *Nachbildung eines Originals, die der Künstler selbst angefertigt hat:* eine R. anfertigen; Inzwischen werden seine -en in einigen Sammlungen ... bereits anstelle von verblassenden Originalen ausgestellt (Saarbr. Zeitung 30. 11. 79, 5); **Re|pli|kat,** das; -[e]s, -e (Kunstwiss.): *Nachbildung eines Originals:* Replikate sind Kunstwerke von Kunstwerken (FAZ 17. 5. 75, 25); **Re|pli|ka|ti|on,** die; -, -en [lat. replicatio, ↑ Replik] (Genetik): *Bildung einer exakten Kopie von Genen bzw. Chromosomen durch selbständige Verdoppelung des genetischen Materials;* **Re|pli|kon,** das; -s, -s [engl. replicon] (Genetik): *Einheit der genetischen Replikation;* **re|pli|zie|ren** ⟨sw. V.; hat⟩ [lat. replicare = wieder aufrollen]: **1. a)** (bildungsspr.) *eine Replik* (1 a) *schreiben, vortragen:* auf einen Artikel r.; Der Minister replizierte mit einem Rückgriff in seine Gymnasialzeit (Augstein, Spiegelungen 88); **b)** (Rechtsspr.) *eine Replik* (1 b) *vorbringen.* **2.** (Kunstwiss.) *eine Replik* (2) *anfertigen.* **Re|plum,** das; -s [lat. replum = Rahmen einer Tür] (Bot.): *in der Frucht von Kreuzblütlern auftretende falsche Scheidewand.* **re|po|ni|bel** ⟨Adj.⟩ [zu lat. reponere, ↑ reponieren] (Med.): *sich reponieren* (1) *lassend;* **re|po|nie|ren** ⟨sw. V.; hat⟩ [zu lat. reponere = zurücklegen, -bringen]: **1.** (Med.) *(von Knochen, Organen o. ä. nach einem Bruch, einer Verrenkung) wieder in die normale anatomische Lage zurückbringen.* **2.** (veraltet) *[Akten] zurücklegen, einordnen.* **Re|port,** der; -[e]s, -e [engl. report < afrz. report, zu: reporter < lat. reportare = zurücktragen, überbringen; 2: frz. report]: **1.** *systematischer Bericht, wissenschaftliche Untersuchung o. ä. über wichtige [aktuelle] Ereignisse, Entwicklungen o. ä.:* R. über die Fußballregionalligen (Hörzu 49, 1972, 95). **2.** (Bankw.) *Kursaufschlag bei der Prolongation von Termingeschäften;* **Re|por|ta|ge** [...ˈtaːʒə], die; -, -n [frz. reportage, zu: reporter = Reporter]: *aktuelle Berichterstattung mit Interviews, Kommentaren o. ä. in der Presse, im Film, Rundfunk od. Fernsehen:* eine interessante, realistische R. über den Streik der Stahlarbeiter; eine R. von dem Fußballspiel bringen, machen, veröffentlichen; Eine R. über das Chemiefaserwerk Guben war zu lesen... (MM 23./24. 6. 73, 12); **re|por|ta|ge|haft** ⟨Adj.⟩: *in der Art einer Reportage:* ein berichtendes, -es Buch; **Re|por|ter,** der; -s, - [engl. reporter, zu: to report = berichten < (a)frz. reporter, ↑ Report]: *jmd., der berufsmäßig Reportagen macht;* **Re|por|te|rin,** die; -, -nen: w. Form zu ↑ Reporter; **Re|port|ge|schäft,** das [zu ↑ Report (2)] (Wirtsch.): *Prolongationsgeschäft.* **Re|po|si|ti|on,** die; -, -en [lat. repositum, 2. Part. von: reponere, ↑ reponieren] (Med.): *das Reponieren* (1); **Re|po|si|to|ri|um,** das; -s, ...ien [lat. repositorium = Aufsatz (2 a, c)] (veraltet): *Büchergestell; Aktenschrank;* ♦ **Re|po|si|tur,** die; -, -en [zu lat. repositum, ↑ reponieren]: *Raum, in dem Repositorien aufgestellt, untergebracht sind; Aktenraum, -zimmer:* sie errichteten auf dem Flügel des Hauptmanns eine R. für das Gegenwärtige, ein Archiv für das Vergangene (Goethe, Wahlverwandtschaften I, 4). **Re|pous|soir** [rəpuˈsoaːɐ̯, rəp...; ...puˈs...], das; -s, -s [frz. repoussoir, eigtl. = Gegenstellung, zu: repousser = ab-, zurückstoßen] (Kunstwiss., Fot.): *Gegenstand im Vordergrund eines Bildes od. einer Fotografie zur Steigerung der Tiefenwirkung.*

re|prä|sen|ta|bel ⟨Adj.; ...bler, -ste⟩ [frz. représentable, zu: représenter, ↑ repräsentieren] (bildungsspr.): *von der äußeren Wirkung her etw. darstellend:* sie führt ein repräsentables Haus; Man braucht eine größere Wohnung, wenn man Einladungen geben will, sie muß r. eingerichtet werden (Loest, Pistole 36); **Re|prä|sentant,** der; -en, -en [frz. représentant]: **1. a)** *jmd., der eine größere Gruppe von Menschen od. eine bestimmte Richtung* (2) *nach außen, in der Öffentlichkeit als Exponent vertritt, für sie spricht:* ein einflußreicher, namhafter R. der gemäßigten Lager; -en des Volkes wählen; **b)** *Vertreter eines größeren Unternehmens:* Für unser breites Ventilatorenprogramm suchen wir für Bayern ... einen -en (CCI 9, 1986, 67). **2.** *Abgeordneter;* **Re|prä|sen|tan|ten|haus,** das: *Abgeordnetenhaus;* **Re|prä|sen|tan|tin,** die; -, -nen: w. Form zu ↑ Repräsentant; **Re|prä|sen|tanz,** die; -, -en: **1.** ⟨o. Pl.⟩ (bildungsspr.) *Interessenvertretung:* politisch keine R. haben; eine breite R. der Jugend anstreben; In der Frage der europäischen R. auf der geplanten Nord-Süd-Konferenz... (Welt 3. 12. 75, 1). **2.** (Wirtsch.) *ständige Vertretung eines größeren Unternehmens:* eine R. in Kairo eröffnen; **3.** ⟨o. Pl.⟩ (bildungsspr.) *das Repräsentativsein* (2 b, 3); **Re|prä|sen|ta|ti|on,** die; -, -en [frz. représentation < lat. repraesentatio = Darstellung, zu: repraesentare, ↑ repräsentieren] (bildungsspr.): **1.** *Vertretung einer Gesamtheit von Personen durch eine einzelne Person od. eine Gruppe von Personen:* die R. des Großprinzbesitzes durch den Adel. **2.** ⟨o. Pl.⟩ *das Repräsentativsein* (2 b): Die Idee der statistischen R. durch Stichproben bleibt unserem Denken ungewohnt (Noelle, Umfragen 53). **3. a)** *Vertretung eines Staates, einer öffentlichen Einrichtung o. ä. auf gesellschaftlicher* (2) *Ebene u. der damit verbundene Aufwand:* die Limousine, der Palast dient nur der R.; **b)** *an einem gehobenen gesellschaftlichen Status orientierter, auf Wirkung nach außen bedachter, aufwendiger [Lebens]stil;* **Re|prä|sen|ta|ti|ons|auf|ga|be,** die ⟨meist Pl.⟩: *Aufgabe* (2 a) *des Repräsentierens:* -n erfüllen, übernehmen; **Re|prä|sen|ta|ti|ons|auf|wen|dung,** die ⟨meist Pl.⟩: *die Repräsentation* (3) *betreffende Kosten;* **Re|prä|sen|ta|ti|ons|bau,** der ⟨Pl. -ten⟩: *Gebäude, das Repräsentationszwecken dient;* **Re|prä|sen|ta|ti|ons|gel|der** ⟨Pl.⟩: vgl. Repräsentationsaufwendung; **Re|prä|sen|ta|ti|ons|pflicht,** die ⟨meist Pl.⟩: *mit der Repräsentation* (3) *verbundene gesellschaftliche Pflicht;* **Re|prä|sen|ta|ti|ons|raum,** der ⟨meist Pl.⟩: vgl. Repräsentationsbau; **Re|prä|sen|ta|ti|ons|schluß,** der (Statistik): *Verfahren, bei dem nach den Regeln der Wahrscheinlichkeitsrechnung auf Grundlage von Stichproben in einem bestimmten Bereich bestimmte Aussagen über den gesamten Bereich gemacht werden;* **Re|prä|sen|ta|ti|ons|zweck,** der ⟨meist Pl.⟩: *Zweck der Repräsentation* (3); **re|prä|sen|ta|tiv** ⟨Adj.⟩ [frz. représentatif]: **1.** (bes. Politik) *vom Prinzip der Repräsentation* (1) *bestimmt:* eine -e Demokratie, Körperschaft; Die Verfassung der USA trägt rein -en Charakter (Fraenkel, Staat 252); der Verband wird r. vertreten. **2.** (bildungsspr.) **a)** *als einzelner, einzelnes so typisch für etw., eine Gruppe o. ä., daß es das Wesen, die spezifische Eigenart der gesamten Erscheinung, Richtung o. ä. ausdrückt:* er ist einer der -sten Romanciers der heutigen spanischen Literatur; **b)** *verschiedene [Interessen]gruppen in ihrer Besonderheit, typischen Zusammensetzung berücksichtigend:* eine -e Befragung, Erhebung, Untersuchung durchführen; ein -er Querschnitt durch die Bevölkerung; Natürlich kann unser Test ... im statistischen Sinne niemals r. sein (ADAC-Motorwelt 10, 1980, 25). **3.** (bildungsspr.) **a)** *in seiner Art, Anlage, Ausstattung wirkungs-, eindrucksvoll:* eine -e Schrankwand; Der wilhelminische Vorbau, ... etwas verrutscht und mitgenommen, aber noch immer r. (Kempowski, Uns 210); **b)** *der Repräsentation (3) dienend:* der Wagen ist ihm nicht r. genug; r. bauen; **Re|prä|sen|ta|tiv|be|fra|gung,** die ⟨Statistik⟩: *Befragung verschiedener einzelner Personen, die als repräsentativ für eine bestimmte Personengruppe gelten;* **Re|prä|sen|ta|tiv|er|he|bung,** die ⟨Statistik⟩: *Erhebung, die bestimmte Einzelfälle als repräsentativ für einen bestimmten Gesamtkomplex wertet;* **Re|prä|sen|ta|tiv|ge|walt,** die ⟨Politik⟩: *Recht, den Staat nach außen hin zu vertreten;* **Re|prä|sen|ta|ti|vi|tät,** die; -: *das Repräsentativsein;* **Re|prä|sen|ta|tiv|sy|stem,** das ⟨Politik⟩: **a)** *Regierungssystem, in dem das Volk nicht selbst, direkt die staatliche Gewalt ausübt, sondern durch bestimmte Körperschaften vertreten wird;* **b)** *System, in dem die verschiedenen [Interessen]gruppen in einer Gesellschaft durch Organisationen, bes. Parteien u. Verbände, vertreten werden;* **Re|prä|sen|ta|tiv|um|fra|ge,** die: vgl. Repräsentativbefragung; **Re|prä|sen|ta|tiv|un|ter|su|chung,** die ⟨Statistik⟩: vgl. Repräsentativerhebung; **Re|prä|sen|ta|tiv|ver|fas|sung,** die: vgl. Repräsentativsystem (a); **re|prä|sen|tie|ren** ⟨sw. V.; hat⟩ [(frz. représenter <) lat. repraesentare = vergegenwärtigen, darstellen] (bildungsspr.): **1.** *etw., eine Gesamtheit von Personen nach außen vertreten; Repräsentant von jmdm., etw. sein:* ein Land, eine Partei, Firma r.; die Gewerkschaft repräsentiert die Arbeiterschaft gegenüber den Unternehmern; Rousseau war der Überzeugung, ein Volk, das repräsentiert werde, sei unfrei (Fraenkel, Staat 75). **2.** *für etw. repräsentativ (2) sein:* diese Auswahl repräsentiert das Gesamtschaffen des Künstlers; ... mit dem Mann, der im Bann einer Frau ist, die ... die Welt der Kunst repräsentiert (Reich-Ranicki, Th. Mann 131). **3.** *seiner gehobenen gesellschaftlichen Stellung, Funktion entsprechend in der Öffentlichkeit auftreten:* ausgezeichnet zu r. verstehen; ... hatte er gelernt, von seinem Schreibtische aus zu r., seinen Ruhm zu verwalten (Th. Mann, Tod 12). **4.** *wert sein; etw. darstellen:* das Haus repräsentiert einen Wert von 300 000 DM. **Re|pres|sa|lie,** die; -, -n ⟨meist Pl.⟩ [unter Einfluß von „(er)pressen" zu mlat. repre(n)salia = das gewaltsame Zurück-

nehmen, zu lat. reprehensum, 2. Part. von: reprehendere = fassen, zurücknehmen] (bildungsspr.): *Maßnahme, die auf jmdn. Druck ausübt; Straf-, Vergeltungsmaßnahme:* als R. Geiseln erschießen lassen; -n gegen jmdn. ergreifen; juristischen -n ausgeliefert sein; die Angst vor -n; Als die kommunistischen Behörden gegen die unzufriedenen Arbeiter mit massiven -n vorgingen, ... (NZZ 27. 1. 83, 4). **Re|pres|si|on,** die; -, -en [frz. répression < lat. repressio = das Zurückdrängen, zu: repressum, 2. Part von: reprimere, ↑reprimieren] (bildungsspr.): *[gewaltsame] Unterdrückung von Kritik, Widerstand, politischen Bewegungen, individueller Entfaltung, individuellen Bedürfnissen:* Dort führt die Armee ... eine brutale R. gegen Dissidenten (NZZ 10. 8. 84, 1); Die Vermittlung der ... Normen ..., insbesondere der sexuellen, geschieht ... über Indoktrination und R. (Schmidt, Strichjungengespräche 36); **re|pres|si|ons|frei** ⟨Adj.⟩ (bildungsspr.): *ohne Repression:* eine -e Gesellschaft, Erziehung; **re|pres|siv** ⟨Adj.⟩ [frz. répressif] (bildungsspr.): *Repressionen ausübend:* -e Maßnahmen; Das Fortbestehen -er Sexualmoral und Sexualpolitik (Schwamborn, Schwulenbuch 150); **Re|pres|siv|zoll,** der: *Schutzzoll;* **Re|pri|man|de,** die; -, -n [frz. réprimande < lat. reprimenda (causa) = (Ursache) die zurückgedrängt werden muß] (veraltet, noch landsch.): *Tadel:* ♦ ... und sich eine R. ... von seiten seines Bruders Otto ersparen wollte (Fontane, Jenny Treibel 111); **re|pri|mie|ren** ⟨sw. V.; hat⟩ [lat. reprimere = zurückdrängen, zu: re- = zurück u. premere = drücken] (Med., Biol.): *unterdrücken, hemmen (von genetischen Informationen).* **Re|print** [re'prɪnt, engl.: 'ri:prɪnt], der; -s, -s [engl. reprint, zu: to reprint = nachdrucken] (Buchw.): *unveränderter Nachdruck, Neudruck; Wiederabdruck (2):* das lange Zeit vergriffene Werk erscheint in Kürze als R. **Re|pri|se,** die; -, -n [frz. reprise, subst. 2. Part. von: reprendre = wiederaufnehmen < lat. reprehendere, ↑Repressalie]: **1. a)** (Theater) *Wiederaufnahme eines Theaterstücks in der alten Inszenierung od. eines lange nicht gespielten Films in den Spielplan;* **b)** (bildungsspr.) *Neuauflage einer vergriffenen Schallplatte.* **2.** (Musik) *Wiederholung eines bestimmten Teils innerhalb einer Komposition.* **3.** (Börsenw.) *Kurssteigerungen, die vorangegangene Kursverluste kompensieren.* **4.** (Textilind.) *Feuchtigkeitsgehalt von Textilrohstoffen, der sich bei normaler Luftfeuchtigkeit einstellt.* **5.** (Fechten) *erneuter Angriff gegen einen nicht zurückweichenden Gegner, der pariert hat.* **6.** (Seew.) *dem Feind wieder abgenommene Prise (2).* **Re|pri|sti|na|ti|on,** die; -, -en [zu lat. re- = wieder, zurück u. pristinus = vorig] (Fachspr., bildungsspr.): *Wiederherstellung, Wiederbelebung von etwas Früherem;* **re|pri|sti|nie|ren** ⟨sw. V.; hat⟩ (Fachspr., bildungsspr.): *etwas Früheres wiederherstellen, wiederbeleben; wiederauffrischen.* **re|pri|va|ti|sie|ren** ⟨sw. V.; hat⟩ [zu lat.

re- = wieder u. ↑privatisieren] (Wirtsch., Politik): *staatliches od. gesellschaftliches Eigentum in Privatbesitz zurückführen:* die öffentlichen Verkehrsbetriebe r.; **Re|pri|va|ti|sie|rung,** die; -, -en (Wirtsch., Politik): *das Reprivatisieren, Reprivatisiertwerden.* **Re|pro,** die; -, -s, auch: das; -s, -s (Druckw. Jargon): *Kurzf. von ↑Reproduktion (2).* **Re|pro|ba|ti|on,** die; -, -en [lat. reprobatio = die Verwerfung, zu: reprobare, ↑reprobieren]: **1.** (Theol.) *(in der Lehre von der Prädestination) Ausschluß der Seele von der ewigen Seligkeit.* **2.** (Rechtsspr. veraltet) *Mißbilligung;* **re|pro|bie|ren** ⟨sw. V.; hat⟩ [lat. reprobare] (Rechtsspr. veraltet): *mißbilligen, verwerfen.* **Re|pro|duk|ti|on,** die; -, -en [zu lat. re- = wieder u. ↑Produktion]: **1.** (bildungsspr.) *das Reproduzieren (1); Wiedergabe:* die R. fremder Gedanken; bei den Wendungen und Redensarten ..., mit denen Sie diese Meinungen vertreten, handelt es sich ... um -en von Lieblingswendungen und -redensarten von Herrn Griesenau, die ich schon unendlich oft ... (Hofmann, Fistelstimme 195). **2. a)** (bes. Druckw.) *das Abbilden u. Vervielfältigen von Büchern, Karten, Bildern, Notenschriften o. ä., bes. durch Druck:* die R. von Handzeichnungen; **b)** (bes. Druckw.) *das, was durch Reproduktion (2 a) hergestellt worden ist:* farbige -en. **3.** (bes. bild. Kunst) *Nachbildung, Wiedergabe (2 b) eines Originals, die ein anderer angefertigt hat:* -en aus der Frühzeit Picassos; diese Möbel sind keine -en; eine R. aus der Sixtinischen Madonna. **4.** (polit. Ökonomie) **a)** *ständige Erneuerung des Produktionsprozesses durch Ersatz od. Erweiterung der verbrauchten, alten, überholten Produktionsmittel:* einfache R. *(Erneuerung des Produktionsprozesses im alten Umfang);* erweiterte R. *(Erneuerung des Produktionsprozesses auf einer höheren Stufe als der vorangegangenen);* die R. behindern; **b)** *ständig neue Wiederherstellung der gesellschaftlichen u. individuellen Arbeitskraft durch den Verbrauch von Lebensmitteln, Kleidung o. ä. u. Aufwendungen für Freizeit, Kultur o. ä.:* ... ist die Familie jene Institution, mit der unsere Gesellschaft ihre R. sichert (Wohngruppe 7). **5.** (Biol.) *Fortpflanzung:* natürliche R.; Erfahrungen auf dem Gebiet der R. der Rinderbestände. **6.** (Psych.) *das Sicherinnern an früher erlebte Bewußtseinsinhalte;* **Re|pro|duk|ti|ons|be|din|gung,** die ⟨meist Pl.⟩ (polit. Ökonomie): *Bedingung für die Reproduktion (4 b);* **Re|pro|duk|ti|ons|fak|tor,** der (Kernphysik): *(bei der nuklearen Kettenreaktion) das Verhältnis der erzeugten Neutronen, die wieder eine Spaltung herbeiführen, zu denen, die durch andere verbraucht werden;* **Re|pro|duk|ti|ons|fo|to|gra|fie,** die ⟨o. Pl.⟩ (Druckw.): *fotografisches Verfahren, das in der Reproduktionstechnik verwendet wird;* **Re|pro|duk|ti|ons|ge|rät,** das (Druckw.): *Gerät, das bei der Reproduktion (2 a) von Vorlagen verwendet wird;* **Re|pro|duk|ti|ons|gra|phik,** die (bild. Kunst): *graphische Reproduktion von Zeichnungen, Gemälden o. ä.;* **Re|pro-**

duk|ti|ons|in|dex, der (Statistik): *Index für das Ausmaß der Reproduktion (5) der Bevölkerung;* **Re|pro|duk|ti|ons|ka|mera,** die (Druckw.): *sehr große Kamera zur Herstellung von Druckvorlagen;* **Re|produk|ti|ons|ko|sten** ⟨Pl.⟩ (Wirtsch.): *Kosten, die für die Reproduktion (4 a) aufgewendet werden;* **Re|pro|duk|ti|ons|me|dizin,** die: *Spezialgebiet der Medizin, das sich mit der Erforschung der biologischen Grundlagen der menschlichen Fortpflanzung beschäftigt;* **Re|pro|duk|ti|ons|prozeß,** der (polit. Ökonomie): *Prozeß (2) der Reproduktion (4);* **Re|pro|duk|ti|ons|ra|te,** die: *bevölkerungsstatistisches Maß, das ausdrückt, inwieweit die gegenwärtige Fruchtbarkeit einer Bevölkerung ausreicht, um deren Anzahl zu erhalten;* **Re|produk|ti|ons|stich,** der (bild. Kunst): vgl. Reproduktionsgraphik; **Re|pro|duk|ti|ons|tech|nik,** die (Druckw.): vgl. Reproduktionsverfahren; **Re|pro|duk|ti|ons|ver|fah|ren,** das (Druckw.): *bestimmtes drucktechnisches Verfahren zur Wiedergabe von Druckvorlagen:* mechanische R.; **re|pro|duk|tiv** ⟨Adj.⟩ (bildungsspr.): *nachbildend, nachahmend:* Seine Stärke lag weniger in der schöpferischen als in der -en Tätigkeit (Niekisch, Leben 131); **re|pro|du|zier|bar** ⟨Adj.⟩: *sich reproduzieren lassend;* **re|pro|du|zie|ren** ⟨sw. V.; hat⟩: **1.** (bildungsspr.) *etw. genauso hervorbringen, [wieder]herstellen (wie das Genannte):* die Atmosphäre vergangener Zeiten r.; ⟨r. + sich:⟩ etw. reproduziert sich von Jahr zu Jahr auf einer höheren Stufe; Maschinen ..., die sich selbst ... r. können (Wieser, Organismen 33). **2.** (Druckw.) *eine Reproduktion (2 a) von etw. herstellen:* Bilder r. **3.** (polit. Ökonomie) *im wiederholten Produktionsprozeß den Wert von etw. wiederherstellen:* das Kapital r. unter den Bedingungen der Lohnarbeit r. **4.** ⟨r. + sich⟩ (Biol.) *sich fortpflanzen;* **Re|pro|graph,** der; -en, -en [zu ↑Repro u. griech. gráphein = schreiben]: *jmd., der Reprographie (b) betreibt* (Berufsbez.); **Re|pro|gra|phie,** die; -, -n ⟨Pl. selten⟩ [↑-graphie] (Druckw.): **a)** *Gesamtheit der Kopierverfahren, mit denen mit Hilfe elektromagnetischer Strahlung Reproduktionen (2 b) hergestellt werden;* **b)** *Produkt der Reprographie (a);* **re|pro|gra|phie|ren** ⟨sw. V.; hat⟩ (Druckw.): *eine Reprographie (b) herstellen;* **Re|progra|phin,** die; -, -nen: w. Form zu ↑Reprograph; **re|pro|gra|phisch** ⟨Adj.⟩ (Druckw.): **a)** *die Reprographie (a) betreffend;* **b)** *durch Reprographie (a) hergestellt:* ein -er Nachdruck.

¹**Reps,** der; -es, ⟨Arten:⟩ -e (südd.): *Raps.*
²**Reps,** ¹**Rep|se:** Pl. von ↑Rep; ²**Rep|se,** die; -, -n (Jargon): w. Form zu ↑Rep.
Rep|til, das; -s, -ien u. (selten:) -e [frz. reptile < spätlat. reptile, subst. Neutr. von lat. reptilis = kriechend, zu: repere = kriechen, schleichen]: *Kriechtier;* **Rep|ti|li|en|fonds,** der [urspr. Bez. für den Bismarckschen Fonds zur Bekämpfung geheimer Staatsfeinde (= „Reptilien") mit Hilfe korrumpierter Zeitungen] (iron.): *geheimer Dispositionsfonds.*
Re|pu|blik [auch: ...blɪk], die; -, -en [frz. république < lat. res publica = Staat(sgewalt), eigtl. = öffentliche Sache]: *Staatsform, bei der die Regierenden für eine bestimmte Zeit vom Volk od. von Repräsentanten des Volkes gewählt werden:* bürgerliche, demokratische, sozialistische -en; eine parlamentarisch regierte R.; die R. ausrufen; Wir leben nicht mehr in der Monarchie, wir leben in der demokratischen R., und nächstens werden wir in der sozialen R. leben (Werfel, Himmel 119); Ü Vergrätzt war ... die halbe R. *(die Hälfte der Einwohner der Republik;* Spiegel 37, 1974, 115); **Re|publi|ka|ner,** der; -s, - [1: frz. républicain; 2: amerik. Republican]: **1.** *Anhänger der republikanischen (1 b) Staatsform.* **2.** *Mitglied od. Anhänger der Republikanischen Partei in den USA.* **3.** *Mitglied einer rechtsgerichteten Partei in der Bundesrepublik Deutschland;* **Re|pu|bli|ka|ne|rin,** die; -, -nen: w. Form zu ↑Republikaner (1–3); **re|pu|bli|ka|nisch** ⟨Adj.⟩: **1. a)** *für die Ziele der Republik eintretend;* **b)** *nach den Prinzipien der Republik aufgebaut, auf ihnen beruhend:* Verfassungen von Charakters. **2.** *die Republikanische Partei der USA betreffend.* **3.** *die Republikaner (3) betreffend;* **Re|pu|bli|ka|nis|mus,** der; - (veraltet): *das Eintreten für die Republik als Staatsform;* **Re|pu|blik|flucht,** die; -, -en ⟨Pl. ungebr.⟩ (ehem. DDR): *Flucht aus der Deutschen Demokratischen Republik;* **re|pu|blik|flüch|tig** ⟨Adj.⟩ (ehem. DDR): *aus der Deutschen Demokratischen Republik flüchtend, geflüchtet;* **Re|pu|blik|flücht|ling,** der (ehem. DDR): *Republikflüchtling;* **Re|pu|blik|flücht|ling,** der (ehem. DDR): *Flüchtling aus der Deutschen Demokratischen Republik.*
Re|pu|dia|ti|on, die; -, -en [1: lat. repudiatio, zu: repudiare = zurückweisen]: **1.** (bildungsspr. veraltet) *Verwerfung, Zurückweisung.* **2.** (Wirtsch.) *Verweigerung der Annahme von Geld wegen geringer Kaufkraft.* **3.** (Wirtsch.) *ständige Ablehnung eines Staates, seine durch Anleihen entstandenen Verpflichtungen zu erfüllen.*
Re|pu|gnanz, die; -, -en [lat. repugnantia] (Philos.): *Widerspruch, Gegensatz.*
Re|puls, der; -es, -e [lat. repulsus = das Zurückstoßen, zu: repulsum, 2. Part. von: repellere = zurückstoßen, -weisen] (Amtsspr. veraltet): *Ablehnung [eines Gesuches];* **Re|pul|si|on,** die; -, -en [frz. répulsion < spätlat. repulsio, zu: lat. repellere, ↑Repuls] (Technik): *Abstoßung;* **Re|pul|si|ons|mo|tor,** der (Technik): *mit Wechselstrom betriebener Elektromotor für einfache Leistungen;* **re|pul|siv** ⟨Adj.⟩ (Technik): *(von elektrisch od. magnetisch geladenen Körpern) abstoßend;* **Re|pul|siv|kraft,** die (Physik, Technik): *Kraft (5), die im Gegensatz zur Anziehungskraft abstoßend wirkt.*
Re|pun|ze, die; -, -n [zu lat. re- = wieder, zurück u. ↑Punze] (Fachspr.): *Stempel, der den Feingehalt auf Waren aus Edelmetall angibt;* **re|pun|zie|ren** ⟨sw. V.; hat⟩ (Fachspr.): *mit einer Repunze versehen.*
re|pu|ta|bel ⟨Adj.⟩: *reputierlich;* **Re|puta|ti|on,** die; -, [frz. réputation < lat. reputatio = Erwägung, Berechnung, zu: reputare = be-, zurechnen] (bildungsspr.): *[guter] Ruf:* wenn es dann in Hollywood überall heißt, ich habe das Haus von Thomas Mann eingerichtet ..., das wäre eine sehr gute R. (Katia Mann, Memoiren 128); Ein Naturwissenschaftler von internationaler R. (Raddatz, Traditionen II, 460); **re|putier|lich** ⟨Adj.⟩ (bildungsspr. veraltet): *achtbar, ehrbar; ordentlich:* ... ist sie immer doppelt nett zu jedem Mann, den ich nach Hause bringe, selbst wenn er nicht besonders r. aussieht (Wolff [Übers.], Bisexualität 182).

Re|qui|em [...kvi̯ɛm], das; -s, -s, österr. auch: ...quien [...kvi̯ən; spätmhd. requiem, nach den ersten Worten des Eingangsverses der röm. Liturgie „requiem aeternam dona eis, Domine" = „Herr, gib ihnen die ewige Ruhe"; lat. requies = (Todes)ruhe]: **1.** (kath. Kirche) *Totenmesse* (za: ein R. halten. **2.** (Musik) **a)** ¹*Messe (2), die das Requiem (1) zum Leitthema hat;* **b)** *dem Oratorium od. der Kantate ähnliche Komposition mit freiem Text;* **re|qui|es|cat in pa|ce** [lat.]: *er, sie ruhe in Frieden!* (Schlußformel der Totenmesse, Grabinschrift); Abk.: R.I.P.
Re|qui|rent, der; -en, -en [zu lat. requirens, 1. Part. von: requirere, ↑requirieren] (Rechtsspr. veraltet): *jmd., der Untersuchungen, Nachforschungen anstellt;* **requi|rie|ren** ⟨sw. V.; hat⟩ [spätmhd. requiriren < lat. requirere (2. Part.: requisitum) = nachforschen; verlangen, zu: re- = wieder, zurück u. quaerere = [auf]suchen; erstreben; verlangen]: **1.** *[für militärische Zwecke] beschlagnahmen:* Lkws r.; Lebensmittel für die Truppe r.; Alle Zimmer sind requiriert (Lentz, Muckefuck 278); ⟨auch o. Akk.-Obj.:⟩ er hat schonungslos requiriert (St. Zweig, Fouché 39). **2.** (Rechtsspr. veraltet) *ein anderes Gericht, eine andere Behörde um Rechtshilfe ersuchen.* **3.** (veraltet) *Nachforschungen anstellen, untersuchen;* **Re|qui|rie|rung,** die; -, -en (bildungsspr.): *das Requirieren, Requiriertwerden;* **Re|qui|sit,** das; -[e]s, -en [lat. requisita = Erfordernisse, subst. 2. Part. von: requirere]: **1.** ⟨meist Pl.⟩ (Theater) *Zubehör, Gegenstand, der bei einer Aufführung auf der Bühne od. bei einer Filmszene verwendet wird:* Er verspricht, sie beim Ballett unterzubringen, entjungfert sie in der R. und rät ihr ab (Chotjewitz, Friede 6); **b)** *das für die Requisite zuständige Stelle:* als sein Garderobier ... Herrn Müller von der R. meldete (Tagesspiegel 26./27. 9. 65, 25); vgl. Requisitenkammer; **Re|qui|si|ten|de|pot,** das (Theater): vgl. Requisitenkammer; **Re|qui|si|ten|kam|mer,** die (Theater): *Raum zur Aufbewahrung von Requisiten (1);* **Re|qui|si|ten|wa|gen,** der (Theater): *Wagen, in dem Requisiten (1) transportiert werden;* **Re|qui|si|teur** [...'tø:ɐ̯], der; -s, -e (Theater): *jmd., der die Requisiten (1) verwaltet;* **Re|qui|si|teu|rin** [...'tø:rɪn], die; -, -nen (Theater): w. Form zu ↑Requisiteur; **Re|qui|si|ti|on,** die; -, -en: *das Requirieren (1);* **Re|qui|si|ti|ons|schein,** der: *Quittung über eine Requisition.*

Res, die; -, - [lat. res] (Philos.): *Sache, Ding, Gegenstand.*

resch ⟨Adj.; -er, -[e]ste⟩ [mhd. resch, vgl. rösch] (bayr., österr.): **a)** *scharf gebacken, knusperig:* ... nach -en Kaisersemmeln duftend (Roth, Kapuzinergruft 9); **b)** (ugs.) *lebhaft, munter:* Sebastians Frau ist eine resolute, -e Person Mitte Vierzig (Schreiber, Krise 164).

Re|search [rɪˈsəːtʃ], das; -[s], -s [engl. research < mfrz. recerche, zu: recercher (= frz. rechercher), ↑recherchieren] (Soziol.): *Markt- u. Meinungsforschung;* **Re-sear|cher** [rɪˈsəːtʃə], der; -s, - [engl. researcher] (Soziol.): *jmd., der für die Markt- u. Meinungsforschung Untersuchungen durchführt;* **Re|sear|che|rin,** die; -, -nen (Soziol.): w. Form zu ↑Researcher.

Re|se|da, die; -, ...den, selten: -s [lat. reseda, eigtl. Imperativ von: resedare = heilen, nach dem bei Anwendung der Pflanze gebrauchten Zauberspruch „reseda morbos, reseda!" = „Heile die Krankheiten, heile!"]: *Pflanze mit länglichen Blättern u. in Trauben od. Ähren stehenden kleinen, duftenden Blüten von grünlichweißer od. gelblicher Farbe; Wau;* **re|se|da|far|ben, re|se|da|grün** ⟨Adj.⟩: *von zartem, leicht trübem Gelbgrün;* **Re-se|de,** die; -, -n (selten): *Reseda.*

Re|sek|ti|on, die; -, -en [spätlat. resectio = das Abschneiden, zu lat. resecare, ↑resezieren] (Med.): *operative Entfernung von Organen, Organteilen.*

Re|se|ne ⟨Pl.⟩ [zu lat. resina = Harz]: *ungesättigte, sauerstoffhaltige organische Stoffe in natürlichen Harzen.*

re|se|quent ⟨Adj.⟩ [zu lat. resequens (Gen.: resequentis), 1. Part. von: resequi = nachfolgen] (Geogr.): *(von Nebenflüssen) der ursprünglichen Abdachung des Landes folgend.*

Re|ser|pin, das; -s [Kunstwort] (Med., Pharm.): *den Blutdruck senkender Wirkstoff.*

Re|ser|va|ge [...ˈvaːʒə], die; - [mit der frz. Nachsilbe -age geb. zu frz. réserver, ↑reservieren] (Fachspr.): *spezielle Beize, die beim Färben von Stoffen verhindern soll, daß die mit ihr versehenen Stellen Farbe annehmen;* **Re|ser|vat,** das; -[e]s, -e [zu lat. reservatum, subst. 2. Part. von: reservare = aufbewahren, zurückbehalten, aufsparen]: **1.** *größeres Gebiet, in dem seltene Tier- u. Pflanzenarten geschützt werden.* **2.** *den Ureinwohnern (bes. den Indianern in Nordamerika) zugewiesenes Gebiet als Lebensraum:* die -e der Indianer besuchen; in einem R. leben. **3.** (bildungsspr.) *vorbehaltenes Recht; Sonderrecht:* ein R. besitzen; sich ein R. ausbedingen; **Re|ser|vat|fall,** der (kath. Kirche): *bestimmte Sünde, deren Vergebung einem Oberhirten (Papst, Bischof) vorbehalten ist;* **Re|ser|va|ti|o men|ta|lis,** die; - -; ...tiones [...neːs] ...les [...leːs; nlat., aus spätlat. reservatio (↑Reservation) u. mlat. mentalis, ↑mental] (Rechtsspr.): *Mentalreservation;* **Re|ser|va|ti|on,** die; -, -en [1: spätlat. reservatio = Verwahrung; Vorbehalt; 2: engl. reservation]: **1.** *Reservat* (2). **2.** (bildungsspr.) *Reservat* (3); **Re|ser|vat|recht,** das (bildungsspr.): *Reservat* (3); **Re|ser|ve,** die; -, -n [frz. réserve, zu: réserver, ↑reservieren]: **1.** ⟨meist Pl.⟩ *etw., was für den Bedarfs- od. Notfall vorsorglich zurückbehalten, angesammelt o. ä. wird:* die -n an Lebensmitteln, Benzin reichen auf jeden Fall; das Geld muß eiserne R. bleiben *(darf nur im äußersten Notfall verwendet werden);* etw. als R. zurücklegen; -n anlegen, erschließen; die letzten -n antasten, verbrauchen; Die Pferde nickend ..., manchmal hinter dem Wagen zwei, drei zur R. (Kempowski, Tadellöser 424); Ü er hat keine körperlichen, psychischen -n mehr *(er ist körperlich, psychisch nicht mehr widerstandsfähig);* Auch der dicke Karpfen wühlt sich in den Schlamm ein und lebt bei Sparflamme von seinen -n (Kosmos 1, 1965, 44); * **stille -n** (1. Wirtsch.; *Kapitalrücklagen, die in einer Bilanz nicht als eigener Posten ausgewiesen sind.* 2. ugs.; *etw., bes. Geld, das man [heimlich] für Notfälle o. ä. zurückgelegt hat*); **offene -n** *(Wirtsch.; Kapitalrücklagen, die in einer Bilanz als eigener Posten ausgewiesen sind);* **etw., jmdn. in R. haben/halten** *(etw., jmdn. für den Bedarfsfall zur Verfügung, im Hause haben, bereithalten).* **2.** ⟨Pl. selten⟩ **a)** (Milit.) *Gesamtheit der ausgebildeten, aber nicht aktiven Wehrpflichtigen:* Einmal im Jahr traf sich R. 1908 im knöcheltiefen Sand des Exerzierplatzes ..., um Tradition zu pflegen (Lentz, Muckefuck 54); die R. einberufen, einziehen; er ist Leutnant, Offizier der R. (Abk.: d. R.); R RR. hat Ruh!; **b)** (Sport) *[Gesamtheit der] Ersatzspieler einer Mannschaft:* bei der R. spielen; in die, zur R. kommen. **3.** ⟨ohne Pl.⟩ *Verhalten, das aus sichtbare unmittelbare Reaktionen anderen Menschen gegenüber verzichtet; kühles, distanziertes Verhalten, Zurückhaltung:* sich [keine, zuviel] R. auferlegen; wenn du einmal deine noble R. aufgeben würdest (Rinser, Mitte 207); die Regierung stieß mit ihren Vorschlägen auf R. bei der Opposition; jmdn. aus der R. [heraus]locken *(jmdn. dazu bringen, sich [spontan] zu äußern);* Dabei wird auch das Motiv für seine R. gegenüber ... Publizität deutlich (MM 4. 8. 70, 4); Der Vorsitzende ... steht den Vorschlägen „mit sehr viel Reserve" gegenüber (Saarbr. Zeitung 11. 10. 79, 2); **Re|ser|ve-an|ker,** der (Seew.): *zusätzlicher Anker; Notanker;* **Re|ser|ve|ar|mee,** der (Sport): *größere Anzahl von Personen, die für den Bedarfsfall zur Verfügung stehen:* Würden Frauen sich ... wieder am häuslichen Elektroherd einrichten und sich gar weigern, jemals in die Produktion zurückzukehren, könnte man sie auch nicht mehr als Lohndrücker und R. benutzen (Amendt, Sexbuch 190); **Re|ser|ve-bank,** die ⟨Pl. ...bänke⟩ (Sport): ¹*Bank* (1) *für Reservespieler, Ersatzbank:* auf der R. sitzen *(für ein Spiel nur als Reservespieler vorgesehen sein);* **Re|ser|ve|druck,** der (Fachspr.): *Verfahren beim Färben von Stoffen, bei dem eine Reservage verwendet wird;* **Re|ser|ve|fonds,** der (Wirtsch.): *Rücklagen* (1 b); **Re|ser|ve|ka|nis|ter,** der: *Kanister, in dem Benzin, Öl, Wasser o. ä. als Reserve* (1) *aufbewahrt wird;* **Re-ser|ve|ka|pi|tal,** das (Wirtsch.): *Rücklagen* (1 b); **Re|ser|ve|la|za|rett,** das (Milit.): *(im Kriegsfall eingerichtetes) Lazarett außerhalb des Kampfgebietes;* **Re-ser|ve|leut|nant,** der: vgl. Reserveoffizier; **Re|ser|ve|mann,** der ⟨Pl. ...leute, auch: ...männer⟩: *Ersatzmann;* **Re|ser-ve|of|fi|zier,** der: *Offizier der Reserve* (2 a); **Re|ser|ve|rad,** das: *Rad, das für den Ersatz eines defekten Rades in Reserve* (1) *gehalten wird; Ersatzrad;* **Re-ser|ve|rei|fen,** der: vgl. Reserverad; **Re-ser|ve|spie|ler,** der (Sport): *Ersatzspieler;* **Re|ser|ve|spie|le|rin,** die (Sport): w. Form zu ↑Reservespieler; **Re|ser|ve-stoff,** der ⟨meist Pl.⟩ (Biol.): *Substanz, die im Tier- u. Pflanzenkörper gespeichert ist zur Aufrechterhaltung des Stoffwechsels bei ungenügender Nahrung od. Zufuhr von Nährstoffen;* **Re|ser|ve|tank,** der: vgl. Reservekanister; **Re|ser|ve|teil,** das, (seltener:) der (bes. Technik): *Ersatzteil;* **Re|ser|ve|trup|pe,** die ⟨meist Pl.⟩ (Milit.): *Ersatztruppe;* **Re|ser|ve|übung,** die (Milit.): *Reserveübung;* **re|ser|vie|ren** ⟨sw. V.; hat⟩ [frz. réserver < lat. reservare = aufbewahren, aufsparen, aus: re- = wieder, zurück u. servare = bewahren, erhalten]: **a)** *für jmdn. bis zur Inanspruchnahme freihalten:* ein Hotelzimmer, einen Tisch im Restaurant r. lassen; diese Plätze sind reserviert; Ü ... ob und wie man den heimischen Markt ... für die eigenen Autos r. soll (ADAC-Motorwelt 11, 1986, 3); **b)** *für jmdn. bis zur Abholung zurücklegen, aufbewahren:* die Verkäuferin reservierte die Kleider für die Stammkundin; die reservierten Karten liegen an der Kasse; einen teuren Wein für einen besonderen Anlaß r. *(aufheben);* **re|ser-viert** ⟨Adj.; -er, -este⟩: *anderen Menschen gegenüber zurückhaltend, Reserve* (3) *zeigend:* Über sich selbst gibt der privat eher -e Künstler Auskunft in dem Buch „Ich über mich" (Augsburger Allgemeine 10./11. 6. 78, 3); jmdm. gegenüber äußerst r. sein; sich r. verhalten, benehmen; jmdm. r. grüßen; **Re|ser|viert|heit,** die; -: *das Reserviertsein:* Es blieb ... immer eine instinktive R. in ihm wach gegen alles, was von außen kam (Süskind, Parfum 148); **Re|ser|vie|rung,** die; -, -en: *das Reservieren;* **Re|ser|vie|rungs|bü|ro,** das: *Büro* (1 b), *das Reservierungen vornimmt;* **Re|ser|vist,** der; -en, -en [nach frz. réserviste]: **1.** (Milit.) *jmd., der der Reserve* (2 a) *angehört:* -en zu einer Übung einberufen. **2.** (Sport Jargon) *jmd., der der Reserve* (2 b) *angehört;* **Re-ser|vi|sten|übung,** die (Milit.): *Übung, zu der Reservisten* (1) *einberufen werden;* **Re|ser|voir** [...ˈvoaːɐ], das; -s, -e [frz. réservoir, zu: réserver, ↑reservieren] (bildungsspr.): *größerer Behälter, Becken o. ä., in dem etw. (z. B. Wasser) gespeichert wird:* ein R. anlegen; aus diesem riesigen R. wird die ganze Stadt mit Wasser versorgt; Ü Daneben bilden die Übernachtungsstätten, die Notunterkünfte, Bunker, Asyle ein R. billigster Arbeitskräfte, das stets abrufbereit ist (Klee, Pennbrüder 91); über ein großes R. an technischer Intelligenz verfügen; Daß der CDU/CSU aus dem bürgerlichen R. eine ... absolute Mehrheit zugeflossen war ... (Spiegel 52, 1965, 5).

re|se|zie|ren ⟨sw. V.; hat⟩ [lat. resecare =

abschneiden] (Med.): *eine Resektion vornehmen:* den Magen r. **Re|si|dent,** der; -en, -en [frz. résident < mlat. residens (Gen.: residentis) = Statthalter, zu lat. residere, ↑residieren]: **1.** (veraltet) *Geschäftsträger.* **2.** (veraltend) *Regierungsvertreter, Statthalter einer Kolonialmacht in einem kolonialisierten Land;* **Re|si|denz,** die; -, -en [mlat. residentia = Wohnsitz]: **1.** *Sitz, Wohnsitz eines Staatsoberhauptes, Fürsten od. eines hohen Geistlichen.* **2.** *Hauptstadt eines Landes, das von einem Fürsten o. ä. regiert wird u. in der er seine Residenz (1) hat;* **Re|si|denz|pflicht,** die: **1. a)** *Pflicht eines Beamten, seinen Wohnsitz so zu wählen, daß er in der Wahrnehmung seiner Dienstgeschäfte nicht beeinträchtigt ist;* **b)** *(im katholischen u. evangelischen Kirchenrecht) Verpflichtung des Trägers eines Kirchenamtes, am Dienstort zu wohnen.* **2.** (Rechtsspr.) *Verpflichtung eines zugelassenen Rechtsanwaltes, eine Kanzlei zu führen;* **Re|si|denz|stadt,** die: *Residenz (2);* **Re|si|denz|thea|ter,** das: *Theater in einer [ehemaligen] Residenzstadt;* **re|si|die|ren** ⟨sw. V.; hat⟩ [lat. residere = sich niederlassen, sich aufhalten, zu: re- = wieder, zurück u. sedere = sitzen] (bildungsspr.): *(von regierenden Fürsten o. ä.) eine Stadt o. ä. als Residenz (2) bewohnen; hofhalten:* Kaiser Karl residierte in Aachen; Ü ... weil in der Stadt (= Karlsruhe) sowohl das Bundesverfassungsgericht wie auch der Bundesgerichtshof residieren (Göttinger Tageblatt 30. 8. 85, 10); **re|si|du|al** ⟨Adj.⟩ [zu lat. residuus, ↑Residuum] (Med.): *[als Folge einer Krankheit, Funktionsstörung] zurückbleibend,* dazu (Biol.): *Refugialgebiet;* **Re|si|du|al|ge|biet,** **Re|si|du|al|harn,** der (Med.): *Restharn;* **Re|si|du|al|luft,** die (Med.): *Restluft;* **Re|si|du|at,** das; -[e]s, -e (Geol.): *bei der Verwitterung zurückbleibender Gesteinsrest;* **Re|si|du|um,** das; -s, ...duen [lat. residuum = das Zurückbleibende, zu: residuus = zurückgeblieben] (Med.): *Rückstand, Rest [als Folge einer Krankheit o. ä.]:* Auch eine Entzündung ... hinterläßt oft ihre Residuen (Medizin II, 146). **Re|si|gnant,** der; -en, -en [zu lat. resignans (Gen.: resignantis), 1. Part. von: resignare, ↑resignieren] (veraltet): *jmd., der Verzicht leistet;* **Re|si|gna|ti|on,** die; -, -en ⟨Pl. ungebr.⟩ [(afrz. resignacion <) mlat. resignatio = Verzicht, zu lat. resignare, ↑resignieren]: **1.** (bildungsspr.) *das Resignieren, das Sichfügen in das unabänderli Scheinende:* R. erfaßte, ergriff, erfüllte ihn; in lähmende, dumpfe R. [ver]sinken; daß das Weiterrollen des Weltenrades der Leute eben nicht in die R. getrieben ... hat (Thielicke, Ich glaube 258). **2.** (Amtsspr. veraltet) *freiwillige Niederlegung eines Amtes:* der Minister hat seine R. angeboten. ◆ **3.** *Verzicht, Entsagung:* die größten (die bittersten Arzneien wird er nicht abweisen, um seine gewünschte Gesundheit zu erhalten (Goethe, Werther I, 1. Julius); **re|si|gna|tiv** ⟨Adj.⟩ (bildungsspr.): *durch Resignation (1) gekennzeichnet:* in -er Stimmung sein; Die Haltung der Deutschen im Blick auf die neuen Technologien ist ... weniger r., als sie auf den ersten pauschalen Blick zu sein scheint (natur 2, 1991, 8); **re|si|gnie|ren** ⟨sw. V.; hat⟩ /vgl. resigniert/ [14. Jh., < lat. resignare = entsiegeln; ungültig machen; verzichten, aus: re- = zurück u. signare = mit einem Zeichen versehen] (bildungsspr.): **1.** *auf Grund von Mißerfolgen, Enttäuschungen, die man in einer Sache hat hinnehmen müssen, seine Pläne entmutigt aufgeben, auf sie verzichten:* es gibt keinen Grund, jetzt zu r.; Fast sieht es aus, als habe der Choreograph vor den Schwierigkeiten der Umsetzung von Anfang an resigniert (Basler Zeitung 2. 10. 85, 38). ◆ **2.** ⟨r. + sich⟩ **a)** *aufgeben, kapitulieren* (2): und spotte derer doppelt und dreifach, die sagen könnten, ich sollte mich r. (Goethe, Werther I, 30. Julius); **b)** *sich ergeben* (2 b): man muß sich darein r. wie ein Reisender, der über einen Berg muß (Goethe, Werther II, 24. Dezember 1771); **re|si|gniert** ⟨Adj.; -er, -este⟩: **a)** *durch Resignation (1) gekennzeichnet:* mit -er Miene zuhören; er zuckte r. die Achseln; ◆ **b)** ²*ergeben* (2 a): ... der ganz allein auf sich angewiesen resigniert dastand (Goethe, Werther I, 8. Julius). **Re|si|nat,** das; -[e]s, -e [zu lat. resina = Harz] (Chemie): *Salz der Harzsäure;* **Re|si|no|id,** das; -[e]s, -e [zu lat. resina = Harz u. griech. -oeidés = ähnlich]: *aus Harzen, Balsamen u. a. extrahierter Stoff, der bei der Parfümherstellung als Fixateur (1) verwendet wird.* **Re|si|pis|zenz,** die; -, -en [zu lat. resipiscere = wieder zur Besinnung kommen]: **1.** (veraltet) *Sinnesänderung, Bekehrung.* **2.** (Med.) *das Wiedererwachen aus einer Ohnmacht.* **Ré|si|stance** [...'tã:s], die; - [frz. (la) Résistance; frz. résistance = Widerstand, zu: résister < lat. resistere, ↑resistieren]: *französische Widerstandsbewegung gegen die deutsche Besatzung im 2. Weltkrieg;* **re|si|stent** ⟨Adj.; -er, -este⟩ [zu lat. resistens, 1. Part. von: resistere, ↑resistieren] (Biol., Med.): *widerstandsfähig gegen äußere Einwirkungen:* Am häufigsten wurden Pflanzen verändert; meist sollten sie gegen Unkrautvernichtungsmittel r. werden (natur 2, 1991, 91); Ü das kulturelle System verhält sich gegenüber administrativen Kontrollen eigentlich r. (Habermas, Spätkapitalismus 99); **Re|si|stenz,** die; -, -en [spätlat. resistentia]: **1.** (Biol., Med.) *Widerstandsfähigkeit eines Organismus gegenüber äußeren Einwirkungen:* In vielen Gegenden der Welt haben die Erreger bereits -en gegen die heute gebräuchlichen Arzneimittel ... entwickelt (Welt 19. 6. 86, 24). **2.** (bildungsspr.) *Widerstand:* „Das ist R.! Das ist Streik!" schreit der ... Mann (Fr. Wolf, Zwei 80). **3.** (Fachspr.) *Härtegrad;* **Re|si|sten|za,** die; - [ital. resistenza = Widerstand, zu: resistere < lat. resistere, ↑resistieren]: *italienische Widerstandsbewegung gegen die deutsche Besatzung während des Zweiten Weltkrieges (1943–1945);* **Re|si|stenz|züch|tung,** die: *Züchtung von Kulturpflanzen, Haustieren, die gegen schädliche Umwelteinflüsse, Krankheitserreger o. ä. resistenter sind;* **re|si|stie|ren** ⟨sw. V.; hat⟩ [lat. resistere = stehen bleiben, widerstehen] (Biol., Med.): *äußeren Einwirkungen widerstehen; ausdauern;* **re|si|stiv** ⟨Adj.⟩ (Biol., Med.): *äußeren Einwirkungen widerstehend; hartnäckig;* **Re|si|sti|vi|tät,** die; - (Biol., Med.): *Resistenz (1).* **Res ju|di|ca|ta,** die; - -, -, ...tae [...tɛ; lat. res iudicata, aus: res = Sache u. iudicata, 2. Part. Fem. von: iudicare = Recht sprechen, gerichtlich entscheiden] (Rechtsspr.): *rechtskräftig entschiedene Sache.* **re|skri|bie|ren** ⟨sw. V.; hat⟩ [lat. rescribere] (veraltet): *schriftlich antworten, zurückschreiben;* **Re|skript,** das; -[e]s, -e [mlat. rescriptum, zu lat. rescribere, ↑reskribieren] (kath. Kirche): **1.** *auf Antrag erteilte schriftliche Antwort einer kirchlichen Autorität (meist des Papstes).* ◆ **2.** *amtlicher Bescheid; Verfügung, Erlaß:* mit einem ein größeres R. begleitenden, Schreiben des Stadthauptmanns (Kleist, Kohlhaas 21); Man schmollte über dein R. (Schiller, Räuber I, 2). **re|so|lut** ⟨Adj.; -er, -este⟩ [(frz. résolu <) lat. resolutum, 2. Part. von: resolvere, ↑resolut]: *wieder auflösen, (von Zweifeln) befreien, aus: re- = wieder, zurück u. solvere = lösen; befreien]: sehr entschlossen u. mit dem Willen, sich durchzusetzen; in einer Weise sich darstellend, sich äußernd, die Entschlossenheit, Bestimmtheit zum Ausdruck bringt:* eine -e Frau; etw. mit -er Stimme sagen; sie ist sehr r.; r. auftreten, durchgreifen; Resolut schob sie sich durch die Reihen der Patienten (Sebastian, Krankenhaus 85); **Re|so|lut|heit,** die; -, -en ⟨Pl. selten⟩: *resolute Art; das Resolutsein;* **Re|so|lu|ti|on,** die; -, -en [frz. résolution < lat. resolutio = Auflösung, unter späterem Einfluß von frz. résoudre = beschließen < lat. resolvere, ↑resolut]: **1.** *schriftliche, auf einem entsprechenden Beschluß beruhende Erklärung einer politischen, gewerkschaftlichen Versammlung o. ä., in der bestimmte Forderungen erhoben [u. begründet] werden:* eine R. einbringen; mit großer Mehrheit annehmen, verabschieden; Eine R. war vorbereitet, ... Eine R. für den Waffenstillstand und gegen die „Nationale Verteidigung" (Kühn, Zeit 281); über der vorgelegten R. abstimmen. **2.** (Med.) *Rückbildung eines krankhaften Prozesses.* ◆ **3.** *Gerichtsbeschluß, Urteil:* bevor er ... auch nur eine Erklärung über die Klage, den er selbst anhängig gemacht hatte, geschweige denn die R. selbst, erhielt (Kleist, Kohlhaas 18); **Re|so|lu|ti|ons|ent|wurf,** der: *Entwurf (1 b) einer Resolution (1);* **Re|sol|ven|te,** die; -, -n [zu lat. resolvens (Gen.: resolventis, 1. Part. von: resolvere, ↑resolut, eigtl. = die Auflösende] (Math.): *zur Auflösung einer algebraischen Gleichung benötigte Hilfsgleichung;* **re|sol|vie|ren** ⟨sw. V.; hat⟩ [lat. resolvere, ↑resolut]: **1.** (veraltet) **a)** *beschließen;* ◆ **b)** ⟨r. + sich⟩ *sich besinnen* (1): Die meisten haben sich kurz resolviert und haben andere Weiber genommen (Goethe, Jery u. Bätely); kurz resolviert *(ohne langes Besinnen)* entweder heraus mit dem Silbergeschirr, mit dem Klosterschatz und allen blanken Tälerchen, oder – meine Kerls verstanden mich schon (Schiller, Räuber II, 3). **2.** *eine benannte Zahl durch eine*

Resonanz

kleinere Einheit darstellen (z. B. 1 km = 1 000 m).
Re|so|nanz, die; -, -en [(frz. résonance <) spätlat. resonantia = Widerhall, zu lat. resonare, ↑ resonieren]: **1.** *(Physik, Musik) das Mitschwingen, -tönen eines Körpers in der Schwingung eines anderen Körpers:* R. erzeugen; das Instrument hat keine gute R.; in R. geraten. **2.** *(bildungsspr.) Diskussion, Äußerungen, Reaktionen, die durch etw. hervorgerufen worden sind u. sich darauf beziehen; Widerhall, Zustimmung:* die R. auf diesen Vorschlag war schwach; [eine große, positive] R. finden; Beide Filme ... erzielten beim Publikum ... nicht die erhoffte R. (Szene 8, 1984, 47); auf R. stoßen; ohne jede R.; **Re|so|nanz|bo|den,** der (Musik): *(bes. bei Saiteninstrumenten) klangverstärkender Boden aus Holz;* **Re|so|nanz|fre|quenz,** die (Physik): *eigene Frequenz eines Körpers;* **Re|so|nanz|ka|sten,** der (Musik): vgl. Resonanzkörper; **Re|so|nanz|kör|per,** der (Musik): *(bes. bei Saiteninstrumenten) Hohlkörper aus Holz, durch den die Schwingungen eines Tones u. damit der Klang verstärkt werden;* **Re|so|nanz|raum,** der (Physik): *die Resonanz (1) verstärkender Hohlraum;* **Re|so|nanz|sai|te,** die (Musik): *Aliquotsaite;* **Re|so|na|tor,** der; -s, ...oren (Physik, Musik): *Körper, der bei der Resonanz (1) mitschwingt, mittönt;* **re|so|na|to|risch** ⟨Adj.⟩ (Physik, Musik): *die Resonanz (1) betreffend, auf ihr beruhend;* **re|so|nie|ren** ⟨sw. V.; hat⟩ [lat. resonare = wieder ertönen, aus: re- = wieder, zurück u. sonare = tönen, hallen] (Physik, Musik): *mitschwingen.*
Re|so|pal ⓦ, das; -s [Kunstwort]: *leicht abwaschbarer, widerstandsfähiger Kunststoff, der als Schicht für Tischplatten o. ä. verwendet wird.*
Re|sor|bens, das; -, ...entia u. ...enzien ⟨meist Pl.⟩ [zu lat. resorbens (Gen.: resorbentis), 1. Part. von: resorbere, ↑ resorbieren] (Med.): *Mittel zur Anregung der Resorption (1);* **re|sor|bie|ren** ⟨sw. V.; hat⟩ [lat. resorbere = zurückschlürfen] (Biol., Med.): *flüssige od. gelöste Stoffe über die Haut u. Schleimhaut in die Blut- od. Lymphbahn aufnehmen:* aus dem Magen werden nur wenige Stoffe resorbiert.
Re|sor|cin, Resorzin, das; -s, -e [Kunstwort aus lat. resina = Harz u. Orcin = eine Phenolverbindung] (Chemie): *zweiwertiges Phenol, das u. a. bei der Herstellung von Farbstoffen u. Phenolharzen verwendet wird.*
Re|sorp|ti|on, die; -, -en [geb. nach ↑ Absorption]: **1.** (Biol., Med.) *das Resorbieren.* **2.** (Geol.) *Wiederauflösung eines Kristalls beim Erstarren einer Schmelze (2 b);* **Re|sorp|ti|ons|fä|hig|keit,** die (Biol., Med.): *Fähigkeit, flüssige od. gelöste Stoffe zu resorbieren.*
Re|sor|zin: ↑ Resorcin.
Re|so|zia|li|sa|ti|on, die; -, -en: *Resozialisierung;* **re|so|zia|li|sier|bar** ⟨Adj.⟩: *zur Resozialisierung geeignet;* **re|so|zia|li|sie|ren** ⟨sw. V.; hat⟩ [zu lat. re- = wieder, zurück u. ↑ sozialisieren]: *[nach Verbüßung einer längeren Haftstrafe] (mit den Mitteln der Pädagogik, Medizin u. Psycho-*

therapie) schrittweise wieder in die Gesellschaft eingliedern: kriminelle Jugendliche r.; ... besteht die Möglichkeit, sie (= durchreisende Nichtseßhafte) zu r. und zu rehabilitieren (Klee, Pennbrüder 65); **Re|so|zia|li|sie|rung,** die; -, -en: *das Resozialisieren, Resozialisiertwerden;* **re|so|zia|li|sie|rungs|fä|hig** ⟨Adj.⟩: *resozialisierbar.*
resp. = respektive; **Re|spekt,** der; -[e]s [frz. respect < lat. respectus = das Zurückblicken; Rücksicht, zu: respicere = zurückschauen; Rücksicht nehmen, zu: re- = wieder, zurück u. specere = schauen]: **1.** *auf Anerkennung, Bewunderung beruhende Achtung:* [großen, keinen, einigen, nicht den geringsten] R. vor jmdm., etw. haben; jmdm. seinen R. erweisen, zollen; den, allen R. vor jmdm. verlieren; R. vor jmds. Leistung, Alter haben; bei allem R. vor seiner Arbeit muß man doch sagen, daß er kein sehr angenehmer Mensch ist; er ist, mit R. (veraltet; *mit Verlaub*) zu sagen, ein Dummkopf; R., R.! *(sehr beachtlich, anerkennenswert!);* sich [bei jmdm.] in R. setzen (geh.; *sich [jmds.] Respekt erwerben*). riefen zwanzig Stimmen: „R. (= veraltende österr. Grußformel, bes. unter Offizieren), Herr Oberst!" (Roth, Radetzkymarsch 57). **2.** *auf Grund von jmds. höherer, übergeordneter Stellung (vor dem Betreffenden) empfundene Scheu, die sich in dem Bemühen äußert, bei dem Betreffenden kein Mißfallen zu erregen:* vor dem strengen Lateinlehrer haben sie alle den größten R.; sich R. verschaffen; Der nicht den geringsten R. vor der Obrigkeit besitzt (Kirst, Aufruhr 122); er läßt es am nötigen R. fehlen; Ü vor dieser Kurve habe ich gewaltigen R.; ◆ ... der gefürchtet hatte, sich kaum bei den Schulkindern in R. setzen zu können (Ebner-Eschenbach, Gemeindekind 115). **3.** (Schrift- u. Buchw., Kunstwiss.) *freigelassener Rand einer Buch-, Briefseite, eines Kupferstichs o. ä.;* **re|spek|ta|bel** ⟨Adj.; ...bler, -ste⟩ [engl. respectable, frz. respectable] (bildungsspr.): **a)** *Respekt (1) verdienend; achtbar:* so respektable Männer wie Brandt, Wehner und Erler (Spiegel 52, 1965, 6); Herr, dies ist ein respektables (veraltend; *ehrenwertes, anständiges*) Haus (Brecht, Mensch 38); dann fände ich es schon sehr viel respektabler, an nichts zu glauben (Thielicke, Ich glaube 26); **b)** *so geartet, daß man es respektieren (2) muß:* eine respektable Entscheidung; er hatte respektable Gründe für sein Handeln; **c)** *über das Übliche, Erwartete in beeindruckender Weise hinausgehend u. deshalb Beachtung, Anerkennung verdienend; beachtlich:* ein Garten von respektabler Größe; eine respektable Leistung; ein sehr respektabler Wein (Welt 28. 7. 62, Die Frau); Einen respektablen Saisoneinstand gaben die DDR-Eisschnelläuferinnen (Freie Presse 23. 11. 87, 6); Helmut Karrenbauer lief über 1 000 m persönliche Bestzeit mit respektablen 2:38,6 min (Saarbr. Zeitung 6./7. 10. 79, 22); **Re|spek|ta|bi|li|tät,** die; - (bildungsspr.): *das Respektabelsein; respektables Wesen;* **Re|spekt|blatt,** das [zu ↑ Respekt (3)] (Buchw.): *leeres Blatt am*

Anfang eines Buches; **re|spekt|ein|flö|ßend** ⟨Adj.⟩: *von der Art, daß man vor der betreffenden Person, Sache Respekt (1, 2) bekommt;* **Re|spekt|frist,** die (Geldw.): *Frist nach Fälligkeit eines Wechsels, innerhalb deren der Wechsel noch eingelöst werden kann;* **re|spek|tie|ren** ⟨sw. V.; hat⟩ [frz. respecter < lat. respectare = sich umsehen; berücksichtigen, Intensivbildung zu: respicere, ↑ Respekt]: **1.** *jmdm., einer Sache Respekt (1) entgegenbringen; achten:* jmdn., jmds. Haltung r.; Er wußte sich respektiert, aber dennoch war er nicht ... glücklich (Kirst, 08/15, 11); Es gibt Personen, ... deren Tüchtigkeit wir respektieren (Hofstätter, Gruppendynamik 129); Mit 34 Jahren Amtszeit gehört die Queen zu den respektiertesten Persönlichkeiten des Landes (Welt 22. 4. 86, 24). **2.** *etw. als vertretbar, legitim o. ä. anerkennen, gelten lassen:* Gesetze, Gebote r.; wir ... respektieren die Ansichten unserer Partner (Dönhoff, Ära 141); Wir mußten lernen, ... das Recht unserer Probanden auf Individualität zu r. (Ossowski, Bewährung 89). **3.** (Geldw.) *(einen Wechsel) anerkennen u. bezahlen;* **re|spek|tier|lich** ⟨Adj.⟩ (veraltend): *respektabel* (a): nicht der ehrenwerte Lord Lucan, sondern seine weniger -e Gemahlin (Pródöhl, Tod 263); **Re|spek|tie|rung,** die; -: *das Respektieren, Respektiertwerden;* **re|spek|tiv** ⟨Adj.⟩ [zu ↑ respektive] (veraltet): *jeweilig:* ... und alles beamtete Personal sich an seinen -en Dienststellen zur Verfügung zu halten habe (Heym, Schwarzenberg 268); ◆ überall ist der Zeichner ein willkommener Gast. Die Gesellen porträtiert er für ihre -en Schätze, mit dem Meister politisiert er (Raabe, Chronik 94); **re|spek|ti|ve** ⟨Konj.⟩ [zu mlat. respectivus = beachtenswert] (bildungsspr.): **1.** Abk.: resp.; *beziehungsweise* (2): ... sie sind verlobt oder verheiratet ... Die Braut r. Gattin zieht ihren Ring vom Finger (Kant, Impressum 207). **2.** *beziehungsweise* (1): Da Antje Berger einen beträchtlichen Teil ihrer Zeit im Stadtpark verbringt r. verbracht hat ... (Bastian, Brut 69); **re|spekt|los** ⟨Adj.; -er, -este⟩: *den angebrachten Respekt (1, 2) vermissen lassend:* eine -e Bemerkung; sich [jmdm. gegenüber] r. benehmen; die Mannschaft spielte erstaunlich r. (Sport Jargon; *von der Stärke, Überlegenheit des Gegners [scheinbar] unbeeindruckt);* **Re|spekt|lo|sig|keit,** die; -, -en: **1.** ⟨o. Pl.⟩ respektlose Haltung, Art. **2.** respektlose Handlung, Äußerung; **Re|spekt|rand,** der: *Respekt (3);* **Re|spekts|per|son,** die: *jmd., dem auf Grund seiner übergeordneten, hohen Stellung gemeinhin Respekt (2) entgegengebracht wird:* In Sizilien ... ist ein Lehrer eine R. (Ziegler, Liebe 190); **Re|spekt|tag,** der ⟨meist Pl.⟩ (Geldw.): vgl. Respektfrist; **re|spekt|voll** ⟨Adj.⟩: *[großen] Respekt (1, 2) erkennen lassend:* eine -e Geste; ein -es Benehmen; jmdn. r. grüßen; Er sprach nicht r. von seiner Familie (Jahnn, Geschichten 162); **re|spekt|wid|rig** ⟨Adj.⟩ (selten): *respektlos;* **Re|spekt|wid|rig|keit,** die; -, -en (selten): *Respektlosigkeit.*
re|spi|ra|bel ⟨Adj.⟩ [zu lat. respirare, ↑ re-

2766

spirieren] (Med.): *(von Gasen od. der Luft) zur Atmung geeignet;* **Re|spi|ra|ti|on,** die; - [lat. respiratio = das Atemholen, zu: respirare, ↑respirieren] (Med.): *Atmung;* **Re|spi|ra|ti|ons|ap|pa|rat,** der (Anat.): *Gesamtheit der äußeren u. inneren Atmungsorgane;* **Re|spi|ra|tor,** der; -s, ...oren (Med.): *Beatmungsgerät (z. B. nach Operationen);* **re|spi|ra|to|risch** ⟨Adj.⟩ (Med.): *die Respiration betreffend, auf ihr beruhend, zu ihr gehörend;* **re|spi|rie|ren** ⟨sw. V.; hat⟩ [lat. respirare = (aus)atmen] (Med.): *atmen;* **Re|spi|ro|tag,** der [zu ital. respiro = Aufschub, eigtl. = Atem; Pause, zu: respirare < lat. respirare, ↑respirieren] (Geldw. veraltend): *Respekttag.*
Re|spit, der; -s [engl. respite = Aufschub < afrz. respit < lat. respectus, ↑Respekt] (Wirtsch. veraltet): *Stundung;* **Re|spit|tag,** der (Geldw. veraltend): *Respekttag;* **Re|spi|zi|ent,** der; -en, -en [zu lat. respiciens (Gen.: respicientis), 1. Part. von: respicere, ↑respizieren] (veraltet): *Berichterstatter;* **re|spi|zie|ren** ⟨sw. V.; hat⟩ [lat. respicere, eigtl. = zurücksehen] (veraltet): *berücksichtigen.*
re|spon|die|ren ⟨sw. V.; hat⟩ [lat. respondere (2. Part.: responsum) = antworten]: **1. a)** (bildungsspr.) *(bes. einem Chorführer, einem Vorsänger o. ä.) in einer bestimmten festgelegten Form, mit einem bestimmten Text, Gesang o. ä. antworten:* ... aber dem Vorlesepriester respondierte auch er mit kräftiger Stimme (Th. Mann, Joseph 757); **b)** (veraltet) *antworten:* ... darauf der Küster in ebensolcher Monotonie lateinisch respondierte (Winckler, Bomberg 23). **2.** (veraltet) *entsprechen.* **3.** (veraltet) *widerlegen;* **Re|spons,** der; -es, -e [lat. responsum = Antwort] (bildungsspr.): *auf eine Initiative, auf bestimmte Vorschläge, Anregungen hin erfolgende Reaktion der anderen Seite:* bisher erfolgte kein positiver R. [auf seinen Vorschlag]; **re|spon|sa|bel** ⟨Adj.⟩ [frz. responsable, zu lat. responsum, 2. Part. von: respondere, ↑respondieren] (veraltet): *verantwortlich;* **Re|sponse** [rɪ'spɔns], die; -, -s [...sɪs, auch: ...sɪz] [engl. response, eigtl. = Antwort, < mfrz. respons(e) < lat. responsum] (Psych.): *durch einen Reiz ausgelöstes u. bestimmtes Verhalten;* ◆ **Re|spon|sen** ⟨Pl.⟩: *liturgische Wechselgesänge, Responsorien:* ... wer die Lektionen gesungen und die R. (Goethe, Reineke Fuchs 1, 259); **Re|spon|si|on** [re...], die; -, -en [lat. responsio = Antwort]: **1.** (Literaturw.) *Entsprechung in Sinn od. Form zwischen einzelnen Teilen einer Dichtung.* **2.** (Rhet.) *antithetisch angelegte Antwort auf eine selbstgestellte Frage;* **Re|spon|so|ri|a|le,** das; -[s], ...lien: **1.** (veraltet) *Sammlung der Responsorien für das nächtliche katholische Chorgebet.* **2.** *Antiphonar;* **Re|spon|so|ri|um,** das; -s, ...ien [mlat. responsorium < kirchenlat. responsoria (Pl.)]: *liturgischer Wechselgesang (für Vorsänger u. Chor od. Chor u. Gemeinde);* **Re|spon|sum,** das; -s, ...sa u. ...sen [mlat. responsum, ↑Respons]: *auf schriftliche Anfragen erstelltes Gutachten rabbinischer Schulen od. Gelehrter über rituelle u. rechtliche Probleme.*
Res|sen|ti|ment [rɛsãti'mãː, rə...], das; -s, -s [frz. ressentiment = heimlicher Groll, zu: ressentir = lebhaft empfinden] (bildungsspr.): *auf Vorurteilen, Unterlegenheitsgefühlen, Neid o. ä. beruhende gefühlsmäßige Abneigung (die dem Betreffenden selbst oft nicht bewußt ist):* -s gegen jmdn./gegenüber jmdn. haben; alte -s wieder wachrufen; das menschliche R. gegen die Maschine (Frisch, Homo 105).
Res|sort [rɛ'soːɐ̯], das; -s, -s [frz. ressort, zu: ressortir = hervorgehen, zu: sortir = [her]ausgehen]: **a)** *[von einem Verantwortlichen betreuter] festumrissener Aufgaben-, Zuständigkeitsbereich (einer Institution):* das R. „Materialprüfung" im Verteidigungsministerium; das ist mein R.!; ein R. übernehmen, abgeben, verwalten; etw. fällt in/gehört zu jmds. R.; **b)** *Abteilung o. ä., die für ein bestimmtes Ressort (a) zuständig ist:* ein R. leiten; -s zusammenlegen; einem R. vorstehen; **Res|sort|chef,** der; vgl. Ressortleiter; **res|sor|tie|ren** ⟨sw. V.; hat⟩ [frz. ressortir] (bildungsspr.): **1.** *als Ressort von jmdm. verwaltet, betreut werden, ihm unterstehen, zugehören:* Daß die Verteidigung bei einem Mann wie Leber ressortiert (MM 11. 9. 73, 2). **2.** *ein Ressort bilden;* **Res|sort|lei|ter,** der: *Leiter eines Ressorts (b);* **Res|sort|lei|te|rin,** die: w. Form zu ↑Ressortleiter; **Res|sort|mi|ni|ster,** der: *für ein bestimmtes Ressort (a) zuständiger Minister;* **Res|sort|mi|ni|ste|rin,** die: w. Form zu ↑Ressortminister.
Res|source [rɛ'sʊrsə], die; -, -n ⟨meist Pl.⟩ [frz. ressource u. afrz. resourdre < lat. resurgere = wiedererstehen] (bildungsspr.): **1.** *natürlich vorhandener Bestand von etw., was für einen bestimmten Zweck, bes. zur Ernährung der Menschen u. zur wirtschaftlichen Produktion, [ständig] benötigt wird:* materielle, endliche -n; neue -n erschließen; -n ausbeuten, ausschöpfen; Verknappung der natürlichen -n als da sind: Bauland, Landschaft, Trinkwasser, saubere Umwelt (Saarbr. Zeitung 30. 11. 79, 38); Ü ..., daß auch der Rückgriff auf die R. „Zeit" am Ende keinen Ausweg mehr bietet (Habermas, Spätkapitalismus 92). **2.** *Bestand an Geldmitteln, Geldquelle, auf die man jederzeit zurückgreifen kann:* meine -n sind erschöpft; er verfügt über beachtliche -n; Die Angehörigen der Oberklasse verfügen über ökonomische und statusmäßige -n (Schmidt, Strichjungengespräche 43). ◆ **3.** *geselliger Kreis; Klub* (bes. als Name bestimmter gesellschaftlicher Vereine u. ihrer Lokale): drei, vier andere adlige Familien aber, die nicht Mitglieder der R., sondern immer nur geladene Gäste waren (Fontane, Effi Briest 135).
Rest, der; -[e]s, -e, -er u. -en [spätmhd. rest(e) < ital. resto = übrigbleibender Geldrest, zu: restare < lat. restare = zurück, wieder u. stare = stehen]: **1. a)** ⟨Pl. -e⟩ *etw., was beim Verbrauch, Verzehr von etw. übriggeblieben ist:* ein kleiner, schäbiger, trauriger R.; der letzte R.; den Käse, Wein ist noch R. da; ein R. Farbe; den R. des Geldes haben wir vernascht; heute gibt es -e *(bei vorherigen Mahlzeiten Übriggebliebenes);* R das ist der [letzte] R. vom Schützenfest (ugs.; *das ist alles, was noch übrig ist*); der R. [ist] für die Gottlosen (scherzh.; **1.** *das ist, war der Rest; damit ist alles verteilt o. ä.* **2.** Skat; *die übrigen Stiche könnt ihr haben, ich habe genug;* nach Ps. 75, 9); * **R. machen** (nordd.; *sich den Rest von einer Speise, einem Getränk nehmen*): machen Sie doch [mit dem Gemüse] R.!; **b)** ⟨Pl. -e, selten⟩ *etw., was von etw. weitgehend Verschwundenem, Geschwundenem noch vorhanden ist:* der ... Staat ... entfesselte einen Vernichtungssturm, in dem ... die -e politischer Vernunft ... untergingen (Fraenkel, Staat 195); Das Bemühen beider Ehepartner, wenigstens einen R. an Gemeinsamkeit zu retten (Schreiber, Krise 13); **c)** ⟨Pl. -e, meist Pl.⟩ *etw., was von etw. Vergangenem, Zerstörtem, Verfallenem, Abgestorbenem noch vorhanden ist; Überrest:* fossile -e; Vom einstigen Baumbestand stehen nur noch -e (Fest, Im Gegenlicht 301); die -e versunkener Kulturen ausgraben; seine sterblichen -e (verhüll.; *sein Leichnam);* **d)** ⟨Pl. -e, Kaufmannsspr. auch: -er u. (schweiz.:) -en⟩ *letztes [nur noch zu reduziertem Preis verkäufliches] Stück von einer Meterware:* preiswerte -e; den Kissenbezug hat sie aus einem R. *(Stoffrest)* genäht. **2.** ⟨o. Pl.⟩ *etw., was zur Vervollständigung, zur Vollständigkeit, zur Abgeschlossenheit von etw. noch fehlt:* nur ein schmaler Küstenstreifen ist besiedelt, der R. [des Landes] ist Wüste; der R. des Tages schliefen sie; den R. des Weges gehe ich zu Fuß; den R. *(den Restbetrag)* stunde ich dir; wenn es nach ihm ginge, bliebe er für den R. seines Lebens hier (Bieler, Mädchenkrieg 387); R der R. ist Schweigen (1. *man sagt besser nichts weiter darüber.* 2. *das Weitere liegt im dunkeln, ist unbekannt;* nach W. Shakespeare, Hamlet V, 2: The rest is silence); * **der R. der Welt/der Menschheit** (ugs.; *alle übrigen*): gegen den R. der Welt antreten; **einem Tier den R. geben** (ugs.; *ein Tier, das bereits schwer krank od. verletzt ist, töten);* **jmdm., einer Sache den R. geben** (ugs.; *jmdn. ganz zugrunde richten, vernichten; etw. ganz zerstören):* der Frost hat den verkümmerten Pflanzen dann noch den R. gegeben; von dem Bier war er schon ziemlich betrunken, aber das Whisky hat ihm [noch] den R. gegeben; **sich den R. holen** (ugs.; *ernstlich krank werden);* ◆ **einen R. setzen** (*in der Kaufmannsspr.] einen Fehlbetrag in der Kasse haben;* zu Rest in der kaufmannsspr. Bed. „Fehlbetrag; Rückstand"): die Natur ... Warum mußte sie mir diese Bürde von Häßlichkeit aufladen ... Nicht anders, als ob sie bei meiner Geburt einen R. gesetzt hätte (Schiller, Räuber I, 1). **3.** ⟨Pl. -e⟩ (Math.) *Zahl, die beim Dividieren übrigbleibt, wenn die zu teilende Zahl kein genaues Vielfaches des Teilers ist:* man 20 durch 6 teilt, bleibt ein R. von 2; zwanzig durch sechs ist drei, R. zwei. **4.** ⟨Pl. -e⟩ (Chemie) *Gruppe von Atomen innerhalb eines Moleküls, die untereinander meist stärker als an die übrigen Atome gebunden sind u. bei Reaktionen als Einheit auftreten;* **Rest|al|ko|hol,** der: *noch im Körper befindlicher Rest von Blutalkohol;* **Re|stant,** der; -en,

Restantenliste

-en [zu lat. restans (Gen.: restantis), 1. Part. von: restare, ↑Rest]: **1.** (Geldw.) *mit fälligen Zahlungen im Rückstand befindlicher Schuldner.* **2.** (Bankw.) *ausgelöstes od. gekündigtes, aber nicht eingelöstes Wertpapier.* **3.** (Wirtsch.) *Ladenhüter, Reststück;* **Re|stan|ten|li|ste,** die (Bankw.): *Liste von Restanten* (2); **Re|stan|tin,** die; -, -nen: w. Form zu ↑Restant (1); **Re|stanz,** die; -, -en (schweiz.): *Restbetrag;* **Rest|auf|la|ge,** die: *noch nicht abgesetzter Rest einer Auflage* (1 a). **Re|stau|rant** [rɛsto'rãː], das; -s, -s [frz. restaurant, subst. 1. Part. von: restaurer, ↑restaurieren; urspr. = Imbiß (1)]: *Gaststätte, in der Essen serviert wird, die man bes. besucht, um zu essen; Speisegaststätte:* ein billiges, vornehmes, gutes, italienisches R.; Ich saß an einem kleinen Tisch des alten behaglichen -s (Hesse, Steppenwolf 112); ein R. besuchen; ins R. gehen; Sie nahmen mich zum Abendessen mit in ein R. nahe beim Hafen (Genet [Übers.], Tagebuch 132); im R. essen; **Re|stau|rant|füh|rer,** der: *Verzeichnis, das die Namen der Restaurants u. nähere Angaben über die Restaurants eines Ortes, einer Region o. ä. enthält;* **Re|stau|rant|ket|te,** die: vgl. Ladenkette; **Re|stau|ra|teur** [...oraˈtøːɐ], der; -s, -e [frz. restaurateur < spätlat. restaurator, ↑Restaurator] (veraltet): *Gastwirt;* **Re|stau|ra|ti|on** [...ˌtau...], die; -, -en [spätlat. restauratio, ↑restaurieren]: **1.** (bildungsspr.) *das Restaurieren* (1): die R. des alten Rathauses hat Millionen gekostet; er versteht sich auf die R. von Ölgemälden; Ein 350 SLC Cabrio mit arabischem Nummernschild ... ist speziell für die R. ... eingeflogen worden (Szene 8, 1984, 29). **2.** (Geschichte, Politik) *Wiederherstellung früherer (z. B. durch eine Revolution beseitigter) gesellschaftlicher, politischer Verhältnisse [u. Wiedereinsetzung einer abgesetzten Regierung, Dynastie o. ä.]:* die Zeit der R. nach dem Wiener Kongreß; In einem wiedervereinigten Deutschland darf es nicht zu einer kapitalistischen R. kommen (Raddatz, Traditionen II, 486); ... führte dann im frühen 19. Jahrhundert zunächst zu einer R. des Bündnisses von Thron und Adel (Fraenkel, Staat 157). **3.** (bes. österr.) *Restaurant;* **Re|stau|ra|ti|ons|ar|beit,** die ⟨meist Pl.⟩: *Arbeit bei der Restauration* (1) *eines Gebäudes o. ä;* **Re|stau|ra|ti|ons|be|stre|bun|gen** ⟨Pl.⟩: vgl. Restaurationspolitik; **Re|stau|ra|ti|ons|be|trieb,** der: **1.** *Restauration* (3): einen R. führen. **2.** ⟨o. Pl.⟩ *Bewirtung von (zahlenden) Gästen:* ein Flußdampfer mit R. (Chotjewitz, Friede 121); **Re|stau|ra|ti|ons|brot,** das (Gastr. landsch.): vgl. Restaurationsplatte; **Re|stau|ra|ti|ons|epo|che,** die: vgl. Restaurationszeit; **Re|stau|ra|ti|ons|plat|te,** die (Gastr. landsch.): *kalte Platte* (3); **Re|stau|ra|ti|ons|po|li|tik,** die: *eine Restauration* (2) *anstrebende Politik;* **Re|stau|ra|ti|ons|wa|gen,** der (bes. österr.): *Speisewagen;* **Re|stau|ra|ti|ons|zeit,** die: *Zeit der politischen, gesellschaftlichen Restauration* (2): die Literatur der R.; **re|stau|ra|tiv** ⟨Adj.⟩: **a)** (bildungsspr.) *zur Restauration* (2) *gehörend, auf sie abzie-*

lend, durch sie gekennzeichnet: dem Umsturz folgte eine -e Phase; eine -e Politik; -e Bestrebungen, Tendenzen; In diesen Wahlen würden die -en Kräfte in der Bundesrepublik ... isoliert werden (Raddatz, Traditionen II, 487); **b)** (selten) *die Restauration* (1) *betreffend, zu ihr gehörend, auf sie ausgerichtet:* eine -e Meisterleistung; eine neue -e Technik; **Re|stau|ra|tor,** der; -s, ...oren [spätlat. restaurator, zu lat. restaurare = wiederherstellen]: *jmd., der Kunstwerke restauriert* (1; Berufsbez.); **Re|stau|ra|to|rin,** die; -, -nen: w. Form zu ↑Restaurator; **re|stau|rier|bar** ⟨Adj.⟩: *sich restaurieren* (1) *lassend:* das ausgebrannte Gebäude ist nicht mehr r.; **re|stau|rie|ren** ⟨sw. V.; hat⟩ [frz. restaurer = wiederherstellen, stärken < lat. restaurare = wiederherstellen]: **1.** (bildungsspr.) *ein schadhaftes, unansehnlich gewordenes, in den Farben verblichenes o. ä. Kunstwerk, Gemälde od. Bauwerk wiederherstellen, wieder in seinen ursprünglichen Zustand bringen:* ein Gemälde, eine Statue, ein Bauwerk, einen Film fachmännisch, sorgfältig r.; Sie sammeln ... Dieselmaschinen, die sie restaurieren und funktionstüchtig machen (Freie Presse 23. 11. 87, 3); Ü Um zu heilen, muß der Schamane die Harmonie zwischen Körper und Seele r. (natur 4, 1991, 86); Mühsam versuchte Jalloud seine Liebenswürdigkeit zu r. ⟨wiederzuerlangen;⟩ NNN 13. 11. 86). **2.** (bildungsspr.) *eine frühere politische, gesellschaftliche Ordnung wiederherstellen:* Doch konnten die ... Machthaber ... nicht daran denken, das Reich von 1914 wieder zu r. (Niekisch, Leben 235). **3.** ⟨r. + sich⟩ (veraltend, noch bildungsspr. scherzh.) *sich (durch Ausruhen, durch Nahrungsaufnahme) stärken, erfrischen:* in dem Rasthaus restaurierte sich bei Wein und Käse; **Re|stau|rie|rung,** die; -, -en: **1.** *das Restaurieren; Restauriertwerden.* **2.** (veraltet, noch bildungsspr. scherzh.) *das Sichrestaurieren.*

Rest|be|stand, der: *Rest eines Bestandes, bes. an Waren:* Man fuhr mit schlechter Kohle und war froh, daß davon wenigstens noch Restbestände da waren (Heym, Schwarzenberg 268); preiswerte Bücher aus Restbeständen; **Rest|be|trag,** der: *noch nicht gezahlter Teilbetrag einer Gesamtsumme; restlicher* (b) *Betrag;* **Re|ste|buch|han|del,** der: *Zweig des Buchhandels, der auf den Vertrieb von Restauflagen o. ä. spezialisiert ist; modernes Antiquariat;* **Re|ste|es|sen,** das (fam.): *aus Resten* (1 a) *zubereitetes Essen;* **Re|sten, Re|ster:** Pl. von ↑Rest (1 d); **Re|ste|tag,** der (fam.): *Tag, an dem es ein Resteessen gibt;* **Re|ste|tisch,** der: *Verkaufstisch, auf dem Reste (z. B. Stoffreste) ausliegen;* **Re|ste|ver|kauf,** der: *Verkauf von Restposten zu Sonderpreisen;* **Re|ste|ver|wer|tung,** die: *Verwertung von Resten* (1 a), *bes. beim Essen;* **re|stez** [rɛsˈte; frz., Imperativ Pl. von: rester < lat. restare, ↑Rest] (Musik): *bleiben Sie!* (Anweisung für Instrumentalisten, in derselben Lage od. auf derselben Saite zu bleiben); **Rest|for|de|rung,** die (Kaufmannsspr.): *noch nicht bezahlter Teilbetrag einer Forderung* (1 c); **Rest|grup|pe,**

die (Chemie): *Rest* (4); **Rest|harn,** der (Med.): *nach dem Wasserlassen noch in der Blase verbleibender Harn; Residualharn;* **re|stie|ren** ⟨sw. V.; hat⟩ [(ital. restare <) lat. restare, ↑Rest] (veraltet): **1. a)** *(von Zahlungen) noch ausstehen:* es restieren noch 200 Mark; **b)** *schulden:* er restiert mir noch Geld; **c)** *(mit einer Zahlung) im Rückstand sein:* er restiert noch mit der letzten Rate. **2.** *übrig sein.*

Re|stin|ga, die; -, -s [span. restinga = (eine Insel mit Vegetation bildender) Sandbank]: *immergrüne Vegetationsformation an den tropischen Küsten Süd- u. Mittelamerikas.*

re|sti|tu|ie|ren ⟨sw. V.; hat⟩ [lat. restituere] (bes. Rechtsspr.): **a)** *wiederherstellen;* **b)** *[rück]erstatten, ersetzen;* **Re|sti|tu|tio ad/in in|te|grum,** die; - - - [lat., eigtl. = Wiedereinsetzung in das Unversehrte, zu: integer = unversehrt]: **1.** (Rechtsspr.) *gerichtliche Aufhebung einer zum Nachteil des Betroffenen erfolgten Entscheidung aus Gründen der Billigkeit.* **2.** (Med.) *völlige Wiederherstellung der normalen Körperfunktionen nach einer überstandenen Krankheit od. Verletzung;* **Re|sti|tu|ti|on,** die; -, -en [lat. restitutio, zu: restituere, ↑restituieren]: **1.** (bildungsspr.) *Wiederherstellung:* die Idee der Rettung des Toten als der R. des entstellten Lebens (Adorno, Prismen 246). **2. a)** (Völkerr.) *Wiedergutmachung od. Schadensersatz für einen Schaden, der einem Staat von einem anderen zugefügt wurde;* **b)** (im röm. Recht) *Aufhebung einer Entscheidung, die eine unbillige Rechtsfolge begründete.* **3.** (Biol.) *Form der Regeneration von Teilen eines Organismus, die an normale Art u. Weise verlorengegangenen sind (z. B. Geweihstangen, Haare);* **Re|sti|tu|ti|ons|kla|ge,** die (Rechtsspr.): *Klage auf Wiederaufnahme eines schon rechtskräftig abgeschlossenen Verfahrens.*

Rest|less legs [ˈrɛstlɪs lɛgz] ⟨Pl.⟩ [engl. restless legs = unruhige Beine] (Med.): *meist in Ruhe (bes. nachts) auftretende schmerzhafte Empfindung in den Beinen mit starkem Bewegungsdrang.*

rest|lich ⟨Adj.⟩: **a)** *einen Rest* (1 a) *darstellend; übrig[geblieben]:* das -e Geld will ich sparen; **b)** *einen Rest* (2) *darstellend; übrig:* die -en drei Kilometer ging er zu Fuß; die -en Arbeiten erledige ich morgen; **rest|los** ⟨Adj.⟩ (emotional): *(in bezug auf einen entsprechenden Zustand o. ä.) ganz u. gar, gänzlich, völlig:* ich bin r. begeistert, zufrieden, unzufrieden; bis zur -en Erschöpfung; den Weiberkram habe er r. satt (Grass, Blechtrommel 354); Der Motor ... ist r. im Eimer (Kirst, 08/15, 722); **Rest|luft,** die (Med.): *nach dem Ausatmen noch in der Lunge verbleibende Atemluft; Residualluft;* **Rest|magne|tis|mus,** der (Physik): *Remanenz;* **Rest|müll,** der: *nach Trennung des Haushaltsmülls in wiederverwertbare Stoffe (wie Glas, Papier, Kunststoff o. ä.) verbleibender Müll;* **Rest|po|sten,** der (Kaufmannsspr.): *von einem größeren Posten übriggebliebener, noch nicht abgesetzter Rest* (1 d).

Re|stric|tio men|ta|lis, die; - -, ...tiones ...tales [...neːs ...leːs; nlat., aus lat. restric-

tio (↑ Restriktion) u. mlat. mentalis, ↑ mental] (Rechtsspr.): *Mentalreservation;* **Re|strik|ti|on,** die; -, -en [lat. restrictio, zu: restringere, ↑ restringieren]: **a)** (bildungsspr.) *Einschränkung, Beschränkung (von jmds. Rechten, Befugnissen, Möglichkeiten):* jmdm. -en auferlegen; ... die amerikanische Regierung verfolge nach wie vor rechtswidrige -en gegenüber Polen (NZZ 3. 5. 83, 1); **b)** (Sprachw.) *für den Gebrauch eines Wortes, einer Wendung o. ä. geltende, im System der Sprache liegende Einschränkung:* für intransitive Verben gilt die grammatische R., daß sie kein Akkusativobjekt haben können; **Re|strik|ti|ons|maß|nah|me,** die (Politik): *staatliche Maßnahme, durch die der Wirtschaft eine Restriktion* (a) *auferlegt wird;* **re|strik|tiv** ⟨Adj.⟩: **1.** (bildungsspr.) *(jmds. Rechte, Möglichkeiten o. ä.) ein-, beschränkend:* -e Maßnahmen, Bedingungen; r. wirken; sich r. [auf etw.] auswirken; ein Gesetz r. (Rechtsspr.; *eng*) auslegen; r. in die wirtschaftliche Entwicklung eingreifen. **2.** (Sprachw.) **a)** *restringiert;* **b)** *(eine Aussage) einschränkend:* -e Konjunktionen, Adverbien, Modalsätze; **Re|strik|tiv|satz,** der (Sprachw.): *restriktiver Modalsatz;* **re|strin|gie|ren** ⟨sw. V.; hat⟩ [lat. restringere, eigtl. = zurückbinden] (selten): *einschränken, beschränken:* die Produktion, den Konsum von etw. r.; **re|strin|giert** ⟨Adj.; -er, -este⟩ (Sprachw.): *wenig differenziert:* -er Kode (↑ Kode 3). **Rest|ri|si|ko,** das: *verbleibendes Risiko, das nicht ausgeschaltet werden kann:* Bedarf es auch nach Tschernobyl nicht einer grundsätzlich neuen Bewertung ... des verbliebenen -s? (Spiegel 9, 1987, 112); Todessturz ... des Ski-Rennläufers ... Ein R. wird es immer geben (MM 21. 1. 91, 6).
re|struk|tu|rie|ren ⟨sw. V.; hat⟩ [zu lat. re- = wieder, zurück u. ↑ strukturieren]: *durch bestimmte Maßnahmen neu gestalten, neu ordnen, neu strukturieren:* Nächstes Jahr wird die Messe restrukturiert und ... auf 12 Tage gekürzt (Tages Anzeiger 3. 12. 91, 5); **Re|struk|tu|rie|rung,** die; -, -en: *das Restrukturieren, Restrukturiertwerden.*
Rest|stoff, der (Fachspr.): *bei industriellen u. landwirtschaftlichen Produktionsprozessen neben dem eigentlichen Produkt entstehender Stoff:* ... wird ... in fast allen Entschwefelungsanlagen Gips als R. erzeugt (Rhein. Merkur 18. 5. 84, 30); **Rest|stra|fe,** die: *noch nicht verbüßter Teil einer Freiheitsstrafe;* **Rest|stück,** das: **a)** *Stück aus einem Restposten;* **b)** *Rest* (1 d); **Rest|sum|me,** die: vgl. *Restbetrag;* **Rest|sü|ße,** die (Fachspr.): *nach dem Gärung im Wein unvergoren zurückbleibende Menge Zucker;* **Rest|ur|laub,** der: *vom Jahresurlaub noch nicht in Anspruch genommene restliche Urlaubstage;* **Rest|wert,** der: *nach der Abschreibung* (1) *der Anschaffungs- od. Herstellungskosten eines Gegenstandes o. ä. verbleibender Buchwert;* **Rest|zah|lung,** die: *Zahlung eines Restbetrags;* **Rest|zucker**[1], der (Fachspr.): *Restsüße.*
Re|sul|tan|te, die; -, -n [frz. résultante, zu: résulter, ↑ resultieren] (Physik): *Summe zweier [nach dem Kräfteparallelogramm addierter] od. mehrerer Vektoren;* **Re|sul|tat,** das; -[e]s, -e [frz. résultat, zu mlat. resultatum = Folgerung, Schluß; Ergebnis, subst. 2. Part. von: resultare, ↑ resultieren] (bildungsspr.): **a)** *Ergebnis einer Rechnung, Auszählung, Messung o. ä.:* das R. einer Addition, Erhebung; die endgültigen, vorläufigen -e der Wahlen; wenn beim Aufbau eines Fragebogens versäumt wird ... zu berücksichtigen, wie leicht Antworten ... beeinflußt werden, dann erhält man ... wertlose, aufs gröbste verzerrte -e (Noelle, Umfragen 83); **b)** *etw., was sich aus entsprechenden Bemühungen usw. als Ergebnis ermitteln, feststellen läßt:* interessante, richtige, unerwartete, überzeugende -e; die neuesten -e der Forschung; diese Hunderasse ist das R. jahrzehntelanger Züchtung; die Ermittlungen der Polizei haben noch keine -e gebracht; ein gutes, optimales, glänzendes R. erreichen, erzielen; ... daß die Politik der Stärke vielleicht nur deshalb keine -zeitige, weil die Russen es noch besser konnten (Dönhoff, Ära 144); Die Befragung ... der Intendanten ... blieb ohne verwertbares R. (Bieler, Mädchenkrieg 564); Wer jedoch die Bibel vorurteilslos liest, muß zu dem R. gelangen, daß ... (Friedell, Aufklärung 8); **re|sul|ta|tiv** ⟨Adj.⟩ (bildungsspr.): *ein Ergebnis bewirkend:* -e Verben (Sprachw.; *Verben, die das Ergebnis eines Vorgangs mit einschließen;* z. B. aufessen); **Re|sul|ta|tiv,** der; - (Sprachw.): *Aktionsart des Verbs, die den Abschluß eines Vorgangs zum Ausdruck bringt* (z. B. verlöschen, verklingen); **re|sul|tat|los** ⟨Adj.⟩: *ergebnislos, erfolglos:* -e Bemühungen; **re|sul|tie|ren** ⟨sw. V.; hat⟩ [frz. résulter < mlat. resultare = entspringen, entstehen < lat. resultare = zurückspringen, -prallen, zu: re- = wieder, zurück u. saltare = tanzen, springen] (bildungsspr.): **a)** *als Ergebnis, Folge, Wirkung von etw. hervorgehen; sich ergeben:* daraus resultiert der Gärtner der Mörder ist, sein muß; Die Hälfte des Leistungszuwachses resultiert aus der Steigerung der Arbeitsproduktivität (NNN 12. 11. 83, 8); ⟨auch ohne Präp.-Obj.:⟩ Für das Fiskaljahr 1982 resultierte damit eine ... Teuerungsrate von 2,4% (NZZ 30. 4. 83, 19); Obwohl ... 10000 Eintritte an die Limite für einen Gewinn angegeben wurden, resultierte dank Einnahmen von Fernsehen und von Sponsoren ... ein kleines Plus (Tages Anzeiger 12. 11. 91, 15); **b)** *in etw. seine Wirkung haben; zur Folge haben:* die Zurückdrängung der repräsentativen ... Komponente ... resultierte fast ausnahmslos in der Begründung autoritärer Diktaturen (Fraenkel, Staat 253); **Re|sul|tie|ren|de,** die; -n, -n (Physik): *Resultante.*
Re|sü|mee, das; -s, -s [frz. résumé, subst. 2. Part. von: résumer, ↑ resümieren] (bildungsspr.): **a)** *knappe Inhaltsangabe, kurze Zusammenfassung:* dem englischen Originaltext ist ein R. in deutscher Sprache vorangestellt; er gab ein kurzes R. des Vortrags, der Debatte; ... der Untersuchungsrichter ... verfaßt ... ein R. seiner Ermittlungen und stellt es der Presse zur Verfügung (Mostar, Unschuldig 79); **b)** *als das Wesentliche, als eigentlicher Inhalt, als wichtiges Ergebnis von etw. Anzusehendes; Schlußfolgerung:* das R. seiner Ausführungen war, daß Preissteigerungen unabwendbar seien; Mir wurde ... nach vielen Gesprächen mit Abgeordneten, Journalisten und City-Angehörigen als R. deutlich, daß ... (Dönhoff, Ära 146); * *das R. ziehen (festhalten, was wichtig, wesentlich war):* Gabler überlegte im Gehen, was er zum Abschluß sagen sollte, irgendein R. mußte ja gezogen werden (Loest, Pistole 257); **re|sü|mie|ren** ⟨sw. V.; hat⟩ [frz. résumer < lat. resumere = wieder (an sich) nehmen, wiederholen, aus: re- = wieder, zurück u. sumere = [an sich] nehmen] (bildungsspr.): **a)** *kurz in den wesentlichen Punkten noch einmal darlegen; zusammenfassen:* In dieser faszinierenden Abhandlung, in der Apel seinen großangelegten Rekonstruktionsversuch resümiert ... (Habermas, Spätkapitalismus 152); **b)** *als Resümee* (b) *festhalten, feststellen:* Man muß Verlin nicht hochspielen, das würde nur der SPD ... helfen, so resümierte der Bundeskanzler (Dönhoff, Ära 30).
Re|su|pi|na|ti|on, die; -, -en [zu lat. resupinare = zurückbeugen] (Bot.): *Drehung der Blüte während der Entwicklung um 180°* (z. B. bei Orchideen).
Re|sur|rek|ti|on, die; -, -en [kirchenlat. resurrectio, zu: lat. resurgere, ↑ Ressource] (Rel.): *Auferstehung.*
Re|sus|zi|ta|ti|on, die; -, -en [zu lat. resuscitare = wieder aufrichten, wieder wach machen] (Med.): *Reanimation.*
re|szin|die|ren ⟨sw. V.; hat⟩ [lat. rescindere, eigtl. = ab-, zerreißen] (Rechtsspr. veraltet): *vernichten, aufheben, für ungültig erklären;* **re|szis|si|bel** ⟨Adj.⟩ (Rechtsspr. veraltet): *anfechtbar;* **Re|szis|si|bi|li|tät,** die; - (Rechtsspr. veraltet): *Anfechtbarkeit;* **Re|szis|si|on,** die; -, -en [lat. rescissio, zu: rescindere, (↑ reszindieren)] (Rechtsspr. veraltet): *Ungültigkeitserklärung, gerichtliche Verwerfung (z. B. eines Testaments).*
Ret usw.: ↑ *Reet* usw.
Re|ta|bel, das; -s, - [frz. retable, zu lat. retro = hinter, rück- u. tabula = (Bild)tafel] (Kunstwiss.): *Altaraufsatz.*
re|ta|blie|ren ⟨sw. V.; hat⟩ [frz. rétablir] (veraltet): *wiederherstellen;* **Re|ta|blis|se|ment** [retabləsə'mã:], das; -s, -s [frz. rétablissement, zu: rétablir, ↑ retablieren] (veraltet): *Wiederherstellung.*
Re|take [ri'teɪk], das; -[s], -s ⟨meist Pl.⟩ [engl. retake, zu: to retake = wieder an-, ein-, aufnehmen] (Film): *nachträgliche Neuaufnahme ungenügenden Filmmaterials.*
Re|tal|lia|ti|on, die; -, -en [zu spätlat. retaliare = (mit Gleichem) vergelten] (veraltet): *Vergeltung.*
Re|tard [rə'ta:ɐ̯], der; -s [frz. retard = Verzögerung] (Fachspr.): *(bei Uhren) Richtung, in der der Hebel gestellt werden muß, um den Gang zu verlangsamen;* **Re|tar|dat,** das; -[e]s, -e [zu lat. retardatum, subst. 2. Part. von: retardare (↑ retardieren), eigtl. = etw. Verzögertes] (veraltet): *Rückstand;* **Re|tar|da|ti|on** [re...], die; -, -en [frz. retardation < lat. retardatio, zu:

retardieren

retardare, ↑retardieren] (bildungsspr.): *Verzögerung, Verlangsamung eines Ablaufs, einer Entwicklung; Entwicklungsverzögerung;* **re|tar|die|ren** ⟨sw. V.; hat⟩ [frz. retarder < lat. retardare]: **1.** (bildungsspr.) *(einen Ablauf) verzögern, aufhalten:* ein retardierender Faktor; -es Moment (↑Moment 1); die amerikanische Haltung ..., die der Gemeinschaft gegenüber zwiespältig war: nach außen ermutigend, nach innen eher zögernd oder retardierend (W. Brandt, Begegnungen 199). **2.** (veraltet) *(von Uhren) nachgehen* (4); **re|tar|diert** ⟨Adj.⟩ (Anthrop., Psych.): *in der körperlichen od. geistigen Entwicklung zurückgeblieben:* geistig, psychisch, somatisch retardierte Halbwüchsige; **Re|tar|die|rung,** die (selten): *das Retardieren.*
Re|tent, das; -[e]s, -e [zu lat. retentum (↑Retention), eigtl. = etw. Zurückgehaltenes]: *zurückgehaltenes Aktenstück;* **Re|ten|ti|on,** die; -, -en [lat. retentio = das Zurückhalten, zu: retentum, 2. Part. von: retinere = zurückhalten]: **1.** (Med.) *Funktionsstörung, die darin besteht, daß ein auszuscheidender Stoff nicht [in ausreichendem Maße] ausgeschieden wird; Verhaltung* (1 b). **2.** (Psych.) *Leistung des Gedächtnisses in bezug auf Lernen, Reproduzieren u. Wiedererkennen.* **3.** (Med.) *unvollständige od. fehlende Entwicklung eines Organs od. Körperteils aus seinem Ausgangsbereich heraus (z. B. Zähne od. Hoden).* **4.** (Wasserbau) *Hemmung u. Verzögerung des Abflusses von Hochwasser (z. B. durch natürliche Gegebenheiten in überschwemmten Flußauen od. durch künstliche Maßnahmen in Speicherbecken);* **Re|ten|ti|ons|mit|tel,** das (Chemie): *Stoff, der das Zurückhalten von Substanzen bewirkt od. verstärkt;* **Re|ten|ti|ons|raum,** der (Wasserbau): *[ungenutzte] Fläche, die bei Hochwasser eines Flusses überflutet wird u. so ein zu starkes Ansteigen des Wassers verhindert;* **Re|ten|ti|ons|recht,** das ⟨o. Pl.⟩ (Rechtsspr.): *Recht des Schuldners, eine fällige Leistung zu verweigern, solange ein Gegenanspruch nicht erfüllt ist.*
Re|ti|cel|la [reti'tʃɛla], die; -, -s [ital. reticella, Vkl. von: rete = Netz < lat. rete]: *ursprünglich genähte, später geklöppelte italienische Spitze;* **Re|ti|cel|la|spit|ze,** die: *Reticella;* **Re|ti|kül:** ↑Ridikül; **re|ti|ku|lar, re|ti|ku|lär** ⟨Adj.⟩ (Anat.): *netzförmig [verzweigt], netzartig;* **re|ti|ku|liert** ⟨Adj.⟩: *mit netzartigem Muster versehen:* -e Gläser *(Gläser mit einem netzartigen Muster aus eingeschmolzenen Fäden);* **re|ti|ku|lo|en|do|the|li|al** ⟨Adj.⟩ [zu ↑Retikulum u. ↑Endothel]: in der Fügung **-es System** (Biol.): *von Zellen des Endothels u. des innerhalb des Zellplasmas gelegenen Retikulums gebildetes System von Zellen, das für den Stoffwechsel u. für die Bildung von Immunkörpern Bedeutung hat);* **Re|ti|ku|lom,** das; -s, -e [zu ↑Retikulum] (Med.): *gutartige knotige Wucherung (bes. im Bereich des Knochenmarks, der Lymphknoten u. der Milz);* **Re|ti|ku|lo|se,** die; -, -n [zu ↑Retikulum] (Med.): *Erkrankung, die mit einer Wucherung der Zellen des retikuloendothelialen Systems verbunden ist;* **Re|ti|ku|lo|zyt,** der; -en, -en

⟨meist Pl.⟩ [zu griech. kýtos = Höhlung, Wölbung] (Med.): *neu gebildeter Erythrozyt;* **Re|ti|ku|lum,** das; -s, ...la [lat. reticulum, Vkl. von: rete = Netz]: **1.** (Zool.) *Netzmagen.* **2.** ***endoplasmatisches R.** (Biol.; *in Zellen ausgebildetes System feinster [aus Membranen 2 gebildeter] Kanäle);* **Re|ti|ku|lum|zel|le,** die (Med.): *eine der stern- od. netzförmig verzweigten Gewebszellen des retikulären Bindegewebes;* **Re|ti|na,** die; -, ...nae [...nɛ; zu lat. rete = Netz] (Anat.): *Netzhaut;* **Re|ti|ni|tis,** die; -, ...nitiden (Med.): *Netzhautentzündung;* **Re|ti|no|bla|stom,** das; -s, -e (Med.): *bösartige Geschwulst auf der Netzhaut;* **Re|ti|nol,** das; -s: *fettlösliches Vitamin; Vitamin A 1;* **Re|ti|no|pa|thie,** die; -, -n [↑-pathie] (Med.): *nichtentzündliche Erkrankung der Netzhaut;* **Re|ti|no|sko|pie,** die; -, -n [zu griech. skopeīn = betrachten] (Med.): *Skiaskopie.*
Re|ti|ra|de, die; -, -n [1: nach Retirade (2); 2: frz. retirade, zu: se retirer, ↑retirieren]: **1.** (veraltend verhüll.) ¹*Abort:* Er ... geht sogar hinter diese R., wie man das Häuschen auch nennen kann (Bobrowski, Mühle 204). **2.** (veraltet) *[militärischer] Rückzug;* **re|ti|rie|ren** ⟨sw. V.; ist⟩ [frz. se retirer, aus: re- (< lat. re-) = zurück u. tirer = ziehen]: **1. a)** (veraltet) *(von Truppen) sich [eilig] zurückziehen; fliehen:* ◆ ... schlug ich mich herum in der Champagne ..., bis der Herzog von Braunschweig und die Preußen und alle r. mußten durch Dreck und Regen (Raabe, Chronik 40); **b)** (bildungsspr., oft scherzh.) *sich zurückziehen; sich aus dem Kreis anwesender Personen entfernen; verschwinden:* ins Nebenzimmer r.; Erst als Fränzel einen Hocker zu fassen bekam und damit auf ihn einschlug, retirierte er in eine Ecke der Stube (Kuby, Sieg 136). **2.** (bildungsspr. scherzh.) *auf die Toilette gehen:* ich muß mal r.
Re|tor|si|on, die; -, -en [frz. rétorsion, unter Einfluß von: torsion (↑Torsion) zu lat. retorquere, ↑Retorte] (Rechtsspr.): *Erwiderung eines unfreundlichen Aktes durch eine entsprechende Gegenmaßnahme; Vergeltung;* **Re|tor|te,** die; -, -n [mlat. retorta = die Zurückgedrehte, zu lat. retortum, 2. Part. von: retorquere = rückwärts drehen; nach dem gedrehten Hals] (Chemie): **a)** *kugeliges Glasgefäß mit einem langen, am Ansatz schräg abwärts gebogenen, sich verjüngenden Hals (zum Destillieren von Flüssigkeiten):* ***aus der R.** (ugs., oft abwertend; *[als Ersatz für etw. Natürliches, Echtes, Gewachsenes] auf künstliche Weise hergestellt, geschaffen):* Brasilia – eine Stadt aus der R.; diese Lebensmittel sind, kommen aus der R.; **b)** *(in der Industrie verwendeter) mit feuerfestem Material ausgekleideter [kesselförmiger] Behälter, in dem chemische Reaktionen ausgelöst werden;* **Re|tor|ten|ba|by,** das (Jargon): *Baby, das sich aus einem außerhalb des Mutterleibs befruchteten u. dann wieder in die Gebärmutter eingebrachten Ei entwickelt hat;* **Re|tor|ten|gra|phit,** der (Chemie): *aus fast reinem Kohlenstoff bestehender, graphitähnlich aussehender Stoff;* **Re|tor|ten|kind,** das (ugs.): vgl. Retortenbaby; **Re|tor|ten|koh|le,** die (Chemie): *Retortengraphit;*

Re|tor|ten|ofen, der: *Retorte* (b); **Re|tor|ten|stadt,** die (ugs. abwertend): *nicht natürlich gewachsene, künstlich geschaffene Stadt.*
re|tour [re'tuːɐ̯] ⟨Adv.⟩ [frz. retour = Rückkehr, zu: retourner, ↑retournieren] (landsch., österr., schweiz., sonst veraltet): *zurück:* hin sind wir gefahren, r. gelaufen; 1,40 DM r. *(1,40 DM bekommen Sie zurück);* **Re|tour,** die; -, -en (österr. ugs.): *kurz für* ↑Retour[fahr]karte; **Re|tour|bil|let[t],** das (schweiz., sonst veraltet): *Rückfahrkarte;* **Re|tou|re** [re'tuːrə], die; -, -n: **1.** ⟨meist Pl.⟩ **a)** (Kaufmannsspr.) *(an den Verkäufer, Exporteur) zurückgesandte Ware;* **b)** (Bankw.) *nicht ausgezahlter, an den Überbringer zurückgegebener Scheck od. Wechsel.* **2.** (österr. Amtsspr. veraltet) *Rücksendung;* **Re|tour|fahr|kar|te,** die (österr., sonst veraltet): *Rückfahrkarte;* **Re|tour|gang,** der (österr.): *Rückwärtsgang* (1); **Re|tour|geld,** das (schweiz.): *Wechselgeld;* **Re|tour|kampf,** der (Sport österr.): *Retourspiel;* **Re|tour|kar|te,** die (österr., sonst veraltet): *Rückfahrkarte;* **Re|tour|kut|sche,** die (ugs.): *das Zurückgeben eines Vorwurfs, einer Beleidigung o. ä. [bei passender Gelegenheit] mit einem entsprechenden Vorwurf, einer entsprechenden Beleidigung:* das ist eine billige R.; diese R. zählt, gilt nicht; R. auf die Verketzerung der Betriebe (Spiegel 28, 1974, 32); ***eine R. fahren** *(einen Vorwurf, eine Beleidigung o. ä. zurückgeben);* **Re|tour|mar|ke,** die (österr.): *zur Bezahlung eines Rückportos dienende Briefmarke;* **Re|tour|match,** das (Sport österr.): *Retourspiel;* **re|tour|nie|ren** [retʊr...] ⟨sw. V.; hat⟩ [frz. retourner = umkehren, über das Vlat. zu lat. tornare, ↑¹turnen]: **1. a)** (Kaufmannsspr.) *(Waren) an den Lieferanten zurücksenden;* **b)** (österr.) *zurückgeben, -bringen:* [jmdm.] ein geliehenes Buch r. **2.** (Sport, bes. Tennis) *den vom Gegner geschlagenen Ball zurückschlagen:* den Aufschlag, den Schmetterball konnte er nicht r.; ⟨auch o. Akk.-Obj.⟩ hervorragend, sauber r.; **Re|tour|sen|dung,** die (österr.): *Rücksendung;* **Re|tour|spiel,** das (Sport österr., schweiz.): *Rückspiel;* **Re|tour|wa|re,** die (Kaufmannsspr.): *Retoure* (1 a).
Re|trai|te [rə'trɛːtə], die; -, -n [frz. retraite, zu (veraltet): retraire < lat. retrahere (2. Part.: retractum) = zurückziehen] (Milit. veraltet): **1.** *Rückzug.* **2.** *(bei der Kavallerie) Signal zum Zapfenstreich;* **Re|trakt,** der; -[e]s, -e [lat. retractus = das Zurückziehen, zu: retrahere, ↑Retraite] (Rechtsspr. veraltet): *Näherrecht;* **Re|trak|ti|on** [re...], die; -, -en [lat. retractio = das Zurückziehen, Verminderung, zu: retrahere, ↑Retraite] (Med.): *Verkürzung, Schrumpfung eines Organs, Gewebes.*
Re|tran|che|ment [rɑtrɑ̃ʃəˈmɑ̃], das; -s, -s [frz. retranchement, zu: se retrancher = sich verschanzen] (Milit. früher): *Verschanzung.*
Re|trans|fu|si|on, die; -, -en [zu lat. re- = wieder, zurück u. ↑Transfusion] (Med.): *Reinfusion.*
Re|tri|bu|ti|on, die; -, -en [frz. rétribution < kirchenlat. retributio = Vergeltung] (veraltet): **a)** *Vergeltung, Rache;* **b)** *Rück-*

gabe, Wiedererstattung (z. B. eines Geldbetrages); **re|tri|bu|tiv** ⟨Adj.⟩ (veraltet): *die Retribution betreffend, auf Retribution beruhend.*
Re|trie|val [rɪ'triːvl], das; -s, -s [engl. retrieval, zu: retrieve = zurück-, herausholen] (Datenverarb.): *Verfahren zur Auffindung von Informationen;* **Re|trie|ver** [rɪ'triːvə], der; -s, - [engl. retriever, zu: to retrieve, ↑ Retrieval]: *britischer Jagdhund, der bes. für das Apportieren gezüchtet wird.*
Re|tro, die; -, -s (ugs.): Kurzform von ↑ Retrospektive; **re|tro-, Re|tro-** [lat. retro] (Best. in Zus. mit der Bed.): **a)** *nach hinten, rückwärts [gerichtet];* (z. B. retrospektiv, Retroflexion); **b)** (bes. Med.) *hinten, hinter etw. gelegen, lokalisiert* (z. B. retronasal; [↑ aktiv] (Psych.): *rückwirkend:* -e Hemmung *(Beeinträchtigung des Behaltens von etw. Gelerntem, wenn unmittelbar darauf etw. Neues eingeprägt wird);* -e Suggestion *(Suggestion, die frühere Bewußtseinsinhalte u. Erinnerungen aktiviert);* **re|tro|bul|bär** ⟨Adj.⟩ [zu lat. bulbus = Zwiebel; zwiebelförmiges Gebilde] (Med.): *hinter dem Augapfel gelegen;* **re|tro|da|tie|ren** ⟨sw. V.; hat⟩ [↑ datieren] (veraltet): *zurückdatieren;* **re|tro|flex** ⟨Adj.⟩ [lat. retroflexum, 2. Part. von: retroflectere = zurückbiegen] (Sprachw.): *(von Lauten) mit der zurückgebogenen Zungenspitze gebildet; zerebral* (2); **Re|tro|flex**, der; -es, -e (Sprachw.): *mit der zurückgebogenen Zungenspitze gebildeter Laut; Zerebral;* **Re|tro|fle|xi|on**, die; -, -en (Med.): *Abknickung eines Organs (bes. der Gebärmutter) nach hinten;* **re|tro|grad** ⟨Adj.⟩ [spätlat. retrogradis = zurückgehend, zu lat. gradi = schreiten]: **1.** (Astron.) *rückläufig* (2). **2.** (Sprachw.) *rückgebildet:* eine -e Bildung *(Rückbildung).* **3.** (Med.) *(von Amnesien) die Zeit vor dem Verlust des Bewußtseins betreffend;* **Re|tro|ko|gni|ti|on**, die; - [↑ Kognition] (Parapsych.): *Form des Hellsehens, die auf vergangene Ereignisse u. Personen gerichtet ist;* **re|tro|len|tal** ⟨Adj.⟩ [zu lat. lens (Gen.: lentis) = Linse] (Med.): *hinter der Augenlinse gelegen;* **re|tro|na|sal** ⟨Adj.⟩ (Med.): *hinter der Nase, im Nasen-Rachen-Raum lokalisiert, befindlich;* **re|tro|pe|ri|to|ne|al** ⟨Adj.⟩ [↑ peritoneal] (Med.): *hinter dem Bauchfell gelegen;* **Re|tro|spek|ti|on**, die; -, -en [zu lat. spectum, 2. Part. von: specere = schauen] (bildungsspr.): *Rückschau, Rückblick;* **re|tro|spek|tiv** ⟨Adj.⟩ (bildungsspr.): *zurückschauend, rückblickend:* eine -e Sicht; etw. r. betrachten; **Re|tro|spek|ti|ve**, die; -, -n (bildungsspr.): **1.** *Blick in die Vergangenheit; Rückblick, Rückschau:* erst die R. wird die historische Bedeutung der Ereignisse erkennen lassen; in der R. *(rückblickend)* überrascht mich das. **2.** *Präsentation (in Form einer Ausstellung, einer Reihe von Aufführungen o. ä.) des [früheren] Werks eines Künstlers, der Kunst einer zurückliegenden Zeit o. ä.:* Die Galerie veranstaltet eine umfassende R. des französischen Malers (Spiegel 6, 1966, 87); das Kino zeigt in einer großen R. die wichtigsten Filme von Charlie Chaplin; **Re|tro|spiel**, das; -[e]s, -e (Problemschach): *schrittweises Zurückneh-*

men einer bestimmten Folge von Zügen bis zu einer bestimmten Ausgangsstellung; **re|tro|ster|nal** ⟨Adj.⟩ [↑ sternal] (Med.): *hinter dem Brustbein [gelegen]:* -e Schmerzen; **Re|tro|ver|si|on**, die; -, -en [zu lat. retroversus = nach hinten gedreht] (Med.): *Neigung nach hinten (bes. der Gebärmutter);* **re|tro|ver|tie|ren** ⟨sw. V.; hat⟩ [lat. retrovertere] (Fachspr., bes. Med.): *zurückneigen, zurückwenden.*
Re|tro|vi|rus, das, außerhalb der Fachspr. auch: der; -, ...viren ⟨meist Pl.⟩ [geb. aus engl. reverse Transkriptase u. ↑ Virus] (Med.): *tumorerzeugendes Virus.*
Re|tro|vi|sor, der; -s, ...oren [zu ↑ retro-, Retro- u. lat. videre (2. Part. visum) = sehen]: *System von Spiegeln, mit denen man über das eigene Auto u. durch die Fenster eines angehängten Wohnwagens sehen kann;* **re|tro|ze|die|ren** ⟨sw. V.; hat⟩ [lat. retrocedere = zurückweichen]: **1.** (veraltet) **a)** *zurückweichen;* **b)** *(eine Sache, einen Anspruch o. ä.) wieder abtreten.* **2.** (Wirtsch.) *rückversichern;* **Re|tro|zes|si|on**, die; -, -en [lat. retrocessio = das Zurückweichen, zu: retrocedere, ↑ retrozedieren]: **1.** (veraltet) *das Retrozedieren* (1). **2.** (Wirtsch.) *Form der Rückversicherung.*
Ret|si|na, der; -[s], ⟨Sorten:⟩ -s [ngriech. retsína < mlat. resina < lat. resina < griech. rētínē = Harz]: *mit Harz versetzter griechischer Weißwein.*
rett|bar ⟨Adj.⟩ (selten): *so daß es noch zu retten ist, gerettet werden kann;* **ret|ten** ⟨sw. V.; hat⟩ [mhd. retten, ahd. (h)retten, H. u.]: **1.** *aus einer Gefahr, einer bedrohlichen Situation befreien u. dadurch vor Tod, Untergang, Verlust, Schaden o. ä. bewahren:* einen Ertrinkenden, Schiffbrüchigen r.; jmdn. aus den Flammen, aus Lebensgefahr, aus Todesgefahr, vor dem Tod, vor Verhungern, vor dem drohenden Bankrott r.; Ich habe ihn nicht vergiftet, ich habe ihn nur vor dem Galgen gerettet (Rinser, Mitte 142); sich selbst r. können; er rettete sich durch einen Sprung aus dem Fenster, mit dem Fallschirm; wir sind gerettet *(außer Lebensgefahr);* ein Zufall, eine Bluttransfusion hat ihn gerettet *(hat ihm die Rettung gebracht);* um ihr Junges zu r., opferte sich die Hirschkuh; sein Leben r.; Ganz in der Stille ... hatte ich alle die Meinen und dazu unser Hab und Gut gerettet (Bergengruen, Rittmeisterin 358); wichtige Dokumente vor der Vernichtung r.; der Restaurator konnte das Gemälde nicht mehr r.; den sterbenden Wald r.; Kunstschätze durch, über die Kriegswirren r. *(hinüberretten);* R rette sich, wer kann! (scherzh.); Warnung vor etw. Unangenehmem, Lästigem; bist du, ist er usw. noch zu r.? (ugs.; *ist dir, ihm usw. noch zu helfen?; bist du, ist er usw. noch bei Sinnen?);* Ü die Situation r. *(verhindern, daß sie peinlich o. ä. wird);* der Frieden war noch einmal gerettet *(bewahrt);* Ich ... fuhr nach Brasilien, um unsere Ehe zu r. (Faller, Frauen 7); Das Knie war zerschmettert und nicht zu r. *(zu operieren, zu heilen;* Remarque, Triomphe 153); jmds., seine Ehre r.; wenn ein Krimi gesendet wird, ist er für den Abend gerettet (ugs.;

ist er zufrieden); er hatte die rettende *(einen Ausweg aufzeigende)* Idee; * **nicht mehr zu r. sein** (ugs.; *völlig verrückt, sehr unvernünftig sein):* der ist auch nicht mehr zu r., bei dem Wetter so zu rasen!; „Du bist wohl nicht mehr zu r.!" sagte Siggi und knallte dem Mäxchen eins zwei links rechts (Grass, Butt 610); **sich vor etw., jmdm. nicht [mehr], kaum [noch] zu r. wissen/r. können** *(von etw., von bestimmten Personen [in lästiger Weise], in einem Übermaß bedrängt werden):* er kann sich vor Anrufen, vor Verehrerinnen kaum noch r.; ... als Benjamin Franklin nach Paris kam, konnte er sich vor Bewunderern nicht r. (Sieburg, Robespierre 92). **2.** *in Sicherheit bringen; aus einem Gefahrenbereich wegschaffen:* sich ans Ufer r.; sich [aus einem brennenden Haus] ins Freie r.; Ich habe mich auf eine Planke gerettet (Wellershoff, Körper 231); seine Habe ins Ausland, über die Grenze r.; Ü sich ins Ziel r. (Sport; *mit knapper Not, bevor man überholt wird, das Ziel erreichen);* Hier konnte er sich nicht in Zynismus r. *(flüchten;* A. Zweig, Claudia 90); Vasco rettet sich in die Zeitung (Grass, Butt 237); ... denn ihre hauptsächliche Beschäftigung ... war: sich von einem Tag in den anderen zu r. (Innerhofer, Schattseite 106); Aber etwas von dem irrationalen, metaphysischen Charakter der Gnade sollten wir auch in unsere technisierte Welt r. (NJW 19, 1984, 1062). **3.** (Mannschaftsspiele) *ein gegnerisches Tor o. ä. im letzten Moment verhindern:* der Torwart rettete mit einer Parade; er vor der Linie r. *(den Ball auf der Torlinie erreichen u. so das drohende Tor verhindern);* **Ret|ter**, der; -s, - [mhd. rettære]: *jmd., der jmdn., etw. rettet;* **Ret|te|rin**, die; -, -nen: w. Form zu ↑ Retter.
Ret|tich, der; -s, -e [mhd. rætich, ahd. rātih < lat. radix = Wurzel]: **1.** *(zu den Kreuzblütlern gehörende, in verschiedenen Arten vorkommende) Pflanze mit rübenförmig verdickter, würzig schmeckender Wurzel u. weißen od. rötlichen Blüten.* **2.** *eßbare, scharf schmeckende Wurzel des Rettichs* (1): er rappelte, er ißt gern, viel R.; **Ret|tich|saft**, das: *aus Rettich* (2) *hergestellter Saft;* **Ret|tich|sa|lat**, der: *Salat aus Rettich* (2), *der geraspelt u. in einer Marinade o. ä. zubereitet wird.*
rett|los ⟨Adj.⟩ (Seemannsspr.): *unrettbar:* ein -es Schiff; **Ret|tung**, die; -, -en [mhd. rettunge]: **1.** *das Retten* (1), *Gerettetwerden:* R. aus Lebensgefahr; jmdm. R. bringen; es gibt keine R.; jmdm. seine R. verdanken; auf R. hoffen; ein Gerät zur R. eingeschlossener Bergleute; R. in der Not; Ü er war meine R.; R. meiner Ehre; * **jmds. [letzte] R. sein** (ugs.; *jmdm. aus einer bedrängten Lage helfen).* **2.** (österr.) **a)** *Rettungsdienst:* die R. anrufen; **b)** *Rettungswagen:* er wurde mit der R. ins Spital gebracht; **Ret|tungs|ak|ti|on**, die: *Aktion mit dem Ziel, jmdn., etw. zu retten;* **Ret|tungs|amt**, das: *Amt, Stelle für den Rettungsdienst;* **Ret|tungs|an|ker**, der: *Person, Sache, die einem Menschen in einer Notlage Halt gibt;* **Ret|tungs|ar|bei|ten** ⟨Pl.⟩: vgl. Rettungsaktion; **Ret|tungs|arzt**, der: *Notarzt* (b); **Ret|tungs|ärz|tin**, die: w. Form zu ↑ Ret-

Rettungsassistent

tungsarzt; **Ret|tungs|as|si|stent**, der: *medizinische Fachkraft, die bis zum Eintreffen des Arztes in Notfällen lebensrettende Maßnahmen am Patienten durchführt u. während des Transports zum Krankenhaus für die Aufrechterhaltung lebenswichtiger Funktionen sorgt;* **Rettungs|as|si|sten|tin**, die: w. Form zu ↑ Rettungsassistent; **Ret|tungs|au|to**, das (ugs.): *Rettungswagen;* **Ret|tungs|ba|ke**, die (Seew.): *Bake* (1 a) *mit einer Plattform o. ä., die in Seenot Geratenen eine Zuflucht bietet;* **Ret|tungs|bo|je**, die (Seew.): *einer Boje ähnlicher Schwimmkörper mit einer Fahne zum Markieren einer Stelle, an der jmd. über Bord gefallen ist;* **Ret|tungs|bom|be**, die (Bergbau): *in der Form an eine Bombe erinnernder schützender Behälter aus Metall, in dem ein eingeschlossener Bergmann durch eine besondere Bohrung an die Erdoberfläche gezogen werden kann;* **Ret|tungs|boot**, das: **a)** (Seew.) *größeres Motorboot zur Rettung Schiffbrüchiger;* **b)** *von größeren Schiffen mitgeführtes, kleines Boot zur Rettung der Besatzung u. der Fahrgäste in einer Notsituation* (bes. beim Sinken des Schiffes); **Ret|tungs|dienst**, der: **a)** *Dienst* (2) *zur Rettung von Menschen aus* [Lebens]gefahr; **b)** 〈o. Pl.〉 *Gesamtheit aller Maßnahmen, der Rettung aus [Lebens]gefahr dienen:* die für den R. zuständigen Institutionen; vgl. Rettungsaktion; **Rettungs|ex|pe|di|ti|on**, die: vgl. Rettungsaktion; **Rettungs|fahrt**, die: *Fahrt zur Rettung einer Person aus Lebensgefahr;* **Ret|tungs|fallschirm**, der (Flugw., Raumf.): *für Notfälle (zur Rettung eines Piloten, einer Raumkapsel) bestimmter Fallschirm;* **Rettungs|floß**, das (Seew.): *schwimmfähiger Körper in der Form eines Floßes zur Rettung Schiffbrüchiger;* **Ret|tungs|flug**, der: vgl. Rettungsfahrt; **Ret|tungs|flugzeug**, das: vgl. Rettungswagen; **Rettungs|ge|rät**, das: *Gerät zur Rettung von Personen aus [Lebens]gefahr* (z. B. Rettungsbombe, Sprungtuch); **Ret|tungsgür|tel**, der: vgl. Rettungsring (1); **Rettungs|he|li|kop|ter**, der: *Rettungshubschrauber;* **Ret|tungs|hub|schrau|ber**, der: vgl. Rettungswagen; **Ret|tungs|insel**, die (Seew.): *automatisch sich aufblasendes, mit einem zeltähnlichen Verdeck versehenes Schlauchboot zur Rettung Schiffbrüchiger o. ä;* **Ret|tungs|kol|lonne**, die: vgl. Rettungsmannschaft; **Rettungs|kom|man|do**, das: vgl. Rettungsmannschaft; **Ret|tungs|kör|per**, der (Seew.): *zur Rettung vor dem Ertrinken dienender schwimmfähiger Körper* (z. B. Rettungsring); **Ret|tungs|lei|ne**, die (Seew.): vgl. Rettungsring; **Ret|tungsleit|stel|le**, die: *Einrichtung des Rettungswesens, durch die die Einsätze der Rettungsdienste* (a) *veranlaßt werden;* **Rettungs|leit|sy|stem**, das: vgl. Rettungsleitstelle; **ret|tungs|los** 〈Adj.〉: **a)** *ohne die Möglichkeit einer Rettung:* sie waren r. verloren, dem Tod preisgegeben; **b)** 〈intensivierend bei Adj. u. Verben〉 (ugs.) *in höchstem Maße, völlig:* r. verliebt sein; Dieses gewisse Kribbeln hatte sie bereits r. ergriffen (Freizeitmagazin 10, 1978, 10); **Ret|tungs|mann|schaft**, die: *für eine Rettungsaktion zusammengestellte Mann-*

schaft; Mannschaft, die zur Rettung von Personen aus [Lebens]gefahr eingesetzt wird; **Ret|tungs|me|dail|le**, die: *Medaille, die an Personen verliehen wird, die unter Einsatz des eigenen Lebens jmdn. aus Lebensgefahr gerettet haben; Lebensrettungsmedaille;* **Ret|tungs|mit|tel**, das: **a)** (Seew.) *(in der Schiffahrt verwendetes) Rettungsgerät;* **b)** *Gerät, Fahrzeug o. ä., das zur Rettung von Menschenleben (z. B. bei Verkehrsunfällen) eingesetzt wird:* der Hubschrauber ist nicht immer das optimale R.; **Ret|tungs|ring**, der: **1.** *ring-, auch hufeisenförmiger Schwimmkörper, mit dem sich Ertrinkende od. Schiffbrüchige über Wasser halten können.* **2.** (ugs. scherzh.) *etwa in Hüfthöhe um den Körper verlaufender Fettwulst (bei dicken Menschen);* **Ret|tungs|rut|sche**, die: *im Notfall aus einem Flugzeug herausgelassene, automatisch sich aufblasende Rutsche* (1), *über die die Passagiere das Flugzeug verlassen können;* **Ret|tungs|sa|ni|tä|ter**, der: *im Rettungsdienst* (b) *tätiger Sanitäter;* **Ret|tungs|sa|ni|tä|te|rin**, die: w. Form zu ↑ Rettungssanitäter; **Ret|tungsschlauch**, der: *(bei der Feuerwehr verwendeter) langer, weiter Schlauch aus Segeltuch, in dessen Innerem man aus einem brennenden Gebäude heraus zur Erde rutschen kann;* **Ret|tungs|schlit|ten**, der: *(von der Bergwacht verwendetes) einem Schlitten ähnliches Transportmittel für die Bergung von Verletzten;* **Ret|tungsschuß**: in der Fügung finaler R. (Polizeiw.; *Todesschuß, der zur Rettung einer Person – z. B. bei einer Geiselnahme – auf einen Täter abgegeben werden kann;* **Ret|tungs|schwim|men**, das; -s: *Übungen im Wasser (z. B. Tauchen, Schwimmen in Kleidern), die der Vorbereitung zur Rettung Ertrinkender dienen;* **Ret|tungsschwim|mer**, der: *im Rettungsschwimmen ausgebildeter Schwimmer;* **Rettungs|schwim|me|rin**, die: w. Form zu ↑ Rettungsschwimmer; **Ret|tungs|sta|tion**, die: *Station eines Rettungsdienstes* (a); **Ret|tungs|stel|le**, die: vgl. Rettungsstation; **Ret|tungs|trupp**, der: vgl. Rettungsmannschaft; **Ret|tungs|ver|such**, der: *Versuch, jmdn. zu retten;* **Ret|tungswa|che**, die: **a)** *Rettungsstation* (bes. an Badestränden); **b)** *Dienststelle eines Rettungsdienstes* (a), *von der aus Rettungswagen o. ä. eingesetzt werden;* **Ret|tungswa|gen**, der: *im Rettungsdienst eingesetztes Kraftfahrzeug;* **Ret|tungs|we|sen**, das 〈o. Pl.〉: *Gesamtheit aller Einrichtungen u. Maßnahmen zur Rettung von Menschenleben;* **Ret|tungs|we|ste**, die (Seew.): *Schwimmweste, durch die auch ein bewußtloser Träger vor dem Ertrinken geschützt ist;* **Ret|tungs|zil|le**, die (österr.): vgl. Rettungsboot.

Re|turn [ri'tɔːɐ̯n, ri'tœrn, engl.: rɪ'tɜːn], der; -s, -s [engl. return, zu: to return < (a)frz. retourner, ↑ retournieren] ([Tisch]tennis, Badminton): *Rückschlag* (2) *[nach einem gegnerischen Aufschlag]:* ein meisterlicher R.; der R. *(zurückgeschlagene Ball)* landete im Netz.

Re|tu|sche, die; -, -n [frz. retouche, zu: retoucher, ↑ retuschieren] (bes. Fot., Druckw.): **a)** *das Retuschieren:* an einem Foto, einem Klischee eine R. vorneh- men; Ü das Leben, die Wirklichkeit ohne -n darstellen; Während ... der Sozialminister ... sich in ... der Pensionsreform mit einer R. zufrieden gab ... (Basta 6, 1984, 4); **b)** *Stelle, an der retuschiert worden ist:* einige kaum erkennbare -n; Ü ... hebt sich das neue Modell von alten durch geringfügige -n der ... Heckpartie ab (Auto 6, 1965, 20); **Re|tu|scheur** [...'ʃøːɐ̯], der; -s, -e: *jmd., der [berufsmäßig] Retuschen vornimmt;* **Re|tu|scheurin** [...'ʃøːrɪn], die; -, -nen: w. Form zu ↑ Retuscheur; **re|tu|schie|ren** 〈sw. V.; hat〉 [frz. retoucher = nochmal berühren, überarbeiten, aus: re- (< lat. re- = wieder) u. toucher, ↑ touchieren] (bes. Fot., Druckw.): *(bes. an einem Foto, einer Druckvorlage) nachträglich Veränderungen anbringen (um Fehler zu korrigieren, Details hinzuzufügen od. zu entfernen):* ein Foto, ein Negativ r.; ein retuschiertes Bild; Ü einen Text für die Veröffentlichung r.; Wer da nur von Labilität ... reden wollte, würde das Bild, das er selber schonungslos enthüllt hat, wieder verwischen und r. (Reich-Ranicki, Th. Mann 37); **Re|tu|schie|rung**, die; -, -en: *das Retuschieren.*

Reue, die; - [mhd. riuwe, ahd. (h)riuwa, urspr. = seelischer Schmerz, H. u.]: *tiefes Bedauern über etw., was man getan hat od. zu tun unterlassen hat u. von dem man wünschte, man könnte es ungeschehen machen, weil man es nachträglich als Unrecht, als falsch o. ä. empfindet:* aufrichtige, bittere, tiefe R. [über etw.] empfinden, fühlen; Der Schwarze, den R. über seine Ausschreitung sogleich erfaßt haben mochte ... (Th. Mann, Tod 65); Eine R. über ihre Kinderlosigkeit habe ich von ihr nie vernommen (Frisch, Stiller 493); [keine Spur von] R. zeigen; die R. über sein Verhalten war geheuchelt, kam zu spät; Die ... genießen ... ihre Eisbecher, Milk-Shakes und Erfrischungen ohne R. (Heim, Traumschiff 205); tätige R. (Rechtsspr.; *jmds. Abkehr von einer bereits eingeleiteten strafbaren Handlung u. seine aktive Bemühung, etwaigen Schaden zu verhindern);* **Reu|e|be|kennt|nis**, das (geh.): *das Eingestehen, Bekennen seiner Reue;* **Reu|e|ge|fühl**, das (geh.): *Gefühl der Reue, des tiefen Bedauerns über etw.;* **reu|en** 〈sw. V.; hat〉 [mhd. riuwen (sw. u. st. V.), ahd. (h)riuwan, (h)riuwōn] (geh.): *Reue in jmdm. hervorrufen:* sein Verhalten, die Tat reute ihn; Keine ertragreiche Zeit ... Aber sie reut mich trotzdem nicht (Gaiser, Schlußball 38); Daß er diesem Sauhund einen derartigen Druckposten verschafft hatte, reute ihn mächtig (Kirst, 08/15, 561); der Kauf, die Geldausgabe reute ihn [nicht] *(tat ihm [nicht] leid, fand er [nicht] schade);* Wer sich mit Konfliktforschung beschäftigt, den sollten die 6 Pfund und 10 Pence, die der Rapport kostet, nicht r. (NZZ 21. 1. 83, 4); 〈auch unpers.:〉 reut es dich *(bedauerst du, tut es dir leid),* mitgefahren zu sein?; **Reu|e|träne**, die 〈meist Pl.〉 (dichter.): *aus Reue über etw. geweinte Träne:* Natürlich hatte er ... seine Versprechungen unter -n beteuert (Fels, Sünden 11); **reu|e|voll** 〈Adj.〉 (geh.): *von Reue über etw. erfüllt; voll Reue:* ein -es Geständnis; r. seine Schuld

bekennen; **Reu|geld**, das: **1.** (Rechtsspr., Wirtsch.) *Geldsumme, die vereinbarungsgemäß beim Rücktritt von einem Vertrag zu zahlen ist.* **2.** (Rennsport) *Geldbuße, die der Eigentümer zu zahlen hat, wenn er sein zu einem Rennen gemeldetes Pferd nicht teilnehmen läßt;* **reu|ig** ⟨Adj.⟩ [mhd. riuwec, ahd. (h)riuwig] (geh.): *Reue empfindend, reuevoll:* ein *-er* Sünder; Im Ergebnis wünschte er sich weniger einen *r.* Gestandigen als ... (Bieler, Bonifaz 191); Das *-e* Schaf Müller kehrt in den Schoß der Brigade zurück (Brot und Salz 222); ein *-es* Eingeständnis seiner Schuld; „Ach, Lutz!" rief sie *r.,* als sie mein Zögern sah (Fallada, Herr 50); **Reu|kauf,** der [mhd. riuwekouf] (Rechtsspr., Wirtsch.): *Kauf mit Rücktrittsrecht gegen Zahlung eines Reugeldes;* **reu|mü|tig** ⟨Adj.⟩ (öfter scherzh.): *Reue empfindend, bezeugend:* ein *-es* Geständnis; etw. *r.* zugeben, eingestehen; *r.* zurückkehren.
re|uni|ie|ren [rely'niːrən] ⟨sw. V.; hat⟩ [frz. réunir] (bildungsspr. veraltet): **a)** *[wieder]vereinigen; versöhnen;* **b)** ⟨r. + sich⟩ *sich versammeln;* **¹Re|uni|on,** die; -, -en [frz. réunion], (bildungsspr. veraltet): **1.** *[Wieder]vereinigung.* **2.** ⟨Pl.⟩ (hist.) *(in der 2. Hälfte des 17. Jh.s) territoriale Annexionen Ludwigs XIV. von Frankreich (bes. im Elsaß u. in Lothringen);* **²Re|uni|on** [rely'njõː], die; -, -s [frz. réunion: ré- = wieder u. union = Union] (bildungsspr. veraltend): *(bes. in Kurorten) gesellige Veranstaltung zur Unterhaltung der Kurgäste;* **Re|uni|ons|kam|mern** ⟨Pl.⟩ [LÜ von frz. chambres de réunion] (hist.): *durch Ludwig XIV. eingesetzte Behörden zur Durchführung der* ¹*Reunionen* (2).
Reu|se, die; -, -n [mhd. riuse, ahd. riusa, rūs(s)a, urspr. = aus Rohr Geflochtenes, zu ↑ Rohr]: **a)** *kurz für ↑ Fischreuse:* -n stellen; Aale in -n fangen; es war kein einziger Fisch in die R. gegangen; **b)** *kurz für ↑ Vogelreuse;* **Reu|sen|an|ten|ne,** die: *vertikale, breitbandige Antenne für die Kurzwelle* (1 b) *mit reusenförmig angeordneten elektrischen Leitern;* **Reu|sen|fi|sche|rei,** die (Fischereiwesen): *mit Reusen* (a) *betriebene Fischerei;* **reu|sen|för|mig** ⟨Adj.⟩: *die Form einer Reuse* (a) *habend, in der Form einer Reuse* (a).
Reu|ße, der; -n, -n (veraltet): *Russe.*
re|üs|sie|ren ⟨sw. V.; hat⟩ [frz. réussir < ital. riuscire, eigtl. = wieder hinausgehen] (bildungsspr.): *Anerkennung finden, Erfolg haben:* nur wer Beziehungen hat, reüssiert (Spiegel 15, 1974, 106); er reüssierte [mit etw., bei jmdm., als Autor]: Denn im Westen reüssierten mehr seine Worte als seine Werke (Capital 2, 1979, 171).
reu|ten ⟨sw. V.; hat⟩ [mhd., ahd. riuten, verw. mit ↑raufen] (südd., österr., schweiz.): *roden.*
¹Reu|ter, der; -s, - [landsch. Nebenf. von ↑ Reiter (2a)] (Landw.): *Heureuter.*
◆ **²Reu|ter,** der; -s, - [zu ↑reuten]: *jmd., der rodet, Waldflächen urbar macht:* Der Meisen-Sepp war in seinen jüngeren Jahren R. und Waldhüter gewesen (Rosegger, Waldbauernbub 31).
◆ **³Reu|ter,** der; -s, - [wohl < mniederl. ruyter, rut(t)er = Wegelagerer, Straßenräuber < mlat. ruterus = Angehöriger einer militär. Abteilung, zu: rut(t)a, ↑ Rotte], unter Einfluß von mniederl. ruyter te peerde = Wegelagerer zu Pferde, dann als Nebenf. von ↑ ¹Reiter aufgefaßt]: ¹*Reiter* (1): ... erzähle ihr die hübsche Geschichte von dem kecken R. (Heine, Rabbi 459); da kommt mir eine starke Patrouille entgegen, R., Fußvolk, bis an die Zähne bewaffnet (E. T. A. Hoffmann, Fräulein 7); Ganze Haufen böhmischer R. schwadronieren im Holz herum (Schiller, Räuber II, 3); ◆ **Reu|ters|knecht,** der: *berittener Soldat:* die klirrenden Pfundsporen verkündigten den schweren R. (Heine, Rabbi 465).
Reu|ther|brett, das [nach dem dt. Kunstturner R. Reuther (geb. 1909)] (Turnen): *bei Sprungübungen gebräuchliches, stark federndes Sprungbrett aus Holz.*
Reu|ver|trag, der: *vgl. Reukauf.*
Rev. = Reverend.
Re|vak|zi|na|ti|on, die; -, -en [aus lat. re- = wieder u. ↑ Vakzination] (Med.): *Zweit-, Wiederimpfung;* **re|vak|zi|nie|ren** ⟨sw. V.; hat⟩ (Med.): *wieder impfen.*
Re|val: *früherer deutscher Name von* ↑ Tallin[n].
re|va|li|die|ren ⟨sw. V.; hat⟩ [zu lat. re- = wieder u. ↑validieren] (veraltet): *wieder gültig sein;* **re|va|lie|ren** ⟨sw. V.; hat⟩ [zu lat. re- = wieder u. valere = Wert haben, gültig sein]: **1.** (Kaufmannsspr.) *(eine Schuld) decken.* **2.** (bildungsspr. veraltend) *sich auf einer Auslage* (2) *schadlos halten;* **Re|va|lie|rung,** die; -, -en (Kaufmannsspr.): *Deckung (einer Schuld);* **Re|va|lo|ri|sa|ti|on,** die; -, -en (Wirtsch.): *Revalorisierung;* **re|va|lo|ri|sie|ren** ⟨sw. V.; hat⟩ [zu lat. re- = wieder u. ↑ valorisieren] (Wirtsch.): *auf den ursprünglichen Wert erhöhen:* eine Währung, den Preis für eine Ware *r.;* **Re|va|lo|ri|sie|rung,** die; -, -en (Wirtsch.): *das Revalorisieren;* **Re|val|va|ti|on,** die; -, -en [geb. nach ↑ Devalvation] (Wirtsch.): *Aufwertung einer Währung durch Korrektur des Wechselkurses;* **re|val|vie|ren** ⟨sw. V.; hat⟩ [geb. nach ↑devalvieren] (Wirtsch.): *aufwerten.*
Re|van|che [reˈvãːʃ(ə), ugs. auch: reˈvanʃə], die; -, -n [...ʃn] [frz. revanche, zu: (se) revancher, ↑revanchieren]: **1.** (veraltend) *Vergeltung für eine erlittene [militärische] Niederlage:* sie sannen auf R. **2.** *das Sichrevanchieren* (1): das ist eine R. für deine Gemeinheiten. **3.** *Gegendienst, Gegenleistung für etw.:* als R. für ihre Hilfe lud er alle zu einem Fest ein; Die schwergewichtigen Herren waren von dem Spatz aus Avignon so entzückt, daß sie Mireille zu ihrem Maskottchen ernannten. Ob sie als R. demnächst eine Ringerhymne in ihr Repertoire aufnehmen wird? (Hörzu 18, 1976, 24). **4.** (Sport, Spiel) **a)** *Chance, eine erlittene Niederlage in einem Wettkampf in einer Wiederholung wettzumachen:* R. fordern; vom Gegner eine R. verlangen; jmdm. R. geben; R. nehmen, üben *(die Gelegenheit wahrnehmen, seine Niederlage wettzumachen);* auf R. brennen; Rummenigge denkt an R. für das 0:0 der deutschen Nationalelf ... (Saarbr. Zeitung 10. 7. 80, 6); Herr de Jongh ist kein Mann, der auf R. verzichtet. Er ist Siegen gewöhnt (Konsalik, Promenadendeck 309); **b)** *Rückkampf, Rückspiel, bei dem eine vorangegangene Niederlage wettgemacht werden soll:* eine erfolgreiche, mißglückte R.; das hatte mit Training nichts mehr zu tun, das war R., da wurde Egon gleich wieder so wütend wie ... in der dritten Runde (Loest, Pistole 199); sie haben auch die R. verloren; **Re|van|che|foul,** das (Sport): *Foul, das man seinerseits an dem Spieler begeht, von dem man vorher gefoult wurde;* **Re|van|che|kampf,** der (Sport): *Wettkampf, der eine Revanche* (4 b) *darstellt;* **Re|van|che|krieg,** der (veraltend): *Krieg, durch den ein Land eine erlittene Niederlage wettmachen möchte;* **re|van|che|lü|stern** ⟨Adj.⟩: *begierig auf Revanche;* **Re|van|che|par|tie,** die: *Partie eines Spiels, durch die eine vorangegangene Niederlage wettzumachen versucht wird;* **Re|van|che|po|li|tik,** die: *revanchistische Politik eines Landes;* **Re|van|che|spiel,** das (Sport, Spiel): *Revanche* (4 b); **re|van|chie|ren** [revãˈʃiːrən, auch: revanˈʃiːrən], sich ⟨sw. V.; hat⟩ [frz. (se) revancher, zu: re- (< lat. re- = zurück, wieder) u. venger < lat. vindicare = rächen] (ugs.): **1.** *jmdm. bei passender Gelegenheit etw., was er einem angetan, womit er einen getroffen hat o. ä., heimzahlen, sich für etw. rächen:* eines Tages wird er sich [für deine Bosheiten] *r.* **2.** *sich für etw., was einem von [einem] anderen zuteil wurde, mit einer Gegengabe, Gegenleistung bedanken, erkenntlich zeigen:* sich bei jmdm. *r.;* er revanchierte sich mit einem großen Blumenstrauß für die Gastfreundschaft; Sie reichte ihm einen Glimmstengel. Er revanchierte sich mit Feuer (Freizeitmagazin 10, 1978, 11). **3.** (Sport) *eine erlittene Niederlage durch einen Sieg in einem zweiten Spiel gegen denselben Gegner ausgleichen, wettmachen:* sich durch ein 2:0, mit einem 2:0 [für die Niederlage] *r.;* **Re|van|chis|mus** [revãˈʃɪsmʊs, auch: revanˈ...], der; - [russ. revanšizm] (bes. kommunist. abwertend): *Politik, die auf die Rückgewinnung in einem Krieg verlorener Gebiete od. die Annullierung aufgezwungener Verträge mit militärischen Mitteln ausgerichtet ist;* **Re|van|chist** [revãˈʃɪst, auch: revanˈ...], der; -en, -en [russ. revanšist] (bes. kommunist. abwertend): *jmd., der eine Revanchepolitik betreibt u. Handeln im Sinne des Revanchismus vertritt;* **Re|van|chi|stin,** die; -, -nen (bes. kommunist. abwertend): *w. Form zu ↑ Revanchist;* **re|van|chi|stisch** ⟨Adj.⟩ [nach russ. revanšistskij] (bes. kommunist. abwertend): *den Revanchismus betreffend:* -e Kräfte, Kreise; diese Politik ist *r.*
Re|vas|ku|la|ri|sa|ti|on, die; -, -en [zu lat. re- = wieder, zurück u. ↑ Vaskularisation] (Med.): *Wiedereinpflanzung von Blutgefäßen in nicht mehr durchblutete Teile des Gewebes.*
Re|veil|le [reˈvɛ(ː)jə, auch: reˈvɛljə], die; -, -n [frz. réveille, zu: reveiller = (auf)wecken] (Milit. veraltet): *Weckruf, -signal.*
Re|ve|la|ti|on, die; -, -en [spätlat. revelatio] (bildungsspr.): *Enthüllung, Offenbarung;* **re|ve|la|to|risch** ⟨Adj.⟩ [spätlat. revelatorius] (bildungsspr.): *enthüllend, offenbarend.*

Re|ve|nant [rəvə'nã:], der; -s, -s [frz. revenant, eigtl. 1. Part. von: revenir, ↑Revenue] (bildungsspr.): *aus einer anderen Welt wiederkehrender* ²*Geist* (2 b)*, Gespenst:* Zur Polarisierung kommt es nur ..., wenn der Staat den ... Versuch unternimmt, als wilhelminischer R. den Gendarm zu spielen (Enzensberger, Mittelmaß 260); **Re|ve|nue** [rəvə'ny:], die; -, -n [...'ny:ən] 〈meist Pl.〉 [frz. revenu, zu: revenir = wiederkommen < lat. revenire] (bildungsspr.): *Einkünfte aus Vermögen o. ä.:* ... da sie gleichzeitig für die Bemannung der im Hafen liegenden Schiffe zu sorgen hatte und dafür eine gute R. bezog (Eppendorfer, St. Pauli 42); sie (= die Verleger) ... finanzieren sie (= die ersten Auflagen) mit den Einkünften aus ... den -n aus Nebenrechten (Capital 2, 1967, 37); ♦ Am 29. Mai war ... eine Kindtaufe – es war seine erste – sie war seine erste R. (*Einnahme aus Gebühren für eine [geistliche] Amtshandlung;* Jean Paul, Wutz 26).
re ve|ra [lat., zu: res = Sache u. verus = wahr] (veraltet): *in der Tat, in Wahrheit.*
Re|ve|rend ['rɛvərənd], der; -s, -s [engl. Reverend < lat. reverendus = Verehrungswürdiger, zu: revereri = sich fürchten, scheuen; verehren, aus: re- = wieder, zurück u. vereri = ängstlich beobachten, sich scheuen]: **1.** 〈o. Pl.〉 *(in englischsprachigen Ländern) Titel u. Anrede für einen Geistlichen.* **2.** *Träger dieses Titels:* Präsidenten kann er nicht werden, ... aber zum Präsidentenmacher ist der schwarze R. inzwischen aufgestiegen (Spiegel 15, 1984, 127); Abk.: Rev.; **Re|ve|ren|dis|si|mus**, der; - [mlat. reverendissimus, eigtl. = Verehrungswürdigster, Sup. von lat. reverendus, ↑Reverend]: *Titel der katholischen Prälaten;* **Re|ve|ren|dus**, der; - [lat. reverendus, ↑Reverend]: *Ehrwürden, Hochwürden* (Titel katholischer Geistlicher); Abk.: Rev.; R. Pater (*ehrwürdiger Vater* [Titel der Ordensgeistlichen]; Abk.: R. P.); **Re|ve|renz**, die; -, -en [lat. reverentia = Ehrfurcht, zu reverer, ↑Reverend] (bildungsspr.): **1.** *Ehrerbietung, Hochachtung einem Höhergestellten, einer Respektsperson gegenüber:* eine Geste ... undevoter R. (Maass, Gouffé 279); jmdm. [die, seine] R. erweisen, bezeigen *(jmdn. mit Respekt, Ehrerbietung [be]grüßen; durch eine Verbeugung o. ä. seine Hochachtung zum Ausdruck bringen);* Ü Zwei Gendarmeriebeamte hielten uns auf und stellten fest, wir hätten die Stopplinie ohne gebührende R. vor der Straßenverkehrsordnung passiert (auto touring 2, 1979, 11). **2.** *Verbeugung, Verneigung o. ä. als Bezeigung von Respekt:* eine ehrerbietige R. [vor jmdm. machen].
Re|ve|rie [rɛvə...], die; -, -n [frz. rêverie, zu: rêver = träumen] (Musik): *Titel eines elegisch-träumerischen Instrumentalstücks; Träumerei.*
¹**Re|vers** [re've:ɐ̯, auch: re'vɛ:ɐ̯, rə've:ɐ̯, rə-'vɛ:ɐ̯], das, österr.: der; -, - [frz. revers, zu lat. reversum, 2. Part. von: revertere = umwenden]: *(mit dem Kragen eine Einheit bildender) mehr od. weniger breiter Aufschlag am Vorderteil bes. von Mänteln, Jacken, Jacketts:* das Jackett hat ein schmales, breites, steigendes, fallendes R.; er trägt eine goldene Nadel, ein Parteiabzeichen am R.; ²**Re|vers** [re'vɛrs, rə-'vɛ:ɐ̯], der; -es [re'vɛrzəs] u. - [rə'vɛ:ɐ̯(s)], -e [re'vɛrzə] u. - [rə've:ɐ̯s; frz. revers = Rückseite, ↑¹Revers] (Münzk.): *Rückseite einer Münze od. Medaille;* ³**Re|vers**, der; -es, -e [mlat. reversum = Antwort, eigtl. = umgekehrtes Schreiben, zu lat. revertere, ↑¹Revers]: *schriftliche Erklärung, durch die sich jmd. zu etw. Bestimmtem verpflichtet:* einen R. ausstellen, unterschreiben, verlangen; **Re|ver|sa|le**, das; -, ...lien [mlat. reversale, reversales literae]: *offizielle Versicherung eines Staates, seine Verträge mit anderen Staaten einzuhalten u. den bestehenden Zustand nicht einseitig zu ändern;* **Re|verse** [rɪ-'vɘ:s], das; - [engl. reverse, zu: to reverse, ↑¹Reversible]: *Autoreverse;* **re|ver|si|bel** [rɛvɛr...] 〈Adj.〉 [frz. réversible, zu lat. reversum, ↑¹Revers]: **a)** (Fachspr.) *umkehrbar:* reversible und irreversible Prozesse; eine reversible (Med.; *heilbare)* Organveränderung; Deshalb müssen Mehrheiten auch darauf achten, daß die Wirkungen von Mehrheitsentscheidungen grundsätzlich r. sind (Spiegel 52, 1981, 42); etw. r. machen; **b)** *beidseitig zu tragen:* eine reversible Weste, Jacke; ein reversibler Mantel; **Re|ver|si|bi|li|tät**, die; - (Fachspr.): *Umkehrbarkeit;* ¹**Re|ver|si|ble** [...b], der; -s, -s [zu engl. reversible = doppelseitig, wendbar, zu: to reverse < frz. reverser = umkehren] (Textilind.): *Gewebe, Stoff, bei dem beide Seiten als Außenseite verwendet werden können;* ²**Re|ver|si|ble** [...b], das; -s, -s: *Kleidungsstück, das beidseitig getragen werden kann;* **re|ver|sie|ren** 〈sw. V.; hat〉 [frz. reverser, ↑¹Reversible]: **1.** (österr.) *(mit einem Fahrzeug) zurücksetzen.* **2.** (veraltet) *sich schriftlich verpflichten.* **3.** (Technik) *[bei Maschinen] den Gang* (6) *umschalten;* **Re|ver|sier|walz|werk**, das (Technik): *Walzwerk, bei dem die Drehrichtung der Walzen umkehrbar ist, so daß das Walzgut die Maschine mehrmals in beiden Richtungen durchlaufen kann;* **Re|ver|si|on**, der; -, -en [lat. reversio, zu: reversum, ↑¹Revers] (Fachspr.): *Umkehrung, Umdrehung;* **Re|ver|si|ons|pen|del**, das; -s, - (Physik): *physikalisches Pendel zur genauen Bestimmung der Fallbeschleunigung;* **Re|vers|sy|stem**, das (Wirtsch.): *Sicherstellung von Preisbindungen durch Verpflichtung der Zwischenhändler u. Einzelhändler.*
Re|vi|dent, der; -en, -en [zu ↑revidieren]: **1.** (Rechtsspr.) *jmd., der in einem Rechtsstreit das Rechtsmittel der Revision anwendet.* **2. a)** 〈o. Pl.〉 (österr.) *Beamtentitel im gehobenen Dienst;* **b)** *Träger dieses Titels.* **3.** (veraltet) *Prüfer, Revisor;* **re|vi|die|ren** 〈sw. V.; hat〉 [mlat. revidere = prüfend einsehen < lat. revidere (2. Part.: revisum) = wieder hinsehen, aus: re- = wieder, zurück u. videre = sehen]: **1. a)** *auf seine Richtigkeit, Korrektheit, seinen ordnungsgemäßen Zustand o. ä. hin prüfen, durchsehen:* Druckbogen, die Geschäftsbücher, die Kasse r.; **b)** *auf etw. hin kontrollieren, durchsuchen:* an der Grenze wurde alles Gepäck revidiert; daß die Polizei jene Feldscheune revidiert habe (Fallada, Trinker 120); Sie schleichen um unsere Baracken und revidieren die Abfalltonnen (*durchsuchen sie nach Brauchbarem;* Remarque, Westen 135). **2. a)** *etw., von dem man erkannt hat, daß es so nicht [mehr] richtig ist, korrigieren:* seine Meinung, Einstellung, sein Urteil r.; Zahlen, eine Prognose nach oben, nach unten r.; Zu spät, um die Entschlüsse von Jalta noch zu r. (Lentz, Muckefuck 296); **b)** *nach Überprüfung [ab]ändern:* einen Gesetzesparagraphen, einen Vertrag r.; die revidierte *(durchgesehene u. verbesserte)* Auflage eines Buches. **3.** (schweiz.) *überholen* (2), *wieder instand setzen:* eine Maschine r.; Nostalgieklaviere aus Großmutters guter Stube ... total revidiert (Tages Anzeiger 10. 7. 82, 14); Wann und wie oft Waggons zu r. sind (NZZ 9. 12. 82, 27).
Re|vier, das; -s, -e [mniederl. riviere < (a)frz. rivière = Ufer(gegend); Fluß < vlat. riparia = am Ufer Befindliches, zu lat. ripa = Ufer]: **1.** *[Tätigkeits-, Aufgaben]bereich, in dem jmd. sich verantwortlich, zuständig o. ä. fühlt, tätig ist:* jeder versucht sein R. abzugrenzen, sich sein R. zu erhalten, in dem er selbständig arbeiten kann; sie betrachtete die Küche als ihr R.; das ist [nicht] mein R. (ugs.; *da habe ich [nichts] zu sagen, dafür bin ich [nicht] zuständig o. ä.);* Thiel begleitet den Zug bis an die Grenze seines -s (*Amtsbereichs;* Hauptmann, Thiel 39); ♦ 〈auch die:〉 In dieser R. *(Gegend)* herum, sagen sie, werd' ich ihn antreffen (Schiller, Räuber III, 2). **2.** (Zool.) *begrenzter Bereich, Platz (in der freien Natur), den ein Tier als sein Territorium betrachtet, in das es keinen Artgenossen eindringen läßt:* der Hirsch verteidigt, markiert sein R. **3.** kurz für ↑*Polizeirevier:* einen Verdächtigen, Betrunkenen aufs R. mitnehmen; er muß sich auf dem R. melden. **4.** kurz für ↑Forstrevier. **5.** kurz für ↑Jagdrevier. **6.** (Soldatenspr.) **a)** (veraltet) *Unterkunft der Soldaten in der Kaserne:* das R. reinigen; die Rekruten dürfen das R. nicht verlassen; **b)** *Raum (in einer Kaserne), in dem leichter erkrankte Soldaten behandelt werden: Sanitätsbereich:* im R. liegen; er hatte eine Verletzung, die im R. behandelt wurde; Bei der Essensausgabe erfuhren sie, daß der Friseur ins R. eingeliefert worden sei (Kuby, Sieg 42). **7.** (Bergbau) *größeres Gebiet, in dem Bergbau betrieben wird:* die -e im Wolga-Ural-Raum; Das R., von Dortmund bis Duisburg (Grass, Hundejahre 515); er kommt aus dem rheinischen R.; Rüdiger, der Junge aus dem R. (*Ruhrrevier;* Freizeitmagazin 12, 1978, 29). **8.** (selten) kurz für ↑Industrierevier. **Re|vier|be|hand|lung**, die; 〈o. Pl.〉 (Soldatenspr. veraltet): *im Revier* (6 b) *stattfindende Behandlung;* **re|vie|ren** 〈sw. V.; hat〉 (Jägerspr.): **a)** *(bes. vom Jagdhund) das Gelände absuchen; im Revier* (2) *umherstreifen:* Nur zweimal hätten die kleinen Eulen in solchen Mengen um den Schloßbau reviert (Hauptmann, Schuß 41); **b)** *(vom Jäger) das Revier* (5) *besehen;* **Re|vier|för|ster**, der: *Forstbeamter des gehobenen Dienstes;* **Re|vier|för|ste|rin**, die: w. Form zu ↑Revierförster; **re-**

vier|fremd ⟨Adj.⟩ (Zool.): *nicht in das Revier (2) gehörend u. darum nicht geduldet:* ein -es Tier; Wie ein -er Köter schleicht Ernesto davon (Degener, Heimsuchung 177); **Re|vier|gren|ze,** die: *Grenze (1b) eines Reviers (2–5);* **re|vier|krank** ⟨Adj.⟩ (Soldatenspr.): *krank im Revier (6b) liegend;* **Re|vier|kran|ke,** der (Soldatenspr.): *revierkranker Soldat;* **Re|vier|mar|kie|rung,** die (Verhaltensf.): *das Kennzeichnen u. Abgrenzen eines Reviers (2) durch ein Tier;* **Re|vier|stu|be,** die (Soldatenspr. veraltet): *Revier (6b);* **Re|vier|ver|hal|ten,** das (Verhaltensf.): *charakteristisches Verhalten eines Tieres, sein Revier (2) betreffend;* **Re|vier|wa|che,** die: *Revier (3).*
Re|view [ri'vju:], die; -, -s [engl. review < frz. revue, ↑ Revue]: **1.** *[Bestandteil des Titel[s] englischer od. amerikanischer Zeitschriften.* **2.** (Videotechnik) *das Mithören od. -sehen beim schnellen Rücklauf von Ton- od. Videobändern zur raschen Auffindung bestimmter Stellen.*
Re|vin|di|ka|ti|on, die; -, -en [zu lat. re- = zurück, wieder u. ↑ Vindikation] (Rechtsspr. veraltet): *Rückforderung, Klage auf Herausgabe eines Eigentums;* **re|vin|di|zie|ren** ⟨sw. V.; hat⟩ [↑ vindizieren] (Rechtsspr. veraltet): *zurückfordern, einen Anspruch auf Herausgabe eines Eigentums geltend machen.*
Re|vi|re|ment [revirə'mã:], das; -s, -s [frz. revirement = Umschwung, zu: virer = wenden, über das Vlat. zu lat. vibrare, ↑ vibrieren]: **1.** (bildungsspr.) *Umbesetzung von Ämtern, bes. Staatsämtern:* an der Spitze des Unternehmens, im Außenministerium hat ein R. stattgefunden; in R. vornehmen; Die Amtsmüdigkeit mehrerer SPD-Minister zwingt den Kanzler schon am Anfang der Legislaturperiode zu einem R. (Spiegel 43, 1976, 4). **2.** (Kaufmannspr.) *Form der Abrechnung zwischen Schuldnern u. Gläubigern.*
re|vi|si|bel ⟨Adj.⟩ (Rechtsspr. selten): *auf dem Wege der Revision (4) anfechtbar;* **Re|vi|si|bi|li|tät,** die; - (Rechtsspr. selten): *Anfechtbarkeit eines Urteils auf dem Wege der Revision (4);* **Re|vi|si|on,** die; -, -en [mlat. revisio = prüfende Wiederdurchsicht, zu lat. revisum, 2. Part. von: revidere, ↑ revidieren]: **1. a)** *das Revidieren (1a):* eine R. der Geschäftsbücher, der Kasse durchführen; **b)** *das Revidieren (1b); Durchsuchung, Kontrolle:* eine R. des Gepäcks fand statt; sie (= die Gewerbeaufsicht) hat das Recht zur jederzeitigen R. der Betriebe (Fraenkel, Staat 313); Bei der R. der in die Schweiz eingereisten Flugzeuge sucht der Grenzwächter ... nach nicht deklarierter Schmuggelware (Basler Zeitung 27. 7. 84, 25). **2.** (Druckw.) *das Durchsehen, Prüfen eines Abzugs (2b) auf die ordnungsgemäße Ausführung der Korrekturen hin:* eine R. der Druckbogen. **3. a)** *das Revidieren (2a), Änderung:* eine R. seines Urteils, seiner Meinung; die Regierung nahm eine R. ihrer Wirtschaftspolitik vor; etw. zwingt jmdn. zur R. seiner Haltung; **b)** *das Revidieren (2b); Abänderung:* die R. eines Gesetzes, Vertrags. **4.** (Rechtsspr.) *gegen ein [Berufungs]urteil einzulegendes Rechtsmittel, das die Über-* prüfung dieses Urteils hinsichtlich einer behaupteten fehlerhaften Gesetzesanwendung od. hinsichtlich angeblicher Verfahrensmängel fordert: gegen ein Urteil R. ankündigen, beantragen, einlegen; die R. verwerfen, zurückweisen; der R. stattgeben; der Anwalt des Klägers, der Kläger geht in die R. *(wendet das Rechtsmittel der Revision an).* **5.** (bes. schweiz.) *das Revidieren (3), Überholen:* die R. einer technischen Anlage; Affolter verlangt 9 Millionen Franken mehr für die R. von 40 Waggons (NZZ 9. 12. 82, 27); **Re|vi|sio|nis|mus,** der; - (Politik): **1.** *Bestreben, eine Änderung eines bestehenden [völkerrechtlichen] Zustandes od. eines [politischen] Programms herbeizuführen:* R. ist hier selbstverständlich als Streben nach Revision der Oder-Neiße-Grenze zu verstehen (Spiegel 34, 1984, 90). **2.** *(innerhalb der internationalen Arbeiterbewegung) Richtung, die bestrebt ist, den orthodoxen Marxismus durch Sozialreformen abzulösen;* **Re|vi|sio|nist,** der; -en, -en: *Anhänger, Verfechter des Revisionismus;* **Re|vi|sio|ni|stin,** die; -, -nen: w. Form zu ↑ Revisionist; **re|vi|sio|ni|stisch** ⟨Adj.⟩: *zum Revisionismus gehörend; den Revisionismus betreffend;* **Re|vi|si|ons|an|trag,** der (Rechtsspr.): *Antrag auf Revision (4) eines Urteils;* **re|vi|si|ons|be|dürf|tig** ⟨Adj.⟩: *so beschaffen, daß es revidiert (2) werden müßte:* ein -es Urteil; ♦ **Re|vi|si|ons|be|rei|sung,** die: *Reise zum Zwecke des Revidierens (1a) [einer untergeordneten Behörde, eines Amtsbezirks o.ä.]:* Der Herr Gerichtsrat Walter kömmt aus Utrecht. Er ist in R. auf den Ämtern (Kleist, Krug 1); **Re|vi|si|ons|bo|gen,** der (Druckw.): *letzter, vor dem Beginn des Drucks hergestellter Abzug, der noch einmal auf die Ausführung der Korrekturen hin überprüft wird;* **Re|vi|si|ons|frist,** die (Rechtsspr.): *für die Einlegung u. Begründung der Revision (4) festgelegte Frist;* **Re|vi|si|ons|ge|richt,** das (Rechtsspr.): *Gericht, das über das Rechtsmittel der Revision (4) entscheidet;* **Re|vi|si|ons|grund,** der (Rechtsspr.): *Verletzung einer Rechtsvorschrift, die zur Revision (4) berechtigt;* **Re|vi|si|ons|rich|ter,** der (Rechtsspr.): *Richter an einem Revisionsgericht;* **Re|vi|si|ons|rich|te|rin,** die (Rechtsspr.): w. Form zu ↑ Revisionsrichter; **Re|vi|si|ons|ur|teil,** das (Rechtsspr.): *Urteil, mit dem ein Revisionsgericht in einem Revisionsverfahren entscheidet;* **Re|vi|si|ons|ver|fah|ren,** das (Rechtsspr.): *Verfahren beim Revisionsgericht;* **Re|vi|si|ons|ver|hand|lung,** die (Rechtsspr.): *Verhandlung vor dem Revisionsgericht;* **Re|vi|sor,** der; -s, ...oren [zu lat. revisum, ↑ Revision]: **1.** *kurz für ↑ Bücherrevisor.* **2.** (Druckw.) *Korrektor, dem die Überprüfung der letzten Korrekturen im druckfertigen Bogen obliegt.*
re|vi|ta|li|sie|ren ⟨sw. V.; hat⟩ [zu lat. re- = wieder u. ↑ vitalisieren]: **1.** (Med., Biol.) *(den Körper, ein Organ o. ä.) wieder kräftigen, funktionsfähig machen:* den Körper mit Hilfe von Frischzellen r.; einen Zahn r.; ... ist die bereits jetzt schon empfindlich gestörte heile Welt unter Wasser ... nicht mehr zu r. (MM 30. 4. 75, 33). **2.** (bes. österr.) *wieder instand setzen, renovieren:* ... damit beschäftigt, das Haus kostbar zu r. (Basta 7, 1983, 103); es wird modernisiert, revitalisiert und saniert (Neue AZ 20. 5. 88, 17); **Re|vi|ta|li|sie|rung,** die; -, -en: *das Revitalisieren.*
Re|vi|val [rɪ'vaɪvəl], das; -s, -s [engl. revival, zu: to revive = wieder beleben < (m)frz. revivre < lat revivere = wieder leben]: *Wiederbelebung, Erneuerung (z. B. eines lange nicht gespielten Theaterstücks o. ä.):* Auch der deutsche Schlager aus den Nierentischära hat sein R. (Spiegel 17, 1982, 247).
Re|vo|ka|ti|on, die; -, -en [lat. revocatio, zu: revocare, ↑ revozieren] (bildungsspr.): *Widerruf;* **Re|vo|ka|to|ri|um,** das; -s, ...ien (Rechtsspr.): *Abberufungsschreiben;* **Re|voke** [rɪ'voʊk], die; -, -s [engl. revoke, zu: to revoke = nicht bedienen; widerrufen < lat. revocare, ↑ revozieren] (Kartenspiel): *versehentlich falsches Bedienen (3b) od. Nichtbedienen.*
Re|vol|te, die; -, -n [frz. révolte, eigtl. = Umwälzung, zu: révolter, ↑ revoltieren]: *[politisch motivierte] gegen bestehende Verhältnisse gerichtete Auflehnung einer kleineren Gruppe:* eine offene R. brach aus; eine R. machen, niederschlagen, unterdrücken; eine R. gegen jmdn. entfachen; eine R. in der Armee, unter den Gefangenen; Ü Diese Ehe ... hat sich gehalten in einem labilen Gleichgewicht zwischen Resignation und R. *(innerer Auflehnung;* Schreiber, Krise 188); **Re|vol|teur** [...'tø:ɐ̯], der; -s, -e (selten): *jmd., der sich an einer Revolte beteiligt;* **Re|vol|teu|rin** [...'tø:rɪn], die; -, -nen (selten): w. Form zu ↑ Revolteur; **re|vol|tie|ren** ⟨sw. V.; hat⟩ [frz. révolter, eigtl. = zurück-, umwälzen < ital. rivoltare = umdrehen, empören, über das Vlat. < lat. revolvere (2. Part.: revolutum) = zurückrollen, -drehen] (bildungsspr.): **1.** *sich an einer Revolte beteiligen; eine Revolte machen:* die Gefangenen revoltierten. **2.** *gegen jmdn., etw. aufbegehren, sich auflehnen:* sie revoltierten gegen die schlechte Behandlung, ... zum andern revoltiert das Ministerium ... wider die niedrigen NASA-Frachtraten (Weser-Kurier 20. 5. 85, 3); gegen die Eltern revoltierende Jugendliche; Ü nach dem reichlichen Mahl begann sein Magen, seine Galle zu r. *(es wurde ihm übel o. ä.);* etwas revoltiert *(sträubt sich)* in ihm gegen diese Forderung; **Re|vo|lu|ti|on,** die; -, -en [frz. révolution, eigtl. = Umdrehung, Umwälzung < spätlat. revolutio = das Zurückwälzen, -drehen, zu lat. revolutum, ↑ revoltieren]: **1.** *(mit Zerstörung, Gewalttat u. Willkür einhergehender) auf radikale Veränderung der bestehenden politischen u. gesellschaftlichen Verhältnisse ausgerichteter, gewaltsamer Umsturz[versuch]:* die russische, chinesische, islamische R.; die Französische R.; eine R. findet statt, bricht aus; eine R. scheitert, siegt, bricht zusammen; eine R. machen, niederschlagen, beenden; die R. von 1848; Kaum hätten die Deutschen eine R. angefangen, so stoppen sie die R. auch schon ab, weil sie sich erst überlegen müssen, ob sie denn auch fair sei (Feuchtwanger, Erfolg 592); Krieg, Hunger und Umsturz haben wir genug gehabt, und -en und In-

revolutionär

flationen ... (Remarque, Triomphe 208); eine R. von oben *(im Gegensatz zur Volksrevolution durch die Herrschenden in einem Land in Gang gesetzter Prozeß politischer, sozialer, ökonomischer Umwälzung);* Ü die industrielle R. *(die wirtschaftliche Umwälzung durch den Übergang von der Manufaktur* 1 *zur Großindustrie;* LÜ von engl. Industrial Revolution; von dem brit. Historiker A. J. Toynbee [1889-1975] geprägter Begriff); die technische, wissenschaftliche R. *(Umwälzung im Bereich der Technik, der Wissenschaft durch neue Erfindungen, Erkenntnisse).* **2.** umwälzendes, bisher Gültiges, Bestehendes *o. ä.* verdrängende, grundlegende Neuerung, tiefgreifende Wandlung: eine R. in der Mode, in Fragen der Kindererziehung; Die R. im Kinderzimmer begann vor etwa fünfzehn Jahren. Seither wurden fast alle Ansichten ... revidiert, die vorher ... gültig gewesen waren (Eltern 2, 1980, 65); ... befürchtet man schon heute, daß nach der sexuellen R., die durch die Pille ausgelöst worden ist ... (Capital 2, 1980, 143). **3.** (Astron. veraltet) *Umlaufbewegung der Planeten um die Sonne.* **4.** (Skat) *Null ouvert Hand, bei dem die gegnerischen Spieler die Karten austauschen;* **re|vo|lu|tio|när** ⟨Adj.⟩ [frz. révolutionnaire, zu: révolution, ↑ Revolution]: **1.** *auf eine Revolution* (1) *abzielend:* eine -e Bewegung, Gruppe; -e Zellen; -e Gedanken, Ziele, Forderungen; -er Kampf; ... Kiefer, klein und rundlich ... und mit einem dichten Knebelbart am Kinn seine -e Gesinnung unterstreichend ... (Kühn, Zeit 38); -e Lieder, Gedichte *(Lieder, Gedichte, die die Revolution verherrlichen, zur Revolution aufrufen);* dieses Gedankengut ist r.; r. denken; R. sein, das heißt auch: den Platz suchen, finden und behaupten, von dem aus man ein Maximum an Änderung durchsetzen kann (Kant, Impressum 365). **2.** *eine tiefgreifende Wandlung bewirkend; (im Hinblick auf seine Neuheit) eine Umwälzung darstellend:* eine -e Entdeckung, Erfindung; diese Idee ist r.; Fachleute halten Corfam für ... r. im Bereich der Lederverarbeitung (Welt 24. 9. 66, 18); Auf dem Gebiet der Technik nahm die Elektronik einen ungeahnten Aufschwung und drang r. in alle denkbaren Bereiche ein (Schweizer Maschinenbau 16. 8. 83, 3); **Re|vo|lu|tio|när,** der; -s, -e [frz. révolutionnaire, zu: révolution, ↑ Revolution]: **1.** *jmd., der an einer Revolution* (1) *beteiligt ist, auf eine Revolution hinarbeitet:* er wurde als R. ins Gefängnis geworfen; ... daß auf deutschem Boden die großen Ideale Wirklichkeit werden, für die ... die unbeugsamen -e Karl Liebknecht und Rosa Luxemburg ... gekämpft haben (Neues D. 20. 5. 76, 2). **2.** *jmd., der auf einem Gebiet als Neuerer auftritt:* er war ein R. auf dem Gebiet der Mode, der Architektur; **Re|vo|lu|tio|nä|rin,** die; -, -nen: w. Form zu ↑ Revolutionär; **re|vo|lu|tio|nie|ren** ⟨sw. V.; hat⟩ [frz. révolutionner, zu: révolution, ↑ Revolution]: **1.** *grundlegend umgestalten, verändern:* eine Erfindung, die die Welt und das Weltbild r. mußte (Menzel, Herren 93); Mikrocomputer – nur so groß wie ein Fingernagel – werden das Auto von morgen r. (ADAC-Motorwelt 10, 1979, 22); eine revolutionierende wissenschaftliche Entdeckung; Wir verdanken diese revolutionierende Einsicht dem Manne, den Berthelot mit Recht den Vater der modernen Chemie nennt: Lavoisier (Goldschmit, Genius 17). **2. a)** (selten) *in aufrührerische Stimmung versetzen, mit revolutionärem Geist erfüllen:* das Volk r.; **b)** (selten) *revoltieren:* die Landarbeiter revolutionierten; **Re|vo|lu|tio|nie|rung,** die; -, -en: *das Revolutionieren;* **Re|vo|lu|ti|ons|ar|chi|tek|tur,** die ⟨o. Pl.⟩ (Kunstwiss.): *Richtung der Baukunst in Frankreich in der Zeit vor der Französischen Revolution mit der Tendenz, den Bau auf einfache geometrische Formen zu reduzieren;* **Re|vo|lu|ti|ons|füh|rer,** der: *Anführer einer Revolution* (1); **Re|vo|lu|ti|ons|füh|re|rin,** die: w. Form zu ↑ Revolutionsführer; **Re|vo|lu|ti|ons|gar|de,** die: *Miliz, die bestrebt ist, die Ziele einer Revolution* (1) *zu sichern;* **Re|vo|lu|ti|ons|gar|dist,** der: *Angehöriger einer Revolutionsgarde:* die -en, ... die mit brutaler Gewalt über den Vollzug der islamischen Revolution Khomeinis wachen (Rheinpfalz 8. 2. 85, 3); **Re|vo|lu|ti|ons|ge|richt,** das (Politik): *Gericht einer Revolutionsregierung;* **Re|vo|lu|ti|ons|rat,** der (Politik): *im Gefolge eines revolutionären Umsturzes sich bildende Gruppe, die die Macht ausübt;* **Re|vo|lu|ti|ons|re|gie|rung,** die: *Regierung, die aus einer Revolution* (1) *hervorgegangen ist;* **Re|vo|lu|ti|ons|tri|bu|nal,** das: *während einer Revolution* (1) *eingesetzter Gerichtshof zur Aburteilung politischer Gegner:* das R. der Französischen Revolution; die -e haben bereits Tausende von Todesurteilen verhängt; **Re|vo|lu|ti|ons|zeit,** die: *Zeit, in der eine Revolution* (1) *stattfindet;* **Re|vo|luz|zer,** der; -s, - [ital. rivoluzionario, zu: rivoluzione = Revolution < spätlat. revolutio, ↑ Revolution] (abwertend): *jmd., der sich [bes. mit Worten, in nicht ernst zu nehmender Weise] als revolutionär* (1) *gebärdet:* Engholm ist kein R. Der schaltet nicht alle Atomkraftwerke ab, wenn er Kanzler wird (natur 10, 1991, 44); **Re|vo|luz|ze|rin,** die; -, -nen (abwertend): w. Form zu ↑ Revoluzzer; **Re|vo|luz|zer|tum,** das ⟨o. Pl.⟩ (abwertend): *Wesen, Verhalten eines Revoluzzers:* nicht klugschwätzen, keine Besserwisserei, keinerlei R. (Zwerenz, Quadriga 286).

Re|vol|ver, der; -s, - [engl. revolver, zu: to revolve = drehen < lat. revolvere, ↑ revoltieren; nach der sich drehenden Trommel]: **1.** *Faustfeuerwaffe, bei der sich die Patronen in einer drehbar hinter dem Lauf angeordneten Trommel befinden:* ein geladener, entsicherter R.; den R. laden, entsichern, abdrücken, ziehen, auf jmdn. richten; Er richtet den R. gegen sich, als er die Bindung an die Welt verloren hat (Goldschmit, Genius 163); jmdn. mit dem R. bedrohen. **2.** kurz für ↑ Revolverkopf; **Re|vol|ver|bank,** die ⟨Pl. ...bänke⟩ (Technik): *Revolverdrehbank;* **Re|vol|ver|blatt,** das (abwertend): *reißerisch aufgemachte Zeitung, die in der Hauptsache unsachlich von zu Sensationen aufgebauschten Vorkommnissen u. Kriminalfällen berichtet;* **Re|vol|ver|blätt|chen,** das (abwertend): vgl. Revolverblatt; **Re|vol|ver|dreh|bank,** die: *Drehbank, die mit einem Revolverkopf ausgerüstet ist;* **Re|vol|ver|dre|her,** der: *Facharbeiter, der an einer Revolverdrehbank serienmäßig hergestellte Teile aus Metall od. Kunststoff bearbeitet* (Berufsbez.); **Re|vol|ver|ge|schütz,** das: vgl. Revolvergewehr; **Re|vol|ver|ge|wehr,** das: *Gewehr mit einer hinter dem Lauf angeordneten Trommel für die Patronen;* **Re|vol|ver|held,** der (abwertend): *jmd., der sich leicht in Streitereien verwickelt u. dann bedenkenlos um sich schießt:* ein übler R. sein; John Fords schönster Western ... ein sarkastischer Abgesang auf den Mythos des -en (Spiegel 35, 1979, 202); **Re|vol|ver|kopf,** der (Technik): *drehbare Vorrichtung (an verschiedenen Geräten u. bei der Revolverdrehbank), mit deren Hilfe Zusatzgeräte od. -werkzeuge schnell nacheinander in Gebrauch genommen werden können;* **Re|vol|ver|ku|gel,** die: vgl. Kanonenkugel; **Re|vol|ver|pres|se,** die (abwertend): vgl. Revolverblatt; **Re|vol|ver|schal|tung,** die: *Krückstockschaltung;* **Re|vol|ver|schnau|ze,** die (ugs. abwertend): **1.** *freche Redeweise (mit der jmd. über andere herfällt):* er hat eine R. **2.** *Mensch mit einer Revolverschnauze* (1): er ist eine richtige R.; **Re|vol|ver|schuß,** der: *Schuß aus einem Revolver* (1); **Re|vol|ver|ta|sche,** die: *[am Gürtel getragene] Tasche für den Revolver* (1); **re|vol|vie|ren** ⟨sw. V.; hat⟩ [lat. revolvere, ↑ revoltieren]: **a)** (Technik) *zurückdrehen;* **b)** (Wirtsch.) *in bestimmter Reihenfolge wiederkehren, sich wiederholen, erneuert werden:* revolvierender Kredit *(Revolvingkredit* 1); Sie (= die Weltbank) gewährt zweckgebundene Kredite, die zurückgezahlt werden müssen, damit das Kapital revolviert und nicht versickert (Enzensberger, Mittelmaß 164); **Re|vol|ving|ge|schäft** [rɪ'vɔlvɪŋ-], das (Wirtsch.): *mit Hilfe von Revolvingkrediten finanziertes Geschäft;* **Re|vol|ving|kre|dit,** der [engl. revolving credit] (Wirtsch.): **1.** *Kredit, der der Liquidität des Kreditnehmers entsprechend zurückgezahlt u. bis zu einer vereinbarten Höhe erneut in Anspruch genommen werden kann.* **2.** *(zur Finanzierung langfristiger Projekte) Kredit in Form von immer wieder prolongierten od. durch verschiedene Gläubiger gewährten formal kurzfristigen Krediten;* **Re|vol|ving|sy|stem,** das (Wirtsch.): *Finanzierung langfristiger Projekte über Revolvingkredite* (2).

re|vo|zie|ren ⟨sw. V.; hat⟩ [lat. revocare] (bildungsspr.): *sein Wort, eine Äußerung o. ä. zurücknehmen, widerrufen:* seine Behauptungen r.; (selten auch ohne Akk.-Obj.:) Drei Tage darauf mußte von Hase r. (Spiegel 49, 1965, 39).

Re|vue [rə'vy:, auch: rə...], die; -, -n [...y:ən; frz. revue, eigtl. = das noch einmal Angesehene, subst. 2. Part. von: revoir = wiedersehen < lat. revidere = wieder hinsehen]: **1. a)** *musikalisches Ausstattungsstück mit einer Programmfolge von sängerischen, tänzerischen u. artistischen Darbietungen, die untereinander durch eine lose Rahmenhandlung zusammengehalten werden:* eine R. einstudieren, ausstatten, inszenieren; in einer R.

auftreten; **b)** *Truppe, die eine Revue (1 a) darbietet:* die R. gastiert in vielen Städten. **2.** *[Bestandteil des Titels einer] Zeitschrift, die einen allgemeinen Überblick über ein bestimmtes [Fach]gebiet gibt:* eine wissenschaftliche, literarische R. **3.** (Milit. veraltet) *Truppenschau, Parade:* eine R. abnehmen; * *etw.*, *jmdn.* **R. passieren lassen** (*etw. in seinem Ablauf, Personen [in einer Abfolge] in Gedanken noch einmal an sich vorbeiziehen lassen;* viell. nach frz. passer les troupes en revue = Truppen paradieren lassen): er ließ die Ereignisse der vergangenen Tage, die Menschen, die ihm begegnet waren, noch einmal R. passieren; So ließ Helmut Schmidt 30 Jahre Bundesrepublik R. passieren, pries die soziale Marktwirtschaft ... (MM 18. 5. 79, 2); ◆ Bei der nächsten R. in der Gegend von D... soll das Monument ... errichtet und eingeweiht werden (Cl. Brentano, Kasperl 378); **Re|vue|film,** der: *verfilmte Revue (1 a);* **Re|vue|girl,** das: *zu einer Revue (1 b) gehörende Tänzerin;* **Re|vue|star,** der: vgl. Revuegirl; **Re|vue|tän|zer,** der: *zu einer Revue (1 b) gehörender Tänzer;* **Re|vue|tän|ze|rin,** die: *vgl. Revuegirl;* **Re|vue|thea|ter,** das: *Theater, an dem vorwiegend Revuen (1 a) gespielt werden.*
Re|wach, der; -s [jidd. rewech]: *Reibach.*
Re|wri|ter [riˈraɪtɐ], der; -s, - [engl. rewriter, zu: to rewrite = für eine Veröffentlichung bearbeiten]: *jmd., der Nachrichten, Berichte, politische Reden u. Aufsätze o. ä. für die Veröffentlichung bearbeitet.*
¹**Rex,** der; -, Reges [ˈreːɡeːs] [lat. rex = Lenker, König, zu: regere, ↑regieren]: *[altrömischer] Königstitel:* R. christianissimus *(Allerchristlichster König).*
²**Rex,** der; -, -e ⟨Pl. selten⟩ (Schülerspr.): *Direx.*
Rex|ap|pa|rat Ⓦ, der; -[e]s, -e (österr.): *Einwecktopf.*
Rex|be|we|gung, die; - [nach der Entstehung aus der kath. Bewegung um das Verlagsnamen Christus Rex]: *(in den 30er Jahren des 20. Jh.s entstandene) faschistische Bewegung in Belgien.*
Rex|glas Ⓦ, das; -es, ...gläser (österr.): *Einweckglas.*
Rex|ka|nin|chen, das [zu ↑¹Rex]: *Hauskaninchen mit sehr weichem, teils samtartigem, senkrecht stehendem Haar;* **Rex|kat|ze,** die: *Kurzhaarkatze mit gewelltem bis lockigem Fell;* **Rex sa|cro|rum,** der; - - [lat. rex sacrorum = Opferkönig]: *(im altrömischen Kult) vornehmster, jedoch politisch völlig bedeutungsloser Priester.*
Reyk|ja|vík [ˈrɛikjaviːk, auch: ˈraikjaviːk, ...vɪk]: *Hauptstadt von Island.*
Rey|on [rɛˈjõː], der od. das; - [engl. rayon, frz. rayonne < frz. rayon = Strahl, zu lat. radius, ↑Radius; nach dem glänzenden Aussehen] (veraltet): *Viskose.*
Rez-de-chaus|sée [redɔʃoˈseː], das; -, - [frz. rez-de-chaussée, eigtl. = in Höhe der Straße] (veraltet): *Erdgeschoß.*
Re|ze|dent, der; -en, -en ⟨meist Pl.⟩ [zu lat. recedens (Gen.: recedentis), eigtl. = der Zurückweichende, 1. Part. von: recedere, ↑Rezeß] (Biol.): *Organismus, der in einer Pflanzen- od. Tiergesellschaft sehr zahlreich vertreten ist, jedoch an der gesamten Biomasse nur einen geringen Anteil hat.*

Re|zen|sent, der; -en, -en [zu lat. recensens (Gen.: recensentis), 1. Part. von recensere, ↑rezensieren]: *Verfasser einer Rezension (1):* das Buch, die Aufführung wurde von den -en sehr unterschiedlich beurteilt; **Re|zen|sen|tin,** die; -, -nen: w. Form zu ↑Rezensent; **re|zen|sie|ren** ⟨sw. V.; hat⟩ [lat. recensere = sorgfältig prüfen, aus: re- = wieder, zurück u. censere = begutachten, einschätzen]: *(eine [wissenschaftliche] Arbeit o. ä.) kritisch besprechen:* er rezensiert ein Buch, einen Film, eine Theateraufführung r.; **Re|zen|sie|rung,** die; -, -en (selten): *das Rezensieren;* **Re|zen|si|on,** die; -, -en [lat. recensio = Musterung, zu: recensere, ↑rezensieren]: **1.** *kritische Besprechung eines Buches, einer wissenschaftlichen Veröffentlichung, künstlerischen Darbietung o. ä., bes. in einer Zeitung od. Zeitschrift:* eine ausführliche, sachkundige R.; der Film bekam gute -en (wurde allgemein positiv beurteilt); er lieferte -en über pädagogische und germanistische Schriften; Auf der Rückfahrt wurde ihr eine Mappe mit den bisher über ihr Buch erschienenen -en in die Hand gedrückt (Rolf Schneider, November 121). **2.** (Fachspr.) *berichtigende Durchsicht eines alten [mehrfach überlieferten] Textes; Herstellung einer dem Urtext möglichst nahekommenden Fassung;* **Re|zen|si|ons|ex|em|plar, Re|zen|si|ons|stück,** das: *einzelnes Exemplar einer Neuerscheinung, das der Verlag als Freiexemplar verschickt, damit es rezensiert wird.*
re|zent ⟨Adj.; -er, -este⟩ [lat. recens (Gen.: recentis) = jung; 2: aus der mlat. Apothekerspr., eigtl. wohl = „erfrischend"]: **1.** (Biol.) *gegenwärtig [noch] lebend, auftretend od. sich bildend:* -e Formationen, Tiere, Pflanzen; unter -en standortlichen Bedingungen (Mantel, Wald 100); Ü eine als r. *(entwicklungsfähig)* anzusehende Theorie. **2.** (landsch.) *pikant, säuerlich:* eine -e Speise; die Mixed Pickles sind sehr r.
Re|ze|pis|se ⟨österr.: ...ˈpɪs⟩, das; -[s], -, (österr.:) die; -, -n [lat. recepisse (Inf. Perf.) = erhalten zu haben, zu: recipere, ↑rezipieren] (Postw. österr., sonst veraltet): *Empfangsbestätigung, -bescheinigung;* **Re|zept,** das; -[e]s, -e [spätmhd. recept < mlat. receptum, eigtl. = (es wurde) genommen, 2. Part. von (m)lat. recipere, ↑rezipieren, urspr. Bestätigung des Apothekers für das ↑recipe des Arztes auf dessen schriftlicher Verordnung]: **1.** *schriftliche Anweisung des Arztes an den Apotheker zur Abgabe, gegebenenfalls auch Herstellung, bestimmter Arzneimittel:* ein gefälschtes R.; ein R. ausstellen, ausstellen lassen; das gibt es nur auf R.; den Arzt um ein R. bitten; Ü ein R. gegen Langeweile; Die -e der Zukunft könnten ... lauten: Markt- und Personalorientierung, strategisches, konzeptionelles Denken (Schweizer Maschinenbau 16. 8. 83, 57); dafür gibt es [noch] kein R. **2.** *Anleitung zur Zubereitung eines Gerichts o. ä. mit Mengenangaben für die einzelnen Zutaten; Koch-, Backrezept:* ein R. aus einem alten Kochbuch; ein R. abschreiben, ausprobieren; Er blickte in alle Töpfe und tauschte lange -e mit Tantine aus (Salomon, Boche 70); Ü ein taktisches R.; nach bewährtem R.; **Re|zept|block,** der; ⟨Pl. ...blöcke u. -s⟩: *Block (5) zum Ausschreiben von Rezepten (1);* **Re|zept|buch,** das: *Buch mit Rezepten (2);* **Re|zept|for|mel,** die (Pharm.): *chemische Formel für eine Arznei;* **re|zept|frei** ⟨Adj.⟩: *ohne Rezept (1) [erhältlich]:* ein -es Schlafmittel; dieses Medikament kann r. abgegeben werden; **re|zep|ti|bel** ⟨Adj.⟩ [lat. receptibilis = wiederanlangbar, annehmbar] (veraltet): *empfänglich;* **Re|zep|ti|bi|li|tät,** die; - (veraltet): *Empfänglichkeit;* **re|zep|tie|ren** ⟨sw. V.; hat⟩: *(als Arzt) ein Rezept (1) ausschreiben:* jmdm. ein Medikament r.; dieser Arzt rezeptiert sehr gewissenhaft; das rezeptierte Mittel in der Apotheke holen; **Re|zep|tie|rung,** die; -, -en: *das Rezeptieren; Verordnung (2):* der Staat bleibt mißtrauisch, er erschwert die R. durch umfangreiche Kontrollen für Ärzte und Apotheker (Zeit 3. 4. 92, 97); **Re|zep|ti|on,** die; -, -en [lat. receptio = Aufnahme, zu: recipere, ↑rezipieren; 3: frz. réception < lat. receptio]: **1.** *Auf-, Übernahme fremden Gedanken-, Kulturguts:* die R. des römischen Rechts. **2.** *verstehende Aufnahme eines Kunstwerks, Textes durch den Betrachter, Leser od. Hörer:* Der Roman erlaubt die am meisten isolierende, extrem private und individuelle R. von Literatur (Greiner, Trivialroman 21); Mit der R. der aristotelischen Schriften ... erhält die Lehre der Politik an den europäischen Universitäten seit dem 13. Jh. ihre feste Form (Fraenkel, Staat 264). **3.** *Aufnahme[raum], Empfangsbüro im Foyer eines Hotels:* die R. ist im Augenblick nicht besetzt; sie meldete den Verlust des Schlüssels der R.; an der R. nach einem Zimmer fragen; An der R. quirlte es von Menschen (Weber, Tote 14); bitte bei der R. melden!; **Re|zep|tio|nist,** der; -en, -en: *jmd., der in der Rezeption (3) arbeitet;* **Re|zep|tio|ni|stin,** die; -, -nen: w. Form zu ↑Rezeptionist; **Re|zep|ti|ons|äs|the|tik,** die ⟨o. Pl.⟩: *Richtung in der modernen Literatur-, Kunst- u. Musikwissenschaft, die sich mit der Wechselwirkung zwischen dem, was ein Kunstwerk an Gehalt, Bedeutung usw. anbietet, u. dem Erwartungshorizont sowie der Verständnisbereitschaft des Rezipienten befaßt;* **re|zep|ti|ons|äs|the|tisch** ⟨Adj.⟩: *die Rezeptionsästhetik betreffend, von ihr ausgehend:* die -e Betrachtungsweise; **Re|zep|ti|ons|ge|schich|te,** die ⟨o. Pl.⟩: *Geschichte der Rezeption (2) eines Kunstwerks innerhalb eines größeren Zeitraums:* Im Falle der in den Jahren 1966/67 komponierten 7. Sinfonie gab die R. dieses Werks wesentliche Hinweise für dessen Semantik (Melos 3, 1984, 104); **Re|zep|ti|ons|pro|zeß,** der: *Prozeß der Rezeption (1, 2) von etw.;* **re|zep|tiv** ⟨Adj.⟩: *[nur] aufnehmend, empfangend; empfänglich:* -es Verhalten; Die Einheit von aktiver kultureller schöpferischer Tätigkeit und r. er Begegnung mit Kunst und Kultur ... (NNN 25. 9. 87, 6); **Re|zep|ti|vi|tät,** die; -: *Aufnahmefähigkeit, Empfänglichkeit [für Sinneseindrücke];* **Re|zep|tor,** der; -s, ...oren

rezeptorisch

⟨meist Pl.⟩ [lat. receptor = Aufnehmer] (Biol., Physiol.)): **1.** *Ende einer Nervenfaser od. spezialisierte Zelle, die Reize aufnehmen u. in Erregungen umwandeln kann:* Sie (= Lymphozyten) tragen auf der Zellenmembran -en für Antigene, z. B. Viren und Bakterien (NZZ 23. 12. 83, 7). ♦ **2.** *Steuereinnehmer:* Der R. ... fühlte nach seinen urkundlichen Papieren in der Tasche, merkte an ihrem Knittern, daß sie noch darin seien und schlich vom Hofe (Immermann, Münchhausen 165); **re|zep|to|risch** ⟨Adj.⟩ (Biol., Physiol.): *Rezeptoren (1) betreffend; von ihnen aufgenommen;* **Re|zept|pflicht,** die ⟨o. Pl.⟩: *Verschreibungspflicht;* **re|zept|pflich|tig** ⟨Adj.⟩: *verschreibungspflichtig:* ein -es Medikament; **Re|zep|tur,** die; -, -en: **1.** (Pharm.) **a)** *Zubereitung von Arzneimitteln nach Rezept:* Kenntnisse in der R.; **b)** *Arbeitsraum in einer Apotheke zur Herstellung von Arzneimitteln:* Er ging nach hinten in die R. (Kemelman [Übers.], Mittwoch 103). **2.** *Zusammensetzung eines Arznei-, Pflege-, Nahrungs-, Genußmittels o. ä. nach bestimmter Anweisung:* Dann ließ er sich die R. für das Blütenparfum auf einen Zettel schreiben (Süskind, Parfum 201); Für ein erfolgreiches Recycling der Geräte müßte man jedoch die -en der verwendeten Kunststoffe kennen (natur 3, 1991, 99). **3.** (veraltet) *Einnahme von Steuern.*
Re|zeß, der; ...zesses, ...zesse [lat. recessus = Rückzug, subst. 2. Part. von: recedere = zurückweichen, -gehen, aus: re- = zurück, wieder u. cedere = weichen] (veraltet): *Auseinandersetzung, Vergleich, [schriftlich fixiertes] Verhandlungsergebnis;* **Re|zes|si|on,** die; -, -en [engl. recession < lat. recessio = das Zurückgehen, zu: recedere, ↑Rezeß] (Wirtsch.): *leichter Rückgang der Konjunktur:* Wir hatten eine wirtschaftliche R. und die Gefahr einer drohenden Arbeitslosigkeit zu bewältigen (Bundestag 189, 1968, 10206); in der R. nimmt die Arbeitslosigkeit zu und die Neigung zu Investitionen ab; Wenn zum Beispiel ein Mensch in der R. seine Stelle verliert, dann hat er eben Grund, sich nicht dafür die Schuld zu geben (Schreiber, Krise 65); **Re|zes|si|ons|pha|se,** die (Wirtsch.): *Phase der Rezession;* **re|zes|siv** ⟨Adj.⟩: **1.** (Biol.) *(von Erbfaktoren) zurücktretend; in Erscheinung tretend.* **2.** (selten) *die Rezession betreffend:* -e Maßnahmen; **Re|zes|si|vi|tät,** die; - (Biol.): *Eigenschaft eines Gens od. des entsprechenden Merkmals, im Erscheinungsbild eines Lebewesens nicht hervorzutreten.*
re|zi|div ⟨Adj.⟩ [lat. recidivus, zu: recidere = zurückkommen] (Med.): *(von Krankheiten, Krankheitssymptomen) wiederkehrend, wiederauflebend:* -e Schmerzen; **Re|zi|div,** das; -s, -e (Med.): *Rückfall:* aus verstreuten Krebszellen können -e entstehen; Denn natürlich sagt ein vereinzeltes R. nichts gegen die Qualität eines Operateurs (Hackethal, Schneide 67); **re|zi|di|vie|ren** ⟨sw. V.; hat⟩ (Med.): *(von Krankheiten) in Abständen wiederkehren.*
Re|zi|pi|ent, der; -en, -en [zu lat. recipiens (Gen.: recipientis; 1. Part. von: recipere,

↑rezipieren]: **1.** (Kommunikationsf.) *jmd., der einen Text, ein Werk der bildenden Kunst, ein Musikstück o. ä. rezipiert* (b); *Hörer, Leser, Betrachter.* **2.** (Physik) *Glasglocke od. Stahlzylinder mit Ansatzrohr für eine Vakuumpumpe zum Herstellen eines luftleeren Raumes;* **Re|zi|pi|en|ten|ana|ly|se,** die (Kommunikationsf.): *Analyse des Verhaltens der Rezipienten (1) im Kommunikationsprozeß;* **Re|zi|pi|en|tin,** die; -, -nen: w. Form zu ↑Rezipient (1); **re|zi|pie|ren** ⟨sw. V.; hat⟩ [lat. recipere = ein-, aufnehmen]: **a)** *fremdes Gedanken-, Kulturgut aufnehmen, übernehmen:* Die Ideen der Hippie-Kultur wurden also schnell in Dänemark rezipiert (Wohngruppe 23); **b)** *einen Text, ein Kunstwerk als Leser, Hörer od. Betrachter aufnehmen:* Sein ... Buch „Der Krebs" wurde jedoch sowohl von Profis als auch von Außenseitern der Krebsforschung so gut wie gar nicht rezipiert (Spiegel 47, 1977, 7).
re|zi|prok ⟨Adj.⟩ [(frz. réciproque <) lat. reciprocus = auf demselben Wege zurückkehrend] (Fachspr.): *wechselseitig, gegenseitig [erfolgend], aufeinander bezüglich:* -e Verhältnisse; die Brüche $\frac{3}{4}$ und $\frac{4}{3}$ sind r., ergeben daher miteinander multipliziert den Wert 1; reflexive Pronomen können r. gebraucht werden; ... aber es war im Einfluß in -em Sinne (Reich-Ranicki, Th. Mann 235); -er Wert (Math.; *Kehrwert);* -e Kreuzung (Biol.; *Bastardierung, bei der das weibliche Geschlecht des einen mit dem männlichen Geschlecht des anderen Genotyps gekreuzt wird u. umgekehrt);* **Re|zi|prok|pro|no|men,** das (Sprachw.): *Pronomen, mit dem eine wechselseitige Beziehung ausgedrückt wird* (z. B. „sich" in der Bed. „einander"); **Re|zi|pro|zi|tät,** die; - (Fachspr.): *Gegen-, Wechselseitigkeit, Wechselbezüglichkeit:* Was das deutsch-tschechoslowakische Verhältnis betrifft, so vermißt man die R. - etwa in der gegenseitigen Einhaltung der Helsinki-Schlußakte (Welt 6. 2. 86, 2).
Re|zi|tal: ↑Recital; **Re|zi|ta|ti|on,** die; -, -en [lat. recitatio = das Vorlesen, zu: recitare, ↑rezitieren]: *künstlerischer Vortrag einer Dichtung:* seine R. wirkte zu übertrieben; die Kunst der R.; **Re|zi|ta|ti|ons|abend,** der: *Abendveranstaltung mit Rezitationen;* **Re|zi|ta|tiv,** das; -s, -e [ital. recitativo, zu: recitare < lat. recitare, ↑rezitieren]: *solistischer, instrumental begleiteter Sprechgesang (in einer Oper[ette], Kantate, einem Oratorium):* ein dramatisches R.; als nächstes hören wir R. und Arie von Ännchen aus der Oper „Der Freischütz"; **re|zi|ta|ti|visch** ⟨Adj.⟩: *in der Art eines Rezitativs [vorgetragen];* **Re|zi|ta|tor,** der; -s, ...oren [lat. recitator = Vorleser, zu: recitare, ↑rezitieren]: *jmd., der rezitiert;* **Re|zi|ta|to|rin,** die; -, -nen: w. Form zu ↑Rezitator; **re|zi|ta|to|risch** ⟨Adj.⟩: *den Rezitator, die Rezitation betreffend;* **re|zi|tie|ren** ⟨sw. V.; hat⟩ [lat. recitare = vortragen, aus: re- = zurück, wieder u. citare = auf-, anrufen, hören lassen]: *eine Dichtung, ein literarisches Werk künstlerisch vortragen:* Gedichte r.; er rezitierte aus einem neuen Roman; rezitiert oft und gern.

Re|zy|klat, Recyclat, das; -[e]s, -e: *Produkt eines Recyclingprozesses:* ... gegebenenfalls von Metallen getrennt, feingemahlen und als sogenanntes R. wieder in den Produktionsprozeß eingeschleust (MM 12. 8. 92, 3); **re|zy|klie|ren** ⟨sw. V.; sein⟩ [zu lat. re- = wieder, zurück u. ↑Zyklus]: *recyceln:* Einen Teil davon (= von dem Altöl) vernichten oder rezyklieren die Firmen selbst (Rhein. Merkur 2. 2. 85, 36).
rf., rfz. = rinforzando.
R-Ge|spräch, das; -[e]s, -e [R = Rückfrage] (Postw.): *Ferngespräch, bei dem die Gebühren (nach vorheriger Rückfrage durch die Post) vom Angerufenen übernommen werden.*
Rgt. = Regiment.
RGW: (bis 1991) Rat für gegenseitige Wirtschaftshilfe; (↑COMECON).
rh, ¹Rh: ↑Rhesusfaktor.
²Rh = Rhodium.
¹Rha|bar|ber, der; -s [ital. rabarbaro (älter: reubarbaro) < mlat. rheu barbarum (rha barbarum), eigtl. = fremdländische Wurzel, zu spätlat. r(h)eum = Wurzel (< spätgriech. rhã, rhẽon) u. lat. barbarus = fremdländisch < griech. bárbaros]: **a)** *(als Staude wachsende) großblättrige Pflanze mit langen, fleischigen Blattstielen von grüner bis hellroter Farbe;* **b)** *säuerlich schmeckende Blattstiele des ¹Rhabarbers (a), aus denen man Kompott u. ä. zubereitet:* auf dem Markt R. kaufen; Grießbrei mit R. *(Rhabarberkompott);* **²Rha|bar|ber,** das; -s [lautm., wegen der lautl. Ähnlichkeit angelehnt an ↑¹Rhabarber] (ugs.): *unverständliches, undeutliches Gemurmel:* Die Menge geht unter lebhaftem Rh. ab (Kisch, Reporter 97); sie murmelten R., R.; **Rha|bar|ber|kalt|schale,** die: *mit ¹Rhabarber (b) zubereitete Kaltschale;* **Rha|bar|ber|kom|pott,** das: *als Kompott zubereiteter ¹Rhabarber (b);* **Rha|bar|ber|ku|chen,** der: *mit ¹Rhabarber (b) belegter Kuchen.*
rhab|doi|disch ⟨Adj.⟩ [griech. rhabdoeidḗs, zu: rhábdos (↑Rhabdom) u. -oeidḗs = ähnlich] (Med., Biol.): *stabförmig;* **Rhab|dom,** das; -s, -e [zu griech. rhábdos = Stab, Rute] (Anat.): *Stäbchen (3) u. Zapfen (6) in der Netzhaut des Auges;* **Rhab|do|man|tie,** die; - [griech. rhabdomanteía, zu: manteía = das Weissagen; Orakel]: *das Wahrsagen mit geworfenen Stäbchen od. mit der Wünschelrute.*
Rha|chis, die; - [griech. rháchis = Rückgrat] (Biol.): *langgestreckte, oft spindelförmiges Gebilde (z. B. die Hauptachse eines gefiederten Blattes.*
Rha|ga|de, die; -, -n ⟨meist Pl.⟩ [zu griech. rhágas (Gen.: rhagádos) = Riß] (Med.): *kleiner Einriß in der Haut (z. B. an Händen od. Lippen infolge starker Kälte);* **rha|ga|di|form** ⟨Adj.⟩ [zu lat. forma, ↑Form] (Med.): *(von Wunden o. ä.) in Form einer Rhagade:* ein -es Ekzem.
Rham|nus, der; - [griech. rhámnos = eine Art Dornstrauch] (Bot.): *Kreuzdorn, Faulbaum, dessen Rinde u. Früchte als Abführmittel dienen.*
Rhap|so|de, der; -n, -n [griech. rhapsōdós, eigtl. = Zusammenfüger von Liedern; zu: rháptein = zusammennähen u. ōdḗ, ↑Ode]: *fahrender Sänger im alten*

Griechenland, der [epische] Dichtungen vorträgt; **Rhap|so|die,** die; -, -n [lat. rhapsodia < griech. rhapsōdía]: **1. a)** *von einem Rhapsoden vorgetragene [epische] Dichtung;* **b)** *ekstatisches Gedicht in freier Gestaltung (bes. aus der Zeit des Sturm u. Drangs):* eine lyrische R. **2.** *Instrumental- od. Vokalstück mit phantastischen, oft balladenhaften od. volksliedhaften Elementen;* **Rhap|so|dik,** die; -: *Kunst des Dichtens von Rhapsodien* (1); **rhap|so|disch** ⟨Adj.⟩: **a)** *die Rhapsodie, den Rhapsoden betreffend; in freier Form [gestaltet]:* -e Dichtung; **b)** (bildungsspr. selten) *bruchstückhaft, unzusammenhängend:* es besteht nur ein -er Zusammenhang des Ganzen.
Rhät: ↑ree.
rhe: ↑ree; **Rhe:** ↑ Ree.
Rhein, der; -[e]s: Fluß in Westeuropa; längster Fluß der Bundesrepublik Deutschland; **rhein|ab[|wärts]** ⟨Adv.⟩: *den Rhein abwärts;* **Rhein|an|ke,** Reinanke, die; -, -n [mhd. rinanke, ↑ Renken]: *Blaufelchen;* **rhein|auf[|wärts]** ⟨Adv.⟩: *den Rhein aufwärts;* **Rhein|burg,** die: *Burg am Rhein;* **Rhein|fall,** der; -[e]s: *Wasserfall des Rheins (bei Schaffhausen, Schweiz);* **Rhein|gau,** der, (landsch.:) das; -[e]s: Landschaft in Hessen; **Rhein|hes|sen;** -s: Weinbaugebiet in Rheinland-Pfalz; **rhei|nisch** ⟨Adj.⟩: zu ↑ Rhein; ⟨subst.:⟩ *er wohnt im Rheinischen (im Rheinland); im Rheinischen (im rheinischen Dialekt)* sagt man „Bützchen" statt „Küßchen"; **Rhein|kie|sel,** der: *aus dem Geröll des Rheins stammender Kiesel aus Bergkristall;* **Rhein|land,** das; -[e]s: *Gebiet zu beiden Seiten des Mittel- u. Niederrheins;* Abk.: Rhld.; **Rhein|lan|de** ⟨Pl.⟩: Siedlungsgebiete der Franken beiderseits des Rheins; **Rhein|län|der,** der; -s, -: **1.** Ew. **2.** *der Polka ähnlicher Paartanz im $^2/_4$-Takt:* Auch der Kanzler tanzt R. (MM 18. 3. 81, 10); **Rhein|län|de|rin,** die; -, -nen: w. Form zu ↑ Rheinländer (1); **rhein|län|disch** ⟨Adj.⟩: zu ↑ Rheinland; **Rhein|land-Pfalz:** Bundesland der Bundesrepublik Deutschland; **rhein|land-pfäl|zisch** ⟨Adj.⟩: zu ↑ Rheinland-Pfalz; **Rhein|pro|vinz,** die; -: *ehemalige preußische Provinz beiderseits des Mittel- u. Niederrheins;* **Rhein|rei|se,** die: *Reise am od. auf dem Rhein;* **Rhein|ro|man|tik,** die; -: *am Rhein lokalisierte Romantik* (1 b); **Rhein|sand,** der ⟨o. Pl.⟩: *aus dem Rhein gewonnener Sand;* **Rhein|schiffahrt**[1]**,** die: *Schiffsverkehr auf dem Rhein;* **Rhein|schna|ke,** die: *(bes. in den Auwäldern des Rheins vorkommende) Stechmücke;* **Rhein|sei|te,** die: vgl. Rheinufer; **Rhein|tal,** das: *Tal des Rheins;* **Rhein|ufer,** das: *Ufer längs des Rheins;* **Rhein|wald,** das; -s: *oberste Talstufe des Hinterrheins;* **Rhein|wein,** der: *am Rhein angebauter Wein.*
Rhe|ma, das; -s, -ta [griech. rhêma = Aussage] (Sprachw.): *Teil des Satzes, der den Kern der Aussage, den Hauptinhalt der Mitteilung trägt, das Neue ausdrückt (z. B. gestern kam Klaus zu Besuch);* **rhe|ma|tisch** ⟨Adj.⟩ (Sprachw.): *das Rhema betreffend;* **Rhe|ma|ti|sie|rung,** die; -, -en (Sprachw.): *Übertragung einer rhematischen Funktion auf ein thematisches Element, wobei das Rhema eines Satzes zum Thema des nächsten wird (z. B. sie trägt ein Baumwollkleid. Es ist bunt gemustert).*
rhe|na|nisch ⟨Adj.⟩ (bildungsspr. veraltet): *rheinisch;* **Rhe|ni|um,** das; -s [zu lat. Rhenus = Rhein, von seinem Entdecker, dem dt. Physikochemiker W. Noddack (1893–1960) so benannt nach der rhein. Heimat seiner Frau]: *weißglänzendes, sehr hartes Schwermetall von großer Dichte, das als Bestandteil chemisch besonders widerstandsfähiger Legierungen Verwendung findet (chemischer Grundstoff;* Zeichen: Re).
rheo-, Rheo- [zu griech. rhéos = das Fließen, zu: rhein = fließen] ⟨Best. in Zus. mit der Bed.⟩: *Fluß, Strom, Wasser* (z. B. rheobiont, Rheologie); **Rheo|ba|se,** die; -, -n [↑ Basis] (Physiol.): *geringste Stromstärke, die noch eine Erregung einer Zelle auszulösen vermag;* **rheo|bi|ont** ⟨Adj.⟩ [zum 2. Bestandteil vgl. Aerobiont] (Biol.): *(von Fischen) nur in strömenden [Süß]gewässern lebend;* **Rheo|bi|ont,** der; -en, -en (Biol.): *in strömenden Gewässern lebender Organismus;* **Rheo|gra|phie,** die; -, -n [↑-graphie] (Med.): *Verfahren zur Beurteilung peripherer Gefäße* (2 a); **Rheo|kar|dio|gra|phie,** die; -, -en (Med.): *der Erfassung mechanischer u. elektrischer Erscheinungen der Herztätigkeit dienende Registrierung des Widerstandes, der einem elektrischen Strom beim Durchfließen des Brustkorbs geleistet wird;* **Rheo|lo|ge,** der; -n, -n [↑-loge]: *Wissenschaftler auf dem Gebiet der Rheologie;* **Rheo|lo|gie,** die; - [↑ -logie]: *Teilgebiet der Physik, das sich mit den Erscheinungen, die beim Fließen u. Verformen von Stoffen unter Einwirkung äußerer Kräfte auftreten, befaßt;* **Rheo|lo|gin,** die; -, -nen: w. Form zu ↑ Rheologe; **rheo|lo|gisch** ⟨Adj.⟩: *die Rheologie betreffend, dazu gehörend;* **Rheo|me|ter,** das; -s, - [↑-meter (1)]: **1.** (veraltet) *Strommesser.* **2.** *bestimmtes Viskosimeter;* **Rheo|me|trie,** die; - [↑-metrie]: *Meßtechnik der Rheologie;* **Rheo|pe|xie,** die; - [zu griech. pēxis = das Befestigen, Zusammenfügen] (Physik): *das Erstarren viskoser Stoffe bei mechanischer Beanspruchung zu festen Gelen od. Massen;* **rheo|phil** ⟨Adj.⟩ [zu griech. phileīn = lieben] (Biol.): *vorzugsweise in strömendem Wasser lebend;* **Rheo|stat,** der; -[e]s u. -en, -e[n] [zu griech. statós = gestellt, stehend] (Physik): *stufenweise veränderlicher elektrischer Widerstand für genaueste Messungen;* **Rheo|ta|xis,** die; -, -xen [↑ ¹Taxis] (Biol.): *Fähigkeit eines Tieres, seine Körperachse in Richtung der Wasserströmung einzustellen;* **Rheo|tron** [...tro:n], das; -s, ...one, auch: -s: *Betatron;* **Rheo|tro|pis|mus,** der; -, ...men [↑ Tropismus] (Bot.): *durch strömendes Wasser beeinflußte Richtung des Wachstums von Pflanzenteilen.*
Rhe|sis, die; -, ...sen [griech. rhēsis = das Sagen, Sprechen; Rede] (Literaturw.): *längere Rede einer Einzelperson im antiken griechischen Drama.*
Rhe|sus, der; -, - [von dem frz. Naturforscher J.-B. Audebert (1759–1800) geb. nach dem Namen des thrakischen Sagenkönigs Rhesus]: *Rhesusaffe;* **Rhe|sus|af|fe,** der: *(zu den Meerkatzen gehörender, in Süd- u. Ostasien in Horden lebender) Affe mit bräunlichem Fell, rotem Gesäß u. langem Schwanz;* **Rhe|sus|fak|tor,** der ⟨o. Pl.⟩ (Med.): *(zuerst beim Rhesusaffen entdeckter) dominant erblicher Faktor der roten Blutkörperchen, dessen Vorhandensein od. Fehlen neben der Blutgruppe wichtiges Bestimmungsmerkmal beim Menschen ist, um Komplikationen bei Schwangerschaften u. Transfusionen vorzubeugen:* R. negativ *(fehlender Rhesusfaktor;* Zeichen: rh); R. positiv *(vorhandener Rhesusfaktor;* Zeichen: Rh).
Rhe|tor, der; -s, ...oren [lat. rhetor < griech. rhḗtōr, zu: eírein = sagen, sprechen]: *Redner, Meister der Redekunst [im alten Griechenland];* **Rhe|to|rik,** die; -, -en [mhd. rhetorick < lat. rhetorica (ars) < griech. rhētorikḗ (téchnē)]: **a)** ⟨Pl. ungebr.⟩ *Redekunst;* **b)** *Lehre von der wirkungsvollen Gestaltung der Rede;* **c)** *Lehrbuch der Redekunst;* **Rhe|to|ri|ker,** der; -s, -: *Redner, der die Rhetorik* (a) *beherrscht;* **Rhe|to|ri|ke|rin,** die; -, -nen: w. Form zu ↑ Rhetoriker; **rhe|to|risch** ⟨Adj.⟩ [lat. rhetoricus < griech. rhētorikós]: **a)** *die Rhetorik betreffend:* -e Figuren *(Redefiguren);* die Frage ist rein r. *(um der Wirkung willen gestellt, ohne daß eine Antwort erwartet wird);* **b)** *die Redeweise betreffend:* mit -em Schwung; einen -en Vergleich nicht scheuen; **c)** *phrasenhaft, schönrednerisch:* -es Gefasel.
Rheu|ma, das; -s (ugs.): *Kurzform von* ↑ Rheumatismus: R. haben; mein R. plagt mich wieder; an R. leiden; **Rheu|ma|bad,** das: *Badeort mit Heilanzeige gegen Rheumatismus;* **Rheu|ma|decke**[1]**,** die; vgl. Rheumawäsche; **Rheu|ma|di|ät,** die: *Diät für Rheumatiker;* **Rheu|ma|kno|ten,** der (Med.): *unter der Haut gelegene, durch Rheumatismus bewirkte knotenförmige Verdickung;* **Rheum|ar|thri|tis,** die; -, ...itiden [↑ Arthritis] (Med.): *Gelenkrheumatismus;* **Rheu|ma|ti|ker,** der; -s, - (Med.): *jmd., der an Rheumatismus leidet;* **Rheu|ma|ti|ke|rin,** die; -, -nen (Med.): w. Form zu ↑ Rheumatiker; **rheu|ma|tisch** ⟨Adj.⟩ [lat. rheumaticus < griech. rheumatikós] (Med.): **a)** *auf Rheumatismus beruhend, durch ihn bedingt;* **b)** *an Rheumatismus erkrankt, leidend;* **Rheu|ma|tis|mus,** der; -, ...men [lat. rheumatismus < griech. rheumatismós, eigtl. = das Fließen (der Krankheitsstoffe), zu: rheūma = das Fließen] (Med.): *schmerzhafte Erkrankung der Gelenke, Muskeln, Nerven, Sehnen:* akuter und chronischer R.; sie werden sich einen scheußlichen R. holen (Hasenclever, Die Rechtlosen 420); R. haben; ein Mittel, für, gegen R.; zu R. neigen; **rheu|ma|to|id** ⟨Adj.⟩ [zu griech. -oeidḗs = ähnlich] (Med.): *dem Rheumatismus ähnlich:* -e Arthritis; **Rheu|ma|to|id,** das; -[e]s, -e (Med.): *im Gefolge von schweren allgemeinen Erkrankungen, bes. von Infektionskrankheiten, auftretende Erkrankung mit Symptomen, die denen des Rheumatismus ähnlich sind;* **Rheu|ma|to|lo|ge,** der; -n, -n [↑-loge]: *Facharzt für rheumatische Erkrankungen;* **Rheu|ma|to|lo|gie,** die [↑-logie]: *wissenschaftli-*

che Erforschung rheumatischer Erkrankungen; **Rheu|ma|to|lo|gin,** die; -, -nen: w. Form zu ↑ Rheumatologe; **rheu|ma|to|lo|gisch** ⟨Adj.⟩: *die Rheumatologie betreffend;* **Rheu|ma|wä|sche,** die ⟨o. Pl.⟩: *gegen Rheumatismus wirkende, wärmende Unterwäsche.*

rhe|xi|gen ⟨Adj.⟩ [zu ↑ Rhexis u. ↑-gen] (Bot.): *(von lufterfüllten Interzellularräumen in pflanzlichen Geweben) durch das Zerreißen von Zellen infolge ungleich verteilten Wachstums entstanden;* **Rhe|xis,** die; -, Rhexes [griech. rhêxis = das Reißen; Riß] (Med.): *Zerreißung (z. B. eines Blutgefäßes.*

Rh-Fak|tor, der (Med.): kurz für ↑ Rhesusfaktor.

rhin-, Rhin-: ↑ rhino-, Rhino-; **Rhin|al|gie,** die; -, -n [zu griech. rhís (Gen.: rhinós) = Nase u. álgos = Schmerz] (Med.): *Schmerzen in, an der Nase;* **Rhin|al|ler|go|se,** die; -, -n [↑ Allergose] (Med.): *Heuschnupfen.*

Rhin|grave [rɛ̃'gra:v], die; -, -s [frz. rhingrave, eigtl. = Rheingraf, nach Karl Rheingraf von Salm (1651–1685), einem niederländischen Gesandten in Paris]: *(nach der Mitte d. 17. Jh.s aufgekommene) knielange Hose mit rockartig weiten, reich mit Spitzen besetzten Hosenbeinen.*

Rhi|ni|tis, die; -, ...itiden [zu griech. rhís (Gen.: rhinós) = Nase] (Med.): *Entzündung der Nasenschleimhaut;* **rhi|no-, Rhi|no-,** (vor Vokalen auch:) rhin-, Rhin- [griech. rhís (Gen.: rhinós)] ⟨Best. in Zus. mit der Bed.⟩: *Nase;* z. B. rhinogen, Rhinoskop, Rhinalgie; **Rhi|no|blen|nor|rhö, Rhi|no|blen|nor|rhöe,** die; -, ...öen [↑ Blennorrhö] (Med.): *eitrig-schleimiger Nasenkatarrh;* **rhi|no|gen** ⟨Adj.⟩ (↑-gen) (Med.): **a)** *von der Nase ausgehend;* **b)** *durch die Nase eindringend;* **Rhi|no|la|lie,** die; - [zu griech. laleîn = schwatzen, reden] (Med.): *das Näseln;* **Rhi|no|lo|ge,** der; -n, -n [↑-loge] *Facharzt auf dem Gebiet der Rhinologie;* **Rhi|no|lo|gie,** die; - [↑-logie]: *Nasenheilkunde;* **Rhi|no|lo|gin,** die; -, -nen: w. Form zu ↑ Rhinologe; **rhi|no|lo|gisch** ⟨Adj.⟩: *die Rhinologie betreffend;* **Rhi|no|pho|nie,** die; - [zu griech. phōnḗ = Stimme] (Med.): *Rhinolalie;* **Rhi|no|phym,** das; -s, -e [zu griech. phýma = Gewächs, Geschwulst] (Med.): *Knollennase;* **Rhi|no|pla|stik,** die; -, -en (Med.): *an der Nase ausgeführte Plastik (3); Nasenplastik, -korrektur;* **Rhi|nor|rha|gie,** die; -, -n [zu spätgriech. rhagḗ = Riß, zu griech. rhēgnýnai = reißen, sprengen; Analogiebildung zu ↑ Hämorrhagie] (Med.): *heftiges Nasenbluten;* **Rhi|no|skle|rom,** das; -s, -e [↑ Sklerom] (Med.): *granulomatöse Entzündung der Schleimhäute der oberen Luftwege* (2); **Rhi|no|skop,** das; -s, -e [zu griech. skopeîn = betrachten]: *Nasenspiegel* (1); **Rhi|no|sko|pie,** die; -, -n (Med.): *Untersuchung mit dem Rhinoskop;* **Rhi|no|vi|rus,** das, außerhalb der Fachspr. auch: der; -, ...viren ⟨meist Pl.⟩ (Med.): *Virus, das harmlose Erkältungskrankheiten im Nasen-Rachen-Raum hervorruft;* **Rhi|no|ze|ros,** das; -[ses], -se [mhd. rinōceros < lat. rhinoceros < griech. rhinókerōs, zu: kéras = Horn; 2: unter Anlehnung an ↑ Roß]: **1.** *Nashorn.* **2.** (salopp abwertend) *Dummkopf, Trottel.*

Rhi|thral, das; -s [zu griech. rheîthron = Fluß] (Ökologie): *Bereich der oberen Flußläufe bzw. der Bäche im Anschluß an die Quelle mit schneller Strömung;* **Rhi|thron,** das; -s (Ökologie): *Lebensgemeinschaft* (b) *des Rhithrals.*

rhi|zo-, Rhi|zo- [zu griech. rhíza] ⟨Best. in Zus. mit der Bed.⟩: *Wurzel, Sproß;* z. B. Rhizodermis; rhizoid; **Rhi|zo|der|mis,** die; -, ...men [zu griech. dérma = Hülle] (Bot.): *die Wurzel der höheren Pflanzen umgebendes Gewebe, das zur Aufnahme von Wasser u. Nährsalzen aus dem Boden dient;* **rhi|zo|id** ⟨Adj.⟩ [zu griech. -oeidḗs = ähnlich] (Bot.): *wurzelartig;* **Rhi|zo|id,** das; -[e]s, -e (Bot.): *wurzelähnliches, fadenartiges Haftorgan bei Algen u. Moosen;* **Rhi|zom,** das; -s, -e [griech. rhízōma = das Eingewurzelte] (Bot.): *unter der Erde od. dicht über dem Boden wachsender, mehrere Winter überdauernder Sproß (bei vielen Stauden), von dem nach unten die eigentlichen Wurzeln, nach oben die Blatttriebe ausgehen; Wurzelstock;* **Rhi|zo|phyt,** der; -en, -en [zu griech. phytón = Pflanze] (Bot.): *Pflanze mit echten Wurzeln (Farn- od. Samenpflanze) im Unterschied zu den Lager- od. Mooospflanzen;* **Rhi|zo|po|de,** der; -n, -n ⟨meist Pl.⟩ [zu griech. poús (Gen.: podós) = Fuß] (Biol.): *Wurzelfüßer;* **Rhi|zo|po|di|um,** das; -s, ...ien ⟨meist Pl.⟩ (Biol.): *Protoplasmafortsatz der Rhizopoden;* **Rhi|zo|sphä|re,** die; -, -n (Biol.): *die von Pflanzenwurzeln durchsetzte Schicht des Bodens.*

Rh-ne|ga|tiv ⟨Adj.⟩ (Med.): *(im Blut) den Rhesusfaktor nicht aufweisend:* eine -e Mutter.

Rho, das; -[s], -s [griech. rhô, aus dem Semit.]: *siebzehnter Buchstabe des griechischen Alphabets* (P, ρ).

Rhod|ami|ne ⟨Pl.⟩ [zu griech. rhódon = Rose u. ↑ Amin] (Chemie): *bes. in der Mikroskopie u. der Papierindustrie verwendete, synthetische, stark fluoreszierende rote Farbstoffe, die früher zum Färben von Wolle u. Seide dienten;* **Rho|dan,** das; -s [nach der roten Farbe verschiedener Lösungen] (Chemie): *einwertige Schwefel-Kohlenstoff-Stickstoff-Gruppe in chemischen Verbindungen;* **Rho|da|nid,** das; -[e]s, -e (Chemie): *Salz des Rhodans;* **Rho|dan|zahl,** die; - (Chemie): *Kennzahl für den Grad der Ungesättigtheit von Fetten u. Ölen.*

Rhode Is|land ['roud 'aɪlənd]; - -s: *Bundesstaat der USA;* **Rho|de|län|der,** das; -s, - [zu ↑ Rhode Island]: *rotbraunes, schweres Haushuhn, das auch im Winter regelmäßig Eier legt.*

Rho|de|si|en; -s: *früherer Name von* ↑ Simbabwe.

rho|di|nie|ren ⟨sw. V.; hat⟩ [zu ↑ Rhodium]: *mit einer dünnen Schicht Rhodium überziehen:* ein rhodinierter Spiegel.

rho|disch ⟨Adj.⟩: vgl. Rhodos.

Rho|di|um, das; -s [zu griech. rhódon = Rose, nach der meist rosenroten Farbe vieler Verbindungen mit Rhodium]: *sehr seltenes, gut formbares Edelmetall, das wegen seines silberähnlichen Glanzes u. seiner Widerstandsfähigkeit zur galvanischen Herstellung dünner Schichten auf Silberschmuck, Spiegeln u. ä. verwendet wird (chemischer Grundstoff);* Zeichen: Rh; **Rho|do|den|dron,** der, auch: das; -s, ...dren [lat. rhododendron < griech. rhodódendron = Oleander, eigtl. = Rosenbaum, zu: déndron = Baum]: *(in asiatischen Gebirgen beheimatete) als Zierstrauch kultivierte Pflanze mit ledrigen Blättern u. roten, violetten, gelben od. weißen Blüten in großen Dolden;* **Rho|do|den|dron|ge|büsch,** das: *Gebüsch aus Rhododendron;* **Rho|do|den|dron|strauch,** der: *als Strauch gewachsener Rhododendron;* **Rho|do|nit,** der; -s, -e (Geol.): *rosen- od. braunrotes Mineral, das vor allem zur Herstellung von kunstgewerblichen Gegenständen u. Schmuck verwendet wird;* **Rhod|op|sin,** das; -s [zu griech. ópsis = das Sehen] (Med., Zool.): *Sehpurpur.*

Rho|dos; Rhodos': griech. *Insel im Mittelmeer.*

Rhom|ben: Pl. von ↑ Rhombus; **rhom|bisch** ⟨Adj.⟩: *in der Form eines Rhombus; rautenförmig;* **Rhom|bo|eder,** das; -s, - [zu griech. hédra = Fläche] (Math.): *von sechs gleichen Rhomben begrenzter Körper, der auch als Form bei Kristallbildungen vorkommt;* **rhom|bo|edrisch** ⟨Adj.⟩ (Math.): *in der Form eines Rhomboeders;* **rhom|bo|id** ⟨Adj.⟩ [griech. rhomboeidḗs, zu: -oeidḗs = ähnlich]: *einem Rhombus ähnlich;* **Rhom|bo|id,** das; -[e]s, -e (Math.): *Parallelogramm mit paarweise ungleichen Seiten;* **Rhom|bus,** der; -, ...ben [lat. rhombus < griech. rhómbos = Kreisel; Doppelkegel; verschobenes Quadrat, zu: rhémbesthai = sich im Kreise drehen] (Math.): *Parallelogramm mit gleichen Seiten;* ²*Raute.*

Rhön, die; -: *Teil des Hessischen Berglandes.*

Rhon|chus, der; - [zu griech. rhógchos = das Schnarchen] (Med.): *Rasselgeräusch.*

Rho|ne, die; -: *schweizerisch-französischer Fluß.*

Rhön|rad, das [das Gerät wurde 1925 in der ↑ Rhön entwickelt]: *[Turn]gerät aus zwei großen, durch Querstangen verbundenen Stahlrohrreifen, zwischen denen akrobatische Turn- u. Sprungübungen durchgeführt werden können u. mit dem man sich rollend fortbewegen kann.*

rho|pa|lisch ⟨Adj.⟩ [spätlat. rhopalicus < griech. rhopalikós = keulenförmig] (spätantike Metrik): *in der Fügung* **-er Vers** *(Vers, in dem jedes folgende Wort eine Silbe mehr hat als das vorangehende).*

Rho|po|gra|phie, die; - [griech. rhōpographía, zu rhōpos = Kleinigkeit, wertloses Zeug u. gráphein = schreiben]: *antike naturalistische Kleinmalerei* (1).

Rho|ta|zis|mus, der; -, ...men [griech. rhōtakismós = Gebrauch od. Mißbrauch des ↑ Rho] (Sprachw.): *Lautwandel, bei dem ein zwischen Vokalen stehendes stimmhaftes s zu r wird (z. B. bei verlieren/Verlust).*

Rh-po|si|tiv ⟨Adj.⟩ (Med.): *(im Blut) den Rhesusfaktor aufweisend:* ein -er Vater.

Rhus, der; - [lat. rhus < griech. rhoũs]: *Sumach.*

Rhyo|da|zit, der; -s, -e [zu griech. rhýas = flüssig u. ↑ Dazit] (Geol.): *vulkanisches*

Gestein; **Rhyo|lith** [auch: ...'lɪt], der; -s u. -en, -e[n] [↑-lith] (Geol.): *tertiäres od. quartäres Ergußgestein von graugrüner od. rötlicher Farbe.*
Rhythm and Blues ['rɪðəm ənd 'bluːz], der; - - - [engl. rhythm and blues]: *aufrüttelnder Musikstil der Schwarzen Nordamerikas, der stark akzentuierten Beatrhythmus mit der Melodik des Blues verbindet;* **Rhyth|men:** Pl. von ↑Rhythmus; **Rhyth|mik,** die; -: **1.** *rhythmischer Charakter, Art des Rhythmus* (2). **2. a)** *Kunst der rhythmischen Gestaltung;* **b)** *Lehre vom Rhythmus, von der rhythmischen Gestaltung.* **3.** (Päd.) *rhythmische Erziehung; Anleitung zum Umsetzen von Melodie, Rhythmus, Dynamik u. Ausdruck der Musik in Bewegung;* **Rhyth|mi|ker,** der; -s, -: *Musiker, bes. Komponist, der das rhythmische Element bes. gut beherrscht u. in seiner Musik hervorhebt;* **Rhyth|mi|ke|rin,** die; -, -nen: w. Form zu ↑Rhythmiker; **rhyth|misch** ⟨Adj.⟩ [spätlat. rhythmicus < griech. rhythmikós]: **1.** *nach bestimmtem Rhythmus erfolgend; in harmonisch gegliedertem Aufbau u. Wechsel der einzelnen Gestaltungselemente:* -es *Tanzen;* -e *Gymnastik;* mit -en *Schritten, Bewegungen; ... Matthias Roth, der die Stille sanft unterbrach durch sein* -es *Keuchen* (Kronauer, Bogenschütze 226); r. *wechseln Ebbe und Flut; Das Lineal schlug* r. *(in einem bestimmten Rhythmus) auf den Tisch: „Wird's bald? ..."* (Loest, Pistole 111). **2.** *den Rhythmus betreffend, für den Rhythmus bestimmt:* -e *Instrumente;* -es *Gefühl haben; er ist* r. *sehr begabt;* r. *exakt spielen;* **rhyth|mi|sie|ren** ⟨sw. V.; hat⟩: *in eine bestimmten Rhythmus bringen:* ein *Thema* r.; ⟨meist im 2. Part.:⟩ *eine stark rhythmisierte Musik, Sprechweise;* **Rhyth|mus,** der; -, ...men [lat. rhythmus < griech. rhythmós = Gleichmaß, eigtl. = das Fließen, zu: rheĩn = fließen; schon ahd. ritmusen (Dativ Pl.)]: **1. a)** (Musik) *zeitliche Gliederung des melodischen Flusses, die sich aus der Abstufung der Tonstärke, der Tondauer u. des Tempos ergibt:* ein bewegter, schneller R.; zündende *Rhythmen; Die Tänzer kamen aus dem* R.; Ü *der* R. *der Großstadt;* einen bestimmten R. *laufen* (Sport); *auf den* R. *seines Herzschlages, seiner Atmung achten; im* R. *meiner Schritte* (Stern, Mann 18); *Immer ... hatten ihn die Menschen mit einem falschen* R. *gestört, alles lief zu rasch oder zu schwerfällig ab* (Kronauer, Bogenschütze 361); **b)** (Sprachw.) *Gliederung des Sprachablaufs durch Wechsel von langen u. kurzen, betonten u. unbetonten Silben, durch Pausen u. Sprachmelodie:* ein strenger, ungebundener R.; *freie Rhythmen (frei gestaltete, rhythmisch bewegte Sprache, aber ohne Versschema, Strophen u. Reime).* **2.** *Gleichmaß, gleichmäßig gegliederte Bewegung; periodischer Wechsel, regelmäßige Wiederkehr:* der R. *der Jahreszeiten, von Ebbe und Flut; Die Zellstrahlung ... soll das Zellwachstum ebenso regulieren wie biologische Rhythmen* (natur 4, 1991, 63); *sich im* R. *von acht Stunden ablösen; die Veranstaltung findet im* R. *von sechs Wochen statt.* **3.** *Gliederung eines Werks der bildenden Kunst, bes. eines Bauwerks, durch regelmäßigen Wechsel bestimmter Formen:* ein horizontaler, vertikaler R.; **Rhyth|mus|ge|rät,** das; -[e]s, -e: *Rhythmusmaschine;* **Rhyth|mus|gi|tar|re,** die: vgl. Rhythmusinstrument; **Rhyth|mus|grup|pe,** die: *Gruppe der Rhythmusinstrumente und bildet den Gegenpart zu den Melodieinstrumenten bildet;* **Rhyth|mus|in|stru|ment,** das: *Musikinstrument (z. B. Gitarre, Banjo), das im Jazz den Beat* (1) *zu schlagen hat;* **Rhyth|mus|ma|schi|ne,** die: *elektronisches Gerät zur Erzeugung musikalischer [Standard]rhythmen; Schlagzeugcomputer;* **Rhyth|mus|stö|rung,** die (Med.): *Unregelmäßigkeit im Schlagrhythmus des Herzens; Herzrhythmusstörung.*
Rhy|tid|ek|to|mie, die; -, -n [zu griech. rhytís (Gen.: rhytídos) = Runzel, Falte u. ↑Ektomie] (Med.): *operative Beseitigung von Hautfalten.*
Rhy|ton, das; -s, ...ta [griech. rhytón, zu: rhytós = flüssig, fließend]: *Trinkgefäß des Altertums in der Form eines Menschen- od. Tierkopfes, das in der Art eines Trichters einen engen Ausguß besitzt.*
Ria, die; -, -s [span. ría, zu: río < lat. rivus = Fluß] (Geogr.): *langgestreckte Bucht, die durch Eindringen des Meeres in ein Flußtal u. dessen Nebentäler entstanden ist.*
Ri|ad: *Hauptstadt von Saudi-Arabien.*
Ri|a|kü|ste, Riasküste, die (Geogr.): *Küste mit Rias.*
Ri|al, der; -[s], -s ⟨aber: 100 Rial⟩ [pers., arab. riyāl < span. real, ↑²Real]: *Währungseinheit im Iran und einigen arabischen Ländern;* Abk.: RI
RIAS, der; - [Rundfunk im amerikanischen Sektor (von Berlin)]: *Rundfunkanstalt in Berlin.*
Riasküste: ↑Riaküste.
Ri|bat|tu|ta, die; -, ...ten [ital. ribattuta (di gola) = das Zurückschlagen (der Kehle), zu: ribattere = zurückschlagen] (Musik): *dem Triller ähnliche u. diesen häufig einleitende musikalische Verzierung aus einem allmählich schneller werdenden Wechsel zweier Noten.*
◆ **Rib|be,** die; -, -n [mhd. (md.) ribbe]: (bes. im 17. u. 18. Jh.) Nebenf. von ↑Rippe: *doch wer dient alles, was eine* R. *(jeder Mann) weniger hat* (Kleist, Käthchen II, 3); *Drängt nicht oft Poseidon den Kiel des Schiffes gewaltig nach der verderblichen Syrt' und spaltet Planken und* -n *(Spanten, Schiffsrippen;* Goethe, Achilles 257 f.).
rib|bel|fest ⟨Adj.⟩: *sich ribbeln lassend, ohne einzureißen;* **rib|beln** ⟨sw. V.; hat⟩ [Intensivbildung zu landsch. ribben, Nebenf. von ↑reiben] (landsch.): *zwischen Daumen u. Zeigefinger rasch [zer]reiben.*
Ri|bi|sel, die; -, -[n] [zu ital. ribes < mlat. ribes = Johannisbeere < arab. ribās = eine Art Rhabarber] (österr.): *Johannisbeere:* die *Bauern hatten ...* R. *geerntet* (G. Roth, Winterreise 52); **Ri|bi|sel|saft,** der (österr.): *Saft aus Johannisbeeren;* **Ri|bi|sel|wein,** der (österr.): *Wein aus Johannisbeeren.*
Ri|bo|fla|vin, das; -s, -e [zu ↑Ribose u. lat. flavus = gelb] (Biochemie): *in Hefe, Milch, Leber u. a. vorkommende, intensiv gelb gefärbte Substanz mit Vitamincharakter (Vitamin B_2);* **Ri|bo|nu|kle|in|säu|re,** die [zu ↑Ribose] (Biochemie): *aus Phosphorsäure, Ribose u. organischen Basen aufgebaute chemische Verbindung in den Zellen aller Lebewesen, die verantwortlich ist für die Übertragung der Erbinformation vom Zellkern in das Zellplasma u. für den Transport von Aminosäuren im Zellplasma zu den Ribosomen, an denen die Verknüpfung der Aminosäuren zu Eiweißen erfolgt;* Abk.: RNS; **Ri|bo|se,** die; -, -n [Kunstwort] (Biochemie): *bes. im Zellplasma vorkommendes Monosaccharid der Ribonukleinsäure;* **Ri|bo|se|nu|kle|in|säu|re,** die (Biochemie): *Ribonukleinsäure;* **Ri|bo|som,** das; -s, -en ⟨meist Pl.⟩ [zu griech. sõma = Körper] (Biochemie): *vor allem aus Ribonukleinsäuren u. Protein bestehendes, für den Eiweißaufbau wichtiges, submikroskopisch kleines Körnchen.*
Ri|cer|car [ritʃɛr'kaːɐ̯], das; -s, -e, **Ri|cer|ca|re** [...'kaːrə], das; -[s], ...ri [ital. ricercare, zu: ricercare = abermals suchen] (Musik): *Instrumentalstück, in dem ein Thema imitatorisch verarbeitet wird (Vorform der Fuge).*
Ri|che|lieu|sticke|rei[1] ['rɪʃəliø..., auch: rɪʃə'liø:...], die; -, -en [nach dem frz. Staatsmann u. Kardinal Richelieu (1585–1642)] (Handarb.): *Weißstickerei mit Ornamenten, die mit Langettenstichen umfaßt, ausgeschnitten u. durch Stege miteinander verbunden werden.*
Richt|an|ten|ne, die (Funkt.): *Antenne, die elektromagnetische Wellen in eine bestimmte Richtung lenkt od. aus ihr empfängt;* **Richt|bal|ke,** die (Seew.): *zwei in kurzem Abstand hintereinanderliegende Baken, deren verlängerte Verbindungslinie den richtigen Kurs anzeigt;* **Richt|baum,** der: vgl. Richtkranz; **Richt|beil,** das: *Beil des Scharfrichters;* **Richt|blei,** das (Bauw.): *Lot* (1 a); **Richt|block,** der ⟨Pl. ...blöcke⟩: *Block zum Auflegen des Kopfes bei der Hinrichtung durch Enthaupten;* **Richt|bo|gen,** der (Milit.): *Instrument zum Ausrichten der Höhe von Geschützen;* **Richt|büh|ne,** die (veraltet): *Schafott;* **Richt|cha|rak|te|ri|stik,** die (Funkt.): *Strahlungscharakteristik;* **Rich|te,** die; - [mhd. riht(e), ahd. rihtī, zu ↑recht] (landsch.): *gerade Richtung:* * *aus der* R. *kommen (in Unordnung geraten):* ◆ *Besonder ging es ihr beim Tanz: Da sah man so zuweilen so konträre, wiewohl kunstreiche Spünge tun, daß alles aus der* R. *kam* (Mörike, Hutzelmännlein 152); *etw.* **in die** R. **bringen** *(etw. in Ordnung bringen);* ◆ **in die** R. **gehen** *(den kürzesten Weg nehmen):* laß *uns hier durch diesen Tempel in die* R. *gehen* (Lessing, Nathan V, 6); **Richt|emp|fang,** der ⟨o. Pl.⟩ (Funkt.): *Empfang mit Richtantennen;* **rich|ten** ⟨sw. V.; hat⟩ [mhd. ahd. rihten, zu ↑recht u. urspr. = geradmachen; in eine rechte u. senkrechte Richtung, Stellung od. Lage bringen]: **1. a)** *in eine bestimmte Richtung bringen, gleichsam wie einen Strahl von jmdm., auf etw. halten; lenken: das Fernrohr auf etw.* r.; *Kaum hatte sie die Kamera auf sie gerichtet* (Strauß, Niemand 161); die *Augen, den Blick auf jmdn., himmelwärts, in die Ferne, zu Boden* r.; der *Kranke*

Richter 2782

konnte sich nur mühsam [an seinem Stock] in die Höhe r.; Von allen Seiten richteten die Scheinwerfer ihre Lichtkegel auf ihn (Ott, Haie 124); ... ohne eine Mündung auf mich gerichtet zu sehen (Kunze, Jahre 11); die Waffe gegen sich selbst r. *(sich aus einer Situation heraus plötzlich erschießen, zu erschießen versuchen);* Deckenstrahler ... werfen gerichtetes Licht auf die Arbeitsbereiche (Wohnfibel 34); Ü all sein Tun, seine Aufmerksamkeit, seine Wünsche auf ein bestimmtes Ziel r.; Aber mein Plan war auf einen Schlepper gerichtet (Wimschneider, Herbstmilch 130); die universalistisch gerichtete *(orientierte)* Idee von der Gleichheit aller Menschen (Fraenkel, Staat 214 f.); **b)** *sich mit einer mündlichen od. schriftlichen Äußerung an jmdn. wenden:* eine Bitte, Aufforderung, Mahnung, Rede an jmdn. r.; sein Gesuch an die zuständige Behörde r.; die Frage, der Brief war an dich gerichtet *(für dich bestimmt);* das Wort an jmdn. r. *(jmdn. ansprechen).* **2. a)** *(von Sachen) sich in eine bestimmte Richtung wenden, gleichsam wie in einem Strahl auf jmdn., etw. fallen:* ihre Augen richteten sich auf mich; die Scheinwerfer richteten sich plötzlich alle auf einen Punkt; Ü sein ganzer Haß richtete sich auf sie; ... daß er im geheimen Tagebuch ... seinen Zorn auch gegen jene richtete (Reich-Ranicki, Th. Mann 45); sein ganzes Denken war darauf gerichtet, wie die Gefahr abzuwenden sei; Die nach rückwärts gerichtete Romantik (Rehn, Nichts 46); **b)** *sich (in kritisierender Absicht) gegen jmdn., etw. wenden:* sich in/mit seinem Werk gegen soziale Mißstände r.; seine Kritik richtet sich gegen die Politik der Regierung; gegen wen richtet sich Ihr Verdacht?; diese Lehre ist gegen den Staat gerichtet. **3. a)** *sich ganz auf jmdn., etw. einstellen u. sich in seinem Verhalten entsprechend beeinflussen lassen:* sich nach jmds. Anweisungen, Wünschen r.; ich richte mich [mit meinen Urlaubsplänen] ganz nach dir; Sie haben sich nach dieser Vorschrift zu r.!; Sie sind hier Patient, und ich richte mich danach (Kirst, 08/15, 257); **b)** *in bezug auf etw. von anderen Bedingungen abhängen u. entsprechend verlaufen, sich gestalten:* die Bezahlung richtet sich nach der Leistung; wonach richtet sich der Preis?; das richtet sich danach, ob ...; Die Barzahlungen richten sich bei der Krankheit und der Arbeitslosigkeit nach dem letzten Einkommen des Versicherten (Fraenkel, Staat 315). **4. a)** *in eine gerade Linie, Fläche bringen:* einen [Knochen]bruch r.; seine Zähne mußten gerichtet werden; ... um seinen Kiefer r. zu lassen (Hamburger Morgenpost, 5. 9. 84, 15); richt euch! (militärisches Kommando; *stellt euch in gerader Linie auf!);* Werkstücke r. (Fertigungst.; *ihre angestrebte Form, z. B. durch Bearbeiten auf der Richtplatte, [wieder]herstellen);* **b)** *richtig einstellen* (3 a): eine Antenne r.; ein Geschütz r. *(auf das Ziel od. in die zum Schießen erforderliche Höhen- u. Seitenrichtung einstellen);* **c)** *senkrecht aufstellen; aufrichten:* ein Gebäude r. (Bauw.; *im Rohbau fertigstellen).* **5.** (bes. südd., österr., schweiz.) **a)** *in Ordnung bringen; instand setzen:* sich den Schlips, die Haare r.; Es gibt eine neue Wasserleitung, die Straße ist halbwegs gerichtet (Hörzu 12, 1976, 16); die Uhr, das Dach r. *(reparieren)* lassen; ⟨auch o. Akk.-Obj.⟩ ... weil er an seiner Hose r. mußte, die unbequem (Jahnn, Geschichten 143); **b)** *aus einem bestimmten Anlaß vorbereiten:* den Tisch, die Zimmer, die Betten [für die Gäste] r.; ich habe euch das Frühstück gerichtet; er hat seine Sachen für die Reise gerichtet; Dann gingen die fünf kleineren Geschwister, schon fürs Bett gerichtet, hinter dem Vater her (Wimschneider, Herbstmilch 56); Ich richtete mich sofort zum Schlafen, es war Nacht (Enzensberger, Einzelheiten I, 179); **c)** *einrichten, dafür sorgen, daß etw. in Ordnung geht:* das kann ich, das läßt sich schon r.; Die Reichen konnten sich's richten *(erlauben),* die Armen sind bei Engelmachern elendiglich zugrunde gegangen (Neue Kronen Zeitung 12. 5. 84, 20). **6. a)** *ein gerichtliches Urteil über jmdn., etw. fällen:* daß er (= der Landgerichtsdirektor) zwar nach dem Recht richtet, doch ... (Noack, Prozesse 191); Daß der Christus ... wiederkommen wird, um die Lebendigen und die Toten zu r. (Sommerauer, Sonntag 102); In der Öffentlichkeit wird gerichtet *(verurteilt),* längst ehe die Beweisaufnahme eröffnet wird (Noack, Prozesse 109); **b)** (geh.) *über jmdn., etw. [unberechtigterweise] urteilen, ein schwerwiegendes, negatives Urteil abgeben:* wir haben in dieser Angelegenheit, über diesen Menschen nicht zu r.; Ein Blinder richtet nicht (Frisch, Gantenbein 43). **7.** (geh. veraltend) *hinrichten:* wie ein Kreuz ..., an dem einer gerichtet wird (Lynen, Kentaurenfährte 263); der Täter hat sich [in seiner Zelle] selbst gerichtet *(durch Selbstmord für seine Tat gesühnt).* **Rich|ter,** der; -s, - [mhd. rihter, rihtære, ahd. rihtāri]: **1.** *jmd., der die Rechtsprechung ausübt, der vom Staat mit der Entscheidung von Rechtsstreitigkeiten beauftragt ist:* ein gerechter, milder, strenger, weiser R.; R. [am Landgericht, am Bundesgerichtshof] sein; gesetzlicher R. (Rechtsspr.; *für einen Fall von vornherein zuständiger Richter);* vorsitzender R. (Rechtsspr.; *bei einem Kollegialgericht mit der Vorberatung u. Leitung der Verhandlung betrauter Richter);* einen R. als befangen ablehnen; jmdn. vor den R. bringen *(vor Gericht stellen);* ... sonst würd ich ..., wenn ich größer bin, vorn R. *(vors Gericht)* kommen (Schmidt, Strichjungengespräche 108); Nach ... dreijähriger Untersuchungshaft ... steht er ... zum ersten mal vor seinen -n *(kommt es für ihn zur ersten Gerichtsverhandlung;* Noack, Prozesse 105); jmdn. zum R. bestellen, ernennen, wählen; Ü ganz zu schweigen von den ... Künsten, die von jeher ihre R. (= Kritiker) gefunden haben (Enzensberger, Einzelheiten I, 22); sich zum R. über jmdn., etw. aufwerfen *(abschätzig über jmdn., etw. urteilen);* er wollte nicht jmds. R. sein *(über jmdn. urteilen).* **2.** ⟨Pl.⟩ Buch des A. T.; **Rich|ter|amt,** das; ⟨o. Pl.⟩: *Amt* (1 a) *des Richters* (1): das R. ausüben; **Rich|te|rin,** die; -, -nen [mhd. rih- terin]: w. Form zu ↑Richter (1); **Rich|ter|kol|le|gi|um,** das: *Gesamtheit aller an einem* [1]*Gericht* (1 a) *tätigen Richter* (1); **rich|ter|lich** ⟨Adj.⟩: *den Richter* (1) *betreffend, zu seinem Amt gehörend:* die -e Gewalt, Unabhängigkeit, Urteilsfähigkeit, Tätigkeit; ohne -e Genehmigung *(Genehmigung von seiten des Richters);* **Rich|ter|recht,** das (Rechtsspr.): *von Richtern* (1) *durch Auslegung geschaffenes Recht zu Rechtsfragen, die (noch) nicht gesetzlich geregelt sind;* **Rich|ter|ro|be,** die: *Amtstracht eines Richters* (1); **Rich|ter|schaft,** die; -, -en ⟨Pl. selten⟩: *Gesamtheit der Richter* (1).

Rich|ter-Ska|la, die [nach dem amerik. Seismologen Ch. F. Richter (1900–1985)]: *nach oben unbegrenzte Skala zur Messung der Erdbebenstärke.*

Rich|ter|spruch, der (veraltend): *Urteilsspruch;* **Rich|ter|stand,** der ⟨Pl. selten⟩: *Gesamtheit der Richter in einem Staat;* **Rich|ter|stuhl,** der ⟨o. Pl.⟩: *Stuhl des Richters im Hinblick auf die Ausübung des Richteramtes:* auf dem R. sitzen *(das Amt des Richters ausüben);* Ü vor Gottes R. treten (geh.; *sterben);* **Rich|ter|tisch,** der: *Tisch, an dem das Richterkollegium sitzt;* **Rich|ter|wahl|aus|schuß,** der: *(in der Bundesrepublik Deutschland) Gremium, das bei der Berufung der Richter für die obersten Gerichtshöfe des Bundes mitwirkt;* **Rlcht|fei|er,** die (selten): *Richtfest;* **Rlcht|fest,** das: *Fest der Handwerker u. des Bauherrn nach Fertigstellung des Rohbaus;* **Rlcht|feu|er,** das (Seew.): vgl. Richtbake; **Rlcht|funk,** der (Funkt.): *Nachrichtenübermittlung mit Hilfe von Richtantennen;* **Rlcht|ge|schwin|dig|keit,** die: *(in der Bundesrepublik Deutschland) für den Kraftfahrzeugverkehr bes. auf Autobahnen empfohlene [Höchst]geschwindigkeit;* **rlch|tig** [mhd. rihtec, ahd. rihtig, zu ↑recht]: **I.** ⟨Adj.⟩ **1. a)** *als Entscheidung, Verhalten o. ä. dem tatsächlichen Sachverhalt, der realen Gegebenheit entsprechend; zutreffend, nicht verkehrt:* der -e Weg; die -e Fährte; eine -e Ahnung, Erkenntnis; das war die -e Antwort auf solche Frechheit; das ist genau das -e für mich; das ist auf der -en Seite; Jeder Weg ... beginnt mit dem ersten Schritt in die -e Richtung ... in Richtung Abrüstung (Alt, Frieden 98); Hier sind wir r. *(an der richtigen Stelle;* Fries, Weg 290); das ist unzweifelhaft r.; ich finde das nicht r., halte das nicht für r.; [sehr] r.! (bestätigende Floskel); etw. r. beurteilen, verstehen, wissen, machen; sehe ich das r.? *(habe ich recht, trifft das zu?);* ⟨subst.:⟩ damit hat sie das Richtige getroffen; **b)** *keinen [logischen] Fehler od. Widerspruch, keine Ungenauigkeiten, Unstimmigkeiten enthaltend:* eine -e Lösung, Auskunft, Antwort, Voraussetzung; seine Rechnung war r. *(fehlerlos);* ein Wort r. schreiben, übersetzen; etw. r. messen, wiegen; die Uhr geht r.; ⟨subst.:⟩ er hatte im Lotto nur drei Richtige (ugs.; *drei richtige Zahlen getippt);* **♦ c)** * **etw. ist r. gemacht** *(etw. ist in bestimmter Weise vereinbart, ist im festgelegten Art u. Weise ausgeführt):* Daß Lady Milford Majorin von Walter wird, ist Ihnen gewiß etwas Neues? – Denken Sie! Und das ist schon r. gemacht? (Schiller, Kabale I, 6). **2. a)** *für jmdn., etw. am besten geeignet, passend:* den -en Zeitpunkt wählen, verpassen; der -e Mann am -en Platz; Der neue Vizepräsident des BGH ... war zwar schon Bundesrichter, aber das -e *(seiner Karriere nützliche)* Parteibuch besitzt auch er (Spiegel 9, 1986, 36); nicht in der -en Stimmung [zu etw.] sein; ich halte es für das -ste, wenn wir jetzt gehen; eine Sache r. anfassen; der Ort für dieses Gespräch ist nicht r. gewählt; ⟨subst.:⟩ für diese Arbeit ist er der Richtige *(der geeignete Mann);* ihr seid mir gerade die Richtigen! (ugs. iron., als Ausdruck der Kritik); wenn erst die Richtige (ugs.; *der für die betreffende Frau passende Mann*) kommt, ...; **b)** *den Erwartungen, die man an die betreffende Person od. Sache stellt, entsprechend; wie es sich gehört; ordentlich:* seine Kinder sollten alle erst einen -en Beruf lernen; wir haben lange Jahre keinen -en Sommer mehr gehabt; ich brauche ein -es Essen; Väter sind mehr darauf bedacht, aus dem Jungen einen „richtigen Mann" zu machen (Hörzu 18, 1976, 115); der Neue, unser Nachbar ist r. *(ist in Ordnung, mit ihm kann man gut auskommen);* zwischen den beiden ist etwas nicht [ganz] r. *(ist etw. nicht in Ordnung);* etw. r. können; ich habe noch nicht r. gefrühstückt; erst mal muß ich r. ausschlafen; du hast die Tür nicht r. zugemacht; Der Schließmuskel der Harnröhre ... funktionierte nicht mehr r. (H. Gerlach, Demission 203); Doch nichts hilft r. (Freizeitmagazin 12, 1978, 15); ⟨subst.:⟩ er hat nichts Richtiges gelernt; * **nicht ganz r. [im Kopf/im Oberstübchen] sein** (ugs.; *nicht ganz bei Verstand sein*): Der ist schon länger nicht r. unterm Hut (Bieler, Bär 194). **3. a)** *in der wahren Bedeutung des betreffenden Wortes; nicht scheinbar, sondern echt; wirklich, tatsächlich:* das ist nicht sein -er Name; die Kinder spielen mit -em Geld; sie ist eine -e *(typische)* Berlinerin; sie ist nicht die -e *(leibliche)* Mutter der Kinder; Nur nicht, wessen Tante sie eigentlich r. ist (Bobrowski, Mühle 136); r. anfangen, lachen, zuhören; ... weil Du ihn gar nicht r. liebst (Freizeitmagazin 10, 1978, 41); Im Sommer, bevor die Sonne r. *(völlig)* untergig (Wimschneider, Herbstmilch 33); **b)** (oft ugs.) *regelrecht, richtiggehend:* du bist ein -er Feigling, Trottel, Profi; er ist noch ein -es *(im Grunde noch ein)* Kind; ... weißt du überhaupt, daß du r. *(wirklich)* Glück gehabt hast? (Heim, Traumschiff 359); **c)** (oft ugs.) *sehr; ausgesprochen:* r. wütend, froh, erschrocken sein; Du bist r. nett (Bastian, Brut 137); dabei kam er sich r. dumm vor; hier ist es r. gemütlich, schön; es ist r. kalt geworden; in ihrem Kleidchen sieht sie r. süß aus. **II.** ⟨Adv.⟩ *in der Tat, wie man mit Erstaunen feststellt:* sie sagte, er komme sicher bald, und, r., da trat er in die Tür; ja r., ich erinnere mich; das habe ich doch r. wieder versäumt; **rich|tig|er|wei|se** ⟨Adv.⟩: *zu Recht:* Der Bundesrat will die Probleme jedoch r. stärker an der Wurzel packen (Tages Anzeiger 12. 11. 91, 1); **rich|tig|ge|hend** ⟨Adj.⟩: **1.** *(von Uhren) im richtigen Zeitmaß gehend u. die Zeit rich-* tig anzeigend: eine -e Uhr. **2.** *in einem solchen Maße, daß die betreffende Bezeichnung [nahezu] berechtigt ist:* das war eine -e Blamage für dich; er ist in letzter Zeit r. aktiv geworden; Gekauft hat er mich. Richtiggehend gekauft (Ziegler, Gesellschaftsspiele 205); **Rich|tig|keit,** die; - [spätmhd. richticheit]: *das Richtigsein (I 1) einer Sache:* die R. eines Beschlusses, einer Theorie, Ansicht, Rechnung; Der Gegensatz ist die Unrichtigkeit oder Fehlerhaftigkeit (Seidler, Stilistik 49); die R. einer Abschrift bescheinigen, bestätigen; die R. eines Fahrscheins, einer Urkunde auf ihre R. prüfen; es muß alles seine R. haben *(ordnungsgemäß ablaufen o. ä.);* mit dieser Anordnung hat es seine R. *(sie besteht zu Recht, stimmt);* es gab keinen Zweifel an der R. dieser Aussage; für die R. einer Sache zeichnen; Und sie werden jetzt gerade in der R. ihrer Politik ... bestärkt (Gruhl, Planet 305); **rich|tig|lie|gen** ⟨st. V.; hat⟩ (ugs.): *mit seinem Verhalten, seiner Einstellung o. ä. der Erwartung anderer entgegenkommen, einem Trend entsprechen:* gemurmelte Zustimmung ... bestätigte ihm, daß er richtiggelegen hatte, einer muß ja schließlich den Mund aufmachen (Kühn, Zeit 276); ... weil sie sicher ist, daß sie mit ihrem neuen Krimiwelle richtigliegt (Hörzu 38, 1974, 12); **rich|tig|ma|chen** ⟨sw. V.; hat⟩ (ugs.): *begleichen:* eine Rechnung r; **rich|tig|stel|len** ⟨sw. V.; hat⟩: *einen Sachverhalt berichtigen u. der Wahrheit entsprechend richtig darstellen:* einen Irrtum, eine Behauptung r.; das muß ich erst mal r.; **Rich|tig|stel|lung,** die: *das Richtigstellen:* die R. eines Mißverständnisses; **Rich|t|ka|no|nier,** der: *Kanonier, der das Geschütz in die zum Treffen eines Ziels erforderliche Richtung bringt;* **Richt|kraft,** die (Physik): *Rückstellkraft;* **Richt|kranz,** der: *auf dem fertiggestellten Rohbau od. am Baukran befestigter, mit bunten Bändern geschmückter Kranz beim Richtfest;* **Richt|kreis,** der (Milit.): *Winkelmeßgerät zum Einstellen von Geschützen;* **Richt|kro|ne,** die: *Richtkranz;* **Richt|li|nie,** die ⟨meist Pl.⟩: *von einer höheren Instanz ausgehende Anweisung für jmds. Verhalten in einem bestimmten Einzelfall, in einer Situation, bei einer Tätigkeit o. ä.:* allgemeine, politische, einheitliche -n; Die R. wurde überarbeitet (CCI 8, 1986, 33); -n erlassen, ausgeben, beachten, einhalten, außer acht lassen; die -n der [Wirtschafts]politik entwickeln, festlegen; jmdm. -n für sein Verhalten geben; er hat sich [nicht] an die -n gehalten; An der R. haben ausschließlich Fachleute ... mitgewirkt (CCI 12, 1986, 47); **Richt|li|ni|en|kom|pe|tenz,** die: *Kompetenz (1 b) zur Festlegung der Richtlinien (bes. in der Politik):* Die R. ist beim Kanzler (Spiegel 27, 1985, 28); **Richt|mei|ster,** der: *leitender Monteur im Stahlbau;* **Richt|mi|kro|phon,** das: *auf ein einzelnes Geräusch gerichtetes Mikrophon;* **Richt|op|tik,** die (Milit.): vgl. *Richtkreis;* **Richt|pfen|nig,** der: *alte Gewichtseinheit;* **Richt|plat|te,** die (Fertigungst.): *Stahlplatte (auf einem Gestell), auf die Bleche o. ä. durch Bearbeitung die* angestrebte Form erhalten; **Richt|platz,** der: *Platz für [öffentliche] Hinrichtungen;* **Richt|preis,** der (Wirtsch.): **a)** *von Behörden od. Verbänden angesetzter Preis, der jedoch nicht eingehalten zu werden braucht;* **b)** *betrieblicher Voranschlag über einen noch nicht genau zu ermittelnden Preis;* **c)** *vom Hersteller einer Ware empfohlener, unverbindlicher Verkaufspreis;* **Richt|punkt,** der: *Punkt, auf den eine Schußwaffe beim Schuß gerichtet ist;* **Richt|satz,** der: *behördlich errechneter u. festgelegter Satz für etw.:* der derzeitige R. für Sozialmieten; **Richt|schacht,** der (Bergbau): *senkrechter Schacht;* **Richt|scheit,** das (Bauw.): *langes, schmales Brett [mit eingebauter Wasserwaage], mit dem man feststellen kann, ob eine Fläche waagerecht, eine Kante gerade ist;* **Richt|schmaus,** der: *Hebeschmaus;* **Richt|schnur,** die ⟨Pl. -en⟩: **1.** *straff gespannte Schnur, mit der gerade Linien abgesteckt werden (z. B. beim Bauen).* **2.** ⟨Pl. selten⟩ *allgemeingültige Wertvorstellung, woran man sein Handeln u. Verhalten ausrichtet:* Ehrlichkeit war die R. ihres Handelns; dieser Ausspruch diente ihm als R. für sein Leben; etw. zur R. seines Verhaltens machen; **Richt|schüt|ze,** der: *Richtkanonier;* **Richt|schwert,** das (früher): vgl. *Richtbeil;* **Richt|spruch,** der: **1.** *Ansprache [in Gedichtform] beim Richtfest.* **2.** (veraltend) *Urteilsspruch:* wie lautete der R.?; einem R. unterwerfen; **Richt|stät|te,** die (geh.): *Richtplatz;* **Richt|strah|ler,** der (Funkt.): *Richtantenne, die die elektromagnetischen Wellen in eine bestimmte Richtung abstrahlt;* **Richt|strecke**[1], die (Bergbau): *waagerechte Strecke, die möglichst geradlinig, dem Verlauf eines Gebirges (3) entsprechend angelegt wird;* **Richt|stuhl,** der (veraltet): *Richterstuhl;* **Rich|tung,** die; -, -en [18. Jh., zu ↑richten (1–3); mhd. rihtunge = Gericht; Urteil; Friedensschluß, ahd. rihtunga = Gericht; (Ordens)regel]. **1.** *[gerade] Linie der Bewegung auf ein bestimmtes Ziel hin:* die R. einer Straße, eines Flusses; die R. einhalten, ändern, wechseln, verlieren; jmdm. die R. zeigen, weisen; die R. zum Wald, nach dem Wald einschlagen; R. auf die offene See nehmen; der Pfeil zeigt die R. an; als die erst bestuntende Unteroffizier, der die Kompanie antreten ließ, kaum die R. (Milit.; *Aufstellung in gerader Linie*) kontrollieren konnte (Kuby, Sieg 78); aus welcher R. kam der Schuß?; aus allen -en *(von überall her)* herbeieilen; Seine Haare standen in alle -en (Fels, Sünden 79); in R. Osten, des Dorfes, Berlin; in nördliche/nördlicher R. fahren; gehen Sie auch in R. Allee? (Brot und Salz 379); Irgendwann ist er dann abgetorkelt R. Heimat (Eppendorfer, St. Pauli 136); in der gleichen, entgegengesetzten R. weitergehen; in die falsche, in eine andere R. gehen; Im Gegensatz zum Stichel, der stets nur in einer R. geführt werden kann (Bild. Kunst III, 81); Ü die R. stimmt (ugs.; *es ist alles in Ordnung);* sein künstlerischer Ehrgeiz ging ... in eine ganz andere R. (Reich-Ranicki, Th. Mann 159); Plötzlich jedoch bekamen seine Gedanken eine andere R. (Haupt-

richtunggebend 2784

mann, Thiel 15); einem Gespräch eine bestimmte R. geben *(ein Gespräch auf ein bestimmtes Thema bringen);* ihre Geschenke lagen nicht immer in meiner R. *(entsprachen nicht immer dem, was ich mir gewünscht hätte);* der erste Schritt in R. auf dieses Ziel; Als Schritt in die richtige R. bezeichnete ... Peter Jung die Weigerung der ... Beschäftigten (MM 3. 2. 83, 26); der erste Versuch in dieser R. *(auf dieses Ziel hin, dieser Art);* Hatte er irgend etwas in der R. *(diesbezüglich)* geäußert ...? (Kemelman [Übers.], Freitag 16). **2.** innerhalb eines geistigen Bereichs sich in einer bestimmten Gruppe verkörpernde spezielle Ausformung von Auffassungen o. ä.: eine politische, literarische R.; die vielfältigen -en in der modernen Kunst; Welche musikalische R. schlägt sie jetzt ein? (Freizeitmagazin 12, 1978, 20); einer bestimmten R. angehören; Ü die Hauptleistungen dieser R. *(der Vertreter dieser Richtung)* sind ornamentale Bilder; **rich|tung|ge|bend** ⟨Adj.⟩: *richtungweisend, wobei entscheidender Einfluß durch ein Vorbild ausgeübt od. eine maßgebende Entscheidung gefällt wird:* ein -er Gedanke; -e Parteibeschlüsse; mit etw. r. werden; Dieses Gesetz müsse auch für uns ... als r. für eine erhöhte Aktivität im Studium gelten (Leonhard, Revolution 68); **Rich|tungs|ad|verb,** das (Sprachw.): *Adverb, das eine Richtung angibt* (z. B. hierher, dorthin); **Rich|tungs|än|de|rung,** die: vgl. Richtungswechsel; **Rich|tungs|an|ga|be,** die (Sprachw.): vgl. Richtungsadverb; **Rich|tungs|an|zei|ger,** der (bes. schweiz.): *Blinkleuchte;* **Rich|tungs|blin|ker,** der (bes. schweiz.): *Blinkleuchte;* **Rich|tungs|fahr|bahn,** die (Verkehrsw.): *einzelne, in eine bestimmte Richtung führende Fahrbahn einer mehrspurigen Straße;* **Rich|tungs|ge|werk|schaft,** die: *Gewerkschaft mit einer bestimmten weltanschaulichen od. [partei]politischen Ausrichtung (in Deutschland bis 1933);* **Rich|tungs|kampf,** der ⟨meist Pl.⟩: *Auseinandersetzung zwischen verschiedenen Richtungen innerhalb einer Partei, weltanschaulichen Gruppe o. ä.:* Der geschlagenen SPD stehen jetzt, nach dem Einzug der Grünen in den Bundestag, Richtungskämpfe ins Haus (Spiegel 10, 1983, 6); **rich|tungs|los** ⟨Adj.; -er, -este⟩: *ohne Richtung, ohne irgendwohin gerichtet zu sein:* diese r. blickenden Augen (Bachmann, Erzählungen 115); Ü ein -er *(sich treibenlassender, ohne jede Orientierung lebender)* Mensch; **Rich|tungs|lo|sig|keit,** die; -: *das Richtungslossein;* **Rich|tungs|pfeil,** der: *Fahrbahnmarkierung in Form eines Pfeiles, die dem Autofahrer anzeigt, in welcher Fahrspur er sich einzuordnen hat, um in eine bestimmte Richtung zu fahren;* **rich|tungs|sta|bil** ⟨Adj.⟩: *die Fahrtrichtung sicher einhaltend od. deren Einhaltung gewährleistend:* Der -e Frontantrieb (Gute Fahrt 3, 1974, 27); **Rich|tungs|sta|bi|li|tät,** die: *richtungsstabile Beschaffenheit;* **Rich|tungs|ver|kehr,** der: *Fahrzeugverkehr in nur einer Richtung* (z. B. auf der Autobahn); **Rich|tungs|wahl,** die: *Wahl* (2 a), *von der (durch die zur Wahl stehende[n] Person[en]) eine Wende in der politischen Richtung erwartet wird;* **Rich|tungs|wech|sel,** der: *Wechsel der Richtung;* **rich|tungs|wei|send:** ↑ richtungweisend; **rich|tung|wei|send,** richtungsweisend ⟨Adj.⟩: *auf einem bestimmten Gebiet Möglichkeiten für die künftige Entwicklung zeigend [u. bestimmend]:* ein -er Vortrag, eine -e Rede; es müssen -e und volkserzieherische Urteile gefällt werden (Münchner Merkur 21. 10. 87, 15); Eigenwilliges, aber vermutlich ein -es Styling: Die Honda VF 750 F (Kronen-Zeitung 22. 11. 83, 35); dieser Parteibeschluß gilt als r.; **Rich|tungs|waa|ge,** die: *Wasserwaage;* **Richt|weg,** der (veraltend): *abkürzender Fußweg* (a); **Richt|wert,** der: *vorgegebener Wert, an dem tatsächliche Werte gemessen werden, sich orientieren können;* **Richt|zahl,** die: vgl. Richtwert.

Rick, das; -[e]s, -e, auch: -s [mhd. (md.) rick(e), zu: rihen, ↑ ¹reihen]: **1.** (landsch.) **a)** *Latte, Stange;* **b)** *Gestell aus Stangen; Lattengestell.* **2.** (Reiten) *Hindernis aus genau übereinanderliegenden Stangen.*

Ricke¹, die; -, -n [wahrsch. Analogiebildung zu ↑Zicke u. ↑²Sickel (Jägerspr.): *weibliches Reh.*

Rickett|sie¹ [...tsi̯ə], die; -, -n ⟨meist Pl.⟩ [nach dem amerik. Pathologen H. T. Ricketts (1871–1910)] (Med., Biol.): *zwischen Bakterie u. Virus stehender Krankheitserreger;* **Rickett|sio|se¹,** die; -, -n (Med.): *durch Rickettsien hervorgerufene Infektionskrankheit.*

Ri|deau [ri'do:], der; -s, -s [frz. rideau; wohl aus dem Germ.] (schweiz., landsch. veraltend): *[Fenster]vorhang; Gardine.*

ri|di|kül ⟨Adj.⟩ [frz. ridicule < lat. ridiculus, zu: ridere = lachen] (bildungsspr. veraltend): *lächerlich* (1 a): eine -e Aufmachung; -e Formulierungen; das Schnurrbärtchen r. gezwirbelt (K. Mann, Wendepunkt 423); **¹Ri|di|kül,** Retikül, der od. das; -s, -e u. -s [frz. ridicule, unter Einfluß von: ridicule (↑ridikül) entstellt aus: réticule, eigtl. = kleines Netz(werk) < lat. reticulum, ↑Retikulum]: *(bes. im 18./19. Jh.) meist als Behältnis für Handarbeiten dienende beutelartige Tasche:* ◆ Dazu trug sie einen grünseidenen großen R., welchen sie mit gedörrten Birnen und Pflaumen gefüllt hatte (Keller, Kammacher 233); ◆ **²Ri|di|kül,** das; -s [frz. ridicule, zu: ridicule, ↑ridikül]: *etw., wodurch jmd. lächerlich erscheint; Lächerlichkeit* (1): weil es die ganze Treibelei und dich an der Spitze mit einem R. ausstattet, das dem Respekt, den die Männer doch ständig beanspruchen, nicht allzu vorteilhaft ist (Fontane, Jenny Treibel 102).

rieb: ↑ reiben.

riech|bar ⟨Adj.⟩ (selten): *sich durch den Geruchssinn wahrnehmen lassend:* ... denn unsere Sprache taugt nicht zur Beschreibung der -en Welt (Süskind, Parfum 160); **rie|chen** ⟨st. V.; hat⟩ [mhd. riechen, ahd. riohhan, urspr. = rauchen, dunsten]: **1. a)** *durch den Geruchssinn, mit der Nase einen Geruch, eine Ausdünstung wahrnehmen:* den Duft der Rosen, ein Parfum, jmds. Ausdünstungen r.; Knoblauch nicht r. können *(den Geruch nicht ertragen können);* Hier (= in Rostock) roch man schon die See (Kempowski, Uns 365); Ü Durch Arbeit war der (= der Fünfzigmarkschein) nicht erworben, das roch Borkhausen sofort (ugs.; *meinte er sofort zu wissen;* Fallada, Jeder 182); er muß die Hure im Weib gerochen haben (ugs.; *gespürt)* haben (Fries, Weg 110); Sie sind Sozialdemokrat, nicht wahr? Sowas rieche *(errate)* ich (Bieler, Bär 93); * **jmdn. nicht r. können** (ugs. emotional; *jmdn. aus seiner Umgebung unausstehlich, widerwärtig finden u. nichts mit ihm zu tun haben wollen);* **etw. nicht r. können** (ugs. emotional; *etw. nicht ahnen, im voraus wissen können);* **b)** *den Geruch von etw. wahrnehmen suchen, indem man die Luft prüfend durch die Nase einzieht:* an einer Rose, Parfümflasche, Salbe r.; wie die kleinen Hunde rochen wir uns gegenseitig an den Pelzen (Harig, Weh dem 71); * **mal dran r. dürfen** (fam.; *die betreffende Sache nicht wirklich bekommen, sondern sie nur kurze Zeit behalten, ansehen dürfen o. ä.).* **2.** *einen bestimmten Geruch verbreiten: etw. riecht unangenehm, streng, scharf, stark, [wie] angebrannt;* das Ei riecht schon [schlecht]; Tulpen riechen nicht; du, das riecht aber [intensiv, gut]!; er roch aus dem Mund, nach Alkohol; die Luft riecht nach Schnee *(es wird noch Schnee geben, wird wahrscheinlich bald schneien);* In dem kleinen Zimmer war es drückend heiß. Die Luft roch abgestanden (M. L. Fischer, Kein Vogel 300); ⟨auch unpers.:⟩ wonach riecht es hier eigentlich?; hier riecht es nach Gas, Knoblauch, Baldrian; Es roch betäubend nach Schminke, Parfüm und Frau (Roth, Beichte 82); Ü Diese Art Glück riecht nicht gut, wie mir scheint *(erscheint mir zweifelhaft;* Th. Mann, Hoheit 101); ... daß alle Leute, die nach Flugzeugführern riechen könnten (ugs.; *die Flugzeugführer sein könnten)* Araber sind? (Cotton, Silver Jet 8); das riecht [mir aber sehr] nach Sensationshascherei (ugs.; *sieht [mir aber sehr] nach Sensationshascherei aus);* halten viele alles, was auch nur entfernt nach Politik riecht (ugs.; *mit Politik zu tun hat),* für Massenverdummung (Kirst, Aufruhr 212); diese Sache riecht faul (ugs.; *scheint nicht einwandfrei zu sein);* ⟨auch unpers.:⟩ es riecht nach Freispruch (ugs.; *es könnte zum Freispruch kommen;* Spoerl, Maulkorb 141); ◆ Draußen roch ihm die Luft natürlich ganz anders als früherhin (Immermann, Münchhausen 332); **Rie|cher,** der; -s, - (salopp): **1.** *Nase:* Soeft, den R. hoch erhoben (Kirst, 08/15, 332). **2.** *sicheres Gefühl, mit dem man etw. errät od. die sich ergebenden Möglichkeiten erfaßt, seine Vorteile wahrzunehmen u. Unannehmlichkeiten aus dem Wege zu gehen:* einen guten, den richtigen, gar keinen schlechten R. haben; einen R. für etw. entwickeln; Der hat 'nen feinen Riecher. Verdammt sichere Nase ... (Degener, Heimsuchung 150); **Riech|fläsch|chen,** das (früher): *Fläschchen für Riechsalz od. Riechwasser;* **Riech|hirn,** das (Biol., Anat.): *Endhirn, dem über die Riechnerven die Meldungen aus dem Geruchsorgan zugeleitet werden;* **Riech|kol|ben,** der (salopp scherzh.): *[große] Nase;* **Riech|mit|tel,** das: *(früher bei Ohnmachten angewandte) stark rie-*

chende, belebend wirkende Substanz in Form von Riechsalz, Riechwasser o. ä.; **Riech|nerv,** der (Anat.): *vom Geruchsorgan zum Riechhirn führender Nerv; Geruchsnerv;* **Riech|or|gan,** das: *Geruchsorgan;* **Riech|salz,** das: vgl. Riechmittel; **Riech|stoff,** der: *Substanz mit einem charakteristischen Geruch:* pflanzliche, tierische -e; **Riech|was|ser,** das ⟨Pl. ...wässer⟩: vgl. Riechmittel.
¹**Ried,** das; -[e]s, -e [mhd. riet, ahd. (h)riot, urspr. wohl = das Sichschüttelnde, Schwankende]: **a)** *Riedgräser u. Schilf:* das R. rauscht; mit R. bestandene Teiche; **b)** *mit Ried* (a) *bewachsenes, mooriges Gebiet:* im R. spazierengehen.
²**Ried,** die; -, -en, **Riede,** die; -, -n [mhd. riet = gerodetes Stück Land, zu: rieten = ausrotten] (österr.): *Nutzfläche in den Weinbergen.*
Ried|bock, der [zu ↑¹Ried]: *bes. in Savannen u. Wäldern Afrikas heimische, reh- bis hirschgroße Antilope;* **Ried|dach,** das: ↑ Reetdach.
Rie|de: ↑²Ried.
Rie|del, der; -s, - [aus dem Oberd., eigtl. = Wulst, wohl zu mhd. rīden = (zusammen)drehen] (Geogr.): *flache, meist langgestreckte, zwischen zwei Tälern liegende Erhebung.*
Ried|gras, das [zu ↑¹Ried]: *(überwiegend auf feuchten Böden wachsende) Pflanze mit meist dreikantigen, nicht gegliederten Stengeln, schmalen Blättern u. kleinen Blüten in Ähren od. Rispen.*
rief: ↑ rufen.
Rie|fe, die; -, -n [aus dem Niederd., zu einem Verb mit der Bed. „reißen", vgl. anord. rífa = reißen] (bes. nordd.): *Rille:* Den Anstrich, der -n und Kerbe zudeckt ... (Kaiser, Villa 157); Diesem Trampel mit nassen Locken in der Achsel und einem R. im Hals? (Bieler, Bär 302); **rie|feln,** **riefen** ⟨sw. V.; hat⟩: *mit Riefen versehen:* der Halsschmuck aus längs und quer gerieften Holzperlen (Lenz, Heimatmuseum 8); **Rie|fe|lung,** die; -, -en: **1.** *das Riefeln.* **2.** *geriefelte Stelle, Musterung aus Rillen;* **rie|fen:** ↑ riefeln; **Rie|fen|samt,** der (landsch.): *Kordsamt;* **rie|fig** ⟨Adj.⟩: *Riefen aufweisend.*
Rie|ge, die; -, -n [aus dem Niederd. < mniederd. rige, eigtl. = Reihe; entspr. mhd. rige, ↑ Reihe; von dem dt. Erzieher F. L. Jahn (1778–1852) in die Turnerspr. eingef.] (bes. Turnen): *Mannschaft, Gruppe:* die R. turnt am Barren; die R. antreten lassen; Ü eine R. Abgeordneter (MM 16. 2. 68, 2); Finanzminister Herbert Salcher will indessen nicht zur R. derer zählen, die nur reden und nichts tun (Wochenpresse 46, 1983, 28).
Rie|gel, der; -s, - [mhd. rigel, ahd. rigil, urspr. = Stange, Querholz]: **1. a)** *Vorrichtung mit quer zu verschiebendem [länglichem] Metallstück o. ä. zum Verschluß von Türen, Toren, Fenstern:* ein hölzerner, eiserner R.; Dann schlug eine Tür heftig ins Schloß, ein R. klirrte (Musil, Mann 159); den R. an der Tür verschieben, vor-, zu-, auf-, zurückschieben; * *einer Sache,* (seltener:) *jmdm. einen R. vorschieben (etw., was man nicht länger dulden kann, unterbinden; etw. Unliebsames nicht länger zur Geltung, [Aus]wirkung kommen lassen):* Damit hat das Schwyzer Volk entschieden, dem starken Bauboom der letzten Jahre einen R. zu schieben (BZ 2. 10. 85, 10); **b)** (Schlosserei) *vom Schlüssel bewegter Teil in einem Schloß.* **2. a)** (Milit.) *von Truppen, Panzern o. ä. gebildete Abriegelung:* einen R. bilden; die Panzer durchbrachen den R.; Unsere Leute standen da, zitternd wie ein Ast, und machten den *(bildeten einen)* Riegel ... An Festnahmen war nicht zu denken (Spiegel 42, 1991, 33); **b)** (bes. Fußball) *durch die Stürmer verstärkte Verteidigung:* ein acht Mann starker R. vor dem Turiner Tor (Welt 28. 4. 65, 8); einen R. knacken, [um den Strafraum] aufziehen. **3.** *[gleichmäßig unterteiltes] stangenartiges Stück, Streifen:* einen R. Blockschokolade, Seife kaufen. **4.** (Schneiderei) **a)** *statt eines Gürtels auf dem Rückenteil von Mänteln, Jacken an den Enden aufgenähter Stoffstreifen;* **b)** *schmaler, nur an einem Ende aufgenähter Stoffstreifen, durch den ein Gürtel gezogen werden kann;* **c)** *querverlaufende Benähung der Enden eines Knopflochs, um dessen Ausreißen zu verhindern.* **5.** (Bauw.) *(beim Fachwerkbau) waagerechter Balken als Verbindung zwischen den senkrechten Hölzern.* **6.** (veraltend) *an der Wand befestigtes Brett mit Kleiderhaken.* **7.** (Jägerspr.) *Wildwechsel im Hochgebirge.*
Rie|gel|hau|be, die [1. Bestandteil spätmhd. rigel, ahd. riccula < lat. ricula, Vkl. von: rica = Kopftuch] (früher): *bayrische Frauenhaube aus Leinen [mit Gold- u. Silberstickerei] mit weißen Spitzenrüschen.*
Rie|gel|haus, das [zu ↑ Riegel (5)] (schweiz.): *Fachwerkhaus;* **rie|geln** ⟨sw. V.; hat⟩ [mhd. rigelen]: **1.** (veraltet, noch landsch., bes. schweiz.) *ver-, ab-, zuriegeln:* Sie riegelte die Tür ihrer Garderobe (Frisch, Gantenbein 466). **2.** (Reiten) *durch wechselseitiges Anziehen der Zügel das Pferd in eine bestimmte Haltung zwingen;* **Rie|gel|schloß,** das: *aus einem Riegel* (1a) *bestehendes Schloß;* **Rie|gel|stan|ge,** die: *Stange zum Verriegeln einer Tür, eines Tores;* **Rie|gel|stel|lung,** die (Milit.): *Verteidigungsstellung, durch die man versucht, den Gegner an einem weiteren Vordringen zu hindern;* **Rie|gel|wand,** die (Bauw.): *Wand mit Riegeln* (5); **Rie|gel|werk,** das [zu ↑ Riegel (5)] (landsch.): *Fachwerk.*
Rie|gen|füh|rer, der (Turnen): *[Vor]turner, der eine Riege anführt;* **Rie|gen|füh|re|rin,** die (Turnen): w. Form zu ↑ Riegenführer; **Rie|gen|tur|nen,** das: *Turnen in einer Riege;* **rie|gen|wei|se** ⟨Adv.⟩: *in Riegen:* r. antreten.
rieh: ↑²reihen.
Riem|chen, das; -s, -: **1.** Vkl. zu ↑ ¹Riemen (1): eine Sandalette mit schmalen R. **2.** (Bauw.) *schmales Bauelement* (z. B. in Längsrichtung halbierter Ziegel, Fliese).
¹**Rie|men,** der; -s, - [mhd. rieme, ahd. riomo, wohl urspr. = abgerissener (Haut)streifen]: **1.** *längeres, schmales Band aus Leder, festem Gewebe od. Kunststoff:* ein breiter, schmaler, langer, geflochtener R.; der R. ist gerissen; einen R. verstellen, länger machen, um den Koffer schnallen; Er schob sich den R. übers Kinn (Bieler, Bonifaz 116); die Tasche an einem R. über der Schulter tragen; etw. mit einem R. festschnallen, zusammenhalten; * *den R. enger schnallen* (ugs.; ↑ Gürtel); *sich am R. reißen* (ugs.; *sich zusammennehmen u. sehr anstrengen, um [wenigstens] etw. noch zu erreichen, zu schaffen*). **2.** *Treibriemen:* der R. ist vom Rad abgegangen. **3.** *lederner Schnürsenkel.* **4.** (Zeitungsw. Jargon) *umfangreicher Artikel* (1): Ich stenographierte. Es wurde ein ganz hübsch langer R. (Simmel, Stoff 108); so wenig wie möglich lange theoretische -, sondern Nachrichten (Heym, Nachruf 152). **5.** (derb) *Penis:* Schilling, der von uns allen den längsten R. hatte (Grass, Katz 40).
²**Rie|men,** der; -s, - [mhd. rieme, ahd. riemo < lat. remus = Ruder] (Seemannsspr.): *längeres, mit beiden Händen bewegtes Ruder* (1): die R. ergreifen, einlegen; die Matrosen legten sich mächtig in die R.; Sie schleppten die Burschen nach den Booten. Stießen sie hinein. Setzten sich selbst an die R. (Jahnn, Geschichten 226); * *sich in die Riemen legen* (↑ Ruder 1).
Rie|men|an|trieb, der ⟨Pl. selten⟩ (Technik): *Antrieb von Maschinen mittels Treibriemen;* **Rie|men|band|wurm,** der: *bei in Süßwasserfischen u. Wasservögeln sich schmarotzend entwickelnder, nicht gegliederter Bandwurm;* **rie|men|för|mig** ⟨Adj.⟩: *in der Form eines ¹Riemens;* **Riemen|peit|sche,** die: *Peitsche aus Lederriemen;* **Rie|men|schei|be,** die (Technik): *radförmiges Maschinenteil, das beim Riementrieb zur Kraftübertragung zwischen dem Treibriemen u. der Welle dient;* **Rie|men|trieb,** der ⟨Pl. selten⟩ (Technik): *Antrieb, bei dem die Kraftübertragung zwischen zwei Wellen durch auf Riemenscheiben laufende Treibriemen erfolgt;* **Rie|men|werk,** das: *miteinander verbundene Riemen; Geflecht o. ä. aus Riemen;* **Rie|men|wurm,** der: *Riemenbandwurm;* **Rie|men|zun|ge,** die [nach der riemenförmigen mittleren Lippe]: *Orchidee mit zahlreichen Blüten, die aus drei Lippen* (2) *gebildet sind, deren mittlere lang herabhängt;* **Rie|mer,** der; -s, - [spätmhd. riemer] (landsch.): *jmd., der ¹Riemen herstellt; Sattler.*
rien ne va plus [rjɛ̃va'ply; frz. = nichts geht mehr]: *(beim Roulett) Ansage des Croupiers, daß nicht mehr gesetzt werden kann.*
¹**Ries,** das; -es, -: *Becken zwischen Schwäbischer u. Fränkischer Alb:* das Nördlinger R.
²**Ries,** das; -es, -e ⟨aber: 5 Ries⟩ [mhd. ris(t), riʒ < mlat. risma < arab. rizmaʰ = Paket, Ballen] (veraltet): *Menge von tausend Stück (Maß für das Zählen von Papierbogen):* vier R. Papier holen.
¹**Rie|se,** der; -n, -n [mhd. rise, ahd. riso, H. u.]: **1.** *in Märchen, Sagen u. Mythen auftretendes Wesen von übergroßer menschlicher Gestalt:* ein wilder, böser, gutmütiger, schwerfälliger R.; das Dickicht ..., in dem der Sage nach Bilgan, der R., hausen sollte (Böll, Erzählungen 56); Ü er ist ein R. *(ein sehr großer, kräftiger Mensch; Hüne)*; er ist ein R. an Geist, Gelehrsamkeit *(ist sehr klug, gelehrt)*; die felsigen -n

Riese

(die sehr hohen Berge) Südtirols; -n *(Hochhäuser) aus Beton und Glas;* * **abgebrochener R.** (ugs. scherzh.; *kleinwüchsiger Mann).* **2.** (Astron.) *Riesenstern.* **3.** (Turnen Jargon) *Riesenfelge:* da ist er gleich ans Reck gegangen und hat einen -n gemacht (Kempowski, Immer 89). **4.** (salopp) *Tausendmarkschein:* für den alten Wagen wollte er noch zwei -n!; ein halber R. *(fünfhundert Mark).*

²**Rie|se,** die; -, -n [mhd. rise, zu: rīsen = fallen, ↑ Reise] (südd., österr.): kurz für ↑ Holzriese.

-rie|se, der; -n, -n (ugs.): kennzeichnet in Bildungen mit Substantiven jmdn. oder etw. als sehr groß, weit ausgebaut und mächtig auf einem bestimmten Gebiet, in einer Branche: Automobil-, Chemie-, Hotel-, Medienriese.

rie|sel|fä|hig ⟨Adj.⟩: *(von einer körnigen Masse) so beschaffen, so fein u. trocken, daß ein Rieseln leicht möglich ist:* trockenes, -es Salz; **Rie|sel|feld,** das: *oft ein gewisses Gefälle aufweisendes Feld [am Rand einer Stadt], über das geeignete Abwässer zur Reinigung u. zur gleichzeitigen landwirtschaftlichen Nutzung geleitet werden;* **rie|seln** ⟨sw. V.⟩ [mhd. riselen = tröpfeln, sachte regnen, zu: rīsen = fallen, ↑ Reise]: **1.** ⟨hat⟩ **a)** *mit feinem, hellem, gleichmäßigem Geräusch fließen, rinnen:* in der Nähe rieselte eine Quelle, ein Bächlein; **b)** *mit feinem, hellem, gleichmäßigem Geräusch in vielen kleinen Teilchen leise, kaum hörbar nach unten fallen, gleiten, sinken:* leise rieselt der Schnee; an den Wänden rieselte der Kalk; Im Zimmer rieselt der Verputz (Zenker, Froschfest 142); Der General ... lauschte auf den hinter der Verschalung rieselnden Sand (Plievier, Stalingrad 171). **2.** ⟨ist⟩ **a)** *irgendwohin fließen, rinnen:* das Wasser rieselt über die Steine; Blut rieselte aus der Wunde in den Sand; Ü Langsam rieselt widerlich graues Licht in den Stollen (Remarque, Westen 79); ein Schauder rieselte ihm durch die Glieder, über den Rücken; ⟨subst.:⟩ da war es schon wieder, ... dieses schwirrende Rieseln, von dem er nicht wußte, wo es stattfand, im Gebälk seines Hauses oder in ihm (Ossowski, Liebe ist 264); **b)** *sich in leichter u. stetiger Bewegung in vielen kleinen Teilchen nach unten bewegen:* feiner Schnee rieselte zur Erde; sie ließ den Sand durch die Finger r.; in den Vorgärten rieselten die Blüten zu Boden (Handke, Brief 19); der Kalk rieselte von den Wänden; **Rie|sel|was|ser,** das ⟨Pl. ...wässer⟩: *über Rieselfelder geleitetes, landwirtschaftlich genutztes Abwasser;* **Rie|sel|wie|se,** die: vgl. Rieselfeld; **rie|sen** ⟨sw. V.; hat⟩ [zu ↑ ²Riese] (südd., österr.): *mit einer Holzrutsche herablassen:* Baumstämme r.

Rie|sen- (ugs. emotional verstärkend): **1.** drückt in Bildungen mit Substantiven aus, daß etw. einen besonders großen Umfang, eine besonders weite Ausdehnung hat: Riesenhaus, -plakat, -tasche. **2.** drückt in Bildungen mit Substantiven aus, daß etw. eine besonders große Anzahl, Menge, ein besonders hohes Ausmaß hat: Riesenauflage, -auswahl, -defizit, -umsatz. **3.** drückt in Bildungen mit Substantiven aus, daß etw. von großer Intensität ist: Riesendurst, -enttäuschung, -überraschung. **4.** drückt in Bildungen mit Substantiven aus, daß jmd. oder etw. als ausgezeichnet, hervorragend angesehen wird: Riesenfußballer, -spiel, -witz; **Rie|sen|an|stren|gung,** die (ugs. emotional verstärkend): *sehr große Anstrengung;* **Rie|sen|ar|beit,** die ⟨o. Pl.⟩ (ugs. emotional verstärkend): *sehr große, sehr viel Zeit u. Mühe erfordernde Arbeit;* **Rie|sen|auf|ge|bot,** das (ugs. emotional verstärkend): *sehr großes Aufgebot* (1); **Rie|sen|ba|by,** das (ugs. emotional verstärkend): *Elefantenbaby;* **Rie|sen|bau,** der ⟨Pl. -ten⟩: *sehr großer Bau* (4); **Rie|sen|baum,** der (ugs. emotional verstärkend): *sehr großer Baum* (1); **Rie|sen|be|trieb,** der (ugs. emotional verstärkend): *sehr großer Betrieb* (1 a, 3); **Rie|sen|bla|ma|ge,** die (ugs. emotional verstärkend): *sehr große Blamage;* **Rie|sen|da|me,** die (veraltend): *übermäßig dicke, große, auf Jahrmärkten als Attraktion gezeigte Frau;* **Rie|sen|dumm|heit,** die (ugs. emotional verstärkend): *sehr große Dummheit* (2): Mann, Sie ... müßten doch einsehen, daß das Ding mit Guillaume eine R. des Ostens war (Zwerenz, Quadriga 56); **Rie|sen|er|folg,** der (ugs. emotional verstärkend): *sehr großer Erfolg;* **Rie|sen|faul|tier,** das: *ausgestorbenes, sehr großes, schwerfälliges, plumpes, zottig behaartes Säugetier mit starken Hinterbeinen u. kräftigem Schwanz, das sich von Pflanzen ernährte; Megatherium;* **Rie|sen|feh|ler,** der (ugs. emotional verstärkend): *sehr großer Fehler;* **Rie|sen|fel|ge,** die (Turnen): *mit ausgestrecktem Körper u. gestreckten Armen ausgeführte Felge am Reck;* **Rie|sen|ge|bir|ge,** das: *höchster Gebirgszug der Sudeten;* **Rie|sen|ge|schäft,** das (ugs. emotional verstärkend): *sehr großes Geschäft* (1 c); **Rie|sen|ge|schlecht,** das: *Geschlecht, Sippe von Riesen;* **Rie|sen|ge|stalt,** die: *Gestalt eines Riesen;* **Rie|sen|ge|winn,** der (ugs. emotional verstärkend): *sehr großer Gewinn;* **rie|sen|groß** ⟨Adj.⟩ (ugs. emotional verstärkend): *sehr groß, überraschend, erstaunlich groß:* eine -e Auswahl, Summe; eine -e Dummheit; die Überraschung war r.; ... eine Naturplastik, die man als sitzenden Mann deuten kann, der r. auf einem Vorsprung der Steilküste thront (Fels, Kanakenfauna 85); **rie|sen|haft** ⟨Adj.; -er, -este⟩: **a)** *eine außerordentlich, imponierende Größe, Ausdehnung, Stärke aufweisend; gewaltig* (2 a), *riesig* (1 a): -es Bauwerk; ein -er Kerl, Mann; eine Nebelbank ..., aus der ... die Schatten der Schiffe hervorkamen, langsam und r. (Fest, Im Gegenlicht 96); **b)** (seltener) *ein außerordentliches Maß, einen sehr hohen Grad aufweisend; gewaltig* (2 b), *riesig* (1 b): eine -e Belastung; -e Anstrengungen unternehmen; Noch immer bleibt die Zahl r. (Jacob, Kaffee 184); **Rie|sen|haf|tig|keit,** die: *das Riesenhaftsein:* angesichts der R. der Menge des Materials (Rittershausen, Wirtschaft 179); **Rie|sen|hit,** der (ugs. emotional verstärkend): *sehr großer Hit* (1, 2); **Rie|sen|hun|ger,** der (ugs. emotional verstärkend): *sehr großer Hunger;* **Rie|sen|kä-**

fer, der: *Nashornkäfer;* **Rie|sen|krach,** der (ugs. emotional verstärkend): *sehr großer Krach;* **Rie|sen|kraft,** die (ugs. emotional verstärkend): *sehr große Kraft;* **Rie|sen|por|ti|on,** die (ugs. emotional verstärkend): *sehr große Portion;* **Rie|sen|rad,** das: *auf Jahrmärkten, bei Volksfesten o. ä. aufgebaute, elektrisch betriebene Anlage in Form eines sehr großen, sich in vertikaler Richtung drehenden Rades, an dem rundum Gondeln für Fahrgäste angebracht sind:* [mit dem] R. fahren; **Rie|sen|rind|vieh,** das (ugs. Schimpfwort): vgl. Riesenroß; **Rie|sen|roß,** das ⟨Pl. ...rösser⟩ (ugs. Schimpfwort): *sehr dummer, ungeschickter Mensch;* **Rie|sen|scha|den,** der (ugs. emotional verstärkend): *sehr großer Schaden;* **Rie|sen|schild|krö|te,** die: *sehr große Landschildkröte mit dunkelbraunem bis schwarzem Panzer;* **Rie|sen|schlan|ge,** die: *(in Tropen u. Subtropen verbreitete) sehr große, ungiftige Schlange, die ihre Beute durch Umschlingen u. Erdrücken tötet* (z. B. Boa, Pythonschlange); **Rie|sen|schritt,** der (ugs. emotional verstärkend): *sehr großer Schritt:* -e machen; mit -en *(ne (ugs. schnell)* davoneilen; **Rie|sen|schwei|ne|rei,** die (ugs. emotional verstärkend): *sehr große Schweinerei;* **Rie|sen|schwung,** der (ugs. emotional verstärkend): *Riesenfelge;* **Rie|sen|skan|dal,** der (ugs. emotional verstärkend): *sehr großer Skandal;* **Rie|sen|sla|lom,** der (Ski): *(zu den alpinen Wettbewerben gehörender) Slalom, bei dem die durch Flaggen gekennzeichneten Tore in größerem Abstand stehen, so daß er dem Abfahrtslauf etwas ähnlicher ist;* **Rie|sen|spaß,** der (ugs. emotional verstärkend): *sehr großer Spaß;* **Rie|sen|stadt,** die (ugs. emotional verstärkend): *sehr große Stadt; Megalopole;* **rie|sen|stark** ⟨Adj.⟩ (ugs. emotional verstärkend): *stark wie ein Riese* (1), *besonders stark;* **Rie|sen|stern** (Astron.): *Fixstern mit großem Durchmesser u. großer Leuchtkraft;* **Rie|sen|sum|me,** die (ugs. emotional verstärkend): *sehr große, hohe Summe;* **Rie|sen|tor|lauf,** der (Ski): *Riesenslalom;* **Rie|sen|wel|le,** die (Turnen): *Riesenfelge;* **Rie|sen|wuchs,** der (Med., Biol.): *abnormer übermäßiger Wuchs bei Menschen, Tieren od. Pflanzen; Gigantismus;* **Rie|sen|zel|le,** die (Med., Biol.): *besonders große Zelle;* **Rie|sen|zir|kus,** der (ugs. emotional verstärkend): *sehr großer Zirkus* (2); **rie|sig** ⟨Adj.⟩ (oft emotional): **1. a)** *außerordentlich, übermäßig groß, umfangreich; gewaltig* (2 a): -e Häuser, Türme, Berge; ein -er Saal, Platz; ein -es Land; eine -e Menschenmenge; das Schloß, der Park hatten -e Ausmaße, war, wirkte r.; Wir stellen uns ständig -e Wechsel auf die Zukunft aus (Gruhl, Planet 137); **b)** *das normale Maß weit übersteigend; einen übermäßig hohen Grad aufweisend; gewaltig* (2 b): eine -e Freude, Begeisterung, Anstrengung; es war ein -er Spaß; er hat -e Kräfte; ich habe -en Durst, Hunger; eine -e Summe bezahlen; er erlebte den Mai 45 nackt und bloß in der -en Verwunderung, daß er lebte (Loest, Pistole 76); die Fortschritte, die er gemacht hat, sind wirklich r. **2.** (ugs.) **a)** *hervorragend, wun-*

derbar, großartig: das war gestern bei dir eine -e Party; ist ja r.!; daß du mir da rausgeholfen hast, finde ich r.; der Film, die neue Mode ist einfach r.; **b)** ⟨intensivierend bei Adj. u. Verben⟩ *sehr, überaus:* der Film war r. interessant; wir haben uns r. darüber gefreut; **Rie**|**sin,** die; -, -nen: weibl. Form zu ↑ ¹Riese (1); **rie**|**sisch** ⟨Adj.⟩ (selten): *zu den Riesen gehörend.*
Ries|**la**|**ner,** der; -s, - [zusgez. aus ↑ Riesling u. ↑ Silvaner]: **a)** ⟨o. Pl.⟩ *aus Riesling* (a) *u. Silvaner* (a) *gezüchtete Rebsorte;* **b)** *Wein dieser Rebsorte mit relativ hohem Alkoholgehalt, aber wenig ausgeprägtem Bukett;* **Ries**|**ling,** der; -s, -e [H. u.]: **a)** ⟨o. Pl.⟩ *Rebsorte mit kleinen, runden, goldgelben Beeren;* **b)** *aus den Trauben des Rieslings* (a) *hergestellter feiner, fruchtiger Weißwein mit zartem Bukett, leichter Säure u. mäßigem Alkoholgehalt.*
¹**Rie**|**ster,** der; -s, - [aus dem Alemann., H. u.; viell. verw. mit mhd. riuze = Schuster] (veraltend): *kleines Stück Leder, mit dem das Oberleder eines Schuhes geflickt wird.*
²**Rie**|**ster,** das; -s, - [mhd. riester, ahd. riostra] (landsch.): *Pflugsterz.*
ries|**wei**|**se** ⟨Adv.⟩ [zu ↑ ²Ries]: *in Riesen.*
riet: ↑ raten.
Riet, das; -[e]s, -e [zu ↑ ¹Ried; die einzelnen Stäbe des Webeblatts wurden früher aus Ried hergestellt] (Weberei): *Webeblatt;* **Riet**|**blatt,** das (Weberei): *Riet.*
¹**Riff,** das; -[e]s, -e [aus dem Niederd. < mniederd. rif, ref, aus dem Anord., eigtl. = Rippe]: *langgestreckte, schmale Reihe von Klippen, langgestreckte, schmale Sandbank im Meer vor der Küste:* ein gefährliches R.; der Küste sind -e vorgelagert; das Boot kenterte an einem R., lief auf ein R. auf.
²**Riff,** das; -[e]s, -e [engl. riff, viell. gek. aus: refrain = Refrain] (Musik): *(im Jazz) sich ständig wiederholende, rhythmisch prägnante, dabei melodisch nur wenig abgewandelte Phrase.*
Rif|**fel,** die; -, -n [1: zu ↑ Riffel (2); nach der Ähnlichkeit mit den Zinken eines Rechens; 2: spätmhd. rif(f)el, ahd. rif(f)ila = Säge; Rechen]: **1.** ⟨meist Pl.⟩ *rillenförmige Vertiefung bzw. rippenförmige Erhöhung in einer Reihe gleichartiger Vertiefungen u. Erhöhungen:* die -n einer Säule. **2. a)** *Riffelkamm;* **b)** *Riffelmaschine;* **Rif**|**fel**|**bee**|**re,** die [die Beeren werden durch Riffeln (3) geerntet] (landsch.): **1.** *Heidelbeere.* **2.** *Preiselbeere;* **Rif**|**fel**|**blech,** das; vgl. Riffelglas; **Rif**|**fel**|**glas,** das: *Glas, das auf einer Seite geriffelt* (1) *ist;* **Rif**|**fel**|**kamm,** der: *eisernes, kammähnliches Gerät zum Riffeln* (2) *des Flachses;* **Rif**|**fel**|**ma**|**schi**|**ne,** die: *Maschine zum Riffeln* (2) *des Flachses;* **rif**|**feln** ⟨sw. V.; hat⟩ [1: zu ↑ Riffel; 2: mhd. rif(f)eln, ahd. rif(f)ilōn = sägen]: **1.** *mit Riffeln* (1) *versehen:* ein Verfahren, um Glas zu r.; ⟨meist im 2. Part.:⟩ geriffeltes Glas, Blech; eine geriffelte Säule. **2.** *mit einem kammartigen Gerät durch Abstreifen von den Samenkapseln, von Blättern o. ä. befreien:* Flachs, Flachsstengel r. **3.** (landsch.) *Heidel-, Preiselbeeren mit einem kammartigen Gerät von den Sträuchern abstreifen;* **Rif**|**fe**|**lung,** die; -, -en:

1. a) ⟨o. Pl.⟩ *das Riffeln* (1): die maschinelle R. von Blech; **b)** *Gesamtheit von Riffeln* (1) *auf der Oberfläche von etw.:* die Schalen dieser Tiere weisen eine zarte R. auf; Ü die Windstöße jagten eine dunkle R. nach der andern übers Wasser (Hausmann, Abel 152). **2.** *das Riffeln* (2): die R. des Flachses.
Ri|**fi**|**fi,** das; -s ⟨meist o. Art.⟩ [nach dem gleichnamigen frz. Spielfilm (1955), der einen raffinierten Bankeinbruch behandelt; frz. (Jargon) rififi = Streiterei, Keilerei] (Jargon): *raffiniert ausgeklügeltes, heimlich durchgeführtes Verbrechen:* R. in New York – Bank völlig ausgeraubt (Schlagzeile); solide Risikoabwägung, tunlichst kein Aufsehen, eher R. denn Ballermann (Spiegel 4, 1976, 57).
Rift, der; -[s], -s [engl. rift = Spalte, Riß] (Geol.): *langer, durch Brüche* (6) *begrenzter Graben* (3).
Ri|**ga:** Hauptstadt von Lettland; ¹**Ri**|**ga**|**er,** der; -s, -; ⟨nur attr.⟩ Ew.; ²**Ri**|**ga**|**er** ⟨indekl. Adj.⟩; **Ri**|**gae**|**rin,** die; -, -nen: w. Form zu ↑¹Rigaer; **ri**|**ga**|**isch** ⟨Adj.⟩: zu ↑ Riga.
Ri|**gau**|**don** [rigo'dõ:], der; -s, -s [frz. rigaudon, wahrsch. nach dem Namen eines Tanzlehrers Rigaud] (Musik): **a)** *alter französischer Volkstanz provenzalischen Ursprungs im* ²/₄- *od.* ³/₄-*Takt;* **b)** *Satz der Suite* (2).
Ri|**gel,** der; -: *hellster Stern im Sternbild Orion.*
Rigg, das; -s, -s [engl. rig(ging), zu: to rig = auftakeln] (Seemannsspr.): *gesamte Takelung eines Schiffes; Segel (beim Windsurfing);* **rig**|**gen** ⟨sw. V.; hat⟩ (Seemannsspr.): *[auf]takeln;* **Rig**|**gung,** die; -, -en (Seemannsspr.): *Rigg.*
Rig|**heit,** die; - [zu ↑ rigid] (Geophysik): *Widerstandsfähigkeit fester Körper gegen Formveränderungen.*
right or wrong, my country ['raɪt ɔː 'rɔŋ, 'maɪ 'kʌntrɪ; engl. = Recht od. Unrecht – (es handelt sich um) mein Vaterland; nach dem Ausspruch des amerik. Admirals Decatur (1779–1820)]: *ganz gleich, ob ich die Maßnahmen [der Regierung] für falsch od. richtig halte, meinem Vaterland schulde ich Loyalität.*
ri|**gid, ri**|**gi**|**de** ⟨Adj.; rigider, rigideste⟩ [lat. rigidus, zu: rigere = starr, steif sein]: **1.** (Med.) *steif, starr.* **2.** (bildungsspr.) *streng, unnachgiebig:* rigide Moral, Normen, Verbote; nach dem rigiden Traditionsverständnis der Windsors ist das Königtum kein Job (Spiegel 30, 1981, 108); Sie geben sich meist als besonders strenge und rigide Vertreter einer konservativen Standesmoral aus (Richter, Flüchten 151); das demonstrative, rigide Vorgehen der Polizei (BZ 9. 10. 85, 31); CDU und SPD blockten die Vorwürfe schnell und rigide ab (tip 12, 1984, 19); **Ri**|**gi**|**di**|**tät,** die; -, -en [1: lat. rigiditas]: **1.** ⟨o. Pl.⟩ (Med.) *Steifheit, [Muskel]starre.* **2.** (bildungsspr., bes. auch Psych.) *starres Festhalten an früheren Einstellungen, Gewohnheiten, Meinungen o. ä.; Unnachgiebigkeit:* Man wünschte sich die R. (Strenge) des alten Zunftrechts zurück (Süskind, Parfum 69); ... daß ... ein Auseinanderweichen von Meinungen und Techniken zu stärkerem Konservatismus und mehr R. *(Starrheit)*

in den äußeren Reglementierungen führe (Richter, Flüchten 22); (schweiz.:) Die Europäer müßten durch den Abbau struktureller -en *(Zwänge)* und die Ankurbelung ihrer heimischen Nachfrage dafür sorgen, daß ... (NZZ 14. 4. 85, 15); „Politische" Preise zeichnen sich durch R. *(Unbeweglichkeit)* in gleicher Weise aus wie Kartellpreise und Tariflöhne (NZZ 1./2. 5. 83, 10).
Ri|**go**|**le,** die; -, -n [frz. rigole < mfrz. regol < mniederl. regel(e) = gerade Linie < lat. regula, ↑ Regel] (Landw.): *tiefe Rinne, kleiner Graben für Entwässerung:* -n anlegen, graben; **ri**|**go**|**len** ⟨sw. V.; hat⟩ [frz. rigoler, zu: rigole, ↑ Rigole] (Landw.): *tief pflügen, umgraben, bis in eine größere Tiefe lockern* (der Landw.): *Pflug zum Rigolen.*
Ri|**gor,** der; -s [lat. rigor, ↑ rigoros] (Med.): *Rigidität* (1): R. mortis *(Totenstarre);* **Ri**|**go**|**ris**|**mus,** der; - [wohl frz. rigorisme, zu lat. rigor = Steifheit, Härte, Unbeugsamkeit] (bildungsspr.): *unbeugsames, starres Festhalten an bestimmten, bes. moralischen Grundsätzen:* In Sachen Todesstrafe steckt ... nicht nur dem Besitzbürger an (Schnurre, Schattenfotograf 23); moralischer R.; Dieser zölibatäre R. in bezug auf Scheidung und Wiederverheiratung (Ranke-Heinemann, Eunuchen 39); **Ri**|**go**|**rist,** der; -en, -en [frz. rigoriste] (bildungsspr.): *jmd., dessen Grundhaltung durch Rigorismus geprägt ist;* **Ri**|**go**|**ri**|**stin,** die; -, -nen (bildungsspr.): w. Form zu ↑ Rigorist; **ri**|**go**|**ri**|**stisch** ⟨Adj.⟩ (bildungsspr.): *auf Rigorismus beruhend, unerbittlich streng:* eine r. Haltung; r. argumentieren; **ri**|**go**|**ros** ⟨Adj.; -este⟩ [(frz. rigoureux <) mlat. rigorosus = streng, hart, zu lat. rigor = Härte, zu: rigere = starr, steif sein]: *sehr streng, unerbittlich, hart; rücksichtslos, ohne Rücksichtnahme:* -e Bestimmungen, Beschränkungen, Kontrollen, Maßnahmen; -e Strenge, Kritik; ein Gesetz, Tempolimit; Iranische Frauen im traditionellen Tschador demonstrieren in Teheran für die -e Einhaltung der islamischen Kleidervorschriften (BZ 27. 7. 84, 5); er war noch r. als der Chef; r. durchgreifen, verfahren, vorgehen; sie hat es r. abgelehnt, verboten; Ich vermag mir nämlich ... nicht vorzustellen, wie man über Jahre hinweg in einem Partner ... so r. *(so sehr)* täuschen kann (Ziegler, Kein Recht 146); Fest steht jedenfalls, daß Sie die Ergebnisse meiner Nachforschungen .. anzweifeln, ja, mehr noch: ihre Richtigkeit r. *(entschieden)* bestreiten (Weber, Tote 20); **Ri**|**go**|**ro**|**sa:** Pl. von ↑ Rigorosum; **Ri**|**go**|**ro**|**si**|**tät,** die; - (bildungsspr.): *Strenge, Unerbittlichkeit, Härte:* Seine Ehrlichkeit und juristische R. bleiben sicher ... über alle Zweifel erhaben (Weltwoche 26. 7. 84, 27); **ri**|**go**|**ro**|**so** ⟨Adv.⟩ [ital. rigoroso, zu: rigore < lat. rigor, ↑ rigoros] (Musik): *genau, streng im Takt;* **Ri**|**go**|**ro**|**sum,** das; -s, ...sa, - (bildungsspr.), (österr.:) - ⟨Pl. selten⟩ [nlat. (examen) rigorosum = strenge Prüfung] (bildungsspr.): *mündliches Examen bei der Promotion.*
Ri|**go**|**sol,** der; -s [zu ↑ Rigole u. lat. solum = Boden] (Landw.): *durch tiefes*

Umgraben entstandener Boden (z. B. der Boden von Weinbergen, Obstplantagen). **Rig|we|da**, der; -[s] [sanskr. = das aus Versen bestehende Wissen]: *Sammlung der ältesten indischen Opferhymnen.*
Ri|kam|bio, der; -s, ...ien [ital. ricambio, zu: ricambiare = wieder wechseln, umtauschen, aus: ri- (< lat. re- = wieder, zurück) u. cambiare (< spätlat. cambiare = wechseln, tauschen)] (Geldw.): *Rückwechsel.*
Ri|kors|wech|sel, der; -s, - [zu ital. ricorso, 2. Part. von: ricorrere < lat. recurrere = zurücklaufen] (Geldw.): *Rückwechsel.*
ri|ko|schet|tie|ren ⟨sw. V.; hat⟩ [zu frz. ricochet = Abprall] (Milit. veraltet): *(von Kugeln) aufschlagen, abprallen;* **Ri|ko|schett|schuß**, der; ...schusses, ...schüsse (Milit. veraltet): *Kugel, die rikoschettiert.*
Rik|scha, die; -, -s [engl. ricksha(w), kurz für: jinricksha(w) < jap. jin-riki-sha, eigtl. = „Mensch-Kraft-Fahrzeug"]: *(in Ost- u. Südasien) der Beförderung von Personen dienender zweirädriger Wagen, der von einem Menschen (häufig mit Hilfe eines Fahrrads) gezogen wird.*
Riks|mål [...mo:l], das; -[s] [norw., eigtl. = Reichssprache]: *ältere Bez. für* ↑Bokmål.
ri|la|scian|do [rilaʃ'ando] ⟨Adv.⟩ [ital. rilasciando, zu: rilasciare < lat. relaxare, ↑Relaxans] (Musik): *langsamer werdend; im Takt nachlassend.*
Ril|le, die; -, -n [niederd. rille, Vkl. von mniederd. ride = Bach, also eigtl. = kleiner Bach]: *lange, schmale Vertiefung in der Oberfläche von etw. aus meist hartem Material: die -n einer Säule, in einem Glas; die -n im Geweih des Hirschs; die -n der Schallplatten von Staub befreien; seine Stirn wies zahlreiche -n (Falten) auf;* **ril|len** ⟨sw. V.; hat⟩: *mit Rillen versehen: die Oberfläche von etw. r.;* ⟨meist im 2. Part.:⟩ *gerillte Glasscheiben;* **ril|len|för|mig** ⟨Adj.⟩: *in der Form einer Rille: eine -e Vertiefung, das;* **Ril|len|glas**, das: *Einmachglas mit einer Rille am Rand, die ein sicheres Verschließen gewährleistet;* **Ril|len|pro|fil**, das: *gerilltes Profil (5);* **Ril|len|schie|ne**, die (Technik): *Schiene mit einer eingelassenen Rille (bes. als Schiene für die Straßenbahn);* **ril|lig** ⟨Adj.⟩ (selten): *gerillt.*
Ri|mes|sa, die; -, ...ssen [ital. rimessa, zu: rimettere = wiederholen; aushändigen, überweisen] (Fechten): *Wiederholung eines Angriffs, wenn nach pariertem erstem Angriff die Riposte ausbleibt od. verzögert durchgeführt wird;* **Ri|mes|se**, die; -, -n [ital. rimessa, ↑Rimessa]: **1.** (Wirtsch.) **a)** *[akzeptierter] Wechsel, der vom Aussteller als Zahlungsmittel weitergegeben wird;* **b)** (selten) *Übersendung eines Wechsels.* **2.** (Fechten) *Rimessa.*
Ri|mi|ni: *Hafenstadt am Adriatischen Meer.*
Ri|na|sci|men|to [rinaʃi'mɛnto], das; -[s] [ital. rinascimento, zu: rinascere = wieder geboren werden]: *ital. Bez. für Renaissance.*
Rind, das; -[e]s, -er [mhd. rint, ahd. (h)rint, eigtl. = Horntier]: **1. a)** *(als Milch u. Fleisch lieferndes Nutz-, auch noch als Arbeitstier gehaltenes) zu den Wiederkäuern gehörendes Tier mit kurzhaarigem, glat-*

tem, braunem bis schwarzem [weißgeflecktem] Fell, mit breitem Schädel mit Hörnern, langem, in einer Quaste endendem Schwanz u. einem großen Euter beim weiblichen Tier; Hausrind: glatte, wohlgenährte, braune, schwarzweiß gefleckte -er; -er züchten; sie bevorzugt Fleisch vom R.; **b)** ⟨o. Pl.⟩ (ugs.) *kurz für* ↑Rindfleisch: *R. ist heute billiger.* **2.** (Zool.) *Vertreter einer in mehreren Arten vorkommenden, zur Familie der Horntiere gehörenden Unterfamilie von Paarhufern (Büfel, Bison, Wisent, Auerochse u. a.);* **Rind|box**, das; -es [zum 2. Bestandteil vgl. Boxkalf]: *glattes Rindsleder für Schuhe;* **Rind|box|le|der**, das: *Rindbox.*
Rin|de, die; -, -n [mhd. rinde, rinte, ahd. rinda, rinta, eigtl. = Abgerissenes, Zerrissenes]: **1.** *(bei Bäumen u. Sträuchern) äußere, den Stamm, die Äste u. Wurzeln umgebende, feste, oft ... borkige Schicht: rauhe, rissige, glatte R.; die weiße R. der Birken; die R. vom Stamm ablösen, abschälen; seinen Namen in die R. eines Baumes ritzen, schneiden.* **2.** *äußere, etw. Weiches umgebende festere Schicht: die R. vom Käse abschneiden; sie ißt beim Brot gern die dunkle R.;* Ü *... daß der Mensch ein Häuflein von Pünktchen auf der äußersten R. eines Zwergglobus sei* (Musil, Mann 280). **3.** (Anat.) *äußere, vom* ³Mark *(1 a) sich unterscheidende Schicht bestimmter Organe: die R. der Nieren;* **Rin|den|boot**, das: *(von Naturvölkern hergestelltes) Boot aus großen Stücken Baumrinde;* **Rin|den|brand**, der (Bot.): *Krankheit von Bäumen, bei der die Rinde (1) abstirbt;* **Rin|den|hüt|te**, die: *Hütte aus Stücken von Rinde (1);* **Rin|den|kä|fer**, der: *(in vielen Arten bes. in warmen Ländern vorkommender) Käfer, der meist an u. in alten, morschen Baumstämmen lebt;* **Rin|den|laus**, die: *(in vielen Arten vorkommendes) Insekt, das vor allem auf Blättern u. auf der Rinde (1) lebt, von denen es als Algen u. Pilze abfrißt;* **rin|den|los** ⟨Adj.⟩: *keine Rinde (1, 2) [mehr] aufweisend;* **Rin|den|pilz**, der: *meist auf der Rinde (1) wachsender Pilz mit einem flachen, meist wie eine Kruste auf der Rinde liegenden Fruchtkörper.*
Rin|der|band|wurm, der: *Bandwurm, dessen* ¹*Finnen (1) in der Muskulatur des Rindes sitzen u. beim Genuß von rohem od. nicht durchgebratenem Fleisch in den Darm des Menschen gelangen;* **Rin|der|bra|ten**, der (Kochk.): *Braten aus einem Stück Rindfleisch;* **Rin|der|brem|se**, die: *große* ²Bremse *mit bunt schillernden Facettenaugen, braungrauen Flügeln u. dunkel u. gelblich gezeichnetem Körper;* **Rin|der|brust**, die (Kochk.): *Bruststück vom Rind;* **Rin|der|fi|let**, das (Kochk.): ²Filet *(a) vom Rind;* **Rin|der|gu|lasch**, das, auch: der (Kochk.): *Gulasch aus Rindfleisch;* **Rin|der|hack|fleisch**, das: vgl. Rindergulasch; **Rin|der|her|de**, die: *Herde von Rindern (1);* **Rin|der|herz**, das (Kochk.): *Herz (1 b) vom Rind;* **rin|de|rig** ⟨Adj.⟩: *(von Kühen) brünstig (b);* **Rin|der|le|ber**, der (Kochk.): *Leber (b) vom Rind;* **Rin|der|len|de**, die (Kochk.): *Lendenstück vom Rind;* **rin|dern** ⟨sw. V.; hat⟩: *rinderig sein: die Kuh fängt wieder an zu r.;* **Rin|der|pest**, die: *durch Viren hervor-*

gerufene, meist tödlich verlaufende, sehr ansteckende Krankheit bei Rindern, die bes. mit einer Entzündung der Schleimhäute verbunden ist; **Rin|der|ras|se**, die: *Rasse von Rindern (1): eine hochwertige R.;* **Rin|der|schmor|bra|ten**, der (Kochk.): *geschmortes Stück Rindfleisch;* **Rin|der|stück**, das (Kochk.): *Stück Braten- od. Kochfleisch vom Rind;* **Rin|der|talg**, der: *ausgelassenes Fett vom Rind;* **Rin|der|wahn|sinn**, der: *(zuerst in Großbritannien aufgetretene) Seuche, die vor allem bei Rindern unheilbare Veränderungen im Gehirn hervorruft: Wegen des Verdachts auf R. ist eine Herde von rund 100 Rindern vorsorglich unter amtliche Beobachtung gestellt worden* (Rheinpfalz 9. 6. 94, 16); **Rin|der|zucht**, die: *planmäßige Aufzucht von Rindern unter wirtschaftlichem Aspekt;* **Rin|der|zun|ge**, die (Kochk.): *Zunge (b) vom Rind;* **Rind|fleisch**, das: *Fleisch vom Rind;* **Rind|fleisch|sup|pe**, die (Kochk.): *durch Auskochen von Rindfleisch [und Suppengemüse] hergestellte Suppe.*
rin|dig ⟨Adj.⟩ (selten): *mit einer [dicken] Rinde (1, 2) versehen.*
Rind|le|der usw.: ↑Rindsleder usw.; **Rinds|bra|ten**, der (Kochk., bes. südd., österr. u. schweiz. nur so): ↑Rinderbraten; **Rinds|fett**, das (südd., österr.): *Butterschmalz, ausgelassene Butter;* **Rinds|fi|let**, das (Kochk., bes. südd., österr.): ↑Rinderfilet; **Rinds|gu|lasch**, das, auch: der (Kochk., bes. südd., österr.): ↑Rindergulasch; **Rinds|le|ber**, die (Kochk., bes. südd., österr.): ↑Rinderleber; **Rinds|le|der**, das: *aus der Haut des Rindes hergestelltes Leder, in einer Tasche aus R.;* **rinds|le|dern** ⟨Adj.⟩: *aus Rindsleder bestehend;* **Rinds|len|de**, die (Kochk. bes. südd., österr.): ↑Rinderlende; **Rinds|schmalz**, das (südd., österr.): ↑Rindsfett; **Rinds|stück**, das (Kochk., bes. südd., österr.): ↑Rinderstück; **Rinds|talg**, der (bes. südd., österr.): ↑Rindertalg; **Rind|stück**, das: *Beefsteak;* **Rind|sup|pe**, die (österr.): *Fleischbrühe;* **Rinds|zun|ge**, die (Kochk., bes. südd., österr.): ↑Rinderzunge; **Rind|vieh**, das (Schimpfwort): ↑Rindvieh (2); **Rind|vieh**, das: **1.** *Gesamtheit von Rindern, Bestand an Rindern: das R. auf die Weide treiben; er besitzt zwanzig Stück R. (zwanzig Rinder).* **2.** (ugs., oft als Schimpfwort) *dummer Mensch, der durch sein Verhalten o. ä. Anlaß zum Ärger gibt: Sogar unseren Barpianisten sah das R. hatte trotz Warnung seine goldene Armbanduhr um* (Konsalik, Promenadendeck 360); *du [blödes] R.!*
rin|for|zan|do ⟨Adv.⟩ [ital. rinforzando, Gerundium von: rinforzare = (ver)stärken] (Musik): *plötzlich deutlich stärker werdend, verstärkt;* Abk.: rf., rfz., rinf.; **Rin|for|zan|do**, das; -s, -s u. ...di (Musik): *plötzliche Verstärkung des Klanges auf einem Ton od. einer kurzen Tonfolge;* **rin|for|za|to** ⟨Adv.⟩ [ital. rinforzato, 2. Part. von: rinforzare, ↑rinforzando] (Musik): *plötzlich verstärkt;* Abk.: rf., rfz., rinf.; **Rin|for|za|to**, das; -s, -s u. ...ti (Musik): *Rinforzando.*
ring ⟨Adj.⟩ [mhd. (ge)ringe, ↑gering] (südd., schweiz. mundartl.): *leicht zu be-*

wältigen, mühelos: ein -er Weg; es geht ihm r. von der Hand. **Ring,** der; -[e]s, -e [mhd. rinc, ahd. (h)ring, wohl im Ablaut zu ↑Runge]: **1. a)** *gleichmäßig runder, kreisförmig in sich geschlossener Gegenstand:* ein metallener R.; ein R. aus Messing, Holz, Gummi; ein R. als Türklopfer; der Stier hat einen R. durch die Nase; die Schlüssel waren an einem R. *(Schlüsselring)* befestigt; ... den Raubtieren, die von den ... Dompteuren abgerichtet werden, durch -e *(Reifen)* zu springen (Dönhoff, Ära 181); die Kinder spielen mit dem R. (Gummiring b); die erste mit einem numerierten -e versehene Jungdohle (Lorenz, Verhalten I, 47); R der R. (geh.; *Kreis[lauf]*) der Jahreszeiten; der R. schließt sich *(die Sache findet ihren Abschluß [indem man zum Ausgangspunkt zurückkehrt]);* **b)** *kurz für* ↑*Fingerring:* ein goldener, brillantenbesetzter, schmaler, breiter R.; ein R. aus massivem Gold, mit einem großen Stein; der R. blitzte an ihrer Hand; einen R. tragen; jmdm., sich einen R. anstecken, an den Finger stecken; ... in der Heiligkreuzkirche ..., wo der Braut von ihrer Krönung mein R. *(Trauring)* von Jakob, Bischof in Patti, an den Finger gesteckt worden war (Stern, Mann 29); einen R. vom Finger ziehen; *** die -e tauschen/wechseln** (geh.; *heiraten, mit jmdm. eine Ehe schließen*). **2.** (Sport) **a)** ⟨Pl.⟩ *Turngerät, das aus zwei hölzernen Ringen* (1 a) *besteht, die an zwei in einem bestimmten Abstand voneinander herabhängenden Seilen befestigt sind:* an den -en turnen; **b)** *kurz für* ↑*Boxring:* den R. betreten; den R. als Sieger verlassen; die beiden Boxer kletterten in den R.; Ich hatte weder Mut noch Lust, mit diesem Schwergewichtsmeister in den R. zu steigen (Erné, Kellerknaben 12); R. frei zur zweiten Runde!; Ü R. frei für die nächsten Kandidaten! *(die nächsten Kandidaten können nun beginnen);* **c)** *kurz für* ↑*Wrufring.* **3.** *etw. ..., was wie ein Ring* (1 a) *geformt, einem Ring ähnlich ist; ringförmiges Gebilde; ringförmige Anordnung, Figur:* ein R. aus starrenden Menschen; der alte Stadtkern liegt innerhalb einen -es *(einer ringförmig angelegten Straße, einer Ringstraße);* das Glas hinterließ einen feuchten R. auf dem Tisch; er warf einen Stein ins Wasser und zählte die -e auf der Wasseroberfläche; Droste rauchte ... und blies -e für Clärchens Amüsement (Baum, Paris 159); er zählte die -e *(Jahresringe)* auf dem Baumstumpf; sie hat dunkle, blaue, schwarze -e *(Augenschatten)* unter den Augen; die -e des Saturn; er schoß zehn -e *(in den zehnten Ring auf der Schießscheibe);* die Kinder bildeten beim Spielen einen R., schlossen einen R. um den Lehrer; Abends ritten wir uns ... einen R. roter Hausmacherstadtwurst (Fels, Kanakenfauna 23). **4.** *Vereinigung von Personen, die sich zu einem bestimmten Zweck, zur Durchsetzung gemeinsamer Ziele, zur Schaffung u. Nutzung bestimmter Einrichtungen o. ä. zusammengeschlossen haben:* Der Weiße R. hilft den Opfern von Verbrechen, die in Not geraten sind (Hörzu 40, 1983, 122); einen R. für Theater- und Konzertbesuche gründen, organisieren, bilden; die Polizei hat den internationalen R. von Rauschgifthändlern auffliegen lassen; die Händler haben sich zu einem R. *(Kartell)* zusammengeschlossen; **ring|ar|tig** ⟨Adj.⟩: *in der Art eines Ringes* (1 a); **Ring|arzt,** der (Boxen): *Arzt, der die Boxkämpfer bei einem Boxkampf gesundheitlich zu überwachen u. über deren Kampffähigkeit zu entscheiden hat;* **Ring|bahn,** die: *ringartig um eine Stadt, einen Stadtkern geführte Bahn;* **Ring|be|schleu|ni|ger,** der (Kerntechnik): *Beschleuniger* (1), *bei dem elektrisch geladene Teilchen auf ringförmigen Bahnen geführt werden;* **Ring|buch,** das: *einem Buch od. Heft ähnliche Mappe mit losen, gelochten* (1 b) *Blättern (zum Beschreiben), die durch ringförmige Bügel festgehalten werden u. so beliebig entnommen od. ergänzt werden können;* **Ring|dros|sel,** die: *bes. in den Hochgebirgen Europas u. Vorderasiens lebende, schwarze od. bräunliche Drossel mit einem breiten, weißen, wie ein Ring um die Brust verlaufenden Streifen;* **Ring|drü|se,** die (Zool.): *ringförmiges, hormonbildendes Organ bei Insekten;* **Rin|gel,** der; -s, - [mhd. ringel(e), ahd. ringila, Vkl. von ↑*Ring*]: *kleineres ring-, kreis-, spiralförmiges Gebilde:* die schwarzen R. ihrer Haare; ein Luftballon mit bunten -n; **Rin|gel|blu|me,** die: **1.** *(zu den Korbblütlern gehörende) Pflanze mit kräftigem Stiel, schmalen, behaarten Blättern u. (gefüllten) gelben od. orangefarbenen Blüten; Calendula.* **2.** (volkst.) *Löwenzahn;* **Rin|gel|chen,** das; -s, -: Vkl. zu ↑*Ring* (1, 3); **Rin|gel|gans,** die: *an der arktischen Küste lebende kleinere Gans mit schwarzem Kopf u. Hals, schwärzlicher Oberseite u. einer weißen, ringförmigen Zeichnung am Hals;* **rin|ge|lig,** (seltener auch:) **ringlig** ⟨Adj.⟩ [zu ↑*Ringel*]: *wie Ringel, spiralähnlich geformt; sich ringelnd, in Ringeln:* -e Hobelspäne; die Haare fielen ihr wirr und r. ins Gesicht; **Rin|gel|locke¹,** die ⟨meist Pl.⟩: *sich ringelnde Locke:* das Kind hatte einen Kopf voller -n; **rin|geln** ⟨sw. V.⟩ hat [mhd. ringelen]: **a)** *zu einem Ringel, zu Ringeln formen; Ringel, Kreise, Bogen, Schnörkel bilden, entstehen lassen:* der Hund ringelt seinen Schwanz; die Schlange ringelt ihren Körper um einen Ast; **b)** ⟨r. + sich⟩ *sich zu einem Ringel, zu Ringeln formen; die Form von Ringeln annehmen:* Locken ringeln sich um ihren Kopf; der Bart ringelte sich ebenso grau und hing nicht schlaff herab (Andres, Liebesschaukel 7); **Rin|gel|nat|ter,** die [viell. nach den Ringeln auf der Haut]: *am Wasser lebende, einfarbig graugrüne od. mit schwarzen Flecken gezeichnete Natter mit einem halbmondförmigen weißen bis gelben, schwarz gesäumten Fleck zu beiden Seiten des Hinterkopfes;* **Rin|gel|piez,** der; -[es], -e [urspr. nordd., berlin., eigtl. wohl = Tanz u. Gesang, 2. Bestandteil wohl aus dem Slaw., vgl. apoln. pieć := singen] (ugs.): *fröhliches, geselliges Beisammensein mit Tanz:* einen schönen, zünftigen R. veranstalten; heute abend gehen wir zum R.; *** R. mit Anfassen** (salopp; *Ringelpiez*): Im Volkspark gibt's R. mit Anfassen und zwei Flaschen Freibier pro Nase (Bieler, Bär 151); **Rin|gel|rei|gen,** der (seltener), **Rin|gel|rei|hen,** der: *Spiel, Tanz, bei dem sich Kinder bei den Händen fassen u. im Kreis tanzen:* R. tanzen, spielen; **Rin|gel|rö|teln** ⟨Pl.⟩: *bes. bei Kindern u. Jugendlichen auftretende, der Regel harmlos verlaufende, ansteckende Infektionskrankheit mit einem Hautausschlag in Form großer, ringförmiger, rosafarbener Flecken;* **Rin|gel|schwanz,** der: *geringelter Schwanz:* der R. des Ferkels; ein Hund mit R.; **Rin|gel|söck|chen,** das ⟨meist Pl.⟩: *Söckchen* (2) *mit ringsum laufenden Querstreifen in verschiedenen Farben;* **Rin|gel|spiel,** das (österr.): *Karussell;* **Rin|gel|spin|ner,** der: *brauner Nachtfalter, der seine Eier spiralig um junge Zweige von Obst- u. anderen Laubbäumen legt;* **Rin|gel|ste|chen,** das, -s, -: *Ringreiten;* **Rin|gel|tau|be,** die [2: die Taube galt früher als seltener Vogel]: **1.** *in Wäldern u. Parkanlagen lebende graue Taube mit einem breiten, weißen Streifen auf den Flügeln u. einem weißen Fleck an beiden Seiten des rot u. grün schillernden Halses.* **2.** (veraltet, noch landsch.) *besonders günstige Gelegenheit* (3), *Rarität [die man erworben hat];* **Rin|ge|lung,** die; - (Obstbau): *das Ablösen eines Streifens der Rinde von einem Apfel- od. Birnbaum zur Förderung der Blütenbildung an stark wachsenden, aber wenig Blüten hervorbringenden Bäumen;* **Rin|gel|wurm,** der: *in zahlreichen Arten von unterschiedlicher Länge im Wasser, im Boden od. auch parasitisch lebender Wurm mit einem aus vielen gleichartig gebauten Segmenten bestehenden Körper; Gliederwurm.*

¹**rin|gen** ⟨st. V.; hat⟩ [mhd. ringen, ahd. (h)ringan, eigtl. = sich im Kreise, sich hin u. her bewegen; zu ↑*Ring*]: **1. a)** *sich handgreiflich mit jmdm. [unter Anwendung von Griffen u. Schwüngen] auseinandersetzen; mit körperlichem Einsatz gegen jmdn. kämpfen, um ihn zu bezwingen:* die beiden Männer rangen erbittert, bis zur Erschöpfung [miteinander]; Ü mit dem Tod[e] r.; der Schwimmer rang mit den Wellen (geh.; *konnte sich wegen der starken Wellen kaum im Wasser behaupten*); Stundenlang ringt er mit dem Fels (geh.; *versucht er, ihn kletternd zu bezwingen;* Trenker, Helden 92); **b)** *unter Anwendung von bestimmten Griffen u. Schwüngen mit jmdm. einen genau nach Regeln festgelegten sportlichen Kampf austragen mit dem Ziel, den Gegner mit beiden Schultern auf den Boden zu drücken od. ihn nach Punkten zu schlagen:* taktisch klug, mit einem starken Gegner r.; er ringt *(ist Ringer)* seit einigen Jahren; ⟨subst.:⟩ er hat einen Meistertitel im Ringen geholt. **2. a)** *sich angestrengt, unter Einsatz aller Kräfte bemühen, etw. zu erreichen, zu erhalten, zu verwirklichen; heftig nach etw. streben:* hart, zäh, bitter, schwer um Anerkennung r.; sie rangen lange um Freiheit, Unabhängigkeit, Erfolg; So ringen die Genossen ... darum, die Kosten für Ausschuß, Mehr- und Nacharbeit zielstrebig zu senken (Freie Presse 10. 11. 83, 6); Unser Land braucht eine solche moderne sozialistische Partei, die um Verwurzelung im Volke ringt (Freie

ringen

Presse 8. 12. 89, 3); Du hast um diese Frau gerungen, wie man so sagt (Frisch, Stiller 501); nach Atem, Luft r. *(nur mühsam atmen können);* sie rang nach/um Fassung *(sie konnte kaum, nur mühsam die Fassung bewahren);* er hat nach Worten/um Worte gerungen *(hat die richtigen Worte kaum finden können, hat sich nur mühsam äußern können);* ◆ Ich, wenn ich an Ihrer Stelle wäre, lancierte mich ins Städtische hinein und ränge nach der Bürgerkrone (Fontane, Jenny Treibel 31); ⟨subst.:⟩ das jahrhundertelange Ringen zwischen Kirche und Staat; ein zähes Ringen um die Freilassung der Geiseln setzte ein; **b)** *sich innerlich heftig mit etw. auseinandersetzen:* ich habe lange mit mir gerungen, ob ich das verantworten kann; er scheint [innerlich] mit einem Problem, mit seinem Schicksal zu r.; ich ... rang inbrünstig in mir selbst um erträglichere, freundlichere Bilder (Hesse, Steppenwolf 234). **3.** (geh.) **a)** *(die Hände) aus Verzweiflung, Angst o. ä. falten, ineinander verschränkt gegeneinanderpressen u. so in drehender Bewegung die Handflächen aneinanderreiben:* weinend, klagend, jammernd, verzweifelt, flehend die/seine Hände r.; Kommt zu mir gelaufen und ringt die Hände: Hilf mir! (Apitz, Wölfe 232); Itzig Lupu rang geschäftsmäßig die Hände (Hilsenrath, Nacht 245); ◆ Sie ... erhob die gerungenen Hände (Ebner-Eschenbach, Gemeindekind 92); **b)** *jmdm. unter großen Mühen u. gegen heftigen Widerstand aus der Hand, aus den Händen winden:* er rang ihm das Messer, die Pistole aus der Hand; Ü Uns wurde das Gesetz des Handelns nicht aus den Händen gerungen (Dönhoff, Ära 64). **4.** ⟨r. + sich⟩ (geh.) *mühsam aus jmdm. hervorkommen, sich jmdm. entringen* (2 b): ein tiefer Seufzer rang sich aus ihrer Brust.

²**rịn|gen** ⟨st. V.; hat⟩ [landsch. beeinflußt von ↑¹ringen] (landsch.): ↑wringen.

Rịn|ger, der; -s, - [mhd. ringer, ahd. ringāri, zu ↑¹ringen]: *jmd., der ringt* (1 b), *bes. Sportler, der Ringkämpfe wettkampfmäßig austrägt;* **Rịn|ge|rin,** die; -, -nen: w. Form zu ↑Ringer; **rịn|ge|risch** ⟨Adj.⟩: *das Ringen betreffend, dazu gehörend:* seine -en Qualitäten; seinem Gegner r. überlegen sein.

Rịng|fahn|dung, die: *Großfahndung der Polizei, bei der in einem größeren Gebiet nach bestimmten Personen gefahndet wird:* eine R. einleiten; Eine R. blieb ohne Ergebnis (Saarbr. Zeitung 4. 12. 79, 11).

◆ **rịng|fer|tig** ⟨Adj.⟩ [mhd. rincvertic, zu: ringe, ↑ringe]: *(bes. in landsch. Sprachgebrauch) leicht u. schnell [gehend, handelnd o.ä.]; behende:* So zogen wir, -e Gesellen, im Übermut des Wagens und der Tat, durch See und Land (Grillparzer, Medea I).

Rịng|fin|ger, der: *vierter Finger der Hand zwischen Mittelfinger u. kleinem Finger:* ... der Brillant am rechten R. (Weber, Tote 19); **Rịng|flü|gel,** der (Technik): *den Rumpf eines Coleopters ringförmig umschließender Teil, der den Auftrieb liefert;* **Rịng|flü|gel|flug|zeug,** das: *Coleopter;* **Rịng|form,** die: **1.** *Form eines Ringes* (1 a): die Kommode hatte Griffe in R. **2.** *Kuchenform, mit der Kuchen gebacken werden, die die Form eines dickeren Ringes* (3) *haben;* **rịng|för|mig** ⟨Adj.⟩: *Ringform aufweisend; wie ein Ring* (1 a): ein -er Wall; -e Verbindungen in der Chemie; **Rịng|fuchs,** der, (Boxen Jargon): *Boxer mit großer Erfahrung, der alle Tricks im Ring* (2 b) *kennt;* **Rịng|geld,** das: *als Zahlungsmittel verwendete Kupfer- u. Messingringe in Westafrika;* **rịng|ge|schmückt** ⟨Adj.⟩: *mit einem od. mehreren Ringen* (1 b) *geschmückt:* -e Hände; **Rịng|gra|ben,** der: vgl. Ringmauer; **Rịng|heft,** das: vgl. Ringbuch.

rịng|hö|rig ⟨Adj.⟩ [zu ↑ring] (schweiz. mundartl.): *hellhörig:* Qualität der Wohnungen: feucht, r., schlechte Grundrisse (NZZ 30. 8. 86, 40); **Rịng|hö|rig|keit,** die; - (schweiz. mundartl.): *Hellhörigkeit.*

Rịng|kampf, der [zu ↑¹ringen]: **1.** *tätliche Auseinandersetzung, bei der zwei Personen miteinander ringen* (1 a): ein scharfer, heftiger, erbitterter R.; aus der Balgerei der beiden Jungen entwickelte sich ein regelrechter R. **2. a)** ⟨o. Pl.⟩ *das Ringen* (1 b) *als sportliche Disziplin:* der R. erfordert Konzentration und Ausdauer; **b)** *sportlicher Kampf im Ringen* (1 b): bei der Veranstaltung wurden über zwanzig Ringkämpfe ausgetragen; **Rịng|kämp|fer,** der: *Ringer;* **Rịng|kämp|fe|rin,** die: w. Form zu ↑Ringkämpfer.

Rịng|knor|pel, der (Anat.): *einem Siegelring ähnlicher Knorpel im Kehlkopf;* **Rịng|lein,** das; -s, - [mhd. ringlīn]: Vkl. zu ↑Ring (1, 3); **rịng|lig:** ↑ringelig.

Rin|glot|te, die; -, -n (landsch., österr.): *Reneklode.*

Rịng|mau|er, die: *ringförmig angelegte Mauer um eine Burg, eine Stadt;* **Rịng|mus|kel,** der (Anat.): *ringförmiger Muskel zum Verengen od. Verschließen bestimmter Hohlorgane;* **Rịng|ofen,** der (Technik): *ringförmig, auch oval gebauter Brennofen, der kontinuierlich betrieben werden kann;* **Rịng|rei|ten,** das; -s, -: *Spiel, Turnier, bei dem der Reiter vom [galoppierenden] Pferd aus einen in bestimmter Höhe aufgehängten Ring* (1 a) *od. Kranz mit einer Lanze od. Stange herunterzuholen sucht;* **Rịng|rich|ter,** der (Boxen): *Schiedsrichter, der einen Boxkampf im Ring* (2 b) *leitet;* **rịngs** ⟨Adv.⟩ [erstarrter Gen. Sg. von ↑Ring]: *im Kreis, in einem Bogen um jmdn., etw., auf allen Seiten; rundherum* (a): r. an den Wänden standen Bücherregale; sich r. im Kreise umsehen; der Ort ist r. von Bergen umgeben; die Gäste r. plauderten (Fühmann, Judenauto 19); **Rịng|schei|be,** die (Schießen): *Schießscheibe mit numerierten, konzentrisch um eine schwarze Kreisfläche angeordneten Ringen;* **Rịng|schloß,** das: *(bes. bei Fahrrädern verwendetes) ringförmiges Schloß* (1 a); **Rịng|schlüs|sel,** der: *Schraubenschlüssel mit ringförmiger Öffnung;* **Rịng|sen|dung,** die (Ferns., Rundf.): *Sendung, bei der eine Reihe von Sendern zusammengeschaltet w. mit eigenen Beiträgen beteiligt ist;* **rịngs|her|um** ⟨Adv.⟩: *rings um jmdn., etw. herum; auf allen Seiten rundherum* (a): r. an den Wänden hingen große Bilder; r. um dieses Monument ... standen andere Denkmäler (Koeppen, Rußland 86); **Rịng|ste|chen,** das; -s, -: *Ringreiten;* **Rịng|stra|ße,** die: *ringförmig angelegte, um eine Stadt, einen Stadtkern verlaufende, [breite] Straße;* **rịngs|um** ⟨Adv.⟩: *ringsherum, im ganzen Umkreis, rundum* (a): r. nur Eis und Schnee; Das Getuschel r. ist wahnsinnig laut (Fels, Kanakenfauna 26); der See ... ist r. von hohen Bergen umgeben (Grzimek, Serengeti 329); Sie lachten alle r., und die Kellnerin lief rot an (H. Gerlach, Demission 56); **rịngs|um|her** ⟨Adv.⟩: *ringsherum, nach allen Seiten:* r. war dunkle Nacht; Die Bäume r. rauschten (Bastian, Brut 83); sie blickte r., aber niemand war zu sehen; **Rịng|tausch,** der: *Tausch zwischen mehreren Partnern:* die Entlassung des Berliner Kripospions sei kein Teil eines internationalen -s gewesen (MM 30. 12. 66, 1); Der Landrat deichselt einen R.: Die Reichsbahn liefert dem Schlachthof Briketts, der Schlachthof spendiert ... Koks, das Nedlitzer Sägewerk zweigt Grubenholz nach Bitterfeld ab, aus Bitterfeld kriegt die Reichsbahn Rohbraunkohle, und das Nedlitzer Sägewerk bleibt vorläufig Privatbetrieb (Bieler, Bär 259); **Rịng|ten|nis,** das: *Spiel, bei dem nach bestimmten, dem Tennis ähnlichen Regeln ein Gummiring* (b) *über ein Netz geworfen wird;* **Rịng|ver|ein,** der (veraltend): *Zusammenschluß mehrerer Vereinigungen von Verbrechern in Großstädten, die sich als Sport- od. Sparverein, Verein zur Geselligkeit o. ä. tarnen:* Im Berlin der 20er Jahre ging das noch mit -en (Fichte, Wolli 73); **Rịng|wall,** der: vgl. Ringmauer; **Rịng|wech|sel,** der: *das Wechseln der Trauringe bei der Eheschließung.*

Rịn|ne, die; -, -n [mhd. rinne, ahd. rinna, zu ↑rinnen]: **1. a)** *schmale, langgestreckte Vertiefung im Boden, durch die Wasser fließt od. fließen kann:* tiefe -n im Erdreich; lange, der Bewässerung dienende -n durchzogen das Gelände; eine R. graben, ausheben; **b)** *kurz für* ↑Fahrrinne: die R. der Hafenausfahrt; Und da warten bereits vier andere Schiffe, um in der frisch gebrochenen R. in den Hafen zu gelangen (NNN 20. 2. 85, 2). **2.** *schmaler, langer, in Form eines Halbkreises ausgehöhlter Körper aus Blech, Holz o. ä., durch den etw. [ab]fließen kann:* die R. am Dach muß repariert werden; das Wasser fließt durch eine hölzerne R. in das Faß. **3.** (Jägerspr.) *Stoßgarn;* **rịn|nen** ⟨st. V.⟩ [mhd. rinnen, ahd. rinnan, eigtl. = (sich) in Bewegung setzen, (sich) bewegen, erregt sein]: **1. a)** *sich stetig u. nicht sehr schnell in nicht allzu großer Menge fließend irgendwohin bewegen* ⟨ist⟩: der Regen rinnt vom Dach, über die Scheiben, in die Tonne ⟨...⟩, daß Sickerwässer der Haus- und Giftmülldeponie ... ins Grundwasser r. ⟨gelangen; Kurier 12. 5. 84, 17⟩; das Blut rann in einem dünnen Faden aus der Wunde, über sein Gesicht; ... und lag steif wie ein Klotz da mit offenem Mund, aus dem der Speichel rann (H. Gerlach, Demission 157); Tränen rannen über ihre Wangen; Ü das Geld rinnt ihm [nur so] durch die Finger ⟨er gibt es schnell aus, kann nicht sparsam damit umgehen⟩; die Jahre rannen (geh.;

gingen schnell dahin, vergingen rasch); **b)** *sich in vielen kleinen Teilchen stetig u. nicht sehr schnell irgendwohin bewegen:* der Zucker rann aus dem Sack; sie ließ den Sand durch die Finger r. **2.** *undicht sein; durch eine undichte Stelle Flüssigkeit herauslaufen lassen* ⟨hat⟩: die Gießkanne rinnt; **rin|nen|för|mig** ⟨Adj.⟩: *die Form einer Rinne (1 a) aufweisend; wie eine Rinne:* eine -e Vertiefung, Kehlung; **Rinn|sal,** das; -[e]s, -e (geh.): **a)** *sehr kleines, sacht fließendes Gewässer:* ein R. fließt, schlängelt sich durch die Wiesen; **b)** *Flüssigkeit, die in einer kleineren Menge irgendwohin rinnt:* ein R. von Blut, von Tränen; aus dem undichten Faß floß ein kleines R. von Öl; Alkohol floß in Strömen. Bei mir blieb's ein R. (Heim, Traumrecht 269); Ü ein R. aus Licht (Langgässer, Siegel 585); um ihn flossen und rauschten -e aus Schotter und Sand (Ransmayr, Welt 86); **Rinn|stein,** der; -[e]s, -e: **a)** *Gosse* (1): nach dem Regen liefen die -e fast über, waren die -e verstopft; das Wasser fließt durch den R. in den Gully; er lag betrunken im R.; etw. in den R. werfen; Ü er hat ihn aus dem R. *(der Gosse* 2) *aufgelesen;* er endete, landete schließlich im R. *(der Gosse* 2); **b)** *Bordstein:* sich auf den R. setzen; er stolperte über den R.
Rio de Ja|nei|ro [- ʒa'ne:ro]: Stadt in Brasilien; **Rio de la Pla|ta,** der; - - - -: gemeinsamer Mündungstrichter von Paraná u. Uruguay.
R. I. P. = requiescat in pace!
Ri|pie|nist, der; -en, -en [ital. ripienista, zu: ripieno, ↑ripieno] (Musik): *(im 17./18. Jh. u. bes. beim Concerto grosso) Orchestergeiger od. Chorsänger;* **ri|pie|no** ⟨Adv.⟩ [ital. ripieno, eigtl. = (an)gefüllt] (Musik): *mit vollem Orchester;* Abk.: rip.; **Ri|pie|no,** das; -, -s u. ...ni [ital. ripieno] (Musik): *(im 17./18. Jh. u. bes. beim Concerto grosso) das volle Orchester im Gegensatz zum Concertino* (2); **Ri|pi|en|stim|me,** die *(im 18. Jh.)* zur Verstärkung der Solostimme dienende Instrumental- od. Singstimme.
ri|pi|kol ⟨Adj.⟩ [zu lat. ripa = Ufer u. colere = bewohnen] (Biol.): *(von Organismen) das Ufer bewohnend, am Ufer lebend.*
Ri|po|ste, die; -, -n [ital. riposta, zu: riposto, 2. Part. von: riporre < lat. reponere = dagegensetzen, -stellen] (Fechten): *unmittelbarer Gegenangriff nach einer parierten Parade;* **ri|po|stie|ren** ⟨sw. V.; hat⟩ (Fechten): *eine Riposte ausführen.*
Ripp|chen, das; -s, -: **1.** *Fleisch aus dem Bereich der Rippen mit den dazugehörenden Knochen (bes. vom Schwein):* heute gibt es R. mit Sauerkraut. **2.** Vkl. zu ↑Rippe; **Rip|pe,** die; -, -n [mhd. rippe, ahd. rippa, eigtl. = Bedeckung der Brusthöhle)]: **1.** *schmaler, gebogener Knochen im Rumpf des Menschen u. mancher Tiere, der nahezu waagerecht von der Wirbelsäule zum Brustbein verläuft u. mit anderen zusammen die Brusthöhle bildet:* sich beim Sturz eine R. brechen, quetschen; Zwei Wochen lag er im Marien-Hospital ..., weil man ihm im Keller des Polizeipräsidiums einige -n angeknackst

hatte (Grass, Hundejahre 293); jmdm. im Streit ein Messer zwischen die -n jagen, stoßen; man kann bei ihr alle/die -n zählen, sie hat nichts auf den -n *(ugs.; sie ist sehr mager);* er stieß, boxte ihm/ihn [mit dem Ellbogen] in die -n *(gab ihm einen Stoß in die Seite);* R das kann ich doch nicht durch die -n schwitzen (ugs.; als Antwort auf die erstaunte Äußerung, daß jmd. [schon wieder] austreten gehen muß); * **sich** ⟨Dativ⟩ *etw.* **nicht aus den -n schlagen/schneiden können** (ugs.; *nicht wissen, wo man etw. hernehmen soll).* **2.** *etw., was einer Rippe* (1) *ähnlich sieht:* Cord mit breiten -n; ein Muster mit -n stricken; ein Heizkörper mit vier -n; Das Licht aus der Telefonzelle draußen quetscht sich durch die -n der Rolläden (Fels, Kanakenfauna 63); kann ich mir eine R. *(einen* ↑*Riegel* 3) Schokolade nehmen? **3.** (Bot.) *stark hervortretende Blattader.* **4.** (Technik) *Bauteil, das einer Rippe* (1) *ähnlich ist u. zur Verstärkung eines flächigen Bauteils (z. B. der Tragfläche eines Flugzeugs) dient.* **5.** (Technik) *Kühlrippe.* **6.** (Archit.) *ein Gewölbe od. eine Decke verstärkender od. tragender Teil.*
Rip|pel|mar|ken ⟨Pl.⟩: *Rippeln;* ¹**rip|peln** ⟨sw. V.; hat⟩ [zu ↑Rippe] (landsch.): *riffeln* (1); ¹*rippeln.*
²**rip|peln,** sich ⟨sw. V.; hat⟩ [landsch. Nebenf. von ↑rappeln (5); vgl. mniederd. reppen = sich rühren] (landsch.): **1.** *sich regen* (1 b), *sich rühren* (2 a): er liegt da und rippelt sich nicht; * **sich nicht r. und rühren** *(bewegungslos daliegen).* **2.** *sich gegen jmdn. auflehnen; aufmucken:* rippel dich ja nicht!
Rip|peln ⟨Pl.⟩ (Geol.): *(durch Wind od. Meeresströmung o. ä. hervorgerufene) Riffelung* (2) *auf der Oberfläche von Sandflächen; Wellenfurchen;* ¹**rip|pen** ⟨sw. V.; hat⟩ /vgl. gerippt/ (selten): *mit Rippen* (2) *versehen.*
²**rip|pen,** sich ⟨sw. V.; hat⟩ (nordd. selten): ²*rippeln:* * **sich nicht r. und rühren** *(bewegungslos daliegen).*
Rip|pen|bo|gen, der: *bogenförmige untere Begrenzung des Brustkorbs;* **Rip|pen|bruch,** der: *Bruch einer od. mehrerer Rippen* (1); **Rip|pen|fell,** das: *an den Rippen* (1) *anliegender Teil des Brustfells;* **Rip|pen|fell|ent|zün|dung,** die: *durch bakterielle Infektion hervorgerufene Entzündung des Rippenfells; Pleuritis;* **rip|pen|för|mig** ⟨Adj.⟩: *in der Form, Anordnung einer Rippe* (1), *Rippen ähnlich;* **Rip|pen|heiz|kör|per,** der: *Heizkörper, der in Rippen* (2) *aufgeteilt ist;* **Rip|pen|kno|chen,** der: *Rippe* (1); **Rip|pen|knor|pel,** der: *Knorpel zwischen Rippen* (1) *und Brustbein;* **Rip|pen|kno|ten,** der (Handarb.): *Knoten des Makramee, der mit anderen zusammengereiht eine Rippe* (2) *bildet;* **Rip|pen|mu|ster,** das: *Strickmuster* (a) *mit senkrechten od. waagerechten Rippen* (2): einen Pullover mit R. stricken; **Rip|pen|pul|li,** der (ugs.), **Rip|pen|pull|over,** der: *Pullover mit Rippenmuster;* **Rip|pen|re|sek|ti|on,** die (Med.): *operative Entfernung einer Rippe* (1) *od. eines Rippenteils;* **Rip|pen|samt,** der: *Kordsamt;* **Rip|pen|speer,** der od. das ⟨o. Pl.⟩ [aus dem Niederd. < mniederd. ribbesper; urspr. nur Bez. für den Bratspieß, auf den das

Fleisch gesteckt wurde]: *gepökeltes Rippchen vom Schwein:* Kasseler R.; **Rip|pen|stoß,** der: *Stoß (meist mit dem Ellbogen) in jmds. Seite:* jmdm. einen R. geben, versetzen; sich mit Rippenstößen durch die Menge drängen; **Rip|pen|stück,** das: *(von Schlachttieren) Stück Fleisch aus dem Bereich der Rippen* (1); **Rip|pen|ta|bak,** der: *aus den gewalzten mittleren Rippen* (3) *der Blätter hergestellter Tabak;* **Rip|pen|werk,** das ⟨o. Pl.⟩ (selten): *Gesamtheit der Rippen* (1): Dabei wurde seine Brust sehr frei. Ein mageres R. (Jahnn, Geschichten 114).
Rip|per, der; -, - [engl. ripper, eigtl. = Aufreißer, Aufschlitzer, zu: to rip = aufreißen, aufschlitzen, nach der im Volksmund „Jack the Ripper" genannten, nicht identifizierten Person, die in London vor der Jahrhundertwende mehrere Morde an Prostituierten beging]: *jmd., der [auf grausame Weise] Frauen umbringt.*
Rip|pe|speer: ↑Rippenspeer; **rip|pig** ⟨Adj.⟩ (selten): *gerippt;* **Ripp|li,** das; -s, - (schweiz.): *Schweinerippchen;* **Ripp|samt,** der: *Kordsamt;* **Ripp|speer:** ↑Rippenspeer.
Ripp|wa|re, die [zu ↑Rippe] (Textilind.): *sehr elastische Maschenware mit gleicher Musterung auf der Vorder- u. Rückseite.*
Ri|pre|sa, die; -, ...sen [ital. ripresa, zu: riprendere < lat. reprehendere = wieder (auf)nehmen] (Musik): *Wiederholung[szeichen];* **Ri|pre|sa d'at|tac|co** [- da'tako], die; - - [ital. ripresa d'attacco, zu: attacco = Angriff] (Fechten): *Rückgang in die Fechtstellung zur Erneuerung eines Angriffs.*
rips ⟨Interj.⟩: lautm. für *das Geräusch des Reißens.*
Rips, der; -es, -e [engl. ribs (Pl.) = Rippen]: *geripptes Gewebe;* **rips|ar|tig** ⟨Adj.⟩: *in der Art des Ripses [gewebt];* **Rips|band,** das ⟨Pl. -bänder⟩: ¹*Band* (1) *aus Rips;* **Rips|kleid,** das: vgl. Ripsband; **Rips|mö|bel,** das: *Polstermöbel mit einem Bezug aus Rips.*
rips, raps ⟨Interj.⟩: **1.** lautm. für *das Geräusch des Reißens.* **2.** lautm. *Darstellung einer heftigen reißenden Bewegung, eines wiederholten schnellen Zubeißens o. ä.*
ri|pua|risch ⟨Adj.⟩ [mlat. ripuarius zu lat. ripa = Ufer] (Fachspr.): *am [Rhein]ufer wohnend:* -e Franken; **Ri|pua|risch,** das; -[s] u. ⟨nur mit best. Art.:⟩ **Ri|pua|ri|sche,** das; -n (Sprachw.): *nordwestliche Mundart des Mitteldeutschen.*
ri|ra|rutsch ⟨Interj.⟩ (Kinderspr.): *Ausdruck, mit dem eine schnelle Bewegung, bes. das Rutschen bezeichnet wird.*
Ri|sa, die; -, ...sen [russ. riza, H. u.]: *Priestergewand der russisch-orthodoxen Kirche.*
Ri|sa|lit, der; -s, -e [ital. risalto, zu: risalire = hervorspringen] (Archit.): *(bes. bei profanen Bauten des Barocks) in ganzer Höhe des Bauwerks vorspringender Gebäudeteil (oft mit eigenem Giebel u. Dach).*
ri|scheln ⟨sw. V.; hat⟩ [landsch. Nebenf. von ↑raschen] (landsch.): *leise rascheln, knistern.*
Ri|schi, der; -s, -s [sanskr. r̥ṣi = Seher]: ei-

Rise

ner der Seher u. Weisen der Vorzeit, denen man die Abfassung der Hymnen des Rigweda zuschreibt.

Ri̱|se, die; -, -n [mhd. rīse, ahd. rīsa, zu: rīsen = nach unten fallen, ↑ Reise]: *(im 13. u. 14. Jh. von Frauen getragene) Haube, die Kopf, Kinn u. Ohren vollkommen bedeckt u. nur Augen u. Nase freiläßt.*

ri̱|sen ⟨sw. V.; hat⟩ [zu niederd. rīs = ²Reis] (nordwestd.): *veredeln.*

Ri̱|si|ko, das; -s, -s u. ...ken, österr. auch: Risken [älter ital. ris(i)co, H. u.]: *möglicher negativer Ausgang bei einer Unternehmung, mit dem Nachteile, Verlust, Schäden verbunden sind; mit einem Vorhaben, Unternehmen o. ä. verbundenes Wagnis:* ein großes R.; kein/ein R. eingehen, auf sich nehmen; die Versicherung trägt das R.; bei einer Sache das R. fürchten, scheuen, in Kauf nehmen; die Risiken bedenken, abwägen; ... daß die Bande auf eigenes R. arbeite (Brecht, Groschen 174); Wenn einer auf R. geht, geht's selten gegen ihn selbst, meistens gegen andere (Brot und Salz 201); *** das R. laufen** *(das Wagnis auf sich nehmen):* So hat Chruschtschow sich entschlossen, das R. zu laufen und das Kernstück aus dem Separatfriedensvertrag vorwegzunehmen (Dönhoff, Ära 78); **Ri̱|si|ko-:** 1. drückt in Bildungen mit Substantiven aus, daß jmd. oder etw. Schwierigkeiten bereitet, einer Gefahr oder bestimmten Gefahren ausgesetzt ist: Risikogruppe, -kind, -operation, -schwangerschaft. 2. drückt in Bildungen mit Substantiven aus, daß etw. eine Gefahr darstellt: Risikofaktor, -fall; **Ri̱|si|ko|ab|schät|zung,** die: *Abschätzung eines möglichen Risikos;* **Ri̱|si|ko|ab|wä|gung,** die: *Abwägung eines Risikos (im Zusammenhang mit einer zu treffenden Entscheidung);* **ri̱|si|ko|be|reit** ⟨Adj.⟩: *bereit, ein Risiko auf sich zu nehmen, einzugehen;* **Ri̱|si|ko|be|reit|schaft,** die: *Bereitschaft, ein Risiko auf sich zu nehmen, einzugehen:* Die Statistik zeigt, wie sich fehlende Erfahrung und übergroße R. auswirken (ADAC-Motorwelt 12, 1986, 57); **Ri̱|si|ko|fak|tor,** der: *Faktor, der ein besonderes Risiko für etw. darstellt:* Unbehandelt ist der hohe Blutdruck einer der gefährlichsten -en für das Herz (Hörzu 21, 1984, 144); **ri̱|si|ko|frei** ⟨Adj.⟩: *ohne jedes Risiko;* **ri̱|si|ko|freu|dig** ⟨Adj.⟩: *bereit, ein Risiko einzugehen:* der schwedische Slalomspezialist fährt sehr r.; daß Frauen, wenn sie wirklich etwas wollen, auch -er sind (Spiegel 45, 1988, 95); **Ri̱|si|ko|ge|burt,** die: *Geburt, bei der Gefahr für das Kind u./od. die Mutter besteht;* **Ri̱|si|ko|ge|sell|schaft,** die (Soziol.): *Gesellschaft im Hinblick auf die ökologischen, sozialen u. a. Risiken, die durch den industriellen Fortschritt hervorgerufen werden;* **Ri̱|si|ko|grup|pe,** die: *Personenkreis, für den (in bestimmter Hinsicht) ein Risiko besteht:* Aids bedroht nicht nur bestimmte -n (MM 29. 2. 88, 17); **Ri̱|si|ko|kind,** das: *Neugeborenes, für das auf Grund von Entwicklungsanomalien, pränatalen Schädigungen o. ä. eine erhöhte gesundheitliche Gefährdung besteht;* **Ri̱|si|ko|leh|re,** die (Wirtsch.): *Lehre von den Ursachen u. der Eindämmung der möglichen Folgen eines Risikos;* **ri̱|si|ko|los** ⟨Adj.⟩: *risikofrei;* **Ri̱|si|ko|ma|na|ge|ment,** das (Wirtsch.): *Risikopolitik;* **Ri̱|si|ko|mi|schung,** die (Wirtsch.): *Verteilung des betrieblichen Risikos durch Herstellung verschiedenartiger Produkte, bei denen voraussichtlich nicht gleichzeitig Absatzschwierigkeiten auftreten;* **Ri̱|si|ko|pa|ti|ent,** der: *Patient, der auf Grund erblicher od. früherer Krankheiten besonders gefährdet ist;* **Ri̱|si|ko|pa|tien|tin,** die: w. Form zu ↑ Risikopatient; **Ri̱|si|ko|po|li|tik,** die (Wirtsch.): *Gesamtheit der Maßnahmen, die darauf abzielen, die für ein Unternehmen, eine Institution o. ä. bestehenden Risiken zu erkennen, zu bewältigen u. auszuschalten;* **Ri̱|si|ko|prä|mie,** die (Wirtsch.): 1. *(bei der Kalkulation) Zuschlag für mögliche Risiken.* 2. *Anteil eines Unternehmers als Vergütung für die Übernahme des Risikos;* **ri̱|si|ko|reich** ⟨Adj.⟩: *reich an Risiken;* **Ri̱|si|ko|schwan|ger|schaft,** die: vgl. Risikogeburt.

Ri̱|si-Pi̱|si ⟨Pl.⟩, (bes. österr.:) **Ri̱|si|pi̱|si,** das; -[s], - [ital. risi e bisi, Reimbildung für: riso con piselli = Reis mit Erbsen] (Kochk.): *Gericht aus Reis u. Erbsen.*

ris|ka̱nt ⟨Adj.; -er, -este⟩ [frz. risquant, 1. Part. von: risquer = riskieren, zu: risque < älter ital. risco, ↑ Risiko]: *mit einem Risiko verbunden:* ein -es Unternehmen; da er trotz der -en Straßenverhältnisse mit dem Wagen fahren wollte (Rolf Schneider, November 7); die Sache, der Plan ist, erscheint mir äußerst r.; Ich wunderte mich nur, daß Moss ... ein bißchen r. um die Kurve ging (Frankenberg, Fahrer 67); **ris|kie̱|ren** ⟨sw. V.; hat⟩ [frz. risquer, ↑ riskant]: 1. a) *trotz der Möglichkeit eines Fehlschlags o. ä. etw. zu tun versuchen, unternehmen; wagen:* sie riskiert es nicht, zu so später Stunde noch fortzugehen; wenn du nichts riskierst, kannst du auch nichts gewinnen; **b)** *durch sein Benehmen od. Handeln eine Gefahr o. ä. bewirken, heraufbeschwören:* er riskiert eben, daß man ihn auslacht; einen Unfall r.; Wer trotzdem weiterfährt, riskiert einen Motorschaden (ADAC-Motorwelt 8, 1979, 44); Franzi ... mußte jeden Tag spätestens um 8 Uhr abends zu Hause sein, sonst riskierte sie einen Mordskrach (Kühn, Zeit 200); **c)** *etw. nur vorsichtig, mit einer gewissen Zurückhaltung tun, einen entsprechenden Versuch machen; wagen:* sie riskierte ein zaghaftes Lächeln; einen Blick r.; Er riskierte daraufhin ... die Bemerkung ... (Kronauer, Bogenschütze 146). 2. *etw. durch sein Benehmen od. Handeln Nachteilen, der Gefahr des Verlustes aussetzen; aufs Spiel setzen:* viel, wenig, nichts, alles, das Äußerste, seine Stellung r.; Dem erfahrenen Kapitän ... blieb gar keine andere Wahl ..., wollte er nicht sein Schiffsführerpatent r. (Prodöhl, Tod 236); hier riskierte er Frau und Kinder und Leben um ein Stück Pferdefleisch (Plievier, Stalingrad 60).

Ri̱|skon|tro, das; -s, -s [ital. riscontro]: *Skontro.*

ri̱|so|lu̱|to ⟨Adv.⟩ [ital. risoluto < lat. resolutum, ↑ resolut] (Musik): *entschlossen u. kraftvoll.*

Ri̱|sor|gi|men|to [rizɔrdʒiˈmɛnto], das; -[s] [ital. = Wiederauferstehung; Wiedergeburt]: *italienische Einigungsbewegung im 19. Jh.*

Ri̱|sot|to, der; -[s], -s, österr. auch: das; -s, -[s] [ital. (milanesisch) risotto, zu: riso = Reis] (Kochk.): *Gericht aus Reis u. Parmesan mit Tomatensauce.*

Ri̱sp|chen, das; -s, -: Vkl. zu ↑ Rispe; **Ri̱s|pe,** die; -, -n [mhd. rispe = Gebüsch, Gesträuch, verw. mit ↑²Reis] (Bot.): *aus mehreren Trauben (3) zusammengesetzter Blütenstand:* die Blüten der Weinrebe sind in -n angeordnet; Gräser mit zarten -n; **ris|pen|för|mig** ⟨Adj.⟩: *die Form einer Rispe habend;* **Ri̱s|pen|gras,** das: *Gras, dessen Ährchen (2) in lockeren Rispen angeordnet sind;* **Ri̱s|pen|hir|se,** die: *Hirse (a).*

Ri̱|spet|to, das; -[s], ...tti [ital. rispetto, eigtl. = Achtung, Respekt < lat. respectus, ↑ Respekt] (Verslehre): *aus sechs od. zehn Versen bestehende Gedichtform; toskanische Abart des Strambotto.*

ri̱s|pig ⟨Adj.⟩: *rispenförmig.*

Ri̱|spo̱s|ta, die; -, ...sten [ital. risposta = Antwort, zu: rispondere = antworten] (Musik): *nachfolgende Stimme im Kanon; Comes (2) in der ²Fuge.*

riß: ↑ reißen; **Ri̱ß,** der; Risses, Risse [mhd. riz, ahd. riz = Furche, Strich, Buchstabe, zu ↑ reißen]: 1. *Stelle, an der etw. gerissen, zerrissen, eingerissen ist:* ein kleiner, tiefer R.; ein R. im Stoff, im Felsen; in der Wand, in der Decke sind, zeigen sich Risse; der R. ist stärker, größer geworden; die Glasur hat Risse bekommen; einen R. leimen, verschmieren; In den ... erdigen Rissen des Platzes ... blühten Strandflieder und Sternklee (Ransmayr, Welt 121); Ü Der R. zwischen alter und neuer Generation ist bekannt (Bloch, Wüste 31); Doch erst als ich wieder verschwunden war, ging ein R. durch Heim und Familie (Strauß, Niemand 115); die innige Freundschaft bekam einen R.; *** einen R./Risse im Hirn/Kopf haben** (salopp; *nicht recht bei Verstand, verrückt sein;* ↑ hirnrissig). 2. *(selten) der Vorgang des Reißens; das Reißen:* der R. des Films. 3. *(Technik, Geometrie) [technische] Zeichnung, die nach den wichtigsten Linien od. nach dem Umriß angefertigt ist.* 4. *(Jägerspr.) vom Fuchs o. ä. erlegte Beute;* **ri̱ß|fest** ⟨Adj.⟩ (selten): *reißfest;* **ri̱s|sig** ⟨Adj.⟩: *Risse (1) aufweisend; von Rissen (1) durchzogen:* -es Mauerwerk, -er Lehmboden; ihre Hände, ihre Lippen sind r. *(aufgesprungen);* Manchmal schlief er ... ein und ... träumte, daß er und Moos auf seiner harten, -en Haut trug (Ransmayr, Welt 25); das Leder wird r. *(brüchig);* Ü alle Wirklichkeit kam ihr jetzt r. vor und vom Sterben bedroht (Rolf Schneider, November 50); ... wo die übergeordneten Verhältnisse im Land zusammenhalten, r. werden (Saarbr. Zeitung 15./16. 12. 79, I).

ris|so|lé ⟨indekl. Adj.⟩ [...'le:; frz. rissolé, 2. Part. von: rissoler = goldbraun braten, zu: rissole, ↑ Rissole] (Kochk.): *braun, knusprig gebraten;* **Ris|so̱|le,** die; -, -n [frz. rissole < afrz. rissole, roussole, über das Vlat. zu spätlat. russeolus = etwas rötlich (nach der Farbe, die das Gericht nach dem Braten annimmt)] (Kochk.): *kleine, halbmondförmige Pa-*

stete, die mit einer Farce (3) aus Fleisch od. Fisch gefüllt u. in schwimmendem Fett gebacken wird; **Ris|sol|et|te**, die; -, -n [frz. rissolette, Vkl. von: rissole, ↑Rissole] (Kochk.): geröstete Brotschnitte, die mit gehacktem Fleisch belegt ist. **Riß|pilz**, der: *zu den Blätterpilzen gehörender Pilz mit einem kegelig-gebuckelten, faserig-rissigen od. faserig-schuppigen Hut (2);* **Riß|werk**, das (Bergmannsspr.): *Gesamtheit der Risse (3) eines Bergwerks;* **Riß|wun|de**, die: *durch Reißen der Haut od. der Muskulatur entstandene Wunde.* **Rist**, der; -es, -e [mhd. rist, mnd. wrist, eigtl. = Drehpunkt, Dreher]: **1. a)** (landsch.) *Spann:* der Stiefel ist über dem R. zu eng; **b)** (Sport, sonst selten) *Handrücken:* er hat sich am R. der rechten Hand eine Verletzung zugezogen. **2.** Widerrist.
Ri|ste, die; -, -n [mhd. riste, ahd. rīsta, viell. eigtl. = Gedrehtes, Gewundenes] (landsch.): *Bündel aus Flachsfasern.*
Rist|griff, der (Turnen): *Griff, bei dem beide Handrücken nach oben zeigen u. die Daumen einander zugewandt sind;* **Rist|hang**, der (Turnen): *Hang, bei dem der Turner im Ristgriff am Gerät hängt.*
Ri|sto|ran|te, das; -, ...ti [ital. ristorante < frz. restaurant, ↑Restaurant]: ital. Bez. für *Restaurant.*
ri|stor|nie|ren ⟨sw. V.; hat⟩ [ital. ristornare, aus: ri- = zurück, wieder u. stornare, ↑stornieren] (Wirtsch.): *(einen irrig eingetragenen Posten) zurückschreiben;* **Ri|stor|no**, der od. das; -s, -s [ital. ristorno, zu: ristornare, ↑ristornieren] (Wirtsch.): *Gegen-, Rückbuchung, Rücknahme.*
Rist|sprung, der (Turnen): *Sprung (mit gestreckten Beinen u. nach vorne gebeugtem Oberkörper), bei dem die Hände den Rist (1) beider Füße berühren.*
ri|sve|glian|do [rɪsvel'jando] ⟨Adv.⟩ [ital., zu: risvegliare = wieder erwecken] (Musik): *aufgeweckt, munter, lebhaft werdend;* **ri|sve|glia|to** [rɪsvel'ja:to] ⟨Adv.⟩ [ital.] (Musik): *[wieder] munter, lebhaft.*
rit. = ritardando: ritenuto.
Ri|ta, das; - [sanskr. ṛta]: *Wahrheit, Recht als höchstes, alles durchwirkendes Prinzip der wedischen Religion.*
ri|tar|dan|do ⟨Adv.⟩ [ital., zu: ritardare < lat. retardare = (ver)zögern] (Musik): *das Tempo verzögernd; langsamer werdend;* Abk.: rit., ritard.; **Ri|tar|dan|do**, das; -s, -s u. ...di (Musik): *allmähliches Langsamwerden des Tempos.*
ri|te ⟨Adv.⟩ [lat. rite = auf rechte, gehörige Weise, zu: ritus, ↑Ritus]: **1.** *genügend (geringstes Prädikat bei der Doktorprüfung).* **2.** (bildungsspr.) *ordnungsgemäß;* **Ri|ten**: Pl. von ↑Ritus.
ri|ten. = ritenuto; **ri|ten|en|te** ⟨Adv.⟩ [ital., zu: ritenere = ↑ritenuto] (Musik): *im Tempo zurückhaltend, zögernd.*
Ri|ten|kon|gre|ga|ti|on, die ⟨o. Pl.⟩ (kath. Kirche früher): *Kurienkongregation für die lateinische Liturgie sowie für die Heilig- u. Seligsprechungen.*
ri|te|nu|to ⟨Adv.⟩ [ital., 2. Part. von: ritenere < lat. retinere = zurückhalten] (Musik): *im Tempo zurückgehalten, verzögert;* Abk.: rit., riten.; **Ri|te|nu|to**, das; -s,

-s u. ...ti (Musik): *Verzögerung des Tempos.*
Rites de pas|sage [ritdəpa'sa:ʒ] ⟨Pl.⟩ [frz. rites de passage, zu: rite = Ritus u. passage = das Vorbei-, Vorübergehen] (Soziol., Völkerk.): *Initiationsritus.*
ri|tor|nan|do al tem|po [ital.] (Musik): *zum [Haupt]zeitmaß zurückkehrend;* **ri|tor|na|re al se|gno** [- - 'zenjo; ital.] (Musik): *zum Zeichen zurückkehren, vom Zeichen an wiederholen;* **Ri|tor|nell**, das; -s, -e [ital. ritornello = Refrain; Wiederholungssatz, zu: ritornare = zurückkommen]: **1.** (Literaturw.) *aus der italienischen Volksdichtung übernommene Gedichtform mit einer beliebigen Anzahl von Strophen zu je drei Zeilen, von denen jeweils zwei durch Reim od. Assonanz verbunden sind.* **2.** (Musik) *sich meist mehrfach wiederholender Teil eines Musikstücks.*
Ri|trat|te, die; -, -n [ital. ritratta, zu: ritrattare < lat. retractare = zurückziehen] (Geldw.): *Rückwechsel.*
ritsch ⟨Interj.⟩: **1.** lautm. für das helle Geräusch, das bei einer schnellen, reißenden Bewegung entsteht: r., war das Laken entzwei. **2.** zur Kennzeichnung einer schnellen, heftigen Bewegung, eines plötzlich eintretenden Ereignisses: er ... holt aus bis zu den Wolken und - r.! - saust die Spitze tief in den Boden (Fr. Wolf, Zwei 74).
Rit|scher, Rit|schert, der; -s, - [wohl zu mundartl. ritschen = Nebenf. von ↑rutschen; die breiige Speise „rutscht" gut] (österr.): *Eintopf aus Graupen, Rauchfleisch od. Schinken u. Hülsenfrüchten.*
ritsch, ratsch ⟨Interj.⟩: **1.** lautm. für die Geräusche, die durch aufeinanderfolgende schnelle, reißende Bewegungen, z. B. beim Zerreißen von Papier entstehen. **2.** ritsch ⟨1⟩.
ritt: ↑reiten; **Ritt**, der; -[e]s, -e [im 15. Jh. rytte, zu ↑reiten]: **a)** *das Reiten:* Ein waghalsiger, verwegener R. v. in wildem R. jagten sie über die Felder, Wiesen; Ü Der R. *(die Motorradfahrt)* über die Motocross-Piste ist eine Marter für Mensch und Maschine (ADAC-Motorwelt 9, 1983, 84); **b)** *Ausflug o. ä. zu Pferde:* ein kurzer, weiter R. in die Umgebung; ***ein R. über den Bodensee** *(eine Unternehmung, über deren Gefährlichkeit sich der Betreffende gar nicht im klaren ist; nach der Ballade „Der Reiter und der Bodensee" des dt. Schriftstellers G. Schwab [1792–1850]);* **auf einen/in einem R.** (ugs.: *auf einmal, ohne zu unterbrechen).*
Ritt|ber|ger, der; -s, - [nach dem dt. Eiskunstläufer W. Rittberger (1891–1975)] (Eiskunstlauf, Rollkunstlauf): *mit einem Bogen rückwärts eingeleiteter Sprung, bei dem man mit einem Fuß abspringt, in der Luft eine Drehung ausführt und mit dem gleichen Fuß wieder aufkommt.*
Rit|ter, der; -s, - [mhd. ritter < mniederl. riddere, Lehnübertragung von afrz. chevalier; vgl. mhd. riter, ritære = Kämpfer zu Pferd, Reiter, zu ↑reiten]: **1. a)** *im MA.) Krieger des gehobenen Standes, der in voller Rüstung mit Schild, Schwert [Lanze o. ä.] zu Pferd in den Kampf zieht;* **b)** *Angehöriger des Ritterstandes:* der Knappe wird zum R. geschlagen *(durch Ritterschlag in den Ritterstand aufgenommen).* **2.** *jmd., der einen bestimmten hohen Orden verliehen bekommen hat:* die R. des Hosenbandordens; R. des Ordens Pour le mérite. **3.** *Ordensritter.* **4.** (veraltend) *Kavalier ⟨1⟩.* **5.** ***ein irrender R.** (bildungsspr.; *jmd., der nur kurze Zeit an einem Ort bleibt, der immer wieder auf der Suche nach neuen Abenteuern ist; nach frz. chevalier errant, dem Beinamen eines Ritters der Artusrunde);* **ein R. ohne Furcht und Tadel** (1. *[im MA.] ein vorbildlicher, tapferer Ritter; nach frz. chevalier sans peur et sans reproche, dem Beinamen des Ritters Bayard [1476–1524].* **2.** *ein mutiger u. sich vorbildlich benehmender Mann;* **ein R. des Pedals** *(scherzh.; Rad[renn]fahrer);* **ein R. von der Feder** *(scherzh.; Schriftsteller);* **ein R. von der traurigen Gestalt** (abwertend; *jmd., der sehr lang u. hager ist, dazu eine schlechte Haltung hat u. außerdem heruntergekommen wirkt; nach span. el caballero de la triste figura, dem Beinamen des ↑Don Quichotte).* **6.** ***arme R.** (Kochk.; *in Milch eingeweichte Brötchen od. Weißbrotscheiben, die paniert u. in der Pfanne gebacken werden);* **Rit|ter|aka|de|mie**, die ⟨hist.⟩: *eine Art Fachschule, in der junge Adlige für den feudalen Militär- u. Hofdienst ausgebildet werden;* **Rit|ter|bank**, die ⟨Pl. -bänke⟩ (früher): *Vertretung des niederen [Land]adels im Landtag;* **Rit|ter|bund**, der: (bes. in Südwestdeutschland) *Vereinigung der Ritter im 14./15. Jh. zur Wahrung ihrer Freiheiten u. Privilegien gegen die Städte u. Fürsten;* **Rit|ter|burg**, die: *Burg eines Ritters;* **rit|ter|bür|tig** ⟨Adj.⟩ (selten): *durch Geburt dem Ritterstand angehörend;* **Rit|ter|dich|tung**, die (Literaturw.): *(in der mittelhochdeutschen Blütezeit) Dichtung, die aus der ritterlich-adligen und höfischen Standeskultur erwächst u. deren höfische Ideale, Probleme, ihr Standes- und Lebensgefühl widerspiegelt u. zum Thema hat;* **Rit|ter|dienst**, der: **1.** *(im MA.) Dienst, den ein Ritter (1 b) bei Hof zu leisten hat.* **2.** *Hilfe, Dienst, den ein Mann einer Frau aus Höflichkeit erweist;* **Rit|ter|dra|ma**, das (Literaturw.): *Drama, dessen Hauptfigur ein Ritter (1 b) ist;* **Rit|ter|fal|ter**, der: *sehr großer, farbenprächtiger Falter;* **Rit|ter|gut**, das (früher): *Gut, das einem Angehörigen des Landadels gehört;* **Rit|ter|guts|be|sit|zer**, der: *jmd., der ein Rittergut besitzt;* **Rit|ter|guts|be|sit|ze|rin**, die: w. Form zu ↑Rittergutsbesitzer; **rit|ter|haft** ⟨Adj.; -er, -este⟩: *einem Ritter (1) entsprechend, gemäß;* **Rit|te|rin**, die; -, -nen: w. Form zu ↑Ritter (2); **Rit|ter|kampf|spiel**, das: *als Spiel mit Kriegswaffen u. in voller Rüstung [zu Pferd] durchgeführter Kampf zweier od. mehrerer Ritter gegeneinander;* **Rit|ter|kreuz**, das (ns.): *Orden in Form eines größeren Eisernen Kreuzes, der am Halsband getragen wird;* **Rit|ter|kreuz|trä|ger**, der (ns.): *Träger des Ritterkreuzes;* **rit|ter|lich** ⟨Adj.⟩ [mhd. ritterlich]: **1.** *ritterhaft: Ritter-le Ideale; bestimmt hatten hier ... die Herzöge von Morea ihr -es Leben geführt (Geissler, Wunschhütlein 66).* **2.** *edel, vornehm, anständig u. fair:* ein -er Gegner; einen Kampf r. austragen; noch ist der -e Ver-

Ritterlichkeit

kehrsteilnehmer nicht die Norm (ADAC-Motorwelt 10, 1982, 90). **3.** *zuvorkommend-höflich u. hilfsbereit (bes. gegen Frauen):* er bot ihr r. den Arm; **Rit|ter|lich|keit,** die; -, -en: **1.** ⟨o. Pl.⟩ *das Ritterlichsein.* **2.** *ritterliche (2) Handlungsweise:* Er lebte allen R. und Fairneß vor (Hamburger Abendblatt 24. 5. 85, 11); **Rit|ter|ling,** der; -s, -e [vgl. Herrenpilz]: *Pilz mit fleischigem Stiel u. hellen, am Ansatz des Stiels ausgebuchteten Lamellen;* **Rit|ter|or|den,** der: *im Mittelalter gegründeter Orden, dessen Mitglieder vor allem die Aufgabe hatten, als geistliche Krieger Glaubensfeinde zu bekämpfen;* **Rit|ter|ro|man,** der (Literaturw.): vgl. Ritterdrama; **Rit|ter|rü|stung,** die: *Rüstung, wie sie von den Rittern getragen wurde;* **Rit|ter|saal,** der: *Festsaal eines Schlosses od. einer Burg;* **Rit|ter|schaft,** die; - [mhd. rit(t)erschaft]: **1.** *Stand, Würde eines Ritters.* **2.** *Gesamtheit der Ritter, der Angehörigen des Ritterstands;* **Rit|ter|schlag,** der [mhd. ritterslac]: *durch einen Schlag mit dem flachen Schwert auf Hals, Nacken od. Schulter symbolisierte feierliche Aufnahme eines Knappen in den Ritterstand;* **Rit|ter|sitz,** der: *Sitz (3) eines Ritters (1);* **Rit|ters|leu|te:** Pl. von ↑Rittersmann; **Rit|ters|mann,** der ⟨Pl. ...leute⟩ (veraltet): *Ritter (1);* **Rit|ter|spiel,** das: *Ritterkampfspiel;* **Rit|ter|spo|ren** ⟨Pl.⟩: *Sporen (1) eines Ritters (1);* **Rit|ter|sporn,** der ⟨Pl. -e⟩: *(in vielen Arten vorkommende) Pflanze meist mit handförmig geteilten Blättern u. in Rispen wachsenden blauen, roten od. weißen gespornten Blüten;* **Rit|ter|stand,** der: *(im MA.) Adelsstand, dessen Angehörige die Lehnsfähigkeit besitzen;* **Rit|ter|stern,** der: *Amaryllis;* **Rit|ter|stück,** das (Literaturw.): vgl. Ritterdrama; **Rit|ter|tum,** das; -s: **1.** *Brauchtum u. Lebensformen des Ritterstandes.* **2.** *Gesamtheit der Ritter;* **Rit|ter-und-Räu|ber-Ro|man,** der (Literaturw.): *im ausgehenden 18. Jh. entstandene Art der unterhaltenden, trivialen Literatur, in der vor allem Lüsternheit u. Intrigen die spannungserregenden Elemente sind, die um die großartigen Taten eines Helden angeordnet sind;* **Rit|ter|we|sen,** das; -s: *Rittertum;* **Rit|ter|zeit,** die ⟨o. Pl.⟩: *Zeit, in der Ritter lebten; Zeit des Rittertums;* **rit|tig** ⟨Adj.⟩: *(von Pferden) zum Reiten geschult;* **Rit|tig|keit,** die; -: *das Rittigsein;* **ritt|lings** ⟨Adv.⟩: *in der Haltung, in der ein Reiter auf dem Pferd sitzt:* er sitzt r. auf dem Stuhl; Ich setze sie r. auf meinen Schoß (Kinski, Erdbeermund 263); **Ritt|mei|ster,** der; -s, -: **1.** *(früher) Anführer der Reiterei.* **2.** *(früher) Führer der Reiterabteilung.* **3.** *(im dt. Heer bis 1945 bei der Kavallerie) Chef einer Schwadron im Rang eines Hauptmanns.*

ri|tu|al ⟨Adj.⟩: *rituell;* **Ri|tu|al,** das; -s, -e u. ...lien [lat. rituale, subst. Neutr. von: ritualis, ↑rituell]: **1. a)** *schriftlich fixierte Ordnung der (römisch-katholischen) Liturgie:* für Gottesdienste nach orthodoxem R. (Grass, Unkenrufe 68); **b)** *Gesamtheit der festgelegten Bräuche u. Zeremonien eines religiösen Kultes; Ritus* (1): Magische -e lassen kranke Afrikaner gesunden (natur 5, 1991, 81). **2.** *wiederholtes, immer gleichbleibendes, regelmäßiges Vorgehen nach einer festgelegten Ordnung; Zeremoniell:* wenn er eine Pfeife raucht, vollzieht sich jedesmal dasselbe R.; Der morgendliche Stau ist längst festes R. (natur 3, 1991, 72); Ich sehe ihn, wie mit letzter Präzision den Federhalter putzt – und dieses R. auch noch erläutert (Hochhuth, Stellvertreter 82); **Ri|tu|al|bad,** das: **a)** *Badeanlage für rituelle Waschungen u. Reinigung kultischer Gegenstände;* **b)** *das Baden in einem Ritualbad* (a): Für jüdische Männer ist die Mikwe keine Verpflichtung; sie nehmen das R. entsprechend dem Maß ihrer persönlichen Frömmigkeit (Rheinpfalz 19. 9. 92, 39); **Ri|tu|al|buch,** das: **1.** ⟨o. Pl.⟩ (kath. Kirche) *Rituale.* **2.** *Buch, in dem religiöse Bräuche u. Riten aufgezeichnet sind;* **Ri|tua|le,** das; - (kath. Kirche): *liturgisches Buch, das die Ordnungen u. die Texte für gottesdienstliche Handlungen – mit Ausnahme der Texte für die* ¹*Messe (1) – enthält;* **Ri|tu|a|le Ro|ma|num,** das; - - (kath. Kirche): *(1614 herausgegebene) seit 1918 vom Papst für verbindlich erklärte Form des Rituale;* **Ri|tu|al|ge|setz,** das: *Gesetz, dem ein religiöser Kult unterworfen ist;* **Ri|tu|al|hand|lung,** die: *Handlung, die nach einer festgelegten Ordnung abläuft; Ritual (2);* **ri|tu|a|li|sie|ren** ⟨sw. V.; hat⟩: **1.** (Psych.) *zum Ritual (2) werden lassen:* das Zubettbringen bei Kleinkindern wird oft ritualisiert; Überdies ist der Konsum von Alkohol in unserer Gesellschaft weitgehend ritualisiert und damit einigermaßen kanalisiert (NZZ 26. 1. 83, 21); ritualisiertes Grußverhalten. **2.** (Verhaltensf.) *(ein bestimmtes Verhaltensmuster unter artgleichen Tieren) zum Ritual (2) mit Signalwirkung werden lassen* (z. B. beim Balzverhalten); **Ri|tu|a|li|sie|rung,** die; -, -en: *das Ritualisieren;* **Ri|tu|a|lis|mus,** der; -: *Richtung des 19. Jahrhunderts in der anglikanischen Kirche, die den katholischen Kultus wieder einführen wollte;* **Ri|tu|a|list,** der; -en, -en: *Vertreter des Ritualismus;* **ri|tu|a|li|stisch** ⟨Adj.⟩: **1.** *im Sinne des Rituals, das Ritual streng befolgend.* **2.** *den Ritualismus betreffend;* **Ri|tu|al|mord,** der: *Mord auf Grund eines religiösen Kultes;* **ri|tu|ell** ⟨Adj.⟩ [frz. rituel < lat. ritualis = den religiösen Brauch betreffend, zu: ritus, ↑Ritus]: **1.** *nach Vorschrift eines Ritus, einem Ritus, einem kultischen Brauch, Zeremoniell entsprechend, darauf beruhend:* -e Handlungen vornehmen; Sodann werde die -e Waschung erfolgen (natur 5, 1991, 83); das hat mit unseren -en Diätvorschriften zu tun (Kemelmann [Übers.], Dienstag 148). **2.** *zeremoniell, sich gleichbleibend u. regelmäßig in feierlicher Form wiederholend:* -e Auftritte; die ständig neu belebte, immer wieder r. zelebrierte Anspielung auf die Wedekind-Tradition (K. Mann, Wendepunkt 124); **Ri|tu|ell,** das; -s, -e: *Ritual; Ritus; ein genau vorgeschriebenes R.;* **Ri|tus,** der; -, ...ten [lat. ritus]: **1.** *hergebrachte Weise der Ausübung einer Religion; Ritual* (1 b). **2.** *Brauch, Gewohnheit bei feierlichen Handlungen:* ein Knabe, noch nach altem R. beschnitten ... (Fischer, Wohnungen 20); Ü Alles hatte seine festgelegte Ordnung, seinen eingefahrenen R. (Müthel, Baum 227); wenn sie hörte, daß ihr Mann das Gartentor schloß, trat sie ans Fenster, hob lächelnd die Hand, das war R. (Loest, Pistole 221).

Ritz, der; -es, -e [mhd. riz, zu ↑ritzen]: **1.** *(durch einen spitzen, harten Gegenstand verursachte) kleine, meist allzu starke strichartige Vertiefung od. Verletzung auf einer sonst glatten Oberfläche:* in der Politur ist ein R. zu sehen; Selbstverständlich hätte ich nur einen ganz kleinen R. gemacht (Nossack, Begegnung 412). **2.** ↑Ritze: Eva Dumont sah durch einen R. in der Fensterblende hinaus (Gaiser, Jagd 67); **Rit|ze,** die; -, -n [spätmhd. ritze]: **1.** *schmale, längliche Spalte zwischen zwei Teilen, die nicht restlos zusammengefügt sind:* eine tiefe R.; -n in den Türen, im Fußboden verstopfen, verschmieren; Hinter den Vorhängen schimmerten die -en der erleuchteten Fenster (Remarque, Triomphe 291); Sie (= die Perle) ist in die R. zwischen Sitz und Rücklehne gerutscht (Kemelman [Übers.], Mittwoch 206); der Wind pfeift durch die -n; in den -n hat sich Schmutz angesammelt; Ich hatte noch nicht mal mein eigenes Bett und schlief bei denen auf der R. *(Besuchsritze;* Schwarzer, Unterschied 73). **2.** (derb) *Vagina;* **Rit|zel,** das; -s, - (Technik): *kleines Zahnrad, das zwei zusammengehörende größere Zahnräder antreibt:* Beim vorderen R. macht ein zusätzlicher Zahn das Mofa um 10 km/h schneller (ADAC-Motorwelt 9, 1980, 23); **rit|zen** ⟨sw. V.; hat⟩ [mhd. ritzen, ahd. rizzen, rizzōn, Intensivbildung zu ↑reißen] /vgl. geritzt/: **1. a)** *(mit einem spitzen, harten Gegenstand) mit einem Ritz (1) versehen:* Glas [mit einem Diamanten] r.; Druckstellen desselben Messers, mit der sich Walter Matern und Eduard Amsel, als sie ... auf Blutsbrüderschaft aus waren, den Oberarm ritzten (Grass, Hundejahre 16); **b)** *(mit einem spitzen, harten Gegenstand) schneidend, kerbend hervorbringen, abbilden, darstellen:* seinen Namen, ein Herz in den Baum, in die Bank r.; der Künstler ritzt die Zeichnung in die Kupferplatte; ♦ **c)** *zeichnen, reißen* (13 a): der Vater des nachherigen Deichgrafen ... saß im Winter, wenn der Nordwest von draußen kam und an seinen Läden rüttelte, und zu prickeln in seiner Stube (Storm, Schimmelreiter 9). **2. a)** ⟨r. + sich⟩ *sich an einem spitzen, harten Gegenstand die Haut leicht verletzen:* sich [an einem Stacheldraht] den Arm, mit einer Nadel [am Finger] r.; er hat sich beim Rasieren geritzt; **b)** *leicht verletzen:* die Dornen ritzten [ihm] die Haut; Mit mürbem Zischen fuhr das Messer die Bauchhaut entlang, ... wobei das Muskelfleisch nicht geritzt werden durfte (Hahn, Mann 50). **3.** (schweiz.) *(ein Gesetz o. ä.) verletzen, nicht achten, dagegen verstoßen:* diese Bestimmungen, Vorschriften werden dauernd geritzt; **Rit|zer,** der; -s, - (ugs.): *kleine Schramme; Kratzer;* **Rit|z|här|te,** die; - (Technik): *bestimmte Härte eines Stoffes, die durch Ritzen mit einem [Schneid]diamanten geprüft wird;* **Rit|zung,** die; -, -en ⟨Pl. selten⟩: *das Ritzen, das Geritzte* (1 b); **Rit|z|zeich|nung,** die;

-, -en: *durch Einritzen in Stein, Elfenbein o. ä. angefertigte Zeichnung.*
Ri|val|le, der; -n, -n [frz. rival < lat. rivalis = Nebenbuhler, zu: rivus = Wasserlauf, also eigtl. = zur Nutzung eines Wasserlaufs Mitberechtigter]: *jmd., der sich mit jmdm. mehreren anderen um jmdn., etw. bewirbt, der mit einem od. mehreren anderen rivalisiert:* jmds. schärfster R. sein; er schlug seine -n aus dem Felde; Er mußte einen -n ... neben sich hochkommen lassen (Chr. Wolf, Himmel 82); **Ri|val|lin,** die; -, -nen: w. Form zu ↑Rivale: Kühle Überlegung zwang Elisabeth, in Maria eine gefährliche R. zu sehen (Goldschmidt, Genius 76); **ri|va|li|sie|ren** ⟨sw. V.; hat⟩ [frz. rivaliser, zu: rival, ↑Rivale] (bildungsspr.): *um den Vorrang kämpfen:* er rivalisierte mit seinem Bruder um den ersten Platz; Die drei größten amerikanischen TV-Gesellschaften ... rivalisierten in Moskau gegeneinander (Spiegel 8, 1977, 145); In manchen Orten rivalisierten die Clubs untereinander (ADAC-Motorwelt 8, 1982, 21) ⟨oft im 1. Part.:⟩ rivalisierende Parteien, Organisationen, Gruppen; **Ri|va|li|tät,** die; -, -en [frz. rivalité < lat. rivalitas, zu: rivalis, ↑Rivale] (bildungsspr.): *Kampf um den Vorrang:* die zunehmende R. zwischen Moskau und Washington (Dönhoff, Ära 10); -en austragen; **Ri|va|li|täts|kampf,** der: *das Austragen von Rivalitäten:* Bei Rivalitätskämpfen von Tiermännchen entscheidet nie die körperliche Stärke allein (Lorenz, Verhalten I, 226).
Ri|ver ['rɪvə] ⟨o. Art.⟩ [engl. river = Fluß]: *Weiß mit blauem Schimmer (zur Bezeichnung der feinsten Farbqualität bei Brillanten);* **Ri|ver|boat|par|ty** ['rɪvəboʊt...], die; -, -s u. ...ties [engl. riverboat party, aus: riverboat = Flußschiff u. party, ↑Party]: *Riverboatshuffle;* **Ri|ver|boat|shuf|fle** [...ʃʌfl], die; -, -s [engl.-amerik. riverboat shuffle, zu: shuffle = ein Tanz]: *Bootsfahrt auf einem Fluß od. See, bei der eine [Jazz]band spielt.*
ri|ver|so ⟨Adv.⟩ [ital. riverso < lat. reversum, ↑¹Revers] (Musik): *in umgekehrter Reihenfolge der Töne, rückwärts zu spielen.*
Ri|vie|ra, die; -, ...ren ⟨Pl. selten⟩: *französisch-italienische Küstenstrich.*
Ri|vol|gi|men|to [rivɔldʒi'mɛnto], das; -[s] [ital. rivolgimento = Umkehrung, zu: rivolgere = wieder wenden, umkehren < lat. revolvere] (Musik): *das Vertauschen od. Versetzen der Stimmen im doppelten Kontrapunkt.*
Ri|wak, Ri|waq, das; -, -s [arab. riwāq]: *(in der islamischen Architektur) überdeckte Halle, die einen Hof umgibt.*
Ri|yal, der; -[s], -s ⟨aber: 100 Riyal⟩ [↑Rial]: *Währungseinheit in Saudi-Arabien u. anderen arabischen Staaten.*
Ri|zin, das; -s: *in den Samen des Rizinus vorkommender hochgiftiger Eiweißstoff;* **Ri|zi|nus,** der; -, - u. -se [lat. ricinus = Name eines Baumes, wohl identisch mit lat. ricinus = Zecke, Holzbock, da die Rizinussamen Ähnlichkeit mit Zecken haben]: **1.** *hohe, als Strauch od. Baum wachsende Pflanze mit großen, handförmig gelappten Blättern, aus deren Samen das Rizinusöl gewonnen wird.* **2.** ⟨o. Pl.⟩ *Rizinusöl;* **Ri|zi|nus|öl,** das: *aus dem Samen des Rizinus (1) gewonnenes Öl, das einen eigenartigen Geruch u. Geschmack hat u. bes. als Abführmittel bekannt ist;* **Ri|zi|nus|sa|men,** der: *Samen des Rizinus (1).*
r.-k. = römisch-katholisch.
Rl = Rial; Riyal.
rm = Raummeter.
RM = Reichsmark.
Rn = Radon.
RNS = Ribonukleinsäure.
Roa|die ['roʊdi], der; -s, -s [engl. roadie, zu: road, ↑Roadster]: *kurz für ↑Roadmanager: Früher wurde ein Beruf abschätzig „Roadie" genannt, heute sind er und seine elf Kollegen ein hochspezialisiertes Team, das nicht nur Boxen für Popstars schleppt* (Hörzu 3, 1986, 85); **Road|ma|na|ger** ['roʊd...], der; -s, -s [engl. road manager]: *für die Bühnentechnik u. den Transport der benötigten Ausrüstung verantwortlicher Begleiter einer Rockgruppe;* **Road-Mo|vie** ['roʊd...], das; -s, -s [zu engl. road (↑Roadster) u. ↑Movie] (Film): *Kinofilm, dessen Schauplatz in der Hauptsache die Straße ist;* **Road|ster** ['roʊdstə], der; -s, - [engl. roadster, zu: road = Straße, Reise(weg)]: *meist zweisitziges Cabriolet mit abschnallbarem od. einzuknüpfendem Verdeck.*
Roa|ring Twen|ties ['rɔ:rɪŋ 'twɛntɪz] ⟨Pl.⟩ [engl. the roaring Twenties = die stürmischen zwanziger (Jahre)]: *die 20er Jahre des 20. Jh.s in den USA u. Westeuropa, die durch die Folgeerscheinungen der wirtschaftlichen Blüte nach dem 1. Weltkrieg, durch Vergnügungssucht u. Gangstertum gekennzeichnet waren.*
Roast|beef ['ro:stbi:f, 'rɔst...], das; -s, -s [engl. roast beef, aus: roast = gebraten u. beef = Rindfleisch] (Kochk.): *[Braten aus einem] Rippenstück vom Rind, das gewöhnlich nicht ganz durchgebraten wird: ein zartes, abgehangenes R.*
Rob|be, die; -, -n [niederd. rub(be), fries. robbe, H. u.]: *großes, in kalten Meeren lebendes Säugetier mit plumpem, langgestrecktem, von dicht anliegendem, kurzem Haar bedecktem Körper u. flossenähnlichen Gliedmaßen; Flossenfüßer:* -n fangen, jagen; **rob|ben** ⟨sw. V.⟩: **a)** *sich auf dem Bauch (den Körper unter dem Boden schleifend) mit den aufgestützten Ellenbogen fortbewegen* ⟨hat⟩: die Rekruten r. lassen; **b)** *sich robbend (a) irgendwohin bewegen* ⟨ist⟩: in Deckung, über die Straße r.; Und wir ... robbten durch Schnee und Glassplitter nach Hause, in unseren Luftschutzraum (Küpper, Simplicius 121); **Rob|ben|fang,** der ⟨o. Pl.⟩: *Fang, Erlegung von Robben;* **Rob|ben|fän|ger,** der: *jmd., der auf Robbenfang geht;* **Rob|ben|fell,** das: *Fell einer Robbe;* **Rob|ben|jagd,** die: vgl. Robbenfang; **Rob|ben|jä|ger,** der: vgl. Robbenfänger; **Rob|ben|schlag,** der ⟨o. Pl.⟩: *Jagd auf Robben mit Hilfe von Schlägern, mit denen sie durch einen Schlag auf den Kopf getötet werden;* **Rob|ben|schlä|ger,** der: *Schläger zum Töten von Robben.*
Rob|ber, der; -s, - [engl. rubber, H. u.] (Kartenspiel): *Doppelpartie bei Whist u. Bridge.*
Robe, die; -, -n [frz. robe = Gewand, Kleid, urspr. = Beute; erbeutetes Kleid, aus dem Germ., verw. mit ↑Raub in dessen urspr. Bed. „dem Feind entrissenes (Kleidungsstück)]: **1.** (geh.) *festliches langes Kleid, das nur zu besonderen Anlässen getragen wird:* die Damen trugen feierliche, glitzernde, kostbare -n; man erscheint bei der Premiere in großer R. *(in festlicher Kleidung [bezogen auf Frauen u. Männer]);* Ü sie hat heute eine neue R. (scherz.; *ein neues Kleid*) an; Muß klasse R. angehabt haben, das Weib, alles in Schwarz und so ... (Kunze, Jahre 71). **2.** (seltener) *Talar: Der Richter trug keine R., nur einen ganz gewöhnlichen Straßenanzug* (v. d. Grün, Glatteis 201); die -n der Geistlichen; **Ro|be|ron|de** [rɔb'rõ:də], die; -, -n [zu frz. rond = rund, eigtl. = rundes Kleid]: *im 18. Jh. Kleid mit runder Schleppe.*
Ro|bi|nie, die; -, -n [nach dem frz. Botaniker J. Robin (1550–1629)]: *hochwachsender Baum mit rissiger Borke, gefiederten Blättern u. duftenden weißen Blüten in langen Trauben; falsche Akazie.*
Ro|bin|son, der; -s, -e [nach der Titelfigur des Romans „Robinson Crusoe" des engl. Schriftstellers D. Defoe (1659–1731)]: *jmd., der gerne fern von der Zivilisation auf einer einsamen Insel, in der freien Natur leben möchte;* **¹Ro|bin|so|na|de,** die; -, -n: **a)** *Abenteuerroman im Stil des Robinson Crusoe;* **b)** *Unternehmung o.ä., die zu einem Abenteuer (im Stil des Robinson Crusoe) wird:* ihre Reise war eine regelrechte R.
²Ro|bin|so|na|de, die; -, -n [nach dem engl. Torhüter J. Robinson (1878–1949)] (Fußball veraltet): *das Hechten des Torhüters nach dem Ball als gekonnte Abwehrreaktion.*
Ro|bin|son|in|sel, die [zu ↑Robinson]: *einsame Insel;* **Ro|bin|son|li|ste,** die (Jargon): *Liste, in die jmd. sich eintragen lassen kann, der keine auf dem Postweg verschickten Werbesendungen mehr erhalten möchte;* **Ro|bin|son|spiel|platz,** der: vgl. Abenteuerspielplatz.
Ro|bo|rans, das; -, ...antia u. ...anzien [...'rantsiən; zu lat. roborare = stärken, kräftigen] (Med.): *Stärkungs-, Kräftigungsmittel;* **ro|bo|rie|rend** ⟨Adj.⟩ (Med.): *stärkend, kräftigend.*
Ro|bot, der; -, -en u. der; -[e]s, -e [spätmhd. robāt(e) < tschech. robota = (Fron)arbeit] (veraltet): *Frondienst, -arbeit;* **ro|bo|ten** ⟨sw. V.; hat; 2. Part.: gerobotet, robotet⟩ [spätmhd. robāten, robotet]: **1.** (ugs.) *schwer arbeiten, sich plagen:* sie roboten für einen Hungerlohn; ... robotete Goron vom frühen Morgen bis in die Nacht (Maass, Gouffé 20). **2.** (früher) *Fronarbeit leisten;* **Ro|bo|ter,** der; -s, - [1: engl. robot (< tschech. robot, zu: robota, ↑Robot); nach dem engl. Titel „Rossum's Universal Robots" des 1920 erschienenen sozialutopischen Dramas des tschech. Schriftstellers K. Čapek (1890–1938); 2: spätmhd. robāter, robatter, zu: robāt(e), ↑Robot]: **1.** (Technik) *(der menschlichen Gestalt nachgebildeter) Automat mit beweglichen Gliedern, der ferngesteuert od. nach Sensorsignalen bzw. einprogrammierten Befehlsfolgen an Stelle*

roboterhaft

eines Menschen bestimmte mechanische Tätigkeiten verrichtet; Maschinenmensch: In monotonen Arbeitsschritten zerlegen Laborantinnen und R. die DNS mit Hilfe von Enzymen in kleine Stücke (natur 2, 1991, 49); einen R. konstruieren, für bestimmte Arbeiten einsetzen; er arbeitet wie ein R. *(ohne eine Pause zu machen u. rein mechanisch);* Ü Man war praktisch nichts weiter als ein R. *(ein Mensch, der mechanisch Befehle auszuführen hat;* Eppendorfer, Ledermann 130). **2.** *(früher) Fronarbeiter;* **ro|bo|ter|haft** ⟨Adj.; -er, -este⟩: *wie [ein] Roboter* (1): *-e (mechanische) Bewegungen; -es (schematisch vorgehendes) Spezialistentum;* Es ist ... völlig unsinnig, zu behaupten, der Autofahrer handle r. und genieße keine persönliche Freiheit mehr (Bund 9. 8. 80, 6); **ro|bo|te|ri|sie|ren** ⟨sw. V.; hat⟩: *automatisieren, durch Roboter* (1) *ausführen lassen;* **Ro|bo|tik,** die; -: *wissenschaftlich-technische Disziplin, die sich mit der Konstruktion, der Programmierung u. dem Einsatz von Robotern befaßt;* **ro|bo|ti|sie|ren** ⟨sw. V.; hat⟩: *roboterisieren.*

Ro|bu|rit [auch: ...'rɪt], der; -s [zu lat. robur, ↑ robust]: *im Kohlebergbau verwendeter pulverförmiger Sprengstoff;* **ro|bust** ⟨Adj.; -er, -este⟩ [(frz. robuste <) lat. robustus, eigtl. = aus Hart-, Eichenholz, zu: robur = Kernholz; Eiche; Kraft]: **1.** *kräftig, stabil; nicht empfindlich od. leicht irritierbar:* eine -e Person, Frau; eine -e *(stabile)* Gesundheit, Konstitution; er ist eine -e *(nicht empfindsame)* Natur; körperlich, seelisch r. sein, aussehen, wirken; Ü ein dunkelhaariges Mädchen von etwa siebzehn Jahren mit etwas -er Schönheit *(nicht verfeinert wirkend;* Fallada, Trinker 20); das -e *(kräftige, pralle)* Licht eines Sommernachmittags (Rilke, Brigge 12); die Logik der vollendeten Tatsachen, die immer -er *(stärker)* ist als diejenige der versuchten, ohne gegen diese etwas zu beweisen als ihre Gewalt (Muschg, Gegenzauber 250). **2.** *(von Gegenständen, Materialien o. ä.) widerstandsfähig, strapazierfähig [u. daher im Gebrauch unkompliziert]:* ein -es Material; ein -er Motor, Tisch, Rasen; Schulranzen müssen r. sein (DM 45, 1965, 41); **Ro|bust|heit,** die; -: *das Robustsein;* **ro|bu|sto** ⟨Adv.⟩ [ital. robusto < lat. robustus, ↑ robust] (Musik): *kraftvoll.*

Ro|caille [rɔ'ka:j], das od. die; -, -s [frz. rocaille, eigtl. = Geröll, zu älter: roc = Felsen] (Kunstwiss.): *Muschelwerk.*

roch: ↑ riechen.

Roch, der; - [arab.]: *(im arabischen Märchen) Riesenvogel von besonderer Stärke.*

Ro|cha|de [auch: rɔ'ʃaːdə], die; -, -n [zu ↑ rochieren]: **1.** (Schach) *Doppelzug, bei dem König u. Turm bewegt werden:* große, kleine R.; die R. machen, ausführen; Ü Der Ämterwechsel stellt in Vergleich zu den ersten Vorschlägen zur Reorganisation der Bundesverwaltung nur eine kleine R. dar (NZZ 23. 12. 83, 21). **2.** (Mannschaftsspiele) *besonders von den Außenspielern vorgenommener Wechsel der Position auf dem Spielfeld.*

rö|che: ↑ riechen.

¹Ro|che, der; -n[s], -n: *Rochen.*

♦ **²Roche** [rɔʃ], der; -, -s [mhd. roc < frz. roche, aus dem Pers.]: *Turm* (2): Denn so bekam der R. Feld *(erhielt der Turm Bewegungsfreiheit)* (Lessing, Nathan II, 9).

rö|cheln ⟨sw. V.; hat⟩ [mhd. rü(c)heln, Iterativbildung zu: rohen, ahd. rohōn = brüllen, grunzen, lautm.]: *schwer atmen u. dabei (mit dem Luftstrom) ein rasselndes Geräusch hervorbringen:* der Kranke, Sterbende röchelt; Alf lag auf der Couch und röchelte wehleidig (Büttner, Alf 117); sein Atem ging röchelnd; Fliegen summen in den röchelnden Atemzügen der Kirsch-, Steinhäger- und Korntrinker herum (Remarque, Obelisk 216); ⟨subst.:⟩ das Röcheln der Sterbenden.

Ro|chen, der; -s, - [aus dem Niederd. < mniederd. roche, ruche, eigtl. = Rauhe]: *(zu den Knorpelfischen gehörender) im Meer lebender Fisch mit scheibenförmig abgeflachtem Körper u. deutlich abgesetztem Schwanz.*

Ro|cher de bronze [rɔ'ʃe: də 'brõːs], der; - - -, -s - - [rɔ'ʃe: - - ; frz. = eherner Fels, nach einem Ausspruch König Friedrich Wilhelms I. von Preußen (1688–1740)] (bildungsspr. veraltend): *jmd., der (in einer schwierigen Lage o. ä.) nicht leicht zu erschüttern ist.*

Ro|chett, das; -s, -s [frz. rochet, aus dem Germ., verw. mit ↑ ¹Rock]: *Chorhemd des katholischen Geistlichen.*

ro|chie|ren [auch: rɔ'ʃiːrən] ⟨sw. V.⟩ [nach frz. roquer, zu älter: roc < span. roque = Turm im Schachspiel < arab. ruḫḫ]: **1.** (Schach) *eine Rochade* (1) *ausführen* ⟨hat⟩. **2.** (Mannschaftsspiele) *die Position auf dem Spielfeld wechseln* ⟨hat/ ist⟩: die Flügelstürmer rochieren ständig; ich rochierte nach links, nach rechts (Walter, Spiele 49).

Ro|chus [jidd. rochus, rauches = Ärger, Zorn < hebr. rogez]: *in den Wendungen* **einen R. auf jmdn. haben** (landsch.; *über jmdn. sehr verärgert sein; auf jmdn. wütend sein*): Und er hat wieder seinen R. auf die Spießer und die Polizei (Spiegel 11, 1983, 92); **aus R.** (landsch.; *aus Zorn, Wut*).

¹Rock, der; -[e]s, Röcke [mhd. roc, ahd. roc(h), urspr. wohl = Gespinst]: **1. a)** *Kleidungsstück für Frauen u. Mädchen, das von der Taille an abwärts (in unterschiedlicher Länge) den Körper bedeckt:* ein enger, weiter, langer, kurzer, plissierter, glockiger R.; ein R. aus Mohair; der R. sitzt gut, schwingt; Natürlich wieder mein Bruder Hans! Wo ein R. weht, sprintet er los! (Konsalik, Promenadendeck 107); Ihr R. ist bis zum Schenkelansatz hochgerutscht (Ossowski, Flatter 150); einen R. an-, ausziehen, anhaben; sie trägt meist R. und Bluse; den R. raffen, schürzen, zurechtstreichen, glattstreichen; die Kinder hängten sich an den R. der Mutter *(drängten sich dicht an sie);* Stell dir vor, sie würde auf der Straße herumlungern. Da hätte ihr schon längst irgendein Rüpel unter den R. gelangt (Lentz, Muckefuck 150); * **hinter jedem R. hersein/herlaufen,** (ugs.; *allen Frauen nachlaufen*); **b)** (Schneiderei) *Unterteil eines Kleides (von der Taille abwärts):* das Kleid hat einen weiten, engen R. **2.** (landsch.) *Jacke, Jackett (als Teil des Anzugs* 1): ein R. aus feinem Tuch; den R. an-, ausziehen, zuknöpfen; Er vertauschte ... den feierlichen, dickstoffigen R. mit einer gestrickten Weste (Feuchtwanger, Erfolg 233); der feldgraue R. *(veraltet; Uniform)* des Soldaten; der grüne R. *(die Uniform)* des Försters; Die französischen Zollbeamten saßen mit offenen Röcken ... in der Sonne auf der Bank vor dem Zollhause (Salomon, Boche 65); R der letzte R. hat keine Taschen *(man kann sein erspartes Geld, seinen Reichtum nicht über den Tod hinaus erhalten);* * **den bunten R. anziehen/ausziehen** (veraltet; *zum Militärdienst gehen/ vom Militärdienst zurückkommen*); **des Königs R. tragen** (veraltet; *Soldat sein [in einer Monarchie]*); **seinen R. ausziehen müssen** (veraltet; *als Offizier den Dienst quittieren müssen*).

²Rock, der; -[s], -[s] [engl. rock]: **1.** ⟨o. Pl.⟩ *kurz für* ↑ Rockmusik: R. und Beat versetzten den Jungen in eine lila Stimmung (Fels, Sünden 105); R. spielen, hören; sie machen R., haben sich dem R. verschrieben. **2.** *kurz für* ↑ Rock and Roll: R. tanzen; einen R. hinlegen; **Rocka|bil|ly¹** ['rɔkəbɪli], der; -[s] [engl.-amerik. rockabilly, Zusgez. aus ↑ Rock and Roll u. ↑ Hillbilly]: *(in den 50er Jahren entstandener) Musikstil, der eine Verbindung von Rhythm and Blues u. der Hillbilly-music darstellt;* **Rock and Roll** ['rɔk ɛnt 'rɔl, - - 'roːl, engl.: 'rɔk ənd 'roʊl, 'rɔkn'roʊl], der; - - -, - - -[s] [engl. rock and roll, eigtl. = wiegen und rollen]: **1.** ⟨o. Pl.⟩ *(Anfang der 50er Jahre in Amerika entstandene Form der) [Tanz]musik, die den Rhythm and Blues der Farbigen mit Elementen der Country-music u. des Dixieland verbindet.* **2.** *stark synkopierter Tanz im ⁴/₄-Takt.*

Rock|är|mel, der (landsch.): *Ärmel eines Herrenjacketts;* **Rock|auf|schlag,** der (landsch.): *Aufschlag* (4) *am Herrenjackett;* ¹**Revers; Rock|bahn,** die (Schneiderei): *einzelne Bahn* (4) *eines aus mehreren Bahnen bestehenden* ¹*Rocks* (1).

Rock|band, die: *Gruppe von Musikern der Rockmusik.*

Rock|bund, der: ¹*Bund* (2); **Röck|chen,** das; -s, -: **1.** Vkl. zu ↑ ¹Rock. **2.** Vkl. zu ¹Rock (2): * **sich** ⟨Dativ⟩ **ein rotes R. verdienen wollen** (landsch.): *jmds. Lob zu erheischen suchen;* H. u.); ♦ **ohne R.** *(unverhüllt, ganz offensichtlich):* die elendesten, erbärmlichsten Leidenschaften, ganz ohne R. (Goethe, Werther II, 24. Dezember 1771).

♦ **Rocke|lor¹,** der; -s, -e [frz. roquelaure, nach dem Herzog von Roquelaure (18. Jh.)]: *(im 18. Jh. getragener) Herrenreisemantel mit kleinem Schulterkragen:* der Kommandant ließ ihr seinen warmen R. umhängen (Arnim, Invalide 88); eine hagere Gestalt, im Dreispitz und langem R. (Storm, Carsten Curator 115).

rocken¹ ⟨sw. V.; hat⟩ [engl. to rock]: **a)** *Rockmusik machen:* Er (= Elvis Presley) rockt wie in alten Tagen (Hörzu 43, 1970, 41); Denn in der DDR muß man sogar eine Prüfung ablegen, um vom Staat die Erlaubnis zu kriegen, beruflich r. zu dürfen (Bravo 51, 1976, 24); **b)** *nach Rockmusik tanzen, sich im Rhythmus der Rockmusik bewegen:* die Zuschauer rockten begeistert.

Rocken[1], der; -s, - [mhd. rocke, ahd. rocko, H. u.]: kurz für ↑Spinnrocken.
Rocken|bol|le[1], die [zu ↑Rocken (nach der Form) u. ↑Bolle] (nordd.): *Perlzwiebel.*
Rocken|stu|be[1], die (veraltet): *Spinnstube.*
Rocker[1], der; -s, - [engl. rocker, zu: to rock, ↑rocken]: *Angehöriger einer lose organisierten Clique von männlichen Jugendlichen, die meist in schwarzer Lederkleidung u. mit schweren Motorrädern im Straßenbild auftauchen [u. zu Aggressionen neigen]:* Nur die Hälfte der R. ist gemeingefährlich (Degener, Heimsuchung 167); Von zwei -n wurde gestern vormittag der 14jährige Schüler Thomas ... niedergeschlagen (BM 12. 1. 75, 3); **Rockerban|de**[1], die: *Bande von Rockern:* Eine R. hält die Stadt in Atem (Hörzu 16, 1976, 81); **Rocker|braut**[1], die: *Freundin eines Rockers;* **Rocker|gang**[1], die: [3]*Gang* (b) *von Rockern;* **Rocker|grup|pe**[1], die: *Rockerbande;* **Rocker|kluft**[1], die: [1]*Kluft* (a) *von Rockern;* **Rocker|mäd|chen**[1], das: *Rockerbraut;* **Rocker|pfan|ne**[1], die (vulg.): *Rockerbraut.*
Rock|fal|te, die: *Falte in einem* [1]*Rock* (1).
Rock|fan, der: vgl. Popfan; **Rock|fe|stival**, das: vgl. Popfestival.
Rock|fut|ter, das: [2]*Futter* (1) *in einem* [1]*Rock* (1, 2).
Rock|grup|pe, die: vgl. Popgruppe; **rockig**[1] ⟨Adj.⟩ (Jargon): *in der Art des* [2]*Rock* (1): -e Musik, -er Rhythmus; Ungewöhnlich starke Titel, mal r. hart ..., mal sanft und soft (Hörzu 14, 1979, 107); Marianne Rosenberg kommt wieder ★ in (Hörzu 30, 1980, 47); **Rock|jazz**, der: *Stilrichtung innerhalb des Jazz der 1970er Jahre, in der Elemente des* [2]*Rock* (1) *mit denen des Jazz verbunden sind;* **Rockkon|zert**, das: vgl. Popkonzert.
Rock|kra|gen, der: *Kragen* (1 a) *eines Herrenjacketts:* Er packte mich am R., stieß mich ein Stück zurück (Innerhofer, Schattseite 65).
Rock|la|dy, die (ugs.): *Rockmusikerin, -sängerin.*
Rock|län|ge, die: *Länge eines* [1]*Rocks* (1).
Rock|mu|si|cal, das: *Musical mit Rockmusik als Bühnenmusik;* **Rock|mu|sik**, die: *gewöhnlich von kleinen Bands auf elektrisch verstärkten Instrumenten gespielte Musik eines der Stile, die sich aus dem Rhythm and Blues, dem Rock and Roll u. dem Blues entwickelt haben:* Thomas war versessen auf progressive R. (Rolf Schneider, November 101); **Rock|mu|siker**, der: *jmd., der Rockmusik macht;* **Rock|mu|si|ke|rin**, die: w. Form zu ↑Rockmusiker; **Rock 'n' Roll** ['rɔkn̩'rɔl, ...'roːl, engl.: 'rɒknrəʊl]: ↑Rock and Roll; **Rock|oper**, die: vgl. Rockmusical.
Rock|pool, der; -s, -s [engl. rock pool, aus: rock = Felsen u. pool, ↑Swimmingpool]: *Mulde od. Höhlung im Gestein felsiger Meeresküsten, die sich mit Meer- u. Regenwasser füllen.*
Rock|röh|re, die (ugs.): *Rocksängerin mit bes. kräftiger Stimme.*
Rocks ⟨Pl.⟩ [engl. rocks, eigtl. = Brocken]: *[aus verschiedenen gefärbten Schichten bestehende] säuerlich-süße Fruchtbonbons.*
Rock|sän|ger, der: vgl. Rockmusiker;

Rock|sän|ge|rin, die: w. Form zu ↑Rocksänger.
Rock|saum, der: *Saum eines* [1]*Rocks* (1);
Rock|schoß, der: **1.** vgl. [1]*Schoß* (3 a): er zieht ein Hörrohr aus dem R., hält es ins Ohr (Hacks, Stücke 175); Ü mit wehenden, fliegenden Rockschößen (veraltet; *sehr schnell, eilig, mit großen Schritten*) eilte er durch den Gang. **2.** (veraltet) *Schößchen:* ★ *sich jmdm. an die Rockschöße hängen/sich an jmds. Rockschöße hängen* (**1.** *[von Kindern] sich ängstlich, schüchtern o. ä. bes. an die Mutter anklammern.* **2.** *sich, aus Mangel an Selbständigkeit o. ä., bei irgendwelchen Unternehmungen immer an andere anschließen, von anderen Hilfe brauchen*); **an jmds. R./Rockschößen hängen** (vgl. sich an jmds. Rockschöße hängen).
Rock|star, der: vgl. Popstar; **Rock|szene**, die: vgl. Popszene.
Rock|ta|sche, die: *Tasche eines* [1]*Rocks.*
Rocky Moun|tains ['rɔki 'maʊntɪnz] ⟨nur mit Art.; Pl.⟩: *nordamerikanisches Gebirge.*
Rock|zip|fel, der: **1.** *Zipfel am Saum eines Frauenrocks od. Kleides:* ein R. guckt unter dem Mantel hervor; Ü An meinem (= der Mutter) R. wirst du nie selbständig werden (Fels, Sünden 117); ★ **an jmds. R. hängen** (ugl. Rockschoß 2). **2.** ★ **jmdn. [gerade noch] am/beim R. halten, erwischen** (*jmdn., der dabei ist wegzugehen, gerade noch erreichen*): er hat ihn gerade noch am R. erwischt, um ihn fragen zu können.
Rod [rɒd], das; -, - [engl. rod, eigtl. = Stange, Rute]: *britisches Längenmaß.*
Ro|de|ge|mein|schaft, die (ehem. DDR): *Gruppe von Bauern, die in Gemeinschaft eine Rodung vornimmt;* **Ro|de|hacke**[1], die: *Hacke zum Roden.*
[1]**Ro|del**, der; -s, - [spätmhd. rodel = Urkunde, Register < lat. rotula, ↑Rolle] (südwestd., schweiz.): *Liste, Verzeichnis.*
[2]**Ro|del**, der; -s, -. [H. u.] (bayr.): *Rodelschlitten;* [3]**Ro|del**, -s, -n [1: zu ↑[2]Rodel; 2: zu mundartl. rodeln = rütteln, schütteln] (österr.): **1.** *kleiner Schlitten:* Die Kinder ... holen ihre R. aus dem Keller hervor (Vorarlberger Nachr. 30. 11. 68, 6); Auf ... schnee- und eisbedeckten Straßen rechnen Sie immer damit, daß Ihnen Kinder auf -n entgegenkommen (auto touring 12/78, 18). **2.** *Kinderrassel.*
Ro|del|land, das: *gerodetes Land.*
Ro|del|bahn, die: *Bahn* (3 a) *zum Rodeln;* **ro|deln** ⟨sw. V.⟩ [zu ↑[2]Rodel] (landsch.): **a)** *mit dem Schlitten einen Hang hinunterfahren* ⟨hat/ist⟩: den ganzen Tag r.; **b)** *mit dem Schlitten irgendwohin fahren* ⟨ist⟩: er ist in den Graben gerodelt; **Ro|del|partie**, die (veraltend): *Partie* (5) *mit dem Rodelschlitten;* **Ro|del|schlit|ten**, der: *Schlitten* (1); **Ro|del|sport**, der: *als Sport betriebenes Rodeln; Rennrodeln.*
ro|den ⟨sw. V.; hat⟩ [aus dem Niederd. < mniederd. roden, im Ablaut zu mhd. riuten, ↑reuten; verw. mit ↑raufen]: **1.** *durch Fällen der Bäume u. Ausgraben der Stümpfe urbar machen:* Wälder, Urwald, Ödland r.; unter barbarischen Bedingungen mußten die Gefangenen Baracken bauen, Wege r. und Schienen anlegen (Spiegel 7, 1979, 159); ⟨auch ohne Obj.:⟩

sie zogen aus, um zu r. **2.** *fällen u. die Wurzeln, Wurzelstöcke ausgraben:* Gehölz r.; daß eine ... Tanne, ... wenn man sie rodet ... nur durch ihren Samen weiterwächst (A. Zweig, Grischa 66). **3.** (landsch.) *(einen Weinberg [in der Absicht, ihn neu anzulegen]) tief umgraben.* **4.** (landsch.) *bei der Ernte aus dem Boden graben, herausholen:* Rüben, Möhren r.; Mit zwei Gruppen Erntemaschinen rodet die LPG Seetz in diesen Tagen die Speiseware (= Speisekartoffeln) und liefert sie direkt auf den ... Sortierplatz (NNN 21. 9. 87, 2).
ro|dens ⟨Adj.⟩ [lat. rodens (Gen.: rodentis), **1.** Part. von: rodere = nagen] (Med.): *nagend, fressend* (z. B. von einem Geschwür); **Ro|den|ti|zid**, das; -s, -e [zu lat. rodere (↑rodens) u. caedere (in Zus. -cidere) = töten]: *chemisches Mittel zur Bekämpfung schädlicher Nagetiere.*
Ro|deo, der od. das; -s, -s [engl. rodeo, eigtl. = Zusammentreiben des Viehs < span. rodeo, zu: rodear = zusammentreiben]: *(in den USA) Wettkämpfe der Cowboys, bei denen die Teilnehmer auf wilden Pferden od. Stieren reiten u. versuchen müssen, sich möglichst lange im Sattel bzw. auf dem Rücken der Tiere zu halten:* ein R. veranstalten; an einem R. teilnehmen; ... wenn er mit ansehen mußte, wie Lovins Ehefrau ..., die früher auf -s ritt, ... ein Schaf erschoß (Spiegel 1, 1985, 117).
Rod|ler, der; -s, -: *jmd., der rodelt, Schlitten fährt;* **Rod|le|rin**, die; -, -nen: w. Form zu ↑Rodler.
Ro|do|mon|ta|de, die; -, -n [frz. rodomontade, ital. rodomontata, nach der Gestalt des Mohren Rodomonte in Werken der ital. Dichter M. M. Boiardo (1440–1494) u. L. Ariosto (1474–1533)] (veraltet): *Aufschneiderei, Großsprecherei;* **ro|do|mon|tie|ren** ⟨sw. V.; hat⟩ (veraltet): *prahlen.*
Ro|don|ku|chen [ro'dõː-], der; -s, - (landsch.): *Ratonkuchen.*
Ro|dung, die; -, -en: **1.** *das Roden:* -en vornehmen; Die erste Kammer des Verwaltungsgerichtes Berlin hat die R. des Waldes ... untersagt (Welt 7. 12. 76, I). **2.** *gerodetes Stück Land; Rodeland:* sie legten auf kleinen -en Kartoffeläcker und struppige Gärten an (Ransmayr, Welt 125).
Ro|ga|te ⟨o. Art.; indekl.⟩ [lat. rogate = bittet!, nach dem ersten Wort des Eingangsverses der Liturgie des Sonntags, Joh. 16, 24] (ev. Kirche): *der fünfte Sonntag nach Ostern:* der Sonntag R.; **Ro|ga|tion**, die; -, -en [lat. rogatio, zu: rogare = fragen; bitten] (veraltet): *Fürbitte;* **Ro|ga|tio|nes** [...neːs] ⟨Pl.⟩ [mlat. rogationes, Pl. von lat. rogatio, ↑Rogation] (kath. Kirche früher): *die drei Tage vor Christi Himmelfahrt, an denen Bittprozessionen abgehalten werden.*
Ro|gen, der; -s, - [mhd. roge(n), ahd. rogo, rogan, H. u.]: *Fischrogen;* **Ro|gener**, **Rogner**, der; -s, - [mhd. rogner]: *weiblicher Fisch, der Rogen enthält;* **Ro|genstein**, der [zu ↑Rogen]: *das Konglomerat ähnelt dem Fischrogen: Kalkoolith mit tonigem od. sandigem Bindemittel.*
ro|ger ['rɔdʒɐ] ⟨Adv.⟩ [engl. roger, für r = received, identisch mit dem Personenna-

Röggelchen

men Roger nach dem Buchstabieren r wie Roger]: **1.** (Funkw.) *[Nachricht erhalten u.] verstanden!* **2.** (ugs.) *in Ordnung!; einverstanden!*
Rög|gel|chen, das; -s, - (landsch.): *aus zwei zusammengebackenen Hälften bestehendes Roggenbrötchen;* **Rog|gen**, der; -s, (Sorten:) - [mhd. rocke, ahd. rocko]: **a)** *Getreideart mit langem Halm u. vierkantigen Ähren mit langen Grannen, deren Frucht bes. zu Brotmehl verarbeitet wird:* der R. steht gut, ist reif, ist winterhart; R. anbauen; **b)** *Frucht des Roggens* (a): Säcke mit R. füllen; **Rog|gen|brot**, das: *Brot aus Roggenmehl;* **Rog|gen|brötchen**, das: vgl. Roggenbrot; **Rog|gen|ern|te**, die: vgl. Getreideernte; **Rog|gen|feld**, das: vgl. Getreidefeld; **Rog|gen|halm**, der: vgl. Getreidehalm; **Rog|gen|kli|ma**, das: *Klimazone mit dem Roggen als charakteristischer Getreidepflanze;* **Rog|gen|mehl**, das: *Mehl aus Roggen;* **Rog|gen|misch|brot**, das: *Mischbrot;* **Rog|gen|muh|me**, die (Volksk.): *weiblicher Dämon, der sich in reifenden Kornfeldern aufhält u. die Kinder erschreckt;* **Rog|gen|schlag**, der (landsch.): *Roggenfeld;* **Rog|gen|schrot**, der od. das: vgl. Schrot (1).
Rog|ner: ↑ Rogener.
roh ⟨Adj.; -er, -[e]ste⟩ [mhd., ahd. rō, urspr. = blutig]: **1.** *ungekocht od. ungebraten:* ein -es Ei; -es Fleisch; -er Schinken; -e Milch; in -em Zustand; Gemüse r. essen; daß ... Speisepilze wie Rotkappe, Marone und Hallimasch r. giftig sind (Freie Presse 22. 8. 89, 3); das Fleisch ist noch [ganz] r. *(überhaupt nicht gar);* -e Klöße *(aus geriebenen rohen Kartoffeln zubereitete Klöße).* **2. a)** *nicht bearbeitet, nicht verarbeitet:* -es Holz, Erz, Material; -e Bretter, Diamanten; -e *(ungegerbte)* Felle; -e Seide *(Rohseide);* -er Zucker *(Rohzucker);* -e *(nicht zugerittene, nicht eingefahrene)* Pferde; Menhire, Schieferplatten, Säulen und -e, wuchtige Quader (Ransmayr, Welt 48); eine Plastik aus dem -en [Stein] arbeiten, meißeln; **b)** *ohne genaue, ins einzelne gehende Be-, Verarbeitung, Ausführung; grob* (2): ein -er Entwurf; nach -er *(ungefährer)* Schätzung; Sodtbaum brummte, das (= das Geschriebene) sei alles noch viel zu r. (Loest, Pistole 256); ein r. behauener Stein, r. zusammengeschlagener Schrank; dazu ein -er Holztisch und wacklige, geflochtene Stühle auf einem -en Mörtelboden (Fels, Kanakenfauna 93); die Arbeit ist in -em *(in großen, in groben Zügen)* fertig; **c)** *(veraltend) von der Haut entblößt, blutig:* das -e Fleisch kam zum Vorschein. **3.** (abwertend) *anderen gegenüber gefühllos u. grob, sie körperlich od. seelisch verletzend:* ein -er Mensch; Hitler sei ein -er Patron, rücksichtslos und hemmungslos gegen seine Umgebung (Niekisch, Leben 156); -e Sitten, Umgangsformen, Worte, Späße; er hat das Schloß mit -er Gewalt *(mit Gewalt u. nicht mit den entsprechenden sachgerechten Mitteln)* aufgekriegt; er ist sehr r. zu ihr, behandelt sie r. und gemein; r. gesprochen, was mag dieses gefällige Bildwerk gekostet haben? (Th. Mann, Hoheit 11); in diesem Hause wird nicht r.

geschlagen und nicht körperlich gefoltert (Fallada, Jeder 376); **Roh|bau**, der ⟨Pl. -ten⟩: **1.** *im Rohzustand befindlicher Bau, der nur aus den Mauern o. ä., Decken u. Dach besteht:* ein im R. befindlicher Wohnwagen (NNN 10. 1. 84, 4). **2.** * **im R.** *(im Zustand eines Rohbaus):* im R. fertig; daß ich über das zweite, im April 1949 im R. beendete Buch am genauesten Bescheid weiß (Jens, Mann 155); **roh|bau|fer|tig** ⟨Adj.⟩: *im Rohbau fertig;* **Rohbaum|wol|le**, die (Textilind.): *gepflückte und entkernte, noch nicht bearbeitete Baumwolle;* **Roh|ben|zin**, das (Chemie): *durch Destillation von Erdöl gewonnenes u. entschwefeltes Benzin; Naphtha;* **Roh|bi|lanz**, die (Wirtsch.): *bilanzmäßige Zusammenstellung der Summen der Hauptbuchkonten, bes. zur Vorbereitung des Jahresabschlusses;* **Roh|blech**, das (Metallbearb.): vgl. Roheisen; **Roh|bo|den**, der (Geol.): *Gestein, das durch die Verwitterung soweit gelockert ist, daß es von Pflanzen bewachsen werden kann;* **Roh|bo|gen**, der (Druckw.): *unbedruckter, ungefalzter u. unbeschnittener Papierbogen;* **Roh|braun|koh|le**, die (Fachspr.): vgl. Roheisen; **Roh|dia|mant**, der (Fachspr.): *ungeschliffener Diamant;* **Roh|dich|te**, die: *Dichte eines festen Stoffes einschließlich der Zwischenräume;* **Roh|ein|künf|te** ⟨Pl.⟩: vgl. Rohertrag; **Roh|ein|nah|me**, die: vgl. Rohertrag; **Roh|ei|sen**, das (Hüttenw., Metallbearb.): *Eisen im rohen, unverarbeiteten Zustand;* **Roh|ei|sen|ge|win|nung**, die: *Gewinnung von Roheisen;* **Ro|heit**, die; -, -en [spätmhd. rōheit]: **1.** ⟨o. Pl.⟩ *rohe* (3) *[Wesens]art:* ein Mensch, eine Tat von erschreckender R.; Daher die unfaßbare R. der Deutschen „im Dienst", die in so merkwürdigem Gegensatz zu ihrer privaten Gutmütigkeit stand (Tucholsky, Werke I + II, 120); er ... hatte das fahle, tückische Gesicht eines Trinkers und war schon einigemal von großer R. in der Behauptung seines Platzes gewesen, als andere Bettler arglos in seine Nähe kamen (Musil, Mann 1175). **2.** *rohe* (3)*Handlung, Äußerung:* jmdm. -en sagen; ... begann das Männchen seine brüderlichen -en einzustellen und dem Weibchen den Hof zu machen (Lorenz, Verhalten I, 95); **Ro|heits|de|likt**, das (Polizeiw. o. ä.): *Delikt, das in einer rohen Handlung, in einem rohen Verhalten besteht;* **Ro|heits|tä|ter**, der (Polizeiw. o. ä.): *Straftäter, der ein Roheitsdelikt begangen hat;* **Roh|ent|wurf**, der: vgl. Rohfassung; **Roh|er|trag**, der (Wirtsch.): *(den Reinertrag übersteigender) Betrag, der sich aus dem betrieblichen Zugang an Werten unter Abzug des Waren- u. Materialeinsatzes errechnet;* **ro|her|wei|se** ⟨Adv.⟩: *aus Roheit* (1): er hat sie r. geschlagen; **Roh|erz**, das: vgl. Roheisen; **Roh|er|zeug|nis**, das: *Rohprodukt;* **Roh|fas|sung**, die: *rohe, noch nicht in allen Einzelheiten ausgearbeitete Fassung* (2b): Aber alle diese glatteren Texte blieben hinter der R. zurück (B. Vesper, Reise 543); **Roh|film**, der (Fot.): *unbelichteter kinematographischer Film;* **Roh|form**, die: vgl. Rohfassung; **Roh|gas**, das (Chemie): vgl. Roheisen; **Roh|ge|mü|se**, das: *als Rohkost zubereitetes Gemüse;* **Roh|ge|we|be**, das (Weberei): *unmittelbar aus der Webmaschine kommendes, noch nicht ausgerüstetes* (2) *Gewebe; Rohware* (2); **Roh|ge|wicht**, das (Fertigungst.): *Gewicht eines Fabrikats vor Auftreten des durch die Fertigung bedingten Materialverlustes;* **Roh|ge|winn**, der (Wirtsch.): *[den Reingewinn übersteigender] Betrag, der sich aus dem Umsatz unter Abzug des Wareneinsatzes errechnet; Rohertrag (in Handelsbetrieben), Bruttogewinn;* **rohlge|zim|mert** ⟨Adj.⟩: *aus rohem* (2a) *Holz gezimmert:* -e Tische, Regale; **Roh|glas**, das ⟨o. Pl.⟩ (Fachspr.): vgl. Roheisen; **Roh|holz**, das ⟨o. Pl.⟩ (Fachspr.): **1.** vgl. Roheisen. **2.** *bei der Holzernte anfallendes Holz ohne Berücksichtigung von Sorten od. Abmessungen;* **Roh|kaf|fee**, der (Fachspr.): *ungerösteter Kaffee;* **Roh|kau|tschuk**, der (Fachspr.): vgl. Roheisen; **Roh|kost**, die: *pflanzliche Kost, bes. aus rohem Obst u. Gemüse;* **Roh|köst|ler**, der; -s, - (ugs.): *jmd., der sich von Rohkost ernährt;* **Roh|köst|le|rin**, die; -, -nen (ugs.): w. Form zu ↑ Rohköstler; **Roh|kost|nah|rung**, die: *Nahrung aus Rohkost;* **Roh|kost|sa|lat**, der: *Salat aus rohem Obst u. Gemüse;* **Roh|le|der**, das (Fachspr.): *ungegerbtes Leder;* **Roh|ling**, der; -s, -e: **1.** (abwertend) *roher Mensch:* die Tat eines -s; keiner von den Abgestumpften, denkt er, kein R., obwohl der Krieg so viele verroht hat (Heym, Schwarzenberg 239). **2.** (Fachspr.) *[gegossenes od. geschmiedetes] Werkstück, das noch weiter bearbeitet werden muß:* aus einem R. einen Schlüssel feilen; Zur Zeit sucht die bundesdeutsche Polizei ... Blankoausweise, die bei Einbrüchen in Paßämtern entwendet wurden. Mit solchen „Rohlingen" werden sich auch künftig Pässe fälschen lassen (Hamburger Rundschau 11. 8. 83, 1); **Roh|ma|nu|skript**, das: vgl. Rohfassung; **Roh|mar|mor**, der (Fachspr.): *roher, unbearbeiteter Marmor;* **Roh|ma|te|ri|al**, das: *für eine [weitere] Be- od. Verarbeitung bestimmtes Material;* **Roh|me|tall**, das (Hüttenw., Metallbearb.): *bei der metallurgischen Gewinnung anfallendes, noch nicht gereinigtes Metall;* **Roh|milch**, die (Fachspr.): *nicht bearbeitete Milch (unmittelbar vom Erzeuger); Vorzugsmilch;* **Roh|öl**, das: *ungereinigtes Erdöl (od. Schweröl);* **Roh|öl|lei|tung**, die: *Erdölleitung; Pipeline;* **Roh|opi|um**, das (Fachspr.): vgl. Rohprodukt; **Roh|pa|pier**, das (Fot.): *Spezialpapier, aus dem durch Aufbringen einer lichtempfindlichen Schicht Fotopapier hergestellt wird;* **Roh|pro|dukt**, das: *[Zwischen]produkt, das für eine weitere Be-, Verarbeitung bestimmt ist;* **Roh|pro|duk|ten|händ|ler**, der: *jmd., der mit Rohprodukten handelt;* **Roh|pro|duk|ten|händ|le|rin**, die: w. Form zu ↑ Rohproduktenhändler.
Rohr, das; -[e]s, -e [mhd., ahd. rōr = (Schilf)rohr; Schilf, H. u.]: **1. a)** ⟨Pl. selten⟩ *Pflanze mit auffällig langem, rohrförmigem Halm, Stengel od. Stamm. Gattung* (z. B. Schilfrohr): um den See wächst R.; das Dach der Hütte ist mit R. gedeckt; Die Hütte war aus trockenem R. gebaut (Wiechert, Jeromin-Kinder 362); Stühle,

Körbe aus R. *(Peddigrohr);* ***spanisches R.** (1. *[dickes] Peddigrohr.* 2. veraltet; *Stock aus Peddigrohr);* **ein schwankendes R. im Wind sein/schwanken wie ein R. im Wind** (geh.; *in seinen Entschlüssen unsicher sein;* nach Luk. 7, 24): eine Identifikationsfigur, dessen R. im Wind (Loest, Pistole 234); ◆ ... und der sanfte Fluß zwischen den lispelnden -en dahingleitete (Goethe, Werther I, 18. August); **b)** ⟨o. Pl.⟩ *(an einer Stelle) dicht wachsendes Schilfrohr; Röhricht:* Wasservögel nisten im R. 2. *langer zylindrischer Hohlkörper [mit größerem Durchmesser], der vor allem dazu dient, Gase, Flüssigkeiten, feste Körper weiterzuleiten:* ein verstopftes R.; das R. des Ofens, der Flöte; die -e der Wasserleitung, Fernheizung, -e [ver]legen; Im Erdgeschoß ... stand ein kleiner Ofen mit einem bis in den zweiten Stock gewundenen R., das etwas Wärme abgab (Seghers, Transit 183); das Schlachtschiff feuerte aus allen -en *(Geschützrohren);* Panzer fuhren schwerfällig in die Kurve, schwenkten schwerfällig ihre -e *(Geschützrohre;* Böll, Adam 65); der Jäger saß mit geladenem R. (veraltet; *Gewehr)* auf dem Hochsitz; ***voll[es] R.** (ugs.; *äußerste Kraft, höchste Leistung, Geschwindigkeit;* urspr. Soldatenspr., von einem Geschütz[rohr], das mit größtmöglicher Ladung schießt): volles R. bringen; Er packte mich und schmiß mich volles R. gegen ein Auto (Christiane, Zoo 214); volles R. *(mit Vollgas)* fahren; **ein R. verlegen** (salopp selten; *Geschlechtsverkehr ausüben);* **jmdn. auf dem R. haben** (ugs.; *Schlimmes mit jmdm. vorhaben;* eigtl. = mit dem Rohr [= Lauf 8] auf jmdn. zielen); **etw. auf dem R. haben** (ugs.; *etw. [Schlimmes] vorhaben);* **etw. ist im R.** (ugs.; *etw. [Schlimmes] ist zu erwarten, zu befürchten;* urspr. wohl Soldatenspr.). 3. (südd., österr.) *Backröhre, -ofen:* den Teller mit dem gebratenen Fleisch in das R. schieben (Innerhofer, Schattseite 55). 4. (salopp) *Penis;* *** sich** ⟨Dativ⟩ **das R. verbiegen** (salopp; *[vom Mann] eine Geschlechtskrankheit bekommen);* **Rohr|ab|schnei|der,** der; -s, -: *Werkzeug zum Schneiden von Metallrohren;* **Rohr|am|mer,** die: *vor allem in R. u. Sumpf lebende, braune, schwarzgefleckte Ammer mit schwarzem Kopf u. weißlichem Nacken;* **Rohr|an|satz,** der: *rohrförmiges Ansatzstück;* vgl. Tubus; **Röhr|bein,** das; -[e]s, -e: *Vordermittelfuß;* **Rohr|blatt,** das (Musik): *Blatt (Zunge) aus Rohr* (1a) *im Mundstück von [Holz]blasinstrumenten, das durch den Luftstrom in Schwingung versetzt wird u. so den Ton erzeugt;* **Rohr|blatt|in|strument,** das (Musik): *Blasinstrumente mit einfachem oder doppeltem Rohrblatt;* **Rohr|bruch,** der; -[e]s, ...brüche: *Bruch* (1) *eines Leitungsrohrs;* **Röhr|chen,** das; -s, -: 1. Vkl. zu ↑Rohr. 2. Vkl. zu ↑Röhre: ein R. [mit] Tabletten; die Substanz in einem R. (Fachspr.; *in einem kleinen Reagenzglas)* über den Bunsenbrenner erhitzen; der Autofahrer mußte ins R. *(in die Tüte* 2) blasen; **Rohr|dach,** das: *mit Schilfrohr gedecktes Dach;* **Rohr|dom|mel,** die; -, -n [mhd. rōrtumel, -trumel, ahd. rōredum-

bil, 2. Bestandteil lautm. für den Paarungsruf]: *(bes. im Schilf lebender) Vogel mit angehobenem Körper u. überwiegend brauner Färbung;* **Röh|re,** die; -, -n [mhd. rœre, ahd. rōra, zu ↑Rohr; 5: wohl gek. aus ↑Bildröhre]: **1.** *langer zylindrischer Hohlkörper [mit geringerem Durchmesser], der vor allem dazu dient, Gase od. Flüssigkeiten weiterzuleiten:* nahtlos gezogene -en; -n aus Stahl, Ton, Kunststoff [ver]legen, montieren; *** kommunizierende -n** (Physik; *untereinander verbundene, oben offene Röhren, für die gilt, daß eine Flüssigkeit in ihnen gleich hoch steht).* 2. *[kleineres] röhrenförmiger Behälter, [kleineres] röhrenförmiges Gefäß:* eine R. [mit] Tabletten. 3. *Back-, Bratröhre:* eine Gans in der R. backen; das Essen steht in der R. 4. a) *Elektronenröhre, bes. Radio- od. Fernsehröhre:* da ist eine R. durchgebrannt (Kuby, Sieg 41); ein Radio mit 6 -en; eine R. auswechseln, erneuern; b) *Leucht[stoff]röhre, Neonröhre.* 5. (ugs., oft abwertend) *Bildschirm, Fernsehgerät:* vor der R. hocken, sitzen; den ganzen Abend in die R. gucken, starren; dann machte sie die Glotzkiste an und glotzte bis zum Schluß alles an, was durch die R. reinkam (Degener, Heimsuchung 90). 6. (Jägerspr.) *röhrenförmiger unterirdischer Gang eines Baus* (5a); *** in die R. sehen/gucken** (ugs.; *bei der Verteilung leer ausgehen, das Nachsehen haben;* wohl vom Hund, der in den Bau hineinsehen, aber nicht hineinkriechen kann); ¹**röh|ren** ⟨sw. V.; hat⟩ (veraltet): **1.** *mit Röhren versehen.* **2.** *Rohre legen.*

²**röh|ren** ⟨sw. V.; hat⟩ [mhd. rēren, ahd. rē- rēn = brüllen, blöken, lautm.; vgl. engl. to roar = brüllen]: **1.** *(bes. vom brünstigen Hirsch) schreien, brüllen, einen längeren lauten, rauh klingenden Laut von sich geben:* ... um die Hirsche r. zu hören (Kempowski, Zeit 251); Ü die Wasserspülung, der Auspuff, der Motor röhrte; da röhrte der Verkehr auf mehrspurigen Asphaltschlaufen (Fels, Unding 26); röhrende Autos, Motorräder; kaum eingeschlafen (scherzh.; *schnarchte)* er, daß die Wände zitterten; „Vorsicht!" röhrte er, „Kollege Haugk bitte an seinen Arbeitsplatz", röhrte unvermittelt der Lautsprecher (H. Gerlach, Demission 225); einen Song r. ⟨subst.:⟩ Ein dumpfes Röhren erfüllte die Bucht. Dort kommt ein Boot (Heim, Traumschiff 45). 2. (ugs.) *röhrend* (1) *irgendwohin fahren* ⟨ist⟩: über die Autobahn nach München r.; Sonntag für Sonntag röhren um die Hohensyburg ... Hunderte von Motorradfans (Zeitmagazin 47, 1976, 23).

Röh|ren|be|wäs|se|rung, die: *Bewässerung mit Hilfe von Röhren;* **Röh|ren|blitz|ge|rät,** das: *Elektronenblitzgerät;* **Röhren|blü|te,** die (Bot.): *röhrenförmige Blüte (eines Korbblütlers);* **Röh|ren|bun|nen,** der: *Brunnen, aus dem das Wasser ständig rinnt;* **röh|ren|för|mig** ⟨Adj.⟩: *die Form einer Röhre habend;* **Röh|ren|glocken**¹ ⟨Pl.⟩: *im modernen Orchester verwendetes Schlaginstrument aus Metallröhren verschiedener Länge, die an einem Gestell aufgehängt sind u. mit

Hämmern angeschlagen werden;* **Röhren|holz|trom|mel,** die: *(bes. in der Tanzmusik verwendetes) Schlaginstrument aus einem runden Stück Hartholz, das an beiden Seiten verschieden tief ausgehöhlt u. an den Enden mit Schlitzen versehen ist;* **Röh|ren|ho|se,** die: *enganliegende Hose mit röhrenförmigen Beinen:* ... nachdem er meine unmöglichen -n gesehen hatte (Frisch, Gantenbein 80); **Röh|ren|kleid,** das: *röhrenförmiges, gerade geschnittenes, enges Kleid ohne Taille;* **Röh|ren|knochen,** der (Anat.): *röhrenförmiger Knochen;* **Röh|ren|laus,** die: *(in vielen Arten vorkommende) Laus mit zwei langen, röhrenförmigen, Wachs ausscheidenden Drüsen auf dem Rücken;* **Röh|ren|leitung,** die: *Leitung aus Röhren* (1); **Röhren|netz,** das: *Netz von Röhren* (1) *bzw. Rohrleitungen;* **Röh|ren|pilz,** der: *Röhrling;* **Röh|ren|stie|fel,** der: *Stiefel mit röhrenförmigem Schaft;* **Röh|ren|system,** das: *Röhrennetz;* **Röh|ren|walzwerk,** das: *Walzwerk, in dem Röhren* (1) *hergestellt werden;* **Röh|ren|wurm,** der: *im Meer lebender Borstenwurm, der (insbes. im Sand) in einer selbstgebauten Röhre lebt;* **rohr|far|ben** ⟨Adj.⟩: *hellbeige (wie Schilfrohr);* **Rohr|fel|der,** die: *aus schräg angeschnittenen Schilfrohr hergestelltes Schreibgerät;* **Rohr|flech|ter,** der: *Flechter, der Rohr verarbeitet* (Berufsbez.); **Rohr|flech|te|rin,** die; -, -nen: w. Form zu ↑Rohrflechter; **Rohr|flö|te,** die: **a)** *mundstücklose Flöte aus einem Stück Schilfrohr, Bambusrohr o. ä.;* **b)** *Panflöte mit Pfeifen aus Schilfrohr, Bambusrohr o. ä.;* **rohr|för|mig** ⟨Adj.⟩: *von, in der Form eines Rohres* (1); **Rohr|ge|flecht,** das: *Geflecht aus Rohr;* **Röh|richt,** das; -s, -e [mhd. rœrach, rōrach, ahd. rōrahi = Schilfdickicht]; **röh|lig** ⟨Adj.⟩ (Fachspr.): *wie eine Röhre geformt, einer Röhre ähnlich:* -e Blüten; **Rohr|kol|ben,** der: *bes. am Rand von Gewässern wachsende Pflanze mit langen, schmalen Blättern u. braunem Kolben an hohem rohrförmigem Schaft; Teichkolben;* **Rohr|krepie|rer,** der: *Geschoß, das im Rohr krepiert, bevor es die Waffe verlassen kann:* es gab eine R., die R. tötete den Richtschützen; Ü Zur Hölle mit den verklemmten, ungelösten Problemen, den -n der intellektuellen Kanonade! (B. Vesper, Reise 183); ihr neuer Freund sei ein R. (ugs.; *Versager);* **Rohr|le|ger,** der: **1.** *Arbeiter od. Handwerker, der Leitungsrohre verlegt.* **2.** *spezielles Schiff zum Verlegen von Rohrleitungen, u. a. für Erdöl u. Erdgas unter Wasser;* **Rohr|le|ge|rin,** die: w. Form zu ↑Rohrleger (1); **Rohr|leitung,** die: *Leitung aus Rohren* (2); **Rohrlei|tungs|sy|stem,** das: *System von Rohrleitungen;* **Röhr|li,** das; -s, -[s] (meist Pl.): *knöchelhoher Damenstiefel mit schlankem, hohem Absatz;* **Röhr|ling,** der; -s, -e (Bot.): *Pilz mit dichtstehenden, senkrechten feinen Röhren an der Unterseite des Hutes;* **Rohr|mat|te,** die: *[Fuß]matte aus Schilfrohr;* **Rohr|mö|bel,** das: **1.** *Korbmöbel.* **2.** *Möbel aus Bambusrohr;* **Rohr|muf|fe,** die (Technik): *Muffe* (1a); **Rohr|netz,** das: vgl. Leitungsnetz; **Rohr|nu|del,** die (südd.): *süßer, im Rohr* (4) *gebackener Hefekloß;* **Rohr|pfei|fe,** die:

Rohrflöte (1); **Rohr|post**, die: *mit Saugod. Druckluft betriebene Anlage zur Beförderung von Briefen o. ä. durch Rohrleitungen;* **Rohr|post|brief**, der: *per Rohrpost zu befördernder, beförderter Brief;* **Rohr|post|büch|se**, die: *Büchse zur Beförderung von Rohrpostsendungen;* **Rohr|post|sen|dung**, die: *per Rohrpost zu befördernde, beförderte Sendung* (1 b); **Rohr|put|zer**, der: ⟨meist Pl.⟩ (Soldatenspr.): *Angehöriger der Artillerie* (a); **Rohr|rahmen**, der (Kfz-W.): *aus Stahlrohren geschweißter, besonders stabiler Rahmen für Kraftfahrzeuge;* **Rohr|rei|ni|gungs|mittel**, das: *[chemisches] Mittel zur Beseitigung von Verstopfungen in Abwasserrohren;* **Rohr|rück|lauf**, der (Waffent.): *Zurückschnellen des Geschützrohres nach dem Abfeuern eines Geschosses;* **Rohr|sän|ger**, der: *unauffällig gefärbter, geschickt kletternder Singvogel, der bes. im Schilfrohr u. auf Getreidefeldern lebt;* **Rohr|schilf**, das: *Schilf[rohr];* **Rohr|schmied**, der: *jmd., der Rohre* (2) *schmiedet* (Berufsbez.); **Rohr|scho|ner**, der (Soldatenspr. scherzh.): *Präservativ;* **Rohr|spatz**, der: **1.** *Rohrammer;* * **schimpfen wie ein R.** (ugs.; *erregt u. laut schimpfen;* nach dem eigentümlichen Warn- u. Zankruf des Vogels). **2.** *Drosselrohrsänger;* **Rohr|stock**, der: *dünner, biegsamer Stock [aus Peddigrohr];* früher *bekamen die Schüler oft Prügel mit dem R.;* **Rohr|stuhl**, der: **1.** *Korbstuhl.* **2.** *Stuhl aus Bambusrohr;* **Rohr|wei|he**, die: *in Rohr u. Sumpf lebende* ²*Weihe;* **Rohr|werk**, das: *Gesamtheit der Zungenstimmen einer Orgel;* **Rohr|zan|ge**, die: *Zange zum Montieren von Rohren;* **Rohr|zucker**¹, der: *aus Zuckerrohr gewonnener Zucker.*

Roh|schrift, die (selten): *Konzept* (1); **Roh|sei|de**, die (Textilind.): *matte Seide, deren Fäden noch mit leimartiger Substanz behaftet u. deshalb steif u. strohig sind;* **roh|sei|den** ⟨Adj.⟩: *aus Rohseide;* **Roh|sei|fe**, die (Fachspr.): *[flüssige] noch nicht weiterverarbeitete Grundsubstanz der Seife* (1); **Roh|stahl**, der (Hüttenw., Metallbearb.): *unbearbeiteter Stahl in rohen Blöcken;* **Roh|stoff**, der: *für eine industrielle Be-, Verarbeitung geeigneter od. bestimmter Stoff, den die Natur liefert; Rohprodukt, das die Natur liefert:* metallische, pflanzliche -e; Erdöl ist ein wichtiger R. der Petrochemie; Ü jeder, der sich mit den R. Leben nicht zufrieden geben will, wird mich verstehen (Kaschnitz, Wohin 208); * **nachwachsende -e** (Fachspr.; *Pflanzen, die zur Verwendung als Rohstoffe in der Industrie angebaut werden u. als Alternative zu begrenzt vorhandenen mineralischen Rohstoffen gelten*): Seit ... das erste Forschungsprogramm der Bundesregierung für nachwachsende -e aufgelegt wurde (natur 3, 1991, 28); **roh|stoff|arm** ⟨Adj.⟩: *arm an Rohstoffen:* ein -es Land; **Roh|stoff|bedarf**, der: *Bedarf an Rohstoff[en];* **Roh|stoff|lie|fe|rant**, der: *Lieferant (Land, Stoff od. Körper) von Rohstoffen;* **Roh|stoff|man|gel**, der ⟨o. Pl.⟩: *Mangel an Rohstoffen;* **Roh|stoff|preis**, der: *Preis eines Rohstoffs;* **Roh|stoff|quel|le**, die: *Stelle (Land, Firma), wo man sich Roh-*

stoffe beschaffen kann; **roh|stoff|reich** ⟨Adj.⟩: *reich an Rohstoffen:* -e Länder, Gebiete; **Roh|stoff|re|ser|ve**, die: *Reserve an Rohstoff[en]:* Sekundärrohstoffe als eine bedeutende R. (NNN 12. 11. 83, 1); **Roh|stoff|ver|ar|bei|tung**, die: *Verarbeitung von Rohstoffen;* **Roh|stoff|ver|sor|gung**, die: *Versorgung mit Rohstoffen;* **Roh|ta|bak**, der (Fachspr.): *getrockneter Tabak in unverarbeitetem Zustand;* **Roh|über|set|zung**, die: *Rohfassung einer Übersetzung;* **Roh|um|satz**, der (Wirtsch.): *Bruttoumsatz vor Abzug von Preisnachlässen, Provisionen usw.;* **Roh|wa|re**, die: **1.** vgl. *Rohprodukt.* **2.** (Weberei) *Rohgewebe;* **Roh|was|ser**, das ⟨Pl. ...wässer⟩ (Fachspr.): *für den Verbrauch bzw. für spezielle Verwendung bestimmtes Wasser vor der Aufbereitung:* Aufgabe der Trinkwasseraufbereitung ist es, gesundheitsgefährdende Stoffe aus dem R. zu eliminieren (DÄ 47, 1985, 23); **Roh|wol|le**, die (Fachspr.): *bei der Schur gewonnene, noch nicht gereinigte, noch nicht bearbeitete Wolle;* **Roh|zucker**¹, der: *roher, noch nicht raffinierter Zucker;* **Roh|zu|stand**, der: *Zustand vor der Beod. Verarbeitung:* Metall, Öl im R.

ro|jen ⟨sw. V.; rojete, gerojet; hat/ist⟩ [mniederd. rojen] (Seemannsspr.): *rudern.*

Ro|kam|bo|le, die; -, -n [frz. rocambole < dt. ↑Rockenbolle]: *Perlzwiebel.*

Ro|ko|ko [auch: ro'kɔko; rɔko'ko:], das; -s, Fachspr. auch: - [frz. rococo, zu ↑Rocaille; nach dem häufig verwendeten Muschelwerk in der Bauweise dieser Zeit]: **1.** *durch zierliche, beschwingte Formen u. eine weltzugewandte, heitere od. empfindsame Grundhaltung gekennzeichneter Stil der europäischen Kunst (auch der Dichtung u. Musik), in den das Barock im 18. Jh. überging:* das Zeitalter, die Malerei, die Mode des -[s]; seine Gedichte sind [echtes] R. **2.** *Zeit[alter] des Rokoko:* die Malerei, Musik im R; **Ro|ko|ko|kom|mo|de**, die: *Kommode im Stil des Rokoko;* **Ro|ko|ko|ma|le|rei**, die ⟨o. Pl.⟩: *Malerei im Stil des Rokoko;* **Ro|ko|ko|mö|bel**, das ⟨meist Pl.⟩: *Möbel im Rokokostil;* **Ro|ko|ko|mu|sik**, die: *Musik im Stil des Rokoko;* **Ro|ko|ko|stil**, der: *Stil des Rokoko;* **Ro|ko|ko|zeit**, die ⟨o. Pl.⟩: *Zeit des Rokoko.*

Ro|land, der; -[e]s, -e [H. u.]: *überlebensgroßes Standbild eines geharnischten Ritters mit bloßem Schwert als Wahrzeichen auf dem Marktplatz vieler, bes. nord- u. mitteldeutscher Städte:* Die -e als Rechtssymbol (Buchtitel); auf dem Marktplatz von Wedel steht ein R.; **Ro|land[s]|säu|le**, die: vgl. *Roland.*

Rol|la|den, der ⟨Pl. ...läden, seltener: ...laden⟩ [↑Laden (3)]: *aufrollbare, mittels eines breiten, festen Gurtes von innen zu bedienende Jalousie:* die Rolläden hochziehen, herunterlassen, schräg stellen; **Rol|la|den|schrank**¹, der: *Rollschrank.*

Roll|back ['roʊlbæk], das; -[s], -s [engl. roll back, zu: to roll back = zurückrollen, -fahren]: **1.** (Politik) *Zurückdrängung des Kommunismus, des sowjetischen Einflusses als Ziel US-amerikanischer Außenpolitik in einer frühen Phase des kalten Krieges:* die schon 1950 entworfene amerika-

nische Politik des R. **2.** (bildungsspr.) *rückläufige, rückschrittliche, auf Restauration gerichtete Entwicklung:* Manche Frauenpolitikerinnen behaupten sogar, daß wir zur Zeit ein R. haben. Die Männer schlagen zurück (Spiegel 39, 1992, 110).

Roll|bahn, die: **1.** (Flugw.) *Taxiway.* **2.** (Milit.) *[provisorisch angelegte] befestigte Fahrbahn, Piste* (4) *für den Nachschub* (bes. im 2. Weltkrieg an der Ostfront); **Roll|bal|ken**, der (österr.): *Rolladen:* hörte ich ... den R. niederrollen (Roth, Kapuzinergruft 137); **Roll|ball**, der ⟨o. Pl.⟩ (Sport): *Mannschaftsspiel, bei dem der Ball ins gegnerische Tor gerollt werden muß;* **Roll|band**, das ⟨Pl. ...bänder⟩: *Förderband;* **Roll|bett**, das: *[Kranken]bett, das gerollt werden kann;* **Roll|bild**, das: *Kakemono;* **Roll|blatt**, das: *Blatt* (1) *mit dauernder od. vorübergehender Einrollung der Ränder nach unten;* **Roll|bra|ten**, der: *zusammengerolltes, mit Bindfaden umwickeltes od. in ein Netz gestecktes Fleisch zum Braten;* **Roll|brett**, das (selten): *Skateboard;* **Roll|brücke**¹, der: *Rollsteg;* **Röll|chen**, das; -s, -: **1.** Vkl. zu ↑*Rolle* (1 b): die Gardine hängt an R.; die Schublade läuft auf kleinen R. **2.** (früher) *steife, in den Ärmel des Jacketts gesteckte Manschette;* **Rol|le**, die; -, -n [mhd. rolle, rulle, urspr. = kleines Rad, kleine Scheibe od. Walze (in der Kanzleispr. = zusammengerolltes Schriftstück) < afrz. ro(l)le (= frz. rôle) = Rolle, Liste, Register < (spät.)lat. rotulus, rotula = Rädchen; Rolle, Walze, Vkl. von: rota = Rad, Scheibe; 5 a: nach dem urspr. auf Schriftrollen aufgezeichneten Probentext]: **1. a)** etw. *Walzenförmiges, zu einer Walze (länglich mit rundem Querschnitt) Zusammengerolltes od. -gewickeltes:* eine R. Toilettenpapier, Rauhfasertapete, Garn, Drops; eine R. verzinkter Draht/ (geh.:) verzinkten Drahtes; Der Architekt brachte viele m mit, Blaupausen (Lentz, Muckefuck 70); das abgespulte R. ersetzen; kann ich die R. (*Garnrolle*) haben, wenn das Garn alle ist?; aus dem Teig eine R. formen; das Geld wird in R. verpackt; Zeitungspapier in mannshohen -n; den Faden von der R. abspulen; ein Blatt zu einer R. zusammendrehen; **b)** *Kugel, Walze, Rad, [mit einer Rille versehene] Scheibe, worauf etw. rollt od. gleitet:* unter dem Sessel sitzen vier -n aus Stahl; ein Fernsehtisch, Teewagen auf -n; das Seil des Flaschenzugs läuft über -n; für einen Vorhang brauchen wir ungefähr 20 -n (Gardinenröllchen). **2.** (landsch.) ²*Mangel: die Wäsche in die, zur R. geben;* * **jmdn. durch die R. drehen** (↑²*Mangel*). **3. a)** (Turnen) *Übung (am Boden, Barren, Schwebebalken o. ä.), bei der der Körper vor- od. rückwärts um die eigene Querachse gedreht wird:* eine R. [vorwärts, rückwärts] machen, ausführen; **b)** (Kunstfliegen) *Figur, bei der sich das Flugzeug um seine Längsachse dreht:* eine R. fliegen. **4.** (Radsport) *leicht drehbare, hinten am Motorrad des Schrittmachers an einem Gestell befestigte Walze, die dem Radfahrer dichtes Mitfahren im Windschatten ermöglicht:* an der R. fahren; * **von der R. sein, kommen** (ugs.; *nicht* mehr mithalten können, den Anschluß verlieren); **jmdn. von der R. bringen** (ugs.; dafür sorgen, daß jmd. nicht mehr mithalten kann). **5. a)** *von einem Schauspieler zu verkörpernde Gestalt:* eine wichtige, tragende, unbedeutende, kleine R.; die R. liegt ihm; die R. der Julia ist ihr auf den Leib geschrieben; diese R. ist falsch besetzt worden; er hat in dem Film eine R. als Detektiv; die R. des jugendlichen Liebhabers spielen; man übertrug ihm die R. des Hamlet, besetzte die R. des Hamlet mit ihm; seine R. gut, schlecht spielen; er hat seine R. *(den Rollentext)* schlecht gelernt; an einer R. *(an der schauspielerischen Verkörperung einer Rolle)* arbeiten, feilen; für welche R. bist du vorgesehen?; eine Besetzung für eine R. suchen, finden; sie muß in diese schwierige R. erst hineinwachsen; der Schauspieler war nicht mehr seiner R., konnte sich mit seiner R. völlig identifizieren; ein Stück mit verteilten -n lesen; Ü wir begnügen uns mit der R. des Zuschauers; das Schicksal hatte ihm eine andere R. zugedacht; **b)** *Stellung, [erwartetes] Verhalten innerhalb der Gesellschaft:* anerzogene -n; die soziale R.; die R. der Frau in Vergangenheit und Gegenwart; die führende R. der Partei; eine öffentliche R. übernehmen; die -n in der Gesellschaft vertauschen; er fühlte sich in seiner R. als Vermittler nicht mehr gewachsen; wie fühlst du dich in deiner neuen R., in der R. des Chefs?; ..., daß ein Mensch erst durch das Etikett „Behinderter" in seine R. gedrängt wurde, die er dann gezwungenermaßen annimmt (Zivildienst 2, 1986, 11); *** [gern] eine R. spielen wollen/mögen** *(großes Geltungsbedürfnis haben);* **bei etw. eine R. spielen** *(an einer Sache in bestimmter Weise teilhaben, mitwirken);* **[k]eine R. [für jmdn., etw./bei jmdm., einer Sache] spielen** *([nicht] wichtig, [un]wesentlich [für jmdn., etw.] sein):* das spielt doch keine R.!; es spielt kaum eine Rolle, ob ...; die größte R. spielt für ihn, daß ...; die dazu gesagt hat; Geld spielt [bei ihm, dabei] keine R.; In allen Büchern, die er später schrieb, spielte die Stasi eine beträchtliche R. (Loest, Pistole 69); **seine R. ausgespielt haben** *(seine Stellung, sein Ansehen verlieren);* **aus der R. fallen** *(sich unpassend, ungehörig benehmen; vor allem etw. sagen od. tun, was Mißfallen erregt, weil es nicht dem erwarteten Verhalten entspricht;* urspr. *von einem Schauspieler, der die entsprechende Stelle in seiner Textrolle nicht findet);* **sich in seine R. finden** (geh.; *sich mit seiner Lage u. Stellung abfinden, mit den gegebenen Verhältnissen fertig werden);* **sich in seiner R. gefallen** (geh.; *sich auf seine Stellung u. seinen Einfluß etw. einbilden);* **sich in jmds. R. versetzen [können]** *(sich in jmds. Lage hineindenken [können]).* **6.** (Bergmannsspr.) Rolloch. **7. * jmdn. auf der R. haben** (ugs.; *jmdn. auf dem Kieker haben;* viell. zu „Rolle" in der veralteten Bedeutung „Verzeichnis, Liste" od. bezogen auf die Rolle am Flaschenzug): Schon lange hatte die Stasi den unbequemen Kirchenmann auf der R., er war überfällig (Spiegel 39, 1983, 44). **8. * auf die R. ge-**

hen (ugs.; *eine Zechtour o. ä. machen;* vgl. „auf die Walz gehen" [↑Walze (8)]): Abends geh'n sie auf die R. (Spiegel 2, 1991, 100); **auf der R. sein** (ugs.; *auf einer Zechtour o. ä. sein):* Mit 51 Jahren hat Rau geheiratet, und das ändert eine ganze Menge für einen, der samstags gern „auf der Rolle" war (Spiegel 19, 1990, 69). **9.** (Seemannsspr.) *Plan für die Verteilung bestimmter wiederkehrender Arbeiten an die Besatzung eines Schiffes;*
rol|len ⟨sw. V.⟩ [mhd. rollen < afrz. ro(l)er, über das Galloroman. zu (spät)lat. rotulus, ↑Rolle]: **1.** ⟨ist⟩ **a)** *sich unter fortwährendem Drehen um sich selbst [fort]bewegen:* der Ball, die Kugel, der Würfel rollt; die Räder rollen; die Wogen rollen *(überschlagen sich);* Ü wenn diese Unregelmäßigkeiten bekannt werden, dann müssen Köpfe r. *(Leute zur Rechenschaft gezogen u. entlassen werden);* Manchmal, wenn es nicht so rollt ... *(vorwärtsgeht;* Trommel 45, 1976, 5); ⟨subst.:⟩ *** ins Rollen kommen** (ugs.; *in Gang kommen, beginnen);* **etw. ins Rollen bringen** (ugs.; *etw. in Gang bringen, auslösen):* eine kleine Zeitungsnotiz hat die Protestbewegung ins Rollen gebracht; **b)** *sich rollend* (1 a) *irgendwohin bewegen:* der Ball rollt ins Aus, über die Torlinie; das Geldstück ist unter die Bank gerollt; Ü Tränen rollten über ihre Wangen; eine Lawine rollte donnernd zu Tal; eine weitläufige ... Bucht, in die das Meer in langgezogenen, donnernden Brechern rollte (Ransmayr, Welt 159); **c)** *eine Drehbewegung [von einer Seite zur anderen] machen:* im Schlaf war er auf die andere Seite gerollt; das Kind rollte auf dem Rücken; Der Albatros rollt *(bewegte sich schlingernd)* von Backbord nach Steuerbord und wieder zurück (Ott, Haie 70); **d)** *sich auf Rädern, Rollen, Raupenketten fortbewegend, irgendwohin bewegen; fahren:* der Wagen, das Auto, der Zug rollt; Panzer rollten durch die Straßen der Hauptstadt; In einem Wolga rollen wir auf breiter Betonbahn stadteinwärts (Berger, Augenblick 141); die Maschine rollt zur Startbahn; zieh mal die Handbremse, wir rollen [sonst gleich in den Graben]; ⟨subst.:⟩ wie man einen Wagen mit ganz wenig Gas am Rollen hält (Frankenberg, Fahren 122). **2.** ⟨hat⟩ **a)** *in eine rollende Bewegung bringen, drehend, wälzend fortbewegen:* die Fässer über die Rampe, in den Hof r.; sie rollten den Baumstamm beiseite; Geröllbrocken, so wie der Berg sie in seinen Bächen zu Tal gerollt hatte (Böll, Tagebuch 42); **b)** *etw., das mit Rädern, Rollen versehen ist, irgendwohin bewegen:* den Einkaufswagen zur Kasse r.; sie rollten die Betten aus dem Krankensaal; einen Patienten *(die Bahre mit dem Patienten)* in den OP r.; ⟨r. + sich:⟩ die Kinder rollten *(wälzten)* sich im Gras. **3.** *(einen Körperteil o. ä.) drehend hin u. her, um im Kreis bewegen* ⟨hat⟩: den Kopf r.; sie rollte [voller Schrecken, wütend] die Augen/mit den Augen. **4.** ⟨hat⟩ **a)** *einrollen, zusammenrollen:* die Decken, die Zeltbahn nicht falten, sondern r.; die Kniestrümpfe nach unten r.; Die Teppiche sind gerollt, die Fensterläden geschlossen (Frisch, Gan-

tenbein 308); eine gerollte Landkarte; er rollte sich in seine Decke; **b)** *zu etw., zu einer bestimmten Form zusammendrehen:* den Teig zu einer Wurst r.; Der Kollege hat seine Unterhose vor dem Bauch zu einem Wulst gerollt (Chotjewitz, Friede 155); **c)** *durch Zusammenrollen herstellen:* ich rollte mir eine Zigarette; wenn sie ein Wollfließ von ihren Unterarmen abwickeln, um ein Strickknäuel daraus zu r. (Strittmatter, Wundertäter 346); **d)** ⟨r. + sich⟩ *(von flach daliegenden Stücken aus Papier, Textilfaser o. ä.) sich von den Rändern u. Ecken her hochbiegen, einrollen; uneben werden:* das Bild hat sich gerollt; an dieser Ecke rollt es sich der Teppich immer wieder. **5.** (landsch.) ²*mangeln* ⟨hat⟩: Wäsche r. **6.** (Kochk.) *ausrollen* ⟨hat⟩: den Teig r. **7. a)** *ein dumpfes, hallendes, dröhnendes Geräusch erzeugen* ⟨hat⟩: der Donner rollt; sekundenlang rollte das Echo; ein rollendes Lachen; **b)** *einen vibrierenden Laut mit dem Kehlkopf od. der Zunge hervorbringen:* der Kanarienvogel rollt; ⟨mit Akk.-Obj.:⟩ sie rollt das r; mit rollendem *(gerolltem)* r; **c)** *sich als dumpfes, hallendes, dröhnendes Geräusch irgendwohin verbreiten* ⟨ist⟩: das Echo, der Donner rollte durch das Tal; Noch jetzt rollte durch die Alpträume des Totengräbers immer wieder der längst verebbte Geschützdonner (Ransmayr, Welt 260). **8.** (Jägerspr.) *rauschen* (4) ⟨hat⟩. **9.** (Seemannsspr.) *schlingern [u. gleichzeitig stampfen]* ⟨hat⟩: das Schiff rollte; **Rol|len|bahn,** die (Technik): *Transportgerät aus fest hintereinander angeordneten Rollen* (1 b), *durch deren Drehbewegung Stückgüter befördert werden;* **Rol|len|be|set|zung,** die: *Verteilung der einzelnen Rollen* (5 a) *eines Bühnenstücks od. Films auf die Darsteller;* **Rol|len|bild,** das: *Vorstellung von der Rolle* (5 b), *die jmd. in einer bestimmten sozialen Stellung o. ä. zu spielen hat:* das R. der Frau hat sich gewandelt; **Rol|len|druck,** der ⟨Pl. -e⟩ (Druckw.): ²*Druck auf Papierbahnen, die von großen Rollen* (1 a) *ablaufen;* **Rol|len|er|fül|lung,** die (Soziol.): *das Erfüllen der Erwartungen, das Anpassen des Verhaltens an die der Rolle* (5 b) *entsprechende Norm;* **Rol|len|er|war|tung,** die (Soziol.): *die vom einzelnen als Träger einer Rolle* (5 b) *erwartete Verhaltensweise;* **Rol|len|fach,** das (Theater, Film): *Art der Rollen* (5 a), *für die ein Darsteller nach Alter, Geschlecht u. Charakter bes. geeignet ist:* das R. des Bonvivants; das R. wechseln; Ü Nun könnte man sich den Helden dieses Spiels ... auch als Opfer vorstellen – ein derzeit in der FDP äußerst beliebtes R. (Spiegel 8, 1985, 38); **rol|len|för|mig** ⟨Adj.⟩: *in der Form einer Rolle, Walze;* **rol|len|ge|mäß** ⟨Adj.⟩: *der Rolle* (5 a, b), *die jmd. einnimmt od. darstellt, gemäß;* **Rol|len|kon|flikt,** der (Soziol.): *aus dem Ineinandergreifen verschiedener Rollen* (5 b) *u. aus Widersprüchen zwischen gesellschaftlicher Rolle u. persönlicher Veranlagung u. Einstellung erwachsender Konflikt:* in eine R. geraten; das bringt ihn natürlich in einen R.; **Rol|len|la|ger,** das (Technik, Bauw.): *Lager* (5 a, b), *bei dem mit Hilfe von Rollen* (1 b) *od.*

Rollenportrait

Walzen Schwankungen in der Lage ausgeglichen werden können u. die Reibung sich verringert; **Rol|len|por|trait,** *das (Kunstwiss.): Darstellung eines Schauspielers od. Sängers im Kostüm u. Habitus einer Rolle* (5 a); **rol|len|spe|zi|fisch** ⟨Adj.⟩ *(Soziol.): für eine bestimmte Rolle* (5 b) *spezifisch;* **Rol|len|spiel,** *das (Soziol.): spielerisch nachgeahmtes Rollenverhalten;* **Rol|len|stu|di|um,** *das (Theater, Film): Vertiefung eines Schauspielers in eine Rolle* (5 a); **Rol|len|ta|bak,** *der: Kautabak aus entrippten, zusammengedrehten Tabakblättern;* **Rol|len|tausch,** *der: das Vertauschen von Rollen* (5 a, b); **Rol|len|text,** *der: Text für eine Rolle* (5 a); **Rol|len|ver|hal|ten,** *das (Soziol.): Verhalten gemäß einer bestimmten Rolle* (5 b) *innerhalb der Gesellschaft: ... beginnen die Kinder sich auch in sexueller Hinsicht in das R. der Erwachsenen einzuüben* (Chotjewitz, Friede 26); **Rol|len|ver|tei|lung,** *die:* **a)** vgl. Rollenbesetzung; **b)** *(Soziol.) Verteilung der Aufgaben u. Verhaltensweisen innerhalb einer sozialen Gruppe: die traditionelle R. der Geschlechter;* **Rol|len|zug,** *der: einfacher Flaschenzug;* **Rol|len|zwang,** *der (Soziol.): aus der Rolle* (5 b) *erwachsender Zwang;* **Rol|ler,** *der; -s, -:* **1.** *Fahrzeug für Kinder, das aus einem Brett mit zwei Rädern u. einer Lenkstange besteht u. mit einem Bein entweder durch Abstoßen am Boden od. durch einen Trethebel vorwärts bewegt wird: R. fahren.* **2.** *Motorroller: sie fuhr mit dem R. zum Supermarkt.* **3. a)** *Harzer Roller* (1); **b)** *rollender Trillergesang eines Harzer Rollers* (1). **4.** (Sport) *Rollsprung.* **5.** (Fußball) *Schuß, der den Ball nur über den Boden rollen läßt: ein harmloser R.* **6.** (Meeresk.) *lange, hohe Welle, die in schwerer Brandung auftritt.* **7.** (Technik) *niedriges u. flaches Transportgerät mit drei od. vier drehbaren Rollen* (1 b) *für die Beförderung sperriger od. schwerer Teile;* **Rol|ler|brett,** *das (selten): Skateboard: R. fahren;* **rol|lern** ⟨sw. V.; ist⟩: **1.** *Roller* (1, 2) *fahren.* **2.** *sich mit einem Roller* (1, 2) *irgendwohin bewegen: er rollerte um die Ecke, zum Bäcker, nach Hause;* **Rol|ler|skate** ['roʊləskeɪt], *der; -s, -s [engl. roller-skate = Rollschuh]: Rollschuh mit höhenverstellbarem Stopper u. besonders breiten Rollen auf beweglichen Achsen;* **Rol|ler|ska|ter** ['roʊləskeɪtə], *der; -s, - [engl. roller-skater]: jmd., der mit Rollerskates Rollschuh läuft;* **Rol|ler|ska|te|rin,** *die; -, -nen: w. Form zu* ↑Rollerskater; **Rol|ler|ska|ting** ['roʊləskeɪtɪŋ], *das; -s [engl. roller-skating]: Rollschuhlaufen mit Rollerskates;* **Roll|fäh|re,** *die (österr.): Seilfähre mit Spannseil u. Rolle;* **Roll|feld,** *das: Gesamtheit der von Flugzeugen befahrbaren Flächen auf einem Flugplatz;* **Roll|film,** *der: auf eine Spule gewickelter fotografischer Film;* **Roll|film|ka|me|ra,** *die: für die Verwendung von Rollfilmen vorgesehene Kamera;* **Roll|fuhr|dienst,** *der (veraltend): im Auftrag der Bahn arbeitender Dienst* (2) *zur Beförderung von [Stück]gütern;* **Roll|fuhr|mann,** *der ⟨Pl. ...männer u. ...leute⟩ (veraltend): Kutscher, Fahrer od. Arbeiter eines Rollfuhrdienstes od. -unternehmens;* **Roll|fuhr|un|ter|neh|men,** *das:* vgl. Rollfuhrdienst;

Roll|geld, *das: vom Rollfuhrdienst erhobene Gebühr;* **Roll|gut,** *das: vom Rollfuhrdienst zu beförderndes Gut;* **Rollhöcker**[1], *der (Anat.): höckerartiger Vorsprung am oberen Teil des Oberschenkelknochens, der einen Ansatzpunkt für wichtige Muskeln bildet;* **Roll|hockey**[1], *das: dem Hockey ähnliches Mannschaftsspiel auf Rollschuhen;* **Roll|holz,** *das: Nudelholz;* **Roll|hü|gel,** *der (Anat.): Rollhöcker;* **Rol|li,** *der; -s, -s [1: wohl geb. nach* ↑ Pulli]: **1.** (ugs.) *leichter Rollkragenpullover.* **2.** (Jargon) *Rollstuhlfahrer[in]: Er* (= *der Trainer der Rollstuhl-Basketballer*) *weiß, daß seine -s die Mitleidsschiene nicht abkönnen* (RNZ 9. 5. 94, 27); **rol|lie|ren** ⟨sw. V.; hat⟩: **1.** (Schneiderei) *(einen dünnen Stoff) am Rand od. Saum zur Befestigung einrollen, rollend umlegen.* **2.** (bildungsspr.) *nach einem bestimmten System turnusmäßig [ab-, aus]wechseln; rouliren* (2): *durch ein rollierendes System wird eine Entzerrung der Sommerferien erreicht;* ⟨subst.:⟩ *beim Rollieren wird jeweils nur die Hälfte der Gemeinderäte neu gewählt.* **3.** (Technik) *die Oberfläche eines [metallenen] Werkstücks unter Druck zwischen rotierenden Scheiben aus hartem Stahl glätten u. polieren;* **rol|lig** ⟨Adj.⟩ [zu ↑ rollen (8)] (Fachspr.): *(von Katzen) paarungsbereit, brünstig;* **Roll|lig|keit,** *die; -* (Fachspr.): *das Rolligsein;* **Roll|ka|sten,** *der* (österr.): *Rollschrank;* **Roll|kom|man|do,** *das [urspr. Soldatenspr.]: Rekruten wurden nicht abkommen (RNZ 9. 5. 94, Ältrollt"* (= *verprügelt*)]: *Gruppe von Personen, die für bestimmte überraschend durchgeführte gewalttätige od. der Störung dienende Aktionen eingesetzt wird;* **Roll|kra|gen,** *der: (aus gestricktem od. Trikotgewebe bestehender) Teil eines Pullovers, der den Hals umgeschlagen wird u. eine Art Kragen darstellt;* **Roll|kra|genpullover,** *der: Pullover mit Rollkragen;* **Roll|krank|heit,** *die: Pilzkrankheit der Weinrebe, bei der sich die Blätter einrollen u. verfärben;* **Roll|ku|gel,** *die (Datenverarb.): Eingabegerät zur Steuerung des Cursors mittels einer in alle Richtungen drehbaren, aber ortsfesten Kugel;* **Roll|kunst|lauf,** *der (Sport): auf bestimmten Figuren u. Sprüngen aufbauende künstlerische Form des Rollschuhsports;* **Roll|kunst|lau|fen,** *das: vgl. Rollkunstlauf;* **Roll|kunst|läu|fer,** *der: jmd., der Rollkunstlauf treibt;* **Roll|kunst|läu|fe|rin,** *die: w. Form zu* ↑Rollkunstläufer; **Roll|kunst|lauf|wett|be|werb,** *der: Wettbewerb im Rollkunstlauf;* **Roll|kur,** *die (Med.): (bei Magenschleimhautentzündungen, Magengeschwüren u. ä. angewandte) Behandlung, bei der der Kranke nacheinander in verschiedenen Stellungen liegen muß, damit ein zuvor eingenommenes Medikament von überall auf die Magenschleimhäute einwirken kann;* **Roll|kut|scher,** *der (früher): Kutscher bei einem Rollfuhrunternehmen;* **Roll|mops,** *der [urspr. berlin., wohl nach der rundlichen Gestalt des Mopses* (1)]: *marinierter Hering, der längsgeteilt um eine Gurke od. um Zwiebeln gerollt u. mit einem Holzstäbchen zusammengehalten ist;* **Roll|lo** [auch: rɔ'lo:], *das; -s, -s:*

Rouleau; **Roll|loch**[1], *das (Bergmannsspr.): steil abfallender Grubenbau, durch den Mineralien u. a. abwärts befördert werden können.* **Roll-on-roll-off-Schiff** [roʊl'ɔnroʊl'ɔf...], *das; -[e]s, -e [engl. roll-on-roll-off ship, eigtl. = „Rolle-herauf-rolle-hinunter-Schiff"]: Frachtschiff, das von Lastwagen mit Anhängern direkt befahren wird u. so ohne Kran unmittelbar be- u. entladen werden kann; Ro-Ro-Schiff;* **Rollover-Kre|dit** [roʊl'əʊvə...], *der; -[e]s, -e [zu engl.* to roll over = herumdrehen] (Bankw.): *mittel- bis langfristiger Kredit, dessen Zinssatz periodisch in kurzen Abständen an die Entwicklung des Marktes angepaßt wird.* **Roll|ra|sen,** *der: Streifen einer durch Ansäen geschaffenen Grasnarbe, die vom Boden abgeschält, aufgerollt u. (zur Schaffung einer Rasenfläche) an anderer Stelle wieder abgerollt werden: R. verlegen;* **Roll|schicht,** *die (Bauw.): Schicht einer Mauer, deren Ziegelsteine besteht, die auf der längeren Schmalseite stehen;* **Roll|schie|ne,** *die: Schiene, auf der ein Rollsitz entlangläuft;* **Roll|schin|ken,** *der: vom Knochen gelöster, mit Garn fest zusammengebundener, magerer Räucherschinken;* **Roll|schnell|lauf**[1], *der (Sport): dem Eisschnellauf ähnlicher, auf Rollschuhen ausgeübter Sport;* **Roll|schrank,** *der: [Büro]schrank, der statt einer Tür eine aufrollbare Vorderseite hat; Jalousieschrank;* **Roll|schuh,** *der: dem Schlittschuh vergleichbares, aber statt der Kufen mit vier in Kugellagern geführten Rollen* (1 b) *ausgestattetes Sportgerät: [sich] die -e anschnallen; ihr sollt doch nicht auf -en in die Wohnung laufen; R. (auf Rollschuhen) laufen;* **Roll|schuh|bahn,** *die: Bahn zum Rollschuhlaufen;* **Roll|schuh|lau|fen,** *das; -s: Laufen auf Rollschuhen;* **Roll|schuh|läu|fer,** *der: jmd., der Rollschuh läuft;* **Roll|schuh|läu|fe|rin,** *die: w. Form zu* ↑Rollschuhläufer; **Roll|schuh|platz,** *der: [asphaltierter] Platz zum Rollschuhlaufen;* **Roll|schuh|sport,** *der: die auf Rollschuhen betriebenen Sportarten wie Rollschnellauf, -kunstlauf u. -hockey;* **Roll|schwanz|af|fe,** *der: Kapuzineraffe;* **Roll|sitz,** *der: mit Rollen auf einer Schiene laufender Sitz im Ruderboot, der mit den Bewegungen des Ruderers vor- u. zurückrollt;* **Roll|ski,** *der: zum Training außerhalb der Wintersaison verwendeter Ski, unter dem Rollen angebracht sind;* **Roll|splitt,** *der: mit Teer vermischter Splitt zum Ausbessern von Straßen;* **Roll|sport,** *der: kurz für* ↑Rollschuhsport; **Roll|sprung,** *der (Sport):* **a)** *in der Rolltechnik ausgeführter Sprung: ein mißglückter R.;* **b)** (o. Pl.) *Rolltechnik: den R. üben;* **Roll|steg,** *der: mit Rädern versehene Gangway;* **Roll|stuhl,** *der: Fortbewegungsmittel in der Form eines Stuhls mit drei od. vier Rollen für gehunfähige Kranke od. Körperbehinderte: im Rollstuhl sitzen (Rollstuhlfahrer[in] sein);* **Roll|stuhl|fah|rer,** *der: jmd., der sich nur im Rollstuhl fortbewegen kann: er ist R.; eine Telefonzelle, eine Toilette, der Eingang für R.;* **Roll|stuhl|fah|re|rin,** *die: w. Form zu* ↑Rollstuhlfahrer; **Roll|stuhl|sport,** *der: Sport, der von Behinderten im*

Rollstuhl ausgeübt wird; **Roll|ta|bak,** der: *Rollentabak;* **Roll|tech|nik,** die (Sport): *Technik des Hochsprungs, bei der die Latte in fast waagerechter Körperhaltung mit einer Drehung überquert wird;* **Roll|trep|pe,** die: *Treppe mit beweglichen Stufen, die sich an einem Förderband aufwärts od. abwärts bewegen:* die R. steht, läuft, blieb plötzlich stehen; die R. benutzen, nehmen, anhalten; **Roll|tür,** die: 1. *einem Rolladen ähnliche Vorderseite eines Rollschranks.* 2. *Schiebetür;* **Roll|verdeck,** das: *Verdeck (eines Autos), das sich öffnen läßt u. dazu nach hinten aufgerollt u. dort befestigt wird;* **Roll|wa|gen,** der: *Tafelwagen;* **Roll|wä|sche,** die (landsch.): *Mangelwäsche;* **Roll|weg** (Flugw., Milit.): *Rollbahn;* **Roll|werk,** das (Kunstwiss.): *Ornament aus verschlungenen u. gerollten Bändern an Wappen u. Kartuschen* (2); **Roll|zeit,** die [zu ↑rollen (8)]: *(beim Schwarz- u. Haarraubwild) Paarungszeit.*
¹**Rom:** 1. *Hauptstadt von Italien.* 2. -s (hist.) *(in der Antike) Stadt am Ort des heutigen Rom u. von dort aus regierter Staat:* das alte/antike R.; der Aufstieg -s zur Weltmacht.
²**Rom,** der; -, -a [Zigeunerspr. rom, ↑Romani]: *Zigeuner* (1), *bes. Angehöriger der überwiegend in den Ländern Ost- u. Südeuropas, seit dem 19. Jh. aber auch im westlichen Europa lebenden Gruppe der Zigeuner* (Selbstbezeichnung): „Ein Volk von Engeln", gesteht Romani Rose, Vorsitzender des Zentralrats Deutscher Sinti und -a, ein, „sind wir sicher nicht" (Spiegel 21, 1984, 63).
ROM, das; -[s], -[s] [Abk. für engl. **r**ead **o**nly **m**emory = Nurlesespeicher] (Datenverarb.): *Festwertspeicher.*
Ro|ma: ital. Form von ↑¹Rom.
Ro|ma|dur [auch: roma'du:ɐ̯], der; -[s], -s [frz. romadour, romatour, H. u.]: *dem Limburger Käse ähnlicher Weichkäse.*
Ro|man, der; -s, -e [frz. roman < afrz. romanz, eigtl. = in romanischer Volkssprache (nicht in Latein) verfaßte Erzählung, zu lat. Romanicus = römisch]: **a)** ⟨o. Pl.⟩ *literarische Gattung erzählender Prosa, in der [in weit ausgesponnenen Zusammenhängen] das Schicksal eines einzelnen od. einer Gruppe von Menschen (in der Auseinandersetzung mit der Umwelt) geschildert wird:* der moderne R.; der R. *(die Romandichtung) der Klassik;* **b)** *Werk der Gattung Roman* (a): *ein autobiographischer, utopischer, historischer R.;* der R. ist spannend, liest sich leicht, spielt in Italien, spielt im 21. Jahrhundert; der R. ist ursprünglich in Fortsetzungen in einer Zeitung erschienen; einen R. schreiben, lesen; an einem R. schreiben; in einem R. schmökern; sein Erlebnisbericht hört sich an wie ein R. *(ist spannend, ungewöhnlich o. ä.);* Ü er erzählte den R. seines Lebens *(eine interessante, spannende, außergewöhnliche o. ä. Lebensgeschichte);* ihr Leben ist der reinste R. *(ist überaus erlebnisreich, ganz außergewöhnlich);* ich habe weder Zeit noch Lust, mir immer seine -e (ugs.; *übermäßig langen, ausführlichen Schilderungen*) anzuhören; statt mir eine kurze Antwort auf meine Frage zu geben, erzählt er mir einen

langen/ganzen R. (ugs.; *eine übermäßig lange, ausführliche Schilderung*); der Lehrer hat mir wieder einen [halben] R. (ugs.; *übermäßig lange, ausführliche Stellungnahme*) unter meinen Aufsatz geschrieben; erzähl doch keine -e! (ugs.; 1. *fasse dich kürzer!* 2. *bleib bei der Wahrheit!*); **ro|man|ar|tig** ⟨Adj.⟩: *einem Roman ähnlich;* **Ro|man|au|tor,** der: *Autor eines Romans, von Romanen;* **Roman|au|to|rin,** die: w. Form zu ↑Romanautor; **Ro|man|bei|la|ge,** die: *Zeitungsbeilage, in der ein Fortsetzungsroman erscheint;* **Ro|man|ce|ro** [...s..., span. ...θ...]: ↑Romanzero; **Ro|män|chen,** das; -s, - (ugs. abwertend): *literarisch wertloser kleiner [als Romanheft erschienener] Roman;* **Ro|man|cier** [romã'si̯e:], der; -s, -s [frz. romancier, zu afrz. romanz, ↑Roman]: *Romanschriftsteller;* **Ro|man|dich|tung,** die: 1. *Romanliteratur.* 2. *dichterisches Werk, das die Form des Romans* (a) *hat;* **Ro|ma|ne,** der; -n, -n: *Angehöriger eines Volks mit romanischer Sprache;* **ro|ma|nen|haft** [vgl. Romanenkopf]: ↑romanhaft: Bisher war alles nach seinem Sinne gegangen, auch zum Besitz Charlottens war er gelangt, den er sich durch eine hartnäckige, ja -e Treue doch zuletzt erworben hatte (Goethe, Wahlverwandtschaften 2); ◆ **Ro|ma|nen|kopf,** der [geb. mit der sw. Pluralform „Romanen" von ↑Roman]: *Träumer, Phantast; realitätsferner Mensch:* ich will es dem R. zugut halten (Schiller, Kabale I, 7); **Ro|ma|nen|tum,** das; -s: *Wesen u. Kultur der Romanen;* **Ro|ma|nes|ca,** die; - [ital. romanesca, subst. Fem. von: romanesco = römisch]: *alter italienischer Tanz;* **ro|manesk** ⟨Adj.⟩ (bildungsspr.): *romanhaft;* **Ro|man|fi|gur,** die: *Figur, Gestalt aus einem Roman* (b); **Ro|man|form,** die: *literarische Form des Romans* (a): *für eine gewisse Idee, einen Stoff die R. wählen; ein Thema in R. behandeln;* **Ro|man|frag|ment,** das: *Fragment eines Romans, vorliegender Teil eines unvollendeten Romans;* **Ro|man|ge|stalt,** die: vgl. Romanfigur; **ro|man|haft** ⟨Adj.; -er, -este⟩: **a)** *breit ausgeführt, in der Art eines Romans:* die Darstellung ist r.; **b)** *wie in einem Roman; nicht ganz real od. glaubhaft:* die Vorgänge sind r.; Züge, Elemente; seine Geschichte klingt doch recht r.; **Ro|man|hand|lung,** die: *Handlung eines Romans;* **Ro|man|heft,** **Ro|man|heft|chen,** das: *Heftchen* (2); **Ro|man|held,** der: *Held* (3) *eines Romans;* **Ro|man|hel|din,** die: w. Form zu ↑Romanheld.
Ro|ma|ni [auch: 'rɔ:mani], das; -[s] [Zigeunerspr. romani, zu: rom = (Ehe)mann, Zigeuner < aind. doma = Mann niederer Kaste, der von Gesang u. Musizieren lebt]: *Zigeunersprache.*
Ro|ma|nia, die; - [1, 2: mlat. Romania; < spätlat. Romania = das römische Weltreich] (Sprachw.): 1. *das gesamte Siedlungs- u. Kulturgebiet, in dem romanische Sprachen gesprochen werden.* 2. *das gesamte, in den verschiedenen romanischen Sprachen verfaßte Schrifttum;* **Ro|ma|nik,** die; - [zu ↑romanisch]: *der Gotik vorangehende europäische Stilepoche des frühen Mittelalters, für die bes. in der sakralen Baukunst Rundbogen, Tonnengewölbe u.*

die quaderartige, schwer wirkende Form charakteristisch sind: die Blütezeit, die Baukunst der R.; **Ro|ma|nin,** die; -, -nen: w. Form zu ↑Romane; **ro|ma|nisch** ⟨Adj.⟩ [zu lat. Romanus, ↑Romane]: **1. a)** (Sprachw.) *(von bestimmten Sprachen) aus dem Vulgärlatein entstanden:* die -en Sprachen; **b)** *den Romanen zugehörend; für die Romanen, ihre Kultur o. ä. typisch:* die -en Länder, Völker; Sie, die ... mit -em Charme zu liebäugeln weiß (Welt 17. 9. 66, 14). **2.** *die [Kunst der] Romanik betreffend, zu ihr gehörend; für die Romanik typisch:* der -e Stil; die -e Baukunst; eine -e Kirche; Kunstschätze aus -er Zeit; dieses Gewölbe ist typisch r.; die ältesten Teile der Kirche sind r.; **ro|ma|ni|sie|ren** ⟨sw. V.; hat⟩: **1.** (veraltet) *römisch machen, dem Römischen Reich eingliedern.* **2.** (bildungsspr.) *romanisch machen; nach romanischer* (1) *Art umgestalten.* **3.** (Sprachw.) *in lateinische Schriftzeichen umsetzen;* **Ro|ma|ni|sie|rung,** die; -: *das Romanisieren;* **Ro|ma|nis|mus,** der; -, ...men: **1.** (Sprachw.) *für eine romanische Sprache charakteristische Erscheinung in einer nichtromanischen Sprache.* **2.** (Kunstwiss.) *(an die italienische Kunst der Renaissance angelehnte) Richtung in der niederländischen Malerei des 16. Jh.s.* **3.** (veraltend) *papst-, kirchenfreundliche Einstellung;* **Ro|ma|nist,** der; -en, -en: **1.** *Wissenschaftler auf dem Gebiet der Romanistik* (1). **2.** *Jurist, der sich bes. mit dem römischen Recht befaßt.* **3.** (Kunstwiss.) *zum Romanismus* (3) *gehörender Künstler.* **4.** (veraltet) *Anhänger der römisch-katholischen Kirche;* **Ro|ma|ni|stik,** die; -: **1.** *romanische Sprach- und Literaturwissenschaft.* **2.** *Lehre vom römischen Recht;* **Ro|ma|ni|stin,** die; -, -nen: w. Form zu ↑Romanist; **ro|ma|ni|stisch** ⟨Adj.⟩: *die Romanistik betreffend:* -e Studien; **Ro|ma|ni|tät,** die; -: *Bewußtsein von romanischer* (1 b) *Kultur;* **Ro|man|le|ser,** der: *jmd., der Romane liest;* **Ro|man|le|se|rin,** die: w. Form zu ↑Romanleser; **Ro|man|li|te|ra|tur,** die: *Literatur der Gattung Roman;* **Ro|man|schrei|ber,** der: *Romanautor;* **Ro|man|schrei|be|rin,** die: w. Form zu ↑Romanschreiber; **Ro|man|schrift|stel|ler,** der: *Schriftsteller, der [bes.] Romane schreibt;* **Ro|man|schrift|stel|le|rin,** die: w. Form zu ↑Romanschriftsteller; **Ro|man|stoff,** der: *Stoff* (4 a) *eines Romans, für einen Roman;* **Ro|man|tik,** die; - [zu ↑romantisch (2), geb. in Analogie zu ↑Klassik]: **1. a)** *Epoche des europäischen, bes. auch des deutschen Geisteslebens vom Ende des 18. bis zur Mitte des 19. Jh.s, die im Gegensatz stand zu Aufklärung u. Klassik u. die geprägt ist durch die Betonung des Gefühls, die Hinwendung zum Irrationalen, Märchenhaften u. Volkstümlichen u. durch die Rückwendung zur Vergangenheit:* die deutsche, englische, französische R.; die [Blüte]zeit, die Malerei der R., in, seit der R.; **b)** *die romantische Bewegung:* die jüngere, ältere, die Heidelberger, Jenaer R.; die blaue Blume der R. (↑Blume 1 b). **2.** *das Romantische* (2 b), *die romantische* (2 b) *Stimmung o. ä., die einer Sache anhaftet:* die R. der Landschaft, eines Sonnenuntergangs; die süßliche R. des Films wi-

Romantiker

derte ihn an; das Leben der Schiffer hat seine R. längst verloren; keinen Sinn für R. haben; sie schwärmten von der R. des Wanderlebens; Ro|man|ti|ker, der; -s, -: **1.** *Vertreter der romantischen Bewegung; Künstler (Dichter, Maler, Musiker) der Romantik* (1): die deutschen R.; die Märchen der R. **2.** *[allzu] schwärmerischer, gefühlsbetonter Mensch:* R. der Politik haben Caesar als den Vernichter der Freiheit ... des römischen Volkes verdammt (Goldschmit, Genius 34); nur Phantasten und R. (abwertend; *Menschen ohne Realitätssinn*) können an die Verwirklichung dieser Ideen glauben; So sahen wir beide die Natur mitunter nicht nur vom land- und forstwirtschaftlichen Standpunkt an, sondern verwandelten uns in R. (Hauptmann, Schuß 42); **Ro|man|ti|ke|rin,** die; -, -nen: w. Form zu ↑ Romantiker; **ro|man|tisch** ⟨Adj.⟩ [unter Einfluß von engl. romantic < frz. romantique, eigtl. = dem Geist der Ritterdichtung gemäß, romanhaft, zu afrz. romanz, ↑ Roman]: **1.** *zur Romantik* (1) *gehörend, sie betreffend:* die -e Dichtung, Malerei, Musik; die -e Schule; die -en Dichter; dieser Text ist typisch r. **2. a)** *gefühlsbetont, schwärmerisch; die Wirklichkeit idealisierend:* er ist ein -er Mensch, eine -e Natur; -e *(unrealistische, idealisierende)* Vorstellungen von etw. haben; -e *(gefühlvolle)* Chansons; ihre Beziehung, Liebe war sehr r.; sie ist sehr r. veranlagt; **b)** *von einer das Gemüt ansprechenden [geheimnisvollen, gefühlvollen] Stimmung; malerisch, reizvoll:* eine -e Landschaft, Burgruine; ein -es Tal; der Ort ist sehr r. gelegen; im Mondlicht sah das Haus richtig r. aus; ◆ **c)** *romanhaft* (b): Du und der Bruder, ihr seht sie in einem allzu -en Lichte (Goethe, Clavigo 3); **ro|man|ti|sie|ren** ⟨sw. V.; hat⟩ (bildungsspr.): **1.** *im Stil der Romantik* (1) *gestalten; den Stil der Romantik imitieren, nachempfinden* ⟨meist im 1. Part.⟩: romantisierende Elemente, Tendenzen. **2.** *in einem idealisierenden Licht erscheinen lassen; verklären, schönfärben:* Vorgänge, Zustände r.; ⟨auch o. Akk.-Obj.⟩ Hier romantisiert der Erzähler. Er vergoldet das Grauen (Deschner, Talente 17); **Ro|man|ti|sie|rung,** die; -, -en: **1.** *das Romantisieren.* **2.** *etw. Romantisiertes;* **Ro|man|ti|tel,** der; -s, -; **Ro|man|ti|zis|mus,** der; -, ...men: **1.** ⟨o. Pl.⟩ **a)** (selten) *Romantik* (1); **b)** *die Romantik* (1) *nachahmende Geisteshaltung.* **2.** *der Romantik* (1) *nachempfundenes [Stil]element;* **ro|man|ti|zi|stisch** ⟨Adj.⟩: *dem Romantizismus* (1) *zugehörend;* **Ro|man|tri|lo|gie,** die: *Trilogie von Romanen;* **ro|mantsch** ⟨Adj.⟩: *rätoromanisch;* **Ro|mantsch,** das, -[s]: *Rätoromanisch;* **Ro|man|werk: 1.** *zur Gattung des Romans gehörendes literarisches Werk:* ein zweibändiges R. **2.** *Werk eines Autors, soweit es aus Romanen besteht:* sein R. ist weitgehend unbekannt geblieben; **Ro|man|ze,** die; -, -n [frz. romance < span. romance = volksliedhaftes Gedicht < aprovenz. romans (= afrz. romanz), ↑ Roman]: **1.** *volksliedhaftes episches Gedicht mit balladenhaften Zügen, das von Heldentaten u. Liebesabenteuern erzählt:* ein Zyklus von -n. **2.** (Musik) *liedhaftes, ausdrucksvolles Instrumentalod. Vokalstück:* eine R. für Violine und Orchester. **3.** *episodenhaftes Liebesverhältnis [das durch die äußeren Umstände als bes. romantisch erscheint]:* eine heimliche R. zwischen zwei jungen Leuten; eine R. mit jmdm. haben; eine R. erleben; **Ro|man|zen|dich|ter,** der: *Dichter, der Romanzen schreibt, geschrieben hat;* **Ro|man|zen|dich|te|rin,** die: w. Form zu ↑ Romanzendichter; **Ro|man|zen|samm|lung,** die: *Sammlung von Romanzen* (1); **Ro|man|ze|ro,** der; -s, -s [span. romancero] (Literaturw.): *Sammlung von [spanischen] Romanzen* (1); **Ro|man|zy|klus,** der: *Zyklus* (2) *von Romanen.*

Ro|meo, der; -s, -s [nach der Titelfigur von Shakespeares Drama „Romeo und Julia"]: **1.** (ugs.) *Liebhaber.* **2.** (Jargon) *Agent eines Geheimdienstes, der sich über ein vorgetäuschtes Liebesverhältnis zu einer an geeigneter Position tätigen Frau Zugang zu bestimmten geheimen Informationen verschafft.*

¹**Rö|mer,** der; -s, -: **1.** Ew. zu ↑ ¹Rom. **2.** (hist.) *Angehöriger, Bürger des antiken Staatswesens Rom;* ²**Rö|mer,** der; -s, - [köln. (16. Jh.) roemer, schon mhd. roemsche g(e)las = römisches Glas]: *Weißweinglas mit kugeligem Kelch u. etwa kegelförmigem, nach unten in eine große runde Standfläche übergehendem Fuß aus grünem od. braunem Glas:* sie tranken den Wein aus -n; **Rö|mer|brief,** der ⟨o. Pl.⟩: *Brief des Apostels Paulus an die Christen in Rom (Buch des N. T.);* **Rö|me|rin,** die; -, -nen: w. Form zu ↑ Römer; **Rö|mer|kopf,** der: *Kopf (eines Mannes) mit scharfgeschnittenem Gesicht u. kurzem, in die Stirn gekämmtem Haar;* **Rö|mer|mo|nat,** der [die Steuer wurde erstmals für den Romzug Karls V. (1521) bewilligt]: *(im Heiligen Römischen Reich) außerordentliche Steuer in Höhe des Monatssoldes für das Heer des Reiches;* **Rö|mer|na|se,** die: *Adlernase;* **Rö|mer|reich,** das ⟨o. Pl.⟩: *das römische Weltreich;* **Rö|mer|stra|ße,** die: *von den Römern als Heer- u. Handelsstraße angelegte Straße;* **Rö|mer|topf** ⓦ, der [nach den von den ¹Römern (2) verwendeten Tontöpfen]: *ovaler, mit Deckel versehener Tontopf zum Dünsten u. Schmoren (bes. von Fleisch);* **Rö|mer|tum,** das; -s: *Wesen u. Kultur der alten Römer;* **Rom|fah|rer,** der: *jmd., der eine [Pilger]reise nach Rom macht;* **Rom|fah|re|rin,** die: w. Form zu ↑ Romfahrer; **Rom|fahrt,** die: *[Pilger]fahrt nach Rom;* **rö|misch** ⟨Adj.⟩: **1.** zu ↑ Rom (1): die -en Museen, Stadtteile; ein -er Kommunalpolitiker. **2.** (hist.) zu ↑ Rom (2): das -e Reich, Weltreich, Imperium; der -e Staat; die -e Republik; die -en Kaiser; die -e Antike; die -e Geschichte; eine -e Siedlung; -e Bauten; er ist -er Bürger; das -e Recht; ein -er Brunnen *(Schalenbrunnen);* ein römisches *(irisch-römisches)* Bad; -e Zahlen, Ziffern; im r. besetzten Gallien; **rö|misch-irisch:** ↑ irisch-römisch; **rö|misch-ka|tho|lisch** ⟨Adj.⟩: *der katholischen Kirche, die den Papst in Rom als ihr Oberhaupt anerkennt, zugehörend, sie betreffend:* die -e Kirche; er ist -er Konfession; r. (getauft) sein; Abk.: r.-k., röm.-kath.; **röm.-kath.** = römischkatholisch.

Rom|mé ['rɔme, auch: rɔ'me:], das; -s, -s [französierende Bildung zu engl. rummy, H. u.]: *Kartenspiel für 3 bis 6 Mitspieler, von denen jeder versuchen muß, seine Karten möglichst schnell nach bestimmten Regeln abzulegen.*

Rom|rei|se, die: *Reise nach Rom.*

Ro|mu|lus: (in der römischen Sage) *Gründer u. erster König Roms.*

Ron|dat, der; -[s], -[s] [zu ital. rondare = die Runde machen] (Turnen): *Überschlag mit Drehung auf ebener Erde;* **Ron|de** ['rɔndə, 'rõ:də], die; -, -n [frz. ronde, zu: rond = rund < lat. rotundus]: **1.** (Milit. veraltet) **a)** *Runde, Rundgang:* die R. machen; **b)** *Wachen u. Posten kontrollierender Offizier.* **2.** (Metallbearb.) *runde Blechscheibe, die aus ihr als Werkstück gefertigt wird.* **3.** ⟨o. Pl.⟩ *Schriftart;* **Ron|deau** [rõ'do:, auch: rɔn'do:], das; -s, -s [frz. rondeau = Tanzlied mit Kehrreim, zu: rond, ↑ Ronde]: **1.** (Literaturw.) *aus dem Tanzlied beim Rundtanz entstandenes 12- bis 14zeiliges Gedicht mit nur 2 Reimen, bei dem die Anfangswörter der ersten Zeile nach dem 6. u. 12. u. nach dem 8. u. 14. Vers als verkürzter Refrain wiederkehren.* **2.** (österr.) *Rondell* (1, 2); **Ron|del** [rõ'dɛl], das; -s, -s [frz. rondel]: *Rondeau* (1); **Ron|dell,** Rundell, das; -s, -e [spätmhd. rondelle = *runde Scheibe,* zu: rond, ↑ Ronde]: **1.** *rundes Beet [als Teil einer größeren Gartenanlage].* **2.** *runder Platz.* **3.** (österr.) *kreisförmig angelegter Gartenweg.* **4.** (Archit.) *aus der Mauer einer Befestigung vorspringender runder Turm;* **Ron|den|gang,** der (Milit. veraltet): *Ronde* (1a); **Ron|do,** das; -s, -s [ital. rondo, zu: rondo = rund < lat. rotundus]: **1.** (Literaturw.) *mittelalterliches Tanzlied; Rundgesang, der zwischen Soloteil u. Chor wechselt.* **2.** (Musik) *[Schluß]satz einer Sonate od. Sinfonie, in dem das Hauptthema nach mehreren in Tonart u. Charakter entgegengesetzten Zwischensätzen [als Refrain] immer wiederkehrt;* **Rond|schrift,** die; - [zu frz. rond, ↑ Ronde] (österr.): *Zierschrift.*

Ro|nin, der; -s, -s [jap.] (veraltet): *[verarmter] japanischer Lehnsmann, der seinen Lehnsherrn verlassen hat.*

rön|ne: ↑ rinnen.

Rön|ne, die; -, -n [niederd. Form von ↑ Rinne, das aufgestellte Netz ähnelt einer Rinne] (Jägerspr.): *Stoßgarn.*

rönt|gen ⟨sw. V.; hat⟩ [nach dem Entdecker der Röntgenstrahlen, dem dt. Physiker W. C. Röntgen (1845–1923); als Bez. 1896 von dem Schweizer Anatomen A. v. Kölliker eingef.]: *mit Röntgenstrahlen durchleuchten, untersuchen:* er, das Bein, der Kopf wurde nach dem Unfall geröntgt; sich r. lassen; sich die Lunge, den Magen, den Kiefer r. lassen; ein Werkstück r. ⟨subst.:⟩ zum Röntgen gehen; **Rönt|gen,** das; -s, - (Physik früher): *Einheit für die Menge einer Röntgen- u. Gammastrahlung;* Zeichen: R; **Rönt|gen|ap|pa|rat,** der: vgl. Röntgengerät; **Rönt|gen|arzt,** der: *Facharzt für Röntgenologie;* **Rönt|gen|ärz|tin,** die: w. Form zu ↑ Röntgenarzt; **Rönt|gen|as|si|sten|tin,** die: *auf die Röntgenologie* (2) *speziali-*

sierte medizinisch-technische Assistentin; **Rönt|gen|astro|no|mie**, die: *Teilgebiet der Astronomie, das sich mit der Erforschung der von Gestirnen kommenden Röntgen- u. Gammastrahlung befaßt; Gammaastronomie;* **rönt|gen|astro|no|misch** 〈Adj.〉: *zur Röntgenastronomie gehörend, sie betreffend;* **Rönt|gen|auf|nahme**, die: 1. *das fotografische Aufnehmen eines Röntgenbildes.* 2. *Röntgenbild;* **Rönt|gen|au|ge**, das 〈meist Pl.〉 (scherzh.): *scharfer, alles durchdringender Blick:* er hat -n; -n machen *(genau aufpassen, daß seinem Blick nichts entgeht);* **Rönt|gen|be|fund**, der: *Befund einer Röntgenuntersuchung;* **Rönt|gen|be|hand|lung**, die: *Heilbehandlung mit Röntgenstrahlen;* **Rönt|gen|be|strahlung**, die: *Bestrahlung mit Röntgenstrahlen;* **Rönt|gen|bild**, das: 1. *beim Durchleuchten mit Röntgenstrahlen auf dem Röntgenschirm erscheinendes Abbild, bei dem die strahlenundurchlässigen Teile als Schatten erscheinen.* 2. *fotografische Aufnahme des beim Durchleuchten mit Röntgenstrahlen entstehenden Bildes, bei der die strahlenundurchlässigen Teile weiß, die durchlässigen Teile schwarz erscheinen;* **Rönt|gen|blick**, der 〈o. Pl.〉 (scherzh.): vgl. *Röntgenauge:* er hat einen R.; **Rönt|gen|der|ma|ti|tis**, die (Med.): *durch Röntgenstrahlen verursachte Dermatitis;* **Rönt|gen|dia|gno|se**, die: *medizinische Diagnose mit Hilfe einer röntgenologischen Untersuchung;* **Rönt|gen|dia|gno|stik**, die: *Röntgendiagnose;* **Rönt|gen|durch|leuch|tung**, die: *Untersuchung eines Körperteils, Organs o. ä. vor dem Röntgenschirm, bei der das Röntgenbild (1) nicht auf einer fotografischen Platte, einem Film o. ä. festgehalten wird;* **Rönt|gen|ein|rich|tung**, die: vgl. *Röntgengerät:* unser Hausarzt hat keine eigene R.; **Rönt|gen|fern|se|hen**, das: *Verfahren der Röntgenuntersuchung, bei der das Röntgenbild mit einer Fernsehkamera aufgenommen u. über einen Monitor wiedergegeben wird;* **Rönt|gen|film**, der: *Film für, mit Röntgenaufnahmen;* **Rönt|gen|fo|to|gra|fie**, die: a) *der Herstellung von Röntgenbildern (2) dienende Fotografie* (1 a); b) *Röntgenbild* (2); **Rönt|gen|ge|rät**, das: *Gerät zur Durchführung von Röntgenuntersuchungen, -behandlungen;* **Rönt|gen|iden|ti|fi|ka|ti|on**, die: *(in der Gerichtsmedizin) Identifizierung von Toten durch Röntgenaufnahmen, die Hinweise auf das Lebensalter, krankhafte Befunde o. ä. geben;* **Rönt|gen|in|sti|tut**, das: *Institut, Einrichtung für Röntgenuntersuchungen;* **rönt|ge|ni|sie|ren** 〈sw. V.〉 hat) (österr.): *röntgen;* **Rönt|gen|kar|zi|nom**, das (Med.): *durch eine über längere Zeit durchgeführte Röntgenbestrahlung ausgelöster Hautkrebs;* **Rönt|gen|kal|ter**, der: *Strahlenkater;* **Rönt|gen|ki|ne|ma|to|gra|phie**, die; -: *Technik der Röntgendiagnose, bei der das durch Röntgenstrahlen entstehende Bild gefilmt wird;* **Rönt|gen|licht**, das 〈o. Pl.〉 (selten): *Röntgenstrahlung:* Auch das R. wurde zur Analyse geeigneter biologischer Objekte bereits verwendet (Medizin II, 67); **Rönt|gen|mi|kro|skop**, das: *Mikroskop zur vergrößerten Abbildung von Objekten mit Hilfe von Röntgenstrahlen;* **Rönt|ge|no|gramm**, das; -s, -e [↑-gramm] (seltener): *Röntgenbild* (2); **Rönt|ge|no|gra|phie**, die; -, -n [↑-graphie]: 1. 〈o. Pl.〉 *(in Medizin u. Technik) Untersuchung mit Hilfe von Röntgenstrahlen.* 2. *(in Medizin u. Technik) Röntgenbild* (2); **rönt|ge|no|gra|phisch** 〈Adj.〉: *mit Hilfe der Röntgenographie [erfolgend];* **Rönt|ge|no|lo|ge**, der; -n, -n [↑-loge]: 1. *(früher) Facharzt für Röntgenologie.* 2. *Wissenschaftler auf dem Gebiet der Röntgenologie* (2); **Rönt|ge|no|lo|gie**, die; - [↑-logie]: 1. *(früher) Teilgebiet der Physik, das die Eigenschaften u. Wirkungen der Röntgenstrahlen untersucht.* 2. *Spezialgebiet der Medizin, das sich mit der Anwendung der Röntgenstrahlen in Diagnostik u. Therapie befaßt;* **Rönt|ge|no|lo|gin**, die; -, -nen: w. Form zu ↑Röntgenologe; **rönt|ge|no|lo|gisch** 〈Adj.〉: *die Röntgenologie betreffend:* eine -e Untersuchung; **rönt|ge|no|me|trisch** 〈Adj.〉 [zu ↑-meter]: *die Messung der Wellenlänge der Röntgenstrahlung betreffend;* **Rönt|ge|no|sko|pie**, die; - [zu griech. skopeīn = betrachten]: *Röntgendurchleuchtung;* **Rönt|gen|paß**, der (Med.): *Ausweis, der bestimmte Angaben (wie Zeitpunkt, Körperregion, den ausführenden Arzt) zu den Röntgenuntersuchungen enthält, denen sich der Inhaber unterzogen hat;* **Rönt|gen|plat|te**, die: *vgl. Röntgenfilm;* **Rönt|gen|raum**, der: *Raum, in dem geröntgt wird;* **Rönt|gen|rei|hen|un|ter|su|chung**, die: *röntgenologische Reihenuntersuchung (der Lunge);* **Rönt|gen|röh|re**, die: *Elektronenröhre zur Erzeugung von Röntgenstrahlen;* **Rönt|gen|schicht|ver|fah|ren**, das (Med.): *Verfahren der Röntgenuntersuchung, bei dem das zu untersuchende Organ o. ä. schichtweise abgebildet wird;* **Rönt|gen|schirm**, der: *Leuchtschirm eines Röntgengeräts;* **Rönt|gen|schwe|ster**, die: *in der Röntgenologie tätige Krankenschwester;* **Rönt|gen|spek|tral|ana|ly|se**, die (Physik): *chemische Analyse von Stoffen mit Hilfe von Röntgenstrahlen;* **Rönt|gen|spek|trum**, das (Physik): *Spektrum einer Röntgenstrahlung;* **Rönt|gen|strah|len** 〈Pl.〉 (Physik): *extrem kurzwellige, energiereiche elektromagnetische Strahlen; X-Strahlen;* **Rönt|gen|strah|lung**, die (Physik): vgl. *Röntgenstrahlen;* **Rönt|gen|struk|tur|ana|ly|se**, die (Physik): *Untersuchung der Struktur von Kristallen mit Hilfe von Röntgenstrahlen;* **Rönt|gen|tech|nik**, die 〈o. Pl.〉: *die Erzeugung u. Nutzung von Röntgenstrahlen ermöglichende Technik;* **Rönt|gen|the|ra|pie**, die; **Rönt|gen|tie|fen|the|ra|pie**, die: vgl. *Tiefenbestrahlung;* **Rönt|gen|un|ter|su|chung**, die: *röntgenologische Untersuchung;* **Rönt|gen|zug**, die (selten): *zur Durchführung von Röntgenreihenuntersuchungen dienendes, mit den entsprechenden Einrichtungen ausgestattetes Spezialfahrzeug.*

Roo|ming-in [ru:mɪŋ'ɪn], das; -[s], -s [engl. rooming-in, zu: to room = wohnen; unterbringen]: *gemeinsame Unterbringung von Mutter u. Kind im Krankenhaus nach bei Krankheit des Kindes.*

Root[s]|ge|blä|se [ru:t[s]...], das; -s, - [nach dem amerik. Erfinder J. D. Root] (Technik): *Gebläse, in dem zwei Drehkolben ein abgegrenztes [Gas]volumen von der Saug- auf die Druckseite befördern.*

Roque|fort ['rɔkfo:ɐ̯, auch: -'-], der; -s [nach dem frz. Ort Roquefort-sur-Soulzon]: *fetter Käse aus Schafmilch, der von einem grünen Schimmelpilz durchzogen ist, der ihm eine bestimmte Schärfe verleiht;* **Roque|fort|kä|se**, der: *Roquefort.*

Ro|ra|te, das; -, - [lat. rorate = tauet (ihr Himmel)!, nach den ersten Wort des Eingangsverses der Liturgie der Messe, Jes. 45, 8] (kath. Kirche): *Votivmesse im Advent zu Ehren Marias;* **Ro|ra|te|amt**, das (kath. Kirche): *Rorate;* **Ro|ra|te|mes|se**, die (kath. Kirche): *Rorate.*

rö|ren: ↑ röhren (1).

Ro-Ro-Schiff, das; -[e]s, -e (Verkehrsw.): *Roll-on-roll-off-Schiff.*

Ror|schach|test der [nach dem Schweizer Psychiater H. Rorschach (1884–1922)]: *psychologischer Test, bei dem von dem Probanden Klecksbilder gedeutet werden müssen.*

ro|sa 〈indekl. Adj.〉 [zu lat. rosa = Rose; 2: nach der rosa Farbe der Listen, in denen früher Homosexuelle registriert wurden]: 1. *von einem ganz blassen Rot, von der Farbe der Heckenrosen:* ein r. Kleid, Hütchen; die Tapete ist r.; etw. r. färben, anmalen; 〈nicht standardsprachl.:〉 eine -[n]e Schleife; den Fisch ... liegen lassen, ... und dann ... die erste -ne Schicht von der Gräte heben (Bieler, Bonifaz 139). 2. (verhüll.) *Homosexuelle betreffend* (in Namen): eine r. Zeitschrift; Die anvisierten Themen ... sind: ... Schwule gegen (Sub-)Kultur, Rosa Hilfe, Zeitungsarbeit (Don 5, 1979, 37); **Ro|sa**, das; -s, -, ugs.: -s: *rosa Farbe:* ein zartes, helles, dunkles R.; ich mag [die Farbe] R. nicht; das R. der Tapete; die Strampelhose gibt es in R. und Hellblau; **Rosa**, **ro|sa|far|ben**, **ro|sa|far|big** 〈Adj.〉: *in, von der Farbe Rosa:* -e Unterwäsche; die Wände waren r. [gestrichen]; **Ro|sa|lie**, die; -, -n [frz. rosalie, ital. rosalia] (Musik): *ein od. mehrmalige Wiederholung einer um nur jeweils eine Stufe höher transponierten Sequenz;* **Ros|ani|lin**, das; -s [aus lat. rosa = Rose u. ↑Anilin]: *Fuchsin;* **Ro|sa|ri|um**, das; -s, ...ien [1: mlat. rosarium, ↑Rosenkranz; 2: lat. rosarium = Rosengarten]: 1. (selten) *Rosenkranz* (1). 2. *gärtnerische Anlage, in der eine große Anzahl Rosensorten angepflanzt sind; Rosengarten;* **ro|sa|rot** 〈Adj.〉: *von einem ins Rosa spielenden hellen Rot:* ein -er Ton; -e Seide; die Wolken am Abendhimmel schimmerten r.; Ü ein junges Ding, freut sich ihres Lebens ... Für sie ist die Welt r. *(ihr erscheint alles rosig* 2, *in den rosigsten Farben;* Bild und Funk 30, 1966, 21); **Ro|sa|zea**, die; -, -s [zu lat. rosaceus, = Rosen-] (Med.): *Kupferrose;* **Ro|sa|zee**, die; -, -n 〈meist Pl.〉 (Bot.): *Rosengewächs.*

rösch [røːʃ, rœʃ] 〈Adj.〉, -er, -[e]ste [mhd. rösch, ahd. rosc(i) = hitzig, schnell, verw. mit ↑rasch] (südd.): 1. a) ↑resch (a): -e Brötchen; als ich ihn (= den Fisch) über kleinem prasselndem Feuer r. werden ließ (Grass, Hundejahre 315); b) ↑resch (b): eine -e Person; c) *trocken,*

Rösche

spröde: -es Holz; Einmal knistert ein -er Span (Grass, Hundejahre 295). **2.** (Bergmannsspr.) *grobkörnig:* -es Erz; **Rö|sche** ['rœːʃə, 'rœʃə], die; -, -n [1: zu ↑rösch; 2: viell. zu mhd. rösch = abschüssig]: **1.** ⟨o. Pl.⟩ (südd.) *das Röschsein.* **2.** (Bergmannsspr.) *Graben od. in geringer Tiefe unter der Oberfläche angelegter Bau, der Wasser (in der Grube) zu- od. abführt.*
Rös|chen, das; -s, -: **1.** Vkl. zu ↑ Rose (1 b). **2.** kurz für ↑ Blumenkohlröschen. **3.** kurz für ↑ Rosenkohlröschen.
Rosch Ha-Scha|na, der; - - [hebr. = Anfang des Jahres]: *jüdisches Neujahrsfest.*
Ro|se, die; -, -n [mhd. röse, ahd. rōsa < lat. rosa = Edelrose, aus einer kleinasiat. Spr.]: **1. a)** *als Strauch wachsende, Stacheln tragende Pflanze mit gefiederten Blättern u. vielblättrigen, meist duftenden Blüten in verschiedenen Farben:* eine wilde, hochstämmige, kletternde, schnellwachsende, gelb blühende R.; zur Zeit blühen nur die roten *(die rot blühenden)* -n; die -n blühen, sind eingegangen, müssen zurückgeschnitten werden; -en pflanzen, okulieren, züchten, schneiden; Spr keine R. ohne Dornen; **b)** *einzelne Rosenblüte mit Stengel:* eine duftende, langstielige, blühende, verwelkte, weiße, gelbe, rote R.; ein Strauß -n; eine R. im Knopfloch tragen; jmdm. -n schenken; sie ist schön wie eine R.; **[nicht] auf -n gebettet sein* (geh.; *[nicht] in guten Verhältnissen leben; es [nicht] gut u. leicht haben im Leben).* **2.** (seltener) *Rosette* (1 b); *Fensterrose.* **3.** *Schalloch bei Laute u. Gitarre; Schallrose; Rosette* (3). **4.** *Windrose.* **5.** (Med.) *Wundrose.* **6.** (Jägerspr.) *kranzförmige Verdickung am unteren Ende von Geweih- u. Gehörnstangen.* **7.** (Her.) *meist fünfblättrige stilisierte Rose (als pflanzliches Ornament).* **8.** (Jägerspr.) *(bei den meisten Hühnerarten) stark gefärbter Wulst über den Augen.* **9.** *(bei Edelsteinen) Form des Schliffs, bei dem nur der obere Teil des Steins eine bestimmte Zahl von Facetten aufweist;* **ro|sé** [ro'zeː] ⟨indekl. Adj.⟩ [frz. rosé = rosenfarben, zu: rose < lat. rosa = Rose]: *zart, blaß rosa:* ein r. Spitzenkleid; **¹Ro|sé,** das; -[s], -[s]: *rosé Farbe:* ein zartes R.; das R. des Stoffs; **²Ro|sé,** der; -s, -s: *aus roten od. blauen Trauben hergestellter Wein von blaßroter Farbe; Roséwein.*
Ro|seau [roʊ'zoʊ]: *Hauptstadt von ¹Dominica.*
ro|sé|far|ben, ro|sé|far|big ⟨Adj.⟩: *in, von der Farbe Rosé:* ein -er Hut; **Ro|sel|la**, die; -, -s: *prächtig gelb u. rot gefärbter Sittich Südaustraliens;* **ro|sen|ähn|lich** ⟨Adj.⟩: *einer Rose ähnlich;* **Ro|sen|ap|fel**, der [nach der Färbung]: *saftiger, säuerlich-würziger Apfel mit dünner, glatter, roter bis bläulichroter, weißgepunkteter Schale;* **Ro|sen|beet**, das: *mit Rosen bepflanztes Beet;* **Ro|sen|blatt**, das: *Laubblatt od. Blütenblatt der Rose;* **Ro|sen|blü|te**, die: **1.** ⟨o. Pl.⟩ *das Blühen, die Blütezeit der Rosen:* die R. hat begonnen. **2.** *Blüte einer Rose:* -n streuen; **Ro|sen|bröt|chen**, das [wohl nach den einem Rosenblatt ähnlichen Einschnitten] (nordd.): *Kaiserbrötchen;* **Ro|sen|busch**, der: *als Busch gewachsene Rose* (1 a); **Ro|sen|dorn**, der ⟨Pl. ...dornen⟩: *Dorn* (1a) *einer Rose;* **Ro|sen|duft**, der: *Duft der Rosenblüte;* **Ro|sen|far|be**, die (dichter.): *rosarote Färbung:* die R. ihrer Wangen, des abendlichen Himmels; **ro|sen|far|ben, ro|sen|far|big** ⟨Adj.⟩ (dichter.): *von der Farbe der rosa Rosen:* ein -er Umhang; ihre Wangen waren r.; der Abendhimmel leuchtete r.; **ro|sen|fin|ge|rig, ro|sen|fing|rig** ⟨Adj.⟩ (dichter. veraltet): *zart gerötete Finger habend:* die rosenfingrige Eos der Ilias; **Ro|sen|gar|ten**, der: *Rosarium* (2); **Ro|sen|ge|bin|de**, das; vgl. Rosenstrauß; **Ro|sen|ge|ra|nie**, die: *Geranie mit stark duftenden Blättern u. kleinen, unscheinbaren rosa Blüten;* **Ro|sen|ge|wächs**, das (Bot.): *Pflanze einer Familie, die Bäume, Sträucher, Stauden u. Kräuter umfaßt, oft mit gefiederten Blättern u. Blüten mit fünf Blütenblättern; Rosazee;* **Ro|sen|hag**, der (dichter. veraltend, noch schweiz.): *Rosenhecke;* **Ro|sen|hain**, der (dichter. veraltet): *Rosenhecke;* **Ro|sen|hecke¹**, die: *Hecke aus Rosenbüschen;* **Ro|sen|hecke** (landsch.): *10. Jahrestag der Heirat;* **Ro|sen|holz**, das [nach dem rosenähnlichen Duft u. der rosafarbenen Äderung; urspr. Bez. für alle duftenden od. roten exotischen Holzarten]: *dem Palisanderholz ähnliches, feinstrukturiertes, hartes gelblichrotes Holz, das für Möbel u. ä. verwendet wird;* **Ro|sen|kä|fer**, der: **1.** *großer, oberseits metallisch grüner, unterseits kupferroter Käfer, der sich von den Staubgefäßen bes. der Rosen ernährt; Goldkäfer.* **2.** *Gartenlaubkäfer;* **Ro|sen|knos|pe**, die: *Knospe einer Rose;* **Ro|sen|kohl**, der ⟨o. Pl.⟩: *Kohl* (1 a) *mit einem hohen Stengel, um den herum sich viele kleine kugelige, als Gemüse eßbare Achselknospen bilden;* **Ro|sen|kohl|rös|chen**, das: *als Gemüse eßbare Achselknospe des Rosenkohls;* **Ro|sen|kranz**, der [für mlat. rosarium, urspr. = Rosengirlande an einer Marienstatue] (kath. Kirche): **1.** *in einem Kreuz endende Kette aus 6 größeren u. 53 kleineren Perlen od. Kugeln in bestimmter Anordnung, die der Abfolge der Gebete des Rosenkranzes* (2) *entsprechen:* ein R. aus Silber, aus Perlmutt; Murmelnd zog die Schar der ... Nonnen ... vorüber, die Hände bewegten Rosenkränze (Seidel, Sterne 64). **2.** *Reihung von Gebeten (bes. Vaterunser u. Ave Maria), die in bestimmter Abfolge gebetet werden:* den [freudenreichen, schmerzhaften, glorreichen] R. beten; drei Rosenkränze beten, ableiern. **3.** (Med.) *(bes. bei Säuglingen) bei Rachitis auftretendes, zwischen Rippen u. Rippenknorpel aufgelagertes Knochengewebe;* **Ro|sen|kranz|be|ten**, das; -s: *das Beten des Rosenkranzes* (2); **Ro|sen|kranz|mo|nat**, der (kath. Kirche): *Oktober.*
Ro|sen|kreu|zer, der; -s, - [nach dem angeblichen Gründer Chr. Rosenkreuz (angeblich 1378–1484)]: *Mitglied eines seit dem 15. Jh. in verschiedenen Ausprägungen bestehenden okkultistisch-theosophischen Geheimbundes.*
Ro|sen|lor|beer, der (volkst.): *Oleander;* **Ro|sen|mon|tag**, der [niederrhein. rasen(d)montag, zu westmd. rosen- = toben, rasen, also eigtl. = rasender (= wilder, toller) Montag]: *Montag vor Fastnachtsdienstag;* **Ro|sen|mon|tags|zug**, der: *am Rosenmontag stattfindender Karnevalsumzug.*
Ro|se|no|bel [auch: rozə'noːbl], der; -s, - [engl. rose noble, eigtl. = edle Rose]: *alte englische Goldmünze.*
Ro|sen|öl, das: *aus den Blütenblättern bestimmter Rosen durch Destillation gewonnenes ätherisches Öl mit starkem Rosenduft;* **Ro|sen|pap|pel**, die (landsch.): *Malve;* **Ro|sen|pa|pri|ka**, der [wohl nach der roten Farbe]: *aus der Paprikaschote gewonnenes scharfes Gewürz;* **Ro|sen|quarz**, der: *rosafarbener, durchscheinender Quarz, der als Schmuckstein verwendet wird;* **Ro|sen|rot** ⟨Adj.⟩: *von den kräftigen Rosa der Alpenrosen:* ein -er Schimmer lag über den Bergen; **Ro|sen|sche|re**, die: *Gartenschere, die bes. für das Schneiden von Rosen vorgesehen ist;* **Ro|sen|sem|mel**, die [vgl. Rosenbrötchen] (österr.): *Kaiserbrötchen;* **Ro|sen|stock**, der: *[hochstämmiger] Rosenstrauch;* **Ro|sen|strauch**, der: vgl. Rose (1 a); **Ro|sen|strauß**, der ⟨Pl. ...sträuße⟩: *Strauß Rosen;* **Ro|sen|was|ser**, das ⟨Pl. ...wässer⟩: *bei der Gewinnung des Rosenöls anfallendes Wasser (das u. a. als Aromastoff verwendet wird);* **Ro|sen|zeit**, die: *Zeit der Rosenblüte:* es ist jetzt R.; Ü wehmütig an die R. (dichter.; *Blütezeit; wunderbare Jugendzeit*) zurückdenken; **Ro|sen|zucht**, die: *Zucht* (1a) *von Rosen:* sein Hobby ist die R.; **Ro|sen|züch|ter**, der: *jmd., der [berufsmäßig] Rosen züchtet;* **Ro|sen|züch|te|rin**, die: w. Form zu ↑ Rosenzüchter; **Ro|seo|la**, die; -, ...lae [...lɛ], **Ro|seo|le**, die; -, -n [zu lat. roseus = rosenrot, zu: rosa, ↑ Rose] (Med.): *rotfleckiger Hautausschlag;* **Ro|set|te**, die; -, -n [frz. rosette, Vkl. von: rose = Rose]: **1.** (Archit.) **a)** *in der Form an eine aufgeblühte Rosenblüte erinnerndes dekoratives Element:* ein mit -n dekorierter Fries; **b)** *Fensterrose.* **2.** *aus Bändern geschlungene od. genähte, in der Form einer Rosette (1a) ähnelnde Verzierung an Kleidungsstücken, auch an Ordensbändern.* **3.** *Rose* (3). **4.** (Bot.) *Gesamtheit von grundständigen, sternförmig angeordneten, meist dicht stehenden Blättern einer Pflanze.* **5.** (derb) *After:* jmdm. ist flau/ mulmig o. ä. um die R., jmd. hat ein flaues/mulmiges o. ä. Gefühl um die R. (1. *jmd. verspürt einen starken Stuhldrang.* 2. *jmd. hat Angst*). **6.** *Rose* (9); **Ro|set|ten|fen|ster**, das (selten): *Fensterrose;* **ro|set|ten|för|mig** ⟨Adj.⟩: *von, in der Form einer Rosette* (1a); **Ro|set|ten|pflan|ze**, die (Bot.): *Pflanze, deren Blätter eine Rosette* (4) *bilden;* **Ro|sé|wein**, der; **²Rosé;** **ro|sig** ⟨Adj.⟩ [mhd. rōsic]: **1.** *von heller, zarter, rötlicher, rosaroter Färbung:* ein -es Gesicht; -e Haut; ein kleines Schweinchen; das Baby sieht r. und appetitlich aus. **2.** *höchst erfreulich, durch nichts Unerfreuliches getrübt:* -e Zeiten; etw. in den -sten Farben schildern; in -r Laune sein; die Lage ist, die Aussichten sind nicht gerade r.; die Zukunft sieht nicht r. aus; ihm geht es nicht gerade r.; **ro|sig|weiß** ⟨Adj.⟩: *einen ins Rosa spielenden weißen Farbton habend.*
Ro|si|nan|te, die; -, -n [nach dem Namen des Pferdes des ↑ Don Quichotte] (bil-

dungsspr. scherzh. selten): *nicht sehr edles, ausgemergeltes Pferd.* **Ro|si|ne,** die; -, -n [aus dem Niederd. < mniederd. rosin(e) < pik. rosin (afrz. roisin), über das Vlat. zu lat. racemus = Traube, Weinbeere]: *süß schmeckende getrocknete Weinbeere, die durch das Trocknen stark geschrumpft ist u. eine braune bis schwarze Färbung bekommen hat:* ein Kuchen mit -n; Ü Ob Brieskorn sich diesen Brief sozusagen als R. *(als besonders schönen)* obenauf gelegt hatte (Augsburger Allgemeine 29. 4. 78, 18); * **sich** 〈Dativ〉 **die [besten/größten/dicksten] -n heraus-, aus dem Kuchen picken** (ugs.; *sich von etw. das Beste nehmen, aussuchen u. aneignen);* **[große] -n im Kopf haben** (ugs.; *hochfliegende, nicht realisierbare Pläne, abwegige, unrealistische Vorstellungen haben*); **Ro|si|nen|bom|ber,** der (berlin. scherzh.): *(amerikanisches od. britisches) Flugzeug, das während der Berliner Blockade 1948/49 Versorgungsgüter nach Berlin transportierte:* Über uns flogen in Dreiminutenabständen die R. in die Stadt (Lentz, Muckefuck 332); **Ro|si|nen|brot,** das: *feines Hefebrot mit eingebackenen Rosinen;* **Ro|si|nen|bröt|chen,** das: vgl. Rosinenbrot; **Ro|si|nen|ku|chen,** der: vgl. Rosinenbrot; **Ro|si|nen|stol|le,** die, **Ro|si|nen|stol|len,** der: vgl. Rosinenbrot; **Ro|si|nen|wein,** der: *aus Rosinen hergestelltes weinähnliches Getränk;* **ro|sin|far|ben, ro|sin|far|big** 〈Adj.〉: *von der Farbe einer Rosine.*
Ros|ma|rin [...ri:n, auch: –́ –́ '–́], der; -s [lat. ros marinus, wohl eigtl. = Meertau, aus: ros = Tau u. marinus = das Meer, die See betreffend]: **a)** *(im Mittelmeerraum heimische) immergrüne, als Strauch wachsende Pflanze mit schmalen graugrünen Blättern u. kleinen violetten Blüten;* **b)** *aus [getrockneten] Blättern des Rosmarins (a) gewonnenes Küchengewürz;* **Ros|ma|rin|öl,** das: *aus Rosmarin (a) gewonnenes (u. a. bei der Herstellung von Kosmetika verwendetes) wohlriechendes ätherisches Öl;* **Ros|ma|rin|zwei|ge,** der: *Zweig einer Rosmarinpflanze.*
Ro|so|lio, der; -s, -s [ital. rosolio, wohl zu lat. rosa = Rose u. oleum = Öl, da früher Rosenöl u. -wasser dem Likör zugesetzt wurden]: *aus Italien stammender süßer Kräuterlikör:* ein Gläschen R.; drei -s *(drei Gläser Rosolio).*
¹Roß, das; Rosses, Rosse u. Rösser [mhd. ros, ahd. (h)ros, H. u.]: **1. a)** 〈Pl. Rosse〉 (geh.) *[edles] Pferd, bes. Reitpferd:* ein edles, feuriges R.; R. und Reiter; Marc Aurel auf seinem wackeren R. (Koeppen, Rußland 182); * **R. und Reiter nennen** *(etw., jmdn. offen nennen, deutlich sagen, wovon, von wem die Rede ist):* Brandt habe bisher zu seinem Verdacht „nicht R. und Reiter genannt" (Bergsträßer Anzeiger 30. 9. 72, 1); **jmdm. zureden wie einem lahmen/kranken R.** *(jmdm. in eindringlicher Weise gut zureden);* [die drei folgenden Wendungen beziehen sich darauf, daß jmd., der auf einem Pferd sitzt, sozusagen über den anderen Menschen thront u. mit ihnen „von oben herab" spricht] **auf dem/[s]einem hohen R. sitzen** *(hochmütig, überheblich sein);* **sich aufs hohe R. setzen** *(eine hochmütige, überhebliche Haltung annehmen);* **von seinem hohen R. herunterkommen/-steigen** *(seine hochmütige, überhebliche Haltung aufgeben);* **hoch zu R.** (scherzh.; *auf einem Pferd reitend):* sie kamen hoch zu R. daher; **b)** 〈Pl. Rösser〉 (südd., österr., schweiz.) *Pferd:* ... wie die (= Pferdehändler) mit Schätzgriffen die Rösser befingerten (Kühn, Zeit 180). **2.** 〈Pl. Rösser〉 (ugs.) *Dummkopf, Trottel* (oft als Schimpfwort): du R.!
²Roß, das; -es, -e [mhd. rāʒ(e), ahd. rāʒa, H. u.] (landsch., bes. md.): *Wabe.*
Roß|ap|fel, der (bes. südd., österr., schweiz.): *Pferdeapfel;* **Roß|arzt,** der (Milit. früher): *Tierarzt im Heer;* **Roß|bol|le,** die (südd.): *Pferdeapfel;* **Roß|brei|ten** 〈Pl.〉 [in der Zeit der Segelschiffahrt sollen in diesen Gebieten bei Pferdetransporten nach Südamerika während längerer Flauten oft Pferde wegen Futtermangels eingegangen sein] (Geogr.): *subtropische Zone mit schwachen Winden u. hohem Luftdruck:* die nördlichen, südlichen R.; **Röß|chen,** das; -s, -: Vkl. zu ↑¹Roß (1); **Roß|chevreau,** das: *aus der Haut von Pferden hergestelltes, dem Chevreau ähnliches Leder.*
Ro|ße, die; -, -n (landsch.): ²Roß.
Rös|sel, das; -s, - (landsch.): **1.** Vkl. zu ↑¹Roß (1). **2.** (Schach) *Springer;* **Ros|se|len|ker,** der (dichter. veraltend, noch scherzh.): *Wagenlenker, Kutscher;* **Rös|sel|sprung,** der: **1.** (Schach landsch.) *Zug eines Springers* (3). **2.** *Rätsel, bei dem aus [nach Art eines Bilderrätsels verschlüsselten] Silben, die über ein kariertes Feld verteilt sind, ein Spruch o. ä. zusammengesetzt werden muß, wobei man die richtige Reihenfolge findet, indem man jeweils der Bewegung eines Springers (3) folgt;* **ros|sen** (sw. V.; hat) (Fachspr.): *rossig sein:* die Stute rosst.
Ro|ßen|ho|nig, der [zu ↑²Roß] (landsch.): *Wabenhonig.*
Rös|ser: Pl. von ↑¹Roß; **Roß|haar,** das 〈o. Pl.〉: *(als Füllmaterial für Matratzen, Polster o. ä. verwendetes) Pferdehaar:* ein Kissen mit R. füllen; **Roß|haar|fül|lung,** die: *Füllung aus Roßhaar;* **Roß|haar|ma|trat|ze,** die: *Matratze mit einer Roßhaarfüllung;* **Roß|händ|ler,** der (bes. südd., österr., schweiz.): *Pferdehändler;* **Roß|haut,** die: *Haut eines Pferdes;* **roßsig** 〈Adj.〉 (Fachspr.): *(von Stuten) brünstig;* **Roß|kamm,** der: **1.** (veraltet abwertend) *Pferdehändler:* ◆ Aus dem Stalle traten der R., der Schulze und ein Knecht (Immermann, Münchhausen 165); daß ohne einen landesherrlichen Erlaubnisschein kein R. mit Pferden über die Grenze gelassen würde (Kleist, Kohlhaas 4). **2.** *Pferdestriegel;* **Roß|ka|sta|nie,** die [die Samen der Roßkastanie wurden als Heilmittel für kranke Pferde verwendet]: **1.** *Baum mit großen, handförmigen Blättern, meist weißen od. roten, in aufrecht stehenden Blütenständen angeordneten Blüten u. Kastanien (2 b) als Früchten.* **2.** *Kastanie* (2 b); **Roß|kur,** die (ugs.): *für den Patienten überaus anstrengende, strapaziöse Behandlung (3 a) [die aber den gewünschten Erfolg bringt]; Gewaltkur;* **Roß|le|der,** das: *aus Pferdehaut hergestelltes Leder;* **roß|le|dern** 〈Adj.〉: *aus Roßleder hergestellt;* **Roß|schlach|ter, Roß|schläch|ter,** der (landsch.): *Pferdeschlächter;* **Roß|schlach|te|rei, Roß|schläch|te|rei,** die (landsch.): *Pferdeschlächterei;* **Roß|schwanz,** der (landsch.): **1.** *Pferdeschwanz* (1). **2.** (bes. schweiz.) *Pferdeschwanz* (2): ich konnte ihr Gesicht nicht sehen, nur ihren ... R. (Frisch, Homo 98); **Roß|schweif,** der (geh.): *Pferdeschwanz* (1); **Roß|täu|scher,** der; -s, - [mhd. rost(i)uscher = Pferdetauscher]: **1.** (veraltet) *Pferdehändler:* Ein R., ein schmucker Mann, wurde nun der Liebhaber der jungen Frau (Wimschneider, Herbstmilch 119). **2.** (abwertend) *jmd., der mit Roßtäuschertricks arbeitet;* **Roß|täu|sche|rei,** die; -, -en (abwertend): *Betrügerei mit Hilfe von Roßtäuschertricks:* Im USA gibt es bereits eine Fachbegriff für solche -en auf dem Umweltsektor (natur 8, 1991, 10); **Roß|täu|sche|rin,** die (abwertend): w. Form zu ↑Roßtäuscher; **Roß|täu|scher|trick,** der (abwertend): *betrügerischer Trick, mit dem Nichtzutreffendes vorgetäuscht werden soll.*
¹Rost, der; -[e]s, -e [mhd. ahd. röst = Rost; Scheiterhaufen; Glut; H. u.]: **a)** *verschiedenerlei Zwecken dienendes, aus parallel angeordneten od. sich kreuzenden [Metall]stäben, Drähten, Trägern, Latten o. ä. bestehender (gewöhnlich in horizontaler Lage verwendeter) gitterartiger Gegenstand:* der Boden der Kartoffelkiste besteht aus einer Art R.; ein Steak auf einem R. braten; sich auf einem R. die Füße abtreten; die Asche fällt durch einen gußeisernen R. in den Aschkasten; den Lichtschacht vor dem Kellerfenster mit einem R. abdecken; der Duschraum ist mit einem R. [aus Latten] ausgelegt; **b)** (landsch.) kurz für ↑Bettrost; **c)** (Bauw.) kurz für ↑Pfahlrost.
²Rost, der; -[e]s, (Fachspr.:) -e [mhd. ahd. rost, zu ↑rot, die Zersetzungsschicht ist nach der Farbe benannt]: **1.** 〈o. Pl.〉 *poröser, gelblich- bis rötlichbrauner Stoff (Eisenoxyd), der sich auf der Oberfläche von Gegenständen aus Eisen od. Stahl unter Einwirkung von Feuchtigkeit bildet:* an, auf dem Blech bildet sich R.; der R. (der Vorgang des Rostens) hat das Eisen zerfressen, zerstört, angegriffen; den R. entfernen, abschleifen, abschmirgeln; das Fahrrad setzt R. an; etw. vom, vom R. befreien; etw. vor R. (vor dem Rosten) schützen. **2.** (Bot.) *von Rostpilzen hervorgerufene, zum Verkümmern od. Absterben der befallenen Pflanzen führende Pflanzenkrankheit, die mit auffallenden, meist rostfarbenen, von den Sporen der Rostpilze herrührenden Flecken einhergeht;* **Rost|an|satz,** der: *Ansatz (3) von ²Rost (1);* **Rost|be|fall,** der: *Befall mit ²Rost (1, 2);* **rost|be|stän|dig** 〈Adj.〉: *widerstandsfähig, geschützt gegen ²Rost (1);* **Rost|bil|dung,** die: *Bildung (3) von ²Rost (1).*
Rost|bra|ten, der: *auf einem Bratrost gegarter Braten;* **Rost|brat|wurst,** die: vgl. Rostbratene.
rost|braun 〈Adj.〉: *rötlichbraun wie ²Rost (1).*
Röst|brot [auch: 'ræst...], das: *geröstetes Brot;* **Rö|ste** [auch: 'ræstə], die; -, -n [1:

zu ↑rösten (3); 2: mhd. rœẓe, zu: rœẓen, ↑rösten (4)]: **1.** (Hüttenw.) *Röstofen.* **2.** (Fachspr.) **a)** *das Rösten (4) von Flachs, Hanf, Jute:* *die biologische R. in kaltem Wasser dauert mehrere Wochen;* **b)** *Platz, Grube, Wanne o. ä. zum Rösten (4).*
Ro|stel|lum, das; -s, ...lla [lat. rostellum = Schnäbelchen, Schnäuzchen, Vkl. von: rostrum, ↑Rostrum] (Bot.): *als Haftorgan für die Pollinien umgebildete Narbe der Orchideenblüte.*
ro|sten ⟨sw. V.; ist, auch: hat⟩ [mhd. rosten, ahd. rostēn, zu ↑²Rost]: ²*Rost* (1) *ansetzen, sich allmählich in* ²*Rost* (1) *verwandeln:* *das Auto fängt an zu r.; Aluminium rostet nicht; ein sehr leicht rostender Stahl;* Ü *in der Übung bleiben, um nicht zu r. (seine Fertigkeiten nicht zu verlieren).*
rö|sten [auch: 'rœstn̩] ⟨sw. V.; hat⟩ [mhd. rœsten, ahd. rōsten, zu ↑¹Rost; 4: mhd. rœẓen = faulen machen, später zusammengefallen mit rösten (1-3)]: **1. a)** *etw. längere Zeit (über einem Feuer, im Backofen o. ä.) ohne Zusatz von Fett od. Wasser großer Hitze aussetzen, so daß es gar wird, eine braune Kruste bekommt, knusprig wird:* *Brot, Kastanien, Fleisch, Haferflocken, Nüsse r.; einen Fisch auf dem Grill r.; frisch gerösteter Kaffee;* Ü *sich [in der Sonne] r.* (scherzh.; *sich längere Zeit starker Sonnenbestrahlung aussetzen*); **b)** (selten) *geröstet* (1 a) *werden:* *laß mein Steak noch etwas r.;* Ü *in der Sonne r.* (scherzh.; *über längere Zeit starker Sonnenbestrahlung ausgesetzt sein*). **2.** (landsch.) **a)** *braten* (a): *Kartoffeln r.;* **b)** (selten) *braten* (b): *die Steaks r. in der Pfanne.* **3.** (Hüttenw.) *(Erze) großer Hitze aussetzen, um bestimmte chemische Prozesse zu bewirken:* *Erz r.* **4.** (Fachspr.) *(bei der Gewinnung von Flachs, Hanf od. Jute) das Rohmaterial der Einwirkung von Tau, Regen u. Luft aussetzen in [mit Chemikalien versetztes] Wasser legen od. mit Dampf behandeln, um so die Fasern von dem klebenden Pektin zu befreien:* *Flachs, Hanf r.;* **Rö|ster** [auch: 'rœstɐ], der; -s, - [2: das Obst wurde früher zusammen mit Brotschnitten u. Schmalz geröstet] (selten): **1.** *Gerät zum Rösten* (1 a) *von Brot; Toaster.* **2.** (österr.) **a)** *Mus aus Zwetschen od. Holunderbeeren;* **b)** *Kompott aus Zwetschen od. Holunderbeeren;* **Rö|ste|rei**, die; -, -en: *Einrichtung, Anlage, Betrieb zum Rösten* (1 a).
rost|far|ben, rost|far|big ⟨Adj.⟩: *von der Farbe des* ²*Rosts* (1); **Rost|fleck**, der: **1.** *rostige Stelle: ein paar kleine -e.* **2.** *von (in Wasser gelöstem)* ²*Rost* (1) *verursachter Fleck:* *das Hemd hat einen R.;* **Rost|fraß**, der: *allmähliche Zerstörung von Eisen durch Rosten;* **rost|frei** ⟨Adj.⟩: **1.** (selten) *frei von* ²*Rost* (1): *das zu lackierende Werkstück muß absolut fett- und r. sein.* **2.** *auf Grund seiner Zusammensetzung keinen* ²*Rost* (1) *ansetzend:* *-er Stahl; das Messer ist r.*
röst|frisch [auch: 'rœst...] ⟨Adj.⟩: *[wie] gerade geröstet:* *-er Kaffee.*
rost|hem|mend ⟨Adj.⟩: *den Vorgang des Rostens verlangsamend:* *ein -er Anstrich; r. wirken.*
Rö|sti, die; - [zu ↑rösten] (schweiz.): *aus besonders dünn geschnittenen od. gerasgepelten* *Pellkartoffeln zubereitete Bratkartoffeln:* *Frau Manzoni ... stocherte in ihrer R. herum und schwieg* (Ziegler, Konsequenz 142).
Ro|stic|ce|ria [...tt∫e...], die; -, -s [ital. rosticceria, zu: rostire = braten, rösten, aus dem Germ.]: **1.** *ital. Bez. für:* *Imbißstube.* **2.** *ital. Bez. für:* *Grillrestaurant.*
ro|stig ⟨Adj.⟩ [mhd. rostec, ahd. rostag]: **1.** ²*Rost* (1) *aufweisend, gerostet:* *-es Eisen; -e Nägel;* Ü *eine -e (tiefe, rauhe) Stimme; ... und Hans Castorp ächzte vor Schnupfen und räusperte sich aus -er Brust (entzündeten, rauhen Bronchien;* Th. Mann, Zauberberg 243); *seine -en Glieder (seinen ungeübten, steif gewordenen Körper) bewegen.* **2.** (selten) *ins Rostfarbene spielend:* *ein -es Rot.*
Rö|sti|gra|ben, der [mit Bezug auf die für französischsprachige Schweizer kaum zu verstehende od. nachzusprechende mundartl. Aussgspr. von ↑Rösti] (schweiz. scherzh.): *Kluft, die hinsichtlich Sprache u. Verständnis zwischen deutsch- u. französischsprachigen Schweizern besteht.*
Röst|kaf|fee [auch: 'rœst...], der: *gerösteter Kaffee;* **Röst|kar|tof|feln** [auch: 'rœst...] ⟨Pl.⟩ (landsch.): *Bratkartoffeln;* **Röst|ka|sta|nie** [auch: 'rœst...], die: *geröstete Eßkastanie.*
Rost|krank|heit, die (Bot.): ²*Rost* (2); **Rost|lau|be**, die (ugs. scherzh.): *altes, verrostetes Auto;* **rost|lö|send** ⟨Adj.⟩: *festsitzenden Rost auf-, ablösend:* *ein -es Mittel; r. wirken;* **Rost|lö|ser**, der: *rostlösendes Mittel:* *eingerostete Schrauben mit etwas R. besprühen.*
Ro|stock ['rɔstɔk]: *Hafenstadt in Mecklenburg;* ¹**Ro|stocker¹**, der; -s, -: Ew.; ²**Ro|stocker¹** ⟨indekl. Adj.⟩; **Ro|stocke|rin¹**, die; -, -nen: w. Form zu ↑¹Rostocker.
Röst|ofen [auch: 'rœst...], der (Hüttenw.): *Anlage zum Rösten* (3).
Rost|pilz, der ⟨meist Pl.⟩ (Bot.): *(in vielen Arten vorkommender) Pilz, der den* ²*Rost* (2) *verursacht.*
Ro|stra, die; -, Rostren [lat. rostra = (mit erbeuteten Schiffsschnäbeln) gezierte Rednerbühne, Pl. von: rostrum, ↑Rostrum] (bildungsspr.): *Rednerbühne, -tribüne [im alten Rom]:* *einseitige Äußerungen von der R. des Bundestages* (MM 30. 4. 68, 2); **ro|stral** ⟨Adj.⟩ [zu lat. rostrum, ↑Rostra] (Biol., Anat.): *am Kopfende, zum oberen Körperende hin gelegen.*
rost|rot ⟨Adj.⟩: *bräunlichrot wie* ²*Rost* (1).
Ro|strum, das; -s, Rostren [lat. rostrum = Schnabel, Schnauze]: **1.** (Zool.) *[nach vorn gerichteter] spitz zulaufender [schnabelförmiger] Fortsatz.* **2.** *spitzer Schnabel zum Rammen an antiken Kriegsschiffen.*
Rost|scha|den, der: *durch Rostfraß verursachter Schaden;* **Rost|schicht**, die: *aus* ²*Rost* (1) *bestehende Schicht.*
Röst|schnit|te [auch: 'rœst...], die (landsch.): *geröstete Scheibe Brot.*
Rost|schüs|sel, die (ugs. abwertend): **a)** *altes, verrostetes Auto;* **b)** *altes, zum Abwracken reifes Schiff:* *Damals bin ich auf 'nem Holländer zwischen Borneo und Java rumgetrampt. 'n ganz kleiner Kahn. So 'ne R.* (Heim, Traumschiff 61); **Rost|schutz**, der: **1.** *Schutz gegen das Rosten:* *Maßnahmen zum R.* **2.** *Rostschutzmittel, -farbe o. ä.:* *mit R. vorstreichen;* **Rost|schutz|an|strich**, der: *dem Rostschutz dienender Anstrich;* **Rost|schutz|far|be**, die: *Farbe für dem Rostschutz dienende Anstriche;* **Rost|schutz|mit|tel**, das: *dem Rostschutz dienendes Mittel;* **Rost|schutz|öl**, das: *dem Rostschutz dienendes Öl;* **Rost|stel|le**, die: *Rostfleck* (1); **Rost|um|wand|ler**, der: *Mittel, das dünne Rostschichten auf chemischem Wege in vor neuer Korrosion schützende u. als Haftgrund für Anstriche geeignete Schichten umwandelt.*
Rö|stung [auch: 'rœstʊŋ], die; -, -en: *das Rösten, Geröstetwerden;* **Röst|wurst**, die (landsch.): *Rostbratwurst.*
rot ⟨Adj.; röter, seltener: -er, röteste, seltener: -este⟩ [mhd., ahd. rōt; 2: nach der roten Fahne der Arbeiterbewegung]: **1.** *von der Farbe des Blutes:* *-e Farbe, Tinte; eine -e Fahne, Bluse; -e Kirschen, Rosen, Johannisbeeren, Tomaten; ein -er Abendhimmel; -es Herbstlaub; -e Glut; ein -es Licht; -er Wein (Rotwein);* -e Lippen, Wangen; *eine -e Nase; -es (fuchsrotes, rostrotes, kupferfarbenes) Haar; ein -es As (ein Herzas od. ein Karoas);* die -e *Rasse (die Indianer);* eine -e *(auf Rot stehende) Ampel; ein -er (ugs.;* rot schreibender*) Kugelschreiber; -es (Physik;* langwelliges*) Licht, -e Ringe, Ränder um die Augen haben, -e (vom Weinen o. ä. gerötete) Augen haben; er bekam einen [ganz] -en Kopf (ihm stieg die Röte ins Gesicht); sich die Augen r. weinen; die Ampel war r.* (ugs.; *stand auf Rot); r. wie Blut; r. glühen, leuchten; [im Gesicht] r. anlaufen; etw. r. anmalen, unterstreichen, anstreichen; ein r. gepunkteter Rock; der Kugelschreiber schreibt r.;* ⟨subst.:⟩ *ein Glas von dem Roten* (ugs.; *Rotwein*); *die Rote* (ugs.; *Rothaarige*) *da drüben; ich habe keinen Roten* (ugs.; *überhaupt kein Geld*) *mehr;* Spr *heute r., morgen tot (der Tod kann sehr überraschend eintreten, ist oft nicht vorhersehbar;* wohl bezogen auf die frische rote Farbe der Wangen); * **rot werden, sein** (vor Scham, Verlegenheit erröten, errötet sein): *Ihr müßt ihnen was Säuisches sagen, daß sie r. werden* (Hacks, Stücke 167); *sie wurde r. bis über die Ohren.* **2.** (Politik) *zur Linken* (2) *gehörend (kommunistisch, sozialistisch, sozialdemokratisch, marxistisch):* *-e (marxistische) Literatur; das -e (kommunistische) China;* eine -e *(kommunistische, sozialdemokratische) Regierung; er ist* [ziemlich] *r., r. angehaucht (marxistisch, kommunistisch eingestellt); dieser Stadtteil wählt traditionell r. (sozialdemokratisch, eine linke Partei);* R *lieber r. als tot* (ugs.; *es ist besser, kommunistisch, sozialistisch regiert zu werden, als im Kampf gegen den Kommunismus, Sozialismus zu sterben*); ⟨subst.:⟩ *die Roten haben die Wahlen gewonnen; ein Bündnis aus Grün und Rot (aus Grünen u. SPD);* **Rot**, das; -s, -, ugs.: -s: **1.** *rote Farbe:* *ein kräftiges, leuchtendes, dunkles, helles R.; das R. ihrer Lippen; die Ampel zeigt R. (rotes Licht);* bei R. *(während die Ampel rotes Licht zeigt) über die Kreuzung fahren; R. (rote Schminke) auflegen.* **2.** (Kartenspiel) **a)** ⟨meist o. Art.; o. Pl.⟩ *(dem Herz der französischen Spielkarte entsprechende) Farbe der deutschen Spielkarte:*

R. ist Trumpf; **b)** *Spiel, bei dem Rot* (2 a) *Trumpf ist;* **c)** *Karte der Farbe Rot* (2 a): [ein niedriges] R. ablegen. **3.** ⟨o. Pl.⟩ *Rouge* (2): R. gewinnt; **Röt,** das; -[e]s [nach der vorherrschenden roten Farbe] (Geol.): *oberste Stufe des Buntsandsteins* (a).

Ro|ta, die; - [aus kirchenlat. Rota Romana, eigtl. = römisches Rad, wohl nach der kreisrunden Richterbank; 2: ital. ruota < lat. rota = Rad, nach den radförmigen Platten, mit denen der Gerichtssaal gepflastert war]: **1.** (kath. Kirche): *höchster Gerichtshof der katholischen Kirche.* ◆ **2.** *Gericht:* ich posaune jetzt deinen Meuchelmord aus und übergebe dich gebunden der peinlichen R. (Schiller, Fiesco II, 9).

Rot|al|ge, die (Bot.): *rötlich bis rot gefärbte Alge.*

Ro|tang, der; -s, (Sorten:) -e [malai. rotan]: *Peddigrohr;* **Ro|tang|pal|me,** die: *Palmengewächs, das u. a. Peddigrohr liefert.*

Rot|an|teil, der (Physik): *Anteil an langwelligen (roten u. infraroten) Strahlen im Licht.*

Ro|ta|print ⓦ, die; -, -s [zu lat. rotare (↑rotieren) u. engl. to print = drucken] (Druckw.): **1.** ⟨o. Art.; o. Pl.⟩ *Rotaprintverfahren.* **2.** *Rotaprintmaschine;* **Ro|ta|print|druck,** der ⟨o. Pl.⟩ (Druckw.): *nach dem Rotaprintverfahren erfolgender* ²*Druck* (1a); **Ro|ta|print|ma|schi|ne,** die (Druckw.): *nach dem Rotaprintverfahren arbeitende Druck- od. Vervielfältigungsmaschine;* **Ro|ta|print|ver|fah|ren,** das: *für kleinere Auflagen u. kleinere Formate geeignetes Offsetdruck- u. Vervielfältigungsverfahren; Rotaprint* (1).

Ro|ta|ri|er, der; -s, - [nach engl. Rotarian]: *Mitglied eines Rotary Clubs;* **Ro|ta|rie|rin,** die; -, -nen: w. Form zu ↑Rotarier; **ro|ta|risch** ⟨Adj.⟩: *die Rotary Clubs betreffend, zu ihnen gehörend:* -e Ideale; seine -en Freunde; Der „Verzicht auf eine Veröffentlichung" sei schließlich eine „noch größere -e Tat" als die Zusammenstellung (Spiegel 21, 1983, 71).

Rot|ar|mist, der; -en, -en: *Angehöriger der Roten Armee;* **Rot|arsch,** der [wohl mit Bezug auf das Wundgelaufensein nach den ersten längeren Märschen] (Bundeswehr Jargon): *Rekrut.*

Ro|ta|ry ['rəʊtərɪ, engl.]: *die Rotarier, die Rotary Clubs, Rotary International:* das gesamte Manuskript gebe „für Leser, die R. nicht kennen, ein falsches Bild" (Spiegel 21, 1983, 71); **Ro|ta|ry Club** [engl. 'rəʊtərɪ klʌb], der; - -s (bei engl. Ausspr.:) - -, - - s [engl., zu: rotary = rotierend u. club (↑Klub); die ersten Sitzungen fanden (entsprechend dem Symbol des Clubs, dem Zahnrad) reihum („rotierend") bei den Mitgliedern statt]: *zu Rotary International gehörender örtlicher Klub:* einen R. C. gründen; **Ro|ta|ry In|ter|na|tio|nal** ['rəʊtərɪ ɪntəˈnæʃənəl, engl.]: *in örtlichen Klubs organisierte internationale Vereinigung führender Persönlichkeiten unter dem Gedanken des Dienstes am Nächsten.*

Ro|ta|ti|on, die; -, -en [spätlat. rotatio = kreisförmige Umdrehung, zu lat. rotare, ↑rotieren]: **1.** *das Rotieren* (1), *kreisförmige Drehung:* die R. der Erde [um die eigene Achse; die R. der Zentrifuge verlangsamen, beschleunigen; die durch die R. des Rades auftretende Zentrifugalkraft; einen Kreisel in schnelle R. versetzen. **2.** (Landw.) *Fruchtfolge.* **3. a)** (Politik) *Wechsel in der Besetzung eines Amtes in bestimmten Zeitabständen:* die Grünen sind von der R. abgekommen; **b)** (Volleyball) *im Uhrzeigersinn erfolgender Wechsel der Positionen aller Spieler einer Mannschaft; Positionswechsel.* **4.** *Regelung der Bewässerung in der Landwirtschaft.* **5.** *(im Skisport) das Mitdrehen des Oberkörpers im Schwung;* **Ro|ta|ti|ons|ach|se,** die; -, -n *um die etw. rotiert* (1); **Ro|ta|ti|ons|be|we|gung,** die: *rotierende* (1) *Bewegung;* **Ro|ta|ti|ons|druck,** der ⟨Pl. ...drucke⟩ (Druckw.): **1.** ⟨o. Pl.⟩ *Druckverfahren, bei dem das Papier zwischen zwei gegeneinander rotierenden Walzen hindurchläuft u. von einer zylindrisch gebogenen, einer der Walzen anliegenden Druckform bedruckt wird.* **2.** *im Verfahren des Rotationsdrucks* (1) *hergestelltes Druckerzeugnis;* **Ro|ta|ti|ons|druck|ma|schi|ne,** die (Druckw.): *im Verfahren des Rotationsdrucks* (1) *arbeitende Druckmaschine;* **Ro|ta|ti|ons|el|lip|so|id,** das (Math.): **a)** *durch Rotation der Fläche einer Ellipse gebildeter Rotationskörper von der Form eines Ellipsoids;* **b)** *durch Rotation einer Ellipse gebildete Rotationsfläche;* **Ro|ta|ti|ons|flä|che,** die (Math.): *von einer (um eine in ihrer Ebene liegende Achse) rotierenden ebenen Kurve gebildete Fläche;* **Ro|ta|ti|ons|ge|schwin|dig|keit,** die: *Geschwindigkeit, mit der etw. rotiert,* **Ro|ta|ti|ons|hy|per|bo|lo|id,** das (Math.): *vgl. Rotationsellipsoid;* **Ro|ta|ti|ons|kol|ben|mo|tor,** der (Technik): *Verbrennungsmotor, der mit rotierenden Kolben arbeitet; Wankelmotor;* **Ro|ta|ti|ons|kör|per,** der (Math.): *von einer rotierenden ebenen Fläche gebildeter Körper; von einer Rotationsfläche begrenzter Körper;* **Ro|ta|ti|ons|laut|spre|cher,** der: *Leslie;* **Ro|ta|ti|ons|ma|schi|ne,** die (Druckw.): *Rotationsdruckmaschine;* **Ro|ta|ti|ons|pa|ra|bo|lo|id,** das (Math.): *vgl. Rotationsellipsoid;* **Ro|ta|ti|ons|pres|se,** die (Druckw.): *Rotationsdruckmaschine;* **Ro|ta|ti|ons|prin|zip,** das ⟨o. Pl.⟩: *Prinzip, nach dem ein Amt von dem Stelleninhaber nach einer bestimmten, festgelegten Zeit an einen Nachfolger abgegeben werden muß;* **ro|ta|tiv** ⟨Adj.⟩ [vgl. engl. rotative (Druckw.): *mit Hilfe rotierender Walzen, nach dem Prinzip des Rotationsdrucks vor sich gehend, arbeitend;* **Ro|ta|to|ri|en** ⟨Pl.⟩ (Zool.): *Rädertiere.*

Rot|au|ge, das [spätmhd. rōtauge, ahd. rōtouga, nach dem roten Augenring]: *Plötze;* **rot|äu|gig** ⟨Adj.⟩: *rote Augen habend:* Albinos sind r.

Ro|ta|vi|rus, das, außerhalb der Fachspr. auch: der; -, ...viren ⟨meist Pl.⟩ [aus lat. rota = Rad u. ↑Virus] (Med.): *radförmiges Virus, das bes. bei Kindern Darminfektionen hervorruft.*

rot|backig¹, **rot|bäckig**¹ ⟨Adj.⟩: *rote Backen habend;* **Rot|barsch,** der: *(zu den Knochenfischen gehörender) großer, im Meer lebender Fisch von leuchtendroter an der Bauchseite hellerer Färbung; Goldbarsch;* **Rot|barsch|fi|let,** das: *Filet vom Rotbarsch;* **Rot|bart,** der (ugs.): *jmd., der einen roten Bart hat;* **rot|bär|tig** ⟨Adj.⟩: *einen roten Bart habend;* **rot|blind** ⟨Adj.⟩: *unfähig, Rot wahrzunehmen;* **Rot|blind|heit,** die: *Unfähigkeit, Rot wahrzunehmen;* **rot|blond** ⟨Adj.⟩: **a)** *(vom Haar) als Farbe ein rötliches Blond habend;* **b)** *rotblondes* (a) *Haar habend;* ◆ **rot|brächt** ⟨Adj.⟩ [2. Bestandteil zu mhd. braht, ↑Pracht]: *(häufig von der Gesichtsfarbe) rötlich, rotglänzend:* Herzhaft wuschen am Brunnen mit einem handlichen Zwilchfetzen stämmige Mägde ihre -en Gesichter (Gotthelf, Spinne 4); **Rot|bras|se,** die, **Rot|bras|sen,** der: *(zu den Meerbrassen gehörender, als Speisefisch beliebter) auf dem Rücken lachs- bis ziegelrot gefärbter Fisch;* **rot|braun** ⟨Adj.⟩: *einen ins Rote spielenden braunen Farbton habend;* **Rot|buch,** das [nach dem Vorbild der englischen ↑Blaubücher] (Dipl.): *mit rotem Einband od. Umschlag versehenes Farbbuch (z. B. Österreichs, der USA);* **Rot|bu|che,** die: **1.** *Buche mit glatter, grauer Rinde u. spitz-eiförmigen, oberseits dunkelgrünen, unterseits hellgrünen Blättern.* **2.** ⟨o. Pl.⟩ *Holz der Rotbuche* (1); **rot|bunt** ⟨Adj.⟩ (Fachspr.): *(von Rindern) rötlichbraun u. weiß gefleckt:* -es Niederungsvieh, -e Milchkühe; **Rot|dorn,** der ⟨Pl. -e⟩: *rote Blüten tragender Weißdorn;* **Rö|te,** die; -, -n [mhd. rœte, ahd. rōti; 2: nach dem aus den Pflanzen gewonnenen roten Farbstoff]: **1.** ⟨o. Pl.⟩ *das Rotsein, rote Färbung:* die R. des Abendhimmels; eine sanfte R. *(ein rötlicher Schimmer)* färbte den Himmel; die R. seiner Wangen wirkte krankhaft; eine [tiefe, brennende, fiebrige] R. stieg, schlug, schoß ihm ins Gesicht; eine leichte R. flog über sein Gesicht; ihr Gesicht war vor Scham, Zorn von einer glühenden R. bedeckt, übergossen. **2.** (Bot.) *als ausdauerndes, gelblichgrün blühendes Kraut wachsendes Rötegewächs* (z. B. Färberröte); **Ro|te-Ar|mee-Frak|ti|on,** die; -: *terroristische Vereinigung in der Bundesrepublik Deutschland;* **Ro|te-Be|te-Sa|lat,** der: *Salat aus roter Bete;* **Rö|te|ge|wächs,** das (Bot.): *Pflanze einer Familie mit zahlreichen, bes. in den Tropen vorkommenden, als Bäume, Sträucher, Kräuter wachsenden Arten, zu der z. B. die Kaffeepflanze gehört;* **Rot|ei|sen,** das, **Rot|ei|sen|erz,** das, **Rot|ei|sen|stein,** der (Geol.): *roter Hämatit;* **Ro|te Khmer** ⟨Pl.⟩ [↑Khmer]: *kommunistisch orientierte Guerillabewegung in Kambodscha;* **Ro|te-Kreuz-Schwe|ster,** die; -, -n ⟨Gen. auch: der Roten-Kreuz-Schwester, Pl. auch: die Roten-Kreuz-Schwestern⟩: *↑Rotkreuzschwester;* **Rö|tel,** der; -s, -: **1.** ⟨o. Pl.⟩ *aus einem Gemisch von Roteisenstein u. Ton od. Kreide bestehender bräunlichroter Farbstoff.* **2.** *Rötelstift;* **Rö|teln** ⟨Pl.⟩: *Infektionskrankheit, die mit den Masern ähnlichem Ausschlag einhergeht;* **Rö|tel|stift,** der: *Zeichenstift mit einer Mine aus Rötel; Kreide aus Rötel;* **Rö|tel|zeich|nung,** die: *mit Rötel ausgeführte Zeichnung;* **Ro|te Meer,** das; -n, -[e]s: *Nebenmeer des Indischen Ozeans, das die Arabische Halbinsel von Afrika trennt;* **rot|emp|find|lich** ⟨Adj.⟩ (Fot.):

Rotempfindlichkeit

(von lichtempfindlichem Material) für rotes Licht empfindlich; **Rot|emp|find|lich|keit,** die ⟨Pl. selten⟩ (Fot.): *rotempfindliche Beschaffenheit;* **rö|ten** ⟨sw. V.; hat⟩ [mhd. rœten, ahd. rōten]: **1.** (geh.) *rot färben; rot erscheinen lassen:* die untergehende Sonne rötete die Flammen rötten den Himmel; die Sonne, die Kälte, der scharfe Wind, Scham rötete ihr Gesicht; der Alkohol hatte seine Nase gerötet; seine Ohren waren vom Frost gerötet. **2.** ⟨r. + sich⟩ *rot werden, eine rote Färbung annehmen:* das Wasser rötete sich vom Blut des harpunierten Fisches; der Himmel rötete sich; ihre Haut begann sich zu r.; ⟨oft im 2. Part.:⟩ mit [vom Weinen] geröteten Augen; eine juckende, stark gerötete Stelle am Bein; die Rachenschleimhaut ist leicht gerötet. **Ro|te|non,** das; -s [jap.]: *in den Wurzeln verschiedener Schmetterlingsblütler vorkommender Giftstoff, der in der Landwirtschaft als Insektizid verwendet wird.* **rö|ter:** ↑ rot; **Rot|er|de,** die (Geol.): *(wegen eines hohen Gehalts an Eisenoxyden) rötlich gefärbte Erde;* **rö|te|ste:** ↑ rot; **Rot|fär|bung,** die (Fachspr.): *rote Färbung;* **Rot|fäu|le,** die (Fachspr.): *Kernfäule, bei der das befallene Holz einen roten Farbton annimmt;* **Rot|fe|der,** die: *(in Schwärmen lebender) der Plötze ähnelnder Fisch von grünlichbrauner Färbung mit orangeroten Flossen;* **Rot|fil|ter,** der, Fachspr. meist: das (Fot.): *roter Filter (2), der blaues u. grünes Licht absorbiert;* **rot|fleckig**[1] ⟨Adj.⟩: *(bes. von der Haut) rote Flecken aufweisend:* ein -es Gesicht; **Rot|fo|rel|le,** die: *zu den Lachsen gehörender Fisch von grauer Färbung des Rückens mit kleinen, roten Flecken u. leuchtendroter Bauchseite;* **Rot|fuchs,** der: **1. a)** *Fuchs mit rotbraunem bis rostrotem, an der Bauchseite grauem Fell;* **b)** *aus dem Fell eines Rotfuchses hergestellter Pelz.* **2.** *rötlichbraunes Pferd.* **3.** (ugs., oft abwertend) *rothaariger Mensch; Fuchs (4);* **Rot|fuß|röhr|ling,** der: *Röhrling mit rotem Stiel;* **Rot|gar|dist,** der: *Angehöriger einer "Rote Garde" genannten revolutionären Kampftruppe;* **Rot|gar|di|stin,** die: w. Form zu ↑ Rotgardist; **rot|ge|ädert** ⟨Adj.⟩: **a)** *von roten Adern durchzogen:* -e Augen; **b)** *in Rot geädert:* -er Marmor; **rot|ge|fro|ren** ⟨Adj.⟩: *von Kälte gerötet:* -e Ohren, Hände; **Rot|ger|ber,** der [die mit Lohe gegerbten Häute sehen rötlich aus] (veraltet): *Lohgerber;* **Rot|ger|be|rei,** die (veraltet): *Lohgerberei;* **Rot|ger|be|rin,** die (veraltet): w. Form zu ↑ Rotgerber; **rot|ge|schminkt** ⟨Adj.⟩: *in Rot geschminkt:* -e Lippen; **rot|ge|sich|tig** ⟨Adj.⟩: *ein rotes, gerötetes Gesicht habend;* **rot|ge|streift**[1] ⟨Adj.⟩: *mit roten Streifen versehen;* **rot|ge|weint** ⟨Adj.⟩: *von vielem Weinen gerötet:* -e Augen; **Rot|gie|ßer,** der (Gießerei): *Gießer, der Rotguß herstellt;* **Rot|gip|fler,** der; -s, - [nach den bronzefarbenen Spitzen der Triebe]: **1.** ⟨o. Pl.⟩ *spät reifende, frostempfindliche Rebsorte in Österreich.* **2.** *aus den Trauben des Rotgipflers (1) hergestellter Weißwein mit markantem Bukett u. meist hohem Alkoholgehalt;* **rot|glü|hend** ⟨Adj.⟩: *im Zustand der Rotglut befindlich:* -es Eisen; **Rot|glut,** die: *durch rotes Glü-*

hen sich äußernder Zustand eines stark erhitzten Stoffes (bes. eines Metalls); **Rot|gold,** das: *mit etwas Kupfer legiertes, rötliches Gold;* **rot|grün|blind** ⟨Adj.⟩ (Med.): *nicht fähig, Rot u. Grün wahrzunehmen od. zu unterscheiden;* **Rot|grün|blind|heit,** die (Med.): *Unfähigkeit, Rot u. Grün wahrzunehmen od. zu unterscheiden;* **rot|grun|dig** ⟨Adj.⟩: *einen roten Grund (4) habend;* **Rot|gül|dig|erz,** (fachspr.:) **Rot|gül|tig|erz,** das [zu ↑ gültig in der älteren Bed. „wertvoll, teuer"] (Mineral.): *silberhaltiges, in verschiedenen, meist roten Farbtönen auftretendes kristallinisches Mineral;* **Rot|guß,** der (Gießerei): *Bronze mit einem verhältnismäßig hohen Anteil an Kupfer (u. Zusätzen von Zink u. Blei);* **Rot|haar|ge|bir|ge,** das; -s: *Teil des Rheinischen Schiefergebirges;* **rot|haa|rig** ⟨Adj.⟩: *rotes Haar habend;* **Rothaa|rig|keit,** die; -: *das Rothaarigsein;* **Rothaut,** die [LÜ von engl. redskin, nach der unter den Indianern Nordamerikas verbreiteten roten Körperbemalung] (scherzh.): *nordamerikanischer Indianer.* **Ro|then|burg ob der Tau|ber:** *Stadt in Bayern.* **Rot|hirsch,** der: *großer Hirsch mit oft mächtigem Geweih u. Halsmähne, im Winter graubraunem u. im Sommer rötlichbraunem Fell;* **Rot|holz,** das (Fachspr.): **a)** *blaß- bis purpurrotes Farbholz;* **b)** *aus Skandinavien, Finnland, Rußland kommendes Kiefernholz.* **ro|tie|ren** ⟨sw. V.; hat⟩ [lat. rotare = (sich) kreisförmig drehen; zu: rota, ↑ Rota]: **1.** *sich im Kreis (um etw. od. um die eigene Achse) drehen:* langsam, schnell, um die eigene Achse r.; der Propeller rotiert; das Drehrestaurant rotiert ganz langsam um die Achse des Turms; der Plattenteller rotiert mit 45 Umdrehungen pro Minute; eine rotierende Schutzschraube; der Rasenmäher, der Rasierapparat hat rotierende Messer. **2.** (ugs.) *sich über etw. erregen u. in hektische Aktivität verfallen:* wenn mal etwas nicht planmäßig läuft, fängt er gleich an zu r.; Sie werden r. und Leute zusammenrufen und Besprechungen einberufen (H. Gerlach, Demission 35); ⟨subst.:⟩ er ist am Rotieren. **3.** (Volleyball) *die Position[en] wechseln.* **Ro|tis|se|rie,** die; -, -n [frz. rôtisserie, zu: rôtir = braten, rösten]: *Restaurant, in dem bestimmte Fleischgerichte [vor den Augen der Gäste] auf einem Grill zubereitet werden;* **Ro|tis|seur** [...'sø:ɐ̯], der; -s, -e [frz. rôtisseur, zu: rôtir, ↑ Rotisserie]: *Koch in einer Rotisserie.* **Rot|ka|bis,** der [↑ Kabis] (schweiz.): *Rotkohl;* **Rot|käpp|chen,** das ⟨o. Pl.⟩: *(im Volksmärchen) kleines Mädchen mit roter Kappe, das beim Besuch seiner Großmutter auf Grund seiner Vertrauensseligkeit vom Wolf gefressen wird, aus dessen Bauch es dann später von einem Jäger befreit wird;* **Rot|kap|pe,** die: *großer, wohlschmeckender Röhrling, dessen Hut oft eine orange- bis braunrote Färbung hat;* **rot|ka|riert** ⟨Adj.⟩: *mit roten Karos gemustert;* **Rot|kehl|chen,** das; -s, -: *kleiner einheimischer Singvogel mit braunem, an Kehle u. Brust orangerotem u. an der Bauchseite weißem Gefieder;* **Rot|klee,** der: *Wiesenklee;* **Rot|kohl** der (bes. nordd.): *Kohlart*

mit rötlichblauen Blättern; **Rot|kopf,** der (ugs.): **a)** *jmd., der rotes Haar hat;* **b)** *Kopf eines rothaarigen Menschen:* ich erkenne ihn an seinem R.; **Rot|kraut,** das (südd., österr.): *Rotkohl;* **Rot|kreuz|schwe|ster,** die; -, -n: *dem Roten Kreuz angehörende Krankenschwester;* **Rot|kup|fer|erz,** das (Mineral.): *rotbraune bis graue Kristalle bildendes Mineral mit einem hohen Gehalt an Kupfer;* **rot|lackiert**[1] ⟨Adj.⟩: *in Rot lackiert;* **Rot|lauf,** der ⟨o. Pl.⟩ [im 15. Jh. roit lauff, nach griech. erysipelas (↑ Erysipelas), 2. Bestandteil viell. volksetym. nach ↑ Lauf umgebildet aus mhd., ahd. louft = Rinde, Schale]: *mit roten Flecken od. roter bis blauroter Verfärbung der Haut einhergehende [bösartige] Infektionskrankheit bei Schweinen;* **röt|lich** ⟨Adj.⟩: *sich im Farbton dem Rot nähernd, ins Rote spielend:* ein -er Schimmer, [Farb]ton; ein -es Braun; **röt|lich|braun** ⟨Adj.⟩: *ein rötliches Braun aufweisend;* **röt|lich|gelb** ⟨Adj.⟩: *ein rötliches Gelb aufweisend;* **Rot|licht,** das ⟨o. Pl.⟩: *(künstlich erzeugtes, elektrisches) rotes [u. infrarotes] Licht:* einen Film bei R. entwickeln; jmdn. mit R. bestrahlen, behandeln; **Rot|licht|be|strah|lung,** die: *Bestrahlung mit Rotlicht;* **Rot|licht|be|zirk,** der: *Bezirk (1a) einer Stadt, in dem das Rotlichtmilieu angesiedelt ist;* **Rot|licht|lam|pe,** die: *(zur Rotlichtbestrahlung dienende) Lampe, die rotes u. (wärmendes) infrarotes Licht abgibt;* **Rot|licht|mi|lieu,** das [nach der roten Laterne über dem Eingang von Bordellen u. dem roten, schummerigen Licht in Bars u. Zimmern von Prostituierten]: *Dirnenmilieu;* **Rot|licht|sün|der,** der (ugs. scherzh.): *jmd., der bei Rot die Ampel passiert;* **Rot|licht|vier|tel,** das [nach engl. red-light district] (ugs.): *Amüsierviertel;* **Rot|lie|gen|de,** das; -n [aus der Bergmannsspr., eigtl. = die rote, erzfreie Liegende in Kupferbergwerken] (Geol.): *ältere Abteilung des Perms;* **Rot|ling,** der; -s, -e: *roten od. blauen u. hellen Trauben hergestellter Wein von blaßroter Farbe;* **Röt|ling,** der; -s, -e: *Pilz mit rötlichen bis lachsfarbenen Lamellen;* **Rot|milan,** der: *Gabelweihe;* **rot|na|sig** ⟨Adj.⟩: *eine rote Nase habend.* **Ro|tor,** der; -s, ...oren [engl. rotor, Kurzf. von: rotator, zu: to rotate = kreisen, zu lat. rotatum, 2. Part. von: rotare, ↑ rotieren]: **1.** (Technik) *rotierender, aus mehreren einzelnen, strahlenförmig um eine Achse angeordneten Blättern bestehender Flügel eines Drehflügelflugzeugs:* der Hubschrauber hat zwei -en. **2.** *Läufer* (3). **3.** (Technik) kurz für ↑ Flettnerrotor. **4.** (Funkt., Fernsehtechnik) *Vorrichtung zum Drehen einer Richt- od. Peilantenne.* **5.** *(in automatischen Armbanduhren) auf einer Welle sitzendes Teil, durch dessen Pendelbewegungen die Uhr aufgezogen wird.* **6.** (Technik) *zylindrischer, kippbarer Ofen zur Herstellung von Stahl aus flüssigem Roheisen.* **rot|oran|ge** ⟨indekl. Adj.⟩: *ein ins Rot spielendes Orange aufweisend.* **Ro|tor|an|ten|ne,** die (Funkt., Fernsehtechnik): *mit einem Rotor (4) ausgestattete Antenne;* **Ro|tor|blatt,** das (Technik): *Blatt (5) eines Rotors (1);* **Ro|tor-**

flug|zeug, das: *Drehflügelflugzeug;* **Ro|tor|kopf,** der (Technik): *mittlerer Teil eines Rotors (1), an dem die Rotorblätter befestigt sind;* **Ro|tor|schiff,** das: *durch einen Flettnerrotor angetriebenes Schiff.* **Rot|rock,** die (Jägerspr. scherzh.): *Rotfuchs* (1 a); **Rot|rü|be,** die (landsch.): *rote Rübe* (1); **Rot|rü|ben|sa||at,** der (landsch.): *Salat aus roten Rüben;* **Rotrücken|wür|ger[1],** der: *Neuntöter;* **Rotschim|mel,** der: *mit der Färbung des Fuchses (5) zur Welt gekommener, noch nicht vollständig weißer Schimmel;* **Rotschopf,** der: *Rotkopf;* **Rot|schwanz,** der, **Rot|schwänz|chen,** das: *(zu den Drosseln gehörender) kleiner Singvogel mit rostrotem Schwanz;* **rot|se|hen** ⟨st. V.; hat⟩ (ugs.): *wütend werden [u. die Beherrschung verlieren]:* wenn jemand seine Kinder schlägt, sehe ich einfach rot; er sieht immer gleich rot; **Rot|se|hen,** das; -s (Med.): *Erythropsie;* **Rot|spon,** der; -[e]s, -e [zu mniederd. spōn = hölzernes Gefäß, eigtl. = roter Faßwein] (ugs.): *[französischer] Rotwein:* Du wirst abends deinen R. trinken und über die schlechten Zeiten stöhnen (Fallada, Herr 8); **Rot|stein,** der: *Rötel;* **Rot|stich,** der: *rötliche Verfärbung bes. eines Farbfotos:* das Foto hat einen leichten R.; **rot|sti|chig** ⟨Adj.⟩: *einen Rotstich habend;* **Rot|stift,** der: *Schreibstift mit roter Mine:* wo ist mein R.?; * **den R. ansetzen** *(vorgesehene Ausgaben einsparen).*

rott ⟨Adj.; -er, -este⟩ [zu ↑²rotten] (nordd.): *faul, morsch:* -es Holz; das Obst ist schon ganz rott.

Rot|ta: ↑³Rotte.

Rot|tan|ne, die: *Fichte mit rötlichbraunem Stamm.*

¹Rot|te, die; -, -n [mhd. rot(t)e < afrz. rote < mlat. rupta, rut(t)a = Abteilung; (Räuber)schar, zu lat. ruptum, 2. Part. von: rumpere = ab-, zersprengen, also eigtl. = abgesprengte, zersprengte Schar]: **1.** (abwertend) *meist ungeordnete, nur eine lose Gemeinschaft bildende Gruppe von Menschen:* eine lärmende R.; eine R. Plünderer/von Plünderern; Die öffentlichen Äußerungen dieser wilden R. von Mördern und Irrsinnigen... waren immer noch Kunstwerke (Friedell, Aufklärung 216); * **R. Korah** (↑Korah). **2.** (Milit.) **a)** *zwei gemeinsam operierende Flugzeuge od. Schiffe;* **b)** (früher) *Reihe von hintereinanderstehenden Soldaten:* Vorn, in der zweiten R., stand der Brüning (Kempowski, Tadellöser 408). **3.** (Jägerspr.) *größere Gruppe (von Wildschweinen od. Wölfen):* eine R. Sauen. **4. a)** (Eisenb. früher) *Gruppe von Arbeitern, die für Gleisbauarbeiten eingesetzt werden;* **b)** (Forstw.) *Gruppe von Holzfällern.*

²Rot|te, die; -, -n [zu ↑²rotten]: **1.** (Landw. nordd.) *Röste* (2). **2.** (Fachspr.) *das Verrotten, Verrottenlassen von organischen Stoffen):* ... Müllkompostwerke ..., die den Müll nach einer mehr oder weniger starken R. einer neuerlichen Verwendung zuführen sollen (MM 22.12.73, 38).

³Rot|te, Rotta, die; -, Rotten [mlat. rot(t)a, aus dem Kelt.]: *mittelalterliche dreieckige Zither.*

¹rot|ten ⟨sw. V.; hat⟩ [mhd. (md.) roten] (veraltet): **a)** ⟨r. + sich⟩ *zusammenrotten;* **b)** *zu einer* ¹*Rotte vereinen.*

²rot|ten, röt|ten ⟨sw. V.⟩ [mniederd. rotten = faulen, vgl. verrotten] (nordd.): **1.** (Fachspr.) *rösten* (4) ⟨hat⟩. **2.** (selten) *faulen, modern, sich zersetzen* ⟨ist, auch: hat⟩: der Mist muß noch r.

Rot|ten|ar|bei|ter, der (Eisenb. früher): *Arbeiter in einer* ¹*Rotte* (4 a); **Rot|ten|füh|rer,** der (Eisenb. früher): *Führer einer* ¹*Rotte* (4 a); **Rot|ten|mei|ster,** der (Eisenb. früher): *Rottenführer;* **rot|ten|wei|se** ⟨Adv.⟩: *in [einzelnen] Rotten.*

Rot|ter|dam [auch: '- - -]: *niederländische Stadt;* **¹Rot|ter|da|mer** [auch: '- - - -]: ⟨Ew⟩; **²Rot|ter|da|mer** ⟨indekl. Adj.⟩; **Rot|ter|da|me|rin,** die; -, -nen: w. Form zu ↑¹Rotterdamer.

Rot|tier, das (Jägerspr.): *weiblicher Rothirsch;* **Rot|ton,** der: *roter Farbton:* kräftige Rottöne.

Rott|wei|ler, der; -s, - [nach der baden-württembergischen Stadt Rottweil]: *(als Schutz- u. Wachhund geeigneter) kräftig gebauter, mittelgroßer Hund mit breitem Kopf, kurzer Schnauze u. kleinen Hängeohren, Stummel- od. kupiertem Schwanz u. kurzhaarigem schwarzem Fell mit rötlichbraunen Partien.*

Ro|tu|lus, der; -, ...li [mlat. rotulus, ↑Rolle]: **1.** (veraltet) **a)** *Stoß Urkunden.* **b)** *[Akten]verzeichnis.* **2.** (veraltet) *Rolle* (5 a). **3.** *(in der Spätantike u. im MA.) Buchrolle;* **Ro|tun|da,** die; - [zu lat. rotunda, Fem. von: rotundus (↑Rotunde), eigtl. = die Runde]: *(im 13./14. Jh. in Italien eingeführte) spätgotische Schrift mit abgerundeten Formen;* **Ro|tun|de,** die; -, -n [mhd. rotunde, zu: rota, ↑Rota] (Archit.): **1.** *Gebäude(teil) mit kreisrundem Grundriß.* **2.** (ugs. veraltet) *rund gebaute öffentliche Toilette,* **Ro|tun|den|frau,** die (ugs. veraltet): *Toilettenfrau;* **Ro|tun|dum,** das; -s [zu lat. rotundum, Neutr. von: rotundus (↑Rotunde), eigtl. = das Runde] (Alchimie): *Stein der Weisen.*

Rö|tung, die; -, -en ⟨Pl. selten⟩: *das Sichröten (bes. der Haut):* die Sonne bewirkt eine R. der Haut; **rot|un|ter|lau|fen¹** ⟨Adj.⟩: vgl. *blutunterlaufen:* -e Augen, Prellungen.

Ro|tü|re, die; -, -n [frz. roture, urspr. = (zinspflichtiges) gepflügtes Land < mlat. ruptura, = umgebrochenes (= umgepflügtes) Land < spätlat. ruptura, ↑Ruptur] (veraltet abwertend): *Schicht der Nichtadeligen, Bürgerlichen;* **Ro|tü|rier** [...'rie:], der; -s, -s [frz. roturier, zu: roture, ↑Rotüre] (veraltet abwertend): *Angehöriger der Rotüre.*

Rot|vieh, das: *in Mittelgebirgen beheimatete, einfarbig rote bis dunkelrote, mittelgroße Rinderrasse;* **rot|wan|gig** ⟨Adj.⟩ (geh.): *rotbackig;* **Rot|wein,** der: *aus [roten od. blauen] Trauben, deren Schalen mit verwendet werden u. dabei ihren Farbstoff abgeben, hergestellter Wein von rubin- bis tiefroter, ins Violette spielender Färbung:* französische -e; zwei R. *(Gläser Rotwein),* bitte; wir trinken gern R.; **Rot|wein|fleck,** der: *durch Rotwein hervorgerufener Fleck;* **Rot|wein|glas,** das: *Glas für Rotwein.*

rot|welsch ⟨Adj.⟩ [mhd. (md.) rōtwelsch, 1. Bestandteil viell. rotwelsch rōt = falsch, untreu]: *in der Gaunersprache Rotwelsch, zu ihr gehörend;* **Rot|welsch,** das; -[s] u. nicht best. Art.: ⟨Rot|wel|sche, das; -n: *deutsche Gaunersprache.* **Rot|wild,** das (Jägerspr.): *Rothirsch;* **Rotwurst,** die (landsch.): *Blutwurst.*

Rotz, der; -es [mhd. ro(t)z, ahd. (h)roz = (Nasen)schleim, zu ahd. (h)rūzan = schnarchen, knurren, lautm.]: **1.** (derb) *Schleim aus Nase u. Atemwegen:* den R. hochziehen; wisch dir erst mal den R. ab!; * **R. und Wasser heulen** (salopp; *heftig weinen);* **frech wie [der] R. [am Ärmel]** (salopp; *außerordentlich frech).* **2.** (Tiermed.) *bes. bei Einhufern auftretende, meist tödlich verlaufende, mit Ausfluß aus der Nase u. Geschwüren in Nase, Lunge u. Haut einhergehende Infektionskrankheit:* das Pferd hat [den] R. **3.** * **der ganze R.** (salopp verächtlich): *alles, das ganze Zeug:* ich zahle den ganzen R.; von mir aus kannst du den ganzen R. mitnehmen; **Rotz|ben|gel,** der (derb abwertend): *[kleiner] schmutziger, ungepflegter, unerzogener, frecher Junge:* diese verdammten R.!; **Rotz|brem|se,** die (salopp scherzh.): *Schnurrbart, Schnauzbart;* **Rotz|bub[e],** der (österr., südd. derb abwertend): *Rotzbengel;* **Rot|ze,** die; (landsch. derb): **1.** ↑Rotz (1). **2.** *Schnupfen;* **rot|zen** ⟨sw. V.; hat⟩ (derb abwertend): **a)** *sich geräuschvoll schneuzen:* er rotzte in ein dreckiges Taschentuch; **b)** *Schleim geräuschvoll (aus dem Bereich des Rachens u. der Nase) in den Mund ziehen u. ausspucken:* wenn du noch einmal auf den Boden rotzt, schmeiß' ich dich raus!; Da rotzte die Leute in den Papierkorb (Kempowski, Uns 337); Ü er hat ihr in die Muschel gerotzt (vulg.; *sein Ejakulat in ihre Vagina abgegeben);* **Rot|zer,** der; -s, - (landsch. derb, meist abwertend): *Rotzbengel;* **Rot|ze|rei,** die (derb abwertend): *[dauerndes] Rotzen;* **Rotz|fah|ne,** die (derb): *Taschentuch;* **rotz|frech** ⟨Adj.⟩ (salopp): *sehr frech;* **Rotz|gö|re,** die (derb abwertend): vgl. *Rotzbengel;* **Rotz|ho|bel,** der (derb scherzh.): *Mundharmonika;* **rot|zig** ⟨Adj.⟩: **1.** (derb) *mit Rotz (1) behaftet, beschmiert:* eine -e Nase; ein -es Taschentuch; grindige, -e Kinder (Fussenegger, Zeit 115). **2. a)** (salopp abwertend) *unverschämt frech; ungehörig:* sich r. benehmen; **b)** (salopp) *völlig respektlos u. unbekümmert; provozierend, herausfordernd:* mit der Elektrogitarre und -em Rock (Spiegel 4, 1978, 143); das Stück ist r. inszeniert. **3.** (Tiermed.) *rotzkrank;* **Rot|zig|keit,** die, -en (salopp abwertend): **1.** ⟨o. Pl.⟩ *rotzige (2) Art, Beschaffenheit.* **2.** *rotzige (2 a) Äußerung, Handlung.*

Rot|zink|erz, das (Mineral.): *Zinkit.*

Rotz|jun|ge, der (derb abwertend): *Rotzbengel;* **Rotz|ko|cher,** der (salopp scherzh.): *Tabakspfeife;* **rotz|krank** ⟨Adj.⟩ (Tiermed.): *an Rotz (2) leidend;* **Rotz|krank|heit,** die (Tiermed.): *Rotz* (2); **Rotz|lap|pen,** der (derb abwertend): *Taschentuch;* **Rotz|löf|fel,** der (bes. österr. auch: -n) (derb abwertend): *Rotzbengel;* **Rotz|na|se,** die: **1.** (derb) *Nase, bes. eines Kindes, aus der Schleim läuft:* eine R. haben; Du wirst deine R. (derb; *deine*

Nase) nicht durch den Stacheldraht stecken (Kirst, 08/15, 934). **2. a)** (derb abwertend) *Rotzbengel, -göre;* **b)** (salopp scherzh.) *kleines unerfahrenes Kind, unreifer junger Mensch:* aber ich war damals noch eine R. (Bieler, Mädchenkrieg 120); **rotz|nä|sig** ⟨Adj.⟩ (derb abwertend): **1.** *eine Rotznase* (1) *habend:* eine -e Göre. **2.** *(bes. von Kindern) [ungepflegt, schmutzig u.] ungezogen u. frech:* dieser -e Bursche!; sich r. *(wie eine Rotznase* 2 a) *benehmen;* **Rotz|ni|gel,** der; -s, -[n] [2. Bestandteil mundartl. Nebenf. von ↑³Nickel] (österr. ugs.): *Rotzbengel*.
Rot|zun|ge, die: *(im Meer lebender) Plattfisch mit bräunlicher, dunkel marmorierter Oberseite.*
Roué [rŭe:], der; -s, -s [frz. roué, zu: roué = gerädert (wohl im Sinne von „erschöpft von vielen Ausschweifungen")] (bildungsspr. veraltet): **1.** *Lebemann.* **2.** *durchtriebener, gewissenloser Mensch.*
Rouen [rŭā:]: *französische Stadt an der Seine.*
Rouge [ru:ʒ], das; -s, -s ⟨Pl. ungebr.⟩ [frz. rouge, zu: rouge = rot < lat. rubeus]: **1.** *Make-up in roten Farbtönen, mit dem die Wangen u. Lippen geschminkt werden:* R. auflegen, auftragen; Und etwas R. auf die Lippen legen (Jens, Mann 126); es (= das Wasser) wusch Puder und R. herunter (Remarque, Triomphe 354). **2.** *Rot als Farbe u. Gewinnmöglichkeit beim Roulett:* auf R. setzen; **Rouge et noir** [ruʒe'nŏa:ɐ̯], das; - - [frz. = rot u. schwarz]: *Glücksspiel mit 104 od. 312 Karten, bei dem Einsätze ähnlich wie beim Roulett gemacht werden u. das auch in Spielkasinos gespielt wird.*
Rou|la|de [ru'la:də], die; -, -n ⟨meist Pl.⟩ [frz. roulade, zu: rouler, ↑rollen]: **1.** *dünne Fleischscheibe, die mit Speck, Zwiebeln [Gurken] o. ä. belegt, gerollt u. dann geschmort wird.* **2.** (Musik) *(in der Gesangskunst, bes. in der Oper des 17./18. Jh.s) gleichmäßiger od. rhythmisch in sich wechselnder Lauf* (6), *mit dem die Melodie ausgeschmückt wird;* **Rou|leau** [ru'lo:], das; -s, -s [frz. rouleau = Rolle, zu: rôle, ↑Rolle]: *aufrollbarer Vorhang aus festerem Material; Rollo:* die -s hochziehen, herunterlassen; bei [halb]geschlossenen -s; **Rou|lett** [ru'lɛt], das; -[e]s, -e u. -s, **Rou|lette** [ru'lɛt(ə)], das; -, -s frz. roulette, eigtl. = Rollrädchen, Vkl. von afrz. roele (= frz. rouelle) = Rädchen < spätlat. rotella, zu lat. rota, ↑Route]: **1.** *Glücksspiel, bei dem auf Zahl u./od. Farbe gesetzt u. der Gewinner dadurch ermittelt wird, daß eine Kugel auf eine sich drehende Scheibe mit rot u. schwarz numerierten Fächern geworfen wird, die bei Stillstand der Scheibe in einem Fach liegenbleibt:* R. spielen; amerikanisches R. *(Glücksspiel mit Kettenbriefen);* * **russisches R.** *(Mutprobe od. Austragungsart eines Duells, bei der jmd. einen nur mit einer Patrone geladenen Trommelrevolver auf sich selbst abdrückt, ohne vorher zu wissen, in welcher Patronenkammer sich die Patrone befindet).* **2.** *drehbare Scheibe, mit der Roulette* (1) *gespielt wird:* Er deutete auf das R. und zuckte die Achseln (Remarque,

Triomphe 214). **3.** (Graphik) *gezähntes Rädchen aus Stahl, mit dem der Kupferstecher Vertiefungen in die Kupferplatte eindrückt;* **rou|lie|ren** [ru...] ⟨sw. V.; hat⟩ [frz. rouler < afrz. roller, ↑rollen]: **1.** (veraltet) *umlaufen.* **2.** *rollieren* (2).
Round|head ['raʊndhɛd], der; -[s], -s [engl., eigtl. = Rundkopf, aus: round = rund u. head = Kopf, nach dem kurzen Haarschnitt] (spött.): *Anhänger des Parlaments im englischen Bürgerkrieg (1644–1649);* **Round ta|ble** ['raʊndˈteɪbl], der; - - [engl. round table, eigtl. = runder Tisch, in Anlehnung an: Round Table = Tafelrunde des Königs Artus]: *Round-table-Gespräch;* **Round-ta|ble-Ge|spräch,** das [nach engl. round-table talks (Pl.)]: *Gespräch am runden Tisch, bei dem es keine (in der Sitzordnung zum Ausdruck kommende) Rangordnung der Teilnehmer gibt;* **Round-ta|ble-Kon|fe|renz,** die [engl. round-table conference = Konferenz am runden Tisch] (Politik): *[internationale] Konferenz, deren Sitzordnung [am runden Tisch] ausdrückt, daß alle Teilnehmer gleichberechtigt sind;* **Round-up** [raʊnt'ap], das; -[s] [engl. round-up]: *alljährliches Zusammentreiben des Viehs durch die Cowboys, um den Kälbern das Zeichen der Ranch aufzubrennen.*
Rout [raʊt], der; -s, -s [engl. rout, eigtl. = Horde, Bande < mfrz. route < afrz. rote < vlat. rupta (↑Route), eigtl. = zersprengte, zerbrochene Gruppe, Gesellschaft] (veraltet): *Abendgesellschaft, -empfang:* ... weil er um halb neun mit seiner Frau zu einem R. beim Ministerpräsidenten befohlen war (Brentano, Chindler 108); **Rou|te** ['ru:tə], die; -, -n [frz. route < vlat. (via) rupta = gebrochener (= gebahnter) Weg, zu lat. rumpere = brechen, zerreißen, zersprengen]: *festgelegte, eingeschlagene od. einzuschlagende Strecke; Reise-, Schiffs-, Flugweg:* die kürzeste, bequemste, schnellste R. ausfindig machen, wählen, nehmen; der Dampfer hat seine R. geändert, verlassen; auf der nördlichen R.; Ü in der Außenpolitik eine andere R. einschlagen; **Rou|ten|ver|zeich|nis,** das: *Verzeichnis von Routen.*
Rou|ter ['raʊtɐ], der; -s, - [engl. router, zu: to rout (out) = heraujsagen]: *Fräser, der bei Druckplatten diejenigen Stellen ausschneidet, die nicht mitdrucken sollen.*
Rou|ti|ne [ru...], die; - [frz. routine, eigtl. = Wegerfahrung, zu: route, ↑Route]: **1. a)** *durch längere Erfahrung erworbene Fähigkeit, eine bestimmte Tätigkeit sehr sicher, schnell u. überlegen auszuführen:* ihm fehlt noch die R.; „Alles R.", wehrte er bescheiden ab (Cotton, Silver-Jet 148); große, keine R. haben; R. zeigen; etw. mit R. erledigen; über langjährige R. verfügen; **b)** (meist abwertend) *[technisch perfekte] Ausführung einer Tätigkeit, die zur Gewohnheit geworden ist u. jedes Engagement vermissen läßt:* Ein paar Nachbarn waren im Trauerzug, waren aus R. gekommen (Fries, Weg 137); sein Spiel ist in R. erstarrt; etw. ist zur [reinen] R. geworden. **2.** (Seemannsspr.) *Zeiteinteilung für den Borddienst.* **3.** (Datenverarb.) *meist kleineres Programm* (4)

od. Teil eines Programms (4) *mit einer bestimmten, gewöhnlich häufiger benötigten Funktion;* **Rou|ti|ne-:** drückt in Bildungen mit Substantiven aus, daß etw. nichts Außergewöhnliches darstellt, sondern reine Routine ist: Routinebesuch, -frage, -maßnahme; **Rou|ti|ne|an|ge|le|gen|heit,** die: *nichts Ungewöhnliches darstellende, immer wieder vorkommende, alltägliche Angelegenheit;* **Rou|ti|ne|ar|beit,** die: *immer nach dem gleichen Schema zu verrichtende Arbeit;* **Rou|ti|ne|kon|trol|le,** die: *regelmäßig durchgeführte Kontrolle ohne besonderen Anlaß;* **rou|ti|ne|mä|ßig** ⟨Adj.⟩: *in derselben Art regelmäßig wiederkehrend:* eine -e Überprüfung; jmdn. r. vernehmen; **Rou|ti|ne|pa|trouil|le,** die: *regelmäßig durchgeführte Patrouille ohne besonderen Anlaß;* **Rou|ti|ne|sa|che,** die: *sich ständig wiederholende, alltägliche Angelegenheit, die sich mit Routine erledigen läßt;* **Rou|ti|ne|sit|zung,** die: *regelmäßig durchgeführte Sitzung ohne besonderen Anlaß;* **Rou|ti|ne|über|prü|fung,** die: *regelmäßig durchgeführte Überprüfung ohne besonderen Anlaß;* **Rou|ti|ne|un|ter|su|chung,** die: vgl. Routinekontrolle; **Rou|ti|nier** [ruti'nie:], der; -s, -s [frz. routinier, zu: routine, ↑Routine] (bildungsspr.): *jmd., der auf einem bestimmten Gebiet, in seinem Beruf o. ä. Routine* (a) *besitzt:* er ist ein R. im internationalen Marketing; unsere Mannschaft stellt eine Mischung aus alten -s und jungen Talenten dar; **rou|ti|niert** ⟨Adj.; -er, -este⟩ [frz. routiné, zu älter routinier = gewöhnen] (bildungsspr.): *mit Routine* (a): ein -er Musiker, Politiker, Geschäftsmann; ihr Auftreten ist mir zu r.; r. spielen; eine Arbeit r. erledigen.
Roux [ru:], der; -, - [frz. roux, eigtl. das Gelbrot, zu lat. russus = rot] (Kochk.): frz. Bez. für *Mehlschwitze*.
Row|dy ['raʊdi], der; -s, -s, auch: ...dies [...di:s; engl.(-amerik.) rowdy, H. u.] (abwertend): *jüngerer Mann, der sich in der Öffentlichkeit flegelhaft aufführt u. gewalttätig wird:* eine Gruppe jugendlicher -s randalierte im Stadion; der R. hat mir die Vorfahrt genommen; Sind unsere Frauen und Kinder Freiwild für -s? (Welt 9. 11. 65, 11); meine -s (fam. scherzh.; *wilden Kinder)* haben ständig Schrammen und blaue Flecken an den Beinen; **row|dy|haft** ⟨Adj.; -er, -este⟩ (abwertend): *in der Art eines Rowdys:* sein -es Auftreten; eine -e Fahrweise; sich r. benehmen; **Row|dy|tum,** das; -s (abwertend): *flegelhaftes Auftreten, Gewalttätigkeiten junger Leute in der Öffentlichkeit:* die Polizei will künftig noch härter gegen das R. [im Verkehr] durchgreifen.
roy|al [rŏa'ja:l] ⟨Adj.⟩ [frz. royal < lat. regalis, zu: rex, ↑¹Rex] (selten): **a)** *königlich;* **b)** *royalistisch;* **¹Roy|al,** das; -: *Papierformat;* **²Roy|al,** der; -[s]: *in versetzter Ripsbindung gewebter Seidenstoff;* **³Roy|al** ['rɔɪəl], das; -s, -s [das Segel wurde erstmals auf dem englischen Schiff „Royal Sovereign" unter (im Jahre 1683)] (Seemannsspr.): *über den Bramsegeln angebrachtes Rahsegel;* **⁴Roy|al** ['rɔɪəl], der; -s ⟨meist Pl.⟩ [engl. royal, zu: royal = königlich < mfrz. roial < lat. regalis,

↑ royal] (Jargon): *Mitglied der (englischen) königlichen Familie:* Mitreisende Mitglieder des Rat Pack ..., die, die -s gnadenlos observieren, wollten vernommen haben, daß die Queen ... (Spiegel 48, 1992, 178); **Roy|al Air Force** ['rɔɪəl-'ɛəfɔːs], die; - - - [engl.]: *[königliche] britische Luftwaffe;* Abk.: R. A. F.; **Roy|al|is|mus** [roaja...], der; - [frz. royalisme, zu: royal, ↑ royal]: *das Eintreten für das Königtum als Staatsform;* **Roy|al|ist** [roaja...], der; -en, -en [frz. royaliste, zu: royal, ↑ royal]: *jmd., der für das Königtum als Staatsform eintritt;* **Roy|a|li|stin**, die; -, -nen: w. Form zu ↑ Royalist; **roy|a|li|stisch** [roaja...] ⟨Adj.⟩: *für das Königtum als Staatsform eintretend; königstreu;* **Roy|al|se|gel** ['rɔɪəl...], das (Seemannsspr.): ³*Royal;* **Roy|al|ty** ['rɔɪəltɪ], das; -, ...ties [engl. royalty < mfrz. roialté, über das Vlat. zu lat. regalis, ↑ royal]: **1.** *Vergütung, die dem Besitzer eines Verlagsrechtes für die Überlassung dieses Rechtes gezahlt wird.* **2.** *Abgabe, Steuer, die eine ausländische Erdölgesellschaft dem Land zahlt, in dem das Erdöl gewonnen wird.*
Rp = Rupiah.
Rp. = recipe; Rappen.
RP (bei Telegrammen) = Réponse payée (frz. = Antwort bezahlt).
RSFSR = Russische Sozialistische Föderative Sowjetrepublik (1918–1991).
RT = Registertonne.
Ru = Ruthenium.
Ru|an|da usw.: ↑ Rwanda usw.
Rua|sa: Pl. von ↑ Rais.
ru|ba|to ⟨Adv.⟩ [ital. (tempo) rubato, eigtl. = gestohlen(es Zeitmaß), zu: rubare = stehlen, aus dem Germ.] (Musik): *durch kleine Tempoverschiebungen zu beleben;* **Ru|ba|to**, das; -s, -s u. ...ti (Musik): *rubato gespielte Stelle in einem Musikstück.*
rub|be|lig ⟨Adj.⟩ [zu ↑ rubbeln] (landsch., bes. nordd.): *von rauher Oberfläche; uneben; holprig;* **Rub|bel|los**, das: *von einer Lottogesellschaft ausgegebenes Los, bei dem der Käufer rubbeln (2) muß, um festzustellen, ob bzw. wieviel er gewonnen hat;* **rub|beln** ⟨sw. V.; hat⟩ [Intensivbildung zu niederd. rubben = reiben, verw. mit ↑ ¹rupfen]: **1.** (landsch., bes. nordd.) *kräftig reiben:* Wäsche [auf dem Waschbrett] r.; sich den Körper mit dem Handtuch r.; ⟨auch o. Akk.-Obj.:⟩ du mußt tüchtig r. **2.** *das Feld eines Loses o. ä. durch Rubbeln* (1) *freilegen.*
¹**Rub|ber** ['rabɐ, engl.: 'rʌbə], der; -s [engl. (India) rubber, zu: to rub = (ab)reiben, (ab)schaben; nach der häufigen Verwendung als Radiergummi]: *engl. Bez. für Kautschuk, Gummi.*
²**Rub|ber**, der; -s, - [engl. rubber, H. u.] (Kartenspiel): *Robber.*
Rüb|chen, das; -s, -: Vkl. zu ↑ Rübe (1);
Rü|be, die; -, -n [mhd. ruebe, ahd. ruoba (daneben mhd. rābe, ahd. rāba), verw. mit griech. rháp(h)ys, lat. rapa = Rübe, wahrsch. altes Wanderwort]: **1. a)** *Pflanze mit einer dickfleischigen Pfahlwurzel (die als Gemüse- od. Futterpflanze angebaut wird):* -n pflanzen, [an]bauen, [ver]ziehen, hacken, häufeln, ernten, ausmachen; * **gelbe R.** (südd.: *Möhre);* **rote R.** (*Rübe mit einer runden Wurzel u. rotem Fleisch);* **b)** *dickfleischige, kegelförmige, rundliche od. runde Wurzel der Rübe* (1 a): -n [ver]füttern. **2.** (salopp) *Kopf:* die R. einziehen; jmdm. die R. abhacken *(jmdn. enthaupten);* jmdm. eins auf die R. geben; eins auf die R. kriegen; er haute, zog ihm eine Dachlatte über die R. **3.** (salopp) *Bursche:* na, [du] alte R., wie geht's?; so eine freche R.!
Ru|be|be, die; -, -n [älter frz. rubebe < arab. rabāb, ↑ Rebab]: *Rebec.*
Ru|bel, der; -s, - [russ. rubl', zu: rubit' = (ab)hauen, eigtl. = abgehauenes Stück (eines Silberbarrens)]: *russische Währungseinheit* (1 Rubel = 100 Kopeken; Abk.: Rbl): * **der R. rollt** (ugs.; *es wird viel Geld ausgegeben u. verdient).*
Ru|bel|lan, der; -s, -e [zu lat. rubellus = rötlich, Vkl. von: ruber = rot] (Geol.): *roter Glimmer* (1); **Ru|bel|lit**, der; -s, -e (Geol.): *roter Turmalin.*
Rü|ben|acker¹, der: *Acker, auf dem Rüben angebaut werden, sind;* **Rü|ben|äl|chen**, das: *als Schädling an Rüben auftretendes Älchen;* **Rü|ben|an|bau**, der: *Anbau von Rüben;* **rü|ben|ar|tig** ⟨Adj.⟩: *von, in der Art einer Rübe:* eine -e Wurzel; **Rü|ben|be|stand**, der: *Bestand an Rüben* (2); **Rü|ben|blatt**, das: *Blatt einer Rübe* (1); **Rü|ben|blatt|wan|ze**, die: *sehr kleine graubraune Wanze, die bes. in Spinat schmarotzt;* **Rü|ben|ern|te**, die: **1.** *das Ernten der Rüben:* mit der R. beginnen. **2.** *Gesamtheit der geernteten Rüben:* die diesjährige R. war gut; **Rü|ben|feld**, das: vgl. Rübenacker; **Rü|ben|flie|ge**, die: *kleine Minierfliege, deren Larven bes. Rübenblätter schädigen;* **Rü|ben|ga|bel**, die: *Gabel* (2 zum Ernten von Rüben; **Rü|ben|kraut**, das ⟨o. Pl.⟩ (landsch.): *Sirup* (a); **Rü|ben|lich|ter**, der; -, - (Landw.): *Maschine zum* ¹*Lichten* (1a) *eines nicht bestandenen Rübenfeldes;* **Rü|ben|mie|te**, die (Landw.): ²*Miete* (a), *in der Rüben eingelagert sind;* **Rü|ben|mü|dig|keit**, die (Landw.): **1.** *durch den übermäßigen Anbau von Zuckerrüben verursachte Bodenmüdigkeit.* **2.** *Ertragsrückgang infolge einer Verseuchung durch Rübenälchen;* **Rü|ben|saft**, der (landsch.): *Sirup* (a); **Rü|ben|sau**, die (derb abwertend): *Rübenschwein* (oft als Schimpfwort); **Rü|ben|schnit|zel** ⟨Pl.⟩: *[bei der Zuckergewinnung aus Zuckerrüben als Abfall anfallende] Schnitzel von [Zuckerrüben;* **Rü|ben|schwein**, das [aus der Soldatenspr., urspr. = Frontsoldat (der in einem Rübenacker in Deckung liegt)]: *grobschlächtiger abstoßender Mensch* (oft als Schimpfwort); **Rü|ben|si|rup**, der (landsch.): *Sirup* (a).
Ru|bens|ste|cher, der; -s, - [nach dem flämischen Maler Peter Paul Rubens (1577-1640)]: *(in der Werkstatt Rubens' tätiger) Künstler, der die Gemälde Rubens' auf Kupferstiche, Radierungen u. Holzschnitte übertrug.*
Rü|ben|wan|ze, die: *Rübenblattwanze;*
Rü|ben|zucker¹, der: *Zucker aus Zuckerrüben.*
Ru|beo|la, die; - [zu lat. ruber = rot] (Med.): *Röteln.*
rü|ber usw.: ugs. für ↑ herüber usw., ↑ hinüber usw.; **rü|ber|brin|gen** ⟨unr. V.; hat⟩ (ugs.): **1.** *herüberbringen, hinüberbringen.* **2.** *(eine Botschaft o. ä.) erfolgreich vermitteln, bewußtmachen:* eine Botschaft, eine Message, politische Inhalte r.; *Mängel im Bonner Marketing, die den Erfolg von Helmut Kohl und seiner Koalition nicht rübergebracht haben zum Wähler* (Spiegel 21, 1985, 18); **rü|ber|kom|men** ⟨st. V.; ist⟩ (ugs.): **1.** *herüberkommen, hinüberkommen.* **2.** *etw. herausrücken* (2a): er kommt mit dem Geld einfach nicht rüber. **3.** *(von einer Botschaft o. ä.) erfolgreich vermittelt werden, vom Adressaten verstanden werden:* die Botschaft, Message, die Pointe ist leider nicht rübergekommen; Ich versuche mich auszudrücken und achte darauf, daß das auch unterhaltend ist und inhaltlich dabei was rüberkommt (Frings, Männer 177); **rü|ber|ma|chen** ⟨sw. V.; hat, auch: ist⟩ (landsch.): *an einen Ort jenseits einer Grenze o. ä. reisen, bes. aus der ehem. DDR in die Bundesrepublik überwechseln:* sie hatten schon vor dem Mauerbau [in den Westen] rübergemacht.
Ru|bia, die; - [lat. rubia = Färberröte] (Bot.): *Rötegewächs, das früher zum Teil zur Farbstoffgewinnung verwendet wurde;* **Ru|bi|di|um**, das; -s [lat. rubidus = dunkelrot; das Metall hat zwei dunkelrote Spektrallinien] (Chemie): *sehr weiches, silbrig glänzendes Alkalimetall* (chemischer Grundstoff; Zeichen: Rb).
Ru|bi|kon: in der Wendung **den R. überschreiten** (bildungsspr.; *einen [strategisch] entscheidenden Schritt tun;* nach dem Grenzfluß Rubikon [lat. Rubico] zwischen Italien u. Gallia cisalpina, mit dessen Überschreitung Cäsar 49 v. Chr. den Bürgerkrieg begann).
Ru|bin, der; -s, -e [mhd. rubin < mlat. rubinus, zu lat. rubeus = rot]: **1.** (Mineral.) *roter Korund* (wertvoller Edelstein): der R. ist einer der kostbarsten Edelsteine; natürlicher, synthetischer R. **2.** *Stück Rubin* (1), *aus Rubin* (1) *bestehender Schmuckstein:* ein dreikarätiger R.; drei oder vier ... Fingerringe, von denen einer eine ... Perle, ein anderer einen dunklen, dreieckigen R. ... trug (Th. Mann, Krull 158); die Uhr hat acht -e (*Lager aus Rubin* 1); **ru|bin|far|ben, ru|bin|far|big** ⟨Adj.⟩: vgl. rubinrot; **Ru|bin|glas**, das: *rubinrotes* ¹*Glas* (1, 2 a); **ru|bin|rot** ⟨Adj.⟩: *von klarem, leuchtendem, tiefem Rot;* **Ru|bi|zell**, der; -s, -e [zu ↑ Rubin] (Mineral.): *orange- od. rosafarbener Spinell.*
Rüb|kohl, der (schweiz.): *Kohlrabi;* **Rüb|öl**, das: *aus dem Samen von Raps od. Rübsen gewonnenes Öl.*
Ru|bor, der; -s, ...bores [zu lat. ruber = rot] (Med.): *entzündliche Rötung der Haut;* **Ru|bra, Ru|bren**: Pl. von ↑ Rubrum; **ru|brik** [auch: ...brɪk], die; -, -en [spätmhd. rubrik(e), urspr. = roter Schreibstoff, dann: rot geschriebene Überschrift (die einzelne Abschnitte trennt), < lat. rubrica (terra) = rote Erde, roter Farbstoff; mit roter Farbe geschriebener Titel eines Gesetzes, zu: ruber = rot] (bildungsspr.): **1. a)** *Spalte, in die etw. nach einer bestimmten Ordnung [unter einer bestimmten Überschrift] eingetragen wird:* die -en einer Tabelle, einer Zeitung; das Blatt hat eine ständige R. [mit dem Titel „Der Abgeordnete hat

das Wort"; eine R. anlegen; etw. in die letzte R. eintragen; etw. in, unter einer bestimmten R. anführen, verzeichnen, finden; **b)** *Kategorie, in die man jmdn., etw. gedanklich einordnet:* Gehört die Schrift zur R. „Klassiker" ... oder zur R. „Quellenliteratur"? (Leonhard, Revolution 124). **2.** (Buchw.) *rot ausgezeichneter Textanfang in mittelalterlichen Handschriften.* **3.** (Rel.) *[rot gedruckte] Anweisung für rituelle Handlungen in [katholischen] liturgischen Büchern;* **Ru|bri|kator,** der; -s, ...oren [mlat. rubricator]: *Maler von Rubriken (2) im Mittelalter;* **ru|brizie|ren** ⟨sw. V.; hat⟩ [1: zu ↑Rubrik; 2: mlat. rubricare = rot schreiben]: **1. a)** *in eine Rubrik (a), in Rubriken (a) einordnen;* **b)** *kategorisieren, klassifizieren:* was in den Akten der amerikanischen Luftwaffe als „Ufos" ... rubriziert wird (Spiegel 17, 1966, 156). **2.** (Buchw. früher) *mit einer roten Überschrift, mit roten Initialen versehen;* **Ru|brum,** das; -s, Rubra u. Rubren [lat. rubrum = das Rote, subst. Neutr. von: ruber = rot] (bildungsspr. veraltet): **a)** *kurze Inhaltsangabe als Aufschrift auf Akten;* **b)** *Kopf (5 c) eines amtlichen Schreibens.*

Rüb|sa|men, der; -s: Rübsen; **Rüb|sen,** der; -s [gek. aus ↑Rübsamen]: *dem Raps ähnliche Pflanze, aus deren Samen Öl gewonnen wird.*

Ruch [auch: rʊx], der; -[e]s, Rüche ⟨Pl. selten⟩ [1: mhd. ruch, ↑Geruch; 2: aus dem Niederd. < mniederd. ruchte = Ruf, Leumund] (geh.): **1.** (selten) *Geruch:* Irgendein sonderbarer R. von Vanille und Urwaldhölzern ... (Jahnn, Geschichten 169); aus der Ofenlampe drang der R. von kaltem Koks (Bieler, Mädchenkrieg 512). **2.** *zweifelhafter Ruf:* Billiger Fernostware haftet noch immer ein bißchen der R. des Ramsches an (Hörzu 5, 1974, 80); im R. der Korruption stehen; in den R. der Willfährigkeit geraten.

Ruch|ad|lo, der; -s, -s [tschech.]: *(früher verwendeter) Pflug mit zylinderförmigem Streichblech.*

ruch|bar [auch: ˈrʊx...] ⟨Adj.⟩ [älter: ruchtbar, zu ↑Ruch (2)]: *in der Verbindung* **r. werden** (geh.; *bekanntwerden; in die Öffentlichkeit dringen):* die Sache wurde schnell r.; als r. wurde, daß auch er in den Skandal verwickelt war, trat er zurück; **etw. r. machen** (veraltet; *bekanntmachen, in die Öffentlichkeit tragen).*

Ruch|gras, das [zu ↑riechen; nach dem starken Geruch des getrockneten Grases]: *in mehreren Arten vorkommendes Gras mit einblütigen Ährchen in Rispen.*

ruch|los [auch: ˈrʊx...] ⟨Adj.; -er, -este⟩ [mhd. ruochelōs = sorglos, unbekümmert, zu: ruoch(e) = Bedacht, Sorgfalt]: *ohne Skrupel, gewissenlos, gemein* (geh.): ein -er Verbrecher, Mörder; eine -e Tat; er lag in den Armen einer ebenso schönen, ebenso -en Frau (K. Mann, Wendepunkt 100); Er verschlimmerte r. in ihr, woran Walter sich nicht zu rühren getraute, die Kaverne des Unheils ... (Musil, Mann 63); **Ruch|lo|sig|keit,** die; -, -en (geh.): **a)** ⟨o. Pl.⟩ *ruchloses Verhalten;* **b)** *ruchlose Handlung.*

ruck: ↑hau ruck; **Ruck,** der; -[e]s, -e [mhd. ruc, ahd. rucch, zu ↑rücken]: *kurze Bewe-* *gung, die abrupt, stoßartig einsetzt od. aufhört:* ein R. am Zügel; ein jäher R. mit dem Kopf; plötzlich gab es einen R.; mit einem R. riß ich mich los, hob er die schwere Kiste hoch; ohne den geringsten R. anfahren; Ü einer Sache einen R. geben (selten; *sie vorantreiben);* es gab ihr einen inneren R. *(traf sie innerlich);* wir fuhren in einem R. (ugs.; *ohne Halt)* durch; Ich war mit einem R. (ugs.; *auf einmal, plötzlich)* gewachsen (Bergengruen, Rittmeisterin 377); bei den Wahlen gab es einen R. nach links (ugs.; *einen erheblichen Stimmenzuwachs für die linken Parteien);* * **sich** ⟨Dativ⟩ **[innerlich] einen R. geben** (ugs.; *sich überwinden, etw. zu tun, wogegen man bestimmte Widerstände hat).*

Rück: ↑Rick.

Rück|an|sicht, die: *Hinteransicht;* **Rückant|wort,** die: **1.** *[schriftliche] Antwort* (a): sie trennte die zur R. bestimmte Kartenhälfte ab. **2.** *bereits frankiertes Telegramm, bereits frankierte Postkarte für eine Antwort;* **Rück|ant|wort|kar|te, Rück|antwort|post|kar|te,** die: *[bereits frankierte] Postkarte für eine Antwort.*

ruck|ar|tig ⟨Adj.⟩: **a)** *mit einem Ruck [erfolgend]:* r. bremsen, anhalten; **b)** *kurz, abgesetzt u. ungleichmäßig:* -e Bewegungen.

Rück|äu|ße|rung, die: vgl. Rückantwort: wir sehen Ihrer R. mit Spannung entgegen; **Rück|bank,** die ⟨Pl. ...bänke⟩: *hintere Bank im Auto:* der Rucksack kann auf der R.; **Rück|bau,** der ⟨o. Pl.⟩ (Fachspr.): *das Zurückbauen:* ... hat der Kreis das Projekt des -s und der Gestaltung der Salierstraße aus dem Investitionshaushalt ... herausgenommen (Rheinpfalz 23. 3. 93, 16); **rück|bau|en** ⟨sw. V.; hat⟩ (Fachspr.): *zurückbauen:* eine Straße, ein Gebäude, einen begradigten Bachlauf r.; **Rück|be|för|de|rung,** die: *das Zurückbefördern;* **Rück|be|sin|nung,** die: *das Sichzurückbesinnen, Wiederaufgreifen:* die R. auf altbewährte Klassiker; **rückbe|züg|lich** ⟨Adj.⟩ (Sprachw.): *reflexiv:* das -e Fürwort „sich"; „euch" ist in diesem Satz r. gebraucht; **Rück|bil|dung,** die: **1.** (Med., Biol.) **a)** *funktions- od. altersbedingte Verkümmerung von Organen o. ä.;* **b)** *das Abklingen von Krankheitserscheinungen.* **2.** (Sprachw.) *Wort, das historisch gesehen aus einem Verb od. Adjektiv abgeleitet ist, aber wegen seiner Kürze den Anschein erweckt, die Grundlage des betreffenden Verbs od. Adjektivs zu sein; retrograde Bildung;* **rück|bil|dungs|fähig** ⟨Adj.⟩: *zur Rückbildung (1) fähig;* **Rück|bleib|sel,** das; -s, - (veraltet): *Rückstand (1);* **Rück|blen|de,** die (Film): *in einen [Spiel]film eingeblendeter Abschnitt, der ein zur Zeit des dargestellten Handlungsablaufs bereits vergangenes Ereignis, Geschehen wiedergibt;* **rück|blenden** ⟨sw. V.; hat; nur im Inf. u. 2. Part. gebr.⟩ (Film): *zurückblenden;* **Rück|blick,** der: *gedankliches Betrachten, Zurückverfolgen von Vergangenem:* ein R. auf die zwanziger Jahre; R. in die Geschichte halten; * **im/**(seltener:)**in R. auf ...** *(in der nachträglichen Betrachtung von etw. Vergangenem);* **rück|blickend**[1] ⟨Adj.⟩: *in nachträglich betrachtender, untersuchender Weise:* eine -e Selbstbeobachtung;

diese Taktik muß r. als verfehlt bezeichnet werden; **Rück|blick|spie|gel,** der: *Rückspiegel;* **rück|bu|chen** ⟨sw. V.; hat; nur im Inf. u. 2. Part. gebr.⟩ (Kaufmannsspr.): *stornieren (1);* **Rück|bu|chung,** die (Kaufmannsspr.): *Stornobuchung;* **rückda|tie|ren** ⟨sw. V.; hat; nur im Inf. u. 2. Part. gebr.⟩: *nachträglich mit einem früheren Datum versehen;* **Rück|deckungsver|si|che|rung**[1]**,** die (Versicherungsw.): *Versicherung, die ein Betrieb zur Deckung der Kosten abschließt, die sich aus Pensionszusagen ergeben;* **rück|dre|hend** ⟨Adj.⟩ (Met.): *(vom Wind) sich entgegen der Uhrzeigerrichtung drehend.*

ruckedi|gu[1] ⟨Interj.⟩ [lautm. für das Gurren der Tauben]; **Ruckedi|gu**[1]**,** das; -s, -s: *von einer Taube hervorgebrachtes Gurren.*

Rück|ein|fuhr, die (Wirtsch.): *Reimport.*

ruckeln[1] ⟨sw. V.; hat⟩ [zu ↑Ruck] (landsch.): **a)** *ein wenig rucken, sich mit leichten Rucken bewegen:* der Wagen, der Zug ruckelt; **b)** *ein wenig rucken, mit leichten Rucken bewegen:* mit dem Stuhl r.; er ruckelte an der Tür; **¹rucken**[1] ⟨sw. V.; hat⟩: **a)** *sich mit Rucken bewegen:* die Maschine ruckte und blieb stehen; **b)** *etw. mit einem Ruck, mit Rucken bewegen:* Ich ruckte die Kurbel auf Null (Bieler, Bonifaz 32); ... weil die Pferde ... ungeduldig am Geschirr ruckten (Musil, Mann 1252).

²rucken[1] ⟨sw. V.; hat⟩ [lautm.] (landsch.): *gurren.*

rücken[1] ⟨sw. V.⟩ [mhd. rücken, ahd. rucchen, H. u.]: **1.** ⟨hat⟩ **a)** *etw. [mit einem Ruck, ruckweise] an einen anderen Platz, in eine andere Lage bewegen:* den Tisch an die Wand, nach rechts, unter das Fenster r.; die schwere Kiste ließ sich nicht [von der Stelle] r.; die Vase in der Auslage zur Seite r.; eine Schachfigur zwei Felder nach vorn r.; er rückte die Mütze in die Stirn; Holz r. (Forstw.: *das geschlagene Holz zum Lagerplatz transportieren);* **b)** *etw. durch kurzes Schieben, Ziehen [hin u. her] bewegen:* er rückte nervös an seiner Krawatte, Brille; an dem Zeiger der Uhr r.; Sie rückte an ihren Hutständern (Seghers, Transit 259). **2.** *sich [mit einem Ruck, ruckweise] irgendwohin bewegen, sich [sitzenderweise, mit seiner Sitzgelegenheit] an einen anderen Platz bewegen* ⟨ist⟩: er rückte ihr immer näher; er rückte [auf dem Sofa] in die Ecke; rück doch [mit deinem Stuhl] etwas näher an den Tisch; kannst du ein bißchen [zur Seite, nach links] r.?; der Zeiger rückte auf 12; Ü er ist an seine Stelle gerückt *(er hat seine Stelle, seinen Aufgabenbereich übernommen);* in den Bereich des Möglichen, in den Mittelpunkt r.; sein Vorhaben rückt in weite Ferne *(läßt sich vorläufig nicht realisieren);* der Hafen rückte hier und da durch einen Häusereinschnitt in die Sicht *(wurde hier und da sichtbar;* Maass, Gouffé 218). **3.** ⟨ist⟩ **a)** (bes. Milit.) *(irgendwohin) ausrücken, ziehen:* ins Feld, an die Front, ins Manöver r; **b)** (landsch.) *irgendwohin ausziehen, wandern:* in die Natur, an einen See r.

Rücken[1]**,** der; -s, - [mhd. rück(e), ruck(e), ahd. rucki, (h)rukki, eigtl. = der Gekrümmte; Krümmung]: **1.** *hintere Seite* *des Rumpfes beim Menschen zwischen Nacken u. Lenden; obere Seite des Rumpfes bei [Wirbel]tieren:* ein breiter, schmaler, gebeugter, krummer R.; mir tut der R. weh; einen runden R. machen; den R. geradehalten; jmdm. den R. einreiben, massieren; sie drehte, wandte ihm demonstrativ den R. zu; auf den R. liegen, schwimmen; auf den R. fallen; sie banden ihm die Hände auf den R.; jmdm. auf den R. klopfen; auf dem R. eines Pferdes sitzen; R. an/gegen R. stehen; hinter jmds. R. Schutz suchen; ich sitze lieber mit dem R. gegen die/an der/zur Wand; er streichelte den Hund über den R.; den Rucksack vom R. nehmen; solche Reden sind wie ein Dolch in den R. der Partei *(damit schadet man der Partei auf heimtückische Weise);* die Sonne im R. *(hinter sich)* haben; Ü er bemerkte nicht, was in seinem R. *(hinter ihm, ohne sein Wissen)* vor sich ging; er versucht, mit dem R. an die Wand zu kommen *(eine günstigere Position einzunehmen);* * der verlängerte R. *(scherzh. verhüll.: das Gesäß);* einen breiten R. haben (↑Buckel 1); einen breiten R. haben (salopp; ↑Fell 1 a); jmdm. den R. stärken/steifen *(jmdm. Mut machen, ihn moralisch unterstützen);* einen krummen R. machen (↑Buckel 1); den R. vor jmdm. beugen *(geh.;* jmdm. gegenüber unterwürfig sein); jmdm., einer Sache den R. wenden/kehren *(nichts mehr mit jmdm., einer Sache zu tun haben wollen);* den R. wenden/kehren *(geh.;* weggehen): kaum wendet man den R., da ...; den R. frei haben *(ungehindert handeln können);* sich ⟨Dativ⟩ den R. freihalten *(sich in einer bestimmten Sache absichern);* jmdm. den R. decken/freihalten *(jmdn. in einer bestimmten Sache absichern);* fast/beinahe auf den R. fallen (ugs.; *entsetzt o. ä. über etw. sein);* etw. auf dem R. haben (↑Buckel 1); auf jmds. R. geht viel (ugs.; *jmd. kann viel aushalten, viel Kritik vertragen o. ä.);* hinter jmds. R. *(ohne daß der Betroffene davon Kenntnis hat, darüber unterrichtet ist);* jmdn., etw. im R. haben (ugs.; *durch jmdn., etw. abgesichert sein);* jmdm. in den R. fallen *(als bisheriger Verbündeter, Freund o. ä. völlig überraschend gegen jmdn. Stellung nehmen);* mit dem R. an der/zur Wand *(in einer äußerst schwierigen Situation, in einer Lage, in der man sich energisch wehren, verteidigen muß):* mit dem R. an der/zur Wand stehen, kämpfen; der hat keine Chance. Der sieht schon schnell mit dem R. an der Wand (Hörzu 8, 1976, 24); jmdm. läuft es [heiß u. kalt] über den R./den R. herunter (ugs.; *jmd. erschaudert vor Entsetzen, hat furchtbare Angst).* 2. *länglicher od. flächiger oberer od. hinterer Teil von etw.:* der R. eines Buches, Messers, Sessels; der R. der Nase, des Fußes; Am geeignetsten zum Anstieg ist der ... begrünte R. der Ufermoränen (Eidenschink, Eis 33); auf dem R. eines Berges entlangwandern; das Haus steht mit dem R. *(der Rückseite)* zum Garten. 3. ⟨o. Pl.⟩ *Rückenstück eines Schlachtiers.* 4. ⟨o. Art. u. Pl., nur in Verbindung mit Maßangaben⟩ (Sport) *Rückenschwimmen:* der Sieger über 100 m R. 5. (Geogr.) *langgestreckter, abgerundeter Höhenzug;* **Rücken|aus|schnitt¹,** der: *Ausschnitt* (2 b) *am Rücken:* ein Kleid, ein Badeanzug mit tiefem R.; **Rücken|brei|te¹,** die (Textilind.): *auf dem Rücken von Arm zu Arm gemessene Breite als Maß für Kleidungstücke;* **Rücken|deckung¹,** die: 1. (bes. Milit.) *Deckung* (2) *gegen einen Angriff des Gegners, Feindes von hinten:* einem Stoßtrupp R. geben. 2. *[ausdrückliche] Absicherung gegen mögliche Kritik, Angriffe, negative Konsequenzen:* SED-Funktionäre vermuten, daß Stoph für seine Taktik R. aus Moskau hat (Spiegel 50, 1977, 22); jmdm. R. geben; sich bei der Geschäftsleitung R. holen, verschaffen; **Rücken|flos|se¹,** die: *Flosse auf dem Rücken eines Fischs;* **Rücken|flug¹,** der (Kunstfliegen): *Flug, bei dem die Oberseite des Flugzeugs dem Boden zugewandt ist;* **rücken|frei** ⟨Adj.⟩: *(von Kleidern) den Rücken unbedeckt lassend:* ein -es Kleid; **Rücken|gurt¹,** der: 1. *Gurt, der das Tragen von Gegenständen auf dem Rücken erleichtert.* 2. (Mode) *Gurt, der auf dem Rücken eines Kleidungsstücks in Taillenhöhe angebracht ist;* **Rücken|haar¹,** die ⟨o. Pl.⟩: *Gesamtheit der Haare auf dem Rücken (eines Tiers);* **Rücken|krau|len¹,** das: *Kraulen in Rückenlage;* **Rücken-krau|schwim|men¹,** das, -s: *Schwimmen in Rückenlage;* **Rücken|la|ge¹,** die: 1. *Lage auf dem Rücken:* in R. schwimmen, schlafen; er drehte sich aus der R. auf den Bauch; Einige Zeit verbringen sie in der R. (Chotjewitz, Friede 102). 2. (Skisport) *Rücklage* (2); **Rücken|leh|ne¹,** die: *Lehne* (1) *für den Rücken:* der Stuhl hat eine verstellbare R.; **Rücken|li|nie¹,** die: *Umrißlinie des Rückens:* achten Sie ... auf jene R., die Ihnen jetzt die springenden Pferde aufzeigen werden (Dwinger, Erde 162); **Rücken|mark¹,** das: *im Innern der Wirbelsäule verlaufender, einen Teil des Zentralnervensystems darstellender Strang aus Nervengewebe;* **Rücken-mark|ent|zün|dung¹,** die (Med.): *Entzündung des Rückenmarks;* **Rücken-mark|er|kran|kung¹,** die (Med.): *Erkrankung des Rückenmarks;* **Rücken|mark|er-wei|chung¹,** die (Med.): *degenerative Veränderung des Rückenmarks; Myelomalazie;* **Rücken|mark|punk|ti|on¹,** die (Med.): *Punktion des Rückenmarks;* **Rücken|mark|quer|schnitt¹,** der: *Querschnitt durch das Rückenmark;* **Rücken|mark|schwind-sucht¹,** die (Med.): *Degeneration der hinteren Stränge des Rückenmarks; Tabes* (1); **Rücken|marks|ent|zün|dung¹** usw.: ↑Rückenmarkentzündung usw.; **Rücken|mark|sub|stanz¹,** die: *Substanz des Rückenmarks;* **Rücken|mark|tu-mor¹,** der (Med.): *Tumor im Rückenmark;* **Rücken|mark|ver|let|zung¹,** die: vgl. Rückenmarkerkrankung; **Rücken-mus|kel¹,** der; vgl. Rückenmuskulatur; **Rücken|mus|ku|la|tur¹,** die: *Gesamtheit der Muskeln im Rücken;* **Rücken|naht¹,** die: *Naht in der Rückenpartie eines Kleidungsstücks;* **Rücken|par|tie¹,** die: *den Rücken bedeckende Partie eines Kleidungsstücks;* **Rücken|plat|te¹,** die: *an der Rückseite von etw. angebrachte, befindliche Platte* (1); **Rücken|pol|ster¹,** das: vgl. Rückenlehne: das R. des Sessels, der Couch; **rücken|schläch|tig** ⟨Adj.⟩ [zu ↑schlagen] (Fachspr.): *(von einem Wasserrad) von schräg oben her angetrieben;* **Rücken|schmerz¹,** der ⟨meist Pl.⟩: *Schmerz im Bereich des Rückens:* -en haben; sie klagt über R.; **rücken|schwim-men¹** ⟨st. V.; hat/ist; im allg. nur im Inf. gebr.⟩: *in Rückenlage schwimmen;* **Rücken|schwim|men¹,** das, -s: *Schwimmen in Rückenlage;* **Rücken|sei|te¹,** die: *Seite, auf der der Rücken ist:* der Käfer ist auf der R. ganz anders gefärbt als auf der Bauchseite; **Rücken|stär|kung¹,** die: *Stärkung des Selbstbewußtseins:* Für die ÖVP war die Wahlsiege zwar eine R., doch ... (NZZ 5. 9. 86, 5); Für all jene Frauen ist der Scheidungsratgeber ... gedacht, sozusagen als R. (Saarbr. Zeitung 7. 12. 79, I); der überlegene Sieg des Augsburger ... dürfte den Volleyball-Herren ... die notwendige moralische R. (Augsburger Allgemeine 22./23. 4. 78, 28); **Rücken|stück¹,** das: *Fleischstück vom Rücken eines Schlachttieres;* **Rücken|stüt|ze¹,** die: vgl. Rückenlehne; **Rücken|tra|ge¹,** die: vgl. Rückentragkorb; **Rücken|trag|korb¹,** der: *Tragkorb, der auf dem Rücken getragen wird.*

Rücken|ent|wick|lung, die: *das Sichzurückentwickeln, rückläufige Entwicklung.*

Rücken|wind¹, der: *Wind, der von hinten kommt:* R. haben; die erste Halbzeit mit R. spielen; **Rücken|wir|bel¹,** der (seltener): *Brustwirbel.*

Rück|er|bit|tung, die (Amtsspr.): *Bitte um Rückgabe:* wir senden Ihnen die Unterlagen unter R.; **Rück|er|in|ne|rung,** die: *das Sichzurückerinnern:* Das keine Erfindung, es ist nicht einmal sentimental verfärbte R. (Ceram, Götter 43); **Rück-er|obe|rung,** die: 1. *das Zurückerobern:* Ziel der Offensive ist die R. der vom Feind besetzten Stadt. 2. *etw. Zurückerobertes;* **rück|er|stat|ten** ⟨sw. V.; hat; nur im Inf. u. 2. Part. gebr.⟩: *jmdm. etw. zurückzahlen, zurückgeben:* jmdm. die Reisekosten, Auslagen r.; **Rück|er|stat-tung,** die: 1. *das Rückerstatten:* die R. von Steuern, Auslagen, Unkosten. 2. (Rechtsspr.) *Entschädigung für widerrechtliche Enteignungen in der Zeit der nationalsozialistischen Herrschaft;* **Rück-fahr|te,** die: *Fahrkarte, die zur Hin- u. Rückfahrt berechtigt;* **Rück|fahr|licht,** das (schweiz.): *Rückfahrscheinwerfer;* **Rück|fahr|schein,** der; vgl. Rückfahrkarte; **Rück|fahr|wer|fer,** der (Kfz-T.): *Scheinwerfer an der Rückseite eines Kraftfahrzeugs, der beim Rückwärtsfahren leuchtet;* **Rück|fahrt,** die: *Fahrt, Reise, die vom Ziel zum Ausgangspunkt zurückführt:* die R. hat eine Stunde gedauert; die R. antreten; auf der R.; **Rück|fall,** der [nach frz. récidive, zu lat. recidivus, ↑rezidiv]: 1. *erneutes Auftreten einer scheinbar überstandenen Krankheit:* ein schwerer R.; ein R. ist im Befinden des Patienten eingetreten; einen R. befürchten, bekommen, erleiden. 2. *das Zurückfallen in einen früheren, schlechteren Zustand:* ein R. in alte Fehler, in die Kriminalität; wie armselig hier die Vorsätze sind, wie gering die Fortschritte, wie

Rückfallfieber

hartnäckig die Rückfälle (Goes, Hagar 76); das bedeutet den R. in die Barbarei. **3.** (Rechtsspr.) *erneutes Begehen einer bereits begangenen u. abgebüßten Straftat:* Diebstahl im R.; **Rück|fall|fie|ber**, das (Med.): *Rekurrensfieber;* **rück|fäl|lig** ⟨Adj.⟩ [nach lat. recidivus, ↑rezidiv]: **1.** *(von einer Krankheit) [nicht überwunden, sondern] erneut auftretend:* Die echte chronische Appendizitis macht markante -e Beschwerden (Hackethal, Schneide 51). **2.** *etw. scheinbar Überwundenes erneut praktizierend:* Über neunzig Prozent aller, die eine Entziehungskur hinter sich bringen, werden r. (Gabel, Fix 127); sie wurde r. und fing wieder an zu rauchen; Natürlich ... wurde er im Ungehorsam r. (Stern, Mann 205). **3.** (Rechtsspr.) *erneut, wiederholt straffällig:* ein -er Betrüger; Auch -e Kriminelle werden als asoziale Elemente eingeliefert (Bredel, Prüfung 305); er wurde in kurzer Zeit wieder r.; **Rück|fäl|lig|keit**, die ⟨o. Pl.⟩: *das Rückfälligwerden;* **Rück|fall|kri|mi|na|li|tät**, die (Rechtsspr.): *Kriminalität von Tätern, die rückfällig geworden sind;* **Rück|fall|quo|te**, die: *Quote von Straftätern, Suchtkranken o. ä., die rückfällig werden;* **Rück|fall|tat**, die: *Tat, mit der jmd. als Straftäter rückfällig wird;* **Rück|fall|tä|ter**, der (Rechtsspr.): *Täter, der rückfällig (3) geworden ist;* **Rück|fall|tä|te|rin**, die (Rechtsspr.): w. Form zu ↑Rückfalltäter; **Rück|fen|ster**, das: *Heckfenster;* **Rück|flug**, der: vgl. Rückfahrt; **Rück|fluß**, der: **1.** *das Zurückfließen:* der R. des Blutes [zum Herzen]; Ü der R. der Urlauber führte vielerorts zu einer Überlastung der Fernstraßen. **2.** (Wirtsch.) *das Zurückfließen von Geldern, Kapital, Aufwendungen o. ä:* den R. der Petrodollars stoppen; **Rück|fluß|stücke**[1] ⟨Pl.⟩ (Bankw.): *neu ausgegebene Wertpapiere, die nicht für eine längerfristige Anlage erworben wurden, sondern bald wieder verkauft werden;* **Rück|for|de|rung**, die (Wirtsch.): *Aufforderung zur Rückgabe von Waren, Geld, Kapital o. ä.;* **Rück|fracht**, die (Wirtsch.): *bei der Rückfahrt, beim Rückflug beförderte Fracht;* **Rück|fra|ge**, die: *erneute, wiederholte Anfrage zur Klärung bestimmter Einzelheiten, die eine bereits besprochene Angelegenheit betreffen:* nach telefonischer R. konnte der strittige Punkt geklärt werden; **rück|fra|gen** ⟨sw. V.; hat; nur im Inf. u. 2. Part. gebr.⟩: *eine Rückfrage stellen:* ich werde vorsichtshalber lieber noch einmal r.; bei jmdm. r.; **Rück|front**, die: *Rückseite eines Gebäudes o. ä.;* **rück|führ|bar** ⟨Adj.⟩: *sich zurückführen (1, 3, 4) lassend;* **Rück|führ|bar|keit**, die; -: *die Rückführbarsein;* **Rück|füh|rung**, die: **1.** *das Zurückführen:* die R. der Truppen anordnen. **2.** (Völkerr.) *das Zurückkehrenlassen von Kriegsod. Zivilgefangenen in ihr Land; Repatriierung;* **Rück|ga|be**, die ⟨Pl. selten⟩: **1.** *das Zurückgeben von etw.:* bei verspäteter R. [der Bücher] erhebt die Bibliothek eine Säumnisgebühr; gegen R. der Eintrittskarte; mit der Bitte um schnelle R.; jmdn. zur sofortigen R. von etw. auffordern. **2.** (Sport, bes. Fußball) *das Zurückspielen des Balles [zum eigenen Torwart]:* Kritisch wurde es besonders, als Liebrich

eine R. machte (Walter, Spiele 210); **Rück|ga|be|pflicht**, die ⟨o. Pl.⟩: *Pflicht, etw. Bestimmtes zurückzugeben;* **Rück|ga|be|recht**, das ⟨o. Pl.⟩: *Recht, etw. (z. B. eine gekaufte, gelieferte Ware) zurückzugeben:* der Kunde machte von seinem R. Gebrauch; **Rück|ga|be|ter|min**, der: *Termin, an dem etw. zurückgegeben wird, zurückzugeben ist;* **Rück|gang**, der: *Verminderung, Abnahme von etw.:* einen merklichen R. an Besuchern, Geburten, Krankheiten, Unfällen zu verzeichnen haben; Diese Haltung hatte ... den katastrophalen R. des geistigen Lebens (zur Folge)(Thieß, Reich 491); die Kriminalität ist im R. begriffen; **rück|gän|gig** ⟨Adj.⟩: **1.** *im Rückgang begriffen:* Allgemein -e Arten ... sind im Brachland häufig anzutreffen (Tier 12, 1971, 42). **2.** ** etw. r. machen (etw., was bereits beschlossen, eingetreten ist, annullieren, für aufgehoben, ungültig erklären):* einen Beschluß, eine Vereinbarung, einen Kauf r. machen; sie haben die Verlobung r. gemacht; **Rück|gän|gig|ma|chung**, die; -, -en: *das Rückgängigmachen;* **rück|ge|bil|det** ⟨Adj.⟩: **1.** (Med., Biol.) *zurückgebildet:* ein -es Organ. **2.** (Sprachw.) *als Rückbildung (3) gebildet, retrograd (3);* **Rück|ge|win|nung**, die: **1.** *das Zurückgewinnen* (1): *die R. verlorener Gebiete, von Wählerstimmen.* **2.** *das Zurückgewinnen* (2): *die R. von Rohstoffen, Metallen, Chemikalien, Lösungsmitteln, Energie; ein Verfahren zur R. des in Fotolabors anfallenden Silbers;* **Rück|glie|de|rung**, die: *Wiedereingliederung:* die R. in den Arbeitsprozeß; **Rück|grat**, das [15. Jh.; vgl. Grat]: *Wirbelsäule:* das R. muß durch die Lehne gestützt werden; sich das R. verletzen, brechen; Ü das R. *(die wichtigste Stütze)* des Staates, der kleine Sparer (Remarque, Obelisk 57); ein Mensch ohne R. *(ein Mensch, der nicht den Mut hat, seine Überzeugung offen zu vertreten);* * *jmdm. das R. brechen* (ugs.; **1.** *auf jmdn. in einer Weise Druck ausüben, daß er seinen eigenen Willen aufgibt u. sich unterwirft;* **jmdm. die Widerstandskraft nehmen).** 2. *jmdn. ruinieren*); **jmdm. das R. stärken** *(jmdm. durch Unterstützung seiner Auffassung, Position o. ä. zeigen, daß man auf seiner Seite steht);* **R. zeigen/haben** *(offen zu seiner Auffassung stehen, zu seiner Auffassung, nicht bereit sein, sich entgegen seiner eigenen Auffassung, Überzeugung bestimmten Meinungen, Anweisungen zu unterwerfen);* **rück|grat|los** ⟨Adj.⟩ (abwertend): *kein Rückgrat habend, gefügig; keinen Mut habend, seine Überzeugung offen zu vertreten;* **Rück|grats|ver|bil|dung** usw.: ↑Rückgratverbildung usw.; **Rück|grat|ver|bil|dung**, die (Med.): *krankhafte Verbildung der Wirbelsäule;* **Rück|grat|ver|krüm|mung**, die (Med.): *krankhafte Verbiegung der Wirbelsäule;* **Rück|grat|ver|let|zung**, die (Med.): *Verletzung der Wirbelsäule;* **Rück|griff**, der: **1.** (Rechtsspr.) *Regreß.* **2.** *das Wiederaufgreifen bestimmter Ideen, Vorstellungen, Erscheinungen o. ä.:* -e auf die Klassik; einen ... Humanismus ..., dessen unhistorisch-spekulativen Charakter sie ... durch R. auf die Dialektik Hegels korrigierten (Fraenkel, Staat 189).

rück|haft ⟨Adj.; -er, -este⟩: *ruckartig:* Ruckhaft wendet Amsel den glänzenden Kopf von einem zum nächsten (Grass, Hundejahre 254).

Rück|halt, der ⟨Pl. selten⟩: **1.** *fester Halt:* moralischen R. brauchen; finanziellen, wirtschaftlichen R. suchen, finden; er hat an seinen Nachbarn einen festen R.; die Partei verlor ihren R. in der Arbeiterbewegung. **2.** * *ohne R. (rückhaltlos):* sich ohne R. zu etw. bekennen. ♦ **3.** *Zurückhaltung:* frage mit Bescheidenheit, mit R. (Lessing, Nathan II, 8); **Rück|hal|te|becken**[1], das (Technik): *Becken zur vorübergehenden Aufnahme von Wasser, das nicht sofort, unmittelbar abfließen soll;* **Rück|hal|te|sy|stem**, das (Kfz-T.): *technisches System im Kraftfahrzeug, das ein hartes Aufprallen des Körpers eines Insassen bei einem Unfall verhindern soll:* der Airbag ist das R. der Zukunft; **rück|halt|los** ⟨Adj.; -er, -este⟩: *[ganz offen u.] ohne jeden Vorbehalt:* -e Kritik; mit -er Offenheit; einen -en Kampf führen; mit ihm kann man r. über alles sprechen; jmdm. r. vertrauen; **Rück|halt|lo|sig|keit**, die; -: *die Rückhaltlossein;* **Rück|hand**, die ⟨o. Pl.⟩ (Sport, bes. [Tisch]tennis): **a)** *Seite des Schlägers, mit der der Ball geschlagen wird, wenn der Rücken der den Schläger führenden Hand in die Richtung des Schlags weist:* einen Ball [mit der] R. spielen; einen Ball mit der R. annehmen, zurückschlagen; **b)** *Schlag mit der Rückhand:* eine gute, gefürchtete R. haben; sie hat keine R.; die R. *(der mit der Rückhand geschlagene Ball)* ging ins Netz, landete im Aus; eine R. ins Netz setzen; **Rück|hand|schlag**, der (Sport, bes. [Tisch]tennis): *Schlag mit der Rückhand;* **Rück|hand|wurf**, der (Hand-, Wasserball): *Wurf, bei dem der Spieler mit dem Rücken zum Tor od. einem Mitspieler den Ball wirft; Schraubenwurf;* **Rück|kampf**, der (Sport): vgl. Rückspiel; **Rück|kauf**, der: **1.** (Kaufmannsspr.) *Wiederkauf.* **2.** (Versicherungsw.) *(bei der Lebensversicherung) Abfindung des Versicherungsnehmers bei der vorzeitigen Auflösung des Versicherungsvertrags;* **Rück|kaufs|recht**, das (Kaufmannsspr.): *Wiederkaufsrecht;* **Rück|kehr**, die; -: *das Zurückkommen nach längerer Abwesenheit:* eine glückliche, unerwartete R. in die Heimat; die R. der Kriegsgefangenen erwirken; bei, nach, vor seiner R. aus dem Urlaub; jmdn. zur R. bewegen; Ü die R. zu alten Gewohnheiten; er denkt an eine R. ins politische Leben; **Rück|keh|rer**, der; -s, -: *jmd., der nach längerer Zeit [in sein Land] zurückkehrt;* **Rück|keh|re|rin**, die; -, -nen: w. Form zu ↑Rückkehrer; **Rück|kehr|hil|fe**, die (Amtsspr.): *finanzielle Zuwendung aus öffentlichen Mitteln an im Inland lebende Ausländer, die in ihre Heimat zurückkehren wollen:* als Anreiz, das Land zu verlassen, wird ... gewährt; **Rück|kehr|wil|li|ge**, der u. die; -n, -n ⟨Dekl. ↑Abgeordnete⟩: *jmd., der (bes. in seine Heimat) zurückkehren möchte;* **rück|kop|peln** ⟨sw. V.; hat⟩ (Kybernetik, Elektrot.): *eine Rückkopplung bewirken;* **Rück|kop|pe|lung, Rück|kopp|lung**, die: **1. a)** (Kybernetik) *Feedback* (1); **b)** (bes. Fachspr.) *Feedback* (2).

2. (Elektrot.) *Rückführung eines Teils der von einer Verstärkeranlage abgegebenen Energie auf die Anlage selbst (die in einem angeschlossenen Lautsprecher einen schrillen Ton erzeugen kann):* die Anlage hatte einen teuflischen Piepton, wegen der unvermeidlichen Rückkopplung (Spiegel 39, 1976, 207); **rück|kreu|zen** ⟨sw. V.; hat⟩ (Biol.): *durch Rückkreuzung hervorbringen:* Auerochsen können aus Hausrindern rückgekreuzt werden; **Rück|kreu|zung,** die (Biol.): *Kreuzung eines mischerbigen Individuums mit einem Typ der Elterngeneration;* **rück|küh|len** ⟨sw. V.; hat; nur im Inf. u. 2. Part. gebr.⟩ (Technik): *durch Kühlen wieder auf die vorherige Temperatur bringen:* das Kühlwasser wird rückgekühlt; **Rück|küh|lung,** die (Technik): *das Rückkühlen;* **Rück|kunft,** die; - (geh.): *das Zurückkommen; Rückkehr:* ♦ Einige Zeit wartete der Schloßherr auf die R. seines Freundes (Immermann, Münchhausen 332); **Rück|la|ge,** die: **1. a)** *[gespartes] Geld, das zur Sicherheit, für den Notfall zurückgelegt wird:* eine kleine R. auf der Sparkasse haben; das Geld stammt aus -n; **b)** (Wirtsch.) *Kapital, das in Betrieben in Reserve gehalten wird; Reservefonds, -kapital:* eine gesetzliche, freie R.; -n gehören wie das Grundkapital zum Eigenkapital der Unternehmung (Rittershausen, Wirtschaft 78); offene *(in der Bilanz ausgewiesene)* -n. **2.** (Skisport) *Haltung, bei der das Körpergewicht durch Neigen des Körpers nach hinten auf die Enden der Skier verlagert wird;* **Rück|lauf,** der: *das Zurücklaufen o. ä. in Richtung des Ausgangspunktes:* der R. des Wassers, der Maschine; **Rück|lauf|ef|fekt,** der (Film): *optischer Effekt, der darin besteht, daß etw., was (in der Wirklichkeit) in einer bestimmten Richtung rotiert, im Film anders herum zu rotieren scheint;* **Rück|läu|fer,** der (Postw.): *Postsendung, die an den Absender zurückgeschickt wird;* **rück|läu|fig** ⟨Adj.⟩ **1. a)** *rückgängig* (1): eine -e [Preis]entwicklung; die Quote, die Inflation[srate], die Produktion ist r.; die Unfallzahlen sind r.; **b)** *in Richtung des Ausgangspunktes verlaufend, führend:* ein -er Prozeß; in dem Film werden die Ereignisse r. aufgerollt; ... hinter der Brücke, wo zwischen Entlüftern das Wasser r. wurde und immer dieselben Nieten dabei (Grass, Katz 15); Ü ein -es (Sprachw.; *vom Ende eines Wortes her alphabetisiertes*) Wörterbuch. **2.** (Astron.) *(von Planeten) eine Bahn von Ost nach West beschreibend; retrograd* (2): der Planet wandert ... r. etwa an der Grenze von Löwe und Jungfrau (Kosmos 1, 1965, 18); **Rück|leh|ne,** die: ↑Rückenlehne; **Rück|leuch|te,** die: *Rücklicht;* **Rück|licht,** das ⟨Pl. -er⟩: *rot leuchtende Lampe, die hinten an Fahrzeugen angebracht ist;* **rück|lings** ⟨Adv.⟩ [mhd. rückelinges, -lingen, ahd. ruchilingun]: **1. a)** *mit dem Rücken* (1): er lehnte r. am Arbeitstisch (Zuckmayer, Herr 53); **b)** *auf den, dem Rücken; nach hinten; hinten:* r. liegen, hinfallen; sie stand vor ihm mit den Händen r. (Johnson, Mutmaßungen 10); auf der r. liegenden Schildkröte (Grass, Hundejahre 27).

2. *von hinten:* Es sei besser, zu erfrieren, als r. erschlagen zu werden (Jahnn, Nacht 98). **3.** *mit dem Rücken nach vorn:* er saß r. auf dem Pferd; **Rück|marsch,** der: **1.** *das Zurückmarschieren:* der R. dauerte zwei Stunden; den R. antreten. **2.** *Rückzug:* die Truppen traten den R. an, waren auf dem R.; **Rück|mel|der,** der (Elektrot.): *Fernmeldeanlage, die die Ausführung bestimmter Vorgänge optisch od. akustisch anzeigt;* **Rück|mel|dung,** die: **1.** *das [Sich]zurückmelden.* **2.** (bes. Fachspr.) vgl. Feedback (2); **Rück|nah|me,** die; -, -n ⟨Pl. selten⟩ [zum 2. Bestandteil vgl. Abnahme]: *das Zurücknehmen:* unter bestimmten Umständen ist der Verkäufer zur R. der Ware verpflichtet; **Rück|paß,** der (Ballspiele, Eishockey): *Paß, der in die eigene Spielfeldhälfte zurückgespielt wird;* **Rück|platz,** der (veraltet): *Rücksitz;* **Rück|por|to,** das: *Porto, das einem Schreiben für die Rückantwort beigelegt ist;* **Rück|po|si|tiv,** das: *bei großen Orgeln derjenige Teil der Pfeifen, der sich im Rücken des Organisten befindet;* **Rück|prall,** der: *das Zurückprallen:* der R. des Balls; **Rück|pro|jek|ti|on,** die (bes. Film, Theater): *Projektion* (1a) *auf die dem Betrachter abgewandte Seite einer lichtdurchlässigen Projektionswand (z. B. zur Darstellung eines Hintergrunds für eine Theater- od. Filmszene);* **Rück|rech|nung,** die (Wirtsch.): *Ermittlung des Materialverbrauchs als Teil der betrieblichen Kostenrechnung;* **Rück|rei|se,** die: vgl. Rückfahrt; **Rück|rei|ßer,** der (Ringen): *Griff, bei dem der Angreifer einen Nackenhebel ansetzt, sich mit dem Rücken zu Boden wirft u. dabei den Gegner mit sich reißt;* **Rück|ruf,** der: **1.** *Telefongespräch als Antwort auf ein [kurz] zuvor geführtes Telefongespräch:* ich warte auf deinen R. **2.** (Rechtsspr.) Rücknahme des Nutzungsrechts (im Urheberrecht). **3.** *Aufruf* eines Herstellers, ein Produkt zurückzugeben; **Rück|ruf|ak|ti|on,** die: *Aktion, in der der Hersteller dazu auffordert, bestimmte mit Mängeln behaftete Produkte (einer Serie o. ä.) zurückzugeben bzw. in einer Vertragswerkstatt nachbessern zu lassen:* Die Grundig AG und Quelle International haben eine R. für bestimmte Farbfernsehtischgeräte und Videogeräte angekündigt (MM 22./23. 10. 83, 1); **Rück|run|de,** die (Sport): vgl. Rückspiel; **Ruck|sack,** der [aus dem Oberd., schweiz. ruggsack, zu mhd. ruck(e) = Rücken]: *sackartiger Behälter mit zwei daran befestigten breiteren Riemen, der [beim Wandern] zum Transport von Lebensmitteln, Kleidungsstücken o. ä. auf dem Rücken getragen wird:* den R. packen, umhängen, umschnallen, ablegen; etw. im R. verstauen; Ü ein R. voll *(viele)* Sorgen; **Ruck|sack|tou|rist,** der: *Tourist, der als Gepäck einen Rucksack mit sich führt:* Dutzende von -en dösen langgestreckt auf den schwarzen Plastiksitzen (Spiegel 36, 1982, 53); **Ruck|sack|tou|ri|stin,** die: w. Form zu ↑Rucksacktourist; **Ruck|sack|ur|lau|ber,** der: vgl. Rucksacktourist; **Ruck|sack|ur|lau|be|rin,** die: w. Form zu ↑Rucksackurlauber; **Ruck|sack|ver|band,** der: *Verband* (1), bei dem die Binde vom Nacken ausgehend

durch beide Achselhöhlen nach hinten geführt wird u. deren Enden über den Schulterblättern miteinander verbunden werden; **Rück|schalt|ta|ste,** die: *Rücktaste;* **Rück|schau,** die: vgl. Rückblick: R. [auf die letzten Jahre] halten; etw. aus der R. sehen; **rück|schau|end** ⟨Adj.⟩: vgl. rückblickend; **Rück|schei|be,** die: vgl. Rückfenster; **Rück|schein,** der (Postw.): *Bescheinigung, die jmd. bei Empfang eines Einschreibens, Paketes o. ä. als Bestätigung für den Absender unterschreibt:* etw. als Einschreiben mit R. schicken; **Rückschlag,** der: **1.** *plötzliche Verschlechterung, die nach einer Phase des Vorankommens [unerwartet] eintritt:* in seinem Leben gab es immer wieder Rückschläge; nach verheißungsvollem Anfang trat ein schwerer R. ein; einen R. erleben, erleiden, überwinden. **2.** (Sport) *das Zurückschlagen des Balles in die gegnerische Spielfeldhälfte, Return.* **3.** (Technik) *Rückstoß.* **4.** (schweiz. veraltet) *Defizit;* **Rück|schlag|spiel,** das (Tennis): *Spiel, in dem der betreffende Spieler nicht den Aufschlag hat;* **Rück|schlag|ven|til,** das (Technik): *Ventil, das bei Gegenströmung selbsttätig schließt u. dadurch das Zurückströmen von Flüssigkeit verhindert;* **Rück|schluß,** der ⟨meist Pl.⟩: *aus einem bestimmten Sachverhalt abgeleitete logische Folgerung, aus der sich Erkenntnisse über einen anderen Sachverhalt gewinnen lassen:* seine Rückschlüsse sind nicht zwingend; diese Anhaltspunkte erlauben keine Rückschlüsse, lassen allerhand Rückschlüsse zu; Ich halte einen R. von den ... wenigen ... untersuchten Arten auf die Gesamtheit der Klasse für durchaus unzulässig (Lorenz, Verhalten I, 231); **Rück|schnitt,** der (Landw., Gartenbau): *das Zurückschneiden (bes. von Obstbäumen):* Zierquitte und Mandelbäumchen erhalten einen R. (Augsburger Allgemeine 11. 6. 78, 42); **Rück|schrei|ben,** das: vgl. Rückantwort; **Rück|schritt,** der: *Entwicklung, die zu einem schlechteren, längst überwundenen Zustand führt; das Zurückfallen auf eine niedrigere Stufe der Entwicklung:* eine solche Entscheidung würde einen R. bedeuten; **Rück|schritt|ler,** der; -s, - (abwertend): *rückschrittlich, fortschrittsfeindlich eingestellter Mensch;* **Rück|schritt|le|rin,** die; -, -nen (abwertend): w. Form zu ↑Rückschrittler; **rück|schritt|lich** ⟨Adj.⟩: **a)** *gegen den Fortschritt gerichtet; reaktionär:* ein -er Politiker; daß Leute, die sich fortschrittlich nannten, so ausgesprochen -e Züge offenbarten (Gerlach, Demission 121); r. [eingestellt] sein; **b)** *einen Rückschritt ausdrückend:* eine -e Betriebsverfassung; **Rück|schritt|lich|keit,** die: *rückschrittliche Art, rückschrittliches Denken, Handeln;* **rück|schwin|gen** ⟨st. V.; ist; nur im Inf. u. 2. Part. gebr.⟩ (Turnen): *den Körper nach hinten schwingen;* **Rückschwung,** der (Turnen): *nach hinten ausgeführter Schwung;* **Rück|sei|te,** die: *hintere, rückwärtige Seite von etw.:* die Antennenbuchse auf der R. des Geräts; die Gummierung auf der R. der Briefmarke; die Blätter sollen auf der R. nicht beschrieben werden; die auf der R. des Tiefdruckgebiets nachströmende Kalt-

Rückseitenwetter

luft; so sieht das Haus von der R. aus; **Rück|sei|ten|wet|ter,** das ⟨o. Pl.⟩ (Met.): unbeständiges, meist kühles Wetter mit raschem Wechsel zwischen Schauern u. Aufheiterungen, das nach dem Durchzug einer Kaltfront auf der Rückseite eines Tiefdruckgebiets herrscht; **rück|sei|tig** ⟨Adj.⟩: auf der Rückseite befindlich, angebracht: der -e Eingang.
ruck|sen ⟨sw. V.; hat⟩ [lautm.] (landsch.): gurren.
Rück|sen|dung, die: das Zurücksenden: gegen R. der beiliegenden Karte erhalten Sie ausführliches Informationsmaterial; **Rück|sicht,** die [2: LÜ von lat. respectus, ↑ Respekt]: **1.** ⟨meist Sg.⟩ Verhalten, das die besonderen Gefühle, Interessen, Bedürfnisse, die besondere Situation anderer berücksichtigt, feinfühlig beachtet: keine R. kennen, verlangen; jmdm. R. schulden; keinerlei R. gegenüber jmdm. üben; du brauchst keine R. auf mich, auf meinen Zustand zu nehmen; die Entscheidung wird sicher nicht von allen begrüßt werden, aber darauf kann ich leider keine R. nehmen (davon kann ich mich nicht beeinflussen lassen); die Strafe wurde mit R. auf gewisse mildernde Umstände (wegen gewisser mildernder Umstände) zur Bewährung ausgesetzt; Die Durchsetzung der Rechtsgleichheit ... schuf ohne R. auf den Stand (vom Stand unabhängig) gleiche Chancen (Fraenkel, Staat 326); * **ohne R. auf Verluste** (ugs.; Verlust, Schaden, Nachteile für sich selbst u. andere in Kauf nehmend; rücksichtslos). **2.** ⟨Pl.⟩ Gründe, Überlegungen, die Ausdruck bestimmter Umstände sind: gesellschaftliche, finanzielle um gegenseitige R. notwendig; ich erwarte ihn, so zu handeln. **3.** ⟨o. Pl.⟩ Sicht nach hinten (durch das Rückfenster eines Autos): eine beheizbare Heckscheibe sorgt auch im Winter immer für gute R.; **rück|sicht|lich** ⟨Präp. mit Gen.⟩ (Papierdt.): unter Berücksichtigung: r. seiner Fähigkeiten; **Rück|sicht|nah|me,** die; - [zum 2. Bestandteil vgl. Abnahme]: das Rücksichtnehmen; Berücksichtigung bestimmter Gefühle, Interessen, Umstände: verständnisvolle R.; im Straßenverkehr ist gegenseitige R. notwendig; ich erwarte deshalb keine besondere R.; **rücksichts|los** ⟨Adj.; -er, -este⟩ (abwertend): **a)** keine Rücksicht (1) auf jmdn., etw. nehmend; ohne Rücksichtnahme: ein -er Autofahrer, Bursche; -es Verhalten; -er Raubbau; -e Machtpolitik betreiben; er konnte furchtbar r. [gegen sie/ihr gegenüber] sein; er hat sich r. vorgedrängelt; obwohl die Art vom Aussterben bedroht ist, werden die Tiere von Wilderern r. abgeknallt; **b)** schonungslos: eine -e Kritik; Jetzt blieb nichts übrig als die Unterdrückung der Staatsfeinde (Thieß, Reich 251); ein -er Kampf; **Rück|sichts|lo|sig|keit,** die; -, -en: **1.** ⟨o. Pl.⟩ das Rücksichtslossein, Mißachtung der Gefühle, Interessen o. ä. anderer: ich weiß nicht, ob es aus Schusseligkeit oder aus R. war, aber er hat mich beim Überholen ganz übel geschnitten; er fuhr mit äußerster R. **2.** rücksichtslose Handlung: das ist eine grobe R. von ihm; solche -en müßten viel konsequenter geahndet werden; **rücksichts|voll** ⟨Adj.⟩: in taktvoller, schonen-

der Art u. Weise: -e Nachbarn; jmdn. r. behandeln; r. gegen jmdn., jmdm. gegenüber sein; er fährt sehr vorsichtig und r.; **rück|sie|deln** ⟨sw. V.; hat; nur im Inf. u. 2. Part. gebr.⟩: jmdn., der längere Zeit in einem anderen Land gewohnt hat, in sein Herkunftsland zurückführen, zurückkehren lassen; **Rück|sied|ler,** der: jmd., der rückgesiedelt wird; **Rück|sied|le|rin,** die: w. Form zu ↑ Rücksiedler; **Rück|sied|lung,** die: das Rücksiedeln: er will seine R. beantragen, einen Antrag auf R. stellen; seit seiner R.; **Rück|sitz,** der: hinterer Sitz[platz] eines [Kraft]fahrzeuges: Kinder gehören auf den R.; **Rück|sitzgurt,** der: am Rücksitz eines Autos angebrachter Sicherheitsgurt; **Rück|sitz|lehne,** die: Lehne des Rücksitzes im Auto: ein Auto mit umklappbarer, geteilter R.; **Rück|spie|gel,** der: kleiner Spiegel an, in einem Kraftfahrzeug, durch den der Fahrer die rückwärtige Fahrbahn u. den rückwärtigen Verkehr beobachten kann: der R. ist verstellt; den R. richtig einstellen: in den R. sehen; ich habe die Kollision im R. beobachtet; **Rück|spiel,** das (Sport): das zweite von zwei festgesetzten, vereinbarten Spielen zwischen den gleichen Mannschaften; **Rück|spra|che,** die: Besprechung über Fragen, Angelegenheiten, die noch nicht geklärt sind: nach [nochmaliger] R. mit Frau N. teile ich Ihnen heute mit, daß ...; jmdn. um eine persönliche R. bitten; * **mit jmdm. R. nehmen/halten** (Fragen, Angelegenheiten, die noch nicht geklärt sind, mit jmdm. besprechen); **rück|spu|len** ⟨sw. V.; hat; nur im Inf. u. 2. Part. gebr.⟩: zurückspulen; **Rück|spulknopf,** der: Knopf, durch dessen Betätigung etw. (z. B. ein Film, ein Magnetband) zurückgespult wird; **Rück|spul|ta|ste,** die: vgl. Rückspulknopf; **Rück|spulung,** die: das Zurückspulen; **Rückstand,** der: **1.** das, was von einem Stoff bei dessen Bearbeitung, Verarbeitung, Verwendung übrigbleibt; Rest: ein chemischer R.; der R. einer Verbrennung; Beanstandet werden sehr unreife Früchte, übermäßig starkes Zerkochen, sehr störende Rückstände von Schalen (DM 5, 1966, 34); die Babynahrung enthielt Rückstände von Schädlingsbekämpfungsmitteln. **2.** ⟨meist Pl.⟩ Rechnungsbetrag, der bereits fällig, aber noch nicht bezahlt ist; noch ausstehende Geldsumme einer zu leistenden Zahlung: ein R. in der Miete; ein R. von zwei Monatsraten; Rückstände eintreiben, bezahlen. **3. a)** das Zurückbleiben hinter einer Verpflichtung, einer bestimmten Norm: der R. in der Produktion muß aufgeholt werden; er ist mit der Arbeit, mit den Ratenzahlungen im R.; er ist mit der Miete, den Raten[zahlungen] in R. geraten; **b)** (Sport) Abstand, mit dem jmd. hinter der Leistung seines Konkurrenten, seines Gegners zurückbleibt: der R. der Hauptteils auf die Spitzengruppe betrug 2 Minuten, wuchs auf 7 Minuten an; den R. verkleinern, aufholen; Deutschland liegt 0 : 1 in R. (Quick 35, 1958, 20); in R. kommen, geraten; er schob sich mit einer Zehntelsekunde R. auf den zweiten Platz; **rückstand|frei** ⟨Adj.⟩: frei von Rückständen, ohne Rückstände [zu hinterlassen]: ob-

wohl die Reben gespritzt werden, ist der Wein [praktisch] r.; r. verbrennen; **rückstän|dig** ⟨Adj.⟩: **1.** unterentwickelt: ein -es Agrarland. **2.** rückschrittlich: -es Denken; r. sein. **3.** (veraltend) ausstehend (2): -en Lohn einklagen; **Rück|stän|dig|keit,** die; -: das Rückständigsein; **rückstands|frei** ⟨Adj.⟩: ↑ rückstandfrei; **Rückstau,** der: **a)** (Technik) Stau, durch den ein Zurückfließen (1) bewirkt wird: durch den R. der Mosel kam es zu Überschwemmungen; **b)** Stau, durch den sich eine lange Schlange von Fahrzeugen bildet: bei R. nicht in die Kreuzung fahren!; **Rück|stell|kraft,** die (Physik): Kraft, die bewirkt, daß etw., was schwingungsfähig ist u. ausschlägt (8 a) (z. B. ein Pendel), wieder in die Ausgangslage zurückgetrieben wird; Richtkraft; **Rückstell|ta|ste,** die: Rücktaste; **Rück|stellung,** die: **1.** ⟨meist Pl.⟩ (Wirtsch.) Posten, der in der Bilanz als zu erwartende, in der Höhe noch unbestimmte Ausgabe ausgewiesen ist: -en für Alterssicherung. **2.** das Zurückstellen: die R. vom Examen beantragen; es wurde die R. des Projekts um ein Jahr gefordert; **Rück|stoß,** der: **1.** (Physik) Antriebskraft, die dadurch entsteht, daß ein Körper Masse (5), bes. Brennstoff, Gas, Strahlen o. ä., abstößt, wodurch eine Kraft freigesetzt wird, die rückwirkend auf den abgestoßenen Körper als antreibende Kraft einwirkt (z. B. bei Raketen): Das beobachtete Elektron erfährt daher durch das Lichtquant einen R. (Natur 59). **2.** durch Rückstoß (1) ausgelöster [heftiger] Stoß nach rückwärts beim Abfeuern einer Schußwaffe o. ä.: das Gewehr hat einen starken R.; **Rückstoß|an|trieb,** der (Technik): Antrieb durch Rückstoß (1); **rück|stoß|frei** ⟨Adj.⟩: (von Waffen) ohne Rückstoß (2); **Rückstrahl|er,** der: **1.** bes. im Straßenverkehr (u. a. an Fahrzeugen) als Warnsignal verwendete Vorrichtung, durch die auf eine Fläche fallendes Licht in die Einfallsrichtung zurückgeworfen wird: Fahrräder müssen vorn einen weißen und hinten einen roten R. haben. **2.** Vorrichtung, die einfallende Funkwellen zurückwirft; **Rück|strah|lung,** die (Physik): Reflexion; **Rück|strom,** der: vgl. Rückfluß; **Rück|stu|fung,** die: Zurückstufung: eine R. [eines Mitarbeiters] in eine niedrigere Lohngruppe ist normalerweise nicht möglich; **Rück|ta|ste,** die: Taste an der Schreibmaschine, durch deren Betätigung der Wagen um einen Schritt zurückgeschoben wird; **Rück|tausch,** der: das Zurücktauschen von Devisen; **Rück|trans|fer,** der: Transfer an den Ausgangsort; **Rücktrans|port,** der: das Zurücktransportieren; **Rück|tritt,** der: **1.** das Zurücktreten, Niederlegen eines Amtes (bes. von Mitgliedern einer Regierung): der R. des Kabinetts; seinen R. anbieten; jmdn. zum R. veranlassen, auffordern; jmds. R. fordern; der Minister nahm seinen R. (veraltend; trat zurück). **2.** (Rechtsspr.) das Zurücktreten von einem Vertrag. **3.** Rücktrittbremse: das Rad hat keinen R.; mit dem R. bremsen; **Rück|tritt|brem|se,** die: Bremse an Zweirädern, bes. Fahrrädern, die durch Zurücktreten der Pedale betätigt wird; **Rück|tritts|ab|sicht,** die:

Absicht zurückzutreten: [keine] -en haben; er hat seine R. bereits gestern geäußert; **Rück|tritts|dro|hung,** die: *Drohung mit dem Rücktritt;* **Rück|tritts|er|klä|rung,** die: *Erklärung, durch die jmd. seinen Rücktritt vollzieht u. mitteilt;* **Rück|tritts|for|de|rung,** die: *Forderung nach jmds. Rücktritt;* **Rück|tritts|ge|such,** das: vgl. Entlassungsgesuch; **Rück|tritts|recht,** das ⟨o. Pl.⟩ (Rechtsspr.): *Recht zum Rücktritt (2);* **rück|über|set|zen** ⟨sw. V.; hat⟩: *(einen übersetzten Text) wieder in die Sprache des Originals übersetzen;* **Rück|über|set|zung,** die: **1.** *das Rückübersetzen.* **2.** *durch Rückübersetzung (1) entstandene Textfassung;* **Rück|um|schlag,** der: *für die Rückantwort (1) vorgesehener [adressierter u. frankierter] Briefumschlag:* einen frankierten R. beilegen; **rück|ver|gü|ten** ⟨sw. V.; hat⟩ (Wirtsch.): *eine Rückvergütung* (1 b, 2) *zahlen;* **Rück|ver|gü|tung,** die: **1.** (Wirtsch.) **a)** *das Auszahlen eines Teils einer bereits gezahlten Summe als Rabatt od. Gewinnbeteiligung:* eine R. vornehmen; **b)** *der als Rückvergütung* (1 a) *gezahlte Betrag:* die R. überweisen. **2.** (Versicherungsw.) *Beitragsrückerstattung;* **Rück|ver|la|dung,** die: *Verladung für den Rücktransport;* **Rück|ver|si|che|rer,** der: **1.** *jmd., der sich rückversichert (1):* „Du Drecksack, du erbärmlicher R.!" (Apitz, Wölfe 367). **2.** (Versicherungsw.) *Versicherungsgesellschaft, die eine andere Versicherungsgesellschaft finanziell absichert;* **rück|ver|si|chern** ⟨sw. V.; hat⟩: **1.** ⟨r. + sich⟩ *sich [vorsichtig, überängstlich] nach verschiedenen Seiten hin od. bei einer [übergeordneten] Stelle, Person absichern.* **2.** (Versicherungsw.) *(als Versicherungsgesellschaft) eine andere Versicherungsgesellschaft gegen bestimmte Risiken, eventuelle Zahlungsschwierigkeiten finanziell absichern;* **Rück|ver|si|che|rung,** die: *das Rückversichern;* **Rück|wand,** die: *hintere Wand:* die R. des Hauses, des Fernsehgeräts, des Schranks, des Regals; **Rück|wan|de|rer,** der: *jmd., der aus der Emigration od. als Rücksiedler in seine Heimat zurückkehrt; Remigrant;* **Rück|wan|de|rin,** die: w. Form zu ↑ Rückwanderer; **rück|wan|dern** ⟨sw. V.; ist⟩: *nur im Inf. u. 2. Partizip gebr.:* **als Rückwanderer, Rückwandernzurückkehren;* **Rück|wan|de|rung,** die: *das Zurückwandern;* **Rück|wa|re,** die (Wirtsch.): *in das Zollgebiet zurückkehrende Ware, die zuvor ausgeführt worden war;* **rück|wär|tig** ⟨Adj.⟩: *hinten, hinter jmdm., einer Sache befindlich, im Rücken von jmdm., etw. befindlich:* auf den -en Verkehr achten; er sah niemand durch die -e Scheibe (Remarque, Triomphe 392); **rück|wärts** ⟨Adv.⟩ [↑-wärts]: **1. a)** *nach hinten:* ein Blick r.; eine Rolle r. machen; **b)** *mit dem Rücken, der Rückseite voran:* r. gehen, fahren; [den Wagen] r. einparken. **2. a)** *in Richtung des Ausgangspunktes, von hinten nach vorn:* den Film r. laufen lassen; ein Wort r. lesen; **b)** *in die Vergangenheit zurück:* Die nach r. gerichtete Romantik wird in bezug auf die Gegenwart leicht zynisch (Rehn, Nichts 46); eine r. gerichtete,

orientierte Politik. **3.** (südd., österr.) *hinten:* r. am Haus; von r. kommen; r. *(hinten)* einsteigen! **4.** (ugs.) *zurück, auf dem Rückweg:* r. fahren wir über Mainz, besuchen wir Freunde in Frankfurt; **Rück|wärts|be|we|gung,** die: *rückwärts verlaufende, gerichtete Bewegung;* **Rück|wärts|drall,** der: *rückwärts gerichteter Drall;* **Rück|wärts|dre|hung,** die: vgl. Rückwärtsbewegung; **Rück|wärts|gang,** der: **1.** (Technik) *Gang* (6) *eines Motorfahrzeugs für das Rückwärtsfahren:* im R. fahren; Ü am besten, wir legen schnell den R. ein (ugs. scherzh.; *verschwinden schnell).* **2.** *das Gehen mit dem Rücken voran;* **rück|wärts|ge|hen** ⟨unr. V.; ist⟩ (ugs.): *schlechter werden;* **rück|wärts|ge|wandt** ⟨Adj.⟩: **1.** *nach hinten gewandt.* **2.** *auf Vergangenes gerichtet;* **Rück|wärts|ver|si|che|rung,** die (Versicherungsw.): *Versicherungsschutz für Schäden, die bereits vor Abschluß des Vertrags vorhanden, aber noch nicht bekannt waren;* **Rück|wech|sel,** der (Bankw.): *Wechsel, durch den jmd., der über mehrere Empfänger einen vom Aussteller nicht bezahlten Wechsel erhalten hat, einen der vorigen Empfänger auffordert, den fälligen Betrag zu zahlen; Rikambio; Ritratte;* **Rück|weg,** der: vgl. Rückfahrt: den R. antreten; jmdm. den R. abschneiden, versperren; sich auf den R. machen; auf dem R. besuchen wir Oma.

ruck|wei|se ⟨Adv.⟩: *in Rucken:* etw. r. hochziehen, bewegen; ⟨mit Verbalsubstantiven auch attr.:⟩ iner R. Bewegung; R bei dir kommt's wohl r. (landsch.; *du bist wohl nicht recht bei Verstand).*

Rück|wen|dung, die: *erneute Orientierung an einer Person, einer geistigen, ideologischen o.ä. Strömung, Bewegung:* die R. des europäischen Katholizismus nach Rom; **rück|wir|kend** ⟨Adj.⟩: **1.** *von einem bestimmten vergangenen Zeitpunkt an [gültig]:* die Lohnerhöhung gilt r. vom 1. März. **2.** *Rückwirkung (1) ausübend:* eine -e Kraft; **Rück|wir|kung,** die: *Wirkung, die durch jmdn. od. etw. ausgelöst wird u. auf diese Person od. Sache zurückwirkt:* wechselseitige -en; daß vom Militär auch destruktive -en auf den eigenen Staat ausgehen können (Fraenkel, Staat 366). **2.** *rückwirkende (1) Gültigkeit:* dieses Gesetz hat keine R.; mit R. *(rückwirkend* 1*);* **rück|zahl|bar** ⟨Adj.⟩: *zurückzuzahlen:* in R. in kleinen Raten; **Rück|zah|lung,** die: vgl. Rückerstattung; **Rück|zah|lungs|be|din|gun|gen** ⟨Pl.⟩: *die Rückzahlung eines Kredits o. ä. regelnde Bedingungen;* **Rück|zah|lungs|frist,** die: *Frist, innerhalb derer etw. zurückzuzahlen ist;* **Rück|zie|her,** der; -s, -: **1.** (ugs.) *das Zurückziehen von [groß angekündigten] Versprechen, Forderungen, Behauptungen od. das Zurückweichen vor deren Konsequenzen:* ... und läßt sich unter dem Geschrei der Gegner zu einem R. herbei (Spiegel 52, 1965, 8); * **einen R. machen** (ugs.; *[einlenkend] zurückstecken).* **2.** (Fußball) *über den eigenen Kopf rückwärts gespielter Ball.* **3.** (salopp) *Coitus interruptus;* **Rück|züch|tung,** die (Tierzucht): **1.** *durch Züchtung auf eine dem Ursprung ähnliche Form zurückführen.* **2.** *durch Rückzüchtung (1) hervor-*

brachte Form: der Auerochse der Zoos ist eine R.

ruck, zuck ⟨Adv.⟩ (ugs.): *schnell [u. mühelos], im Handumdrehen:* das geht r., z.

Rück|zug, der: *(bes. von Truppen o.ä.) das Sichzurückziehen [vor einem überlegenen Gegner, Feind]:* ein geordneter, planmäßiger, überstürzter R.; den R. der Truppen befehlen; den R. antreten, decken, sichern; einer Armee den R. abschneiden; auf dem R. sein; jmdn. zum R. zwingen; Ü ein R. in die private Sphäre; Denn dann blieb den Menschen nichts als der R. nach innen (Thieß, Reich 370); **Rück|zugs|be|fehl,** der: *Befehl zum Rückzug;* **Rück|zugs|be|we|gung,** die: *im Rahmen eines Rückzugs erfolgende Truppenbewegung;* **Rück|zugs|ge|biet,** das: **a)** (Völkerk.) *Gebiet mit ungünstigen Lebensbedingungen, in das primitive Völker von erobernden Völkern abgedrängt wurden;* **b)** (Biol.) *Refugialgebiet;* **c)** (Sprachw.) *Reliktgebiet* (1); **Rück|zugs|ge|fecht,** das: *Kampfhandlung zur Sicherung des Rückzugs:* erbitterte -e; Truppenteile in -e verwickeln; **Rück|zugs|li|nie,** die: *Linie, hinter die sich jmd. zurückgezogen hat;* **Rück|zugs|ma|nö|ver,** das: vgl. Rückzugsbewegung.

rüd: ↑ rüde.

Rud|be|ckia [...], (häufiger:) **Rud|beckie** [...], die; -, Rudbeckien [nach dem schwed. Naturforscher O. Rudbeck (1630 bis 1702)]: *Sonnenhut* (2).

♦ **rud|deln** ⟨sw. V.; hat⟩ [jidd. rudelen, wohl zu mhd. rüeden = lärmen, sich lärmend bewegen]: *(in landsch. Sprachgebrauch) klatschen* (4 a), *tratschen:* Weiberabteilung (= in der Synagoge) ...: hier wird geplaudert, geruddelt, gelacht, wie es überall geschieht, die jüngeren Frauen scherzen über die alten (Heine, Rabbi 479).

rü|de, (österr. meist:) **rüd** ⟨Adj.⟩ [frz. rude < lat. rudis = roh] (abwertend): *von grober, ungehobelter Art; (im Benehmen, Umgang mit anderen) rücksichtslos u. gefühllos:* ein -s Benehmen; ein -r Geselle, Kerl; sein Ton war ausgesprochen, sehr r.

Rü|de, der; -n, -n [mhd. rü(e)de, ahd. rudio, H. u.]: **1.** *(von Hunden, anderen Hundeartigen u. Mardern) männliches Tier:* ist es ein R.? **2.** (Jägerspr.) *Hetzhund, der bes. auf Sauen gehetzt wird;* **Rü|de|mei|ster,** der (Jägerspr.): *Jäger, der die Meute der Rüden* (2) *führt.*

Ru|del, das; -s, - [17. Jh., H. u.]: *Gruppe wildlebender Säugetiere der gleichen Art [die sich für eine bestimmte Zeit zusammengeschlossen haben]:* ein starkes R.; ein R. Hirsche/von Hirschen; ein R. Gemsen; ein R. auftreten; Wölfe jagen im R./in -n; Ü (ugs.:) Als ich das Schleudern spürte, sah ich links ein R. von Schulkindern (Frisch, Gantenbein 34); die Ausstellungsbesucher kamen in [ganzen] -n; Denn der Start vollzieht sich in einem ganz dichten R., in einem Pulk, in dem das Überholen besonders schwierig ist (Frankenberg, Fahren 55); **ru|deln,** sich ⟨sw. V.; hat⟩: *sich zu einem Rudel zusammenschließen:* Wölfe rudeln sich zum Jagen; **ru|del|wei|se** ⟨Adv.⟩: *in Rudeln:* die Wapiti treten meist r. auf; Ü

Ruder

die Kampfbomber griffen r. an; Japaner, die aus ihren Bussen klettern und sich r. auf Motivsuche machen (Fest, Im Gegenlicht 345).

Ru|der, das; -s, - [mhd. ruoder, ahd. ruodar, zu einem Verb mit der Bed. „rudern" u. eigtl. = Gerät, mit dem man rudert]: **1.** = Gerät zum Fortbewegen eines Ruderbootes dienende längere Stange, die an dem ins Wasser zu tauchenden Ende in ein leicht gewölbtes, breiteres Blatt ausläuft: die R. auslegen, eintauchen, durchziehen, streichen *(gegen die Fahrtrichtung stemmen, um zu bremsen od. zu wenden)*, ausheben *(aus dem Wasser heben)*, einziehen; * **sich in die R. legen** (1. kräftig rudern: er mußte sich kräftig in die R. legen, um gegen die Strömung anzukommen. 2. ugs.; *eine Arbeit o. ä. mit Energie in Angriff nehmen u. durchführen)*. **2.** Vorrichtung zum Steuern eines Schiffes mit einem meist senkrecht unten am Heck angebrachten Ruderblatt; Steuerruder: das R. führen *(das Schiff steuern);* R. legen (Seemannsspr.: *das Ruder mit Hilfe der Ruderpinne od. des Steuerrads in eine bestimmte Richtung drehen);* das R. herumwerfen; das R. *(die Steuerung des Schiffes)* übernehmen; am R. stehen, sitzen *(das Schiff steuern);* das Schiff läuft aus dem R. (Seemannsspr.; *gehorcht ihm nicht u. kommt vom Kurs ab);* Ü die Regierungspartei sah sich gezwungen, das R. herumzuwerfen *(ihren politischen Kurs zu ändern);* * **ans R. kommen/gelangen** *(ugs.; bes. im politischen Bereich die Führung erlangen):* er ist durch einen Putsch ans R. gekommen; **am R. sein/bleiben** (ugs.; *bes. im politischen Bereich die Führung innehaben, behalten):* dort sind immer noch die Kommunisten am R.; **aus dem R. laufen** *(außer Kontrolle geraten, eine unerwünschte Entwicklung nehmen).* **3.** (Flugw.) **a)** kurz für ↑Höhenruder; **b)** kurz für ↑Querruder; **c)** kurz für ↑Seitenruder. **4.** (Jägerspr.) *(beim Auerhahn)* Gesamtheit der Schwanzfedern.

Ru|de|ra ⟨Pl.⟩ [lat. rudera, Pl. von: rudus = Schutthaufen; zerbröckeltes Gestein] (veraltet): *Schutthaufen, Trümmer;* **Ru|de|ral|pflan|ze**, die; -, -n (Bot.): *Pflanze, die auf Schuttplätzen u. an Wegrändern gedeiht* (z. B. Brennessel).

Ru|der|an|la|ge, die: *Gesamtheit der zum Bewegen des Ruders (2) notwendigen Einrichtungen;* **Ru|der|an|zei|ger**, der: *= Ruderlagenanzeiger;* **Ru|der|ap|pa|rat**, der: *Rudermaschine;* **Ru|der|ball**, der: *(bei der Marine) roter od. grüner Kegel am Großmast, der dem Hintermann die Ruderlage des Vordermanns anzeigt;* **Ru|der|bank**, die ⟨Pl. ...bänke⟩: vgl. Rudersitz: die Galeerensträflinge wurden an die Ruderbänke gekettet; **Ru|der|becken¹**, das (Sport): *Becken (2a), in dem die Ruderer [im Winter] trainieren;* **Ru|der|blatt**, das: **1.** *Blatt des Ruders* (1). **2.** *um einen senkrechten Schaft drehbare (hölzerne od. stählerne) Platte eines Ruders (2);* **Ru|der|boot**, das: *Boot, das mit Rudern (1) fortbewegt wird;* **Ru|der|club**, der: *Ruderklub;* **Ru|der|dol|le**, die: *Dolle;* **Ru|de|rer**, Rudrer, der; -s, - [mhd. ruoderære]: *jmd., der rudert, Rudern als sportliche Disziplin betreibt:* ein einsamer R.; die deutschen R. haben drei Medaillen gewonnen; **Ru|der|fe|der**, die (Jägerspr.): *(bei den Wasservögeln) Schwungfeder;* **Ru|der|fü|ßer**, der (Zool.): *Wasservogel, bei dem alle vier Zehen des Fußes durch Schwimmhäute verbunden sind* (z. B. Pelikan); **Ru|der|fuß|krebs**, der: *in vielen Arten in Gewässern od. auf feuchtem Untergrund (z. B. auf Moos) vorkommender [als Parasit lebender] winziger Krebs; Kopepode;* **Ru|der|ga|bel**, die: *Dolle;* **Ru|der|gän|ger**, der (Seemannsspr.): *Seemann, der (nach Weisung des Kapitäns o. ä.) das Schiff steuert;* **Ru|der|gän|ge|rin**, die (Seemannsspr.): w. Form zu ↑Rudergänger; **Ru|der|gast**, der (Seemannsspr.): *Rudergänger[in];* **Ru|der|ge|rät**, das: *Hometrainer zum Rudern;* **Ru|der|hals**, der: **1.** *schmaler Teil des Ruders* (1) *zwischen Schaft u. Blatt.* **2.** *sich verjüngender oberer Teil des Ruderschafts (2);* **Ru|der|haus**, das (Seemannsspr.): *(auf kleineren Schiffen) mit Steuerrad, Kompaß u. a. ausgerüstete Kabine (2b) auf Deck, in der sich der Rudergänger aufhält;* **-ru|de|rig**, -rudrig: in Zusb., z. B. vierrud[e]rig *(vier Ruder habend);* **Ru|de|rin**, Rudrerin, die; -, -nen: w. Form zu ↑Ruderer; **Ru|der|kahn**, der: vgl. Ruderboot; **Ru|der|kasten**, der (Sport): *in ein Ruderbecken montierter viersitziger Rumpf eines Ruderboots zum Trainieren;* **Ru|der|klub**, der: *Klub für Ruderer;* **Ru|der|knecht**, der (früher): *jmd., der gegen ein Entgelt für jmd. anderen rudert;* **Ru|der|ko|ker**, der (Seemannsspr.): *²Koker für den Ruderschaft (2);* **Ru|der|kom|man|do**, das: *Befehl des Kapitäns an den Rudergänger;* **Ru|der|la|ge**, die: *Stellung der Ruderblatts (2);* **Ru|der|la|ge[n]|an|zei|ger**, der: *Anzeiger am Steuerrad od. -pult, der die jeweilige Ruderlage anzeigt;* **Ru|der|ma|schi|ne**, die: *(bei Seeschiffen) Maschine zur Betätigung eines großen Ruders (2);* **ru|dern** ⟨sw. V.⟩ [mhd. ruodern, ahd. (ga)ruoderōn]: **1. a)** *(zur Fortbewegung eines Bootes, in dem man mit dem Rücken zur Fahrtrichtung sitzt) das Ruder (1) in taktmäßig wiederholtem Bewegungsablauf in das Wasser eintauchen, durchziehen u. wieder aus dem Wasser heben* ⟨hat/ist⟩: kräftig r.; um die Wette r.; wir haben zu zweit gerudert; willst du auch mal r.?; wir sind/haben den ganzen Nachmittag gerudert; **b)** *sich rudernd (1 a) irgendwohin bewegen* ⟨ist⟩: an Land, stromabwärts, gegen die Strömung; sie ist über den Fluß gerudert. **2. a)** *durch Rudern (1 a) vorwärts, irgendwohin bewegen* ⟨hat⟩: er wollte das Boot selbst r.; wer rudert den Kahn [ans Ufer]?; **b)** *rudernd (1 b) befördern, an einen bestimmten Ort bringen* ⟨hat⟩: er ruderte die Kisten, die beiden Angler über den See; sie ließ sich auf die Insel r.; **c)** *rudernd (1 b) zurücklegen* ⟨ist⟩: eine Strecke von 2 000 m r. **3.** ⟨hat/ist⟩ **a)** *als Ruderer an einem sportlichen Wettkampf teilnehmen, einen Ruderwettkampf austragen:* unser Verein rudert gegen Germania RC; **b)** *als Ruderer in einem Ruderwettbewerb eine bestimmte Zeit erzielen:* sie haben eine neue Bestzeit gerudert. **4.** (ugs.) *wie mit einem Ruder (1) weitausholende, kräftige Bewegungen ausführen* ⟨hat⟩: beim Gehen mit den Armen r.; Die Hosenbeine hochgezogen und mit den Ellenbogen rudernd, waren sie durch den knöcheltiefen Schlamm gehüpft (Apitz, Wölfe 224). **5.** (bes. Jägerspr.) *(von Wasservögeln) schwimmen* ⟨ist⟩; **Ru|der|pin|ne**, die (Seemannsspr.): *Pinne* (1); **Ru|der|platz**, der: vgl. Rudersitz; **Ru|der|rad**, das: *Steuerrad* (b); **Ru|der|re|gat|ta**, die: *Regatta im Rudersport;* **Ru|der|schaft**, der: **1.** *Stange des Ruders* (1) *ohne Blatt.* **2.** *drehbar gelagerter Schaft des Ruders* (2), *an dem das Ruderblatt befestigt ist;* **Ru|der|schiff**, das (früher): vgl. Ruderboot: Galeeren und ähnliche -e; **Ru|der|schlag**, der: *das Eintauchen, Durchziehen u. Ausheben des Ruders als [taktmäßig wiederholter] Bewegungsvorgang:* ein gleichmäßiger, schneller R.; **Ru|der|si|mu|la|tor**, der: *Rudergerät;* **Ru|der|sitz**, der: *Sitz, auf dem man beim Rudern sitzt;* **Ru|der|skla|ve**, der: *als Ruderer eingesetzter Sklave:* Ben Hur kam als R. nach Rom; **Ru|der|sport**, der: *als Sport betriebenes Rudern;* **Ru|der|ver|band**, der: vgl. Ruderklub; **Ru|der|ver|ein**, der: vgl. Ruderklub; **Ru|der|wett|fahrt**, die: *Ruderregatta;* **Ru|der|wett|kampf**, der: *Wettkampf im Rudersport;* **Ru|der|zei|chen**, das: vgl. Ruderball.

Rü|des|heim: Stadt am Rhein; **¹Rü|des|hei|mer**, der; -s, - ⟨Ew⟩; **²Rü|des|hei|mer** ⟨indekl. Adj.⟩; **Rü|des|hei|me|rin**, die; -, -nen: w. Form zu ↑¹Rüdesheimer.

Rüd|heit, die; -, -en: **1.** ⟨o. Pl.⟩ *das Rüdesein.* **2.** *rüde Äußerung, Handlung;* **Ru|di|ment**, das; -[e]s, -e [lat. rudimentum = Anfang, erster Versuch, zu: rudis, ↑rüde]: **1.** (bildungsspr.) *etw., was sich aus einer früheren Epoche, einem früheren Lebensabschnitt noch als Rest erhalten hat; Überbleibsel:* Normal ist die Barbarei, weil in nichts mehr in bloßen -en besteht, sondern ... immerfort reproduziert wird (Adorno, Prismen 81). **2.** (Biol.) *verkümmertes, teilweise od. gänzlich funktionslos gewordenes Organ* (z. B. die Flügel beim ²Strauß): die vorderen Extremitäten sind nur als -e vorhanden; **ru|di|men|tär** ⟨Adj.⟩ [frz. rudimentaire, zu: rudiment ⟨ lat. rudimentum, ↑Rudiment]: **1.** (bildungsspr.) **a)** *nur noch als Rudiment (1) [vorhanden]:* Ich überlasse es Ihnen vermutlich r. noch vorhandenen Kenntnissen in der elementaren Mathematik, auszurechnen, ... (Erné, Fahrgäste 193); **b)** *(bes. schweiz.) unvollständig, unvollkommen, nur in Ansätzen [vorhanden], unzureichend:* Der Roman, eine Zukunftsphantasie mit -er Handlung (Adorno, Prismen 93); Das Verfahren zur Ermittlung der Freiwilligkeit war allerdings den Umständen entsprechend höchst r. (NZZ 21. 8. 83, 2); Die praktische Ausbildung blieb allerdings vorerst noch zu r. (Schweizer Maschinenbau 16. 8. 83, 31). **2.** (Biol.) *nur [noch] als Anlage, im Ansatz, andeutungsweise vorhanden, unvollständig [entwickelt]:* -e Organe; **Ru|di|sten** ⟨Pl.⟩ [zu lat. rudis, ↑rüde] (Geol.): *fossile Muscheln der Kreidezeit;* **Ru|di|tät**, die; -, -en [lat. ruditas (Gen.: ruditatis), zu: rudis, ↑rüde] (veraltet): *rüdes Betragen, Grobheit, Rohheit.*

Ru|dolph, der; -[s], -s [H. u.] (Trampolin-

turnen): *ganzer Salto vorwärts mit eineinhalbfacher Schraube.*
Rud|rer: ↑ Ruderer; **Rud|re|rin:** ↑ Ruderin; **-rud|rig:** ↑ -ruderig.
Rue|da, die; -, -s [span. rueda, eigtl. = Rad, Runde, Scheibe, < lat. rota, ↑ Rota]: *spanischer Tanz im 5/8-Takt.*
Ruf, der; -[e]s, -e [mhd. ruof, ahd. (h)ruof, zu ↑ rufen]: **1.** *laute kurze Äußerung, mit der man jmdn. über eine [weitere] Entfernung erreichen will:* ein lauter, [weithin] schallender, anfeuernder, entsetzter R.; der R. des Wächters, der Händler; ein R. ertönte, erscholl; gellende -e hallten über den See, durchbrachen die Stille; die -e wurden leiser, verstummten; auf seinen R. hin erschien sie am Fenster; sie brachen in den R. *(Ausruf)* „Er lebe hoch!" aus; Ü der R. des Jagdhorns. **2. a)** *(von bestimmten Vögeln u. a. Rotwild) in meist regelmäßigen Abständen mehrmals hintereinander ertönender, charakteristischer Laut:* der R. des Kuckucks, Hirsches; **b)** (Jägerspr.) ²Locke (a). **3.** ⟨o. Pl.⟩ **a)** *(von einer höheren Instanz ausgehende) Aufforderung zu einem bestimmten Tun od. Verhalten; Aufruf:* der R. zu den Waffen; er war dem R. des Kaisers ... gefolgt (Strittmatter, Wundertäter 33); Ü dem R. des Herzens, des Gewissens folgen; er gehorchte dem R. (scherzh.; *ging austreten*) der Natur; **b)** *öffentlich von einer größeren Gruppe von Personen nachdrücklich vorgebrachte Forderung, bekundetes Verlangen:* der R. nach Gerechtigkeit wurde immer lauter; Der ... Forderung nach absoluter Glaubens- und Gewissensfreiheit schloß sich der R. nach Freiheit ... an (Fraenkel, Staat 124). **4.** ⟨Pl. selten⟩ *Berufung in ein hohes (wissenschaftliches od. künstlerisches) Amt, bes. auf einen Lehrstuhl:* an jmdn. ergeht ein R.; er bekam, erhielt einen R. [als ordentlicher Professor] an die Universität Bonn/nach Bonn; er hat den R. [auf den Lehrstuhl, das Ordinariat] abgelehnt; der Dirigent, Regisseur nahm einen R. nach Wien an. **5.** ⟨o. Pl.⟩ *Beurteilung, die jmd., etw. von der Allgemeinheit erfährt; Meinung, die die Allgemeinheit von jmdm., etw. hat:* der R. dieses Hotels ist ausgezeichnet; dem neuen Leiter des Instituts geht ein hervorragender R. [als Wissenschaftler] voraus *(er gilt als hervorragend);* einen guten, schlechten, zweifelhaften R. haben; einen guten R. genießen; er hat sich einen großen R. *(große Wertschätzung)*/den R. *(Namen)* eines Fachmanns erworben; [durch/mit etw.] seinen R. *(sein Ansehen)* wahren, gefährden, aufs Spiel setzen, ruinieren; das schadete seinem R., war seinem R. als Wissenschaftler abträglich; in einen üblen R. kommen; er brachte sie in einen falschen R.; obwohl sie im R. einer halben Kokotte stand (Böll, Haus 21); ein Pianist von internationalem R. *(ein international anerkannter Pianist);* ist der R. erst ruiniert, lebt es sich ganz ungeniert; * **jmd., etw. ist besser als sein Ruf** *(jmd., etw. steht zu Unrecht in keinem guten Rufe),* hatte keiner Stelle aus ihn „Epistolae ex Ponto" des röm. Dichters Ovid [43 v. Chr. bis etwa 18 n. Chr.]). **6.** ⟨Pl. selten⟩ *(Papierdt.) Rufnummer:* Taxizentrale R. 3 37 00. **7.** ⟨o. Pl.⟩ *(veraltet) Gerücht, Kunde:* es geht der R., daß ...; **Ruf|an|la|ge,** die: vgl. Sprechanlage: Endlich quäkte die R. seinen Namen (Fels, Sünden 125); **Ruf|be|reit|schaft,** die: *Bereitschaftsdienst:* er hat R.; **Ruf|bus,** der: *Bus für den öffentlichen Nahverkehr, der nach Bedarf verkehrt u. vom Fahrgast telefonisch od. über eine spezielle Rufsäule angefordert werden kann:* Der R. – Zwitter zwischen Taxi und Linienbus (MM 14. 2. 78, 9); **Ruf|bus|säu|le,** die: *spezielle Rufsäule zum Anfordern eines Rufbusses;* **Ruf|bus|zen|tra|le,** die: *(in einem bestimmten Zuständigkeitsbereich) für den Einsatz der Rufbusse zuständige Zentrale* (1a).

Ru|fe, die; -, -n [mhd. ruf(e), ahd. ruf; vgl. ahd. riob, anord. hrjúfr = aussätzig] (südd.): *Kruste* (a), *Grind* (1).

Rü|fe, die; -, -n [wohl über das Ladin. zu lat. ruina, ↑ Ruine] (schweiz.): *Mure.*

ru|fen ⟨st. V.; hat⟩ [mhd. ruofen, ahd. (h)ruofan, wahrsch. lautm.]: **1. a)** *sich durch einen Ruf (1) bemerkbar machen:* laut, mit kräftiger Stimme, aus Leibeskräften, wiederholt, lange r.; ruft da nicht jemand?; **b)** *einen Ruf (2 a) ertönen lassen:* im Wald ruft der Kuckuck, ein Käuzchen. **2.** ⟨r. + sich⟩ *durch [längeres] Rufen* (1a) *in einen bestimmten Zustand geraten:* sich heiser r. **3.** *mit lauter Stimme äußern, ausrufen:* etw. [aus dem Fenster] r.; Hilfe, hurra r.; „Bravo!" riefen beide wie aus einem Munde; ⟨unpers.:⟩ aus dem Zimmer rief es: „Herein!" **4.** *rufend* (1a) *nach jmdm., etw. verlangen:* das Kind rief nach seiner Mutter; der Gast rief nach der Bedienung, nach seinem Essen; nach, um Hilfe r. ⟨landsch. ugs. auch mit „über" + Akk.:⟩ er rief über ihn; ⟨nicht standardspr., südwestd. u. schweiz. ugs. auch mit Dativobj.:⟩ der Gast rief dem Ober; er rief mir *(rief mir zu),* ich solle kommen; ◆ Wer ruft mir? (Goethe, Faust I, 482); ruf dem Pastor (Schiller, Räuber II, 2); Ruft der Mutter, sie soll Blutwurzel holen und Pflaster (Goethe, Götz V). **5.** *durch Anruf o. ä. jmdn. an einen bestimmten Ort bitten, wo er gebraucht wird; telefonisch o. ä. jmdn. herbeirufen, jmdn. kommen lassen:* hast du mich gerufen?; die Polizei, die Feuerwehr, ein Taxi r.; der Arzt wurde ans Krankenbett, zu der Patientin gerufen; jmdn. ins Zimmer, vor Gericht, zu sich r.; jmdn. zu Hilfe r.; Ü dringende Geschäfte riefen ihn nach München *(veranlaßten ihn, nach München zu fahren);* Gott hat sie zu sich gerufen (geh. verhüll.; *sie ist gestorben);* sich, jmdn. etw. in Erinnerung/ins Gedächtnis r.; * **[jmdm.] wie gerufen kommen** (ugs.; *zufällig gerade in einem Moment auftreten, erscheinen, geschehen, wo dies [jmdm.] äußerst willkommen ist):* du kommst [mir] wie gerufen! **6.** *[durch Rufen* (1 a) *] zu etw. auffordern:* die Mutter ruft zum Essen; zum Widerstand, Aufstand r. (*aufrufen);* die Glocke ruft zum Gebet; das Horn rief zur Jagd. **7. a)** *mit einem bestimmten Namen nennen:* Meine Mutter ... rief mich „Menschlein", was ich haßte (Lentz, Muckefuck 7); er wird „Kalle" gerufen; sie riefen mich „Pistenschreck"; ⟨nicht standardspr., südwestd. u. schweiz. ugs. auch mit Dativobj.:⟩ die Buben sollen mir „Mama" r.; **b)** *(veraltend) (mit seinem Namen) anreden:* er rief sie bei ihrem, mit ihrem Namen; wie das schöne Mädchen ... ihn einfach bei Namen rief (Th. Mann, Hoheit 71). **8.** *telefonisch od. über Funk mit jmdm. die Verbindung aufnehmen:* jmdn. [unter der Nummer 34 71 06] r.; rufen Sie 22 22 22; Rufen Sie noch einmal zu Okapi (Gaiser, Jagd 115); Teddybär ruft Zeppelin (über Funk: ... *bittet Zeppelin, sich zu melden).* **9.** (schweiz.) *etw. hervorrufen, zur Folge haben:* der Vorschlag rief einer heftigen Opposition. ◆ **10.** ⟨bis ins 18. Jh. auch sw. V.:⟩ jedes rufte so ungekünstelt sein: „Danke!" (Goethe, Werther I, 16. Junius); **Ru|fer,** der; -s, - [mhd. ruofære = (Aus)rufer]: **1.** *jmd., der ruft:* wer war der R.?; in anderer Verrichtung ... den R. (Kirst 08/15, 883); * **ein R. in der Wüste** *(jmd., der ständig mahnt, ohne Gehör zu finden;* nach Jes. 40, 3). ◆ **2.** *Gerichtsbote, der zu Beginn einer Verhandlung die zu verhandelnde Sache ausruft u. die Zeugen aufruft:* Ich, R., rufe die Klag' gegen den Missetäter. Des Herz rein ist, dessen Hände rein sind, die schwören auf Strang und Schwert, der klage bei Strang und Schwert! (Goethe, Götz V); **Ru|fe|rin,** die; -, -nen: w. Form zu ↑ Rufer; **Ruf|fall,** der: *Anrederfall.*

Rüf|fel, der; -s - [rückgeb. aus ↑ rüffeln] (ugs.): *(von einem Vorgesetzten o. ä. an jmdn. gerichtete) Äußerung, die Ärger u. Unzufriedenheit über das Tun od. Verhalten des Betroffenen ausdrückt, mit der etw. moniert wird:* jeder Untergebene hätte diesen Blick als R. verstanden (Zwerenz, Quadriga 33); jmdm. einen R. geben; [wegen/für etw.] einen R. [von jmdm.] kriegen; das hat ihm einen R. eingetragen; **rüf|feln** (sw. V.; hat) [aus dem Niederd., wohl zu niederd. Ruffel = Rauhhobel; wahrsch. im Nhd. auch beeinflußt von ↑ riffeln] (ugs.): *mit einem Rüffel zurechtweisen:* jmdn. wegen/für etw. r.

◆ **Ruf|fi,** die; -, Ruffenen: *Rüfe:* ⟨fälschlich als Maskulinum:⟩ Ein R. ist gegangen *(niedergegangen)* im Glarner Land und die ganze Seite vom Glärnisch eingesunken (Schiller, Tell IV, 3).

Rüff|ler, der; -s, - (ugs.): *jmd., der jmdn. rüffelt;* **Rüff|le|rin,** die; -, -nen (ugs.): w. Form zu ↑ Rüffler.

Ru|fi|nis|mus, der; - [zu lat. rufus = rot(haarig)]: *Erythrismus.*

Ruf|mäd|chen, das (selten): *Callgirl;* **Ruf|mord,** der: *böswillige Schädigung des Rufes* (5), *des Ansehens eines anderen (durch Verleumdungen):* R. [an jmdm.] betreiben; Es gibt wahre Profis in R. (Zwerenz, Kopf 113); Ü Das war keine Berlin-Darstellung, das war R. an Berlin (Hörzu 15, 1976, 125); **Ruf|mord|kam|pa|gne,** die: *Kampagne mit dem Ziel, jmds. Ruf, Ansehen zu schädigen, jmdn. in Verruf zu bringen:* eine R. gegen jmdn. starten; der gestürzte Premier sieht, fühlt sich als Opfer einer R.; **Ruf|nä|he,** die: *Rufweite:* bleibt bitte in R.; **Ruf|na|me,** der: **1.** *Vorname einer Person, mit dem sie angeredet wird* (im Unterschied zu weiteren Vornamen): bei mehreren Vornamen ist der R. zu unterstreichen. **2.** (bes. Funkw.) *Kennung*

Rufnummer 2822

(3); **Ruf|num|mer,** die (bes. Amtsspr.): *Telefonnummer;* **Ruf|säu|le,** die: *(im Freien installierte) säulenartige Fernsprecheinrichtung, mit deren Hilfe man bestimmte Stellen (z. B. eine Taxizentrale, eine Polizeidienststelle, eine Notrufzentrale) erreichen kann:* die Polizei von einer R. aus benachrichtigen; **ruf|schä|digend** ⟨Adj.⟩: *dem Ruf(5) (eines Menschen, einer Sache) schadend:* Ein TV-Reporter erhielt eine Abmahnung wegen -en Verhaltens (Spiegel 52, 1982, 26); **Rufschä|di|gung,** die: *Schädigung des Rufes (5) (eines Menschen, einer Sache);* **Ruf|signal,** das: *Tonsignal einer Rufanlage;* **Ruf|ta|xi,** das: *als Rufbus eingesetztes Taxi;* **Ruf|ton,** der (Fernspr.): *Freizeichen;* **Ruf|ver|zugs|zeit,** die (Fernspr.): *Zeit, die zwischen dem Wählen einer Rufnummer u. dem Ertönen des Rufzeichens vergeht;* **Ruf|wei|te,** die ⟨o. Pl.⟩: *Entfernung, über die ein Ruf (1) hörbar ist:* sie waren außer R.; in R. sein, bleiben; **Rufzei|chen,** das: **1.** (Fernspr.) *Freizeichen.* **2.** (bes. Funkw.) *Kennung* (3). **3.** (österr.) *Ausrufezeichen.*

Rug|by ['rakbi, engl.: 'rʌgbɪ], das; -[s] [engl. Rugby (football), nach der engl. Stadt Rugby, an deren Lateinschule das Spiel zuerst gespielt wurde] (Sport): *Kampfspiel* (1), *bei dem der eiförmige Ball nach bestimmten Regeln mit den Füßen od. Händen in die Torzone des Gegners zu spielen ist.*

Rü|ge, die; -, -n [mhd. rüege, ruoge = gerichtliche Anklage, Anzeige; gerichtliche Strafe, H. u.]: *aus ernsterem Anlaß in entschiedener Form vorgebrachter Tadel:* eine empfindliche, scharfe, strenge R.; jmdm. wegen seines vorlauten Benehmens, für seine Frechheit eine R. erteilen *(jmdn. rügen);* der Chef sprach ihm eine R. aus *(rügte ihn);* Nun, ich bin bereit, Ihnen entgegenzukommen, kann Ihnen jedoch eine R. nicht ersparen (Hildesheimer, Legenden 68); ..., daß es sich ... um eine verdiente R. handelte (Bergengruen, Rittmeistern 168); eine R. erhalten, bekommen *(gerügt werden);* **Rü|ge|brauch,** der (Volksk.): *bestimmte, an einen Brauch gebundene, inoffizielle Maßnahme, mit der eine gesellschaftliche Gruppe, eine Gemeinde ein ordnungs-, sittenwidriges Verhalten ihrer Mitglieder bestraft;* (z. B. Aufstecken von Strohmännern, Haarabschneiden, Abdecken des Daches); **Rüge|frist,** die (Rechtsspr.): *Verjährungsfrist für Mängelrügen;* **Rü|ge|ge|richt,** das (früher): *Gericht unterer Instanz für Vergehen geringerer Art;* **rü|gen** ⟨sw. V.; hat⟩ [mhd. rüegen, ruogen, ahd. ruogen = anklagen; (öffentlich) mitteilen]: **1. a)** *mit einer Rüge zurechtweisen;* ich muß dich wirklich r.; Vierbein fühlte sich veranlaßt, den Kameraden Asch behutsam und sehr freundlich zu r. (Kirst, 08/15, 33); sie wurde wegen wiederholter Unpünktlichkeit streng gerügt; Hier spähten Augen mißtrauisch in Ausübung ihres Dienstes, rügten Stimmen den geringsten Verstoß (Musil, Mann 532); **b)** *jmds. Verhalten od. Tun, das man für nicht in Ordnung hält u. mißbilligt, mit gewissem Nachdruck kritisieren:* man rügte seinen Leichtsinn, die Unentschlossenheit der Regierung; Die Presse der SED schließlich rügt unablässig einzelne Fälle von Rechtswillkür (Dönhoff, Ära 91). **2.** *tadelnd feststellen, beanstanden:* Mängel r.; Sie ... wagte es, die Fehler, die diesem Möbel anhafteten, zu r. (R. Walser, Gehülfe 139).

Rü|gen, -s: deutsche Ostseeinsel; **¹Rü|gener,** der; -s, -: Ew; **²Rü|ge|ner** ⟨indekl. Adj.⟩; **Rü|ge|ne|rin,** die; -, -nen: w. Form zu ↑¹Rügener; **rü|gensch** ⟨Adj.⟩.

rü|gens|wert ⟨Adj.; -er, -este⟩: *zu rügen:* ein -es Benehmen; **Rü|ger,** der; -s, - (seltener): *jmd., der jmdn., etw. rügt;* **Rü|ge|rin,** die; -, -nen (seltener): w. Form zu ↑Rüger.

Rü|ge|sa|che, die (früher): *geringfügige Strafsache, für die ein Rügegericht zuständig war.*

Rü|gi|er, der; -s, -: Angehöriger eines germanischen Volksstammes.

rü|gisch ⟨Adj.⟩: zu ↑Rügen.

Ruh|bett, das (schweiz.): *Ruhebett;* **Ruhe,** die; - [mhd. ruo(we), ahd. ruowa, verw. mit ↑¹Rast]: **1. a)** *durch kein [lärmendes] Geräusch u. lebhaftes Treiben gestörter Zustand; [fast völlige] Stille:* eine wohltuende, friedliche R.; die sonntägliche, nächtliche R.; ... und die große R. greifbar und mächtig vor dem Fenster stand (Geissler, Wunschhütlein 98); die R. des Waldes, der ländlichen Umgebung; die unheimliche R. vor einem Sturm; R., bitte! (Aufforderung, durch Reden nicht [länger] zu stören;) endlich war R. eingetreten; im Saal herrschte [vollkommene, völlige] R.; um R. (Schweigen) bitten; sie ermahnte die Kinder zur R.; Der Russe winkte sie mit der Pistole zur R. (Simmel, Stoff 519); R R. auf den billigen Plätzen [dahinten]!; R. im Saal, Unterhaus, Puff, Karton! (ugs. scherzh.; Rufe, mit denen man Anwesende, die sich unterhalten o. ä., zum Stillsein auffordert); *** die R. vor dem Sturm** (gespannte Stille vor einem drohenden [unangenehmen] Ereignis); **R. geben** (still sein, sich ruhig verhalten): wollt ihr mal/wohl R. geben!; **R. halten** (still sein, sich ruhig verhalten): haltet endlich R.!; **b)** *Bewegungslosigkeit:* In bleierner R. lag der spiegelglatte See (Hartung, Junitag 57); das Pendel ist, befindet sich in R. (Stillstand). **2.** *Zustand erholsamer, beschaulicher Untätigkeit; Entspannung, Erholung:* notwendige, kurze R.; nach der anstrengenden Arbeit R. brauchen; Die Ärzte ... verordneten ihm vier Wochen R. (Schreiber, Krise 241); R. suchen; der R. bedürfen; doch in jener Nacht gab es keine R. (Nossack, Begegnung 382); der R. pflegen; nach der Hektik des Arbeitstages sehnte sie sich nach R.; sich keine/ein wenig R. gönnen; die Truppen liegen in R. (Milit.; *sind in Ruhestellung*); angenehme R.! (Wunschformel: *schlafen Sie gut!*); sich zur R. legen, begeben *(ugs.; sich schlafen legen);* *** die ewige R. finden** (geh. verhüll.; *sterben;* nach der Übersetzung der ersten Worte des Eingangsverses des ↑Requiems 1: Gott gebe ihm/ Herr, gib ihm die ewige R.!); **in die ewige/ zur ewigen R. eingehen** (geh. verhüll.; *sterben*); **jmdn. zur letzten/**(selten:)**zur R. begleiten/betten** (geh. verhüll.; *jmdn.* *beerdigen*); **zur R. kommen** ([innere] Ruhe finden, sich entspannen u. erholen): er kam nicht zur R.; **sich zur R. setzen** (aus Altersgründen seine berufliche Tätigkeit aufgeben; in den Ruhestand treten); **in R.** (im Ruhestand; bezogen auf in der Öffentlichkeit tätig gewesene Selbständige od. Nichtselbständige; Abk.: i. R.): Rektor, Chefarzt in R./i. R. **3.** *durch keinerlei Unfrieden, keinen Kampf, Streit o. ä. beeinträchtigter Zustand:* es herrschen R. und Ordnung im Land; die öffentliche R. wiederherstellen; R. stiften; ich möchte jetzt [endlich mal] meine R. haben (*ungestört sein*)!; sie braucht mal etwas R. vor den Kindern; etw. in [aller] R. tun (etw. tun, ohne sich zur Eile, Überstürzung drängen zu lassen); in R. und Frieden leben; *** [keine]**(seltener:)**nicht] R. geben** (ugs.; *in bezug auf etw., was man [bei jmdm. durch ständiges Bitten o. ä.] erreichen möchte, [nicht] nachgeben, in seinen Bemühungen, Anstrengungen [nicht] nachlassen*); **jmdm. seine R./jmdn. [mit etw.] in R. lassen** (ugs.; *jmdn. nicht [mit etw. Bestimmtem] behelligen, belästigen*). **4.** *durch keine Erregung gestörter Zustand des seelischen Gleichgewichts; Gelassenheit:* eine bewundernswerte, heitere, stoische, gekünstelte R.; Goethe ... seine olympische R. ist mir schon immer unheimlich gewesen (Grass, Blechtrommel 725); doch Callaros R. war unerschütterlich (Thieß, Legende 174); von ihm geht eine wohltuende R. aus; R. ausstrahlen; die R. bewahren; die, seine R. verlieren; keine R. haben, finden; in [aller] R. (nicht im Affekt; ohne sich zu erregen) etw. sagen, mit jmdm. noch einmal über etw. sprechen; etw. läßt jmdm. keine R. (jmd. beschäftigt sich in Gedanken fortwährend mit etw.); Die Sache hat mir keine R. gegeben (Remarque, Obelisk 147); sich zur R. zwingen; nicht zur R. kommen (durch [immer neue] quälende Sorgen voll innerer Unruhe sein); R R. ist die erste Bürgerpflicht! (oft scherzh.; Ausruf der Beschwichtigung in Situationen allgemeiner Aufregung, nach der Aufforderung, die Minister F. W. Graf von der Schulenburg-Kehnert nach der Schlacht von Jena 1806 an die Einwohner Berlins richtete); deine R. [und Rothschilds Geld]! (ugs. scherzh.; Ausruf, wenn man sich jmds. Ruhe, Gelassenheit wünscht); immer mit der R. [scherzh.) und mit Hoffmannstropfen! (berl. scherzh.) und dann mit 'nem Ruck! (ugs.; immer schön ruhig!; nichts überstürzen!); *** die R. selbst sein** ([auch in einer schwierigen Lage] völlig ruhig u. beherrscht sein); **die R. weghaben** (ugs.; sich in einer Situation Zeit lassen, in der man sich üblicherweise beeilt; sich nicht aus dem seelischen Gleichgewicht bringen lassen; drückt vorwurfsvolles od. bewunderndes Erstaunen aus): du hast vielleicht die R. weg! In fünf Minuten geht der Zug, und du bestellst noch ein Bier; **jmdn. aus der R. bringen** (jmdn. unruhig, nervös machen): seine Anwesenheit brachte sie aus der R.; er ließ sich durch die Zwischenrufe nicht aus der R. bringen; **Ru|he|bank,** die ⟨Pl. ...bänke⟩: ¹Bank (1) *zum Ausruhen;* **Ru|he|be|dürfnis,** das ⟨o. Pl.⟩: *Bedürfnis nach Ruhe* (2);

ru|he|be|dürf|tig ⟨Adj.⟩: *der Ruhe (2) bedürfend:* er war lange unterwegs und ist nun r.; **Ru|he|bett,** das (veraltet): *Liegesofa;* ↑Ruhenergie; **Ru|he|ener|gie,** die (Physik): ↑Ruhenergie; **Ru|he|ge|halt,** das: *Pension* (1 b); **ru|he|ge|halts|fä|hig** ⟨Adj.⟩: *auf das Ruhegehalt anrechenbar:* -e Dienstbezüge; **Ru|he|geld,** das: *Altersrente;* **Ru|he|ge|nuß,** der (österr. Amtsspr.): *Pension* (1 b); **Ru|he|jahr,** das: *Sabbatjahr;* **Ru|he|kis|sen,** das (veraltet): *Kissen, auf dem man ruht* (1 a); *Sofa-, Kopfkissen;* **Ru|he|kleid,** das (Zool.): *(bei bestimmten männlichen Tieren) im Unterschied zum Hochzeitskleid* (2) *unauffällige, schlichte Färbung des Gefieders, der Haut zwischen den Paarungs- bzw. Brutzeiten;* **Ru|he|la|ge,** die: **1.** (bes. Med.) *Lage, in der sich der Körper im Zustand größtmöglicher natürlicher Entspannung befindet.* **2.** *Lage eines Körpers im Zustand der Ruhe* (1 b): das Pendel ist, befindet sich in [der] R.; **ru|he|lie|bend** ⟨Adj.⟩: *Ruhe* (1, 2, 3) *liebend;* **Ru|he|lie|ge,** die: vgl. Ruhebank; **ru|he|los** ⟨Adj.; -er, -este⟩: **a)** *von innerer Unruhe erfüllt, getrieben;* **b)** *von einer gewissen Unrast zeugend; unruhig;* **Ru|he|lo|sig|keit,** die, -: *das Ruhelossein;* **Ru|he|mas|se** (Physik): ↑Ruhmasse; **ru|hen** ⟨sw. V.; hat⟩ [mhd. ruo(we)n, ahd. ruowēn]: **1. a)** *irgendwo ruhig* (1) *sitzen, liegen* [u. *sich entspannen;* *sich durch Nichtstun erholen:* nach der Arbeit ein wenig r.; die Großmutter ruhte eine Stunde auf dem Sofa, im Lehnstuhl; ⟨unpers.:⟩ hier läßt es sich/läßt sich's gut r. *(das ist ein hübscher Ruheplatz);* R nach dem Essen sollst du ruhn oder tausend Schritte tun; er ruht nicht eher *(gönnt sich keine Ruhe, läßt in seinen Anstrengungen nicht nach),* bis er sein Ziel erreicht hat; die Angelegenheit ließ sie nicht r. *(nicht zur Ruhe kommen, beschäftigte sie ständig);* die Hände der Mutter ruhten nie *(die Mutter arbeitete ständig, beschäftigte sich ständig mit etwas);* Ü Quer in der Seebucht ruht *(liegt)* eine von Birken und Erlen dünn bestandene Insel (Berger, Augenblick 23); im Grabe r. (geh.; *gestorben sein);* Alle Toten außer der Metzgerin, liegen, was im Dorf r. genannt wird, in Gräbern (Müller, Niederungen 127); in fremder Erde r. (geh.; *in einem fremden Land begraben sein);* wo drei ... Leichname unter einem Haufen aufgeschichteten Schnees ruhten (Plievier, Stalingrad 349); hier ruht [in Gott] ...; ruhe sanft!/in Frieden! (Grabinschriften); * **nicht r. und rasten;** (seltener, meist im Inf.:) **nicht/weder r. noch rasten** *(rastlos, unermüdlich tätig sein;* [in bezug auf ein bestimmtes Ziel, das man erreichen will] *in seinen Anstrengungen nicht nachlassen):* er ruhte und rastete nicht, wollte nicht/weder r. noch rasten, bis er seine Idee verwirklicht hatte; **b)** (geh.) *schlafen:* ich wünsche, gut/wohl zu r.; ich wünsche, wohl geruht zu haben. **2.** *[vorübergehend] zum Stillstand gekommen sein, nicht in Funktion, Tätigkeit, Betrieb sein:* der Betrieb, die Produktion ruht; am Wochenende, während des Streiks ruht die Arbeit *(wird nicht gearbeitet);* der Acker ruht *(wird zeitweise nicht bebaut);* an Feiertagen ruht der Verkehr in der Stadt fast völlig *(gibt es kaum Straßenverkehr);* die Waffen ruhen (geh.; *es wird [vorübergehend] nicht gekämpft);* das Arbeitsverhältnis, die Mitgliedschaft ruht *(ist vorübergehend nicht wirksam);* Auch die Funktion des Bundespräsidenten müßte für die Zeit des Staatsnotstandes r. (Augsburger Allgemeine 22./23. 4. 78, 13); ⟨subst.:⟩ Aufgrund von ... schweren Nebenwirkungen hat das BGA das Ruhen der Zulassung isoxicamhaltiger Arzneimittel angeordnet (DÄ 47, 1985, 76). **3. a)** *auf etw., was als Stütze, Unterbau o. ä. dient, fest liegen, stehen; von etw. gestützt, getragen werden:* das Gewölbe ruht auf mächtigen Pfeilern; Die Unterscheidung ruht *(beruht)* auf einer falschen Gleichung (Fraenkel, Staat 200); Ü (geh.) die ganze Verantwortung, Last ruht auf seinen Schultern; alle Hoffnungen, alle Wünsche r. auf ihm; er muß sie durchsetzen gegen das Volk selbst (Schneider, Leiden 18); **b)** *[für eine Weile] irgendwo liegen, sich niedergelassen haben:* ihre Hände ruhten in ihrem Schoß; ihr Kopf ruhte an seiner Schulter; Der Tanz war aus, Evelyn ruhte noch für einen Augenblick an ihm (Baum, Paris 6); Ü ihre Augen ruhten *(verweilten)* nachdenklich auf dem Bild; seine Blicke ruhten prüfend, freundlich, wohlgefällig auf seinem Sohn; der Schmuck ruht *(liegt)* in einer Schatulle; die Akten ruhen im Tresor *(sind im Tresor aufbewahrt);* sie ruht fest in ihrem Glauben *(ist in ihrem Glauben geborgen);* sie ruht [ganz] in sich selbst *(sie ist ein seelisch ausgeglichener, harmonischer Mensch);* ein in sich ruhendes, kugelrundes Meisterwerk (Reich-Ranicki, Th. Mann 84); **Ruh|ener|gie,** die (Physik): *diejenige Energie, die der Ruhmasse entspricht;* **ru|hen|las|sen** ⟨st. V.; hat⟩: *sich [vorläufig] mit etw. nicht [weiter] beschäftigen:* eine Frage, ein Problem, die Vergangenheit r.; laß diese leidige Geschichte doch ruhen; man hatte ihn den Fall vorerst ruhenlassen (seltener:) ruhengelassen *(man hatte ihn nicht bearbeitet; hatte seine Bearbeitung unterbrochen);* **Ru|he|ort,** der ⟨Pl. -e⟩: vgl. Ruheplatz; **Ru|he|pau|se,** die: *Pause zum Ausruhen, Entspannen:* eine kurze R. einlegen; du solltest dir endlich mal eine R. gönnen!; **Ru|he|pe|ri|ode,** die (Biol., Zool.): *Zeitabschnitt stark verminderten Stoffwechsels* (z. B. Winterruhe, -schlaf); **Ru|he|platz,** der: *Platz zum Ruhen;* **Ru|he|plätz|chen,** das: Vkl. zu ↑Ruheplatz; **Ru|he|pol|sten,** der: *Posten, Stellung, die mit nur wenig Arbeit verbunden ist, nur wenig Anstrengung erfordert;* **Ru|he|punkt,** der: *Stelle, an der eine Bewegung, der Ablauf eines Geschehens o. ä. zur Ruhe* (1 b) *kommt;* **Ru|he|raum,** der: *(in Betrieben o. ä.) Raum, in dem man sich auf einer Liege ausruhen kann, wenn dies aus gesundheitlichen Gründen angezeigt erscheint;* **Ru|he|schmerz,** der (Med.): *(bes. bei Durchblutungsstörungen auftretende) Schmerzempfindung in der Brust od. in den Beinen bei körperlicher Ruhe* (2); **Ru|he|sitz,** der: **1.** *bequemer Sitz mit verstellbarer Rückenlehne* (z. B. in Autos, Flugzeugen). **2.** *Alterssitz;* **Ru|he|sta|di-**

um, das (Biol.): *Ruheperiode;* **Ru|he|stand,** der ⟨o. Pl.⟩: *Status, den man (gewöhnlich als älterer Mensch) durch sein Ausscheiden aus dem Arbeitsleben erlangt:* in den R. gehen, treten, versetzt werden; in den einstweiligen R. treten; er ist Rektor im R.; Abk.: i. R.; **Ru|he|ständ|ler,** der: *jmd., der im Ruhestand ist;* **Ru|he|ständ|le|rin,** die: w. Form zu ↑Ruheständler; **Ru|he|stands|be|am|te,** der: *Beamter im Ruhestand;* **Ru|he|stands|be|am|tin,** die: w. Form zu ↑Ruhestandsbeamte; **Ru|he|stands|ver|sor|gung,** die: *gesetzlich geregelte Versorgung für Beamte im Ruhestand;* **Ru|he|statt,** die; -, ...stätten (geh.): **1.** (selten) *Ruheplatz.* **2.** *Grabstätte:* hier fand sie ihre letzte R., ist ihre R.; **Ru|he|stät|te,** die (geh.): ↑Ruhestatt; **Ru|he|stel|lung,** die: **1.** vgl. Ruhelage. **2.** (Milit.) *(im Krieg) Stellung in Reserve;* **Ru|he|stif|ter,** der: *jmd., durch dessen Vermittlung wieder Ruhe* (3) *hergestellt wird;* **Ru|he|stif|te|rin,** die: w. Form zu ↑Ruhestifter; **ru|he|stö|rend** ⟨Adj.⟩: *die Ruhe* (1) *erheblich störend:* -er Lärm; **Ru|he|stö|rer,** der: *jmd., der ruhestörenden Lärm macht;* **Ru|he|stö|re|rin,** die: w. Form zu ↑Ruhestörer; **Ru|he|stö|rung,** die: *Störung der Ruhe* (1): jmdn. wegen [nächtlicher] R. anzeigen; **Ru|he|strom,** der (Elektrot.): *elektrischer Strom, der im Unterschied zum Arbeitsstrom* (2) *ständig in einer Anlage fließt u. durch dessen Unterbrechung ein Mechanismus betätigt wird;* **Ru|he|stun|de,** die: vgl. Ruhepause; **Ru|he|stünd|chen,** das: Vkl. zu ↑Ruhestunde; **Ru|he|sy|stem,** das (Physik): ↑Ruhsystem; **Ru|he|tag,** der: *Tag, an dem nicht gearbeitet wird:* die Gaststätte hat montags R.; der Sonntag ist ein R.; **ru|he|voll** ⟨Adj.⟩ (geh.): *voll innerer Ruhe:* r. lächeln; **Ru|he|zeit,** die: *Zeit der Ruhe* (2); **Ru|he|zu|stand,** der: *Zustand der Ruhe* (5); **ru|hig** [mhd. ruowec]: **I.** ⟨Adj.⟩ **1.** *die Lage, Stellung nicht verändernd, nicht od. nur ganz leicht, kaum merklich bewegend; [fast] unbewegt, [fast] reglos:* -es *(schönes u. nicht windiges)* Wetter; die Kerze brennt mit -er Flamme; die See ist r. *(hat kaum Seegang);* er lag r. und schlief; r. [da]sitzen; halt die Beine r.!; Ü das Geschäft ist zur Zeit r. *(der Umsatz stagniert).* **2. a)** *[auf Grund seiner Lage] frei von lärmenden, störenden Geräuschen:* eine -e Wohnlage; -es Zimmer zu vermieten; in einer -en Gegend, Straße wohnen; die Pension ist r. gelegen; Ü -e *(gedämpfte)* Farben; **b)** *keine lärmenden, störenden Geräusche verursachend, keine Unruhe verbreitend; leise:* -e Mieter, Nachbarn haben; nun seid doch mal r.!; seid jetzt endlich r.!; sich r. verhalten; Ü um diese Angelegenheit ist es r. geworden *(niemand spricht mehr davon).* **3. a)** *frei von äußeren Spannungen u. Aufregungen; ohne Störungen, ohne Zwischenfälle:* -e Zeiten; in der Hauptstadt ist es (nach den Demonstrationen) wieder r.; die Sitzung verlief r.; Hz r. *(ungestört)* arbeiten können; Herz schlägt r.; Die Atmung ... war r. und gleichmäßig (Hackethal, Schneide 27); der Motor arbeitet r. *(ohne Störungen, gleichmäßig);* **b)** *frei von Hektik u. Be-*

triebsamkeit; in Wohlgefühl vermittelnder Weise geruhsam: ein *-es* Leben führen; hier geht es r. zu; das sind auch lauter Hilfsarbeiter, die einen *-en* Job da haben (Klee, Pennbrüder 44); **c)** *ohne Eile u. Überstürzung, in Ruhe:* ein *-es* Gespräch führen; bei *-er* Überlegung muß man zugeben, daß ...; Lohmann ließ einen nicht r. nachdenken (H. Mann, Unrat 12); Alle Leute im Lokal saßen r. plaudernd da (Böll, Adam 63). **4.** *ohne Erregung, Aufregung; gelassen; von innerer Ruhe zeugend:* ein *-er* Mensch; als Chirurg braucht er eine *-e (sichere)* Hand; das kannst du *-en* Gewissens *(mit gutem Gewissen)* tun; heute morgen ... bin ich etwas *-er* (Jens, Mann 153); sei ganz r. *(unbesorgt),* es ist ihnen bestimmt nichts passiert; Er gab sich Mühe, r. zu sein, r. zu bleiben *(die Fassung zu bewahren;* Ott, Haie 170); r. *(ohne Teilnahme od. Protest; gleichmütig)* sahen sie zu, wie das Kind geschlagen wurde; Ü eine *-e (ausgewogene)* Melodie; ein *-es* Muster. **II.** ⟨Partikel; unbetont⟩ (ugs.) **a)** drückt Gleichgültigkeit od. Gelassenheit des Sprechers gegenüber einem bestimmten Sachverhalt aus; *meinetwegen* (2): soll er r. schreien; Lachen Sie mich r. aus, ich weiß es besser (Thieß, Legende 134); **b)** drückt freundliches Einverständnis, ein Zugeständnis aus; *wenn du usw. möchtest:* Sie dürfen während der Arbeit r. rauchen (R. Walser, Gehülfe 9); sehen Sie sich r. um, Sie brauchen nichts zu kaufen; **c)** drückt eine [Selbst]ermunterung aus; *unbesorgt, getrost:* das könnt ihr mir r. glauben; dir kann ich es ja r. sagen; Wenn du mich wirklich liebst, dann kannst du das r. für mich tun (Hornschuh, Ich bin 32); **ru|hig|stel|len** ⟨sw. V.; hat⟩ (Med.): **a)** *vorübergehend außer Funktion setzen, in einer bestimmten Lage, Stellung halten, in der etw. nicht bewegt werden kann; fixieren:* durch Schienung, Gipsverband ein gebrochenes Bein r.; Der Gaumen, der ganze Kieferapparat mußte ruhiggestellt werden (Hörzu 14, 1976, 32); Arzneien, die den Darm r. (Bruker, Leber 159); **b)** *einen Kranken durch Medikamente beruhigen:* einen Geisteskranken, einen Tobsüchtigen r.; Wer weiß denn schon ..., daß er ein Psychopharmakon schluckt, das sonst Geisteskranke ruhigstellt? (ADAC-Motorwelt 10, 1979, 61); Ü Vor dem Einsatz militärischer Macht könnte Moskau noch vielfältige wirtschaftliche Druckmittel anwenden, um die auch ökonomisch abhängigen Nachbarn ruhigzustellen *(daran zu hindern, sich aufzulehnen;* Spiegel 43, 1980, 22); **Ru|hig|stel|lung,** die; - (Med.): *das Ruhigstellen;* **ruh|los** ⟨Adj.; -er, -este⟩ (selten): *ruhelos.*
Ruhm, der; -[e]s [mhd. ruom, ahd. (h)ruom, urspr. = Geschrei (mit dem man sich brüstet), Prahlerei, Lobpreisung, verw. mit ↑rufen]: *weitreichendes hohes Ansehen, das eine bedeutende Person auf Grund von herausragenden Leistungen, Eigenschaften bei der Allgemeinheit genießt:* unsterblicher, künstlerischer, weltweiter, vergänglicher R.; der R. eines Staatsmannes, Dichters; der R. Caesars als Feldherr/als eines großen Feldherrn; sein R. mehrte sich, stieg; jmdm. gebührt R.; R. erringen, erwerben, erlangen, genießen, ernten; jmds. R. verbreiten, in die Welt tragen; diese Tat hat ihm R. eingetragen, eingebracht; diese Erfindung begründete seinen R.; die Schöpfung verkündet Gottes R.; zu dieser Zeit stand der Dichter auf der Höhe seines -es; Sie sind Stars, ... auf Bildern aus ihrem früheren R. (Kronauer, Bogenschütze 62); sich mit R. bedecken; Ü der zweifelhafte R. dieser Erfindung; Den höchsten R. des hellenistischen Zeitalters bildet seine Wissenschaft (Friedell, Aufklärung 167); *** sich nicht [gerade]/**(seltener:) **sich mit R. bekleckert haben** (ugs. iron.: *nur eine schwache Leistung o. ä. gezeigt haben;* scherzh. Umformung von „sich mit Ruhm bedecken").
Ruh|mas|se, Ruhemasse, die (Physik): *Masse* (5), *die ein Körper in einem Bezugssystem besitzt, bezüglich dessen er sich in Ruhe* (1 b) *befindet.*
ruhm|be|deckt ⟨Adj.⟩: *bei etw. Ruhm erworben habend; durch etw. zu Ruhm gelangt;* **Ruhm|be|gier,** die, (geh.), **Ruhm|be|gier|de,** die ⟨o. Pl.⟩: *Begierde nach Ruhm;* **ruhm|be|gie|rig** ⟨Adj.⟩: *von Ruhmbegierde erfüllt;* **ruhm|be|kränzt** ⟨Adj.⟩ (dichter.): *ruhmbedeckt;* **rüh|men** ⟨sw. V.; hat⟩ [mhd. rüemen, ruomen, ahd. (h)ruomen, zu ↑Ruhm]: **a)** *die Vorzüge einer Person, Sache nachdrücklich, überschwenglich lobend hervorheben:* jmds. Verdienste, ein Land, die Leistungen der Wissenschaft, die Werke Gottes r.; jmdn. vor aller Welt r.; etw. begeistert, über die Maßen r.; man rühmte seine Großmut/ ihn wegen seiner Großmut; sie rühmten ihn als weisen Herrscher; sein immer wieder gerühmter Essay über Zola (Reich-Ranicki, Th. Mann 135); im Zoologischen Garten, dessen Neuanlagen mir gerühmt wurden (Kaschnitz, Wohin 42); wenn er es geradezu als einen Fortschritt rühmt *(rühmend hinstellt),* daß ... (Thieß, Reich 372); hoch gerühmt sein, werden; **b)** (r. + sich) *auf etw. stolz sein; sich glücklich schätzen, etw. von sich behaupten zu können, etw. vorweisen zu können:* sich seiner Taten r.; sie rühmt sich ihrer Verwandtschaft mit dem Dichter *(prahlt damit);* er kann sich r., als erster Mensch den Mond betreten zu haben; wenige dürfen sich r., ihn gesehen zu haben (Bergengruen, Rittmeisterin 411); er rühmt *(brüstet)* sich damit, die Polizei hinters Licht geführt zu haben; er rühmt sich als großer Politiker; Man rühmt sich selber als „asiatischen Vorkämpfer" dieser Front (MM 2. 5. 69, 30); **rüh|mens|wert** ⟨Adj.; -er, -este⟩: *(als Tun, Verhalten, Denken o. ä.) verdienend, gerühmt zu werden; rühmlich:* eine *-e* Tat; ihr Verhalten war nicht sehr r.; **Ruh|mes|blatt,** das: meist in der Wendung: *** kein/**(seltener:) **ein R. sein** ([k]eine *herausragende, ruhmwürdige Leistung o. ä. sein;* viell. eigtl. = ein Blatt aus einer ruhmvollen Geschichte): kein R. in der Geschichte eines Volkes sein; die ... Darstellungen von Pferden ..., die ein besonderes R. der griechischen Kunst sind (Bild. Kunst I, 169); **Ruh|mes|blu|me,** die [nach der Übersetzung des nlat. bot. Namens ↑Clianthus]: *Zierstrauch mit großen roten od. zwei- bis dreifarbigen Blüten; Clianthus;* **Ruh|mes|hal|le,** die: *zum Ruhm einer Persönlichkeit, eines Ereignisses o. ä. geschaffenes Monument in Form einer Halle* (1); **Ruh|mes|tag,** der: *ruhmreicher Tag;* **Ruh|mes|tat,** die: *ruhmreiche Tat;* **Ruh|mes|ti|tel,** der (geh.): **1.** *rühmenswertes Verdienst:* dies letztere ... gehört aber doch nicht zu den -n Josefinens (Kafka, Erzählungen 197). **2.** *jmdm. Ruhm eintragender Beiname:* jmdm. den R. eines Erfinders beilegen; **ruhm|ge|krönt** ⟨Adj.⟩ (dichter.): *ruhmbedeckt;* **rühm|lich** ⟨Adj.⟩ [mhd. rüem(e)lich = ruhmvoll; prahlerisch]: *zum Ruhme gereichend; rühmenswert:* eine *-e* Tat, Ausnahme; er hat kein *-es (ehrenhaftes, gutes)* Ende genommen; Frau N. ... spielt aber durchaus noch eine bedeutende Rolle in der Öffentlichkeit, wenn auch keine *-e* (Gregor-Dellin, Traumbuch 149); dieses Verhalten ist nicht sehr r. für ihn; **ruhm|los** ⟨Adj.; -er, -este⟩: *keinen Ruhm erlangend; nicht zum Ruhme gereichend; jmds. Ansehen nicht mehrend:* die *-e* Rückkehr von einer Verhandlung; das *-e* Ende des Krieges; nach Cromwells Tod brach die puritanische Herrschaft r. zusammen (Nigg, Wiederkehr 52); **Ruhm|lo|sig|keit,** die; -: *das Ruhmlossein;* **ruhm|re|dig** ⟨Adj.⟩ [unter Anlehnung an „Rede, reden" umgeb. aus frühnhd. rumretig = sich Ruhm bereitend] (geh.): *sich selbst rühmend, prahlerisch:* *-e* Worte; junge Männer ... jetzt kämpften sie, ... töteten sie und waren doch keine *-en* Kriegsmänner (Harig, Ordnung 88); in die Prunkwohnung, wie sie der Baukünstler r. nannte (Fussenegger, Haus 63); **Ruhm|re|dig|keit,** die; - (geh.): *das Ruhmredigsein;* **ruhm|reich** ⟨Adj.⟩: *reich an Ruhm; großen Ruhm erlangt habend:* ein *-er* Feldherr, Sieg; **Ruhm|sucht,** die ⟨o. Pl.⟩: vgl. *Ruhmbegierde;* **ruhm|süch|tig** ⟨Adj.⟩: vgl. *ruhmbegierig;* **Rüh|mung,** die; -, -en (geh.): *das R. Gottes* (Thielicke, Ich glaube 122); **ruhm|voll** ⟨Adj.⟩: *ruhmreich;* **ruhm|wür|dig** ⟨Adj.⟩ (geh.): *Ruhm verdienend, rühmenswert:* ein *-er* Held; eine *-e* Tat.
¹**Ruhr,** die; -, -en ⟨Pl. selten⟩ [mhd. ruor(e), ahd. (h)ruora, urspr. = (heftige) Bewegung; Unruhe (im Unterleib), zu ↑rühren]: *fiebrige Infektionskrankheit mit Entzündung des [Dick]darms u. dadurch bedingtem starkem, schleimig-blutigem Durchfall:* die R. haben; die weiße/rote (volkst.: *mit schleimigen/mit blutigen Ausscheidungen verbundene*) R.; solche, die an der weißen und der roten R. ... gestorben waren (Plievier, Stalingrad 349).
²**Ruhr,** die; -: *rechter Nebenfluß des Rheins.*
Rühr|be|sen, der: *einem Schneebesen ähnliches, zum Rühren* (1 a) *dienendes Einsatzstück einer Küchenmaschine, eines Küchengeräts;* **Rühr|ei,** das ⟨Pl. selten⟩: *Gericht aus [mit etwas Wasser od. Milch] verquirlten, in der Pfanne in Fett leicht gebratenen Eiern:* es gibt R., (landsch.:) -e mit Spinat; **rüh|ren** ⟨sw. V.; hat⟩ [mhd. rüeren, ruoren, ahd. (h)ruoren, urspr. = bewegen, dann: anstoßen, anfassen, be-

tasten]: **1. a)** *die Bestandteile einer Flüssigkeit, einer breiigen od. körnigen Masse (mit einem Löffel o. ä.) in kreisförmige Bewegung bringen, um sie [zu einer einheitlichen Masse] zu vermischen:* die Suppe, den Brei r.; der Teig muß eine halbe Stunde gerührt werden; mit dem Löffel im Kaffee rühren, in der Kaffeetasse r.; du mußt r., damit die Soße nicht anbrennt; er ... rührte mit einem Span in der Asche (Wiechert, Jeromin-Kinder 55); Zwei Ventilatoren mit drei Flügelpropellern rühren die Luft (Grass, Butt 229); **b)** *unter Rühren* (1 a) *hinzufügen:* ein Ei an/ unter den Grieß r.; das Puddingpulver in die kochende Milch r. **2. a)** *ein Glied des Körpers, sich ein wenig bewegen:* [vor Müdigkeit] die Glieder, die Arme, die Beine nicht mehr r. können; vor Kälte die Finger kaum r. können; sich in dem engen Kleidungsstück kaum r.; sich [vor Angst] nicht zu r. wagen; sich nicht [von der Stelle, vom Platz, vom Fleck] r., um nicht bemerkt zu werden; kein Lüftchen rührte sich *(es war windstill);* der Verunglückte rührte sich nicht mehr *(lag leblos da);* Nella klopfte, aber drinnen rührte sich nichts *(niemand kam, um zu öffnen;* Böll, Haus 189); Ü du mußt dich mehr r. (geh.; *mußt aktiver werden),* wenn du vorankommen willst; Mein Vater hat ... zu uns Kindern gesagt: Ihr habt von mir Hände mitbekommen, die ihr r. (geh.; *mit denen ihr arbeiten)* könnt (Kühn, Zeit 347); schwunghaft blühte der Straßenhandel mit dem Schundschriften; und niemand rührte sich *(unternahm etwas; nichts geschah;* Maass, Gouffé 234); warum hast du dich nicht gerührt *(gemeldet)*? Ich hätte doch gerne geholfen!; *** sich nicht r. können** (ugs.; *finanziell, wirtschaftlich sehr eingeengt sein);* **b)** (Milit.) *eine gelockerte stehende Haltung einnehmen:* Alle nahmen Haltung an ..., rührten dann wieder, als er es ihnen erlaubte (Kirst, 08/15, 232); Rühren Sie, Gefreiter Bodmer! (Remarque, Obelisk 9); ⟨als Kommando für eine Mehrheit auch:⟩ r. + sich:⟩ rührt euch! **3.** (geh.) *etw. vorsichtig berühren, anfassen:* nicht an die zerbrechlichen Gegenstände r.!; er rührte sacht an ihrem Arm, an ihrer Schulter; Ü im Keller hat die noch 20 Glas Sauerkirschen, an die sie nicht rührt *(die sie aufhebt, nicht aufmacht;* Kronauer, Bogenschütze 308); An sie (= die Allee) rührte *(grenzte)* das Gebäude mit seiner schmalen, einteiligen Stirnseite wie ein Schiffsbug, während die beiden Seitentrakte nach hinten, entlang der Gassen sich ausdehnten (Strauß, Niemand 19); R o rührt, rührt nicht daran *(wir wollen dieses schwierige Problem o. ä. nicht weiter erörtern;* Vers aus E. Geibels [dt. Dichter, 1815-1884] Gedicht „Wo still ein Herz von Liebe glüht"); Ü Er ... blieb ... wie von einem großen Schrecken gerührt *(starr vor Schreck)* stehen (Ransmayr, Welt 15); an einen Kummer, eine schmerzliche Erinnerung r. *(jmdn. im Gespräch wieder darauf bringen);* diese Fragen rühren an *(berühren)* schwierige Probleme; wir wollen nicht mehr daran, an diese/(seltener:) dieser Sache r. *(wollen die Sache auf sich beruhen lassen);* ein ... Parlament, an dessen Freiheiten die Ausnahmegewalt nicht r. *(dessen Freiheiten sie nicht antasten) ...* kann (Fraenkel, Staat 323); ♦ Leise, Brackenburg, du fühlst nicht, was *(woran)* du rührst (Goethe, Egmont V). **4.** *innerlich berühren, weich stimmen; Rührung bei jmdm. bewirken:* sie rührte die Menschen, die Herzen der Menschen; seine Worte rührten sie [zu Tränen *(in einem Maße, daß ihr die Tränen kamen)*]; Sie hat das Talent, bei jeder Gelegenheit gerührt zu sein (Chotjewitz, Friede 172); es rührte ihn überhaupt nicht *(es ließ ihn völlig gleichgültig),* daß ...; tief gerührt sein; er war über den freundlichen Empfang gerührt; * **ein menschliches Rühren verspüren** (verhüll., auch scherzh.; *den Drang verspüren, seine Notdurft zu verrichten).* **5.** (geh.) *seine Ursache, seinen Grund in etw. haben:* das rührt daher, daß ...; viele Mißverständnisse rührten daher, daß ...; ehemals habe er Hunger gelitten, woher die grünliche Färbung seines Gesichtes rühre (Th. Mann, Hoheit 55). **6.** (geh. veraltend) *(die Trommel, Harfe, Leier) schlagen:* die Leier r.; **rüh|rend** ⟨Adj.⟩: *Rührung bei jmdm. bewirkend; jmdn. innerlich berührend:* eine -e Szene; ein -er Anblick; Es war r., heroisch und lächerlich in einem (Remarque, Triomphe 50); (iron.:) sie ist von einer -en Ahnungslosigkeit; er sorgt in -er Weise, r. für seine kranke Mutter; Wir singen ganz r. schön (Reich-Ranicki, Th. Mann 107); ⟨subst.:⟩ Es liegt etwas Rührendes in diesem unerschütterlichen Zutrauen (Hacks, Stücke 262); **Ruhr|epi|de|mie**, die: *als Epidemie auftretende* ¹*Ruhr.* **Ruhr|ge|biet**, das; -[e]s [zu ↑²Ruhr]: *Gebiet in Nordrhein-Westfalen, in dem Steinkohlenbergbau u. Schwerindustrie konzentriert sind.* **rüh|rig** ⟨Adj.⟩ [15. Jh., zu ↑rühren]: *von regem Unternehmungsgeist erfüllt; ganz u. gar nicht untätig, sondern immer das Nötige, in einer Situation Gegebene unternehmend:* ein -er Geschäftsmann, Verlag; Erwartet werden: Freude zu -er Arbeit und Eignung zur ärztlich-wissenschaftlichen Information (Dolomiten 1. 10. 83, 18); der Verein ist sehr r.; Bei den Midianitern, einem r. ausgebreiteten Hirten- und Handelsvolk der Wüste (Th. Mann, Tod u. a. Erzählungen 192); **Rüh|rig|keit**, die; -: *rührige Art:* hier setzt ihr unverhohlen zu, was sie trieben und was hinter ihrer pflichtbewußten R. steckte (Kronauer, Bogenschütze 221); **Rühr|kel|le**, die: *hölzerne Kelle zum Rühren, Umrühren;* **ruhr|krank** ⟨Adj.⟩: *an* ¹*Ruhr leidend;* **Ruhr|kraut**, das [das Kraut wurde früher als Mittel gegen die ↑¹Ruhr verwendet]: *zu den Korbblütlern gehörendes Kraut mit dichtbehaarten Blättern u. kleinen Blütenköpfchen;* **Rühr|ku|chen**, der: *Kuchen aus Rührteig;* **Rühr|löf|fel**, der: vgl. Rührkelle; **Rühr|ma|schi|ne**, die: *Maschine zum Rühren (z. B. von Teig);* **Rühr|mich|nicht|an**, das; -, -: *(in feuchten Wäldern wachsendes) Springkraut mit gelben, trompetenähnlichen Blüten u. Kapselfrüchten, die bei Berührung aufspringen u. die Samen ausschleudern; Nolimetangere:* Ü ein Fräulein/Kräutchen R. (ugs. spött.; *ein mimosenhaftes Mädchen).* **Ruhr|pott**, der; -[e]s (ugs.): *Ruhrgebiet.* **rühr|sam** ⟨Adj.⟩ (veraltet): *rührselig* (b); **rühr|se|lig** ⟨Adj.⟩: **a)** *sich allzu leicht rühren lassend; rückhaltlos der Rührung hingegeben [u. sie unter Tränen äußernd]:* sie ist sehr r.; er wollte auf keinen Fall r. werden, wirken; **b)** *übertrieben gefühlvoll:* ein -es Theaterstück; die Lieder wurden äußerst r. vorgetragen; **Rühr|se|lig|keit**, die; -: *rührseliger Charakter, rührseliges Wesen;* **Rühr|stück**, das: **a)** ⟨o. Pl.⟩ *in der Zeit der Empfindsamkeit* (2) *entstandene dramatische Gattung, deren Inhalt durch Konflikte zwischen Moral u. Laster im Kreis der bürgerlichen Familie gekennzeichnet ist, die im rührenden Versöhnungsschluß wieder aufgehoben werden;* **b)** *Werk der Gattung Rührstück* (a): Die amerikanische Schauspielerin Louise Brooks ... spielt in dem französischen R. (= Film) ... eine Tippse (Spiegel 42, 1980, 288); einer von Geboten einer puritanischen Ethik, die dem amerikanischen Politiker vorschreibt, seinen Wählern unaufhörlich das R. von der heilen amerikanischen Ehe vorzuführen (Spiegel 43, 1982, 204); **Rühr|teig**, der: *halbflüssiger Kuchenteig, der gerührt wird, bis er reißend vom Löffel fällt;* **Rüh|rung**, die; - [mhd. rüerunge]: *weich stimmende innere Bewegtheit:* R. ergriff, übermannte, überkam, überwältigte sie; eine tiefe R. fühlen, verspüren; er ... sprach von der Vergangenheit mit tränenseliger R. (Habe, Namen 261); vor R. weinen, kaum sprechen können; **Rühr|werk**, das: **a)** (Technik) *Behälter mit einer Vorrichtung zum Mischen von Flüssigkeiten [mit Gasen, feinkörnigen Substanzen];* **b)** *Teil einer Küchenmaschine zum Rühren von Teig;* **Ruhr|wurz**, die [das Kraut wurde früher als Mittel gegen ¹Ruhr verwendet]: *an feuchten Stellen wachsendes Flohkraut mit zahlreichen gelben Blüten u. herzförmigen Blättern.* **Ruh|sy|stem**, das (Physik): *physikalisches Bezugssystem, in dem sich der jeweils betrachtete Körper (bes. ein Teilchen) im Zustand der Ruhe* (1 b) *befindet.* **Ru|in**, der; -s [ältere Form von ↑Ruine]: *(durch jmdn., etw. verursachter) Zustand, in dem die betreffende Person, Institution o. ä. in ihrer Existenz getroffen ist, (körperlich, moralisch, wirtschaftlich o. ä.) am Ende ist; Untergang:* der R. des Geschäftes war nicht aufzuhalten; dieser Fehlschlag, der Alkohol war sein (*verursachte seinen*) R.; du bist noch mein R. (ugs.; *du wirst mich zugrunde richten);* das brachte mich an den Rand des -s; Die großen (= Opfer) fordern von denen, die bringen können, ... auch den gesellschaftlichen und moralischen R. (Pohrt, Endstation 8); etw. führt zu jmds. finanziellem R.; er bewahrte das Land vor dem wirtschaftlichen R.; **Ru|i|ne**, die; -, -n [frz. ruine < lat. ruina = Einsturz, Ruine, zu: ruere = stürzen; niederreißen]: **a)** *stehengebliebene Reste eines [größeren] Teil zerstörten od. verfallenen [historischen] Bauwerkes:* eine malerische, romantische, von Gras überwachsene R.; die R. einer gotischen Kirche;

Ruinenfeld

von der Klosteranlage steht nur noch eine R.; sie besuchen -n von Burgen und Schlössern; Vorerst müssen aber die Sanierungsarbeiten an dem ... fast bis zur R. demolierten Gebäude vorangetrieben werden (Wochenpresse 25. 4. 79, 20); Ü menschliche -n (ugs. emotional; *körperlich völlig verfallene Menschen*); **b)** ⟨nur Pl.⟩ *Trümmer von Ruinen* (a): *die -n des Krieges sind verschwunden; Truppen, die ... in herumliegenden -n Feuerstellungen besetzt hatten* (Plievier, Stalingrad 286); **Rui|nen|feld,** das; *Gelände, in dem nur noch Ruinen* (b) *stehen;* **Rui|nen|grund|stück,** das; *Grundstück mit einer Ruine* (a); **rui|nen|haft** ⟨Adj.⟩: *als Ruine erscheinend, gestaltet; an eine Ruine erinnernd;* **Rui|nen|land|schaft,** die: **1.** *Ruinenfeld.* **2.** (Kunstwiss.) *Darstellung einer Landschaft mit Ruinen;* **rui|nie|ren** ⟨sw. V.; hat⟩ [frz. ruiner < mlat. ruinare, zu lat. ruina, ↑ Ruine]: **a)** *in einen solchen schlechten Zustand bringen, daß die betreffende Person, Sache in ihrer Existenz getroffen, radikal geschädigt, vernichtet ist*: seine Gesundheit r.; sich gesundheitlich, finanziell r.; das hat ihn ruiniert, wird ihn r.; der Krieg hat den Staat wirtschaftlich ruiniert; die Konkurrenz ruinierte ihm die Preise; Ihr ruiniert meine Nerven, mein Herz, meine Ehre! (Thieß, Legende 199); der Alkohol ruiniert seine Gesundheit, seine Leber; ruinieren Sie nicht den tadelfreien Ruf eines Bildners der Jugend! (Fallada, Herr 89); ein ruinierter Geschäftsmann; völlig ruiniert sein; R ist der Ruf erst ruiniert, lebt es sich ganz ungeniert; **b)** *auf Grund von Unachtsamkeit stark beschädigen, unbrauchbar, unansehnlich machen:* bei dem Spaziergang im Regen habe ich meine/mir die Schuhe völlig ruiniert; er hat seinen Wagen, den Motor seines Wagens ruiniert; Sie gehen mit Kleidern und Schuhen ins Bett, das ruiniert die Wäsche! (Fallada, Trinker 57); die schweren Mähdrescher ... hatten die Chaussee ruiniert (Bieler, Bär 298); Unsere Waschmittel ruinieren *(verschmutzen)* Flüsse und Seen (Wiener 11, 1983, 116); **rui|nös** ⟨Adj.; -er, -este⟩ [frz. ruineux < lat. ruinosus = baufällig]: **1.** *zum Ruin führend, beitragend:* ein -er Wettbewerb; -e Zinsen; Er hofft, den für ihn -en Krieg um die Westsahara beenden zu können (Spiegel 37, 1984, 128). **2.** (veraltend) *in baulichem Verfall begriffen, davon bedroht; baufällig, verfallen:* die -en Teile eines Gebäudes abreißen; die Plastiken an der Kirche sind in einem -en Zustand; ... den früheren, allzu sorglosen Umgang mit den baulichen Zeugnissen, die uns der Krieg mehr oder weniger r. hinterlassen hat (Tagesspiegel 20. 10. 85, 34).
Ru|län|der, der; -s, - [H. u.]: **a)** ⟨o. Pl.⟩ *vom Spätburgunder abstammende helle Rebsorte, deren Trauben dicht mit kleinen, länglichen, rötlichgrauen Beeren besetzt sind;* **b)** *goldfarbener, alkoholreicher, säurearmer Wein der Rebsorte Ruländer* (a).
Rülps, der; -es, -e [zu ↑ rülpsen] (landsch. derb): **1.** *flegelhafter [junger] Mann mit ungehobeltem, schlechtem Benehmen.* **2.** *Rülpser;* **rülp|sen** ⟨sw. V.; hat⟩ [lautm.]

(ugs.): *ungebührlich geräuschvoll u. laut aufstoßen* (4 a): er rülpste ein paarmal [laut, heftig]; Zwei Burschen gingen ganz nah an ihr vorbei und rülpsten ihr ins Gesicht (Handke, Frau 65); Er blieb vor mir stehen ... und rülpste mir sauren Biergeruch ins Gesicht (Böll, Und sagte 53) ⟨subst.:⟩ laß dein ekelhaftes Rülpsen!; **Rülp|ser,** der; -s, - (ugs.): **1.** *einzelnes Rülpsen:* einen R. unterdrücken. **2.** *jmd., der [dauernd] rülpst;* **Rülp|se|rin,** die; -, -nen: w. Form zu ↑ Rülpser (2); **Rülps|was|ser,** das (ugs.): *Mineralwasser mit Kohlensäure.*
rum ⟨Adv.⟩: ugs. kurz für ↑ herum.
Rum, der; -s, -s, südd., österr. auch, schweiz. nur [ru:m], -s, -e [engl. rum, gek. aus älter. rumbullion, H. u.]: *Branntwein aus Melasse od. Saft des Zuckerrohrs.*
rum|al|bern ⟨sw. V.; hat⟩ (ugs.): vgl. herumalbern usw.
Ru|mä|ne, der; -n, -n: Ew.; **Ru|mä|ni|en,** -s: *Staat im südöstlichen Mitteleuropa;* **Ru|mä|nin,** die; -, -nen: w. Form zu ↑ Rumäne; **ru|mä|nisch** ⟨Adj.⟩: **Ru|mä|nisch,** das; -s u. ⟨nur mit best. Art.:⟩ **Ru|mä|nische,** das; -n: *die rumänische Sprache.*
Rum|aro|ma, das; *Aroma* (2), *das nach Rum schmeckt.*
Rum|ba, die; -, -s, ugs. auch, österr. nur: der; -s, -s [span. (kuban.) rumba, eigtl. = herausfordernder Tanz, zu: rumbo = Herausforderung]: *aus Kuba stammender) Gesellschaftstanz in raschem 4/4- od. 2/4-Takt u. mit vielfach verlagertem, stark betontem Rhythmus;* **Rum|ba|ku|gel,** die; ⟨meist Pl.⟩: *(paarweise zur Begleitung lateinamerikanischer Tänze verwendete) Rassel* (1), *die aus einer ausgehöhlten Kalebasse od. einer hölzernen, mit Samenkörnern, Steinchen o. ä. gefüllten, mit einem Stiel versehenen Kugel besteht.*
rum|bal|lern ⟨sw. V.; hat⟩ (ugs.): *ziellos durch die Gegend schießen, ballern* (1 a); **rum|brin|gen** ⟨unr. V.; hat⟩ (ugs.): *herumbringen* (1): er wußte nicht, wie er die Zeit r. sollte; **rum|brül|len** ⟨sw. V.; hat⟩ (ugs.): *herumbrüllen;* **rum|dre|hen** ⟨sw. V.; hat⟩ (ugs.): *herumdrehen.*
Ru|men, das; -s [lat. rumen, ruma = Kehle, Gurgel, Schlund] (Zool.): *Pansen der Wiederkäuer.*
rum|er|zäh|len ⟨sw. V.; hat⟩ (ugs.): *herumerzählen;* **rum|ficken**[1] ⟨sw. V.; hat⟩ (vulg.): *[wahllos] koitieren;* **rum|flach|sen** ⟨sw. V.; hat⟩ (ugs.): *flachsen u. sich damit die Zeit vertreiben.*
Rum|fla|sche, die: vgl. Schnapsflasche.
Rum|ford|sup|pe ['ramfɔrt...], die; -, -n [nach Sir B. Thompson, Graf von Rumford (1753–1814)] (Kochk.): *Suppe aus getrockneten gelben Erbsen, Gewürzen, durchwachsenem Speck u. a.*
rum|gam|meln ⟨sw. V.; hat⟩ (ugs.): *gammelnd* (2 b) *seine Zeit verbringen;* **rum|ha|ben** ⟨unr. V.; hat⟩: **1.** (salopp) *herumgekriegt* (1) *haben:* hast du ihn endlich rum? **2.** (ugs.) *eine bestimmte Zeit hinter sich gebracht haben:* den Wehrdienst hab' ich dann [endlich] rum; weil er seine sechsundzwanzig Wochen Kranksein rumhatte (er bereits 26 Wochen krank war; Fallada, Jeder 26); **rum|ham|peln** ⟨sw. V.; hat⟩ (ugs.): *sich in diese u. jene Richtung hampelnd bewegen:* du sollst nicht soviel r.!; Schauspieler bin ich zwar

nicht, aber so ein bißchen r. (abwertend; *agieren* 3), *das kann doch jeder* (Hörzu 23, 1975, 22); **rum|hän|gen** ⟨st. V.; hat⟩ (ugs.): **1.** *ohne sinnvolle Beschäftigung sein.* **2.** *sich irgendwo ohne eigentlichen Grund, zum bloßen Zeitvertreib aufhalten:* Aber das ist immer noch besser, als alleine in einer Diskothek rumzuhängen (Ossowski, Bewährung 17). **3.** *herumhängen* (1): laß deine Klamotten hier nicht immer r.!
Ru|mi|na|ti|on, die; -, -en [1: lat. ruminatio, zu: ruminare, ↑ ruminieren]: **1.** (Zool.) *das Wiederkäuen.* **2.** (Med.) *erneutes Verschlucken von Speisen, die sich bereits im Magen befanden u. infolge einer Funktionsstörung des Magens durch die Speiseröhre in den Mund zurückbefördert werden* (bes. bei Säuglingen). **3.** (bildungsspr. veraltet) *reifliche Überlegung;* **ru|mi|nie|ren** ⟨sw. V.; hat⟩ [1, 3: lat. ruminare, zu: ruma, rumen, ↑ Rumen]: **1.** (Zool.) *wiederkäuen.* **2.** (Med.) *die Anzeichen von Rumination* (2) *zeigen.* **3.** (bildungsspr. veraltet) *reiflich überlegen;* **ru|mi|niert** ⟨Adj.⟩ (Bot.): *(von Pflanzensamen) gefurcht.*
rum|kal|bern ⟨sw. V.; hat⟩ (ugs.): *kalbern u. sich damit die Zeit vertreiben;* **rum|krie|gen** ⟨sw. V.; hat⟩: **1.** (salopp) *durch Überredung o. ä. zu etw. bewegen:* sie läßt sich nicht so leicht r. **2.** (ugs.) *(einen bestimmten Zeitabschnitt) hinter sich bringen:* irgendwie werden wir die Zeit [bis Ostern] auch noch r.
Rum|ku|gel, die; *[mit Schokoladenstreusel bestreute] kugelförmige Süßigkeit aus einer weichen Masse aus Zucker, Kokosfett, Kakao u. Rum[aroma].*
rum|la|bern ⟨sw. V.; hat⟩ (salopp abwertend): *labern u. sich damit die Zeit vertreiben:* in der Kneipe dumm r.; **rum|lat|schen** ⟨sw. V.; hat⟩ (salopp): *latschend herumgehen* (1, 3 a): wo man ihn dann im Kreis r. kann (Eppendorfer, Ledermann 15); **rum|lau|fen** ⟨st. V.; ist⟩ (ugs.): *herumlaufen;* **rum|lie|gen** ⟨sw. V.; hat⟩ (ugs. abwertend): *sich herumtreiben* (2); **rum|ma|chen** ⟨sw. V.; hat⟩: **1.** (ugs.) *herumlegen, -binden o. ä.:* mach doch 'ne Schnur rum!; da mußt du einen Verband r. **2.** (salopp) *herumfummeln, -basteln o. ä.:* an einem Auto r.; mach doch nicht immer an dem Pickel, an meinem Knie rum!; und sie machen stundenlang an dir rum und zahlen dir nicht einmal einen Kamillentee (Extra 9, 1976, 46). **3.** (salopp) *sich mit jmdm. einlassen, verkehren:* mach doch nicht mit diesem Flittchen rum!; so eine zu sein, die mit allen rummacht (Rocco [Übers.], Schweine 18). **4.** (ugs.) *eine bestimmte Zeit hinter sich bringen, ableisten:* der Herbert, der noch die zwei Jahre r. kann (Kant, Impressum 123). **5.** (salopp) *in einer bestimmten Gegend umhergehen* ⟨ist⟩: Ick bin mit Erich Weinert aufm Wedding rumgemacht (Kant, Impressum 339).
[1]**Rum|mel,** die; -, -n [mundartl. entstellt aus ↑ Runkel, Runken] (landsch.): *Runkelrübe.*
[2]**Rum|mel,** der; -s [zu ↑ rummeln; 3: eigtl. = Gesamtheit von Gutem u. Schlechtem; das Ganze] (ugs.): **1.** *lärmende Betriebsamkeit; viel Aufheben, das*

um jmdn., etw. gemacht wird: ein fürchterlicher, unbeschreiblicher, riesiger R.; der R. dauert nun schon mehr als zwei Stunden; endlich war der R. vorbei; Jeglicher R. um seine Person ist ihm zuwider (Hörzu 14, 1973, 60); Ekelhaft, daß man den R. mitmachen muß (K. Mann, Mephisto 9); keinen R. wollen; wozu machen, veranstalten sie einen solchen R.?; * *der ganze R.* *(alles zusammen, bes. in bezug auf etw., was man [ver]kaufen will, was jmdm. überlassen wird; der ganze Trödelkram).* 2. (landsch., bes. nordd.) a) *Jahrmarkt:* im Herbst ist wieder R.; kam ... ein R. in unsere Gegend (Schnurre, Bart 37); b) *Rummelplatz:* die Kinder sind auf den R. gegangen; am Sonntag waren wir auf dem R. 3. (veraltet) *Gesamtheit der gleichfarbigen Karten im Pikett* (1); **den R. kennen/verstehen** *(etw. gründlich kennen u. wissen, wie es dabei zugeht; sich auskennen):* nach drei Tagen kannte er den R. im Betrieb; ♦ Mein Herr versteht den R. Er weiß, daß der Weg zu den Fräuleins durch die Kammermädchens geht (Lessing, Minna III, 2); **ru̱m|meln** ⟨sw. V.; hat⟩ [mhd. rummeln = lärmen, poltern, lautm.] (landsch. ugs.): *ein dumpfes, dröhnendes Geräusch von sich geben:* in der Ferne rummelt ein Gewitter; er hat Hunger, irgend etwas rummelt in seinem Bauch (Fallada, Mann 194); **Ru̱m|mel|platz,** der (landsch., bes. nordd. ugs.): *Platz, auf dem ein Jahrmarkt abgehalten wird.*
Ru̱m|my [ˈrœmi, ˈrami], das; -s, -s [engl. rummy, H. u.] (österr.): ↑ Rommé.
Ru̱|mor, der; -s [spätmhd. rumor < mlat. rumor = Lärm, Tumult < lat. rumor = dumpfes Geräusch] (landsch., sonst veraltet): *Lärm, Unruhe;* **ru̱|mo̱|ren** ⟨sw. V.; hat⟩ [1: spätmhd. rumōren] (ugs.): **1.** *ein dumpfes Geräusch verursachen, lärmend hantieren; geräuschvoll hantieren:* jmdn. auf dem [Dach]boden, in der Küche, in seinem Zimmer r. hören; die Ratten rumorten (Böll, Tagebuch 62); ⟨auch unpers.:⟩ Es rumorte im Nebenzimmer rumorte ununterbrochen, Abschüsse, Einschläge waren zu hören (Apitz, Wölfe 365); Ü Damals, als die Studenten rumorten *(aufbegehrten, rebellierten;* Spiegel 18, 1975, 25); im Volk rumort es *(verbreitet sich, herrscht Unruhe).* **2.** *jmdm. im Magen kollern:* der neue Wein rumorte in seinen Därmen; ⟨auch unpers.:⟩ es rumorte in seinem Bauch. **3.** *herumspuken:* in ihm, in seinem Kopf rumorte der Gedanke, seine Laufbahn an den Nagel zu hängen.
¹Ru̱m|pel, der; -s [zu ↑ ¹rumpeln] (südd., md.): **1.** *Gerumpel.* **2.** *Gerümpel.*
²Ru̱m|pel, die; -, -n [zu ↑ ²rumpeln] (md. veraltend): *Waschbrett.*
Ru̱m|pel|fil|ter, der: *elektronische Schaltung zur Unterdrückung der Rumpelgeräusche;* **Ru̱m|pel|ge|räusch,** das [zu ↑ rumpeln (1)]: *durch mechanische Vibrationen hervorgerufenes Störgeräusch bei Plattenspielern.*
¹ru̱m|pe|lig, rumplig ⟨Adj.⟩ [zu ↑ ¹rumpeln]: **1.** *rumpelnd.* **2.** (landsch.) *holperig* (1).
²ru̱m|pe|lig, rumplig ⟨Adj.⟩ [zu ↑ ²rumpeln] (md.): *faltig.*

Ru̱m|pel|kam|mer, die (ugs.): *Abstellkammer für Gerümpel o. ä.:* etw. in die R. tragen, stellen; dieses wackelige Möbel gehört in die R. *(ist nicht mehr zu gebrauchen);* Ü Reformvorschläge in die R. werfen, verbannen *(vorerst nicht weiter verfolgen);* **Ru̱m|pel|ka|sten,** der (salopp abwertend): **a)** *¹rumpelndes Gefährt, Klavier o. ä.;* **Ru̱m|pel|ki|ste,** die (ugs.): vgl. Rumpelkammer.
¹ru̱m|peln ⟨sw. V.⟩ [mhd. rumpeln, Nebenf. von ↑ rummeln] (ugs.): **a)** *ein dumpfes Geräusch verursachen, poltern* ⟨hat⟩: auf dem [Dach]boden r.; die Straßenbahn rumpelt und quietscht; mit den Koffern r. ⟨subst.:⟩ das Rumpeln der Lieferwagen; **b)** *sich rumpelnd* (a) *[fort]bewegen* ⟨ist⟩: der Wagen rumpelt durch die Stadt; Und dann rumpelte ein weißgestrichener Ochsenkarren über das Pflaster (Ransmayr, Welt 91); die Kartoffeln rumpeln von einer Seite auf die andere.
²ru̱m|peln ⟨sw. V.; hat⟩ [ablautende Intensivbildung zu md. rimpen = mhd. rimpfen, ↑ rümpfen] (md. ugs.): **1.** *knittern.* **2.** (veraltend) *Wäsche auf der ²Rumpel reiben.*
Ru̱m|pel|stilz|chen, das; -s [eigtl. = rumpelnder Kobold; 2. Bestandteil Vkl. von veraltet Stülz = Hinkender]: *zwergenhafte Gestalt des Volksmärchens, deren erpresserische Macht über ein mit ihrer Hilfe Königin gewordenes Mädchen nur so lange besteht, bis es ihr ihren Namen nennen kann.*
Ru̱mpf, der; -[e]s, Rümpfe [mhd. rumpf, H. u.]: **1.** *(bei Mensch u. Tier) Körper ohne Kopf u. Gliedmaßen:* der R. einer Statue; den R. drehen, beugen; der Kopf sitzt auf dem R.; den Kopf vom R. [ab]trennen; Als Oberstabsarzt Simmering ... auch die dazugelegten arm- und beinlosen Rümpfe sah, wandte er sich ab (Plievier, Stalingrad 347). **2. a)** *Schiff ohne Aufbauten;* **b)** *Flugzeug ohne Tragflächen u. Fahrgestell;* **Ru̱mpf|beu|ge,** die (Gymnastik): *Übung, bei der man den Körper vorwärts, rückwärts od. seitwärts beugt;* **Ru̱mpf|dre|hen,** das; -s (Gymnastik): *Übung, bei der man den Rumpf* (1) *dreht.*
rümp|fen ⟨sw. V.; hat⟩ [mhd. rümpfen, im Ablaut zu: rimpfen, ahd. (h)rimpfan = zusammenziehen]: *(meist die Nase) mißbilligend kraus, in Falten ziehen):* bei einem üblen Geruch, einem Witz die Nase r.; Sabeth rümpfte ihre Brauen (Frisch, Homo 105); der Führer ... rümpfte seinen ... Kinn (Th. Mann, Joseph 542); Ihre ... Schwiegereltern rümpften die Nase über die Mitgift einer armen Gouvernante (Brand [Übers.], Gangster 86).
Ru̱mpf|flä|che, die (Geol.): *durch langanhaltende Abtragung entstandene flachwellige bis ebene Fläche;* **Ru̱mpf|ge|bir|ge,** das (Geol.): *abgetragenes Faltengebirge, das durch die Einbeung erneut gehoben wurde;* **Ru̱mpf|ka|bi|nett,** das: *Kabinett, das nur mit einem Restbestand von Kabinettsmitgliedern amtiert;* **Ru̱mpf|krei|sen,** das (Gymnastik): *Übung, bei der der Oberkörper bei gegrätschten Beinen einen Kreis um die Hüfte beschreibt.*
Ru̱mp|ler, der; -s, - [zu ↑ ¹rumpeln] (Rei-

ten): *Stolpern des Pferdes [nach einem Sprung]:* einen R. ausbalancieren.
¹ru̱mp|lig: ↑ ¹rumpelig.
²ru̱mp|lig: ↑ ²rumpelig.
Ru̱mp|steak, das; -s, -s [engl. rumpsteak, eigtl. = Rumpfstück, aus: rump = Kreuz (9) u. steak, ↑ Steak]: *Scheibe [mit Fettrand] aus dem Rückenstück des Rindes, die kurz gebraten od. gegrillt wird.*
rum|rei̱|ten ⟨st. V.; ist⟩ (ugs.): *herumreiten.*
rums ⟨Interj.⟩: **a)** lautm. für das Geräusch, das bei einem dumpf tönenden Fall, Aufprall entsteht: r., lag der ganze Segen auf der Erde; r., war der Wagen aufgefahren; r., ein Unfall!; **b)** *Ausdruck für ein plötzliches Ereignis, eine schnelle Bewegung:* Rums, in die Zelle zurück, ein neues Verfahren (Kempowski, Uns 138).
rum|schlep|pen ⟨sw. V.; hat⟩ (ugs.): *herumschleppen;* **rum|schmei̱|ßen** ⟨st. V.; hat⟩ (ugs.): *herumwerfen.*
rum|sen ⟨sw. V.; hat⟩ [zu ↑ rums] (landsch.): **a)** ⟨meist unpers.⟩ *[bei einem Aufprall o. ä.] dumpf tönenden Lärm, Krach verursachen:* er fiel gegen die Tür, daß es rumste; auf dieser Kreuzung rumst es dauernd *(gibt es oft Zusammenstöße von Fahrzeugen);* es hatte ganz gehörig gerumst über Warschau (Kuby, Sieg 15); **b)** *rumsend* (a) *auf etw. auftreffen:* gegen eine Mauer r.; Schraubenwasser spritzte auf, das Schiff rumste gegen die Landungsbrücken (Welt 6. 10. 79, 25).
rum|stän|dern ⟨sw. V.; hat⟩ (landsch. [bes. berlin.] salopp): *herumstehen* (1 a) *u. sich nicht von der Stelle bewegen;* **rum|stehen** ⟨unr. V.; ⟨⟩ südd., österr. u. schweiz.: ist⟩ (ugs.): *herumstehen.*
Ru̱m|topf, der: **1.** *gezuckertes, in Rum eingelegtes Obst.* **2.** *Steintopf, größeres Glas für den Rumtopf* (1).
rum|trei̱|ben ⟨sw. V.; hat⟩ (ugs.): *herumtreiben.*
Ru̱m|ver|schnitt, der: vgl. Verschnitt (1 b).
Run [ran, engl. rʌn], der; -s, -s [engl. run, zu: to run = rennen, laufen]: *Ansturm auf etw. wegen drohender Knappheit [in einer krisenhaften Situation]:* der vorweihnachtliche R. auf Spielzeug, auf die Geschäfte; wie stets in Krisenzeiten setzte ein R. auf Gold ein; in diesem Monat sollten sich Sparer nicht vom internationalen R. in die Edelmetalle anstecken lassen (Capital 2, 1980, 216).
rund [mhd. runt < afrz. ront, rond (= frz. rond) < lat. rotundus = rund (wie eine Scheibe), zu: rota = Rad, Kreis]: **I.** ⟨Adj.; -er, -este⟩ **1.** *die Form eines Kreises, einer Kugel aufweisend, im wesentlichen ohne Ecken u. Kanten:* ein -er Tisch, Teller; ein -es Fenster, Beet; das mediterrane -e Steinhaus (Bild. Kunst 3, 40); Nach einem Streit ... hat er ihr nachts mit dem Glasschneider ein -es Loch ins Fenster geschnitten (Richartz, Büroroman 226); ein -er *(einer Kugel vergleichbarer, ähnlicher)* Kopf; ein -er *(krummer)* Rücken; das Kind machte -e Augen (ugs.; *blickte verwundert, staunend);* die Erde ist r.; durch die Frisur wirkt ihr Gesicht -er; die Linie verläuft r. **2.** *(vom Körper, von einem Körperteil) rundlich, dicklich, füllig:* -e Arme, Schultern, Knie; das Kind hat -e Bäckchen; er hat ein -es Kinn, einen -en Bauch; sie ist dick und r. geworden;

mein Freund, der mag mich r. (Heim, Traumschiff 28). **3.** (ugs.) **a)** *(von etw. Gezähltem, Gemessenem) ganz od. so gut wie ganz; voll:* ein -es Dutzend, Jahr, Jährchen, Stündchen; der Bau hat eine -e Million gekostet; er hat für die Arbeit -e drei Jahre gebraucht; der Wagen kostet -e 20 000 Mark; daß sich die Liegekur bis zum Abendessen, wenn man nur ein wenig r. rechnete, wieder auf eine Stunde beschränkte (Th. Mann, Zauberberg 269); **b)** *(von Zahlen) einfach zu handhaben, bes. aus ganzen Zehnern, Hundertern usw. bestehend:* 100 ist eine -e Zahl; eine -e Summe. **4.** *in sich abgerundet u. vollkommen:* der Wein hat einen -en Geschmack, ein -es Bouquet; Absolut klassisch, r. und harmonisch war es (= das Parfum; Süskind, Parfum 79); ein -er *(voller, abgerundeter)* Klang; ein -er (ugs.; *in jeder Hinsicht zufriedenstellender*) Erfolg, eine -e (ugs.; *überzeugende*) Leistung; Eine gute und -e (ugs.; *gelungene*) Sache (Fries, Weg 158); prägnant in der Artikulation, kompakt und doch angenehm r. im Klang (Nordschweiz 29. 3. 85, 3); jedes Wort springt ihm so r. und appetitlich vom Munde (Th. Mann, Zauberberg 143); davon wird die Welt wieder r. *(kommt sie wieder in Ordnung;* Bieler, Bonifaz 59); bei uns läuft alles r. (ugs.; *klappt alles*), wir sind unserer Aufgabe gewachsen (Ziegler, Recht 180); Bei den etablierten Großen ... läuft das Geschäft ... ziemlich r. (ugs.; *geht das Geschäft ziemlich gut;* CCI 6, 1985, 23); der Motor läuft r. (ugs.; *ruhig, gleichmäßig*); Unten lief sich der Diesel warm, schön gleichmäßig r. (ugs.; *ruhig;* Saarbr. Zeitung 5./6. 6. 80, 3). **II.** ⟨Adv.⟩ **1.** *(von etw. Gezähltem, Gemessenem) ungefähr, etwa:* er hat r. (Abk.: rd.) 100 Mark ausgegeben; in r. einem Jahr wird er fertig sein; r. *(grob, nicht ganz genau) gerechnet sind das 1 000 Mark.* **2.** *im Kreise, rings:* eine Reise r. um die Welt, Erde; Großvater ... ist nie in der Gegend herumgekommen, als Frächter in den Orten r. um Ödenburg (Sobota, Minus-Mann 16); Rund um mich herrscht sonntägliche Ruhe (R. Walser, Gehülfe 14); **Rund,** das; -[e]s, -e ⟨Pl. ungebr.⟩ [frz. rond, zu: rond, ↑rund]: **a)** *runde Form einer Sache:* das R. ihrer Wangen, des Auges; **b)** *etw. [Rundes], was jmdn. umgibt; runde [umgrenzte] Fläche:* das [weite] R. der Arena; Ü Als einziger im weiten R. *(weit und breit)* (MM 9. 12. 66, 4); **Run|da|low** ['rʊndalo], der; -s, -s [zusgez. aus ↑rund u. ↑Bungalow]: *strohgedeckter, aus dem afrikanischen Kral entwickelter runder Bungalow [als Ferienhaus];* **Rund|bank,** die ⟨Pl. ...bänke⟩: *im Kreis od. Halbkreis [um einen Baum od. anderen Mittelpunkt] gebaute* ¹*Bank* (1); **Rund|bau,** der ⟨Pl. -ten⟩: *Bauwerk mit kreisförmigem od. ovalem Grundriß [u. einer Kuppel als Dach];* **Rund|beet,** das: *rundes Beet;* **Rund|bild,** das: *von einem Mittelpunkt her zu betrachtendes Gemälde auf einer gewölbten Fläche (z. B. als Deckengemälde);* **Rund|blick,** der: **a)** *Aussicht rundum, nach allen Seiten:* von hier oben genießt man einen herrlichen R.; **b)** *das Umherblicken, Ausschauhalten nach allen Seiten:* einen R.

nehmen; **Rund|bo|gen,** der (Kunstwiss., Archit.): *halbkreisförmiger Bogen, Gewölbe im Halbkreis über einer Maueröffnung;* **Rund|bo|gen|fen|ster,** das: *Fenster mit oberem Abschluß als Rundbogen, bes. in der altchristlichen Baukunst u. Romanik;* **Rund|bo|gen|fries,** der: *mit Rundbogen gemusterter* ¹*Fries;* **Rundbrief,** der: **a)** *für einen größeren Kreis von Empfängern bestimmtes, von einer Zentralstelle aus in vervielfältigten Exemplaren verschicktes Schreiben;* **b)** *für mehrere Empfänger (z. B. Familienmitglieder) gedachter Brief, der von einem zum andern weitergeschickt wird;* **Rund|bür|ste,** die: *Bürste mit Stiel, die an ihrem oberen Ende rundum mit Borsten besteckt ist;* **Runddorf,** das: *rundes Angerdorf;* **Run|de,** die; -, -n [spätmhd. runde = (Um)kreis; 2 a: frz. ronde, zu (a)frz. rond, ↑rund]: **1. a)** *kleinerer Kreis von Personen, Gesellschaft:* eine heitere nächtliche R. [von Zechern]; die ganze R. sang mit; in fröhlicher, geselliger R.; einer fehlt in der R.; sie nahmen ihn in ihre R. auf; eine sozialpolitische R. *(Verhandlungsrunde, Rundgespräch);* **b)** *die um jmdn. herum befindlichen Personen u. Sachen, Umkreis, Rund* (b): in die R. blicken, zeigen; dunkle Tannen standen in der R.; „Kommt denn niemand?" fragte jetzt der Stöhnende in die R. (Sebastian, Krankenhaus 57). **2.** *im Bogen herum- u. zum Ausgangspunkt zurückführender Weg, Gang, Flug, zurückführende Fahrt; Rundgang* (1): eine R. durch die Stadt, den Garten, durch die Kneipen machen; der Wächter beginnt, geht, macht seine -n; das Flugzeug zieht eine R. über der Stadt; Dann drehte er die R. bei den Freunden, besuchte Gary ... (Heim, Traumschiff 200); * **die R. machen** (ugs.; 1. *von einem zum andern im Kreis herumgereicht werden:* der Becher macht die R. 2. *rasch überall verbreitet, bekannt werden, sich herumsprechen:* das Gerücht vom Drogen- und Waffenhandel macht allenthalben die R.; Vaterland 27. 3. 85, 23). **3.** (Sport) **a)** *Durchgang auf einem Rundkurs, einer im Kreis od. Oval herumführenden Fahr-, Laufstrecke o. ä.:* eine R. laufen; in der ist die schnellste R. gefahren; die Fahrer drehten ihre -n; ruhig zog der Läufer seine -n; in die letzte R. gehen; er hat einen Vorsprung von einer halben R. herausgeholt; Ü sie tanzten noch eine R. *(einen Tanz [rund um die Tanzfläche]);* **b)** *Durchgang in einem Wettbewerb; Spiel od. Serie von Spielen:* eine R. Golf; spielen wir noch eine R. Skat?; **c)** *Durchgang in einem Wettkampf, Turnier:* die Mannschaft schied schon in der ersten R. aus; Ich bin sicher, daß wir als Gruppensieger in die nächste R. einziehen (Kicker 6, 1982, 31); **d)** (Boxen) *Kampfabschnitt, zeitliche Einheit (von meist drei Minuten), die für sich bewertet wird:* die erste R. ging an den Herausforderer; in der achten R. wurde er ausgezählt; der Kampf ging über zehn -n; er quälte sich mühsam über die R.; Ring frei zur ersten R.!; * **über die -n kommen** (ugs.; *Schwierigkeiten mit einiger Mühe überwinden, bes. mit dem Geld gerade eben noch auskommen):* ... ob er mit sei-

nem Gehalt, das weiterläuft, tatsächlich über die Runden kommt (B. Vesper, Reise 516); **jmdm. über die -n helfen** (ugs.; *jmdm. über Schwierigkeiten hinweghelfen u. ihn [wirtschaftlich] unterstützen*); **etw. über die -n bringen** (ugs.; *etw. zustande, zu einem guten Ende bringen; durchstehen*). **4.** *für eine bestimmte Runde* (1 a) *(in einem Lokal o. ä.) bestellte Anzahl von (meist alkoholischen) Getränken; Lage:* eine R. Bier, Wein, Schnaps; Die erste R. geht auf den Wirt (Chotjewitz, Friede 153); eine R. ausgeben, stiften, spendieren, (salopp) schmeißen. **5.** (Handarbeit) *Reihe beim Rundstricken (jeweils über dem herabhängenden Anfangsfaden beginnend):* zwanzig -n glatt rechts stricken. **6.** (veraltet) *die Runde gehender Posten, Patrouille* (2)*, Streife* (1): Nur weil zufällig die R. kommt, wird Plank nicht erschlagen (Mostar, Unschuldig 110); ♦ aber still, da kömmt die R. vorbei (Cl. Brentano, Kasperl 348); Dort seh' ich wieder eine R. antreten: die sehen nicht aus, als wenn sie so bald mit uns trinken würden (Goethe, Egmont IV); **Rün|de,** die; - (dichter.): *Rundheit, runde Form:* der R. ihrer Wangen; die R. der Erde (Strittmatter, Wundertäter 484); **Rund|ei|sen: 1.** *eisernes Bauteil an Maschinen von zylindrischer Form.* **2.** *löffelartig ausgehöhltes Werkzeug des Holzschneiders zum Ausschaben gerundeter Rillen;* **Run|dell,** das; -s, -e: *Rondell;* **run|den** ⟨sw. V.; hat⟩: **1. a)** *rund machen, abrunden:* den Rücken zu einem Buckel r.; gerundete Formen; Ü diese Nachricht rundet das Bild, den Eindruck; Das war doch ein Buch von Ernst und Gewalt und hätte ein Lebenswerk gerundet (Reich-Ranicki, Th. Mann 20); Die Luxemburger rundeten ihren Besitz am Rhein (Feuchtwanger, Herzogin 108); eine gerundete *(nicht einseitige)* Persönlichkeit (Heym, Nachruf 103); **b)** *ab- od. aufrunden:* eine Zahl [nach oben, unten] r.; Die ... Zuwachsrate wird mit dieser Aussage indessen recht großzügig gerundet (NZZ 28. 1. 83, 18); gerundete Zahlen; **c)** (selten) *umrunden:* Sein Schiff rundete Kap Hoorn (Wochenpost 6. 6. 64, 6). **2.** ⟨r. + sich⟩ **a)** *rund werden:* die Backen runden sich; sie hat sich in letzter Zeit sehr gerundet *(ist dicker geworden);* Ü das Jahr rundet sich *(geht zu Ende);* **b)** *als etw. Rundes in Erscheinung treten, erkannt werden:* am Himmel rundet sich der Vollmond; auf leuchtend blauer Rohseide rundete sich ... ein stahlblauer Kranz (A. Zweig, Claudia 30); **c)** *Gestalt annehmen:* das Bild, die Vorstellung rundet sich; **run|den** ⟨sw. V.; hat⟩ (veraltet): *runden;* **Run|den|re|kord,** der (Motorsport): *kürzeste Zeit, die für eine Runde* (3 a) *auf der betreffenden Rennstrecke herausgefahren wurde;* **Run|denspiel,** das (bes. Fußball): *Spiel innerhalb einer Qualifikationsrunde;* **Run|den|zahl,** die: *vorher festgesetzte Zahl der in einem Boxkampf auszutragenden od. in Motorsportveranstaltungen zurückzulegenden Runden;* **Run|den|zeit,** die: vgl. Rundenrekord; **Rund|er|laß,** der: *allen untergeordneten Dienststellen zugeleitete Anordnung einer Behörde;* **rund|er|neu|ern** ⟨sw.

V.; hat; meist nur im Inf. u. 2. Part. gebr.⟩ (Kfz-T.): *die Lauffläche eines abgefahrenen Reifens durch Vulkanisieren mit neuem Profil versehen:* runderneuerte Reifen; **Run̲d|er|neue|rung,** die: *das Runderneuern;* **Run̲d|fahr|kar|te,** die: *Fahrkarte für eine Rundreise;* **Run̲d|fahrt,** die: **1.** *[Besichtigungs]fahrt durch eine od. mehrere Städte od. Gebiete mit Rückkehr zum Ausgangspunkt.* **2.** (Sport) *[mehrtägiger] Wettbewerb im Fahrrad- od. Motorsport über verschiedene Etappen;* **Run̲d|fel|der,** die: *vorn mit einer Rundung versehene Schreibfeder für Zierschriften;* **Run̲d|fei|le,** die: *Feile, die nicht flach geformt, sondern im Querschnitt etwas eingebogen ist;* **Run̲d|fen|ster,** das: *kreisrundes Fenster;* **Run̲d|flug,** der: *kurzer Flug, meist im Kreis über einer Stadt, mit Rückkehr zum Ausgangspunkt;* **Run̲d|fra|ge,** die: *Frage [zu einem bestimmten Thema], die einer Reihe von Personen vorgelegt wird;* **run̲d|fra|gen** (sw. V.; hat; meist nur im Inf. u. 2. Part. gebr.⟩: *von einer bestimmten Anzahl von Personen jeden einzelnen fragen:* hast du schon bei den Kollegen, im Büro rundgefragt?; Stephens ... schickte den Führer zurück ins Dorf, ließ r., wer etwas auszusagen wüßte (Ceram, Götter 375); **Run̲d|funk,** der: *-s* [1923 gepr. von dem dt. Funktechniker H. Bredow (1879–1959), eigtl. = Funk, der in die Runde ausgestrahlt wird; seit 1924 amtlich für „Radio"]: **1.** *drahtlose Verbreitung von Informationen u. Darbietungen durch elektromagnetische Wellen:* die drei Massenmedien Presse, R. und Fernsehen. **2.** *durch den Rundfunksender verkörperte Einrichtung des Rundfunks* (1): der Westdeutsche R.; den R. anrufen; er arbeitet beim R.; eine Aufnahme für den R.; das Spiel wird vom R. direkt übertragen; die Aufständischen besetzten den R. *(das Sendehaus).* **3.** *Rundfunkempfänger, Rundfunkgerät:* R. hören; den R. einschalten, abstellen; etw. aus dem R. erfahren; das habe ich im R. gehört; **Run̲d|funk|ab|kom|men,** das: *internationales Abkommen über die Verteilung der verschiedenen Frequenzen;* **Run̲d|funk|an|spra|che,** die: *für den Rundfunk gehaltene Ansprache [eines Politikers];* **Run̲d|funk|an|stalt,** die: *Rundfunksender (als Anstalt des öffentlichen Rechts);* **Run̲d|funk|an|ten|ne,** die: *Antenne für den Rundfunkempfang;* **Run̲d|funk|ap|pa|rat,** der: *Rundfunkempfänger;* **Run̲d|funk|au|tor,** der: *Autor, der für den Rundfunk* (2 b) *arbeitet;* **Run̲d|funk|au|to|rin,** die: w. Form zu ↑ Rundfunkautor; **Run̲d|funk|emp|fang,** der: *Aufnahme der von einem Sender ausgestrahlten Wellen durch einen Rundfunkempfänger;* **Run̲d|funk|emp|fän|ger,** der: *Empfangsgerät für Rundfunk;* **Run̲d|funk|ge|bühr,** die ⟨meist Pl.⟩: *vom Rundfunkteilnehmer zu entrichtende Gebühr;* **Run̲d|funk|ge|neh|mi|gung,** die: *Erlaubnis, gegen Entrichtung der Gebühren einen Rundfunkempfänger zu besitzen;* **Run̲d|funk|ge|rät,** das: *Rundfunkempfänger;* **Run̲d|funk|hö|rer,** der: *jmd., der Rundfunk hört;* **Run̲d|funk|hö|re|rin,** die: w. Form zu ↑ Rundfunkhörer; **Run̲d|funk|jour|na|list,** der: *Journalist, der beim bzw. für den Rundfunk* (2 a) *arbeitet;* **Run̲d|funk|jour|na|li|stin,** die: w. Form zu ↑ Rundfunkjournalist; **Run̲d|funk|kom|men|tar,** der: *Kommentar* (2) *im Rundfunk;* **Run̲d|funk|kom|men|ta|tor,** der: vgl. Kommentator (2); **Run̲d|funk|kom|men|ta|to|rin,** die: w. Form zu ↑ Rundfunkkommentator; **Run̲d|funk|me|cha|ni|ker,** der: *Handwerker, der Rundfunk- u. Fernsehgeräte anschließt, prüft u. repariert* (Berufsbez.); **Run̲d|funk|me|cha|ni|ke|rin,** die: w. Form zu ↑ Runkfunkmechaniker; **Run̲d|funk|or|che|ster,** das: *Orchester einer Rundfunkanstalt;* **Run̲d|funk|pro|gramm,** das: **1.** *Programm* (1) *eines Rundfunksenders.* **2.** *Blatt, Heft o. ä., in dem das Rundfunkprogramm* (1) *angekündigt [u. erläutert] wird;* **Run̲d|funk|re|dak|ti|on,** die: Redaktion (2 a–c); **Run̲d|funk|re|por|ta|ge,** die: vgl. Reportage; **Run̲d|funk|re|por|ter,** der: vgl. Reporter; **Run̲d|funk|re|por|te|rin,** die: w. Form zu ↑ Rundfunkreporter; **Run̲d|funk|sen|der,** der: *Institution sowie technische Anlage, die Rundfunksendungen produziert u. ausstrahlt;* **Run̲d|funk|sen|dung,** die: *in sich abgeschlossener Teil, einzelne Darbietung des Rundfunkprogramms* (1); **Run̲d|funk|spre|cher,** der: *Sprecher* (1 c) *beim Rundfunk* (2 b); **Run̲d|funk|spre|che|rin,** die: w. Form zu ↑ Rundfunksprecher; **Run̲d|funk|sta|ti|on,** die: *größerer Rundfunksender mit eigenem Programm;* **Run̲d|funk|stu|dio,** das: vgl. Studio (2); **Run̲d|funk|tech|nik,** die ⟨o. Pl.⟩: *Zweig der Elektrotechnik, der sich mit der Einrichtung u. Wartung von Sende- u. Empfangseinrichtungen des Rundfunks befaßt;* **Run̲d|funk|tech|ni|ker,** der (Berufsbez.): *Elektrotechniker, der sich mit der Einrichtung, Wartung, Prüfung, Reparatur o. ä. von Sende- u. Empfangseinrichtungen im Bereich des Rundfunks beschäftigt;* **Run̲d|funk|tech|ni|ke|rin,** die: w. Form zu ↑ Rundfunktechniker; **run̲d|funk|tech|nisch** ⟨Adj.⟩: *die Rundfunktechnik betreffend;* **Run̲d|funk|teil|neh|mer,** der: *Inhaber einer Rundfunkgenehmigung, Rundfunkhörer;* **Run̲d|funk|teil|neh|me|rin,** die: w. Form zu ↑ Rundfunkteilnehmer; **Run̲d|funk|über|tra|gung,** die: vgl. Fernsehübertragung; **Run̲d|funk|wer|bung,** die ⟨o. Pl.⟩: *Werbung im Rundfunk;* **Run̲d|funk|zeit|schrift,** die: vgl. Programmzeitschrift; **Run̲d|funk|zei|tung,** die: Rundfunkzeitschrift; **Run̲d|gang,** der: **1.** *Gang* (1) *rundherum, durch ein Gebäude od. Gebiet, von einer Person od. Sache zur andern:* einen R. machen, antreten; Bei einem solchen R. durch London hat man diese Beobachtung ... machen können (Dönhoff, Ära 146). **2.** *Strecke, angelegter Gang (in einem Gebäude, Schiff o. ä.), der um etwas herumgeht; Umgang;* **run̲d|ge|hen** (unr. V.; ist): **1.** *einen Rundgang machen.* **2.** *herumgereicht werden:* der Krug geht rund; Ü die Geschichte ist schon überall rundgegangen (ugs.; *weitererzählt worden*). **3.** * **es geht rund** (ugs.; *es gibt viel Arbeit, ist starker Betrieb, so daß man nicht zur Ruhe kommt, in Atem gehalten wird*): Als dann der sieht, der Vogel ist weg, da ging's rund (*wurde es schlimm*). Der hat mich verprügelt, ich dachte, ich verrecke (Spiegel 32, 1978, 80); **Run̲d|ge|sang,** der: **1.** *Gesang in einer geselligen Runde, in den reihum alle einstimmen.* **2.** *eine Art Rondo* (1); **Run̲d|ge|spräch,** das: *[öffentliches] Gespräch in einer Runde bes. von Fachleuten über ein bestimmtes Thema;* **Run̲d|ge|wicht,** das (Schwerathletik): *kugelförmiges Gewicht mit Handgriff;* **Run̲d|haus,** das: Rundbau; **Run̲d|heit,** die; - [spätmhd. runtheit]: *das Rundsein, runde Gestalt;* **run̲d|her|aus** ⟨Adv.⟩: *ohne Umschweife, direkt, offen u. seiner Sache sicher:* etw. r. erklären, sagen, fragen; ... nannte er mich r. einen Gangster (Frisch, Stiller 410); **run̲d|her|um** ⟨Adv.⟩: **a)** *an allen Seiten, im Umkreis um jmdn., etw. herum; rings:* ein r. bemaltes Ei; seinen Bartkranz r. (A. Zweig, Grischa 45); **b)** *in die Runde:* r. blicken; **c)** *ganz u. gar; völlig:* r. naß werden; Ü er ist r. zufrieden; ich habe dein Gerede r. satt; **Run̲d|holz,** das: *Holz mit kreisförmigem Querschnitt (in der ursprünglichen Länge od. als vom Stamm abgesägtes Stück):* Dann riefen sie den Preis und betäubten die Fische mit einem schmierigen R. (Bieler, Mädchenkrieg 529); **Run̲d|ho|ri|zont,** der (Theater): *mit Landschaft o. Ä. bemalte Leinwand, die im Halbrund die Spielfläche umschließt;* **Run̲d|kurs,** der ([Motor]sport): *[mehrfach zu durchfahrende] Rennstrecke, bei der man [immer wieder] zum Ausgangspunkt zurückkommt:* ein drei Kilometer langer R.; **Run̲d|lauf,** der: **1.** *das Umlaufen, Kreislauf:* der R. des Jahres; so eine Woche, so ein kleiner R. vom Montag zum Sonntag und wieder Montag (Th. Mann, Zauberberg 401). **2.** (Turnen) *aus einer an der Decke befestigten Scheibe mit ringsherum herabhängenden Strickleitern bestehendes Turngerät, an dem von einer Gruppe sich im Kreise fortbewegender Laufschritte, Sprünge u. Schwünge geübt werden;* **run̲d|lich** ⟨Adj.⟩ [spätmhd. runtlīche (Adv.)]: **a)** *annähernd rund, mit einer Rundung versehen:* -e Kieselsteine, -e Vertiefungen, Buchstaben; einen Diamanten r. schleifen; **b)** *(meist von Frauen gesagt) ein wenig dick, füllig, mollig:* eine -e Blondine; -e Formen haben; Er habe in der Haft sein -es Aussehen verloren (Augsburger Allgemeine 22./23. 4. 78, 5); sie ist in letzter Zeit etwas r. geworden; **Run̲d|lich|keit,** die; -: *rundliche Form, Figur:* Obwohl mittelgroß, sah er wegen seiner R. klein aus (Kemelman [Übers.], Dienstag 81); **Run̲d|ling,** der; -s, -e: *kleines Dorf [mit nur einem Zufahrtsweg u.] mit rund od. in Hufeisenform um einen Platz od. Anger gebauten Höfen;* **Run̲d|maul,** das ⟨meist Pl.⟩: *im Meer- u. Süßwasser vorkommendes fischähnliches Wirbeltier mit einem aalförmigen Körper, einem knorpeligen Skelett u. rundlichen, meist offenen Kiemenspalten am Vorderdarm;* **Run̲d|pfei|ler,** der (Archit.): *Pfeiler mit kreisförmigem Querschnitt;* **Run̲d|pla|stik,** die (bild. Kunst): *Vollplastik;* **Run̲d|rei|se,** die: Rundfahrt (1); **Run̲d|rei|se|kar|te,** die: Rundfahrkarte; **Run̲d|rücken[1],** der (Med.): *[durch fehlerhafte Körperhaltung entstandene] Wölbung des Rückens nach außen;* **Run̲d|ruf,** der: *Ruf (durch Telefon,*

Rundschädel

Funk o. ä.), der an alle innerhalb einer bestimmten Gruppe ergeht: ein R. der Kriminalpolizei; **Rund|schä|del,** der (Anthrop.): *für bestimmte Menschenrassen charakteristischer runder Schädel;* **rund|schä|de|lig, rund|schäd|lig** ⟨Adj.⟩: *einen Rundschädel aufweisend;* **Rund|schau,** die (geh.): *Rundblick* (a), *Umschau;* **Rund|schild,** der ⟨Pl. -e⟩(früher): *runder Schild;* **Rund|schlag,** der (Boxen, Faustball, Eishockey): *Schlag, der seinen Schwung durch eine nach hinten gerichtete Kreisbewegung des Armes bekommt:* mit einem R. befreite er sich aus der Umklammerung; Ü seinen polemischen R. gegen „die Arroganz der etablierten Filmemacher" (Praunheim, Sex 342); der Regierungschef holt zu einem R. gegen seine politischen Gegner aus; **Rund|schnitt,** der: *Haarschnitt, bei dem die Konturen in einer fließenden Linie in einem Oval verlaufen;* **Rund|schrei|ben,** das: *Rundbrief* (a); **Rund|schrift,** die: *Schriftart mit betonten Rundungen;* **Rund|schrift|fe|der,** die: *Schreibfeder für Rundschrift;* **Rund|sicht,** die: *Rundblick* (a); **Rund|spruch,** der ⟨o. Pl.⟩ (schweiz.): *Rundfunk;* **Rund|stab,** der (Archit.): *Zierstab mit [halb]kreisförmigem Querschnitt (bes. in der romanischen Baukunst);* **Rund|strecke**[1], die (Sport): *für Motorsport-, Fahrrad- od. Laufwettbewerbe vorgesehene, zum Ausgangspunkt zurückführende Strecke, die meist mehrmals durchfahren od. durchlaufen werden muß;* **Rund|strecken|ren|nen**[1], das (Sport): *Rennen, das auf einer Rundstrecke stattfindet;* **Rund|strick,** der ⟨o. Pl.⟩ (Jargon): *durch Rundstricken gefertigtes Textilmaterial;* **rund|stricken**[1] ⟨sw. V.; hat; meist nur im Inf. u. 2. Part. gebr.⟩: *mit einer Rundstricknadel od. -maschine um Umdrehen immer weiter stricken, so daß ein nahtloses, schlauchartiges Stück entsteht:* rundgestrickte Hosen; **Rund|strick|ma|schi|ne,** die: *Strickmaschine zum Rundstricken;* **Rund|strick|na|del,** die: *Stricknadel zum Rundstricken;* **Rund|stück,** das (nordd.; bes. Hamburg): *großes rundes Brötchen;* **Rund|stuhl,** der: *Rundstrickmaschine;* **Rund|tanz,** der: **a)** *gemeinsam im Kreis mit festgelegten Bewegungen (zeitweise Auflösung der Paare u. Partnerwechsel) durchgeführter Tanz;* **b)** *die Musik, Melodie, das Lied zum Rundtanz:* einen R. spielen; **Rund|tisch|ge|spräch,** das (bes. ehem. DDR): eindeutschend für ↑Round-table-Konferenz; **Rund|trunk,** der: *reihum gehender Trunk [aus der Flasche od. einem gemeinsamen Gefäß];* **Rund|turm,** der: *Turm mit kreisförmigem Grundriß;* **rund|um** ⟨Adv.⟩: **a)** *in der Runde, ringsum, im Umkreis, rundherum* (a): r. standen Neugierige; als die Welt r. sich zu verändern begann (Dönhoff, Ära 11); Die Rouladen einlegen, r. *(rundherum, an allen Seiten)* anschmoren (Hörzu 8, 1976, 92); **b)** *rundherum* (c): r. zufrieden, glücklich sein; **rund|um|her** ⟨Adv.⟩ (veraltend): *nach allen Seiten, ringsumher:* r. blicken; **Rund|um|lein|wand,** die: *zum Halbkreis gebogene Filmleinwand;* **Rund|um|schlag,** der: *Schlag nach allen Seiten, Rundschlag:* Ü Der R.

des Kanzlers wird nicht nur in Manila Folgen haben (Spiegel 18, 1979, 21); **Rund|um|sicht,** die (Kfz-W.): *Sicht nach allen Seiten:* der Wagen bietet tadellose R.; **Rund|um|ver|gla|sung,** die: *Verglasung auf allen Seiten;* **Run|dung,** die; -, -en: *runde Form, Rundheit, Wölbung:* die R. der Kuppel; die weiblichen -en; die neuen Modelle zeigen gefällige -en, bringen die -en der Frau zur Geltung; seine Frau hat beachtliche -en *(eine wohlproportionierte Figur);* in sanfter R. spannt sich der Brückenbogen über das Tal; **Rund|ver|kehr,** der: *Kreisverkehr;* **Rund|wan|der|weg,** der: vgl. Rundweg; **rund|weg** ⟨Adv.⟩ (emotional): *entschieden u. vollständig, ohne Diskussion od. Überlegung; unumwunden:* etw. r. leugnen, ablehnen; das ist r. falsch; Der Interpellant ist zwar von der Antwort, gleich hier in der Sache r. befriedigt (NZZ 5.9.86, 34); **Rund|weg,** der: *Spazier-, Wanderweg, der wieder zum Ausgangspunkt zurückführt:* der R. ist ausgeschildert; **Rund|wirk|ma|schi|ne,** die: *Rundstrickmaschine;* **Rund|zelt:** *rundes Zelt.*

Ru|ne, die; -, -n [mhd. rūne, ahd. rūna = Geheimnis; geheime Beratung; Geflüster, wahrsch. eigtl. = (heimliches) Flüstern, Tuscheln; lautm.]: *Zeichen der von den Germanen benutzten Schrift:* die -n wurden meist in Stein geritzt; Die unerbittlichen -n, die das Leben ihr in Stirn, Schläfen und Wangen ... geschnitten (Thieß, Legende 36); **Ru|nen|al|pha|bet,** das: *Alphabet der Runenschrift;* **Ru|nen|for|schung,** die: *Wissenschaft, die sich mit der überlieferten Runenschrift u. ihrer Deutung befaßt; Runologie;* **Ru|nen|schrift,** die: *mit Runen geschriebene Schrift* (1 a, b); **Ru|nen|stein,** der: *erhalten gebliebener Stein mit Runen;* **Ru|nen|zei|chen,** das: *Rune.*

Run|ge, die; -, -n [mhd., mnd. runge, urspr. wohl = Rundstab, zu ↑Ring] (Fachspr.): *(bei landwirtschaftlichen und Lastfahrzeugen) seitlich an einer Ladefläche befestigte Stange, die als Halterung für Seitenwände od. als Stütze für längeres Ladegut (z. B. Langholz, Rohre) dient;* **Run|gen|wa|gen,** der (Eisenb.): *offener Güterwagen mit hochstehenden Rungen für den Transport von langem Ladegut.*

ru|nisch ⟨Adj.⟩: *die Runen, die Zeit der Runen betreffend.*

Run|kel, die; -, -n (österr.; schweiz.): *Runkelrübe;* **Run|kel|rü|be,** die [wahrsch. zu ↑Runken, nach der dicken Wurzel der Pflanze, od. zu ↑Runzel, nach den auffallend runzligen Samen]: *als Viehfutter angebaute krautige Pflanze mit einer dicken, weit aus dem Boden ragenden Wurzel; Futterrübe;* **Run|ken,** der; -s, - [älter u. landsch. auch: Runksen, ↑Runks] (landsch.): *Ranken;* **Runks,** der; -es, -e [älter: runckes, Schülerlatein des 15.Jh.s runcus = Runken, H. u.] (md., bes. obersächs. ugs.): **1.** *Runken.* **2.** *grober, ungeschliffener Mensch, Rüpel;* **runk|sen** ⟨sw. V.; hat⟩ (landsch. ugs.): **a)** *sich ungesittet, rüpelhaft benehmen;* **b)** *grob u. unfair [Fußball] spielen.*

Run|ning Gag ['rʌnɪŋ -], der; - -s, - -s [engl., aus: running = ständig, fortlaufend, zu: to run = laufen, rennen u. gag, ↑Gag]:

Gag, der sich immer wiederholt, der oft verwendet wird.

Ru|no|lo|ge, der; -n, -n [↑-loge]: *Wissenschaftler auf dem Gebiet der Runologie;* **Ru|no|lo|gie,** die; - [zu ↑Rune u. ↑-logie]: *Runenforschung;* **Ru|no|lo|gin,** die; -, -nen: w. Form zu ↑Runologe; **ru|no|lo|gisch** ⟨Adj.⟩: *die Runologie betreffend, darauf beruhend.*

Runs, der; -es, -e, **Run|se,** die; -, -n [mhd. runs(t), ahd. runs(a) = Fluß(lauf), eigtl. = das Rinnen; vgl. blutrünstig] (südd., österr., schweiz.): *Rinne [mit Wildbach] an Gebirgshängen:* steinige Runse[n]; ♦ den Durst mir stillend mit der Gletscher Milch, die in den Runsen schäumend niederquillt (Schiller, Tell II, 2).

run|ter ⟨Adv.⟩: ugs. für ↑herunter, hinunter: r. vom Baum!; **run|ter|fal|len** ⟨st. V.; ist⟩ (ugs.): *herunter-, hinunterfallen:* paß auf, daß du nicht runterfällst!; * hinten r. *(sich mit seiner Leistung o. ä. anderen genüber nicht behaupten können);* **run|ter|flie|gen** ⟨st. V.; ist⟩: **1.** (ugs.) *herunter-, hinunterfliegen.* **2.** (salopp) *fliegen* (13): von der Schule r.; **run|ter|ge|hen** ⟨unr. V.; ist⟩ (ugs.): *heruntergehen, hinuntergehen;* **run|ter|hau|en** ⟨unr. V.; hat⟩: **1.** ⟨nur: haute runter⟩ * jmdm. eine/ein paar r. (salopp; *jmdn. ohrfeigen*). **2.** (ugs. abwertend) *schnell u. ohne besondere Sorgfalt [auf der Maschine] schreiben:* ein Manuskript r.; **run|ter|ho|len** ⟨sw. V.; hat⟩: **1.** *herunterholen.* **2.** * sich/jmdm. einen r. (vulg.; *masturbieren* 1, 2); **run|ter|hun|gern** ⟨sw. V.; hat⟩ (ugs.): *durch Hungern verlieren:* sie hat schon einige Pfund runtergehungert; **run|ter|kip|pen** ⟨sw. V.⟩ (ugs.): **1.** *hinunterkippen* (1) (ugs.): einen Schnaps r. **2.** *hinunterkippen* (2); **run|ter|knal|len** ⟨sw. V.; hat⟩ (derb): *runterhauen* (1); **run|ter|kom|men** ⟨st. V.; ist⟩ (ugs.): *herunterkommen;* **run|ter|krie|gen** ⟨sw. V.; hat⟩ (ugs.): *herunterkriegen, hinunterkriegen;* **run|ter|lan|gen** ⟨sw. V.; hat⟩: **1.** (landsch. ugs.) *herunterlangen; herunterreichen:* lang mir bitte mal ein Buch runter! **2.** (salopp) *runterhauen* (1); **run|ter|las|sen** ⟨st. V.; hat⟩ (ugs.): *herunter-, hinunterlassen;* **run|ter|put|zen** ⟨sw. V.; hat⟩ (salopp): *heruntermachen* (a); **run|ter|rut|schen** ⟨sw. V.; ist⟩ (ugs.): *herunter-, hinunterrutschen:* die Kinder rutschten am Treppengeländer runter; R rutsch mir mit dem Buckel runter! *(laß mich damit in Ruhe!);* **run|ter|schlucken**[1] ⟨sw. V.; hat⟩ (ugs.): *hinunter-, herunterschlucken;* **run|ter|set|zen** ⟨sw. V.; hat⟩ (ugs.): *heruntersetzen, herabsetzen;* **run|ter|stu|fen** ⟨sw. V.; hat⟩ (ugs.): *herunterstufen:* Selbst Facharbeiter sollten runtergestuft werden; **run|ter|tre|ten** ⟨st. V.⟩ (ugs.): **1.** *von einer erhöhten Stelle nach unten treten* ⟨ist⟩: vom Trittbrett, vom Bürgersteig r. **2.** ⟨hat⟩ **a)** *auf etw. treten, so daß es zu Boden gedrückt wird:* runtergetretenes Gras; R abtreten (4a): du hast deine Absätze schon wieder runtergetreten; **run|ter|wirt|schaf|ten** ⟨sw. V.; hat⟩ (ugs.): *herunterwirtschaften.*

Run|way ['rʌnweɪ], die; -, -s od. der; -[s] [engl. runway, zu: to run = laufen u. way = Weg] (Flugw.): *Start-und-Lande-Bahn.*

Run|zel, die; -, -n ⟨meist Pl.⟩ [mhd. runzel, ahd. runzula, Vkl. von mhd. runze, ahd. runza = Runzel]: *Falte in der Haut:* tiefe -n; ... gab er der Stirn eine R., die Anni sofort verstummen ließ (M. Walser, Seelenarbeit 258); viele -n auf der Stirn haben; Hände voller -n; **run|ze|lig,** runzlig ⟨Adj.⟩ ⟨älter runzlicht, mhd. runzeleht, ahd. runziloht]: *stark gerunzelt, mit Runzeln, Falten bedeckt:* -e Haut, Hände; -e Beeren; der Apfel ist schon ganz r. geworden; **run|zeln** ⟨sw. V.; hat⟩ [mhd. runzeln]: **a)** *in Falten ziehen, faltig zusammenziehen:* [ärgerlich, nachdenklich] die Stirn, die Augenbrauen r.; mit gerunzelter Stirn; **b)** ⟨r. + sich⟩ *Runzeln bekommen:* die Haut seiner Wangen runzelte sich (Sebastian, Krankenhaus 30); **runz|lig:** ↑runzelig.
Ru|pel ['ry:pl], das; -[s] [nach dem gleichnamigen Nebenfluß der Schelde in Belgien] (Geol.): *mittlere Stufe des Oligozäns.*
Rü|pel, der; -s, - [als Scheltwort gebrauchte frühnhd. Kurzf. des m. Vorn. Ruprecht] (abwertend): *männliche Person, die sich schlecht, ungezogen benimmt, deren Betragen andere empört:* ein fauler, R.; der betrunkene R. rülpste ihm ins Gesicht; Da hätte ihr schon längst irgendein R. unter den Rock gelangt ... (Lentz, Muckefuck 150); **Rü|pel|lei,** die; -, -en (abwertend): **1.** ⟨o. Pl.⟩ *rüpelhaftes Benehmen.* **2.** *rüpelhafte Handlung:* solche -en lassen wir uns nicht gefallen!; **rü|pel|haft** ⟨Adj.; -er, -este⟩ (abwertend): *wie ein Rüpel [sich benehmend]:* ein -er Mensch; sich r. benehmen; **Rü|pel|haf|tig|keit,** die; -, -en: **1.** ⟨o. Pl.⟩ *rüpelhafte Art, rüpelhaftes Benehmen.* **2.** *rüpelhafte Handlung.*
Ru|pe|lien [rype'liɛ̃:], das; -[s] [frz. rupélien]: *Rupel.*
rü|pel|lig ⟨Adj.⟩: *rüpelhaft.*
¹ru|pfen ⟨sw. V.; hat⟩ [mhd. rupfen, ropfen, ahd. ropfōn, zu ↑raufen]: **a)** *herausziehen, ruckartig [in einzelnen Büscheln] ausreißen:* Gras, Kräuter, Unkraut r.; das Pferd rupfte still an dem staubigen Gras neben den Geleisen (Wiechert, Jeromin-Kinder 842); **b)** *geschlachtetem Geflügel die Federn zupfend ausreißen:* ein Huhn, eine Gans r.; Die Hühner ... lagen bereits gerupft und gewässert im Eisschrank (Singer [Übers.], Feinde 127); **c)** *von, aus etw. auf kräftige, ruckartige, zupfende Weise entfernen:* die Blätter vom Stiel r.; Eigentlich schien es mir aber interessanter, Bunker zu knacken als hier ... Brennnesseln zu r. (Lentz, Muckefuck 155); aus einer üppig blühenden Wiese ... rupft er ... drei ganz verhutzelte und verdorrte Gänseblümchen (Reich-Ranicki, Th. Mann 226); er war in seiner kurzen Ehe dürr geworden wie ein gerupfter Kohlstrunk (Bredel, Väter 275); **d)** (landsch.) *(an etw.) reißen, ziehen:* jmdn. an den Haaren, am Arm r. **2.** (ugs.) *übervorteilen;* *jmdm. viel Geld abnehmen, ihn um sein Geld bringen:* der Wirt hat uns ganz schön gerupft; Gerupft werden auch das Departement für Auswärtiges (−219 Millionen) und der Zivilschutz (Tages-Anzeiger 26. 11. 91, 1). **3.** (Jargon) *unregelmäßig stoßen, ein stoßendes, reißendes Geräusch von sich geben:* die Kupplung rupft; ein schlecht gewachster Schi ... rupft (Eidenschink, Eis 103); ⟨subst.:⟩ weil Rupfen und undefinierbare Geräusche nicht abzustellen sind (ADAC-Motorwelt 6, 1973, 58); **²rup|fen** ⟨Adj.⟩ [mhd. rupfin]: *aus Rupfen [bestehend]:* ein -er Sack; **Rup|fen,** der; -s, ⟨Sorten:⟩ - [mhd. rupfen (tuoch o. ä.), wohl eigtl. = Gewebe aus einem Stoff, der von der Hechel abgerupft wird]: *grobes, poröses Gewebe aus Jute in Leinwandbindung:* ein Sack aus R.; Die Wände sind mit R. bespannt; **Rup|fen|lein|wand,** die: *Rupfen;* **Rup|fen|sack,** der: *Sack aus Rupfen.*
Ru|pia, die; -, ...ien [zu griech. rhýpos = Schmutz, Unsauberkeit] (Med.): *große, borkige Hautpustel.*
Ru|pi|ah, die; -, - [indones. rupiah < Hindi rūpaiyā, ↑Rupie]: *Währungseinheit in Indonesien (1 Rupiah = 100 Sen);* Abk.: Rp; **Ru|pie,** die; -, -n [Hindi rūpaiyā < aind. rūpya = Silber]: *Währungseinheit in Indien (Abk.: iR) u. anderen Staaten.*
rup|pig ⟨Adj.⟩ [zu ↑rupfen, urspr. = gerupft, dann: zerlumpt, arm]: **1.** (abwertend) *unhöflich-frech; unfreundlich:* ein -er Mensch; hier herrscht ein -er Ton; der r. und bärbeißig wirkende Wehner (Hörzu 43, 1972, 133); er war sehr r. zu uns, hat r. geantwortet. **2.** *zerrupft, struppig, ungepflegt:* Ein kleines, -es, hinkendes Küken (Faller, Frauen 57); sein Bart sah r. aus. **3.** *grob, hart u. unfair:* ein -es Spiel; vor dem Schluß der Stadtauer Mannschaft (Salzburger Nachr. 17. 2. 86, 12); r. spielen; Ansonsten ging es oft recht r. zu (Saarbr. Zeitung 3. 12. 79, 10/12). **4.** (bes. schweiz.) *steil:* Zudem sind erstmals zwei -e Steigungen in den sonst flachen Parcours eingebaut worden (NZZ 14. 4. 85, 29); **Rup|pig|keit,** die; -, -en (abwertend): **1.** ⟨o. Pl.⟩ *ruppiges Benehmen.* **2.** *ruppige Handlungsweise, Äußerung:* Da sie aber außer -en und auch bösartigen Fouls ... wenig zu bieten hatten (MM 22. 1. 68, 12); verlegen war er und bedachte das mit R. u. (Loest, Pistole 196); **Rupp|sack,** der (salopp abwertend): *ruppiger Mensch.*
Ru|precht, in der Fügung **Knecht R.** (landsch.; *Begleiter des Nikolaus od. des Christkindes, der die Rute u./od. die Geschenke trägt;* nach dem m. Vorn. Ruprecht).
Rup|tur, die; -, -en [spätlat. ruptura, zu lat. ruptum, 2.Part. von: rumpere = brechen, zerreißen]: **1.** (Med.) *Zerreißung (eines Gefäßes od. Organs), Durchbruch* (z.B. der Gebärmutter). **2.** (Geol.) *Riß, durch tektonische Bewegungen hervorgerufene Spalte im Gestein.*
ru|ral ⟨Adj.⟩ [spätlat. ruralis] (veraltet): *ländlich, bäuerlich;* **Ru|ral|ka|pi|tel,** das; -s, - (veraltet): *Gesamtheit der zu einem Dechanat gehörenden Geistlichen.*
Rus, das – [aruss. Rus, ↑russisch]: im 9./10. Jh. aufgekommene (Selbst)bez. der ostslaw. Stämme für das Kiewer Reich.
Rusch, der; -[e]s, -e [mniederd. rusch; vgl. engl. rush < aengl. rysc] (nordd. mundartl.): *Binse, Simse.*
Rü|sche, die; -, -n [frz. ruche, eigtl. = Bienenkorb (nach der Form des Besatzes) < vlat. rusca = Rinde (Bienenkörbe wurden urspr. aus Rinde gefertigt), aus dem Kelt.]: *dem schöneren Aussehen dienender Besatz aus gefälteltem Stoff od. geraffter Spitze an einem Kleid o. ä.:* eine R. um den Halsausschnitt; mit -n und Spitzen.
Ru|schel, die; -, -n, auch: der, -s, - [zu ↑ruscheln] (landsch. ugs. abwertend): *unordentliche, schlampige, liederliche Person;* **ru|sche|lig,** ruschlig ⟨Adj.⟩ (landsch. ugs. abwertend): **a)** *unordentlich, schlampig;* ◆ **b)** *oberflächlich, fahrig:* ob ihr gleich so ruschlig seid, daß ihr auf nichts in der Welt achtgebt, so spürt ihr doch ... (Goethe, Lila 1); ⟨subst.:⟩ die Ruschlige wäre besser für ihn, ich glaube auch, sie nimmt ihn lieber als die Älteste (Goethe, Wanderjahre I, 8); **ru|scheln** ⟨sw. V.; hat⟩ [landsch. Nebenf. von ↑rascheln] (landsch. ugs. abwertend): *unordentlich, schlampig sein;* **Ru|schel|zo|ne,** die [wohl zu ↑ruscheln in der Bed. „unordentlich daliegen"] (Geol.): *Zone starker Fältelungen u. Verwerfungen im Gestein.* ◆ **ru|schen** ⟨sw. V.; hat⟩ [von Goethe geb. zu ↑ruscheln in dessen Bed. „rascheln"]: *rascheln:* Das drängt und stößt, das ruscht und klappert (Goethe, Faust I, 4016).
rü|schen ⟨sw. V.; hat⟩: *mit Rüschen versehen;* **Rü|schen|blu|se,** die: *Bluse mit Rüschen;* **Rü|schen|hemd,** das; vgl. Rüschenbluse; **Rü|schen|kleid,** das; vgl. Rüschenbluse; **Rü|schen|kra|gen,** der: *Kragen aus od. mit Rüschen.*
rusch|lig: ↑ruschelig.
Rush [rʌʃ], der; -s, -s [engl. rush, zu: to rush = (vorwärts) stürmen, drängen]: **1.** (Sport) *plötzlicher Vorstoß (eines Läufers, eines Pferdes) beim Rennen:* Nach einem R. traf Bickel ... jedoch das leere Tor nicht (NZZ 26. 8. 86, 35). **2.** *[wirtschaftlicher] Aufschwung; Ansturm;* **Rush-hour** ['rʌʃ-aʊə], die; -, -s ⟨Pl. selten⟩ [engl. rush-hour), zu: hour = Stunde]: *Hauptverkehrszeit:* Als die R. begann, waren die meisten Ampeln bereits auf Feierabend programmiert (Stuttg. Zeitung 11. 10. 89, 27).
Ruß, der; -es, (Fachspr.:) -e [mhd., ahd. ruoʒ, H. u.]: *schwarze, schmierige Substanz (aus Kohlenstoff), die bei unvollkommener Verbrennung organischer Substanzen entsteht:* R. hat sich abgesetzt; Sein Gesicht war von R. verschmiert (Schnabel, Marmor 43); Die Waggons sind mit fettem R. wie mit einer Schmiere bedeckt (Koeppen, Rußland 14); **[k]einen R. machen* (thüring., obersächs.; *[keine] Umstände machen*); **ruß|be|schmutzt** ⟨Adj.⟩: *von Ruß beschmutzt;* **ruß|braun** ⟨Adj.⟩: *schmutzig-, schwärzlichbraun.*
¹Rus|se, der; -n, -n: **1. a)** *Angehöriger eines ostslawischen Volkes;* **b)** (hist.) *Einwohner des Russischen Reiches;* **c)** *Einwohner der Russischen Föderation.* **2.** (ugs. früher) *Sowjetbürger.*
²Rus|se, der; -n, -n [H. u.] (landsch.): *Schabe.*
Rüs|sel, der; -s, - [mhd. rüezel, zu ahd. ruoʒʒen = wühlen, zu ahd. eigtl. = Wühler]: **1. a)** *zu einem röhrenförmigen, zum Tasten, auch Greifen dienenden Organ ausgebildete Nase bei manchen Säugetieren:* der R. des Elefanten, des Schweins, des Tapirs; die Elefanten trompeteten

rüsselartig 2832

mit hocherhobenem R.; die Wildschweine wühlten mit ihrem R. die Erde auf; **b)** *bewegliches [ausstülpbares] Organ zum Saugen od. Stechen bei verschiedenen Insekten, Würmern, Schnecken u. ä.:* Die Fliegen prasselten taub und blind ... wieder auf den Kadaver hinab und tauchten ihre R. in die süße Verwesung (Ransmayr, Welt 236). **2. a)** (salopp) *Nase:* nimm deinen R. weg!; „O Pardon, gnädige Frau!" – Dumme Kuh, soll ihren R. vorne halten (Bredel, Prüfung 14); **b)** (salopp) *Mund:* Der Koch aber schnob mich an: Halt den R., du Lamm! (Leip, Klabauterflagge 52); **c)** (derb) *Penis;* **rüsIselIarItig** ⟨Adj.⟩: *einem Rüssel (1) ähnlich;* **rüsIselIförImig** ⟨Adj.⟩: *in der Form einem Rüssel (1) ähnlich;* **rüsIseIlig,** rüßlig ⟨Adj.⟩: *mit einem Rüssel [ausgestattet]:* ein -es Insekt; **RüsIselIkäIfer,** der: *in vielen Arten verbreiteter, oft als Pflanzenschädling auftretender Käfer mit eiförmigem, hochgewölbtem Körper u. einem rüsselartig vorgezogenen Kopf;* **RüsIselIsprinIger,** der: *in Afrika weit verbreitetes Säugetier mit einer rüsselartig verlängerten Schnauze u. kräftigen, verlängerten Hinterbeinen;* **RüsIselItier,** das: *(bis auf den Elefanten heute ausgestorbenes) Säugetier mit großem Rüssel (1 a) u. langen Stoßzähnen:* Mammut und Mastodon waren -e.

rußen ⟨sw. V.; hat⟩ [mhd. (ge-, über)ruoȝen]: **1.** *unter Rußentwicklung brennen:* die Petroleumlampe rußt stark; Zahllose Talglichter brannten und rußten (Härtling, Hubert 146). **2.** *mit Ruß einfärben, schwärzen:* durch ein gerußtes Glas in die Sonne schauen. **3.** (schweiz.) *von Ruß säubern:* den Schornstein r.

RusIsenIbluIse, die, **RusIsenIkitItel,** der: *(früher zur Tracht russischer Bauern gehörende) kittelartige, gestickte Bluse mit schmalem Stehkragen u. Ärmelbündchen;* **RusIsenIstieIfel,** der ⟨meist Pl.⟩: *(zum Russenkittel getragener) bis zum Knie reichender Schaftstiefel [aus rotem Leder].*

RußIentIwickIlung¹, die: *Entstehen von Ruß:* unter starker R. verbrennen; **rußIfarIben, rußIfarIbig** ⟨Adj.⟩: *schwarz u. glanzlos;* **RußIfilIter,** der: *Vorrichtung bei Dieselmotoren, die den im Abgas enthaltenen Ruß zurückhalten soll;* **RußIflöckIchen¹,** das: Vkl. zu ↑Rußflocke; **RußIflocke¹,** das: *Flocke (1 c) aus Ruß;* **rußIgeIschwärzt** ⟨Adj.⟩: vgl. rußbeschmutzt.

rusIsiIfiIzieIren ⟨sw. V.; hat⟩ [zu ↑russisch u. lat. facere = machen]: *an die Sprache, die Sitten u. das Wesen der Russen angleichen:* Manche von uns hatten russische Frauen geheiratet und waren nun völlig russifiziert (Leonhard, Revolution 80); **RusIsiIfiIzieIrung,** die; -, -en: *das Russifizieren, das Russifiziertwerden;* **RusIsiIfiIzieIrungsIproIzeß,** der: *Prozeß, Vorgang der Russifizierung.*

ruIßig ⟨Adj.⟩ [mhd. ruoȝec, ahd. ruoȝag]: *von Ruß geschwärzt, mit Ruß überzogen:* -e Hände; die Wände sind alt und r.; du hast dich [am Ofen] r. gemacht.

RusIsin, die; -, -nen: w. Form zu ↑¹Russe; **rusIsisch** ⟨Adj.⟩ [mhd. (md.) rüȝesch, zu: Rūȝ, ahd. Rūȝo < mlat. Russus < mgriech. Ruós < aruss. Rus = Russe, aus dem Anord.]: **a)** *Rußland, die Russen betreffend; von den Russen stammend, zu ihnen gehörend:* -er Abstammung sein; wir haben -e Freunde; das ist echt r.; er war in -er Kriegsgefangenschaft *(in der UdSSR in Kriegsgefangenschaft);* **b)** *in der Sprache der Russen:* -e Literatur; der Text ist r. abgefaßt; **RusIsisch,** das; -[s]: **a)** *russische Sprache;* **b)** *russische Sprache u. Literatur als Lehrfach;* **RusIsisch Brot,** das; - -[e]s [H. u.]: *haltbares, härteres, hellbraunes, glänzendes Feingebäck in Form von Buchstaben;* **RusIsiIsche,** das; -n ⟨nur mit best. Art.⟩: *Russisch* (a); **RusIsiIsche FöIdeIraItiIon,** die: *Staat in Osteuropa u. Asien (mit Moskau als Hauptstadt);* **RusIsischIgrün** ⟨auch: '- - -'⟩, das; -s [H. u.]: *leuchtendes, gut als Deckfarbe zu benutzendes Dunkelgrün;* **rusIsischIorItholdox** ⟨Adj.⟩: *der orthodoxen Kirche in ihrer russischen Ausprägung angehörend;* **rusIsischIröImisch** ⟨Adj.⟩: *in der Verbindung* **-es Bad** *(Kombination von trockenem Heißluftbad mit feuchtem Dampfbad u. anschließender Abkühlung u. Massage);* **rusIsischIspraIchig** ⟨Adj.⟩: vgl. deutschsprachig; **RusIsist,** der; -en, -en: *Wissenschaftler auf dem Gebiet der Russistik;* **RusIsiIstik,** die; -: *Wissenschaft von der russischen Sprache u. Kultur;* **RusIsiIstin,** die; -, -nen: w. Form zu ↑Russist; **rusIsiIstisch** ⟨Adj.⟩: *die Russistik betreffend, darauf beruhend:* -e Forschungen; **Rußki,** der; -[s] -[s] (bes. Soldatenspr. früher abwertend): *Russe; russischer Soldat:* die -s sangen und tanzten; Sie würden, die Amis und die -s, zusammenstoßen mit gewaltigem Krach (Fühmann, Judenauto 127); **RußIland;** -s: **1. a)** (hist.) *Russisches Reich;* **b)** *Russische Föderation.* **2.** *nichtamtliche Bez. für die Gebiete der ehem. UdSSR mit traditionell russischer Sprache u. Kultur.* **3.** (ugs. früher) *UdSSR.*

Rüßller, der; -s, -: *Rüsselkäfer;* **rüßIlig** ⟨Adj.⟩: ↑rüsselig.

Rußlpreis, der (schweiz.): *Preis, Gebühr für die Reinigung des Schornsteins;* **rußIschwarz** ⟨Adj.⟩: *schwarz wie Ruß od. von Ruß;* **RußIspur,** die ⟨meist Pl.⟩: *an etw. haftende Spur von Ruß;* **RußItinIte,** die: *mit Ruß eingefärbte Tinte;* **rußIverIschmiert** ⟨Adj.⟩: vgl. rußbeschmutzt.

RüstIanIker, der (Seemannsspr.): *Reserveanker;* **RüstIballIken,** der (Bauw.): *Rundholz, Träger für ein Baugerüst;* **RüstIbaum,** der (Bauw.): *Rüstbalken.*

¹Rülste, die [spätmhd. rust, mniederd. ruste, niederd. Nebenf. von ↑Rast]: *in der Wendung* **zur R. gehen** (dichter. veraltet: **1.** *untergehen:* ♦ die Sonne ging zur R., und die Bäume warfen lange Schatten (Freytag, Ahnen 10). **2.** *zu Ende gehen, sich neigen:* der Tag geht zur R.)

²Rülste, die; -, -n [zu ↑rüsten] (Seemannsspr.): *starke, herausragende Planke an der Außenseite eines Schiffes zum Befestigen von Ketten u. Beschlägen;* **rüIsten** ⟨sw. V.; hat⟩ [mhd. rüsten, rusten, ahd. (h)rusten, zu: hrust = Rüstung, urspr. = herrichten, ausstatten, schmücken, H. u.]: **1.** *sich bewaffnen, die militärische Stärke durch [vermehrte] Produktion von Waffen [u. Vergrößerung der Armee] erhöhen:* die Staaten r. [zum Krieg, für einen neuen Krieg]; sie gaben Milliarden aus, um gegeneinander zu r.; schlecht, gut, bis an die Zähne gerüstet sein. **2. a)** ⟨r. + sich⟩ (geh.) *sich für etw. bereit machen:* sich zur Reise, für einen Besuch r.; sich zum Kirchgang r. (schweiz.; *sich festlich kleiden*); Ü ... rüstet sich die Sonne schon zum Aufgang (Bamm, Weltlaterne 56); ⟨auch ohne „sich":⟩ zum Aufbruch r.; wir sind nicht dafür gerüstet; Es geht darum, das Unternehmen für die künftige Konkurrenz am freien Markt zu r. (NZZ 23. 12. 83, 10); **b)** (geh.) *vorbereiten, fertigmachen; richten:* das Essen r.; von vier Uhr ab steht der Tee gerüstet (A. Kolb, Schaukel 31); um Tobias und vielleicht Monika das Frühstück zu r. (Muschg, Gegenzauber 209); ein Fest, eine Feier r. *(veranstalten, ausrichten);* sie rüstete ihm ein Bad *(bereitete ihm ein Bad);* ♦ Deswegen rüstete ich *(richtete ich schußbereit)* zwei Falkonette grade auf meine Treppe, fest entschlossen, den ersten, der heraufkäme, mit meinem Feuer zu empfangen (Goethe, Benvenuto Cellini I, 1, 7); **c)** (schweiz. veraltet) *(von Gemüse, Salat u. ä.) putzen, zum Verzehr herrichten, vorbereiten:* Spinat r.; Erdbeeren r. und halbieren (Basler Zeitung 12. 5. 84, 57).

Rüster [auch: 'ry:stɐ], die; -, -n [zu mhd. rust = Ulme, H. u.; zum 2. Bestandteil -ter vgl. Teer]: **1.** *Ulme.* **2.** *Rüsternholz.* **RüIsterIholz,** das: *Rüsternholz;* **RüIsternIholz,** das: *Rüsternholz;* **RüIsternIholz** ⟨Adj.⟩: *aus Rüsternholz [bestehend];* **RüIsternIholz,** das: *Holz der Rüster.*

RüstIgeIwicht, das (Flugw.): *Gewicht eines Flugzeugs mit voller Ausrüstung, aber ohne Ladung;* **RüstIholz,** das: *Rüstbaum.*

RuIstiIco, der od. das; -s, ...ci [...tʃi; zu ital. rustico = ländlich, bäuerlich < lat. rusticus, ↑rustikal] (schweiz.): **a)** *Bauernhaus;* **b)** *Ferienhaus im Stil eines Rusticos* (a).

rüIstig ⟨Adj.⟩ [mhd. rüstec = gerüstet, bereit, ahd. hrustig = geschmückt, zu ↑rüsten]: **a)** *(trotz Alter) noch fähig, [anstrengende] Aufgaben zu erfüllen; noch nicht hinfällig, ansehnlich frisch u. leistungsfähig:* eine -e alte Dame; er ist ein -er Siebziger; ein älterer Werkmeister, aber noch r. (Fallada, Jeder 383); der Rentner lief r. mit der Spitze mit; Ü Das Uralt-Auto mit Frontantrieb ist schrecklich unkultiviert, aber r. – wegen der schlichten Technik (Bild 20. 3. 84, 8); **b)** (geh.) *kraftvoll; kräftig:* der Wanderer schritt r. aus; ♦ Ihr seht es ihr an, sie ist r. geboren, aber so gut wie stark (Goethe, Hermann u. Dorothea 6, 182 f.); **RüIstigIkeit,** die; -: *das Rüstigsein:* Seinen 93. hatte der Südtiroler Filmschauspieler ... Luis Trenker ... in gewohnter R. begangen (Tages Anzeiger 14. 10. 85, 12).

ruIstik ⟨Adj.⟩ [frz. rustique < lat. rusticus, ↑rustikal]: *rustikal;* **RuIstiIka,** die; - [zu lat. rusticus, ↑rustikal] (bild. Kunst): *Mauerwerk aus rohen, nur an den Rändern gleichmäßig behauenen Quadern;* **ruIstiIkal** ⟨Adj.⟩ [mlat. rusticalis, zu lat. rusticus = ländlich, schlicht, bäurisch, zu: rus = Land]: **1. a)** *ländlich-schlicht, bäuerlich:* ein Hausmannskost; eine r. essen; ein -er Eintopf aus der Bundeswehrküche (MM 10. 7. 79, 14); **b)** *eine ländlichgediegene Note habend:* eine -e Einrichtung; -e Kleidung; ein handgewebter

Stoff mit -em Muster; aus feinem oder -em Strick (Hörzu 38, 1975, 89); ein Schrank aus Eiche r.; r. gebeizte Möbel; das Haus ist r. möbliert. **2. a)** *von bäuerlich-robuster, unkomplizierter, schlichter Wesensart:* in seinen gutmütigen -en Tonfall mischte sich ... (Werfel, Himmel 113); sein Habitus ist ziemlich r.; **b)** *(veraltend abwertend) bäurisch, grob, ungehobelt:* ein -es Auftreten; zwei -e Burschen betraten das Lokal; **Rus|ti|ka|li|tät,** die; -: *rustikale Art, rustikales Wesen;* **Rus|ti|ka|ti|on,** die; - [lat. rusticatio, zu: rusticari = sich auf dem Lande aufhalten, zu: rusticus, ↑rustikal] (veraltet): *Landleben;* **Rus|ti|kus,** der; -, -se u. Rustizi [lat rusticus, Subst. von: rusticus, ↑rustikal] (veraltet): *plumper, derber Mensch;* **Rus|ti|zi|tät,** die; - [lat. rusticitas, zu: rusticus, ↑rustikal] (veraltet): *plumpes, derbes Wesen.*

Rüst|kam|mer, die (früher): *Raum (bes. in einer Burg od. Festung) zur Aufbewahrung von Waffen u. Rüstungen;* **Rüst|stan|ge,** die: *Rüstbalken;* **Rüst|tag,** der (jüd. Rel.): *[Vorbereitung, Besinnung am] Vorabend eines Festtages, Festes;* **Rüs|tung,** die; -, -en [16. Jh.; schon ahd. rustunga = Werkzeug]: **1.** (bes. im MA.) *den Körperformen eines Kriegers angepaßter Schutz [aus Metall] gegen Verwundungen, der ähnlich wie eine Uniform getragen wurde:* eine schwere, glänzende, metallene R.; eine R. anlegen, tragen, ablegen; Sie lockerten ihre -en und lagerten sich (Hagelstange, Spielball 121); jmdn. in eine R. stecken; ein Ritter in voller R. **2.** *das Rüsten (1), Gesamtheit aller militärischen Maßnahmen u. Mittel zur Verteidigung eines Landes od. zur Vorbereitung eines kriegerischen Angriffs:* eine kostspielige, konventionelle, nukleare R.; der R. verschlingt Millionen; Gespräche über die Begrenzung der strategischen R.; Milliarden in die R. stecken. **3.** (Bauw.) *Gerüst (a):* die R. entfernen; **Rüs|tungs|ab|bau,** der: *Abbau der Rüstung (2);* **Rüs|tungs|auf|trag,** der: *Auftrag (2), der Waffen od. Gegenstände der militärischen Ausrüstung betrifft;* **Rüs|tungs|aus|ga|be,** die ⟨meist Pl.⟩: *Ausgabe (3) für die Rüstung (2);* **Rüs|tungs|be|gren|zung,** die: *Begrenzung der Rüstung (2);* **Rüs|tungs|be|schrän|kung,** die: *Beschränkung der Rüstung (29);* **Rüs|tungs|be|trieb,** der: *Betrieb der Rüstungsindustrie;* **Rüs|tungs|bud|get,** das: *die Rüstung (2) betreffender Teil des Haushaltsplans;* **Rüs|tungs|etat,** der: *mit eisener R. [regieren]* (hart, rücksichtlos [regieren]); **Rüs|tungs|fa|brik,** die: vgl. Rüstungsbetrieb; **Rüs|tungs|fir|ma,** die: vgl. Rüstungsbetrieb; **Rüs|tungs|gut,** das ⟨meist Pl.⟩: *in den Bereich der Rüstung (2) gehörendes industrielles Produkt;* **Rüs|tungs|haus|halt,** der: vgl. Rüstungsbudget; **Rüs|tungs|in|du|strie,** die: *Industriezweig, der bes. für die Rüstung (2) produziert;* **Rüs|tungs|kon|trol|le,** die: *(bes. internationale) Kontrolle der Rüstung[sbegrenzung];* **Rüs|tungs|kon|ver|si|on,** die: *Konversion (8);* **Rüs|tungs|kon|zern,** der: vgl. Rüstungsbetrieb; **Rüs|tungs|ma|te|ri|al,** das: *Kriegsmaterial;* **Rüs|tungs|mo|no|pol,** das: *Monopol (2) der Rüstungsindustrie;* **Rüs|tungs|po|li|tik,** die: *Politik, die ein Staat in bezug auf die Rüstung (2) vertritt;* **Rüs|tungs|po|ten|ti|al,** das: *Gesamtheit aller im Bereich der Rüstung (2) verfügbaren Mittel und Fähigkeiten;* **Rüs|tungs|pro|duk|ti|on,** die: *Produktion (1 a) von Rüstungsgütern;* **Rüs|tungs|stopp,** der: *das Einstellen der Aufrüstung:* Ohne Abkehr vom bisherigen Weg wird es weder R. noch gar Abrüstung geben (Alt, Frieden 52); **Rüs|tungs|wett|lauf,** der: *das Wettrüsten:* daß keine nationale Wirtschaft ... den bisherigen R. mit Massenheeren und Massenvernichtungswaffen aushalten kann (Augstein, Spiegelungen 72); **Rüst|zeit,** die: **1.** (ev. Kirche) *Freizeit (2), die der Besinnung u. gemeinsamen Erörterung theologischer Fragen dient:* sie haben an einer mehrtägigen R. teilgenommen. **2.** (Arbeitswiss.) *Zeit, die die Vorbereitung einer bestimmten Arbeit nötig ist;* (z. B. Einstellen der Maschine, Vorbereitung von Werkstücken u. a.); die -en würden sich ganz beachtlich verringern (Elektronik 11, 1971, A 59); **Rüst|zeug,** das: **a)** *[Ausrüstungs]gegenstände u. Werkzeuge für einen bestimmten Zweck:* die „Münchner Rettungsbox" ... als ... R. für den Ernstfall (DM 49, 1965, 55); **b)** *für eine bestimmte Tätigkeit nötiges Wissen u. Können:* ihm fehlt das wissenschaftliche R. für diese Arbeit; nebst gutem beruflichem R. verlangen wir von einem Bewerber ... Verhandlungsgeschick (Basler Zeitung 12. 5. 84, o. S.).

Ru|te, die; -, -n [mhd. ruote, ahd. ruota, H. u.]: **1. a)** *langer, dünner, biegsamer Zweig:* die -n der Weide; Es war ein nicht großer, dünner Baumzweig, eher die R. eines Gesträuchs (Jacob, Kaffee 9); eine R. abschneiden; jmdn. mit einer R. schlagen; **b)** *abgeschnittene Rute (1a), Bündel aus abgeschnittenen Ruten (1a) zum Schlagen, Züchtigen:* die R. zu spüren bekommen; der Nikolaus mit Sack und R.; Ü sich unter jmds. R. beugen (veraltend; *sich jmds. Herrschaft unterwerfen;* * **sich** ⟨Dativ⟩ **[selbst] eine R. aufbinden** (veraltend; *eine unangenehme, sehr lästige werdende Verpflichtung eingehen*); mit eiserner R. [regieren] (*hart, rücksichtslos [regieren]*); ◆ starke Arme an einer Mutter sind schon vielen Kindern zum Heil gewesen, wenn der Vater starb und die Mutter die R. allein führen ... mußte (alleine für die Erziehung der Kinder verantwortlich war; Gotthelf, Spinne 15). **2.** kurz für ↑Angelrute. **3.** kurz für ↑Wünschelrute: die R. hat ausgeschlagen; er geht mit der R. (ist Wünschelrutengänger). **4.** *veraltetes Längenmaß unterschiedlicher Größe* (von 2,92 m bis 4,67 m). **5. a)** (Jägerspr.) *männliches Glied bei Schalen-, Raubwild u. Hund:* die R. des Rehbocks; **b)** (derb) *Penis:* Er schüttelt ... seine schlaffe R. (Genet [Übers.], Notre Dame 208); **c)** (Jägerspr.) *Schwanz bei Raubwild, Hund u. Eichhörnchen:* das Tier wedelt mit seiner buschigen R.; Der Hund kreist in weitem Bogen das Gelände ab. Plötzlich steht er da mit straffer R., den Hals vorgestreckt (Fr. Wolf, Zwei 190); **Ru|ten|be|sen,** der: *Besen aus gebundenen Ruten (1a);* **Ru|ten|bün|del,** das: **1.** *Bündel aus Ruten (1a).* **2.** *Faszes;* **Ru|ten|gän|ger,** der: kurz für ↑Wünschelrutengänger; **Ru|ten|gän|ge|rin,** die: w. Form zu ↑Rutengänger; **Ru|ten|pflan|ze,** die: *Gewächs, bei dem die Laubblätter frühzeitig abgeworfen werden od. von vornherein nur in sehr geringer Zahl angelegt sind.*

Ru|the|ne, der; -n, -n (früher): *in Österreich-Ungarn lebender Ukrainer;* **Ru|the|nin,** die; -, -nen: w. Form zu ↑Ruthene; **ru|the|nisch** ⟨Adj.⟩; **Ru|the|ni|um,** das; -s [nach Ruthenien, dem alten Namen der Ukraine] (Chemie): *mattgraues od. silberweiß glänzendes, sehr hartes, sprödes Edelmetall* (chemischer Grundstoff; Zeichen: Ru).

Ru|ther|for|di|um [rʌðə...], das; -s [von den USA vorgeschlagene Bez., nach dem engl. Physiker E. Rutherford (1871 bis 1937)] (Chemie): *Transuran 104* (Zeichen Rf).

Ru|til, der; -s, -e [zu lat. rutilus = rötlich] (Chemie): *zu der Titanerzen gehörendes, metallisch glänzendes, meist rötliches Mineral (auch als Schmuckstein verwendet);* **Ru|ti|lis|mus,** der; -: **1.** (Anthrop.) *Rothaarigkeit.* **2.** (Med., Psych.) *krankhafte Neigung zu erröten.*

Ru|tin, das; -s [zu lat. ruta = ²Raute; nach dem häufigen Vorkommen in Rautengewäschen] (Pharm.): *in vielen Pflanzen enthaltene blaßgelbe bis grünliche kristalline Substanz, die gegen Schäden an den Blutgefäßen u. gegen Brüchigkeit der Kapillaren eingesetzt wird.*

Ru|ti|ne, die: eindeutschend für ↑Routine.

Rüt|li|schwur, der; -[e]s [nach dem Rütli, einer Bergwiese am Vierwaldstätter See]: *sagenumwobener Treueschwur bei der Gründung der Schweizerischen Eidgenossenschaft:* * **einen R. tun** (bildungsspr., meist scherzh.; *etw. fest u. feierlich versprechen*).

rutsch ⟨Interj.⟩: vgl. rirarutsch; **Rutsch,** der; -[e]s, -e: **1. a)** *das Rutschen nach unten, gleitende Abwärtsbewegung:* ein nicht für Kopfsalat haben zum Wochenende einen beträchtlichen R. nach unten gemacht (sind gefallen; Badische Zeitung 12. 5. 84, 19); Anilinglanz, R. in die Katastrophe und die falsche Revolution (Tucholsky, Werke II, 325); * **guten R.!** (ugs.; *gute Fahrt!*); **guten R. ins neue Jahr!** (ugs.; *Wunschformel zum Jahreswechsel;* wohl zu rotwelsch rosch = Anfang, Beginn, eigtl. = Kopf, also eigtl. = guten (Jahres)anfang, volksetym. angelehnt an ↑Rutsch); **in einem od. einem R.** (ugs.; *auf einmal, ohne Unterbrechung*): ein Buch in einem R. [durch]lesen; Manche Leute ... fahren in einem R. nach Sizilien (ADAC-Motorwelt 11, 1985, 43); sie spulten den ganzen Film auf einen R. herunter; **b)** *rutschende Erd-, Gesteinsmassen:* in den Alpen kann ein Steinwurf -e und Lawinen auslösen. **2.** (ugs.) *kleiner Ausflug, kurze Fahrt, Spritztour:* über das Wochenende einen R. ins Grüne machen; auf einen R. an die Küste fahren; **Rutsch|bahn,** die: **1.** *Gerüst mit schräger Bahn, auf der man hinunterrutschen kann:* ein Spielplatz mit Schaukeln, -en und Sandkasten. **2.** (ugs.) *glatte Fläche auf Eis, Schnee zum Rutschen (1 a):* [sich] eine R. machen; den Kindern macht es

Rutsche

Spaß, über die R. zu schlittern; **Rutsche,** die; -, -n: **1.** *einer Rutschbahn ähnliche schiefe Ebene, auf der man etw. rutschend befördern kann:* das Schüttgut gelangt über eine R. in den Waggon; Pakete auf/über -n weiterbefördern. **2.** (landsch.) *Fußbank;* **rutschen** 〈sw. V.; ist〉 [spätmhd. rutschen, wahrsch. lautm.]: **1. a)** *sich [unter Überwindung einer größeren Reibung] gleitend über eine Fläche hinbewegen:* auf seinem Platz hin und her r.; über den gefrorenen Schnee, die vereiste Fahrbahn r.; der kleine Junge rutscht durchs Zimmer; der Teppich rutscht *(verschiebt sich);* die Kupplung rutscht *(faßt nicht);* 〈subst.:〉 auf dem glatten Boden geriet, kam er ins Rutschen; Ü daß er ... zu der Ansicht gelangen konnte, auch noch einmal auf einen besseren Posten zu r. (Kühn, Zeit 148); Ich malte mir aus, wie er von der Vier auf die Drei rutschte *(die Note Drei bekam;* Loest, Pistole 195); **b)** (landsch.) *schlittern* (1): die Kinder gehen r.; **c)** *ausrutschen:* sie rutschte und verletzte sich; er ist [auf der nassen Straße mit dem Auto] gerutscht; 〈subst.:〉 in der Kurve kam der Wagen ins Rutschen; **d)** (ugs.) *zur Seite rücken:* kannst du ein wenig r.?; rutsch mal! **2.** *[nicht fest sitzen (wie es sein sollte), sondern] sich [unabsichtlich] gleitend nach unten bewegen:* die Brille, Hose, der Rock rutscht; die Mütze rutschte [ihm vom Kopf]; der Schnee rutschte vom Dach; vom Stuhl r.; dort, wo die Bluse aus dem Rock gerutscht war (Sommer, Und keiner 109); die Tasse ist ihr aus der Hand gerutscht; Der linke Hemdträger war auf den Oberarm gerutscht (Hausmann, Abel 139); das trockene Brot rutscht schlecht (ugs.; läßt sich schwer hinunterschlucken); das Essen will nicht r. (ugs.; *schmeckt nicht*); Ü die Preise beginnen zu r. *(zu fallen);* Am dritten Urlaubstag rutscht jeder auf ein Tief (BM 7. 3. 74, 13). **3.** (ugs.) *[kurz entschlossen] eine kurze Reise, einen Ausflug o. ä. unternehmen:* am Wochenende in die Alpen r.; er ist über die Feiertage mal eben nach Berlin gerutscht. **4.** (Jägerspr.) *(vom Hasen) sich beim Äsen langsam, mit kleinen Schüben fortbewegen;* **Rutscher,** der; -s, -: **1.** (ugs.) *einzelnes Rutschen, Ausrutschen:* ein R. auf dem glatten Boden. **2.** (österr. ugs.) *kurze Reise, Fahrt; Abstecher:* ein R. ins nahe gelegene Nachbarland. **3.** (landsch.) *schneller Tanz, Hopser* (2); **Rutscherei,** die; - (ugs.): *[dauerndes] Rutschen;* **rutschfest** 〈Adj.〉: **1.** *(bes. von Textilgewebe) so beschaffen, daß es ohne Schaden durch Rutschen* (1 a) *strapaziert werden kann:* die Kinderhose ist aus -em, unempfindlichem Material. **2.** *so beschaffen, daß man darauf od. damit nicht mehr so leicht rutscht:* ein -er Autoreifen, Teppichboden; Die Sitzbänke erhielten eine -e Oberfläche (Jeversches Wochenblatt 30. 11. 84, 5); **Rutschgefahr,** die 〈o. Pl.〉: *Gefahr des Rutschens (bes. auf glatter Fahrbahn):* R. bei verschneiter, verschmutzter Fahrbahn; **rutschig** 〈Adj.〉: *so beschaffen, daß man darauf [aus]rutschen kann; glatt:* -es Kopfsteinpflaster; die Straße war feucht und r.; es macht ... den Boden immer -er (Kronauer, Bogenschütze 323); **Rutschpartie,** die (ugs.): *Fortbewegung auf einer glatten Oberfläche unter häufigem Ausrutschen:* der Weg hinab durch den Wald war die reinste R.; eine R. machen; **rutschsicher** 〈Adj.〉: vgl. rutschfest (2); **Rutschung,** die; -, -en (Geol.): *Abwärtsbewegung von Gesteinsmassen an Hängen.*

Rutte, die; -, -n [mhd. rutte, ↑Aalraupe]: *(zu den Dorschfischen gehörender) im Süßwasser lebender, großer Raubfisch von graubrauner Färbung mit langer Afterflosse.*

Rüttelbeton, der: *durch Rütteln* (3) *verdichteter Beton;* **Rüttelei,** die; -, -en 〈Pl. ungebr.〉 (ugs., meist abwertend): *[dauerndes] Rütteln* (1, 2): von der R. in dem klapprigen Fahrzeug mir ganz übel; **Rüttelfalke,** der [zu ↑rütteln (4)]: *Falke, der rüttelnd nach Beute Ausschau hält* (z. B. Turmfalke); **Rüttelflug,** der: *das Rütteln; Schwirrflug* (4); **rütteln** 〈sw. V.〉 /vgl. gerüttelt/ [mhd. rütteln, rütelen, Iterativbildung zu: rütten = erschüttern; im Sinne von „Bäume losrütteln" verw. mit ↑roden; vgl. zerrütten]: **1.** 〈hat〉 **a)** *schnell [ruckweise] hin u. her bewegen, heftig schütteln:* ein Sieb r.; jmdn. am Arm, an der Schulter r.; ich wurde aus dem Schlaf gerüttelt; wie der Kadaver von den Wellen gerüttelt wurde (Fels, Kanakenfauna 87); Hans rüttelte an ihm. Er wollte etwas über seine Gefühle erfahren (Kronauer, Bogenschütze 178); **b)** *(etw., was sich nicht aus eigenem Antrieb bewegen kann) fassen u. heftig hin u. her bewegen od. zu bewegen [u. zu öffnen] versuchen:* an der Tür, am Gitter r.; der Sturm rüttelt an den Fensterläden; Rosa stürzte auf die Leiter zu, rüttelte unten, als wolle sie ihn herabschütteln (Jaeger, Freudenhaus 110); Ü ein Außenseiter rüttelt am Thron des Weltmeisters; an den Grundfesten der Außenpolitik r.; Der Ständerat will am geltenden Verfahren für eidgenössische Volksabstimmungen ... nicht r. (Baselland. Zeitung 21.3.85, 2); an dem Vertrag darf nicht gerüttelt *(nichts in Frage gestellt, nichts verändert)* werden; daran ist nicht, gibt es nichts zu r. *(das ist unabänderlich);* Den Mann hatte doch niemand vermißt, kein Aas hatte nach ihm ... gefragt, wozu dann noch mal daran r. (Prodöhl, Tod 244). **2. a)** *sich [durch eine von außen einwirkende Kraft] ruckartig hin u. her bewegen, heftig erschüttert werden* 〈hat〉: Der Großbaum rüttelte wie verrückt in seiner Gabel (Hausmann, Abel 47); der Motor rüttelt (Jargon; *läuft unregelmäßig, stoßend*); **b)** *ruckartig fahren, sich fortbewegen* 〈ist〉: der Wagen ist über das Kopfsteinpflaster gerüttelt; als er im Omnibus nach Moabit rüttelte (Baum, Paris 83). **3.** (Bauw.) *durch Vibration mit Hilfe des Rüttlers eine lockere, körnige Masse verdichten* 〈hat〉: Beton, den Baugrund r. **4.** (Zool., Jägerspr.) *(bes. von Greifvögeln) mit Hilfe von kurzen, heftigen Flügelschlägen an einer Stelle in der Luft verweilen* 〈hat〉: über der Lichtung rüttelte ein Habicht; ein rüttelnder Falke; **Rüttelschwelle,** die (Verkehrsw.): *am Anfang von Wohnstraßen, Spielstraßen u. ä. quer zur Fahrbahn angebrachte Schwelle, durch die Autofahrer zu besonders langsamer u. vorsichtiger Fahrweise angehalten werden sollen;* **Rüttelsieb,** das (Technik): *Sieb, das durch einen Motor in rüttelnde Bewegung versetzt wird;* **Rütteltisch,** der (Bauw., Technik): *auf Federn* (3) *gelagerte Platte, die durch einen Motor in rüttelnde Bewegung versetzt wird;* **Rüttler,** der; -s, - (Bauw.): *mit rotierenden Unwuchten arbeitende Maschine zum Rammen od. Verdichten von Baumaterialien.*

¹**Ruwer,** die; -: *rechter Nebenfluß der Mosel;* ²**Ruwer,** der; -s, -: *Wein aus dem Weinbaugebiet an der* ¹*Ruwer.*

RVO = Reichsversicherungsordnung.

Rwanda ['ruanda], -s: *Staat in Zentralafrika;* **Rwander,** der; -s, -: Ew.; **Rwanderin,** die; -, -nen: w. Form zu ↑Rwander; **rwandisch** 〈Adj.〉.

Rya, die; -, Ryor [schwed. rya, verw. mit ↑rauh u. urspr. = *Rauhes, Zottiges*]: *Teppich mit langem* ²*Flor* (2) *aus Schweden.*

Rye [raɪ], der; - [engl. rye, eigtl. = Roggen]: *amerikanischer Whiskey, dessen Maische* (2) *überwiegend aus Roggen bereitet ist.*

S

s, S [ɛs; ↑a; ↑A], das; -, - [mhd., ahd. s]: *neunzehnter Buchstabe des Alphabets; ein Konsonant:* ein kleines s, ein großes S schreiben; ein scharfes S (= Eszett).
s, sh = Shilling.
S = Schilling; Sen; Siemens; Süd[en]; Sulfur.
$ = Dollar.
σ, ς, Σ: ↑ Sigma.
s. = sieh[e]!
S. = San, Sant', Santa, Santo, São; Seite.
's (ugs. od. dichter.): ↑¹es.
S., Se. = Seine (Exzellenz usw.).
SA, die; - ⟨ns.⟩: Sturmabteilung *(uniformierte u. bewaffnete politische Kampftruppe als Gliederung der NSDAP).*
Sa. = Summa; Sachsen; Samstag; Sonnabend.
s. a. = sine anno.
S. A. = Société anonyme.
Saal, der; -[e]s, Säle [mhd., ahd. sal, urspr. Bez. für das aus einem Raum bestehende Haus der Germanen, eigtl. = durch Flechtwerk od. Zäune geschützter Wohn-, Siedlungsraum]: **1.** *für Festlichkeiten, Versammlungen o. ä. bestimmter größerer Raum in einem Gebäude:* ein großer, hoher, erleuchteter, festlich geschmückter S.; der S. war überfüllt, bis auf den letzten Platz besetzt; der S. hat eine gute Akustik; den S. betreten, [demonstrativ] verlassen; einen S. mieten; aus dem S. gewiesen werden; bei Regen findet die Veranstaltung im S. statt. **2.** *die in einem Saal* (1) *versammelten Menschen:* der [ganze] S. tobte vor Begeisterung; Plötzlich wallte der S. auf (H. Mann, Kleine Stadt 155); **saal|ar|tig** ⟨Adj.⟩: *einem Saal* (1) *ähnelnd:* ein großer -er Raum; **Saal|bau,** der ⟨Pl. -ten⟩ (Archit.): *Gebäude, in dem sich ein großer Saal* (1) *befindet;* **Saal|die|ner,** der: *(an seiner besonderen Dienstkleidung erkennbarer) Bediensteter eines Parlaments, der im Plenarsaal die für einen reibungslosen Ablauf der Sitzungen notwendigen Hilfsdienste leistet;* **Saal|die|ne|rin,** die: w. Form zu ↑Saaldiener: In das einstige Männermonopol sind inzwischen auch -nen eingedrungen (Welt 6. 5. 89, 28).
Saa|le, die; -: linker Nebenfluß der Elbe.
Saal|kell|ner, der (schweiz.): *Kellner in einem Hotel;* **Saal|kir|che,** die (Archit.): *Kirche, deren Innenraum nicht durch Stützen unterteilt ist; einschiffige Kirche;* **Saal|ord|ner,** der: *Ordner* (1), *der bei Versammlungen in einem Saal* (1) *eingesetzt wird;* **Saal|schlacht,** die: *Schlägerei in einem Saal zwischen Teilnehmern an einer [politischen] Versammlung;* **Saal|schutz,** der: **a)** *Schutz einer in einem Saal stattfindenden Veranstaltung vor Störungen:* für den S. ist der Veranstalter zuständig; **b)** *Gesamtheit bei einer Veranstaltung eingesetzter Saalordner:* den S. verstärken; **Saal|ser|vice** [...sɛrviːs], der; - (schweiz.): *Personal, das im Speisesaal eines Hotels bedient;* **Saal|toch|ter,** die (schweiz.): *Kellnerin eines Saales;* **Saal|tür,** die: *Tür eines Saals.*
Saar, die; -: *rechter Nebenfluß der Mosel;* **Saar|brücken¹:** *Stadt an der Saar; Landeshauptstadt des Saarlands;* **¹Saarbrücker¹,** der; -s, -: Ew.; **²Saar|brücker¹** ⟨indekl. Adj.⟩; **Saar|brücke|rin¹,** die; -, -nen: w. Form zu ↑¹Saarbrücker; **Saargebiet,** das; -[e]s: in etwa dem heutigen Saarland entsprechendes, vom Deutschen Reich 1920 abgetrenntes Gebiet; **Saar|land,** das; -[e]s: Bundesland der Bundesrepublik Deutschland; **Saar|länder,** der; -s, -: Ew.; **Saar|län|de|rin,** der; -, -nen: w. Form zu ↑Saarländer; **saar|län|disch** ⟨Adj.⟩; **Saar|louis** [...'luɪ]: *Kreisstadt an der Saar;* **¹Saar|louiser** [...'luɪɐ], der; -s, -: Ew.; **²Saar|louise|rin** [...'luɪɐrɪn] ⟨indekl. Adj.⟩; **Saar|louise|rin** [...'luɪɐrɪn]: w. Form zu ↑¹Saarlouiser; **Saar|wein,** der: *an der Saar angebauter Wein.*
Saat, die; -, -en [mhd., ahd. sāt, urspr. = das Aussäen, das Ausgesäte, verw. mit ↑säen]: **1.** ⟨o. Pl.⟩ *das Säen; Aussaat:* frühe, späte S.; mit der S. beginnen; es ist Zeit zur S. **2. a)** *zum Säen vorgesehene Samenkörner:* die S. in die Erde bringen; Spr wie die S., so die Ernte; **b)** (Fachspr.) *zum Anbauen ausgewähltes Pflanzgut.* **3.** *etw. (bes. Getreide), was gesät worden ist [u. aufgegangen ist]:* die S. ist aufgegangen, ausgewintert, erfroren; die [junge] S. steht gut; Ich habe ... nichts von dem frischen Smaragdgrün der jungen -en gesehen (Fallada, Trinker 12); Ü die S. des Bösen, der Gewalt, der Zwietracht war aufgegangen; **Saat|beet,** das (Landw.): *Beet zum Züchten von gesetzten od. aus Samen hervorgegangenen jungen Pflanzen;* **Saat|be|stel|lung,** die: *Aussaat* (1); **Saat|bett,** das: *für die Saat vorbereiteter Boden;* **Saa|ten|pfle|ge,** die (Landw.): *Pflege* (6) *der Saat* (3); **Saa|ten|stand,** der: *Stand der Saat* (3); **Saat|eu|le,** die [die Raupen fressen an den Wurzeln der Saat]: vgl. Eule (5); **Saatfeld,** das: **a)** *Feld, das für die Saat* (1) *bestimmt ist;* **b)** *Feld mit Saat* (3); **Saat|furche,** die (Landw.): *Furche zur Aufnahme des Saatguts;* **Saat|gans,** die [die Gans ist oft auf Feldern mit Wintersaat anzutreffen]: *(zu den Zugvögeln gehörende) der Graugans sehr ähnliche wildlebende Gans;* **Saat|ge|trei|de,** das: *Getreide, das für die Aussaat vorgesehen ist;* **Saat|gut,** das ⟨o. Pl.⟩: *Saat* (2); **Saat|kamp,** der (landsch.): *Kamp* (1); **Saat|kar|tof|fel,** die: *Pflanzkartoffel;* **Saat|korn,** das: **1.** ⟨o. Pl.⟩ *für die Saat bestimmtes* ¹*Korn* (2). **2.** *Samenkorn (bes. von Getreide od. Gräsern);* **Saat|krä|he,** die [der Vogel schadet der Wintersaat]: *Krähe mit schmalem, spitzem Schnabel;* **Saat|land,** das: vgl. Saatfeld; **Saat|zeit,** die (Landw.): *Jahreszeit, die für die Saat* (1) *am besten geeignet ist;* **Saat|zucht,** die (Landw.): *Züchtung von Saatgut.*
Sa|ba; -s: *historische Landschaft in Südarabien.*
Sa|ba|dil|le [zaba'dɪl(ə)], die; -, -n [frz. sabadille, Nebenf. von: cévadille < span. cebadilla, wahrsch. Vkl. von: cebada = Gerste, zu lat. cibus = Speise, Nahrung]: *in Südamerika heimisches Liliengewächs, aus dessen Samen ein Mittel zur Bekämpfung von Läusen hergestellt wird.*
Sa|bä|er, der; -s, - [zu ↑Saba]: *Angehöriger eines alten Volkes in Südarabien;* **Sa|bäe|rin,** die; -, -nen: w. Form zu ↑Sabäer.
Sa|ba|oth [kirchenlat. Sabaoth = die himmlischen Heerscharen < spätgriech. Sabaōth < hebr. ẓĕva'ōṯ]: ↑Zebaoth.
Sa|ba|yon [saba'jõː], das; -s, -s [frz. sabayon < ital. zabaione, ↑Zabaione]: *Zaba[gl]ione.*
Sab|bat, der; -s, -e [hebr. šabbāt, zu: šāvat = ausruhen]: *nach jüdischem Glauben geheiligter, von Freitagabend bis Samstagabend dauernder Ruhetag, der mit bestimmten Ritualen begangen wird;* **Sab|ba|ta|ri|er,** der; -s, -: *Anhänger einer christlichen Sekte, die nach jüdischer Weise den Sabbat einhält;* **Sab|ba|ta|rierin,** die; -, -nen: w. Form zu ↑Sabbatarier; **Sab|ba|ti|cal** [sə'bætɪkl], das; -s, -s [engl. sabbatical, zu: sabbatical = Sabbat...; zum Sabbat gehörig < spätlat. sabbaticus < griech. sabbatikós]: *(neben dem jährlichen Erholungsurlaub) einmal in einem längeren Zeitraum gewährte längere Freistellung:* er hat alle zehn Jahre Anspruch auf ein sechsmonatiges S.; **Sab|ba|tist,** der; -en, -en: *Sabbatarier;*

Sab|ba|ti|stin, die; -, -nen: w. Form zu ↑Sabbatist; **Sab|bat|jahr,** das [2: nach engl. sabbatical year]: **1.** (jüd. Rel.) *(im A. T.) alle sieben Jahre wiederkehrendes Ruhejahr, in dem der Boden brachliegt, Schulden erlassen u. Sklaven freigelassen werden.* **2.** *einjähriges Sabbatical:* für den neuen Manteltarif fordert die Gewerkschaft erstmals die Einführung eines -es; **Sab|bat|ru|he, Sab|bat|stil|le,** die: *am Sabbat einzuhaltende Arbeitsruhe.*

Sab|bel, der; -s, - [zu ↑sabbeln] (nordd. ugs. abwertend): **a)** *Mund (in bezug auf Geschwätzigkeit):* Hältst du den S., neidischer Hund! (Fallada, Blechnapf 24); **b)** ⟨o. Pl.⟩ *ausfließender Speichel:* wie ihm der S. aus dem Munde sabbelt (Hausmann, Abel 140); **Sab|bel|lätz|chen,** das (nordd.): ↑Sabberlätzchen; **sab|beln** ⟨sw. V.; hat⟩ [Nebenf. von ↑sabbern] (nordd. ugs.): **1.** (abwertend) *[unaufhörlich u. schnell] reden, sprechen; schwatzen:* s. wie ein Buch; Sabbel nicht so lange! (Hausmann, Abel 42); Ich also zu Kemal hin und eine Stunde mit ihm gesabbelt (Hornschuh, Ich bin 36); ⟨mit Akk.-Obj.:⟩ er sabbelt nur Blödsinn, Mist. **2.** sabbern (1); **Sab|bel|tan|te,** die (nordd. abwertend): *jmd., bes. eine Frau, die viel redet;* **Sab|ber,** der; -s [zu ↑sabbern] (ugs.): *ausfließender Speichel:* ihm läuft, fließt der S. aus dem Mund; **Sab|be|rei,** die; -, -en (ugs., meist abwertend): *[dauerndes] Sabbern;* **Sab|ber|lätz|chen,** das (fam.): *Lätzchen;* **sab|bern** ⟨sw. V.; hat⟩ [aus dem Niederd., zu mniederd. sabben = Speichel ausfließen lassen, sudeln, wahrsch. zu ↑Saft] (ugs.): **1.** *Speichel ausfließen lassen:* der Hund sabbert; er sabbert immer beim Sprechen; Nehmen Sie auf jeden Fall lieber ein waschbares und nicht so luxuriöses Material, denn Babies sabbern (Dariaux [Übers.], Eleganz 79). **2.** *sabbeln* (1).

Sä|bel, der; -s, - [spätmhd. sabel, wohl über poln. szabla < ung. szablya, zu: szabni = schneiden, also eigtl. = Schneide]: **a)** *lange Hiebwaffe mit [leicht] gekrümmter Klinge, die nur auf einer Seite eine Schneide hat:* den S. [blank]ziehen, schwingen; einen S. tragen; den S. in die Scheide stecken; jmdn. auf S. fordern *(zu einem Duell mit Säbeln fordern);* mit blankem *(gezogenem)* S.; Und die Polizei war mit -n ausgerüstet, die so lang waren wie die der Offiziere und bis an die Erde reichten (Musil, Mann 1 232); *** mit dem S. rasseln** (abwertend; *sich kriegerisch gebärden; mit Krieg drohen);* **b)** (Fechten) *sportliche Hieb- u. Stoßwaffe mit gerader, vorn abgestumpfter Klinge:* mit -n fechten; **Sä|bel|an|ti|lo|pe,** die: *(in der südlichen Sahara vorkommende) Antilope mit langen, wie Säbel gekrümmten Hörnern;* **Sä|bel|bei|ne** ⟨Pl.⟩ (ugs. scherzhaft): **a)** *kurze, nach außen gebogene Beine;* **b)** *Beine mit weit nach hinten gebogenen Unterschenkeln;* **sä|bel|bei|nig** ⟨Adj.⟩: *mit Säbelbeinen;* **Sä|bel|du|ell,** das: *mit Säbeln* (a) *ausgetragenes Duell* (1); **Sä|bel|fech|ten,** das; -s (Fechten): *das Fechten mit Säbeln* (b) *als sportliche Disziplin;* **Sä|bel|fech|ter,** der: *Sportler, dessen Disziplin das Säbelfechten ist;* **Sä|bel|fech|te|rin,** die: w. Form zu ↑Säbelfechter; **sä-bel|för|mig** ⟨Adj.⟩: *von der Form eines Säbels;* **Sä|bel|ge|fecht,** das (Fechten): *Gefecht* (2) *im Säbelfechten;* **Sä|bel|ge|ras|sel,** das (abwertend): *Säbelrasseln;* **Sä|bel|griff,** der: *Griff eines Säbels;* **Sä|bel|hieb,** der: *Hieb mit dem Säbel;* **Sä|bel|klin|ge,** die: *Klinge eines Säbels;* **Sä|bel|korb,** der: *Korb* (3 e) *eines Säbels;* **sä|beln** ⟨sw. V.; hat⟩ [zu ↑Säbel] (ugs., oft abwertend): *unsachgemäß, ungeschickt schneiden:* Klügler ... säbelte sich ... beim Brotschneiden in den Finger (Strittmatter, Wundertäter 43); Lewandowski ... säbelt das Fleisch in Stücke (Remarque, Westen 187); **Sä|bel|ras|seln,** das; -s (abwertend): *kriegerisches Gebaren; das Drohen mit Krieg:* Kein Hurrapatriotismus! Kein Fahnenschwingen oder S.! (K. Mann, Wendepunkt 383); **sä|bel|ras|selnd** ⟨Adj.⟩ (abwertend): *kriegerisches Gebaren zeigend; mit Krieg drohend:* -e Obersten sind zähneknirschend Versicherungsagenten geworden (Remarque, Obelisk 221); **Sä|bel|raß|ler,** der; -s, - (abwertend): *jmd., der sich kriegerisch gebärdet, durch aggressives Verhalten seine Kampfeslust zur Schau stellt;* **Sä|bel|schei|de,** die: *Scheide* (1) *für einen Säbel;* **Sä|bel|schnäb|ler,** der; -s, -: *schwarzweiß gefiederter Wasservogel mit langem [gebogenem] Schnabel;* **Sä|bel|spit|ze,** die: *Spitze eines Säbels.*

Sa|be|na, die; - [Abk. für frz. Société Anonyme Belge d'Exploitation de la Navigation Aérienne]: belgische Luftfahrtgesellschaft.

Sa|bi|ner, der; -s, -: *Angehöriger eines ehemaligen Volksstammes in Mittelitalien;* **Sa|bi|ne|rin,** die; -, -nen: w. Form zu ↑Sabiner.

Sa|bin-Impf|ung ['sæbɪn...], die; -, -en [nach dem amerik. Virologen A. B. Sabin, geboren 1906] (Med.): *Schluckimpfung gegen Poliomyelitis.*

Sa|bi|nis|mus, der; - [zu lat. (herba) Sabina, ↑Sadebaum]: *Vergiftung durch das stark abortiv wirkende Öl des Sadebaums.*

Säb|ler, der; -s, -: *Säbelschnäbler.*

Sa|bot [...'boː], der; -[s], -s [frz. sabot = Holzschuh < mfrz. çabot, unter Einfluß von: botte = Stiefel (vgl. Botten) < afrz. çavate = Holzschuh, wohl aus dem Arab.]: *hochhackiger, hinten offener Damenschuh;* **Sa|bo|ta|ge** [...'taːʒə], die; -, -n ⟨Pl. selten⟩ [frz. sabotage, zu: saboter, ↑sabotieren]: *absichtliche [planmäßige] Beeinträchtigung der Leistungsfähigkeit politischer, militärischer od. wirtschaftlicher Einrichtungen durch [passiven] Widerstand, Störung des Arbeitsablaufs od. Beschädigung u. Zerstörung von Anlagen, Maschinen o. ä.:* die Polizei vermutet, daß S. vorliegt, im Spiel ist; S. treiben, begehen, planen; jmdm. S. vorwerfen; ein Akt der S.; jmdn. S. [an der Wirtschaft] überführen; Ü Die abstrakte Utopie, die darüber sich täuscht, wird zur S. am Glück (Adorno, Prismen 83); **Sa|bo|ta|ge|akt,** der: *Sabotage bezweckende Handlung:* „Sie waren an dem S. heute nacht beteiligt?" fragte ihn der grauhaarige Offizier (Marchwitza, Kumiaks 219); die Brücke ist durch einen S. zerstört worden; **Sa|bo|ta|ge|tä|tig|keit,** die: *Sabotage bezweckende Tätigkeit:* sie haben ihre S. wieder verstärkt; **Sa|bo|teur** [...'tøːɐ̯], der; -s, -e [frz. saboteur, zu: saboter, ↑sabotieren]: *jmd., der Sabotage treibt:* in unserem Betrieb scheinen -e am Werk zu sein; **Sa|bo|teu|rin** [...'tøːrɪn], die; -, -nen: w. Form zu ↑Saboteur; **sa-bo|tie|ren** ⟨sw. V.; hat⟩ [frz. saboter = ohne Sorgfalt arbeiten, eigtl. = mit den Holzschuhen treten, zu: sabot, ↑Sabot]: **a)** *etw. durch Sabotage stören, vereiteln:* die Produktion, eine militärische Operation s.; **b)** *hintertreiben, zu vereiteln suchen:* eine Anordnung, [polizeiliche] Untersuchung s.; man munkelte, daß die scherzhafte Reklame einer großen Gummifirma von kirchlicher Seite sabotiert worden sei (Böll, Und sagte 45); jmds. Wiederwahl s.; daß er die westlichen Bemühungen einer Verständigung mit der Sowjetunion sabotiere (Dönhoff, Ära 206).

Sa|bra, die; -, -s: w. Form zu ↑Sabre; **Sa-bre,** der; -s, -s [hebr. zabbar; Schreibung von engl. sabra beeinflußt]: *in Israel* (2) *bzw. Palästina geborener u. ansässiger Jude.*

SAC = Schweizer Alpen-Club.

Sac|cha|ra|se [zaxa...], die; - [zu lat. saccharum < griech. sákcharon < aind. śárkarā = Grieß, Körnerzucker] (Chemie): *Enzym, das Rohrzucker in Invertzucker spaltet; Invertase;* **Sac|cha|rat,** das; -[e]s, -e (Chemie): *(für die Zuckergewinnung wichtige) Verbindung des Rohrzuckers mit* ^{2}*Basen;* **Sac|cha|rid,** das; -[e]s, -e ⟨meist Pl.⟩ (Chemie): *Kohle[n]hydrat;* **Sac|cha|ri|me|ter,** das; -s, - [↑-meter (1)]: *optisches Gerät zur Bestimmung der Konzentration einer Zuckerlösung;* **Sac|cha-ri|me|trie,** die; - [↑-metrie] (Chemie): *Bestimmung der Konzentration einer Zuckerlösung;* **Sac|cha|rin,** das; -s: *(künstlich hergestellter) Süßstoff;* **Sac|cha|ro|se,** die; - (Chemie): *Zucker* (1 a); **Sac|cha-rum,** das; -s, ...ra [lat. saccharum, ↑Saccharase]: *lat. Bez. für: Zucker* (1 a).

Sac|cu|lus, der; -, ...li [lat. sacculus = Säckchen, Vkl. von: saccus, ↑Saccus] (Anat.): *taschenartige Ausbuchtung in Hohlorganen;* **Sac|cus,** der; -, ...ci [lat. saccus, ↑Sack] (Anat.): *sackartiges Gebilde, blind endender Teil eines Hohlorgans.*

Sa|cha|lin, -s: *russische Insel zwischen Ochotskischem u. Japanischem Meer.*

Sach|an|la|ge, die ⟨meist Pl.⟩ (Wirtsch.): *Betriebsvermögen in Form von Sachwerten (Grundstücken, Gebäuden, Maschinen o. ä.);* **Sach|an|la|ge|ver|mö|gen,** das (Wirtsch.): vgl. Sachanlage; **Sach|an-trag,** der: *Antrag* (2), *in dem ein bestimmtes Problem zum Gegenstand der Debatte gemacht wird:* einen S. stellen.

Sal|cha|ra|se usw.: ↑Saccharase usw.

Sach|ar|gu|ment, das: *sachbezogenes Argument:* für diesen Weg sprächen -e und gemeinsame politische Überzeugungen (Saarbr. Zeitung 30. 11. 79, 1); **Sach|ar|ti-kel,** der: *[Lexikon]artikel, der einen bestimmte Sache, einen Sachbegriff behandelt:* das Lexikon enthält etwa 10 000 S. und 4 000 Biographien; **Sach|be|ar|bei-ter,** der: *jmd., der (beruflich) einen bestimmten Sachbereich zu bearbeiten hat:*

der zuständige S.; er ist S. im Innenministerium, Finanzamt; **Sach|be|ar|bei|te-rin**, die: w. Form zu ↑Sachbearbeiter; **Sach|be|fug|nis**, die (Rechtsspr.): *Aktiv- od. Passivlegitimation;* **Sach|be|griff**, der: *Begriff* (1): *das Register enthält über 10 000 -e und Namen;* **Sach|be|reich**, der: vgl. Sachgebiet; **Sach|be|schä|di-gung**, die (Rechtsspr.): *vorsätzliche Beschädigung od. Zerstörung fremden Eigentums od. öffentlicher Einrichtungen:* der Graffitimaler wurde wegen S. zu einer Geldstrafe verurteilt; **sach|be|zo-gen** 〈Adj.〉: *auf die Sache* (4a) *bezogen:* eine -e Bemerkung, Äußerung; die Diskussion war zu wenig s.; s. argumentieren; **Sach|be|zo|gen|heit**, die: *Bezogenheit auf die Sache* (4a); **Sach|be|zü|ge** 〈Pl.〉: *Bezüge* (3) *in Form von Naturalien:* auch S. sind einkommensteuerpflichtig; **Sach|buch**, das: *[populärwissenschaftliches] Buch, das ein Sachgebiet, einen Gegenstand aus einem Sachgebiet darstellt:* er interessiert sich mehr für Sachbücher als für Belletristik; **Sach|de|pot**, das (Bankw.): *nach der Art der Wertpapiere geordnetes Paket der Wertpapiere, die von einer Bank verwahrt u. verwaltet werden;* **sach|dien|lich** 〈Adj.〉: **a)** (Amtsdt.) *der Klärung eines bestimmten [juristisch relevanten] Sachverhalts, der Aufklärung einer Straftat o. ä. dienlich, förderlich:* -e Hinweise nimmt jede Polizeidienststelle entgegen; wollen Sie ... -e Angaben zum Ablauf der Tat machen? (Prodöhl, Tod 116); **b)** (Papierdt.) *der Sache dienlich, förderlich:* Es geht ... nicht um -e Vertragsgestaltungen (NJW 19, 1984, 1058); seine Vorschläge sind wenig s.; **Sach|dis|kus|si|on**, die: *Diskussion über Sachfragen:* eine S. führen; in die S. eintreten; **Sa|che**, die; -, -n [mhd. sache, ahd. sahha = (Rechts)angelegenheit, Rechtsstreit; Ding; Ursache, zu ahd. sahhan = prozessieren, streiten, schelten, ablautend zu ↑suchen u. urspr. = eine Spur verfolgen, (einen Täter) suchen]: **1. a)** 〈meist Pl.〉 *Ding, Gegenstand, Etwas:* in der Zollinhaltserklärung ist eine S. nicht aufgeführt; ein Dieb ist, wer sich rechtswidrig eine fremde S. aneignet; das sind meine -n; sie packte ihre -n zusammen; räum deine -n weg!; Gewalt gegen Personen und -n; dieser Laden hat sehr schöne, preiswerte, ausgefallene -n *(Waren);* sie haben schöne alte -n *(Möbel, Einrichtungsgegenstände)* in ihrer Wohnung; wir haben unsere -n *(unser Gepäck)* im Auto gelassen; Der Mann ... suchte seine -n *(Habseligkeiten)* zusammen und ging weg (Musil, Mann I 176); es gab köstliche -n *(Speisen und Getränke)* zu essen und zu trinken; mit den vielen süßen -n *(Süßigkeiten)* wirst du dir den Magen verderben; harte, scharfe -n (ugs.; *hochprozentige Alkoholika)* lieben; der Komponist hat sehr schöne -n (ugs.; *Werke, Stücke)* geschrieben; man kann nicht um 20.15 Uhr ... solche -n *(Filme, Programme)* senden (Hörzu 12, 1973, 31); *** bewegliche -n** (Rechtsspr., Wirtsch.; *Mobilien);* **unbewegliche -n** (Rechtsspr., Wirtsch.; *Immobilien);* **b)** 〈Pl.〉 (fam.) *Kleidungsstücke, Kleidung:* er ist so dünn geworden, daß ihm seine -n nicht mehr passen; sich neue -n kaufen müssen; alte, warme, dunkle -n tragen; sie war verblüfft über die Einladung ... und zog ihre besten -n an (Johnson, Ansichten 100); in den -n kannst du unmöglich ins Theater gehen. **2. a)** *Angelegenheit, Vorgang, Vorfall, Umstand:* eine unangenehme, heikle, schlimme, aufregende, tolle S.; die S. ist wichtig, sehr eilig; die S. hat sich aufgeklärt, ist erledigt; Die Mädchen ließen sich von Fahrern ansprechen, und die S. (verhüll.; *der Geschlechtsverkehr)* wurde gleich im Wagen erledigt (Simmel, Stoff 701); die S. steht schlecht, liegt ganz anders; die ganze S. war frei erfunden; das eine, keine ernste S. *(ist [nicht] schwerwiegend, beängstigend o. ä.);* die Reise war eine rundum gelungene S.; es ist beschlossene S. *(ist beschlossen worden),* daß ...; das Ganze war eine abgekartete S. *(war abgekartet);* ein kühles Pils ist schon eine feine S. (ugs.; *ist schon schön, sehr angenehm);* das Recycling ist eine gute S. *(ist gut, sinnvoll);* das ist doch die natürlichste, einfachste, selbstverständlichste S. [von] der Welt *(das ist doch ganz natürlich, einfach, selbstverständlich);* da sind vielleicht -n passiert!; das ist nur eine halbe S. *(ist nicht zu Ende geführt o. ä.);* das ist eine größere S. *(ist ziemlich aufwendig, ist nicht so einfach, wie es vielleicht erscheint);* das ist eine S. von fünf Minuten *(das dauert nur fünf Minuten);* ob die Entscheidung richtig war, ist eine andere S., ist eine S. für sich *(ist hier nicht die Frage);* das ist eine S. der Ernährung *(das hängt von der Ernährung ab);* das ist seine S. (1. *darum muß er sich selbst kümmern, das muß er selbst entscheiden.* 2. *das geht keinen anderen etwas an);* S. *(Aufgabe)* der Jugend ist es, ... zu lernen (Niekisch, Leben 31); eine S. in die Hand nehmen, in Ordnung bringen, im Auge behalten, auf sich beruhen lassen, durchstehen, noch einmal überlegen; du hast mir die S. sehr leicht gemacht *(du hättest dabei mehr Mühe, Sorgfalt o. ä. aufwenden sollen);* er macht seine S. gut *(er arbeitet gut);* an der S. liegt mir nichts mehr; ich halte mich aus der S. lieber heraus; was wird bei der ganzen S. herauskommen?; in eine üble, dunkle S. verwickelt sein, in welcher S. möchten Sie mich sprechen?; in eigener S. *(in einer Angelegenheit, die einen selbst betrifft);* mit der S. möchte ich nichts zu tun haben; sich um die S. kümmern; ℞ ist die S. [und der Umstand (ist) der] (ugs.; Einleitungsformel zu einer erklärenden Äußerung); -n gibt's [die gibt's gar nicht]! (ugs.; Ausruf der Verwunderung od. Entrüstung; was sind denn das für -n? (ugs.; Ausruf der Entrüstung); mach -n! (ugs., oft iron.; Ausruf des Erstaunens: *was du nicht sagst!);* das sind doch keine -n! (landsch.; *das darf man doch nicht tun);* das ist so eine S. *(eine schwierige, heikle Angelegenheit);* S.! (ugs.; *abgemacht! / einverstanden!);* [das ist] S. [mit (Rühr)ei]! (ugs.; *das ist großartig!);* *** nicht jmds. S. sein** *(jmdm. nicht zusagen, jmdm. nicht liegen):* Das Sparen war eigentlich nie meine S. gewesen (Christiane, Zoo 207); **nicht jedermanns S. sein** *(nicht jedem zusagen, nicht jedem liegen):* vor einem großen Publikum zu sprechen ist nicht jedermanns S.; Saumagen ist nicht jedermanns S.; diese Lebensform ist nicht jedermanns S.; **[mit jmdm.] gemeinsame S. machen** *(sich mit jmdm. zu einer [fragwürdigen] Unternehmung o. ä. zusammentun);* **[sich 〈Dativ〉] seiner S. sicher/gewiß sein** *(von der Richtigkeit seines Handelns o. ä. fest überzeugt sein);* **unverrichteter S.,** (auch:) **unverrichteter Dinge,** ↑ Ding 2 b); **sich an die S. machen** *(mit der Arbeit o. ä. beginnen):* Debatten über die Verjährung von NS-Verbrechen ... wären heute womöglich längst überflüssig, hätte sich die Justiz ... von Anfang an systematisch an die S. gemacht (Spiegel 28, 1979, 46); **bei der S. sein** *(bei einer Arbeit o. ä. sehr konzentriert, ganz aufmerksam sein);* **zur S. gehen** (ugs.; *entschlossen [u. rücksichtslos] sein Ziel verfolgen):* von wegen harmlos rumgeschäkert, es ist ganz schön zur S. gegangen!; in der zweiten Halbzeit gingen sie dann so zur S. (Sport; *spielten sie so unfair),* daß der Schiedsrichter zweimal die rote Karte zeigen mußte); **zur S. kommen** (ugs.; *tun, was man sich vorgenommen hat):* Er zog durch die Diskotheken und kam schnell zur S.: Jedesmal verließ er die Bar mit einer anderen Mädchen (Hörzu 17, 1981, 115); **zur S., Schätzchen!** (ugs.; Aufforderung, sich unverzüglich einer bestimmten Tätigkeit zuzuwenden; nach dem 1968 gedrehten gleichnamigen dt. Spielfilm); ◆ **zur S. sehen** *(sich um den ordnungsgemäßen Ablauf [von etw.] kümmern):* der Müller ward nach und nach nicht arm, wie wir auch seine arme Frau dagegen sich wehrte und nach Vermögen zur S. sah (Gotthelf, Elsi 121); **b)** (Rechtsspr.) kurz für ↑ Rechtssache: eine schwebende, anhängige S.; eine S. [vor Gericht] führen, vertreten, verteidigen; eine S. verlieren, gewinnen, entscheiden, anhängig machen; „damit, glauben Sie, werden Sie bewirken, daß man die S. Krüger wieder aufrollt?" (Jens, Mann 787); in einer S. [als Zeuge] aussagen; jmdn. in einer S. vertreten; in einer S. vernommen werden; *** in der S./in -n** 〈alter Dativ Sg.〉 *(in der Rechtssache ...):* das Gericht hat in der S./in -n Kuhn [gegen Huber] noch nicht entschieden; **in -n** 〈alter Dativ Sg.〉 *(bezüglich ..., zum Thema ..., wegen ...):* der Außenminister ist in -n Jugoslawien-Krise unterwegs; ... konnte ich in -n Berlin fast immer mit seiner Unterstützung rechnen (W. Brandt, Begegnungen 133). **3. a)** 〈o. Pl.; gew. mit best. Art.〉 *Gegenstand, um den es geht; Gegenstand der Diskussion; eigentliches Thema:* so kommen wir der S. schon näher; wir sollten uns ganz auf eine S. konzentrieren; bleib bitte bei der S.; das hat mit der S. nichts zu tun; um die S. herumreden; in Wahrheit geht es ihm gar nicht um die S. [selbst]; etwas von der S. verstehen; zur S. selbst hat er sich noch gar nicht geäußert; er möchte [ohne lange Vorrede] gleich zur S. kommen; *** zur S.!** *(wir wollen zu unserem Thema kommen!):* Aber zur S., Marquis! Wo sind meine Dessins? (Th. Mann, Krull 439); **nichts zur S. tun** *(im gegebe-*

-sache

nen Zusammenhang nicht von Belang sein): das, dieses Faktum tut [hier, im Moment] nichts zur S.; von wem ich es weiß, tut nichts zur S.; **b)** * **S. sein** (ugs.; dasjenige sein, worauf es ankommt, worum es geht; entscheidend sein): sagen, wissen, jmdm. zeigen, was S. ist; jmdm. sagen, was S. ist *(jmdm. die Meinung sagen);* Nicht die Berichterstattung über fremde Länder ... Nein, unsere Begegnung mit ihnen, unsere Einwirkung auf sie ... sind S. (E+Z 7/8, 1981, 35); S. ist *(das Problem besteht darin),* daß das Angebot an fähigen, unverbrauchten Theatermenschen ein knappes Dutzend zählt (Spiegel 5, 1978, 158); Mensch, Christiane, hör auf rumzusülzen. Sei doch mal 'nen Moment klar und red, was S. ist (Christiane, Zoo 116). **4.** 〈o. Pl.〉 *etw., wofür sich jmd. einsetzt; Ziel; Anliegen:* die sozialistische S.; Wir verlieren mit ihr eine der Partei der Arbeiterklasse treu ergebene Genossin, die stets ihre ganze Kraft für die S. des Sozialismus eingesetzt hat (Neues D. 11.8.69, 6); die S. der Arbeiter vertreten; unsere S. steht gut; für eine, die gerechte S. kämpfen; jmdn. für eine S. gewinnen; interne Differenzen um der gemeinsamen S. willen hintanstellen. **5.** 〈Pl.〉 (ugs.) *Stundenkilometer:* wieviel -n macht der Schlitten, hattest du drauf?; Mit fast zweihundert -n braust Tario heran (Quick 15, 1958, 25); **-sa|che,** die; -, -n 〈meist in der Fügung „das ist -sache"〉: **1.** bezeichnet in Bildungen mit Substantiven eine Angelegenheit, die auf etw. beruht, sich auf etw. gründet: Charakter-, Gefühls-, Veranlagungssache. **2.** bezeichnet in Bildungen mit Substantiven eine Angelegenheit, die jmdn., etw. betrifft, für die jmd., etw. zuständig ist: Frauen-, Regierungssache; **Sach|ein|la|ge,** die (Wirtsch.): *nicht in Geld bestehende Einlage (8b) eines Gesellschafters in das Gesellschaftsvermögen;* **Sä|chel|chen,** das; -s, - 〈meist Pl.〉: *kleiner [wertvoller] Gegenstand (verschiedenster Art):* ein paar hübsche S.; Du hast da recht nette S. (Th. Mann, Krull 158); R das sind so S.! (ugs.; *zweideutige Angelegenheiten, unklare Vorkommnisse);* **Sa|chen|recht,** das 〈o. Pl.〉: *Teilbereich des bürgerlichen Rechts, der die Rechtsverhältnisse in bezug auf (bewegliche u. unbewegliche) Sachen regelt;* **Sach|ent|schei|dung,** die (Rechtsspr.): *Entscheidung, die über eine Sache selbst, nicht nur über eine Verfahrensfrage getroffen wird;* **Sach|er|klä|rung,** die: *Erklärung der durch ein Wort bezeichneten Sache;* **Sa|cherln** 〈Pl.〉 (österr.): ↑ Sächelchen. **Sa|cher|tor|te,** die; -, -n [nach dem Wiener Hotelier F. Sacher (1816–1907)]: *süße, schwere, mit viel Butter u. Eiern u. wenig Mehl gebackene Schokoladentorte.* **Sa|chet** [zaˈʃeː], das; -s, -s [frz. sachet, Vkl. von: sac = Sack < lat. saccus, ↑ Sack] (veraltet): *kleines, mit duftenden Kräutern o. ä. gefülltes Säckchen (zum Einlegen in Wäscheschränke o. ä.):* Sein Angebot reichte bis von Essences absolues ... über diverse Pomaden ..., -s ... und Schönheitspflästerchen bis hin zu Badewässern ... und einer Unzahl echter Parfums (Süskind, Parfum 60).

Sach|fir|ma, die (Wirtsch.): *Firmenname, aus dem hervorgeht, welche Art Güter die betreffende Firma (1a) produziert;* **Sach|fra|ge,** die 〈meist Pl.〉: *Frage, die die Sache selbst (nicht eine Person, das Verfahren o. ä.) betrifft:* -n erörtern; **sach|fremd** 〈Adj.〉: *nicht zur Sache gehörend, nichts mit ihr zu tun habend:* -e Erwägungen dürfen die Entscheidung nicht beeinflussen; in ein pseudoästhetisches Gebilde, dessen Struktur nicht mehr von der Sache, sondern von einem -en Gesetz diktiert ist (Enzensberger, Einzelheiten I, 85); **Sach|ge|biet,** das: *einen bestimmten Wissens-, Arbeitsbereich umfassendes Gebiet* (2): die Bücher sind nach -en geordnet; **Sach|ge|dächt|nis,** das: *Gedächtnis für Sachen (im Unterschied zum Personengedächtnis):* [k]ein gutes S. haben; **sach|ge|mäß** 〈Adj.〉: *der Sache angemessen, gemäß; richtig:* eine -e Behandlung; bei -er Benutzung hat das Gerät eine sehr hohe Lebensdauer; eine solche Lagerung ist nicht s.; s. mit etw. umgehen; eine Arbeit s. *(fachmännisch)* ausführen; **sach|ge|recht** 〈Adj.〉: *der Sache, den in der Sache begründeten Anforderungen gerecht werdend; sachgemäß:* eine -e Lösung des Problems; daß sich der ADAC ... bemüht, auf die Verkehrspolitik s. Einfluß zu nehmen (ADAC-Motorwelt 7, 1982, 3); **Sach|grün|dung,** die (Wirtsch.): *Unternehmensgründung, bei der die Gesellschafter Sacheinlagen machen;* **Sach|gut,** das 〈meist Pl.〉 (Wirtsch.): *Sachwert:* unter Naturallohn versteht man ein Arbeitsentgelt in Form von Sachgütern; **Sach|in|dex,** der: *Sachregister;* **Sach|in|ve|sti|ti|on,** die (Wirtsch.): *Investition* (1); **Sach|ka|pi|tal,** das (Wirtsch.): *Realkapital;* **Sach|ka|ta|log,** der (Buchw.): *Bibliothekskatalog, in dem die Bücher nach Sachgebieten geordnet sind;* **Sach|ken|ner,** der: *jmd., der über Sachkenntnis verfügt:* drei hervorragende S. des Presserechts (NJW 19, 1984, IX); **Sach|ken|ne|rin,** die: w. Form zu ↑ Sachkenner; **Sach|kennt|nis,** die 〈Pl. selten〉: *Kenntnisse, Wissen auf einem bestimmten Sachgebiet:* [wenig, große] S. haben; Seine wissenschaftlichen Veröffentlichungen verrieten neben viel S. auch äußerste Akribie in der Beweisführung (Weber, Tote 13); etw. mit S. ausführen, besorgen; seine Äußerungen zeugen von S.; seine Auslassungen waren von keinerlei S. getrübt (scherzh.; *zeugten von Unkenntnis);* **Sach|kom|pe|tenz,** die 〈Pl. selten〉: vgl. Sachkenntnis: Erschreckend ist auch der Mangel an S. unter den Journalisten (BdW 8, 1987, 118); **Sach|kon|to,** das (Buchf.): *Konto, auf dem Sachwerte* (2) *erfaßt werden;* **Sach|kun|de,** die: **1.** *Sachkenntnis:* in den Bereichen der Anlageberatung und der Vermögensverwaltung genießen die Schweizer Banken weltweit den Ruf besonderer S. (Presse 7. 6. 84, II). **2.** *Unterrichtsfach der Grundschule, das die Bereiche Biologie, Erdkunde, Geschichte, Verkehrserziehung, Sexualerziehung u.a. umfaßt:* in S. hat er immer gute Noten; **Sach|kun|de|un|ter|richt,** der: *Unterricht im Fach Sachkunde* (2); **sach|kun|dig** 〈Adj.〉: *Sachkunde* (1) *besitzend; mit Sachkunde* (1): vor einem

-en Publikum sprechen; der Verkäufer war sehr s.; sich s. machen *(sich [über eine bestimmte Frage, ein bestimmtes Gebiet o. ä.] informieren);* etw. s. beurteilen; 〈subst.:〉 wenn es darum geht, seine Kunst Sachkundigen zum Urteil vorzustellen (Brasch, Söhne 23); **Sach|la|ge,** die 〈o. Pl.〉: *bestehende Situation; [augenblickliche] Lage der Dinge in einem bestimmten Zusammenhang:* die S. richtig beurteilen, erkennen, überblicken; etw. in Unkenntnis, in Verkennung der S. tun; ein Vorfall ..., der ... geeignet ist, die ganze S. zu beleuchten (Niekisch, Leben 108); **Sach|le|gi|ti|ma|ti|on,** die (Rechtsspr.): *Sachbefugnis;* **Sach|lei|stung,** die (Fachspr.): *nicht in Geld bestehende Leistung* (3): -en erhalten, beziehen; Bei dem Sozialhilfeaufwand ... stehen die Geldleistungen an erster Stelle vor den -en (Fraenkel, Staat 382); **Sach|le|xi|kon,** das: *Reallexikon:* ein S. der Musik, Literatur; **sach|lich** 〈Adj.〉: **1.** *nur von der Sache selbst, nicht von Gefühlen od. Vorurteilen bestimmt; nur auf die Sache, auf den in Frage stehenden Sachzusammenhang bezogen; objektiv* (2): ein -er Bericht; ein -es Urteil, Argument, Gespräch; er sprach in -em Ton; er ist ein sehr -er Mensch; s. sein, bleiben; etw. s. feststellen, bemerken; ein Problem s. diskutieren; aber dann sprach er wieder s. und kühl (Jens, Mann 36). **2.** *in der Sache* (4a) *begründet; von der Sache* (4a) *her:* ein -er Unterschied, Irrtum; rein -e Erwägungen; etw. aus -en Gründen ablehnen; Abgesehen von der -en Fragwürdigkeit jener Behauptung (Dönhoff, Ära 19); etw. ist s. richtig, falsch; die Kritik ist s. durchaus gerechtfertigt. **3.** *ohne Verzierungen od. Schnörkel; durch Zweckgebundenheit u. Schmucklosigkeit gekennzeichnet:* eine sehr -e Wohnungseinrichtung; ein moderner -er Bau mit flachem Dach und großen Fenstern (Kuby, Sieg 395); der Stil ist s. und nüchtern; s. möblierte Büroräume; **säch|lich** 〈Adj.〉 [im 18. Jh. urspr. = sachlich] (Sprachw.): *dem grammatischen Geschlecht Neutrum zugehörend; neutral* (4): -e Substantive, Adjektivformen; der -e Artikel „das"; die Verkleinerungsformen auf „-chen" haben -es Geschlecht, sind s.; **Sach|lich|keit,** die; -: **1.** *das Sachlichsein* (1): eine wohltuende, kühle, kalte S.; Es war nur Geschäftliches besprochen worden, Rede und Antwort waren von eisiger S. gewesen (Feuchtwanger, Herzogin 123). **2.** *das Sachlichsein* (3): im Bau so eindrucksvoller S.; Neue S. *(Richtung der Malerei, dann auch der Literatur der 20er Jahre, für die eine objektive Wiedergabe der Realität charakteristisches Anliegen ist);* **Sach|man|gel,** der 〈meist Pl.〉 (Rechtsspr.): *Fehler einer Ware o. ä., der eine erhebliche Minderung ihres Wertes od. der Tauglichkeit für ihren Verwendungszweck bedeutet;* **Sach|män|gel|haf|tung,** die (Rechtsspr.): *Haftung für Sachmängel;* **Sach|prä|mie,** die: *nicht in Geld bestehende Prämie:* die Mitarbeiter des Verlags erhielten eine S. in Form von Büchern; **Sach|preis,** der: *nicht in Geld bestehender Preis* (2a) *(bes. bei Wettbewerben, Preisausschreiben, Verlosungen o. ä.):* den Gewinnern, Siegern winken wertvolle -e; es gibt eine Flugreise nach New York und andere wertvolle -e zu gewinnen; **Sach|re|gi|ster**, das: *Register* (1 a), *das die in einem Werk vorkommenden Sachbegriffe erfaßt:* das Buch enthält ein ausführliches S.

Sachs, Sax, der; -es, -e [mhd., ahd. sahs, eigtl. = Gerät zum Schneiden, ↑ Messer]: *altgermanisches Messer, Kurzschwert.*

Sach|scha|den, der: *(bei Unglücksfällen) an Sachen* (1) *entstandener Schaden:* es entstand ein S. von etwa 1,5 Millionen Mark; bei dem Unfall gab es glücklicherweise nur [leichten] S.

Sach|se, der; -n, -n: **1.** Angehöriger eines westgermanischen Stammes od. Stammesverbandes. **2.** Ew. zu ↑ Sachsen; **säch|seln** ⟨sw. V.; hat⟩: *sächsische Mundart, ein sächsisch gefärbtes Deutsch sprechen:* er sächselt leicht, stark; **Sach|sen;** -s: *Bundesland der Bundesrepublik Deutschland;* **Sach|sen-An|halt;** -s: *Bundesland der Bundesrepublik Deutschland;* **Sach|sen-An|hal|ter**, der; -s, -: Ew.; **Sach|sen-An|hal|te|rin**, die; -, -nen: w. Form zu ↑ Sachsen-Anhalter; **Sach|sen-An|hal|ti|ner**, der; -s, -: Ew.; **Sach|sen-An|hal|ti|ne|rin**, die; -, -nen: w. Form zu ↑ Sachsen-Anhaltiner; **sach|sen-an|hal|ti|nisch**, **sach|sen-an|hal|tisch** ⟨Adj.⟩; **Sach|sen|spie|gel**, der; -s [↑ Spiegel (10)]: *Rechtssammlung des deutschen Mittelalters;* **Säch|sin**, die; -, -nen: w. Form zu ↑ Sachse; **säch|sisch** ⟨Adj.⟩: zu ↑ Sachse, ↑ Sachsen: die Sächsische Schweiz (Teil des Elbsandsteingebirges).

Sach|spen|de, die: *nicht in Geld bestehende Spende:* auch -n kann man von der Steuer absetzen; **Sach|stand**, der ⟨o. Pl.⟩: *Stand einer Sache, Angelegenheit:* ... möchte ich die Bürger über den S. der Beseitigung der ... Rauchgasbelästigung informieren (Freie Presse 29. 11. 89, 5).

sacht, sachte ⟨Adj.; sachter, sachteste⟩ [aus dem Niederd. < mniederd. sacht, Nebenf. von ↑ sanft (niederdt. -cht- entspricht hochd. -ft-, vgl. Schacht)]: **1. a)** *mit wenig Kraft, ohne Gewalt [erfolgend], sanft; behutsam, vorsichtig:* ein sachtes Streicheln; eine sachte Berührung; mit sachtem Druck; etw. sacht[e] anfassen, streicheln, berühren, loslassen; sie schloß s. die Tür; Gnotke zog sachte seine Hand zurück (Plievier, Stalingrad 179); Dann küßte sie mich ... sachte auf die Stirn (Fallada, Herr 192); (die Alte) drängte ihn sacht aus dem Raum (Ransmayr, Welt 198); Ü er mahnte sachte zum Aufbruch; der Kluge ..., der sich eben sachte (ugs.; *unauffällig*) ... verdrücken wollte (Fallada, Jeder 186); **b)** *wenig ausgeprägt, kaum merklich; sanft* (4 a): ein sachtes Zittern, Beben, Rauschen; ein sachtes Gefälle; eine sachte Steigung, Kurve; ein sacht[e] ansteigendes, abfallendes Gelände; es ging sachte bergauf; es begann sacht[e] zu schneien; Ü ein sachtes Unbehagen; ein sachtes Gefühl von Schuld ließ mich nicht los (Kaiser, Villa 152). **2.** (ugs.) *langsam; allmählich:* wir müssen ihm das sachte (ugs.; *nach und nach, allmählich*) beibringen; du kannst dich ja mal [ganz] sachte (ugs.; *allmählich*) auf einen Besuch von ihm gefaßt machen; R [mal, immer] sachte!/sachte, sachte! o. ä.: (ugs.; *nicht so voreilig, so unbedacht!, nicht so heftig, so stürmisch!; langsam!*): Sachte, junger Freund, nicht so stürmisch! (Hochhuth, Stellvertreter 20); *bei sachtem (landsch.; *langsam, allmählich*): Es war mir doch bei sachtem klargeworden, daß Catriona ihr Baby bekam (Fallada, Herr 171); **sacht|chen** ⟨Adv.⟩ (landsch., bes. obersächs.): **a)** *langsam, gemächlich:* geh nur vor, ich komm' s. nach; es wird s. *(allmählich)* Zeit; **b)** *leise:* die Tür geht s. auf; mach s.! *(sei leise!)*; **sach|te:** ↑ sacht.

Sach|ti|tel, der (Buchw.): *Titel eines Buches ohne Verfassernamen;* **Sach|un|ter|richt**, der: *Sachkundeunterricht;* **Sach|ver|halt**, der; -[e]s, -e: *Gesamtheit von (in einem bestimmten Zusammenhang, unter einem bestimmten Gesichtspunkt) bedeutsamen Tatsachen:* der S. ist noch unklar, ungeklärt; den wahren, wirklichen S. verschweigen; einen S. darstellen, durchschauen, erkennen, klären; der mit dem Wort (Ideologie) ... gemeinte S. eines falschen Bewußtseins (Fraenkel, Staat 136); nein, man muß „konservieren" sagen und trifft den S. besser (Ceram, Götter 23); **Sach|ver|si|che|rung**, die (Versicherungsw.): *Versicherung, die Schäden an Sachen* (1) *abdeckt;* **Sach|ver|stand**, der: *genaue, zuverlässige Kenntnisse auf einem bestimmten Gebiet, die zu einer entsprechenden Tätigkeit, der Beurteilung, Einschätzung o. ä. von etw. befähigen:* ihm fehlt der nötige S.; allenthalben wird der S. mobilisiert (Dönhoff, Ära 190); keinen S. haben; etw. mit, ohne S. tun; über großen, genug technischen S. verfügen; **sach|ver|stän|dig** ⟨Adj.⟩: *Sachverstand besitzend, von Sachverstand zeugend; kompetent* (1 a): ein -es Urteil, Publikum; etw. s. beurteilen, begutachten; **Sach|ver|stän|di|ge**, der u. die; -n, -n ⟨Dekl. ↑ Abgeordnete⟩: **1.** (Rechtsspr.) *jmd., der aufgrund seiner besonderen Sachkunde in einem gerichtlichen Verfahren als Gutachter auftritt:* ein vereidigter, öffentlich bestellter -r; in einem Prozeß als -r auftreten; einen -n hinzuziehen, hören; die Bestellung des -n obliegt dem Richter; ein Beweis durch S. kann in allen Verfahrensarten erhoben werden. **2.** *jmd. mit Sachverstand; Fachmann; Experte:* Im Weißen Haus ... hat heute eine ganze Anzahl von ökonomischen -n ... ständig direkten Zugang zum Regierungschef (Dönhoff, Ära 190); den Rat eines -n einholen; die Versicherung ließ den Schaden von einem -n schätzen; **Sach|ver|stän|di|gen|aus|schuß**, der: *aus Sachverständigen zusammengesetzter Ausschuß;* **Sach|ver|stän|di|gen|gut|ach|ten**, das: *Gutachten eines Sachverständigen:* das Urteil basiert im wesentlichen auf zwei S.; **Sach|ver|stän|di|gen|rat**, der (Politik): *aus Sachverständigen* (2) *zusammengesetzter Rat* (3 a): wie der Auftrag an den ... geplanten S. ... lauten wird (DÄ 47, 1985, 18); der S. [zur Begutachtung der gesamtwirtschaftlichen Entwicklung] (Politik; *aus fünf unabhängigen Wirtschaftswissenschaftlern zusammengesetztes Gremium, das jährlich ein Gutachten über die gesamtwirtschaftliche Entwicklung erstellt*); **Sach|ver|ständ|nis**, das (selten): *Sachverstand:* Hunderte von Zuschauern ... begutachteten mit mehr oder weniger großem S. die ... Cross-Strecke (NZZ 21. 8. 83, 27); **Sach|ver|zeich|nis**, das: *Sachregister;* **Sach|wal|ter**, der; -s, - [mhd. sachwalter]: **1.** (geh.) *jmd., der für jmdn., etw. in der Öffentlichkeit eintritt, der sich zum Fürsprecher od. Verteidiger von jmdm., etw. gemacht hat:* Die S. des Rätegedankens (Niekisch, Leben 44); sich zum S. [der Interessen] einer Minderheit machen. **2.** *jmd., der im Auftrag eines Dritten bestimmte Aufgaben wahrnimmt:* Ich bin ... Overbeck, Angestellter und S. des Vereins zur Vermessung ... e. V. (Bieler, Bonifaz 134); Sie fühlten sich als S. Gottes (Thieß, Reich 331). **3.** (Rechtsspr.) *jmd., der als Interessenvertreter der Gläubiger den Schuldner bis zur Erfüllung des Vergleichs überwacht;* **Sach|wal|te|rin**, die; -, -nen: w. Form zu ↑ Sachwalter; **sach|wal|te|risch** ⟨Adj.⟩: *als Sachwalter, wie ein Sachwalter; dem Sachwalter eigentümlich:* eine -e Tätigkeit; als Abgeordneter hat er die Interessen aller Bürger s. zu vertreten; **Sach|wei|ser**, der (seltener): *Sachregister;* **Sach|wert**, der: **1.** *materieller Wert einer Sache:* von Unterversicherung spricht man, wenn der S. der versicherten Gegenstände die Versicherungssumme übersteigt. **2.** *Sache, die einen materiellen Wert darstellt; Wertobjekt:* Der Handkoffer aber ..., der ist ein S., der kann geerbt werden (Seghers, Transit 24); sein Geld in -en anlegen; die hohe Inflationsrate führte zu einer Flucht in die -e (Wirtsch.; *veranlaßte die Anleger, ihr Geld in Sachwerten anzulegen*); **Sach|wis|sen**, das: *Wissen, das jmd. auf einem bestimmten Sachgebiet hat;* **Sach|wör|ter|buch**, das: *Reallexikon:* ein S. der Kunst; **Sach|zeu|ge**, der: *Sachzeugnis:* Die Mitglieder ... der Gesellschaft für Denkmalpflege ... hatten sich ... die Aufgabe gestellt, den Schönfelder -n publikumswirksam aufzustellen (Freie Presse 18. 11. 88, 8); **Sach|zeug|nis**, das: *Gegenstand, der Aufschluß über eine vergangene materielle Kultur vermittelt* (z. B. eine mittelalterliche Ritterrüstung, ein prähistorisches Werkzeug u. ä.): Etwa 50 -se belegen die Tätigkeit im früheren Salzgebiet (NNN 21. 9. 85, 3); **Sach|zu|sam|men|hang**, der: *sachlicher* (2) *Zusammenhang:* zwischen den beiden Problemen besteht ein sehr enger S.; **Sach|zwang**, der ⟨meist Pl.⟩ (Soziol., Politik): *die Entscheidungsfreiheit einschränkende sachliche* (2) *Notwendigkeit:* angebliche Sachzwänge werden gern als Rechtfertigungsgründe für politische Fehlentscheidungen angeführt; damit der bisherige Wahnsinn uns nicht weiter in sein Netz von Sachzwängen einspinnt (az 6, 1982, 69).

Sack, der; -[e]s, Säcke (als Maßangabe auch: Sack) [mhd., ahd. sac < lat. saccus < griech. sákkos = grober Stoff aus Ziegenhaar; (aus solchem Material hergestellter) Sack]: **1. a)** *größeres, längliches Behältnis aus [grobem] Stoff, starkem Papier, Kunststoff o. ä., das dem Transport*

sackartig

od. der Aufbewahrung von festen Stoffen, Gütern dient: ein voller, leerer S.; drei Säcke [voll] Zucker; drei S. Kartoffeln; einen S. zubinden; Säcke schleppen, stapeln; etw. in einen S. stecken, stopfen, füllen; das Kleid sitzt, sieht aus wie ein S. *(ist unförmig, schlecht geschnitten);* es ist dunkel wie in einem S. (ugs.; *sehr dunkel);* er lag da, fiel um wie ein [nasser] S. (salopp; *wie leblos);* R hinein mit S. und Pfeife (Soldatenspr.; *drauflos mit allem Drum u. Dran);* ihr habt zu Hause wohl Säcke an den Türen! (salopp; Aufforderung, die Tür zu schließen); lieber einen S. [voll] Flöhe hüten als ... *(... ist eine kaum zu bewältigende Aufgabe);* lieber einen S. [voll] Flöhe hüten als diese drei Kinder [zu] beaufsichtigen; Ü ein S. voll Lügen *(viele Lügen);* Ich war mit einem ganzen S. voller Einwände *(mit sehr vielen Einwänden)* gekommen (Niekisch, Leben 119); * **voll sein wie ein S.** (salopp; *sehr betrunken sein);* **schlafen wie ein S.** (salopp; *tief und fest schlafen);* **angeben wie ein, zehn S. Seife** (salopp; *sehr prahlen);* **den S. zubinden** (ugs.; *den sich abzeichnenden Erfolg vollends sichern);* **den S. schlagen und den Esel meinen** *(statt des eigentlich Verantwortlichen einen anderen tadeln, kritisieren, angreifen o. ä.;* wohl nach dem lat. Roman „Satirae" des C. Petronius Arbiter, wo es in der Sat. 45 heißt: qui asinum non potest, stratum caedit [= Wer den Esel nicht schlagen kann, schlägt den Packsattel]; **jmdn. im S. haben** (ugs.; *jmdn. gefügig gemacht haben);* **etw. im S. haben** (ugs.; *einer Sache sicher sein können);* **jmdn. in den S. stecken** (ugs.; 1. *jmdn. überlegen sein;* geht wohl auf eine frühere Art von Wettkampf zurück, bei der die Besiegten vom Sieger tatsächlich in einen Sack gesteckt wurde: im Rechnen steckt er euch alle in den S. 2. *jmdn. betrügen);* **in den S. hauen** (salopp; 1. *nicht mehr weitermachen, aufgeben;* nach seiner Wahlniederlage wird er in den S. gehauen. 2. *kündigen:* Nachdem er als Moderator von „Show u. Co. mit Carlo" ... in den S. gehauen hat [Hörzu 19, 1986, 5]; viell. urspr. [nach getaner Arbeit] das Werkzeug in einen Sack tun); **in S. und Asche gehen** (geh.; *Buße tun;* wohl nach dem A. T. [Esther 4, 1], wo von dem altorientalen Brauch berichtet wird, daß die Menschen sich zum Zeichen der Trauer in grobes Tuch [Säcke] kleideten u. sich Asche auf die Haare streuten); **mit S. und Pack** *(mit aller Habe;* eigtl. = alles das, was man in Säcken od. Packen verstaut); **S. Zement!** (salopp; Ausruf des Erstaunens, der Verwünschung; entstellt aus ↑Sakrament); **b)** (landsch., bes. südd., österr., schweiz.) *Tasche* (2 a): er zog plötzlich ein Messer aus dem S.; Em-eukal habe er immer im S., sagte Vater (Harig, Weh dem 95); Zusatzlichter mit Batterie ... lassen sich abnehmen und in den S. stecken (Basler Zeitung 2. 10. 1985, 27); keinen Pfennig im S. haben *(überhaupt kein Geld bei sich haben);* * **etw. aus dem eigenen S. bezahlen** (↑Tasche 2 a); **in den eigenen S. wirtschaften** (↑Tasche 2 a); **[für etw.] tief, tiefer in den S. langen** *([für etw.] viel, mehr bezahlen):* für die Luxusausgabe muß man natürlich etwas tiefer in den S. langen. **2.** (salopp abwertend) *Mann, Mensch:* ein alter, blöder, fauler, vollgefressener S.; ein bißchen dalli, ihr Säcke!; die Säcke von der Polente (Genet [Übers.], Notre Dame 200); Wir brauchen solche autoritären und elitären Säcke in einer demokratischen Gesellschaft nicht die Bohne (Heringer, Holzfeuer 94). **3.** ⟨meist Pl.⟩ *sackförmige Hautfalte unter den Augen, Tränensack:* [dicke] Säcke unter den Augen haben. **4.** (derb) *Hodensack:* er ... stellte sich breitbeinig hin, daß ihm der S. in der Hose schaukelte (Fels, Afrika 139); sich am S. kratzen; das Wasser ging ihnen bis zum S. *(reichte ihnen fast bis zur Hüfte);* * **jmdm. auf den S. fallen/gehen** (derb; *jmdm. lästig fallen);* **eins auf den S. kriegen** (derb; 1. *eine Rüge erhalten.* 2. *verprügelt werden.* 3. *eine Niederlage erleiden);* **jmdm. auf den S. niesen/husten/treten** (Soldatenspr.; 1. *jmdn. grob zurechtweisen.* 2. *jmdn. drillen);* **sack|ar|tig** ⟨Adj.⟩: *einem Sack* (1 a) *ähnlich:* ein -es Behältnis; Wird der Leistenkanal zu weit, stülpt sich das Bauchfell s. ... hinein (Hackethal, Schneide 66); **Sack|bahn|hof,** der: *Kopfbahnhof;* **Säck|chen,** das: -s, -: Vkl. zu ↑Sack (1 a); **Säckel**[1], der; -s, - [lat. sacellus = Geldsäckel, Vkl. von: saccus, ↑Sack] (landsch., bes. südd., österr.): **1. a)** (veraltend) *Portemonnaie; Kasse:* wieviel hast du noch im S.?; * **in den eigenen S. arbeiten/wirtschaften** (↑Tasche 2 a); **b)** *Hosentasche.* **2.** *Sack* (2); **Säckel|meister**[1], der (südd., österr.): *Säckelwart;* **säckeln**[1] ⟨sw. V.; hat⟩ (landsch.): *in Säcke füllen;* **Säckel|wart,** der (südd., österr., schweiz.): *Kassenwart;* **Säckel|war|tin**[1], der; w. Form zu ↑Säckelwart; **¹sacken**[1] ⟨sw. V.; hat⟩: *in Säcke füllen:* Kartoffeln, Kohlen, Zement s.; Industriesalz, lose und gesackt (Horizont 12, 1977, 6). **²sacken**[1] ⟨sw. V.; ist⟩ [aus dem Niederd. < mniederd. sacken, wahrsch. Intensivbildung zu ↑sinken]: **a)** *sinken:* in die Knie, nach hinten, zur Seite, auf einen Stuhl, unter den Tisch s.; Marianne lehnte an der Innenseite der Tür, mit nassem Gesicht, und sackte am Holz nach unten (Kronauer, Bogenschütze 125); der Heißluftballon, das Flugzeug sackte plötzlich nach unten; Der Rumpf des Schiffes sackte langsam tiefer (Schneider, Marmor 40); **b)** *sich senken:* der Grund, das Gebäude sackt. **säcken**[1] ⟨sw. V.; hat⟩ (früher): *(als Strafe bei bestimmten Verbrechen) in einem Sack ertränken;* **Säckerl**[1], das; -s, -n [mundartl. Vkl. von ↑Sack] (bayr., österr.): *Beutel.* **sacker|lot**[1] ⟨Interj.⟩ [älter frz. sacrelot, entstellt aus: sacre nom (de Dieu) = heiliger Name (Gottes)] (veraltet): *Ausruf des Erstaunens od. der Verwünschung;* **sacker|ment**[1] ⟨Interj.⟩ [entstellt aus ↑Sakrament] (veraltet): vgl. sackerlot. **säcke|wei|se**[1] ⟨Adv.⟩: *in großer Säcke füllender Menge:* letztes Jahr haben wir s. Eßkastanien gesammelt; Zement habe ich noch s. in der Garage liegen; **sack|för|mig** ⟨Adj.⟩: *die Form eines Sackes aufweisend, von der Form eines Sackes:* eine -e Hautfalte; **Sack|garn,** das: *starkes Garn zum Nähen von Säcken;* **Sack|gas|se,** die: *Straße, die nur eine Zufahrt hat u. am Ende nicht mehr weitergeführt:* die Benzstraße ist eine S.; Ü Umweltpolitisch rast das Auto in eine S. (natur 3, 1991, 66); einen Ausweg aus der S. *(dem Dilemma)* suchen; die Verhandlungen sind in eine S. geraten *(haben sich festgefahren);* **Sack|geld,** das (südd., österr., schweiz.): *Taschengeld;* **Sack|ge|we|be,** das: *Sackleinen;* **Sack|gleis,** das: *Gleis, das nur an einem Ende mit dem Schienennetz verbunden ist;* **sack|grob** ⟨Adj.⟩ (landsch. abwertend): *sehr grob* (4 a); **Sack|hal|ter,** der (derb): *Suspensorium;* **sack|hüp|fen** ⟨sw. V.; meist nur im Inf. u. im 1. Part. gebr.⟩: *Sackhüpfen spielen;* **Sack|hüp|fen,** das; -s: *Kinderspiel, bei dem die Kinder bis zur Hüfte od. Brust in einem Sack steckend um die Wette hüpfen:* S. spielen; er war beim, im S. immer Erster. **Säckin|gen**[1]: *badische Stadt am Rhein.* ♦ **Säck|kal|len|der,** der: *Taschenkalender:* Mir kam ... in diesen Tagen ein alter S. in die Hände von Anno fünfundachtzig (Mörike, Mozart 216); **Sack|kar|re,** die, **Sack|kar|ren,** der: *zweirädrige Karre zum Transportieren von vollen Säcken u. anderen schweren Gegenständen über kurze Entfernungen;* **Sack|kleid,** das: *sackartig geschnittenes Kleid;* **Sack|lau|fen,** das; -s: vgl. Sackhüpfen; **sack|lei|nen**[1] ⟨Adj.⟩: *aus Sackleinen:* ein -es Hemd; **Sack|lei|nen,** das: *grobes Gewebe aus Jute, Hanf, Baumwolle o. ä., aus dem Säcke hergestellt werden;* **Sack|lein|wand,** die: *Sackleinen;* **Säck|ler,** der; -s, -: **1.** (landsch., bes. schwäb.) *Handwerker, der Lederhosen u. -taschen herstellt.* **2.** (österr. veraltend) *Säckelwart;* **Sack|lun|ge,** die (Med.): *mißgebildete Lunge mit Hohlräumen, die Luft oder Flüssigkeit enthalten;* **Sack|mes|ser,** das (südd., schweiz.): *Taschenmesser;* **Sack|mot|te,** die: *metallisch glänzender Schmetterling mit langen, schmalen Flügeln, dessen Raupen in einem sackartigen Gespinst* (a) *leben;* **Sack|na|del,** die: *starke [leicht gebogene] Nadel zum Nähen von Säcken;* **Sack|pfei|fe,** die: *Dudelsack;* **Sack|pfei|fer,** der: *Dudelsackspieler;* **Sack|rat|te,** die [zu ↑Sack (4)] (Soldatenspr.): *Filzlaus* (1); **Sack|spin|ne,** die: *nachtaktive Spinne, die sich tagsüber in sackartigen Gespinsten* (a) *unter Steinen, Baumrinden o. ä. aufhält;* **Sack|spin|ner,** der: *Sackträger;* **Sack|trä|ger,** der: *kleiner, bräunlicher od. schwärzlicher Schmetterling, dessen Raupen in sackartigen, mit Pflanzenteilen bedeckten Sand verkleideten Gespinsten leben;* **Sack|tuch,** das: **a)** ⟨Pl. ...tuche⟩ *Sackleinen;* **b)** ⟨Pl. ...tücher⟩ (südd., österr., schweiz.) *Taschentuch;* **Sack|uhr,** die (südd., österr., schweiz.): *Taschenuhr;* **sack|wei|se** ⟨Adv.⟩: *in Säcken abgefüllt:* Kartoffeln s. liefern; Zement verkaufen wir nur s.; ♦ **Sack|zehn|te,** der: *von den Bauern an Pfarrer u. Lehrer [bar] zu zahlende Abgabe des zehnten Teils des gedroschenen u. in Säcke abgefüllten Getreides:* Der Prediger ... Oder Schulmeister. – Seit der S. abgeschafft, Ew. Gnaden, wozu ich hier im Amte mitgewirkt, kann ich

auf beider Dienste nicht mehr rechnen (Kleist, Krug 5).
Sa|cra con|ver|sa|zio|ne, Santa conversazione, die; - - [ital., eigtl. = heilige Unterhaltung] (bild. Kunst): *(auf Andachtsbildern* (a) *dargestellte) Szene mit der inmitten von Heiligen thronenden Madonna;* **Sa|cri|fi|ci|um in|tel|lec|tus** [-...tu:s], das; - - [lat., eigtl. = Opfer der (eigenen) Einsicht]: **1.** (bildungsspr.) *das Aufgeben der eigenen Überzeugung angesichts einer fremden Meinung.* **2.** (kath. Kirche) *die von den Gläubigen geforderte Unterordnung des eigenen Erkennens unter die kirchliche Lehrmeinung.*
Sad|du|zä|er, der; -s, - ⟨meist Pl.⟩ [lat. Sadducaei (Pl.) < hebr. zaddûqîm]: *Angehöriger einer altjüdischen konservativen Partei;* **sad|du|zä|isch** ⟨Adj.⟩: *den Sadduzäern eigentümlich, zu ihnen gehörend:* -es Gedankengut.
Sa|de|baum, der [entstellt aus älter Sebenbaum, nach dem lat. Pflanzennamen herba Sabina = Kraut der Sabiner]: *(im Gebirge wachsender) Wacholder mit schuppenförmigen, an den jungen Trieben nadelförmigen Blättern.*
Sad|hu, der; -[s], -s [sanskr. sādhu = der Gute]: *als Eremit u. bettelnder Asket lebender Hindu.*
Sa|dis|mus, der; -, ...men [frz. sadisme, nach dem frz. Schriftsteller Marquis de Sade (1740–1814)]: **a)** ⟨o. Pl.⟩ *anormale Veranlagung, beim Quälen anderer zu sexueller Erregung, Lust zu gelangen;* **b)** ⟨o. Pl.⟩ (abwertend) *Lust am Quälen, an Grausamkeiten:* seinen S. ausleben; etw. aus [reinem] S. tun; das ist doch der reinste S. *(das zeugt von Sadismus);* **c)** *sadistische Handlung;* Sadismen (MM 5.2.70, 36); **Sa|dist,** der; -en, -en: **a)** *jmd., der sich durch Quälen anderer sexuell zu befriedigen sucht;* **b)** (abwertend) *jmd., der Freude daran hat, andere zu quälen:* Ein S.! Der hat uns mit Prüfungen gequält (Kempowski, Immer 148); **Sa|di|stin,** die; -, -nen: w. Form zu ↑ Sadist; **sa|di|stisch** ⟨Adj.⟩: **a)** *den Sadismus* (a) *betreffend, darauf beruhend; sexuelle Erregung, Lust bei Quälereien empfindend:* -e Neigungen, Sexualpraktiken; -e Pornographie; s. veranlagt sein; **b)** (abwertend) *von Sadismus* (b) *bestimmt, geprägt; grausam:* -e Greueltaten; mit -er Brutalität, Lust; -e Vorgesetzte; dieses -e Schwein!; jmdn. s. schikanieren; Ü selbst hier, in ihrer -en Konvulsion, wird Geschichte ungeschichtlich erfahren (Enzensberger, Einzelheiten I, 116); **Sa|do|ma|so,** der; - (Jargon): kurz für ↑ Sadomasochismus; **Sa|do|ma|so|chis|mus,** der; -, ...men: **a)** ⟨o. Pl.⟩ *anormale Veranlagung, beim Ausführen u. Erdulden von Quälereien zu sexueller Erregung, Lust zu gelangen;* **b)** *sadomasochistische Handlung:* Fetischismus oder S. sind tolerierbare Formen menschlichen Sexualverhaltens (Spiegel 9, 1978, 74); **Sa|do|ma|so|chist,** der: *jmd., der beim Ausführen u. Erdulden von Quälereien sexuell erregt wird;* **Sa|do|ma|so|chi|stin,** die: w. Form zu ↑ Sadomasochist; **sa|do|ma|so|chi|stisch** ⟨Adj.⟩: *dem Sadomasochismus eigentümlich, zu ihm gehörend:* -es Sexualverhalten; -e Partner; s. veranlagt sein;

Sa|do|we|stern, der; -[s], - (ugs.): *besonders grausamer Italowestern.*
Säe|mann, der ⟨Pl. ...männer⟩ (dichter.): Sämann; **sä|en** ⟨sw. V.; hat⟩ [mhd. sæ(je)n, ahd. sāen, urspr. = schleudern, werfen, (aus)streuen, fallen lassen]: *in Form von Saatgut in die Erde bringen:* Korn, Gras, Radieschen, Salat s.; Aber wir warten auf ihn, der gekommen ist und der sich selbst als Saatkorn der Verheißung in unsere Erde gesät hat (Thielicke, Ich glaube 254); ⟨auch o. Akk.-Obj.:⟩ mit der Hand, maschinell s.; der Bauer hat den ganzen Tag gesät; Ü Zwietracht, Unzufriedenheit s.; Sie säen den Haß in die Herzen (Benrath, Konstanze 126); Das Leben zu s. an der Stätte des Todes hat sicher etwas ... Versöhnliches (Remarque, Obelisk 90); * **wie gesät** (emotional; *dicht u. in großer Menge):* nach dem Sturm lagen die Kastanien wie gesät umher; **dünn gesät sein** (emotional; *nur in geringer Zahl vorhanden sein):* gute Regisseure, Fachkräfte, anspruchsvolle Fernsehsendungen sind [leider] dünn gesät; **Sä|er,** der; -s, - (geh. selten) = Sämann; **Säe|rin,** die; -, -nen (geh. selten) w. Form zu ↑Säer.
Sa|fa|ri, die; -, -s [Suaheli safari < arab. safar = Reise]: **a)** *(bes. in Ostafrika) längerer Fußmarsch [mit Trägern u. Lasttieren];* **b)** *[Gesellschafts]reise (nach Afrika) mit der Möglichkeit, Großwild zu beobachten u. zu jagen:* an einer S. [durch Zaire] teilnehmen; auf S. gehen; **Sa|fa|ri|look,** der; *legerer modischer Look für Damen- u. Herrenoberbekleidung, für den kräftige Stoffe u. bestimmte Details (wie z. B. Schulterklappen, aufgesetzte Taschen, Metallknöpfe) kennzeichnend sind;* **Sa|fa|ri|park,** der: *Wildpark mit exotischen Tieren.*
Safe [seɪf], der, auch: das; -s, -s [engl. safe, Subst. von: safe = unversehrt; sicher, geschützt < afrz. sauf < lat. salvus = gesund, heil, also eigtl. = der Sichere]: **a)** *Geldschrank;* **b)** *Schließfach im Tresor [eines Geldinstituts] zur sicheren Aufbewahrung von Geld, kostbarem Schmuck, Wertpapieren o. ä;* **Sa|fer Sex** ['seɪfə 'sɛks], der; [engl., eigtl. = sicherer Sex, aus safer = sicherer (Komparativ von: safe = sicher, ↑Safe) u. sex, ↑Sex]: *die Gefahr einer Aidsinfektion minderndes Sexualverhalten:* S. S. propagieren; über S. S. aufklären.
Saf|fi|an, der; -s [russ. saf'jan, über das Turkotat. < pers. sahtiyān]: *feines, weiches (oft leuchtend eingefärbtes) Ziegenleder;* **Saf|fi|an|le|der,** das: Saffian.
Saf|flor, der; -s, -e [unter Anlehnung an ↑Safran u. ↑¹Flor < älter ital. asfori, aus dem Arab.]: *Färberdistel;* **saf|flor|gelb** ⟨Adj.⟩: *von der Farbe des Saflors.*
Sa|fran, der; -s, -e [mhd. saffrān < afrz. safran, span. azafrán < arab. za'farān]: **1.** *(zu den Krokussen gehörende) im Herbst blühende Pflanze mit schmalen Blättern u. purpurfarbenen Blüten, die bes. im Mittelmeerraum als Gewürz- u. Heilpflanze u. zur Gewinnung von Farbstoff angebaut wird.* **2.** *aus der Narbe (3) des Safrans (1) gewonnenes Färbemittel.* **3.** ⟨o. Pl.⟩ *als Gewürz verwendete, getrocknete Teile vom Fruchtknoten des Safrans (3);*

sa|fran|gelb ⟨Adj.⟩: *von der dunkelgelben Farbe des Safrans (2).*
Saft, der; -[e]s, Säfte [mhd. saf(t), ahd. saf, verw. mit lat. sapa = Most]: **1.** *im Gewebe von Pflanzen enthaltene Flüssigkeit:* den S. von Birken abzapfen; Ahornsirup wird aus dem S. des Zuckerahorns gewonnen; die Wiesen stehen in vollem S. *(sind kräftig grün);* R Blut ist ein ganz besondrer S. *(wird gesagt, wenn von dem Blut zugesprochenen besonderen Macht* [z. B. im Zusammenhang mit der engen Bindung Verwandter] *die Rede ist;* Goethe, Faust I, 1740); Ü er ist voller S. *(hat viel Kraft, Energie o. ä.);* er hat keinen S. in den Knochen *(hat keine Energie, Kraft, keinen Schwung);* * **ohne S. und Kraft** (abwertend; **1.** *ohne Kraft, Schwung:* eine Rede ohne S. und Kraft. **2.** *ohne rechten Gehalt:* eine Suppe ohne S. und Kraft). **2. a)** *im Gewebe von Früchten enthaltene Flüssigkeit:* S. auspressen, einkochen, zu Gelee verarbeiten; gezuckerte Erdbeeren ziehen S. *(der Saft tritt aus ihnen aus),* wenn man sie eine Zeitlang stehenläßt; **b)** *Getränk, das durch Auspressen von Obst od. Gemüse gewonnen worden ist:* S. aus Äpfeln, Möhren, eine Flasche S.; der S. der Reben (dichter.; *Wein).* **3.** ⟨bes. Pl.⟩ *(nach früherer medizinischer Auffassung) aus der Nahrung kommende, vom Körper produzierte Flüssigkeit:* schlechte, kranke Säfte [im Körper] haben *(krank sein).* **4. a)** *Fleischsaft:* einen Braten im eigenen S. schmoren; * **im eigenen S. schmoren** (ugs.; *[in bezug auf ein Anliegen] nicht die erwünschte, nötige Behandlung, Beachtung finden):* Die großen Probleme der Mannheimer Kommunalpolitik schmoren ... im eigenen S. (MM 18.1.1978, 13); **jmdn. im eigenen S. schmoren lassen** (ugs.; *jmdm. in einer schwierigen [auf eigenes Verhalten zurückzuführenden] Situation nicht helfen);* **b)** (österr.) *Soße.* **5.** (salopp) **a)** *elektrische Spannung, elektrischer Strom:* paß auf, auf der Leitung ist S.; die Batterie hat keinen S. mehr *(ist leer);* man kann das Gerät aber auch über das Stromnetz mit „Saft" versorgen (Hörzu 9, 1983, 100); **b)** *Kraftstoff:* ihm ist auf der Autobahn der S. ausgegangen; der Vergaser kriegt nicht genug Saft; los, gib S. *(gib Gas)!;* Nach Berechnungen des Umweltbundesamtes verkraften 8 bis 12 Millionen Fahrzeuge den bleifreien S. (ADAC-Motorwelt 10, 1985, 48); **Saft|be|rei|tung,** die: *Herstellung von Saft (2 b):* er hielt sie (= die Orangen) als Obst für nicht mehr genießbar und nur zur S. zu verwenden (Baum, Paris 40); **Saft|bra|ten,** der: *geschmorter Rinderbraten;* **Säft|chen,** das; -s, -: **a)** Vkl. von ↑Saft (2 b): das ist ein leckeres S.; **b)** *Gläschen Saft* (2 b): ein S. trinken; **Säf|tel,** der; -s, - (landsch.): *Saftsack;* **Säf|te|leh|re,** die ⟨o. Pl.⟩: *Humoralpathologie;* **saf|ten** ⟨sw. V.; hat⟩: **a)** *Saft (2 a) abgeben, bluten:* Stachelbeeren und Brombeeren ... saften sehr (Wochenpost 20.6.1964, 21); stark saftende Beeren; **b)** *durch Auspressen von Früchten Saft (2 a) gewinnen:* wenn die Äpfel geerntet sind, werden wir s.; **Saft|fa|sten,** das; -s: *Diät, bei der man ausschließlich frisch gepreßte Obst- und Ge-*

müsesäfte zu sich nimmt; **Saft|fut|ter,** das (Landw.): *Viehfutter mit hohem Wassergehalt (z. B. Rüben);* **saft|grün** ⟨Adj.⟩: *von frischem, kräftigem Grün:* -e Wiesen; **saf|tig** ⟨Adj.⟩ [mhd. saftec]: **1.** *viel Saft* (1, 2 a, 4 a) *enthaltend, voller Saft:* eine -e Birne, Tomate, Paprikaschote, Knoblauchzehe; -e Früchte, Stengel, Blätter, Wurzeln; ein -es Steak; eine -e *(mit frischem, kräftigem Gras bewachsene)* Weide; das Stadtgartenamt verschenkt Tonnen -ster Blumenerde (Kurier 12. 5. 84, 17); das Fleisch ist nicht besonders s.; Ü das -e Grün der Wiesen; Dantons ... -e *(lebensvolle)* Menschlichkeit (Sieburg, Robespierre 29). **2.** (ugs.) *so [beschaffen], daß es jmdn. [empfindlich] trifft, in unangenehmer Weise berührt:* -e Preise, Gebühren, Mieterhöhungen; eine -e Rechnung; Das Patent gehörte ihm entzogen, ein -es Berufsverbot auferlegt (Süskind, Parfum 69); Ihm drohen -e Strafen (NNN 6. 12. 88, 5); dem werde ich einen -en Brief schreiben; sie erlebten eine -e Überraschung; ein -er *(derber)* Fluch, Witz; eine -e *(kräftige)* Ohrfeige; die Kosten können recht s. sein; jmdm. s. die Meinung sagen; **Saf|tig|keit,** die; -, -en: **1.** ⟨o. Pl.⟩ *das Saftigsein.* **2.** *derbe, unanständige Äußerung;* **Saft|kur,** die: *als Kur angewandtes Saftfasten;* **Saft|la|den,** der ⟨Pl. ...läden⟩ (salopp abwertend): **a)** *schlecht geführter Betrieb* (1): diesen S. habe ich satt, ich kündige!; Ü Unsere parlamentarische Demokratie ... ist zur Zeit ein S. (Spiegel 21, 1968, 9); **b)** *schlecht geführter, schlecht sortierter Laden* (1): so ein S.!; in dem S. kaufe ich schon lange nicht mehr; **saft|los** ⟨Adj.; -er, -este⟩ (abwertend): *ohne Kraft, ohne Schwung:* eine -e Prosa; die Mannschaft spielte s.; * **saft- und kraftlos** (emotional abwertend): *ohne jeden Gehalt);* **Saft|mal,** das (Bot.): *Zeichen od. Farbfleck in Blüten zur Anlockung der bestäubenden Insekten;* **Saft|oran|ge,** die: *besonders saftige Orange;* **Saft|pres|se,** die: *Presse* (1); **saft|reich** ⟨Adj.⟩: *viel Saft* (1, 2 a) *enthaltend:* -e Früchte; die Stengel, Wurzeln sind sehr s.; **Saft|sack,** der (derb abwertend; Schimpfwort): *männliche Person, über die man sich ärgert:* der alte S. kann sich auf was gefaßt machen; verschwinden Sie endlich, Sie S.!; **Saft|tag,** der: *Tag, an dem jmd. sich nur von frisch gepreßten Säften* (2 b) *ernährt:* wöchentlich einen S. machen, einlegen; seinen S. haben; **saft|voll** ⟨Adj.⟩: **a)** (geh.) *saftreich;* **b)** *kraftvoll.*

SA-Füh|rer, der (ns.): *Führer in der SA.*

Sa|ga ['za(ː)ga], die; -, -s [aisl. saga = Erzählung, verw. mit ↑ Sage] (Literaturw.): *alte nordische* (1), *meist von den Kämpfen heldenhafter Bauerngeschlechter handelnde Erzählung in Prosa:* Ü Seit Harold Robbins hat kein Autor eine solch erregende S. von Reichtum, Liebe u. Mordgier geschrieben (Spiegel 30, 1974, 89).

Sa|ga|zi|tät, die; - [lat. sagacitas, zu: sagax = scharfsinnig] (veraltet): *Scharfsinn.*

sag|bar ⟨Adj.⟩ [mhd. sagebære (selten)]: *so beschaffen, daß es gesagt, ausgesprochen werden kann:* das Wesentliche ist ja nicht s. (Mayröcker, Herzzerreißende 155); ⟨subst.:⟩ daß jedes aufgeschriebene Leben, eben um dieses nicht Sagbaren willen, eine Fälschung ist (Kaschnitz, Wohin 147); **Sa|ge,** die; -, -n [mhd. sage, ahd. saga = Rede, Bericht, Erzählung, Gerücht, eigtl. = Gesagtes, zu ↑ sagen]: *ursprünglich mündlich überlieferter Bericht über eine im einzelnen nicht verbürgte, nicht alltägliche, oft wunderbare Begebenheit:* eine alte, griechische S.; deutsche -n; die -n der Völker, der Antike; die S. überliefert, daß...; er liest gern Märchen und -n; nach einer alten S. haben auf der Burg Niedeck einst Riesen gewohnt; Ü das ist nur eine S. *(ein Gerücht);* etw. als fromme S. ansehen *(nicht glauben);* * **es geht die S., ...** *(es wird allgemein behauptet, ...;* nach lat. fama est = es geht das Gerücht): Es ging auch die S., daß er sich eine Uniform mit einem Goldkragen hätte machen lassen (Musil, Mann 999).

Sä|ge, die; -, -n [mhd. sege, ahd. sega, ablautend zu mhd. sage, ahd. saga, eigtl. = Werkzeug zum Schneiden, verw. mit lat. secare, ↑ sezieren]: **1. a)** *aus einem [mit einem Griff versehenen, in einen Bügel* (5) *eingespannten] gezähntes Blatt* (5) *aus gehärtetem Stahl bestehendes Werkzeug zum Zerteilen harter Materialien:* die S. ist stumpf, muß geschärft werden; die S. ist für Metall, Kunststoffe nicht geeignet; die -n knirschten und schrien manchmal, wenn sich ein Span gegen das Blatt stemmte (Fallada, Trinker 106); das Blatt, der Griff, der Bügel der S.; * **die Singende S.** *(aus einer Säge bestehendes Musikinstrument, das dadurch zum Tönen gebracht wird, daß die ungezähnte Seite des Sägeblatts mit einem Bogen* 5 *gestrichen wird);* **b)** *Sägemaschine:* eine elektrische, motorgetriebene S. **2.** (bayr., österr.) *Sägewerk:* er arbeitet in einer S. **3.** (salopp) *unangenehmer Mensch;* **Sä|ge|band,** das ⟨Pl. ...bänder⟩: *endloses* (a) *Sägeblatt (bei Sägemaschinen);* **Sä|ge|blatt,** das: *gezähntes Blatt* (5) *einer Säge:* ein neues S. einsetzen, einspannen; **Sä|ge|bock,** der [2: nach den sägeförmigen Fühlern]: **1.** *Holzbock, auf den längere Holzstücke zum Zersägen gelegt werden.* **2.** *Bockkäfer;* **Sä|ge|bü|gel,** der: *Bügel* (5); **Sä|ge|dach,** das: *Scheddach.*

Sage-femme [sa'ʒfam], die; -, Sages-femmes [sa'ʒfam; frz. sage-femme, eigtl. = weise Frau; aus: sage = weise u. femme = Frau] (veraltet): *Hebamme.*

Sä|ge|fisch, der: *Rochen mit stark verlängerter, doppelseitig wie ein Sägeblatt gezähnter Schnauze;* **sä|ge|för|mig** ⟨Adj.⟩: *wie eine Säge geformt, mit Zähnen, Zacken versehen;* **Sä|ge|ma|schi|ne,** die: *Maschine zum Sägen;* **Sä|ge|mehl,** das: *beim Sägen pulverig, mehlartig zerriebenes Holz:* den Fußboden mit S. bestreuen; eine mit S. ausgestopfte Puppe; **Sä|ge|mes|ser,** das: *Messer mit sägeförmiger Klinge;* **Sä|ge|müh|le,** die [mhd. segemül]: *Sägewerk;* **Sä|ge|mül|ler,** der: *Besitzer einer Sägemühle.*

sa|gen ⟨sw. V.; hat⟩ [mhd. sagen, ahd. sagēn, eigtl. = hören lassen, zeigen, bemerken, verw. mit ↑ sehen]: **1. a)** *(Wörter, Sätze o. ä.) artikulieren, aussprechen:* etw. laut, leise, deutlich, im Flüsterton, vorwurfsvoll s.; ja, nein, guten Abend s.; was hat sie gesagt?; ich habe nichts gesagt; kannst du das bitte noch einmal s.?; Ich red' mit dir. Sag was! (Fels, Sünden 48); du sollst nicht immer „Mist" s.; so etwas sagt man nicht *(das ist eine unfeine Ausdrucksweise);* „Wenn du Lust hast", sagte sie, „komm doch mit"; darauf sagte *(erwiderte)* er nur: „Mir ist es egal"; davon habe ich nichts gesagt (ugs.; *davon war in dem, was ich gesagt habe, nicht die Rede);* sie ist sehr zurückhaltend, ich möchte fast s., schüchtern, etw. im Ernst, im Scherz s. *(etw. sagen u. ernst, nicht ernst meinen);* etw. s.; sag *(sprich)* die Zauberformel!; sag uns ein Gedicht (geh.; *trage uns auswendig ein Gedicht vor);* R das ist leichter gesagt als getan *(das ist gar nicht so leicht zu bewerkstelligen);* das sagt sich so leicht/einfach (ugs.; *das ist in Wahrheit sehr viel schwieriger, komplizierter);* das kann man/kannst du laut s. (ugs.; *das ist ganz sicher richtig, darin stimme ich dir völlig zu);* gesagt, getan *(dem Aussprechen des Gedankens, des Vorsatzes folgte unmittelbar die Ausführung);* * **[ach,] was sage ich** *(das ist ja gar nicht richtig, das ist ja viel zu schwach ausgedrückt o. ä.):* er war nicht besonders nett – ach, was sage ich –, er war ausgesprochen unfreundlich); **sagen wir [einmal, mal]** (1. *vielleicht, ungefähr:* das dauert, sagen wir mal, eine Stunde. 2. *beispielsweise:* wenn ein Kilo, sagen wir mal acht Mark kostet, was kostet dann ein Zentner?); **sagen wir [doch] ... (*einigen wir uns doch auf ...):* sagen wir doch 50 Mark, 20 Uhr[, wenn es dir recht ist]; **sage und schreibe** (ugs.: *ohne Übertreibung gesagt, ungelogen):* er hat mich sage und schreibe eine Stunde warten lassen; **um nicht zu s. ...** *(man könnte eigentlich sogar sagen ...):* es geht ihm schlecht, um nicht zu s. miserabel; **b)** *(ein Wort, eine Wendung o. ä.) im Sprachgebrauch haben, beim Sprechen benutzen, gebrauchen:* ein völlig veraltetes Wort, das heute kein Mensch mehr sagt; wer sagt heute noch „Beding"?; sagst du „Rotkohl" oder „Rotkraut"?; bei uns, hier, im Süden sagt man „Rahm"; **c)** *auf eine bestimmte Weise, mit einem bestimmten Wort, Namen bezeichnen:* zu einem Fotoapparat kann man auch „Kamera" s.; was, wie kann man noch dazu s. *(mit welchem anderen Wort kann man es noch bezeichnen)?;* **d)** *auf eine bestimmte Weise, mit einer bestimmten Anrede anreden:* du sollst nicht immer „Dicke" zu deiner kleinen Schwester s.; du brauchst nicht „Tante" zu mir zu s.; du kannst ruhig du, Kalle zu mir s.; sie sagen sich du (landsch., selten standardspr.; *duzen sich).* **2. a)** *(Worte, Äußerungen) an jmdn. richten:* ich habe das nicht zu dir, sondern zu Peter gesagt; jmdm. Komplimente, Grobheiten, tröstende Worte, ein paar aufmunternde Worte s.; jmdm. auf Wiedersehen s. *(sich von jmdm. verabschieden);* komm, ich sage *(flüstere)* es dir ins Ohr; und dann muß ich mir von ihm auch noch s. lassen *(den Vorwurf gefallen lassen),* ich hätte meine Aufsichtspflicht verletzt!; * **sich** ⟨Dativ⟩ **etwas, nichts s. lassen** *(auf andere hören, nicht hören):*

War pünktlich, hat gearbeitet, hat sich auch was s. lassen. Alles so, wie's sein muß (Brot und Salz 178); **sich** ⟨Dativ⟩ **von jmdm. etwas, nichts s. lassen** *(auf jmdn. hören, nicht hören, jmds. Ratschläge annehmen, nicht annehmen):* rede du doch mal mit ihm, von mir läßt sie sich doch nichts s.; **b)** *mündlich zu verstehen geben, mitteilen:* das hättet ihr mir doch s. müssen!; sag ihm aber noch nichts [davon]; ich wollte [dir] nur s., daß ich morgen nicht mitkommen kann; was ich noch s. wollte *(übrigens),* ich komme morgen etwas später; mir sagt ja keiner was *(ugs.; ich werde ja leider immer unzureichend informiert);* sag [es], wenn du noch einen Wunsch hast; sag doch *(gib doch zu),* daß du Angst hast!; [jmdm.] seinen Namen, seine Gründe s. *(angeben, nennen);* [jmdm.] die Wahrheit s.; das haben sie im Radio gesagt; mehr kann ich dir leider auch nicht s. *(mehr weiß ich auch nicht);* kannst du mir s., wie spät es ist?; sag mal, sagen Sie, gibt es hier ein Telefon?; ich habe mir s. lassen *(man hat mir erzählt),* daß du umziehen willst; zu meiner Schande, um der Wahrheit willen sei es gesagt *(sage ich es);* dann kriegst du es mit mir zu tun, das sag' ich dir *(ugs.; dessen kannst du sicher sein);* ich hab' dir's gesagt *(ugs.; ich habe dich vorher gewarnt)!;* das hätte ich dir gleich/vorher s. können *(ugs.; das habe ich gewußt, vorausgesehen);* ich hab's [dir] ja gleich gesagt *(ugs.; ich habe das vorausgesehen u. es dir auch gesagt);* ich will dir mal was s. *(ugs.; hör mir mal gut zu)!;* ich sage dir eins *(das solltest du beherzigen);* laß dir das gesagt sein *(ugs.; merke dir das u. beherzige es)!;* sag bloß, du hast den Schlüssel vergessen! *(ugs.; du hast doch nicht etwa den Schlüssel vergessen?);* ich kann dir gar nicht s. *(ich kann es mit Worten gar nicht ausdrücken),* wie mich das gefreut hat; keine Angst, ich sage *(verrate)* nichts; das sag' ich *(Kinderspr.; das erzähle ich deinen Eltern, dem Lehrer o. ä.);* Mit dieser protektionistischen Geste habe Lady Diana dem Druck der öffentlichen Meinung ... nachgegeben, sagte Lambsdorff dem britischen Rundfunksender BBC (Jargon) *(äußerte er in einem Interview mit der BBC)* (Frankfurter Rundschau 5.10.92, 1); ⟨subst.:⟩ das geht ohne Sagen *(landsch.; ohne viel darüber zu reden, ohne viele Worte darüber zu verlieren);* R sag bloß! *(ugs., oft iron.; das ist aber beachtlich, erstaunlich o. ä.);* das brauchst du mir nicht zu s. *(das weiß ich selbst);* was Sie nicht sagen! *(ugs., oft iron.; das überrascht mich aber, das ist ja unglaublich o. ä.);* wem sagen Sie das! *(ugs.; das ist etw., was ich aus eigener Erfahrung sehr gut weiß);* das kann ich dir s.! *(ugs.; das versichere ich dir);* wenn ich es [dir] sage! *(ugs.; du kannst es mir ruhig glauben);* Ü das sagt mir mein Gefühl, Verstand, Instinkt; sein Benehmen sagt *(verrät)* viel über seinen Charakter; ihr Blick sagte viel, alles *(war sehr vielsagend, verriet viel);* das sagt darüber wenig *(enthält darüber wenig Informationen);* was sagt eigentlich die Uhr? (ugs.; *wie spät ist es eigentlich?);* so eine Geste sagt mehr als tausend Worte; das

sagt alles *(das macht alles deutlich, durchschaubar);* * **sich nichts [mehr] zu s. haben** *(nichts [mehr] miteinander anfangen können, kein Interesse [mehr] aneinander haben);* **jmdm. etw. s.** *(jmdm. etw. bedeuten, vermitteln; bei jmdm. bestimmte Gedanken, Empfindungen, Assoziationen auslösen):* sagt dir der Name irgend etwas?; der Film, die Musik sagt mir nichts; Die Aphorismen sagten ihm soviel wie gar nichts (Sommer, Und keiner 126); daß einem Menschen, dem sie nahesteht, eine bestimmte Melodie, die sie über alles liebt, nicht das gleiche sagt wie ihr (Strauß, Niemand 97); **c)** *(von etw.) erzählen, berichten:* von Heldentaten singen und s.; **d)** *vorschreiben, befehlen:* du hast mir gar nichts zu s.; von ihm lasse ich mir nichts s.; daß diese wenigen Fabrikbesitzer ... uns sagen, was wir zu wollen haben ... (Kühn, Zeit 55); * **sich** ⟨Dativ⟩ **etw. nicht zweimal s. lassen** (ugs.; *einer Aufforderung gern, freudig u. sofort Folge leisten);* **etw., nichts zu s. haben** *(auf Grund einer bestimmten Stellung das Recht, kein Recht haben, Anordnungen, Entscheidungen zu treffen):* er hat [in der Firma, hier] nicht viel, überhaupt nichts, eine ganze Menge zu s.; **das Sagen haben** (ugs.; *eine Stellung innehaben, auf Grund deren man Anordnungen, Entscheidungen treffen, anderen Vorschriften machen kann):* daß jeder der Boß sein will, daß jeder das Sagen haben will (Fichte, Wolli 74); **e)** ⟨s. + sich⟩ *sich denken, sich überlegen:* daß du dir das nicht gutgeben kann, hättest du dir damals schon [selbst] s. können, müssen; da wird er sich wahrscheinlich gesagt haben: was dem einen recht ist, ist dem andern billig; Laß dich krankschreiben, sagte sich der Junge (Fels, Sünden 124). **3. a)** *(Gedanken, Inhalte) mit Worten vermitteln, zum Ausdruck bringen; aussagen:* er hat mit wenigen Worten viel gesagt; das sagt schon der alte Sokrates; kein Mensch muß müssen, wie schon Lessing sagt; was will der Dichter [uns] damit s.?; was sagt uns die Fabel?; willst du damit s. *(soll das heißen),* daß du dein Angebot zurückziehst?; das will ich damit nicht s., das soll damit nicht gesagt sein *(so meine ich es nicht);* der Redner hatte wirklich etwas zu s. *(seine Rede bestand nicht nur aus Gemeinplätzen);* er sagt, was er denkt *(scheut sich nicht, seine Meinung o. ä. zu sagen);* R du sagst es! *(genauso ist es);* Ü ich mag seine Filme, weil er etwas zu s. hat *(weil seine Filme eine Aussage haben);* * **will s.** *(womit ich sagen will; um es deutlicher auszudrücken):* er war nicht besonders erfolgreich, will s., ein absoluter Versager; **b)** *[mündlich] bemerken, feststellen:* möchtest du noch etwas [zu diesem Thema, dazu] s.?; dazu ließe sich noch manches s.; ich würde nie etwas Schlechtes über ihn s.; „Über den ,Mephisto" läßt sich auch Gutes s. (Reich-Ranicki, Th. Mann 215); Er konnte ja nichts s. gegen Gleitze (M. Walser, Seelenarbeit 150); zusammenfassend kann man s.: es war ein Erfolg; das hat er nur so gesagt *(das hat er nicht ernst gemeint);* das hast du gesagt *(diese Bemerkung kam von dir);* dann will ich nichts gesagt ha-

ben *(nehme ich meine Bemerkung zurück);* daß er sich Mühe gibt, muß man [ja, schon] s. *(einräumen, zugeben);* ich halte das, unter uns gesagt, für sehr ungeschickt von ihm; R das mußte einmal gesagt werden *(es war nötig, diese Wahrheit einmal auszusprechen);* Ü (subst. 2. Part.:) das oben Gesagte *(das weiter vorn in diesem Text Stehende);* * **wie gesagt** *(wie ich schon sagte):* ich bin da[,] wie gesagt[,] anderer Ansicht; **c)** *etw. als Tatsache hinstellen; behaupten:* ich sage nicht, daß er es mit Absicht getan hat; das kann man nicht s. *(so verhält es sich nicht);* das ist nicht zuviel gesagt *(nicht übertrieben);* das läßt sich ohne Übertreibung s., das kann jeder s. *(das muß nicht wahr sein);* ich möchte [fast] s. *(ich bin [fast] davon überzeugt),* daß du dich irrst; dasselbe kann ich auch von mir s. *(trifft auch auf mich zu);* man sagt [über ihn, von ihm], daß er von krummen Geschäften lebt; wie kannst du so etwas s.! *(es ist unerhört, so etwas zu behaupten);* das sagst du so einfach! *(das ist keineswegs erwiesen);* da soll noch einer s./da sage noch einer, daß es keine Kavaliere mehr gibt *(das beweist doch, daß es entgegen der verbreiteten Meinung durchaus noch Kavaliere gibt);* R wer sagt das? *(woher willst du das wissen, ist das überhaupt erwiesen?);* das kann man wohl s.! *(das ist in der Tat richtig, wahr; das ist fast zu gelinde ausgedrückt);* na, wer sagt's denn *(ugs.; na bitte, ich habe es doch gewußt),* wenn er nur will, kann er sehr wohl!; sag das nicht! *(ugs.; das ist gar nicht so sicher);* * **nicht gesagt sein** *(nicht sicher, erwiesen sein):* daß er darauf eingeht, ist noch gar nicht gesagt; **d)** *als Argument o. ä. anführen, vorbringen:* du kannst s., was du willst, du wirst mich nicht überzeugen; dagegen ist nichts zu s. *(einzuwenden);* darauf hat er nichts mehr gesagt, wußte er nichts mehr zu s. *(hatte er keine Antwort, kein Gegenargument mehr);* R du kannst s., was du willst *(ugs.; es ist unbestreitbar),* die Frau sieht klasse aus; **e)** *als Meinung vertreten, als Einstellung haben [u. kundtun]:* es gibt aber auch Experten, die etwas ganz anderes, das Gegenteil sagen; was sagt denn dein Vater dazu, daß du schon rauchst?; was werden die Leute [dazu] sagen, wenn du diesen Mann heiratest?; was würdest du s. *(hieltest du davon),* wenn ich dich zum Essen einlade?; R was soll man dazu s.? *(das ist schwer zu beurteilen);* was soll man dazu noch sagen? (ugs.; *da erübrigt sich jeder Kommentar, das spricht für sich selbst);* **f)** (ugs.) *annehmen, glauben* (1a): was sagst du? Wird es ein Gewitter geben?; ich würde s. *(ich glaube, meine),* das kostet mindestens 200 Mark. **4.** *(auf eine bestimmte Weise) in Worte fassen; formulieren:* das hast du gut gesagt; so kann man es auch s.; besser, kürzer, treffender kann man es nicht s.; wie man es auch sagt, es kann immer falsch ausgelegt werden; muß ich es noch deutlicher s.?; sag es auf englisch; Wer seine Sache nicht gut s. kann, der hat nichts Gutes zu sagen (Reich-Ranicki, Th. Mann 263); wie sagt man *(welches ist die richtige Form):* „ich rufe dir" oder „ich rufe dich"?; wie sagt der Mediziner *(was ist der medizinische Terminus)?*; wie sagt man in der Schweiz, auf Englisch *(was ist der schweizerische, englische Ausdruck dafür)?*; im Wein liegt Wahrheit oder, wie der Lateiner sagt *(wie es lateinisch heißt)*, in vino veritas; ich fahre oder, besser gesagt, fliege morgen nach Berlin; das geht ihn, wenn ich so s. darf *(wenn der Ausdruck gestattet ist)*, einen Dreck an; dort gebe es auch „weitere Unterlagen mit diesem, sage ich mal (ugs.; *wie ich es einmal nennen möchte*), belastenden Material" (Spiegel 47, 1989, 20); er ist – wie soll ich s. *(wie drücke ich es am besten aus)* – ein etwas schwieriger Mensch; ich kann es nicht anders s. *(das trifft genau den Sachverhalt)*; Ŗ wie man so schön sagt *(wie eine bekannte Redewendung lautet)*: da ist ihm, wie man so schön sagt, der Kragen geplatzt; * **es ist nicht zu s.** *(man kann es mit Worten gar nicht ausdrücken)*. **5. a)** *zum Inhalt haben:* was sagt denn [dazu] der Mietvertrag?; das Gesetz sagt [eindeutig], daß ...; was sagt denn der Wetterbericht?; **b)** *als Schluß zulassen; besagen; heißen:* das sagt doch immerhin, ist es gewußt haben muß; dieser eine Erfolg, das alleine sagt noch nicht viel; damit ist nichts gesagt *(das heißt nichts)*; Ŗ das will nichts s. *(das hat nichts zu bedeuten)*; * **etw., nichts zu sagen haben** *(von Bedeutung, ohne Bedeutung sein; Grund, kein Grund zur Besorgnis sein):* der Motor ist zwar etwas laut, aber das hat nichts zu s.; hat das Geräusch was zu s.?

sägen 〈sw. V.; hat〉 [mhd. segen, ahd. segōn, zu ↑Säge]: **1. a)** *mit der Säge arbeiten:* er sägte draußen auf dem Hof; Ü die Schwalben sägen noch an den letzten Spitzen für ihre Muster in der Luft (Bobrowski, Mühle 11); **b)** *mit der Säge zerschneiden:* Holz, Baumstämme s.; er sägte den Balken, das Rohr in zwei Teile; **c)** *durch Sägen* (1b) *herstellen:* Bretter, Balken s.; ein Loch in ein Brett s. **2.** (salopp scherzhaft) *schnarchen:* kaum war er eingeschlafen, fing er an zu s.; „Warum haben Sie mich nicht geweckt?" fragte er. „Du hast so schön gesägt!" sagte die (Fels, Unding 246). **3.** (Autorennsport Jargon) *beim Durchfahren einer Kurve das Lenkrad kurz hin und her bewegen, um bei sehr hoher Geschwindigkeit nicht aus der Kurve getragen zu werden.*

Sa|gen|buch, das: *Buch, das eine Sammlung von Sagen enthält;* **Sa|gen|dich|tung**, die 〈o. Pl.〉: *Teil der Dichtung, den die Sagen darstellen;* **Sa|gen|for|scher**, der: *Forscher auf dem Gebiet der Sagenkunde;* **Sa|gen|for|sche|rin**, die: w. Form zu ↑Sagenforscher; **Sa|gen|for|schung**, die: *Forschung auf dem Gebiet der Sagenkunde;* **Sa|gen|ge|stalt**, die: *Gestalt* (3b) *einer Sage;* **sa|gen|haft** 〈Adj.; -er, -este〉: **1. a)** *in den Bereich der Sage gehörend, [nur] aus der Sage bekannt; mit Sagen verknüpft:* ein -er König; die Gestalt trägt -e Züge; eine Schatzsammlung aus -er Vorzeit (Jahnn, Geschichten 52); daß die Geschichte ... auf Thronstreitigkeiten, welche damals ... ausgetragen wurden, s. anspielte (Th. Mann, Joseph 23); **b)** *nur aus rühmenden Erwähnungen, Erzählungen anderer bekannt:* die -en Raubzüge des Klaus Störtebeker; Manchmal fragten wir Mielein nach jenen -en Tagen, die es angeblich einmal gegeben hatte (K. Mann, Wendepunkt 53). **2.** (ugs. emotional) **a)** *(bes. von etw. Positivem) unvorstellbar in seinem Ausmaß od. seiner Art:* ein -es Gedächtnis; ein -er Reichtum; seine Begabung ist s.; die ... Feste ... waren einfach s. (Grass, Blechtrommel 540); Es ist s., was dieser Herr sich leistet (Frisch, Gantenbein 295); **b)** 〈intensivierend bei Adj. u. Verben〉 *überaus, in unvorstellbarem Ausmaß:* die Preise sind s. günstig; er gibt s. an; **Sa|gen|kreis**, der: *Kreis von Sagen, der sich um eine Person, ein Ereignis o. ä. gebildet hat:* der S. um Dietrich von Bern; **Sa|gen|kun|de**, die 〈o. Pl.〉: *Wissenschaft, die die Herkunft, Verbreitung u. Motive der Sagen erforscht;* **Sa|gen|schatz**, der 〈Pl. selten〉 (geh.): *[einen kulturellen Reichtum darstellende] überlieferte Sagen eines bestimmten Bereichs:* der griechische, deutsche S.; **sa|gen|um|wit|tert** 〈Adj.〉 (geh.): *sagenumwoben;* **sa|gen|um|wo|ben** 〈Adj.〉 (geh.): *Gegenstand, Thema vieler Sagen seiend, in vielen Sagen vorkommend; von Sagen umwoben:* eine -e Burg.

Säger, der; -s, -: **1.** *jmd., der sägt.* **2.** *Ente mit langem, schmalem, an der Spitze nach unten gebogenem Schnabel, der einen gesägten Rand aufweist;* **Sä|ge|rei**, die; -, -en 〈Pl. ungebr.〉 (ugs.): **1.** (meist abwertend) *[dauerndes] Sägen* (1). **2.** (abwertend) *[dauerndes] Schnarchen;* **Sä|ge|rin**, die; -, -nen: w. Form zu ↑Säger (1); **Sä|gel|spä|ne** 〈Pl.〉: vgl. Sägemehl; **Sä|ge|tang**, der: *(in der Nord- u. Ostsee vorkommende) Braunalge mit einem gabelig verzweigten Thallus mit gezähntem Rand;* **Sä|ge|werk**, das: *Betrieb, in dem bes. Baumstämme zu Balken, Brettern, Latten geschnitten werden:* in einem S. arbeiten; **Sä|ge|wer|ker**, der: *Facharbeiter in einem Sägewerk, der das Holz für die verschiedensten Zwecke zurechtschneidet* (Berufsbez.): er ist S.; **Sä|ge|zahn**, der: *Zahn eines Sägeblatts.*

sa|git|tal 〈Adj.〉 [zu lat. sagitta = Pfeil, nach der Pfeilnaht des Schädels] (Biol., Anat.): *parallel zur Mittelachse des Körpers, zur Pfeilnaht liegend;* **Sa|git|tal|ebe|ne**, die (Biol., Anat.): *zur Mittelachse des Körpers od. zur Pfeilnaht parallele Ebene.*

Sa|go, der, österr.: das; -s [engl. sago, niederl. sago < älter indon. sago = ³Mark (1a) der Sagopalme]: *aus dem Mark bes. der Sagopalme gewonnenes feinkörniges Stärkemehl, das in heißer Flüssigkeit aufquillt u. glasig wird, beim Erkalten stark bindend wirkt u. deshalb bei der Zubereitung von Pudding, Grütze, Kaltschale o. ä., aber auch als Einlage in Suppen u. Brühen verwendet wird;* **Sa|go|pal|me**, die: *Palme mit kurzem, lange Ausläufer bildendem Stamm, langen, gefiederten Blättern u. trockenen, schuppigen, glänzenden Früchten;* **Sa|go|sup|pe**, die: *Fleischbrühe mit Sago.*

Sa|gum [auch: 'zagʊm], das; -s, ...ga [lat. sagum, aus dem Kelt.]: *aus dickem Wollstoff gefertigter, auf der Schulter zu schließender Mantel der römischen Soldaten.*

Sag|wort, das 〈Pl. ...wörter〉: *Wellerismus.*

sah: ↑sehen.

Sa|ha|ra [auch: 'zaːhara], die; -: *Wüste in Nordafrika.*

sä|he: ↑sehen.

Sa|hel [auch: 'zaːhɛl], der; -[s], **Sa|hel|zo|ne**, die 〈o. Pl.〉 [zu arab. sahil = Wüste]: *Gebiet südlich der Sahara.*

Sa|hib, der; -[s], -s [Urdu ṣāḥib < arab. ṣāḥib = Herr]: *in Indien u. Pakistan titelähnliche Bezeichnung für einen Europäer* (o. Art. auch Anrede).

Sah|ne, die; - [spätmd. (md., nd.) sane, wohl aus dem Niederl. (vgl. mniederl. sāne), H. u.]: **1. a)** *oben schwimmender fetthaltigster Teil der Milch; Rahm:* die S. von der Milch abschöpfen; * **[aller]erste S. sein** (ugs.; *erstklassig, von hervorragender Güte sein*): Was der spielt und wie der spielt, das ist allererste S. (Hamburger Morgenpost 24. 5. 85); Der Wussow ist erste S. ... genau der Typ, von dem die Frauen träumen können (Hörzu 44, 1985, 15); **b)** *durch Zentrifugieren gewonnene Sahne* (1a): saure, süße S.; S. schlagen; nehmen Sie Zucker und S. zum Kaffee? **2.** kurz für ↑Schlagsahne (2): Erdbeeren, Eis mit S.; ein Stück Torte mit einer Portion S.; **Sah|ne|bai|ser**, der: *Baiser mit Schlagsahne;* **Sah|ne|bon|bon**, der. od. das: *viereckiger Bonbon von zäher Konsistenz, der aus Zucker u. Sahne hergestellt wird;* **Sah|ne|creme**, die: *Creme* (2b), *die vor allem Schlagsahne enthält;* **Sah|ne|eis**, das: *mit Sahne zubereitetes Speiseeis;* **Sah|ne|häub|chen**, das: *kleine Menge Schlagsahne auf einem Getränk:* eine heiße Schokolade mit einem S.; **Sah|ne|känn|chen**, das: *Kännchen, in dem bes. zum Kaffee oder Tee, Sahne* (1b) *gereicht wird;* **Sah|ne|kar|tof|feln** 〈Pl.〉: *in einer Sahnesoße angerichtete in Scheiben geschnittene Pellkartoffeln;* **Sah|ne|kä|se**, der: *Butterkäse;* **Sah|ne|löf|fel**, der: *Löffel, der dazu dient, Schlagsahne aus der Schüssel auf den [Kuchen]teller zu geben;* **Sah|ne|ma|ri|na|de**, die: *mit Sahne zubereitete Marinade;* **Sah|ne|ma|yon|nai|se**, die: *mit Sahne angereicherte Mayonnaise;* **Sah|ne|meer|ret|tich**, der 〈o. Pl.〉: *aus Gewürzen, Meerrettich u. Sahne hergestellte Creme;* **sah|nen** 〈sw. V.; hat〉 (veraltet): **a)** *Sahne* (2) *füllen;* **b)** *absahnen* (1); **Sah|ne|quark**, der: *Sahne enthaltender Quark;* **Sah|ne|schnit|te**, die: **1.** *mit Schlagsahne gefülltes Stück Gebäck aus Blätterteig.* **2.** (ugs.) *nettes, attraktives Mädchen:* Aber die Karin, das is' 'ne S. Die törnt mich ganz schön an (Welt 1. 10. 83, 24); **Sah|ne|schnit|zel**, das: *nicht paniertes, nach dem Braten mit Sahnesoße übergossenes [Kalbs]schnitzel;* **Sah|ne|so|ße**, die: *mit Sahne zubereitete Soße; Rahmsoße;* **Sah|ne|sprit|ze**, die: *Spritze* (1) *zum Verzieren von Torten, Desserts o. ä. mit Schlagsahne;* **Sah|ne|stück**, das (ugs.): **1.** *etw. Besonderes, Erstklassiges.* **2.** *jmd., der für etw. Bestimmtes besonders qualifiziert ist;* **Sah|ne|tor|te**, die: *Torte mit mehreren Schichten Sahnecreme;* **sah|nig** 〈Adj.〉: **1.** *reichlich Sahne enthaltend:* -e Milch; das Dessert ist sehr s. **2.** *in der Konsistenz wie geschlagene Sahne; cremig:* Quark s. schlagen.

Saib|ling, Salbling, der; -s, -e [mundartl. Nebenf. von ↑Sälmling] (landsch.): *(in* *kühlen Gewässern bes. der Alpen u. Voralpen lebender) zu den Lachsen gehörender Fisch.* **Sai|ga,** die; -, -s [russ. saiga, aus dem Tat.]: *in den Steppen Südrußlands lebende, schafähnliche Antilope.* **Sai|gon** [auch: zaiˈgɔn]: *früherer Name von Ho-Chi-Minh-Stadt.* **Saillant** [saˈjãː], der; -, -s [frz. saillant, zu: saillir = vorspringen]: *vorspringende Ecke an einer Festung.* **Sai|ne|te,** der; -, -s [span. sainete, eigtl. = ein bißchen Fett; Würze; Leckerbissen, Vkl. von: sain = Fett, über das Vlat. < lat. sagina = Futter, Speise]: **1.** *kurzes, derbkomisches Zwischen- od. Nachspiel mit Musik u. Tanz im spanischen Theater.* **2.** *selbständige Posse im spanischen Theater, die die Entremés verdrängte.* **Saint George's** [sntˈdʒɔːdʒɪz]: *Hauptstadt von Grenada.* **Saint John's** [sntˈdʒɔnz]: *Hauptstadt von Antigua und Barbuda.* **Saint Louis** [sntˈlʊɪs]: *Stadt in Missouri.* **Saint-Si|mo|nis|mus** [sẽsi...], der; - [frz. saint-simonisme, nach dem frz. Sozialtheoretiker C. H. de Saint-Simon (1760–1825)]: *in der ersten Hälfte des 19. Jh.s entstandene frühsozialistische Bewegung, die das Prinzip der Assoziation (2) an die Stelle des Prinzips der Konkurrenz setzte, indem sie u. a. die Abschaffung des Privateigentums an Produktionsmitteln u. deren Überführung in Gemeineigentum forderte;* **Saint-Si|mo|nist,** der; -en, -en: *Anhänger, Vertreter des Saint-Simonismus;* **Saint-Si|mo|ni|stin,** die; -, -nen: *w. Form zu* ↑ Saint-Simonist. **Sa|is:** *altägyptische Stadt im Nildelta.* **Sai|son** [zɛˈzõː, auch: zɛˈzɔŋ], die; -, -s, südd., österr. auch: ...onen [frz. saison = (günstige, für bestimmte Geschäfte geeignete) Jahreszeit, wohl < lat. satio = (Zeit der) Aussaat, zu: satum, 2. Part. von: serere = säen]: *für etw. wichtigster Zeitabschnitt innerhalb eines Jahres, in dem etw. Bestimmtes am meisten vorhanden ist od. am häufigsten stattfindet, in dem die stärksten Aktivitäten entfaltet werden: eine gute, schlechte, lebhafte, ruhige S.; die S. beginnt, ist in vollem Gang, läuft aus, endet; bald beginnt wieder die S. für Reisen in die Skigebiete; die S. für Spargel, Erdbeeren endet bald; die S. (Spielzeit) mit einer Neuinszenierung eröffnen; das Modehaus stellt die Modelle der neuen S. vor; Wird es einer durch die S. gehetzten Mannschaft gelingen, noch einmal alle Kräfte zu mobilisieren? (Welt 29. 4. 65, 8); Auf dem weiten Platz vor den Kaufmannsgalerien hatte man einmal die Wolgaschiffer, die Treidelknechte für die S. angeworben (Koeppen, Rußland 117); den Spielplan für die kommende S. (Spielzeit) aufstellen; in dieser S. werden die Röcke kürzer getragen; sie ließ keinen Ball aus in der S.; an der See haben sie jetzt S.; innerhalb, während der S. ist dieses Hotel recht teuer, aber nach, außerhalb der S. ist es billiger;* ***S. haben** (ugs.; *sehr gefragt sein*): *vor der Olympiade haben Fernsehapparate immer S.;* **sai|son|ab|hän|gig** ⟨Adj.⟩: *von der Saison (a) abhängend: -e Branchen; die Übernachtungspreise liegen s. zwischen ein- und zweihundert Mark;* **sai|so|nal** [zɛzo...] ⟨Adj.⟩ [wohl unter Einfluß von engl. seasonal (zu: season = Saison < afrz. seison < lat. satio, ↑ Saison)]: *die Saison betreffend, von ihr bedingt: -e Einflüsse, Faktoren; -e Arbeitslosigkeit; eine s. schwankende Nachfrage;* **Sai|son|ar|beit,** die ⟨Pl. selten⟩: *Arbeit, die nur zu einer bestimmten Zeit des Jahres anfällt: Weinlese ist S.;* **Sai|son|ar|bei|ter,** der: *jmd., der Saisonarbeit leistet;* **Sai|son|ar|bei|te|rin,** die; -, -nen: *w. Form zu* ↑ Saisonarbeiter; **Sai|son|auf|takt,** der (bes. Sport): *Auftakt* (1) *der Saison:* Den S. der Winter ... fiel buchstäblich ins Wasser (Rheinpfalz 3. 5. 91, 16); **Sai|son|aus|ver|kauf,** der: *am Ende einer Saison stattfindender Ausverkauf;* **sai|son|be|dingt** ⟨Adj.⟩: *von der Saison bedingt; saisonal: ein -er Rückgang der Arbeitslosigkeit; diese Umsatzsteigerung war s.;* **Sai|son|be|ginn,** der: *Beginn der Saison;* **sai|son|be|rei|nigt** ⟨Adj.⟩ (Amtsspr.): *unter Vernachlässigung der saisonalen Faktoren [errechnet]: -e Zahlen;* ... nahmen die Bestellungen ... im März s. ... um 0,5 % leicht zu (Augsburger Allgemeine 6./7. 5. 78, 14); **Sai|son|be|schäf|ti|gung,** die: *saisongebundene Beschäftigung* (1b): *eine S. annehmen, suchen;* **Sai|son|be|trieb,** der: **1.** *Betrieb* (1), *in dem nur während einer bestimmten Zeit des Jahres gearbeitet wird od. dessen Absatz saisonabhängig ist:* Eisdielen sind -e. **2.** ⟨o. Pl.⟩ *während einer bestimmten Zeit des Jahres herrschender Andrang:* in den Schwimmbädern herrscht der übliche s.; **Sai|son|di|mor|phis|mus,** der: **1.** (Zool.) *Dimorphismus, bei dem ein u. dieselbe Tierart im Verlauf eines Jahres in zwei verschieden gestalteten, auch unterschiedlich gezeichneten u. gefärbten Generationen in Erscheinung tritt.* **2.** (Bot.) *jahreszeitlich alternierender Wechsel von am gleichen Standort wachsenden, in der Wuchsform u. in der Blütezeit unterschiedlichen, genetisch fest gegeneinander abgegrenzten Pflanzen;* **Sai|son|en|de,** das: *Ende der Saison;* **Sai|son|er|öff|nung,** die: *Eröffnung der Saison (in einem bestimmten Bereich): das Freibad soll zur S. fertig werden;* **sai|son|ge|bun|den** ⟨Adj.⟩: *an die Saison gebunden;* **sai|son|ge|mäß** ⟨Adj.⟩: *der Saison gemäß: eine -e Menüzusammenstellung;* **sai|son|ge|recht** ⟨Adj.⟩: *saisongemäß;* **Sai|son|ge|schäft,** das: *saisongebundenes Geschäft* (1); **Sai|son|ge|wer|be,** das: vgl. Saisonbetrieb (1); **Sai|son|in|dex,** der (Wirtsch.): *Index* (3), *durch den saisonbedingte wirtschaftliche Schwankungen ausgedrückt werden;* **Sai|son|in|du|strie,** die: vgl. Saisonbetrieb (1); **Sai|son|kell|ner,** der: *jmd. der einer Saisonbeschäftigung als Kellner nachgeht;* **Sai|son|kell|ne|rin,** die; -, -nen: w. Form zu ↑ Saisonkellner; **Sai|son|krank|heit,** die (Med.): *in einer bestimmten Jahreszeit gehäuft auftretende Krankheit;* **Sai|son|kre|dit,** der (Bankw.): *Kredit, der von Banken an bestimmte saisonabhängige Betriebe zur Überbrückung der Flauten vergeben wird;* **Sai|son morte** [sɛzõˈmɔrt], die; - - [frz. saison morte, eigtl. = tote Jahreszeit, zu: saison (↑ Saison) u. mort = tot]: *Zeitabschnitt innerhalb eines Jahres mit geringem wirtschaftlichem Betrieb;* **Sai|son|nier** [zɛzɔˈnie̯ː], der; -s, -s [frz. saisonnier, zu: saison, ↑ Saison] (schweiz.): *Saisonarbeiter;* **Sai|son|schluß,** der: *Saisonende;* **Sai|son|schluß|ver|kauf,** der: *Saisonausverkauf;* **Sai|son|schutz,** der (Kfz-W.): *Unterbodenschutz, der nur einige Monate wirksam bleibt;* **Sai|son|wan|de|rung,** die: *Ortswechsel von Arbeitskräften, die nach Saisonschluß für ein bestimmtes Gewerbe anderswo neue Arbeit suchen;* **sai|son|wei|se** ⟨Adv.⟩: *für eine Saison, während einer Saison:* Erntehelfer werden nur s. beschäftigt; ⟨mit Verbalsubstantiven auch attr.:⟩ die -e Einstellung von Arbeitskräften; **Sai|son|ziel,** das (Sport): *Ziel* (3), *das am Saisonende erreicht sein soll:* Ein Platz im UEFA-Cup ist das ... S. der Stuttgarter (Kicker 6, 1982, 37).

Sai|te, die; -, -n [mhd. seite, ahd. seita, seito = Strick; Schlinge, Fallstrick, Fessel; Darmsaite; im 17. Jh. orthographisch von ↑ Seite geschieden]: **a)** *dünner Strang (aus Tierdärmen, Pflanzenfasern, Metall od. Kunststoff), der auf ein Musikinstrument gespannt u. durch Streichen, Zupfen usw. in Schwingung versetzt wird u. Töne erzeugt:* die -n der Geige, der Harfe, des Klaviers; eine S. ist gerissen; die -n erklingen lassen; die -n aufziehen, spannen; eine S. [nach]stimmen; die -n streichen, zupfen; eine leere S. spielen (Musik; *eine Saite ohne Aufsetzen des Fingers streichen*); ***andere/strengere -n aufziehen** (*härtere Maßnahmen ergreifen, strenger vorgehen*): ich kann auch andere -n aufziehen!; **in jmdm. eine verwandte S. erklingen lassen/zum Klingen bringen/anrühren** o. ä.: (*jmdn., weil er ähnlich denkt od. empfindet, ansprechen, Sympathie empfinden lassen*): weil ... das Heldische in ihm eine verwandte S. in uns anrührt (Sieburg, Blick 54); Ich sah, daß es sein Prinzip war, den unteren Schichten zu dienen. Das ließ in mir sogleich eine verwandte S. erklingen (Brecht, Groschen 356); **in die -n greifen** (*auf einem gezupften Saiteninstrument spielen*): du spielst doch Harfe, Gitarre – hättest du keine Lust, mal wieder in die -n zu greifen?; **b)** *Strang, Schnur o. ä. (aus Metall od. Kunststoff) zur Bespannung von Tennisod. Federballschlägern;* **Sai|ten|brett,** das (Musik): *Griffbrett;* **Sai|ten|hal|ter,** der (Musik): *Teil des Saiteninstruments, an dem die Saiten mit ihrem dem Wirbel entgegengesetzten Ende befestigt sind;* **Sai|ten|in|stru|ment,** das: *Musikinstrument, dessen Töne aus den Schwingungen gespannter Saiten (durch Zupfen, Streichen, Schlagen o. ä.) entstehen;* **Sai|ten|klang,** der (geh.): *Klang eines [gezupften] Saiteninstruments:* Saitenklänge drangen an mein Ohr; **Sai|ten|spiel,** das (geh.) [mhd. seit-, seite, seitenspil] (geh.): **1.** ⟨o. Pl.⟩ *das Spielen auf einem Saiten-, meist Zupfinstrument.* ♦ **2.** *Saiteninstrument:* Ich hatt' als Knabe einst ein S. (Hebbel, Genoveva II, 4); Ü Das war kein Mensch für Sie! ... Dies feine S. zerbrach in Ihrer metallnen Hand. Sie konnten nichts, als ihn ermorden (Schiller, Don Carlos V, 4); **Sai|ten|wurm,** der: *im Süß- u. Meerwasser leben-*

Saitling

der, extrem dünner Schlauchwurm; **Saitling,** *der;* -[e]s, -e: *Schafdarm, der zur Herstellung von Saiten für Musikinstrumente u. als Haut für feine Würstchen verwendet wird.*
Sa|ke, *der;* - [jap. sake]: *aus Reis hergestellter japanischer Wein; Reiswein.*
Sa|ki, *der;* -, - [arab. sāqin = Mundschenk, zu: saqā = zu trinken geben; tränken; bewässern]: *Figur des Mundschenks in orientalischen Dichtungen;* **Sa|ki|je,** *die;* -, -n [arab. sāqiya^h, zu: saqā, ↑ Saki]: *von Büffeln od. Kamelen bewegtes Schöpfwerk zur Bewässerung der Felder in Ägypten.*
Sak|ko [österr.: -'-], *der,* auch, österr. nur: *das;* -s, -s [italienisierende Bildung zu ↑ Sack (älter für: Jackett)]: *Jackett [als Teil einer Kombination (2)];* **Sak|ko|an|zug** [österr.: -'---], *der* (veraltend): *Herrenanzug mit Sakko;* **Sak|kos,** *der;* - [(n)griech. sákkos, ↑ Sack]: *tunikaartiges Obergewand der orthodoxen Bischöfe.*
sa|kra ⟨Interj.⟩ [entstellt aus ↑ Sakrament] (südd. salopp): *verdammt!;* **sa|kral** ⟨Adj.⟩ [1: zu lat. sacer = heilig; 2: zu nlat. (os) sacrum = Kreuzbein, eigtl. = heiliger Knochen]: **1. a)** *[geweiht u. daher] heilig; religiösen Zwecken dienend:* -e *Feiern, Handlungen, Akte, Bauten;* **b)** *Heiliges, Religiöses betreffend:* Wie im frühen Mittelalter verschmelzen wieder die -en und imperialen Ideen (Bild. Kunst 3, 28). **2.** (Anat.) *das Kreuzbein betreffend;* **Sa|kral|ar|chi|tek|tur,** *die:* **a)** *Zweig der Architektur* (1), *der sich mit Sakralbauten befaßt;* **b)** *Gesamtheit von Sakralbauten:* die S. des Barocks, der Gegenwart; **Sa|kral|bau,** *der* ⟨Pl. -ten⟩: *religiösen Zwecken dienendes Bauwerk:* Tempel, Kirchen und sonstige -ten; **Sa|kral|fleck,** *der* (Anthrop., Med.): *Mongolenfleck;* **sa|kra|li|sie|ren** ⟨sw. V.; hat⟩ (bildungsspr.): *weihen, mit der Würde des Heiligen ausstatten:* Das mächtige Lothringer Kreuz hat die Gegend sakralisiert, ihr die Aura einer Pilgerstätte verliehen (Scholl-Latour, Frankreich 50); **Sa|kra|li|sie|rung,** *die;* -, -en (bildungsspr.): *das Sakralisieren, Sakralisiertwerden:* Die S. des Gewesenen ist immer auch ein Zeichen dafür, daß die Vitalität einer Epoche abnimmt (Fest, Im Gegenlicht 342); **Sa|kra|ment,** *das;* -[e]s, -e [mhd. sagkermente, sacrament < kirchenlat. sacramentum = religiöses Geheimnis, Mysterium < lat. sacramentum = Weihe, Verpflichtung (zum Kriegsdienst); Treueid, zu: sacrare = (einer Gottheit) weihen, widmen; heilig machen, zu: sacer, ↑ sakral]: **1.** (christl., bes. kath. Kirche) **a)** *von Jesus Christus eingesetzte zeichenhafte Handlung, die in traditionellen Formen vollzogen wird und nach christlichem Glauben dem Menschen in sinnlich wahrnehmbarer Weise die Gnade Gottes übermittelt:* die S. der Taufe empfangen, spenden; **b)** *das Mittel (z. B. Hostie), mit dem das Sakrament* (a) *gespendet wird:* das S. austeilen, empfangen. **2. * S. [noch mal]!** (derb; *Ausruf ungeduldiger Entrüstung);* **sa|kra|men|tal** ⟨Adj.⟩ [mlat. sacramentalis]: *ein Sakrament betreffend, zu ihm gehörend:* ein -er Ritus; Ü ob die Technik als Arkanum, s. tradiert, nicht wesentlich in technische Insuffizienz umschlägt (Adorno, Prismen 159); **Sa|kra|men|ta|li|en** ⟨Pl.⟩ [mlat. sacramentalia] (kath. Rel.): **a)** *den Sakramenten ähnliche Zeichen od. Handlungen, die jedoch von der Kirche eingesetzt sind* (z. B. Weihen); **b)** *durch Sakramentalien* (a) *geweihte Dinge* (z. B. Weihwasser); **Sa|kra|men|tar,** *das;* -s, -e [mlat. sacramentarium]: *liturgisches Buch, das für den Bischof od. Priester die Gebete zur Feier der* ¹*Messe* (1) *sowie einiger allgemeiner Spendung bestimmter Sakramente u. Weihen enthält;* **Sa|kra|men|ten|ge|mein|schaft,** *die* (kath. Kirche): *Gemeinschaft* (1) *von katholischen u. nichtkatholischen Christen, die auf der gegenseitigen Spendung bestimmter Sakramente beruht;* **Sa|kra|men|ter,** *der;* -s, - [wohl eigtl. = jmd., auf den man mit „Sakrament" schimpft] (salopp, oft scherzh.): *jmd., über den man sich ärgert od. um den man sich sorgt, weil er zu leichtsinnig-unbekümmert ist:* daß auch ihr Otto, der S., nicht auf sie hörte, so lang, bis es zu spät war (Fr. Wolf, Zwei 353); **Sa|kra|men|tie|rer,** *der;* -s, - (hist. abwertend): *(in der Reformationszeit) Verächter der Sakramente;* **sa|kra|ment|lich** ⟨Adj.⟩: *sakramental* (1); **Sa|kra|ments|häus|chen,** *das: zur Aufbewahrung der geweihten Hostien dienendes, meist turmartig geformtes Behältnis [aus Stein], das sich im Chor von Kirchen befindet;* **Sa|kra|ri|um,** *das;* -s, ...ien [lat. sacrarium = Ort, wo Heiligtümer aufbewahrt werden]: *in od. neben katholischen Kirchen im Boden angebrachter verschließbarer Behälter zur Aufnahme gebrauchten Taufwassers u. der Asche unbrauchbar gewordener geweihter Gegenstände;* **sa|krie|ren** ⟨sw. V.; hat⟩ (veraltet): *weihen, heiligen;* **Sa|kri|fi|zi|um,** *das; -s,* ...ien [lat. sacrificium = Opfer, zu: sacrificare = ein Opfer darbringen, zu: sacrificus = opfernd, zum Opfer gehörig, zu: sacrum = heiliger, geweihter Gegenstand (subst. Neutr. von: sacer, ↑ sakral) u. facere = machen] (kath. Kirche selten): *[Meß]opfer;* **Sa|kri|leg,** *das;* -s, -e [lat. sacrilegium = Tempelraub, zu: sacrilegus = gottlos, verrucht, zu: sacra = Heiliges u. legere = auflesen, -sammeln; stehlen]: *Vergehen, Frevel gegen Personen, Gegenstände, Stätten usw., denen religiöse Verehrung entgegengebracht wird:* ein S. begehen; Ü die Beschlüsse der Parteiführung zu kritisieren, gilt als S.; Ich wischte meinen Hintern mit dem amtlichen Schreiben ab, was ich nicht als S. empfand (Roehler, Würde 176); **sa|kri|le|gisch** ⟨Adj.⟩: *frevelhaft, gotteslästerlich;* **Sa|kri|le|gi|um,** *das;* -s, ...ien (älter): *Sakrileg;* **sa|krisch** ⟨Adj.⟩ [zu ↑ sakra, Sakrament] (südd. salopp): **a)** *böse, verdammt:* die -en Spekulanten; die Preußen, die -en, die hätten ihn (= den Krieg) gewonnen (Kühn, Zeit 14); **b)** ⟨intensivierend bei Adjektiven u. Verben⟩ *arg, gewaltig, ungeheuer:* das Essen schmeckt s. gut; er hat sich s. gefreut; **Sa|kri|stan,** *der;* -s, -e [spätmhd. sacristan < mlat. sacristanus]: *[katholischer] Kirchendiener; Küster, Mesner;* **Sa|kri|sta|nin,** *die;* -, -nen: w. Form zu ↑ Sakristan: Seit 1985 der „Domschweizer" und die S. fristlos entlassen wurden, findet sich in den Opferstöcken zwei- bis dreimal soviel Geld (Rheinpfalz 19. 9. 91, 17); **Sa|kri|stei,** *die;* -, -en [mhd. sacristie < mlat. sacristia, zu lat. sacer, ↑ sakral]: *Nebenraum in der Kirche für den Geistlichen u. die für den Gottesdienst benötigten Gegenstände;* **Sa|kro|dy|nie,** *die;* -, -n [zu sakral (2) u. griech. odýnē = Schmerz, Qual] (Med.): *Schmerz in der Kreuzbeingegend;* **sa|kro|sankt** ⟨Adj.⟩ [lat. sacrosanctus, zu: sacer (↑ sakral) u. sanctus = heilig, unverletzlich, adj. 2. Part. von: sancire = heiligen, als heilig u. unverbrüchlich festsetzen] (bildungsspr.): *unantastbar* (1): -e Rechte, Prinzipien; solche Privilegien einiger weniger sind schließlich nicht s.
Sä|ku|la: Pl. von ↑ Säkulum; **sä|ku|lar** ⟨Adj.⟩ [mlat. saecularis = weltlich, heidnisch < (kirchen)lat. saecularis = alle 100 Jahre stattfindend; weltlich, heidnisch, zu lat. saeculum, ↑ Säkulum]: **1.** (geh.) **a)** *alle hundert Jahre wiederkehrend:* ein -es Ereignis; **b)** *hundert Jahre dauernd;* **c)** *ein Jahrhundert betreffend.* **2.** (geh.) *weltlich, der Welt der (kirchlichen) Laien angehörend.* **3.** (geh.) *außergewöhnlich, herausragend, einmalig:* ein -es Buch; ... würdigt ... Makarenko als eine -e Gestalt in der Geschichte der Pädagogik (Welt 11. 8. 62, Literatur); ein Ereignis von -er Bedeutung. **4.** (Astron., Geol.) *(von Bewegungen von Himmelskörpern, Veränderungen der Erdoberfläche) in langen Zeiträumen ablaufend od. entstanden;* **Sä|ku|lar|fei|er,** *die* (geh.): *Hundertjahrfeier;* **Sä|ku|la|ri|sa|ti|on,** *die;* -, -en [frz. sécularisation, zu: séculariser, ↑ säkularisieren]: **1.** *Einziehung od. Nutzung kirchlichen Besitzes durch weltliche Hoheitsträger.* **2.** *Säkularisierung* (2); **sä|ku|la|ri|sie|ren** ⟨sw. V.; hat⟩ [frz. séculariser, zu mlat. saecularis, ↑ säkular]: **1.** *kirchlichen Besitz einziehen u. verstaatlichen:* Kirchengüter s. **2.** *aus kirchlicher Bindung lösen, unter weltlichem Gesichtspunkt betrachten:* die Kunst wurde in der Renaissance säkularisiert; **Sä|ku|la|ri|sie|rung,** *die;* -, -en: **1.** *Säkularisation* (1): die S. der Stifte und Klöster. **2.** *Loslösung des einzelnen, des Staates u. gesellschaftlicher Gruppen aus den Bindungen an die Kirche.* **3.** (kath. Kirche) *Erlaubnis für Angehörige eines Ordens, das Kloster zu verlassen u. ohne Bindung an die Gelübde zu leben;* **Sä|ku|lar|jahr,** *das:* ein Jahrhundert *beschließendes Jahr (Jahreszahl mit einem ganzen Hundert);* **Sä|ku|lar|kle|ri|ker,** *der* (kath. Kirche): *Geistlicher, der nicht in einem Kloster lebt;* **Sä|ku|lum,** *das;* -s, ...la [lat. saeculum] (bildungsspr.): **1.** *Zeitraum von hundert Jahren; Jahrhundert.* **2.** *Zeitalter.*
Sal, *das;* -s [Kurzwort aus Silicium u. Aluminium] (Geol.): *Sial.*
Sa|la|din|ad|ler, *der* [schon Sultan Saladin soll im Kampf gegen die Kreuzfahrerheere den Adler in seinem Wappen geführt haben] (Her.): *Adler als Wappentier einiger Staaten des islamischen Kulturraums (z. B. Ägyptens, Syriens).*
Sa|lam [alai|kum], (veraltet, noch scherzh.): *Salem aleikum* [arab. = Heil, Friede (mit euch)!]: *arabische Grußformel.*
Sa|la|man|der, *der;* -s, - [mhd. salamander < lat. salamandra < griech. salamán-

dra, H. u.]: **1.** *Schwanzlurch mit rundem, langem Schwanz [u. auffallender Zeichnung des Körpers]:* Feuersalamander und andere einheimische S. **2.** * *einen/den S. reiben* (Verbindungswesen; *[zu Ehren einer Person od. des Bundes in gemeinschaftlichem Zeremoniell] die Gläser dreimal auf dem Tisch reiben, leeren u. nach kurzem Trommeln mit einem Schlag niedersetzen;* Brauch beim Kommers; H. u.). **Sa|la|mi,** die; -, -[s], schweiz. auch: der; -s, - [ital. salame = Salzfleisch; Schlackwurst, zu: sale < lat. sal, ↑ Salär]: *kräftig gewürzte, rötlichbraune, luftgetrocknete Dauerwurst aus Schweine-, Rind- u./od. Eselsfleisch, deren Haut oft mit einem weißen Belag, der durch das Trocknen an der Luft entsteht, überzogen ist od. einen weißen Überzug aus Kreide o. ä. hat:* eine halbe S.; eine Scheibe S.; eine Pizza mit Pilzen und S.; **Sa|la|mi|brot,** das: *mit Salami belegtes Brot* (1d); **Sa|la|mi|tak|tik,** die 〈o. Pl.〉 [nach den dünnen Scheiben, in die eine Salami aufgeschnitten wird] (ugs.): *Taktik, [politische] Ziele durch kleinere Forderungen u. entsprechende Zugeständnisse von der Gegenseite zu erreichen suchen;* **Sa|la|mi|wurst,** die: *Salami.*
Sa|lan|ga|ne, die; -, -n [frz., engl. salangane < malai. salangan]: *in Südostasien lebender schwalbenähnlicher Vogel, dessen Nester als Delikatesse gelten.*
Sa|lär, das; -s, -e [frz. salaire < lat. salarium = Sold, zu: sal = Salz, eigtl. = Salzration für Beamte u. Soldaten; vgl. auch ²Salat] (bes. schweiz., auch südd., österr., sonst veraltet): *Honorar, Gehalt; Lohn:* ein gutes, hohes S. beziehen; Die Fraktionsvorsitzenden wollen ihr S. aufbessern (Augsburger Allgemeine 22./ 23. 4. 78, 48); **sa|la|rie|ren** 〈sw. V.; hat〉 [frz. salarier < mlat. salariare, zu: lat. salarium, ↑ Salär] (schweiz.): **a)** *durch Zahlung eines Gehalts entlohnen:* die Angestellten angemessen s.; **b)** *mit einem Gehalt ausstatten:* eine gut salarierte Stelle; **Sa|la|rie|rung,** die; -, -en (schweiz.): *Salär.*
¹Sa|lat, die; - [arab. ṣalāʰt]: *täglich fünfmal zu verrichtendes Gebet des Mohammedaners.*
²Sa|lat, der; -[e]s, -e [älter ital. (mundartl.) salata für: insalata (herba) = eingesalzenes (Salatkraut), zu: insalare = einsalzen, zu: salare = salzen, über das Vlat. zu lat. sal, ↑ Salär]: **1. a)** *mit verschiedenen Marinaden od. Dressings zubereitete kalte Speise aus zerkleinerten Salatpflanzen, Obst, frischem od. gekochtem Gemüse, Fleisch, Wurst, Fisch o. ä.:* S. mit Sahnedressing; ein köstlicher S. aus frischem Obst der Region; S. anrichten, [mit Essig und Öl] anmachen; nimm doch noch etwas S.; dazu hätte ich gern einen kleinen S. *(eine kleine Portion Salat);* gemischter S. *(verschiedene Salatpflanzen, Gurken, Tomaten u. ä., zerkleinert u. mit Marinade od. Dressing zubereitet);* italienischer S. (Kochk.; *Salat aus in Streifen geschnittener Salami, Tomaten, Gewürzgurken, Äpfeln, gekochten Sellerieknollen u. a.);* **b)** 〈o. Pl.〉 *Blattsalat, Kopfsalat:* der S. fängt schon an zu schießen; ein Kopf S.; S. anbauen, ernten, waschen, putzen. **2.** 〈o. Pl.〉 (ugs.) *Durcheinander, Wirrwarr; Unordnung:* Wer soll sich in diesem S. noch zurechtfinden? (MM 19./20. 8. 67, 5); R da/ jetzt haben wir den S. (iron.; *jetzt ist das [erwartete] Unangenehme, sind die [erwarteten] Unannehmlichkeiten da);* * *der ganze S.* (abwertend; *das alles),* **-sa|lat,** der; -[e]s (ugs.): kennzeichnet in Bildungen mit Substantiven ein Durcheinander, ein wirres Gemisch von etw.: Bandsalat; Wellensalat; Datensalat; **Sa|lat|besteck,** das: *aus einem großen Löffel u. einer dem Löffel in der Form angeglichenen Gabel bestehendes Besteck, das dazu dient,* Salat (1a) *aus einer Schüssel o. ä. zu nehmen;* **Sa|lat|blatt,** das: *Blatt einer Salatpflanze, bes. des Kopfsalats:* etw. auf einem S. anrichten; **Sa|lat|bü|fett,** das: *(in Restaurants, bei Festen o. ä.) Tisch o. ä., auf dem verschiedene Salate zur Selbstbedienung der Gäste bereitstehen;* **Sa|lat|dres|sing,** das: *Dressing* (1). **Sa|la ter|re|na,** die; -, -, ...le ...ne [zu ital. sala = Saal u. terreno = Erd...; ebenerdig] (Kunstwiss.): *Gartensaal im Erdgeschoß eines barocken* (a) *Schlosses.*
Sa|lat|es|sig, der; vgl. Salatöl; **Sa|lat|gurke,** die: *Gurke* (1 b), *die sich bes. zum Bereiten von* Salat (1 a) *eignet;* **Sa|lat|häuptel,** das (österr.): *Salatkopf;* **Sa|la|tie|re,** die; -, -n [frz. saladier, zu: salade = Salat < ital. (mundartl.) salata, ↑ ²Salat] (veraltend): *Salatschüssel;* **Sa|lat|kar|tof|fel,** die 〈meist Pl.〉: vgl. Salatgurke; **Sa|latkopf,** der: *Kopf* (5 b) *des Kopfsalats;* **Salat|öl,** das: *zur Zubereitung von Salaten geeignetes Speiseöl;* **Sa|lat|pflan|ze,** die: *Pflanze, von der bestimmte Teile als Salat gegessen werden;* **Sa|lat|plat|te,** die: **1.** *Platte zum Anrichten von Salaten* (1 a). **2.** *Gericht, das aus verschiedenen auf einer Platte angerichteten Salaten* (1 a) *besteht;* **Sa|lat|schüs|sel,** die: *Schüssel zum Servieren von* ²Salaten (1 a); **Sa|lat|so|ße,** die; vgl. Soße (1); **Sa|lat|tel|ler,** der: *Salatplatte* (2); **Sa|lat|the|ke,** die: *(in Cafeterias o. ä.) Theke, in der verschiedene* ²Salate (1 a) *bereitstehen;* **Sa|lat|zi|chorie,** die: *Wegwarte, deren große, feste, bleiche Blattknospen* (1 a) *als Gemüse geschätzt werden.*
Sa|la|zi|tät, die; - [lat. salacitas, zu: salax = geil] (Med.): *übermäßig starker Geschlechtstrieb.*
Sal|ba|der, der; -s, - [H. u.] (ugs. abwertend selten): *jmd., der salbadert;* **Sal|bade|rei,** die; -, -en (ugs. abwertend): *[dauerndes] Salbadern;* **Sal|ba|de|rin,** die; -, -nen (ugs. abwertend selten): w. Form zu ↑ Salbader; **sal|ba|dern** 〈sw. V.; hat〉 (ugs. abwertend): *salbungsvoll [frömmelnd], langatmig u. feierlich reden:* er hat eine Art zu s., die jedem auf die Nerven geht; 〈subst.:〉 statt dessen bot Semmelroth dreieinhalb Stunden Oberflächlichkeit und endloses Salbadern (Spiegel 53, 1974, 76); **sal|ba|drig** 〈Adj.〉 (ugs. abwertend): *salbungsvoll [frömmelnd], langatmig u. feierlich:* -es Geschwätz.
Sal|band, das 〈Pl. ...bänder〉 [aus dem Ostmd., spätmhd. selbende = gewebtes, nicht geschnittenes Ende, eigtl. = eigenes Ende, 1. Bestandteil mhd. selp, ↑ selb...]: **1.** (Weberei) *Webkante an beiden Seiten eines Gewebes.* **2.** (Geol.) *Grenzfläche zwischen einem Gang* (8) *u. dem daneben liegenden Gestein.*
Sal|be, die; -, -n [mhd. salbe, ahd. salba, eigtl. = Fett]: *Präparat zum Auftragen auf die Haut, bei dem die wirksamen Substanzen mit einer [fettigen] Masse vermengt sind:* S. auftragen; die S. verreiben; S. [mit einem Spatel] auf eine Wunde streichen; graue S. (veraltet; *Quecksilbersalbe).*
Sal|bei [auch: -ʹ-], der; -s (österr. nur so) od. die; - [mhd. salbeie, ahd. salbeia, salveia < mlat. salvegia < lat. salvia, zu salvus = gesund]: **1.** *(zu den Lippenblütlern gehörende) Pflanze mit (je nach Art) unterschiedlich gefärbten Blüten u. länglichen, behaarten Blättern.* **2.** *aus [getrockneten] Salbeiblättern bestehendes Gewürz;* **Sal|bei|blatt,** das: *Blatt des Salbeis;* **Salbei|öl,** das: *aus Salbeiblättern gewonnenes Öl;* **Sal|bei|tee,** der: *¹Tee* (3 b) *aus Salbeiblättern.*
sal|ben 〈sw. V.; hat〉 [mhd. salben, ahd. salbōn, zu ↑ Salbe]: *mit Salbe od. Öl einreiben:* jmdm. die kranke Schulter s.; ... wo sich Homers Helden gebadet und gesalbt hatten (Ceram, Götter 73); das Öl, womit man die Könige der Erde salbt (Th. Mann, Joseph 111); ... wurde Justinian ... vom Patriarchen zum Kaiser gesalbt *(geweiht;* Thieß, Reich 443); ... Die Letzte Ölung ... Da werden dem Kranken die Augen, Ohren, der Mund, Hände und Füße mit heiligem Öl gesalbt (kath. Kirche; Wimschneider, Herbstmilch 115); er hatte ... die Sterbenden gesalbt (kath. Kirche; *ihnen die Letzte Ölung gegeben;* Schaper, Kirche 10); **Sal|ben|dose,** die: *Dose zur Aufbewahrung von Salbe;* **Sal|ben|tie|gel,** der: vgl. Salbendose; **Sal|ben|topf,** der: vgl. Salbendose.
Salb|ling: ↑ Saibling.
Salb|öl, das 〈Pl. selten〉: *bei Salbungen verwendetes Öl, das aus der Frucht des Ölbaums gewonnen wird;* **Sal|bung,** die; -, -en [mhd. salbunge]: *das Salben, Gesalbtwerden;* **sal|bungs|voll** 〈Adj.〉 [eigtl. = mit der frommen Begeisterung eines Gesalbten, eines Priesters] (abwertend): *übertrieben würdevoll-feierlich:* -e Worte; Er sagte: „Liebe Genossen", aber in so -em Ton, daß es klang wie „Liebe Gemeinde" (Zwerenz, Kopf 115); ein -er Intellektueller mit Schlapphut und Christusbart (K. Mann, Wendepunkt 59); s. reden, predigen.
Säl|chen, das; -s, -: Vkl. zu ↑ Saal (1).
Sal|chow [...ço], der; -[s], -s [nach dem schwed. Eiskunstläufer U. Salchow (1877–1949)] (Eiskunstlauf, Rollkunstlauf): *mit einem Bogen rückwärts eingeleiteter Sprung, bei dem man mit einem Fuß abspringt, in der Luft eine Drehung ausführt u. mit dem anderen Fuß wieder aufkommt.*
Sal|den|bi|lanz, die (Buchf., Bankw.): *aus einer vorübergehend aufgestellten Bilanz entwickelte Zusammenstellung der Salden eines Rechnungszeitraums;* **Sal|den|liste,** die (Buchf., Bankw.): *Zusammenstellung der Salden der einzelnen Konten von Geschäftspartnern zur Abstimmung mit den entsprechenden Hauptbuchkonten;* **sal|die|ren** 〈sw. V.; hat〉 [ital. saldare, eigtl. = zusammenfügen, festma-

saldierend

chen, zu: saldo = fest, über das Vlat. zu lat. solidus, ↑solide]: **1.** (Buchf., Bankw.) *den Saldo ermitteln.* **2.** (Kaufmannsspr.) *(eine Rechnung, einen Rückstand) begleichen, bezahlen; (eine Schuld) tilgen.* **3.** (österr.) *die Bezahlung einer Rechnung bestätigen;* **sal|die|rend** ⟨Adj.⟩ (Datenverarb.): [*von Speichern* (2b)] *Rechenergebnisse speichernd, so daß man mit ihnen weiterrechnen kann, ohne sie vorher abrufen zu müssen:* ein Taschenrechner mit -em Speicher; **Sal|die|rung,** die; -, -en: *das Saldieren;* **Sal|do,** der; -s, ...den, -s u. ...di [ital. saldo, eigtl. = fester Bestandteil der Kontenführung, Postverbale zu: saldare, ↑saldieren]: **1.** (Buchf., Bankw.) *Differenzbetrag, der sich nach Aufrechnung der Soll- u. Habenseite des Kontos ergibt.* **2.** (Kaufmannsspr.) *Betrag, der nach Abschluß einer Rechnung zu deren völliger Begleichung fällig bleibt;* **Sal|do|an|er|kennt|nis,** das (Buchf.): *Anerkenntnis eines Saldos* (2) *durch einen Schuldner;* **Sal|do|kon|to,** das (Buchf.): *Konto, mit dem ein Saldo erfaßt wird;* **Sal|do|über|trag,** der (Buchf.): *auf ein neues Konto übertragener Saldo;* **Sal|do|vor|trag,** der (Buchf.): *Saldoübertrag.*
Sä|le: Pl. von ↑Saal.
Sa|lem alei|kum: ↑Salam [alaikum].
Sa|lep [...lɛp], der; -s, -s [vulgärarab. saḥlab < arab. ḥusā at-ta 'lab]: *getrocknete u. zu Pulver verarbeitete Knolle verschiedener Orchideen, die für Heilzwecke verwendet wird.*
Sa|le|sia|ner, der; -s, - [nach dem heiligen Franz v. Sales (1567-1622)]: **1.** *Mitglied der Gesellschaft des heiligen Franz von Sales.* **2.** *Angehöriger eines katholischen Priesterordens, der bes. in der [Jugend]seelsorge tätig ist;* **Sa|le|sia|ne|rin,** die; -, -nen: *Angehörige eines katholischen Ordens, der bes. in der Seelsorge tätig ist.*
Sales-ma|na|ger ['seɪlz...], der; -s, - [engl. sales manager, zu: sale = Verkauf u. ↑Manager] (Wirtsch.): *Verkaufsleiter in einem Unternehmen;* **Sales|man|ship** ['seɪlzmənʃɪp], das; -s [engl. salesmanship]: *bestimmte, in den USA entwickelte Verkaufslehre;* **Sales-pro|mo|ter** ['seɪlz...], der; -s, - [zu ↑Promoter] (Wirtsch.): *Kaufmann mit speziellen Kenntnissen u. Aufgaben auf dem Gebiet der Sales-promotion;* **Sales-pro|mo|tion** ['seɪlz...], die; - [engl. sales promotion, zu ↑²Promotion] (Wirtsch.): *Gesamtheit der Maßnahmen zur Förderung des Verkaufs (bes. Werbung).*
Sa|let|tel, Sa|lettl, das; -s, -[n] [zu ital. saletta = kleiner Saal, Vkl. von: sala = Saal] (österr., auch bayr.): *Pavillon, Laube, Gartenhäuschen.*
Sa|li|cy|lat usw.: ↑Salizylat usw.
Sa|li|er ⟨Pl.⟩ [lat. Salii, eigtl. = Tänzer (nach den Waffentänzen bei den jährlichen feierlichen Umzügen)]: *in einer Vereinigung zusammengeschlossene altrömische Priester.*
Sa|li|ne, die; -, -n [lat. salinae (Pl.), zu: salinus = zum Salz gehörend, zu: sal = Salz]: **1.** *Anlage zur Gewinnung von Salz durch Verdunstung von Salzwasser.* **2.** *Gradierwerk;* **Sa|li|nen|be|trieb,** der: *Betrieb, in dem Salinensalz gewonnen wird;*

Sa|li|nen|krebs, der: *in salzigen Binnenseen u. Salinen* (1) *lebender Krebs;* **Sa|li|nen|salz,** das ⟨o. Pl.⟩: *in einer Saline gewonnenes Salz.*
Sa|ling, die; -, -e[n] [wohl aus niederd. sadeling, eigtl. = Versattelung, zu: sadel = Sattel] (Seemannsspr.): *am oberen Teil des Mastes an beiden Seiten quer dazu befestigte kurze Stange, die die Wanten abstützt u. dadurch eine bessere Verspannung des Mastes bewirkt.*
sa|li|nisch ⟨Adj.⟩ [zu ↑Saline] (selten): **1.** *salzartig.* **2.** *salzhaltig.*
Sa|li|ro|ma|nie, die; - [zu frz. salir = beschmutzen u. ↑Manie] (Fachspr.): *zwanghafter Trieb, durch das Besudeln anderer Menschen mit Kot, Urin u.a. sexuelle Befriedigung zu erlangen.*
sa|lisch ⟨Adj.⟩ [Kunstwort zu Silicium u. Aluminium] (Mineral.): *(von Mineralien) reich an Kieselsäure u. Tonerde.*
Sa|li|va|ti|on, die; -, -en [zu lat. saliva = Speichel] (Med.): *Ptyalismus.*
Sa|li|zin, das; -s [zu lat. salix = Weide, nach dem Vorkommen in der Rinde u. in den Blättern von Weiden] (Med.): *(früher als fiebersenkendes Mittel verwendeter) Bitterstoff;* **Sa|li|zy|lat,** (chem. Fachspr.:) Salicylat, das; -[e]s, -e [zu ↑Salizylsäure] (Chemie): *Salz der Salizylsäure;* **sa|li|zy|lat|hal|tig,** (chem. Fachspr.:) salicylathaltig ⟨Adj.⟩: *Salizylat enthaltend;* **Sa|li|zyl|pfla|ster,** das: *Pflaster, das mit Salizylsäure getränkt ist;* **Sa|li|zyl|säu|re,** (chem. Fachspr.:) Salicylsäure, die; - [zu lat. salix (↑Salizin) u. griech. hýlē = Holz; Stoff; die Säure wurde zuerst aus Salizin, einem Bitterstoff der Weidenrinde, hergestellt] (Chemie): *farblose, süß schmeckende kristalline Substanz, die wegen ihrer antibakteriellen u. fäulnishemmenden Wirkung als Konservierungsmittel verwendet wird.*
Sal|kan|te, die (Weberei): *Salband* (1).
Salk-Imp|fung ['zalk..., engl.: 'sɔ:lk...], die; -, -en [nach dem amerik. Bakteriologen J. E. Salk (geb. 1914)]: *Impfung gegen Kinderlähmung;* **Salk-Vak|zi|ne,** die ⟨o. Pl.⟩ (Med.): *Impfstoff gegen Kinderlähmung.*
Sal|lei|ste, die (Weberei): *Salband* (1).
¹Salm, der; -[e]s, -e [mhd. salme, ahd. salmo < lat. salmo]: *Lachs.*
²Salm, der; -s, -e ⟨Pl. selten⟩ [aus dem Niederd. < mniederd. salm = Psalm] (landsch., bes. nordd. ugs. abwertend): *umständlich-breites Gerede:* einfach fürchterlicher S.; einen S. nicht ertragen können; als der Führer ... seinen S. von neuem anfing (Feuchtwanger, Erfolg 719).
Sal|mi, das; -[s], -s [frz. salmis, H. u.] (Kochk.): *Ragout aus Wildgeflügel.*
Sal|mi|ak [auch, österr. nur: '- -], der, auch: das; -s [aus mlat. sal armoniacum für lat. sal armeniacum = armenisches Salz, nach dem Herkunftsland]: *Verbindung von Ammoniak u. Salzsäure mit einem durchdringend-beizenden Geruch;* **Sal|mi|ak|geist,** der ⟨o. Pl.⟩: *in Wasser gelöstes Ammoniak, Ammoniaklösung;* **Sal|mi|ak|la|kri|tze,** die: *Salmiakpastille;* **Sal|mi|ak|lö|sung,** die: *Salmiakgeist;* **Sal|mi|ak|pa|stil|le,** die: *[rautenförmige] dunkelbraune bis schwarze Pastille aus*

2848

eingedicktem Süßholzsaft u. Salmiak: -n lutschen.
Salm|ler, der; -s, - [zu ↑¹Salm]: *(im Süßwasser tropischer u. subtropischer Regionen Amerikas u. Afrikas heimischer) kleiner bis mittelgroßer, in Schwärmen lebender [räuberischer] Fisch;* **Sälm|ling,** der; -s, -e (landsch.): *Saibling.*
Sal|mo|nel|le, die; -, -n ⟨meist Pl.⟩ [nach dem amerik. Bakteriologen u. Pathologen D. E. Salmon (1850-1914)]: *Bakterie, die beim Menschen Darminfektionen hervorruft;* **Sal|mo|nel|lo|se,** die; -, -n (Med.): *durch Salmonellen verursachte Darmerkrankung.*
Sal|mo|ni|den ⟨Pl.⟩ (Zool.): *Lachsartige.*
Sa|lo|mo|nen, Sa|lo|mon|in|seln ⟨nur mit Art.; Pl.⟩: *Inselgruppe östlich von Neuguinea;* **sa|lo|mo|nisch** ⟨Adj.⟩ [nach dem biblischen König Salomo] (bildungsspr.): *einem Weisen entsprechend ausgewogen, Einsicht zeigend; klug, weise:* eine -e Entscheidung; eine s. urteilen; **Sa|lo|mon[s]|sie|gel,** das [die Pflanze wurde früher wohl als Zaubermittel benutzt u. nach dem Siegelring Salomos benannt, der im Orient als Talisman der Weisheit u. Zauberei galt]: *(zu den Liliengewächsen gehörende) Pflanze mit grünlichweißen, glockenförmigen Blüten u. eiförmigen Blättern, an deren Wurzelstock nach dem Absterben der Sprosse über der Erde einem Siegel ähnliche Narben entstehen.*
Sa|lon [za'lõ:, auch: za'lɔŋ, za'lo:n], der; -s, -s [frz. salon < ital. salone = Festsaal, Vgr. von: sala = Saal, aus dem Germ.]: **1.** *größerer, repräsentativer Raum als Empfangs- od. Gesellschaftszimmer:* ein grüner *(in Grün gehaltener)* S.; den S. betreten; sie geleitete, führte uns in den S.; Offenbar wollte Wolfgang Bugenhagen sein Zimmer ... allein als Studierstube und nicht als S., in dem man auch plaudern und harmlose Konversation treiben konnte, betrachtet wissen (Jens, Mann 155). **2.** (früher) **a)** *[regelmäßige] Zusammenkunft von bes. literarisch u. künstlerisch interessierten Personen:* ein literarischer, politischer S.; ... in ein Hotel, das ein Mäzen erworben hat, um regelmäßig eine Art S. zu veranstalten, mit talkshowartigem Palaver über Moral, Zeitgeist und Literatur (Frankfurter Rundschau 12. 3. 94, ZB 4); **b)** *Kreis von Personen, der sich regelmäßig trifft u. ständig die Meinungen über Kunst, Literatur, Wissenschaft u. Politik austauscht:* Es war ein kultivierter, intellektueller S., den Elsa Bernstein führte (Katia Mann, Memoiren 23); einem literarischen S. angehören. **3.** *[modern eingerichtetes, elegantes u. luxuriös ausgestattetes] Geschäft:* ein S. für Fußpflege, Kosmetik; „Was heißt 'Laden'?" sagte Chaim Finkelstein. „Ich habe einen Laden. Ich habe einen S." (Hilsenrath, Nazi 16); seine Friseurlehre hat er im S. seines Vaters gemacht. **4. a)** *Ausstellungsraum, -saal: der* S. einer Firma [auf der Automobilausstellung; im S. der Kunsthandlung; **b)** *Ausstellung (bes. Kunst-, Gemäldeausstellung):* Ein paar Monate nach dem Pariser S. entdeckten wir den Kubismus, den Surrealismus, die Collage (Bie-

ler, Mädchenkrieg 30); **Sa|lon|bol|sche|wist**, der (iron.): vgl. Salonkommunist; **Sa|lon|bol|sche|wi|stin**, die (iron.): w. Form zu ↑Salonbolschewist; **Sa|lon|da|me**, die (Theater): *Schauspielerin, die das Rollenfach der eleganten, mitunter intriganten Dame von Welt vertritt;* **sa|lon|fä|hig** ⟨Adj.⟩: **1.** *(in den Umgangsformen o. ä.) in den Rahmen der Gesellschaft passend; der Etikette der Gesellschaft entsprechend, schicklich:* ein -es Auftreten; ein nicht -er Witz; in dem Aufzug bist du nicht s.; seine Frau war nicht ganz s. **2.** *einen einigermaßen guten Ruf genießend, ein einigermaßen gutes Image wahrend, akzeptabel, respektabel:* alle ..., für die der Diesel jetzt endlich s. geworden ist (ADAC-Motorwelt 11, 1983, 33); Hitler sah aus wie ein Coiffeur – das Konkordat hat ihn dann urbi et orbi s. gemacht (Hochhuth, Stellvertreter 96); gehobene Pornographie stand hoch im Kurs, seit jener Amerikaner sie s. gemacht hatte (Erné, Fahrgäste 159). **Sa|lo|ni|ki:** *Stadt in Griechenland.* **Sa|lon|kom|mu|nist**, der (iron.): *jmd., der sich für die Theorien des Kommunismus begeistert, sie aber in der Praxis nur dann vertritt, wenn er dadurch nicht auf persönliche Vorteile verzichten muß;* **Sa|lon|kom|mu|ni|stin**, die (iron.): w. Form zu ↑Salonkommunist; **Sa|lon|lö|we**, der (abwertend): *eleganter, weltgewandter Mann, der aber oberflächlich ist u. Wert darauf legt, in Gesellschaft der Mittelpunkt der [weiblichen] Aufmerksamkeit zu sein:* dieser geschäftstüchtige Kaufmann und umschwärmte S. (Quick 15, 1958, 48); **Sa|lon|lö|win**, die (abwertend): w. Form zu ↑Salonlöwe: bei Katharina Williams, einem Explaygirl, heute S. Nummer eins in Rom (Express 6. 10. 68, 23); **Sa|lon|mu|sik**, die: *virtuos-elegant dargebrachte, gefällige, aber anspruchslose Musik;* **Sa|lon|or|che|ster**, das: *kleines Ensemble (Streicher u. Klavier) für Unterhaltungsmusik;* **Sa|lon|re|mis**, die (Schach Jargon abwertend): *Remis, auf das sich zwei Gegner einigen, obwohl eine Beendigung der Partie durch ein Matt durchaus noch möglich erscheint;* **Sa|lon|re|vo|lu|tio|när**, der (iron.): vgl. Salonkommunist; **Sa|lon|re|vo|lu|tio|nä|rin**, die (iron.): w. Form zu ↑Salonrevolutionär; **Sa|lon|stück**, das: *Konversationsstück;* **Sa|lon|wa|gen**, der: *Eisenbahnwagen, der wie ein Salon eingerichtet ist;* **Sa|loon** [sə'lu:n], der; -s, -s [engl. saloon < frz. salon, ↑Salon]: *Lokal, dessen Einrichtung dem Stil der Wildwestfilme nachempfunden ist.* **sa|lopp** ⟨Adj.; -er, -[e]ste⟩ [frz. salope = dreckig, schmierig, schlampig, H. u.]: **1.** *(von Kleidung) betont bequem [mit einer sportlichen Note], nicht elegant:* -e Freizeitkleidung; Der junge Mann wurde sich plötzlich seines saloppen Aufzuges bewußt (Sebastian, Krankenhaus 69); sich s. kleiden. **2.** *unbekümmert zwanglos, die Nichtachtung gesellschaftlicher Formen ausdrückend:* Das Wort „Bulle" ist nach wie vor ein Schimpfwort und nicht etwa eine -e Berufsbezeichnung wie z. B. die Anrede „Bobby" für den englischen Polizisten (ADAC-Motorwelt 9, 1980, 9); eine -e Ausdrucksweise haben; sein Be-

nehmen war reichlich s.; Bock zuckte ungeniert mit den Schultern und benahm sich zum erstenmal in Gegenwart seines neuen Chefs reichlich s. (Kirst 08/15, 504); sich s. ausdrücken; **Sa|lop|pe|rie**, die; -, -n [frz. saloperie, zu: salope, ↑salopp] (veraltet): *Unsauberkeit; Nachlässigkeit;* **Sa|lopp|heit**, die; -, -en: **1.** ⟨o. Pl.⟩ *saloppe Art.* **2.** *saloppe Handlungsweise, Äußerung.*
Sal|pe, die; -, -n [lat. salpa < griech. sálpe = ein Fisch]: *(im Meer lebendes) glasartig durchsichtiges Manteltier.*
Sal|pe|ter, der; -s [mhd. salpeter < mlat. sal(le)petra, viell. < lat. sal petrae, eigtl. = Salz des Steins, zu: sal = Salz u. petra (↑Peter); nach der Entstehung an Kaligestein]: *weißes od. hellgraues Salz der Salpetersäure, das früher vor allem zur Herstellung von Düngemitteln u. Schießpulver verwendet wurde;* **sal|pe|ter|ar|tig** ⟨Adj.⟩: *von der Art des Salpeters;* **Sal|pe|ter|dampf**, der: *von konzentrierter Salpetersäure infolge Zersetzung aufsteigender Dampf;* **Sal|pe|ter|dün|ger**, der: *Düngemittel, in dem Stickstoff in Form von Salpeter enthalten ist;* **Sal|pe|ter|er|de**, die: *salpeterhaltige Erde;* **sal|pe|ter|hal|tig** ⟨Adj.⟩: *Salpeter enthaltend;* **sal|pe|te|rig** ⟨Adj.⟩: ↑salpetrig; **Sal|pe|ter|plan|ta|ge**, die (früher): *Anlage zur Gewinnung von Salpeter aus Stallmist und tierischen Abfällen;* **Sal|pe|ter|säu|re**, die ⟨o. Pl.⟩: *stark oxydierende, farblose Säure, die Silber u. die meisten unedlen Metalle löst;* **sal|pet|rig**, salpeterig ⟨Adj.⟩: ↑Säure (2).
Sal|pi|kon, der; -[s], -s [frz. salpicon < span. salpicón, zu: salpicar = bespritzen, beschmutzen; würzen, H. u.] (Kochk.): *sehr feines Ragout [in Muscheln od. Pasteten].*
Sal|pin|gen: Pl. von ↑Salpinx; **Sal|pin|gi|tis**, die; -, ...itiden [zu ↑Salpinx] (Med.): *entzündliche Erkrankung eines od. beider Eileiter; Eileiterentzündung;* **Sal|pin|go|gramm**, das; -s, -e [zu ↑Salpinx u. ↑-gramm] (Med.): *Röntgenkontrastbild des Eileiters;* **Sal|pin|go|gra|phie**, die; -, -n [↑-graphie] (Med.): *röntgenologische Untersuchung u. Darstellung des Eileiters mit Kontrastmitteln;* **Sal|pinx**, die; -, ...ingen [1: griech. sálpigx (Gen.: sálpiggos); 2: nach der Form]: **1.** *trompetenähnliches Instrument der griechischen Antike.* **2.** (Anat. selten) **a)** *Eileiter;* **b)** *Eustachische Röhre.*
Sal|sa, der; - [kurz für span. salsa picante = scharfe Soße]: *lateinamerikanischer* ²*Rock (1), eine Mischung aus Rumba, afrokubanischem Jazz u. Bossa Nova darstellt.*
Sal|se, die; -, -n [ital. salsa, zu lat. salsus = salzig; nach der oft salzhaltigen ausgeworfenen Substanzen]: **1.** (Geol.) *kegelförmige Anhäufung von Schlamm u. Steinen, die von Gasquellen an die Oberfläche befördert wurden.* **2.** (veraltet) *[salzige] Tunke.*
Salt, SALT [engl. sɔ:lt; Abk. für engl. Strategic Arms Limitation Talks = Gespräche über die Begrenzung der strategischen Rüstung; (seit 1969) zwischen den USA und (ehem.) UdSSR geführte Verhandlungen über Rüstungsbeschränkungen].

Sal|ta, das; -s [lat. salta! = springe!; beim Vorwärtsziehen müssen gegnerische Steine übersprungen werden]: *auf einem Damebrett zu spielendes Brettspiel für zwei Personen mit je 15 Steinen;* **Sal|ta|rel|lo**, der; -s, ...lli [ital. saltarello, eigtl. = Hüpftanz, zu: saltare < lat. saltare = hüpfen, tanzen]: *lebhafter, der Tarantella ähnlicher Tanz Süditaliens u. Spaniens in schnellem Dreiertakt;* **sal|ta|to** ⟨Adv.⟩ [ital. saltato, zu: saltare, ↑Saltarello] (Musik): *mit springendem Bogen [zu spielen];* **Sal|ta|to**, das; -s, -s u. ...ti (Musik): *Spiel mit springendem Bogen;* **sal|ta|to|risch** ⟨Adj.⟩ [zu lat. saltare (2. Part.: saltatum), ↑Saltarello] (Med.): *sprunghaft, mit tänzerischen Bewegungen verbunden (z. B. bei krankhaften Bewegungsstörungen).*
Salt-Kon|fe|renz, SALT-Kon|fe|renz, die: vgl. Salt, SALT.
Sal|to, der; -s, -s u. ...ti [ital. salto < lat. saltus = Sprung, zu: saltum, 2. Part. von: salire = springen] (Sport) *frei in der Luft ausgeführte Rolle, schnelle Drehung des Körpers um seine Querachse (als Teil einer sportlichen Übung):* ein ein-, zwei-, dreifacher, doppelter S.; ein gehockter, gestreckter S.; ein S. vor-, rückwärts, aus dem Stand, vom Reck; Seine Spezialitäten sind Salti und andere Kunststückchen auf der Bodenmatte (MM 12. 12. 69, 17); einen S. springen, drehen, machen. **2.** (Fliegerspr.) *Looping;* **Sal|to mor|ta|le**, der; - -, - - u. ...ti ...li [ital. salto mortale, eigtl. = Todessprung, zu: mortale = tödlich < lat. mortalis]: *[meist dreifacher] Salto, der von einem Akrobaten in großer Höhe ausgeführt wird:* ein S. m. am Trapez; Dat tat David zehn Schritte und kaufte die Ringe, aber die zehn Schritte ... waren ein moralischer S. m. (Kant, Impressum 202); **Sal|tus**, der; - [lat. saltus, ↑Salto] (Philos.): *durch das Weglassen einer Prämisse (1) entstandener Fehler im syllogistischen Schluß (2 b).*
sa|lu ['saly, sa'ly] ⟨Interj.⟩ [frz. salut, ↑Salut] (landsch., bes. schweiz. ugs.): *Grußformel (zur Begrüßung und zum Abschied).*
Sa|lu|bri|tät, die; - [lat. salubritas, zu: saluber = gesund, zu: salus, ↑Salut] (Med.): *gesunder körperlicher Zustand.*
Sa|lu|ki, der; -s, -s [nach der alten südarab. Stadt Saluk]: *Windhund mit langem, schmalem Kopf, glattem, glänzendem Fell u. langen, seidigen, z. T. leicht gewellten Haaren an Ohren, Schenkeln u. Schwanz.*
Sa|lu|re|ti|kum, das; -s, ...ka [zu lat. sal = Salz u. griech. oúron = Harn] (Med.): *Diuretikum.*
Sa|lus, die; - [lat. salus, ↑Salut] (veraltet): *Gedeihen, Wohlsein, Heil;* **Sa|lut**, der; -[e]s, -e [frz. salut < lat. salus (Gen.: salutis) = Gruß, Wohlsein, Heil, zu: salvus, ↑salve] (Milit.): *Ehrung, z. B. anläßlich von Staatsbesuchen, durch Abfeuern einer Salve aus Geschützen; Ehrengruß:* S. schießen; Zum Abschluß 21 Schuß S. Lübeck war die letzte Station des schwedischen Königspaares (MM 28. 3. 79, 17); über viele Gräber ist S. geschossen worden (Bergengruen, Rittmeisterin 389); **Sa|lu|ta|ti|on**, die; -, -en [lat. salutatio = das Grüßen, zu: salutare, ↑salutie-

salutieren

ren] (Milit. veraltet): *das Salutieren;* **sa|lu|tie|ren** ⟨sw. V.; hat⟩ [lat. salutare = grüßen] (Milit.): **1. a)** *die militärische Ehrenbezeigung erweisen:* der Posten salutierte; die Wachen salutierten vor dem Staatsbesuch; **b)** *[durch Anlegen der Hand an die Kopfbedeckung, an die Schläfe] grüßen:* der Schaffner salutierte höflich; Ich ... salutiere wie ein General, nachlässig wie ein großer General, der nur einen Finger an die Mütze legt, wie ein Kutscher (Bieler, Bonifaz 67); Auf dem Wege dorthin blieb er zwar stehen, entzündete eine Zigarette und hob flüchtig salutierend das feine spanische Rohr (Thieß, Legende 125). **2.** (veraltend) *Salut schießen;* **Sa|lu|tis|mus,** der; -: *Lehre und Wirken der Heilsarmee;* **Sa|lu|tist,** der; -en, -en: *Angehöriger der Heilsarmee;* **Sa|lu|ti|stin,** die; -, -nen: w. Form zu ↑ Salutist; **Sa|lut|schuß,** der ⟨meist Pl.⟩ (Milit.): *als Salut abgegebener Schuß:* Salutschüsse abfeuern, abgeben.

Sal|va|do|ria|ner, der; -s, -: Ew. zu ↑ El Salvador; **Sal|va|do|ria|ne|rin,** die; -, -nen: w. Form zu ↑ Salvadorianer; **sal|va|do|ria|nisch** ⟨Adj.⟩

Salv|ar|san ⓦ, das; -s [Kunstwort, aus lat. **salvare** (↑salvieren) u. ↑ Arsenik]: *(heute nicht mehr verwendetes) Medikament gegen Syphilis.*

Sal|va|ti|on, die; -, -en [lat. salvatio, zu: salvare = heilen; retten] (veraltet): **a)** *Rettung;* **Sal|va|ti|on Army** [sælˈveɪʃən ˈɑːmɪ], die; - - [engl., aus: salvation = Erlösung, Rettung u. army = Heer, Armee]: engl. Bez. für *Heilsarmee;* **¹Sal|va|tor,** der; -s, ...oren [kirchenlat. salvator] (bildungsspr.): *Heiland;* **²Sal|va|tor** ⓦ, das od. der; -s: *dunkles Münchner Starkbier;* **Sal|va|tor|bier,** das: ²*Salvator;* **Sal|va|to|ria|ner,** der; -s, - [nlat. Societas Divini Salvatoris = Gesellschaft des göttlichen Heilandes]: *Angehöriger einer katholischen Ordensgemeinschaft für Priester u. Laien mit der Aufgabe der Seelsorge u. Mission;* **Sal|va|to|ria|ne|rin,** die; -, -nen [nlat. Sorores Divini Salvatoris = Schwestern des göttlichen Heilandes]: *Angehörige eines Frauenordens, der bes. in der Seelsorge tätig ist;* **sal|va|to|risch** ⟨Adj.⟩ [nlat., eigtl. = bewahrend, erhaltend] (Rechtsspr.): *nur ergänzend geltend:* -e Klausel *(Rechtsspr., der nur gilt, wenn andere Normen keinen Vorrang haben);* **Sal|va|to|ri|um,** das; -s, ...ien: *(im Mittelalter) Schutz-, Geleitbrief;* **sal|va ve|nia** [lat., zu: venia = Erlaubnis] (bildungsspr. veraltet): *mit Verlaub [zu sagen];* Abk.: s. v.; **sal|ve** [...ve] ⟨Interj.⟩ [lat. salve!, Imperativ von: salvere = gesund sein, zu: salvus = gesund, heil, unverletzt, unbeschädigt]: *sei gegrüßt!* (lateinischer Gruß); **Sal|ve** [...və], die; -, -n [frz. salve, eigtl. = Salutschießen (als Ehrengruß), zu lat. salve, ↑salve!] (Milit.): *[auf ein Kommando gleichzeitig abgefeuerte] Anzahl von Schüssen aus Gewehren od. Geschützen:* eine S. kracht; S. geben, schießen; aus einem Maschinengewehr eine S. abgeben; Ü eine S. des Beifalls, von Gelächter; Als Vorboten der kühleren Jahreszeit werden in der Bundesrepublik die ersten -n beginnenden

Wahlkampfs gefeuert (NZZ 31. 8. 86, 1); **sal|vie|ren** ⟨sw. V.; hat⟩ [lat. salvare = heilen, retten] (bildungsspr. veraltet): **1.** *retten:* ♦ Er ist's! – ist's – Salvier' dich *(bring dich in Sicherheit),* Schweizer (Schiller, Räuber IV, 5). **2.** ⟨s. + sich⟩ *sich von einem Verdacht reinigen;* **sal|vis omis|sis** [lat., zu: omittere (2. Part.: omissum) = aufgeben; unerwähnt lassen] (Wirtsch.): *unter Vorbehalt von Auslassungen;* Abk.: s. o.; **sal|vo er|ro|re** [lat., zu: error = Irrtum] (bildungsspr.): *Irrtum vorbehalten;* Abk.: s. e.; **sal|vo er|ro|re cal|cu|li** [lat., zu: calculus = (Be)rechnung] (Wirtsch.): *unter Vorbehalt eines Rechenfehlers;* Abk.: s. e. c.; **sal|vo er|ro|re et omis|sio|ne** [lat., zu: omissio = Unter-, Auslassung]: *unter Vorbehalt von Irrtum u. Auslassung;* Abk.: s. e. e. o., s. e. et o.; **sal|vo ju|re** [lat., zu: ius (Gen.: iuris) = Recht] (Rechtsspr. veraltet): *mit Vorbehalt, unbeschadet des Rechts [eines anderen];* ♦ **Sal|vo|kon|dukt,** der; -[e]s, -e [mlat. salvus conductus = sicheres Geleit, ↑ Kondukt]: *Schutzbrief* (1): In der Dämmerstunde ... wurde dem Könige ein mit einem richtig befundenen S. versehener friedländischer Hauptmann gemeldet (C. F. Meyer, Page 157); **sal|vo ti|tu|lo** [lat., zu: titulus = Titel] (veraltet): *mit Vorbehalt des richtigen Titels;* Abk.: S. T.

Sal|wei|de, die [mhd. salewīde, ahd. salewida, verdeutlichende Zus. aus mhd. salhe, ahd. sal(a)ha = (Sal)weide u. ↑¹Weide, zu ↑ Salz, nach den filziggrauen Blättern]: *als Strauch od. Baum wachsende Weide mit breit-elliptischen, oberseits mattgrünen, unterseits bläulichen, filzigen Blättern u. zottigen silberweißen Kätzchen; Palmweide.*

Salz, das; -es, -e [mhd., ahd. salz, eigtl. = das Schmutziggraue; Salz kam in alter Zeit ungereinigt in den Handel]: **1.** ⟨o. Pl.⟩ *im Bergbau od. durch Eindampfen von [Meer]wasser gewonnene weiße, kristalline Substanz, die zum Würzen von Speisen verwendet wird; Kochsalz:* feines, grobes S.; eine Prise S.; die Suppe schmeckt fade, du hast wohl das S. vergessen; S. an, in die Suppe, an die Speisen tun; Fleisch in S. legen *(einsalzen);* Spr S. und Brot macht Wangen rot *(einfache Kost ist gesund);* Ü das S. der Ironie *(die Ironie als ein die Rede würzendes Element);* * **attisches** S. (bildungsspr.: *fein scherzende, scharfsinnige Rede);* **S. auf die/in die Wunde streuen** *(jmdn. eine ohnehin schon als unangenehm, ärgerlich o. ä. empfundene Situation durch eine Äußerung od. eine Mitteilung noch deutlicher, schmerzlicher empfinden lassen);* **nicht das S. zum Brot/zur Suppe haben** (ugs.; *Mangel, Not leiden);* **jmdm. nicht das S. in der Suppe gönnen** (ugs.; *sehr mißgünstig sein);* **sich nicht das S. aufs Brot/in die Suppe verdienen** (ugs.; *nicht in der Lage sein, soviel zu verdienen, daß es zum Leben, für den Unterhalt reicht).* **2.** (Chemie) *chemische Verbindung aus einer Säure mit Metallen, Kohlenstoff od. Ammonium:* ein neutrales, saures S.; die Gewinnung von -en.

Salz|ach, die; -: rechter Nebenfluß des Inns.

Salz|ader, die: *Ader* (3 d), *die Salz führt;* **salz|arm** ⟨Adj.⟩: *nur geringe Mengen Salz enthaltend; mit nur wenig Salz:* -e Kost; s. essen; **salz|ar|tig** ⟨Adj.⟩: *von der Art eines Salzes;* **Salz|bad,** das: *medizinisches Bad in Salzwasser;* **Salz|be|la|stung,** die (Ökologie): *Umweltbelastung durch Salz:* die S. der Weser; **Salz|berg|bau,** der: *zur Gewinnung von Salz betriebener Bergbau;* **Salz|berg|werk,** das: *Bergwerk zur Gewinnung von Salz;* **salz|bil|dend** ⟨Adj.⟩: *ein Salz, Salze bildend:* Metalle und Säuren sind -e Stoffe; **Salz|bild|ner,** der: *Halogen;* **Salz|bo|den,** der: *Boden, der viel Salz enthält;* **Salz|bre|zel,** die: *mit groben Salzkörnern bestreute Brezel;* **Salz|bröt|chen,** das: vgl. Salzbrezel; **Salz|brun|nen,** der: *salzhaltiger Brunnen* (3). **¹Salz|burg:** Stadt an der Salzach; Landeshauptstadt von ²Salzburg; **²Salz|burg;** -s: *österreichisches Bundesland;* **¹Salz|bur|ger,** der; -s, -: Ew.; **²Salz|bur|ger** ⟨indekl. Adj.⟩: nur -s. Ew. Form zu ↑¹Salzburger; **salz|bur|gisch** ⟨Adj.⟩.

sal|zen ⟨unr. V.; salzte, hat gesalzen/(selten auch:) gesalzt⟩ /vgl. gesalzen/ [mhd. salzen, ahd. salzan]: *einer Speise Salz beigeben:* das Essen s.; die Suppe ist stark, zu wenig, kaum gesalzen; gesalzene Butter; gesalzenes/gesalztes Fleisch; **Sälzer,** der; -s, - (veraltet): **1. a)** *Salzsieder;* **b)** *jmd., der mit Salz handelt.* **2.** *jmd., der Fleisch, Fische einsalzt;* **Salz|faß,** das: **1.** *Salznapf.* **2.** (ugs. scherzh.) *auffallende Vertiefung zwischen den Schlüsselbeinen am Halsansatz (beim Menschen);* **Salz|fäß|chen,** das: Vkl. zu ↑ Salzfaß; **Salz|fleisch,** das: *Pökelfleisch;* **Salz|fracht,** die (Ökologie): *(in einem Gewässer vorhandene, es belastende) Menge Salz:* die Verschmutzung des Rheins durch die S., die größtenteils aus den elsässischen Kaliminen stammt (DÄ 47, 1985, 24); **salz|frei** ⟨Adj.⟩: *frei von Salz:* eine weitgehend -e Kost; das Wasser muß absolut s. sein; **salz|füh|rend** ⟨Adj.⟩ (Bergmannsspr.): *Salz enthaltend:* -e Schichten; **Salz|gar|ten,** der: *flaches Becken (als Teil einer Saline* 1), *in dem Salzwasser (meist Meerwasser) in warmem Klima verdunstet, so daß Salz zurückbleibt;* **Salz|ge|halt,** der: *Gehalt an Salz;* **Salz|ge|win|nung,** die: *Gewinnung von Salz;* **Salz|gras,** das: *bes. an den Küsten der Nordsee auf häufig überfluteten, salzreichen Böden wachsendes Gras;* **Salz|gru|be,** die: *Grube* (3 a), *in der Salz abgebaut wird;* **Salz|gur|ke,** die: *in Salzlake eingelegte kleine Gurke;* **salz|hal|tig** ⟨Adj.⟩: *Salz enthaltend:* -e Böden; -es Wasser; das Mineralwasser ist zu s.; **Salz|he|ring,** der: *Hering, der eingesalzen u. dadurch haltbar gemacht wird; Pökelhering;* **sal|zig** ⟨Adj.⟩: **a)** *Salz enthaltend:* -es Wasser; Der rund sechshundert Kilometer lange See hat keinen Abfluß. Was zufließt, verdunstet. Deshalb ist der Ostteil s. (Berger, Augenblick 125); **b)** *nach Salz schmeckend:* -es Fleisch; süßes und -es Gebäck; einen -en Geschmack auf der Zunge haben; -e Tränen; Salziger, heller Rotz mischte sich mit ihnen auf seinen Lippen (Jahnn, Geschichten 88); Ein -er, nach Hibiskus und Rosmarin duftender Windstoß fegte durch die

Stube der Alten (Ransmayr, Welt 193); die Suppe ist zu s.; **Sal|zig|keit,** die; -: *das Salzigsein.*
Salz|kam|mer|gut, das; -s: österreichische Alpenlandschaft.
Salz|kar|tof|fel, die ⟨meist Pl.⟩: *ohne Schale in Salzwasser* (1) *gekochte Kartoffel;* **Salz|kon|zen|tra|ti|on,** die ⟨o. Pl.⟩: *Gehalt an gelöstem Salz in einer Flüssigkeit (z. B. im Blut);* **Salz|korn,** das ⟨Pl. ...körner⟩: *kleines, festes Teilchen Salz in Form eines Korns;* **Salz|ko|te,** die: *Haus, in dem Salz gesiedet wird;* **Salz|kru|ste,** die: *durch Verdunstung von salzhaltigem Wasser entstandene Kruste aus Salz;* **Salz|la|ger|stät|te,** die: *Lagerstätte* (3) *von Steinsalz;* **Salz|la|ke,** die: *Lake;* **Salz|lecke**[1], die (Jägerspr.): *Stelle, wo aus Gestein Bittersalz austritt oder wo der Jäger Salz auslegt, das lebensnotwendiger Bestandteil der Nahrung des Wildes ist;* **salz|los** ⟨Adj.⟩: *ohne Salz;* **Salz|lö|sung,** die: *Lösung von Salz in Wasser;* **Salz|man|del,** die: *gesalzene u. geröstete Mandel;* **Salz|napf,** der: *kleines Gefäß für Salz zum [Nach]salzen bei Tisch;* **Salz|pfan|ne,** die: 1. (Geogr.) *flache Einsenkung in abflußlosen Trockengebieten, deren Boden mit Salzkrusten bedeckt ist.* 2. (veraltet) *bei der Salzgewinnung benutzte Pfanne zum Sieden von Salz;* **Salz|pflan|ze,** die: *Halophyt;* **salz|re|si|stent** ⟨Adj.⟩: *[weitgehend] unempfindlich gegen Salz:* -e *Pflanzen;* **salz|sau|er** ⟨Adj.⟩: *Salzsäure enthaltend;* **Salz|säu|le,** die: 1. *(südlich des Toten Meeres im Gebirge vorkommende) durch Verwitterung isolierte Säule aus abgelagertem, an die Erdoberfläche gelangtem Steinsalz.* 2. * *zur S. erstarren (so fassungslos, entsetzt, sprachlos sein, daß man innehält u. unbeweglich dasteht;* nach 1. Mos. 19, 26); **Salz|säu|re,** die ⟨o. Pl.⟩: *stark ätzende Säure;* **Salz|scha|den,** der: *durch die Einwirkung von Streusalz hervorgerufener Schaden an Pflanzen;* **Salz|schmel|ze,** die (Chemie): *Schmelze von verflüssigtem Salz, die elektrische Leitfähigkeit besitzt;* **Salz|see,** der: *stark salzhaltiger See;* **Salz|sie|der,** der (veraltet): *Salzwerker;* **Salz|sie|de|rin,** die (veraltet): w. Form zu ↑Salzsieder; **Salz|so|le,** die: *Sole;* **Salz|sprung,** der: *durch die Verschmutzung mit Nitraten verursachte sprunghafte Zunahme der gelösten Stoffe im Grundwasser;* **Salz|stan|ge,** die: *stangenförmiges, mit groben Salzkörnern bestreutes Gebäck;* **Salz|step|pe,** die: *mit einer Salzkruste bedeckte u. nur mit Salzpflanzen bewachsene Steppe;* **Salz|steu|er,** die: *Verbrauchssteuer für Speisesalz;* **Salz|stock,** der: *Salzlagerstätte;* **Salz|stra|ße,** die *(in der Antike u. im Mittelalter) Verkehrsweg für den Transport von Salz;* **Salz|streu|er,** der: *zum [Nach]salzen bei Tisch benutztes kleines Gefäß mit durchlöchertem Deckel zum Streuen von Salz;* **Salz|streu|ung,** die: *das Streuen von Salz:* In der Nachbargemeinde Puchberg ist S. verboten (auto touring 2, 1979, 10); **Salz|teig,** der: *für Bastelarbeiten (ähnlich wie Ton) verwendeter Teig aus Mehl, Wasser u. Salz, der im Backofen gehärtet wird;* **Salz|ton|ebe|ne,** die (Geol.): *(in Trockengebieten) Ebene, die von einer mit Salz ange-*

reicherten Schicht [1]Ton bedeckt ist; **Salz|was|ser,** das ⟨Pl. ...wässer⟩: 1. ⟨o. Pl.⟩ *zum Kochen verwendetes Wasser, in dem Kochsalz gelöst ist.* 2. *Meerwasser.* 3. *Lake;* **Salz|werk,** das: *Saline* (1); **Salzwer|ker,** der: *Facharbeiter, der Salz aus Sole od. Rohsalz aufbereitet;* **Salz|wer|ke|rin,** die: w. Form zu ↑Salzwerker; **Salz|wie|se,** die: *Wiese, deren Bewuchs aus Salzpflanzen besteht: die -n der Gezeitenzone;* **Salz|wü|ste,** die: *Wüste mit Salzboden;* **Salz|zoll,** der (früher): vgl. *Salzsteuer.*
Sam: ↑Uncle Sam.
-sam [mhd., ahd. -sam, urspr. selbständiges Wort mit der Bed. „mit etw. übereinstimmend, von gleicher Beschaffenheit", zu ahd. samo = derselbe, sama = ebenso; vgl. mhd. samen, ahd. saman, ↑zusammen]: 1. drückt in adj. Bildungen mit Verben (Verbstämmen) aus, daß mit der beschriebenen Person oder Sache etw. gemacht werden kann: *-bar* (1): *einfügsam, lenksam, biegsam.* 2. drückt in adj. Bildungen mit Verben (Verbstämmen) aus, daß die beschriebene Person oder Sache etw. tut: *-lich* (3): *bedrohsam, nachdenksam.* 3. drückt in adj. Bildungen mit Substantiven aus, daß die beschriebene Person oder Sache von etw. erfüllt ist oder etw. bereitet: *tugendsam, vergnügsam.*
Sa|mael [...aeːl, auch: ...aɛl]; -s: ↑Samiel.
Sä|mann, der ⟨Pl. ...männer⟩ (dichter.): *jmd., der etw. sät.*
SA-Mann, der ⟨Pl. SA-Männer, seltener: SA-Leute⟩ (ns.): *Angehöriger der SA:* Während die einfache S. im Schlaf mit den Zähnen knirscht, schnarcht der SA-Sturmführer normal (Grass, Hundejahre 454).
Sa|ma|ria [auch: zamaˈriːa]: *antike Stadt u. historische Landschaft in Palästina;* **Sa|ma|ri|ter,** der; -s, - [lat. Samarites, zu ↑Samaria; nach dem biblischen Gleichnis (Luk. 10, 33) vom Barmherzigen Samariter]: 1. *selbstlos helfender Mensch:* sich als barmherziger S. fühlen. 2. (schweiz.) *Sanitäter;* **Sa|ma|ri|ter|dienst,** der: *selbstlose, aus Mitleid gewährte Hilfe für einen Kranken, der Pflege Bedürftigen od. in Not Geratenen:* Dankbarkeit für treue -e in der Alterskrankenpflege; **Sa|ma|ri|te|rin,** die; -, -nen: w. Form zu ↑Samariter; **Sa|ma|ri|ter|tum,** das; -s: *Verhaltensweise eines Samariters* (1); *barmherziges Helfen.*
Sa|mar|ski|um, das; -s [nach dem Mineral Samarskit, in dem die Verbindung zuerst spektralanalytisch nachgewiesen wurde]: *hellgraues, in der Natur nur in Verbindungen vorkommendes Metall der seltenen Erden (chemischer Grundstoff; Zeichen: Sm).*
Sa|mar|kand, der; -[s], -s [nach der Stadt Samarkand in Usbekistan]: *in leuchtenden Farben geknüpfter Teppich mit Medaillons* (2) *auf meist gelbem Grund.*
Sä|ma|schi|ne, die [zu ↑säen]: *Maschine zum Säen.*
Sam|ba, die; -, -s, auch, österr. nur: der; -s, -s [(bras.) port. samba, aus einer afrik. Spr.]: *beschwingter und spritziger Gesellschaftstanz im $^2/_4$-Takt (nach einem brasilianischen Volkstanz).*

Sam|bal, das od. der; -s, -s [indones. sambal] (Kochk.): *sehr scharfe indonesische Würzsoße.*
Sam|bar, der; -s, -s [Hindi]: *(in Süd- u. Südostasien lebender) langer, hochbeiniger, meist schwärzlicher Hirsch.*
Sam|be|si, der; -[s]: *Strom in Afrika;* **Sam|bia;** -s: *Staat in Afrika;* **Sam|bi|er,** der; -s, -: Ew.; **Sam|bi|e|rin,** die; -, -nen: w. Form zu ↑Sambier; **sam|bisch** ⟨Adj.⟩.
Sam|bo, das; - [Kurzwort aus russ. Samozaščita bez oružija = Selbstverteidigung ohne Waffe]: *als Sport betriebener, dem Judo ähnlicher Zweikampf, bei dem derjenige siegt, der den Gegner, an der Jacke packend, aus dem Stand auf den Rücken wirft.*
Sam|bu|ca, der; -s, -s, (auch:) die; -, -s [ital. sambu(c)ca]: *italienischer Anislikör.*
[1]**Sa|me,** der; -ns, -n (geh.): *Samen* (1a).
[2]**Sa|me,** der; -n, -n: *Lappe.*
sa|men ⟨sw. V.; hat⟩ (selten): *Samen hervorbringen:* Und wie die Vögel wieder Nester bauen, die Bäume wieder und wieder samen (Drewitz, Eingeschlossen 77/78); Unablässig heckend und samend, hat sie (= die Natur) die Absichten des Gartenarchitekten lange unkenntlich gemacht (Fest, Im Gegenlicht 147); **Sa|men,** der; -s, - [mhd. same, ahd. sāmo, verw. mit ↑säen]: 1. **a)** *aus der Blüte einer Pflanze sich entwickelndes Gebilde, aus dem sich eine neue Pflanze entwickeln kann; Samenkorn:* die runden, schwarzen, geflügelten S.; er S. keimt, geht auf; **b)** ⟨o. Pl.⟩ *eine Anzahl von Samen; Saat:* der S. muß trocken gelagert werden; S. aussäen, stecken, züchten, gewinnen, beizen; Ü (geh.): der S. des Guten, der Zwietracht geht in ihren Herzen auf; Die Kyniker ... haben damit weit über die Wirkung der Philosophenschulen hinaus geistigen S. über die Welt gestreut (Thieß, Reich 158). 2. ⟨o. Pl.⟩ *Sperma:* Mein S. schlingert in einer weißen Zickzacklinie durch die Luft (Kinski, Erdbeermund 76); Die Ejakulation des männlichen -s in die Scheide ist das Entscheidende, die Disposition der Frau ist weniger von Belang (Ranke-Heinemann, Eunuchen 220); bei den Fischen ... legt das Weibchen die Eier, ... dann gibt das Männchen seinen S. dazu (natur 10, 1991, 66); **Sa|men|an|la|ge,** die (Bot.): *Teil der Blüte, aus dem sich der Samen bildet;* **Sa|men|bank,** die ⟨Pl. -en⟩ (Med., Tiermed.): *Einrichtung, die der Konservierung von Sperma für Samenübertragungen dient;* **Sa|men|bau,** der ⟨o. Pl.⟩ (Landw.): *Anbau* (2) *zur Gewinnung von Saatgut;* **Sa|men|bla|se,** die (Anat.): *von einer Ausstülpung des Samenleiters gebildetes paariges Organ, dessen Sekret beim Samenerguß in den Samenleiter abgesondert wird;* **Sa|men|cock|tail,** der (Med. Jargon): *von mehreren Samenspendern stammendes (für künstliche Besamungen vermischtes) Sperma;* **Sa|men|er|guß,** der (Med.): *Ejakulation;* **Sa|men|fa|den,** der (Med.): *Spermium;* **Sa|men|fa|ser,** die: *Faser an den Samenkapseln bestimmter Pflanzen (z. B. der Baumwolle), die sich spinnen läßt;* **Sa|men|fluß,** der ⟨o.Pl.⟩ (Med.): *Ejakulation ohne geschlechtliche Erregung; Spermatorrhöe;* **Sa|men|flüs-**

Samenhändlerin

der: *jmd., der mit Samen* (1) *handelt;* **Samen|händ|le|rin**, die: w. Form zu ↑Samenhändler; **Sa|men|hand|lung**, die: *Geschäft, in dem Samen* (1 b) *verkauft wird;* **Sa|men|jahr**, das (Forstw.): *Jahr, in dem eine Baumart besonders viele Blüten u. Samen* (1 a) *trägt;* **Sa|men|kä|fer**, der: *(in vielen Arten vorkommender) Käfer, dessen Larven sich in den Samen* (1 a) *besonders von Hülsenfrüchten entwickeln;* **Sa|men|kap|sel**, die: *Kapsel* (3); **Sa|men|kern**, der: *Kern* (1 a, b); **Sa|menkol|ler**, der (ugs.): *(beim Mann) Koller* (1) *auf Grund aufgestauten sexuellen Verlangens;* **Sa|men|korn**, das ⟨Pl. ...körner⟩: *Samen* (1a) *von geringer Größe:* daß in einem winzigen S. schon der ganze Baum war (Remarque, Triomphe 203); **Samen|lei|ter**, der (Med.): *Kanal* (3), *in dem die Samenflüssigkeit in die Harnröhre geleitet wird;* **Sa|men|pflan|ze**, die: *Blütenpflanze;* **Sa|men|ru|he**, die (Bot.): *(bei pflanzlichen Samen) von der Ausbildung des Embryos* (2) *bis zur Keimung andauernder Ruhezustand;* **Sa|men|schale**, die (Bot.): *eine Schutzhülle bildende äußere Schicht des Samens* (1 a); **Sa|menspen|de**, die (Med.): *das Spenden von Sperma zur künstlichen Befruchtung;* **Samen|spen|der**, der (Med.): *jmd., der Sperma zur künstlichen Befruchtung spendet;* **Sa|men|strang**, der: *den Samenleiter umschließender Gewebsstrang;* **Sa|menta|sche**, die: *(bei den Weibchen vieler wirbelloser Tiere) blasen- od. sackförmiges Organ zur Aufnahme u. Speicherung des bei der Begattung aufgenommenen Samens* (2); **Sa|men|trä|ger**, der (Landw., Gartenbau): *zur Gewinnung von Saatgut bestimmte Pflanze;* **Sa|men|über|tragung**, die: *Übertragung von Sperma zur künstlichen Befruchtung;* **Sa|men|zel|le**, die: *Spermium;* **Sa|men|zucht**, die: ⟨o. Pl.⟩: *Samenbau;* **Sä|me|rei**, die; -, -en: 1. ⟨Pl.⟩ *Pflanzensamen, Saatgut:* -en kaufen. 2. *Samenhandlung.*
Sam|gha, der; - [sanskr. saṃgha]: *(im Buddhismus) Gemeinde der Mönche.*
Sam|hi|tas ⟨Pl.⟩ [sanskr. saṃhitā = Sammlung]: *älteste Bestandteile der Weden mit religiösen Sprüchen u. Hymnen.*
Sa|mich|laus, Samiklaus [auch: - -'-], der; -, ...läuse [entstellt aus Sankt Nikolaus] (schweiz.): *Nikolaus.*
Sa|mi|el [...mie̯l, auch: ...i̯ɛl], der; -s [spätgriech. Samiél, aus dem Hebr., wohl eigtl. = der Blinde]: *Satan in der jüdischen Legende u. der deutschen Sage.*
sä|mig ⟨Adj.⟩ [eigtl. mundartl. Nebenf. von ↑seimig]: *(bes. von Suppen od. Soßen) [durch Einkochen* (2) *od. durch Hinzufügen von Mehl, Grieß o. ä.] mehr oder weniger dickflüssig:* eine -e Soße; Neben der Teller ... standen zwei Flaschen mit einer -en Flüssigkeit (Lenz, Brot 93); eine Soße reduzieren, bis sie s. wird; Vor allem wurde nicht mit Öl, Butter und Rahm gespart. Diese Sachen können Speisen samtig und s. machen (NZZ 30. 8. 86, 30); **Sä|mig|keit**, die; -: *sämige Beschaffenheit.*
Sa|mik|laus: ↑Samichlaus.
Sa|min, die; -, -nen: w. Form zu ↑²Same; **sa|misch** ⟨Adj.⟩: zu ↑Same, zu ↑Samland.

sä|misch ⟨Adj.⟩ [spätmhd. semisch (leder) = geschmeidig(es Leder), wohl zu frz. chamois, ↑chamois]: *die Sämischgerberei betreffend; nach dem Verfahren der Sämischgerberei hergestellt:* -e Leder; s. gegerbtes Leder; **Sä|misch|ger|ber**, der: *Gerber, der die Sämischgerberei beherrscht u. nach diesem Verfahren arbeitet* (Berufsbez.); **Sä|misch|ger|be|rei**, die ⟨o. Pl.⟩: *Verfahren der Lederherstellung, bei dem die Häute mit Tran gegerbt werden; Fettgerberei;* **Sä|misch|ger|be|rin**, die: w. Form zu ↑Sämischgerber; **Sämisch|le|der**, das: *nach dem Verfahren der Sämischgerberei hergestelltes, besonders weiches Leder.*
Sa|mis|dat, der; - [russ. samizdat, gek. aus: samoizdatel'stvo, eigtl. = Selbstverlag]: 1. *Selbstverlag von Büchern, die nicht erscheinen dürfen:* im S. publizieren. 2. *im Selbstverlag erschienene [verbotene] Literatur in der ehemaligen UdSSR:* Der Begriff der „zivilen Gesellschaft" wurde schon zu Beginn der 80er Jahre ... – zunächst im S. – in die Diskussion gebracht (Frankfurter Rundschau 12. 3. 94, ZB 3).
Sa|mi|sen, die; -, - [jap.]: *dreisaitige, mit einem* ¹*Kiel gezupfte japanische Gitarre.*
Sam|khja, das; -[s] [sanskr. sāṃkhyā = Errechnung]: *dualistisches religionsphilosophisches System im alten Indien.*
Säm|ling, der; -s, -e: *aus Samen gezogene junge Pflanze, Keim* (1 a).
Sam|mel|ak|ti|on, die: *Sammlung* (1): eine S. zur Unterstützung der Katastrophenopfer durchführen; **Sam|mel|album**, das: *Album* (2); **Sam|mel|an|lei|he**, die: *gemeinsame Anleihe mehrerer Schuldner;* **Sam|mel|an|schluß**, der (Postw.): *Fernsprechanschluß mit einer Zentrale u. mehreren angeschlossenen Nebenstellen;* **Sam|mel|auf|trag**, der (Postw.): *(im Postscheckverkehr) Zusammenfassung von mehreren Überweisungen eines Absenders auf einer Liste;* **Sam|melband**, der ⟨Pl. ...bände⟩: *Buch, in dem verschiedene Texte eines od. mehrerer Autoren abgedruckt sind;* **Sam|mel|becken**¹, das: *Becken* (1, 2 a), *in dem Flüssigkeit sich sammeln läßt:* Ü Die Partei ist im S. der reaktionären Kräfte; **Sam|mel|begriff**, der: *Begriff* (1), *der die Inhalte mehrerer Begriffe zusammenfaßt:* Beim grünen Star – ein S. für eine Reihe von Augenerkrankungen verschiedener Ursachen – ... (Augsburger Allgemeine 3./4. 6. 78, VIII); **Sam|mel|be|häl|ter**, der: 1. *Behälter, in dem man Flüssigkeit sich sammeln läßt:* das vom Dach abfließende Regenwasser wird in einen S. geleitet. 2. *Behälter, in dem etwas gesammelt* (1 d) *wird:* geben Sie Ihre Kleiderspende bitte verpackt in die S.; **Sam|melbe|stel|ler**, der: *jmd., der eine Sammelbestellung vornimmt;* **Sam|mel|be|stelle|rin**, die; -, -nen: w. Form zu ↑Sammelbesteller; **Sam|mel|be|stel|lung**, die: *gemeinsame Bestellung* (1 a) *mehrerer Besteller (die auf diese Weise einen Preisnachlaß erhalten);* **Sam|mel|be|we|gung**, die: *Sammlungsbewegung;* **Sam|mel|bezeich|nung**, die (Sprachw.): *Kollektivum;* **Sam|mel|büch|se**, die: *einer Büchse* (1 a) *ähnlicher Behälter mit einer

schlitzförmigen Öffnung zum Sammeln von Geld:* mit der S. klappern; **Sam|melde|pot**, das (Bankw.): *Depot, in dem Wertpapiere verschiedener Besitzer aufbewahrt werden;* **Sam|mel|lei**, die; -, -en (ugs. abwertend): *[dauerndes] Sammeln;* **Sam|mel|ei|fer**, der: *Eifer, mit dem jmd. [etw.] sammelt;* **Sam|mel|fahr|schein**, der: a) *Fahrschein für mehrere Personen;* b) *Fahrschein mit Abschnitten für mehrere Einzelfahrten;* **Sam|mel|fleiß**, der: vgl. Sammeleifer; **Sam|mel|frucht**, die (Bot.): *aus mehreren kleinen, rings um einen Stiel angeordneten Früchtchen bestehende Frucht* (z. B. Brombeere); **Sammel|fund**, der (Archäol.): *Fund von mehreren Gegenständen aus vorgeschichtlicher Zeit an einer Stelle; Depotfund;* **Sam|melge|biet**, das: *Gebiet, auf dem jmd. sich als Sammler betätigt:* was ist dein S.?; Briefmarkenkataloge für alle -e; **Sam|mel|gefäß**, das: vgl. Sammelbehälter (1): an den Stämmen der Bäume waren kleine -e zur Harzgewinnung befestigt; **Sam|melgrab**, das: *Grab für mehrere Tote;* **Sammel|gut**, das (Fachspr.): *zusammen von mehreren Absendern beförderte Frachtstücke mehrerer Absender;* **Sammel|gut|ver|kehr**, der: *Beförderung von Sammelgut;* **Sam|mel|hei|zung**, die: *Zentralheizung;* **Sam|mel|kas|se**, die: 1. *für alle Abteilungen eines Warenhauses zuständige zentrale Kasse.* 2. vgl. Sammelbüchse; **Sam|mel|kon|nos|se|ment**, das (Seew.): *Frachtbrief für mehrere Frachtstücke;* **Sam|mel|kon|to**, das (Buchf.): *Konto, auf dem mehrere gleichartige Konten zusammen geführt werden;* **Sam|mel|la|dung**, die (Fachspr.): *aus Sammelgut bestehende Ladung* (1); **Sammel|la|ger**, das: *Lager* (1 a) *in dem Menschen (z. B. Gefangene, Flüchtlinge) gesammelt werden;* **Sam|mel|lei|denschaft**, die: vgl. Sammeleifer; **Sam|mellin|se**, die (Optik): *konvexe Linse, die Lichtstrahlen zu einem Punkt od. Bündel vereinigt;* **Sam|mel|li|ste**, die: *Liste mit den Namen und Beiträgen der Spender bei einer Sammlung:* eine S. führen; **Sammel|map|pe**, die: *Mappe* (1) *zum Sammeln von etw.;* **sam|meln** ⟨sw. V.⟩ hat) /vgl. gesammelt/ [mhd. samelen, dissimiliert aus älter: samenen, ahd. samanōn, zu mhd. samen, ahd. saman, ↑zusammen]: 1. a) *nach etw. suchen u. das Gefundene zu einer größeren Menge vereinigen, um es zu verbrauchen, zu verwerten:* Beeren, Pilze, Kräuter, Brennholz s.; der Hamster sammelt Vorräte für den Winter; die Bienen sammeln Honig; ⟨auch ohne Akk.-Obj.:⟩ emsig, eifrig, unermüdlich s.; Ü Material, Stoff, Zitate für ein Buch s.; b) *Dinge, für die man sich interessiert, zusammentragen, um sie (wegen ihres Wertes in größerer Anzahl, wegen ihrer Schönheit) [in einer bestimmten Ordnung] aufzuheben:* Gemälde, Briefmarken, Bierdeckel s.; ⟨auch ohne Akk.-Obj.:⟩ aus Liebhaberei, Leidenschaft s.; ⟨2. Part.:⟩ die gesammelten Werke eines Dichters herausgeben; Ü Ruhm und Reichtum s.; Im Neunkircher Hallenbad ... sammelten die Püttlinger Delphine nicht weniger als siebenmal Gold, fünfmal Silber und zweimal Bronze (Saarbr. Zeitung 14. 3. 80, 26); die Mannschaft sammelte fleißig

Punkte; **c)** *verschiedene Leute bitten, etw. zu geben, zu spenden [u. so eine größere Menge davon zusammenbekommen]: eine Sammlung durchführen:* Altpapier, Geld s.; ... um bei den dortigen Arbeiterorganisationen für die unterdrückten Sozialdemokraten im Deutschen Reich Solidaritätsspenden zu s. (Kühn, Zeit 108); Unterschriften für eine Resolution s.; ⟨auch ohne Akk.-Obj.:⟩ für einen guten Zweck, für das Rote Kreuz s.; Erst letzte Woche ist hier gesammelt worden! Für wen denn diesmal? (Richartz, Büroroman 67); **d)** *[im Laufe der Zeit] an einer bestimmten Stelle zu einer größeren Menge zusammenkommen lassen:* Regenwasser in einer Tonne s.; Außerdem könne das Einweggeschirr getrennt gesammelt und anschließend wieder recycelt werden (natur 8, 1991, 10); Lichtstrahlen mit einer Linse s. *(zu einem Punkt od. Bündel vereinigen);* Ü Erfahrungen, neue Kräfte s.; Sie hatten Eindrücke gesammelt (Gaiser, Jagd 121). **2. a)** *versammeln, an einem Ort zusammenkommen lassen:* seine Leute s.; Aber noch nach dem Gotenkrieg ließ er es zu, daß Licinius sein Heer sammelte (Thieß, Reich 271); er sammelte seine Lieben um sich; eine Mehrheit hinter sich s. *(für seine Ziele gewinnen);* **b)** ⟨s. + sich⟩ *sich versammeln, an einem Ort zusammenkommen:* sich in, zu einer Gruppe s.; sich um jmdn. s.; Jeden Morgen sammelte sich die Familie zur Andacht (Kempowski, Zeit 188); Ungewöhnlich große Vogelschwärme sammelten sich auf einer fernen Hochspannungsleitung (Frisch, Stiller 491); s.! *(sammelt euch!;* militärisches Kommando); * ⟨subst.:⟩ **zum Sammeln blasen** *(eine Gruppe wieder zusammenrufen, weil man aufbrechen will;* urspr. Soldatenspr.); **c)** ⟨s. + sich⟩ *zusammenfließen, -strömen; sich ansammeln* (2 b): Lichtstrahlen sammeln sich im Brennglas; in der Vertiefung sammelt sich das Regenwasser; Schweißperlen traten auf seine Stirn und sammelten sich zu großen Tropfen (Ott, Haie 181); Otto Brasch lehnte sich vor, unter den Schulterblättern sammelte sich ein leichter Druck (Loest, Pistole 165). **3.** ⟨s. + sich⟩ *innere Ruhe suchen [um sich einer Person od. Sache zuwenden zu können]:* sich zum Gebet s.; Ich merkte, wie sie erschrak, wie sie schnell atmete, sich zu s. versuchte (Fallada, Trinker 63); Er zerreißt die Stille, in der ich mich ... möchte (Langgässer, Siegel 388); In diesem Augenblick fühlte sie, wie ihr verworrener Geist sich wieder sammelte (Benrath, Konstanze 70); **Sam|mel|na|me**, der (Sprachw.): Kollektivum; **Sam|mel|num|mer**, die (Postw.): *Rufnummer eines Sammelanschlusses;* **Sam|mel|packung**[1], die: Multipack; **Sam|mel|paß**, der: *gemeinsamer Paß* (1) *für eine Gruppe von Personen* (z. B. eine Reisegruppe); **Sam|mel|platz**, der: **a)** *Platz, an dem man etw. [Gesammeltes] zusammenträgt [u. lagert]:* ein S. für Sekundärrohstoffe, Altmaterialien; **b)** *Platz, an dem man sich sammelt* (2 b): bei Feueralarm im Gebäude unverzüglich die jeweiligen Sammelplätze aufsuchen; **Sam|mel|punkt**, der: Sammelplatz

(b): legen Sie Ihre Schwimmweste an und begeben Sie sich zu Ihrem S.; **Sam|mel|ruf**, der: *Ruf zum Sammeln;* **Sam|mel|schie|ne**, die (Elektrot.): *schienenförmige Leitung zum Zusammenführen u. Weiterleiten elektrischer Energie;* **Sam|mel|schrott**, der: *für die Wiederverwertung gesammelter Schrott;* **Sam|mel|stät|te**, die (geh.): *Ort, an dem man sich [vereinbarungsgemäß] sammelt* (2 b); **Sam|mel|stel|le**, die: Sammelplatz; **Sam|mel|stück**, das: *Einzelstück aus einer Sammlung:* durch eine ungeschickte Handbewegung zerbrach ich eine ihrer Teetassen, unglücklicherweise ein kostbares S; **Sam|mel|su|ri|um**, das; -s, ...rien [mit lat. Endung scherzh. geb. zu niederd. sammelsur = sauer angemachtes Gericht aus gesammelten Speiseresten, 2. Bestandteil Subst. von niederd. sūr = sauer u. eigtl. = das Saure] (oft abwertend): *etw., was sich mehr od. weniger zufällig ansammelt findet u. von unterschiedlicher Art u. Qualität ist:* ein buntes S.; in dem Schuppen befand sich ein S. von Gerätschaften; Was in ihrem Laden steht, war ein gepflegtes S. von alten Kleinmöbeln, Gebrauchsgegenständen aus Bauernhäusern ..., Gläsern und Porzellan (Ossowski, Liebe ist 52); ein S. unausgegorener Ideen (Erfolg Nov./Dez. 1983, 27); **Sam|mel|tas|se**, die: *Tasse* (2 b) *als besonders schönes Einzelstück;* **Sam|mel|tä|tig|keit**, die ⟨o. Pl.⟩: *Tätigkeit des Sammelns* (1 a, b); **Sam|mel|trans|port**, der: *gemeinsamer Transport einer größeren Anzahl von Menschen od. Gütern;* **Sam|mel|trieb**, der: *[starke] Neigung, etw. zu sammeln* (1 a, b); **Sam|mel|über|wei|sung**, die (Postw.): *(im Postscheckverkehr) Zusammenfassung mehrerer Überweisungen eines Absenders:* diese Rechnungen werde ich heute per S. bezahlen; **Sam|mel|un|ter|kunft**, die: vgl. Sammellager: Asylbewerber in Sammelunterkünften; **Sam|mel|werk**, das: *Druckerzeugnis mit Beiträgen mehrerer Autoren;* **Sam|mel|wert|be|rich|ti|gung**, die (Wirtsch.): *Korrektur hinsichtlich des Wertes von Forderungen auf Grund der erfahrungsgemäß nicht beglichenen Verbindlichkeiten;* **Sam|mel|wut**, die (emotional): *übersteigerter Sammeleifer;* **sam|mel|wü|tig** ⟨Adj.⟩ (emotional): *von Sammelwut erfaßt;* **Sam|met**, der; -s, -e (veraltet): *Samt:* Das ungewisse Licht von vielen Kerzen schimmerte ... auf kostbaren ... en (Remarque, Triomphe 353); **Sam|met|blu|me**, die (veraltet): Samtblume.

Sämm|ler, der; -s, -: **1. a)** *jmd., der etw. sammelt* (1 a, b): ein S. seltener Erstausgaben; ein eifriger, passionierter S.; **b)** *jmd., der sammelt* (1 c): er betätigt sich als S. für das Rote Kreuz. **2. a)** (Technik) *Gerät zum Speichern, von Elektrizität;* **b)** (Straßenbau) *Hauptstrang der Kanalisation:* Rohre braunglänzend wie frische Roßkastanien, Kanalisation, ein S. aus Zement (Frisch, Gantenbein 402); **Sämm|ler|fleiß**, der: *eifriges Bemühen beim Sammeln von etw;* **Sämm|ler|freu|de**, die: *Freude am Sammeln;* **Sämm|ler|gra|phik**, die (Fachspr. veraltend): *Graphik* (3), *die vorwiegend für [private]*

Sammler hergestellt wird; **Sämm|le|rin**, die; -, -nen: w. Form zu ↑ Sammler (1); **Sämm|ler|lei|den|schaft**, die ⟨o. Pl.⟩: *Leidenschaft* (2), *mit der jmd. etw. sammelt* (1 b); **Sämm|ler|mar|ke**, die: **1.** *Briefmarke, die im Sammelobjekt darstellt.* **2.** (Fachspr.) *Signatur des bisherigen Besitzers auf einer Graphik* (3); **Sämm|ler|ob|jekt**, das: *Objekt* (1), *das für Sammler von Wert ist;* **Sämm|ler|stück**, das: Sammlerobjekt; **Sämm|ler|wert**, der: *[Markt]wert, den ein Objekt für Sammler hat;* **Sämm|lung**, die; -, -en [mhd. sam(e)nunge, ahd. samanunga = das Zusammenbringen, Vereinigung]: **1.** *das Sammeln* (1 c, d): die S. [er]brachte, ergab eine stattliche Summe; eine S., -en *[für das Rote Kreuz] veranstalten, durchführen;* durch eine getrennte S. von Hausmüll können die Deponien entlastet werden. **2.** *aus Menschen unterschiedlicher Richtung o. ä. zusammengekommene Einheit; Vereinigung:* die ... Deutsche Staatspartei kann nicht als die ... liberaler Kräfte angesehen werden (Fraenkel, Staat 187). **3. a)** *Gesamtheit gesammelter* (1 b) *Gegenstände:* eine bedeutende, reiche, reichhaltige, kostbare, wertvolle S. [von Gemälden, Münzen, Waffen]; eine S. anlegen, zusammentragen, besitzen, versteigern; die umfangreichen -en des Britischen Museums; **b)** *Anthologie:* eine S. von Essays, Novellen, Aphorismen. **4.** *eine [öffentliche] Sammlung verwaltende u. betreuende Institution od. Abteilung eines Museums:* die städtische S. besitzt, zeigt Werke moderner Meister; die ornithologische S. des naturkundlichen Museums ist heute geschlossen; der Leiter der ostasiatischen S. des volkskundlichen Museums. **5.** *Gesammeltsein, innere Beherrschung [und Ausrichtung auf ein Thema, ein Problem o. ä.]:* innere, geistige S.; Die äußerste S. aller Seelenkräfte (Langgässer, Siegel 283); er befand sich auf der Straße in der gleichen S. wie in der Kirche (Nigg, Wiederkehr 113); **Sämm|lungs|be|we|gung**, die: *Bewegung* (3), *in der sich Gruppen mit unterschiedlichen Interessen zur Verwirklichung eines gemeinsamen Ziels vereinigen:* eine reaktionäre S.; Die „S. für die Republik" (RPR), die sich auf die Traditionen des Gaullismus beruft (horizont 13, 1978, 7).

Sạm|norsk, der; - [norw. samnorsk, eigtl. = Gemeinnorwegisch]: *(teils angestrebte, oft abgelehnte) gemeinsame norwegische Landessprache, die Bokmål u. Nynorsk vereinigt.*

Sạmoa; -s, **Sạmoa|in|seln** ⟨nur mit Art.; Pl.⟩: *Inselgruppe im Pazifischen Ozean;* **Sạmoa|ner**, der; -s, -: Ew.; **Sạmoa|ne|rin**, die; -, -nen: w. Form zu ↑ Samoaner; **sạmoa|nisch** ⟨Adj.⟩.

Sạmo|je|de, der; -n, -n [russ. samoed, nach den uralischen Völkern, von denen der Hund zuerst gezüchtet wurde]: *(aus der Tundra stammender) Hund mit einem breiten, flachen Kopf, kurzen, an der Spitze abgerundeten Ohren, einem langhaarigen, weichen, meist weißen Fell u. einem buschigen, über den Rücken gerollten Schwanz;* **Sạmo|je|den|hund**, **Sạmo|je|den|spitz**, der: Samojede.

Sạmos, der; -, -, seltener: **Sạmos|wein**,

Samowar

der: *griechischer Dessertwein [von der griechischen Insel Samos].*

Sa|mo|war [auch: 'za...], der; -s, -e [russ. samovar, zu: sam = selbst u. varit' = kochen, eigtl. = Selbstkocher]: *[kupferner] Kessel, in dem Wasser zur Zubereitung von Tee erhitzt u. gespeichert wird u. aus einem kleinen Hahn entnommen werden kann; russische Teemaschine:* ein kupferner, silberner S.; der S. summt.

Sam|pan, der; -s, -s [chin., eigtl. = drei Bohlen]: *flaches, breites Ruder- od. Segelboot, das in Ostasien auch als Hausboot verwendet wird.*

Sam|pi, das; -[s], -s [griech. sámpi]: *Buchstabe im ältesten griechischen Alphabet* (♑).

Sam|ple ['zampl, engl.: sɑ:mpl], das; -[s], -s [engl. sample, über das Afrz. zu lat. exemplum, ↑Exempel]: **1.** (bes. Markt-, Meinungsforschung, Statistik) **a)** *repräsentative Stichprobe;* **b)** *aus einer größeren Menge ausgewählte Gruppe von Personen, die repräsentativ für die Gesamtheit ist.* **2.** (Wirtsch.) *Warenprobe, Muster;* **Sampler** ['sɑ:mplə], der; -s, - [engl. sampler]: **1.** *Langspielplatte, CD o. ä. mit einer Auswahl* (2 a) *von (meist früher schon einmal veröffentlichten) Aufnahmen (z. B. eines Musikers, einer bestimmten Stilrichtung o. ä.):* ein S. mit dem Titel „Giants of Blues", „Stars of the Apollo", „The Best of..."; Diese Platte ist gerade nicht das, was man von einem S. erwartet (elan 2, 1980, 36). **2.** *geologischer Assistent bei Erdölbohrungen.*

Sam|sa|ra, das; - [sanskr. samsāra = Wanderung durch die Wiedergeburten]: *endloser Kreislauf von Geburt, Tod u. Wiedergeburt, aus dem die Heilslehren indischer Religionen den Menschen zu befreien suchen.*

Sams|tag, der; -[e]s, -e [mhd. sam(e)ʒtac, ahd. sambaʒtac, 1. Bestandteil über das Vulgärgriech. < griech. sábbaton, ↑Sabbat] (bes. westd., südd., österr., schweiz.): *sechster Tag der mit Montag beginnenden Woche; Sonnabend:* langer S. (ugs.; *erster Samstag im Monat, an dem die Läden auch am Nachmittag geöffnet sind*); vgl. Dienstag; **Sams|tag|abend** usw.: vgl. Dienstagabend usw.

samt: I. ⟨Präp. mit Dativ⟩ [mhd. samt, same[n]t, ahd. samet, zu ↑sammeln]: *zusammen mit; nebst; mit* (I 1b): eine Blume s. Wurzeln; das Haus s. allem Inventar wurde versteigert; der Gutsbesitzer s. seinen Knechten suchte sie (Kesten, Geduld 14). **II.** ⟨Adv.⟩ nur in der Verbindung **s. und sonders** *(alle[s] ohne Ausnahme, ohne Unterschied):* sie wurden s. und sonders verhaftet.

Samt, der; -[e]s, -e [älter: Sammet, mhd. samit < afrz., aprovenz. samit < mlat. samitum < griech. hexámitos = sechsfädig, urspr. = sechsfädiges (Seiden)gewebe, zu: héx = sechs u. mítos = Faden, Schlinge, Litze]: *feines Gewebe, meist aus Baumwolle, mit seidig-weicher, pelzartiger Oberfläche mit kurzem* ²*Flor* (2): ein Anzug aus schwarzem S.; ein mit grünem S. ausgeschlagenes Kästchen; eine Haut wie S. *(zarte, glatte Haut);* * **in S. und Seide** (veraltet; *in auffallend teurer, vornehmer Kleidung*); **Samt|an|zug**,

der: *Anzug aus Samt;* **samt|ar|tig** ⟨Adj.⟩: *ähnlich wie Samt:* ein -er Stoff; **Samt|auge**, das ⟨meist Pl.⟩ (dichter.): *dunkles, samtig schimmerndes Auge:* mit ... seinen ewig staunenden -n (Ziegler, Labyrinth 148); **samt|äu|gig** ⟨Adj.⟩: *Samtaugen habend:* eine ‚Art ... Robin-Hood-Geschichte mit einem -en Rebellen in der Hauptrolle (MM 28. 6. 79, 25); **Samt|band**, das ⟨Pl. ...bänder⟩: ¹*Band* (I 1) *aus Samt;* **Samt|blu|me**, die: *Tagetes;* **samt|braun** ⟨Adj.⟩: *samtig braun:* ihre -en Augen; **sam|ten** ⟨Adj.⟩ [mhd. samatīn]: **a)** *aus Samt bestehend:* ein -es Künstlerjäckchen (Grass, Hundejahre 213); **b)** *samtig* (a): ein -es Fell; die -e Schnauze des Tieres (Strittmatter, Wundertäter 473); **c)** *samtig* (b): In -em Piano setzten die Sopranstimmen ein (Thieß, Legende 5).

Samt|ge|mein|de, die [zu ↑samt] (Verwaltung): *(bes. in Niedersachsen) Gemeindeverband.*

samt|grau ⟨Adj.⟩: vgl. samtbraun; **samt|grün** ⟨Adj.⟩: vgl. samtbraun; **Samt|handschuh**, der: *Handschuh aus Samt;* Ü Zunächst also ein Arbeitskampf mit -en *(mit sehr moderaten Mitteln)?* (Frankfurter Rundschau 22. 2. 94, 3); * **jmdn. mit -en anfassen** (↑Glacéhandschuh): Dann fassen sie dich nicht mehr mit -en an. Eines Tages werden sie dich in den Hintern treten (v. d. Grün, Glatteis 232); **Samt|haut**, die ⟨o. Pl.⟩: *Haut wie Samt, samtige Haut:* die S. des Säuglings; **sam|tig** ⟨Adj.⟩: **a)** *weich, zart wie Samt; samtartig:* die -e Haut des Pfirsichs, des Säuglings; **b)** *weich-, dunkel tönend:* eine -e Stimme; **Samt|imi|ta|ti|on**, die: *Material, das aussieht wie Samt;* **Samt|jacke**¹, die: vgl. Samtanzug; **Samt|kap|pe**, die: vgl. Samtanzug; **Samt|kis|sen**, das: *Kissen mit einem Bezug aus Samt;* **Samt|kleid**, das: vgl. Samtanzug; **Samt|le|der**, das: *Veloursleder.*

sämt|lich ⟨Indefinitpron. u. unbest. Zahlwort⟩ [mhd. same(n)tlich, zu ↑samt]: *nachdrücklich für* ↑all (1 a, 1 b, 2 a, 2 b): ⟨attr.:⟩ -es Schöne; -er aufgehäufte Sand; die Nutzung -er vorhandenen Energie; mit -em verfügbaren Material; -es beschlagnahmte Eigentum wieder freigeben; -e Beamten/(auch:) Beamte; -e anwesenden/(seltener auch:) anwesende Bürger; die Kleidung -er Gefangener/ (seltener auch:) Gefangenen; anhand -er vorhandenen/(seltener auch:) vorhandenen Bücher; ⟨alleinstehend:⟩ Christa Wolf steht hoch im Kurs. Sämtliche ihrer Bücher sind verlegt worden (NNN 1. 8. 86); Und dabei ... habe ich in meine Dissertation Hunderte von Werken hineingearbeitet. Auf -e bin ich eingegangen, -e habe ich erledigt (Hofmann, Fistelstimme 19); ⟨adv.:⟩ weitere vier Forschungsarbeiten – s. *(allesamt)* Dissertationen (Tagesspiegel 20. 10. 85, 47); wie alternde Dirigenten, die ja s. *(allesamt)* schwerhörig sind (Süskind, Parfüm 61).

Samt|mie|der, das: *Mieder* (2) *aus Samt;* **Samt|pan|tof|fel**, der: *Pantoffel mit Samt als Obermaterial;* **Samt|pröt|chen**, das: *samtiges Pfötchen (bes. einer Katze):* sie geht wie auf S. *(ohne fest aufzutreten; ganz leise; mit sachten Schritten);* **Samt-**

por|tie|re, die: vgl. Samtanzug; **Samt|vor|hang**, der: vgl. Samtanzug; **Samt|we|ber**, der: *Weber, der Samt herstellt* (Berufsbez.); **Samt|we|be|rei**, die: *Betrieb, in dem Samt hergestellt wird;* **Samt|we|be|rin**, die: w. Form zu ↑Samtweber; **samt|weich** ⟨Adj.⟩: *weich wie Samt:* -e Hände; -e Haut.

Sa|mum [auch: za'mu:m], der; -s, -s u. -e [arab. samūm] (Geogr.): *Staub od. Sand mitführender Wüstenwind in Nordafrika u. auf der Arabischen Halbinsel.*

Sa|mu|rai, der; -[s], -[s] [jap. samurai, eigtl. = Dienender]: *Angehöriger der japanischen Adelsklasse, der obersten Klasse der japanischen Feudalzeit.*

Sa|na: *Hauptstadt von Jemen.*

sa|na|bel ⟨Adj.⟩ [zu lat. sanare, ↑sanieren] (Med.): *(von Krankheiten) heilbar;* **Sa|na|to|ri|um**, das; -s, ...ien [zu lat. sanare, ↑sanieren]: *unter ärztlicher Leitung stehende Anstalt* (a) *[in klimatisch günstiger, landschaftlich schöner Lage], in der chronisch Kranke od. Genesende behandelt werden:* der Arzt hat ihn für acht Wochen ins S. geschickt; sich in einem S. erholen; **Sa|na|to|ri|ums|auf|ent|halt**, der: vgl. Krankenhausaufenthalt; **sa|na|to|ri|ums|reif** ⟨Adj.⟩: vgl. krankenhausreif: wenn du so weitermachst, bist du bald s.; ein Hausbau hat schon manchen s. gemacht.

San|cho Pan|sa ['zantʃo ...], der; - -, - -s [nach dem Namen des Begleiters des ↑Don Quichotte]: *mit Mutterwitz ausgestatteter, realistisch denkender Mensch.*

Sanc|ta Se|des [...dɛs], die; - - [zu lat. sanctus (↑Sanctus) u. sedes = Sitz, Stuhl]: *kirchenlat. Bez. für Heiliger (Apostolischer) Stuhl;* **sanc|ta sim|pli|ci|tas** [lat., zu: simplicitas = Einfalt] (bildungsspr.): *Ausruf des Unwillens bzw. Erstaunens über jmds. Einfalt, Naivität; heilige Einfalt!;* **Sanc|ti|tas**, die; - [lat. sanctitas = Heiligkeit, zu: sanctus, ↑Sanctus] (kath. Kirche): *Titel des Papstes;* **Sanc|tum Of|fi|ci|um**, das; - - [lat., zu: officium, ↑Offizium]: *Kardinalskongregation für die Reinhaltung der katholischen Glaubens- u. Sittenlehre;* **Sanc|tus**, das; -, - [lat. sanctus = heilig, nach dem ersten Wort des Gesangstextes] (kath. Kirche): *Lobgesang in der* ¹*Messe* (1).

Sand, der; -[e]s, (Fachspr.:) -e u. Sände [mhd., ahd. sant, H. u.]: **1. a)** ⟨o. Pl.⟩ *aus verwittertem Gestein, meist aus Quarz bestehende, feinkörnige, lockere Substanz, die einen Teil des Erdbodens bildet:* feiner, grober, weißer, gelber, nasser, trockener, heißer S.; der S. rieselte über seine Finger, knirschte unter seinen Füßen; die Kinder backen Kuchen aus S.; Im Gänsemarsch zogen wir hinter unserem Wimpel her, durch den knöcheltiefen S. im Birkenwäldchen (Lentz, Muckefuck 115); der Wagen blieb im S. *(im sandigen Boden)* stecken; er liegt im S. *(am Strand)* und schaut aufs Meer; bei Glatteis S. streuen; etw. mit S. *(Scheuersand)* reinigen, putzen, scheuern; * **wie S. am Meer** (ugs.; *in übereichem Maße, in sehr großer Menge;* nach Mos. 22, 17 u. a.): hier gibt es Pilze wie S. am Meer); **S. im Getriebe** (ugs.; *ein [verborgenes] Hindernis, das den Ablauf von etw. stört*); **jmdm. S. ins Getriebe streuen/werfen/schmeißen**

(ugs.; *jmdm. Schwierigkeiten bereiten*); **jmdm. S. in die Augen streuen** (*jmdm. etw. vortäuschen, vorspiegeln;* nach dem alten Trick beim Fechten u. bei anderen Zweikämpfen, dem Gegner Sand in die Augen zu werfen, um ihn in seiner Kampfkraft zu beeinträchtigen); **auf S. gebaut sein** (*sich auf etw. sehr Unsicheres eingelassen haben, stützen, verlassen;* nach Matth. 7, 26); **jmdm. auf [den] S. setzen** (*jmdn. mit seinen Absichten scheitern lassen;* wohl urspr. = jmdn. bei einem Turnier vom Pferd [in den Sand] werfen); **im Sand[e] verlaufen** (*ergebnislos, erfolglos bleiben u. in Vergessenheit geraten;* bezieht sich darauf, daß Wasser im Sand rasch versikkert u. nicht mehr zu sehen ist); **etw. in den S. setzen** (ugs.; *mit etw. einen Mißerfolg haben*): die Klassenarbeit habe ich total in den S. gesetzt; **b)** ⟨Pl. -e⟩ (Fachspr., bes. Geol.) *Sandart, Sorte von Sand:* alluvialer S.; Als Kosten weist der Plan für ... den Ersatz der -e im Verschleißteil jährlich knapp sechs Millionen aus (Spiegel 33, 1985, 49); aus verschiedenen -en bestehender Boden. **2.** ⟨Pl. -e u. Sände⟩ (Seemannsspr.) *Sandbank:* der Tanker ist auf einen S. gelaufen und leckgeschlagen; O'Malley hatte eine Seekarte der Lagune mit Reißnägeln an die Wand geheftet, ein seltsames Gewirr von Sänden, Strömungen, Untiefen (Andersch, Rote 122); **Sand|aal,** der: *an sandigen Küsten lebender aalförmiger Fisch, der bei Gefahr sehr schnell im Sand verschwindet.* **San|dal,** das; -s, -s [arab. ṣandal = Sandelholz; [Last]kahn; Barke < pers. čandal, aus dem Sanskr.]: *schmales, langes, spitz zulaufendes türkisches Boot.* **San|dalle,** die; -, -n [im 15. Jh. sandaly (Pl.) < lat. sandalium < griech. sandálion = Riemenschuh]: *leichter, meist flacher Schuh, dessen Oberteil aus Riemen od. durchbrochenem Leder besteht;* **San|dal|et|te,** die; -, -n [französierende Bildung zu ↑Sandale]: *der Sandale ähnlicher, leichter, oft eleganter Damenschuh (mit meist höherem Absatz).* **San|da|rak,** der; -s [lat. sandaraca < griech. sandarákē]: *gelbliches Harz einer Zypressenart, das bes. zur Herstellung von Lacken u. Pflastern (1) sowie als Räuchermittel verwendet wird.* **sand|ar|tig** ⟨Adj.⟩: *wie Sand beschaffen:* eine -e Substanz; **Sand|bad,** das: **1.** *Bad im Sand:* der Spatz nahm ein S. **2.** (Med.) *bei bestimmten, bes. rheumatischen Erkrankungen angewandtes Verfahren, bei dem der Körper (od. bestimmte Körperteile) mit heißem Sand bedeckt wird:* der Arzt hat ihm Sandbäder verordnet; **Sand|bahn,** die (Sport): *ovale, einer Aschenbahn ähnliche Bahn für Motorradrennen;* **Sand|bahn|ren|nen,** das (Sport): *Motorradrennen auf einer Sandbahn;* **Sand|bank,** die ⟨Pl. ...bänke⟩: *[bis an, auch über die Wasseroberfläche reichende,] aus Sand bestehende Erhöhung des Bodens in Flüssen u. Meeren:* auf eine S. geraten, laufen; das Schiff ist auf einer S. gestrandet; **Sand|blatt,** das: *zu den größten u. wertvollsten Blättern einer Tabakpflanze gehörendes Blatt, das in Bodennähe wächst u. meist zur Herstellung von Zigarren verwendet wird;* **Sand|boden,** der: *lockerer, leichter, zu einem großen Teil od. ganz aus Sand bestehender Boden;* **Sand|büch|se,** die (früher): *Büchse für Streusand (2);* **Sand|burg,** die: *Strandburg;* **Sand|dorn,** der ⟨Pl. -e⟩ [der Strauch wächst bes. auf Sandboden]: **a)** *als Strauch od. Baum wachsende Pflanze mit gelbroten, an Vitamin C reichen Beeren;* **b)** ⟨o. Pl.⟩ *[zu Saft o. ä. verarbeitete] Früchte des Sanddorns:* S. enthält viel Vitamin C; ein Milchshake mit S.; nach S. schmecken.

San|del|baum, der [ital. sandalo, mlat. sandalum < griech. sántalon < ṣandal, über die Pers. aus dem Aind.]: *(bes. in Indien heimischer u. kultivierter) Baum mit großen fleischigen od. ledrigen Blättern, der das Sandelholz liefert;* **San|del|holz,** das: *vom Sandelbaum u. von anderen tropischen Bäumen stammendes gelbes bis goldbraunes od. dunkelrotes, oft aromatisch riechendes Holz, das bes. zum Schnitzen, für Drechslerarbeiten o. ä. verwendet wird;* **San|del|holz|öl,** das ⟨o. Pl.⟩: *farbloses, aromatisch riechendes Öl aus dem Holz des Sandelbaums, das bes. bei der Herstellung von Parfüms o. ä. verwendet wird.* **¹san|deln** ⟨sw. V.; hat⟩ [zu ↑Sand]: **1.** (veraltet) ↑ sanden. **2.** (Holzverarb.) *die Oberfläche von Gegenständen aus [Nadel]holz mit einer Art Sandstrahlgebläse o. ä. so behandeln, daß die weicheren Teile herausgescheuert werden u. eine reliefartige Oberfläche entsteht:* Holz s.; gesandelte Planken. **3.** (landsch.) *im Sand, mit Sand spielen:* Eigenheim-Kinder sandeln gemeinsam (M M 21. 8. 72, 5).

²san|deln ⟨sw. V.; ist/selten: hat⟩ [zu ↑Sandler] (österr. ugs.): *herumvagabundieren; streunen.*

sän|deln ⟨sw. V.; hat⟩ (schweiz.): ↑ sandeln (3).

San|del|öl, das ⟨o. Pl.⟩: *Sandelholzöl.*

san|den ⟨sw. V.; hat⟩ (veraltet, noch schweiz., landsch.): *(gegen winterliche Glätte) mit Sand bestreuen:* den Gehweg s.

San|der, der; -s, - [isländ. sandr] (Geol.): *wenig fruchtbare, ausgedehnte Sand- u. Schotterfläche im Vorfeld eines Gletschers.*

Sand|fang, der: *(bei der Abwasserreinigung) Becken, in dem sich Sand, Kies, Asche o. ä. absetzen;* **sand|far|ben, sand|far|big** ⟨Adj.⟩: *beige;* **Sand|floh,** der: **1.** *(in den Tropen vorkommender) Floh, dessen Weibchen sich bei Säugetier u. Mensch in die Haut einbohrt.* **2.** (Soldatenspr. veraltend) *Infanterist:* er ist bei den Sandflöhen (*bei der Infanterie*); **Sand|förm|chen,** das; -s, - *kleines, einer Kuchenform ähnliches Schälchen, mit dessen Hilfe Kinder aus feuchtem Sand kleine kuchenähnliche Gebilde herstellen können;* **Sand|grä|ler,** der: *(in mehreren Arten in Afrika heimisches) in der Erde lebendes Nagetier mit rückgebildeten Augen u. Ohren u. sehr langen Schneidezähnen; Maulwurfsratte;* **Sand|grube,** die: *Grube, Abbaustelle, aus der Sand geholt wird:* die alte S. dient jetzt als Mülldeponie; **Sand|guß,** der ⟨o. Pl.⟩ (Gießerei): *Gießverfahren, bei dem die Formen für den Guß aus Sand bestehen;* **Sand|hafer,** der: *Hafer einer wild vorkommenden einheimischen Art;* **Sand|hal|se,** der: **1.** (Soldatenspr. veraltend) *Infanterist.* **2.** (landsch. scherzh.) *Fehlwurf beim Kegeln:* einen -n werfen, schießen; **Sand|hau|fen,** der: *aus Sand bestehender Haufen.*

San|dhi, das od. der; - [sanskr. saṃdhi = Verbindung, Zusammenfügung] (Sprachw.): *(meist der Vereinfachung der Aussprache dienende) lautliche Veränderung, die der An- od. Auslaut eines Wortes durch den Aus- od. Anlaut eines benachbarten Wortes erleidet.*

Sand|ho|se, die: *über trockenen, sandigen Gebieten entstehender Wirbelsturm, der Sand u. Staub in die Luft wirbelt;* **san|dig** ⟨Adj.⟩ [mhd. sandic]: **a)** *viel Sand enthaltend, aus Sand bestehend:* -er Boden; ein -er Weg; die -e Heide; Die Straße ... war nur entlang der Häuserfront gepflastert. Dann kam ein langes Stück, wo sie s. war (Sommer, Und keiner 7); **b)** *mit Sand bedeckt, überzogen, beschmutzt:* die -en Kleidungsstücke ausschütteln; ihre Schuhe waren s.

San|di|nis|mus, der; - [nach dem Namen des 1934 ermordeten Guerillaführers C. A. Sandino]: *(in den 1970er u. 1980er Jahren entstandene) am Marxismus-Leninismus orientierte Ideologie, Bewegung (3) in Nicaragua;* **San|di|nist,** der; -en, -en [span. sandinista]: *Anhänger des Sandinismus, Mitglied der sandinistischen Befreiungsbewegung;* **San|di|ni|stin,** die; -, -nen: w. Form zu ↑Sandinist; **san|di|nistisch** ⟨Adj.⟩ [span. sandinista]: *den Sandinismus, die Sandinisten betreffend, dazu gehörend.*

Sand|kä|fer, der: *Sandlaufkäfer;* **Sand|kasten,** der: **1.** *mit Brettern o. ä. eingefaßte Grube od. auf dem Boden stehender flacher, oben offener Kasten aus Sand zum Spielen für Kleinkinder:* im S. spielen; Der Prinz und die Bürgerliche kennen sich ... schon aus dem S. (*seit ihrer Kindheit*; Spiegel 13, 1986, 283). **2.** (Milit.) *rechteckiger flacher Kasten, in dem mit Hilfe von Sand der Ausschnitt eines Geländes plastisch u. in bestimmtem Maßstab nachgebildet ist u. an dem militärische Planspiele durchgeführt werden können:* In Strategie und Taktik wurden wir von einem Sowjetoffizier am S. unterrichtet (Leonhard, Revolution 174); **Sand|kasten|spiel,** das (Milit.): *militärisches Planspiel am Sandkasten (2);* **Sand|kiste,** die: *Sandkasten (1);* **Sand|korn,** das ⟨Pl. ...körner⟩: *einzelnes Korn (3) des Sandes;* **Sand|ku|chen,** der: *feiner, lockerer Kuchen (aus einem Rührteig);* **Sand|lauf|kä|fer,** der: *vor allem in sandigen Landschaften vorkommender, meist grüner, blauer od. kupferroter, metallisch glänzender Käfer.*

Sand|ler, der; -s, - [wohl über mundartl. Lautungen zu mhd. seine = langsam, träge] (österr. ugs.): **a)** (abwertend) *Nichtsnutz, Versager:* S. seid ihr, ganz gewöhnliche S., ihr habt eben mehr Sau als Verstand (Torberg, Mannschaft 333); **b)** *Land-, Stadtstreicher:* Entdeckt wurde das grausige Verbrechen ... vom 44jährigen Helmut K., jenem S., der das Leichenversteck „bewohnt" (Oberösterr. Nachrichten 25. 10. 91, 25); **Sand|le|rin,**

Sandmann

die; -, -nen (österr. ugs.): **1.** w. Form zu ↑Sandler. **2.** (ugs.) *[attraktive] Frau, die einem Nepplokal o. ä. Gäste zuführt:* hübsche Damen ..., die mit Charme und Chic (fast jede S. beherrscht eine Fremdsprache) ortsunkundige Touristen anpeilen (BM 5. 11. 75, 4).

Sand|mann, der, (häufiger:) **Sand|männchen**, das ⟨o. Pl.⟩: *in Erzählungen für kleine Kinder auftretendes kleines Männchen, das den Kindern Sand in die Augen streut, damit sie einschlafen:* leg dich schön hin und mach die Augen zu, gleich kommt das Sandmännchen; **Sand|ot|ter**, die: *sehr giftige, bes. in Südosteuropa vorkommende Viper;* **Sand|pa|pier**, das: *mit feinem Sand hergestelltes Schleifpapier:* grobes, feines S.; eine Haut wie S. *(eine sehr rauhe Haut)* haben; **Sand|pflan|ze**, die: *Pflanze, die auf Sandboden wächst;* **Sand|pier**, der (nordd.): *Köderwurm;* **Sand|pilz**, der: *Sandröhrling;* **sand|reich** ⟨Adj.⟩: *viel Sand aufweisend, enthaltend:* -er Boden; eine -e Gegend; **Sand|riff**, das (Geol.): *[über den Meeresspiegel hinausragende] parallel zu einer Küste verlaufende, langgestreckte Sandbank;* **Schaar;** **Sand|röhr|ling**, der: *bes. auf Sandböden in Kiefernwäldern wachsender Röhrling; Hirsepilz;* **Sand|sack**, der: **a)** *mit Sand gefüllter Sack:* Sandsäcke füllten das Loch im Deich; **b)** (Boxen) *frei hängender, walzenförmiger, mit Sand gefüllter Sack aus Leder zum Training für Boxer:* am S. trainieren.

San|dschak, der; -s, -s [türk. sancak = Banner] (früher): **1.** *türkische Standarte (Hoheitszeichen).* **2.** *türkischer Regierungsbezirk.*

Sand|schan, der; -[s] [nach der iran. Stadt Sandjan]: *dem Hamadan ähnlicher Teppich.*

Sand|schicht, die: *Schicht aus Sand;* **Sand|schliff**, der (Geol.): *Korrasion;* **Sand|stein**, der: **1.** ⟨o. Pl.⟩ *Sedimentgestein aus Sandkörnern, die durch Bindemittel (Ton, Kalk u. a.) verbunden sind:* S. läßt sich leicht bearbeiten; Skulpturen aus S. **2.** *Stein, bes. Baustein aus Sandstein (1):* eine Mauer aus -n bauen; **Sand|stein|bruch**, der: *Steinbruch, in dem Sandstein abgebaut wird;* **Sand|stein|plat|te**, die: *Platte (1) aus Sandstein:* der Weg ist mit -en gepflastert; **Sand|stein|qua|der**, der: *Quader (a) aus Sandstein:* eine mächtige Mauer aus -n; **sand|strah|len** ⟨sw. V.; gew. nur im Inf. u. 2. Part. gebr.; 2. Part.: gesandstrahlt, in der Fachspr. auch: sandgestrahlt⟩ (Technik): *die steinerne od. metallene Oberfläche von etw. mit einem Sandstrahlgebläse reinigen od. aufrauhen:* Werkstücke s.; die Fassade eines Gebäudes s. lassen; **Sand|strahl|ge|blä|se**, das (Technik): *mit Druckluft arbeitendes Gerät, das feinen Sand in einem Strahl auf die Oberfläche von etw. schleudert, um diese zu reinigen od. aufzurauhen;* **Sand|strand**, der: *sandiger Strand:* ein breiter, langer S.; kilometerlange Sandstrände; nur in einigen Buchten gibt es dort S.; **Sand|sturm**, der: *in heißen, trockenen Gebieten auftretender Sturm, der Sand u. Staub aufwirbelt u. mit sich führt:* in einen S. geraten. **sand|te**: ↑senden.

Sand|tor|te, die: vgl. Sandkuchen; **Sand|uhr**, die: *dem Messen bestimmter Zeitabschnitte dienendes Gerät, das im wesentlichen aus zwei übereinander angeordneten, geschlossenen, bauchigen Gläsern besteht, die durch eine sehr enge Öffnung miteinander in Verbindung stehen, durch die feiner Sand innerhalb einer bestimmten Zeit vom oberen in das untere Glas rieselt:* die S. ist abgelaufen; **Sand|uhr|ma|gen**, der (Med. Jargon): *in der Form an eine Sanduhr erinnernder, durch Narben od. Geschwüre ringförmig eingeschnürter Magen;* **Sand|vi|per**, die: *Sandotter;* **Sand|weg**, der: *nicht befestigter Weg in sandigem Gelände;* **Sand|we|he**, die (veraltend): *durch den Wind entstandene Ansammlung von Sand;* **Sand|wein**, der: *auf Sandböden angebauter Wein;* **Sand|wespe: 1.** *Grabwespe.* **2.** *Wespe mit einem an einem langen Stiel angesetzten Hinterleib, die für ihre Brut Röhren in den Sand gräbt.*

Sand|wich ['zɛntvɪtʃ], der od. das; -[e]s u. -, -[e]s, auch: -e [engl. sandwich, nach J. Montague, 4. Earl of Sandwich (1718 bis 1792), der am Spieltisch belegte Brote aß, um das Spiel nicht unterbrechen zu müssen]: **1.** *zwei zusammengelegte, innen mit Butter bestrichene u. mit Fleisch, Fisch, Käse, Salat o. ä. belegte Brotscheiben od. Hälften von Brötchen:* ein S. mit Käse und Tomate; ein Diener bot -es an (Koeppen, Rußland 140). **2.** (Fot.) kurz für ↑Sandwichmontage. **3.** (Tischtennis) kurz für ↑Sandwichbelag. **4.** *auf Brust u. Rücken zu tragendes doppeltes Plakat, das für politische Ziele, für Produkte o. ä. wirbt;* **Sand|wich|bau|wei|se**, die ⟨o. Pl.⟩: *Leichtbauweise (besonders bei Flugzeugen), bei der zwei Deckbleche od. -platten, zwischen denen sich Füllstoffe befinden, verklebt od. durch Löten miteinander verbunden werden:* das Teil ist in S. ausgeführt; **Sand|wich|be|lag**, der (Tischtennis): *Belag (2) des Schlägers aus einer Schicht Schaumgummi o. ä. u. einer Schicht Gummi mit Noppen;* **Sand|wich|board** [...bɔːd], das; -s, -s [zu engl. board = Brett]: *geschichtete Holzplatte, die außen meist aus Sperrholz und in der Mitte aus einer Faser- od. Spanplatte besteht od. einen Hohlraum enthält:* eine Verkleidung aus S.; **Sand|wich|druck**, der ⟨o. Pl.⟩: *Druckverfahren, bei dem auf eine Folie gedruckt u. auf den fertigen Druck anschließend eine transparente Folie geklebt wird;* **Sand|wich|man** [...mən], der; -, ...men [...mən] [engl. sandwich-man]: *Sandwichmann;* **Sand|wich|mann**, der ⟨Pl. ...männer⟩: *jmd., der zwei Plakaten, von denen er eins auf der Brust u. eins auf dem Rücken trägt, eine belebte Straße auf u. ab geht, um gegen Entgelt für etw. zu werben;* **Sand|wich|mon|ta|ge**, die (Fot.): *Fotomontage, die dadurch entsteht, daß zwei Negative Schicht an Schicht aufeinandergelegt u. vergrößert od. kopiert werden;* **Sand|wich|tech|nik**, die (Technik): *Herstellungsverfahren (bes. im Flugzeugbau u. bei der Skifabrikation), bei dem das Material aus Platten verschiedener Stärke u. aus verschiedenartigen Stoffen zusammengefügt wird;* **Sand|wich|wecken[1]**, der (österr.): *sehr langes u. dünnes Weißbrot.*

Sand|wül|ste, die: *Wüste, deren Boden aus Sand besteht.*

san|fo|ri|sie|ren ⟨sw. V.; hat⟩ [engl. to sanforize, nach dem amerik. Erfinder Sanford L. Cluett (1874–1968)]: *Gewebe, bes. aus Baumwolle, durch ein bestimmtes Verfahren mit trockener Hitze so behandeln, daß sie später beim Waschen nicht mehr od. nur noch wenig einlaufen.*

San Fran|cis|co, (eindeutschend auch:) **San Fran|zis|ko**: *Stadt in Kalifornien.*

sanft ⟨Adj.; -er, -este⟩ [mhd. senfte, ahd. semfti (Adv. mhd. sanfte, ahd. samfto), eigtl. = gut zusammenpassend, zu ↑sammeln]: **1.** *angenehm wirkend auf Grund einer Art, die Freundlichkeit, Ruhe u. Güte ausstrahlt:* ein -er Mensch; ein -es Mädchen; sie hat ein -es Wesen, Herz, Gemüt; -e *(Sanftmut ausdrückende)* Augen; s. lächeln, reden; eine -e *(nicht bösartige)* Katze; das Pferd ist s. *(nicht wild, nicht bösartig).* **2.** *auf angenehm empfundene Weise behutsam, zart:* eine -e Berührung; ein -er Händedruck; jmdn. mit -er Hand streicheln; sie massierte s. seinen Nacken; er ging mit ihr nicht gerade s. um; sie hielt ihn s. zurück; Ü -e *(auf umweltverträgliche Weise u. ohne besondere Risiken nutzbar gemachte)* Energie; -e Geburt *(auf eine möglichst natürliche Weise in einer möglichst angenehmen Umgebung erfolgende Geburt, bei der das Kind nach der Entbindung nicht von der Mutter getrennt wird);* -er Tourismus *(Tourismus einer, für die natürliche Umwelt u. die sozialen Belange in den betroffenen Reisegebieten möglichst unschädlichen Form);* Die GRÜNEN fordern den Aufbau einer -en *(umweltverträglichen)* Chemie (Spiegel 49, 1986, 241); Am vergangenen Freitag erlebte die „sanfte Revolution" *(Revolution ohne Gewalt und Blutvergießen)* der Tschechen und Slowaken ihren ... Höhepunkt (Freie Presse 3. 1. 90, 4); * **auf die Sanfte** (ugs.; *liebenswürdig u. schonungsvoll*): die Sache werden wir auf die S. erledigen. **3.** *nur in abgeschwächter Weise in Erscheinung tretend; gedämpft; nicht stark u. intensiv:* ein -es Rot, Blau, Licht, Feuer; eine -e Musik, Stimme. **4. a)** *nur schwach spürbar, sacht:* ein -er Regen, Wind, Hauch; eine -e Brandung; Das Boot schwankte s., unter uns hörten wir den alten Mann in seiner Kombüse rumoren (Simmel, Affäre 262); In der Droschke, die s. dahinrollte, sah er auf die Straße hinaus (Maass, Gouffé 240); In Antwerpen regnete es s. (Kaschnitz, Wohin 145); **b)** *mit einer gewissen Zurückhaltung u. weniger direkt geäußert, in Erscheinung tretend:* -e Ermahnungen, Vorwürfe; einen -en Druck, Zwang ausüben; mit -er Gewalt; manchmal spürte ich eine -e Feindseligkeit mir gegenüber (Lenz, Brot 17). **5.** *friedlich, still u. ruhig:* ein -er Schlaf, Tod; Ihr betet zuweilen um ein -es Ende (Hesse, Narziß 14); s. schlafen; er ist s. entschlafen; Ruhe s.! (Inschrift auf Grabsteinen). **6.** *nicht steil, nicht schroff; allmählich ansteigend:* ein -er Hügel, Abhang; eine -e Anhöhe, Steigung; der Pfad führte in -en Windungen nach oben; eine s. ansteigende Höhe; s. geschwungene Hänge;

Sänf|te, die; -, -n [mhd. senfte, ahd.

samftī, semftī = Ruhe, Gemächlichkeit, Annehmlichkeit, zu ↑sanft]: *auf zwei Stangen befestigter, meist kastenförmiger, umkleideter Sitz, in dem man sich von Trägern tragen lassen kann;* **Sänf|ten|träger,** der: *jmd., der mit anderen zusammen eine Sänfte trägt;* **Sänf|ten|trä|ge|rin,** die: w. Form zu ↑Sänftenträger; **Sanftheit,** die; -: *sanfte Beschaffenheit, Wesensart; Milde:* S. der Stimme, des Ausdrucks; **sänf|ti|gen** ⟨sw. V.; hat⟩ [mhd. senftigen, zu: senftec = zart; leicht; weich; angenehm] (geh.): **a)** *sanft machen:* den Schmerz, das Leid, das Gemüt s.; **b)** ⟨s. + sich⟩ *an als bedrückend, unangenehm empfundener Intensität geringer werden, abnehmen:* der Sturm, die Bewegung sänftigt sich; **sänf|tig|lich** ⟨Adj.⟩ (veraltet): *auf sanfte Art, vorsichtig-behutsam;* **Sänft|mut,** die; - [rückgeb. aus ↑sanftmütig]: *sanfte, geduldige Gemütsart, sanftes, zartes Wesen:* Immer liegt ein trübes Lächeln um seinen Mund, eine gleichgültige S. (Waggerl, Brot 159); Der Dr. Matthäi ... tat sich keinen Zwang mehr an, legte die widerwärtige, feierliche S. ab (Feuchtwanger, Erfolg 391); **sänft|mü|tig** ⟨Adj.⟩ [mhd. senftmüetec]: *Sanftmut besitzend, zeigend; voller Sanftmut:* ein -es Wesen haben; s. sein; sie hat mich wieder s. gestimmt (Jahnn, Geschichten 25); **Sänft|mü|tig|keit,** die; - [mhd. senftmüetecheit]: *das Sanftmütigsein.*
sang: ↑singen; **Sang,** der; -[e]s, Sänge [mhd. sanc, ahd. sang, zu ↑singen] (veraltet): **1.** ⟨o. Pl.⟩ *Gesang* (1): Die nette Marion ließ ein Gesang-Stückchen S. über die Lippen träufeln (Welt 31.12.77, 14); ** mit S. und Klang* (veraltend; *mit Gesang u. Musik*): mit S. und Klang marschierten sie durch die Stadt; (ugs. iron.) er ist mit S. und Klang durchs Abitur gefallen; **ohne S. und Klang** (ugs. selten; ↑sanglos). **2.** *Gesang* (2): alte Sänge; ♦ und es ist, als schwebten zu den Fenster über die weite ebne Landschaft die Glockentöne von dem Dorfe herein und verhallet der S. der nahen Gemeinde aus der Kirche her (Büchner, Lenz 91).
San|ga|ree [sæŋɡəˈriː], der; -, -s [engl. sangaree < span. sangría, ↑Sangria]: *stark gewürztes westindisches alkoholisches Mixgetränk aus Spirituosen u. etw. Zucker.*
sang|bar ⟨Adj.⟩: *sich gut singen lassend; kantabel* (2): eine -e Komposition; er schreibt sehr s. *(schreibt sehr sangbare Kompositionen);* **Sang|bar|keit,** die; -: *Eigenschaft, sangbar zu sein.*
Sang-de-boeuf [sɑ̃ːdˈbœf], das; - [zu frz. sang = Blut u. bœuf = Rind, eigtl. = Rindsblut]: *einfarbiges chinesisches Porzellan.*
sän|ge: ↑singen; **Sän|ger,** der; -s, - [mhd. senger, ahd. sangari]: **1.** *jmd., der [berufsmäßig] singt:* ein guter, berühmter S.; die S. der Staatsoper; der S. der Rolling Stones; ich bin kein S. *(ich kann nicht singen);* jmdn. zum S. ausbilden; Ü er entnehm Blumen, Zypressen, Kieswege, ein Vogelbad für unsere gefiederten S. *(Singvögel;* Remarque, Obelisk 113); der Zaunkönig ist ein eifriger S. *(singt viel).* **2. a)** (veraltet) *Verfasser einer Versdich-*

tung, Dichter: der S. der Odyssee; **b)** (geh.) *jmd., der etw. verherrlicht, besingt:* ein S. der Liebe; ..., so wenig hätte Bunyan ohne sein seelisches Ringen zum unsterblichen S. des Pilgertums werden können (Nigg, Wiederkehr 42); ein fahrender, wandernder S. *(Spielmann im Mittelalter);* **Sän|ger|büh|ne,** die (Archit.): *kleinere Empore (in einer Kirche) für Chorsänger;* **Sän|ger|bund,** der: *Zusammenschluß mehrerer Chöre, Gesangvereine o.ä.;* **Sän|ger|chor,** der: *Chor* (1 a); **Sän|ger|fest,** das: *von einem od. mehreren Gesangvereinen, Chören o.ä. veranstaltetes Fest;* **Sän|ge|rin,** die; -, -nen: w. Form zu ↑Sänger (1, 2 a); **Sän|ger|kna|be,** der (selten): *Chorknabe:* die Wiener S. *(Name eines Knabenchors);* **Sän|ger|knöt|chen,** das ⟨meist Pl.⟩ (Med.): *durch Überanstrengung der Stimmbänder beim Singen sich bildendes Knötchen* (2c); **Sän|ger|schaft,** die; -, -en ⟨Pl. selten⟩: **1.** *Gesamtheit der Sänger [u. Sängerinnen] eines Chores, Gesangvereins o.ä.* **2.** *studentische Verbindung, die bes. Musik u. Chorgesang pflegt;* **Sän|ger|streit,** der: *Sängerwettstreit;* **Sän|ger|wett|streit,** der: **1.** *Wettstreit unter Sängern* (1), *Chören o.ä.:* einen S. veranstalten; an einem S. teilnehmen. **2.** *Wettstreit unter Sängern* (2 a), *z. B. Minnesängern, bei dem Dichter eigene Verse, Lieder vortragen:* der sagenhafte S. auf der Wartburg; **Sang|es|bru|der,** der (geh., veraltend): *jmd., der demselben Chor, Gesangverein o.ä. angehört (wie eine bestimmte andere Person):* er ist ein S. meines Oheims; **Sang|es|freu|de,** die ⟨o. Pl.⟩ (geh., veraltend): *Freude am Singen;* **sanges|freu|dig, sang|es|froh** ⟨Adj.⟩ (geh., veraltend): *voller Sangesfreude, gern u. viel singend:* eine Gruppe -er Wandervögel; **sang|es|kun|dig** ⟨Adj.⟩ (geh., veraltend): *sich auf das Singen verstehend, singen könnend;* **Sang|es|lust,** die (geh., veraltend): vgl. *Sangesfreude;* **sang|es|lu|stig** ⟨Adj.⟩ (geh., veraltend): vgl. *sangesfreudig.*
Sang-froid [sɑ̃ˈfʀwa], das; - [frz. sangfroid, zu: sang = Blut u. froid = Kälte]: (bildungsspr. veraltet:) *Kaltblütigkeit.*
sang|lich ⟨Adj.⟩ (selten): *sangbar;* **sanglos** ⟨Adj.⟩: *nur in der Verbindung* **sang- und klanglos** (ugs.; *ohne viel Aufhebens, unbemerkt, unbeachtet:* bezogen darauf, daß bei sehr schlichten Begräbnissen Gesang u. Glockenklang fehlen): sang- und klanglos verschwinden; der Verlag hat seine Produktion sang- und klanglos eingestellt.
San|gria, die; -, -s [span. sangría, eigtl. = Aderlaß, zu: sangre = Blut < lat. sanguis]: *einer Bowle ähnliches spanisches Getränk aus Rotwein mit [Zucker u.] kleingeschnittenen Früchten:* ein Glas S.; S. ansetzen; **San|gri|ta** ⓦ, die; -s [geb. mit der span. Verkleinerungssilbe -ita zu span. sangría, ↑Sangria]: *mexikanisches Mischgetränk aus Tomaten-, Orangen- u. wenig Zwiebelsaft sowie Gewürzen.*
San|gui|ni|ker, der; -s, - [zu ↑sanguinisch]: *nach der Typenlehre des altgriechischen Arztes Hippokrates* (bildungsspr.): *lebhafter, temperamentvoller, meist heiterer,*

lebensbejahender Mensch: er ist ein typischer, ausgesprochener S.; **San|gui|ni|ke|rin,** die; -, -nen (bildungsspr.): w. Form zu ↑Sanguiniker; **san|gui|nisch** ⟨Adj.⟩ [lat. sanguineus = aus Blut bestehend, blutvoll, zu: sanguis = Blut] (bildungsspr.): *das Temperament eines Sanguinikers habend, seinen Typ verkörpernd:* ein -es Temperament; sie ist ein -er Typ; **san|gui|no|lent** ⟨Adj.⟩ [lat. sanguinolentus = voll Blut, mit Blut erfüllt, zu: sanguis, ↑sanguinisch] (Med.): *blutig, mit Blut vermischt (z. B. von Urin).*
San|he|drin, der; -s: *hebräische Form von* ↑Synedrion.
Sa|ni, der; -s, -s [Kurzf. von ↑Sanitäter] (bes. Soldatenspr.): *Sanitäter:* zwei uniformierte -s laufen über den Platz ... S. werden nicht gebraucht. Der Läufer ist schon wieder auf den Beinen (Lenz, Brot 61); nach dem S. rufen.
Sa|ni|din, der; -s, -e [zu griech. sanídion = Täfelchen, Vkl. von: sanís = Brett; Tafel]: *meist glasklares u. durchsichtiges Mineral, das tafelförmige Kristalle bildet.*
sa|nie|ren ⟨sw. V.; hat⟩ [lat. sanare = gesund machen, heilen, zu: sanus = heil, gesund]: **1. a)** (Med.) *(eine bestimmte Stelle des Körpers) so behandeln, daß ein Krankheitsherd beseitigt wird:* eine Wunde, ein Geschwür s.; einen Zahn s.; ein saniertes Gebiß; **b)** (Milit. früher) *(einem Soldaten) nach dem Geschlechtsverkehr die Harnröhre mit einer desinfizierenden Lösung spülen, um eventuell vorhandene Erreger von Geschlechtskrankheiten abzutöten:* sich s. lassen. **2. a)** *durch Renovierung, Modernisierung, Umbau od. teilweisen Abriß u. Neubau umgestalten u. neuen Bedürfnissen anpassen:* einen Stadtteil, die Altstadt s.; Die Junker sollten ihre Güter s. und modernisieren (Niekisch, Leben 233); das Haus muß von Grund auf saniert werden; Großzügige 3-Zimmer-ETW in komplett saniertem repräsentativen Altbau (Wiesbadener Kurier 6. 2. 85, 19); **b)** (Fachspr.) *modernisierend umgestalten, reformieren:* das Gesundheitswesen, die Landwirtschaft, den Kohlebergbau s.; ... so verbessert sich dadurch nicht nur die Lebensqualität vieler Menschen ganz entscheidend, sondern wir sanieren damit zugleich auch unser System der sozialen Sicherheit von Grund auf (Südd. Zeitung 1. 3. 86, 149); **c)** (Fachspr.) *wieder in einen intakten Zustand versetzen:* einen umgekippten Fluß s.; Die beiden Fachkräfte ... sind dabei, fünf jahrhundertalte Bäume zu s. (Saarbr. Zeitung 4.12. 79, 19); Düngung im Walde ist aber auch nur Mittel, den Entzug von Bodennährstoffen ... zu ersetzen oder ein gestörtes biologisches Gleichgewicht wieder auszugleichen, den Waldboden zu s. (Mantel, Wald 69); Weil aber die Leitungen manchmal auch übereinanderliegen, muß ein Strang nach dem andern saniert werden (Tages Anzeiger 28. 7. 84, 13); Umweltschäden s. *(beheben);* das versumpfte Gelände wird erhöht und damit saniert (Weinberg, Deutsch 124). **3.** (Wirtsch.) **a)** *aus finanziellen Schwierigkeiten herausbringen [u. wieder rentabel machen]:* einen Betrieb, eine Firma s.; einmal ... bot sich

Sanierung

eine Gelegenheit, die Finanzen des Hofes zu s. *(in Ordnung zu bringen;* Th. Mann, Hoheit 14); Die Bilanz muß gleichwohl dringend saniert *(verbessert)* werden, weil sonst ein Konkurs unvermeidlich ist (NZZ 25. 10. 86, 19); mich kann jetzt nur noch ein Sechser im Lotto s.; (ugs. scherzh.:) wenn du das Haus wirklich allein erbst, bist du doch ein für allemal saniert; **b)** ⟨s. + sich⟩ *seine finanziellen, wirtschaftlichen Schwierigkeiten überwinden, wieder rentabel werden:* die Firma, der Bauunternehmer hat sich [durch Verkäufe] weitgehend saniert; er hat sich auf Kosten der Steuerzahler saniert (spött.; *bereichert, gesundgestoßen);* **Sa|nie|rung,** die; -, -en: **1.** *das Sanieren* (1). **2.** *das Sanieren* (2 a): die S. des Hauses hat rund 400 000 DM gekostet; die S. der Altstadt ist abgeschlossen; In vielen Städten sind alte Häuser und sogar ganze Straßenzüge im Rahmen der S. von der Spitzhacke bedroht (Hörzu 8, 1973, 73); **b)** (Fachspr.) *das Sanieren* (2b): eine S. der gesetzlichen Rentenversicherung; **c)** (Fachspr.) *das Sanieren* (2c): Wieviel kostet die S. der Deponie ...? (NZZ 29.8. 86, 33); Die Verschmutzung der Ostsee ist so umfassend, daß eine S. kaum bezahlbar scheint (natur 10, 1991, 16). **3.** *das Sanieren* (3 a), *das Sichsanieren* (3 b): Die fünfundsiebzigste Generalversammlung beschloß ... die S. der Böhmischen Landesbank durch eine Zusammenlegung des Aktienkapitals (Bieler, Mädchenkrieg 344); die Firma befindet sich in einer Phase der S.; In einzelnen Fällen werden in S. befindliche Unternehmungen durch Gläubigergemeinschaften oder Aufnahmegesellschaften weitergeführt (Rittershausen, Wirtschaft 55); **Sa|nie|rungs|ar|bei|ten** ⟨Pl.⟩: *Arbeiten zur Sanierung* (2): mit den S. beginnen; **sa|nie|rungs|be|dürf|tig** ⟨Adj.⟩: *einer Sanierung* (2) *bedürfend:* -e Bauten; die Brücke ist s.; **Sa|nie|rungs|bi|lanz,** die (Wirtsch.): *zu Beginn od. nach Abschluß einer Sanierung* (3) *aufgestellte Bilanz eines Unternehmens;* **Sa|nie|rungs|ge|biet,** das: *zur Sanierung* (2) *vorgesehenes Gebiet:* die gesamte Altstadt ist S.; **Sa|nie|rungs|maß|nah|me,** die ⟨meist Pl.⟩: *Maßnahme zur Sanierung* (1 a, 2, 3 a); **Sa|nie|rungs|plan,** der: *Plan für eine Sanierung* (2, 3 a); **Sa|nie|rungs|pro|gramm,** das: vgl. Sanierungsplan; **sa|ni|tär** ⟨Adj.⟩ [frz. sanitaire, zu lat. sanitas, ↑ Sanität]: **1.** *mit der Körperpflege, der Hygiene in Zusammenhang stehend, sie betreffend, ihr dienend:* die katastrophalen -en Verhältnisse in den Elendsvierteln; Toiletten, Waschräume und sonstige -e Anlagen; -e Armaturen *(Sanitärarmaturen);* -e Keramik *(Sanitärkeramik);* -e *(im Bereich sanitärer Anlagen, zu ihrer Ausstattung benötigte)* Artikel. **2.** (veraltend) *gesundheitlich:* -e Bedenken gegen die Hundehaltung; **Sa|ni|tär** ⟨indekl. Subst. o. Art.⟩ (Jargon): *Sanitärbereich, Sanitärbranche:* Eisenhändler ... firm im Einkauf S. (FAZ 97, 1958, 41); **Sa|ni|tär|an|la|gen** ⟨Pl.⟩: *sanitäre Anlagen;* **Sa|ni|tär|ar|ma|tur,** die ⟨meist Pl.⟩: *Armatur* (c) *für sanitäre Anlagen;* **Sa|ni|tär|be|darf,** der: *im Sanitärbereich benötigte Erzeugnisse;* **Sa|ni|tär|be|reich,** der ⟨o. Pl.⟩: *mit Herstellung, Vertrieb, Installation usw. von Produkten, die für sanitäre Anlagen bestimmt sind, befaßter Fachbereich, Wirtschaftszweig:* im S. tätig sein; **Sa|ni|tär|bran|che,** die: vgl. Sanitärbereich: die S. profitiert von dem Bauboom; **Sa|ni|tär|ein|rich|tun|gen** ⟨Pl.⟩: *Sanitäranlagen;* **Sa|ni|tär|far|be,** die: *Farbe, in der sanitärkeramische Erzeugnisse, Badewannen u.ä. hergestellt werden:* Kacheln in allen aktuellen -n; **Sa|ni|tär|in|stal|la|teur,** der: *auf Sanitärinstallationen* (1 a) *spezialisierter Installateur;* **Sa|ni|tär|in|stal|la|teu|rin,** die: w. Form zu ↑ Sanitärinstallateur; **Sa|ni|tär|in|stal|la|ti|on,** die: **a)** *Installation* (1 a) *von sanitären Anlagen:* die -en will er selber vornehmen; **b)** ⟨meist Pl.⟩ *Installation* (1 b) *im Bereich sanitärer Anlagen:* die -en müssen erneuert werden; **sa|ni|tä|risch** ⟨Adj.⟩ (schweiz.): **1.** *sanitär* (1). **2.** *das Gesundheitswesen betreffend, zu ihm gehörend, von den Gesundheitsbehörden ausgehend:* eine -e Untersuchung; **Sa|ni|tär|ke|ra|mik,** die ⟨o. Pl.⟩: **a)** *keramisches Material, aus dem Sanitärkeramik* (b) *hergestellt wird:* das Waschbecken ist aus S.; **b)** *für die Installation in sanitären Anlagen bestimmte Keramik* (1 a): S. herstellen; **sa|ni|tär|ke|ra|misch** ⟨Adj.⟩: *aus Sanitärkeramik* (a) *hergestellt:* -e Produkte; **Sa|ni|tär|por|zel|lan,** das: vgl. Sanitärkeramik; **Sa|ni|tär|raum,** der: vgl. Sanitärzelle; **Sa|ni|tär|tech|nik,** die ⟨o. Pl.⟩: *Bereich der Technik, der sich mit der Entwicklung, Herstellung u. Installation von Erzeugnissen des Sanitärbereichs befaßt;* **Sa|ni|tär|tech|ni|ker,** der: *Fachmann auf dem Gebiet der Sanitärtechnik;* **Sa|ni|tär|tech|ni|ke|rin,** die: w. Form zu ↑ Sanitärtechniker; **sa|ni|tär|tech|nisch** ⟨Adj.⟩: *die Sanitärtechnik betreffend, zu ihr gehörend;* **Sa|ni|tär|zel|le,** die (Bauw.): *Teil eines Gebäudes, einer Wohnung, in dem sanitäre Anlagen untergebracht sind;* **Sa|ni|tät,** die; -, -en [lat. sanitas (Gen.: sanitatis) = Gesundheit, zu: sanus, ↑ sanieren] (schweiz., österr.): **1. a)** ⟨o. Pl.⟩ *militärisches Gesundheitswesen, Sanitätswesen;* **b)** *Sanitätstruppe.* **2.** (ugs.) *Unfallwagen, Sanitätswagen;* **Sa|ni|tä|ter,** der; -s, -: **1.** *jmd., der in Erster Hilfe, Krankenpflege ausgebildet ist [u. in diesem Bereich tätig ist]:* zwei Sanitäter trugen den verletzten Spieler vom Platz. **2.** *als Sanitäter dienender Soldat;* **Sa|ni|tä|te|rin,** die; -, -nen: w. Form zu ↑ Sanitäter; **Sa|ni|täts|ar|ti|kel,** der: *Artikel für den Sanitätsdienst, die Versorgung und Pflege Kranker:* Mullbinden, Spritzen und andere S.; **Sa|ni|täts|au|to,** das (ugs.): vgl. Sanitätswagen; **Sa|ni|täts|ba|tail|lon,** das (Milit.): vgl. Sanitätskompanie; **Sa|ni|täts|be|hör|de,** die: *Gesundheitsbehörde;* **Sa|ni|täts|be|reich,** der (Milit.): *Revier* (6); **Sa|ni|täts|de|pot,** das (Milit.): *Depot für Sanitätsmaterial;* **Sa|ni|täts|dienst,** der: **1.** ⟨o. Pl.⟩ *Dienst als Sanitäter:* S. haben. **2.** (Milit.) ⟨Pl. selten⟩ *militärisches Sanitätswesen:* die Offiziere des S.; **Sa|ni|täts|dienst|grad** (Milit.): *Dienstgrad des Sanitätsdienstes* (2); **Sa|ni|täts|ge|frei|te,** der (Milit.): vgl. Sanitätssoldat; **Sa|ni|täts|ge|schäft,** das: *Fachgeschäft für Sanitätsartikel;* **Sa|ni|täts|haus,** das: vgl. Sanitätsgeschäft: das führende S. am Ort; **Sa|ni|täts|hund,** der (Milit. früher): *besonders ausgebildeter, vor allem zum Auffinden Verwundeter eingesetzter Hund;* **Sa|ni|täts|ka|sten,** der (bes. Milit.): *Verbandskasten;* **Sa|ni|täts|kom|pa|nie,** die (Milit.): *Kompanie der Sanitätstruppe;* **Sa|ni|täts|korps,** das (Milit.): *Sanitätspersonal;* **Sa|ni|täts|kraft|wa|gen,** der (bes. Milit.): *Krankenwagen;* **Sa|ni|täts|ma|te|ri|al,** das: vgl. Sanitätsartikel; **Sa|ni|täts|of|fi|zier,** der (Milit.): vgl. Sanitätssoldat; **Sa|ni|täts|per|so|nal,** das (Milit.): *Personal des Sanitätsdienstes* (2); **Sa|ni|täts|po|li|zei,** die (bes. Milit.): *Gesundheitspolizei;* **Sa|ni|täts|rat,** der: **1.** (früher) **a)** ⟨o. Pl.⟩ *Ehrentitel für um die Volksgesundheit verdiente Ärzte;* Abk.: San.-Rat; **b)** *Träger des Titels Sanitätsrat* (1 a). **2.** (österr.) **a)** ⟨o. Pl.⟩ *Titel für bestimmte Amtsärzte;* Abk.: San.-Rat; **b)** *Träger des Titels Sanitätsrat* (2a). **3.** ⟨o. Pl.⟩ (österr.) *beratendes Fachgremium, das dem Gesundheitsminister zur Seite steht;* **Sa|ni|täts|raum,** der (bes. Milit.): *Raum zur Versorgung Verletzter, Kranker o. ä.;* **Sa|ni|täts|sol|dat,** der (Milit.): *Soldat der Sanitätstruppe;* **Sa|ni|täts|sol|da|tin,** die (Milit.): w. Form zu ↑ Sanitätssoldat; **Sa|ni|täts|trup|pe,** die (Milit.): *(in der Bundeswehr) Logistiktruppe mit der Aufgabe, die Gesundheit u. Einsatzfähigkeit der Soldaten zu erhalten u. wiederherzustellen;* **Sa|ni|täts|un|ter|of|fi|zier,** der (Milit.): vgl. Sanitätssoldat; **Sa|ni|täts|wa|che,** die: *mit Sanitätern od. Krankenschwestern besetzte Stelle für Erste-Hilfe-Leistungen;* **Sa|ni|täts|wa|gen,** der: *Krankenwagen;* **Sa|ni|täts|we|sen,** das; -s (bes. Milit., österr.): *[militärisches] Gesundheitswesen;* **Sa|ni|täts|zelt,** das: *(bei Massenveranstaltungen im Freien) Zelt einer Sanitätswache;* **Sa|ni|täts|zug,** der (Milit.): **1.** vgl. Sanitätskompanie. **2.** *Lazarettzug;* **sa|ni|tized** ['sænɪtaɪzd] ⟨indekl. Adj.⟩ [engl., 2. Part. von: to sanitize = keimfrei machen]: *hygienisch einwandfrei, desinfiziert.*

San Jo|sé [saŋxo'se]: *Hauptstadt von Costa Rica.*

San-Jo|sé-Schild|laus, die [nach der Stadt San Jose (span. San José) in Kalifornien]: *als gefährlicher Pflanzenschädling auftretende Schildlaus.*

sank: ↑ sinken.

San|ka, der; -s, -s [gek. aus ↑ Sanitätskraftwagen] (bes. Soldatenspr.): *militärischer Sanitätswagen.*

sän|ke: ↑ sinken.

San|kra, der; -s, -s [Kurzf. von ↑ **Sanitätskraftwagen**] (Soldatenspr.): *Sanka.*

Sankt ⟨indekl. Adj.⟩ [zu lat. sanctus, ↑ Sanctus]: *heilig* (in Heiligennamen u. auf solche zurückgehenden geographischen Namen; Abk.: St.): Sankt/St. Peter, Elisabeth, Gallen, Gotthard.

Sankt-Elms-Feu|er, das: *Elmsfeuer.*

Sankt-Flo|ri|ans-Prin|zip, das ⟨o. Pl.⟩ [nach dem hl. Florian (Märtyrer im 4. Jh.), der als Beschützer gegen Feuersbrunst verehrt wird, u. dem Text eines an ihn gerichteten scherzh. Gebetes: „Sankt Florian, verschon mein Haus, zünd andre an"]: *Prinzip des Handelns nach dem egoistischen Grundsatz, etw. Unangeneh-*

mes o. ä. von sich selbst wegzuschieben, ungeachtet dessen, daß dann andere davon betroffen werden: nach dem S. handeln.
Sankt Gallen: Kanton u. Stadt in der Schweiz; ¹**Sankt Gal|le|ner,** der; - -s, - -: Ew.; ²**Sankt Gal|le|ner** 〈indekl. Adj.〉; **Sankt Gal|le|ne|rin,** die; - -, - -nen: w. Form zu ↑¹Sankt Gallener; ¹**Sankt Gal|ler,** der; - -s, - -: schweiz. Form von ↑¹,²Sankt Gallener; ²**Sankt Gal|ler** 〈indekl. Adj.〉: schweiz. Form von ↑²Sankt Gallener; **Sankt Gal|le|rin,** die; - -, - -nen: schweiz. Form von ↑Sankt Gallenerin; **sankt|gal|lisch** 〈Adj.〉.
Sankt He|le|na; - -s: Insel im südlichen Atlantischen Ozean.
Sank|ti|on, die; -, -en [frz. sanction < lat. sanctio = Heilung; Billigung, Strafgesetz; Vorbehalt, Vertragsklausel, zu: sancire (2. Part.: sanctum) = heiligen; als unverbrüchlich festsetzen; durch Gesetz besiegeln, genehmigen]: **1.** 〈Pl. selten〉 **a)** (bildungsspr.) *das Sanktionieren* (1a), *Billigung, Zustimmung:* die Kirche hat jeglicher Art von Gewaltanwendung grundsätzlich ihre S. zu verweigern; **b)** (Rechtsspr.) *das Sanktionieren* (1b), *Bestätigung:* das Gesetz bedarf der S. durch das Parlament, des Parlaments; das Parlament hat der Notverordnung rechtlich [seine] S. erteilt. **2.** 〈meist Pl.〉 **a)** (Völkerr.) *Maßnahme, die (zur Bestrafung od. zur Ausübung von Druck) gegen einen Staat, der das Völkerrecht verletzt [hat], angewandt werden kann:* militärische -en; -en über ein Land verhängen; wirtschaftliche -en gegen einen Staat beschließen, anwenden, fordern; Im UNO-Sicherheitsrat steht ... die Forderung afrikanischer Staaten zur Debatte, gegen das Apartheidregime in Südafrika wirtschaftliche -en zu ergreifen (Neues D. 10. 6. 64, 7); **b)** (Soziol.) *auf ein bestimmtes Verhalten eines Individuums od. einer Gruppe hin erfolgende Reaktion der Umwelt, mit der dieses Verhalten belohnt od. bestraft wird:* positive *(belohnende),* negative *(bestrafende)* -en; **c)** (bildungsspr.) *gegen jmdn. gerichtete Maßnahme zur Erzwingung eines bestimmten Verhaltens, zur Bestrafung:* gegen Streikteilnehmer gerichtete -en der Unternehmensleitung; Die Jugendlichen müssen sich strikte an die Hausregeln halten ... mit -en rechnen (NZZ 3. 5. 83, 21). **3.** (Rechtsspr.) *mit einer rechtlichen Regelung verbundene, für den Fall einer Verletzung dieser Regelung (gesetzlich od. vertraglich o. ä.) festgelegte Rechtsfolge* (z. B. Geldbuße, Strafe): welche -en sieht der Vertrag, Gesetzentwurf vor?; ein im Bußgeldkatalog verzeichneten -en für Ordnungswidrigkeiten; **sank|tio|nie|ren** 〈sw. V.; hat〉 [frz. sanctionner, zu: sanction, ↑Sanktion]: **1. a)** (bildungsspr.) *[öffentlich, als Autorität] billigen, gutheißen [u. dadurch legitimieren]:* Umweltzerstörungen aus ökonomischen Motiven s.; durch Kirchen, die eher einen Atomkrieg sanktionieren als einen „Sünde" gegen das Fleisch (Deschner, Talente 361); Die wohlwollende Freundlichkeit, mit der er uns entließ, schien mir zu besagen, daß er unsere Liebe, wenn auch nicht öffentlich, so doch im stillen sanktionierte (Ziegler, Labyrinth 286); mit der staatlich sanktionierten Ermordung ... unbequemer Politiker (Fraenkel, Staat 207); **b)** (Rechtsspr.) *einer Sache Gesetzeskraft verleihen, ein Gesetz bestätigen:* das Parlament hat den Gesetzentwurf sanktioniert; durch den Friedensvertrag wurde die Annexion sanktioniert *(auf eine rechtliche Grundlage gestellt);* Die 1975 verfügten Verstaatlichungen und die Landreformen wurden von der Verfassung sanktioniert (Saarbr. Zeitung 4. 12. 79, 2). **2. a)** (Soziol.) *mit Sanktionen* (2b) *belegen:* die soziale Umwelt sanktioniert *(bestraft)* jeden Regelverstoß; Lebensgemeinschaften von Homosexuellen sind ... sozial negativ sanktioniert (Schmidt, Strichjungengespräche 248); **b)** (bildungsspr.) *mit Sanktionen* (2c) *belegen:* die Teilnahme an einem offiziellen Streik darf vom Arbeitgeber nicht sanktioniert werden; **Sank|tio|nie|rung,** die; -, -en 〈Pl. selten〉 (bildungsspr.): *das Sanktionieren, Sanktioniertwerden;* **Sank|ti|ons|po|ten|ti|al,** das 〈o. Pl.〉 (Soziol.) *Gesamtheit der Mittel u. Möglichkeiten, die zur Durchsetzung von Anordnungen od. Normen zur Verfügung stehen;* **Sank|tis|si|mum,** das; -s [kirchenlat. sanctissimum, eigtl. = Superlativ von lat. sanctus = heilig] (kath. Rel.): *Allerheiligstes* (3).
Sankt-Lo|renz-Strom, der; -[e]s: dem Ontariosee entfließender Strom in Nordamerika.
Sankt-Nim|mer|leins-Tag, der [scherzh. erfundener Heiligenname]: in ugs. scherzh. Fügungen wie **am S.** *(nie, niemals):* von ihm bekommst du dein Geld am S.; **auf den/bis zum S.** *(auf einen, bis zu einem unbestimmten, nie eintretenden Zeitpunkt):* die Angelegenheit, Erledigung wurde auf den, bis zum S. verschoben; das Warten auf den Handwerker wird zu einem Warten bis zum S. (Welt 8. 9. 76, 3).
Sankt Pe|ters|burg: russische Stadt im Newadelta (1924–1991 Leningrad, 1914–1924 Petrograd).
Sankt Pöl|ten: Landeshauptstadt von Niederösterreich.
Sank|tu|ar, das; -s, -e, **Sank|tu|a|ri|um,** das; -s, ...ien [lat. sanctuarium = Heiligtum] (kath. Kirche): **a)** *Altarraum einer katholischen Kirche;* **b)** *Aufbewahrungsort für einen Reliquienschrein;* **c)** *Reliquienschrein;* **Sank|tus:** ↑Sanctus.
San|ma|ri|ne|se, die; -, -n: Ew.; **San|ma|ri|ne|sin,** die; -, -nen: w. Form zu ↑Sanmarinese; **san|ma|ri|ne|sisch** 〈Adj.〉; ¹**San Ma|ri|no,** - -s: Staat auf der Apenninenhalbinsel; ²**San Ma|ri|no:** Hauptstadt von ¹San Marino.
sann, sän|ne: ↑sinnen.
Sann|ya|si: ↑Sanyasi.
San.-Rat = Sanitätsrat.
San Sal|va|dor: Hauptstadt von El Salvador.
sans cé|ré|mo|nie [sãseremɔ'ni; frz., aus: sans = ohne u. cérémonie, ↑Zeremonie] (bildungsspr. veraltend): *ohne Umstände.*
Sans|cu|lot|te [sãsky'lɔt(ə)], der; -, -n [...tṇ; frz. sans-culotte, eigtl. = ohne Kniehose, ↑Culotte]: *Proletarier, proletarischer Revolutionär der Französischen Revolution.*
San|se|vie|ria, die; -, ...ien, **San|se|vie|rie,** die; -, -n [nach dem ital. Gelehrten R. di Sangro, Fürst von Sanseviero (San Severo; 1710–1771)]: *(zu den Liliengewächsen gehörende) Pflanze mit dickem Wurzelstock, schwertförmigen, ledrigen, dunkelgrünen [gelbgeränderten] Blättern u. kleinen duftenden Blüten in einer langen Rispe.*
sans fa|çon [sãfa'sõ; frz., aus: sans = ohne u. façon, ↑¹Fasson] (bildungsspr. veraltet): *ohne Umstände.* ◆ mich wundert es gar nicht, wenn sie (= die Pfarrer) an einem solchen Courtage lieber zu schwimmen, bescheiden zu verbleiben. Selbst unser Wutz konnte sich's nicht verstecken, was es sagen will, ... über ein ganzes von der Sonne erleuchtetes Chor Territorialherrschaft zu exerzieren ... – und nach der Predigt über das Geländer hinab völlige fürstliche Befehle s. f. mit lauter Stimme weniger zu geben als abzulesen (Jean Paul, Wutz 27); ◆ **Sans|fa|çon,** der; -s, -s [zu frz. sans-façon = das Handeln ohne Umstände, ohne eine Zurückhaltung]: *jmd., der keine Umstände* (2) *macht:* ... kam querfeldan ein S. dahertrottiert und hielt den Wagen an und visitierte Pack für Pack nach ungestempeltem Tabak (Bürger, Raubgraf).
sans gêne [sã'ʒɛn; frz., aus: sans = ohne u. gêne = Zwang, Last] (bildungsspr. veraltet): **a)** *zwanglos, ungezwungen;* **b)** *nach Belieben.*
San|si|bar; -s: Insel vor der Ostküste Afrikas; **San|si|ba|rer,** der; -s, -: Ew.; **San|si|ba|re|rin,** die; -, -nen: w. Form zu ↑Sansibarer; **san|si|ba|risch** 〈Adj.〉.
Sans|krit [österr.: ...'krit], das; -s [sanskr. samskṛta = geregelt, genormt]: *noch heute in Indien als Literatur- u. Gelehrtensprache verwendete altindische Sprache;* **Sans|krit|for|scher,** der; vgl. Sanskritist; **Sans|krit|for|sche|rin,** die; w. Form zu ↑Sanskritforscher; **Sans|kri|tik,** die: *Sanskritistik;* **sans|kri|tisch** 〈Adj.〉: *das Sanskrit betreffend; in Sanskrit [abgefaßt];* **Sans|kri|tist,** der; -en, -en: *Wissenschaftler auf dem Gebiet der Sanskritistik;* **Sans|kri|ti|stik,** die; -: *Wissenschaft von der altindischen Literatursprache Sanskrit, der in dieser Sprache geschriebenen Literatur u. der altindischen Kultur;* **Sans|kri|ti|stin,** die; -, -nen: w. Form zu ↑Sanskritist; **sans|kri|ti|stisch** 〈Adj.〉: *die Sanskritistik betreffend:* -e Forschungen.
sans phrase [sã'fra:z; frz., aus: sans = ohne u. phrase = Phrase, leere Redensart] (bildungsspr. veraltend): *ohne Umschweife.*
San|ta Claus [ˌsæntəˈklɔːz], der; - -, - -: amerik. Bez. für: *Weihnachtsmann* (1).
San|ta con|ver|sa|zio|ne: ↑Sacra conversazione.
San|tia|go [de Chi|le]: Hauptstadt von Chile.
San|ti|klaus, der; -, - od. ...kläuse [zusgez. aus Sankt Nikolaus] (schweiz.): *Nikolaus.*
San|to Do|min|go: Hauptstadt der Dominikanischen Republik.
San|to|me|er, der; -s, -: Ew. zu ↑São

Tomé und Príncipe; **San|to|mee|rin,** die; -, -nen: w. Form zu ↑ Santomeer; **san|tome|isch** ⟨Adj.⟩: zu ↑ São Tomé und Príncipe.

San|ya|si, Sannyasi, der; -[s], -n [zu sanskr. Samnyasa = Entsagung]: *Hindu, der der Welt im Streben nach spiritueller Erkenntnis entsagt; Anhänger des Bhagwans Rajneesh.*

Saône [so:n], die; -: *rechter Nebenfluß der Rhone in Ostfrankreich.*

São Pau|lo ['sa:u '-]: *Stadt in Brasilien.*

São To|mé ['sa:u to'me:]: *Hauptstadt von São Tomé und Príncipe;* **São To|mé und Prín|ci|pe** [- - - 'prınsipə]; - -s - -s: *westafrikanischer Inselstaat.*

sa|pe|re au|de [lat. = wage es, weise zu sein; nach Horaz, Episteln I, 2, 40]: *habe den Mut, dich deines eigenen Verstandes zu bedienen* (Wahlspruch der Aufklärung).

Sa|phir [auch: za'fi:ɐ̯], der; -s, -e [mhd. saphir(e) < spätlat. sapphirus < lat. sappirus < griech. sáppheiros, aus dem Semit.]: **1.** (Mineral.) *bes. blauer, auch farbloser, gelber, grüner od. violetter Korund* (wertvoller Edelstein): der S. hat die Mohshärte 9; die Abstastnadel hat eine Spitze aus [künstlichem] S. **2.** *Stück [blauer] Saphir* (1), *aus [blauem] Saphir* (1) *bestehender Schmuckstein:* -e schleifen; ein Ring mit einem S. **3.** *Saphirnadel:* der Plattenspieler braucht einen neuen S.; **sa|phir|blau** ⟨Adj.⟩: vgl. saphirfarben; **sa|phir|en** ⟨Adj.⟩ (selten): *aus Saphir* (1) *bestehend, mit geschliffenen Saphiren* (2) *gearbeitet:* ein -es Geschmeide; die Nadel hat eine -e Spitze; **sa|phir|far|ben** ⟨Adj.⟩: *von der Farbe des Saphirs;* **Sa|phir|na|del,** die: *Abstastnadel mit einer Spitze aus Saphir* (1); **Sa|phirquarz,** der (Mineral.): *intensiv blauer Quarz;* **Sa|phir|stift,** der: *Saphirnadel.*

sa|pi|en|ti sat [lat. = genug für den Verständigen; nach Plautus, Persa IV, 7, 19] (bildungsspr.): *für den Eingeweihten bedarf es keiner weiteren Erklärung o. ä.*

Sa|pin, der; -s, -e, **Sa|pi|ne,** die; -, -n [frz. sapine, zu: sapin = Tanne < lat. sappinus] (Forstw.): *einer Spitzhacke ähnliches Gerät zum Bewegen langer Baumstämme o. ä. u. zum Auflockern des Bodens;* **Sappel.**

Sa|po, der; -s, Sapones [...ne:s; lat. sapo (Gen.: saponis)] (Pharm., Med.): *(bes. zu therapeutischen Zwecken verwendete) Seife;* **Sa|po|ni|fi|ka|ti|on,** die; -, -en (Chemie): *Verseifung des Körperfetts bei unter Luftabschluß liegenden Leichen;* **Sa|po|nin,** das; -s, -e (Bot.): *in vielen Pflanzen enthaltener Stoff (Glykosid), der zur Herstellung von Waschmitteln o. ä. u. von Medikamenten verwendet wird;* **Sapo|nit** [auch: ...'nıt], der; -s, -e: *weißes, graues, gelbes od. braunes, fettglänzendes Mineral.*

Sa|po|till|baum, der; -[e]s, ...bäume [span. zapotillo, aus dem Aztek.]: *in Mittelamerika heimischer Laubbaum mit eßbaren Früchten.*

Sa|po|to|xin, das; -s: *sehr giftiges Saponin.*

Sap|pan|holz, das; -es [malai.]: *ostindisches Rotholz* (a).

Sap|pe, die; -, -n [frz. sape, zu: saper = untergraben, zu mfrz. sape = Karst, aus dem Ital., H. u.] (Milit. früher): *Laufgraben in Richtung auf die feindlichen Stellungen.*

Sap|pel, der; -s, - (österr.): *Sapin.*

sap|per|lot ⟨Interj.⟩ [vgl. sackerlot] (veraltet, noch landsch.): *Ausruf der Verwunderung, des Unwillens, des Zorns o. ä.*: s., das hätte ich ihm gar nicht zugetraut!; ♦ **Sap|per|lö|ter,** der; -s, -: *Schwerenöter:* Du kannst nicht übel erzählen, du S.! (Keller, Spiegel 278); **sap|per|ment** ⟨Interj.⟩ [vgl. sackerment] (veraltet, noch landsch.): *sapperlot.*

Sap|peur [za'pø:ɐ̯], der; -s, -e [frz. sappeur, zu: saper, ↑ Sappe] (Milit.): **1.** (früher) *mit dem Bau von Sappen beauftragter Soldat:* ♦ Ein Haar von einem Menschen, vom Bart eines -s, eines Unteroffiziers (Büchner, Woyzeck [Straße]). **2.** (schweiz.) *Pionier* (1).

sap|phisch ['zapfıʃ, auch: 'zafıʃ] ⟨Adj.⟩: **1.** *typisch für die altgriechische Dichterin Sappho (um 600 v. Chr.), für ihr Werk:* Liebesgedichte von -er Ausdrucksstärke; -e Strophe (Verslehre; *antike vierzeilige Strophe aus drei gleich gebauten elfsilbigen Versen u. einem abschließenden zweitaktigen Kurzvers*). **2.** (bildungsspr. selten) *lesbisch:* -e Liebe; **Sap|phis|mus,** der; - (bildungsspr. selten): *weibliche Homosexualität.*

Sap|po|ro: *japanische Stadt.*

sap|pra|di [entstellt aus lat. sacramentum domini = Sakrament des Herrn od. frz. sacre (nom de) Dieu, ↑ sackerlot] (veraltet): *Ausruf des Erstaunens.*

sa|pr-, Sa|pr-: ↑ sapro-, Sapro-; **Sa|prämie,** die; -, -n [zu griech. saprós = faul u. haĩma = Blut] (Med.): *durch Fäulnisbakterien hervorgerufene schwere Blutvergiftung.*

sa|pri|sti ⟨Interj.⟩ [entstellt aus lat. sacramentum Christi = Sakrament Christi] (veraltet): *sapperlot.*

sa|pro-, Sa|pro-, (vor Vokalen:) sapr-, Sapr- [griech. saprós = faul] ⟨Best. in Zus. mit der Bed.⟩: *Fäulnis, faulender Stoff* (z. B. saprophil, Saprophage, Saprämie); **Sa|pro|bie,** die; -, -n ⟨meist Pl.⟩ [zu griech. bíos = Leben], **Sa|pro|bi|ont,** der; -en, -en ⟨meist Pl.⟩ [zu griech. bíōn (Gen.: bioũntos), 1. Part. von: bioũn = leben] (Biol.): *in stark verschmutztem, schlammigem Wasser lebender Organismus;* **sa|pro|bisch** ⟨Adj.⟩ (Biol.): **1.** *(von Organismen) in faulenden Stoffen lebend.* **2.** *die Fäulnis betreffend;* **sa|pro|gen** ⟨Adj.⟩ [↑ -gen] (Biol.): *Fäulnis bewirkend;* **Sa|pro|le|gnia,** die; -, ...ien [zu griech. légnon = Saum, Rand] (Bot.): *Algenpilz, der in Gewässern saprophytisch auf toten Pflanzen, Insekten u. Fischen lebt;* **Sapro|pel,** das; -s, -e [zu griech. pēlós = Schlamm] (Biol.): *Faulschlamm;* **Sa|prope|lit** [auch: ...'lıt], der; -s, -e (Geol.): *Gestein, das aus verfestigtem Faulschlamm entstanden ist;* **sa|pro|pe|li|tisch** ⟨Adj.⟩ (Geol.): *von der Art des Faulschlamms;* **Sa|pro|pha|ge,** der; -n, -n [zu griech. phageĩn = essen, fressen] (Biol.): *tierischer od. pflanzlicher Organismus, der sich von faulenden Stoffen ernährt;* **sa|prophil** ⟨Adj.⟩ [zu griech. phileĩn = lieben] (Biol.): *auf, in, von faulenden Stoffen lebend;* **Sa|pro|phyt,** der; -en, -en ⟨meist Pl.⟩ [zu griech. phytón = Pflanze] (Biol.): *Organismus, bes. Bakterie, Pilz, der sich von faulenden Stoffen ernährt;* **sa|prophy|tisch** ⟨Adj.⟩ (Biol.): *zum Saprophyten gehörend, in der Art eines Saprophyten;* **Sa|pro|zo|on,** das; -s, ...zoen [zu griech. zōon = Lebewesen, Tier] (Zool.): *Tier, das von faulenden Stoffen lebt.*

Sa|ra|band, Serabend, der; -[s], -s [pers.]: *handgeknüpfter, vorwiegend rot- od. blaugrundiger Persertepppich mit charakteristischer Palmwedelmusterung.*

Sa|ra|ban|de, die; -, -n [frz. sarabande, ital. sarabanda < span. zarabanda, aus dem Arab.] (Musik): **a)** *Tanz im 3/4-Takt;* **b)** *Satz einer Suite od. Sonate.*

Sa|ra|fan, der; -s, -e [russ. sarafan, wohl aus dem Pers.] (früher): *(zur russischen Frauentracht des 18. u. 19. Jahrhunderts gehörendes) ärmelloses Überkleid mit angesetztem Leibchen.*

Sa|ra|gos|sa: *eindeutschend für* ↑ Zaragoza.

Sa|ra|je|vo: *Hauptstadt von Bosnien und Herzegowina.*

Sa|ra|ze|ne, der; -n, -n [H. u.] (veraltet): *Araber, Muslim;* **Sa|ra|ze|nin,** die; -, -nen (veraltet): w. Form zu ↑ Sarazene; **sa|raze|nisch** ⟨Adj.⟩ (veraltet): *zu den Sarazenen gehörend, sie betreffend.*

Sar|da|na, die; -, -s [katal. sardana]: *katalanischer Reigentanz im 2/4- od. 6/8-Takt.*

Sar|de, der; -n, -n: Ew. zu ↑ Sardinien.

Sar|del|le, die; -, -n [ital. sardella, Vkl. von: sarda < lat. sarda, ↑ Sardine]: **1.** *(im Mittelmeer, im Schwarzen Meer u. an den Atlantikküsten Westeuropas u. -afrikas vorkommender) kleiner, dem Hering verwandter Fisch, der als Speisefisch gepökelt od. mariniert gegessen wird:* eine Pizza mit Kapern und -n. **2.** ⟨meist Pl.⟩ (ugs. scherzh.) *schräg über die Glatze gelegte Strähne noch verbliebenen Haars;* **Sardel|len|bröt|chen,** das: **1.** *mit Sardellen belegtes Brötchen.* **2.** (ugs. scherzh.) vgl. Sardelle (2); **Sar|del|len|but|ter,** die: *mit zerkleinerten Sardellenfilets vermischte Butter;* **Sar|del|len|fi|let,** das: ²*Filet* (b) *von der Sardelle;* **Sar|del|len|pas|te,** die: *als Brotaufstrich verwendete Paste* (1) *aus Sardellen.*

Sar|der, der; -s, - [mhd. sarde, sarderin < mlat. sardis, sardus < griech. sárdios, sárdion, subst. Neutr. von: sárdios = aus Sardes (Hauptstadt von Lydien), wahrsch. aber aus dem Pers. u. fälschlich an den Namen der alten Handelsstadt angelehnt]: *braune bis rotbraune Abart des Chalzedons, die als Schmuckstein verarbeitet wird;* **Sar|din,** die; -, -nen: w. Form zu ↑ Sarde.

Sar|di|ne, die; -, -n [frühnhd. Sardinlin, spätmhd. sardien < ital. sardina < spätlat. sardina, zu lat. sarda = Hering; Sardelle, H. u.]: *(an den Küsten West- und Südwesteuropas vorkommender) kleiner, zu den Heringen gehörender bläulichsilbern schillernder Fisch:* -n in Olivenöl; die Fahrgäste standen zusammengedrängt wie die -n im Bus; **Sar|dinen|büch|se,** die: *Konservenbüchse, die [in Öl] eingelegte Sardinen enthält;* **Sar|dinen|ga|bel,** die: *kleine Gabel zum Vorlegen von Ölsardinen;* **Sar|di|nen|he|ber,** der: *kleines Schäufelchen mit Ritzen zum*

Ablaufen des Öls, mit dem Ölsardinen vorgelegt werden.
Sar|di|ni|en; -s: italienische Insel im Mittelmeer; **Sar|di|ni|er**, der; -s, -: Ew.; **Sardi|nie|rin**, die; -, -nen: w. Form zu ↑Sardinier; **sar|di|nisch**, **sar|disch** ⟨Adj.⟩; **Sar|disch**, das; -[s] u. ⟨nur mit best. Art.:⟩ **Sar|di|sche**, das; -n : *die sardische Sprache.*
sar|do|nisch ⟨Adj.⟩ [lat. sardonius (risus) < (spät)griech. sardónios (gélōs) = grimmiges Hohngelächter eines Zornigen, wohl zu: saírein = fletschen, grinsen; schon im Altertum fälschlich bezogen auf die auf Sardinien wachsende Pflanze Sardonia herba, deren Genuß Gesichtsverzerrungen hervorrufen soll] (bildungsspr.): *(vom Lachen, Lächeln o. ä.) boshaft, hämisch u. fratzenhaft verzerrt: Das meiste, was er listig, mit einem -en Kichern, vor sich hinschwätzte, war nicht wiederzugeben* (Fallada, Trinker 144); s. grinsen; Ü *in der Rolle des Vermummten Herrn, der in der Schlußszene von „Frühlings Erwachen" seine -e Weisheit hören läßt* (K. Mann, Wendepunkt 104); *** -es Lachen** (Med.: *scheinbares Lachen, das durch Gesichtskrämpfe hervorgerufen wird*).
Sard|onyx, der; -[es], -e [griech. sardónyx, zu: sárdios = aus Sardinien u. ónyx, ↑Onyx]: *braun u. weiß gestreifter Chalzedon* (Schmuckstein): *Er fand außerdem ... linsenförmige Gemmen von S. und Amethyst* (Ceram, Götter 64).
Sarg, der; -[e]s, Särge [mhd. sarc(h), ahd. sarc, saruh, über das Vlat. < spätlat. sarcophagus, ↑Sarkophag]: *(meist aus Holz, auch aus Metall gefertigtes) kastenförmiges, längliches Behältnis mit Deckel, in das ein Toter gelegt wird: ein schlichter, prunkvoller, blumengeschmückter S.; ein S. aus Eiche, aus Zink; Als der S. in die Tiefe der Erdöffnung niedergesunken war, ...* (Hauptmann, Schuß 70); *den S. ins Grab senken; ... wenn sie den S. an Stricken hinunterlassen* (Bieler, Bonifaz 129); *Dem S. folgte eine Schar von Verwandten und Bekannten* (Lentz, Muckefuck 159); *er stand am offenen S. seiner Mutter;* **Sarg|deckel¹**, der; -s, -: **1.** *Deckel eines Sarges.* **2.** (Bergmannsspr.) *Gesteinsblock in einem ¹Gang* (7 b), *der sich gelöst hat, aber noch nicht heruntergefallen ist;* **Särg|lein**, das; -s, -: Vkl. zu ↑Sarg; **Sarg|na|gel**, der: **1.** *Nagel* (1) *für einen Sarg.* **2.** (ugs. scherzh.) *Zigarette (im Hinblick auf ihre gesundheitsschädigende Wirkung);* **Sarg|schrei|ner**, der; -s, -: ↑Sargtischler; **Sarg|schrei|ne|rin**, die; w. Form zu ↑Sargschreiner; **Sarg|tisch|ler**, der: *Tischler, der Särge herstellt;* **Sarg|tisch|le|rin**, die: w. Form zu ↑Sargtischler; **Sarg|trä|ger**, der: *Mann, der mit anderen zusammen bei einem Begräbnis den Sarg trägt;* **Sargträ|ge|rin**, die: w. Form zu ↑Sargträger; **Sarg|tuch**, das: *Tuch, das über den Sarg gebreitet wird.*
Sa|ri, der; -[s], -s [Hindi sārī < aind. śāṭī = Tuch, Gewand]: *aus einer kunstvoll um den Körper gewickelten Stoffbahn bestehendes Gewand der Inderin.*
Sar|kas|mus, der; -, ...men [spätlat. sarcasmus < griech. sarkasmós = beißender Spott, zu: sarkázein = verhöhnen,

eigtl. = zerfleischen, zu: sárx (Gen.: sarkós) = Fleisch] (bildungsspr.): **1.** ⟨o. Pl.⟩ *beißender, verletzender Spott, Hohn, der jmdn., etw. lächerlich machen will: denn der S. ist bitter und birgt im Grunde den Keim der Verzweiflung* (Genet [Übers.], Miracle 320); *„Das ist wirklich schade", äußerte der Inder. In seiner Stimme schwang S.* (Menzel, Herren 80); *sein S. (seine sarkastische Art) ist schwer erträglich; jmdn. mit S. begegnen.* **2.** *sarkastische Äußerung, Bemerkung: Doch nicht nur Brandt und die ambivalenten Beziehungen von Franzosen und Deutschen ... sind Zielscheibe der Sarkasmen des einstigen Außenministers* (Welt 11. 11. 74, 3); **sar|ka|stisch** ⟨Adj.⟩ [griech. sarkastikós] (bildungsspr.): *mit, von beißendem, verletzendem Spott: er hat eine -e Art; eine -e Bemerkung machen; s. sein; „Langsamer ging's wohl nicht mehr", sagte James I s.* (Kirst, 08/15, 787); **Sarko|de**, die; -, -n [zu griech. sárx (Gen.: sarkós) = Fleisch] (Biol. veraltet): *Protoplasma;* **sar|ko|id** ⟨Adj.⟩ [zu griech. -eidḗs = gestaltet, ähnlich, zu: eîdos = Aussehen, Form] (Med.): *(von Geschwülsten) sarkomähnlich;* **Sar|ko|i|do|se**, die; -, -n (Med.): *meist chronische, aber gutartige Systemerkrankung mit tuberkuloseähnlichen Gewebeveränderungen;* **Sar|ko|lemm**, das; -s, -en [zu griech. lémma = Rinde, Schale] (Med.): *Hülle der Muskelfasern;* **Sar|kom**, das; -s, -e, **Sar|ko|ma**, das; -s, -ta [zu griech. sárx (Gen.: sarkós) = Fleisch] (Med.): *aus dem Bindegewebe hervorgehende bösartige Geschwulst; Fleischgeschwulst;* **sar|ko|ma|tös** ⟨Adj.; -er, -este⟩ (Med.): **a)** *(von Geweben) verändert in der Art eines Sarkoms;* **b)** *auf Sarkomatose beruhend;* **Sarko|ma|to|se**, die; - (Med.): *ausgebreitete Bildung von Sarkomen;* **Sar|ko|phag**, der; -s, -e [spätlat. sarcophagus < griech. sarkophágos, eigtl. = Fleischverzehrer, zu: sárx (Gen.: sarkós) = Fleisch u. phageîn = essen, fressen (urspr. wurde zur Herstellung eine die Verwesung fördernde Kalksteinart verwendet)] (bildungsspr.): *(meist aus Stein od. Metall gefertigter) prunkvoller, großer, in der Grabkammer od. der Krypta einer Kirche o. ä. aufgestellter Sarg, in dem hochgestellte Persönlichkeiten beigesetzt werden: ein ägyptischer, römischer, mittelalterlicher, prunkvoller, marmorner S.;* Ü *GRS-Experte Herbert Alex sagte ..., der S.* (Fachspr.: *die zur Abschirmung der Radioaktivität geschaffene Ummantelung aus Stahl u. Beton) um den Unglücksreaktor sei undicht* (Frankfurter Rundschau 26. 4. 94, 1); **Sar|ko|plas|ma**, das (Biol., Med.): *Protoplasma der Muskelfasern u. Muskelzellen;* **Sar|ko|zel|le**, die; -, -n [zu griech. kelē = Geschwulst] (Med.): *Geschwulst od. Anschwellung des Hodens.*
Sar|mat, das; -[e]s [nach Sarmatia, dem röm. Namen für eine Landschaft am Schwarzen Meer] (Geol.): *jüngste Stufe des Miozäns.*
Sa|rong, der; -[s], -s [malai. sarung]: **1.** *um die Hüfte geschlungener, bunter Rock der Indonesierinnen.* **2.** *gebatikter od. bunt gewebter Baumwollstoff für Umschlagtücher.*

Sa|ros|pe|ri|o|de, die; -, -n [H. u.] (Astron.): *Zeitraum, nach dessen Ablauf sich Sonnen- u. Mondfinsternisse in nahezu gleicher Folge wiederholen* (1 Sarosperiode = 18 Jahre u. 11⅓ Tage bzw. 18 Jahre u. 10⅓ Tage, je nach den Schaltjahren).
Sar|raß, der; ...rasses, ...rasse [poln. za raz = für den Hieb] (früher): *schwerer Säbel:* ◆ *... so sollte doch dein S., Funken sprühend, abprallen* (Kleist, Käthchen V, 1).
Sar|ru|so|phon, das; -s, -e [frz. sarrus(s)ophone, nach dem frz. Militärkapellmeister Sarrus u. zu griech. phōnē = Laut, Ton, Stimme): *Blechblasinstrument mit doppeltem Rohrblatt.*
Sar|sa|pa|ril|le, die; -, -n [span. zarzaparrilla] (Bot.): *in mehreren Arten in den Tropen wachsende Stechwinde, die in der Heilkunde verwendete Saponine enthält.*
◆ **Sar|sche**, die; -, -n [älter frz. sarge für: serge, ↑Serge]: *Serge: mit seinen baumwollnen Strümpfen, schwarzen Unterkleidern von S.* (Goethe, Dichtung u. Wahrheit 2).
Sar|se|nett, der; -[e]s, -e [engl. sarsenet, sarcenet < afrz. sarzinett, zu: Sarzin = sarazenisch < spätlat. Saracenus]: *leichter Futterstoff.*
Sar|te, der; -n, -n ⟨meist Pl.⟩: *Angehöriger der sprachlich türkisierten iranischen Stadtbevölkerung in Mittelasien.*
Sa|rugh, (auch:) **Sa|ruk** ['zarʊk], der; -[s], -s [nach dem iran. Ort Sarugh]: *Teppich in Blau-, Rot- u. Cremetönen mit Blumen-, Palmetten- u. Heratinmuster u. kurzem Flor.*
SAS, die; - [engl. Scandinavian Airlines System]: skandinavische Luftfahrtgesellschaft.
Sa|schen [auch: zaˈʃeːn], der; -[s], - [russ. sažen'] (veraltet): *russisches Längenmaß;* (1 Saschen = 2,133 m).
säl|sie|ren ⟨sw. V.; hat⟩ [frz. saisir, aus dem Germ.] (veraltet): *ergreifen, in Beschlag nehmen.*
Sa-Sprin|gen [ɛsˈla:...], das [Kurzwort für: schweres Springen der Kategorie a] (Pferdesport): *schwere Springprüfung mit längerem Parcours u. einer größeren Zahl von Hindernissen.*
saß: ↑sitzen; **Saß**, **Sasse**, der; Sassen, Sassen [mhd. -sāʒ, ahd. sāʒo, zu ↑sitzen] (MA.): **1.** *Besitzer von Grund u. Boden.* **2.** *Ansässiger; Einwohner.* **3.** *Höriger:* ◆ *Es leben selbst in unsern Landesmarken der Sassen viel, die fremde Pflichten tragen* (Schiller, Tell II, 2).
Sas|sa|fras, der; -, - [frz. sassafras < span. sasafrás]: *Sassafrasbaum;* **Sas|safras|baum**, der: *(zu den Lorbeergewächsen gehörender) Baum, dessen Holz u. Rinde durch ein darin enthaltenes ätherisches Öl einen intensiven Duft ausströmen;* **Sas|sa|fras|öl**, das: *ätherisches Öl aus dem Holz des Sassafrasbaums.*
Sas|sa|ni|de, der; -n, -n: *Angehöriger eines persischen Herrschergeschlechts (224–651);* **sas|sa|ni|disch** ⟨Adj.⟩: *die Sassaniden betreffend.*
¹Sas|se: ↑Saß; **²Sas|se**, die; -, -n [zu (ost)niederd. sassen = sich niederlassen, zu ↑sitzen] (Jägerspr.): *Lager des Hasen;* **sä|ße**: ↑sitzen.

Saß|nitz: Stadt auf Rügen.
Sas|so|lin, das; -s, -e [nach dem Fundort Sassa in der Toskana]: *farbloses, weißes, auch gelbliches Mineral.*
Sa|tan, der; -s, -e [mhd. satanās, satān, ahd. satanās < kirchenlat. satan(as), griech. satanás < hebr. śaṭan = Widersacher, böser Engel, zu: śaṭan = nachstellen, verfolgen]: **1.** ⟨o. Pl.⟩ (bibl.) *der Widersacher Gottes; der Teufel; der Versucher:* ... *als poche der wilde S. an die hallenden Tore Gottes* (Winckler, Bomberg 39); *das Reich, die Macht des -s; vom S. versucht werden, besessen sein; R hol' dich der S./der S. soll dich holen* (salopp; ↑ Teufel). **2.** (ugs. abwertend; häufig als Schimpfwort) *boshafter Mensch:* er, dieses Weib ist ein S.; Du schläfst mit ihr, du S.! (Remarque, Obelisk 315); **Sa|ta|nas,** der; -, -se [kirchenlat. satanas, ↑ Satan] (bildungsspr.): *Satan.*
Sa|tang, der; -[s], -[s]: *Untereinheit der Währungseinheit in Thailand* (100 Satangs = 1 Baht); Abk.: St. od. Stg.
Sa|ta|nie, die; - [zu ↑ Satan] (bildungsspr. selten): *teuflische Grausamkeit:* „Es gibt eine S. im weiblichen Verzeihen, meine Liebe, die dir ferne ist, versteht sich ..." (Frisch, Stiller 175); **sa|ta|nisch** ⟨Adj.⟩ (bildungsspr.): *sehr böse, boshaft; teuflisch:* ein -er Plan; -e Freude beherrschte ihn; er ... genoß s. den Niederschlag seiner Worte (Hasenclever, Die Rechtlosen 396); **Sa|ta|nis|mus,** der; -: **1.** *Teufelsverehrung.* **2.** (Literaturw.) *Darstellung des Bösen, Krankhaften u. Grausamen in der Literatur;* **Sa|tans|bra|ten,** der (bes. als Schimpfwort): *Höllenbraten, Teufelsbraten;* **Sa|tans|brut,** die ⟨o. Pl.⟩ (bes. als Schimpfwort): *Höllenbrut;* **Sa|tans|kerl,** der: **1.** (bes. als Schimpfwort) *teuflischer Mensch.* **2.** *Teufelskerl;* **Sa|tans|mes|se,** die: *Teufelsmesse;* **Sa|tans|pilz,** der: *giftiger, nach Aas riechender Röhrenpilz mit dickem, rötlichgelbem Stiel u. grauweißem Hut;* **Sa|tans|röhr|ling,** der: *Satanspilz;* **Sa|tans|weib,** das (bes. als Schimpfwort): *Teufelsweib.*
Sa|tel|lit [auch: ...'lɪt], der; -en, -en [lat. satelles (Gen.: satellitis) = Leibwächter, Trabant, wohl aus dem Etrusk.]: **1.** (Astron.) *Himmelskörper, der einen Planeten auf einer unveränderlichen Bahn umkreist:* der Mond ist ein S. der Erde; die -en des Saturn. **2.** (Raumf.) *Flugkörper, der – auf eine Umlaufbahn gebracht – in elliptischer od. kreisförmiger Bahn die Erde (od. den Mond) umkreist u. dabei bestimmte wissenschaftliche od. technische Aufgaben erfüllt, Daten sammelt o. ä.* (z. B. Wettersatellit, Nachrichtensatellit): ein künstlicher S.; Der Luftraum wird von einem Verkehrsnetz ausgefüllt, und noch höher kreisen -en (Gruhl, Planet 314); einen -en in eine Umlaufbahn bringen; in, mit einem -en die Erde, den Mond umkreisen; ein Fernsehprogramm über S. empfangen, ausstrahlen; Dabei wurden die Töne ... via S. nach Japan überspielt (BNN 30. 12. 85, 3). **3.** kurz für ↑ Satellitenstaat: Moskau und seine -en; In Washington aber hielt man es ... für die wichtigste politische Aufgabe, ... -en zu gewinnen (Dönhoff, Ära 161). **4.** (Elektronik) kurz für ↑ Satellitenbox: der linke S. ist kaputt; **Sa|tel|li|ten|an|la|ge,** die (Ferns.): *Anlage für den Empfang von Programmen des Satellitenfernsehens;* **Sa|tel|li|ten|astro|no|mie,** die: *(Disziplin der) Astronomie, die Satelliten (2) zur Erforschung des Weltalls einsetzt;* **Sa|tel|li|ten|auf|nah|me,** die: vgl. Satellitenfoto: die Karten in diesem Atlas basieren auf -n; **Sa|tel|li|ten|bahn,** die: *Umlaufbahn eines Satelliten* (1, 2): die Raumstation soll auf eine erdnahe S. gebracht werden; **Sa|tel|li|ten|bild,** das (bes. Met.): *Satellitenfoto:* das S. zeigt ein von den Pyrenäen bis nach Jütland reichendes breites Wolkenband; **Sa|tel|li|ten|box,** die (Elektronik): *(in Verbindung mit einer großen Box für die tiefen Frequenzen beider Kanäle zur stereophonen Wiedergabe verwendete) kleinere Lautsprecherbox für die hohen u. mittleren Frequenzen eines Kanals:* das Lautsprechersystem besteht aus einem Subwoofer und zwei kleinen -en; **Sa|tel|li|ten|da|ten** ⟨Pl.⟩: *mit Hilfe eines Satelliten gewonnene Daten:* Die ... einlaufenden S. werden zu Wetterkarten verarbeitet (Welt 4. 2. 93, 7); **Sa|tel|li|ten|emp|fang,** der (bes. Ferns.): *Empfang von über Satellit ausgestrahlten Sendungen:* ihren Fernseher ... an eine Parabolantenne für direkten S. anzuschließen (Gong 29, 1991, 3); **Sa|tel|li|ten|fern|se|hen,** das: *Fernsehen* (1 b), *bei dem die Sendungen über Satelliten übertragen werden;* **Sa|tel|li|ten|film,** der (bes. Met.): *aus einer Serie von Satellitenfotos zusammengesetzter Film im Zeitraffer:* auf dem S. erkennt man ein rasch ostwärts ziehendes Wolkenband; **Sa|tel|li|ten|flug,** der: *Flug eines Satelliten* (2), *mit einem Satelliten* (2); **Sa|tel|li|ten|fo|to,** das (bes. Met.): *von einem [Wetter]satelliten aus aufgenommenes Foto:* ein S. der Mondoberfläche; der Arabischen Halbinsel; diese Landkarte basiert auf -s; **Sa|tel|li|ten|funk,** der (Nachrichtent.): *Funk* (a), *bei dem die Signale über Satelliten übertragen werden:* Von jedem Fernsprecher ... auf dem Festland kann jedes mit S. ausgerüstete Schiff angerufen werden (Marine 6, 1981, 194); **Sa|tel|li|ten|me|teo|ro|lo|gie,** der: *auf der Grundlage von Satellitendaten betriebene Meteorologie;* **Sa|tel|li|ten|na|vi|ga|ti|on,** die (Seew., Flugw.): *Navigation, bei der die Position des Schiffs od. Flugzeugs mit Hilfe von einem Satelliten* (2) *ausgesendeter Funksignale bestimmt wird;* **Sa|tel|li|ten|pro|gramm,** das (Ferns.): *über Satellit ausgestrahltes Fernsehprogramm:* einige -e werden auch ins Kabelnetz eingespeist; **Sa|tel|li|ten|re|cei|ver,** der: vgl. Satellitenanlage; **Sa|tel|li|ten|rund|funk,** der: vgl. Satellitenfernsehen; **Sa|tel|li|ten|schüs|sel,** die (ugs.): *Parabolantenne zum Empfang von Programmen des Satellitenfernsehens:* In Sachsen würden „fast 75 Prozent" der Zuschauer das Programm mit -n empfangen (BM 1. 9. 91,9); **Sa|tel|li|ten|staat,** der: *Staat, der (trotz formaler äußerer Unabhängigkeit) von einem anderen Staat (bes. von einer Großmacht) abhängig ist:* Völlig abwegig sei es, die DDR als S. zu betrachten (Brandt, Begegnungen 117); **Sa|tel|li|ten|stadt,** die: *größere, weitgehend eigenständige Ansiedlung am Rande einer Großstadt;* **Sa|tel|li|ten|tu|ner,** der (Ferns.): vgl. Satellitenanlage; **Sa|tel|li|ten|über|tra|gung,** die (Ferns.): *Übertragung einer Sendung o. ä. über einen Fernsehsatelliten.*
Sa|tem|spra|che ['za:tɛm...], die [nach der Aussprache des Anlauts in altiran. satem = hundert als s] (Sprachw.): *Sprache aus der Gruppe der indogermanischen Sprachen, die die palatalen Verschlußlaute der indogermanischen Grundsprache nicht als Verschlußlaute erhalten, sondern in Reibelaute od. Zischlaute verwandelt haben.*
Sa|ter|tag, der [mniederd. sater(s)dach, nach lat. Saturni dies = der dem Saturn heilige Tag (vgl. engl. Saturday, niederl. Zaterdag)] (landsch.): *Sonnabend.*
Sa|tin [za'tɛ̃:, auch: za'tɛŋ], der; -s, -s [mhd. satin < afrz. satin (= frz. satin), wohl über span. aceituní < arab. zaytūnī = Seide aus Zaitun (= Hafen Tseutung in China)]: *Gewebe, Stoff in Atlasbindung mit glatter, glänzender Oberfläche;* **Sa|ti|na|ge** [zati'na:ʒə], die; -, -n [frz. satinage, zu: satiner, ↑ satinieren): *das Satinieren;* **Sa|tin|bin|dung,** die (Textilind.): *Atlasbindung;* **Sa|tin|blu|se,** die; -, -n: *Bluse aus Satin;* **Sa|ti|nel|la,** der; -[s]: *glänzender Futterstoff [aus Baumwolle] in Atlasbindung (einer bestimmten Webart);* **Sa|tin|holz,** das: *in gehobeltem Zustand seidenartig glänzende Holzart* (sw. V.; hat) [frz. satiner, zu: satin, ↑ Satin] (Fachspr.): *mit einer Satiniermaschine (unter starkem Druck) glätten u. mit Hochglanz versehen:* Papier, Leder, Kunststoff s.; eine satinierte Oberfläche; **Sa|ti|nier|ma|schi|ne,** die (Fachspr.): *Kalander.*
Sa|ti|re, die; -, -n [lat. satira, älter: satura, eigtl. = mit verschiedenen Früchten gefüllte Schale (übertr. im Sinne von „bunte Mischung")]: **1.** ⟨o. Pl.⟩ *Kunstgattung (Literatur, Karikatur, Film), die durch Übertreibung, Ironie u. [beißenden] Spott an Personen, Ereignissen Kritik übt, sie der Lächerlichkeit preisgibt, Zustände anprangert, mit scharfem Witz geißelt:* Die S. muß übertreiben und ist ihrem tiefsten Wesen nach ungerecht (Tucholsky, Werke 76); ein Meisterwerk, ein Meister der S.; die Kunst der politischen S. **2.** *künstlerisches Werk, das zur Gattung der Satire* (1) *gehört:* eine beißende, bittere, geistvolle S.; er schreibt -n; eine S. auf die Auswüchse des Konsumverhaltens; ..., wenn der „Zauberberg" das geblieben wäre, was viele Leute anfangs in ihm sahen und noch heute in ihm sehen: eine S. auf das Lungen-Sanatoriums-Leben (Th. Mann, Zauberberg XII); Er wollte geheime Flugblätter mit vernichtenden -en gegen die Männer des Dritten Reiches herstellen (Niekisch, Leben 144); **Sa|ti|ren|dich|ter,** der: *Dichter, der Satiren schreibt;* **Sa|ti|ren|dich|te|rin,** die: w. Form zu ↑ Satirendichter; **Sa|ti|ren|schrei|ber,** der: *jmd., der Satiren schreibt;* **Sa|ti|ren|schrei|be|rin,** die: w. Form zu ↑ Satirenschreiber; **Sa|ti|ri|ker,** der; -s, - [spätlat. satiricus]: **a)** *Schöpfer von Satiren:* die S. unter den Schriftstellern; **b)** *jmd., der sich gerne bissig-spöttisch, ironisch äußert:* das soll Klaus ge-

sagt haben? Ich wußte gar nicht, daß er so ein S. ist; **Sa|ti|ri|ke|rin,** die; -, -nen: w. Form zu ↑ Satiriker; **sa|ti|risch** ⟨Adj.⟩ [lat. satiricus]: **a)** *in der Art der Satire* (1); *die Mittel der Satire* (1) *anwendend:* eine -e Zeitschrift; ein -er Roman, Essay; -e Zeichnungen, Bilder; ein -er *(Satiren schreibender)* Schriftsteller; Die Bildserien waren lebendig, frisch, oft s. (Leonhard, Revolution 97); s. schreiben, zeichnen; **b)** *mit beißendem Spott:* eine -e Bemerkung; in -er Absicht übertreiben; sich s. äußern; **sa|ti|ri|sie|ren** ⟨sw. V.; hat⟩ (bildungsspr.): *satirisch darstellen.*
Sa|tis|fak|ti|on, die; -, -en ⟨Pl. selten⟩ [lat. satisfactio = Genugtuung, zu: satisfacere = Genüge leisten, befriedigen, aus: satis = genug (vers. mit ↑satt) u. facere = tun]: **a)** (bildungsspr. veraltend) *Genugtuung* (2), *bes. in Form einer Ehrenerklärung:* S. fordern, verlangen, erhalten; jmdm. S. geben; **b)** (früher; noch Studentenspr.) *Zurücknahme einer Beleidigung o. ä. durch die Bereitschaft zum Duell:* unbedingte S.; S. fordern, nehmen, geben, erteilen; **sa|tis|fak|ti|ons|fä|hig** ⟨Adj.⟩ (früher): *(nach einem bestimmten Ehrenkodex) berechtigt, Satisfaktion* (b) *zu fordern bzw. zu leisten;* **sa|tis|fak|ti|ons|un|fä|hig** ⟨Adj.⟩ (früher): *(nach einem bestimmten Ehrenkodex) nicht berechtigt, Satisfaktion* (b) *zu fordern bzw. zu leisten.*
Sa|tor-Are|po-For|mel, die; - [nach dem lat. Palindrom *sator arepo tenet opera rotas*]: *als magisches Quadrat geschriebenes spätantikes Palindrom, das als Abwehrzauber (z. B. gegen Unheil u. Brandgefahr) verwendet wurde.*
Sa|to|ri, das; -[s] [jap.] (Rel.): *(im Zenbuddhismus) intuitive, plötzliche Erleuchtung:* S. erreichen, erfahren; Ich verstehe S. als ein ganzheitliches Erwachen aller Sinne, das einem bei alltäglichen Tätigkeiten widerfahren kann (Wilhelm, Unter 160); im Zustand des S.
Sa|trap, der; -en, -en [lat. satrapes < griech. satrápēs, eigtl. = der das Reich Schützende]: *Statthalter einer Provinz (im Persien der Antike):* Ü wem wolltet ihr denn aus Leben? Eurem „Führer" selbst, oder nur einem seiner -en (abwertend; Chargen; K. Mann, Mephisto 297); **Sa|tra|pen|wirt|schaft,** die ⟨o. Pl.⟩ (abwertend): *Willkür von Behörden;* **Sa|tra|pie,** die; -, -n [lat. satrapia < griech. satrapeía]: *von einem Satrapen verwaltetes Gebiet;* **Sa|tra|pin,** die; -, -nen: w. Form zu ↑Satrap.
Sat|sang, das, auch: der; -s [sanskr.]: *geistige Unterweisung in einen Kult.*
¹Sat|su|ma, das; -[s] [nach der jap. Halbinsel Satsuma (Kiuschu)]: *feine japanische Töpferware in schlichten Formen mit regelmäßiger, meist brauner od. schwarzer Glasur;* **²Sat|su|ma,** die; -, -s [jap.]: *meist kernlose, sehr saftige Mandarine.*
satt [mhd., ahd. sat, alte Partizipialbildung zu einem Verb mit der Bed. „sättigen" u. urspr. = gesättigt] ⟨Adj.; -er, -este⟩: **1. a)** *nicht mehr hungrig; sich in einem Zustand befindend, in dem man kein Bedürfnis nach Nahrungsaufnahme mehr verspürt:* -e Gäste; s. sein; s. werden; sich s. essen; von etwas nicht s. werden; das Baby hat s. getrunken; sie kriegen ihre Kinder nicht s. *(haben nur so wenig, daß ihre Kinder hungern müssen);* etw. macht s. *(sättigt schnell);* Ü Er will nur sein Bierchen trinken ..., das sieht man doch! Er hat ... heute abend nichts vor. Er ist s. *(an sexuellen Kontakten nicht interessiert;* Bruder, Homosexuelle 53); * **s. sein** (ugs.; *[völlig] betrunken sein*); **sich [an etw.] s. sehen, hören** *(sich etw. ausgiebig ansehen, anhören):* Wir sahen uns erst rings an den blühenden Obstbäumen s. (Schnurre, Bart 31); Höfel ließ sich s. sehen (Apitz, Wölfe 23); **sich an etw. nicht s. sehen, hören können** *(nicht aufhören können, es sich anzusehen, anzuhören):* Leute, die sich nicht s. sehen können an dieser Akropolis (Frisch, Gantenbein 311); Die gestraffte Anmut der Gesten, das zerstreute Lächeln, der umflorte Blick – ich konnte mich nicht s. daran sehen (K. Mann, Wendepunkt 88); Der Arzt ... konnte sich an dem Unsinn nicht s. hören (Seghers, Transit 130); **b)** *(abwertend) mit dem eigenen (relativ hohen) Lebensstandard zufrieden u. daher zu Selbstzufriedenheit, Gleichgültigkeit, Trägheit neigend:* der -e Wohlstandsbürger; Sie kannte und verachtete auch die -en Gläubigen, die aus seinem (= Christi) Leiden eine fette Sinekure machten (Remarque, Obelisk 309); denen ..., die in ihrer -en Zufriedenheit *(in ihrer Sattheit* 1b) *sitzen und sich in den Schutzmantel kleiner Moral hüllen (Weiss, Marat 64).* **2. a)** *(bes. in der Färbung, im Klang) kräftig, voll:* ein -es Rot, Grün; die Tür der Luxuslimousine fiel mit -em Klang ins Schloß; die Stereoanlage, das Motorrad hat einen -en Sound; die Lautsprecherbox bringt -e, trockene Bässe; Die Stille wird von -em Motorgeknatter gestört (Degener, Heimsuchung 10); die vom Föhn um jeden Dunst befreite Luft ... malt die Welt in -esten Farben (Eidenschink, Fels 110); **b)** (ugs.) *ansehnlich:* eine -e Geldstrafe; es kostet -e 580 Mark; -e 14 % Sollzinsen; Obwohl -e Gewinne eingefahren wurden (Spiegel 49, 1985, 125); Bei den Konkurrenten ... kostet ein 5-Gang-Getriebe -e Aufpreise (ADAC-Motorwelt 4, 1985, 27); die Oper dagegen wird nicht s. subventioniert ... (Spiegel 25, 1980, 111); **c)** (ugs.) *reichlich, gut* (3 b): selbst wenn wenig Verkehr ist, braucht man eine -e Stunde, -e zwei Stunden; Eine Umfrage ... ergab eine Mitgliederzahl von 1,2 Millionen, also s. eine Million weniger (Rheinischer Merkur 2. 2. 85, 5); mit einer -en *(bequemen)* absoluten Mehrheit (35 von 59 Sitzen) (Rheinpfalz 7. 7. 84, 11); Neerpasch gelang es, einen Topf s. mit Start- und Preisgeldern zu füllen (ADAC-Motorwelt 4, 1987, 144). **3.** * **jmdn. s. haben** (ugs.)/(geh.:) **jmds. s. sein** *(jmdn. nicht mehr leiden, ertragen können);* **etw. s. haben/etw. s. sein/**(geh.:) **einer Sache** ⟨Gen.⟩ **s. sein** *(etw. leid sein, nicht mehr länger dulden):* sie war den Ärger s.; ich bin es s., dir immer nachräumen zu müssen; **etw. s. bekommen/kriegen** (ugs.; *etw. leid werden*); **nicht s. werden, etw. zu tun** (ugs.; *nicht müde werden, etw. zu tun; etwas immer wieder tun*). **4.** (ugs.) *so reichlich, so ausgiebig, daß es den Bedarf völlig deckt:* nicht s. zu essen haben *(nicht in ausreichendem Maße zu essen haben, hungern müssen);* s. (landsch.; *genug*) Fleisch haben; Spielfilme gibt es s. (Hamburger Abendblatt 30. 5. 79, 12); Außerdem gibt's Rock 'n' Roll s. (Oxmox 9, 1984, 10); Hummer s. für 15 Mark (Neue Revue 16, 1979, 49); Sonne s. auf Ibiza. **5. a)** (schweiz.) *eng[anliegend], knapp, straff:* eine s. sitzende Bandage; Über das Haar hat sie ein Tuch gebunden, fest, s. (Muschg, Gegenzauber 211); **b)** (Kfz-T. Jargon) *mit stets vorhandenem gutem Kontakt zur Fahrbahn:* Dank der breiteren Spur liegt er s. auf der Straße (auto touring 2, 1979, 34); Der BMW ... rollt auf rauhem Boden s. ab (ADAC-Motorwelt 2, 1987, 20); **satt|blau**, **satt|braun** ⟨Adj.⟩: vgl. sattblau; **Satt|dampf,** der (Technik): *Wasserdampf, der den Sättigungspunkt erreicht hat.*
Sat|te, die; -, -n [wohl zu niederd. setten = setzen, also eigtl. = Gefäß, in dem die Milch sich setzt] (nordd.): *größere, flache Schüssel (in der man Milch stehenläßt, damit der Rahm absetzen, sauer werden kann):* In den Stuben hängen klebrige Fliegenfänger von der Decke, und auf den Fensterbrettern stehen lila „Satten", das sind Glasschüsseln mit „dicker Milch" (Kempowski, Zeit 205).
Sat|tel, der; -s, Sättel [mhd. satel, ahd. satal, H. u.]: **1. a)** *gepolsterter Sitz in geschwungener Form, der einem Reittier für den Reiter aufgelegt wird:* den S. an-, abschnallen, abnehmen; Man tritt immer nur von links an ein Pferd, legt ihm von links den S. auf (Dwinger, Erde 42); das Pferd warf ihn aus dem S.; jmdn. aus dem S., in den S. heben; jmdm. in den S. helfen; sich aus dem, in den S. schwingen; Ich steige aus dem S. und werfe die langen Zügel über den Pferdekopf hinweg zu Boden (Stern, Mann 155); ich ließ mich aus dem S. gleiten (Dwinger, Erde 10); ..., sobald Sie in den S. steigen (Dwinger, Erde 61); ... schwingt er zum erstenmal das Bein über den Rücken, läßt sich darauf möglichst sanft in den S. sinken (Dwinger, Erde 180); mit, ohne S. reiten; vom S. fallen; er könnte stundenlang im S. sitzen *(reiten);* das Pferd geht unter dem S. *(ist an Reiter gewöhnt);* * **jmdn. aus dem S. heben/werfen** (1. *jmdn. aus einer einflußreichen Position drängen:* Mit Hilfe der Masse kann sie die grundherrliche und geldmächtige Elite aus dem S. werfen [Niekisch, Leben 153]. 2. *jmdn. sehr verunsichern, jmds. Versagen herbeiführen:* Meine unerwartete Frage warf den alten Rat fast aus dem S. [Fallada, Herr 20]; urspr. auf die mittelalterlichen Reiterturniere bezogen, bei denen der Gegner mit der Lanze aus dem Sattel gestoßen werden mußte); **in allen Sätteln gerecht sein** *([in einem bestimmten Bereich] allen Aufgaben gewachsen sein):* Soweit ich seine Schriften kenne, ist er nicht nur ein in allen Sätteln gerechter Schulmeister, sondern auch ... (Musil, Mann 681); **jmdm. in den S. helfen/jmdn. in den S. heben** *(jmdn. in eine einflußreiche Position, an die Macht bringen):* ... wie alle, die mit den Bolschewiken gegen den

Zarismus gekämpft und ihnen erst in den S. geholfen hatten (Mehnert, Sowjetmensch 288); **fest im S. sitzen** *(seine Position unangefochten behaupten);* **sich im S. halten** *(seine Position behaupten):* Die Weimarer Koalition ... konnte sich nur noch mit Hilfe von Geschäftsordnungskniffen einigermaßen im S. halten (Niekisch, Leben 211); **b)** *Gestell für Gepäck, Lasten, das auf dem Rücken eines Lasttiers festgeschnallt wird.* **2.** *Teil des Fahrrads, Motorrads, auf dem man sitzt:* ein harter, stark gefederter, sportlicher, schmaler, breiter, bequemer S.; der S. ist für mich zu niedrig; den S. höher stellen; sich auf den S. setzen, schwingen; Der Mann, der sie fahren sollte, saß in einer ledernen Montur auf dem S. der schweren Maschine (Bieler, Mädchenkrieg 153). **3. a)** kurz für ↑ Bergsattel: Als sie sich dem S. des Passes näherten, ... (Schnabel, Marmor 88); **b)** kurz für ↑ Nasensattel: Ihr Gesicht war sehr regelmäßig, der S. zwischen Nase und Stirn dabei ganz schwach ausgeprägt (Doderer, Wasserfälle 50); **c)** (Geol.) *Aufwölbung einer Falte.* **4.** *Passe:* 1969er Röcke: ... der S. darf nicht fehlen (MM 6. 5. 69, 22). **5.** *am oberen Ende des Griffbretts von Saiteninstrumenten angebrachte Querleiste, auf der die Saiten aufliegen.* **6.** (Turnen) *Teil des Seitpferdes zwischen den Pauschen;* **Sat|tel|an|hän|ger,** der (Fachspr.): *Anhänger ohne Vorderachse, der von einem Sattelschlepper gezogen wird;* **Sattel|auf|lie|ger,** der (Fachspr.): *Sattelanhänger;* **Sat|tel|bein,** das [nach der Form] (Anat.): *Keilbein;* **Sat|tel|bock,** das; -s, -: Vkl. zu ↑ Sattel; **Sat|tel|dach,** das: *Dach, das aus zwei schrägen Flächen besteht, die am First zusammenstoßen;* **Sat|tel|decke**[1], die: *Decke, die über den Tierrücken gebreitet wird, bevor man den Sattel auflegt;* **Sat|tel|druck,** der ⟨o. Pl.⟩: *durch falsch sitzenden Sattel erzeugter Druck auf den Körper des Pferdes;* **sat|tel|fer|tig** ⟨Adj.⟩: *(vom Pferd) so weit vorbereitet, daß es gesattelt werden kann:* die Pferde stehen s. im Stall; **sat|tel|fest** ⟨Adj.⟩: *sicher durch umfassendes Können, Wissen auf einem bestimmten Gebiet und dadurch allen Anforderungen gewachsen:* in Latein, im Bruchrechnen ist er noch nicht ganz s.; Sekretärin, s. in Steno und Schreibmaschine, ... findet bei uns ... einen verantwortungsvollen Arbeitsplatz (BZ 12. 6. 84, 45); **Sat|tel|ge|lenk,** das: *Gelenk mit zwei gegeneinander gekrümmten Flächen, die Drehbewegungen um zwei Achsen zulassen;* **Sat|tel|gurt,** der: *vom Sattel aus um den Bauch des Pferdes geschnallter Gurt, der den Sattel festhält;* **Sat|tel|gut,** das (hist.): *Sattelhof;* ♦ **Sat|tel|hen|ken,** das; -s [zu ↑ henken]: *das Abhängen, Abnehmen des Sattels vom Rükken des Pferdes während der Rast:* Wir haben nicht -s Zeit *(Zeit, uns auszuruhen)* und langer unnötiger Diskurse (Goethe, Götz V); **Sat|tel|hof,** der (hist.): *größerer Bauernhof, dessen Besitzer besondere Freiheiten u. Rechte hat u. für den Kriegsfall ein gesatteltes Pferd stellen muß;* **Sat|tel|ker|ze,** die (Fachspr.): *einfache, nur aus einem am oberen Ende verjüngten Rohr bestehende Sattelstütze, an der der Sattel* (2) *mit Hilfe eines Sattelklobens befestigt wird;* **Sat|tel|kis|sen,** das: *Polster unter dem Sattelsitz;* **Sat|tel|klo|ben,** der (Fachspr.): *Teil des Fahrrads, mit dessen Hilfe der Sattel auf der Sattelkerze befestigt u. richtig eingestellt wird;* **Sat|tel|knopf,** der: *vorderes, verdicktes Ende des Sattels* (1 a) *in Kugelform;* **Sat|tel|kraft|fahr|zeug,** das (Amtsspr.): *Sattelzug;* **Sat|tel|mei|er,** der (hist.): *Besitzer eines Sattelhofes;* **sat|teln** ⟨sw. V.; hat⟩ [mhd. satel(e)n, ahd. satelōn]: *(einem Tier) einen Sattel auflegen:* ein Pferd s.; **[für etw.] gesattelt sein ([für etw.] gut vorbereitet sein):* bist du für die Prüfung gesattelt?; **Sat|tel|na|se,** die: **1.** *Nase, deren Rücken in der Form eines Sattels nach unten gebogen ist.* **2.** (Fachspr.) *schmalster, vorderster Teil des Fahrradsattels;* **Sat|tel|pau|sche,** die: *Pausche* (1); **Sat|tel|pferd,** das: *im Gespann links von der Deichsel eingespanntes Pferd;* **Sat|tel|pol|ster,** das: *Sattelkissen;* **Sat|tel|punkt,** der (Math.): *Wendepunkt einer Kurve, in dem die Kurve eine horizontal verlaufende Tangente hat;* **Sat|tel|rob|be,** die: *in der Arktis lebende, zu den Seehunden gehörende Robbe mit einer charakteristischen, an einen Sattel* (1 a) *erinnernden Zeichnung des Fells, deren Jungtiere wegen ihrer weißen Felle vom Menschen gejagt werden;* **Sat|tel|rohr,** das (Fachspr.): *Rohr des Fahrradrahmens, in dessen oberem Ende die Sattelstütze steckt; Sitzrohr;* **Sat|tel|schlep|per,** der: *zum Ziehen von Sattelanhängern bestimmte Zugmaschine;* **Sat|tel|sitz,** der: *Sitzfläche des Sattels* (1 a); **Sat|tel|stüt|ze,** die (Fachspr.): *im wesentlichen aus einem im Rahmen steckenden Rohr bestehendes Teil des Fahrrads, an dessen oberem Ende der Sattel befestigt ist u. mit dessen Hilfe er eingestellt wird:* eine gefederte S.; **Sat|tel|ta|sche,** die: **a)** *(zu beiden Seiten) an dem seitlichen Teil des Sattels* (1 a) *angebrachte Tasche;* **b)** *(am Fahrrad) hinten unter dem Sattel angebrachte kleine Tasche für Werkzeug, Flickzeug o. ä.;* **Sat|te|lung,** Sattlung, die; -, -en: **a)** *das Satteln;* **b)** *Lage u. Art der Befestigung des Sattels auf dem Pferd;* **Sat|tel|wun|de,** die: *durch Satteldruck hervorgerufene Wunde auf dem Rücken des Pferdes;* **Sat|tel|zeug,** das: *zum Satteln benötigte Dinge;* **Sat|tel|zug,** der: *aus einem Sattelschlepper und einem Sattelanhänger bestehender Lastzug;* **Sat|tel|zug|ma|schi|ne,** die (Fachspr.): *Sattelschlepper.*

satt|gelb ⟨Adj.⟩: vgl. sattblau; **satt|grün** ⟨Adj.⟩: vgl. sattblau; **Satt|heit,** die; - [mhd. sat(e)heit]: **1. a)** *Zustand des Sattseins (satt* 1 a); **b)** *(abwertend) Zustand des Sattseins (satt* 1 b): wenn Bert Brecht die S. der Bürger geißelt (Thielicke, Ich glaube 197). **2.** *[Leucht]kraft, Intensität:* die S. der Farben; **sät|ti|gen** ⟨sw. V.; hat⟩ /vgl. gesättigt/ [mhd. sat(t)igen]: **1.** (geh.) *satt* (1 a) *machen:* jmdn., sich [mit, an etw.] s.; er breitete ... ein durchgefettetes Papier mit Speiseresten neben sich aus, an denen er sich gemächlich sättigte (Musil, Mann 1175); um das Junge ... mit Fischen ... mehr als halbwegs zu s. (Lorenz, Verhalten I, 192); Ü jmds. Ehrgeiz, Neugier, Verlangen, Wissensdrang s.; Aber der Lebenstrieb ist so mächtig, daß er nicht anders gesättigt werden kann als mit der Ewigkeit (Schneider, Leiden 96); sein Zorn war noch nicht gesättigt (Hesse, Narziß 283). **2.** *(von Speisen) schnell satt machen:* die Suppe sättigt [kaum]; Eierspeisen sind sehr sättigend; Ü Auch Tugend sättigt (Hacks, Stücke 157). **3.** *so viel hinzufügen, daß die Grenze der Aufnahmefähigkeit erreicht ist, so weit steigern, daß ein Grenzwert erreicht ist:* durch großes Angebot den Markt s.; Purpurrot ist eine stärker gesättigte Farbe als Rosa; Die Nachfrage war gesättigt, die Wirtschaftskonjunktur zog weltweit zurück (ADAC-Motorwelt 8, 1980, 14); Italiens Markt für Klimageräte ... ist nach Ansicht von Branchenkennern noch nicht gesättigte (CCI 10, 1984, 14); eine gesättigte (Chemie: *löslichen Stoff in dem Maße enthaltende, als sich maximal darin auflösen läßt*) Kochsalzlösung. **4.** **mit/von etw. gesättigt sein (besonders viel von etw. enthalten):* in einer Gesellschaft, die mit materiellen Gütern gesättigt sei (NZZ 31. 8. 87, 26); an diesem mit Geschichte gesättigten Ort (Stern, Mann 238); wenn ... der Wind gesättigt ist von dem Duft der tausenderlei Kräuter (Plievier, Stalingrad 160); Das Portugiesische ist ... so von Gefühl gesättigt, daß es fast seinen Rhythmus verliert (Schneider, Leiden 9); **Sät|ti|gung,** die; -, -en ⟨Pl. selten⟩ [spätmhd. setigunge]: **1.** *das Sättigen* (1), *Stillen des Hungers; das Sattsein:* die S. der Hungernden; ein Gefühl der S. verspüren. **2.** (Fachspr.) *das Sättigen* (3): die S. einer Lösung, des Marktes; die Luft hat eine hohe, einen hohen Grad der S. mit Wasserdämpfen; **Sät|ti|gungs|bei|la|ge,** die (Gastr. regional veraltend): *sättigende Beilage* (3); **Sät|ti|gungs|ge|fühl,** das ⟨o. Pl.⟩: *Gefühl des Sattseins;* **Sät|ti|gungs|grad,** der (Fachspr.): *Grad der Sättigung* (2), **Sät|ti|gungs|punkt,** der (Chemie): *Punkt, an dem eine Sättigung* (2) *eintritt;* **Sät|ti|gungs|wert,** der: *Eigenschaft (von Nahrungsmitteln) zu sättigen:* einen hohen, geringen S. haben. **Satt|ler,** der; -s, - [mhd. sateler, ahd. satilari]: *jmd., der grobe Lederwaren (z. B. Sättel, Koffer) herstellt* (Berufsbez.); **Satt|ler|ar|beit,** die: *Arbeit, wie sie ein Sattler herstellt:* -en herstellen; **Satt|le|rei,** die; -, -en: **a)** ⟨o. Pl.⟩ *Sattlerhandwerk:* die S. erlernen; **b)** *Sattlerwerkstatt;* **Satt|ler|ge|hil|fe,** der: *Gehilfe in einer Sattlerei;* **Satt|ler|ge|hil|fin,** die: w. Form zu ↑ Sattlergehilfe; **Satt|ler|ge|sel|le,** der: vgl. Sattlermeister; **Satt|ler|ge|sel|lin,** die: w. Form zu ↑ Sattlergeselle; **Satt|ler|hand|werk,** das ⟨o. Pl.⟩: *Handwerk des Sattlers;* **Satt|le|rin,** die; -, -nen: w. Form zu ↑ Sattler; **Satt|ler|in|nung,** die: *Innung der Sattler;* **Satt|ler|lehr|ling,** der: vgl. Sattlermeister; **Satt|ler|mei|ster,** der: *Meister im Sattlerhandwerk;* **Satt|ler|mei|ste|rin,** die: w. Form zu ↑ Sattlermeister; **Satt|ler|sei|fe,** die: *Seife zur Reinigung von Leder;* **Satt|ler|wa|ren** ⟨Pl.⟩: *zum Verkauf bestimmte Sattlerarbeiten;* **Satt|ler|werk|statt,** die: *Werkstatt, in der Sattlerarbeiten hergestellt u. repariert werden;* **Satt|lung:** ↑ Sattelung.

satt|rot ⟨Adj.⟩: vgl. sattblau; **satt|sam** ⟨Adv.⟩ [im 16. Jh. = gut ernährt; üppig, stolz; dann: etwas, was satt macht] (emotional): *mehr als genug, bis zum Überdruß, viel zu sehr:* s. *bekannte Mißstände; Der Brief listet zunächst all die* s. *bekannten Argumente gegen zusätzliche Atomraketen auf* (Pohrt, Endstation 84); *Die Haltung der Kirche ist ja* s. *bekannt* (Petersen, Resonanz 135); *Sattsam hatten sie es durchgesprochen* (A. Kolb, Daphne 44); **satt|schwarz** ⟨Adj.⟩: vgl. sattblau.

Sa|tu|ra|ti|on, die; - [spätlat. saturatio = Sättigung, zu lat. saturare, ↑saturieren] (bes. Chemie): **1.** *Sättigung.* **2.** *spezielles Verfahren bei der Zuckergewinnung, bei dem überschüssiger Kalk aus dem Zuckersaft durch Kohlendioxyd abgeschieden wird;* **sa|tu|rie|ren** ⟨sw. V.; hat⟩ [lat. saturare, zu: satur = satt]: **1.** (bildungsspr.) *bewirken, daß jmds. Verlangen, etw. Bestimmtes zu bekommen, gestillt ist; befriedigen:* die Gläubiger s.; jmd. hat seinen Bedarf s. [auch s. + sich:] er war so blauäugig, zu glauben, mit dem Anschluß Österreichs hätte sich das Dritte Reich bereits saturiert ⟨meist im 2. Part.:⟩ Bismarck begründete seine Zurückhaltung in der Kolonialpolitik mit der Feststellung, das Deutsche Reich sei saturiert ...? (Rittershausen, Wirtschaft 97); *angesichts des saturierten Marktes lassen einige Automobilhersteller bereits wieder kurzarbeiten; Im gegenwärtigen durch 16 Trudeau-Jahre politisch saturierten Kanada ...* (Deutsches Allgemeines Sonntagsblatt 20. 5. 84, 7). **2.** (Fachspr. veraltend) *sättigen* (3); **sa|tu|riert** ⟨Adj.⟩ (bildungsspr.) *abwertend:* satt (1 b): *-e Wohlstandsbürger, Spießbürger; heute ist er selber genauso* s. *wie damals diejenigen, gegen die sich der Studentenrevolte richtete;* **Sa|tu|riert|heit**, die; - (bildungsspr.): *das Saturiertsein;* **Sa|tu|rie|rung**, die; -, -en ⟨Pl. selten⟩: *das Saturieren, Saturiertwerden.*

¹**Sa|turn**: *römischer Gott der Aussaat;* ²**Sa|turn**, der; -[s]: *zweitgrößter Planet unseres Sonnensystems:* [der] S. hat zehn Monde; die Atmosphäre des S./des -s; ³**Sa|turn**, das; -s [der Planet Saturn bei den Alchimisten Symbol für Blei] (veraltet): *Blei;* **Sa|tur|na|li|en** ⟨Pl.⟩ [lat. Saturnalia]: **1.** (im alten Rom) *Fest des Gottes Saturn:* die S. feiern, begehen; an den S. waren alle Standesunterschiede aufgehoben. **2.** (bildungsspr. selten) *ausgelassenes Fest:* daß es mit diesen japanischen S. hauptsächlich auf meine Ehrung abgesehen war (Muschg, Sommer 266 f.); **Sa|tur|ni|er**, der; -s, - (antike Metrik): *saturnischer Vers;* **sa|tur|nin** ⟨Adj.⟩ [zu ↑²Saturn] (Fachspr.): *bleihaltig; durch Bleivergiftung hervorgerufen;* **sa|tur|nisch** ⟨Adj.⟩: **a)** *den römischen Gott Saturn betreffend, zu ihm gehörend;* **b)** *den Planeten Saturn betreffend, von ihm ausgehend;* **c)** ↑*Vers, Zeitalter;* **Sa|tur|nis|mus**, der; -, ...men [zu ↑³Saturn] (Med.): *Bleivergiftung;* **Sa|turn|mond**, der (Astron.): *Saturnsatellit;* **Sa|turn|ring**, der (Astron.): **a)** ⟨o. Pl.⟩ *den Planeten Saturn genau über seinem Äquator umgebendes System von mehreren ineinander liegenden, weißlich leuchtenden Ringen, die aus vielen einzelnen, den Planeten wie kleine Satelliten umkreisenden Körpern bestehen;* **b)** *zum Saturnring* (a) *gehörender, aus vielen einzelnen, den Planeten Saturn wie kleine Satelliten umkreisenden Körpern bestehender, weißlich leuchtender Ring;* **Sa|turn|sa|tel|lit**, der (Astron.): *Satellit* (1) *des Planeten Saturn.*

Sat|ya, das; -s [sanskr. = wahr, echt, wirklich; Wahrheit]: *von Buddha verkündete vier Wahrheiten vom Leiden, von dessen Entstehung, der Aufhebung seiner Ursache u. des Weges hierzu, die die Grundlage des Buddhismus bilden;* **Sat|ya|gra|ha**, das; -s [sanskr. = das Ergreifen der Wahrheit]: *Gedanke der gewaltlosen Durchsetzung des als wahr Erkannten in der Philosophie M. Gandhis.*

Sa|tyr, der; -s u. -n, -n [1: lat. Satyrus, griech. Sátyros]: **1.** *bockgestaltiger lüsterner Waldgeist u. Begleiter des Dionysos in der griechischen Sage.* **2.** (selten) *sinnlichlüsterner Mann;* **sa|tyr|ar|tig** ⟨Adj.⟩ (bildungsspr.): *einem Satyr ähnelnd:* eine -e Gestalt; **Sa|tyr|huhn**, das: *farbenprächtiger asiatischer Hühnervogel;* **Sa|ty|ria|sis**, die; - [spätlat. satyriasis < griech. satyríasis] (Med.): *krankhaft gesteigerter männlicher Geschlechtstrieb;* **Sa|tyr|spiel**, das: *(im Griechenland der Antike) heiterngroteskes mythologisches Nachspiel* (1) *einer Tragödientrilogie, dessen Chor aus Satyrn bestand.*

Satz, der; -es, Sätze, (als Maß- od. Mengenangabe auch:) - [mhd. sa(t)z = Lage; Verordnung, Gesetz, Vertrag; Ausspruch; Entschluß; Sprung, zu ↑setzen, eigtl. = das Setzen; das Gesetzte; 1: seit dem 16. Jh. (wohl in Weiterführung der mhd. Bed. „Anordnung der Worte, in Worten zusammengefaßter Ausspruch")]: **1.** *im allgemeinen aus mehreren Wörtern bestehende, in sich geschlossene, eine Aussage, Frage od. Aufforderung enthaltende sprachliche Einheit:* ein kurzer, langer, verschachtelter S.; ein einfacher, eingeschobener, abhängiger S.; es sind mitunter geradezu nestroyhafte Sätze, die jener von sich gegeben hat (Tucholsky, Werke II, 197); Sätze bilden, konstruieren, zergliedern *(in ihre grammatischen Teile zerlegen);* Sie formulierte diesen S., als spräche sie ein Gebet (Sebastian, Krankenhaus 95); Pinneberg wiederholte seinen S. mehrere Male (Fallada, Mann 227); Der dicke, plumpe Mann stieß unwirsche, halbe Sätze aus (Feuchtwanger, Erfolg 86); „Sie meinen also ...", sagte Panezza, ohne den S. zu vollenden (Zuckmayer, Fastnachtsbeichte 147); ich möchte dazu noch ein paar Sätze sagen *(mich noch kurz dazu äußern);* Er achtete auf Schreibfehler und den Bau der Sätze (Johnson, Mutmaßungen 115); Immer wieder, Punkt für Punkt und S. für S., suchte ich das Gespräch mit meinem Freunde zu rekapitulieren (Jens, Mann 76); mitten im S. abbrechen; in abgehackten, zusammenhanglosen Sätzen sprechen; das läßt sich nicht in/mit einem S. erklären, sagen *(bedarf weitläufigerer Ausführungen).* **2.** ⟨meist Sg.⟩ *(in einem od. mehreren Sätzen)* (1) *formulierte) Erkenntnis, Erfahrung od. Behauptung von allgemeiner Bedeutung; [philosophische od. wissenschaftliche] These:* ein sehr anfechtbarer S.; das ist ein oft gehörter S.; der S. *(Lehrsatz)* des Euklid, des Pythagoras; einen S. aufstellen, begründen, widerlegen; Die menschliche Unzulänglichkeit ist selten in einen so knappen und niederschmetternden S. gefaßt worden (Menzel, Herren 20). **3.** (Druckw.) ⟨o. Pl.⟩ **a)** *das Setzen* (3 g) *eines Manuskripts:* der S. beginnt, ist abgeschlossen; das Manuskript geht in [den] S., wird zum S. gegeben; vom Maxim Ernst kam die Nachricht, daß er schon ein Flugblatt im S. habe (Kühn, Zeit 150); **b)** *abgesetztes* (12 b) *Manuskript, das die Vorlage für den Druck darstellt; Schriftsatz:* der S. ist unsauber, muß korrigiert werden. **4.** (Musik) **a)** *Periode* (8 a); **b)** *in sich geschlossener Teil eines mehrteiligen Musikwerks:* der erste, zweite S. einer Sinfonie, Sonate, Suite; ein schneller, langsamer S.; **c)** *Art, in der ein Musikwerk gesetzt ist; Kompositionsweise:* ein zwei-, drei-, mehrstimmiger S.; ein homophoner, polyphoner S.; Der 53jährige Komponist ... schreibt einen gemäßigten, gut klingenden, stets auf den Text bezogenen, stark kontrapunktischen S. (Basler Zeitung 2. 10. 85, 38). **5.** (Amtsspr.) *in seiner Höhe festgelegter Betrag, Tarif für etw. [regelmäßig] zu Zahlendes od. zu Vergütendes* (z. B. Steuersatz, Beitragssatz, Zinssatz): ein hoher, niedriger S.; die Sätze der Steuer sind neu festgelegt worden; ein S. *(Spesensatz)* von 42 Pfennig pro Kilometer; der S. der Sozialhilfe; Unterhalb der Lohnhöhe I ... sind die Löhne so niedrig, daß sie den S. der Erwerbslosenfürsorge unterschreiten (Rittershausen, Wirtschaft 13); Krankenhausleistungen sollten nach einheitlich gültigen Sätzen vergütet werden (Hackethal, Schneide 219). **6.** *bestimmte Anzahl zusammengehöriger [gleichartiger] Gegenstände [verschiedener Größe]:* ein S. Schüsseln, Kochtöpfe, Schraubenschlüssel; ein S. Reifen; einige S./Sätze Briefmarken; In der Baustufe 1 sind alle Teile für Rumpf und Deck enthalten. Dieser S. *(Bausatz)* kostet ... 19 400.– DM (Skipper 8, 1979, 29); Hier lag um die Toten herum ein ganzer S. kostbaren Geschirrs ausgebreitet (Bild. Kunst I, 55); Jedes Boot darf nur einen S. Segel für den gesamten Wettkampf aufziehen (Luzerner Tagblatt 31. 7. 84, 19); diese Beistelltische werden nur im S. verkauft. **7.** (Jägerspr.) *(bei Hasen u. Kaninchen) die auf einmal geborenen Jungen:* ein S. Hasen. **8.** (Fischereiw.) *bestimmte Anzahl eingesetzter Jungfische:* ein S. Forellen, Karpfen. **9.** (Datenverarb.) *Gruppe in bestimmter Hinsicht zusammengehöriger Daten einer Datei; Datensatz.* **10.** *Bodensatz:* der S. von Kaffee, Wein; beim Abgießen der Flüssigkeit bleibt der S. zurück; auf dem Boden des Gefäßes hat sich ein schlammiger S. gebildet; Wenn man den Wein aus dem Keller holt, so muß man die Flaschen ruhig tragen ... damit der im Laufe der Zeit sich bildende S. nicht im Wein umhergespült wird (Horn, Gäste 84). **11.** (Badminton, Tennis, Tischtennis, Volleyball) *Spielabschnitt, der nach einer be-*

Satzaal

stimmten Zahl von gewonnenen Punkten beendet ist: der zweite S. ging an den Australier; einen S. [Tennis] spielen, gewinnen, verlieren; im zweiten S. wurde er stärker; er verlor in drei Sätzen; Auch die dritte Entscheidung des Tages fiel erst nach fünf Sätzen (Welt 26. 4. 65, 15). **12.** *[großer] Sprung; großer [eiliger] Schritt:* ... gelang ihm mit 121 m auch der bisher weiteste S. (*Sprung* 1b) seiner noch jungen, aber hoffnungsvollen Laufbahn als Spezialspringer (Freie Presse 3. 1. 90, 5); einen großen S. machen; er machte, tat einen S. über den Graben, zur Seite; er mußte Sätze machen (ugs.; *schnell laufen*), um den Zug noch zu erreichen; in/mit wenigen Sätzen hatte er ihn eingeholt; ... und rennt mit ausgebreiteten Armen über den ganzen Platz, springt in einem S. über den Rinnstein (Bobrowski, Mühle 278); Kowalski ... kuppelte derart heftig ein, daß der Wagen in kurzen, wilden Sätzen vorwärtssprang (Kirst, 08/15, 499); er sprang mit einem gekonnten S. über das stählerne Kettenband auf den Rasen herab (Kuby, Sieg 227); mit einem raubtierhaften -e war Rico zur Stelle (Thieß, Legende 21); als es klingelte, war er mit einem S. (*blitzschnell*) an der Tür; **Satz|aal**, der (Fischereiw.): vgl. Satzfisch; **Satz|ad|jektiv**, das (Sprachw.): *unflektiertes Adjektiv (od. Partizip) in der Rolle eines Satzglied[kern]s* (z. B. Sie ist *schön*, Ich finde sie *häßlich*, Er hält sie für *klug*, Es läuft wie *geschmiert*): in dem Satz „Sie ist schön" ist das S. „schön" Artergänzung; *präpositionales S.* (*mit einer Präposition eingeleitetes Satzadjektiv* (z. B. Sie hat das von *klein auf* gelernt); **Satz|ad|verb**, das (Sprachw.): *Adverb in der Rolle eines Satzglied[kern]s* (z. B. Es war *vergebens*, Er ist *hier*); **Satz|ak|zent**, der (Sprachw.): *Akzent* (1 a), *durch den die bedeutungstragenden Wörter im Satz* (1) *hervorgehoben werden;* **Satz|ana|ly|se**, die (Sprachw.): *grammatische Analyse eines Satzes* (1); **Satz|an|fang**, der: *Anfang eines Satzes* (1): am S. schreibt man groß; **Satz|an|wei|sung**, die (Druckw.): *Anweisung für den Schriftsatz;* **Satz|art**, die (Sprachw.): *Art von Sätzen* (1; z. B. Aussagesatz, Fragesatz, Aufforderungssatz usw.): **Satz|aus|sa|ge**, die (Sprachw.): *Prädikat* (3); **Satz|ball**, der (Badminton, Tennis, Tischtennis, Volleyball): *Möglichkeit, Gelegenheit eines Spielers, den letzten zum Gewinn eines Satzes* (11) *noch benötigten Punkt zu erzielen;* **Satz|band**, das ⟨Pl. ...bänder⟩ (Sprachw.): *Kopula* (2 b); **Satz|bau**, der ⟨o. Pl.⟩: *Bau, Gestalt eines Satzes* (1); **Satz|bau|plan**, der (Sprachw.): *syntaktisches Muster, Grundform je einer bestimmten Art von Sätzen* (1); **Satz|bedeu|tung**, die (Sprachw.): *Bedeutung eines Satzes* (1); **Satz|brocken¹**, der: *Satzfetzen;* **Satz|bruch**, der (Sprachw.): *Anakoluth* (1); **Sätz|chen**, das; -s, -: Vkl. zu ↑Satz; **Satz|com|pu|ter**, der (Druckw.): *Satzrechner;* **Satz|en|de**, das: *Ende eines Satzes* (1): der Punkt am S.; **Satz|er|gänzung**, die (Sprachw.): *Objekt* (4); **Satzfeh|ler**, der (Druckw.): *beim Satz* (3 a) *entstehender Fehler;* **satz|fer|tig** ⟨Adj.⟩

(Druckw.): *(von einem Manuskript) so beschaffen, daß es gesetzt werden kann, in Satz* (3 a) *gegeben werden kann:* ein -es Manuskript; ein Manuskript s. machen; **Satz|fet|zen**, der: *abgerissener Satz* (1); *durch Lärm o. ä. nur unvollständig an jmds. Ohr dringender Satz* (1): Lediglich S. drangen herüber (Bastian, Brut 43); und aus seinem Mund kochten Worte und S. (Giordano, Die Bertinis 457); **Satz|fisch**, der (Fischereiw.): *Besatzfisch;* **Satz|fol|ge**, die (Musik): *Abfolge der Sätze einer Komposition:* Die gewohnte S.: schnell – langsam – schnell ist aufgegeben (Orchester 489); **Satzform**, die (Sprachw.): *syntaktische Form eines Satzes* (1): einfache -en; **Satz|frage**, die (Sprachw.): *Entscheidungsfrage;* **Satz|gan|ze**, das: *aus einem vollständigen Satz* (1) *bestehendes Ganzes;* **Satzge|fü|ge**, das (Sprachw.): *aus Haupt- u. Nebensatz bzw. -sätzen zusammengesetzter Satz* (1); **Satz|ge|gen|stand**, der (Sprachw.): *Subjekt* (2); **Satz|ge|winn**, der (Badminton, Tennis, Tischtennis, Volleyball): *Gewinn eines Satzes* (11); **Satz|glied**, das (Sprachw.): *aus einem od. mehreren Wörtern bestehender Teil eines Satzes* (1) *mit einer bestimmten syntaktischen Funktion* (z. B. Subjekt, Prädikat, Objekt, Umstandsangabe); **Satz|gliedkern**, der (Sprachw.): *Kern* (6 a) *eines Satzglieds;* **Satz|ha|se**, der (Jägerspr.): *weiblicher Feldhase;* *Setzhase;* **Satzhecht**, der (Fischereiw.): vgl. Satzfisch; **-sät|zig** (Musik): in Zusb., z. B. viersätzig *(aus vier Sätzen* 4 b *bestehend);* mehrsätzig; **Satz|in|to|na|ti|on**, die (Sprachw.): *Intonation* (5) *eines Satzes* (1); **Satzkarp|fen**, der (Fischereiw.): vgl. Satzfisch; **Satz|kern**, der (Sprachw.): *aus Subjekt u. Prädikat bestehender Teil des Satzes; kleinste sinnvolle Einheit innerhalb eines Satzes;* **Satz|klam|mer**, die (Sprachw.): *Satzkonstruktion, bei der das finite Verb im Aussagesatz in zweiter, im Fragesatz in erster Position steht, während die infiniten Teile des Prädikats ans Satzende treten* (z. B. Sie *hat* gestern ein Buch *gekauft*./Hat sie gestern ein Buch *gekauft?*); **Satz|kon|struk|ti|on**, die (Sprachw.): *Konstruktion eines Satzes* (1); **Satz|leh|re**, die: **1.** (Sprachw.) *Syntax.* **2.** (Musik) *Harmonielehre u. Kontrapunkt* (1) *als Grundlage für das Komponieren;* **Satz|me|lo|die**, die (Sprachw.): *Intonation* (5) *eines Satzes* (1); **Satz|mo|dell**, das (Sprachw.): *Satzbauplan;* **Satz|mu|ster**, das (Sprachw.): *Satzbauplan;* **Satz|na|me**, der (Namenkunde): *(durch Zusammenziehung) aus einem Satz* (1) *entstandener [Familien]name* (z. B. Suchenwirt); **Satz|nega|ti|on**, die (Sprachw.): *den Satz* (1) *als Ganzes betreffende Negation;* **Satz|par|tikel**, die (Sprachw.): *Satzadverb;* **Satzrah|men**, der (Sprachw.): *Satzklammer;* **Satz|rech|ner**, der (Druckw.): *beim Maschinensatz verwendeter Rechner* (2); **satz|reif** ⟨Adj.⟩ (Druckw.): *satzfertig:* ein -es Manuskript; **Satz|rei|he**, die (Sprachw.): *nebenordnende Verbindung mehrerer gleichrangiger Teilsätze zu einem zusammengesetzten Satz* (1); **Satz|seman|tik**, die (Sprachw.): *Semantik, deren*

Gegenstand die Bedeutung ganzer Sätze (1) *ist;* **Satz|spie|gel**, der (Druckw.): *die von Text, Abbildungen u. a. eingenommene Fläche einer Druckseite:* den S. vergrößern; **Satz|tech|nik**, die (Druckw.): *Technik des Schriftsatzes;* **satz|technisch** ⟨Adj.⟩ (Druckw.): *die Satztechnik betreffend;* **Satz|teil**, der (Sprachw.): **a)** *Satzglied;* **b)** *Teil eines Satzes* (1); **Satzteil|kon|junk|ti|on**, die (Sprachw.): *Konjunktion, mit der Satzglieder od. Attribute angeschlossen werden* (z. B. als, wie); **Satz|tisch**, der: *zu einem Satz* (6) *von Tischen gehörender Tisch;* **Sat|zung**, die; -, -en ⟨häufig Pl.⟩ [mhd. satzunge = (Fest)setzung, (gesetzliche) Bestimmung; Vertrag; Pfand] (Rechtsspr.): *schriftlich niedergelegte rechtliche Ordnung, die sich ein Zusammenschluß von Personen (z. B. ein Verein) od. eine Körperschaft des öffentlichen Rechts gibt:* eine S. aufstellen; etw. ist in der S. niedergelegt; etw. in die S. aufnehmen; **Sat|zungs|än|de|rung**, die: *Änderung einer Satzung;* **sat|zungsge|mäß** ⟨Adj.⟩: *der Satzung gemäß:* die -e Behandlung eines Falles; diese Vorgehensweise ist [nicht] s.; etw. s. ausführen; **Satz|ver|bin|dung**, die (Sprachw.): *aus mehreren nebengeordneten Hauptsätzen zusammengesetzter Satz* (1); **Satz|verlust**, der (Badminton, Tennis, Tischtennis, Volleyball): *Verlust eines Satzes* (11); **Satz|vor|la|ge**, die (Druckw.): *Manuskript, das Vorlage für den Satz* (3 a) *ist;* **satz|wei|se** ⟨Adv.⟩: *in einzelnen Sätzen* (1); *Satz für Satz:* etw. s. korrigieren; **satz|wer|tig** ⟨Adj.⟩ (Sprachw.): *(von Infinitiv u. Partizip) der syntaktischen Funktion nach einem Nebensatz gleichwertig:* -er Infinitiv *(Infinitivsatz);* -es Partizip *(Partizipialsatz);* **Satz|zei|chen**, das (Sprachw.): *graphisches Zeichen, das innerhalb eines Satzes* (1) *bzw. eines Textes bes. die Funktion der Gliederung hat* (z. B. Komma, Punkt usw.): S. setzen; **Satz|zusam|men|hang**, der ⟨Pl. selten⟩: **1.** *Zusammenhang [der einzelnen Wörter] eines Satzes* (1): ein aus dem S. herausgerissenes Zitat. **2.** (Sprachw.) *(einen Text als solchen konstituierender) gedanklicher u. inhaltlicher Zusammenhang zwischen einzelnen Sätzen* (1).

¹Sau, die; -, Säue u. -en [mhd., ahd. sū, viell. eigtl. = Gebärerin od. lautm. (u. eigtl. = Su[su]-Macherin)]: **1. a)** ⟨Pl. Säue⟩ *weibliches Hausschwein, Mutterschwein:* die S. ferkelt; **b)** ⟨Pl. Säue⟩ (landsch.) *Hausschwein:* die S. grunzt; eine S. schlachten; ** keine* S. (derb; *niemand*): ich klingelte, aber keine S. war da; mir hilft keine S., ich muß mir selber helfen (Klee, Pennbrüder 22); das interessiert doch keine S.; **wie eine gesengte S.** (derb abwertend; **1.** *schlecht [in bezug auf die Ausführung, das Verhalten]:* er fährt, benimmt sich wie eine gesengte S.; Mein Chef verlangt von mir, daß ich wie eine gesengte S. schreibe [Kirst, Aufruhr 67]. *-- sehr schnell [in bezug auf das Laufen vor Angst o. ä.]:* er rannte wie eine gesengte S.; nach dem Bild einer angeschossenen [Wild]sau, der ein Schuß die Schwarte verbrannt hat); **wie die S.** (landsch.; *sehr stark, heftig, intensiv):* es hat geblitzt und gedonnert wie die S.; die Musik swingt wie die S.; **die S. rauslassen** (ugs.; *sich ausnahmsweise einmal nicht die gewohnte Selbstdisziplin, Mäßigung o. ä auferlegen u. sich statt dessen ganz seiner momentanen Stimmung gemäß verhalten*): beim Karneval lassen manche mal so richtig die S. raus; Offiziell wurde getrauert, anschließend am Stammtisch ließ man die S. raus (Spiegel 18, 1985, 25); In der Kabine haben wir schon angebrüllt wie die Stiere. Wir haben richtig die S. rausgelassen (Hörzu 21, 1982, 30); **unter aller S.** (derb abwertend; *sehr schlecht;* wohl unter den Einfluß von „unter aller Kritik" o. ä. nach dem Schwein, das man früher bei Wettbewerben dem Schlechtesten als Trostpreis überreichte): sein Englisch ist unter aller S.; Meine Schrift war unter aller S. (Kempowski, Immer 76); Der Volkssturm war auf dem Marktplatz angetreten. Die Richtung war schlecht, der Vordermann unzulänglich, die Haltung unter aller S. (Kirst, 08/15, 808); **jmdn. zur S. machen** (derb; *jmdn. in scharfer Form heruntermachen;* wohl eigtl. = jmdn. so zurichten, daß er einer geschlachteten Sau gleicht): Den Heino ... machen die Kritiker zur S. (Konsalik, Promenadendeck 45); „Machen Sie unsere Spieler nicht zur S.", wandte sich Ehrenpräsident ... an Presse und Zuschauer (Südd. Zeitung 18. 5. 84, 31); **etw. zur S. machen** (derb; *etw. zerstören, vernichten*); **c)** ⟨Pl. -en⟩ *[weibliches] Wildschwein:* eine S. mit fünf Frischlingen. **2.** ⟨Pl. Säue⟩ (derb abwertend) **a)** *jmd., der schmutzig u. ungepflegt ist, der keinen Wert auf Sauberkeit legt, dessen Verhalten als anstößig, abstoßend u. od. ekelerregend empfunden wird:* die S. hat sich seit Tagen nicht gewaschen; diese S. hat wieder alles vollgekleckert; die ganze Lokusbrille vollgepinkelt; die alte S. hat versucht, mir unter den Rock zu fassen; sie, er ist eine geile S.; du hast schon wieder gefurzt, du S.!; Habt ihr etwa die Sexkassetten auf den Markt gebracht, ihr Säue? (B. Vesper, Reise 554); Komm her, du schwule S., ich bring dich um! (Lemke, Ganz 112); **b)** *jmd., dessen Verhalten man als gemein u. o. ä. empfindet, über den man wütend ist, sich ärgert, den man haßt:* eine gemeine, faule, fette S.; diese verdammte S. hat mich betrogen; ich kriege noch zwölf Mark von jemand, die S. läßt sich auch nicht sehen (Aberle, Stehkneipen 52); Betrachte dich als umgelegt, du rote S. (Kant, Impressum 431); Mit hochrotem Gesicht und rollenden Augen schrie er auf den Mann, der ihn als „dumme S." bezeichnet hatte, unentwegt ein (Hörzu 44, 1975, 44).

²**Sau,** die; -: frühere deutsche Form von ↑Save.

-sau, die; -, -säue (derb abwertend): drückt in Bildungen mit Substantiven aus, daß eine Person etw. Bestimmtes ist: Faschistensau, Machosau; **sau-, Sau-: 1.** (ugs. emotional verstärkend) drückt in Bildungen mit Adjektiven eine Verstärkung aus: *sehr:* saufrech, -gut, -komisch, -teuer. **2.** (derb emotional abwertend) drückt in Bildungen mit Substantiven aus, daß jmd. od. etw. als schlecht, minderwertig, miserabel angesehen wird:

Sauklaue, -leben, -wirtschaft. **3.** (ugs. emotional verstärkend) drückt in Bildungen mit Substantiven einen besonders hohen Grad von etw. aus: Sauglück, -hitze; **Sau|ar|beit,** die (salopp emotional verstärkend abwertend): *(wegen ihres Umfangs u./od. ihrer Art) äußerst unangenehme Arbeit:* am besten wäre es, den alten Lack ganz abzuschleifen, aber das ist natürlich eine S.; **Sau|ban|de,** die (salopp emotional verstärkend abwertend): *Gruppe von Menschen, deren Verhalten Ärger, Wut hervorruft:* wenn ich von der S. einen anzeige, gibt's 'ne Anzeige wegen Hausfriedensbruchs; **Sau|bar|tel,** der; -s, - (landsch. ugs. abwertend): *Schmutzfink* (1); **Sau|bel|ler,** der; -s - (Jägerspr.): *Saufinder.*

sau|ber ⟨Adj.⟩ [mhd. sūber, ahd. sūbar, über das Vlat. < lat. sobrius = nüchtern, mäßig, enthaltsam; besonnen; urspr. = sittlich rein]: **1.** *frei von Schmutz, Unrat, Verunreinigungen;* -e Hände, Fingernägel; -e Wäsche, Kleider; ein -es *(frisch gewaschenes)* Hemd, Taschentuch; ein -es Glas, Besteck; -es Wasser; -e Flüsse; eine -e Umwelt; Grüne Saaten ... umgeben das -e Dorf Kolpin mit seinen frisch gestrichenen Häuschen und seinen Blumengärten (Berger, Augenblick 34); hier ist die Luft noch [relativ] s.; ein Glas s. ausspülen; sie hat die Scheiben sehr s. geputzt; er hält sein Auto, sein Werkzeug peinlich s.; Ü Manch weiterhin ist der -e *(von Anstößigem freie)* Bildschirm nun wieder zu steril (Spiegel 51, 1977, 60); „Mein Tor bleibt s. *(ich lasse kein Tor zu, halte alle Bälle)"*, prophezeit Sepp Maier (Augsburger Allgemeine 10. 6. 78, 25); * s. sein (Jargon; *keine Drogen mehr nehmen*): Ich war ... sechs Jahre an der Nadel und bin seit über einem Jahr s. (Spiegel 29, 1980, 7). **2.** *keinen Schmutz verursachend, keine lästigen od. schädlichen Stoffe hervorbringend, mit sich bringend:* ein relativ -s Verfahren zur Papierherstellung; -e Industrien ansiedeln; Strom aus Wasserkraftwerken ist eine der -sten Energieformen; Wir machen Strom zu einer -n Sache (Hamburger Abendblatt 21. 5. 85, 15); -e (Kfz-T. Jargon; *schadstoffarme)* Motoren, Autos; das Kind ist schon s. *(verrichtet seine Notdurft nicht mehr in die Windel).* **3.** *allen Erfordernissen, den Erwartungen entsprechend, in hohem Maße zufriedenstellend, einwandfrei:* eine -e Schrift, Arbeit; die -e Kür der Turnerin begeisterte das Publikum; eine -e französische Aussprache; eine -e Technik ist Voraussetzung für ein gutes Klavierspiel; eine -e Schweißnaht, Lötstelle; ohne eine gute Antenne ist kein -er Stereoempfang möglich; eine [juristisch, politisch] -e Lösung; ein -er Vorschlag, Plan; eine -e Darstellung, Analyse des Problems; s. arbeiten, argumentieren, recherchieren; sie führt ihre Hefte sehr s.; die Kompetenzen s. trennen; eine s. gebundene Krawatte; ein s. geschriebener Entwurf; das Loch ist s. gestopft; Damit der Lack auch s. aufgetragen ist (Freizeitmagazin 12, 1978, 30); Trotzdem ist der Ford nicht das beste Autobahnauto: Er läuft nicht s. geradeaus (ADAC-Motorwelt 3, 1983, 23). **4.** *den geltenden sittli-*

chen, rechtlichen o. ä. Normen entsprechend; zu Beanstandungen keinen Anlaß gebend, einwandfrei: ein -er Charakter; eine -e Haltung; Aber der ist astrein... Sauberer Junge. Senkrechte Type (Degener, Heimsuchung 13); Man versorgt die Leute mit -en (Jargon; *nicht gefälschten*) Papieren (Lindlau, Mob 124); ich fürchte, die Sache ist nicht [ganz] s.; seine DDR-Vergangenheit scheint nicht ganz s. zu sein; Unsere Jugend soll s. bleiben (Ziegler, Recht 302); die Kripo hat ihn überprüft, aber er war s. (Jargon; *er hatte sich nichts zuschulden kommen lassen*); Wölfis Laden bleibt s. (ugs.; *in seiner Gaststätte werden keine Gesetzesverstöße geduldet;* tango 9, 1984, 113); bleib s.! (scherzh. ugs. Abschiedsformel); es bei einem großen Ölgeschäft der ENI-Tochter AGIP mit der saudiarabischen Petromin s. zugegangen ist (Saarbrücker Zeitung 8./9. 12. 79, 4); R da bist, die ist doch nicht [mehr ganz] s.! (salopp; *nicht bei Verstand, nicht bei Trost*). **5.** (iron.) *sich in Ablehnung, Verachtung hervorrufender Weise anderen gegenüber verhaltend; nicht anständig:* dein -er Bruder hat mir das eingebrockt; wir werden dem -en Herrn, Burschen das Handwerk legen; ein -es Früchtchen, dein Sohn. **6.** (ugs., bes. südd., österr., schweiz.): *in einer Weise, Menge, die Beachtung, Anerkennung verdient; beachtlich:* das ist ein -es Sümmchen; der Fallschirmspringer sprang aus einer -en Höhe; (Ausrufe der Anerkennung:) [das ist] s.!; s., s.! **7. a)** (ugs.) *auf Sauberkeit bedacht, reinlich:* Elisabeth ist Witwe, gute, -e Hausfrau von 53 Jahren (Augsburger Allgemeine 29./30. 4. 78, 30); er ist s. und ordentlich; **b)** (südd., österr., schweiz.) *schmuck:* ein -es Mädel; **sau|ber|hal|ten** ⟨st. V.; hat⟩: **a)** *in einem sauberen Zustand halten:* das Zimmer ist schwer sauberzuhalten; Kunststoffböden lassen sich leichter s.; **b)** *von Unerwünschtem freihalten:* die Beete [von Unkraut] s.; die Partei von Faschisten s.; Immerhin hielten wir ... das ganze Viertel sauber von Iwans (Küpper, Simplicius 122); der Tormann konnte sein Gehäuse bis zum Schlußpfiff s. (Sport Jargon; *konnte alle gegnerischen Schüsse auf sein Tor halten*); **Sau|ber|hal|tung,** die ⟨o. Pl.⟩: *das Sauberhalten:* die S. der Umwelt; **Sau|ber|keit,** die; - [mhd. sūberheit]: **1.** *sauberer* (1) *Zustand:* die S. läßt zu wünschen übrig; hier herrscht Ordnung und S.; auf S. achten, Wert legen; Die Fenster blitzten vor S. (Kuby, Sieg 289). **2.** *saubere* (3) *Beschaffenheit:* die S. der Schrift. **3.** *Lauterkeit, Anständigkeit:* die S. des Charakters; Eine junge Frau, die sich ... ihre innere S. bewahrt hatte (Bernstorff, Leute 7); **Sau|ber|keits|dres|sur,** die (abwertend): vgl. Sauberkeitserziehung; **Sau|ber|keits|er|zie|hung,** die: *Erziehung zur Reinlichkeit;* **Sau|ber|keits|fim|mel,** der ⟨o. Pl.⟩ (ugs. abwertend): *übertriebener Drang nach Sauberkeit:* Wie die Kinderliebe hat auch der deutsche S. seine Grenzen (Spiegel 51, 1976, 85); er hat einen S.; ach, mit ihrem S.!; **säu|ber|lich** ⟨Adj.⟩ [mhd. sūberlich]: **1.** *[genau u.] sorgfältig, ordentlich;* mit einer bis ins

Säuberlichkeit

einzelne gehenden Sorgfalt: eine -e Trennung der Begriffe; etw. s. zeichnen, unterstreichen, verpacken, zusammenlegen, beschriften, wegräumen; Schwester Petra mit ihrem Instrumentiertisch, auf dem die Instrumente fein s. geordnet liegen (Hackethal, Schneide 30). **2.** (veraltet) *sittlich einwandfrei, anständig:* ein -es Leben führen; **Säu|ber|lich|keit,** die; -: *das Säuberlichsein, säuberliche Art;* **sau|ber|ma|chen** ⟨sw. V.; hat⟩: *in einen sauberen Zustand bringen, säubern:* die Wohnung, die Badewanne s.; mach dir bitte die Schuhe sauber, bevor du reinkommst; wenn du mit den Streichen fertig bist, vergiß nicht, die Pinsel sauberzumachen; sie mußte das Baby s. *(vom Kot in den Windeln säubern);* eine Naht s. (Schneiderei); *säubern* 3); er machte sich die Fußnägel sauber, ⟨auch o. Akk.-Obj.:⟩ ich muß noch s. *(die Wohnung in einen sauberen Zustand bringen);* sie geht s. *(arbeitet als Putzfrau);* sie macht bei einem Arzt sauber *(arbeitet dort als Putzfrau);* **Sau|ber|mann,** der ⟨Pl. ...männer⟩ (scherzh.): **a)** *jmd., der ordentlich u. anständig ist, wie man es sich vorstellt, wünscht:* noch immer ist er so, wie sich die meisten Muttis ihren Sohn wünschen: ein großer „S.", freundlich und adrett (Hörzu 11, 1973, 20); Ü Und ein Blick in die Tabelle zeigt, daß dieser kleine Opel ein richtiger S. ist (Kfz-T. scherzh.: *nur wenig Schadstoffe ausstößt;* ADAC-Motorwelt 1, 1987, 24); **b)** *jmd., der darauf achtet, daß die Moral gewahrt wird:* Wir Sexualmediziner sind gewiß nicht die Saubermänner der Nation (Spiegel 33, 1985, 152); Schwierigkeiten ... mit den Porno-Staatsanwälten, den Saubermännern der Bundesprüfstelle (Börsenblatt 76, 1970, 5877); **säu|bern** ⟨sw. V.; hat⟩ [mhd. sūbern, ahd. sūbaran, sūberen]: **1.** *den Schmutz o. ä. von etw. entfernen:* den Tisch, das Geschirr s.; seine Kleider, sich vom Schmutz s.; die Schuhe mit der Bürste s.; die Wunde muß sorgfältig gesäubert werden; sich die Fingernägel s. **2.** *von Unerwünschtem, von unerwünschten Personen befreien:* der Gärtner säubert das Beet von Unkraut; Bibliotheken von verbotenen Büchern s.; die Verwaltung von politischen Gegnern, das Viertel von Kriminellen, ein Gebiet von Partisanen, den Park von Stadtstreichern, die Partei von Abweichlern s. **3.** (Schneiderei) *die Ränder einer Naht säumen;* **Säu|be|rung,** die; -, -en [1: mhd. sūberung]: **1.** *das Säubern* (1): die S. des Schwimmbeckens. **2.** *das Säubern* (2): die S. des Landes von Feinden; die S. der Partei; Ihr Vater ..., der in die Sowjetunion emigriert war und sogar die -en überlebt hatte, war von der NKWD verhaftet worden (Leonhard, Revolution 105); einer S. zum Opfer fallen; Die von den großserbischen Strategen ... forcierten Terroraktionen der „ethnischen S." (verhüll.: *der planmäßigen Eliminierung bestimmter ethnischer Gruppen durch Vertreibung, verbrecherische Militäraktionen, Mord u. andere Greueltaten)* lassen die Flüchtlingsströme weiter anschwellen (Spiegel 31, 1992, 20); **Säu|be|rungs|ak|ti|on,** die: *Aktion, die auf eine Säuberung*

(2) *abzielt:* Nach Chruschtschows S. in der Armee starben viele Generäle an verschiedensten Krankheiten (Spiegel 52, 1965, 53); **Säu|be|rungs|pro|zeß,** der: *im Zuge einer Säuberungswelle durchgeführter politischer Prozeß:* Die letzten Illusionen wurden mit den Säuberungsprozessen begraben (W. Brandt, Begegnungen 274); **Säu|be|rungs|wel|le,** die (Politik): *Welle* (2a) *von Säuberungen* (2): nach dem Ende des Prager Frühlings setzte in der Tschechoslowakei eine große S. ein. **sau|blöd, sau|blö|de** ⟨Adj.⟩ (ugs. emotional verstärkend): vgl. saudumm; **Sau|boh|ne,** die [die Bohne wurde als Schweinefutter verwendet]: **a)** *(zu den Schmetterlingsblütlern gehörende) Pflanze mit blaßgrünen Blättern u. weißen, schwarzgefleckten Blüten, deren große, nierenförmige, bräunliche Samen als Gemüse gegessen werden; Puffbohne:* -n anbauen; **b)** *[als Nahrungsmittel verwendeter, noch nicht reifer, grüner] Samen der Saubohne* (a): -n ernten; heute gibt es -n mit Speck; **Sau|bruch,** der (Jägerspr.): *Gebräch* (1). **Sau|ce:** ↑ Soße; **Sauce bé|ar|naise** [sosbearˈnɛːz], die; - - [frz., nach der frz. Landschaft Béarn] (Kochk.): *dicke weiße Soße aus Weinessig, Weißwein, Butter, Eigelb u. Gewürzen, bes. Estragon u. Kerbel;* **Sauce hol|lan|daise** [sosolãˈdɛːz], die; - - [frz. = holländische Soße, H. u.] (Kochk.): *Soße, die bei der Weißwein, Eigelb u. Butter im Wasserbad gerührt u. mit Pfeffer, Salz u. Zitronensaft abgeschmeckt werden.* **Säu|chen,** das; -s, -: Vkl. zu ↑¹Sau. **Sau|cier** [zoˈsi̯eː], der; -s, -s [frz. saucier, zu: sauce, ↑ Soße]: *Koch, der bes. auf die Zubereitung von Soßen spezialisiert ist; Soßenkoch* (Berufsbez.); **Sau|ciè|re,** die; -, -n [frz. saucière, zu: sauce, ↑ Soße]: *zum Servieren von Soße verwendete, mit einer Art Untertasse fest verbundene, kleine [ovale] Schüssel [mit Henkel u. schnabelförmig auslaufendem Rand an der gegenüberliegenden Schmalseite];* **sau|cie|ren** ⟨sw. V.; hat⟩ [frz. saucer, zu: sauce, ↑ Soße] (Fachspr.): *(Tabak) mit einer Soße* (2) *behandeln, beizen:* ein stark sauciertes Pfeifentabak; **Sau|cis|chen,** das; -s, - [dt. Vkl. zu frz. saucisse = Brat-, Knackwurst, über das Vlat. zu lat. salsicius = (ein)gesalzen]: *hauptsächlich aus Kalbfleisch hergestellte, [leicht geräucherte] kleine, dünne Brühwurst.* **Sau|di,** der; -s, -s, **Sau|di|ara|ber,** der; Ew.; **Sau|di|ara|be|rin,** die: w. Form zu ↑ Saudiaraber; **Sau|di-Ara|bi|en,** -s: Staat auf der Arabischen Halbinsel; **sau|di|ara|bisch** ⟨Adj.⟩. **Sau|di|stel,** die [die Blüten einer Art ähneln dem Rüssel eines Schweins]: *Gänsedistel;* **sau|dumm** ⟨Adj.⟩ (ugs. emotional verstärkend): *sehr dumm;* **sau|en** ⟨sw. V.; hat⟩ (ugs.): *ferkeln* (2 a, b). **sau|er** ⟨Adj.; saurer, -ste⟩ [mhd., ahd. sūr, H. u.]: **1. a)** *in der Geschmacksrichtung von Essig od. Zitronensaft liegend [u. beim Verzehren der Schleimhäute des Mundes zusammenziehend u. den Speichelfluß anregend]:* saure Äpfel, Drops; ein saurer Wein; saure *(sauer eingelegte)* Heringe, Gurken; Sie wissen ... aus Fleischresten

von vorgestern ein saures Haché machen (Th. Mann, Krull 83); dieses Brot ist mir zu s. *(enthält zuviel Säure, so daß es schwer verdaulich ist);* etw. s. *(unter Beigabe von Essig)* kochen, einlegen; er ißt die Bohnensuppe s. *(mit Essig zubereitet);* nach dem fetten Essen ist ihm s. aufgestoßen *(ist in ihm die Magensäure aufgestiegen);* * *jmdm. s. aufstoßen* (ugs.; *jmdm. Unbehagen, Ärger o. ä. verursachen):* Dieses Vorgehen stieß dem Referendumskomitee s. auf (Basler Zeitung 9. 10. 85, 12); *gib ihm Saures!* (salopp; *verprügle ihn tüchtig!);* **b)** *durch Gärung geronnen, dickflüssig geworden u. sauer* (1 a) *schmeckend:* saure Milch, Sahne; die Milch ist s., ist s. geworden; **c)** *durch Gärung[sstoffe] verdorben:* ein saurer Geruch kam aus dem Raum; das Essen ist s. geworden, riecht s.; Die Rosengasse roch ... nach ... sauren Trikots *(nach den Ausdünstungen in Trikots;* Grass, Hundejahre 274); **d)** (bes. Landw.) *[Kiesel-, Humus]säuren enthaltend u. kalkarm:* saurer Humus; da gedeiht auf nährstoffarmem, saurem Boden das Torfmoos (Simmel, Stoff 57); **e)** (Chemie) *Säure enthaltend; die Eigenschaften einer Säure aufweisend:* saure Salze, Gesteine; saure Niederschläge; Saure Flüsse verstören Lachse (Spiegel 19, 1986, 249); diese Stoffe reagieren [leicht] s. **2.** *jmdm. als Arbeit, Aufgabe o. ä. schwer werdend; nur unter großen Mühen zu bewältigen:* eine saure Arbeit, Pflicht; Damit war der SC Preußen Münster den sauren Wochen entronnen (Zeit 29. 5. 64, 25); s. verdientes, erspartes Geld; Bildung wird also jener s. erworbene Zustand genannt (Werfel, Himmel 176); die langwierige Arbeit wurde ihr s., kam sie s. an *(fiel ihr schwer, machte ihr Mühe);* ..., daß ihr das Bücken zum Kühlkasten schon s. wurde (Johnson, Ansichten 34); der Anstieg auf dem Jägerpfad war ihnen s. geworden (Kuby, Sieg 11); * *sich* ⟨Dativ⟩ *etw. s. werden lassen (sich mit etw. abmühen, die mit etw. verbundene Mühe nicht scheuen):* er saß am Tisch und schrieb und hatte allerhand Broschüren und Hefte um sich ausgebreitet ... Er ließ es sich s. werden (Kuby, Sieg 186). **3. a)** *Verdruß über etw., Mißmut ausdrückend:* mit saurer Miene; ein saures Lächeln; Gruppen von Arbeitern, die den Schutt wegräumten und saure Gesichter machten (Hilsenrath, Nazi 84); ..., sagt der Professor und wirft einen sauren Blick um sich (Heim, Traumschiff 47); **b)** (salopp) *über etw. verärgert, wütend:* Saure Reaktion seitens der französischen Regierung (Neues Leben 10, 1975, 14); sie ist ganz schön s. [auf uns], daß/weil wir sie nicht besucht haben; Auf meine liebste Klassenlehrerin war ich s. (Kempowski, Immer 39); ich werde gleich s.; Warum laufen so viele junge Ehefrauen ... so verschlampt herum? Wenn Männer darauf s. reagieren, gibt es Tränen (Hörzu 11, 1975, 106). **4.** (Jargon) **a)** *einen Motorschaden habend, aufweisend:* der Rennwagen, die Maschine ist in den letzten Runden s. geworden; die Motoren werden serienweise s. (Quick 46, 1958, 72); **b)** (bes. Sport) *konditionell verausgabt, stark er-*

schöpft: der Läufer war s.; um das junge Pferd bei den anstrengenden Seitengängen nicht s. zu machen (Dwinger, Erde 193); **Sau|er,** das; -s: **1.** (landsch.) *sauer gekochtes Gänse-, Hasenklein.* **2.** (landsch.) *kurz für* ↑ Schwarzsauer. **3.** (Fachspr.) *kurz für* ↑Sauerteig; **Sau|er|amp|fer,** der *[verdeutlichende Zus., 2. Bestandteil mhd. ampfer, ahd. ampf(a)ro = Sauerampfer, eigtl. subst. Adj. u. urspr. = der Sauere, Bittere]:* (bes. auf Wiesen wachsende) Pflanze mit länglich-elliptischen, säuerlich schmeckenden Blättern u. unscheinbaren rötlichen Blüten; **Sau|er|bra|ten,** der: *in Essig mit Gewürzen marinierter u. geschmorter Rinderbraten;* **Sau|er|brun|nen,** der: **a)** *kohlensaure Mineralquelle;* **b)** *kohlensaures Mineralwasser;* **Sau|er|brut,** die ⟨o. Pl.⟩: *in Stöcken der Honigbiene auftretende, ansteckende Krankheit, bei der die abgestorbenen Larven einen sauren Geruch verbreiten;* **Sau|er|dorn,** der ⟨Pl. -e⟩: *Berberitze.*
Sau|er|rei, die; -, -en (derb abwertend): *Schweinerei.*
Sau|er|fut|ter, das: *Gärfutter;* **Sau|er|gras,** die: **1.** *säuerlich schmeckende, hell- bis dunkelrote Kirsche (1).* **2.** *Kirschbaum von meist strauchigem Wuchs mit Sauerkirschen als Früchten;* **Sau|er|klee,** der: *kleine Pflanze mit kleeähnlichen, Oxalsäure enthaltenden Blättern u. gelben, weißen od. roten Blüten;* **Sau|er|kohl,** der ⟨o. Pl.⟩ (landsch.): *Sauerkraut;* **Sau|er|kraut,** das ⟨o. Pl.⟩ [im 14. Jh. sawer craut]: *feingehobelter, mit Salz, Gewürzen [u. Wein] der Gärung ausgesetzter u. auf diese Weise konservierter Weißkohl, der gekocht od. roh gegessen wird:* heute mittag gibt es S. mit Eisbein; **Sau|er|kraut|faß,** das: *Faß zur Herstellung u. Aufbewahrung von Sauerkraut.*
Sau|er|land, das; -[e]s: *westfälische Landschaft.*
säu|er|lich ⟨Adj.⟩ [älter: sauerlächt]: **1. a)** *leicht sauer* (1 a): ein -er Apfel, Geschmack; s. schmecken; **b)** *leicht sauer* (1 c): Das Brot aus einem leicht -en weißen Teig, ... (Fels, Kanakenfauna 95); die Milch, die Suppe riecht schon s. **2.** *mißvergnügt:* ein -es Lächeln; eine -e Miene; Andere Kollegen wiederum ergingen sich in etwas -en, zweideutig gewundenen Gratulationen (K. Mann, Wendepunkt 193); Tante Frau lächelt dazu, wenn auch ein bißchen s. (Bobrowski, Mühle 23); „Hinterher weiß man immer mehr ...", sagte ich s. (Bild 6. 4. 64, 4);
Säu|er|lich|keit, die; -: *das Säuerlichsein;* **Säu|er|ling,** der; -s, -e [2: im 16. Jh. Saurling]: **1.** *(zu den Knöterichgewächsen gehörende) Pflanze mit langstieligen, nierenförmigen Blättern u. roten Blüten in Rispen.* **2.** *Sauerbrunnen;* **Sau|er|milch,** die: *durch Gärung geronnene, dickflüssige Milch;* saure, dicke Milch; Dickmilch; **Sau|er|milch|kä|se,** der: *aus Sauermilchquark hergestellter Käse;* **Sau|er|milch|quark:** *aus Milch durch Säuerung gewonnener Quark;* **säu|ern** ⟨sw. V.⟩ [mhd. siuren, ahd. sūren]: **1.** *durch Gärenlassen konservieren* ⟨hat⟩: Kohl s. **2.** *durch Gärung sauer werden* ⟨ist/hat⟩: der Kohl säuerte längst im Fäßchen (Lenz, Suleyken 147). **3.** (Kochk.) *durch Zusatz von Essig od. Zitronensaft sauer machen:* Fisch s. und salzen; die Muscheln in leicht gesäuertem Wasser kochen; **Säu|er|nis,** die; - (geh.): **1.** *das Saure, saurer Geschmack:* Äpfel von angenehmer S. **2.** *das Sauersein* (sauer 3 b): Frustration und S. machen sich breit; Wo man hinhört – Kritik, S., Enttäuschung (Hörzu 46, 1973, 22); **Sau|er|rahm,** der: *durch Einwirkung von Milchsäurebakterien entstandene saure Sahne:* die Soße mit etwas S. binden; **Sau|er|stoff,** der ⟨o. Pl.⟩ [im 18. Jh. für frz. oxygène, zu griech. oxýs = scharf, sauer u. -genes = hervorbringend, eigtl. = Säuremacher, nach dem sauren Charakter vieler Oxyde]: *farbloses u. geruchloses Gas, das mit fast allen anderen Elementen Verbindungen bildet (chemischer Grundstoff);* Zeichen: O (↑Oxygenium); Luft enthält S.; einen Patienten mit reinem S. beatmen; flüssiger S.. (Technik): *durch Kühlung u. Kompression verflüssigter Sauerstoff);* **Sau|er|stoff|ap|pa|rat,** der: *Sauerstoffgerät;* **sau|er|stoff|arm** ⟨Adj.⟩: *arm an Sauerstoff:* eine relativ -e Luft; **Sau|er|stoff|ar|mut,** die: *Eigenschaft, sauerstoffarm zu sein:* die S. des Blutes, des Wassers; **Sau|er|stoff|bad,** das: *Heilbad* (2), *dem Sauerstoff zugesetzt wird;* **Sau|er|stoff|be|hand|lung,** die (Med.): *Sauerstofftherapie;* **Sau|er|stoff|du|sche,** die (Med.): *Atmen von reinem Sauerstoff über eine kurze Zeit;* **Sau|er|stoff|fla|sche,** die: *Flasche aus Stahl zur Aufbewahrung flüssigen Sauerstoffs;* **Sau|er|stoff|ge|blä|se,** das (Technik): *Schweißbrenner;* **Sau|er|stoff|ge|rät,** das: *Atem[schutz]gerät, das durch künstliche Sauerstoffzufuhr den Aufenthalt in einer Umgebung gestattet, die Sauerstoff nur für die Atmung unzureichender Menge bietet;* **sau|er|stoff|hal|tig** ⟨Adj.⟩: *Sauerstoff enthaltend:* -es Blut; der Planet hat eine -e Atmosphäre; **Sau|er|stoff|man|gel,** der ⟨o. Pl.⟩: *Mangel an Sauerstoff:* ein S. im Blut, im Zellgewebe; die Fische sind infolge -s verendet; **Sau|er|stoff|mas|ke,** die: *Atemmaske zum Einatmen von Sauerstoff;* **sau|er|stoff|reich** ⟨Adj.⟩: *reich an Sauerstoff:* -es Wasser; **Sau|er|stoff|säu|re,** die (Chemie): *anorganische Säure, die Sauerstoff enthält;* **Sau|er|stoff|tank,** der (Raketentechnik): *Tank zur Aufbewahrung von Sauerstoff;* **Sau|er|stoff|the|ra|pie,** die (Med.): *Behandlung* (3a), *bei der dem Organismus künstlich Sauerstoff zugeführt wird;* **Sau|er|stoff|ver|sor|gung,** die ⟨o. Pl.⟩: *Versorgung mit Sauerstoff:* besonders ist auf eine ausreichende S. des Aquariumwassers zu achten; die Atmung dient vor allem der S. des Organismus; **sau|er|stoff|zeh|rend** ⟨Adj.⟩ (Fachspr.): *der Umgebung Sauerstoff entziehend:* -e Substanzen; von -en Aerosolbomben (Spiegel 6, 1991, 147); **Sau|er|stoff|zelt,** das (Med.): *zeltähnlicher Aufbau aus Kunststoff über dem Bett eines Patienten, unter dem ihm mit Sauerstoff angereicherte Atemluft zugeführt wird:* er liegt im S.; **Sau|er|stoff|zu|fuhr,** die: *Zufuhr von Sauerstoff:* die S. war unterbrochen; für eine ausreichende S. sorgen; **sau|er|süß** [auch: '- - -] ⟨Adj.⟩: **1.** *säuerlich u. süß zugleich [schmeckend]:* -e Gurken; s. eingemachte Kürbisse. **2.** (ugs.) *freundlich, aber dabei mißgestimmt:* eine -e Miene; Eduard, beherrscht wie ein Feldherr ..., fragt mich s.: „Schmeckt's?" (Remarque, Obelisk 121); **Sau|er|teig,** der [spätmhd. süwerteic]: *durch Zusatz von Mehl u. Wasser in fortlaufender Gärung gehaltener Teig, der dem Brotteig als Mittel zur Gärung u. Lockerung zugesetzt wird;* **Sau|er|topf,** der [urspr. = Gefäß, in dem die sauer gewordenen Weinreste für die Essigherstellung aufbewahrt wurden] (ugs. abwertend): *humorloser Mensch mit vorwurfsvoll-mißvergnügter Miene:* laßt euch doch von dem alten S. nicht die gute Laune verderben; **sau|er|töp|fisch** ⟨Adj.⟩ (ugs. abwertend): *mißvergnügt u. humorlos; griesgrämig:* An der -en Miene von Dettmar Cremer ist es abzulesen, daß es nicht gut um Eintracht Frankfurt bestellt war (BM 29. 1. 78, 25); warum guckst du denn so s. aus der Wäsche?; **Säue|rung,** die; -, -en ⟨Pl. selten⟩: *das Säuern;* **Sau|er|was|ser,** das ⟨Pl. ...wässer⟩: *Sauerbrunnen;* **Sau|er|wie|se,** die: *Wiese auf saurem Boden* (1 d), *häufig nassem Boden, auf der überwiegend Riedgräser wachsen.*

Sauf|abend, der (salopp, oft abwertend): *geselliges Beisammensein am Abend, bei dem viel Alkohol getrunken wird:* einen S. veranstalten; sich zu einem S. treffen; **Sauf|aus,** der; -, - (veraltend): *Trunkenbold;* **Sauf|bold** (für 2. Bestandteil vgl. Witzbold] (salopp abwertend): *Trunkenbold;* **Sauf|bru|der,** der (salopp, oft abwertend): *Saufkumpan.*
Sau|fe|der, die (Jägerspr.): *an einem langen Schaft befestigte Klinge zum Töten von Schwarzwild.*
sau|fen ⟨st. V.; hat⟩ [mhd. sūfen, ahd. sūfan, eigtl. = schlürfen, saugen, ausgetrunken]: **1. a)** (bes. von größeren Tieren) *Flüssigkeit zu sich nehmen:* die Kuh säuft aus der Tränke; die Pferde haben seit vier Stunden nicht gesoffen; **b)** (salopp) *trinken:* du säufst ja schon wieder!; aus der Flasche s.; Wenn du so lang wärst, wie du dumm bist, könntest du aus der Dachrinne s. (Tucholsky, Werke I, 387); **c)** (salopp abwertend) *in großen gierigen Schlucken od. geräuschvoll, in unkultivierter Weise größere Mengen Flüssigkeit trinken:* tierisch, wie der säuft! **2. a)** (bes. von größeren Tieren) *als Flüssigkeit zu sich nehmen:* die Kühe saufen Wasser; bei der Hitze saufen die Tiere mindestens zehn Liter am Tag; **b)** (salopp) *als Getränk zu sich nehmen:* Wasser, Milch, Cola s.; was säufst du denn da?; das Zeug könnte ich den ganzen Tag s.; **c)** (salopp abwertend) *als Flüssigkeit in größeren Mengen zu sich nehmen:* du säufst zu viel Cola; Zwanzig Matrosen ... soffen damals durchschnittlich im Tag zweihundertsechzig Liter (Jacob, Kaffee 55); **d)** *durch Saufen in einen bestimmten Zustand bringen:* der Hund hat den Eimer leer gesoffen; (salopp in bezug auf Menschen:) in einem Zug soff er das Glas leer. **3. a)** (salopp) *Alkohol trinken:* wir gehen jetzt s.; die saufen schon wieder; **b)** (salopp) *Alkohol als Getränk zu sich nehmen:* Bier, Schnaps, Wein, Sekt s.;

Säufer

* **einen s.** *(ein alkoholisches Getränk zu sich nehmen):* wollen wir einen s. gehen?; **sich** ⟨Dativ⟩ **einen s.** *(sich betrinken, um Probleme o.ä. zu überwinden, sich aufzuheitern o.ä.):* ich glaube, heute abend werde ich mir mal einen s.; **c)** ⟨s. + sich⟩ (salopp) *sich durch viel Alkoholgenuß in einen bestimmten Zustand bringen:* sich dumm, arm, krank, zu Tode, um den Verstand s.; Die meisten haben sich schon wieder nüchtern gesoffen (v. d. Grün, Glatteis 128); **d)** (salopp) *gewohnheitsmäßig Alkohol trinken; alkoholsüchtig sein:* seine Frau säuft. ♦ **4.** ⟨in landsch. Sprachgebrauch auch sw. Prät.⟩ Sobald ich einmal die Fährte hatte, hängt' ich mich meinem Kandidaten an wie eine Klette, saufte Brüderschaft mit ihm (Schiller, Räuber II, 3); **Säu|fer,** der; -s, - (salopp abwertend): *Trinker;* **Säu|fer|bal|ken,** der (ugs. scherzh.): *(bis 1979) Schrägstrich, mit dem bei der [Zweit]ausfertigung eines Führerscheins (z.B. nach Verlust des Originals, nach Entzug wegen eines Trunkenheitsdelikts) die Zeilen für den Vermerk über die bestandene Fahrprüfung durchgestrichen sind;* **Sau|fe|rei,** die; -, -en (salopp abwertend): *Trinkerei* (1, 2, 3); **Säu|fe|rin,** die; -, -nen (salopp abwertend): w. Form zu ↑Säufer; **Säu|fer|le|ber,** die (ugs.): *durch übermäßigen Alkoholkonsum hervorgerufene Leberzirrhose;* **Säu|fer|na|se,** die (ugs.): *von übermäßigem Alkoholkonsum knollig verdickte, blaurote Nase;* **Säu|fer|stim|me,** die (ugs.): *von übermäßigem Alkoholkonsum rauhe Stimme;* **Säu|fer|wahn,** der (Med.): *Delirium tremens;* **Säu|fer|wahn|sinn,** der: *Säuferwahn;* **Sauf|ge|la|ge,** das (salopp, oft abwertend): *Trinkgelage.*
Sau|fin|der, der (Jägerspr.): *kleiner Jagdhund, der bei der Jagd das Schwarzwild aufstöbert.*
Sauf|kum|pan, der (salopp, oft abwertend): *Bekannter, mit dem man öfter gemeinsam trinkt* (3 a), *trinken* (3 a) *geht:* bitte, wenn dir deine -e wichtiger sind als deine Familie, dann geh doch zu euerm blöden Vatertagsausflug!; **Sauf|loch,** das (veraltend): *Trunkenbold;* **Sauf|lust,** die ⟨o. Pl.⟩ (salopp): *Lust, viel Alkohol zu trinken;* **Sauf|or|gie,** die (salopp, oft abwertend): *Saufgelage.*
Sau|fraß, der (derb emotional abwertend): *schlechtes Essen;* **sau|frech** ⟨Adj.⟩ (salopp emotional abwertend): *sehr frech.*
säufst, säuft: ↑saufen; **Sauf|tour,** die (salopp): *Zechtour:* eine S. machen; auf S. gehen.
Saug|ader, die (selten): *Lymphgefäß;* **Säug|am|me,** die (selten): *Amme;* **Saug|bag|ger,** der: *[schwimmfähiger] Bagger, der Kies, Sand o.ä. vom Grund eines Gewässers ansaugt;* **Saug|be|ton,** der: *weicher Beton, dem nach dem Einbringen in die Schalung Wasser u. Luft entzogen werden;* **Saug|bi|op|sie,** die [↑Biopsie] (Med.): *Entnahme von lebendem Gewebe durch Saugen mit einer Sonde;* **Saug|boh|ner,** der: *Gerät zum Staubsaugen u. Bohnern;* **saug|boh|nern** ⟨sw. V.⟩: meist nur im Inf. gebr.⟩: *mit einem Saugbohner arbeiten, bearbeiten;* **Saug|drai|na|ge,** die (Med.): *Drainage, bei der Exsudate* (1) *durch eine Saugpumpe o. ä. abgesaugt werden;* **sau|gen** ⟨st., auch, bes. in techn. Bed.: sw. V.; hat⟩ [mhd. sügen, ahd. sügan, verw. mit ↑saufen]: **1. a)** *(Flüssiges) mit dem Mund unter Anspannung der Mundmuskulatur, mit dem Rüssel in sich hineinziehen, in sich aufnehmen:* Saft aus einer Apfelsine s.; Milch durch einen Strohhalm s.; Mücken, Flöhe, Zecken, Blutegel saugen Blut; die Bienen saugen Nektar aus den Blüten; Krause sog hörbar Luft durch die Zähne (Sebastian, Krankenhaus 124); ⟨auch o. Akk.-Obj.:⟩ das Baby saugt [an der Mutterbrust]; Sie hielt ihm die Flasche hin, Fänä steckte den Gummilutscher in den Mund und sog (Degenhardt, Zündschnüre 24); Ü die Bäume saugen Wasser aus dem Boden; aus etw. neue Kraft s.; die ... Sensation, die das Publikum aus dem gewaltsamen Tod des armen Gouffé sog (Maass, Gouffé 150); ♦ älter auch mit st. Sg. Präs., häufig im 1. Part.:⟩ Gott segne dich, junge Frau, und den säugenden Knaben an deiner Brust (Goethe, Der Wandrer); So saß sie ... auf dem Anger, Leonore zu ihrer Seite und ein säugendes Kind an der Brust (Tieck, Runenberg 49); **b)** *unter Anspannung der Mundmuskulatur (die dabei einen Unterdruck erzeugt) mit dem Mund, den Lippen an etw. ziehen:* an der Zigarette, an der Pfeife s.; Er saugte nervös an seinem Stumpen (v. d. Grün, Glatteis 253); Die Eisschokolade stand für ihren Mund bereit. Sie schlürften, sogen an den Strohhalmen (Jahnn, Geschichten 148); die Kleine saugt noch am Daumen; Ida sog ärgerlich an ihren Zähnen (Baldwin [Übers.], Welt 370); Der Erbgroßherzog ... schob ein wenig seine kurze, gerundete Unterlippe empor, indem er leicht damit an der oberen sog (Th. Mann, Hoheit 76). **2.** ⟨sw. V.⟩ **a)** *mit einem Staubsauger reinigen:* er saugte den Teppich[boden], die Couch; ich muß nur noch das Wohnzimmer s.; ⟨auch o. Akk.-Obj.:⟩ hast du nebenan schon gesaugt?; der Staubsauger saugt gut; **b)** *mit einem technischen Gerät (das Unterdruck erzeugt) absaugen, entfernen:* Zement, Getreide aus den Lastkähnen s.; die Luft aus einem Gefäß s.; das Wasser wird mit einer Pumpe nach oben gesaugt; Staub s. *(mit einem Staubsauger Fußböden, Teppiche, Polstermöbel u. ä. reinigen);* sie ... stellte alle Stunde den Ventilator an, um den Rauch aus dem Zimmer zu s. (Böll, Haus 7). **3.** ⟨s. + sich⟩ **a)** (selten) *(als Flüssigkeit) in etw. eindringen:* das Wasser saugt sich in den Schwamm; das Wasser sog sich in Evelyns dünnes Kleid (Baum, Paris 16); Ü die Sonne ... saugte sich in den ganzen runden Raum (Böll, Und sagte 97); **b)** *(Flüssigkeit) in sich aufnehmen, in sich hineinziehen:* der Schwamm saugt sich voll Wasser; das Löschblatt sog sich voll Tinte; **säu|gen** ⟨sw. V.; hat⟩ [mhd. söugen, ahd. sougen, Veranlassungswort zu ↑saugen u. eigtl. = saugen machen od. lassen]: *(einen Säugling od. ein Jungtier an der Brust bzw. an Euter od. Zitzen der Mutter) saugend trinken lassen u. auf diese Weise nähren:* Eine, die mindestens zehn Kinder geboren und gesäugt hat (Kinski, Erdbeermund 56); die Kuh hat das Kalb gesäugt; **Sau|ger,** der; -s, -: **1. a)** *in Nachahmung der mütterlichen Brustwarze geformter, mit einem feinen Loch versehener Gummiaufsatz auf einer Flasche, durch den Säuglinge u. Kleinkinder Milch aus der Flasche saugen;* **b)** *Schnuller* (a). **2. a)** *Saugheber;* **b)** (ugs.) *Staubsauger;* **Säu|ger,** der; -s, - (Zool.): *Säugetier;* **Säu|ge|tier,** das: *Tier, dessen Junge von der Mutter gesäugt werden:* die -e sind die höchstentwickelte Klasse der Wirbeltiere; das größte heute lebende S. ist der Blauwal; Fledermäuse sind -e; die Schnabeltiere gehören zu den -n; **saug|fä|hig** ⟨Adj.⟩: *gut geeignet, Feuchtigkeit in sich aufzunehmen:* ein besonders -es Material, Papier; **Saug|fä|hig|keit,** die ⟨o. Pl.⟩: *Eigenschaft, saugfähig zu sein;* **Saug|fer|kel,** das (Landw.): *Ferkel, das noch beim Muttertier saugt;* **Saug|fisch,** der: *(in vielen Arten vorkommender) bes. in der Gezeitenzone warmer Meere lebender kleiner, schlanker Fisch, der sich mit Hilfe eines an der Unterseite des Körpers sitzenden Saugnapfes am Meeresboden festsaugen kann:* der Ansauger gehört zu den -en; **Saug|fla|sche,** die: *Flasche mit aufgesetztem Sauger* (1a); **Saug|foh|len,** das (Landw.): *Fohlen, das noch beim Muttertier saugt;* **Saug|glocke**[1], die: *glockenförmiges Gerät, mit dem bei schwierigen Entbindungen das Kind mittels eines Vakuums aus dem Mutterleib herausgeholt wird;* **Vakuumextraktor:** das Kind mußte mit der S. geholt werden; **Saug|he|ber,** der: *hufeisenförmig gebogenes Glasrohr, mit dem man Flüssigkeit ansaugt, die dann so lange in ein anderes Gefäß nachfließt, wie dort der Pegel der Flüssigkeit niedriger liegt als in dem ersten Gefäß;* **Saug|kap|pe,** die (Technik): *Aufsatz auf Schornsteinen o. ä., der dazu dient, einen gleichmäßigen Abzug der Rauchgase zu gewährleisten;* **Saug|kopf,** der (Technik): *Saugkappe;* **Saug|korb,** der (Technik): *(an Pumpen verwendetes) siebartiges Gefäß zur Aufnahme von Fremdkörpern;* **Saug|kraft,** die ⟨Pl. selten⟩: *Kraft, mit der etw. an- od. abgesaugt wird;* **saug|kräf|tig** ⟨Adj.⟩: *Saugkraft besitzend;* **Saug|lei|stung,** die: *von einer Maschine erbrachte Leistung in bezug auf ihre Saugkraft:* ein Staubsauger, eine Pumpe mit hoher S.; **Saug|lei|tung,** die (Technik): *Leitung, durch die etw. gesaugt wird;* **Säug|ling,** der; -s, -e [spätmhd. sügelinc]: **a)** *Kind, das noch an der Brust der Mutter od. mit der Flasche genährt wird:* sie hatte schon als S. pechschwarze Haare; Die Mädchen saßen reihenweise um den Platz, die meisten mit einem S. an der braunen Brust (Frisch, Homo 63); Es ist eine empirische Tatsache, daß mimische Ausdrucksbewegungen schon von -en verstanden werden (Natur 80); **b)** *Kind im ersten Lebensjahr:* ein elfmonatiger S.; im achten Monat kann der S. schon frei sitzen; **Säug|lings|al|ter,** das ⟨o. Pl.⟩: *Lebensalter des Säuglings* (b): die Sprachentwicklung des Menschen beginnt bereits im S.; **Säug|lings|aus|stat|tung,** die: *Babyausstattung;* **Säug|lings|be|wahr|an|stalt,** die (veraltet): vgl. Kinderbewahranstalt; **Säug|lings|er|näh|rung,**

die: *Ernährung von Säuglingen:* zu nitrathaltiges Wasser, Gemüse ist für die S. nicht geeignet; **Säug|lings|gym|na|stik,** die: *Gymnastik für Säuglinge;* **Säuglings|heim,** das: vgl. Kinderheim; **Säuglings|krip|pe,** die: vgl. Kinderkrippe; **Säug|lings|kut|sche,** die (ugs. scherzh.): *Kinderwagen;* **Säug|lings|nah|rung,** die: *Nahrung für Säuglinge;* **Säug|lings|pfle|ge,** die: *Pflege* (a) *des Säuglings;* **Säuglings|schwe|ster,** die: *auf die Säuglingspflege spezialisierte Krankenschwester;* **Säug|lings|schwim|men,** das; -s: *Schwimmunterricht für Säuglinge;* **Säuglings|sterb|lich|keit,** die: vgl. Kindersterblichkeit: eine hohe, niedrige, steigende, rückläufige S.; die S. liegt derzeit bei etwa 20 Promille; **Säug|lings|tur|nen,** das: *Säuglingsgymnastik;* **Säuglings|waa|ge,** die: *Waage zum Wiegen von Säuglingen;* **Säug|lings|zeit,** die: *Säuglingsalter:* das Laufenlernen beginnt gegen Ende der S.; **Säug|lingszim|mer,** das: *(auf der Entbindungsstation eines Krankenhauses) Zimmer, in dem die neugeborenen Kinder untergebracht werden;* **Saug|ma|gen,** der (Zool.): *Teil des Magens bestimmter Insekten;* **Saug|mas|sa|ge,** die (Med.): *Massage mit Hilfe einer auf die Haut aufgesetzten Glocke, in der ein Unterdruck erzeugt wird;* **Saug|mo|tor,** der: *Verbrennungsmotor, der die Luft od. ein Kraftstoff-Luft-Gemisch durch den bei der Bewegung des Kolbens* (1a) *entstehenden Unterdruck ansaugt;* **Saug|napf,** der (Zool.): vgl. Saugorgan; **Saug|or|gan,** das (Zool.): *zum Ansaugen od. Sichfestsaugen dienendes Organ bestimmter Tiere;* **Saug|post,** die ⟨o. Pl.⟩ (Fachspr.): *rauhes Papier, bes. für Vervielfältigungen;* **Saug|pum|pe,** die: *Pumpe zum An-, Absaugen von etw;* **Saug|re|flex,** der (Med.): *reflektorisches Saugen bei Säuglingen.*
sau|grob ⟨Adj.⟩ (derb): *sehr grob.*
Saug|rohr, das: *Pipette;* **Saug|rüs|sel,** der (Zool.): *(bei bestimmten Insekten) Rüssel zum Aufsaugen von Nahrung;* **Saug|warze,** die (Bot.): *Organ pflanzlicher Parasiten zum Eindringen in das Gewebe des Wirtsorganismus;* **Saug|wir|kung,** die: *Wirkung, die darin besteht, daß etwas angesaugt wird:* je größer der Unterdruck, desto stärker die S.; **Saug|wurm,** der (Zool): *als Parasit lebender Plattwurm, der sich mit Hilfe eines Saugnapfes am Wirtsorganismus festsaugt;* **Saug|wurzel,** die (Bot): *Saugwarze.*
Sau|hatz, die (Jägerspr.): *Jagd auf Wildschweine;* **Sau|hau|fen,** der (derb abwertend): *Gruppe von Menschen, die einen ungeordneten Eindruck macht:* Diese 3. Batterie ... scheint wahrlich ein S. zu sein (Kirst, 08/15, 323); wir sind ein individualistischer S., wir haben kein Gemeinschaftsgefühl, und eigentlich brauchen wir einen Mussolini (Hörzu 12, 1976, 16); **Sau|hund,** der (derb abwertend): *gemeiner Kerl;* **Sau|igel,** der (derb abwertend): *Schweinigel;* **sau|igeln** ⟨sw. V.; hat⟩ (derb abwertend): *schweinigeln;* **säu|isch** ⟨Adj.⟩ [spätmhd. seuwisch]: **1.** (derb abwertend) *gegen den Anstand verstoßend:* -e Geschichten, Witze; -e Anrufe. **2.** (salopp emotional verstärkend)

a) *besonders stark, groß:* eine -e Kälte; er hat ein -es Glück gehabt; **b)** ⟨intensivierend bei Adjektiven u. Verben⟩ *sehr:* etw. s. schön finden; mein Knie tut s. weh; **Sau|jagd,** die (Jägerspr.): *Sauhatz;* **sau|kalt** ⟨Adj.⟩ (ugs. emotional verstärkend): *sehr kalt:* das Wasser war absolut sauber, aber s.; es ist s.; **Sau|käl|te,** die (ugs. emotional verstärkend): *große Kälte:* draußen ist eine S.; **Sau|kerl,** der (derb abwertend): *Sauhund;* **Sau|klaue,** die (salopp abwertend): *sehr schlechte, schlecht lesbare Handschrift:* er hat eine S.; diese S. kann doch kein Mensch lesen; **Sau|kram,** der (salopp abwertend): *Schweinkram;* **Sau|la|den,** der (salopp abwertend): *schlecht geführtes Geschäft, schlecht geführter Betrieb.*
Säul|chen, das; -s, -: Vkl. zu ↑ Säule; **¹Säule,** die; -, -n [mhd. sūl, ahd. sūl, im Ablaut zu got. sauls = Säule, H. u.; die nhd. Form hat sich aus dem Pl. mhd. siule entwickelt]: **1. a)** *walzenförmige [sich nach oben leicht verjüngende], meist aus Basis, Schaft u. Kapitell bestehende senkrechte Stütze eines Bauwerks, die aber auch freistehend dekorativen Zwecken dienen kann:* eine dicke, schlanke, kannelierte, steinerne S.; -n aus Marmor; eine dorische, ionische, korinthische S.; er stand da wie eine S. *(fest u. unbeweglich);* ein Plakat an die S. *(Litfaßsäule)* kleben; der Balkon ruht auf -n, wird von -n getragen, gestützt; ein Bett mit vier hohen -n *(pfostenartigen hölzernen Stützen,* Baum, Paris 46); der Eingang wird von -n flankiert; Ü von der brennenden Fabrik stieg in einer gewaltigen Säule *(Rauchsäule)* schwarzer Rauch auf; quadratische S. (Math.; *Quader mit quadratischer Grundfläche;* **b)** *etwas, worauf sich ein größeres Ganzes gründet u. ohne das es als solches keinen Bestand haben könnte:* Militär, Beamte und Kirche sind die festen -n, die unseren Staat tragen (Kühn, Zeit 233); Den Gegenpol zu den liberalen Rechten bildet als zweite S. des Grundrechtssystems ... die Gleichheitssatz (Fraenkel, Staat 130); für die Stärkung der europäischen S. in der NATO (Zivildienst 2, 1986, 4); der Anteil jener, die ... auf die zweite S. der Altersvorsorge bauen können (NZZ 29. 4. 83, 23); er zählte zu den -en der Gesellschaft, der Mannschaft, des Kabinetts, der Opposition. **2.** kurz für ↑ Zapfsäule: an welcher S. haben Sie getankt?. **3.** kurz für ↑ Marschsäule. **4.** kurz für ↑ Quecksilbersäule, ↑ Wassersäule, ↑ Luftsäule.
²Säu|le, die; -, -n [mhd. siule, ahd. siula, eigtl. = Gerät zum Nähen, zu mhd., ahd. siuwen, ↑ ²Saum] (landsch.): *Ahle* (a).
Säu|len|ab|schluß, der (selten): *Kapitell;* **Säu|len|ba|si|li|ka,** die (Archit.): *Basilika, die Säulen als Stützen hat;* **Säu|len|ba|sis,** die (Archit.): *Basis* (2) *einer Säule;* **Säu|len|bau,** der ⟨Pl. -ten⟩: *von Säulen getragener Bau;* **Säu|len|dia|gramm,** das: *Diagramm in Form nebeneinandergestellter unterschiedlich hoher Rechtecke, od. Quader zur Veranschaulichung von Größenverhältnissen;* **säu|len|för|mig,** ⟨Adj.⟩: *in der Form einer Säule* (1a) *gleichend:* die schwere runde Tischplatte ruhte auf einem -en Mittelfuß;

Säu|len|fuß, der (Archit.): *Basis* (2) *einer Säule;* **Säu|len|gang,** der: *überdachter Gang zwischen zwei Säulenreihen;* **Säu|len|hal|le,** die: *von Säulen getragene Wandelhalle, Vorhalle;* **Säu|len|hals,** der (Archit.): *Hypotrachelion;* **Säu|len|hei|li|ge,** der ⟨christl. Rel.⟩: *(in der Ostkirche bes. vom 5. bis ins 10./11. Jh.) zur Bußübung auf einer Säule lebender Einsiedler; Stylit:* Ü Ich bin kein -r, der als mahnendes Beispiel für alle Alkoholkranken dazustehen hat (Hörzu 49, 1984, 123); Fast möchte man ihn für einen -n halten, einen Wüstenmenschen, einen Sektierer (Spiegel 16, 1982, 267); **Säu|len|kak|tus,** der: *hoher, meist unverzweigter Kaktus mit stark gerippten Trieben u. großen, langen, bei Nacht sich entfaltenden Blüten;* **Säu|len|ka|pi|tell,** das (Archit.): *Kapitell einer Säule;* **Säu|len|knauf,** der (Archit.): *Säulenkapitell;* **Säu|len|kopf,** der (Archit.): *Säulenkapitell;* **Säu|len|ord|nung,** die (Archit.): *von den Säulen bestimmte Proportionierung bes. im vertikalen Aufbau des antiken Tempels:* die griechischen -en; die klassizistische Architektur verwendet gern die dorische S.; **Säu|len|por|tal,** das (Archit.): *durch Säulen gegliedertes [Gebäude]portal;* **Säu|len|rei|he,** die: *Reihe von Säulen:* Mittelschiff und Seitenschiffe sind jeweils durch eine S. voneinander getrennt; **Säu|len|schaft,** der (Archit.): *langer Mittelteil einer Säule zwischen Basis u. Kapitell;* **Säu|len|sta|tue,** die: *Statue, die im Rücken mit einer Säule fest verbunden ist:* eine gotische S.; **Säu|len|stumpf,** der: *unterster Teil einer zerbrochenen Säule;* **Säu|len|tem|pel,** der: *von Säulen getragener antiker Tempel;* **Säu|len|vor|bau,** der: *Portikus.*
Sau|lus, der; -: in den Wendungen **aus einem S. zu einem Paulus werden/vom S. zum Paulus werden** o. ä. *(sich bezüglich seiner Überzeugung, seiner Einstellung zu etwas Bestimmtem tiefgreifend wandeln;* nach Apg. 9, 1ff., wo über die Bekehrung des Saulus – des späteren Apostels Paulus – berichtet wird): er war ein glühender Verfechter der Kernkraft gewesen, bis er unter dem Eindruck der Katastrophe von Tschernobyl vom S. zum Paulus wurde; Welche Einflüsse hatten bewirkt, daß innerhalb weniger Monate aus dem Unentschiedenen der Entschlossene ..., aus S. ein Paulus wurde? (Jens, Mann 68); Wer könnte das besser beurteilen als dieser vom S. zum Paulus bekehrte Arzt? (Grossmann, Liebe 38).
¹Saum, der; -[e]s, Säume [mhd., ahd. soum = Last(tier) < vlat. sauma = Packsattel < lat. sagma < griech. ságma) (veraltet): *Last.*
²Saum, der; -[e]s, Säume [mhd., ahd. soum, zu mhd., ahd. siuwen = nähen (vgl. engl. to sew = nähen)]: **1.** *nach der Innenseite [doppelt] umgeschlagener u. dort angenähter Stoffrand eines Kleidungs-, Wäschestücks, durch den ein Ausfransen verhindert werden soll:* ein breiter, schmaler S.; der S. eines Rocks, Ärmels; es war, als ob der S. eines dunklen Gewandes noch über das feuchte Gras dahinschleifte (Geissler, Wunschhütlein 167); ein falscher S. *(als Saum angesetzter Stoffstreifen);* den S. abstecken, umle-

Saumagen

gen, bügeln, heften, nähen, auftrennen, auslassen; Die Kleider der Frauen ... waren an der Brust, den Ärmeln, am unteren S. vielfach mit Gold- und Silberbesatz in durchbrochener Arbeit geschmückt (Th. Mann, Krull 427). **2.** (geh.) *Rand [von etw. Flächenhaftem]:* Die Säume der Wolken glühten golden (Rehn, Nichts 88); am S. der Wiese, des Waldes.

Sau|ma|gen, der (Kochk.): *gefüllter* (1 b) *Magen vom Schwein:* Auf ausdrücklichen Wunsch des Kanzlers, der in- und ausländische Gäste seit langem werbewirksam mit S. und Pfälzer Wein traktiert ... (Spiegel 17, 1986, 250); **sau|mäßig** ⟨Adj.⟩: (salopp) **a)** *unheimlich* (2 a): -es Glück, Pech; es ist s. kalt; es regnet s.; Es tue ihm da s. weh, hatte er gesagt (M. Walser, Seelenarbeit 281); **b)** (abwertend) *miserabel* (a, b): die Bezahlung ist s.; Zwischendurch wird dieser oder jener gelobt oder getadelt, weil er ausgezeichnet oder s. tanzt (Zwerenz, Kopf 29); wie hast du geschlafen? – Mäßig bis s. (scherzh.; *nicht sehr gut, ziemlich schlecht*).

Saum|bio|top, der od. das (Ökologie): *Lebensraum von meist geringer Ausdehnung, der sich zwischen aneinandergrenzenden, unterschiedlichen Biotopen ausbildet u. eine eigene, charakteristische Lebensgemeinschaft* (b) *besitzt;* **Säum|chen**, das; -s, -: Vkl. zu ↑²Saum; **¹säu|men** ⟨sw. V.; hat⟩: **1.** *(ein Kleidungs-, Wäschestück) mit einem ²Saum* (1) *versehen:* einen Rock, eine Tischdecke s.; das Tuch ist an zwei Seiten gesäumt. **2.** (geh.) *sich zu beiden Seiten von etw., rundherum um etw. befinden; sich an etw. entlang hinziehen:* Sträucher, Bäume säumen den Weg; Tausende säumten den Weg des Rosenmontagszuges; Jedenfalls säumte diese Stadt ... das Ufer einer stillen Bucht (Kusenberg, Mal 54); ⟨oft im 2. Part.:⟩ die ... Bärlappstraße ..., gesäumt von mietgünstigen Beamtenwohnblocks und Siedlungshäusern (Lentz, Muckefuck 18).

²säu|men ⟨sw. V.; hat⟩ (veraltet): *mit Saumtieren Lasten befördern.*

³säu|men ⟨sw. V.; hat⟩ [mhd. sūmen, H. u.] (geh.): *aus Nachlässigkeit od. Trägheit mit der Ausführung von etw. warten; sich bei etw. zu lange aufhalten:* du darfst nicht länger s.; sie kamen, ohne zu s.; sehr lange ... hättet ihr nicht mehr s. dürfen mit seiner Erlösung (Th. Mann, Joseph 608); ⟨subst.:⟩ sie machten sich ohne Säumen auf den Weg; Ü das gewöhnliche Leben, das kraftvoll und tätig dahinstreicht, säumt nicht bei Überlegungen (Musil, Mann 1321); ♦ ⟨auch s. + sich:⟩ Damals säumte man sich nicht lange an der Gräbt; es waren die Herzen zu voll (Gotthelf, Spinne 117); Noch einen Grund, sich nicht zu s., darf ich nicht verschweigen (Wieland, Gandalin 1794 f.).

¹Säu|mer, der; -s, -: *Zusatzteil einer Nähmaschine zum* ¹*Säumen* (1).

²Säu|mer, der; -s, - [mhd. sōumære, sōumer, zu: soum, ↑¹Saum] (veraltet): **1.** *Lasttier.* **2.** *Saumtiertreiber:* ♦ Hier geht ... der S. mit dem schwerbeladnen Roß, der ferne herkommt von der Menschen Ländern (Schiller, Tell IV, 3).

³Säu|mer, der; -s, - [zu ↑³säumen] (selten): *Zauderer;* **Säu|me|rin**, die; -, -nen (selten): w. Form zu ↑³Säumer; **säu|mig** ⟨Adj.⟩ [mhd. sūmic, ahd. sūmīg] (meist geh.): *aus Nachlässigkeit etw. nicht termingerecht ausführend, sich mit etw. Zeit lassend:* ein -er Zahler, Schuldner; einige Leute fingen, wie bei -em *(verspätetem)* Aktbeginn im Theater, leise zu trampeln an (Maass, Gouffé 324); bei der Arbeit s. sein; seine Rechnungen gar nicht oder nur s. begleichen; **Säu|mig|keit**, die; - (geh.): *das Säumigsein, säumige Art.*

Säum|ling, der; -s, -e (Holzverarb.): *beim Besäumen* (1) *von Brettern abfallendes Stück Holz mit Resten von Baumrinde;* **Saum|naht**, die: *Naht* (1 a), *mit der der* ²*Saum* (1) *festgenäht ist.*

Säum|nis, die; -, -se od. das; -ses, -se [mhd. sūmnisse]: **1.** (geh.) *das* ³*Säumen:* etw. ohne S. erledigen, bezahlen; Es muß jedoch „ohne vermeidbare S." eine richterliche Entscheidung eingeholt werden (MM 7. 7. 72, 15). **2. a)** (Rechtsspr.) *Versäumung eines gerichtlichen Termins zur mündlichen Verhandlung;* **b)** (geh., selten) *Versäumnis:* es gelte nicht den Strafvollzug, sondern die erzieherischen Eltern anzugreifen (MM 24. 1. 70, 21); **Säum|nis|zu|schlag**, der: *Zuschlag, der auf verspätet abgeführte Steuern erhoben wird.*

Saum|pfad, der [zu ↑¹Saum]: *Weg im Gebirge für Saumtiere.*

Saum|sal, die; -, -e od. das; -[e]s, -e [mhd. sūmsal] (veraltet): *Säumigkeit.*

Saum|sat|tel, der: *Sattel für die vom Saumtier beförderten Lasten.*

saum|se|lig ⟨Adj.⟩ [mhd. sūmeselic] (geh.): *bei der Ausführung von etw. recht langsam, sich Zeit lassend:* ein -er Mensch; er ist, arbeitet sehr s.; **Saum|se|lig|keit**, die; - (geh.): *das Saumseligsein, saumselige Art.*

Saum|tier, das [zu ↑¹Saum]: *zur Beförderung von Lasten im Gebirge eingesetztes Tier.*

Sau|na, die; -, -s u. ...nen [finn. sauna, eigtl. = Schwitzstube]: **1.** *dem Schwitzen dienender Aufenthalt in der meiste Zeit trockenen Hitze einer Sauna* (2 a), *während dessen von Zeit zu Zeit Wasser zum Verdampfen gebracht wird, indem man es über heiße Steine gießt:* S. ist gut gegen Kreislaufbeschwerden. **2. a)** *(öfter in einem kleinen Holzhäuschen untergebrachter) für Saunabäder bestimmter Raum mit hölzernen od. holzverkleideten Wänden:* die S. einheizen; er hat sich im Keller eine S. eingerichtet, gebaut; in die S. gehen; er war gestern in der S.; Es war schwül wie in der S. (Fels, Sünden 76); **b)** *öffentliche od. kommerzielle Einrichtung, in der man gegen ein Entgelt Saunabäder nehmen kann:* eine öffentliche, städtische S.; die schwulen Saunen, die in ihren Ruhekabinen mehr als Entspannung von den Hitzeprozeduren versprechen (Frings, Männer 250); regelmäßig in die S. gehen; ich habe ihn in der S. kennengelernt; **Sau|na|bad**, das: *Sauna* (1): *regelmäßige Saunabäder;* ein S. nehmen; **Sau|na|ba|den**, das; -s: *das Saunieren:* S. ist gesund, steigert Fitness und Wohlbefinden (Haus 2, 1980, 56); **Sau|na|tuch**, das ⟨Pl. ...tücher⟩ (Flugw.): *feuchtes Tuch, das sich der Fluggast zur Erfrischung auf das Gesicht legt;* **sau|nen, sau|nie|ren**, ⟨sw. V.; hat⟩: *ein Saunabad nehmen:* wie man zu Hause „richtig" saunen muß, damit es der Gesundheit wirklich nützt (Hörzu 15, 1981, 84); ⟨subst.:⟩ „Schwitzkasten" sehr gefragt ... Saunen ist „in" (MM 14. 1. 85, 11); Ist Saunieren nur eine Mode, oder hat es auch therapeutischen Wert? (Hörzu 45, 1973, 97).

SA-Uni|form, die (ns.): *Uniform der SA.*

Sau|packer¹, der (Jägerspr.): *Saurüde.*

Sau|rach, der; -[e]s, -e [spätmhd. sūrach, sūroch, zu ↑sauer] (landsch.): *Sauerdorn;* **Säu|re**, die; -, -n [mhd. s(i)ure, ahd. sūri, zu ↑sauer]: **1.** ⟨o. Pl.⟩ *saure Beschaffenheit:* die S. des Essigs, eines Apfels; die Weine von der Mosel ... haben meist eine ganz leichte S. (Horn, Gäste 88). **2.** (Chemie) *chemische Verbindung, die in wäßriger Lösung Wasserstoffionen abgibt, mit Basen Salze bildet, blaues Lackmuspapier rot färbt u. einen mehr od. weniger sauren Geschmack hat:* eine schwache, starke, ätzende S.; die S. greift das Metall an, zerfrißt, zerstört das Gewebe; Die -n des Bodens gerben Körper und Kleidung und verhindern jede Fäulnis, jeden Zerfall (Simmel, Stoff 58); der Wein enthält kaum S.; er hat zuviel S. *(Magensäure);* salpet[e]rige S. *(vom dreiwertigen Stickstoff abgeleitete Sauerstoffsäure, die nur in kalten, verdünnten wäßrigen Lösungen beständig ist);* **säu|re|arm** ⟨Adj.⟩: *arm an Säure* (2): ein -er Wein; **säu|re|be|stän|dig** ⟨Adj.⟩: *säurefest:* -er Stahl; das Material muß s. sein; **Säu|re|farb|stoff**, der (Chemie): *synthetischer, wasserlöslicher, organischer Farbstoff, der bei Zusatz von Säure Wolle und Seide direkt färbt;* **säu|re|fest** ⟨Adj.⟩: *unempfindlich, widerstandsfähig gegenüber Säure:* -e Keramik; **säu|re|frei** ⟨Adj.⟩: *keine Säure enthaltend;* **säu|re|ge|halt**, der: *Gehalt an Säure;* **Säu|re|grad**, der: *Grad der Konzentration einer Säure;* **Sau|re|gur|ken|zeit**, die; -, auch: *Saurengurkenzeit*, -en, auch: Saurengurkenzeiten [urspr. in der berlin. Kaufmannsspr. Bez. für die Zeit des Hochsommers, in der die Gurken reif u. eingelegt werden, in der Ferien sind u. der Geschäftsbetrieb nicht allzu groß ist] (ugs. scherzh.): *im Ablauf des Jahres Zeitraum [während der Sommerferien], in dem es an geschäftlicher, politischer, kultureller o. ä. Aktivität fehlt, in dem sich saisonbedingt auf einem bestimmten Gebiet nichts ereignet:* wie jedes Jahr zur S. berichten die Zeitungen heute darüber, daß „Nessie" mal wieder gesichtet worden sein soll; **säu|re|hal|tig** ⟨Adj.⟩: *Säure enthaltend:* der Wein ist sehr s.; **Säu|re|he|ber**, der (Chemie): vgl. Heber (2); **Säu|re|man|gel**, der: *Mangel an Säure (z. B. an Magensäure);* **Säu|re|man|tel**, der (Fachspr.): *(das Wachstum von Bakterien hemmender) aus säurehaltigen Absonderungen der Haut bestehender Film auf der Oberfläche der Haut:* Seife zerstört den natürlichen S. der Haut; **Säu|re|mes|ser**, der: *Gerät zum Messen des pH-Werts einer Lösung;* **Säu|re|rest**, der (Chemie): *nach Abspaltung des einer Säure gebundenen Wasserstoffs blei-*

bender Rest; **Säu|re|schutz|an|zug,** der: *beim Umgang mit stark ätzenden Säuren getragener Schutzanzug;* **Säu|re|stand,** der (Technik): *Stand der Säure in einem Bleiakkumulator:* ein zu niedriger S. verkürzt die Lebensdauer einer Autobatterie; den S. kontrollieren; **Säu|re|überschuß,** der: vgl. Säuremangel; **Säu|re|ver|ät|zung,** die: *durch Säure hervorgerufene Verätzung;* **Säu|re|ver|gif|tung,** die: *Vergiftung durch Säure;* **Säu|re|wecker¹,** der: **1.** (Physiol.) *die Bildung von Magensäure anregender Stoff:* Koffein, Alkohol ist ein S. **2.** (Molkereiwesen) *Reinkultur* (3) *von Milchsäurebakterien, die für die Herstellung von Butter zum Rahm hinzugefügt werden u. ihm den notwendigen Säuregrad geben;* **Säu|re|zahl,** die (Chemie): *(bes. der Bestimmung des Alters von Fetten dienende) Kennzahl für den Gehalt an Fettsäuren in Fetten;* Abk.: SZ; **Säu|re|zei|ger,** der: *Pflanze, die saure Böden anzeigt* (z. B. Sauerklee, Heidelbeere).

Sau|ri|er, der; -s, - [zu griech. saũros = Eidechse]: *ausgestorbenes, sehr großes, räuberisches bzw. pflanzenfressendes Reptil des Mesozoikums;* **Sau|ro|lith** [auch: ...'lɪt], der; -s u. -en, -e[n] [↑ -lith] (Paläont.): *versteinerter Saurier;* **Sau|ro|pode,** der; -n, -n [zu griech. poús (Gen.: podós) = Fuß]: *pflanzenfressender Riesensaurier;* **Saur|op|si|den** ⟨Pl.⟩ [zu griech. ópsis = das Sehen; Erscheinung]: *Vögel u. Reptilien.*

Sau|rü|de, der (Jägerspr.): *Hund zum Hetzen, Packen u. Festhalten von Wildschweinen.*

Saus: nur in der Wendung **in S. und Braus leben** *(allzu sorglos prassend leben;* mhd. sūs = das Sausen, Brausen [zu ↑ sausen]; mhd. brūs = Lärm [zu ↑ brausen]): sie ... tun überhaupt nichts und leben in S. und Braus (Fels, Sünden 13).

sau|schlecht ⟨Adj.⟩ (salopp): *sehr schlecht:* er hat ein -es Gewissen; das Ergebnis war s.; Ich fühlte mich s. (Frings, Männer 168); mir ist s. / die Mannschaft hat s. gespielt; **sau|schwer** ⟨Adj.⟩ (salopp): *sehr schwer:* die Waschmaschine ist s.; aber es ist eben s., die richtige Form zu finden (Hörzu 17, 1983, 26).

Sau|se, die; -, -n [zu ↑ sausen] (salopp): **a)** *Feier mit großem Alkoholkonsum:* eine große, fröhliche S. veranstalten; In zwei Monaten ist die Kleine ... 18. Dann gibt's hier die ganz große S. (Degener, Heimsuchung 139); jmdn. zu einer S. einladen; **b)** *Zechtour:* eine (richtige) S. machen; Vor Mitternacht sei er, erheblich angetrunken, von einer dreitägigen S. durch Düsseldorfer Vergnügungsviertel nach Hause gekommen (Prodöhl, Tod 127); **säu|seln** ⟨sw. V.; hat⟩ [verkleinernde Weiterbildung zu ↑ sausen], eigtl. = ein wenig sausen]: **1.** *[wie] durch eine leichte Bewegung der Luft ein leises Geräusch von sich geben* ⟨hat⟩: der Wind säuselt in den Zweigen; die Blätter, Bäume säuseln [im Wind]; ⟨auch unpers.:⟩ es säuselt in den Zweigen. **2.** (iron.) *mit [verstellter] leiser Stimme etw. zu jmdm. sagen* ⟨hat⟩: ich weiß nicht mehr, was sie alles gesäuselt hat; Und so säuselte und flötete er denn weiter in den süßesten Tönen und umhätschelte den Kranken (Süskind, Par-

füm 135); Nuttria ... war vielleicht auf Hundertachtzig - reif für die Zwangsjacke, kann ich dir s. (ugs. *sagen;* Rechy [Übers.], Nacht 369). **3.** *sich [mit säuselndem Geräusch] sacht, gleitend fortbewegen, irgendwohin bewegen* ⟨ist⟩: Blätter säuseln zur Erde; ... säuselte [er] auf einmal wie ein Aal durch das Wasser (Lenz, Suleyken 80); **sau|sen** ⟨sw. V.⟩ [mhd. sūsen, ahd. sūsōn, lautm.]: **1.** *ein anhaltend starkes, scharfes od. gleichmäßig an- und abschwellendes Geräusch wie bei einer Reibung von sich geben* ⟨hat⟩: der Wind, Sturm sauste [im Kamin]; das Blut sauste ihm in den Ohren; sein Kopf sauste (er verspürte ein Sausen im Kopf; Gaiser, Jagd 91); ⟨auch unpers.:⟩ es sauste in der Telefonmuschel, in seinem Ohr; ⟨subst.:⟩ das Sausen des Windes. **2.** *sich [mit sausendem* (1) *Geräusch] sehr schnell fortbewegen, irgendwohin bewegen* ⟨ist⟩: die Mutter sauste in die Küche; zur Schule, zur Arbeit, nach Hause s.; mit dem Fahrrad um die Ecke s.; mit dem Auto durch die Stadt, über die Autobahn s.; er ist in den Graben gesaust (ugs. *ist bei seiner Fahrt ins Gelände gelandet);* der Fahrstuhl sauste abwärts; die Peitsche sauste auf den Rücken der Pferde; eine Dachlawine sauste auf die Gasse; ein Zünder, er ist da ins Gebüsch gesaust (Remarque, Westen 48); ihm war eine Schwelle auf den Arm gesaust (*mit Wucht gefallen;* Kühn, Zeit 15); * **einen s. lassen** (derb; ↑fahren 11). **3.** (salopp) *rasseln* (2b): er ist durchs Examen, durchs Abitur gesaust. **4.** (landsch.) *(von Most, Federweißem) stark gären, schäumen:* der Most fängt schon an zu s.; **sau|sen|las|sen** ⟨st. V.; hat sausenlassen/(seltener:) sausengelassen⟩ (salopp) **a)** *(auf etw.) verzichten; nicht wahrnehmen, nicht nutzen; aufgeben; nicht weiter betreiben od. verfolgen:* ein Angebot, einen Job, ein Konzert, eine Party s.; eine Gelegenheit, eine Chance s.; einen Arzttermin, eine Verabredung s.; Er ließ seine Karriere als Politiker sausen (Praunheim, Armee 22); Er hat frühe Erfolge als Schauspieler ... und läßt das Gymnasium sausen (Spiegel 45, 1977, 60); **b)** *sich von jmdm., um dessen Freundschaft, Zuneigung, Partnerschaft o. ä. man bemüht war, abwenden:* laß ihn sausen, er ist sowieso nicht der Richtige für dich!; sie hätte den Schrankenwärter sausenlassen (Bieler, Bonifaz 191); **Sau|ser,** der; -s, - [zu ↑ sausen (4)] (landsch.): *Federweißer;* **Sau|seschritt,** der: in der Fügung **im S.** (ugs. scherzh.: *erstaunlich rasch [u. flüchtig, bei nichts länger verweilend]:* nach Wilhelm Busch, Julchen: Eins, zwei, drei! Im S. läuft die Zeit, wir laufen mit): wir waren uns im S. der Jahrtausendwende; im Geschichtsunterricht geht es im S. durch die Jahrhunderte; Während ... sich die Arbeitslosigkeit im S. erhöhte (Spiegel 20, 1983, 83); **Sau|se|wind,** der: **1.** (Kinderspr.) *starker Wind.* **2.** (ugs. scherzh.) *unsteter, sehr lebhafter Mensch.*

Sau|stall, der: **1.** *Stall für Säue, Schweine.* **2.** (salopp abwertend) **a)** *sehr unordentliches, verschmutztes Zimmer o. ä.:* wie oft soll ich dir noch sagen, daß du deinen S. endlich aufräumen sollst?; in diesem S.

können wir keinen Besuch empfangen; **b)** *Sauladen:* „Das (= dieses Lokal) ist ein S. - das ist ein einziger S. hier", schrie einer (Ott, Haie 15); in dem S. geht alles drunter und drüber; **c)** *große Unordnung, großes Durcheinander; unhaltbare Zustände:* In der ... Mondlandefähre ... herrsche im ... von Stunde zu Stunde sich verschlimmernder S. (Spiegel 17, 1970, 144); mach mir hier bloß keinen S.!; nachdem er an ... den S. im Personalamt ... gedacht hatte (Kirst, 08/15, 717).

sau|té [zo'te:; frz., 2. Part. von: sauter, ↑sautieren] (Kochk.): frz. Bez. für *sautiert.*

Sau|ter|nes [so'tɛrn], der; -, - [...ns] [nach dem frz. Ort u. der Landschaft Sauternes]: *fruchtiger, süßer französischer Weißwein.*

sau|teu|er ⟨Adj.⟩ (salopp, oft abwertend): *sehr teuer:* die Schweiz ist ein sauteures Pflaster; das Hotel ist echt spitze, aber s.; Das Nest hier ist s. Von den Liegegebühren will ich gar nicht anfangen (Heim, Traumschiff 363).

Sau|teu|se [zo'tø:zə], die; -, -n [frz. sauteuse, zu: sauter, ↑sautieren]: *hochwandige Pfanne* (1) *zum Sautieren;* **sau|tie|ren** [zo...] ⟨sw. V.; hat⟩ [frz. (faire) sauter, eigtl. = (in der Pfanne) springen machen < lat. saltare = tanzen, springen] (Kochk.): **a)** *kurz in der Pfanne braten;* **b)** *(bereits gebratene Stücke Fleisch od. Fisch) kurz in frischem, heißem Fett schwenken.*

Sauve|gar|de [zo:f'gart], die; -, -n [frz. sauvegarde, zu: sauf, sauve = unversehrt, wohlbehalten u. garde = Bewachung, Aufsicht] (veraltet): **1.** *Schutz-, Sicherheitswache.* **2.** *Schutzbrief* (gegen Plünderung); **sauve qui peut** [sovki'pø; frz.] (bildungsspr. veraltet): *rette sich, wer kann!*

Sau|wet|ter, das ⟨o. Pl.⟩ (salopp abwertend): *besonders unangenehmes, bes. nasses u. kaltes Wetter:* willst du bei dem S. wirklich mit dem Rad fahren?; **Sau|wirtschaft,** die (salopp abwertend): vgl. Wirtschaft (5b): diese S. muß aufhören, was ist das hier bloß für eine S.!; **sauwohl** ⟨Adv.⟩ (salopp): meist in der Verbindung **sich s. fühlen** *(sich besonders wohl fühlen);* **Sau|wut,** die (salopp): *große Wut:* ich hab' eine S.!

Sal|va|la|di, die; -, - [entstellt aus ital. cervellata, ↑Zervelatwurst] (österr.): *Zervelatwurst.*

Sal|van|ne, die; -, -n [span. sabana < Taino (Indianerspr. der Karibik) zavana]: *tropisches Grasland mit einzeln od. in lockeren Gruppen stehenden Bäumen u. Sträuchern:* eine endlose S.; die Tiere der S.; meilenweit nichts als S.; **Sal|van|nen|kli|ma,** das: *in den Savannen herrschendes Klima;* **Sal|van|nen|tier,** das: *in der Savanne lebendes Tier:* die Giraffe ist ein [typisches] S.

Sal|va|rin ['zavarɛ̃, auch: ...'rɛ̃:], der; -s, -s [nach dem frz. Schriftsteller Brillat-Savarin (1755-1826)]: *mit Rum getränkter Hefekuchen.*

Sal|ve, die; -: *in den Julischen Alpen entspringender, in Belgrad mündender rechter Nebenfluß der Donau.*

Sal|voir-faire [savwar'fɛ:r], das; - [frz. savoir-faire, eigtl. = das Zu-tun-Wissen]

Savoir-vivre

(bildungsspr.): *Gewandtheit;* **Sa|voir-vi-vre** [savwar'vi:vr], das; - [frz. savoir-vivre, eigtl. = das Zu-leben-Wissen] (bildungsspr.): *die Kunst, das Leben zu genießen: Deutsche Weinseligkeit raus, französisches „S." rein* (Spiegel 22, 1985, 221).
Sa|vo|yar|de, der; -n, -n: Ew.; **Sa|vo|yar|din,** die; -, -nen: w. Form zu ↑ Savoyarde; **Sa|voy|en,** -s: historische Provinz in Ostfrankreich; ¹**Sa|voy|er,** der; -s, -: Ew.; ²**Sa|voy|er** ⟨indekl. Adj.⟩: die S. Alpen; **Sa|voy|e|rin,** die; -, -nen: w. Form zu ↑¹Savoyer; **Sa|voy|er|kohl,** der; -[e]s [das Gemüse wurde früher häufig aus Südfrankreich eingeführt] (selten): *Wirsing;* **sa|voy|isch** ⟨Adj.⟩.
¹**Sax:** ↑ Sachs.
²**Sax,** das; -, -e (Musik Jargon): *Saxophon;* **Sa|xer,** der; -s, - (Musik Jargon): *Saxophonist;* **Sa|xe|rin,** die; -, -nen (Musik Jargon); w. Form zu ↑ Saxer; **Sax|horn,** das [vgl. Saxophon] (Musik): *dem ²Kornett ähnliches Horn* (3) *mit Ventilen statt Klappen.*
Sa|xi|fra|ga, die; -, ...fragen [lat. saxifrag(i)a, zu: saxum = Felsen u. frangere = brechen]: *Steinbrech.*
Sa|xo|phon, das; -s, -e [nach dem belgischen Instrumentenbauer A. Sax (1814–1894); 2. Bestandteil zu griech. phōnḗ, ↑Phon]: *metallenes, weich klingendes Blasinstrument mit klarinettenartigem Mundstück u. stark konisch geformtem Rohr, das in einen nach oben gebogenen Schalltrichter ausläuft;* **Sa|xo|pho|nist,** der; -en, -en: *jmd., der [berufsmäßig] Saxophon spielt;* **Sa|xo|pho|ni|stin,** die; -, -nen: w. Form zu ↑ Saxophonist; **Sa|xo|phon|so|lo,** das, (bes. Jazz, Rockmusik): *auf einem Saxophon gespieltes Solo;* **Sa|xo|trom|ba,** die; -, ...ben [nach dem belgischen Instrumentenbauer A. Sax (1814–1894); 2. Bestandteil zu ital. tromba = Trompete]: *bes. in der älteren französischen Militärmusik verwendetes Blechblasinstrument mit Ventilen* (2 a).
Say|nète [zɛ'nɛt], die; -, -n [...tn; frz. saynète < span. sainete, ↑Sainete]: *kurzes französisches Lustspiel mit zwei od. drei Personen.*
Sä|zeit, die (seltener): *Saatzeit.*
sa|zer|do|tal ⟨Adj.⟩ [lat. sacerdotalis, zu: sacerdos (Gen.: sacerdotis) = Priester] (veraltet): *priesterlich;* **Sa|zer|do|ti|um,** das; -s [1: lat. sacerdotium, zu: sacerdos, ↑sazerdotal; mlat. sacerdotium]: **1.** (veraltet) *Amt, Würde eines Priesters.* **2.** *(im MA.) die geistliche Gewalt des Papstes.*
sb = Stilb.
Sb = Stibium.
SB = Selbstbedienung.
S-Bahn ['ɛs-], die [kurz für: Schnellbahn, Stadtbahn]: *elektrisch betriebene, auf Schienen laufende Schnellbahn für den Personenverkehr in Großstädten u. Stadtregionen;* **S-Bahn|hof,** der: *Bahnhof der S-Bahn;* **S-Bahn-Sta|ti|on,** die: vgl. S-Bahnhof; **S-Bahn-Sur|fen,** das (ugs.): *aus Übermut betriebenes waghalsiges Mitfahren auf dem Dach od. an einer Außenseite eines S-Bahn-Wagens: er ist beim S. ums Leben gekommen;* **S-Bahn-Sur|fer,** der (ugs.): *jmd., der das S-Bahn-Surfen betreibt: S. vom Zugdach gerettet* (Rheinpfalz 29. 7. 91, 28); **S-Bahn-Sur-**

fe|rin, die (ugs.): w. Form zu ↑ S-Bahn-Surfer; **S-Bahn-Wa|gen,** der: *Wagen der S-Bahn;* **S-Bahn-Zug,** der: *Zug der S-Bahn.*
SBB = Schweizerische Bundesbahnen.
Sbir|re, der; -n, -n [älter ital. sbirro, zu spätlat. birrus = Kapuzenmantel; nach der Kleidung] (früher): *Polizeidiener in Italien.*
SB-Laden, der: *Selbstbedienungsladen (bes. für Lebensmittel u. Haushaltsartikel);* **SB-Markt,** der: vgl. SB-Laden.
s. Br., südl. Br. = südliche Breite.
SB-Re|stau|rant, das: vgl. Cafeteria.
Sbrinz, der; -[es] [nach dem Schweizer Ort Brienz (Kanton Bern)]: *[Schweizer] Hartkäse mit kleinen Löchern.*
SB-Tank|stel|le, die: vgl. SB-Laden.
Sc = Scandium.
sc. = sculpsit; scilicet.
Sca|bel|lum, das; -s, ...la [lat. scabellum, eigtl. = Schemel, nach der Form]: *(in der Antike) wie eine Sandale am Fuß getragene Klapper* (1) *aus zwei an der Ferse miteinander verbundenen Brettchen, die zur Unterstützung des Rhythmus dient.*
Sca|glio|la [skal'jo:la], die; - [ital. scagliola = (Alabaster)gips, zu: scaglia = Schuppen, Splitter, blättriges Gestein] (Kunstwiss.): *Stuckmarmor.*
Scale up [skeɪl'ʌp], das; - - [engl. scale-up, zu: to scale up = vergrößern]: *Übertragung von Laborergebnissen auf großtechnischen Maßstab in der Verfahrenstechnik;* **Scal|ing** ['skeɪlɪŋ], das; -s [zu engl. to scale = abstufen; maßstabsgerecht anfertigen]: *das Vergrößern od. Verkleinern von [Bild]vorlagen vor einer Verwendung in Prospekten od. Anzeigen.*
Scal|ping ope|ra|tions ['skælpɪŋ ɔpəˈreɪʃənz] ⟨Pl.⟩ [zu engl.-amerik. to scalp = (Aktien) mit hohem Gewinn weiterverkaufen u. operation = Vorgang, Tätigkeit]: *Börsengeschäfte, die sehr geringe Kursschwankungen zu nutzen versuchen.*
Scam|pi ⟨Pl.⟩ [ital. (venez.) scampi (Pl.) < griech. (hippó)kampos = großes Meertier]: ital. Bez. für *eine Art kleiner Krebse.*
Scan|di|um, das; -s [nach Scandia = nlat. Name für Skandinavien; das Element wurde von dem schwed. Chemiker L. F. Nilson (1840–1899) entdeckt]: *silberweißes Leichtmetall (chemischer Grundstoff;* Zeichen: Sc).
scan|nen ['skɛnən] ⟨sw. V.; hat⟩ [engl. to scan = abtasten, rastern; skandieren < lat. scandere, ↑skandieren] (Fachspr.): *mit einem Scanner abtasten;* **Scan|ner** ['skɛnɐ], der; -s, - [engl. scanner, zu: to scan, ↑scannen] (Fachspr.): *Gerät, das ein zu untersuchendes Objekt (z. B. den menschlichen Körper od. eine Kopiervorlage) mit einem Licht- od. Elektronenstrahl punkt- bzw. zeilenweise abtastet [u. die erhaltenen Meßwerte weiterverarbeitet];* Bildabtaster; **Scan|ner|kas|se,** die: *mit einem Scanner zum Einlesen* (2) *von Preisen und anderer Daten ausgestattete elektronische Kasse* (2 a); **Scan|ning** ['skɛnɪŋ], das; -[s], -s [engl. scanning, zu: to scan, ↑scannen] (Fachspr.): *Untersuchung, Abtasten mit Hilfe eines Scanners.*
Scat [skæt], der; -, -s [engl.-amerik. scat, eigtl. = Knall (lautm.)] (Jazz): *Gesang* (1 a), *bei dem (statt eines [Lied]textes) Sil-*

ben gesungen werden, die keine Bedeutung haben (1 b); **Scat|gel|sang,** der ⟨o. Pl.⟩ (Jazz): *Scat:* Louis Armstrong war ein Meister des -s; **Scat|sän|ger,** der: *Sänger, der sich auf Scatgesang versteht:* er ist ein hervorragender S.; **Scat|sän|ge|rin,** die; -, -nen: w. Form zu ↑ Scatsänger.
sce|man|do [ʃe...] ⟨Adv.⟩ [ital. scemando, zu: scemare = abnehmen, nachlassen, verringern] (Musik): *abnehmend, schwächer werdend.*
Scene [si:n], die; -, -s ⟨Pl. selten⟩ [engl. scene < (m)frz. scène, ↑Szene] (Jargon): **1.** *Örtlichkeit in einer Stadt, wo Verkäufer u. Käufer von Drogen* (2 b) *zusammentreffen u. ihre Geschäfte abwickeln:* ... wäre wahrscheinlich die Heidelberger S. nicht so bevölkert gewesen, einfach weil kein Stoff dagewesen wäre (MM 28. 7. 72, 10); Auf der S. konnte ich mich nicht mehr sehen lassen, weil ich alle gelinkt hatte (Zeitmagazin 14, 1980, 84). **2.** *Szene* (4): die linke, rechte, schwule, feministische, alternative S.; die S. der Hausbesetzer, Ökofreaks; die selbsternannte neue schwule Elite ..., die Kings der S., die an Männlichkeit (äußerlich) nicht mehr zu übertreffen sind (Frings, Männer 148); er sollte als V-Mann in die autonome S. eingeschleust werden; **Scen|onym,** das; -s, -e [zu lat. scena (↑Szene) u. griech. ónyma = Name]: *Deckname, der aus dem Namen eines Bühnenautors od. Schauspielers besteht;* **Sce|no|test:** ↑Szenotest.
sch ⟨Interj.⟩: **1.** *ruhig!, still!:* sch, da kommt jemand!; sch *(kein Wort darüber),* das darf er nicht wissen. **2.** *Ausruf, mit dem man jmdn. verscheucht:* sch, sch, weg da!
Schaar, das; -[e]s, -e [aus dem Niederd. < mniederd. schare = Küste] (Geol.): *Sandriff.*
Scha|bau, der; -s, -s [altkölnisch schabau wasser, zu spätlat. sabaudius = aus Savoyen, also eigtl. = Wasser aus Savoyen] (landsch., bes. rhein.): *Schnaps, Alkohol* (2 b).
Schab|bes, der; -, - [jidd. schabes] (jidd.): *Sabbat;* **Schab|bes|deckel¹,** der: **a)** (jidd.) *am Sabbat von den männlichen Juden getragener schwarzer Hut;* **b)** (landsch. ugs. scherzh.) *abgewetzter, speckiger* (1) *Hut.*
Scha|be, die; -, -n [1: mhd. schabe = Mottenlarve, zu: schaben in der Bed. „abkratzen, nagen"; 2: zu ↑schaben]: **1. a)** *abgeplattetes Insekt von brauner Färbung, das in Ritzen u. Spalten lebt (u. in einigen Arten als Pflanzen- u. Vorratsschädling gilt);* **b)** (südd., schweiz.) *Motte.* **2. a)** *Schabmesser* (2); **b)** *Schabeisen* (1); **Schä|be,** die; -, -n [spätmhd. schebe] (Gewerbespr.): *bei der Flachs- u. Hanfgewinnung entstehender Abfall aus holzigen Teilchen;* **Scha|be|baum,** der: *Schabbaum;* **Scha|be|blatt,** das: *Schabblatt;* **Scha|be|fleisch,** das: *rohes, durch den Fleischwolf gedrehtes, fett- u. sehnenfreies Rindfleisch;* **Schab|ei|sen,** das: **1.** *in der Schabkunst gebrauchtes Werkzeug.* **2.** *Schabmesser* (2); **Scha|be|mes|ser,** das: *Schabmesser;* **scha|ben** ⟨sw. V.; hat⟩ [mhd. schaben, ahd. scaban, urspr. = mit einem scharfen Werkzeug arbeiten,

schneiden, spalten, verw. mit ↑ schaffen]: **1. a)** *etw. säubern, glätten, von einer Schicht befreien, indem man immer wieder mit etw. Scharfem, Rauhem fest darüberstreicht, -fährt:* Möhren s.; *..., die zu Hause in einer wasserfleckigen Schürze am Schüttstein stand und ihre Rüben schabte* (Gaiser, Jagd 117); *etw. blank s. (so schaben, daß es blank wird);* (Gewerbespr.:) Felle s.; (Technik:) *ein Werkstück [maschinell]* s.; Ü Zu beiden Seiten des Abwassers schabten (*rasierten* 1 a) *Barbiere ihre Kunden* (Th. Mann, Joseph 748); *Er kaufte Rasierklingen und schabte sich (rasierte sich), bis er blutete* (Bieler, Bonifaz 171); *vollbusiges Mädchen, schabt (rasiert* 1 c) *sich die Achseln* (Bieler, Bonifaz 147); *jmdm., sich den Bart s. (abrasieren);* **b)** *durch Schaben, Raspeln, Reiben o. ä. zerkleinern:* Sellerie s; *ein [fein] geschabter Apfel.* **2. a)** *[mit der scharfen, rauhen Seite] auf, an etw. entlangfahren u. dabei ein leises, kratzendes Geräusch hervorbringen; an, auf etw. scheuern:* das rechte Vorderrad schabt am Kotflügel; *das Schutzblech war so verbogen, daß es am Reifen schabte;* **b)** *reiben, scheuern:* Höfels Finger schabten nervös auf dem Strohsack (Apitz, Wölfe 212); *ich schabte mich [mit dem Handrücken] am Kinn; Der Major blätterte noch einmal die Meldungen durch, wobei er sein Kinn genußvoll schabte* (Kirst, 08/15, 272); *warum schabst du dir dauernd die Backe?;* Dann schabte er sich den Rücken gegen den Baumstamm (Kirst, 08/15, 808); *ich habe mir die Finger wund geschabt* (die Finger so geschabt, daß sie wund wurden). **3.** *durch Schaben entfernen:* den Lack vom Brett s.; Teichmann nahm sein Messer und schabte das Fleisch vom Knochen (Ott, Haie 165); *die Teigreste aus dem Topf, von der Tischplatte s.;* Pythagoras ... schabte mit einem dürren Stück Holz Schneckenreste aus der tief gemeißelten Gravur (Ransmayr, Welt 51); 1947 schabten sich die Menschen mit Tonseife den Schmutz vom Körper (Spiegel 3, 1966, 16). **4.** ⟨s. + sich⟩ (Jugendspr.) *sich ärgern:* er hat sich unheimlich geschabt; da würde ich mich auch s; **Scha|ben|kraut,** das [das abgeschnittene Kraut soll Schaben anlocken]: *im Mittelmeergebiet wachsende gelbblühende Königskerze;* **Scha|ber,** der; -s, -: *Schabwerkzeug;* **Scha|be|rei,** die; -, -en ⟨Pl. selten⟩ (ugs., meist abwertend): *[dauerndes] Schaben.*

Scha|ber|nack, der; -[e]s, -e [mhd. (md.) schabirnack, mniederl. schavernack, H. u.]: **1. a)** *übermütiger Streich:* jmdm. einen S. spielen; mit jmdm. [seinen] S. treiben; *der Junge hat nichts als S. im Kopf;* sie hat sich wohl irgendeinen S. für den Ball ausgedacht (Zuckmayer, Fastnachtsbeichte 152); *jmdm. etw. zum S. tun (etw. tun, um jmdm. einen S. zu spielen);* **b)** (selten) *Scherz, Spaß:* etw. aus S. tun. **2.** (landsch. scherzh.) *Kind, das [gern] Schabernack treibt:* was der kleine S. jetzt wohl wieder in ihm Schilde führt?

schä|big ⟨Adj.⟩ [mhd. schebic, eigtl. = räudig, zu veraltet Schabe, Schäbe = Krätze, Räude, zu ↑schaben (2 b)] (abwertend): **1. a)** *abgenutzt u. daher unansehnlich; ärmlich:* ein alter -er Koffer; eine -e Absteige, Kneipe; ein kleiner, -er Laden; bis einer, ein -er *(schäbig gekleideter, ungepflegt wirkender) alter Herr, mir ins Gesicht lachte* (Frisch, Montauk 41); das Buch, der Sessel, der Teppich, das Parkett, der Mantel sieht schon eines s. aus; *auch die Fassade der Hauptkirche war s.* (Koeppen, Rußland 115); s. *(schlecht, dürftig)* angezogen sein; **b)** *armselig; gering:* ein -er Rest; eine -e Existenz führen; ein besseres Quartier als den -en Verschlag auf dem Wohnwagenplatz (Richter, Flüchten 309); Es waren -e zwölf *(nur zwölf)* Mann (Feuchtwanger, Erfolg 728); es komme in besten Fall auf einen -en *(faulen)* Kompromiß heraus (NJW 19, 1984, 1087). **2.** *verächtlich; unredlich, gemein:* eine -e Handlungsweise; ein kleiner -er Ehrgeizling (St. Zweig, Fouché 57); ein kleiner -er Gauner und Urkundenfälscher (Bild und Funk 28, 1966, 33); es war eine -e Methode, andere für das eigene Versagen verantwortlich zu machen, die -ste, die man sich vorstellen konnte (H. Gerlach, Demission 76); jetzt muß mir nichtig s. vor; s. *(gemein, niederträchtig)* lachen. **3.** *kleinlich, geizig:* ein -er Mensch; ein -es *(von Schäbigkeit zeugendes)* Trinkgeld; ein -er Kerl; eine s. zeigen; Weite Bevölkerungskreise fanden es s., die Gedenkstätte mit weniger als zehntausend jährlich abzufinden (Muschg, Gegenzauber 263); **Schä|big|keit,** die; -, -en: **1.** ⟨o. Pl.⟩ *das Schäbigsein:* Groteske, in aller S. pathetische Denkmäler der Zivilisation (Fest, Im Gegenlicht 378); Ich habe jetzt, mich ... mit einer S. selbst zu betrügen, wie ich es gegen einen anderen Menschen nie könnte (Strauß, Niemand 30). **2.** *schäbige Handlung od. Äußerung:* solche -en hätte er ihm gar nicht zugetraut.

Schab|kunst, die ⟨o. Pl.⟩: *graphische Technik, bei der eine aufgerauhte Kupferplatte mit einem speziellen Schabwerkzeug bearbeitet wird; Mezzotinto* (a); **Schab|kunst|blatt,** das: *in der Schabkunst ausgeführtes graphisches Blatt.*

Scha|blo|ne, die; -, -n [älter: Schablon < mniederl. schampelioen, schaplün = Muster, Modell, H. u.]: **1.** *[ausgeschnittene, ausgestanzte] Form, Vorlage zum [beliebig häufigen] Übertragen bestimmter Umrisse, eines Musters, einer Schrift o. ä.:* mit einer S. arbeiten, zeichnen. **2.** (meist abwertend) *vorgeprägte, starr vorgegebene, hergebrachte Form; Schema, Klischee:* sich nicht an die S. halten; Du denkst noch immer an die -en der Volkszeitung (Fries, Weg 214); jmdn., etw. in eine S. pressen/zwängen wollen; Die eingefuchsten Parteisekretäre liebten nur das, was sich streng in ihre S. einfügte (Niekisch, Leben 110); nach einer S. handeln, vorgehen, urteilen; nach S. *(routinemäßig, nach Schema F)* arbeiten; die Kritik, der Antiklerikalismus – sie sind längst zur S. geworden (Erb, Erzählungen 401); **scha|blo|nen|ar|tig** ⟨Adj.⟩ (meist abwertend): *schablonenhaft:* Nach 45 kriegten wir dann einen Lehrer, der geradezu erschüttert war über unser -es Reden (Kempowski, Immer 109); **Scha|blo|nen|den|ken,** das (meist abwertend): *Denken in Schablonen* (2); **Schab|lo|nen|druck,** der: **1.** *Vervielfältigungsverfahren, bei dem beschichtetes Seidenpapier mit einer Schreibmaschine ohne Farbband beschrieben u. dann abgezogen wird.* **2.** *Siebdruck;* **scha|blo|nen|haft** ⟨Adj.; -er, -este⟩ (meist abwertend): *nach [einer] Schablone* (2) *[vor sich gehend, gearbeitet, geformt usw.]:* daß Husak keineswegs s. und starr auf meine Bitte ... reagierte (W. Brandt, Begegnungen 548); er hat s. primitive Träume und Wunschvorstellungen (Noack, Prozesse 239); **schab|lo|nen|mä|ßig** ⟨Adj.⟩ (meist abwertend): *nach Schablone* (2) *ausgeführt;* **scha|blo|nie|ren** ⟨sw. V.; hat⟩: **1.** *nach einer Schablone* (1) *bearbeiten, herstellen.* **2.** (selten, meist abwertend) *in eine Schablone* (2) *pressen, zwängen:* schablonierte Äußerungen, Meinungen; **scha|blo|ni|sie|ren** ⟨sw. V.; hat⟩: **1.** *schablonieren* (1). **2.** (meist abwertend) *in eine Schablone* (2) *pressen:* die Menschen s.; ⟨auch o. Akk.-Obj.⟩ *gedankenlos s.;* **Scha|blo|ni|sie|rung,** die; -, -en: *das Schablonisieren, Schablonisiertwerden.*

Schab|mes|ser, das: **1.** *Schabeisen* (1). **2.** *mit zwei Handgriffen versehenes, scharfkantiges Schabwerkzeug zur Bearbeitung von Holz od. Leder.* **3.** *altsteinzeitliches Schabwerkzeug.*

Scha|bot|te, die; -, -n [frz. chabotte, H. u.] (Technik): *schweres Fundament aus Stahl od. Beton für Hämmer* (2 a).

Scha|bra|cke[1], die; -, -n [H. u., viell. < älter ung. csábrák = Pferde-, Satteldecke od. über das Ung. < türk. çaprak = Satteldecke; 3: wohl nach der übertragenen Verwendung im Sinne von „Kleidung, Rock"]: **1. a)** *verzierte Decke, die unter den Sattel gelegt bzw. über das Pferd gebreitet wird;* **b)** (Jägerspr.) *sich durch helle Färbung abhebender Teil der Flanken u. des Rückens bei bestimmten Tieren.* **2. a)** *übergelegte, überhängende Zier- u. Schutzdecke (bes. für Polstermöbel);* **b)** *Behang od. mit Stoff bezogene Verkleidung quer über Fenstern.* **3.** (salopp abwertend) **a)** *altes Pferd:* auf der S. soll ich reiten?; **b)** *her [häßliche] Frau:* S. ich wäre nie auf die Idee gekommen, daß diese [alte] S. seine Frau sein könnte; **c)** *alte, abgenutzte Sache:* statt die alte S. immer wieder zu reparieren, solltest du dir endlich mal ein vernünftiges Auto kaufen; **Scha|bra|cken|scha|kal**[1], der [das dunklere Rückenfell erinnert an eine ↑ Schabracke (1 a)]: *Schakal mit überwiegend hellem, auf dem Rücken schiefergrauem Fell;* **Scha|bra|cken|ta|pir**[1], der: *Tapir mit schwarzem vorderem Körper, schwarzen Hinterbeinen u. grauweißem übrigem Körper;* **Scha|brun|ke,** die; -, -n (veraltet) *Decke über den* [2]*Halftern.*

Schab|sel, das; -s, - [zu ↑schaben]: *abgeschabtes Teilchen;* **Schab|tech|nik,** die: *graphische Technik, bei der die weiße Grundierschicht eines dunkel überstrichenen Papiers durch Schaben od. Ritzen mit speziellen Werkzeugen (Schaber, Stichel o. ä.) stellenweise freigelegt wird;* **Schab|werk|zeug,** das: *Werkzeug zum Schaben;* **Schab|zi[e]|ger,** der [der Käse wird in getrocknetem Zustand zerrieben und zum

Schabzi[e]gerklee

Würzen benutzt]: *(in Kegelform hergestellter) harter [Schweizer] Kräuterkäse;* **Schab|zi[e]|ger|klee,** der *[die getrockneten u. zerriebenen Blätter werden dem Schabzieger beigemischt u. geben ihm Aroma u. Farbe]: Bockshornklee mit stark aromatischem Geruch u. blauen Blüten.* **Schạch,** das; -s, -s [mhd. schāch, zu arab. šāh māta, ↑schachmatt]: **1.** ⟨o. Pl.⟩ *Brettspiel für zwei Personen, die mit je sechzehn schwarzen bzw. weißen Schachfiguren abwechselnd ziehen mit dem Ziel, den gegnerischen König matt zu setzen:* die Theoretiker, ohne die es kein modernes S. gäbe und die doch auf den Turnieren gegen ihre Schüler so kläglich den kürzeren zogen (Reinig, Schiffe 132); S. spielen; eine Partie S. [mit jmdm.] spielen. **2.** (Schachspiel) *unmittelbare Bedrohung des Königs durch eine Schachstellung:* wenn du den Bauern ziehst, droht [hier] S.; S. [dem König]! *(Warnung an den Gegner, die besagt, daß man ihm Schach bietet);* S. und matt! (↑matt 4); S. [an]sagen; [dem gegnerischen König, dem Gegner] S. bieten *(den gegnerischen König unmittelbar bedrohen);* die weiße Dame bietet S.; Schwarz bietet [mit dem Springer] S.; der weiße König/Weiß steht/ist im S.; den König aus dem S. ziehen; * **ewiges S.** *(sich dauernd wiederholende Stellung, bei der der König jedesmal erneut bedroht wird);* **jmdm., einer Sache S. bieten** (geh.; *sich jmdm., einer Sache energisch entgegenstellen)* der Mafia, dem organisierten Verbrechen S. bieten; dem kommunistischen Staatschef bleibe gar nichts anderes übrig, als dem Katholizismus S. zu bieten (Dönhoff, Ära 226); **jmdn./etw. in S. halten** (ugs.; *jmdn., durch Drohung [mit der Waffe], Druck, energisches Verhalten daran hindern, gefährlich zu werden, Schlimmes anzurichten; jmdn., etw. niederhalten):* er, seine Frau und die beiden Kinder sowie die Besatzung seien während der Durchsuchung von einem Matrosen mit der Waffe in S. gehalten worden (MM 10. 8. 72, 17); um die Klasse in S. zu halten, drohte der Lehrer mit Strafarbeiten; die Tatsache, daß sie mit ein paar Herzogsfamilien in England und Italien verwandt war, imponierte ihren Standesgenossen und hielt deren Spott in S. (A. Kolb, Daphne 54). **3.** (ugs.) **a)** *Schachspiel* (4): weißt du, wo mein S. ist?; **b)** *Partie Schach:* spielen wir noch ein S.?; **Schạch|auf|ga|be,** die: *Schachproblem;* **Schạch|blu|me,** die: *Schachbrettblume;* **Schạch|brett,** das: *quadratisches Spielbrett mit achtmal acht abwechselnd hellen (weißen) u. dunklen (schwarzen) quadratischen Feldern, auf dem Schach gespielt wird;* **schạch|brett|ar|tig** ⟨Adj.⟩: *wie ein Schachbrett gemustert o. ä:* ein -es Muster; s. verlegte braune und gelbe Kacheln; **Schạch|brett|blu|me,** die: *(zu den Liliengewächsen gehörende) Pflanze mit großer, hängender, glockenförmiger, rotbrauner Blüte, die schachbrettartig gemustert ist;* **Schạch|brett|mu|ster,** das: *schachbrettartiges Muster* (3); **Schạch|buch,** das: *Buch über das Schachspiel* (z. B. Lehrbuch für Schach); **Schạch|com|pu|ter,** der: *Computer mit eingespeistem Schachprogramm, der Partner in einer Schachpartie sein kann;* **Schạch|ecke**[1], die: *Teil einer Zeitschriften-, Zeitungsseite, der Schachprobleme enthält.*

Schạ|chen, der; -s, - [1: mhd. schache; 2: 15. Jh.; schon ahd. scahho = Vorgebirge, Landzunge]: **1.** (südd., österr. mundartl., schweiz.) *kleines Waldstück:* ♦ daß ich mit ihm in den S. hinausginge, damit wir bei unsrer Unterhaltung endlich einmal Ruh' hätten (Rosegger, Waldbauernbub 152). **2.** (schweiz.) *Niederung, Uferland.*

Schạ|cher, der; -s [hebr. śakar = Erwerb, zu: śakar, ↑schachern] (abwertend): *von Gewinnsucht, von kleinlichem, hartnäckigem Streben nach dem größtmöglichen Vorteil bestimmtes Aushandeln von Preisen, von geschäftlichen Abmachungen:* daß das Museum nichts von dem S. weiß, den Stalin und Hitler 1939 mit kleinen osteuropäischen Ländern ... getrieben haben (NZZ, 29. 8. 86, 5).

Schạ̈|cher, der; -s, - [mhd. schæchære, ahd. scāhhāri, zu mhd. schāch, ahd. scāh = Raub, H. u.] (bibl.): *Räuber, Mörder:* eine Dreiergruppe ..., die in schlichter Eindringlichkeit an die Kreuzigungsgruppe des Kalvarienberges, an den Herrn und die beiden S., erinnert (Grass, Hundejahre 72).

Schạ|che|rei, die; -, -en (ugs. abwertend): *[dauerndes] Schachern:* diese unwürdige S. wurde als Verhandlung über „Sachfragen" bezeichnet (Dönhoff, Ära 27); **Schạ|che|rer,** der; -s, - (abwertend): *jmd., der Schacher treibt;* **Schạ|che|rin,** die; -, -nen (abwertend): w. Form zu ↑Schacherer.

Schạ̈|cher|kreuz, das [zu ↑Schächer] (selten): *Gabelkreuz.*

schạ|chern ⟨sw. V.; hat⟩ [aus der Gaunerspr. < hebr. śakar = Handel treiben] (abwertend): *Schacher treiben:* mit einer Ware, um eine Ware, um den Preis s.; Die schachern um jede Stecknadel. Die würden noch ihre Mutter auf den Strich schicken (Fels, Sünden 49); Ü um politische Ämter s.

Schạch|feld, das: *Feld des Schachbretts;* **Schạch|fi|gur,** die: *Figur des Schachspiels:* kostbare handgeschnitzte -en; ist mit „Dame" die Spielkarte oder die S. gemeint?; Ü Der hat sich einen Plan gemacht, und darin bist du eine S. (*zur Ausführung seines Plans will er dich benutzen*; H. Lenz, Tintenfisch 86); **Schạch|ge|bot,** das (Schachspiel): *das Schachbieten;* **Schạch|groß|mei|ster,** der: *Großmeister* (3); **Schạch|groß|mei|ste|rin,** die: w. Form zu ↑Schachgroßmeister; **Schạch|klub,** der: *Klub für Schachspieler;* **schạch|lich** ⟨Adj.⟩ (Schachspiel): *das Schachspiel betreffend:* seine -en Fähigkeiten; eine s. nicht besonders interessante Komposition; **schạch|matt** ⟨Adj.⟩ [mhd. schāch unde mat, aber das Roman. < arab. šāh māta = der König ist tot, zu pers. šāh, ↑Schah]: **1.** (Schachspiel selten) *matt* (4): * **s. sein** (↑matt 4); **jmdn. s. setzen** (↑matt 4). **2.** (fam.) *völlig erschöpft:* s. sein; **Schạch|matt,** das; -, -s ⟨Pl. selten⟩ (Schachspiel selten): *Matt;* **Schạch|mei|ster,** der: *Sieger einer Schachmeisterschaft;* **Schạch|mei|ste|rin,** die: w. Form zu ↑Schachmeister; **Schạch|mei|ster|schaft,** die: *Meisterschaft im Schach;* **Schạch|olym|pia|de,** die: *alle zwei Jahre veranstaltetes internationales Schachturnier der Nationalmannschaften;* **Schạch|par|tie,** die: *Partie Schach;* **Schạch|pro|blem,** das (Schachspiel): *Aufgabe für einen einzelnen Schachspieler, die beinhaltet, daß bei vorgegebener Figurenstellung das Matt in einer bestimmten Anzahl von Zügen herbeigeführt werden soll;* **Schạch|spiel,** das; -s, -e ⟨o. Pl.⟩ *Schach* (1): die Faszination des -s. **2.** ⟨o. Pl.⟩ *das Schachspielen:* tägliches S. **3.** *Partie Schach, Schachpartie:* ein S. abbrechen. **4.** *Schachbrett u. -figuren;* **Schạch|spie|ler,** der: **a)** *jmd., der das Schachspiel beherrscht:* ein guter, begeisterter S.; **b)** *Spieler einer Schachpartie:* außer zwei -n waren keine Gäste in dem Café; **Schạch|spie|le|rin,** die: w. Form zu ↑Schachspieler; **Schạch|sport,** der: *als Sportart aufgefaßtes Schachspiel* (1): den S. fördern; **Schạch|stein,** der: *Schachfigur;* **Schạch|stel|lung,** die (Schachspiel): *Stellung der Figuren, bei der einer der beiden Könige im Schach* (2) *steht.*

Schạcht, der; -[e]s, Schächte [1: mhd. (ostmd.) schaht, niederd. Form von ↑¹Schaft (niederd. -ht- steht für hochd. -ft-); vermutlich urspr. = Meßstange (für die quadratische Fläche eines Schachts 1 a); 5: mniederd. schacht = (Meß)stange, also eigtl. = Prügel (2) mit einer (Meß)stange, vgl. Schacht (1)]: **1. a)** *künstlich hergestellter, meist senkrecht in die Tiefe, bes. in die Erde, führender langer Hohlraum mit mehr od. weniger gleichmäßiger Weite:* einen S. für den Brunnen ausheben; durch einen S. in den Abwasserkanal einsteigen; ... gräbt er ... einen S. in die Nilziegelpyramide eines Königs (Ceram, Götter 162); Die berühmten Gräber finden sich in unterirdischen Schächten (Koeppen, Rußland 198); Ü in den engen S. des Innenhofs drang den ganzen Tag kein einziger Sonnenstrahl; Nur wenn die Wellenberge sie in den Himmel heben, seh'n die Schiffe sich; gleich darauf fallen sie in grundlose Schächte (Schneider, Leiden 18); **b)** (Bergbau) *als Grubenbau angelegter senkrechter (seltener schräger) Schacht* (1 a): einen S. [ab]teufen, [bis auf 900 Meter] niederbringen, ausmauern, [in Beton] ausbauen, befahren; in den S. [ein]fahren; die Strecke wird über mehrere Schächte bewettert; **c)** (Bergbau) *Schachtanlage:* S. Konrad ist schon fest eingeplant – Geplantes Atommüll-Lager wird bereits in Entsorgungsnachweisen von Kraftwerken aufgeführt (Frankfurter Rundschau 12. 11. 92, 1); Er war früher mal im S. hatte einen Grubenbrand hat er lange im Krankenhaus gelegen: Rauchvergiftung (Brot und Salz 209). **2.** (Höhlenkunde) *Höhle od. Teil einer Höhle mit vorwiegend senkrechter Erstreckung:* ein zu einem großen Höhlensystem gehörender S.; die zum Befahren von Schächten benötigte Ausrüstung. **3.** (Bauw.) *von allen Seiten von Wänden umschlossener hoher, enger Raum:* der S. des Aufzugs; ein Müllschlucker besteht im wesentlichen aus einem S., durch den die Abfälle in einen großen Behälter fallen;

Wenn Bolda große Wäsche hielt, stieg das Wasser im Heizungskeller aus einem schmalen, auszementierten S. (Böll, Haus 83); der Kellerraum erhält durch einen vor dem Fenster liegenden S. etwas Tageslicht. **4.** (Technik) *einem Schacht (3) ähnlicher Hohlraum in Maschinen, technischen Anlagen o. ä.:* der S. des Hochofens ist etwa fünfzehn Meter hoch; der Pilot öffnete den S. und warf seine Bombenlast ab; ein Zigarettenautomat mit zwölf Schächten für zwölf verschiedene Marken; Die Bremsbacken klemmen in den Schächten (Gute Fahrt 3, 1974, 51). **5.** ⟨o. Pl.⟩ (nordd. ugs.) *Prügel:* S. kriegen. ♦ **6.** ⟨Pl. Schachte[n]⟩ ... oder arbeiten in Schachten, wo viel' wilde Wasser auszupumpen sind (Cl. Brentano, Kasperl 353); Als aber die Bergleute ... zwischen zwei Schachten eine Öffnung durchgraben wollten (Hebel, Schatzkästlein 48); die meisten dieser Unglücklichen dienen jetzt ihren Gläubigern als Sklaven oder verderben in den Schachten der fürstlichen Silberbergwerke (Schiller, Kabale II, 2); **Schacht|ab|teu|fen,** das; -s ⟨Bergbau⟩: *das Abteufen eines Schachts* (1b); **Schacht|an|la|ge,** die ⟨Bergbau⟩: *über einen od. mehrere Schächte* (1b) *erschlossenes Bergwerk:* eine Demonstration gegen die letzten Vorfälle auf der S. (Marchwitza, Kumiaks 91); Die war'n doch stolz, die war'n von unsrer S., daß er da mit ihr am Tisch saß (Bottroper Protokolle 29); **Schacht|ar|bei|ten** ⟨Pl.⟩: *Ausschachtungsarbeiten;* **schacht|ar|tig** ⟨Adj.⟩: *einem Schacht* (1a) *ähnlich:* ein -er Hohlraum; **Schacht|deckel**[1], der: *Deckel zum Verschließen eines Schachts* (1a): Das Parken ist unzulässig ... über -n und anderen Verschlüssen (Straßenverkehrsrecht, StVO 29).

Schach|tel, die; -, -n [1, 2: spätmhd. schahtel, älter: schattel, scatel < ital. scatola (mlat. scatula), ↑ Schatulle, H. u.; 3: mit Anlehnung an Schachtel (1) zu ↑ schachteln]: **1.** *zum Verpacken, Aufbewahren von Gegenständen, Waren dienender, verhältnismäßig flacher, dünnwandiger, nicht sehr fester Behälter aus Pappe o. ä. mit Deckel od. Klappe zum Verschließen:* eine leere S.; eine S. mit vergilbten Fotos; Eine Schublade des Tischchens war geöffnet. Ich sah dänische Pornomagazine und -n mit Präservativen (Simmel, Stoff 344); etw. in einer S. aufbewahren; * alte S. (salopp abwertend) *alte, ältliche Frau;* schon spätmhd. schattel = weibliche Scham; auch verächtl. = Weib): Sie mußte also mit drei alten -n zusammen schlafen (Werfel, Himmel 152). **2.** *Schachtel* (1) *mit der abgepackten Ware[nmenge], die sie enthält:* eine angebrochene, noch fast volle S.; eine S. Streichhölzer, Zigaretten; Ich liefere einige -n Reißzwecken (Kirst, 08/15, 397); In ihrer Krokodilledertasche trug Rosa fünf Tafeln Schokolade und zwei -n Pralinen (Jaeger, Freudenhaus 81); eine neue S. anbrechen; iß nicht die ganze S. *(den Inhalt der Schachtel)* auf einmal; er raucht am Tag eine S. [Zigaretten]. **3.** (Wirtsch. Jargon) kurz für ↑ Schachtelbeteiligung (2): eine S. erwerben; **Schach-tel|be|tei|li|gung,** die (Wirtsch.): **1.** *Beteiligung einer Kapitalgesellschaft an einer anderen Kapitalgesellschaft (Schachtelgesellschaft) mit mindestens einem Viertel:* mehrere durch -en miteinander verflochtene Unternehmen. **2.** *Anteil auf Grund einer Schachtelbeteiligung* (1): Fides verfügt mit 25% über eine S. an MBB (Delius, Siemens-Welt 60); **Schäch|tel|boden,** der: *Boden einer Schachtel* (1): das Haltbarkeitsdatum steht unten auf dem S.; **Schäch|tel|chen,** das; -s, - Vkl. zu ↑ Schachtel (1, 2); **Schach|tel|di|vi|den-de,** die (Wirtsch.): *Dividende auf Grund einer Schachtelbeteiligung;* **Schäch|te-lein,** Schächtlein, das; -s, - Vkl. zu ↑ Schachtel (1, 2); **Schach|tel|ge|sell-schaft,** die (Wirtsch.): *Kapitalgesellschaft, an der eine andere Kapitalgesellschaft eine Schachtelbeteiligung besitzt.*

Schach|tel|halm, der [1. Bestandteil: wahrsch. niederd. Schacht für hochd. Schaft (↑ Schaft), wegen der „ineinandergeschachtelten" Stengelglieder volksetym. angelehnt an ↑ Schachtel]: *(zu den Farnen gehörende) Pflanze mit hohlem Stengel, dessen deutlich ausgeprägte Glieder jeweils an der Basis von schuppenförmigen, teilweise miteinander verwachsenen Blättchen umschlossen sind.*

Schach|tel|ma|cher, der: *Hersteller von Schachteln* (1); **Schach|tel|ma|che|rin,** die: w. Form zu ↑ Schachtelmacher; **schach|teln** ⟨sw. V.; hat⟩ [zu ↑ Schachtel]: *mehrfach ineinanderstecken, -schieben, -fügen:* eins ins andere s.; sie schachtelten Tische und Schränke, Stühle und Bänke in das kleine Haus auf Rädern (Strittmatter, Der Laden 14); Ü Würden nur Juristen und Kanzlisten s.: das wäre zu ertragen. Aber auch Dichter und Gelehrte schreiben Schachtelsätze (Ludwig Reiners, Stilkunst: Ein Lehrbuch deutscher Prosa, München 1976, S. 104); ⟨oft im 2. Part.:⟩ mit einem allzu geschachtelten Artikelaufbau ist dem Wörterbuchbenutzer nicht gedient; ein merkwürdig geschachteltes ... Deutsch (Bastian, Brut 60); (Datenverarb.:) die Prozedur Q ist in der Prozedur P geschachtelt; **Schach|tel|rock,** der (Mode): *Rock mit auffälligen rechteckig od. quadratisch angeordneten Kappnähten od. Biesen;* **Schach|tel|satz,** der (meist abwertend): *langer, kompliziert gebauter Satz mit mehrfach untergeordneten Nebensätzen:* der ganze Absatz von 16 Zeilen besteht aus einem einzigen S.; **Schäch|te|lung,** die; -, -en: **1.** ⟨Pl. selten⟩ *das Schachteln.* **2.** *das Geschachteltsein, geschachtelte Anordnung.*

schäch|ten ⟨sw. V.; hat⟩ [zu ↑ Schacht (1 a)] (selten): **1.** *eine [Bau]grube o. ä. ausheben:* wenn wir Anfang März anfangen können zu s., ist das Haus im Mai bezugsfertig. **2.** *ausheben* (1b), *ausschachten* (b): eine Grube s.; 1982 schachteten unsere Weidegenossen etwa 1,5 Kilometer Kabelgraben und verlegten ein Stromkabel zur Anlage (Jagd 3, 1987, 90).

schäch|ten ⟨sw. V.; hat⟩ [hebr. šaḥaṭ = schlachten]: *gemäß religiöser Vorschrift durch Schnitte in den Hals u. Ausblutenlassen schlachten:* ein Schaf, Rind s.; Wird ein Tier aber geschächtet, dann wird es mit einem Halsschnitt gefällt und bei vollem Bewußtsein getötet (MM 13./14. 3. 93, 22); ⟨subst.:⟩ beim Schächten handelt es sich um die in der jüdischen Religion vorgeschriebene rituelle Schlachtung der zum Verzehr erlaubten Tiere (NNN 3. 9. 86, 6); Wird das Schächten von Tieren, nach islamischen Ritual, durch das Grundgesetz gedeckt? (Spiegel 44, 1981, 103); **Schäch|ter,** der; -s, -: *jmd., der Tiere schächtet.*

Schacht|för|de|rung, die (Bergbau): *Beförderung von Personen, Materialien o. ä. in einem Schacht* (1b); **Schacht|grab,** das (Archäol.): *(seit dem 2. Jahrtausend in Griechenland vorkommendes) Grab mit einer schachtartigen Grabkammer:* die berühmten Schachtgräber von Mykene; **Schacht|haus,** das (Bergbau): *über einem Schacht* (1b) *errichtetes Gebäude:* Schornstein und ausgehöhltes Gebäude S. einer aufgelassenen Grube (FAZ 27. 5. 61, 49); **Schacht|holz,** das ⟨o. Pl.⟩ (Bergbau): *beim Ausbau eines Schachts* (1b) *verwendetes Holz.*

Schacht|tisch, der: *kleiner Tisch, dessen Platte ein Schachbrett darstellt.*

Schächt|lein ↑ Schächtelein.

Schacht|mei|ster, der: *Vorarbeiter im Tiefbau;* **Schacht|mei|ste|rin,** die: w. Form zu ↑ Schachtmeister; **Schacht|ofen,** der (Hüttenw.): *metallurgischer Ofen mit einem schachtartigen Innenraum;* **Schacht|soh|le,** die (Bergmannsspr.): *Boden eines Schachts* (1b); **Schacht|sumpf,** der (Bergbau): *unterhalb der tiefsten Sohle einer Grube* (3a) *gelegenes Ende eines Schachts* (1b), *in dem sich alles der Grube zufließende [Grund]wasser sammelt;* **schacht|tief** ⟨Adj.⟩ (emotional): *sehr tief:* der Boden mit den -en Löchern (Hilsenrath, Nacht 434).

Schäch|tung, die; -, -en: *das Schächten.*

Schach|tur|nier, das: *Turnier im Schachspielen;* **Schach|uhr,** die (Schachspiel): *Uhr mit zwei Zifferblättern, die bei einer wettkampfmäßigen Schachpartie für jeden der beiden Spieler getrennt die Gesamtzeit mißt, die zum Ausführen der Züge u. zum Überlegen benötigt wird;* **Schach|welt|mei|ster,** der: *Weltmeister im Schach;* **Schach|welt|mei|ste|rin,** die: w. Form zu ↑ Schachweltmeister; **Schach|welt|mei|ster|schaft,** die: *Weltmeisterschaft im Schach;* **Schach|wett|kampf,** der: vgl. Schachturnier; ♦ **Schach|za|gel,** das; -s, - [spätmhd. schāchzagel, entstellt aus mhd. schāchzabel, 2. Bestandteil zu lat. tabula, ↑ Tafel]: **Schach[brett]:** Sie spielte alle Abend Damenziehen, S. oder Schaf und Wolf mit ihm (Mörike, Hutzelmännlein 124); **Schach|zug,** der: **1.** *Zug im Schachspiel.* **2.** *geschickte, diplomatische o. ä. Handlung zur Erreichung eines bestimmten Ziels:* ein kluger, raffinierter S.; Lale Andersen ... wurde unterdes von der Gestapo gesucht, aber durch einen klugen S. Weisenborns gerettet (Augsburger Allgemeine 27./28. 5. 78, VIII).

schad: landsch. für ↑ schade; **Schad|bild,** das (Fachspr.): *Gesamtheit der sichtbaren Symptome einer Schädigung (bes. von Pflanzen):* wenn ein im Freiland beobachtetes S. auch im Experiment hervorgerufen werden kann (Welt 3. 4. 68, 6);

Schadchen

Typisches S. von Rostbefall an einem Geranienblatt (MM 14./15. 6. 80, 48); in den geschädigten Wäldern zeigen die einzelnen Baumarten sehr unterschiedliche -er.

Schad|chen, das; -s, - [über das Jidd. < aram. šadkan = Heiratsvermittler] (Gaunerspr.): *Heiratsvermittler[in], Kuppler[in].*

scha|de ⟨Adj.⟩ [mhd. schade, in der Verbindung: schade sîn, eigtl. = ein Schaden sein, ↑ Schade]: in den Verbindungen **s. sein** *(bedauerlich, betrüblich sein):* es ist sehr, zu s., daß du nicht kommen kannst; ⟨elliptisch:⟩ o wie s.!; [wie] s., nur s., s. nur, daß das Wetter so schlecht ist; Schade, daß ich nicht zur Beerdigung bleiben kann (Remarque, Obelisk 342); **es ist s. um etw., jmdn.** *(was mit etw., jmdm. geschieht, ist bedauerlich):* es ist s. um die [verschwendete] Zeit; um diese Vase ist es nicht [weiter] s.; wenn du so dumm bist, ist es um dich nicht s. (Wimschneider, Herbstmilch 50); ⟨elliptisch:⟩ s. drum!; schade um den netten Kerl!; **zu s. für/(auch:) zu etw., für jmdn. sein** *(zu wertvoll, zu gut für etw., für jmdn. sein):* dieser feine Anzug ist eigentlich viel zu s. für ihn, für diesen Zweck; der Wein ist zum Kochen, für diese Banausen [eigentlich] zu s.; Altpapier ist zum Wegwerfen zu s.; dafür/dazu ist mir meine Zeit zu s.; Ich rauche doch nicht! Dafür ist mir mein Geld zu s.! (Fallada, Jeder 334); **sich** ⟨Dativ⟩ **zu s. für/(auch:) zu etw., für jmdn. sein** *(sich so hoch einschätzen, daß man jmdn., etw. als zu gering, zu minderwertig nicht in Betracht zieht, nicht akzeptiert):* du bist dir wohl zu s. für diese Arbeit?; daß du dir für diesen Luftikus nicht zu s. bist!; mein Mann kann durchaus bügeln, aber er ist sich eben einfach zu s. dazu/dafür; Es ist Koslowski, einer der berühmtesten Sänger des Landes, der sich für diesen Schülerchor nicht zu s. ist (Berger, Augenblick 109); Mein Freund hat schon viele Erfahrungen mit Mädchen, und ich möchte nicht in die Schar seiner Abenteuer eingereiht werden. Dazu bin ich mir zu s. (Hörzu 17, 1971, 134); **Scha|de**, der; -ns, Schäden [mhd. schade, ahd. scado = altes Verbalabstraktum zu einem untergegangenen Verb mit der Bed. „schaden" (vgl. got. skaþjan = schaden)]: **1.** (veraltet) *Schaden:* da der S. auf dem Transport entstanden ist (Tucholsky, Werke I, 7). **2.** in den Verbindungen **es soll, wird jmds. S. nicht sein** *(jmd. wird dafür belohnt werden):* „Guter Mann", sagte mein Vater ..., „könnt Ihr uns zum Schloß fahren?", und wahrscheinlich hat er hinzugefügt: „Es soll Euer S. nicht sein." (Dönhoff, Ostpreußen 37); wenn ich zurechtkomme mit ihr, wird es ihr S. nicht sein (Bastian, Brut 139).

Schä|del, der; -s, - [mhd. schedel = Schädel; Trockenmaß, H. u.; viell. urspr. = Gefäß (zur möglichen Bedeutungsentwicklung vgl. Kopf)]: **1.** *Skelett des Kopfes* (1): der S. eines Neandertalers, einer fossilen Riesenechse; den S. aufmeißeln; die Knochen des menschlichen -s; Es sei besser, zu erfrieren, als rücklings erschlagen zu werden, mit gespaltenem S. umzusinken (Jahnn, Nacht 98). **2.** *Kopf* (1) *[in seiner vom Knochenbau bestimmten Form]:* ein runder, kantiger, mächtiger S.; hart und kompakt war sein eiförmiger S. mit dem kurzgeschorenen bräunlichen Haar (Maass, Gouffé 13); Sein S. ist spitz wie ein Zuckerhut, von einem zottigen Haarkranz umwachsen (Imog, Wurliblume 86); Auf seinem nackten S. standen viele Schweißperlen (Fallada, Herr 198); Gönnern fuhr sich mit der Hand über den kahlen S. (Plievier, Stalingrad 196); dem Opfer wurde der S. eingeschlagen, zertrümmert; sich an etw. den S. einrennen (ugs.: *sich an etw. heftig den Kopf stoßen*); jmdm. eins auf, über den S. geben; Mit kahlgeschorenem S. war er von Dachau zurückgekommen (Kühn, Zeit 366); Es trommelt in meinem S. (*im Innern meines Kopfes;* Hacks, Stücke 134); * **jmdm. brummt/raucht der S.** (↑ Kopf 1); **einen dicken/harten S. haben** *(einen Dickschädel haben);* **sich** ⟨Dativ⟩ **[an etw.] den S. einrennen** (↑ Kopf 1); **mit dem S. durch die Wand wollen** (↑ Kopf 1); **jmdn. vor den S. stoßen** (↑ Kopf 1). **3.** *Verstand, Kopf* (3): streng deinen S. mal an!; Ich hatte ein paar fixe Ideen im S. (Fels, Sünden 49); Es ist verdammt, was für Blödsinn einem in kritischen Momenten in den S. kommt (Remarque, Triomphe 386); * **etw. geht/will jmdm. nicht in den S. [hinein], aus dem S.** (↑ Kopf 3); **Schä|del|ba|sis**, die (Med.): *knöcherne Basis des Hirnschädels;* **Schä|del|ba|sis|bruch**, der (Med.): *Knochenbruch im Bereich der Schädelbasis;* **Schä|del|ba|sis|frak|tur**, die (Med.): *Schädelbasisbruch;* **Schä|del|be|stat|tung**, die (Völkerk.): *vorgeschichtliche Bestattung der Köpfe od. Schädel von Toten;* **Schä|del|bruch**, der (Med.): *Bruch eines od. mehrerer Knochen des Hirnschädels;* **Schä|del|dach**, das (Med.): *oberer, seitlicher u. hinterer, gewölbter Teil des Hirnschädels;* **Schä|del|dach|bruch**, der (Med.): *Knochenbruch im Bereich des Schädeldachs;* **Schä|del|dach|frak|tur**, die (Med.): *Schädeldachbruch;* **Schä|del|decke[1]**, die (bes. Med.): *Schädeldach;* **Schä|del|form**, die: *Form des Schädels; der S.* nach handelte es sich bei dem Fund wahrscheinlich um das Skelett eines Nagetiers; Aber Moser hatte eine germanokeltische S. (Kühn, Zeit 375); **Schä|del|frak|tur**, die (Med.): *Schädelbruch;* **Schä|del|grund**, der: *Schädelbasis;* **Schä|del|höh|le**, die (Med.): *vom Hirnschädel umschlossener Raum;* **Schä|del|in|dex**, der (Anthrop.): *Prozentzahl, die das Verhältnis der Breite zur Länge des Schädels angibt:* den Beweis ..., daß Karl Kaisers S. sich im Rahmen arischer Möglichkeiten bewegte (Lentz, Muckefuck 58); **Schä|del|ka|lot|te**, die (Med.): *Schädeldach; Kalotte;* **Schä|del|käpp|chen**, das: *Jarmulke;* **Schä|del|kno|chen**, der: *einzelner Knochen des Schädels;* **Schä|del|kult**, der (Völkerk.): *bei manchen Naturvölkern anzutreffender kultischer Brauch der Aufbewahrung u. magischen Verwendung der Schädel [von Ahnen];* **Schä|del|la|ge**, die (Med.): *Kopflage;* **Schä|del|leh|re**, die ⟨o. Pl.⟩ (Med.): *Lehre vom Bau, vom Messen u. von den Maßen des menschlichen Schädels; Kraniologie;* **Schä|del|lo|se** ⟨Pl.⟩ (Zool.): *zu den Chordaten gehörende kleine, fischähnliche Tiere ohne Extremitäten u. ohne Schädel;* **Schä|del|messung**, die (Med., Anthrop.): *Messung des Schädels;* **Schä|del|naht**, die (Med.): *nahtähnliche Verbindung zwischen aneinandergrenzenden Knochen des Schädeldachs; Sutur;* **Schä|del|ope|ra|ti|on**, die: *Operation* (1) *am Schädel;* **Schä|del|stät|te**, die ⟨o. Pl.⟩ [nach kirchenlat. golgotha, ↑ Golgatha] (bibl.): *Golgatha:* ... und ging hinaus zur Stätte, die da heißt S., welche heißt auf hebräisch Golgatha (Joh. 19, 17); **Schä|del|tier**, das (Zool. veraltet): *Wirbeltier;* **Schä|del|tro|phäe**, die (Völkerk.): *(bei den Kopfjägern) Trophäe in Form des Kopfes des Gegners;* **Schä|del|ver|let|zung**, die: vgl. Schädelbruch; **Schä|del|vo|lu|men**, das (bes. Anthrop.): *Volumen der Schädelhöhle.*

scha|den ⟨sw. V.; hat⟩ [mhd. schaden, ahd. scadôn, zu ↑ Schaden]: *schädlich, nachteilig sein, eine Beeinträchtigung, einen Nachteil, Verlust darstellen; Schaden zufügen:* jmdm. geschäftlich, gesundheitlich s.; jmds. Ansehen s.; die Schmiergeldaffäre hat der Partei sehr geschadet; das Lesen bei schlechtem Licht schadet deinen Augen; damit schadest du dir [nur] selbst; daß substantielle republikanische Sitzverluste im Repräsentantenhaus dem Dollar s. würden (NZZ 5. 11. 82, 11); ein wenig laufen würde dir nicht[s] s. (ugs.: *wäre ganz gut für dich, würde dir guttun);* Und, sagt mein Vater, Soldatsein hat noch keinem geschadet (Kühn, Zeit 423); das schadet diesem Geizkragen [gar] nichts (ugs.: *geschieht ihm ganz recht);* es schadet [ihm] nicht[s] (ugs.: *ist ganz gut [für ihn]*), wenn er einmal eine solche Erfahrung macht; es kann nicht[s] s. (ugs.: *ist vielleicht nützlich),* wenn wir es gleich erledigen; Eine Zeitreserve kann nie s., bei dem Wind (Loest, Pistole 187); das schad' nichts (ugs.: *das ist nicht schlimm, das macht nichts);* **Scha|den**, der; -s, Schäden [mhd. ↑ Schade; das n der heutigen Nominativform ist aus den obliquen Kasus übernommen]: **1.** ⟨o. Pl.⟩ *etw., was die Gegebenheiten, die bestehende Situation in einer negativen, nicht wünschenswerten Weise verändert:* durch diese Indiskretion ist großer, nicht wiedergutzumachender [politischer] S. entstanden; daraus erwächst dir kein S.; und wenn die unschöne Kiesgrube verschwindet, ist das auch kein S. *(ist das vielleicht sogar ganz gut, nützlich)* (NNZ 5. 9. 86, 33); es ist dein eigener S. *(du schadest dir damit selbst);* davon hat er weder S. noch Nutzen; davon hättest du mehr S. als Nutzen; [großen, keinen, nicht viel] S. anrichten; den entstandenen S. beheben, wiedergutmachen, begrenzen; S. verhüten, verhindern, von jmdm. abwenden. „Ich schwöre, daß ich meine Kraft dem Wohle des deutschen Volkes widmen, seinen Nutzen mehren, S. von ihm wenden ... werde" (Art. 56 GG); jmdm. S. zufügen; S. erleiden; Die Ehrerbietung, die ich für ihn empfand, litt nicht den geringsten S. (geh.; *wurde in keiner Weise beein-*

trächtigt) durch die Wahrnehmung, daß ... (Th. Mann, Krull 408); Das Fleisch der auf diese Weise getöteten Tiere kann man ohne S. *(ohne daß es schädlich ist)* genießen (Grzimek, Serengeti 167); jmdn. vor S. bewahren; es ist nicht zu seinem S./(geh.:) gereicht ihm nicht zum S. *(ist ganz gut, nützlich für ihn),* wenn er durchhält; Man darf wohl sagen, daß bisher bei allen Umwälzungen auf der Erde immer der geistige Mensch zu S. gekommen ist (geh.; *geschädigt, benachteiligt wurde;* Musil, Mann 633); Spr wer den S. hat, braucht für den Spott nicht zu sorgen; durch S. wird man klug; * **es soll, wird jmds. S. nicht sein** (↑ Schade 2); **[an etw.] S. nehmen** (geh.; *[in einer bestimmten Hinsicht] geschädigt, beeinträchtigt werden):* er hat an seiner Gesundheit, Seele S. genommen; Die Verschwörer ... haben den niedergeschlagen, den sie den Tyrannen nannten, aber ihre eigene Tyrannei sollte dabei keinen S. nehmen (Sieburg, Robespierre 271). **2. a)** *teilweise Zerstörung; Beschädigung; Defekt:* seit einigen Jahren zeigen sich solche Schäden auch an den meisten Laubbaumarten; daß bei fortschreitendem Waldsterben ... gravierende Schäden im Bereich von Boden, Wasser und Klima auftreten werden (Furche 6. 6. 84, 8); das Haus, die Lackierung, der Schreibtisch weist einige, leichte Schäden auf; der Wagen hat einen S. am Getriebe; der Motor hat einen S.; der Beauftragte der Versicherung will den S. begutachten; einen S. ausbessern, reparieren, beheben; Das Dach muß ausgebessert werden, der Gartenzaun, Weg und Steg. Überall hat der Winter S. angerichtet (Waggerl, Brot 163); ... nur Furcht, das kostbare antike Figürchen könnte einen S. erlitten haben *(könnte beschädigt worden sein;* Holländer, Akazien 81); Aber es geht ... auch um die ökologischen Schäden, die ... entstehen (Gruhl, Planet 24); ... war schrecklich besorgt wie ein Boot, daß es bloß nicht an die Tonne zu S. käme (geh.; *beschädigt würde;* Hausmann, Abel 123); **b)** *körperliche, gesundheitliche Beeinträchtigung:* schwere körperliche, innere, organische, psychische Schäden; sie hat [von Geburt an] einen S. am Auge, an der Wirbelsäule; das Herz, die Leber hat einen S.; bei einem S. zuziehen; er hat bei dem Unfall einen S. am Bein erlitten, davongetragen; er hat von dem Unfall, der Krankheit einen [bleibenden] S. zurückbehalten; sie konnten ohne S. *(unverletzt)* aus dem brennenden Haus geborgen werden; glücklicherweise ist bei dem Unfall niemand zu S. gekommen *(verletzt worden);* Der Kutscher ... ist durch einen Huftritt ziemlich stark zu S. gekommen (geh.; *verletzt worden;* Werfel, Bernadette 74). **3.** *durch Verlust od. [teilweise] Zerstörung eines Guts entstandene Einbuße:* ein hoher finanzieller S.; Abschließend lohnt sich ein kurzes Nachdenken darüber, welcher volkswirtschaftliche S. durch die Kunstfehler entstanden ist (Hackethal, Schneide 87); der S. kann noch nicht genau beziffert werden, geht in die Millionen; bei dem Unwetter sind unübersehbare Schäden; Schäden in Millionenhöhe entstanden; der S. beläuft sich auf, beträgt 500 Mark; versicherbar sind grundsätzlich nur materielle, nicht dagegen immaterielle oder ideelle Schäden; Schäden durch Wildunfälle sind mitversichert; einen S. herbeiführen, verursachen, erleiden; einen S. verhüten, verhindern; einen S. ersetzen, tragen, schätzen; die Versicherung hat den S. in voller Höhe übernommen; du hättest den S. *(Schadensfall)* melden sollen; die Versicherung hat den S. *(Schadensfall)* erfreulich schnell abgewickelt, geregelt, reguliert; für einen S. aufkommen, haften, Ersatz leisten; sich gegen Schäden durch Brand, Diebstahl, Unwetter versichern; er mußte mit S. *(mit Verlust)* verkaufen; R fort/weg mit S.! (ugs.; *[trotz allem] bloß weg damit!);* **Scha|den|be|gren|zung,** ↑ Schadensbegrenzung; **Scha|den|be|rech|nung,** Schadensberechnung, die (Rechtsspr., Versicherungsw.): *Ermittlung des Betrages, den ein zum Schadenersatz Verpflichteter für einen Schaden (3) zu leisten hat;* **Scha|den|be|richt,** Schadensbericht, der (Rechtsspr., Versicherungsw.): *Bericht über einen entstandenen Schaden;* **Scha|den|be|sei|ti|gung:** ↑ Schadensbeseitigung; **Scha|den|er|eig|nis:** ↑ Schadensereignis; **Scha|den|er|satz,** (BGB:) Schadensersatz, der (Versicherungsw.): *für einen Schaden (3) zu leistender Ausgleich durch jmdn., der dazu verpflichtet ist:* S. leisten; auf S. klagen; zum S. verpflichtet sein; **Scha|den|er|satz|an|spruch,** der (Rechtsspr.): *Anspruch auf Schadenersatz;* **Scha|den|er|satz|for|de|rung,** der (Rechtsspr.): vgl. Schadenersatzanspruch; **Scha|den|er|satz|lei|stung,** die (Rechtsspr.): *das Leisten von Schadenersatz;* **Scha|den|er|satz|pflicht,** die ⟨o. Pl.⟩ (Rechtsspr.): *Verpflichtung zum Schadenersatz;* **scha|den|er|satz|pflich|tig** ⟨Adj.⟩ (Rechtsspr.): *verpflichtet, Schadenersatz zu leisten;* **Scha|den|fall:** ↑ Schadensfall; **Scha|den|fest|stel|lung,** Schadensfeststellung, die (Rechtsspr., Versicherungsw.): *Feststellung eines Schadens (bes. als Voraussetzung einer [Versicherungs]leistung);* **Scha|den|feu|er, Scha|dens|feu|er,** das: *Brand* (1 a): Einem verheerenden Schadenfeuer das hölzerne Schulgebäude der schwedischen Stadt Eknöping zu Opfer gefallen (MM 1. 2. 67, 3); Rund 1000 Schadensfeuer wurden registriert (NNN 23. 9. 87, 2); **scha|den|frei** ⟨Adj.⟩ (Versicherungsw.): *frei von (durch die Versicherung zu regulierenden) Schadenfällen:* der Rabatt nach zehn -en Jahren, nach zehnjährigem -em Fahren; Motorradfahrer, die im Sommer mindestens sechs Monate s. gefahren sind (Saarbr. Zeitung 5. 12. 79, I); **Scha|den|frei|heits|ra|batt,** der (Versicherungsw.): *(in der Kraftfahrzeugversicherung) Rabatt auf den Versicherungsbeitrag bei Nichtinanspruchnahme der Versicherung während eines bestimmten Zeitraums; Bonus* (1 b); **Scha|den|freu|de,** die ⟨o. Pl.⟩: *boshafte Freude über das Mißgeschick, Unglück eines andern:* S. empfinden, äußern; etw. mit S. feststellen; R (iron.:) S. ist die schönste Freude; **scha|den|freu|dig** ⟨Adj.⟩ (seltener): *schadenfroh:* mit einem -en Seufzer (Muschg, Sommer 233); „Die Chancen des Erich", ätzte ein Regierungsmitglied ... s., „stehen wohl in einem umgekehrten Verhältnis zu seinem Ehrgeiz." (profil 23, 1984, 21); **scha|den|froh** ⟨Adj.⟩: *von Schadenfreude zeugend; voll Schadenfreude:* ein -es Gelächter; er fühlte die -en Blicke der anderen; sei nicht so s.!; s. lachen, grinsen; **Scha|den|nach|weis,** Schadensnachweis, der (Rechtsspr., Versicherungsw.): vgl. Schadenfeststellung; **Scha|dens|be|gren|zung,** Schadenbegrenzung, die ⟨o. Pl⟩: *das Eindämmen, Begrenzen eines Schadens auf ein möglichst geringes Maß:* Doch in Kohls Pannenapparat gab es keinen Alarm, keinen Plan zur Schadensbegrenzung (Spiegel 44, 1984, 19); **Scha|dens|be|rech|nung:** ↑ Schadenberechnung; **Scha|dens|be|richt:** ↑ Schadenbericht; **Scha|dens|be|sei|ti|gung,** Schadenbeseitigung, die: *Beseitigung eines Schadens* (2 a): der Verursacher des Schadens ist zur S. verpflichtet; **Scha|dens|er|eig|nis,** Schadenereignis, das (bes. Rechtsspr., Versicherungsw.): *Ereignis, durch das Schaden, ein Schaden entsteht:* ... verärgert darüber, daß das Schadensereignis erst mit einer Verzögerung ... gemeldet worden sei (MM 16. 12. 87, 1); zu einem Abkommen ..., das die Abwicklung von Schadenersatzansprüchen ... bei grenzüberschreitenden Schadenereignissen vereinfachen soll (NZZ 13. 10. 84, 25); **Scha|dens|er|satz** usw.: ↑ Schadenersatz usw.; **Scha|dens|fall,** Schadenfall, der (bes. Versicherungsw.): *das Eintreten, Eingetretensein eines Schadens* (3): der Versicherte hat den S. grob fahrlässig herbeigeführt; melden Sie jeden S. unverzüglich der Versicherung; im S. *(wenn ein Schaden entsteht)* muß die Versicherung zahlen; **Scha|dens|fest|stel|lung:** ↑ Schadenfeststellung; **Scha|dens|feu|er:** ↑ Schadenfeuer; **Scha|dens|nach|weis:** ↑ Schadennachweis; **Scha|dens|ver|hü|tung,** Schadenverhütung, die: *Verhütung von Schaden, eines Schadens;* **Scha|dens|ver|si|che|rung,** Schadenversicherung, die (Versicherungsw.): *Versicherung gegen Sach- u. Vermögensschäden, bei der die Höhe der Leistung die Höhe des Schadens nicht übersteigen kann;* **Scha|den|ver|hü|tung:** ↑ Schadensverhütung; **Scha|den|ver|si|che|rung:** ↑ Schadensversicherung; **Scha|den|zau|ber,** der (Volksk.): *Zauber, der durch eine bestimmte magische Handlung einem anderen Schaden an Körper, Geist, Seele u./od. Besitz zufügen soll;* **Schäd|ler|rei|ger,** der (Fachspr.): *pflanzlicher od. tierischer Verursacher von Schäden an Kulturpflanzen;* **Schad|fraß,** der (Fachspr.): *Fraß* (2) *durch tierische Schädlinge;* **Schad|gas,** das (Fachspr.): *gasförmiger Schadstoff;* **schad|haft** ⟨Adj.; -er, -este⟩ [mhd. schadhaft, ahd. scadohaft]: *einen Schaden (bes. 2 a), Defekt, Mangel aufweisend:* ein -es Dach; -e Stellen ausbessern, austauschen; in -em Zustand sein; das Gewinde, die Schraube, die Dichtung ist s.; ein breiter ... Mann mit -en Zähnen (Hofmann, Fistelstimme 84);

Schadhaftigkeit

Schad|haf|tig|keit, die; -: *schadhafte Beschaffenheit;* **schä|di|gen** ⟨sw. V.; hat⟩ [mhd. schadegen, schedigen, zu: schadec = schädlich]: *bei jmdm., etw. einen Schaden hervorrufen:* jmdn. wirtschaftlich, finanziell, geschäftlich, gesundheitlich, psychisch s.; jmds. Ruf, Ansehen s.; durch sein Verhalten schädigt er die Interessen der andern; damit schädigst du, das schädigt deine Gesundheit, deine Augen; die gemäßigte Regierungspresse, die keineswegs die guten Beziehungen zwischen Staat und Kirche ... s. möchte (Werfel, Bernadette 269); erst kaltlächelnd 'ne Reichsmark kassieren und hinterher noch 's Geschäft s. woll'n! (Schnurre, Bart 41); [sozial] geschädigte Jugendliche; von allen Bäumen sind die Fichten am stärksten geschädigt; eine durch Alkoholmißbrauch geschädigte Leber; das Gericht, in dessen Bezirk das -de Ereignis (Rechtsspr.; *das Schadensereignis*) stattgefunden hat (Straßenverkehrsrecht, StVG 235); er ist zu dem Empfang nur gekommen, um die Firma um ein paar Gläser Sekt zu s. (scherzh.; *um auf Kosten der Firma Sekt zu trinken*); **Schä|di|ger,** der; -s, - (Rechtsspr.): *jmd., der einen andern geschädigt hat:* der S. ist haftpflichtversichert; **Schä|di|ge|rin,** die (Rechtsspr.): w. Form zu ↑Schädiger; **Schä|di|gung,** die; -, -en: **1.** *das Schädigen, Geschädigtwerden:* eine S. seines Rufes, Ansehens. **2.** *das Geschädigtsein, Schaden* (2a, 2b): materielle, gesundheitliche -en; **Schad|in|sekt,** das (Fachspr.): *Insekt, das als Schädling gilt;* **schäd|lich** ⟨Adj.⟩ [mhd. schedelich, ahd. in: unscadelīh = unschädlich]: *zu Schädigungen führend, sich nachteilig auswirkend:* -e Stoffe, Zusätze, Chemikalien, Abgase, Strahlen; -e Einflüsse; ein *(ungesundes)* Raumklima; -e *(dem Menschen direkt od. indirekt Schaden zufügende)* Tiere; zum augenblicklichen Zeitpunkt wäre eine solche Maßnahme eher s. als nützlich; das Rauchen ist s. [für dich, die Gesundheit, den Organismus]; Du denkst zuviel. Das ist immer s. (Remarque, Obelisk 197); **Schäd|lich|keit,** die; -: *das Schädlichsein:* über die S. zu hoher Ozonkonzentrationen, des Rauchens sind die Experten sich einig; **Schäd|ling,** der; -s, -e: *(Tier- od. Pflanzen)art, die dem Menschen aufgrund ihrer Lebensweise schadet:* der Borkenkäfer ist der gefährlichste S. unserer Wälder; -e bekämpfen, vernichten; Die Farmer nämlich sahen die Zebras und Gnus als -e an (Grzimek, Serengeti 82); die Ernte wurde von -en vernichtet; Ü Die Christen waren mithin nicht nur soziale -e ..., sie waren auch Majestätsverbrecher (Thieß, Reich 229); Die Angeklagten, so sagte man uns, wären ... -e, Volksfeinde und Agenten gewesen (Leonhard, Revolution 23); **Schäd|lings|be|fall,** der: *Befall (bes. von Pflanzen) durch Schädlinge;* **Schäd|lings|be|kämp|fer,** der: *Fachmann für die Schädlingsbekämpfung* (Berufsbez.); **Schäd|lings|be|kämp|fe|rin,** die: w. Form zu ↑Schädlingsbekämpfer; **Schäd|lings|be|kämp|fung,** die: *Bekämpfung von Schädlingen:* chemische, biologische S.; **Schäd|lings|be|kämp|fungs|mit|tel,** das: *Mittel zur Bekämpfung von Schädlingen:* hochgiftige S.; **schad|los** ⟨Adj.⟩ [mhd. schadelōs = unschädlich, unbenachteiligt]: **1. a)** *keinen Schaden verursachend; unschädlich:* Schadlose Vernichtung der bereits vorhandenen Dioxine (Hamburger Rundschau 15.3.84,5); Der -e Betrieb ist bei Verwendung unserer Kraftstoffe selbstverständlich (ADAC-Motorwelt 10, 1986, 73); daß ... belastete Sickerwässer ... behandelt und s. entsorgt werden (Freie Presse 24. 11. 89, 6); **b)** *ohne Schaden zu nehmen:* Der für Normalbenzin gebaute Motor verträgt s. das teurere Super – umgekehrt gibt das aber nicht (Abendzeitung 23. 1. 85, 11); die ... Steilküste ... hat inzwischen an die acht Hochwasser nahezu s. überstanden (NNN 25. 8. 89, 6). **2.** ** sich* [für etw.] [an jmdm., etw.] s. halten *(sich für einen erlittenen Schaden, einen entgangenen Vorteil o. ä. auf Kosten einer Person od. Sache Entschädigung verschaffen):* er wollte sich für seine Verluste an mir, an meinem Vermögen s. halten; als der Spargel alle war, hat er sich an dem Schinken s. gehalten *(hat er dafür reichlich Schinken genommen);* **jmdn.** [für etw.] s. halten (bes. Rechtsspr., Wirtsch.; *jmdn. [für etw.] entschädigen*); **Schad|los|bür|ge,** der (Rechtsspr.): *Bürge bei der Ausfallbürgschaft;* **Schad|los|bür|gin,** die (Rechtsspr.): w. Form zu ↑Schadlosbürge; **Schad|los|hal|tung,** die ⟨o. Pl.⟩: *das Sichschadloshalten.*

Scha|dor: ↑Tschador: Daher legte sich ... Oriana Fallaci ... das traditionelle dunkle Tuch, den S., um (Spiegel 40, 1979, 151); Bikinis sind verboten, Frauen, die dennoch schwimmen wollen, müssen im S. und mit voller Kleidung ins Wasser gehen (Hörzu 21, 1980, 8).

Schad|or|ga|nis|mus, der (Fachspr.): *Schädling;* **Schad|stoff,** der (Fachspr.): *[chemischer] Stoff, der beim Auftreten in einer gewissen Menge Pflanzen, Tieren, Menschen od. der Umwelt schadet:* chemische, gasförmige, organische -e; -e aus Autoabgasen, aus der Landwirtschaft; Weniger -e sollen in die Luft (MM 19.9. 79, 14); In Schweden und in den USA wurden -e in der Muttermilch gefunden (Augsburger Allgemeine 13./14.5. 78, 3); Babyschnuller und -sauger enthalten ... gefährliche -e (Spiegel 12, 1982, 108); Viele Leute ... haben Angst, die Lebensmittel könnten zu stark mit -en belastet sein (Brückenbauer 11.9.85, 25); **schad|stoff|arm** ⟨Adj.⟩ (Fachspr.): *arm an Schadstoffen:* -er Kompost, der in öffentlichen Grünanlagen ... eingesetzt werden soll (Hamburger Morgenpost 22. 5. 85, 6); -e *(relativ wenig Schadstoffe ausstoßende)* Autos; Bisher sollten nur neue Fahrzeuge des Bundes s. *(mit einer den Ausstoß von Schadstoffen deutlich verringernden Technik)* ausgerüstet sein (Welt 11. 9. 85, 1); Sie produzieren s. (Spiegel 52, 1991, 92); **Schad|stoff|aus|stoß,** der (Fachspr.): *Schadstoffemission:* den S. einer Anlage, eines Motors messen, reduzieren; **Schad|stoff|be|la|stung,** die (Fachspr.): *Belastung durch Schadstoffe:* die S. der Luft, des Wassers, der Nahrung; **Schad|stoff|ein|trag,** der (Fachspr.): *Eintrag* (3) *von, an Schadstoffen;* **Schad|stoff|emis|si|on,** die (Fachspr.): *Emission* (3) *von Schadstoffen;* **schad|stoff|frei** ⟨Adj.⟩ (Fachspr.): *frei von Schadstoffen:* [weitgehend] -e Lebensmittel; wir verarbeiten nur absolut -e Materialien; dieser neue Lack ist wasserlöslich und praktisch s.; **Schad|stoff|im|mis|si|on,** die (Fachspr.): *Immission* (1) *von Schadstoffen;* **Schad|stoff|re|duk|ti|on,** die (Fachspr.): *Reduktion der Menge an (vorhandenen, entstehenden, freigesetzten) Schadstoffen;* **schad|stoff|re|du|ziert** ⟨Adj.⟩ (Fachspr.): *einen reduzierten Schadstoffausstoß habend:* ein neuartiger -er Dieselmotor; **Schad|stoff|re|du|zie|rung,** die (Fachspr.): *Schadstoffreduktion.*

Scha|duf, der; -s, -s [arab. šādūf]: *ägyptisches Schöpfwerk in Form eines Hebebaums.*

Schad|wir|kung, die (Fachspr.): *durch einen Schädling od. Schadstoff hervorgerufene schädigende Wirkung:* Die bisherigen Kenntnisse zur S. von Bodenverunreinigungen (Welt 4. 4. 89, 21); daß nicht die Fehlernährung allein die Ursache des Entstehens der Leberzirrhose beim Trinker sein kann, sondern daß diese in der direkten S. des Alkohols zu suchen ist (Gesundheit 7, 1976, 201).

Schaf, das; -[e]s, -e [mhd. schāf, ahd. scāf, H. u.]: **1.** *mittelgroßes Säugetier mit dickem, wolligem Fell u. beim männlichen Tier oft großen, gewundenen Hörnern, das als Wolle, Fleisch, auch Milch lieferndes Nutztier gehalten wird:* ein zottiges S.; -e blöken, grasen; im Frühjahr, wenn die -e lammen; er ist sanft, furchtsam, geduldig wie ein S.; -e züchten, halten; die -e austreiben, weiden, scheren, melken; ein S. schlachten; Spr ein räudiges S. steckt die ganze Herde an; geduldige -e gehen viele in einen Pferch/Stall; Ü ein verirrtes S. *(ein sündiger, vom rechten Weg abgekommener Mensch;* vgl. z.B. Matth. 18, 12–13); * **schwarzes S.** *(jmd., der in einer Gemeinschaft unangenehm auffällt, von ihr als Außenseiter betrachtet wird;* nach 1. Mos. 30, 32; in einer Schafherde die schwarzen u. die gefleckten Schafe weniger erwünscht, weil man einheitlich weiße Wolle gewinnen möchte, die sich bei weiterer Verarbeitung nach Wunsch färben läßt): sie war schon immer das schwarze S. der Familie; es gibt leider immer einige schwarze -e, die die ganze Branche, den ganzen Berufsstand in Verruf bringen; **die -e von den Böcken trennen/scheiden** *(die Guten u. die Schlechten voneinander trennen;* nach dem alten Schäferbrauch, zu Zuchtzwecken weibliche u. männliche Schafe voneinander zu trennen, um nur die kräftigsten Böcke zur Vermehrung einzusetzen; verbreitet durch die Stelle im Matthäusevangelium, wo von Christus gesagt wird, er trenne die guten u. die schlechten Menschen wie der Hirte die Schafe von den Böcken [Matth. 25, 32]): wie soll man bei der Rasselbande die -e von den Böcken scheiden? Da ist doch einer so schlimm wie der andere. **2. a)** (ugs.) *gutmütig-einfältiger Mensch* (auch als Schimpfwort): du [dummes, blödes] S.!; Daß du so ein vorurteilsvolles S. bist! (Remarque, Obelisk 207); Detlef, das gutmütige S., geriet immer an Leute auf Turkey (Christiane, Zoo 96); **b)** Kosewort, bes. für Kinder: komm doch mal auf meinen Schoß, mein kleines S.; **Schaf|blat|tern** ⟨Pl.⟩ [nach einer bei Schafen auftretenden Erkrankung mit gleichem Krankheitsbild] (landsch.): *Windpocken;* **Schaf|bock,** der: *männliches Schaf;* **Schäf|chen,** das; -s, -: **1. a)** Vkl. zu ↑Schaf (1): *das S. ist ihr Lieblingskuscheltier;* Ü *der Reiseleiter hatte seine S.* (ugs.; *die von ihm zu Betreuenden*) *um sich versammelt; ein Pfarrer, der sich wirklich um seine S.* (*Gemeindemitglieder*) *kümmert;* * **seine/sein S. ins trockene bringen**/(seltener:) **scheren** (ugs., oft leicht abwertend; *sich [auf Kosten anderer] großen Gewinn, Vorteil verschaffen;* urspr. wohl = Schafe auf trockene, höhergelegene Weiden bringen, um sie vor dem in sumpfigen Gebieten lebenden Leberegel zu schützen); **sein S. im trockenen haben** (ugs., oft leicht abwertend; *sich seinen Vorteil gesichert haben*); **S. zählen** (fam.; *[weil man nicht einschlafen kann] vor sich hin zählen*): *er* (fam.) *Schäflein* (2). **2.** Vkl. zu ↑Schaf (2 b): *komm mal zu mir, mein S.* **3.** ⟨meist Pl.⟩ kurz für ↑Schäfchenwolke: *ein bis auf einige S. wolkenloser Himmel;* **Schäf|chen|wol|ke,** die ⟨meist Pl.⟩: *Zirrokumulus;* **Schaf|darm,** der: (bes. zur Herstellung von Saitlingen verwendeter) *von einem Schaf stammender Darm:* Schafdärme zu Saitlingen verarbeiten; die Saiten des Instruments sind aus S.; **Schäfer,** der; -s, - [mhd. schæfære, spätahd. scâpharē]: *jmd., der Schafe hütet u. betreut u. die für die Aufzucht u. Haltung notwendigen Arbeiten verrichtet* (Berufsbez.); **Schä|fer|dich|tung,** die (Literaturw.): *Hirtendichtung der europäischen Renaissance u. des Barocks, in der die ländliche Welt der Schäfer u. Hirten manieristisch gestaltet u. auf einer künstlichen, wirklichkeitsfremden Ebene dargestellt wird;* **Schä|fe|rei,** die; -, en: **1.** ⟨o. Pl.⟩ *Schafhaltung, -zucht:* er hat die S. aufgegeben; daß er am Ende dieser zwei Jahre die S. dann wieder allein betreibe (Schreiber, Krise 221). **2.** *Betrieb für Schafzucht:* Neunundsiebzig Osterlämmchen von den -en Schidlitz und Scharpau hat die Nonne Rusch diesmal ... gebraten (Grass, Butt 467); **Schä|fer|ge|dicht,** das (Literaturw.): vgl. Schäferdichtung; **Schä|fer|hund,** der: **1.** *dem Wolf ähnlicher großer Hund mit spitzen, stehenden Ohren, langem, buschigem Schwanz u. dunkler bis schwarzer, an der Unterseite oft gelblicher Färbung:* der deutscher S.; ... Personen, die begleitet von einem schwarzbraunen S. (Schädlich, Nähe 94). **2.** *Hund, der einem Schäfer beim Hüten der Schafe hilft;* *Hütehund:* der Bobtail eignet sich gut als S.; Der Vogel glich darin einem gut geschulten S., der eine versprengte Schafherde zusammenbringen will (Lorenz, Verhalten I, 53); **Schä|fe|rin,** die; -, -nen: w. Form zu ↑Schäfer; **Schä|fer|kar|ren,** der: *zweirädriger, geschlossener Karren, der einem Schäfer zum Wohnen auf der Weide dient;* **Schä|fer|ro|man,** der (Literaturw.): vgl. Schäferdichtung; **Schä|ferspiel,** das (Literaturw.): vgl. Schäferdichtung; **Schä|ferstünd|chen,** das [nach frz. heure du berger]: **a)** *[heimliches] Beisammensein von Verliebten, bei dem Zärtlichkeiten ausgetauscht werden [u. bei dem es zu sexuellen Handlungen kommt]:* Ein unerfreuliches Ende nahm ein S., das der englische Tourist Alan Stanley am Strand ... mit seiner Freundin ... verbrachte (MM 23. 8. 68, 21); ein S. [mit jmdm.] haben; sich zu einem S. treffen, zurückziehen; **b)** (verhüll.) *Ausübung von Geschlechtsverkehr:* Angklagt wegen Kuppelei ... ein Gefängnisaufseher, der die S. hinter Gittern ermöglicht haben soll (MM 9. 12. 66, 10); dabei kam es zu einem S. zwischen den beiden; **Schä|ferstun|de,** die (seltener): Schäferstündchen.

¹Schaff, das; -[e]s, -e [mhd. schaf = offenes Gefäß; Kornmaß; kleines Schiff, ahd. scaph = Gefäß, urspr. = Ausgehöhltes, verw. mit ↑schaffen]: **1.** (südd., österr.) *offenes Gefäß, Bottich, Zuber:* Ein hölzernes Maß ... steht in einem großen S. ... Was ... über den Rand ins S. fällt, kann sich der Pflücker wieder ... zurücknehmen (Kisch, Reporter 218). **2.** (westmd., südd.) *Schrank, Regal;* **²Schaff,** der: in der Wendung **[mit jmdm., etw.] seinen S. haben** (landsch.; *seine Arbeit, Mühe haben;* zu ↑schaffen 6): mit den fünf Kindern hat sie ihren S.; **Schäff|chen,** das; -s, -: Vkl. zu ↑¹Schaff; **Schaf|fe,** die; - [zu ↑schaffen (1)] (Jugendspr. veraltend): *großartige Sache, Angelegenheit:* Eine S., eine Show! Frisch, flott, frech - ... (Hörzu 9, 1971, 55); ... läuft auf drei Bühnen ... und in den Gängen des großen Hauses ein Riesenspektakel ab.... Die Gäste sehen heißbegehrt, wo immer ein „S." der Superlative (NNN 26. 2. 85, 3); **Schaf|fel,** das; -s, -n (österr.): *kleines Schaff* (1).

Schaf|fell, Schafsfell, das: *Fell vom Schaf:* das Baby lag auf einem S.; eine Jacke aus S.

schaf|fen ⟨st. u. sw. V.; hat⟩ [mhd. schaffen (st. u. sw. V.), ahd. scaffan (st. V.) u. scaffōn (sw. V., Präsensstamm zum Prät. u. 2. Part. des st. V. scepfen, ↑²schöpfen), urspr. = schnitzen, mit dem Schaber bearbeiten, zu ↑schaffen]: **1.** ⟨st. V.⟩ (*durch schöpferische Arbeit, schöpferisches Gestalten*) *neu entstehen lassen; hervorbringen* (2 b): am Anfang schuf Gott den Himmel und die Erde; Ein Kunstwerk s.; der Künstler hat eine Plastik, ein neues Bild geschaffen; Da baute er seine Vierzimmerwohnung zum Tonstudio um und schuf mit seinem Freund Joe Hammer einen neuen Sound (Freizeitmagazin 12, 1978, 3); Die Begründer des Klosterwesens haben eine Lebensform geschaffen, (Nigg, Wiederkehr 94); Das Treppenhaus ist nach dem Vorbild der Großen Oper in Paris geschaffen (Koeppen, Rußland 72); Das Weib ist für den Mann geschaffen (*gehört zum Mann*, geben wir sie zusammen; Bestatten wir sie in einem Sarg (Jahnn, Geschichten 216); der schaffende (*schöpferisch arbeitende*) Mensch, Geist; wie er, sie geschaffen ist (veraltet verhüll. scherzh.; *unbekleidet, nackt*); ⟨subst.:⟩ bei verschiedenen großen Männern ..., die er durch geistvolle Gespräche von ihrem Schaffen abhält (Hildesheimer, Legenden 33); Diese spezifische Grundbegabung, die Schillers ganzes Schaffen organisierte, war sein Theatertalent (Friedell, Aufklärung 240); Seinen ersten Höhepunkt erreicht der Kupferstich im Schaffen Schongauers (Bild. Kunst III, 83); die Ausstellung gibt einen guten Überblick über Picassos plastisches, bildhauerisches Schaffen (*Werk*); Aber möglichst viel von seinem bisherigen Schaffen (*möglichst viele von seinen schon vorliegenden Werken*) zu sehen, sei ich entschlossen (Th. Mann, Krull 341); * **für/zu etw. wie geschaffen sein** (*für etw. ganz besonders geeignet, tauglich, passend sein*): er ist für diesen Beruf, zum Lehrer wie geschaffen; das Material ist für den Zweck wie geschaffen; Die frühere Kuhmagd schien für den Wärter wie geschaffen (Hauptmann, Thiel 5); ein schöner, wie zum Denkmal geschaffener Mann (Grass, Butt 102); **für/zu etw. nicht geschaffen sein** (*mit etw. [unüberwindliche] Schwierigkeiten haben, nicht zurechtkommen*): zum Leben auf dem Lande ist sie einfach nicht geschaffen; Sie waren beide für die Ehe nicht geschaffen (Fallada, Herr 255); Deine Mutter oder dein Weib aufgeben, weil sie den Teufel hat, dafür bist du nicht geschaffen (Gaiser, Jagd 157). **2.** ⟨st., auch sw. V.⟩ *entstehen, zustande kommen lassen; zustande bringen:* Platz für etw. s.; die Voraussetzungen für etw. s.; neue Arbeitsplätze, Stellen s.; eine ganz neue Lage, klare Verhältnisse, eine gute Atmosphäre, günstige Rahmenbedingungen s.; bis dahin hast du dir vielleicht schon ein ansehnliches Vermögen geschaffen/geschafft; er weiß immer Rat, Hilfe zu s. (*findet immer eine Lösung, eine Möglichkeit zu helfen*); diese Pillen schaffen (*verursachen*) mir nur Beschwerden; ⟨Dativ:⟩ etwas Bewegung s. (*verschaffen*) (verblaßt:) Ersatz, Ausgleich, Ruhe, Frieden, Ordnung, Klarheit, Abhilfe s.; solche Ereignisse schaffen (*verursachen, erzeugen*) immer Unruhe; das schafft nur Verwirrung (*verwirrt einen nur*). **3.** * **sich** ⟨Dativ⟩ **zu s. machen** (*irgendeine [manuelle] Tätigkeit ausführen; hantieren*): ich sah, wie sich jemand [mit einem Bolzenschneider] an dem Fahrrad zu s. machte; was machst du dir da an meinem Schreibtisch zu s.?; sie ging hinaus und machte sich im Garten, an den Rosen zu s.; **jmdm. zu s. machen** (1. *jmdm. Schwierigkeiten, große Mühe machen:* die Schule macht ihm schwer zu s.; Die Umstellung von der Schwerelosigkeit ... auf die Erdanziehungskraft hatte den ... Astronauten anfangs zu s. gemacht [MM 25. 6. 73, 3]. 2. *jmdn. seelisch belasten, jmdn. Sorgen bereiten:* es gibt sich ganz cool, aber im Grunde macht es ihm schon zu s., daß die Kollegen sich von ihm distanzieren; der Mißerfolg hat ihm ganz schön zu s. gemacht). **4.** ⟨sw. V.⟩ **a)** *erfolgreich zum Abschluß bringen, bewerkstelligen; bewältigen:* eine ganze Menge, viel, das Soll s.; er schafft diese Arbeit allein nicht mehr; ich fange sofort damit

Schaffensdrang

an, aber ob ich es heute noch schaffe, weiß ich nicht; das schafft er nie!; das hätten wir geschafft!; das wäre geschafft!; er hat das Abitur nicht geschafft *(bestanden);* wenn die Straße frei ist, schaffst du es nach Köln in drei Stunden *(brauchst du für die Fahrt nach Köln [nicht mehr als] drei Stunden);* Meine Scheibenwischer schaffen den Regen nicht (Lindlau, Mob 256); und das Geld schafft bekanntlich alles *(mit Geld läßt sich alles erreichen;* (R. Walser, Gehülfe 44); vielleicht schaffst (ugs.; *erreichst)* du noch den früheren Zug; er hat die Prüfung nicht geschafft (ugs.; *ist durchgefallen);* beim letzten Versuch schaffte er den neuen Rekord *(gelang er ihm);* er hat es geschafft, sie zu überreden; **b)** (ugs.) *sehr anstrengen, mitnehmen* (2), *erschöpfen:* die Arbeit, die Hitze hat mich heute geschafft; ich habe schon einige ziemlich brutale Kriegsfilme gesehen, aber so wie dieser hat mich noch keiner geschafft; diese Klasse schafft jeden Lehrer; sogar billigen Wermut trank er, weil Korn und Wacholder ihn nicht mehr schafften *(betrunken machten)* (Grass, Hundejahre 288); wir waren so geschafft *(müde, erschöpft)* und wollten ins Bett (Hörzu 19, 1972, 54); ⟨s. + sich⟩ (Jargon) *großen Einsatz zeigen, sich verausgaben:* Joy ... schafft sich auf der Bühne gewaltig, sie zerfließt geradezu (MM 12. 2. 74, 18); Er jodelt, tanzt Schuhplattler und schafft sich auf dem Schlagzeug (Hörzu 49, 1971, 24). **5.** ⟨sw. V.⟩ *bringen, tragen, transportieren, befördern:* etw. auf den Speicher, aus dem Haus, aus dem Weg, in den Keller, zur Seite s.; die Verletzten ins Krankenhaus s.; das Schwarzgeld hat er sofort ins Ausland geschafft; (ugs.:) kannst du noch schnell die Pakete zur Post s.? **6.** ⟨sw. V.⟩ (landsch., bes. südd.) **a)** *arbeiten* (1 a): schwer, unermüdlich, den ganzen Tag s.; ⟨subst.:⟩ (ugs. scherzh., oft iron:) frohes Schaffen!; ** etw. mit jmdm., etw. zu s. haben (etw. mit jmdm., etw. zu tun haben):* was habe ich damit zu s.?; ich habe mit der Angelegenheit nichts zu s.; ich will mit ihr, euch nichts zu s. haben; was hast du damit zu s.? *(was geht dich das an?);* **b)** *arbeiten* (1 b): nur halbtags, am Bau, bei der Bahn, im Akkord s.; er hat als Monteur geschafft; **c)** ⟨s. + sich; unpers.⟩ *arbeiten* (1 a, b) *lassen:* mit dem Gerät schafft es sich leichter; mit netten Kollegen schafft es sich halt besser; **d)** ⟨s. + sich⟩ *arbeiten* (4 a): du hast dich müde geschafft; **e)** *arbeiten* (4 b): du hast dir die Hände wund geschafft; **f)** *arbeiten* (3 a): an dem Berg haben die Radfahrer ganz schön zu s.; g) ⟨s. + sich⟩ *arbeiten* (3 b): ich mußte mich durch dichtes Unterholz s.; er hat sich durch die Menge ganz nach vorn geschafft; Ü er hat sich in der Firma, Partei ganz nach oben geschafft; **h)** *sich in einem Prozeß der Veränderung befinden:* der Most, Teig schafft *(gärt);* das Holz schafft *(verzieht sich)* noch. **7.** ⟨sw. V.⟩ (südd., österr.) *befehlen, anordnen:* er tut es nur, wenn es [ihm] der Chef schafft; ♦ Nun sagt, ihr Hexen, was ihr schafft. – Ein gutes Glas von dem bekannten Saft (Goethe, Faust I, 2518 f.). ♦ **8.** ⟨st. u. sw. V.⟩ **a)** *verschaffen* (a): Er soll Vorschläge tun, die annehmlich sind, und vor allem soll er das Geld s. (Goethe, Egmont II); Ihm fehlt's an tausend Kleinigkeiten, die zu s. eine Frau sich gern bemüht (Goethe, Torquato Tasso III, 4); Ich muß ins Feld, mein Töchterlein, und Böses dräut der Sterne Schein: drum schaff du mir ein Notgewand (Uhland, Das Nothemd); **b)** *verschaffen* (b): Ich hatte, was ihm Freiheit s. konnte (Schiller, Piccolomini II, 7); **c)** *herbeischaffen:* Schafft einen Stuhl, ich sinke nieder (Goethe, Faust I, 2325); schafft Wein! rief er nun (Kleist, Kohlhaas 10); **Schaf|fens|drang,** der ⟨o. Pl.⟩: *starker innerer Antrieb, schöpferisch, produktiv zu arbeiten:* voller S. sein; voller S. machte er sich an einen neuen Roman; indem er sein Leben als nicht wirksam genug hinstellt, um gegen den ungeheuren S. der Zeit anzukämpfen (Hildesheimer, Legenden 32 f.); **Schaf|fens|freu|de,** die ⟨o. Pl.⟩: vgl. Schaffensdrang: Es wäre nicht erstaunlich, wenn sein Selbstvertrauen gelitten hätte und sein S. (K. Mann, Wendepunkt 424); **schaf|fens|freu|dig** ⟨Adj.⟩: *voller Schaffensfreude:* der früher so -e Freund machte einen erschreckend lethargischen Eindruck auf ihn; **Schaf|fens|kraft,** die ⟨o. Pl.⟩: vgl. Schaffensdrang: Möge Gott Eure S. ... recht lange erhalten (Menzel, Herren 46); voll ungebrochener S. sein; Daher versicherte ich ihr, ... ich erfreue mich voller S., wobei ich ... auf die umherstehenden Bilder als Zeugen wies (Hildesheimer, Legenden 117); **schaf|fens|kräf|tig** ⟨Adj.⟩: *voller Schaffenskraft:* der trotz seines hohen Alters noch ungeheuer -e Maler; **Schaf|fens|lust,** die ⟨o. Pl.⟩: vgl. Schaffensdrang: seine S. war auch nach dieser Enttäuschung ungebrochen; **schaf|fens|lu|stig** ⟨Adj.⟩: vgl. schaffensfreudig; **Schaf|fens|pro|zeß,** der: *Prozeß, in dem etwas geschaffen* (1) *wird, Prozeß schöpferischen Arbeitens:* man merkt dem Werk an, daß es in einem langen S. entstanden ist; der ihr ab und zu während des schriftstellerischen Schaffensprozesses über die Schulter schaute (Saarbr. Zeitung 12./13. 7. 80, 29); **Schaf|fens|wei|se,** die: vgl. Schaffensprozeß; **Schaf|fer,** der; -s, - [1: zu ↑Schaffen (3); 2: Nebenf. von ↑Schaffner (2)]: **1.** (landsch., bes. südd.) *jmd., der sehr fleißig ist, viel arbeitet:* der neue Kollege scheint ein richtiger S. zu sein; Er ist ein Effekthascher, sondern ein richtiger S. (Wahlinserat. Zürich, 1967). **2.** (südd., österr. veraltet) *Aufseher, Verwalter auf einem Gutshof:* Der S. zählte zwölf Burschen und acht Mädchen ab, hieß sie Mistgabeln holen (Kisch, Reporter 213); ♦ Ich will noch zum Garten des -s gehn, dort wächst am Zaune schöner Majoran (Grillparzer, Weh dem III); **Schaf|fe|rei,** die; - (landsch., bes. südd., oft abwertend): *[dauerndes] mühseliges, anstrengendes Arbeiten; Plackerei:* morgen ist die S. wieder los; **Schaf|fe|rin,** die; -, -nen: w. Form zu ↑Schaffer.

Schaff|hau|sen: Kanton u. Stadt in der Schweiz: der Rheinfall von S.; **¹Schaff|hau|ser,** der; -s, -: Ew.; **²Schaff|hau|ser** ⟨indekl. Adj.⟩; **Schaff|hau|se|rin,** die; -, -nen: w. Form zu ↑ ¹Schaffhauser; **schaff|hau|se|risch, schaff|hau|sisch** ⟨Adj.⟩.

schaf|fig ⟨Adj.⟩ [zu ↑schaffen (3)] (südd., schweiz. mundartl.): *fleißig, arbeitsam:* eine -e Person; Der SPD-Mann und der CDU-Chef gelten beide als typische Schwaben, ehrgeizig und s. (Spiegel 23, 1992, 78); **Schaf|fig|keit,** die; - (südd., schweiz. mundartl.): *Fleiß, Arbeitsamkeit:* Aber die wissen auch, wieviel sie der eigenen S. verdanken (MM 8. 9. 73, 70).

Schaf|fleisch, das: *Fleisch vom Schaf* (1).
Schäff|ler, der; -s, - [zu ↑Schaff (1)] (bayr.): *Böttcher;* **Schäff|le|rin,** die; -, -nen: w. Form zu ↑Schäffler; **Schäff|ler|tanz,** der (bayr.): *traditioneller Volkstanz der Schäffler;* **Schaff|ner,** der; -s, - [mhd. schaffenære = Aufseher, Verwalter, umgebildet aus: schaffære, zu ↑schaffen)]: **1.** *jmd., der in öffentlichen Verkehrsmitteln Fahrausweise verkauft, kontrolliert o. ä.* **2.** (veraltet) *Aufseher, Verwalter auf einem Gutshof;* **Schaff|ne|rei,** die; -, -en (veraltet): **a)** *Amt, Posten eines Schaffners* (2); **b)** *Wohnung eines Schaffners* (2); **Schaff|ne|rin,** die; -, -nen: w. Form zu ↑Schaffner; **schaff|ner|los** ⟨Adj.⟩ (Verkehrsw.): *nicht mit einem Schaffner* (1) *besetzt; ohne Schaffner:* ein -er Wagen, Zug; die Linie 8 ist, verkehrt jetzt s.; **Schaf|fung,** die; -: *das Schaffen* (2), *Herstellen, Zustandebringen:* die S. neuer Arbeitsplätze, von Wohnraum wird vom Staat gefördert; Dazu gehört ... auch ... die S. eines neuzeitlichen Disziplinar- und Beschwerderechts (Fraenkel, Staat 371); Auch in diesem Falle war im Friedensvertrag ... die S. eines „freien Territoriums Triest" vorgesehen worden (Dönhoff, Ära 80).

Schaf|gar|be, die [im 15. Jh. schaffgarbe, schofgarbe, verdeutlichende Zus. mit ↑Schaf für mhd. garwe (spätmhd. garb), ahd. gar(a)wa, weil die Pflanze gerne von Schafen gefressen wird; 2. Bestandteil H. u., viell. zu ↑gar in dessen Bed. „fertig, bereit", u. dann eigtl. = „bereitgestelltes" Wundheilkraut]: *(zu den Korbblütlern gehörende) auf Wiesen, an Wegrändern wachsende Pflanze mit stark geteilten Blättern u. weißen bis rosafarbenen, in Doldenrispen wachsenden Blüten;* **Schaf|her|de,** die: *Herde von Schafen:* wir mußten halten, weil eine S. über die Straße getrieben wurde; **Schaf|hirt, Schaf|hir|te,** der: *Hüter einer Schafherde;* **Schaf|hir|tin,** die: w. Form zu ↑Schafhirt; **Schaf|hür|de,** die: vgl. Hürde (2).

Scha|fi|it, der; -en, -en [nach dem islam. Theologen Schafii (767–820)]: *Angehöriger einer mohammedanischen Rechtsschule.*

Schaf|käl|te, Schafskälte, die [der Kälteeinbruch erfolgt zur Zeit der Schafschur]: *häufig Mitte Juni in Mitteleuropa auftretender Einbruch von Kaltluft, der von unbeständigem, regnerischem Wetter begleitet ist;* **Schaf|kä|se:** ↑Schafskäse; **Schaf|kopf,** der [1: nach der dem Kopf eines Schafs ähnelnden Figur, die die notierten Striche für Gewinne u. Verluste bilden]: **1.** ⟨o. Pl.⟩ *Kartenspiel für vier Personen, das mit 32 Karten gespielt wird.* **2.** (ugs. Schimpfwort) ↑Schafskopf (2);

Schaf|le|der, das: *aus der Haut von Schafen hergestelltes Leder;* **schaf|le|dern** ⟨Adj.⟩: *aus Schafleder hergestellt:* -e Buchrücken; **Schäf|lein**, das; -s, -: **1.** Vkl. zu ↑Schaf (1). **2.** (fam.) *jmd., der jmds. Führung, Obhut anvertraut ist:* der Reiseleiter hatte seine S. um sich versammelt; ein Pfarrer, der sich wirklich um seine S. kümmert; **Schaf|milch**, Schafsmilch, die: *von Milchschafen gewonnene Milch:* der Käse wird ausschließlich aus S. hergestellt; **Schaf|mist**, der: *Mist* (1 a) *von Schafen.*
Scha|fott, das; -[e]s, -e [niederl. schavot < afrz. chafaud, chafaut = Bau-, Schaugerüst, aus dem Vlat., vgl. Katafalk] (früher): *Stätte, meist erhöhtes Gerüst, auf dem Hinrichtungen durch Enthauptung vorgenommen werden:* das S. besteigen; auf dem S. enden; Elisabeth schickte fast achthundert Gegner aufs S. (Goldschmit, Genius 87); sie habe ihren Mann aufs S. geliefert, er sei unschuldig (Mostar, Unschuldig 40).
Schaf|pelz, Schafspelz, der: *Pelz* (1) *eines Schafs:* eine Jacke, ein Mantel aus S.; der Kragen ist aus S.; **Schaf|pferch**, der: *Pferch* (1); **Schaf|pocken**[1] ⟨Pl.⟩ (landsch.): *Windpocken;* **Schaf|pu|del**, der: *zu den Schäferhunden gehörender Hund mit meist weißem, dichtem Fell;* **Schaf|que|le**, die: *Drehwurm;* **Schaf|schur**, die: *Schur* (1 a) *der Schafe:* zur Zeit der S.; **Schafs|fell**: ↑Schaffell; **Schafs|käl|te**: ↑Schafkälte; **Schafs|kä|se**, Schafkäse, der: *aus Schafmilch hergestellter Käse;* **Schafs|kleid**, das: in der Fügung **ein Wolf im S.** (vgl. ein Wolf im Schafspelz sein, ↑Wolf 1); **Schafs|kopf**, der: **1.** ⟨o. Pl.⟩ ↑Schafkopf (1). **2.** (ugs. Schimpfwort) *einfältiger Mensch, Dummkopf:* du S.!; so ein S.!; aber dieser S. hat natürlich alles vermasselt; **Schafs|milch**: ↑Schafmilch; **Schafs|na|se**, die: **1.** grüner bis gelblicher Apfel von länglicher Form. **2.** (ugs. Schimpfwort) *naiver, einfältiger, unvernünftiger Mensch:* daß das nicht gutgehen konnte, hättest du dir ja wirklich denken können, du S.!; **Schafs|pelz**: ↑Schafspelz; **Schaf|stall**, der: *Stall für Schafe.*
[1]**Schaft**, der; -[e]s, Schäfte [mhd. schaft, ahd. scaft, urspr. = Speer, Speerschaft, eigtl. = abgeschnittener Ast, Stab, zu ↑schaben; vgl. Schacht]: **1. a)** *gerader, langgestreckter, schlanker Teil eines Gegenstandes (der bei Werkzeugen, Waffen häufig der Handhabung des betreffenden Gegenstands dient):* der S. des Meißels, Speers, Pfeils, Ruders, Schlüssels, Ankers, Regenschirms, Schraubenschlüssels, Bohrers, Fräsers, Nagels, Lenkers; der S. der Lanze, Hellebarde, Harpune, Reibahle, Schraube; der S. des Wasserturms, Fernsehturms; der kannelierte S. der dorischen Säule; Fialen mit achtseitigen Schäften; **b)** *Teil von Handfeuerwaffen, in dem sich der Lauf, die Abzugsvorrichtung u. a. befinden u. der gleichzeitig der Handhabung dient:* der S. der Büchse ist aus edlem Nußbaumholz gearbeitet. **2. a)** *Stamm eines Baumes zwischen der Verzweigung der Wurzeln u. der Verzweigung der Krone:* Kiefern mit hohen, geraden Schäften; **b)** (Bot.) *langer, blattloser Stiel von Blüten bei bestimmten Pflanzen, die deutlich abgesetzte Blüten od. Blütenstände tragen.* **3.** (Zool.) **a)** *über die Haut hinausragender Teil eines Haares;* **b)** kurz für ↑Federschaft; **c)** [1]*Kiel* (1). **4. a)** *vom Oberleder gebildeter Teil des Schuhs:* die Schäfte werden auf die Brandsohlen genäht; **b)** *die Wade meist bis zum Knie umschließender Teil eines Stiefels:* halbhohe, kniehohe Schäfte; graue Überfallhosen verdeckten die Schäfte schwarzer ... Knobelbecher (Grass, Katz 147). **5.** (Weberei) *Rahmen aus Metall od. Holz, mit dessen Hilfe in einem Webstuhl die Kettfäden gehoben und gesenkt werden:* (sie) sah manchmal über den Brustbaum und die Schäfte des Webstuhls hinweg auf das Meer (Ransmayr, Welt 192).
[2]**Schaft**, der; -[e]s, Schäfte [landsch. Nebenf. von ↑[1]Schaff (2)] (südd., schweiz.): *Schrank, Regal:* es fehlen Schäfte und Schränke, um die Dokumente unterzubringen (National-Zeitung 557, 1968, 41).
-schaft, die; -, -en [mhd. -schaft, ahd. -scaf(t), entstanden aus zwei zum Suffix erstarrten Subst., vgl. ahd. scaf = Gestalt, Beschaffenheit, mhd. schaft = Geschöpf; Gestalt; Eigenschaft, verw. mit ↑schaffen]: **1.** bezeichnet in Bildungen mit Substantiven eine Personengruppe oder (seltener) die Gesamtheit von Dingen: Angestelltenschaft, Gerätschaft, Pastorenschaft. **2.** bezeichnet in Bildungen mit Substantiven eine Sache als Ergebnis eines Tuns: Erbschaft, Errungenschaft, Hinterlassenschaft. **3.** bezeichnet in Bildungen mit Substantiven - seltener mit Adjektiven - eine Beschaffenheit, einen Zustand: Leihmutterschaft, Zeitgenossenschaft, Zeugenschaft.
schäf|ten ⟨sw. V.; hat⟩ [mhd. scheften, schiften, 2. Part.: giscaft = geschäftet]: **1.** *mit einem* [1]*Schaft* (1 a) *versehen:* eine Lanze, Axt, Flinte s. **2.** (Gartenbau veraltend) *veredeln:* eine Pflanze s. **3.** (landsch. veraltend) *verprügeln:* sie hat ihre Kinder geschäftet; **Schaft|le|der**, das: *meist weicheres Leder für die Herstellung der* [1]*Schäfte* (4) *bei Schuhen u. Stiefeln;* **Schaft|lei|sten**, der: *Leisten* (2) *zum Spannen des* [1]*Schafts* (4) *von Stiefeln;* **Schaft|ring**, der (Archit.): *Wirtel* (3); **Schaft|stie|fel**, der: *Stiefel mit hohem, meist festem* [1]*Schaft* (4): Vor der Tür stand schniegelig und in -n Lagermannschaftsführer Paul Gerhard Kleist (Lentz, Muckefuck 194); Ich hab' gedacht: bei dieser Hitze geht die in -n ... (H. Lenz, Tintenfisch 45).
Schaf|wei|de, die: *von Schafen beweidetes Land;* **Schaf|wol|le**, die: *vom Schaf stammende [gesponnene] Wolle:* Kamelhaar ist viel teurer als S.; die Matratze hat eine Auflage aus S.; die Steppdecke ist mit S. gefüllt; **Schaf|zucht**, die ⟨o. Pl.⟩: *Aufzucht von Schafen unter wirtschaftlichem Aspekt:* die Inselbewohner leben hauptsächlich vom Fischfang und von der S.
Schah, der; -s, -s [pers. šāh = König]: **a)** ⟨o. Pl.⟩ *Titel, Würde des [persischen] Herrschers;* **b)** *Träger des Titels Schah* (a); **c)** kurz für ↑Schah-in-schah (b): Das Privatflugzeug des gestürzten -s von Persien, in dem Mohammed Reza Pahlewi am 16. Januar sein Land verlassen hatte (MM 21. 2. 79, 1); Was werden die Amerikaner mit dem Vermögen des -s machen? (Spiegel 13, 1981, 164).
Scha|ha|da, die; - [arab. šahāda[h] = Zeugnis, zu: šahida = Zeuge sein, bei etw. anwesend sein]: *islamisches Glaubensbekenntnis.*
Schah-in-schah, der; -s, -s [pers. = König der Könige; ↑Schah] (bis 1979): **a)** ⟨o. Pl.⟩ *Titel, Würde des iranischen Kaisers;* **b)** *Träger des Titels Schah-in-schah* (a).
Schai|tan, der; -s, -e [arab. šayṭān]: *Teufel, Dämon.*
Schai|wa, der; -[s], -s ⟨meist Pl.⟩ [sanskr.]: *(im Hinduismus) Verehrer des Gottes Schiwa.*
Scha|kal, der; -s, -e [(türk. çakal <) pers. šaġāl < altind. śr̥gālá-ḥ]: *(in Asien, Südosteuropa u. Afrika heimisches) in Körperbau u. Größe zwischen Fuchs u. Wolf stehendes Raubtier mit schlankem Körper u. langem, buschigem Schwanz, das überwiegend nachts jagt u. sich meist von kleineren Tieren u. Aas ernährt:* Den hack' ich in tausend Stücke ... für die -e zum Fraß (Hilsenrath, Nazi 246).
Schal|ke, die; -, -n [aus dem Niederl., H. u.] (Technik): *Ring, ringähnlich geformtes Teil als Kettenglied bestimmter Ketten* (z. B. beim Anker); **Schä|kel**, der; -s, - [aus dem Niederl., wohl Vkl. von ↑Schake; vgl. ostfries., niederd. schakel] (Technik): *aus einem an der offenen Seite mit einem Bolzen verschließbaren U-förmigen od. ähnlich geformten Bügel bestehendes Teil, das zum Verbinden ringartiger o. ä. Teile, z. B. der Enden von Ketten, dient:* die Ankerkette besteht aus mehreren durch S. miteinander verbundenen Stücken; **schä|keln** ⟨sw. V.; hat⟩ (Technik): *mit einem Schäkel befestigen:* eine Kette an einen Ring s.
Schä|ker, der; -s, - [wohl über das Jidd. zu hebr. ḥēq = Busen; weiblicher Schoß] (oft scherzh.): **a)** *jmd., der [gerne] schäkert* (a): na, du kleiner S.!; er kommt sich wieder mal besonders witzig vor, dieser S.; **b)** *jmd., der [gerne] schäkert* (b): ach so, auf seine Schwester hast du es also abgesehen, du alter S.!; Nur schade, daß der kleine S. in diesem Vorzimmer wenig Glück hatte. Knaben dieser Art mochte sie nicht (Dorpat, Ellenbogenspiele 133); **Schä|ke|rei**, die; -, -en: *[dauerndes] Schäkern:* Schluß jetzt mit der S.!; **Schä|ke|rer**, der; -s, - (seltener): *Schäker;* **Schä|ke|rin**, die; -, -nen: w. Form zu ↑Schäker, ↑Schäkerer; **schä|kern** ⟨sw. V.; hat⟩: **a)** *scherzen, neckische Späße mit jmdm. machen:* er stand über den Kinderwagen gebeugt und schäkerte mit der Kleinen; wenn Kinder zu ihm in den Laden kommen, schäkert er immer ein bißchen mit ihnen; Wenn man mal jemanden an ihrer Tür hörte, Briefträger, Hausierer, was auch immer, jedesmal wurde gelacht und geschäkert (Kronauer, Bogenschütze 81); **b)** *scherzend, neckend flirten:* Er schäkert mit Madelaine, der Kellnerin (Jens, Mann 12).
Schak|tas ⟨Pl.⟩: *Anhänger einer hinduistischen Religionsgemeinschaft, die die Göttin Schakti verehrt;* **Schak|ti**, die; - [sanskr. śakti = Energie, Kraft]: *(im Hin-*

duismus) Urkraft, die mythologisch meist als weibliche Gottheit dargestellt wird.
schal ⟨Adj.⟩ [mhd. (md.) schal < mniederd. schal, eigtl. = trocken, dürr]: **1.** *(von bestimmten Getränken) meist durch zu langes Stehen nicht mehr den erwarteten frischen Geschmack aufweisend; abgestanden:* -es Bier; In einem Getränkeausschank gab es lauwarme Limonade und -en süßen Champagner (Koeppen, Rußland 126); mach die Flasche wieder zu, sonst wird das Wasser s.; der Wein, Sekt schmeckt s. **2.** *in einer [fast schon] Widerwillen erregenden Weise jedes Reizes entbehrend:* -e Späße, Witze, Kalauer, Zoten; ein -es Gefühl; Oft -e Situationskomik und ein Mangel an Esprit verhindern, daß die Komödie richtig in Schwung kommt (NZZ 26. 10. 86, 32); das Leben erschien ihm s.; Gebet und Messe wurden ihr s. (Schneider, Erdbeben 67); Die Rede des Direktors klang s. (Feuchtwanger, Erfolg 604).
Schal, der; -s, -s, auch: -e [(engl. shawl <) pers. šāl]: **a)** *(zum Schutz od. als nur schmückendes Zubehör getragenes) langes, schmales Tuch, das um den Hals gelegt od. geschlungen wird:* ein langer, dikker, gestrickter S.; einen S. umhaben, tragen; sich einen S. um den Hals binden, legen; sich einen S. umbinden, umlegen; Stefan nahm irgendwo einen weißen seidenen S. mit und wand ihn sich zum Schutz gegen die Sonne um den Kopf (Kuby, Sieg 197); da stand ich, gegen die Kälte geschützt einzig durch einen um den Hals gewickelten wollenen S. (Th. Mann, Krull 94); **b)** *einer der beiden seitlich am Fenster herabhängenden Teile der Übergardine:* ich werde die -s ein paar Zentimeter kürzer machen.
Scha|lan|der, der; -s, - [älter: Nebenraum der Braustube, viell. nach dem Namen der ↑ Kalandsbrüder, deren Zusammenkünfte sich immer mehr zu Gelagen entwickelten (seit dem 17. Jh. Kaland = gesellschaftliche Zusammenkunft, Ort für diese Zusammenkunft); der sch-Anlaut viell. unter Einfluß von frz. chaland = Kunde, Kundschaft, da in diesem Nebenraum vermutlich ein Ausschank zu günstigem Preis erfolgte u. dieser auch als Aufenthaltsraum für die Beschäftigten diente]: *Raum in einer Brauerei, in dem sich die Arbeiter während der Pausen aufhalten, sich umziehen u. essen.*
Scha|lan|ken ⟨Pl.⟩ [wohl zu ung. szálanként = fadenweise]: *an Pferdegeschirren lang herabhängender Schmuck aus Leder.*
Schäl|bla|sen ⟨Pl.⟩, **Schäl|bla|sen|ausschlag,** der, **Schäl|blat|tern** ⟨Pl.⟩: Pemphigus; **Schäl|brett,** das (Bauw.): *für Verschalungen verwendetes rohes Brett;* ¹**Schäl|chen,** das; -s, -: Vkl. zu ↑ Schale (bes. 2): ein S. Milch, Suppe, Kompott, Müsli; für den Nachtisch nehmen wir am besten diese S. hier.
²**Schäl|chen,** das; -s, -: Vkl. zu ↑ Schal.
Scha|le, die; -, -n [1: mhd. schal(e), ahd. scala, im Sinne von „Abgeschnittenes", verw. mit ↑ ¹Schild; 2: mhd. schāle, ahd. scāla, eigtl. = die Abgetrennte, viell. weil Trinkschalen häufig aus den abgetrennten Hirnschalen erschlagener Feinde hergestellt wurden od. flach aus Holz ausgeschnitten wurden; ablautend verw. mit ↑ ¹Schale]: **1. a)** *eine Frucht, einen Samen umgebende, festere äußerste Schicht:* die S. einer Banane, eines Apfels, einer Apfelsine; die äußere, stachelige S. der Kastanie; die S. abziehen, entfernen; die -n, kannst du ruhig mitessen; Kartoffeln mit, in der S. kochen; zuerst werden die Getreidekörner von den -n befreit; in der *(Häute)* einer Zwiebel; **b)** *harte, holzartige, den Kern einer Nuß o.ä. umschließende Hülle:* die Mandel hat eine harte S.; ihr könnt so viele Nüsse knacken, wie ihr wollt, aber werft mir nicht die -n auf den Teppich; Spr in einer rauhen S. steckt oft ein guter Kern *(ein grob, schroff, abweisend wirkender Mensch kann in Wahrheit sehr gutmütig, hilfsbereit o.ä. sein);* in einer rauhen S. steckt oft ein weicher Kern *(oft gibt sich jemand schroff u. abweisend, der in Wirklichkeit sehr empfindsam ist);* Ü er hat eine rauhe S. *(er ist [nur] nach außen hin schroff, unfreundlich);* **c)** *das Innere eines Vogeleis umschließende, harte, vorwiegend aus Kalk aufgebaute, zerbrechliche Hülle:* Eier mit weißer, brauner S.; Er löste die geborstene S. von seinem Ei und wischte sie von den Fingerspitzen (Sebastian, Krankenhaus 12); das Küken hat die S. des Eis gesprengt; **d)** *bestimmte [Weich]tiere umgebendes, panzerartiges Gehäuse:* -n von Muscheln, Schnecken, Krebsen, Seeigeln; die S. einer Auster besteht aus zwei verschieden geformten Schalenklappen; diese Muschel hat zwei gleich geformte -n *(Schalenklappen);* **e)** (landsch.) *Rinde:* die S. des Käses. **2.** *gewöhnlich flaches, meist rundes od. ovales, oben offenes Gefäß:* eine gläserne, hölzerne, silberne S. [mit Obst, Gebäck]; eine kleine S. mit Stecknadeln; eine praktische S. für die Schreibutensilien, zum Ablegen der Seife; eine mit Blumen bepflanzte S. aus Ton; sie stellte der Katze eine S. [mit] Milch hin; in der linken S. ist das Entwicklerbad; Der Tee wurde nicht in Tassen gereicht, sondern in -n ohne Henkel (Leonhard, Revolution 120); eine Küchenwaage mit einer rechteckigen S.; eine Balkenwaage mit -n aus Messing; Ü Die Horizonte waren im Gleichgewicht, und für einen sonderbaren Augenblick waren die -n des Daseins gleich (Remarque, Triomphe 436); * *die S. seines/des Spottes, Zorns o.ä. über jmdn./jmdm. ausgießen* (geh.; *jmdn. verspotten; jmdn. seinen Zorn spüren lassen;* nach Offenb. 15, 7; 16, 1). **3.** (bes. österr.) *Tasse* (1): eine S. Kaffee. **4.** *etw., was die Form einer Schale* (2), *einer halbierten Hohlkugel hat:* Kontaktlinsen sind winzige -n aus Kunststoff; eine aus Knochen bestehende S. schützt das Gehirn vor Verletzungen; Die Druckstellen des Büstenhalters entlasten, verstohlen die -n lüften (Richartz, Büroroman 65); und trank aus der S. seiner hohlen Hand; Darüber die hochgewölbte S. des Himmels (Kuby, Sieg 405). **5.** * **in S. sein** (ugs.; *besonders fein angezogen sein*): Äußerlich gehört Pinneberg nicht zu ihnen, ist fein in S. (Fallada, Mann 91); jetzt kamen die Bauarbeiter, und zwar in S., nicht in Kluft (Bieler, Bär 430); *sich in S. werfen/schmeißen* (ugs.; *sich feinmachen*): Und abends werfen wir uns fein in S. und gehen aus (Fallada, Blechnapf 25); Dabei hatten sich die drei Tippelbrüder, von der Stadtverwaltung Münster mit Notpapieren für den Einlaß ins Kanzleramt versehen, extra in S. geschmissen (Spiegel 28, 1984, 154). **6.** (Bauw.) *(aus Spannbeton gegossenes) flächiges, gekrümmtes od. geschwungenes tragendes Bauteil, bes. als Dachkonstruktion:* Die analoge Raumüberdeckung erfolgt durch Massivgewölbe, durch Steinplatten, durch Holzbalken ... oder durch -n (Bild. Kunst III, 101). **7.** (Technik) *selbsttragende [röhrenförmige] Außenhaut, äußere Wandung (bes. eines Flugzeugs).* **8.** (Fachspr.) *unten ausgehöhlter Cabochon* (b). **9.** (Jägerspr.) *(bes. bei Hirsch, Reh, Wildschwein) Klaue* (2): Die Folie ... muß sehr widerstandsfähig sein. Sie muß den scharfkantigen -n des Muffelwildes standhalten (Jagd 3, 1987, 69). **10.** (Tiermed.) *bes. bei Pferden vorkommende Gelenkentzündung am Fuß, bei der es zu schalenförmigen Auftreibungen der betroffenen Knochen kommt u. die dazu führt, daß das Pferd lahmt.* **11.** (Physik) *(in bestimmten Atom- u. Kernmodellen) eine von mehreren als zwiebelschalenartig übereinanderliegend gedachten Schichten, aus denen sich eine Elektronenhülle od. ein Atomkern aufbaut;* **Schäl|ei|sen,** das (Forstw.): *Werkzeug zum Entrinden von Baumstämmen;* **schällen** ⟨sw. V.; hat⟩ [zu ↑ Schale (1)] (Bauw.): *eine [Ver]schalung anfertigen, aufbauen; verschalen* (2): morgen wollen wir anfangen zu s.; ⟨subst.:⟩ die Bauarbeiter sind noch beim Schalen; **schäl|len** ⟨sw. V.; hat⟩ [mhd. scheln, ahd. scelan]: **1. a)** *etw. von seiner Schale* (1 a, c, e) *befreien, indem man mit einem Messer o.ä. ringsum eine dünne Schicht abschneidet od. die Schale abzieht:* einen Apfel [mit einem Messer], eine Banane, Mandarine s.; Kartoffeln, Mandeln, Tomaten s.; Sie schälte Früchte, ohne die Haut zu zerreißen (A. Zweig, Claudia 57); 2 Eier werden am Tag vorher hart gekocht und geschält (landsch.; *aus der Schale gelöst;* Horn, Gäste 230); Den geschälten Spargel mit Bast oder Baumwollfaden umwickeln (Hörzu 18, 1973, 25); einen Baumstamm s. *(entrinden);* **b)** ⟨s. + sich⟩ *in einer bestimmten Weise geschält* (1 a) *werden können:* die Kartoffeln schälen sich schlecht; **c)** *die Schale* (1 a, c, e) *von etw. durch Schälen* (1 a) *entfernen:* die Rinde von den Baumstämmen s.; **d)** *etw. aus seiner Schale* (1 a, c), *Umhüllung o.ä. [langsam, sorgsam] herauslösen; herausschälen* (1 a): Sie hielt ihm den Pappteller mit den Schokoladeeiern hin ... Er nahm eines und schälte es aus dem grünen Stanniol (Bieler, Mädchenkrieg 312); Ü Und damit machte sie Miene, sich aus dem Morgenrock zu s. *(ihn abzulegen;* Muschg, Gegenzauber 139); Aus derartigen Anzügen schält sich der Besitzer wie aus einem Futteral (Erfolg 11/12, 1983, 104); Er schälte sich *(löste sich)* aus den Decken, in denen er ... geschlafen hatte (Kuby, Sieg 36); Als wir uns am Ziel aus dem schnellen, teuren Auto schälen *(als*

wir mühsam aussteigen; Wiener 11, 1983, 16). **2.** ⟨s. + sich⟩ **a)** *(von der Haut) die oberste, abgestorbene Schicht in Fetzen, in kleinen Stücken abstoßen:* Er sah, daß die Haut auf ihrer Stirn sich schälte (Remarque, Triomphe 256); **b)** *eine sich schälende* (2 a) *Haut o. ä.:* du schälst dich [am Rücken]; ihre Nase schält sich. **3.** *etw. [aus etw.] herausschneiden:* den Knochen aus einem Schinken s.; eine faule Stelle aus einem Apfel s. **4.** (Jägerspr.) *(von bestimmten Wildarten) die Rinde junger Bäume abnagen:* daß Rotwild vor allem dann schält, wenn es nicht zu seinen Äsungsplätzen kann (Pirsch 18, 1984, 3); am häufigsten werden Fichten geschält. **5.** (Landw.) *flach pflügen:* ein abgeerntetes Feld s.; und auf ein paar Roggenschlägen ist auch schon die Stoppel geschält (Fallada, Mann 28); **Scha̱len|amö̱be,** die: *Amöbe mit einem Gehäuse;* **Scha̱llen|bau,** der ⟨Pl. -ten⟩: *in Schalenbauweise errichteter [Hallen]bau;* **Scha̱llen|bau|wei̱se,** die: **1.** *Bauweise, bei der Schalen* (6) *verwendet werden.* **2.** *(im Fahrzeugbau) Bauweise, bei der die äußeren Wandungen tragende Funktion haben, Schalen* (7) *darstellen;* **Scha̱llen|brun|nen,** der (Archit.): *Brunnen* (2) *mit zwei od. mehreren übereinanderliegenden, schalenförmigen Wasserbecken;* **scha̱len|för|mig** ⟨Adj.⟩: *die Form einer Schale* (2), *einer halbierten Hohlkugel o. ä. aufweisend;* **Scha̱llen|klap|pe,** die (Zool.): *eines der beiden beweglich miteinander verbundenen Teile, die zusammen die Schale einer Muschel bilden;* **Scha̱len|kreuz,** das (Technik): *im Wind um eine senkrechte Achse rotierendes kreuz- od. sternförmiges Gebilde, an dessen Enden je eine halbkugelförmige Schale* (4) *befestigt ist (als Teil des Windgeschwindigkeitsmessers);* **scha̱llen|los** ⟨Adj.⟩: *keine Schale* (1) *habend;* **Scha̱llen|mo|dell,** das (Physik): vgl. Schale (11): *das S. des Atoms, des Atomkerns;* **Scha̱llen|obst,** das: *Früchte mit harter, holziger Schale (z. B. Nüsse);* **Scha̱llen|ses|sel,** der: *Sessel, bei dem Sitzfläche, Rückenlehne u. Seitenteile aus einem Stück bestehen u. die Form einer Schale* (4) *bilden;* **Scha̱llen|sitz,** der: *(bes. in sportlichen Automobilen) Sitz, der aus einer durchgehenden, mit dünnem Schaumstoff gepolsterten Schale* (4) *aus Kunststoff besteht;* **Scha̱llen|stein,** der (Völkerk.): *Felsen od. freiliegender Stein vorgeschichtlicher Megalithgräber mit einer künstlichen schalenförmigen Vertiefung;* **Scha̱llen|tier,** das ⟨meist Pl.⟩ (Kochk.): **a)** *eßbares Schalenweichtier (z. B. Muschel, Schnecke);* **b)** *Schalentier* (a) *od. eßbares Krustentier (z. B. Muschel, Schnecke, Garnele, Krebs);* **Scha̱llen|weich|tier,** das (Zool.): *Weichtier mit einer Schale* (1 d); *Konchifere (z. B. Muschel, Schnecke, Kopffüßer);* **Scha̱llen|wild,** das (Jägerspr.): *Wild, das Schalen* (9) *hat.*

Scha̱llet, das od. der; -s [hebr.]: *meist aus Bohnen u. Fleisch bestehendes, am Sabbat zubereitetes* ²*Gericht der Juden.*

Schä̱ll|flech|te, die (Med.): *bei Säuglingen auftretende Flechte mit großflächigen, den ganzen Körper bedeckenden Abschuppungen;* **Schä̱l|fur|che,** die (Landw.): *durch Schälen* (5) *entstandene flache Ackerfurche.*

Scha̱l|heit, die; -: *das Schalsein:* er war viel zu durstig, um sich an der S. des abgestandenen Wassers zu stören; Ü was die Damen unversehens in die S. ihres Lebens, die sie nach Kräften mit ihren Gehässigkeiten aufgequirlt hatten, zurückstieß (Hahn, Mann 104).

Schä̱ll|hengst, der; -[e]s, -e [verdeutlichende Zus. mit gleichbed. mhd. schel(e), ahd. scelo, wahrsch. urspr. = (Auf)springer, vgl. mhd. schel(lec) = springend, zornig auffahrend]: *Beschäler* (1), *Zuchthengst.*

Scha̱l|holz, das; -es (Bauw.): *Holz (gewöhnlich Nadelholz) für Verschalungen (in Form von Brettern, Platten usw.).*

Scha̱lk, der; -[e]s, -e u. Schälke [mhd. schalc, ahd. scalc, urspr. = Knecht, Sklave, H. u.] (veraltend): *jmd., der gerne mit anderen seinen Spaß treibt:* er ist ein rechter, großer S.; kein weiser Alter ..., ein durchtriebener S. vielmehr, dem Wein so wenig abgeneigt wie den Reizen der schönen Beatriz (tip 12, 1984, 39); ihm schaut der S. *(die Schalkhaftigkeit)* aus den Augen; * **jmdm. sitzt der S./jmd. hat den S. im Nacken** *(jmd. ist ein Schalk;* eigtl. = jmdm. sitzt ein schalkhafter Dämon im Nacken).

Schä̱l|kar|tof|fel, die; -, -n ⟨meist Pl.⟩ (landsch.): *Salzkartoffel.*

Scha̱l|ke, die; -, -n [mniederd. schalk, auch: Träger, Stütze, übertr. von ↑ Schalk in der alten Bed. „Knecht, Diener"] (Seemannsspr.): *[eiserne] Leiste, Latte zum Verschalen von Luken o. ä.;* **scha̱l|ken** ⟨sw. V.; hat⟩ (Seemannsspr.): *eine Luke o. ä. mittels einer Persenning wasserdicht verschließen;* **scha̱lk|haft** ⟨Adj.; -er, -este⟩ [mhd. schalchaft = arglistig, boshaft] (geh.): *in der Art eines Schalks:* ein -er Mensch, Gesichtsausdruck; ... ist ihm ein -er Film zu Ehren Pablo Nerudas gelungen (Volksblatt 16. 6. 84, 11); s. lächeln; **Scha̱lk|haf|tig|keit,** die; -, - (geh.): **1.** ⟨o. Pl.⟩ *schalkhaftes Wesen.* **2.** (selten) *schalkhafte Äußerung o. ä;* **Scha̱lk|heit,** die; -, - [mhd. schalcheit = auch: Arglist, Bosheit, ahd. scalcheit, Sklaverei, Dienstbarkeit]: *Schalkhaftigkeit.*

Schä̱l|knöt|chen, das (Med.): *bes. bei Kindern auftretende Hauterkrankung mit jukkenden, roten Knötchen u. Blasen, die sich nach einigen Tagen unter Abschuppung zurückbilden.*

Scha̱l|kra|gen, der: *lang heruntergezogener schmaler Kragen an Mänteln, Jacken o. ä.;* **Scha̱l|kra|wat|te,** die: *breite Krawatte, die wie ein Halstuch im offenen Hemd getragen wird.*

Scha̱lks|knecht, der (veraltet abwertend): *arglistiger Mensch, Bösewicht;* **Scha̱lks|narr,** der (veraltet): *Hofnarr:* Ü Den -en spielt er gern, den zerstreuten Professor (Spiegel 41, 1983, 249); **Scha̱lks|streich,** der (veraltend): *schalkhafter Streich; Eulenspiegelei.*

Schä̱l|kur, die (Med., Kosmetik): *Behandlung, bei der die obersten Hautschichten (mit Hilfe einer Salbe o. ä. oder einer Bestrahlung) abgelöst werden.*

Scha̱ll, der; -[e]s, -e od. Schälle ['ʃɛlə], österr. nur: -e [mhd. schal, ahd. scal, zu mhd. schellen, ahd. scellan, ↑ schellen]: **1.** (geh.) *nachhallendes Geräusch; schallender Klang, Ton:* ein heller, dumpfer S.; der S. der Trompeten; der S. ferner Trommeln; Den S. unserer Glocken ... vernahm niemand im Dorf, so rasch riß der Sturm ihn mit fort in die Einöde (Schaper, Tag 27); Herr Belfontaine wandte sich ... dem S. der Schritte entgegen (Langgässer, Siegel 210); nie vernommene Schälle *(Laute)* drangen an sein Ohr; * **leerer S. sein** *(bedeutungslos, unwesentlich sein):* Er weiß, daß sie tot ist, aber dieses Wissen ist leerer S. (Thieß, Legende 108); **S. und Rauch sein** *(keine Bedeutung haben; vergänglich sein;* nach Goethe, Faust I, 3457): seine großartigen Ankündigungen waren nichts als S. und Rauch; ihre Namen waren S. und Rauch für mich (Wilhelm, Unter 84). **2.** ⟨o. Pl.⟩ (Physik) *in einem Medium* (3) *wellenförmig sich ausbreitende Schwingungen, die vom menschlichen Gehör wahrgenommen werden können:* das Flugzeug ist schneller als der S.; die Geschwindigkeit, mit der sich der S. in der Luft ausbreitet, fortpflanzt, nennt man Schallgeschwindigkeit; die Wand reflektiert, absorbiert den S.; Nun wurde es wesentlich ruhiger, denn die Kleider im Schrank dämpften den S. (Hildesheimer, Legenden 127); die Lehre vom S. *(die Akustik);* **scha̱ll|ab|sor|bie|rend** ⟨Adj.⟩: *den Schall* (2) *absorbierend;* **Scha̱ll|ab|sorp|ti|on,** die (Akustik): *Absorption des Schalls* (2); **Scha̱ll|ana|ly|se,** die: **1.** (Akustik) *Analyse, bei der untersucht wird, wie, aus welchen einzelnen Tönen sich ein Geräusch o. ä. sich zusammensetzt.* **2.** (Literaturw.) *Analyse des Klangs, der lautlichen Gestalt eines Textes [im Rahmen textkritischer Untersuchungen];* **Scha̱ll|ar|chiv,** das: *Lautarchiv;* **Scha̱ll|auf|nah|me,** die: *Tonaufnahme;* **Scha̱ll|auf|zeich|nung,** die: **1.** *Schallaufnahme.* **2.** *Darstellung von Schallvorgängen in sichtbarer Form (z. B. mit Hilfe eines Oszillographen);* **Scha̱ll|aus|brei|tung,** die: *Ausbreitung des Schalls* (2); **Scha̱ll|bar|rie|re,** die (selten): *Schallmauer;* **Scha̱ll|be|cher,** der: **1.** *den Klang prägender u. verstärkender röhren- od. trichterförmiger vorderster Teil eines Blasinstruments.* **2.** *Aufsatz einer Orgelpfeife;* **Scha̱ll|bla|se,** die (Zool.): *blasenartige Ausstülpung der Mundschleimhaut bei Froschlurchen, die als Resonator wirkt u. die Stimme des Tieres verstärkt;* **Scha̱ll|bo|den,** der: *Resonanzboden;* **Scha̱ll|bre|chung,** die (Akustik): *Brechung* (1) *des Schalls* (2); **scha̱ll|dämmend** ⟨Adj.⟩: *Schalldämmung bewirkend, zur Schalldämmung geeignet:* -e Baustoffe, Maßnahmen; s. wirken; **Scha̱ll|dämm|stoff,** der (Technik): *schalldämmender Baustoff;* **Scha̱ll|däm|mung,** die: *(auf Schallreflexion beruhende) Einschränkung der Ausbreitung des Schalls;* **scha̱ll|dämp|fend** ⟨Adj.⟩: *(auf Schallabsorption beruhende) Einschränkung der Ausbreitung des Schalls:* dicke Teppiche wirken s.; **Scha̱ll|dämp|fer,** der: **1.** (Technik) **a)** *Vorrichtung, Teil einer Maschine o. ä. zur Verminderung der Lautstärke;* **b)** (Kfz-T.) *Auspufftopf.* **2.** (Musik) *Dämpfer* (1). **3.** (Waffent.) *vorn* *am Lauf von Handfeuerwaffen aufsetzbares Teil zur Dämpfung des beim Schießen entstehenden Knalls;* **Schall|dämpf|stoff,** der (Technik): *schalldämpfender Baustoff;* **Schall|dämp|fung,** die: *(auf Schallabsorption beruhende) Einschränkung der Ausbreitung des Schalls;* **Schall|deckel[1],** der: *baldachinartiger Überbau einer Kanzel (1), der bewirkt, daß die Stimme des Predigers besser gehört wird;* **schall|dicht** ⟨Adj.⟩: *keinen Schall durchlassend:* -e Wände, Fenster; in einem -en *(schallisolierten)* Studio (Rolf Schneider, November 79); **Schall|do|se,** die: *Teil des Grammophons, in dem eine Membran den Schall erzeugt;* **Schall|druck,** der (Akustik): *durch Schallschwingungen hervorgerufener Druck;* **schall|durch|läs|sig** ⟨Adj.⟩: *nicht schalldicht:* die Fenster sind sehr s.; **Schall|eh|re[1],** die ⟨o. Pl.⟩: *Akustik* (1); **Schall|ei|ter[1],** der: *Medium, in dem sich der Schall (in bestimmter Weise) ausbreitet:* Wasser ist ein guter S.; **Schall|emis|si|on,** die (Fachspr.): *Emission von Schallwellen, bes. von Lärm:* ... läßt sich der Wirkungsgrad von Laufrädern steigern und gleichzeitig die S. senken (CCI 6, 1986, 37); **Schall|emp|fin|dung,** die: *Wahrnehmung von Schall mit dem Gehör;* **schal|len** ⟨sw. u. st. V.; schallte/ (seltener:) scholl, hat geschallt⟩ [mhd. schallen, zu ↑Schall]: **a)** *laut u. weithin vernehmlich [u. nachhaltend] tönen, weithin hörbar sein:* etw. schallt laut, dumpf, hell, dröhnend; draußen schallten Stimmen, Rufe, Schritte, Schüsse; in der Morgendämmerung schallte forsch-verdrossen ihr Gesang (Gaiser, Jagd 158); schallendes Gelächter; schallend lachen; Ausgerechnet bei diesem Satz versprach er sich und rief uns schallend zu ... (Leonhard, Revolution 24); ..., indes die kleine Herr Giocondi sich schallend die fetten Schenkelchen klatschte (H. Mann, Stadt 193); eine schallende *(kräftige, klatschende)* Ohrfeige; ⟨auch unpers.:⟩ die Tür fiel ins Schloß, daß es schallte; Ü der Knall der Explosion schallte ihr noch in den Ohren *(wirkte so sehr nach, daß sie das Gefühl hatte, ihn immer noch zu hören);* **b)** *[von einem Schall (1)] sich ausbreiten, sich fortpflanzen:* Glockengeläut schallte über die Felder; lautes Gelächter scholl *(drang laut)* aus dem Nebenraum; Den ganzen Tag über schallte bombastischer Pauken- und Trompetenklang aus dem Radio (Harig, Weh dem 151); ein Ruf schallte durch den Saal; ... hörte er Schüpps Stimme durch den Lautsprecher über das ganze Lager s. (Apitz, Wölfe 61); Obwohl längst erwartet, löste der Befehl, mit den späten Nachklang über den verödeten Appellplatz schallte ..., dennoch einen lähmenden Schock aus (Apitz, Wölfe 314); ⟨auch unpers.:⟩ irgendwo saß Stephanie und heulte, daß es durchs ganze Haus schallte (Lederer, Bring 97); **c)** *von einem Schall (1) erfüllt sein:* der Saal schallte von Gelächter; **Schall|er|eig|nis,** das (Fachspr.): *Schallvorgang;* -se aufzuzeichnen ... ist das Bemühen der Menschen seit langer Zeit (Funkschau 20, 1971, 2103); Jedes einzelne Schlaginstrument wird ... auf Tonband aufgenommen, die Information des

-ses in digitale Daten umgewandelt, gespeichert und ... wiedergegeben (NMZ 1, 1984, 12); **schal|lern** ⟨sw. V.; hat⟩ [Iterativbildung zu ↑schallen] (ugs.): **1.** *mit lauter Stimme singen:* Auf der Volksschule war er schwach im Singen gewesen, doch jetzt schallerte er ein Lied ... (Bieler, Bär 216). **2.** * *jmdm. eine s.* (salopp: *jmdm. eine Ohrfeige geben*); **eine geschallert kriegen/bekommen** (salopp: *eine Ohrfeige bekommen*); **Schall|feld,** das (Physik): *von Schallwellen erfüllter Raum;* **Schall|fo|lie,** die: *auf einem Plattenspieler abzuspielender Tonträger in Form einer (nur auf einer Seite mit einer Rille versehenen) kreisrunden Scheibe aus Kunststoffolie;* **Schall|gel|ber,** der (Akustik): *Schallquelle;* **schall|ge|dämpft** ⟨Adj.⟩: *mit einer schalldämpfenden Vorrichtung, z. B. einem Schalldämpfer o. ä. versehen:* ein -er Kompressor; **Schall|ge|schwin|dig|keit,** die: *Geschwindigkeit, mit der sich der Schall ausbreitet:* die S. in Wasser ist die S. mehr als viermal so hoch wie in Luft; wir fliegen jetzt ziemlich genau mit S.; **Schall|gren|ze,** die (selten) = *Schallmauer;* **Schall|iso|la|ti|on,** die: *Isolation gegen Schall;* **schall|iso|liert** ⟨Adj.⟩: *gegen Schall isoliert;* **Schall|ka|sten, Schall|kör|per,** der: *Resonanzkörper;* **Schall|mau|er,** die: *extrem hoher Luftwiderstand, der entsteht, wenn ein Flugzeug o. ä. Schallgeschwindigkeit erreicht (u. durch dessen Überwindung es zu einem sehr lauten Knall kommt):* die S. durchbrechen; Ü der Benzinpreis hat jetzt die S. von einer Mark durchbrochen (Jargon; *hat die Grenze von einer Mark, die lange Zeit als unerreichbar galt, überschritten*); **Schall|mes|sung,** die: *Messung der ein Schallereignis charakterisierenden Größen, bes. des Schalldrucks;* **schall|nach|ah|mend** ⟨Adj.⟩ (Sprachw.): *lautnachahmend;* **Schall|nach|ah|mung,** die (Sprachw.): *Lautmalerei;* **Schall|och[1],** das: **a)** *Öffnung, Loch im Resonanzboden od. in der Decke (8) eines Saiteninstruments, durch das Schallschwingungen abgestrahlt werden;* **b)** *fensterartige Öffnung an einem Glockenturm, durch die der Klang der Glocken nach außen dringen kann;* **Schall|öff|nung,** die: *Öffnung, durch die der Schall austreten kann;* **Schall|or|tung,** die: *Ortung mit Hilfe des Schalls.*

schall|os ⟨Adj.⟩ (selten): *schalenlos.*

Schall|plat|te, die: *dünne, aus Kunststoff gepreßte runde Scheibe mit auf jeder Seite je einer spiralförmigen, feinen Rille, in der Tonaufnahmen gespeichert sind, die mit Hilfe eines Plattenspielers wiedergegeben werden können;* eine S. mit Flötenmusik, von Bob Dylan; eine S. produzieren, besprechen, besingen, machen, auflegen, abspielen; -n sammeln, hören; diese Sinfonie gibt es jetzt auch auf S.; **Schall|plat|ten|ab|tei|lung,** die: *Abteilung in einem Kaufhaus o. ä., in der Schallplatten verkauft werden;* **Schall|plat|ten|al|bum,** das: *Plattenalbum;* **Schall|plat|ten|ar|chiv,** das: *Plattenarchiv;* **Schall|plat|ten|auf|nah|me,** die: *Plattenaufnahme;* **Schall|plat|ten|bar,** die: *Plattenbar;* **Schall|plat|ten|co|ver,** das: *Plattencover;* **Schall|plat|ten|ein|spie|lung,** die: *Ein-*

spielung (b); **Schall|plat|ten|fir|ma,** die: *Plattenfirma;* **Schall|plat|ten|ge|mein|schaft,** die: vgl. *Buchgemeinschaft;* **Schall|plat|ten|ge|schäft,** das: **1.** *Laden, in dem Schallplatten verkauft werden.* **2.** ⟨o. Pl.⟩ *Produktion u. Vertrieb von Schallplatten als Erwerbsquelle:* er will ins S. einsteigen; **Schall|plat|ten|hül|le,** die: *quadratische Hülle, in der eine Schallplatte verkauft u. aufbewahrt wird;* Cover (b); **Schall|plat|ten|in|du|strie,** die: *Industriezweig, der Schallplatten herstellt, produziert;* **Schall|plat|ten|jockei[1], Schall|plat|ten|jockey[1],** der (selten): *Diskjockey;* **Schall|plat|ten|klub,** der: vgl. *Buchklub;* **Schall|plat|ten|mu|sik,** die: *Musik von Schallplatten;* **Schall|plat|ten|pres|se,** die: *Maschine zum Pressen von Schallplatten;* **Schall|plat|ten|pro|duk|ti|on,** die: **1. a)** ⟨o. Pl.⟩ *Herstellung von Schallplatten;* **b)** *Gesamtheit von produzierten Schallplatten:* die S. des letzten Jahres. **2.** *für eine Schallplatte produzierte Aufnahme:* eine hervorragende S.; **Schall|plat|ten|pro|du|zent,** der: *jmd., der [berufsmäßig] Schallplatten produziert;* **Schall|plat|ten|pro|du|zen|tin,** die: w. Form zu ↑Schallplattenproduzent; **Schall|plat|ten|samm|lung,** die: *Sammlung von Schallplatten;* **Schall|plat|ten|spie|ler,** der: *Plattenspieler;* **Schall|plat|ten|stän|der,** der: *Ständer zur Aufbewahrung von Schallplatten in senkrechter Lage;* **Schall|plat|ten|ta|sche,** die: *Plattentasche;* **Schall|plat|ten|un|ter|hal|ter,** der (regional veraltend): vgl. *Diskjokey;* **Schall|plat|ten|ver|trag,** der: *Vertrag, den ein Musiker, Sänger o. ä. mit einer Plattenfirma abschließt;* **Schall|plat|ten|vor|trag,** der (selten): vgl. *Diavortrag;* **Schall|quel|le,** die: vgl. *Lichtquelle;* **Schall|rohr,** das, **Schall|röh|re,** die: *röhrenförmiger Teil eines Blasinstruments;* **Schall|ro|se,** die [nach der Form der Öffnung]: *Schalloch einer Gitarre od. Laute;* **Schall|schat|ten,** der (Fachspr.): *Bereich, der gegen Schall abgeschirmt ist;* **Schall|schirm,** der (Technik): *Schallwand;* **schall|schluckend[1]** ⟨Adj.⟩: *(von Baustoffen o. ä.) die Reflexion von Schallwellen in hohem Maß unterbindend;* **Schall|schutz,** der: vgl. *Lärmschutz;* **Schall|schwel|le,** die (Akustik): *Hörschwelle;* **schall|si|cher** ⟨Adj.⟩: *schalldicht;* **Schall|si|gnal,** das: *akustisches Signal;* **Schall|spek|trum,** das (Akustik): *Spektrum eines Geräuschs, Klangs o. ä.;* **Schall|stück,** das: *Schallbecher* (1); **schall|tot** ⟨Adj.⟩ (Fachspr.): *in der Fügung* **-er Raum** *(Raum, in den von außen kein Schall eindringt u. in dessen Innerem Schall praktisch nicht reflektiert wird):* das Aufnahmestudio ist ein -er Raum; **Schall|trich|ter,** der: *trichterförmiger Teil verschiedener Musikinstrumente, Geräte, durch den der Schall verstärkt u. in eine bestimmte Richtung gelenkt wird:* der S. des Horns, Megaphons, Grammophons; Ü daraufhin wandte sich der Meister ab und brüllte, indem er die Hände zu einem S. formte: „Das ist der Neue. Er heißt Ernst." (Fels, Sünden 83); **Schall|über|tra|gung,** die (Fachspr.): *Übertragung von Schall (mit technischen Mitteln):* stereophone S.; **schall|un|durch|läs|sig**

⟨Adj.⟩: vgl. schalldicht; **schall|ver|stär|kend** ⟨Adj.⟩: *den Schall verstärkend;* **Schall|ver|stär|kung,** die: *Verstärkung des Schalls;* **Schall|vor|gang,** der (Fachspr.): *in der Entstehung u. Ausbreitung von Schallwellen bestehender Vorgang;* **Schall|wand,** die: *[die vordere Wand einer Lautsprecherbox bildende] Platte, auf der hinter entsprechenden Löchern ein od. mehrere Lautsprecher befestigt sind;* **Schall|wand|ler,** der (Elektrot.): *elektroakustischer Wandler (z. B. Mikrophon);* **Schall|wel|le,** die (Physik): *von einer Schallquelle ausgehende Welle* (4 a); *Schallübertragung;* **Schall|wort,** das ⟨Pl. ...wörter⟩ (Sprachw.): *lautmalendes Wort;* **Schall|zei|chen,** das (Amtsspr.): *akustisches Zeichen;* **Schall** Hupsignal).
Schalm, der; -[e]s, -e [urspr. = Abgeschnittenes, verw. mit ↑Schale (2)] (Forstw.): *in die Rinde eines (zu fällenden) Baumes geschlagenes Zeichen.*
Schäl|ma|schi|ne, die: **a)** *Maschine zum Schälen von Obst, Gemüse;* **b)** *Maschine zum Schälen von Getreide;* **c)** *Maschine zum Entrinden von Baumstämmen;* **Schal|ma|te|ri|al,** das (Bauw.): vgl. Schalbrett.
Schal|mei, die; -, -en [mhd. schalemī(e) < afrz. chalemie < griech. kalamaia = Rohrflöte, zu: kálamos = (Schilf)rohr]: **1.** (Fachspr.) *Rohrblattinstrument.* **2.** *Blasinstrument (bes. der Hirten) mit doppeltem Rohrblatt u. 6–7 Grifflöchern auf der Vorderseite.* **3.** *Spielpfeife einer Sackpfeife.* **4.** *Zungenstimme bei der Orgel.* **5.** *einfaches, volkstümliches Blasinstrument mit mehreren gebündelten Röhren aus Metall;* **Schal|mei|blä|ser,** der: *jmd., der Schalmei bläst;* **Schal|mei|blä|se|rin,** die: *w. Form zu* ↑Schalmeibläser; **schal|mei|en** ⟨sw. V.; hat⟩ (selten): *Schalmei spielen: daß sie (= Weihnachtsengel) für Flora fiedelten und schalmeiten* (Fries, Weg 153); ♦ *... daß die Kinder auf Blättern schalmeiten und in Batzenflöten stießen* (Jean Paul, Wutz 29); **Schal|mei|en|klang,** der: *Klang einer od. mehrerer Schalmeien.*
schal|men ⟨sw. V.; hat⟩ (Forstw.): *mit einem Schalm versehen, markieren:* einen Baum s.
Schal|obst, das: *Schalenobst.*
Scha|lom [hebr. šalōm = Friede]: *hebräische Begrüßungsformel.*
Scha|lot|te, die; -, -n [frz. échalote < afrz. échaloigne < spätlat. (cepa) ascalonia, eigtl. = (die Zwiebel) aus Askalon (bibl. Palästina)]: **1.** *Lauch mit röhrenförmigen Blättern u. kugeligen lila Blüten.* **2.** *kleine, eiförmige, mildaromatische Zwiebel einer Schalotte* (1).
Schal|plat|te, die (Bauw.): vgl. Schalbrett.
Schäl|ripp|chen, das ⟨meist Pl.⟩ (Kochk.): *von wenig Fleisch umgebenes Stück vom unteren Ende einer Schweinerippe:* gegrillte S.; **Schäl|scha|den,** der ⟨meist Pl.⟩ (Forstw.): *durch Schälen* (6) *entstandener Schaden an jungen Bäumen.*
schalt: ↑ schelten.
Schalt|al|ge|bra, die: *auf elektrische Schaltungen angewandte Boolesche Algebra;* **Schalt|an|la|ge,** die (Elektrot.): *Anlage zum Verbinden u. Trennen elektrischer Leitungen;* **schalt|bar** ⟨Adj.⟩: *sich [in einer bestimmten Weise] schalten* (1 a, 2 a) *lassend:* der Wagen hat ein leicht -es Getriebe; **Schalt|bild,** das (Elektrot.): *Schaltplan;* **Schalt|brett,** das (Elektrot.): *Schalttafel;* **Schalt|ele|ment,** das (Elektrot.): *Element, Bauteil o. ä. einer Schaltung* (1 b); **schal|ten** ⟨sw. V.; hat⟩ [mhd. schalten, ahd. scaltan = stoßen, schieben, wahrsch. eigtl. = hauen; hauen]: **1. a)** *(ein Gerät, eine technische Anlage o. ä.) durch Betätigen eines Schalters in einen bestimmten (Betriebs)zustand versetzen:* ein Gerät auf „aus" s.; die Heizung auf „warm" s.; ein Kofferradio auf Batteriebetrieb s.; Die Scheinwerfer ... waren auf Standlicht geschaltet (Simmel, Stoff 499); ⟨auch s. + sich:⟩ die Waschmaschine hat sich gerade wieder auf Schleudern geschaltet; ⟨auch o. Akk.-Obj.:⟩ vergiß nicht, auf Automatik zu s.; du mußt zweimal s. *(den Schalter zweimal betätigen);* wir schalten jetzt zum Hessischen Rundfunk *(stellen eine Verbindung her u. übernehmen das dortige Programm);* Ü ... schalteten von epischer Breite auf anekdotische Kürze (Kant, Impressum 332); Wie nicht anders zu erwarten, schaltete der Kanzler ... auf stur (ugs.): ging auf keinen Einwand, keine Bitte o. ä. ein), als man versuchte, ihm Kandidaten anzudienen (Allgemeine Zeitung 6. 2. 85, 3); **b)** *[automatisch] geschaltet werden:* die Ampel schaltet gleich auf Gelb; wenn das Stereosignal zu schwach ist, schaltet das Radio automatisch auf Mono; **c)** ⟨s. + sich⟩ *sich in einer bestimmten Weise schalten* (1 a) *lassen:* das Gerät, der Schalter schaltet sich leicht. **2. a)** *eine Gangschaltung betätigen, einen Gang einlegen:* du mußt mehr, öfter, früher, mit mehr Gefühl s.; ich schalte und gebe Vollgas (Frisch, Homo 240); [vom 3., 5.] in den 4. Gang s.; in den Leerlauf s.; das Getriebe schaltet *(wechselt die Gänge)* automatisch; **b)** ⟨s. + sich⟩ *sich in einer bestimmten Weise schalten* (2 a) *lassen:* das Getriebe schaltet sich einwandfrei; der Wagen *(das Getriebe des Wagens)* schaltet sich schlecht; eine gut geölte Kette schaltet sich auch viel besser *(mit einer gut geölten Kette funktioniert eine Gangschaltung auch viel besser).* **3.** *(als zusätzliches Element) in etw. einfügen, einschieben, eingliedern:* zwischen die beiden Jobs schalte ich ein paar Urlaubstage; eine Parenthese in einen Satz s.; Wir sind nicht genügend eingespielt, weil wir auch diesmal keinen Lehrgang vor das Turnier s. konnten (Saarbr. Zeitung 20. 12. 79, 7); Es drängt ihn heftig zu ihnen, aber da ist etwas zwischen sie geschaltet (A. Zweig, Grischa 10). **4. a)** (Fernspr.) *(durch die Herstellung einer entsprechenden Verbindung) einrichten:* daß zwei Standleitungen nach Stockholm geschaltet wurden (Spiegel 18, 1975, 30); **b)** (Elektrot.) *in einer bestimmten Weise in einen Stromkreis o. ä. integrieren:* ..., so müssen die Nebelscheinwerfer so geschaltet sein, daß sie nur zusammen mit dem Abblendlicht brennen können (Straßenverkehrsrecht, StVZO 178); etw. in Reihe s. **5.** (geh.) *verfahren:* er kann hier s., wie es ihm beliebt; Wie herrlich waren die Monate, da man nach freiem Gutdünken s. konnte (St. Zweig, Fouché 144); daß die „Frankfurter Allgemeine" auch im großen auf die angezeigte Art und Weise mit den Nachrichten des Tages schaltet ... (Enzensberger, Einzelheiten I, 46); Der Aufsteiger ließ den HSV im Mittelfeld s. *(nach Belieben spielen]:* Kicker 6, 1982, 34); * **s. und walten** *(nach eigenem Belieben verfahren):* in seinem Zuständigkeitsbereich kann er s. und walten, wie es ihm beliebt; auf westlicher Seite, wo ich ja mehr oder weniger frei s. und walten konnte (Habe, Namen 265). **6.** (ugs.) *etw. Bestimmtes begreifen, verstehen [u. entsprechend reagieren]:* blitzschnell, nicht schnell genug, zu spät s.; bis er geschaltet hatte, war es zu spät; er schaltet [manchmal] etwas langsam; er hat gleich [richtig] geschaltet; Der Kaufmann schaltete schnell. Er wendete an der nächsten Ausfahrt, fuhr zurück nach München ... (ADAC-Motorwelt 8, 1979, 24). **7.** (Zeitungsw.) *(als Inserent) veröffentlichen lassen:* in einer Zeitung, Zeitschrift eine Anzeige, ein Inserat s.; Für dieses Objekt wurde vor zwei Wochen eine einspaltige „Spiegel"-Anzeige geschaltet (Börsenblatt 55, 1976, 1023); **Schal|ter,** der; -s, - [2: älter = Schiebefenster, spätmhd. schalter = Schieber, Riegel]: **1. a)** *Vorrichtung zum Herstellen od. Unterbrechen einer elektrischen Verbindung (in Form eines Hebels, eines Druck- od. Drehknopfes):* ein elektrischer S.; Der S. für die elektrische Benzinpumpe war nicht gezogen (Frankenberg, Fahrer 101); ein S. zum Drehen, Drücken, Ziehen; einen S. betätigen; „Ich glaube, wir können das jetzt ausmachen", sagte er und drehte den S. um (Remarque, Triomphe 24); an einem S. drehen; einen S. an-, ausmachen (ugs.; *durch Betätigen eines Schalters etw. an-, ausschalten);* **b)** *(bes. beim Fahrrad) Hebel einer Gangschaltung:* bei einer Zehngangschaltung braucht man zwei S. **2.** *(bes. in Bahnhofshallen, Postämtern, Banken anzutreffende) aus einer Theke, einer Art Fenster o. ä. bestehende Einrichtung zur Abfertigung der Kunden:* der S. ist [vorübergehend] geschlossen, nicht besetzt; Briefmarken gibt es am S. 5; die Karten waren am S. der Gesellschaft in Fuhlsbüttel deponiert (Simmel, Stoff 449); er reichte ihm das Formular durch den S.; der Mann hinter dem S. vor dem S. hatte sich eine lange Schlange gebildet; Ich ... ging zu dem noch freien S., an dem der Buchhalter saß, der mein Konto führte (Fallada, Trinker 70). ♦ **3.** *Fensterladen:* Mädchen möcht' es wissen, Mädchen öffnet leis' den S. (Goethe, Pandora I); **Schal|ter|an|ge|stell|te,** die; vgl. Schalterbeamte. **Schal|ter|be|am|te,** der: *an einem Schalter* (2) *diensttuender Beamter;* **Schal|ter|be|am|tin,** die: *w. Form zu* ↑Schalterbeamte; **Schal|ter|dienst,** der: *Dienst an einem Schalter* (2); **Schal|ter|fen|ster,** das: *fensterartige Trennwand an einem Schalter* (2); **Schal|ter|hal|le,** die: *Halle* (1), *in der sich mehrere Schalter* (2) *befinden;* **Schal|ter|raum,** der: vgl. Schalterhalle; **Schal|ter-**

schluß, der ⟨o. Pl.⟩: *Zeitpunkt, zu dem die Schalterstunden enden;* **Schal|ter|stun|den** ⟨Pl.⟩: *Zeit, während deren die Schalter (2) einer bestimmten Einrichtung geöffnet sind:* S. von 8.30 Uhr bis 12 Uhr; **schalt|faul** ⟨Adj.⟩: *selten, ungern schaltend* (2 a); **schalt|freu|dig** ⟨Adj.⟩: *häufig, gern schaltend* (2 a); **Schalt|ge|stän|ge,** das (Kfz-T.): *Gestänge, das den Schalthebel* (2) *mit dem Getriebe verbindet;* **Schalt|ge|trie|be,** das (Technik): *schaltbares Getriebe;* **Schalt|he|bel,** der: 1. *Hebel eines Schalters:* der S. steht auf "aus"; *** an den -n der Macht o. ä. sitzen** *(in einer sehr einflußreichen politischen o. ä. Position sein).* 2. *Hebel einer Gangschaltung.* **Schal|tier,** das ⟨meist Pl.⟩ (Kochk.): ↑ Schalentier. **Schalt|jahr,** das [mhd. schaltjār, ahd. scaltjār, eigtl. = Jahr, in dem (ein Tag) eingestoßen, -geschaltet wird]: *Jahr mit einem Schalttag:* 1996 ist ein S.; *** alle -e [ein]mal** (ugs.; *sehr selten*): ihn sehe ich auch nur alle -e mal; **Schalt|ka|sten,** der: *Kasten, Wandschrank o. ä., in dem eine Schalttafel untergebracht ist;* **Schalt|knüp|pel,** der: *Schalthebel einer Knüppelschaltung;* **Schalt|kreis,** der (Elektronik): *eine Einheit bildender Teil einer Schaltung* (1 b); **Schalt|pau|se,** die (Rundfunkt.): *durch ein beim Sender erfolgendes [Um]schalten bedingte Sendepause;* **Schalt|plan,** der (Elektrot.): *graphische Darstellung der Schaltung einer elektrischen Einrichtung, eines elektrischen Geräts mit Hilfe von Schaltzeichen;* **Schalt|pult,** das: *in der Art eines Pultes schrägliegende Schalttafel;* **Schalt|satz,** der (Sprachw.): *als Einschub in einem anderen Satz stehender, nicht abhängiger Satz;* **Schalt|sche|ma,** das (Elektrot.): *schematische Darstellung einer Schaltung* (1 a); **Schalt|schrank,** der: vgl. Schaltkasten; **Schalt|se|kun|de,** die: *Sekunde, die man von Zeit zu Zeit einschaltet od. ausläßt, um die bürgerliche Zeit an die astronomische Zeit anzugleichen;* **Schalt|skiz|ze,** die: vgl. Schaltplan; **Schalt|sta|ti|on,** die: vgl. Schaltzentrale: Ü Die -en (Sport; *die die Zusammenarbeit maßgeblich bestimmenden Spieler*) Herget und Klinger wurden ausgeschaltet (Kicker 6, 1982, 44); **Schalt|stel|le,** die: *Stelle, von der aus bestimmte, bes. politische Vorgänge gesteuert werden, von der Macht ausgeübt wird:* die [wichtigsten, zentralen] -n der Politik, der Industrie, der Wirtschaft, des Militärs; Dieses Gremium ... gelte als die wichtigste S. der Macht (Spiegel 49, 1977, 264); Politische Aufpasser werden ungeniert in die -n der Medien gehievt (Lindlau, Mob 103); Ü daß Breitner eine zentrale S. im deutschen Mittelfeld darstellt (Sport; daß er das Zusammenspiel dort maßgeblich bestimmt; Kicker 6, 1982, 26); **Schalt|stel|lung,** die: *Schalterstellung:* bei diesen [Nockenschaltern] sind bis zu 28 -en möglich (Elektronik 11, 1971, 382); **Schalt|ta|fel,** die (Elektrot.): *Tafel o. ä., auf der alle zur zentralen Steuerung einer elektrischen Anlage o. ä. nötigen Schalter, Regler, Instrumente usw. angeordnet sind;* **Schalt|tag,** der: *Tag, den man alle vier Jahre (als 29. Februar) zusätzlich zu den 365 Tagen eines normalen Jahres einschaltet, um so immer wieder die Differenz zwischen Kalenderjahr u. Sonnenjahr auszugleichen;* **Schalt|tisch,** der (Elektrot.): vgl. Schaltpult; **Schalt|uhr,** die: *mit einem elektrischen Schalter gekoppelte Uhr, die es ermöglicht, ein elektrisches Gerät o. ä. zu einem an der Uhr einzustellenden beliebigen Zeitpunkt automatisch ein- od. auszuschalten;* **Schaltung,** die; -, -en: 1. a) *Art u. Weise, wie die Bestandteile einer elektrischen Anlage, eines elektrischen Geräts elektrisch miteinander verbunden sind:* der Fernseher hat eine sehr komplizierte S.; b) *Gesamtheit von Bauteilen u. zugehörigen elektrischen Verbindungen (in einem Gerät o. ä.):* eine sauber gelötete S.; eine integrierte S. *(als Ganzes gefertigte Schaltung, deren einzelne Bauteile nicht ausgetauscht werden können);* eine gedruckte S. *(Schaltung, deren Verbindungen mit Hilfe eines besonderen Druckverfahrens auf eine Platte aus isolierendem Material aufgebracht sind);* c) *Schaltplan.* 2. (Rundfunkt.) *Funkverbindung, Telefonverbindung o. ä. (zu einem bestimmten Ort):* eine S. ins Olympiastadion. 3. *Gangschaltung;* **Schalt|vor|rich|tung,** die: *Vorrichtung zum Schalten:* Relais und ähnliche -en; **Schalt|weg,** der: *räumlicher Abstand zwischen zwei benachbarten Gängen eines Getriebes, der (beim Schalten) von bestimmten beweglichen Teilen der Gangschaltung überwunden werden muß:* der Wagen hat angenehm kurze -e; **Schalt|werk,** das (Technik): 1. *Sperrgetriebe, das eine zeitweise aussetzende Bewegung erzeugt* (z. B. Malteserkreuz). 2. *(beim Fahrrad) Teil der Kettenschaltung, das die Kette beim Schalten auf einen anderen Zahnkranz befördert u. die Kette jederzeit gespannt hält;* **Schalt|zei|chen,** das (Elektrot.): *Symbol zur Darstellung eines Schaltelements in einem Schaltplan o. ä;* **Schalt|zen|tra|le,** die (Technik): *Ort, von dem aus eine technische, bes. eine elektrische Anlage zentral gesteuert werden kann:* Ü Das tausendjährige Aberdeen ist Europas S. für die Erdölförderung in der Nordsee (MM 31. 10. 77, 3).

Scha|lung, die; -, -en (Bautechnik): 1. *das Schalen.* 2. *aus Brettern, Holzplatten o. ä. hergestellte Hohlform zum Gießen von Betonteilen;* **Schä||lung,** die; -, -en (selten): *das Schälen* (1 a, 5, 6).

Schalup|pe, die; -, -n [frz. chaloupe, wohl aus dem Niederl.]: 1. *(früher)* (in der Küstenschiffahrt von Nord- u. Ostsee) *kleineres, einmastiges [Fracht]schiff mit Kuttertakelung.* 2. *Beiboot mit Riemen od. einem Segel.*

Schäl|wald, der (Forstw. früher): *der Gewinnung von Gerbrinde dienender Wald.*

Schal|war, der; -[s], -s [pers. šalwār, türk. şalvar]: *im Orient lange, weite, meist blaue Hose [der Frauen].*

Schal|wild, das (Jägerspr. selten): *Schalenwild.*

Scham, die; - [mhd. scham(e), scheme, ahd. scama, urspr. = Beschämung, Schande, H. u.]: 1. *durch das Bewußtsein, (bes. in moralischer Hinsicht) versagt zu haben, durch das Gefühl, sich eine Blöße gegeben zu haben, ausgelöste quälende Empfindung:* da faßte mich plötzlich in meiner eigenen Abfahrtsbesessenheit eine Art S., daß ich dahin geraten war (Seghers, Transit 267); dann übermannte mich eine schmerzliche S. (Salomon, Boche 27); Brennende S. erfüllte sie (Werfel, Himmel 115); [tiefe] S. empfinden; aus/vor Scham erröten, vergehen, die Augen niederschlagen; wenn ich daran glauben müßte, würde ich daran glauben, doch auf der Stelle vor S. sterben (Genet [Übers.], Totenfest 26); Wann immer Cotta später an diese Augenblicke ... zurückdachte, fror ihn vor S. (Ransmayr, Welt 150); "Ja", gibt Mohrle ohne S. *(ohne sich zu schämen)* zu, "bei uns ist das so!" (Ossowski, Flatter 172). 2. *Schamgefühl:* Ich habe damals eine Ahnung erlebt. Nicht die S. verbietet mir, sie auf den Tisch zu legen, sondern ich kann es einfach nicht (Frisch, Stiller 451); er hat keine S. [im Leibe]; R nur keine falsche S. *(hier ist Zurückhaltung, Bescheidenheit o. ä. nicht am Platz)!* 3. (selten) *Schamröte:* ihm stieg die S. ins Gesicht. 4. (geh. verhüll.) *Schamgegend:* [sich] die S. bedecken, verhüllen; Hast du ... ihre S. gekühlt? (Sobota, Minus-Mann 15); Es war "Kanaan", ... der nackt gehen sollte mit bloßer S. (Th. Mann, Joseph 417).

Scha|ma|de, die; -, -n [frz. chamade < ital. chiamata = Ruf, zu: chiamare < lat. clamare = rufen] (Milit. früher): *mit Trommel od. Trompete gegebenes Zeichen der Kapitulation:* *** [die] S. schlagen, blasen** (1. veraltet; *mit der Trommel, der Trompete das Zeichen zur Kapitulation geben.* 2. bildungsspr. selten; *klein beigeben, aufgeben.*

Scha|ma|ne, der; -n, -n [tungus. shaman] (Völkerk.): *(bei bestimmten Naturvölkern) mit magischen Fähigkeiten, bes. der Fähigkeit, mit Geistern in Verbindung zu treten, ausgestattete Person, die als Priester, Medizinmann o. ä. fungiert:* Ü Aber Kinder, ... keinen Funken Selbstvertrauen mehr habt? (Augstein, Spiegelbuch 140); **Scha|ma|nen|trom|mel,** die (Völkerk.): *Trommel, mit der ein Schamane sich in Trance versetzt;* **Scha|ma|nin,** die; -, -nen: w. Form zu ↑ Schamane: Ottruger ... besuchte -nen, Hirten, Jäger ... der Nomadenvölker (Spiegel 8, 1993, 152); **Scha|ma|nis|mus,** der; - (Völkerk.): *Glaube an die Fähigkeit (der Schamanen), mit Geistern in Verbindung zu treten.*

Scham|be|haa|rung, die ⟨Pl. selten⟩: *Schamhaar* (2); **Scham|bein,** das [zu ↑ Scham (3)] (Anat.): *vorderer Teil des Hüftbeins;* **Scham|bein|fu|ge,** die (Anat.): *schmaler Zwischenraum zwischen linkem u. rechtem Schambein;* **Scham|berg,** der (Anat.): *mit Schamhaaren bedeckte, leicht hervortretende Erhebung unmittelbar oberhalb der äußeren Geschlechtsorgane (bes. der Frau);* **Scham|drei|eck,** das: *der Form eines auf der Spitze stehenden Dreiecks ähnliches Schamhaar* (2) *der Frau;* **schä||men,** sich ⟨sw. V.; hat⟩ [mhd. schemen, schämen, ahd. scamēn, scamōn]: 1. *Scham* (1) *empfinden:* sich sehr, zu Tode, in Grund und Boden s.; sich seiner Nacktheit s.; er schämt sich seiner proletarischen Herkunft; er schämt sich für sein Versagen; ich schäme mich für dich; sich vor sich selbst, wegen etw. s.; Ich selbst war früher leicht in Sachen verwickelt, über die ich mich heute schäme (Seghers, Transit 7); schäm dich, so zu lügen!; Sie schämt sich nicht ein bißchen, mit ihm über den Dorfplatz zu gehen (Waggerl, Brot 125); du solltest dich [was (ugs.)] s.!; [pfui,] schäm dich (ugs.; *das ist sehr häßlich, gemein, ungezogen o. ä. von dir*)!; schämst du dich [denn] gar nicht *(wie kannst du dich nur so verhalten)?* **2.** *sich aus Scham nicht überwinden können:* sie schämt sich, darüber zu sprechen; er schämt sich, seinen Irrtum einzugestehen.

scham|fi|len ⟨sw. V.; hat⟩ [niederd., wohl umgebildet aus: schamfēren = schimpfieren] (Seemannsspr.): **a)** *(bes. von Leinen o. ä.) scheuern u. dabei schadhaft werden:* das Tau schamfilt; **b)** ⟨meist im 2. Part.⟩ *durch Scheuern beschädigen:* eine schamfilte Leine.

Scham|frist, die (Politik Jargon): *Frist, die man verstreichen läßt (bes. nach einer Wahl), ehe man seine wirklichen Absichten offen zutage legt:* bevor sie (= Berlins Liberale) nach Ablauf einer S. mit der CDU koalieren (Spiegel 39, 1987, 32); **Scham|fu|ge,** die ⟨Anat.⟩: **Scham|ge|fühl,** das ⟨o. Pl.⟩: *Fähigkeit, Scham (1) zu empfinden:* das verbietet mir mein S.; er hat kein S.; jmds. S. verletzen; **Scham|ge|gend,** die ⟨o. Pl.⟩: *Gegend (d) der äußeren Geschlechtsorgane;* **Scham|glied,** das (selten): *Penis;* **Scham|gren|ze,** die: *Grenze, die das Schamgefühl (für das Verhalten) setzt:* Die -n sind wirklich gefallen (Spiegel 51, 1992, 53); **Scham|haar,** das: **1.** *in der Schamgegend wachsendes Haar:* Die -e wurden rasiert (Ceram, Götter 188). **2.** ⟨o. Pl.⟩ *Behaarung der Schamgegend des Menschen:* wo ... das wenig dunklere S. der Blonden sich abzeichnete (Zwerenz, Quadriga 88); **scham|haft** ⟨Adj.; -er, -este⟩ [mhd. scham(e)haft, ahd. scamahaft]: *sehr leicht dazu neigend, Scham zu empfinden; Scham zeigend; voller Scham:* ein -es junges Mädchen; ein -er Blick; s. bedeckte sie ihre Beine mit ihrem Kleid (Genet [Übers.], Totenfest 85); s. die Augen niederschlagen; s. errötend senkte sie den Blick; Ü etw. s. (iron.; *unehrlicherweise*) verschweigen; **Scham|haf|tig|keit,** die: *das Schamhaftsein:* daß alle S. von ehedem aus der Behandlung höfischer Geldangelegenheiten entschwand (Th. Mann, Hoheit 238); **Scham|hü|gel,** der (Anat.): *Schamberg;* **schä|mig** ⟨Adj.⟩ [vgl. geschämig] (landsch.): *verschämt:* Als er in die Tür tritt, den Fliederstrauß s. vor dem Gesicht (Bredel, Väter 26); Der Zeisig ... zahlt so schnell und s., als verrichte er ein kleines Geschäft, während gleich jemand um die Ecke kommt (Tucholsky, Zwischen 127); **Schä|mig|keit,** die; - (landsch. selten): *das Schämigsein;* **Scham|kap|sel,** die (Mode hist.): *häufig verzierter, auffälliger, beutelförmiger Latz einer Männerhose:* „Schamkapseln" ... von der Größe einer Gurke ... zierten den Vorder-Mann (Spiegel 46, 1988, 252); **Scham|lip|pe,** die ⟨meist Pl.⟩ (Anat.):

wulstige Hautfalte des äußeren weiblichen Geschlechtsorgans: große/äußere *(außen behaarte, den Genitalbereich nach außen abschließende)* S.; kleine/innere *(unter der entsprechenden großen Schamlippe liegende, eine Oberfläche aus Schleimhaut aufweisende, den Scheidenvorhof begrenzende)* S.; **scham|los** ⟨Adj.; -er, -este⟩ [mhd. scham(e)lōs, ahd. scamalos]: **a)** *(im sexuellen Bereich) bestehende Tabus nicht respektierend* [u. *damit die Gefühle der Mitmenschen verletzend, ihre Entrüstung hervorrufend*]: sie ist eine -e Person; Als sie ahnte, daß die -e Verführerin, von welcher der Pater sprach ... sie selbst sein sollte (Schneider, Erdbeben 89); -e Gebärden; Unglaublich, einem alten Mann derart s. nachzulaufen! (Bieler, Mädchenkrieg 59); **b)** *skrupellos, bedenkenlos gegen die guten Sitten verstoßend:* -e Ausbeutung, Heuchelei; ein -er Betrug; sie hat sein Vertrauen in der -esten Weise mißbraucht; Aber auch der Schwarzenberg selber hatte sich ja der -esten Demagogie bedient (Heym, Schwarzenberg 270); jmdn. s. ausnutzen, belügen, hintergehen, plagiieren; sich s. [an jmdm.] bereichern; **c)** *dreist, unverschämt:* eine -e Übertreibung, Lüge; s. lügen; **Scham|lo|sig|keit,** die: **a)** ⟨o. Pl.⟩ *das Schamlossein; schamloses Wesen; schamlose Art;* **b)** *schamlose Handlung, Äußerung o. ä.*

Scham|mes, der; -, - [jidd. schammes < hebr. šammāš] (jüd. Rel.): *Diener in einer Synagoge u. Assistent des Vorstehers jüdischer Gemeinden.*

¹Scha|mott, der; -s [H. u.] (ugs. abwertend): *unnützes, wertloses Zeug:* etwas alles Müll und S. (Schnurre, Bart 104); für 20 Mark kannst du den ganzen S. *(alles zusammen)* haben; was soll ich mit dem ganzen S. ... anfangen? (Heim, Traumschiff 414); **²Scha|mott,** der; -s (österr. ugs.), **Scha|mot|te** [auch: ...'mɔt], die; - [H. u.]: *feuerfester, zur Herstellung von Schamottesteinen o. ä. u. -mörtel verwendeter Ton;* **Scha|mot|te|mör|tel,** die; vgl. Schamottestein; **Scha|mot|te|plat|te,** die; vgl. Schamottestein; **Scha|mot|te|stein,** der: *feuerfester Stein aus Schamotte, bes. zum Auskleiden von Öfen; Ofenstein;* **Scha|mot|te|zie|gel,** der: *Schamottestein;* **scha|mot|tie|ren** ⟨sw. V.; hat⟩ (österr.): *mit Schamottesteinen auskleiden:* einen Kamin s.

Scham|pon: ↑ Shampoo; **scham|po|nie|ren** ⟨sw. V.; hat⟩: *mit Shampoo behandeln, einschäumen:* jmdm., sich das Haar s.; den Teppich, den Wagen gründlich s. und das Mittel eine Zeitlang einwirken lassen; **Scham|pun:** ↑ Shampoo; **scham|pu|nie|ren** ⟨sw. V.; hat⟩: ↑ schamponieren.

Scham|pus, der; - (ugs.): *Champagner:* Wenn ick mal auf Rente gehe, dann richtig nobel – mit S. und Schickimicki! (Hörzu 47, 1980, 136).

Scham|rit|ze, die: *Schamspalte;* **scham|rot** ⟨Adj.⟩: *Schamröte aufweisend:* mit -em Gesicht; s. werden *(vor Scham erröten);* **Scham|rö|te,** die ⟨o. Pl.⟩: *durch Empfindung von Scham (1) hervorgerufene Röte* (1b): die S. stieg ihr ins Gesicht; diese Äußerung trieb ihr die S. ins Gesicht; **Scham|spal|te,** die ⟨Anat.⟩:

spaltartige Öffnung zwischen den äußeren Schamlippen; **Scham|tei|le** ⟨Pl.⟩ (selten): *Geschlechtsteile;* **scham|ver|let|zend** ⟨Adj.⟩: *das Schamgefühl verletzend:* sich in -er Weise zur Schau stellen; **scham|voll** ⟨Adj.⟩: *schamhaft, voll Scham:* Alles an ihr ist s. und graziös (Kinski, Erdbeermund 254); Der Richter ... sah ... auf den winzigen Jungen mit den übertriebenen, jetzt auch noch s. geröteten Ohren (Erné, Fahrgäste 105 f.).

Schand- (abwertend): drückt in Bildungen mit Substantiven aus, daß etw. als schändlich, skandalös angesehen wird: Schandmauer, -schrift, -vertrag; **schand|bar** ⟨Adj.⟩ [mhd. schandebære]: **1.** *so geartet, daß man es als Schande empfindet; schändlich, abscheulich:* sein -es Benehmen; er hat sich in der Sache s. verhalten; Einige Fälle freilich, -e Fälle, lassen keinen Zweifel zu, daß das Wahrheitsministerium des Großen Bruders mitten unter uns tätig ist (Heringer, Holzfeuer 204). **2.** (ugs.) **a)** *überaus schlecht:* -es Wetter; das Gebäude ist in einem -en Zustand; **b)** ⟨intensivierend beim Adj. u. Verben⟩ *sehr, überaus, äußerst:* ein s. schlechtes Ergebnis; es ist alles s. teuer geworden; **Schand|bar|keit,** die; -, -en: **a)** ⟨o. Pl.⟩ *schandbarer* (1) *Charakter:* die S. seines Verhaltens; **b)** *schandbarer* (1) *Vorgang:* Die Alten haben in ihrem Leben so viele -en hingenommen, daß ... (Zwerenz, Kopf 161); **Schand|bu|be,** der (emotional veraltet): *Bube* (1); ◆ **Schand|büh|ne,** die: *Pranger:* So muß ich mich wundern, daß Sie nicht nach dem Marktplatz gingen. – Warum eher dahin? - Ihre Braut von der S. abzuholen (Schiller, Kabale III, 6); **Schan|de,** die; - [mhd. schande, ahd. scanta, verw. mit ↑ Schand]: **a)** *etw., was jmds. Ansehen in hohem Maße schadet:* eine große, unerträgliche, unauslöschliche S.; sein Benehmen, dieser Versager ist eine S. für die ganze Familie; es ist keine S. *(nicht schlimm),* daß du das nicht wußtest; (scherzh.:) [Schmach und] S. über ihn!; etw. bringt jmdm. S.; ich will dir diese S. nicht antun, möglichst ersparen; er hat unserem Namen, seiner Familie S. gemacht; in S. geraten (veraltet; *ein uneheliches Kind bekommen);* der soviel dazu beitrug, den Hof von Versailles in S. zu bringen (Sieburg, Blick 17); jmdn., jmds. Namen vor S. bewahren; Zur S. der reichen Internierten muß gesagt werden, daß sie kein Herz für die Not ihrer Leidensgenossen hatten (Hasenclever, Die Rechtlosen 482); (scherzh.:) zu meiner S. muß ich gestehen, daß ich es vergessen habe; mach mir keine S.! (gelegtl. scherzh.; *benimm dich so, daß ich mich nicht deinetwegen schämen muß);* etw. gereicht jmdm. zur S. (geh.; *ist eine Schande für jmdn.);* **b)** *in höchstem Maße beklagenswerter u./od. empörender, skandalöser Vorgang, Zustand, Sachverhalt o. ä.:* das Elend dieser Menschen ist eine [wahre] S.; Überall blüht der Schwarzmarkt ... Das ist eine S. Stimmt's, Willi? (Hilsenrath, Nazi 86); es wäre doch wirklich eine S. (ugs.; *sehr schade*), wenn wir diese einmalige Chance nicht nutzen würden; Mit der S. des Jahrhunderts,

Schandeck

denn das ist die Apartheid wahrlich, ... (horizont 13, 1978, 2); *****ach du S.!** (ugs.; *ach du liebe Zeit!*).

Schan|deck, das; -s, -s, **Schan|deckel¹**, der; -s, - [1. Bestandteil wohl zu (ost)fries. schampen = schonen, schützen] (Seemannsspr.): *ganz außen liegende, das Deck seitlich abschließende Planke* (1), *die die Spanten abdeckt.*

schan|de|hal|ber: ↑schandenhalber.

schän|den ⟨sw. V.; hat⟩ [mhd. schenten, ahd. scenten, zu ↑Schande]: **a)** *jmdm., jmds. Ehre, Ansehen o. ä. Schande zufügen:* mit dieser Tat hat er das Ansehen, den Namen der Familie geschändet; Als ... Mord, Plünderung und brennende Synagogen ... den deutschen Namen schändeten (Rothfels, Opposition 73); ⟨auch ohne Akk.-Obj.:⟩ den Arbeitsplatz zu verlassen schändet ähnlich, wie es Fahnenflucht tut (Niekisch, Leben 226); R Arbeit schändet nicht; **b)** (veraltet) *sexuell mißbrauchen:* eine Frau s.; Knaben s.; ... wurde ein Bauernmädchen beim Pilzesuchen geschändet und ging deshalb ... ins Wasser (Grass, Hundejahre 377); **c)** *etw., was Achtung, Respekt verdient, durch eine Handlung, ein Tun entweihen, beschädigen:* eine Kirche, ein Grab, ein Denkmal s.; einen Leichnam s.; Auch sind ... jüdische Friedhöfe in der DDR-Metropole sowie in Erfurt ... geschändet worden (Spiegel 45, 1988, 16); **d)** (selten) *den Anblick, Eindruck von etw. beeinträchtigen:* eine Narbe schändet sein Gesicht; das protzige Hochhaus schändet die Landschaft; **schan|denhal|ber**, schandenhalber ⟨Adv.⟩ [eigtl. = um Schande zu vermeiden] (veraltet scherzh.): *anstandshalber:* der Hofrat selbst macht kaum noch ehren- und schandenhalber ein Hehl daraus (Th. Mann, Zauberberg 115); **Schän|der**, der; -s, -: *jmd., der etw. od. jmdn. geschändet hat:* als wenn sie mich einen S. der Familienehre genannt hätten (Th. Mann, Krull 275); die Sieger und die Besiegten, ... die Geschändeten und die S. (Kirst, 08/15, 803); **Schän|de|rin**, die; -, -nen: w. Form zu ↑Schänder; **Schand|fleck**, der (emotional): *etw., was in ärgerlicher Weise den sonst guten Eindruck von etw. beeinträchtigt:* die Mülldeponie ist ein S. in der Landschaft; die Fünf ist ein S. auf seinem Zeugnis; der Tintenklecks, die Brandstelle ist ein S. auf der schönen Tischplatte; er war schon immer ein S. [in] unserer Familie; bei dem einen S. des Standes darstellenden Unrat (H. Mann, Unrat 125); Du S. auf der Ehre des deutschen Soldaten (Remarque, Obelisk 179); **Schand|geld**, das (emotional): *es hat ein S. gekostet.* **Schand|kerl**, der (emotional veraltet): *Schandbube;* **schänd|lich** ⟨Adj.⟩ [mhd. schantlich, schentlich, ahd. scantlih]: **1.** *so geartet, daß man es als niederträchtig empfindet:* -e Taten, Absichten; sie machte seinem -en Leben ein Ende; sie mußten für einen -en Lohn arbeiten; er nahm ein -es Ende; es ist s. *(empörend)*, wie sie behandelt wird; Unsere Generation ist s. verraten worden (Kirst, 08/15, 886). **2.** (ugs.) **a)** *unerhört; sehr, überaus schlecht:* die Straße ist in einem Zustand; ein -es Wetter; **b)** ⟨intensivierend bei Adj. u. V.⟩ *sehr, überaus, äußerst:* das Kleid war s. teuer; er hat s. viel Geld ausgegeben; **Schänd|lich|keit**, die; -, -en: **1.** ⟨o. Pl.⟩ *das Schändlichsein.* **2.** *schändliche Tat:* die -en des Diktators; **Schand|mal**, das ⟨Pl. -e u. ...mäler⟩: **1.** (früher) ²*Mal* (1), *das jmdm. als Zeichen eines Verbrechens, einer Schande beigebracht, eingebrannt wurde.* **2.** *Schandfleck:* lauter Schmutzflecke und -e in sonst reiner Landschaft (K. Mann, Wendepunkt 430); **Schand|maul**, das (salopp abwertend): **1.** *freches Mundwerk:* ein S. haben. **2.** *jmd., der ein freches Mundwerk hat* (oft als Schimpfwort): Ich zitterte geradezu vor Wut über dieses alte S. (Fallada, Herr 179); **Schand|pfahl**, der (früher): vgl. Pranger; **Schand|preis**, der (emotional): **a)** *viel zu geringer Preis:* er hat sich das Bild zu einem S. abschwatzen lassen; **b)** *viel zu hoher Preis:* er hat ihm für die alte Rostlaube einen S. abverlangt; **Schandsäu|le**, die: vgl. Schandpfahl; **Schandschnau|ze**, die (derb abwertend): **1.** *Schandmaul* (1): wenn Sie so was noch einmal sagen, schlage ich Ihnen ein paar in Ihre S. (Fallada, Mann 67). **2.** *Schandmaul* (2); **Schand|tat**, die: **1.** (emotional) *verabscheuungswürdige Tat:* eine S. begehen; jmdm. alle -en zutrauen; der Papst möge die Katholiken ex cathedra gegen die -en Hitlers aufrufen (Hochhuth, Stellvertreter 248). **2.** (ugs. scherzh.) *leichtsinnige, unbekümmert-übermütige Handlung, Unternehmung:* der Lehrer hatte den Lausebengel mal wieder bei einer seiner -en erwischt; ***zu jeder S./zu allen -en bereit sein** (alles mitmachen, was andere vorschlagen, gern möchten):* Er, 25, humorvoll, unternehmungslustig, reisefreudig, zu allen -en bereit (Mannheimer Wochenblatt 9. 3. 78, 5); **Schän|dung**, die; -, -en: *das Schänden:* ehe denn Dina der Wollust der Sodomiter entrissen und die Stätte ihrer S. der Wüste gleichgemacht sei (Th. Mann, Joseph 175); **Schand|ur|teil**, das (emotional): *schändliches, dem Rechtsempfinden widersprechendes Urteil;* **Schand|zei|chen**, das: *Schandmal* (1).

Schang|hai [auch: –'–]: Stadt in China; **schang|hai|en** ⟨schanghaite, hat schanghait⟩ [engl. to shanghai, nach der chin. Stadt Schanghai, da dies in chinesischen Hafenstädten sehr häufig vorkam] (Seemannsspr.): *betrunken machen, in diesem Zustand für ein Schiff anheuern u.* [mit *Gewalt*] *an Bord bringen:* Matrosen s.; Ü Fünf Jahre hatten sie sich bei der Fremdenlegion verdingt ... Max wurde in Marseille schanghait (Hamburger Abendblatt 12. 5. 84, 6); ... den früheren Finanzminister (= Apel) für den neuen Job an der Spree zu „schanghaien" (Spiegel 13, 1984, 24); **¹Schang|hai|er** [auch: –'– –], der; -, - Ew.: ²**Schang|hai|er** [auch: –'– –] ⟨indekl. Adj.⟩; **Schang|hai|e|rin** [auch: –'– – –], die; -, -nen: w. Form zu ↑¹Schanghaier; **schang|hai|isch** [auch: –'– –] ⟨Adj.⟩.

Scha|ni, der; -s, - ⟨älter auch = Kellner; nach der österr. ugs. Form des frz. m. Vorn. Jean = Johannes, Hans; vgl. Köbes⟩ (österr. ugs.): **1.** *Diener, Handlanger:* ich bin doch nicht dein S.! **2.** (salopp) *guter Freund;* **Scha|ni|gar|ten**, der (österr.): *eine Art kleiner Garten für Gäste, der im Sommer auf dem Gehsteig vor [Vorstadt]gasthäusern eingerichtet wird:* Er wurde abgelenkt durch die teigigen Gesichter junger Leute, die in einem S. nahe dem Petersplatz saßen (Rolf Schneider, November 194).

¹Schank, der; -[e]s, Schänke [mhd. schanc = Schenkgefäß, zu ↑schenken] (veraltet): **1.** ⟨o. Pl.⟩ ¹*Ausschank* (1). **2.** ¹*Ausschank* (2 a); ²**Schank**, die; -, -en (österr.): **1.** ¹*Ausschank* (2 a): er sitzt den ganzen Tag in der S. **2.** ¹*Ausschank* (2 b): hinter der S. stehen; als der Wirt vom Tisch zur S. zurückgegangen ist (Zenker, Froschfest 198); **Schank|be|trieb**, der: *Schankwirtschaft;* **Schank|bier**, das (Fachspr.): *Bier mit einem Stammwürzegehalt von 7–8 %;* **Schank|bursch**, der (österr.): *Schankkellner:* S. und Bratenkoch schufteten bis tief in die Nacht (Spiegel 41, 1981, 205).

Schan|ker, der; -s, - [frz. chancre < lat. cancer, ↑Krebs (3 a)] (Med.): *bei Geschlechtskrankheiten auftretendes Geschwür an den Genitalien:* harter, weicher S.

Schank|er|laub|nis, die: *Schankkonzession;* **Schank|er|laub|nis|steu|er**, die: *für eine Schankerlaubnis einmalig zu entrichtende Steuer;* **Schank|ge|rech|tig|keit**, die (veraltet): *Schankkonzession;* **Schank|ge|wer|be**, das: vgl. Gaststättengewerbe; **Schank|kell|ner**, der: *jmd., der hinter dem Schanktisch die Getränke an die Bedienung ausgibt;* **Schank|kell|ne|rin**, die: w. Form zu ↑Schankkellner; **Schank|kon|zes|si|on**, die: *Konzession* (1), *eine Gastwirtschaft o. ä. zu betreiben bzw. alkoholische Getränke auszuschenken;* **Schank|raum**, der: *Raum, in dem alkoholische Getränke ausgeschenkt werden:* Das Personal saß im S., schwatzte und nahm sich der spärlichen Gäste nur selten an (FAZ 22. 7. 61, 47); **Schanksteu|er**, die: *Schankerlaubnissteuer;* **Schank|stu|be**, die: *Schankraum:* In der S. des Hotels in Hohenschwanstein (Kinski, Erdbeermund 192); **Schank|tisch**, der: *Theke* (1); **Schank|wirt**, der: *Wirt einer Schankwirtschaft:* Der Vater meines Vaters war ein kleiner Kutscher und später S. (B. Vesper, Reise 93); **Schank|wir|tin**, die: w. Form zu ↑Schankwirt; **Schank|wirt|schaft**, die: *Gaststätte, in der nur Getränke ausgeschenkt werden:* Rupp hatte sich in der Nacht ... in der S. der Witwe Ohnhausen in der Rittergasse aufgehalten (Baum, Paris 86).

Schan|si: Provinz in China.

Schan|tung, (Fachspr.:) Shantung, der; -s, -s, **Schan|tung|sei|de**, (Fachspr.:) Shantungseide, die [nach der chin. Provinz Schantung]: *Seidengewebe aus Tussahseide mit ausgeprägten Fadenverdickungen.*

Schanz, die; -, -en: ¹*Schanze* (3); **Schanzar|beit**, die ⟨meist Pl.⟩ (Milit. früher): *schwere Erdarbeiten mit Spaten;* **Schanzbau**, der ⟨o. Pl.⟩ (Milit. früher): *das Bauen einer Verschanzung;* **¹Schan|ze**, die; -, -en [spätmhd. schanze, auch: Reisigbündel, H. u.]: **1.** (Milit. früher) *als Verteidigungs-*

anlage aufgeworfener Erdwall für einen militärischen Stützpunkt [im Feld]: -n errichten; Richard soll die -n sehen, die von den Kriegern aufgeworfen, jetzt aber mit Gras überwachsen sind (Kempowski, Zeit 214); Ü ja, am Ende hieße es (= Deutschland) sich sogar zu einer bürgerlichen S. gegen den Bolschewismus ausbauen (Niekisch, Leben 38). **2.** *kurz für* ↑ Sprungschanze: *Der Österreicher kam auch gut von der S. ab* (Maegerlein, Piste 27). **3.** *(Seemannsspr.) (bes. auf Kriegsschiffen) der Aufbau bzw. das Deck auf dem hinteren Teil des Schiffes.*
²**Schan|ze,** die [mhd. schanze < afrz. cheance, ↑ Chance]: *in der Wendung* **sein Leben [für jmdn., etw.] in die S. schlagen** (↑ Leben 1).
schan|zen ⟨sw. V.; hat⟩: **1.** (Milit. früher) **a)** *mit einem Spaten o. ä. Erdarbeiten zum Anlegen einer* ¹Schanze *(1) verrichten:* erst mußten die Soldaten s.; ⟨subst.:⟩ *die Pioniere der vietnamesischen Volksarmee ... waren Meister im Schanzen und im Tunnelbau* (Scholl-Latour, Frankreich 414); **b)** *durch Schanzen* (a) *schaffen, herstellen, anlegen:* eine Stellung s. **2.** (Schülerspr. veraltet) *schwer arbeiten, büffeln;* **Schan|zen|bau,** der ⟨o. Pl.⟩ (Milit. früher): ↑ Schanzbau; **Schan|zen|re|kord,** der (Skispringen): *größte Weite, die auf einer bestimmten* ¹Schanze *(2) gesprungen worden ist;* **Schan|zen|tisch,** der (Skispringen): *Fläche am Ende des Anlaufs (2 b) einer* ¹Schanze *(2), von der der Skispringer abdrückt;* **Schan|zer,** der; -s, - (Milit. früher): *jmd., der schanzt* (1); **Schanz|kleid,** das (Seemannsspr.): *an der äußeren Seite der Relingstützen eines Schiffes befestigter knie- bis hüfthoher Schutzbezug aus starkem imprägniertem Segeltuch od. Kunststoff;* **Schanz|korb,** der: **1.** (früher) *hoher, aus Weidenruten geflochtener Korb.* **2.** (Milit. früher) *(als Deckung dienender) mit Erde gefüllter Schanzkorb* (1); **Schanz|pfahl,** der (Milit. früher): *starker Pfahl zum Bauen von Verschanzungen;* **Schanz|werk,** das (Milit. früher): *Festungsanlage mit Verschanzung;* **Schanz|zeug,** das (Milit. früher): *Gerät (z. B. Spaten) für Schanzarbeiten.*
Scha|pel: ↑ Schappel.
Schapf, der; -[e]s, -e, **Schap|fe,** die; -, -n [Nebenf. von ↑ ¹Schaff] (landsch. veraltet): *Gefäß mit langem Stiel zum Schöpfen;* **Schapp,** der od. das; -s, -s [niederd. Nebenf. von ↑ ¹Schaff] (Seemannsspr.): **a)** *Schrank, Spind;* **b)** *[Schub]fach.*
¹**Schap|pe,** die; -, -n [eigtl. = Abfall bei der Seidenherstellung (u. daraus hergestelltes [minderwertiges] Garn), zu landsch. schappen, Nebenf. von ↑ schaben] (Textilind.): *Seidengewebe aus Schappeseide;* ²**Schap|pe,** die; -, -n [zu landsch. schappen, ↑ ¹Schappe] (Bergmannsspr.): *Werkzeug zum Bohren in lockerem Gestein, das aus einem stählernen Zylinder mit einer Pflugschar ähnlichen Schneiden besteht.*
Schap|pel, das; -s, - [mhd. schap(p)el = afrz. chapel (= frz. chapeau), ↑ Chapeau]: **1.** *(im MA. von Frauen als Kopfputz getragener) mit Ornamenten verzierter Metallreif od. Kranz aus Blüten.* **2.** *(zu bestimmten Volkstrachten gehörender, bei festlichen Gelegenheiten von Frauen getragener) Kopfschmuck in der Form einer Krone aus Blüten u. mit Perlen u. Steinen bestickten Bändern.*
Schap|pel|sei|de, die (Textilind.): *Florettseide;* **Schap|pel|spin|ne|rei,** die: *Spinnerei zur Herstellung von Schappeseide.*
¹**Schar,** die; -, -en [mhd. schar, ahd. scara, urspr. = Heeresabteilung, wohl zu ↑ ¹scheren, also eigtl. = die Abgetrennte]: **1.** *größere Anzahl von zusammen auftretenden Menschen od. Tieren:* eine S. Dohlen, Ratten; eine S. spielender/(seltener:) spielende Kinder; eine S. Jugendlicher/(seltener:) Jugendliche sangen auf dem Platz; *Murmeldi zog die S. der schwarzweißen Nonnen ... vorüber* (Seidel, Sterne 64); *wenn feindliche -en (Horden) wieder einmal über die Grenzen einbrachen* (Thieß, Reich 455); *an eine zufällig zusammengewürfelte S. von Flüchtlingen* (Schaper, Tag 5); *in -en (nicht selten) ziehende Vögel* (Lorenz, Verhalten I, 33); *das Foto zeigt ihn inmitten der S. seiner Kinder;* Ü *seit einer S. von (etlichen) Monaten* (A. Zweig, Grischa 55); * **in [ganzen, hellen** *o. ä.]* **-en** *(in sehr großer Menge, Zahl): die Sonne schien, und die Menschen strömten in [hellen] -en an den Strand;* **[ganze] -en von ...** *(sehr viele): auf das Inserat meldeten sich ganze -en von Bewerbern gemeldet.* **2.** *(ns.) (in verschiedenen nationalsozialistischen Organisationen) eine kleinere Anzahl von Personen umfassende Organisationseinheit;* ²**Schar,** die; -, -en, *landw. auch: das; -[e]s, -e* (Landw.): *kurz für* ↑ Pflugschar.
Scha|ra|de, die; -, -n [frz. charade, eigtl. = (seichte) Unterhaltung, aus dem Provenz., urspr. wohl lautm.]: *Rätsel, Ratespiel, bei dem ein Wort, das zu erraten ist, in seine Silben od. willkürlich in Teile zerlegt wird, die pantomimisch dargestellt werden.*
Scha|raff, der; -s [hebr. Šarav, eigtl. = Hitze]: *heißer Wüstenwind in Israel.*
Schär|baum, der; -[e]s, ...bäume [zu ↑ schären] (Weberei): *Kettbaum.*
Schar|be, die; -, -n [mhd. scharbe, ahd. scarba, viell. eigtl. = Krächzer]: *Kormoran.*
schär|beln: ↑ scherbeln (2).
Schar|bock, der; -[e]s [aus dem Niederd. < mniederd. scher-, schorbuk, wahrsch. (über das Mniederl.) entstellt aus mlat. scorbutus, ↑ Skorbut] (veraltet): *Skorbut;* **Schar|bocks|kraut,** das: *(im zeitigen Frühjahr blühende) kleine Pflanze mit sternförmigen gelben Blüten u. herzförmigen, glänzend grünen Blättern.*
Schä|re, die; -, -n ⟨meist Pl.⟩ [mniederd. schere, aus dem Anord., zu ↑ ¹scheren u. eigtl. = Abgeschnittenes]: *kleine, flache, oft zerklüftete, der Küste vorgelagerte Felseninsel: Die Welt der -n vor der Westküste Norwegens ist größer, vielleicht großartiger als die Welt der griechischen Küsten und Inseln* (Bild. Kunst I, 69).
scha|ren ⟨sw. V.; hat⟩ [mhd. schar(e)n, ahd. scarōn] (geh.): **a)** ⟨s. + sich⟩ *sich (in einer* ¹Schar*) zusammenfinden; sich versammeln:* die Klasse scharte sich um den Lehrer; *In Saaz ... scharten sich fragwürdige Gestalten zu einer Gruppe* (Kisch, Reporter 204); Ü *wenn sie sich unter eine Fahne scharen, ist es, als seien sie allesamt vom bösen Geist besessen* (Tucholsky, Werke II, 120); **b)** *als Anhänger* (1) *o. ä. gewinnen:* von den Worten ..., *mit denen Agis die Jugend um sich scharte* (Thieß, Reich 106); ◆ **c)** *(in der Bergmannsspr. von Gängen)* 8) *sich vereinigen u. für eine gewisse Strecke einen gemeinsamen Verlauf haben:* Hier ist der Gang mächtig ... *Andere Gänge verunedeln ihn, bis sich ein verwandter Gang freundlich mit ihm schart* (Novalis, Heinrich 69).
schä|ren ⟨sw. V.; hat⟩ [Nebenf. von ↑ ¹scheren (3) in der veralteten Bed. „Seile spannen"] (Weberei): *Kettfäden auf die Walze am Webstuhl wickeln.*
Schä|ren|kreu|zer, der [zu ↑ Schäre] (Segeln): *Segelboot mit langem, schlankem Rumpf, mit überhängendem Bug u. Heck u. hohen, schmalen Segeln [u. Kajüte].*
Schä|ren|kü|ste, die: *Küste mit vorgelagerten Schären.*
scha|ren|wei|se ⟨Adv.⟩: *in großer Zahl: Scharenweise benutzen sie Gehwege oder Fahrstraßen, obwohl Radwege vorhanden wären* (ADAC-Motorwelt 5, 1986, 192); *Ganz richtig, daß hier s. Polizisten lauern* (Bieler, Bär 376).
scharf ⟨Adj.; schärfer, schärfste⟩ [mhd. scharf, scharpf, ahd. scarf, scarph, eigtl. = schneidend, zu ↑ ¹scheren]: **1. a)** *gut u. leicht schneidend:* ein -es Messer, Beil, Schwert; eine s. Klinge, Schneide; paß auf, die Sense ist sehr s.!; die Axt, der Hobel, die Säge muß mal wieder richtig s. gemacht werden; Spr allzu s. macht schartig *(übertriebene Strenge schadet nur);* **b)** *(am Rand o. ä.) nicht abgerundet u. glatt, sondern in eine Spitze, in einen spitzen Winkel zulaufend [u. deshalb oft verletzend]:* -e Ecken, Kanten; -e Zähne, Krallen; sich an den -en Dornen, Stacheln die Haut aufreißen; die Ränder der Scherben sind s.; Ü *-e Bügelfalten; Jünglinge in s. gebügelten Flanellhosen* (Th. Mann, Zauberberg 105). **2. a)** *eine beißende, brennende Geschmacksempfindung auslösend:* -er Senf; -e Gewürze; ein -er Geschmack; das Gulasch, das Essen war ziemlich s.; Der Schnaps war s. und brennend (Böll, Adam 56); er trinkt gern -e Sachen (ugs.; *Schnaps*); s. schmecken; eine s. gewürzte Suppe; ⟨subst.:⟩ etwas Scharfes (ugs.; *Schnaps*) trinken; **b)** *(von bestimmten Chemikalien o. ä.) ätzend, aggressiv* (2 b): -e Chemikalien, Säuren, Laugen, Reinigungsmittel; atme die -en Dämpfe möglichst nicht ein; **c)** *stechend, streng [riechend]:* der -e Raubtiergeruch der Löwenzwinger; s. riechen. **3. a)** *(von Tönen, Lauten, Geräuschen u. ä.) [unangenehm] durchdringend [u. laut]:* ein -er Knall; ein -es Zischen; Ilonka hat gleichzeitig mit dem Knall ein kurzes, -es Pfeifen gehört (Hartung, Junitag 40); mit -er Stimme brüllte er seine Kommandos; Ü *Begleitet aber werden diese Auseinandersetzungen ... durch s. Getrommel in den feindlichen kommunistischen Metropolen* (Dönhoff, Ära 229); **b)** *(von Licht) unangenehm hell u. in den Augen schmerzend:* plötzlich traf ihn das -e Licht eines Scheinwerfers; in dem -en,

scharfäugig

brennenden Frühlingslicht (Langgässer, Siegel 25); auf einem staubigen Platz voll -er Sonne (Geissler, Wunschhütlein 65); **c)** *ein als unangenehm od. sogar schmerzhaft empfundenes starkes Kältegefühl bewirkend:* es wehte ein -er Ostwind; in der -en Kälte der sternklaren Winternacht; bei -em Frost. **4. a)** *(bes. von den Augen, vom Gehör) sehr gut funktionierend; genau wahrnehmend:* er hat schärfere Augen als ich; ein -es Gehör; wir mußten s. *(angestrengt u. konzentriert)* hinsehen, um etwas zu erkennen; er betrachtete ihn s. *(durchdringend u. aufmerksam prüfend);* **b)** (ugs.) *für gute Sehschärfe sorgend, gutes Sehen ermöglichend:* eine -e Brille. **5.** *deutlich [sichtbar], klar [hervortretend], nicht verschwommen:* -e Umrisse, Konturen; -e Kontraste; der Fernseher könnte ein etwas schärferes Bild haben; die Videokamera liefert sehr -e Bilder; das Foto ist nicht sehr s., ist gestochen s.; mit der Brille sehe ich [alles] absolut s.; die Kamera stellt automatisch s. *(fokussiert automatisch);* den Projektor s. einstellen *(so einstellen, daß das Bild scharf ist);* das Objekt hebt sich s. vom Hintergrund ab; ein s. begrenztes Dreieck; was sich zu nah vor dem Objektiv befindet, wird nicht s. abgebildet; Ü eine -e Trennung der beiden Begriffe ist kaum möglich; eine -e Grenze gibt es nicht; in -em Gegensatz zu etw. stehen; etw. s. trennen, unterscheiden, auseinanderhalten, abgrenzen. **6.** *stark ausgeprägt [u. deshalb streng wirkend]:* sie hat -e Gesichtszüge, eine -e Nase; ein s. geschnittenes Gesicht. **7.** *(das Wichtige, das, worauf es ankommt) genau erfassend, wahrnehmend:* ein -er Verstand; Er besaß einen -en Intellekt (Dönhoff, Ostpreußen 48); Heinrich Mann sei „nicht der schärfste politische Denker seiner Zeit" gewesen (Reich-Ranicki, Th. Mann 139); ein -es Auge, einen -en Blick für etw. haben; ein Problem s. analysieren; denk doch mal s. nach. **8.** *geeignet, dem Betroffenen zu schaffen zu machen, ihn empfindlich zu treffen:* eine -e Kritik, Bemerkung, Antwort, Äußerung; ein -er Verweis; -er Hohn, Spott; -e Reden führen; eine -e Zunge haben *(zu scharfen Äußerungen neigen);* er war, wurde sehr s. gegen ihn; sie tadelte ihn s., auf das schärfste; als unkonventioneller, s. kritisierender, aber exakt argumentierender Wissenschaftler bekannt (Frankfurter Rundschau 26. 1. 93, 23); jmdn. s. anfassen. **9.** *massiv* (2), *heftig:* schärfsten Protest einlegen; -e Gegenmaßnahmen ergreifen; er ist einer der schärfsten *(entschiedensten)* Kritiker, Gegner der Kernenergie; etw. s. zurückweisen, verurteilen; s. [gegen jmdn., etw.] durchgreifen, vorgehen; der Kanzler ist deswegen von der Opposition s. angegriffen worden; jmdm. s. widersprechen; s. opponieren; London reagierte mit einer ungewöhnlich s. formulierten Protestnote. **10.** *überaus streng u. unnachsichtig:* ein -es Verhör; ein -es Urteil; er gehört zu den schärfsten Prüfern; mit schärferen Gesetzen allein ist das Problem nicht in den Griff zu kriegen; Der Ruf nach schärferen ... Kontrollen wird lauter (Frankfurter Rundschau 26. 1. 93, 23);

jmdn. s. bewachen, vernehmen, prüfen; er ist ein ganz -er Hund; ⟨subst.:⟩ ein ganz Scharfer (ugs.; *jmd., der überaus streng nach Vorschrift seinen Dienst als Prüfer, Polizist, Ankläger o. ä. versieht*). **11.** *heftig, erbittert:* -e Auseinandersetzungen; ein -er Konkurrenzkampf; er konnte seinen schärfsten Rivalen, Konkurrenten ausschalten. **12. a)** *sehr schnell; rasant:* ein -er Ritt, Lauf; in -em Tempo, Galopp reiten; bei -er Autobahnfahrt liegt der Benzinverbrauch erheblich höher; Er riskierte eine -e Fahrt vor dem Wind ... und riß das Segel herum (Saarbr. Zeitung 11. 10. 79, IV); für einen Siebzigjährigen fährt er ungewöhnlich s.; er hat die Kurve etwas zu s. genommen; Deshalb sind die Anleihekurse am Freitag ... s. gefallen (NZZ 30. 8. 83, 9); und der Amüsierdoktor ... trank s. hintereinander *(schnell u. ohne [längere] Unterbrechungen;* Lenz, Brot 101); **b)** *abrupt u. heftig [geschehend, verlaufend]:* eine -e Kurve, Biegung; eine -e Kehrtwendung machen; Die Lebenslinie bekommt einen -en Knick (Schreiber, Krise 19); s. bremsen, beschleunigen; **c)** *stark, heftig, intensiv:* das wochenlange -e Training hat sich ausgezahlt; s. exerzieren, arbeiten; wie kleine, etwas zu s. gebackene Landbrote (Schnurre, Bart 151); das gewürzte Fleisch wird zunächst s. *(bei großer Hitze)* angebraten. **13.** *(von Hunden) dazu abgerichtet, [auf Befehl] Menschen od. Tiere anzugreifen:* ein -er [Wach]hund; ein -er Jagdhund (Jägerspr.); Jagdhund, der auf Befehl Wild stellt u. verbellt, angreift od. tötet); Vorsicht, der Köter ist s.! **14.** *(bei entsprechendem Einsatz) eine zerstörende Wirkung habend:* -e Patronen; mit -er Munition schießen; einen -en Schuß abgeben; eine Bombe, Mine, Sprengladung s. machen; die Waffe ist s. [geladen]; hier wird s. *(mit scharfer Munition)* geschossen. **15.** (Ballspiele) *(von einem Wurf, Schuß o. ä.) kraftvoll, wuchtig:* ein -er Schuß aus der zweiten Reihe, ins linke untere Eck brachte den Ausgleich; da seine Bälle ziemlich s. kommen (Frisch, Montauk 122). **16.** *deutlich, stark akzentuiert:* Mit der ... -en Aussprache eines Schauspielers schrie er in den Apparat ... (A. Zweig, Grischa 152); s. artikulieren; ein Wort mit -em *(stimmlosem)* S aussprechen; ein Wort mit -em S *(mit Eszett)* schreiben. **17.** (Schiffbau) *(von Bootsformen) spitz zulaufend:* ein -es Heck. **18.** (ugs.) **a)** *sehr eindrucksvoll u. Begeisterung auslösend:* ein echt -er Typ; Der sieht gut aus, fährt ein -es Auto (Degener, Heimsuchung 148); Aber die sah s. aus ... Auf die standen alle (Stadt-Zeitung 12, 1984, 14); guck mal, die beiden Alten auf dem Motorrad. – Oh ja, s.!; **b)** *in seiner Unerhörtheit, Unglaublichkeit kaum noch zu überbieten:* ganz schön s., was einem so alles zugemutet, geboten wird; ⟨subst.:⟩ Jeden Tag ließ er sich von ihr zum Essen ausführen ... Und jetzt kommt das Schärfste: er ließ sie nicht ran (Rechy [Übers.], Nacht 233). **19.** (ugs.) **a)** *vom Sexualtrieb beherrscht; geil; sinnlich:* ein -er Bursche; der Pornofilm machte ihn s.; Wenn ich daran dachte, daß ich am Mittwochnachmittag zu Frau L. ge-

hen würde, war ich am Montag schon s. (Ziegler, Kein Recht 24); ⟨subst.:⟩ so was Scharfes wie die ist mir schon lange nicht mehr begegnet; **b)** *sexuell erregend:* ein -er Sexfilm, Porno; ein unheimlich -er Striptease; Er hätte so gern diese Bücher, die so s. sein sollen und wegen denen der Verlagschef ... doch nun vor Gericht stände (Szene 6, 1983, 11); -e Sachen *(Pornographie).* **20. *s. auf jmdn., etw. sein** (ugs.; *von einem heftigen Verlangen nach jmdn., etw. erfüllt sein*): Scharf war ich eigentlich immer nur auf deine Piepen (Freizeitmagazin 26, 1978, 10); Na, Bine ... Die ist doch s. auf dich, das weißt du ganz genau (Danella, Hotel 35); **nicht s. auf etw. sein** (ugs. untertreibend; *etw. vermeiden wollen, lieber nicht haben, machen wollen*): ich bin nicht s. darauf, mir die Finger zu verbrennen; auf diese Art von Tätigkeit bin ich nicht gerade s. **21.** *ganz nahe, dicht:* -es Rechtsfahren; die Autos fuhren s. rechts heran; das Geschoß flog s. am Ziel vorbei, schlug s. neben dem Ziel ein; Ü s. *(knapp)* kalkulierte Preise; **schạrf|äu|gig** ⟨Adj.⟩ (selten): *aufmerksam; [alle Vorgänge] scharf* (I 4 a) *beobachtend:* Sie sah s. her, als dächte sie: sei auf der Hut ... (H. Lenz, Tintenfisch 43 f.); **Schạrf|blick**, der ⟨o. Pl.⟩: *Fähigkeit, jmdn., etw. klar zu erkennen, zu durchschauen:* daß die Eltern über den nötigen S. verfügen, um bei ihren Kindern seelische Fehlschläge im Ansatz zu erkennen (Ruthe, Partnerwahl 172); **Schạ̈r|fe**, die; -, -n [mhd. scher(p)fe, ahd. scarfī, scarphī, eigtl. = Schneide]: **1. a)** ⟨o. Pl.⟩ *scharfer* (1) *Charakter:* die S. der Klinge, der Axt prüfen; Ü die Bügelfalten hatten ihre schneidende S. verloren (Böll, Tagebuch 7); **b)** (selten) *etw., was scharf* (1 b) *ist:* Verschlissen, mit Kanten und -n (Hacks, Stücke 324). **2.** ⟨o. Pl.⟩ **a)** *scharfer* (2 a) *Charakter:* die S. des Chilis trieb mir den Schweiß auf die Stirn; die Sahne nimmt dem Meerrettich etwas von seiner S.; **b)** *scharfer* (2 b) *Charakter:* die S. der Säure, des Putzmittels; **c)** *scharfer* (2 c) *Charakter:* Dazu ... der Stallgeruch, mit seiner S. dem Ganzen die Atmosphäre verleihend (Th. Mann, Krull 220). **3.** ⟨o. Pl.⟩ **a)** *scharfer* (3 a) *Charakter:* ... und fiel in einen schreienden Tonfall von unangenehmer S. (Langgässer, Siegel 554); **b)** *scharfer* (3 b) *Charakter:* die S. des Lichtes mildern; **c)** *scharfer* (3 c) *Charakter:* der eisige Wind hatte an S. noch zugenommen. **4.** ⟨o. Pl.⟩ *Eignung, Tauglichkeit zu scharfer* (4 a) *Wahrnehmung:* die S. ihres Gehörs, meiner Augen hat nachgelassen. **5.** ⟨o. Pl.⟩ *(bes. von Konturen o. ä.) Deutlichkeit, Klarheit:* die Aufnahme war hervorragend gelungen; die S. hatte unter der Vergrößerung nicht gelitten (Kant, Impressum 186); Er konnte nichts sehen und sah alles in überdeutlicher S. (Rehn, Nichts 98); Ü daß sie es mit aller S. begriff, was sie verloren hatte (Rinser, Jan Lobel 59). **6.** ⟨o. Pl.⟩ *Eignung, Tauglichkeit zu scharfem* (7), *genauem Erfassen, Wahrnehmen (des Wichtigen):* die S. ihres Verstandes imponierte ihm; Die logische S. eines Platon (Thieß, Reich 405). **7.** ⟨o. Pl.⟩ *scharfer* (8) *Charakter, scharfe* (8) *Art u. Weise:* er hat das Buch mit ungewöhnlicher S. kritisiert. **8. a)** ⟨o. Pl.⟩ *scharfer* (9) *Charakter, scharfe* (9) *Art u. Weise:* und ich lächelte, um der Bemerkung die S. zu nehmen (Lenz, Brot 133); Ihr Brief an die Kurie ließ an S. nichts zu wünschen übrig (Benrath, Konstanze 137); Mit aller S. machte er Front dagegen (Niekisch, Leben 133); **b)** (selten) *etw., was Schärfe* (8 a) *besitzt:* ein parteiischer, aber trotz einiger -n keineswegs polemischer Leitartikel; daß er sich in seiner parlamentarischen Schlußrunde zu -n hinreißen läßt (Augsburger Allgemeine 3./4. 6. 78, 13). **9.** ⟨o. Pl.⟩ *scharfer* (10) *Charakter, scharfe* (10) *Art u. Weise:* an den Grenzen wird mit fast schon schikanöser S. kontrolliert; ein wegen seiner S. allgemein gefürchteter Prüfer. **10.** ⟨o. Pl.⟩ *scharfer* (11) *Charakter, scharfe* (11) *Art u. Weise:* Weltweit werden die Interessenkonflikte um die Flußläufe an S. gewinnen (natur 2, 1991, 25); mit äußerster S. geführte Kämpfe, Auseinandersetzungen. **11.** ⟨o. Pl.⟩ (Ballspiele) *scharfer* (15) *Charakter, scharfe* (15) *Art u. Weise:* Ich verblüffte durch einen und den anderen Serviceball von unheimlicher S. (Th. Mann, Krull 394); **Scharf|ein|stel|lung,** die (Optik, bes. Fot.): *Einstellung (eines Objektivs), durch die sich ein scharfes Bild ergibt:* bei dieser Kamera, diesem Projektor erfolgt die S. automatisch; **schär|fen** ⟨sw. V.; hat⟩ [mhd. scherp(f)en, ahd. scerfan]: **1.** *(durch Schleifen od. Wetzen) scharf* (1 a) *machen:* das Messer, die Axt, Sense u. **2. a)** *in seiner Funktion verbessern, verfeinern:* Das ewige Warten und Lauschen hat ihre Sinne geschärft (Rinser, Mitte 121); Der Haß schärfte ihren Blick (Chr. Wolf, Himmel 84); Jedenfalls schärft es die Ohren. Man lernt wieder, auf das Leise zu hören (Hollander, Akazien 110); weil es den Verstand bildet, die Kritik schärft (Thieß, Reich 243); ein geschärftes Auge haben; **b)** ⟨s. + sich⟩ *sich ausbilden, sich verfeinern:* der Blick schärft sich mit den Jahren (Geissler, Wunschhütlein 42); sein Sinn für Schönheit hat sich allmählich geschärft. **3.** (Waffent.) *scharf* (14) *machen:* Unser Bild zeigt Pioniere, die Minen ... schärfen (MM 17. 4. 67, 7); Die Bomben werden ... erst an Bord geschärft (Zeit 24. 4. 64, 32); **Schär|fen|tie|fe,** die (Fot.): *(bei der Einstellung des Objektivs) durch eine kleinste u. eine größte Entfernung begrenzter Bereich, innerhalb dessen die vorhandenen Objekte ausreichend scharf abgebildet werden:* je kleiner die Blendenöffnung, desto größer die S.; **Scharf|feu|er|far|be,** die (Fachspr.): *für die Glasur von Porzellan od. Keramik verwendete Farbe, die bei sehr hoher Temperatur gebrannt werden kann;* **scharf|kan|tig** ⟨Adj.⟩: *scharfe Kanten habend:* -e Möbel; ein -es Blech; **scharf|kral|lig** ⟨Adj.⟩: *scharfe Krallen habend:* ein Tier mit scharfen -en Pranken; **scharf|ma|chen** ⟨sw. V.; hat⟩: **1.** (ugs.) *(einen Hund) auf jmdn., auf ein Tier hetzen:* der Hund beißt nur, wenn er scharfgemacht wird. **2.** (bes. Politik abwertend) *durch Verhetzung o. ä. gegen jmdn., etw. aufbringen* (4 b): das ist reine Propaganda und hat nur einen einzigen Zweck, nämlich [die Leute] scharfzumachen; **Scharf|ma|cher,** der (bes. Politik abwertend): *jmd., der einen besonders harten politischen Kurs verfolgt, der auf Konfrontation aus ist u. andere scharfmacht:* Die S. in der IG Metall wissen ganz genau ... (Bayernkurier 19. 5. 84, 1); Mit Herrn Dregger, der Nachrüstung will, ... und mit den anderen -n der CDU/CSU (Spiegel 44, 1983, 29); **Scharf|ma|che|rei,** die; -, -en ⟨Pl. ungebr.⟩ (bes. Politik abwertend): *[dauerndes] Scharfmachen:* So erklärte er ... im Stil übelster antikommunistischer S., ... Saboteure ... planten Terrorakte (horizont 45, 1976, 18); **Scharf|ma|che|rin,** die (bes. Politik abwertend): w. Form zu ↑Scharfmacher; **Scharf|rich|ter,** der [urspr. = der mit Schwert od. Beil scharf (12 b) Richtende]: *Henker;* ♦ **Scharf|rich|te|rei,** die; -, -en: *Wohnung des Scharfrichters:* Vor dem Städtchen, durch das ich mußte, kam ich an der S. vorüber (Cl. Brentano, Kasperl 366); **Scharf|schie|ßen,** das: *Schießen mit scharfer* (14) *Munition;* **Scharf|schuß,** der (Ballspiele): *scharfer* (15), *kraftvoller, wuchtiger Schuß [aufs Tor];* **Scharf|schüt|ze,** der: **1.** *Schütze mit besonderer Ausbildung u. Ausrüstung, der ein Ziel auch aus großer Entfernung genau trifft:* der Geiselnehmer wurde von einem -n der Polizei tödlich getroffen. **2.** (Ballspiele) *besonders guter u. erfolgreicher Torschütze;* **Scharf|schüt|zen|ab|tei|lung,** die (Milit.): *Abteilung von Scharfschützen;* **Scharf|schüt|zin,** die: w. Form zu ↑Scharfschütze; **Scharf|sicht,** die: *Scharfblick;* **scharf|sich|tig** ⟨Adj.⟩: *Scharfblick habend, von Scharfblick zeugend:* ein -er politischer Beobachter; eine -e Analyse; **Scharf|sich|tig|keit,** die; -: *Scharfsicht;* **Scharf|sinn,** der: *wacher Intellekt, der sofort das Wesentliche erfaßt:* denn ich wollte weder Humor noch S. des Botschafters zu sehr strapazieren (W. Brandt, Begegnungen 225); Wieder brauchte es keines besonderen S., um die Herkunft dieses Geldes zu erraten (Fallada, Herr 120); **scharf|sin|nig** ⟨Adj.⟩: *Scharfsinn habend, erkennen lassend:* Scharfsinnig habend, ... Goethe sei zu sehr Dichter, um Kunstkenner zu sein (Reich-Ranicki, Th. Mann 64); Die Liebe machte die Frau s. und den Mann konfus (Remarque, Triomphe 205); ein s. zergliedernder Analytiker (Thieß, Reich 465); **Scharf|sin|nig|keit,** die; -: *Scharfsinn.* **Scharf|füh|rer,** der (ns.): *Führer einer* ¹*Schar* (2): Ein ... S. der Waffen-SS (Hochhuth, Stellvertreter 106); **Scharf|füh|re|rin,** die (ns.): w. Form zu ↑Scharführer: sie war S. im BDM. **Schär|fung,** die; -: *das Schärfen;* **scharf|zackig**¹ ⟨Adj.⟩: vgl. scharfkantig; **scharf|zah|nig** ⟨Adj.⟩: **scharf|zün|gig** ⟨Adj.⟩: **a)** *eine scharfe Zunge besitzend:* ein -er Kritiker; **b)** *mit scharfer Zunge [gesprochen]:* die Affäre ... mit der Schauspielerin Käthe Dorsch, die ihn wegen -er Äußerungen ohrfeigte (Augsburger Allgemeine 27./28. 5. 78, 23); **Scharf|zün|gig|keit,** die; -: *das Scharfzüngigsein:* Karin Struck ist für ihre S. bekannt (Spiegel 42, 1975, 198).

Scha|ria, Scheria, die; - [arab. šarī'aʰ]: *religiöses Gesetz des Islam, das kultische Pflichten verzeichnet sowie ethische Normen u. Rechtsgrundsätze für alle Lebensbereiche aufstellt.*

¹**Schar|lach,** der, (österr. nur:) das; -s, -e ⟨Pl. ungebr.⟩ [mhd. (md.) scharlach = (rotgefärbter) Wollstoff, unter Einfluß des Mniederd. über das Afrz. zu mlat. scarlatum = rotgefärbtes Gewand, wohl über das Arab. u. Pers. zu griech. kyklás = den Körper umschließendes Frauenkleid, zu: kýklos, ↑Zyklus]: **1.** ⟨meist: das⟩ *sehr kräftiger, leuchtender, hellroter Farbton:* Roben in Weiß und S. **2.** (früher) *scharlachrot gefärbter Stoff:* in S. gekleidet; ♦ Im S. in den Senat zu kommen! Nicht schwarz wie die übrigen Ratsherrn! (Schiller, Fiesco II, 8); ²**Schar|lach,** der; -s [gek. aus älter: Scharlachfieber, LÜ von vlat. febris scarlatina, nach dem intensiv roten Hautausschlag]: *(am häufigsten bei Kindern auftretende) mit sehr hohem Fieber, Kopf- u. Halsschmerzen u. rotem Hautausschlag einhergehende Infektionskrankheit:* S. haben; **schar|lach|ar|tig** ⟨Adj.⟩: *dem* ²*Scharlach ähnlich:* ein -er Infekt, Ausschlag; **Schar|lach|aus|schlag,** der: *bei* ²*Scharlach auftretender Hautausschlag;* **Schar|lach|ei|che,** die [nach der bes. auf diesem Baum vorkommenden Kermesschildlaus, die einen scharlachroten Farbstoff liefert]: *(an der Mittelmeerküste heimische) immergrüne, strauchig wachsende Eiche mit gezähnten länglichen Blättern; Kermeseiche;* **schar|la|chen** ⟨Adj.⟩ [mhd. scharlach(en)] (geh., selten): *scharlachrot:* ein -er Umhang; scharlachne Schabracke, die er auf dem Rücken trug (Th. Mann, Joseph 755); **Scharlach|far|be,** die ⟨Pl. ungebr.⟩: ¹*Scharlach* (1); **schar|lach|far|big** ⟨Adj.⟩: *scharlachrot;* **Schar|lach|fie|ber,** das (veraltend): ²*Scharlach;* **Schar|lach|frie|sel,** der od. das ⟨meist Pl.⟩ (ugs.): *Scharlachausschlag;* **Schar|lach|mil|be,** die: *(in den oberen Bodenschichten lebende) kleine, scharlachrote Milbe;* **schar|lach|rot** ⟨Adj.⟩: *eine kräftige, leuchtend hellrote Farbe aufweisend.*

Schar|la|tan, der; -s, -e [frz. charlatan < ital. ciarlatano, unter Einfluß von: ciarlare = schwatzen, zu: cerretano = Marktschreier, eigtl. = Einwohner der Stadt Cerreto (die als marktschreierische Händler bekannt waren)] (abwertend): *jmd., der bestimmte Fähigkeiten vortäuscht u. andere damit hinters Licht führt:* Wunderheiler und andere -e; daß er ein Hochstapler gewesen ist, ein S. (Frisch, Gantenbein 184); Monatelang narrte er S. Uri Geller das Fernsehpublikum (elan 2, 1980, 30); **Schar|la|ta|ne|rie,** die; -, -n, (seltener:) **Schar|la|ta|nis|mus,** der; -, ...men ⟨o. Pl.⟩ *Verhalten[sweise] eines Scharlatans:* was die Heilpraktiker machen ist in seinen Augen nichts als S.; **b)** *Schwindelei eines Scharlatans:* ich falle auf seine Scharlatanerien nicht mehr herein.

schar|len|zen ⟨sw. V.; ist⟩ [wohl aus älter nhd. schalantzen = (müßig) umherschlendern, Streckform von ↑schlenzen] (veraltet): *müßig [herum]gehen u. gaffen.*

Scharm: ↑Charme; **scharmạnt:** ↑charmant: ♦ ... so gibt das ein -es Plätzchen für mich da draußen (= auf dem Gut; Iffland, Die Hagestolzen I, 3); **Scharmạnte,** die; -, -n (veraltet): ²*Liebste:* ♦ Weil ich ein Briefchen seiner -n aufgefangen ... habe (Hauff, Jud Süß 438).
Schär|ma|schi|ne, die [zu ↑schären] (Weberei): *Maschine zum Aufwickeln der Kettfäden auf den Schärbaum.*
schar|mie|ren ⟨sw. V.; hat⟩ [frz. charmer] (bildungsspr. veraltet): *entzücken; bezaubern:* ♦ bin auch sehr scharmiert, daß Sie so treue Nachbarschaft mit meinem Gustav halten (Hauff, Jud Süß 426).
Schar|mụ̈t|zel, das; -s, - [mhd. scharmutzel, -mützel < oberital. scaramuzza, ital. scaramuccia = Gefecht, H. u.] (Milit. veraltet): *kurzer, auf kleinen Raum beschränkter Zusammenstoß weniger gegnerischer Soldaten, bei dem es zu einem kleinen Feuergefecht kommt; Geplänkel* (1): Ü daß Mr. Patrik dieses diplomatische S. zur Machtprobe hochspielen würde (Weber, Tote 52); **schar|mụ̈t|zeln** ⟨sw. V.; hat⟩ [spätmhd. scharmutzeln, -mützeln] (Milit. veraltet): *ein kleines Gefecht führen;* **schar|mut|zie|ren** ⟨sw. V.; hat⟩ [spätmhd. scharmitzieren] (veraltet, noch landsch.): *flirten:* Wahrscheinlich scharmutzierte sie mit dem jungen Maurer, der wohl ihr Galan war (Fallada, Trinker 48).
Schar|nier, das; -s, -e [frz. charnière, über das Galloroman. zu lat. cardo (Gen.: cardinis) = Türangel]: **1.** *zur Herstellung einer beweglichen Verbindung (z. B. zwischen Tür u. Rahmen) dienender Beschlag* (1 a) *o. ä., bei dem zwei Elemente durch einen Stift o. ä. so miteinander verbunden sind, daß sie sich um dessen Längsachse drehen können:* das S. braucht einen Tropfen Öl, muß geschmiert werden, quietscht; die Tür aus den -en heben. **2.** (Geol.) *Stelle, an der eine Flexur* (2) *umbiegt;* **Schar|nier|band,** das ⟨Pl. ...bänder⟩: *als Scharnier ausgeführtes* ¹*Band* (I 2 i); **schar|nie|ren** ⟨sw. V.; hat⟩ (selten): *mit Scharnieren versehen;* **Scharnier|ge|lenk,** das; -[e]s, -e (Anat.): *Gelenk* (a), *das Bewegungen nur um eine Achse zuläßt.*
Schär|pe, die; -, -n [frz. écharpe = Armbinde < afrz. escherpe = an einer Schlinge (um den Hals) getragene (Pilger)tasche, H. u.]: *[als Bestandteil mancher Uniformen od. (Amts)trachten od. als modisches Accessoire] um die Hüften od. schräg über Schulter u. Brust getragenes breites Band:* sie trug eine seidene, rote S.; In ihrer traditionellen Tracht, der Wichs mit S. und Schläger, waren Studentenverbindungen ... aus vielen deutschen Städten erschienen (MM 9. 6. 80, 30); Ein Flügeladjutant mit S. (Th. Mann, Krull 380).
¹**Schar|pie,** die; - [frz. charpie, zu afrz. charpir < lat. carpere = pflücken, zupfen] (früher): *(als Verbandmaterial verwendete) zerzupfte Leinwand.*
²**Schar|pie** ['ʃarpi], das; -s, -s [engl. sharpie, sharpy, zu: sharp = scharf]: *in bestimmter Bauweise hergestelltes leichtes Segelboot.*
Schär|rah|men, der (Weberei): *(beim Schären) Rahmen für die Aufnahme der Spulen mit dem Garn.*
Schạr|re, die; -, -n [2: eigtl. = Ab-, Zusammengekratztes] (veraltet): **1.** *Werkzeug zum Scharren* (3): In der Backstube kratzte jemand mit der S. Teigreste aus dem Beutenbauch (Strittmatter, Wundertäter 96). ♦ **2.** *Rest im Kochtopf:* als er sich mit Philipsen um die S. des Breis zankte (Goethe, Werther I, 27. Mai); **Schạrr|ei|sen,** das: *Scharre* (1); **schạrren** ⟨sw. V.; hat⟩ [mhd. scharren, Intensivbildung zu mhd. scherren, ahd. scerran = abkratzen, schaben, H. u.]: **1. a)** *die Füße, die Krallen o. ä. wiederholt schleifend über eine Oberfläche bewegen u. dabei ein kratzendes Geräusch verursachen:* die Pferde scharrten ungeduldig; der Hund scharrt an der Tür; die Studenten scharrten [mit den Füßen] (schoben zum Zeichen des Mißfallens die Füße auf dem Boden hin und her); ⟨auch mit Akk.-Obj.:⟩ die Pferde scharren den Boden; **b)** *wiederholt über eine Oberfläche schleifen u. dabei ein kratzendes Geräusch verursachen:* seine (= des Stiers) Hufe scharren, er schnaubt durch die Nüstern (Koeppen, Rußland 9); viele Sohlen scharrten über die Fliesen; Sie (= die Flügeltür) pendelte scharrend hin und her (Kirst, 08/15, 100). **2.** *scharrend* (1 a) *nach etw. suchen; durch Scharren* (1) *aus der Erde o. ä. zu fördern suchen:* alle neun Schritte scharrt er mit der linken Schuhspitze im Schulhofkies (Grass, Hundejahre 108); die Hühner scharren [im Sand] nach Würmern; Sie ... scharrten im Kies der Strände nach Perlmutt und Bernstein (Ransmayr, Welt 205). **3. a)** *scharrend* (1 a) *befördern:* Knochen aus der Erde s.; den Schutt auf einen Haufen s.; die Toten wurden notdürftig in die Erde gescharrt; die Tiere scharren den Schnee von den Flechten; Harz von den Bäumen s. (Fachspr.; *abkratzen*); Ü Geld s. (abwertend; *raffgierig möglichst viel Geld in seinen Besitz bringen*); **b)** *durch Scharren* (1 a) *schaffen, herstellen:* Der Hahn scharrt sich eine Mulde in die Erde und setzt sich hinein (Grzimek, Serengeti 144); ein Loch s.; **Schạr|rer,** der; -s, - (selten): *jmd., der scharrt* (3); **Schạr|rerin,** die; -, -nen (selten): w. Form zu ↑Scharrer; **Schạrr|fuß,** der (landsch.): *Kratzfuß:* Der Müller verbeugt sich und macht einen S. (Hacks, Stücke 272); **schạrr|fü|ßeln** ⟨sw. V.; hat⟩ (landsch.): *einen Kratzfuß machen;* **Schạrr|harz,** das [das Harz wird von den Bäumen gescharrt (3 a)] (Fachspr.): *Galipot.*
Schar|rier|ei|sen, das (Handw.): *Werkzeug der Steinmetze zum Scharrieren;* **schar|rie|ren** ⟨sw. V.; hat⟩ [zu frz. charrue = Pflug < lat. carruca = ein vierrädriger Wagen, zu: carrus, ↑¹Karre] (Handw.): *die Oberfläche eines Steins so bearbeiten, daß parallele Fugen entstehen.*
Schar|schmied, der: *Schmied, der Pflugscharen herstellt.*
Schạr|te, die; -, -n [mhd. schart(e) = Einschnitt, Bruch, Öffnung, zu mhd. schart, ahd. scart = verstümmelt, zerhauen, verw. mit ↑¹scheren]: **1. a)** *schadhafte Stelle in Form einer Einkerbung an dem glatten od. geschliffenen Rand von etw.* (bes. an einer Schneide): *die Sense, die Klinge, die Schneide hat schon ein paar -n;* Er kann das Rasiermesser, das wie eine alte Unkrauthacke lauter -n hat, wirklich nicht mehr benutzen (Kinski, Erdbeermund 18); paß auf, daß das Messer dabei keine -n kriegt; * **eine S. auswetzen** (↑auswetzen): haben sie ... im Wiederholungsspiel nun die Chance, diese S. wieder auszuwetzen (Tagesspiegel 20. 10. 85, 14); **b)** (veraltet) *Riß, Schrunde in der Haut:* eine S. an der Unterlippe haben. **2.** *kurz für* ↑Schießscharte: ein ... Soldat preßte sich bis über die Schultern in die Schießscharte ... Er ... verkeilte sich fest in die S. (Reinig, Schiffe 20). **3.** *[schwer zugänglicher] Einschnitt in einem Bergrücken, schmaler Bergsattel.*
Schar|te|ke, die; -, -n [mniederd. scarte, scarteke = altes Buch, Urkunde, wahrsch. < frz. charte = Urkunde < lat. charta, ↑Karte]: **1.** (veraltend abwertend) **a)** *altes u. seinem Inhalt nach wertloses Buch:* Ich bin von Natur Bücherkäufer. ... so treibt es mich ..., alte -n zu kaufen und nach Hause zu schleppen (Radecki, Tag 38); **b)** *anspruchsloses Theaterstück.* **2.** (salopp abwertend) *unsympathische ältere Frau:* die Chefin ist eine fürchterliche S.; ... hat die alte S. ... den Rappel gekriegt, ein neues Leben beginnen zu wollen (Schnurre, Bart 161).
schar|tig ⟨Adj.⟩: **1.** *mit Scharten* (1): eine -e Sichel, Klinge, Schneide; das Messer, die Sense ist s. geworden; Ein heißer Sommer genügt, um den Wischergummi s. zu machen (DM 49, 1965, 47). **2.** *Scharten* (3) *aufweisend; tief eingeschnitten:* ein -er Grat.
Schär|trom|mel, die (Weberei): *Trommel* (2 c) *als Schärbaum.*
Scha|rung, die; - [zu ↑²Schar] (Geogr.): *das Aufeinandertreffen der einzelnen Züge eines Faltengebirges in spitzem Winkel.*
Schar|wa|che, die; -, -n [zu ↑¹Schar] (früher): *von einer kleinen Gruppe der Bürgern einer Stadt gebildete Wache:* ♦ Also stahl er in selbiger Nacht eine Geiß, drei Schritte von der S. (Hebel, Schatzkästlein 54); ♦ **Schar|wäch|ter,** der: *Angehöriger einer Scharwache; [Nacht]wächter:* Ein Pfaffe, ein Henker mit seinem Knecht, einige Gerichtspersonen und S. zogen vorbei (Keller, Dietegen 93).
Schar|wẹn|zel, (seltener:) Scherwenzel [ʃɛr...], der; -s, - [1: übertr. von Bed. 2 im Sinne von „jmd., der wie eine Trumpfkarte (beliebig) eingesetzt werden kann"; 2: wohl unter Einfluß von ↑Wenzel < tschech. červenec = (roter) Herzbube, zu: červený = rot]: **1.** (veraltend abwertend) *jmd., der herumscharwenzelt; übergeschäftiger, dienstbeflissener Mensch.* **2.** (landsch.) *(im Kartenspiel) Bube.* **3.** (Jägerspr.) *Fehlschuß;* **schar|wẹn|zeln,** (seltener:) scherwenzeln ⟨sw. V.; hat/ist⟩ [ursp. = das Kartenspiel Scharwenzel spielen] (ugs. abwertend): *herumscharwenzeln:* So scharwenzelte er, anders war das nicht zu beschreiben, vor mir auf und ab (Broch, Versucher 97); Auf den Genossen herumzutrampeln und vor den Unternehmern zu s.: nein! (Bredel, Väter 156); ♦ **schar|wẹn|zen:** Nebenf. von ↑scharwenzeln: daß du mit der Dirne

Glock halb auf elf im Garten schon scharwenzt (Kleist, Krug 9).
Schar|werk, das; -[e]s [mhd. scharwerc, zu: schar (↑ ¹Schar) = in festgelegter Reihenfolge umgehende (Verpflichtung zur) Fronarbeit] (veraltet, noch landsch.): *harte Arbeit, Fronarbeit:* Sie waren freie Bauern, zu keinem S. verpflichtet (Dönhoff, Ostpreußen 176); **schar|wer|ken** ⟨sw. V.; hat⟩ (veraltet, noch landsch.): *hart u. schwer arbeiten:* Neben meinem Vater scharwerken Hanka, meine Schwester und der Großvater dort mit (Strittmatter, Laden 114); **Schar|wer|ker**, der; -s, - (veraltet, noch landsch.): *jmd., der hart arbeitet.*
Schas, der; -, - [mundartl. Nebenf. von ↑Scheiß, ↑Scheiße] (bayr., österr. derb): *hörbar entweichende Blähung:* * S. **mit Quasteln** (österr.; *reiner Blödsinn*).
Schasch|ka, der; -s, -s [russ. šaška]: *früher von Soldaten getragener russischer Säbel.*
Schasch|lik, der od. das; -s, -s [russ. šašlyk, aus dem Turkotat., 1. Bestandteil verw. mit türk. şiş, ↑Kebab]: *kleine Stückchen Fleisch, die (zusammen mit Speck, Zwiebeln, Paprika u. Tomaten) auf einen Spieß gereiht, gebraten od. gegrillt werden.*
schas|sen ⟨sw. V.; hat⟩ [zu frz. chasser, ↑Chassé] (ugs.): **1.** *jmdn. kurzerhand (aus einem Amt, aus der Schule o. ä.) entlassen, davonjagen:* sie haben ihn [aus/von der Schule, aus der Firma] geschaßt; Da warf man ihn aus der SA. Doch schaßte man ihn nicht, weil er soff ... (Grass, Hundejahre 283); Theodor Blank, von Erhard geschaßter Arbeitsminister (Spiegel 40, 1966, 25). **2.** (landsch.) *fassen, ergreifen:* Polizei kam ... und hat Rudi geschaßt (Eppendorfer, St. Pauli 159); Damals waren er und sein Filmteam von Rebellen auf den Philippinen geschaßt worden (Hörzu 37, 1973, 127). **3.** (landsch.) *jagen, hetzen, scheuchen:* ... und schaßten sie (= die Rekruten) mit aufgesetzter Gasmaske stundenlang im Dauerlauf durchs Gelände (Ott, Haie 36); **schas|sie|ren** ⟨sw. V.; ist/hat⟩: *mit kurzen, gleitenden Schritten und einer Drehung geradeaus tanzen.*
schat|ten ⟨sw. V.; hat⟩ [mhd. schatewen, ahd. scatewen] (dichter.): **a)** *Schatten spenden:* Schwer ... laubten sich Nußbaum, Ahorn und Linde und schatteten den Zechern (A. Zweig, Grischa 226); unter schattenden Bäumen; **b)** *einen Schatten werfen:* So peitscht kein Sturm, so schattet keine Wolke – wie ... (Kaiser, Bürger 6); Ü Ich sitze geborgen in meinem Leid – das Leid schattet über mir (Kaiser, Bürger 33); **Schat|ten**, der; -s, - [mhd. schate(we), ahd. scato, verw. mit griech. skótos = Dunkel]: **1. a)** *(mehr od. weniger scharf begrenzter) im Schatten (1 b) eines Körpers liegender Ausschnitt einer im übrigen von direktem Licht beschienenen Fläche, der sich dunkel von der helleren Umgebung abhebt:* die S. der Häuser, der Berge; die S. werden länger; Unsere S. huschten über die Wände, schnellten zur Decke hinauf, wurden unter der Decke geknickt und hingen schwarz über uns (Roehler, Würde 134); gegen Abend werfen die Gegenstände lange S.; Ü (dichter.:) der S. des Todes lag bereits auf ihm *(es war deutlich, daß er bald sterben würde);* die Nacht breitet ihre S. über das Land; auf ihr Leben war ein S. gefallen *(es hatte sich durch traurige Ereignisse verdüstert);* ein S. lag auf ihrem Glück *(es war durch etwas beeinträchtigt);* Da legte sich ein S. auf die freundlichen Züge des Fliegeroffiziers *(verdüsterte sich sein Gesicht;* Mehnert, Sowjetmensch 363); * **nur noch der/ein S. seiner selbst sein** *(äußerlich erkennbar krank u. elend sein;* nach einem Zitat aus der „Pharsalia" des röm. Schriftstellers Marcus Annaeus Lucanus, der über den geschlagenen Pompeius schrieb, daß von diesem nur der Schatten eines großen Namens geblieben sei): **jmdm. wie ein S. folgen** *(jmdm. überallhin folgen, ihn nicht aus den Augen lassen);* **die S. der Vergangenheit** *(Vergangenes, das mit seinem negativen Aspekt bis in die Gegenwart nachwirkt);* **einen/seinen S. auf etw. werfen** (geh.; *etw. beeinträchtigen, in negativer Weise beeinflussen);* **seine S. vorauswerfen** *(schon im voraus Auswirkungen haben):* obwohl noch ein halbes Jahr ist, werfen die nächsten Wahlen bereits ihre S. voraus; **über seinen S. springen** *(sich überwinden, etw. zu tun, was einem nicht liegt o. ä.):* aber dann ist er über seinen S. gesprungen und hat es doch getan; **nicht über seinen [eigenen] S. springen können** *(nicht anders handeln können, als es dem eigenen Wesen od. der eigenen Gewohnheit entspricht):* ich verstehe das schon: er kann eben auch nicht über seinen S. springen; **sich vor seinem eigenen S. fürchten** *(sehr ängstlich sein);* **b)** ⟨o. Pl.⟩ *Bereich, der vom Licht der Sonne od. einer anderen Lichtquelle nicht unmittelbar erreicht wird u. in dem deshalb nur gedämpfte Helligkeit, Halbdunkel [u. zugleich Kühle] herrscht:* hier herrschte immer der kühle und feuchte S. der uralten Bäume (Seidel, Sterne 120); weit und breit gab es keinen S. *(keine schattige Stelle);* die Platanen geben, spenden genug S.; aus dem S. heraustreten; von einer Mondfinsternis spricht man, wenn der Mond durch den S. der Erde geht; sich im S. aufhalten; es sind 30 Grad im S.; im S. der Sonnenschirme; das Tal lag schon im S.; aus der Sonne in den S. gehen; Ü Warum fällt der Erfolg immer wieder denen zu, die ihn nicht verdienen, während andere unverdient im S. bleiben? (Thielicke, Ich glaube 38); * **[immer, lange Zeit, zeitlebens o. ä.] in jmds. S. stehen** *(neben einem anderen nicht die verdiente, gebührende Beachtung, Anerkennung finden):* er stand immer im S. seines älteren Bruders, berühmten Vaters; **etw., jmdn. in den S. stellen** *(etw. an Qualität o. ä., jmdn. in seinen Leistungen weit übertreffen):* dieses neue Lexikon stellt alles bisher Dagewesene in den S.; als Dramatiker stellt er alle zeitgenössischen Autoren [weit] in den S. **2.** *Figur, Gestalt o. ä., die nur in ihren Umrissen, nur schemenhaft als Silhouette erkennbar ist (dadurch, daß sie sich von einem helleren Hintergrund abhebt):* ein S. taucht aus dem Dunkel auf; die Schiffe zogen als ferne S. am Horizont vorüber; Der klotzige S. der Brücke gegen den düsteren Himmel (Schnabel, Marmor 35); * **einem S. nachjagen** (geh.; *ein unrealistisches Ziel verfolgen*). **3.** *dunkle Stelle, dunkler Fleck, der auf etw. erscheint:* dunkle S. auf den Negativen der Fotos; auf [den Röntgenbildern] der Lunge zeigen sich verdächtige S. *(dunkle Stellen, die auf eine Lungenkrankheit schließen lassen);* S. (*Ringe*) unter den Augen haben; Ü ein S. (geh.; *Makel*) liegt auf seiner Vergangenheit; * **nicht der S. einer Sache** *(nicht die geringste Spur von etw.):* ihn trifft nicht der S. eines Verdachts, einer Schuld; **einen S. haben** (ugs.; *geistig nicht ganz normal sein*). **4.** (bildungsspr.) *als Schatten gedachte Gestalt eines Verstorbenen, Abgeschiedenen (im Totenreich der Antike):* das Reich der S. (Myth.; *Totenreich, Unterwelt*); * **in das Reich der S. hinabsteigen** (bildungsspr. verhüll.; *sterben*). **5.** *jmd., der einen anderen ständig begleitet, sich in seiner Nähe hält, dessen Aufgabe es ist, einen anderen zu beobachten, zu überwachen:* ihr S. war wieder bei ihr; der S. ließ ihn nicht aus den Augen; er versuchte seinen S. abzuschütteln; (Sport Jargon:) der Stürmer konnte sich nicht von seinem S. lösen; **Schat|ten|baum**, der (Bot.): *Baum, der durch den Schatten (1 b), den benachbarte Bäume werfen, nicht in seinem Wachstum behindert wird;* **Schat|ten|bild**, das: **1.** *durch einen Schatten (1 b) auf einer Fläche erzeugtes schattenrißartiges Bild.* **2.** *Schattenriß;* **Schat|ten|blatt**, das (Bot.): *Blatt eines Laubbaums, das im Innern der Baumkrone od. auf ihrer Nordseite wächst;* **Schat|ten|blü|her**, der (Bot.): *Pflanze, die einen schattigen Standort liebt;* **Schat|ten|blu|me**, die [nach dem Standort]: *(zu den Liliengewächsen gehörende) in Laubwäldern wachsende Pflanze mit herzförmigen Blättern u. weißen, aufrechtstehenden Blütentrauben;* **Schat|ten|bo|xen**, das; -s (Boxen): *Art des Trainings, bei dem man gegen einen nur vorgestellten Gegner (gegen den eigenen Schatten) od. gegen sein Spiegelbild boxt;* **Schat|ten|da|sein**, das: *in den Wendungen* **[nur] ein S. führen/fristen** *([meist vom Sachen] nur kümmerlich existieren; sich nicht entwickeln können);* **aus dem/seinem S. hervor-, heraustreten** *(aus einem Status der Unbedeutendheit, einer kümmerlichen Existenz[form] o. ä. herauskommen; sich überwinden):* die Partei ist endlich aus ihrem S. herausgetreten; ◆ **schat|ten|dun|kel** ⟨Adj.⟩: *im Schatten (1 b) liegend u. daher dunkel:* nachdem wir durch viel Wald und schattendunkle Schluchten gegangen waren (Rosegger, Waldbauernbub 127); **Schat|ten|dun|kel**, das (dichter.): *im Schatten (1 b) herrschende Dunkelheit:* der Rehbock trat aus dem S. des Waldes heraus; **Schat|ten|fech|ten**, das; -s (Fechten): *vgl. Schattenboxen;* **Schat|ten|fürst**, der (Myth.): *Fürst des Schattenreichs;* **Schat|ten|ge|hölz**, das (Bot.): *vgl. Schattenbaum;* **schat|ten|haft** ⟨Adj.; -er, -este⟩ (geh.): *einem Schatten (1 a) ähnlich; nur undeutlich erkennbar:* eine -e Gestalt huschte vorbei; etw. ist nur s. auszumachen; Ü er hat nur noch -e *(vage, ungenaue)* Erinnerungen daran; ein -es Dasein führen (vgl. Schattendasein); **schat-**

Schattenhaushalt

ten|halb ⟨Adv.⟩ (schweiz.): *auf der Schattenseite (eines Tals);* **Schat|ten|haus|halt,** der: *neben dem öffentlichen Haushalt (3) bestehender Haushalt (3), der durch bestimmte finanzpolitische Maßnahmen, die Einrichtung zusätzlicher Fonds o. ä. entsteht;* **Schat|ten|holz,** das (Bot.): *Schattengehölz;* **Schat|ten|ka|bi|nett,** das (Politik): *von einer parlamentarischen Opposition aufgestelltes Kabinett für den Fall eines Regierungswechsels:* ein S. aufstellen; **Schat|ten|kai|ser,** der: vgl. Schattenkönig; **Schat|ten|kai|se|rin,** die: w. Form zu ↑Schattenkaiser; **Schat|ten|kampf,** der: *Kampf gegen einen Gegner, der gar nicht da ist:* wie einem Freund schilderte ich ihm meinen S. mit dem vermißten Legationsrat (Habe, Namen 273); **Schat|ten|kö|nig,** der: *König, der nur nominell regiert, keine Regierungsgewalt hat;* **Schat|ten|kö|ni|gin,** die: w. Form zu ↑Schattenkönig; ♦ **schat|ten|kühl** ⟨Adj.⟩: *im Schatten (1 b) liegend u. daher kühl:* Ich bin doch müd'; 's ist höllisch schwül. Der Brunn, der ist so s. (Goethe, Satyros III); **schat|ten|los** ⟨Adj.⟩: *ohne Schatten (1 b):* ein -er Platz; der Hof war s.; **Schat|ten|lo|sig|keit,** die; -: *das Schattenlossein;* **Schat|ten|mo|rel|le,** die; -: **a)** *Sauerkirsche (2) mit großen, braunroten Früchten;* **b)** *Frucht der Schattenmorelle* (a); **Schat|ten|pflan|ze,** die (Bot.): vgl. Schattenblüher; **Schat|ten|pro|be,** die (Med.): *Skiaskopie;* **Schat|ten|re|gie|rung,** die (Politik): vgl. Schattenkabinett; **schat|ten|reich** ⟨Adj.⟩: *viel Schatten (1 b) bietend; sehr schattig:* ein -es Tal; **Schat|ten|reich,** das (Myth.): *Totenreich; Hades;* **Schat|ten|riß,** der [vgl. Reißahle]: *Darstellung von Gegenständen u. Personen als nur den Umriß erkennen lassender schwarzer Schatten:* einen S. [von jmdm., etw.] herstellen; ein mit Schattenrissen illustriertes Buch; ein Meister des Schattenrisses *(jmd., der es meisterlich versteht, Schattenrisse anzufertigen);* **Schat|ten|sei|te,** die: **1.** ⟨Pl. selten⟩ *dem Licht, der Sonne abgewandte Seite:* Vor ihnen, die S. ihnen zuwendend ..., stieg ein mächtiger Hügelrücken empor (Kuby, Sieg 399); er wohnt auf der S. des Tals; Ü auf der S. leben *(nicht vom Glück begünstigt sein);* über die Menschen, die auf der S. der Wohlstandsgesellschaft leben (Zivildienst 2, 1986, 38). **2.** ⟨meist Pl.⟩ *negativer Aspekt bei einer sonst positiven Sache; Nachteil; Kehrseite* (2): die -n des technischen Fortschritts; Wissen Sie, in unserer Stadt darf man nicht immer nur die -n sehen (v. d. Grün, Glatteis 225); Doch bald erfuhr ich, daß das Leben auch -n hatte (Leonhard, Revolution 137); **schat|ten|sei|tig** ⟨Adj.⟩ (österr.): *auf der Schattenseite* (1) *[liegend]; schattseitig;* **schat|ten|spen|dend** ⟨Adj.⟩ (geh.): *Schatten* (1 b) *gebend:* ein -er Baum; **Schat|ten|spen|der,** der (geh.): *etw., was jmdm. Schatten* (1 b) *spendet:* Bäume als S.; **Schat|ten|spiel,** das: **1.** *Schattentheater:* das chinesische S.; in Deutschland wurde das S. von den Romantikern gepflegt. **2.** *Stück für das Schattentheater:* ein S. von Mörike; sich im S. ansehen. **3.** ⟨meist Pl.⟩ *durch eine bestimmte Stellung einer Hand od. beider Hände vor einer Lichtquelle erzeugtes Schattenbild* (1) *an der Wand (bes. als Kinderspiel):* -e machen; **Schat|ten|thea|ter,** das ⟨o. Pl.⟩: *Form des Puppenspiels, bei dem sich die Silhouetten flächiger, ausgeschnittener Figuren auf einem von rückwärts angeleuchteten Schirm bewegen;* **Schat|ten|wirt|schaft,** die: *Gesamtheit der wirtschaftlichen Aktivitäten, die nicht von der Steuer erfaßt werden können, weil sie nicht entsprechend deklariert werden* (z. B. Schwarzarbeit, Nachbarschaftshilfe u. ä.): Sie schätzt, daß die S. in Hamburg etwa 600 Millionen Mark umsetzt (Hamburger Abendblatt 24. 8. 85, 11); **schat|tie|ren** ⟨sw. V.; hat⟩: **1.** *(in der Malerei) mit Schatten (1 a) versehen, durch Andeutung von Schatten (1 a) nuancieren; abschattieren:* eine Zeichnung s.; den Hintergrund s. **2.** (seltener) *(Farben) abstufen, nuancieren* (a): Farben s.; ein schattiertes Grün. **3.** (Gartenbau) *(bes. Frühbeete, Gewächshäuser u. ä.) gegen zu starke Sonneneinstrahlung schützen, abschirmen:* ein Frühbeet s.; ⟨auch o. Akk.-Obj.:⟩ nur während der heißesten Sommerwochen wird über Mittag ein paar Stunden lang schattiert (MM 26. 6. 71, 43); **Schat|tie|rung,** die; -, -en: **1.** *das Schattieren.* **2.** *das Schattiertsein.* **3.** ⟨meist Pl.⟩ **a)** *Spielart, Variante von etw.:* ... hörte man alle -en saarländischer Mundart (Saarbr. Zeitung 3. 12. 79, 3); Und Parteipolitiker aller -en tragen ihren Teil zu der Ausweitung der Spannungen bei (NZZ 1. 2. 83, 5); Es gibt ... neben allen möglichen -en zwei extreme Standpunkte zum Problem der Oder-Neiße (Dönhoff, Ära 156); **b)** *Nuance* (1): grün vom Laub und vom Gras aller -en (Broch, Versucher 84); **schat|tig** ⟨Adj.⟩ [spätmhd. schatic]: *Schatten* (1 b) *aufweisend; im Schatten* (1 b) *liegend:* ein -er Garten; sich im -es Plätzchen suchen; die Pflanze gedeiht nur an -en Orten; hier ist es s. und kühl; **Schat|t|sei|te,** die (österr., schweiz.): **1.** *Schattenseite* (1): Ich schaute flach über das Tal, hinüber zur S. (Innerhofer, Schattseite 23). **2.** *Schattenseite* (2): jedes Ding hat seine Sonn- und [seine] -n; **schatt|sei|tig** ⟨Adj.⟩ (österr., schweiz.): *schattenseitig:* Schattseitige ... Steilhänge sollten ... vom Skifahrer gemieden werden (NZZ 25. 12. 83, 7); Schattseitig und in den Kuhtritten hatte der erste Schnee den Tag überdauert (Steimann, Aperwind 81). **Scha|tul|le,** die; -, -n [ital. scatola < mlat. scatula, ↑Schachtel]: **1.** (bildungsspr.) *kleiner, verschließbarer, meist verzierter Kasten zur Aufbewahrung von Geld od. Wertsachen o. ä.:* eine kostbare, reichverzierte S.; sie bewahrt ihren Schmuck in einer hölzernen S. auf; In einer S. mit Fotografien, die im Familienalbum fehlten (Bieler, Mädchenkrieg 341). **2.** (veraltet) *Privatschatulle:* er hat es aus seiner privaten, eigenen S. bezahlt. **Schatz,** der; -es, Schätze [mhd. scha(t)z, ahd. scaz = Geld(stück), Vermögen, H. u.]: **1.** *angehäufte Menge, Ansammlung von kostbaren Dingen (bes. Schmuck, Gegenständen aus edlem Metall u. ä.):* ein riesiger, kostbarer, verborgener S.; der S. der Nibelungen; einen S. vergraben, suchen, entdecken, finden, hüten, rauben; einen S. heben *(ans Licht bringen, bergen);* nicht für alle Schätze dieser Erde würde er das tun, es hergeben. **2.** *etw., was seinem Besitzer viel wert ist, was zu besitzen ihm viel bedeutet, wichtig ist:* die Münzsammlung ist sein kostbarster S.; er war Antiquitätensammler und hatte im Laufe seines Lebens mancherlei Schätze zusammengetragen; voller Stolz zeigte er uns seinen S., seine Schätze; die Kinder breiteten ihre Schätze vor uns aus; Statuen, von denen wir noch einige ... als größte Schätze unserer Museen mit Bewunderung zu betrachten pflegen (Thieß, Reich 343). **3.** (geh.) *wertvolles (materielles od. geistiges) Gut, wertvoller Bestand (an materiellen od. geistigen Gütern):* er aber hat Heu genug, ... einen wahren S. an gutem, duftendem Heu (Waggerl, Brot 21); daß sie als Kinder schon das erbten, was sie selbst erworben hatte: den S. seiner Erfahrung (Edschmid, Liebesengel 15); Sie hatte immer gewußt, daß ihre Heimat solche Schätze *(Kunstschätze, Kulturdenkmäler u. ä.)* berge (Musil, Mann 278); seine Gesundheit, seine Freundschaft betrachtet er als großen S.; Ein Land voll verborgener Schätze (Menzel, Herren 111); sollte man nicht ... die zuständigen Heimatmuseen ... auf diesen S. naiver ... Volkskunst aufmerksam machen? (Grass, Hundejahre 71); er verfügte über einen S. an/ (selten:) von Humor, Erfahrung, Menschenkenntnis, Erinnerungen; sein Werk, das Werk des Herakleitos, ... gehört ... zu den geistigen Schätzen der Menschheit (Thieß, Reich 34). **4.** (Rechtsspr.) *Fundsache, die so lange verborgen war, daß ihr Eigentümer nicht mehr zu ermitteln ist.* **5. a)** (veraltend) *Geliebte[r], Freund[in]:* er, sie hat einen [neuen] S.; jede Minute mit ihrem S. war ihr kostbar (Kronauer, Bogenschütze 82); (häufiger in der Anrede:) [mein] S.; **b)** (ugs.) *geliebter Mensch, bes. Kind:* schläft der kleine, unser kleiner S. schon?; du bist mein S. *(mein liebes Kind);* (auch als Anrede:) komm her, mein [kleiner] S.; **c)** (ugs.) *netter, liebenswerter Mensch:* Selbst die feministischen Kolleginnen seiner Frau bestätigen, daß er ein S. ist (Dierichs, Männer 159); sie ist ein echter S.; ich halte ihn für einen wahren S.; sei ein S. *(sei so nett)* und hol mir die Zeitung. **6.** ⟨Pl.⟩ (Bankw.) kurz für ↑Schatzanweisungen; **Schatz|amt,** das: *(in Großbritannien) Staatskasse* (b), *staatliche Finanzbehörde;* **Schatz|an|wei|sung,** die ⟨meist Pl.⟩ (Bankw.): *Schuldverschreibung des Staates;* **schätz|bar** ⟨Adj.⟩: *sich schätzen, taxieren lassend:* Schwer s. waren zunächst die Schäden an Obstkulturen und Gärten (Basler Zeitung 27. 7. 84, 3); **Schätz|bar|keit,** die; -: *das Schätzbarsein;* **Schätz|chen,** das; -s, -: Vkl. zu ↑Schatz (5); **Schät|ze:** Pl. von ↑Schatz; **schat|zen** ⟨sw. V.; hat⟩ [mhd. schatzen, ahd. scazzōn = Schätze sammeln; besteuern] (veraltet): *mit Abgaben belegen;* **schät|zen** ⟨sw. V.; hat⟩ [mhd. schetzen]: **1. a)** *(ohne exaktes Messen nur auf Erfahrung gestützt) näherungsweise bestimmen:* etw. hoch, niedrig s.; das Gewicht, die Länge, die Höhe, das Alter, den Wert einer Sache s.; ich schätze die Breite des Regals, den Abstand auf [etwa] neunzig Zentimeter; er hat die Entfernung, die Geschwindigkeit gut, nicht richtig geschätzt; der Schaden, sein Vermögen *(die Höhe des Schadens, seines Vermögens)* wird auf [mindestens] drei Millionen geschätzt; schätz doch mal, wieviel ich wiege; ich schätze sie *(ihr Alter)* [auf] 25; wie alt schätzt du ihn *(auf wieviel Jahre schätzt du sein Alter)?;* jmdn. älter, jünger s., als er ist; ich schätze *(nehme auf Grund meiner Schätzung an),* wir sind in einer Woche fertig; es dürften, grob geschätzt, etwa 50 km sein; ein Gebot ..., daß alle Welt geschätzt *(bibl.; in einer Volkszählung erfaßt)* würde (Luk. 2, 1); * *sich glücklich s.* (geh.; *sehr froh sein):* ich hätte mich [schon] glücklich geschätzt, wenn ich nur halb so viel erreicht hätte wie du; Vierbein, der ahnte, daß er sich glücklich durfte, Schulz zuerst entronnen zu sein (Kirst, 08/15, 392); b) *taxieren* (1 b): einen Gebrauchtwagen, ein Haus, ein Grundstück s.; etw. *(von einem Taxator, Sachverständigen) s. lassen.* 2. (ugs.) *annehmen, vermuten, für wahrscheinlich halten:* ich schätze, er hat einfach keine Lust gehabt; was schätzt du, gibt es heute noch Regen?; wird er es [wohl] schaffen? – Ich schätze ja, schon, kaum, nicht; Schätze, die Franzosen werden um jeden Arbeitsplatz froh sein, den sie selbst besetzen können (Kuby, Sieg 336). 3. a) *(von jmdm.) eine hohe Meinung haben:* jmdn. sehr, außerordentlich, nicht sonderlich s.; Ich schätze ihn aufrichtig; lieben wäre zuviel gesagt (Hasenclever, Die Rechtlosen 396); ein [von allen] sehr geschätzter Kollege; b) *(von etw.) viel halten, (auf etw.) besonderen Wert legen; sehr mögen:* er schätzt ihre Zuverlässigkeit, seinen Rat [sehr]; er schätzt einen guten Wein; er schätzt es sehr, wenn man ihn mit Offenheit begegnet; mit einem Roman, der die meisten Literaturhistoriker nicht s. (Reich-Ranicki, Th. Mann 130); Solche Freiheiten schätzte sie gar nicht (A. Kolb, Daphne 139); (veraltend in Geschäftsbriefen:) Ihr geschätztes Schreiben; * *etw. zu s. wissen (etw. als schätzenswert erkennen, ansehen):* ich weiß ihre Hilfsbereitschaft durchaus zu s., aber ich mache es doch lieber allein; Dummkopf ... du weißt dein Glück nicht zu s. (Th. Mann, Krull 187); **schät|zen|ler|nen** ⟨sw. V.; hat⟩: a) *zu schätzen* (3 a) *lernen:* anfangs mochte ich ihn nicht, aber ich muß sagen, ich habe ihn [mit der Zeit, inzwischen] schätzengelernt; In zwei Monaten lernt man sich schätzen, kennen (Wohmann, Absicht 207); b) *zu schätzen* (3 b) *lernen:* Man lernt die einfachsten Sachen wieder schätzen (Remarque, Triomphe 171); **schät|zens|wert** ⟨Adj.⟩: *Wertschätzung, eine positive Bewertung verdienend:* ein -es Verhalten, er ist ein sehr -er Mensch; **Schät|zer,** der; -s, -: *Taxator;* ein vereidigter S.; **Schät|ze|rin,** die; -, -nen: w. Form zu ↑Schätzer; **Schatz|fund,** der: 1. (Rechtsspr.) *das Finden eines Schatzes* (4). 2. (Archäol. seltener) *Depotfund;* **Schatz-**

grä|ber, der (veraltend od. scherzh.): *jmd., der im Boden nach Schätzen* (1, 3) *sucht;* **Schatz|grä|be|rin,** die; -, -nen (veraltend od. scherzh.): w. Form zu ↑Schatzgräber; **Schatz|haus,** das: *Thesaurus* (1); **Schatz|kam|mer,** die (früher): *Räumlichkeiten, in denen der Staatsschatz aufbewahrt wird:* Ü mit ihren reichen Erzvorkommen war die Provinz die S. des Reiches; für den an romanischer Baukunst Interessierten ist Burgund eine wahre S.; **Schatz|kanz|ler,** der: *(in Großbritannien) Finanzminister;* **Schatz|kanz|le|rin,** die: w. Form zu ↑Schatzkanzler; **Schatz|käst|chen,** das (veraltend od. scherzh.): *Kästchen, in dem jmd. etw. für ihn Wertvolles aufbewahrt:* Ü diese Anekdotensammlung ist ein S. hamburgischen Humors; **Schatz|mei|ster,** der: **1.** *jmd., der bei einem Verein, einer Partei o. ä. die Kasse verwaltet.* **2.** (früher) *mit der Verwaltung des königlichen bzw. staatlichen Vermögens betrauter Beamter;* **Schatz|mei|ste|rin,** die: w. Form zu ↑Schatzmeister; **Schätz|preis,** der: vgl. *Schätzwert;* **Schatz|schein,** der (Bankw.): *kurzfristige Schatzanweisung; kurzfristiger Schatzwechsel;* **Schatz|su|che,** die: *(systematische) Suche nach verborgenen Schätzen;* **Schatz|su|cher,** der: vgl. *Schatzgräber;* **Schatz|su|che|rin,** die: w. Form zu ↑Schatzsucher; **Schät|zung,** die; -, -en: **1.** (veraltet) *das Schatzen, Belegen mit Abgaben.* **2.** (schweiz.) *[amtliche] Schätzung des Geldwertes einer Sache;* **Schät|zung,** die; -, -en [mhd. schetzunge = Steuer]: **1.** *das Schätzen* (1 a): *eine grobe, vorsichtige, vorläufige S.;* er ergab, seine S. lag er fast richtig; nach meiner S./meiner S. nach ist er mindestens 80 km/h gefahren. **2.** *das Schätzen* (1 b): *die S. des Gebäudes, des Grundstückswertes vornehmen lassen.* **3.** (veraltend) a) *Wertschätzung:* so brauche ich Dich nicht zu ermahnen ..., sie Deine mindere S. niemals merken zu lassen (Th. Mann, Krull 402); b) *hohe Bewertung:* Man habe ihm eine übertriebene S. der Form zum Vorwurf gemacht (Th. Mann, Zauberberg 222); **schätz|ungs|wei|se** ⟨Adv.⟩: **1.** *einer ungefähren Schätzung* (1) *nach:* es sind s. 100 Meter; es wird s. 200 Mark kosten. **2.** (ugs.) *vermutlich, wahrscheinlich:* es liegt s. an der Batterie; **Schatz|wech|sel,** der (Bankw.): *Wechsel* (2 a) *(des Staats), der nur eine Laufzeit von einer bestimmten Anzahl von Tagen hat;* **Schätz|wert,** der: *angenommener od. durch Taxieren festgesetzter Wert:* die Versicherung hat den S. der gestohlenen Gegenstände gezahlt; er mußte das Haus weit unter dem S. verkaufen. **schau** ⟨Adj.; -er, -[e]ste [zu ↑Schau (2)] (Jugendspr. veraltend): *Begeisterung hervorrufend; toll:* ein -er Macker, Film; der Typ, das neue Kabriolett ist s.; s.!; **Schau,** die; -, -en [mhd. schouwe = prüfendes Blicken, (amtliche) Besichtigung, zu: schouwen, ↑schauen]. **1.** (seltener) *Ausstellung* (2): *eine internationale, landwirtschaftliche S.;* Die ... S. hieß „Große Fotografen unseres Jahrhunderts" (Foto-Magazin 8, 1968, 46); etw. auf/bei S. zeigen, ausstellen, vorführen; wie die 54 Kollektionen, die in

den täglich stattfindenden -en *(Modenschauen)* gezeigt wurden (Tagesspiegel 20. 10. 85, 53). **2.** (seltener) *Show:* eine S. mit vielen Stars; das Fernsehen bereitet eine neue S. vor; Ü Helmut war diese S. *(dieser spektakuläre Auftritt)* peinlich wegen der Bedienung (M. Walser, Pferd 82); etw. ist eine reine S., ist auf S. angelegt *(bei etw. geht es nur um Schaueffekte, um sensationelle Wirkung);* * **[die/eine] S. sein** (Jugendspr.; *großartig, toll sein*): er, seine Schwester ist [eine] große S.; sein Motorrad ist die S.; die Party war eine S.; **eine S./die große S. abziehen** (ugs.; *sich groß aufspielen; sich in Szene setzen*): Jeder weiß, daß die S., die er abzieht, ein einziger Bluff ist (Wolfe [Übers.], Radical 80); **eine S. machen** (Jugendspr.; 1. *angeben, sich aufspielen:* was der alte Angeber wieder für eine S. macht! 2. *sich zieren:* ach, mach doch nicht so eine S./mach doch keine S., du bist doch alle nackt); **jmdm. die S. stehlen** (*zu jmds. Lasten an dessen Stelle in den Mittelpunkt des Interesses rücken*); LÜ von engl. to steal someone's show, urspr. Theaterspr.): Auf den Modeschauen ... stahl sie den Starmannequins die S. (MM 28. 1. 66, 20); **[einen] auf S. machen** *(die Aufmerksamkeit auf sich zu lenken versuchen; sich aufspielen; prahlen).* **3.** (geh.) *intuitives, schauendes Erfassen (geistiger Zusammenhänge):* eine mystische, innere, religiöse S.; höchstes Ziel des Lebens ist nicht die philosophische S. der Idee (Fraenkel, Staat 263). **4.** (geh.) *Sicht* (2): die S. des geschichtlichen Prozesses, die das Neue Testament vermittelt (Thielicke, Ich glaube 262); etw. aus historischer S. betrachten, in anderer S. darstellen. **5.** * **zur S. stellen** (1. *den Blicken anderer aussetzen, von anderen betrachten lassen:* Kunstwerke, Waren zur S. stellen; sein Leichnam wurde in einem gläsernen Sarg [öffentlich] zur S. gestellt; ins Schwimmbad geht er hauptsächlich, um sich, seinen Körper zur S. zu stellen; sie stellt sich in einem Nachtclub nackt zur S.; ... der sich aus einem Gebüsch heraus einem zehnjährigen Mädchen ... unsittlich zur S. gestellt [verhüll.; *vor ihr exhibitioniert*] hatte [MM 12. 1. 89, 28]. 2. *offen, öffentlich [demonstrativ] zeigen:* seine Gefühle in der S. stellen. 3. *vortäuschen:* wieviel Kraft es Katharina kostete, diese Gleichgültigkeit zur S. zu stellen [Ossowski, Liebe ist 170]; seine zur S. gestellte Heiterkeit ist nur eine Maske); **zur S. tragen** (1. *demonstrativ zeigen, unverhohlen erkennen lassen:* ein ... Gestapobeamter, der eine geheimnisvolle Miene zur S. trug [Niekisch, Leben 290]; durch Paaschs offen zur S. getragene, eigentlich im ganzen Hause bekannte Neigung zum Alkohol [Fries, Weg 144]. 2. *vortäuschen:* Ich gehöre nicht zu den Leuten, die Frömmigkeit ... nur zur S. tragen [Stern, Mann 108]; daß sein nach außen zur S. getragenes Phlegma nur eine Täuschung war [Hilsenrath, Nacht 81]); **zur Schau stehen** (selten; *öffentlich gezeigt werden, ausgestellt sein*): alle zur S. stehenden Plastiken sind verkäuflich; **Schau|ap|pa|rat,** der ⟨meist Pl.⟩ (Bot.): *(bei Pflanzen) durch*

Schaub

Helligkeitsunterschiede, Farbe u. Form hervorgehobenes, meist im Bereich der Blüte liegendes Organ (Staub-, Kron- u. Hochblatt), das der Anlockung bestäubender Insekten od. Vögel dient.
Schaub, der; -[e]s, Schäube [mhd., ahd. schoub, zu ↑schieben, eigtl. = Zusammengeschobenes] (südd., österr., schweiz.): *Garbe, Strohbund.*
schau|bar ⟨Adj.⟩ (geh., selten): *erschaubar, sichtbar;* **Schau|bar|keit,** die; - (geh.): *das Schaubarsein.*
Schau|be, die; -, -n [spätmhd. schaube, schûbe, wohl < ital. giubba, giuppa, ↑Joppe]: *(im späten MA.) mantelartiges Kleidungsstück (für Männer) mit weiten Ärmeln [u. Pelzverbrämung].*
Schau|be|gier, die (geh.): *Begierde, etw. [Bestimmtes] zu sehen:* voyeuristische S.;
schau|be|gie|rig ⟨Adj.⟩ (geh.): vgl. schaulustig: eine -e Menge; **Schau|bild,** das; **1.** *Diagramm:* Unser S. zeigt es deutlich: Die Popularitätskurve ... sinkt (Hörzu 10, 1973, 18); Im ... Koordinatensystem kann man diese Abbildung durch ihr S. ... darstellen (Mathematik I, 9). **2.** *[maßstäbliche] zeichnerische Darstellung:* Vor dem S. einer Straßenkreuzung erklärt Eberhard Wagner ... die Arbeitsweise des neuen Signalrechners (MM 7. 3. 75, 17); **Schau|brot,** das ⟨meist Pl.⟩ (jüd. Rel.): *Brot aus ungesäuertem Teig, das im Allerheiligsten der Stiftshütte aufbewahrt wird;* **Schau|bu|de,** die: *Jahrmarktsbude, in der bestimmte Darbietungen gezeigt werden;* **Schau|bu|den|be|sit|zer,** der: *Besitzer einer Schaubude;* **Schau|bu|den|be|sit|ze|rin,** die: w. Form zu ↑Schaubudenbesitzer; **Schau|büh|ne,** die (veraltend): *Theater.*
Schau|der, der; -s, - [zu ↑schaudern] (geh.): **1.** *heftige Empfindung von Kälte; Frösteln, das jmdn. plötzlich befällt (u. bes. im Bereich des Rückens empfunden wird):* beim Betreten des kalten Raumes überlief, durchrieselte ihn ein S., liefen ihm kalte S. den Rücken hinunter. **2.** *plötzliches, wegen seiner überwältigenden Heftigkeit gleichsam körperlich empfundenes Gefühl (2) (bes. der Angst, des Entsetzens o.ä.):* ein S. befällt, ergreift, erfüllt jmdn.; der S. religiöser Ehrfurcht (Th. Mann, Zauberberg 626); Ein langer, eigentümlicher S. ... durchfuhr ihn bei diesem Gedanken (Langgässer, Siegel 214); Jeanmarie hatte etwas wie einen beklemmenden S. verspürt (Zuckmayer, Fastnachtsbeichte 46); Wieder war er dem Krieg näher gekommen; und das bereitete ihm wonnigen S. (Kirst, 08/15, 501); Zum S. *(großen Entsetzen)* aller Damen der Stadt ... (Winckler, Bomberg 65); **schau|der|bar** ⟨Adj.⟩ (ugs. scherzh.): *schauderhaft:* ein -es Geräusch; das riecht ja s.!; **schau|der|er|regend** ⟨Adj.⟩: *Grauen, Angst, Entsetzen hervorrufend:* ein -er Anblick; **Schau|der|geschich|te,** die (seltener): *Schauergeschichte;* **schau|der|haft** ⟨Adj.; -er, -este⟩ (ugs. abwertend): **1.** *widerlich; scheußlich; abstoßend:* ein -es Wetter; ein -er Anblick; s. schmecken, riechen; Sie finden es s., wie unehrlich mein Spiel ist, was? (Hochhuth, Stellvertreter 64). **2.** ⟨intensivierend bei Adj. u. Verben⟩ *sehr, überaus:* ein s. schlechtes Wetter; es war s. kalt; eine s. stinkende Brühe; **schau|dern** ⟨sw. V.; hat⟩ [aus dem Niederd. < mniederd. (mittelfränk.) schudern, Iterativbildung zu mniederd. schüdden = schütte(l)n]: **1.** *für einen kurzen Augenblick einen Schauder (1), ein heftiges Kältegefühl haben; frösteln:* Als er ins Zimmer zurückkommt, schaudert er vor Kälte (Fallada, Blechnapf 318); ⟨meist unpers.:⟩ ihn/ ⟨auch:⟩ ihm schauderte beim Betreten des kühlen Kellers; es schauderte sie in der abendlichen Kühle; ⟨subst.:⟩ ihn befiel ein Schaudern. **2.** *einen Schauder (2) empfinden:* sie schauderten vor Angst; Alle schauderten, aber er allein ließ es sich trefflich schmecken (Winckler, Bomberg 65); etw. macht jmdn. s.; ⟨meist unpers.:⟩ jmdn./⟨auch:⟩ jmdm. schaudert [es] bei, vor etw.; ihn schauderte vor seinen leeren Zimmern (A. Zweig, Claudia 17); aus der lebensländlichen Haft ... (gibt es ein Entfliehen) sehr wohl ...: wir haben es schaudernd erlebt (Mostar, Unschuldig 16); ⟨subst.:⟩ ein angstvolles Schaudern ergriff sie; Mit Schaudern stelle ich mir vor, der Esel wären nicht durchgegangen (Grzimek, Serengeti 333); ◆ Kann ich lachen, wenn mir die Haut schaudert? (Schiller, Räuber V, 1); **schau|de|rös** ⟨Adj.; -er, -este⟩ (ugs. scherzh.): *schauderhaft (1);* **schau|der|voll** ⟨Adj.⟩ (geh., seltener): vgl. schaudererregend.
Schau|ef|fekt, der: *eindrucksvoller, spektakulärer optischer Effekt:* grandiose, überflüssige, billige -e; aber ohne diese -e wäre es eben kein richtiges Musical;
schau|en ⟨sw. V.; hat⟩ [mhd. schouwen, ahd. scouwōn = sehen, betrachten, eigtl. = auf etw. achten, aufpassen; bemerken]: **1.** (bes. südd., österr., schweiz.) *sehen:* **a)** *sehen (1):* mit der neuen Brille kann ich besser s.; er stand da und schaute nur *(ließ den Blick verweilen od. schweifen);* ich glaube nicht, daß er was kaufen will: der will nur s. *(sich umsehen);* **b)** *blicken (a), sehen (2a):* auf die Uhr, aus dem Fenster, durch das Fernglas, in den Schrank, unters Bett, zu Boden s.; jmdm. in die Augen s.; nach rechts, um sich s.; Wohin man s. kann, schneit es (Frisch, Cruz 55); Ohne zu s. *(auf den Verkehr zu achten)* lief er auf die Fahrbahn (Express 2. 10. 68, 4); Evelyn schaute ... fragend auf das Fräulein *(sah sie fragend an;* Baum, Paris 56); Ü optimistisch in die Zukunft s.; es war eine spannende Wahlnacht, und alle schauten auf die Hauptstadt; die Fenster der Wohnung schauen auf die Straße, zur Straße *(befinden sich auf der Straßenseite);* **c)** *dreinblicken:* traurig, düster, fragend, freundlich s.; der hat vielleicht geschaut *(ein erstauntes, überraschtes Gesicht gemacht),* als er uns sah; seine Augen schauten vergnügt, spöttisch; Wie sie dasteht ..., wie sie wild schaut, das ist Pose (Feuchtwanger, Erfolg 650); Ü der Himmel schaute düster; * **jmd. schaut jmdm. ähnlich** *(jmd. hat Ähnlichkeit mit jmdm.):* er schaut seinem Vater ähnlich; **etw. schaut jmdm. ähnlich** (ugs.; *etw. ist typisch für jmdn.):* Das schaut dir ähnlich, sagt der Vater (Zenker, Froschfest 73). **2.** (geh.) *(mit dem geistigen Auge)* *wahrnehmen, intuitiv erfassen; erschauen* (1 b): und (Sabbas) suchte Gott zu s. von Angesicht zu Angesicht (Schaper, Kirche 174); ⟨auch o. Akk.-Obj.:⟩ Alte, erfahrene Augen nehmen sie besser wahr als jugendblöde, welche zwar sehen, aber nicht schauen (Th. Mann, Joseph 593). **3.** (südd., österr.) *ansehen, betrachten:* Bilder, alte Filme s.; sie haben stundenlang Fernsehen geschaut *(ferngesehen);* schauen Sie, was ich gefunden habe (Frisch, Nun singen 153); * **schau, schau!** (Ausruf der Verwunderung). **4. a)** (südd., österr.) *sehen* (9 a): ab und zu nach den alten Eltern s.; die Nachbarin hat nach den Blumen geschaut; auf die Kinder s. (österr.; *die Kinder beaufsichtigen);* **b)** (schweiz.) *sich ständig (um jmdn., etw.) kümmern; (jmdn., etw.) betreuen:* Der Vater ... züchtet Geflügel, schaut zum Vieh (St. Galler Tagblatt 29. 10. 88, I 5). **5.** (südd., österr., schweiz.) *sehen* (10 a): auf Ordnung, Sauberkeit s.; er schaut nicht aufs Geld, auf Schönheit, auf Äußerlichkeiten. **6.** (südd., österr., schweiz. ugs.) *sehen* (11); *zusehen:* schau, daß du bald fertig wirst; der soll s., wie er mit der Sache zu Rande kommt. **7.** (südd., österr., schweiz.) *sehen* (5 c); *nachsehen:* Es hat geklopft? - Ich werde s., wer es ist (Frisch, Nun singen 108); Ü Oder du wolltest ... s. *(herausfinden),* ob Elvira weiß, wie weit du es gebracht hast (Frisch, Cruz 81). **8.** (südd., österr., schweiz.) **a)** *sehen* (8 d): *überlegen:* ich werde s., was ich tun kann; **b)** *sehen* (9 b): nach einer Wohnung, einer Arbeit, einer Alternative s.; **c)** ⟨verblaßt im Imp.⟩ (Zustimmung heischende einleitende Floskel) Denn schauen Sie, was hab' ich denn davon? (Spiegel 7, 1977, 102); Schau Cassius, laß uns die Sache zu Ende denken (Spiegel 43, 1975, 92). **9.** (südd., österr., schweiz.) *sehen* (3): aus seiner Tasche schaute eine Pistole.
¹Schau|er, der; -s, - [mhd. schûr, ahd. scūr = Sturm, Hagel, Regenschauer; vgl. gleichbed. engl. shower, schwed. skur; 3: wohl unter Einfluß des nicht verwandten ↑Schauer]: **1.** (Met.) **a)** *Niederschlag von großer Intensität, aber kurzer Dauer:* örtliche, gewittrige, vereinzelte S.; abgesehen von gelegentlichen -n, die im Bergland als Schnee niedergehen können, bleibt es trocken; Hagel, Graupeln treten nun in Form von -n auf; **b)** *kurz für* ↑Regenschauer: das ist bestimmt nur ein [kurzer] S.; wir stellten uns unter und warteten den S. ab; in einen S. geraten; Ein Gewitter ... überraschte ihn mit prasselndem S. (Winckler, Bomberg 139); Ü S. roter Funken stoben durch die Straßenlabyrinthe (Plievier, Stalingrad 217). **2.** (geh.) *Schauder* (1): ein S. durchrieselte, überlief sie; Caruso fühlte einen eisigen S. über den Rücken laufen (Thieß, Legende 206); In wilden -n durchrann ihn die Kälte (Schnabel, Marmor 41). **3.** (geh.) ↑Schauder (2): ein S. ergreift, befällt jmdn.; Ein S. der Begeisterung überrieselte den, der es sah (Th. Mann, Krull 224); Es ist stets wieder etwas Wunderbares, dieser S. erster Vertraulichkeit (Frisch, Stiller 94).
²Schau|er, der; -s, - [mhd. schouwære,

ahd. scouwāri] (geh., selten): *Schauender:* da Jünger ein Augenmensch, ein S. ist (Niekisch, Leben 127).

³**Schau|er,** *der; -s, -* (Seemannsspr.): kurz für ↑Schauermann.

⁴**Schau|er,** *der od. das; -s, -* [mhd. schūr, ahd. scūr, Nebenf. von ↑Scheuer] (landsch.): *Schutzdach (gegen Regen od. Sonne); Schuppen.*

schau|er|ar|tig ⟨Adj.⟩ (Met.): *in der Form eines* ¹*Schauers* (1 a): *-e Regenfälle;* **Schau|er|bild,** *das: Anblick, der jmdn. erschauern läßt:* ihnen bot sich ein S.; **Schau|er|dra|ma,** *das: vgl. Schauergeschichte;* **Schau|er|ef|fekt,** *der: vgl. Gruseleffekt;* **schau|er|er|re|gend** ⟨Adj.⟩: ↑schaudererregend; **Schau|er|geschich|te,** *die: Geschichte, Erzählung, in der unheimliche, schauererregende Dinge vorkommen; Gruselgeschichte:* eine S. über Vampire, von E. T. A. Hoffmann, Ü nicht ohne wohliges Gruseln las ich die -n (Greuelmärchen) über das Betragen der farbigen Besatzungstruppen (K. Mann, Wendepunkt 76); Solche -n (beunruhigenden, beängstigenden, aber stark übertreibenden od. völlig unzutreffenden Behauptungen) hatte ich schon oft gehört, für mich waren sie üble Stimmungsmache (Ziegler, Konsequenz 72). **Schaue|rin,** *die; -, -nen* (geh., selten): w. Form zu ↑²Schauer.

schau|er|lich ⟨Adj.⟩: **1.** *so beschaffen, daß es Schauder* (2), *Entsetzen erregt; grausig:* ein -er Anblick, Ort; ein -e Tat; es war ein -es Bild, die fünfundzwanzig Gewänder mit den fünfundzwanzig Haarbüscheln (Süskind, Parfum 288); Nach dem (!) Erlebnis in Maisonneuves Operationssaal (Thorwald, Chirurgen 54). **2.** (ugs. abwertend) **a)** *so beschaffen, geartet, daß jmd., etw. einem in höchstem Maß mißfällt:* ein -er Stil, Geschmack; mit Ellis ... und all diesen -en Leuten (Baldwin [Übers.], Welt 291); das Wetter war s.; **b)** ⟨intensivierend bei Adj. u. Verben⟩ *in einem sehr hohen Maß; sehr:* es war s. kalt; sie haben s. gefroren; er gibt s. an; sie übertreibt ganz s.; **Schau|er|lich|keit,** *die; -, -en* ⟨Pl. selten⟩: *das Schauerlichsein* (1, 2 a).

Schau|er|mann, *der; -[e]s, Schauerleute* [niederl. sjouwer(man), zu: sjouwen = schleppen, hart arbeiten u. damit wohl zu ↑See; die Männer mußten mit ihren Lasten früher durchs Meer waten] (bes. Seemannsspr.): *Hafenarbeiter, dessen Tätigkeit im Laden u. Löschen von Fracht besteht:* als S. arbeiten; die Schauerleute streiken.

Schau|er|mär|chen, *das: vgl. Schauergeschichte;* Ü ... beeilte man sich ..., die furchtbarsten S. über mich zu verbreiten (Kisch, Reporter 341); **schau|ern** ⟨sw. V.; hat⟩ [spätmhd. schawern = gewittern, hageln (selten)]: **1. a)** *einen Kälteschauer verspüren; frösteln:* bei diesem Anblick schauerte es mich; wir schauerten vor Kälte; der eisige Wind ließ uns s.; ⟨auch unpers.:⟩ ihn/ihm schauerte es; **b)** *von einem Kälteschauer überlaufen werden:* alle Glieder schauerten ihm; Meine Hände sind kalt, und meine Haut schauert (Remarque, Westen 91). **2.** *von einem* ¹*Schauer* (2) *ergriffen werden:* er schauerte vor Entsetzen; ⟨auch unpers.:⟩ ihn/ihm schauerte vor Schrecken; es schauerte uns. **3.** ⟨unpers.⟩ *(von Niederschlag) als* ¹*Schauer* (1) *niedergehen:* es schauert; **Schau|er|nä|he,** *die* (Met.): *meist in der Fügung* **in S.** *(in der Nähe eines niedergehenden* ¹*Schauers* 1): in S. böig auffrischender Wind; **Schau|er|re|gen,** *der: schauerartiger Regen;* **Schau|er|ro|man,** *der: vgl. Schauergeschichte:* ein S. aus dem 18. Jahrhundert; triviale -e; **Schau|er|stück,** *das: vgl. Schauergeschichte;* Ü das neapolitanische S. (die blutige Auseinandersetzung zwischen zwei rivalisierenden Camorra-Banden) mit Raffaele Cutolo in der Hauptrolle (Fest, Im Gegenlicht 266); **schau|er|voll** ⟨Adj.⟩ (selten): ↑schaudervoll: er ist auf -e Weise ums Leben gekommen; **Schau|er|wet|ter,** *das* ⟨o. Pl.⟩ (Met.): *durch häufige* ¹*Schauer* (1) *gekennzeichnetes Wetter.*

Schau|fa|den, *der* (jüd. Rel.): *eine der an den vier Enden des Tallit[h] angebrachten Troddeln.*

Schau|fel, *die; -, -n* [mhd. schūvel, ahd. scūvala, verw. mit ↑schieben]: **1. a)** *(zum Aufnehmen von körnig o. ä. beschaffenem Material, bes. von Erde, Sand o. ä. bestimmtes) Gerät, das aus einem breiten, in der Mitte leicht vertieften Blatt* (5) *besteht, das in stumpfem Winkel an einem meist langen [Holz]stiel befestigt ist; Schippe:* die S. hat sich vom Stiel gelöst; dazu brauche, nehme ich eine S.; das Kind hat seine S. am Strand verloren; ein S. [voll] Sand, Erde, Kies, Zement; ein paar S. Kohle aufs Feuer werfen; etw. auf die S. nehmen; **b)** kurz für ↑Kehrichtschaufel: den zusammengekehrten Schmutz mit S. und Besen aufnehmen. **2.** (Fachspr.) *vorderes, hochgebogenes Ende des Skis.* **3.** (Jägerspr.) *fächerartig ausgebreitete Schwanzfedern des Auerhahns.* **4.** (Jägerspr.) *verbreitertes Ende am Geweih (von Elch u. Damhirsch); Geweihschaufel.* **5.** (Fachspr.) *Blatt* (5) *von Ruder u. Paddel.* **6.** *einer Schaufel* (1) *ähnliches Teil an bestimmten technischen Geräten (z. B. einem Schaufelbagger).* **Schau|fel|bag|ger,** *der: Schaufelradbagger;* **Schau|fel|blatt,** *das: Blatt* (5) *der Schaufel* (1); **Schäu|fel|le,** *das; -s, -* landsch. Vkl. von ↑Schaufel in der Bed. „Schulterstück eines Schlachttiers"] (bes. alemann.): *geräuchertes od. gepökeltes Schulterstück vom Schwein (wie es im Schwarzwald zubereitet wird);* **schau|fel|för|mig** ⟨Adj.⟩: *in der Form eines Schaufelblatts;* **Schau|fel|ge|weih,** *das: vgl. Schaufel* (3); **schau|fe|lig** ⟨Adj.⟩ (selten): *schaufelförmig;* **Schau|fel|la|der,** *der: (bei Erdarbeiten gebrauchtes) Fahrzeug mit hydraulisch sich hebender Schaufel* (6), *bes. zum Abräumen von Erdreich;* **schau|feln** ⟨sw. V.⟩ [mhd. schūveln]: **1.** ⟨hat⟩ **a)** *mit einer Schaufel* (1 a) *arbeiten, hantieren:* er hat zwei Stunden geschaufelt; die Kinder schaufelten (spielten mit Kinderschaufeln) im Sand; **b)** *etw. mit einer Schaufel* (1 a) *an eine bestimmte Stelle hin-, von einer bestimmten Stelle wegschaffen:* die Kohlen aus dem Waggon, die Kartoffeln in den Keller s.; Wir schaufelten die Ratteile über den Grabenrand und legen uns wieder auf die Lauer (Remarque, Westen 77); Schnee s. *(mit einer Schaufel wegräumen),* Ü (ugs.:) ... schaufelt er hastig die Suppe in den Mund (Erné, Fahrgäste 131). **2.** *durch Schaufeln* (1 a) *herstellen, anlegen* ⟨hat⟩: ein Loch, ein Grab, einen Graben, einen Damm s.; sich einen Weg durch den Schnee s. **3.** *(von einem Raddampfer) sich mit Hilfe von Schaufelrädern fortbewegen* ⟨ist⟩: der Raddampfer schaufelt flußauf. **4.** (Fußball Jargon) *von unten in hohem Bogen treten* (3 c) ⟨hat⟩: er schaufelte das Leder aus dem Strafraum, vors Tor, über die Latte; **Schau|fel|rad,** *das: aus einem großen Rad bestehender Teil eines technischen Gerätes, an dessen äußerem Rand schaufelförmige Schöpfgefäße angebracht sind;* **Schau|fel|rad|bag|ger,** *der:* (bes. im Bergbau verwendeter) *mit einem Schaufelrad arbeitender Bagger:* die Braunkohle wird im Tagebau mit riesigen -n abgebaut; **Schau|fel|rad|damp|fer,** *der: Raddampfer;* **Schau|fel|stiel,** *der: Stiel einer Schaufel* (1), *für eine Schaufel.*

Schau|fens|ter, *das: nach der Straße hin durch eine od. mehrere große Glasscheiben abgeschlossener Raum eines Geschäfts zum Ausstellen von Waren:* volle S.; die S. [neu] dekorieren; sie wollte in die Stadt, um sich [die] S. anzusehen; etw. aus dem S. nehmen; etw. liegt, steht im S.; etw. im S. ausstellen; bei den Ausschreitungen wurden zahlreiche S. (*Schaufensterscheiben*) eingeworfen; Ü in Westberlin als dem „S. des Westens" (Schwamborn, Schwulenbuch 153); **Schau|fens|ter|aus|la|ge,** *die: Auslage in einem Schaufenster;* **Schau|fens|ter|bei|ne** ⟨Pl.⟩ (Med. Jargon): *Schaufensterkrankheit;* **Schau|fens|ter|bum|mel,** *der: Bummel durch Geschäftsstraßen, bei dem man die Auslagen in den Schaufenstern betrachtet:* einen S. machen; **Schau|fens|ter|de|ko|ra|teur,** *der: jmd., dessen Beruf es ist, Schaufenster zu dekorieren;* **Schau|fens|ter|de|ko|ra|teu|rin,** *die:* w. Form zu ↑Schaufensterdekorateur; **Schau|fens|ter|de|ko|ra|ti|on,** *die: Dekoration* (1, 2 b) *eines Schaufensters;* **Schau|fens|ter|ein|bruch,** *der: Einbruch* (1 a, b) *in ein Schaufenster;* **Schau|fens|ter|ge|stal|ter,** *der: Schaufensterdekorateur* (Berufsbez.); **Schau|fens|ter|ge|stal|te|rin,** *die:* w. Form zu ↑Schaufenstergestalter; **Schau|fens|ter|krank|heit,** *die* ⟨o. Pl.⟩ *[die Betroffenen bleiben häufig vor Schaufenstern stehen, um ihre Unfähigkeit weiterzugehen vor anderen zu verbergen]* (Med.): *intermittierendes Hinken;* **Schau|fens|ter|pup|pe,** *die: Gliederpuppe, an der in Schaufenstern bes. Kleidung ausgestellt wird;* **Schau|fens|ter|re|kla|me,** *die: Reklame, für die das Schaufenster als Werbeträger genutzt wird;* **Schau|fens|ter|schei|be,** *die: große Glasscheibe, mit der das Schaufenster verglast ist;* **Schau|fens|ter|wa|re,** *die: im Schaufenster ausgestellte Ware:* wie viele Geschäftsinhaber ihre Pflicht zur Preisauszeichnung von S. vernachlässigen (Spiegel 47, 1976, 102); **Schau|fens|ter|wett|be|werb,** *der: Wettbewerb, bei dem (in einem bestimmten Zusammenhang) die gelungenste Schaufenstergestaltung ausgezeichnet wird.*

Schaufller, der; -s, -: **1.** (Jägerspr.) *Elchod. Damhirsch mit Geweihschaufeln:* ein angehender, kapitaler S. **2.** (selten) *jmd., der schaufelt:* wir könnten noch ein paar kräftige S. gebrauchen; **schauf|lig:** ↑schaufelig.
Schau|ge|prän|ge, das (geh.): *großes Gepränge;* **Schau|ge|rüst,** das (selten): *Tribüne* (2); **Schau|ge|schäft,** das ⟨o. Pl.⟩: *Vergnügungs-, Unterhaltungsindustrie, die Unterhaltung bes. in Form von Shows, Revuen u. a. Darbietungen produziert; Showbusineß:* die Großen des -s; ein ehemaliger Spitzensportler, der sein Geld heute im S. verdient; **Schau|haus,** das: kurz für ↑Leichenschauhaus; **Schau|kampf,** der (Boxen): *(nicht im Rahmen eines Wettbewerbs stattfindender) vor einem Publikum durchgeführter Boxkampf;* **Schau|ka|sten,** der: *an einer Wand aufgehängter od. als Tisch aufgestellter, an der Vorderseite bzw. Oberseite mit einer Glasscheibe versehener Kasten, in dem etw. ausgestellt wird:* sich die Schaukästen eines Kinos ansehen; in einem kleinen S. am Eingang des Gasthauses hing eine vergilbte Speisekarte; Fotos im S. aushängen; eine Mitteilung in den S. hängen.
Schau|kel, die; -, -n [wohl aus dem Niederd. mit Diphthongierung des niederd. ü, z. B. ostfries. Schükel]: **1. a)** *aus einem an zwei Seilen, Ketten o. ä. waagerecht aufgehängten Brett bestehendes Spielgerät zum Schaukeln* (1 a) *[für Kinder]:* auf der S. hin und her schwingen; jmdn. auf der S. anstoßen, anschubsen; sich auf die S. setzen, stellen; von der S. fallen, springen; **b)** *Wippe.* **2.** (Dressurreiten) *Lektion, bei der sich das Pferd, ohne anzuhalten, eine bestimmte Anzahl Schritte vor- u. rückwärts bewegt:* Die schönste Übung hierbei ist die „Schaukel", nämlich jene alles beweisende Gehorsamsprüfung, bei der das Pferd nur einen Tritt vor, ihn aber gleich darauf schon wieder zurück macht (Dwinger, Erde 143); **Schau|kel|be|we|gung,** die: *schaukelnde Bewegung:* der Heuwagen schwankte mit heftigen -en über die Wiese; **Schaukelbrett,** das: *Brett, auf dem man beim Schaukeln auf einer Schaukel* (1 a) *sitzt od. steht;* **Schau|kel|di|ät,** die: *(bei Entzündungen der Harnwege) Diät, bei der in drei- bis viertägigem Wechsel saure u. alkalisch reagierende Kost verabreicht wird;* **Schau|kel|lei,** die; -, -en (ugs. abwertend): **1.** ⟨o. Pl.⟩ *[dauerndes] Schaukeln:* Kinder, hört jetzt mal auf mit der S.!; die S. macht mich seekrank. ◆ **2.** *Vorrichtung zum Schaukeln* (1 a): das große Schaukelrad, ... andere -en, Schwungseile, Lusthebel ... und was nur alles erdacht werden kann, ... eine Menge Menschen ... zu erlustigen (Goethe, Wanderjahre I, 8); **Schau|kel|gang,** der: *schaukelnder Gang;* **Schau|kel|gaul,** der (landsch.): *Schaukelpferd;* **Schau|kel|ge|rüst,** das: *Gerüst zum Aufhängen einer Schaukel* (1 a); **schau|ke|lig,** schaukelig ⟨Adj.⟩ (seltener): **a)** *wackelig:* ein -er Stuhl; **b)** *schaukelnd* (2 a): die Überfahrt war ziemlich s. *(das Schiff hat ziemlich stark geschaukelt);* **schau|keln** ⟨sw. V.⟩ [wohl unter Einfluß des parallel entstandenen

↑Schaukel zu spätmhd. schucken, mniederd. schocken = sich hin und her bewegen; vgl. mniederl. schokken, ↑²Schock]: **1. a)** *(auf einer Schaukel o. ä.) auf u. ab, vor u. zurück, hin u. her schwingen* ⟨hat⟩: wild s.; an der Reckstange, an den Ringen, auf der [Schiff]schaukel, auf der Wippe s.; oben ... schaukelten Papageien in metallenen Ringen (Schneider, Erdbeben 24); ⟨auch s. + sich:⟩ eine Gattin und Mutter ... hängt nicht ... kopfab am Trapez, schaukelt sich so daran, daß es sich fast überschlägt (Th. Mann, Krull 224); **b)** *sich mit etw. (auf dem Boden Stehendem, worauf man sitzt o. ä.) in eine schwingende Bewegung bringen* ⟨hat⟩: Er schaukelte auf dem Küchenstuhl, bis sich die hinteren Beine lockerten (Fels, Sünden 94); auf, mit dem Schaukelpferd s.; im, mit dem Schaukelstuhl s. **2. a)** *sich in einer schwingenden, schwankenden o. ä. Bewegung befinden* ⟨hat⟩: die Boote, Kähne schaukelten [am Kai]; das Schiff hat bei dem Seegang heftig geschaukelt; die Zweige, Lampions schaukeln im Wind; das Bild der Sonne schaukelte in dem braunen ... Wasser (Gaiser, Jagd 193); ihre ... Brüste schaukelten ungemein aufregend (Salomon, Boche 27); **b)** (ugs., oft scherzh.) *sich leicht schwankend, taumelnd fortbewegen* ⟨ist⟩: ein paar Betrunkene schaukelten über den Marktplatz; der alte Bus schaukelte in mäßigem Tempo über die Landstraße; immerzu schaukeln gelbe Blätter von oben nach unten (Grass, Blechtrommel 552). **3. a)** *in eine schwingende o. ä. Bewegung versetzen* ⟨hat⟩: das Baby in der Wiege s.; ein Kind auf den Knien s. *(wiegen);* die Wiege s. *(hin u. her bewegen);* der Wind, die Wellen schaukelten den Kahn; er lag in seinem Boot und ließ sich von den Wellen s.; er lag in der Hängematte und ließ sich von ihr s.; **b)** (ugs. oft scherzh.) *leicht schwingend od. schwankend fortbewegen* ⟨hat⟩: der Wagen schaukelte die Ausflügler ins Grüne; aber ich ging jetzt zur Straßenbahnstation, stieg in die Elf und ließ mich ... bis Nackenheim s. (Böll, Und sagte 12); Frau Grün ... schaukelt ihren unförmigen Leib mit großer Behendigkeit durch die Küche (Ossowski, Flatter 141). **4.** (salopp) *durch geschicktes Lavieren, Taktieren o. ä. bewerkstelligen, zustande bringen* ⟨hat⟩: wir werden die Sache schon s.; Der schaukelt das bestimmt irgendwie mit der Aufenthaltsgenehmigung (Ziegler, Kein Recht 377); **Schau|kel|pferd,** das: *auf abgerundeten Kufen stehendes Holzpferd, auf dem Kinder schaukeln können;* **Schau|kel|po|li|tik,** die ⟨o. Pl.⟩ (abwertend): *Politik ohne festen Standpunkt, die allzuleicht der jeweiligen Situation anpaßt u. zwischen den verschiedenen Fronten wechselt:* eine S. betreiben; **Schau|kel|reck,** das (Turnen): *Trapez;* **Schau|kel|rin|ge** ⟨Pl.⟩ (Turnen): *zwei (an von der Decke herabhängenden Seilen befestigte) Ringe, an denen man hängend schwingt u. schaukelt;* **Schau|kel|stuhl,** der: *Lehnstuhl, der auf abgerundeten Kufen steht u. dem Benutzer eine leichte Schaukelbewegung ermöglicht;* **Schau|kler,** der; -s, -: (abwertend, selten) *jmd., der eine Schaukelpolitik be-*

treibt; **Schauk|le|rin,** die; -, -nen: w. Form zu ↑Schaukler; **schauk|lig:** ↑schaukelig.
Schau|lauf, der (Eislauf): *Schaulaufen;* **schau|lau|fen** ⟨st. V.⟩ ist; nur im Inf. u. Part. gebr.⟩ (Eislauf): *eine Darbietung im Eiskunstlauf zeigen (bei der es nicht um einen Wettbewerb geht);* **Schau|lau|fen,** das; -s (Eislauf): *von Eiskunstläufern dargebotene Schau;* **Schau|lust,** die ⟨o. Pl.⟩ (häufig abwertend): *starkes Verlangen, Vorgänge, Ereignisse (die als Sensation erlebt werden) zu beobachten, dabei zuzuschauen:* seine S. befriedigen; **schau|lustig** ⟨Adj.⟩ (häufig abwertend): *Schaulust zeigend:* die -e Menge; **Schau|lu|sti|ge,** der u. die; -n, -n ⟨Dekl. ↑Abgeordnete⟩ (häufig abwertend): *jmd., der große Schaulust zeigt:* eine Menge von -n drängte sich an der Unfallstelle.
Schaum, der; -[e]s, Schäume ⟨Pl. selten⟩ [mhd. schūm, ahd. scūm, viell. eigtl. = Bedeckendes u. verw. mit ↑Scheune]: **1.** *aus einer Vielzahl von aneinanderhaftenden Bläschen bestehende, lockere Masse (die sich auf bzw. aus Flüssigkeiten bildet):* der S. zergeht, fällt zusammen; S. am Deckel des Öleinfüllstutzens deutet auf einen Motorschaden hin; gebremster S. (Fachspr.; *verringerte Schaumkraft*); draußen die jagenden Schäume *(Schaumkämme)* des Meeres (Frisch, Cruz 62); das Waschmittel darf nicht zu viel S. entwickeln; aus Seifenlauge, Rasierseife S. schlagen; den S. von der kochenden Suppe abschöpfen; während ich mechanisch Bier in Gläser füllte, den S. abstrich, ... (Härtling, Hubert 353); die Feuerwehr spritzte S. auf der Landebahn (legte dort einen Schaumteppich); Die Milch kocht. ... Ich ... ziehe ... den Topf vom Feuer und blase in den weißen S. (Bieler, Bonifaz 11); dann seifte er sich ein, bis sein Körper mit dickem flockigem S. bedeckt war (Ott, Haie 32); unterhalb des Wehrs ist der Fluß mit S. bedeckt; brennendes Benzin darf man nur mit S. löschen; Eiweiß zu S. ⟨*Eischnee*⟩ schlagen; *** S. schlagen** (abwertend; *prahlen;* bezieht sich darauf, daß das Volumen einer Flüssigkeit, wenn man sie schaumig rührt od. schlägt, zwar größer wird, die Substanz aber dieselbe bleibt). **2.** *schaumiger Speichel; Geifer:* S. stand vor seinem Munde (Hauptmann, Thiel 42); Schwarzer S. trat ihm auf die Lippen (Plievier, Stalingrad 341); S. flockt vom Maul seines Pferdes (Kaiser, Villa 30). **3.** (dichter.) *Vergängliches, Unbeständiges:* oder ob all mein Tun ... bloß leerer S. auf dem Meer, bloß sinnloses Spiel im Fluß des Geschehens war (Hesse, Steppenwolf 249). **4.** (Technik) *(für die verschiedensten Zwecke verwendbarer) fester Werkstoff von schaum- od. schwammartiger Struktur, der durch Schäumen* (3) *geeigneter Stoffe (bes. Kunststoffe) hergestellt wird* (z. B. Schaumgummi, Styropor): bei der gemeinsamen Arbeit an der Entwicklung neuer Schäume und Vergußmassen aus PUR (Wochenpost 10. 9. 76, 8); **schaum|ar|tig** ⟨Adj.⟩: *wie Schaum* (1) *beschaffen:* eine -e Masse; **Schaumbäcke|rei¹,** die; (südd., österr.): *Schaumgebäck;* **Schaum|bad,** das: **a)** *Badezu-*

satz, der Schaum entwickelt: ein neues S. auf den Markt bringen; **b)** *Wannenbad, dem Schaumbad (a) zugesetzt wurde:* soll ich dir ein schönes S. vorbereiten?; **c)** *das Baden im Schaumbad (b):* ein S. nehmen; **schäum|bar** ⟨Adj.⟩ (Technik): *sich schäumen (3) lassend:* -e Kunststoffe; **schaum|be|deckt** ⟨Adj.⟩: *von Schaum bedeckt;* **Schaum|be|ton,** der: *lockerer, poriger Beton;* ◆ **Schaum|bild,** das: *Trugbild, das sich schnell verflüchtigt:* Die Wohlgestalt, die mich voreinst entzückte, ... war nur ein S. solcher Schöne (Goethe, Faust II, 6495 ff.); **Schaum|bil|dung,** die: *Bildung, Entstehung von Schaum;* **Schaum|bläs|chen,** das: *als Bestandteil von Schaum auftretendes Bläschen;* **schäu|men** ⟨sw. V.⟩ [älter: schaumen, mhd. schümen, ahd. scūman]: **1. a)** *(von flüssigen Stoffen) auf der Oberfläche Schaum (1) entwickeln, bilden* ⟨hat⟩: die Seifenlauge schäumt; das Bier war so kalt, daß es kaum schäumte; der Sekt schäumt in den Gläsern; die Brandung, Gischt schäumt; bis sie ... auf das schäumende Meer stoßen (Grzimek, Serengeti 30); **b)** *in Verbindung mit Wasser Schaum (1) entwickeln, bilden* ⟨hat⟩: die Reinigungsmittel, Waschpulver, die Seife schäumt; eine stark schäumende Zahnpasta; **c)** *unter Schaumbildung fließen o. ä.* ⟨ist⟩: Bier schäumte in die Gläser; der Sekt schäumte aus der Flasche; die Brandung schäumte auf den Strand; ein Brecher schäumte über das Deck; Ü Sein Haß schäumt wie jeder ein gute Haß weit über die Ufer (Tucholsky, Werke II, 310). **2.** (geh.) *(vor Zorn, Wut o. ä.) außer sich sein* [u. wütend, geifernd seiner Erregung Luft machen] ⟨hat⟩: er schäumte [vor Wut]; Sie schäumte vor Erregung, wenn sie Heinz nur von weitem sah (Brod, Annerl 164); Und dagegen also schäumte *(eiferte)* Latrille in der Presse (Maass, Gouffé 344); „Auf wen wollen Sie denn schießen?" ... „Auf alle, alle, alle!", schäumte Kluttig (rief er, außer sich vor Erregung, aus; Apitz, Wölfe 40); vor Wut schäumend verließ er den Raum. **3.** (Technik) *mit Hilfe von Luft, Gas o. ä. porös machen, zu Schaum (4) verarbeiten* ⟨hat⟩: Beton, Glas s.; geschäumter Kunststoff; **Schaum|ge|bäck,** das: *vorwiegend aus Eischnee u. Zucker hergestelltes, lockeres Gebäck;* **Schaum|ge|bo|re|ne,** die; -n (antike Myth.): *Beiname der Göttin Aphrodite bzw. Venus;* **schaum|ge|bremst** ⟨Adj.⟩ (Fachspr.): *mit reduzierter Schaumkraft:* ein -es Waschmittel; **Schaum|glas,** das (Technik): *geschäumtes u. dadurch undurchsichtiges und sehr leichtes Glas;* **Schaum|gold,** das: *unechtes Blattgold aus einer Legierung von Kupfer u. Zink;* **Schaum|gum|mi,** der: *aus (natürlichem od. synthetischem) Latex hergestellter Schaumstoff;* **Schaum|gummi|kis|sen,** das: *Kissen aus Schaumgummi;* **Schaum|gum|mi|ma|trat|ze,** die: *Matratze aus Schaumgummi;* **Schaum|gum|mi|pol|ster,** das: *Polster aus Schaumgummi;* **schau|mig** ⟨Adj.⟩ [im 15. Jh. schümig]: **a)** *aus Schaum bestehend, schaumartig:* eine -e Masse, Konsistenz; aus seinem Mund trat -er Speichel; die Zabaglione war nicht s. genug;

Butter und Zucker s. rühren, schlagen; **b)** *mit Schaum bedeckt:* das Boot tanzte in der -en See; auf dem Rücken bist du noch ganz s.; **Schaum|kamm,** der: *mit Schaum bedeckter Wellenkamm:* bei Windstärke 5 haben die Wellen schon Schaumkämme; **Schaum|kel|le,** die: vgl. Schaumlöffel; **Schaum|kopf,** der: vgl. Schaumkamm; **Schaum|kraft,** die ⟨o. Pl.⟩: *Fähigkeit (einer Substanz), Schaum zu entwickeln:* die S. des Waschpulvers; **Schaum|kraut,** das: *(zu den Kreuzblütlern gehörende, in vielen Arten vorkommende) Pflanze mit weißen, rötlichen od. lila Blüten u. einfachen od. gefiederten Blättern;* **Schaum|kro|ne,** die: **1.** vgl. Schaumkamm: Die größten Wellen wälzten schon weiße -n mit sich fort (Hausmann, Abel 35). **2.** *(beim Eingießen in ein Gefäß entstehender) Schaum auf einer Flüssigkeit:* ein frisch gezapftes Pils muß eine schöne S. haben; **Schaum|kunst|le|der,** das: *Kunstleder von leichter, poröser Beschaffenheit;* **Schaum|löf|fel,** der: *einem flachen, sehr breiten, siebartig durchlöcherten großen Löffel mit langem Stiel ähnliches Küchengerät zum Abheben von Schaum od. anderem von der Oberfläche von Flüssigkeiten;* **Schaum|lö|scher,** der: *Schaumlöschgerät;* **Schaum|lösch|ge|rät,** das: *Feuerlöschgerät, zum Löschen (1 b) mit Schaum;* **Schaum|rei|ni|ger,** der: *Reinigungsmittel, das starken Schaum entwickelt, mit dem etw. gereinigt werden kann;* **Schaum|rol|le,** die (bes. österr.): *mit Schlagsahne o. ä. gefüllte Rolle aus Blätterteig;* **Schaum|schlä|ger,** der: **1.** (abwertend) *jmd., der (bes. aus Geltungsdrang) bestimmte Qualitäten od. Fähigkeiten vortäuscht, die er in Wahrheit gar nicht besitzt:* hast du immer noch nicht gemerkt, daß er ein S. ist?; Ein Langweiler ist dieser Portraitist (= Heinrich Mann) nie. Aber vielleicht, mit Verlaub, ein S.? (Reich-Ranicki, Th. Mann 135). **2.** (seltener) *Schneebesen;* **Schaum|schlä|ge|rei,** die (abwertend): **1.** ⟨o. Pl.⟩ *das Schaumschlagen:* nichts als S.. **2.** *Äußerung, Verhaltensweise, wie sie für einen Schaumschläger (1) typisch ist:* es gibt immer wieder Leute, die auf diese einfallen; **Schaum|schlä|ge|rin,** die; -, -nen (abwertend): w. Form zu ↑Schaumschläger (1); **Schaum|spei|se,** die: *bes. lockere schaumige Nachspeise;* **Schaum|stoff,** der: *sehr leichter Kunststoff von poröser Struktur;* **Schaum|tep|pich,** der (Flugw.): *vor der Notlandung eines Flugzeugs auf der Landepiste eines Flughafens aufgesprühte Schicht aus Schaum, die die Reibung beim Aufkommen auf den Boden verringern soll:* einen S. legen. **Schaum|mün|ze,** die: *Münze, die aus einem bestimmten Anlaß geprägt wird u. keinen Geldwert hat; Gedenkmünze;* **Schaum|wä|sche,** die: *Wäsche, bes. Autowäsche mit einem schäumenden Reinigungsmittel;* **Schaum|wein,** der [nach frz. vin mousseux]: **1.** *aus Wein hergestelltes alkoholisches Getränk, das Kohlensäure enthält u. moussiert.* **2.** (volkst.) *Sekt;* **Schaum|wein|steu|er,** die ⟨Pl. selten⟩: *Verbrauchsteuer auf Schaumwein u. ähnliche Getränke;* **Schaum|wel|le,** die (seltener): *Welle mit einem Schaumkamm:*

das schmale Flüßchen ebenso schwarz, mit den weißen -n des kleinen Dampfers (Kaschnitz, Wohin 32); **Schaum|zi|ka|de,** die: *Zikade, deren Larve sich in einer schaumartigen Absonderung entwickelt.* **Schau|ob|jekt,** das: *zur Schau gestellter Gegenstand;* **Schau|or|che|ster,** das: *Tanz- od. Unterhaltungsorchester, das seine musikalischen Darbietungen mit Schaueffekten verbindet;* **Schau|packung**[1], die: *für die Auslage im Schaufenster o. ä. bestimmte leere Packung eines Produkts;* ◆ **Schau|pfen|nig,** der: *Schaumünze:* ... ihm das Silberkettlein einzufordern, zusamt dem S., den er den Jungfer bei dem Verlöbnis vor'gen Herbst verehrt (Kleist, Krug 9); **Schau|platz,** der: **1.** *Ort, Stelle, an der sich etw. Bestimmtes abspielt, etw. Bestimmtes stattfindet, stattgefunden hat:* der S. der Ereignisse, des Verbrechens, des Krieges; der S. der Handlung [des Romans], der Szene; S. der kuriosen Veranstaltung war eine abgelegene Villa in Augsburg (K. Mann, Wendepunkt 437); der Roman spielt an verschiedenen Schauplätzen in Italien; der Film wird zum Teil an den historischen Schauplätzen in China gedreht werden; um neun Uhr, wenn Tadzio vom S. verschwunden war (wenn er nicht mehr da war; Th. Mann, Tod 44); am Tage darauf sollte der Ort zum S. einer Katastrophe werden; * **vom S. abtreten** (1. geh. verhüll.; sterben. 2. sich von öffentlicher Tätigkeit zurückziehen). **2.** (Theater) *Darstellung eines Schauplatzes (1) für eine Theateraufführung (mittels eines Bühnenbildes o. ä.):* die ... Simultanbühne, bei der die einzelnen Schauplätze nebeneinander ... aufgebaut waren (Bild. Kunst III, 72); **Schau|pro|gramm,** das (Eislauf): *Schaulaufen;* **Schau|pro|zeß,** der (abwertend): *auf propagandistische Massenwirkung angelegtes öffentliches Gerichtsverfahren:* Erbittert lehnte Erhard ab, er wollte nicht in einem „Schauprozeß" verurteilt werden (MM 9. 11. 66, 1); Nach einem widerlichen und unrühmlichen S. bekannte sich Rajk in allen Anklagepunkten schuldig (MM 29. 7. 69, 2); **Schau|raum,** der: *Raum, in dem etw. zum Anschauen ausgestellt wird bzw. ausgestellt ist:* die Schauräume eines Einrichtungshauses, eines Museums.
schau|rig ⟨Adj.⟩: **1.** *Schauder hervorrufend; gruselig, unheimlich:* eine -e Geschichte, Vision, Stätte; ein -er Schrei; der Aberglaube, der ... im Hexenwahn eine -e Manifestation fand (Ceram, Götter 338); Ich habe den Knochen brechen hören ... das war s. (BM 14. 6. 84, 14); s. aussehen, klingen. **2.** (meist ugs.) **a)** *sehr unangenehm, schlimm, schlecht:* ein -es Wetter; eine -e Musik; ... in der Nähe des Fremdenführers, der ein -es Englisch sprach (Konsalik, Promenadendeck 327); die Aufführung war s.; das ist s.!; sie hat s. gesungen, gespielt; **b)** ⟨verstärkend bei Adj. u. Verben⟩ *sehr, überaus:* es war s. kalt; ein s. schlechter Roman; ich habe mich s. gelangweilt; **Schau|rig|keit,** die; -: *das Schaurigsein.*
Schau|sei|te, die: *schönere, reicher geschmückte o. ä. Seite von etw., die normalerweise im Blick des Beschauers ist:* die S.

Schauspiel

einer Münze; der figürliche Schmuck auf der S. des Gebäudes; Ü jmdm. die S. zukehren *(sich jmdm. von seiner besten Seite zeigen);* **Schau|spiel,** das; -[e]s, -e [im 15.Jh. schowspiel]: **1. a)** ⟨o. Pl.⟩ *Drama* (1 a); **b)** *Bühnenstück ernsten Inhalts, das (im Unterschied zum Trauerspiel) einen positiven Ausgang hat:* die „Iphigenie", ein S. von Goethe; ein S. schreiben, aufführen, inszenieren; in ein S. gehen; **c)** (Theater) *Sparte, die sich mit der Aufführung von Schauspielen* (1 b) *befaßt:* die Sparten S., Musiktheater und Ballett; **d)** *Schauspielhaus, Theater* (bes. in Namen): das S. [Frankfurt] bringt in der nächsten Spielzeit Kleists „Zerbrochenen Krug". **2.** (geh.) ⟨Pl. selten⟩ *Anblick, Vorgang, dem eine bestimmte Dramatik eigen ist, der die Aufmerksamkeit auf sich zieht, die Schaulust, Teilnahme weckt o.ä.:* der Sonnenuntergang, der Vulkanausbruch war ein erhabenes, fesselndes S.; ihr Abschied auf dem Bahnsteig war ein ergreifendes S.; ich wollte mir das S. seines ersten öffentlichen Auftritts, der Denkmalsenthüllung nicht entgehen lassen; Sollen wir gerade den anlügen? Uns gestatten? Denen ein S. bieten? (Fallada, Jeder 353); * **ein S. für [die] Götter sein** (↑ Bild 2); **Schau|spiel|dich|ter,** der: *Dramatiker;* **Schau|spiel|dich|te|rin,** die: w. Form zu ↑ Schauspieldichter; **Schauspiel|dich|tung,** die: *dramatische Dichtung;* **Schau|spiel|di|rek|tor,** der (Theater): *an der Spitze der Sparte Schauspiel* (1 c) *eines Theaters stehender leitender Regisseur;* **Schau|spiel|di|rek|to|rin,** die (Theater): w. Form zu ↑ Schauspieldirektor; **Schau|spiel|ele|ve,** der: *Schauspielschüler;* **Schau|spiel|ele|vin,** die: w. Form zu ↑ Schauspieleleve; **Schau|spieler,** der; -s, -: *jmd., der (nach entsprechender Ausbildung, seine Rollen auf der Bühne od. im Film künstlerisch gestaltet, darstellt* (Berufsbez.): er ist [ein berühmter, hervorragender] S.; er will S. werden; der Regisseur ist in dem Film auch als S. auf; Ü er ist ein [schlechter] S. (abwertend; *kann sich [nicht] gut verstellen);* **Schau|spie|ler|be|ruf,** der ⟨o. Pl.⟩: *Beruf des Schauspielers:* das sind die Schattenseiten des -s; **Schau|spie|le|rei,** die; -: **1.** (ugs.) *die Ausübung des Schauspielerberufs:* die S. an den Nagel hängen; sich der S. verschreiben. **2. a)** (ugs.) *das Schauspielern* (a): die S. ist für mich nur ein Hobby; **b)** (ugs. abwertend) *das Schauspielern* (b): ihre dauernde S. kann einem schon auf die Nerven gehen; das ist alles nur S.; **Schau|spie|le|rin,** die; -, -nen: w. Form zu ↑ Schauspieler; **schauspie|le|risch** ⟨Adj.⟩: *den Beruf des Schauspielers betreffend; in der Weise des Schauspielers:* eine große -e Begabung, Leistung; jmds. -e Arbeit; etw. s. darstellen; für die s. Interessierten war ein Theaterzirkel eingerichtet worden (Leonhard, Revolution 13); **schau|spie|lern** ⟨sw. V.; hat⟩: **a)** (ugs.) *[ohne Ausbildung, ohne Könnerschaft] als Schauspieler auftreten:* er schauspielert in einer Laienspielgruppe; Da waren welche, die auch gut s. konnten (Kempowski, Immer 197); ⟨subst.:⟩ er ist ein hervorragender Sänger, aber das Schauspielern sollte er besser lassen; **b)** (abwertend) *etw. vortäuschen, spielen, was nicht der Wahrheit, der Wirklichkeit der eigenen Situation entspricht:* er hat schon immer gern geschauspielert: Ich habe doch 20 Jahre nur geschauspielert. Oder haben Sie das nicht gemerkt? (Hörzu 9, 1978, 55); **Schau|spiel|haus,** das: *Theater, in dem besonders Schauspiele aufgeführt werden* (oft in Namen): das Deutsche S. in Hamburg; es gibt hier zwar eine Oper, aber leider kein S.; im S. des Dresdener Staatsschauspiels; **Schau|spiel|kunst,** die ⟨o. Pl.⟩: *Kunst der darstellerischen Gestaltung durch Sprache, Mimik, Gestik;* **Schau|spiel|mu|sik,** die: *Bühnenmusik* (b); **Schau|spielschu|le,** die: *Ausbildungsstätte für Schauspieler;* **Schau|spiel|schü|ler,** der: *Schüler einer Schauspielschule o.ä.;* **Schauspiel|schü|le|rin,** die: w. Form zu ↑ Schauspielschüler; **Schau|spiel|un|terricht,** der: *Unterricht in der Schauspielkunst;* **schau|stel|len** ⟨unr. V.; nur im Inf. gebr.⟩ (selten): *zu Reklamezwecken irgendwo stehen;* **schau|stel|len** ⟨sw. V.; nur im Inf. gebr.⟩ (selten): *in der Öffentlichkeit zeigen; zur Schau stellen;* **Schaustel|ler,** der; -s, -: *jmd., der (im Wohnwagen von Ort zu Ort ziehend) auf Messen u. Jahrmärkten ein Fahrgeschäft betreibt, etw. zeigt, vorführt;* **Schau|stel|ler|geschäft,** das: *Geschäft* (2 a) *eines Schaustellers:* er hat ein S.; **Schau|stel|le|rin,** die; -, -nen: w. Form zu ↑ Schausteller; **Schau|stel|lung,** die (selten): **1.** *das Zurschaustellen:* und mitnichten bemühte er sich, dies ... zu verhehlen, im Gegenteil, sein Bemühen zielte auf eine öffentliche S. nicht verdüsterter Stimmung (Broch, Versucher 118). **2.** *Vorführung von etw. (auf dem Jahrmarkt o.ä.):* Zum Grammophon gab er ihr eine gymnastische S. (Feuchtwanger, Erfolg 795); **Schaustück,** das: **1.** *Gegenstand, der (wegen seiner Kostbarkeit, Seltenheit o.ä.) nur zum Ansehen bestimmt ist:* ein unverkäufliches S.; eine Vitrine mit kostbaren -en. **2.** (selten) *Schauspiel.* ◆ **3.** *Schaumünze:* Im übrigen sind meine Taschen leer. – Was! nicht ein S.? Kein Geschmeid'? (Goethe, Faust I, 2932 f.); daß ich mir ... ein S., mit dem Bildnis Papst Leos, von der Brust losmachte und es ihr ... in das Mieder steckte (Kleist, Käthchen V, 2); **Schauta|fel,** die: *aufgestellte od. aufgehängte Tafel, auf der etw. (zum Zwecke der Belehrung, Demonstration) dargestellt ist;* **Schau|tanz,** der (Tanzsport): vgl. Schaulaufen; **Schau|tau|be,** die: *auf Schönheit gezüchtete Brieftaube.* **Schau|te,** der; -n, -n (jidd.): ⁴*Schote.* **Schau|tur|nen,** das (Turnen): vgl. Schaulaufen; **Schau|tur|nier,** das (Tennis): *Turnier* (2), *das außerhalb von Wettbewerben vor Publikum stattfindet;* ◆ **Schauung,** die; -, -en: *(im nordd. Sprachgebrauch)* im Frühjahr u. im Herbst stattfindende Deichbesichtigung, bei der der Zustand der Deiche überprüft wird: Als im nächsten Herbst der Herr Amtmann und Oberdeichgraf zur S. kam (Storm, Schimmelreiter 35); **Schau|vi|tri|ne,** die: *Vitrine, in der etw. ausgestellt wird.* **Sche|be|cke**¹, die; -, -n [frz. chebec, wohl über das Katal. < arab. šabbāk]: *auf dem Mittelmeer verkehrendes Schiff des 17. u. 18.Jh.s mit zwei bis drei Masten.* ¹**Scheck,** der; -s, -s [engl. cheque bzw. amerik. check, wohl zu: to check = nachprüfen, kontrollieren; die q-Schreibung viell. unter Einfluß von: exchequer = Finanzministerium, -behörde]: **1.** *Anweisung (auf einem speziellen Formular) eines Kontoinhabers an seine Bank, zu Lasten seines Kontos einen bestimmten Geldbetrag [an einen Dritten] zu zahlen:* ein ungedeckter, falscher S.; einen S. ausfüllen; einen S. [über 100 Mark] ausstellen, ausschreiben, einlösen; einen S. sperren; nur noch wenige -s haben; etw. mit [einem] S. bezahlen; mit einem S. Bargeld vom Girokonto abheben. **2.** *Anrechtsschein, Gutschein:* den S. für eine Urlaubsreise in Empfang nehmen. ²**Scheck,** der; -en, -en: ↑ ¹Schecke. **Scheck|ab|tei|lung,** die (Bankw.): *Abteilung, die für die Verrechnung von* ¹*Schecks* (1) *zuständig ist;* **Scheck|be|trug,** der: *Betrug durch Abgabe eines ungedeckten* ¹*Schecks* (1); **Scheck|be|trü|ger,** der: *jmd., der einen Scheckbetrug verübt;* **Scheck|be|trü|ge|rin,** die: w. Form zu ↑ Scheckbetrüger; **Scheck|buch,** das [nach engl. cheque-book] (früher): *zu einem Heftchen gebündelte Scheckvordrucke:* er zückte sofort sein S. und fragte: „Wieviel brauchst du denn?"; **Scheck|buch|jour|na|lis|mus,** der (Jargon abwertend): *Journalismus* (2 a), *bei dem es üblich ist, Informanten zu bezahlen, wenn dadurch bestimmte, vor allem sensationelle Informationen [leichter] zu erhalten sind:* „Eine Nachricht ist schließlich nur eine Ware", sagt Henri Nannen, der sich gegen den Vorwurf des S. wehrt (Spiegel 9, 1985, 102); **Scheckdis|kon|tie|rung,** die (Bankw.): *Ankauf von ausländischen* ¹*Schecks* (1) *unter Abzug der Zinsen.* ¹**Schecke**¹, der; -n, -n [zu mhd. scheke = scheckig, zu afrz. eschec = Schach, also eigtl. = schachbrettartig gemustertes Pferd]: *Tier mit scheckigem Fell, bes. Pferd od. Rind;* ²**Schecke**¹, die; -, -n: *weibliches Tier mit scheckigem Fell, bes. Stute od. Kuh.* **Scheck|fä|hig|keit,** die (Rechtsspr.): *Berechtigung einer Person, mit* ¹*Schecks* (1) *zu zahlen;* **Scheck|fäl|scher,** der: *jmd., der* ¹*Schecks* (1) *fälscht;* **Scheck|fälsche|rin,** die: w. Form zu ↑ Scheckfälscher; **Scheck|fäl|schung,** die: *das Fälschen von* ¹*Schecks* (1); **Scheck|heft,** das: *Mäppchen mit Scheckformularen.* **scheckig**¹ ⟨Adj.⟩ [mhd. scheckeht, zu: schecken = scheckig, bunt machen, zu: schecke, ↑ ¹Schecke]: *(von bestimmten Tieren, bes. Pferden od. Rindern) mit größeren weißen Flecken im [schwarzen od. braunen] Fell; gescheckt:* -e Kühe; ein -er Hund; Ü seine Haut ist ganz s.; das Kleid ist mir zu s. (ugs. abwertend; *zu bunt gemustert);* * **sich s. lachen** (ugs.; *über etw. sehr lachen);* **scheckig|braun**¹ ⟨Adj.⟩: *mit vielen unregelmäßigen braunen Flecken:* -es Vieh. **Scheck|in|kas|so,** das (Bankw.): *Inkasso von* ¹*Schecks* (1), *die von Kunden bei ihrer Bank eingereicht worden sind;* **Scheckkar|te,** die (Bankw.): *Namenszug, Konto-*

nummer u. a. enthaltende kleine Karte, die dem Aussteller von ¹Schecks (1) als Ausweis dient; **Scheck|recht**, das (Rechtsspr.): *Teil des Rechts* (1 a), *der den Scheckverkehr regelt;* **Scheck|rei|te|rei,** die (Geldw.): vgl. *Wechselreiterei;* **Scheck|sper|re,** die (Bankw.): *das Sperren, Gesperrtsein eines ¹Schecks (1), von ¹Schecks (1).* **Scheckung¹,** die; -, -en: *das Gescheckt sein:* die S. ist bei diesen Rindern ein Rassemerkmal. **Scheck|ver|kehr,** der (Bankw.): *Zahlungsverkehr mit ¹Schecks* (1). **Scheck|vieh,** das; -[e]s: *scheckiges Vieh.* **Scheck|vor|druck,** der (Bankw.): *Scheckformular:* bewahren Sie Scheckkarte und -e stets getrennt voneinander auf. **Sche|da,** die; -, ...den [lat. scheda] (veraltet): *einzelnes Blatt Papier.* **Sched|bau,** der; -[e]s, -ten [zu engl. shed = Hütte]: *eingeschossiger Bau mit Scheddach;* **Sched|dach,** das; -[e]s, ...dächer: *Dach, bes. auf Fabrik- u. Ausstellungshallen, das aus mehreren parallel gebauten Satteldächern besteht; Sägedach.* **Sche|du|la,** die; -, ...lä [lat. schedula, Vkl. von: scheda, ↑Scheda] (veraltet): *Blättchen Papier, Zettel.* **scheel** ⟨Adj.⟩ [aus dem Niederd. < mniederd. schēl, urspr. = schief(äugig)] (ugs.): *eine auf Mißgunst, Mißtrauen od. Geringschätzung beruhende Ablehnung, Feindseligkeit ausdrückend:* ein -es Gesicht machen; jmdn. mit -en Blicken ansehen; was guckst du denn so s.?; Von den Posten s. beobachtet, gingen die vier am Zaun entlang (Apitz, Wölfe 82); wenn Familien mit mehreren Kindern ... s. angesehen werden (Eltern 2, 1980, 10); War er bisher als früherer Emigrant s. angesehen und verdächtigt worden, so arrivierte er nun über Nacht zum nationalen Märtyrer (K. Mann, Wendepunkt 425); **scheel|äu|gig** ⟨Adj.⟩: *scheelblickend;* **scheel|blickend¹** ⟨Adj.⟩: *neidisch, mißgünstig blickend.* **Schee|lit** [auch: ...'lɪt], der; -s, -e [nach dem schwed. Chemiker C. W. Scheele (1742–1786)]: *grauweißes, gelbliches od. braunes, durchscheinendes, fettglänzendes Mineral.* **Scheel|sucht,** die ⟨o. Pl.⟩ (veraltend): *Neid, Mißgunst:* sie möge sich, um die S. der schamlosen Bevölkerung von ihm abzulenken, nicht als sein Weib, sondern als seine Schwester bezeichnen (Th. Mann, Joseph 124); **scheel|süch|tig** ⟨Adj.⟩ (veraltend): *neidisch, mißgünstig.* **Schef|fel,** der; -s, - [mhd. scheffel, ahd. sceffil, zu ↑Schaff]: **a)** *altes Hohlmaß von unterschiedlicher Größe (etwa zw. 50 u. 222 l), bes. für Getreide;* **b)** (landsch.) *Bottich:* * **in -n** *(in großen Mengen):* etw. in -n einheimsen; **schef|feln** ⟨sw. V.; hat⟩ [älter = in Scheffel (a) füllen] (ugs. abwertend): *in großen Mengen in seinen Besitz bringen u. anhäufen:* er will nur [immer noch mehr] Geld s.; Marlon Brando, 53, der bekanntlich pro Film Millionen scheffelt (Hörzu 20, 1977, 28); wenn man Tantiemen an mindestens achtzig Opernhäusern scheffelte (K. Mann, Wendepunkt 440); Eine neue Sportgroßmacht scheffelt Medaillen (Spiegel 44,

1975, 203); **schef|fel|wei|se** ⟨Adv.⟩ (ugs.): *in großen Mengen:* er wirft das Geld s. zum Fenster raus. **Sche|he|ra|za|de, Sche|he|re|za|de** [...'za:də], die; - (bildungsspr. selten): *Märchenerzählerin in „Tausendundeine Nacht".* **Scheib|band,** das ⟨Pl. ...bänder⟩ [zu ↑scheiben] (österr.): *Tragegurt; Gurt* (1 a) *zum Ziehen.* **Scheib|chen,** das; -s, -: Vkl. zu ↑¹Scheibe (1 a, 2, 3); **scheib|chen|för|mig** ⟨Adj.⟩: *in Form einer kleinen ¹Scheibe* (1 a, 2); **scheib|chen|wei|se** ⟨Adv.⟩: *in [dünnen] Scheibchen:* die Wurst s. essen; Ü etw. s. (ugs.; *nach u. nach*) berichten; **¹Schei|be,** die; -, -n [mhd. schībe, ahd. scība, urspr. = vom Baumstamm abgeschnittene runde Platte, verw. mit ↑scheiden in dessen urspr. Bed. „abschneiden"]: **1. a)** *(bes. von Menschenhand hergestellter) flacher, meist runder Gegenstand:* eine hölzerne, dünne, dicke, flache, [kreis]runde, ovale S.; eine S. aus Messing, Kunststoff, Hartgummi, Pappe; ein Diskus ist eine S. aus Holz mit einem Metallkern; ... bis der Stationsvorsteher die S. (*Kelle* 2) hochhob (Schnurre, Bart 95); Die Erde war zu der Zeit, da man sie für eine S. hielt, gewiß nicht weniger rund als heute (Dönhoff, Ära 108 f.); Ü ... wie die Sonne wie eine blasse S. in ziehenden Dunstschichten (Plievier, Stalingrad 61); von dem Augenblick an, da ihr (= der Sonne) oberster Rand überm Horizont erschien bis zu dem, da die S. vollkommen war (Th. Mann, Joseph 402); **b)** (Technik) *für eine bestimmte technische Funktion, oft als vorbereitender Teil in einer Maschine o. ä., vorgesehene u. entsprechend ausgeführte, meist kreisrunde, oft in der Mitte mit einer Bohrung versehene Scheibe* (z. B. Bremsscheibe, Dichtungsscheibe): Die Beläge schleifen sich gewissermaßen in die Trommeln und -n ein, und am Rande ihrer blanken Laufbahn bleiben Trommeln bzw. -n in ihrer ursprünglichen Stärke stehen (Gute Fahrt 4, 1974, 45); **c)** (Sport, Milit.) *kurz für* ↑*Schießscheibe,* ↑*Zielscheibe:* eine S. von 20 cm Durchmesser; die S. treffen, verfehlen; auf -n schießen; der Wurfpfeil prallte von der S. ab; **d)** *kurz für* ↑*Töpferscheibe:* hast du die Schüsseln auf der S. getöpfert?; **e)** (ugs.) *Schallplatte:* Die heiße S. ist dein Funk und die Musikautomaten seit April auf den vordersten Rängen (Hörzu 23, 1975, 45); Ganz dreiste Piraten stehlen die Schallplatten oder Tonbandaufnahmen aus den Studios der Gesellschaften und geben ihre eigenen -n heraus, bevor der Diebstahl entdeckt ist (MM 26. 11. 70, 34); eine neue S. auflegen. **2.** *durch einen geraden Schnitt von einem größeren Ganzen abgetrenntes flaches, scheibenförmiges Stück (bes. von bestimmten Lebensmitteln):* eine S. Brot, Wurst, Zitrone; kann ich noch eine S. von dem Schinken, Käse, Braten haben?; soll ich dir auch noch eine S. [von dem Stollen] abschneiden?; Der Dom-Bauhütte ... verkaufte ... -n von ... Originaldomsteinen an Interessenten (BM 19. 4. 75, 14); hartgekochte Eier, eine Banane, einen Korken, einen Baumstamm in -n

schneiden; Das Organ ... wird im tiefgefrorenen Zustand in -n geschnitten (RNZ 27. 1. 94, 3); * **sich** ⟨Dativ⟩ **von etw. eine S. abschneiden** (ugs.; *etw. als Vorbild nehmen*): sie hat sich, seit sie hier ist, noch kein einziges Mal verspätet, davon kann sich mancher eine S. abschneiden; da schneid dir ruhig mal 'ne S. von ab! **3.** *dünne Glasscheibe, Fensterscheibe:* bunte, blanke, schmutzige, zerbrochene -n; die -n klirrten, splitterten, zerbrachen; Zeitweilig kurbelte ich mein Fenster herab und steckte den Kopf ins Freie, denn die -n beschlugen sich dauernd (Simmel, Affäre 61); Die Handwerker der Batterie haben die S. neu eingeglast und die beschädigte Decke verputzt (Kirst, 08/15, 233); eine S. einschlagen, einwerfen; die -n der Vitrinen putzen; der Fahrer kurbelte die S. herunter; da lag sein Sohn ... vor der weiß flimmernden S. (*Bildröhre*) des eingeschalteten Geräts (Simmel, Stoff 17). **4.** (ugs. verhüll.) *Scheiße* (2): [so eine] S.! **²Schei|be,** die; -, -n [zu ↑scheiben] (Sport Jargon): *Kegelkugel;* **schei|ben** ⟨sw. V.; hat⟩ [landsch. Nebenf. von ↑schieben] (bayr., österr.): **1.** *rollen, schieben:* eine Tonne s. **2.** *kegeln* (1 a). **Schei|ben|blü|te,** die [nach dem Stand auf der scheibenförmigen Fläche des Körbchens (3)] (Bot.): *(im Körbchen 3 eines Korbblütlers) innerhalb des von den größeren Randblüten gebildeten Rings stehende kleinere Blüte;* **Schei|ben|brem|se,** die (Kfz-T.): *Bremse, bei der die Bremsbeläge in einer zangenartigen Bewegung gegen die Seitenflächen einer rotierende ¹Scheibe* (1) *gepreßt werden;* **Schei|ben|brot,** das: *Schnittbrot;* **Schei|ben|eg|ge,** die: *Egge* (1), *die mit umlaufenden scharfkantigen, gewölbten Metallscheiben arbeitet;* **Schei|ben|ent|fro|ster,** der: **a)** *Defroster* (a); **b)** *Defroster* (b); **schei|ben|för|mig** ⟨Adj.⟩: *die Form einer ¹Scheibe* (1 a) *habend:* ein -er Knorpel; ein speichenloses, -es Rad; die Gewichte der Hantel sind s.; **Schei|ben|gar|di|ne,** die: *Gardine, die dicht an der ¹Scheibe* (3) *am Fensterrahmen angebracht ist;* **Schei|ben|han|tel,** die (Gewichtheben): *Hantel* (2); **Schei|ben|ho|nig,** der: **1.** *in ¹Scheiben* (2) *geschnittener Wabenhonig.* **2.** ⟨o. Pl.⟩ (ugs. verhüll.) *Scheiße* (2), **Schei|ben|klei|ster,** der ⟨o. Pl.⟩ (ugs. verhüll.): *Scheibenhonig* (2); **Schei|ben|kupp|lung,** die (Kfz-T.): *Kupplung, die mit Hilfe einer Kupplungsscheibe funktioniert;* **Schei|ben|rad,** das: *scheibenförmiges Rad ohne Felge u. Speichen;* **Schei|ben|schie|ßen,** das (Sport, Milit.): *der Übung dienendes Schießen od. Preisschießen auf eine Ziel-, Schießscheibe;* **Schei|ben|wasch|an|la|ge,** die (Kfz-T.): *[zusammen mit den Scheibenwischern zu benutzende] Vorrichtung an Kraftfahrzeugen zum Aufspritzen von Wasser auf die Windschutz- od. Heckscheibe zum Reinigen verschmutzter ¹Scheiben* (3): ein Frostschutzmittel, Reinigungsmittel für die S.; **Schei|ben|wascher,** der (Kfz-T.): *Scheibenwaschanlage;* **schei|ben|wei|se** ⟨Adv.⟩: *in ¹Scheiben* (2); **Schei|ben|wi|scher,** der: *an der Windschutzscheibe (manchmal außerdem auch an der Heckscheibe) eines Kraftfahr-*

zeugs angebrachte Vorrichtung, durch die, z. B. bei Regen, Wasser o. ä. von der ¹*Scheibe* (3) *gewischt wird:* die S. einschalten; jmdm. einen Handzettel unter den S. klemmen; unter dem S. steckte ein Strafzettel; **schei̱big** ⟨Adj.⟩ (selten): *scheibenförmig.*
Scheib|tru|he, die; -, -n [zu ↑scheiben] (bayr., österr.): *Schubkarren:* sah ich ihn ... eine S. an den türkischen Gastarbeitern vorbeischieben (Innerhofer, Schattseite 190).
Scheich, der; -s, -s u. -e [arab. šayḫ = Ältester; Stammesoberhaupt]: **1. a)** *Oberhaupt eines arabischen Herrschaftsgebietes [mit dem Titel eines Königs, Prinzen o. ä.];* **b)** *Oberhaupt eines arabischen Dorfs, eines Familienverbandes o. ä.;* **c)** ⟨o. Pl.⟩ *arabischer Titel für Männer, die im gesellschaftlichen Leben eine bestimmte Stellung einnehmen.* **2. a)** (salopp abwertend) *unangenehmer Mensch, Kerl:* ein blöder S.; ... und ich gehe jede Wette ein, der S., der mir mein Geweih verpaßt hat, ist auch 'n Schlesier ... (Bieler, Bär 262); mit dem S. möchte ich nichts zu tun haben; **b)** (Jugendspr.) *Freund eines Mädchens, einer Frau:* sie hat einen neuen S.; sie soll ihren S. doch mitbringen; **Scheich|tum,** das; -s, ...tümer: *Territorium mit einem Scheich* (1 a) *als Oberhaupt.*
Schei̱|de, die; -, -n [mhd. scheide, ahd. sceida, eigtl. = Geschnittenes, Gespaltenes (verw. mit ↑scheiden), urspr. = Hülse aus zwei Holzplatten; 2: nach lat. vagina, ↑Vagina]: **1.** *schmale, längliche, der Form der jeweiligen Klinge angepaßte Hülse aus festem Material, in die eine Hieb- od. Stichwaffe bis zum Knauf hineingesteckt wird:* das Schwert aus der S. ziehen, in die S. stecken. **2.** *von der Gebärmutter nach außen führender, mit Schleimhaut ausgekleideter, schlauchartiger Teil der weiblichen Geschlechtsorgane; Vagina:* eine Entzündung der S.; den Penis in die S. einführen; Richtig ... sitzt der Tampon in der S., kurz vor dem Ausgang der Gebärmutter (Hörzu 13, 1973, 43). **3.** (veraltend) *Grenze* (1 b): *die S. zweier Gemarkungen;* Ü (geh.:) er stand an der S. zwischen Leben und Tod; **Schei̱|de|brief,** der (veraltend): *Brief, mit dem man sich von jmdm. trennt, lossagt:* jmdm. einen S. schreiben; Ü jmdm. den S. geben *(mit jmdm. brechen);* dann kannst du unserer Freundschaft gleich den S. schreiben *(kannst du sie als beendet ansehen);* **Schei̱|de|geld,** das ⟨o. Pl.⟩ (veraltet): vgl. Scheidemünze; **Schei̱|de|kun|de, Schei̱|de|kunst,** die ⟨o. Pl.⟩ (früher): *Chemie;* **Schei̱|de|li̱|nie,** die: *Grenze* (1 b); **Schei̱|de|mau|er,** die (veraltet): *Brandmauer;* **Schei̱|de|mün|ze,** die [zu ↑ scheiden (2 a)] (Geldw. veraltet): *Münze mit geringem Wert;* **schei̱|den** ⟨st. V.⟩ [mhd. scheiden, ahd. sceidan, urspr. = (ab)schneiden, spalten, trennen]: **1.** *(eine Ehe) durch ein Gerichtsurteil für aufgelöst erklären* ⟨hat⟩: ihre Ehe wurde geschieden; sich [von jmdm.] s. lassen *(seine Ehe [mit jmdm.] gerichtlich auflösen lassen);* er ist, sie sind geschieden *(seine, ihre Ehe ist geschieden);* mein geschiedener Mann *(der Mann, von dem ich jetzt geschieden bin).* **2.** ⟨hat⟩ **a)** (meist geh.) *trennen, abgrenzen:* der Isthmus scheidet den Golf von Korinth vom Saronischen Golf; der Eiserne Vorhang schied zwei Welten [voneinander]; beide Kontinente sind nur durch eine schmale Meeresstraße voneinander geschieden; Ü Beruf und Privatleben streng voneinander s.; diese beiden Begriffe lassen sich nur schwer voneinander s.; Wo ist die Grenze, die Chaos von Ordnung scheidet ...? (Remarque, Obelisk 83); Der Kesselflicker ist von jedem säkularisierten Christentum ... durch einen Abgrund geschieden (Nigg, Wiederkehr 77); **b)** ⟨s. + sich⟩ *auseinandergehen* (3 a): dort scheidet sich der Golfstrom [in einen nordöstlichen und einen südöstlichen Zweig]; Ü Aber jetzt scheiden sich die Wege der Geschlechter (Freud, Abriß 18); in dieser Frage, hier, an diesem Punkt scheiden sich die Meinungen *(gehen sie auseinander, divergieren sie);* **c)** (geh.) *unterscheiden* (3): Diese Tatsache ... scheidet die Christen der antiken Welt grundlegend von denen späterer Zeit (Thiess, Reich 258); **d)** (bes. Hüttenw., Chemie) *(eine Substanz von einer od. mehreren anderen) trennen, sondern o. ä.:* Metalle s.; mit Salpetersäure läßt sich Silber von Gold s.; das Erz vom tauben Gestein s.; ⟨subst.:⟩ Edelmetalle lassen sich durch Scheiden aus Altmetall zurückgewinnen; **e)** ⟨s. + sich⟩ (meist geh.) *sich trennen:* als hätten sich ... Wasser und Land noch nicht geschieden (Musil, Mann 857); Ü Die Menschen im Walde scheiden sich *(lassen sich einteilen)* in solche, die in dem Wald als ihre Berufsstätte betrachten, und in solche, die ... (Mantel, Wald 109). **3.** ⟨ist⟩ (geh.) *(jmdn. zurücklassend) weggehen, auseinandergehen* (1 b): wir schieden grußlos, als Freunde [voneinander]; wir sahen ihn mit Bedauern, ungern [von hier] s.; aber sie war froh, auch von diesem Ort zu s. (A. Kolb, Daphne 18); R ⟨subst.:⟩ Scheiden tut weh; Scheiden bringt Leiden; Ü Ich habe gesehen ... daß Ihr bald von der Erde s. *(sterben)* müßt (Buber, Gog 207); der Sommer scheidet *(geht dahin);* das scheidende *(zu Ende gehende)* Jahr; aus dem Dienst, Amt s. *(seinen Dienst aufgeben, sein Amt niederlegen);* der scheidende *(in Kürze seine Amtszeit beendende)* Präsident; **Schei̱|den|aus|fluß,** der (Med.): *Ausfluß* (3 b); **Schei̱|den|dia|phragma,** das (Med.): *Diaphragma* (3); **Schei̱|den|ein|gang,** der: *Scheidenöffnung;* **Schei̱|den|ent|zün|dung,** die: *Kolpitis;* **Schei̱|den|flo̱|ra,** die: *Flora* (3) *der Scheide* (2); **Schei̱|den|krampf,** der: *krampfhaftes Zusammenziehen der Muskulatur der Scheide* (2); **Schei̱|den|mu|schel,** die: *weißliche od. rosafarbene, meist in sandigem Boden eingegrabene Muschel* (1 a) *mit langen, schmalen Schalen, die einer Scheide* (1) *ähneln;* **Schei̱|den|öff|nung,** die: *von den kleinen Schamlippen umschlossene Öffnung der Scheide* (2); **Schei̱|den|pes|sar,** das (Med.): *Scheidendiaphragma;* **Schei̱|den|spe|ku|lum,** das (Med.): *Spekulum, mit dem die Scheide* (2) *untersucht wird;* **Schei̱|den|spie|gel,** der: *Scheidenspekulum;* **Schei̱|den|vor|fall,** der (Med.): *Verlagerung der Scheide* (2) *nach unten;* **Schei̱|de|trich|ter,** der (Chemie): *verschließbares, kugeliges bis birnenförmiges od. zylindrisches, am unteren Ende mit einem Abfluß mit Hahn* (3) *versehenes Gerät aus Glas zur Trennung verschieden schwerer, nicht mischbarer Flüssigkeiten;* **Schei̱|de|wand,** die: *Trennwand;* **Schei̱|de|was|ser,** das ⟨Pl. ...wässer⟩ (Chemie veraltet): *Salpetersäure;* **Schei̱|de|weg,** der: *Wegscheide, Weggabelung:* das in der Kunst häufig aufgegriffene Motiv des Herkules am -e; * **am S. stehen** *(vor einer schwierigen, schwerwiegenden Entscheidung stehen);* ♦ Also ritten der Strickreiter und der Zundelfrieder miteinander dahin ... bis an einen S. (Hebel, Schatzkästlein 58); **Schei̱|ding,** der; -s, -e [eigtl. = der Sommer u. Herbst Scheidende] (veraltet): *September;* **Schei̱|dung,** die; -, -en [mhd. scheidunge]: **1.** *Ehescheidung:* jmds. S. betreiben; die S. aussprechen; auf S. klagen; in eine, die S. einwilligen; in S. leben *(geschieden sein).* **2.** *das Scheiden* (2 a): die begriffliche S. von Neonazismus und Neofaschismus; Wir können diese S. unserer Daseinszonen bis zur förmlichen Bewußtseinsspaltung vorantreiben (Thielicke, Ich glaube 265); **Schei̱|dungs|an|walt,** der: *Rechtsanwalt, der auf Ehescheidungen spezialisiert ist;* **Schei̱|dungs|an|wäl|tin,** die: w. Form zu ↑ Scheidungsanwalt; **Schei̱|dungs|begeh|ren,** das (Rechtsspr.): *Antrag auf Ehescheidung (in Form einer Scheidungsklage);* **Schei̱|dungs|ge|such,** das (geh.): *Scheidungsklage;* **Schei̱|dungs|grund,** der: *Umstand, auf Grund dessen eine Ehe geschieden wird:* Ehebruch ist gar nicht der häufigste S.; (ugs. scherzh.:) wenn mein Mann so schnarchen würde, wäre das für mich ein S.; **Schei̱|dungs|kind,** das (Jargon): *Kind, dessen Eltern geschieden wurden;* **Schei̱|dungs|kla|ge,** die: *Klage, mit der jmd. die Scheidung seiner Ehe erwirken will:* die S. stattgeben; **Schei̱|dungs|pro|zeß,** der: *um eine Ehescheidung geführter Prozeß;* **Schei̱|dungs|rich|ter,** der: vgl. Scheidungsanwalt; **Schei̱|dungs|rich|te|rin,** die: w. Form zu ↑Scheidungsrichter; **Schei̱|dungs|ur|teil,** das: *Urteil, durch das eine Ehe aufgelöst wird;* **Schei̱|dungs|wai|se,** die (Jargon): *Kind, das durch die Scheidung der Eltern sein Elternhaus verloren hat;* **schei̱|dungs|wil|lig** ⟨Adj.⟩: *die Absicht habend, sich scheiden zu lassen;* **Schei̱|dungs|wil|li|ge,** der u. die; -n, -n ⟨Dekl. ↑Abgeordnete⟩: *jmd., der scheidungswillig ist.*
Scheik, der; -[e]s, -s u. -e: ↑Scheich (1);
Schein, der; -[e]s, -e [mhd. schīn, ahd. scīn, zu ↑scheinen; 3: eigtl. = beweisende (= sichtbare) Urkunde]: **1.** ⟨Pl. selten⟩ **a)** *(unmittelbar von einer Lichtquelle od. von einer reflektierenden Fläche her) scheinendes, eine gewisse Helligkeit bewirkendes Licht; Lichtschein:* der flackernde S. einer Kerze; der fahle, silberne S. des Mondes; der warme, matte S. einer Lampe; der grelle S. der Neonröhre; der rote S. des brennenden Hauses, der Flammen erhellte den Platz; der S. einer Straßenlaterne fiel ins Zimmer; Das

Licht vom Garten wirft einen milden S. in den Raum (Hartung, Junitag 37); Sie ... war beim -e eines Talglichtes damit beschäftigt, das Mieder aufzunesteln (Hauptmann, Thiel 30); im glühenden S. der sinkenden Sonne (Musil, Mann 781); Im fahlen oder grellen S. der Blitze (Koeppen, Rußland 124); ♦ zuweilen war, nachdem der Schimmer ihm entgegenspiegelte, der Jüngling schmerzhaft geblendet, dann wieder besänftigten grüne und blau spielende -e sein Auge (Tieck, Runenberg 33); **b)** (selten) *Hauch* (3 b): *Nicht ein S. einer milden Miene, nicht die Spur eines tröstenden ... Wortes* (R. Walser, Gehülfe 40); *wieder erglomm ein zarter S. von Farbe auf seinen fahlen Wangen* (Th. Mann, Krull 153); *Am Himmel ist nur noch ein S. von Tag* (Schnabel, Marmor 150); **[um] einen S.* (↑ *Idee 3*): *Lilians Gesicht wurde einen S. freundlicher* (Strittmatter, Wundertäter 335); *bloß war er um einen S. bleicher* (Gaiser, Jagd 112). **2.** ⟨o. Pl.⟩ **a)** *äußeres Ansehen, Aussehen, äußeres Bild von etw.; Anschein:* der S. ist, spricht gegen ihn; wenigstens den äußeren S. aufrechterhalten; ... legten die Hunnen stets Wert darauf, den S. des Rechts zu wahren (Thieß, Reich 387); *Der Reichspräsident verlieh ... allen verfassungsverletzenden Maßnahmen den S. der Legalität* (Niekisch, Leben 194); *Aber du bist so schamlos, es kommt dir nicht einmal mehr auf den S. an* (Fallada, Herr 79); *der alten Frau Wirsich, die sich heute mit einem S. von feinerem Weltgebaren umgeben hatte* (R. Walser, Gehülfe 24); R *der S. trügt;* **den S. wahren (den bestehenden falschen Eindruck aufrechterhalten):* seine Ehe ist längst zerrüttet, aber um den S. zu wahren, zeigt er sich von Zeit zu Zeit mit seiner Frau in der Öffentlichkeit; **zum S.** *(in irreführender Absicht):* Sie (= die Diktatur) wird oft ... zum S. noch andere politische Organe neben sich dulden (Fraenkel, Staat 82); **b)** *etw. auf Grund einer Täuschung für wirklich Gehaltenes:* Es war alles bloßer S., dem nicht das geringste Sein entsprach (Nigg, Wiederkehr 37). **3.** *Bescheinigung* (2): der S. ist abgelaufen, verfallen, ungültig; einen S. unterschreiben, ausfüllen; einen S. *(Seminarschein)* machen, noch drei -e *(Seminarscheine)* für das Examen brauchen; sie hatte vergessen, ihren S. *(Lottoschein)* abzugeben; auf dem S. *(Lottoschein)* sind drei Richtige; mit dem S. *(Gepäckschein)* kannst du den Koffer abholen; ohne S. *(Angelschein)* darf man hier nicht angeln; Ich wollte meine Uhr von der Reparatur holen und hab' den S. *(Reparaturschein)* vergessen (Ossowski, Flatter 180); zwei alterfahrene Piloten ..., die ... ihren S. *(Pilotenschein)* erneuern wollten (Grzimek, Serengeti 16); Auf den S. *(Entlassungsschein)* bekam ich den Aufenthalt im Dorf (Seghers, Transit 83). **4.** kurz für ↑ *Geldschein:* Münzen und -e; ein Bündel -e; 500 000 Mark in kleinen -en; die Müllarbeiter ... kassieren doch für jede verbotene Fuhre auch ihre -e *(erhalten Geld dafür)* (Prodöhl, Tod 218); drei ganze -e *(salopp; drei Hundertmarkscheine);* für 'n halben S. *(fünfzig Mark)*

kannst du es haben; **schein-, Schein-:** drückt in Bildungen mit Substantiven oder Adjektiven aus, daß eine Person oder Sache, was sie zu sein scheint, nichtwirklich ist: scheinrevolutionär; Scheinliberalität; Scheinphilosoph; **Schein|an|griff,** der: *Angriff, der [zur Irreführung des Gegners] nur vorgetäuscht wird;* **Schein|ar|chi|tek|tur,** die (Archit.): *Quadraturmalerei;* **Schein|ar|gu|ment,** das: *einer genaueren Prüfung nicht standhaltendes, nicht stichhaltiges Argument;* **Schein|asy|lant,** der: *jmd., der, ohne die rechtlichen Voraussetzungen dafür zu erfüllen, das Asylrecht in Anspruch nimmt:* wie politisch Verfolgten geholfen werden könne und gleichzeitig -en abgewehrt werden könnten (Basler Zeitung 2. 10. 85, 9); **Schein|asy|lan|tin,** die: w. Form zu ↑ Scheinasylant; **schein|bar** ⟨Adj.⟩ [mhd. schīnbære, ahd. scīnbāre = leuchtend, sichtbar]: **I.** ⟨Adj.⟩ **a)** *aufgrund einer Täuschung wirklich erscheinend, aber in Wahrheit nicht wirklich:* die -e Bahn der Sonne an der Himmelssphäre; das ist nur ein -er Widerspruch; Hinter ... der -en Leichtigkeit der Darbietungen ... steckt ... eine Menge Arbeit (NNN 23. 9. 89, 5); daß die Leistungssteigerung durch Nikotin nur s. ist, weisen ... zahlreiche Untersuchungen nach (Bodamer, Mann 154); er ist nur s. glücklich, mächtig, unabhängig; in der Maske des s. harmlosen Biedermannes (Konsalik, Promenadendeck 230); daß eine ältere Frau neben ihm s. die Auslagen studierte, tatsächlich jedoch ihn (Kronauer, Bogenschütze 52); **b)** (selten) *dem Anschein nach gegeben, vorhanden, bestehend:* Notwendigkeit zu curettieren. Curettage. Scheinbare Verletzung der Innenwand (Remarque, Triomphe 335); Personenbeschreibung: -es Alter 20 Jahre ... (NNN 3. 9. 86, 6). **II.** ⟨Adv.⟩ (ugs.) *anscheinend:* sie hat es s. vergessen; er sucht s. Streit; er beschwerte sich über das s. versalzene Essen; **Schein|be|schäf|ti|gung,** die: *[berufliche] Tätigkeit, die nur vorgetäuscht wird;* **Schein|be|we|gung,** die: *scheinbare Bewegung:* die bewegungen und -en der Gestirne; **Schein|be|weis,** der: *Scheinargument;* **Schein|blü|te,** die: **1.** (Bot.) *aus dichtgedrängten Blüten bestehender Blütenstand, der wie eine einzelne Blüte aussieht.* **2.** *scheinbarer [wirtschaftlicher] Aufschwung:* eine Wirtschaftspolitik, die ... eine wirtschaftliche S. hervorrief (Fraenkel, Staat 195); **Schein|da|sein,** die: *Scheinexistenz;* **Schein|dol|de,** die (Bot.): *Trugdolde;* **Schein|ehe,** die: *(um eines bestimmten rechtlichen Status willen) nur zum S. geschlossene Ehe;* **schei|nen** ⟨st. V.; hat⟩ [mhd. schīnen, ahd. scīnan, urspr. = (stumpf) glänzen, schimmern]: **1. a)** *(von Lichtquellen) anhaltend Licht ausstrahlen u. irgendwohin gelangen lassen:* ein Licht, eine Laterne schien durch die Büsche; Die Sonne scheint uns ins Gesicht und auf den bloßen Oberkörper (Grzimek, Serengeti 61); Der Mond schien durch die Bäume (Bieler, Bonifaz 185); **b)** *(von Gestirnen) sichtbar am Himmel stehen u. [in einer bestimmten Weise] scheinen* (1a): die Sonne hat schon seit Tagen nicht mehr geschie-

nen; am hellsten [von allen Sternen] schien die Venus; aber dann scheint der Mond so schön (Bieler, Bonifaz 206); **c)** *(von Licht) auftreffen, einfallen; fallen* (7 b): das grelle Scheinwerferlicht schien ihr direkt in die Augen, ins Gesicht; ... nur das nackte weiße Licht des Mondes ... schien auf die Toten (Ott, Haie 108); Die Helle des abnehmenden Monds ... schien ratlos auf jedes Ding (Gaiser, Jagd 82); **d)** (selten) *glänzen* (b): das Blech schien in der Sonne. **2. a)** *den Eindruck machen, den Anschein haben* ⟨mit Inf. mit „zu":⟩ die Staßenbäume schienen an uns vorbeizuhuschen; sie schient zu schlafen; die Zeit schien stillzustehen; er scheint arm, zufrieden, krank zu sein; er scheint es nicht gewußt zu haben; jeder Schritt schien ihm weh zu tun (Ott, Haie 189); ⟨auch ohne Inf. mit „zu":⟩ seine Erklärung scheint mir plausibel; und dieser Superlativ scheint auch gar nicht unangebracht (Gast, Bretter 123); neben den Wolkenkratzern schien (wirkte 4) die Kathedrale geradezu winzig; er bemühte sich, ruhig zu s. (erscheinen 3); mit Rufen und Klopfen ... durfte er mir nicht kommen, schien ein Bauer zu s. (Muschg, Sommer 27); Wie lange das schon her scheint, und es sind doch erst ein paar Tage (Fallada, Herr 191); Ich mußte ihn ja nicht einweihen ... in das, was wirklich ist und was nur so scheint (Bachmann, Erzählungen 116); am liebsten, so scheint es, würde man ihn in das gelobte Land führen (Koeppen, Rußland 155); ⟨unpers. mit [durch „daß" eingeleitetem] Nebensatz:⟩ Und es schien, daß fast alle seine Landsleute ihm zustimmten (Dönhoff, Ära 122); Und fast will es s., als sei er zu dem Ergebnis gekommen, daß ... (Reich-Ranicki, Th. Mann 32); mir scheint, mir will s., er hat recht; * **scheint's** (landsch., bes. südd., schweiz.; *wie es scheint*): Der Trainer, dessen Kommen, scheint's, nicht einmal die Hunde bemerkt haben (Frischmuth, Herrin 84); **Schein|exi|stenz,** die: **1.** ⟨o. Pl.⟩ *nur scheinbare Existenz* (1 a): Alle anderen Parteien ... werden ... zu willenloser S. ... erniedrigt (Fraenkel, Staat 329). **2.** (bildungsspr.) **a)** *sinnloses Leben:* eine S. führen; **b)** *jmd., der eine Scheinexistenz führt* (2 a): obwohl sie ... absolut monarchisch und als rechtlose -en regiert wurden (Hesse, Sonne 5); **Schein|fir|ma,** die: vgl. Scheingesellschaft; **Schein|fra|ge,** die: vgl. Scheinproblem (a); **Schein|frie|de,** der: *nur scheinbarer Friede;* **Schein|frucht,** die (Bot.): *wie eine einzelne Frucht aussehender Verband von vielen miteinander verwachsenen kleinen Früchtchen* (z. B. Apfel, Feige); **Schein|füß|chen,** das (Biol.): *der Fortbewegung dienender Fortsatz aus Plasma bei Einzellern;* **Schein|ge|fecht,** das: *Gefecht, das nur vorgetäuscht wird;* **Schein|ge|schäft,** das: *Geschäft* (1 a), *das nur vorgetäuscht wird;* **Schein|ge|sell|schaft,** die: *rechtsunwirksam entstandene u. daher nur dem Anschein nach, nicht aber wirklich bestehende Handelsgesellschaft:* eine S. gründen; **Schein|ge|sell|schaf|ter,** der: *Gesellschafter einer Scheingesellschaft;* **Schein-**

Scheingewinn

ge|sell|schaf|te|rin, die: w. Form zu ↑Scheingesellschafter; **Schein|ge|winn,** der (Wirtsch.): *Differenz zwischen den Anschaffungskosten und den [durch Preissteigerungen bewirkten] höheren Wiederbeschaffungskosten einer Sache;* **Scheingrund,** der: *nur vorgeschobener Grund;* **Schein|grün|dung,** die (Wirtsch.): *Gründung einer Kapitalgesellschaft ohne die Absicht, die Gesellschaft tätig werden zu lassen;* **schein|hei|lig** ⟨Adj.⟩ (abwertend): *Aufrichtigkeit, Nichtwissen od. Freundlichkeit vortäuschend; heuchlerisch:* ein -er Bursche; ein -es Gesicht machen; seine -e Art; Du hast doch von Anfang an alles gewußt! Tu jetzt bloß nicht so s.! (Ziegler, Kein Recht 280); Guck nicht so s.! Hinter meinem Rücken loswetzen mit einem Sack Semmeln! (Brot und Salz 259); ⟨subst.:⟩ aber der will wat von mir. Spielt den Scheinheiligen (Döblin, Alexanderplatz 342); **Schein|hei|lig|keit,** die (abwertend): *scheinheiliges Wesen, scheinheiliges Verhalten;* **Schein|kauf,** der: vgl. Scheingeschäft; **Schein|kauf|mann,** der: *(natürliche od. juristische) Person, die als Vollkaufmann auftritt, ohne es zu sein;* **Schein|lö|sung,** die: *etw., was scheinbar eine Lösung darstellt, in Wahrheit aber keine ist;* **Schein|ma|nö|ver,** das: vgl. Scheinangriff; **Schein|op|po|si|ti|on,** die: vgl. Scheinlösung; **Schein|prä|parat,** das: *Placebo;* **Schein|pro|blem,** das: **1.** vgl. Scheinlösung. **2.** (Philos.) *Problem, dessen Lösung prinzipiell nicht möglich ist;* **Schein|schwan|ger|schaft,** die (Med.): *Zustand einer Frau, bei dem verschiedene Anzeichen auf eine (tatsächlich aber nicht gegebene) Schwangerschaft hinzudeuten scheinen;* **Schein|sieg,** der: **a)** vgl. Scheinlösung; **b)** *Pyrrhussieg;* **Schein|tod,** der (Med.): *körperlicher Zustand (eines Menschen od. Tiers), bei dem es, weil vorhandene Lebenszeichen kaum zu erkennen sind, so scheint, als sei der Tod eingetreten;* **schein|tot** ⟨Adj.⟩: **a)** (Med.) *im Zustand des Scheintods befindlich:* er war mehrere Stunden lang s.; **b)** (salopp, meist scherzh. übertreibend) *(von Menschen) sehr alt:* wir haben lauter -e Lehrer; die ist ja schon s.; **Schein|to|te,** der u. die: *jmd., der scheintot ist:* einen -n wieder zum Leben erwecken, versehentlich beerdigen; **Schein|tür,** die: *(in Grabbauten des Altertums) meist bemalte u. reliefierte Stein- od. Holzplatte, die eine Tür andeutet;* **Schein|ver|lust,** der (Wirtsch.): vgl. Scheingewinn; **Schein|ver|trag,** der: vgl. Scheingeschäft; **Schein|welt,** die: *nicht wirkliche [aber als wirklich erlebte] Welt* (4): die S. der Werbung; -en aus Hollywoods Traumfabrik; Die S., die sie sich aufbaut, ist noch nicht lückenlos (Noack, Prozesse 145); Schauspieler und Autoren, die aus der S. von Bühne und Poesie kommen (Furche 6. 6. 84, 2); in einer S. leben; **Schein|werfer,** der [zu ↑Schein (1 a); für frz. réverbère = Reflektor; Lampenspiegel]: *Lampe, die ein stark gebündeltes helles Licht abgibt:* grelle, starke S.; die S. sind nicht richtig eingestellt; ... flammten auf dem Wachtturm zwei S. auf (Simmel, Stoff 27); die S. auf-, abblenden, ein-schalten, brennen lassen; in den Kegel des -s geraten; das Gebäude wird von -n angestrahlt; Ü Wahrscheinlich war es die Art, einen immerzu anzusehen, immerzu die S. *(Augen)* auf einen zu halten (Plenzdorf, Leiden 106); **Schein|wer|fer|kegel,** der: *von einem Scheinwerfer erzeugter Lichtkegel:* im S. sah er plötzlich ein Reh; **Schein|wer|fer|licht,** das: *Licht eines Scheinwerfers, von Scheinwerfern:* bei S. arbeiten; im S. stehen; einige Autos fuhren schon mit S. *(mit eingeschalteten Scheinwerfern)* (Handke, Brief 14); den weiten Platz ..., der ... von kreidig-weißem S. übergossen war (Plievier, Stalingrad 221); *** im S. [der Öffentlichkeit] stehen** (↑Rampenlicht a); **Schein|widerstand,** der (Elektrot.): *absoluter Betrag des Wechselstromwiderstands.*

Scheiß, der; - (derb abwertend): *etw., womit man nicht einverstanden ist, was man ablehnt od. für belanglos hält:* was soll der S.?; mach keinen S.!; viel S. reden; wie kann man nur so einen S. kaufen!; mach deinen S. doch alleine!; man müsse „bei jedem S. *(wegen jeder Kleinigkeit)* die jungen Polit-Kommissare fragen" (Spiegel 34, 1983, 35); **scheiß-** (derb emotional abwertend): **a)** drückt in Bildungen mit Adjektiven eine Verstärkung aus: *sehr:* scheißfaul, -kalt, -vergnügt; **b)** kennzeichnet in Bildungen mit Adjektiven etw. (eine Eigenschaft) als übertrieben, verachtenswert: scheißfein, -höflich, -klug; **Scheiß-** (derb emotional abwertend): drückt in Bildungen mit Substantiven aus, daß jmd. od. etw. als schlecht, miserabel, verabscheuenswürdig angesehen wird: Scheißarbeit, -beruf, -bulle, -karre, -krieg, -laden, -spiel; **Scheiß|ding,** das (derb emotional abwertend): *Gegenstand, der nichts taugt; Gerät o. ä., das nicht [mehr] funktioniert:* das [alte] S. ist schon wieder kaputt; **Scheißdreck,** der: **1.** (derb selten) *Kot* (1): Städte ... mit Schlamm und S. auf den Gassen (Zwerenz, Erde 14). **2.** (derb emotional verstärkend) **a)** *Dreck* (2): kümmer dich um deinen eigenen S.!; er rennt wegen jedem S. *(jeder Kleinigkeit)* zum Chef; *** einen S.** *(Dreck* 2*):* das interessiert mich einen S.; Einen S. dürfen Sie von mir verlangen! (Simmel, Stoff 236); **b)** *Dreck* (3): Die schreiben vielleicht einen S. zusammen (Fels, Sünden 34); (in Flüchen o. ä.:) [so ein] S.!; S., jetzt steh ich hier (Degener, Heimsuchung); **schei|ße** (indekl. Adj.) (derb abwertend): *ausgesprochen schlecht, unerfreulich, ärgerlich:* der Film war [absolut] s., daß es schon wieder regnet; ich fand die Musik s.; ... schwant dem Trainer, „daß das hier s. läuft" (Spiegel 45, 1984, 240); **Schei|ße,** die; - [mhd. schīze, zu ↑scheißen]: **1.** (derb) *Kot* (1): ein Haufen S.; in S. treten; hier stinkt es nach S.; Ü Für sie sind wir S. *(sie verachten uns zutiefst;* Konsalik, Promenadendeck 372); Ich fühle mich wie ein Stück S. *(habe keinerlei Selbstachtung;* Frings, Männer 181); *** jmdm. steht die S. bis zum Hals** (derb; *jmd. befindet sich in einer ziemlich ausweglosen Situation);* **S. mit Reis!** (derb; Ausruf der Verärgerung); **S. im Trompetenrohr!** (derb; Ausruf der Verärgerung); **S. im Gehirn/im Kopf haben** (derb; *dumm sein);* **jmdn. aus der S. ziehen** (↑Dreck 1); **aus der [größten] S. [heraus]sein** (↑Dreck 1); **jmdn., etw. durch die S. ziehen** (derb; *übel, verleumderisch über jmdn., etw. reden);* **in der S. sitzen/stecken** (↑Dreck 1); **jmdn., etw. mit S. bewerfen** (↑Dreck 1). **2.** (derb abwertend) *etw. sehr Schlechtes, Unerfreuliches, Ärgerliches:* der Film ist große S.; Ich besorg' sie *(= die Trips)* dir. Aber mach bitte keine S. *(keine Dummheiten;* Christiane, Zoo 77); Wir ... merken erst hinterher, daß wir schon wieder S. gebaut haben *(etw. falsch gemacht haben;* Spiegel 30, 1990, 52); ℞ alles S., deine Emma/Elli (derb; *es ist alles danebengegangen, höchst unerfreulich;* nach Schlußformeln in Briefen wie z. B. „Alles Liebe, Dein[e] ..."); (in Flüchen o. ä.:) [verfluchte, verdammte] S.!/S. [verfluchte, verdammte]!; so eine S.!; [ach] du [liebe] S.!; [ja,] S. was! *(von wegen!);* Schöne S., sagte der Bildhauer (Kuby, Sieg 21); *** [nur noch] S. brüllen [können]** (derb; *lauthals lachen):* Ich hätte laut S. brüllen können (Plenzdorf, Leiden 75); **scheiß|egal** ⟨Adj.⟩ (derb emotional abwertend): *völlig egal* (I, 2): das ist mir s.; die Opfer sind ihm doch s.; **Scheiß|ei|mer,** der (derb): *Kübel* (b); **schei|ßen** ⟨st. V.; hat⟩ [mhd. schīʒen, ahd. scīʒan, eigtl. = (aus)scheiden] (derb): **1. a)** *den Darm entleeren:* s. müssen, gehen; vor Angst in die Hosen s.; Der Kakadu lüftete gleichgültig seinen Schwanz und schiß (Remarque, Triomphe 68); ich soll einschreiten, wenn die Hunde auf den Rasen scheißen (Kant, Impressum 104); ℞ dir haben sie [wohl] ins Gehirn geschissen [u. vergessen umzurühren] *(du bist nicht ganz bei Verstand);* **b)** *eine Darmblähung entweichen lassen:* ungeniert s.; wer hat hier geschissen? **2.** *geringschätzen; nicht haben wollen, auf etw. verzichten:* auf jmds. Mitleid s.; ich scheiße auf dein Geld; sie scheißt auf die Etikette; „Wir scheißen auf den Präsidenten", schrie er (Spiegel 42, 1975, 180); scheiß drauf! *(ist doch völlig gleichgültig!).* **3. * jmdm. was s.** *(keineswegs gestatten; jmds. Wunsch zu erfüllen):* „Ich werde Ihnen was scheißen!" brüllte Schulz laut (Kirst, 08/15, 563); **geschissen gut** (derb landsch.); **für den Zweck gerade gut genug);** **Schei|ßer,** der; -s, -: **1.** (derb abwertend) *unangenehmer Mensch, widerlicher Kerl* (oft als Schimpfwort): hau ab, du S.!; Wenn ihr es euch gefallen laßt, daß solche S. euch nach Belieben die Show verderben, ... (Kinski, Erdbeermund 11). **2.** (derb abwertend) *jmd., der geringschätzt wird, der nichts gilt, nichts darstellt:* wir sind doch nur kleine S. Sie können uns ans Bein pissen, wenn sie wollen (v. d. Grün, Glatteis 74); Nicht einmal ein richtiges Feuerwerk bringen diese S. zustande! (Bieler, Mädchenkrieg 244); Sie werden deshalb jedes Zugeständnis nur als Rückzugsgefecht liberaler S. verachten (MM 13. 10. 70, 6). **3.** (fam.) *Kosewort für einen Säugling, ein Kleinkind:* komm her, mein kleiner S.; ist der S. nicht süß?; **Schei|ße|rei,** die; - (derb): **a)** *[dauerndes] Scheißen* (1 a, b); **b)** *Durchfall:* die S. haben; davon kriegst du die S.; **Schei|ße|ri|tis,** die; - [vgl. Rederitis] (salopp): *Scheißerei* (b); **Schei|ßer|le,** das; -s, - (landsch. fam.): Kosewort für ein kleines Kind; **scheiß|freund|lich** ⟨Adj.⟩ (derb abwertend): *übertrieben u. auf eine unechte Weise freundlich:* seine -e Art; sie war s.; er hat mich s. gegrüßt; **Scheiß|hau|fen,** der (derb): *Haufen Kot:* er ist in einen S. getreten; **Scheiß|haus,** das (derb): *Abort:* aufs S. gehen, müssen; auf dem S. sitzen; er hatte sich im S. eingeschlossen; **Scheiß|haus|pa|ro|le,** die (derb): *übles Gerücht; Latrinenparole:* das sind doch -n!; **Scheiß|kerl,** der (derb abwertend): *Dreckskerl* (oft als Schimpfwort); **Scheiß|kram,** der (derb abwertend): *etw. Ärgerliches, Lästiges:* macht doch euren S. alleine!; **scheiß|li|be|ral** ⟨Adj.⟩ (derb abwertend): *(in einer den reaktionären Kräften nützlichen u. deshalb ärgerlichen Weise) liberal [eingestellt]:* sein -es Gewäsch; Die Linken bezeichnen ja jeden, der frei denkt, als s. (Aberle, Stehkneipen 32); ⟨subst.:⟩ Dieser radikale Linke ist in Wahrheit das, was radikale Linke einen Scheißliberalen nennen (Spiegel 35, 1974, 93); **scheiß|vor|nehm** ⟨Adj.⟩ (derb abwertend): *betont vornehm:* das Hotel ist ein -er Laden.

Scheit, das; -[e]s, -e u. (bes. österr. u. schweiz.) -er [mhd. schīt, ahd. scīt, eigtl. = Gespaltenes, Abgetrenntes, ablautend verw. mit ↑scheiden] (südd., österr., schweiz.): *Holzscheit:* ein dickes, verkohltes, glühendes S.; Dem alten Folchert sprang beim Holzhacken ein S. ins Auge (Grass, Hundejahre 99); die -e[r] im Schuppen aufschichten; ein paar -e [Holz] auflegen, nachlegen; das Holz in [dünne] -e zerspalten.

Schei|tel, der; -s, - [mhd. scheitel(e) = oberste Kopfstelle; Haarscheitel, ahd. sceitila = Kopfwirbel, zu ↑scheiden; 3: seit etwa 1700 als LÜ von lat. vertex]: **1. a)** *Linie, die das Kopfhaar in eine rechte u. linke Hälfte teilt:* ein gerader, scharfer S.; einen S. ziehen; sie trägt den S. rechts, links, in der Mitte; der kann sich den S. mit dem Schwamm ziehen (ugs. scherzh.; *er hat eine Glatze*); **b)** *(von Menschen u. bestimmten Tieren) oberste Stelle des Kopfes:* genau auf dem S. hatte er einen Wirbel; * **vom S. bis zur Sohle** (*ganz u. gar; von Kopf bis Fuß*): er ist ein Gentleman vom S. bis zur Sohle; **c)** (dichter.) *Kopfhaar:* Dr. Friedenthal ... hatte einen üppigen S. (Musil, Mann 979); Das ... farblose Exterieur Herrn von Hüons mit seinem spärlichen S. (Th. Mann, Krull 375). **2. a)** (bes. Archit.) *oberste Stelle, höchster Punkt:* der S. des Gewölbes, [Tor]bogens; ... wird der S. der augenblicklichen Hochwasserwelle ... in der Nacht ... Mannheim erreichen (MM 27. 6. 73, 15); **b)** (geh., seltener Astron.) *Zenit:* um Mittag, da Schamasch in S. stand (Th. Mann, Joseph 108). **3.** (Math.) **a)** *Schnittpunkt der Schenkel eines Winkels;* **b)** *Schnittpunkt eines Kegelschnitts mit seiner [Haupt]achse, bei einer Hyperbel auch (außerhalb der Kurve liegender) Endpunkt der Nebenachse:* der S. einer Parabel, die vier S. einer Ellipse, Hyperbel. ◆ **4.** ⟨auch die; -, -n:⟩ *trübe der Himmel und schwer auf meine S. sich senkte* (Goethe, Elegien I, 7); die dunklen Haare in vielen Zöpfen über der S. aufgeflochten (E. T. A. Hoffmann, Bergwerke 21); der Helmbusch wallt ihr von der S. (Kleist, Penthesilea 1); **Schei|tel|ab|stand,** der (Astron.): *Abstand eines Gestirns vom Zenit;* **Schei|tel|au|ge,** das (Zool.): *Pinealauge;* **Schei|tel|bein,** das: *(bei Mensch u. Wirbeltieren vorkommender) paariger Knochen des Schädeldachs, der beim Menschen die Seitenwände des Schädels bildet;* **Schei|tel|hö|he,** die: *Höhe des höchsten Punktes, z. B. eines Berges:* Ü die Mittagsstunde und S. des Jahres, von wo es abwärts geht (Th. Mann, Zauberberg 515); **Schei|tel|kamm,** der: *(bes. bei Menschenaffen) Knochen in Form einer Leiste, der längs über die Mitte des Schädels verläuft;* **Schei|tel|käpp|chen,** das: *kleine, runde, flache Kopfbedeckung, die von bestimmten Geistlichen getragen wird;* **Schei|tel|kreis,** der: **1.** (Astron.) *Kreis, der durch Zenit u. Nadir geht.* **2.** (Math.) *Kreis um den Mittelpunkt einer Ellipse od. Hyperbel mit dem Radius der großen Halbachse;* **schei|tel|los** ⟨Adj.⟩: *ohne Scheitel* (1 a): sein kurzes -es Haar; das Haar s. nach hinten kämmen; **schei|teln** ⟨sw. V.; hat⟩ [mhd. scheiteln, ahd. in: zisceitilōn]: *mit einem Scheitel* (1 a) *versehen:* [jmdm., sich] das Haar s.; sie trägt das Haar in der Mitte gescheitelt; akkurat gescheiteltes Haar; **Schei|tel|naht,** die: *Kranznaht;* **Schei|tel|punkt,** der: *Scheitel* (2, 3): Der S. der Hochwasserwelle erreichte in der Nacht zum Montag St. Louis (FAZ 21. 7. 93, 7); Ü auf dem S. seines Ruhms (Augstein, Spiegelungen 20); **schei|tel|recht** ⟨Adj.⟩ (veraltet): *senkrecht:* ◆ Hier ... siehst du zwei feindliche Gestirne, die im ganzen Lauf der Zeiten ein einzig Mal in ihrer Bahn zerschmetternd sich berühren (Schiller, Don Carlos I, 2); **Schei|tel|wert,** der (Math., Physik): *Amplitude;* **Schei|tel|win|kel,** der: *Winkel, der einem anderen, gleich großen Winkel an zwei sich schneidenden Geraden gegenüberliegt;* **Schei|tel|zel|le,** die (Bot.): *(bei niederen Pflanzen) einzelne teilungsfähige Zelle an der Spitze des Vegetationspunktes.*

schei|ten ⟨sw. V.; hat⟩ [zu ↑Scheit] (schweiz.): *zu Scheiten zerhacken, spalten:* Holz s.; **Schei|ter|hau|fen,** der; -s, -: **1.** *Holzstoß, auf dem (im MA.) zum Tode Verurteilte, bes. Hexen (2), öffentlich verbrannt wurden:* einen S. errichten; jmdn. auf den S. bringen; sie starben auf dem S. (*wurden öffentlich verbrannt*). **2.** (südd.) *aus zerschnittenen Brötchen, Milch, Eiern, Zucker u. Rosinen hergestellte Süßspeise;* **schei|tern** ⟨sw. V.; ist⟩ [17. Jh., für älter: zerscheitern, geb. zum landsch. Pl. Scheiter (Scheite) ganzer von ↑Scheit, eigtl. = in Stücke (Scheite) gehen] (geh.): **1. a)** *ein angestrebtes Ziel o. ä. nicht erreichen, keinen Erfolg haben:* er ist [im Leben, als Künstler, mit seinen Plänen] gescheitert; die Regierung ist mit den Gesetzvorhaben im Parlament gescheitert; Weil der Kaiserslauterer Neumann mit einem Foulelfmeter an Torwart Paul scheiterte ... (Welt 19. 5. 65, 17); die deutsche Mannschaft scheiterte an Italien mit 3 : 4; eine bürgerliche Existenz aufbauen zu wollen – das war das, woran er viele hatte s. sehen (*was in vielen ihm bekannten Fällen mißlungen war;* Remarque, Triomphe 50); er ist eine gescheiterte Existenz (*hat es im Leben zu nichts gebracht*); ⟨subst.:⟩ daß schulisches Scheitern ... kein unabwendbares Schicksal ist (Saarbr. Zeitung 5. 10. 79, 30); **b)** *mißlingen, mißglücken, fehlschlagen:* der Versuch, das Projekt scheiterte; am [fehlenden] Geld soll die Sache nicht s.; alle Bemühungen scheiterten [am Widerstand einzelner]; ihre Klage, ihr Prozeß ist gescheitert; die Gesetzesvorlage, das Gesetz ist [im Parlament] gescheitert; die Friedenskonferenz ist gescheitert; die Verhandlungen für gescheitert erklären, s. lassen; ihre Ehe ist gescheitert; An Haaren im Kamm und ungeniertem Zahnstochern vor dem andern ist noch keine Liebe gescheitert (Andres, Liebesschaukel 73); Sie mochten erahnt haben, daß meine Tugend leicht an meiner Eitelkeit scheitern konnte (Jahnn, Geschichten 20); ⟨subst.:⟩ eine Flucht zum Scheitern bringen; die Revolte war [von vornherein] zum Scheitern verurteilt (*mußte zwangsläufig mißlingen*). **2.** (veraltend) *zerschellen, stranden:* das Schiff ist [an den Felsen, auf einem Riff] gescheitert; **Scheit|holz,** das ⟨o. Pl.⟩: *der Länge nach gespaltenes Brennholz:* ein Bündel S.; **scheit|recht** ⟨Adj.⟩ (Bauw.): *waagerecht;* **Scheit|stock,** der (schweiz.): *Hackklotz.*

Sche|kel, der; -s, - [hebr. šeqel]: **1.** *Währungseinheit in Israel* (1 Schekel = 100 New Agorot). **2.** ↑*Sekel.*

Schelch, der od. das; -[e]s, -e [15. Jh., wohl zusgez. aus schellich, scheltich, vgl. spätahd. scaltich, zu: scalta = Ruderstange, zu: scaltan, ↑schalten] ([west]md.): *größerer Kahn.*

Schel|de, die; -: *Fluß in Frankreich, Belgien u. den Niederlanden.*

Schelf, der od. das; -s, -e [engl. shelf = Riff, Brett, ¹Bord; vgl. mniederd. schelf = Brettergestell; ¹Regal] (Geogr.): *Festlandsockel:* der europäische S.; die -e der Kontinente; der zum Staatsgebiet Dänemarks gehörende Teil des -s; die über dem S. liegenden Gewässer.

Schel|fe, die; -, -n [spätmhd. schelve, schilf, ahd. scel(i)va, verw. mit ↑Schale (1)] (landsch.): ¹*Schote; Schale* (1 a); **schel|fen** ⟨sw. V.; hat⟩: seltener für ↑*schelfern;* **schel|fe|rig,** schelfrig ⟨Adj.⟩ (landsch.): ↑*schilf[e]rig;* **schel|fern** ⟨sw. V.; hat⟩ [landsch. Nebenf. von: schelfen = (ab)schälen, zu ↑Schelfe] (landsch.): *schilfern:* Die Farbe sowieso; die ging ja ab wie nach dem Fasching, schelferte (Richartz, Büroroman 127).

Schelf|meer, das: **a)** ⟨o. Pl.⟩ *Gesamtheit der über den Schelfen liegenden Teile des Weltmeers:* Das S. ist maximal, etwa 200 m tief; die flacheren, zum S. gehörenden Teile des Golfs von Mexiko; **b)** *über einem Schelf liegendes Meer:* die Nordsee ist ein S.; die wirtschaftliche Nutzung der -e.

schelf|rig: ↑*schelferig.*

Schel|lack ['ʃɛlak], der; -[e]s, -e [niederl. schellak, aus: schel = Schale; Schuppe u. lak = Lack, *das Harz wird in dünne,* schalenartige Tafeln gepreßt]: *von Schildläusen abgesondertes Harz, das u.a. zur Herstellung von Lacken verwendet wird; Gummilack:* alte Schallplatten aus S.

Schell|ad|ler, der; -s, - [zu ↑schellen, nach dem hellen Laut des Vogels]: *(in den gemäßigten Regionen Eurasiens heimischer) meist auf hohen Bäumen nistender, kleinerer dunkelbrauner Adler.*

¹Schel|le, die; -, -n [frühnhd., mhd. nicht belegt, ahd. in: fuoʒscal = Fußfessel, wohl zu ↑Schale]: **1.** *ringförmige Klammer, Bügel zum Befestigen u. Verbinden von Rohren u. Schläuchen o.ä. zum Befestigen von Teilen an Rohren o.ä.:* die S. hat sich gelockert, ist verrutscht; eine Leitung mit -en an der Wand befestigen; der Schlauch wird mit einer S. auf dem Stutzen festgeklemmt; die Klingel ist mit einer S. am Lenker befestigt. **2.** ⟨Pl.⟩ (veraltet) *Handschellen.*

²Schel|le, die; -, -n [mhd. schelle, ahd. scella = Glöckchen, zu mhd. schellen, ahd. scellan = tönen, schallen]: **1. a)** *kleines, kugelförmiges, mit einem Schlitz versehenes Glöckchen:* die -n an der Narrenkappe klingeln hell; **b)** (landsch.) *[kleine] Glocke* (1 a): Im Innern des Hauses schlug eine S. blechern an (Kuby, Sieg 65); Friedchen Bohr ... fuhr die Milch ... durchs Viertel, schüttelte eine S., schrie Milech, Milech ... (Degenhardt, Zündschnüre 194). **2.** (landsch.) *[elektrische] Klingel* (1): das Fahrrad hatte keine S.; er drückte auf die S. *(auf den Klingelknopf).* **3.** ⟨nur Pl.; o. Art. als s. Sg. gebraucht⟩ *Farbe im deutschen Kartenspiel, dem Karo* (2) *entspricht:* -n spielen; -n sticht.

³Schel|le, die; -, -n [gek. aus ↑Maulschelle] (landsch.): *Ohrfeige:* Kann sein, ich handle mir eine p ein (Plenzdorf, Leiden 36); Peter Holdorf ... nahm es ... in Kauf, von seiner Mutter eine S. zu fangen (Augsburger Allgemeine 6./7. 5. 78, IV).

schel|len ⟨sw. V.; hat⟩ [zu ↑²Schelle] (landsch.): **1.** *klingeln* (a): das Telefon schellt; ⟨unpers.:⟩ an der Haustür schellt es; mach auf, es hat geschellt!; als er plötzlich die Ladenglocke wie irrsinnig s. hörte (Langgässer, Siegel 132). **2.** *klingeln* (b): dreimal s.; mit einer Glocke s. **3.** *klingeln* (c): nach dem Diener s.; und darum schellst du uns aus unserem Schlaf? (Gaiser, Schlußball 157); **Schel|len|acht** [(auch:) - -'-], die; (Kartenspiel): *Acht* (d) *der Farbe Schellen;* **Schel|len|baum**, der: *vor allem in Militärkapellen verwendetes Musikinstrument, bestehend aus einer langen Stange zum Tragen u. mehreren quer daran befestigten Stangen, an denen kleine ²Schellen (1a) hängen;* **Schel|len|daus** [(auch:) - -'-], der (Kartenspiel): vgl. Schellenacht; **Schel|len|ge|läu|te**, **Schel|len|ge|läut[e]**, das: vgl. Schellengeläute; **Schel|len|kap|pe**, die: *Narrenkappe* (a): * *jmdm. die S. aufsetzen (jmdn. zum Gespött machen, lächerlich machen);* **Schel|len|klang**, der: vgl. Schellengeläute; **Schel|len|knopf**, der (landsch.): *Klingelknopf;* **Schel|len|kö|nig** [(auch:) - -'- -], der (Kartenspiel): vgl. Schellenacht; **Schel|len-**

kranz, der: *Musikinstrument, das aus einem Holzreifen mit Schlitzen, in denen an Metallstiften ringförmige Metallscheibchen lose angebracht sind, besteht u. das durch rhythmisches Schlagen od. Schütteln zum Klingen gebracht wird;* **Schel|len|ober** [(auch:) - -'- -], der (Kartenspiel): vgl. Schellenacht; **Schel|len|schlit|ten**, der: *Pferdeschlitten mit ²Schellen (1a);* **Schel|len|tracht**, die: *(im 14. Jh. getragene) Kleidung mit ²Schellen (1a) an Kragen, Ärmeln, Säumen, Schuhen u. Gürteln;* **Schel|len|trom|mel**, die: *einem Schellenkranz ähnliches Musikinstrument, das zusätzlich mit einem Fell zum Trommeln bespannt ist; Tamburin;* **Schel|len|un|ter** [(auch:) - -'- -], der (Kartenspiel): vgl. Schellenacht.

Schell|fisch, der; -[e]s, -e [aus dem Niederd. < mniederd. schellevisch, zu: schelle = Schale, nach dem in Schichten auseinanderfallenden Fleisch]: *(zu den Dorschen 2 gehörender) im Nordatlantik lebender größerer Knochenfisch mit graubraunem Rücken, weißem Bauch, weißen Seiten u. dunklem Fleck über den Brustflossen, der als Speisefisch geschätzt wird.*

Schell|ham|mer, der; -s, ...hämmer [zu ↑²Schelle; im Ggs. zur Glocke wird die Schelle geschmiedet]: *Hammer zur Herstellung von ²Nieten.*

Schell|hengst, der: ↑Schälhengst.

Schell|kraut, das, **Schell|wurz**, die: ↑Schöllkraut.

Schelm, der; -[e]s, -e [mhd. schelm(e), schalm(e), ahd. scelmo, scalmo = Aas; Pest, Seuche, H.u.; schon spätmhd. = verworfener Mensch, Betrüger (als Schimpfwort)]: **1.** *jmd., der gern anderen Streiche spielt, Spaßvogel; schelmischer (1) Mensch, Schalk:* er ist ein S.; was versteckst du denn da hinter deinem Rücken, du kleiner S.?; Spr nur ein S. *(Narr)* gibt mehr, als er hat; * **jmdm. sitzt der S. im Nacken/jmd. hat den S. im Nacken** (↑Schalk); **auf einen S. anderthalbe setzen** (veraltend) *einen Streich, Spaß o.ä. mit einem noch ärgeren, schlaueren beantworten).* **2.** (veraltet) *unehrenhafter Mensch, Schurke, Schuft; Betrüger, Verbrecher:* ... sondern wollte sie bereden, ... den S. dafür zu züchtigen (Th. Mann, Joseph 513); R ein S., der/wer [dabei] Böses/Arges denkt *(nur ein übelwollender Mensch könnte dabei etwas Böses argwöhnen, unterstellen;* nach ↑honi soit qui mal y pense); ♦ eh will ich an die Redlichkeit dem Strick entlaufner -e als an die Tücke dieses Weibes glauben (Kleist, Amphitryon III, 1); In der Tat! Ein S., wenn ich dir lüge (Kleist, Hermannschlacht III, 3); Weil du deine Lappereien mißglücken, kommst du und willst ein S., ein Meuchelmörder werden? (Schiller, Räuber II, 2); Ich habe so ein Protokoll abzuschreiben gehabt, wo der Kommissarius schwer Lob und Geld vom Hofe erhielt, weil er einen ehrlichen Teufel, an den man wollte die Art u. Weise verhört hatte, *daß der Angeklagte schuldig erscheinen mußte;* Goethe, Egmont IV); **Schel|men|ge|schich|te**, die: vgl. Schelmenroman; **Schel|men|ge|sicht**, das: *schelmisches Gesicht;* **Schel|men|ro|man**, der (Litera-

turw.): *Roman (bes. des 16. u. 17.Jh.s), dessen Held sich als Umhergetriebener niederer Abkunft mit allen Mitteln, Listen u. Schlichen durchs Leben schlägt; pikarischer Roman;* **Schel|men|streich**, der: **1.** *Streich, mit dem jmd. überlistet wird.* **2.** (veraltet) *strafwürdige Tat; Verbrechen;* **Schel|men|stück**, das: *Schelmenstreich;* **Schel|me|rei**, die; -, -en: **1. a)** *Schelmenstreich* (1); **b)** ⟨o. Pl.⟩ *zu Neckereien aufgelegtes Wesen:* Sie lachte ihn an voll unschuldiger S. (Seidel, Sterne 77). **2.** (veraltet) **a)** ⟨o. Pl.⟩ *Schlechtigkeit, Lasterhaftigkeit:* denn die Härte der Strafe beweist einen außerordentlichen Grad von S. (Th. Mann, Joseph 608); **b)** *Schelmenstreich* (2): ♦ indem er den Kerl, wegen auf dem platten Lande verübter Notzucht und anderer -en, ... hatte hängen lassen wollen (Kleist, Kohlhaas 75); Spitzbübische Künste! Mörder, Räuber durch spitzbübische Künste! Angeschwärzt von ihm! Verfälscht, unterdrückt meine Briefe ... o S., S.! (Schiller, Räuber IV, 3); — **Schel|min**, die; -, -nen: **1.** w. Form zu ↑Schelm (1): du hast doch geschwindelt, du kleine S.!; ♦ Die S. hatte so ihre Freude, mit ihnen zu spielen, wie mit der Maus ein junges Kätzchen (Wieland, Gandalin 1, 35). **2.** (veraltet) w. Form zu ↑Schelm (2): ♦ Zur S. würde ich an dem Herzblute meines Bräutigams, welches seine Lippen verschütteten, weil er einen Tag lang sich nicht in Lisbeth zu finden wußte (Immermann, Münchhausen 2, 395); **schel|misch** ⟨Adj.⟩ [frühnhd. = schurkisch]: **1.** *in der Art eines Schelms* (1); *schalkhaft; verschmitzt:* s. lächeln; jmdn. s. ansehen; „Einer hat doch getobt!" teilte sie ihm s. mit (Musil, Mann 1191). **2.** (veraltet) *in der Art eines Schelms* (2); *betrügerisch, verbrecherisch, böse:* ... und wolle von -in Binsenknaben überhaupt nichts mehr hören (Th. Mann, Joseph 612); ♦ Erfuhr er, daß man ihn suchte wegen -er Tat, da (= in seinem Bau) fand er das beste Beschirmung (Goethe, Reineke 2, 27f.); du führst ihn in Spielkompanien und bei liederlichen Menschen ein, verwickelst ihn in Schlägereien und -e Streiche (Schiller, Räuber II, 3); ♦ **Schelm|stück**: ↑Schelmenstück: Zu einem S. *(Schelmenstreich* 2) solltest du den Namen hergeben (Schiller, Piccolomini V, 1).

Schel|te, die; -, -n ⟨Pl. selten⟩ [mhd. schelte, ahd. scelta = Tadel, strafendes Wort, zu ↑schelten] (geh.): **1.** *in schimpfendem Ton geäußerte Worte, mit denen jmd. wegen eines bestimmten Verhaltens zurechtgewiesen wird; laut vorgebrachter Tadel:* S. bekommen; sei pünktlich, sonst gibt es S.!; Kräftige S. gab es ... für Landwirtschaftsminister Kiechle und die Brüsseler Beschlüsse (Allgemeine Zeitung 12. 5. 84, 5). **2.** (Sprachw. veraltend) *abwertender Ausdruck:* ein Wörterbuch der Schimpfwörter und -n; **schel|ten** ⟨st. V.; hat⟩ [mhd. schelten, schelden, ahd. sceltan = tadeln, schmähen, verw. mit ↑Schall, ↑²Schelle]: **1.** (geh., oft auch landsch.) **a)** *schimpfen* (1 a): Sie wollten nach Hause. Sie begannen zu s. und zu flennen (Jahnn, Geschichten 225/6); sie schalt, weil ihr niemand half; er hat auf

ihn gescholten; er schalt über sie, ihre Unpünktlichkeit; Hat Nietzsche wirklich nur zu Unrecht auf den Terror gescholten ...? (Thielicke, Ich glaube 162); b) *schimpfen* (1b): die Mutter schilt das Kind, mit dem Kind; muß ich denn schon wieder [mit dir] s.?. **2.** (geh.) a) *herabsetzend heißen, nennen, als etw. hinstellen:* er schalt ihn töricht, einen Narren; jedenfalls hatte der Gehülfe nicht mehr den Mut, sie eine Rabenmutter zu s. (R. Walser, Gehülfe 120); b) *tadeln, kritisieren:* Aber die Menschen ... wollen das Sichtbare ..., und ich schelte sie nicht deswegen (Th. Mann, Krull 391); In Heft 1/1980 ... schelten Sie ein Urteil des OLG Köln (ran 3, 1980, 4); Die oft gescholtene Unsittlichkeit Roms (Thieß, Reich 366); und es war Unrecht, die Kunst zu s. (A. Zweig, Claudia 72); **Schelt|na|me,** der (veraltend): *Schimpfname.*
Schel|to|pu|sik, der; -s, -e [russ. želtopuzik, eigtl. = der Gelbbäuchige]: *(in Südosteuropa u. Vorderasien lebende) große braune bis kupferfarbene Schleiche.*
Schelt|re|de, die (geh.): *wortreiche [laute] Äußerung, mit der man jmdn. schilt;*
Schelt|wort, das (geh.): **1.** ⟨Pl. -e⟩ *scheltende Worte; Scheltrede:* Er ... ließ in heftigen -en seinen Zorn an ihr aus (Hagelstange, Spielball 15). **2.** ⟨Pl. ...wörter, auch -e⟩ *Schimpfwort:* ein derbes, obszönes, vulgäres S..
Sche|ma, das; -s, -s u. -ta, auch: ...men [lat. schema < griech. schēma = Haltung, Stellung, Gestalt, Figur, Form, zu: échein (Inf. Aor.: scheīn) = haben, [fest]halten]: **1.** *Konzept* (1), *das man [in Gedanken] von einem Sachverhalt hat u. nach dem man sich bei der Beurteilung od. Ausführung von etw. richtet:* ein festes, starres, einfaches S.; das neue S. des ZDF-Programms scheint bei den Zuschauern gut anzukommen; ein S. aufstellen; einem S. folgen; sich [streng] an ein vorgegebenes S. halten; die Filme dieser Reihe sind alle nach demselben S. aufgebaut; nach einem bestimmten S. vorgehen, verfahren, arbeiten; diese Idee paßt in kein S., läßt sich in kein S. pressen *(entspricht nicht den üblichen Denkschemata);* * *nach S. F* (abwertend; *gedankenlos u. routinemäßig, ohne das Besondere des Einzelfalls zu bedenken;* nach dem preuß. Heer mit einem F gekennzeichneten, nach einem bestimmten Muster aufzusetzenden Frontrapporten): ein Lehrer, der seinen Unterricht nicht nach S. F abspult (MM 19. 9. 79, 25). **2.** *die wesentlichen Merkmale von etw. wiedergebende, bei der Ausführung, Herstellung von etw. als Vorlage dienende graphische Darstellung:* das S. einer elektrischen Schaltung aufzeichnen; etw. durch ein S. veranschaulichen; **Sche|ma|brief,** der (Bürow.): *Brief mit festgelegtem Text für wiederholt im Briefwechsel auftretende Situationen;* **Sche|ma|ta:** Pl. von ↑ Schema; **sche|ma|tisch** ⟨Adj.⟩: **1.** *einem [vereinfachenden] Schema entsprechend, folgend:* eine -e Darstellung, Zeichnung; etw. s. abbilden; Abbildung 9 zeigt s. das Prinzip des Viertaktmotors; man könne die Dinge nicht so s. und formalistisch betrachten (Leonhard, Revolution 65). **2.** (meist abwertend) *routinemäßig, mechanisch* (4b): eine -e Arbeit, Tätigkeit; daß die Übersetzung ... eine -e Übertragung der Vokabeln aus der einen in die andere Sprache sei (Natur 48); er führte die Anweisung rein s. aus; **sche|ma|ti|sie|ren** ⟨sw. V.; hat⟩: *einem Schema* (1, 2) *gemäß darstellen, behandeln:* einen komplizierten Sachverhalt in wenigen Thesen s.; so stark können die Dinge nicht schematisiert werden; Die beiden Diagnosen lassen sich folgendermaßen s.: a) Die einen glauben ... b) Die anderen meinen ... (Dönhoff, Ära 143); daß ... auch die Medizinerausbildung immer mehr schematisiert wird (Tagesspiegel 13. 6. 84, 10); **Sche|ma|ti|sie|rung,** die; -, -en: *das Schematisieren;* **Sche|ma|tis|mus,** der; -, ...men (bildungsspr. abwertend): **1.** a) ⟨o. Pl.⟩ *mechanisch an einem Schema* (1) *orientiertes Denken u. Handeln:* mit reinem S. wird man diese Probleme nicht zu lösen, wird man der Sache nicht gerecht; b) *schematische* (2) *Handlung o.ä.* **2.** a) (österr.) *Rangliste für öffentliche Bedienstete;* b) (kath.) *statistisches Handbuch von Diözesen od. Orden.*
Schem|bart, der; -[e]s, ...bärte [mhd. schem(e)bart, zu: schem(e), ↑²Schemen]: *Maske mit Bart;* **Schem|bart|lau|fen,** das; -s: *(im MA.) Fastnachtsumzug, bei dem Schembärte getragen werden;*
Schem|bart|spiel, das: *Maskenspiel.*
Sche|mel, der; -s, - [mhd. schemel, ahd. (fuoʒ)scamil ~ spätlat. scamillus, scamellum, Vkl. von lat. scamnum = ¹Bank (1)]: a) *Hocker* (1): ... blieb Walter ... auf seinem halb umgedrehten S. vor dem Klavier halten (Musil, Mann 48); b) *(bes. südd.) Fußbank:* Davor aber stand der Sessel der Königsmacht und der goldene S. ihrer Füße (Th. Mann, Joseph 143).
¹Sche|men: Pl. von ↑ Schema.
²Sche|men, der, auch: das; -s, - [mhd. schem(e) = Schatten(bild), verw. mit ↑ Schemel]: a) *etw., was nur in schwachen Umrissen, nicht deutlich zu erkennen ist:* Im Dämmer gehen graue S. im Kreis (Sobota, Minus-Mann 106); das Schiff war nur als S. zu erkennen; b) *gespensterische, spukhafte Erscheinung; Trugbild:* sie ist ein S., ein Geist aus Mondlicht und Gier, eine Tote, eine lebende, auferstandene Tote (Remarque, Obelisk 234); Ü Zum erstenmal in der Geschichte der Bundesrepublik ist der Rechtsradikalismus mehr als ein bloßer S. (Spiegel 15, 1966, 31); **sche|men|haft** ⟨Adj.; -er, -este⟩ (geh.): *nur undeutlich, verschwommen zu erkennen; schattenhaft; wie ein ²Schemen:* um in den grauen Nebel hinauszuschauen, nichts zu sehen als das -e Gerippe der nächsten Lärchen (Frisch, Stiller 168); Schemenhaft taucht ein Dorf auf (Berger, Augenblick 59); nur s. noch erkennbar, glitten die Außenbords des 1000-Tonnen-Schiffes an ihm vorbei (Prodöhl, Tod 233); Ü daß der Verlust eines Menschen erträglicher erscheint, solange die Umstände seines Endes s. *(vage)* bleiben (Heym, Schwarzenberg 220); **Sche|men|lau|fen,** das; -s: *(in Tirol) Schembartlaufen.*
Schen, Scheng, das; -s, -s [chin.]: *chinesische Mundorgel.*

Schenk, der; -en, -en [mhd. schenke, ahd. scenco, zu ↑ schenken (5)]: **a)** (früher) *Mundschenk;* **b)** (veraltet) *Schankwirt;* **Schenk|be|trieb** usw. (seltener): ↑ Schankbetrieb usw.; **Schen|ke,** die; -, -n [mhd. schenke, zu ↑ schenken (5)]: *Gaststätte, bes. [kleinere] Schankwirtschaft,* ¹*Ausschank* (2a): eine gemütliche S.; Aber was der Wirt dieser schlichten S. für wenig Geld auffahren ließ, war vortrefflich (Bamm, Weltlaterne 89); in eine S. einkehren.
Schen|kel, der; -s, - [mhd. schenkel, eigtl. = Bein, ablautend verw. mit ↑ Schinken]: **1.** LÜ von lat. crus (anguli): **1.** *Teil des Beines zwischen Hüfte u. Knie; Oberschenkel:* stramme, kräftige, dicke, dünne, magere, sehnige S.; dem Pferd die S. geben (Reiten; *es durch den Druck der Schenkel antreiben*); der Skiflieger lag ruhig, die Hände an den -n, in der Luft; sich lachend auf die S. schlagen; mit gespreizten -n; Hannchen gehörte zu den kleinen, struppigen Russenpferden mit langem Fell, dicken -n und breitem Schädel (Klepper, Kahn 52); so, daß die Zuschauer direkt zwischen ihre gespreizten S. sehen konnten (Simmel, Stoff 339). **2.** (Math.) **a)** *eine der beiden Geraden, die einen Winkel bilden:* die beiden S. des Winkels; **b)** *eine der beiden gleich langen Seiten eines gleichschenkligen Dreiecks;* **c)** *eine der beiden nicht parallelen Seiten eines Trapezes.* **3.** *einer der beiden von einem gemeinsamen Ansatzpunkt ausgehenden Teile eines Geräts (z. B. einer Schere, eines Zirkels).* **4.** (Weinbau) *älterer Seitentrieb der Weinrebe;* **Schen|kel|beu|ge,** die; (Anat.): *Leistenbeuge;* **Schen|kel|bruch,** der: *Bruch* (2a) *des Schenkels;* **Schen|kel|druck,** der (Reiten): *Schenkelhilfe;* **Schen|kel|hals,** der (Anat.): *Oberschenkelhals;* **Schen|kel|hals|bruch,** der; **Schen|kel|hals|frak|tur,** die (Med.): *Oberschenkelhalsbruch, -fraktur;* **Schen|kel|hil|fe,** die (Reiten): *zur Lenkung mit den Schenkeln auf die Flanken des Pferdes ausgeübter Druck;* **Schen|kel|kno|chen,** der: *Knochen des Ober- od. Unterschenkels;* **Schen|kel|kopf,** der (Anat.): *Oberschenkelkopf;* **Schen|kel|wei|chen,** das; -s (Reiten): *Übung, bei der das Pferd sich vorwärts u. seitwärts zugleich bewegt.*
schen|ken ⟨sw. V.; hat⟩; mhd. schenken, ahd. scenken, urspr. = zu trinken geben, eigtl. = schief halten (von einem Gefäß, aus dem eingeschenkt wird) u. zu dem unter ↑ Schenke genannten Adj. mit der Bed. „schief, krumm" gehörend]: **1.** *jmdm. etw. zum Geschenk machen, zu dauerndem Besitz geben:* jmdm. Blumen, Schokolade, Geld s.; jmdm. etw. zu Weihnachten, zum Geburtstag, zur Hochzeit s.; die Eltern schenkten ihr zum Abitur ein Auto, eine Reise; wir schenken uns dieses Jahr nichts zu Weihnachten, den Rest des Geldes schenke ich dir *(du darfst ihn behalten);* Wer wird dem Staat was s. *(auf etwas verzichten, was er vom Staat beanspruchen kann?;* Gaiser, Schlußball 45); uns ist auch nichts geschenkt worden *(wir mußten uns auch alles verdienen);* ⟨ohne Dativobj.:⟩ sie wollten gern etwas s. *(ein Geschenk machen);* ⟨ohne Dativ- u. Akkusativobj.:⟩ sie schenkt gerne *(macht*

Schenkenamt

gerne Geschenke); [von jmdm.] etw. geschenkt bekommen; er möchte nichts geschenkt haben *(möchte nicht, daß man ihm etwas schenkt);* nichts geschenkt nehmen *(nichts umsonst haben wollen);* etw. ist [fast, halb] geschenkt (ugs.; *ist sehr billig);* das möchte ich nicht [einmal] geschenkt haben/das wäre mir geschenkt zu teuer (abwertend; *das gefällt mir nicht, ist so beschaffen, daß ich es nicht haben möchte);* sie trägt meist geschenkte Sachen; R geschenkt ist geschenkt *(was man verschenkt hat, kann man nicht wieder zurückverlangen);* Ü sie schenkte (geh.; *gebar)* ihm fünf Kinder; was Hellas der Welt geschenkt hat (geh.; *was die Welt Hellas verdankt*) ...: seine grandiose Gedankenwelt (Thieß, Reich 645); sich jmdm. s. (dichter.; *sich jmdm. hingeben* 2b). **2.** geben, zuteil werden lassen, verleihen: (häufig verblaßt): jmdm. neuen Lebensmut, Kraft s.; das Präparat schenkt den Frauen Jugend und Schönheit; jmdm., einer Sache Aufmerksamkeit, Beachtung s. *(jmdn., etw. beachten);* jmdm. keinen Blick s. (geh.; *jmdn. nicht ansehen, beachten);* einem Tier die Freiheit s. *(es freilassen);* jmdm. seine Freundschaft s. *(jmdn. als seinen Freund betrachten);* jmdm. seine Gunst s. *(jmdn. mit Sympathie, Wohlwollen begegnen);* jmdm. ein Lächeln s. (geh.; *jmdn. anlächeln);* jmdm. das Leben s. (geh.; *jmdn. nicht töten, hinrichten [lassen]);* jmdm. Glauben, Vertrauen s. *(jmdm. glauben, vertrauen);* kannst du mir ein wenig Zeit s. (geh.; *hast du ein wenig Zeit für mich)?* **3. a)** *jmdm.,* sich sparen (3a), ersparen (2): der Klasse die Hausaufgaben s.; Ein halbes Jahr haben sie mir geschenkt *(erlassen)* auf Bewährung (Fallada, Blechnapf 7); er hat sich und seinen Mitarbeitern nie etwas geschenkt *(immer sehr viel abverlangt);* die Finalisten haben sich nichts geschenkt (Sport; *sich gegenseitig das Äußerste abverlangt);* ihr wird nichts geschenkt *(sie hat es nicht leicht);* in dieser Schule wird den Kindern nichts geschenkt *(müssen sie viel arbeiten);* R [das ist] geschenkt (ugs.; *darüber brauchen wir nicht zu reden, zu streiten; das ist gar keine Frage):* „... Hättest du an meiner Stelle geschwiegen?" Er winkt ab und sagt: „Geschenkt." (Becker, Irreführung 133); Daß ich nicht gerade eine Schönheit bin, geschenkt, aber so häßlich bin ich nun auch wieder nicht (Freundin 5, 1978, 144); **b)** ⟨s. + sich⟩ *(auf etw.) verzichten;* sparen (3b): den zweiten Teil des Films, den Museumsbesuch, den Vortrag werde ich mir s.; die Mühe, die Blumen hättest du dir s. können; und bei 200 Schweißverbindungen schenkten sich die Verantwortlichen jeglichen Test (Wochenpost 6.8.76, 9). **4.** (geh.) **a)** (veraltend) *(als Getränk)* ausschenken, reichen, anbieten: Ein recht heißer Rotwein wurde zu dem allen geschenkt (Th. Mann, Krull 359); weil ich Pils-Bier schenke und weil das nicht so teuer ist (Aberle, Stehkneipen 90); **b)** *(ein Getränk)* eingießen, einschenken: Wein ins Glas, Kaffee in die Tassen s.; Wie immer hatte sie die Gläser viel zu voll geschenkt (Danella, Hotel 117); **Schen|ken|amt,** das (früher): Amt des

Schenken (a); **Schen|ker,** der; -s, -: **1.** (Rechtsspr.) *jmd., der eine Schenkung macht.* **2.** (veraltet) *Wirt eines Bierlokals;* **Schen|ke|rin,** die; -, -nen (Rechtsspr.): w. Form zu ↑Schenker (1); **Schen|ker|laub|nis** usw. (seltener): ↑Schankerlaubnis usw. ♦ **Schenk|haus,** das: *Schenke:* hatte sich ... hingesetzt auf die Bank, die neben der Tür des -es stand (E. T. A. Hoffmann, Bergwerke 4); ♦ **Schenk|mäd|chen,** das: *Kellnerin:* Der Freund rief nach Wein, der uns nach einer Weile von einem verschlafenen S. gebracht wurde (C. F. Meyer, Amulett 50); **Schen|kung,** die; -, -en (Rechtsspr.): *in Geld od. Sachwerten bestehende Zuwendung an jmdn.:* eine S. [an jmdn.] machen, beurkunden; **Schen|kungs|steu|er** (Steuerw.): Schenkungssteuer, die: *Steuer, der eine Schenkung unterliegt;* **Schen|kungs|ur|kun|de,** die: *Urkunde über eine Schenkung;* **Schenk|wirt** usw. (seltener): ↑Schankwirt usw.
Sche|ol, der; -s [hebr. šĕʾôl]: *(im A. T.) das als Unterwelt gedachte Totenreich, in dem die Toten mit verminderter Lebenskraft weiterexistieren.*
schepp ⟨Adj.⟩ [mhd. schep, Nebenf. von ↑schief] (md.): *schief.*
schep|pern ⟨sw. V.⟩ [lautm.] (ugs.): **1.** *(bes. von aneinanderschlagenden, durcheinanderfallenden o. ä. Gegenständen, Teilen [aus Metall])* klappern, klirren ⟨hat⟩: die leeren Eimer, Büchsen, Milchkannen scheppern; auf den schnellen Elektrokarren scheppterte die Last unter heftigen Bremsrucken (Johnson, Mutmaßungen 14); wenn der Wecker am Morgen schepperte *(rasselte, klingelte;* B. Vesper, Reise 499); der Eimer fiel scheppernd zu Boden; die Stahltür fiel scheppernd ins Schloß; ⟨unpers.:⟩ In dem Sack schepperte es. „Hier drin" ... „sind meine Rennpokale. Alles Silber. Echt." (Lentz, Muckefuck 266); auf der Kreuzung hat es gescheppert *(gab es eine Kollision);* ⟨subst.:⟩ das Scheppern von hohlem Blech (Hildesheimer, Tynset 65); Ü die hohen Begriffe ... wurden zu scheppernden *(hohlen)* Phrasen (Härtling, Hubert 157); wenn du nicht aufhörst, scheppert es gleich (ugs.; *gibt es gleich Schläge).* **2. a)** *sich scheppernd (irgendwohin) bewegen* ⟨ist⟩: der Eimer scheppterte auf die Fliesen (Sebastian, Krankenhaus 88); als ein Haufen Geld aus dem Gewinnschlitz [des Spielautomaten] schepperte (Fels, Sünden 48); deutsche Kriegsvehikel ... scheppern durch Warschau und Paris (Spiegel 13, 1967, 163); **b)** *mit scheppterndem, verzerrtem Klang tönen* ⟨hat⟩: und irgendwo scheppert 'n Radio (Schnurre, Fall 24); „Achtung, Achtung", schepperte eine Lautsprecherstimme (Spiegel 44, 1966, 47).
Scher, der; -[e]s, -e [mhd. scher(e), ahd. scero, zu ↑¹scheren, eigtl. = der Erddurchschneider] (südd., österr., schweiz. mundartl.): *Maulwurf.*
Scher|baum, der [zu ↑³scheren (3)]: **1.** *Stange der Gabeldeichsel.* **2.** *Baumstamm, der beim Flößen zur Eingrenzung der Baumstämme u. zur Abweisung von Hindernissen dient.*
Scher|be, die; -, -n ⟨meist Pl.⟩ [mhd.

scherbe, schirbe, ahd. scirbi, eigtl. = die Schneidende, Scharfkantige, verw. mit mhd. scharben, ↑Scherflein]: *Stück von einem zerbrochenen Gegenstand aus Glas, Porzellan od. Ton:* die -n des Tellers, Spiegels, der Fensterscheibe; die -n zusammenkehren, auflesen; es hat -n gegeben *(Zerbrechliches ist entzweigegangen);* sich an einer S. schneiden; der Krug ging [klirrend] in -n *(zerbrach),* zersprang in tausend -n; im Zorn hat er die Vase in -n geschlagen; R -n bringen Glück (scherzhafter Trost, wenn jmdm. etw. Zerbrechliches entzweigegangen ist); Ü eine S. von blinkendem See (Frisch, Gantenbein 231); Die Hoffnung lag in -n (Remarque, Triomphe 313); vor den -n seines Glückes, seiner [gescheiterten] Ehe stehen; **Scher|bel,** der; -s, - (landsch.): ↑Scherbe; **scher|beln** ⟨sw. V.; hat⟩: **1.** (landsch.) *[mit Schwung u. ausgelassen-fröhlich] tanzen:* s. gehen; die ganze Nacht s.; Mit der kleinen schwarzen Frieda ... hat der Chef gescherbelt (Fallada, Mann 45). **2.** (schweiz.) *unrein, spröde klingen:* die Glocke, das Klavier scherbelt fürchterlich; mit scherbelnder Stimme vortragen; Ü doch dürfte sein (= Frank Sinatras) Lied ... in den Ohren vieler einen scherbelnden Klang gehabt haben *(bei vielen auf Ablehnung gestoßen sein;* NZZ 19.12.86, 7); **Scher|ben,** der; -s, -: **1.** (südd., österr.) ↑Scherbe. **2.** (südd.) *irdener Topf [für Blumen].* **3.** (Keramik) *gebrannter, aber noch nicht glasierter keramischer Werkstoff:* dieser Ton ergibt einen bläulichen, porösen, dichten, sehr harten S.; die Glasur wird von den vorgebrannten S. aufgeschmolzen;
Scher|ben|ge|richt, das: *Ostrazismus:* Ü Vogel ... warnte ... davor, ein „S." über die Staatsanwaltschaft und die Polizei zu veranstalten (bildungsspr.); *übermäßig streng, hart mit ihnen ins Gericht zu gehen;* MM 10.8.71, 7); **Scher|ben|hau|fen,** der: *Haufen* (1) *von Scherben:* Ü Und die kleine Koalitionspartei, mit deren Hilfe dieser große S. *(dieses Unheil)* angerichtet worden ist? (Dönhoff, Ära 26); * **vor einem S. stehen** *(die bittere Erfahrung machen, daß etw., was große Bedeutung für einen hat, zunichte geworden ist):* er mußte schon nach wenigen Jahren Konkurs anmelden und stand wieder vor einem S.; **Scher|ben|ko|balt,** der: *in der Natur rein vorkommendes Arsen.*
Scher|bett, der od. das; -[e]s, -e: ↑Sorbet.
Scher|blatt, das [zu ↑¹scheren (1a–c)]: *aus einer mit vielen feinen Schlitzen versehenen dünnen Metallfolie bestehendes Teil bestimmter elektrischer Rasierapparate, an dessen Innenseite das Abscheiden der durch die Schlitze ragenden Barthaare erfolgt.*
Scher|brett, das [zu ↑⁴scheren (2)] (Fischerei): *(zum Schleppnetz gehörendes) an jeder der beiden Seiten des Netzes befestigtes Brett, das sich durch den Widerstand des Wassers so stellt, daß das Netz beim Fischen geöffnet bleibt.*
Scher|chen, das; -s, -: Vkl. zu ↑Schere (1);
Scher|de|gen, der (Gerberei früher): *aus einer scharfen Klinge mit zwei Griffen bestehendes Werkzeug zum* ¹Scheren (2);
Sche|re, die; -, -n [mhd. schære, ahd.

scāri (Pl. von: scār = Messer, Schere, ↑²Schar), wohl eigtl. = zwei Messer]: **1.** *Werkzeug zum Schneiden, das aus zwei durch einen Bolzen über Kreuz drehbar miteinander verbundenen u. mit ringförmig auslaufenden Griffen versehenen Klingen besteht, deren Schneiden beim Zusammendrücken der Griffe streifend gegeneinander bewegt werden:* eine scharfe, spitze, stumpfe S.; die S. schleifen; etw. mit der S. abschneiden, ausschneiden, beschneiden; Dann spalte ich das Bauchfell nach oben mit der S. (Hackethal, Schneide 32); Ü *diese Passage, Filmszene ist der S. zum Opfer gefallen (ist beim Kürzen od. Zensieren eliminiert worden);* die „S. im Kopf" *(die Selbstzensur)* setzt rasch ein, sobald einer auf regelmäßiges Einwerben von Sponsorengeldern angewiesen ist (MM 14. 11. 88, 28). **2.** ⟨meist Pl.⟩ *scherenartiges Greifwerkzeug bestimmter Krebse u. Spinnentiere:* die -n des Hummers, des Skorpions. **3.** (landsch.) *Gabeldeichsel.* **4.** (Turnen) *im Stütz ausgeführte Übung am Seitpferd, bei der die gestreckten Beine in einer dem Öffnen u. Schließen einer Schere vergleichbaren Bewegung aus der Hüfte in gleichzeitigem Wechsel vor bzw. hinter das Gerät geschwungen werden.* **5.** (Ringen) *mit gekreuzten Beinen durchgeführter Griff, bei dem Hals od. Hüfte des Gegners zwischen den Schenkeln u. Knien des Angreifers eingeklemmt wird.* **6.** (Basketball) *Deckung eines Spielers von hinten u. vorne gleichzeitig durch zwei Gegenspieler.* **7.** *jeder der beiden nach unten gerichteten Arme der Kandare, an denen die Zügel befestigt werden.* **8.** (Gaunerspr.) *von Taschendieben beim Stehlen angewandter Griff, bei dem zwei Finger (bes. Zeige- u. Mittelfinger) gestreckt in jmds. Tasche geführt werden u. der jeweilige Gegenstand zwischen sie eingeklemmt aus der Tasche gezogen wird:* eine S. machen. **9.** (Jargon) *Diskrepanz zwischen zwei Faktoren (die sich in ungünstiger Weise auseinanderentwickeln, -entwickelt haben):* die S. zwischen Kosten und Erträgen, zwischen Anspruch und Wirklichkeit wird immer größer; die S. öffnet sich immer weiter *(die Diskrepanz wird immer größer);* Anhand dieses Beispiels zeigte sie auf, wie die S. Pflege – Kosten zu den Löhnen und Preisen immer mehr auseinanderklafft (Vaterland 27. 3. 85, 17); ¹**sche|ren** ⟨st., selten auch: sw. V.; hat⟩ [mhd. schern, ahd. sceran, urspr. = ab-, einschneiden; trennen]: **1. a)** *mit Hilfe einer Schere o. ä. von Haaren befreien:* Schafe, einen Pudel s.; ihm wurde der Kopf geschoren; ♦ der wackre Mann, der selbst sein Schleifchen schiert (Kleist, Krug 1); **b)** *mit einer Schere o. ä. dicht über der Haut abschneiden, [annähernd] bis zum Ansatz wegschneiden:* die Haare s.; jmdm., sich den Bart s. (veraltend; *abrasieren);* den Schafen die Wolle s.; ein Mann mit extrem kurz geschorenem Haar; **c)** *durch* ¹*Scheren* (1 b) *vorhandener Haare entstehen lassen:* jmdm. eine Glatze s.; **d)** (Textilind.) *durch Abschneiden hervorstehender Fasern die Oberfläche von etw. ausgleichen:* Tuche, Teppiche, Samt s.; **e)** *durch Schneiden kürzen u. in*

die gewünschte Form bringen: den Rasen, die Hecken, die Sträucher s.; ein besonders kurz geschorener, dichter Rasen. **2.** (Gerberei) *entfleischen* (2). **3.** (ugs. selten) *betrügen* (b): sie haben ihn [um tausend Mark] geschoren; ²**sche|ren** ⟨sw. V.; hat⟩ [wohl zu veraltet scheren = ausbeuten, quälen (vgl. ungeschoren), grammat. beeinflußt von ↑⁴scheren] (ugs.): **a)** ⟨s. + sich⟩ *kümmern* (1 b) ⟨nur verneint od. eingeschränkt⟩*:* sich nicht um die Vorschriften s.; sie schert sich nicht, nur wenig um ihn, um sein Wohlergehen; Der Feudal-Sozialismus ... schert sich einen Dreck um den Buchstaben des Gesetzes (Spiegel 48, 1976, 44); Frau Thies ... scherte sich nicht darum, was er dachte (Kronauer, Bogenschütze 349); **b)** (veraltend) *kümmern* (2), *interessieren:* es schert ihn [herzlich] wenig, nicht im geringsten, was die Leute über ihn reden; was scheren den Autofahrer ... Kühlwassertemperatur oder Öldruck, solange beides in Ordnung ist? (ADAC-Motorwelt 10, 1979, 26); Den scherte es einen Dreck, wenn die Russen „Geinrich Geine" statt Heinrich Heine sagten (Bieler, Bär 101); ♦ **c)** *plagen, belästigen, quälen:* Warum aber ward die Erkerstube ... abbestellt ... – Da frag den Mathematikus. Der sagt, es sei ein Unglückskümmer! – Narrenspossen! Das heißt, die Leute s. Saal ist Saal (Schiller, Piccolomini II, 1); ³**sche|ren** ⟨sw. u. st. V.⟩ [1 a: zu ↑Schere (4); 1 b: zu ↑Schere (5); 2: zu ↑Schere (6); 3: zu ↑schirren]: **1.** ⟨sw. V.; hat⟩ **a)** (Turnen) *am Seitpferd eine Schere ausführen;* **b)** (Gymnastik) *in Bauch- od. Rückenlage die gestreckten Beine s kreuzen.* **2.** ⟨sw. V.; hat⟩ (Basketball) *einen Spieler durch zwei Gegenspieler von hinten u. vorne gleichzeitig decken.* **3.** ⟨st. V.; hat⟩ (Seemannsspr.) *(durch etw.) hindurchziehen; einscheren* (2): so schor ihnen [= den Fischen] Matten ein Ende Leine durch Maul und Kiemen (Leip, Klabauterflagge 7). ⁴**sche|ren** ⟨sw. V.⟩ [spätmhd. schern = schnell weglaufen, ahd. scerōn = ausgelassen sein, eigtl. = springen]: **1.** ⟨s. + sich⟩ *sich [schnellstens] an einen bestimmten Ort o. ä. begeben* (meist in Befehlen od. Verwünschungen) ⟨hat⟩: sich an die Arbeit, ins Bett s.; „Packt euch und schert euch zu eurer Truppe!", herrschte er sie an (Plievier, Stalingrad 161); Sie ... scheren sich noch heute ins Krankenhaus. Das ist ein Befehl, verstanden? (Bieler, Bär 53); doch diesmal rief er mir zornig zu, mich zu s. *(zu verschwinden)* (Seghers, Transit 32); scher dich zum Teufel, zum Henker! (salopp; *verschwinde!);* ♦ ⟨im Präs., bes. im Imperativ auch stark gebeugt:⟩ Aber nun halt dein Lästermaul und schier dich fort (E. T. A. Hoffmann, Bergwerke 5); Schier dich zum Satan, infame Kupplerin (Schiller, Kabale I, 1). **2. a)** (Seemannsspr.) *(von Schiffen) bei schrägem Anströmen des Wassers seitlich ausscheren* (a) ⟨ist⟩; **b)** *aus- od. einscheren:* über ... den Bürgersteig an der Schlange (Johnson, Ansichten 17); er brach das Überholmanöver ab und scherte wieder in die Kolonne.

Sche|ren|arm, der (Technik): *(an Geräten*

o. ä.) Arm (2), *der sich nach dem Prinzip des Scherengitters auseinanderziehen u. zusammenschieben läßt:* eine Wandlampe mit einem schwenkbaren S.; **sche|ren|ar|tig** ⟨Adj.⟩: *in der Art einer Schere* (1); **Sche|ren|as|sel**, die: *kleiner Krebs mit asselähnlichem Körper u. auffallend großen Scheren;* **Sche|ren|bahn**, die (Kegeln): *Kegelbahn* (b), *die sich zur Standfläche der Kegel hin stark verbreitert;* **Sche|ren|blatt**, das: *Blatt* (5) *einer Schere* (1); **Sche|ren|deich|sel**, die (landsch.): *Gabeldeichsel;* **Sche|ren|fernrohr**, das: *(früher bes. im militärischen Bereich verwendetes) Fernrohr mit zwei um das Okular drehbaren Armen, an deren äußeren Enden jeweils ein Objektiv angebracht ist;* **Sche|ren|fut|te|ral**, das: *Futteral für eine Schere;* **Sche|ren|ge|biß**, das (Zool.): *Gebiß des Raubtieres, bei dem sich die Backenzähne wie Scherenblätter gegeneinander bewegen;* **Sche|ren|git|ter**, das: *Gitter, das sich zusammenschieben läßt, wobei sich seine gekreuzten [Metall]stäbe scherenartig gegeneinander bewegen:* nachts ist der Eingang, das Schaufenster des Juwelierladens mit einem S. gesichert; er öffnete ... das S. des Fahrstuhls (Andersch, Rote 176); **Sche|ren|griff**, der (Turnen): *Helfergriff, bei der die eine Hand des Helfers auf der Brust des Übenden u. die andere Hand auf dessen Rücken liegt;* **Sche|ren|he|ber**, der: *Wagenheber, der [leichtere] Kraftfahrzeuge mittels eines Scherengitters anhebt;* **Sche|ren|mon|teur**, der: *Facharbeiter in der Industrie, der Scheren* (1) *zusammensetzt u. ihre Funktionstüchtigkeit prüft* (Berufsbez.); **Sche|ren|mon|teu|rin**, die: w. Form zu ↑Scherenmonteur; **Sche|ren|schlag**, der (Fußball): *im Sprung ausgeführter Tritt nach dem Ball mit einer dem Öffnen einer Schere vergleichbaren Beinbewegung;* **Sche|ren|schlei|fer**, der: **1.** *Handwerker, der Scheren* (1), *Messer o. ä. schleift* (Berufsbez.). **2.** (landsch. abwertend) *Promenadenmischung;* **Sche|ren|schlei|fe|rin**, die: w. Form zu ↑Scherenschleifer (1); **Sche|ren|schna|bel**, der (Zool.): *einer Seeschwalbe ähnelnder Watvogel, dessen besonders schmaler Schnabel mit seinem auffallend verlängerten Unterschnabel an eine Schere erinnert;* **Sche|ren|schnitt**, der: *(meist kleinformatiges, oft symmetrisch aufgebautes gegenständliches od. ornamentartiges) durch das Herausschneiden bestimmter Formen aus einem Blatt Papier hergestelltes Bild:* einen S. anfertigen, machen; ein Meister des -s *(jmd., der es ausgezeichnet versteht, Scherenschnitte herzustellen);* **Sche|ren|sprung**, der (bes. Turnen): *Sprung, bei dem die gestreckten Beine in der Luft scherenartig aneinander vorbeigeführt werden;* **Sche|ren|stel|lung**, die (Bergsteigen): *Stellung der Füße quer zum Hang, wobei die Spitze des talseitigen Fußes leicht talwärts gerichtet ist;* **Sche|ren|trep|pe**, die: *Treppe (z. B. als Zugang zu Dachböden), die wie eine Scherengitter auseinandergezogen u. zusammengeschoben werden kann;* **Sche|ren|zaun**, der: *Holzzaun, bei dem sich die Latten scherenartig schräg kreuzen;* **Sche|rer**, der; -s, -: *jmd., der etw.* ¹*schert* (1, 2);

Sche|re|rei, die; -, -en ⟨meist Pl.⟩ [zu ↑²scheren] (ugs.): Unannehmlichkeit: das gibt, macht nur [unnötige] -en; [wegen etw., mit jmdm.] -en bekommen, haben, kriegen; Warum sollen wir uns gegenseitig -en machen ...? (Ziegler, Labyrinth 239); (salopp scherzh.:) sonst ersäufst du mir noch ..., und ich hab' dann die S. mit der Leiche (H. Gerlach, Demission 82); **Sche|re|rin**, die: w. Form zu ↑Scherer; **Scher|fe|stig|keit**, die (Technik): Widerstandsfähigkeit (eines Körpers, eines Werkstoffs) gegenüber einer Beanspruchung durch Scherung (1).

Scherf|lein, das; -s, - ⟨Pl. selten⟩ [Vkl. von spätmhd. scher(p)f = eine Scheidemünze, wohl zu mhd. scharben, ahd. scarbōn = einschneiden u. eigtl. = Münze mit eingeschnittenem Rand; seit dem 16. Jh. durch Luthers Bibelübersetzung verbreitet] (geh.): kleiner Geldbetrag (als Spende für etw., jmdm.): ein S. für (schweiz.:) an die Notleidenden von jmdm. ein S. bekommen; jmdn. um ein [kleines] S. bitten; * (meist in der Wendung) **ein, sein S. [zu etw.] beitragen/beisteuern/geben** (einen kleinen [finanziellen] Beitrag zu etw. leisten); nach Mark. 12, 42 im N. T., wo vom „Scherflein der armen Witwe" erzählt wird): Gesprächs- und Korrespondenzpartner, die imstande und bereit waren, ihr S. zum Ruhme Thomas Manns beizutragen (Reich-Ranicki, Th. Mann 24).

Scher|gang, der [zu ↑Schere] (Schiffsbau): besonders stabiler oberster Abschnitt der Bordwand eines Schiffs.

Scher|ge, der; -n, -n [mhd. scherge, scherje = Gerichtsdiener, ahd. scario = Scharführer, zu ↑¹Schar] (abwertend): jmd., der unter Anwendung von Gewalt jmds. (bes. einer politischen Macht) Aufträge vollstreckt; Handlanger: Wahllos griffen die -n der braunen Machthaber nach ihren wehrlosen Opfern (Noack, Prozesse 81); umstellt, verfolgt, gehetzt von den -n eines blutigen Regimes (Remarque, Triomphe 198).

Sche|ria: ↑Scharia; **Sche|rif**, der; -s u. -en, -s u. -e[n] [arab. šarīf = der Hochgeehrte]: **a)** ⟨o. Pl.⟩ Titel der Nachkommen des Propheten Mohammed; **b)** Träger des Titels Scherif.

Scher|kamm, der: kammartiges Teil am Langhaarschneider eines elektrischen Rasierapparats o. ä., zwischen dessen Zinken das Abschneiden der Haare erfolgt; **Scher|kopf**, der: Teil eines elektrischen Rasierapparats, der das Barthaar abrasiert; **Scher|kraft**, die (Technik): eine Scherung (1) od. Abscherung (1) bewirkende Kraft; **Scher|ling**, der; -s, -e [zu ↑¹scheren (1 a)] (Fachspr.): geschorenes Schaffell; **Scher|ma|schi|ne**, die (Textilind.): Maschine zum ¹Scheren (1 d); **Scher|maus**, die: **1.** sehr gut schwimmende u. tauchende dunkelbraune Wühlmaus. **2.** (südd., österr., schweiz.) Maulwurf; **Scher|mes|ser**, das: **a)** Messer in einem Gerät, Apparat zum ¹Scheren (1); ◆ **b)** (in landsch. Sprachgebrauch) Rasiermesser: „Ja, ich tu mich ein wenig balbieren", antwortete mein Vater und kratzte mit dem S. (Rosegger, Waldbauernbub 65).

Schern|ken, der; -s, - [H. u.] (österr. veraltet): **1.** (an den Sohlen von Bergschuhen) starker, breiter Nagel. **2.** genagelter Bergschuh; **Schern|ken|schuh**, der (österr. veraltet): Schernken (2).

Scher|sprung, der (bes. Turnen): Sprung, bei dem die gestreckten Beine scherenartig aneinander vorbeigeführt werden; **Sche|rung**, die; -, -en [zu ↑Schere]: **1.** (Mechanik) Verformung eines Materials durch zwei parallel zueinander in entgegengesetzter Richtung wirkende Kräfte. **2.** (Math.) durch Parallelverschiebung bestimmter Punkte od. Seiten einer geometrischen Figur bewirkte mathematische Abbildung, bei der die Figur zwar ihre Form, nicht aber ihren Flächeninhalt ändert.

Scher|wen|zel usw.: ↑Scharwenzel usw.; ◆ **scher|wen|zeln**: Nebenf. von ↑scharwenzeln: ⟨subst.:⟩ Da hielt dich das unglückliche Hofleben und das Schlenzen und Scherwenzen mit den Weibern (Goethe, Götz I).

Scher|wind, der (Met., Flugw.): (für Flugzeuge sehr gefährliche) dicht benachbarte, starke aufwärts- bzw. abwärtsgerichtete Luftströmungen: obwohl das Verhalten bei -en im wesentlichen Teil des United-Ausbildungsprogrammes ist (NZZ 30. 8. 86, 9); **Scher|wol|le**, die [zu ↑¹scheren (1 a)]: Schurwolle.

¹Scherz, der; -es, -e [H. u., viell. zu ital. scorza = Rinde] (bayr., österr., schweiz.): Kanten.

²Scherz, der; -es, -e [mhd. scherz = Vergnügen, Spiel, zu: ↑scherzen]: nicht ernstgemeinte [witzige] Äußerung, Handlung o. ä., die Heiterkeit erregen soll; Spaß: ein netter, gelungener, harmloser S.; ein schlechter, übler S. (ein unangebrachter S., ein S., den man sich besser nicht erlaubt [hätte]); es war doch nur [ein] S.; dieser S. ging [entschieden] zu weit; ist das S. oder Ernst?; [einen] S. machen; seine -e über jmdn., etw. machen (sich über jmdn., etw. lustig machen); seinen S., seine -e mit jmdm. treiben (jmdn. necken, anführen 3 o. ä.); er läßt sich schon einen S. gefallen (nimmt nicht gleich jede Neckerei übel); sich mit jmdm. einen S. erlauben (jmdn. anführen 3, hereinlegen 2); etw. aus, im, zum S. sagen, tun (etw. nicht ernst meinen); verschone mich mit solchen -en (solchen Albernheiten, solchem Unsinn); und lauter solche/und all solche/und ähnliche -e (ugs.; in bezug auf eine Reihe unerfreulicher od. nicht ernst zu nehmender Dinge, die man nicht im einzelnen aufzählen will; u. dergleichen mehr, u. ähnliche Dinge); R das ist doch ein schlechter S. (das ist doch hoffentlich nicht wahr, nicht dein Ernst; das ist ja unglaublich, ungeheuerlich); S. beiseite! (nach einer Reihe scherzhafter Bemerkungen als [Selbst]aufforderung, nun das zu sagen, was man im Ernst meint); [ganz] ohne S. (als Versicherung, daß das Gesagte, so unglaubhaft es auch klingen mag, wirklich den Tatsachen, der Überzeugung o. ä. entspricht; im Ernst); mach keinen S., keine -e! (ugs.; als Ausruf ungläubigen Staunens); **scher|zan|do** [sker...] ⟨Adv.⟩ [ital. scherzando, zu: scherzare, ↑Scherzo] (Musik): in der Art eines Scherzos (in Verbindung mit Tempobezeichnungen: allegretto s.; **Scherz-**

ar|ti|kel, der: kleinerer Gegenstand für Scherze, Schabernack (bes. in der Faschingszeit u. an Silvester); **Scherz|bold**, der; -[e]s, -e [zum 2. Bestandteil vgl. Witzbold] (ugs.): jmd., der gerne scherzt.

Scher|zel, Scherzl, das; -s, - [zu ↑¹Scherz]: **1.** (bayr., österr.) ¹Scherz. **2.** (Kochk., bes. österr.) Schwanzstück.

scher|zen ⟨sw. V.; hat⟩ [mhd. scherzen = lustig springen, hüpfen, sich vergnügen, verw. mit ↑⁴scheren in dessen urspr. Bed. „springen"]: **1.** (geh.) einen Scherz, Scherze machen: sie scherzten den ganzen Abend [miteinander]; damit ist nicht zu s. (das muß man ernst nehmen, damit muß man vorsichtig sein); über jmdn., etw. s.; ich scherze nicht (ich meine es ernst); ⟨subst.:⟩ ich bin [ganz und gar] nicht zum Scherzen aufgelegt/mir ist [ganz und gar] nicht nach Scherzen zumute; R Sie scherzen [wohl]!/(veraltend:) Sie beliebten zu s.! (das kann nicht Ihr Ernst sein!). **2.** scherzend, im Scherz äußern: „vor Verlegenheit wurdest du rot", scherzte er später ahnungslos (A. Zweig, Claudia 34); **Scherz|fra|ge**, die: vgl. Scherzrätsel; **Scherz|ge|dicht**, das: in Inhalt u. meist auch in der Form scherzhaftes (b) Gedicht; **Scherz|ge|schäft**, das (Rechtsspr.): nur im Scherz angebotenes (u. daher nichtiges) Geschäft; **scherz|haft** ⟨Adj.; -er, -este⟩: **a)** nicht [ganz] ernst gemeint, im Scherz: eine -e Frage, Übertreibung, Bezeichnung, Anspielung, Aufforderung, Bemerkung, Drohung; „Adlatus" wird heute fast nur noch s. gebraucht; Dresden wird s. auch „Elbflorenz" genannt; **b)** auf spaßige, witzige Weise unterhaltend; launig: ein -es Gedicht, Lied; **scherz|haf|ter|wei|se** ⟨Adv.⟩: im, aus Scherz: das Bundesdorf, wie Bonn s. auch genannt wird; **Scherz|haf|tig|keit**, die; -: das Scherzhaftsein; **Scherz|keks**, der (ugs.; meist abwertend): jmd., der etw. sagt, tut o. ä., was man für unsinnig, für eine Zumutung o. ä. hält; dummer August.

Scherzl: ↑Scherzel.

Scherz|lied, das: vgl. Scherzgedicht; **Scherz|ma|cher**, der: vgl. Scherzbold; **Scherz|ma|che|rin**, die: w. Form zu ↑Scherzmacher; **Scherz|na|me**, der: scherzhafter Beiname, Spitzname; **Scherzo** ['skεrtso], das; -s, -s u. ...zi [ital. scherzo, eigtl. = Scherz = scherzen, aus dem Germ.] (Musik): bewegtes, meist launiges Musikstück (bes. als [dritter] Satz in Sinfonien, Sonaten u. Kammermusik); **scher|zo|so** ⟨Adv.⟩. [ital. scherzoso = scherzhaft, spaßig] (Musik, selten): scherzando; **Scherz|rät|sel**, das: Rätsel mit einer überraschenden, lustigen Lösung; **Scherz|re|de**, die: **a)** scherzhafte Rede (1); **b)** Scherzwort (1), Neckerei (2): Plötzlich aber flogen zwischen den jungen Leuten und der hübschen jungen Frau Brieskorn muntere -n hin und her (Augsburger Allgemeine 10./11. 6. 78, V); **Scherz|wa|re**, die: vgl. Scherzartikel; **Scherz|wort**, das ⟨Pl. -e⟩: **1.** scherzhafte Bemerkung, Äußerung: ein S. ..., dem Nachbarn zur Linken oder zur Rechten zugeworfen (Schädlich, Nähe 9). **2.** scherzhaftes Wort (3), Bonmot: Das S., es gebe die drei Wirtschaftsordnungen des „Laissez faire"..., die des „unfair"... und die des „welfare" (Fraenkel, Staat 375).

sche|sen ⟨sw. V.; ist⟩ [zu niederd. sche(e)s(e) = Kutsche < frz. chaise, ↑ Chaise] (ugs., bes. nordd.): *in großer Eile gehen, laufen, fahren; rasen* (1): was schest du so? Wir haben doch viel Zeit!; sie schwang sich aufs Fahrrad und scheste zum Bahnhof; Wenn wir Jungs einen Polizistenhelm blinken sahen, dann schesten wir gleich um die Ecke rum (Kempowski, Zeit 101).

scheu ⟨Adj.; -er, -[e]ste⟩ [mhd. schiech = scheu, verzagt; abschreckend, häßlich, H. u.; im Nhd. lautlich an ↑ Scheu, scheuen angeglichen]: **a)** *(aus einem bei zu großer Nähe sich einstellenden Unbehagen, aus Ängstlichkeit od. aus Mißtrauen) von anderen, bes. von fremden Menschen sich fernhaltend:* ein -er Mensch; er hat ein -es Wesen; -e *(Scheu verratende)* Blicke, Gesten; ein -es *(schüchternes, zaghaftes)* Lächeln; ein -er *(schüchterner, zaghafter)* Kuß; Als er in -er *(zurückhaltender, zaghafter)* Zärtlichkeit ihren Fuß streichelte (Lederer, Bring 169); Sie betrachtete ihn von der Seite mit -er *(respektvoller)* Achtung (H. Mann, Unrat 143); In -er *(aus Scheu, Respekt gewahrter)* Entfernung von seinem Wagen sah Carvalho die alten Gestalten einziehn in seiner Stadt (Schneider, Erdbeben 119); Weidel geht nicht so leicht mehr unter Menschen. Er ist ja s. (Seghers, Transit 75); s. wirken; das Kind blieb s. an der Tür stehen; sich s. umsehen; **b)** *(von bestimmten Tieren) die Nähe bestimmter anderer Tiere u. bes. des Menschen instinktiv meidend u. beim kleinsten Anzeichen einer Gefahr sofort bereit zu fliehen; nicht zutraulich:* ein -es Reh; der Fuchs ist ein sehr -es Tier; Das kleine Lächeln ... verschwand wie ein -er Fisch in der Tiefe des Teiches (Martin, Henker 68); das Wild ist sehr s.; die Pferde wurden s. *(scheuten* 2); die Pferde s. machen *(erschrecken u. wild machen, in Aufregung versetzen);* **Scheu,** die; - [mhd. schiuhe = (Ab)scheu, Schreckbild, zu ↑ scheu]: **a)** *das Scheusein; scheues* (a) *Wesen; Verhalten:* eine instinktive, kindliche S.; eine fromme, ehrfürchtige, andächtige S.; Seine S. vor den Menschen ist nichts als Unsicherheit (Langgässer, Siegel 93); Die S. *(Abneigung)* vor gruppenmäßiger organisatorischer Bindung schien unüberwindlich (Kantorowicz, Tagebuch I, 23); eine gewisse, seltsame, unbestimmte S. zeigen, haben, empfinden; seine, alle S. verlieren, ablegen, vergessen, überwinden, fallenlassen; jmdm. S. einflößen; Aber viele Nichthomosexuelle haben S. *(scheuen sich),* in diese Gruppen zu gehen (Hamburger Rundschau 22. 8. 85, 7); mit heiliger S. ⟨geh.⟩ *Ehrfurcht*); Ganz ohne S. sprach Antje den Namen des Toten aus (Danella, Hotel 176); voller S. [vor jmdm. od. etw.] sein; **b)** *scheues* (b) *Wesen; Verhalten:* das Wild zeigte keine S.; der Hunger ließ die Tiere ihre S. überwinden; die Katze ließ sich ohne [jede] S. streicheln; **Scheu|che,** die; -, -n [identisch mit ↑ Scheu; vgl. scheuchen]: *Vogelscheuche;* **scheu|chen** ⟨sw. V.; hat⟩ [identisch mit ↑ scheuen (Fortbildung des mhd. Hauchlauts)]: **1.** *durch Gebärden, [drohende] Zurufe jagen* (3), *treiben:* die Fliegen vom Käse, aus dem Zimmer s.; flügelschlagend mit ihren langen Armen, scheuchte sie das Federvieh zum Brunnen (Th. Mann, Stadt 9); Gruppen- und Zugführer scheuchen schon mal dickliche Soldaten ... durch schmale Betonröhren, bis sie steckenbleiben (Spiegel 26, 1976, 72); Ü der Regen scheuchte die Urlauber ins Hotel; die Flammen ... scheuchten die Dunkelheit in die Ecken des Raumes (A. Zweig, Claudia 122). **2.** ⟨ugs.⟩ *veranlassen, sich an einen bestimmten Ort o. ä. zu begeben, sich von einem bestimmten Ort wegzubegeben:* jmdn. zum Arzt, an die Arbeit s.; die Kinder aus dem Bett, in die Schule s.; ein stattlicher Herr ... empfing den Unterbuchhalter würdig, scheuchte Scharen von Sekretärinnen aus seinem Büro (Dürrenmatt, Grieche 41). **3.** ⟨ugs.⟩ ⟨bes. im Rahmen einer Ausbildung o. ä.⟩ *[in schikanöser Weise] herumkommandieren, zu höchster Anstrengung antreiben:* sich nicht s. lassen; ... werden wir auf einem sandigen Übungsplatz ... gescheucht, daß der Schweiß in Strömen fließt (Borkowski, Wer 85); In der letzten Zeit hat uns unser Trainer ziemlich gescheucht (elan 12, 1979, 14); sie braucht immer jemanden, der sie scheucht *(durch Mahnungen o. ä. antreibt);* **Scheu|el,** der; -s, - [spätmhd. schaul, zu ↑ scheuen] *(veraltet):* noch in den Verbindungen: *** Greuel und S.** *(Greuel u. andere Abscheulichkeiten):* ein ... grüner Schlaks, der zwar an Greueln und -n mehr gehört und gesehen haben mochte als Gleichaltrige in früheren oder späteren Jahren (Kant, Impressum 64); **jmdm. ein Greuel und [ein] S. sein** *(jmdm. äußerst zuwider sein):* diesen mag ich nicht, und jenen liebe ich, und dieser ist mir ein Greul und ein Scheul, und jener ... (Tucholsky, Werke II, 281); **scheu|en** ⟨sw. V.; hat⟩ [mhd. schiuhen, ahd. sciuhen]: **1. a)** *(aus Abneigung, Unbehagen, Bequemlichkeit, Angst, Furcht [vor unangenehmen Folgen] o. ä.) zu vermeiden suchen, meiden:* Konflikte, Entscheidungen, Auseinandersetzungen s.; keine Kosten, Opfer, keine Mühe, Arbeit s.; wenn es darauf ankommt, scheut der Hund selbst den Kampf mit einem Wolf nicht; Er ... scheute *(mied)* als junger Mensch die Frauen (Bergengruen, Rittmeisterin 338); und es scheuten ihn alle ⟨geh.: *hielten sich alle von ihm fern;* Th. Mann, Joseph 383); Ich habe das Tageslicht nicht zu s. *(brauche mich nicht zu verstecken)* (Langgässer, Siegel 159); ⟨geh., veraltet mit Gen.:⟩ sie scheute der Mühe nicht (Rilke, Brigge 143); **b)** ⟨s. + sich⟩ *(aus Angst, Hemmungen, Bedenken o. ä.) zurückschrecken* (1), *zurückscheuen* (2): sich vor Gewaltanwendung, kriminellen Mitteln s.; sich [davor] s., etw. zu tun; Man soll sich vor großen Worten nicht s., wenn sie am Platze sind (Thieß, Reich 543); ich bedauere, daß sich mich nicht gescheut hatte, ... die Waffe an mich zu nehmen (Heym, Schwarzenberg 176); sich vor nichts und niemand[em] s. ⟨ugs.; *keinerlei Skrupel haben*). **2.** (meist von Pferden) *durch etw. erschreckt in Panik geraten u. mit einer Fluchtbewegung reagieren:* die Pferde scheuten vor dem Hindernis; das Helldunkel machte ihn (= den Hund Bauschan) schreckhaft, er scheute wirrköpfig vor Mensch und Strauch (Th. Mann, Herr 42); er versuchte, das scheuende Pferd zu beruhigen.

Scheu|er, die; -, -n [mhd. schiur(e), ahd. sciura, scūra, verw. mit ↑ Scheune; 2: mhd. scheur(e), schiure, H. u.]: **1.** (westmd., südd.) *Scheune:* S. und Ställe standen offen; die Ernte in die S. bringen; *** die S. voll haben** (ugs.; *ein Unterschied zu andern genug [von etw.] besitzen]*). **2.** (hist.) *Doppelbecher.*

Scheu|er|be|sen, der (selten): *Schrubber;* **Scheu|er|bür|ste,** die: *Bürste zum Scheuern* (1 a); **Scheu|er|ei|mer,** der (selten): *Putzeimer;* **scheu|er|fest** ⟨Adj.⟩: *widerstandsfähig gegen Scheuern* (2); **Scheu|er|fe|stig|keit,** die: *Widerstandsfähigkeit gegen Scheuern* (2); **Scheu|er|frau,** die (veraltend): *Putzfrau;* **Scheu|er|ha|der,** der (ostmd.): ²*Hader* (b); **Scheu|er|lap|pen,** der *(Lappen zum Scheuern* (1 a); **Scheu|er|lap|pen|ge|schwa|der,** das (ugs. scherzh.): *Putzlappengeschwader;* **Scheu|er|lei|ste,** die: **1.** *Fußleiste.* **2.** (Seew.) *Leiste an einem Boot od. Schiff, die Beschädigungen, z. B. beim Anlegen, verhindern soll.*

Scheu|er|mann-Krank|heit, die; -, **Scheu|er|mann|sche Krank|heit,** die; -n - [nach dem dän. Orthopäden H. W. Scheuermann (1877–1960)]: *die Wirbelsäule betreffende Entwicklungsstörung bei Jugendlichen, die zu Buckel u. starrem Rundrücken führen kann.*

Scheu|er|mit|tel, das: *Reinigungsmittel zum Scheuern* (1 a); **scheu|ern** ⟨sw. V.; hat⟩ [mhd. (md.) schiuren, schüren, H. u.]: **1. a)** *(mit Scheuerpulver, einer Bürste o. ä.) kräftig reibend bearbeiten, säubern:* den Fußboden, die Dielen s.; Töpfe und Pfannen s.; ⟨auch ohne Akk.-Obj.:⟩ kräftig, tüchtig, fest s. *(reiben);* da finde ich immer eine Arbeit und muß nicht s. gehen (landsch.; *als Putzfrau arbeiten;* Hornschuh, Ich bin 51); **b)** *durch Scheuern* (1 a) *entfernen:* den Schmutz von den Dielen s.; sich die Tinte von den Fingern s.; **c)** *durch Scheuern* (1 a) *in einen bestimmten Zustand bringen:* die Fliesen blank, weiß, ganz sauber s. **2. a)** *reiben* (3): der Kragen scheuert; der Schuh scheuert an der Ferse; **b)** *durch Scheuern* (2 a) *in einen unerwünschten Zustand versetzen:* die Schuhe scheuern meine Füße wund; die Riemen scheuern meine Schultern ganz rot (Keun, Mädchen 32); ich habe mir die Knie, mich am Knie wund, blutig gescheuert; **c)** *sich kräftig reibend über etw. hinbewegen:* der Reifen scheuert am Schutzblech, am Bordstein; das Tau scheuert an der Bordwand. **3.** *kräftig reiben [um einen Juckreiz zu vertreiben]:* ich scheuere meinen Rücken, mir den Rücken an der Stuhllehne; der Hirsch scheuert sein Geweih an den Büschen, um den Bast loszuwerden; ⟨s. + sich:⟩ Tom, der Kater ..., scheuert sich an meinen Beinen (Leip, Klabauterflagge 49). **4. * jmdm. eine, ein paar s.** (salopp;

Scheuerprahm

jmdn. ohrfeigen): am liebsten hätte ich der frechen Göre eine gescheuert; **eine, ein paar gescheuert kriegen/bekommen** (salopp; *geohrfeigt werden*): du kriegst gleich eine gescheuert!; **Scheu|er|prahm**, der (Seew.): *Prahm, von dem aus Schiffe von außen gereinigt werden;* **Scheu|er|pul|ver**, das: *pulverförmiges Scheuermittel;* **Scheu|er|sand**, der: **1.** *Sand enthaltendes Scheuerpulver.* **2.** *als Scheuermittel dienender Sand.* **Scheu|er|tor**, das [zu ↑Scheuer] (westmd., südd.): *Scheunentor.* **Scheu|er|tuch**, das ⟨Pl. ...tücher⟩: vgl. Scheuerlappen; **Scheu|er|ver|such**, der: *(mit Hilfe eines speziellen Gerätes durchgeführter) Versuch, bei dem festgestellt wird, in welchem Maß sich Textilien u. Papier durch Reibung abnutzen;* **Scheu|er|wun|de**, die: *durch Scheuern (2 a) entstandene Wunde, Hautverletzung.* **Scheu|heit**, die; -: **a)** *scheues (a) Wesen:* Wenn ich auch sagen muß, daß ich für Weidels S., wie du das nennst, nichts übrig habe (Seghers, Transit 75); **b)** *scheues (b) Wesen:* die S. des Wilds; **Scheu|klap|pe**, die ⟨meist Pl.⟩: *(am Zaum von Pferden in Augenhöhe zu beiden Seiten angebrachte) Klappe, die die Sicht nach der Seite u. nach hinten verwehrt u. das Scheuen verhindern soll:* einem Pferd -n anlegen; Ü -n haben, tragen *(eine einseitige Sicht der Dinge haben, borniert sein);* von ... den „Outsidern" ..., die ... die -n *(die Einseitigkeit, Engstirnigkeit)* des Spezialistentums nicht kannten (Ceram, Götter 67); Er ist ein Mann von Welt, weitgereist, ohne -n (*Vorurteile, Borniertheit;* Hörzu 44, 1975, 7); **Scheu|le|der**, das: *Scheuklappe.* **Scheu|ne**, die; -, -n [mhd. schiun(e), ahd. scugin(a) = Schuppen, Obdach, eigtl. = die Bedeckende]: *landwirtschaftliches Gebäude, in dem bes. Heu u. Stroh gespeichert wird:* die Ernte in die S. bringen, einfahren; ein Fuder nach dem andern schwankt in das gewaltige Maul der S. (Radecki, Tag 12); Ü erinnerst du dich noch an dieses alte Spaghetti-Shop in Istanbul? Das war vielleicht 'ne S., Mann! (Stricker, Trip 47); **Scheu|nen|dre|scher**, der: in der Wendung **wie ein S. essen** o. ä.: (salopp; *[unmäßig] viel essen, bei einer Mahlzeit große Mengen vertilgen*): Kurt hat doch immer gefuttert wie ein S. (Loest, Pistole 159); **Scheu|nen|tor**, das: *Tor einer Scheune:* der Heuwagen schwankte durch das S.; seine Deckung ist offen wie ein S. (Boxen Jargon; *weit offen*); * **mit dem S. winken** (ugs.; ↑Zaunpfahl).
♦ **Scheu|re**, die; -, -n [mhd. scheure, Nebenf. von: schiure, ↑Scheuer]: *(in landsch. Sprachgebrauch) Scheune:* ♦ Das Vieh starb, Knechte und Mägde waren untreu, Scheuren mit Früchten wurden vom Feuer verzehrt (Tieck, Runenberg 48).
Scheu|re|be, die; -, -n [nach dem dt. Züchter G. Scheu (1879–1949)]: **a)** ⟨o. Pl.⟩ *Rebsorte aus einer Kreuzung von Silvaner u. Riesling;* **b)** *aus der Scheurebe (a) hergestellter Wein mit vollem, würzigem Bukett.*
Scheu|sal, das; -s, -e, ugs.: ...säler [spätmhd. schiusel = Schreckbild, Vogelscheuche, zu ↑scheuen] (abwertend): **a)** (seltener) *Ungeheuer, grauenerregendes [Fabel]tier, [Fabel]wesen:* ein vogelköpfiges, drachenartiges, menschenfressendes S.; die Hydra ist ein gräßliches neunköpfiges S. in Schlangengestalt; Er ist im Grunde nicht roh, brutal, kein S. in Menschengestalt (Noack, Prozesse 72); **b)** *roher, brutaler Mensch, dessen Handeln mit Abscheu erfüllt; widerliche Person:* spuck dein Leben aus, du S.! (Konsalik, Promenadendeck 359); Und dann hast du S. zu ihr gesagt: ... (Ziegler, Kein Recht 229); im Gegensatz zu den Namen anderer genialer -e, wie etwa de Sades ..., Bonapartes usw. (Süskind, Parfum 5); **c)** *abstoßend häßlicher Mensch, häßliches Tier:* ein buckeliges, glupschäugiges, schielendes S.; durch den Verkauf von Hunden, häßlichen, schlechtrassigen Scheusälern (Tucholsky, Werke II, 335); dieses S. von einem] Fisch ist ein Seeteufel?; **scheuß|lich** ⟨Adj.⟩ [mhd. schiuzlich = scheu; abscheulich, zu: schiuzen = (Ab)scheu empfinden, Intensivbildung zu ↑scheuen, um 1500 unter Einfluß von ↑Scheusal umgebildet zu: scheuslich, scheußlich] (emotional): **1. a)** *sehr häßlich, übel, kaum erträglich in seiner Wirkung auf die Sinne:* -e Häuser; eine -e Gegend; eine -e Farbe, Stimme; -es Neonlicht; ein -er Lärm, Geruch, Anblick; ein -er *(äußerst unsympathischer)* Kerl; die Suppe schmeckte, roch s.; das Kleid sieht s. aus; ein s. schrilles Geräusch; ein s. grelles Grün; **b)** *[durch Gemeinheit, Roheit] Entsetzen erregend:* ein -es Verbrechen; ein -er Unfall, Anblick; der nächste ... Krieg, der wohl noch -er sein wird, als dieser es war (Hesse, Steppenwolf 127); eine s. verstümmelte Leiche; er hat sich ihr gegenüber s. *(verabscheuungswürdig)* benommen, verhalten. **2.** (ugs.) **a)** *im höchsten Grade unangenehm:* -es Wetter; -e Schmerzen; ein -es Gefühl; eine -e Grippe; es war ein -er, total verregneter Nachmittag; Es war ein -er Tag: Ihr Mann ... überraschte sie in der Scheune im Heu (Strittmatter, Wundertäter 343); die Überfahrt, der Flug war s.; Mir ist trostlos zumute ... Einfach s. (Dürrenmatt, Meteor 56); (er) fühlte sich s. in seiner Haut (Bastian, Brut 130); **b)** ⟨intensivierend bei Verben u. Adj.⟩ *auf unangenehme Weise, in äußerstem Maße:* es war s. kalt auf dem Schiff; Meine Mutter hat gesagt, wenn ich beim Ringen bleibe, kriegte ich ein s. dickes Genick (Loest, Pistole 200); er hat sich s. erkältet; es tat s. weh; das Licht blendet s.; **Scheuß|lich|keit**, die; -, -en: **1.** ⟨o. Pl.⟩ *scheußliche (1, 2 a) Art.* **2. a)** ⟨meist Pl.⟩ *etw. Scheußliches (1 b), scheußlicher Vorfall, scheußliche Tat:* die -en des Krieges; **b)** *etw. von besonderer Häßlichkeit:* Plüschvorhänge und andere -en (Szene 8, 1984, 29).
Schi usw.: ↑Ski usw..
Schia, die; - [arab. šīʿah = Partei]: *eine der beiden Hauptrichtungen des Islam, die allein Ali, den Schwiegersohn des Propheten Mohammed, sowie dessen Nachkommen als rechtmäßige Stellvertreter des Propheten anerkennt.*

Schib|bel|ke, Schib|bil|ke, die; -, -n [H. u., viell. aus dem Slaw.] (ostmitteld.): *Holunderbeere.*
schib|beln ⟨sw. V.⟩ [Iterativbildung zu ↑schieben] (westmd.): **1.** ⟨hat⟩ **a)** *rollen* (2): ein Faß, eine Kugel, einen Klicker s.; **b)** ⟨s. + sich⟩ *sich wälzen:* das Kind, der Hund schibbelt sich im Heu; Ü Und sie schibbelte sich vor Gelächter (*sie lachte sehr*; Winckler, Bomberg 29). **2.** ⟨ist⟩ *rollen* (1 a, b): das Faß ist von der Rampe geschibbelt; der Klicker ist in den Gully geschibbelt.
Schib|bo|leth, das; -s, -e u. -s [hebr. šibbolęt = Ähre; Strom, nach Richter 12, 5 f. Losung der Gileaditer] (bildungsspr. selten): *Kennzeichen* (1): Da liegt es auch nahe, bestimmte Redeweisen nicht verstehen zu wollen, sondern als S. feindlicher Gruppen und Irrlehren zu nehmen (Heringer, Holzfeuer 16).
Schicht, die; -, -en [aus dem Niederd., Md. < mniederd., md. schicht = Ordnung, Reihe; Abteilung von Menschen, auch: waagerechte Gesteinslage, Flöz; zu mniederd. schichten, schiften = ordnen, reihen, trennen, abteilen, verw. mit ↑Schiene; 3: über die Bed. „Flöz" übertr. im Sinne von „Abteilung, die gerade in einem Flöz arbeitet"]: **1.** *in flächenhafter Ausdehnung in einer gewissen Höhe über, unter od. zwischen anderem liegende einheitliche Masse:* die unteren, oberen, mittleren -en des Gesteins, des Bodens, der Luft; die geologischen -en *(durch Ablagerung entstandenen Gesteinsschichten);* die archäologischen -en *(unter achäologischen Gesichtspunkten jeweils eine Einheit bildenden Schichten des Bodens);* die fotografische S. *(lichtempfindliche Schicht eines fotografischen Materials);* auf den Büchern lag eine dicke S. Staub; die Lackierung besteht aus mehreren -en; [immer abwechselnd] eine S. Nudeln und eine S. Schinken in eine Auflaufform füllen; die Hausnummer, die hinter einer dicken S. Efeu versteckt war (H. Gerlach, Demission 237); eine S. Biskuit wechselt mit einer S. Sahnecreme; die kostbaren Fresken waren jahrhundertelang unter einer S. Mörtel verborgen gewesen; die Felsen waren von einer dünnen S. Eis überzogen; Ü die verborgensten -en der Seele, des Bewußtseins; so überzog eine S. von Unwirklichkeit ... die ganze Szene (Hesse, Steppenwolf 119); einen musikalischen Satz in seine strukturell bedeutsamen -en zerlegen; jener ..., der sich gleichsam mit einer S. aus Ironie und Würde umgab (Reich-Ranicki, Th. Mann 37). **2.** *Gesellschaftsschicht:* die besitzenden, herrschenden, gebildeten -en; alle -en der Bevölkerung; die politisch führende S.; die S. der Intellektuellen; Alle Altersstufen, alle Berufe und alle sozialen -en waren vertreten (Leonhard, Revolution 111); ich wollte den Versuch unternehmen, auf breitere -en zu wirken (Niekisch, Leben 226); zu welcher [sozialen] S. gehören. **3. a)** *Abschnitt eines Arbeitstages in durchgehend arbeitenden Betrieben, in denen die Arbeitsplätze in einem bestimmten Turnus mehrmals am Tag besetzt werden:* die erste S. dauert von 6 bis 14 Uhr; die S.

wechseln; S. *(in Schichten) arbeiten;* S. machen (ugs.; *[als Schichtarbeiter] Feierabend machen);* eine S. [ver]fahren (Bergmannsspr.; *zu einer Schicht in die Grube fahren);* von der S. kommen; Dann ging er zur S. (Weber, Einzug 81); Ü „S. (ugs.; *Feierabend)",* brüllt der Zapfer durch die fast leere Kneipe (Hamburger Rundschau 11. 8. 83,3); * ◆ **[mit etw.] S. machen** (in landsch. Sprachgebrauch; *[mit etw.] aufhören):* denn is es Zeit, un denn mußt du nu S. damit machen (Fontane, Jenny Treibel 192); **b)** *Gruppe von gemeinsam in einer Schicht (3 a) Arbeitenden:* die zweite S. ist eben angefahren; ein Kollege aus meiner S.; **Schicht|ab|lö|sung,** die: *Ablösung (2) nach einer Schicht (3 a);* **Schicht|ar|beit,** die ⟨o. Pl.⟩: *Arbeit in Schichten (3 a);* **Schicht|ar|bei|ter,** der: *jmd., der Schichtarbeit leistet;* **Schicht|ar|bei|te|rin,** die: w. Form zu ↑Schichtarbeiter; **Schicht|be|ginn,** der: *Beginn einer Schicht (3 a);* **Schicht|dienst,** der: vgl. Schichtarbeit; **Schich|te,** die; -, -n (österr.): Schicht (1); **schich|ten** ⟨sw. V.; hat⟩ [aus dem Niederd., Md. < mniederd. schichten (↑Schicht), heute als Abl. von ↑Schicht empfunden]: **1.** *in Schichten (1) übereinanderlegen, irgendwohin legen:* Blatt auf Blatt s.; Ziegel, Steine, Holzscheite s.; die Nudeln und den Schinken [abwechselnd] in eine Auflaufform s.; Meine Mutter schichtete die Wäsche in den Schrank (Kempowski, Tadellöser 180); Bretter zu einem Stapel s.; das Hauptgebäude aus Feldsteinen, sorgfältig geschichtet und verfugt (Heym, Schwarzenberg 32); Ü ⟨2. Part.:⟩ sein (= des real existierenden Sozialismus) Charakter als geschichtete Gesellschaft (Bahro, Alternative 15). **2.** ⟨s. + sich⟩ *sich in Schichten (1) übereinanderlegen:* Die Wolken fingen nun an, sich unmerklich zu teilen und zu s. (Broch, Versucher 188); **Schich|ten|buch,** die: *von berufsmäßigen Kraftfahrern geführtes Buch, in das die Lenk- u. Pausenzeiten eingetragen werden;* **Schich|ten|de,** das: vgl. Schichtbeginn; **Schich|ten|fol|ge,** die (Geol.): *Abfolge von übereinanderlagernden geologischen Schichten;* **Schich|ten|kopf,** der (Geol., Bergbau): *Ausstrich (2) einer zur Erdoberfläche steil ansteigenden Gesteinsschicht bzw. eines Flözes;* **Schich|ten|leh|re,** die; -: **1.** (Philos.) *Deutung der Wirklichkeit als eine Ganzheit, die aus vertikal gegliederten, aufeinander bezogenen, aber relativ eigengesetzlichen Teilbereichen, Schichten besteht.* **2.** (Psych.) *Auffassung, nach der die Psyche in mehrere Schichten gegliedert ist;* **schich|ten|spe|zi|fisch:** ↑schichtspezifisch; **schich|ten|wei|se:** ↑schichtweise; **Schicht|flut,** die (Geogr.): *(bes. in den wechselfeuchten Tropen u. Subtropen) flächenhaftes Abfließen von Regenwasser auf wenig geneigten Flächen;* **schicht|frei** ⟨Adj.⟩: *(im Rahmen der Schichtarbeit) arbeitsfrei:* ein -er Tag; s. haben; **Schicht|ge|stein,** das (Geol.): *Sedimentgestein;* **Schicht|holz,** das ⟨o. Pl.⟩: *in bestimmter Länge geschnittenes, in Stößen gleicher Höhe aufgeschichtetes Holz.* **2.** *Sperrholz aus mehr als drei Schichten;* **schich|tig** ⟨Adj.⟩: *lamellar:* eine -e Struktur; s. aufgebaut sein;

-schich|tig: in Zusb.: **1.** *aus einer bestimmten Anzahl von Schichten (1, 2) [bestehend]:* der Topf hat einen mehrschichtigen Sandwichboden; das Sperrholz ist dreischichtig. **2.** *in einer bestimmten Anzahl von Schichten (3 a) [erfolgend]:* dreischichtiger Betrieb; dort wird dreischichtig gearbeitet; **Schicht|kä|se,** der: *aus mehreren verschieden fetthaltigen Schichten zusammengesetzter Quark;* **Schicht|lohn,** der: *nach Schichten (3 a) gezahlter Lohn;* **Schicht|preß|stoff,** der (Technik): *Werkstoff, der aus mehreren mit Kunstharzen imprägnierten [Papier]schichten besteht u. unter Druck hart geworden ist;* *Laminat;* **Schicht|schluß,** der: *Schichtende;* **schicht|spe|zi|fisch,** schichtenspezifisch ⟨Adj.⟩ (Soziol.): *für eine bestimmte Schicht (2 a) spezifisch:* daß Vergewaltigung ... ein schichtenspezifisches Delikt ist (Spiegel 32, 1981, 56); von rollen- und schichtspezifischen Sondersprachen (Heringer, Holzfeuer 179); **Schicht|stoff,** der (Technik): *Schichtpreßstoff;* **Schicht|stu|fe,** die (Geol.): *Stufe im Gelände, die von der härteren Schicht durch Verwitterung u. Abtragung gebildet wird, wobei die weichere Schicht weiträumig abgetragen wird;* **Schich|tung,** die; -, -en: *Gestaltung, Aufbau, Anlage in Schichten (1, 2);* **Schicht|un|ter|richt,** der: *ähnlich den Schichten (3 a) (vormittags u. nachmittags) stattfindender Schulunterricht;* **Schicht|wech|sel,** der: vgl. Schichtablösung; **schicht|wei|se,** schichtenweise ⟨Adv.⟩: **1.** *in einzelnen Schichten (1), Schicht für Schicht:* etw. s. übereinanderlegen, abtragen. **2.** *in einzelnen Gruppen, Gruppe für Gruppe:* s. essen. Weil wir s. unterrichtet wurden ... (Grass, Hundejahre 327); **Schicht|wol|ke,** die: *Stratus;* **schick** ⟨Adj.⟩ [frz. chic = famos, niedlich, zu: chic, ↑¹Schick]: **1.** *(in bezug auf Kleidung, Aufmachung o. ä.) modisch u. geschmackvoll:* ein -es Kleid, Make-up; ein -er Hut, Mantel; -e Schuhe; eine -e Handtasche; die -e *(vornehme) Gesellschaft;* die Brille, den Anzug, die Frisur finde ich s.; s. aussehen, angezogen sein. **2.** *hübsch [u. flott]:* ein [unheimlich] -es Mädchen; ein -er junger Mann; ich hätte doch Chancen bei viel -eren Typen (Freizeitmagazin 10, 1978, 40). **3.** (ugs. emotional) *(dem Modetrend entsprechend u. darum als schön empfunden) Begeisterung hervorrufend; großartig, toll:* ein -es Auto, Sofa, Apartment; ein ganz -es Restaurant; (iron.:) ich hatte danach einen -en Bänderriß (Spiegel 41, 1976, 122); das gilt [heute] als s.; Abenteuerurlaub finde ich s.!; s. essen gehen, ausgehen, verreisen; **¹Schick,** der; -[e]s [unter Einfluß von frz. chic = Geschicklichkeit, Geschmack; schon frühnhd. schick = Art u. Weise, Eigenart, rückgeb. aus ↑¹schicken]: **1. a)** *(in bezug auf Kleidung, Aufmachung o. ä.) schickes Aussehen:* der unauffällige S. ihrer Kleidung; der Anzug hat [einfach, irgendwie] keinen S.; sie hat S. *(versteht sich zu kleiden);* **b)** *geschmackvolle Eleganz in Auftreten u. Benehmen:* der weltmännische S., mit dem er auftrat, beeindruckte nicht nur die Damen. **2.** (landsch.) *richtige, gewünschte*

Form, Ordnung; Richtigkeit: nun kriegt das alles wieder seinen S. (Kempowski, Uns 47); weil ... erst durch das Mitmachen Englands die Geschichte den nötigen S. bekommen habe (A. Zweig, Grischa 225); * **seinen S. nicht [ganz] haben** (ugs.; *nicht [recht] bei Verstand sein):* „Ich glaub', die hat ihren S. nicht ganz", flüsterte meine Mutter (Kempowski, Tadellöser 177); **²Schick,** der; -s, - u. -e (schweiz.): *vorteilhafter Handel:* einen guten S. machen. **³Schick,** der; -s, -e [frz. chique, zu: chiquer, ↑²schicken] (landsch.): *Kautabak;* *Priem.*

¹schicken¹ ⟨sw. V.; hat⟩ /vgl. geschickt/ [mhd. schicken = (ein)richten, ordnen; abfertigen, entsenden; sich vorbereiten, sich einfügen, wohl urspr. Veranlassungswort zu dem unter ↑geschehen genannten ahd. skehan = schnell (weg)gehen u. eigtl. = schnell vonstatten gehen lassen]: **1.** *veranlassen, daß etw. zu jmdm. gelangt, an einen bestimmten Ort gebracht od. befördert wird:* jmdm. Blumen, einen Brief, ein Paket, einen Gruß s.; etw. an jmdn., an jmds. Adresse, nach Berlin s.; er hat [uns] endlich ein Lebenszeichen geschickt; die Waren werden [Ihnen] ins Haus geschickt; Ü ein Gebet zum Himmel s.; Wenn Gott uns eine Prüfung schickt ... (Th. Mann, Buddenbrooks 254); Der Zigarrenrauch schickte bläuliche Fäden in die Höhe (ließ ... aufsteigen; A. Zweig, Claudia 116); schickte s. (= Caruso) einen triumphierenden Blick zu seinem Lehrer *(blickte er ihn triumphierend an;* Thieß, Legende 169). **2. a)** *veranlassen, sich zu einem bestimmten Zweck, mit einem Auftrag o. ä. an einen bestimmten Ort zu begeben:* eine Abordnung, seinen Stellvertreter, einen Boten s.; jmdn. einkaufen/zum Einkaufen s.; ein Kind in die Schule, nach Hause, ins/zu Bett, schlafen s.; jmdn. über die Grenze, außer Landes, an die Front s.; wer hat dich denn [zu mir] geschickt?; er habe ... die Mädchen dann für sich auf den Strich geschickt (Spiegel 24, 1976, 67); sie schickten ihn auf die höhere Schule *(ließen sie die höhere Schule besuchen);* jmdn. in die Verbannung s. *(verbannen);* jmdn. in den Krieg s. *(im Krieg als Soldat kämpfen lassen);* Ich schicke es um Zigaretten (bes. österr.; *zum Zigarettenholen;* Sobota, Minus-Mann 258); Ü jmdn. auf die Bretter, zu Boden s. (Jargon, bes. Boxen; *einen Schlag versetzen, daß er zu Boden fällt);* einen Mitspieler s. (Jargon, bes. Fußball; *ihm den Ball in den freien Raum in Richtung des gegnerische Tor vorlegen);* als den Starter die 32 Läuferinnen ... auf die 10-km-Strecke schickten *(sie die 10-km-Strecke laufen ließen;* Olymp. Spiele 27); **b)** *jmdn. zu bestimmten Diensten o. ä. rufen, holen lassen:* nach dem Arzt, nach einem Priester s.; Den General läßt ich auch bitten für sich, aber er schickt nach Krabb (Gaiser, Jagd 125). **3.** ⟨s. + sich⟩ **a)** *eine unangenehme Lage, die man nicht ändern kann, geduldig ertragen; sich fügen:* sich in die neuen Verhältnisse, Umstände, Gegebenheiten s.; sie schickten sich ins Unvermeidliche; sich in Got-

schicken

tes Willen s. *(ergeben);* Ich schickte mich ins Warten (Kusenberg, Mal 144); sie weiß sich zu s. (veraltend; *den Umständen anzupassen);* die Kinder können mit, wenn sie sich schicken (veraltet; *brav sind, sich gut aufführen);* **b)** (veraltend) *sich fügen* (4 b), *sich von selbst zu gegebener Zeit regeln; sich bei Gelegenheit ergeben:* das wird sich alles noch s.; wie es sich gerade schickt; **c)** (südd.) *sich aus einem bestimmten Grund mit, bei etw. beeilen:* sich s. müssen. **4.** ⟨s. + sich⟩ **a)** *gehören* (5) (meist unpers. u. verneint): bei Tisch, in Gesellschaft, für dich schickt sich das nicht; es schickt sich nicht, so etwas zu sagen; die Gemeindeversammlung fand in der Kirche statt, einem Ort, wo Widerspruch und Parteiengezänk sich nicht recht schicken (Muschg, Gegenzauber 16); R eines schickt sich nicht für alle! (Goethe, Beherzigung); **b)** *sich [herkömmlicherweise] eignen:* Für einen so feierlichen Moment schickte sich die frühe Dämmerung oder besser noch der Abend (A. Kolb, Schaukel 126); Eine kleine Höhle war es, die sich eher für ein Tier denn für einen Menschen schickte (Nigg, Wiederkehr 120).

²**schicken**¹ ⟨sw. V.; hat⟩ [frz. chiquer, eigtl. = kauen, essen] (landsch.): *priemen.*

schicker¹ ⟨Adj.⟩ [jidd. schicker, zu hebr. šikker = betrunken machen] (ugs.): *[leicht] betrunken:* nach dem dritten Glas Sekt war sie ganz schön s.; da hatte ich ihm übrigens die Autoschlüssel abgenommen, weil er s. war (Fichte, Wolli 378).

Schickelria¹, die; - [unter Einfluß von ↑schick geb. zu ital. sciccheria = Schick, Eleganz, zu: sicche < frz. chic, ↑schick] (Jargon): *in der Mode u. im Gesellschaftsleben tonangebende Schicht:* die internationale, Münchner S.; Ich habe mich ... daran aufgeilt, wenn mal wieder was hochgeil und die ganze kapitalistische S. ... in Aufruhr versetzt war (Spiegel 34, 1977, 28).

Schickermoos¹, das [zu ↑schickern u. ↑Moos (3)] (landsch. salopp): *Kleingeld [das man abzweigt für einen Gaststättenbesuch];* **schickern**¹ ⟨sw. V.; hat⟩ [jidd. schickern, zu ↑schicker] (landsch.): *Alkohol trinken.*

Schicki¹, der; -s, -s (ugs.): Kurzf. von ↑Schickimicki (1); **Schickimicki**¹, der; -s, -s [sprachspielerische Bildung zu ↑schick] (ugs.): **1.** *jmd., der sich betont modisch gibt, Wert auf modische Kleidung, modische Dinge legt:* Die genußsüchtige Welt der Münchner -s (IWZ 38, 1986, 14); nachts am Hafen von Ibiza-Stadt „auf der Rennbahn" die -s bewundern (MM 23./24. 8. 86, 45). **2.** *modischer Kleinkram:* eine ... Konsuminszenierung für junge Leute, in der neben Jeans und sonstigem Insideroutfit auch viel umsatzträchtiger „Schickimicki" angeboten werden soll (Szene 8, 1983, 7); **schicklich** ⟨Adj.⟩ [mhd. (md.) schicklich = geordnet, zu ↑¹schicken] (geh.): *einer bestimmten menschlichen od. gesellschaftlichen Situation angemessen; wie es die Konvention [u. das Taktgefühl] vorschreibt:* ein -es Benehmen; jmdm. in -em Abstand folgen; zu einer -en Zeit kommen; Tief rührend sei „diese rettungslose Verfallenheit des Gewaltigen, weit über die -e Altersgrenze hinaus, an das bezaubernde Menschenantlitz" (Reich-Ranicki, Th. Mann 79); es ist nicht s., jmdn. so anzustarren; etw. nicht s. finden; ⟨subst.:⟩ die Gutbürgerlichen, Anständigen ..., die das Schickliche kennen als hochverbindlichen Wert (Kronauer, Bogenschütze 327); **schicklicherweise** ⟨Adv.⟩ (geh.): *der Schicklichkeit Rechnung tragend; aus Gründen der Schicklichkeit;* **Schicklichkeit**, die; - [spätmhd. schickelichheit = (richtige An)ordnung] (geh.): *schickliche Art des Verhaltens;* **Schicksal**, das; -s, -e [älter niederl. schicksel = Anordnung; Fatum]: **a)** *von einer höheren Macht über jmdn. Verhängtes, ohne sichtliches menschliches Zutun sich Ereignendes, was jmds. Leben entscheidend bestimmt:* ein trauriges, tragisches S.; das S. eines Volkes; sein Schicksal war besiegelt; die -e, denen er begegnet war (Müthel, Baum 71); das S. nahm seinen Lauf; [das ist] S. (ugs.; *das muß man als Schicksal hinnehmen);* ihn ereilte das gleiche S. wie seinen Vorgänger; ein schweres, kein leichtes S. haben; sein S. annehmen, meistern, tragen; das S. vorhersagen; er wird seinem S. nicht entgehen; seinem S. folgen *(es auf sich nehmen);* sich seinem S. fügen; Ironie des Schicksals: Der ... Kreislaufspezialist ... erlag zwei Tage später einem Herzinfarkt (Hörzu 50, 1973, 5); sich gegen sein S. aufbäumen; sich in sein S. ergeben; sich mit seinem S. abfinden, aussöhnen; mit seinem S. hadern; Kunstwerke, in welchen ein ... Mensch sich ... so hoch über sein eigenes S. erhob (Hesse, Steppenwolf 6); sie sind vom S. geschlagen *(müssen ein hartes Schicksal erdulden);* Ü was wird das S. dieser alten Villen sein? *(was wird mit ihnen geschehen?);* *** jmdn. seinem S. überlassen** *(sich nicht weiter um jmdn. kümmern, ihn allein lassen);* **b)** ⟨o. Pl.⟩ *höhere Macht, die in einer nicht zu beeinflussenden Weise das Leben bestimmt u. lenkt:* das S. hat es gut mit ihm gemeint, hat ihn dazu ausersehen; Diotima ..., die das S. für ihn bestimmt hatte (Musil, Mann 185); das S. herausfordern; etw. dem S. überlassen [müssen] *(den Ausgang der Dinge nicht beeinflussen [können]);* eine Laune des blinden -s; *** S. spielen** (ugs.; *etw. zu lenken, zu beeinflussen suchen);* **schicksalergeben** ⟨Adj.⟩: ↑schicksalsergeben; **schicksalhaft** ⟨Adj.⟩: **a)** *vom Schicksal bestimmt, ohne menschliches Zutun geschehend, zustande kommend u. unabwendbar:* -e Vorgänge; ein -er Prozeß; sein Weg war s. vorgezeichnet; einer jener Tage, wie sie diesem Landstrich ... s. häufiger zugeordnet sind als manch anderen Gegenden Mitteleuropas (ADAC-Motorwelt 7, 1983, 39); **b)** *jmds. weiteres Schicksal bestimmend, sich auf jmds. Leben entscheidend auswirkend:* Wenn ich die -e Bedeutung jener Formel für uns alle ... markieren darf (Thielicke, Ich glaube 117); diese Begegnung war für ihn s.; **schicksallos** ⟨Adj.⟩ (geh.): *kein Schicksal [zu erdulden] habend, von dem man geprägt ist:* die -en Götter; Der -e Kleinbürger wäre er (= als beamteter Lehrer) geworden (M. Walser, Pferd 42); **Schicksalsanalyse**, die (Psych.): *Untersuchung des Zusammenhangs zwischen Persönlichkeit u. Lebensschicksal;* **schicksalsbedingt** ⟨Adj.⟩: *durch das Schicksal bedingt;* **schicksalsbestimmend** ⟨Adj.⟩: *für die Zukunft, die weitere Entwicklung entscheidend, ausschlaggebend;* **Schicksalsdrama**, das (Literaturw.): **a)** ⟨o. Pl.⟩ *Tragödie, in der sich der Held einem dämonischen, unheimlichen Schicksal wehrlos ausgeliefert sieht;* **b)** *einzelne Tragödie der Gattung Schicksalsdrama;* **schicksalsergeben** ⟨Adj.⟩: *seinem Schicksal ergeben:* Daß die Folgen eines Schlaganfalls nicht s. getragen werden müssen (Nds. Ä. 22, 1985, 36); **Schicksalsfaden**, der [nach dem Faden, den die Schicksalsgöttin spinnt] (geh.): *Faden, an dem das Schicksal eines Menschen hängt:* Die Schicksalsfäden ihrer Zukunft laufen in ... Berlin zusammen (Quick 1, 1959, 4); **Schicksalsfrage**, die: *wesentliche Frage, von deren Entscheidung viel abhängt für jmdn., für eine Sache o. ä. abhängt:* die -n unserer Geschichte; **Schicksalsfügung**, die: *Fügung* (1); **Schicksalsgefährte**, der ⟨Adj.⟩: *Leidensgenosse;* **Schicksalsgefährtin**, die (geh.): w. Form zu ↑Schicksalsgefährte; **Schicksalsgemeinschaft**, die: *Gemeinschaft von Menschen, die das gleiche schwere Schicksal verbindet;* **Schicksalsgenosse**, der (geh.): *Leidensgenosse;* **Schicksalsgenossin**, die (geh.): w. Form zu ↑Schicksalsgenosse; **Schicksalsglaube**, der: *Fatalismus;* **schicksalsgläubig** ⟨Adj.⟩: *fatalistisch;* **Schicksalsgöttin**, die (griech., germ. Myth.): *Göttin, dämonische Gestalt, die bei der Geburt eines Menschen dessen Schicksal voraussagt;* **Schicksalsroman**, der: *inhaltlich u. sprachlich-stilistisch meist anspruchsloser Roman, in dem das tragische Schicksal (a) einer od. mehrerer Personen geschildert wird;* **Schicksalsschlag**, der: *trauriges, einschneidendes Ereignis in jmds. Leben:* ein schwerer S.; von Schicksalsschlägen getroffen werden; **schicksalsschwer** ⟨Adj.⟩ (geh.): *von der Art, daß jmds. Schicksal davon abhängt, jmds. Leben dadurch einschneidend verändert wird:* ein -er Tag; auf der Tischplatte lag das -e Aktenstück (Spoerl, Maulkorb 25); **schicksalsvoll:** 1904 kam es ... zu der -en Begegnung zwischen ... Frederick Henry Royce und Charles Steward Rolls (ADAC-Motorwelt 3, 1986, 23); **Schicksalstragödie**, die (Literaturw.): *Schicksalsdrama;* **schicksalsvoll** ⟨Adj.⟩ (geh.): *schicksalsschwere Ereignisse o. ä. mit sich bringend, dadurch gekennzeichnet:* in -er Zeit; Er gesteht seine „tiefste Sympathie für dieses verhaßte, schicksals- und rätselvolle Deutschland ..." (Reich-Ranicki, Th. Mann 169); **Schicksalswende**, die: *die in jmds. Leben eintretende schicksalhafte Wende;* **Schickschuld**, die ⟨o. Pl.⟩ (Rechtsspr.): *Bringschuld, bei der das Geld an den Gläubiger zu senden ist.*

Schickse, die; -, -n [aus der Gaunerspr.

< jidd. schickse(n) = Christenmädchen; Dienstmädchen, zu hebr. šęqęz = Unreines; Abscheu]: **1.** (salopp abwertend) **a)** *leichtlebige Frau, Flittchen;* **b)** *Prostituierte.* **2.** (veraltet salopp abwertend) *Jüdin:* Hat man die Jüdin liquidiert? ... Ne, ... lebt noch ... Ich nehme an, daß Kaltenbrunner die S. aufbewahrt (Hochhuth, Stellvertreter 209). **3.** *(aus jüdischer Sicht) Nichtjüdin.*
Schickung[1], die; -, -en [spätmhd. schickunge = Anordnung, Einrichtung; göttliche Fügung] (geh.): *Fügung* (1): Eine böse, aber heilsame S., wenn es kein Zufall war (Rinser, Mitte 33).
Schie|be|ball, der (Hockey): *Schuß, bei dem der Ball aus einer schnellen schiebenden Bewegung des Schlägers heraus flach über den Boden gespielt wird;* **Schie|be|bock**, der (landsch.): *Schubkarre;* **Schie|be|büh|ne**, die: **1.** (Eisenb.) *Vorrichtung, auf der Eisenbahnfahrzeuge von einem Gleis auf ein parallel laufendes gefahren werden können.* **2.** (Theater) *Bühne, bei der die Dekorationen auf den Seiten hereingefahren werden;* **Schie|be|dach**, das: **1.** *zurückschiebbarer Teil im Verdeck eines Personenkraftwagens.* **2.** *aufzuschiebendes Dach bei Güterwagen:* darf nur mit geschlossenem S. rangiert werden (Aufschrift auf Güterwagen); **Schie|be|deckel**[1], der: *über einen Behälter zu schiebender (statt z. B. zu schraubender) Deckel;* **Schie|be|fen|ster**, das: *zum Öffnen nach oben, unten od. nach der Seite zu verschiebendes Fenster;* **schie|ben** ⟨st. V.⟩ [mhd. schieben, ahd. scioban, eigtl. = dahinschießen, verwandt, 6: unter Einfluß der Gaunerspr.]: **1.** ⟨hat⟩ *durch Ausübung von Druck von der Stelle bewegen, vor sich her bewegen, irgendwohin bewegen:* die Kiste über den Flur s.; den Schrank in die Ecke s.; den Tisch ans Fenster s.; Brot *(das Blech mit dem Brot)* in den Ofen s.; den Riegel vor die Tür s.; die Vase weiter nach rechts, nach vorn s.; das Buch beiseite s.; sie schob die Büroklammern auf einen Haufen; einen Kinderwagen s.; den Einkaufswagen durch den Supermarkt s.; Der Abbé ist unrasiert und schiebt ein Fahrrad (Koeppen, Rußland 12); die Lokomotive schob den Waggon auf ein Nebengleis; den Hut in den Nacken, die Brille auf die Stirn s.; Mit der rechten Hand schob sie sich eine Haarsträhne aus der Stirn (Sebastian, Krankenhaus 15); ⟨auch ohne Akk.-Obj.:⟩ unser Auto sprang nicht an, also mußten wir s.; fest, kräftig s.; * **jmdm. eine s.** (ugs.; *jmdm. eine Ohrfeige geben*): Siegfried ... schob mir eine übers Gartentor eine, daß mir der Schädel dröhnte (Lentz, Muckefuck 74); **2.** ⟨hat⟩ *irgendwohin tun, stecken* (1 a): Kuchen in den Mund s.; Behutsam schob er die Hände unter das Kind und nahm es auf (Apitz, Wölfe 252); die Hände in die Manteltaschen s. *(stecken);* (Fußball Jargon:) der Stürmer schob den Ball ins Tor; Ü einen Verdacht von sich s.; Gerties Besuch schob *(verdrängte)* er aus seinen Überlegungen (Wohmann, Irrgast 51). **3.** ⟨hat⟩ **a)** *durch Schieben* (1 a) *jmdn. irgendwohin drängen:* jmdn. beiseite s.; die Mutter schiebt die Kinder hastig in den Zug, aus dem Zimmer; (Fußball Jargon:) er versuchte zu köpfen, wurde aber von hinten geschoben; Ü die USA an die Peripherie der Weltpolitik s. wollen; sie muß immer geschoben werden (ugs.; *tut nichts von sich aus*); **b)** ⟨s. + sich⟩ *sich mit leichtem Schieben* (1 a) *durch etw. hindurch od. in etw. hineinbewegen, sich drängen* (2 b): sich durch den Strom der Passanten s.; die Menge schiebt sich durch die Straßen; Sie schoben sich durch das Gewühl der Reisenden (Fallada, Herr 114); Ein blondes Jüngelchen in schwarzem Anzug schob sich durch die Tür (Sebastian, Krankenhaus 125); ich schob *(zwängte)* mich in die Kirchenbank; Ü sich in den Vordergrund zu s. versuchen; **c)** ⟨s. + sich⟩ *sich wie gleitend [vorwärts] bewegen [u. allmählich irgendwohin gelangen]:* Ganz langsam schiebt sich das Schiff durch die ... Fahrrinne (Bamm, Weltlaterne 117); Zu allem Überfluß schoben sich die Zeiger der Turmuhr langsam auf zwölf (Kirst 08/15, 808); eine Kaltfront schiebt sich über Mitteleuropa; eine dunkle Wolke schiebt sich vor die Sonne; ihr Rock schob sich in die Höhe; Ü (Sport Jargon:) der Läufer schob sich im Wettkampf nach vorn, an die Spitze des Feldes, auf den 2. Platz, in die führende Position. **4.** *jmdn., etw. für etw. Unangenehmes verantwortlich machen* ⟨hat⟩: die Mißstände auf die Partei s.; sie schob ihre Kopfschmerzen auf den Föhn; Undeutlich schob er den Diebstahl des Wagens auf die Eigenarten der Stadt (Johnson, Ansichten 14). **5.** ⟨ist⟩ (salopp) **a)** *träge, lässig gehen:* er schob durchs Zimmer, um die Ecke; **b)** (selten) *Schieber* (5) *tanzen:* er schob mit ihr über das Parkett; Sie schieben gut, es ist ein Vergnügen, ihnen zuzusehen (Th. Mann, Unordnung 700). **6.** (salopp) *gesetzwidrige Geschäfte machen, auf dem schwarzen Markt mit etw. handeln* ⟨hat⟩: Devisen s.; mit Zigaretten, Kaffee, Rauschgift s.; er hat nach dem Krieg geschoben; Auch schob sie über dritte Hand Traktorenersatzteile gegen Frischgemüse (Grass, Butt 638). **7.** (Skat) (beim Schieberamsch) *den Skat nicht aufnehmen, sondern ihn, ohne hineingesehen zu haben, weitergeben* ⟨hat⟩: ich schiebe; schiebst du?; **Schie|ber**, der; -s, - [zu ↑schieben (6), Schiebung]: **1.** *verschiebbare Absperrvorrichtung an Türen, Geräten, Rohrleitungen, Maschinen; Riegel:* den S. öffnen, ziehen; Ein Löwe, der im Zoo von einem Tiger zerrissen wird, weil der Wärter den falschen S. zog (Grzimek, Serengeti 254). **2.** *Eßgerät für Kinder, mit dem das Essen auf den Löffel geschoben wird.* **3.** *Bettpfanne.* **4.** (ugs.) *jmd., der [in wirtschaftlichen Krisenzeiten] unerlaubte, unsaubere Geschäfte macht:* Er war keine große Figur auf dem Schwarzmarkt, er war nur ein kleiner S. (Hilsenrath, Nacht 52). **5.** (ugs.) *Onestep;* **Schie|be|ramsch**, der (Skat): *Ramsch, bei dem die Spieler nacheinander den Skat ohne zu sehen [andere] Karten dafür weitergeben;* **Schie|be|re|gi|ster**, das (Datenverarb.): *lineare Verkettung von Speicherelementen, bei der die Information jedes Speicherelements auf den linken od. rechten Nachbarn übertragen werden kann;* **Schie|be|rei**, die; -, -en: *das Schieben* (1, 3 a, b, 6, 7); **Schie|ber|ge|schäft**, das (ugs.): *Geschäft eines Schiebers, von Schiebern;* **Schie|ber|müt|ze**, die (ugs.): *größere Schirmmütze;* **Schie|be|sitz**, der: *verschiebbarer Sitz;* **Schie|be|tür**, die: *Tür, die beim Öffnen zur Seite geschoben, nicht in einer Angel gedreht wird;* **Schie|be|wand**, die: *seitlich verschiebbare Wand;* Güterwagen mit Schiebewänden; **Schie|be|wi|der|stand**, der (Elektrot.): *durch Verschieben eines Läufers* (4) *veränderbarer elektrischer Widerstand;* **Schieb|fach**, das (landsch.): *Schubfach;* **Schieb|kar|re**, die, **Schieb|kar|ren**, der (landsch.): *Schubkarre[n];* **Schieb|ka|sten**, der (landsch.): *Schubkasten;* **Schieb|la|de**, die (landsch.): *Schublade;* **Schieb|leh|re**, die (Technik): *Meßwerkzeug zum Bestimmen von Längen u. Dicken;* ♦ **Schieb|tru|he**: ↑Schiebtruhe: Tat dann der alte Tagwerker Tritzel ... hernach ein bissel Zug führen mit der S. in den Garten hinaus (Rosegger, Waldbauernbub 226); **Schie|bung**, die; -, -en (ugs.): **1.** *Schiebergeschäft:* -en machen, aufdecken. **2.** *ungerechtfertigte Bevorzugung, Begünstigung:* durch S. an etw. kommen; „Schiebung", sagte der Lehrling. „Man hat dich gewinnen lassen" (Frischmuth, Herrin 23).
schiech ⟨Adj.⟩ [mhd. schiech, ↑scheu] (landsch., bes. österr., bayr.): **1.** *häßlich:* ein -es Objekt, dumm-klobig und von ungewohnt breiter Form und dadurch etwas befremdend (Doderer, Wasserfälle 127). **2.** *zornig, wütend:* Das ist ein Skandal, da werd' ich leicht s. (Kraus, Tage 275).
schied: ↑scheiden.
Schie|dal|mer, der; -s, - [nach der niederl. Stadt Schiedam]: *Kornbranntwein.*
schied|lich ⟨Adj.⟩ [mhd. schidelich, 1. Bestandteil zu: schi(e)t, ↑Schiedsrichter] (selten): *(in Streitsachen) versöhnlich, nachgiebig; verträglich, friedfertig:* einen Streit s. und friedlich beilegen; ... auf daß die beiden Völker s. nebeneinander hausen (Broch, Versucher 72); **schied|lich-fried|lich** ⟨Adv.⟩: *ohne Streit, in gutem:* sich s. einigen; s. auseinandergehen; **Schieds|frau**, die: w. Form zu ↑Schiedsmann; **Schieds|ge|richt**, das: **1.** (Rechtsspr.) **a)** *Institution, die an der Stelle eines staatlichen Gerichts bei Rechtsstreitigkeiten eine Entscheidung durch Schiedsspruch fällt;* **b)** *Gruppe von Personen, die ein Schiedsgericht bildet.* **2.** (Sport) **a)** *Gremium von Kampf- od. Schiedsrichtern, das als höchstes Kampfgericht bei Differenzen zur Entscheidung angerufen wird od. selbst in einem Wettkampf eingreift;* **b)** *Kampfgericht;* **schieds|ge|richt|lich** ⟨Adj.⟩: **1.** *das Schiedsgericht betreffend, zu ihm gehörend.* **2.** *vom Schiedsgericht, mit Hilfe des Schiedsgerichts [durch-, herbeigeführt];* **Schieds|klau|sel**, die (Rechtsspr.): *Bestimmung in einem Vertrag o. ä., die festlegt, daß Rechtsstreitigkeiten durch ein Schiedsgericht beigelegt werden;* **Schieds|kom|mis|si|on**, die (Rechtsspr.): **1.** *Schiedsgericht.* **2.** (ehem. DDR) *gewählte Kommission in sozialen Wohnbereichen u. Genossenschaften sowie in Privatbetrieben, die über geringfügige Verge-*

Schiedsmann

hen u. kleinere zivilrechtliche Streitigkeiten eigenverantwortlich entscheidet; **Schieds|mann**, der ⟨Pl. ...leute od. ...männer⟩: (Rechtsspr.): Friedensrichter (2); **Schieds|män|nin**, die (Rechtsspr.): w. Form zu ↑Schiedsmann; **Schieds|rich|ter**, der [älter Schiderichter, urspr. = ehrenamtlich bestellter Vermittler in privaten Streitigkeiten, dafür mhd. schideman; 1. Bestandteil zu mhd. schit, schiet = (Ent)scheidung, verw. mit ↑scheiden]: **1.** (Rechtsspr.) *Angehöriger des Schiedsgerichts:* Ü *Er hatte ... das Gefühl gehabt, der Streit werde ihm vorgetragen, damit er den S. spiele* (M. Walser, Seelenarbeit 118). **2.** *(Ballspiele) jmd., der das Spiel unparteiisch leitet, bei einem Verstoß gegen die Regeln unterbricht, Strafen ausspricht o. ä.:* der S. pfeift das Spiel an, gibt einen Strafstoß; R S. [ans] Telefon (Fußball Jargon; wird gerufen, wenn eine Entscheidung des Schiedsrichters Unmut hervorruft). **3.** *(Sport) Kampfrichter;* **Schieds|rich|ter|aus|zeit**, die (Basketball): *Auszeit, die der Schiedsrichter anordnet;* **Schieds|rich|ter|ball**, der (Ballspiele): *(nach unterbrochenem Spiel) durch einen Wurf vom Schiedsrichter für das Spiel freigegebener Ball;* **Schieds|rich|ter|be|lei|di|gung**, die: *Beleidigung des Schiedsrichters durch einen Spieler:* wegen S. vom Platz gestellt werden; **Schieds|rich|ter|ein|wurf**, der (Wasserball): *Schiedsrichterball;* **Schieds|rich|ter|ent|schei|dung**, die: *Entscheidung des Schiedsrichters;* **Schieds|rich|ter|ge|spann**, das (bes. Basketball, Hallenhandball, Hockey, Volleyball): *die beiden Schiedsrichter, die das Spiel leiten;* **Schieds|rich|te|rin**, die: w. Form zu ↑Schiedsrichter; **Schieds|rich|ter|kreis**, der (Eishockey): *roter Halbkreis, den nur die Schiedsrichter betreten dürfen, wenn sie mit den Kampfrichtern sprechen;* **schieds|rich|ter|lich** ⟨Adj.⟩: *den Schiedsrichter betreffend, zu seinem Amt gehörend:* die -e Gewalt; ohne -e Genehmigung *(Genehmigung von seiten des Schiedsrichters);* **schieds|rich|tern** ⟨sw. V.; hat⟩: *das Amt eines Schiedsrichters ausüben:* Es gibt keine höhere Autorität über ihnen, die da s. könnte (Bruder, Homosexuelle 73); **Schieds|rich|ter|stuhl**, der (Badminton, Tennis, Volleyball): *auf einem Gestell in bestimmter Höhe befestigter Sitz am Rande des Spielfeldes, von dem aus der Schiedsrichter das Feld gut überblicken kann;* **Schieds|rich|ter|ur|teil**, das: *Urteil des Schiedsrichters;* **Schieds|rich|ter|wurf**, der (bes. Handball, Korbball): *Schiedsrichterball;* **Schieds|spruch**, der (Rechtsspr.): *Entscheidung eines Schiedsgerichts;* **Schieds|stel|le**, die (Rechtsspr.): *unabhängig vom Gericht arbeitende, mit der Schlichtung von Streitigkeiten betraute Institution;* **Schieds|ur|teil**, das (Rechtsspr.): *Urteil des Amtsgerichts (bezogen auf bestimmte Fälle);* **Schieds|ver|fah|ren**, das: *Verhandlung u. Entscheidung von Rechtsstreitigkeiten durch ein Schiedsgericht;* **Schieds|ver|gleich**, der: *durch ein Schiedsgericht bewirkter Vergleich;* **Schieds|ver|trag**, der: vgl. Schiedsklausel.

schief ⟨Adj.⟩ [mhd. (md.) schief, in md., mniederd. Lautung hochsprachlich geworden; vgl. anord. skeifr]: **1. a)** *von der Senkrechten abweichend nach rechts od. links geneigt; nicht gerade:* ein -er Pfosten, Turm; eine -e Mauer, Wand; er hält den Kopf s.; der Baum ist s. gewachsen; **b)** *von der Waagerechten nach oben od. unten abweichend; nicht parallel, nicht im rechten Winkel zu etw. anderem:* einen -en Mund, eine -e Schulter haben; der Tisch steht s.; der Teppich liegt s.; das Bild hängt s.; er hat sich die Mütze s. aufgesetzt; die Schuhe haben -e *(einseitig abgetretene)* Absätze; Ü jmdm. einen -en *(skeptisch-mißgünstigen)* Blick zuwerfen; sich in einer -en *(unklaren, schwierigen)* Lage, Situation befinden; Ich hab' schon ziemlich -e *(unrechtmäßige, anrüchige)* Sachen gedreht (Hilsenrath, Nacht 90); * **s. geladen haben; s. sein** (landsch.; *betrunken sein*); **jmdn. s. ansehen** (ugs.; *sich reserviert-ablehnend jmdm. gegenüber verhalten*). **2.** *dem wahren Sachverhalt nur zum Teil entsprechend u. daher einen falschen, mißleitenden Eindruck vermittelnd:* ein -er Vergleich; die Presse hat eine -e Darstellung des Vorfalls gebracht; du hast ein völlig -es Bild von den Verhältnissen; etw. s. beurteilen; das siehst du ganz s.; Ich bitte dich, rede nicht dermaßen s. von mir (Th. Mann, Joseph 646); **Schief|blatt**, das ⟨Pl. selten⟩: *Begonie;* **Schie|fe**, die; -: *schiefe Lage od. Richtung.*

Schie|fer, der; -s, - [mhd. schiver(e), ahd. scivaro = Stein-, Holzsplitter, zu ↑scheiden, zu einem Verb mit der Bed. „spalten, trennen" u. eigtl. = Abgespaltenes, Bruchstück]: **1.** *aus dünnen, ebenen Lagen bestehendes Gestein (1), das sich leicht in flache Platten spalten läßt:* S. abbauen, brechen; ein Dach mit S. *(Schieferplatten)* [ein]decken. **2.** (landsch., bes. österr.) *kleiner Splitter [aus Holz]:* sich einen S. einziehen; **Schie|fer|be|da|chung**, die: *Schieferdach;* **Schie|fer|berg|bau**, der: *Gewinnung von Schiefer durch Abbau im Bergwerk od. im Tagebau;* **schie|fer|blau** ⟨Adj.⟩: *graublau wie Schiefergestein;* **Schie|fer|bruch**, der: *Steinbruch, in dem Schiefer abgebaut wird;* **Schie|fer|dach**, das: *Dach, das mit Schieferplatten gedeckt ist;* **Schie|fer|decker**[1], der (landsch.): *Dachdecker;* **schie|fer|dun|kel** ⟨Adj.⟩: *dunkel wie Schiefer (1);* **schie|fer|far|ben, schie|fer|far|big** ⟨Adj.⟩: *schiefergrau, -blau;* **Schie|fer|ge|bir|ge**, das (Geol.): *Gebirge, bei dessen Aufbau Schiefer überwiegt;* **schie|fer|grau** ⟨Adj.⟩: vgl. schieferblau; **Schie|fer|grif|fel**, der (früher): *Griffel* (1); **schie|fe|rig**: ↑schiefrig; **Schie|fer|ka|sten**, der (landsch. veraltet): *Federmäppchen;* ¹**schie|fern** ⟨sw. V.; hat⟩ [2: mhd. schiveren = (zer)splittern]: **1.** (Weinbau) *Erde mit [zerkleinertem] Schiefer bestreuen.* **2.** ⟨s. + sich⟩ **a)** *sich in dünne Platten spalten;* **b)** (landsch.) *sich in Splittern [ab]lösen, abschilfern.* **3.** ⟨s. + sich⟩ (landsch., bes. österr.) *sich einen Splitter einziehen.* **4.** (schweiz.) **a)** *flache Steine über den Wasserspiegel od. eine feste Unterlage hüpfen lassen:* Dann versuchten wir wie in Bubenzeiten zu s., flache Steinchen über dem Wasserspiegel hüpfen zu lassen (Frisch, Stiller 492); **b)** *(von Steinen, die flach über eine Wasseroberfläche od. eine feste Unterlage geworfen werden) hüpfen, tanzen:* der Stein schieferte gedehnt und rutschte dann ... in immer kleineren Rucken, ehe er zögernd verschwand (Muschg, Sommer 224); ²**schie|fern** ⟨Adj.⟩: **1.** *aus Schiefer bestehend.* **2.** *schieferfarben;* **Schie|fer|öl**, das: *aus Ölschiefer gewonnenes Öl;* **Schie|fer|plat|te**, die: *(bes. zum Decken von Dächern verwendete) flache, viereckige Platte aus Schiefer;* **Schie|fer|stift**, der: *Griffel* (1); **Schie|fer|ta|fel**, die (früher): *[kleine] flache Schieferplatte [mit eingravierten Zeilen od. Kästchen u. einem Rahmen aus Holz], auf der man (mit Kreide bzw. Griffel) schreiben kann;* **Schie|fer|ton**, der ⟨Pl. -e⟩ (Geol.): *meist dunkler, fester, dem Schiefer ähnlicher Ton;* **Schie|fe|rung**, die; -, -en: **1.** *das Schiefern* (1). **2.** *das Sichschiefern* (2).

schief|ge|hen ⟨unr. V.; ist⟩ (ugs.): *nicht das gewünschte Ergebnis haben; mißlingen, nicht glücken:* die Sache wäre beinahe schiefgegangen, hätte [leicht, ebensogut] s. können; bei der Operation ist etwas, die Operation ist schiefgegangen; jetzt kann eigentlich nichts mehr s.; Wenn das Examen schiefging, war er am Ende (Dorpat, Ellenbogenspiele 54); Ging die Ehe schief, so ... (A. Kolb, Schaukel 81); Was er auch anfaßt, alles geht ihm schief (Fallada, Jeder 204); ⟨auch unpers.:⟩ Wenn du nicht streng mit dir selber bist, dann kann's leicht schief mit dir gehen (K. Mann, Wendepunkt 132); R [keine Angst, nur Mut] es wird schon s.! (scherzh.: *es wird sicher gelingen!*); **schief|ge|wickelt**¹: in der Verbindung **s. sein** (ugs.; *sich in etw. gründlich irren*): wenn du glaubst, du kannst mich hier rumkommandieren, bist du s.; **Schief|hals**, der (Med.): *krankhafte schiefe Stellung des Halses;* **schief|hal|sig** ⟨Adj.⟩ (Med.): *einen Schiefhals habend;* **Schief|heit**, die; -, -en: **1.** ⟨o. Pl.⟩ *das Schiefsein.* **2.** *schiefe* (2) *Ansicht o. ä., Unausgeglichenheit, Ungenauigkeit:* wenn man alle die Ungenauigkeiten und -en anmerken wollte (Tucholsky, Werke II, 247); **schief|la|chen**, sich ⟨sw. V.; hat⟩ (ugs.): *sehr lachen;* **Schief|la|ge**, die: **1.** *schiefe Lage:* Helmut ertrug die totale S. nicht mehr. Die Wellen liefen schon über Bord (M. Walser, Pferd 118). **2.** *instabile, kritische, bedrohliche Lage, Krise:* SDR droht finanzielle S. (MM 10. 12. 92, 41); den Popstar, der in ... seinen Songs ... die S. der Welt anklagt (Lindenberg, El Pnico 177); das Gespenst der sozialen S. durchs Land zu jagen (FAZ 17. 2. 93, 15); in eine S. kommen, geraten; **schief|lau|fen** ⟨st. V.⟩ (ugs.): **1.** vgl. schieftreten ⟨hat⟩. **2. a)** *eine schlechte, verhängnisvolle Entwicklung nehmen:* Es kann sein, daß auch bei mir einiges schiefgelaufen ist. Meine Mutter starb sehr früh (Brigitte 5, 1974, 74); Daß etwas schiefläuft im Biobereich, ist ... kein Geheimnis mehr (natur 2, 1991, 33); ⟨auch unpers.:⟩ Heftige Gatten und Väter können dort lernen, in Selbsterfahrung herauszufinden, „wo es anfing, schiefzulaufen" (Spiegel 46, 1976, 86); **b)** *schiefgehen* ⟨ist⟩: Da müßte

schon alles s., wenn der neue Meister nicht SC Eilbek heißt (Hamburger Morgenpost 21. 5. 85, 10); ich bin gewöhnt, daß manches mir schiefläuft (Schnurre, Schattenfotograf 85); **schief|lie|gen** ⟨st. V.; hat⟩ (ugs.): *sich irren:* mit seinen Vermutungen, Ansichten [total] s.; Wenn Sie ihre Leute bei uns ... suchen, dann liegen Sie schief, Herr Kommissar. Wir machen so was nicht (Hörzu 40, 1970, 92); **schief|mäu|lig** ⟨Adj.⟩ (ugs.): **1.** *mit schiefem Mund.* **2.** *mißgünstig.*
schief|rig, schieferig ⟨Adj.⟩: **1.** *dem Schiefer* (1) *ähnlich.* **2.** *schieferfarben.*
schief|tre|ten ⟨st. V.; hat⟩: *(bes. von Absätzen an Schuhen) durch ungleichmäßigen Gang einseitig abtreten:* schiefgetretene Absätze; **schief|win|ke|lig, schief|wink|lig** ⟨Adj.⟩: *keinen rechten Winkel aufweisend.*
schieg ⟨Adj.⟩ [südd. mundartl. Nebenf. von ↑schief] (veraltet): ↑schief; **schie|gen** ⟨sw. V.⟩ (landsch.): **1.** *mit eingekehrten Füßen gehen* ⟨ist⟩. **2.** *(die Schuhe) schieftreten* ⟨hat⟩; **schieg|gen** (schweiz.): ↑schiegen.
Schiel|au|ge, das; -s, -n (veraltet): **1.** *-n machen* (scherzh.; *durch [begehrliche] Blicke verraten, daß man etw. gerne haben möchte).* **2.** *jmd., der schielt;* **schiel|äu|gig** ⟨Adj.⟩ (selten): *schielend;* **schie|len** ⟨sw. V.; hat⟩ [mhd. schilhen, ahd. scilihen, zu ↑scheel]: **1.** *einen Augenfehler haben, bei dem die Blickrichtung eines od. beider Augen nach innen od. außen abweicht:* stark, leicht [auf einem Auge] s. **2.** (ugs.) **a)** *spähen:* um die Ecke, über den Zaun, durchs Schlüsselloch s.; **b)** *verstohlen irgendwohin blicken:* nach der Tür s.; er schielt hilflos zu seiner Frau; nun wird sie verlegen, als der Richter nach ihren Beinen schielt (Spiegel 44, 1974, 128); Ü er schielt nach ihrem Geld *(hat es darauf abgesehen);* Kluncker schielt auf die 35-Stunden-Woche *(will sie einführen;* MM 26. 2. 1979, 2); **Schiel|er,** der; -s, -: *jmd., der schielt;* **Schiel|le|rin,** die; -, -nen: w. Form zu ↑Schieler.
Schiel|mann, der; -[e]s, ...männer [niederd. schēmann, mniederd. schimman, H. u.] (Seew. früher): *Bootsmannsmaat;* **schie|man|nen** ⟨sw. V.; hat⟩ (Seew. früher): *Bootsmannsmaat sein.*
schien: ↑scheinen.
Schien|bein, das [mhd. schinebein, eigtl. = spanförmiger Knochen, 1. Bestandteil zu ↑Schiene in dessen urspr. Bed. „abgespaltenes Stück", 2. Bestandteil zu ↑Bein (5)]: *vorderer, stärkerer der beiden vom Fuß bis zum Knie gehenden Knochen des Unterschenkels; Tibia:* sich das S. brechen; ich tret' dir gleich ans/ vors S. (salopp: *nimm dich in acht, sieh dich vor!);* **Schien|bein|bruch,** der: *Bruch* (2 a) *des Schienbeins;* **Schien|bein|frak|tur,** die: *Schienbeinbruch;* **Schien|bein|knö|chel,** der (Anat.): *am verbreiterten Ende des Schienbeins ausgebildeter innerer Fußknöchel;* **Schien|bein|scho|ner,** der, **Schien|bein|schüt|zer,** der (bes. Fußball, Eishockey): *unter den Strümpfen getragenes Polster, das das Schienbein vor Verletzungen schützt;* **Schie|ne,** die; -, -n [mhd. schine, ahd. scina = Schienbein; Holz-, Metalleiste,

zu einem Verb mit der Bed. „schneiden, spalten, trennen" (vgl. z. B. lat. scindere, ↑Szission) u. eigtl. = abgespaltenes Stück, Span; 1: seit dem 18. Jh.]: **1.** *aus Profilstahl bestehender, auf einer Trasse verlegter Teil einer Gleisanlage, auf dem sich Schienenfahrzeuge [fort]bewegen:* -n [für die Straßenbahn] legen; diese Fahrzeuge sind an -n gebunden; der Kran bewegt sich, fährt auf -n; der Zug ist aus den -n gesprungen *(entgleist);* der Verkehr hat sich von der S. auf die Straße verlagert *(die Eisenbahn hat gegenüber dem Straßenverkehr an Bedeutung verloren);* daß ... der Bus die Aufgaben kostengünstiger erfüllen kann, als es die S. *(die Eisenbahn)* jemals schaffen wird (Blickpunkt 4, 1983, 3); * *aus den -n werfen* (selten) ↑Gleis). **2. a)** *schmale lange Latte aus Metall, Holz, Kunststoff o. ä. mit einem Steg od. einer Rille als führende Vorrichtung für Teile, die durch Gleiten od. Rollen zu bewegen sind:* -n für das Flaschenzug; die Rollen der Gardine laufen in einer S.; **b)** *schmale Leiste (meist aus Metall) mit einer Rille zum Zusammenhalten einzelner Teile, zum Schutz od. als Zierde:* an den Kanten der Stufen sind -n aus Messing angebracht. **3.** (Med.) *(aus Holz, Metall, Kunststoff o. ä. hergestellte) Stütze, die dazu dient, verletzte Gliedmaßen ruhigzustellen od. (bei Kindern) gelockerte [Milch]zähne zu fixieren.* **4.** *Reißschiene.* **5.** *(in einem Schalt- od. Kraftwerk) stabile, starke, nicht isolierte elektrische Leitung.* **6.** (früher) *aus einer gebogenen Platte bestehender Teil der Rüstung, der Arme od. Beine bedeckt.* **7.** (Jargon) *Weg, Bahn, Kurs:* auf derselben politischen S. bleiben; Über die S. der Schickeria und der Boheme ... werde sich Aids weiter ausbreiten (Spiegel 18, 1985, 235); ein Austausch über die S. *(das Medium)* Fernsehen; Da ist kein ... „Teleprompter", von denen einige ... Kommentatoren der öffentlich-rechtlichen S. *(Rundfunk- u. Fernsehanstalten)* ihre Texte ablesen (Spiegel 38, 1984, 190); **-schie|ne,** die; -, -n (Jargon): **1.** *bezeichnet in Bildungen mit Substantiven einen vorgegebenen Weg, eine Bahn, einen Kurs in bezug auf jmdn., etw.:* Erfolgs-, Partei-, Unterhaltungsschiene. **2.** (Rundf., Ferns.) *bezeichnet in Bildungen mit Substantiven ein Programm, Programmschema:* Montags-, Musikschiene; **schie|nen** ⟨sw. V.; hat⟩: **1.** *durch eine Schiene* (3) *ruhigstellen:* den gebrochenen Arm s.; der Bruch mußte geschient werden. **2.** (früher) *(meist im 2. Part.) mit einer Rüstung angetan sein;* **Schie|nen|bahn,** die: *Bahn, die auf Schienen* (1) *fährt* (z. B. Eisenbahn, Untergrund-, Hochbahn u. ä.); **Schie|nen|bett,** das: *Gleisbett;* **Schie|nen|brem|se,** die: *aus einem Elektromagneten bestehende zusätzliche Bremse einer Straßenbahn od. eines Triebwagens, die sich gleichsam an den Schienen festsaugt;* **Schie|nen|bruch,** der: ¹*Bruch* (1 a) *einer Schiene* (1): *die Strecke war wegen eines -s gesperrt;* **Schie|nen|bus,** der: *Triebwagen, dessen Karosserie der eines Omnibusses ähnlich ist;* **Schie|nen|er|satz|ver|kehr,** der (Eisenb.): *(bei Störung der Zugverbindung als Ersatz eingesetzte) Omni-*

busse, die die Reisenden befördern; **Schie|nen|fahr|zeug,** das: *Fahrzeug, das auf Schienen* (1) *fährt od. gleitet;* **schie|nen|ge|bun|den** ⟨Adj.⟩: *nur auf Schienen* (1) *fahrend; an Schienen* (1) *gebunden:* -e Fahrzeuge; **schie|nen|gleich** ⟨Adj.⟩ (Verkehrsw.): vgl. niveaugleich; **Schie|nen|netz,** das: *Netz* (2 b) *von Schienen* (1); **Schie|nen|om|ni|bus,** der: *Schienenbus;* **Schie|nen|räu|mer,** der: *Gerät, das an einer Lok o. ä. montiert ist, um damit Hindernisse von Schienen* (1) *zu räumen;* **Schie|nen|stoß,** der (früher): *Lücke zwischen zwei aneinanderstoßenden Schienen* (1); **Schie|nen|strang,** der: *(über eine größere Distanz) zu Gleisen montierte Schienen* (1); **Schie|nen|trieb|wa|gen,** der: *Triebwagen;* **Schie|nen|ver|kehr,** der: *über Schienenfahrzeuge abgewickelter Verkehr;* **Schie|nen|weg,** der: *Gleis (als Verbindung zwischen Orten).*
¹**schier** ⟨Adv.⟩ [mhd. schiere = bald, ahd. scēro, scioro = schnell, sofort, zu ahd. scēri = scharf, schnell im Aufspüren (von Jagdhunden), eigtl. = leicht trennend, leicht unterscheidend]: *geradezu, nahezu, fast:* eine s. unübersehbare Menschenmenge; ich möchte s. verzweifeln; das ist s. unmöglich; Schließlich war ich kein ... Säugling mehr, sondern s. dreiundzwanzig Jahre alt (Fallada, Herr 5); Gearbeitet wurde s. nicht mehr (Kempowski, Zeit 279).
²**schier** ⟨Adj.⟩ [mhd. schir = lauter, hell, urspr. = schimmernd, verw. mit ↑scheinen] (landsch.): *[unvermischt] rein; blank* (3): -es Gold; -es Fleisch *(Fleisch ohne Fett, Sehnen u. Knochen);* Ü die -e Bosheit, Dummheit; endlich gestand er es sich ein, daß die -e Angst ihn gepackt hatte (Süskind, Parfum 258);
Schi|er: Pl. von ↑Schi.
Schier|ei, das (Landw.): *unbefruchtetes, bebrütetes Ei, das aussortiert wird u. nicht in den Handel kommt;* **schie|ren** ⟨sw. V.; hat⟩ [niederd. schieren < mniederd. schiren = reinigen, klären, zu ↑²schier]: **a)** (landsch.) *auslesen, ausscheiden;* **b)** (Fachspr.) *(Eier) durchleuchten, um unbrauchbare auszusondern.*
Schier|ling, der; -s, -e [mhd. scherlinc, schirlinc, ahd. scer[i]linc, älter: scerning, zu einem untergegangenen Wort mit der Bed. „Mist" (vgl. mniederd. scharn); eigtl.: die Pflanze wächst bes. bei Dunghaufen]: *(zu den Doldenblütlern gehörende) hochwachsende, sehr giftige Pflanze mit hohem Stengel, fiederteiligen Blättern u. großen weißen Doldenblüten;* **Schier|lings|be|cher,** der [nach dem im antiken Athen üblichen Methode, jmdm., der zum Tode verurteilt war, einen Trank zu reichen, dem das Gift des Schierlings beigemischt war] (bildungsspr.): vgl. Giftbecher: den S. nehmen, leeren, trinken (bildungsspr.; *sich mit Gift töten);* **Schier|lings|tan|ne,** die: *Hemlocktanne.*
Schieß|an|laß, der (schweiz.): *Schießet;* **Schieß|aus|bil|dung,** die: *Ausbildung im Umgang mit Schußwaffen;* **Schieß|baum|wol|le,** die: *Nitrozellulose;* **Schieß|be|fehl,** der: *Befehl, von der Schußwaffe Gebrauch zu machen:* S. erteilen; **Schieß|bu|de,** die: **1.** *(auf dem Rummelplatz) Bude, in der man gegen einen Einsatz auf*

Schießbudenbesitzer

ein *[bewegliches] Ziel schießt u. für eine gewisse Anzahl von Treffern einen Preis erhält.* **2.** (Musik Jargon) *Schlagzeug:* Bei dem ganzen Gekrache haben all meine Eltern ... gesagt, der Junge braucht 'ne richtige S. (Lindenberg, El Panico 19); **Schieß|bu|den|be|sit|zer,** der: *Besitzer einer Schießbude* (1); **Schieß|bu|den|besit|ze|rin,** die: w. Form zu ↑ Schießbudenbesitzer; **Schieß|bu|den|fi|gur,** die: *Figur, die in einer Schießbude u. a. als Ziel dient:* Ü er ist eine richtige S. (ugs.; *wirkt auf Grund seines Äußeren lächerlich u. komisch*); **Schieß|ei|sen,** das (ugs.): *Schußwaffe;* **schie|ßen** ⟨st. V.⟩ [mhd. schieʒen, ahd. sciozan, eigtl. = treiben, jagen, eilen]: **1.** ⟨hat⟩ **a)** *einen Schuß, Schüsse abgeben; von der Schußwaffe Gebrauch machen:* sicher s.; Hände hoch oder ich schieße!; Der Befehl lautete: Ohne Anruf s.! (Plievier, Stalingrad 225); es wurde geschossen; er schoß wild um sich; in die Menschenmenge, nach der Scheibe, in die Luft, auf jmdn. s.; Außerdem hatten die SS-Mannschaften nach dem ersten Schreck angefangen, zwischen die Häftlinge zu s., die Deckung suchten (Remarque, Funke 31); er schießt gut *(ist ein guter Schütze);* Wer hat sie (landsch.; *auf sie*) geschossen (Fr. Wolf, Menetekel 293); Ü als ob wir gegen die Gewerkschaft schießen (*sie mit Angriffen in Bedrängnis bringen;* v. d. Grün, Glatteis 225); **b)** *mit einer bestimmten Waffe einen Schuß abgeben:* mit der Pistole, der Armbrust, dem Bogen s.; **c)** *mit etw. (als Geschoß) einen Schuß abgeben:* mit Schrot, mit einem Pfeil, mit scharfer Munition s.; das havarierte Schiff schoß Buntfeuer; Ü wütende Blicke s.; plötzlich wird mit Witzen geschossen *(angegriffen),* die etwas zu scharf sind, etwas vergiftet (Frisch, Stiller 131); **d)** *sich in bestimmter Weise zum Schießen* (1 a) *eignen:* das Gewehr, die Flinte schießt gut, schießt nicht [mehr]; **e)** *(jmdn. an einer bestimmten Stelle) mit einem Schuß treffen:* er hat ihm/ihn in die Wade, in den Arm geschossen; sich durch die Schläfe, ins Herz s.; Major Merkl fand dort ... zwei Gestalten am Boden liegen und schoß die eine sofort in den Kopf (Grzimek, Serengeti 104); **f)** *(ein Geschoß) durch Abfeuern an ein bestimmtes Ziel bringen:* die Harpune in den Rücken des Wals s.; er hat sich eine Kugel in den Kopf geschossen; Dreißig Minuten später schossen sie ihm noch einen Torpedo in den Bauch (Ott, Haie 286); eine Rakete, einen Satelliten ins All, auf seine Umlaufbahn s.; **g)** *etw. durch einen Schuß, durch Schüsse an etw. verursachen:* Löcher in die Tür, in die Wand s.; er schoß nur Löcher in die Luft *(traf nichts);* **h)** *mit einem Schuß, mit Schüssen treffen u. damit in einen bestimmten Zustand bringen, etw. bewirken:* das Dorf wurde in Grund und Boden geschossen; eine Festung sturmreif s. *(durch Beschießen in einen solchen Zustand bringen, daß sie gestürmt werden kann);* jmdn. zum Krüppel s. *(jmdn. durch einen Schuß zum Krüppel machen);* **i)** *durch einen Schuß, durch Schüsse etw. erzielen, bekommen:* auf die Scheibe eine Zwölf s.; jmdm.

eine Rose s.; er hat einen Preis geschossen; **j)** * *jmdm. eine s.* (salopp; *jmdm. eine Ohrfeige geben*); **k)** *(Jagdwild o. ä.) durch einen Schuß, durch Schüsse erlegen, töten:* Rebhühner, Hasen s.; daß hier das Wild nur geschossen und nicht waidmännisch gejagt und erlegt wurde (Freie Presse 8.12.89,3); **l)** ⟨s. + sich⟩ (seltener) *duellieren:* er hat sich mit seinem Rivalen geschossen. **2.** *den Ball mit dem Fuß anstoßen od. werfen, so daß er in eine bestimmte Richtung rollt od. fliegt* ⟨hat⟩: der Stürmer schoß [mit dem linken Bein aufs Tor]; ein Tor s. *(einen Treffer erzielen);* Klasse, wie Six ... die Nerven behielt und im zweiten Anlauf das 3:2 schoß *(das dritte Tor, den Siegestreffer erzielte;* Kicker 6, 1982, 37); er konnte sich an die Spitze der Torjäger s. *(erzielte die meisten Treffer);* Simmet schoß ... die Borussen in Führung *(erzielte das Führungstor;* Welt 10.5.65, 17). **3.** ⟨ist⟩ **a)** *sich sehr rasch (wie ein abgefeuertes Geschoß) bewegen:* vom Stuhl in die Höhe s.; wir sahen das Auto um die Ecke s.; Er ließ Akivas Hand los, schoß über die Straße und lief die Stufen zur Veranda hinauf (Kemelman [Übers.], Mittwoch 39); ... steckte Sibylle neugierig den Kopf zum Fenster heraus, tat einen Schrei, und ein paar Augenblicke später schoß sie aus der Tür (Geissler, Wunschhütlein 159); [vor Freude] einen Purzelbaum s.; Ü plötzlich schießt ihr ein Gedanke durch den Kopf; * *zum Schießen sein* (ugs.; *sehr zum Lachen sein;* wohl eigtl. = zum Purzelbaumschießen vor Ausgelassenheit); **b)** *(bes. von flüssigen Stoffen) sehr schnell an eine bestimmte Stelle od. über etw. hinfließen:* von allen Seiten schoß das Wasser über die Felsen ins Tal; ich spürte mein Blut in den Kopf, in die Beine s.; Ravic ... drehte die Hähne auf. Das Wasser schoß in das Waschbecken (Remarque, Triomphe 13); die Tränen sind ihr in die Augen geschossen (Döblin, Alexanderplatz 289); Röte schoß ihr ins Gesicht *(sie wurde plötzlich rot);* Ü Der jähe Zorn schoß ihm in die Augen *(er blickte plötzlich sehr zornig drein;* Apitz, Wölfe 175); **c)** *mit Wucht (wie durch einen Druck) plötzlich aus etw. herauskommen:* Flammen schießen aus dem Dachstuhl; Blut schießt aus der Wunde; **d)** *sehr schnell wachsen:* das Kind ist in den letzten Wochen [kräftig in die Höhe] geschossen; man kann die Saat förmlich aus dem Boden s. sehen; der Salat schießt *(bildet Blüten u. Samen aus).* **4.** ⟨hat⟩ **a)** *[schnell hintereinander] fotografieren:* ein paar Aufnahmen fürs Familienalbum s.; die Fotos, die die Westverwandtschaft letzten Sommer in Italien schoß (Loest, Pistole 42); **b)** (ugs. landsch.) *[eine günstige Gelegenheit nutzend] kaufen:* das Kleid habe ich im Ausverkauf geschossen. **5.** (Jargon) *fixen* (2) ⟨hat⟩: wenn du Barbiturate oder Berliner Tinke schießt, dann wird es gefährlich (Gabel, Fix 100). **6.** (Weberei) *(das Schiffchen des Webstuhls) von einer Seite auf die andere schleudern* ⟨hat⟩. **7.** (Bergmannsspr.) *(Gestein) sprengen* ⟨hat⟩. **8.** (österr.) *die Farbe verlieren; bleichen, verschießen* ⟨ist⟩: die Vorhänge sind geschossen; **Schie|ßen,** das; -s, -: *[sportliche] Veran-*

staltung, bei der geschossen wird: ein S. abhalten; **schie|ßen|las|sen** ⟨st. V.; hat⟩ (salopp): *auf etw. verzichten; nicht weiterbetreiben od. verfolgen:* einen Plan, ein Vorhaben s.; Laß Antonia schießen, und genieß die Sache hier (Rocco [Übers.], Schweine 168); **Schie|ßer,** der; -s, - (Jargon): *Fixer;* **Schie|Be|rei,** die; -, -en: **1.** (meist abwertend) *[dauerndes] Schießen:* die S. geht mir auf die Nerven. **2.** *wiederholter Schußwechsel:* eine heftige, wilde S.; es war zu einer S. zwischen Gangstern und Polizei gekommen; bei der S. gestern gab es mehrere Verletzte; **Schie|Berin,** die; -, -nen (Jargon): w. Form zu ↑ Schießer; **Schie|Bet,** der, auch: das; -s, -s (schweiz.): *Schießen; Schützenfest;* **Schieß|ge|wehr,** das (Kinderspr.): *Gewehr;* **Schieß|hund,** der (Jägerspr. veraltet): *Jagdhund;* * *aufpassen wie ein S.* (ugs.; *bei etw. scharf aufpassen, damit einem nichts entgeht*); **Schieß|leh|re,** die: *Lehre vom Schießen* (1 a); **schieß|mä|ßig** ⟨Adv.⟩: *im Hinblick auf das Schießen:* s. wurden gute Ergebnisse erzielt; **Schießmei|ster,** der (Bergbau): *Sprengmeister;* **Schieß|pflicht,** die (schweiz.): *Schießübung, zu der bestimmte militärische Ränge verpflichtet sind;* **Schieß|platz,** der: *Platz für Schießübungen;* **Schießprü|gel,** der (salopp): *Gewehr;* **Schießpul|ver,** das: *pulverförmiger Explosivstoff* (1): * *das S. [auch] nicht erfunden haben* (↑ Pulver 1 c); **Schieß|schar|te,** die: *Öffnung im Mauerwerk einer Burg, Festung o. ä., von der aus auf den Feind geschossen wurde;* **Schieß|schei|be,** die: *beim Übungsschießen als Ziel verwendete [runde] Scheibe mit bestimmten Markierungen;* **Schieß|sport,** der: *als Sport betriebenes Schießen;* **Schieß|stand,** der: *Anlage für Schießübungen;* ♦ **Schießstatt,** die: *Schießplatz:* Dicht bei der Stadt, wo man herauskommt bei dem Tor, welches nachmals, von dortiger S. her, das Büchsentor hieß (Mörike, Hutzelmännlein 153); **Schieß|übung,** die: *Übung im Schießen;* **Schieß|waf|fe,** die (schweiz.): *Schußwaffe;* **Schieß|wol|le,** die: *Nitrozellulose;* **schieß|wü|tig** ⟨Adj.⟩ (ugs.): *schießlustig dazu bereit zu schießen* (1a): -e Gangster; ist die Polizei zu s.?; ♦ **Schieß|zeug,** das [spätmhd. schieʒziuc]: *zum Schießen* (1 a) *benötigtes Gerät:* Jetzt schnell mein S. fassend, schwing' ich selbst hochspringend auf die Platte mich hinauf (Schiller, Tell IV, 1).

Schiet, der; -s, **Schie|te,** die; - [mniederd. schite] (nordd. salopp): *Scheiße;* **Schietgän|ger,** der (nordd. salopp): *Schiffsreiniger:* Schietgänger nennt man sie, weil sie die dreckigste Arbeit im Hafen machen (Hörzu 6, 1983, 58); **Schiet|kram,** der; -s (nordd. salopp abwertend): *lästige, ärgerliche, dumme Sache:* so ein S.!; Der S. hört auf, sonst werde ich mal bannig ungemütlich! (Fallada, Herr 63).

Schiff, das; -[e]s, -e [mhd. schif, ahd. scif, eigtl. = ausgehöhlter Stamm, Einbaum; 2: LÜ von mlat. navis < lat. navis = Schiff; 3, 4: nach der Form; 5: nach der schon ahd. Bed. „Gefäß"]: **1.** *großes, bauchiges, an beiden Enden meist schmaler werdendes od. spitz zulaufendes Was-*

serfahrzeug: das S. läuft vom Stapel, sticht in See, nimmt Kurs nach Norden, läuft einen Hafen an, legt [am Kai] an, geht, liegt [im Hafen] vor Anker; das S. schlingert, stampft, treibt [auf dem Wasser]; das S. geriet in Seenot, lief [auf ein Riff] auf; das S. ist leck, schlägt voll Wasser, sackt ab, funkt SOS, geht unter, sinkt; das S. läuft unter schwedischer Flagge; S. [backbord, steuerbord] voraus!; S. klar zum Auslaufen (Meldung des wachhabenden Offiziers an den Kapitän); ein S. bauen, auf Kiel legen, vom Stapel lassen; ein S. beladen, kapern, versenken, heben, abwracken; die Taufe, der Stapellauf eines -es; links, ein paar hundert Meter weiter, steckte das Wrack eines gestrandeten -es mit rostigen Spanten im gelben Sand (Lentz, Mekefuck 204); an, von Bord eines -es gehen; Ü (geh.) das S. des Staates lenken; ... Wirtschaftskrise. Er selbst hätte das S. der Firma Benno Random sicherlich halbwegs heil zwischen den Klippen hindurchmanövriert, seine Frau jedoch verstand nichts vom Geschäft (Erné, Fahrgäste 216); *** klar S. machen** (1. Seemannsspr.; *das Schiff säubern.* 2. ugs.; *eine Angelegenheit bereinigen.* 3. ugs.; *gründlich aufräumen, saubermachen:* ich muß in meiner Bude endlich mal wieder klar S. machen). **2.** (Archit.) *Kirchenschiff.* **3.** (Druckw.) *beim Bleisatz verwendete [Zink]platte mit einem an drei Seiten angebrachten Stahlrahmen, auf der die Zeilen des Schriftsatzes zu einer Spalte zusammengestellt werden u. von der dann ein Fahnenabzug hergestellt wird.* **4.** (Weberei selten) *Schiffchen.* **5.** (früher) *(beim Kohlenherd) auf einer Seite der Herdplatte in den Herd eingelassene kleine Wanne für warmes Wasser;* **Schiff|fahrt¹,** die; ⟨o. Pl.⟩: *das Fahren von Schiffen auf Gewässern zur Beförderung von Personen und Gütern;* **Schiff|fahrts|ab|ga|be¹,** die: *Gebühr, die Schiffe für die Benutzung der Leuchtfeuer, Kanäle, Schleusen, Liegeplätze im Hafen u. a. zu entrichten haben;* **Schiff|fahrts|ge|richt¹,** das: *Gericht zur Regelung der Binnenschiffahrt betreffenden Verfahren;* **Schiff|fahrts|ge|sell|schaft¹,** die: *Gesellschaft, die eine od. mehrere Schiffahrtslinien besitzt u. unterhält;* **Schiff|fahrts|kauf|frau¹,** die: vgl. Schiffahrtskaufmann; **Schiff|fahrts|kauf|mann¹,** der: *Kaufmann in der Schiffahrt;* **Schiff|fahrts|kun|de¹,** die: *Gesamtheit aller zur Führung eines Schiffes nötigen Wissensgebiete (bes. Navigation); Nautik;* **Schiff|fahrts|li|nie¹,** die: *von der Schiffahrt befahrene Linie;* **Schiff|fahrts|po|li|zei¹,** die: *Polizei, der für die Sicherheit u. Ordnung auf Seewasserstraßen obliegt;* **Schiff|fahrts|recht¹,** das: *Gesamtheit der Rechtsvorschriften zur Regelung der mit der Schiffahrt zusammenhängenden Fragen;* **Schiff|fahrts|stra|ße¹,** die (Amtsspr.); **Schiff|fahrts|weg¹,** der: **1.** *Wasserstraße, die von der Schiffahrt benutzt wird.* **2.** *festgelegte Route für den Schiffsverkehr;* **Schiff|fahrts|zei|chen¹,** das: *Zeichen, das Hinweise für die Navigation auf Binnengewässern gibt;* **schiff|bar** ⟨Adj.⟩: *für Schiffe befahrbar:* dieser Fluß ist für alle Schiffe s.; ein Gewässer s. machen; **Schiff|bar-**

keit, die; -: *das Schiffbarsein;* **Schiff|bar|ma|chung,** die; -: *das Schiffbarmachen;* **Schiff|bau,** der ⟨o. Pl.⟩ (bes. Fachspr.), Schiffsbau, der ⟨o. Pl.⟩: *Bau von Schiffen;* **Schiff|bau|er,** Schiffsbauer, der; -s, -: *jmd., der an dem Bau von Schiffen mitwirkt* (Berufsbez.); **Schiff|bau|e|rin,** Schiffsbauerin, die; -, -nen: w. Form zu ↑ Schiffbauer; **Schiff|bau|in|ge|nieur,** der: *jmd., der Schiffe, Schiffsmaschinen u. ä. entwirft u. plant* (Berufsbez.); **Schiff|bau|in|ge|nieu|rin,** die: w. Form zu ↑ Schiffbauingenieur; **Schiff|bau|we|sen,** das ⟨o. Pl.⟩: *Gesamtheit aller für die Herstellung u. Instandhaltung von Schiffen nötigen Einrichtungen;* **Schiff|bruch,** der (veraltet): *Untergang, Zerstörung eines Schiffes in stürmischer See:* die Überlebenden des -s; Ü ich kann von eigenen Schiffbrüchen (Mißerfolgen u. Fehlschlägen) berichten (Frisch, Gantenbein 478); *** [mit etw.] S. erleiden** *(keinen Erfolg haben; [mit etw.] scheitern);* **schiff|brü|chig** ⟨Adj.⟩: *einen Schiffbruch erlitten habend:* die -e Mannschaft; Ü Die Großfamilie ... ist vielleicht die einzige Rettung für viele -e Ehen (Wohngruppe 118); **Schiff|brü|chi|ge,** der u. die ⟨Dekl. ↑ Abgeordnete⟩: *jmd., der von einem Schiffbruch betroffen wurde:* -e retten, bergen, an Bord nehmen; **Schiff|brü|cke¹,** Schiffsbrücke, die: *Pontonbrücke;* **Schiff|chen,** das; -s, -: **1.** Vkl. zu ↑ Schiff (1, 5). **2.** (ugs.) *(bes. zur Uniform getragene) längsgefaltete Kopfbedeckung mit einem Rand, die an beiden Enden spitz zuläuft; Krätzchen.* **3.** *kleines Metallgehäuse, in dem sich die Spule in der Nähmaschine befindet.* **4.** (Weberei) *[kleines] längliches, an beiden Enden spitz zulaufendes Gehäuse für die Spule des Schußfadens; Weberschiffchen.* **5.** (Handarb.) *kleiner, länglicher, an beiden Enden spitz zulaufender Gegenstand für Okkiarbeit.* **6.** (Bot.) *aus den beiden vorderen, häufig am Rand miteinander verwachsenen Blütenblättern gebildeter Teil der Schmetterlingsblüte;* **Schiff|chen|ar|beit,** die (Handarb.): *Okkiarbeit;* **Schiff|chen|mütz|ze,** die: *Schiffchen* (2); **Schiff|chen|spit|ze,** die (Handarb.): *Okkispitze;* **Schif|fe,** die; - [zu ↑ schiffen (2)] (salopp): *Urin;* **schif|feln** ⟨sw. V.; ist⟩ (landsch.): *Kahn fahren;* **schif|fen** ⟨sw. V.⟩ [2: urspr. Studentenspr., zu ↑ Schiff in der alten Bed. „Gefäß" (Studentenspr. = Nachtgeschirr); 3: übertr. von (2)]: **1.** *(veraltet, noch altertümelnd) (mit einem Schiff) fahren* ⟨ist⟩: nach Australien, über den Atlantik s.; ... schiffen neun Tage lang durch Ägyptenland den Strom hinauf (Th. Mann, Joseph 760). **2.** (salopp) *urinieren* ⟨hat⟩: s. müssen, gehen; ich habe mir dabei ... in die Hose geschifft vor Schreck (Kempowski, Immer 154). **3.** (salopp) *heftig regnen* ⟨hat⟩: es schifft heute schon den ganzen Tag; **Schif|fer,** der; -s, -: *Führer eines Schiffes;* **Schif|fer|bart,** der: *Bart, der in einem schmalen Streifen von Schläfe zu Schläfe das Gesicht umrahmt u. Backen u. den vorderen Teil des Kinns freiläßt;* **Schif|fe|rin,** die; -, -en: w. Form zu ↑ Schiffer; **Schif|fer|kla|vier,** das: *Akkordeon;* **Schif|fer|kno|ten,** der: *Knoten, mit dem Seeleute Tauwerk verbinden od. festmachen;* **Schif|fer|mär-**

chen, das: *Märchen, Erzählung aus dem Lebensbereich der Seeleute;* **Schif|fer|müt|ze,** die: *dunkelblaue Schirmmütze mit hohem steifem Rand u. einer Kordel über dem Schirm;* **Schif|fer|pa|tent,** das: *amtliche Bescheinigung, die jmdn. zum Führen eines Schiffes berechtigt;* **Schif|fer|sal|ge,** die: vgl. Schiffermärchen; **Schif|fer|schei|ße,** die [1. Bestandteil viell. zu ↑ Schiffe]: in der Wendung *** doof/dumm sein wie S.** (derb; *sehr doof/dumm sein*); **Schiff|län|de,** die (schweiz.): *Lände;* **Schiff|lein,** das; -s, -: Vkl. zu ↑ Schiff (1, 5); **Schiffs|agent,** der: *jmd., der im Auftrag einer Reederei Buchungen für Passagiere u. Fracht durchführt;* **Schiffs|agen|tin,** die: w. Form zu ↑ Schiffsagent; **Schiffs|an|ker,** der: *Anker;* **Schiffs|arzt,** der: *an Bord eines Seeschiffs eingesetzter Arzt;* **Schiffs|ärz|tin,** die: w. Form zu ↑ Schiffsarzt; **Schiffs|aus|rüs|ter,** der: **1.** *Reeder.* **2.** *jmd., der ein Schiff mit Proviant u. allem sonstigen Bedarf versorgt;* **Schiffs|aus|rüs|te|rin,** die; -, -nen: w. Form zu ↑ Schiffsausrüster; **Schiffs|bau:** ↑ Schiffbau; **Schiffs|bauch,** der: *das Innere eines Schiffes:* die Fracht wird im S. gestaut; **Schiffs|bau|er** usw.: ↑ Schiffbauer usw.; **Schiffs|ber|gung,** die: *Bergung eines in Seenot geratenen od. gesunkenen Schiffes;* **Schiffs|be|sat|zung,** die: *Besatzung eines Schiffes;* **Schiffs|bohr|wurm,** der: *im Meer lebende, große Muschel, die Gänge in das Holz von Schiffen u. Hafenanlagen bohrt;* **Schiffs|boot,** das (Zool.): *Perlboot;* **Schiffs|brief,** der (Amtsspr.): *Schiffszertifikat für die Binnenschiffahrt;* **Schiffs|brü|cke¹:** ↑ Schiffbrücke; **Schiff|schau|kel,** Schiffsschaukel, die: *auf Jahrmärkten, Volksfesten o. ä. aufgestellte große Schaukel, bei der man in kleinen, an Stangen aufgehängten Schiffchen stehend hin u. her schwingt;* **Schiffs|ei|gen|tü|mer,** der: *jmd., dem ein Schiff gehört;* **Schiffs|ei|gen|tü|me|rin,** die: w. Form zu ↑ Schiffseigentümer; **Schiffs|eig|ner,** der: *Schiffseigentümer;* **Schiffs|eig|ne|rin,** die: w. Form zu ↑ Schiffseigner; **Schiffs|fahrt,** die: *Fahrt mit einem Schiff;* **Schiffs|fracht|ver|kehr,** der: *Frachtverkehr von Schiffen;* **Schiffs|flag|ge,** die: *Flagge als Erkennungszeichen u. Verständigungsmittel für Schiffe;* **Schiffs|fracht,** die: *Frachtgut eines Schiffes;* **Schiffs|füh|rer,** der: *Schiffer;* **Schiffs|füh|re|rin,** die: w. Form zu ↑ Schiffsführer; **Schiffs|füh|rung,** die: *Gesamtheit der an Führen eines Schiffes Beteiligten;* **Schiffs|glo|cke¹,** die: *(auf Schiffen an bestimmter Stelle angebrachte) Glocke aus Messing, deren Klöppel an einer diesem befestigten Lederschlaufe bewegt wird;* **Schiffs|hal|ter,** der: *(zu den Barschen gehörender) Fisch mit einem abgeflachten Kopf, mit der er sich an Schiffen u. ä. od. großen Fischen festsaugt;* **Schiffs|he|be|werk,** das (Wasserbau): *Anlage mit sehr großen, mit Wasser gefüllten, einem Trog ähnlichen Behältnissen, in die Schiffe hineinfahren, u. Schienen, auf denen sich diese Behälter bewegen, wodurch ermöglicht wird, daß Schiffe sehr große Niveauunterschiede zwischen zwei Abschnitten einer Binnenwasserstraße überwinden;* **Schiffs|jour|nal,** das:

Logbuch; **Schiffs|jun|ge,** *der: Jugendlicher, der auf einem Schiff als Matrose ausgebildet wird;* **Schiffs|ka|pi|tän,** *der: Kapitän eines Schiffs;* **Schiffs|ka|pi|tä|nin,** *die:* w. Form zu ↑ Schiffskapitän; **Schiffs|ka|ta|stro|phe,** *die: schweres Unglück, in das ein Schiff hineingerät;* **Schiffs|klas|si|fi|ka|ti|on,** *die: Einordnung eines Schiffes in eine bestimmte Klasse nach Bauart, Verwendungszweck, Ausrüstung o. ä.;* **Schiffs|koch,** *der:* vgl. Schiffsarzt; **Schiffs|kö|chin,** *die:* w. Form zu ↑ Schiffskoch; **Schiffs|kol|li|si|on,** *die: Kollision von Schiffen;* **Schiffs|kör|per,** *der: Schiffsrumpf;* **Schiffs|krei|sel,** *der: in ein Schiff eingebautes schweres Schwungrad zum Dämpfen von Schlingerbewegungen;* **Schiffs|kü|che,** *die: Küche eines Schiffes;* **Schiffs|la|dung,** *die: Ladung eines Schiffes;* **Schiffs|last,** *die: Last* (4); **Schiffs|la|ter|ne,** *die (Seemannsspr.): Positionslicht eines Schiffes;* **Schiffs|leib,** *der: Schiffsrumpf;* **Schiffs|li|ste,** *die: (von größeren Häfen herausgegebene) Liste mit den Ankunfts- u. Abfahrtszeiten der Schiffe;* **Schiffs|mak|ler,** *der: Makler, der Fracht, Liegeplatz o. ä. für ein Schiff vermittelt;* **Schiffs|mak|le|rin,** *die:* w. Form zu ↑ Schiffsmakler; **Schiffs|ma|ni|fest,** *das (Amtsspr.): (für den Zoll benötigte) Aufstellung der geladenen Waren eines Schiffes;* **Schiffs|mann|schaft,** *die: Schiffsbesatzung;* **Schiffs|ma|schi|ne,** *die: Motor eines Schiffes;* **Schiffs|me|cha|ni|ker,** *der: Matrose* (1); **Schiffs|mo|dell,** *das: Modell eines Schiffes;* **Schiffs|na|me,** *der: Name eines Schiffes;* **Schiffs|of|fi|zier,** *der: (in der Handelsschiffahrt) Angestellter des nautischen od. technischen Dienstes eines Schiffes mit nautischem Patent, der den Kapitän in der Schiffsführung unterstützen kann;* **Schiffs|pa|pie|re** ⟨Pl.⟩: *alle Urkunden u. Ausweise, die das Schiff, die Ladung u. Besatzung [u. die Passagiere] betreffen;* **Schiffs|pas|sa|ge,** *die:* vgl. Passage (3); **Schiffs|plan|ke,** *die:* vgl. Planke (1); **Schiffs|pro|pel|ler,** *der: Schiffsschraube;* **Schiffs|raum,** *der: Rauminhalt eines Schiffes;* **Schiffs|re|gi|ster,** *das (Amtsspr.): amtliches Verzeichnis der Schiffe eines Bezirks mit den Angaben über die jeweiligen rechtlichen Verhältnisse;* **Schiffs|rei|se,** *die: Reise mit dem Schiff;* **Schiffs|rumpf,** *der: Rumpf eines Schiffs;* **Schiffs|schau|kel,** *die:* ↑ Schiffsschaukel; **Schiffs|schrau|be,** *die: einem Propeller ähnliches, meist am Heck unterhalb der Waserlinie angebrachtes Teil eines Schiffes, das durch schnelle Rotation im Wasser das Schiff antreibt;* **Schiffs|si|cher|heits|zeug|nis,** *das: an Bord mitzuführende amtliche Bestätigung, daß ein Schiff den internationalen u. nationalen Sicherheitsvorschriften entspricht;* **Schiffs|ta|ge|buch,** *das:* vgl. **Schiffs|tau,** *das: Tau* (2); **Schiffs|tau|fe,** *die: kurz vor dem Stapellauf eines Schiffs erfolgende feierliche Namensgebung;* **Schiffs|ver|kehr,** *der: Schiffahrt;* **Schiffs|ver|mö|gen,** *das: aus Schiff, Jacht o. ä. bestehendes Vermögen eines Reeders;* **Schiffs|volk,** *das (dichter., sonst veraltet): Schiffsbesatzung;* **Schiffs|werft,** *die:* vgl. Werft; **Schiffs|zer|ti|fi|kat,** *das (Amtsspr.): Urkunde, die belegt, daß ein Schiff ins Schiffsregister eingetragen ist;* **Schiffs|zet|tel,** *der: Begleitpapier für eine Schiffsfracht;* **Schiffs|zim|me|rer,** *der:* **a)** *Zimmermann, der die [Decks]aufbauten u. ä. von Schiffen herstellt (Berufsbez.);* **b)** vgl. Schiffsarzt; **Schiffs|zim|me|rin,** *die:* w. Form zu ↑ Schiffszimmerer; **Schiffs|zim|mer|mann,** *der: Schiffszimmerer;* **Schiffs|zoll,** *der: Zoll, den ein Schiff zu entrichten hat;* **Schiffs|zwie|back,** *der: (auf Schiffen als eiserne Ration verwendeter) bes. trockener u. haltbarer Zwieback.*

¹**schif|ten** ⟨sw. V.; hat⟩ [mhd. schiften, scheften, ↑ schäften]: **1.** (Bauw.) **a)** *Winkel u. Abmessungen von schräg aufeinander zulaufenden Balken o. ä. ermitteln;* **b)** *(Schnittflächen von Balken) schräg zuschneiden;* **c)** *(Balken) durch Nageln verbinden.* **2.** (Jägerspr.) *dem Beizvogel neue Schwungfedern einsetzen.*

²**schif|ten** ⟨sw. V.; hat⟩ [engl. to shift] (Seemannsspr.): **1.** *(bei Wind von hinten) das Segel von der einen Seite auf die andere bringen, ohne dabei die Fahrtrichtung zu ändern.* **2.** *(von der Ladung) [ver]rutschen.*

Schif|ter, *der;* -s, - [zu ↑ ¹schiften] (Bauw.): *Balken mit schrägen Schnittflächen;* **Schif|tung,** *die;* -, -en (Bauw.): *das* ¹*Schiften* (1 b).

Schi|is|mus, *der;* - [zu ↑ Schia]: *Lehre der Schiiten;* **Schi|it,** *der;* -en, -en: *Anhänger der Schia;* **Schi|iten|füh|rer,** *der: religiöser Führer der Schiiten;* **Schi|itin,** *die;* -, -nen: w. Form zu ↑ Schiit; **schi|itisch** ⟨Adj.⟩: *zur Schia gehörend, sie betreffend.*

Schi|ka|ne, *die;* -, -n [frz. chicane, zu: chicaner = Recht verdrehen, ↑ schikanieren]: **1.** *[unter Ausnutzung staatlicher od. dienstlicher Machtbefugnisse getroffene] Maßnahme, durch die jmdm. unnötig Schwierigkeiten bereitet werden; kleinliche, böswillige Quälerei: dieses Verbot ist eine S.; das ist nur S., die reinste S.; alles S.!; Seit vier Jahren sitzt der Friedensnobelpreisträger als »Verbannter« in Gorki, hilflos den -n des KGB ausgeliefert (Badische Zeitung 12. 5. 84, 1); Hitler und die mächtigsten Männer seiner Regierung ... waren zu schlau, während des Krieges den Vatikan durch -n gegen die Kirche in Deutschland herauszufordern (Hochhuth, Stellvertreter, 240 [Nachwort]); etw. aus S. (ugs.: um jmdm. zu schikanieren) tun.* *** mit allen -n** (ugs.; *mit allem, was dazu gehört, mit allem erdenklichen Komfort, Luxus o. ä.): ein Sportwagen, eine moderne Küche mit allen -n.* **3. a)** (Sport) *in eine Autorennstrecke eingebauter schwieriger Abschnitt, der zur Herabsetzung der Geschwindigkeit zwingt: die Fahrer gehen in die S.;* **b)** (schweiz.) *Hindernis, das auf od. an einer Straße angebracht ist, um Fahrzeuge zu einer Minderung des Tempos zu veranlassen, Fußgänger vom Überqueren einer Straße abzuhalten o. ä.: ob an der Hadlaubstraße ... Maßnahmen, wie der Einbau von -n, ergriffen werden können, um eine Verkehrsberuhigung herbeizuführen (NZZ 21. 1. 83, 26); Schikanen sollen dafür sorgen, daß vorab die Schulkinder nicht unbesehen auf die Straße rennen können (Vaterland 27. 3. 85, 29).* **4.** (Technik) *eingebauter fester Körper (z. B. Zapfen, Schwelle), der einen Widerstand bietet;* **Schi|ka|neur** [...'nøːɐ̯], *der;* -s, -e [frz. chicaneur = Rechtsverdreher] (veraltend): *jmd., der andere schikaniert;* **schi|ka|nie|ren** ⟨sw. V.; hat⟩ [frz. chicaner, H. u.]: *jmdn. mit Schikanen quälen, ärgern: die Rekruten [bis aufs Blut] s.; Wenn eine Praktikantin nicht mit ihm ins Bett ging, schikanierte er sie vor den Zöglingen so lange, bis sie sich ... versetzen ließ (Ziegler, Gesellschaftsspiele 167);* **schi|ka|nös** ⟨Adj.; -er, -este⟩: *Schikane darstellend:* -e *Maßnahmen;* *Vorschriften s. anwenden.*

Schil|cher, *der;* -s, - (österr.): ¹Schiller (2).

¹**Schild,** *der;* -[e]s, -e [mhd. schilt, ahd. scilt, eigtl. = Abgespaltenes, die Schilde der Germanen waren nach röm. Zeugnis aus Brettern hergestellt]: **1.** *eine Schutzwaffe darstellender, auf seiner Rückseite mit einer Handhabe versehener flächiger Gegenstand von verschiedener Form, der vor den Körper gehalten wird – dem Kämpfenden zur Abwehr von Attacken mit Hieb- u. Stichwaffen o. ä. dient: ein runder, ovaler, spitzer S.; ... sah er zum erstenmal den starrenden Helmbusch über dem Panzer, das Schwert und den mächtig gebuckelten S. (Langgässer, Siegel 273); sich mit dem S. decken; sie hoben ihn zum Zeichen der Wahl für alle sichtbar auf einen Schild hoch); Ü Hier stehe ich, ... mein S.* (geh.; *[Be]schützer) des Rechts* (Hacks, Stücke 294); *** jmdn. auf den S. [er]heben** (geh.; *jmdn. zum Führer bestimmen;* *nach dem altgerm. Brauch, einen neugewählten Stammesführer auf einem Schild dreimal im Kreise herumzutragen, damit das versammelte Volk ihn deutlich sehen konnte): die Zukunft wird zeigen, ob die Partei den richtigen Mann mit S. gehoben hat;* **etw. [gegen jmdn., etw.] im -e führen** (*heimlich etw. planen, was sich gegen jmdn., etw. richtet; nach dem auf den Schild gemalten Wappen, das den Eingeweihten erkennen ließ, ob der Besitzer des Schildes Freund od. Feind war): Hößlin verteidigte sich und versicherte, nichts gegen die neuen Zustände im -e zu führen (Niekisch, Leben 41).* **2.** *Wappenschild:* *** seinen S. blank/rein erhalten** (veraltet; *seine Ehre rein, unbefleckt erhalten; bezogen auf den Ahnen- u. Adelsschild, der als Symbol für die Ehre galt).* **3.** *schildförmiger, länglicher Schirm an der Vorderseite von Mützen.* **4.** (Jägerspr.) *verdicktes u. verfilztes Blatt eines Keilers.* **5. a)** (Technik, Waffent.) *Schutzplatte [an Geschützen];* **b)** (Kerntechnik) *Ummantelung des Reaktorkerns, die den Austritt von Strahlung weitgehend verhindern soll;* ²**Schild,** *der;* -[e]s, -er [urspr. = ¹Schild (1, 2) als Erkennungszeichen]: **1.** *Tafel, Platte mit einem Zeichen, einer Aufschrift o. ä.: Am Gartentor ist das S. mit dem Namen meines Vaters fast unleserlich geworden (Lentz, Muckefuck 7); ein S. anbringen, aufstellen; Mit einem Reißnagel befestigte Leopold ein S. an der Außentür. „Heute geschlossen!" (Jaeger, Freudenhaus 81); ein S. malen, beschriften; ein S. an der Mütze tragen; ein S. (Etikett) auf*

eine Flasche kleben; auf dem Schild steht sein Name. **2.** (Jägerspr.) *Brustfleck (bes. bei Waldhühnern);* **Schild|bo|gen,** der (Archit.): *bogenförmiger Abschluß, der sich an der Stelle ergibt, wo ein Tonnengewölbe mit der Wölbung auf eine Mauer auftrifft;* **Schild|bür|ger,** der [urspr. wohl = mit Schild bewaffneter Bürger (vgl. Spießbürger), dann auf die Einwohner des sächs. Städtchens Schilda(u) bezogen, die Helden eines bekannten Schwankbuches des 16. Jh.s] (abwertend): *Philister* (1); **Schild|bür|ger|streich,** der (abwertend): *Handlung, deren eigentlicher od. ursprünglicher Zweck in törichter Weise verfehlt wird;* **Schild|drü|se,** die [benannt nach ihrer Lage am Schildknorpel]: *lebenswichtige, den Seitenflächen des Kehlkopfs u. der oberen Luftröhre aufliegende Hormondrüse mit innerer Sekretion (beim Menschen, bei höheren Wirbeltieren);* **Schild|drü|sen|er|kran|kung,** die: *Erkrankung der Schilddrüse;* **Schild|drü|sen|funk|ti|on,** die: *Funktion der Schilddrüse;* **Schild|drü|sen|hor|mon,** das: *Hormon der Schilddrüse;* **Schild|drü|sen|hy|per|tro|phie,** die (Med.): *Schilddrüsenvergrößerung;* **Schild|drü|sen|in|suf|fi|zi|enz,** die (Med.): *Schilddrüsenunterfunktion;* **Schild|drü|sen|er|krank|heit,** die: vgl. Schilddrüsenerkrankung; **Schild|drü|sen|krebs,** der: *Krebs an der Schilddrüse;* **Schild|drü|sen|prä|pa|rat,** das: *(bei Unterfunktion der Schilddrüse angewendetes) Arzneimittel, das Auszüge aus tierischen Schilddrüsen enthält;* **Schild|drü|sen|über|funk|ti|on,** die (Med.): *Überfunktion der Schilddrüse, bei der vermehrt Schilddrüsenhormon gebildet u. an das Blut abgegeben wird; Hyperthyreose;* **Schild|drü|sen|un|ter|funk|tion,** die (Med.): *Unterfunktion der Schilddrüse, die durch einen Mangel an funktionstüchtigem Schilddrüsengewebe bzw. an Schilddrüsenhormonen verursacht wird; Hypothyreose;* **Schild|drü|sen|ver|grö|ße|rung,** die: *Vergrößerung der Schilddrüse;* **Schil|der|brücke**[1], die (Verkehrsw.): *die Fahrbahn überspannende Beschilderung an Autobahnen, Schnellstraßen o. ä. mit Verkehrsschildern für jede Fahrspur bzw. einem entsprechenden mehrteiligen Verkehrsschild;* **Schil|de|rei,** die; -, -en [niederl. schilderij; zu: schilderen, ↑schildern] (veraltet): *bildliche Darstellung, Gemälde:* Gänge ..., die mit den lieblichsten -en der Vorkommnisse und Geschenke aller drei Jahreszeiten ausgemalt waren (Th. Mann, Joseph 733); ♦ Die S. selbst, wovor sie gesessen, hat ihr abwesender Vater bekommen (Lessing, Emilia Galotti I, 4); **schil|de|rer,** der; -s, -: *jmd., der etw. schildert, anschaulich beschreibt:* ein genialer S. der Natur; **Schil|der|haus,** das [zu Soldatenspr. veraltet schildern = Schildwache stehen]: *Holzhäuschen zum Unterstellen für die Schildwache;* **Schil|der|häus|chen,** das; -s, -: *Schilderhaus;* **Schil|de|rin,** die; -, -nen: w. Form zu ↑Schilderer; **Schil|der|ma|ler,** der: *Handwerker, der Schilder malt* (Berufsbez.); **Schil|der|ma|le|rin,** die: w. Form zu ↑Schildermaler; [1]**schil|dern** ⟨sw. V.; hat⟩ [mniederd., niederl. schilde-

ren = (Wappen) malen; anstreichen, zu ↑[1]Schild (2)]: *ausführlich beschreiben, darstellen; ein anschauliches, lebendiges Bild von etw., von jmdm. vermitteln: etw.* anschaulich, lebhaft, eindrucksvoll, in allen Einzelheiten s.; einen Vorgang s.; jmdm. seine Eindrücke s.; er schilderte, wie er empfangen worden war; Die wenigen Zeugnisse, die er mir gezeigt hat, schildern ihn als zuverlässig, rücksichtsvoll, geschickt (Jahnn, Geschichten 161); [2]**schil|dern** ⟨sw. V.; hat⟩ (Jägerspr.): *(von jungen Rebhühnern) ein* [2]*Schild* (2) *bekommen;* **schil|derns|wert** ⟨Adj.; -er, -este⟩: *wert, geschildert zu werden;* **Schil|de|rung,** die; -, -en: **1.** *das Schildern:* die S. dieser Vorgänge ist schwierig. **2.** *Darstellung, durch die jmd., etw. geschildert wird:* es liegen verschiedene -en des Ereignisses vor; die Schilderungen von Jack London über die ... Siedlungen der Goldgräber (Leonhard, Revolution 119); **Schil|der|wald,** der (ugs.): *Häufung von Verkehrsschildern;* **Schild|farn,** der: *(zu den Tüpfelfarnen gehörender) Farn mit lederartig derben Wedeln;* **Schild|fisch,** der [nach der schildförmigen Saugorganen]: *Saugfisch;* **schild|för|mig** ⟨Adj.⟩: *in, von der Form eines* [1]*Schildes* (1); **Schild|halter,** der (Her.): *Menschen- od. Tierfigur zur Rechten bzw. zur Linken eines Wappenschildes;* **Schild|kä|fer,** der: *Käfer mit schildförmigem, Kopf und Körper überragendem Rückenteil;* **Schild|knap|pe,** der (hist.): *Knappe* (2), *der den Schild des Ritters zu tragen hatte;* **Schild|knor|pel,** der (Anat.): *größter Knorpel des Kehlkopfs;* **Schild|krot,** Schildkrott, das; -[e]s [2. Bestandteil mundartl. Krot(te) = Kröte] (landsch.): *Schildpatt;* **Schild|krö|te,** die [mhd. schiltkrote, nach ihrem Schutzpanzer]: *(bes. in Tropen u. Subtropen) auf dem Land u. im Wasser lebendes, an Land sehr schwerfällig bewegendes Tier mit Bauch- u. Rückenpanzer, in den Kopf, Beine u. Schwanz eingezogen werden können;* **Schild|krö|ten|sup|pe,** die: *pikante Suppe aus dem Fleisch der Seeschildkröte; falsche S. (Gastr.; Mockturtlesuppe);* **Schild|krott,** der: ↑Schildkrot; **Schild|laus,** die: *kleines, schädliches Insekt, dessen Weibchen einen mit einer Schutzschicht bedeckten schildförmigen Leib hat;* **Schild|mau|er,** die (Archit.): *quer zur Längsachse auf den Tonnengewölben auftreffende Mauer;* **Schild|müt|ze,** die: *Mütze mit* [1]*Schild* (3); **Schild|patt,** das; -[e]s [2. Bestandteil zu niederd. padde = Kröte]: *gemustertes, gelbes od. hellrotbraunes Horn* (2) *vom Panzer der Karettschildkröte;* **Schild|patt|kamm,** der: *Kamm aus Schildpatt;* **Schild|trä|ger,** der (hist.): *Schildknappe;* **Schild|wa|che,** die [mhd. schiltwache, schiltwaht(e) = Wacht in voller Rüstung] (veraltend): **1.** *aus einem od. mehreren bewaffneten Soldaten bestehende militärische Wache (bes. vor einem Eingang).* **2.** *Wachdienst der Schildwache* (1): *S. *stehen (als Schildwache 1 Wache stehen);* ♦ **Schild|wacht,** die: *Schildwache* (1): Am Tor mußt' ich gleich wieder der S. hören: „Wo hat der Herr seinen Schatten gelassen?" (Chamisso, Schlemihl 24).

Schilf, das; -[e]s, -e ⟨Pl. selten⟩ [mhd. schilf, ahd. sciluf, dissimiliert aus lat. scirpus = Binse]: **1.** *Schilfrohr:* rings um den See wächst S.; S. schneiden; ein Dach mit S. decken. **2.** *Röhricht:* die Vögel nisten im S.; **schilf|be|deckt** ⟨Adj.⟩: *mit Schilf* (1) *bedeckt;* **schilf|be|wach|sen** ⟨Adj.⟩: *mit Schilf* (1) *bewachsen;* **Schilf|dach,** das: *mit Schilfrohr gedecktes Dach;* **Schilf|dickicht**[1], das: *Dickicht aus Schilf* (1).

Schil|fe, die; -, -n (landsch.): ↑Schelfe.

schil|fe|rig, schelferig ⟨Adj.⟩ (landsch.): *schilfernd:* -e Haut; **schil|fern,** schelfern ⟨sw. V.; hat⟩ (landsch.): *abschilfern:* die Haut schilfert; ⟨auch s. + sich:⟩ seine Haut schilfert sich.

Schilf|gras, das: *Schilfrohr;* **Schilf|gür|tel,** der: [2]*Saum* (2) *aus Schilfrohr um ein Gewässer;* **schil|fig** ⟨Adj.⟩: *mit Schilf bewachsen:* -e Ufer; **schilf|lei|nen** ⟨Adj.⟩: *aus Schilfleinen:* die Anstaltstracht: eine -e Joppe und eine braune manchesterne Hose (Fallada, Trinker 163); **Schilf|lei|nen,** das: *schwere, bräunlich bis grünlich gefärbte Leinwand für Rucksäcke u. Jagdkleidung;* **Schilf|mat|te,** die: *Matte aus Schilfrohr.*

schilf|rig: ↑schilferig.

Schilf|rohr, das: *bes. an Ufern von Teichen u. Seen wachsendes Gras mit sehr hoch wachsenden, kräftigen, rohrförmigen Halmen, langen, scharfkantigen Blättern u. ästigen Rispen aus rotbraunen Ährchen;* **Schilf|rohr|sän|ger,** der: *Rohrsänger mit weißlichem Augenstreif.*

Schill, der; -[e]s, -e [H. u.]: **1.** (bes. österr.) *Zander.* **2.** (Geol.) *harte Teile von Organismen (Muscheln, Schnecken), die sich der Küste angereichert haben.*

Schil|ler, der; -s, - [zu ↑schillern]: **1.** (veraltend) ⟨o. Pl.⟩ *schillerndes Farbenspiel, wechselnder Glanz:* ein Grau mit grünlichem S. **2.** (landsch.) *Schillerwein;* **Schil|ler|fal|ter,** der: *schwarzbrauner Falter mit weißen Flecken, bei dem das Männchen bläulich schillert;* **Schil|ler|far|be,** die: *schillernde Farbe;* **Schil|ler|glanz,** der: *schillernder Glanz;* **schil|le|rig,** schillrig ⟨Adj.⟩ (selten): *schillernd.*

Schil|ler|kra|gen, der [der Dichter Friedrich Schiller wird auf vielen Bildern entsprechend dargestellt]: *offener Hemdkragen, der über dem Jackenkragen getragen wird;* **Schil|ler|locke**[1], der [1: nach dem Darstellungen, die Schiller ohne Perücke mit den eigenen Locken zeigen; 2: übertr. von (1)]: **1.** *Blätterteiggebäck mit Schlagsahne- od. Cremefüllung.* **2.** *geräucherter, eingerollter Streifen vom Bauchlappen des Dornhais.*

schil|lern ⟨sw. V.; hat⟩ [frühnhd. Intensivbildung zu ↑schielen in der früheren Nebenbed. „in mehreren Farben spielen"]: *in wechselnden Farben, Graden von Helligkeit glänzen:* ins Rötliche s.; das Wasser schillert in allen Farben; eine [bunt] schillernde Seifenblase; Ü das ganze Leben schillert reich und vielfältig aus seinen (= des Romans) Seiten (*läßt seine bunte u. verwirrende Vielfalt erkennen,* Rinser, Mitte [Vorw.], 2); ein schillernder *(schwer durchschaubarer)* Charakter; ein schillernder *(verschwommener)* Begriff; ♦ **Schil|ler|taft,** der: *[in verschiedenen*

Farben] schillernder Taft: ... daß der S. des Leibrocks von einem alten Kleide der Großmutter genommen sei (Goethe, Lehrjahre I, 3); kurz, einen Brief voll doppelsinniger Fratzen, der, wie der S., zwei Farben spielt und weder ja sagt noch nein (Kleist, Käthchen III, 3); **Schil|ler|wein**, der: *rötlich schillernder Württemberger Wein aus blauen u. grünen Trauben.*

Schil|ling, der; -s, -e ⟨aber: 30 Schilling⟩ [mhd. schillinc, ahd. scilling, H. u., viell. eigtl. = schildartige Münze, zu ↑¹Schild]: **1.** *Währungseinheit in Österreich* (1 Schilling = 100 Groschen): das Heft kostet 20 S.; er hatte nur noch 20 -e; Zeichen: S, ö. S. **2.** *alte europäische Münze.* **3.** eindeutschend für ↑ Shilling.

schil|le|rig: ↑ schillerig.

Schil|lum, das; -s, -s [engl. chillum < Hindi cilam, aus dem Pers.]: *an einem Ende trichterförmig erweitertes, meist aus Holz bestehendes Rohr, in dem bes. Haschisch u. Marihuana geraucht werden.*

schil|pen ⟨sw. V.; hat⟩ [lautm.]: ↑ tschilpen.

schilt: ↑ schelten.

Schil|ten ⟨nur Pl.; o. Art.; als s. Sg. gebraucht⟩ [nach den Symbolen auf den Karten]: vgl. Schellen (↑²Schelle 1 b) (schweiz.): ²*Schelle* (3).

Schi|mä|re, (bes. österr.:) Chimäre, die; -, -n [frz. chimère < lat. chimaera, ↑ Chimäre] (bildungsspr.): *Trugbild, Hirngespinst:* einer S. nachjagen; Mag im Ausland auch über die S. Finnlandisierung spekuliert und diskutiert werden, für die Finnen selbst ist Kekkonens Außenpolitik längst kein Thema mehr (Spiegel 43, 1981, 183); ... will nur die Revolution, für die er gekämpft hatte, aus einer Idee zur S. verdampfte (Andersch, Rote 140); **schi|mä|risch** ⟨Adj.⟩ (bildungsspr.): *trügerisch:* eine -e Gottheit.

Schim|mel, der; -s, - [1: mhd. schimel, unter Einfluß von: schime = Glanz, verw. mit ↑ scheinen; 2: spätmhd. schimmel, aus mhd. schemelges pferd, schimel pfert = Pferd mit der Farbe des Schimmels (1); 3: vgl. Amtsschimmel]: **1.** ⟨o. Pl.⟩ *weißlicher, grauer od. grünlicher Belag, der auf feuchten od. faulenden organischen Stoffen entsteht:* auf der Marmelade hat sich S. gebildet; Drinnen im Haus ist es muffig; da und dort S. an den Mauern (Frisch, Montauk 190); den S. abkratzen; das Brot war mit/von S. bedeckt; Die Teller sind halb abgegessen, ... alles ist mit S. überzogen (Kinski, Erdbeermund 83). **2.** *weißes Pferd:* „Du, ich habe dich gesehen", sagte er dann wohl, „in einer ... Gummikalesche, mit zwei -n davor, ..." (Dwinger, Erde 14). **3. a)** (ugs.) *Schablone, Schema, Lernhilfe;* **b)** ⟨Musik Jargon⟩ *einer [Schlager]melodie unterlegter, inhaltlich beliebiger Text, der nur den sprachlichen Rhythmus des endgültigen Textes markieren soll;* **c)** (Rechtsspr. Jargon) *Musterentscheidung, die auch formal als Vorbild dient;* **Schim|mel|be|lag**, der: *Belag von Schimmel* (1) *bes. auf Lebensmitteln:* die Marmelade hatte einen S.; **Schim|mel|bil|dung**, die ⟨Pl. selten⟩: *Bildung von Schimmel* (1); **Schim|mel|bo|gen**, der [nach der unterschiedlichen Färbung] (Druckw.): *nur einseitig od. auf einer Seite nur blaß bedruckter Druckbogen;* **Schim|mel|fleck**, der: *durch Schimmel* (1) *verursachter Fleck;* **Schim|mel|ge|ruch**, der: *Geruch von Schimmel* (1); **schim|me|lig**, schimmlig ⟨Adj.⟩ [mhd. schimelec, ahd. scimbalag]: *voll Schimmel* (1): -es Brot; etw. ist s. geworden; etw. riecht s. *(nach Schimmel);* * *sich [über jmdn., etw.] s. lachen* (landsch.: *sehr über jmdn., etw. lachen*); **schim|meln** ⟨sw. V.⟩ [mhd. schimeln, ahd. scimbalōn]: **1.** *sich mit Schimmel* (1) *bedecken, schimmelig werden* ⟨hat/ist⟩: etw. schimmelt [leicht]; das Brot hat, ist geschimmelt. **2.** *schimmelnd irgendwo liegen* ⟨hat⟩: die Akten haben jahrzehntelang in einem feuchten Keller geschimmelt; Ü die Ergebnisse dieser Umfrage schimmeln (ugs.; *liegen ungenutzt, unbeachtet*) irgendwo in einem Archiv; laß dein Geld nicht im Kasten s.!; **Schim|mel|pilz**, der: *auf feuchten od. faulenden organischen Stoffen wachsender Pilz* (2); **Schim|mel|rei|ter**, der; -s: *(in der germanischen Sage u. im Volksglauben) gespenstischer Reiter auf einem Schimmel* (2), *der in den Nächten um die Wintersonnenwende an der Spitze eines Geisterheeres durch die Lüfte jagt.*

Schim|mer, der; -s, - ⟨Pl. selten⟩ [rückgeb. aus ↑ schimmern]: **1.** *matter od. sanfter [Licht]schein, schwacher Glanz, leichtes Funkeln:* ein schwacher, matter, heller S.; der S. der Sterne, des Goldes, der kostbaren Seide; im S. der Kerzen; Ü der ehrenwerte Erwerbszweig eines Motorenhändlers warf einen versöhnlichen S. über Iljas abenteuerliches Auftauchen in Port Juminda (Schaper, Kirche 91). **2.** *Anflug, Hauch, Andeutung, leise Spur:* der S. eines Lächelns lag auf ihrem Gesicht; ein ferner S. der Erinnerung leuchtete aber kaum lange (Sommer, Und keiner 216); * *ein S. [von] (ein sehr geringes Maß, ein klein wenig):* doch noch einen S. von Hoffnung, Anstand haben; **keinen [blassen]/nicht den geringsten/leisesten S. haben** (ugs.: 1. *überhaupt nichts von etw. verstehen:* er hat keinen S. von Politik; du hast ja keinen S.! 2. *von etw. nichts wissen:* ich habe keinen S., wo sich der Koffer befinden könnte); **schim|mern** ⟨sw. V.; hat⟩ [aus dem Niederd. < mniederd. schemeren, md. schemmern, Intensivbildung zu md. schemen = blinken, verw. mit ↑ scheinen]: **1.** *einen Schimmer* (1) *verbreiten, von sich geben:* die Kerze schimmert; durch die Bäume schimmerte ein See; etw. schimmert rötlich, wie Perlmutter; ... und in ihren Augen schimmerte es feucht (Hartung, Piroschka 80); durch die Vorhänge schimmerte Licht. **2.** *sich andeutungsweise, schwach in etw., durch etw. hindurch usw. zeigen, abzeichnen, abheben:* die Schrift schimmert durch das Papier; Ü jeder Satz wirkte wie gehämmert, Moltkes Vorbild schimmerte aus jeder Zeile (Niekisch, Leben 172).

schimm|lig: ↑ schimmelig.

Schim|pan|se, der; -n, -n [aus einer westafrik. Sprache]: *(in Äquatorialafrika heimischer) in Gruppen vorwiegend auf Bäumen lebender Menschenaffe mit [braun]schwarzem Fell;* **schim|pan|so|id** ⟨Adj.⟩ [zu griech. -eidés = gestaltet, ähnlich, zu: eīdos = Aussehen, Form]: *einem Schimpansen ähnlich.*

Schimpf, der; -[e]s, -e ⟨Pl. ungebr.⟩ [älter = Spott, Hohn; mhd. schimpf, ahd. scimph = ²Scherz, Kurzweil; Kampfspiel, H. u.] (geh.): **1.** *Beleidigung, Demütigung, Schmach:* jmdm. einen S. antun, zufügen; einen S. erleiden, erdulden; * **S. und Schande!** *(Ausruf des Abscheus);* **mit S. und Schande** *(unter unehrenhaften Bedingungen):* mit S. und Schande davonjagen. ♦ **2.** ²*Scherz; Spott, Hohn:* Jetzt ohne S. und ohne Spaß *(ohne Scherz, im Ernst).* Ich sag' Euch: mit dem schönen Kind geht's ein für allemal nicht geschwind (Goethe, Faust I, 2664 f.); * **S. und Glimpf** *(Schimpf u. Schande; Spott u. Hohn;* ↑²Glimpf *wird hier nur als Reimwort verwendet*); Er dachte trutzig und getrost vor jedermanns Augen den Ort zu passieren, wo er vor einem halben Jahr den Schabernack erlitten, und war auf S. und Glimpf gefaßt (Mörike, Hutzelmännlein 177); **Schimp|fe**, die; - (ugs.): *Schelte:* na warte, zu Hause kriegst du S.!; **schimp|fen** ⟨sw. V.; hat⟩ [mhd. schimphen, ahd. scimphen = scherzen, spielen, verspotten, H. u.]: **1. a)** *[in bezug auf jmdn., etw.] seinem Unwillen, Ärger mit heftigen Worten [unbeherrscht] Ausdruck geben:* heftig, ständig s.; auf jmdn., etw. s.; sie schimpft auf den Chef, auf die schlechte Bezahlung; er hat sehr über den Parteivorsitzenden, über die Regierung geschimpft; Er schimpfte über den Hundefraß (Ott, Haie 192); Trotz Sieg mit neuem Halleneuroparekord über 5 000 m schimpft er wie ein Rohrspatz: „Jetzt habe ich die Nase voll." (Hörzu 10, 1974, 24); ⟨subst.:⟩ mit [deinem] Schimpfen erreichst du gar nichts; Ü schimpfende *(aufgeregt schilpende)* Sperlinge; **b)** *jmdn. schimpfend* (1 a) *zurechtweisen, ausschimpfen:* die Mutter schimpft mit dem Kind; ⟨landsch. mit Akk.-Obj.:⟩ jmdn. [wegen einer Sache] s.; ... der Pfarrer ... Der schimpfte mich jeden Tag, weil ich nicht zur Schulmesse kam (Wimschneider, Herbstmilch 22). **2. a)** (geh.) *jmdn. herabsetzend, beleidigend als etw. bezeichnen:* jmdn., sich selbst [einen] Esel s.; Hab' ich es nötig, mich hier vor allen Bock s. zu lassen? (Fallada, Mann 55); **b)** ⟨s. + sich⟩ (salopp spött.) *etw. bezeichnen:* und Sie schimpfen sich Fachmann!; Der imponiert natürlich solch Graf, bloß weil er sich blaublütig schimpft (Fallada, Trinker 42); so was schimpft sich Schnellzug *(wird Schnellzug genannt, soll ein Schnellzug sein);* ♦ **c)** *beschimpfen, beleidigen; verächtlich machen:* Das ist merkwürdig, daß an einem schlechten Menschen der Name eines ehrlichen Mannes gar nicht haftet und daß er durch solchen nur ärger geschimpft ist (Hebel, Schatzkästlein 13); Herr Pfaff! uns Soldaten mag Er s., den Feldherrn soll Er uns nicht verunglimpfen (Schiller, Wallensteins Lager 7); **Schimp|fe|rei**, die; -, -en (abwertend): *[dauerndes] Schimpfen;* **schimp|fie|ren** ⟨sw. V.; hat⟩ [mhd. schim-, schumfieren < afrz. (d)esconfire = besiegen, des Ansehens berauben (Bedeutungswandel parallel zu ↑ Schimpf)] (veraltet): *verunglimpfen, entehren:* Zouzous Art, die Liebe zu s. (Th. Mann, Krull 410); **Schimpf|ka|no|na|de,** die (ugs.): *Fülle, Flut von Schimpfwörtern:* eine S. ergeht über jmdn.; eine S. loslassen; **schimpf|lich** (Adj.) [mhd. schimpflich = kurzweilig, scherzhaft, spöttisch]: *schändlich, entwürdigend, entehrend:* eine -e Handlung, Niederlage; sie nahm ein -es Ende; jmdn. s. behandeln; **Schimpf|lich|keit,** die; -, -en: **1.** ⟨o. Pl.⟩ *das Schimpflichsein, schimpfliche Art.* **2.** ⟨meist Pl.⟩ (selten) *schimpflicher Umstand, schimpfliche Handlung;* **Schimpf|na|me,** der: *starke Herabsetzung bezweckender [Bei]name; scheltende, stark herabsetzende Benennung:* ein S. für jmdn.; jmdm. einen -n geben; jmdn. mit -n belegen; **Schimpf|re|de,** die: *Rede (1, 2 a), mit der jmd. sich schimpfend gegen jmdn., etw. wendet;* **Schimpf|wort,** das ⟨Pl.: ...wörter u. -e⟩: *Beschimpfung, beleidigendes [derbes] Wort:* ein grobes, unflätiges S.; er bedachte, belegte, überschüttete sie mit heftigen Schimpfworten; mit Schimpfworten werfen. **Schi|na|kel,** das; -s, -[n] [ung. csónak = Boot, Kahn] (österr. ugs.): **1.** *kleines Ruderboot.* **2.** ⟨Pl.⟩ (scherzh.) *breite, ausgetretene Schuhe.* **Schind|an|ger,** der [zu ↑ schinden (4)] (veraltet): *Platz, wo Tiere abgedeckt werden.* **Schin|del,** die; -, -n [mhd. schindel, ahd. scindula < lat. scindula]: **1.** *dünnes Holzbrettchen zum Decken des Daches u. Verkleiden der Außenwände.* **2.** (Her.) *eines der kleinen, einer Schindel (1) ähnlichen Rechtecke od. Parallelogramme, die ein Beizeichen bilden;* **Schin|del|dach,** das: *mit Schindeln (1) gedecktes Dach;* **schindeln** ⟨sw. V.; hat⟩ [2: eigtl. = mit Hilfe von Schindeln ruhigstellen]: **1.** *mit Schindeln (1) decken od. verkleiden.* ◆ **2.** *schienen (1):* Halt still, daß ich die Wund' beseh'! ... so halt den still! Wie, Teufel, ich Euch da s. will? (Goethe, Satyros I). **schin|den** ⟨unr. V.; schindete/(selten:) schund, hat geschunden⟩ [mhd. schinden, ahd. scinten = enthäuten, schälen, zu einem germ. Subst. mit der Bed. „Haut" (vgl. engl. skin = Haut); 3 a: urspr. Studentenspr. (über die Bed. „erpressen")]: **1.** *quälen, grausam behandeln; bes. jmdn. durch übermäßige Beanspruchung seiner Leistungsfähigkeit quälen:* Menschen, Tiere [zu Tode] s.; Arbeiter, Rekruten s.; der Aufschrei der geschundenen Kreatur; Ü (ugs.:) den Motor s.; Das Material wird dort geschunden wie kaum anderswo (ADAC-Motorwelt 9, 1986, 80). **2.** ⟨s. + sich⟩ (ugs.) *sich mit etw. sehr abplagen, abmühen:* er hat sich in seinem Leben genug geschunden; sich mit dem schweren Gepäck s.; War etwas an diesem Menschen, oder schindete auch er sich nur für sich selbst? (Chr. Wolf, Himmel 309); Für sie blieb die Sorge, sich um das tägliche Brot zu s. (DLZ 20. 3. 81, 12). **3. a)** (ugs.) *einsparen, indem man die Bezahlung umgeht, etw. nicht bezahlt:* Fahrgeld, das Eintrittsgeld s.; **b)** *etw., was einem [in diesem Umfang] nicht zusteht, mit zweifelhaften Mitteln erzielen, gewinnen; herausschlagen:* [bei jmdm.] Eindruck, Mitleid, Applaus s. [wollen]; [bei jmdm.] ein paar Zigaretten s. *(schnorren);* Zeilen s. *(einen Text strecken, längen, um viele Zeilen nachweisen zu können);* ... von Reportern, denen nichts Besseres einfällt, als mit solchen Märchen die Leute zu erschrecken und Zeilenhonorar zu s. (Lindlau, Mob 166); Zeit s. *(sich so verhalten, daß etw. verzögert wird, Zeit gewonnen wird).* **4.** (veraltet) *(ein verendetes Tier) abdecken:* ein Tier s.; **Schin|der,** der; -s, - [1: zu ↑ schinden (1); 2: mhd. schindære]: **1.** *(abwertend) jmd., der andere schindet:* er ist ein S. und Ausbeuter; der Unteroffizier galt als ein übler S. (Soldatenspr.; *Schleifer*). **2.** (veraltet) *Abdecker:* Darum schlagt im Stall meine Stute tot ... und übergebt sie dem S. (Jahnn, Geschichten 96); * **zum S. gehen** (↑ Henker). **3.** (selten, abwertend) *Schindmähre;* **Schin|de|rei,** die; -, -en (abwertend): **1.** *[dauerndes] Schinden.* **2.** *Qual, Strapaze:* diese Arbeit, dieser Marsch war eine arge S. ◆ **3.** *Abdeckerei:* ... um sie (= die Pferde), bis auf weitere Verfügung, auf der S. vor der Stadt zu verwahren (Kleist, Kohlhaas 70); **Schin|de|rin,** die; -, -nen (abwertend): w. Form zu ↑ Schinder (1); **Schin|der|kar|re, Schin|der|kar|ren,** die, der (früher): *Karren des Schinders, Abdeckers für den Transport der abzudeckenden Tiere;* **Schin|der|knecht,** Schindersknecht, der (veraltet): **1.** *Gehilfe des Schinders, Abdeckers.* **2.** *Gehilfe des Scharfrichters.* **schin|dern** ⟨sw. V.; hat⟩ [mhd. schindern = schleifen; polternd schleppen] (obersächs.): *schlittern (1 a).* **Schin|ders|knecht:** ↑ Schinderknecht; **Schind|lu|der,** das [aus mhd. [Niederd., eigtl. = totes Tier, das geschunden (= abgedeckt) wird]: in der Wendung **mit jmdm., etw. S. treiben** (ugs.; *jmdn., etw. nichtswürdig, übel behandeln;* eigtl. = wie einen Kadaver behandeln, dem die Haut abgezogen wird): er treibt mit seiner Gesundheit S.; **Schind|lu|de|rei,** die; -, -en: *das Schindludertreiben mit jmdm. od. etw.:* Das Leben ist eine S. der Natur (Dürrenmatt, Meteor 70); **Schind|mäh|re,** die (abwertend): *altes, abgemagertes, verbrauchtes Pferd.* **Schin|ken,** der; -s, - [mhd. schinke, ahd. scinco = Knochenröhre, Schenkel; zu einem Adj. mit der Bed. „schief, krumm" u. eigtl. = krummer Körperteil; 3: aus der Studentenspr.; urspr. = dickes, in Schweinsleder gebundenes Buch]: **1.** *[Hinter]keule des Schlachttieres, bes. vom Schwein, die geräuchert od. gekocht gegessen wird:* gekochter, roher S.; [ein Pfund] Schwarzwälder, westfälischer S.; S. im Brotteig, eine Scheibe S.; Im Rauchfang hingen unzählige Würste und S. (Salomon, Boche 121); einen S. anschneiden; Rührei mit S.; ein Brötchen mit S. belegen. **2.** (salopp) *Oberschenkel; Gesäßbacken:* dicke S. haben; jmdm. auf die S. hauen; Hier kann ich nicht die ganze Nacht auf dem S. liegen (die Weiber drüben im Kesselhaus (Brot und Salz 183); ... und Lämmchen legt ihre Arme um den Hals vom ollen, versoffnen Puttbreese, der und faßt sie sanft um die S. (Fallada, Mann 168); eilig trabten seine Beinchen hinter meinen langen S. (selten; *Beinen*) her (Fallada, Herr 94). **3.** (ugs. scherzh. od. abwertend) **a)** *großes, dickes Buch:* ein alter S.; Er liest mit Vorliebe utopische Romane ... oder historische S. wie „Ein Kampf um Rom" (Chotjewitz, Friede 41); **b)** *großes Gemälde [von geringem künstlerischen Wert]:* über dem Sofa hing ein gräßlicher S.; **c)** *umfangreiches [älteres] Bühnenstück, aufwendiger Film [von geringem künstlerischen Wert]:* Ein uralter „Schinken" erscheint auf dem Bildschirm (Hörzu 6, 1979, 51); solche S. sehe ich mir nicht an; **Schin|ken|är|mel,** der (in der Mode): *Keulenärmel;* **Schin|ken|brot,** das: *mit Schinken belegtes [Butter]brot;* **Schin|ken|bröt|chen,** das: **1.** vgl. Schinkenbrot. **2.** *Brötchen mit eingebackenen kleinen Schinkenstücken;* **Schin|ken|klop|fen,** (nordd., md.:) **Schin|ken|kloppen,** das; -s: **1.** *Spiel, bei dem jmd., der sich bückt u. dem die Augen zugehalten werden, erraten muß, wer ihm auf das Gesäß geschlagen hat.* **2.** (ugs. scherzh.) *wiederholtes Schlagen auf jmds. Gesäß;* **Schin|ken|knochen,** der: *Knochen eines Schinkens;* **Schin|ken|röll|chen,** das (Kochk.): *[gefülltes] Röllchen aus einer Scheibe Schinken;* **Schin|ken|sal|lat,** der (Kochk.): *Salat aus kleinen Streifen gekochtem Schinken u. anderen Zutaten (gekochtem Sellerie, Äpfeln o. ä.);* **Schin|ken|schro|te,** die; -, -n [ostmd. Schrote = abgeschnittenes Stück, zu ↑ Schrot] (bes. obersächs.): *abgeschnittenes Stück Schinken;* **Schin|ken|sem|mel,** die (österr.): *Schinkenbrötchen;* **Schin|ken|speck,** der: *Speck, der zu einem Teil aus magerem Schinken besteht,* **Schin|ken|wurst,** die: *Wurst aus grobgehacktem, magerem Schweinefleisch, Speck u. Schinken.* **Schinn,** der [mniederd. schin, eigtl. = Haut, zu ↑ schinden] (landsch., bes. nordd.): *Kopfschuppen;* **Schin|ne,** die; -, -n ⟨meist Pl.⟩ (landsch., bes. nordd.): *Kopfschuppe;* **schin|nig** ⟨Adj.⟩ (landsch., bes. nordd.): *voller Kopfschuppen:* -es Haar. **schin|schen:** ↑ tschintschen. **Schin|to|is|mus,** Shintoismus, der; - [zu jap. shintō = Weg der Götter]: *die durch Naturverehrung u. Ahnenkult gekennzeichnete einheimische Religion Japans;* **Schin|to|ist,** Shintoist, der; -en, -en: *Anhänger des Schintoismus;* **Schin|to|is|tin,** Shintoistin, die; -, -nen: w. Form zu ↑ Schintoist; **schin|to|is|tisch,** shintoistisch ⟨Adj.⟩: *zum Schintoismus gehörend.* **Schip|fe,** die; -, -n [H. u., viell. zu mhd. schipfes = quer] (schweiz.): **1.** *[vorgelagerte] Uferbefestigung.* **2.** *am Ufer angebrachter massiver Stützpfeiler einer Brücke.* **Schipp|chen,** das; -s, -: **1.** *kleine Schaufel mit kurzem Stiel, die mit einer Hand gefaßt wird.* **2.** Vkl. zu ↑ Schippe (2); **Schippe,** die; -, -n [mniederd. schüppe, eigtl. = Gerät zum Schieben, zu mhd. schupfen = schnell u. heftig schieben, zu ↑ schieben]: **1.** nach der Form des Symbols auf der Karte]: **1. a)** (nordd., md.) *Schaufel (1):* im Sandkasten spielen Kinder mit S. und Eimer; * **jmdn., etw. auf die S. nehmen/laden** (ugs.; *jmdn. verul-*

schippen

ken, über jmdn., etw. spotten; H. u., viell. eigtl. = wie Dreck, Kehricht behandeln, den man auf die Schaufel nimmt); **b)** ⟨meist Pl.⟩ (ugs. abwertend) *langer Fingernagel:* du mußt mal deine -n schneiden. **2.** (ugs. scherzh.) *mißmutig vorgeschobene Unterlippe:* eine S., ein Schippchen ziehen, machen. **3.** ⟨nur Pl.; o. Art.; als s. Sg. gebraucht⟩ ²*Pik* (b, c, d); **schippen** ⟨sw. V.; hat⟩ [zu ↑Schippe] (nordd., md.): *schaufeln* (1, 2): Kohlen, Schnee s.; **Schip|pen,** das; -, -: *Schippe* (3); **Schippen|as** [auch: – –'– –], das: *Pikas;* **Schippen|bu|be** [auch: – –'– – –], der: *Pikbube;* **Schip|pen|da|me** [auch: – –'– – –], die: *Pikdame;* **Schip|pen|kö|nig** [auch: – – '– – –], der: *Pikkönig;* ¹**Schip|per,** der; -s, - (nordd., md.): *jmd., der schippt.*
²**Schip|per,** der; -s, - [mniederd. schipper(e), zu: schip [= Schiff] (nordd.): *Schiffer;* **Schip|pe|rin,** die; -, -nen (nordd.): w. Form zu ↑²*Schipper;* **schippern** ⟨sw. V.⟩ (ugs.): **1.** *eine Reise auf dem Wasser machen, mit dem Schiff fahren* ⟨ist⟩: durchs Mittelmeer s.; mit, auf einem Dampfer flußabwärts s.; Ü Konserven schippern nach Nord- und Südamerika (MM 12. 11. 76, 6). **2.** *mit einem Schiff irgendwohin fahren, transportieren* ⟨hat⟩: Erz von Kanada nach Hamburg s.; ... schwärmt er gern von jener Deutschlandfahrt, bei der ... Bürgermeister Schulz ihn durch Hamburgs Hafen schipperte (Spiegel 12, 1975, 110).
Schipp|lein, das; -s, -: **1.** *Schippchen* (1). **2.** *Schippe* (2).
Schi|ras, der; -, - [nach der iran. Stadt Schiras]: **1.** *blau-, auch rotgrundiger Teppich aus glänzender Wolle.* **2.** *persianerähnliches, jedoch weniger gelocktes schwarzes u. graues Lammfell.*
Schi|ri [auch: 'ʃiri], der; -s, -s (Sport Jargon): Kurzf. von ↑ *Schiedsrichter.*
Schirm, der; -[e]s, -e [mhd. schirm, ahd. scirm = Schutz, urspr. wohl = Fellüberzug des ¹*Schildes*]: **1. a)** *aufspannbarer Regen- od. Sonnenschutz mit Schaft [u. Griff od. Fuß]:* den S. aufspannen, öffnen, schließen, zuklappen; einen S. *(Regenschirm)* mitnehmen; Sie schüttelte den nassen S. aus (Brand [Übers.], Gangster 21); die Gäste saßen unter bunten -en *(Sonnenschirmen);* Die Straßen ... glänzten vor Nässe, ... die Menschen gingen unter -n *(Regenschirmen;* Dürrenmatt, Grieche 5); Ü Der blaue Schirm des Himmels spannte sich über den grünen Schirm der Kiefern (Musil, Mann 1379); * **einen S. in die Ecke stellen/einen S. [in der Ecke] stehenlassen** (ugs. verhüll.; *eine Blähung abgehen lassen;* bezieht sich wohl darauf, daß ein in der Ecke stehender, alter od. feuchter Schirm muffig riecht); **b)** *kurz für* ↑*Fallschirm:* der S. hat sich nicht geöffnet; **c)** (Bot.) *schirmförmiger Hut der Schirmlinge:* Ein Parasolpilz mit fleckig geschupptem S. (B. Vesper, Reise 166). **2.** *kurz für* ↑*Lampenschirm:* Aus grüner Seide war der S. von Mutters Stehlampe (Böll, Haus 5). **3. a)** *schildähnlicher Gegenstand zum Schutz gegen zu helles Licht od. direkte [Hitze]strahlung:* einen S. vor den Ofen stellen; beim Schweißen einen S. vor das Gesicht halten; einen grünen S. *(Augen-*

schirm) als Sonnenschutz tragen; **b)** (Jägerspr.) *gegen Sicht schützende, aus Reisig, Schilf o. ä. hergestellte Deckung für den Jäger;* **c)** *schildähnlicher Teil der Mütze, der bes. die Augen vor Sonnenlicht schützt;* **d)** *Schutz bietende Einrichtung, Gesamtheit von abschirmenden Einrichtungen, Anlagen, Vorkehrungen:* der atomare S. der Sowjetunion. **4.** *kurz für* ↑*Bildschirm:* der Bruder ... nahm über dem westdeutschen Ratespiel auf dem S. gar nicht recht wahr, daß seine Schwester aufgestanden ... war (Johnson, Ansichten 125); diese Sendung wird bald über den S. gehen *(im Fernsehen gesendet werden);* **Schirm|bild,** das (Fachspr.): **1.** *auf dem Bildschirm sichtbar werdendes Bild, bes. Röntgenbild* (1). **2.** *Röntgenbild* (2); **Schirm|bild|auf|nah|me,** die (Fachspr.): *Röntgenaufnahme;* **schirm|bil|den** ⟨sw. V.; schirmbildete, hat geschirmbildet⟩ (Fachspr.): *röntgen;* **Schirm|bild|fo|to|gra|fie,** die (Fachspr.): **a)** *das Herstellen von Röntgenbildern mit Hilfe der Fotografie;* **b)** *Röntgenbild;* **Schirm|bild|ge|rät,** das (Fachspr.): *Röntgengerät;* **Schirm|bild|rei|hen|un|ter|su|chung,** die (Fachspr.): *Röntgenreihenuntersuchung;* **Schirm|bild|stel|le,** die: *für die Durchführung von Schirmbildreihenuntersuchungen zuständige Stelle;* **Schirm|bild|un|ter|su|chung,** die (Fachspr.): *Röntgenuntersuchung;* **Schirm|bild|ver|fahren,** das (Fachspr.): *Verfahren der Schirmbildfotografie u. der medizinischen Auswertung von Schirmbildern, Schirmbildaufnahmen;* **Schirm|dach,** das: *Vordach;* **schir|men** ⟨sw. V.; hat⟩ [mhd. schirmen, ahd. scirmen, eigtl. = mit dem ¹*Schild parieren*] (geh.): *schützen, indem etw., was jmdm. od. einer Sache abträglich, schädlich ist, ferngehalten, abgehalten wird:* jmdn. vor Gefahren s.; Seydel schirmte seine Augen mit der Hand (Werfel, Himmel 177); Gegen den Vorwurf, er lasse sich die ganze Kulturkreativität seine Kehricht angehen, schirmt ihn ... nur der Fiskus (Wollenschläger, Zeiten 49); ♦ ⟨auch s. + sich:⟩ denn hinter ihren (= der Burgen) Felsenwällen schirmt der Feind sich leicht (Schiller, Tell II, 2); **Schir|mer,** der; -s, - [mhd. schirmære] (geh.): *Schirm-, Schutzherr, Beschützer;* **Schir|me|rin,** die; -, -nen (geh.): w. Form zu ↑*Schirmer;* **Schirm|fa|brik,** die: *Fabrik, in der Schirme hergestellt werden;* **schirm|för|mig** ⟨Adj.⟩: *in, von der Form eines aufgespannten Schirmes;* **Schirm|fut|te|ral,** das: *Futteral für einen Regenschirm;* **Schirm|git|ter,** das (Elektrot.): *Gitter einer speziellen Elektronenröhre (Schirmgitterröhre, Tetrode);* **Schirm|git|ter|röh|re,** die: *Elektronenröhre mit Schirmgitter; Tetrode;* **Schirm|griff,** der: *Griff eines Schirmes;* **Schirm|herr,** der: *jmd., der offizieller Förderer, Betreuer einer seinem Schutz unterstehenden Institution, Veranstaltung usw. ist:* der Bürgermeister war der S. der Festspiele; **Schirm|her|rin,** die; -, -nen: w. Form zu ↑*Schirmherr;* **Schirm|herr|schaft,** die: *Amt, Funktion des Schirmherrn, Patronat:* die Tagung findet unter der S. des Bundespräsidenten statt; **Schirm|hül|le,** die: vgl. *Schirmfutteral;* **Schirm|lam|pe,** die:

Lampe mit Schirm; **Schirm|ling,** der; -s, -e: *schirmförmiger, eßbarer Blätterpilz* (z. B. Parasol); **Schirm|ma|cher,** der: *Hersteller von Schirmen* (Berufsbez.); **Schirm|ma|che|rin,** die: w. Form zu ↑Schirmmacher; **Schirm|müt|ze,** die: *Mütze mit Schirm;* **Schirm|pilz,** der: *Schirmling;* **Schirm|qual|le,** die: *große, schirmförmige Qualle;* **Schirm|stän|der,** der: *Ständer für Schirme;* **Schirm|über|zug,** der: **1.** vgl. *Schirmfutteral.* **2.** *[Stoff]bespannung eines Schirms;* **Schirmung,** die; -, -en (geh.): *das Schirmen, Geschirmtwerden,*

Schi|rok|ko, der; -s, -s [ital. scirocco < arab. šarqī = östlich(er Wind), zu: šarq = Osten]: *heißer [trockener], Staub mitführender Wind im Mittelmeerraum.*

schir|ren ⟨sw. V.; hat⟩ [zu ↑Geschirr (2)]: **1.** (seltener) *anschirren:* Auch der ... Kutscher beachtete sie nicht, denn er war gerade damit beschäftigt, das Pferd zu s. (Hilsenrath, Nacht 175); Sie (= die Orlofftraber) waren herrlich geschirrt, mit kreuzweisen Nasenriemen (Dwinger, Erde 30). **2.** *mit Hilfe des Geschirrs* (2) *an, vor, in etw. spannen:* ein Pferd an, vor den Wagen s.; **Schirr|mei|ster,** der [im 15. Jh. schirrmeister]: **1.** (Milit. früher) *mit der Verwaltung von Gerät u. [Kraft]fahrzeugen betrauter Unteroffizier.* **2.** (früher) *Verwalter des Geschirrs* (2), *der Geräte u. Fahrzeuge;* **Schir|rung,** die; -, -en ⟨Pl. selten⟩: *das Schirren.*

Schir|ting, der; -s, -e u. -s [engl. shirting = Hemdenstoff, zu: shirt = Hemd]: *mattglänzendes Baumwollgewebe in Leinwandbindung.*

Schir|wan, der; -[s], -s [nach der Schirwansteppe (Aserbaidschan)]: *meist blaugrundiger, engknüpfter, kurzgeschorener kaukasischer Teppich mit geometrischer Musterung.*

Schis|ma [auch: 'sçısma], das; -s, ...men u. (selten:) -ta [spätmhd. sc(h)isma < kirchenlat. schisma < griech. schísma = Spaltung, zu: schízein = (zer)spalten, zersplittern]: **1.** (Kirche) **a)** *Kirchenspaltung:* alle Versuche, das S. zu überwinden, scheiterten; Ü daß es Moskau doch nicht gelingen werde, die Zucht im Warschauer Pakt aufrechtzuerhalten – wenngleich womöglich um den Preis eines -s mit den Kommunisten in West-Europa (Spiegel 30, 1976, 21); **b)** *in der Weigerung, sich dem Papst, den ihm unterstehenden Bischöfen unterzuordnen, bestehendes kirchenrechtliches Delikt.* **2.** (Musik) *kleinstes musikalisches Intervall;* **Schis|ma|ti|ker,** der; -s, - [kirchenlat. schismaticus < griech. schismatikós] (Kirche): *Anhänger einer schismatischen Gruppe; jmd., der ein Schisma* (1 a) *verursacht hat;* **schis|ma|tisch** ⟨Adj.⟩: **a)** *ein Schisma* (1 a) *betreffend;* **b)** *ein Schisma* (1 a) *betreibend, verursacht habend:* ein -er Priester.

schiß: ↑*scheißen;* **Schiß,** der; Schisses, Schisse ⟨Pl. selten⟩ [zu ↑scheißen]: **1.** (derb) **a)** *Kot;* **b)** *das Ausscheiden von Kot, Stuhlgang:* Solche Menschen zu lieben ist wie ein anständiger S.; man fühlt sich erleichtert und wohl danach (Zwerenz, Kopf 147). **2.** ⟨o. Pl.⟩ (salopp, oft abwertend) *Angst:* S. haben, kriegen; der ist

untergetaucht aus S. vor irgendwem (Simmel, Stoff 349); **Schis|ser,** der; -s, - (salopp abwertend): *ängstlicher Mensch; Angsthase;* **Schis|se|rin,** die; -, -nen (salopp abwertend): w. Form zu ↑ Schisser; **Schiß|ha|se,** der (salopp abwertend): *Angsthase.*
Schiß|la|weng: ↑ Zislaweng.
Schi|sto|pros|opie [auch: sçi...], die; - [zu griech. schistós = gespalten u. prósōpon = Gesicht] (Med.): *Prosoposchisis;* **Schi|sto|so|ma** [auch: sçi...], das; -s, -ta [zu griech. sōma = Körper] (Med.): *Egel, der in Blutgefäßen schmarotzt;* **Schi|sto|so|mia|se** [auch: sçi...], die; -, -n (Med.): *durch Schistosomata hervorgerufene Wurmerkrankung.*
¹**Schi|wa:** hinduistischer Gott; ²**Schi|wa,** der; -s, -s: *figürliche Darstellung des Gottes Schiwa.*
schi|zo|gen ⟨Adj.⟩ [zu griech. schízein = spalten u. ↑-gen] (Biol.): *durch Spaltung od. Auseinanderweichen (von Zellwänden) entstanden:* -e Hohlräume; **Schi|zo|go|nie,** die; - [zu griech. gonḗ = Fortpflanzung] (Biol.): *ungeschlechtliche Fortpflanzung (bei Einzellern) durch mehrfache gleichzeitige Teilung der Zelle;* **schi|zo|id** ⟨Adj.⟩ [zu griech. -oeidḗs = ähnlich] (Psych., Med.): *die Symptome der Schizophrenie in leichterem Grade zeigend, seelisch gespalten, eine autistische, introvertierte Veranlagung habend;* **Schi|zo|i|de,** der u. die; -n, -n ⟨Dekl. ↑ Abgeordnete⟩ (Psych., Med.): *jmd., der schizoid ist;* **Schi|zo|my|zet,** der; -en, -en ⟨meist Pl.⟩ (Biol.): *Bakterie; Spaltpilz;* **Schiz|ony|chie,** die; -, -n [zu griech. ónyx (Gen.: ónychos) = Nagel] (Med.): *Spaltung des freien Randes der Nägel infolge Brüchigkeit;* **Schi|zo|pha|sie,** die; - [zu griech. phásis = Sprache, Rede] (Med.): *Äußerung zusammenhangloser Wörter u. Sätze;* **schi|zo|phren** ⟨Adj.⟩ [zu griech. phrḗn = Geist, Gemüt]: **1.** (Psych., Med.) *an Schizophrenie leidend, von ihr zeugend, für sie kennzeichnend; auf ihr beruhend; spaltungsirre:* ein -er Patient; -e Symptome; Überlegungen darüber, warum Menschen s. erkranken (Spiegel 22, 1981, 139). **2.** (bildungsspr.) **a)** *in sich widersprüchlich, in hohem Grade inkonsequent:* eine -e Politik; eine völlig -e Haltung; Es ist schon s., daß ausgerechnet das öffentlich-rechtliche Fernsehen verhindert, daß sich das große Publikum von dem Ganzen ein geschlossenes Bild machen kann (Spiegel 46, 1982, 249); **b)** *verrückt, absurd:* eine völlig -e Idee; unsere Situation ist wirklich ziemlich s.; **Schi|zo|phre|ne,** der u. die; -n, -n ⟨Dekl. ↑ Abgeordnete⟩ (Psych., Med.): *jmd., der schizophren (1) ist;* **Schi|zo|phre|nie,** die; -, -n: **1.** ⟨Pl. selten⟩ (Psych., Med.) *mit einer Bewußtseinsspaltung, dem Verlust des inneren Zusammenhangs der geistigen Persönlichkeit, mit Sinnestäuschungen, Wahnideen einhergehende Psychose; Spaltungsirresein:* an S. leiden, erkranken. **2.** ⟨o. Pl.⟩ (bildungsspr.) *das Schizophrensein, schizophrener (2) Charakter:* Dieser Einzelfall zeigt ... die S. der gesamten Eisenbahnpolitik (NZZ 26. 1. 83, 7); **Schi|zo|phy|ten** ⟨Pl.⟩ [zu griech. phytón = Pflanze] (Biol. veraltet): *Bakterien u.*

Blaualgen; **Schi|zo|phy|zee,** die; -, -n ⟨meist Pl.⟩ [zu griech. phýkos = Tang, Seegras] (Biol. veraltet): *Blaualge;* **schi|zo|thym** ⟨Adj.⟩ [zu griech. thymós = Empfindung, Gemüt] (Psych., Med.): *eine latent bleibende, nicht zum Durchbruch kommende Veranlagung zur Schizophrenie besitzend, für eine solche Veranlagung kennzeichnend;* **Schi|zo|thy|me,** der u. die; -n, -n ⟨Dekl. ↑ Abgeordnete⟩ (Psych., Med.). ↑ Abgeordnete; **Schi|zo|thy|mie,** die; - (Psych., Med.): *das Schizothymsein, schizothyme Veranlagung.*
Schlab|ber, die; -, -n [zu ↑ schlabbern] (landsch., oft abwertend): *Mundwerk:* ihre S. steht nicht still *(sie redet ununterbrochen);* halt endlich die S.!; **Schlab|be|rei,** die; -, -en: **1.** (ugs. abwertend) *das Schlabbern (2).* **2.** (landsch. abwertend) *[dauerndes] Schlabbern (4);* **schlab|be|rig, schlabb|rig** ⟨Adj.⟩ (ugs.): **1.** *(bes. von Stoffen) weich u. schmiegsam u. daher lockerfallend:* Zwei- und Dreiteiler aus schlabbrigem ... Strickstoff (Freundin 5, 1978, 17). **2.** (meist abwertend) *(bes. von Speisen, Getränken) wäßrig, dünn [u. fade]:* eine -e Suppe; der Kaffee war eine -e Brühe; **Schlab|be|rig|keit,** Schlabbrigkeit, die; - : *das Schlabberigsein;* **Schlab|ber|ja|cke**¹, die (Mode): *Jacke im Schlabberlook;* **Schlab|ber|kleid,** das (Mode): vgl. Schlabberjacke; **Schlab|ber|latz,** der (ugs.): *Lätzchen;* **Schlab|ber|lätz|chen,** das (ugs.): *Lätzchen;* **Schlab|ber|look,** der (Mode Jargon): *Mode, bei der die Kleidungsstücke sehr weit geschnitten sind, so daß sie nur lose am Körper anliegen;* **Schlab|ber|maul,** das (landsch. abwertend): *geschwätziger Mensch;* **schlab|bern** ⟨sw. V.; hat⟩ [aus dem Niederd. < mniederd. slabbe(re)n = schlurfen, plappern, lautm.]: **1.** (ugs.) *eine Flüssigkeit geräuschvoll auflecken:* der Kater schlabbert seine Milch; Ü von ,,Suppentopf für 1 Mark 10", den er mit Juanita ... schlabbert (BM 24. 8. 76, 12). **2.** (ugs. abwertend) *sich, seine Kleidung o. ä. (aus Ungeschicklichkeit od. Achtlosigkeit) beim Essen od. Trinken beschmutzen:* das Kind hat schon wieder geschlabbert; Die einen essen sehr zierlich ..., die anderen essen achtlos triefend, schlabbernd (Richartz, Büroroman 54). **3.** (ugs.) *sich auf Grund schlabbriger (1) Beschaffenheit schlenkernd [hin u. her] bewegen:* ein schlabbernder Rock. **4.** (landsch., oft abwertend) *ununterbrochen reden; schwatzen:* lange mit der Nachbarin s.; **schlabb|rig:** ↑ schlabberig; **Schlabb|rig|keit:** ↑ Schlabberigkeit.
Schlacht, die; -, -en [mhd. slaht(e), ahd. slahta = Tötung, zu ↑ schlagen]: *heftiger, längere Zeit anhaltender [aus mehreren einzelnen, an verschiedenen Orten ausgetragenen Gefechten bestehender] Kampf zwischen größeren militärischen Einheiten:* die S. von, um Verdun; eine schwere, blutige, mörderische S.; die S. wütete, tobte drei Tage lang; eine S. gewinnen, verlieren, für sich entscheiden; jmdm. eine S. liefern; ,,Wir haben gemeinsam", sagte er, ,,so manche S. geschlagen und sind fast immer siegreich be-

endet" (Kirst, Aufruhr 99); in die S. ziehen; Truppen in die S. führen; in die S. verwundet werden, fallen; Er war wie der Wind in Gallien ... und schlug Attila in jener gewaltigen Schlacht in der Champagne (Thieß, Reich 389); es sieht wie nach einer S. aus (ugs.; *es herrscht ein großes Durcheinander*); Ü Heftig tobte die S. in meinem Innern (Hesse, Steppenwolf 71); die beiden Mannschaften lieferten sich eine [erbitterte] S.; die S. am kalten Büfett (scherzh.; *der allgemeine Andrang auf das kalte Büfett*); wen kann die Opposition gegen den Kanzler in die S. *(in den Wahlkampf)* schicken?
Schlach|ta, die; - [poln. szlachta < ahd. slahta = Geschlecht] (hist.): *niederer Adel in Polen.*
Schlacht|bank, die ⟨Pl. ...bänke⟩: *niedrige* ¹*Bank (2 a) o. ä., auf der geschlachtet wird, auf der die geschlachtete Tiere ausgeschlachtet u. zerteilt werden:* ein Schwein auf der S. zerteilen; * **sich wie ein Lamm zur S. führen lassen** (geh.; *eine Strafe o. ä. geduldig, ergeben hinnehmen* nach Jes. 53, 7); **schlacht|bar** ⟨Adj.⟩: *(von Haustieren) den gesetzlichen Bestimmungen gemäß zum Schlachten in Frage kommend;* **Schlacht|block,** der ⟨Pl. -blöcke⟩: *Holzblock o. ä., auf dem geschlachtet wird;* **schlach|ten** ⟨sw. V.; hat⟩ [mhd. slahten, ahd. slahtōn, zu ↑ Schlacht]: **1.** *(ein Haustier, dessen Fleisch für die menschliche Ernährung verwendet werden soll) fachgerecht töten:* ein Schwein, Pferd, Huhn s.; Ü sein Sparschwein s.; Und feierte den Sieg der Revolte, indem Maurikios mit seiner ganzen Familie geschlachtet *(auf viehische Weise ermordet)* wurde (Jahnn, Geschichten 47). **2.** (ugs. scherzh.) *anbrechen (2) [u. verbrauchen, verzehren]:* eine Tafel Schokolade s.; ... rupfte sie, setzte sich, schob aufgebracht Tassen und Teller hin und her, schlachtete eine Semmel (Geissler, Wunschhütlein 44); **Schlach|ten|bumm|ler,** der [bes. im Dt. Krieg 1870/71 aufgekommene Bez. für Zivilisten, die aus Neugierde an die Front kamen] (Sport Jargon): *Anhänger einer [Fußball]mannschaft, der zu einem auswärtigen Spiel seiner Mannschaft mitreist;* **Schlach|ten|bumm|le|rin,** die (Sport Jargon): w. Form zu ↑ Schlachtenbummler; **Schlach|ten|ma|ler,** der: *Maler, der vorwiegend Szenen von Schlachten darstellt;* **Schlach|ten|ma|le|rei,** die: *Gattung der Malerei, die Schlachten zum Bildgegenstand hat;* **Schlach|ter** [mhd. (in Zus.) -slahter, ahd. slahtari, zu ↑ schlachten], **Schläch|ter** [mhd. (in Zus.) -slehter], der; -s, -: **a)** (nordd.) *Fleischer;* **b)** *Fachkraft, die (bes. in einem Schlachthof) berufsmäßig Tiere schlachtet;* **Schlach|te|rei, Schläch|te|rei,** die; -, -en: **1.** (nordd.) *Fleischerei.* **2.** (emotional abwertend) *massenweises, kaltblütiges Töten:* die Robbenjagd ist eine abscheuliche S.; **Schlach|ter|laub|nis,** die: *behördliche Erlaubnis zum Schlachten (1);* **Schlach|ter|pal|me,** die (landsch.): *Schusterpalme;* **Schlacht|feld,** das: *Schauplatz einer Schlacht:* das S. an den Thermopylen; er ist auf dem S. geblieben (veraltet verhüll.; *im Krieg gefallen*); die Unglücksstelle glich einem S.; Ü nach

Schlachtfest

der Party war die Wohnung ein S. *(in größter Unordnung)*; **Schlacht|fest**, das: *anläßlich einer Hausschlachtung veranstaltetes Essen*; **Schlacht|flie|ger**, der: **1.** (Milit.) *Pilot eines Schlachtflugzeuges*. **2.** (ugs.) *Schlachtflugzeug*; **Schlacht|flot|te**, die (Milit.): *Gesamtheit der Schlachtschiffe, Panzerschiffe, Schlachtkreuzer einer Kriegsflotte*; **Schlacht|flug|zeug**, das (Milit.): *für das Eingreifen in den Erdkampf ausgerüstetes Flugzeug*; **Schlachtge|brüll**, das (früher): *von in die Schlacht ziehenden Kriegern angestimmtes Gebrüll, durch das man sich gegenseitig anfeuern u. dem Gegner Angst einflößen wollte*; **Schlacht|ge|flü|gel**, das: vgl. Schlachttier; **Schlącht|ge|rät**, das: **1.** *Gerät* (1 a) *zum Schlachten*. **2.** ⟨o. Pl.⟩ *Gerät* (2) *zum Schlachten*; **Schlacht|ge|sang**, der (früher): **1.** vgl. Schlachtgebrüll. **2.** *Gesang* (2), *wie er von in die Schlacht ziehenden Kriegern angestimmt wurde*; **Schlachtge|schrei**, das (früher): vgl. Schlachtgebrüll; **Schlacht|ge|tüm|mel**, das ⟨o. Pl.⟩: *bei einer Schlacht entstehendes Getümmel*; **Schlącht|ge|wicht**, das (Fachspr.): *Gewicht eines geschlachteten Tiers ohne Haut bzw. Federn, Kopf, Füße u. die meisten Eingeweide*; **Schlącht|ge|wühl**, das: vgl. Schlachtgetümmel; **Schlącht|hal|le**, die: *Halle (in einem Schlachthof), in der geschlachtet wird*; **Schlącht|haus**, das: **a)** *zu einem Schlachthof od. einer Fleischerei gehörendes Gebäude, in dem geschlachtet wird*; **b)** *Schlachthof*; **Schlącht|hof**, der: **a)** *in einem größeren Gebäudekomplex untergebrachte Einrichtung, in der Schlachtvieh geschlachtet, zerlegt, weiterverarbeitet wird*; **b)** *Gebäudekomplex, in dem ein Schlachthof* (a) *untergebracht ist*; **Schlącht|kreu|zer**, der (Milit. früher): *einem Schlachtschiff ähnliches, jedoch weniger gepanzertes Kriegsschiff*; **Schlącht|linie**, die (Milit. früher): *Schlachtreihe*; **Schlącht|mes|ser**, das: *Messer zum Schlachten*; **Schlącht|op|fer**, das (Rel.): *Opfer* (1 a), *bei dem im Tier zum u. einer Gottheit geopfert wird*; **Schląchtord|nung**, die (Milit. früher): *Art, in der ein Heer für eine Schlacht aufgestellt war*; **Schlącht|plan**, der (Milit.): *taktischer Plan, nach dem ein Feldherr in einer bevorstehenden Schlacht vorzugehen gedenkt*: *ein genialer S.; Ü wir müssen erst mal einen S. machen* (ugs.; *überlegen, wie wir bei unserem Vorhaben vorgehen wollen*); **Schlącht|plat|te**, die (Gastr.): *im wesentlichen aus verschiedenerlei frisch hergestellter Wurst u. Wellfleisch bestehendes Essen*; **Schlącht|raum**, der: vgl. Schlachthalle; **schlącht|reif** ⟨Adj.⟩: *(von schlachtbaren Tieren) in dem Zustand befindlich, in dem ein Tier sein soll, wenn es geschlachtet wird*; **Schlącht|rei|fe**, die: *das Schlachtreifsein*: *S. erreichen*; **Schlącht|rei|he**, die (Milit. früher): *geschlossene Reihe, breite Formation von zur Schlacht aufgestellten Kriegern*; **Schlącht|roß**, das ⟨Pl. -rosse⟩ (veraltet): *für den Einsatz im Kampf, in der Schlacht abgerichtetes Pferd*: *Ü das ist ein altes S.* (ugs.; *ist sehr erfahren*); **Schlącht|ruf**, der (früher): *verabredete Parole o. ä., die in den Kampf ziehende Krieger zur Anfeuerung o. ä. riefen*; **Schlącht|schiff**, das

(Milit.): *stark bewaffnetes u. gepanzertes großes Kriegsschiff*.
Schlącht|tschitz, der; -en, -en [poln. szlachcic, zu: szlachta, ↑ Schlachta] (hist.): *Angehöriger der Schlachta*.
Schlącht|schüs|sel, die (Gastr.): *Schlachtplatte*; **Schlącht|schwein**, das: *zur Schlachtung vorgesehenes Schwein*; **Schlącht|tag**, der: *Tag, an dem geschlachtet wird*; **Schlącht|tier**, das: *zum Schlachten gehaltenes Haustier*; **Schlącht|tier|be|schau**, die: *Beschau von Schlachttieren*; **Schlącht|tung**, die; -, -en: *das Schlachten* (1): *Dann gab sie uns frische Leberwurst aus eigener S.* (Borkowski, Wer 35); **Schlącht|vieh**, das: vgl. Schlachttier; **Schlącht|vieh|be|schau**, die; vgl. Schlachttierbeschau; **Schląchtvieh|markt**, der: *Markt, auf dem schlachtreifes Vieh gehandelt wird*; **Schlącht|szene**, die: *in einer Schlacht sich abspielende Szene*: *er malt gerne -n*.
schląck ⟨Adj.⟩ [mhd. slack, ahd. slak; vgl. anord. slakr] (schwäb., bayr.): *träge; schlaff*; **Schląck**, der; -[e]s [mniederd. slagge, wohl zu: slaggen, slakken, ↑²schlacken] (nordd.): **1.** *breiige Masse, Brei*. **2.** *Schneeregen, Schneematsch*; **Schląck|darm**, der (nordd.): *Mastdarm*.
Schlącke[1], die; -, -n [aus dem Niederd. < mniederd. slagge = *Abfall beim Erzschmelzen, urspr.* = *Abfall beim Schmieden, zu* ↑ schlagen]: **1.** *bei der Verbrennung von Steinkohle, Koks in kleineren od. größeren Stücken zurückbleibende harte, poröse Masse, Verbrennungsrückstand*: *die -n aus dem Ofen holen*; *der Koks bildet S.*; *mit S. gestreute Wege*; *der Ofen ist voll S.*; *Ü Die -n der Erinnerung, die das Herz zerrissen* (Remarque, Triomphe 42); *Wir meinen den, der die ausgebrannte S. toter christlicher Dogmen wieder zu einer glühenden Lava macht* (Thielicke, Ich glaube 290). **2.** (Hüttenw.) *beim Schmelzen, Verhütten von Erz zurückbleibende, beim Erkalten zu einer glasartigen Masse erstarrende Substanz; Hochofenschlacke*. **3.** (Geol.) *unregelmäßig geformter, blasig-poröser Brocken Lava*. **4.** ⟨Pl.⟩ (Physiol.) *Ballaststoffe; nicht verwertbare Substanzen*: *die Nahrung sollte reich an -n sein*; *-n gibt es jedoch nicht nur im Blut, sondern auch im Gewebe* (Hamburger Abendblatt 21. 5. 85, 12); *Aus der Gewebeflüssigkeit nehmen die Zellen Sauerstoff und Nährstoffe auf und geben ihre -n in den gleichen Raum ab* (Medizin II, 142); ¹**schlącken**[1] ⟨sw. V.; hat⟩: *beim Verbrennen Schlacke* (1) *bilden, zurücklassen*: *die Kohle schlackt stark*.
²**schlącken**[1] ⟨sw. V.; hat; unpers.⟩ [mniederd. slaggen, H. u., viell. zu slak = schlaff, schwach; breiig] (nordd.): *als Schlackerschnee zur Erde fallen*: *draußen schlackt es*.
schlącken|arm[1] ⟨Adj.⟩: *wenig Schlacken* (4) *enthaltend*: *-e Kost*; **Schląckenbahn**[1], die (Sport seltener): *Aschenbahn*; **Schląckendi|ät**[1], die: *schlackenreiche, bes. bei Stuhlverstopfung angezeigte Diät*; **schlącken|frei**[1] ⟨Adj.⟩: **a)** *keine Schlacken* (4) *enthaltend*; **b)** *keine Schlacken* (1) *enthaltend, zurücklassend*: *etw. verbrennt s.*; **Schlącken|gru|be**[1], die: *Grube zur*

Lagerung von [Hochofen]schlacken; **Schlącken|hal|de**[1], die: vgl. Schlackengrube; **schlącken|hal|tig**[1] ⟨Adj.⟩: *Schlacken* (4) *enthaltend*; **Schlącken|kost**[1], die: *Schlackendiät*; **schlącken|los**[1] ⟨Adj.⟩: *schlackenfrei*; **schlącken|reich**[1] ⟨Adj.⟩: *viel Schlacken* (4) *enthaltend*; **Schlącken|sand**[1], der: *sehr fein granulierte Hochofenschlacke*; **Schląckenstein**[1], der: *aus Hochofenschlacke hergestellter Pflasterstein*; **Schlącken|stof|fe**[1] ⟨Pl.⟩: *Schlacke* (4); **Schlącken|wol|le**[1], die (Fachspr.): *aus Schlacke* (2) *gewonnenes, der Glaswolle ähnliches, bes. als Isolierstoff verwendetes Produkt*.
schlącke|rig[1], schlackrig ⟨Adj.⟩ [zu ↑ ¹schlackern] (ugs.): ¹*schlackernd, zum* ¹*Schlackern neigend*: *weite -e Hosenbeine*; *die -en Arme der Puppe*; ¹**schląckern**[1] ⟨sw. V.; hat⟩ [aus dem Niederd., Intensivbildung zu ↑ ²schlacken, urspr. von schlaff herunterhängenden Segeln] (nordd., westmd.): **a)** *sich lose [herab]hängend ungleichmäßig hin u. her bewegen; schlenkern*: *hin und her s.*; *die schlackernden Gliedmaßen der Marionette*; *Dann trieben wir es, daß uns ... die Knie schlackerten* (Spiegel 34, 1975, 83); *das Rad schlackerte* (*rotierte ungleichmäßig*); **b)** *sich schlackernd* (a) *irgendwohin bewegen*: *der lange Rock schlackerte gegen ihre Beine*; **c)** (*mit etw.*) *schlackernde* (a) *Bewegungen machen*: *mit den Armen s.*; *der Dackel schlackerte mit den Ohren*; ²**schląckern**[1] ⟨sw. V.; hat⟩ (nordd.): ²*schlacken*; **Schlącker|re|gen**[1], der (nordd.): *Schneeregen*; **Schląckerschnee**[1], der (nordd.): *nasser, im Tauen begriffener Schnee*; **Schlącker|wet|ter**[1], das ⟨o. Pl.⟩ (nordd.): *Wetter mit viel Schlackerschnee*; ¹**schląckig**[1] ⟨Adj.⟩ (nordd.): (*vom Wetter*) *mit [Schnee]regen verbunden*: *-es Wetter*.
²**schląckig**[1] ⟨Adj.⟩ [zu ↑ Schlacke]: *viel Schlacke* (1) *enthaltend, aufweisend*.
schląck|rig: ↑ schlackerig.
Schląck|wurst, die [eigtl. = Wurst(masse), die in den ↑ Schlackdarm gefüllt wird]: *Zervelatwurst*.
¹**Schląf**, der; -[e]s [mhd., ahd. sláf, zu ↑ schlafen]: **1. a)** *der Erholung des Organismus dienender Zustand der Ruhe, der Entspannung (bei Menschen u. Tieren), in dem die Augen gewöhnlich geschlossen, das Bewußtsein ausgeschaltet u. viele Körperfunktionen herabgesetzt sind*: *ein bleierner, fester, tiefer, unruhiger, erquickender, traumloser S.*; *der S. überwältigt, übermannt jmdn., kommt über jmdn.*; *der S. flieht jmdn.* (geh.; *jmd. kann nicht schlafen*); *sie hat einen leichten S.* (*wacht leicht auf*); *er braucht viel, seine acht Stunden S.*; *sie konnte keinen S. finden* (geh.; *nicht einschlafen*; [einen] *S. haben* (südd., schweiz.; *schläfrig, müde sein*); *aus dem S. erwachen, fahren*; *jmdn. aus dem S.* [er]*wecken, rütteln, reißen*; *in tiefem S. liegen*; *er spricht im S.* (*während er schläft*); *in S. sinken, fallen* (geh.; *von Müdigkeit überwältigt einschlafen*); *jmdn. in [den] S. singen*; *die Lampe wurde ausgelöscht und glücklich ... streckten sich K. und Frieda zum S.* (Kafka, Schloß 130); *die Sorge um den Sohn bringt sie um den, ihren S., raubt*

ihr den S. (geh.; *quält sie so sehr, daß sie nachts nicht, nur schlecht schlafen kann*); Ü ... ist sie in der gleichen ... *Lage wie viele von uns, die die Unschuld des Bewußtseins verloren haben und nun vor dem Glauben in tiefsten Zweifeln stehen?* Ausgestoßen aus dem S. der Welt (Strauß, Niemand 59); ***den S. des Gerechten schlafen** (scherzh.; *tief u. fest schlafen;* nach Sprüche 24, 15; bezieht sich darauf, daß der Gerechte keine Gewissensqualen kennt u. deshalb ruhig u. fest schläft); **etw. im S. können, beherrschen** o. ä. *(etw., ohne die geringste Mühe, Konzentration aufwenden zu müssen, können, beherrschen o. ä.): Viele Fragen können die Beamten ... im „Schlaf beantworten"* (MM 29. 2. 80, 18); **nicht im S.** (↑Traum 1); **b)** *das [eine bestimmte Zeit dauernde] Schlafen:* mittags hielt er seinen S., machte er ein kurzes Schläfchen. **2.** (ugs. scherzh., auch verhüll.) *körnige, gelblichweiße Absonderung der Augen, die sich während des Schlafens in den Augenwinkeln angesammelt hat:* du hast noch S. in den Augen[winkeln]; wisch dir mal den S. aus den Augen, von der Backe; ²**Schlaf,** der; -[e]s, Schläfe [mhd. släf, urspr. identisch mit ↑¹Schlaf] (veraltet): Schläfe; **Schlaf|an|fall,** der (Med.): *unvermittelt u. anfallartig auftretender unwiderstehlicher Schlafdrang;* **Schlaf|an|zug,** der: *Kombination aus zusammengehörender Hose u. Jacke aus einem meist leichten Stoff, die zum Schlafen getragen wird;* **Schlaf|an|zug|ho|se,** die: *zu einem Schlafanzug gehörende Hose;* **Schlaf|an|zug|ja|cke**¹, die: *zu einem Schlafanzug gehörende Jacke;* **Schlaf|ap|noe,** die (Med.): *im Schlaf auftretende Apnoe;* **Schlaf|au|ge,** das ⟨meist Pl.⟩: **1.** *Auge einer Puppe, das sich schließt, sobald man die Puppe in eine horizontale Lage bringt.* **2.** (Kfz-T. Jargon) *Scheinwerfer, bes. bei sportlichen Autos, der im ausgeschalteten Zustand unsichtbar in der Karosserie versenkt ist u. sich beim Einschalten herausklappt;* **Schlaf|baum,** der: *Baum, auf dem eine Gruppe von Vögeln, ein Vogel regelmäßig die Nacht zubringt;* **Schlaf|be|dürf|nis,** das: *Bedürfnis nach Schlaf;* **schlaf|be|dürf|tig** ⟨Adj.⟩: *Schlaf benötigend;* **Schlaf|be|dürf|tig|keit,** die: *das Schlafbedürftigsein;* **Schlaf|bur|sche,** der (veraltet): *Bettgeher;* **Schläf|chen,** das; -s, -: Vkl. zu ↑Schlaf (1 b); **Schlaf|couch,** die: *Couch, die sich ausziehen, ausklappen o. ä. läßt, so daß sie zum Schlafen benutzt werden kann;* **Schlaf|dau|er,** die: *Dauer (1) des Schlafes;* **Schlaf|decke**¹, die: *Bettdecke (1);* **Schlaf|deich,** der (Fachspr.): *durch Bau eines neuen Außendeichs zum Binnendeich gewordener ehemaliger Außendeich;* **Schlaf|drang,** der: *Drang zu schlafen;* **Schläfe,** die; -, -n [mhd., ahd. släf, identisch mit ↑Schlaf; der Schlafende liegt meist auf einer der Schläfen; Pl. seit dem 18. Jh. als Sg. gebr.]: *beiderseits oberhalb der Wange zwischen Auge u. Ohr gelegene Region des Kopfes:* die linke, rechte S.; graue -n *(graue Haare an den Schläfen)* haben; ihm hämmerten, pochten die -n; jmdm. eine Pistole an die S. halten; sich eine Kugel in die S. jagen; **Schlaf|ecke**¹,

die: *Ecke, Bereich eines Zimmers, in dem das Bett steht;* **schla|fen** ⟨st. V.; hat⟩ [mhd. släfen, ahd. släf(f)an, zu einem Adj. mit der Bed. „schlaff (herabhängend)" u. eigtl. = schlaff, matt werden, verw. mit ↑schlaff]: **1. a)** *sich im Zustand des Schlafes befinden:* fest, tief, unruhig, nackt, auf dem Bauch, im Sitzen, bei offenem Fenster s.; s. gehen; sich s. legen; ich habe die letzte Nacht nur zwei Stunden geschlafen; schlaf gut, schön!; haben Sie gut geschlafen?; er schläft nur halb *(ist noch nicht richtig wach);* die Sorge, der Lärm ließ ihn nicht s.; sich schlafend stellen; darüber will ich noch s. *(das will ich erst morgen entscheiden);* ⟨subst.:⟩ er sei ... fünf Nächte nicht zum Schlafen gekommen (Mehnert, Sowjetmensch 208); Ü der Erfolg seines Rivalen ließ ihn nicht s. *(ließ ihm keine Ruhe, beschäftigte ihn fortwährend);* im Winter schläft die Natur; Der Wind schlief *(wehte nicht);* Die kleine Stadt schlief unter schwarzverhängtem Himmel (Geissler, Wunschhütlein 121); **b)** ⟨s. + sich; unpers.⟩ *in bestimmter Weise schlafen (1 a) können:* auf dem Sofa schläft es sich gut; bei dem Lärm schläft es sich schlecht; **c)** ⟨s. + sich⟩ *sich durch Schlafen (1 a) in einen bestimmten Zustand bringen:* sich gesund s. **2.** *übernachten, untergebracht sein:* Im Hause war alles verreist außer dem Mädchen, das hinten hinaus schlief (Gaiser, Schlußball 192); du kannst bei uns s.; wir schliefen im Zelt, im Heu; macht es dir etwas aus, mit ihm im gleichen Zimmer zu s.? **3.** (verhüll.) *koitieren* (a): mit jmdm. s.; die beiden schlafen miteinander; Er hatte sich in diesen Mann verknallt. Er wollte mit ihm. (Hölscher, Keine 82); ⟨auch s. + sich:⟩ sie hat sich schon durch die ganze Chefetage geschlafen; Der Angestellte Nicolas ... schläft sich durch die Betten reicher Frauen nach oben (Spiegel 35, 1988, 216). **4.** (ugs.) *unaufmerksam sein, nicht aufpassen* [u. *einen Fehler machen, eine Gelegenheit verpassen*]: He, Kerle, schläfst du? (Chotjewitz, Friede 156); wenn er unterrichtet, schläft die halbe Klasse; die Konkurrenz hat geschlafen und die Marktlücke nicht genutzt; **Schlä|fen|ader,** die: *an der Schläfe verlaufende Ader;* **Schlä|fen|bein,** das (Anat.): *Schädelknochen im Bereich der Schläfe;* **Schlä|fen|ge|gend,** die: *Bereich der Schläfe;* **Schla|fen|ge|hen,** das; -s: *das Sichhinlegen, Sichzurückziehen zum Schlafen:* Vor dem S. pflegte er ... eine kalte Dusche zu nehmen (Augustin, Kopf 12); **Schlä|fen|haar,** das: vgl. Schläfenlocke; **Schlä|fen|lap|pen,** der (Anat.): *einer der fünf Lappen (4 d) des Großhirns;* **Schlä|fen|locke**¹, die ⟨meist Pl.⟩: *Locke (a) an der Schläfe;* **Schla|fens|zeit,** die; -, -en ⟨Pl. selten⟩: *Zeit, schlafen zu gehen;* **Schlaf|ent|zug,** der: *Entzug von Schlaf;* **Schlä|fer,** der; -s, - [mhd. slæfære]: **1.** *jmd., der schläft (1 a), Schlafender:* Sie s. wecken; er ist ein unruhiger S. *(hat einen unruhigen Schlaf).* **2.** Bilch. **3.** (Jargon) *Perspektivagent;* **schlä|fe|rig:** ↑schläfrig; **Schlä|fe|rin,** die; -, -nen: w. Form zu ↑Schläfer (1); **schlä|fern** ⟨sw. V.; hat⟩ unpers.⟩ (sel-

ten): *von Müdigkeit befallen sein:* es schläfert mich; mich schläfert. **schlaff** ⟨Adj.; -er, -este⟩ [mhd., ahd. slaf, verw. mit ↑Schlaf]: **1. a)** *nicht straff, nicht gespannt, locker hängend:* ein -es Seil; Winzige Fischerboote liegen mit -en Segeln ... vor den Inseln (Heim, Traumschiff 146); Die -e *(welke)* Haut und die Taschen unter den Augen (Frisch, Gantenbein 244); die Fahne hing s. aus dem Fenster; **b)** *nicht prall, nicht fest:* ein -es Kissen; ... und schlug mit ihrem kräftigen Handrücken auf seinen -en Bauch (Brand [Übers.], Gangster 72); Frauen mit -en Brüsten (Tucholsky, Werke II, 12); den Salat verbrauchen, bevor er welk und s. wird; **c)** [*vor Erschöpfung, Müdigkeit*] *matt, kraftlos;* schlapp: -e Glieder, Muskeln; ein -er Händedruck; Zweiling ... ging mit -en Knien zur Ecke (Apitz, Wölfe 76); das schwüle Wetter macht einen ganz s.; Ü Ein großes düsteres Tuch ... wehte dort im -en *(schwachen)* Winde (Leip, Klabauterflagge 62); Die Rohölpreise folgen der -en *(geringen)* Nachfrage (ADAC-Motorwelt 3, 1983, 3). **2.** (abwertend) *träge, energielos* [u. *unentschlossen*], *keine Unternehmungslust, Initiative habend:* ein -er Typ; sei doch nicht immer so s.!; „Sie lassen den Kopf hängen, Sie zeigen sich s. ..." (Th. Mann, Krull 82). **3.** (Jugendspr. abwertend) *keinen Reiz, keinen Schwung habend, langweilig:* -e Musik; eine -e Party; Hamburg hat 'ne ziemlich s. Scene (Oxmox 7, 1985, 124); der Film, das Popkonzert war ziemlich s.; **Schlaff|heit,** die; -: *das Schlaffsein;* **Schlaf|fi,** der; -s, -s [↑schlaff (2)] (ugs. abwertend): *energieloser, träger, keine Unternehmungslust habender Mensch:* Die ... Idealisten von 1968 sind heute lieber als die „Schlaffis" von heute mit ihrem Egotrip zwischen Bock und Frust (MM 24.7. 80, 36); Ein S. mit Bierbauch sitzt schließlich bei der meisten zu Hause rum (Hörzu 47, 1989, 134).

Schlaf|for|schung, die: *wissenschaftliche Erforschung des Schlafes;* **Schlaf|gän|ger,** der (veraltet): *Mieter einer Schlafstelle;* **Schlaf|gast,** der: *jmd., der dort, wo er Gast ist, auch übernachtet;* **Schlaf|ge|le|gen|heit,** die: *zum Schlafen geeigneter Platz* [*mit einem Bett o. ä.*], *zum Schlafen geeignetes Möbelstück o. ä.;* **Schlaf|ge|mach,** das (geh.): vgl. Schlafzimmer; **Schlaf|ge|nos|se,** der (veraltend): *jmd., der mit jmdm. gemeinsam in einem Raum übernachtet;* **Schlaf|ge|wohn|heit,** die ⟨meist Pl.⟩: *das Schlafen betreffende Gewohnheit eines Menschen, Tieres;* **Schlaf|hal|tung,** die; **Schlaf|haus,** das: *(zu größeren Betrieben bes. der Schwerindustrie gehörendes) Wohnheim für* [*ledige*] *Arbeitnehmer.*

Schla|fitt|chen, das [aus dem Niederd. Md., viell. umgedeutet aus: Schlagfittich = Schwungfedern des Gänseflügels, dann: Rockschoß, Rockzipfel, also eigtl. = an, bei den Flügeln (= am Jakkenzipfel) packen]: in Wendungen wie **jmdn. am/beim S. nehmen, kriegen, packen, fassen, haben** o. ä. (ugs.; *jmdn. fassen u.* [*für ein geringes Vergehen*] *zur Rechenschaft ziehen*): Er könnte den Kerl

Schlafkabine

am S. nehmen, ihn verdreschen (Härtling, Hubert 328).
Schlaf|ka|bi|ne, die: *Teil des Führerhauses in einem Fernlastwagen, in dem der Fahrer in einer Art Koje schlafen kann;* **Schlaf|kam|mer,** die: vgl. Schlafzimmer;
♦ **Schlaf|kap|pe,** die: *(in landsch. Sprachgebrauch) Schlafmütze:* „Wenn die zwei -n (*Schlafmützen* 2b)", dachte sie, „welche nichtsdestominder meine Kinder sind, dann auch mitgehen wollen auf einem guten Weg, so mögen sie es tun." (Keller, Frau Regel 161); **Schlaf|kli|nik,** die: *Klinik für Schlafkuren, Schlaftherapien;* **Schlaf|kol|je,** die (ugs.): *Schlafkabine;* **Schlaf|krank|heit,** die: *vor allem durch Schlafsucht, nervöse Störungen, Erschöpfung u. hohes Fieber gekennzeichnete, gefährliche (von Tsetsefliegen übertragene) tropische Infektionskrankheit;* Hypnosie (1); **Schlaf|kur,** die (Med.): *als Kur durchgeführte Schlaftherapie;* **Schlaf|läu|se** ⟨Pl.⟩ (ugs. scherzh.): (in Wendungen wie) * **[die] S. haben** *(auf Grund großer Müdigkeit ein Jucken, Kribbeln auf der Kopfhaut od. an anderen Körperstellen verspüren);* **Schlaf|lern|me|tho|de,** die (Fachspr.): *Methode zur Vertiefung von [Fakten]wissen, bei der dem Lernenden während des Schlafs Tonbandaufnahmen mit dem Lernstoff vorgespielt werden;* Hypnopädie; **Schlaf|lied,** das: *Lied, mit dem man ein Kind in den Schlaf singt;* **schlaf|los** ⟨Adj.⟩: **a)** *wachend, ohne zu schlafen verbracht:* -e Nächte; **b)** *keinen Schlaf finden könnend:* sich s. im Bett wälzen; **Schlaf|lo|sig|keit,** die; -: *das Schlaflossein* an S. leiden; **Schlaf|mangel,** der: *Mangel an Schlaf;* **Schlaf|maus,** die: *Bilch;* **Schlaf|mit|tel,** das: *pharmazeutisches Mittel gegen Schlafstörungen;* **Schlaf|mit|tel|miß|brauch,** der: *Mißbrauch von Schlafmitteln;* **Schlaf|mit|tel|sucht,** die ⟨o. Pl.⟩: *auf Schlafmittel bezogene Sucht* (1); **schlaf|mit|tel|süch|tig** ⟨Adj.⟩: *an Schlafmittelsucht leidend;* **Schlaf|mit|tel|ver|gif|tung,** die: *durch Dauergebrauch oder Einnahme einer Überdosis verursachte Vergiftung durch Schlafmohn,* ⟨o. Pl.⟩: *weiß od. violett blühender Mohn* (1 a) *einer bes. im östlichen Mittelmeerraum heimischen Art, aus dem Opium gewonnen wird;* **Schlaf|müt|ze,** die: **1.** *(früher) im Bett getragene Mütze.* **2.** (ugs.) **a)** *jmd., der übertrieben viel, lange schläft:* jetzt steht aber endlich auf, ihr -n!; **b)** (abwertend) *jmd., der unaufmerksam, langsam, träge ist:* die S. hat wieder nichts davon gemerkt; **schlaf|müt|zig** ⟨Adj.⟩ (ugs. abwertend): *unaufmerksam, langsam, träge;* **Schlaf|müt|zig|keit,** die; - (ugs. abwertend): *das Schlafmützigsein;* **Schlaf|ni|sche,** die: vgl. Schlafecke; **Schlaf|pha|se,** die (Fachspr.): *Schlafstadium;* **Schlaf|pil|le,** die: vgl. Schlafmittel; **Schlaf|platz,** der: *Platz* (2) *zum Schlafen;* **Schlaf|po|si|ti|on,** die: *Schlafstellung;* **Schlaf|pul|ver,** das: *pulverförmiges Schlafmittel;* **Schlaf|pup|pe,** die: *Puppe mit Schlafaugen;* **Schlaf|rat|te,** die (ugs.): *jmd., der gern viel schläft;* **Schlaf|raum,** der: *Raum, bes. in Heimen, Jugendherbergen o. ä., in dem geschlafen wird;* **schläf|rig,** schläferig ⟨Adj.⟩ [mhd. slāferic, ahd. slāfarag]: **a)** *ein Bedürfnis nach Schlaf verspürend, geneigt einzuschlafen; müde* (a): s. werden; sie (= die Verunglückte) war nicht bewußtlos, nur sehr schläfrig, wie gelähmt (Frisch, Homo 182); die Spritze, die Musik, seine monotone Stimme machte sie s.; Ü im Licht der schläfrigen *(matt scheinenden)* Sonne (Schnurre, Bart 22); Es sei heute ... ein schläfriger *(ruhiger, ereignisloser)* Tag gewesen (R. Walser, Gehülfe 115); **b)** *einen schläfrigen* (a) *Eindruck machend, von Schläfrigkeit zeugend; müde* (b): -e Augen; ein -er Blick; ein -es Gesicht; mit -en Bewegungen; ihre Stimme klang s.; gleichgültig und s. schaute er mich an; Ü Die braune Uhr an der Wand gegenüber maß mit schläfrigem Ticken die Zeit (Langgässer, Siegel 368); **Schläf|rig|keit,** die; -: *das Schläfrigsein;* **Schlaf|rock,** der: *Morgenrock, Hausmantel o. ä.:* er war noch im S.; * **im S.** (Kochk.; *in einem Teigmantel gebacken*): Äpfel im S.; Preiswert und trotzdem etwas Besonderes: Bratwurst im S. (Hörzu 12, 1976, 121); **Schlaf|saal,** der: *größerer Schlafraum mit vielen Schlafstellen;* **Schlaf|sack,** der: *an drei Seiten geschlossene, sackartige, in der Art einer Steppdecke hergestellte Hülle, die beim Übernachten im Freien, im Zelt o. ä. eine Bettdecke ersetzt;* **schläfst:** ↑ schlafen; **Schlaf|sta|di|um,** das (Fachspr.): *in bestimmter Weise (z. B. durch eine bestimmte Tiefe, durch das Stattfinden bzw. Nichtstattfinden von Träumen o. ä.) gekennzeichnetes Stadium des Schlafes;* **Schlaf|stadt,** die (ugs., leicht abwertend): *Trabantenstadt ohne Möglichkeiten zu gesellschaftlichem Leben, zur Freizeitgestaltung o. ä.;* **Schlaf|statt,** die (geh.): *Bettstatt;* **Schlaf|stät|te,** die (geh.): *Schlafplatz;* **Schlaf|stel|le,** die: *Schlafgelegenheit, Möglichkeit zum Schlafen, Übernachten;* **Schlaf|stel|lung,** die: *Haltung des Körpers eines schlafenden Menschen od. Tieres;* **Schlaf|stö|rung,** die ⟨meist Pl.⟩ (Med.): *in der Unfähigkeit, einzuschlafen od. nachts durchzuschlafen, bestehende Störung:* unter -en leiden; **Schlaf|stu|be,** die (veraltend): *Schlafzimmer;* **Schlaf|sucht,** die ⟨o. Pl.⟩ (Med.): *krankhaft gesteigertes Bedürfnis nach Schlaf;* Hypersomnie; **schlaf|süch|tig** ⟨Adj.⟩ (Med.): *an Schlafsucht leidend;* **schläfst:** ↑ schlafen; **Schlaf|ta|blet|te,** die: vgl. Schlafmittel: sie war so verzweifelt, daß sie -n genommen hat (ugs. verhüll.); *sich mit einer Überdosis an Schlaftabletten das Leben genommen hat*); **Schlaf|the|ra|pie,** die (Med.): *in der künstlichen Erzeugung eines lange dauernden Schlafes bestehende Therapie;* **Schlaf|tie|fe,** die ⟨o. Pl.⟩: *Tiefe des Schlafs;* **Schlaf|tier,** das (ugs.): **a)** *Stofftier, das ein Kind mit ins Bett nimmt;* **b)** *Schlafmütze* (2a); **Schlaf|trank, Schlaf|trunk,** der: *vor dem Schlafengehen genommener [dem Einschlafen förderlicher] Trunk;* **schlaf|trun|ken** ⟨Adj.⟩ (geh.): *noch benommen vom Schlaf, noch nicht richtig wach:* jmdn. s. ansehen; Ich ... wankte s. hinüber (Lentz, Muckefuck 125); **Schlaf|trun|ken|heit,** die; -: *das Schlaftrunkensein;* **Schlaf|ver|hal|ten,** das (Fachspr.): *Art u. Weise, wie sich jmd. im Schlaf verhält;* **Schlaf-wach-Rhyth|mus,** der (Physiol.): *periodischer Wechsel von Schlafen u. Wachen;* **Schlaf|wa|gen,** der: *Eisenbahnwagen mit kojenartigen Betten für die Reisenden;* **Schlaf|wa|gen|ab|teil,** das: *Abteil* (1 a) *eines Schlafwagens;* **Schlaf|wa|gen|platz,** der: *Platz in einem Schlafwagen;* **Schlaf|wa|gen|schaff|ner,** der: *Schaffner in einem Schlafwagen;* **Schlaf|wa|gen|schaff|ne|rin,** die: w. Form zu ↑ Schlafwagenschaffner; **schlaf|wan|deln** ⟨sw. V.; hat/(auch:) ist⟩: *im Schlaf aufstehen, umhergehen u. verschiedenerlei Handlungen ausführen (ohne sich später daran erinnern zu können); nachtwandeln, somnambulieren:* er hat heute wieder geschlafwandelt; **Schlaf|wand|ler,** der: *jmd., der schlafwandelt; Somnambule, Nachtwandler;* **Schlaf|wand|le|rin,** die; -, -nen: w. Form zu ↑ Schlafwandler; **schlaf|wand|le|risch** ⟨Adj.⟩: *wie ein Schlafwandler; somnambul* (b), *nachtwandlerisch:* ein -er Blick; er bewegte sich mit -er Sicherheit; **Schlaf|zen|trum,** das (Physiol.): *Teil des Gehirns, der den Rhythmus von Schlafen u. Wachen steuert;* **Schlaf|zim|mer,** das: **a)** *besonders eingerichtetes Zimmer zum Schlafen;* **b)** *Schlafzimmereinrichtung:* wir wollen uns ein neues S. kaufen; **Schlaf|zim|mer|au|gen** ⟨Pl.⟩ (ugs.): *Schlafzimmerblick;* **Schlaf|zim|mer|blick,** der (ugs.): *betont sinnlicher Blick [einer Frau] mit nicht ganz geöffneten Lidern [der erotisierend wirken soll]:* einen S. haben; die Blonde mit dem S.; **Schlaf|zim|mer|ein|rich|tung,** die: *Einrichtung* (2 a) *für ein Schlafzimmer* (a); **Schlaf|zim|mer|fen|ster,** das: *Fenster eines Schlafzimmers* (a); **Schlaf|zim|mer|mö|bel,** das ⟨meist Pl.⟩: *Schlafzimmereinrichtung;* **Schlaf|zim|mer|schrank,** der: *zu einem Schlafzimmer* (b) *gehörender Schrank bes. für Kleider u. Wäsche;* **Schlaf|zim|mer|tür,** die: *Tür zu einem Schlafzimmer* (a); **Schlaf|zu|stand,** der: *Zustand des Schlafens.*

Schlag, der; -[e]s, Schläge [mhd. slac, ahd. slag, zu ↑ schlagen; 4: LÜ von lat. apoplexia, ↑ Apoplexie; 15: übertragen vom Prägen der Münzen, bei dem das gleiche Bild in eine Vielzahl von Münzen geschlagen wird]: **1. a)** *durch eine heftige, schnelle, ausholende Bewegung herbeigeführtes Auftreffen auf etw., Treffen von jmdn., etw.:* ein starker, heftiger, leichter, schwacher, tödlicher S.; ein S. auf den Kopf, ins Genick, vor die Brust, gegen das Ohr; ein S. mit der Faust, mit einem Stock; Gerade hatte ich ihm einen aufmunternden S. über den Rücken gegeben (Kafka, Erzählungen 209); Sie hob sogar ihre beiden Hände, als wollte sie einen S. abwehren (Seghers, Transit 276); jmdm. einen S., ein paar Schläge versetzen; Eine junge Mutter klagte sich selbst an: Immer wieder bezieht die kleine Tochter Schläge *(Prügel).* Und gleich darauf Trostküsse (Hörzu 24, 1972, 113); er teilt gern Schläge aus *(schlägt gern zu);* jmdm. Schläge *(eine Tracht Prügel)* androhen, verabreichen, verpassen; ihr bekommt gleich Schläge *(werdet verprügelt, durchgehauen);* der Tennisspieler hat einen harten S. *(schlägt die Tennisbälle hart);* mit einem einzigen

S. streckte er seinen Gegner zu Boden; Ü Die Polizei führte einen vernichtenden S. *(Einsatz) gegen das organisierte Verbrechen;* die Truppen holten zum entscheidenden S. *(zur entscheidenden militärischen Aktion)* aus; Flaucher, überzeugt von der Ohnmacht Berlins, wagte den großen, entscheidenden S. (Feuchtwanger, Erfolg 711); *** S. auf S.** *(in rascher Aufeinanderfolge, schnell nacheinander, ohne Unterbrechung):* die Fragen, die schlechten Nachrichten kamen S. auf S.; Nach dem Saisonstart mit „Lulu" folgen sich die Premieren im September S. auf S. (Brückenbauer 11. 9. 85, 19); **ein S. ins Gesicht sein** *(eine schwere Kränkung, Beleidigung sein);* **ein S. unter die Gürtellinie** (ugs.; *unfaires, unerlaubtes Verhalten);* **ein S. ins Kontor** (ugs.; *eine böse, unangenehme Überraschung, eine große Enttäuschung;* wohl eigtl. = ein Ereignis, das wie ein Blitzschlag [in ein Haus o. ä.] wirkt): Die Überraschung von Hamburg. CDU spricht von „S. ins Kontor" (MM 20. 12. 82, 2); **ein S. ins Wasser [sein]** *(ergebnislos, ein Mißerfolg [sein]):* Rechtfertigungsversuch in dreizehnter Stunde, ein S. ins Wasser, der höchstens verstimmen konnte (Maass, Gouffé 336); **einen S. haben** (ugs.; *nicht recht bei Verstand sein, verrückt sein);* **keinen S. tun** (ugs.; ↑ Handschlag); **jmdm. einen S. versetzen** *(für jmdn. eine bittere Enttäuschung sein, jmdn. hart treffen);* **einen vernichtenden o. ä. S. gegen jmdn. führen** *(einem Gegner, Widersacher durch einen Angriff, durch gezieltes Vorgehen eine vernichtende Niederlage beibringen, ihn damit bezwingen):* Ihm genügt es, die Versammlung zu hypnotisieren: den tödlichen S. soll dann morgen Saint-Just gegen die gelähmten Opfer führen (St. Zweig, Fouché 70); **auf einen S.** (ugs.; *gleichzeitig, auf einmal):* waren auf einen S. drei Männer erschienen, die seine Töchter in die Ehe oder in das Anthropologische Museum führen wollten (Bieler, Mädchenkrieg 91); **mit einem S./**(auch:) **-e** (ugs.; *ganz plötzlich, auf einmal):* die Lage änderte sich mit einem S.; ... und Nazis gäbe es keine mehr, die hätten sich verkrümelt oder seien mit einem S. fromm geworden (Härtling, Hubert 202); **zum entscheidenden S. ausholen** *(sich anschicken, einem Gegner, Widersacher durch einen Angriff, durch gezieltes Vorgehen eine Niederlage beizubringen u. dadurch eine Entscheidung zu eigenen Gunsten herbeizuführen);* **b)** *durch einen Schlag* (1 a), *einen heftigen Aufprall o. ä. hervorgerufenes lautes Geräusch:* Ein dumpfer, heftiger S. an der Haustür (Langgässer, Siegel 605); im Keller tat es einen fürchterlichen S. **2. a)** *in regelmäßigen, rhythmischen [mit einem entsprechenden Ton, Geräusch verbundenen] Stößen erfolgende Bewegung:* die Schläge des Ruders, eines Pendels; er hörte die S. der Wellen; er fühlte die heftigen Schläge ihres Herzens, den unregelmäßigen S. ihres Pulses; Rico hörte sein Herz mit dumpfen Schlägen gegen die Brust pochen (Thieß, Legende 131); **b)** *(von einer Uhr, einer Glocke o. ä.) durch Anschlagen erzeugter Ton, regelmäßige Folge von [gleichen] Tönen:* der S. eines Gongs, einer Standuhr klang durch das Haus; vom Kirchturm erklangen zwölf schwere Schläge; wie vom hohlen S. großer Pauken und trockenem Trommelwirbel (Maass, Gouffé 326); ⟨in Verbindung mit einer Zeitangabe:⟩ S. *(genau um)* Mitternacht; (österr., schweiz.:) schlag acht *(genau, pünktlich um acht)* Uhr kamen wir an; **c)** ⟨o. Pl.⟩ *(von bestimmten Singvögeln) lauter, rhythmischer, meist melodischer Gesang in deutlich voneinander abgesetzten Tonfolgen:* der S. der Nachtigall, der Finken, Wachteln. **3. a)** *kurz für* ↑ Blitzschlag: ein lauter, schwerer, zündender S.; ein kalter S. *(irgendwo einschlagender, aber nicht zündender Blitz);* **b)** *den Körper treffender, durchlaufender Stromstoß:* er hat bei der Reparatur des Gerätes einen leichten S. bekommen; Sie dachte an den elektrischen S. an der linken Hand, als sie eine ... Lampe hielt, um eine Birne hineinzuschrauben (Alexander, Jungfrau 368). **4.** (ugs.) *kurz für* ↑ Schlaganfall: er hat einen S. bekommen, schon zwei Schläge gehabt; der dritte S. hat sie getroffen; sie hat sich von ihrem letzten S. nie mehr richtig erholt; *** der S. soll dich treffen!** (salopp; Ausruf der Verwünschung); **jmdn. trifft/rührt der S.** (ugs.; *jmd. ist aufs höchste überrascht, ist starr vor Staunen, Entsetzen, Schreck):* Als ich mit zwölf den Raubüberfall machte, traf ihn (= den Vater) fast der S. (Sobota, Minus-Mann 40); **wie vom S. getroffen/gerührt sein** (ugs.; *verstört, fassungslos sein, starr vor Entsetzen, Schreck sein):* ich war wie vom S. getroffen, als ich von deinem Unfall erfuhr. **5.** *Unheil, das über jmdn. hereingebrochen ist; Unglück, das jmdn. getroffen hat; niederdrückendes, unglückseliges Ereignis:* ein harter, schwerer, furchtbarer S.; Es war für mich ... ein heftiger S., als Heli starb (Kirsch, Pantherfrau 45); sie hat die Schläge des Schicksals, die Schläge, die ihr das Leben zufügte, tapfer ertragen; Es muß alles geschehen, damit er diesen S. so rasch wie möglich verwindet (Zuckmayer, Herr 43). **6.** (Forstw.) **a)** *das Fällen von Bäumen, Einschlag* (3 a): in diesem Waldgebiet sind einige Schläge vorgesehen; **b)** *Stück eines Waldes, in dem Bäume gefällt werden, gefällt worden sind.* **7.** (Landw.) *zusammenhängendes Stück Ackerland, auf dem in der Regel nur eine Art von Pflanzen angebaut wird:* ein S. Weizen von etwa 100 Hektar; Schon in diesem Jahr haben wir die ersten Schläge mit Einkorn-Rübensamen bestellt (Neues D. 13. 6. 64, Beilage 1). **8.** (Segeln) *Strecke, die beim Kreuzen* (6) *zwischen zwei Wenden zurückgelegt wird.* **9.** (Seemannsspr.) *nicht verknotete, um einen Gegenstand gelegte Schlinge eines Taus:* einen S. auf den Poller legen; ein halber S. *(Knoten, bei dem ein Ende des Taus um den gespannten Teil geschlungen wird).* **10.** (Schneiderei, Mode) *nach unten sich vergrößernde Weite des Hosenbeins:* eine Hose mit S.; Hannings Hose war voll S. genäht (Kempowski, Uns 145). **11.** *kurz für* ↑ Taubenschlag: ... werden Tauben angeschafft ... Den S. tischlert der Herr de Bonsac natürlich selbst (Kempowski, Zeit 179). **12.** (veraltend) *Tür eines Autos,* einer Kutsche: den S. öffnen, schließen, zuschlagen; Ich hörte noch, wie er dem Chauffeur das Fahrtziel ... angab, dann flog der S. zu und der Wagen fuhr an (Simmel, Stoff 201). **13.** (ugs.) *mit einer Kelle, einem Löffel zugemessene Portion (bei einer Essensausgabe):* ein S. Suppe, Eintopf; noch einen S. Bohnen verlangen, nachholen; An einer aufgestellten Gulaschkanone faßte einer zehn Schläge aus, setzte sich hin und starb (Plievier, Stalingrad 331); ... der Küchenbulle ... jedem, der vorbeikommt, winkt er mit seinem Löffel zu und füllt ihm einen kräftigen S. (in Remarque, Westen 7); *** [einen] S. bei jmdm. haben** (ugs.; *jmds. Sympathie, Wohlwollen haben; bei jmdm. in gutem Ansehen stehen; sich jmds. Gunst erfreuen;* wohl aus der Soldatenspr.; eigtl. = von dem, der das Essen austeilt, einen zusätzlichen Schlag bekommen): Ich habe meine Lehrer auch nicht gehäßt ... ich hatte S. bei ihnen und mochte sie (Lemke, Ganz 205); Bei Frauen über 60 muß ich einen unheimlichen S. haben (BM 14. 6. 84, 6). **14.** ⟨o. Pl.⟩ (österr.) *Schlagsahne* (bes. *für den Kaffee*): ein Stück Obstkuchen mit S.; sie trinkt ihren Kaffee ohne S. **15. a)** *kurz für* ↑ Menschenschlag: ein stämmiger, dunkler, hellhäutiger, robuster, ernster S.; ... strömte das Landvolk herein, dieser blonde und gedrungene, gesunde und rückständige S. mit blauen, grübelnden Augen und breiten, ein wenig zu hoch sitzenden Wangenknochen (Th. Mann, Hoheit 250); er ist ein Typ, ein Mensch gleichen, unseres -es, vom gleichen, von anderem S.; Vergebens haben die Unentschiedenen, die Feigen, die Vorsichtigen, haben die Leute vom -e Fouchés gehofft, sie könnten einer ... Stellungnahme durch geheime Stimmabgabe entweichen (St. Zweig, Fouché 18); er ist noch ein Beamter vom alten S. *(von der guten, gediegenen alten Art);* Ü landwirtschaftliche Gehöfte bereits lombardischen -es (NN 25. 10. 86, 34); das sind noch Möbel alten -s/vom alten S. *(gediegen, gut verarbeitet, wie man sie früher hatte);* **b)** *Gruppe innerhalb einer Rasse von Haustieren, die sich durch typische Merkmale wie Größe, Farbe, Zeichnung o. ä. von den übrigen Vertretern ihrer Rasse unterscheidet:* ein mittelgroßer, kleinerer S. von Pferden; das Kaninchen stammt von einem anderen S.; einen neuen S. züchten. ◆ **16.** *kurz für* ↑ Schlagbaum: Franz von Sickingen hält vor dem S. und läßt euch sagen ... (Goethe, Götz IV); **Schlag|ab|raum,** der (Forstw.): *[wirtschaftlich nicht nutzbare] Reste von Bäumen, die beim Holzeinschlag im Wald zurückgelassen werden;* **Schlag|ab|tausch,** der (Boxen): *schnelle Folge von wechselseitigen Schlägen:* ein kurzer, heftiger, rascher S.; Ü auch in der Plenarsitzung kam es zu einem S. *(zu einer kurzen, heftigen Auseinandersetzung)* zwischen Regierung und Opposition; mit Plakatwerbung ... liefern sich die Spitzenkandidaten der großen Parteien einen S. (BM 2. 10. 76, 1); **Schlag|ader,** die: *Blutgefäß, in dem das Blut vom Herzen zu den Organen od. Gewebe strömt; Arterie;* **Schlag-**

an|fall, der: *Gehirnschlag, Apoplexie:* einen S. bekommen, haben, überstehen; **schlag|ar|tig** ⟨Adj.⟩: *ganz plötzlich, schnell; innerhalb kürzester Zeit [geschehend]; in einem Augenblick:* eine -e Veränderung; Schlagartiges Buchensterben im Raum Göppingen (MM 21.8. 85, 12); etw. wechselt s.; s. wurde ihm alles klar; eine schwülstige Hitze, die mir s. den Schweiß aus den Poren treibt (Du & ich 5, 1979, 10); **Schlag|ball,** der: 1. ⟨o. Pl.⟩ *zwischen zwei Mannschaften ausgetragenes, dem Baseball ähnliches Ballspiel, bei dem der Ball mit dem Schlagholz von einem* ²*Mal (3 a) ins Spielfeld geschlagen wird u. der Gegner ihn zu fangen sucht, um das Recht zum Schlagen für seine Mannschaft zu gewinnen.* **2.** *beim Schlagball* (1) *verwendeter kleiner lederner Ball;* **Schlag|ball|spiel,** das: *Schlagball* (1); **schlag|bar** ⟨Adj.⟩: **1.** *die Möglichkeit bietend, geschlagen, besiegt zu werden:* ein durchaus -er Gegner; auch diese Mannschaft ist s. **2.** schlagreif; **Schlag|baß,** der (Musik): *Baß* (4 a), *der bes. im Jazz in einer Technik gespielt wird, bei der die Saiten so heftig von wenig gezupft werden, daß sie gegen das Griffbrett schlagen, wodurch ein zusätzlicher rhythmischer Effekt entsteht;* **Schlag|baum,** der: *senkrecht aufrichtbare Schranke (bes. an Grenzübergängen):* den S. öffnen, herunterlassen; **Schlag|be|sen,** der (Musik): *Stahlbesen;* **Schlag|boh|rer,** der: *elektrische Bohrmaschine, bei der der Bohrer, während er rotiert, gleichzeitig hämmernd vor- u. zurückbewegt;* **Schlag|bohr|ham|mer,** der: *Werkzeug zum Bohren bes. in sehr hartem Gestein od. Beton;* **Schlag|bohr|ma|schi|ne,** die: *Schlagbohrer;* **Schlag|bol|zen,** der: *Teil des Schlosses bei Feuerwaffen, der, durch eine Feder gespannt, bei Betätigung des Abzugs mit seiner abgerundeten Spitze auf das Zündhütchen schlägt u. so die Ladung zündet;* **Schla|ge,** der; -, -n (landsch.): *Hammer* (1); **Schlä|gel,** der; -s, - [vgl. Schlegel] (Bergmannsspr.): *schwerer, auf beiden Seiten flacher Hammer des Bergmanns; Fäustel;* **Schlä|gel|chen,** das; -s, - (landsch.): *leichter Schlaganfall;* **schla|gen** ⟨st. V.⟩ /vgl. schlagend/ [mhd. slahen, slā(he)n, ahd. slahan; 14: zu ↑Schlag (15)]: **1.** ⟨hat⟩ **a)** *einen Schlag* (1 a) *versetzen; mit Schlägen traktieren, prügeln* (1 a): jmdn. heftig, nur leicht, mit der Hand, mit einem Stock s.; Dann fielst du einem in die Hände, der dich dauernd geschlagen hat (Jaeger, Freudenhaus 132); er ist als Kind viel [von seinen Eltern] geschlagen worden; er hat das arme Tier so geschlagen, daß es blutete; Trinken wir einen zur Begrüßung. – ... Eh' ich mich s. lasse (scherzh.; *ja, gerne*); Brot und Salz 28); ⟨auch o. Akk.-Obj.:⟩ er schlägt immer gleich; **b)** ⟨s. + sich⟩ *sich prügeln* (2): er hat sich wieder mit seinem Klassenkameraden geschlagen; du sollst dich, ihr sollt euch doch nicht immer s.!; Ü und so schlagen sich die Düfte der Parfums und Rasierwässer, daß dem Trainer fast schwindlig wird (Frischmuth, Herrin 49); **c)** *durch einen Schlag* (1 a), *durch mehrere Schläge in einen bestimmten Zustand versetzen:* er hat ihn blutig, bewußtlos, k. o. geschlagen; ... stürzte er sich auf ihn und schlug ihn halbtot (Maass, Gouffé 204); man hat ihn zum Krüppel geschlagen; er hat die ganze Einrichtung in Stücke, kurz und klein geschlagen; etw. in Scherben s.; er schlug (*hackte*) den Stock mit dem Beil in zwei Stücke; **d)** *einen Schlag* (1 a), *mehrere Schläge in eine bestimmte Richtung führen, mit einem Schlag* (1 a) *treffen:* mit der Faust auf den Tisch s.; jmdm./(seltener:) jmdn. auf die Finger, ins Gesicht s.; dieser Riese ... schlägt sie wild über den Rücken, aufs Gesäß (Musil, Mann 1487); sich vor die Stirn, auf die Schenkel s.; er schlug ihm/(seltener:) ihn wohlwollend auf die Schulter; nach einer Fliege s.; er schlug [mit einem Knüppel] gegen, an die Tür; Sofort schlug sie blindwütig hinter sich (Simmel, Stoff 559); er schlug wild um sich; Unberechenbar, denn die Füchsin (= eine Stute) schlägt *(schlägt aus)*. Aber nur, wenn keiner dran denkt (Frischmuth, Herrin 10); **e)** *mit einer raschen, heftigen Bewegung irgendwohin führen [u. auftreffen lassen]:* sie hat ihm den Schirm auf den Kopf, das Heft um die Ohren geschlagen; sie schlug entsetzt die Hände vors Gesicht; ... er greift einen kleinen Bronzekranz, schlägt ihn dem Mechaniker über den Schädel (Remarque, Obelisk 248); Er schlug fröstelnd die Arme unter die Achseln (Winckler, Bomberg 162); **f)** *durch einen Schlag* (1 a), *durch mehrere Schläge hervorbringen, entstehen lassen:* einen Durchbruch durch die Wand, Löcher ins Eis s.; eine Inschrift in einen Stein s.; Die Schwäne haben in den zugefrorenen Flußarm ein Loch geschlagen (Strauß, Niemand 220); er hat ihm mit dem Stock ein Loch in den Kopf geschlagen; Die Könige gingen dazu über, ihre Gräber immer enger aneinander in den Fels zu s. (Ceram, Götter 172); ⟨subst.:⟩ Allein das Schlagen einer Standstufe erfordert schon die Beherrschung der Technik (Eidenschink, Eis 45); Ü ⟨2. Part.:⟩ Einmal geschlagene Wunden ... könne man nicht mit Geld heilen (Ossowski, Liebe ist 346); **g)** *durch einen Schlag* (1 a) *od. mehrere Schläge in etw. treiben* (7), *eindringen lassen:* einen Nagel in die Wand s.; einen Pflock, Pfähle in den Boden s.; einen Keil in etw. s.; der Adler schlägt die Fänge in seine Beute; daß die älteste der schwarzen Schwestern ... ihn verfolgte, um ihre entblößten Zähne in seinen Hals zu s. (Wiechert, Jeromin-Kinder 261); **h)** *mit einem Schlag* (1 a), *mit mehreren Schlägen von irgendwo entfernen:* die Nüsse, Kastanien, Oliven mit einer langen Stange vom Baum s.; er schlägt ihm den Löffel, das Bierglas, die Pistole, das Messer aus der Hand; er schlug ihm den Hut vom Kopf; Der Feldwebel ... schlug ihm die Zigarette aus der Schnauze (Küpper, Simplicius 133); den Splint, die Niete [mit einem Dorn] aus der Bohrung s.; [mit dem Hammer, mit einem Meißel] den Putz von der Wand s.; Ü Man hat diesem Riesen nicht die Macht aus der Hand geschlagen, um sie lose zu Boden kollern zu lassen, jedem Geschickten zur Beute (St. Zweig, Fouché 199); **i)** *durch einen Schlag* (1 a) *od. mehrere Schläge irgendwohin befördern, gelangen lassen:* er schlägt den Ball ins Aus, ins Netz; er schlug den Puck ins Tor, nach vorn; Sie schlug die Werkstattür ... ins Schloß (*schlug sie zu;* Hahn, Mann 77); laut die Türen s. *(zuschlagen)*; er schlug seinen Gegner zu Boden (*traf ihn mit einem Schlag so, daß er umfiel*); drei Eier in die Pfanne s. *(sie aufschlagen u. in die Pfanne gleiten lassen);* Kartoffeln durch ein Sieb s. *(drücken);* der Schuhmacher schlägt *(spannt)* den Schuh über den Leisten; einen Elfmeter, eine Flanke, einen Paß s. *(ausführen);* Der Zürcher ... verwandelte ... einen herrlich geschlagenen Freistoß (NZZ 24.8. 83, 30); Ü die Augen zu Boden s. *(niederschlagen);* **j)** *[mit einer Axt o. ä.] fällen:* Bäume, Holz s.; Die 350 Forstarbeiter ... schlagen jährlich bis zu 80 000 Kubikmeter Holz (Freie Presse 30. 12. 89, 3); ein Waldstück s. *(abholzen* 1); frisch geschlagene Stämme; **k)** *durch Beseitigung von Gestrüpp, durch Fällen von Bäumen entstehen lassen:* eine Schneise in den Wald s.; ich schlug mir mit der Machete einen Weg durch das Gestrüpp; ... um dort einen Landeplatz für Helikopter in den Busch zu s. (Vaterland 27.3. 85, 23); **l)** *durch schnelle Bewegungen mit einem geeigneten Gerät bearbeiten, so daß ein bestimmter Zustand erreicht wird:* das Eiweiß [mit dem Schneebesen] steif, schaumig, zu Schaum s.; der flüssige Teig muß eine halbe Stunde geschlagen werden; Sahne s. *(Schlagsahne herstellen);* Schaum, Eierschnee s. *(herstellen);* **m)** *(mit einem bestimmten Körperteil) mehrfach in rascher Folge eine heftige Bewegung machen:* der Vogel, das Huhn schlug heftig mit den Flügeln; der Fisch, der Wal, das Krokodil schlägt mit dem Schwanz; du mußt, wie beim Kraulen, kräftig mit den Beinen s.; **n)** *mit Hilfe von Nägeln o. ä. befestigen:* ein Brett vor das Loch in der Wand s.; ich habe noch eine zusätzliche Querleiste unter den Lattenrost geschlagen; ein Schild an die Wand s.; ich werde das Kabel [mit Krampen] auf die Fußleiste s.; etw. ans Schwarze Brett s. (ugs.; *es dort anschlagen, aushängen*); jmdn. ans Kreuz s. *(kreuzigen);* Ü eine Brücke [über einen Fluß] s. *(bauen);* **o)** (veraltend) *mit bestimmten Maschinen prägen:* Auch sollen schon Münzen geschlagen worden sein, deren Rückseite den gekrönten sizilischen Erben darstellt (Benrath, Konstanze 147); **p)** (verblaßt) *durch eine bestimmte Bewegung entstehen lassen, ausführen, bilden, beschreiben:* mit dem Zirkel einen Kreis s.; wir schlagen um den Punkt P einen Kreis mit dem Radius r; Justinian ... schlägt das Zeichen des Kreuzes über die Menge (Thieß, Reich 516); ... ließ auch sie ... noch einmal in Richtung Hochaltar das Kreuz s. (Grass, Blechtrommel 444); er schlug einen Bogen um das Haus (*ging in einem Bogen um das Haus*); am Rücken schlägt die Jacke Falten (*entstehen, bilden sich der Jacke Falten*); Der Fjord schlug Wellen (*im Fjord entstand Wellengang;* Gaiser, Jagd 160). **2. a)** *wiederholt u. in schneller Bewegung [hörbar] gegen etw.*

schlagen

prallen, irgendwo auftreffen ⟨hat/ist⟩: der Regen schlug heftig ans Fenster, gegen die Scheibe; Der Wind schlägt gegen die Wand (Bobrowski, Mühle 92); das Segel schlug die ganze Zeit gegen den Mast; Das Meer schlug klatschend gegen die Felsen (Remarque, Triomphe 210); Oskar aber hatte eine neue Blechtrommel, die ihm bei jedem Schritt gegen das Knie schlug (Grass, Blechtrommel 285); **b)** *mit Heftigkeit, großer Wucht gegen, auf etw. prallen, stoßen, irgendwohin geschleudert werden* ⟨ist⟩: auf den Boden, mit dem Kopf gegen die Wand s.; May schlägt halb an die Wand und halb auf die Ziegelboden (Loest, Pistole 23); Mit der Stirn ist er gegen die Windschutzscheibe geschlagen (Weber, Tote 130); ein Zweig schlug mir ins Gesicht; der Fensterladen schlug krachend gegen die Hauswand; die Maschine schlug aufs Wasser und versank (Ott, Haie 169); eine Welle schlug über den Deich, in das Boot; Eine Tür schlägt ins Schloß *(fällt geräuschvoll zu;* Ziegler, Kein Recht 219); **c)** *sich heftig, geräuschvoll [hin u. her] bewegen, [hin u. her] geschleudert werden* ⟨hat⟩: Vom Rost zerfressene Eisenläden schlugen im Wind (Ransmayr, Welt 192); die Fahne, das Segel schlug mit knallendem Geräusch hin und her; Die Ruderpinne ... schlug ... hin und her (Hausmann, Abel 50); ⟨subst.:⟩ Und wenn Cyparis dann, ... vom Schlagen eines gerissenen Zelluloidstreifens geweckt, hochfuhr ... (Ransmayr, Welt 25). **3. a)** *mit großer Schnelligkeit, Wucht irgendwohin geschleudert werden, auftreffen, eindringen [u. dabei zünden, explodieren]* ⟨ist/(auch:) hat⟩: mehrere Geschosse, Bomben schlugen in das Gebäude; der Blitz ist/(auch:) hat in die Eiche geschlagen; **b)** *mit Heftigkeit in schneller Bewegung irgendwo hervordringen, sich irgendwohin bewegen* ⟨ist⟩: dicker Qualm schlug aus dem Schlot; um den Herd herum, aus dem die Flammen schlugen (Kempowski, Zeit 286); bei der Explosion schlug eine riesige Stichflamme zum Himmel. **4. a)** *plötzlich irgendwohin dringen u. sichtbar, hörbar, spürbar werden* ⟨ist⟩: die Röte, das Blut schlug ihr ins Gesicht; dort, wo der Duft von Wein, Äpfeln und Koniferen aus dem Keller über die Stufen schlägt (A. Kolb, Schaukel 157); plötzlich schlägt mir ein scharfer Geruch in die Nase; ein Geräusch schlug an sein Ohr; Die Helligkeit schlug um unsere geschlossenen Lider (A. Zweig, Claudia 41); die Feuchtigkeit schlägt durch die Wände; **b)** *sich bei jmdm. irgendwo, bes. in einem Organ, plötzlich unangenehm bemerkbar machen, sich schädigend auswirken* ⟨ist⟩: Des Klimas wegen, das auf sein krankes Herz schlug (natur 8, 1991, 46); die Nachricht ist ihm auf den Magen, die Galle geschlagen; das war auch für ihn die Laune geschlagen *(hatte ihm die Laune verdorben;* Fallada, Herr 109); ⟨auch s. + sich; hat:⟩ die Erkältung hat sich [ihm] auf die Nieren geschlagen; ein Versagen der Nerven, das sich auf Muskeln und Herz schlägt (Reich-Ranicki, Th. Mann 38); **c)** ⟨s. + sich⟩ *sich als Belag, Schicht (auf, an etw.) legen* ⟨hat⟩: der klebrige Ruß hatte sich auf die in der Umgebung geparkten Autos geschlagen; der Küchendunst hatte sich auf die kalten Fensterscheiben geschlagen. **5.** ⟨hat⟩ **a)** *mit einer raschen Bewegung über etw. legen, decken, ausbreiten:* er schlug eine Decke, Plane über die Waren; Ich schlug mir den Mantelkragen vors Gesicht (Bieler, Bonifaz 57); ein Stück Papier um den Salatkopf s. *(wickeln);* die Hosenbeine nach innen s. *(umschlagen);* er schlug *(legte)* ein Bein über das andere; er schlug *(legte, schlang)* die Arme um sie; **b)** *in etw. einwickeln, in etw. packen:* ein Geschenk in Seidenpapier s.; den Spargel, in ein feuchtes Tuch geschlagen, im Kühlschrank aufbewahren. **6.** ⟨hat⟩ **a)** *mit raschen, rhythmischen Bewegungen zum Erklingen, Tönen bringen:* die Trommel, die Pauke, den Triangel s., die Laute, Zither s. *(veraltend; spielen);* **b)** *durch Schlagen (6 a) eines Instruments hervorbringen, erklingen, ertönen lassen:* er schlug einen langen Wirbel [auf der Trommel] s.; sie hörten leise geschlagene Paukenklänge; **c)** *durch rhythmische Bewegungen angeben, hörbar, sichtbar werden lassen:* den Takt [mit dem Fuß], den Rhythmus mit den Fingern s. **7.** ⟨hat⟩ **a)** *in Schlägen (2 a), leichten, regelmäßigen Stößen spürbar sein, arbeiten:* sein Puls schlägt schnell, nicht regelmäßig; sein Herz schlägt ruhig, hat aufgehört zu s.; das Pendel schlägt ganz gleichmäßig; ihr schlug das Herz [vor Aufregung] bis zum Hals; Ü nach seiner Tat schlug ihm das Gewissen (geh.; *fühlte er sich schuldig, bedrückt, machte sich große Vorwürfe);* **b)** *mit einem Schlag (2 b), mit einer Folge von Schlägen, Tönen hörbar werden u. dadurch etw. anzeigen, signalisieren:* die Uhr schlägt richtig, falsch, sehr genau; von ferne hörte man die Glocke dröhnend, dumpf, langsam, dreimal s.; Wenn das Glockenspiel ... zum Tagesbeginn schlägt (Koeppen, Rußland 60); Sie schaute wie ein Federgewichtler, wenn der Gong schlägt (Sommer, Und keiner 133); die Uhr, Standuhr, Turmuhr schlägt Mitternacht *(zeigt durch ihr Schlagen an, daß es Mitternacht ist);* ⟨auch unpers.:⟩ sie wartet noch, bis es vier Uhr *(bis die Uhr durch ihr Schlagen anzeigt, daß es vier Uhr ist)* schlägt (Frisch, Gantenbein 413); ich habe eine geschlagene (emotional; *eine ganze, eine volle)* Stunde auf ihn gewartet; Ü die Abschiedsstunde, die Stunde der Wahrheit, der Rache hat geschlagen *(ist gekommen, ist angebrochen);* **c)** *(von bestimmten Singvögeln) den Schlag (2 c), einen [rhythmischen] melodischen Gesang ertönen, hören lassen:* hörst du die Nachtigall, Drossel, Wachtel s.?; im Garten schlägt ein Fink. **8.** ⟨hat⟩ **a)** *militärisch besiegen:* den Gegner, Feind vernichtend, entscheidend s.; die Truppen des Sizilianer aber wurden vom General von Kalden bei Catania geschlagen (Benrath, Konstanze 149); Frankreich war geschlagen (Weber, Tote 141); **b)** *im Wettkampf, Wettbewerb, Wettstreit o. ä. besiegen, übertreffen:* er hat den Weltmeister, den Herausforderer [um einige Meter, knapp, um Längen] geschlagen; die italienische Mannschaft hat den Gegner 3 : 0, mit 3 : 0 geschlagen; mit dem neuen Modell wollen sie den derzeitigen Marktführer s.; Es gelingt ihm, einen berühmten Pariser Anwalt zu s. und den Prozeß zu gewinnen (NJW 19, 1984, 1060); der [knapp] geschlagene Kandidat hat seine Wahlniederlage sofort eingestanden; * **[in etw.] nicht zu s. sein** (ugs.; *[in etw.] unschlagbar 2 sein*): wir waren beide in Deutsch nicht zu s. (Küpper, Simplicius 23); Und die Qualität des Essens ist ja wohl nicht zu s. (Jaeger, Freudenhaus 179); **sich geschlagen geben/** (geh.:) **bekennen** *(eingestehen, zugeben, daß man der Bezwungene, der Verlierer ist);* **c)** ⟨s. + sich⟩ *sich bei etw. in bestimmter Weise behaupten; eine Situation in bestimmter Weise durchstehen:* sich in einem Kampf gut, wacker s.; unsere Mannschaft schlug sich ganz ordentlich, so recht und schlecht; du hast dich in der Diskussion vortrefflich geschlagen; Hubert hat sich ganz gut geschlagen, der muß bloß auf dem Teppich bleiben (Härtling, Hubert 46); **d)** ⟨s. + sich⟩ (ugs.) *sich in Konkurrenz zu anderen heftig darum bemühen, etw. Bestimmtes zu bekommen, zu erreichen:* sich [mit jmdm.] um etw. s.; die Leute haben sich um die Eintrittskarten, die Schnäppchen [förmlich] geschlagen; die beiden schlugen sich *(stritten sich heftig)* darum, wer fahren durfte; da bitte, das ist der Rest, schlagt euch drum (scherzh.; *verteilt es selber unter euch);* **e)** ⟨s. + sich⟩ *mit jmdm. ein Duell (1), einen Zweikampf mit Waffen austragen:* sich wegen einer Beleidigung mit jmdm. s.; früher hätte man sich in so einem Falle [mit seinem Rivalen] geschlagen. **9.** *(bei bestimmten Brettspielen, bes. Schach, eine Figur, einen Spielstein des Gegners) durch einen Zug aus dem Spiel bringen:* er schlug seinen Turm mit der Dame; ⟨auch ohne Akk.-Obj.:⟩ die Bauern schlagen schräg. **10.** (geh.) *hart treffen, heimsuchen, in unheilvoller Weise über jmdn. kommen* ⟨hat⟩: Denn dann werde ich unter dein Vieh fahren und es s. mit allerlei Pestilenz (Th. Mann, Joseph 274); Die Arbeitslosigkeit, die nun Land der Welt so richtig wie Sachsen (Loest, Pistole 46); ⟨meist im 2. Part.:⟩ er ist mit einem Augenleiden geschlagen *(hat ein Augenleiden);* jedes Wesen in Suleyken war von Schrecken und Angst geschlagen (Lenz, Suleyken 8); ein [vom Schicksal] geschlagener *(ein gebrochener, ruinierter)* Mann; * **[mit jmdm., etw.] geschlagen sein** *(mit jmdm., etw. argen Kummer haben, es durch jmdn., etw. schwer haben):* Nur sind sie mit außergewöhnlicher Reizbarkeit begnadet und zugleich geschlagen (Reich-Ranicki, Th. Mann 51); Ich bin geschlagen mit meinem Busen. Ich finde meinen Busen obszön (Praunheim, Sex 106). **11.** *zu etw. hinzufügen, dazurechnen* ⟨hat⟩: die Unkosten, 15 % Mehrwertsteuer, die Steuererhöhung auf die Preise s.; sie haben eine Säumnisgebühr auf den Rechnungsbetrag geschlagen; die Zinsen werden zum Kapital geschlagen; das Haus wurde zum Erbe der Tochter geschlagen *(ihm zugeschlagen);* das Gebiet wurde in dem Friedensvertrag zum Osmanischen Reich

schlagend

geschlagen *(ihm angegliedert)*. **12.** *in ein bestimmtes Gebiet, Fach hineinreichen, fallen* ⟨hat/ist⟩: diese Frage schlägt in einen ganz anderen Bereich; das schlägt nicht in mein Fach *(davon verstehe ich nichts);* das schlägt nicht in mein Ressort *(dafür bin ich nicht zuständig).* **13.** ⟨s. + sich; hat⟩ **a)** *sich in eine bestimmte Richtung wenden, in eine bestimmte Richtung gehen, sie einschlagen:* ich ging zuerst geradeaus und schlug mich dann nach rechts, seitwärts, ins Gebüsch; Er schlug sich querfeldein (Süskind, Parfum 149); Ü Wenn er sich später ganz zu den Leuten des südlichen Gebirges und ihrem Gotte schlug *(sich ihnen anschloß),* so ... (Th. Mann, Joseph 135); **b)** *sich (durch etw.) durchschlagen* (5 a): Zu Fuß schlägt er sich durch die Wälder (Loest, Pistole 15); Ich schlug mich wieder quer durch die Felder (Seghers, Transit 10). **14.** *in der Art, im Wesen, im Aussehen jmdm. ähnlich werden; nach jmdm. geraten* ⟨ist⟩: er schlägt ganz, nach dem Vater; Schon in der Kinderstube zeigen sich die Anlagen ..., man kann erkennen, nach wem der Bengel schlägt (Pohrt, Endstation 129). **15.** (Jägerspr.) *(Beute) greifen u. töten* ⟨hat⟩: der Falke hatte gerade eine Taube geschlagen; ... daß ein reißendes Tier ... zwei Mutterlämmer geschlagen habe (Th. Mann, Joseph 81). **16.** ⟨hat⟩ **a)** *(aus etw., jmdm.) herausschlagen* (3): sie will Geld aus der ... Milch s. (Waggerl, Brot 51); immer wolltest du Geld aus mir s. (Maass, Gouffé 209); **b)** *(aus etw.) herausschlagen* (1 b): Feuer, Funken aus einem Stein s.; In der Nähe schlägt Moses Wasser aus der Felsenkulisse eines Brunnens (Koeppen, Rußland 180). **17.** *austragen* ⟨nur mit bestimmten Subst. als Objekten; hat⟩: eine Mensur s.; Die Schlacht von Jena und Auerstedt war geschlagen (Fallada, Herr 251); ⟨adj. 1. Part.:⟩ eine schlagende Verbindung *(Verbindung 8, in der Mensuren geschlagen werden)* ⟨Adj.⟩: **1.** *klar u. eindeutig, sehr überzeugend, stichhaltig:* ein -er Beweis, Vergleich; Eine -ere Argumentation gibt es nicht (Th. Mann, Zauberberg 551); etwas s. beweisen, widerlegen; **Schla̱|ger,** der; -s, - [urspr. wiener., wohl nach dem durchschlagenden Erfolg, der mit einem Blitzschlag verglichen wird]: **1.** *leicht eingängiges, meist anspruchsloses Lied, Musikstück, das für eine bestimmte, meist kürzere Zeit einen hohen Grad an Beliebtheit erreicht:* ein zündender, sentimentaler, seichter, beliebter, bekannter S.; einen S. singen, spielen; Die Takte verwandeln sich ihm in einen alten, albernen S. (Feuchtwanger, Erfolg 681). **2.** *etw., was (für eine bestimmte Zeit) großen Erfolg hat, sich sehr gut verkauft:* Skateboards sind in diesem Sommer der große Schlager; ihr Buch ist der S. der Saison; ... und dieses Endspiel ist der S. aller S., dieses Endspiel ist die Ausgeburt fiebriger Fußballhysterie (Zeit 5. 6. 64, 25); **Schlä̱|ger,** der; -s, - [in Zus. mhd. -sleger, ahd. -slagari = jmd., der schlägt]: **1.** (abwertend) *gewalttätiger, roher Mensch, der sich häufig mit anderen schlägt, bei Auseinandersetzungen brutal zuschlägt:* ein übler S. sein; er war im höchsten Grade reizbar und dann als hemmungsloser S. berüchtigt (Fallada, Trinker 145). **2.** (Baseball, Schlagball) *Spieler, der den Ball mit dem Schlagholz ins Spielfeld schlägt.* **3.** *(je nach Sportart verschieden gestaltetes) Gerät, mit dem der Ball bzw. der Puck gespielt wird:* den S. (Tennisschläger) haben nespannen lassen; mit dem S. (Eishockeyschläger) auf den Gegner eindreschen. **4.** (Fechten) *Hiebwaffe mit gerader Klinge, die bei der Mensur* (2) *verwendet wird.* **5.** (landsch.) *Schneebesen;* **Schlä̱|ger|ban|de,** die: ¹*Bande* (1) *von Schlägern* (1); **Schlä̱|gerbox,** die [LÜ von engl.-amerik. batter's box] (Baseball): *umgrenztes Feld links u. rechts des Heimbase, in dem der Schläger* (2) *steht;* **Schla̱|ger|bran|che,** die: *Branche* (a), *die sich mit der Produktion von Schlagermusik befaßt;* **Schlä̱|ge|rei,** die; -, -en: *heftige, oft brutale tätliche Auseinandersetzung zwischen zwei od. mehreren Personen:* eine wüste, blutige, wilde S.; eine S. beginnen; in eine S. geraten; es kam zu einer allgemeinen S.; **Schla̱|gerfe|sti|val,** das: *Festival, bei dem Schlager* (1) *vorgetragen u. von einer Jury bewertet* [*u. ausgezeichnet*] *werden;* **Schlä̱|ge|rin,** die, -, -nen: w. Form zu ↑Schläger (1, 2); **Schla̱|ger|mu|sik,** die ⟨o. Pl.⟩: *Musik in der Art von Schlagern* (1); **Schlä̱|ger|mütze,** die (ugs.): *Schirmmütze aus Stoff od. Leder;* **schlä̱|gern** ⟨sw. V.; hat⟩ (österr.): *Bäume fällen:* Drei Holzfäller ... schlägerten Samstag vormittag auf dem Hang über der Attersee-Bundesstraße (Express 7. 10. 68, 3); **Schla̱|ger|preis,** der: *ungewöhnlich günstiger Preis;* **Schla̱|ger|sänger,** der: *jmd., der [berufsmäßig] Schlager* (1) *singt;* **Schla̱|ger|sän|ge|rin,** die: w. Form zu ↑Schlagersänger; **Schla̱|gerspiel,** das (Sport Jargon): *Spiel zwischen zwei Mannschaften, das aus irgendeinem Grund bes. interessant ist, eine besondere Bedeutung hat;* **Schla̱|ger|star,** der: vgl. Schlagersänger, Schlagersängerin; **Schla̱|ger|text,** der: *Text eines Schlagers;* **Schla̱|ger|tex|ter,** der: *jmd., der Schlagertexte verfaßt;* **Schla̱|ger|tex|te|rin,** die: w. Form zu ↑Schlagertexter; **Schlä̱|ger|trupp,** der, **Schlä̱|ger|trup|pe,** die: vgl. Schlägerbande; **Schlä̱|ger|typ,** der: *Schläger* (1), *der in seinem Äußeren bereits eine gewisse Brutalität, Gewalttätigkeit erkennen läßt;* **Schlä̱|ge|rung,** die; -, -en (österr.): *das Schlägern;* **Schla̱|gerwett|be|werb,** der: vgl. Schlagerfestival; **Schla̱|ge|tot,** der; -s, -s (veraltet): *gefährlicher, äußerst brutaler Schläger* (1), *Raufbold;* **schlag|fer|tig** ⟨Adj.⟩: *Schlagfertigkeit besitzend, aufweisend; von Schlagfertigkeit zeugend:* ein -er Mensch; eine -e Antwort geben; er parierte s.; **Schlagfer|tig|keit,** die ⟨o. Pl.⟩: *Fähigkeit, schnell u. mit passenden, treffenden, witzigen Worten auf etw. zu reagieren:* seine S. hat ihm schon oft geholfen; er besitzt eine große S.; **schlag|fest** ⟨Adj.; -er, -este⟩ (Fachspr.): *widerstandsfähig gegen Schläge* (1 a): -e Kunststoffe; Die Außenhaut aus Polyethylen ist außerordentlich strapazierfähig und s. (ADAC-Motorwelt 4, 1981, 68); **Schlag|fe|stig|keit,** die (Fachspr.): *das Schlagfestsein;* **Schlag|fluß,** der (veraltet): *Schlaganfall;*

◆ **schlag|flüs|sig** ⟨Adj.⟩: *zum Schlaganfall neigend; apoplektisch* (b): Der starke, etwas -e Hauswirt saß am Ende des blankgescheuerten Tisches (Storm, Schimmelreiter 26); **Schlag|frau,** die: vgl. Schlagmann (1, 3); **Schlag|hand,** die (Boxen): *Hand, in der ein Boxer die größere Schlagkraft besitzt u. mit der er die entscheidenden Schläge ausführt;* **Schlag|holz,** das: *beim Schlagball verwendeter, sich zum Griff hin verjüngender Stock aus Holz, mit dem der Ball geschlagen wird;* **Schlag|ho|se,** die (Schneiderei, Mode): *Hose mit Schlag* (10); **Schlag|in|stru|ment,** das: *Musikinstrument, dessen Töne auf unterschiedliche Weise durch Anschlagen entstehen;* **Schlag|keu|le,** die: *Beim Baseball u. Kricket verwendeter, sich zum Griff hin verjüngender keulenähnlicher Stock [aus Holz], mit dem der Ball geschlagen wird;* **Schlag|kraft,** die ⟨o. Pl.⟩: **1. a)** *Kraft zum Schlagen, über die jmd. verfügt; Wucht eines Schlages:* er hat eine ungeheure S. in seinen Fäusten; **b)** *Kampfkraft, Kampfstärke:* die militärische S.; die S. der Truppe, Armee erhöhen. **2.** *Fähigkeit, eine starke, überzeugende, verblüffende Wirkung zu erzielen; Wirkungskraft, Wirksamkeit:* die S. eines Arguments; die politische S. der Führungsgremien (Fraenkel, Staat 280); Kernworte von überraschender S. (Carossa, Aufzeichnungen 165); **schlag|kräf|tig** ⟨Adj.⟩: **1. a)** *große Schlagkraft* (1 a) *besitzend, von Schlagkraft zeugend:* ein äußerst -er Boxer; **b)** *über große Schlagkraft* (1 b), *Kampfkraft verfügend, davon zeugend:* eine -e Armee; Sie gehen davon aus, daß die Linke um so -er ist (Stamokap 118); Ü Unser ... Bankinstitut verfügt über eine -e, effiziente EDV-Abteilung (Basler Zeitung 12. 5. 84, o. S.); Hansetrans sucht Unterstützung für ein -es, junges Team (Hamburger Abendblatt 5. 9. 84, 14). **2.** *Schlagkraft* (2), *Überzeugungskraft aufweisend; überzeugend:* -e Beispiele; Vicka ... hat -e, vom tiefen Glauben zeugende Antworten ... parat (Furche 6. 6. 84, 10); **Schlag|licht,** das ⟨Pl. -er⟩ (bes. Malerei, Fot.): *intensives Licht, Lichtstrahl, der* [*auf einem Bild*] *ein Objekt, einen Gegenstand hell, leuchtend aus der dunkleren Umgebung heraushebt:* vorüberfahrende Autos warfen ein -er in das unbeleuchtete Zimmer; Ü Unser info 10/84 mit zahlreichen interessanten Angeboten ist vor ein paar Tagen erschienen; ein paar -er: ... (tango 9, 1984, 81); *** ein S. auf jmdn., etw. werfen** *(jmdn., etw. sehr deutlich kennzeichnen, charakterisieren, in seiner Eigenart hervorheben):* dieser Plan wirft ein [besonderes, kennzeichnendes] S. auf ihn, auf seine Denkweise; **schlag|licht|ar|tig** ⟨Adj.⟩: *wie durch ein Schlaglicht beleuchtet, plötzlich sehr klar u. deutlich:* die -e Erhellung eines Problems; dieser Umstand ließ das Problem s. hervortreten; **Schlag|loch,** das: *Loch, aufgerissene Stelle in der Straßendecke:* die Straße war voller Schlaglöcher; Ü Wenn ... ein New Yorker Angst vor sich selber hat, stellt er Television an ..., läßt sich vorgefaßte Meinungen ... präsentieren, um seine inneren Schlaglöcher, seine innere Hohlheit ... zu übertönen (Eppendorfer, Ledermann 156); **Schlag|mann,** der ⟨Pl. ...männer⟩: **1.** (Rudern) *im Heck des Bootes sitzender Ruderer, der für alle Tempo u. Rhythmus der Schläge im Boot bestimmt.* **2.** (Baseball) *Batter.* **3.** (Faustball) *Vorderspieler mit besonderer Schlagkraft* (1 a); **Schlag|me|tall,** das: *sehr dünn ausgewalzte u. geschlagene Metallfolie;* **Schlag|obers,** das (österr.): *Schlagsahne:* Else deutet mit der Hand auf die Schüssel. „Nimm dir ruhig von dem S., aber insgesamt solltest du dich zurückhalten ..." (Frischmuth, Herrin 80); **Schlag|rahm,** der (landsch.): *Schlagsahne;* **schlag|reif** ⟨Adj.⟩: *geeignet, geschlagen, gefällt zu werden, schlagbar:* -e Bäume; **Schlag|reim,** der (Literaturw.): *Reim zwischen zwei unmittelbar aufeinanderfolgenden Wörtern od. Silben innerhalb derselben Zeile;* (z. B. Sonne, Wonne); **Schlag|ring,** der: *aus vier nebeneinander angeordneten u. miteinander verbundenen, häufig mit Spitzen u. Kanten versehenen, über die Finger zu streifenden metallenen Ringen bestehende Waffe zum Zuschlagen:* der Gebrauch von -en ist verboten; **Schlag|sah|ne,** die: **1.** *Sahne* (1), *die sich bes. zum Schlagen eignet:* einen Viertelliter S. kaufen. **2.** *schaumig geschlagene, gesüßte Sahne* (1): Kuchen, Eis mit S.; **Schlag|schat|ten,** der (bes. Malerei, Fot.): *scharf umrissener Schatten, den [auf einem Bild] eine Person, ein Gegenstand wirft:* Die schwarzen Schwestern Dietz standen am Fußende des Sarges, warfen ihren S. auf den Bahnsteig (Bieler, Bonifaz 102); **Schlagscheibe,** die: *dem Puck ähnliche Scheibe aus Hartgummi, die beim Hornußen verwendet wird;* **Schlag|sei|te,** die ⟨meist o. Art.⟩ (Seemannsspr.): *(von einem Schiff) starke seitliche Neigung:* das Schiff hatte starke, schwere S.; Ü Ob er uns die rechtsradikale S. *(Neigung, Hang zum Rechtsradikalismus)* abnehmen wird? (Wiener 11, 1983, 61); *[eine] S. haben (ugs. scherzh.; *betrunken sein u. deshalb nicht mehr geradegehen können, schwanken*): als er aus der Kneipe kam, hatte er ganz schön S., ja eine ganz schöne S.; **schlag|stark** ⟨Adj.⟩ (bes. Boxen): *schlagkräftig* (1 a); **Schlag|stock,** der: **a)** *kurzer, fester, meist aus Hartgummi bestehender Stock (bes. für den polizeilichen Einsatz);* **b)** (seltener) *Trommelstock;* **Schlag|uhr,** die: *Uhr, die durch Anschlagen die Zeit auch akustisch anzeigt;* **Schlag|ver|fah|ren,** das: *(der Feststellung der Schlagfestigkeit dienendes) Prüfverfahren, bei dem Werkstoffe od. Werkstücke einer Beanspruchung durch Schlagen ausgesetzt werden;* **Schlag|waf|fe,** die: *(vom Altertum bis ins 16./17. Jh. verwendete) Waffe, die dazu dient, einen Gegner im Kampf zu schlagen (z. B. Streitaxt, Morgenstern* 2); ♦ **Schlag|wärt|er,** der [eigtl. = Wärter eines Schlagbaums]: *Zöllner* (b): Er hielt ... mit den Pferden still und rief den S. (Kleist, Kohlhaas 3); **Schlag|werk,** das: *Mechanismus in einer Schlaguhr, durch den das Schlagen der Uhr ausgeführt wird;* **Schlag|wet|ter** ⟨Pl.⟩ (Bergbau): *schlagende Wetter* (↑²Wetter 3); **Schlag|wet|ter|ex|plo|si|on,** die

(Bergbau): *durch schlagende Wetter verursachte Explosion;* **Schlag|wort,** das ⟨Pl. ...wörter u. -e⟩ [urspr. = Stichwort für den Schauspieler]: **1.** ⟨Pl. -e, seltener auch: ...wörter⟩ **a)** *prägnanter, oft formelhafter, meist leichtverständlicher u. an Emotionen appellierender Ausspruch, der oft als Parole, als Mittel der Propaganda o. ä. eingesetzt wird:* die Schlagworte der Aufklärung, der Französischen Revolution; Slavitzki ... fand Gefallen an besonders kräftigen nationalsozialistischen Schlagwörtern (Hilsenrath, Nazi 39); Hinter dem bekannten S. „Brot und Spiele" muß man sich die spätrömischen Massen südländischer Unbeschäftigter versammelt denken (Gehlen, Zeitalter 67); **b)** (oft abwertend) *abgegriffener, oft ungenauer, verschwommener, bes. politischer Begriff, den jmd. meist unreflektiert gebraucht; abgegriffene Redensart, Gemeinplatz:* solche -e helfen niemandem; er hat immer ein paar -e zur Hand, häufig mit -en um sich. **2.** ⟨Pl. Schlagwörter⟩ (Buchw.) *einzelnes, meist im Titel eines Buches vorkommendes, kennzeichnendes, den Inhalt des Buches charakterisierendes Wort für Karteien, Kataloge o. ä.;* **Schlag|wort|ka|ta|log,** der (Buchw.): *alphabetischer Katalog von Bibliotheken, in dem die Bücher nicht nach den Namen der Verfasser, sondern nach Schlagwörtern aufgeführt sind;* **Schlag|zahl,** die (Rudern, Kanusport): *Anzahl der mit dem Ruder od. Paddel in einer Minute ausgeführten Schläge im Boot;* **Schlag|zei|le,** die (Zeitungsw.): *durch große Buchstaben hervorgehobene, bes. auffällige Überschrift eines Beitrags auf der ersten Seite einer Zeitung:* auffällige, reißerische -n; Die Zeitungen brachten große -n (Plievier, Stalingrad 232); wenn irgendein Überfall in ... in -n fällt (Rechy [Übers.], Nacht 151); er hat schon öfter -n geliefert, für -n gesorgt *(soviel Aufsehen erregt, daß viele Zeitungen mit Schlagzeilen darüber berichten);* in -n zu kommen, geraten *(so viel Aufsehen erregen, daß die Presse mit Schlagzeilen darüber berichtet);* Immerhin ... habe ich die Bundeswehr 1983 erfolgreich aus den -n herausgehalten *(erreicht, daß die Zeitungen nicht mit Schlagzeilen über die Bundeswehr berichteten);* Spiegel 2, 1984, 30); jmdn., etw. in die -n bringen *(bewirken, daß die Presse mit Schlagzeilen über etw., jmdn. berichtet);* *-n machen *(über die Presse in der Öffentlichkeit Aufsehen erregen):* die Nachricht machte -n; Der Fall machte -n, ein paar hunderttausend Zeitungsleser empörten sich (Ziegler, Kein Recht 186); **schlag|zei|len** ⟨sw. V.; hat⟩: *als Schlagzeile bringen:* Er küßte sie - e würgte ihn", schlagzeilt „Bild" am 9. März 1983 (Wochenpresse 15. 12. 83, 7); **schlag|zei|len|träch|tig** ⟨Adj.⟩: *Schlagzeilen in den Zeitungen erregen lassend, verursachend:* -e Meldungen; Um ein Haar ... wäre Jürgen Pahl das Opfer des -en Torwarttheaters bei der Eintracht gewesen (Kicker 82, 1981, 21); **Schlag|zeug,** das: *zusammengehörende, von einem einzigen Musiker gespielte Gruppe von Schlaginstrumenten (wie Trommel, Becken, Gong, Triangel u. a.) in

einem Orchester, einer Band:* S. spielen; das S. bedienen; der Mann am S. hat schon bei verschiedenen Bands gespielt; **Schlag|zeu|ger,** der; -s, -: *jmd., der [berufsmäßig] Schlagzeug spielt:* ein virtuoser S.; in einer Band als S. spielen; **Schlag|zeu|ge|rin,** die; -, -nen: w. Form zu ↑Schlagzeuger.

Schlaks, der; -es, -e [aus dem Niederd., zu niederd. slack = schlaff, schwach, vgl. schlack] (ugs. abwertend): *junger Bursche, der hoch aufgeschossen ist u. sich ungeschickt bewegt;* **schlak|sen** ⟨sw. V.; ist⟩ (ugs. abwertend): *sich schlaksig bewegen:* Gelangweilt schlackst er dem anderen Ausgang zu (Ossowski, Flatter 185); **schlak|sig** ⟨Adj.⟩ (ugs. abwertend): *hochaufgeschossen u. etw. ungeschickt:* ein -er Bursche; groß war er immer gewesen, manchmal hatte es s. gewirkt (Danella, Hotel 409); **Schlak|sig|keit,** die; - (ugs. abwertend): *das Schlaksigsein.*

Schla|mas|sel, der, auch (österr. nur): das; -s [jidd. schlamassel = Unglück, Pech, zu ↑schlimm u. jidd. massel ↑¹Massel] (ugs.): *schwierige, verfahrene Situation, in die man aus ärgerlichen Mißgeschicks gerät:* da haben wir den S.!; Wegen dem Pappelmann kommst du? ... Der hat uns doch den ganzen S. eingebrockt (Brot und Salz 183); [mitten] im dicksten, gröbsten, tiefsten S. stecken, sitzen; in einen großen S. hineingeraten; Es war unmöglich, heil aus diesem S. herauszukommen (Genet [Übers.], Totenfest 135); **Schla|ma|stik,** die; -, -en (landsch., bes. österr.): *Schlamassel:* Schmeißen Sie den Fremdling jetzt raus, oder er gerät mit in ihre S.! (Fallada, Herr 85).

Schlamm, der; -[e]s, -e u. Schlämme [mhd. (md.) slam = Kot, verw. mit dem unter ↑schlafen genannten Adj. u. wohl eigtl. = schlaffe, weiche Masse]: **a)** *feuchter, breiiger Schmutz; schmierige, aufgeweichte Erde:* arsenhaltige Schlämme; in den Rillen hatte sich S. festgesetzt; im S. steckenbleiben; die Schuhe vom S. reinigen; **b)** *weiche, schmierige Ablagerung aus Sand, Erde u. organischen Stoffen am Grund von Gewässern:* den S. aufwühlen; im S. waten; Da hatte der Anker Grund gefaßt und schlierte durch den S. (Schnabel, Marmor 86); **Schlamm|an|strich,** der (Bauw.): *aus Kalkmilch u. feinem Sand bestehender Anstrich für Mauerwerk;* **Schlamm|bad,** das: *Heilbad* (2) *in mineralischem Schlamm;* **schlamm|be|deckt** ⟨Adj.⟩: *mit Schlamm bedeckt;* **Schlammbei|ßer,** der: *Schmerle;* **Schlamm|brec|cie,** die (Geol.): *Fanglomerat;* **schlam|men** ⟨sw. V.; hat⟩: **a)** *Schlamm absetzen, bilden;* **b)** *trockene Erde unter Beifügung von Wasser zu Schlamm machen;* **schläm|men** ⟨sw. V.; hat⟩ [spätmhd. slemmen]: **1.** *(ein Gewässer) von Schlamm befreien u. reinigen, entschlammen:* der Teich muß geschlämmt werden. **2.** (Technik) *körnige od. bröckelige Substanzen in Wasser aufwirbeln u. sich absetzen lassen, so daß mit Hilfe von Sieben u. Filtern die einzelnen Korngrößen sortiert werden können.* **3.** (Bauw.) *einen Schlämmanstrich an einer Hauswand anbringen.* **4.** (Gärtnerei)

Schlammerde

einschlämmen; **Schlamm|er|de,** die: *nasse Heilerde;* **schlamm|far|ben** ⟨Adj.⟩: *schlammgrau:* eine ganz in -es Leder gekleidete ... Frau (Wohmann, Irrgast 43); **Schlamm|fie|ber,** das: *Feldfieber;* **schlamm|grau** ⟨Adj.⟩: *grau wie Schlamm;* **schlam|mig** ⟨Adj.⟩: **a)** *[viel] Schlamm enthaltend:* -es Wasser; **b)** *mit Schlamm beschmutzt, bedeckt:* ein -er Weg; die Schuhe sind ganz s.; **Schlamm|ka|sten,** der: *(bes. im Bergbau) Behälter zum Auffangen von Schlamm;* **Schlamm|kraut,** das: *zu den Rachenblütlern gehörende, bes. an Flußufern wachsende Pflanze mit kleinen, fleischfarbenen od. grünlichen Blüten;* **Schlämm|krei|de,** die: *durch Schlämmen gereinigte natürliche Kreide, die bes. für Anstriche u. als Polierstoff [in Zahnputzmitteln] verwendet wird;* **Schlamm|la|wi|ne,** die: *lawinenartig zu Tal stürzender Schlamm:* das ganze Dorf wurde von einer gewaltigen S. begraben; **Schlamm|packung**[1], die (Med.): *Packung (2) mit sehr warmem Heilschlamm, bes. zur Linderung rheumatischer Leiden;* **Schlamm|pfüt|ze,** die: *viel Schlamm enthaltende Pfütze;* **Schlamm|putz,** der (Bauw.): *dünn aufgetragener Putz, der den Untergrund noch erkennen läßt;* **Schlamm|re|gen,** der: *Niederschlag mit Beimengung fester Bestandteile, bes. Staub;* **Schlamm|schlacht,** die (Jargon): **1.** *Fußballspiel auf aufgeweichtem Spielfeld.* **2.** *Streit (bes. im Bereich der Politik), der unsachlich u. mit herabsetzenden Äußerungen o. ä. ausgetragen wird:* der ganze Wahlkampf droht eine einzige S. zu werden; Franz Xaver Kroetz ..., der sich unlängst wegen seines neuen Stücks ... einer S. mit Springers Boulevardpresse ausgeliefert sah (Spiegel 33, 1985, 168); **Schlamm|schleu|der,** die (landsch.): *Dreckschleuder* (1 a, b); **Schlamm|spru|del,** der: *Salse;* **Schlamm|tüm|pel,** der: vgl. Schlammpfütze; **Schlämm|ver|fu|gung,** die (Bauw.): vgl. Schlämmputz; **Schlamm|vul|kan,** der: *Salse.* **Schlamp,** der; -[e]s, -e [2: eigtl. = der schlaff herabhängende (Rock)] (landsch. abwertend): **1.** *Schlamper.* ◆ **2.** *(bes. im schwäb. Sprachgebrauch) Schleppe* (1): ... fallen auf die Knie, damit sie ja ihren S. ausbreiten können (Schiller, Räuber I, 2); **Schlam|pam|pe,** die; -, -n (landsch. abwertend): *Schlampe* (1); **schlam|pam|pen** ⟨sw. V.; hat⟩ [aus dem Niederd. < mniederd. slampampen] (landsch.): *schlemmen* (a); **Schlam|pe,** die; -, -n [zu ↑ schlampen] (ugs. abwertend): **1.** *unordentliche, in ihrem Äußeren nachlässige u. ungepflegte weibliche Person, schlampige Frau:* sie ist eine ausgesprochene S.; eine S. mit immer speckigem Büstenhalter und durchlöcherten Schlüpfern (Grass, Blechtrommel 360); mit einer S. verheiratet sein. **2.** *Frau, die ein liederliches Leben führt:* Die S., die hat es schon mit wer weiß wieviel Kerlen getrieben (Chotjewitz, Fried 39); **schlam|pen** ⟨sw. V.; hat⟩ [älter u. landsch. auch: *schmatzen, schlürfen, unmanierlich essen u. trinken,* spätmhd. slampen = schlaff herabhängen, verw. mit ↑schlafen] (ugs. abwertend): **1. a)** *ohne die geringste Sorgfalt, in grober Weise nachlässig u. unzuverlässig eine bestimmte Arbeit durchführen, arbeiten:* die Werkstatt hat bei der Reparatur geschlampt; auf dem Bau wird viel geschlampt; Die Wahlhelfer haben derart geschlampt, daß jetzt der Wahlausschuß ... die allerorten in der Presse verkündete Sitzverteilung korrigieren mußte (Stuttgarter Zeitung 7. 11. 89, 22); **b)** *unordentlich, schlampig* (b) *mit etw. umgehen:* wenn du nur endlich aufhören wolltest, mit all deinen Sachen so zu s. **2.** (landsch. abwertend) *lose [u. liederlich] am Körper herabhängen, um den Körper schlenkern:* die Hose schlampt [um seine Beine]; **Schlam|pen,** der; -s, - (landsch. abwertend): *Schlampe;* **Schlam|per,** der; -s, - (landsch. abwertend): *schlampige* (a) *männliche Person:* diesen S., der soff und der es ewig mit Weibern hatte (Plenzdorf, Leiden 21); **Schlam|pe|rei,** die; -, -en (ugs. abwertend): **a)** *schlampiges* (b) *Vorgehen, Verhalten; große Nachlässigkeit:* das ist eine unglaubliche, unerhörte S.!; man darf solche -en nicht dulden, einreißen lassen; jetzt ist aber Schluß mit der S.!; **b)** ⟨o. Pl.⟩ *Unordnung, Durcheinander:* in einer Einkaufstasche eine phantastische kleine S. aus Fenchel, Artischocken und Pflaumenkuchen (Andersch, Rote 82); **Schlam|perl,** das; -s, -[n] (österr. salopp): *Freundin:* komm auch hin, bring dein S. mit, servus! (Kraus, Tage I, 78); **schlam|pern** ⟨sw. V.; hat⟩ (landsch. abwertend): *nachlässig sein:* Jetzt schlampert Familie Pfeifer und legt nicht fristgerecht ... Einspruch ein (MM 1. 8. 88, 13); **schlam|pert** ⟨Adj.⟩ (österr. abwertend): *schlampig:* das seien nur die Hallodris, die -en, die würden wieder mal demonstrieren (Fühmann, Judenauto 19); **schlam|pig** ⟨Adj.⟩ (ugs. abwertend): **a)** *im Äußeren nachlässig u. ungepflegt, liederlich, unordentlich:* eine -e Frau; ein -er Bademantel; Dann geht sie auf ihren schönen Beinen, die in -en roten Pantoffeln stecken (Remarque, Obelisk 71); ihre Nachbarin ist, wirkt s.; sich s. anziehen; s. herumlaufen; **b)** *ohne die geringste Sorgfalt [ausgeführt]; in grober u. auffälliger Weise nachlässig; schluderig:* eine -e Arbeit, Organisation; s. arbeiten; s. mit etw. umgehen; Ein s. aufgebrachter Unterbodenschutz ist absolut wertlos (Gute Fahrt 3, 1974, 21); **Schlam|pig|keit,** die; -, -en: **1.** ⟨o. Pl.⟩ *schlampige* (a) *Art, das Schlampigsein:* ihre S. ging ihm auf die Nerven. **2.** *schlampige* (b) *Handlung, Arbeit.* **schlang;** [1,2] schlingen; **Schlan|ge,** die; -, -n [mhd. slange, ahd. slango, zu ↑ [1] schlingen, eigtl. = die Sich windende]: **1.** *(in zahlreichen Arten vorkommendes) Kriechtier mit langgestrecktem walzenförmigem Körper ohne Gliedmaßen, langer, vorne gespaltener Zunge, das sich in Windungen gleitend fortbewegt:* falsch, listig, klug wie eine S. sein; die S. schlängelt sich, windet sich durch das Gras, ringelt sich zusammen, züngelt, zischt; R da beißt sich die S. in den Schwanz (↑ Katze 1 a.); *** eine S. am Busen nähren (geh.; *jmdm., in dessen hinterlistigem, heimtückischem Wesen man sich täuscht, vertrauen u. Gutes erweisen;* nach einer Fabel des Äsop, in der ein Bauer eine Schlange unter seinem Hemd wärmt u. später von ihr gebissen wird); **sich winden wie eine S.** (↑ Aal). **2.** (abwertend) *weibliche Person, die als falsch, hinterlistig, heimtückisch gilt:* sie ist eine richtige S.; Ich starre sie an und traue meinen Ohren nicht. Ins Grüne spazieren – genau das war es, was Erna, die S., mir in vergifteten Worten vorgeworfen hat (Remarque, Obelisk 101). **3. a)** *lange Reihe von wartenden Menschen:* an der Kasse bildete sich schnell eine S.; um ein Päckchen loszuwerden, mußte man sich ... einer S. vor dem Postamt eingliedern (Bergengruen, Rittmeisterin 242); Ich warte mit den anderen Frauen in einer S. (Kinski, Erdbeermund 56); wie schwer es Pater Fabrizius fiel, sich in einer S. anzustellen (Erné, Kellerkneipe 78); *** **S. stehen** *(in einer langen Reihe anstehen):* vor dem Fahrkartenschalter S. stehen; Beim Wohnungsamt standen die Leute auch S. Lauter Frauen mit Kopftüchern (Kempowski, Uns 330); **b)** *Autoschlange:* eine kilometerlange S. hatte sich vor der Steigung gebildet. **4.** (Technik) *schlangenförmig gebogenes Rohr als Element einer Heiz- od. Kühlanlage;* **schlän|ge:** ↑ [1,2] schlingen; **Schlän|gel|chen,** das; -s, - (selten): Vkl. zu ↑ Schlange (1); **schlän|ge|lig, schlänglig** ⟨Adj.⟩ (selten): *wie eine Schlange* (1) *gewunden; in Form einer Schlangenlinie;* **Schlän|gel|li|nie,** die; -, -n: *geschlängelte Linie* (1 a); **schlän|geln,** sich ⟨sw. V.; hat⟩: **1. a)** *sich in Windungen gleitend fortbewegen:* die Ringelnatter schlängelt sich über den Sand; **b)** *in einer Schlangenlinie verlaufen, sich winden:* ein schmaler Pfad schlängelt sich bergaufwärts; Wismars städtischer Wasserlauf ist ein Kleinod. Auf etwa einem Kilometer Länge schlängelt er sich ... durch die alte Stadt (NNN 22. 9. 89, 3); eine geschlängelte *(in kleinen [gleichmäßigen] Windungen gezeichnete)* Linie. **2.** *sich irgendwo, wo kaum noch Raum ist, geschmeidig hindurchbewegen, in eine bestimmte Richtung bewegen:* sie schlängelte sich durch die Menge nach vorn; Ü Er ist sehr sorry und schlängelt sich aus der Affäre (Kinski, Erdbeermund 152); **schlan|gen|ar|tig** ⟨Adj.⟩: *in der Art einer Schlange* (1); **Schlan|gen|be|schwö|rer,** der: *(bes. in Indien) jmd., der durch Musik Schlangen zu tanzähnlichen, rhythmischen Bewegungen veranlaßt;* **Schlan|gen|be|schwö|re|rin,** die; w. Form zu ↑ Schlangenbeschwörer; **Schlan|gen|biß,** der: *Biß einer Schlange, bes. einer Giftschlange;* **Schlan|gen|brut,** die (geh. abwertend): *Natternbrut;* **Schlan|gen|ei,** das: **1.** *Ei einer Schlange.* **2.** *etw., was etw. Unheilvolles in sich birgt, woraus sich etw. Unheilvolles entwickelt;* **Schlan|gen|fän|ger,** der: *jmd., der [berufsmäßig] Schlangen fängt;* **Schlan|gen|fän|ge|rin,** die; w. Form zu ↑ Schlangenfänger; **Schlan|gen|farm,** die: *Einrichtung, in der Giftschlangen gehalten od. gezüchtet werden;* **Schlan|gen|fraß,** der ⟨o. Pl.⟩ (salopp abwertend): *Essen, das einem nicht schmeckt, schlecht zubereitet, kaum genießbar ist:* das war der reinste S.!; **Schlan|gen|gift,** das: *von den Drüsen der Giftschlangen abgesondertes Gift;* **schlan|gen|gleich** ⟨Adj.⟩: *wie eine*

Schlange; s. bewegte sie sich durch die Räume; **Schlan|gen|gru|be,** die (bildungsspr.): *Ort, Stelle, an der Gefahren lauern; Situation, die Gefahren in sich birgt;* **Schlan|gen|gur|ke,** die: *lange, schlanke Salatgurke;* **schlan|gen|haft** ⟨Adj.; -er, -este⟩: *wie eine Schlange, einer Schlange ähnlich;* **Schlan|gen|haut,** die: *Haut der Schlange;* **Schlan|gen|kak|tus,** der: *Kaktus mit langen, schlangenförmigen hängenden od. kriechenden Trieben;* **Schlan|gen|le|der,** das: *aus Schlangenhäuten hergestelltes Leder;* **Schlan|gen|li|nie,** die: *in zahlreichen [gleichmäßigen] Windungen verlaufende Linie:* eine S. am Rande einer Seite; er fährt in S.; **Schlan|gen|mensch,** der: *Akrobat, der über eine schlangenartige Gelenkigkeit verfügt;* **Schlan|gen|stern,** der: *(in sehr vielen Arten vorkommendes) Meerestier mit rundem, scheibenartigem Körper, von dem lange, schlangenhaft bewegliche Arme abzweigen;* **Schlan|gen|tanz,** der: **1.** *artistischer Tanz, bei dem die Tänzerin sich windende Schlange* (1) *hält.* **2.** *(bes. in Indien) Tanz, bei dem die Tänzerin mit Körper u. Armen die Bewegungen einer Schlange nachahmt;* **schläng|lig:** ↑schlängelig.

schlank ⟨Adj.⟩ [mhd. (md.) slanc = mager, mniederd. slank = biegsam, verw. mit ↑¹schlingen]: **1.** *wohlproportioniert groß u. zugleich schmal gewachsen, geformt:* eine -e Gestalt, Figur; ein -er junger Mann; ein Mädchen von -em Wuchs; -e Hände, Arme, Beine; wie hält sie eigentlich ihre -e Linie? (Hörzu 37, 1975, 80); das Kleid macht dich s. *(läßt dich schlank erscheinen);* man mußte sich s. machen *(weniger Platz einzunehmen versuchen),* um aneinander vorbeizukommen; R ⟨subst.:⟩ du bist mir gerade der Schlankste! (ugs. iron.; *du bist mir für den Richtige, bist mir vielleicht einer!);* Ü -e Pappeln, Stämme, Säulen, Türme; Elementwohnwand mit klarer, -er Silhouette (Basler Zeitung 27. 7. 84, 24); Die Hosenformen sind ebenfalls s. geschnitten (Herrenjournal 3, 1966, 36); Man sollte den Text „schlanker machen" *(kürzen;* Spiegel 39, 1974, 36); Stoltenberg will die Post -er machen *(die Mitarbeiterzahl reduzieren;* Südd. Zeitung 22. 10. 85, 4). **2.** (landsch.) *in der Bewegung nicht irgendwie behindert u. daher entsprechend schnell:* in -em Galopp, Trab; -en Schrittes; ein eiliger Zug fährt s. ... vorbei (Fallada, Blechnapf 177); Ü Dieses Laisserfaire stützte sich teils auf die -e *(nicht eigentlich begründete)* Annahme, daß ... (Spiegel 36, 1974, 50); **Schlan|kel,** Schlankl, der; -s, -[n] [zu bayr., österr. schlanken = schlenkern; schlendern] (österr. ugs.): *Schelm, Schlingel:* 100 000 Kronen per Waggon hast gemacht – ... du Schlankl! (Kraus, Tage II, 213); **schlan|ker|hand** ⟨Adv.⟩ (seltener): *ohne weiteres, ohne lange zu überlegen:* so s. werde hier überhaupt ja nicht abgereist (Th. Mann, Zauberberg 270); **Schlank|heit,** die; -: *das Schlanksein,* schlanke (1) *Beschaffenheit;* **Schlank|heits|kur,** die: *Kur zum Schlankwerden, zur Gewichtsabnahme;* **Schlankl:** ↑Schlankel; **Schlank|ma|cher,** der (Jargon): *Mittel, Medikament, das die Gewichtsabnahme erleichtern, fördern soll;* **schlank|weg** ⟨Adv.⟩ (ugs.): *ohne weiteres, ohne zu zögern:* etw. s. ablehnen, behaupten; jmdn. s. als einen Lügner bezeichnen; indes ich war s. (einfach) *dazu nicht imstande* (Broch, Versucher 281); Das ging s. *(geradezu)* aus allen Büchern hervor (Strittmatter, Wundertäter 193); **schlank|wüch|sig** ⟨Adj.⟩ (Fachspr.): *von schlankem Wuchs.*
◆ **schlan|te|rig** ⟨Adj.⟩ [eigtl. = schlotternd; kraftlos, zu niederd. slantern, slandern = schlottern; schlendern]: *(im nordd. Sprachgebrauch)* schlaksig: „Du bist noch so was s., Hauke!" sagte sie, „aber uns dienen zwei feste Augen besser als zwei feste Arme!" (Storm, Schimmelreiter 26).

Schlap|fen, der; -s, - (bayr., österr. ugs.): *Schlappen;* **schlapp** ⟨Adj.⟩ [mniederd., md. slap = schlaff; in niederd. Lautung ins Hochd. übernommen]: **1. a)** *vor Erschöpfung nicht recht bei Kräften, ohne Spannkraft u. Schwung:* nach der langen Wanderung waren wir, fühlten wir uns s.; Ü Schlappen Akkus ist zuweilen nicht mehr zu helfen (Gute Fahrt 2, 1974, 48); **b)** (ugs. abwertend) *ohne inneren Antrieb, ohne Energie, Schwung:* er ist ein -er Kerl; von einer -en und farblosen Politik der SPD-Opposition ist ... die parlamentarische Politik in Rheinland-Pfalz im Jahre 1984 geprägt gewesen (Allgemeine Zeitung 21. 12. 84, 5); zuwenig alte Sachen ... und zuviel -e Balladen von den letzten beiden LPs (Oxmox 6, 1983, 24); du bist s. mit ihm *(zu nachsichtig, milde ihm gegenüber)* gewesen (Fallada, Herr 208). **2.** *schlaff hängend; nicht straff:* -es Seil; -e Muskeln; ein violetter Pulli mit -em Schalkragen (Strauß, Niemand 7); Das dünne Transparentnylon der Werbefahnen hängt s. (Heim, Traumschiff 193); **Schläpp|chen,** das; -s, -: Vkl. zu ↑Schlappen; **Schlap|pe,** die; -, -n [eigtl. = Klaps, Ohrfeige, lautm.; schon früh zu ↑¹schlapp gestellt]: *Niederlage, die jmdn. vorübergehend zurückwirft, Mißerfolg, der jmds. Position zunächst schwächt:* bei den Wahlen eine schwere S. einstecken [müssen], erleiden; eine Debatte fügte der Regierung eine empfindliche S. zu; „Panorama", früher von durchschnittlich 30 Prozent aller Zuschauer gesehen, erlebte im Februar eine S. (Hörzu 12, 1976, 20); Die Sozialdemokraten haben ... in den Kantonen Waadt, Bern und Zürich schwere -n hinnehmen müssen (NZZ 1./2. 5. 83, 17); **schlap|pen** ⟨sw. V.⟩ [zu ↑schlapp] (ugs.): **1.** *schlaff herabhängen* ⟨hat⟩: die Pflanzen schlappen in der Hitze; vor den verlassenen Industriegrundstücken, an denen zerrissene Plakate im Winde schlappten *(sich schlappend hin und her bewegten;* Drewitz, Eingeschlossen 185); Hosen, die um seine Beine schlappten *(schlenkerten;* Erné, Kellerkneipe 225). **2.** *(von Tieren) mit der Zunge schlagend Flüssigkeit aufnehmen* ⟨hat⟩: der Hund ... schlappte etwas Wasser (Küpper, Simplicius 78). **3.** *(von Schuhen) zu weit sein, so daß bei jedem Schritt die Ferse aus dem Schuh herauskommt* ⟨hat⟩: die alten Schuhe schlappen. **4.** *langsam schlurfend, nachlässig gehen* ⟨ist⟩: nach Hause s.; ... schlappte (er) in Filzpantoffeln über das Linoleum (Bieler, Mädchenkrieg 298); **Schlap|pen,** der; -s, - [aus dem Niederd.] (ugs.): *weicher bequemer Hausschuh:* er hatte S. an den Füßen; Dann bin ich so in S. auf der Polizeiwache erschienen (Bottroper Protokolle 15); kleine Leute ..., teils schon in Nachtjacken, alle aber auf S. (Fallada, Herr 88); Ü der Stürmer hat den Ball voll, nicht richtig auf den S. (Sport Jargon; *auf den Fuß[ballschuh]*) bekommen; **schlap|pe|rig:** ↑schlabberig; **Schlap|per|milch,** die; - [zu ↑schlappern] (landsch.): *saure Milch;* **schlap|pern** ⟨sw. V.; hat⟩ (landsch.): **1.** ↑schlabbern. **2.** *schlottern;* **Schlapp|heit,** die; -: *das Schlappsein,* schlappe (1) *Art;* **Schlapp|hut,** der: *weicher Herrenhut mit breiter, schlaff hängender Krempe;* **schlap|pig** ⟨Adj.⟩ (landsch.): *nachlässig;* **schlapp|ma|chen** ⟨sw. V.; hat⟩ (ugs.): *infolge übermäßiger Anstrengung od. Beanspruchung am Ende seiner Kräfte sein u. nicht durchhalten:* viele machten bei der Hitze schlapp; Du wirst uns doch nicht s.? (H. Weber, Einzug 248); **Schlapp|ohr,** das: **1.** (ugs.) *(bei bestimmten Tieren)* herunterhängendes Ohr: ein Hund mit -en. **2.** (salopp abwertend) *Schlappschwanz;* **schlapp|rig:** ↑schlabberig; **Schlapp|sack,** der (salopp abwertend): *Schlappschwanz;* **Schlapp|schuh,** der (landsch.): **a)** *Hausschuh, Pantoffel;* **b)** (abwertend) *zu weiter Schuh;* **Schlapp|schwanz,** der (salopp abwertend): *willensschwacher, energieloser, weichlicher Mensch; Schwächling:* der Bürovorsteher ist ein S.; euch Schlappschwänzen wird kräftige Bewegung gar nichts schaden! (Kirst, 08/15, 766); sie ist mit einem S. verheiratet; **schlapp|schwän|zig** ⟨Adj.⟩ (salopp abwertend): *willensschwach, energielos, weichlich:* ein -er Befehlsempfänger; Wer das s. ist und weichmäulig, der fliegt selber ins KZ (Fallada, Jeder 39).

Schla|raf|fe, der; -n, -n [vgl. Schlaraffenland] (bildungsspr. veraltet): *auf Genuß bedachter Müßiggänger;* **Schla|raf|fen|land,** das; -[e]s [frühnhd. Schlauraffenland, zu spätmhd. slüraffe = Faulpelz, 1. Bestandteil mhd. slür = das Herumtreiben; träge od. leichtsinnige Person, verw. mit ↑schlummern]: *märchenhaftes Land der Schlemmer u. Faulenzer:* sie fühlten sich wie im S.; Ü Doch auch für Genossen ist das Saarbrücker Rathaus kein sozialistisches S. ohne Streß und Leistungsdruck (Spiegel 40, 1984, 52); **Schla|raf|fen|le|ben,** das; -s: *Leben wie im Schlaraffenland;* **schla|raf|fisch** ⟨Adj.⟩ (selten): *wie im Schlaraffenland:* s. graben sie (= die Käfer) sich ein (= ins Brot; Carossa, Aufzeichnungen 98).

schlau ⟨Adj.; -er, -[e]ste [aus dem Niederd., niederd. slü, eigtl. = schleichend, verw. mit ↑schlummern]: *die Fähigkeit besitzend, seine Absichten mit geeigneten Mitteln, die anderen verborgen sind od. auf die sie nicht kommen, zu erreichen; klug u. durchtrieben; auf Schläue hindeutend; Schläue erkennen lassend:* ein -es Aas; er ist ein -er Bursche, Fuchs, Hund; sich einen -en Plan ausdenken; die Schüler stellten -e Fragen; sich ein -es Leben ma-

Schlaube

chen (ugs.; *sich sein Leben möglichst bequem einrichten*); sich s. [bei etw.] vorkommen; s. lächeln; Er taktierte s. Anfangs schilderte er seine finanziellen Verbindlichkeiten, dann erkundigte er sich nach einem billigen Kredit der Bauernbank (Bieler, Bär 318); sich, jmdn. s. machen (ugs.; *sich, jmdn. [über eine bestimmte Sache] informieren*); * *aus etw. nicht s. werden* (↑klug b); *aus jmdm. nicht s. werden* (↑klug b).

Schlau|be, die; -, -n [niederd. slū(w)e, mniederd. slū, wohl verw. mit ↑schlüpfen] (landsch.): *Schale von Kern-, Hülsenfrüchten:* die -n der Erbsen; Die Stachelbeeren ... waren unreif ... Er futterte und spuckte -n (Grass, Katz 165); **schlau|ben** ⟨sw. V.; hat⟩ (landsch.): *enthülsen.*

Schlau|ber|ger, der; -s, - [vgl. Drückeberger] (ugs., oft scherzh.): *jmd., der schlau (a), pfiffig ist:* Da haben Sie schön in die Kacke gegriffen, Gerstein, alter S., – ich durchschaue Sie spätestens seit unserer Fahrt nach Tübingen (Hochhuth, Stellvertreter 221).

Schlauch, der; -[e]s, Schläuche [mhd. slūch = abgestreifte Schlangenhaut, Röhre, Schlauch, eigtl. = Schlupfhülse, -hülle, verw. mit ↑schlüpfen]: **1. a)** *biegsame Röhre aus Gummi od. Kunststoff, durch die Flüssigkeiten od. Gase geleitet werden:* der S. am Wasserhahn, Gashahn ist undicht; einen S. aufrollen, ausrollen, an eine Leitung anschließen; Ein kleiner Junge bespritzte die anderen mit einem S. (Simmel, Affäre 37); Ü das Kleid ist ein richtiger S. (ugs.; *ist sehr eng*); * *ein S. sein* (ugs.; *eine große, langanhaltende Anstrengung für jmdn. sein*); **auf dem S. stehen** (salopp; *etw. nicht sofort verstehen, durchschauen; begriffsstutzig sein*); **b)** *durch ein Ventil mit Luft gefüllter, ringförmiger Gummischlauch bei Auto- od. Fahrradreifen:* der S. vom Vorderrad ist geplatzt; den S. aufpumpen, flicken; **c)** *(früher) sackartiger lederner Behälter für Flüssigkeiten:* ein S. voll Wein; er säuft wie ein S. (salopp; *trinkt viel Alkohol*). **2.** (ugs.) *langer, schmaler Raum o. ä.:* Sein Zimmer damals war wirklich sehr ähnlich gewesen wie dieses, auch nur ein schmaler S. (Nossack, Begegnung 367); Das alte Café Greco ... ein langer S. mit Lederbänken und mit hohen Wänden (Koeppen, Rußland 190). **3.** (Schülerspr. landsch.) *Pons;* **schlauch|ar|tig** ⟨Adj.⟩: *einem Schlauch (1 a) ähnlich, in der Art eines Schlauches (1 a);* **Schlauch|blatt**, das (Bot.): *trichter-, kannen-, flaschen- od. schlauchförmiges Blatt mit nach innen verlagerter Oberseite;* **Schlauch|boot**, das: *aufblasbares Boot aus Gummi od. Kunststoff;* **schlau|chen** ⟨sw. V.; hat⟩ [aus der Soldatenspr., eigtl. = weich machen wie einen Schlauch]: **1.** (ugs.) **a)** *scharf herannehmen:* die Rekruten s.; Er sah in seinen Zöglingen Untergebene ..., die man, um sie zu „lebenstüchtigen" ... Menschen formen zu können, erst einmal richtig s. mußte (Ziegler, Konsequenz 202); **b)** *bis zur Erschöpfung anstrengen:* die Arbeit, das Training hat uns ganz schön geschlaucht; Manchmal geben wir am Nachmittag und Abend je eine Vorstellung. Das schlaucht (BM 27. 4. 1976, 17); Politik ist ... ein schlauchendes Geschäft (Spiegel 20, 1988, 26). **2.** (landsch.) *auf jmds. Kosten gut leben:* bilde dir nicht ein, daß du nun den ganzen Tag bei mir s. kannst (Nachbar, Mond 21). **3.** (Fachspr.) *eine Flüssigkeit durch einen Schlauch (1 a) in ein Faß leiten.* **4.** (salopp veraltend) *viel Alkohol trinken:* gestern haben wir anständig einen geschlaucht; **Schlauch|fil|ter**, der, Fachspr. meist: das (Technik): *schlauchartig geformter Filter zur Entstaubung von Gasen;* **schlauch|för|mig** ⟨Adj.⟩: *in seiner Form einem Schlauch (1 a) ähnlich;* **Schlauch|kragen**, der: *schlauchförmiger, weich mit den Hals drapierter Kragen an Kleidern u. Blusen;* **schlauch|los** ⟨Adj.⟩: *ohne Schlauch (1 b):* -e Reifen; **Schlauch|pilz**, der: *(in zahlreichen Arten vorkommender) Pilz mit Sporenbildung im Innern von kleinen schlauch- od. keulenförmigen Behältern;* **Schlauch|rei|fen**, der: *mit einem Schlauch (1 b) versehener Reifen;* **Schlauch|rol|le**, die: *Gerät zum Aufrollen eines Wasserschlauches;* **Schlauch|ventil**, das: *Ventil eines Schlauchreifens;* **Schlauch|wa|gen**, der: *Wagen mit Schlauchrolle;* **Schlauch|wurm**, der: *Wurm mit einem meist ungegliederten und langgestreckten, größtenteils od. vollständig von einer Kutikula bedeckten Körper.*

Schlau|der, die; -, -n [ältere Nebenf. von ↑Schleuder] (Bauw.): *eisernes Verbindungsstück zum Halten, Verankern von Bauteilen o. ä.;* **schlau|dern** ⟨sw. V.; hat⟩ (Bauw.): *durch Schlaudern befestigen.*

Schläue, die; -: *das Schlausein:* seine S. half ihm hier nicht weiter; seine Züge verrieten S.; **schlau|er|wei|se** ⟨Adv.⟩: * *aus Schläue:* s. hat er ihr davon nichts gesagt.

Schlau|fe, die; -, -n [ältere Form von ↑Schleife]: **a)** *an etw. befestigtes ringförmiges o. ä. Band aus Leder, Kunststoff o. ä. als Griff zum Festhalten od. Tragen:* die S. an einem Skistock; Die Schnur am Paket mit einer S. versehen; Da habe ich in der Jockeireiterei gemacht, und zwar dieses Runterhängen vom Pferd, und da ist die S. gerissen, wo ich mit'm Fuß drin hing (Kirsch, Pantherfrau 18); **b)** *schmaler Stoffstreifen, gedrehte Schnur o. ä. an Kleidungsstücken zum Durchziehen des Gürtels, eines Bandes od. für einen Knopfverschluß:* Er hakte seinen Gürtel auf, zog ihn aus den -n der Hose (Genet [Übers.], Totenfest 78).

Schlau|fuchs, der, (ugs.): *Schlauberger:* Detektive und Schlaufüchse haben das Rätsel ... schon gelöst (Hamburger Abendblatt 24. 8. 85, 72).

Schlauf|zü|gel, der [zu ↑Schlaufe] (Reiten): *bei Pferden, die ständig gegen den Zügel gehen, verwendeter) langer Riemen, der vom Sattelgurt durch den Trensenring in die Hand des Reiters führt.*

Schlau|heit, die; -: *Schläue;* **Schlau|kopf**, der (ugs.): *Schlauberger;* **Schlau|mei|er**, der [vgl. Kraftmeier] (ugs.): *Schlauberger.*

Schla|wi|ner, der; -s, - [wohl urspr. österr., geb. aus dem Namen Slowene (Slawonier); die slowenischen Hausierer galten als besonders gerissene Geschäftemacher] (salopp abwertend): *schlauer, pfiffiger, durchtriebener Mensch:* ihr Mann ist ein S.; Sagt mir doch so ein S. im Verhör, er hat nicht desertieren wollen (Hacks, Stücke 232).

schlęcht ⟨Adj.; -er, -este⟩ [mhd., ahd. sleht, urspr. = glatt; eben, zu ↑schleichen in der Bed. „leise gleitend gehen"; Bedeutungswandel über die spätmhd. Bed. „einfach, schlicht"]: **1.** *von geringer Qualität, viele Mängel aufweisend, minderwertig:* -e Ware; -es Essen; ein -er Wein; ein -er Stoff; -e (*stickige, verbrauchte*) Luft; ein -er Film, Roman; der Garten befindet sich in einem -en Zustand; eine -e Leistung; -e Arbeit leisten; eine -e Haltung, Aussprache haben; ein -es/s. Englisch sprechen; die Milch ist s. geworden (*ist verdorben*); der Plan, der Gedanke ist gar nicht s. (*recht gut*); als sich dann meine Eltern scheiden ließen, wurde ich ganz s. im Unterricht (Hornschuh, Ich bin 4); Ich hatte viel zu tun, um ... wieder gutzumachen, was sie s. gemacht hatten (Niekisch, Leben 305); s. arbeiten; er hat seine Aufgabe s. erledigt. **2.** *schwach, unzulänglich, (nach Menge, Stärke, Umfang) nicht ausreichend:* ein -es Gehalt; er ist ein -er Esser; eine -e Ernte; -e Ergebnisse erzielen; die deutsche Wirtschaft hatte ein -es (*nicht ertragreiches*) Jahr; ein -es Gedächtnis haben; seine Augen sind s., werden immer -er; die Arbeit wird s. bezahlt; die Vorstellung war s. besucht; das Zimmer ist s. geheizt; Er ließ den Wagen in ein Gewirr von s. oder gar nicht erleuchteten Straßen zum Hafen hinabrollen (Simmel, Stoff 615); s. hören, sehen; s. geschlafen haben; die Geschäfte gehen s.; der Kamin zieht s.; s. (*schwer, langsam*) lernen; die Wunde heilt s.; * *nicht s.* (ugs.; *sehr*): sie staunte nicht s., als sie das hörte. **3. a)** *ungünstig, nachteilig für etw., nicht glücklich, schlimm:* -e Zeiten; das ist ein -es Zeichen; das wäre ein -er Tausch!; -es Wetter; -er Laune sein; die Schule hat einen -en Ruf; Ob sich die Anni vorstellen könne, welch -es Renommee das für die Kinderanstalt bedeute (Kühn, Zeit 239); Sie sind momentan in einer etwas -en Verfassung (Hörzu 48, 1974, 12); einen -en Eindruck machen; sie hat einen -en Umgang; der Schauspieler hat eine -e Presse (*wird nicht gut beurteilt*); sich s. (*nicht den Umgangsformen entsprechend*) benehmen; s. (*elend, krank*) aussehen; -e Manieren haben; eine Erfrischung wäre jetzt nicht s.!; mit jmdm., um jmdn. steht es s. (*sein Gesundheitszustand od. seine wirtschaftliche Lage ist besorgniserregend*); im Heim hat er es sehr s. gehabt; wir sind s. dabei weggekommen (*haben weniger erhalten, als wir uns vorgestellt hatten*); das Essen ist mir s. bekommen; etwas s. vertragen; bei der Prüfung hat er s. abgeschnitten; s. über jmdn. reden; s. aufgelegt sein; heute geht es s., paßt es mir s.; es trifft sich s., daß ...; **b)** *unangenehm:* ein -er Geruch; -e Angewohnheit, Eigenschaft von ihm; der Abt ... befeuchtete ihre Lippen und Zungen mit einem schwarzen, bitteren Trank, der s. schmeckte (Jacob, Kaffee 13). **4.** *charakterlich, moralisch nicht einwandfrei, böse:* -e Menschen; ein -er Charakter; in -e Gesellschaft geraten; -e (*unan-*

ständige, zweideutige) Witze erzählen; mit -em Gewissen; ⟨subst.:⟩ sie hat nichts Schlechtes getan. **5.** *körperlich unwohl, übel:* mir ist ganz s.; auf der Fahrt ist vielen s. geworden. **6.** *schwerlich, kaum:* das kann man ihr doch s. sagen!; ich kann hier s. weggehen; etw. s. ablehnen können; Es steckt auch im Puritanismus viel Enges, um nicht zu sagen Muffiges, das sich s. mit des Apostels Wort zusammenreimt: „Unser Herz ist weit" (Nigg, Wiederkehr 46); ... konnte es s. *(unmöglich)* nur ein Zufall gewesen sein, daß ... (Schnurre, Bart 47). **7.** (veraltet) *schlicht, einfach:* Ketura war zwar ein s. kanaanitisch Weib (Th. Mann, Joseph 437); * **s. und recht** *(so gut es geht):* sie hat sich s. und recht durchs Leben geschlagen; s. und recht beraten; **mehr s. als recht** *(auf Grund der Gegebenheiten, Voraussetzungen [leider] nicht besonders gut):* er spielt mehr s. als recht Klavier; ◆ diese hier und dieser weise Bischof, die glauben, daß der Herr des Himmel sich durch eine -e Magd verkünden werde (Schiller, Jungfrau IV, 11); **schlẹcht|be|leuch|tet** ⟨Adj.; schlechter beleuchtet, am schlechtesten beleuchtet⟩: *mit einer schlechten Beleuchtung versehen:* -e Vorstadtstraßen; **schlẹcht|be|ra|ten**[1] ⟨Adj.; schlechter beraten, am schlechtesten beraten⟩: *mit schlechten, unzulänglichen Ratschlägen versehen;* **schlẹcht|be|zahlt**[1] ⟨Adj.; schlechter bezahlt, am schlechtesten bezahlt⟩: **a)** *mit schlechter Bezahlung verbunden:* ein -er Job; **b)** *eine schlechte Bezahlung erhaltend:* -e Arbeiter; **schlẹchter|dings** ⟨Adv.⟩ [aus älterem: schlechter Dinge] (veraltend): *geradezu, überhaupt, einfach:* das ist s. unmöglich; es gefiel ihm s. alles; daß ich alles heiraten könnte, was ich wollte, s. jede Frau (Frisch, Stiller 386); **Schlẹcht|er|stel|lung,** die: *Besserstellung;* **schlẹcht|ge|hen** ⟨unr. Verb; ist⟩: **a)** *in einem schlechten Gesundheitszustand sein:* lange ist es ihr schlechtgegangen; **b)** *sich [wirtschaftlich] in einer üblen Lage befinden:* nach dem Krieg ist es allen schlechtgegangen; **schlẹcht|ge|launt**[1] ⟨Adj.; schlechter gelaunt, am schlechtesten gelaunt⟩: er schimpfte s. vor sich hin; **schlẹcht|hin** ⟨Adv.⟩: **1.** ⟨einem Subst. nachgestellt⟩ *in reinster Ausprägung, an sich, als solche[r]:* er war der Romantiker s. **2. a)** *geradezu, ganz einfach:* sie sagte s. die Wahrheit; **b)** ⟨vor einem Adj.⟩ *absolut, ganz u. gar, geradezu:* das ist s. unmöglich; **schlẹcht|hin|nig** ⟨Adj.⟩ (Papierdt.): *absolut, völlig:* eine -e Unmöglichkeit; **Schlẹch|tig|keit,** die; -, -en [älter = Geringheit, spätmhd. slehtecheit = Glattheit; Aufrichtigkeit]: **1.** ⟨o. Pl.⟩ *das Schlechtsein, schlechte Eigenschaft, Beschaffenheit:* die S. der Welt; aus purer S. Böses tun. **2.** *schlechte, böse Tat:* für seine -en büßen; **schlẹcht|ma|chen** ⟨sw. V.; hat⟩ (ugs.): *Nachteiliges über jmdn., etw. sagen; herabsetzen, verächtlich machen:* er versuchte, die Kollegen beim Chef schlechtzumachen; das alles muß sie s.!; ◆ **Schlẹcht|nis,** die; - [von Goethe gebildet]: *das Schlechte, Böse; Schlechtigkeit:* ... daß gemeinen Tages S. weder mich noch berühre, die

Prophetenwort und Samen schätzen, wie es sich gebühret (Goethe, Diwan [Buch Hafis]); **schlẹcht|sit|zend** ⟨Adj.⟩: *eine schlechte Paßform aufweisend:* ein -es Kleid; **schlẹcht|weg** ⟨Adv.⟩ [mhd. slehtis weg, zu: slehtes = gerade[aus], einfach]: *geradezu, einfach, schlechthin* (2): das ist s. falsch; **Schlẹcht|wet|ter,** das ⟨o. Pl.⟩: *schlechtes, ungünstiges Wetter;* **Schlẹchtwet|ter|flug,** der (Flugw.): *Flug eines Luftfahrzeugs bei ungünstigen Wetterverhältnissen;* **Schlẹcht|wet|ter|front,** die (Met.): *schlechtes Wetter verursachende Front* (4); **Schlẹcht|wet|ter|geld,** das: *an Bauarbeiter bei witterungsbedingtem Arbeitsausfall im Winter zu zahlende Unterstützung;* **Schlẹcht|wet|ter|pe|ri|ode,** die (Met.): *Periode schlechten Wetters;* **Schlẹcht|wet|ter|wol|ke,** die (Met.): *Wolke, die Regen bringt.*

Schlẹck, der; -s, -e (südd., schweiz.): *Leckerbissen;* **schlẹcken**[1] ⟨sw. V.; hat⟩ [spätmhd. slecken = naschen, verw. mit ↑[1]lecken]: **1.** (bes. südd.) **a)** *lecken, leckend verzehren:* die Katze schleckt die Milch; Eis s.; Hesse umschlang gleich ... begehrlich die Flasche und soff und schleckte und wollte gar nicht mehr aufhören (Marchwitza, Kumiaks 229); Ü Er hatte ein wenig Macht geschleckt mit seiner Zunge (Seghers, Transit 217); **b)** *an etw. lecken:* Wir schleckten an unserem Eis (Salomon, Boche 67). **2.** (bes. nordd.) *naschen, Süßigkeiten essen:* kandierte Früchte, Schokolade s.; sie schleckt gern; **Schlẹcker**[1], der; -s, - (ugs.): *Schleckermaul;* **Schlẹcke|rei**[1], die; -, -en (bes. südd., österr.): *Süßigkeit, Leckerei;* **schlẹcker|haft**[1] ⟨Adj.; -er, -este⟩ (landsch.): *naschhaft;* **Schlẹcker|maul**[1], das (ugs. scherzh.): *jmd., der gern nascht;* **schlẹckern** ⟨sw. V.; hat⟩ (landsch.): **1. a)** *schlecken* (1): Milch s.; Wir saßen zu dritt am Fenster, schleckerten das Saure und zählten die Risse in der Wand (Bieler, Bonifaz 112); **b)** *schlecken* (2): Süßigkeiten s.; sie saßen am Bett der jungen Mutter, schlürften starken Bohnenkaffee, schleckerten Schokoladenrollen (Bredel, Väter 42). **2.** ⟨unpers.⟩ *nach etw. gelüsten, auf etw. Appetit haben:* mich schleckert nach einem Stück Sahnetorte; **schlẹkkig**[1] ⟨Adj.⟩ (landsch.): *schnäkig;* **Schlẹck|maul,** das (schweiz.): ↑ Schleckermaul; **Schlẹck|werk,** das ⟨o. Pl.⟩ (landsch.): *Süßigkeiten.*

Schlẹ|gel, der; -s, - [mhd. slegel, ahd. slegil, zu ↑schlagen; 2: nach der Form]: **1. a)** (Handw.) *Werkzeug zum Schlagen, [Holz]hammer mit breiter od. abgerundeter Fläche;* **b)** (Musik) *meist paarweise verwendeter Holzstab mit abgerundetem Ende od. einem Kopf aus weichem, elastischem Material zum Anschlagen von Schlaginstrumenten.* **2.** (südd., österr.) *[Hinter]keule von Schlachttieren, Geflügel, Wild;* **schlẹ|geln** ⟨sw. V.; hat⟩ (landsch.): *mit dem Schlegel* (1 a) *schlagen, klopfen, stampfen.*

Schlẹh|dorn, der; -[e]s, -e: *(zu den Rosengewächsen gehörende) stark verzweigte, sehr dornige als Strauch wachsende Pflanze mit kleinen weißen, schon im Vorfrühling erscheinenden Blüten u. kugeligen, dunkelblauen, sauren Steinfrüchten;* *Schwarzdorn;* **Schlẹ|he,** die; -, -n [mhd. slēhe, ahd. slēha, slēwa, eigtl. = die Bläuliche]: **1.** Schlehdorn. **2.** *Frucht des Schlehdorns;* **Schlẹ|hen|blü|te,** die: *Blüte des Schlehdorns;* **Schlẹ|hen|li|kör,** der: *mit Schlehen* (2) *hergestellter Likör;* **Schlẹ|hen|schnaps,** der; vgl. Schlehenlikör; **Schlẹ|hen|spin|ner,** der: *rostbrauner, nicht flugfähiger Nachtschmetterling, dessen Raupe an Laub- und Nadelbäumen Schaden anrichten kann; Aprikosenspinner.*

Schlei, der; -[e]s, -e: ↑ Schleie.
Schlei|che, die; -, -n [gek. aus ↑ Blindschleiche]: **1.** *Echse mit schlangenförmigem Körper, langem Schwanz, den abgeworfen werden kann, meist verkümmerten Gliedmaßen u. beweglichen Augenlidern.* **2.** (ugs. abwertend) **a)** *Schleicher;* **b)** *sich langsam bewegender Mensch od. langsames Fahrzeug:* kannst du die S. da vorn nicht endlich überholen?; **schlei|chen** ⟨st. V.; hat/vgl. schleichend/ [mhd. slīchen, eigtl. = gleiten]: **a)** *sich leise, vorsichtig u. langsam, heimlich [zu einem Ziel] bewegen* ⟨ist⟩: auf leisen Sohlen s.; die Katze schleicht; es ist nachts ums Haus geschlichen; ein Dieb schleicht durch den Garten; auf Zehenspitzen schlich sie sich ins Zimmer; Ich stehe auf und schleiche mich ans Fenster (Hartlaub, Muriel 43); mit schlechtem Gewissen kommen sie geschlichen; Manchmal knackt es auf der Stiege ..., als schliche jemand mit weichen Sohlen durch hin (Nachbar, Mond 289); Ü Die schleichende Krise innerhalb des Ostblocks zeigt, ... (Dönhoff, Ära 198); **b)** ⟨s. + sich⟩ *sich heimlich u. leise nähern od. entfernen* ⟨hat⟩: sie hat sich aus dem Haus geschlichen; Ü Ist der Bundesrat ... nun im Begriff, sich aus seiner verfassungspolitischen Führungsverantwortung zu *(sich dieser unbemerkt allmählich zu entziehen)*? (NZZ 27. 8. 83, 28); * **schleich dich!** (bes. südd.: *geh weg!, verschwinde!*); **c)** *[vor Müdigkeit, Erschöpfung] ganz langsam vorankommen* ⟨ist⟩: er schleicht wie eine Schnecke; müde schlichen sie nach Hause; ... stundenlang Kolonne zu s., dreißig Meter Abstand stur Vordermann (H. Kolb, Wilzenbach 144); Nicht zur Arbeit geschlichen (salopp; *gegangen*), weil's mir stank (Degener, Heimsuchung 50); **schlei|chend** ⟨Adj.⟩: *allmählich, fast unbemerkt beginnend u. sich ausbreitend u. verstärkend:* eine -e Krankheit; -e Inflation; Klagegesänge ... über die Sozialisten ..., die Österreich durch ... eine -e Form des Kommunismus ... ruinierten (Gregor-Dellin, Traumbuch 158); **Schlei|cher,** der; -s, - [mhd. slīchære] (abwertend): *heuchlerischer Mensch, der überall im Hintergrund unauffällig, leisetreterisch dabei ist, sich anbiedert u. seine Vorteile sucht;* **Schlei|che|rei,** die; -, -en (abwertend): *schleicherisches Verhalten;* **Schlei|che|rin,** die; -, -nen (abwertend): w. Form zu ↑ Schleicher; **schlei|che|risch** ⟨Adj.⟩ (abwertend): *kriecherisch u. auf Umwegen seine Vorteile suchend:* -e Unterwürfigkeit; **Schleich|han|del,** der: *heimlicher, unter Umgehung von Bestimmungen, vorgeschriebenen Handelswegen,*

Schleichhändler

Beschränkungen u. ä. durchgeführter Handel; **Schleich|händ|ler**, der: *jmd., der Schleichhandel betreibt;* **Schleichhänd|le|rin**, die: w. Form zu ↑Schleichhändler; **Schleich|kat|ze**, die: *(in mehreren Arten bes. in Afrika, Asien vorkommendes) ziemlich kleines, kurzbeiniges Raubtier mit spitzer Schnauze u. langem Schwanz (z. B. Ichneumon, Manguste, Mungo);* **Schleich|pfad**, der: vgl. Schleichweg; **Schleich|tem|po**, das: *Kriechtempo;* **Schleich|weg**, der: *verborgener, nur wenigen bekannter Weg;* **Schleich|wer|bung**, die: *(bes. in Presse, Rundfunk, Fernsehen) innerhalb eines nicht der Werbung dienenden Beitrags erfolgende Zurschaustellung, Nennung, Anpreisung eines Produktes, Firmennamens o. ä.*

Schleie, die; -, -n [mhd. slīge, slīhe, ahd. slīo, eigtl. = die Schleimige]: *Karpfenfisch mit schleimiger Haut u. sehr kleinen Schuppen, dunkelgrünem bis grünlichbraunem Rücken u. zwei kurzen Barteln.*

Schlei|er, der; -s, - [mhd. sleier, sloi(g)er, H. u.]: **1.** *[Kopf od. Gesicht verhüllendes] feines, meist durchsichtiges Gewebe:* Kranz u. S.; den S. anstecken, herunterlassen, hochnehmen, vor das Gesicht schlagen; die Braut trägt einen langen S.; Hortense de Chamant stand plötzlich auf und nahm ihren S. ab (Langgässer, Siegel 460); ein Hut mit S.; sie blickte wie durch einen S. *(konnte nicht klar sehen);* Ü Nur zufällig ... trafen sich ihre Blicke und zerrissen die S. des feinen Desinteresses, der zivilen Bemerkensscheu, die zwei fremde Menschen umgibt (Strauß, Niemand 38); * **den S. nehmen** (geh.; *Nonne werden;* der Schleier ist ein Teil der Nonnentracht): Ihre Schwester, wegen der Zusammenarbeit mit den deutschen Besatzern im Ersten Weltkrieg verhaßt, hatte den S. genommen (Spiegel 29, 1985, 148); **den S. [des Geheimnisses] lüften** (geh.; *ein Geheimnis enthüllen*); **den S. des Vergessens/der Vergessenheit über etw. breiten** (geh.; *etw. Unangenehmes verzeihen u. vergessen sein lassen*). **2. a)** *Dunst-, Nebelschleier:* ein dichter S. ist über die Landschaft gebreitet; das Licht lag hinter dem wohlriechenden S. aus Rauch (A. Zweig, Claudia 22); **b)** (Fot.) *gleichmäßige, nicht von der Aufnahme herrührende Trübung im Negativ:* der Film hat einen S.; **c)** (Bot.) *mit Hutrand u. Stiel verbundenes, umhüllendes Häutchen bei einigen jungen Pilzen, das später als kleiner Rest am Stiel zurückbleibt;* **d)** (Zool.) *bei bestimmten Vögeln Kranz von kurzen Federn um die Augen herum;* **Schlei|er|eu|le**, die: *bräunliche, an der Bauchseite bräunlichgelbe bis weiße Eule mit ausgeprägtem Schleier (2 d) u. befiederten Läufen;* **Schlei|er|fisch**, der: *Schleierschwanz;* **Schlei|er|ge|wand**, das: *Gewand aus Schleierstoff;* **schlei|er|haft** ⟨Adj.; -er, -este⟩: *in der Verbindung* **jmdm. s. sein, bleiben** (ugs.; *jmdm. unerklärlich, ein Rätsel sein, bleiben*): wie er das fertiggebracht hat, ist mir s.; **schleierig** ⟨Adj.⟩: *wie ein Schleier (1) [wirkend]:* Das Wasser wurde sichtbar, silbergrau, in lange, -e Linien gegliedert (Andersch, Rote 137); **Schlei|er|kraut**, das: *(in vielen Arten vorkommende) hochwachsende Pflanze mit kleinen graugrünen Blättern u. zahlreichen, sehr kleinen weißen od. rosa Blüten in zusammengesetzten Rispen;* **schlei|er|los** ⟨Adj.⟩: *ohne Schleier* (1); **Schlei|er|schwanz**, der: *Goldfisch von gedrungener Form mit bes. langen, zart u. durchsichtig wie ein Schleier wirkenden Schwanzflossen;* **Schlei|er|stoff**, der: *Stoff, aus dem Schleier (1) gefertigt werden;* **Schlei|er|tanz**, der: *Tanz, bei dem die Tänzerin, sich ver- u. enthüllend, lange Schleier kunstvoll bewegt;* **Schlei|er|tänze|rin**, die: *Tänzerin, die Schleiertanz vorführt;* **Schlei|er|wol|ke**, die: *Zirrostratus.*

Schleif|ap|pa|rat, der: *Apparat zum* ¹*Schleifen* (1); **Schleif|au|to|mat**, der: vgl. Schleifapparat; **Schleif|bahn**, die (landsch.): ²*Schleife* (1); **Schleif|band**, das ⟨Pl. ...bänder⟩ (Technik): *mit einem Poliermittel versehenes, umlaufendes Band, mit dem Oberflächen (z. B. von Holz) glattgeschliffen werden;* **Schleifbank**, die ⟨Pl. ...bänke⟩: *Drehbank mit Vorrichtung zum Schleifen;* **Schleif|box**, das; -[e]s [↑ Boxkalf], **Schleif|box|le|der**, das (Gerberei): *abgeschliffenes, von der groben Narbung befreites u. mit glatten Narben versehenes Rindsleder (als Oberleder);* ¹**Schlei|fe**, die; -, -n [älter: Schleuffe, mhd. sloufe, ahd. slouf, zu mhd., ahd. sloufen = schlüpfen machen, an-, ausziehen, Veranlassungsverb zu ↑schlüpfen]: **1. a)** *Schnur, Band, das so gebunden ist, daß zwei Schlaufen entstehen:* eine S. binden, aufziehen; die S. am Schuhband ist aufgegangen; **b)** *etw., was in Form einer Schleife* (1 a) *als Schmuck gedacht ist:* eine rote, seidene S.; sie trug eine S. im Haar; Frack mit weißer S. **2.** *starke Biegung, fast bis zu einem Kreis herumgeführte Kurve bei einer Straße, einem Flußlauf o. ä.:* der Fluß macht, bildet eine S.; nur zogen hier Flugzeuge, Militärmaschinen, tiefe -n über den Äckern (Kronauer, Magenschütze 173); das Kreischen der Straßenbahn, wenn sie in die S. der Endstation einbog (Böll, Tagebuch 27). **3.** (Datenverarb.) *Folge von Anweisungen od. Befehlen eines Programms (4), die mehrmals hintereinander durchlaufen werden kann;* ²**Schlei|fe**, die; -, -n [mhd. sleife, sleipfe, ahd. sleifa, zu ↑²schleifen]: **1.** (landsch.) *Schlitterbahn.* **2.** (früher) *schlittenähnliches Transportgerät:* ◆ das ist ja gar keine Droschke, das ist ein Karren s. (Fontane, Jenny Treibel 127); ¹**schlei|fen** ⟨st. V.⟩ /vgl. geschliffen/ [mhd. slīfen, ahd. slīfan, urspr. = gleiten, glitschen]: **1.** ⟨hat⟩ **a)** *durch gleichmäßiges Reiben der Oberfläche an etw. Rauhem (z. B. an einem Schleifstein, Wetzstahl o. ä.) schärfen:* ein Messer, eine Schere, eine Säge s.; eine scharf geschliffene Sense; **b)** *die Oberfläche von Glas, Edelsteinen o. ä. mit einem Werkzeug od. einer Maschine bearbeiten, so daß eine bestimmte Form entsteht; glätten:* Diamanten s.; Ü geschliffene *(stilistisch ausgefeilte, geistreiche)* Dialoge; mit auf internationalem Parkett geschliffenen *(geschulten, eingeübten)* Umgangsformen (Plenzdorf, Legende 26). **2.** (bes. Soldatenspr.) *hart ausbilden,* [aus Schikane] *drillen* ⟨hat⟩: die Rekruten s.; Dich schleif' ich noch mal und wenn Dir der Arsch auf Grundeis geht (Chotjewitz, Friede 54). **3.** (landsch.) *auf einer* ²*Schleife* (1) *schlittern* ⟨ist⟩: im Winter sind wir immer geschliffen; ◆ ein Schlittengespann ..., das vor uns mit zwei grauen Ochsen und einem schwarzen Kohlenführer langsam des Weges schliff *(sich langsam gleitend über die Schneefläche bewegte;* Roseger, Waldbauernbub 214); ²**schlei|fen** ⟨sw. V.⟩ [mhd., ahd. slei[p]fen = gleiten machen, schleppen; Veranlassungsverb zu ↑¹schleifen]: **1.** *[gewaltsam, mit Mühe] über den Boden od. eine Fläche hinwegziehen* ⟨hat⟩: er schleifte die Kiste über den Hof; Ab und zu brach jemand zusammen ... und wurde ins Hinterzimmer geschleift (Lentz, Muckefuck 269); jmdn. am Haar s.; die Lokomotive erfaßte den Wagen und schleifte ihn noch zwanzig Meter weit; Meine Mutter schleifte *(schleppte)* unterdessen Wertsachen in den Keller (Kempowski, Tadellöser 299); ⟨auch s. + sich:⟩ Für viele handelte es sich nur noch ... darum, sich ein kurzes Stück durch den Schnee s. zu können (Plievier, Stalingrad 97); Ü jmdn. in ein Lokal, ins Kino s. *(überreden, dorthin mitzukommen);* Ein Freund hat seinen Freund verraten. Er schleift ihn vors Gericht *(bewirkt, daß er vor Gericht geladen wird;* Reinig, Schiffe 74). **2. a)** *(von Sachen) in der Bewegung den Boden od. eine Fläche reibend berühren* ⟨hat/(seltener:) ist⟩: das Kleid schleift auf/über den Boden; die Fahrradkette schleift am Schutzblech; Die Maschinenpistole ... schleifte durch den Dreck (Kirst, 08/15, 692); die Kupplung s. lassen (Kfz-T.; *noch nicht voll einrücken bzw. lösen, so daß die Verbindung zwischen Motor u. Getriebe nur zum Teil, reibend hergestellt wird*); Ü er ließ einfach alles, den ganzen Kram s. (ugs.; *kümmerte sich um nichts mehr*); **b)** *streifen* (1) ⟨ist⟩: Auf einmal schleifte er zur Zellentür, preßte das Ohr an und horchte (Apitz, Wölfe 328). **3.** *niederreißen, dem Erdboden gleichmachen* ⟨hat⟩: eine Festung, die Mauern s.; Kernkraftwerk wird geschleift (MM 3. 9. 79, 1); **Schlei|fen|blu|me**, die [nach der Form der Blüten]: *(zu den Kreuzblütlern gehörende) kleine Pflanze mit weißen, roten od. violetten Blüten in traubigen Blütenständen; Iberis;* **Schlei|fen|fahrt**, die: vgl. Schleifenflug; **Schlei|fen|flug**, der: *[Rund]flug mit vielen* ¹*Schleifen* (2); **Schlei|fer**, der; -s, - [1: mhd. slīfære]: **1.** *Facharbeiter, der etw. schleift u. bestimmte Schleifmaschinen bedient* (Berufsbez.). **2.** (bes. Soldatenspr.) *jmd., der jmdn.* ¹*schleift* (2): der Feldwebel ist ein S.; die Angst, erneut den -n alten Stils ausgeliefert zu werden (Noack, Prozesse 182). **3.** (Musik) *schneller Vorschlag aus zwei od. drei Tönen.* **4.** *alter Bauerntanz in langsamem Dreiertakt:* ◆ Wie der erste S. vorbei war, konnte ich erst recht sehen, wie eine gute Musik in die Gliedmaßen fährt (Eichendorff, Taugenichts 32); indem er ... auf Franziska zuging und sie, während Max bereitwilligst die Violine ergriff, zu einem S. persuadierte (Mörike, Mozart

253); **Schlei|fe|rei,** die; -, -en: **1.** *das* ¹*Schleifen* (1, 2). **2.** *Betrieb od. Werkstatt zum* ¹*Schleifen* (1); **Schlei|fe|rin,** die; -, -nen: w. Form zu ↑Schleifer (1, 2); **Schleif|fun|ken|pro|be,** die (Technik): *Prüfverfahren für Stahl an einer schnellaufenden Schleifscheibe, wobei aus Farbe, Form u. Helligkeit der an den heißen Spänen entstandenen Funken die chemische Zusammensetzung des Werkstoffs ermittelt wird; Funkenprobe;* **Schleif|kon|takt,** der (Elektrot.): *gleitender Kontakt an einem beweglichen, rotierenden Teil (bei Generatoren, Maschinen o. ä.);* **Schleif|kör|per,** der (Technik): *Werkzeug in vorgefertigter Form mit entsprechenden Schneiden, an dem etw. geschliffen wird (z. B. Schleifstein, Schleifring);* **Schleif|lack,** der: *bes. wertvoller, fester Lack, der sich nach dem Trocknen schleifen läßt;* **Schleif|lack|bett,** das: *Bett, dessen Gestell mit Schleiflack bearbeitet ist;* **Schleif|lack|mö|bel,** das (meist Pl.): *Möbel, dessen Oberfläche mit Schleiflack bearbeitet ist;* **Schleif|ma|schi|ne,** die: *Maschine zum* ¹*Schleifen* (1), *zur spanenden u. polierenden Behandlung von Oberflächen;* **Schleif|mit|tel,** das: *feinkörnige, harte u. scharfkantige Substanz (in Form von Pulver, Paste od. als Schleifstein o. ä.) zum Schleifen von Werkstücken aus Holz, Glas, Metall usw.;* **Schleif|pa|pier,** das: *festes Papier, auf das Körner eines Schleifmittels aufgeleimt sind (z. B. Sand-, Schmirgelpapier);* **Schleif|ring,** der (Elektrot.): *ringförmiger Schleifkontakt;* **Schleif|schei|be,** die: *scheibenförmiger Schleifkörper aus Sandstein, Karborund o. ä.;* **Schleif|sel,** das; -s (veraltet): *Abfall beim* ¹*Schleifen* (1); **Schleif|spur,** die [zu ↑²schleifen (1)]: *von etw., was über den Boden geschleift wurde, hinterlassene Spur;* **Schleif|stein,** der: *Stein zum* ¹*Schleifen* (1), *Wetzen von etw;* **Schlei|fung,** die; -, -en: *das* ²*Schleifen* (3): die S. der Festung wurde angeordnet; ♦ **Schleif|weg,** der; -[e]s, -e [zu mhd. sloufen = *schlüpfen machen, Veranlassungswort zu:* sliefen, ↑schliefen, angelehnt an spätmhd. slöufen, sleufen, Nebenf. von mhd. sleifen, ↑²schleifen]: *Schleichweg:* Ein Jäger, der ... alle Fußsteige, alle -e kennt (Lessing, Minna III, 2).

Schleim, der; -[e]s, -e [mhd. slīm, urspr. = Schlamm, klebrige Flüssigkeit]: **1.** *zähflüssige, klebrige Masse, die von Drüsen u. Zellen abgesondert wird:* blutiger, eitriger S.; S. im Hals, im Mund, in der Nase; Die -e ärgern Leopold. Er kann nicht abhusten (H. G. Adler, Reise 138); die Schnecke sondert einen S. ab. **2.** *sämige, dickflüssige bis breiartige Speise [für Magenkranke], aus Körnerfrüchten od. Flocken* (2): Jahrhundertelang haben sich Ärzte und Hebammen die Köpfe zerbrochen, ... wie man diese Breie, -e ... und Brühen in die kleinen Münder stopfen könne (Courage 2, 1978, 16); **schleim|ab|son|dernd** ⟨Adj.⟩: *Schleim* (1) *absondernd;* **Schleim|ab|son|de|rung,** die: *Absonderung von Schleim* (1); **Schleim|beu|tel,** der (Anat., Med.): *mit einer schleimigen Flüssigkeit gefülltes Säckchen, das in Lücken von Gelenken od. an stark hervortretenden Muskeln u. Sehnen als Polster gegen Druck u. Reibung dient:* der S. am rechten Knie wurde verletzt; **Schleim|beu|tel|ent|zün|dung,** die (Med.): *Entzündung eines Schleimbeutels; Bursitis;* **schleim|bil|dend** ⟨Adj.⟩: *Schleim* (1) *bildend;* **Schleim|drü|se,** die (Med.): *einen Schleim absondernde Drüse;* **schlei|men** ⟨sw. V.; hat⟩: **1.** *Schleim absondern:* Weder schleimten Augen noch Nase, nichts trübte den Blick (Grass, Hundejahre 291). **2.** (abwertend) *schmeichelnd, heuchlerisch reden od. schreiben.* **3.** (selten) *von Schleim befreien, säubern:* Fische s.; **Schlei|mer,** der; -s, - (abwertend): *Schmeichler, Heuchler, Schönredner:* Memmen, dachte sie, S., Kriecher, Speckjäger (Bieler, Mädchenkrieg 436); **Schlei|me|rin,** die; -, -nen (abwertend): w. Form zu ↑Schleimer: „Du bist mir schon eine S.!", sagte Irene, ihre beste Feindin, nach einer Physikstunde (M. L. Fischer, Kein Vogel 201); **Schleim|fisch,** der: *langgestreckter, den Meeresboden bewohnender Fisch mit schleimiger Haut, stumpfer Schnauze u. langer Rückenflosse;* **Schleim|ge|we|be,** das (Med.): *schleimiges, gallertiges Bindegewebe;* **Schleim|haut,** die (Med.): *Schleim* (1) *absondernde Haut, mit der die Höhlungen des Körpers u. bestimmter Organe ausgekleidet sind;* **schlei|mig** ⟨Adj.⟩ [mhd. slimic = klebrig, schlammig]: **1.** *aus Schleim [bestehend]; wie Schleim aussehend; feucht, glitschig:* ein -er Auswurf; die Schnecke zieht eine -e Spur; die Suppe ist s. **2.** (abwertend) *falsch, freundlich, schmeichelnd u. heuchlerisch:* ich scheiß' auf dein -es Gequatsche (Sobota, Minus-Mann 137); vor mir steht der ... widerliche Lobedanz, diese Pest meines Lebens, und sieht mich s. lächelnd an (Fallada, Trinker 71); **schleim|lö|send** ⟨Adj.⟩: *(bei Erkältungskrankheiten) verhärteten Schleim (1) lösend;* **Schleim|pilz,** der: *auf faulendem Holz od. im Moder gedeihender Mikroorganismus aus vielkernigen Protoplasma ohne Chlorphyll; Myxomyzet;* **Schleim|schei|ßer,** der (derb abwertend): *Schleimer:* ihr S. und Jasager! (Ziegler, Kein Recht 214); **Schleim|schei|ße|rin,** die (derb abwertend): w. Form zu ↑Schleimscheißer; **Schleim|spur,** die: *aus Schleim* (1) *bestehende Spur:* Schnecken hinterlassen eine S.; **Schleim|stoff,** der: *Schleim* (1) *in seiner jeweiligen chemischen Zusammensetzung;* **Schleimsup|pe,** die (Kochk.): *wässerige Suppe aus einem Schleim* (2) *als Säuglings- u. Krankenkost;* **Schleim|zel|le,** die: *schleimabsondernde Zelle in Schleimhäuten u. Schleimdrüsen.*

Schlei|ße, die; -, -n [mhd. sleiȝe, zu ↑schleißen]: **1.** *dünner Span.* **2.** *Schaft der Feder* (1) *nach Abziehen der Fahne* (5); **schlei|ßen** ⟨st. u. sw. V.⟩ [mhd. slīȝen, ahd. slī(ȝ)an = spalten, (ab)reißen]: **1.** ⟨st. u. sw. V.⟩ **a)** (früher) *bei Vogelfedern die Fahne* (5) *vom Kiel ablösen:* sie hat Federn geschlissen/geschleißt; **b)** (landsch. veraltend) *Holz in feine Späne spalten.* **2.** ⟨st. V.; ist⟩ (veraltet) *zerreißen, sich in Fetzen auflösen, verschleißen:* der Stoff, das Kleid schliß ziemlich schnell; **Schlei|ße|rin,** die (früher): *Frau, die Federn schleißt;* **schlei|ßig** ⟨Adj.⟩ (landsch., bes. bayr.): *verschlissen, abgenutzt:* Mit einer -en Schaffnerjacke über dem dünnen Kleid (Kühn, Zeit 287).

Schle|mihl, der; -s, -e [jidd. schlemiel = ungeschickte Person, unschuldiges Opfer von Streichen, H. u., viell. zu hebr. šę̄lęm = (Dank)opfer]: **1.** (bildungsspr.) *jmd., dem [durch eigene Dummheit] alles mißlingt, Pechvogel.* **2.** [auch: 'ʃle:mi:l] (landsch. ugs.) *Schlitzohr.*

schlemm ⟨Adj.⟩ (Bridge, Whist): in den Verbindungen **s. machen/werden, sein** *(alle Stiche bekommen);* **Schlemm,** der; -s, -e [engl. slam, eigtl. = Knall, Schlag, zu: to slam = zuschlagen, -knallen] (Bridge, Whist): *gewonnenes Spiel, bei dem man 12 od. alle 13 Stiche bekommt:* Ü Tonton holte zum großen S. (Schlag) aus. So wie die Dinge standen, würde es ihm ... noch gelingen, den lästigen Verbündeten ... in Mißkredit zu bringen (Scholl-Latour, Frankreich 614).

schlem|men ⟨sw. V.; hat⟩ [spätmhd. slemmen = (ver)prassen, wohl unter Einfluß von ↑Schlamm, zu spätmhd. slampen, ↑schlampen]: **a)** *besonders gut u. reichlich essen u. trinken:* in einem Restaurant, in dem man s. kann; in unserem Frankreichurlaub haben wir mal wieder richtig geschlemmt; **b)** *in schlemmerischer Weise verzehren:* noch immer kann man in behaglich gekachelten Kellern Austern s. (Koeppen, Rußland 63); **Schlem|mer,** der; -s, -: *jmd., der gern schlemmt;* **Schlem|me|rei,** die; -, -en (oft abwertend): **1.** ⟨o. Pl.⟩ *[dauerndes] Schlemmen* (a). **2.** (selten) *Essen, bei dem geschlemmt wird;* **schlem|mer|haft** ⟨Adj.; -er, -este⟩: *in der Art eines Schlemmers, wie ein Schlemmer:* ein -es Leben führen; **Schlem|me|rin,** die; -, -nen: w. Form zu ↑Schlemmer; **schlem|me|risch** ⟨Adj.⟩: *schlemmerhaft:* in seiner Rolle als er Prinz Charming (K. Mann, Wendepunkt 32); **Schlem|mer|lo|kal,** das: *Restaurant, in dem man schlemmen kann;* **Schlem|mer|mahl,** das (geh.): *besonders üppiges u. feines Essen;* **Schlem|mer|mahl|zeit,** die: vgl. Schlemmermahl; **Schlem|mer|tum,** das; -s: *das Schlemmersein.*

Schlem|pe, die; -, (Sorten:) -n [urspr. = Spül-, Abwasser, zu ↑schlampen] (Fachspr.): *beim Brennen von Kartoffeln, Getreide u. a. als Rückstand anfallendes, als Futtermittel verwendetes eiweißreiches Produkt.*

Schlen|der|gang, der; -[e]s: *schlendernder* ¹*Gang* (1 a); **schlen|dern** ⟨sw. V.; ist⟩ [aus dem Niederd., eigtl. wohl = gleiten, zu ↑¹schlingen]: **a)** *gemächlich, mit lässigen Bewegungen gehen:* wenn wir so schlendern, kommen wir zu spät; mit schlendernden Schritten; **b)** *sich schlendernd irgendwohin begeben:* durch den Park, die Straßen, über den Boulevard, zum Hafen, auf und ab s.; Ich schlendere ... auf eine Herde Gnus zu, die weitab in der Ebene grasen (Grzimek, Serengeti 278); **Schlen|der|schritt,** der; -[e]s, -e: *schlendernder Schritt,* ¹*Gang* (1 a): er näherte sich in langsamem S.; **Schlen|dri|an,** der; -[e]s [2. Bestandteil viell. frühnhd. jan = Arbeitsgang] (ugs. abwertend): *von Nachlässigkeit, Trägheit, einer gleichgültigen Einstellung gekenn-

Schlenge

zeichnete Art u. Weise, bei etw. zu verfahren: Im Duisburger Team steckte in den letzten Wochen der „Schlendrian" (Kicker 6, 1982, 7); Also bleibt alles beim alten S. (Gruhl, Planet 253).

Schlen|ge, die; -, -n [mniederd. slenge, zu ↑ ¹schlingen] (nordd.): *der Landgewinnung od. dem Schutz des Ufers dienende buhnenartige Anlage.*

Schlen|ke, die; -, -n [aus dem Niederd., verw. mit ↑¹schlingen, wohl eigtl. = die sich (nach unten) Krümmende] (Geol.): *wassergefüllte Senke im Hochmoor.*

Schlen|ker, der; -s, - [zu ↑schlenkern] (ugs.): **a)** *[plötzlich) aus einer [geradlinigen] Bewegung heraus beschriebener Bogen]:* der Fahrer konnte gerade noch rechtzeitig einen S. machen; Ü dann wäre der zynische S., den er (= Wallraff) am Schluß des Artikels zur NPD hin macht, für alle durchschaubar (B. Vesper, Reise 233); **b)** *wieder auf den eigentlichen Weg zurückführender kleinerer Umweg:* auf der Fahrt haben wir einen kleinen S. über Straßburg gemacht; **Schlen|ke|rich, Schlenkrich,** der; -s, -e (ostmd.): **1.** *[plötzlicher, heftiger] Stoß, Schwung.* **2.** *leichtlebiger Mensch;* **schlen|ke|rig,** schlenkrig ⟨Adj.⟩ (ugs.): **a)** *zum Schlenkern (1 b) neigend:* ein langer, -er Rock; **b)** *schlenkernd* (1 b): mit -en Bewegungen; **schlen|kern** ⟨sw. V.⟩ [spätmhd. slenkern = schleudern, zu mhd. slenker, slenger, ahd. slengira = Schleuder, zu ↑¹schlingen]: **1.** ⟨hat⟩ **a)** *(etw., mit etw.) [nachlässig] hin u. her schwingen:* die Arme, mit den Armen s.; Sie geht auf nackten Sohlen durch das ... Gras und schlenkert die Sandalen an ihren Riemchen hin und her (Chr. Wolf, Nachdenken 233); **b)** *sich locker, pendelnd hin u. her bewegen:* ein langer Rock schlenkerte ihr um die Beine; ihre Arme schlenkerten in den Gelenken (Langgässer, Siegel 469); eine schlenkernde Bewegung. **2.** (landsch.) *schlendern* ⟨ist⟩: durch die Straßen s.; **Schlenk|rich:** ↑Schlenkerich; **schlenk|rig:** ↑schlenkerig.

schlen|zen ⟨sw. V.; hat⟩ [viell. weitergebildet aus ↑schlenkern od. zu ↑schlendern] (Sport, bes. [Eis]hockey, Fußball): **1.** *durch eine ruckartige schiebende od. schaufelnde Bewegung, ohne weit auszuholen, schießen:* Der Exmünchener ... täuschte den Keeper und schlenzte den Ball ins Eck (BM 18. 8. 1978, 9). ♦ **2.** *schlendern; sich herumtreiben:* ⟨subst.:⟩ Da hielt dich das unglückliche Hofleben und das Schlenzen und Scherwenzen mit den Weibern (Goethe, Götz I); **Schlen|zer,** der; -s, - (Sport, bes. [Eis]hockey, Fußball): *geschlenzter* ¹*Ball* (2), *Schuß:* Die überraschende 1:0-Führung der DDR-Mannschaft durch Doll ist S. aus Nahdistanz (Freie Presse 19. 11. 87, 5).

Schlepp, der [gek. aus ↑Schlepptau]: in Verbindung wie **jmdn., etw. in S. nehmen** *(sich daranmachen, jmdn., etw. zu schleppen):* Vögele und ein Heizer ... warfen den Männern ... eine Leine zu und nahmen das Floß in S. (Ott, Haie 174); wir ließen uns von einem Jeep, der Fähre in S. nehmen; **im S. [einer Sache]** *(geschleppt werdend):* der Wagen fährt im S. [eines Traktors]; das Rattern der Trecker mit den schweren Kartoffelloren im S. (B. Vesper, Reise 294); **jmdn., etw. im S. haben** (1. *jmdn., etw. schleppen.* 2. *von jmdm., etw. begleitet, verfolgt o. ä. werden:* dieser Engländer hat zwei CIA-Bullen im S. [Cotton, Silver-Jet 38]);

Schlepp|an|gel, die (Angeln): *Angel, die von einem fahrenden Boot durchs Wasser gezogen wird;* **Schlepp|an|ten|ne,** die (Flugw.): *Antenne eines Flugzeugs, die während des Fluges unten aus dem Rumpf heraushängt;* **Schlepp|bü|gel,** der (Skisport): *ankerförmiger Teil eines Schlepplifts, gegen den man sich mit dem Gesäß lehnt, um sich den Hang hinaufziehen zu lassen;* **Schlepp|dach,** das (Bauw.): *an das eigentliche Dach eines Gebäudes sich anschließendes, einen vorspringenden Gebäudeteil bedeckendes kleineres Pultdach;* **Schlepp|damp|fer,** der (Seew.): *Schlepper* (1) *[mit Dampfantrieb];* **Schlep|pe,** die, -, -n [aus dem Niederd., zu ↑schleppen]: **1.** *Teil eines langen, meist festlichen Kleides, der den Boden berührt u. beim Gehen nachgeschleift wird:* eine lange, seidene, rauschende S.; die S. heben, hochraffen; zwei kleine Nichten trugen der Braut die S.; Ü Wer getroffen war, sackte über dem Knüppel zusammen, ... und seine Maschine ... strich schmierend ab vor ihrer weißen oder rußdunklen S. (Gaiser, Jagd 190). **2. a)** (Pferdesport, Jagdw.) *künstliche Fährte:* Der Hund ... nahm ... die S. sofort an (Jagd 3, 1987, 73); **b)** (Jägerspr.) *Fährte (bes. von Wildenten) im Schilf, Rohr o. ä.* **3.** (Landw.) *von einem Zugtier od. einem Schlepper* (2) *gezogenes Gerät zum Einebnen des Bodens;* **schlep|pen** ⟨sw. V.; hat⟩ /vgl. *schleppend/* [mhd. (md.) slepen < niederd. slēpen, niederd. Entsprechung von ↑²schleifen]: **1. a)** *[unter großem Kraftaufwand] langsam hinter sich herziehen:* der Trawler schleppt ein Netz; der Kahn wird von einem anderen Schiff geschleppt; Langsam bekam der Tertianer wieder Farbe, mußte aber beim Zurückschwimmen geschleppt werden (Grass, Katz 69); der Mann, ... den ich unlängst mit einem Gespann hatte Holz s. sehen (Kunze, Jahre 122); **b)** *schleppend* (1 a) *irgendwohin bewegen:* einen defekten Wagen in die Werkstatt s.; einen Lastkahn stromauf s.; ein Segelflugzeug auf eine bestimmte Höhe s.; Dann spannte sich eine ... Güterzuglok davor und schleppte uns im Schneckentempo ... aus der Stadt (Lentz, Muckefuck 191). **2.** (ugs.) **a)** *jmdn. [gegen dessen Willen] irgendwo hinbringen, irgendwohin mitnehmen:* jmdn. ins Kino, ins Museum, zu einer Kunstausstellung, zum Arzt, zum Friseur s.; jmdn. mit zu einer Party, zu Freunden s.; Fünf Stunden lang schleppte er den zierlichen Mann mit sich, über Felder und Wiesen ..., erbarmungslos (Fallada, Herr 183); auch wenn es einer Frau gelänge, ihn zum Standesamt zu s. (Hörzu 40, 1974, 106); jmdn. zum Polizeirevier, aufs Schafott s. *[(unter Anwendung von Gewalt) dorthin führen);* jmdn. vor den Richter/Kadi s. *(gegen jmdn. einen Prozeß anstrengen);* **b)** *(Flüchtlinge, Asylsuchende, Arbeitskräfte) gegen Bezahlung illegal von einem Land in ein anderes bringen:* er soll geschleppt haben; ⟨subst.:⟩ er ist beim Schleppen erwischt worden. **3.** (selten) *²schleifen* (2 a): das lange Kleid, der Säbel schleppt [auf dem/am Boden]; der Anker schleppt [auf dem Grund]. **4. a)** *(etw. Schweres) unter großer Anstrengung, Mühe tragen:* schwere Säcke, Kisten, Möbel s.; sie schleppte ihre Koffer selbst; Sie schleppen ihre Habseligkeiten ... auf dem Rücken mit sich (Remarque, Westen 168); ⟨auch o. Akk.-Obj.:⟩ sie sparte sich einen Träger und schleppte viel zu schwer (Frisch, Homo 135); Es war, als schleppe er an einer mörderischen Last (Kirst, 08/15, 720); **b)** *(etw. Schweres) schleppend* (4 a) *irgendwohin befördern:* Pakete zur Post s.; sie schleppten den Verletzten zu zweit zum Auto; der Fuchs schleppte die Gans zu seinem Bau; Ü jetzt schleppe ich den Brief schon seit drei Tagen durch die Gegend (ugs.; *trage ihn mit mir herum);* Ein Vermögen haben wir schon zum Optiker geschleppt (ugs.; *beim Optiker ausgegeben;* Kempowski, Tadellöser 202); **c)** ⟨s. + sich⟩ *sich durch Schleppen* (4 a) *in einen bestimmten Zustand versetzen:* sich müde s.; ich habe mich an dem Kasten [halb] zu Tode geschleppt. **5.** (landsch.) *(ein Kleidungsstück) [über eine lange Zeit immer wieder] tragen:* den Mantel schleppt er schon seit drei Jahren; wie lange willst du den Anzug noch s.?; während sie ein Kleid aus dem alten Rock ihrer Mutter schleppte (Remarque, Obelisk 291). **6.** ⟨s. + sich⟩ **a)** *sich mühsam, schwerfällig, mit letzter Kraft fortbewegen, irgendwohin bewegen:* sich gerade noch zum Bett s. können; daß sie nicht mehr gehen kann, sondern sich auf Händen und Füßen mühsam durchs Zimmer schleppt (Thieß, Legende 108); Abgeschlagen schleppte er sich ins Ziel, ausgepumpt und zu Tode enttäuscht (Loest, Pistole 61); Ü mühsam schleppt sich der Lastwagen über die Steigung; der Schlußchorus schleppt sich belanglos ins Finale (Fries, Weg 149); **b)** *sich über eine bestimmte Zeit, Dauer hinziehen:* der Prozeß schleppt sich nun schon über drei Jahre, ins dritte Jahr. **7.** ⟨s. + sich⟩ *sich schleppend* (4 a) *mit etw. abmühen:* Sie konnte sich natürlich nicht eigenhändig mit Möbelstücken s. (Muschg, Gegenzauber 127); Ü mit diesem Kummer schleppt er sich schon seit Jahren; Und es ist sehr unklug, sich lange mit so einem Funde zu s. *(sich so eines Fundes nicht schnellstens wieder zu entledigen;* Th. Mann, Krull 160); **schlep|pend** ⟨Adj.⟩: **a)** *schwerfällig, mühsam u. deshalb langsam:* ein -er Gang; Mit -em Schritt ging er hinaus (Sebastian, Krankenhaus 131); die Unterhaltung war anfangs etwas s.; sein Französisch ist weitgehend fehlerfrei, aber noch etwas s.; s. gehen, sprechen; **b)** *langsam u. gedehnt:* in -er Gesang; eine -e Melodie; Was soll dieser -e Singsang in seiner Stimme, das fast Liturgische? (Weber, Tote 299); er spielt das Stück, den Satz ein wenig s.; **c)** *sich über eine [unangemessen] lange Zeit hinziehend, nicht recht vorankommend, [zu] langsam vor sich gehend:* er beklagte sich über die -e Bearbeitung seines Antrags, Abfertigung am Zoll; Kritik an -er Behandlung der Bodensee-Neuordnung (MM 25./26. 11. 67, 11); die Arbeiten, Verhandlungen gehen nur s. voran; **Schlep|pen|kleid,** das: *Kleid mit einer Schleppe* (1); **Schleppen|träger,** der: *jmd., der jmdm. die Schleppe* (1) *trägt;* **Schlep|pen|trägerin,** die: w. Form zu ↑Schleppenträger; **Schlep|per,** der; -s, -: **1.** *kleineres (mit kräftiger Maschine u. einer speziellen Ausrüstung ausgestattetes) Schiff zum Schleppen u. Bugsieren anderer Schiffe:* Ich ... stütze mich ... auf die Reling, um zu sehen S. unter Rauch wie Köter an der Leine (Frisch, Gantenbein 434). **2. a)** *Traktor:* Nachher, als wir uns schon einen S. gekauft hatten, 1953, mähten wir das Getreide mit dem Bindemäher (Wimschneider, Herbstmilch 64); **b)** kurz für ↑Sattelschlepper. **3.** (Bergmannsspr. früher) *Bergarbeiter, dessen Arbeit darin besteht, Förderwagen [durch Ziehen] fortzubewegen.* **4.** (ugs., meist abwertend) **a)** *jmd., der jmdm., einem oft unseriösen, illegalen, betrügerischen o. ä. Unternehmen auf fragwürdige Weise Kunden o. ä. zuführt:* Prostituierte lehnen an den Hauswänden, S. machen die Passanten an (Zeit 52, 1976, Zeitmagazin 7); er ist S. eines Nachtlokals; sie machen die S., locken ahnungslose Opfer in die Falle (Quick 49, 1958, 45); **b)** *jmd., der schleppt* (2 b): S. und Schleuser vom Format der Ost-West-Fluchthelfer nutzen Berlin als Drehscheibe für schwarz einreisende Pakistani (Spiegel 49, 1977, 41); Schwarzarbeiter aus der Türkei, von skrupellosen -n in die Schweiz gebracht (Basler Zeitung 27. 8. 80, 21); Bewacht von -n klettern ... Mädchen und Kinder aus den Abteilen (Spiegel 27, 1985, 112); **Schlep|perei,** die; -, -en 〈Pl. selten〉 (ugs. abwertend): **1.** *[dauerndes] Schleppen* (4): es war eine furchtbare S. **2.** *das Tätigsein als Schlepper* (4); **Schlep|pe|rin,** die; -, -nen (ugs. meist abwertend): w. Form zu ↑Schlepper (4); **Schlepp|fahr|zeug,** das: *Fahrzeug, das ein anderes schleppt;* **Schlepp|fi|sche|rei,** die (Angeln): *das Fischen mit Schleppangeln;* **Schlepp|flug,** der (Segelfliegen): *Flug, bei dem ein Segelflugzeug geschleppt wird;* **Schleppflug|zeug,** das (Segelfliegen): *Motorflugzeug, mit dem Segelflugzeuge in die Höhe geschleppt werden;* **Schlepp|ge|bühr,** die (Schiffahrt): *Gebühr, die für die Inanspruchnahme eines Schleppers* (1) *zu entrichten ist;* **Schlepp|ha|ken,** der (Schiffahrt): *Haken auf einem Schlepper* (1), *an dem die Schlepptrosse befestigt ist;* **Schlep|pin|sel**[1], der (graph. Technik, Malerei): *flacher, fächerförmiger feiner Haarpinsel zum gleichmäßigen, feinen Verteilen von noch feuchter Farbe;* **Schlepp|jagd,** die (Pferdesport): *Reitjagd* (b) *mit einer Meute, bei der auf einer Schleppe* (2 a) *geritten wird;* **Schleppkahn,** der (Schiffahrt): *Lastkahn ohne eigenen Antrieb, der [von einem anderen Fahrzeug] geschleppt werden muß;* **Schlepp|kleid,** das: *vgl. Schleppenkleid;* **Schlepp|lift,** der (Skisport): *Skilift, bei dem man, auf den Skiern stehend, den Berg hinaufgezogen wird;* **Schlepp|lohn,** der (Schiffahrt): *vgl. Schleppgebühr;*

Schlepp|netz, das: *Netz, das [beim Fischfang] durch das Wasser od. über den Grund gezogen wird; Zugnetz:* mit dem S. fischen; Ü ... sollen ... weite Verdachtsräume mit einem aus den klassischen Requisiten polizeilicher Fahndung geknüpften S. durchkämmt werden (Spiegel 44, 1977, 16); **Schlepp|netz|fahndung,** die (Kriminologie): *Fahndung mit Hilfe einer Speicherung u. Auswertung von personenbezogenen Daten, die bei einer polizeilichen Personenkontrolle [an der Staatsgrenze] angefallen sind:* Der maschinenlesbare Ausweis und die S. sind ein weiteres Beispiel für die Praxisferne unserer Politiker (Spiegel 13, 1986, 10); **Schlepp|säbel,** der (früher): *Säbel, der an langen Riemen getragen wird, so daß er auf dem Boden schleift;* **Schlepp|schiff,** das: *Schiff, das ein anderes schleppt; Schiff zum Schleppen von Schleppkähnen;* **Schlepp|schiffahrt**[1], die (Schiffahrt): *Binnenschiffahrt mit Schleppkähnen, geschleppten Flößen;* **Schlepp|seil,** das: *Seil zum Schleppen, auch für den Start von Segelflugzeugen;* **Schlepp|start,** der (Segelfliegen): *Start eines Segelflugzeugs mit Hilfe eines schleppenden Motorflugzeugs;* **Schlepp|tau,** das: *vgl. Schleppseil:* * **in jmds. S., im S. [einer Sache]** (1. *von jmdm., etw. geschleppt werdend:* der Kahn fährt im S. [eines Motorschiffes]. 2. *in jmds. Gefolge, Begleitung:* der Star mit einer Gruppe Fans im S.; In Gruppen standen Touristen da, schoben sich ... im S. der Fremdenführer von Fassade zu Fassade [Ossowski, Liebe ist 182]); **jmdn., etw. im S. haben** (1. *jmdn., etw. schleppen.* 2. *von jmdm., etw. begleitet, verfolgt o. ä. werden*); **jmdn., etw. ins S. nehmen** (*sich daranmachen, jmdn., etw. zu schleppen*); **jmdn. ins S. nehmen** (ugs.; *sich jmdm. anschließen u. ihn irgendwohin bringen, ihm weiterhelfen*); **Schlepp|trosse,** die: *vgl. Schleppseil;* **Schlepp|winde,** die: **1.** (Segelfliegen) *Winde, mit deren Hilfe Segelflugzeuge gestartet werden.* **2.** (Schiffahrt) *Winde, Winsch, für die Schlepptrosse, das Schleppseil eines Schleppers;* **Schlepp|zug,** der (Schiffahrt): *Schleppschiff mit einem od. mehreren Schleppkähnen im Schlepp.*

Schle|si|en; -s: *ehemalige Provinz des Deutschen Reiches;* **Schle|si|er,** der; -s, -: Ew.; **Schle|sie|rin,** die; -, -nen: w. Form zu ↑Schlesier; **schle|sisch** 〈Adj.〉: vgl. badisch.

Schles|wig: *Stadt an der Schlei;* **Schleswi|ger,** der; -s, -: Ew.; **Schles|wi|ge|rin,** die; -, -nen: w. Form zu ↑Schleswiger; **Schles|wig-Hol|stein:** *Land der Bundesrepublik Deutschland;* **Schles|wig-Hol|stei|ner,** der; -s, -: Ew.; **Schles|wig-Hol|stei|ne|rin,** die; -, -nen: w. Form zu ↑Schleswig-Holsteiner; **schles|wig-hol|stei|nisch** 〈Adj.〉: zu ↑Schleswig-Holstein; **schles|wi|gisch, schles|wigsch** 〈Adj.〉: zu ↑Schleswig.

schlet|zen 〈sw. V.; hat〉 [H. u.] (schweiz. mundartl.): *(eine Tür) schlagen, zuschlagen.*

Schleu|der, die; -, -n [frühnhd. sleuder]: **1.** *Gerät zum Schleudern von Steinen o. ä.:* die Jungen schossen mit -n auf Vögel. **2. a)** kurz für: ↑Wäscheschleuder; **b)**

Zentrifuge. **3.** (ugs.) *Auto, Motorrad o. ä.:* als Adolfs S. durch den TÜV muß (Chotjewitz, Friede 125); **Schleu|der|akro|bat,** der: *Akrobat, der Kunststücke mit dem Schleuderbrett zeigt;* **Schleu|der|akroba|tin,** die: w. Form zu ↑Schleuderakrobat; **Schleu|der|ball,** der: **1.** 〈o. Pl.〉 *Mannschaftsspiel, bei dem ein Schleuderball* (2) *möglichst weit geschleudert werden muß, um die gegnerische Mannschaft nach bestimmten Regeln aus dem Spielfeld zu treiben.* **2.** *lederner Ball mit einer Schlaufe;* **Schleu|der|ball|spiel,** das: *Schleuderball* (1); **Schleu|der|ball|weitwurf,** der 〈o. Pl.〉: *Wurfübung, bei der ein Schleuderball möglichst weit geschleudert werden muß;* **Schleu|der|be|ton,** der (Technik): *(unter Ausnutzung der Zentrifugalkraft) in einer rotierenden Form hergestellter Beton mit einer besonders hohen Dichte;* **Schleu|der|brett,** das: *bes. im Zirkus verwendetes, einer Wippe ähnliches Gerät, mit dessen Hilfe sich Artisten gegenseitig in die Höhe schleudern können;* **Schleu|de|rei,** die; -, -en (ugs.): *dauerndes [als unangenehm empfundenes] Schleudern* (2 a); **Schleu|de|rer, Schleu|drer,** der; -s, -: **1.** *jmd., der schleudert* (1 a, b), *mit einer Schleuder schießt.* **2.** (Kaufmannsspr. Jargon) *jmd., der zu Schleuderpreisen verkauft;* **Schleu|der|flug,** der (Flugw.): vgl. Schleuderstart; **Schleu|der|frucht,** die (Bot.): *Frucht, die ihre Samen herausschleudert;* **Schleu|der|gang,** der: *Phase eines Waschprogramms, während deren die Maschine schleudert;* **Schleu|der|ge|fahr,** die: *Gefahr, ins Schleudern* (2 a) *zu geraten;* **Schleu|der|ho|nig,** der: *in einer Zentrifuge aus den Waben geschleuderter Honig;* **Schleu|de|rin, Schleudrerin,** die; -, -nen: w. Form zu ↑Schleuderer; **Schleu|der|kurs,** der (Kfz-W.): *Kursus, in dem Autofahrer lernen, ein ins Schleudern geratenes Fahrzeug zu beherrschen;* **Schleu|der|ma|schi|ne,** die: *Zentrifuge;* **schleudern** 〈sw. V.〉 [16. Jh., verw. mit mhd. slüdern = schlenkern, ↑schludern]: **1.** 〈hat〉 *[aus einer drehenden Bewegung heraus] mit kräftigem Schwung werfen, durch die Luft fliegen lassen:* den Speer s.; der Hammerwerfer schleuderte den Hammer 60 m weit; Joan hatte eine Vase ergriffen und sie zu Boden geschleudert (Remarque, Triomphe 254); Ü Jupiter schleudert Blitze; einen Bannfluch s. *(verhängen);* Er schleuderte zornige Blicke in die Menge (Genet [Übers.], Tagebuch 276); **b)** *durch einen heftigen Stoß, Ruck o. ä. durch die Luft fliegen lassen, irgendwohin werfen]:* Sie schleudert ... die ... Schuhe von ihren Füßen (Remarque, Obelisk 272); der Sturm schleuderte das Schiff gegen die Felsen; bei dem Aufprall wurde er aus dem Wagen geschleudert; der Wagen wurde in der Kurve geschleudert. **2.** 〈ist〉 **a)** *im Fahren mit heftigem Schwung [abwechselnd nach rechts u. nach links] aus der Spur rutschen:* in der Kurve fing der Wagen plötzlich an zu s.; 〈subst.:〉 der LKW war auf nasser Fahrbahn ins Schleudern geraten; * **ins Schleudern geraten/kommen** (ugs.; *die Kontrolle über etw. verlieren, unsicher werden, sich einer Situation plötzlich nicht* *mehr gewachsen sehen)*: Weil die staatlichen Kassen leer sind, ist Bausenator Franke ... mit seiner Stadterneuerungspolitik ins Schleudern geraten (tip 12, 1984, 15); **jmdn. ins Schleudern bringen** (ugs.; *bewirken, daß jmd. die Kontrolle über etw. verliert, unsicher wird, einer Situation plötzlich nicht mehr gewachsen ist)*: mit solchen Fragen kannst du ihn ganz schön ins Schleudern bringen; **b)** *sich schleudernd* (2a) *irgendwohin bewegen:* das Auto saß auf, gegen einen geparkten LKW geschleudert; der Wagen schleudert nach links *(bricht nach links aus)*. 3. ⟨hat⟩ **a)** *in einer Zentrifuge, einer Wäscheschleuder o.ä. schnell rotieren lassen:* etw. in einer Zentrifuge s.; Honig s. *(mit Hilfe einer Zentrifuge aus den Waben herausschleudern);* Wäsche s. *(mit Hilfe einer Wäscheschleuder von einem Großteil der Feuchtigkeit befreien);* die Waschmaschine schleudert gerade *(die darin befindliche Wäsche wird gerade geschleudert);* **b)** *durch Schleudern* (3a) *aus etw. herausbekommen:* den Honig aus den Waben, das Wasser aus der Wäsche s. 4. (Turnen) **a)** *aus dem Hang heraus einen Überschlag rückwärts an den Ringen ausführen* ⟨hat⟩; **b)** *aus dem Schleudern* (4a) *heraus eine bestimmte Haltung einnehmen* ⟨ist⟩: in den Streckhang s.; **Schleu**|**der**|**preis**, der (ugs.): *besonders niedriger Preis:* Qualitätsware zu -en; **Schleu**|**der**|**pum**|**pe**, die (Technik): *Kreiselpumpe;* **Schleu**|**der**|**schu**|**le**, die (Kfz.-W.): vgl. Schleuderkurs; **Schleu**|**der**|**sitz**, der (Flugw.): *(bes. bei Kampfflugzeugen) besonderer, mit einem Fallschirm versehener Sitz, mit dem sich der* ¹*Pilot im Notfall aus der Maschine katapultieren kann;* **Schleu**|**der**|**stan**|**ge**, die: *Gardinenstange* (b); **Schleu**|**der**|**start**, der (Flugw.): *Katapultstart;* **Schleu**|**der**|**tech**|**nik**, die: **1.** (Kfz.-W.) *Technik des kontrollierten Schleuderns* (2a) *[in Notsituationen].* **2.** (Skisport) *besondere Technik zum Ausführen von Schwüngen, bei der der Skiläufer in einer bestimmten Phase schleudert* (2a); **Schleu**|**der**|**trau**|**ma**, das (Med.): *für die Opfer von Auffahrunfällen typische Verletzung der Halswirbelsäule, zu der es kommt, wenn der Kopf des Betroffenen nach vorn u. anschließend ruckartig wieder zurückgeschleudert wird;* **Schleu**|**der**|**wa**-**re**, die ⟨Pl. selten⟩ (ugs.): *zu einem Schleuderpreis angebotene Ware;* **Schleud**|**rer**: ↑Schleuderer; **Schleud**|**re**|**rin**: ↑Schleuderin.

schleu|**nig** ⟨Adj.⟩ [mhd. sliunec = eilig (als Adv.: sliune, sliume), ahd. sliumo, sniumo = sofort, wohl eigtl. = (sich) schnell drehend} (geh.): **a)** *unverzüglich, sofortig, schnellstmöglich:* wir bitten um -ste Erledigung; daß jedermann s. ... seinen Weisungen nachkommt (Th. Mann, Joseph 203); Reden Sie schleunigst mit Ihrem Anwalt (Bieler, Bär 332); **b)** *schnell u. eilig:* Mit immer den gleichen -en Schritten ... drängte er zwischen den Instrumenten hindurch (Erh. Kästner, Zeltbuch 62); s. davonlaufen; er suchte s. das Weite; Schleunigst wurde noch ein neunter Gutachter bestellt (Prodöhl, Tod 157).

Schleu|**se**, die; -, -n [niederl. sluis < mniederl. slūse, sluise < afrz. escluse < mlat. exclusa, sclusa, zu lat. exclusum, 2. Part. von: excludere = ausschließen, abhalten]: **1.** (Wasserbau) **a)** *Vorrichtung zum Absperren eines Wasserstroms, zum Regulieren des Durchflusses (in Flüssen, Kanälen):* eine S. öffnen, schließen; Ü der Himmel öffnet seine -n (geh.; *es beginnt stark zu regnen);* Anstelle eines Geständnisses, das die -n meines männlichen Selbstmitleides öffnen würde (Frisch, Gantenbein 261); **b)** *aus zwei Toren u. einer dazwischen liegenden Kammer bestehende Anlage (in Binnenwasserstraßen, Hafeneinfahrten), mit deren Hilfe Schiffe Niveauunterschiede überwinden können:* durch eine S. fahren; in eine S. einfahren. **2.** *den einzigen Zugang zu einem [abgeschirmten] Raum darstellender, hermetisch abschließbarer [kleiner] Raum, in dem Desinfektionen vorgenommen werden o.ä. od. der einen Druckausgleich zwischen zwei Räumen, Bereichen verhindern soll:* der Astronaut kann die Kapsel nur durch eine S. verlassen. **3.** (veraltend) *Gully, Kanal* (2); **schleu**|**sen** ⟨sw. V.; hat⟩: **1.** *durch eine Schleuse* (1b) *bringen:* ein Schiff s. **2.** *eine Schleuse* (2) *passieren lassen, durch eine Schleuse bringen:* Wie bei der OP-Abteilung werden ... Personal, Materialien und Geräte „geschleust" (MM 3.4.74, 31). **3. a)** *durch einen langen, umständlichen, hindernisreichen Wege [in vielen Etappen] irgendwohin bringen, geleiten o.ä.:* eine Reisegesellschaft durch den Zoll, die Paßkontrolle s.; Nach einem Vierstufenplan werden wir sämtliche ... Führungskräfte durch diese neue Siemens-Akademie s. (Delius, Siemens-Welt 76); **b)** *heimlich, auf ungesetzliche Weise o.ä. irgendwohin bringen:* einen Agenten in ein Ministerium s.; geheime Unterlagen ins Ausland s.; er habe Kontakt zu Leuten gesucht, die für Geld Leute aus dem Lande schleusten (Rolf Schneider, November 246); **Schleu**|**sen**-**geld**, das (Schiffahrt): *Gebühr für die Benutzung einer Schleuse* (1b); **Schleu**|**sen**-**kam**|**mer**, die (Wasserbau): *zwischen den Toren einer Schleuse* (1b) *liegende Kammer* (4b); **Schleu**|**sen**|**tor**, das (Wasserbau): *Tor einer Schleuse* (1); **Schleu**|**sen**-**trep**|**pe**, die (Wasserbau): *Reihe von mehreren hintereinander angeordneten Schleusen* (1b) *zur stufenweisen Überwindung größerer Niveauunterschiede;* **Schleu**|**sen**|**tür**, die: *Tür einer Schleuse* (2); **Schleu**|**sen**|**wär**|**ter**, der: *jmd., der eine Schleuse* (1b) *bedient* (Berufsbez.); **Schleu**|**sen**|**wär**|**ter**|**hy**|**po**|**the**|**se**, die (Kommunikationsf.): *Hypothese über eine Instanz im Meinungsbildungsprozeß, von der es abhängt, welche Informationen weitergegeben werden u. welche nicht;* **Schleu**|**sen**|**wär**|**te**|**rin**, die: w. Form zu ↑Schleusenwärter; **Schleu**|**ser**, der; -s, - (Jargon): *Schlepper* (4b): illegal eingereiste Ausländer ..., die ... von sogenannten „Schleusern" nach Saarbrücken gebracht werden (Saarbr. Zeitung 30.11.79, 34); **Schleu**|**sung**, die; -, -en: *das Schleusen.*

schlịch: ↑schleichen; **Schlịch**, der; -[e]s, -e [1: mhd. slich = schleichender Gang, Schleichweg, List, zu ↑schleichen; 2: mhd., ahd. slīch, slich = Schlamm; vgl. Schlick]: **1.** ⟨meist Pl.⟩ *List, Trick:* er kennt alle -e; Denn man darf nicht glauben, daß Jaakob auf seinen profunden S. ... erst nach geschlossenem Vertrage verfallen wäre (Th. Mann, Joseph 356); * **jmdm. auf die -e/hinter jmds. -e kommen** *(jmds. Absichten erkennen, durchschauen, jmds. heimliches Treiben entdecken;* wohl aus dem Jagdwesen; der Jäger macht sich mit den Wildwechseln, den Schleichwegen des Wildes vertraut). **2.** *feinkörniges Erz.* ♦ **3.** *Schleichweg:* ist er der Landesart so kundig, weiß alle Gänge und -e im Gebirg' (Goethe, Götz III); Die s. kenn' ich und die Felsensteige (Schiller, Tell I, 4).

schlịcht [aus dem Niederd., Md. < mniederd. slicht, Nebenf. von ↑schlecht]: **I.** ⟨Adj.; -er, -este⟩ **1.** *auf das Nötigste, das Wesentliche beschränkt, sich beschränkend; in keiner Weise aufwendig, ohne Zierat od. überflüssiges Beiwerk; einfach u. bescheiden:* -e Kleidung; eine -e Wohnungseinrichtung; eine -e Mahlzeit; eine -e Melodie; -e Ornamente, Muster; ein Kleid von -er Eleganz; die -e Schönheit dieser Architektur; eine -e Feier; Mir haben meine Eltern den -en Vornamen Karl gegeben (Lentz, Muckefuck 7); die -e Frömmigkeit Maria Theresias (Thieß, Reich 462); -es (geh.: *glattes)* Haar; in -en *(einfachen u. bescheidenen)* Verhältnissen leben; Die Zimmer sind s. und sauber (Gute Fahrt 4, 1974, 47); Die s. gezimmerte Bank (Th. Mann, Zauberberg 77). **2.** *nicht besonders gebildet, geistig nicht sehr aufgeschlossen:* ein -er Mensch; ein -es Gemüt haben; es waren alles -e Leute. **3.** *bloß* (2), ²*rein* (2a): das ist eine -e Tatsache; ein -es Gebot der Menschlichkeit (Dürrenmatt, Meteor 57); ... ob sexuelle Motive bei diesen Diebereien eine Rolle spielten oder ob sie einer -en Bereicherungsabsicht entsprangen (Noack, Prozesse 147). **4.** (Handarb. nordd.) *recht...* (2b), *rechts* (I 1c): -e Maschen; s. stricken. **5.** * **s. um s.** *(im direkten Tausch, Leistung gegen Leistung;* schlicht steht hier in der älteren Bed. „auf geradem Wege, direkt"): Verrechnungsschwierigkeiten gibt es dabei nicht; wir tauschen s. um s. (Dönhoff, Ära 89). **II.** ⟨Partikel; meist unbetont⟩ *drückt eine emotionale Verstärkung einer Aussage aus: ganz einfach, einfach nur; unverblümt gesagt:* das ist s. gelogen, falsch; Es scheint s. unvorstellbar (MM 22.7.74,2); Ganze Partien des „Ulysses" sind s. langweilig (Tucholsky, Werke 385); Arrhythmien also? Vielleicht Anzeichen einer Tachykardie. Oder einfach s. Streß, denkt Schröder (Heim, Traumschiff 34); * **s. und einfach** (ugs. verstärkend; *ganz einfach, ohne Umstände [gesagt])*: ich werde s. und einfach abstreiten; den Geburtstag hatte er s. und einfach vergessen; **s. und ergreifend** (ugs. scherzh.; *ganz einfach, ohne Umstände [gesagt])*: Ja, ich habe s. und ergreifend Angst davor rauszukommen (Grossmann, Schwul 63); **Schlịch**|**te**, die; -, -n [zu ↑schlichten] (Fachspr.): *klebrige Lösung aus Stärke o.ä. in Wasser zum Schlichten* (2c) *von Kettfäden;* **Schlịcht**-

ei|sen, das: *aus einer gebogenen Klinge bestehendes Werkzeug zum Schlichten* (2 b) *von Leder;* **schlịch|ten** ⟨sw. V.; hat⟩ [mhd., ahd. slihten, zu ↑schlecht in der alten Bed. „eben, glatt", also eigtl. = ebnen, glätten]: **1.** *als unbeteiligter Dritter zwischen streitenden Parteien vermitteln u. deren Streit beilegen:* es gelang ihm nicht, den Streit zu s.; auf dem Reichstag ... werden sehr weltliche und sehr nördliche Händel geschlichtet werden (Benrath, Konstanze 97); schlichtend [in eine Auseinandersetzung] eingreifen. **2.** (Fachspr.) **a)** *(eine Oberfläche) glätten:* ein hölzernes, metallenes Werkstück, eine Oberfläche s.; **b)** *(Leder) weich u. geschmeidig machen;* **c)** *(Kettfäden) mit einer leimartigen Flüssigkeit behandeln, um sie widerstandsfähiger zu machen.* ♦ **3.** *ordnen, richten* (4 a): er schlichtete seine Schreibbücher so lange, bis ihre Rücken so bleirecht aufeinanderlagen wie eine preußische Fronte (Jean Paul, Wutz 11); **Schlịch|ter,** der; -s, -: *jmd., der etw. schlichtet* (1), *jmd., der dazu eingesetzt ist, eine Einigung zwischen zwei streitenden Parteien herbeizuführen:* sich als S. im Tarifkonflikt zur Verfügung stellen, anbieten; Biedenkopf wurde ... zum S. im Streit um die 35-Stunden-Woche berufen (Spiegel 24, 1984, 28); **Schlịch|te|rin,** die; -, -nen: w. Form zu ↑Schlichter; **Schlịcht|fei|le,** die: *feine Feile zum Glätten von Oberflächen;* **Schlịcht|ham|mer,** der: *besonders geformter Hammer zum Glattklopfen von Blech o. ä.;* **Schlịcht|heit,** die; -: *das Schlichtsein, schlichte* (1, 2) *Art, Beschaffenheit;* **Schlịcht|ho|bel,** der: *Hobel zum Glätten (von Holz);* **Schlịcht|mond,** der [nach der Form]: *Schlichteisen;* **Schlịch|tung,** die; -, -en ⟨Pl. selten⟩: *das Schlichten;* **Schlịch|tungs|aus|schuß,** der: *mit der Schlichtung tariflicher Konflikte beauftragter Ausschuß;* **Schlịch|tungs|kom|mis|si|on,** die: vgl. Schlichtungsausschuß; **Schlịch|tungs|stel|le,** die: vgl. Schlichtungsausschuß; **Schlịch|tungs|ver|fah|ren,** das: *Verfahren der Schlichtung bei tariflichen Konflikten (durch einen Schlichtungsausschuß o. ä.);* **Schlịch|tungs|ver|such,** der: *Versuch einer Schlichtung;* **schlịcht|weg** ⟨Adv.⟩: *schlechtweg:* Bei dieser nachgiebigen Frau, die vielleicht nur s. schwach war ... (Kronauer, Bogenschütze 158); Er (= Konrad Dänzer) war der einzige ..., der das so s. zugab (Härtling, Hubert 230); Das Ziel seiner Jagden bestand darin, s. alles zu besitzen, was die Welt an Gerüchen zu bieten hatte (Süskind, Parfum 48). **Schlịck,** der; -[e]s, ⟨Arten:⟩ -e [aus dem Niederd. < mniederd. slīk, slick, zu: slīken = gleiten, niederd. Form von ↑schleichen]: *am Boden von Gewässern* (bes. im Wattenmeer) *abgelagerter od. angeschwemmter, feinkörniger, glitschiger, an organischen Stoffen reicher Schlamm;* **Schlịck|ab|la|ge|rung,** die: **a)** ⟨o. Pl.⟩ *das Sichablagern von Schlick;* **b)** *aus Schlick bestehende Ablagerung* (1 b); **Schlịck|bad,** das: vgl. Schlammbad; **Schlịck|bil|dung,** die ⟨o. Pl.⟩: *das Sichbilden von Schlick;* **schlịcken¹** ⟨sw. V.; hat⟩ (Fachspr.): *(von Gewässern) Schlick ablagern;*

schlịcke|rig¹, schlịckrig ⟨Adj.⟩ (nordd.): *mit nassem Schmutz, Schlamm behaftet, schlammig, schlickig u. rutschig:* ein -er Feldweg; **Schlịcker|milch¹,** die; - [zu ↑schlickern (1)] (landsch.): *saure Milch;* **schlịckern¹** ⟨sw. V.⟩ [1: wohl übertr. von der älteren Bed. „Schlamm" ansetzen, im Fließen stocken; 2: wohl übertr. von (3); 3: wohl zu niederd. sliken = schleichen]: **1.** (landsch.) *(von Milch) gerinnen* ⟨hat⟩. **2.** (landsch.) [hin u. her] schwanken wie eine gallertartige Masse ⟨hat/ist⟩. **3.** (landsch.) **a)** *schlittern* (1 a) ⟨hat⟩; **b)** *irgendwohin schlickern* (3 a) ⟨ist⟩. **4.** (nordd.) *naschen* (1): die Kinder sollen nicht so viel s.; er schlickert schon wieder Schokolade; **Schlịck|fall,** der (Fachspr.): *Schlickablagerung* (a); **Schlịck|fän|ger,** der (Fachspr.): *Vorrichtung* [im Watt], *die dazu dient, den Schlickfall zu fördern* (z. B. Buhne, Lahnung); **Schlịck|gras,** das ⟨o. Pl.⟩: *im Watt wachsendes Gras;* **schlịckig¹** ⟨Adj.⟩ (nordd.): *Schlick aufweisend, mit Schlick bedeckt, voller Schlick, aus Schlick bestehend:* -er Boden; seine Stiefel waren ganz s.; **schlịckrig:** ↑schlickerig; **Schlịck|sand,** der: *stark sandhaltiger Schlick;* **Schlịck|schlit|ten,** der: *flacher, hölzerner Behälter, den man wie einen Schlitten über den Schlick schieben kann (zum Transportieren von Material bei Arbeiten im Watt);* **Schlịck|torf,** der: *Darg;* **Schlịck|watt,** das: *Watt, dessen Boden überwiegend aus weichem Schlick besteht* [u. *das schlecht zu begehen ist*].

schlief: ↑schlafen.

Schlief, der; -[e]s, -e ⟨Pl. selten⟩ [zu ↑schliefen od. ↑schleifen] (landsch.): *unausgebackener Teig; schliefige Stelle in Brot, Kuchen o. ä;* **schlief|bar** ⟨Adj.⟩ (österr.): *so gebaut, daß der Schornsteinfeger hindurchkriechen, -steigen kann:* in -er Kamin, Abzug; **schlie|fen** ⟨st. V.; schloff, ist geschloffen⟩ [mhd. slīfen, ahd. sliofan; vgl. schlüpfen]: **1.** (österr., südd.) *schlüpfen:* in die Hose s. **2.** (Jägerspr.) *(von Erdhunden, Frettchen) in einen Bau kriechen:* den Erdhund [in den Dachsbau] s. lassen; **schlief|rig:** ↑schliefrig; **Schlie|ferl,** das; -s, -[n] (österr. ugs.): **1.** (auch südd.) *kriecherischer Mensch [der sich bei Vorgesetzten einzuschmeicheln versucht].* **2.** (Kochk.) *(meist als Beilage servierte) Hörnchennudel;* **schlie|fern** ⟨sw. V.; hat⟩ [zu ↑Schliefer (1)] (landsch.): *sich einen Splitter einreißen:* er hat sich [an einem Brett] geschliefert; **schlie|fig** ⟨Adj.⟩ [zu ↑Schlief] (landsch.): *klitschig;* **schliefrig, schliefrig** ⟨Adj.⟩ (landsch.): *glatt, schlüpfrig.*

♦ **Schlie|ker,** der; -s, - [mniederd. slīker, zu: slīken = schleichen]: *(im nordd. Sprachgebrauch) Schleicher:* Der hat's hinter den Ohren und ist ein S. (Fontane, Jenny Treibel 65).

Schlier, der; -s ⟨o. Pl.⟩ [1: mhd. slier = Lehm, Schlamm; vgl. schlieren]: **1.** (südd.,

österr.) *Mergel.* **2.** (Geol.) *blaugraue, feingeschichtete, sandig-mergelige Ablagerung in der Molasse der Alpen- u. Karpatenvorlandes;* **Schlie|re,** die; -, -n: **1.** ⟨o. Pl.⟩ (ostmd.) *schleimige Masse, Schleim.* **2. a)** (Technik) *[streifige] Stelle in einem lichtdurchlässigen Stoff, an dem er eine andere Dichte aufweist u. dadurch andere optische Eigenschaften besitzt;* **b)** (Geol.) *streifige, in der Zusammensetzung vom übrigen Gestein unterschiedene Zone in einem Gestein;* **c)** *Streifen o. ä. auf einer Glasscheibe, einem Spiegel o. ä.:* abgenutzte Wischerblätter hinterlassen auf der Windschutzscheibe -n; **schlie|ren** ⟨sw. V.; hat/ist⟩ [bes. md., niederd., wohl verw. mit ↑schlaff] (Seemannsspr.): *(von Tauen o. ä.) rutschen, gleiten:* die Leine schliert über die Klampe; **schlie|rig** ⟨Adj.⟩ (landsch.): *schleimig, schlüpfrig, glitschig;* **Schlier|sand,** der ⟨o. Pl.⟩ (österr.): *feiner, angeschwemmter Sand.*

Schließ|an|la|ge, die: *mehrere innerhalb eines Gebäudes o. ä. eingebaute [Tür]schlösser, deren verschiedene Schlüssel jeweils nur zu einer bestimmten Kombination von Schlössern passen;* **schließ|bar** ⟨Adj.⟩: *sich schließen lassend:* einen Koffer ..., der schwer s. war (Seghers, Transit 182); **Schlie|ße,** die; -, -n: *meist aus Metall bestehender Verschluß* (z. B. als Spange, Schnalle): die S. eines Gürtels; eine alte Bibel mit silberner S.; **schlie|ßen** ⟨st. V.; hat⟩ /vgl. geschlossen/ [mhd. sliezen, ahd. sliozan, H. u.]: **1. a)** *bei einer offenen Sache bewirken, daß sie nach außen abgeschlossen zu ist:* eine Kiste, einen Koffer, eine Flasche, einen Briefumschlag s.; die Hand [zur Faust] s.; er schloß die Augen [bis auf einen schmalen Spalt]; ein Buch s. *(zuschlagen);* einen Gürtel *(den Verschluß eines Gürtels)* s.; jmdm. das Kleid s.; ein hinten geschlossenes *(zu schließendes)* Kleid; **b)** *in eine solche Stellung bringen, so bewegen, handhaben, daß dadurch etw. geschlossen wird:* einen Deckel, eine Tür, einen Knopf, einen Reißverschluß, ein Ventil, einen Hahn s.; die Lippen [fest] s. *(in gegenseitige Berührung bringen);* mit geschlossenen Beinen; ein [halb] geschlossenes Blende; **c)** *(eine Öffnung, einen Durchlaß o. ä.) undurchlässig, unpassierbar o. ä. machen:* einen Durchgang, Zugang [mit einer Barriere] s.; eine Lücke s. *(ausfüllen);* einen gebrochenen Deich wieder s. *(an der beschädigten Stelle reparieren);* einen [Strom]kreis s. *(vervollständigen);* einen Kontakt s. *(eine elektrische Verbindung herstellen);* Ü eine Grenze s. *(das Passieren einer Grenze untersagen).* **2.** ⟨s. + sich⟩ *sich zusammenlegen, -falten:* die Blüten schließen sich; die Fangarme schlossen sich um das Opfer. **3.** *sich auf eine bestimmte Weise schließen* (1 b) *lassen:* die Tür, der Deckel schließt nicht richtig, etw. schwer; die Türen schließen automatisch *(werden automatisch geschlossen).* **4.** ⟨s. + sich⟩ *in einen geschlossenen* (1) *Zustand gelangen:* die Tür schloß sich; die Wunde hat sich geschlossen; der Kreis schließt sich. **5. a)** ⟨s. + sich⟩ *sich anschließen* (4): an den Vortrag schloß sich noch eine Diskussion; mit dem ... viereckigen Platze für Märkte und Paraden, ... an den sich

Schließer

Schwärme, Züge, Viertel voller niederer Holzhäuser s. (A. Zweig, Grischa 93); **b)** *anschließen* (3): er aber schloß daran die Worte: „Ich wünsche recht guten Appetit ..." (Th. Mann, Krull 300); **c)** *anschließen* (2): schließ die Lampe doch direkt an die Batterie!; ♦ **d)** *sich anschließen* (5 a): Ein junger Ritter, Hugo, schloß sich an den stillen, betrübten Eckbert (Tieck, Eckbert 21). **6. a)** * *etw. in sich s. (etw. [mit] enthalten):* die Aussage schließt einen Widerspruch in sich; **b)** *einschließen* (3): wir wollen ihn [mit] in unser Gebet s.; **c)** *umfangen, umfassen, umgreifen u. (an einer bestimmten Stelle [am Körper]) festhalten:* die Mutter schloß das Kind fest an ihre Brust, in die Arme; er schloß die Münze fest in seine Hand. **7. a)** *etw. für Besucher, Kunden o. ä. zeitweilig unzugänglich machen:* er schließt seinen Laden über Mittag; der Schalter wird um 17 Uhr geschlossen; das Museum ist heute geschlossen; **b)** *geschlossen* (7 a) *werden:* die Läden schließen um 18 Uhr; die Börse schloß freundlich (Börsenw.; *bei Börsenschluß standen die Kurse günstig*); Die Standardwerte schlossen (Börsenw.; *standen bei Börsenschluß im Kurs*) bis zu 3 DM pro Aktie niedriger (MM 25. 1. 74, 7); **c)** *(eine Firma, Institution o. ä.) veranlassen, den Betrieb einzustellen:* die Behörden haben die Schule wegen der Epidemie [bis auf weiteres] geschlossen; er hat seinen Laden aus Altersgründen geschlossen *(aufgegeben);* **d)** *den Betrieb einstellen, ruhen lassen:* die Fabrik mußte s., weil die Zulieferungen ausblieben. **8. a)** *einen Schlüssel im Schloß herumdrehen:* du mußt zweimal s.; **b)** *(von einem Schlüssel, einem Schloß) [in einer bestimmten Weise] zu betätigen sein, funktionieren:* der Schlüssel, das Schloß schließt etwas schwer, nicht richtig; der Schlüssel schließt (landsch.; *paßt*) zu beiden Türen. **9. a)** *einschließen* (1): den Schmuck in eine Kassette s.; er schloß ihn in den Keller; warum schließt er sich in sein Zimmer?; ♦ Ich möchte Georgen und Franzen geschlossen sehn *(eingesperrt, als Gefangene sehen)!* – Es wär' ein Anblick, um einen Engel weinen zu machen (Goethe, Götz IV); **b)** *anschließen* (1): er schloß sein Fahrrad [mit einer Kette] an einen Zaun. **10. a)** *(eine Veranstaltung o. ä.) beenden, für beendet erklären:* eine Sitzung, Versammlung s.; „die Verhandlung ist geschlossen", sagte der Richter; **b)** *zum Ende bringen, beenden:* er schloß seinen Brief, Vortrag mit den Worten ...; die Rednerliste ist geschlossen *(weitere Wortmeldungen können nicht berücksichtigt werden);* ⟨auch o. Akk.-Obj.:⟩ hiermit möchte ich für heute s.; Ich schloß *(beendete meine Mahlzeit)* mit einer ... Äpfelcharlotte (Fallada, Herr 140); **c)** *zu Ende gehen, enden:* mit diesen Worten, mit dieser Szene schließt das Stück; Der Tag schloß in einer unerfreulichen Stimmung (Niekisch, Leben 334). **11.** *(einen Vertrag o. ä.) eingehen, abschließen:* einen Vertrag, Pakt s.; mit jmdm. die Ehe s.; Frieden s.; ⟨verblaßt:⟩ eine Bekanntschaft s. *(jmdn. kennenlernen);* einen Kompromiß s. *(sich auf einen Kompromiß einigen).* **12. a)** *(eine Tatsache, eine Annahme) von etw. ableiten, herleiten:* aus deiner Reaktion schließe ich, daß du anderer Meinung bist; das läßt sich [nicht] ohne weiteres daraus s.; von dem Stil können wir mit einiger Sicherheit auf den Autor s.; Das Gebäude mußte also viel älter sein, als sich nach seinem Äußeren s. ließ (Geissler, Wunschhütlein 26); ... die sich, aus ihren Gesten zu s., gerade verabschieden wollten (Langgässer, Siegel 100); * ♦ *für jmdn. s. (ein Beweis für jmdn. sein, jmds. Schluß* 2a *bestätigen):* Das schließt für mich, mein Vater (Lessing, Nathan I, 2); **b)** *etw. an einem Fall Beobachtetes, Vorhandenes auch für andere Fälle für zutreffend, gültig halten:* man kann von den hiesigen Verhältnissen nicht ohne weiteres auf die Zustände in Frankreich s.; R du solltest nicht immer von dir auf andere s. (ugs.; *was für dich zutrifft, muß deswegen nicht auch für andere zutreffen).* ♦ **13.** ⟨2. u. 3. Pers. Sg. Präs. u. Imperativ 2. Pers. Sg. auch schleußt, schleußt, schleuß!:⟩ Freude, Mäßigkeit und Ruh' schleußt dem Arzt die Türe zu (Friedrich von Logau [1604–1655], dt. Dichter, Deutscher Sinn-Gedichte Drey Tausend [1. Tausend, 4. Hundert, Nr. 41]; Herausgegeben von G. Eitner, Tübingen 1872); schleuß dem feindlichen Spott dein Ohr zu (Voß, Achilleis 254); **Schlie|ßer**, der; -s, -: **1.** *Angestellter, der die Zellen im Gefängnis öffnet u. schließt.* **2.** *Türschließer* (1). **3.** *Türschließer* (2); **Schlie|ße|rin**, die; -, -nen: w. Form zu ↑Türschließer (1, 2); **Schließ|fach**, das: **1.** *zur zeitweiligen Aufbewahrung von Gegenständen [gegen eine Gebühr] zur Verfügung stehendes verschließbares Fach* (1) *z. B. zur Gepäckaufbewahrung auf Bahnhöfen.* **2.** *Postfach* (a); **Schließ|frucht**, die (Bot.): *Frucht, die sich bei der Reifung nicht öffnet, sondern die Samen erst nach ihrer Verrottung freigibt;* **Schließ|ket|te**, die: *Kette, mit deren Hilfe etwas verschlossen, gegen Diebstahl o. ä. gesichert wird;* **Schließ|korb**, der: *mit einem Deckel verschließbarer größerer Korb;* **schließ|lich** ⟨Adv.⟩: **1. a)** *nach einer langen Zeit des Wartens, nach vielen Verzögerungen, nach einem langwierigen Prozedur; endlich, zum Schluß, zuletzt:* er willigte s. [doch] ein; nach einer langen Odyssee kamen wir s. doch an unser Ziel; s. ist es dann zum Eklat gekommen; man einigte sich s. auf einen Kompromiß; ⟨auch attr.:⟩ Lana Gogoberidse schildert ... die mühsame Aufrechterhaltung und das -e Scheitern einer Ehe (Oxmox 6, 1983, 132); * *s. und endlich* (ugs. verstärkend; *schließlich*): s. und endlich haben wir es doch geschafft; **b)** *das letzte Glied einer längeren Aufzählung an:* Am Rande von Soho liegt Foyles Buchhandlung, das Palace-Theater, ein Markt und s. Piccadilly Circus (Koeppen, Rußland 165). **2.** drückt aus, daß die jeweilige Aussage nach Auffassung des Sprechers als allein ausreichende u. sofort einleuchtende Erklärung, Begründung für etw. anderes darstellt: ihm kannst du keinen Vorwurf machen, er hat s. nur seine Pflicht getan; er ist s. mein Freund; Ich kann ihn s. nicht einfach sitzenlassen; „Der Mann ist s. Stadtrat", rechtfertigte Luzie Lenske ... ihre Vertrauensseligkeit (Spiegel 30, 1982, 64); **Schließ|mus|kel**, der: **1.** *[ringförmiger] Muskel, der dazu dient, die Öffnung eines Hohlorgans (durch Kontraktion) zu verschließen, geschlossen zu halten.* **2.** (Zool.) *starker Muskel, mit dessen Hilfe Muscheln ihre Schale schließen, geschlossen halten;* **Schließ|rah|men**, der (Druckw.): *Rahmen aus Metall, in den der Satz* (3 b) *eingespannt wird, damit er beim Drucken zusammenhält;* **Schließ|tag**, der (regional): *Wochentag, an dem ein Laden, eine Gaststätte o. ä. regelmäßig geschlossen bleibt;* **Schlie|ßung**, die; -, -en ⟨Pl. selten⟩: *das Schließen* (1, 7 c, 10 a, 11); **Schließ|zeit**, die: *Zeit, während der eine öffentliche Einrichtung o. ä. geschlossen ist;* **Schließ|zel|le**, die (Bot.): *Zelle in der Oberhaut der Pflanze, die zusammen mit einer benachbarten gleichartigen Zelle eine Spaltöffnung bildet u. diese reguliert;* **Schließ|zy|lin|der**, der: *zylindrischer Teil eines Sicherheitsschlosses, der mit dem Schlüssel gedreht wird.*

schliff: ↑¹schliefen; ¹**Schliff**, der; -[e]s, -e [mhd. slif, zu ↑¹schleifen]: **1. a)** ⟨o. Pl.⟩ *das Schleifen* (1 b) *von etw.:* der S. von Diamanten ist mühevoll; **b)** *Art u. Weise, in der etw. geschliffen ist:* ein mugeliger S.; die Kristallgläser, Edelsteine haben einen schönen S. **2. a)** ⟨o. Pl.⟩ *das Schleifen* (1 a), *Schärfen* (1), *Herstellen einer Schneide:* beim S. der Messer; **b)** *Art u. Weise, in der etw. geschliffen, mit einer Schneide versehen ist:* die Messer haben einen glatten, welligen S.; die Schere mit einem neuen S. versehen lassen. **3.** (Geol.) kurz für ↑Gletscherschliff. **4.** kurz für ↑Dünnschliff. **5.** ⟨o. Pl.⟩ **a)** *verfeinerte Umgangsformen (die jmdm. durch seine Erziehung vermittelt werden); Lebensart, die jmd. erworben hat:* ihm fehlt jeder S.; er hat keinen S.; jmdm. S. beibringen; Ich hab' das beste aus der Frau gemacht, ihr etwas S. gegeben (Frings, Männer 284); **b)** *bestimmte Vollkommenheit:* der neuen Bedienung fehlt noch der S.; In seines Schwiegervaters Werkstatt erhielt er für dieses Gewerk (= Spielzeugmacherhandwerk) ... den letzten S. (Freie Presse 1. 12. 89, Beilage 3); ... ließ die Ausführung der Schaltkonsole den sonst ... gewohnten S. vermissen (Gute Fahrt 3, 1974, 18); ²**Schliff**, der; -[e]s, -e (landsch.): *Schlief:* * *S. backen* (landsch.; *mit etw. scheitern, Mißerfolg haben*); **Schliff|art**, die: *Art des* ¹*Schliffes* (1 b, 2 b); **Schliff|flä|che**, die: *Schlifffläche* (1 b) *von etw.:* die S. eines Edelsteins; **Schliffform**¹, die: vgl. Schliffart; **schliffig**: ↑schliefig.

schlimm ⟨Adj.⟩ [mhd. slim(p) = schief, schräg (vgl. ahd slimbī = Schräge), erst im Nhd. = übel, schlecht, böse, H. u.]: **1.** *schwerwiegend u. üble Folgen nach sich ziehend:* ein -er Fehler; ein -es Vergehen; man hat ihm die -sten Dinge nachgesagt; das ist sehr s. für ihn *(trifft ihn sehr hart);* er hat sich den Plan s. (ugs.; *in schwerwiegender Weise*) verkalkuliert. **2.** *in hohem Maße unangenehm, unerfreulich; negativ* (2 a); *übel, arg:* das sind -e Nachrichten; -e Zustände; eine -e Erfahrung; eine -e Sache, Lage; ich meine, wir haben beide -ere Zeiten gesehen (Benrath, Konstanze 34); es ist alles halb so s.; es ist gerade s. genug, daß wir warten müssen; das -ste ist, daß ...; was -er ist, wir mußten Strafe zahlen; ist nicht s.! *(entschuldigende Floskel:)* das macht nichts!); es hätte s. kommen können; es steht s. *(bedrohlich)* um ihn; ⟨subst.:⟩ man fürchtet das Schlimmste; es gibt Schlimmeres; ich kann nichts Schlimmes *(Negatives)* dabei, daran finden. **3.** *(in moralischer Hinsicht) schlecht, böse, niederträchtig:* ein -er Bursche, Geselle; Die Gegend sei „schlimm" und die Leute berüchtigt (Ossowski, Bewährung 111); ⟨subst.:⟩ er ist ein ganz Schlimmer *(scherzh.; ein Schwerenöter).* **4.** (fam.) *(von einem Körperteil, Organ o. ä.) entzündet; schmerzend o. ä.:* er hat einen -en Hals, Zahn; In Schiewenhorst bekam Hedwig Lau -e Mandeln (Grass, Hundejahre 99). **5.** ⟨intensivierend bei Adj. u. Verben⟩ (ugs.) *sehr:* heute ist es s. kalt; Ich fing so s. an zu heulen, daß ... (Schnurre, Bart 118). ◆ **6.** *(in landsch. Sprachgebrauch) schief, krumm, nicht richtig sitzend o. ä.:* Zu einem leinenen ungefärbten Landrock trug sie einen alten grünseidenen Spenser, eine baumwollene Schürze und einen -en weißen Halskragen (Keller, Romeo 26); **schlimm|sten|falls** ⟨Adv.⟩: *im ungünstigsten Falle:* s. müssen wir uns mit einem Notquartier begnügen. **Schling|be|schwer|den** ⟨Pl.⟩ [zu ↑²schlingen] (Med.): *Beschwerden beim Schlucken;* **Schling|be|we|gung**, die; -, -en ⟨meist Pl.⟩: *(von verschiedenen Tieren) bestimmte Bewegung der Muskulatur von Schlund u. Hals, durch die die Beute heruntergewürgt wird.* **Schlin|ge**, die; -, -n [16. Jh.; zu ↑¹schlingen; mhd. slinge, ahd. slinga = Schleuder]: **1.** *zu runder od. länglicher Form ineinander verknüpftes Stück Schnur, Draht, Stoff o. ä. [das zusammengezogen werden kann]:* eine S. knüpfen, machen; eine S. aus Draht; die S. zuziehen, lockern; Und nun ziehst du die S. fest, und da sitzen die Borsten schon! (Fallada, Trinker 185); den verletzten Arm in der S. *(in einer zu einer Schlinge geknoteten Tragtuch)* tragen; jmdm. die S. um den Hals legen, um ihn aufzuhängen; * **jmdm. die S. um den Hals legen** *(jmdn. hart bedrängen; jmds. Ruin einleiten).* **2.** *aus einer in bestimmter Weise aufgestellten Drahtschlinge bestehendes Fanggerät:* -n legen, stellen; Hasen in einer S. fangen; Ü die gerissenen Kommissare konnten eine harmlose Erwähnung zu einer S. machen, in der man sich rettungslos verfing (Fallada, Jeder 346); er hat sich in seiner eigenen S. gefangen *(ist Opfer seiner eigenen List geworden);* * **sich aus der S. ziehen** (↑Kopf 1). **3.** *Teil eines [lockeren] Gewebes o. ä., der in der Form einer Schlinge (1) ähnlich ist:* die -n des Frotteestoffes, Teppichs. **4.** *(Eiskunstlauf, Rollkunstlauf) in einem verkleinerten Achter gelaufene Figur mit einer ovalen Eindruck;* **¹Schlin|gel**, der; -s, - [älter auch: Schlüngel, zu mhd. mniederd. slingen (↑¹schlingen) in der Bed. „schleichen, schlendern", eigtl. = Müßiggänger] (scherzh.):

Junge, junger Mann, der zu vielerlei Streichen o. ä. aufgelegt ist: na, du kleiner S.; schlimme Jungen nennt man die S., die Äpfel mausen (Böll, Haus 169); **²Schlin|gel**, das; -s, - [zu ↑Schlinge] (landsch.): *Öse (an Kleidungsstücken);* **¹schlin|gen** ⟨st. V.; hat⟩ [mhd. slingen, ahd. slingan = hin und her ziehend schwingen; winden, flechten, auch: sich winden, kriechen, schleichen]: **1. a)** *um etw. winden od. legen [u. die Enden verknüpfen od. umeinanderlegen]:* einen Schal um den Hals, ein Tuch um den Kopf, die Schulter s.; eine Kordel um das Paket s.; Das Tau wurde um einen Steinpflock und ... um einen Baum geschlungen (Klepper, Kahn 198); Die weiten Ärmel seines ... Hemdes ... hatte der Jüngling sich um die Hüften geschlungen (Th. Mann, Joseph 62); **b)** *(Arme, Hände) fest um jmdn., etw. legen:* die Arme um jmdn., um jmds. Hals s.; sie saß ... reglos auf ihrem Bett, die Hände um die Knie geschlungen (Baum, Paris 66); **c)** ⟨s. + sich⟩ *sich um etw. herumschlingen, winden:* Efeu schlingt sich um den Baumstamm; die Natter schlingt sich um ihre Beute *(umschlingt sie).* **2.** *in etw. flechten:* Bänder ins Haar s. **3.** *durch Umeinanderwinden u. Verknüpfen (der Enden einer Schnur, eines Bandes o. ä.) herstellen:* einen Knoten s. **4.** *umeinander winden u. verknüpfen:* Sinaida mit den blauschwarzen Haaren, die sie im Nacken zu einem glänzenden Knoten geschlungen hatte (Rolf Schneider, November 82). **5.** (österr.) *mit einem Schlingstich befestigen:* ein Knopfloch s. **²schlin|gen** ⟨st. V.; hat⟩ [mhd. (ver)slinden, ahd. (far)slintan, im Frühmhd. mit ↑¹schlingen lautlich zusammengefallen, H. u., viell. eigtl. = gleiten lassen]: **a)** *([gierig,] hastig,) ohne [viel] zu kauen, essen; hastig herunterschlucken:* Unmengen Süßigkeiten s.; er schlang seine Suppe in großer Hast; die Beute s. *(von bestimmten Tieren; ganz herunterschlingen);* die wilde und wahllose Art, in der er (= ein Hund) das Futter in sich schlang *(fraß;* Th. Mann, Herr 124); ⟨auch ohne Akk.-Obj.:⟩ wir tranken und aßen und schlangen, ... denn wir hatten schon seit Tagen nichts Vernünftiges mehr gegessen (Schnurre, Bart 163).
³schlin|gen ⟨sw. V.; hat⟩ [zu ↑¹Schlinge] (Fischerei): *mit der Drahtschlinge fangen:* Holzflößer hatten ihm gezeigt, wie ... Fische geschlingt werden (Lenz, Brot 13); **Schlin|gen|flor**, der; [²Flor (2), der aus Schlingen (3) besteht:* ein Teppich aus S.; **Schlin|gen|ge|we|be**, das: *Frottiergewebe;* **Schlin|gen|stel|ler**, der; -s, -: *jmd., der Schlingen (2) zum Tierfang aufstellt;* **Schlin|gen|stel|le|rin**, die; -, -nen: *w. Form zu ↑Schlingensteller;* **Schlin|gen|stoff**, der: *Frottee;* **Schlin|gen|wa|re**, die ⟨o. Pl.⟩: *Teppichboden mit Schlingenflor.* **Schlin|ger**, der; -s, - [zu ↑²schlingen] (Zool.): *Tier, das Beute unzerkleinert hinunterschluckt (z. B. Schlange, Fisch).* **Schlin|ger|be|we|gung**, die: *Bewegung des Schlingerns (a) eines Bootes od. Schiffes;* **Schlin|ger|bord**, das: vgl. Schlingerleiste; **Schlin|ger|kiel**, der: *Kiel, der die Schlingerbewegungen dämpfen soll;* **Schlin|ger|kurs**, der (bes. Politik Jar-

gon): *[politischer] Kurs, dem es an Geradlinigkeit fehlt:* der S. einer Partei; **Schlin|ger|leis|te**, die: *(an verschiedenen Einrichtungsgegenständen eines Schiffes) hochkant angebrachte Leiste, die ein Abrutschen von Gegenständen beim Schlingern (a) des Schiffes verhindern soll;* **schlin|gern** ⟨sw. V.⟩ [aus dem Niederd. < mniederd. slingern = hin und her schlenkern, zu ↑¹schlingen]: **a)** *(von Schiffen) sich im Seegang o. ä. um seine Längsachse drehen, wobei abwechselnd die eine u. die andere Längsseite stärker ins Wasser taucht; rollen* ⟨hat⟩: das Boot, Schiff schlingert; ⟨subst.:⟩ das Stampfen und Schlingern der Jollen; Ü das Taxi begann plötzlich wild zu s. *(geriet in heftiges Schleudern;* Simmel, Stoff 616); * **ins Schlingern geraten/kommen** (↑schleudern 2 a); **b)** *sich schlingernd (a), mit Schlingerbewegungen fortbewegen* ⟨ist⟩: die Boote schlingerten durch die rauhe See; Ü Dreißig Mann schlingerten dem Stacheldrahttor der Großbatterie von G. zu (liefen taumelnd auf das Stacheldrahttor zu; Lentz, Muckefuck 238); **Schlin|ger|tank**, der: *mit Wasser gefüllter Tank in einem Schiff, der dem Schlingern (a) entgegenwirken soll.* **Schling|ge|wächs**, das: *Schlingpflanze.* **Schling|krampf**, der [zu ↑²schlingen] (Med.): *[meist schmerzhafter] Krampf (1) der Muskeln des Schlundes u. der Speiseröhre, der das Schlucken erschwert od. unmöglich macht; Schluckkrampf;* **Schling|läh|mung**, die (Med.): *Lähmung der Muskeln des Schlundes u. der Speiseröhre; Schlucklähmung.* **Schling|nat|ter**, die [zu ↑¹schlingen]: *Natter, die ihre Beute durch Umschlingen tötet;* **Schling|pflan|ze**, die: *Pflanze, die sich an einer Stütze emporrankt;* **Schling|stich**, der (Handarb., Schneiderei): *[Stick]stich, mit dem etw. am Rand befestigt wird;* **Schling|strauch**, der: vgl. Schlingpflanze. **Schlipf**, der; -[e]s, -e [spätmhd. slipf(e) (schweiz.): *Berg-, Fels-, Erdrutsch;* **schlip|fen** ⟨sw. V.; ist⟩ [mhd. slipfen, ahd. sliphen, verw. mit ↑schlüpfen] (schweiz.): *ausgleiten, rutschen;* **Schlipp**, der; -[e]s, -e [zu niederd. slippen = gleiten, rutschen, wohl verw. mit ↑schlüpfen] (Seemannsspr.): *Slip* (2); **Schlip|pe**, die; -, -n [1: mniederd. slip(p)e, eigtl. wohl = (Nach)schleifendes; 2: wohl eigtl. = etw., in das man hineinschlüpft]: **1.** (nordd.) *Rockzipfel.* **2.** (landsch.) *enger Durchgang; schmales Gäßchen;* **schlip|pen**: ↑slippen; **Schlip|per**, der; -s [wohl zu (ost)md. schlippern = gerinnen, eigtl. = schwanken, schaukeln, nach der Bewegung der geronnenen Milch] (landsch.): *abgerahmte, dicke Milch;* **schlip|pe|rig**, schlipprig ⟨Adj.⟩ (landsch.): *gerinnend:* -e Milch; **Schlip|per|milch**, die - (landsch.): *Sauermilch;* **schlipp|rig**: ↑schlipperig; **Schlips**, der; -es, -e [aus dem Niederd., Nebenf. von mniederd. slip(p)e; in den Wendungen hat „Schlips" noch die urspr. Bed. „Rockschoß, -zipfel"; ↑Schlippe] (ugs.): *Krawatte* (1): einen S. umbinden, tragen; * **jmdm. auf den S. treten** *(jmdn. zu nahe treten; jmdn. beleidigen);* **sich auf den S.**

Schlipshalter

getreten fühlen *(verletzt, gekränkt sein über jmds. Reden od. Verhalten)*; **jmdn. am S. fassen/ beim S. nehmen** *(jmdn. eindringlich u. unter Ermahnungen zureden, etw. zu tun od. zu unterlassen, etw. mitzuteilen, zu gestehen; jmdn. ins Gewissen reden)*; **Schlips|hal|ter**, der: *Krawattenhalter;* **Schlips|na|del**, die: *Krawattennadel.*
schliß: ↑schleißen; **schlis|sig** 〈Adj.〉 (landsch.): *verschlissen:* ... schlug Herr Gully ... sein Jackett mit dem -en Innenfutter zurück (Langgässer, Siegel 34).
Schlit|tel, das; -s, - (landsch., bes. schweiz.): *kleiner Schlitten* (1); **schlit|teln** 〈sw. V.; ist〉 (österr., schweiz.): *rodeln:* Im Winter läßt sich hier s. und Ski fahren (NZZ 5. 9. 86, 33); **Schlit|tel|sport**, der (österr., schweiz.): *Rodelsport;* **schlit|ten** 〈sw. V.; ist〉 (schweiz.): ↑schlitteln; **Schlit|ten**, der; -s, - [mhd. slite, ahd. slito, zu mhd. slīten = gleiten; vgl. engl to slide = gleiten]: **1.** *(bes. von Kindern verwendeter) mit zwei vorn hochgebogenen Kufen versehener, niedriger Sitz verschiedener Länge zum gleitenden Fahren im Schnee, Rodelschlitten:* die Kinder fahren S., fahren mit dem S. den Hang hinunter; * **mit jmdm. S. fahren** (ugs. abwertend; *jmdn. hart u. rücksichtslos behandeln;* H. u., viell. vom Rodeln ausgegangen, war aber zunächst vor allem in der Soldatensprache gebräuchlich): Morgen fahre er mit uns S., darauf könnten wir uns verlassen (Kempowski, Tadellöser 58). **2.** *zum Transportieren von Personen od. Sachen dienendes Fahrzeug auf Kufen:* den S. anspannen; * **unter den S. kommen** (veraltend; *[moralisch] heruntergekommen, verkommen.* **3.** (salopp) *Auto, auch Motorrad, Fahrrad o. ä.:* er fährt einen tollen, alten S.; Mit der ... Lässigkeit eines selbstbewußten Dandys fuhr er zum Training mit jenen scharfen S. vor, die ich nur aus meinem Autoquartett kannte (Szene 8, 1985, 18). **4.** (Technik) *beweglicher, hin- u. herschiebbarer Teil an bestimmten Maschinen, Geräten:* der S. an der Schreibmaschine, Kreissäge. **5.** (Schiffbau) *Konstruktion aus Holz, auf dem ein Schiff beim Stapellauf ins Wasser gleitet.* **6.** (derb abwertend) *Prostituierte:* Na, 's werden ... keine Jungfern mehr dort (= im Bordell) sein. Das nicht, ... aber eingefahrene S. (Ott, Haie 128); **Schlit|ten|bahn**, die: *Rodelbahn;* **Schlit|ten|fahrt**, die: *Fahrt mit einem Schlitten* (1, 2); **Schlit|ten|ge|läut, Schlit|ten|ge|läu|te**, das: *das Klingen der Glöckchen am Geschirr die der einen Schlitten ziehenden Pferde;* **Schlit|ten|hund**, der: *Hund, der dazu verwendet wird, Schlitten* (2) *zu ziehen* (z. B. Polarhund); **Schlit|ten|hun|desport**, der: *sportliche Wettbewerbe mit von Hunden gezogenen Schlitten* (2); **Schlit|ten|ku|fe**, die: *Kufe eines Schlittens* (1, 2); **Schlit|ten|par|tie**, die: *Schlittenfahrt;* **Schlit|ten|pferd**, das: *vor einen Schlitten* (2) *gespanntes Pferd;* **Schlit|ten|sport**, der: *Rodelsport;* **Schlit|ter|bahn**, die; -, -en (landsch.): *Rutschbahn* (1); **schlit|tern** 〈sw. V.〉 [aus dem Niederd., Iterativbildung zu mhd. slīten, ↑Schlitten]: **1. a)** *mit einem Anlauf über eine glatte Schneeod. Eisfläche rutschen* 〈hat〉: die Kinder schlitterten, **b)** *sich schlitternd* (1 a) *über*

etw. hin bewegen 〈ist〉: sie sind über den zugefrorenen Teich geschlittert. **2.** *auf einer glatten Fläche, auf glattem Untergrund [aus]gleiten, ins Rutschen kommen* 〈ist〉: der Wagen schlitterte auf der vereisten Straße; die Dose schlitterte über die Eisfläche. **3.** *unversehens, ohne Absicht, ohne es zu wollen in eine bestimmte [unangenehme] Situation hineingeraten; hineinschlittern* (2) 〈ist〉: das Unternehmen ist in die Pleite geschlittert; Die ... Leute ... schlittern unaufgeklärt in die größten Abenteuer (Hackethal, Schneide 211); **Schlit|ler**, der; -s, - (schweiz.): *Rodler;* **Schlit|le|rin**, die; -, -nen (schweiz.): w. Form zu ↑Schlittler; **Schlitt|schuh**, der; -[e]s, -e [unter Anlehnung an ↑Schlitten umgebildet aus älter Schrittschuh; vgl. mhd. schritschuoch, ahd. scritescuoh = ein Schuh zu weitem Schritt]: *unter dem Schuh befestigte od. zu befestigende schmale Kufe aus Stahl, die es ermöglicht, sich auf dem Eis gleitend fortzubewegen:* die -e an-, abschnallen; sie sind/haben S. gelaufen, gefahren *(sind eisgelaufen);* **Schlitt|schuh|bahn**, die: *Eisbahn zum Schlittschuhlaufen;* **Schlitt|schuh|lauf**, der: *Eislauf;* **Schlitt|schuh|lau|fen**, -s: *Eislauf;* **Schlitt|schuh|läu|fer**, der: *Eisläufer;* **Schlitt|schuh|läu|fe|rin**, die: w. Form zu ↑Schlittschuhläufer.
Schlitz, der; -es, -e [mhd. sliz, ahd. sliz, sliz = Schlitz, Spalte, urspr. = durch Reißen entstandener Spalt, zu ↑schleißen]: **1.** *längliche, schmale Öffnung, die in etw. eingeschnitten o. ä. ist od. durch Verschieben von Teilen vorübergehend hergestellt werden kann:* der S. des Briefkastens; er steckte eine Münze in den S. des Automaten; ein S. *(Spalt)* in der Mauer; seine Augen wurden zu -en *(waren bis auf einen schmalen Spalt zugekniffen).* **2.** (ugs.) kurz für ↑Hosenschlitz. **3.** *offener, schmaler, länglicher Einschnitt in einem Kleidungsstück:* ein Rock, Ärmel mit seitlichen -en. **4.** (vulg.) *Vagina:* solche Lust zu vögeln hab' ich heute gar nicht. Beinah würde ich lieber ... mit dem Finger im S. auf und ab fahren (Rocco [Übers.], Schweine 100); **Schlitz|är|mel**, der: *Ärmel mit Schlitzen* (3); **Schlitz|au|ge**, das: **a)** 〈meist Pl.〉 *(bes. bei Angehörigen der mongoliden Rasse) Auge mit bes. schmaler Lidspalte, das sich scheinbar nicht weit öffnen läßt;* **b)** (oft abwertend) *jmd., der Schlitzaugen* (a) *hat:* Du dreckiger Iwan ... Itzig, Führermörder, Halunke, S. (Hilsenrath, Nazi 76); **schlitz|äu|gig** 〈Adj.〉: *Schlitzaugen* 〈a〉 *habend:* eine -e Schönheit; **schlit|zen** 〈sw. V.; hat〉 [mhd. slitzen, zu ↑schleißen] (veraltend): **a)** *mit einem Schlitz* (3), *mit Schlitzen versehen:* einen Rock s.; geschlitzte Ärmel; **b)** *der Länge nach aufschlitzen:* Fische s. und ausnehmen; mit langen Messern schlitzten die Fouriere das Fleisch (Gaiser, Jagd 184); **schlitz|för|mig** 〈Adj.〉: *von, in der Form eines Schlitzes* (1); **Schlitz|kohl**, der [nach den tief geschlitzten Blättern]: *Federkohl;* **Schlitz|messer**, das: *Messer, das zum Aufschlitzen verwendet wird;* **Schlitz|mo|de**, die 〈o. Pl.〉: *Mode des 15. und 16. Jh.s, bei der die Kleidungsstücke zur Zierde mit Schlitzen* (3) *versehen u. diese mit andersfarbi-*

gem Stoff unterlegt waren; **Schlitz|öffnung**, die: *Öffnung in Form eines Schlitzes* (1); **Schlitz|ohr**, das [2: Betrüger wurden früher durch Einschlitzen der Ohren bestraft u. gekennzeichnet]: **1.** *geschlitzte Ohrmuschel.* **2.** (ugs.) *jmd., der listig, durchtrieben seine Ziele verfolgt:* er ist ein S.; Sie habe sich Raphael Rasumowsky als Anwalt genommen, ein S., vor dem man sich in acht nehmen müsse (Ziegler, Liebe 278); **schlitz|oh|rig** 〈Adj.〉 (ugs.): *sehr geschickt, durchtrieben im Verfolgen seiner Ziele:* ein -er Geschäftsmann; Junger Student versucht als Journalist Karriere zu machen und wird von einer ... Kollegin ... s. unterstützt (Spiegel 27, 1980, 191); **Schlitz|oh|rig|keit**, die 〈o. Pl.〉: *das Schlitzohrigsein;* **Schlitz|trom|mel**, die (Völkerk.): *aus einem ausgehöhlten Baumstamm hergestelltes Idiophon, das in seinem Klang einem Gong ähnlich ist;* **Schlitz|ver|schluß**, der (Fot.): *Verschluß an einer Kamera, bei dem das Licht durch einen Schlitz einfällt.*
schloff, schlöf|fe: ↑schliefen.
Schlö|gel, der; -s, - (österr.): *Schlegel* (2).
schloh|weiß 〈Adj.〉 [älter: schloßweiß = weiß wie ↑Schloßen]: *(im allg. nur vom Haar alter Menschen) ganz, vollkommen weiß:* er hatte -es Haar; Der General ist s. (Th. Mann, Hoheit 5).
Schlor|re, die; -, -n [zu ↑schlorren] (landsch.): *Hausschuh, Pantoffel:* Erna Pokriefke kam in -n (Grass, Hundejahre 168); **schlor|ren** 〈sw. V.〉 [laut- u. bewegungsnachahmend; vgl. schlurren] (landsch.): **a)** *schlurfend* (1) *gehen; einen schlurfenden Gang haben* 〈hat/ist〉: du schlorrst so!; **b)** *sich schlurfend* (1) *zu etw., über etw. hin bewegen* 〈ist〉: Mutter Truczinski schlorrte in die Küche (Grass, Blechtrommel 212).
schloß: ↑schließen; **Schloß**, das; Schlosses, Schlösser [mhd., ahd. sloʒ (Tür)verschluß, Riegel; mhd. auch = Burg, Kastell, zu ↑schließen]: **1. a)** *(an Türen u. bestimmten Behältern angebrachte) Vorrichtung zum Verschließen, Zuschließen mit Hilfe eines Schlüssels:* ein einfaches, rostiges S.; das S. der Tür, des Koffers, der Schublade; ein S. öffnen, aufbrechen, ölen; der Schlüssel dreht sich im, steckt im S.; die Tür ist ins S. gefallen *(ist zugeschlagen);* Julian drückte die Tür hinter ihm ins S. *(drückte sie zu;* Sebastian, Krankenhaus 63); **b)** kurz für ↑Vorhängeschloß: ein S. vor die Tür hängen; Ein S. ist vorgelegt, das mir den Zugang versperrt (Kaiser, Villa 92); * **ein S. vor dem Mund haben** *(in bezug auf etw. schweigen, keine Äußerung machen);* **jmdm. ein S. vor den Mund legen, hängen** *(jmdn. [in einem bestimmten Zusammenhang] zum Schweigen veranlassen);* **hinter S. und Riegel** (ugs.; *im/ins Gefängnis*): jmdn. hinter S. und Riegel bringen, setzen; hinter S. und Riegel sein; Wenn die Polizei dieses läppische Papier gefunden hätte, säßen Sie jetzt erst mal hinter S. und Riegel wegen Spionage (Kuby, Sieg 107); **unter S. und Riegel** (ugs.; *unter Verschluß*): die wertvollen Gegenstände sind alle unter S. und Riegel; ◆ **unterm S. tragen** *(unter Verschluß halten):* Wenn das Maul ebenso geneigt wäre, nach dem

Herzen zu reden, so wäre die Mode längst aufgekommen, die Mäuler unterm Schlosse zu tragen (Lessing, Minna II, 1). **2.** *Schnappverschluß:* das S. an der Handtasche, am Koppel, am Armband; das S. einer Perlenkette öffnen. **3.** *beweglicher Teil an Handfeuerwaffen, in dem die Patronen eingeführt werden, das Abfeuern u. Auswerfen der Hülse erfolgt:* das S. des Gewehrs. **4. a)** *meist mehrflügeliges (den Baustil seiner Zeit u. den Prunk seiner Bewohner repräsentierendes) Wohngebäude des Adels:* das königliche S.; ein prunkvolles, altes, verfallenes, verwunschenes S.; das Heidelberger S.; die Schlösser der Loire, der Barockzeit; das Schloß in, von, zu Würzburg; ein S. besichtigen; im S. wohnen; Auf diesem S. ... haben wir dann acht Tage gelebt (Hauptmann, Schuß 12); * *ein S./Schlösser in die Luft bauen* (↑ Luftschloß); *ein S. auf dem/im Mond (etw. völlig Unrealistisches, etw., was nur in jmds. Vorstellung existiert);* **b)** ⟨o. Pl.⟩ *Bewohner des Schlosses:* das S. geriet in Aufregung; nun, da das ganze S. in der Gluthitze schlief (Fallada, Herr 197); **Schloß|an|la|ge,** die: *weitläufiger Gebäudekomplex eines Schlosses;* **schloß|ar|tig** ⟨Adj.⟩: *(in seiner Bauform) einem Schloß ähnlich:* ein -es Gebäude, Bauwerk; **Schloß|bau,** der: **1.** ⟨o. Pl.⟩ *das Bauen von Schlössern* (4 a). **2.** ⟨Pl. -ten⟩ *Schloß;* **Schloß|berg,** der ⟨o. Pl.⟩: *Anhöhe, auf dem ein Schloß steht od. stand;* **Schlöß|chen,** das; -s, -: Vkl. zu ↑ Schloß (1, 2, 4); **schlös|se:** ↑ schließe.

Schlo|ße, die; -, -n ⟨meist Pl.⟩ [mhd. slōʒ(e)] (landsch.): *Hagelkorn:* in so 'ner Nacht, ... wo die -n uns fast die Scheiben zertrommeln (Fr. Wolf, Zwei 5); **schlo|ßen** ⟨sw. V.; hat; unpers.⟩ [mhd. slōʒen] (landsch.): *hageln* (1).

Schlos|ser, der; -s, - [mhd. sloʒʒer, zu ↑ Schloß]: *Handwerker u. Facharbeiter, der Metall u. Kunststoff verarbeitet, bestimmte Gegenstände, Teile daraus herstellt bzw. form u. montiert* (Berufsbez.); **Schlos|ser|an|zug,** der: *Arbeitsanzug eines Schlossers;* **Schlos|ser|ar|beit,** die: *vom Schlosser ausgeführte Arbeit;* **Schlos|se|rei,** die; -, -en: **1.** *Werkstatt des Schlossers:* in der S. arbeiten. **2.** ⟨o. Pl.⟩ **a)** *das Schlossern:* die S. macht ihm Spaß; **b)** *Schlosserhandwerk:* er hat die S. erlernt. **3.** ⟨o. Pl.⟩ *(Bergsteigen) Gesamtheit der metallenen Gegenstände u. Hilfsmittel, die beim Klettern im Fels benötigt werden;* **Schlos|ser|ge|sel|le,** der: *Geselle* (1) *im Schlosserhandwerk;* **Schlos|ser|ge|sel|lin,** die: w. Form zu ↑ Schlossergeselle; **Schlos|ser|hand|werk,** das ⟨o. Pl.⟩: *Handwerk des Schlossers;* **Schlos|se|rin,** die; -, -nen: w. Form zu ↑ Schlosser; **Schlos|ser|lehr|ling,** der: *Lehrling im Schlosserhandwerk;* **Schlos|ser|meister,** der: *Meister* (1) *im Schlosserhandwerk;* **Schlos|ser|mei|ste|rin,** die: w. Form zu ↑ Schlossermeister; **schlos|sern** ⟨sw. V.; hat⟩ (ugs.): *[gelegentlich u. ohne eine eigentliche Ausbildung] Arbeiten eines Schlossers verrichten:* er schlossert manchmal; **Schlos|ser|werk|statt,** die: *Werkstatt eines Schlossers;* **Schloß|gar|ten,** der: vgl. Schloßpark; **Schloß|geist,**

der: *Schloßgespenst;* **Schloß|ge|spenst,** das: *in einem alten Schloß* (4 a) *hausendes Gespenst;* **Schloß|herr,** der: *Besitzer u. Bewohner eines Schlosses;* **Schloß|herrin,** die: **1.** w. Form zu ↑ Schloßherr. **2.** *Gemahlin des Schloßherrn;* **Schloß|hof,** der: *meist vor dem Schloß* (4 a) *sich erstreckender Hof* (1); **Schloß|hund,** der: nur in der Wendung **heulen wie ein S.** (ugs.; *laut u. heftig weinen);* **Schloß|ka|pel|le,** die: vgl. Schloßkirche (4a); **Schloß|kir|che,** die: *zu einer Schloßanlage gehörende Kirche* (1); **Schloß|park,** der: *zu einem Schloß gehörender Park* (1); **Schloß|rui|ne,** die: *Ruine eines Schlosses;* **Schloß|ver|wal|ter,** der: *Verwalter eines Schlosses* (4 a); **Schloß|ver|wal|te|rin,** die: W. Form zu ↑ Schloßverwalter; **Schloß|vogt,** der (veraltet): *Schloßverwalter.*

¹Schlot, der; -[e]s, -e, seltener: Schlöte [mhd., ahd. slāt, viell. zu mhd. slāte = Schilfrohr, also viell. eigtl. = hohler Halm]: **1.** (landsch.) *Fabrikschornstein, Schornstein eines Dampfschiffs:* aus den -en die Fabriken steigt schwarzer, dicker Qualm; Die Anlagen der Großindustrie mit ihren rauchenden -en (Thienemann, Umwelt 28); die -e rauchen, qualmen *(die Fabriken arbeiten);* er raucht, qualmt wie ein S. (ugs.; *ist ein starker Raucher).* **2.** (Geol.) *(meist senkrecht aufsteigender) Schacht in der Erdkruste, durch den bei der Vulkantätigkeit Gase u. Magma aus dem Erdinnern an die Oberfläche gelangen.* **3.** (Geol.) *Doline in Karstgebieten.* **4.** (ugs. abwertend) **a)** *leichtsinniger, unzuverlässiger o. ä. Mann, Nichtsnutz:* Die beiden sind zwar a. -e, aber im Grunde unbezahlbar (Kirst, 08/15, 466); **b)** *unangenehmer Bursche, Kerl.*

Schlot|ba|ron, der (ugs. veraltend abwertend): *Großindustrieller [der durch sein protziges Auftreten auffällt];* **Schlö|te:** Pl. von ↑ ¹Schlot; **Schlot|fe|ger,** der (landsch.): *Schornsteinfeger;* **Schlot|junker,** der (ugs. abwertend): *Schlotbaron.*

Schlot|te, die; -, -n [älter = schmales, hohes Pflanzenblatt (bes. der Zwiebel), mhd. slotte = Schilfrohr, 1: unter Einfluß von ↑ Schalotte]: **1.** (landsch.) **a)** *Schalotte;* **b)** *bes. zum Würzen von Salat verwendetes röhrenförmiges Blatt der Zwiebel.* **2.** (Geol., Bergmannsspr.) *durch Sickerwasser entstandener Hohlraum in löslichem Gestein;* **Schlot|ten|zwie|bel,** die: *Schalotte* (2).

Schlot|ter|ge|lenk, das (Med.): *abnorm bewegliches Gelenk;* **schlot|te|rig:** ↑ schlottrig; **Schlot|ter|milch,** die (landsch.): *saure Milch;* **schlot|tern** ⟨sw. V.; hat⟩ [mhd. slot(t)ern, Intensivbildung zu: sloten = zittern, urspr. = schlaff herabhängen]: **1.** *(vor Kälte od. durch eine heftige Gefühlsbewegung, bes. Angst, Aufregung o. ä. bewirkt) heftig zittern:* ohne Kinder schlotterten [vor Angst, vor Kälte]; sie schlotterte am ganzen Leib; die Knie schlotterten ihm; es war der Schrecken, der seine Glieder s. machte (Plievier, Stalingrad 179); mit schlottern-

den Knien ging er hinaus. **2.** *(bes. von zu weiten Kleidungsstücken o. ä.) lose, schlaff (am Körper, einem Körperteil) herabhängen, sich (bei einer Bewegung des Trägers) schlenkernd hin u. her bewegen:* die Hosen schlotterten um die Beine; die Wollsocken schlotterten *(hingen lose)* über den Stiefelrand (Gaiser, Jagd 75); **schlott|rig, schlot|te|rig** ⟨Adj.⟩: **1.** *schlotternd* (1): er hatte vor Aufregung -e Knie. **2.** *schlotternd* (2): Er zog an der Hose, die ihm schlottrig am Körper herabhing (Marchwitza, Kumiaks 21).

Schlot|vul|kan, der: *Vulkan, dessen Magma aus einem röhrenförmigen* ¹Schlot (2) *gepreßt wird.*

schlot|zen ⟨sw. V.; hat⟩ [wohl lautnachahmend, H. u.] (landsch., bes. schwäb.): *genüßlich trinken, lutschen:* ein Bonbon s.; ein Viertel Wein s.; **Schlot|zer,** der; -s, - (landsch., bes. schwäb.): *Schnuller.*

Schlucht, die; -, -en, dichter, veraltet: Schlüchte [aus mhd. Md., für mhd. sluft, ↑ Schluft (niederd. -cht- entspricht hochd. -ft-, vgl. Schacht)]: *enges, tiefes Tal; enger, tiefer, steilwandiger Einschnitt im Gelände:* eine tiefe, felsige, dunkle S.; Ü Der Zug fuhr durch die schwarzen -en der Vorstadt (Schnabel, Marmor 78).

schluch|zen ⟨sw. V.; hat⟩ [frühnhd. Intensivbildung zu mhd. slūchen = schlingen, schlucken]: *krampfhaft, stoßweise atmend, weinend [seelischen] Schmerz, tiefe innere Bewegung äußern:* heftig, erbärmlich, herzbrechend s.; mit schluchzender Stimme; „Ja!" schluchzte sie *(sagte sie schluchzend);* sie schluchzte tiefbewegt ins Tuch (H. Mann, Stadt 381); Ü schluchzende *(sentimentale, gefühlselig gespielte)* Melodie; schluchzende Geigen; **Schluch|zer,** der; -s, -: *einmaliges, kurzes [Auf]schluchzen:* einen S. unterdrücken.

Schluck, der; -[e]s, -e, selten auch: Schlücke (als Mengenangabe auch:) Schluck [mhd. sluc, zu ↑ schlucken]: **1. a)** *Flüssigkeitsmenge, die man beim Trinken mit einem Mal schluckt:* einige S. Wasser, Kaffee; einen [kräftigen, tüchtigen, tiefen, großen, kleinen] S. trinken, [aus der Flasche] nehmen; etw. S. für/um S., bis auf den letzten S. austrinken; Die Kommerzienrätin nahm einen S. von der Fleischbrühe (Bieler, Bonifaz 159); Ü hast du einen S. (ugs.; *etwas)* zu trinken für uns?; wollen wir einen S. (ugs.; *etwas)* Wein dazu trinken?; * **ein [kräftiger, tüchtiger** usw.**] S. aus der Pulle** (salopp; *eine beachtliche Menge, die aus etw. [Verfügbarem] genommen, gefordert wird*): die Gewerkschaft will in dieser Tarifrunde einen tüchtigen S. aus der Pulle nehmen; Sie (= die Bundespost) verlangt einen kräftigen S. aus der Pulle: bis 1975 allein 800 Millionen Mark mehr (Hörzu 18, 1973, 22); **b)** (ugs.) *[alkoholisches] Getränk:* er weiß einen guten S. zu schätzen; als ... er mich bat, auf einen S. ihm reinzukommen (Lenz, Brot 88). **2.** *das Hinunterschlucken einer Flüssigkeitsmenge (als einzelner Vorgang):* Jetzt erst ... tat Golubtschik wieder einen S. aus seinem Glase (Roth, Beichte 102); Ich trank den Tomatensaft auf einen S. (Sim-

Schluckauf

mel, Stoff 635); in/mit hastigen -en trinken; Thomas trank sein Glas in zwei Schlücken leer (Ziegler, Konsequenz 115); **Schluck|auf**, der; -s [nach niederd. Sluck-up]: *wiederholtes, (durch reflexartige Zusammenziehung des Zwerchfells hervorgerufenes) unwillkürliches, ruckartiges Einatmen, das mit einem glucksenden Geräusch verbunden ist:* den, einen S. kriegen, bekommen, haben; ... lachten sie so sehr, daß ihnen der Leib bebte und sie fast gleichzeitig S. bekamen (Th. Mann, Zauberberg 27); **Schluck|beschwer|den** ⟨Pl.⟩: *Beschwerden beim Schlucken;* **Schluck|bru|der**, der (ugs. scherzh.): *jmd., der gern trinkt* (3 a); **Schlück|chen**, das; -s, -: Vkl. zu ↑Schluck; **schlück|chen|wei|se** ⟨Adv.⟩: *in kleinen Schlücken, schluckweise:* ... kaufte er Slivovitz und trank ihn s. zu der Salami (Bieler, Mädchenkrieg 482); **schluck|en**¹ ⟨sw. V.; hat⟩ [mhd. slucken, Intensivbildung zu einem Verb mit der Bed. „hinunterschlingen", wohl lautm.]: **1. a)** *durch reflexartige zusammenziehende Bewegung der Zungen- u. Halsmuskeln vom Mund in die Speiseröhre u. den Magen gelangen lassen:* beim Schwimmen versehentlich Wasser s.; Auswurf, Blut s.; die Tabletten soll man [unzerkaut] mit etwas Flüssigkeit s.; eine Medizin, Lebertran s. *(einnehmen)* müssen; Stine ... kochte ... Tee, den Berta s. *(trinken)* mußte, ob er ihr nun schmecke oder nicht (Nachbar, Mond 153); Ich schluckte *(trank schnell)* einen bitteren Kaffee (Seghers, Transit 279); ⟨auch o. Akk.-Obj.:⟩ warum kiffst du, schluckst du, schießt du? (Spiegel 25, 1980, 175); Ü ... und (sie) ließ den Rauch ... heraus und schluckte ihn wieder *(zog ihn durch den Mund wieder ein;* Gaiser, Schlußball 19); **b)** *Zungen- u. Halsmuskeln wie beim Schlucken* (1 a) *von etw. bewegen, betätigen:* eine Angina haben und kaum, nicht s. können; er schluckte vor Schreck wie ein Ertappter (Maass, Gouffé 53); Corinna konnte nicht gleich antworten. Sie mußte erst ein paarmal s. (Hausmann, Abel 82). **2.** (salopp) *(etw. Alkoholisches) trinken:* zwei Flaschen Bier täglich s.; hast du was zu s.?; Auch Sandra schluckt viel (Spiegel 48, 1975, 166); daß sie hier ihren geliebten Weinbrand schluckte (MM 11. 6. 80, 23); Und wo Fußballfans so ins Reden kommen, da wird auch ordentlich geschluckt (Hörzu 44, 1977, 8). **3.** (ugs.) *[schädliche] Stoffe) durch Mund od. Nase in den Körper aufnehmen:* viel Staub, Ruß, Qualm s. [müssen]; Ich habe vierzehn Tage Ruhe, weil ich etwas Gas geschluckt habe (Remarque, Westen 203). **4.** (ugs. abwertend) *seinem Besitz, seiner Sphäre einverleiben; in seinen Besitz, in seine Gewalt bringen:* Ich war nie mehr dort, seit die Deutschen Österreich geschluckt haben (Saarbr. Zeitung 17. 12. 79, 25/27); Sein Konzern wurde vom Konkurrenten Hoesch geschluckt (Spiegel 5, 1966, 46); Was früher die Aktionäre an Dividende geschluckt haben, ... (v. d. Grün, Glatteis 278). **5.** (ugs.) **a)** *etw. Unangenehmes widerwillig, aber ohne Widerrede hinnehmen:* einen Tadel, eine Benachteiligung s. [müssen]; Allerdings

muß ich dafür eine Unmenge Bosheit s. (Geissler, Wunschhütlein 43); da man einen anderen Kandidaten nicht hatte, schluckte man diesen (Niekisch, Leben 68); Ü eine Liste aller Automodelle ..., die den bleifreien Kraftstoff problemlos s. (ADAC-Motorwelt 3, 1986, 56); **b)** *ohne Anzweiflung hinnehmen, glauben:* eine Entschuldigung, Ausrede s.; Der Mann schien die Geschichte auch zu s. (Spiegel 39, 1978, 194); Dem Prott hab' ich einen Bären aufgebunden, der schluckt doch alles (Loest, Pistole 8); **c)** *Mühe haben, etw. innerlich zu verarbeiten, mit etw. fertig zu werden:* an etw. s.; an dieser Niederlage, Enttäuschung hatte er [ganz schön] zu s. **6.** (ugs.) **a)** *etw. in sich aufnehmen u. verschwinden lassen:* der Boden schluckt viel Wasser; die Kanalisation konnte die Wassermassen nicht mehr s.; die Fabriktore schlucken die Massen der Arbeiter; Der Treppenschacht schluckt ihn (Fries, Weg 119); Der Stoßfänger schluckt *(absorbiert)* einen Längsstoß bis zu 8 km/h (ADAC-Motorwelt 10, 1984, 23); Schlaglöcher und Bodenwellen werden unauffällig geschluckt *(machen sich nicht störend bemerkbar;* auto 8, 1965, 22); der Teppich schluckt *(dämpft)* den Schall; dunkle Farben schlucken *(absorbieren)* viel Licht; Die ... „Bullion"-Münzen ... wurden vom Markt problemlos geschluckt *(fanden genügend Käufer;* NZZ 26. 10. 86, 19); **b)** *verbrauchen, verschlingen:* der Motor, der Wagen schluckt viel [Benzin], bis zu 20 Liter auf 100 km; die Anschaffungen haben viel Geld gekostet; ein großer Teil der Versicherungsbeiträge, des Spendenaufkommens wird von der Verwaltung geschluckt; ⟨auch o. Akk.-Obj.:⟩ Aber man weiß auch, daß er (= der VW-Bus) kräftig schluckt (ADAC-Motorwelt 4, 1981, 46); **Schlucken**¹, der; -s: Schluckauf; **Schlukker**¹, der; -s, - [1: eigtl. jmd., der etw. hinunterschlucken muß; ahd. slucko = Schlemmer]: **1.** in der Fügung **armer S.** (ugs.; *mittelloser, bedauernswerter Mensch).* **2.** (ugs.) *jmd., der gerne Alkoholisches trinkt:* Der Platz rund um den Kiosk ... scheint ein beliebter Treffpunkt für die S. ... zu sein (Szene 8, 1983, 21). **3.** (Jargon) *jmd., der absichtlich Gegenstände hinunterschluckt, die der Organismus weder verarbeiten noch ausscheiden kann:* Haftreaktionen ... bilden oft – man sieht dies vor allem bei „-n" – lange Serien, die solche Gefangenen zu Stammpatienten des Vollzugskrankenhauses machen (Spiegel 32, 1979, 38); **Schlucke|rin**¹, die; -, -nen: w. Form zu ↑Schlucker; **Schluck|impf|stoff**, der: *für eine Schluckimpfung bestimmter Impfstoff;* **Schluck|imp|fung**, die: *Impfung, bei der der Impfstoff nicht eingespritzt, sondern geschluckt wird:* eine S. gegen Kinderlähmung durchführen; zur S. gehen; **Schluck|krampf**, der (Med.): *Schlingkrampf;* **Schluck|läh|mung**, die (Med.): *Schlinglähmung;* **Schluck|pneumo|nie**, die (Med.): *durch das Einatmen von Fremdkörpern hervorgerufene Lungenentzündung;* **Schluck|re|flex**, der (Med., Zool.): *in einem Schluckvorgang*

bestehender Reflex; **Schluck|schmerz**, der ⟨meist Pl.⟩: *beim Schlucken auftretender Schmerz im Bereich des Rachens;* **schluck|sen** ⟨sw. V.; hat⟩ [spätmhd. sluckzen] (ugs.): *den Schluckauf haben;* **Schluck|ser**, der; -s, - (ugs.): **a)** *ruckartiges Einatmen u. glucksendes Geräusch beim Schluckauf;* **b)** *Schluckauf;* **Schluck|specht**, der (ugs. scherzh.): *jmd., der viel, gerne Alkohol trinkt:* daß er diese Zeit ... hauptsächlich im Kreis notorischer -e und Koksnasen verbracht hatte (Spiegel 31, 1983, 118); Ü Wenn der Pkw ein S. ist *(zuviel Kraftstoff verbraucht;* MM 17./18. 11. 87, 5); **Schluckstö|rung**, die: *den Schluckvorgang behindernde Störung;* **Schluck|vor|gang**, der: *Vorgang des Schluckens* (1); **schluckwei|se** ⟨Adv.⟩: *Schluck für Schluck, in Schlucken:* die Arznei s. einnehmen ⟨mit Verbalsubstantiven auch attr.:⟩ bei -r Einnahme, Verabreichung.

Schlu|der|ar|beit, die; -, -en (ugs. abwertend): *schludrige Arbeit:* S. leisten, abliefern; **Schlu|de|rei**, die; -, -en (ugs. abwertend): **1.** ⟨o. Pl.⟩ *dauerndes Schludern.* **2.** *Nachlässigkeit, Versäumnis:* Oberflächlichkeit und -en kann ich partout nicht leiden (Freie Presse 17. 2. 89, Beilage 4); **Schlu|de|rer**, der; -s, - [spätmhd. sluderer, zu: slüdern, ↑schludern] (ugs. abwertend): *jmd., der schludert; schludriger Mensch;* **schlu|de|rig, schludrig** ⟨Adj.⟩ (ugs. abwertend): **1.** *(in bezug auf die Ausführung von etw.) flüchtig, nachlässig:* eine -e Arbeit, Schrift; ein -er Mensch; Der schludrige Umgang westdeutscher Firmen mit Werbesendungen bringt DDR-Bürger in Schwierigkeiten (Spiegel 47, 1977, 81); etw. s. nähen, reparieren; ein Film..., der viele Zusammenhänge offenläßt, der schludrig recherchiert ist (Oxmox 6, 1983, 131); sei nicht so s.! **2.** *(bes. von der Kleidung) schlampig [aussehend]:* -e Kleider; Kein Knopf blieb ungeknöpft. Nur der oberste Hemdenknopf ..., damit Luft an den Kerl rankommt und Frische ... Obwohl er schluderig aussah (Kempowski, Tadellöser 410); **Schlu|de|rin**, Schludrerin, die; -, -nen (ugs. abwertend): w. Form zu ↑Schluderer; **Schlu|der|jan**, der; -s, -e [vgl. Dummerjan] (ugs. abwertend): *Schludrian* (1); **schlu|dern** ⟨sw. V.; hat⟩ [spätmhd. slüdern = schlendern, schlenkern] (ugs. abwertend): *schludrig arbeiten:* beim Nähen, bei der statischen Berechnung s.; auch wenn bei der Untersuchung des Fahrzeugs geschludert worden sein sollte (ADAC-Motorwelt 10, 1985, 5); Wenn ich schludere, gibt es schlechte Zensuren und Prämienabzug (Freie Presse 3. 1. 90, 6); mit dem Material s. *(es vergeuden);* **Schlu|der|wirtschaft**, die; - (ugs. abwertend): *schludrige Wirtschaft, schludrige Führung von Angelegenheiten:* die S. in diesem Haus muß aufhören; **Schlud|re|rin**: ↑Schluderin; **Schlud|ri|an**, der; -s, -e [1: zur Bildung vgl. Grobian; 2: vgl. Schlendrian] (ugs. abwertend): **1.** *jmd., der schludert; schludriger Mensch:* Es kommt immer häufiger vor, daß ... Formblätter fehlen und Kuhlwein hinter diesen -en hertelefonieren muß (Richartz, Büroroman 29).

2. ⟨o. Pl.⟩ *schludrige Arbeitsweise:* Kampf dem S.!; **schlud|rig:** ↑schluderig; **Schlud|rig|keit,** die; -, -en (ugs. abwertend): **1.** ⟨o. Pl.⟩ *schludrige Art, Beschaffenheit.* **2.** *Verhalten, Umstand, der Schludrigkeit (1) erkennen läßt.*
Schluf, der; -[e]s, -e u. Schlüfe [mhd. sluf = das Schlüpfen, zu ↑schliefen] (Bergsteigen): *enge Stelle [in einer Höhle], die nur kriechend passierbar ist;* **Schluff,** der; -[e]s, -e u. Schlüffe [1: zu mhd. sluf = das Ausgleiten"]: **1.** *staubfeiner, lehmiger Sand, sehr feines Sediment; Staubsand:* Deutlich sind da und dort nicht nur die Schichten von Sand und Kies, sondern auch schwarzer S. zu erkennen (MM 30. 6. 70, 6). **2.** (südd. veraltend) ³*Muff.* **3.** (südd., österr.) *enger Durchlaß, enger [Durch]gang:* Er (= der Raum) ist nicht als ein schmaler S., der neben dem Stiegenhaus gelegen ist (Fussenegger, Zeit 305); **schluf|fen** ⟨sw. V.; ist⟩ [zu veraltend: sluf = matt, träge, verw. mit ↑schliefen] (nordd., westmd.): *schlurfen;* **Schluf|fen,** der; -s, - (nordd., westmd.): *Pantoffel:* Momentan trägt er ... S. an den Füßen und ausgebeulte Jeans (Frau im Spiegel 43, 1976, 18); Ich liebe mein Bierchen am Abend, die S., die bereitstehen (Hörzu 45, 1977, 20); **schluf|fig** ⟨Adj.⟩ [zu ↑Schluff (1)]: *lehmig, tonig;* **Schluft,** die; -, Schlüfte [mhd. sluft = das Schlüpfen; Schlucht, zu ↑schliefen] (veraltet): *Schlucht:* ... um aus aller Kraft anzuspielen auf den Keiler, der den Schäfer und Herrn zerriß in Libanons Schlüften (Th. Mann, Joseph 194); ♦ „Torbern – Torbern!" schrie Elis mit furchtbarer Stimme, daß die öden Schlüfte widerhallten (E.T.A. Hoffmann, Bergwerke 31).
schlug, schlü|ge: ↑schlagen.
Schlum|mer, der; -s [spätmhd. (md.) slummer, wohl rückgeb. aus ↑schlummern] (geh.): *leichterer, oft kürzerer Schlaf, bes. als Zustand wohltuender Entspannung:* ein leichter, kurzer S.; der S. überkam, überwältigte ihn; jmdn. aus dem S. reißen; ich liege im schönsten S. (Goetz, Prätorius 55); in S. sinken; Ü jedes Volk und ... jeder einzelne Mensch müsse, statt sich mit verlogenen politischen „Schuldfragen" in S. zu wiegen *(seine Wachsamkeit und geistige Aktivität einzuschläfern, abzuschalten),* bei sich selber nachforschen (Hesse, Steppenwolf 127); **Schlum|mer|kis|sen,** das (geh.): vgl. Nackenkissen; **Schlum|mer|lied,** das (geh.): *Schlaflied;* **Schlum|mer|mut|ter,** die (ugs. scherzh.): *Vermieterin eines Zimmers, einer Schlafstelle; Zimmerwirtin:* ... verbrachten ihre Abende in scheußlichen möblierten Zimmern bei bösartigen Schlummermüttern (Zorn, Mars 115); **schlum|mern** ⟨sw. V.; hat⟩ [spätmhd. (md.) slummern, zu: slummen = schlafen, eigtl. = schlaff, schlapp sein]: **1.** (geh.) *im Schlummer liegen:* sanft, ruhig, tief s.; Ü die schlummernde Stadt, Natur; im Grab s. *(tot sein u. im Grab liegen);* das Volk schlummerte noch in geistiger Unmündigkeit. **2.** *ungenutzt od. unentfaltet, unentwickelt verborgen liegen:* dieser Hinweis hat jahrelang in den Akten geschlummert; in jmdm. schlum-

mern Kräfte; ... schlummert das Konzertstück in den Schubladen meist still vor sich hin (Orchester 7/8, 1984, 659); welche Qualitäten im ... Dreizylinderzweitakter schlummerten (auto touring 12, 1978, 23); die in den Atomkernen schlummernden Energien; ein schlummerndes Talent entfalten; eine schlummernde *(latente)* Krankheit, Gefahr; **Schlum|mer|rol|le,** die; vgl. Nackenkissen; **Schlum|mer|stünd|chen,** das (geh.): Vkl. zu ↑Schlummerstunde; **Schlum|mer|stun|de,** die (geh.): *kürzerer Zeitraum, der zu einem Schlaf genutzt wird;* **Schlum|mer|trunk,** der (geh.): *Schlaftrunk.*
Schlump, der; -[e]s, -e [mniederd. slump, H. u.] (nordd., Jägerspr., Soldatenspr.): *Glückstreffer, Zufallstreffer.*
Schlum|pe (landsch.): ↑Schlampe: Jeden Morgen sehe ich, wie sie sich räkelt, die S. (Bieler, Bär 261); **¹schlum|pen** (landsch.): ↑schlampen (1). **²schlum|pen** ⟨sw. V.; hat⟩ [mniederd. slumpen, zu: slump, ↑Schlump] (nordd., Jägerspr., Soldatenspr.): *schlecht zielen u. nur zufällig gut treffen.*
schlum|pe|rig, schlumprig ⟨Adj.⟩ (landsch.): *schlampig.*
Schlumpf, der; -[e]s, Schlümpfe [H. u.]: **1.** (landsch.) *jmd., über dessen Verhalten man auf eine mehr gutmütige Weise empört ist:* du bist vielleicht ein S.! **2. a)** *zwergenhafte Phantasiegestalt der Comicliteratur;* **b)** (ugs.) *kleinwüchsiger Mensch, Zwerg.*
schlum|pig (landsch.): ↑schlampig; **schlump|rig:** ↑schlumperig; **Schlumps,** der; -es, -e (landsch. abwertend): *[unordentlicher] Mensch, der einem nicht sonderlich sympathisch ist:* er rennt wie ein S. durch die Gegend; Das ist der Verbrecher ... in der S., der ... immer ein bißchen besoffen ist und immer was verbricht (Tucholsky, Zwischen 54).
Schlump|schüt|ze, der [zu ↑²schlumpen] (Jägerspr., Soldatenspr. abwertend): *schlechter Schütze;* **Schlump|sol|dat,** der (Soldatenspr. abwertend): *schlechter Soldat.*
Schlund, der; -[e]s, Schlünde [mhd., ahd. slunt, ablautende Bildung zu ↑²schlingen]: **1. a)** *trichterförmiger Raum, der den Übergang zwischen hinterer Mundhöhle u. Speiseröhre bildet; [hinterer] Rachen:* mir brennt der S.; ihm ist eine Gräte im S. steckengeblieben; der Wolf riß den S. *(Rachen)* auf; sich etw. in den S. (salopp; *Mund)* stopfen; **b)** (Jägerspr.) *Speiseröhre beim Schalenwild.* **2.** (geh.) *tiefe, gähnende Öffnung:* der S. eines Kraters, einer Kanone.
Schlun|ze, die; -, -n [zu ↑schlunzen]: **1.** (md., nordd. salopp abwertend) *Schlampe (1).* **2.** (landsch.) *dünne Suppe, dünner Kaffee;* **schlun|zen** ⟨sw. V.; hat⟩. [wohl urspr. = schlaff herabhangend, lose baumeln, wahrsch. verw. mit ↑schlendern, schlenzen] (md., nordd. salopp abwertend): **1.** *unordentlich arbeiten* ⟨hat⟩. **2.** *nachlässig [einher]gehen* ⟨ist⟩; **schlun|zig** ⟨Adj.⟩ (md., nordd. salopp abwertend): *unordentlich, schlampig:* Herrenmode: schlampig, s., fassonlos (Gay-Journal 5, 1979, 28).

Schlup: ↑Slup.
Schlupf, der; -[e]s, Schlüpfe u. -e ⟨Pl. selten⟩ [mhd. slupf = Schlüpfen; Schlinge, Strick, zu ↑schlüpfen]: **1.** (veraltend) *Unterschlupf, Zufluchtsort:* Eines Morgens, als er in seinen S. wollte, faßten sie ihn. Man hatte ihn verraten (Strittmatter, Wundertäter 319). **2.** (veraltend) *Durchschlupf, Schlupfloch (2):* ein S. im Zaun. **3.** (landsch.) ³*Muff.* **4.** (Zool.) *das Ausschlüpfen:* der S. der Küken, der S. der Libelle aus der Larve. **5.** (Technik) *(durch unzulängliche Reibung, Gleiten usw. verursachtes) Zurückbleiben eines [Maschinen]teils gegenüber einem anderen bezüglich Geschwindigkeit, Drehzahl o. ä. bei der Übertragung von Bewegung:* daß die Räder nur noch S. haben, also so stark durchdrehen, daß der Wagen stehenbleibt (Frankenberg, Fahren 80); **schlupfen** (schweiz. veraltet, südd., österr.), **schlüp|fen** ⟨sw. V.; ist⟩ [mhd. slüpfen, slupfen, also slupfan, Intensivbildung zu ↑schliefen]: **1.** *sich gewandt u. schnell [gleitend, durch eine Öffnung] in eine bestimmte Richtung bewegen:* aus dem Zimmer, durch den Zaun, hinter den Vorhang, in das Bett, unter die Decke s.; die Maus schlüpfte aus dem Loch; die kleine Zigeunerin schlüpfte gerade noch ... durch die offene Tür der Postagentur (Langgässer, Siegel 506); Ü er schlüpft bei jedermann ins Vertrauen (Strauß, Niemand 200); die nasse Seife schlüpft *(gleitet)* mir aus der Hand, durch die Finger; ein Wort schlüpft jmdm. über die/ von den Lippen *(entfährt jmdm.);* da ist uns ein Fehler geschlüpft (schweiz.; *entgangen).* **2.** *etw. schnell, bes. mit gleitenden, geschmeidigen Bewegungen an-, aus-, überziehen:* aus den Kleidern, in die Schuhe s.; Wenn er ... an den betriebsamen Abenden im väterlichen Restaurant den Rock ... auszog und in die weiße Kellnerjacke schlüpfte (Kirst, 08/15, 14); Ü in die Rolle eines anderen s. *(die Rolle eines anderen geschickt übernehmen u. sie ganz ausfüllen).* **3.** *sich aus dem Ei, der Puppe, der Larve herauslösen; ausschlüpfen, auskriechen:* das Küken ist [aus dem Ei] geschlüpft; der Schmetterling schlüpft aus der Larve; Um 3 Uhr nachmittags sah ich wieder nach und fand ein geschlüpftes Junges (Lorenz, Verhalten I, 57); **Schlüpfer,** der; -s, - (veraltend): ⟨oft auch im Pl. mit singularischer Bed.⟩ *Unterhose mit kurzen Beinen, bes. für Damen u. Kinder:* ein vergilbter S.; Die Assistentin ... sah voll abzeichnende, nirgends handbreite S. (M. Walser, Seelenarbeit 167); einen neuen S., ein Paar neue S. anziehen. **2.** *bequem geschnittener, sportlicher Herrenmantel mit großen, tiefen Armlöchern;* **Schlupf|ho|se,** die (veraltet): *Schlüpfer (1);* **Schlupf|jacke¹,** die (veraltet): *Pullover;* **Schlupf|lid,** das: *oberes Augenlid, das bei geöffnetem Auge fast völlig in der Augenhöhle verschwindet;* **Schlupf|loch,** das: **1.** vgl. Schlupfwinkel. **2.** *Loch zum Durchschlüpfen, Durchschlupf:* die Katze kroch durch das S. in der Mauer; Ü sie vermochte es, bei direkten Fragen geschickt auszuweichen, ihre Intelligenz hielt ihr jederzeit die verschiedenartigsten Schlupflöcher offen (Mayröcker,

Schlupfpforte

Herzzerreißende 119); **Schlupf|pfor|te,** die: *enge, niedrige Pforte (bes. in Burg- u. Stadtmauern);* **schlupf|reif** ⟨Adj.⟩ (Zool.): *reif zum Ausschlüpfen;* **schlüpfrig** ⟨Adj.⟩ [mhd. slipfe(ri)c = glatt, glitschig, zu: slipfe(r)n, ahd. slipfen = ausgleiten, Intensivbildung zu ↑¹schleifen; frühnhd. an ↑schlüpfen angelehnt]: **1.** *feucht u. glatt, mit einer Oberfläche, auf, an der jmd. od. etw. leicht abrutscht, ausgleitet:* -e Straßen; s. wie ein Aal; Ü wie kann dann mein ... Schicksal auf einem derart -en *(unsicheren)* Boden gegründet werden (Thielicke, Ich glaube 198). **2.** (abwertend) *zweideutig, anstößig, unanständig:* ein -er Witz, Roman; da merkte ich, daß er (= der Lehrer) alle -en Stellen (= eines Buches) wegließ (Kempowski, Immer 93); s. daherreden; **Schlüpf|rigkeit,** die; -, -en: **1.** ⟨o. Pl.⟩ *das Schlüpfrigsein.* **2.** *schlüpfrige* (2) *Äußerung, Stelle in einem Buch o. ä.;* **Schlupf|schuh,** der: vgl. Schlupfstiefel; **Schlupf|stie|fel,** der ⟨meist Pl.⟩: *Stiefel ohne Reißverschluß o. ä., in den man einfach hineinschlüpfen kann;* **Schlupf|wes|pe,** die: *rot-gelb bis schwarz gefärbte Wespe, deren Larven sich als Parasiten in Eiern, Larven od. Puppen anderer Insekten entwickeln u. diese töten;* **Schlupf|win|kel,** der: **1.** *Winkel, geschützte Stelle, wo sich ein Tier verstecken kann:* die Mäuse kommen aus ihren -n. **2.** (oft abwertend) *verborgener, geheimer Zufluchtsort, Versteck:* das Gebirge bot den Banditen sichere S.; Aden und Tripolis, früher beliebte S. für Terroristen (Spiegel 50, 1984, 121); **Schlupf|zeit,** die (Zool.): *Zeit des Ausschlüpfens.*
Schlup|pe, die; -, -n [(ostn)iederd., H. u.; 2: übertr. von (1)] (landsch., bes. nordd., ostmd.): **1.** *Schale von Hülsen-, Beerenfrüchten, Getreidekörnern o. ä.* **2.** ⟨Pl.⟩ (abwertend) *Falschgeld; entwertetes Geld.* **3.** (landsch.) *Schlampe* (1).
Schlup|pe, die; -, -n Form von ↑Schlupf] (nordd., md.): *Schlinge, Schlaufe.*
Schlurf, der; -[e]s, -e [zu ↑schlurfen] (österr. ugs. veraltend): **1.** *Geck* (1). **2.** *Halbstarker;* **schlur|fen** ⟨sw. V.⟩ [Nebenf. von ↑schlürfen]: **1.** ⟨ist⟩ **a)** *geräuschvoll [u. schleppend] gehen, indem man die Schuhe über den Boden schleifen läßt:* man hörte ihn s.; schlurfende Schritte; **b)** *sich schlurfend* (1 a) *zu etw., über etw. hin bewegen:* er schlurfte in die Küche; Manon zog sie (= die Pantoffeln) an und schlurfte damit durch das Wohnzimmer (H. Weber, Einzug 82); Das Weibchen krächzte ... ein wenig über den zottigen Schlaf, aber dann schlurfte es wortlos zu einem riesigen Pappkarton (Lenz, Suleyken 134). **2.** (landsch.) ↑schlürfen (1, 2) ⟨hat⟩; **schlür|fen** ⟨sw. V.⟩ [lautm.]: **1.** ⟨hat⟩ **a)** *Flüssigkeit geräuschvoll in den Mund einsaugen:* laut s.; **b)** *schlürfend* (1 a) *zu sich nehmen:* ein heißes Getränk vorsichtig s.; Sie weiterferten, wer am vernehmlichsten seine Suppe ... könne (Kusenberg, Mal 22). **2.** *etw. langsam u. mit Genuß in kleinen Schlucken trinken* ⟨hat⟩: ein Glas Likör s. **3.** (landsch.) *schlurfen* (1) ⟨ist⟩; **Schlurf|schritt,** der; -[e]s, -e: *schlurfender* (1) *Schritt.*
schlur|ren ⟨sw. V.; ist⟩ [laut- u. bewegungsnachahmend; vgl. schlorren] (landsch., bes. nordd.): *schlurfen* (1): Dann schlurrte er in Pantoffeln auf den Gang (Tucholsky, Werke 100); **Schlurren,** der; -s, - (nordd.): *Pantoffel.*
Schlu|se, die; -, -n [(ost)niederd., H. u.; 2:

Schluß, der; Schlusses, Schlüsse [spätmhd. sluʒ, zu ↑schließen]: **1. a)** ⟨o. Pl.⟩ *Zeitpunkt, an dem etw. aufhört, beendet wird; letztes Stadium; Ende:* der plötzliche, vorzeitige S. einer Veranstaltung; es ist S. [mit etw.] *(etw. hat aufgehört; mit etw. wird aufgehört);* mit dem schönen Wetter, mit den hohen Gewinnen ist S.; mit dem Rauchen, Trinken ist jetzt S.; S. mit dem Unfug! (Frisch, Stiller 443); S. der Debatte!; S. für heute!; jetzt ist aber S. [damit]!, S. jetzt! *(jetzt ist es genug!);* Nein, ich werde „natürlich" nicht hingehen. S. – aus! (Borell, Verdammt 17); beim Erzählen keinen S. *(kein Ende)* finden [können]; am, zum S. des Jahres abrechnen; nach, gegen S. einer Veranstaltung gehen; indem ich hinter bei S. der Theater vor den Eingängen dieser Anstalten mich umhertrieb (Th. Mann, Krull 100); kurz vor S. *(Laden-, Geschäfts-, Dienstschluß);* damit komme ich zum S. meiner Ausführungen; am/zum S. *(zuletzt, schließlich)* bedankte er sich doch noch; R [nun ist aber] S. im Dom! (landsch., bes. westmd.; *Schluß, genug!;* nach der Ankündigung der abendlichen Domschließung durch die Domschweizer); * mit jmdm. ist S. (ugs.; 1. *jmd. muß sterben.* 2. *jmd. ist am Ende seiner Kräfte);* **mit jmdm., mit etw. ist S.** (ugs.; *jmd., etw. ist ruiniert);* S. machen (1. *Feierabend machen, seine Tagesarbeit beenden.* 2. ugs.; *seine Arbeit, Stellung aufgeben:* er hat bei der Firma S. gemacht; [mit etw.] S. machen *([mit etw.] aufhören):* mit dem Rauchen, Trinken S. machen; macht endlich S. [mit dem Krieg]!; Man wollte ja eben S. machen mit der Bevorzugung des Reichtums und der Diskriminierung der Armut (Mostar, Unschuldig 30); [mit sich, mit dem Leben] S. machen (ugs.; *sich das Leben nehmen:* wenn sie mir einen Knochen abnehmen, mache ich S. (Remarque, Westen 170); [mit jmdm.] S. machen *(ein Liebesverhältnis, eine Freundschaft, eine Bindung endgültig lösen):* da erzählte sie mir, daß sie mit Martin S. gemacht habe (v. d. Grün, Glatteis 279); **b)** *letzter Abschnitt, letzter, äußerster Teil einer bes. räumlich festgelegten Folge, Reihe:* der S. einer Häuserreihe; S. folgt [im nächsten Heft]; den S. bilden; er hat für dieses Schauspiel zwei Schlüsse geschrieben; der Gepäckwagen befindet sich am S. des Zuges; Und dann war S. mit den Gärten (ugs.; *dann kamen, folgten keine Gärten mehr;* Schnurre, Bart 104). **2. a)** *Folgerung, Ableitung:* ein kühner, zwingender, weitreichender S.; Es liegt der S. durchaus nicht zu fern, daß sich Theodora später jünger gemacht hat (Thieß, Reich 476); die Tatsachen lassen sichere Schlüsse zu, erlauben Schlüsse auf das Vorliegen besonderer Umstände; voreilige Schlüsse ziehen, ableiten; auf Grund der Tatsachen kam er zu dem S., daß ...; Masken mit geschlossenen Augen verleiten einen immer zu falschen Schlüssen (Feuchtwanger, Erfolg 640);

b) (Logik) *Ableitung von Aussagen aus anderen Aussagen mit Hilfe von bestimmten Regeln der Logik:* direkte, indirekte Schlüsse; der S. *(das logische Schließen)* vom Allgemeinen auf das Besondere. **3.** (veraltet) **a)** ⟨o. Pl.⟩ *das [Ab]schließen:* kurz vor S. des Tores; **b)** *Abkommen, Abschluß, Beschluß; Entschluß.* **4.** (Musik) *abschließende Ton-, Akkordfolge, bes. Kadenz.* **5.** ⟨o. Pl.⟩ (Rugby) *Schlußspieler.* **6.** (Börsenw.) *Mindestbetrag od. Mindeststückzahl für die Kursfeststellung.* **7.** ⟨o. Pl.⟩ **a)** (Fachspr.) *dichtes [Ab]schließen:* die Fenster, Türen, Kolben haben guten S. *(schließen gut);* **b)** (Reiten) *festes Anliegen der Schenkel des Reiters am Pferdeleib:* guten S. *(das Pferd fest zwischen den Schenkeln)* haben); mit den Knien [guten] S. nehmen *(die Knie an den Leib des Pferdes drücken).* **8.** (Elektrot. Jargon) kurz für ↑*Kurzschluß* (1); **Schluß|ab|rech|nung,** die; vgl. Schlußbilanz; **Schluß|ab|stim|mung,** die (Parl.): *letzte, endgültige Abstimmung;* **Schlußak|kord,** der (Musik): *letzter, abschließender Akkord eines Musikstücks:* Ü der S. (geh.; *Ausklang)* eines Festes; **Schlußakt,** der: **1.** *letzter, abschließender Akt* (1 a, b). **2.** *letzter, abschließender Akt* (2) *eines Bühnenstücks;* **Schluß|ball,** der: *Abschlußball;* **Schluß|band,** der ⟨Pl. ...bände⟩: *letzter Band eines mehrbändigen Werkes;* **Schluß|be|ar|bei|tung,** die: vgl. Schlußbericht; **Schluß|be|merkung,** die: vgl. Schlußbericht; **Schlußbe|richt,** der: *abschließender Bericht;* **Schluß|be|spre|chung,** die: vgl. Schlußbericht; **Schluß|bi|lanz,** die (Kaufmannsspr.): *Bilanz, die am Schluß [eines Jahres] aufgestellt wird;* **Schluß|bild,** das: vgl. Schlußakt (2); **Schluß|bra|ten,** der (österr.): *Braten von der Kalbskeule;* **Schluß|brief,** der (Kaufmannsspr.): *Brief o. ä., der den Kauf einer (nicht börsenmäßig behandelten) Ware betrifft u. die ausführlichen Kaufbedingungen enthält, auf die sich der Käufer vorab festlegt, der Verkäufer aber erst, wenn er sichergestellt hat, daß er sie erfüllen kann;* **Schluß|chor,** der (Musik): *letzter, abschließender Chor* (2) *bes. einer Oper, eines Vokalwerkes;* **Schluß|de|kla|ra|ti|on,** die: vgl. Schlußerklärung; **Schluß|dreileck,** das (bes. Fußball): *die aus dem Torwart u. den beiden Verteidigern bestehende Spielergruppe einer Mannschaft;* **Schluß|drit|tel,** das (Eishockey): *letztes Drittel* (2 b); **Schlußef|fekt,** der: *abschließender, krönender Effekt (am Schluß einer Rede, Aufführung o. ä.);* **Schlüs|sel,** der; -s, - [mhd. slüʒʒel, ahd. sluʒʒil, zu ↑schließen]: **1. a)** *Gegenstand zum Öffnen u. Schließen eines Schlosses* (1): der S. zur Wohnung[stür], zur Kommode; der S. für den Koffer; der S. schließt gut; der S. paßt [nicht ins Schlüsselloch], steckt [im Schloß]; Eine Tür wurde geschlagen, S. klapperten (Sebastian, Krankenhaus 88); den S. abziehen; Leise schloß sie die Tür ..., drehte den S. im Schloß (Jaeger, Freudenhaus 278); der Sieger als Zeichen der Machtübergabe S. [der Stadt, der Festung] übergeben; **b)** kurz für ↑*Schraubenschlüssel.* **2.** *Mittel zum Erschließen des Zugangs od. Verständnisses:* Fleiß und

Umsicht sind der S. zum Erfolg; hierin liegt der S. zu diesem Geheimnis, zur Lösung des Problems, zum Verständnis der Dichtung, zur Psyche des Menschen; unsere Partnerschaft mit dem französischen Nachbarn war und blieb der S. für die Einigung Europas (W. Brandt, Begegnungen 196). **3. a)** *Anweisung zur Umformung von Informationen, Texten, Zeichen in eine andere Gestalt; Anweisung u. Aufschluß über die Ver- u. Entschlüsselung:* den S. einer Geheimschrift kennen; ein Telegramm in/nach einem bestimmten S. abfassen; ein Geheimschreiben mit/nach einem S. entziffern; **b)** *gesonderter Teil von Lehr- u. Übungsbüchern, der die Lösungen der gestellten Aufgaben enthält:* der S. zu diesem Übungsbuch kostet 3 Mark; **c)** *Schema für die Verteilung, Aufteilung, Zuweisung, Aufgliederung:* die Beträge werden nach einem bestimmten S. errechnet, verteilt. **4.** (Musik) **a)** *am Beginn der Notenlinien stehendes Zeichen der Notenschrift, das den Bereich der Tonhöhen von Noten festlegt; Notenschlüssel;* **b)** *Art der Notation, bei der ein bestimmter Schlüssel* (4 a) *benutzt wird:* die Melodie ist in einem ungebräuchlichen S. geschrieben, notiert; **Schlüs|sel-: 1.** drückt in Bildungen mit Substantiven aus, daß jmd. oder etw. eine zentrale Stellung einnimmt: Schlüsselcharakter, -gruppe. **2.** drückt in Bildungen mit Substantiven aus, daß etw. ein Mittel zum Zugang, zum Verständnis einer Person od. Sache ist: Schlüsselgedicht, -essay; **Schlüs|sel|bart,** der: *Bart* (2); **Schlüs|sel|be|griff,** der: vgl. Schlüsselwort (1 c); **Schlüs|sel|bein,** das [für frühnhd. *Schlüssel der Brust,* nach gleichbed. lat. clavicula, LÜ von griech. kleís; nach der S-Form altgriechischer Schlüssel]: *beidseitig ausgebildeter Röhrenknochen des Schultergürtels, der das Brustbein mit dem Schulterblatt verbindet;* **Schlüs|sel|bein|ar|te|rie,** die: *Schlagader an jeder Körperseite zur Blutversorgung der oberen Extremitäten sowie an Hals u. Kopf;* **Schlüs|sel|bein|bruch,** der: *Bruch* (2 a) *des Schlüsselbeins;* **Schlüs|sel|bein|ve|ne,** die: *starke Vene für das gesamte Blut von Arm u. Schulter sowie teilweise für das Blut der Brustwand;* **Schlüs|sel|be|trieb,** der: vgl. Schlüsselindustrie; **Schlüs|sel|blu|me,** die [spätmhd. slussilblome, nach der Blütenform]: **1.** *im Frühling blühende Pflanze mit rosettenförmig angeordneten Blättern u. kleinen, leuchtendgelben Blüten, die in größerer Zahl am Ende eines blattlosen Stengels sitzen.* **2.** *Primel;* **Schlüs|sel|brett,** das: *Brettchen, das mit mehreren Haken zum Aufhängen von Schlüsseln* (1 a) *versehen ist u. an Wänden o. ä. befestigt wird;* **Schlüs|sel|bund,** der (österr. nur so) u. das; -[e]s, -e: *Anzahl von Schlüsseln, die durch einen Ring o. ä. zusammengehalten werden;* **Schlüs|sel|dienst,** der: *kleineres Unternehmen, das Schlüssel, Duplikate von Schlüsseln anfertigt o. ä.;* **Schlüs|sel|er|leb|nis,** das (Psych.): *Erlebnis, das geeignet ist, jmdn. in seiner persönlichen Eigenart bes. stark anzusprechen u. die entsprechenden Reaktionen hervorzurufen;* **schlüs|sel|fer|tig** ⟨Adj.⟩: *bezugsfertig;* **Schlüs|sel|fi|gur,** die: *wichtige, einflußreiche Figur* (5 a, c), *deren Handeln u. Wirken der Schlüssel* (2) *zur Erklärung bestimmter Zusammenhänge ist; wichtige, für eine bestimmte Sache sehr einfluß- u. aufschlußreiche Person:* er ist [eine, die] S. dieser politischen Bewegung, Affäre; Der Zürcher Rechtsanwalt Hubert Weisbrod ... wird immer mehr zur S. im Lockheed-Korruptionsskandal (Welt 11. 2. 76, 1); **Schlüs|sel|fra|ge,** die: *zentrale, entscheidende Frage, die den Schlüssel* (2) *zu etw. enthält:* Wie hohe Sozialabgaben sind den Erwerbstätigen zuzumuten? Das ist eine der -n der Rentenreform (MM 9. 3. 88, 2); **Schlüs|sel|funk|ti|on,** die: vgl. Schlüsselstellung (1); **Schlüs|sel|ge|walt,** die ⟨o. Pl.⟩: **1.** (Rechtsspr.) *Befugnis des einen Ehepartners, den anderen in Dingen, die die Haushaltsführung betreffen, mit rechtlicher Wirkung zu vertreten.* **2.** (kath. Kirche) *dem Papst u. dem Bischofskollegium übertragene höchste Kirchengewalt;* **Schlüs|sel|ha|ken,** der: vgl. Schlüsselbrett; **Schlüs|sel|in|du|strie,** die (Wirtsch.): *Industrie, deren Produkte für die anderen Industriezweige unentbehrlich od. äußerst wichtig sind;* **Schlüs|sel|kind,** das [früher hatten die Kinder den Wohnungsschlüssel meist um den Hals hängen] (Jargon): *tagsüber (nach dem Schulunterricht od. Kindergarten) weitgehend sich selbst überlassenes Kind berufstätiger Eltern;* **Schlüs|sel|korb,** der (früher): *kleiner Korb für Aufbewahrung von Schlüsseln* (1 a); **Schlüs|sel|li|te|ra|tur,** die (Literaturw.): vgl. Schlüsselroman; **Schlüs|sel|loch,** das: *Loch im Schloß zum Hineinstecken des Schlüssels* (1 a): den Schlüssel ins S. stecken; durchs S. sehen, gucken; **schlüs|seln** ⟨sw. V.; hat⟩: **1.** (Fachspr.) *nach einem bestimmten Schlüssel* (3 c) *aufteilen.* **2.** (Ringen) *mit Hilfe eines Armschlüssels einklemmen u. festhalten:* der Gegner kann seinen geschlüsselten Arm nicht mehr einbeugen; **Schlüs|sel|per|son,** die: vgl. Schlüsselfigur; **Schlüs|sel|po|si|ti|on,** die: *Schlüsselstellung* (1); **Schlüs|sel|pro|blem,** das: vgl. Schlüsselfrage; **Schlüs|sel|reiz,** der (Psych.): *spezifischer Reiz in Form bestimmter Merkmale (wie Farbe, Duft, Geräusch, Gestalt), der ein bestimmtes, bes. instinktives Verhalten in Gang setzen:* -e für Triebhandlungen; **Schlüs|sel|ring,** der: **1.** *Ring, der mehrere Schlüssel* (1 a) *zusammenhält.* **2.** *ringähnlicher oberer Teil des Schlüssels* (1 a); **Schlüs|sel|rohr,** das: *röhrähnlicher mittlerer Teil des Schlüssels* (1 a) *zwischen Schlüsselring u. -bart;* **Schlüs|sel|rol|le,** die: vgl. Schlüsselstellung (1): jmdm., einer Sache kommt [in einer Auseinandersetzung] eine S. zu; In der U-Boot-Affaire spielte das Kanzleramt eine S. (Spiegel 1, 1987, 30); **Schlüs|sel|ro|man,** der (Literaturw.): *Roman, in dem wirkliche Personen, Zustände u. Geschehnisse verschlüsselt dargestellt werden;* **Schlüs|sel|stel|le,** die (bes. Bergsteigen): *schwierigste Stelle (insbes. eines Anstiegs);* **Schlüs|sel|stel|lung,** die: **1.** *Stellung von entscheidender Bedeutung, von entscheidendem Einfluß; wichtige od. führende, beherrschende Position:* die S. der Elektronik in der Wirtschaft; jmd., etw. hat eine S. [inne]; jmd. nimmt in, bei, für etw. eine S. ein; sich in einer S. befinden; in eine S. gelangen. **2.** (Milit.) *militärische Stellung von entscheidender Bedeutung:* -en beziehen, erobern, verlieren; **Schlüs|sel|ta|sche,** die: *Täschchen für einen Schlüsselbund;* **Schlüs|sel|tech|no|lo|gie,** die: *Technologie, die in einem bestimmten Bereich eine Schlüsselstellung* (1) *einnimmt, die für einen Bereich äußerst wichtig ist:* Laser werde als S. eine ähnliche Bedeutung erhalten wie die Computertechnik (Hamburger Abendblatt 23. 5. 85, 23); **Schlüs|sel|über|ga|be,** die: **a)** *[feierliche] Übergabe des Hausschlüssels an den Bauherrn eines neuerbauten Hauses;* **b)** *Aushändigung der Haus- od. Wohnungsschlüssel an den Mieter;* **Schlüs|se|lung,** die; -, - en (Fachspr.): *das Schlüsseln;* **Schlüs|sel|wort,** das: **1. a)** ⟨Pl. ...wörter⟩ *Kennwort für ein Kombinationsschloß;* **b)** ⟨Pl. ...wörter⟩ *Wort, mit dessen Hilfe man einen Text ver- u. entschlüsseln kann;* **c)** ⟨Pl. ...wörter u. -e⟩ *Wort von zentraler Bedeutung u. weitgehendem Aufschluß in einem bestimmten Zusammenhang:* „Einsam" lautet denn auch das S. dieser Autobiographie (Reich-Ranicki, Th. Mann 228). **2.** ⟨Pl. ...wörter u. -e⟩ *verschlüsseltes Wort; Wort mit verschlüsselter Bedeutung.* **3.** ⟨Pl. ...wörter⟩ (Datenverarb.) **a)** *(in einer Programmiersprache) Zeichenfolge mit einer festgelegten Bedeutung;* **b)** *Paßwort* (2); **Schlüs|sel|zahl,** die: **1.** *vgl. Schlüsselwort* (1 a, b). **2.** (Wirtsch.) *Verhältniszahl zur Bestimmung des Anteils an einem Gesamtbetrag (bes. im Rahmen eines Verteilerschlüssels);* **schluß|end|lich** ⟨Adv.⟩ (bes. schweiz.): *schließlich, endlich, am Ende, zum Schluß:* Schwer zu sagen, welches Motiv die Dora Flinner s. dazu bewogen haben mag, diesen Kampf für sich zu wagen (natur 4, 1987, 32); **Schluß|er|klä|rung,** die: *zusammenfassende, abschließende [offizielle] Erklärung;* **Schluß|etap|pe,** die: *letzte, abschließende Etappe* (1); **Schluß|fei|er,** die: *Feier, mit der etw. abgeschlossen wird;* **Schluß|fol|ge,** die: vgl. Schlußfolgerung; **schluß|fol|gern** ⟨sw. V.; schlußfolgerte, hat schlußgefolgert⟩: *eine Schlußfolgerung aus etw. ziehen, etw. aus etw. als Schlußfolgerung ableiten:* aus den erwähnten Umständen läßt sich die strittige Behauptung nicht s.; aus meiner Bemerkung schlußfolgerte er, daß ...; Die Professorin schlußfolgert: „Von einem ... Leistungsabbau ... kann nicht die Rede sein." (Spiegel 43, 1983, 85); **Schluß|fol|ge|rung,** die: *logische Folgerung; Schluß, mit dem etw. aus etw. gefolgert wird:* eine logische, zwingende, überzeugende, falsche S.; aus etw. die richtige S. ziehen, ableiten; der Verfasser kam, gelangte zu der S., daß ...; **Schluß|for|mel,** die: *abschließende, beschließende Formel* (1): -n in Briefen; **Schluß|ge|dan|ke,** der: *abschließender Gedanke:* der S. einer Rede; **Schluß|gong,** der (bes. Boxen): *Gongschlag, der den Schluß der letzten Runde anzeigt;* **Schluß|griff,** der (Turnen): *Griff, bei dem die Hände am Gerät eng nebeneinanderliegen;* **Schluß|hälf|te,** die (Sport): *zweite Spielzeithälfte;* **Schluß|hang,** der (Turnen):

schlüssig

Hang, bei dem die Hände am Gerät eng nebeneinanderliegen; **schlüs|sig** ⟨Adj.⟩ [1: zu ↑ Schluß (2); 2: zu ↑ Schluß (3 b)]: **1.** *folgerichtig u. den Tatsachen entsprechend auf Grund gesicherter Schlüsse; überzeugend, zwingend:* eine -e *Beweisführung, Argumentation, Erklärung;* ... muß *der Westen jetzt auf die sowjetische Herausforderung* ... *mit einer* -en *Gesamtstrategie antworten* (Hamburger Abendblatt 20. 3. 84, 10); -e (Rechtsspr.; *beweiskräftige Schlüsse zulassende) Dokumente, Fakten; der Beweis ist* [in sich] s.; *etw.* s. *beweisen, widerlegen; es ist* s. *erwiesen, daß er der Täter ist.* **2.** * **sich** ⟨Dativ⟩ **s. sein**/(veraltet ohne „sich":) **s. sein** *(sich in bezug auf etw. entschlossen, entschieden haben): er war sich s. darüber, daß* ...; *ich bin mir immer noch nicht* s., *ob ich tun soll;* **sich** ⟨Dativ⟩ **s. werden**/(veraltet ohne „sich":) **s. werden** *(sich in bezug auf etw. fest entschließen, entscheiden): er kann sich nicht* [darüber] s. *werden; du mußt dir doch endlich* s. *werden, was du tun willst; Im Jahre 1890 hatte sich Daphnes Vater* ... *nach einer Braut umgesehen. In München konnte er nicht* s. *werden* (A. Kolb, Daphne 13); **Schlüs|sig|keit,** die; -: *das Schlüssigsein:* eine *Argumentation auf ihre* S. *prüfen;* **Schluß|ka|pi|tel**, das: *abschließendes, letztes Kapitel* (1): *das* S. *eines Romans;* **Schluß|ket|te**, die (bes. Logik): *Kette, zusammenhängende Folge von* [syllogistischen] *Schlüssen* [*von deren Konklusionen nur die abschließende ausdrücklich formuliert wird*]; **Schluß|kom|mu|ni|qué**, das: vgl. Schlußerklärung; **Schluß|kurs**, der (Börsenw.): *letzter Kurs eines Wertpapiers vor Börsenschluß*; **Schluß|läu|fer**, der (Leichtathletik): *letzter Läufer einer Staffel;* **Schluß|läu|fe|rin**, die: w. Form zu ↑ Schlußläufer; **Schluß|leuch|te**, die: *Schlußlicht* (1); ◆ **schlüß|lich**: ↑schließlich: *trank ihm* s. *hierauf noch einmal das Gedeihen ihres Geschäfts zu* (Kleist, Kohlhaas 25); **Schluß|licht**, das ⟨Pl. -er⟩ **1.** *rotes Licht, das an Fahrzeugen das hintere Ende kenntlich macht: die beiden* -er *des Autos sind defekt;* das S. *des Zuges) (verpaßte den Zug knapp).* **2.** (ugs.) **a)** *letzter einer Reihenfolge, Kolonne o. ä.:* das S. *bilden, machen;* **b)** *Letzter, Schlechtester unter vielen: dieser Verein ist das* S.; *sie* (= die Kinderärzte) *sind das* S. *in der ärztlichen Einkommensstatistik* (Eltern 2, 1980, 40); **Schluß|mann,** der ⟨Pl. ...männer⟩: **1.** (Leichtathletik) *Schlußläufer.* **2.** (Ballsport Jargon) *Torwart.* **3.** (Rugby) *Schlußspieler;* **Schlußmi|nu|te**, die: *letzte Minute, bes. eines sportlichen Wettkampfes;* **Schluß|nah|me**, die; -, -n [zum 2. Bestandteil vgl. Abnahme] (schweiz. Amtsspr.): *Beschlußfassung;* **Schluß|no|te**, die (Rechtsspr.): *beim Abschluß eines Geschäfts von Handelsmakler auszustellende Bescheinigung über die Vertragsparteien, den Gegenstand u. die Geschäftsbedingungen;* **Schluß|no|tie|rung**, die (Börsenw.): *letzte Notierung vor Börsenschluß;* **Schluß|pfiff**, der (Ballspiele): *Pfiff, mit dem der Schiedsrichter den Schluß des Spiels anzeigt;* **Schluß|pha|se**, die: *letzte Phase;* **Schluß|prü|fung**, die: *Abschlußprüfung;* **Schlußpunkt**, der: **1.** *den Satzschluß bezeichnender Punkt.* **2.** *endgültiger, deutlicher Abschluß:* S. *einer Entwicklung, einer Feier;* * **einen** S. **unter/hinter etw. setzen** (↑ Schlußstrich): *sie wollten einen* S. *unter das Gewesene setzen;* **Schluß|rech|nung**, die: **1.** (Wirtsch., Rechtsspr.) *Schlußabrechnung bes. des Konkursverwalters.* **2.** (Math.) *Dreisatzrechnung;* **Schluß|re|dak|teur**, der (Zeitungsw., Buchw.): *Redakteur für die Schlußredaktion;* **Schluß|re|dak|teu|rin**, die (Zeitungsw., Buchw.): w. Form zu ↑ Schlußredakteur; **Schluß|re|dak|ti|on**, die (Zeitungsw., Buchw.): *letzte, abschließende, endgültige Redaktion* (1); **Schluß|re|de**, die: **1.** *abschließende Rede od. abschließender Teil einer Rede.* **2.** *Epilog;* **Schluß|re|gel**, die (Logik): *Regel für das logische Schließen;* **Schluß|run|de**, die (Sport): **1.** *letzte Runde eines Rennens.* **2.** *letzte Runde eines Box-, Ringkampfes.* **3.** *Endrunde;* **Schluß-s**, das: *in der früheren deutschen Schrift u. im Frakturdruck besonders gestaltetes einfaches s im Auslaut von Wörtern u. Silben (ś);* **Schluß|satz**, der: **1. a)** *letzter, abschließender Satz: der* S. *einer Rede,* **b)** (Logik) *Konklusion.* **2.** (Musik) *letzter Satz eines Musikstückes;* **Schluß|schein**, der (Rechtsspr.): *Schlußnote;* **Schluß|schritt**, der (Turnen): *Schritt, mit dem man in Schlußstellung gelangt;* **Schluß|si|gnal**, das (Fachspr., bes. Funkw.): *Signal, das den Schluß, die Beendigung anzeigt;* **Schluß|si|re|ne**, die (bes. Eishockey): *Sirenenton, der den Schluß des Spiels anzeigt;* **Schluß|spie|ler**, der (Rugby): *hinterster Spieler mit der besonderen Aufgabe, das Mal zu verteidigen;* **Schluß|sprung**, der (Turnen): *Sprung mit geschlossenen Beinen (häufig als Abschluß einer Übung);* **Schluß|spurt**, der (Ballspiele): *besondere Anstrengung, besonderer Einsatz gegen Schluß eines Spiels;* **Schluß|stand**, der (bes. Turnen): vgl. Schlußstellung; **Schluß|stein**, der: **1.** (Archit.) [*verzierter*] *Stein im Scheitel eines Bogens od. Gewölbes.* **2.** *etw., was den Abschluß, die Vollendung bildet: das war der* S. *der Entwicklung;* **Schluß|stel|lung**, die (bes. Turnen): *Stellung mit geschlossenen Beinen u. Füßen;* **Schluß|strich**, der: *abschließender Strich am Ende eines Schriftstücks, einer Rechnung:* einen S. *unter die Rechnung ziehen;* * **einen** S. **unter etw. ziehen** (*etw. Unangenehmes endgültig abschließen, beendet sein lassen):* man sollte einen S. [unter die Sache, Affäre] ziehen; **Schluß|sze|ne**, die: vgl. Schlußakt (2); **Schluß|teil**, der: *abschließender Teil; Abschnitt, Teil, der den* [Be]*schluß bildet: der* S. *der Rede, des Romans, des Musikstückes;* **Schluß|ter|min**, der (Wirtsch., Rechtsspr.): *vor der Beendigung eines Konkursverfahrens anberaumter Termin* (2), *bei dem der Konkursverwalter die Schlußrechnung* (1) *vorlegt;* **Schluß|ton**, der: vgl. Schlußakkord; **Schluß|ur|teil**, das (Rechtsspr.): *Endurteil, das den gesamten Streitgegenstand betrifft;* **Schluß|ver|an|stal|tung**, die (Rechtsspr.): *abschließende Veranstaltung;* **Schluß|ver|hand|lung**, die (Rechtsspr.): vgl. Schlußurteil; **Schluß|ver|kauf**, der (Wirtsch.): vgl. Saisonausverkauf; **Schluß|ver|tei|lung**, die (Rechtsspr.): *im Konkursverfahren gerichtlich zu genehmigende Verteilung der verwerteten Konkursmasse;* **Schluß|ver|zeich|nis**, das (Rechtsspr.): *im Konkursverfahren vom Konkursverwalter zur Vorbereitung der Schlußverteilung erstelltes Verzeichnis, in das alle zu berücksichtigenden Konkursgläubiger aufgenommen werden;* **Schluß|vor|trag**, der: *abschließender Vortrag;* **Schluß|wei|se**, die (Logik): *Art des logischen Schlusses, der logischen Ableitung: logische, wissenschaftliche* -n; **Schluß|wort**, das ⟨Pl. -e⟩: *abschließende Äußerung: der Moderator der Sendung sprach noch ein kurzes* S.; **Schluß|zei|chen**, das (Fachspr., bes. Funkw.): *Zeichen, das den Schluß, die Beendigung anzeigt.*

Schlütt|chen, das; -s, - (schweiz.): *Schlüttli;* **Schlütt|te**, die; -, -n [H. u.] (schweiz.): **1.** *Arbeitskittel.* **2.** *Bettjacke;* **Schlütt|li**, das; -s, - (schweiz.): *Jäckchen für einen Säugling.*

Schma, das; - [hebr. šema', eigtl. = höre!]: *jüdisches Gebet des täglichen Morgen- u. Abendgottesdienstes.*

Schmach, die; - [mhd. smâch, smæhe, ahd. smâhī, eigtl. = Kleinheit, Geringfügigkeit, zu mhd. smæhe, ahd. smâhi = klein, gering, verächtlich] (geh. emotional): *etw., was als Kränkung, Schande, Herabwürdigung, Demütigung empfunden wird:* die S. *einer Niederlage; dieser Friede ist eine* S. *für jeden Patrioten; es ist keine* S., *das auf sich zu nehmen;* [eine] S. *erleiden, erdulden, ertragen;* jmdm. [eine] S. *antun, zufügen; die Nationalbewußten, die jede Souveränitätseinbuße als* S. *empfinden* (Dönhoff, Ära 201); (emotional verstärkend:) *er wurde mit* S. *und Schande aus seinem Amt entlassen;* (scherzh.:) S. *und Schande über dich!;* **schmach|be|deckt** ⟨Adj.⟩, -er, -este⟩ (geh.): *sehr gedemütigt, mit* Schmach u. Schande bedeckt; **schmach|bela|den** ⟨Adj.⟩ (geh.): *schmachbedeckt.*

Schmacht, der; -[e]s [mhd. smaht = Hunger, Durst, zu ↑schmachten] (landsch., bes. nordd.): *starker Hunger: Ich habe einen* S., *daß ich Mazzes fressen könnte* (Löns, Haide 58); **schmach|ten** (sw. V.; hat) [aus dem Niederd. < mniederd. smachten, zu mhd. smâch, ahd. smâhī, ↑Schmach; mhd. in: versmahten (↑ versmachten), ahd. in: gismâhtēon = schwinden, schwach werden] (geh.): **1.** *Entbehrung (bes. Durst, Hunger) leiden: in der Hitze* s.; *im Kerker* s.; *unter jmds. Gewaltherrschaft* s.; jmdn. s. *lassen: Ihnen genügt nicht, mich in der Festung zu sehen, Sie wollen mich auf den Block bringen* (Hacks, Stücke 279). **2.** *leidend nach jmdm., nach etw. verlangen; sich schmerzlich sehnen: nach einem Tropfen Wasser* s.; *nach der Geliebten* s.; **schmach|tend** ⟨Adj.⟩ (oft spött.): *voll Hingebung u. schmerzlicher Sehnsucht; rührselig, sentimental: ein* -er *Blick, Gesang; jmdn.* s. *anblicken;* **Schmacht|fet|zen**, der (salopp abwertend): **1.** *rührseliges, sentimentales Werk wie Film, Schlager, Buch o. ä.: Das Liedchen „Du", ein träniger* S., *verkaufte sich als Singleplatte über eine Million Male* (Spiegel 50, 1980, 210). **2.** *Schmachtlappen* (1); **schmäch-**

tig ⟨Adj.⟩ [mhd. smahtec (mniederd. smachtich) = hungerleidend, zu: smaht, ↑Schmacht]: *dünn u. von zartem Gliederbau*: ein -es Kind; da ihm die Strapazen der letzten Nacht alle Energien aus dem -en Körper gezogen hatten (Kirst, 08/15, 825); jmd. ist klein und s.; **Schmächtigkeit**, die; -: *das Schmächtigsein*; **Schmacht|korn**, das (Landw.): *infolge Notreife nur kümmerlich ausgebildetes Getreidekorn*; **Schmacht|lap|pen**, der (salopp abwertend): **1. a)** *schmachtender Liebhaber*; **b)** *Schwächling*. **2.** *Schmachtfetzen* (1); **Schmacht|locke**[1], die (ugs. spött.): *in die Stirn gekämmte Locke*; **Schmacht|rie|men**, der [urspr. = breiter Gürtel, der bes. von Wanderern zur Stützung des leeren Magens getragen wurde] (landsch.): *Gürtel; Leibriemen;* ¹*Koppel* (a): *den S. umschnallen/enger schnallen* (↑Gürtel 1).

schmach|voll ⟨Adj.⟩ (geh.): *große Schmach bringend, zufügend; demütigend, erniedrigend*: eine -e Niederlage; jmdn. s. behandeln; s. untergehen.

Schmack, die; -, -en [zu (m)niederd. smacken = schlagen (↑Schmackes); das Schiff hatte urspr. ein Segel mit schlagendem Zipfel] (früher): *kleines, vorn u. hinten rund gebautes, anderthalbmastiges Seeschiff*.

schmack|bar ⟨Adj.⟩ (schweiz.): *schmackhaft*.

Schmacke|duz|jen¹, **Schmacke|duz|ken**¹ ⟨Pl.⟩ [wohl zu (m)niederd. smacken (↑Schmackes) u. zu ↑Dutt] (berlin.): *Rohrkolben*; **Schmackes**¹ ⟨Pl.⟩ [zu mniederd. smacken = schlagen; geräuschvoll fallen lassen, lautm., vgl. schmatzen] (landsch., bes. rhein.): *Hiebe, Schläge*: S. kriegen; *mit S. (landsch. ugs.; mit Wucht, Schwung, Kraft)*: er schlug den Nagel mit S. in die Wand; ... wenn man an so einen Rentner, der gerade die Straße überqueren will, mit S. vorbeibrettert (Spiegel 25, 1992, 26).

schmack|haft ⟨Adj.; -er, -este⟩ [mhd. smachaft, zu: smack, ↑Geschmack]: *wohlschmeckend, von angenehmem Geschmack*: -es Fleisch, -e Früchte; das Essen s. zubereiten; *jmdm. etw. s. machen (ugs.; jmdm. etw. so darstellen, daß es für gut hält, Lust dazu bekommt)*: jmdm. ein Vorhaben, einen Gedanken, einen Beruf s. machen; Der Werbetext schrieb Heinrich Mann selber: Er tat alles Denkbare, um die Trilogie dem Publikum s. zu machen (Reich-Ranicki, Th. Mann 118); **Schmack|haf|tig|keit**, die; -: *das Schmackhaftigsein*; **schmackig**¹ ⟨Adj.⟩ (bes. Werbespr.): *schmackhaft*: Samson. Der Echte aus Holland. Schmackig und frisch (Spiegel 28, 1977, 6).

Schmack|ostern, das; - [zu (m)niederd. smacken, ↑Schmackes]: *(früher in vielen Teilen Mitteleuropas üblicher) österlicher Brauch, bei dem junge Männer, Frauen u. Kinder am zweiten Ostertag loszuziehen, mit einer Rute zu schlagen*.

Schmad|der, der; -s (nordd. salopp abwertend): *etw., was von breiig-nasser Konsistenz ist u. als unangenehm empfunden wird*; **schmad|dern** ⟨sw. V.; hat⟩ [wahrsch. verw. mit ↑schmettern, urspr. lautm.] (nordd. salopp abwertend): **1.** *kleckern* (1 a), *sudeln* (1). **2.** ⟨unpers.⟩ *regnen u. schneien zugleich, naß schneien*: es schmaddert.

schmal|fu ⟨indekl. Adj.⟩ [wohl entstellt aus frz. je m'en fous = ich mach mir nichts daraus] (österr. mundartl., bes. wiener.): *schäbig, schuftig*: sich s. benehmen.

Schmäh, der; -s, -[s] [mhd. smæhe = Beschimpfung; verächtliche Behandlung, zu ↑Schmach] (österr. ugs.): **1. a)** *Kunstgriff, [billiger] Trick*: Mit dem „Schmäh", er könnte bei der Gemeinde Wien Wohnungen verschaffen, lockte der Elektriker ... einer Bekannten insgesamt 25 000 Schilling heraus (Express 11. 10. 68); **b)** *Schwindelei, Unwahrheit*: eine neue Aktion ...: „Künstler helfen Politikern". Kein S.! (Wiener 10, 1983, 114); *jmdn. am S. halten (jmdn. zum besten halten; jmdm. etw. vormachen)*. **2.** ⟨o. Pl.⟩ *verbindliche Freundlichkeit; Sprüche u. Scherze*: Wiener S.; *[einen] S. führen (Witze, Scherze machen)*; **Schmäh|brief**, der; vgl. Schmähschrift; **Schmä|he**, die; -, -n [mhd. smæhe] (selten): *Schmähung* (2); **schmä|hen** ⟨sw. V.; hat⟩ [mhd. smæhen, ahd. smāhen, zu mhd. smāch, ahd. smāhi, ↑Schmach] (geh.): *mit verächtlichen Reden beleidigen, beschimpfen, schlechtmachen*: ein Regime s.; einen Gegner s.; jmdn. als Ketzer s.; Die überfallenen Straßenpassanten, die gesprengten Versammlungen, ... den wüst geschmähten Reichspräsidenten (Feuchtwanger, Erfolg 656); **schmäh|lich** ⟨Adj.⟩ [mhd. smæh(e)lich = verächtlich, schimpflich, ahd. smāhlīh = gering, zu ahd. smāhi, ↑Schmach] (geh.): *so geartet, daß es verachtenswert, als eine Schande anzusehen ist; schändlich*: ein -er Verrat; eine -e Niederlage; eine -e Rolle spielen; etw. endet s.; jmdn. s. behandeln; s. versagen; *(verblaßt:)* ich habe mich s. *(in übler Weise, sehr)* getäuscht; er ist s. verraten und im Stich gelassen worden (Kirst, 08/15, 953); **Schmäh|lich|keit**, die; - (geh.): *das Schmählichsein*; **Schmäh|re|de**, die: **1.** *Rede, mit der jmd., etw. geschmäht wird*: eine S. gegen jmdn. halten. **2.** ⟨meist Pl.⟩ *schmähende Äußerung; Schmähung*: -n führen; **Schmäh|ruf**, der; vgl. Schmährede (2); **Schmäh|schrift**, die: *Schrift, mit der jmd., etw. geschmäht wird; Pamphlet; Pasquill;* **Schmäh|sucht**, die ⟨o. Pl.⟩: *stark ausgeprägte Neigung, andere zu schmähen*; **schmäh|süch|tig** ⟨Adj.⟩: *dazu neigend, andere zu schmähen*; **Schmäh|tand|ler**, der (österr. ugs.): *jmd., der billige Tricks, Witze macht*; **Schmä|hung**, die; -, -en: **1.** *das Schmähen*. **2.** *Schmähung* (2): wüste -en [gegen jmdn., gegen etw.] ausstoßen; jmdn. mit -en überschütten, überhäufen; **Schmäh|wort**, das ⟨Pl. -e⟩: vgl. Schmährede (2).

schmal ⟨Adj.; schmaler u. schmäler, schmalste, seltener: schmälste⟩ [mhd., ahd. smal, urspr. = klein, gering, vgl. engl. small]: **1.** *von ziemlich geringer Ausdehnung in der Breite, in seitlicher Richtung*: ein -es Band, Brett, Fenster; -e Hände, Schultern; eine -e Figur; ein -er Weg, Durchgang; ein -es *(dünnes, kleines)* Büchlein; in einem Parlament, das sich aus Vertretern einer -en *(kleinen)* Oberschicht der Bevölkerung zusammensetzte (Fraenkel, Staat 241); ihre Augen sind s.; s. in den Hüften sein; die Lippen s. machen; sich s. machen *(versuchen, möglichst wenig Platz einzunehmen, damit sich noch jmd. dazusetzen o.ä. kann)*; du bist -er *(dünner)* geworden; Mein Gesicht ist eingefallen, schmäler geworden (Ziegler, Labyrinth 20); eine s. *(eng) geschnittene* Hose. **2.** (geh.) *knapp, unzureichend, karg*; -e Einkommen, -e Kost; mit einem so -en Geldbeutel *(so wenig Geld)* kann man keine großen Sprünge machen; hier wird nur eine -e *(geringe)* Auswahl geboten; Oder einen Fasan, der doch nicht minder willkommen gewesen wäre in den -en Zeiten? (Th. Mann, Herr 152); seine Rente ist sehr s. *[bemessen]*; Nach dreien Tagen wurde das mitgenommene Wasser s. (Th. Mann, Tod u. a. Erzählungen 210); **Schmal|bauch**, der: *brauner Rüsselkäfer, der durch Blattfraß an Laubbäumen, bes. an Obstbäumen, Schäden verursacht*; **schmal|blät|te|rig**, **schmal|blätt|rig** ⟨Adj.⟩ (Bot.): *mit schmalen Blättern*; **schmal|brü|stig** ⟨Adj.⟩: *mit schmalem Brustkorb; dünn*: ein -es kleines Kerlchen; Ü ein -er Schrank; -e *(engstirnige)* Ansichten; die Zeitschrift ist dünn, s. nicht nur im Umfang (Weber, Tote 263); **schmä|len** ⟨sw. V.; hat⟩ [mhd. smeln, eigtl. = klein machen] (veraltend): *tadeln, schelten, herabsetzen; mit jmdm. schimpfen*: die eintönige Arbeit s.; Wenn du mit mir s. und rechten willst ... (Th. Mann, Joseph 274); ⟨subst.:⟩ Lassen wir das Schmälen (Molo, Frieden 45); **schmä|ler**: ↑schmal; **schmä|lern** ⟨sw. V.; hat⟩ [spätmhd. smelern = schmäler machen]: *verringern, verkleinern, [im Wert] herabsetzen*: jmds. Rechte, Verdienste, jmdn. in seinen Rechten, Verdiensten, den Wert von etw. s.; Bäume schmälern den Ertrag der Weideflächen; ich will dir dein Vergnügen nicht s.; Die spärlichen sportlichen Erfolge ... konnten ... die Begeisterung nicht s. (Allgemeine Zeitung 4. 6. 85, 14); **Schmä|le|rung**, die; -, -en: *das Schmälern, Schmälertwerden*; **schmal|fen|strig** ⟨Adj.⟩: *mit schmalen Fenstern*: -e Räume; **Schmal|film**, der: *(bes. von Amateuren benutzter) schmaler Film* (2) *für Filmaufnahmen*; **Schmal|fil|mer**, der: *jmd., der Schmalfilme dreht*; **Schmal|fil|me|rin**, die: w. Form zu ↑Schmalfilmer; **Schmal|film|ka|me|ra**, die: *Kamera für Schmalfilme*; **Schmal|film|pro|jek|tor**, der: vgl. Schmalfilmkamera; **Schmal|geiß**, die (Jägerspr.): vgl. Schmalreh; **schmal|glied|rig** ⟨Adj.⟩: *mit schmalen Gliedern* (1 a): -e Hände; **Schmal|hans**: nur in der Wendung *bei jmdm. ist S. Küchenmeister (ugs.; bei jmdm. geht es äußerst knapp zu, muß sehr mit dem Essen gespart werden; nach der Vorstellung eines dünnen Kochs, der selbst nicht genug zu essen hat; seit dem 17. Jh. < mniederd. smalehans = Hungerleider, Geizhals)*; **Schmal|heit**, die; -: *das Schmalsein; geringe Breite*; **schmal|hüf|tig** ⟨Adj.⟩: *mit schmalen Hüften*; **Schmal|kost**, die: *schmale, unzureichende Ernährung*; **schmal|lip|pig**

Schmalnase

⟨Adj.⟩: *mit schmalen Lippen:* Ein -es, asketisches Gesicht (Salomon, Boche 86); **Schmal|na|se**, die ⟨Zool.⟩: *zu den Herrentieren gehörender Affe mit schmaler Nasenscheidewand u. nach vorn gerichteten, eng stehenden Nasenlöchern;* **schmal|ran|dig** ⟨Adj.⟩: *mit schmalem Rand;* **Schmal|reh**, das ⟨Jägerspr.⟩: vgl. Schmaltier; **schmal|schul|te|rig, schmal|schult|rig** ⟨Adj.⟩: *mit schmalen Schultern;* **Schmal|sei|te**, die: *die kürzere Seite von etw., Seite mit den geringsten Ausdehnung:* die S. des Zimmers; **Schmal|spur**, die ⟨o. Pl.⟩ (Eisenb.): *Spurweite (2), die geringer ist als die Normalspur;* **Schmal|spur|aka|de|mi|ker**, der (ugs. abwertend): *jmd., der im Unterschied zum Vollakademiker an einer Fachhochschule o. ä. ausgebildet wurde;* **Schmal|spur|aka|de|mi|ke|rin**, die (ugs. abwertend): w. Form zu ↑Schmalspurakademiker; **Schmal|spur|bahn**, die: *auf Schmalspur laufende Kleinbahn;* **Schmal|spur|gleis**, das: *Gleis mit Schmalspur;* **schmal|spu|rig** ⟨Adj.⟩: *auf schmaler Spur, eng zusammen:* eine -e Bahn; der Skiläufer fährt sehr s.; Ü Professor Rupert Scholz ... beurteilt ... Bendas Beweisführung als „schmalspurig" (Welt 14. 4. 86, 1); **schmäl|ste:** ↑schmal.

Schmal|te, die; -, -n [ital. smalto, ↑Email]: *pulverig gemahlener, kobaltblauer Farbstoff für feuerfeste Glasuren;* **schmal|ten** ⟨sw. V.; hat⟩ (veraltend): *mit Schmalte überziehen; emaillieren.*

Schmal|tier, das (Jägerspr.): *weibliches Tier, bes. vom Hochwild, im zweiten Lebensjahr, das noch keine Jungen hat;* **Schmal|vieh**, das (landsch. veraltend): *Kleinvieh;* **Schmal|wand**, die: *an der Schmalseite eines Hauses, Zimmers o. ä. gelegene Wand;* **schmal|wüch|sig** ⟨Adj.⟩: *von schmalem Wuchs.*

¹**Schmalz**, das; -es, (Sorten:) -e [mhd., ahd. smalz, zu ↑schmelzen]: 1. *eine weiche, streichbare Masse bildendes, ausgelassenes tierisches Fett, bes. von Schweinen od. Gänsen:* S. auslassen; S. aufs Brot schmieren; mit S. kochen; Ü S. *(Kraft)* in den Knochen haben; das allein gibt den Leben S. und Tunke (A. Zweig, Grischa 330). 2. (landsch.) *Butterschmalz.* 3. (Jägerspr.) *Fett (2) des Dachses u. des Murmeltieres;* ²**Schmalz**, der; -es (ugs. abwertend): 1. *(übertrieben empfundenes) Gefühl, Sentimentalität:* er rezitierte, sang mit viel S.; Die Stimmung ist voll Rührung und S. (Sobota, Minus-Mann 233). 2. *etw. [übertrieben] Gefühlvolles, Sentimentales:* dieses Lied, dieser Film ist ein einziger S. *(ist sehr schmalzig);* **Schmalz|brot**, das: *mit* ¹*Schmalz (1) bestrichene Brotscheibe;* **Schmäl|ze**, die; -, -n (Fachspr.): *ölige Substanz, mit der bes. Wollfasern vor dem Spinnen behandelt werden;* **schmal|zen** ⟨unr. V.; schmalze, hat geschmalzt/(auch:) geschmalzen; hat⟩ [mhd. smalzen] (Kochk.): *mit* ¹*Schmalz (1) zubereiten, bes. mit heißem Schweineschmalz, auch Butter o. ä. übergießen:* geschmalzte/geschmalzene Nudeln; Ü ein geschmalzener *(sehr hoher)* Preis; ♦ das Kraut wäre gezuckert gewesen, der Sterz mit Wein geschmalzen (Rosegger, Waldbauernbub 150);

schmäl|zen ⟨sw. V.; hat⟩ [mhd. smelzen]: 1. ↑schmalzen: der Geruch von geschmälztem Rotkohl (Strittmatter, Wundertäter 332). 2. (Fachspr.) *Wollfasern vor dem Spinnen mit einer Schmälze behandeln, um einen gleichmäßigen u. geschmeidigen Faden zu bekommen;* **Schmalz|fleisch**, das: *fettreiches, zu einer streichfähigen Masse eingekochtes Fleisch;* **Schmalz|ge|bäck**, das (Kochk.): *Schmalzgebackenes;* **Schmalz|ge|backe|ne**¹, das (Kochk.): *in einem Bad aus siedendem Fett hergestelltes Backwerk;* **schmal|zig** ⟨Adj.⟩ [mhd. smalzec = fettig, auch schon übertr. = schmeichlerisch] (abwertend): *übertrieben gefühlvoll, sentimental:* ein -es Lied; mit -er Stimme, s. singen; **Schmalz|ler**, der; -s (bes. bayr.): *[mit* ¹*Schmalz* (1) *versetzter] Schnupftabak;* **Schmalz|locke**¹, die: vgl. Schmalztolle: Der Kellner ... mit den -n (Schnurre, Ich 23); **Schmalz|schnit|te**, die: *Schmalzbrot;* **Schmalz|stul|le**, die (berlin.): *Schmalzbrot;* **Schmalz|tol|le**, die (ugs. scherzh.): *pomadisierte Haartolle;* **Schmalz|topf**, der: *Gefäß [aus Steingut], in dem* ¹*Schmalz* (1) *aufbewahrt wird.*

Schman|kerl, das; -s, -n [tirol. schmankerl = leckeres Essen, H. u.] (bayr., österr.): **a)** *als Tüte geformtes Stück süßen Gebäcks aus einem ganz dünn ausgebackenen Teig:* -n backen; **b)** *besonderer Leckerbissen:* Da (= in Bremen) gibt es Pökelfleisch und Heringe fürs „Labskaus", Grünkohl und Grützwurst ... und vielerlei -n mehr (Augsburger Allgemeine 11./12. 2. 78, 9); Ü musikalische -n.

Schmant, der; -[e]s [mniederd. smand, wohl zu einem Adj. mit der Bed. „weich, glatt", vgl. engl. smooth = weich; glatt]: 1. (bes. westmd., nordostd.) **a)** *[saure] Sahne;* **b)** *Haut auf der gekochten Milch.* 2. (ostmd.) *feuchter [Straßen]schmutz, Schlamm;* **Schmant|kar|tof|feln** ⟨Pl.⟩ (landsch.): *Pellkartoffeln in Sahnesoße.*

schma|rot|zen ⟨sw. V.; hat⟩ [älter: schmorotzen, spätmhd. smorotzen = betteln, H. u.]: 1. (abwertend) *faul auf Kosten anderer leben:* er schmarotzt immer noch bei seinen Verwandten; eine Großbauerntochter, die zwar früh der Bauernarbeit den Rücken gekehrt hatte, aber noch immer von ihr schmarotzte (*aus ihr Nutzen zog, von ihr profitierte;* Innerhofer, Schattseite 105). 2. (Biol.) *(von Tieren u. Pflanzen) als Parasit (1) auf od. in einem Lebewesen, einer Pflanze leben:* der Bandwurm schmarotzt im Darm des Menschen; eine schmarotzende Orchidee; **Schma|rot|zer**, der; -s, - [spätmhd. smorotzer = Bettler]: 1. (abwertend) *jmd., der schmarotzt* (1). 2. (Biol.) *tierischer od. pflanzlicher Organismus, der schmarotzt (2); Parasit (1):* viele Pilze sind S.; **Schma|rot|zer|flie|ge**, die: *Fliege, deren Larve unter der Haut von Säugetieren lebt;* **schma|rot|zer|haft** ⟨Adj.; -er, -este⟩: *wie ein Schmarotzer, als Schmarotzer:* s. leben; **Schma|rot|ze|rin**, die; -, -nen (abwertend): w. Form zu ↑Schmarotzer (1); **schma|rot|ze|risch** ⟨Adj.⟩: *schmarotzerhaft;* **Schma|rot|zer|pflan|ze**, die: *als Schmarotzer (2) wachsende Pflanze;* **Schma|rot|zer|tier**, das:

vgl. Schmarotzerpflanze; **Schma|rot|zer|tum**, das; -s: *das Leben als Schmarotzer, schmarotzerhaftes Dasein;* **Schma|rot|zer|wes|pe**, die: *Wespe, die ihre Eier auf von einer anderen Art Wespen gefangenen Spinnen ablegt, so daß sich die Larve dort als Schmarotzer* (2) *entwickelt.*

Schmar|re, die; -, -n [aus dem Niederd. < mniederd. smarre, wohl verw. mit ↑Schmer, vgl. Schmarren; zur Bedeutungsentwicklung vgl. Schmiere (4)] (ugs.): *[vernarbte] Wunde, Schmiß:* eine lange S. auf der Stirn haben; Auf seinem Gesicht zog sich eine tiefe S. vom linken Auge bis zum Mund (Plievier, Stalingrad 125); Ü bei diesem Geschäft hatte er eine empfindliche S. bekommen *(einen Verlust, spürbaren Schaden erlitten);* **Schmar|ren**, der; -s, - [eigtl. wohl = breiige Masse, Fett; mit stark auseinandergehenden Bedeutungsentwicklungen verw. mit ↑Schmer]: 1. (österr., auch südd.) *süße Mehlspeise, bes. Kaiserschmarren.* 2. (ugs. abwertend) **a)** *etw., was bedeutungslos, minderwertig, ohne künstlerische Qualität ist:* diesen S. lese ich nicht, schaue ich mir nicht an; **b)** *unsinnige Äußerung, Unsinn:* red keinen solchen S.!; das ständige Geschrei der oppositionellen Presse ... hatte er für Blumenkohl gehalten, für hysterisch übertriebene S. (Feuchtwanger, Erfolg 583); **c)** *** einen S. (drückt Ärger u. Ablehnung aus: überhaupt nichts):* das geht dich einen S. an!; von Wirtschaft versteht er einen S.; Aber kriegen wir wenigstens die U-Bahn? Einen S. kriegen wir! (Kronen-Zeitung 10. 10. 68, 4).

Schmal|sche, die; -, -n ⟨meist Pl.⟩ [mhd. (Pl.) smaschin, mniederd. smäsche, aus dem Poln.] (Fachspr.): *Fell eines totgeborenen Lammes.*

Schmatz, der; -es, -e, auch: Schmätze [spätmhd. smaz, smüz, zu ↑schmatzen] (ugs.): *[lauter] Kuß:* jmdm. einen S. geben; **Schmätz|chen**, das; -s, -: Vkl. zu ↑Schmatz; **schmat|zen** ⟨sw. V.; hat⟩ [mhd. smatzen, älter: smackezen = schmatzen, auch: laut küssen, Weiterbildung aus: smacken, ↑Schmackes]: **a)** *Laute hervorbringen, die durch Schließen u. plötzliches Öffnen der nassen Lippen u. der Zunge entstehen:* laut, behaglich s.; ihr sollt beim Essen nicht s.!; Ü die Felder, vom Schmelzwasser getränkt, schmatzen unter ihren Schritten (Frisch, Stiller 414); ⟨unpers.:⟩ sie küßten sich, daß es schmatzte; **b)** *etw. mit einem schmatzenden Laut tun:* die Katze schmatzt ihre Milch; Mir schmatzte einen Kuß auf den Mund, das hinterließ einen nassen Fleck (Kempowski, Tadellöser 178); **Schmat|zer**, der; -s, - (salopp): ↑Schmatz; **Schmät|zer**, der; -s, - [nach den Lauten des Vogels]: *(zu den Drosseln gehörender) am Boden brütender Vogel meist mit farbenprächtigem Gefieder.*

Schmauch, der; -[e]s [mhd. smouch, zu einem Verb mit der Bed. „rauchen" (vgl. engl. to smoke, ↑Smoking)] (landsch. u. Fachspr.): *dicker, qualmender Rauch, der sich bei ohne Flamme verbrennenden, nur glimmenden Stoffen (z. B. Tabak, Schießpulver) entwickelt:* Je nachdem, aus welcher Entfernung ein Projektil abgefeuert wurde, zieht es einen typischen „Schmauch" hinter sich her (MM 24. 6. 71, 3); **schmau|chen** ⟨sw. V.; hat⟩: *mit Genuß rauchen:* er schmaucht seine Pfeife, eine Zigarre; **Schmauch|ring,** der (Kriminalistik): *Rückstand von Pulver an einer Einschußstelle;* **Schmauch|spur,** die ⟨meist Pl.⟩ (Kriminalistik): *Reste unverbrannten Pulvers nach einem Schuß:* an der Hand des Toten fanden sich -en. **Schmaus,** der; -es, Schmäuse (veraltend, noch scherzh.): *reichhaltige, bes. leckere Mahlzeit, die mit Genuß verzehrt wird:* das war ein köstlicher S.; wir wollen einen großen S. halten; **schmau|sen** ⟨sw. V.; hat⟩ [aus der Studentenspr., urspr. wohl = unsauber essen u. trinken] (veraltend, noch scherzh.): **a)** *vergnügt u. mit Genuß essen:* sie saßen an langen Tischen und schmausten; **b)** *mit Behagen verzehren:* die Weihnachtsgans s.; „Bringt her ... saure Milch von der Zibbe, denn in Schafsmilch schmaust er's am liebsten!" (Th. Mann, Joseph 212); Ü ... wenn die Bienen den ersten Honig schmausen (Hagelstange, Spielball 40); **Schmau|se|rei,** die; -, -en (veraltend): *ausgiebiges Schmausen.* **schmẹcken**[1] ⟨sw. V.; hat⟩ [mhd. smecken (Nebenf. smacken) = kosten, wahrnehmen; riechen, duften, ahd. smecken = Geschmack empfinden, ahd. smakkēn = Geschmack von sich geben]: **1. a)** *mit der Zunge, dem Gaumen den Geschmack von etw. feststellen, erkennen:* ich schmecke allerhand Gewürze im Essen; wenn man Schnupfen hat, kann man nichts s.; das Salz des Meeres auf den Lippen s.; R Es schmeckte das Blut in seinem Mund (Ott, Haie 179); ⟨auch o. Akk.-Obj.:⟩ er schmeckte mit der Zunge; Ü der Mann ... schmeckte schon unter dem Gaumen eine schale brütende Langeweile (Langgässer, Siegel 15); Das Großkapital zieht sich zurück, ohne daß es am Bier geschmeckt *(sich finanziell zu beteiligen versucht)* hat (Welt 9. 2. 78, 1); **b)** (südd., österr., schweiz.) *riechen* (1 a): ich ... schmeckte die Wagenschmiere und das salzige Leder im Wind, und da wußte ich, daß Pferdemarkt war (Schnurre, Bart 105); * **jmdn. nicht s. können** (salopp emotional; ↑riechen 1 a). **2. a)** *eine bestimmte Empfindung im Mund hervorrufen, einen bestimmten Geschmack haben:* das Essen schmeckt gut, würzig, [zu] salzig, scharf, angebrannt; Wild muß ein wenig streng s.; einige Aperitifs ..., von denen einer fader schmeckte als der andere (Ott, Haie 134); Läßt die Speckgrieben anbrennen, bis sie wie Rosinen s. (Hausmann, Abel 26); die Suppe schmeckt heute nach gar nichts *(ist schlecht gewürzt);* der Wein schmeckt nach [dem] Korken; ... tranken wir ... einen kalt mit Zimt und Rosen schmeckenden rötlichen Wein (Koeppen, Rußland 27); ⟨unpers.:⟩ es hat [mir] sehr gut geschmeckt; es schmeckte ihm köstlich auf der Zunge (Böll, Mann 61); R das schmeckt nach mehr (ugs.; *schmeckt so gut, daß man mehr davon essen möchte);* das schmeckt rauf wie runter (salopp *schmeckt ganz schlecht;* eigtl. = es

schmeckt genauso wie Erbrochenes); Ü Bitter schmeckte Pippig diese Erkenntnis (Apitz, Wölfe 198); **b)** *[bei jmdm.] eine angenehme Empfindung im Mund hervorrufen; für jmdn. einen guten Geschmack haben; jmdm. munden:* das Essen hat geschmeckt; die Krankenkost wollte ihm nicht so recht s.; ⟨meist unpers.:⟩ schmeckt es?; [nun] laßt es euch s.!; Ü diese Kritik schmeckte ihm gar nicht (ugs.; *mißfiel ihm sehr*); **Schmecker**[1], der; -s, -: **1.** (südd., österr., schweiz.) *Nase* (1 c), *Witterung* (3 a): einen guten S. haben. **2.** (Jägerspr.) **a)** *Äser;* **b)** *Lecker* (3). **Schmei|che|lei,** die; -, -en: *schmeichelnde* (1 a) *Worte:* jmdm. -en sagen; **schmei|chel|haft** ⟨Adj.; -er, -este⟩: *das Ansehen u. das Selbstbewußtsein hebend:* -e Reden; das war sehr s. für ihn; diese Worte klingen wenig s. *(enthalten einen Tadel);* Ü diese Fotografie von ihr ist sehr s. *(läßt sie hübscher aussehen, als sie in Wirklichkeit ist);* **Schmei|chel|kätz|chen,** das, **Schmei|chel|kat|ze,** die (fam.): *Kind, Mädchen, das sehr zärtlich ist, sich anschmiegt [u. mit Schmeicheln etw. erbitten, erreichen möchte];* **schmei|cheln** ⟨sw. V.; hat⟩ [mhd. smeicheln, Weiterbildung aus: smeichen, urspr. = streichen]: **1. a)** *übertrieben Gutes über jmdn. sagen, ihn wortreich loben [um sich beliebt zu machen]:* man schmeichelte ihr, sie sei eine große Künstlerin; sie schmeicheln ihrem Vorgesetzten; ⟨auch o. Dativobj.:⟩ und verstehen zu s.; „Sie haben herrlich gesungen", schmeichelte er; sich geschmeichelt fühlen; **b)** *jmds. Selbstgefühl heben:* es schmeichelt ihm, daß ...; wie sehr muß Schweizer schmeicheln, die fürchterliche Tatsache, daß es anderswo Konzentrationslager gibt (Frisch, Stiller 233); diese Worte schmeichelten seiner Eitelkeit; **c)** *jmds. äußere Vorzüge zur Geltung bringen, jmdn. in ein günstiges Licht stellen:* dies Kleid schmeichelt jeder Dame; Samt schmeichelt; ⟨häufig im 2. Part.:⟩ die Aufnahme ist geschmeichelt *(läßt den Aufgenommenen vorteilhafter erscheinen, als er in Wirklichkeit aussieht);* ein geschmeicheltes Bild. **d)** ⟨s. + sich⟩ *stolz sein, sich etw. auf etw. einbilden:* ich schmeichle mir, das schon längst erkannt zu haben; Im November 1958 ... konnte er ? (= Nikita Chruschtschow) sich noch s., eine Milliarde Kommunisten, ein Drittel der Menschheit, hinter sich zu haben (Dönhoff, Ära 228). **2. a)** (veraltend) *liebkosen, zärtlich sein:* Kinder schmeicheln gern; sie hat mit ihrer Mutter geschmeichelt; Ü ein schmeichelndes *(lieblich duftendes)* Parfüm; **b)** ⟨s. + sich⟩ *in jmds. Ohr, Sinne sanft hineindringen, eingehen:* die Klänge schmeicheln sich in ihr Ohr; Mit nichts hätte Goldmund sich rascher wieder in sein Herz s. können (Hesse, Narziß 349); schmeichelnde Musik; **Schmei|chel|na|me,** der: *Kosename;* **Schmei|chel|re|de,** die: vgl. *Schmeichelwort;* **Schmei|chel|wort,** das ⟨Pl. -e; meist Pl.⟩: *schmeichelndes* (1 a) *Wort:* jmdm. -e sagen; **Schmeichller,** der; -s, - [spätmhd. smeicheler]: *jmd., der schmeichelt* (1 a); *Schönredner;* **Schmeichle|rin,** die; -, -nen: w. Form zu ↑Schmeich-

ler; **schmeich|le|risch** ⟨Adj.⟩: *schmeichelnd* (1 a), *sich anbiedernd:* mit -en Worten; Rosalie schob sich s. näher (Langgässer, Siegel 524). **schmei|dig** ⟨Adj.⟩ (veraltet): *geschmeidig* (1); **schmei|di|gen** ⟨sw. V.; hat⟩ (bildungsspr. selten): *geschmeidig, schmiegsam machen:* Ich muß mir Bewegung machen ..., um das Holzbein zu s. (Th. Mann, Zauberberg 676); ⟨auch s. + sich:⟩ Cranachs Handschrift schmeidigt sich dabei zur Kalligraphie (MM 27. 1. 73, 80); **Schmei|di|gung,** die; -, -en (bildungsspr. selten): *das Schmeidigen, Sichschmeidigen.*

[1]schmei|ßen ⟨st. V.; hat⟩ [mhd. smīʒen = (be)streichen, (be)schmieren, schlagen, ahd. in bismīʒan = beschmieren, bestreichen, besudeln, H. u.] (ugs.): **1. a)** *irgendwohin werfen* (2 a), *schleudern:* ein Glas an die Wand s.; [jmdm.] einen Stein ins Fenster s.; die Mappe auf den Boden, in die Ecke, aus dem Fenster s.; den Ball in die Luft, über die Mauer s.; jmdn. ins Wasser s.; alles auf einen Haufen s.; etw. in den Papierkorb, in den Müll s.; der Gaul hat mich glatt aus dem Sattel geschmissen; die Tür [ins Schloß] s. *(heftig zuschlagen);* Ü jmdn. aus dem Zimmer, aus der Schule s. *(hinausweisen* 1*);* etw. zu Dumpingpreisen auf den Markt s. *(in den Handel bringen);* [beim Tanzen] die Beine s. *(mit Schwung nach oben bewegen, in die Höhe reißen);* **b)** *mit etw. werfen:* mit Steinen s.; die Demonstranten schmissen mit Tomaten ... schmissen wir reichlich mit Schneebällen nach toten Gegenständen (Küpper, Simplicius 117); ... schmissen *(bewerfen)* sich Berliner Gören mit Eierpampe (BM 12. 8. 75, 5); Ü mit Geld, mit Geschenken um sich s. *(viel ausgeben, verschenken);* er schmeißt dauernd mit Fremdwörtern um sich; ⟨s. + sich⟩ *sich irgendwohin werfen* (2 b): sich weinend aufs Bett, sich in den Sessel s.; sie schmiß sich unruhig hin und her; sich jmdm. an den Hals, an die Brust, in die Arme s.; er schmiß *(stürzte)* sich auf seinen Gegner; sich vor einen Zug s. *(sich in selbstmörderischer Absicht von einem Zug überrollen lassen);* **d)** *(bes. eine Lehre o. ä.) aus einem Gefühl starker Unlust o. ä. heraus abbrechen, aufgeben; hinwerfen* (3 b): seine Ausbildung, das Studium, seinen Job s.; Der Sohn der Leiterin, ja dato der beste Lehrling, ... schmeißt die Lehre (Plenzdorf, Leiden 9); sie hat die Therapie geschmissen; **e)** ⟨s. + sich⟩ *sich (mit etw.) bekleiden, kleiden:* zur Feier des Tages hat er sich in einen Smoking geschmissen; Nur wenn er wegwill, dann schmeißt er sich in einen Anzug mit Schlips (Hornschuh, Ich bin 9); schmeiß dich in die Klamotten *(zieh dich schnell an)* und komm mit; **f)** *skizzieren, hinwerfen* (3 c): eine Karikatur aufs Blatt s.; Mahlke schmeißt er nicht *(skizziert er nicht mit schnellen, flüchtigen Strichen)* mit Rötel aufs Papier, sondern mit knirschender Schulkreide auf die Schultafel (Grass, Katz 45). **2.** *ausgeben, spendieren:* eine Lage, Runde [Bier] s.; Komm, schmeiß einen Kognak (Remarque, Obelisk 187); der Maine-Gouverneur schmiß ihm *(gab für ihn)* eine Party (Spiegel 46,

schmeißen

1977, 120). **3.** *mit etw. geschickt fertig werden; etw. umsichtig u. sicher durchführen, bewältigen:* wir werden die Sache schon s.; sie hat den großen Haushalt ohne Hilfe geschmissen; deshalb braucht der Kommandeur jemand, der hier den ganzen Laden für ihn schmeißt (Kirst, 08/15, 388). **4.** (Theater, Ferns. Jargon) *[durch Ungeschick, Versagen o. ä.] verderben, mißlingen lassen:* eine Szene, die Vorstellung, eine Sendung s.; wenn ich mal keinen Einfall habe oder den Text verschwitze, ist die Sendung geschmissen (Hörzu 40, 1973, 26). ◆ **5.** *prügeln, schlagen:* Schmeißt ihm die Laterne aus der Hand! (Kleist, Käthchen II, 5); Auf! Faß ihn! Schmeiß ihn jetzo, wie du willst (Kleist, Krug 11); **²schmei|ßen** ⟨sw. V.; hat⟩ [mhd. smeizen, Vergrößerung der Grundbed. von ↑¹schmeißen] (Jägerspr.): *(von Greifvögeln) Kot ausscheiden, sich entleeren:* der Falke schmeißt; **Schmeiß|flie|ge**, die [man hielt die Eier für ihren Kot]: *große, metallisch blau od. goldgrün glänzende Fliege, die bes. auf Fleisch u. auf Exkrementen ihre Eier ablegt.*

Schmelz, der; -es, -e [vgl. ahd. smelzi = Gold-Silber-Legierung, zu ↑schmelzen]: **1.** *glänzender Überzug, Glasur, Email:* der S. beginnt abzublättern; Westerwälder Steinzeug mit blauem S. **2.** *Zahnschmelz:* bei einigen Zähnen ist der S. stark angegriffen; ... und in dem vor Schmerz unruhigen Munde Walters schimmerte der S. auf einem Zahn wie Elfenbein (Musil, Mann 148). **3.** *Lieblichkeit, von Auge od. Ohr als angenehm empfundene Weichheit im Ausdruck von etw.:* der S. der Stimme, des Gesichts; mit dem S. meiner blauen Augen (Th. Mann, Krull 79); er (= der Geiger) spielte mit innigem S. (Hartung, Piroschka 24); weil der S. der Jugend verblaßt war (Bernstorff, Leute 6); **Schmelz|bad**, das (Technik): *die Schmelze* (2 a) *im Schmelztiegel;* **schmelz|bar** ⟨Adj.⟩: *sich schmelzen lassend:* ein leicht es Material; **Schmelz|bar|keit**, die; -: *schmelzbare Beschaffenheit;* **Schmelz|but|ter**, die: *Butterschmalz;* **Schmel|ze**, die; -, -n: **1.** *das [Zer]schmelzen, Flüssigwerden:* Der Schnee, nachts leicht gefroren, neigte jetzt eher zur S. (A. Zweig, Grischa 457). **2. a)** (Technik) *in flüssigen Zustand gebrachtes Material, Flüssigkeit aus geschmolzenem Material:* eine S. herstellen; Er benützte bei seinem Experiment eine große elektrische Batterie und schickte einen Strom durch die S. einer Verbindung (Haber, Welten 46); Strom durch eine S. aus Metall fließen lassen; **b)** (Geol.) *Gestein, Erz, das durch Erstarren flüssig gewesener [vulkanischer] Materialien entstanden ist.* **3.** (veraltend) *Schmelzhütte:* eine neue S. bauen; in der S. arbeiten; **schmel|zen** ⟨st. V.⟩ /vgl. schmelzend/ [1: mhd. smelzen, ahd. smelzan (st. V.), eigtl. = weich werden, zerfließen; 2: mhd., ahd. smelzen (sw. V.), urspr. Veranlassungsverb von ↑schmelzen (1)]: **1.** *unter dem Einfluß von Wärme flüssig werden, zergehen* ⟨ist⟩: Quecksilber schmilzt schon bei ca. −38°; der Schnee ist [in/an der Sonne] geschmolzen; Die Platte wird in der Röhre gut durchgehitzt, bis der Käse geschmolzen ist (Horn, Gäste 178); ⟨subst.:⟩ das Zinn zum Schmelzen bringen; Ü Je näher aber die Truppen ... anrücken, desto mehr schmilzt *(schwindet)* das Ehrgefühl am königlichen Hofe (St. Zweig, Fouché 173); Mein Stolz und mein Trotz schmolzen *(schwanden;* Hartung, Piroschka 20). **2.** *durch Wärme flüssig machen, zergehen lassen* ⟨hat⟩: Erz, Eisen s.; die Sonne schmolz den Schnee; Ü ... von dieser Angst, die die Knochen zu Gelatine schmilzt (Remarque, Funke 126); wo die europäische Zivilisation wie eine Stichflamme in alten Bindungen schmilzt (Bamm, Weltlaterne 100). ◆ **3.** ⟨auch sw. V.:⟩ Wohl ist es keiner von den weichen Toren, die eine falsche Weiberträne schmelzt (Schiller, Maria Stuart I, 3); Sie war bürgerlicher Geburt, ... aber ihr Anblick schmelzte die Vorurteile des Adels hinweg (Schiller, Räuber III, 2); **schmel|zend** ⟨Adj.⟩: *weich, warm, gefühlvoll:* -e Blicke; Helmut habe in der Schule immer die -sten Stimmungsbilder geschrieben (M. Walser, Pferd 41); eine -e singende Nachtigall; **Schmel|zer**, der; -s, -: *Facharbeiter in einer Schmelzhütte* (Berufsbez.); **Schmel|ze|rei**, die; -, -en: **1.** *Schmelzhütte.* **2.** *das Schmelzen* (2); **Schmel|ze|rin**, die; -, -nen: w. Form zu ↑Schmelzer; **Schmelz|far|be**, die: *farbiger Glasfluß mit feingemahlenen Metalloxiden;* **Schmelz|fluß**, der: *glühend-flüssiges Material* (z. B. Lava, aus dem Hochofen kommendes Metall); **schmelz|flüs|sig** ⟨Adj.⟩: *durch Schmelzen flüssig;* **Schmelz|glas**, das ⟨Pl. ...gläser⟩: *Email;* **Schmelz|gut**, das ⟨o. Pl.⟩ (Technik): *zum Schmelzen bestimmtes Material;* **Schmelz|hüt|te**, die: *Hütte* (3) *zur Metallgewinnung;* **Schmelz|kä|se**, der: *aus zerkleinertem [Hart]käse unter Zugabe bestimmter Salze durch Schmelzen gewonnener, rindenloser [streichbarer] Käse;* **Schmelz|ofen**, der (Technik): *großer Ofen (in einem Hüttenwerk, einer Gießerei o. ä.), in dem Metalle geschmolzen u. legiert werden;* **Schmelz|punkt**, der (Physik): *Temperatur, bei der ein fester Stoff schmilzt:* Eisen hat einen S. von etwa 1500 Grad; Zinn hat einen niedrigeren S. als Kupfer; **Schmelz|schup|pe**, die (Zool.): *Ganoidschuppe;* **Schmelz|schup|per**, der; -s, - ⟨Zool. veraltend⟩: *Ganoide;* **Schmelz|schwei|ßer**, der: *Facharbeiter, der Schmelzschweißungen ausführt* (Berufsbez.); **Schmelz|schwei|ße|rin**, die: w. Form zu ↑Schmelzschweißer; **Schmelz|schwei|ßung**, die (Technik): *Schweißung, bei der durch Aufschmelzen* (2) *eines Werkstoffes an der vorgesehenen Nahtstelle zwei Werkstücke fest miteinander verbunden werden;* **Schmelz|tem|pe|ra|tur**, die: vgl. Schmelzpunkt; **Schmelz|tie|gel**, der: *Tiegel zum Schmelzen (von Metall, Glas o. ä.):* ein S. aus feuerfestem Ton; Ü Noch immer ist die Stadt (= London) ein S. der Völker und der Rassen (Koeppen, Rußland 161); **Schmel|zung**, die; -, -en: *das Schmelzen* (2): -en durchführen; **Schmelz|vor|gang**, der: *Vorgang des Schmelzens:* während des -s; **Schmelz|wär|me**, die (Physik): *Wärmemenge, die ein Kilogramm eines Materials nach Erreichen der zum Schmelzen nötigen Temperatur verbraucht, bis es vollständig in den flüssigen Zustand übergegangen ist;* **Schmelz|was|ser**, das ⟨Pl. ...wasser⟩: *beim Schmelzen von Schnee u. Eis entstehendes Wasser:* S. läßt ein Frühjahr Bäche und Flüsse anschwellen; die S. der Gletscher, von den Gletschern; **Schmelz|was|ser|rin|ne**, die (Geol.): *von subglazialen Schmelzwassern geschaffene Abflußrinne [die heute oft als langgestreckter See erscheint];* ◆ **Schmelz|werk**, das: *Email:* Sie steckte Jutten einen Fingerreif mit grünem S. an (Mörike, Hutzelmännlein 142).

Schmer, der od. das; -s [mhd. smer, ahd. smero = Fett] (landsch.): **a)** *Bauchfett (bes. beim Schwein);* ◆ **b)** *Fett* (2): ... dann dieser stellte sich darunter ein kugelrundes, schwerfälliges Tier vor, welches ... aus eitel S. bestand (Keller, Spiegel 260); **Schmer|bauch**, der (ugs. abwertend od. scherzh.): **a)** *dicker, vorgewölbter Bauch mit starkem Fettansatz:* einen S. haben; möge es dir zum S. gedeihen! (scherzh.; *möge es dir gut bekommen!)*; **b)** *jmd., der einen Schmerbauch (a) hat:* wer läßt den S. da drüben?; Aber wenn wir wenigen nun ein Kriegerverein mit Schmerbäuchen werden oder Säulenheilige, ... dann war alles vergeblich (Kantorowicz, Tagebuch I, 372); **schmer|bäu|chig** ⟨Adj.⟩ (ugs.): *einen Schmerbauch habend:* Dort sitzt der -e Schwiegersohn auf dem Drehstuhl (Zwerenz, Kopf 23); **Schmer|fluß**, der ⟨o. Pl.⟩ (Med.): *Seborrhö;* **Schmer|kraut**, das: *Schmerwurz.*

Schmerl, der; -s, -e [mhd. smirel, ahd. smerlo] (landsch.): *²Merlin;* **Schmer|le**, die; -, -n [mhd. smerl(e)]: *(in vielen Arten vorkommender, dem Karpfenfisch ähnlicher) Süßwasserfisch mit gedrungenem, walzigem Körper n. bogenförmig geschwungenem, wulstigem Maul mit Barteln; Schlammbeißer.*

Schmer|ling, der; -s, -e [zu ↑Schmer]: *eßbarer Pilz mit braungelbem, gewölbtem, leicht gebuckeltem Hut u. blaßgelbem Stiel;* **Schmer|wurz**, die: *sich windende Pflanze mit einer dicken, unterirdischen Knolle, herzförmigen Blättern, Blüten in Trauben u. erbsengroßen, scharlachroten Beeren.*

Schmerz, der; -es, -e [mhd. smerze, ahd. smerzo, eigtl. = etw., was aufreibt]: **1.** *durch Krankheit, Verletzung o. ä. ausgelöste, sehr unangenehme körperliche Empfindung:* ein starker, scharfer, stechender, schneidender, brennender, wilder, flüchtiger, dumpfer S.; anhaltende, kolikartige, rasende, unerträgliche -en; rheumatische -en; ein jäher S. überfiel ihn; Plötzlich durchfuhr ihn ein höllischer S. (Brecht, Geschichten 112); wo sitzt der S.?; In seinem Leib wütete ein bohrender S. (Ott, Haie 183); die -en kommen immer wieder, treten unregelmäßig auf; der S. läßt nach, klingt ab; -en haben, leiden, ertragen; [sich] die -en verbeißen; jede Bewegung, Berührung verursacht ihm; die -en lindern; Seine Helferin milderte den S. der Injektion und des Bohrstifts einzig durch ihre physische Erscheinung (Fries, Weg 176);

einen [leichten] S. empfinden; er hat den S. kaum gespürt; ein Laut des -es; an heftigen -en leiden; sich in -en winden; etw. unter großen -en tun; von -en geplagt, gepeinigt, überwältigt sein; ein vom S. verzerrtes Gesicht; vor S. halb ohnmächtig sein, fast vergehen, laut aufschreien; R S., laß nach! (ugs. scherzh.; ↑ Schreck). **2.** *tiefe seelische Bedrückung; Kummer, Leid:* ein seelischer S.; der S. um den Geliebten, über den Verlust übermannte sie; Der ungeheure S. der Enttäuschung bricht die Kraft des Giganten (R. Schneider, Leiden 59); das ist mein großer S. (Kummer); jmdm., sich gegenseitig -en bereiten; Tränen des Zorns und des -es; er erkannte mit -en, daß alles umsonst gewesen war; jmdn. mit -en (ugs.; *ungeduldig, sehnlichst*) erwarten; etw. erfüllt jmdn. mit S.; die von/vom S. gebeugte Trauernde; R kurz ist der S. [und ewig ist die Freude] (Aufforderung, sich einer unangenehmen Sache zu stellen u. sie schnell hinter sich zu bringen; Schiller, Jungfrau von Orleans V, 14); hast du sonst noch -en? (ugs.; *hast du noch mehr [unerfüllbare, sinnlose] Wünsche?*); Spr geteilter S. ist halber S. *(gemeinsam läßt sich Schweres leichter ertragen);* **Schmerz|an|fall,** der: *Anfall von Schmerzen;* **Schmerz|be|kämp|fung,** die: *Bekämpfung von Schmerzen:* neue Wege in der S.; ein Mittel zur S.; **schmerz|empfind|lich** ⟨Adj.⟩: *empfindlich gegen Schmerzen, leicht Schmerzen empfindend:* der verletzte Arm ist, er ist an dem verletzten Arm noch sehr s.; **Schmerz|empfind|lich|keit,** die ⟨o. Pl.⟩: *Empfindlichkeit gegen Schmerzen;* **Schmerz|emp|findung,** die: **a)** *Empfindung* (a) *von Schmerzen* (1)*:* für die Ausschaltung der bewußten S. (Fischer, Medizin II, 192); **b)** *Empfindung* (b) *des Schmerzes* (2)*;* **schmer|zen** ⟨sw. V.; hat⟩ [mhd., ahd. smerzen, eigtl. = (auf)reiben]: **1.** *körperlich weh tun, Schmerzen verursachen:* der Zahn, das verletzte Bein, die Wunde schmerzt; es hat heftig geschmerzt; das Bier schmerzte auf den Zähnen, so kalt war es (Simmel, Affäre 48); Immer war die Straße weiß und blendend und schmerzte in den Augen (Fries, Weg 277); eine stark schmerzende Verletzung; mir/mich schmerzt die Schulter; Die Füße schmerzen ihm vom langen Stehen? (Fallada, Mann 197); ... und der Kopf dürfte ihn geschmerzt haben von den vielen Eindrücken (Thieß, Reich 344); Die Knötchen an meinen Handgelenken schmerzen mich (Imog, Wurliblume 305); eine vibrierende Tenorstimme, die Egon in den Ohren schmerzte (Jaeger, Freudenhaus 154). **2.** *seelisch weh tun, mit Kummer erfüllen:* die harten Worte schmerzten sie sehr; es schmerzt mich, daß du mir so geschrieben hast; Theresa glaubte, daß mich der Verlust geschmerzt habe (Jünger, Bienen 13); Aber der Gedanke schmerzt mich nicht (Rinser, Mitte 138); ⟨auch o. Akk.-Obj.:⟩ Aber nicht einmal diese Erkenntnis schmerzt (Rinser, Mitte 138); **schmer|zen|reich:** ↑ schmerzensreich; **Schmer|zens|geld,** das (Rechtsspr.): *Entschädigung in Geld für einen erlittenen immateriellen Schaden:* [ein] S. fordern, verlangen, erhalten, kassieren; Anspruch auf [ein] S. haben; auf S. klagen; **Schmer|zens|kind,** das (veraltend): *Sorgenkind;* **Schmer|zens|la|ger,** das ⟨Pl. ...lager⟩ (veraltet): *Krankenlager eines Schwerkranken;* **Schmer|zens|laut,** der: *Klagelaut;* **Schmer|zens|mann,** der ⟨o. Pl.⟩ (Kunstwiss.): *Darstellung des leidenden Christus:* ein byzanthinischer S.; **Schmer|zens|mut|ter,** die ⟨o. Pl.⟩ (Kunstwiss.): *Mater dolorosa;* **schmer|zens|reich,** schmerzenreich ⟨Adj.⟩ (geh.): *voller Schmerzen, viele Schmerzen erleidend:* die -e Maria (christl. Rel.); **Schmer|zens|ruf,** der: *vgl. Schmerzensschrei;* **Schmer|zens|schrei,** der: *Aufschrei, lauter Schrei vor Schmerzen:* einen S. ausstoßen; mit einem S. zusammenbrechen; **Schmer|zens|zug,** der (geh.): *schmerzlicher Gesichtszug:* ein S. um den Mund; **schmer|zer|füllt** ⟨Adj.⟩ (geh.): *von tiefem Schmerz* (2) *erfüllt;* **Schmerz|for|schung,** die ⟨o. Pl.⟩: *Forschungsgebiet der Medizin, das Ursachen u. Therapien von Schmerzen* (1) *erforscht;* **schmerz|frei** ⟨Adj.⟩: *ohne Schmerzen, frei von Schmerzen:* der Patient ist heute s.; durch die Akupunktur ist es möglich, bei vollem Bewußtsein s. zu operieren (Hörzu 29, 1972, 66); **Schmerz|frei|heit,** die ⟨o. Pl.⟩: *schmerzfreier Zustand;* **schmerz|gebeugt** ⟨Adj.⟩: *von Schmerz gebeugt;* **Schmerz|ge|fühl,** das: *Schmerzempfindung;* **schmerz|ge|plagt** ⟨Adj.⟩: *von Schmerzen geplagt, häufig Schmerzen habend;* **Schmerz|gren|ze,** die: *Schmerzschwelle:* Ü „Die S. [des Maximum des Zumutbaren, des Hinnehmbaren] ist erreicht" (Spiegel 1, 1988, 137); **schmerz|haft** ⟨Adj.; -er, -este⟩: **1.** *körperlichen Schmerz verursachend; mit Schmerzen verbunden:* eine -e Wunde, -es Ziehen im Leib; diese Verletzung ist sehr s.; Schmerzhaft wird eine Blähung unterdrückt (Richartz, Büroroman 39). **2.** *seelischen Schmerz verursachend, ein inneres Schmerzgefühl auslösend:* ein -es Erleben; die -e soziale Wirklichkeit (Bausinger, Deutsch 43); die Sache tut für sie sehr s.; **Schmerz|haf|tig|keit,** die; -: *das Schmerzhaftsein;* **Schmerz|kli|nik,** die: *Klinik, in der das Phänomen Schmerz erforscht wird. Patienten mit chronischen, sehr starken Schmerzen behandelt werden;* **schmerz|lich** ⟨Adj.⟩ [mhd. smerz(en)lich]: *Leid, Kummer verursachend:* ein -er Verlust, Verzicht; die -sten Erfahrungen; die -e Gewißheit haben, daß ...; ein -es *(sehnsüchtiges)* Verlangen; es ist mir s. (geh.; *es tut mir sehr leid, ich bedauere sehr,*), Ihnen mitteilen zu müssen ...; jmdn., etw. s. vermissen; ... der Bundesrepublik die verpaßte Chance s. vor Augen zu führen (Dönhoff, Ära 107); **Schmerz|lich|keit,** die; -: *das Schmerzlichsein;* **schmerz|lin|dernd** ⟨Adj.⟩: *den Schmerz* (1)*, die Schmerzen lindernd:* -e Mittel; diese Salbe wirkt s.; **Schmerz|lin|de|rung,** die: *Linderung von Schmerz:* ein Mittel zur S.; **schmerz|los** ⟨Adj.; -er, -este⟩: *keine Schmerzen* (1) *verursachend; ohne Schmerzen:* eine -e Behandlung, Geburt; Ü ... könnte dann nach einer Übergangsfrist ... die Wachablösung s. vollzogen werden (Spiegel 7, 1975, 23); **Schmerz|lo|sig|keit,** die; -: *das Schmerzlossein;* **Schmerz|mit|tel,** das: *schmerzstillendes Mittel;* **Schmerz|pa|ti|ent,** der: *Patient, der unter chronischen Schmerzen leidet;* **Schmerz|pa|ti|en|tin,** die: w. Form zu ↑Schmerzpatient; **Schmerz|schwel|le,** die (Physiol.): *Grenze, oberhalb deren ein Reiz als Schmerz empfunden wird:* der Lärm überschreitet zeitweise die S., erreicht bald die S.; **schmerz|stil|lend** ⟨Adj.⟩: *den Schmerz, das Schmerzgefühl beseitigend:* -e Mittel; Morphium wirkt s.; **Schmerz|ta|blet|te,** die: vgl. Schmerzmittel; **schmerz|un|emp|find|lich** ⟨Adj.⟩: *unempfindlich gegen Schmerzen:* sie ist relativ s.; das Organ ist völlig s.; **schmerz|ver|zerrt** ⟨Adj.⟩: *vom Schmerz* (1) *verzerrt:* mit -em Gesicht; **schmerz|voll** ⟨Adj.⟩: *mit großem Schmerz verbunden, großen Schmerz ausdrückend:* ein -er Abschied; Der Wirt verzieh s. das Gesicht (Jägersberg, Leute 85); **Schmerz|zen|trum,** das (Physiol.): *für die Schmerzempfindung verantwortliches Nervenzentrum:* ein Analgetikum, das das S. direkt anspricht.

Schmet|ten, der; -s [tschech. smetana] (ostmd.): *Sahne;* **Schmet|ten|käl|se,** der (ostmd.): *Sahnequark.*

Schmet|ter|ball, der (Tennis, Tischtennis, Faustball u. a.): *geschmetterter* (1 c) *Ball:* seine Schmetterbälle sind gefürchtet; einen S. schlagen, spielen, gekonnt zurückschlagen.

Schmet|ter|ling, der; -s, -e [aus dem Obersächs., wohl zu ↑ Schmetten; nach altem Volksglauben Hexen in Schmetterlingsgestalt umher, um Milch u. Sahne zu stehlen]: **1.** *(in vielen Arten vorkommendes) Insekt mit zwei mit feinen Schuppen bedeckten, meist mannigfach gezeichneten, farbigen Flügelpaaren u. einem Saugrüssel; Falter:* ein farbenprächtiger, unscheinbarer, kleiner, seltener S.; auf der Blüte sitzt ein leuchtend bunter S.; der Schmetterling hat seine Flügel zusammengeklappt; Farbigen Wimpeln gleich flatterten und gaukelten die -e lautlos zwischen dem leuchtenden Weiß der Stämme (Hauptmann, Thiel 34); -e fangen, sammeln, aufspießen; die Raupe verpuppt sich und wird dann zum S.; wie ein S. hin und her flattern (*viele Liebschaften haben*); Ü seine Frau ist ein S. (*ist flatterhaft, leichtlebig*). **2.** (Turnen) *frei gesprungener Salto, bei dem der Körper am höchsten Punkt fast waagerecht in der Luft befindlich, eine halbe bis dreiviertel Drehung um die eigene Längsachse ausführt; Butterfly* (3). **3.** ⟨o. Art. u. o. Pl.⟩ *Schmetterlingsschwimmen;* -stil: 100 m S. schwimmen; **Schmet|ter|lings|blü|te,** die (Bot.): *Blüte, deren Form an einen Schmetterling erinnert, der seine Flügel zusammengelegt hat;* **Schmet|ter|lings|blüt|ler,** der; -s, - (Bot.): *Pflanze einer weitverbreiteten, artenreichen Familie mit gefiederten Blättern, Schmetterlingsblüten u. Hülsen* (2) *als Früchten;* **Schmet|ter|lings|flech|te,** die [nach den oft schmetterlingsförmigen an Nase u. Wangen auftretenden Rötungen] (Med.): *Erythematodes;* **Schmet|ter|lings|ka|sten,** der: *flacher, an der Oberseite mit einer Glas-*

scheibe versehener Holzkasten, in dem präparierte Schmetterlinge aufgespießt aufbewahrt werden; **Schmet|ter|lings|ke|scher**, der: *feinmaschiger Kescher zum Fangen von Schmetterlingen;* **Schmet|ter|lings|kun|de**, die: *Wissenschaft von den Schmetterlingen, ihrer Entwicklung u. Verbreitung;* **Schmet|ter|lings|mes|ser**, das: *Butterflymesser;* **Schmet|ter|lings|netz**, das: *Schmetterlingskescher;* **Schmet|ter|lings|samm|lung**, die: *Sammlung von Schmetterlingen in Schmetterlingskästen;* **Schmet|ter|lings|schwim|men**, das; -s: *Schwimmen im Schmetterlingsstil;* **Schmet|ter|lings|stil**, der ⟨o. Pl.⟩: *Butterflystil.*
schmet|tern ⟨sw. V.⟩ [1: mhd. smetern = klappern, schwatzen, lautm.; Bedeutungswandel im Frühnhd.]: **1. a)** ⟨hat⟩ *mit Wucht irgendwohin werfen, schleudern:* ein Glas an die Wand s.; sie schmetterte ihm die Vase auf den Kopf; die Welle schmetterte ihn zu Boden, gegen den Felsen; die Tür ins Schloß s.; Eine Flanke von links nahm ich direkt auf und schmetterte *(schoß)* den Ball mit einem Bombenschuß ins Netz (Walter, Spiele 51); Ü Er schmettert Ausrufezeichen hinter jeden Satz (Bieler, Mädchenkrieg 329); **b)** *wuchtig aufprallen, gegen etw. schlagen, fallen* ⟨ist⟩: er ist mit dem Kopf gegen die Planke geschmettert; ... schmetterten die Wellen ... gegen den auf und nieder wuchtenden Bug der „Scharhörn" (Hausmann, Abel 44); die Tür schmettert, fällt schmetternd ins Schloß; **c)** (bes. Tennis, Tischtennis) *(den Ball) von oben schräg nach unten mit großer Wucht schlagen* ⟨hat⟩: schlecht, überhastet s.; sie stürmte ans Netz und schmetterte [den Ball] mit der Vorhand; ein geschmetterter Ball. **2.** ⟨hat⟩ **a)** *laut klingen, schallen:* die Trompeten schmettern; Hier schmetterten Fanfaren, dort dudelten Schalmeien (Harig, Weh dem 47); vom Platz her schmetterte Marschmusik; Schrill begann der Vogel wieder zu s. (Remarque, Triomphe 400); ein schmetternder Akkord; **b)** *mit lauter Stimme singen od. rufen:* fröhliche Lieder s.; die Kapelle schmettert einen Marsch, einen Tusch; „Champagner!" schmettert Riesenfeld mit Diktatorstimme (Remarque, Obelisk 54); er schmetterte seine Anklage in den Saal; **c)** **einen s.* (ugs.; *etw. Alkoholisches trinken*); **Schmet|ter|schlag**, der: **1.** (bes. Faustball, Volleyball) *Schlag, mit dem der Ball geschmettert wird.* **2.** (Tennis, Tischtennis; seltener) *Schmetterball.*
Schmicke[1], die; -, -n [im 15. Jh. niederrhein. smicke, zu ↑schmicken (landsch., bes. nordd.): *Peitsche[nschnur];* **schmi|cken**[1] ⟨sw. V.; hat⟩ [niederd. smicken, wohl Nebenf. von: smacken, ↑Schmack] (landsch., bes. nordd.): **a)** *[mit der Peitsche] schlagen;* **b)** *die Peitsche so schwingen, daß ein pfeifender Ton entsteht.*
Schmidt|chen: in der Wendung **nicht zu S. gehen, sondern zu Schmidt** (ugs.; *sich nicht [erst] an eine untergeordnete Stelle, sondern [gleich] dorthin wenden, wo entschieden werden kann*).
Schmied, der; -[e]s, -e [mhd. smit, ahd. smid, eigtl. = jmd., der mit einem schar-

fen Werkzeug arbeitet; Schnitzer]: **a)** *Handwerker, der glühendes Metall auf dem Amboß mit dem Hammer* (1) *bearbeitet, formt* (Berufsbez.): er hat S. gelernt, ist S.; **b)** *Facharbeiter od. Handwerker, der [Werk]stücke aus Metall erhitzt, härtet o. ä. u. sie mit handwerklichen Arbeitsmitteln od. maschinell (für die Weiterverarbeitung zu Metallerzeugnissen) in eine bestimmte Form bringt* (Berufsbez.); **schmied|bar** ⟨Adj.⟩: *so beschaffen, daß man es schmieden kann:* [gut] -es Metall; Gußeisen ist nicht s.; **Schmied|bar|keit**, die; -: *das Schmiedbarsein;* **Schmie|de**, die; -, -n [mhd. smitte, ahd. smitta]: **1. a)** *Werkstatt eines Schmieds:* in dem Haus war früher eine S.; ** vor die rechte S. gehen/kommen (sich an die richtige Stelle, Person wenden):* Mit so etwas mußte ich vor die rechte S. gehen, und die Schmiede hier im Hause war unbedingt die Mama (Fallada, Herr 213); **b)** *[Abteilung in einem] Betrieb, in dem Metall durch Schmieden be-, verarbeitet wird.* **2.** *Gebäude, in dem sich eine Schmiede* (1 a, b) *befindet;* **Schmie|de|am|boß**, der: *Amboß* (1); **Schmie|de|ar|beit**, die: *geschmiedetes Erzeugnis, Produkt;* **Schmie|de|be|ruf**, der: *Beruf, in dem geschmiedet wird* (z. B. Messerschmied, Waffenschmied); **Schmie|de|ei|sen**, das: **a)** *schmiedbares Eisen;* **b)** *[kunstvoll] geschmiedetes Eisen:* ein Geländer aus S.; **schmie|de|ei|sern** ⟨Adj.⟩: *aus Schmiedeeisen [kunstvoll] hergestellt:* ein -es Tor, Gitter; ein -er Leuchter; **Schmie|de|feu|er**, das: *Feuer für das Erhitzen von Metall, das geschmiedet wird;* **Schmie|de|ham|mer**, der: **1.** *[schwerer] Hammer, der beim Schmieden verwendet wird.* **2.** *Hammer* (2) *zum Schmieden von Werkstücken:* Der Boden ... zitterte vom rhythmischen ... Niederfallen der tonnenschweren Schmiedehämmer (Chr. Wolf, Himmel 219); **Schmie|de|hand|werk**, das: *Handwerk des Schmiedens* (1); **Schmie|de|kunst**, die ⟨o. Pl.⟩: **1. a)** *Kunst* (2) *des Schmiedens:* die S. der Eisenzeit; die S. erlernen; **b)** *als Kunsthandwerk ausgeübte Schmiedekunst* (1 a): die Gittertür ist ein Meisterwerk der barocken S. **2.** *Gesamtheit von Erzeugnissen der Schmiedekunst* (1 b): die Ausstellung zeigt S. der Renaissance; **schmie|den** ⟨sw. V.; hat⟩ [mhd. smiden, ahd. smidōn, eigtl. = mit einem scharfen Werkzeug arbeiten; schnitzen]: **1.** *glühendes Metall mit dem Hammer od. maschinell bearbeiten, um es in eine bestimmte Form zu bringen:* mit der Hand s.; er schmiedet an einem Beil *(ist dabei, ein Beil zu schmieden* 2 a); er schmiedete den Stahl zu einer Klinge; Ü Während Robespierre ... tagaus, tagein erscheint, um den revolutionären Willen des Volkes zu s. (Sieburg, Robespierre 83). **2. a)** *durch Schmieden* (1) *herstellen:* Waffen, Gitter, Hufeisen s.; geschmiedeter Stahl; eine geschmiedete Klinge; das Teil ist aus einem Stück geschmiedet; Ü Fluchtpläne, Ferienpläne s.; Der General ... bringt es jetzt fertig, ...eine Achse mit Bonn zu s. (Dönhoff, Ära 130); ... hat er aus diesen gallischen Legionen ... eine hervorragende Truppe ... geschmiedet (Thieß, Reich 266); **b)** *durch Schmieden*

(2 a) *befestigen:* einen Sträfling an eine Kette s.; Ü Fromme Hirten der Christenheit, durch Berufung und Machtlust an ihr Amt geschmiedet (Koeppen, Rußland 176); **Schmie|de|ofen**, der: vgl. Schmiedefeuer; **Schmie|de|pres|se**, die: vgl. Schmiedehammer (2); **Schmie|de|stück**, das (Fachspr.): *Werkstück, das geschmiedet werden soll, geschmiedet wird;* **Schmie|de|zan|ge**, die: *Zange zum Festhalten des Werkstücks beim Schmieden;* **Schmie|din**, die; -, -nen: w. Form zu ↑Schmied.
Schmie|ge, die; -, -n [mhd. smiuge = Biegung, Krümmung]: **1.** (Schiffbau) *nicht rechteckiger Winkel, der beim Zusammentreffen von zwei gekrümmten Bauteilen entsteht.* **2. a)** (Technik) *Winkelmaß mit beweglichen Schenkeln;* **b)** (landsch.) *zusammenklappbarer Zollstock;* **schmie|gen** ⟨sw. V.; hat⟩ [mhd. smiegen, urspr. wohl = rutschen, gleiten, verw. mit ↑schmücken u. ↑schmuggeln]: **a)** *(aus einem Bedürfnis nach Schutz, Wärme, Zärtlichkeit) sich, einen Körperteil ganz eng an jmdn., an, in etw. Weiches drücken:* sich an den Geliebten, die Brust des Geliebten s.; Piroschka schmiegte sich fest in meinen Arm (Hartung, Piroschka 79); sich in die Sofaecke, in eine Wolldecke s.; Dann schmiegte er sich wieder an die Wand (Hausmann, Abel 75); die Kinder schmiegen den Kopf in den Schoß der Mutter; Ü dann schmiegte sein Boot sich ganz in das schwarzwaldige Ufer (Schnabel, Marmor 86); **b)** *sich einer [Körper]form [elastisch] genau anpassen:* das Kleid schmiegt sich an ihren Körper; das blonde Haar schmiegte sich duftig um die hohe Stirn (Bild und Funk 47, 1966, 67); ... und die Berge schmiegten sich an den Strom (Schnabel, Marmor 84); **schmieg|sam** ⟨Adj.⟩ [für älter: schmugsam = sich anschmiegend; gefügig]: **1. a)** *sich schmiegend* (b), *sich leicht einer Form anpassend:* weiches, -es Leder; **b)** (geh.) *anpassungsfähig:* Wir ... haben uns aus dieser Schreibstube einen jungen und in der Tat vielleicht nicht ganz tüchtigen, wohl aber brauchbaren und -en Menschen ... geholt (R. Walser, Gehülfe 125); s. sein. **2.** (geh.) *geschmeidig* (2): ein -er Körper; **Schmieg|sam|keit**, die; -: *das Schmiegsamsein.*
Schmie|le, die; -, -n [mhd. smel(e)he, spätahd. smelha, zu ↑schmal]: *(in zahlreichen Arten vorkommendes) hochwachsendes Gras mit meist zweiblütigen, kleinen Ähren;* **Schmiel|gras**, das: *Schmiele.*
Schmie|ra|ge [ʃmiˈraːʒə], die; -, -n [französierende Bildung zu ↑schmieren]: **1.** (ugs. abwertend) *Schmiererei:* Als da waren sein (= Hundertwassers) nackter Hintern in der Aula der Wiener Universität, seine S. um ein Fenster in der Wiener Andergasse (Wochenpresse 13, 1984, 6). **2.** (ugs. scherzh.) *Brotaufstrich;* **Schmie|ra|kel**, das; -s, - [scherzh. Bildung unter Anlehnung an ↑Mirakel] (ugs. scherzh.): *Schmiererei;* **Schmier|al|ge**, die: *Alge, die schmierige Beläge an den Scheiben von Aquarien, an Wasserpflanzen u. an Blumentöpfen bildet;* **Schmie|ral|lie**, die; -, -n [frühnhd. scherzh. Bildung nach Wörtern der Kanzleispr. auf -alia]: **1)** (scherzh.)

Schmiererei. **2.** ⟨meist Pl.⟩ (ugs. scherzh.) *Brotaufstrich;* **Schmier|block,** der ⟨Pl. ...blöcke u. -s⟩ (ugs.): vgl. Schmierheft; **Schmier|blu|tung,** die (Med.): *sehr schwache Menstruation;* **Schmier|brand,** der: *durch Brandpilze verursachte Krankheit des Weizens;* **Schmier|dienst,** der (Kfz-T.): *Tätigkeitsbereich, Service in einer Werkstatt für das Abschmieren von Autos;* ¹**Schmie|re,** die; -, -n [spätmhd. schmir = Schmierfett]: **1. a)** *ölige, fetthaltige Masse, bes. Schmiermittel:* das Radlager braucht mal wieder frische S.; Wir füllen die schwarze S. *(das Motoröl)* um (Grzimek, Serengeti 159); **b)** (ugs.) *Gelenkschmiere;* **c)** (ugs.) *Salbe.* **2.** *schmierige, glitschige Masse:* was hast du denn da für eine eklige S. an deiner Schürze?; Zweimal mußte er die S. (= den Kontrastbrei) schlucken (M. Walser, Seelenarbeit 109); Er (= der Regen) verwandelte das Zeug in haftende S. (Gaiser, Schlußball 30). **3.** (landsch.) **a)** *Brotaufstrich:* schmeckt dir die S.?; **b)** *Scheibe Brot mit [streichbarem] Belag:* eine S. mit Leberwurst. **4.** (landsch.) *Prügel:* S. kriegen; an die S. wird er noch lange denken. **5.** (ugs. abwertend) **a)** *provinzielles, niveauloses Theater:* eine volle S.; Beifall und zahlreiche Bravos für eine Abend, die starke Auftritte, bisweilen aber auch wackere S. bot (MM 23./24. 5. 92, 16); Wenn André Heller wie Teufel komm raus aus den Dämon wienert, streicht der Geist der S. durch die Szene (Spiegel 37, 1982, 215); **b)** (veraltet) *schlechte Wanderbühne.* **6.** (Schülerspr. landsch.) *Pons:* eine S. benutzen; aus einer S. abschreiben.

²**Schmie|re,** die; - [aus der Gaunerspr. < jidd. schmiro = Bewachung, Wächter, zu hebr. šamar = bewachen] (Gaunerspr.): **1.** *Wache:* ***[bei etw.] S. stehen** (salopp; *bei einer unerlaubten, ungesetzlichen Handlung die Aufgabe haben, aufzupassen u. zu warnen, wenn Gefahr besteht, entdeckt zu werden*): Sie holen Zigaretten, besorgen die Brotzeit, stehen S. beim Automatenknacken (Zeit, 7. 5. 72, 55). **2.** *Polizei* (2): ... und da sagte der S. da, die Polizei, sagt er: „Herr S., gegen Sie liegt ein Haftbefehl vor." (Aberle, Stehkneipen 53); denn jade Tante im Sperrgebiet macht natürlich 'ne Fliege ..., bevor die S. kommt (Eppendorfer, St. Pauli 82).

schmie|ren ⟨sw. V.; hat⟩ [mhd. smir(we)n, ahd. smirwen, zu ↑Schmer]: **1. a)** *mit Schmiermitteln versehen; ölen:* die quietschenden Türangeln, Gelenke, Achsen s.; das Tretlager muß [neu] geschmiert werden; mit Mehrbereichsöl ist, wird der Motor bei jeder Temperatur optimal geschmiert, R wer gut schmiert, der gut fährt *(mit Bestechung erreicht man sein Ziel);* * **wie geschmiert** (ugs.; *reibungslos*): Artikel schreiben, meine ich, Aufrufe. Das ging bei Kurt wie geschmiert (Loest, Pistole 160); **b)** *durch seine fettige, ölige Beschaffenheit bewirken, daß etw. [gut] gleitet:* Graphit schmiert ausgezeichnet; das dünne Öl schmiert nicht mehr so gut, wenn der Motor warm ist (Frankenberg, Fahren 122); das Mittel löst Rost und schmiert; **c)** *[ein]fetten:* die Stiefel s. **2. a)** *auf etw. streichen, als Brotaufstrich auftragen:* Honig, Marmelade aufs Brötchen s.; Er pickte ihnen aus dem Gulasch, schmierte sich die Butter fingerdick aufs Brot (Jaeger, Freudenhaus 55); schmier die Wurst nicht so dick!; **b)** *etw. mit etw. bestreichen, mit Aufstrich versehen:* wenn du Hunger hast, schmier dir doch ein Brot; Marmeladenbrötchen, Butterstullen, Schmalzbrote s.; Während ich den Kaffee aufgoß und Semmeln schmierte und belegte (Fallada, Herr 53); geschmierte Brötchen; **c)** *streichend über eine Fläche, irgendwohin verteilen:* [sich] Creme ins Gesicht, Pomade ins Haar s.; er hat sich lauter Seifenschaum ins Gesicht geschmiert (Hausmann, Abel 142); Lehm, Mörtel in die Fugen s.; Trotzdem mußte Glum immer öfter sein Gemisch aus Gips, Sand und Kalk an die Decken s. (Böll, Haus 82); Ü ... aber Lumumba schmierte uns noch allerlei auf die Backe von Solidarität und so (Loest, Pistole 194). **3. a)** (ugs. abwertend) *flüchtig u. nachlässig schreiben, malen:* das Kind schmiert [beim Zeichnen, Schreiben] fürchterlich; sie schmiert so, daß man vieles einfach nicht lesen kann; die Schulaufgaben ins Heft s.; er schmierte die Nummer hastig auf einen Zettel; **b)** (ugs.) *nicht sauber, nicht einwandfrei schreiben* (1b); *Kleckse, Flecken machen, die verwischen:* der Kugelschreiber schmiert; die Tinte schmiert; der Radiergummi schmiert; die Farbe schmiert (Druckw.; *die Schrift o. ä. wird beim Drucken unrein, wird durch Farbe verschmiert*). **4.** (abwertend) **a)** *an Wände o. ä. schreiben, malen u. diese (in den Augen des Sprechers) dadurch verunzieren:* [politische] Parolen, Symbole an Hauswände s.; wir ... schmierten Hakenkreuze auf teure Spiegel (Hilsenrath, Nazi 55); **b)** *in unwichtiger Weise schreiben, die von anderen als minderwertig empfunden wird; schnell u. ohne Sorgfalt verfassen:* einen Artikel für die Zeitung s.; er hat mehr als 20 Stücke, nur dummes Zeug geschmiert; Abhandlungen über die Gedichte irgendeines Dichterlings zu s. ...: das züchtet nur leeren Hochmut (Musil, Mann 1336). **5.** (salopp abwertend) *bestechen:* einen Stadtrat, Politiker s.; die Polizisten waren geschmiert worden; er schmierte sich ganze Garden Beamte und Angestellte (Prawda, Transit 284); ⟨auch o. Akk.-Obj.:⟩ früher habe man ja auch s. müssen, wenn man habe gut fahren wollen (Fühmann, Judenauto 52). **6.** (Kartenspiel, bes. Skat, Jargon) *demjenigen, mit dem man zusammenspielt, eine Karte mit vielen Augen beigeben.* **7.** (Musik Jargon) **a)** *(auf einem Instrument) unsauber spielen;* **b)** *(beim Singen) einen Ton unsauber zum nächsten hinüberziehen.* **8.** * **jmdm. eine, ein paar s.** (salopp; *jmdn. ohrfeigen*): am liebsten hätte ich dem Kerl eine geschmiert; **eine, ein paar geschmiert kriegen/bekommen** (salopp; *geohrfeigt werden*): du kriegst gleich ein paar geschmiert!; **Schmie|ren|ko|mö|di|ant,** der (abwertend): **a)** (veraltet) *Schauspieler an einer* ¹*Schmiere* (5); **b)** *jmd., der* mit theatralischem Gebaren auf billige, abgeschmackte Weise auf andere zu wirken versucht; **Schmie|ren|ko|mö|di|an|tin,** die (abwertend): w. Form zu ↑Schmierenkomödiant; **Schmie|ren|ko|mö|die,** die (abwertend): **a)** (veraltet) *niveauloses Stück, dessen Komik auf billigen, abgeschmackten Einfällen beruht;* **b)** *theatralisches Gebaren, mit dem jmd. auf billige, abgeschmackte Weise auf andere zu wirken versucht;* **Schmie|ren|schau|spie|ler,** der (abwertend): vgl. Schmierenkomödiant; **Schmie|ren|schau|spie|le|rin,** die (abwertend): w. Form zu ↑Schmierenschauspieler; **Schmie|ren|stück,** das (abwertend): *für das Schmierentheater geeignetes Theaterstück:* Ü Das scheinheilige politische S. der Fraktionen geht weiter (Weltwoche 17. 5. 84, 13); **Schmie|ren|thea|ter,** das (abwertend): ¹*Schmiere* (5); **Schmie|rer,** der; -s, - (abwertend): **1.** *Schmierer* (3 a, 4). **2.** (österr.) *Buch, Heft mit einer fertigen Übersetzung, das in der Schule als unerlaubtes Hilfsmittel benutzt wird;* **Schmie|re|rei,** die; -, -en (abwertend): **1.** ⟨o. Pl.⟩ *[dauerndes] Schmieren* (3, 4). **2.** *etw. Geschmiertes* (3, 4); **Schmie|re|rin,** die; -, -nen (abwertend): w. Form zu ↑Schmierer (1); **schmier|fä|hig** ⟨Adj.⟩: *(von Öl, Fett o. ä.) so beschaffen, daß es gut schmiert* (1 b): besonders -e Motorenöle; **Schmier|fä|hig|keit,** die; -: *(von Öl, Fett o. ä.) Eigenschaft, gut zu schmieren* (1b), *schmierfähig zu sein:* Öl, das zu lange im Motor bleibt, verliert seine S.; **Schmier|fett,** das: vgl. Schmiermittel; **Schmier|film,** der: *schmieriger* (1) *Film* (1): auf der Straße hatte sich durch den Sprühregen ein tückischer S. gebildet; wenn der S. abreißt, kommt es zu einem Kolbenfresser; **Schmier|fink,** der; -en, -en, auch: -s, -en (ugs. abwertend): **1. a)** *jmd. (bes. Kind), der schmiert* (3 a); **b)** *Kind, das sich, etw. schmutzig macht, beschmiert:* die -en machen das Tischtuch sowieso gleich wieder dreckig; paß doch auf, du S.! **2. a)** *jmd., der Wände, Mauern o. ä. mit [politischen] Parolen, Symbolen o. ä. versieht:* unbekannte -en hatten Naziparolen an die Wände gesprüht; **b)** *jmd., der in einer Weise schreibt, publiziert, die man als diffamierend, abstoßend empfindet u. ablehnt:* Wir liefern euch -en nämlich die Schlagzeilen (Degener, Heimsuchung 12); ... ist wohl nicht fein genug für den Herrn Schriftsteller, den größten -en deutscher Zunge? (Spiegel 43, 1977, 73); **Schmier|geld,** das (ugs. abwertend): *Bestechungsgeld:* -er [be]zahlen, kassieren, nehmen; der Minister soll dafür 50 000 Mark S./ein S. von 50 000 Mark gekriegt haben; **Schmier|heft,** das (ugs.): *Heft, in das man ins unreine schreibt; Kladde* (1 a); **schmie|rig** ⟨Adj.⟩: **1.** *feucht-klebrig [u. rutschig]:* durch das S. schleimigen oder -en Pilzen empfiehlt es sich, die Huthaut abzuziehen (NNN 26. 9. 87, 5); die Erde wird weich und s. (Eidenschink, Fels 96); ... und der Regenguß hatte das Pflaster s. gemacht (Gaiser, Schlußball 199). **2. a)** *voller feucht-klebrigem Schmutz; in klebriger, unappetitlicher Weise schmutzig:* eine -e Schürze; ein -es Handtuch; -e Hände

Schmierigkeit 2962

haben; Das Leder der Kojen war naß und s. vom Schweiß (Ott, Haie 242); **b)** (abwertend) *ungepflegt, unsauber, unappetitlich:* eine -e Absteige; Die Matrosen ... hausten in -en Löchern (Jahnn, Geschichten 151); Wir gingen darauf in das erste beste -e Café in der Rue de la Republique (Seghers, Transit 271). **3.** (abwertend) **a)** *[durch anbiederndes, unangenehm freundliches Verhalten] widerlich, abstoßend:* ein -er Kerl; ein -er Handlanger der Gestapo (Brot und Salz 73); Sie kannte ja nicht seine -e, allen nach dem Mund redende Art (M. Walser, Seelenarbeit 227); es sind im allgemeinen üble Existenzen, die da ihr etwas -es (*schmutziges* 2c) *Gewerbe ausüben* (Tucholsky, Werke II, 110); er grinste s.; **b)** *auf unangenehme Weise zweideutig; unanständig:* -e Witze, Andeutungen machen; ... aber dann ... erschien ihm der Gedanke plötzlich obszön. Nicht richtig obszön freilich, aber doch unerlaubt und s. (Augustin, Kopf 166); **Schmie|rig|keit,** die; -: **1.** (selten) schmierige (2) *Beschaffenheit.* **2.** (abwertend) *schmieriges* (3) *Wesen;* **Schmer|in|fek|ti|on,** die (Med.): *Infektion durch Übertragung von Auswurf, Eiter o. ä.;* **Schmier|kä|se,** der (landsch.): *Streichkäse;* **Schmier|kur,** die (Med.): *(bei Syphilis angewandte) Behandlung durch Einreibungen mit grauer Quecksilbersalbe;* **Schmier|laus,** die: *(in vielen Arten vorkommende) meist mit mehligem od. fädigem Wachs bedeckte Laus, die oft als Pflanzenschädling auftritt;* **Schmier|mittel,** das: *Mittel zur Schmierung von etw., bes. von Maschinen[teilen];* **Schmier|nippel,** der (Technik): *mit einem Kugelventil versehener Verschluß an einer Schmierstelle;* **Schmier|öl,** das; vgl. Schmiermittel; **Schmier|pa|pier,** das (ugs.): vgl. Schmierheft; **Schmier|plan,** der (Technik): *Plan, auf dem die einzelnen Schmierstellen einer Maschine o. ä. u. die benötigten Schmiermittel angegeben sind;* **Schmier|pres|se,** die (Technik): *Fettpresse;* **Schmier|pum|pe,** die (Kfz-T.): *Ölpumpe;* **Schmier|schicht,** die: vgl. Schmierfilm; **Schmier|sei|fe,** die: *weiche kalihaltige Seife;* **Schmier|stel|le,** die (Technik): *Stelle, an der eine Maschine o. ä. geschmiert werden muß;* **Schmierstoff,** der: *Schmiermittel;* **Schmie|rung,** die; -, -en: *das Schmieren* (1a); **Schmierwurst,** die (landsch.): *streichfähige Mettwurst:* feine, grobe S.; **Schmier|zet|tel,** der: vgl. Schmierheft.

schmilzt, schmilzt: ↑schmelzen.
Schmink|büch|se, die (selten): vgl. Schminktopf; **Schmin|ke,** die; -, -n [spätmhd. (md.) sminke, smicke, wohl eigtl. = (Auf)geschmiertes]: *kosmetisches Mittel in Form von farbigen Cremes, Pudern, Fettstiften o. ä., das bes. für die Gesichtshaut, Lippen, Augenbrauen zur Verschönerung od. (bes. in der Schauspielkunst) Veränderung des Aussehens benutzt wird:* S. benutzen, auftragen; Sie ... wusch sich den Puder und die S. ab (Bieler, Mädchenkrieg 436); und (sie) versuchte, ihr faltiges Gesicht hinter einer Schicht S. zu verbergen (Jaeger, Freudenhaus 291); **schmin|ken** (sw. V.; hat) [spätmhd. sminken, smicken, wohl

eigtl. = streichen, schmieren]: *Schminke, Make-up auflegen, auftragen:* jmdm., sich die Lippen, das Gesicht s.; der Maskenbildner schminkt der Schauspielerin die Augenpartien; sich leicht, stark, aufdringlich, für eine Rolle s.; ein kleines Mädchen schminkt sich fröhlich zum Harlekin (Koeppen, Rußland 133); sie schminkt sich nicht *(trägt, verwendet kein Make-up);* (sie) wischte mit der Serviette über das rosa geschminkten Mund (Dorpat, Ellenbogenspiele 42); Sie waren nuttenhaft geschminkt (Ott, Haie 194); Ü der Bericht ist stark geschminkt *(beschönigt sehr);* **Schmink|kof|fer,** der: vgl. Schminktäschchen; **Schmink|stift,** der: *Schminke in Form eines Stifts;* **Schminktäsch|chen,** das: *Täschchen für Schminke, Kosmetika;* **Schmink|tisch,** der: *Tisch (bes. für Schauspieler) mit Spiegel, an dem sich jmd. schminkt, schminken läßt;* **Schmink|topf,** der: *kleines Gefäß mit Deckel für, mit Schminke:* auf einem Frisiertisch standen auch einige Salbendosen und Schminktöpfe; die ist wohl in einen S. gefallen! (salopp scherzh.; *sie ist sehr aufdringlich, auffällig geschminkt);* **Schmink|wurz,** die: *(in vielen Arten im Mittelmeergebiet vorkommender) Borretsch, dessen Wurzeln einen roten Farbstoff enthalten;* Ochsenwurzel.

¹**Schmir|gel,** der; -s [frühnhd. smirgel, smergel < ital. smeriglio, über das Mlat. zu mgriech. smerí < griech. smýris, wahrsch. verw. mit ↑schmieren]: *feinkörniges Gestein, das als Mittel zum Schleifen benutzt wird:* mit S. oder Korund hergestelltes Schleifpapier; in das Kugellager eingedrungener Schmutz wirkt wie S. *(scheuert u. hat dadurch eine verschleißende Wirkung);* Ü von den Gefahren des Miteinander ..., von denen der S. Gewohnheit einer der schlimmsten ist (Kant, Impressum 199).
²**Schmir|gel,** der; -s, - [älter ²Schmergel, eigtl. = Klebriges, zu ↑²schmirgeln] (ostmd.): *schmutziger Saft, der sich in Tabakspfeifen ansetzt.*
Schmir|gel|lein|wand, die: vgl. Schmirgelpapier; ¹**schmir|geln** (sw. V.; hat) [zu ↑¹Schmirgel]: **a)** *etw. mit Schmirgel[papier] bearbeiten, um es zu schleifen, zu glätten o. ä.:* die Rohre vor dem Anstreichen gründlich s.; wenn die erste Lackschicht trocken ist, werden die Bretter noch einmal mit feinem Schleifpapier geschmirgelt; **b)** *durch Schmirgeln* (a) *entfernen:* die alte Farbe, den Rost von den Rohren s.; Ich schmirgelte den Lack von der Scheide (Kempowski, Tadellöser 239).
²**schmir|geln** (sw. V.; hat) [älter auch: schmurgeln, zu ↑Schmer) (veraltet): *nach schlechtem, ranzigem Fett riechen.*
Schmir|gel|pa|pier, das: *[mit ¹Schmirgel beschichtetes] Schleifpapier:* grobes, feines, mit Quarz beschichtetes S.; **Schmir|gel|schei|be,** die: vgl. Schmirgelpapier.
schmiß: ↑¹schmeißen; **Schmiß,** der; Schmisses, Schmisse [zu ↑schmeißen in der veralteten Bed. „schlagen"]: **1.** (Verbindungswesen) *von einer Mensur* (2) *herrührende Narbe im Gesicht:* Schmisse vom Mensurenschlagen hatten die Bengel keine (Grass, Butt 602); Ihr schneidi-

ges Gegenüber ... mit Schmissen auf der Backe (Kempowski, Zeit 162); Ü er hat sich beim Rasieren einen S. beigebracht (scherzh.; *sich geschnitten).* **2.** ⟨o. Pl.⟩ (ugs.) *mitreißender Schwung:* der Inszenierung fehlt der S.; der Schlager, neue Tanz hat S.; S. in eine Sache bringen; die Kölner Mannschaft spielte mit sehr viel S.; Ein glanzvolles Buch wieder, das alle Deine Vorzüge zeigt, Dein hinreißendes Tempo, Deinen „Schmiß" (Reich-Ranicki, Th. Mann 160). **3.** (bes. Theater Jargon) *das ¹Schmeißen* (4): Nachdem der „letzte Dinosaurier der Opernbühne" ... schon die „Walküre" durch einen bösen S. aufs Spiel gesetzt hatte (Spiegel 45, 1976, 216); **schmis|sig** ⟨Adj.⟩ (ugs.): *mitreißenden Schwung habend:* Was war Jazz gegen Militärmusik, was Charleston gegen einen -en Paradermarsch (Zwerenz, Kopf 80); Wie einschmeichelnd und s. Suppés Musik ist, verdeutlichte Urs Borer mit Schwung und Temperament am Pult (Saarbr. Zeitung 5. 10. 79, 6); die Kapelle spielte s.; ⟨subst.:⟩ etw. Schmissiges spielen.
¹**Schmitz,** der; -es, -e [zu veraltet schmitzen, mniederd. smitten = beschmutzen, Intensivbildung zu ↑²schmeißen]: **1.** (veraltet, noch landsch.) *[Schmutz]fleck.* **2.** (Druckerspr.) *verwischter od. doppelter Abdruck von Buchstaben auf einem Druckbogen.*
²**Schmitz,** der; -es, -e, **Schmit|ze,** die; -, -n [mhd. smitz(e) = Schlag (mit der Peitsche), zu: smitzen, ↑schmitzen] (landsch., bes. ostmd.): **1.** *Peitsche[nschnur].* **2.** *Schlag mit der Peitsche, Gerte;* **schmitzen** ⟨sw. V.; hat⟩ [mhd. smitzen, wohl über eine Streckform zu ↑Schmicke] (landsch., bes. ostmd.): *[mit der Peitsche, Gerte] schlagen.*
Schmock, der; -[e]s, Schmöcke, auch: -e u. -s [verbreitet durch das Lustspiel „Die Journalisten" des dt. Schriftstellers G. Freytag (1816–1895); viell. nach älter österr. Schmock = größerer Dachshund, viell. zu slowen. smôk = Drache, im Slowenischen häufiger Hundename] (abwertend): *gesinnungsloser Journalist, Schriftsteller:* Aber das Paris der Schmöcke ... gibt es nicht (Tucholsky, Werke II, 212); einen Dichter ..., der von so vielen Snobs und Schmöcken gepriesen wird (K. Mann, Wendepunkt 292).
Schmok, der; -s [mniederd. smök, niederd. Form von ↑Schmauch] (nordd.): *Rauch, Qualm:* Wenn Ostwind ... schwarzen S. über die Kastanien ... in Richtung Flugplatz wälzte (Grass, Hundejahre 315); **schmö|ken** ⟨sw. V.; hat⟩ [niederd. Form von ↑schmauchen] (nordd.): *rauchen* (2): nie wieder Zigaretten s., hörst du? (Kempowski, Zeit 115); **Schmö|ker,** der; -s, - [aus der Studentenspr., zu ↑schmöken, eigtl. = altes od. schlechtes Buch, aus dem man einen Fidibus herausriß, um seine Pfeife zu „schmöken"]: **1.** (ugs.) *dickeres, inhaltlich weniger anspruchsvolles Buch, das den Leser oft in besonderer Weise fesselt:* ein dicker, dickleibiger, spannender S.; was liest du denn da für einen S.?; Das erste Spiel ging auf einen sentimentalen S. zurück, den Fräulein Betty uns einmal vor-

gelesen hatte (K. Mann, Wendepunkt 31). **2.** (nordd. ugs.) *Raucher* (1); **Schmökerin,** die; -, -nen (nordd. ugs.): w. Form zu ↑ Schmöker (2); **schmökern** ⟨sw. V.; hat⟩ (ugs.): *gemütlich etw. Unterhaltendes, Spannendes o. ä. lesen:* er schmökert gern; Kriminalromane, in einem Buch s.; der Verfasser bekennt ..., daß er ... unersättlich geschmökert hat, ... also ein Romanleser im ursprünglichen Sinne ist (Greiner, Trivialroman 12).

Schmolle, die; -, -n [H. u., vgl. mhd. smoln = eine Krume ablösen, reichen] (bayr., österr.): *Krume* (2).

Schmollecke[1]**,** die: *Schmollwinkel;* **schmollen** ⟨sw. V.; hat⟩ [mhd. smollen = unwillig schweigen, später auch: lächeln, H. u.]: **1.** *aus Unwillen über jmds. Worte od. jmds. Verhalten gekränkt schweigen [u. seine Verstimmung im Gesichtsausdruck erkennen lassen]:* Es steht nicht mehr zu befürchten, daß die Freundin des Trainers schmollt (Frischmuth, Herrin 48); sie schmollt schon den ganzen Tag [mit mir]; komm, hör endlich auf zu s.! ♦ **2.** *(über jmdn., etw.) lachen* (2), *spotten:* Man schmollte über dein Reskript (Schiller, Räuber I, 2).

schmollieren ⟨sw. V.; hat⟩ (Verbindungswesen): *Brüderschaft trinken:* indem ich ... mit Konsorten schmollierte (Th. Mann, Krull 128); **schmollis** ⟨Interj.⟩ (Verbindungswesen): *Zuruf beim Brüderschafttrinken;* **Schmollis:** in der Wendung **mit jmdm. S. trinken** (Verbindungswesen; *mit jmdm. Brüderschaft trinken;* viell. nach dem Namen eines alkoholischen Getränks).

Schmollmund, der: *(für einen schmollenden Menschen charakteristischer) Mund mit aufgeworfenen, vollen Lippen:* einen S. machen, ziehen; Dazu dieser kleine S., dieses süße Gesicht (Bastian, Brut 11); **Schmollwinkel,** der: in Wendungen wie **sich in den S. zurückziehen** (ugs.; *gekränkt, unmutig, beleidigt auf etw. reagieren u. nicht ansprechbar sein*); **im S. sitzen** (ugs.; *schmollen*).

schmolz, schmölze: ↑schmelzen.

Schmone esre, die; - - [hebr. šəmônɛ̄-'ɛ́śēē = achtzehn; das Gebet umfaßte ursprünglich achtzehn Bitten]: *längeres Gebet des werktäglichen jüdischen Gottesdienstes.*

Schmonzes, der; - [jidd. schmonzes = Unsinn, H. u.; viell. zu ↑Schmus] (ugs. abwertend): *Geschwätz* (a): Es gibt doch, ohne allen S., keinen Stabführer, den man im interkontinentalen Konzertleben häufiger trifft als Sie (Spiegel 44, 1989, 263); **Schmonzette,** die; -, -n [zu ↑Schmonzes] (ugs. abwertend): *wenig geistreiches [kitschiges] Stück, albernes Machwerk:* René Clairs erster Farbfilm ... geriet prompt zur dekorativen S. (Spiegel 44, 1984, 280).

Schmorbraten, der: *geschmortes Stück Fleisch, bes. Rindfleisch;* **schmoren** ⟨sw. V.; hat⟩ [aus dem Niederd. < md. smoren, eigtl. = ersticken]: **1. a)** *kurz anbraten u. dann in Brühe, Fond o. ä. in einem zugedeckten Topf langsam gar werden lassen:* das Fleisch im eigenen Saft s.; ⟨subst.:⟩ das Stück eignet sich besonders zum Schmoren. **b)** *(von angebratenem*

Fleisch, Fisch, Gemüse) in Brühe, Fond o. ä. in einem zugedeckten Topf langsam garen: der Braten, der Kohl schmort auf dem Herd, im Topf; wie lange willst du die Hammelkeule noch s. lassen?; Ü Die großen Probleme der Mannheimer Kommunalpolitik schmoren also noch ein wenig im eigenen Saft (MM 18. 1. 78, 13); * **jmdn. s. lassen** (ugs.; *jmdn. [in einer unangenehmen Situation] längere Zeit im Ungewissen lassen*): Warum ließen ihn die Vernehmer s.? (Loest, Pistole 115); **etw. s. lassen** (ugs.; *etw. längere Zeit unbeachtet liegenlassen, nicht bearbeiten, nicht verwenden*). **2.** (ugs.) *[in unangenehmer Weise] großer Hitze ausgesetzt sein [u. schwitzen]:* in der prallen Sonne s.; die schadhafte Kabine, in der 60 Menschen bei kaum vorhandener Lüftung schmorten (MM 20. 4. 75, 23). **3.** (ugs.) *sich infolge zu hoher Spannung, zu hohen Stromdurchflusses stark erhitzen [u. durchglühen]:* das Kabel schmort; **Schmorfleisch,** das: *Fleisch zum Schmoren.*

schmorgen ⟨sw. V.; hat⟩ [H. u.] (westmd. abwertend): **1.** *geizig sein; knausern.* ♦ **2.** ⟨s. + sich⟩ *(bes. im md. Sprachgebrauch) sich abdarben:* Und was auch der Filz von dem Leibe sich schmorgt, so bleibt für den Heitern doch manch guter Fond (Goethe, Ergo bibamus).

Schmorgurken ⟨Pl.⟩: *geschmorte Gurken;* **Schmorpfanne,** die: vgl. Schmortopf; **Schmortopf,** der: **a)** *Topf, der bes. zum Schmoren verwendet wird;* **b)** (ugs.) *Gericht aus geschmortem Fleisch.*

Schmu, der; -s [aus der Gaunerspr., H. u.] (ugs.): *etw., was nicht ganz korrekt ist:* erzähl mir keinen S.!; * **S. machen** *(auf relativ harmlose Weise betrügen, mogeln* 1): Kommandanten, Versorgungsoffiziere ... sollen gemeinsam mit Schiffshändlern S. gemacht haben (Spiegel 37, 1966, 39); weil die immer S. mit den Schnäpsen machten (Fallada, Mann 79).

schmuck ⟨Adj.; -er, -[e]ste⟩ [aus dem Niederd. < mniederd. smuk = geschmeidig, biegsam, zu ↑schmücken] (veraltend): *in der Aufmachung, der äußeren Erscheinung sehr ansprechend, von angenehmem, nettem Aussehen, hübsch:* ein -es Mädchen, Paar; ein -er junger Offizier; eine -e Uniform, Tracht; ein -es Dorf, Auto; Nun ist sie (= die Stadt Lissabon) wieder zu einem recht -en Platz geworden (Th. Mann, Krull 303); die Kinder waren alle besonders s. herausgeputzt; s. aussehen; **Schmuck,** der; -[e]s, -e ⟨Pl. selten⟩ [aus dem Niederd., Md., urspr. = Zierat]: **1.** ⟨o. Pl.⟩ **a)** *das Geschmückt-, Verziertsein, Zierde:* die Hülle dient nur, um den S. zu ..., die Stadt zeigte sich im S. der Fahnen (geh.; *war mit Fahnen geschmückt*); Blumen auf den Balkons trugen zum S. des Hauses bei; **b)** *schmückende* (a) *Ausstattung, Zutat; schmückendes Beiwerk; Verzierung:* die Bücher ... stehen ... als wohnlicher S. im Möbel (Wohmann, Absicht 91); gestaffelte Trichterportale zeigen reich figuralen und ornamentalen plastischen S. (Bild. Kunst III, 19); der Designer hat bewußt auf [allen, jeden] S. verzichtet; Ü wenn seine schwachen Worte allen rhetorischen S. ... verloren hatten (Thielicke,

Ich glaube 136). **2. a)** *meist aus kostbarem Material bestehende Gegenstände (wie Ketten, Reife, Ringe), die zur Verschönerung, zur Zierde am Körper getragen werden:* goldener, silberner, echter, unechter, kostbarer, wertvoller, alter, modischer S.; der gestohlene S. war nicht versichert; Feine Damen waren das, an ihren Händen blitzte S. (Simmel, Stoff 60); Die Buden, wie sie Früchte, Blumen und billigen S. verkauften, waren noch offen (Maass, Gouffé 58); S. besitzen, tragen, anlegen; den S. ablegen, in einer Schatulle verwahren; sie hat all ihren S. versetzt; sich mit S. behängen; **b)** (seltener) *Schmuckstück:* einen geerbten S. umarbeiten lassen; sie trug einen herrlichen S. um den Hals; **Schmuckbedürfnis,** das ⟨o. Pl.⟩: *Bedürfnis, sich zu schmücken, Schmuck zu tragen;* **Schmuckblatt,** das: *doppeltes, auf der Vorderseite mit einem Bild geschmücktes Blatt* (2 a) *(für ein Schmuckblatttelegramm);* **Schmuckblatttelegramm**[1]**,** das: *Telegramm, bes. Glückwunschtelegramm, das auf einem (vom Absender ausgesuchten) Schmuckblatt zugestellt wird:* jmdm. zum Geburtstag ein S. schicken; **schmücken**[1] ⟨sw. V.; hat⟩ [mhd. smücken, smucken = in etw. hineindrücken, an sich drücken; sich ducken, Intensivbildung zu ↑schmiegen, also urspr. = sich in ein prächtiges Kleid schmiegen]: **a)** *mit schönen Dingen, mit Schmuck* (1 b, 2) *ausstatten, verschönern, mit etw. Verschönerndem versehen:* ein Haus s.; die Straßen mit Girlanden, Blumen, Lampions s.; den Weihnachtsbaum [mit Kugeln, Kerzen und Lametta] s.; die Braut [mit Schleier und Kranz] s.; die kleinen Mädchen hatten sich mit Blumenkränzen geschmückt; sich gerne *(trägt gern Schmuck u. schöne Kleider);* eine reich, festlich geschmückte Tafel; Ü er schmückte ... seine Novellen mit Zitaten aus den griechischen Klassikern (Thieß, Reich 491); **b)** *als Schmuck, Verzierung bei einer Person od. Sache vorhanden sein u. sie dadurch wirkungsvoll verschönern:* Blumen schmücken den Tisch; Malereien schmücken die Wände; Das Kreuz schmückte ihn ungemein (Kuby, Sieg 302); Ü schmückende Beiwörter, Zusätze; **Schmuckgegenstand,** der: *als Schmuck* (1 a), *der Zierde dienender Gegenstand;* **Schmuckgeld,** das: *(in Teilen Afrikas, Asiens u. Ozeaniens bis ins 20. Jh. verwendetes) Zahlungsmittel in Form von Schmuck;* **Schmuckkästchen,** das: *Schmuckkasten:* sie öffnete ihr S. und nahm eine Perlenkette heraus; Ü ihre Wohnung, ihr Haus ist das reinste S. (scherzh.; *ist liebevoll ausgestattet u. immer sehr sauber u. ordentlich hergerichtet*); **Schmuckkasten,** der: *kleiner Kasten zur Aufbewahrung von Schmuck* (2 a); **Schmuckkoffer,** der: vgl. Schmuckkasten; **Schmuckkörbchen,** das: *Cosmea;* **Schmucklilie,** die: *Agapanthus;* **schmucklos** ⟨Adj.; -er, -este⟩: *keinen Schmuck* (1 b), *keine Verzierung aufweisend u. daher einfach, schlicht, sachlich wirkend:* ein -es Kleid; ein -er Raum; ein -es *(nicht mit Blumen o. ä. geschmücktes)* Grab; daß ich ... die Chronik dieser letzten Kämpfe ... s. nie-

Schmucklosigkeit

derschrieb (Kantorowicz, Tagebuch I, 541); **Schmuck|lo|sig|keit**, die; -: *schmucklose Beschaffenheit;* **Schmuck|na|del**, die: *als Schmuckstück dienende Anstecknadel; schmale Brosche;* **Schmuck|ring**, der: *als Schmuckstück dienender Ring:* außer dem Ehering trug sie noch einen kostbaren S.; **Schmuck|sa|chen** ⟨Pl.⟩ (ugs.): *Schmuck* (2 a): ich wünsche mir ein Kästchen für meine S.; **Schmuck|scha|tul|le**, die (bildungsspr.): vgl. Schmuckkasten; **Schmuck|stein**, der: *zur Herstellung von Schmuck* (2 a) *od. auch kunstgewerblichen Gegenständen verwendeter Stein von bes. schönem Aussehen;* **Schmuck|stück**, das: **1.** *oft aus kostbarem Material bestehender Gegenstand (wie Kette, Reif, Ring), der zur Verschönerung, zur Zierde am Körper getragen wird:* ein kostbares, goldenes, altes S.; ein S. umarbeiten lassen. **2.** (ugs.) *etw. besonders Schönes, besonders schönes Exemplar seiner Art, Gattung:* Die Sattelkammer war übrigens ein S. (Dönhoff, Ostpreußen 84); jetzt war der Raum das S. des Hotels *(das Schönste, was das Hotel zu bieten hatte;* Danella, Hotel 61); Wir machen wieder -e aus Ihren alten Möbeln (Tagesspiegel 20. 10. 85, 5); Patricias Papa, den das S. ... nach Hause steuern wollte (Hamburger Morgenpost 28. 8. 85, 16); wie geht es deinem S. (scherzh.; *deiner Liebsten)?*; **Schmuck|te|le|gramm**, das: kurz für ↑Schmuckblattelegramm; **Schmückung**[1], die; -, -en ⟨Pl. selten⟩ (seltener): *das Schmücken, Verzieren:* Beliebt ist die S. eines Kirchenschiffpfeilers mit übereinandergestaffelten Figuren (Bild. Kunst III, 55); **schmück|voll** ⟨Adj.⟩ (veraltet): *reich an Schmuck* (1 b), *sehr geschmückt;* **Schmuck|wa|ren** ⟨Pl.⟩: *Schmuckstücke, die sich als Ware im Handel befinden;* **Schmuck|wa|ren|ge|schäft**, das: *Geschäft, in dem Schmuckwaren verkauft werden;* **Schmuck|wa|ren|in|du|strie**, die: *Zweig der Industrie, in dem Schmuckwaren hergestellt werden.*

Schmud|del, der; -s [zu ↑schmuddeln] (ugs. abwertend): *an etw. haftender, etw. bedeckender unangenehmer [klebriger, schmieriger] Schmutz:* der S. im Zimmer war unübersehbar; **Schmud|de|lei**, die; -, -en (ugs. abwertend): *das Schmuddeln* (1): so eine S. darf, solche -en dürfen in einem Krankenhaus einfach nicht vorkommen; **schmud|de|lig, schmuddlig** ⟨Adj.⟩ (ugs. abwertend): *mit [klebrigem, schmierigem] Schmutz behaftet; unsauber, schmutzig u. unordentlich:* -e Wäsche; ein -er Kragen, Kittel; ein -es Tischtuch, Handtuch, Lokal; das Hotel, der Wirt machte einen etwas -en Eindruck; in dem Restaurant war alles ziemlich s.; Der kleine, dicke Emporkömmling, der immer ein wenig schmuddelig und ölig aussah (Kranz, Märchenhochzeit 16); **Schmud|del|kind**, das (ugs. abwertend): *schmutziges Kind, das sich auf der Straße aufhält, herumtreibt:* Ü Spannung liegt über den Bewohnern, den alternativen „Schmuddelkindern" *(auf Sauberkeit u. Ordnung keinen allzu großen Wert legenden jungen Leuten;* MM 22. 4. 88, 2); **schmud|deln** ⟨sw. V.; hat⟩ [aus dem Niederd., zu mniederd. smudden = schmutzen, verw. mit ↑ Moder] (ugs. abwertend): **1.** *unsauber, schlampig arbeiten; nachlässig, unordentlich mit etw. hantieren u. dabei Schmutz machen:* schmudd[e]le nicht wieder so! **2.** *leicht schmuddelig werden, schmutzen:* der Hemdkragen, das weiße Kleid schmuddelt schnell; **Schmud|del|wet|ter**, das ⟨o. Pl.⟩ (ugs.): *naßkaltes, regnerisches od. mit Schneeregen o. ä. einhergehendes Wetter, bei dem auf Straßen u. Wegen leicht Matsch entsteht:* es herrschte S.; Vor dem Hamburger S. graut uns mehr als vor neuem Ärger mit den Bremsen (Bild 3. 4. 64, 6); **schmudd|lig**: ↑ schmuddelig.

Schmu|geld, das [zu ↑ Schmu] (landsch. salopp): *Geld, das man [heimlich] beiseite schafft, von einer größeren Summe abzweigt:* sich S. machen.

Schmüg|gel, der; -s [rückgeb. aus ↑ schmuggeln]: *das Schmuggeln* (1): S. treiben; Sie war beim S., den sie nun auf eigene Faust trieb, ertappt worden (Brod, Annerl 11); vom S. leben; **Schmug|ge|lei**, die; -, -en: *[dauerndes] Schmuggeln:* solche kleinen -en werden nicht verfolgt; er wurde wegen S. verurteilt; **Schmug|gel|gut**, das: *Schmuggelware;* **schmug|geln** ⟨sw. V.; hat⟩ [aus dem Niederd., eigtl. = geduckt lauern, sich verstecken halten, verw. mit ↑ schmiegen]: **1.** *Waren gesetzwidrig, unter Umgehung des Zolls ein- od. ausführen:* Diamanten, Elfenbein, Waffen, Schnaps, Zigaretten s. ⟨auch ohne Akk.-Obj.:⟩ hier an der Grenze schmuggeln alle. **2. a)** *heimlich, unerlaubt irgendwohin bringen, schaffen:* einen Kassiber aus der Zelle s.; Sowjetische Kriegsgefangene stellten ... Handgranaten her und schmuggelten sie ins Lager (Apitz, Wölfe 27); Waffen aus dem Land, über die Grenze, nach Afrika s.; ein Mitglied der Bekenntniskirche kommt her ... und schmuggelt einen Juden aus dem Lager (Hochhuth, Stellvertreter 221); er schmuggelte ihr *(steckte ihr heimlich)* einen Zettel in die Handtasche; **b)** + sich) *sich heimlich irgendwohin schleichen:* sich auf ein Schiff s.; In Frankfurt schmuggelt er sich mit einer Bahnsteigkarte in den Alpenexpreß (Noack, Prozesse 234); Ein junger Hund ... schafft es endlich, sich in die Hütte zu s. (Grzimek, Serengeti 283); **Schmug|gel|wa|re**, die: *geschmuggelte Ware;* **Schmugg|ler**, der; -s, - [älter: Schmuckeler]: *jmd., der [gewerbsmäßig] Schmuggel treibt;* **Schmugg|ler|ban|de**, die: [1]*Bande* (1) *von Schmugglern;* **Schmugg|le|rin**, die; -, -nen: w. Form zu ↑ Schmuggler; **Schmugg|ler|or|ga|ni|sa|ti|on**, die: vgl. Schmugglerbande; **Schmugg|ler|pfad**, der: *häufig von Schmugglern benutzter Pfad, Weg über die Landesgrenze;* **Schmugg|ler|ring**, der: vgl. Schmugglerbande; **Schmugg|ler|schiff**, das: *Schiff, mit dessen Hilfe Schmuggel getrieben wird, das Schmuggelware führt:* ein S. aufbringen.

schmu|len ⟨sw. V.; hat⟩ [H. u., viell. zu Schmul = veraltete Bez. für: Jude (aus dem hebr. Namen Šĕmû'ĕl = Samuel), also eigtl. = verstohlen wie ein jüdischer Händler blicken] (bes. berlin.): *schielen* (2 a, b): sie schmulte um die Ecke; das Spiel gilt nicht, du hast geschmult!

schmun|zeln ⟨sw. V.; hat⟩ [spätmhd. (md.) smonczeln, Iterativbildung zu älter: smunzen = lächeln, H. u.]: *aus einer gewissen Belustigung, Befriedigung heraus, mit Wohlgefälligkeit od. Verständnis für etw., mit geschlossenen Lippen [vor sich hin, in sich hinein] lächeln:* freundlich, belustigt, selbstgefällig, erheitert s.; Im Innern mußte er s., als er jetzt im Kahn dachte (Sebastian, Krankenhaus 151); über eine Bemerkung, einen Witz s.; schmunzelnd hörte er sich die Geschichte an; ⟨subst.:⟩ wenn die Schüler ... lachten und einige Lehrer sich das Schmunzeln erlaubten (Grass, Katz 62); ein Schmunzeln unterdrücken; die Besucher zum Schmunzeln bringen.

schmur|geln ⟨sw. V.; hat⟩ [Nebenf. von ↑[2]schmirgeln] (landsch.): **1.** *braten* (a): ein Stück Fleisch s.; Da wurde erst mal tüchtig schmurgelt: Frikadellen (Kempowski, Tadellöser 465). **2.** *braten* (b): das Essen schmurgelt auf dem Herd; solange unsere Mastvögel in der schweren Eisenpfanne schmurgelten od. (Lentz, Muckefuck 143).

Schmus, der; -es [aus dem Rotwelschen < jidd. schmuo (Pl.: schmuoss) < hebr. šĕmû'â = Gerücht; Gehörtes] (ugs.): *wortreiches Getue; schöne [schmeichelnde] Worte; Gerede, Geschwätz:* das ist doch alles S.!; so ein S.!; Wie heißt dieser S.: Allen Gewalten zum Trotz sich erhalten (Kuby, Sieg 114); macht nicht soviel S.!; jetzt reden wir mal ohne S.; **Schmu|se|ka|ter**, der (fam.): vgl. Schmusekatze; **Schmu|se|kat|ze**, die (fam.): *weibliche Person, bes. kleineres Mädchen, die gerne schmust* (1): sie ist eine [richtige] S.; **Schmu|se|kurs**, der (bes. Politik Jargon): *auf Annäherung, Ausgleich abzielender [politischer] Kurs:* Auch die Hamburger Hochbahn AG ... versucht neuerdings, einen S. mit den Sprayern zu fahren (MM 5. 4. 83, 10); Ein ... pragmatisch agierender Havel hat diese Befürchtungen besänftigt, indem er auf S. zur Koalition ging (MM 28. 1. 93, 4); **schmu|sen** ⟨sw. V.; hat⟩ [rotwelsch schmusen = schwatzen] (ugs.): **1.** *mit jmdm. zärtlich sein, Liebkosungen austauschen:* die beiden schmusten [miteinander]; die Mutter schmust mit ihrem Kind; ... legten sich auf eine Decke ins Farnkraut und schmusten und wollten gerade richtig loslegen (Degenhardt, Zündschnüre 46); ein schmusendes Paar. **2.** (abwertend) *sich bei jmdm. anbiedern, jmdm. schmeicheln:* dem Chef s.; es ist widerlich, wie er mit dem Aufseher schmust; **Schmu|ser**, der; -s, - (ugs.): **1.** *jmd., der [gerne] schmust* (1), *zärtlich mit jmdm. ist:* Mein Mann ist ein S. (Hörzu 50, 1974, 87). **2.** (abwertend) *widerlicher S.*; **Schmu|se|rei**, die; -, -en (ugs.): **1.** (oft abwertend) *[dauerndes] Schmusen* (1): könnt ihr nicht mal mit der, eurer S. aufhören?; Natürlich gibt es ein auf dem Schulhof (Spiegel 12/13, 1978, 104). **2.** (abwertend) *[dauerndes] Schmusen* (2): seine S. [mit dem Chef] nimmt immer unangenehmere Formen an; **Schmu|se|rin**, die; -, -nen (ugs. [abwertend]): w. Form

zu ↑Schmuser; **schmu|sig** ⟨Adj.⟩ (ugs.): *gern schmusend; verschmust.*
Schmutt, der; -[e]s [niederd. Form von ↑Schmutz] (nordd.): *feiner Regen;*
Schmutz, der; -es [spätmhd. smuz, urspr. = Feuchtigkeit, feuchter Schmutz]: **1.** *etw. (wie Staub, aufgeweichte Erde o. ä.), was irgendwo Unsauberkeit verursacht, was etw. verunreinigt:* feuchter, klebriger, trockener S.; der S. der Straße, unter den Möbeln; der S., den die Handwerker in der Wohnung hinterlassen haben; etw. macht viel, keinen S.; den S. wegfegen, zusammenkehren, aufwischen, abwaschen, von den Schuhen abkratzen; die Kinder tragen [mit ihren Schuhen] viel S. ins Haus; den gröbsten S. mit einem Spachtel entfernen; mußt du immer durch den größten, dicksten, schlimmsten S. laufen?; das Waschmittel wird auch mit hartnäckigem S. ohne weiteres fertig; die Kinder, die Schuhe waren über und über mit S. bedeckt; etw. vom S. reinigen; Der Strohsack und die Decken starrten vor S. (Niekisch, Leben 288); Ü aber daß Lisbeth mich in diesen S. gestoßen *(mich in diese unsauberen Geschichten hineingezogen)* hat (Brod, Annerl 86); ** S. und Schund (minderwertige geistige Produkte, bes. Literatur);* **jmdn. einen feuchten S. angehen** (salopp; ↑Kehricht 1); **jmdn., etw. durch den S. ziehen/in den S. treten/ziehen** *(jmdn., etw. verunglimpfen, jmdn. in übler Weise verleumden):* wie kannst du deinen besten Freund, den Namen deines Freundes so in den S. ziehen!; **jmdn. mit S. bewerfen** *(jmdn. in übler Weise beschimpfen, verleumden).* **2.** (schweiz. veraltet, südwestd.) *Fett, Schmalz:* die Gans hat viel S.; den S. von der Brühe abschöpfen; **schmutz|ab|wei|send** ⟨Adj.⟩: *Schmutz nicht, nur schwer annehmend, nicht leicht schmutzend:* ein -er Anstrich; dieses Material ist s.; der Einband des Buches ist s.; **Schmutz|ar|beit,** die: *Dreckarbeit;* **Schmutz|blatt,** das (Druckw.): vgl. Schmutztitel; **Schmutz|bür|ste,** die: *Schuhbürste für den gröbsten Schmutz;* **schmut|zen** ⟨sw. V.; hat⟩ [spätmhd. smutzen, smotzen = schmutzig sein]: **1.** *Schmutz annehmen, schmutzig werden:* der helle Stoff schmutzt schnell, leicht; ein leicht schmutzendes Material. **2.** (südwestd., schweiz.) *fetten* (1); *Fett an etw. geben:* die Kartoffeln, die Nudeln, das Backblech s.; gut geschmutzte Rösti; **schmüt|zen** ⟨sw. V.; hat⟩ (schweiz.): *schmutzen* (2); **Schmut|ze|rei,** die; -, -en (abwertend): *etw. Unanständiges, Verwerfliches, moralisch, sittlich nicht zu Rechtfertigendes:* bei den finanziellen -en der Firma ... wirtschaftete gar der Gatte der Prinzessin ... kräftig in seine Tasche (horizont 12, 1977, 30); die der Pastor sich noch mit einem Wort gegen diese S. hat zur Wehr setzen können (Fallada, Jeder 350); **Schmutz|fän|ger,** der: **1.** (ugs. oft abwertend) *Gegenstand, der so beschaffen ist, daß sich leicht Schmutz daran festsetzt:* die verschnörkelte Lampe ist ein elender, reiner, richtiger S. **2.** *bei Fahrrädern u. Kraftfahrzeugen am Schutzblech bzw. Kotflügel angebrachtes, hinter dem Rad*

herabhängendes, meist trapezförmiges Stück Gummi, das das Emporschleudern des Schmutzes beim Fahren verhindert. **3.** (Technik) *in Rohrleitungen angebrachtes Sieb, das Schmutz auffängt;* **Schmutz|fink,** der; -en, auch: -s, -en (ugs.): **1.** *jmd., der schmutzig ist, etw. schmutzig macht:* welcher S. hat sich denn hier wieder die Schuhe nicht abgetreten?; wie du wieder aussiehst, du S.! **2.** *jmd., der in den Augen eines anderen etw. sittlich Verwerfliches getan hat, unmoralisch handelt:* Mädchen, die noch naiv genug sind, jeden S. anzuhimmeln (Böll, Ansichten 265); **Schmutz|fleck, Schmutz|flecken**[1], der: *durch Schmutz entstandener Fleck:* ein S. im Teppich; Er radierte Schmutzflecke weg (Gerlach, Demission 19); Ü Die mannigfachen Baulichkeiten ...: lauter Schmutzflecke und Schandmale in sonst reiner Landschaft (K. Mann, Wendepunkt 430); **Schmutz|gei|er,** der: *(in Afrika, Südeuropa u. Asien heimischer) Aas u. Abfälle fressender, vorwiegend weiß gefiederter Geier mit einem größtenteils nackten gelben Kopf;* **Schmutz|geschwür,** das (Med.): *Ekthym;* **Schmutzi|an,** der; -[e]s, -e [zur Bildung vgl. Grobian] (veraltend): **1.** *Schmutzfink.* **2.** (österr.) *Geizhals;* **schmut|zig** ⟨Adj.⟩ [spätmhd. smotzig]: **1. a)** *mit Schmutz behaftet, nicht sauber* (1): -e Wäsche, -e Kleider, Hemden, Schuhe; -e Hände, Füße; ein -es Gesicht; -es *(gebrauchtes, abzuwaschendes)* Geschirr, das ist eine ziemlich -e *(Schmutz verursachende, mit Schmutz einhergehende)* Arbeit; Die Sohlen ihrer brüchigen Stiefeletten hatten -e *(aus Schmutz bestehende)* Abdrücke hinterlassen (Simmel, Stoff 479); das Wasser, die Luft, die Nordsee ist ziemlich s.; der Pullover ist schon wieder s.; sich, [sich] seinen Anzug s. machen; er macht sich nicht gern s. *(verrichtet nicht gern schmutzige Arbeiten);* Ü ein -es *(unklares, nicht reines, ins Graue spielendes)* Blau, Gelb; der Raum sank in -e Dämmerung (Remarque, Triomphe 165); **b)** *auf Sauberkeit, Reinlichkeit, Gepflegtheit keinen Wert legend; unreinlich u. ungepflegt:* in einer -en Ober; der Koch macht einen etwas -en Eindruck; Ich schweige von dem -en Hospiz oder Absteigequartier (Th. Mann, Krull 89); einer neigt zu s. **2.** (abwertend) **a)** *frech, respektlos, unverschämt:* laß deine -en Bemerkungen; sein -es Lächeln ärgerte sie; grinse nicht so s.!; **b)** *unanständig, obszön, schlüpfrig:* -e Witze, Gedanken, [Schimpf]wörter; -e Lieder singen; Habe ich etwa einen Versuch gemacht? Einen -en Antrag? (Fischer, Kein Vogel 284); er hat aus Eros, dem heiteren, eine heimliche, -e, sündhafte Bettgeschichte gemacht (Remarque, Obelisk 228); du hast eine -e Phantasie *(du denkst immer gleich an etw. Unanständiges, Zweideutiges);* seine Geschichten sind immer ziemlich s.; **c)** *in moralischer Hinsicht sehr zweifelhaft, anrüchig; unlauter:* -e Geschäfte, Praktiken, Tricks; ein -er Handel; mit -en Mitteln arbeiten; -er Krieg; eine -e Gesinnung, Handlungsweise, Affäre; ein Faktor, ... der ihm den entscheidenden Strich durch die -e Rechnung macht

(K. Mann, Wendepunkt 362); In der ganzen Anstalt herrschte ein einfach -er Geist (Fallada, Trinker 137); -es *(auf unredliche Weise erworbenes)* Geld; dieses Gewerbe war ihm zu s. **3.** (südwestd., schweiz.) *fett, fettig;* **schmut|zig|blau** ⟨Adj.⟩: *von schmutzigem Blau:* das -e Meer; eine -e Uniform; **schmutzig|gelb** ⟨Adj.⟩: *von schmutzigem Gelb;* **schmutzig|grau** ⟨Adj.⟩: *von einem trüben, nicht reinen Grau;* eine -e Fassade; **schmut|zig|grün** ⟨Adj.⟩: *von schmutzigem Grün:* ein -er Lodenmantel; **Schmut|zig|keit,** die; -, -en: **1.** ⟨o. Pl.⟩ *das Schmutzigsein.* **2.** *schmutzige Äußerung, Handlung o. ä.:* muß ich mir seine -en noch länger anhören?; **schmut|zig|rot** ⟨Adj.⟩: *von schmutzigem Rot:* Zwischen einer -et Häuserzeile hastete sie ... vor mir her (v. d. Grün, Irrlicht 19); **schmutzig|weiß** ⟨Adj.⟩: *von schmutzigem Weiß:* auf ... -e Bahnwärterhühner (Kaschnitz, Wohin 145); **Schmutz|kam|pa|gne,** die: *Kampagne* (1), *die mit unlauteren, unfairen Mitteln geführt wird;* **Schmutz|konkur|renz,** die: *mit unlauteren, unredlichen Mitteln arbeitende Konkurrenz;* **Schmutz|lap|pen,** der: *Lappen zum Aufwischen des gröbsten Schmutzes;* **Schmutz|li|te|ra|tur,** die (abwertend): *minderwertige, gegen Moral u. Sitte verstoßende Literatur;* **Schmutz|par|ti|kel,** das, auch: die: [1]*Partikel, das etw. verschmutzt;* **Schmutz|schicht,** die: *von Schmutz gebildete Schicht;* **Schmutz|sprit|zer,** der: vgl. Schmutzfleck: auf der Scheibe sind ein paar S.; **Schmutz|strei|fen,** der: vgl. Schmutzfleck: da sind immer noch ein paar S. auf der Glastür; **Schmutz|teil|chen,** das: *Schmutzpartikel;* **Schmutz|ti|tel,** der [das Blatt soll das eigentliche Titelblatt vor Beschmutzung schützen] (Druckw.): *erstes Blatt in einem Buch, auf dem meist nur der verkürzte Titel angegeben ist;* **schmutz|un|emp|find|lich** ⟨Adj.⟩: *unempfindlich gegen Schmutz, nicht leicht schmutzig werdend:* ein ziemlich -es Material; **schmutz|ver|schmiert** ⟨Adj.⟩: *mit Schmutz verschmiert:* sein -es Gesicht; **Schmutz|wä|sche,** die: *gebrauchte, zum Waschen bestimmte, schmutzige Wäsche;* **Schmutz|was|ser,** das ⟨Pl. ...wässer⟩: *gebrauchtes, schmutziges Wasser, Abwasser;* **Schmutz|zu|la|ge,** die: *Lohn-, Gehaltszulage auf Grund einer Arbeit, bei der man sich sehr schmutzig macht.*

Schna|bel, der; -s, Schnäbel [mhd. snabel, ahd. snabul, wohl verw. mit ↑schnappen]: **1.** *(bei verschiedenen Wirbeltieren, bes. den Vögeln) aus Ober- u. Unterkiefer gebildeter, vorspringender, oft spitz auslaufender, von einer Hornschicht überzogener Fortsatz vorn am Kopf:* ein langer, kurzer, spitzer, krummer, gekrümmter, breiter, dicker, starker, kräftiger, gelber S.; den S. aufreißen, aufsperren, wetzen; daß eine Hochbrutente einem mit einem Küken im S. abfliegenden Kolkraben nachflog (Lorenz, Verhalten I, 200); der Vogel pickte, hackte mit dem S. ein Loch in die Rinde; der Storch klappert mit dem S. **2.** (ugs.) [1]*Mund* (1 a): mach, sperr mal deinen S. auf!; Seine Schwester Klara wurde achtzig Jahre alt ... Einen S.

Schnäbelchen

voll Nahrung am Tag und kalte Bäder, das war ihre ganze Lebenskunst (Fels, Kanakenfauna 50); * *reden, sprechen, wie einem der S. gewachsen ist* (ugs.; *unbekümmert, freiheraus u. ohne Ziererei sprechen*); **den S. halten** (ugs.; ↑¹Mund 1 a); **den S. [nicht] aufmachen/auftun** (ugs.; ↑¹Mund 1 a); **sich** ⟨Dativ⟩ **den S. verbrennen** (ugs.; ↑¹Mund 1 a); **jmdm. [mit etw.] den S. stopfen** (ugs.; ↑¹Mund 1 a); **seinen S. an jmdm. wetzen** (ugs.; *boshaft, abfällig über jmdn. reden; über jmdn. lästern*): sie braucht immer jemanden, an dem sie ihren S. wetzen kann. 3. *nach außen verlängerte Ausbuchtung, kleine Röhre zum Ausgießen an einer Kanne, einem Krug:* an der Kanne ist der S. abgebrochen. 4. *(bei antiken u. mittelalterlichen Schiffen) verlängerter, spitz zulaufender Bug.* 5. (Musik) *schnabelförmiges Mundstück bei bestimmten Blasinstrumenten;* **Schnä|bel|chen,** das; -s, -: Vkl. zu ↑Schnabel (1, 2); **Schnä|be|lei,** die; -, -en: 1. (seltener) *das Schnäbeln* (1): er beobachtete die S. der Tauben. 2. (ugs. scherzh.) *das Schnäbeln* (2): Schluß mit der S., ihr da, sagt Frau Remann (Fries, Weg 303); **Schna|bel|flö|te,** die: *Blockflöte;* **schna|bel|för|mig** ⟨Adj.⟩: *wie ein Schnabel* (1) *geformt, an einen Schnabel erinnernd;* **Schna|bel|hieb,** der: *mit dem Schnabel* (1) *ausgeführter Hieb, Stoß:* der Schwan vertrieb den Angreifer mit heftigen -en; **Schna|bel|kerf,** der (Zool.): *Insekt mit stechend-saugenden, an einen Schnabel* (1) *erinnernden Mundwerkzeugen* (z. B. Wanze); **Schna|bel|kro|ko|dil,** das (Zool. veraltend): *großes Krokodil mit schlankem Körperbau mit sehr langer schnabelförmiger Schnauze;* **schnä|beln** ⟨sw. V.; hat⟩ [spätmhd. snäbeln]: 1. *(von bestimmten Vögeln) die Schnäbel aneinanderreiben, sich mit den Schnäbeln mehrfach berühren:* die beiden Tauben schnäbeln [miteinander]; zwei schnäbelnde Tukane. 2. (ugs. scherzh.) *sich zärtlich küssen:* mit jmdm., miteinander s.; die beiden haben die ganze Zeit geschnäbelt; Ich drehe mich um: ich sehe, wie sie sich s. (Genet [Übers.], Notre Dame 92); ein schnäbelndes Pärchen; **Schna|bel|schiff,** das: *antikes od. mittelalterliches Schiff mit einem Schnabel* (4); **Schna|bel|schuh,** der: *(im MA. üblicher) Halbschuh ohne Absatz für Männer u. Frauen, dessen Spitze nach vorn stark verlängert u. oft nach oben gebogen war;* **Schna|bel|tas|se,** die: *Tasse, vor allem für Bettlägerige, aus der über einen Schnabel* (3) *in Form einer kleinen Röhre auch im Liegen getrunken werden kann;* **Schna|bel|tier,** das: *(in Australien heimisches) eierlegendes u. seine Jungen säugendes Tier mit einem breiten Schnabel, kurzem, sehr dichtem, dunkelbraunem Fell, abgeplattetem Schwanz u. Füßen mit Schwimmhäuten;* **Schna|bel|wal,** der: *(in mehreren Arten vorkommender) Zahnwal mit schnabelförmig verlängerter Schnauze;* **schna|bu|lie|ren** ⟨sw. V.; hat⟩ [scherzh. Bildung zu ↑Schnabel] (fam.): *mit Behagen verzehren, essen:* genüßlich s.; sie schnabulierte Pralinen, ein Stück Torte, Salzmandeln.

Schna|bus, der; -, -se [scherzh. latinis. Bildung zu ↑Schnaps] (landsch., bes. berlin.): *Schnaps:* Wir trinken S. (Döblin, Alexanderplatz 139); Aber etwas müsse er noch mitnehmen, einen S. *(ein Glas Schnaps)* noch (Kempowski, Uns 147).

Schnack, der; -[e]s, -s u. Schnäcke [urspr. auch hochd.; mniederd. snack, zu ↑schnacken] (nordd.): 1. *gemütliche Plauderei, Unterhaltung:* einen kleinen S. halten; sie treffen sich öfter zu einem S. 2. (abwertend) *leeres Gerede; Geschwätz, Unsinn:* das ist doch alles nur dummer S.; glaubst du den S. etwa? 3. *witziger, komischer Ausspruch:* seine Schnäcke sind zum Piepen; „Kohlkönig" kann nur werden, wer die Eigenschaften eines langsamen Essers mit der eines schnellen Brüters verbindet. Dieser S. stammt aus der gleichen Ecke (Jeversches Wochenblatt 30. 11. 84, 7); Das wurde direkt zu einem S. *(zu einer stehenden Redensart):* Bei jeder Gelegenheit sagten wir das (Kempowski, Immer 79). 4. * *ein anderer S. sein (mehr taugen, mehr Format haben):* Und diese Art Typen machten nun Reklame für uns im Ausland. ... Da sei Herr Mutén aber ein anderer S. (Kempowski, Tadellöser 272).

schnäckeln[1] ⟨sw. V.; hat⟩ [lautm.] (landsch., bes. bayr.): 1. *(bes. mit den Fingern od. der Zunge) ein schnalzendes Geräusch hervorbringen:* mit den Fingern s. 2. *ein knackendes Geräusch von sich geben, krachen* (1): das Gelenk schnackelte; Er spielte mit der linken Hand an einem Kippschalter, der er achtmal s. ließ (Sommer, Und keiner 208); ⟨unpers.:⟩ da vorne an der Ecke hat es geschnackelt *(hat es einen Zusammenstoß gegeben);* Ü bei den Nachbarn hat es mal wieder geschnackelt *(Krach, Streit gegeben);* wenn du noch lange meckerst, dann schnackelt's *(gibt es Ohrfeige, Prügel);* * *es hat [bei jmdm.] geschnackelt* (ugs., bes. südd.): 1. *es ist geglückt, es hat geklappt:* sie haben sich jahrelang ein Kind gewünscht – jetzt hat's endlich geschnackelt. 2. *jmd. hat etw. endlich begriffen, verstanden:* jetzt hat's auch bei mir geschnackelt. 3. *jmd. hat sich plötzlich verliebt:* „Als wir bei meiner Prinzengarde einzog, da hat es bei mir geschnackelt", erinnert sich Hildegard Palat [Augsburger Allgemeine 22./23. 4. 78, 45]. 4. *jmds. Geduld ist erschöpft:* Jetzt hat's geschnackelt. Die Geldgeschichten um seine Parteifreunde ... haben den FDP-Vorsitzenden Genscher alarmiert [Spiegel 7, 1981, 90]).

schnacken[1] ⟨sw. V.; hat⟩ [(m)niederd. snacken, lautm.] (nordd.): a) *reden, sprechen:* in Ruhe über etw. s.; wenn sie bloß nicht immer so viel s. würde!; schnack doch mal mit dem Chef, vielleicht stimmt er zu!; er schnackt [am liebsten] Platt: b) *gemütlich, zwanglos plaudern, sich unterhalten:* mit den Nachbarn, über den Gartenzaun s.; Man unterhält sich wohl, schnackt zusammen, aber man findet nicht den Freund (Klee, Pennbrüder 112); Ab und zu kamen die Fahrer heraut, die wollten bloß ein bißchen s. (Kempowski, Uns 22).

Schnackerl[1], das u. der; -s (österr.): *Schluckauf:* jemand ..., der den Schluckauf oder, wie man in Wien sagt, das „Schnackerl" hat (Doderer, Dämonen 1245).

◆ **schnackig**[1] ⟨Adj.⟩ [zu ↑schnacken, in der Bed. auch beeinflußt von ↑²Schnake]: *drollig* (c), *seltsam, wunderlich:* er ... blickte aufwärts, und zwar mit so -er Miene, daß man wohl bemerken konnte, ein geheimer Sinn dabei sei ihm noch nicht aufgegangen (Goethe, Wanderjahre II, 1); In der Tat sehr lobenswürdige Anstalten, die Narren im Respekt und den Pöbel unter dem Pantoffel zu halten, damit die Gescheiten es desto bequemer haben. Ohne Anstand, recht -e Anstalten! (Schiller, Räuber I, 1).

Schna|der|hüp|fe[r]l, das; -s, - [wohl zu ↑schnattern u. ↑hüpfen] (bayr., österr.): *kurzes, meist vierzeiliges Lied [mit lustigem, oft auch anzüglichem Inhalt], das häufig mit einem Jodler verknüpft ist;*

◆ **schna|dern** ⟨sw. V.; hat⟩: *(in landsch. Sprachgebrauch) schnattern:* Warst du nicht die Memme, die anhub zu s., als sie riefen: „Der Feind kommt!" (Schiller, Räuber IV, 5).

schnaf|te ⟨Adj.⟩ [H. u.] (berlin., veraltend): *fabelhaft, großartig, hervorragend:* eine s. Sache; Schnafte Person. Schorschi, warum haste uns die denn verschwiegen? (Schnurre, Ich 83); der Abend war s.

◆ **Schnak,** der; -[e]s, -e: *(in landsch. Sprachgebrauch)* ²Schnake: Nun aber war des Klosters Koch ... ein lustiger Vogel ... Der dachte, ihren Jäst mit einem S. zu stillen (Mörike, Hutzelmännlein 131).

¹**Schna|ke,** die; -, -n [spätmhd. snäke, H. u.]: 1. *(zu den Mücken gehörendes) Insekt mit schlankem Körper, langen, dünnen Beinen u. Fühlern. u. schmalen Flügeln, das sich von Pflanzensäften ernährt.* 2. (landsch.) *Stechmücke:* Die Rheinanlieger werden auch in den nächsten Jahren mit den -n leben müssen (MM 21. 8. 71, 4).

²**Schna|ke,** die; -, -n [älter: Schnacken, zu mniederd. snacken, ↑schnacken; unter Bezug auf ↑Grille (2 a); Mucke (2) an ↑¹Schnake angelehnt] (nordd. veraltet): *lustiger, drolliger Einfall; Schnurre:* ◆ ... erinnert mich an jene -n, wie ich den Knaben einst belehrt (Goethe, Faust II, 6583 f.).

³**Schna|ke,** die; -, -n [mniederd. snake, verw. mit ahd. snahhan = kriechen, gleiten, vgl. Schnecke] (nordd. veraltet): *Ringelnatter.*

schnä|ken ⟨sw. V.; hat⟩ [(west)md. Form von mhd. snöuken = schnüffeln, schnuppern] (landsch., bes. westmd.): *naschen.*

Schna|ken|lar|ve, die; -, -n: *Larve einer* ¹*Schnake;* **Schna|ken|pla|ge,** die (landsch.): *durch eine Vielzahl von* ¹*Schnaken* (2) *hervorgerufene Plage;* **Schna|ken|stich,** der (landsch.): *Stich einer* ¹*Schnake* (2).

Schnä|ker, der; -s, - (landsch., bes. westmd.): 1. *jmd., der gerne schnäkt.* 2. *jmd., der schnäkig* (1) *ist;* **Schnä|ke|rei,** die; -, -en (landsch., bes. westmd.): 1. ⟨o. Pl.⟩ *[dauerndes] Schnäken.* 2. *Leckerei, Näscherei;* **Schnä|ke|rin,** die; -, -nen (landsch., bes. westmd.): *w. Form zu* ↑Schnäker.

schna|kig ⟨Adj.⟩ [zu ↑²Schnake] (nordd. veraltet): *lustig, drollig; schnurrig.*
schnä|kig ⟨Adj.⟩ [zu ↑ schnäken] (landsch., bes. westmd.): **1.** *im Essen sehr wählerisch, mäkelig:* sei nicht so s., und iß auch das Gemüse! **2.** *naschhaft:* er ist furchtbar s., am liebsten würde er den ganzen Tag nur Süßigkeiten essen.
♦ **schna|kisch** ⟨Adj.⟩ [zu ↑²Schnake]: *närrisch, albern:* die Bauern hätten nur so gescheit sein sollen, daß sie dir -em, lächelndem, trippelndem, händereibendem Dinge ins ... Herz hineingesehen hätten (Jean Paul, Wutz 28); Er hat sich seltsame Dinge in den Kopf gesetzt; man könnte sich's nicht -er träumen (Wieland, Agathon X, 4).
Schnäll|chen, das; -s, -: Vkl. zu ↑ Schnalle (1); **Schnal|le**, die; -, -n [mhd. snalle, zu: snal = rasche Bewegung, snallen (↑ schnallen), wohl nach dem Auf- u. Zuschnellen des Dorns an einer Schnalle, zu ↑ schnell; 4: nach (3)]: **1.** *am Ende eines Riemens, Gürtels befestigte Schließe in Form eines Ringes o. ä., durch die das andere Ende des Riemens, Gürtels durchgesteckt [u. mit Hilfe eines Dorns in zusätzlich festgehalten] wird:* eine metallene, runde, ovale S.; die S. am Schuh drückt; die S. des Gürtels öffnen, aufmachen, schließen, zumachen; die Büchertasche wird mit zwei -n geschlossen. **2.** (österr.) *Türklinke:* In dem Raum mit zwei Türen ohne -n sind mindestens vierzig Männer untergebracht (Zenker, Froschfest 54). **3.** (Jägerspr.) *(bei Hunden u. Haarraubwild) äußeres weibliches Geschlechtsteil.* **4. a)** (derb) *weibliches Geschlechtsteil;* **b)** (derb, oft Schimpfwort) *Weibsbild; Hure:* Aber ich brauch' den Nachmittag. Ach so. Für eine S.? (Kuby, Sieg 404); mit der S. möchte ich nichts zu tun haben; blöde S.!; **schnal|len** ⟨sw. V.; hat⟩ [mhd. snallen = schnellen, sich mit schnappendem Laut bewegen; 2: wohl im Sinne von „(sich) etw. aufschnallen" (sich) etw. im Gedächtnis festmachen"; 3: Nebenf. von mhd. snellen (↑ schnellen) = ein Schnippchen schlagen]: **1. a)** *einer Sache mit Hilfe einer daran befestigten Schnalle eine bestimmte Weite geben:* den Riemen, Gürtel enger, weiter s.; die Gurte um den Koffer waren nur lose, zu locker geschnallt; **b)** *mit Hilfe eines mit einer Schnalle versehenen Riemens, Gurtes o. ä. irgendwo befestigen:* eine Decke auf den Koffer s.; du kannst dir schon den Rucksack auf den Rücken s.; sie schnallten den Verletzten auf eine Bahre; **c)** *durch Aufmachen, Lösen von Schnallen an Riemen, Gurten o. ä. von etw. losmachen u. abnehmen:* die Tasche vom Gepäckträger s. **2.** (salopp) *begreifen, verstehen; etw. nicht s.;* Ich sollte mich am Riemen reißen, raunte er mir zu, ob ich das geschnallt hätte (Kempowski, Tadellöser 68); Und dann habe ich geschnallt, daß die Rumbumserei mir absolut nichts bringt (Merian, Tod 15). **3.** (salopp) *irreführen, täuschen, prellen, übervorteilen:* sie haben ihn ganz schön geschnallt. **4.** (südd.) *schnalzen:* mit den Fingern, mit der Zunge s.; **Schnal|len|schuh**, der: *Halbschuh, der mit einer Schnalle geschlossen wird od. verziert ist;* **schnal|zen**

⟨sw. V.; hat⟩ [spätmhd. snalzen, Intensivbildung zu mhd. snallen, ↑ schnallen]: **1.** *durch eine rasche, schnellende Bewegung mit etw. (bes. der Zunge, den Fingern) einen kurzen, knallenden Laut erzeugen:* genießerisch, vor Vergnügen mit der Zunge s.; mit den Fingern s.; er schnalzte ein paarmal mit der Peitsche, und die Pferde zogen an. **2.** (seltener) *schnippen* (1 a): dann schnalzten sie brennende Streichhölzer von den Reibflächen der Schachteln in einen Heuhaufen (MM 26. 5. 67, 4); **Schnal|zer**, der; -s, - ⟨ugs.⟩: *durch Schnalzen hervorgerufenes Geräusch:* die S. der Peitsche waren weithin zu hören; **Schnalz|laut**, der (Sprachw.): *(in afrikanischen Sprachen vorkommender) durch Schnalzen mit der Zunge gebildeter Laut.*
schnapp ⟨Interj.⟩: lautm. für ein schnelles Zuschnappen, Zuklappen o. ä. u. das damit verbundene klappende Geräusch: s., und die Tür war zu; **Schnäpp|chen**, das; -s, - ⟨ugs.⟩: *bes. preisgünstig angebotene Ware:* im Schlußverkauf gibt es viele S.; Und kaufen Sie nie ein Gerät, das Ihnen als S. angeboten wird, es könnte gestohlen sein (ADAC-Motorwelt 8, 1986, 33); ein S. machen *(etw. vorteilhaft kaufen);* **schnap|pen** ⟨sw. V.⟩ [mhd. (md.) mnieederd. snappen, Intensivbildung zu mhd. snaben = schnappen, schnauben, urspr. laut- u. bewegungsnachahmend für klappende Kiefer]: **1.** ⟨hat⟩ **a)** *mit dem Maul, den Zähnen, dem Schnabel in rascher Bewegung zu fassen suchen:* der Hund hat nach der Wurst, nach meiner Hand, nach mir geschnappt; Das Tier schnappte Hechte im Wasser schnappen Hechte nach Barschen und Barsche nach Fliegen (Bieler, Bonifaz 137); Ü nach Luft s. (ugs.; *mit offenem Mund rasch u. mühsam atmen, nach Atem ringen*); „Warum verkaufen Sie den nicht selber?" schnappt *(sagt, nach Atem ringend)* Heinrich (Remarque, Obelisk 15); **b)** *mit dem Maul, den Zähnen, dem Schnabel in rascher Bewegung fassen:* der Hund schnappte die Wurst; drunterweg unter ... den kreisenden Mauerseglern, die jetzt sehr tief flogen, um schnell noch ein paar Fliegen zu s. vorm Regen (Schnurre, Bart 109); Ü Er ging schnell zum Fenster, um Luft zu s. *(frische Luft zu atmen;* Böll, Adam 64); laß uns noch ein wenig frische Luft s. *(ins Freie gehen, um an der Luft zu sein).* **2.** ⟨hat⟩ ⟨ugs.⟩ **a)** *schnell ergreifen, mit raschem Zugriff festhalten [und mitnehmen, für sich behalten]:* sich schnell ein Brötchen s.; sie schnappte ihre Mappe und rannte die Treppe runter; mit einem plötzlichen harten Griff schnappt er sich Mantel, Hut und Maulkorb (Spoerl, Maulkorb 14); er wäre weitergerutscht, aber er schnappte ... einen Ast (Andres, Liebesschaukel 30); schnapp dir noch einen Zettel und notier die Nummer; Ich trat das Schießeisen ... zur Seite und schnappte mir die Kleine (Cotton, Silver-Jet 7); den werde ich mir noch s.!; U Meinst du, es warten nicht schon genug darauf, meinen Posten zu s.? (Remarque, Funke 25); * **etw. geschnappt haben** ⟨ugs.; *etw. begriffen, verstanden haben*⟩: hast du das [endlich] geschnappt?;

b) *zu fassen kriegen, ergreifen u. festnehmen, gefangennehmen:* die Polizei hat den Dieb geschnappt; Von einer Wehrmachtsstreife wurde er nachmittags im Kino geschnappt (Küpper, Simplicius 65); laßt euch an der Grenze ja nicht s.! **3. a)** *eine schnellende, oft mit einem klappenden, leise knallenden Geräusch verbundene Bewegung irgendwohin ausführen* ⟨ist⟩: das Brett schnappte in die Höhe, als er drauftrat; der Riegel ist ins Schloß geschnappt; Jakob zog die Tür einwärts, bis sie in die Schließleiste schnappte (Johnson, Mutmaßungen 42); **b)** *ein durch eine rasche, schnellende Bewegung entstehendes klappendes, leise knallendes Geräusch hervorbringen* ⟨hat⟩: er hörte die Schere nur ein paarmal s., und die Haare waren ab; Pippig schloß ab. Zweimal schnappte der Riegel (Apitz, Wölfe 193); Sie nimmt die Zigarette in den Mund, läßt ihr Feuerzeug s. (Richartz, Büroroman 72); * **es hat [bei jmdm.] geschnappt** ⟨ugs.; **1.** *jmds. Geduld ist zu Ende:* ... und nun hat's geschnappt bei mir, nun ist es alle! [Fallada, Jeder 28]. **2.** *jmd. hat sich plötzlich verliebt:* bei den beiden hat es geschnappt. **3.** *jmd. ist schwanger geworden:* bei ihr hat es geschnappt). **4.** (landsch.) *hinken* (1 a) ⟨hat⟩: seit dem Unfall schnappt er; **Schnäp|per**, der; -s, - ⟨ugs.⟩: **1. a)** *das Schnappen* (1 a) *nach etw.; zuschnappender Biß:* mit einem S. hat ihm der Hund ein Stück aus der Hose gerissen; **b)** *kurzes, heftiges Atemholen mit offenem Mund.* **2. a)** *mit einem klappenden, leise knallenden Geräusch verbundenes Zuschnappen, Zuklappen:* mit einem S. fiel die Tür ins Schloß; **b)** *Falle* (3 a): und gleich darauf klappte und knackte es: Der S. der Tür saß im Schloß (Bastian, Brut 49); **Schnäp|per, Schnep|per**, der; -s, -: **1.** kurz für ↑ Fliegenschnäpper. **2.** (Med. Jargon) *lanzettförmige Nadel zur Entnahme von Blut (am Finger od. Ohrläppchen), die durch Loslösen einer Feder nach vorne schnellt.* **3.** (früher) *Armbrust, die mittels eines Hebels gespannt wird u. mit der vorwiegend Kugeln geschossen werden; Balester.* **4.** (landsch.) *Schnappschloß, bes. Vorhängeschloß;* **schnäp|pern** ⟨sw. V.; hat⟩ (österr.): *vor Kälte zittern;* **Schnäpp|hahn**, der [spätmhd. snaphan, wohl zu mhd. snap = Straßenraub (eigtl. = das Schnappen), vgl. spätmhd. strûchhan = Strauchdieb]: *(im MA.) [berittener] Wegelagerer:* ♦ ... als könnt' ich wohl gar so ein heimlicher S. sein, der sie im Walde irreführen wollte (Eichendorff, Taugenichts 37); **Schnäpp|mes|ser**, das: **1.** *Klappmesser.* **2.** *Messer, dessen Klinge im ¹Heft verborgen ist u. bei Betätigung eines Knopfes herausschnellt;* **Schnapp|rol|lo, Schnäpp|rou|leau**, das: *Rollo, das in jeder Position feststellbar* (2) *ist;* **Schnapp|sack**, der [eigtl. = Sack, aus dem man sich etw. zu essen schnappt] (veraltet): *Rucksack, Ranzen, Tasche für Proviant:* Einer holt aus seinem S. die Dinge hervor, die er wahllos aus dem Rinnstein aufgelesen (Kisch, Reporter 12); **Schnapp|schloß**, das: *Schloß* (1), *das durch Einrasten, Einschnappen fest schließt:* Die Tür ... hatte ein S. und war

Schnappschuß

von außen ohne Schlüssel nicht zu öffnen (Kirst, 08/15, 75); ein Koffer mit Schnappschlössern; **Schnapp|schuß,** der: *Fotografie, deren Motiv der Fotograf so, wie er es gerade vorfindet, wie es sich ohne sein Dazutun ergibt, im Bild festhält:* ein gelungener S.; ein paar Schnappschüsse [von den Enkelkindern] machen; Ein neues Lichtbild ... Es empfiehlt sich ein gutes Portrait, keinesfalls ein S. vom Strandleben aus den letzten Ferien (Capital 2, 1980, 47); **Schnapp|ver|schluß,** der: *Verschluß, der durch Einrasten, Einschnappen fest schließt;* **Schnaps,** der; -es, Schnäpse [niederd. Snap(p)s, urspr. = Mundvoll, schneller Schluck, zu ↑schnappen] (ugs.): *hochprozentiges alkoholisches Getränk, bes. Branntwein; Klarer:* selbstgebrannter, klarer, scharfer, milder S.; eine Flasche S.; er trinkt gern S.; Ein Freund habe ihn auf ein Glas S. eingeladen (Baum, Paris 87); er trank drei [doppelte, doppelstöckige] Schnäpse *(drei Gläser Schnaps);* **Schnaps|bren|ner,** der (ugs.): *Branntweinbrenner;* **Schnaps|bren|ne|rei** [auch: – – –'–], die (ugs.): *Branntweinbrennerei;* **Schnaps|bren|ne|rin,** die (ugs.): w. Form zu ↑Schnapsbrenner; **Schnaps|bru|der,** der (ugs. abwertend): *gewohnheitsmäßiger Trinker, der bes. hochprozentige alkoholische Getränke zu sich nimmt;* **Schnaps|bu|de,** die (ugs. abwertend): *meist kleineres Lokal, in dem viel, vorwiegend Branntwein getrunken wird;* **Schnaps|bu|di|ke,** die (landsch. abwertend): *Schnapsbude;* **Schnäpschen,** das; -s, - (fam.): *Schnaps:* er macht ein köstliches S. aus den Kirschen; ein S. (Gläschen Schnaps) trinken; **Schnapsdros|sel,** die (ugs. abwertend): vgl. Schnapsbruder: er, sie ist eine alte S.; **schnäp|seln, schnap|sen** ⟨sw. V.; hat⟩ (ugs. scherzh.): *Schnaps trinken:* er schnapst, schnäpselt gern; **Schnaps|fahne,** die (ugs.): *vom Genuß von Branntwein herrührende Alkoholfahne:* und wiederum wehte mich seine S. an (Martin, Henker 48); eine S. haben; **Schnaps|flasche,** die: *Flasche für Schnaps:* überall standen leere -n herum; Sie pokern bis spät in die Nacht hinein, wobei die S. kreist (Bild und Funk 20, 1966, 29); **Schnaps|glas,** das ⟨Pl. ...gläser⟩: *kleines Glas für Schnaps;* **Schnaps|idee,** die [ein derartiger Einfall kann nur durch zu reichlichen Alkoholgenuß bedingt sein] (ugs.): *unsinniger, seltsamer Einfall; verrückte Idee:* das ist so eine S. von ihm; wer hat dich denn auf diese S. gebracht?; Kein Mensch kommt mehr auf die S., danach zu fragen (Bruder, Homosexuelle 18); **Schnaps|lei|che,** die (ugs. scherzh.): vgl. Bierleiche; **Schnaps|na|se,** die (ugs.): vgl. Säufernase; **Schnaps|stamperl,** das (bayr., österr.): *Schnapsglas;* **Schnaps|zahl,** die [wohl nach der Vorstellung, daß ein Betrunkener beim Lesen einfache Ziffern doppelt sieht] (scherzh.): *aus mehreren gleichen Ziffern bestehende Zahl, Nummer o.ä.:* die Nummer der Taxizentrale ist eine S.; Heutiges Datum zählt zu den „Schnapszahlen" (MM 6. 6. 66, 6).

schnar|chen ⟨sw. V.; hat⟩ [mhd. snarchen, lautm.]: *beim Schlafen meist mit geöffnetem Mund tief ein- u. ausatmen u. dabei ein dumpfes, kehliges Geräusch (ähnlich einem Ach-Laut) von sich geben:* leicht, laut, pfeifend, mit offenem Mund s.; wenn du schnarchst, kann ich nicht mit dir in einem Zimmer schlafen; Max Schulz schnarcht wie eine Kreissäge (Hilsenrath, Nazi 117); sie schnarcht schon (ugs. scherzh.; *schläft schon fest [u. schnarcht]*); ⟨subst.:⟩ Aus der Werkstatt des Tischlers Wilke dringt ruhiges Schnarchen (Remarque, Obelisk 59); **Schnar|cher,** der; -s, - (ugs.): **a)** *jmd., der schnarcht:* zwei Millionen Menschen in Deutschland gelten als schwere S. (Spiegel 37, 1992, 104); **b)** *Ton, Geräusch, das beim Schnarchen entsteht:* Sie hören, wie Lichtschalter gedreht werden, sie hören die ersten S. (Drewitz, Eingeschlossen 174); **Schnar|che|rei,** die; -: *[dauerndes, lästiges] Schnarchen:* seine S. macht mich noch mal wahnsinnig; **Schnar|che|rin,** die; -, -nen: w. Form zu ↑Schnarcher (a); **Schnarch|kon|zert,** das (ugs. scherzh.): *lautes Schnarchen [mehrerer Personen];* **Schnarch|ton,** der: *beim Schnarchen entstehendes Geräusch.*

schnar|pen, schnar|pfen ⟨sw. V.; hat [Intensivbildung zu ↑schnarren] (bayr.): *knirschen;* **Schnar|re,** die; -, -n [zu ↑schnarren]: *Knarre* (1); **schnar|ren** ⟨sw. V.; hat⟩ [mhd. snarren, lautm.]: **1.** *[schnell aufeinanderfolgende] durchdringende, sich hölzern-trocken anhörende Töne ohne eigentlichen Klang von sich geben (so, als ob zwei Gegenstände vibrierend aneinander reiben):* die Klingel, der Wecker schnarrt laut; plötzlich fängt das Telefon an zu s.; ein schnarrendes Geräusch; Ü Nur wenn er mit dem Kommandanten sprach, begann seine Stimme laut zu s. (Ott, Haie 335); „Jawoll", schnarrte Kutschke und trat rückwärts ab (Lentz, Muckefuck 218); Dabei schnarrte er den Namen der Ankömmlinge (Winckler, Bomberg 56). **2.** (Jägerspr.) *(von der Wachtel) ein Schnarren* (1) *als Lockruf ertönen, hören lassen;* **Schnarr|werk,** das (Musik): *Gesamtheit aller Zungenstimmen einer Orgel.*

Schnat, die; -, -en, **Schna|te,** die; -, -n [mhd. snat(t)e = Striemen, Wundmal, eigtl. wohl = Einschnitt, Geschnitztes] (landsch.): **1.** *abgeschnittenes junges Reis.* **2.** *Grenze (einer Flur);* **Schnä|tel,** das; -s, - (landsch.): *Pfeifchen aus Weidenrinde.*

Schnat|gang, der; -[e]s, ...gänge [zu mniederd. snat = Grenze] (nordd.): *früher alljährlich od. in bestimmten Zeitabständen stattfindende Grenzbegehung mit anschließendem Festessen.*

Schnat|te|rei, die; -, -en (ugs. oft abwertend): *Geschnatter;* **Schnat|ter|en|te,** die: **1.** *schnatternde* (1) *Ente.* **2.** (ugs. abwertend) *Schnattergans* (2); **Schnat|terer,** Schnattrer, der; -s, - (ugs. abwertend): *jmd., der [dauernd] schnattert;* **Schnat|ter|gans,** die: **1.** vgl. Schnatterente (1). **2.** (ugs. abwertend) *Mädchen, Frau, der [dauernd] schnattert* (2); **schnat|te|rig,** schnattrig ⟨Adj.⟩: *schnatternd;* **Schnat|te|rin,** die; -, -nen (ugs. abwertend): w. Form zu ↑Schnatterer; **Schnat|ter|lie|se,** die [zum 2. Bestandteil vgl. Heulliese] (ugs. abwertend): *Schnattergans* (2); **schnat|tern** ⟨sw. V.; hat⟩ [mhd. snateren, lautm.]: **1.** *(bes. von Gänsen u. Enten) schnell aufeinanderfolgende, helle, harte, fast klappernde Laute von sich geben:* die Gänse schnatterten; eine Schar von aufgeregt schnatternden Elstern (Lorenz, Verhalten 30). **2.** (ugs.) *eifrig, hastig [u. aufgeregt] über allerlei [unwichtige u. alberne] Dinge reden; schwatzen:* unaufhörlich s.; Die Mädchen starrten ihm böse nach, enttäuscht, dann kicherten sie sich frei, schnatterten miteinander (Dorpat, Ellenbogenspiele 173); Sie hat gesagt, daß sie in einer Zelle arbeitet, sie hat einmal geschnattert, sie wird wieder s. *(plaudern* 2; Fallada, Jeder 74). **3.** (landsch.) *(bes. vor Kälte) zittern, schlottern:* Schnatternd vor Kälte saß er nun auf den Flurplatten der Zentrale (Ott, Haie 283); während er ... dastand und mit den Zähnen schnatterte *(so zitterte, daß die Zähne aufeinanderschlugen);* Th. Mann, Joseph 207); **Schnattrer:** ↑Schnatterer; **schnatt|rig:** ↑schnatterig.

schnatz ⟨Adj.; -er, -este⟩ [zu ↑schnatzen] ([west]md.): *hübsch [zurechtgemacht], gutaussehend:* ein -es Mädchen; **Schnatz,** der; -es, Schnätze ([west]md.): *Kopfputz, bes. zur Krone aufgestecktes Haar;* **schnät|zeln** ⟨sw. V.; hat⟩ (hess.): ↑schnatzen; **schnat|zen** ⟨sw. V.; hat⟩ [mhd. snatzen = sich putzen, frisieren, H.u.] ([west]md.): **1.** *festlich kleiden, schmücken.* **2.** *das Haar zur Krone aufstecken.*

Schnau, die; -, -en [niederd. snau, niederl. snauw, H.u.] (früher): *kleines zweimastiges Schiff, das an Bug u. Heck schmal wird u. spitz zuläuft.*

schnau|ben ⟨sw., veraltend st. V.; hat⟩ [mhd. (md.) snüben, mniederd. snüven, lautm.]: **1.** *geräuschvoll durch die Nase atmen, bes. Luft heftig u. geräuschvoll aus der Nase blasen:* das Pferd schnaubte ungeduldig; Der Kommandant ... schnaubte durch die Nase, weil ihm anscheinend der Mündungsqualm des Geschützes nicht wohlriechend genug war (Ott, Haie 251); Ü Ein Zugwind schnob *(blies)* durch den Korridor (Harig, Weh dem 269); „Ein Mißverständnis? Wieso?" schnob er *(stieß er heftig hervor;* Jahnn, Geschichten 209); vor Wut, Entrüstung, Zorn s. *(vor Wut, Entrüstung, Zorn außer sich sein).* **2.** ⟨sw. V.⟩ (landsch.) *sich schneuzen:* laut s.; nicht hochziehen, sondern ins Taschentuch s. (H. Weber, Einzug 226); ich muß mir die Nase s.; ⟨auch s. + sich:⟩ schnaub dich mal ordentlich; meine Augen suchen, dort ist Tjaden, da schnaubt sich Müller, und da sind auch Kat und Kropp (Remarque, Westen 142).

schnäu|big ⟨Adj.⟩ [wohl verw. mit ↑schnuppern] (hess.): *(bes. beim Essen) wählerisch.*

Schnauf, der; -[e]s, -e (landsch.): *[hörbarer] Atemzug;* **schnau|fen** ⟨sw. V.; hat⟩ [mhd. snüfen, mniederd. snüven (↑schnauben), lautm.]: **a)** (landsch.) *atmen* (1): die Luft hier ist zum Schneiden, man kann kaum s.; **b)** *tief u. deutlich hörbar, geräuschvoll atmen:* angestrengt,

heftig, erregt, wütend, kurzatmig s.; vor Anstrengung [stark] s.; Sie schnaufte vor lauter Konzentration (Baum, Paris 158); Der Arzt ... schnaufte Proteste *(protestierte schnaufend;* Kirst, 08/15, 781); „Das ist gut gegen Angst ...", schnauft sie *(stößt sie heftig atmend hervor;* Bieler, Mädchenkrieg 415); ⟨subst.:⟩ beim Treppensteigen ins S. kommen; **Schnau|fer,** der; -s, -: **1.** (ugs.) *[hörbarer] Atemzug:* einen S. tun, hören lassen, vernehmen; Vom ersten S. an wird man vergiftet (Fels, Sünden 104); sobald die Pferde einen S. lang *(für einen Augenblick)* ruhig liegen (Andres, Die Vermummten 114); * **den letzten S. tun** (ugs. verhüll.; *sterben);* **bis zum letzten S.** (ugs. verhüll.; ↑Atemzug). **2.** (schweiz.) *unreifer Junge;* **Schnau|ferl,** das; -s, -, österr.: -n (Jargon): *(aus Liebhaberei, als Museumsstück o. ä. erhaltenes, gepflegtes) Auto eines seit langem nicht mehr hergestellten, dem Stand der Technik nicht mehr entsprechenden Modells:* Etwa 300 S. sowie historische Zweiräder ..., historische Nutzfahrzeuge ... (auto 6, 1965, 17); **Schnauf|pause,** die; -, -n (österr.): *Verschnaufpause:* gönn dir doch mal eine kleine S.
schnau|kig ⟨Adj.⟩ [vgl. schnäkig] (hess.): *schnäubig.*
Schnau|pe, die; -, -n [zu ↑schnaufen] (landsch.): *Schnabel* (3).
Schnauz, der; -es, Schnäuze (landsch., bes. schweiz.): *Schnurrbart:* ein gepflegter, wilder, struppiger S.; **Schnauz|bart,** der [zu ↑Schnauze (2)]: **1.** *großer Schnurrbart.* **2.** (ugs.) *Mann mit Schnauzbart* (1); **schnauz|bär|tig** ⟨Adj.⟩: *einen Schnauzbart* (1) *habend, tragend:* ein -er Mann; **Schnäuz|chen,** das; -s, -: **1.** (landsch., bes. schweiz.) Vkl. zu ↑Schnauz: ein Jüngling mit S. (Frisch, Homo 103). **2.** Vkl. zu **Schnauze** (1, 2 a, 3); **Schnau|ze,** die; -, -n [älter: Schnauße, mniederd. snūt(e), lautlich beeinflußt von ↑schneuzen]: **1.** *[stark] hervorspringendes, mit der Nase verbundenes Maul bestimmter Tiere:* eine lange, kurze, stumpfe, spitze S.; die S. des Wolfs, des Fuchses, des Schweins, des Bären, des Affen, des Delphins; bei einem gesunden Hund fühlt sich die S. kalt und feucht an; die Schnabelwale heißen wegen der schnabelartig verlängerten S. so; die Katze hat dem Hund die S. zerkratzt. **2.** (salopp) **a)** *¹Mund* (1 a): Am Champagner hat sich noch keiner die S. verbrannt (Tucholsky, Werke I, 234); jmdn. auf die S. hauen; du kannst gleich ein paar auf die S. kriegen, haben; Der Feldwebel trat vor ihn hin und schlug ihm die Zigarette aus der S. (Küpper, Simplicius 133); S.! (derb; *sei, seid still!);* * **die S. voll haben** (salopp; *keine Lust mehr haben, einer Sache überdrüssig sein; mit seiner Geduld am Ende sein):* ich habe die S. [gestrichen] voll; **eine große S. haben** (salopp; *großspurig daherreden, sich wichtig tun, prahlen);* **die S. [nicht] aufkriegen** (salopp; *sich [nicht] entschließen können, etwas zu sagen, sich zu äußern);* **die S. [nicht] aufmachen** (salopp; *sich [nicht] äußern; etwas/nichts sagen):* mach endlich die S. auf!; **die S. halten** (salopp; 1. *schweigen, nicht sprechen.* 2. *ein Geheimnis nicht verraten);* **die S. auf-** **reißen** (salopp; *großspurig daherreden, sich wichtig tun, prahlen):* an deiner Stelle würde ich die S. nicht zu weit aufreißen; **sich** ⟨Dativ⟩ **die Schnauze verbrennen** (salopp; *sich durch unbedachtes Reden schaden);* **immer mit der S. vorneweg/voran sein** (salopp; *vorlaut sein);* **frei [nach] S., nach S.** (ugs.; *nach Gutdünken);* **b)** *Mundwerk:* eine freche, lose S. haben; den ganzen Tag dröhnt eure S. durch die Gänge (Sobota, Minus-Mann 141); wahrscheinlich besteht der einzige Einfluß, den er hat, in seiner großen S. (Fallada, Jeder 331); der Berliner hat Herz mit S. *(hat zwar eine derb-rauhe Art, verbirgt dahinter aber Herzlichkeit, Mitgefühl usw.);* **c)** *Gesicht:* eine picklige S.; sie hat ihm die S. zerkratzt; jmdm. in die S. schlagen; Wir alle haben noch dasselbe leere Lächeln auf unseren -n (Remarque, Obelisk 24); * **jmdm. die S. polieren/jmdm. eins vor die S. geben** (derb; *jmdm. heftig ins Gesicht schlagen);* **auf die S. liegen** (salopp; *krank zu Bett liegen);* **auf die S. fallen** (salopp; *scheitern, keinen Erfolg haben, eine Niederlage erleiden).* **3.** (ugs.) *Schnabel* (3): die S. der Kaffeekanne; In der Hand trug sie einen Korb und in diesem Korb einen irdenen Topf, dessen S. und Henkel abgebrochen waren (Fussenegger, Zeit 17); flache Schalen mit kurzen -n für die Dochte (Th. Mann, Joseph 472). **4.** (ugs.) *Nase* (2 a): Die S. des Flugzeugs wird auf (den Punkt) C gehalten, um den Seitenwind zu kompensieren (Frankenberg, Fahren 78); So fuhr er mit der S. seines Wagens in eine Seitenstraße ein und stieß rückwärts auf die Hauptstraße zurück (auto 8, 1965, 85); **schnauzen** (sw. V.; hat) (ugs.): *laut, verärgert u. vorwurfsvoll [im Befehlston] sprechen, schimpfen:* den ganzen Tag s.; mußt du immer gleich [so] s.?; die Polizisten schnauzen (Spoerl, Maulkorb 97); So lächerlich kann wohl niemand auf der Welt s. als der deutsche Beamte (Tucholsky, Werke II, 122); „Dann passen Sie gefälligst auf!" schnauzt er (Remarque, Westen 118); „Fremdsprachen sind verboten!" schnauzte der Wachtmeister (Bieler, Bär 393); **Schnau|zer,** der; -s, -: **1.** *kleiner, lebhafter Hund mit gedrungenem Körper, rauhem, drahtigem Fell von schwarzer od. grauer Farbe, aufrecht stehenden, spitz kupierten Ohren, dichten Brauen u. einer Art kräftigem Schnauzbart.* **2.** (ugs.) *Schnauzbart:* Der Atem hatte den S. vereist (Bieler, Bär 378); **Schnäu|zer,** der; -s, - (landsch.): *Schnauzbart:* Auf jeden Fall sei er aber dunkelhaarig, habe einen S. und sei ungefähr 1,70 groß (Hölscher, Keine 18); **schnau|zig** ⟨Adj.⟩ [zu ↑schnauzen] (selten): *laut u. befehlend; schimpfend:* etw. in -em Ton, s. sagen.
Schneck, der; -s, -en (landsch., bes. südd., österr.): **1.** *Schnecke* (1). **2.** *hübsches, reizendes Kind, Mädchen:* ein goldiger S.; auch in der Anrede, als Koseform: [mein] S.; **Schnecke¹,** die; -, -n [mhd. snecke, ahd. snecko; zu einem Verb mit der Bed. „kriechen" (vgl. ahd. snahhan, ↑³Schnake) u. eigtl. = Kriechtier]: **1.** *(in zahlreichen Arten in Gewässern od. auf dem Land lebendes) Weichtier mit länglichem Körper, zwei Fühlerpaaren am Kopf u. vielfach einem Schneckenhaus auf dem Rücken, das sich auf einer von ihm selbst abgesonderten Spur aus Schleim auf einer Kriechsohle sehr langsam fortbewegt:* eine S. kriecht über den Weg; die S. zieht ihre Fühler ein, ist in ihrem Gehäuse, zieht sich in ihr Haus zurück; er ist so langsam wie eine S.; Die beiden Schwestern kleben aneinander wie -n (Imog, Wurliblume 17); als Vorspeise gab es (*als Gericht zubereitete Weinbergschnecken);* der Salat ist voller -n; * **jmdn. zur S. machen** (ugs.; *jmdm. heftige Vorwürfe machen, so daß er mutlos, schuldbewußt, seelisch bedrückt ist):* geht wohl auf die Vorstellung zurück, daß der Getadelte sich schließlich verkriecht wie eine Schnecke in ihr Schneckenhaus. **2.** (ugs.) *flaches, rundes Gebäck [mit Zuckerguß], bei dem der Teig spiralig zusammengerollt ist:* Dann geht sie ... in einen Bäckerladen und kauft mit zwei -n à 5 Pfennig (Kinski, Erdbeermund 49). **3.** ⟨meist Pl.⟩ *in eine Art Spirale gelegter, über dem Ohr festgesteckter Zopf:* Jetzt nimmt sie den Hut ab, dicke strohblonde -n sitzen an den Ohren (Bredel, Väter 115). **4.** (Anat.) *schneckenförmiger Teil des Innenohrs.* **5.** *spiralförmig geschnitzter Abschluß des Halses bestimmter Saiteninstrumente* (z. B. Geige, Bratsche, Cello). **6.** (Archit.) **a)** *Volute;* **b)** *Wendeltreppe.* **7.** (Technik) **a)** *in einen zylindrischen, kegelförmigen o. ä. Schaft eingeschnittenes Gewinde;* **b)** *Förderanlage für pulveriges Schüttgut, die aus einem Rohr mit einer darin sich drehenden Wendel besteht.* **8.** (Jägerspr.) ⟨meist Pl.⟩ *Horn des männlichen Mufflons.* **9.** (landsch. selten) *Schneck* (2). **10. a)** (salopp) *weibliches Geschlechtsteil;* **b)** (salopp abwertend) *Hure, Prostituierte;* **c)** (salopp, oft abwertend) *Frau, Mädchen:* Er geht in die Disco, um eine Alte aufzureißen, trifft eine S., die ihn antörnt (Hörzu 36, 1983, 94); Max ... will noch mal weg, ,,ne heiße S." besuchen (Zinn, Sohn 91); **schnecken|ar|tig¹** ⟨Adj.⟩: *in der Art einer Schnecke* (1); **Schnecken|boh|rer¹,** der: *Holzbohrer* (1) *mit nur einer großen Schneide an der Spitze;* **Schnecken|för|de|rer¹,** der (Technik): *Schnecke* (7 b); **schnecken|för|mig¹** ⟨Adj.⟩: *von der Form eines Schneckenhauses; spiralig gewunden;* **Schnecken|fraß¹,** der: *Fraß* (2) *durch Schnecken* (1) (z. B. bei Gemüse): Schäden durch S.; Vier oder fünf kaum vom S. gezeichnete Steinpilze (Grass, Unkenrufe 8); **Schnecken|fri|sur¹,** die: *Frisur mit Schnecken* (3); **Schnecken|gang¹,** der: **1.** (ugs.) *sehr langsame Gangart.* **2.** (Anat.) *in der Schnecke* (4) *gelegener gewundener Gang;* **Schnecken|ge|häu|se¹,** das: *Schneckenhaus;* **Schnecken|ge|trie|be¹,** das (Technik): *Getriebe, das die Bewegung der Schnecke* (7 a) *auf eine kreuzende Welle überträgt;* **Schnecken|ge|win|de¹,** das (Technik): *Gewinde mit großer Steigung* (2); **schnecken|haft¹** ⟨Adj.⟩ (ugs.): *schneckenartig:* die -e Langsamkeit des polnischen Bankensystems (Rheinpfalz 12. 8. 91, 3); **Schnecken|haus¹,** das: *aus Kalk bestehendes, wie eine Spirale gewundenes, in eine Spitze auslaufendes Ge-*

häuse der Schnecke (1), *in dessen Gang im Innern sie sich ganz zurückziehen kann:* * **sich in sein S. zurückziehen** *(sich von seiner Umgebung, von den anderen zurückziehen);* **Schnęcken|horn¹**, das ⟨Pl. ...hörner; meist Pl.⟩: *Fühler der Schnecke* (1); **Schnęcken|klee¹**, der: *(in verschiedenen Arten vorkommender) gelb, violett od. bunt blühender Klee mit Früchten in spiralig eingerollten od. sichelförmigen Hülsen;* **Schnęcken|li|nie¹**, die (selten): *Spirale;* **Schnęcken|nu|del¹**, die (landsch.): *Schnecke* (2); **Schnęcken|post¹**, die: in der Verbindung **auf/mit der S.** (scherzh. veraltend; *sehr langsam sich fortbewegend*): *auf, mit der S. fahren, reisen, kommen;* **Schnęcken|rad¹**, das (Technik): *(in einem Schneckengetriebe) Zahnrad, das in die Schnecke* (7 a) *greift;* **Schnęcken|tän|ze¹** ⟨Pl.⟩ [eigtl. wohl = etw., was so unwahrscheinlich ist wie das Tanzen einer Schnecke] (schweiz. abwertend): *[vorsichtiges] gewundenes Verhalten:* sich ohne S. *(unumwunden)* ausdrücken; das sind nur dialektische S. *(Ausflüchte);* * **S. machen** (1. *sich zieren.* 2. *Umstände machen.* 3. *Komplimente machen);* **Schnęcken|tem|po¹**, das (ugs.): *sehr langsames Tempo:* Beim S. der europäischen Einigung war es unvermeidlich, daß ... (W. Brandt, Begegnungen 338); im S. schleichen; sich im S. fortbewegen; die Arbeiten kommen nur im S. voran; **Schnęcken|win|dung¹**, die (selten): *spiralförmige Windung;* **Schnęcker|¹**, das; -s, -[n] (österr. ugs.): *Ringellocke:* als kleiner Bub hatte er den Kopf voller -n.

schnęd|de|reng|tęng, schnęd|de|rengtęng|tęng ⟨Interj.⟩: lautm. für den Klang der Trompete.

Schnee, der; -s [mhd. snē, ahd. snēo, altes idg. Wort, vgl. z. B. russ. sneg]: **1.** *Niederschlag in Form von Schneeflocken:* hoher, weißer, frisch gefallener, pulvriger, hoher, tiefer, verharschter, pappiger, matschiger, schmutziger S.; junger S. *(Neu-, Pulverschnee);* schneller *(Skisport; ein schnelles Skifahren ermöglichender),* stumpfer *(Skisport; die Skifahrt bremsender, hemmender)* S.; der S. ist schon wieder [weg]getaut, bleibt nicht liegen; es fällt S. *(es schneit);* in der Nacht sind 10 cm S. gefallen; auf den Gipfeln, in den Bergen, draußen liegt S.; im Harz liegt noch bis zu 1m S.; der S. knirscht [unter den Sohlen], klebt, pappt [an den Laufflächen der Skier]; sich den S. vom Mantel schütteln; S. fegen, schippen, räumen; das Tal liegt in tiefem S.; die Landschaft versinkt im S.; im S. steckenbleiben; durch den S. stapfen; es riecht nach S. *(es wird bald schneien);* ihre Haut ist weiß wie S.; R und wenn der ganze S. verbrennt [die Asche bleibt uns doch] (ugs. scherzh.; *wir lassen uns durch nichts entmutigen);* * **S. von gestern, vorgestern, vom letzten, vom vergangenen o. ä. Jahr** (ugs.; *Dinge, Tatsachen, die niemanden mehr interessieren);* **aus dem Jahre S.** (österr.; *uralt*): ein Auto aus dem Jahre S.; **anno S./im Jahre S.** (österr.; *vor sehr langer Zeit*): das war ja schon im Jahre S., daran kann ich mich nicht mehr erinnern. **2.** kurz für ↑ Eierschnee: das Eiweiß zu S. schlagen. **3.** (Jargon) *Droge* (2 a), *die als weißes Pulver gehandelt wird, bes.* Kokain: S., Koks, Kokain, sein notwendiges Quantum Gift (Danella, Hotel 457); hier habe ich noch fünf Gramm astreinen S. (Gabel, Fix 32); **Schnee|al|ge**, die: *auf Altschnee, auf Gletschern lebende Alge;* **Schnee|am|mer**, die: *(bes. in felsigen Tundren lebende) Ammer mit schwarzen Schwanzfedern u. Schwingen u. im übrigen beim Männchen weißem u. beim Weibchen graubräunlichem Gefieder;* **schnee|arm** ⟨Adj.⟩: *durch wenig Schnee, geringe Schneefälle gekennzeichnet:* eine -e Gegend; -e Winter; die schneeärmeren Südhänge; **Schnee|ball**, der [1: mhd. sneballe]: **1.** *kleinere, aus den Händen geformte feste Kugel aus Schnee:* einen S. machen, formen, werfen, an den Kopf kriegen; mit Schneebällen [auf jmdn., nach jmdm.] werfen. **2.** *als Strauch wachsende Pflanze mit [rötlich/]weißen, oft in kugelförmigen Trugdolden stehenden Blüten;* Schneeball[en]strauch; **Schnee|bäll|chen**, das (Kochk.): *Kloß aus gekochten, zerquetschten Kartoffeln;* **schnee|bal|len** ⟨sw. V.; hat; meist nur im Inf. u. 2. Part. gebr.⟩ (selten): *mit Schneebällen* (1) *werfen;* **Schnee|bal|len|strauch**, der: ↑ Schneeballstrauch; **Schnee|ball|schlacht**, die: *gegenseitiges Sichbewerfen mit Schneebällen* (1); *Spiel, bei dem man sich gegenseitig mit Schneebällen* (1) *bewirft:* eine S. machen; **Schnee|ball|strauch**, Schneeballenstrauch, der (selten): *Schneeball* (2); **Schnee|ball|sy|stem**, das: **1.** *[verbotene] Form des Warenabsatzes, bei der sich der Käufer verpflichtet, einen Teil des Kaufpreises dadurch zu begleichen, daß er neue Kunden vermittelt, die den gleichen Bedingungen unterliegen.* **2.** *Verbreitungsart einer Nachricht o. ä., die jeden Empfänger zur Weitergabe verpflichtet;* **Schnee|ball|ver|fah|ren**, das: vgl. Schneeballsystem; **Schnee|bat|zen**, der (ugs.): *Batzen* (1 a) *Schnee;* **schnee|bedeckt** ⟨Adj.⟩: *mit Schnee* (1) *bedeckt:* -e Berge; das -e Land; **Schnee|bee|re**, die [nach der Farbe der Beeren]: *als Strauch wachsende Pflanze mit kleinen, rosa od. weißen, glockenförmigen Blüten u. kleinen, kugeligen, weißen Früchten, die beim Drauftreten mit einem kleinen Knall platzen;* **schnee|be|la|den** ⟨Adj.⟩: *mit viel Schnee bedeckt:* die -en Äste der Tannen; **Schnee|berg**, der: *großer Haufen Schnee:* die an den Straßenrändern aufgetürmten -e; **Schnee|be|sen**, der: **1.** *bes. zum Schlagen von Eiweiß, Sahne dienendes, mit einem Stiel versehenes Küchengerät, dessen unteres, meist keulenförmiges Ende aus spiralig gedrehtem, federndem Draht besteht.* **2.** *(Musik Jargon)* Stahlbesen; **schnee|blind** ⟨Adj.⟩ [mhd. snēblint]: *an Schneeblindheit leidend;* **Schnee|blind|heit**, die: *starke Beeinträchtigung des Sehvermögens durch die Strahlung des Schnees in der Sonne;* **Schnee|bö**, (seltener:) **Schnee|böe**, die: *Schnee mit sich führende Bö;* **Schnee|brett**, das: *als bestimmten Abhängen einem Brett ähnlich flach überhängende, an der Oberfläche verfestigte Schneemassen;* **Schnee|bril|le**, die: *besondere (oft stark getönte) Brille zum Schutz gegen Schneeblindheit;* **Schnee|bruch**, der: *das Abbrechen von Ästen, Wipfeln od. Stämmen (bes. alter Bäume) unter der Last des Schnees;* **Schnee|decke**, die: *Schneeschicht, die etw., bes. den Boden, bedeckt:* eine geschlossene, durchbrochene, dicke, hohe S.; die S. ist zum Skilaufen noch nicht ausreichend; die S. ist durch das warme Wetter dünner geworden; Jetzt ... lag sie (= die Wiese) unter einer hohen Schneedecke (Geissler, Wunschhütlein 129); **schnee|er|hellt** ⟨Adj.⟩ (dichter.): *durch vom Schnee reflektierte Licht erhellt:* eine sternklare, -e Nacht; **Schnee-Eu|le**, die: *einem Uhu ähnliche, weiße Eule mit brauner Zeichnung, die sich bes. von Schneehühnern ernährt u. am Tage aktiv ist;* **Schnee|fah|ne**, die: *(bei großer Kälte) von starkem Wind aufgewirbelter pulvriger Schnee;* **Schnee|fall**, der: *Niederschlag in Form von Schnee:* auf der A 45 behindert starker S. den Verkehr, die Sicht; heftige, plötzliche, anhaltende Schneefälle; bei Nebel oder starkem S. die Scheinwerfer einschalten; **Schnee|fang**, der: *an schrägen Dächern oberhalb der Regenrinne angebrachtes Gitter, das abrutschenden Schnee aufhalten soll;* **Schnee|feld**, das: *größere schneebedeckte Fläche, bes. im Hochgebirge [inmitten einer sonst schneefreien Landschaft]*: ... empor zu jenem steilen S., das den Einstieg in die Wand vermittelt (Trenker, Helden 158); **Schnee|fink**, der: *der Schneeammer ähnlicher Vogel mit schwarzem Fleck an der Kehle, grauem Kopf u. braunem Rücken;* **Schnee|flä|che**, die (selten): *schneebedeckte Fläche:* Über der weiten flimmernden S. (Plievier, Stalingrad 335); **Schnee|flecke, Schnee|flecken¹**, der (selten): *kleinere schneebedeckte Stelle inmitten einer sonst schneefreien Landschaft;* **Schnee|flocke¹**, die [mhd. snēvlocke]: *kleines, leichtes, lockeres, weißes, zartes Gebilde aus mehreren zusammenhaftenden Eiskristallen:* kleine, dicke -n; **Schnee|floh**, der: *dem Gletscherfloh ähnliches Insekt;* **Schnee|frä|se**, die: *(bei sehr hohem Schnee eingesetztes) Schneeräumgerät, das mit Hilfe von rotierenden Trommeln, auf die eine Art Schaufeln schräg aufgesetzt sind, den Schnee schichtweise aufnimmt u. seitlich nach oben wegschleudert;* **schnee|frei** ⟨Adj.⟩: *frei von Schnee:* die schon völlig -en Südhänge; der die Autobahnen sind der s.; **Schnee|gans**, die: *(in verschiedenen Tundren u. kalten, schneereichen Gegenden lebende) Gans mit weißem Gefieder u. schwarzen Federn an den Schwingen;* **Schnee|ge|bir|ge**, das (geh. selten): *Gebirge mit Gletschern, ewigem Schnee;* **schnee|ge|krönt** ⟨Adj.⟩ (dichter.): *oben mit Schnee bedeckt:* die s. Gipfel, Sechstausender; **Schnee|gem|se**, die: Schneeziege; **Schnee|ge|stö|ber**, das: *mit heftigem, die dicht fallenden Schneeflocken umherwirbelnden Wind einhergehender Schneefall:* wir wurden unterwegs von einem S. überrascht; **schnee|glatt** ⟨Adj.⟩: *Schneeglätte aufweisend:* er kam auf -er Fahrbahn ins Schleudern; **Schnee|glät|te**, die: *durch festgetretenen od. -gefahrenen Schnee verursachte Straßenglätte:* am Morgen ist auf den Straßen mit S. zu rechnen; **Schnee|glöck-**

chen,** das: *kleine, zu Beginn des Frühjahrs blühende Pflanze mit langen, schmalen Blättern u. glockenförmiger, weißer Blüte, deren längliche äußere Blütenblätter die kürzeren, grüngesäumten inneren Blütenblätter umschließen;* **Schnee|gren|ze,** die: *Grenze zwischen schneebedecktem u. schneefreiem Gebiet (zu einer gegebenen Zeit bzw. zu der Zeit im Jahr, wenn sie am höchsten liegt):* die S. liegt zur Zeit bei etwa tausend Metern; oberhalb der S. im ewigen Schnee; **Schnee|hang,** der: *schneebedeckter Hang;* **Schnee|harsch,** der: *Harsch;* **Schnee|ha|se,** die: *(bes. in den Alpen lebender) Hase mit relativ kurzen Ohren, dessen Fell im Sommer rotbraun, im Winter weiß ist;* **Schnee|hau|be,** die (bes. dichter.): *die Oberseite, den oberen Teil von etw. bedeckende Schneeschicht:* die dicken -n der Zaunpfosten; Der Fichtelberg trug am Wochenende bereits eine 20 cm dicke S. (Freie Presse 23. 11. 87, 1); **schnee|hell** 〈Adj.〉 (geh.): vgl. schneeerhellt: Durch die -en Gassen gehen, noch bei Nacht (Saarbr. Zeitung 24. 12. 79, II); **Schnee|hemd,** das (Milit.): *langer weißer Kittel, der bei Schnee zur Tarnung über die Uniform gezogen wird;* **Schnee|him|mel,** der: *Himmel mit Schneewolken:* Der grüngraue S. hängt tief über dem Wasser (Strauß, Niemand 220); **Schnee|hö|he,** die: *Dicke der den Boden bedeckenden Schneeschicht;* **Schnee|höh|le,** die: *in den Schnee gegrabene Höhle:* die jungen Eisbären kommen in einer S. zur Welt; **Schnee|hü|gel,** der: vgl. Schneeberg; **Schnee|huhn,** das: *einem Rebhuhn ähnliches Rauhfußhuhn, dessen Gefieder im Sommer erdfarben, im Winter völlig weiß ist;* **Schnee|hüt|te,** die: vgl. Iglu; **schnee|ig** 〈Adj.〉: **1.** *von Schnee bedeckt:* -e Gipfel, Hänge; Nach weiteren 25 Metern ist er in der Rinne angelangt (Alpinismus 2, 1980, 25). **2.** (geh.) *in der Art, dem Aussehen Schnee ähnlich, an Schnee erinnernd:* Das Meer warf seinen glitzernden -en Schaum gegen die Felsenküste (Salomon, Boche 41); **Schnee|in|sekt,** das: *Insekt, das bei Temperaturen unter dem Gefrierpunkt aktiv ist;* **Schnee|ka|no|ne,** die: *einer Kanone ähnliches Gerät, das künstlichen Schnee erzeugt u. in die Luft bläst (um auf Pisten 1 o. ä. fehlenden Schnee zu ergänzen):* -n einsetzen; **Schnee|kap|pe,** die (bes. dichter.): *Schneehaube;* **Schnee|kat|ze,** die [vgl. Laufkatze]: **1.** *Gerät zum Spuren (3 a) von Loipen.* **2.** *Schneeraupe;* **Schnee|ket|te,** die (meist Pl.) (Kfz-W.): *um den Reifen eines [Antriebs]rades herum zu befestigendes grobmaschiges Netz aus Ketten (a), das dazu dient, das Rutschen u. Durchdrehen des Rades auf verschneiter Straße zu verhindern:* -n aufziehen, montieren; für die Paßstraße sind -n vorgeschrieben; mit -n fahren; **Schnee|kleid,** das (dichter.): *etw. bedeckende, einhüllende Schneeschicht:* die Sträucher trugen weiße -er; **Schnee|klum|pen,** der: *Klumpen Schnee;* **Schnee|kö|nig,** der (ostmd.): *Zaunkönig:* * **sich freuen wie ein S.** (ugs.; *sich sehr freuen*); **Schnee|kop|pe,** die, -: *höchster Berg des Riesengebirges;* **Schnee|kristall,** der: *zu einer Schneeflocke gehören-der Eiskristall;* **Schnee|kru|ste,** die: *gefrorene Oberfläche einer Schneedecke;* **Schnee|la|ge,** die: *von den herrschenden Schneeverhältnissen bestimmte Lage;* **Schnee|land|schaft,** die: **a)** *schneebedeckte winterliche Landschaft;* **b)** *bildliche Darstellung einer Schneelandschaft* (a); **Schnee|last,** die: *von einer aufliegenden Schneeschicht gebildete Last:* der Ast bog sich, brach unter seiner S.; um das Gebäude gegen Sturm und -en zu sichern (Basler Zeitung 23. 8. 86, 11); **Schneelaue, Schnee|lau|ne,** die (schweiz.): *Schneelawine;* **Schnee|la|wi|ne,** die (österr.): vgl. Lawine; **Schnee|leh|ne,** die (österr.): *mit Schnee bedeckter Abhang;* **Schnee|leopard,** der: *(in den Hochgebirgen Zentralasiens lebende) Großkatze mit auffallend kleinem, rundem Kopf, sehr langem, dichtbehaartem Schwanz u. falbem Fell mit schwärzlichen Flecken; Irbis;* **Schnee|luft,** die: *Luft, in der man zu spüren glaubt, daß es bald schneit;* **Schnee|mann,** der 〈Pl. ...männer〉: *plumpe, menschenähnliche Figur aus Schnee [mit einer Mohrrübe als Nase, Kohlen, klein gebrochenen Ästen o. ä. als Augen u. Mund]:* die Kinder bauen einen S.; ortsfest sein wie ein S. (scherzh.; *sich nicht von der Stelle rühren*); **Schnee|man|tel,** der (dichter.): vgl. Schneekleid; **Schnee|mas|se,** die 〈meist Pl.〉: *Masse von Schnee:* die Autos wurden von den -n begraben; **Schneematsch,** der: *halb getauter matschiger Schnee:* er war ... auf S. ins Schleudern geraten (RNZ 22. 2. 94, 11); **Schnee|men|ge,** die: *Menge von Schnee;* **Schnee|mensch,** der: *Yeti:* die S. ist nur ein Hirngespinst; er will einen -en gesehen haben; **Schnee|mo|bil,** das: *(bes. im Polargebiet) zur Fortbewegung im Schnee verwendetes Kettenfahrzeug;* **Schnee|mond,** der 〈Pl. selten〉 (veraltet): *Januar;* **Schnee|müt|ze,** die (dichter.): *Schneehaube;* **schnee|naß** 〈Adj.〉 (selten): *von tauendem Schnee naß geworden:* er zog seine -en Schuhe aus; **Schnee|pflug,** der: **1.** *Schneeräumgerät, bei dem ein od. zwei (keilförmig zulaufende) gewölbte u. nach vorn geneigte Stahlbleche vor ein Fahrzeug montiert sind, mit deren Hilfe der Schnee auf die Seite geschoben wird.* **2.** (Ski) *Technik zum Abbremsen beim Skifahren, bei der die Enden beider Skier nach außen gedrückt werden, bis sich die Spitzen auf etwa Handbreite genähert haben;* **Schnee|pflug|bo|gen,** der (Ski): *im Schneepflug (2) gefahrener Bogen;* **Schnee|pneu,** der (schweiz.): *M-und-S-Reifen;* **Schnee|räu|mer,** der, **Schnee|räum|ge|rät,** das: *Gerät, mit dem Straßen u. Gehwege von Schnee geräumt werden;* **Schnee|rau|pe,** die: *geländegängiges Raupenfahrzeug mit besonderen Geräten zum Präparieren der Piste (1);* **Schnee|regen,** der: *mit Schnee vermischter Regen;* **schnee|reich** 〈Adj.〉: *durch viel Schnee, starke Schneefälle gekennzeichnet:* eine -e Gegend; ein sehr -er Winter; die schneereicheren Nordhänge; **Schnee|rei|fen,** der: **1.** *Schneeschuh (2).* **2.** (selten) *M-und-S-Reifen;* **Schnee|rest,** der 〈meist Pl.〉: *Rest von (im übrigen verschwundenem) Schnee:* nur an den Straßenrändern, auf den Nordhängen lagen noch ein paar -e; **Schnee|ro|se,** die: *Christrose;* **Schnee|ru|te,** die (österr.): *Schneebesen;* **Schnee|schau|er,** der: *schauerartiger Schneefall;* **Schnee|schau|fel,** die: *Schaufel mit sehr breitem, gewölbtem Blatt (5) zum Beseitigen von Schnee;* **Schnee|schicht,** die: *durch Schneefall entstandene Schicht aus Schnee;* **Schnee|schie|ber,** der: *Schneeschaufel;* **Schnee|schip|pe,** die (landsch.): *Schneeschaufel;* **Schnee|schip|per,** der (landsch.): *jmd., der Schnee mit einer Schaufel räumt;* **Schnee|schip|pe|rin,** die: -, -nen (landsch.): w. Form zu ↑ Schneeschipper; **Schnee|schlä|ger,** der (selten): *Schneebesen (1);* **Schnee|schleu|der, Schnee|schleu|der|ma|schi|ne,** die: *einer Schneefräse ähnliches Gerät zum Beseitigen von Schnee;* **Schnee|schmel|ze,** die: *das Schmelzen des Schnees bei Tauwetter:* die S. setzt ein; bei starker S. kommt es zu Überschwemmungen durch Hochwasser; zur Zeit der, während der S.; **Schnee|schuh,** der: **1.** (veraltet) *Ski.* **2.** *großer, mit einem kräftigen Geflecht aus Sehnen verankerter Rahmen, der, unter den Schuh geschnallt, beim Gehen ein Einsinken im Schnee verhindert;* **Schnee|schutz|an|la|ge,** die: vgl. Schneezaun; **schnee|si|cher** 〈Adj.〉: *(von bestimmten Orten, Gebieten) mit einiger Sicherheit genug Schnee zur Ausübung des Wintersports habend;* **Schnee|sturm,** der: *mit heftigem Schneefall einhergehender Sturm:* Oberhalb Todtnau beutelt sie der S. (Grass, Hundejahre 475); wir wurden von einem S. überrascht; **Schnee|täl|chen,** das: *flache Mulde (1), in der sich der Schnee längere Zeit halten kann;* **Schnee|tep|pich,** der (bes. dichter.): *den Boden bedeckende Schneeschicht:* ... auch ein harmlos aussehender S. kann jäh an einem Felsabbruch enden (ski 10, 1981, 93); **Schnee|trei|ben,** das: *wirbelndes Niederfallen von Schneeflocken vor dem Wind:* Das S. wird sehr dicht, man kann kaum mehr etwas sehen (Maegerlein, Piste 92); **Schnee|ver|hält|nis|se** 〈Pl.〉: *Menge u. Beschaffenheit des gefallenen Schnees:* die S. waren zum Skilaufen ideal; **Schnee|ver|we|hung,** die: *durch den Wind angewehte große Menge tiefen, lockeren Schnees;* **Schnee|wäch|te,** die: *Wächte;* **Schnee|was|ser,** das 〈Pl. ...wasser〉: *beim Tauen von Schnee entstandenes Wasser, zu Wasser gewordener Schnee;* **Schnee|we|be,** die (veraltet), **Schnee|we|he,** die: *Schneeverwehung:* meterhohe -n; der Wagen blieb in einer S. stecken; **schnee|weiß** 〈Adj.〉 (emotional): *weiß wie [frisch gefallener] Schnee:* -es Haar; -e Tischwäsche; **Schnee|wet|ter,** das (selten): *Wetter mit [häufigen] Schneefällen;* **Schnee|wie|sel,** das: *(zum Transport von Personen u. Material durch unwegsames Gelände bei hohem Schnee eingesetztes) Raupenfahrzeug mit einer Kufe unter dem Bug;* **Schnee|witt|chen,** das: -s [2. Bestandteil zu niederd. wit = weiß, eigtl. = Schneeweißchen (nach der im Märchen zum schwarzen Haar kontrastierenden hellen Hautfarbe)]: *(im Volksmärchen) junges Mädchen, das wegen seiner Schönheit von sei-*

Schneewolke

ner Stiefmutter verfolgt u. schließlich mit einem vergifteten Apfel fast umgebracht wird; **Schnee|wol|ke**, die: *Wolke aus der Schnee fallen könnte, fällt;* **Schnee|wurm**, der (volkst.): *Larve der Weichkäfer, die nach der Überwinterung oft schon beim ersten Tauwetter auf Schneeresten anzutreffen ist;* **Schnee|wül|ste**, die: *unter einer dicken Schneedecke liegende u. deshalb öde wirkende, unwirtliche Landschaft:* einer unter vielen, die einzeln hier eintrafen, ... von draußen aus der weiten S. (Plievier, Stalingrad 311); **Schneezaun**, der: *besonderer Zaun, der freies Gelände od. Straßen u. ä. vor Schneeverwehungen schützt;* **Schnee|ze|ment**, der: *Salzmischung, die schmelzenden Schnee härtet u. dazu dient, Skipisten u. Sprungschanzen benutzbar zu erhalten;* **Schneezie|ge**, die: *(im Nordwesten Nordamerikas im Hochgebirge lebendes) der Gemse nah verwandtes ziegenähnlich aussehendes Tier.*

Schneid, der; -[e]s, südd., österr.: die; - [aus dem Südd., zu ↑Schneide in der mundartl. Bed. „Kraft, Mut"] (ugs.): *Mut, der mit einer gewissen Forschheit, mit Draufgängertum verbunden ist:* es gehört S. dazu, das zu wagen; ihm fehlt der S. *(er traut sich nicht);* keinen S. [im Leib, in den Knochen] haben; Nun, unser Kaiser hatte S. genug, es mit der ganzen feigen Bande aufzunehmen (K. Mann, Wendepunkt 44); den S. [nicht] aufbringen, seine Meinung zu sagen; Es fehlt an der S. und nichts sonst (Gaiser, Jagd 125); * *jmdm. den/die S. abkaufen (jmdm. den Mut zu etw. nehmen);* **schneid|bar** ⟨Adj.⟩: *sich schneiden lassend;* **Schneidboh|rer**, der: *Gewindebohrer;* **Schneidbren|ner**, der (Technik): *dem Schweißbrenner ähnliches Gerät zum Zerteilen von Metall:* sie haben den Tresor mit einem S. geknackt; Einige der Insassen mußten mit -n aus den Trümmern befreit werden (MM 27. 8. 69, 10); **Schnei|de**, die; -, -n [mhd. snīde, zu: snīden, ↑schneiden]: **1. a)** *geschärfte Kante der Klinge o. ä. eines zum Schneiden bestimmten Werkzeugs od. Gerätes:* eine scharfe, stumpfe, schartige S.; die S. der Sense, der Schere, der Axt, des Schwerts, des Messers; der Fräser hat drei -n; die S. *(der Bereich der Zähne)* des Sägeblatts ist aus Hochleistungsschnellstahl; **b)** (selten) *Klinge* (1 a), *bes. eines Messers:* Jupp hielt das Messer vorne an der Spitze der S. (Böll, Mann 3). **2.** (Geogr.) *Grat, First.* **3.** (südd., österr.) *Scheide, Grenze:* in einem Dorf an der Grenze ..., an der S. zu Ungarn und Serbien (Müller, Fuchs 95); Sehr fern, hart an der S. des Horizonts, sah Cotta zwei graue Schwingen ... im Wasser verschwinden (Ransmayr, Welt 197). **4.** *Schneidegras;* **Schnei|de|boh|nen** ⟨Pl.⟩: *Bohnen, die bei der Zubereitung in feine Streifen geschnitten werden;* **Schneide|brett**, das: *[in der Küche verwendetes] Brett, das als Unterlage beim Schneiden mit einem Messer dient;* **Schnei|de|diamant**, der (Technik): *zum Schneiden bes. von Glas verwendeter Diamant;* **Schneide|ge|rät**, das: *Gerät zum Schneiden;* **Schnei|de|gras**, das: *(in vielen Arten vorkommendes) hohes Riedgras der Tropen u.* Subtropen; **Schnei|dei|sen**, das: *ringförmiges Schneidewerkzeug zum Herstellen von Gewinden an der Außenseite von etw;* **Schnei|del|holz**, das ⟨o. Pl.⟩ [zu ↑schneiteln] (Forstw.): *abgehauene Zweige von Nadelhölzern;* **Schnei|del|holz|be|trieb**, der ⟨o. Pl.⟩ (Forstw.): *Verfahren, die Bäume eines Waldes in bestimmten Zeitabständen bis auf die Krone zu entasten, um das folgende reichliche Ausschlagen* (9) *an den Stellen der Abtriebs* (2 b) *zu nutzen;* ◆ **Schnei|de|li|nie**, die: *Kamm* (4 a): Von dieser Buche gingen wir noch eine kleine Zeit aufwärts und kamen dann auf die S. der Anhöhe, von der wir auf die jenseitigen Gegenden hinübersahen (Stifter, Granit 38); **Schnei|de|maschi|ne**, die: *Maschine zum Schneiden;* **Schnei|de|müh|le**, die (selten): *Sägewerk;* **schnei|den** ⟨unr. V.; hat⟩ [mhd. snīden, ahd. snīdan, urspr. = mit scharfem Gerät schneiden od. hauen; 21: LÜ von engl. to cut a person]: **1. a)** *(mit dem Messer od. einem anderen Schneidewerkzeug) durch einen od. mehrere Schnitte o. ä. zerteilen, zerlegen:* Papier, Pappe, Holz, Glas, Blech, Stoff, Rohre, Stahlträger, Baumstämme s.; Käse, Fleisch, Wurst, Schinken, Brot s.; schneidest du bitte mal die Torte, den Braten; etw. in Scheiben, Stücke, Würfel, Streifen, zwei Hälften s.; Zwiebeln in Ringe s.; die Stämme zu Brettern s.; Ü ⟨subst.:⟩ hier ist eine Luft zum Schneiden *(sehr schlechte, verbrauchte Luft);* **b)** *(mit dem Messer od. einem anderen Schneidewerkzeug) von etw. abtrennen, ablösen; abschneiden; aus etw. herausschneiden:* Blumen, Weidenkätzchen, Weidenruten, Rosen s.; jmdm., sich eine Scheibe Brot, ein Stück vom Schinken s.; einen Artikel aus der Zeitung s.; Wenn er die Frauenbildnisse ansah, die er in seiner Junggesellenzeit aus illustrierten Zeitschriften geschnitten hatte ... (Musil, Mann 345); eine faule Stelle aus dem Apfel s.; Meistens kennen sie nur die Bauern, die im Winter rausgehen und Schilf schneiden (Simmel, Stoff 95); Gras, Korn s. *(mähen);* Zwei Wochen haben wir zusammen Roggen geschnitten *(gemäht),* Loest, Pistole 251); im Wald wird Holz geschnitten *(werden Bäume gefällt).* **2.** *durch Schneiden* (1 b) *kürzen* [u. in eine bestimmte Form bringen]; *beschneiden; stutzen:* jmdm. das Haar s.; jmdm., sich die Fingernägel s.; Bruno schnitt dem Kind ... die Fußnägel (Handke, Frau 118); den Rasen, die Hecken, die Sträucher, die [Obst]bäume s.; die Zigarre s. *(die Spitze der Zigarre abschneiden);* sich ⟨Dativ⟩ die Haare s. lassen; Er hat sich seine Mähne kurz s. lassen (Remarque, Obelisk 332 f.). **3. a)** *(aus einem bestimmten Material) durch Bearbeiten mit einem Messer od. einem anderen Schneidewerkzeug herstellen:* Er schnitt ihm Weidenpfeifchen (Hauptmann, Thiel 13); sich einen Spazierstock s.; Bretter, Bohlen aus den Stämmen s.; Scherenschnitte aus Papier s.; **b)** *(mit einem Messer od. einem dafür vorgesehenen Werkzeug) in ein Material eingravieren, einschneiden* (1 b): ein Herz in den Baumstamm s.; eine Kerbe in einen Stock s.; ... und der Teufel soll ihn holen, wenn er nicht in einer Viertelstunde eure Initialen ... in die Ringe geschnitten hat (Fallada, Herr 253); ein neues Profil in einen Reifen s.; **c)** *(mit einem Messer od. einem dafür vorgesehenen Werkzeug) aus einem Material herausarbeiten:* einen Stempel, einen Druckstock, eine Gemme s.; Anderen ... Sehenswürdigkeiten ... begegnet man auf dem Weg von Limassol nach Paphos, wo ... in Fels geschnittenen Königsgräber zu bewundern sind (Zeit 25. 4. 75, 41); Ü ihr Gesicht war sehr fein, regelmäßig, markant geschnitten *(geformt);* mandelförmig geschnittene Augen. **4.** *(ein Kleidungsstück) zuschneiden:* ein Kleid nach einem Muster, aus der Hand s. ⟨meist im 2. Part.:⟩ ein weit, gerade, gut geschnittenes Kleid; der Mantel ist elegant, sportlich geschnitten *(hat einen eleganten, sportlichen Schnitt);* eine gut geschnittene Wohnung *(eine Wohnung mit einer guten Raumaufteilung).* **5.** (Film, Rundf., Ferns.) **a)** *cutten:* einen Film, ein Tonband s.; Er ... mußte die beiden Filme auch noch s. (Wellershoff, Körper 235); ⟨auch ohne Akk.-Obj.:⟩ weich, hart s.; **b)** (selten) *mitschneiden:* eine Sendung [auf Tonband] s.; **c)** (Film, Ferns.) *beim Schneiden* (5 a) *abrupt von einer Einstellung zur nächsten wechseln:* wo soll geschnitten werden?; an dieser Stelle schneiden wir auf die Totale. **6. a)** *jmdm., sich eine Schnittwunde beibringen; sich mit, an etw. Scharfem verletzen:* sich beim Kartoffelschälen s.; jmdn., sich beim Rasieren s.; sich an einer Scherbe, an einem Glas, mit dem Messer s.; Er ... schnitt sich an der Heringsbüchse, daß es blutete (Dorpat, Ellenbogenspiele 35); ich habe mir/mich in den Finger geschnitten; **b)** *einen Schnitt in etw. machen:* ich habe versehentlich [mit der Schere] in den Stoff geschnitten; paß auf, daß du nicht ins Tischtuch, in die Tischplatte schneidest. **7.** ⟨s. + sich⟩ (landsch.) *sich irren, sich täuschen:* Du schneidest dich ecklig, wenn du das glaubst (H. Mann, Unrat 139); Wenn Sie glauben, daß ich gleich nach meinem Einzug ... zu der Gräfin ins Bett stieg, dann haben Sie sich geschnitten (Hilsenrath, Nazi 189). **8.** (Tiermed.) *kastrieren:* einen Eber s. **9.** (Med. Jargon) **a)** *etw. (in einem chirurgischen Eingriff) aufschneiden:* der Finger, das Geschwür ist geschnitten worden; **b)** *an jmdm. einen chirurgischen Eingriff vornehmen, operieren* (1): der Patient mußte geschnitten werden; der Arzt sagt aber, daß ich Krebs habe. Vielleicht muß ich noch geschnitten werden (Marchwitza, Kumiaks 204); Er wußte oft nicht einmal, wen er operierte. Durant gab ihm die Diagnose, und er begann zu s. (Remarque, Triomphe 49 f.). **10. a)** *(eine Kurve* 2) *durch Verlassen der äußeren Seite der Fahrbahn abkürzen, nicht ausfahren:* der Fahrer, der Wagen hatte die Kurve geschnitten; **b)** *(beim Überholen, Einordnen) schräg, von der Seite her vor ein anderes Fahrzeug fahren u. es dabei behindern:* ein LKW hatte ihn, seinen Wagen geschnitten; Ein Fahrer, dessen Fahrbahn sie dabei schnitt, mußte so scharf bremsen, daß ... (MM 5./6. 11.

66, 4). **11.** *(von einer Linie o. ä.) kreuzen* (3): *die beiden Verkehrswege schneiden sich; die Straße schneidet hier die Bahnlinie;* ... *breite und lange, gleißende Bahnen, die sich schnitten* (Gaiser, Jagd 102); *die Gerade g schneidet den Kreis k in den Punkten A und B; zwei sich schneidende Geraden, Kurven, Ebenen;* Ü *Es ist unmöglich zu sagen, wo Schein und Wirklichkeit sich schneiden* (Bamm, Weltalarm 85); *Berger, obgleich sich hier Kompetenzen schnitten, ließ die Gelegenheit nicht ungenutzt* (Fries, Weg 231). **12.** *(Tennis, Tischtennis, Ballspiele) Drall verleihen:* einen *Ball s.; Lynn ist flinker, schneidet aber die Bälle nicht* (Frisch, Montauk 122); ⟨auch ohne Akk.-Obj.:⟩ *sie schneidet dauernd.* **13.** *(ein bestimmtes Gesicht) machen, durch Verziehen des Gesichts hervorbringen:* eine *Grimasse s.; Dann schnitt Suzette ihrem Spiegelbild eine ungeduldige Fratze* (Langgässer, Siegel 347); *ein spöttisches, weinerliches Gesicht s.; er schnitt eine Miene, als wolle er weinen.* **14.** *in bestimmter Weise scharf sein, geeignet sein, etw. abzuschneiden, zu zerschneiden:* das *Messer, die Schere schneidet gut, schlecht; die Sichel, die Säge schneidet nicht mehr [richtig]* (ist stumpf geworden). **15.** *(als Friseur) in bestimmter Weise mit der Schere arbeiten:* die *Friseuse schneidet gut, schlecht; er kann nicht s.* (hat keine besondere Fähigkeit im Haareschneiden). **16.** *durch Hineinschneiden mit der Schere od. einem anderen Schneidewerkzeug hervorbringen, [unbeabsichtigt] verursachen:* mit der *Schere, dem Messer ein Loch ins Tischtuch s.* **17.** *mit dem Messer zerkleinern u. etw. anderem zusetzen:* Wurst, *Kräuter in die Suppe s.* **18.** *etw. durch Herausschneiden in einem Material herstellen:* Gucklöcher in die *Türen s.; Nach einem Streit* ... *hat er ihr nachts mit dem Glasschneider ein rundes Loch ins Fenster geschnitten* (Richartz, Büroroman 226). **19.** *einschneiden* (2): *die Gurte schneiden ins Fleisch; Der Koffergriff schneidet in meine Hand* (Imog, Wurliblume 232); *die Leine schnitt in die Hüften* (Ott, Haie 279); *Eine grelle Flamme schnitt in die Nacht* (Hahn, Mann 127); *aus der Halle schneidet ein Lichtstreifen in den Saal* (Müller, Fuchs 127); ... *und der gellende Lokomotivenpfiff eines Güterzugs schnitt durch die unbewegte und noch jungfräuliche Stille* (Langgässer, Siegel 445). **20.** *(bes. von Wind, Kälte u. ä.) einen scharfen Schmerz (auf der Haut) verursachen:* das *eiskalte Wasser schneidet; der Schnee schnitt den Läufern ins Gesicht* (Maegerlein, Triumph 107); *ein schneidender Wind; ein schneidender Kälte; ein schneidendes* (quälendes, schmerzendes) *Hungergefühl;* Ü *Es schnitt ihm ins Herz* (geh.; *bereitete ihm Schmerz*), *so zu lachen* ... *mit* hören (Sebastian, Krankenhaus 90); *mit schneidender* (scharfer) *Stimme, mit schneidendem Hohn sprechen.* **21.** *jmdn. bei einer Begegnung absichtlich, demonstrativ nicht beachten, übersehen u. ihm damit zeigen, daß man nichts mehr mit ihm zu tun haben möchte:* die *Nachbarn, Kollegen schneiden ihn; seitdem wird er*

von einigen Leuten geschnitten; Hatten *die vier Brüder sie doch um die Wette ihr Lebtag lang geschnitten* (A. Kolb, Daphne 93). **22.** (Skat) *mit einer niederen Karte stechen u. zugleich eine höhere Karte zurückhalten, bis man mit ihr eine große Punktzahl stechen kann:* mit dem *König s., um sich mit dem As die Zehn zu holen;* **Schnei|der,** der; -s, - [mhd. snīdære; 2: früher spottete man, ein Schneider wiege nicht mehr als 30 Lot (Anspielung auf die sozial schlechte Stellung der Schneider); 8: nach den dünnen, langen Beinen; 9: nach der kleinen Gestalt]: **1.** *Handwerker, der (aus Stoffen nach Maß) Kleidung anfertigt, näht* (Berufsbez.): *ein guter, tüchtiger, teurer S.; er ist* [gelernter] *S.; etw. beim/vom S. arbeiten, machen, anfertigen, ändern, reparieren, nähen lassen;* R *herein, wenn's kein S. ist!* (scherzh.; Aufforderung einzutreten; wohl hergenommen von der Vorstellung des seine Rechnungen eintreibenden Schneiders); * *frieren wie ein S.* (ugs.; *sehr frieren;* der Schneider wurde früher wegen seines geringen Körpergewichts für schwächlich, nicht gesund abgehärtet angesehen). **2.** (Skat) *Punktzahl 30:* S. *ansagen* (ankündigen, daß der Spielgegner keine 30 Punkte bekommen wird); S./im S. *sein* (weniger als 30 Punkte haben); *aus dem S. sein* (mehr als 30 Punkte erreicht haben); * *aus dem S. sein* (1. ugs.; *eine schwierige Situation überwunden, das Schlimmste überstanden haben.* 2. ugs. scherzh. selten; *über dreißig Jahre alt sein).* **3.** (Tischtennis) *(in einem Satz) Punktzahl 11 (in nichtoffizieller Wertung):* S. *sein* (weniger als 11 Punkte erreicht haben); S. *bleiben, aus dem S. kommen* (nicht mehr als 11 Punkte erreichen); * *jmdn. S. spielen/machen* (verhindern, daß der Gegner mehr als 11 Punkte erreicht). **4.** (ugs.) *kurz für* ↑Schneidegerät: *ein S. für gekochte Eier, Tomaten.* **5.** (Jägerspr.) *(in bezug auf Hirsche, seltener Auerhähne u. Birkhähne) schwach entwickeltes Tier.* **6.** (Jägerspr.) *Jäger, der auf der Treibjagd ohne Beute geblieben ist.* **7.** (Landw.) *kastrierter Eber.* **8. a)** *langbeiniges Insekt* (z. B. Wasserläufer, Libelle, Schnake); **b)** Weberknecht. **9.** *(in schnellfließenden Gewässern vorkommender, in Schwärmen lebender) kleiner Karpfenfisch mit bräunlichgrünem Rücken u. gelblichen Bauch- u. Brustflossen;* **Schnei|der|ar|beit,** die: *von einem Schneider hergestellte Maßarbeit* (1): *der Anzug ist S.;* **Schnei|der|at|lier,** das: *Atelier* (1) *eines Maßschneiders;* **Schnei|de|raum,** der (Film, Rundf., Ferns.): *mit einem Schneidetisch ausgestatteter Raum zum Schneiden* (5 a) *von Filmen;* **Schnei|der|bock,** der: *(bes. in Mitteleuropa verbreiteter) schwarzer Bockkäfer mit weißlichen Flecken auf den Flügeldecken u. (beim Männchen) sehr langen Fühlern;* **Schnei|der|büste,** die: vgl. *Schneiderpuppe;* **Schnei|de|rei,** die; -, -en: **1.** Werkstatt, Atelier *eines Schneiders.* **2.** ⟨o. Pl.⟩ **a)** Ausübung des Schneiderhandwerks; *das Schneidern:* die S. *hat er an den Nagel gehängt;* **b)** Schneiderhandwerk: *er hat die S. gelernt;* **Schnei|der|eti|kett,** das: Etikett *des Schneiders (in einem von einem Maßschneider geschneiderten Kleidungsstück);* **Schnei|der|forelle,** die (ugs. scherzh. veraltend): Hering; **Schnei|der|ge|selle,** der: vgl. Schneidermeister; **Schnei|der|ge|sel|lin,** die: w. Form zu ↑Schneidergeselle; **Schnei|der|hand|werk,** das ⟨o. Pl.⟩: Handwerk *des Schneiders;* **Schnei|de|rin,** die; -, -nen: w. Form zu ↑Schneider; **schnei|de|risch** ⟨Adj.⟩: *die Schneiderei* (2 b) *betreffend:* -e *Kenntnisse; sich s. betätigen;* **Schnei|der|karp|fen,** der: vgl. Bitterling (1); **Schnei|der|kleid,** das: von einem *Maßschneider geschneidertes Kleid;* **Schnei|der|ko|stüm,** das: von einem *Maßschneider geschneidertes Kostüm;* **Schnei|der|krei|de,** die: zum Aufzeichnen des Schnittmusters auf den Stoff o. ä. verwendete Kreide; **Schnei|der|lei|nen,** das: Steifleinen; **Schnei|der|mei|ster,** der: Meister (1) *im Schneiderhandwerk;* **Schnei|der|mei|ste|rin,** die: w. Form zu ↑Schneidermeister; **Schnei|der|mus|kel,** der [die Bez. spielt auf den ↑Schneidersitz an] (Anat.): *schmaler, langer Muskel, der auf der Vorderseite des Oberschenkels, auf der Innenseite des Knies bis zum Schienbein hin verläuft;* **schnei|dern** ⟨sw. V.; hat⟩: **1.** [als Schneider, Schneiderin] *anfertigen, nähen:* Kleider, Mäntel *s.; jmdm. etw. s.; sich etw. s. lassen; sie schneidert ihre Sachen selbst;* ⟨subst.:⟩ *sie verdient sich ihren Lebensunterhalt mit Schneidern.* **2.** (Jargon) *(eine Karosserie) entwerfen:* Fiat *ließ es sich nicht nehmen, für Coupé und Spider verschiedene Karosserien s. zu lassen* (auto 7, 1965, 40); **Schnei|der|pup|pe,** die: *[auf einem Ständer stehende] Form, die dem Oberkörper entspricht, über der ein Schneider ein in Arbeit befindliches Kleidungsstück absteckt o. ä.;* **Schnei|der|sche|re,** die: *(beim Schneidern benutzte) große Schere mit nach oben abgekniffenen Griffen zum Schneiden von Stoff;* **Schnei|der|sitz,** der ⟨o. Pl.⟩: *Sitzhaltung [eines auf dem Boden Sitzenden], bei der die Oberschenkel gegrätscht u. die Unterschenkel bzw. die Füße über Kreuz darübergelegt sind:* im S. *dasitzen;* **Schnei|der|werk|statt,** die: Werkstatt *eines Schneiders, einer Schneiderin;* **Schnei|der|zunft,** die: Zunft *der Schneider;* **Schnei|de|tech|nik,** die: Technik *des Schneidens;* **Schnei|de|tisch,** der (bes. Ferns.): *mit einem Monitor* (2) *u. einem Apparat zur Tonwiedergabe ausgestattete Vorrichtung in Form einer stabilen Platte, an der aus verschiedenen Filmszenen u. Tonaufnahmen der eigentliche Film geschnitten* (5 a) *wird;* **Schnei|de|werk|zeug,** das: vgl. Schneidegerät; **Schnei|de|zahn,** der: *(bei Säugetier u. Mensch) einer der vorderen Zähne des Gebisses, der durch seine meißelähnliche Form zum Abbeißen geeignet ist;* **schnei|dig** ⟨Adj.⟩ [mhd. snidec = schneidend, scharf, kräftig]: **1.** *(in soldatischer Weise) forsch u. selbstbewußt; mit Schneid:* ein -er *Soldat; eine* -e *Ansprache halten; Er stieß die Tür auf* ... *und rief dann s.: "Aufstehen!"* (Kirst, 08/15, 65). **2. a)** *draufgängerisch, waghalsig:* ein -er *Bursche; eine* -e *Abfahrt* (im Gebirge); *s. angreifen;* **b)** *flott, sportlich:* eine -e *Erscheinung; Es sollten jährlich 20 000* -e *Luxusautos* ... *produ-*

Schneidigkeit

ziert werden (Deutsches Allgemeines Sonntagsblatt 20. 5. 84, 2); Ich kann schon lange nicht mehr, aber der alte Leierkastenmann macht so -e *(flotte, schwungvolle)* Musik (Borchert, Draußen 87). **3.** *mit einer Schneide* (1 a) *versehen; scharfkantig:* Während die eine Seite (des Kletterhammers) abgeflacht ist, soll die andere spitz oder s. verlaufen (Eidenschink, Fels 23); **Schnei|dig|keit,** die; -: *das Schneidigsein* (1, 2); **Schneid|wa|ren** ⟨Pl.⟩: *Schneidegeräte wie Messer, Scheren, Rasiergeräte u. ä.*

schnei|en ⟨sw. V.⟩ [mhd. snīen, ahd. sniwan, verw. mit ↑Schnee]: **1.** ⟨unpers.⟩ *(von Niederschlag) als Schnee zur Erde fallen* ⟨hat⟩: es schneit heftig, leise, stark, in dicken Flocken, ununterbrochen; Über Nacht hat es tüchtig geschneit, mindestens zwei Meter Neuschnee (Imog, Wurliblume 315); draußen schneit es; es hat aufgehört zu s.; ⟨auch mit Akk.-Obj.:⟩ es schneite die ersten Flocken (Fels, Sünden 135); Ü das Bild wackelte, und es schneite auf dem Schirm. Sie ... stellte den Fernseher ärgerlich ab (Kemelman [Übers.], Mittwoch 51). **2. a)** *in großer Menge, wie Schnee herabfallen* ⟨ist⟩: Blütenblätter schneiten auf die Straße; Asche schneite aus der dunklen Öffnung der Feuertür (Ransmayr, Welt 240); **b)** (bes. dichter.) *schneien* (2 a) *lassen* ⟨hat⟩: Sie (= die Akazie) schneit gerade ihre wolligen Blüten (Zeller, Amen 21); ⟨meist unpers.:⟩ es schneite Blütenblätter, Konfetti; Ü und nun verlangst du plötzlich, daß es Küsse schneit? (Fallada, Herr 158). **3.** (ugs.) vgl. hereinschneien (2) ⟨ist⟩: In dieses Reigentrunk schneite spät ein Landstreicher (Winckler, Bomberg 240); ⟨2. Part.:⟩ zur Bewirtung plötzlich ins Haus geschneiter ... Gäste (Horn, Gäste 18); ⟨oft im 2. Part. in Verbindung mit „kommen":⟩ jenen ... Architekten, der kurz nach Redaktionsschluß in die Räumlichkeiten dieser Redaktion geschneit kam, um folgende Geschichte loszuwerden (Wiener 10, 1983, 70).

Schnei|se, die; -, -n [spätmhd. (md.) sneyße, mhd. sneite, zu ↑schneiden]: **1.** *(künstlich geschaffener) gerader, einen Wald zerteilender Streifen von Bäumen u. Sträuchern befreiten Geländes; Waldschneise:* [für eine Straße, eine Bahnlinie, eine Freileitung] eine S. [in den Wald] schlagen; die Feuerwehr hat eine breite S. in den Wald gehauen, um das Feuer zum Stillstand zu bringen; In der S. der Seilbahn (Broch, November 346); Ü der Sturm, das abstürzende Flugzeug hatte eine lange S. in den Wald gerissen; GIs brausten in ihren Jeeps umher, ratterten ... durch -n in der Trümmerlandschaft (Lentz, Muckefuck 291). **2.** kurz für ↑Flugschneise; **schnei|teln** ⟨sw. V.; hat⟩ [Iterativbildung zu mhd. sneiten = (ab-, be)schneiden] (Forstw., Landw.): *von überflüssigen Ästen befreien; entästen:* Bäume, Reben u.

schnell ⟨Adj.⟩ [mhd., ahd. snel = behende, kräftig, tapfer, rasch, wohl eigtl. = tatkräftig, H. u.]: **1. a)** *(bes. in bezug auf eine Fortbewegung) durch ein hohes Tempo gekennzeichnet; mit hoher, gro-* *ßer Geschwindigkeit; nicht langsam* (1), *sondern rasch:* ein -es Tempo; eine -e Fahrt; er hat einen -en Gang; wir bekamen Rückenwind und wurden dadurch etwas -er; der Wagen auf der Vorfahrtsstraße war eindeutig zu s.; [zu] s. fahren; er lief, so s. er konnte; könntest du einen Schritt -er gehen?; s. sprechen, schreiben, arbeiten; (in Aufforderungen:) s.[‚s.]!; nicht so s.!; -er!; mach s.! (ugs.; *beeile dich!*); **b)** *(bes. in bezug auf eine Tätigkeit, den Ab-, Verlauf von etw. o. ä.) innerhalb kurzer Zeit [vor sich gehend], nur wenig Zeit in Anspruch nehmend; rasch:* eine -e Drehung, Bewegung; -e Fortschritte; eine -e Wendung nehmen; einen -en Entschluß fassen; ich bitte um möglichst -e Erledigung; eine -e Auffassung haben; sich s. ausbreiten, verbreiten, verflüchtigen; s. um sich greifen; etw. s. schaffen; die Ware war s. verkauft; sie waren überraschend s. fertig; alles ging rasend s.; sich s. einleben, zurechtfinden, an etw. gewöhnen; kannst du s. mal kommen; so s. wie/(seltener:) als möglich; so s. macht ihm das keiner nach *(es wird nicht leicht sein, ihm das nachzumachen);* wie heißt er noch s. (ugs.; *es liegt mir auf der Zunge, aber ich weiß es im Augenblick nicht mehr);* *** auf die Schnelle** (ugs.; *schnell, in kurzer Zeit):* etw. auf die Schnelle erledigen; Der Käufer, der den besten Preis zahlt, läßt sich oft nicht auf die Schnelle finden (ADAC-Motorwelt 3, 1983, 33); er hat kein Geld, und woher kriegt er auf die Schnelle was? (Fallada, Jeder 18). **2.** *hohe Fahrgeschwindigkeiten ermöglichend:* eine -e Straße, Strecke, Piste, Bahn; ein -es Auto, Flugzeug, Schiff; die Autos werden immer größer und -er; Voraussetzung ist ... die Beherrschung der -en Schi (Eidenschink, Eis 91); Als der Skandinavier sprang, hatten die Sonnenstrahlen den Schnee „schnell" gemacht (Gast, Bretter 113). **3.** (ugs.) *ohne großen Zeitaufwand herzustellen, auszuführen, zu erwerben o. ä.:* -es Geld; -e Rezepte für kleine Imbisse (Petra 11, 1966, 94); Heute wollen die Bengels doch nur die -e Mark machen (Hörzu 50, 1977, 36). **4.** *(in bezug auf eine Tätigkeit, die mit einer gewissen Geschwindigkeit, mit Schnelligkeit vonstatten geht) zügig, flott, rasch:* -es Handeln ist erforderlich; eine -e Bedienung; sie ist [nicht] sehr s. *(flink)* [bei der Arbeit]; du bist zu s. *(nicht sorgfältig genug);* er arbeitet s.; die Sache ging s. über die Bühne; es ging -er als erwartet; das geht mir zu s. *(ich komme nicht mit);* ich muß noch s. *(kurz)* etwas nachsehen. ◆ **5.** *voreilig, vorschnell:* Die -en Herrscher sind's, die kurz regieren (Schiller, Tell I, 3); **Schnell|ar|beits|stahl,** der (Fachspr.): *(bes. für Werkzeuge zur Metallbearbeitung verwendeter) spezieller Stahl von großer Härte u. Verschleißfestigkeit;* **Schnell|a|ster**[1], der (ugs.): *Schnelllastwagen;* **Schnellast|wa|gen**[1], der: *schneller* (2) *Lastkraftwagen;* **Schnell|läu|fer**[1], der (veraltet) *Kurzstreckenläufer.* **2.** (Astron.) *Stern, der nicht ungefähr parallel zur Sonne um das Zentrum der Galaxis läuft, sondern auf stark exzentrischen Bahnen.* **3.** (Techn.) *schnelläufige Maschine;* **Schnell|läu|fe|rin**[1], die; -, -nen (Leichtathletik veraltet): w. Form zu ↑Schnelläufer (1); **schnell|läu|fig**[1] ⟨Adj.⟩ (Technik): *(von Maschinen o. ä.) schnell, mit hoher Drehzahl laufend:* eine -e Maschine, Zentrifuge; **Schnell|auf|zug,** der: *besonders schnell fahrender Aufzug;* **Schnell|bahn,** die (Verkehrsw.): *S-Bahn;* **Schnell|bau|wei|se,** die: *Bauweise, die ein besonders schnelles Bauen ermöglicht;* **Schnell|binder,** der (Bauw.): *schnell abbindendes Bindemittel;* **Schnell|blei|che,** die (ugs.): *in kürzester Zeit erfolgende Vermittlung bestimmter Kenntnisse, Fertigkeiten:* wir hatten Lehrer, ... die ... eine S. durchgemacht hatten (Kempowski, Immer 117); Pfaffenbichler ... führte mich in einer S. in meine Obliegenheiten ein (Burger, Blankenburg 163); Mediziner suchen ihn auf, um in diskreter S. die Kunst der Akupunktur zu erlernen (Bund 9. 8. 80, 15); *Schnellkurs:* Nach einem S. über den Umgang mit Feuerwaffen (Ziegler, Konsequenz 44); **Schnell|boot,** das: *kleines, wendiges, sehr schnelles Kriegsschiff;* **Schnell|brem|sung,** die (Eisenb.): *Vollbremsung, die einen Zug sehr schnell zum Stehen bringt:* eine S. machen, auslösen; das Ziehen der Notbremse leitet eine S. ein; **Schnell|bü|fett,** das: vgl. Schnellgaststätte; **Schnell|bü|gel|lei,** die; -, -en (regional): vgl. Schnellreinigung; **Schnell|bus,** der: *Linienbus, der die Fahrgäste besonders schnell ans Ziel bringt;* **Schnell|damp|fer,** der (veraltet): *(auf dem Nordatlantik verkehrendes) großes Fahrgastschiff;* **Schnell|den|ker,** der (scherzh.): *jmd., der einen raschen Verstand hat;* **Schnell|den|ke|rin,** die (scherzh.): w. Form zu ↑Schnelldenker; **Schnell|dienst,** der: *Expreßdienst;* die Reinigung hat auch einen S.; **Schnell|dre|her,** der (Wirtsch., Werbespr.): *Produkt, das sich schnell verkauft;* **Schnell|dreh|stahl,** der (Fachspr.): *Schnellarbeitsstahl;* **Schnell|drucker**[1], der (Datenverarb. veraltet): *Drucker* (1), *der Daten sehr schnell ausdruckt;* **Schnell|le,** die; -, -n [1: mhd. snelle; 2: zu ↑schnellen; 3: wohl weil die Flüssigkeit nur mit einer schnellenden Bewegung aus dem Gefäß herausgebracht werden konnte]: **1.** ⟨o. Pl.⟩ (selten) *Schnelligkeit:* wie das Verhängnis, das er mit großer S. sich ballen sah (Th. Mann, Zauberberg 987). **2.** *Stromschnelle:* ein breit ... dahinströmender Fluß, mit kleinen Wirbeln und -n (Tucholsky, Werke II, 200). **3.** (Kunstwiss.) *(im 16. Jh. gefertigter) Krug (mit Reliefschmuck) aus Steinzeug von zylindrischer, sich nach oben etwas verjüngender Form;* **schnel|le|big**[1] ⟨Adj.⟩: **a)** (Fachspr. selten) *nur kurze Zeit lebend, kurzlebig* (1): -e Insekten; diese Art ist extrem s.; **b)** *durch [allzu] raschen Wandel gekennzeichnet, sich schnell verändernd; kurzlebig:* eine -e Mode; in unserer -en Zeit ist ein Produkt, wenn es in Serie geht, im Grunde schon veraltet; in unserer -en Epoche sogar die abstrakte Malerei der Nachkriegszeit bereits zur tiefsten Vergangenheit herabgesunken ist (Erné, Kellerkneipe 275); die Welt wird immer

-er; **Schnel|lebig|keit**[1], die; -: *das Schnellebigsein;* **schnel|len** ⟨sw. V.⟩ [mhd. snellen]: **1.** *sich federnd, mit Schnellkraft, mit einem Schwung o. ä. (in eine bestimmte Richtung, an einen Ort o. ä.) bewegen* ⟨ist⟩: *der Ast schnellte ihm ins Gesicht; ein Fisch schnellt aus dem Wasser; ein Krokodil schnellt aus dem Morast* (Loest, Pistole 22); *ein Pfeil schnellt in die Luft, durch die Luft, von der Sehne; Die Trosse war gerissen und wie ein stählerner Peitschenhieb ins Segel geschnellt* (Hausmann, Abel 52); *als der Kapitän aus dem Sessel schnellte* (Konsalik, Promenadendeck 381); Ü *die Preise waren* [schlagartig] *in die Höhe geschnellt; die Temperatur, das Fieber schnellte auf 40°.* **2.** *mit einer schnellen, schwungvollen Bewegung schleudern* ⟨hat⟩: *er schnellt die Angelschnur ins Wasser;* ⟨auch s. + sich:⟩ *er schnellt sich mit dem Trampolin in die Luft; der Fisch, der Delphin schnellt sich aus dem Wasser.* **3.** (landsch.) *schnippen* (2 b): *mit den Fingern s.;* **Schnel|ler**, der; -s, -: **1.** (landsch.) *knipsendes Geräusch, das durch Schnippen mit zwei Fingern entsteht.* **2.** (landsch.) *Murmel.* **3.** (Musik) *musikalische Verzierung in Form eines umgekehrten Mordents;* **Schnell|fah|rer**, der: *jmd., der (bes. als Autofahrer) gewöhnlich relativ schnell fährt:* Vielfahrer sind meist auch S.; **Schnell|fah|re|rin**, die: w. Form zu ↑ Schnellfahrer; **Schnell|feu|er**, das ⟨o. Pl.⟩ (Milit.): *Feuer* (4), *bei dem die einzelnen Schüsse in sehr schneller Folge hintereinander abgegeben werden;* **Schnell|feu|er|ge|schütz**, das (Milit.): vgl. Schnellfeuergewehr; **Schnell|feu|er|ge|wehr**, das (Milit.): *Selbstladegewehr mit einer Vorrichtung für Schnellfeuer;* **Schnell|feu|er|pi|sto|le**, die (Milit.): vgl. Schnellfeuergewehr; **Schnell|feu|er|schie|ßen**, das (Schießsport): *Schießen mit Pistolen, bei dem in kurzer Zeit eine bestimmte Anzahl von Schüssen abgegeben muß;* **Schnell|feu|er|waf|fe**, die (Milit.): vgl. Schnellfeuergewehr; **Schnell|fil|ter**, der, Fachspr. meist: das: *Filter* (1 b), *mit dessen Hilfe etw. besonders schnell gefiltert werden kann:* Kaffee mit einem S. zubereiten; **schnell|fü|ßig** ⟨Adj.⟩: *mit schnellen, leichten Schritten: s. daherkommen;* **Schnell|fü|ßig|keit**, die; -: *schnellfüßige Art;* **Schnell|gang**, der (Technik): *Overdrive;* **Schnell|gang|ge|trie|be**, das (Technik): *Getriebe mit einem Schnellgang;* **Schnell|gast|stät|te**, die: *Gaststätte, in der man (ohne lange Warten) Schnellgerichte verzehren kann;* **Schnell|ge|frier|ver|fah|ren**, das: *Gefrierverfahren, bei dem das Gefrieren besonders schnell erfolgt;* ¹**Schnell|ge|richt**, das: *(bei besonderen Anlässen eingesetztes)* ¹*Gericht, das beschleunigte Verfahren abwickelt;* ²**Schnell|ge|richt**, das: ²*Gericht, das sich schnell u. ohne viel Mühe zubereiten läßt, das schnell serviert werden kann;* **Schnell|hef|ter**, der: *Hefter* (1); **Schnell|heit**, die; - (selten): ⟨Pl. selten⟩ [mhd. snel(lec)heit]: **a)** *Tempo einer [Fort]bewegung; Geschwindigkeit* (6): die S. der Läufer wird immer größer; die unvorstellbare S., mit der das Licht sich ausbreitet; die S. steigern, herabsetzen; **b)** ⟨o. Pl.⟩ *das Flinksein, Schnellsein bei einer Tätigkeit:* die S., mit der sie arbeitet, ist phänomenal; die Stenotypistin schreibt mit einer unglaublichen S.; bei dieser Arbeit kommt es vor allem auf S. an; **Schnell|im|biß**, der: **a)** vgl. Schnellgaststätte: in einen S. gehen; **b)** (selten) vgl. ²Schnellgericht; **Schnell|kä|fer**, der (Zool.): *(in sehr vielen Arten vorkommender) Käfer mit langgestrecktem, flachem Körper, dessen Larven als Pflanzenschädlinge auftreten können;* **Schnell|ko|cher**, der (ugs.): *Schnellkochtopf;* **Schnell|koch|plat|te**, die: *Kochplatte eines Elektroherdes, die besonders schnell heiß wird;* **Schnell|koch|topf**, der: *Kochtopf, der (bes. mit Hilfe des Überdrucks des Dampfes) besonders schnell kocht;* **Schnell|kraft**, die ⟨o. Pl.⟩ [zu ↑ schnellen]: *Elastizität* (1, 2 a): die S. der Feder; **Schnell|kü|che**, die (regional): *Schnellimbiß, -gaststätte;* **Schnell|kurs**, der: *Kurs* (3 a), *in dem ein Lehrstoff, eine Fertigkeit o. ä. in sehr kurzer Zeit vermittelt wird:* ein S. in Erster Hilfe, im Maschinenschreiben; einen S. absolvieren, machen; **Schnell|kur|sus**, der: *Schnellkurs;* **Schnell|mer|ker**, der; -s, - (ugs. scherzh., oft iron.): *jmd., der eine besonders rasche Auffassung, eine besonders gute Beobachtungsgabe hat:* er ist ein richtiger, ist nicht gerade ein S.; **Schnell|mer|ke|rin**, die; -, -nen (ugs. scherzh., oft iron.): w. Form zu ↑ Schnellmerker; **Schnell|pa|ket**, die (Postw.): *Paket, das auf dem schnellsten Wege befördert, schnellstmöglich zugestellt wird:* eine Sendung als S. schicken; **Schnell|pres|se**, die (Druckw.): *Druckmaschine, bei der ein Zylinder den Papierbogen gegen die Druckform preßt;* **Schnell|rech|ner**, der: *besonders leistungsfähiger Rechner;* **Schnell|rei|ni|gung**, die: *Reinigung* (2), *die besonders schnell arbeitet; Expreßreinigung;* **Schnell|re|stau|rant**, das: *Schnellgaststätte;* **Schnell|rich|ter**, der: *an einem Schnellverfahren* (2) *beteiligter Richter;* **Schnell|rich|te|rin**, die: w. Form zu ↑ Schnellrichter; **Schnell|schrei|ber**, der (ugs.): **a)** *jmd., der schnell schreibt;* **b)** (meist abwertend) *jmd., der (z. B. als Schriftsteller, als Wissenschaftler) in besonders rascher Folge Texte veröffentlicht;* **Schnell|schrei|be|rin**, die (ugs.): w. Form zu ↑ Schnellschreiber; **Schnell|schrift**, die (selten): *Kurzschrift;* **Schnell|schritt**, der: in der Fügung * im S. (seltener: *im Eilschritt): sich im S. entfernen; **Schnell|schuß**, der (Jargon): *etw., was kurzfristig, ohne längere Planung, ohne gründliche Vorbereitung hergestellt wird (z. B. als Reaktion auf ein unvorhergesehenes Ereignis):* das Buch zum Tod des Politikers war ein S.; einen S. [aus der Hüfte] abgeben; Als unüberlegten S. hat Regierungssprecher Hilmar von Poser das Programm Schröders kritisiert (Hamburger Abendblatt 23. 5. 85, 15); **Schnell|schuß|ex|amen**, das (Jargon): *nach einer um zwei Semester verkürzten Studienzeit abgelegtes Examen, das bei Nichtbestehen wiederholt werden kann;* **Schnell|seg|ler**, der (früher): *schnelles Segelschiff;* **Schnell|sen|dung**, die (Postw.): *Schnellpaket;* **Schnell|sie|de[r]|kurs**, der (ugs.): *Kurzlehrgang:* so reicht die Zeit nicht einmal zu einem ... Schnellsiederkurs (Habe, Namen 75); **Schnell|stahl**, der (Fachspr.): *Schnellarbeitsstahl:* Metallbohrer, Fräser, Sägeblätter aus hochwertigem S.; **schnell|stens** ⟨Adv.⟩: *so schnell wie möglich; unverzüglich:* etw. s. erledigen; diese Mißstände müssen s. abgestellt werden; **schnellst|mög|lich** ⟨Adj.⟩: *so schnell wie irgend möglich; möglichst schnell:* etw. auf dem -en Wege transportieren; ... suchen wir zum -en *(frühestmöglichen)* Eintritt einen Schreiner (Saarbr. Zeitung 1. 12. 79, 56); etw. s. erledigen, ausführen; jmdn. s. informieren; **Schnell|stra|ße**, die: *gut ausgebaute, meist wenigstens vierspurige Straße für den Schnellverkehr;* **Schnell|trans|por|ter**, der: *bes. im Nahverkehr eingesetzter kleinerer LKW;* **Schnell|trieb|wa|gen**, der (Eisenb.): *als Schnellzug eingesetzter Triebwagen;* **Schnell|ver|band**, der: *Verbandmaterial, mit dem eine Wunde schnell verbunden werden kann;* **Schnell|ver|bin|dung**, die: *schnelle Verkehrsverbindung:* Die Lufthansa bietet Ihnen ... wöchentlich 8 -en nach Tokio (Spiegel 48, 1965, 27); **Schnell|ver|fah|ren**, das: **1.** (bes. Technik) *technisches Verfahren, bei dessen Anwendung in Herstellungsprozeß o. ä. besonders schnell abläuft:* beim Gefrieren von Lebensmitteln ein S. anwenden; * im S. (ugs.; *innerhalb [unangemessen] kurzer Zeit): etw. im S. tun, erledigen, beigebracht kriegen. **2.** (Rechtsspr.) *Strafverfahren ohne vorausgehende schriftliche Anklage; beschleunigtes Verfahren;* **Schnell|ver|kehr**, der (Verkehrsw.): **1.** *Straßenverkehr mit schnelleren Kraftfahrzeugen:* die Kriechspur sorgt dafür, daß der S. nicht von langsamen Fahrzeugen behindert wird. **2.** *mittels Schnellverbindungen erfolgender Verkehr:* spezielle Flugverbindungen für den S. zwischen den großen Städten; Hochgeschwindigkeitszüge für den Einsatz im S.; **Schnell|waa|ge**, die: *Waage, die (im Unterschied zur Balkenwaage) das Gewicht auf einer Skala anzeigt;* **schnell|wach|send** ⟨Adj.⟩: *(von Pflanzen) sich durch schnelles Wachstum auszeichnend:* -e Arten, Hölzer; **Schnell|wä|sche|rei**, die: vgl. Schnellreinigung; **Schnell|weg**, der (Verkehrsw.): *Schnellstraße* (bes. in Namen); **schnell|wüch|sig** ⟨Adj.⟩: *schnellwachsend:* Die Nipapalme, eine besonders -e Mangrove (natur 7, 1991, 49); **Schnell|zug**, der: *D-Zug;* **Schnell|zug|sta|ti|on**, die: *Bahnstation, an der Schnellzüge halten:* mit einem Nahverkehrszug zur nächsten S. fahren; **Schnell|zug|ver|bin|dung**, die: *Zugverbindung durch eine od. mehrere Schnellzüge;* **Schnell|zug|wa|gen**, der: *Wagen* (2) *eines Schnellzuges;* **Schnell|zug|zu|schlag**, der: *D-Zug-Zuschlag.*

Schnep|fe, die; -, -n [mhd. snepfe, ahd. snepfa, verw. mit ↑ Schnabel; 2 b: Bedeutungsübertr. parallel mit der ↑ Schnepfenstrich]: **1.** *in Wäldern u. sumpfigen Gegenden lebender größerer Vogel mit langen Beinen u. langem, geradem Schnabel.* **2.** (salopp abwertend) **a)** *Mädchen, Frau:* eine der -n am Tisch

Schnepfendreck

rauchte; sie ist eine blöde S.; mit dieser S. will ich nichts zu tun haben; **b)** *Prostituierte.* **3.** (landsch.) *Schnabel* (3); **Schnep|fen|dreck,** der (Kochk.): *aus Leber, Herz u. Gedärm der Schnepfe hergestellte Delikatesse;* **Schnep|fen|jagd,** die: *Jagd auf Schnepfen* (1): ** auf S. gehen* (salopp; *eine Prostituierte aufsuchen*); **Schnep|fen|strich,** der: **1.** ⟨o. Pl.⟩ (Jägerspr.) *das Hinundherfliegen der männlichen Schnepfe während der Balz.* **2.** (salopp) *Bezirk, Straße, in der sich Prostituierte aufhalten;* **Schnep|fen|vo|gel,** der ⟨meist Pl.⟩: *an Ufern, in Mooren u. Sümpfen lebender hochbeiniger Vogel mit langem Schnabel;* **Schnep|fen|zug,** der (Jägerspr.): *Zug der Schnepfen im Frühjahr u. Herbst.*

Schnep|pe, die; -, -n [aus dem Md., Niederd., mniederd. snibbe, verw. mit ↑Schnabel]: **1.** (landsch.) *Schnabel* (3). **2.** (landsch.) *Schnepfe* (2). **3.** (Mode früher) *spitz zulaufende Verlängerung an der Vorderseite der Schneppentaille;* **Schneppen|tail|le,** die (Mode früher): *eng geschnürtes Mieder* (2) *mit einer spitz zulaufenden Verlängerung an der Vorderseite;* **Schnep|per,** der; -s, - [zu ↑schnappen]: **1.** (bes. Turnen) *ruckartige, schnelle Bewegung, bei der der in der Hüfte nach rückwärts gebogene Körper gestreckt wird:* ein Sprung, Aufschwung mit S. **2.** ↑*Schnäpper;* **schnep|pern** ⟨sw. V.; hat/ist⟩ (bes. Turnen): *mit zurückgebogenem Oberkörper springen:* in den Handstand s.; **Schnep|per|sprung,** der (bes. Turnen): *Sprung mit Schnepper* (1).

schnęt|zeln ⟨sw. V.; hat⟩ /vgl. Geschnetzelte/ [Nebenf. von ↑schnitzeln] (landsch., bes. schweiz.): *(Fleisch) in dünne Streifen schneiden:* Leber s.; geschnetzeltes Kalbfleisch.

Schneuß, der; -es, -e [zu veraltet Schneuße = (Vogel)schlinge, Nebenf. von ↑Schneise, nach der länglichen Form] (Archit.): *Fischblase* (2).

Schneu|ze, die; -, -n [zu ↑schneuzen (2)] (veraltet): *Dochtschere;* **schneu|zen** ⟨sw. V.; hat⟩ [mhd. sniuzen, ahd. snūzen, lautm., verw. mit ↑Schnauze; 2: vgl. putzen]: **1.** *die Nase durch kräftiges Ausstoßen der Luft von Ausscheidungen befreien; [sich, jmdm.] die Nase putzen:* sich kräftig, heftig, geräuschvoll s.; Hier schneuzte er sich durch die Finger (Kirst, 08/15, 334); sich in ein Taschentuch s.; der Zimmermann ... schneuzt sich die Nase zwischen Daumen und Zeigefinger (Kreuder, Gesellschaft 137). **2.** (veraltet) **a)** *den zu lang gewordenen Docht einer Kerze od. Lampe o. ä. kürzen, beschneiden:* die Kerzen s.; ◆ Sie ging in die Küche, kam aber ... wieder, um ... an den Tisch ... zu treten und das Licht zu s. (Jean Paul, Siebenkäs 125); ◆ **b)** ⟨s. + sich⟩ *(von Sternen) eine Sternschnuppe fallen lassen:* Ihr redet recht unverständig; er (= Egmont) ist so sicher, wie der Stern am Himmel. – Hast du nie einen sich s. gesehn? Weg war er! (Goethe, Egmont IV); **Schneuz|tuch,** das ⟨Pl. ...tücher⟩ (südd., österr. veraltet): *Taschentuch.*

schnị|cken[1] ⟨sw. V.; hat⟩ [lautm.] (landsch.): **1.** *schnippen* (2 b): mit den Fingern s. **2.** *mit einer schleudernden Bewegung abschütteln:* die Wassertropfen von der Hand s.; vielleicht schnicken sie noch den Speis von der Kelle (Kreuder, Gesellschaft 137); **Schnịck|schnack,** der; -[e]s [aus dem Niederd., verdoppelnde Bildung mit Ablaut zu ↑schnakken] (ugs.; meist abwertend): **1.** *wertloses Zeug; Beiwerk, Zierat o. ä., den man als überflüssig empfindet:* billiger, überflüssiger S.; S. wie Federboas, Perlenstirnbänder ... und Schlenkertäschchen (Bunte 44, 1974, 26); ... ob die Anna die Sandwichs anständig angerichtet hat, anständig, aber ohne viel S. (Fussenegger, Zeit 173); Das war ein verlängertes 500er-Modell, das mit sämtlichem technischen S. ausgerüstet wurde (Szene 8, 1984, 31). **2.** *inhaltlose Worte; leeres Gerede, Geschwätz:* S. reden; ... und (er) sprach sinnlosen S. (Kant, Impressum 192).

schnie|ben ⟨sw., seltener st. V.⟩ [landsch. Nebenf. von ↑schnauben] (landsch.): *schnauben* (1).

Schnie|del|wutz, der; -es, -e [H. u.] (ugs. scherzh.): *Penis:* Mit 29 Ablichtungen von -en und ebenso viele weiblichen Pendants ... (Spiegel 52, 1993, 174).

schnie|fen ⟨sw. V.; hat⟩ [landsch. Nebenf. von ↑schnaufen] (bes. landsch.): *(beim Atmen, bes. wenn die Nase läuft) die Luft hörbar durch die Nase einziehen:* sie hat Schnupfen und schnieft dauernd; Toni schniefte vor Rührung (Fels, Sünden 105).

schnie|geln ⟨sw. V.; hat⟩ [aus dem Ostmd., zu ↑Schnecke (3)] (ugs.; oft abwertend): *(meist auf Männer bezogen) sich mit übertriebener Sorgfalt kleiden, frisieren u. ä.; sich stutzerhaft herrichten:* sich, sein Haar s.; In der Schwanthalerhöhe erschien er aber immer recht geschniegelt, zog die Blicke der Weiblichkeiten auf sich (Kühn, Zeit 140); geschniegeltes Haar; ein geschniegelter Laffe; ** geschniegelt und gebügelt/gestriegelt* (ugs. scherzh.; *sehr herausgeputzt*).

schnie|ke ⟨Adj.; -er, schniekste⟩ [unter Einfluß von ↑schniegeln zu niederd. snikke(r) = hübsch (zurechtgemacht)] (berlin.): **1.** *schick, elegant:* eine -e Villa, Limousine; die feinen Herren in den -n Anzügen (Christiane, Zoo 30); sie ist eine s. Person; s. sein; Was wir jetzt machen? Erst mal s. einpuppen für den Abend (Döblin, Alexanderplatz 193); s. essen gehen. **2.** *großartig; prima* (2): eine s. Sache; das ist ja s.!; „Gefällt dir Papa?" – „Schnieke", sagte Margot (Bieler, Bär 370).

Schnie|pel, der; -s, - [zu niederd. snip(pe) = Zipfel, verw. mit ↑Schnabel]: **1.** (landsch. salopp) *Frack:* er war im S. erschienen; vorläufig noch in Loden und Manchester, doch bald in S. oder Stresemann (Bieler, Mädchenkrieg 449). **2.** (Kinderspr.) *Penis:* Der S. kann anschwellen (Spiegel 4, 1992, 193); Eines Tages spielt er im Bett an seinem S. herum (Spiegel 41, 1989, 266). **3.** (veraltet) *Geck, Stutzer.*

Schnịp|fel, der; -s, - [zu ↑schnippeln] (landsch.): *Schnipsel;* **schnịp|feln** ⟨sw. V.; hat⟩ [landsch. Nebenf. von ↑schnippeln] (landsch.): *schnippeln* (4): Manja rührt den Omelettenteig, schnipfelt den Schinken (Fussenegger, Zeit 309); **schnịpp** ⟨Interj.⟩: lautm. für ein schnippendes Geräusch, z. B. einer Schere: die Schere machte s., und ab war die Haarsträhne; **Schnịpp|chen,** das: **a)** nur noch in der Wendung *jmdm. ein S. schlagen* (ugs.; *mit Geschick jmds. Absichten [die einen selbst betreffen] durchkreuzen;* eigtl. = mit den Fingern schnippen als Geste der Geringschätzung für den anderen bzw. als Ausdruck der Freude darüber, jmds. Absichten entgangen zu sein); ◆ **b)** ** ein S. schlagen* (↑*schnippen* 1 a): Hier seht mich nur ein S. schlagen, schon glänzt's und glitzert's um den Wagen (Goethe, Faust II, 5582 f.); **Schnippe,** die; -, -n: *(bei Pferden) weißes Zeichen an der Oberlippe;* **Schnịp|pel,** der od. das; -s, - (ugs.): *Schnipsel:* von einem Stück Stoff, dem Schinken ein paar S. abschneiden; was liegen denn da für S. auf dem Teppich?; **Schnịp|pe|lei,** die; -, -en (ugs., oft abwertend): *[dauerndes] Schnippeln* (1); **schnịp|peln** ⟨sw. V.; hat⟩ [landsch. Intensivbildung zu ↑schnippen] (ugs.): **1.** *mit kleinen Schnitten (mit Schere od. Messer) an etw. schneiden u. dabei Teile wegschneiden:* an der Wurst s.; sie hat an ihren Haaren geschnippelt. **2.** *durch kleine Schnitte (mit Schere od. Messer) hervorbringen, herstellen:* ein Loch [in den Stoff] s.; ein paar tausend Meter Baumwolljersey, aus denen Versace seine T-Shirt-Kleider schnippelt (zuschneidet, schneidert; Spiegel 48, 1977, 260). **3.** *mit kleinen Schnitten (mit Schere od. Messer) herausschneiden, entfernen:* Wir ... schnippeln mit Scheren die faulen Trauben aus den Reben (Fichte, Versuch 286); Studenten wurden ... mit Scheren bewaffnet, um die anstößigen 15 Seiten aus dem Programmheft zu s. (Spiegel 12/13, 1978, 225). **4.** *(mit dem Messer o. ä.) kleinschneiden, zerkleinern:* Bohnen, Kräuter, Pilze s.; Walk ... schnippelte die gekochten Kartoffeln in eine Schüssel (H. Weber, Einzug 150); **schnịp|pen** ⟨sw. V.; hat⟩ [mhd. snippen = schnappen, wohl lautm.]: **1. a)** *mit einer schnellenden Bewegung eines Fingers kleine Teilchen o. ä. von einer Stelle wegschleudern:* die Asche der Zigarette in den Aschenbecher s.; er schnippte [mit dem Mittelfinger] ein paar Krümel von der Tischdecke; Eine Frau begann Blüten von den Stengeln zu s. (Fichte, Versuch 12); **b)** *durch leichtes Anschlagen (an den Zeigefinger) aus einer geöffneten Packung o. ä. herausschleudern:* Er schnippte eine Zigarette aus der Packung (Fels, Sünden 22). **2. a)** *(die Schere) auf- u. zuschnappen lassen u. dabei ein helles Geräusch hervorbringen:* Ein Friseur stand ... in seiner Ladentür, schnippte mit der Schere (Böll, Tagebuch 124); **b)** *die Kuppe des Mittelfingers von der Kuppe des Daumens abschnellen lassen u. dabei ein helles Geräusch hervorbringen:* mit den Fingern s.; Herr Belfontaine schnippte ungeduldig mit Daumen und Mittelfinger (Langgässer, Siegel 102); ◆ **Schnịp|per,** der; -s, - [zu Schnippe = spitz zulaufendes Stück (Stoff), Zipfel, Nebenf. von ↑Schneppe]: *bis in die Stirn reichendes, spitz zulaufendes Stück Stoff an einer*

Haube (1 a): ... *stand eine alte, sehr häßliche Frau* ... *mit einer* ... *schwarzen Haube, von der ihr ein langer S. bis an die Nase herunterhing (Eichendorff, Taugenichts 50).*
schnip|pisch ⟨Adj.⟩ [älter auch: schnuppisch, zu frühnhd. aufschnüppisch = hochmütig, ostmd. aufschnuppen = die Luft durch die Nase ziehen (um eine Mißbilligung zu zeigen), zu ↑ schnupfen] (abwertend): *(meist auf junge Mädchen od. Frauen bezogen) kurz angebunden, spitz u. oft respektlos-ungezogen [antwortend, jmdm. begegnend]:* sie ist eine -e Person; Sie wählte ... natürlich den frechsten, -sten Ton (M. Walser, Seelenarbeit 124); Desgleichen mag eine Schiewenhorster Dorfschönheit Eddi Amsel -e Abfuhren erteilt habe (Grass, Hundejahre 201); s. sein, antworten, fragen; **Schnip|pisch|keit,** die; -, -en (selten): **1.** ⟨o. Pl.⟩ *schnippische Art.* **2.** *etw. Schnippisches.*
Schnipp|ler, der; -s, - [zu ↑ schnippeln] (Jargon): *Strafgefangener, Gefängnisinsasse, der Selbstmord begeht, in dem er sich eine Schlagader aufschneidet;* **Schnipp|le|rin,** die; -, -nen (Jargon): w. Form zu ↑ Schnippler; **schnipp, schnapp** ⟨Interj.⟩: lautm. für das Geräusch, das beim Schneiden mit einer Schere entsteht; **Schnipp|schnapp, Schnipp|schnapp|schnurr,** das; -s: *ein Kartenspiel für 4 u. mehr Spieler;* **schnips** ⟨Interj.⟩: lautm. für ein schnipsendes Geräusch; **Schnip|sel,** der od. das; -s, -: *kleines, abgeschnittenes od. abgerissenes Stück von etw.:* S. von Stoff, Papier liegen auf dem Boden; ... zerriß sie den Karton ... in kleine Stücke, streute die S. ... in den Schnee (Johnson, Ansichten 223); **Schnip|sel|ei,** die; -, -en (ugs., oft abwertend): *Schnippelei;* **schnip|seln** ⟨sw. V.; hat⟩ (ugs.): *schnippeln;* **schnip|sen** ⟨sw. V.; hat⟩: *schnippen;* **Schnip|ser,** der; -s, -: *schnipsende, schnellende Bewegung eines Fingers:* mit zwei kleinen -n des Zeigefingers gegen die Zigarette ließ ich etwas Asche ... fallen (Genet [Übers.], Totenfest 33).
Schnir|kel|schnecke¹, die; -, -n [Schnirkel = ältere Nebenf. von ↑ Schnörkel] (Zool.): *(in vielen, zu den Lungenschnecken gehörenden Arten weltweit verbreitete) Schnecke mit kugeligem Gehäuse* (z. B. Weinbergschnecke).
schnitt: ↑ schneiden; **Schnitt,** der; -[e]s, -e [mhd. ahd. snit, ablautende Bildung zu ↑ schneiden]: **1.** *das Einschneiden* (1 a), *Durchschneiden, Abschneiden* (1): der S. [mit dem Messer] ging tief ins Fleisch; ein radikaler S. *(ein radikales Zurückschneiden)* ... rettet den Bestand an guten Sträuchern (Wohmann, Absicht 110); den S. *(das Beschneiden)* der Obstbäume vornehmen; der Chirurg weiß genau, wie er den S. zu führen hat; Er machte den S. *(er schnitt)* bis zum Nabel und klammerte die kleineren Blutgefäße ab (Remarque, Triomphe 99); etw. mit einem schnellen, präzise geführten S. durchtrennen, abschneiden; Reinhold Vöth ... und sein Stellvertreter sahen sich ... den umstrittenen Film an. Auch sie hielten ... zwei -e *(das Herausschneiden von zwei Stellen)* für nötig (Bayernkurier 19. 11. 77, 2); Ü Ausgerechnet die Bundesanstalt für Arbeit muß schmerzhafte -e *(Etatkürzungen)* hinnehmen (Rheinpfalz 30. 6. 92, 2). **2. a)** *durch Hineinschneiden in etw. entstandener Spalt; Einschnitt* (1): ein kleiner, langer, gerader, oberflächlicher, tiefer S.; der S. *(die Schnittwunde)* ist gut verheilt; Mit einer Rasierklinge hatte er sich einen S. vom Ohr bis zur Gurgel beigebracht (Ott, Haie 207); Ü Die Bahnlinie legte einen S. quer durch das Land (Chr. Wolf, Himmel 222); **b)** *durch Abschneiden, Auseinanderschneiden o.ä. entstandene Schnittfläche:* ein glatter, sauberer S. **3. a)** *das Abmähen (bes. von Gras, Getreide, von Feldern, Wiesen):* der erste, zweite S.; Der erste S. der Wiesen sowie von Luzerne und Klee (Welt 19. 5. 65, 9); der Sommer erlaubte drei -e; das Korn reif für den S.; ... daß in der Südschweiz Kaninchen ... nicht mit Heu vom ersten S. gefüttert werden sollen (NZZ 30. 8. 86, 25); * **einen/seinen S. [bei etw.] machen** (ugs.; *bei einem Geschäft einen bestimmten Gewinn machen;* bezieht sich urspr. auf die Getreideernte [= Schnitt]; ein guter Schnitt bedeutete einen guten Gewinn); **b)** *beim Schnitt* (3 a) *Abgemähtes:* ... wurde trotz aller Warnungen noch der erste S. nach Tschernobyl vom Grund des Silos herausgekratzt (natur 5, 1987, 90). **4.** *durch Bearbeitung mit einer Schere od. anderem Schneidewerkzeug hervorgebrachte Form:* das Kleid, der Anzug hat einen tadellosen, eleganten, sportlichen S.; sie, ihr Haar hat einen kurzen, modischen S.; *(durch Schneiden des Haares hervorgebrachte Frisur; Haarschnitt);* eine Karosserie von stromlinienförmigem S.; Edelsteine mit facettenreichem S. (selten) *(Schliff);* Ü eine Wohnung mit gutem S. *(guter Raumaufteilung);* ihr Gesicht, Profil hat, Augen und Mund haben einen klassischen, feinen S. *(ist, sind klassisch, fein geschnitten, geformt).* **5.** (Fachspr., bes. Biol., Med.) *(zu mikroskopischen o. ä. Zwecken) mit dem Mikrotom hergestelltes, sehr dünnes Plättchen aus Organ- od. Gewebeteilen:* ein histologischer S.; -e anfertigen. **6.** (Film, Ferns.) **a)** *das Schneiden* (5 a): den S. besorgte seine Assistentin; Er überwachte den S., also Auswahl und Reihenfolge der Einstellungen (Hörzu 39, 1971, 36); **b)** (Ferns.) *Aneinanderreihung der Bilder verschiedener Fernsehkameras zu einer zusammenhängenden Abfolge:* ein harter *(übergangsloser)*, weicher *(allmählicher, mit Übergängen erfolgender)* S.; **c)** (Film, Ferns.) *Wechsel von einer Einstellung zur nächsten durch Schneiden* (5 c): Jähe -e, die widersprüchliche Bildinhalte aufeinanderprallen lassen, treiben von einer Szene zur nächsten (Gregor, Film 170); und dann kommt ein S. auf Ingrid Bergmans Gesicht. **7.** *Schnittmuster:* einen S. ausrädeln; ein Kleidungsstück mit, nach einem S., ohne S. nähen. **8.** (Buchw.) *die drei Schnittflächen eines Buchblocks:* der S. des Lexikons ist vergoldet, ist schon etwas schmuddelig. **9.** *[zeichnerische] Darstellung eines Körpers in einer Schnittebene* (z. B. Längs-, Queroder Schrägschnitt): ein waagerechter, senkrechter S. durch ein Gebäude, ein Organ, eine Pflanze; einen S. anfertigen; etw. im S. darstellen. **10.** (ugs.) *Durchschnitt[swert, -menge, -maß]; Mittel* (4): er fährt einen S. von 120 km/h; ich rechne einen S. von *(ich rechne durchschnittlich)* 400 Mark (Aberle, Stehkneipen 106); Die ... Strecke ... ist ... mit guten -en *(Durchschnittsgeschwindigkeiten)* befahrbar (Hobby 13, 1968, 75); er raucht im S. *(durchschnittlich)* 20 Zigaretten am Tag. **11.** * **der Goldene S.** (Math.; *Bez. für die Teilung einer Strecke in zwei Teile, deren größerer sich zum kleineren verhält wie die ganze Strecke zum größeren Teil;* LÜ von mlat. sectio aurea): eine Strecke nach dem Goldenen S. teilen. **12.** (Math.) *Gesamtheit der gemeinsamen Punkte zweier geometrischer Gebilde.* **13.** (selten) *Holz-, Linolschnitt.* **14.** (landsch. veraltend) *kleines od. halbgefülltes Glas (Bier od. Wein) /*als Maßangabe/: ein S. Bier. **15.** (Ballspiele) *Drall, den der Ball durch Anschneiden* (5) *bekommt:* der Ball hatte starken S.; einen Ball mit S. spielen, schlagen; **Schnitt|blu|me,** die; (meist Pl.): *a) Blütenpflanze, von der Schnittblumen* (b) *gewonnen werden, die zu diesem Zweck angepflanzt, gezogen, gezüchtet werden:* Nelken, Rosen sind -n; diese kurzstielige Sorte eignet sich kaum als S.; -n anpflanzen; **b)** *(für einen dekorativen Zweck, bes. zum Aufstellen in einer Vase [als Teil eines Blumenstraußes], für Gebinde o.ä.) abgeschnittene Blume* (1 b): frische -n; die meisten -n kommen aus Holland, werden in der dritten Welt produziert; **Schnitt|boh|ne,** die: *Gartenbohne;* **Schnitt|brot,** das: *Brot, das in Scheiben geschnitten u. abgepackt verkauft wird;* **Schnitt|chen,** das; -s, -: Vkl. zu ↑ Schnitte (bes. 2); **Schnit|te,** die; -, -n [mhd. snite, ahd. snita]: **1.** *meist in Querrichtung von etw. abgeschnittene Scheibe* (2): eine S. Weißbrot, Filet, Speck, Käse, Sandkuchen; von etw. eine fingerdicke S. abschneiden. **2.** *[belegte od. mit Brotaufstrich bestrichene] Brotscheibe:* eine belegte S.; eine S. mit Käse essen; sich für die Frühstückspause ein paar -n mitnehmen; Ü Wir brauchen zwei tüchtige Außen und einen guten Mittelstürmer, sonst kriegen wir bei der WM in Spanien keine S. (Kicker 82, 1981, 44). **3.** (österr.) *Waffel;* **Schnitt|ebe|ne,** die: *Ebene, in der ein Schnitt erfolgt, in der eine [gedachte] Schnittfläche liegt:* bei einem Längsschnitt liegt die S. parallel zur Hauptachse; **Schnitt|ent|bin|dung,** die (Med.): *Entbindung durch Kaiserschnitt:* eine S. vornehmen; **Schnit|ter,** der; -s, - [mhd. snitære, ahd. snitari]: **1.** (veraltend) *Mäher* (2). **2.** *Sensenmann* (2): der Tod als S.; S. Tod (dichter.; *der Tod*); **Schnit|te|rin,** die; -, -nen (veraltend): w. Form zu ↑ Schnitter (1); **schnitt|fest** ⟨Adj.; -er, -este⟩: *von einer mittleren Festigkeit in der Konsistenz u. sich daher gut schneiden lassend:* -e Tomaten; eine Wurst, die Wurst, der Käse ist nicht s.; **Schnitt|flä|che,** die: **1.** *Fläche, die durch Abschneiden eines Teils an etw. entstanden ist:* eine glatte, ebene S.; der Käse, das Brot ist an der S. ausgetrocknet. **2.** (Math.) *Gesamtheit der einer Ebene u. einem von ihr geschnittenen Körper ge-*

Schnittform

meinsamen Punkte: wenn eine Kugel von einer Ebene geschnitten wird, entsteht eine kreisförmige S.; **Schnitt|form,** die: *Form des Zuschnitts:* Es ist offensichtlich, daß die Jacke nicht zu der Hose paßt, weder in der Form noch in der S. (Handke, Kaspar 34); **Schnitt|fri|sur,** die: *Frisur, die durch Schneiden des Haars hervorgebracht wird;* **Schnitt|füh|rung,** die: *das Führen eines Schnitts: in der exakte* S.; **Schnitt|ge|ra|de,** die (Math.): *Gerade, in der sich Ebenen schneiden:* die S. zweier nicht paralleler Ebenen; **Schnitt|grün,** das ⟨o. Pl.⟩ (Gartenbau): *abgeschnittenes Grün* (2) *bestimmter Pflanzen, das beim Binden von Blumensträußen verwendet wird* (z. B. Farn, Asparagus); **Schnitt|gut,** das ⟨o. Pl.⟩: *zu schneidendes Material:* das S. zur Schneidemaschine befördern; **Schnitt|holz,** das: *zu Brettern, Bohlen o. ä. geschnittenes Holz;* **schnit|tig** ⟨Adj.⟩ [urspr. = schneidig (1, 2)]: **1.** *(bes. von Autos) von eleganter, sportlicher Form; gut geschnitten* (4) *[u. durch seine Form große Geschwindigkeiten ermöglichend]:* ein -er Sportwagen; eine -e Jacht; Chromblitzend und s. rollt der Uralt-Racer durch die Straßen (Freizeitmagazin 26, 1978, 28); der Flitzer sieht s. aus, ist s. gebaut. **2.** *(von Getreide u. Gras) reif zum Schnitt; erntereif:* -es Getreide; **Schnit|tig|keit,** die; -: *das Schnittigsein;* **Schnitt|kä|se,** der: *Käse, der sich zum Aufschneiden eignet:* ein würziger, italienischer S.; ein paar Scheiben S.; **Schnitt|kur|ve,** die (Math.): *Kurve, in der sich zwei Ebenen schneiden;* **Schnitt|lauch,** der [mhd. snit(e)louch, ahd. snitilouh, eigtl. = Lauch, der abgeschnitten werden kann, weil er immer wieder nachwächst]: *(zu den Lauchen gehörende, in verschiedenen Sorten kultivierte) Pflanze mit röhrenartigen, grasähnlichen Blättern, die kleingeschnitten bes. als Salatgewürz verwendet werden:* ein Bund S.; Quark mit S.; **Schnitt|lauch|locken**[1] ⟨Pl.⟩ (ugs. scherzh.): *[leicht strähnig wirkendes] glattes Haar;* **Schnitt|lauch|sa|lat,** der: *mit viel Schnittlauch zubereiteter [grüner] Salat;* **Schnitt|ling,** der; -s (bayr., österr. selten): *Schnittlauch;* **Schnitt|li|nie,** die: **a)** *Linie, an der zwei Flächen aufeinanderstoßen;* **b)** *Linie, die eine andere kreuzt;* **Schnitt|mei|ster,** der: *Cutter;* **Schnitt|mei|ste|rin,** die: w. Form zu ↑Schnittmeister; **Schnitt|men|ge,** die (Math.): *Menge* (2) *aller Elemente, die zwei Mengen gemeinsam sind;* **Schnitt|mo|dell,** das: *Modell* (1 b), *das einen Gegenstand mit Schnitt* (9) *zeigt;* **Schnitt|mu|ster,** das: **a)** *aus Papier ausgeschnittene Vorlage, nach der die Teile eines Kleidungsstücks zugeschnitten werden:* das S. mit Stecknadeln auf den Stoff stecken; **b)** (ugs.) *Schnittmusterbogen:* dem Modeheft liegt ein S. bei; **Schnitt|mu|ster|bo|gen,** der: *großer Papierbogen, der (in sich überschneidenden Linien verschiedener Art) mehrere aufgezeichnete, zum Ausradeln vorgesehene Schnittmuster* (a) *enthält;* **Schnitt|punkt,** der: **a)** (Math.) *Punkt, in dem sich zwei Linien od. Kurven schneiden:* der S. zweier Geraden; **b)** *Bereich, Stelle, an der sich Straßen, Strecken*

o. ä. kreuzen: die Stadt liegt am S. mehrerer, zweier wichtiger Straßen; **schnitt|reif** ⟨Adj.⟩: *reif für den Schnitt* (3): -es Gras, Getreide; die Gerste, das Feld, die Wiese ist s.; **Schnitt|sa|lat,** der: *Pflücksalat;* **Schnitt|stel|le,** die: **1.** *Nahtstelle* (2). **2.** (Datenverarb.) *Verbindungsstelle zwischen Funktionseinheiten eines Datenverarbeitungs- od. -übertragungssystems, an der der Austausch von Daten oder Steuersignalen erfolgt;* **Schnitt|ver|let|zung,** die: vgl. Schnittwunde; **Schnitt|wa|re,** die ⟨o. Pl.⟩ (Fachspr.): **1.** *als Meterware gehandelte textile Stoffe.* **2.** *Schnittholz;* **Schnitt|werk|zeug,** die ⟨o. Pl.⟩ (Fachspr.): *Schneidewerkzeug;* **Schnitt|wun|de,** die: *durch einen Schnitt* (2 a) *entstandene Wunde;* **Schnitz,** der; -es, -e [mhd. sniz, zu ↑schnitzen] (landsch.): *[kleineres, geschnittenes] Stück [gedörrtes] Obst:* möchtest du noch einen S. [von dem Apfel]?; **Schnitz|al|tar,** der: *Flügelaltar mit geschnitzten Figuren u. Reliefs;* **Schnitz|ar|beit,** die: *Geschnitztes, Schnitzerei;* **Schnitz|bank,** die ⟨Pl. ...bänke⟩: *Werkbank zum Schnitzen o. ä. mit einer Vorrichtung zum Festklemmen des zu bearbeitenden Werkstückes;* **Schnitz|bild,** das: *geschnitzte bildliche Darstellung;* **Schnit|zel,** das; -s, - [spätmhd. snitzel = abgeschnittenes Stück (Obst), Vkl. von mhd. sniz, ↑Schnitz]: **1.** *dünne Scheibe Kalb-, Schweine-, Puten- od. Hähnchenfleisch, die (oft paniert) in der Pfanne gebraten wird:* ein saftiges S.; Wiener S. *(paniertes Schnitzel vom Kalb).* **2.** ⟨auch: der⟩ *abgeschnittenes, abgerissenes [beim Schnitzen, Schnitzeln entstandenes] kleines Stückchen von etw.; Schnipsel:* die S. zusammenfegen; eine Woche später zerriß er, was er geschrieben hatte. Er machte S. daraus (Strittmatter, Wundertäter 259); **Schnit|zel|bank,** die ⟨Pl. ...bänke⟩ [2: nach den Anfangsworten des dabei gesungenen Volksliedes „Ei, du schöne Schnitzelbank"]: **1.** (veraltet) *Schnitzbank.* **2.** *(als Fastnachtsbrauch mancherorts noch gepflegter) Brauch, große Tafeln mit bildlichen Darstellungen örtlicher Vorfälle herumzutragen u. diese in Versen satirisch zu kommentieren;* **Schnit|ze|lei,** die; -, -en: **1.** ⟨o. Pl.⟩ (ugs.) *das Schnitzeln* (1). **2.** ⟨o. Pl.⟩ (landsch.) *das Schnitzeln* (2). **3.** (landsch.) *Schnitzerei* (1); **Schnit|zel|gru|be,** die: *beim Kunstturnen verwendete Grube, die mit Schaumstoffschnitzeln gefüllt ist, um Verletzungen beim Sturz von Geräten zu verhindern;* **Schnit|zel|jagd,** die: **1.** *(Pferdesport) Reitjagd, bei der die Teilnehmer eine aus Papierschnitzeln bestehende Spur verfolgen müssen.* **2.** *einer Schnitzeljagd* (1) *ähnliches, im Freien gespieltes Kinderspiel, bei dem ein Mitspieler mit Hilfe einer von ihm ausgelegten Spur aus Papierschnitzeln o. ä. gefunden werden muß;* **schnit|zeln** ⟨sw. V.; hat⟩ [zu ↑Schnitzel (2), mhd. in: versnitzelen = zerschneiden]: **1.** *(mit einem Messer o. ä., einer Maschine) in viele kleine Stückchen zerschneiden:* Elke ... schnitzelt Bohnen (Hacks, Stücke 60); fein geschnitzeltes Gemüse. **2.** (landsch.) *schnitzen;* **Schnit|zel|werk,** das: *Vorrichtung zum Schnitzeln von Gemüse o. ä. (an, zu einer Küchenmaschine);*

schnit|zen ⟨sw. V.; hat⟩ [mhd. snitzen, Intensivbildung zu ↑schneiden]: **a)** *mit einem Messer kleine Stücke, Späne von etw. (bes. Holz, Elfenbein) abschneiden, um so eine Figur, einen Gegenstand, eine bestimmte Form herzustellen:* er kann gut s.; an einem Kruzifix s.; **b)** *schnitzend* (a) *herstellen:* eine Madonna s.; eine Rohrflöte s.; sein Messer schnitzte Kreuze (Schaper, Kirche 24); [aus Holz, Elfenbein] geschnitzte Schachfiguren; **c)** *durch Schnitzen* (a) *an einer Sache anbringen:* ein Ornament in eine Tür s.; eine Inschrift in eine Holztafel s.; **Schnit|zer,** der; -s, - [1: mhd. snitzære, ahd. snizzåri; 2: eigtl. = falscher Schnitt]: **1.** *jmd., der schnitzt* (a), *Schnitzwerke schafft:* er ist ein genialer S.; der S. [dieses Altars] war offenbar von Riemenschneider beeinflußt. **2.** (ugs.) *aus Unachtsamkeit o. ä. begangener Fehler, mit dem gegen etw. verstoßen wird:* sich einen groben S. leisten; jmdm. unterläuft ein S.; Irgendwo haben die Konstrukteure einen enormen S. gemacht (Zwerenz, Kopf 147); zähle die S. von dieser ungebildeten Frau Stöhr (Th. Mann, Zauberberg 28); **Schnit|ze|rei,** die; -, -en: **1.** *etw., was jmd. geschnitzt hat, geschnitzte Figur, Verzierung o. ä.:* wunderschöne -en; Ich ... betastete die -en der massigen Anrichte (Johnson, Mutmaßungen 52). **2.** ⟨o. Pl.⟩ *das Schnitzen* (a); **Schnit|ze|rin,** die; -, -nen: w. Form zu ↑Schnitzer (1); **Schnitz|holz,** das: *zum Schnitzen geeignetes Holz; der Baum liefert ein sehr gutes S.;* **Schnitz|kunst,** die: *Kunst des Schnitzens, der Herstellung von Schnitzarbeiten:* ein Meisterwerk der S.; **Schnitz|ler,** der; -s, - (schweiz.): *Schnitzer* (1); **Schnitz|le|rin,** die; -, -nen (schweiz.): w. Form zu ↑Schnitzler; **Schnitz|mes|ser,** das: *Messer zum Schnitzen;* **Schnitz|werk,** das: *künstlerisch gestaltete Schnitzarbeit.*

schnob, schnö|be: 1. ↑schnauben. **2.** ↑schnieben; ◆ **schno|ben** ⟨sw. V.; hat⟩ [Nebenf. von ↑schnauben]: *schnuppern* (a): sein Bogen neben ihm abgespannt, seine Hunde schnobend um ihn (Goethe, Werther II, Colma); **schno|bern** ⟨sw. V.; hat⟩ [Iterativbildung zu ↑schnoben] (landsch.): *schnuppern* (a): an etw. s.; Zwei Kühe ... kamen dicht an den Zaun und schnoberten (Remarque, Funke 99). **schnöd:** ↑schnöde.

Schnod|der, der; -s [niederd. snodder = Rotz, spätmhd. snuder = Katarrh, verw. mit ↑schnauben] (derb): *Nasenschleim:* jmdm. läuft des S. herunter; Ich holte durch den Mund Luft und atmete sie durch die Nase aus ... da kam sogar ein wenig S. heraus (Pilgrim, Mann 9); den S. abwischen; **schnod|de|rig,** schnoddrig ⟨Adj.⟩ [zu ↑Schnodder, also eigtl. = rotznäsig, urspr. von jmdm. gesagt, der (so unerfahren, jung ist, daß er) sich noch nicht einmal die Nase selbst putzen kann u. schon deswegen nicht mitreden sollte] (ugs. abwertend): *provozierend lässig, großsprecherisch, den angebrachten Respekt vermissen lassend:* ein -er Bursche; seine -e Art; er, sein Ton ist [richtig] s.; Noch immer fand sie mich zynisch ..., sogar schnoddrig (Frisch, Homo 153); ... habe mein Vater absichtlich und etwas schnoddrig 70 Pfennig auf die Tischplatte gepfeffert, obwohl die Rasur nur 50 macht (Kinski, Erdbeermund 18); **Schnod|de|rig|keit,** Schnoddrigkeit, die; -, -en (ugs. abwertend): **a)** ⟨o. Pl.⟩ *das Schnodderigsein:* (er) verbarg seine eigene Angst ... hinter schlecht gespielter Schnoddrigkeit (Apitz, Wölfe 41); **b)** *schnodderige Äußerung, Handlung:* ... wirft er mit provokanten Schnoddrigkeiten ... um sich (K. Mann, Wendepunkt 285); **schnodd|rig:** ↑schnodderig; **Schnodd|rig|keit:** ↑Schnodderigkeit.

schnö|de, (bes. südd., österr.:) schnöd ⟨Adj.⟩ [mhd. snœde = vermessen, rücksichtslos; verächtlich, erbärmlich, gering; dünn behaart (von Pelzen), eigtl. = geschoren, H. u.] (geh. abwertend): **1.** nichtswürdig, erbärmlich, verachtenswert: um des schnöden Mammons, Geldes willen; aus schnöder Feigheit, Angst; es war nichts als schnöder Geiz, schnöde Habgier; Dieses dumme Geld, wie schnöde doch eigentlich die beständige Sorge um so etwas sei! (R. Walser, Gehülfe 41). **2.** *in besonders häßlicher, gemeiner Weise Geringschätzung, Verachtung zum Ausdruck bringend u. dadurch beleidigend, verletzend, demütigend:* schnöder Undank; eine schnöde Beleidigung, Antwort, Zurechtweisung; jmdn. schnöde behandeln, abweisen; sie wurden schnöde *(kalt u. rücksichtslos)* im Stich gelassen; jmds. Unerfahrenheit, Vertrauen, Gastfreundschaft schnöde *(gefühllos, rücksichtslos)* ausnutzen; Es war nicht zu vermeiden, daß seine großzügige Gebefreudigkeit nicht selten schnöde *(kalt u. rücksichtslos)* mißbraucht wurde (Niekisch, Leben 98); **schnö|den** ⟨sw. V.; hat⟩ (schweiz.): *in schnöder (2), abfälliger Weise sagen, äußern:* „Wir haben nichts", schnödete Matthias auf der Treppe (Muschg, Gegenzauber 145); **Schnöd|heit,** (häufiger:) **Schnö|dig|keit,** die; -, -en [mhd. snœdekeit] ⟨Adj.⟩ abwertend): **a)** ⟨o. Pl.⟩ *das Schnödesein;* **b)** *schnöde (2) Bemerkung, Handlung.*

schno|feln ⟨sw. V.; hat⟩ [Nebenf. von ↑schnüffeln] (österr. ugs.): **1.** *schnüffeln* (1 a): am Kochtopf s.; ⟨subst.:⟩ man hörte nur das leise Schnofeln der Wirtin (Zuckmayer, Magdalena 161). **2.** *schnüffeln* (4). **3.** *durch die Nase sprechen;* **Schno|ferl,** das; -s, -n (österr ugs.): **1.** *beleidigtes Gesicht:* mach kein S.!. **2.** *Schnüffler* (1).

schnö|kern ⟨sw. V.; hat⟩ [vgl. schnäken]: **1.** (landsch.) *naschen* (1). **2.** (bes. nordd.) *schnüffeln* (4 a).

schno|pern, schnop|pern ⟨sw. V.; hat⟩ (landsch.): *schnobern;* ◆ Sei ruhig, Pudel! renne nicht hin und wider! An der Schwelle was schnoperst du hier? (Goethe, Faust I, 1186 f.).

Schnor|chel, der; -s, - [landsch. Schnorgel, Schnörgel = Mund, Nase, Schnauze, verw. mit ↑schnarchen, lautm.]: **1.** *ein- u. ausfahrbares Rohr zum Ansaugen von Luft für die Maschinen bei Unterwasserfahrt in geringer Tiefe (bei Unterseebooten, auch bei modernen Panzern).* **2.** *(Sporttauchen) mit einem Mundstück am unteren [u. einem gegen das Eindringen von Wasser schützenden Ventil am oberen] Ende versehenes Rohr zum Atmen beim Schwimmen unter Wasser;* **schnor|cheln** ⟨sw. V.; hat⟩: *mit Hilfe eines Schnorchels tauchen (um das Leben unter Wasser zu beobachten, um Fische zu harpunieren o. ä.):* gern, begeistert s.; an dieser Küste kann man überall gut s.; ⟨subst.:⟩ Weites Hochland, unberührte Tierwelt, Schnorcheln an Korallenriffen: Ferien in Kenia (FAZ 6. 11. 69, Reiseblatt 1); *das Schnorcheln;* **Schnorch|ler,** der; -s, -: *jmd., der schnorchelt;* **Schnorch|le|rin,** die; -, -nen: w. Form zu ↑Schnorchler.

Schnör|kel, der; -s, - [älter: Schnörchel, Schnörkel, frühnhd. Schnirkel = Laub- u. Blumenwerk an Säulen u. Geräten, wahrsch. entstanden aus älter Schnögel = Schnecke(nlinie) mit ↑Zirkel (2) u. älter Schnirre = Schleife]: *der Verzierung dienende, gewundene, geschwungene, spiralige o. ä. Form, Linie:* alte Möbel, ein schmiedeisernes Gitter mit allerlei -n; Stanislaus machte hinter seinem Namen einen riesigen S. (Strittmatter, Wundertäter 301); Ü wie man ... in einem eleganten S. den Vortrag beende (Thieß, Legende 90); **Schnör|ke|lei,** die; -, -en (ugs. abwertend): *Vielzahl von Schnörkeln; Geschnörkel:* ohne das ganze S., die vielen -en würde mir die Fassade, die Truhe, das Gitter viel besser gefallen; **schnör|kel|haft** ⟨Adj.; -er, -este⟩ (abwertend): *schnörkelig;* **schnör|ke|lig, schnörk|lig** ⟨Adj.⟩: **a)** *mit [vielen] Schnörkeln versehen:* ein gemaltes Holzschild, drauf schnörkelige Inschrift: ... (Grass, Hundejahre 31); **b)** *einem Schnörkel ähnelnd, aus Schnörkeln bestehend:* ein -es Ornament; **Schnör|kel|kram,** der (ugs. abwertend): *Geschnörkel;* **schnör|kel|los** ⟨Adj.⟩: **a)** *nicht geschnörkelt, nicht verschnörkelt, keine Schnörkel aufweisend:* eine -e Linie, Form, Unterschrift; **b)** *kein überflüssiges, störendes Beiwerk aufweisend; nüchtern, schlicht:* er spricht eine klare, -e Sprache: der FC Neudorf spielte s. (Sport Jargon; *überflüssige Spielzüge vermeidend);* **schnör|keln** ⟨sw. V.; hat⟩ (ugs.): *mit Schnörkeln versehen, in schnörkeliger Form ausführen:* sorgfältig schnörkelte er seine Unterschrift unter den Brief; ⟨meist im 2. Part.:⟩ eine geschnörkelte Vase, Linie, Schrift; ein geschnörkelter Giebel; Ü eine geschnörkelte Sprache; **Schnör|kel|schrift,** die: *schnörkelige Schrift;* **schnörk|lig:** ↑schnörkelig.

Schnör|re, die; -, -n [südd. Form von niederd. snurre, ↑Schnurrbart] (schweiz. ugs.): *Mund.*

schnor|ren ⟨sw. V.; hat⟩ [vgl. schnurren (3)] (ugs.): *jmdn. [immer wieder] angehen, um Kleinigkeiten wie Zigaretten, etwas Geld o. ä. zu erbitten, ohne selbst zu einer Gegenleistung bereit zu sein; nassauern:* Er zieht rum, schnorrt und fechtet an den Türen (Lynen, Kentauerfährte 37); Sie wollen ja nicht ihr ganzes Leben Gammler sein (o. Spiegel 39, 1966, 78); er schnorrt ständig [bei, von seinen Freunden] Zigaretten; Freikarten, Freiexemplare s.; Ü Hast wohl nichts gelernt zu Hause, he? Nur Empfehlungsschreiben geschnorrt, hehe! (Fussenegger, Zeit 41).

schnör|ren ⟨sw. V.; hat⟩ [zu ↑Schnörre] (schweiz. ugs.): *daherreden.*

Schnor|rer, der; -s, - (ugs.): *jmd., der schnorrt:* er ist ein alter S.; **Schnor|re|rei,** die; -, -en (ugs. abwertend): *[dauerndes] Schnorren:* seine S. wird mir langsam zuviel; mit diesen dauernden -en hat er sich ziemlich unbeliebt gemacht; **Schnor|re|rin,** die; -, -nen (ugs. abwertend): w. Form zu ↑Schnorrer.

Schnö|sel, der; -s, - [aus dem Niederd., wohl verw. mit niederd. snot = Nasenschleim, vgl. Schnodder] (ugs. abwertend): *junger Mann, dessen Benehmen als frech o. ä. empfunden wird:* ein unreifer, dummer S.; dieser S. von zweiundzwanzig Jahren grinst dem Inspektor ins Gesicht? (Nachbar, Mond 88); **schnö|se|lig, schnöslig** ⟨Adj.⟩ (ugs. abwertend): *wie ein Schnösel [sich benehmend]:* ein -er Bursche; sich s. benehmen; **Schnö|se|lig|keit,** Schnösligkeit, die; -, -en (ugs. abwertend): **1.** ⟨o. Pl.⟩ *das Schnöseligsein:* seine S. ist mir zuwider. **2.** *schnöselige Handlung, Äußerung:* solche -en kann er sich da nicht erlauben; **schnös|lig:** ↑schnöselig; **Schnös|lig|keit:** ↑Schnöseligkeit.

Schnucke[1], die; -, -n [H. u., viell. zu mnieder. snukken = einen Laut ausstoßen, lautm.] (nordd. selten): *Schaf, Heidschnucke.*

Schnuckel|chen[1], das; -s, - [wohl zu landsch. schnuckeln = nuckeln (1); naschen; wohl lautm.]: *Schäfchen (auch als Kosewort bes. für ein Mädchen):* komm her, mein kleines S.!; **schnucke|lig**[1], schnucklig ⟨Adj.⟩ (ugs.): **a)** *(bes. von jungen Mädchen) durch ein gefälliges, ansprechendes Äußeres anziehend wirkend, attraktiv:* eine -e Blondine; Sie hat im wesentlichen nur ... ihren zugegebenermaßen schnuckeligen Korpus vorzuweisen (MM 8. 8. 70, 9); **b)** *nett* (1 b), *ansprechend, allgemein gefallend:* ein -es kleines Häuschen, Auto; eine -e Kneipe; in einem schnuckligen Pavillon im Wiener Sezessionsstil (BM 10. 3. 74, 8); **c)** *appetitlich:* s. duften; ⟨subst.:⟩ etw. Schnuckeliges essen; **Schnucki**[1], das; -s, - (ugs.): *Schnuckelchen;* **Schnucki|putz**[1], der; -es, -e (ugs.): *Schnuckelchen;* **schnuck|lig:** ↑schnuckelig.

Schnu|del, der; -s [spätmhd. snudel, vgl. Schnodder] (landsch.): *Nasenschleim;* **schnud|de|lig,** schnuddlig ⟨Adj.⟩: **1.** (landsch.) **a)** *mit Nasenschleim behaftet, beschmutzt;* **b)** *schmuddelig.* **2.** (berlin.) *besonders fein u. lecker [aussehend]:* eine -e Torte; **schnu|deln** ⟨sw. V.; hat⟩ (landsch.): *die Nase hochziehen;* **Schnu|del|na|se,** die; -, -n (landsch.): *laufende Nase:* In der Schule wäre ich mit S. Zielscheibe des Spottes geworden (Pilgrim, Mann 9); **schnudd|lig:** ↑schnuddelig.

Schnüf|fe|lei, die; -, -en: **1.** (ugs. abwertend) *[dauerndes] Schnüffeln* (4 b): Ich schließe schnell die Schranktür ..., bevor meine S. ihren Unwillen erregt (Becker, Irreführung 215); Ihr Metier ist nicht die Gangsterjagd, sondern vor allem S. in Ehesachen (Spiegel 13, 1976, 4); „Ich konnte die ewige S. nicht mehr ertragen!" ... „Dauernd unter den Augen der Kontrolleure ..." (Bild 12. 4. 64, 40). **2.**

Schnüffelkrankheit

⟨Pl. selten⟩ (abwertend) *[dauerndes, gewohnheitsmäßiges] Schnüffeln* (2a); **Schnüf|fel|krank|heit,** die ⟨o. Pl.⟩ (Tiermed.): *bei Schweinen vorkommende, mit starkem Ausfluß aus der Nase u. schnarrenden Atemgeräuschen einhergehende ansteckende Viruserkrankung;* **schnuf̣feln** ⟨sw. V.; hat⟩ (landsch.): ↑ schnüffeln (1, 3); **schnüf|feln** ⟨sw. V.; hat⟩ [aus dem Niederd. < mniederd. snuffelen, verw. mit ↑ schnauben]: **1. a)** *(meist von Tieren) in kurzen, hörbaren Zügen durch die Nase die Luft einziehen, um einen Geruch wahrzunehmen:* Instinktiv schnüffelte er also, und er bemerkte den Geruch (Genet [Übers.], Notre Dame 263); der Hund schnüffelt an jedem Laternenpfahl; **b)** *(einen Geruch) schnüffelnd* (1a) *wahrnehmen:* Er ... schnüffelte den penetranten Geruch des Behandlungszimmers (Sebastian, Krankenhaus 57). **2.** (Jargon) **a)** *sich durch das Inhalieren von Dämpfen bestimmter leicht flüchtiger Stoffe (z. B. Lösungsmittel von Lacken, Klebstoffen) berauschen:* sie hat schon in der dritten Klasse angefangen zu s.; ⟨subst.:⟩ das Schnüffeln ist besonders unter Schülern verbreitet; **b)** *(einen Stoff) zum Schnüffeln* (2a) *benutzen:* er schnüffelt Alleskleber, Benzol. **3.** (ugs.) *die Nase in wiederholten kurzen Zügen hochziehen:* hör endlich auf zu s.!; Die Frauen schnüffelten und Viehmanns Opa weinte laut (Degenhardt, Zündschnüre 206). **4.** (ugs. abwertend) **a)** *[aus Neugier] etw., was einem anderen gehört, heimlich, ohne dazu berechtigt zu sein, durchsuchen, um sich über den Betreffenden zu informieren:* Es ist nicht meine Art, in fremden Zimmern zu s. (Frisch, Homo 209); Die Tochter muß während seiner Abwesenheit in seiner Tasche geschnüffelt haben (Jägersberg, Leute 99); ⟨subst.:⟩ er hat sie beim Schnüffeln an, in seinem Schreibtisch erwischt; **b)** *berufsmäßig, im Auftrag Ermittlungen durchführen, [heimlich] bestimmte Informationen beschaffen:* für die Steuerfahndung, den Verfassungsschutz, die Stasi s.; was hat denn der Bulle hier noch zu s.?; **Schnüf|fel|na|se,** die, (ugs. abwertend): *jmd., der viel schnüffelt* (4); *Schnüffler* (1): was will denn die S. schon wieder hier?; **Schnüf|fel|stoff,** der (Jargon): *zum Schnüffeln* (2a) *geeigneter Stoff:* Alleskleber ist ein beliebter S.; **Schnüff|ler,** der; -s, - (ugs. abwertend): **1. a)** *jmd., der gern, viel schnüffelt* (4a): er ist ein verdammter S.; **b)** *jmd., der berufsmäßig, im Auftrag schnüffelt* (4b) *(z. B. Detektiv, Spitzel):* ein S. vom Rauschgiftdezernat; paß auf, der Typ ist ein S.!; Mit neuen Methoden suchen die S. des sowjetischen Nachrichtendienstes die Abschirmung der Missionen vor Lauschern zu durchbrechen (Welt 12. 2. 76, 1). **2.** (Jargon) *jmd., der gewohnheitsmäßig schnüffelt* (2a); **Schnüff|lerin,** die; -, -nen (ugs. abwertend): w. Form zu ↑ Schnüffler.

schnul|len ⟨sw. V.; hat⟩ [lautm., vgl. lullen] (landsch.): *saugend lutschen:* am Daumen s.; (er) schnullte ... unersättlich an seinem Zeigefinger (Carossa, Aufzeichnungen 22); **Schnul|ler,** der; -s, -: **a)** *kleines, auf einer mit einem Ring versehenen Scheibe aus Plastik befestigtes, einem Sauger* (1a) *ähnliches Bällchen aus Gummi, das man Säuglingen [um sie zu beruhigen] in den Mund steckt;* **b)** (landsch.) *Sauger* (1a).

Schnul|ze, die; -, -n [viell. durch Versprechen für Schmalz od. in Anlehnung an niederd. snulten = gefühlvoll daherreden] (ugs. abwertend): **a)** *künstlerisch wertloses, sentimentales, rührseliges, kitschiges Lied od. Musikstück:* eine billige S.; eine S. singen, spielen; Der erfolgreiche Popkünstler singt Melodien der Klassiker als -n (Hörzu 2, 1974, 42); **b)** *Theaterstück, Fernsehspiel o. ä. in der Art einer Schnulze* (a): Wie denken Sie über Ihre früheren Filme, z. B. die -n mit Maria Schell? (Hörzu 43, 1971, 14); Beginn der achtteiligen S. ... an der Gartenlaubenidylle (Wochenpresse 48, 1983, 47); **schnul|zen** ⟨sw. V.; hat⟩ (ugs. abwertend): *schnulzig singen, schnulzige Musik spielen:* wenn ein westdeutscher „Sänger" vom Fernweh nach Italien schnulzt (Zeit 5. 6. 64, 23); ⟨auch unpers.:⟩ „Das Glück ist rosarot", schnulzt es im Hintergrund (MM 18. 4. 70, 77); **Schnul|zensän|ger,** der; -s, - (ugs. abwertend): *jmd., der [als Schlagersänger] Schnulzen* (a) *singt;* **Schnul|zen|sän|ge|rin,** die; -, -nen (ugs. abwertend): w. Form zu ↑ Schnulzensänger; **schnul|zig** ⟨Adj.⟩ (ugs. abwertend): *wie eine Schnulze beschaffen, wirkend; in der Art einer Schnulze:* -e Musik; ein -es Lied; ein -er Heimatfilm; Ein -es Happy-End, das ursprünglich im Drehbuch stand, wurde ... entfernt (Zeit 10. 4. 64, 27); er singt, spielt das ein bißchen s.

schnup|fen ⟨sw. V.; hat⟩ [mhd. snupfen = schnaufen, Intensivbildung zu ↑ schnauben]: **1. a)** *fein pulverisierten Tabak durch stoßweises, kräftiges Einatmen in die Nasenlöcher einziehen:* der Großvater schnupft; Er hielt beim Mähen alle paar Meter an und schnupfte aus einer silbernen Dose Tabak (Lentz, Muckefuck 195); **b)** *(einen fein pulverisierten Stoff) in der Art, wie man es beim Schnupfen* (1a) *tut, zu sich nehmen:* Kokain s.; Ich schnupfe das weiße Pulver, und meine Atemwege sind wie durch Zauberhand befreit (Kinski, Erdbeermund 123); **c)** *sich durch das Schnupfen* (1b) *von etw. in einen bestimmten Zustand versetzen:* 139 Drogenabhängige schnupften oder spritzten sich letztes Jahr ... zu Tode (Spiegel 44, 1975, 73). **2. a)** *stoßweise durch die Nase einatmen, um herauslaufenden Nasenschleim od. in die Nase geratene Tränen zurückzuhalten, wieder nach oben zu ziehen:* Die Menschen husten und schnupfen und atmen schwer (Zwerenz, Erde 36); Er schnupft, prustet fröhlich und laut (Hacks, Stücke 267); **b)** *schnupfend* (2a) *sagen:* „Ausgerechnet Adolar", schnupfte sie, „warum gerade er?..." (Lentz, Muckefuck 158); **Schnupfen,** der; -s, - [spätmhd. snupfe, snüpfe]: **1.** *mit der Absonderung von Schleim, der oft das Atmen durch die Nase stark behindert, verbundene Entzündung der Nasenschleimhäute:* Ein schwerer S. schien im Anzuge, er saß ihm in der Stirnhöhle und drückte (Th. Mann, Zauberberg 232); [den, einen] S. haben; einen S. bekommen; sich einen S. holen; ein Mittel gegen S. **2.** (salopp scherzh. verhüll.) *Kavaliersschnupfen:* sich [bei jmdm.] einen S. holen; **Schnup|fen|mit|tel,** das: *Mittel gegen Schnupfen;* **Schnup|fen|spray,** der od. das: *Nasenspray;* **Schnup|fer,** der; -s, -: *jmd., der die Gewohnheit hat, zu schnupfen* (1a); **Schnup|fe|rin,** die; -, -nen: w. Form zu ↑ Schnupfer; **Schnupf|pul|ver,** das: *(keinen Schnupftabak enthaltendes) Pulver aus Kräutern zum Schnupfen* (1a); **Schnupf|ta|bak,** der: *Tabak zum Schnupfen* (1a); **Schnupf|ta|bak|do|se, Schnupf|ta|baks|do|se,** die: *Dose für Schnupftabak;* **Schnupf|tuch,** das ⟨Pl. ...tücher⟩ (veraltend): *Taschentuch;* **schnup|pe** ⟨Adj.⟩: nur in der Verbindung [jmdm.] s. sein (ugs.; *[jmdm.] einerlei, egal, gleichgültig sein;* eigtl. = [für jmdn.] *wertlos wie eine Schnuppe:* das ist doch s.; wie du es machst, ist mir schnuppe; der Typ ist mir völlig s.; Namen und Schicksal von Hülfeflehenden seien den Reichen meist ganz s. (R. Walser, Gehülfe 127); **Schnup|pe,** die; -, -n [mniederd. snup(p)e, zu: snuppen = den Kerzendocht säubern, eigtl. = schneuzen; niederd. Form von ↑ schnupfen; vgl. putzen]: **1.** (nordd., mitteld.) *verkohlter Docht (einer Kerze o. ä.), verkohltes Ende eines Dochts.* **2.** (selten) kurz für ↑ Sternschnuppe; **Schnup|per-** (Werbespr.): *drückt in Bildungen mit Substantiven aus, daß etw. erst einmal zum Kennenlernen gedacht ist:* Schnupperabo, -preis; ... Unregelmäßigkeiten bei der Kandidatennumerierung. Minderjährige und sogenannte Schnuppermitglieder seien daran beteiligt worden (Husumer Nachrichten 26. 7. 94, 1); **Schnup|per|leh|re,** die (ugs.): *einige Tage dauernder Aufenthalt in einem Betrieb zum Kennenlernen der in Aussicht genommenen Ausbildung;* **schnup|pern** ⟨sw. V.; hat⟩ [Iterativbildung von mniederd. snuppen, ↑ Schnuppe]: **a)** *(meist von Tieren) in kurzen, leichteren Zügen durch die Nase die Luft einziehen, um einen Geruch [intensiver] wahrzunehmen:* Die Hunde schnupperten (Lentz, Muckefuck 180); die Katze ... schnupperte flüchtig an der Maus (Roehler, Würde 9); an einem Glas Wein, am Kochtopf s.; Er schnupperte in den Wind, in den Nichts 87); **b)** *(einen Geruch) schnuppernd* (a) *wahrnehmen:* Rauch, ein Aroma s.; Mit welcher Wollust schnupperte ich die schweren, süßen Düfte (K. Mann, Wendepunkt 143); Ü er wollte mal wieder Seeluft s. (ugs.; *an der See sein*); **Schnup|per|stu|di|um,** das (ugs.): vgl. Schnupperlehre.

¹Schnur, die; -, Schnüre, landsch. u. in der Fachspr. auch: -en [mhd., ahd. snuor, wahrsch. verw. mit ↑ nähen u. eigtl. = gedrehtes od. geflochtenes Band (vgl. got. snōrjō = geflochtener Korb; vgl. 1. *langes, dünnes, aus mehreren zusammengedrehten od. -geflochtenen Fäden, Fasern o. ä. hergestelltes Gebilde:* eine dicke, dünne, lange S.; drei Meter, eine Rolle, ein Stück S.; die S. ist zu kurz, ist drei Meter lang; die S. der Angel, des Drachens ist aus Nylon; an meinem Rucksack ist eine S. gerissen; Darüber löste die S. *(der Knoten, die Schleife in der Schnur)* sich auf, die seinen Morgenrock hielt (Langgässer, Siegel 205); Es wurden ihnen alle Litzen, Schnüre und Achselklappen heruntergerissen (Rolf Schneider, November 67); um das Sofakissen, den Mützenrand lief eine dünne rote S. *(Kordel o. ä.);* Wer Garn brauchte, Schnüre oder Taue, der betrat Lycaons Werkstatt (Ransmayr, Welt 249); eine S. um etw. binden, wickeln, knoten; eine S. durch etw. ziehen; die S. aufwickeln; ich kriege die S. *(den/die Knoten in der Schnur)* nicht auf; die Schnüre des Zelts spannen; Der Fisch nahm kaum noch S. (Angelfischerei) *bewirkte durch sein schwächer werdendes Ziehen kaum noch, daß sich die Angelschnur weiter abrollte;* Fisch 2, 1980, 126); er trägt die Schlüssel an einer S. um den Hals; Perlen auf eine S. aufziehen; einen Knoten, eine Schlaufe in eine S. machen; seine Jacke war mit silbernen Schnüren *(Kordeln)* besetzt; * **über die S. hauen** (ugs.; *über die Stränge schlagen* [↑ Strang 1 b]; eigtl. = mehr von einem Balken abschlagen, als es die gespannte Meßschnur anzeigt). **2.** (ugs.) *[im Haushalt verwendetes] elektrisches Kabel [an elektrischen Geräten]:* die S. der Lampe, des Staubsaugers ist kaputt, zu kurz; das Telefon hat eine acht Meter lange S.; eine neue, längere S. an ein Gerät machen.

²**Schnur,** die; -, -en [mhd. snu(or), ahd. snur(a), H. u.] (veraltet, noch landsch.): *Schwiegertochter.*

schnur|ar|tig ⟨Adj.⟩: *einer Schnur ähnlich:* ein -es Gebilde; **Schnür|band,** das ⟨Pl. ...bänder⟩ (landsch., bes. nordd.): *Schnürsenkel;* **Schnur|baum,** der (Gartenbau): *Spalierobstbaum mit senkrecht, schräg nach oben od. waagerecht wachsendem Leittrieb; Kordon;* **Schnür|be|satz,** der: *aus einer Kordel o. ä. bestehender Besatz:* ein Kissen mit S.; **Schnür|bo|den,** der: **1.** (Theater) *Raum über der Bühne, wo die Seile befestigt sind, mit deren Hilfe Kulissen u. Prospekte (2) herabgelassen u. hinaufgezogen werden.* **2.** (Schiffbau) *große überdachte Fläche in einer Werft, auf der die einzelnen Teile (z. B. die Spanten) eines zu bauenden Schiffs in natürlicher Größe aufgezeichnet werden;* **Schnür|brust,** die (veraltet): *Teil der Unterkleidung von Frauen, die als eine Art Korsett die Brust betonen soll u. hinten geschnürt wird:* ♦ Drauf leg' ich ihr die S. an. Vor Wonne beben mir die Häte (Bürger, Die beiden Liebenden); Ich soll meinen Leib pressen in eine S. und meinen Willen fesseln in Gesetze (Schiller, Räuber I, 2); **Schnür|chen,** das; -s, -: Vkl. zu ↑¹Schnur (1): * **wie am S.** (ugs.; *völlig reibungslos, ohne Stockungen, Schwierigkeiten u. in flüssigem Tempo; glatt;* urspr. bezogen auf das Beten des Rosenkranzes): die Arbeit läuft, klappt wie am S.; er konnte das Gedicht wie am S. [hersagen]; **schnü|ren** ⟨sw. V.⟩ [mhd. snüeren]: **1.** ⟨hat⟩ **a)** *mit etw. (z. B. mit einer Schnur, einem Riemen o. ä.), was durch mehrere Ösen o. ä. geführt, fest angezogen u. dann verknotet o. ä. wird, zubinden:* jmdm., sich die Schuhe s.; Ich sollte Essig trinken und mein Korsett fe-

ster s. (Langgässer, Siegel 347); Schuhe ..., die ... ganz hinauf geschnürt werden (Remarque, Westen 17); ⟨subst.:⟩ Stiefel, ein Mieder zum Schnüren; **b)** *(mehrere einzelne Dinge [gleicher Art]) mit Hilfe einer Schnur o. ä. (zu etw.) zusammenbinden:* das Reisig s.; die alten Zeitungen wurden zu dicken Bündeln geschnürt; **c)** *durch Zusammenbinden mehrerer einzelner Dinge [gleicher Art] herstellen:* ein Bündel s.; **d)** *mit Hilfe einer fest herumgebundenen Schnur o. ä. gegen ein ungewolltes Sichöffnen, Auseinanderfallen sichern:* ein Paket s.; **e)** *mit Hilfe einer Schnur o. ä. befestigen, anbringen:* er schnürte den Seesack auf den Dachgepäckträger; jmdm. die Hände auf den Rücken s.; die Leiche war in eine Zeltbahn geschnürt *(eingeschnürt);* **f)** *(eine Schnur o. ä.) fest (um etw.) binden:* (einen Strick um einen Koffer s.; jmdm., sich einen Riemen um den Bauch s. **2.** ⟨hat⟩ **a)** *[jmdm.] durch zu enges Anliegen an einer Stelle einen unangenehmen, schmerzhaften Druck verursachen:* der Verband schnürt [mich]; Diese Hosengedichte drücken nämlich scheußlich am Knie, schnüren im Spalt (Dwinger, Erde 55); Ü Todesangst schnürte ihm Kehle und Magen (Hesse, Narziß 64); **b)** ⟨+ sich⟩ *sich schnürend irgendwo hineindrücken:* Tief schnürten sich die Lederriemen in das Fleisch (Grzimek, Serengeti 288). **3.** *(den Körper) mit Hilfe eines fest geschnürten Mieders in eine bestimmte Form bringen* ⟨hat⟩ [sich ⟨Dativ⟩] die Taille s.; sie schnürt sich [zu stark]; sie war wie immer zu fest geschnürt (Langgässer, Siegel 338). **4.** ⟨ist⟩ (Jägerspr.) **a)** *(bes. vom Fuchs) die einzelnen Tritte in einer Linie hintereinandersetzend langsam laufen:* Füchse, Luchse, Wölfe schnüren; **b)** *sich schnürend (4 a) irgendwohin bewegen:* ein Fuchs schnürte über die Lichtung; Ü Ich ... schnürte (scherzh.; *ging in mäßigem Tempo, gleichmäßigen Schrittes*) durch die tunnelartige Allee (Grass, Katz 126).

♦ **schnür|feln** ⟨sw. V.⟩; hat⟩ [lautm.]: *(in landsch. Sprachgebrauch)* schnaufen, schniefen: Die Bestien (= Wölfe) sind schon da ... sie umringten die Tanne und schnürfelten und heulten (Rosegger, Waldbauernbub 11).

schnur|för|mig ⟨Adj.⟩: *die Form einer Schnur habend;* **schnur|ge|ra|de,** (ugs.:) **schnur|gra|de** ⟨Adj.⟩ (emotional): *vollkommen gerade, gerade wie eine gespannte Schnur (1 a):* eine s. Linie; sie standen in -r Reihe; die Straße verläuft s.; **Schnur|ke|ra|mik,** die (Archäol.): **1.** *mit Abdrücken von Schnüren verzierte Keramik der Jungsteinzeit.* **2.** ⟨o. Pl.⟩ *durch das Vorhandensein von Schnurkeramik (1) gekennzeichnete Kultur der Jungsteinzeit;* **Schnur|ke|ra|mi|ker,** der ⟨meist Pl.⟩ (Archäol.): *in der Schnurkeramik lebender Mensch;* **schnur|ke|ra|misch** ⟨Adj.⟩ (Archäol.): *die Schnurkeramik betreffend, zu ihr gehörend;* **Schnür|leib,** der, **Schnür|leib|chen,** das (veraltet): *Schnürmieder (2):* ♦ mit ihrem ... Gänslein Tochter, mit der flachen Brust und niedlichem Schnürleibe (Goethe, Werther II, 15. März); **schnür|los** ⟨Adj.⟩: *ohne Schnur (2):* ein -es Telefon; eine

Akkubohrmaschine läßt sich, weil sie s. ist, leichter handhaben; s. telefonieren; sich s. rasieren; **Schnürl|re|gen,** der; -s, - ⟨Pl. selten⟩ (österr.): *anhaltender, strömender Regen:* das ist der berühmte Salzburger S.; wir hatten drei Tage S.; **Schnürl|samt,** der; -[e]s, -e (österr.): *Kordsamt, Manchester;* **Schnür|mie|der,** das: **1.** *Mieder (1), das geschnürt wird.* **2.** *Mieder (2), das geschnürt wird.*

Schnur|rant, der; -en, -en [mit latinis. Endung zu ↑schnurren (3) geb.] (veraltet): *umherziehender Straßenmusikant:* ♦ Getanzt hab' ich und die Älteste ... hatten brave -en erwischt; da ging's (= das Tanzen) wie Wetter (Goethe, Brief an J. D. Salzmann, Juni 1771?); **Schnurr|bart,** der [aus dem Niederd., zu niederd. snurre = Schnauze, eigtl. = Lärmgerät]: *über der Oberlippe wachsender Bart:* ein kleiner, buschiger, gezwirbelter, gewichster, gepflegter S.; [einen] S. tragen; **Schnurr|bart|bin|de,** die: *Binde, mit der (bes. während der Nacht) der Schnurrbart in Form gebracht wird;* **schnurr|bär|tig** ⟨Adj.⟩: *einen Schnurrbart tragend:* ein -er Polizist; **Schnur|re,** die; -, -n [älter = Schnurrpfeife, ↑ Schnurrpfeiferei] (veraltend): *kurze unterhaltsame Erzählung von einer spaßigen od. wunderlichen Begebenheit:* Anekdoten über unser Familienleben ... Manchmal hatten diese -n sogar den pikanten Reiz, wahr zu sein (K. Mann, Wendepunkt 155); **schnur|ren** ⟨sw. V.⟩ [mhd. snurren = rauschen, sausen; lautm.; 3: eigtl. = mit der Schnurrpfeife (↑Schnurrpfeiferei) als Bettelmusikant umherziehen; betteln]: **1. a)** *ein anhaltendes, verhältnismäßig leises, tiefes, gleichförmiges, summendes, aus vielen kurzen, nicht mehr einzeln wahrnehmbaren Lauten bestehendes Geräusch von sich geben* ⟨hat⟩: der Ventilator, das Spinnrad, der Kühlschrank schnurrt; während Verschlüsse klicken, Kameras schnurren (Spiegel 9, 1966, 61); **b)** *sich schnurrend (1 a) (irgendwohin) bewegen* ⟨ist⟩: Für gewöhnlich schnurrt es (= ein kleines Flugzeug mit 220 km/st) durch die Lüfte (Grzimek, Serengeti 24); **c)** (ugs.) *reibungslos, ohne Stockungen u. rasch ablaufen, vor sich gehen* ⟨hat⟩: Es dauert eine ganze Weile, bis die Arbeit so schnurrt (Fallada, Jeder 283). **2.** (bes. von Katzen) *als Äußerung des Behagens einen schnurrenden (1 a) Laut hervorbringen* ⟨hat⟩: eine ... Katze ... putzte sich das Fell und schnurrte vor Behagen (Schröder, Wanderer 31). **3.** (landsch.) *schnorren* ⟨hat⟩; **Schnur|rer,** der; -s, - (landsch., meist abwertend): *Schnorrer;* **Schnür|re|rei,** die; -, -en (landsch. abwertend): *Schnorrerei;* **Schnur|re|rin,** die; -, -nen (landsch., meist abwertend): w. Form zu ↑Schnurrer; **Schnurr|haar,** das (Zool.): *langes, kräftiges, auf der Oberlippe mancher Raubtiere (bes. Katzen) wachsendes, seitlich weit abstehendes Tasthaar.* **Schnür|rie|men,** der: **a)** *Riemen, mit dem etw. verschnürt, zugeschnürt wird;* **b)** *Schnürsenkel [aus Leder].*

schnur|rig ⟨Adj.⟩ [zu ↑Schnurre] (veraltend): *in belustigender Weise komisch:* eine -e Geschichte; ein -er Einfall; Der

Schnurrigkeit

bucklige Mexikaner ... nahm unaufhörlich photographische Aufnahmen vor, indem er sein Stativ mit -er Behendigkeit von einem Punkt der Terrasse zum andern schleppte (Th. Mann, Zauberberg 325); ein -er Alter, Kauz; ich finde die Idee etwas s.; **Schnur|rig|keit**, die; -, -en (veraltend): **1.** ⟨o. Pl.⟩ *das Schnurrigsein:* daß sie ihren ganzen Humor und ihre ganze S. ...beibehalten hat (Katia Mann, Memoiren 161). **2.** *etwas Schnurriges, schnurrige Äußerung, Handlung, Idee o. ä.:* mit derlei -en sorgte er immer wieder für Heiterkeit. **Schnur|rock, Schnür|rock**, der: *(früher von Männern getragener)* ¹*Rock* (2) *mit Schnüren:* ♦ seine gewöhnlichen Tageskleider ..., welche in einem kurzen polnischen Schnürrocke von grünem Sommerzeuge, in strohfarbenen kurzen Hosen und schwarzen Kamaschen bestanden (Immermann, Münchhausen 332). **Schnurr|pfei|fe|rei**, die [zu veraltet Schnurrpfeife = schnurrende Pfeife der Kinder, auch der Bettelmusikanten, dann: Kinderei, Unnützes] (veraltet): **a)** *verrückter Einfall, abwegige Idee:* das war bestimmt wieder eine von Peters -en; **b)** *Kuriosität* (2): zu Hause hat er eine ganze Sammlung von solchen -en. **Schnür|schuh**, der: *Schuh, der geschnürt wird;* **Schnür|sen|kel**, der (regional, bes. nordd., md.): *Schnur od. schmales, festes gewebtes* ¹*Band* (I, 1) *zum Zuschnüren eines Schnürschuhs:* dein S. ist aufgegangen; **Schnur|spiel**, das: *Fadenspiel;* **schnur|sprin|gen** ⟨st. V.⟩: nur im Inf. u. Part. gebr.⟩: *seilspringen:* wollen wir s.?; wir sind schnurgesprungen; schnurspringende Kinder; **Schnurspringen**, das ⟨o. Pl.⟩ (österr.): *Seilspringen;* **Schnür|stie|fel**, der: vgl. Schnürschuh; **schnur|stracks** ⟨Adv.⟩ (ugs.): **a)** *auf dem kürzesten, schnellsten Wege; geradewegs* (a): Kaum ... aus dem Krankenhaus entlassen, ging Helene Parilla s. zur Gattin des Medizinprofessors (Zwerenz, Quadriga 116); **b)** *ohne Umschweife, prompt; geradewegs* (b): Sawatzki tritt s. aus der KP aus (Grass, Hundejahre 483); eine wackere Närrin, die s. zum Gegenehebruch schreitet (Frisch, Stiller 328); **Schnü|rung**, die; -, -en (selten): **1.** ⟨o. Pl.⟩ *das Schnüren* (1). **2.** *geschnürte Verbindung, Befestigung o. ä.:* die S. ist zu fest, hat sich gelockert; **Schnur|wurm**, der (Zool.): *(in vielen meist im Meer lebenden, teilweise sehr große Längen erreichenden Arten vorkommender) dünner, meist schnurförmiger Wurm mit einem vorstülpbaren Rüssel, der oft mit einem Giftstachel ausgestattet ist.* **schnurz** ⟨Adj.⟩: in der Verbindung **[jmdm.] s. sein** (salopp; ↑schnuppe; H. u., wohl aus der Studentenspr.): Der Jachmann ist ihm s., den beachtet er gar nicht (Fallada, Mann 82); Die Menschheit ist mir s. und piepe (Kuby, Sieg 158); **schnurzegal, schnurz|pie|pe, schnurz|piepegal** ⟨Adj.⟩: in der Verbindung **[jmdm.] sein** (salopp; ↑schnuppe): Es ist mir schnurzegal, ob es noch Hoffnung für sie gibt oder nicht (Baldwin [Übers.], Welt 297); entweder liest sie keine Drehbücher, bevor sie die Rolle annimmt, oder ihr ist es schnurzpiepe, was sie spielt (Hörzu 13, 1982, 149); Er sah wirklich so aus, als sei ihm das ganze Showbusiness „schnurzpiepegal", wie er in einem Interview wissen ließ (MM 14. 11. 80, 41).

Schnüt|chen, das; -s, -: Vkl. zu ↑Schnute; **Schnu|te**, die; -, -n [mniederd. snüt(e) = Schnauze]: **1.** (fam., bes. nordd.) *Mund:* dem Kind die S. abwischen. **2.** * **eine S. ziehen** (ugs.); *eine Miene zeigen, die Verdrossenheit, Enttäuschung, Beleidigtsein o. ä. ausdrückt:* wenn wir jedesmal so 'ne S. gezogen hätten wie du, wären wir heute alle bloß noch am Heulen (Degenhardt, Zündschnüre 36).

Scho|ah, die; - [hebr. šō'ā = Katastrophe; Untergang]: neuhebr. Bez. für *Holocaust* (a): Lanzmann hat seine von vielen Israelis geteilte Auffassung, die S. – die planmäßige, organisierte Vernichtung der Juden – sei nicht darstellbar, zementiert mit seinem eigenen Film „Shoah", einem neuneinhalbstündigen Essay, in dem die Überlebenden des Holocaust vom unnennbaren Grauen „nur" erzählen (Rheinpfalz 8. 3. 94,2). **schob, schö|be** : schieben. **Scho|ber**, der; -s, - [mhd. schober, ahd. scobar = (Getreide-, Heu)haufen, verw. mit ↑Schopf (in dessen urspr. Bed. „Büschel") u. ↑Schuppen]: **1.** *überdachtes Brettergerüst, Feldscheune zum Aufbewahren bes. von Heu, Stroh.* **2.** (südd., österr.) *im Freien kasten- od. kegelförmig aufgerichteter Haufen aus Heu o. ä.:* Der Schaffer ... hieß sie Mistgabeln holen, da wir S. zusammenstellen sollten (Kisch, Reporter 213); Heu in S. setzen *(zu Schobern aufschichten);* **Schö|berl**, das; -s, -n [eigtl. = (Hinein)geschobenes] (österr.): *Suppeneinlage aus gesalzenem, gebackenem Biskuitteig;* **scho|bern, schö|bern** ⟨sw. V.; hat⟩ [mhd. schobern] (landsch., österr.): *in Schober* (2) *setzen:* Heu s. **Scho|chen**, der; -s, Schöchen [mhd. schoche, Nebenf. von: schoc, ↑¹Schock] (südd., schweiz.): *[kleinerer] Heuhaufen;* ¹**Schock**, das; -[e]s, -e ⟨aber: 2 Schock⟩ [mhd. schoc, eigtl. = Haufen]: **1.** (veraltend) *Anzahl von 60 Stück:* ein S. holländische/ (geh.:) holländischer Eier kostet/ (seltener:) kosten 15 Mark; mit drei S. Eiern. **2.** (ugs.) *Haufen* (2): sie hat ein ganzes S. Kinder; Sie hätte einen Baron heiraten sollen, da S. Bediente um sie herumstellen kann (Bredel, Väter 252); mit dem S. Sorgen am Hals (Kühn, Zeit 159). ²**Schock**, der; -[e]s, -s, selten: -e [frz. choc, zu: choquer = (an)stoßen, beleidigen, wohl < mniederl. schocken = stoßen; vgl. schaukeln]: **1.** *durch ein außergewöhnlich belastendes Ereignis ausgelöste seelische Erschütterung [auf Grund deren der Betroffene nicht mehr fähig ist, seine Reaktionen zu kontrollieren]:* ein seelischer, psychischer S.; bei der Todesnachricht erlitt, bekam sie einen [schweren, leichten] S.; sein Entschluß war ein S. für sie, hat ihr einen S. versetzt, gegeben /Ihr Vater mußte seine Werkstatt dichtmachen, und den S. hat er nicht verkraftet (Bieler, Bär 414); unter S. (*Schockwirkung* 2) stehen, handeln; er muß sich erst mal von dem S. erholen; Ü Bertha ... hatte nach dem ersten S. *(Schreck)* über die unerwarteten und wenig erwünschten Gäste doch eine Mehlsuppe zustande gebracht (Heym, Schwarzenberg 22); Diesmal steht ganz Israel unter S. (Südd. Zeitung 26./27. 2. 94, 5). **2.** (Med.) *akutes Kreislaufversagen mit ungenügender Sauerstoffversorgung lebenswichtiger Organe:* durch den starken Blutverlust entwickelte sich ein S., kam sie in einen S.; **schockant¹** ⟨Adj.; -er, -este⟩ [frz. choquant, eigtl. 1. Part. von: choquer, ↑²Schock] (veraltend): *zur Entrüstung Anlaß gebend; empörend; anstößig;* **schock|ar|tig** ⟨Adj.⟩: **1.** *einem* ²*Schock ähnlich.* **2.** *schlagartig:* durch das -e Gefrieren wird die Zerstörung der Zellwände vermieden; **Schock|be|handlung**, die: **1.** *Behandlung eines* ²*Schocks* (2). **2.** *Heilverfahren für bestimmte seelische Krankheiten, bei dem ein Krampfzustand od.* ²*Schock* (2) *künstlich ausgelöst wird;* **Schocke|lei¹**, die; -, -en (landsch. abwertend): *Schuckelei;* **schockeln¹** ⟨sw. V.⟩ [landsch. Nebenf. von ↑schaukeln] (landsch.): **a)** ↑schuckeln (a) ⟨hat⟩; **b)** ↑schuckeln (b) ⟨ist⟩; **schocken¹** ⟨sw. V.; hat⟩ [1, 2: engl. to shock; zu: shock = ²Schock; 3: zu landsch. schocken = (zu)werfen, verw. mit ↑schaukeln]: **1.** (ugs.) *heftig schockieren:* jmdn. schockt etw. s.; die Eltern, die Bürger der Stadt wurden geschockt; der Horrorfilm schockte das Fernsehpublikum; Die Lehrer reagierten teilweise geschockt (Zeit 19. 9. 75, 13); die geschockten Frauen alarmierten die Polizei (Quick 31, 1976, 14). **2.** (Med.) *mit künstlich (z. B. elektrisch) erzeugtem* ²*Schock* (2) *behandeln:* einen Patienten s.; Diesmal wurden sie (= die Ratten) nicht geschockt (MM 9. 12. 69, 3). **3.** (Handball, Kugelstoßen) *[aus dem Stand] mit gestrecktem Arm werfen;* **Schocker¹**, der; -s, - (ugs.): **1.** *etw., was schockt* (1): der Film ist ein S.; Psycho von Robert Bloch – die ungewöhnlichste Kriminalstory unserer Zeit – ein S. von Qualität und Raffinesse (Börsenblatt 77, 1960, 4401). **2.** (selten) *jmd., der schockt* (1): Er ist und bleibt ein S., dieser Frank Zander (Freizeitmagazin 12, 1978, 9); **Schöcke|rin¹**, die; -, -nen (selten): w. Form zu ↑Schocker (2); **Schockfar|be**, die (Jargon): *besonders greller Farbton:* -n sind in; **schock|far|ben** ⟨Adj.⟩ (Jargon): *in einer Schockfarbe:* -e Radlerhosen; **schock|fro|sten** ⟨sw. V.; hat; meist im Inf. u. 2. Part. gebr.⟩: *(Lebensmittel) schockartig* (2) *einfrieren:* Lebensmittel s.; das Fleisch, der Fisch, das Gemüse wird, ist schockgefrostet; **schock|ge|frie|ren** ⟨st. V.; hat; meist im Inf. u. 2. Part. gebr.⟩: *schockartig* (2) *einfrieren:* das von den Zuchtbullen gewonnene Sperma, das Transplantat wird in flüssigem Stickstoff schockgefroren; **schockie|ren** ⟨sw. V.; hat⟩ [frz. choquer, ↑²Schock]: *jmdn. (bes. durch etw., was in provozierender Weise von der sittlichen, gesellschaftlichen Norm abweicht) in Entrüstung versetzen; bei jmdm. heftig Anstoß erregen:* die Bürger s.; der Film schockierte das Publikum; der frühe Treffer der Gäste schockierte die Einheimischen über weite Strecken der ersten Halbzeit

(Saarbr. Zeitung 24. 12. 79, 17); Nicola ... schockierte ihre Familie mit Nacktfotos in dem US-Herrenmagazin „Oui" (Spiegel 25, 1974, 122); „Rabbi" ..., „es wird Sie s., aber wenn ich ehrlich bin, mache ich mir nicht viel aus meinem Vater ..." (Kemelman [Übers.], Dienstag 96); schockiert sein; Die Hochschule finanzierte das Projekt mit 4000 Mark und war am Ende über das Produkt ganz schön schockiert (Hörzu 36, 1973, 100); Von ihr wird man keine schockierenden ... Ansichten hören (Bund 9. 8. 80, 43); Nach dem letzten schockierenden Massaker an Palästinensern (Südd. Zeitung 26./27. 2. 94, 5); **schocking**[1]: ↑shocking; **Schock|me|ta|mor|pho|se**, die ⟨Geol.⟩: *Umwandlung von Gesteinen durch starke Druckwellen (z. B. durch Kernexplosion erzeugt).*
Schock|schwe|re|not [zu ↑¹Schock (1)] (veraltet): *Ausruf des Unwillens, der Entrüstung.*
Schock|the|ra|pie, die: *Schockbehandlung* (2): Ü *Für manche Industrie und manche Regionen beginnen mit der Änderung des Wechselkurses eine Art S.* (MM 4. 11. 69, 1).
schock|wei|se ⟨Adv.⟩: 1. *in* ¹*Schocks* (1): *etw. s. verkaufen.* 2. (ugs.) *in großer Anzahl, scharenweise:* Kommen jetzt nicht s. Überläufer durch die Stellungen ...? (A. Zweig, Grischa 61).
Schock|wir|kung, die: 1. *einen* ²*Schock* (1) *auslösende Wirkung von etw.* 2. *Einwirkung eines* ²*Schocks* (1): *unter S. stehen;*
Schock|wurf, der: 1. (Handball) *Wurf, bei dem der Ball mit beiden Händen in Hüfthöhe von dem Körper gehalten u. mit einer kräftigen, stoßartigen Vorwärtsbewegung der Arme nach vorn geschleudert wird.* 2. (Kugelstoßen) *Wurf, wie er beim Kugelschocken ausgeführt wird.*
Schof, der; -[e]s, -e [niederd. Form von ↑Schaub]: 1. *(nordd.) (bes. zum Dachdecken verwendetes) Bund Stroh od. Ried.* 2. *(Jägerspr.) (bei Wildgänsen u. -enten) aus Muttertier u. beiden Elterntieren u. Jungen bestehende Gruppe.*
Scho|far, der; -[s], -oth [hebr. šôfar]: *meist aus einem Widderhorn gefertigtes, im jüdischen Kult verwendetes Blasinstrument.*
scho|fel ⟨Adj.; schofler, -ste⟩ [aus der Gaunerspr., zu jidd. schophol = gemein, niedrig < hebr. šafal] (ugs. abwertend): *in einer Empörung, Verachtung o. ä. hervorrufenden Weise schlecht, schäbig, niederträchtig:* eine schofle Gesinnung; das war s. von ihm; jmdn. s. behandeln; Ich kam mir s. vor, weil ich sie allein ließ (v. d. Grün, Glatteis 103); *in Geldsachen zeigt er sich immer ausgesprochen s. (in beschämender Weise kleinlich, geizig);* sich jmdm. gegenüber s. verhalten;
Scho|fel, der; -s, - (abwertend): 1. *etw. (bes. eine Ware), was schofel ist, nichts taugt; Schund:* lauter, nichts als S.! 2. *schofle männliche Person; Schuft:* so ein S.!; **scho|fe|lig**, schoflig ⟨Adj.⟩: *schofel.*
Schöf|fe, der; -n, -n [mhd. scheffe(ne), schepfe(nc), ahd. sceffino, scaffin, eigtl. = der (An)ordnende, zu ↑schaffen in dessen alter Bed. „anordnen"]: *bei Gerichten ehrenamtlich eingesetzter Laie, der zusammen mit dem Richter die Tat des Angeklagten beurteilt u. das Maß der Strafe festlegt:* ein Schöffengericht besteht aus einem Berufsrichter, dem Vorsitzenden Richter und zwei -n; jmdn. zum -n berufen, wählen; **Schöf|fen|bank**, die ⟨Pl. ...bänke⟩: *Sitzplatz der Schöffen im Gerichtssaal;* **schöf|fen|bar** ⟨Adj.⟩ (veraltet): *zum Schöffen wählbar;* **Schöf|fen|ge|richt**, das: *(beim Amtsgericht) aus Richter[n] u. Schöffen gebildetes Strafgericht:* zu einem erweiterten S. gehört außer dem Vorsitzenden Richter und den beiden Schöffen noch ein weiterer Berufsrichter; **Schöf|fen|kol|lek|tiv**, das (ehem. DDR): *aus Schöffen zusammengesetztes Kollektiv* (2); **Schöf|fen|stuhl**, der: *Schöffengericht:* eine Strafsache vor den S. bringen; **Schöf|fen|wahl**, die: *Wahl der Schöffen für ein Gericht;* **Schöf|fin**, die; -, -nen: w. Form zu ↑Schöffe.
Schof|för: eindeutschend für ↑Chauffeur; **Schof|fö|rin**: eindeutschend für ↑Chauffeurin; **Schof|fö|se**: eindeutschend für ↑Chauffeuse.
scho|fllig: ↑schofelig.
Scho|gun, Shogun, der; -s, -e [jap. shōgun] (hist.): 1. ⟨o. Pl.⟩ *(bis zum 19. Jh.) [erblicher] Titel japanischer kaiserlicher Feldherren, die an Stelle der machtlosen Kaiser das Land regieren.* 2. *Träger des Titels Schogun* (1); **Scho|gu|nat**, Shogunat, das; -[e]s (hist.): *Regierung eines Schoguns.*
Schoi|tasch, der; - [ung. sujtás = Borte, Tresse] (veraltet): *Schnurbesatz an der Husarenuniform.*
Scho|ko, die; -, -[s] ⟨meist mit Mengenangabe⟩ (ugs.): *Kurzf. von ↑Schokolade;*
schoko-, Schoko- ⟨ugs., Werbespr.⟩ ⟨Best. in Zus. mit der Bed.⟩: *schokoladen-, Schokoladen-:* schokobraun, Schokobonbon, Schokogeschmack; ◆ **Scho|ko|lad**, der; -[e]s, -en: ↑Schokolade: Was für Kabalen habt ihr angezettelt, mich aus dem Weg zu räumen? ... Mir beim Bartscheren die Gurgel abzuschneiden? Mir im Wein oder im -e zu vergeben? (Schiller, Räuber IV, 2); **Scho|ko|la|de**, die; -, -n [wohl über älter niederl. chocolate < span. chocolate < Nahuatl (mittelamerik. Indianerspr.) chocolatl = Kakaotrank]: 1. *mit Zucker [Milch o.ä.] gemischte Kakaomasse, die meist zu Tafeln* (1 d) *geformt ist, in Figuren gegossen ist:* feinste, billige, helle, dunkle, süße, [halb]bittere/[zart]bittere *([ein wenig] herbe),* weiße *(mit viel Kakaobutter u. ohne braun färbende Kakaobestandteile hergestellte gelblich-weiße)* S.; eine Tafel, ein Stück, ein Riegel S.; ein Osterhase aus S.; mit S. überzogene Kekse. 2. *Getränk aus geschmolzener, in Milch aufgekochter Schokolade* (1): sie trinkt gern [heiße] S.; ich bestelle mir eine [heiße] S. *(eine Tasse heiße Schokolade)* [mit Sahne]; **scho|ko|la|de|braun**: ↑schokoladenbraun; **Scho|ko|la|de|eis**: ↑Schokoladeneis; **scho|ko|la|de|far|ben**, **scho|ko|la|de|far|big**: ↑schokoladenfarben, -farbig; **Scho|ko|la|de|guß**: ↑Schokoladenguß; **scho|ko|la|den** ⟨Adj.⟩: *aus Schokolade* (1): die -e Glasur des Kuchens; **Scho|ko|la|den|bein**, das (Fußball Jargon): *Bein, in dem ein Spieler keine Schußkraft hat:* ihr müßt eure -e trainieren; **scho|ko|lla|den|braun** ⟨Adj.⟩: *von warmem Dunkelbraun:* ein -es Negerkind; sie, ihre Haut ist s.; **Scho|ko|la|den|cre|me**, die: *mit geschmolzener Schokolade zubereitete Creme* (2 a, b); **Scho|ko|la|den|eis**, Schokoladeeis, das: *Eis mit Schokoladengeschmack;* **Scho|ko|la|den|fa|brik**, die: *Fabrik zur Herstellung von Schokolade;* **scho|ko|lla|den|far|ben**, **scho|ko|la|den|far|big**, schokoladefarben, schokoladefarbig ⟨Adj.⟩: *von warmer dunkelbrauner Farbe:* sie trug einen schokoladenfarbenen Morgenrock (Harig, Weh dem 250); **Scho|ko|la|den|fi|gur**, die: *(meist in buntes Stanniolpapier eingewickelte) Figur aus Schokolade;* **Scho|ko|la|den|ge|schäft**, das (selten): *Fachgeschäft für Schokolade, Erzeugnisse aus Schokolade;* **Scho|ko|la|den|gla|sur**, die: *mit geschmolzener Schokolade od. Schokoladencreme zubereitete Glasur;* **Scho|ko|la|den|guß**, Schokoladeguß, der: *Schokoladenglasur:* ein Rührkuchen mit S.; **Scho|ko|la|den|ha|se**, der: vgl. *Schokoladenfigur;* **Scho|ko|la|den|herz**, das: vgl. *Schokoladenfigur;* **Scho|ko|la|den|keks**, der: *Keks mit Schokoladenglasur;* **Scho|ko|la|den|krem**, die: eindeutschend für ↑Schokoladencreme; **Scho|ko|la|den|os|ter|ha|se**, der: vgl. *Schokoladenfigur;* **Scho|ko|la|den|plätz|chen**, das: 1. *mit buntem Zucker bestreutes Plätzchen* (3) *aus Schokolade.* 2. *Plätzchen* (2) *mit Schokoladenglasur;* **Scho|ko|la|den|pud|ding**, der: vgl. *Schokoladeneis:* S. mit Vanillesoße; **Scho|ko|la|den|pul|ver**, das: *gezuckertes Kakaopulver;* **Scho|ko|la|den|ras|pel** ⟨Pl.⟩: *Raspel* (2) *aus Schokolade;* **Scho|ko|lla|den|rip|pe**, die (selten): *Rippe* (2) *Schokolade;* **Scho|ko|la|den|sau|ce**: ↑Schokoladensoße; **Scho|ko|la|den|sei|te**, die (ugs.): *beste Seite* (8 b) *(einer Person od. Sache):* Mein Mann ist ein liebevoller Familienvater, dem die Kinder alles bedeuten. Das ist die S. (Hörzu 48, 1981, 129); Wer immer nur die -n solcher Anlagen pressemäßig verkauft, aber die Schwierigkeiten nicht mitverarbeiten will, ... (Saarbr. Zeitung 5. 10. 79, 28); sie hat sich heute von ihrer S. gezeigt; **Scho|ko|la|den|so|ße**, (auch:) Schokoladensauce, die: vgl. *Schokoladenglasur:* Birne Helene mit heißer S.; **Scho|ko|la|den|streu|sel** ⟨Pl.⟩: *kleine, stiftförmige Teilchen aus Schokolade zum Bestreuen von Gebäck:* eine Torte mit -n bestreuen; **Scho|ko|la|den|ta|fel**, die (selten): *Tafel Schokolade* (1); **Scho|ko|la|den|ta|ler**, der: vgl. *Schokoladenfigur;* **Scho|ko|la|den|tor|te**, die: *mit geschmolzener Schokolade od. Schokoladenpulver hergestellte Torte [mit Schokoladenglasur];* **Scho|ko|la|den|über|zug**, der: *Schokoladenglasur;* **Scho|ko|la|den|zys|te**, die (Med.): *Teerzyste;* **scho|ko|lie|ren** ⟨sw. V.; hat⟩ (Fachspr.): *mit Schokolade überziehen:* Haselnußkerne s.; schokolierte Lebkuchenherzen; **Scho|ko|lin|se**, die (ugs., Werbespr.): *linsenförmiges drageeartiges Bonbon mit einem Kern aus Schokolade;* **Scho|ko|rie|gel**, der; -s, - (ugs., Werbespr.): *vorwiegend aus Schokolade bestehende Süßigkeit in Form eines Riegels* (3).

Scho|la ['ʃko:la, auch: 'sço:la], die; -, ...lae [...lɛ; mlat. schola cantorum = Sängerschule, zu lat. schola, ↑Schule] (Musik): *(im Mittelalter) institutionelle Vereinigung von Lehrern u. Schülern, bes. zur Pflege u. Weiterentwicklung des Gregorianischen Chorals;* **Scho|lar**, der; -en, -en [mlat. scholaris, ↑Schüler]: *(bes. im MA.) Schüler, Student;* **Scho|l|arch**, der; -en, -en [mlat. scholarcha zu griech. árchōn, ↑Archont]: *(im MA.) Vorsteher einer Kloster-, Stifts- od. Domschule;* **Scho|l|ar|chat**, das; -[e]s, -e: *Amt eines Scholarchen;* **Scho|last**, der; -en, -en: *Scholar;* **Scho|la|stik**, die; - [mlat. scholastica = Schulwissenschaft, Schulbetrieb, zu lat. scholasticus = zur Schule gehörend < griech. scholastikós = studierend, zu: scholḗ = (der Wissenschaft gewidmete) Muße, ↑Schule]: **1.** *auf die antike Philosophie gestützte, christliche Dogmen verarbeitende Philosophie u. Theologie des Mittelalters (etwa 9.–14. Jh.).* **2.** *(abwertend) engstirnige, dogmatische Schulweisheit;* **Scho|la|sti|kat**, das, -[e]s, -e: *Studium, Studienzeit des Scholastikers (2);* **Scho|la|sti|ker**, der; -s, - [mlat. scholasticus]: **1.** *Vertreter der Scholastik (1).* **2.** *junger Ordensgeistlicher während des philosophisch-theologischen Studiums, bes. bei den Jesuiten.* **3.** *(abwertend) Verfechter der Scholastik (2); Haarspalter;* **Scho|la|sti|ke|rin**, die; -, -nen (abwertend): w. Form zu ↑Scholastiker (3); **Scho|la|sti|kus**, der; -, - ...ker [mlat. scholasticus]: *Scholarch;* **scho|la|stisch** ⟨Adj.⟩: **1.** *die Scholastik (1) betreffend, auf ihr beruhend:* die -e Methode, Philosophie, Theologie, Metaphysik. **2.** (abwertend) *spitzfindig u. [etw.] wirklichkeitsfremd;* **Scho|la|sti|zis|mus**, der; -: **1.** *einseitige Überbewertung der Scholastik (1).* **2.** (abwertend) *Spitzfindigkeit, Wortklauberei;* **Scho|l|i|ast**, der; -en, -en [spätgriech., scholiastēs]: *Verfasser von Scholien;* **Scho|l|lie**, die; -, -n, **Scho|l|i|on**, das; -s, ...lien [griech. schólion, zu: scholḗ, ↑Schule]: *erklärende Randbemerkung [alexandrinischer Philologen] in griechischen u. römischen Handschriften.*
scholl, schöl|le: ↑schallen.
Schol|le, die; -, -n [mhd. scholle, ahd. scolla, scollo, eigtl. = Abgespaltenes, zu ↑Schild; 4: mniederd. scholle, nach der flachen Form des Fisches]: **1. a)** *beim Pflügen o. ä. umgebrochenes großes, flaches Stück Erde:* die rotglänzenden, noch feuchten -en des frisch gepflügten Akkers; Der Spaten schnitt knirschend in das Erdreich, die nassen -n fielen dumpf zurück und bröckelten auseinander (Hauptmann, Thiel 23); mit dem Pflug -n aufwerfen; **b)** (geh.) ⟨o. Pl.⟩ *landwirtschaftlich nutzbarer Boden; Ackerland:* wie die S., wenn sie vor Dürre rissig wird (Th. Mann, Joseph 102); daß das bißchen S. ihn ... nicht würde ernähren können (Mostar, Unschuldig 122); Seine ganze Kraft widmete er ... der S. (*der Landwirtschaft;* Volk 8. 7. 64, 7); auf eigener S. *(eigenem Grund u. Boden)* sitzen; **c)** (geh., oft iron.) *Ort, Gegend, wo jmd. zu Hause ist; Heimat:* Die S. läßt ihn nicht los. „Ich bin doch Münchner", sagt Dieter Seelmann (Südd. Zeitung 1. 3. 86, 49); Die heimatliche S. hielt mich nicht (K. Mann, Wendepunkt 231); Er kann ... wohnen, wo es ihm beliebt, er ist an keinerlei S. gebunden (R. Walser, Gehülfe 45); Sie, die vorher an der S. geklebt hatten, lernten die Fremde kennen (Pohrt, Endstation 9). **2.** kurz für ↑Eisscholle: Vor allem nicht, wenn eine festgefrorene Eisdecke bricht und die -n sich in Bewegung setzen (W. Brandt, Begegnungen 141); der Fluß ist bis auf ein paar treibende -n eisfrei. **3.** (Geol.) *von Verwerfungen umgrenzter Teil der Erdkruste.* **4. a)** *mittelgroße Scholle (4 b) mit goldbrauner, gelb bis dunkelrot gesprenkelter Oberseite, die als Speisefisch sehr geschätzt wird:* frische -en; -n fangen; Er ... bestellte sich S., gebraten (Rehn, Nichts 24); **b)** *(in vielen, zum Teil as Speisefische genutzten Arten in allen Meeren verbreiteter) Plattfisch mit an der Oberseite olivgrünem bis dunkelbraunem gefleckten, an der Unterseite weißem, stark abgeplattetem ovalem Körper;* **Schol|len|bre|cher**, der: *aus Zahnrädern bestehende Ackerwalze, mit der die Schollen (1 a) vor dem Säen zerkrümelt werden;* **Schol|len|fi|let**, das: *Filet von der Scholle (4 a);* **Schol|len|ge|bir|ge**, das (Geol.): *Gebirge aus Schollen (3).*
¹**schol|lern** ⟨sw. V.; hat⟩ [wohl ablautende Iterativbildung zu ↑schallen; vgl. schallern] (landsch.): *(bes. von niederfallenden Erdklumpen, rutschenden, rollenden Steinen o. ä.) ein dumpf polterndes, rollendes Geräusch hören lassen, dumpf tönen:* während ... die Gitarre schollerte (Th. Mann, Zauberberg 943); die Erde fiel schollernd auf den Sargdeckel; sie ..., aus allen Nähten krachend und von schollerndem Gelächter förmlich gesprengt, eine die Jahre gekommene Carmen (Gregor-Dellin, Traumbuch 114).
²**schol|lern** ⟨sw. V.; hat⟩ [zu ↑Scholle (1)] (Gartenbau): *(gefrorenen Boden) mit einer breiten Hacke wiederholt umbrechen.*
Schol|li: nur in dem Ausruf **mein lieber S.!** (ugs.; Ausruf des Erstaunens od. Ermahnung; zu frz. joli = hübsch, niedlich, in Anreden: [mein] Kleiner): mein lieber S., das war aber knapp!; Das wurde im Konzert, mein lieber S. (Bieler, Bär 179).
schol|lig ⟨Adj.⟩ [zu ↑Scholle (1 a)]: **1.** *Schollen (1 a, 2) aufweisend:* in der Landschaft, die sich ringsum ausbreitete, eben, endlos, leinwandgraue -e Flächen (Fussenegger, Zeit 157). **2.** *einer Scholle (1 a) ähnlich:* -e Erdklumpen.
Schöll|kraut, das; -[e]s [spätmhd. schelkraut, wohl unter Anlehnung an ↑²Schelle zu lat. chelidonia (herba) < griech. chelidónion, zu: chelidón = Schwalbe; in den Mittelmeerländern blüht die Pflanze, wenn die Schwalben aus Afrika zurückkehren]: *einen gelben, giftigen Milchsaft absondernde Pflanze mit hellgrünen, fiederteiligen Blättern u. kleinen gelben Blüten.*
schöl|te: ↑schelten.
Schol|ti|sei, die; -, -en [spätmhd. scholtissîe, zu: scholtheiʒe = Schultheiß] (nordd. veraltet): *Amt des Gemeindevorstehers.*
schon [mhd. schōn(e), ahd. scōno, urspr. Adv. von ↑schön, über „auf schöne, gehörige Art u. Weise" u. „vollständig" zur heutigen Bed.]: **I.** ⟨Adv.⟩ **1. a)** *drückt aus, daß etw. früher, schneller als erwartet, geplant, vorauszusehen eintritt, geschehen od. eingetreten, geschehen ist:* sie kommt s. heute, s. um drei Uhr; s. bald darauf reiste er ab; es ist s. alles vorbereitet; er hat das tatsächlich s. vergessen; die Polizei wartete s. auf ihn; nach fünf Kilometern lag sie s. vorne; das kann ich dir s. jetzt versichern; sag bloß, du gehst s. [wieder]; In demselben Augenblick aber s. zog sie mit einem Ruck die Hand wieder aus der meinen (Th. Mann, Krull 422); **b)** *drückt aus, daß kurz nach dem Eintreten eines Vorgangs ein anderer Vorgang so schnell, plötzlich folgt, daß man den Zeitunterschied kaum feststellen, nachvollziehen kann:* er klaute das Fahrrad, und s. war er weg; kaum hatte er den Rücken gewandt, s. ging der Krach los; **c)** *drückt aus, daß vor dem eigentlichen Beginn eines Vorgangs etw. geschieht, geschehen soll, was damit zusammenhängt:* ich komme später, du kannst ja s. [mal] die Koffer packen; wir können ja s. mal einen Aperitif nehmen. **2. a)** *drückt [Erstaunen od. Unbehagen darüber] aus, daß das Genannte mehr an Zahl, Menge, Ausmaß darstellt, weiter fortgeschritten ist als geschätzt, vermutet, gewünscht:* er ist tatsächlich s. 90 Jahre; der Wert des Grundstücks ist um 70 Prozent gestiegen; wir sind s. zu dritt; 48 v. H. der Weltbevölkerung sind s. Kommunisten (Dönhoff, Ära 141); ist es etwa s. acht Uhr?; **b)** *drückt aus, daß zur Erreichung eines bestimmten Ziels, zur Erlangung einer bestimmten Sache weniger an Zahl, Menge, Ausmaß notwendig ist als geschätzt, vermutet, gewünscht:* eine winzige Dosis kann s. tödlich sein; s. ein Remis wäre ein Erfolg für ihn; Eintrittskarten gibt es s. für 5 DM; nicht selten sind s. Zehnjährige drogenabhängig. **3. a)** *(in Verbindung mit einer Angabe, seit wann etw. existiert, bekannt ist, gemacht wird) betont, daß etw. keine neue Erscheinung, kein neuer Zustand, Vorgang ist, sondern lange zuvor entstanden ist:* s. Platon hat diese Ideen vertreten; s. als Kinder/als Kinder s. hatten wir eine Vorliebe für sie; dieses System hat sich s. damals, früh, lange, längst, immer mehr frißt jeder Margarine. Seit Jahren s. (Fries, Weg 223); **b)** *drückt aus, daß eine Erscheinung, ein Ereignis, Vorgang nicht zum ersten Mal stattfindet, sondern zu einem früheren Zeitpunkt in vergleichbarer Weise stattgefunden hat:* ich kenne das s.; wie s. gesagt, ...; er hat, wie s. so oft, versagt; eigentlich wollte ich schon vorhin s. gehen; hast du so etwas s. [ein]mal erlebt? **4.** *betont, daß von allem anderen, oft Wichtigerem abgesehen, allein das Genannte genügt, um eine Handlung, einen Zustand, Vorgang zu erklären o. ä.:* [allein] s. der Gedanke daran ist schrecklich; das ist s. darum wichtig, weil ...; s. aus diesem Grunde muß ich es leider ablehnen; und Willy hat erklärt, daß er dann bankrott sei, s. deshalb könne es nicht sein (Remarque, Obelisk 327); s. der Name ist bezeichnend; ich werde ihr das ersparen,

ihr geht es s. so schlecht genug. **II.** ⟨Partikel⟩ **1.** ⟨meist unbetont⟩ verstärkt [emotional] eine Aussage, Feststellung: das, es ist s. ein Elend!; ich kann mir s. denken, was du willst; das will s. was heißen; du wirst s. sehen!; es ist s. ganz schön, mal einfach nur zu faulenzen; das lasse ich mir nicht bieten, und von ihm s. gar nicht. **2.** ⟨unbetont⟩ (ugs.) drückt in Aufforderungssätzen Ungeduld o. ä. aus: komm s.!; nun mach s.!; nun sag [doch] s., worauf du hinauswillst!; hör s. auf [mit diesem Blödsinn]! **3.** ⟨unbetont⟩ drückt aus, daß [vom Sprecher] im Falle der Realisierung einer Absicht o. ä. eine bestimmte Konsequenz erwartet wird: wenn ich das s. mache, dann [aber] zu meinen Bedingungen; wenn wir s. eine neue Waschmaschine kaufen müssen, dann aber eine ordentliche; wenn du s. nichts ißt, [dann] trink wenigstens ein Glas mit uns; vielleicht fährt er, da er s. keine Arbeit hat, noch mal vor dem Winter hin! (Kronauer, Bogenschütze 101). **4.** ⟨unbetont⟩ unterstreicht die Wahrscheinlichkeit einer Aussage [in zuversichtlichem Ton] als Reaktion auf bestehende Zweifel]: es wird s. [gut]gehen, [wieder] werden; keine Sorge, er wird s. wiederkommen; das wirst du s. schaffen; die Wahrheit wird s. eines Tages ans Licht kommen. **5.** ⟨meist betont⟩ schränkt eine [zustimmende] Antwort, Aussage ein, drückt eine nur zögernde Zustimmung aus: Lust hätte ich s., ich habe aber keine Zeit; ich glaube es s.; das stimmt s.; das ist s. wahr; [das ist] s. möglich, aber ..., doch ..., nur ...; er hat s. recht, wenn er das sagt; Schon gut, s. gut, nun hör bloß mit dieser Hysterie auf (Baldwin [Übers.], Welt 259); du hast es dir doch selber ausgesucht. – Schon, aber ich bin trotzdem nicht zufrieden; hat es dir gefallen? – Ja, doch, s. **6.** ⟨betont⟩ drückt aus, daß eine Aussage nur bedingt richtig ist, daß eine andere Schlußfolgerung o. ä. möglich ist: die Tätigkeit ist s. nicht sehr interessant, von der Bezahlung her s. eher; er ist mit dem neuen Chef gar nicht zufrieden, aber ich s.; Wir Mädchen ... durften wie draußen Korbball spielen, die Buben s. (Tages Anzeiger 3. 12. 91, 2). **7.** ⟨unbetont⟩ macht eine Äußerung in Frageform als rhetorische Frage kenntlich o. gibt ihr oft einen geringschätzigen Unterton: was hast du s. zu bieten?; was, wem nützt das s.?; was weiß ich s.?; was ist s. Geld?; was sind s. zwei Jahre?; was kann der s. ausrichten, wollen?; was hätte ich s. tun können?; wen interessiert das s.? **8.** ⟨unbetont⟩ (landsch.) *noch* (III 5): schön ⟨Adj.⟩ [mhd. schœne, ahd. scōni, urspr. = ansehnlich; was gesehen wird, verw. mit ↑schauen]: **1. a)** *von einem Aussehen, das so anziehend auf jmdn. wirkt, daß es als wohlgefällig, bewundernswert empfunden wird:* ein -er Jüngling; -e Frauen, Mädchen; -e Gesichtszüge, Haare, Augen, Hände, Beine; ein -es Profil, einen -en Busen, Körper haben; (scherzh. als Anrede im vertraulichen Ton:) -e Frau, was wünschen Sie?; sie ist s. von Gestalt; Sie war nicht hübsch, aber sehr s. (Th. Mann, Krull 441); sie hat ein Lächeln, das sie s. macht; ⟨subst.:⟩ er hat [einen ausgeprägten] Sinn für das Schöne; sie war die Schönste von allen; **b)** *so beschaffen, daß es in seiner Art besonders reizvoll, ansprechend ist, sehr angenehm od. wohltuend auf das Auge od. Ohr wirkt:* -e Farben, Kleider, Stoffe, Möbel, Weingläser; ein -er Anblick; eine Gegend, Landschaft, Stadt; Das unruhige, tiefe Blau dort draußen glich der Farbe jener ... Wellen, die gegen Roms -e Küsten schlugen (Ransmayr, Welt 12); dieser alte Schrank ist ein ausgesucht -es Stück; eine auffällig -e Stimme haben; etw. ist s. anzusehen, sieht s. aus; die Blumen sind sehr s.; Wenn unsere Nachbarin ... s. angezogen spazierenging (Wimschneider, Herbstmilch 77); er hat eine s. Orgel gespielt; **c)** *von einer Art, die jmdm. sehr gut gefällt, die jmds. Geschmack entspricht:* sie hat eine -e Wohnung, Schrift; das sind nichts als -e (iron.; *leere, schmeichlerische*) Worte; ein -es Bild, Buch s. finden; sie ist s. eingerichtet; ⟨subst.:⟩ jmdm. etwas Schönes schenken; **d)** *in einer Weise verlaufend, die angenehme Gefühle auslöst:* ich hatte einen -en Traum; wir haben einen -en Urlaub verlebt; macht euch doch mal ein paar -e Tage an der See; das war eine -e Zeit; Trotz des -en Sommers war sie blaß (Danella, Hotel 100); e hatte einen -en Tod *(er ist ohne Qualen, längere Krankheit gestorben);* (in Höflichkeitsformeln:) ich wünsche Ihnen einen -en Abend, ein -es Wochenende; -e Ferien!; das Wetter ist anhaltend s. *(sonnig u. klar);* s., daß du mitkommst, da bist!; das war alles nicht sehr s. für sie; was hier passiert, ist nicht mehr s. (ugs.; *übersteigt das erträgliche Maß);* wir haben es s. hier; ich hatte mir alles so s. gedacht, aber es hat leider nichts daraus geworden; meine Erwartungen haben sich aufs -ste bestätigt; ⟨subst.:⟩ ich kann mir was Schöneres vorstellen, als bei dem Wetter im Auto zu sitzen, um wahr zu sein; **e)** (bes. nordd.) *gut* (1 a): ein -er Wein, Schweinebraten; bei einem -en Glas Bier (Aberle, Stehkneipen 72); das riecht, schmeckt s. **2. a)** *von einer Art, die Anerkennung verdient, die als positiv, erfreulich empfunden wird:* das ist ein -er Zug an, von ihm; das war nicht sehr s. von dir; ich hat sich ihr gegenüber nicht s. verhalten; (iron.:) „Ich bin ganz und gar gegen Schnüffelei." Zwischenrufe („Wie s."), Gelächter (Spiegel 9, 1979, 27); Schön, daß sie wieder lachen konnte (Grass, Butt 693); der Wein ist s. klar; **b)** *so, daß man es nur loben kann:* er hat eine sehr -e Examensarbeit geschrieben; wo nützt das -ste Gesetz, wenn es jeder ungestraft mißachten kann?; was willst du denn? Das Programm ist doch sehr s.!; die Mannschaft hat ganz s. gespielt; das hast du [aber] s. gemacht! **3.** verblaßt in Höflichkeitsformeln: [recht] -e Grüße an Ihren Mann; haben Sie -sten, recht -en Dank für Ihre Bemühungen; seien Sie s. bitte s., können Sie mir sagen, wieviel Uhr es ist? **4.** verblaßt als Ausdruck des Einverständnisses: [also, na] s.!; das ist ja alles s. und gut (ugs.; *zwar in Ordnung),* aber ... **5.** (in Verbindung mit „so") verblaßt als Ausdruck kritischer od. ironischer Distanz: er ist kein Kind von Traurigkeit, wie man so s. sagt; diese Partei steht, wie es s. heißt, auf dem Boden der Verfassung. **6.** ⟨als verstärkende Partikel bes. in Aufforderungssätzen⟩ (ugs.) *wie es gewünscht, erwartet wird, wie es angebracht ist:* s. der Reihe nach!; s. langsam fahren!; seid s. vorsichtig, still, brav!; paßt s. auf!; Bleib s. liegen. Du mußt dich ausruhn (Chotjewitz, Friede 136); und wasch dir immer s. die Hände (Kempowski, Zeit 262); ich werde mich s. aus der Sache heraushalten; ich habe mich natürlich s. hinten angestellt; arbeitet sie s. fleißig? (Innerhofer, Schattseite 107). **7.** (ugs.) *im Hinblick auf Anzahl, Menge, Ausmaß beträchtlich:* Also 50 Mark in der Stunde ist s. Stück Geld (Hornschuh, Ich bin 48); einen -en Schrecken bekommen; du bist [mir] ein -er Schwätzer; du bist ein ganz -er Angeber, Angsthase; ist das ein *(hohes)* Alter erreicht; das ist eine [ganz] -e Leistung, Menge; Diese -e Zahl muß sich allerdings an der Gesamtbeschäftigungszahl von 331 000 messen (Allgemeine Zeitung 6. 2. 85, 4); Der hat einen ganz -en Vogel (Brasch, Söhne 13); das war ganz s. blöd, leichtsinnig, unverschämt von ihm; Simrock sei s. dumm gewesen, überhaupt hinzugehen (Becker, Tage 156); er sitzt [ganz] s. in der Tinte; wir mußten uns ganz s. anstrengen, beeilen; Das geht ganz s. an die Substanz (Zivildienst 2, 1986, 13); Der spinnt ganz s. heute (H. Gerlach, Demission 66); Du gehst mir ganz s. auf den Geist! (Fels, Unding 303). **8.** (ugs. iron.) *so, daß es wenig erfreulich ist; zu Unmut, Verärgerung Anlaß gebend:* das sind ja -e Aussichten; du machst [mir] ja -e Geschichten; das war eine -e Bescherung, ein -er Reinfall; -e Scheiße!; das wird ja immer -er mit dir!; ⟨subst.:⟩ da hast du etwas Schönes angerichtet!; R das wäre ja noch -er! *(das kommt gar nicht in Frage!);* **Schön|bär,** der; [nach dem zottig behaarten Raupen]: *bes. in feuchten, buschreichen Wäldern lebender Schmetterling mit weiß u. gelb gefleckten Vorderflügeln, die grünschwarz glänzen, u. rot u. schwarz gezeichneten Hinterflügeln;* ◆ **Schön|bart|laufen** [Schönbart, mhd. schenebart = Nebenf. von ↑Schembart; ↑Schembartlaufen: Soll ich dir jetzt mit den Korkstöpsel ein neues Gesicht machen, wie zum S. ...? (Hebbel, Agnes Bernauer I, 10); **Schon|be|zug,** der: *Bezug, der über etw. gezogen wird, um es zu schonen:* Schonbezüge für Autositze, Fahrradsättel; **Schön|blatt,** das: *in den Tropen in zahlreichen Arten vorkommendes Gummiguttgewächs mit Blüten, die in Trauben od. Rispen stehen, u. Blättern, die einander gegenüberstehen;* **schön|chen** ⟨Adj.⟩ (landsch.): in vertraulichem Ton: *schön* (1 a): Nee, wirklich, sagt er hastig, kann nich. Schönchen, sagt Butgereit; dann nich (Schnurre, Fall 26); **Schön|druck,** der ⟨Pl. -e⟩ (Druckw.): **a)** *das Bedrucken eines Druckbogens auf der Seite, die als erste bedruckt wird;* **b)** *zuerst bedruckte Seite eines zweiseitig bedruckten Druckbogens;* **¹Schö|ne,** die; -n, -n ⟨Dekl. ↑Abgeordnete⟩ [mhd. schœne, ahd. scōna] (oft iron.): *schöne Frau:* die

Schöne

S. an seiner Seite wirkte etwas ordinär; * **die -n der Nacht** (*die Frauen, die nachts als Bardamen, Stripteasetänzerinnen, Prostituierte o. ä. tätig sind;* LÜ von frz. *belles-de-nuit*); ²**Schö|ne**, die; - [mhd. schœne, ahd. scōnī] (dichter.): Schönheit (1): ♦ *Süßes Leben! ... von dir soll ich scheiden? ... Ich soll deine Hand fassen, ... deine S., deinen Wert recht lebhaft fühlen und dann mich entschlossen losreißen* (Goethe, Egmont V); *Die Wohlgestalt, die mich voreinst entzückte, ... war nur ein Schaumbild solcher S.* (Goethe, Faust II, 6495 ff.); **Schön|ech|se**, die: *in mehreren Arten im tropischen Asien auf Sträuchern od. Bäumen lebende Echse mit auffallend langen Beinen u. langem Schwanz;* **scho|nen** ⟨sw. V.; hat⟩ [mhd. schōnen = schön, d. h. rücksichtsvoll, behutsam behandeln, zu: schön(e) (↑schon) in der Bed. „freundlich, rücksichtsvoll"]: **a)** *jmdn., etw. nicht strapazieren, rücksichtsvoll, behutsam behandeln:* seine Stimme, Augen, Kräfte s.; sie trägt beim Abwaschen immer Gummihandschuhe, um ihre Hände zu s.; das Auto ist nicht geschont worden; ..., wenn wir die Badehosen schonten *(nicht benutzten),* uns blank auf dem Rost lümmelten (Grass, Katz 38); Sie haben wirklich genug gespendet. Schonen Sie Ihr Geld *(behalten Sie es;* Kusenberg, Mal 6); Beim Bau der vorgesehenen Ortsumgehungen solle die landwirtschaftliche Nutzfläche geschont *(ausgelassen)* werden (Saarbr. Zeitung 21. 12. 79, 22); warum schonst du deinen erbittertsten Feind?; ich habe sogar einzelne Spieler dafür in anderen Begegnungen geschont *(nicht eingesetzt;* Kicker 6, 1982, 40); der Einschlag durch den Waldbesitzer gewährleistet eine schonende Waldbehandlung (Mantel, Wald 60); jmdm. eine schlechte Nachricht schonend beibringen; ♦ ⟨mit Gen.-Obj.:⟩ Halt, Kerl, oder du bist des Todes! – Schont meines Lebens! (Goethe, Götz III); Schont seines Schmerzens! (Schiller, Tell I, 4); **b)** ⟨s. + sich⟩ *Rücksicht auf seine Gesundheit nehmen:* du solltest dich [mehr] s.; sie schont sich nicht, zu wenig; sie ist zwar wieder gesund, aber sie muß sich noch etwas s.; **schö|nen** ⟨sw. V.; hat⟩ [mhd. schœnen = schönmachen, schmücken]: **1. a)** (Textilind.) *avivieren;* **b)** (Fachspr.) *trübe Flüssigkeiten, bes. Wein, von Trubstoffen befreien:* Sherry, Wein s. **2.** *schöner, angenehmer, besser erscheinen lassen:* Ob dieser Film nun die Personen und ihre Handlungen idealistisch geschönt oder realistisch darstellt, ist gleichgültig (Petersen, Resonanz 33); Bei der Urabstimmung ... soll das Ergebnis von der IG Metall ... geschönt worden sein (Spiegel 13, 1979, 68); Das Kunstlicht im Guckkasten schönt (Spiegel 9, 1979, 96); eine schönende Beleuchtung; ¹**Scho|ner**, der; -s, - [zu ↑schonen] (veraltend): *[kleine] Decke, Hülle o. ä. zum Schutz gegen schnelle Abnutzung von Gebrauchsgegenständen:* Auch auf den ... Küchenstühlen lagen kleine gestickte S. (Sommer, Und keiner 49); Manfred ging nach seiner letzten Pflichtfigur vom Eis, zog seine S. an (Maegerlein, Triumph 98).

²**Scho|ner**, der; -s, - [engl. schooner, wohl zu engl. (mundartl.) to scoon = über das Wasser gleiten; Steine übers Wasser hüpfen lassen, also eigtl. = Gleiter]: *Segelschiff mit zwei Masten, von denen der hintere höher als der vordere ist.* **schön|fär|ben** ⟨sw. V.; hat⟩: *(etw. [Schlechtes, Fehlerhaftes]) als nicht so schwerwiegend darstellen; (etw.) allzu günstig darstellen; beschönigen:* Im Radio und im Fernsehen wird nicht nur schöngefärbt, sondern dokumentiert und diskutiert (Zivildienst 2, 1988, 3); Aber auf die Dauer kann man die Betroffenen nicht nur in schönfärbender Weise so sehen, wie man sie ... sehen möchte (Richter, Flüchten 160); **Schön|fär|ber**, der: **1.** *jmd., der schönfärbt.* ♦ **2.** *Färber, der – im Unterschied zum Schwarzfärber – mit hellen, bunten Farben färbt:* Gleich vor den Flecken, frei auf einem Grundstück, lag eines -s Haus (Mörike, Hutzelmännlein 177); **Schön|fär|be|rei**, die: *schönfärbende Darstellung;* **Schön|fär|be|rin**, die: w. Form zu ↑Schönfärber (1); **schön|fär|be|risch** ⟨Adj.⟩: *in der Art eines Schönfärbers, schönfärbend:* eine -e Darstellung, Formulierung; **Schon|frist**, die: *Zeitraum, der jmdm. noch gegeben ist, bis etw. für ihn Unangenehmes o. ä. eintritt, einsetzt:* jmdm. eine S. einräumen, gewähren; nach Ablauf einer einmonatigen S. werden Verstöße geahndet; **Schon|gang**, der (Kfz-T.): **1.** *Overdrive:* Ü Ein 48jähriger Versicherungsvertreter ..., dem die Ärzte empfahlen, nun endlich mal den S. einzulegen *(sich künftig mehr zu schonen),* kann darüber nur lachen (Hörzu 15, 1984, 166); Rivera ... spielte im S. *(strengte sich nicht sehr an)* und verstolperte ... Ball um Ball (Spiegel 28, 1974, 56). **2.** *Schonwaschgang;* **Schöngeist**, der ⟨Pl. -er⟩ [LÜ von frz. bel esprit] (auch leicht abwertend): *jmd., der sich sichtbar nicht so sehr mit alltäglichen Dingen beschäftigt, sondern in Belletristik, Kunst o. ä. schwelgt, darin aufgeht u. dabei einen vergeistigten, intellektualistischen Eindruck macht:* sein (= Jean Cocteaus) Name ... war einem der Losungsworte, an denen die jungen -er von Cambridge bis Kairo ... sich erkannten (K. Mann, Wendepunkt 197); Windisch, erklären Sie den -ern doch mal die Bilanz (Härtling, Hubert 259); **Schön|gei|ste|rei**, die; - (auch leicht abwertend): *einseitige Betonung schöngeistiger Interessen:* er ist als Politiker nicht zuletzt an seiner S. gescheitert; ♦ **schön|gei|stern** ⟨sw. V.; hat⟩ (auch leicht abwertend): *sich wie ein Schöngeist benehmen, äußern:* Leute ..., welche sonst in Dachstuben lebten und jetzt in Karossen fahren ... Wir dürfen wohl staunen, wenn wir sie Einfälle haben, s. und so etwas vom guten Ton bekommen hören (Büchner, Dantons Tod I, 3); **schön|gei|stig** ⟨Adj.⟩: *in der Art eines Schöngeistes; sich in Belletristik, Kunst o. ä. ergehend:* -e Interessen; es kommt selbst vor, daß man von ... -en Zirkeln, religiösen Sekten zu einem Vortrag eingeladen wird (K. Mann, Wendepunkt 322); der parfümierte Jüngling, der mit dem „Buch der Lieder" eine -e Bourgeoisie in Entzücken versetzte (K. Mann, Wendepunkt 101); **Schon|haltung**, die: *Körperhaltung, die jmd. einnimmt, um einen schmerzenden Körperteil o. ä. zu entlasten;* **Schön|heit**, die; -, -en [mhd. schœnheit]: **1.** ⟨o. Pl.⟩ *das Schönsein* (1 a): die klassische S. des Stils, seines Gesichts; ihre strahlende, makellose, jugendliche S.; die S. ihres Gesangs; die ganze natürliche S. des geschnittenen, zu Möbeln, Fußböden usw. verarbeiteten Holzes (Mantel, Wald 17); du Wunschbild, dessen S. ich küsse (Th. Mann, Krull 207); er konnte sich der S. Diotimas nicht ganz entziehen (Musil, Mann 93); Rico hat noch nie einen solchen Salon gesehen, er dünkt ihn reich und von erlesener S. (Thieß, Legende 30); die tänzerischen Passagen ihrer Kür waren von einzigartiger S. (Maegerlein, Triumph 57). **2. a)** *etw., was [an einer Sache] schön* (1 b) *ist; das Schöne* (1 b): landschaftliche -en; In seinem Hotelzimmer, dessen einzige S. ein Balkon war (Konsalik, Promenadendeck 193); sie zeigte ihm die -en der Stadt, des Landes, der Umgebung; ein erstes Abschiednehmen von den -en der Welt (Stern, Mann 268); **b)** *schöner* (1 a) *Mensch:* sie ist eine [ungewöhnliche, verblühte] S.; Der Herr war wirklich eine männliche S. (Zwerenz, Kopf 252); er ist nicht gerade eine S.; sie war schon als Kind eine kleine S.; Cyane, seine Frau, eine mißtrauisch gewordene, menschenscheue S. (Ransmayr, Welt 130); Kaum ist ... der Vorhang unter ohrenbetäubendem Getöse zu Boden gefallen, stehen schon die ersten nackten -en auf der Bühne (Rheinpfalz 30. 9. 92, 17); **Schönheits|be|griff**, der: *Begriff* (2) *von Schönheit* (1): der S. der Antike, Platons; seine Ästhetik basiert auf einem anderen S.; **Schön|heits|chir|urg**, der: *Chirurg, der Schönheitsoperationen ausführt;* **Schön|heits|chir|ur|gie**, die: *chirurgische Kosmetik;* **Schön|heits|chir|ur|gin**, die: w. Form zu ↑Schönheitschirurg; **schön|heits|chir|ur|gisch** ⟨Adj.⟩: *die Schönheitschirurgie betreffend, zu ihr gehörend:* Sollte ... die Nase ... verbogen sein, begibt er sich sofort in -e Behandlung (Lindenberg, El Panico 84); **Schön|heits|emp|fin|den**, das: vgl. Schönheitssinn; **Schön|heits|farm**, die [LÜ von engl.-amerik. beauty farm]: *einem Sanatorium ähnliche Einrichtung, in der sich bes. Frauen einer umfassenden kosmetischen Behandlung unterziehen;* **Schön|heits|feh|ler**, der: *das äußere Erscheinungsbild beeinträchtigender, aber nicht wesentlicher Mangel:* der Fleck ist [nur] ein S.; Ü Das Projekt hat [nur] einen kleinen S., nämlich daß es nicht realisierbar ist; Einziger S.: Bei hohen Drehzahlen brummt der ... Motor laut (ADAC-Motorwelt 1, 1983, 12); **Schön|heits|fleck**, der: *kleiner, dunkler, natürlicher od. aufgemalter Fleck im Gesicht [einer Frau], bes. auf der Wange;* **Schön|heits|ge|fühl**, das: vgl. Schönheitssinn; **Schön|heits|ide|al**, das: vgl. Schönheitsbegriff; **Schön|heits|kö|ni|gin**, die: *Siegerin eines Schönheitswettbewerbs;* **Schön|heits|kon|kur|renz**, die: vgl. Schönheitswettbewerb; **Schön|heits|kor|rek|tur**, die: vgl. Schönheitsoperation; **Schön|heits|kult**, der: *Kult*

(2), *der mit der Schönheit (1) betrieben wird;* **Schön|heits|mit|tel,** das: *Kosmetikum;* **Schön|heits|ope|ra|ti|on,** die: *kosmetische (1) Operation;* **Schön|heits|pfläs|ter|chen,** das: *aufgemalter, angeklebter Schönheitsfleck:* wie man sich S. ... dort anklebt, wo man will, daß die Männer hinschauen (Strittmatter, Wundertäter 136); **Schön|heits|pfle|ge,** die: *Gesichts-, Haut- u. Körperpflege, die einem ansprechenden, gepflegten, schöneren Aussehen dient; Kosmetik (1);* **Schönheits|preis:** *in einem Schönheitswettbewerb zu gewinnender Preis:* wir gewinnen beide keinen S. mehr (ugs. scherzh.; *wir beide sind in die Jahre gekommen u. können uns nicht mehr mit den Jungen u. Schönen vergleichen);* **Schön|heits|re|pa|ra|tur,** die: *Reparatur, die keinen Schaden behebt, sondern nur dem besseren Aussehen von etw. dient:* der Mieter soll die Kosten für die -en übernehmen; **Schön|heits|sa|lon,** der: *Kosmetiksalon;* **Schön|heits|sinn,** der ⟨o. Pl.⟩: *ausgeprägter Sinn für das, was schön (1 a, b) ist:* er scheint überhaupt keinen S. zu haben; etw. stört jmds. S.; **schön|heits|trun|ken** ⟨Adj.⟩ (dichter.): *berauscht vom Anblick von etw. Schönem (1 a, b);* **Schön|heitswett|be|werb,** der: *Wettbewerb, bei dem aus einer Anzahl von jungen Bewerberinnen die Schönste ermittelt wird;* **Schonkli|ma,** das: *Klima mit kaum schwankender Witterung, das gut vertragen wird, den Organismus in keiner Weise belastet;* **Schon|kost,** die: *leichtverdauliche Kost, die speziell als Diät od. für Kranke geeignet ist:* jmdm. S. verordnen; einen Patienten auf S. setzen; **Schon|kostge|richt,** das: *als Schonkost zubereitetes ²Gericht;* **Schön|ling,** der; -s, -e (abwertend): *gutaussehender Mann mit übertrieben gepflegtem Äußeren:* so ein richtiger S., ein Frauenmann, weibisch, künstlich (Fallada, Herr 19); Lea ... lächelte kokett dem ältlichen S. zu (Perrin, Frauen 277); Helft den dummen Modetucken und arroganten -en (Praunheim, Sex 197); **schön|ma|chen** ⟨sw. V.; hat⟩ (ugs.): **1. a)** *verschönern:* bevor wir einziehen, wollen wir die neue Wohnung noch ein bißchen s.; **b)** ⟨s. + sich⟩ *mit der Absicht, sich ein besonders angenehmes, reizvolles Aussehen zu verleihen, sorgfältig Gesichts- u. Körperpflege betreiben u. sich gut, hübsch anziehen:* sich für jmdn., für das Fest s. **2.** *(von Hunden) Männchen machen;* **Schonplatz,** der (regional): *Arbeitsplatz, der jmdm. zugewiesen wird, der aus gesundheitlichen Gründen vorübergehend nicht in der Lage ist, seine übliche Arbeit zu verrichten:* der Schwangeren wurde ein S. zugewiesen; **Schon|raum,** der: *Bereich, in dem sich jmd., etw. ungestört von äußeren Einflüssen od. Gefahren entwickeln, entfalten kann;* **schön|rech|nen** ⟨sw. V.; hat⟩ (bes. Politik Jargon): *(vorliegendes Zahlenmaterial, Daten o. ä.) beschönigend, zu seinen Gunsten darstellen, interpretieren:* eine Bilanz, die Arbeitslosenzahl s.; **Schön|rech|ner,** der (bes. Politik Jargon): *jmd. der etw. schönrechnet;* **Schön|rech|ne|rin,** die: (bes. Politik Jargon): w. Form zu ↑Schönrechner; **schön|re|den** ⟨sw. V.; hat⟩: *beschönigen:* Wo Bundestrainer Berti Vogts mangelhafte Leistungen noch schönredet ... (Rheinpfalz 15. 6. 92, 5); Seit zwei Jahren redet diese Bundesregierung die Wirklichkeit schön (Spiegel 25, 1992, 22); Er genieße vielmehr, redete er sich vorige Woche nach einer Fraktionssitzung seine Situation schön, ... die „volle Unterstützung" des Regierungschefs (Spiegel 7, 1993, 21); **Schön|re|de|rei,** die: **1.** ⟨o. Pl.⟩ *[dauerndes] Schönreden.* **2.** *schönrednerische Darstellung;* **Schön|red|ner,** der: *jmd., der etw. schönredet;* **Schön|red|ne|rei,** die; -, -en: *Schönrederei;* **Schön|redne|rin,** die: *w. Form zu ↑Schönredner;* **schön|red|ne|risch** ⟨Adj.⟩: *in der Art eines Schönredners; beschönigend;* **schonsam** ⟨Adj.⟩ (veraltet): *schonend;* **schönschrei|ben** ⟨st. V.; hat⟩: *Schönschrift schreiben:* es macht ihr Spaß schönzuschreiben; ⟨subst.:⟩ im Schönschreiben ist er der Klassenbeste; **Schön|schreibheft,** das: *Heft für Schönschreibübungen (jüngerer Schüler);* **Schön|schreibkunst:** *Kalligraphie;* **Schön|schreibübung,** die: *Übung in der Schönschreiben:* Meine Schrift war unter aller Sau, ich mußte bei unserem Deutschlehrer -en machen (Kempowski, Immer 76); **Schön|schrift,** die: **a)** *ordentliche, regelmäßige Schrift [zu der jüngere Schüler durch Übungen im Deutschunterricht angehalten werden];* **b)** (ugs.) *Reinschrift:* für die S. brauche ich dann noch mal eine halbe Stunde; etw. in S. abgeben; **Schon|spei|se,** die: *vgl. Schonkost;* **schön|stens** ⟨Adv.⟩ (ugs.): *verblaßt in Höflichkeitsformeln:* ich lasse sie s. grüßen; **Schön|tu|er,** der; -s, -: *Schmeichler;* **Schön|tue|rei,** die: *das Schöntun, Schmeichelei;* **Schön|tue|rin,** die; -, -nen: w. Form zu ↑Schöntuer; **schön|tue|risch** ⟨Adj.⟩: *schmeichlerisch;* **schön|tun** ⟨unr. V.; hat⟩: *schmeicheln:* ihr schönzutun anders als mit Blicken, hatte die Sitte ihm nicht erlaubt (Th. Mann, Joseph 169); „Fräulein", tat er ihr damals schön, „... Wenn man so schön ist, dann darf man nicht allein aufs Oktoberfest." (Kühn, Zeit 180); Laß meine Hand los. Von anderen Weibern schwärmen und mit ihr s. (Brot und Salz 171); **Scho|nung,** die; -, -en [1: mhd. schonunge]: **1.** ⟨o. Pl.⟩ *das Schonen von etw., jmdm.; rücksichtsvolle, nachsichtige Behandlung:* das Gesetz kennt keine S.; sein Zustand, Magen verlangt S.; etw. mit S. behandeln; etw. ohne S. durchsetzen; sie flehten um S.; ein echtes Recycling ..., wie wir es zur S. der Ressourcen und der Umwelt benötigen (Tages Anzeiger 28. 7. 84, 29). **2.** *eingezäuntes Waldgebiet mit jungem Baumbestand:* Betreten der S. verboten!; * jmdn. in die S. scheißen (derb; *jmdn. verärgern*); **Schö|nung,** die; -, -en: *das Schönen;* **scho|nungs|be|dürf|tig** ⟨Adj.⟩: *[noch] der Schonung (1) bedürfend, sie nötig habend:* er ist wieder auf den Beinen, aber noch sehr s.; w. Form zu ↑Schonung; **scho|nungs|los** ⟨Adj.; -er, -este⟩: *ohne der geringste Schonung (1), Rücksicht:* eines gerechten und -en Gerichts (Leonhard, Revolution 226); etw. mit -er Offenheit anprangern; s. die Namen der Verantwortlichen nennen; **Scho|nungs|lo|sig|keit,** die; -: *schonungsloses Verhalten;* **schonungs|voll** ⟨Adj.⟩: *schonend, rücksichtsvoll:* Sie (= die großen Würdenträger der Hierarchie) ... müssen mit -em Respekt behandelt werden (K. Mann, Wendepunkt 23); daß SP-Präsident Helmut Hubacher mit seinen politischen Gegner jeweils ebenfalls nicht sehr s. umspringt (Weltwoche 17. 5. 84, 33); **Schon|waschgang,** der: *Teil des Programms (1 d) einer Waschmaschine, der für feine, empfindliche Wäsche vorgesehen ist;* **Schön|wetter|de|mo|kra|tie,** die (Politik Jargon): *Demokratie (1 b), die sich nur in konfliktfreien Zeiten bewährt;* **Schön|wet|ter|la|ge,** die (Met.): *schönes Wetter, das über einen längeren Zeitraum anhält;* **Schönwet|ter|pe|ri|ode,** die (Met.): *vgl. Schönwetterlage;* **Schön|wet|ter|wol|ke,** die (Met.): *Wolke, die sich bei einer Schönwetterlage während des Tages bildet u. abends wieder auflöst:* es wird nicht regnen, das sind typische -n; **Schon|zeit,** die (Jagdw.): *Zeitraum im Jahr, in dem eine Wildart nicht gejagt werden darf; Hegezeit:* S. für Schwarzwild; Rehe haben noch S.; Ü habt ihr auch an die Zeit nach der Olympiade gedacht? Dann ist die S. für Juden vorbei (Brot und Salz 68); Nach dem Ende der S. für Gurtenmuffel verhängten Polizei und Gendarmerie ... die ersten Strafmandate (Neue Kronen Zeitung 2. 8. 84, 7).

Schopf, der; -[e]s, Schöpfe [mhd. schopf, anders gebildet ahd. scuft, urspr. = Büschel, Quaste; verw. mit Schober, ↑Schuppen]: **1. a)** *kurz für ↑Haarschopf; ein dichter, wirrer S.;* Das Mädchen Lu schüttelte seinen Kopf, daß der blonde S. wippte (Sebastian, Krankenhaus 62); Meine Freundin hat kastanienbraunes Haar, und ich habe von Natur aus einen hellblonden S. (hellblondes Haar) (MM 10. 6. 67, 37); Franz fährt sich schnell mit allen zehn Fingern durch den verstrubbelten S. (Lederer, Liebe 12); **b)** (selten) *Haarbüschel.* **2.** (Jägerspr.) *lange Federn am Hinterkopf einiger Vögel (z. B. des Eichelhähers, des Wiedehopfs).* **3.** *Büschel von Blättern (z. B. bei der Ananas).* **4.** *lange Stirnhaare des Pferdes.* **5.** (landsch., bes. schweiz.) **a)** *Schuppen; Nebengebäude:* Rundholzbau, mit angebautem S. und Stall (Tages Anzeiger 10. 7. 82, 44); **b)** *Wetterdach;* **schopf|ar|tig** ⟨Adj.⟩: *einem Schopf (1) ähnlich, gleichend;* **Schopf|bra|ten,** der (österr.): *gebratener Kamm (3 a) des Schweines.*

Schöpf|brun|nen, der: *Brunnen (1), aus dem das Wasser mit Eimern geschöpft wird;* **Schöp|fe,** die; -, -n (veraltend): **1.** *Gefäß zum Schöpfen.* **2.** *Platz zum Schöpfen;* **Schöpf|ei|mer,** der: *Eimer zum Schöpfen von Wasser [aus dem Schöpfbrunnen];* **¹schöp|fen** ⟨sw. V.; hat⟩ [mhd. schepfen, scheffen, ahd. scepfen, wohl zu ↑¹Schaff (1)]: **1.** *(eine Flüssigkeit) mit einem Gefäß, mit der hohlen Hand o. ä. entnehmen, heraus-, nach oben holen:* Wasser aus der Quelle, aus dem Fluß, Brunnen s.; bei dem Unwetter hatten sie viel Wasser aus dem Boot zu s.; Suppe auf die Teller s.; Ü Er, dem es gegeben war, aus jahrelanger Erfahrung zu s., ... (Kirst, 08/15, 791); solchen Verfassern,

schöpfen

die aus der Phantasie schöpfen (Th. Mann, Krull 39). **2.** (geh.) *Atemluft in sich hereinholen:* Atem s.; Sie hatten zu lange geschlafen und wollten jetzt frische Luft s. (Hilsenrath, Nacht 69). **3.** (geh.) *(in bezug auf geistige Dinge) erhalten, gewinnen, beziehen:* sein Wissen, seine Weisheit aus einem Buch s.; er schöpfte seine Kraft aus seinem festen Glauben; in der ... endgeschichtlichen Erwartung, aus welcher der urchristliche Mensch die Kraft seines Lebens schöpfte (Nigg, Wiederkehr 12); die Flüchtlinge schöpften wieder [neuen] Mut; als sie Schulz sah ..., begann er wieder geringe Hoffnung zu s. (Kirst, 08/15, 682); Eine Sekretärin schöpfte Verdacht und erstattete bei der Gestapo Anzeige (Niekisch, Leben 356). **4.** (Jägerspr.) *(von Wild) Wasser zu sich nehmen.* **5.** (Fachspr.) *Papierbrei mit einem Sieb aus der Bütte herausnehmen u. auf die Formplatte gießen:* weißt du, wie Bütten geschöpft wird ...? (Höhler, Horizont 148).

²**schöp|fen** ⟨sw. V.; hat⟩ [mhd. schepfen, ahd. scepfen, ↑schaffen] (geh. veraltend): *[er]schaffen:* Heimlich schöpfte er seine Symphonien, die ihn weltberühmt machen sollten (Capital 2, 1980, 171); ¹**Schöp|fer,** der; -s, - [mhd. schepfære, ahd. scepfāri = Gott, LÜ von lat. creator]: **a)** *jmd., der etw. Bedeutendes geschaffen, hervorgebracht, gestaltet hat:* er war der S. großer Kunstwerke; Gott ist der S. aller Dinge; Diese Organisation ist zugleich S. der Europäischen Zahlungsorganisation (Fraenkel, Staat 136); Ich bin meinem S. *(Gott)* dankbar, daß ich auch in meinem Alter eine Aufgabe habe (Hörzu 6, 1976, 10); dank deinem S. (ugs.; *sei froh*), daß du mit so was nichts zu tun hast (Kant, Impressum 383); **b)** ⟨o. Pl.⟩ *Gott als Erschaffer der Welt:* Ich bin ein einfacher Mann aus dem Volk. Der S. hat mich nicht auf den hohen Ort gestellt, den Sie einnehmen (Hacks, Stücke 294); zum S. beten.

²**Schöp|fer,** der; -s, - [zu ↑¹schöpfen (1)]: **a)** *Schöpfkelle;* **b)** *Gefäß zum Schöpfen.*

Schöp|fer|geist, der ⟨o. Pl.⟩ (geh.): *schöpferischer Drang;* **Schöp|fer|gott,** der ⟨o. Pl.⟩: ¹*Schöpfer* (b); **Schöp|fer|hand,** die ⟨o. Pl.⟩ (geh.): *schöpferisches Wirken:* die S. Gottes; **Schöp|fe|rin,** die; -, -nen: w. Form zu ↑¹*Schöpfer* (a); **schöp|fe|risch** ⟨Adj.⟩: *etw. Bedeutendes schaffend, hervorbringend, gestaltend; kreativ:* ein -er Mensch, Kopf, Geist; -e Phantasie, Unruhe; eine -e Begabung, Anlage; mit dem Fanatismus des -en Genius (Thieß, Reich 487); er wartet auf den -en Augenblick *(darauf, daß ihm ein seine Arbeit vorantreibender Einfall kommt);* eine -e Pause *(eine Pause, in der man sich durch neue Ideen inspirieren lassen möchte);* er ist [nicht] s. [veranlagt]; In Deutschland wird die Gotik ... s. weiterentwickelt (Bild. Kunst III, 22); **Schöp|fer|kraft,** die (geh.): *schöpferische Kraft:* trotz seines biblischen Alters ist seine S. ungebrochen; **Schöp|fer|tum,** das; -s: *schöpferisches Wesen, Kreativität* (1): Wie er Goethe für ein „Genie des Bewunderns" hielt und die Bewunderung für eine „Hauptstütze seines -s" (Reich-Ranicki, Th.

Mann 73); Kreativität und wissenschaftlich-technisches S. (NNN 28. 9. 87, 1). **schopf|för|mig** ⟨Adj.⟩: vgl. schopfartig. **Schöpf|ge|fäß,** das: vgl. Schöpfeimer; **Schöpf|kel|le,** die: *großer Schöpflöffel; Kelle:* Suppe mit der S. auffüllen; **Schöpf|krug,** der: vgl. Schöpfeimer; **Schöpf|löf|fel,** der: *großer, runder od. ovaler, tiefer Löffel mit langem Stiel;* **Schöpf|pa|pier,** das [zu ↑¹schöpfen (5)]: *geschöpftes Papier;* **Schöpf|rad,** das: *Wasserrad mit Zellen, in denen beim Drehen des Rades Wasser nach oben befördert wird.*

Schopf|tint|ling, der: *größerer Tintling mit weißen, später rosa u. schließlich schwarzen Lamellen, die nach der Sporenreife tintenartig zerfließen.*

Schöp|fung, die; -, -en [mhd. schepf(en)unge = Gottes Schöpfung, Geschöpf; 1: wohl unter Einfluß von engl. creation]: **1.** ⟨o. Pl.⟩ *von Gott erschaffene Welt:* die Wunder der S.; der Mensch als die Krone der S.; Im Interesse des Überlebens der Menschheit und der Bewahrung der ganzen S. ist die totale Vernichtung aller nuklearen und chemischen Waffen notwendig (Freie Presse 23. 11. 87, 2). **2.** (geh.) *vom Menschen Geschaffenes; Kunstwerk:* die -en der Literatur, der bildenden Kunst; eines Beethoven, diese Einrichtungen sind seine S. *(gehen auf ihn zurück);* die Kaderparteien sind eine S. unseres Jahrhunderts *(sind in unserem Jahrhundert entstanden;* Fraenkel, Staat 245). **3.** ⟨o. Pl.⟩ **a)** (geh.) *Erschaffung:* Stadt und Land schulden Ihnen Dank für die S. desselben (= Ihres Museums; Th. Mann, Krull 354); **b)** *Erschaffung der Welt durch Gott;* **Schöp|fungs|akt,** der ⟨o. Pl.⟩: *Akt der Schöpfung* (3 b): Der Morgen wie im S., aus Wüste und Nacht wird Licht, Vogelfederbäume, Pelikane (Stricker, Trip 54); Ü (geh.:) der dichterische S.; **Schöpfungs|be|richt,** der: *Bericht über die Schöpfung* (3 b) *im Alten Testament, bes. 1. Mos. 1;* **Schöpfungs|ge|schich|te,** die ⟨o. Pl.⟩: *Schöpfungsbericht im 1. Buch Mose;* **Schöpfungs|tag,** der: *einer der sieben Tage des Schöpfungsberichts.*

Schöpf|werk, das: *zur Entwässerung tiefliegender landwirtschaftlicher Nutzflächen eingesetzte Pumpanlage.*

Schöpp|chen, das; -s, -: Vkl. zu ↑Schoppen (1); **schöp|peln** ⟨sw. V.; hat⟩: **1.** (landsch.) *gern, gewohnheitsmäßig einen Schoppen* (1) *trinken.* **2.** (schweiz.) *(einem Säugling) die Flasche geben:* einen Säugling s.

Schop|pen, ⟨sw. V.; hat⟩ [mhd. schoppen, Intensivbildung zu ↑schieben]: **1.** (südd., österr., schweiz.) *vollstopfen, etw. hineinstopfen:* Gänse s. (nudeln). **2. a)** *sich bauschen:* Seine (= des Blousons) Weite schoppt ... oberhalb der Taille über einem Strickbund (MM 19. 9. 72, 45); **b)** *bauschen* ⟨meist im 2. Part.⟩: blusige Oberteile und weit geschoppte Ärmel (MM 27. 1. 73, 45).

Schop|pen, der; -s, - [frz. (nord- u. ostfrz. Mundart) chopenne < (a)frz. chopine < mniederd. schōpe(n) (mhd. schuofe = Schöpfkelle, ablautend zu ↑¹Schaff (1)]: **1.** *Glas mit einem viertel (auch einem halb-*

ben) Liter Wein (od. auch Bier): einen S. trinken, bestellen; laß uns das in Ruhe bei einem S. besprechen. **2.** (früher) *Hohlmaß von etwa einem halben Liter.* **3.** (südd., schweiz.) *Milchflasche für einen Säugling.* **4.** (landsch.) *Schuppen.*

♦ **Schöp|pen|stuhl,** der [Schöppe = Nebenf. von ↑Schöffe]: *Gerichtsbehörde; Schöffengericht:* Der S., der in großem Ansehn weit umher steht, ist mit lauter Leuten besetzt, die der römischen Rechte unkundig sind (Goethe, Götz I).

Schop|pen|wein, der: *in Gläsern ausgeschenkter offener Wein;* **schop|pen|wei|se** ⟨Adv.⟩: *in Schoppen* (1).

Schöps, der; -es, -e [spätmhd. schöpʒ, schopʒ, aus dem Slaw.] (ostmd., österr.): *Hammel;* **Schöp|sen|bra|ten,** der (ostmd., österr.): *Hammelbraten;* **Schöp|sen|fleisch,** das (ostmd., österr.): *Hammelfleisch;* **Schöp|sen|schle|gel,** der (österr.): *Hammelkeule;* **Schöp|ser|ne,** das; -n (österr.): *Hammelfleisch.*

schor, schö|re: ↑¹scheren.

scho|ren ⟨sw. V.; hat⟩ [mhd. schorn, zu: schor = Schaufel] (landsch.): *[um]graben:* Wer ... bei einem noch offenen Boden nach Schneefall „schoren" will, der ... (MM 22. 12. 73, 38).

Scho|res, der; - [Nebenf. von ↑Sore] *Beschores.* (Gaunerspr.):

Schorf, der; -[e]s, -e [mhd. schorf, ahd. scorf- (in Zus.), eigtl. = rissige Haut]: **1.** *krustenartig eingetrocknetes, abgestorbenes Hautgewebe:* auf der Wunde hat sich S. gebildet; als ob der S. von ihr abgefallen wäre (Musil, Mann 526); den S. abkratzen. **2.** (Bot.) *durch Pilze hervorgerufene Pflanzenkrankheit mit schorfartigen Ausbildungen;* **schorf|ar|tig** ⟨Adj.⟩: *wie Schorf* (1) *aussehend:* eine -e Kruste, Schicht; **schorf|be|deckt** ⟨Adj.⟩: *von Schorf* (1) *bedeckt:* eine -e Wunde; **schor|fig** ⟨Adj.⟩: **a)** *mit Schorf* (1) *bedeckt:* -e Lippen; **b)** *aus Schorf* (1) *bestehend:* ein -er Ausschlag; Der Junge ... fühlte die -e Kruste auf den Lippen (Fels, Sünden 38); **c)** *in seiner Oberfläche rauh, rissig:* eine -e Rinde; Vor der -en Mauer die Mülleimer (Schnurre, Schattenfotograf 161).

Schörl, der; -[e]s, -e [H. u.]: *schwarzer Turmalin.*

Schor|le, Schor|le|mor|le, die; -, -n, seltener -s, -s [H. u.]: *Getränk aus mit Mineralwasser gemischtem Wein od. Apfelsaft:* saure (landsch.; *mit Mineralwasser hergestellte*) Schorle; süße (landsch.; *mit Limonade hergestellte*) Schorle.

Schorn|stein, der; -s, -e [mhd. schor(n)stein, spätahd. scor(en)stein, urspr. wohl = Kragstein, der den Rauchfang über dem Herd trug; 1. Bestandteil mniederd. schore = Stütze, zu mhd. schorren, ahd. scorrēn = herausragen, verw. mit ↑¹scheren]: *über das Dach hinausragender od. auch frei stehend senkrecht hochgeführter Abzugsschacht für die Rauchgase einer Feuerungsanlage:* Die zweite Baracke ... war grau angestrichen und hatte einen gemauerten S. (Reinig, Schiffe 84); die -e einer Fabrik, eines Schiffes ragen in die Luft, rauchen; der S. zieht nicht richtig; der S. wurde gereinigt, gefegt, gesprengt; *****der S. raucht (ugs.; *das Geschäft geht [wieder] gut; es kommt Geld herein, wird Geld verdient*): In der Stahlindustrie raucht der S. wieder, die Auftragseingänge sind erfreulich; Weil wir ... arbeiten müssen, damit der S. raucht (Hörzu 44, 1979, 10); Von etwas muß der S. eben rauchen. Beim Film gibt es keine Aufträge. Bleibt nur das Tourneetheater (Hörzu 35, 1974, 7); **jmdn. durch den S. jagen** *(jmdn. [in einem Krematorium] verbrennen):* was hat Gott für die anderen getan, die durch den S. gejagt wurden? (Hilsenrath, Nazi 252); Nicht, daß nachher wieder zu lesen steht, die „Löwen" wollen die Kanaker durch den S. jagen! (Spiegel 48, 1982, 101); **etw. in den S. schreiben** (ugs.; *etw., bes. Geld, als verloren betrachten; was im Schornstein angeschrieben ist, wird durch den Ruß bald unleserlich):* die hundert Mark, die du ihm geliehen hast, kannst du in den S. schreiben; den Ausfall schreiben die Gastronomen 200 Mark Zeche in den S., als daß sie 20000 Mark Schaden durch zerschlagene Einrichtung riskierten (Spiegel 1/2, 1966, 37); **Schornsteinfeger,** der; *Handwerker, der den Ruß aus Schornsteinen fegt* (Berufsbez.): morgen kommt der S.; **Schorn|stein|fe|ge|rin,** die; -, -nen: w. Form zu ↑ Schornsteinfeger.

Scho|se, die; -, -n: eindeutschend für ↑ Chose: Er hatte das Gefühl, als ordne sich die ganze S. bald (H. Lenz, Tintenfisch 103).

schoß: ↑ schießen; **¹Schoß,** der; -es, Schöße [mhd. schoʒ, ahd. scōʒ(o), scōʒa = Kleiderzipfel, Mitte des Leibes, eigtl. = Vorspringendes, Ecke; Zipfel, zu ↑ schießen in der veralteten Bed. „emporragen, hervorspringen"; vgl. Geschoß]: **1.** *beim Sitzen durch den Unterleib u. die Oberschenkel gebildete Vertiefung:* sich auf jmds., sich jmdm. auf den S. setzen; sie hatte ihre Puppe auf dem S.; das Kind auf dem S.; das Kind kletterte, wollte auf seinen S.; seinen Kopf in jmds. S. legen; ihre Hände lagen im S.; * **jmdm. in den S. fallen** *(jmdm. zuteil werden, ohne daß er sich darum zu bemühen braucht):* ihr fällt in der Schule alles in den S.; der Erfolg ist ihm nicht in den S. gefallen, sondern er hat hart dafür gearbeitet; diese Vaterliebe, die seinem Bruder Aron in den S. fällt (Wilhelm, Unter 81). **2. a)** (geh.) *Leib der Frau; Mutterleib:* feucht, dunkel wie der S. der Empfängnis und Geburt (Fries, Weg 46); Sie (= die Windeln) erinnern mich ... an kreißende Schöße! (Dürrenmatt, Meteor 35); sie trägt ein Kind in ihrem S.; Ü *der fruchtbare S. der Erde*; aus dem S. des Vergessens tauchte das Bild eines Hauses auf, ... das nun sein eigenes war (Langgässer, Siegel 531); er ist in den S. *(die Geborgenheit)* der Familie, Kirche zurückgekehrt; im S. *(Innern)* der Erde; diese Dinge liegen noch im S. der Zukunft *(sind noch ganz ungewiß);* **b)** (verhüll.) *weibliche Geschlechtsteile:* ... ein Bild von dem Mann, der mir zu oft und zu brutal an den S. ... ging (Lynen, Kentaurenfährte 30). **3. a)** *an der Taille angesetzter Teil an männlichen Kleidungsstücken wie Frack, Cut, Reitrock:* Ich ... ergriff ihn bei den Schößen seines weißflatternden Mantels (Jahnn, Geschichten 209); er stürzte mit fliegenden Schößen hinaus; in einem Frack mit kurzen Schößen (Thieß, Legende 123); **b)** *Schößchen;* **²Schoß,** die; -, -en u. Schösse[r] [mhd. schōsse] (österr.): *Damenrock;* **³Schoß,** der; Schosses, Schosse [mhd. schoʒ, ahd. scoʒ, scoʒʒa, zu ↑ schießen]: *Schößling;* **⁴Schoß,** der; Schosses, Schosse[n] u. Schösse[r] [mhd. schoʒ, zu ↑ schießen in der Bed. „unterstützend hinzugeben, zuschießen"] (veraltet): *Zoll, Steuer, Abgabe;* **Schoß|blu|se,** die: *über dem Rock getragene, auf Taille gearbeitete Bluse mit Schößchen.*

Schoß|brett, das; -[e]s, -er [mhd. schoʒbrett] (bayr. veraltet): ²Schütz (1).

Schot, die; -, -en [mniederd. schōte, niederd. Form von ↑ ¹Schoß in der Bed. „Zipfel"; von der unteren Ecke des Segels übertr. auf das daran befestigte Tau] (Seew.): *Tau, das die Segel in eine bestimmte Stellung zum Wind bringt:* dann faßt der Wind wieder zu, der Bootsmann zieht die S. an (Nachbar, Mond 30).

Schöß|chen, das; -s, - [Vkl. von ↑ ¹Schoß (3 b)]: *an der Taille gekräuselt od. glockig angesetzter Teil an Damenjacken, Blusen, Kleidern;* **Schöß|chen|ja|cke¹,** die: *Damenjacke mit Schößchen:* in ein schlankes Kostüm ... mit ... S. und schmalem ... Rock (IWZ 38, 1979, 46); **Schöß|chen|kleid,** das: *Kleid mit Schößchen;* **Schos|se:** Pl. von ↑ ³·⁴Schoß; **schös|ses:** ↑ Schössel; **Schöß|el:** Pl. von; ↑ ¹·²Schoß; **Schös|se:** Pl. von ↑ ⁴Schoß; **Schö|ßel,** der, auch: das; -s, - (österr.): **1.** *Schößchen.* **2.** *Frackschoß:* einen Frack ... mit ... einer Hintertasche im linken S. (Radecki, Tag 45); **schos|sen** ⟨sw. V.; hat⟩ [eigtl. = schußartig emporwachsen, mhd. schoʒʒen = (hoch)hüpfen] (Fachspr.): *(von Getreide, Rüben, Salat) schnell u. kräftig in die Höhe wachsen:* früh schossender Weizen; mit den beiden Spielarten ... als vorzüglich, kaum schossenden und hitzebeständigen Sommersalaten (MM 31. 1. 70, 57); **Schos|sen:** Pl. von ↑ ⁴Schoß; **Schos|ser,** der; -s, - (Fachspr.): *zweijährige Sellerie-, Rüben-, Salatpflanze, die schon im ersten Jahr blüht u. keine richtigen Knollen bzw. keine Salatköpfe bildet;* **Schös|ser:** Pl. von ↑ ⁴Schoß; **Schoß|ga|bel,** die (Landw.): *Gabel (2) mit engstehenden, am Ende verdickten Zinken zum Aufnehmen von Kartoffeln, Rüben o. ä.;* **Schoß|gei|ge,** die: *Zither mit 4-5 Stahlsaiten, die beim Spielen auf den Schoß gelegt u. gegen die Tischkante gestützt wird;* **Schoß|hund,** der, **Schoß|hünd|chen,** das: *bes. von Damen gehaltener, zierlicher Hund einer Zwerghundrasse;* ◆ **Schoß|ja|cke¹,** die: *eng anliegende Jacke mit ¹Schößen (3 a):* Der Pferdehändler ... mit seiner langen Figur und der S. unter dem breitkrempigen lackierten Hute (Immermann, Münchhausen 165); **Schoß|kind,** das: *kleines Kind, das man besonders verwöhnt:* in verwöhntes, verzärteltes, verschaltetes S.; er war immer das S.; Ü Damit wir uns richtig verstehen ..., ich bin nie Wilhelms S. *(Günstling)* gewesen (Bieler, Bär 347); ein S. des Glücks *(ein vom Glück begünstigter Mensch);* **Schöß|ling,** der; -s, -e [spätmhd. schözling, mhd. schüʒ(ʒe)linc]: **a)** *an einem Strauch, Baum senkrecht wachsender, langer junger Trieb;* **b)** *aus einem Schößling (a) gezogene junge Pflanze:* warum er Jaakob mit dem größten Teile des Einkaufs an ... Sämereien und -en betraute (Th. Mann, Joseph 273); Ü Was also tun mit einem so zart geratenen S. (scherzh.; *Kind;* St. Zweig, Fouché 5); **knielanger ¹Rock (2) mit langen ¹Schößen (3 a);** ◆ **Schoß|sün|de,** die [geb. nach ↑ Schoßkind]: *Lieblingssünde:* ob ich gleich nicht leugnen will, daß mich das häßliche Zeug manchmal unterhält und der Schadenfreude, dieser Erb- und Schoßsünde aller Adamskinder, als eine pikante Speise dann und wann übel schmeckt (Goethe, Der Sammler u. die Seinigen 8, 2); Das ist eine Eitelkeit von ihm, die S. aller Künstler (Schiller, Räuber I, 1); ◆ **Schoß|ta|sche,** die: *Tasche (2 a) im ¹Schoß (3 a):* ... steckte sogleich die Hand in die knapp anliegende S. seines ... Rokkes (Chamisso, Schlemihl 18).

¹Scho|te, die; -, -n [mhd. schōte, eigtl. = die Bedeckende, zu ↑ Scheune]: **1.** *längliche Kapselfrucht aus zwei miteinander verwachsenen Fruchtblättern u. mehreren Samen an einer Mittelwand:* die reifen -n sind aufgeplatzt, aufgesprungen; Und wieder mußte ich ... in den Ginster hinein: dürre -n raschelten (Grass, Hundejahre 258); die -n aufbrechen und die Erbsen herausholen; die leeren -n kommen auf den Komposthaufen. **2.** (landsch.) *Erbse (1).*

²Scho|te, die; -, -: ↑ Schot.

³Scho|te, die; -, - [H. u.] (salopp): *[zum Spaß erfundene] Geschichte:* eine S. erzählen; obwohl es gewaltig gewesen wäre, diese S. jemandem aufzutischen (H. Gerlach, Demission 140); Ich unterschrieb dann ein Protokoll mit lauter -n, die sie mir mehr oder weniger in den Mund gelegt hatten (Christiane, Zoo 217).

⁴Scho|te, der; -n, -n [älter auch: Schaude, Schode, über die Gaunerspr. < jidd. schote, schaute = Narr < hebr. šōṭ ɛ] (salopp): *Narr, Einfaltspinsel;* **scho|ten|för|mig** ⟨Adj.⟩: *die Form einer ¹Schote aufweisend:* -e Früchte; **Scho|ten|frucht,** die: ¹Schote (1); **Scho|ten|pfef|fer,** der (früher): *Paprika.*

¹Schott, der; -s, -s [frz. chott < arab. (maghrebinisch) šaṭ] (Geogr.): *mit Salzschlamm gefülltes Becken in Nordafrika.*

²Schott, das; -[e]s, -e, -n, selten: -e [mniederd. schot = Riegel, Schiebetür, eigtl. = Eingeschossenes, zu ↑ schießen]: **1.** (Seemannsspr.) *wasserdichte u. feuersichere Stahlwand im Rumpf eines Schiffes:* die Schotten öffnen, schließen; -en dicht!; dicht machen (nordd. Kommando); *die Türen u. Fenster schließen);* in 4-Tage-Betrieben, wo Donnerstag abend die -en dicht gemacht werden *(die Arbeitswoche endet;* Hörzu 34, 1972, 87). **2.** *Verschluß eines Wagenkastens:* ... daß der Sarg ... wie ein Baumstamm krachend gegen die -en des Wagens schlug (Jahnn, Geschichten 100).

¹Schot|te, der; -n, -n: Ew. zu ↑ Schottland.

Schotte

²**Schot|te,** der; -n, -n [urspr. = Fischlaich; zu ↑schießen im Sinne von „Ausgeschossenes, Ausgeworfenes"] (nordd.): *junger Hering.*

³**Schot|te,** die; - [mhd. schotte(n), ahd. scotto, wohl über das Roman. u. Vlat. zu lat. excoctum, 2. Part. von: excoquere = auskochen] (südd., schweiz.): *Molke:* Die Schweine haben Auslauf, werden extensiv gehalten und mit S. gefüttert (NZZ 17. 2. 88, 23); ¹**Schot|ten,** der; -s (südd., österr.): *Quark.*

²**Schot|ten,** der; -s, - [nach dem farblichen Muster des Kilts der Schotten]: *blaugrüner od. bunter großkarierter [Woll]stoff;* **Schot|ten|ka|ro,** das: *für ²Schotten charakteristisches Karomuster;* **Schot|ten|mu|ster,** das: *Schottenkaro;* **Schot|ten|rock,** der: 1. ¹*Kilt* (1). 2. *Damenrock aus* ²*Schotten;* **Schot|ten|stoff,** der: *²Schotten;* **Schot|ten|witz,** der: *Witz, der die übertriebene Sparsamkeit als Charakteristikum der* ¹*Schotten herausstellt.*

Schot|ter, der; -s, - [verw. mit ↑Schutt, schütten, aus dem Md. in die Fachspr. übernommen]: 1. *kleine od. zerkleinerte Steine als Untergrund im Straßen- u. Gleisbau:* grober, feiner S.; Bahngleise werden auf S. verlegt; Die Straße ist nicht ausgebaut. Tiefe Schlaglöcher im aufgeschütteten S. (Jägersberg, Leute 34). 2. *Ablagerung von Geröll [in Flüssen, Bächen]:* Er (= ein Sturzbach) ... überdeckte die Wiesen mit S. und Sand (Molo, Frieden 36); (Geol.): die Niederterrassen werden von würmeiszeitlichen -n gebildet. 3. (salopp) *Geld, bes. in großer Menge:* hier zählt bloß der S. (Spiegel 34, 1983, 70); die Frau hat [schwer] S. *(ist [sehr] reich);* her mit dem S.!; **Schot|ter|decke**¹, die: *aus Schotter bestehende Schicht der Straße;* **schot|tern** ⟨sw. V.; hat⟩: *mit Schotter aufschütten:* dann muß bis zum Schienenkopf geschottert werden (Johnson, Mutmaßungen 198); ⟨meist im 2. Part.:⟩ Obwohl der Weg nur geschottert war (Spiegel 51, 1966, 36); auf dem geschotterten Kasernenhof (Strittmatter, Wundertäter 140); **Schot|ter|stein,** der: vgl. Schotter: der Täter hatte das Schaufenster mit einem faustgroßen S. eingeworfen; **Schot|ter|stra|ße,** die: *nur mit Schotter aufgeschüttete Straße;* **Schot|te|rung,** die; -, -en: 1. *das Schottern.* 2. *Schotterdecke;* **Schot|ter|weg,** der: vgl. Schotterstraße.

Schot|tin, die; -, -nen: w. Form zu ↑¹Schotte; **schot|tisch** ⟨Adj.⟩: zu ↑¹Schotte, Schottland; **Schot|tisch,** der; -, -, **Schot|ti|sche,** der; -n, -n [vgl. Ecossaise]: *deutscher Paartanz in geradem Takt u. mit Wechselschritt (als Vorläufer der Polka);* **Schott|land,** -s: Teil von Großbritannien; **Schott|län|der,** der; -s, - (selten): Ew.; **Schott|län|de|rin,** die; -, -nen (selten): w. Form zu ↑Schottländer; **schott|län|disch** ⟨Adj.⟩ (selten): *schottisch.*

Schraf|fe, die; -, -n: 1. *Strich einer Schraffur.* 2. *Serife;* **schraf|fen** ⟨sw. V.; hat⟩: *schraffieren;* **schraf|fie|ren** ⟨sw. V.; hat⟩ [aus dem Niederd. < mniederd. schrafferen, mniederl. schraeffieren < ital. sgraffiare = kratzen, stricheln, H. u.]: *mit einer Schraffur bedecken:* eine Zeichnung, ein Gebiet auf einer Karte s.; Hier war ihr neuer Wirkungsbereich fein säuberlich, mit roter Tinte zierlich schraffiert, verzeichnet (Kirst, 08/15, 674); Ü Überlandleitungen, die den Himmel schraffieren (Fries, Weg 272); **Schraf|fie|rung,** die; -, -en: 1. *das Schraffieren.* 2. *Schraffur;* **Schraf|fung,** die; -, -en: 1. *das Schraffen.* 2. *Schraffur;* **Schraf|fur,** die; -, -en: *feine parallele Striche, die eine Fläche herausheben:* aus kräftigen Umrißlinien, denen schräge, geradlinige -en zu körperlichem Aussehen verhelfen (Bild. Kunst III, 84); Waldflächen auf einer Landkarte durch S. kennzeichnen.

schräg ⟨Adj.⟩ [16. Jh., eigtl. = gekrümmt, gebogen]: 1. *von einer [gedachten] senkrechten od. waagerechten Linie in einem spitzen od. stumpfen Winkel abweichend:* eine -e Linie, Fläche, Wand; in -er Lage; aus seinen -en, goldbraunen Augen (Benrath, Konstanze 47); mit Kornfeldern, die ... in -en Licht schimmern (Remarque, Westen 112); den Schreibtisch, einen Schrank s. stellen; s. über die Straße gehen; bitte s. parken; die Rosen s. anschneiden; den Kopf s. halten; s. stehende Augen; er wohnt s. gegenüber, unter uns; die Sonnenstrahlen fallen s. ins Zimmer; die Löffelstiele liegen s. zum Magenausgang (Sobota, Minus-Mann 187); Ü Marie sah mich s. (ugs.; *prüfend, mißbilligend)* an mit ihrem listigen Lächeln (Seghers, Transit 277). 2. (ugs. abwertend) *von der Norm, vom Üblichen, Erwarteten abweichend [u. daher nicht akzeptabel]:* er ist eine ziemlich -e Type, ein ganz -er Vogel; Joschka Fischer fuhr Taxi, kutschierte ... nachts „fette Bankdirektoren und andere -e Gestalten" ins Frankfurter Bahnhofsviertel (Spiegel 45, 1985, 27); Schutz vor -en Firmen (Hörzu 47, 1975, 103); ein Meineid ist eine verdammt -e Sache (Quick 29, 1958, 49); Neumann ... will mit schrillen -en Shows die Samstagabende gestalten (MM 17. 5. 91, 39); -e, verschmutzte, entstellte „Hornquinten" (Melos 1, 1984, 47); die Musik ist mir [etwas, entschieden] zu s.; er malte für damalige Begriffe zu s.; **Schräg|auf|zug,** der: *Aufzug, der sich auf einer schrägen Bahn bewegt;* **Schräg|bal|ken,** der (Her.): *diagonal durch den Wappenschild verlaufender Balken* (2 d); **Schräg|band,** das ⟨Pl. ...bänder⟩ (Schneiderei): *schräg zum Fadenlauf geschnittenes Band zum Einfassen o. ä.;* **Schräg|bau,** der ⟨o. Pl.⟩ (Bergbau): *Abbauverfahren in steil gelagerten Flözen;* **Schrä|ge,** die; -, -n [frühnhd. schreg, spätmhd. schreck]: 1. *schräge Fläche von etw.:* die S. eines Zeltes; die Dachwohnung hatte -n *(schräge Wände);* Langsam, den weniger sichtbaren in der Dächer folgend, erreichten sie ... (Genet [Übers.], Totenfest 230); in der Richtung des Hügels ..., noch ein Stück an seiner S. hinauf, waren Wohnungen ... gelegen (Th. Mann, Joseph 60). 2. *schräge Beschaffenheit, Lage, schräger Verlauf.* **schra|gen** ⟨sw. V.; hat⟩ (veraltet, noch landsch.): *zu Schragen verbinden;* **Schra|gen,** der; -s, - [mhd. schrage = kreuzweise stehende Holzfüße unter Tischen o. ä.] (veraltend, noch landsch.): *in verschiedener Funktion (z. B. als Bett, [Toten]bahre, Sägebock) verwendetes, auf kreuzweise verschränkten [hölzernen] Füßen ruhendes Gestell:* das Bett ..., ein S. aus ungehobelten Brettern (Fussenegger, Zeit 29); Ein Leichenzug ..., drei Schiffe ..., auf deren letztem ... der bunte Osiris ... auf einem löwenfüßigen S. lag (Th. Mann, Joseph 764); Sie waren der schönste hoffnungslose Fall, den ich je auf dem S. *(Operationstisch)* hatte (Dürrenmatt, Meteor 59); **schrä|gen** ⟨sw. V.; hat⟩ [mhd. schregen = mit schrägen Beinen gehen]: a) *in eine schräge Lage, Stellung bringen:* den Kopf [zur Seite] s.; b) *abschrägen;* **Schräg|heck,** das: *(gewöhnlich mit einer großen, vom Ansatz des Dachs bis zum Niveau der Ladefläche reichenden Heckklappe versehenes) schräg abfallendes Heck eines Pkw;* **Schrägheck|li|mou|si|ne,** die: *Limousine mit einem Schrägheck;* **Schräg|heit,** die; -: *das Schrägsein;* **schräg|hin** ⟨Adv.⟩: *in schräger Richtung, schräg* (1); **Schräg|kan|te,** die: *schräge Kante;* **Schräg|la|ge,** die: *schräge Lage:* eine extreme S. einnehmen; weil das Boot unendlich lange brauchte, bis es sich aus seiner S. wieder aufgerichtet hatte (Ott, Haie 285); in eine S. geraten; etw. in eine S. bringen; **schräg|lau|fend** ⟨Adj.⟩: *schräg verlaufend;* **Schräg|schnitt,** der: *bezüglich einer Ebene od. Achse schräg verlaufender Schnitt;* **Schräg|schrift,** die (Druckw.): *Kursivschrift [der Fraktur];* **Schräg|streifen,** der: *schräg zum Fadenlauf geschnittener Stoffstreifen zum Ansetzen an einen Saum o. ä.;* **Schräg|strich,** der: a) *schräg* (1) *verlaufender Strich;* b) *von rechts oben nach links unten verlaufender Strich zwischen zwei Wörtern od. Zahlen zum Ausdruck einer Alternative od. Zusammengehörigkeit (z. B. Ein-/Ausgang);* **schräg|über** ⟨Adv.⟩ (selten): *schräg gegenüber;* **Schrä|gung,** die; -, -en (selten): *Schräge.*

schrak, schrä|ke: ↑²schrecken.

schral ⟨Adj.⟩ [niederd. schräl = schlecht, elend] (Seemannsspr.): *(vom Wind) in spitzem Winkel vor vorn in die Segel fallend u. daher ungünstig;* **schra|len** ⟨sw. V.; hat⟩ (Seemannsspr.): *(vom Wind) schral in die Segel fallen.*

Schram, der; -[e]s, Schräme [spätmhd. schram, ↑Schramme] (Bergmannsspr.): *horizontaler od. geneigter Einschnitt in ein abzubauendes Flöz;* **Schram|boh|rer,** **Schräm|boh|rer,** der; -s, - (Bergbau): *Bohrer zur Herstellung eines Schrams;* **schrä|men** ⟨sw. V.; hat⟩ (Bergmannsspr.): *einen Schram machen;* **Schräm|ma|schi|ne,** die (Bergbau): *Maschine zur Herstellung eines Schrams;* **Schram|me,** die; -, -n [mhd. schram(me) = lange Wunde; Riß, Felsspalte, eigtl. = (Ein)schnitt]: *von einem [vorbeistreifenden] spitzen od. rauhen Gegenstand durch Abschürfen hervorgerufene, als längliche Aufritzung sichtbare Hautverletzung od. Beschädigung einer glatten Oberfläche:* -n im Gesicht; das Auto, der Tisch hatte schon eine S. [abbekommen]; abgesehen von ein paar [kleinen] -en hat er keine Verletzungen davongetragen; Das Salpeterwasser begann ihm in den -n zu bren-

nen, die er sich im Querschlag gestoßen hatte (Marchwitza, Kumiaks 36); Ü He, Rubin, Komplize, erkennen wir nicht die Salbenspuren auf den -n unserer Seelen ...? (Wohmann, Absicht 475).
Schram|mel|mu|sik, die; -: *von Schrammeln gespielte volkstümliche Wiener Musik;* **Schram|meln** ⟨Pl.⟩ [urspr. Bez. des von den Brüdern Schrammel (2. Hälfte des 19. Jh.s) gegründeten Ensembles]: *aus zwei Violinen, Gitarre u. Akkordeon (urspr. Klarinette) bestehendes Quartett, das volkstümliche Wiener Musik spielt;* **Schram|mel|quar|tett,** das: *Schrammeln.* **schram|men** ⟨sw. V.; hat⟩ [mniederd. schrammen]: *etw. so streifen, daß eine Schramme, Schrammen entstehen; schrammend verletzen, beschädigen:* eine Mauer, einen Pfeiler s.; ich habe mir die Stirn [an der Wand] geschrammt; paß auf, daß du dich nicht schrammst; die rechte Seite [des Büffetts] schrammte dem Möbelwagen (Remarque, Triomphe 428); Ich hatte mir eine Hand blutig geschrammt (*so geschrammt, daß sie blutete;* Simmel, Stoff 700); **schram|mig** ⟨Adj.⟩ (selten): *verschrammt:* die Jungen kamen mit -en Knien vom Fußballspielen nach Hause; mit -en alten Rollschränken (Johnson, Ansichten 171).
Schrank, der; -[e]s, Schränke [spätmhd. schrank = [vergittertes] Gestell, abgeschlossener Raum; mhd. schranc, ahd. scranc = Verschränkung, Verflechtung, zu ↑schräg]: **1.** *höheres, kastenartiges, mit Türen versehenes, oft verschließbares Möbelstück zur Aufbewahrung von Kleidung, Geschirr, Büchern, Nahrungsmitteln u.a.:* ein schwerer eichener S.; eingebaute Schränke; einen S. aufstellen, öffnen, abschließen, aufbrechen, ausräumen; die Mahlkes hatten immer die Schränke voll, hatten Verwandte auf dem Land und mußten nur zugreifen (Grass, Katz 166); etw. aus dem S. nehmen; etw. in den S. legen, stellen, tun; Kleider in den S. hängen; Ü er ist ein S. (ugs.: *ein großer, breitschultriger, kräftiger Mann*). **2.** (Jägerspr.) *(bes. bei Edelwild) seitliche Abweichung des Tritte von einer gedachten geraden Linie;* **Schrank|auf|satz,** der: *Aufsatz (2a) eines Schranks;* **Schrank|bett,** das: *hochklappbares, in eine Schrankwand integriertes Bett;* Vkl. zu ↑Schrank (1); **Schrän|ke,** die; -, -n [mhd. schranke = absperrendes Gitter]: **1.** *an einem Weg, einer Straße, einer Einfahrt o.ä. installierte Vorrichtung, die im wesentlichen aus einer ausreichend langen Stange besteht, die zur Sperrung der Durchfahrt, des Durchgangs aus der senkrechten Lage in die Waagerechte gedreht werden kann:* die -n der Rennbahn, des Bahnübergangs; die S. wird geschlossen, heruntergelassen, geht hoch; das Auto durchbrach die geschlossene S.; Als Hotte die rotweiße S. passiert, die der Parkwächter vorsichtshalber geöffnet hat (Degener, Heimsuchung 157); ein Ehrfurcht gebietender Raum mit Schaltern und einer S. (*Absperrung*). Und hinter der S. ... saß ... mein Kanzler (Seghers, Transit 104); Ü heut sah aber schien ... zwischen mir und der Umwelt ... eine S. gefallen zu sein (Hesse, Steppenwolf 107); daß er die

-n, die die steife Tradition ... zwischen den Menschen aufgerichtet hatte, zum Teil durchbrach (Friedell, Aufklärung 92); Die schmerzhaft empfundene S. zwischen Denken und Tun [hatte sie] beiseite geräumt (Chr. Wolf, Nachdenken 66); er stößt die S. ein, die zwischen ihm und dem Vertreter des Staates gesetzt ist (Spoerl, Maulkorb 103); * **jmdn. in die -n fordern** (*eine Auseinandersetzung mit jmdm. erzwingen u. Rechenschaft von ihm verlangen;* nach den Schranken, die die ma. Turnierplätze abgrenzten); **für jmdn. in die -n treten** (*für jmdn. entschieden eintreten;* urspr. = stellvertretend für einen Schwächeren den Kampf mit dem Gegner aufnehmen); **vor die, den -n des Gerichts** (*vor Gericht*): jmdn. vor die -n des Gerichts laden; vor den -n des Gerichts stehen. **2.** *Grenze (2) des Erlaubten, Möglichen:* Gesetzliche -n wirkten sich für den Kleinen und für den Großen negativ aus (NZZ 27. 1. 83, 27); selbst der Persönlichkeit König Ludwigs waren moralischen -n gesetzt, die nicht durchbrochen werden durften (Jacob, Kaffee 76); der Phantasie sind keine -n gesetzt (*man darf seiner Phantasie freien Lauf lassen*); die -n der Konvention überwinden; Dieses Grundrecht findet ... seine -n u.a. in den Vorschriften der allgemeinen Gesetze (NJW 19, 1984, 1129); keine -n mehr kennen, sich keinerlei -n auferlegen (*hemmungslos, ohne Beherrschung sein*); Ein Läufer, der gut läuft, wirft sich mit äußerster Willenskraft an die S. seines Könnens (Reinig, Schiffe 133); innerhalb der -n der Verfassung; * **sich in -n halten** (1. geh. = *sich unter Anstrengung beherrschen; an sich halten.* 2. *nicht das erträgliche Maß übersteigen*); **etw. in -n halten** (*etw. in seinem Ausmaß das erträgliche Maß nicht übersteigen lassen*); **jmdn. in die/seine -n weisen/verweisen** (*jmdn. zur Mäßigung auffordern*); **Schränk|ei|sen,** das; -s, - (*Gerät zum Schränken von Sägen*); **Schrank|ele|ment,** das: *Schrank als Element (9) einer Anbauwand o.ä.;* **schrän|ken** ⟨sw. V.; hat⟩ [mhd. schrenken = schräg stellen, verschränken, flechten, ahd. screnken = schräg stellen, hintergehen]: **1.** (Fachspr.) *die Zähne eines Sägeblattes abwechselnd rechts u. links biegen.* **2.** (Jägerspr.) *(bes. von Edelwild) die Tritte in seitlicher Abweichung von einer gedachten geraden Linie aufsetzen;* **Schran|ken,** der; -s, - (österr.): *Bahnschranke;* **schran|ken|los** ⟨Adj.; -er, -este⟩: **1. a)** *durch keine Schranken (2) behindert od. sich behindern lassend; keine gesetzte Grenze respektierend:* ein -er Despotismus; -e Freiheit; Die Bergregion könnte ihren Charakter durch Massentierhaltung, Abholzung und -en Tourismus verlieren (natur 10, 1991, 25); etw. s. ausnutzen; **b)** *grenzenlos* (2): ein -es Vertrauen; doch in Brasilien diktiert der Kaffee ... Ihm ... muß s. (*unbedingt*) gehorcht werden (Jacob, Kaffee 223). **2.** (selten) *unbeschränkt:* in -er Bahnübergang; **Schran|ken|lo|sig|keit,** die; -: *schrankenloses (1a) Wesen; Zügellosigkeit;* **Schran|ken|wär|ter,** der: *Bahnwärter;* **Schran|ken|wär|ter|häus|chen,** das: *Bahnwärterhäuschen;* **Schran|ken|wär-**

te|rin, die: w. Form zu ↑Schrankenwärter; **Schrän|ker,** der; -s, - [zu ↑Schrank] (Gaunerspr.): *Geldschrankknacker:* „Schränker" haben den Panzerschrank des Finanzamtes St. Ingbert/Saar aufgeschweißt (MM 22. 2. 73, 12); **Schrank|fach,** das: *Fach (1) in einem Schrank:* im obersten S.; **schrank|fer|tig** ⟨Adj.⟩: *(von Wäsche) [in einer Wäscherei] gewaschen, zusammengelegt u. gegebenenfalls gebügelt:* -e Wäsche; du kannst die Hemden morgen s. abholen; **Schrank|kof|fer,** der: *Koffer, in dem Kleidung auf Bügeln hängend transportiert werden kann;* **Schrank|kü|che,** die: *einem Schrank ähnliches Möbel, in das auf engstem Raum alles für eine Küche notwendige Inventar wie Herd, Spüle u. a. eingebaut ist;* **Schrank|spiegel,** der: *auf einer Schranktür fest angebrachter Spiegel;* **Schrank|tür,** die: *Tür eines Schrankes;* **Schrank|wand,** die: *aus Schrankelementen zusammengesetzte Anbauwand.*
Schran|ne, die; -, -n [mhd. schranne, ahd. scranna, H. u.] (südd. veraltend): **1.** *Stand bes. zum Verkauf von Fleisch- u. Backwaren.* **2.** *Markt[halle] zum Verkauf von Getreide:* ♦ Was sie alle reden! In der Burg, auf der Straße, an der S., im Klosterhof, wo man auch hinkommt (Hebbel, Agnes Bernauer IV, 7).
Schranz, der; -es, Schränze [mhd. schranz, auch: = geschlitztes Kleid, H. u.] (südd., schweiz. mundartl.): *[dreieckiger] Riß (1) [im Stoff];* **Schran|ze,** die; -, -n, seltener: der; -n, -n [mhd. schranze, eigtl. = Person, die ein geschlitztes Kleid trägt] (abwertend): **a)** *jmd., der zur engeren Umgebung einer höhergestellten Persönlichkeit gehört u. ihr nach dem Mund redet:* Hier pflegte er (= Hitler) sich mit seinen Gästen, seinen -n und Opfern am Anblick des alpinen Panoramas zu ergötzen (K. Mann, Wendepunkt 430); **b)** (veraltet) *Hofschranze;* **schran|zen** ⟨sw. V.; hat⟩ [zu ↑Schranze] (veraltet abwertend): *sich wie eine Schranze (b) verhalten;* **schran|zen|haft** ⟨Adj.; -er, -este⟩: *wie eine Schranze (a).*
Schra|pe, die; -, -n [mniederd. schrape, zu ↑schrapen] (nordd.): *Schrapper;* **schrapen** (nordd.): ↑schrappen; **Schra|per,** der; -s, - (Musik): *meist röhrenförmiges Instrument mit geriffelter, gezahnter od. gekerbter Oberfläche, über die der Spieler mit einem Stäbchen od. Plättchen streicht, so daß eine rasche Folge von Anschlägen entsteht.*
Schrap|nell, das; -s, -e u. -s [1: engl. shrapnel, nach seinem Erfinder dem brit. Offizier H. Shrapnel (1761–1842)]: **1.** (Milit. früher) *Kartätsche (1):* Die Luft ist voll von pfeifenden Kugeln und platzenden -s (Kinski, Erdbeermund 85). **2.** (salopp abwertend) *als nicht mehr attraktiv empfundene, ältere Frau:* Sie war schon ein altes S., als er sie geheiratet hat: Hundsgemein, diese -s, und bloß neidisch, weil sie selber abgeblitzt sind (Bieler, Bär 66); **Schrap|nell|ku|gel,** die (Milit. früher): *zur Füllung eines Schrapnells gehörende, aus einem Schrapnell stammende Bleikugel:* er ist von einer S. getroffen worden.
Schrapp|ei|sen, das; -s, -: *Eisen (2) zum Schrappen (2a);* **schrap|pen** ⟨sw. V.⟩ [aus

Schrapper

dem Niederd. < mniederd. schrappen, Intensivbildung zu: schräpen, verw. mit ↑scharf] (landsch., bes. nordd.): **1.** *mit schnellen, kurzen, in einer Richtung ausgeführten Bewegungen schaben* (1 a) ⟨hat⟩: Möhren, Kartoffeln s.; Fische s. *(entschuppen);* Ü sich [den Bart] s. (scherzh.; *sich rasieren).* **2.** ⟨hat⟩ **a)** *durch [kräftiges] Schaben, Kratzen säubern, reinigen:* Töpfe und Pfannen s.; er schrappte die Wände, um die alte Tünche wegzukriegen; **b)** *durch kräftiges Schaben, Kratzen entfernen:* den Schmutz von den Stiefeln s.; die alte Farbe, Tapete von der Wand s. **3. a)** *scheuernd, kratzend sich über eine rauhe Fläche hinbewegen* ⟨ist⟩: der Kiel schrappte über den Sand; Die Akazienäste schrappten über die Dachrinne, obwohl nur ein mäßiger Wind blies (Ossowski, Liebe ist 266); **b)** *kratzen* (1 c, d) ⟨hat⟩: auf der Geige s. **4.** (abwertend) *scheffeln* ⟨hat⟩: Die Dickbälger schrappen die Profite (Marchwitza, Kumiaks 112); er schrappt und schrappt, als hätte er noch nicht genug; **Schrap|per,** der; -s, -: **1.** (Technik) *kastenartiges Gerät ohne Boden zum Schürfen u. Fördern von Schüttgut, Salz, Kohle o.ä.:* der S. holt das Salz, die Haspeln heulen (Grass, Blechtrommel 649). **2.** (landsch.) *Werkzeug, Gerät zum Schrappen* (1, 2). **3.** (landsch. abwertend) *jmd., der schrappt* (4); *geiziger, habgieriger Mensch;* **Schrap|pe|rin,** die; -, -nen (landsch. abwertend): w. Form zu ↑Schrapper (3); **Schraps,** der; -es [vgl. Schrapsel] (berlin.): *etw., wofür man keine Verwendung [mehr] hat; nutzloses, wertloses Zeug:* ... was eigentlich in diesem Schubfach lag. Es konnte nur alter, längst vergessener S. sein (Fallada, Jeder 102); **Schrap|sel,** das; -s, - (nordd.): *beim Schrappen* (1, 2) *entstandener Abfall; das Abgekratzte, Abgeschabte.*

Schrat, der; -[e]s, -e, (landsch., bes. südd.:) **Schrä|tel,** der; -s, - [mhd. schrat(te), ahd. scrato, H. u.]: *(im alten Volksglauben) koboldhaftes Wesen; zottiger Waldgeist.*

Schrat|se|gel, das [zu (m)niederd. schräd = schräg (Seemannsspr.): *(in der Normalstellung) in Längsrichtung stehendes, nicht an einer Rah befestigtes Segel.*

Schratt, der; -[e]s, -e: *Schrat.*

Schrat|te, die; -, -n ⟨meist Pl.⟩ [eigtl. = Zerrissenes, verw. mit ↑schroten] (Geol.): ²*Karre;* **Schrat|ten|feld,** das (Geol.): *Karrenfeld;* **Schrat|ten|kalk,** der ⟨o. Pl.⟩ (Geol.): *von Schratten zerklüftetes Kalkgestein.*

Schräub|chen, das; -s, -: Vkl. zu ↑Schraube (1); **Schraub|deckel¹,** der: *mit einem Gewinde versehener Deckel, der auf das dazugehörige Gefäß aufgeschraubt wird:* Honiggläser haben meist S.; **Schrau|be,** die; -, -n [mhd. schrūbe, H. u.; vgl. afrz. escroue] = ²Mutter]: **1.** *mit Gewinde u. Kopf versehener [Metall]bolzen, der in etw. eingedreht wird u. zum Befestigen od. Verbinden von etw. dient:* die S. sitzt fest, hat sich gelockert; eine S. eindrehen, anziehen, lockern, lösen; das Türschild mit -n befestigen; Ü daß Moskau die S. in der Sowjetzone immer fester anzieht *(immer stärkeren Druck ausübt;* Dönhoff, Ära 107); * **eine S. ohne Ende** (1. Technik; *Welle mit Schraubengewinde, die in ein Schraubenrad eingreift u. dieses in stete Umdrehung versetzt.* 2. *auf Wechselwirkung zweier od. mehrerer Faktoren beruhender [fruchtloser] Vorgang, dessen Ende nicht abzusehen ist:* Preissteigerung und Lohnerhöhung sind eine S. ohne Ende); **bei jmdm. ist eine S. locker/lose|** (salopp; *jmd. ist nicht recht bei Verstand, ist nicht normal):* ich glaube, bei dem Jungen ist 'ne S. locker (Hilsenrath, Nazi 26); **die S. überdrehen** (ugs.; *mit einer Forderung o.ä. zu weit gehen);* **jmdn. in die S. nehmen/in der S. haben** *(jmdn. in grober, rücksichtsloser Weise unter Druck setzen, um ihn zu etw. zu zwingen):* Und schließlich hatte er sie ja durch Karlemanns Heldentaten in der S.; sie würde es nie leiden, daß er davon ihren Verwandten erzählte, lieber noch nahm sie ihn in Kauf (Fallada, Jeder stirbt 134). **2. a)** kurz für ↑*Schiffsschraube:* eine zwei-, vierflügelige S.; das Schiff hat seine S. verloren; in die S. eines Schiffs geraten; **b)** kurz für ↑*Luftschraube:* bei der Kollision mit einem Vogel wurde die linke S. der zweimotorigen Maschine beschädigt. **3.** (Sport) **a)** (Turnen, Kunstspringen) *Sprung mit ganzer Drehung um die Längsachse des gestreckten Körpers:* eine S. springen; **b)** (Kunstfliegen) *mehrmalige Drehung des Flugzeugs um seine Längsachse:* eine S. fliegen. **4.** (ugs. abwertend) *[etwas absonderliche ältere] Frau:* ... und so wird man langsam eine alte S. (Geissler, Wunschhütlein 48); **Schrau|bel,** die, -, -n (Bot.): *Blütenstand in Form eines einzigen Seitensprosses mit schraubig zugeordneten Blüten* (z.B. bei der Taglilie); **schrau|ben** ⟨sw. V.; hat/ ⟨vgl. geschraubt/ [spätmhd. schrüben]: **1. a)** *anschrauben* (a): ein Schild an die Tür s.; Der Trupp ... bohrte Löcher in die Fassade und schraubte eine Tafel ... an das Nasos Haus (Ransmayr, Welt 141); eine Metallplatte auf das Gerät s.; **b)** *abschrauben:* den Kotflügel von der Karosserie s. **2. a)** *etw., was mit einem Gewinde versehen ist, durch Drehen in, an etw. befestigen:* die Mutter [fest] auf den Bolzen s.; Haken in die Wand s.; Eine neue Glühlampe in eine Fassung s., das brachte jeder Hanswurst (H. Gerlach, Demission 227); den Deckel fest auf die Flasche s.; etw. in, auf ein Gewinde s.; **b)** *etw., was mit einem Gewinde versehen ist, durch Drehen aus, von etw. lösen:* den Deckel vom Marmeladenglas s.; die Sicherung aus der Fassung s.; den Konus von der Achse s.; etw. aus, von einem Gewinde s. **3.** *mit Hilfe einer Schraubenspindel o. ä. auf eine bestimmte Höhe drehen:* den Klavierschemel höher, niedriger s; Er schraubte den Docht der Lampe so hoch, wie es anging (Jahnn, Geschichten 155). **4.** *bewirken, veranlassen, daß etw. in bestimmtem Maße steigt, zunimmt, wächst:* die Preise, Ansprüche, Erwartungen in die Höhe, ständig höher s.; Sie wollte nur schnell herausfinden, wie hoch sie ihre Wünsche s. durfte (Bieler, Bär 51); Joachim Leitert schraubte den Rundenrekord auf 125,84 km/h (Neues D. 15. 6. 64, 3); Mit dem 1:0-Sieg schraubte der FCA seine Bilanz auf 13:3 Punkte (Augsburger Allgemeine 14.2.78, 28). **5.** ⟨s. + sich⟩ *sich in schraubenförmigen Windungen irgendwohin bewegen:* der Adler, das Flugzeug schraubte sich in die Höhe, höher und höher, über die Wolken; ... schraubten sich zwei Eichhörnchen jagend um den Stamm (A. Zweig, Grischa 64); Ü Er schraubte sich, auf Deckung achtend, aus dem Wagen (Kirst, 08/15, 450). **6.** (Turnen) *eine Schraube* (3 a) *ausführen:* bei einem Unterschwung s.; **Schrau|ben|bak|te|rie,** die ⟨meist Pl.⟩ (selten): *Spirille;* **Schrau|ben|bol|zen,** der: *mit einem Gewinde versehener Bolzen;* **Schrau|ben|damp|fer,** der: *mit Schiffsschrauben angetriebener Dampfer;* **Schrau|ben|dre|her,** der (Fachspr.): *Schraubenzieher;* **Schrau|ben|fe|der,** die (Technik, bes. Fahrzeugbau): *schraubenförmig gewundene Feder* (3) *aus Stahl[draht];* **Schrau|ben|flä|che,** die (Fachspr.): *Fläche, die durch Schraubung einer Raumkurve entsteht* (z.B. Wendelfläche); **Schrau|ben|flü|gel,** der: *Flügel einer [Schiffs-, Luft]schraube;* **schrau|ben|för|mig** ⟨Adj.⟩: *in Form einer Schraubenlinie:* eine s. Bewegung; das Tier hat lange, s. gewundene Hörner; **Schrau|ben|gang,** der: *Gewindegang;* **Schrau|ben|ge|trie|be,** das (Technik): *Getriebe, bei dem durch Drehung einer Schraubenspindel ein auf dieser sitzendes Bauteil in Längsrichtung verschoben wird;* **Schrau|ben|ge|win|de,** das: *Gewinde einer Schraube* (1); **Schrau|ben|kopf,** der: *Kopf der Schraube* (1): ein sechs-, vierkantiger S., ein halbrunder, geschlitzter S; **Schrau|ben|li|nie,** die: *in gleichmäßigen, schräg ansteigenden Windungen verlaufende Linie;* **Schrau|ben|mut|ter,** die ⟨Pl. ..muttern⟩: *innen mit einem Gewinde versehener [flacher] zylindrischer Hohlkörper [aus Metall], der das Gewinde einer Schraube* (1) *drehbar umschließt;* ²*Mutter:* die S. muß anziehen, lockern; **Schrau|ben|pres|se,** die (Technik): *Spindelpresse,* **Schrau|ben|rad,** das (Technik): *Zahnrad mit schraubenförmig gewundenen Zähnen;* **Schrau|ben|sal|to,** der (Turnen): *Salto mit Schraube* (3 a); **Schrau|ben|schlüs|sel,** der: *(in vielerlei Ausführungen hergestelltes) Werkzeug, mit dessen Hilfe man Schrauben* (1) *u. Muttern fassen u. unter Ausnutzung einer Hebelwirkung, bes. zum Lockern u. festen Anziehen, drehen kann:* ich habe leider keinen passenden S.; Oh du brauchst wohl einen S.? (salopp scherzh.; *du bist nicht recht bei Verstand?* vgl. unter ↑Schraube 1 „bei jmdm." ist eine Schraube locker/lose]"); **Schrau|ben|spin|del,** die (Maschinenbau): *Spindel mit Schraubengewinde;* **Schrau|ben|wel|le,** die (Maschinenbau): *Welle mit Schraubengewinde;* **Schrau|ben|win|de,** die (Technik): *Winde, bei der die Last mit Hilfe einer Schraubenspindel angehoben wird;* **Schrau|ben|win|dung,** die (selten): *Schraubengang;* **Schrau|ben|wurf,** der (Wasserball): *Rückhandwurf;* **Schrau|ben|zie|ge,** die: *(im Himalajagebiet u. in den benachbarten Hochgebirgen heimische) große Ziege mit im Sommer rötlichbraunem, im Winter graubraunem Fell u.

langen, schraubenförmig gewundenen Hörnern beim männlichen Tier; **Schrau̱ben|zie|her,** der; -s, -: *Werkzeug, das aus einem vorne spatelförmig abgeflachten stählernen Stift mit Handgriff besteht u. zum Anziehen u. Lockern von Schrauben* (1) *mit geschlitztem Kopf dient; Schraubendreher;* **Schrau̱ben|zwin|ge,** die (selten): *Schraubzwinge;* **Schrau̱ber,** der; -s, -: **1.** *Elektrowerkzeug zum Drehen von Schrauben* (1). **2.** (salopp scherzh.) *jmd., der Reparaturen an Autos, Zweirädern o. ä. durchführt, Mechaniker: ich kenne da so einen S., der dir das vielleicht reparieren würde;* **Schrau̱b|ge|trie|be,** das (Technik): *Schraubengetriebe;* **schrau̱big** ⟨Adj.⟩ (Fachspr.): *einer Schraubenlinie entsprechend, in einer Schraubenlinie: die Anordnung der Blüten an der Seitenachse ist s.; etw. ist s. gewunden;* **Schrau̱b|klotz,** der: *Schraubstollen;* **Schrau̱b|stock,** der ⟨Pl. ...stöcke⟩: *zangenartige Vorrichtung, zwischen deren verstellbare Backen ein zu bearbeitender Gegenstand eingespannt wird: ein Werkstück in den S. [ein]spannen;* **Schrau̱b|stock|backe**[1]**,** die: *Backe* (2) *eines Schraubstocks;* **Schrau̱b|stol|len,** der: *ein-, aufschraubbarer Stollen* (z. B. an Fußballschuhen); **Schrau̱b|ung,** die; -, -en (Fachspr.): *schraubenförmige Bewegung, schraubenförmiger Verlauf;* **Schrau̱b|ver|schluß,** der: *mit einem Gewinde versehener Verschluß in Form eines Bolzens, Deckels o. ä.: eine Wärmflasche, Sprudelflasche mit S.;* **Schrau̱b|zwin|ge,** die (Technik): *Zwinge, deren Backen mittels einer Schraubenspindel auf das Werkstück gedrückt werden;* **Schrau̱|fen,** der; -s, - [mundartl. Nebenf. von ↑Schraube] (österr. ugs.): **1.** *Schraube* (1). **2.** *Niederlage in einem Sportwettkampf.* **Schre̱|ber|gar|ten,** der [nach dem dt. Arzt u. Pädagogen D. G. M. Schreber (1808–1861)]: *Kleingarten innerhalb einer Gartenkolonie am Stadtrand: einen S. haben; ein Grillfest in den S.; die Kneipe liegt in den Schrebergärten (in dem Gebiet der Schrebergartenkolonie);* **Schre̱|ber|gar|ten|ko|lo|nie,** die: *Gartenkolonie;* **Schre̱|ber|gärt|ner,** der: *jmd., der einen Schrebergarten besitzt, gepachtet hat [u. bearbeitet, pflegt]:* * *geistiger S.* (↑Kleinrentner); **Schre̱|ber|gärt|ne|rin,** die: w. Form zu ↑Schrebergärtner. **Schre̱ck,** der; -[e]s, -e [frühnhd. schreck(en), mhd. schrecke, zu ↑¹schrecken]: *heftige Gemütserschütterung, die meist durch das plötzliche Erkennen einer [vermeintlichen] Gefahr, Bedrohung ausgelöst wird: ein großer, mächtiger, ungeheurer, höllischer, jäher, panischer, tödlicher S.; Ein freudiger S. durchfuhr Stanislaus* (Strittmatter, Wundertäter 81); *ein heftiger S. ergreift, lähmt jmdn.; der S. fuhr ihm in die Knochen; er saß, lag ihr noch in den Gliedern; Wilhelmine bekam einen ordentlichen S., als der Regulator acht Uhr schlug* (Klepper, Kahn 143); *krieg [bloß, ja] keinen S.* (ugs. als Ausdruck der Entschuldigung; *ich hoffe, es stört dich nicht, du nimmst keinen Anstoß daran), bei mir sieht's ganz wüst aus; jmdm. einen S. einjagen; ..., bis er den S. über den Umgebungswechsel ver-*

wunden hat (Lorenz, Verhalten I, 176); *Man hat von Leuten gehört, die am S. gestorben sind* (Andres, Die Vermummten 23); *auf den S. [hin]* (ugs.; *um uns von dem Schreck zu erholen) sollten wir erst mal einen Kognak trinken; Im ersten S. (im ersten Augenblick des Schrecks) rief Magda im Parkhotel an* (Danella, Hotel 467); *nachdem sie sich von ihrem [ersten] S. erholt hatte ...; ..., daß die Bevölkerung von einem heilsamen S. gegen alles Bonzentum befallen war* (Augstein, Spiegelungen 26); *vor S. zittern, bleich sein, wie gelähmt sein; ihm fiel vor S. die Tasse aus der Hand; Zu meinem S. sprach heute Inge Dombrowski mit mir darüber* (Borkowski, Wer 114); ℝ *das war ein S. in der Morgenstunde (ein wegen der frühen Stunde besonders unangenehmer Schreck); S., laß nach!* (ugs. scherzh.; *auch das noch!);* * *ach du [lieber] S.!, [ach] du mein S.!, [ach du] heiliger S.!* (ugs.; Ausrufe unangenehmen Überraschtseins: *ach du S., ich habe den Termin ganz vergessen!; Ach du S. ..., da hast du dir was eingekauft* (Kuby, Sieg 43); **-schreck,** der; -[e]s, -e (ugs.): **1.** kennzeichnet in Bildungen mit Substantiven (meist Personenbezeichnungen) *eine Person, die jmdn. in Schrecken versetzt, verstört, erschreckt, die einen Schreck für jmd., etw. darstellt: Beamten-, Kino-, Rekrutenschreck.* **2.** kennzeichnet in Bildungen mit Substantiven *eine Sache, die eine Gefahr, Bedrohung für etw. darstellt: Panzer-, Porscheschreck;* **Schre̱ck|apha|sie,** die (Med.): *Aphasie* (1) *infolge heftigen Erschreckens;* ♦ **schre̱ck|bar** ⟨Adj.⟩: *schrecklich* (1): *In der Tat besaß er eine -e Nase, welche wie ein großes Winkelmaß aus den dürren schwarzen Gesicht ragte* (Keller, Romeo 41); *um mich war ein heller Tag und eine fremde Welt. Eine s. fremde Welt* (Rosegger, Waldbauernbub 160); **Schre̱ck|bild,** das: *Anblick, Vorstellung von etw., was einen mit Schreck erfüllt: Arafat-Anhänger ... malten -er einer radikalisierten PLO an die Wand* (Wochenpresse 46, 1983, 35); **Schre̱cke,** die; -, -n: *Heuschrecke;* **¹schre̱cken**[1] (sw. V.; hat) [mhd. (er)schrecken, ahd. screcken = aufspringen, eigtl. = springen machen]: **1. a)** (geh.) *in Schrecken versetzen, ängstigen: die Träume, Geräusche schreckten sie; jmdn. mit Drohungen, durch Strafen s. [wollen]; das macht mich nichts s.; Tonio Kröger sucht Zuflucht in jener unbürgerlichen Welt, die ihn einst ... lockte und schreckte* (Reich-Ranicki, Th. Mann 97); *Viele Gebrauchtwageninteressenten schreckt (schreckt ab, verschreckt) zudem der hohe Wertverlust eines neuen Autos in den ersten Jahren* (ADAC-Motorwelt 10, 1986, 51); **b)** ¹*aufschrecken: jmdn. aus dem Schlaf s.; das Telefon schreckte ihn aus seinen Gedanken, Träumen; Ihr Kommen schreckte den Einlaßdienst aus leisem Schlummer* (Fries, Weg 219); **c)** (dichter.) *vor Schreck, Angst, Ekel o. ä. zurückfahren; zurückschrecken: Vor Käfern schrecktest Du* (Kaiser, Villa 16). **2.** *abschrecken* (2 b): *Eier s.* **3.** (Jägerspr.) *(von Hirschen, Rehen) einen Schrecklaut, Schrecklaute ausstoßen: ein Bock*

schreckte in den Bleeken (Löns, Gesicht 137). **4.** (Jägerspr.) *(flüchtiges Haarwild) durch einen plötzlichen Ruf, Pfiff zum Stehen bringen, um es leichter treffen zu können: er versuchte den Bock zu s.;* **²schre̱cken**[1] ⟨st. u. sw. V.⟩; schreckt/(veraltet:) schrickt, schreckte/(veraltend:) schrak, ist geschreckt⟩ [mhd. (er)schrecken = ²aufschrecken, ahd. screcken = springen]: ²*aufschrecken: aus dem Schlaf s.;* **Schre̱cken**[1]**,** der; -s, -: **1. a)** ⟨o. Pl.⟩ *von Entsetzen u. Angst bestimmtes, sehr belastendes, quälendes u. oft lähmendes Gefühl: sie besetzten das Land und verbreiteten überall [Angst und] S.; die Nachricht rief S. hervor; Ihr (= der gotischen Flotte) Untergang erzeugt einen panischen S. bei den Goten* (Thieß, Reich 617); *nach Aristoteles löst die Tragödie beim Zuschauer S. und Jammer aus; jmdn. in [Angst und] S. versetzen; etw. mit S. feststellen; daran erinnere ich mich noch mit S.; etw. erfüllt jmdn. mit S.* (geh.; *ängstigt jmdn. sehr); ..., wann die Ehe zum S. und das Zusammenleben zur Qual wurde* (Konsalik, Promenadendeck 331); *bei einem Unfall mit dem [bloßen] S. davonkommen;* ℝ *lieber ein Ende mit S. als ein S. ohne Ende* (Ausruf des preußischen Majors Ferdinand v. Schill, der 1809 eine allgemeine Erhebung gegen Napoleon I. auszulösen versuchte); **b)** (bes. landsch.) *Schreck: der S. lag ihr noch in den Gliedern, es wurde ihr übel* (Hesse, Narziss 284); *Mann, kriegte ich einen S.* (Hornschuh, Ich bin 27); *Jag mir doch nicht solchen S. ein ...!* (Kant, Impressum 193); *Sie wäre wohl sonst vor S. ohnmächtig geworden* (Riess, Cäsar 371); *Zu meinem S. hätte ich in meiner Begrüßungsverwirrung ... jene Frau, die Helene nannten, noch einmal begrüßt* (Innerhofer, Schattseite 16). **2.** (geh.) *etw., was Schrecken, Angst hervorruft: die S. des Krieges; zu der Ruhe, mit der er von den S. des Alters ertrage* (Kafka, Erzählungen 333); *scheinbar ungerührt ... erhob Naso nun seine Stimme und begann die S. der Pest zu beschwören* (Ransmayr, Welt 61); *die Antibiotika haben vielen schlimmen Krankheite[n]n S. genommen; es* (= *das Rasiermesser) hatte nichts von seinem S. verloren* (Hesse, Steppenwolf 110). **3.** ⟨meist mit best. Art.⟩ (emotional) *jmd., der Schrecken auslöst, als schrecklich* (2) *empfunden wird: er war der S. der Nachbarschaft; der Feldwebel war der S. der Rekruten; Das Interesse des bereits zum S. der Fabrikanten gewordenen Richters gilt vor allem ...* (Saarbr. Zeitung 30. 11. 79, 13); *So legten sie ... blühende Dörfer in Asche ... und zogen ... als S. des Landes durch die Provinzen* (Thieß, Reich 331); **schre̱cken|er|re|gend**[1] ⟨Adj.⟩: *von schrecklicher Art, so beschaffen, daß es Schrecken* (1) *erregt: -e Ereignisse; Detroit, wo offenbar -e Zustände herrschen* (Kelly, Um Hoffnung 8); *sein Zorn war s.; s. aussehen, brüllen;* **Schre̱ckens|an|blick**[1]**,** der: *Schreckensbild;* **Schre̱ckens|bild**[1]**,** das: *Bild* (2) *des Schreckens;* **schre̱ckens|blaß**[1] ⟨Adj.⟩: vgl. *schreckensbleich;* **schre̱ckens|bleich**[1] ⟨Adj.⟩: *sehr bleich [vor Schrecken]: mit -em Ge-*

Schreckensbotschaft

sicht; s. werden; **Schreckens|botschaft**[1], die: *schreckenerregende Botschaft;* **Schreckens|herr|schaft**[1], die: *Schrecken verbreitende Herrschaft* (1); **Schreckens|laut**[1], der: *als Schreckreaktion ausgestoßener Laut;* **Schreckensmel|dung**[1], die: vgl. Schreckensbotschaft: Stündlich treffen neue -en über das Wüten der Israelis unter den Palästinensern ein (horizont 13, 1978, 19); **Schreckens|nach|richt**[1], die: vgl. Schreckensbotschaft: Zwischen einem Tango und einem Walzer erzählte man sich die neuesten -en aus Berlin (K. Mann, Wendepunkt 254); **Schreckensnacht**[1], die: *Nacht, in der etw. Schreckliches* (1) *geschehen ist:* die Erlebnisse jener S. verfolgen ihn heute noch in seinen Träumen; ◆ **Schreckens|post**[1], die: *Schreckensbotschaft:* ein Menschenherz kann wohl empfinden, wie es nun den armen Leuten ... zumute war, als sie die S. vernahmen (Hebel, Schatzkästlein 11); **Schreckens|re|gime**[1], das: vgl. Schreckensherrschaft; **Schreckens|ruf**[1], der: vgl. Schreckenslaut: in laute -e ausbrechen; **Schreckens|schrei**[1], der: vgl. Schreckenslaut; **Schreckens|tat**[1], die: *schreckenerregende Tat:* Die Ausschreitungen ... begannen sofort nach Bekanntwerden der S. Die Kunde von dem Massaker hatte sich ... wie ein Lauffeuer ... verbreitet (Südd. Zeitung 26./27. 2. 94, 5); **Schreckens|vi|si|on**[1], die: *schreckenerregende Vision:* Orwellsche -en; Angesichts solcher Zahlen wirkt die S. eines durchgehenden Siedlungsschlauches von Mailand bis Garmisch ... gar nicht mehr so unrealistisch (Augsburger Allgemeine 22./23. 4. 78, 2); Ob Nuklearrüstung, Bäumesterben oder Computerherrschaft – es haben viele Erscheinungen unserer Tage die Künstler und Schriftsteller zu -en inspiriert (NZZ 3. 5. 83, 25); **schreckens|voll**[1] ⟨Adj.⟩ (geh.): 1. *voll des Schrecklichen* (1): es war eine -e Zeit. 2. *schreckerfüllt:* ein -er Blick, Schrei; jmdn. s. ansehen; s. zurückweichen; **Schreckens|wort**[1], das ⟨Pl. -e⟩: *Schrecken ausdrückendes Wort* (2): es ging um die Weihnachtsnummer, und das S. kam auf, das noch viele Male erschallen sollte, der Ruf: „Es fehlt noch was!" (Kant, Impressum 215); **Schreckenszeit**[1], die: *Zeit, in der Gewalt u. Terror herrschen:* die S. des Krieges; **schreck|er|füllt** ⟨Adj.⟩: *von Schreck erfüllt;* **schreck|er|starrt** ⟨Adj.⟩: *starr vor Schreck;* **Schreck|fär|bung**, die (Zool.): *(bei verschiedenen Tieren) auffällige Färbung u. Zeichnung des Körpers, die eine abschreckende Wirkung auf Feinde hat;* **Schreck|ge|spenst**, das: a) *jmd., der Angst u. Schrecken hervorruft, der als schrecklich* (2) *empfunden wird:* Avneri ist für die Regierung in Jerusalem das S. unter den politischen Publizisten Israels (Spiegel 48, 1965, 140); b) (emotional verstärkend) *etw., was als Bedrohung empfunden wird, woran man mit Schrecken denkt:* das S. eines Atomkrieges; in derlei politischen Regungen sieht die SED das S. einer weitverzweigten Konterrevolution (Spiegel 17, 1977, 77); die Kinderlähmung bleibt als ein Schreckgespenst (MM 22. 7. 67, 9); Der solchermaßen akzeptierte Biosupermarkt ist dann auch für die Bioläden an der Ecke kein S. mehr (natur 2, 1991, 35); **Schręck|ge|stalt**, die: vgl. Schreckgespenst (1); **schreck|ge|wei|tet** ⟨Adj.⟩: *infolge eines Schrecks geweitet:* er starrte mich mit -en Augen, Pupillen an; **schreck|haft** ⟨Adj., -er, -este⟩: 1. *leicht zu erschrecken:* ein -es Kind; sie hat ein -es Wesen; Ich muß gestehen, ich bin ein wenig s. geworden, seit wir ... in den Pyrenäen von Bären angefallen wurden (Schneider, Erdbeben 16); nicht sein s. sein; vor allem darf man nicht s. reagieren. 2. *(dichter. veraltend) (in bezug auf die Heftigkeit eines plötzlichen Gefühls) einem Schrecken* (1) *ähnlich:* ... überflutete sie jäh ein -es Erstaunen (Werfel, Himmel 179); die Genugtuung, die dieser Erfolg mir gewährte, war fast -er Art (Th. Mann, Krull 19); ein Panoptikum, wo man auf Schritt und Tritt zu seiner -en Freude mit allerlei Potentaten ... zusammenstieß (Th. Mann, Krull 192). 3. (veraltet) *schreckenerregend, schrecklich* (1): -e Visionen; ◆ das Venusbild ... sah ihn fast s. mit den steinernen Augenhöhlen aus der grenzenlosen Stille an (Eichendorff, Marmorbild 17); **Schreck|haf|tig|keit**, die, -: *das Schreckhaftsein;* **Schreck|läh|mung**, die (Med., Zool.): *plötzliche, kurz andauernde Bewegungsunfähigkeit infolge eines heftigen Schrecks;* **Schreck|laut**, der: a) (selten) Schreckenslaut: Das Kind erwachte mit einem S. (Apitz, Wölfe 252); b) (Jägerspr.) *(bes. von Hirschen, Rehen) bei Witterung einer Gefahr [zur Warnung] ausgestoßener spezifischer Laut:* Ich wand mich ruckartig ab, da fuhr mir der abgrundtiefe S. des Bockes bis ins Innerste (Jagd 5, 1987, 148); **schreck|lich** ⟨Adj.⟩ [spätmhd. schrichlich]: 1. *durch seine Art, sein Ausmaß Schrecken, Entsetzen auslösend:* eine -e Nachricht, Geschichte; ein -es Geschehen, Erlebnis; die Unfallstelle bot einen -en Anblick; es nahm ein -es Ende; es gab ein -es Gemetzel; er faßt auf ganz -e Weise ums Leben gekommen; es war eine -e Zeit; ..., werden bald viele Kriege geführt, für die sie immer stärkere, -ere Kanonen und Geräte bauen lassen (Kühn, Zeit 55); er war s. (geh.; *furchterregend*) in seinem Zorn; das ist ja s.!; oh, wie s.!; es, die verstümmelte Leiche war s. anzusehen; ⟨subst.:⟩ sie haben Schreckliches durchgemacht. 2. (ugs. abwertend) *in seiner Art, seinem Verhalten o. ä. so unangenehm, daß es Abneigung od. Entrüstung hervorruft, als unleidlich, unerträglich empfunden wird:* er ist ein -er Mensch, Kerl!; „Herr von Ribbeck", das ist mir die -ste Erinnerung (Kempowski, Immer 82); [es ist] wirklich s. [mit ihm], alles macht er falsch; Alleinsein ist s. (Gaiser, Jagd 180); es ist mir s. *(es widerstrebt mir sehr),* ihm das sagen zu müssen; er hat sich s. aufgeführt; Da hab' ich mich ganz s. benommen (Simmel, Stoff 621). 3. (ugs.) a) *furchtbar* (2a): eine -e Hitze; ein -er Lärm; -en Hunger haben; Ich leide unter -en Magenkrämpfen (Imog, Wurliblume 305); Plötzlich wurde uns etwas mit -er Deutlichkeit bewußt (natur 4, 1991, 43); b) ⟨verstärkend bei Adjektiven u. Verben⟩ *furchtbar* (2 b): jmdn. s. nett, dumm, eingebildet finden; die Kinder sind heute s. albern; ich bin s. müde; es ist s. warm hier; Ich glaube, du bist s. eitel (Fallada, Herr 192); etw. s. gern tun; s. viel zu tun haben; ich freu' mich s., wenn ich zu Torsten fahren kann (Danella, Hotel 309); Sie mußte so s. lachen über unser absurdes Lied (Salomon, Boche 46); ich genier' mich s. (Simmel, Stoff 484); **Schręck|lich|keit**, die: -, -en: *das Schrecklichsein:* weil das Motiv die S. des Mörders entkräfte (Reinig, Schiffe 125); **Schręck|mit|tel**, das: *Mittel zur Abschreckung;* **Schręck|nis**, das; -ses, -se (geh.): *etw., was Schrecken* (1) *erregt:* das S. des Todes; die -se des Krieges; ..., ohne deswegen an den -sen seiner russischen Gefangenschaft zu zweifeln (Frisch, Gantenbein 72); um der Wiederholung solcher -se vorzubeugen (Menzel, Herren 69); **Schręck|re|ak|ti|on**, die: *auf einen Schreck hin erfolgende unwillkürliche Reaktion:* daß der Hund gebissen hat, war eine S.; durch eine verhängnisvolle S. des Lkw-Fahrers kam es zu dem Unfall; das kann zu gefährlichen -en führen; **Schręck|schrau|be**, die (ugs. abwertend): *weibliche Person, die auf Grund ihres Äußeren, Verhaltens, Wesens als schrecklich* (2) *empfunden wird:* was will die [alte] S. denn jetzt schon wieder?; ein Knochengestell, dünnes Kraushaar, vorstehende Zähne – eine wahre S.! (Richartz, Büroroman 98); **Schręck|schuß**, der: *[ungezielter] Schuß, durch den jmd. erschreckt werden soll:* die Polizei feuerte einige Schreckschüsse ab; Ü Die Nachricht war ein S. für sie; dieser S. hat mich ernüchtert, nie wieder werde ich trinken, keinen Tropfen mehr (Fallada, Trinker 89); **Schręck|schuß|pi|sto|le**, die: *Pistole zum Abfeuern von Schreckschüssen, die mit Gas- od. Platzpatronen geladen wird;* **Schręck|schuß|waf|fe**, die: vgl. Schreckschußpistole; **Schręck|se|kun|de**, die: *(die normale Reaktionszeit verlängernde) Zeitspanne, während deren eine Person infolge eines Schrecks reaktionsunfähig ist:* eine kurze, lange S. haben; Zwar gab es am Schwebebalken ... einige -n, weil Jana Vogel und Martina Jentsch das Gerät unfreiwillig verlassen mußten (NNN 9. 11. 85, 2); Nur wenn sich zwei Kunden per Video sympathisch gefunden haben, kommt es zu einem Treffen, sagen die Vermittler, die diese Prozedur schon deshalb für trefflich halten, weil die „S. beim ersten Rendezvous" entfalle (Spiegel 33, 1985, 74); **Schręck|stel|lung**, die: *zur Abwehr der Feinde eingenommene starre Körperhaltung, das Sichtotstellen mancher Tiere (bes. Insekten);* **Schręck|stoff**, der: *von manchen Tieren, bes. Fischen, in bestimmten Drüsen produzierter, übelriechender od. ätzend wirkender Stoff, der der Abschreckung von Feinden dient.*

Schręd|der: ↑ Shredder.

Schrei, der; -[e]s, -e [mhd. schrī, schrei, ahd. screi, zu ↑ schreien]: *unartikuliert ausgestoßener, oft schriller Laut eines Lebewesens; (beim Menschen) oft durch eine Emotion ausgelöster, meist sehr lauter*

Ausruf: ein lauter, gellender, markerschütternder, wütender, kurzer, langgezogener, klagender, erstickter S.; ein S. des Entsetzens, der Überraschung, der Freude; -e der [Wol]lust; die -e der Kinder; die heiseren -e der Möwen; Hilfe! Das war ein S. aus tiefer Not (Plievier, Stalingrad 293); ein S. ertönte, entrang sich seiner Kehle, war zu hören, durchbrach die Stille, verhallte; einen S. ausstoßen, von sich geben, unterdrücken; sie ... tat einen kleinen, hellen S. (Schaper, Kirche 156); mit einem wilden S. stürzte er sich auf sie; Ü der S. der Armen nach Brot; Der S. *(die zuchtstarke Forderung)* nach der Todesstrafe kommt aus zuchtlos-sentimentalen, aus bindungslosen Bezirken der Seele (Noack, Prozesse 244); Ein S. der Empörung und des Entsetzens geht durch das französische Volk (Mostar, Unschuldig 29); * *der letzte S.* (ugs.; *die neueste, die ganz aktuelle Mode;* für ↑ Dernier cri) Leggings waren damals der letzte S.; Wir finden Jazz „phantastisch" ...; es ist eine Novität, der letzte S. (K. Mann, Wendepunkt 112); sie ist stets nach dem letzten S. gekleidet; **Schrei|ad|ler,** der [nach den schrillen Lauten]: *(in Osteuropa, Asien u. Indien heimischer) kleinerer Adler, der seine Beutetiere am Boden laufend jagt.*
Schreib|ab|teil, das (Eisenb.): *Zugsekretariat;* **Schreib|ar|beit,** die ⟨meist Pl.⟩: *durch Schreiben (1 a) zu erledigende Arbeit:* [für jmdn.] -en ausführen; **Schreibart,** die (selten): *Schreibstil;* **Schreib|au|to|mat,** der: *elektrische Schreibmaschine, die auf Kassetten, Lochstreifen, Magnetbändern o. ä. gespeicherte Texte automatisch schreibt; Textautomat;* **Schreib|be|darf,** der: *beim Schreiben benötigtes Arbeitsmaterial;* **Schreib|block,** der ⟨Pl. ...blöcke u. -s⟩: *Block (5), dessen Blätter zum Beschreiben dienen;* **Schreib|com|pu|ter,** der: *Schreibautomat;* **Schrei|be,** die; -, -n: **1.** ⟨o. Pl.⟩ **a)** (ugs.) *Art u. Weise, sich schriftlich auszudrücken:* er hat eine gute, flotte, flüssige S.; Ihre S. ist auch nicht mehr das, was sie einmal war (Simmel, Stoff 235); **b)** (Sprachw. Jargon) *geschriebene Sprache, schriftliche Form:* Das Umformen von Texten, ... aus einer Rede in eine S. (Weinberg, Deutsch 45); Die Funktexte aber aufzupolieren, aus der Rede in die S. zu bauen, dazu konnte ich mich nicht entschließen (Kosmos 3, 1965, 96); eine S. ist keine Rede *(schriftlich drückt man sich anders aus als mündlich).* **2.** (Schülerspr. veraltend) *Schreibgerät:* fragt doch gleich mal nach deiner Jeansgrabbeltasche. Da geht jede Menge S. rein (Freizeitmagazin 10, 1978, 51); **schrei|ben** ⟨st. V.; hat⟩ [mhd. schrīben, ahd. scrīban < lat. scribere = schreiben, eigtl. = mit dem Griffel einritzen]: **1. a)** *Schriftzeichen, Buchstaben, Ziffern, Noten o. ä., in einer bestimmten lesbaren Folge mit einem Schreibgerät auf einer Unterlage, meist Papier, [auf]zeichnen:* schön, deutlich, sauber, ordentlich, wie gestochen, unleserlich, groß, klein, schnell, langsam, orthographisch richtig s.; er schreibt auf blauem/blaues Papier *(er benutzt blaues Papier zum Schreiben);* auf/mit der Maschine s.; in gut leserlicher, in lateinischer Schrift s.; in/mit großen, kleinen Buchstaben s.; mit der Hand, mit dem Bleistift, mit Tinte s.; nach Diktat s.; er kann weder lesen noch s.; das Kind lernt s.; Warte, ich hol' mir was zu s. (Singer [Übers.], Feinde 214); ⟨subst.:⟩ jmdm. das Schreiben beibringen; **b)** *(von Schreibgeräten) beim Schreiben (1 a) bestimmte Eigenschaften aufweisen:* der Bleistift schreibt gut, weich, hart; die Feder schreibt zu breit; **c)** ⟨s. + sich; unpers.⟩ *sich mit den gegebenen Mitteln in bestimmter Weise schreiben (1 a) lassen:* auf diesem Papier, mit der neuen Feder schreibt es sich viel besser, flüssiger. **2. a)** *aus Schriftzeichen, Buchstaben, Ziffern o. ä. in einer bestimmten lesbaren Folge bilden, zusammensetzen:* ein Wort, eine Zahl, s.; kannst du Noten s.?; ein Satz zu Ende s.; seinen Namen an die Tafel, die Adresse auf den Umschlag s.; sie schreibt [auf der Maschine] 250 Anschläge in der Minute; schreib das doch einfach mit der Hand; etw. falsch, richtig, klein, mit Bindestrich s.; Namen schreibt man groß; „Schenke" schreibt man nicht mit ä, sondern mit e; Ü Schmerz war in seinen Zügen geschrieben *(drückte sich darin aus);* Jetzt blieb Pythagoras stehen und schrieb mit dem Windlicht einen langen Bogen in die Dämmerung (Ransmayr, Welt 47); **b)** *schreibend (1 a), schriftlich formulieren, gestalten, verfassen:* einen Brief, ein Gesuch, eine Beschwerde, einen Antrag, ein Protokoll, einen Bericht, eine Rechnung, einen Wunschzettel s.; jmdm., an jmdn. eine Karte s.; Ich habe es aber an die Tageszeitung seiner amerikanischen Heimatstadt geschrieben *(ihr mitgeteilt);* Grzimek, Serengeti 243); ..., da Magda mir keine Zeile geschrieben ... hatte (Fallada, Trinker 190); schreiben Sie mir doch bitte etwas ins Gästebuch; er schreibt Romane, Stücke, Drehbücher, Werbetexte, Gedichte, seine Memoiren, Artikel für eine Zeitung; wir schreiben morgen einen Aufsatz, eine Englischarbeit; Ich muß 'ne Zwei s., unbedingt *(in der Klassenarbeit die Note „Zwei" erreichen;* Loest, Pistole 198); er hat in dem Artikel die Wahrheit, lauter Lügen, nichts als Unsinn geschrieben; er hat ein Buch über Afrika geschrieben; er schreibt in einem Gutachten *(äußert sich darin dahin gehend),* daß ...; was schreiben denn die Zeitungen über den Vorfall *(was wird in den Zeitungen darüber berichtet)?;* Jean Six ... rechnete in einem Rundumschlag mit der französischen Presse ab, die seinen Sohn aus der Nationalmannschaft s. *(durch Verfassen kritischer Artikel aus der Nationalmannschaft entfernen)* wolle (Kicker 6, 1982, 21); der Autor schreibt einen guten Stil, eine geschliffene Prosa; die geschriebene Sprache, das geschriebene Wort; das geschriebene *(kodifizierte)* Recht; Ü Das Leben schreibt die unmöglichsten Pointen (Konsalik, Promenadendeck 465); die Geschichte muß möglicherweise neu geschrieben werden; **c)** *komponieren u. niederschreiben:* eine Symphonie, einen Walzer, ein Flötenkonzert s.; wer hat die Hymne auf Napoleon, die Musik zu diesem Film geschrieben?. **3. a)** *als Autor künstlerisch, schriftstellerisch, journalistisch o. ä. tätig sein:* er ist Maler, und sein Freund schreibt; er schreibt für eine Zeitung, für den Rundfunk, in einem Magazin; sie schrieb gegen den Krieg in Vietnam *(ging in ihren Veröffentlichungen schon immer dagegen an);* Reich-Ranicki, Th. Mann 189); er hat über die Antike geschrieben; ⟨subst.:⟩ er hat kein, großes Talent zum Schreiben; **b)** *in bestimmter Weise sich schriftlich äußern, etw. sprachlich gestalten; einen bestimmten Schreibstil haben:* gut, schlecht, lebendig, anschaulich, interessant, spannend, überzeugend, ziemlich langweilig s.; Und schreiben Sie auch ein bißchen sozialkritisch *(mit sozialkritischem Tenor;* Simmel, Stoff 590); sie schreibt englisch und deutsch; er schreibt immer in gutem Deutsch; **c)** *mit der schriftlichen Formulierung, sprachlichen Gestaltung, Abfassung, Niederschrift von etw. beschäftigt sein:* er schreibt an einem Roman, seinen Memoiren; er schreibt immer noch an seiner Dissertation. **4. a)** *eine schriftliche Nachricht senden; sich schriftlich an jmdn. wenden:* ihr Sohn hat [ihr] lange nicht geschrieben; schreib ihm doch mal aus dem Urlaub, aus Italien; er schreibt postlagernd, unter einer Deckadresse; davon/darüber hat er nichts geschrieben *(schriftlich mitgeteilt, berichtet);* du hast deinen Eltern, an deine Eltern lange nicht geschrieben; er hat wegen der Sache an den Bundespräsidenten geschrieben; sie hat mir nur wenig von dir, von deinen Plänen/über dich, über die Pläne geschrieben *(schriftlich mitgeteilt, berichtet);* ich werde meinen Eltern mal wieder um Geld s. müssen *(sie brieflich um Geld bitten müssen);* **b)** ⟨s. + sich⟩ *mit jmdm. brieflich in Verbindung stehen, korrespondieren:* die beiden schreiben sich/ (geh.:) einander schon lange; (ugs.:) ich schreibe mich seit Jahren mit ihm. **5.** ⟨s. + sich⟩ *den Regeln entsprechend eine bestimmte Schreibweise (1) haben:* sein Name schreibt sich mit „k" am Ende; wie schreibt es sich das?; sie *(ihr Name)* schreibt sich ohne Bindestrich. **6.** ⟨s. + sich⟩ (veraltend, noch landsch.) ¹*heißen* (1): sie schreibt sich jetzt Müller; wie schreibt er sich doch noch? **7.** (veraltend) *als Datum, Jahreszahl, Jahreszeit o. ä. haben:* wir schreiben heute den 1. März, den elften Vierten, den Dritten; den Wievielten schreiben wir [heute]?; Man schrieb das Jahr 1951 (Danella, Hotel 45); Nur schreiben wir heute das ausgehende zwanzigste Jahrhundert (Brückenbauer 11. 9. 85, 2); bereits schrieben wir späte Tage des September (Th. Mann, Krull 425). **8.** *(von Geldbeträgen) irgendwo schriftlich festhalten, eintragen, verbuchen:* schreiben Sie [mir] den Betrag auf die Rechnung, mein Konto; den Betrag haben wir zu Ihren Lasten geschrieben. **9.** *jmdm. schriftlich einen bestimmten Gesundheitszustand bescheinigen:* der Arzt hat ihn arbeitsfähig, dienstfähig, tauglich, untauglich geschrieben; er wollte sich krank, arbeitsunfähig s. lassen; ich kann Sie leider noch nicht gesund s.; **Schrei|ben,** das; -s, -: *schriftliche*

Schreiber

Mitteilung meist sachlichen Inhalts, offiziellen Charakters: ein amtliches, dienstliches, vertrauliches, geheimes S.; ein kurzes, langes, persönliches, förmliches, freundliches S.; Aus der Kanzlei des Kronprätendenten kam ein höfliches, nichtssagendes, dilatorisches S. (Feuchtwanger, Erfolg 513); Dieses S. war trotz seiner höflichen Form so rücksichtslos und kurz abgefaßt, daß ... (Musil, Mann 948); ein S. abfassen, aufsetzen; ..., daß der Papst Pelagius ein flehentliches S. an Justinian richten muß (Thieß, Reich 623); wir bestätigen Ihnen den Eingang Ihres -s vom 4. 11. 1992 ; auf Ihr S. vom 11. 03. 93 teilen wir Ihnen mit; für Ihr S. danken wir Ihnen; die in Ihrem S. erwähnte Rechnung; gleichzeitig mit diesem S. geht ein Paket an Sie ab; **Schreiber,** der; -s, - [mhd. schrībære, ahd. scrībāri]: **1.** *jmd., der etw. schreibt, schriftlich formuliert, etw. geschrieben, schriftlich formuliert, abgefaßt hat:* der S. eines Briefes, dieser Zeilen; Leider war er ein ungeschickter S. (*konnte er nicht gut schriftlich formulieren;* Maas, Gouffé 341). **2.** (veraltend) *jmd., der [berufsmäßig] Schreibarbeiten ausführt; Sekretär, Schriftführer:* er ... war seines Zeichens S. (Böll, Tagebuch 74); ein halbzerfallener Gasstrumpf beleuchtete kaum den ... Schreibtisch des protokollierenden -s (Fallada, Herr 89). **3.** (oft abwertend) *Verfasser, Autor eines literarischen, journalistischen o. ä. Werkes:* ein armseliger, übler, schlechter S.; ein ordentlicher, solider S.; welcher obskure S. hat denn dieses Stück verbrochen?; **Schrei|be|rei,** die; -, -en (abwertend) *[dauernd] Schreiben:* die ganze S. [an die Behörden] hättest du dir ebensogut sparen können; ich hatte wegen dieses Vorfalls viele unangenehme, unnötige -en; **Schrei|be|rin,** die; -, -nen [mhd. schrībærinne]: w. Form zu ↑ Schreiber (1,3); **Schrei|ber|ling,** der; -s, -e (abwertend): *Autor, der schlecht [u. viel] schreibt:* Wenn es sich nur um Skandalgeschichten eines Schlüsselromans von einem obskuren S. gehandelt hätte (Zeit 27. 3. 64, 13); Euer S. hat total schlampig recherchiert (Hamburger Rundschau 22. 8. 85, 17); **Schrei|bersee|le,** die; -, -n [wohl eigtl. = von der pedantischen Art eines Schreibers (2) der Behörden] (abwertend): *bürokratischer, kleinlicher Mensch:* er ist eine richtige S.; ich lasse mir doch von so einer elenden S. keine Vorschriften machen; **schreib|faul** ⟨Adj.⟩: *zu faul, zu bequem zum Schreiben, ungern Briefe schreibend:* er ist der -ste Mensch, den ich je kennengelernt habe; 18jähriger Boy sucht nette Brieffreundin, die nicht s. ist (Bravo 29, 1976, 46); **Schreib|faul|heit,** die: *Faulheit im [Briefe]schreiben:* ich hoffe, du verzeihst mir meine S. noch einmal; **Schreib|feder,** die: *Feder* (2 a) *zum Schreiben;* **Schreib|feh|ler,** der: *beim Schreiben entstehender, unterlaufender Fehler;* **Schreib|ge|rät,** das: *Gerät, das zum Schreiben benötigt wird:* -e wie Bleistifte und Kugelschreiber; **schreib|ge|wandt** ⟨Adj.⟩: **a)** *fähig (bes. auf einer Schreibmaschine od. in Stenographie), gewandt, zügig zu schreiben;* **b)** *fähig, sich schriftlich gewandt, in gutem Stil auszudrücken;* **Schreib|grif|fel,** der: *Griffel* (1); **Schreibheft,** das: *zum Schreiben dienendes* ²*Heft* (a) *mit liniertem Papier;* **Schreib|kopf,** der: vgl. Kugelkopf; **Schreib|kopf|maschi|ne,** die: vgl. Kugelkopfmaschine; **Schreib|kraft,** die: *jmd. (meist weibl. Person), der berufsmäßig Schreibarbeiten, vorwiegend auf der Schreibmaschine, ausführt;* **Schreib|krampf,** der: *durch Überanstrengung beim Schreiben hervorgerufener Krampf der Muskulatur der Hand; Cheiro-, Chirospasmus;* **Schreib|kreide,** die: *zum Schreiben, bes. auf Wandtafeln, verwendete Kreide;* **Schreib|kunst,** die ⟨o. Pl.⟩: *Fähigkeit, schön zu schreiben, bes. verschiedene Schriften künstlerisch zu gestalten;* **Schreib-Le|se-Spei|cher,** der (Datenverarb.): *RAM;* **Schreib|mäppchen,** das: *Federmäppchen;* **Schreibmap|pe,** die: *Mappe für Schreib-, Briefpapier;* **Schreib|mar|ke,** die (Datenverarb.): *Cursor;* **Schreib|ma|schi|ne,** die: *Gerät, mit dessen Hilfe durch Niederdrücken von Tasten Schriftzeichen mittels Farbband auf ein in das Gerät eingespanntes Papier übertragen werden, so daß eine dem Druck ähnliche Schrift auf einem Schriftstück entsteht:* eine mechanische, elektrische, moderne S.; er kann gut S. schreiben; sich an die S. setzen; einen Bogen Papier in die S. einspannen; etw. auf der S. schreiben; ein neues Farbband in die S. einlegen, einziehen; **Schreibma|schi|nen|pa|pier,** das: *für die Schreibmaschine geeignetes Schreibpapier;* **Schreib|ma|schi|nen|schrift,** die: *mit einer Schreibmaschine geschriebene Schrift;* **Schreib|mei|ster,** der: (bes. im ausgehenden Mittelalter) *weltlicher Schreiber* (2), *der Kindern u. Erwachsenen in Schreibschulen das Schreiben u. Lesen beibringt;* **Schreib|pa|pier,** das: *zum Beschreiben geeignetes, meist weißes Papier;* **Schreib|plat|te,** die: *größere Platte* (1), *meist als Teil eines Möbels, die als Unterlage zum Schreiben dient:* die S. des Sekretärs; der Schrank hat eine herausklappbare S.; **Schreib|pult,** das: *Pult* (a) *mit einer Platte* (1) *zum Schreiben;* **Schreib|satz,** der (Druckw.): *Composersatz;* **Schreib|schale,** die: *Schale, in der auf einem Schreibtisch die Schreibgeräte, Radiergummis, Büroklammern o. ä. aufbewahrt werden;* **Schreib|schrank,** der: *einem Schrank ähnliches Möbelstück mit einer herausklappbaren Platte* (1) *zum Schreiben;* **Schreib|schrift,** die: **1.** *(mit der Hand geschriebene) Schrift, bei der die einzelnen Buchstaben der Wörter unmittelbar aneinanderhängen.* **2.** (Druckw.) *einer mit der Hand geschriebenen Schrift nachgebildete, ähnliche Druckschrift* (1); **Schreib|schu|le,** die: (seit dem 14. Jh.) *private od. städtische Schule, in der Kindern u. Erwachsenen das Lesen u. Schreiben gelehrt wird;* **Schreib|schutz,** der (Datenverarb.): *Vorrichtung bei Disketten u. Magnetbändern, die ein Löschen u. Überschreiben gespeicherter Daten verhindert;* **Schreib|spra|che,** die (Sprachw.): *(z. B. im Deutschen in frühneuhochdeutscher Zeit) schriftlich verwendete Sprachform, die an Landschaften u. Dialekte gebunden ist, aber bereits eine beginnende Vereinheitlichung u. großräumige Ausgleichstendenzen erkennen läßt;* **Schreibstift,** der: *dünner, länglicher, eine* ¹*Mine* (3) *enthaltender Gegenstand als Schreibgerät;* **Schreib|stil,** der: *Stil, in dem jmd. schreibt, sich schriftlich ausdrückt;* **Schreib|stö|rung,** die: *körperlich od. seelisch bedingte Beeinträchtigung des Schreibens;* **Schreib|stu|be,** die: **a)** (veraltet) *Raum, in dem schriftliche Arbeiten erledigt werden, Büro:* In den -n lagen die Wachstäfelchen, in der Bibliothek die Papyrussorten (Ceram, Götter 25); **b)** (Milit.) *Büro im militärischen Bereich, bes. in einer Kaserne:* in der S. Dienst tun; Drei Wochen nach dem Bombenteppich wurden die Flakhelfer ... zur S. gerufen (Lentz, Muckefuck 259); **Schreib|stuben|hengst,** der (Soldatenspr. abwertend): *Soldat, der in der Schreibstube* (b) *beschäftigt ist;* **Schreib|ta|fel,** die: *Tafel* (1 a) *zum Schreiben:* eine S. aus Schiefer; die alten Römer schrieben auf -n aus Wachs; **Schreib|te|le|fon,** das: *telefonähnliches Gerät für Gehörlose u. Hörgeschädigte zur Übermittlung von Nachrichten o. ä.:* Mit einem S. ... wäre vielen Gehörlosen geholfen (MM 29. 9. 80, 17); **Schreib|tisch,** der: *einem Tisch ähnliches Möbelstück zum Schreiben, das meist an einer od. an beiden Seiten Schubfächer zum Aufbewahren von Schriftstücken, Akten o. ä. besitzt:* am, hintern S. sitzen; die Akten liegen auf dem S., sind in meinem S. [eingeschlossen]; **Schreib|tisch|garni|tur,** die: *aus Schreibschale, Tintenfaß, Briefbeschwerer, Brieföffner, Schreibunterlage o. ä. bestehende Garnitur* (1 a) *für den Schreibtisch;* **Schreib|tisch|lam|pe,** die: vgl. Schreibtischsessel; **Schreibtisch|mör|der,** der: vgl. Schreibtischtäter; **Schreib|tisch|mör|de|rin,** die: w. Form zu ↑Schreibtischmörder; **Schreibtisch|schub|la|de,** die: *Schublade eines Schreibtischs;* **Schreib|tisch|ses|sel,** der: *für das Arbeiten an einem Schreibtisch geeigneter, zu einem Schreibtisch gehörender Sessel;* **Schreib|tisch|stuhl,** der: vgl. Schreibtischsessel; **Schreibtisch|tä|ter,** der: *jmd., der von verantwortlicher Position aus ein Verbrechen o. ä. vorbereitet, veranlaßt, von andern ausführen läßt:* er ist ein S. Selbst feige wie ein Kind, dirigiert er lustvoll das Verbrechen (Welt 26. 7. 65, 5); Jahn wollte SED-Funktionären freies Geleit zusichern, auch wenn sie sich nach westdeutscher Rechtsauffassung als S. eines Kriminaldeliktes ... schuldig gemacht hätten (Spiegel 21, 1966, 32); Ü Können Journalisten „S." sein? (*für schlimme Dinge, die andere tun, verantwortlich sein?;* Hörzu 38, 1972, 59); **Schreib|tisch|tä|te|rin,** die: w. Form zu ↑Schreibtischtäter; **Schreib|übung,** die: *Übung für schönes, geläufiges Schreiben:* die -en der Abc-Schützen; **Schrei|bung,** die; -, -en: *Schreibweise* (1): die schwierige S. des Wortes; verschiedene -en eines Namens; der Brief ist trotz der völlig falschen S. der Adresse angekommen; **schreib|un|kun|dig** ⟨Adj.⟩: *des Schreibens nicht kundig, das Schreiben nicht gelernt habend:* Natürlich kann man nicht ... einen -en schwarzen Dorfjungen mit einem Europäer vergleichen, der nach Afrika reist (Grzimek, Serengeti 175); ⟨subst.:⟩ ich ahnte ja nicht, daß ich es mit einem Schreibunkundigen zu tun hatte; **Schreib|un|ter|la|ge,** die: *eine glatte Fläche bietende, elastische Unterlage aus Leder, Kunststoff o. ä. zum Schreiben;* **Schreib|un|ter|richt,** der: *(im ersten Jahr der Grundschule einsetzende) Unterweisung im Schreiben;* **Schreib|uten|si|li|en** ⟨Pl.⟩: *für [handschriftliche] Schreibarbeiten benötigte Utensilien:* Bleistifte, Notizblöcke, Radiergummis und sonstige S.; ich habe meine S. vergessen; **Schreib|ver|bot,** das: *Verbot, sich als Journalist, Schriftsteller o. ä. zu betätigen, zu publizieren:* er hatte im Dritten Reich S.; jmdm. S. erteilen; **Schreib|wa|ren** ⟨Pl.⟩: *zum Schreiben benötigte Gegenstände (als Handelsware);* **Schreib|wa|ren|ge|schäft,** das: *Geschäft, Laden, in dem Schreibwaren u. ähnliche Artikel verkauft werden;* **Schreib|wa|ren|hand|lung,** die: *Schreibwarengeschäft;* **Schreib|wa|ren|la|den,** der: *Schreibwarengeschäft;* **Schreib|wei|se,** die: **1.** *Art, in der ein Wort geschrieben wird:* die S. verschiedener Fachwörter, eines Namens. **2.** vgl. Schreibstil; **schreib|wü|tig** ⟨Adj.⟩ (ugs. scherzh.): *gern u. häufig u. fast mit einer Art Versessenheit schreibend:* ein -er Autor; ich kann unmöglich alles lesen, was manche -en Kollegen veröffentlichen; **Schreib|zeug,** das: *vgl.* Schreibgerät; **Schreib|zim|mer,** das: *(bes. in Hotels, Sanatorien o. ä.) für die Erledigung von Schreibarbeiten eingerichtetes Zimmer.*

schrei|en ⟨st. V.⟩ /vgl. schreiend/ [mhd. schrīen, ahd. scrīan, lautm.]: **1. a)** *einen Schrei, Schreie ausstoßen, sehr laut, oft unartikuliert rufen:* laut, durchdringend, schrill, gellend, hysterisch, lange, anhaltend, aus Leibeskräften s.; Dorothea ... schreit aus vollem Halse (Waggerl, Brot 186); das Baby hat kläglich, stundenlang, die ganze Nacht geschrie[e]n *(laut geweint);* ich habe ... andauernd im Schlaf geschrien (Simmel, Stoff 657); vor Angst, Schmerz, Freude, Begeisterung s.; Er schlug die Hände vors Gesicht ... und schrie vor Ekel (Ransmayr, Welt 236); die Zuhörer schrien vor Lachen (ugs.; *lachten sehr laut, unbändig*); er schrie wie ein gestochenes Schwein (ugs.; *sehr laut, gellend*); Im Walde schreien die Käuzchen (Trenker, Helden 155); die Kinder liefen laut schreiend davon; die Affen flüchteten aufgeregt schreiend auf die Bäume; ⟨subst.:⟩ man hörte das Schreien der Möwen; Ü die Sägen knirschten und schrien manchmal, wenn sich ein Span gegen das Blatt stemmte (Fallada, Trinker 106); * **zum Schreien sein** (ugs.; *sehr komisch, ungeheuer lustig sein, sehr zum Lachen reizen*): ihre Aufmachung war zum Schreien; **b)** ⟨s. + sich⟩ *sich durch Schreien* (1 a) *in einen bestimmten Zustand bringen:* wir haben uns auf dem Fußballplatz heiser geschrien; die Kinder werden sich schon müde s.; ..., schrie sich Bohrs Friedchen wieder in Rage (Degenhardt, Zündschnüre 199). **2. a)** *mit sehr lauter Stimme, übermäßig laut sprechen, sich äußern:* sie hörte den Besucher nebenan wütend, laut, mit erregter Stimme s.; ich verstehe dich gut, du brauchst nicht so zu s.!; schrei mir doch nicht so ins Ohr!; Sie mußte viel arbeiten, der Bauer schrie mit ihr (ugs.; *schimpfte sie mit lauter Stimme aus;* Johnson, Achim 176); Wer schreit denn am lautesten *(beklagt sich am heftigsten),* wenn das Trinkgeld nicht genau aufgeteilt wird? (Frischmuth, Herrin 88); **b)** *mit sehr lauter Stimme, übermäßig laut sagen, ausrufen:* Verwünschungen s.; er schrie förmlich seinen Namen; hurra, Hilfe s.; entsetzt schrie er: „Halt!"; „Bravo! Bravo!", schrie das Publikum; „Lassen Sie die verdammte Heulerei!" schrie Lebigot wütend (Maass, Gouffé 345); sie schrie ihm ins Gesicht, er sei ein Lügner; Sie schrie, das sei eine Unverschämtheit (Niekisch, Leben 379); **c)** *laut schreiend* (1 a, 2 a) *nach jmdm., etw. verlangen:* die Kinder schrien nach ihrer Mutter, nach Brot; Der Wirt sprang auf, schrie nach seiner Frau (Bieler, Bonifaz 188); er schrie nach Wodka (Koeppen, Rußland 116); das Baby schreit nach der Flasche; das Vieh schreit nach Futter, Wasser; die Bedrohten schrien nach/um Hilfe; Ü das Volk schrie nach (geh.; *forderte heftig*) Rache, Vergeltung; Die deutschen Verhältnisse schrien nach einer *(erforderten eine)* Revolution (Niekisch, Leben 35); Der Platz über der Chaiselongue schrie ... nach einem Wandbehang (scherzh.; *dorthin gehörte unbedingt ein Wandbehang;* Lentz, Muckefuck 83); **schrei|end** ⟨Adj.⟩: **1.** *sehr grell, auffällig, ins Auge fallend:* -e Farben, Musterungen; Ein grelles, klirrendes Tohuwabohu von -en Plakaten (K. Mann, Wendepunkt 59); die Stoffe, Tapeten sind mir zu s.; s. bunte Teppiche. **2.** *große Empörung hervorrufend, unerhört, skandalös:* eine -e Ungerechtigkeit; -es Unrecht; ein -es Mißverhältnis; Und dann erschien ihr Bild in der Presse, mit einer so s. irreführenden Beschriftung, daß ... (Maass, Gouffé 321); **Schrei|er,** der; -s, -: **1.** *jmd., der sehr laut spricht, schimpft, herumschreit, ruft o. ä.:* wer ist denn dieser S. von nebenan?; der Lehrer hat die größten S. kurzerhand aus dem Klassenzimmer gewiesen. **2.** *jmd., der sich in aufsässiger, rechthaberischer, zänkischer o. ä. Weise meist lautstark äußert u. Unruhe stiftet:* Was wollten die S. eigentlich, die ihm vorwarfen, er mache mit seinen Bauten die Stadt kaputt (Zwerenz, Erde 14); Besonders widerlich wirkte, wie die größten S. still wurden, wenn man sie befördert hatte (Tucholsky, Werke I, 269); **Schrei|e|rei,** die; -, -en ⟨Pl. selten⟩ (abwertend): *[dauerndes] Schreien:* mit deiner S. weckst du noch das Kind auf; **Schrei|e|rin,** die; -, -nen: w. Form zu ↑Schreier; **Schrei|er|pfei|fe,** die: *(im 16./17. Jh. gebautes) Blasinstrument mit doppeltem Rohrblatt, konischer, am Mundstück breiterer Röhre u. acht Grifflöchern;* **Schrei|hals,** der (ugs.): *jmd., der viel Geschrei macht, häufig schreit:* jetzt seid doch mal ruhig, ihr Schreihälse!; was sind denn das für Schreihälse draußen auf der Straße?; Wird dieser kleine S. (fam.; *dieses schrei*- *ende kleine Kind)* noch die wilden Tiere seiner Heimat bewundern können, wenn er groß ist? (Grzimek, Serengeti 192); Daß nun dieses richtige Grundgefühl heute von den Schreihälsen *(Schreiern)* der Nazis mißbraucht wird, ist eine andere Sache (Tucholsky, Werke II, 292); **Schrei|knöt|chen,** das (Med.): *Sängerknötchen;* **Schrei|krampf,** der: *meist als hysterische Reaktion auf etw. auftretendes, unkontrolliertes, lautes Schreien:* Als wir hier einzogen, hat die Hauswirtin Schreikrämpfe gekriegt, von Betrug geredet, Kuppelei und Sexnest (Degener, Heimsuchung 139); Teta erlitt einen Tobsuchtsanfall, einen Wein- und S. (Werfel, Himmel 149); ... fiel meine Braut in Schreikrämpfe und rief: „Mörder, Mörder!" (Goetz, Prätorius 68).

Schrein, der; -[e]s, -e [mhd. schrīn, ahd. scrīni = Behälter < lat. scrinium = zylinderförmiger Behälter für Buchrollen, Salben u. a.] (geh.; Fachspr.): *mit Deckel verschließbarer, kastenförmiger od. mit Türen verschließbarer, schrankähnlicher Behälter aus Holz meist zum Aufbewahren von kostbaren Dingen, Reliquien o. ä.:* ein kostbarer S.; die Reliquien befinden sich in einem geschnitzten S.; **Schreiner,** der; -s, - [mhd. schrīnære] (bes. westmd. u. südd.): *Tischler;* **Schrei|ne|rei,** die; -, -en (bes. westmd. u. südd.): *Tischlerei;* **Schrei|ne|rin,** die; -, -nen (bes. westmd. u. südd.): w. Form zu ↑Schreiner; **schrei|nern** ⟨sw. V.; hat⟩ (bes. westmd. u. südd.): *tischlern;* ♦ **Schrein|werk,** das: *(im südd. Sprachgebrauch) Tischlerarbeit, -erzeugnis:* ... holte er ... ein gutes Bäuerlein ... auf einem Wagen mit etwas S. ein, das hieß ihn ungebeten bei ihm aufzusitzen (Mörike, Hutzelmännlein 121).

♦ **schrei|ßen** ⟨sw. V.; hat⟩ [eigtl. = reißen, zerren; vgl. got. (dis)skreitan = zerreißen]: *(im schweiz. Sprachgebrauch) (eine junge Frau) ins Wirtshaus, zum Wein, zum Tanz führen (wobei die sich [zum Schein] Sträubende am Arm gezogen wird):* denn nie ging sie in ein Wirtshaus ... anfangs meinte man, ihr Weigern sei nichts als die übliche Ziererei, und fing an nach Landessitte zu s. und zu zerren, aber es half nichts (Gotthelf, Elsi 124).

schrei|ten ⟨st. V.; ist⟩ [mhd. schrīten, ahd. scrītan, urspr. wohl = drehen, eine bogenförmige Bewegung machen, verw. mit ↑schräg] (geh.): **1.** *in gemessenen Schritten, ruhig gehen:* würdevoll, feierlich, aufrecht, langsam, gemächlich s.; an der Spitze des Zuges s.; er schritt durch die Halle, über den Teppich, zum Ausgang; ..., daß Jesus von Nazareth über das Wasser hat s. können? (Schnabel, Marmor 108); Dort drüben schreitet eine Prozession schwarzgekleideter Herren zum Festmahl ins Bremer Rathaus (natur 6, 1991, 30); Ü er schreitet von Entdeckung zu Entdeckung *(macht eine Entdeckung nach der anderen).* **2.** *mit etw. beginnen, zu etw. übergehen, etw. in Angriff nehmen:* zur Wahl, zum Angriff s.; jetzt müssen wir zur Tat, zum Werk, zu anderen Maßnahmen s. *(etw. tun, unternehmen, andere Maßnahmen ergreifen):* Wir schreiten zur Verlosung (Hacks, Stücke 311); **Schreit-**

tanz, der: *alter, in meist langsamen, oft gravitätischen Schritten getanzter Tanz* (z. B. Allemande, Pavane); **Schreit|vogel,** der: *Stelzvogel.*

Schrenz, der; -es, -e [zu ↑ Schranz, eigtl. = zerrissener Stoff] (veraltend): *minderwertiges, großenteils aus Altpapier hergestelltes Papier* (z. B. Packpapier, Löschpapier); **Schrenz|pa|pier,** das: *Schrenz.*

schrickst, schrickt: ↑ ²schrecken.

schrie: ↑ schreien.

schrieb: ↑ schreiben; **Schrieb,** der; -s, -e (ugs., oft abwertend): *Schreiben, Brief:* ein kurzer, ellenlanger, unpersönlicher, unfreundlicher, taktloser, unverschämter S.; Hier ist ein S. von der Stadt, soll mich um Arbeit bemühen (Degener, Heimsuchung 99); auf so einen S. antworte ich gar nicht [erst]; **Schrift,** die; -, -en [mhd. schrift, ahd. scrift, unter dem Einfluß von lat. scriptum zu ↑ schreiben]: **1. a)** *Gesamtheit der in einem System zusammengefaßten graphischen Zeichen, bes. Buchstaben, mit denen Laute, Wörter, Sätze einer Sprache sichtbar festgehalten werden u. so die lesbare Wiedergabe einer Sprache ermöglichen:* die griechische, lateinische, kyrillische S.; Alle Diktate werden in der internationalen phonetischen S. geschrieben (Leonhard, Revolution 52); die S. der Japaner, Chinesen; eine derartige Mischung aus Buchstabenschrift, aus syllabischer und bildlicher S. kann nicht schlagartig voll ausgebildet vorhanden gewesen sein (Ceram, Götter 320); * **nach der S. sprechen** (landsch.; *hochdeutsch, dialektfrei, nicht mundartlich sprechen*); **b)** *Folge von Buchstaben, Wörtern, Sätzen, wie sie sich in einer bestimmten materiellen Ausprägung dem Auge darbietet:* die verblaßte, verwitterte, kaum noch lesbare S. auf dem Schild: Eine Tafel mit abblätternder S. besagte: Zum Jugendlager – 1 km (Simmel, Stoff 59); die bunten -en der Leuchtreklame; die S. an der Tafel war verwischt; die S. wegwischen; **c)** *Druckschrift* (1): die S. ist leider sehr klein; für einen Druck verschiedene -en verwenden; das Vorwort ist in einer anderen S. gedruckt; **d)** *Handschrift* (1): eine kleine, regelmäßige, steile, schräge, gut leserliche, lesbare, ordentliche S.; hier die starre und doch bereits wackelige S. eines alten Mannes (Augustin, Kopf 222); seine S. läßt zu wünschen übrig; Ihre S. war groß und aufgerichtet, die Feder machte viel Geräusch, wenn sie über das lila Briefpapier fuhr (Doderer, Wasserfälle 15); seine S. verstellen; eine krakelige S. zu entziffern versuchen; Mit seiner nach links geneigten, spitzen, ganz ungewöhnlich in die Länge gezogenen, aber zugleich eng zusammengedrängten S. bedeckte er die Seiten eines Schulheftes (Kuby, Sieg 186). **2.** *geschriebener, meist im Druck erschienener längerer Text bes. wissenschaftlichen, literarischen, religiösen, politischen o. ä. Inhalts; schriftliche Darstellung, Abhandlung:* eine philosophische, naturwissenschaftliche S.; In ihrer offiziellen S. „Polen, Zahlen und Fakten" heißt es ... (Dönhoff, Ära 160); eine S. über Medizin, Technik; er hat verschiedene -en religiösen Inhalts verfaßt, herausgegeben, veröffentlicht; Wir müssen nachschauen, was alles an aufrührerischen -en bei ihm versteckt ist (Kühn, Zeit 92); die gesammelten -en *(Werke)* eines Dichters; ich weiß aus den naturkundlichen -en der deutschen Nonne Hildegard von Bingen ... (Stern, Mann 145); er hat eine fünfseitige S. *(Denkschrift o. ä.)* ans Landratsamt aufgesetzt, gerichtet; * **die [Heilige] S.** *(die Bibel):* die [Heilige] S. auslegen, zitieren; In der Heiligen S. wird einer Aufforderung oder einem Hinweis oft das Wort „Siehe!" vorangestellt (Sommerauer, Sonntag 5); ... die, wie es in der S. heißt, keine Hoffnung haben (Bergengruen, Rittmeisterin 436). **3.** ⟨Pl.⟩ (schweiz.) *Ausweispapiere, Personaldokumente:* ihre -en sind in Ordnung; die -en vorzeigen; jmds. -en kontrollieren, überprüfen; das Gericht ordnete den Einzug der -en an; **Schrift|art,** die (Druckw.): *durch bestimmte Typen u. Schriftgrade festgelegte Art, in der ein Druck erscheint;* **Schrift|aus|le|gung,** die: *Auslegung der Bibel, von Bibeltexten;* **Schrift|be|weis,** der (Theol.): *Rückführung heilsgeschichtlicher Ereignisse, dogmatischer u. ethischer Aussagen einer Religion auf deren heilige Schrift;* **Schrift-bild,** das: **1.** (Druckw.) **a)** *erhabenes spiegelverkehrtes Bild eines Schriftzeichens am Kopf einer Drucktype;* **b)** *Abdruck eines Schriftbildes* (1 a). **2.** *äußere Form, Gestalt, Ausprägung einer Schrift* (1 c, d): ein angenehmes, ausgewogenes, harmonisches, unruhiges, flatteriges S.; **Schrift-blind|heit,** die (Med.): *Alexie;* **schrift-deutsch** ⟨Adj.⟩: **a)** *hochdeutsch* (a) *in der (bestimmten sprachlichen Gesetzmäßigkeiten folgenden) schriftlichen Form;* **b)** (schweiz.) *hochdeutsch:* ein Wort s. aussprechen; **Schrift|deutsch,** das u. ⟨nur mit best. Art.:⟩ **Schrift|deut|sche,** das: **a)** *das Hochdeutsche in der (bestimmten sprachlichen Gesetzmäßigkeiten folgenden) schriftlichen Form;* **b)** (schweiz.) *Hochdeutsch:* Schriftdeutsch sprechen; im Schriftdeutschen spricht man das Wort kurz aus; **Schrif|ten|rei|he,** die; -, -n: *Reihe von Schriften* (2), *die ein Verlag veröffentlicht:* eine naturwissenschaftliche, philosophische S.; der Verlag plant eine neue S. über Arzneimittel und Drogen; **Schrif|ten|ver|zeich|nis,** das, -ses, -se: *Bibliographie, Literaturangabe[n];* **Schrift|ex|per|te,** der: *Schriftsachverständige;* **Schrift|ex|per|tin,** die: w. Form zu ↑ Schriftexperte; **Schrift|fäl|scher,** der: *jmd., der in betrügerischer Absicht jmds. Handschrift nachahmt, eine Handschrift fälscht;* **Schrift|fäl|sche|rin,** die: w. Form zu ↑ Schriftfälscher; **Schrift-farn,** der [nach der an Schriftzeichen erinnernden Musterung der Unterseite der Blätter]: *in den wärmeren Gebieten Europas, Asiens u. Afrikas wachsender, zu den Tüfelfarngewächsen gehörender Farn mit dicken dunkelgrünen Blättern, die an der Unterseite dicht mit graubraunen, breiten Haaren bedeckt sind;* **Schrift|form,** die ⟨o. Pl.⟩ (Rechtsspr.): *[bestimmten Anforderungen genügende] schriftliche Form:* die S. verlangt, daß die Urkunde vom Aussteller unterzeichnet ist; die Kündigung bedarf der S.; **Schrift|füh|rer,** der: *jmd., der bei Versammlungen, Verhandlungen, in Vereinen, Gremien o. ä. für Protokolle, die Korrespondenz o. ä. zuständig ist;* **Schrift|füh|re|rin,** die: w. Form zu ↑ Schriftführer; **Schrift|ge|lehr|te,** der (Rel.): *(im frühen Judentum) Gelehrter, der sich durch gründliche Kenntnisse der religiösen Überlieferung, bes. der Gesetze, auszeichnet;* **schrift|ge|mäß** ⟨Adj.⟩: *der Schriftsprache entsprechend:* sich s. ausdrücken; **Schrift|gie|ßer,** der: *jmd., der in einer Schriftgießerei Drucktypen aus einer Bleilegierung gießt* (Berufsbez.); **Schrift|gie|ße|rei,** die: *Betrieb der graphischen Industrie, in dem Drucktypen aus Metall gegossen werden;* **Schrift|gie|ße-rin,** die: w. Form zu ↑ Schriftgießer; **schrift|gläu|big** ⟨Adj.⟩: *sich in seinem Glauben vorbehaltlos an die Bibel haltend; bibelgläubig;* **Schrift|grad,** der (Druckw.): *(in der Einheit Punkt 6 angegebene) Größe einer Druckschrift* (1); **Schrift|gut,** das ⟨o. Pl.⟩ (Fachspr.): *Gesamtheit von Schriftstücken, Geschriebenes* (z. B. Briefe, Protokolle, Aktennotizen): *Akten und Urkunden öffentlich-rechtlicher Herkunft* (amtliches S.) (NJW 19, 1984, 1135); er läßt seiner Sekretärin bei der Gestaltung des -s weitgehend freie Hand; **Schrift|hö|he,** die (Druckw.): *Höhe der Drucktypen einer Druckschrift* (1); **Schrift|ke|gel,** der (Druckw.): *Kegel* (4); **Schrift|kun|di|ge,** der u. die; -n, -n ⟨Dekl. ↑ Abgeordnete⟩: *Handschriftenkundige[r];* **Schrift|lei|ter,** der (veraltend): *Redakteur bei einer Zeitung;* **Schrift|lei|te|rin,** die (veraltend): w. Form zu ↑ Schriftleiter; **Schrift|lei-tung,** die (veraltend): *Redaktion einer Zeitung od. Zeitschrift;* **Schrift|le|sung,** die: *(im jüdischen u. christlichen Gottesdienst) Lesung* (1 a) *von Texten aus der Heiligen Schrift;* **schrift|lich** ⟨Adj.⟩ [mhd. schriftlich]: *durch Aufschreiben, Niederschreiben festgehalten; in geschriebener Form:* -e Anweisungen, Aufforderungen, Unterlagen, Anträge, Quellen; die Kündigung muß in -er Form erfolgen; die -e Überlieferung alter Sitten; eine -e Erklärung abgeben; Vater ... mußte sein -es Einverständnis geben (Wimschneider, Herbstmilch 71); eine -e Einladung erhalten; -e Arbeiten, Hausaufgaben erledigen; eine -e Prüfung machen; Die ... mündliche Verhandlung tritt heute immer mehr zugunsten des -en Verfahrens zurück (Fraenkel, Staat 340); seine -en (Schulw.; *durch schriftliche Arbeiten erbrachten*) Leistungen sind befriedigend; von diesem Schüler habe ich nur zwei -e (Schulw.; *für eine schriftliche Arbeit gegebene*) Noten; etw. s. machen (ugs.; *schriftlich niederlegen*); er selbst hatte drei Jahre Bautzen gemacht, das hatte er s. *(darüber hatte er eine Bescheinigung);* laß dir das lieber s. geben (ugs.; *laß dir dafür lieber eine schriftliche Bestätigung geben*); jmdm. etw. s. mitteilen; etwas s. niederlegen, festhalten, aufzeichnen; eine Frage s. beantworten; Sie sollte doch mal so dies und das s. fixieren (Wohmann, Absicht 294); ℝ das kann ich dir s. geben (ugs.; *dessen kannst du absolut sicher sein, darauf kannst du dich verlassen*); ⟨subst.:⟩ haben Sie etwas Schriftliches darüber in der Hand (ugs.; *besitzen Sie darüber schriftliche Unterlagen, eine schriftliche Bestätigung o. ä.)?;* im Schriftlichen (Schulw.; *in seinen schriftlichen Leistungen*) ist sie eine ganze Note besser als im Mündlichen; **Schrift|lichkeit,** die; - (bes. Literaturw., Sprachw.): *schriftliche Form, schriftliche Fixierung:* Grammatiken für ... Sprachen mit nur geringer S. (Sprachpflege 11, 1967, 239 [Zeitschrift]); die Kultur befand sich damals im Übergang von der Mündlichkeit zur S.; **Schrift|li|nie,** die (Druckw.): *gedachte waagerechte Linie, die (bei Schriftzeichen ohne Unterlänge) die untere Begrenzung des Schriftbildes (1) darstellt;* **Schrift|me|tall,** das (Druckw.): *Letternmetall;* **Schrift|mu|ster|buch,** das (Druckw.): *Buch, das Proben verschiedener, z. B. aller in einer Druckerei verwendeten Druckschriften enthält;* **Schrift|probe,** die; 1. (Druckw.) *kurzer gedruckter Text meist in verschiedenen Schriftgraden.* 2. *kurzer geschriebener Text als Handschriftenprobe;* **Schrift|rol|le,** die; vgl. Buchrolle; **Schrift|sach|ver|stän|di|ge,** der u. die (Rechtsspr., Kriminalistik): *jmd., der als Gutachter[in] Urkunden zur Feststellung ihrer Echtheit untersucht u. vergleicht;* **Schrift|satz,** der; 1. (Druckw.) *Satz (3 b).* 2. (Rechtsspr.) *im gerichtlichen Verfahren schriftliche Erklärung der am Verfahren beteiligten Parteien;* **Schriftschnei|der,** der: *Facharbeiter der Industrie, der aus Schriftmetall Buchstaben ausschneidet, mit der Graviermaschine graviert o. ä.* (Berufsbez.); **Schriftschnei|de|rin,** die: w. Form zu ↑ Schriftschneider; **Schrift|set|zer,** der: *Facharbeiter, auch Handwerker, der Manuskripte mit Hilfe von Blei-, Foto- od. Lichtsatz in eine Druckform od. -vorlage umwandelt* (Berufsbez.); **Schrift|set|ze|rin,** die; w. Form zu ↑ Schriftsetzer; **Schrift|spie|gel,** der (Druckw.): *Satzspiegel;* **Schrift|sprache,** die: a) *Hoch-, Standardsprache in der (bestimmten sprachlichen Gesetzmäßigkeiten folgenden) schriftlichen Form:* die deutsche S.; b) (schweiz.) *Hoch-, Standardsprache:* Die in der schweizerischen S. übliche Aussprache (Schweizer Schülerduden 1. Wabern: Büchler-Verlag, 2. Aufl. 1980, S. 5); **schrift|sprachlich** ⟨Adj.⟩: a) *die Schriftsprache betreffend, zu ihr gehörend:* -e Wendungen; sich s. ausdrücken; b) (schweiz.) *hoch-, standardsprachlich:* die -e Aussprache des Wortes, Namens; **Schrift|stel|ler,** der: *jmd., der [beruflich] literarische Werke verfaßt:* ein berühmter, bekannter, zeitgenössischer österreichischer S.; Er war vor vielen Jahren ein erfolgreicher S. gewesen (Handke, Frau 85); ihre S., will S. werden; er lebt als freier, freischaffender S. in der Schweiz; Ihr habt die antiken S. *(ihre Werke)* gelesen (Ott, Haie 343); **Schrift|stel|le|rei,** die; ⟨o. Pl.⟩: *Tätigkeit als Schriftsteller, Arbeit eines Schriftstellers:* was macht ihre S.?; sie hat sich S. zu ihrem Beruf gemacht, will sich der S. widmen; Ich sehe in der S. die beste aller möglichen Beschäftigungen (Zwerenz, Kopf 170); von der S. allein kann er nicht leben; **Schrift|stel|le|rin,** die; -, -nen: w. Form zu ↑ Schriftsteller;

schrift|stel|le|risch ⟨Adj.⟩: *den Schriftsteller, die Tätigkeit, das Werk eines Schriftstellers betreffend, dazu gehörend; als Schriftsteller:* die -e Arbeit, Tätigkeit; sein -es Werk, Talent; sie hat eine -e Begabung; und nebenher arbeitet er auch noch s.; sich s. betätigen; **schrift|stellern** ⟨sw. V.; hat⟩: *als Schriftsteller arbeiten, sich schriftstellerisch betätigen:* ihre Mutter ... schriftstellerte erfolgreich unterm Namen Daniel Stern (Spiegel 28, 1976, 115); ein schriftstellernder Lehrer, Journalist; **Schrift|stel|ler|na|me,** der: *Pseudonym eines Schriftstellers, einer Schriftstellerin;* **Schrift|stück,** das: *offiziell schriftlich Niedergelegtes; offizielles, amtliches Schreiben:* in der gestohlenen Tasche befanden sich mehrere wichtige -e; ein S. aufsetzen, anfertigen, verlesen, unterzeichnen; Unser Begleiter antwortete nicht. Ruhig und gelassen zeigte er lediglich ein S. vor (Leonhard, Revolution 217); Ich übergab dies S. dem diensttuenden Beamten (Fallada, Herr 82); **Schrift|tum,** das; -s: *Gesamtheit der veröffentlichten Schriften* (2) *eines bestimmten [Fach]gebietes, einer bestimmten Thematik, Zielsetzung; Literatur:* das belletristische, wissenschaftliche, politische S.; das S. zu diesem Thema ist in der Bibliographie nicht vollständig erfaßt; und es galt, ein Beispiel zum Thema Volk im S. zu geben (Kant, Impressum 56); **Schrift|ty|pe,** die (Druckw.): *Drucktype;* **Schriftver|kehr,** der ⟨o. Pl.⟩: a) *Austausch von schriftlichen Äußerungen, [geschäftlichen] Mitteilungen:* mit jmdm. in S. treten, in regem S. stehen; b) *im Schriftverkehr* (a) *ausgetauschte Schreiben, Schriftstücke:* der S. mit der Firma füllt schon zwei Aktenordner; den gesamten S. durchsehen; **schrift|ver|stän|dig** ⟨Adj.⟩: 1. *mit [den Eigenarten von] Handschriften auskennend.* 2. (selten) *bibelfest;* **Schrift|walter,** der (ns.): *Redakteur;* **Schrift|walterin,** die; -, -nen (ns.): w. Form zu ↑ Schriftwalter; **Schrift|wart,** der (veraltend): *Schriftleiter;* **Schrift|war|tin,** die (veraltend): w. Form zu ↑ Schriftwart; **Schrift|wech|sel,** der: *Schriftverkehr;* **Schrift|zei|chen,** das (bes. Druckw.): *zu einer Schrift* (1 a) *gehörendes, beim Schreiben verwendetes graphisches Zeichen:* lateinische, griechische, chinesische, arabische S.; geschriebene, gedruckte S.; der Druck gibt alle S. sehr schön klar wieder; **Schrift|zug,** der: a) *in einer ganz bestimmten, charakteristischen Weise geschriebenes Wort bzw. kurze Wortgruppe:* der schräge, krakelige S. seiner Unterschrift; der S. des Markennamens ist gesetzlich geschützt; b) ⟨Pl.⟩ *in ganz bestimmter, charakteristischer Weise geformte, geprägte Schrift (1 b, d):* deutliche, regelmäßige, verschnörkelte, unleserliche Schriftzüge; Die Blätter, überdeckt mit Martins kräftig ansetzenden und dann fahrigen Schriftzügen (Feuchtwanger, Erfolg 709).

schrill ⟨Adj.⟩ [wohl zu ↑ schrillen unter Einfluß von engl. shrill = schrill; lautm.; vgl. schrillen]: *in unangenehmer Weise durchdringend hell, hoch u. grell klingend:* ein -er Ton; ein -es Geräusch, Kreischen; -e Schreie, Laute ausstoßen; das -e Klin-

geln des Weckers; Unaufhaltsam waren damals die Stunden zwischen Fliegeralarm und Entwarnungen mit -em Sirenengeheul markiert gewesen (Kühn, Zeit 393); seine Stimme war s.; s. lachen; Schon antwortete die Frau zweisilbig und s. (Kronauer, Bogenschütze 133); Ü Sein Haß auf die Seßhaftigkeit ... kippte ins -e Extrem (Zwerenz, Erde 20); -e (grelle, auffällige) Farben, Kleider; Neumann ... will mit -en (bunten u. lärmenden, verzerrt übersteigerten) und schrägen Shows die Samstagabende gestalten (MM 17. 5. 91, 39); **schril|len** ⟨sw. V.; hat⟩ [unter Einfluß von engl. to shrill = schrillen zu älter: schrellen, schrallen = laut bellen; lautm.]: *schrill tönen:* die Klingel, der Wecker, das Telefon schrillt [durch das Haus]; Eine Sirene schrillte. Die Ambulanz (Remarque, Triomphe 224); **Schrill|heit,** die; -: *das Schrillsein.*

schrin|ken ⟨sw. V.; hat⟩ [engl. to shrink, eigtl. = schrumpfen lassen] (Textilind.): *(einen Wollstoff) durch eine Behandlung mit Feuchtigkeit u. Wärme krumpfecht u. geschmeidig machen.*

schrin|nen ⟨sw. V.; hat⟩ [wohl niederd. Form von veraltet schrinden (mhd. schrinden, ahd. scrindan) = bersten, (auf)reißen (nordd.): *weh tun, schmerzen:* die Wunde schrinnt.

Schrip|pe, die; -, -n [in niederd. Form zu frühnhd. schripfen = (auf)kratzen (verw. mit ↑scharf) u. eigtl. Bez. für die Einkerbung auf der Oberseite] (bes. berlin.): *länglich-breites, an der Oberseite eingekerbtes Brötchen:* Ich hätte morgens die -n geholt und Kaffee gekocht (Plenzdorf, Leiden 107); Offene blaue Augen, Blondhaar wie frische -n (Strittmatter, Wundertäter 251).

schritt: ↑schreiten; **Schritt,** der; -[e]s, -e [mhd. schrit, ahd. scrit, zu ↑schreiten]: 1. a) *(der Fortbewegung dienendes) Versetzen eines Fußes, meist nach vorn, unter gleichzeitiger Verlagerung des gesamten Körpergewichts auf diesen Fuß:* kleine, lange, ausgreifende, schnelle -e; -e waren zu hören; die -e wurden lauter, kamen näher; plötzlich stockte ein S.; das Kind macht seine ersten, unsicheren -e; er verlangsamte, beschleunigte seinen S., seine -e; bitte, treten Sie einen S. zurück, näher; zur Seite machen, tun, gehen; die Freude beflügelte meine -e; den S. wechseln *(beim Gehen, bes. beim Marschieren, einmal zwei aufeinanderfolgende Schritte mit demselben Fuß ausführen [z. B. um in den Gleichschritt zu kommen);* ... habe (er) mit Tante Hilde und seiner Mutter getanzt, die ihm ein paar -e *(Tanzschritte)* beigebracht hätten (Chotjewitz, Friede 101); er kam zaghaften, beschwingten -es herbei; er ging mit gemessenen -en durch den Saal; er war wenigen -en an der Tür, blieb nach einigen -en stehen; Mit vorsichtigen -en stakte er hinüber ins Wohnzimmer (H. Gerlach, Demission 203); ein paar -e gehen (ugs.; *spazierengehen*); S. vor S. setzen *(langsam u. behutsam od. zaghaft gehen);* Ü von der Gewohnheit ist es oft nur noch ein kleiner S. zur Sucht *(aus einer Gewohnheit kann leicht eine Sucht werden);* wenn man zugleich zugeben muß, daß der alte Weg uns der Wiedervereinigung keines S. *(kein bißchen)* näher bringt (Dönhoff, Ära 110); Die Entthrohnung des Metalles, besonders des Goldes, vollzog sich in mehreren -en (Fraenkel, Staat 362); sie ging sogar noch einen S. weiter *(tat sogar noch mehr);* er macht einen S. vor und zwei -e zurück *(er verhält sich so, daß er schließlich sogar das Gegenteil dessen erreicht, worauf er zunächst hingewirkt hat);* R S. vor S. kommt auch zum Ziel; * **der erste** S. *(dasjenige, womit etw. begonnen wird);* **einen [guten] S. am Leib haben** (ugs.; *schnell gehen);* **den ersten S. tun** *(beginnen, den Anfang machen);* **den zweiten S. vor dem ersten tun** *(nicht in der richtigen Reihenfolge, nicht folgerichtig vorgehen);* **einen S. zu weit gehen** *(die Grenze des Erlaubten, Möglichen überschreiten);* **mit jmdm. S. halten** (1. *genauso schnell wie jmd. gehen:* die Kinder hatten Mühe, mit uns S. zu halten. 2. *sich von jmdm. nicht übertreffen, überrunden lassen:* wir müssen mit der Konkurrenz S. halten; Mehmet ... hatte heldenhaft versucht, mit den anderen S. zu halten, aber sie alle wußten, daß er es nicht schaffen würde [Frischmuth, Herrin 51]); **mit etw. S. halten** *(hinter etw. nicht zurückbleiben):* wir müssen mit der [technischen] Entwicklung S. halten; die Einkommensentwicklung hält mit der Preissteigerungsrate nicht S.; ... da sein Kaufmannsgeist nicht mit seinen philanthropischen und künstlerischen Neigungen S. halten konnte (Erné, Kellerkneipe 129); **S. für S.** *(ganz langsam; allmählich);* **S. um S.** *(immer mehr);* **auf S. und Tritt** *(ständig [u. überall]):* er verfolgt, beobachtet sie auf S. und Tritt; wir begegneten auf S. und Tritt bekannten Gesichtern; **b)** *Gleichschritt:* aus dem S. kommen; im S. bleiben; **c)** *Schrittempo:* das Pferd geht im S.; ich ... ließ das Pferd, dem der Schweiß vom Hals und der Schaum vom Maul flockte, in S. gehen (Stern, Mann 263); die wenigen Taxen, die noch vorbeikommen, fahren im S. (Eppendorfer, St. Pauli 205); es war soviel Verkehr, daß wir nur S. fahren konnten. **2.** ⟨o. Pl.⟩ *Art u. Weise, wie jmd. geht:* sie hat einen wiegenden S.; jmdn. am S. erkennen. **3.** *Maß, das, Entfernung, die ungefähr die Länge eines Schrittes* (1 a) *hat:* sie stand nur ein paar, wenige -e von uns entfernt; die Frittenbude kann man auf hundert -e [Entfernung]/auf hundert S. Entfernung riechen; der Graben ist 3 S./(seltener:) -e breit; * **jmdm. drei -e vom Leib[e] bleiben** (ugs.; *jmdm. nicht zu nahe kommen);* **sich** ⟨Dativ⟩ **jmdn., etw. drei -e vom Leib[e] halten** (ugs.; *jmdn., etw. von sich fernhalten).* **4. a)** *(Schneiderei) Teil der Hose, an dem die Beine zusammentreffen:* der S. hängt zu tief; **b)** *Damm* (2): die Hose kneift im S., im S. kratzen; Dann ... faßt (er) mir ... in den S. (Spiegel 15, 1989, 26). **5.** *(einem bestimmten Zweck dienende) Handlung, Maßnahme:* ein entscheidender, bedeutsamer S.; daraufhin kündigte er die Versicherung – ein S., den er schon bald bereuen sollte; -e [gegen jmdn., etw.] veranlassen; sich weitere, rechtliche -e vorbehalten; Der Anstaltsvorstand unternahm

-e, um uns bald loszuwerden (Niekisch, Leben 91); diesen S. hättest du besser nicht getan; Mich wollen sie von meinen Plänen, von meinen notwendigen -en abbringen (B. Frank, Tage 62); angesichts der Umstände habe ich mich zu einem etwas ungewöhnlichen S. entschlossen; * **S. in die richtige Richtung** *(angebrachte, richtige, aber allein noch nicht ausreichende Maßnahme):* mit einer neuen „Zentralen Weisung", die auch von den Datenschützern als S. in die richtige Richtung begrüßt ... wurde (Spiegel 4, 1984, 30); **Schrittanz**[1], der: *Tanz, bei dem die Figuren geschritten werden;* **Schrittem|po**[1], das: *relativ langsames Tempo, u. zwar so langsam, als ob man ginge:* im Stau kamen wir nur im S. vorwärts; S./im S. fahren; **Schritt|feh|ler**, der: *(Basketball, Handball): Fehler, der darin besteht, daß der betreffende Spieler mit dem Ball in der Hand mehr Schritte macht, als er nach den Regeln darf;* **Schritt|fol|ge**, die: *[festgelegte] Aufeinanderfolge von Schritten (z. B. beim Tanzen):* durch Überprüfen der Schlagvorbereitung, der S. zum Ball hin (tennis magazin 10, 1986, 91); **Schritt|ge|schwin|dig|keit**, die: *Schrittempo:* in verkehrsberuhigten Zonen ist S. vorgeschrieben; [mit] S. fahren; **Schritt|kom|bi|na|ti|on**, die: *(Sport): das Aneinanderreihen bestimmter Schritte [im Rhythmus der Musik];* **Schritt|landung**, die: *(Leichtathletik): [beim Weitsprung] Landung in Schrittstellung;* **Schritt|län|ge**, die: *1. Länge eines Schrittes. 2. (bes. Schneiderei) Entfernung zwischen Schritt* (4 b) *u. Fußsohle (beim aufrecht stehenden Menschen):* jmds. S. messen; die Rahmenhöhe des Fahrrads sollte sich vor allem nach der S. richten; **Schritt|ma|cher**, der: **1.** *Pacemacher.* **2.** *(Radrennen) Motorradfahrer, der dicht vor dem Radfahrer fährt u. dadurch Windschutz gibt.* **3.** *(Leichtathletik) Läufer, der durch ein hohes Anfangstempo (das er nicht durchhält) andere Läufer zieht.* **4.** *kurz für ↑ Herzschrittmacher.* **5.** *Person od. Gruppe von Personen, die durch vorwärtsdrängendes, fortschrittliches Denken od. Handeln den Weg für Neues bereitet:* Die Angestellten sind deshalb die S. der Arbeitszeitverkürzung (Basta 7, 1983, 19); Dabei muß die Bundesrepublik Deutschland auch in Zukunft ein S. für europäische Lösungen sein (Badische Zeitung 12. 5. 84, 5); **Schritt|macherdienst**, der ⟨meist Pl.⟩: **a)** *(Sport) Tätigkeit eines Schrittmachers* (1, 2, 3); **b)** (ugs.) *Hilfestellung:* ... hat die DDR-Elf nur noch eine theoretische Chance zum Erreichen des Olympiaturniers 1988. Sie kann nur noch auf -e der anderen Mannschaften hoffen (Freie Presse 19. 11. 87, 5); Auch leistet das Bundespersonal keine -e in der Arbeitszeitverkürzung (NZZ 9. 12. 82, 28); **Schritt|ma|che|rin**, die: *w. Form zu ↑ Schrittmacher* (2, 3, 5); **Schritt|ma|cher|ma|schi|ne**, die: *Motorrad eines Schrittmachers* (2); **Schritt|mes|ser**, der: *kleines Gerät, das durch Zählen der Schritte die zurückgelegte Strecke mißt; Hodometer;* **Schritt|re|gel**, die: *(Ballspiele): Regel, in der festgelegt ist, wie viele Schritte mit dem Ball in der*

Hand höchstens gemacht werden dürfen; **Schritt|sprung**, der: *(Turnen, Gymnastik): als Sprung angesetzter, langer Schritt, bei dem das hintere Bein gestreckt ist;* **Schritt|stel|lung**, die: *Stellung der Beine, bei der die Füße voreinander auf dem Boden stehen;* **Schritt|über|schlag**, der: *(Turnen): Überschlag, bei dem die Beine nacheinander vom Boden gelöst werden u. ebenso wieder aufkommen;* **schritt|wei|se** ⟨Adv.⟩: *in langsamer Weise, Schritt für Schritt:* nur s. vorwärtskommen; wir mußten uns das s. *(allmählich)* erkämpfen; Diese Strategie ziele darauf ab, den Status quo nicht einfrieren zu lassen, sondern s. abzuwandeln (W. Brandt, Begegnungen 78); ⟨mit Verbalsubstantiven auch attr.:⟩ Erarbeitung eines Stufenplanes zur -n Annäherung bis zur endgültigen Vereinigung beider Staaten im Rahmen eines geeinten Europas (Freie Presse 30. 12. 89, 4); **Schritt|wei|te**, die: *Entfernung zwischen den Füßen beim Schritt;* **Schritt|zäh|ler**, der: *Schrittmesser.*

♦ **schröck|lich** [zur älteren Schreibung Schröck, schröcken für ↑ Schreck, schrekken unter Anlehnung an die ablautenden Nebenf. Schrock von ↑ Schreck]: ↑ schrecklich: bei allen *im Seufzern derer, die jemals durch eure Dolche sturben* (Schiller, Räuber IV, 5); Zugleich muß jeder sein Pfeifchen hören lassen, im Wald herumjagen, daß unserer Anzahl -er werde (ebd. II, 3); eine Welt, wo die Schleier hinwegfallen und die Liebe sich s. wiederfindet (ebd. IV, 4).

Schro|fen, der; -s, - [mhd. schrof(fe), schrove, verw. mit ↑ Scherbe]: **1.** (landsch., bes. österr.) *steiler Fels, steile felsige Klippe:* und dann schweigen schon die S., wandet der nächste Fels in den Himmel (Doderer, Dämonen 1290); daß ... einer in Bewegung gerät und im Herunterkollern an einem S. anschlägt (Vorarlberger Nachrichten 30. 11. 68, 17). **2.** (Bergsteigen) *meist nicht sehr steiler, mehr od. weniger stark bewachsener Fels, felsiger Hang:* Obwohl sich mein Bergsteigen auf brüchiges, schweres Gehgelände und S. beschränkte (Eidenschink, Fels 47); **schroff** ⟨Adj.⟩ [urspr. = rauh, steil, rückgeb. aus mhd. schrof(fe), schrove, ↑ Schrofen]: **1.** *sehr stark, nahezu senkrecht abfallend od. ansteigend u. zerklüftet:* eine -e Felswand; Echo ... bewegte sich noch in den -sten Steigungen scheinbar mühelos (Ransmayr, Welt 155); der Gipfel ragt s. in die Höhe; in langer Hose und mit festerem Schuhwerk ging er neben dem Granitmassiv, das sanft oder s. aufstieg (Kronauer, Bogenschütze 222). **2.** *durch eine abweisende u. unhöfliche Haltung ohne viel Worte seine Ablehnung zum Ausdruck bringend:* die -e Weigerung kränkte ihn sehr; Die mittlerweile Zweiundsiebzigjährige erhielt eine harte und -e Zurechtweisung (Reich-Ranicki, Th. Mann 26); einmal schien er milde und weich, dann abweisend und s. (Jens, Mann 36); er wehrte s. ab; „Das müssen Sie wissen", sagte er s. (Bieler, Mädchenkrieg 160). **3.** *plötzlich u. unvermittelt:* ein -er Übergang; Der -e Produktionseinbruch bei

FSO ... (NZZ 30. 1. 83, 9); sie wandte sich s. ab; Der mittelalterliche Grundsatz ... stand im -en *(krassen)* Widerspruch zu den politischen Traditionen (Fraenkel, Staat 285); die ... Tür, durch die Riccardo schnell und s. hinausgegangen ist (Hochhuth, Stellvertreter 176); **Schroff,** der; -[e]s u. -en, -en (landsch., bes. österr.): *Schrofen* (1); **Schrof|fen,** der; -s, - (landsch., bes. österr.): *Schrofen* (1); **Schroff|heit,** die; -, -en: **1.** ⟨o. Pl.⟩ *das Schroffsein.* **2.** *schroffe Äußerung o. ä.;* **schrof|fig, schro|fig** ⟨Adj.⟩ [spätmhd. schroffeht]: *mit Schrofen:* -es Gelände.
schroh ⟨Adj.; -er, -[e]ste⟩ [15. Jh., H. u.] ([west]md.): *häßlich* (1, 2 a).
schröp|fen ⟨sw. V.; hat⟩ [1: mhd. schrepfen, schreffen, verw. mit ↑scharf]: **1.** (Med.) *Blut über einem erkrankten Organ ansaugen, um die Haut besser zu durchbluten od. das Blut durch feine Schnitte in der Haut abzusaugen.* **2.** (ugs.) *jmdm. mit List od. Geschick unverhältnismäßig viel Geld abnehmen:* sie haben ihn beim Kartenspielen ordentlich geschröpft; von jetzt ab zahlen Sie hier den doppelten Preis. Generaldirektoren muß man s. (Dürrenmatt, Grieche 61); die Kunden dieser Firma sind jahrelang geschröpft worden. **3.** (Landw., Gartenbau) **a)** *die Entwicklung so üppig wachsender junger Saat bewußt unterbrechen;* **b)** *die Rinde von Bäumen (z. B. Steinobst) schräg einschneiden;* **Schröp|fer,** der; -s, - (selten): *Schröpfkopf;* **Schröpf|kopf,** der: *Saugglocke aus Gummi od. Glas zum Schröpfen* (1): Mit einer feinen Lancette ritzt er die Haut ... Dann setzt er Schröpfköpfe an (Hörzu 3, 1978, 92); **Schröp|fung,** die; -, -en: *das Schröpfen* (1, 3).
Schropp|ho|bel: ↑Schrupphobel.
Schrot, der od. das; -[e]s, -e [mhd. schrōt, ahd. scrōt = abgeschnittenes Stück, eigtl. = Hieb, Schnitt, zu ↑schroten]: **1.** ⟨o. Pl.⟩ *grobgemahlene Getreidekörner:* Brot aus S. backen; das Vieh mit S. füttern; Getreide zu S. mahlen. **2.** *kleine Kügelchen aus Blei für die Patronen bestimmter Feuerwaffen:* mit S. schießen; der Treiber hat aus Versehen eine Ladung S. abbekommen; ich hörte die -e ... prasselnd ... einschlagen (Fallada, Herr 124). **3.** (Münzk. veraltend) *Bruttogewicht einer Münze:* * **von altem, echtem** usw. **S. und Korn** (1. *von Redlichkeit u. Tüchtigkeit:* lauter anständige, einfache ... Männer von bestem S. und Korn [Zwerenz, Kopf 145]. **2.** *der typischen, charakteristischen Art; wie es typisch ist:* ein Abenteurer von echtem S. und Korn; urspr. = Münze, bei der das Verhältnis von Gewicht und Feingehalt richtig bewertet ist; vgl. ¹Korn 6); **Schrot|aus|schlag,** der: *(bei Schweinen) harmloser Ausschlag mit Knötchen, die an ein Schrotkorn erinnern;* **Schrot|axt,** die (früher): **1.** *besondere Axt zum Zerhauen von Bäumen.* **2.** *von Bergleuten verwendete eiserne Axt in der Form eines Winkeleisens;* **Schrot|baum,** der (früher): *starker Balken zum Auf- u. Abladen von Lasten;* **Schrot|blatt,** das: *Blatt* (2 c) *eines Schrotschnitts;* **Schrot|brot,** das: *aus Schrot* (1) *gebackenes Brot;* **Schrot|büch|se,** die: *Schrotgewehr;* **Schrot|ef|fekt,** der (Elektrot.): *in Elektro-* nenröhren auftretendes, durch schwankenden Anodenstrom hervorgerufenes Rauschen; **schro|ten** ⟨sw. V.; hat⟩ [mhd. schrōten, ahd. scrōtan, eigtl. = hauen, [ab]schneiden, zu ↑¹scheren; 2: mhd. schrōten (sw. V.), wohl zu ↑ Schrot in dessen alter Bed. „Baumstamm", vgl. Schrotleiter] **1.** *(bes. Getreidekörner) grob mahlen, zerkleinern:* das Korn s.; Ein Fotograf ... schrotet sich inzwischen sein Getreide in einer vorgebild praktischen Reisemühle (natur 2, 1991, 104); ⟨häufig im 2. Part.:⟩ David ... aß seinen Schlag Eifo-Suppe, die aus geschroteter Gerste und geschrotetem Kürbis bestand (Kant, Impressum 223). **2.** (veraltet) *schwere Lasten rollen, wälzen od. schieben;* **Schröter,** der; -s, - [eigtl. = der Abschneider, nach den gewöhnlichen Zangen] (selten): *Hirschkäfer:* * ♦ **jmdn. wie den S. am Faden halten** *(jmdn. lenken können; jmds. völlig sicher sein):* Ich halte dich an deinen eigenen Schurkerei wie den S. am Faden (Schiller, Kabale I, 5); **Schrot|fei|le,** die: *Schruppfeile;* **Schrot|flin|te,** die: *Flinte:* eine doppelläufige S.; Die Jäger dringen in die Herde ein und erlegen mit automatischen -n bis zu zehn Tiere in der Minute (Berger, Augenblick 127); **Schrot|ge|wehr,** das: *Gewehr, mit dem Schrot* (2) *geschossen wird.*
Schroth|kur, die [nach dem österr. Landwirt u. Naturheilkundler J. Schroth (1800–1856)]: *[Abmagerungs]kur, bei der wasserarme Diät verabreicht wird.*
Schrot|ho|bel, der: *Schrupphobel;* **Schrotkorn,** das: *einzelnes Korn des Schrots* (1); **Schrot|ku|gel,** die: *einzelnes Kügelchen des Schrots* (2); **Schrot|la|dung,** die: *bestimmte Menge Schrot* (2) *als Munition;* **Schrot|lauf,** der: *(bei einem kombinierten Jagdgewehr im Unterschied zum Kugellauf) Lauf zum Schießen mit Schrot* (2); **Schrot|lei|ter,** die [älter Schrot = der Länge nach von einem Baumstamm abgeschnittener Balken; vgl. schroten (2)] (früher): *zwei durch Querhölzer verbundene starke Balken zum Auf- u. Abladen von Fässern;* **Schröt|ling,** der; -s, -e [zu ↑Schrot (3)] (Numismatik): *vom Zain* (2) *abgetrenntes Stück Metall zum Prägen von Münzen;* **Schrot|mehl,** das: *mit Schrot* (1) *vermischtes Mehl;* **Schrot|meißel,** der: *Meißel zum Durchtrennen von Metall;* **Schrot|müh|le,** die: *Mühle* (1) *zum Schroten* (1) *von Getreidekörnern;* **Schrot|pa|tro|ne,** die: *Patrone mit Schrot* (2); **Schrot|sä|ge,** die: *grobe Säge mit bogenförmigem Blatt* (5) *zum Zersägen von Baumstämmen;* **Schrot|sche|re,** die (früher): *Draht-, Metallschere;* **Schrotschnitt,** der: *besondere Technik des Holz- u. Metallschnitts, bei der in die Platte geschlagene Punkte auf schwarzem Grund weiß erscheinen;* **Schrot|schuß,** der: *Schuß aus einer Schrotflinte;* **Schrotschuß|krank|heit,** die ⟨o. Pl⟩: *(Steinobst befallende) Pflanzenkrankheit, bei der in den Blättern kleine runde Löcher entstehen;* **Schrot|stuhl,** der (selten): *Schrotmühle;* **Schrott,** der; -[e]s, -e [eigtl. niederrhein. Form von ↑Schrot]: **1.** *unbrauchbare, meist zerkleinerte Abfälle aus Metall od. [alte] unbrauchbar gewordene Gegenstände aus Metall o. ä.:* S. sam- meln; Dann setzten Panzer nach, ... verbissen sich, bis sie S. waren (Kirst, 08/15, 607); Groß ist deshalb leider die Zahl von „Hobbykünstlern", die Lötzinn mit hohem Bleianteil oder auch undefinierte -e ... auf den Markt bringen (Freie Presse 1. 12. 89, Beilage S. 3); etw. als S. verkaufen; mit S. handeln; Berge von S.; Ü sonst aber konnte nur menschlicher S. *(Menschen mit schweren körperlichen Schäden)* damit rechnen, in den heimischen Lazaretten und Krankenhäusern gelbkreuzfreie Münchner Luft zu atmen (Kühn, Zeit 249); * *etw.* **zu S. fahren** *(bei einem Unfall das Fahrzeug so beschädigen, daß es verschrottet werden muß):* Er fuhr alle paar Monate einen neuen Cadillac zu S. (Borell, Verdammt 203). **2.** (abwertend) **a)** (ugs.) *unbrauchbares (oft altes u. kaputtes) Zeug* ⟨Plunder⟩: er weiß mit jedem S. etwas anzufangen; ich gebe den ganzen S. zum Sperrmüll; **b)** (salopp) *etw., was nichts taugt, etw. Minderwertiges:* Angesichts der derzeitigen Massenproduktion von musikalischem S. (Spiegel 6, 1989, 8); Was gibt es denn im Fernsehen? – Ach, nur S.; Ich muß den ganzen S. herausbringen, den du schreibst (Spiegel 42, 1988, 314); dem hören sie zu, selbst wenn er noch so einen S. *(Unsinn)* erzählt (Fichte, Wolli 100); Ü In der Bundesliga spielt nur noch S. (Spiegel 9, 1987, 198); * **der letzte S. sein** (salopp abwertend; ↑Dreck 2): an dieser Einteilung in Jugendliche, die es vielleicht im Leben noch zu was bringen, und Jugendliche, die als Hauptschüler sowieso schon der letzte S. sind (Christiane, Zoo 320); **Schrott|fahr|zeug,** das: *schrottreifes Fahrzeug;* **Schrott|han|del,** der: *Handel mit Schrott;* **Schrott|händler,** der: *Händler, der mit Schrott handelt;* **Schrott|händ|le|rin,** die: w. Form zu ↑Schrotthändler; **Schrott|hau|fen,** der: **1.** *größere Ansammlung von Schrott.* **2.** (ugs. abwertend) *[altes rostendes, verbeultes] Auto:* Wann werden Sie endlich diesen S. verkaufen? (Kemelman [Übers.], Mittwoch 143); tausend Mark will er für den S. haben; **Schrott|kar|re** (ugs. abwertend): *Schrottmühle;* **Schrott|ki|ste** (ugs. abwertend): *Schrottmühle;* **Schrottlau|be,** die (ugs. scherzh. abwertend): *Rostlaube;* **Schrott|müh|le,** die (ugs. abwertend): *altes schrottreifes Auto;* **Schrott|platz,** der: *(von einem Schrotthändler unterhaltener) Sammelplatz für Schrott:* die Rostlaube kannst du nur noch auf den S. bringen; ich habe alle Schrottplätze *(Autoverwertungen)* abgeklappert, aber keiner hatte einen passenden Motor; **Schrott|preis,** der: *Preis, der für Schrott gezahlt wird:* die BREMEN, die Hapag-Lloyd ... nur noch zum S. ... abstoßen konnte (Marine 6, 1981, 210); **Schrott|pres|se,** die: *Gerät, mit dem sperriger Schrott zusammengepreßt wird;* **Schrott|re|ak|tor,** der: *alter, dem geltenden Sicherheitsstandard nicht mehr entsprechender Kernreaktor:* An den beiden in Greifswald und Stendal mit dem Siemens-Geschäftsbereich KWU in jedem Fall verdienen (natur 6, 1991, 70); **schrott|reif** ⟨Adj.⟩: *so unbrauchbar, kaputt o. ä., daß es verschrottet werden*

Schrotttransport

kann: ein -es Auto; Wenn jetzt schon die Armeen ausgeleierte Fahrzeuge haben, ... wird ihnen der kommende Frühjahrsdreck um so mehr zusetzen, und in einem Jahr sind sie dann s. (Kirst, 08/15, 415); * **etw. s. fahren** (↑Schrott 1); **Schrotttransport,** der: *Transport von Schrott;* **Schrott|ver|wer|tung,** die: *Verwertung von Schrott;* **Schrott|wert,** der: *Wert, den ein Gegenstand hat, der nur noch als Schrott verwendet werden kann:* nach dem Unfall hatte das Auto nur noch S.; der Autoverwerter hat mir wenigstens noch den S. gezahlt; **Schrot|waa|ge,** die (veraltend): *Wasserwaage.*

schrub|ben ⟨sw. V.; hat⟩ [aus dem Niederd. < mniederd. schrubben = kratzen, wohl verw. mit ↑¹scheren] (ugs.): **1. a)** *mit einer Bürste o. ä. kräftig reiben u. so reinigen:* den Fußboden, die Fliesen s.; sie schrubbte dem Kind den Rücken; Er schrubbte und salbte sich, brachte seinen Körper auf Hochglanz (Dorpat, Ellenbogenspiele 41); Das Brot war drekkig und mußte gesäubert werden. Es wurde in heißem Wasser geschrubbt (Meckel, Suchbild 66); ⟨auch ohne Akk.-Obj.:⟩ Und zu Haus putzte und scheuerte und schrubbte sie (Brand [Übers.], Gangster 20); **b)** *durch Schrubben* (1 a) *entfernen:* das Fett von den Kacheln s.; **c)** *durch Schrubben* (1 a) *in einen bestimmten Zustand bringen:* Ich habe ... mit einer Zahnbürste die Korporalschaftsstube sauber geschrubbt (Remarque, Westen 23). **2.** ¹*schleifen* (2 a): die Geräusche, die entstehen, wenn eine verklemmte Tür über einen Steinboden schrubbt (Handke, Kaspar 97); **Schrub|ber,** der; -s, - (ugs.): *einem Besen ähnliche Bürste mit langem Stiel;* **schrub|bern** ⟨sw. V.; hat⟩ (landsch.): *mit dem Schrubber scheuern, putzen;* **Schrubbe|sen¹,** der; -s, - (landsch.): *Schrubber.*
Schrüh|brand, der; -[e]s [zu landsch., bes. niederrhein. schrühen = sengen, brennen < mniederd. schroien, H. u.] (Fachspr.): *das Erhitzen einer Tonware in einem Brennofen, um sie wasserbeständig zu machen.*
Schrul|le, die; -, -n [im 18. Jh. aus dem niederd. Pl. Schrullen = tolle Einfälle < mniederd. schrul, schrol = verrückte Laune; Groll, verw. mit älter niederl. schrollen = brummen; schimpfen, lautm.]: **1.** *seltsame, wunderlich anmutende Eigenart, Angewohnheit, die zum Wesenszug eines Menschen geworden ist:* das ist eben so eine S. von ihm; Er war keine persönliche S. *(Marotte)* gewesen, wenn Abraham darauf bestanden hatte, daß Jizschak ... nur ein Weib nehme aus seinem Geschlecht (Th. Mann, Joseph 254); sie hat den Kopf voller -n, hat nichts als -n im Kopf; wir haben oft unter seinen -n zu leiden; Diese Vorliebe für alles Germanische sollte ihm später zur gefährlichen S. werden (K. Mann, Wendepunkt 167). **2.** (ugs.) *ältere, schrullige Frau:* ach, die alte S. spinnt doch; **schrul|len|haft** ⟨Adj.; -er, -este⟩ (ugs.): *Schrulle* (1) *eigen;* **Schrul|len|haf|tig|keit,** die; -, -en: *Schrulligkeit;* **schrul|lig** ⟨Adj.⟩ (ugs.): **a)** *(oft von älteren Menschen) befremdende, meist lächerlich wirkende Ange-*

wohnheiten od. Prinzipien habend u. eigensinnig daran festhaltend: ein -er Alter; **b)** *seltsam, närrisch; etw. eigen, verrückt:* -e Geschichten, Behauptungen; So späte Reue wäre ihm s. vorgekommen (Bieler, Mädchenkrieg 417); **Schrul|lig|keit,** die; -, -en: **1.** ⟨o. Pl.⟩ *das Schrulligsein.* **2.** *schrullige Angewohnheit o. ä.:* mach dir doch nichts aus seinen -en.
schrumm, schrumm|fi|de|bumm ⟨Interj.⟩ (veraltend): lautm. für den Klang von Streichinstrumenten bes. beim Schlußakkord.
Schrum|pel, die; -, -n [zu ↑schrumpeln] (landsch.): **1.** *Falte, Runzel.* **2.** *alte Frau (mit Falten u. Runzeln);* ↑schrumplig; **schrum|peln** ⟨sw. V.; ist⟩ [Weiterbildung von niederd., md. schrumpen, Nebenf. von ↑schrumpfen] (landsch.): *schrumpfen;* **Schrumpf,** der; -[e]s [Rückbildung zu ↑schrumpfen] (Fachspr.): *das Schrumpfen:* Diese Faser ... weist einen relativ geringen S. *(eine relativ geringe Fähigkeit zu schrumpfen)* auf (Herrenjournal 1, 1966, 65); **schrumpf|be|stän|dig** ⟨Adj.⟩: *beständig gegen Schrumpfen* (1); **Schrumpf|bla|se,** die (Med.): *Harnblase mit stark verringertem Fassungsvermögen;* **schrump|fen** ⟨sw. V.; ist⟩ [im 17. Jh. für älter schrimpfen, mhd. schrimpfen = rümpfen, einschrumpfen, urspr. = sich krümmen, zusammenziehen]: **1.** *sich zusammenziehen* [u. *eine faltige, runzlige Oberfläche bekommen]:* Der gequollene und imprägnierte Reis wird gedämpft, bis er schrumpft (natur 3, 1991, 81); die Äpfel, Kartoffeln sind durch das Einlagern geschrumpft; sein Leichnam war ... im hitzigen Frieselfieber geschrumpft (Hildesheimer, Tynset 266); dieses Gewebe dürfte kaum, nicht s.; Ü Die Dinge schrumpfen mit der Zeit – oder vergrößern sich in unserer Erinnerung (K. Mann, Wendepunkt 431). **2.** *weniger werden; abnehmen:* der Vorrat, der Umsatz, das Kapital schrumpft; Insgesamt schrumpfte der kanadische Automarkt von rund 900 000 ... auf 720 000 Einheiten (NZZ 27. 1. 83, 13); Deshalb seien die Auftragseingänge aus dem Ausland um die Hälfte geschrumpft (Rhein. Merkur 2. 2. 85, 12); **Schrumpf|fo|lie,** die: *Kunststoffolie, die durch eine Wärmebehandlung zum Schrumpfen gebracht werden kann, so daß sie sich z. B. um Gegenstände, die damit verpackt werden, eng herumlegt;* **schrumpf|frei** ⟨Adj.⟩: *nicht schrumpfend:* -e Textilien, Stoffe, Gewebe, Fasern; **Schrumpf|ger|ma|ne,** der (ugs. scherzh.): *Deutscher von relativ kleinem Wuchs;* **schrump|fig** ⟨Adj.⟩: *schrumplig;* **Schrumpf|kopf,** der (Völkerk.): *(als Trophäe von Kopfjägern) nach einer bestimmten Methode aufbereiteter, eingeschrumpfter Schädel eines getöteten Feindes;* **Schrumpf|le|ber,** die (Med.): *als Folge einer Zirrhose geschrumpfte, verhärtete Leber;* **Schrumpf|nie|re,** die (Med.): *durch Veränderung des Gewebes geschrumpfte u. verhärtete Niere;* **Schrumpf|ung,** die; -, -en: *das Schrumpfen;* **Schrumpf|fungs|pro|zeß,** der: *Vorgang des Schrumpfens* (2): Der S. des Bahntourismus hält unvermindert an (Zeit 14. 3. 75, 51); seit

1980, als der S. des Mineralölmarktes verschärft einsetzte (Westd. Zeitung 11. 5. 84, 5); **schrump|lig,** schrumpelig ⟨Adj.⟩ (ugs.): **1.** *[eingetrocknet u. dadurch] viele Falten aufweisend; runzlig, verschrumpelt:* eine -e Haut haben; Äpfel mit -er Schale; Mit ihren rotgeschwollenen, vom Wasser schrumpeligen Fingern (Hahn, Mann 27); Was da auf schrumpligen Salatblättern ... ablagerte, ... (Grass, Hundejahre 27); die Kartoffeln, Äpfel sind schon etwas s.; Ihr Gesicht war etwas schrumplig (Keun, Mädchen 184); Wie eine Hexe sah die aus. Ganz schrumpelig (Hornschuh, Ich bin 46). **2.** *voller Knitter, knittrig:* eine -e Bluse; der Rock ist beim Waschen ganz s. geworden.
Schrund, der; -[e]s, Schründe [Nebenf. von ↑Schrunde] (bes. österr., schweiz.): **1.** *Gletscherspalte, Felsspalte:* ein S., unter mir, machte mich bänglich (Frisch, Gantenbein 86); Hier haben die Lawinen den S. mit Schnee aufgefüllt (Eidenschink, Eis 39); Ü Dieses Ich aber forscht ausschließlich seine Leiderfahrungen, seine Schründe und Untiefen aus (Raddatz, Traditionen II, 705). **2.** (selten) *Schrunde* (1): die Knie bekamen Schründe und Risse (Salomon, Boche 135); **Schrun|de,** die; -, -n [mhd. schrunde, ahd. scrunta = Riß, Spalt, Felshöhle, zu veraltet schrinden, ↑schrinnen]: **1.** *(durch Verletzung zugefügter) Riß in der Haut:* Um die Hälse der Männer liefen blutige -n (Ott, Haie 285); ihre Hände waren voller Blasen und -n; Nachdem sie Heftpflaster über die -n geklebt hatte (Bieler, Mädchenkrieg 439). **2.** *Schrund* (1); **schrun|dig** ⟨Adj.⟩ [1: spätmhd. schründic] (landsch.): **1.** *(von der Haut) rissig u. rauh:* eine -e Haut; -e Hände; Plötzlich fühlte er aus seinen -en Fäusten eine Kraft nach oben steigen (Kühn, Zeit 227). **2.** *mit Rissen, Spalten:* auf einen jener Abschneider ..., die sich als kleine -e Geißenpfade steiler bergauf zogen (Zuckmayer, Magdalena 131).
schrup|pen ⟨sw. V.; hat⟩ [eigtl. landsch. Nebenf. von ↑schrubben] (Fachspr.): *Werkstücke durch Abheben dicker Späne grob bearbeiten;* **Schrupp|fei|le,** die (Fachspr.): *grobe Feile für grobe Vorarbeiten an Werkstücken; Schrotfeile;* **Schrupp|ho|bel,** Schropphobel, der: *Hobel mit stark gerundeter Schneide zum groben Ebnen von Holzflächen; Schrothobel;* **Schrupp|stahl,** der: vgl. Schrupphobel.
Schtetl: ↑Stetl.
Schub, der; -[e]s, Schübe [mhd. schub, schup = Aufschub, Abschieben der Schuld auf andere; urspr. nur Rechtsspr., zu ↑schieben]: **1. a)** (selten) *das Schieben; Stoß:* ... kommt der angehäufte Schnee durch S. von oben in Bewegung (Eidenschink, Eis 142); mit einem kräftigen S. wurde das Hindernis aus dem Weg geräumt; Als der Bulle ... mit einem einzigen S. *(Stoß mit dem Penis)* entleerte (Stern, Mann 28); Ü Japan, wo ein neuer technologischer S. bereits voll wirkt (profil 26. 3. 84, 47); Es bleibt abzuwarten, ob ihre ... Karriere durch „Can't Stop the Music" einen neuen S. bekommt (Saarbr. Zeitung 7. 12. 79, III); **b)** (Physik, Technik) *Kraft, mit der etw. nach vorn getrie-*

ben, gestoßen wird; Vortrieb (2): Bereits bei 2000 Touren legt der ... Sechszylinder fühlbar zu, und nur wenig später ist bemerkenswerter S. zu verspüren (Auto 5, 1970, 53); *das Raketentriebwerk erzeugt einen S. von 680 Tonnen;* **c)** *(Mechanik) Scherung* (1). **2.** *Anzahl von gleichzeitig sich in Bewegung setzenden, abgefertigten, beförderten Personen od. bearbeiteten Sachen:* der erste S. Brötchen ist schon verkauft; wenn der eine S. gegessen hatte und der andere schon draußen drängte (Kirst, 08/15, 182); Als er die linke Hand an die Brusttasche hob, hielt ihm der Gehilfe einen S. mit Tüchern hin (Bieler, Mädchenkrieg 40); immer neue Schübe von Flüchtlingen, Deportierten kamen an; der erste S. soll über Mauthausen nach Auschwitz gehen (Hochhuth, Stellvertreter 148); Madame Elisabeth, des Königs Schwester, soll als die letzte eines umfangreichen -es sterben (Sieburg, Robbespierre 182); er war beim letzten, kam mit dem letzten S.; * *jmdn. auf den S. bringen* (Jargon; *jmdn. zwangsweise [in einem Sammeltransport] irgendwohin befördern*): ... wurde ich gemeinsam mit anderen Gefangenen ..., wie man so sagt, „auf den S." gebracht (Niekisch, Leben 91); *per S.* (Jargon; *zwangsweise*): ... wurde ich per S., das heißt in einem vergitterten Zugsabteil, in die Strafanstalt Scheurental überführt (Ziegler, Konsequenz 24); 1939 wies man sie (= Lale Andersen) per S. nach Deutschland aus (Augsburger Allgemeine 27./28. 5. 78, VIII). **3.** *in unregelmäßigen Abständen auftretende Erscheinung einer fortschreitenden Erkrankung; einzelner Anfall:* depressive Schübe; Schizophrenie tritt meist in Schüben auf. **4.** (landsch.) *Schubfach:* ... wandte sie sich zur Kasse, zog den S. auf (Johnson, Ansichten 162); doch da sehe ich, daß in den Schüben noch der Schmutz meines Vorgängers ... liegt (Hofmann, Fistelstimme 10); **Schub|ab|schal|tung,** die (Kfz-T.): *Vorrichtung, die die Kraftstoffzufuhr automatisch unterbricht, wenn sich das Fahrzeug durch eigenen Schub* (1 b) *(z. B. bei Talfahrten) fortbewegt:* Anders, wenn eine S. eingebaut ist: Sie unterbindet dann die Benzinzufuhr (ADAC-Motorwelt 10, 1984, 74); Kraftstoffersparnis durch S. **Schub|be|jack,** der; -s, -s (nordd.): *Schubiack:* Möchte doch verdammt wissen, wo dieser S. sich herumtreibt (Bredel, Väter 25); **schub|ben, schub|bern** ⟨sw. V.; hat⟩ [mniederd. schubben, niederd. Form v. ↑¹schuppen] (nordd.): *kratzen, scheuern:* Zebras benutzen einen Felsblock, um ihr Fell zu schubbern (Grzimek, Serengeti 308); Da schaukelte er sie, heiß, schubbert sie, hollala, hoch das Bein (Augustin, Kopf 358); der Elefant schubberte sich an einem Baumstamm; Als Zeichen der Verworfenheit schubert er in regelmäßigen Abständen seinen Hintern gegen das Badetuch (Frings, Liebesdinge 69). **Schub|boot,** das: *Schubschiff;* **Schub|dü|se,** die (Technik): *Düse eines Strahltriebwerks, durch die mittels ausströmender erhitzter Luft der Schub* (1 b) *erzeugt wird;* **Schub|ener|gie,** die: vgl. Schubkraft (1);

Schu|ber, der; -s, - [zu ↑Schub]: **1.** (Buchw.) *an einer der langen Schmalseiten offener Schutzkarton.* **2.** (österr.) *Absperrvorrichtung, Schieber, Riegel;* **Schub|fach,** das: *herausziehbarer offener Kasten, bewegliches Fach* (1) *in einem Möbelstück, wie Kommode, Schrank o. ä.:* das S. klemmt; das S. aufziehen, herausnehmen, hineinschieben, abschließen; die Wäsche ins oberste S. legen; eine Kommode mit drei großen Schubfächern; **Schub|fen|ster,** das: *Schiebefenster;* **Schub|fe|stig|keit,** die: *Scherfestigkeit;* **Schub|flot|te,** die: vgl. Schubschiff: die Reederei hat ihre S. nochmals um drei Fahrzeuge vergrößert; **Schub|haft,** die (österr.): *Abschiebungshaft.* **Schu|bi|ack,** der; -s, -s od. -e [niederl. schobbejak, zu: schobben = (sich) kratzen (↑schubben) u. Jack = Jakob] (ugs. abwertend): *niederträchtiger Mensch, Lump:* ein großer Schuft war ich geworden, ein S., fehlt nicht viel zum Penner (Döblin, Alexanderplatz 12). **Schub|kar|re,** die, **Schub|kar|ren,** der: **1.** *einrädrige Karre zum Befördern kleinerer Lasten, die an zwei Stangen mit Griffen angehoben u. geschoben wird:* bring mir doch bitte noch ein paar -n [voll] Sand. **2.** *turnerische Übung, bei der eine Person sich im Liegestütz vorwärtsbewegt u. dabei von einer anderen, die die gegrätschten Beine faßt, unterstützt wird:* [mit jmdm.] S. machen; die Kinder spielen S.; **Schub|ka|sten,** der: *Schubfach;* **Schub|kraft,** die: **1.** *Schub* (1 b). **2.** *Scherkraft;* **Schub|la|de,** die: **1.** *Schubfach:* Russen ... konnten da alles ungestört durchstöbern, -n aufziehen (Kempowski, Uns 9); ... schaut er, wie die Polizisten die -n aufbrechen (Feuchtwanger, Erfolg 737); Der Zahnarzt nahm ein Päckchen Tabak aus der S. (Böll, Haus 33); Eine solche Summe wie diese hat man nicht in der S. liegen (Langgässer, Siegel 512); Ü er schreibt für die S. *(was er schreibt, wird nicht veröffentlicht);* Da ist sie aber selten vier Hornisten im Format zusammenfindenden, schlummert das Konzertstück in den -n meist still vor sich hin (*es bleibt liegen u. wird nicht gespielt*) Orchester 7/8, 1984, 659); ..., ob die Pläne realisiert werden oder wieder in den -n verschwinden (*zurückgestellt werden;* Zeit 14. 3. 75, 33). **2.** (ugs.) *Kategorie in die etw. [leichtfertig, ungerechtfertigterweise] eingeordnet wird):* seine Musik, Malerei paßt eigentlich in keine S.; von diesen Leuten wirst du gleich in eine [bestimmte] S. gesteckt; Woher nehmen sich manche das Recht, über andere zu urteilen, über sie zu bestimmen, nur weil sie nicht in ihre -n passen (Petersen, Resonanz 85); in -n (abwertend): *starren Einteilungsprinzipien*) denken; **Schub|la|den|den|ken,** das (ugs. abwertend): *zu sehr an starren Kategorien orientierte, undifferenzierte, eingestirnige Denkweise:* Das politische S. der Verantwortlichen in ARD-Anstalten und beim ZDF (Kieler Nachrichten 30. 8. 84, 3); **schub|la|di|sie|ren** ⟨sw. V.; hat⟩ (schweiz.): *sich (mit etw.) nicht [weiter] befassen:* Pläne, Reformen s.; Die Projekte ... werden endgültig schubladisiert (Bund 11. 10. 83, 20); Die Unionsregierung hat sich zu den Vorschlägen ... bisher nur unverbindlich geäußert, was befürchten läßt, daß die Initiative ... schubladisiert werden wird (NZZ 3. 5. 83, 4); **Schub|la|di|sie|rung,** die; -, -en (schweiz.): *das Schubladisieren;* **Schub|lad|ka|sten,** der (österr.): *Kommode;* **Schub|leh|re,** die (Fachspr.): *Schieblehre;* **Schub|leich|ter,** der: *von einem Schubschiff geschobener Leichter* (b); **Schub|lei|stung,** die: vgl. Schubkraft (1): Raketen mit einer nutzbaren S. von annähernd 600 Tonnen (Spiegel 24, 1967, 132); **Schüb|lig,** der; -s, -e (schweiz. mundartl.): *Schübling;* **Schüb|ling,** der; -s, -e [mhd. schübelinc, eigtl. = (in einen Darm) Geschobenes (Wurst(füllung)] (südd., schweiz.): *geräuchertes, langes Würstchen aus Rind- u. Schweinefleisch mit Speckstückchen;* **Schub|mo|dul,** der (Mechanik): *Quotient aus der Änderung der Schubspannung u. der Änderung des Winkels (Verzerrung), die bei der Beanspruchung eines Werkstücks auf Schub* (1 c) *auftreten;* **Schub|prahm,** der: vgl. Schubleichter. **Schubs,** der; -es, -e [an ↑Schub angelehnte Weiterbildung von älter Schupp, Schupf, zu mhd. schuppen, schupfen, ↑schubsen] (ugs.): *[leichter] Stoß:* Seine Mutter gab ihm von hinten einen S. (Fels, Sünden 60); Dann stößt er mit einem kräftigen S. Levin zurück (Bobrowski, Mühle 137); Ü Ohne Spaß keinen Erfolg. So ab und zu brauchte ich auch mal einen kleinen S. (elan 2, 1980, 15); ◆ **Schub|sack,** der: *weite Tasche* (2 a) *in einem Kleidungsstück:* Darauf kramte er eifrig in seinem S. und zog endlich ... eine alte zerfetzte Landkarte hervor (Eichendorff, Taugenichts 86); Ü Tummle dich, Hassan! – Noch muß ich Euch meinen S. von Zeitungen stürzen (*Euch alle meine Neuigkeiten erzählen;* Schiller, Fiesco III, 4); **Schub|schiff,** das: *(in der Binnenschiffahrt) bes. konstruiertes Motorschiff zum Schieben von [mehreren] Leichtern u. Prahmen;* **Schub|schiffahrt¹,** die: *Schiffahrt mit Schubschiffen;* **Schub|schlep|per,** der: *Schubschiff;* **schub|sen** ⟨sw. V.; hat⟩ [zu mhd. (md.) schuppen, ↑²schuppen] (ugs.): *jmdn., etw.) durch plötzliches Anstoßen in eine bestimmte Richtung in Bewegung bringen; jmdm. einen Schubs geben:* jmdn. ins Wasser, vom Stuhl, zur Seite s.; „Steig ein, Leonore!" rief der Arzt, schubste seine Frau auf den Sitz (Konsalik, Promenadendeck 371); sie wurde unsanft ins Auto geschubst; sie drängelten und schubsten; er hat mich so geschubst, daß ich hingefallen bin; er schubste *(drängelte)* sich nach vorn; Ü August Bogdan wurde zum Militär geschubst (Strittmatter, Wundertäter 314); **Schub|se|rei,** die; -, -en (ugs. abwertend): *dauerndes, lästiges Schubsen:* hör auf mit der, deiner S., du kommst doch nicht eher an die Reihe!; **Schub|span|nung,** die (Mechanik): *bei Veränderungen in der Form eines Körpers durch verschiedene tangential von außen wirkende Kräfte auftretende Spannung;* **Schub|stan|ge,** die: *Pleuelstange;* **Schub|ta|sche,** die (Schneiderei): *schräg angesetzte Tasche vorn an Jacke, Mantel, Kleid o. ä., in die die Hände bequem hineinge-*

Schubverband 3004

steckt werden können; **Schub|ver|band,** der: *Transportmittel der Binnenschiffahrt, das aus Schubschiff u. Leichter[n] u. Prahm[en] besteht;* **schub|wei|se** ⟨Adv.⟩: **1.** *in Schüben* (2), *Schub für Schub:* die Leute werden s. eingelassen; Arbeitspläne sind auch früher in mir immer bündelweise, s. aufgetaucht, entweder viele auf einmal oder überhaupt keine (Kaschnitz, Wohin 158); ⟨mit Verbalsubstantiven auch attr.:⟩ ein -r Ausbau des Geländekomplexes. **2.** *in Schüben* (3), *Schub für Schub:* die Anfälle treten s. auf; was so harmlos beginnt, weitet sich s. aus (Blick auf Hoechst 7, 1984, 7); ⟨mit Verbalsubstantiv auch attr.:⟩ der s. Verlauf der Krankheit; **Schub|wir|kung,** die: *aus einem Schub* (1 b) *bestehende Wirkung:* die Düse übt eine S. aus.

schüch|tern ⟨Adj.⟩ [urspr. = scheu gemacht (von Tieren), aus dem Niederd., zu mniederd. schüchteren = (ver)scheuchen; scheu weglaufen, Weiterbildung von ↑scheu(ch)en; vgl. ein-, verschüchtern]: **a)** *scheu, zurückhaltend, anderen gegenüber gehemmt:* ein -es Kind; ein -er Liebhaber; mit -er *(Schüchternheit verratender)* Stimme; sie ist [noch] sehr s.; eine sich sonst s. gebende Walliserin (Menzel, Herren 63); er steht s. abseits, lächelt s.; „Ich wollte mich nicht einmischen", hatte die Sekretärin s. geantwortet (Bastian, Brut 163); **b)** *nur vorsichtig, zaghaft [sich äußernd] in Erscheinung tretend:* eine -e Hoffnung; beim ersten -en Versuch; ... gab es überhaupt kein Bier. Schüchterne Anfänge, es zu brauen, ... hatte Bacchus sehr bald erstickt (Jacob, Kaffee 53); eine s. vorgebrachte Bitte; Sie kam, steckte aber nur den Kopf durch die Türe, die sie s. geöffnet hatte (R. Walser, Gehülfe 162); **Schüch|tern|heit,** die; -: *das Schüchternsein* (a), *Scheu;* kindliche S.; er kann seine S. nicht überwinden; da verlor sie plötzlich alle S.; Auch spürte ich ... eine schülerhafte S. vor der fremden Atmosphäre (Hesse, Steppenwolf 186).

Schucke|lei[1], die; -, -en (landsch. abwertend): *dauerndes Schuckeln:* von der S. [im Bus] ist ihm übel geworden; **schuckeln**[1] ⟨sw. V.⟩ [landsch. Nebenf. von ↑schaukeln](landsch.): **a)** *sich schaukelnd hin u. her bewegen, wackeln* ⟨hat⟩: der Wagen hat mächtig geschuckelt; **b)** *sich schaukelnd, stoßend vorwärts bewegen* ⟨ist⟩: ein Schnauferl schuckelte über das Kopfsteinpflaster.

schud|dern ⟨sw. V.; hat⟩ [mniederd. schoddern, spätmhd. (md.) schudern, Nebenf. von ↑schaudern] (nordd., westmd.): *frösteln, schauern:* sie schudderten im kühlen Abendwind; Ü Weil es mich schuddert, wenn ich an eine Blamage denke (Kant, Impressum 12).

Schu|dra, der; -s, -s [sanskr.]: *Angehöriger der untersten der vier Kasten im alten Indien.*

schuf: ↑schaffen.

SCHUFA ⓦ, die; - [Kurzwort für **Schutz**gemeinschaft **f**ür **a**llgemeine Kreditsicherung]: (aus einem Zusammenschluß mehrerer einzelner Gesellschaften bestehende) Einrichtung der deutschen Kreditinstitute u. anderer Unternehmen, bei der die Vertragspartner Auskünfte über [potentielle] Kreditnehmer einholen können.

schü|fe: ↑schaffen.

Schuf|fel, die; -, -n [mniederd. schuffel = Schaufel] (Fachspr.): *im Gartenbau verwendete Hacke* (1) *mit flachem, zweischneidigem Blatt.*

Schuft, der; -[e]s, -e [aus dem Niederd., vieII. zusgez. aus niederd. Schufut = elender Mensch, eigtl. = Uhu (< mniederd. schüfüt, lautm.); der lichtscheue Vogel galt als häßlich] (abwertend): *jmd., der gemein, niederträchtig ist; Schurke:* ein gemeiner, elender S; Der Ermordete war ein S., der seinen Tod wohlverdient hatte (Reinig, Schiffe 128); „Du S., du gemeiner, dreckiger, verlogener S.!" (Brand [Übers.], Gangster 79).

schuften ⟨sw. V.; hat⟩ [H. u., vielI. zu niederd. schoft, älter niederl. schuft = ein Viertel eines Tagewerks, eigtl. = in einem Schub arbeiten; im 19. Jh. aus md. Mundarten in die Studentenspr. übernommen] (ugs.): **a)** *schwer, hart arbeiten:* sein Leben lang s. müssen; er schuftete auf dem Bau, für die Familie; sie schuften für einen Hungerlohn; wir haben schwer, ganz schön geschuftet, um den Termin einzuhalten; Auch wer zu Hause schuftet, soll bezahlt werden (MM 23. 1. 89, 14); **b)** ⟨s. + sich⟩ *durch Schuften* (a) *in einen bestimmten Zustand geraten:* sich müde s.; daß es genug Leute gibt, die sich zu Tode rauchen, zu Tode schuften oder zu Tode ärgern (Habe, Namen 21); **¹Schuf|te|rei,** die; -, -en ⟨Pl. selten⟩ (ugs. abwertend): *das Schuften, dauerndes Schuften:* der Umzug war vielleicht eine S.!; das Aufforsten in den Hochanden ist knallharte S. (natur 10, 1991, 58); ich habe mich damals glücklich gefühlt trotz der vielen S. (Hörzu 11, 1976, 20). **²Schuf|te|rei,** die; -, -en [zu ↑Schuft] (abwertend): *Schuftigkeit* (b): diese S. wird er mir büßen!; **schuf|tig** ⟨Adj.⟩ (abwertend): *niederträchtig, gemein, ehrlos:* ein -er Mensch; das finde ich s.; er hat sich ausgesprochen s. verhalten; **Schuf|tig|keit,** die; -, -en (abwertend): **a)** ⟨o. Pl.⟩ *das Schuftigsein, schuftiges Wesen, Niedertracht:* Man soll nicht glauben, daß S. den Menschen unbetroffen läßt (Zwerenz, Kopf 149); **b)** *gemeine, niederträchtige Handlung:* -en begehen; ich hätte nie geglaubt, daß er zu so einer S. fähig ist.

Schuh, der; -[e]s, -e u. - [mhd. schuoch, ahd. scuoh, wohl eigtl. = Schutzhülle]: **1.** ⟨Pl. -e⟩ *Fußbekleidung aus einer festen, aber biegsamen, glatten od. mit Profil* (5) *versehenen Sohle [mit Absatz* (1)*] u. einem Oberteil meist aus weicherem Leder:* hohe, feste, leichte, flache, hochhackige, spitze, gefütterte, elegante, modische, sportliche -e; ein Paar -e; die -e passen, drücken, sind bequem; -e kaufen; die -e anziehen, zuschnüren, eincremen, putzen, besohlen, auf den Spanner tun; das Kind braucht neue -e; Sie hat ein weißes Kleid und silberne -e mit hohen Absätzen (H. Gerlach, Demission 256); die -en S. *(Schuhe dieses Modells)* verkaufen wir sehr viel, gern; R umgekehrt wird ein S. draus *(die Sache ist umgekehrt, muß andersherum angefangen werden);* bei bestimmten Schuhen wurde das Oberleder früher so an die Sohle genäht, daß das Werkstück vor der Fertigstellung gewendet werden mußte); * **zwei Paar -e sein** (ugs.; ↑Stiefel 1 a): Aber Waschen und Baden sind zwei Paar Schuh' (Muschg, Gegenzauber 210); **wissen o. ä., wo [jmdn.] der S. drückt** (ugs.; *die Probleme, Kümmernisse, jmds. geheime Sorgen, Nöte kennen;* auf einen Ausspruch des griech. Schriftstellers Plutarch [etwa 46–125] zurückgeführt; er hatte sehr wohl nach von anderen gewußt, wo sie der S. drückt (Plievier, Stalingrad 122); ..., erklärte der Teamchef auf unmißverständliche Art, wo der S. drückt (Kicker 6, 1982, 21); **sich** ⟨Dativ⟩ **die -e [nach etw.] ablaufen** (ugs.; ↑²Hacke b): ich habe mir nach dem Buch die -e abgelaufen und es trotzdem nicht gekriegt; **jmdm. die -e ausziehen** (ugs.; *jmdn. in Erstaunen, Zorn o. ä. versetzen):* das zieht einem glatt die -e aus; deswegen zogen mir diese Sprüche die -e aus (Stern 42, 1980, 115); **sich** ⟨Dativ⟩ **etw. an den Schuhen abgelaufen haben** (ugs.; *eine Erfahrung längst gemacht haben, etw. längst kennen;* urspr. von den wandernden Handwerksgesellen stammend); **jmdm. etw. in die -e schieben** *(jmdm. die Schuld an etw. zuschieben):* dafür kannst du niemandem die Schuld in die -e schieben! (Ossowski, Liebe ist 18); Im darauffolgenden Jahr starb er, und man beeilte sich, auch dies den Jesuiten in die -e zu schieben (Friedell, Aufklärung 50); **nicht in jmds. -en stecken mögen** (↑Haut 1 a). **2.** ⟨Pl. -e⟩ (Technik) **a)** *Schutzhülle aus Metall od. Kunststoff am unteren Ende eines Pfahls, an Verbindungsstellen von Bauteilen o. ä.;* **b)** *kurz für* ↑Bremsschuh, ↑Hemmschuh, ↑Kabelschuh. **3.** ⟨Pl. -⟩ (früher) *Fuß* (4); **Schuh|ab|satz,** der: *Absatz* (1); **Schuh|ab|strei|fer,** der: *Abstreifer;* **Schuh|ab|tei|lung,** die: *Abteilung eines Kaufhauses o. ä., in der Schuhe verkauft werden;* **Schuh|an|zie|her,** der; -s, -: *Schuhlöffel;* **Schuh|band,** das ⟨Pl. -..bänder⟩: (regional): *Schnürsenkel;* **Schuh|bän|del,** das (bayr., österr. ugs.), **Schuh|bän|del,** das (schweiz. ugs.), **Schuh|ben|del,** das: *Schuhband;* **Schuh|bür|ste,** die: *Bürste zum Reinigen od. zum Polieren der Schuhe;* **Schu|chen, Schüh|chen,** das; -s, -: Vkl. zu ↑Schuh: Dann kaufe ich für Babywäsche, ein Paar Schuhchen aus hellbraunem Leder mit weißen Spitzchen (Kinski, Erdbeermund 260); **Schuh|creme,** die: *weiche, cremeartige Masse, die als Politur dünn auf das [Ober]leder von Schuhen aufgetragen wird:* schwarze, braune, farblose S; **Schuh|fa|brik,** die: *Fabrik, in der Schuhe hergestellt werden;* **Schuh|fe|ti|schis|mus,** der: *auf Schuhe bezogener Fetischismus* (2); **Schuh|fe|ti|schist,** der: *jmd., bei dem Schuhfetischismus vorliegt;* **Schuh|fe|ti|schi|stin,** die: w. Form zu ↑Schuhfetischist; **Schuh|fett,** das: *Lederfett;* **Schuh|flicker**[1], der (veraltet): *Flickschuster;* **Schuh|ge|schäft,** das: *Geschäft, in dem Schuhe verkauft werden;* **Schuh|grö|ße,** die: *in Zahlen ausgedrückte Größe* (1 d) *eines Schuhs:* ich habe S. 39; welche S. hast du?; * **[nicht] jmds. S. sein** (salopp; ↑Kragenweite);

Schuh|in|du|strie, die: *Schuhe herstellende Industrie;* **Schuh|kap|pe,** die: *Kappe (2 d) eines Schuhs;* **Schuh|kar|ton,** der: *Pappkarton für Schuhe, die zum Verkauf angeboten werden:* ein S. voll Fotos; **Schuh|la|den,** der ⟨Pl. ...läden⟩: vgl. Schuhgeschäft; **Schuh|lap|pen,** der: *weicher Lappen zum Blankreiben von Schuhen;* **Schuh|lei|sten,** der: vgl. Leisten (1); **Schuh|löf|fel,** der: *länglicher, löffelartiger Gegenstand, der bei der Ferse in den Schuh gehalten wird, um ein leichteres Hineingleiten des Fußes zu ermöglichen;* **schuh|los** ⟨Adj.⟩: *keine Schuhe tragend, ohne Schuhe:* Sepps -e Füße hopsten zwischen den Schraubstöcken herum (H. Gerlach, Demission 63); **Schuh|lotter,** der: in der Wendung: * **den S. haben** (schweiz. ugs.; *Schuhe mit offenen Schnürsenkeln anhaben*); **Schuh|macher,** der [mhd. schuochmacher]: *Handwerker, der Schuhe repariert, besohlt u. auch [nach Maß] anfertigt* (Berufsbez.); **Schuh|ma|che|rei,** die: 1. ⟨o. Pl.⟩ *Handwerk des Schuhmachers:* die S. erlernen. 2. *Werkstatt eines Schuhmachers;* **Schuh|ma|che|rin,** die; -, -nen: w. Form zu ↑Schuhmacher; **Schuh|ma|cher|meister,** der: *Schuhmacher, der Meister seines Handwerks ist;* **Schuh|ma|che|ster|rin,** die: w. Form zu ↑Schuhmachermeister; **Schuh|ma|cher|werk|statt,** die: *Werkstatt eines Schuhmachers;* **Schuh|mo|de,** die: vgl. Mode (1 a): dieser Absatz entspricht der neuesten S.; **Schuh|na|gel,** der: *kleiner Nagel zum Befestigen der Sohle am Schuh;* **Schuh|num|mer,** die: *vgl. Schuhgröße:* wir haben dieselbe S.; **Schuh|pfle|ge|mit|tel,** das: *Mittel zum Reinigen, Pflegen (1 b) von Schuhen;* **schuh|plat|teln** ⟨sw. V.; hat; nur im Inf. u. 2. Part. gebr.⟩: *Schuhplattler tanzen:* er kann s., hat prächtig geschuhplattelt; **Schuh|platt|ler,** der [zu platteln = Platten (d. h. Handflächen u. Schuhsohlen) zusammenschlagen]: *(bes. in Oberbayern, Tirol u. Kärnten heimischer) Volkstanz, bei dem die Männer hüpfend u. springend sich in rhythmischem Wechsel mit den Handflächen auf Schuhsohle, Knie u. Lederhosen schlagen:* sie tanzten einen S.; **Schuh|put|zer,** der: a) *jmd., der gegen Entgelt auf der Straße Schuhe putzt;* b) *Gerät, mit dem Schuhe in einem Arbeitsgang gereinigt u. poliert werden:* ein elektrischer S; **Schuh|put|ze|rin,** die; -, -nen: w. Form zu ↑Schuhputzer (a); **Schuh|putz|ka|sten,** der: *Kasten für Utensilien zum Schuheputzen;* **Schuh|rie|men,** der (bes. westmd.): *Schnürsenkel;* **Schuh|schach|tel,** die: *Schuhkarton;* **Schuh|schna|bel,** der: *in Sümpfen u. an Flußufern Afrikas lebender, graublauer Stelzvogel mit großem Kopf u. einem gelbbraunen, breiten, wie ein Holzschuh geformten Schnabel;* **Schuh|schnal|le,** die: *als Verschluß dienende Schnalle an einem Schuh;* **Schuh|soh|le,** die: *Sohle (1):* durchgelaufene -n; * **sich** ⟨Dativ⟩ **die -n [nach etw.] ablaufen** (↑Hacke b); **Schuh|span|ner,** der: *in einem Schuh festzuklemmender Gegenstand, mit dem der Schuh in seiner Form gehalten werden soll, solange er nicht getragen wird;* **Schuh|spit|ze,** die: *Spitze (1 c) des Schuhs.*

Schu|hu, der; -s, -s [lautm.] (landsch. veraltend): *Uhu.*
Schuh|wa|ren ⟨Pl.⟩: *Erzeugnisse der Schuhindustrie;* **Schuh|wa|ren|la|den,** der: *Schuhgeschäft;* **Schuh|werk,** das ⟨o. Pl.⟩: *Schuhe (in bezug auf Art u. Beschaffenheit):* festes, schlechtes S. tragen; für eine Bergwanderung braucht man entsprechendes S.; **Schuh|wich|se,** die (ugs.): *Schuhcreme:* Als Othello kommt der hellé Blonde schwarz wie S. (Hörzu 22, 1977, 55); **Schuh|zeug,** das ⟨o. Pl.⟩ (ugs.): *Schuhwerk.*
Schu|ko|steck|do|se ⓌⓏ, die [Schuko = kurz für Schutzkontakt]: *Schutzkontaktsteckdose;* **Schu|ko|stecker**[1] ⓌⓏ, der: *Schutzkontaktstecker.*
Schul|ab|gang, der: *Abgang (1 b) von der Schule;* **Schul|ab|gän|ger,** der: *jmd., der von der Schule abgeht;* **Schul|ab|gän|ge|rin,** die; -, -nen: w. Form zu ↑Schulabgänger; **Schul|ab|schluß,** der: *auf Grund des Schulbesuchs (1) erworbene Qualifikation, die im Abschlußzeugnis dokumentiert ist:* Viele von ihnen können kaum lesen und schreiben, den meisten fehlt der S. (Spiegel 41, 1983, 5); welchen S. haben Sie?; S.: mittlere Reife, Abitur; **Schul|al|ter,** das ⟨o. Pl.⟩: *Altersstufe etwa vom sechsten Lebensjahr bis zum Beginn der Pubertät;* **Schul|amt,** das: 1. *Behörde für das Schulwesen.* 2. (veraltet) *Lehramt;* **Schul|an|fang,** der ⟨Pl. selten⟩: 1. *Beginn des Schulbesuchs eines Schulanfängers, einer Schulanfängerin:* zum S. bekam er eine Schultüte. 2. *Unterrichtsbeginn nach Ferien, zu Beginn eines Schuljahres:* am 7. Januar, morgen ist S.; **Schul|an|fän|ger,** der: *Kind, das gerade in die Schule gekommen ist;* **Schul|an|fän|ge|rin,** die: w. Form zu ↑Schulanfänger; **Schul|angst,** die (Psych.): *Angst vor schulischem Versagen;* **Schul|ar|beit,** die: 1. *[schriftliche] Hausaufgabe:* ich muß noch [meine] -en machen; sie hilft ihrem Kind bei den -en; Ü über dreihundert Kirchen, die sich ... zusammengeschlossen haben, sind dabei, ihre -en zu machen (ugs.; *die notwendigen Arbeiten zu erledigen ... Pflichten nachzuommen;* Rhein. Merkur 2. 2. 85, 23). 2. (österr.) *Klassenarbeit.* 3. ⟨o. Pl.⟩ *von Lehrer u. Schüler in der Schule zu leistende Arbeit:* die tägliche S.; die Unterrichtsstunde als Grundform der S. (Klein, Bildung 20); **Schul|arzt,** der: *Arzt, der Schüler u. Lehrer an einer Schule gesundheitlich betreut;* **Schul|ärz|tin,** die: w. Form zu ↑Schularzt; **schul|ärzt|lich** ⟨Adj.⟩: *vom Schularzt ausgehend; sich auf den Schularzt beziehend:* ein -es Attest; **Schul|at|las,** der: *auf die Bedürfnisse im Schulunterricht abgestimmter* [2]*Atlas (1);* **Schul|auf|bau,** der ⟨o. Pl.⟩: *Aufbau (3) der Schule (1) nach Schulstufen u. Schultypen;* **Schul|auf|ga|be,** die: 1. *Schularbeit (1).* 2. (landsch.) *Klassenarbeit:* eine S. schreiben; **Schul|auf|satz,** der: *als Haus- od. Klassenarbeit geschriebener Aufsatz;* **Schul|auf|sicht,** die: *staatliche Aufsicht (1) über die Schulen (1);* **Schul|auf|sichts|be|hör|de,** die: *für die Schulaufsicht zuständige Behörde;* **Schul|aus|flug,** der: vgl. Klassenausflug; **Schul|aus|ga|be,** die: vgl. Schulatlas: S. des Nibelungenliedes; **Schul|aus|spei|sung,** die (österr.): *Schulspeisung;* **Schul|bahn,** die: *vorgeschriebener Verlauf der schulischen Ausbildung;* **Schul|bank,** die ⟨Pl. ...bänke⟩ (früher): *mit einem Pult (a) verbundene Bank für Schüler:* in dem Klassenraum standen fünf Reihen Schulbänke; Ü von der S. [weg] (ugs.; *unmittelbar nach der Schulzeit*) wurde er zum Militär einberufen; * **die S. drücken** (ugs.; *zur Schule gehen*): er ist 20 und drückt immer noch die S.; **miteinander die S./die gleiche S. gedrückt haben/[miteinander] auf einer S. gesessen haben** (ugs.; *in derselben Klasse 1 a gewesen sein*): bis zur Quarta hatte er mit Reinhold die gleiche S. gedrückt (Hollander, Akazien 7); **Schul|bau,** der ⟨o. Pl.⟩: vgl. Schulgebäude; **Schul|be|ge|hung,** die (ehem. DDR): *Besichtigung einer Schule u. ihrer Einrichtungen durch Vertreter der Elternschaft, Partei o. ä. zur Kontrolle der materiellen Sicherung der Erziehungs- u. Bildungsarbeit;* **Schul|be|ginn,** der: *Schulanfang (2);* **Schul|be|hör|de,** die: *Schulamt (1);* **Schul|bei|spiel,** das: *typisches, klassisches Beispiel:* Das S. für die geschlechtsgebundene Vererbung ist die ... Bluterkrankheit (Medizin II, 97); **Schul|be|ra|tung,** die: *(von Schulpsychologen od. anderen dafür geeigneten Personen durchgeführte) Beratung von Schülern, Lehrern, Eltern in schulischen Fragen;* **Schul|be|such,** der: 1. *Besuch der Schule (1): pflichtmäßiger, regelmäßiger S.* 2. (schweiz.) *Hospitation eines Schulrates o. ä. im Schulunterricht;* **Schul|be|trieb,** der: 1. ⟨o. Pl.⟩ vgl. Lehrbetrieb (2). 2. *(in sozialistischen Ländern) schuleigener Betrieb, in dem Schüler polytechnische Grundlehrgänge absolvieren können;* **Schul|bi|blio|thek,** die: *Bibliothek einer Schule;* **Schul|bil|dung,** die ⟨o. Pl.⟩: *durch die Schule (1) vermittelte Bildung:* eine gute, keine abgeschlossene S. haben.

◆ **schül|b|rig** ⟨Adj.⟩ [zu: schülb|rig|en, schülwern, Nebenf. von ↑schelfern]: *(nordf[ost]d. Sprachgebrauch) brüchig, abblätternd:* da verunglückt einer ... auf dem -en Eise (Fontane, Effi Briest 98).

Schul|brot, das: *belegtes Brot, das der Schüler in die Schule mitnimmt;* **Schul|bub,** der (südd., österr., schweiz.): *Schuljunge;* **Schul|buch,** das: *Lehr- u. Arbeitsbuch für den Schulunterricht;* **Schul|bü|che|rei,** die: *Schulbibliothek;* **Schul|buch|kom|mis|si|on,** die: *Fachkommission zur Prüfung von Schulbüchern [vor deren Einführung an den Schulen];* **Schul|buch|wis|sen,** das (abwertend): *Buchwissen;* **Schul|bus,** der: *Bus, der Schüler zur Schule u. zurück befördert.*

Schul|chan Aruch, der; - - [hebr. šulḥan 'ārūk = gedeckter Tisch]: *(um 1500 entstandenes) maßgebendes jüdisches Gesetzeswerk.*

Schul|chor, der: vgl. Schulorchester: im S. mitsingen, sein; **Schul|chro|nik,** die: *Chronik einer Schule.*

Schuld, die; -, -en [mhd. schulde, schult, ahd. sculd(a), zu: sculan, ↑sollen u. eigtl. = Verpflichtung]: 1. ⟨o. Pl.⟩ *Ursache von etw. Unangenehmem, Bösem od. eines Unglücks, das Verantwortlichsein, die Verantwortung dafür:* es ist nicht seine, ihn trifft keine S. *(er ist nicht dafür verantwortlich zu machen, kann nichts dazu);* die S. liegt an, bei mir; er hat, trägt die S. an dem Mißerfolg, Unfall; jmdm., den Umständen die S. an etw. zuschreiben; die, alle S. auf jmdn. abzuwälzen suchen; ..., wenn ich sie zu trösten suchte und ihr riet, alle S. auf mich zu schieben (Salomon, Boche 61); Der Schlag mißlingt, jeder schiebt dem anderen die S. zu (Sieburg, Blick 25); Grundfalsch war es ..., wenn etwa diese Rupp die ganze S. auf sich nehmen würde, um ihren Mann vor dem Gefängnis zu retten (Baum, Paris 36); jmdm. die S. [an etw.] geben *(jmdn. [für etw.] verantwortlich machen);* *(in den folgenden Wendungen als Subst. verblaßt u. deshalb klein geschrieben:)* **[an etw.] schuld haben/sein** *([an etw.] die Schuld haben, [für etw.] verantwortlich sein):* Augenblicklich ist wieder einmal die Presse an allem schuld (Dönhoff, Ära 61); **jmdm., einer Sache [an etw.] schuld geben** *(jmdn., etw. für etw. verantwortlich machen):* ich gebe dir ja gar nicht schuld [daran]. **2.** ⟨o. Pl.⟩ *bestimmtes Verhalten, bestimmte Tat, womit jmd. gegen Werte, Normen verstößt; begangenes Unrecht, sittliches Versagen, strafbare Verfehlung:* S. und Sühne; eine persönliche, kollektive S.; ... wenn ich jetzt von S. spreche, so meine ich die gegenüber unserem ... Volk! (Plievier, Stalingrad 345); er hat eine schwere S. auf sich geladen *(geh.; hat sich ein schweres Vergehen zuschulden kommen lassen);* Die Eisenbahnbehörde bestritt hartnäckig jede S. (Feuchtwanger, Erfolg 115); sich keiner S. bewußt sein *(sich nicht schuldig fühlen; nicht das Gefühl haben, etw. falsch gemacht zu haben);* Gott um Vergebung unserer S. (Sünden) bitten. **3.** ⟨meist Pl.⟩ *Geldbetrag, den jmd. einem anderen schuldig ist:* Die S. der Stadt reduzierte sich vorübergehend von ... (NZZ 1./2. 5. 83, 22); [bei jmdm.] -en haben/machen; eine S. tilgen, löschen; jmdm. eine S. erlassen; -en eintreiben, einklagen, einfordern, einziehen; seine -en begleichen, abzahlen, bezahlen; in -en (Verschuldung) geraten; sich in -en stürzen *(viele Schulden machen);* ** **mehr -en als Haare auf dem Kopf haben** *(ugs.; sehr viele Schulden haben;* nach Psalm 40, 13, wo König David die Anzahl seiner Sünden mit den Haaren auf seinem Haupt vergleicht); **tief/bis über die, beide Ohren in -en stecken** *(ugs.; völlig verschuldet sein).* **4.** ** **[tief] in jmds. Schuld sein/stehen** *(geh.; jmdm. sehr zu Dank verpflichtet sein);* **Schuld|ab|än|de|rung,** die (Rechtsspr., Wirtsch.): *vertragliche Änderung eines Schuldverhältnisses zwischen Gläubiger u. Schuldner;* **Schuld|an|er|kennt|nis,** das (Rechtsspr., Wirtsch.): *vertragliche Anerkennung des Bestehens eines Schuldverhältnisses;* **Schuld|bei|tritt,** der (Rechtsspr., Wirtsch.): *ergänzende Schuldübernahme durch einen neuen Schuldner;* **Schuld|be|kennt|nis,** das: *Eingeständnis einer Schuld:* ein S. ablegen; **schuld|be|la|den** ⟨Adj.⟩ (geh.): *große Schuld (2) auf sich geladen habend;* **Schuld|be|trag,** der: *geschuldeter Betrag;* **Schuld|be|trei|bung,** die (schweiz.): *Zwangsvollstreckung;*

Schuld|be|weis, der: *Beweis einer Schuld:* der S. steht noch aus; den S. [gegen jmdn.] führen; **schuld|be|wußt** ⟨Adj.⟩: *sich seiner Schuld (1, 2) bewußt u. deshalb bedrückt, verlegen, kleinlaut:* ein -er Delinquent; eine -e *(Schuldbewußtsein ausdrückende)* Miene; s. schweigen; jmdn. s. anblicken; Er vergnügte sich damit, ... Gurgelwasser durch seine Kehle zu spülen. Er hörte s. damit auf, als Evelyn ins Badezimmer kam (Baum, Paris 79); **Schuld|be|wußt|sein,** das: *Bewußtsein einer Schuld;* **Schuld|brief,** der: *Schuldschein;* **Schuld|buch,** das: *Staatsschuldbuch;* **Schuld|buch|for|de|rung,** die (Wirtsch.): *Darlehensforderung gegen den Staat, die durch Eintragung in das Staatsschuldbuch beurkundet ist;* **schul|den** ⟨sw. V.; hat⟩ [mhd. schulden = schuldig, verpflichtet sein; sich schuldig machen < ahd. sculdōn = sich etw. zuziehen, es verdienen, zu ↑Schuld]: **a)** *zur Begleichung von Schulden od. als Entgelt o. ä. zahlen müssen:* jmdm. eine größere Summe s.; ich schulde dir noch 50 Mark; was schulde ich Ihnen [für die Reparatur]?; Oberst Gomez schuldet Ihnen noch das Honorar für Ihre Konsultation (Remarque, Triomphe 57); **b)** *aus sittlichen, gesellschaftlichen o. ä. Gründen jmdm. ein bestimmtes Verhalten, Tun, eine bestimmte Haltung schuldig sein:* jmdm. Dank, Respekt, eine Antwort, Erklärung s.; ich schulde dir darüber keine Rechenschaft; ich schulde (selten; *verdanke*) ihm mein Leben; Du schuldest ihr Aufklärung (Hagelstange, Spielball 74); alles, was ein Angehöriger unserer Kreise seiner Erziehung und seinem Stande schuldet *(verdankt;* L. Frank, Wagen 13); **Schul|den|berg,** der (ugs.): *große Menge Schulden, große Schuldsumme:* der S. wächst immer weiter, ist auf über 200000 Mark angewachsen; Und wie tragen wir den S. ab? (Brot und Salz 64); **Schul|den|dienst,** der (Wirtsch., Bankw.): *Zins- u. Tilgungszahlung eines Schuldners für seine Verbindlichkeiten (aus aufgenommenen Krediten);* **Schul|den|er|laß,** der: *Erlaß (2) der Schulden eines Schuldners;* **schul|den|frei** ⟨Adj.⟩: **a)** *nicht verschuldet:* wir sind s.; **b)** *nicht mit Schulden belastet:* ein -es Grundstück; Er besaß ein -es schönes Schiff (Jahnn, Geschichten 7); das Haus ist s.; **Schul|den|haf|tung,** die (Rechtsspr.): *Haftung für die Verbindlichkeiten einer Person od. einer Gesellschaft;* **Schul|den|kri|se,** die (Politik, Wirtsch.): *durch eine zu hohe Verschuldung (bes. von Entwicklungsländern) gegenüber dem Ausland bedingte Krise im internationalen Finanzsystem:* die internationale S.; **Schul|den|last,** die: *bedrückende Menge Schulden;* **Schul|den|mas|se,** die (Wirtsch.): *Gesamtheit der Schulden (3) (beim Konkurs);* **Schul|den|ruf,** der (schweiz.): *öffentliche Aufforderung zu fristgerechter Anmeldung von Forderungen (z. B. im Konkursverfahren);* **Schul|den|struk|tur|po|li|tik,** die (Politik, Wirtsch.): *Debt management;* **Schul|den|til|gung,** die: *Tilgung von Schulden, einer Schuld;* **schuld|fä|hig** ⟨Adj.⟩ (Rechtsspr.): *(auf Grund seiner geistig-seelischen Entwicklungsstufe*

u. a.) fähig, das Unrecht einer Tat einzusehen u. nach dieser Einsicht zu handeln: Der Angeklagte ... ist aus psychologisch-psychiatrischer Sicht ohne Einschränkung s. (MM 6. 4. 78, 16); er wurde aufgrund eines psychologisch-psychiatrischen Gutachtens für s. erklärt; **Schuld|fä|hig|keit,** die ⟨o. Pl.⟩ (Rechtsspr.): *das Schuldfähigsein;* **Schuld|for|de|rung,** die: **a)** *Einforderung einer Schuld (3);* **b)** *eingeforderte Schuld (3):* eine S. bezahlen; **Schuld|fra|ge,** die ⟨o. Pl.⟩: *Frage nach der Schuld od. Unschuld bes. eines Angeklagten:* die S. ist noch nicht geklärt; die S. stellen, aufwerfen, diskutieren; die Geschworenen müssen über die S. entscheiden; **schuld|frei** ⟨Adj.⟩: *frei von, ohne Schuld (2);* **Schuld|ge|fäng|nis,** das (früher): *Gefängnis zur Verbüßung der Schuldhaft;* **Schuld|ge|fühl,** das ⟨meist Pl.⟩: *Gefühl, sich nicht so verhalten zu haben, nicht so gehandelt zu haben, wie es gut, richtig gewesen wäre:* Der größte Feind der Lust sind -e (Frings, Liebesdinge 39); daß sie weint ..., um mir -e zu machen (Rocco [Übers.], Schweine 109); **Schuld|ge|ständ|nis,** das: *Geständnis einer Schuld:* ein S. machen, ablegen; **schuld|haft** ⟨Adj.⟩ (bes. Amtsspr.): *von der Art od. auf eine Weise, daß sich jmd. dadurch schuldig (1) macht; durch eigene Schuld (1):* ein -es Verhalten, Versäumnis; Viele Operationsfehler, die ... als -e Fehler zu bewerten sind (Hackethal, Schneide 101); er ist der Verhandlung s. ferngeblieben; ... die höchste Summe, zu der ein Beklagter wegen eines s. verursachten Todesfalles bisher in Kalifornien verurteilt worden ist (Saarbr. Zeitung 5. 12. 79, 14); **Schuld|haft,** die (früher): ¹Haft (2) *für säumige Schuldner.*

Schul|die|ner, der (veraltet): *Pedell;* **Schul|dienst,** der ⟨o. Pl.⟩: *Lehrtätigkeit an einer Schule (1); Dienst (1 b) in der Schule:* in den S. treten, gehen; [als Beamter] im S. tätig sein; Lehrer, die den Nazismus aktiv unterstützt hatten, wurden nicht wieder zum S. zugelassen (Klein, Bildung 13).

schul|dig ⟨Adj.⟩ [mhd. schuldec, ahd. sculdig]: **1.** *(an etw.) [die] Schuld tragend, in bezug auf jmdn., etw. Schuld auf sich geladen habend:* die -e Person; Keiner der -en Fahrzeuglenker war Ausländer (NZZ 10. 8. 84, 5); der Angeklagte ist [des Mordes] s.; Eine Gruppe von Geschworenen antwortet auf die Frage eines Beamten, wessen die heute verurteilte Leute s. seien ... (Sieburg, Robespierre 202); s. sein, sich des Betruges s. gemacht (geh.; *hat einen Betrug begangen);* [an jmdm.] s. werden *(sich an jmdm. s. laden [indem man jmdm. ein Unrecht zufügt]);* er ist an dem Unglück s. *(schuld);* sich s. fühlen, bekennen; jmdn. für s. erklären, befinden; s. *(als schuldiger Teil)* geschieden werden; auf s. plädieren (Rechtsspr.; *die Schuldigsprechung beantragen;* auf s. erkennen (Rechtsspr.; *einen Schuldspruch fällen);* ** **jmdn. s. sprechen** *(jmdn. gerichtlich verurteilen):* ... forderte er, ihn in zwei Fällen des versuchten schweren Raubes s. zu sprechen (Noack, Prozesse 125). **2. a)** *(als materielle Gegenleistung) zu geben verpflichtet:* jmdm. [noch] Geld, 100

Mark, eine Monatsmiete s. sein *(schulden);* was bin ich Ihnen s.? *(was habe ich zu bezahlen?);* nur weil man so verfuhr, war ihm der Staat keine Haftentschädigung s. (Mostar, Unschuldig 52); Nun war ich schon drei Wochen die Rechnung für Tantine s. geblieben (Salomon, Boche 63); Ü jmdm. Dank, Rechenschaft, eine Erklärung s. sein; War er dem Beamten Schlimbach überhaupt Solidarität s.? (Kühn, Zeit 138); den Beweis hierfür bist du mir noch s. geblieben *(hast du mir noch nicht gegeben, geliefert);* eine schwache CSSR-Elf, die zu wenig kämpfte und auch spielerisch auf vieles s. blieb (Vaterland 28. 3. 85, 1); das ist sie sich selbst s. *(ihr Ehrgefühl verlangt es von ihr);* * **jmdm. nichts s. bleiben** *(auf jmds. Angriff mit gleicher Schärfe reagieren);* ◆ Zum Herrn bist du dich s. dem verwaisten Land, weil du des andern Herrscherhauptes uns beraubt (Schiller, Braut v. Messina 2642 f.); **b)** *aus Gründen des Anstandes, der Höflichkeit geboten, gebührend, geziemend:* jmdm. die -e Achtung erweisen; ..., ob der Adjutant ... die Höflichkeit so weit außer acht lassen werde, einer älteren Dame die -e Aufwartung zu verweigern (A. Zweig, Grischa 381); mit dem -en Respekt; ◆ **c)** * **jmdm., einer Sache etw. s. sein** *(jmdm., einer Sache etw. verdanken):* Alfonsen bin ich s., was ich tat; nun möcht' ich ihm auch die Vollendung danken (Goethe, Torquato Tasso IV, 4); nun wollte Wilhelm wenigstens vor Theresens Herzen rein vom Herzen reden und ihrer Entschließung und Entscheidung sein Schicksal s. sein (Goethe, Lehrjahre VIII, 1); **Schulldilge,** die; -n, -n ⟨Dekl. ↑Abgeordnete⟩: *jmd., der schuldig (1) ist;* **Schulldilger,** der; -s, - [mhd. schuldigære] (bibl.): *jmd., der sich schuldig (1) gemacht hat:* Und vergib uns unsere Schuld, wie auch wir vergeben unsern -n (Matth. 6,12); **schulldilgerlmaßen** ⟨Adv.⟩: *verdientermaßen, gemäß der Schuld (1, 2);* **Schulldigkeit,** die; -, -en: **1.** *das Schuldigsein:* Vergil hat seine S. gegenüber Homer nicht verheimlicht (Fest, Im Gegenlicht 256); * **seine [Pflicht und] S. tun** *(dasjenige tun, wozu man verpflichtet ist);* **seine S. getan haben** (ugs.; *seinen Zweck erfüllt haben, ausgedient haben u. nicht mehr gebraucht werden):* das Provisorium hat jetzt seine S. getan; So sinnvoll der Schmerz im Gefüge des Lebens jedoch ist – wenn die Diagnose gestellt ist, hat er seine S. getan (Medizin II, 11); sobald er seine S. getan hat, werden sie ihn in die Wüste schicken. **2.** (veraltend) *Betrag, den man jmdm. für etw. schuldig (2) ist:* Als ich ... den Wirt nach meiner S. fragte, weigerte er sich, Geld von mir anzunehmen (Buber, Gog 115); **Schulldigspreichung,** die; -, -en: *das Fällen des Schuldspruchs;* **Schulldknechtlschaft,** die (hist.): *auf Gerichtsurteil od. freiwilliger Eingehung beruhende Knechtschaft eines zahlungsunfähigen Schuldners;* **Schuldlkomplex,** der: *durch ein gesteigertes Schuldgefühl hervorgerufener Komplex (2):* -e haben; an einem S. leiden; **Schuldlkonito,** das (ugs.): meist in den Wendungen * **auf jmds. S. gehen** *(jmds. Schuld sein);* **jmdm., etw. auf seinem S. haben** (↑ Konto); **schuldllos** ⟨Adj.; -er, -este⟩: *nicht schuldig, ohne eigenes Verschulden:* sie war s.; sich s. fühlen; s. in einen Unfall verwickelt werden; s. den Tod eines Menschen verursachen; Nachdem er in Abständen immer wieder s. arbeitslos gewesen war ... (Fels, Kanakenfauna 50); s. *(als schuldloser Teil)* geschieden werden; **Schuldllolsigkeit,** die; -: *das Schuldlossein;* **Schuldlner,** der; -s, - [mhd. schuldenære, ahd. scoldenäre]: **a)** *jmd., der einem anderen etw., bes. Geld, schuldet:* Die Banken gingen rücksichtslos gegen die säumigen S. vor (Niekisch, Leben 166); ◆ **b)** *Gläubiger:* Was ist er Ihnen schuldig? Wem ist er mehr schuldig? Bringen Sie mir alle seine S. Hier ist Geld (Lessing, Minna II, 2); **Schuldlnerlbelraltung,** die: *von Verbraucherverbänden, Selbsthilfeorganisationen, kommunalen Behörden o. ä. durchgeführte Beratung für verschuldete od. überschuldete Personen;* **Schuldlnelrin,** die; -, -nen: w. Form zu ↑Schuldner; **Schuldlnerlmehrlheit,** die (Rechtsspr., Wirtsch.): *mehrere für eine einheitliche Schuld haftende Schuldner;* **Schuldlnerlverlzeichlnis,** das (Rechtsspr.): *beim Amtsgericht geführtes Verzeichnis, in dem alle Schuldner, die im Rahmen einer Zwangsvollstreckung den Offenbarungseid leisten od. eine Haftstrafe verbüßen mußten, bis zum Nachweis der Befriedigung des Gläubigers registriert sind;* **Schuldlnerlverlzug,** der (Rechtsspr.): *Verzögerung einer geschuldeten [Geld]leistung; Leistungsverzug.*

Schuldralma, das (Literaturw.): *[in lateinischer Sprache verfaßte] für Schüler zur Aufführung an Schulen bestimmte, erzieherischen Zwecken dienende dramatische (1) Dichtung des Humanismus u. Barocks.* **Schuldlrecht,** das (Rechtsspr.): *Recht (1 a), das die Schuldverhältnisse regelt;* **Schuldlschein,** der: *schriftliche Bestätigung einer Schuld (3);* **Schuldlspruch,** der: *Rechtsspruch, in dem ein Angeklagter schuldig gesprochen wird;* **Schuldlsumme,** die: *geschuldete Summe;* **Schuldltiltel,** der (Rechtsspr.): *Urkunde, die zur Zahlung einer Schuld verpflichtet (z. B. Vollstreckungsbefehl);* **schuldltralgend** ⟨Adj.⟩: *die Schuld (1) (an etw.) tragend;* **Schuldltralgenlde,** der u. die; -n, -n ⟨Dekl. ↑Abgeordnete⟩: *jmd., der die Schuld (1) (an etw.) trägt:* der S. kann für den Schaden haftbar gemacht werden; **Schuldlturm,** der (früher): *Gefängnis dienender Turm zur Verbüßung der Schuldhaft;* **Schuldlülberlnahlme,** die (Rechtsspr., Wirtsch.): *vertragliche Übernahme einer Schuld durch einen Dritten;* **Schuldlumlwandlung,** die (Wirtsch.): *Umschuldung;* **schuldlunlfählig** ⟨Adj.⟩ (Rechtsspr.): *nicht schuldfähig:* Marks wollte mit Hilfe der Psychiatrie beweisen, daß sein Mandant geisteskrank und s. ist (Spiegel 36, 1981, 119); Das Gericht erklärte den 30jährigen Cuxhavener wegen einer Hirnstörung für s. (MM 24. 10. 80, 16); **Schuldlunlfähigkeit,** die (Rechtsspr.): *das Schuldunfähigsein;* **Schuldlverlhältlnis,** das (Rechtsspr., Wirtsch.): *Rechtsverhältnis zwischen Schuldner u. Gläubiger;* **Schuldlverschreilbung,** die (Rechtsspr., Wirtsch.): *meist festverzinsliches, auf den Inhaber lautendes Wertpapier, in dem sich der Aussteller zu einer bestimmten [Geld]leistung verpflichtet;* **Schuldlverlsprelchen,** das (Rechtsspr., Wirtsch.): *einseitig verpflichtender Vertrag, durch den unabhängig von einem bestimmten Verpflichtungsgrund eine Leistung versprochen wird;* **schuldlvoll** ⟨Adj.⟩ (geh.): *voll Schuld (2);* **Schuldlwechlsel,** der (Bankw.): *Wechsel, aus dem der Bezogene als Hauptschuldner verpflichtet wird;* **Schuldlzins,** der (Bankw.): *Zins für Fremdkapital;* **Schuldlzulweilsung,** die: *das Zuweisen von Schuld:* vor vorschnellen -en warnen.

Schulle, die; -, -n [1: mhd. schuol(e), ahd. scuola < lat. schola = Unterricht(sstätte); Muße, Ruhe < griech. scholế, eigtl. = das Innehalten (bei der Arbeit); 9: engl. school, aus dem Westgerm., vergl. asächs. scola = Schar, (abgesonderte) Gruppe, wohl verw. mit ↑Scholle; als identisch mit Schule (1) empfunden]: **1.** *Lehranstalt, in der Kindern u. Jugendlichen durch planmäßigen Unterricht Wissen u. Bildung vermittelt werden:* eine öffentliche, private, konfessionelle, weiterführende S.; eine S. für Behinderte; der Bundeswehr sieht als S. der Nation *(als Institution, die staatsbürgerliche Tugenden, demokratisches Denken u. Handeln vermittelt);* die S. besuchen, wechseln; meine Tochter hatte sich damals entschieden, die S. zu verlassen, um Kindergärtnerin zu werden (v. d. Grün, Glatteis 20); Später sei der Junge nach England auf die S. geschickt worden (Grzimek, Serengeti 42); er will später an die, zur S. gehen (ugs.; *will Lehrer werden);* sie wird unterrichtet an einer S. für hörgeschädigte Kinder; er geht in, auf die höhere S.; sie kommt dieses Jahr in die, zur S. *(wird eingeschult);* noch in die, zur S. gehen *(noch Schüler sein);* wir sind zusammen in die, zur S. gegangen (ugs.; *waren in derselben Klasse, Schule);* von der S. abgehen; jmdn. von der S. weisen; sie ist von der S. geflogen (ugs.; *vom Schulbesuch ausgeschlossen worden);* ich bin auch mal zur S. gegangen (als empörte od. ironische Erwiderung auf überflüssige Belehrungen); Ü ..., so daß die Gefängnisjahre für ihn einer S. der Läuterung gleichkamen (Nigg, Wiederkehr 45); Wir sollten bei Jesus selbst ein wenig in die S. gehen, um zu lernen, wie ... (Thielicke, Ich glaube 235); er ist in eine harte S. gegangen, hat eine harte S. durchgemacht *(hat viel Schweres durchgemacht, bittere Erfahrungen im Leben gemacht);* Barbara ist durch eine rauhe S. gegangen (Härtling, Hubert 266); * **alle -n durchsein/durchgemacht haben** (ugs. veraltend; **1.** *sehr viel Lebenserfahrung haben.* **2.** *durch Erfahrung genau wissen, wie man mit Tricks o. ä. sein Ziel erreichen kann; sich in allen Schlichen auskennen);* **aus der S. plaudern** (seltener): **schwatzen** *(interne Angelegenheiten Außenstehenden mitteilen);* Schule wohl urspr. = eingeweihter Kreis einer wissenschaftlichen od. künstlerischen Schule; es war z. B. in der Antike den

schuleigen

Studierenden einer griechischen Philosophenschule nicht gestattet, die Lehren des Meisters an Außenstehende weiterzugeben). **2.** *Schulgebäude:* eine große, moderne S.; eine neue S. bauen; die S. betreten, verlassen; * **hinter/neben die S. gehen** (ugs.; *die Schule schwänzen*). **3.** ⟨o. Pl.⟩ *in der Schule erteilter Unterricht:* die S. beginnt um 8 Uhr, ist um 1 Uhr aus; heute haben wir, ist keine S.; morgen fällt die S. aus; die S. versäumen, schwänzen; Seine Tochter habe über den Sport die S. vernachlässigt (Maegerlein, Triumph 13); Moritz hat trotz seiner schwachen Brust die S. glänzend absolviert (Th. Mann, Buddenbrooks 81); S. halten (veraltet; *unterrichten*); sie kommt in der S. gut, nicht mit; er ist in der S. nicht besonders gut; komm nach der S. bitte gleich nach Hause. **4.** ⟨o. Pl.⟩ *Ausbildung, durch die jmds. Fähigkeiten auf einem bestimmten Gebiet zu voller Entfaltung kommen, gekommen sind; Schulung:* sein Spiel verrät eine ausgezeichnete S.; die Sängerin hat keine S.; Das Mädchen ist meine S. (*ist von mir geschult worden;* Bieler, Bär 310); gerade Torleute brauchen eine harte S. (Kicker 82, 1981, 31); ... gewinnt man eine gute S. in der Diskretion (Jünger, Capriccios 43); Der Hund hat mal S. gehabt (*ist abgerichtet worden).* Das ist kein x-beliebiger (Grass, Hundejahre 440); das war bestes Eishokkey der sowjetischen S. (NNN 29. 2. 88, 3); was für Düfte waren das! Nicht nur Parfums der höchsten, allerhöchsten S. (Süskind, Parfum 116); Sie aber wollte meine Lehrmeisterin sein und mich in eine gründliche S. nehmen (*gründlich schulen;* Th. Mann, Krull 137); * **|die| Hohe S.** (**1.** Reiten; *bestimmte Dressurübungen, deren Beherrschung vollendete Reitkunst ist:* Hohe S. reiten; vier Meisterpferde für alle Gänge der Hohen S. kamen herein [Dwinger, Erde 35]. **2.** *vollkommene Beherrschung einer bestimmten künstlerischen, wissenschaftlichen od. sportlichen Disziplin:* Zur Hohen S. des Bewerbungsgesprächs gehört schließlich die Fähigkeit, ... [Capital 2, 1980, 47]). **5.** ⟨o. Pl.⟩ *Lehrer- u. Schülerschaft einer Schule:* die ganze S. war in der Aula versammelt, nahm an der Feier teil. **6.** *bestimmte künstlerische od. wissenschaftliche Richtung, die von einem Meister, einer Kapazität ausgeht u. von ihren Schülern vertreten wird:* die S. Dürers; die florentinische S.; Die im 18. Jh. im Zusammenhang mit der Bühnenausstattung hochentwickelte Prospektmalerei ... findet in Quaglio und seiner Münchner S. eine Nachfolge (Bild. Kunst III, 37); die mechanisch orientierte S. des amerikanischen Behaviorismus (Lorenz, Verhalten I, 9); Ü er ist ein Pädagoge der alten S. (*der früher herrschenden Richtung*); ein Diplomat alter S.; * **S. machen** (*viele Nachahmer finden):* sein Beispiel sollte S. machen! **7.** *Lehr- u. Übungsbuch für eine bestimmte [künstlerische] Disziplin:* S. des Klavier-, Flötenspiels. **8.** kurz für ↑Baumschule; **9.** (Zool.) *Schwarm (von Fischen):* eine S. Delphine, Wale; Da dicht vor der Südküste Floridas eine ganze S. Haie gesichtet wurden, ... (Welt 15. 2. 82, 16); **schul|ei|gen** ⟨Adj.⟩: *der Schule gehörend:* ein -es Landheim; in der -en Turnhalle; **Schul|eig|nung**, die: *Eignung eines Schülers, einen bestimmten Schultyp erfolgreich zu absolvieren;* **Schul|eig|nungs|test**, der: *Test zur Feststellung der Schuleignung;* **¹schu|len** ⟨sw. V.; hat⟩: **a)** *(in einem bestimmten Beruf, Tätigkeitsfeld) für eine spezielle Aufgabe, Funktion intensiv ausbilden:* jmdn. systematisch, politisch, gründlich s.; das ganze Team für seine neue Aufgabe methodisch, in Sonderkursen s.; Konsequent werden die Handelspartner zur Zeit auf das neue Produkt geschult (CCI 4, 1986, 19); ⟨häufig im 2. Part.:⟩ hervorragend, psychologisch geschulte Fachkräfte; Pilatus, ein juristisch geschulter, kluger und anständiger Beamter (Thieß, Reich 195); In den USA werden jedem Kongreßmitglied finanzielle Mittel zur Verfügung gestellt, um einen Stab wissenschaftlich geschulter Mitarbeiter ... zu beschäftigen (Fraenkel, Staat 235); Geschulte statt gedrillte Polizisten (MM 21. 9. 67, 6); **b)** *durch systematische Übung bes. leistungsfähig machen, vollkommen:* das Auge s.; durch Auswendiglernen das Gedächtnis s.; Er schulte seine Hand am Vorbild Dürers (Bild. Kunst III, 84); setzte man sich erst mit der griechischen Philosophie auseinander, so war es unausbleiblich, daß man daran den Geist schulte (Thieß, Reich 312); er hat sich an den flämischen Malern geschult; ⟨häufig im 2. Part.:⟩ eine geschulte (*ausgebildete*) Stimme, ein geschultes (*geübtes*) Auge, Ohr haben; **c)** *abrichten, dressieren:* Blindenhunde s.; es (= das Pferd) im Leichttraben auf beiden Beinen richtig zu s. (Dwinger, Erde 171); **²schu|len** ⟨sw. V.; hat⟩ [mniederd. schūlen = (im Verborgenen) lauern] (nordd.): *schielen* (2 a, b): über den Gartenzaun, um die Ecke s. **Schul|eng|lisch**, das: *in der Schule* (1) *erworbene Englischkenntnisse:* sein S. ist bescheiden, genügt nicht für diese Diskussion; **schul|ent|las|sen** ⟨Adj.⟩: *aus der Schule* (1) *entlassen;* **Schul|ent|las|se|ne**, der u. die ⟨Dekl. ↑Abgeordnete⟩: *jmd., der aus der Schule* (1) *entlassen worden ist;* **Schul|ent|las|sung**, die: *Entlassung aus der Schule* (1); **schul|ent|wachsen** ⟨Adj.⟩: *dem Schulalter entwachsen;* **Schü|ler**, der; -s, - [mhd. schuolære, ahd. scuolari < mlat. scholaris < spätlat. scholaris = zur Schule gehörig; Schüler]: **1.** *Junge, Jugendlicher, der eine Schule* (1) *besucht:* ein guter, durchschnittlicher, mittelmäßiger, schlechter S.; er ist ein ehemaliger S. von ihm; einen S. loben, tadeln, anspornen, motivieren; * **fahrender S.** (früher; *Scholar*). **2.** *jmd., der in einem bestimmten wissenschaftlichen od. künstlerischen Gebiet von einer Kapazität, einem Meister ausgebildet wird u. seine Lehre, Stilrichtung o. ä. vertritt:* ein S. Raffaels; Die Frage ist ein verspäteter S. des Laotse ... war (Bamm, Weltlaterne 77); ein S. von Röntgen; als Dramatiker ist er ein S. der alten Griechen (*hat er sich an den alten Griechen geschult);* **Schü|ler|ar|beit**, die: *(bes. im Kunst-, Werkunterricht angefertigte) Arbeit eines Schülers:* eine Ausstellung von -en; **Schü|ler|auf|füh|rung**, die: *Aufführung (eines Theaterstücks) durch Schüler;* **Schü|ler|aus|tausch**, der: *Austausch von Schülern verschiedener Nationalität (zur Förderung der internationalen Verständigung);* **Schü|ler|aus|weis**, der: *Ausweis* (1) *mit dem sich ein Schüler ausweisen kann:* Ermäßigung auf S.; **Schü|ler|bi|blio|thek**, die: *den Schülern einer Schule* (1) *zur Verfügung stehende Bibliothek;* **Schü|ler|bo|gen**, der: (ehem. DDR Päd.): *Bogen, auf dem der Lehrer seine Beobachtungen über die schulische Entwicklung eines Schülers einträgt;* **Schü|ler|brief|wech|sel**, der: *Briefwechsel zwischen Schülern [verschiedener Länder];* **Schü|ler|bri|ga|de**, die, (ehem. DDR): vgl. Brigade (3); **Schü|ler|bü|che|rei**, die: *Schulbibliothek;* **Schü|ler|fahr|kar|te**, die: *ermäßigte Fahrkarte für Schüler;* **schü|ler|haft** ⟨Adj.⟩: -er, -este): **1.** (abwertend) *(in der Ausführung o. ä. von etw.) fehlendes Können, fehlende geistige Reife erkennen lassend; unfertig, unreif:* eine -e Arbeit, Leistung. **2.** *einem Schüler entsprechend, ähnlich:* mit ... -er Schüchternheit (Becker, Irreführung 211); **Schü|ler|haf|tig|keit**, die; -: *schülerhaftes Wesen;* **Schü|ler|heim**, das: *Wohnheim für auswärtige Schüler;* **Schü|ler|hort**, der: *Schulhort;* **Schü|le|rin**, die; -, -nen: w. Form zu ↑Schüler; **Schü|ler|kar|te**, die: vgl. Schülerfahrkarte; **Schü|ler|kol|lek|tiv**, das: (ehem. DDR): *aus Schülern zusammengesetztes Kollektiv;* **Schü|ler|lot|se**, der: *als Verkehrshelfer ausgebildeter Schüler, der Mitschüler über verkehrsreiche Fahrbahnen lotst;* **Schü|ler|lot|sen|dienst**, der: *Dienst als Schülerlotse:* S. tun, haben; sich freiwillig zum S. melden; **Schü|ler|lot|sin**, die: w. Form zu ↑Schülerlotse. **Schü|ler|mit|be|stim|mung**, die: *Schülermitverwaltung* (1); **Schü|ler|mit|ver|ant|wor|tung**, die: *Schülermitverwaltung* (1); **Schü|ler|mit|ver|wal|tung**, die: **1.** *Beteiligung der Schüler an der Gestaltung des Schullebens.* **2.** *aus Schulsprecher u. Klassensprechern u. ihren Vertretern zusammengesetztes Gremium, das die Schülerschaft in der Schülermitverwaltung* (1) *vertritt;* Abk.: SMV; **Schü|ler|mo|nats|kar|te**, die: *ermäßigte Monatskarte für Schüler;* **Schü|ler|müt|ze**, die: (früher): *von Schülern getragene Mütze, die durch Farbe, Form o. ä. die Zugehörigkeit zu einer bestimmten Schule* (1) *u. Klasse* (1 b) *kenntlich machte;* **Schü|ler|par|la|ment**, das: *Vertretung der Schülermitverwaltungen verschiedener [höherer] ¹Schulen einer [größeren] Stadt;* **Schü|ler|schaft**, die; -, -en: *Gesamtheit der Schüler u. Schülerinnen [einer ¹Schule 1];* **Schü|ler|spra|che**, die ⟨o. Pl.⟩: *Jargon* (a) *der Schüler;* **Schü|ler|spre|cher**, der: *von Schülern gewählter Mitschüler, der die Interessen der Schülerschaft einer Schule* (1) *vertritt;* **Schü|ler|spre|che|rin**, die: w. Form zu ↑Schülersprecher; **Schü|ler|ta|ge|buch**, das (ehem. DDR Schulw.): *im Besitz des Schülers befindliches Heft, in das der Lehrer Mitteilungen an die Eltern des Schülers schreibt;* **Schü|ler|un|fall|ver|si|che-**

rung, die: *Unfallversicherung für Schüler und Studenten;* **Schü|ler|ver|samm|lung,** die: *Versammlung von Schülern [einer Schule* (1)*];* **Schü|ler|wett|be|werb,** der: vgl. Schulwettbewerb; **Schü|ler|wo|chen|kar|te,** die: *ermäßigte Wochenkarte für Schüler [z. B. einer Schule, eines Landes]:* trotz steigender -en werden die Lehrerstellen weiter abgebaut; **Schü|ler|zeit|tung,** die: vgl. Schülerzeitung; **Schü|ler|zei|tung,** die: *von Schülern gestaltete u. herausgegebene Zeitung innerhalb einer Schule* (1); **Schul|er|zie|hung,** die: vgl. Schulbildung; **Schul|fach,** das: *an der Schule* (1) *unterrichtetes Fach* (4 a); **schul|fä|hig** ⟨Adj.⟩: *schulreif;* **Schul|fä|hig|keit,** die ⟨o. Pl.⟩: *Schulreife;* **Schul|fahrt,** die: *Klassenfahrt;* **Schul|fall,** der: vgl. Schulbeispiel: das Kind hat einen S. von Delirium (Keun, Mädchen 147); **Schul|fei|er,** die: *von der Schule* (1) *veranstaltete Feier;* **Schul|fe|ri|en** ⟨Pl.⟩: *staatlich festgelegte Ferien für die Schulen* (1); **Schul|fern|se|hen,** das: vgl. Schulfunk; **Schul|fest,** das: vgl. Schulfeier; **Schul|fi|bel,** die (veraltend): *Fibel* (1); **Schul|fran|zö|sisch:** das: vgl. Schulenglisch; **schul|frei** ⟨Adj.⟩: *frei von, ohne Schulunterricht:* ein -er Tag; heute ist, haben wir s. *(keine Schule* 3); s. bekommen, kriegen *(vom Unterricht freigestellt werden);* **schul|fremd** ⟨Adj.⟩: *nicht zur Schule* (1, 2) *gehörend, nichts mit ihr zu tun habend:* -e Personen, Prüfer; -e Belange; **Schul|frem|den|prü|fung,** die: *Reifeprüfung, auf die sich der Prüfling ohne entsprechenden Schulbesuch vorbereitet hat;* **Schul|freund,** der: *[früherer] Mitschüler, mit dem man befreundet ist:* er ist ein [alter] S. meines Vaters; **Schul|freun|din,** die: w. Form zu ↑Schulfreund: Sie legte darauf, wenn sie einmal eins (= ein Visum), brauchte, sie habe eine S. auf der Präfektur (Seghers, Transit 195); **Schul|fuchs,** der (ugs. veraltend abwertend): *jmd. (bes. ein Lehrer, Gelehrter), der kleinlich ist, Kleinigkeiten übertrieben wichtig nimmt:* aber sie hatte wieder diesen langweiligen Sklodowski geheiratet, diesen pedantischen S. (Fussenegger, Zeit 58); **Schul|funk,** der: *für den Schulunterricht ausgestrahlte Rundfunksendungen, die zur Ergänzung u. Unterstützung des Unterrichtsprogrammes dienen sollen;* **Schul|funk|tio|när,** der (ehem. DDR): *Funktionär im Bereich des Schulwesens;* **Schul|funk|tio|nä|rin,** die (DDR): w. Form zu ↑Schulfunktionär; **Schul|gang,** der: **1.** ¹*Gang* (2) *zur Schule* (2): Mütter puppten ihre Kinder zum S. ... mollig an (Welt 24. 11. 65, 13). **2.** (Reiten) *zur Hohen Schule gehörende Gangart* (z. B. Passage); **Schul|gar|ten,** der: *schuleigener Garten [der von Schülern betreut u. für den Botanikunterricht genutzt wird];* **Schul|ge|bäu|de,** das: *Gebäude, in dem der Schulunterricht stattfindet;* Schule (2); **Schul|ge|bet,** das: *gemeinsames Gebet der Schüler vor dem Unterrichtsbeginn:* eine junge Person, die sich beim S. weigerte, das Kreuzzeichen zu schlagen (Scholl-Latour, Frankreich 605); **Schul|ge|brauch,** der: *in der Fügung* **für den S.** *(zur [Be]nutzung, Verwendung im Schul-*

unterricht [bestimmt]): das Buch ist in Hessen für den S. zugelassen; ein Geschichtsatlas für den S.; **Schul|ge|gen|stand,** der (österr.): *Schulfach:* ◆ Der Färber ... fragte sie nach ihren Schulgegenständen und schärfte ihnen besonders ein, was sie lernen sollten (Stifter, Bergkristall 23); **Schul|geld,** das ⟨o. Pl.⟩: *bestimmter Betrag, der für den Besuch einer Schule* (1) *zu zahlen ist:* S. zahlen müssen; von der Zahlung des -es befreit sein; R du hast dein S. umsonst ausgegeben/laß dir dein S. zurückgeben; **Schul|geld|frei|heit,** die ⟨o. Pl.⟩: *Recht zum unentgeltlichen Schulbesuch;* **Schul|ge|lehr|sam|keit,** die (abwertend): *Schulweisheit;* **schul|ge|mäß** ⟨Adj.⟩: *der Schule* (3) *entsprechend; wie es in der Schule gelehrt wird:* Das Referat nach dem berühmten Schema Einleitung - Hauptteil - Schluß s. aufgebaut (Johnson, Mutmaßungen 68); **Schul|ge|mein|de,** die: *Gesamtheit der Lehrer, Schüler u. Eltern einer Schule* (1); **schul|ge|recht** ⟨Adj.⟩: *den Regeln der Schule* (1, 6) *entsprechend;* **Schul|ge|setz,** das: *rechtliche Grundlage für das Schulwesen eines Bundeslandes;* **Schul|ge|sund|heits|pfle|ge,** die ⟨o. Pl.⟩: *Gesundheitspflege im Bereich der Schule* (1); **Schul|glocke¹,** die (veraltend): *Klingel, mit der Beginn u. Ende der Schulstunden angezeigt werden;* **Schul|got|tes|dienst,** der: *für die Schule* (5) *abgehaltener Gottesdienst;* **Schul|gram|ma|tik,** die: vgl. Schulatlas; **Schul|haus,** das: vgl. Schulgebäude; **Schul|heft,** das: ²*Heft* (a) *für den Schulgebrauch;* **Schul|hof,** der: *zur Schule* (2) *gehörender Hof, auf dem sich die Schüler während der [großen] Pause aufhalten;* **Schul|hort,** der (ehem. DDR): *einer Schule* (1) *angegliederter Kinderhort;* **Schul|hy|gie|ne,** die: *Gesundheitspflege im Bereich der Schule* (1); **schul|hy|gie|nisch** ⟨Adj.⟩: *zur Schulhygiene gehörend, sie betreffend;* **Schul|in|spek|ti|on,** die: vgl. Schulaufsicht; **Schul|in|spek|tor,** der: *jmd., der mit der Schulinspektion betraut ist;* **Schul|in|spek|to|rin,** die: w. Form zu ↑Schulinspektor; **schu|lisch** ⟨Adj.⟩: *die Schule* (1, 3) *betreffend, durch die, in der Schule [erfolgend]:* -e Fragen; die -e Arbeit, Betreuung; im -en Bereich; seine -en Leistungen sind gut; s. versagen; **Schul|jahr,** das: **1.** *Zeitraum eines Jahres für die Arbeit an der Schule* (1), *in dem nach einem Lehrplan bestimmte Unterrichtspensen zu bewältigen sind:* das neue S. beginnt am 1. August. **2.** (in Verbindung mit Zahlen) *Klasse* (b): er ist im 7. S.; **Schul|ju|gend,** die: *Jugendliche, die die Schule* (1) *besuchen;* **Schul|ju|gend|be|ra|ter,** der: *jmd., dessen Aufgabe es ist, Schüler in schulischen Fragen zu beraten;* **Schul|ju|gend|be|ra|te|rin,** die: w. Form zu ↑Schuljugendberater; **Schul|jun|ge,** der (ugs.): *Junge, der die Schule besucht; jüngerer Schüler* (1): Ich habe bereits als neunjähriger S. meinen ersten Film „Fridericus" über diesen König gesehen (Borkowski, Wer 113); jmdn. wie einen [dummen] -n *(wie jmdn., der noch belehrt werden muß, noch unfertig ist)* behandeln; **Schul|ka|me|rad,** der: vgl. Schulfreund; **Schul|ka|me|ra|din,** die: w. Form zu ↑Schulkame-

rad; **Schul|kar|te,** die: vgl. Schulatlas; **Schul|kennt|nis|se** ⟨Pl.⟩: *in der Schule* (1) *vermittelte, erworbene Kenntnisse:* gute S. besitzen; **Schul|kind,** das: *Kind, das die Schule* (1) *besucht:* im Autobus sitzen -er und verbreiten einen eigentümlichen Geruch (Schwaiger, Wie wenn 98); du bist jetzt ein S.!; **Schul|kin|der|gar|ten,** der: *der Schule angegliederter Kindergarten zur einjährigen Förderung schulpflichtiger Kinder, die noch nicht schulreif sind;* **Schul|klas|se,** die: *Klasse* (1 a, b); **Schul|kleid,** das: *in der Schule* (1) *getragenes Kleid:* ein praktisches S.; das Kind braucht mal ein neues S.; das kannst du schön als S. tragen; **Schul|kol|le|ge,** der (landsch., schweiz., österr.): *Mitschüler, Schulkamerad;* **Schul|kol|le|gin,** die (landsch., schweiz., österr.): w. Form zu ↑Schulkollege; **Schul|kol|le|gi|um,** das: *Lehrerkollegium;* **Schul|kon|fe|renz,** die: *Konferenz* (1) *von Lehrern, Eltern u. Schülern;* **schul|krank** ⟨Adj.⟩ (ugs.): *angeblich krank, um dem Unterricht fernbleiben zu können;* **Schul|krank|heit,** die (ugs.): *Krankheit, die jmd. nur vorschützt, um dem Unterricht fernbleiben zu können:* er hat mal wieder die S.; **Schul|krei|de,** die: *Kreide* (2), *wie sie in der Schule* (1) *zum Schreiben an der Wandtafel verwendet wird:* ein Stück weiße S.; **Schul|land|heim,** das: *Landheim, in dem sich Schulklassen jeweils für einige Tage zur Erholung u. zum Unterricht aufhalten:* ins S. fahren; eine Woche S. *(Aufenthalt in einem S.);* **Schul|le|ben,** das: *Gesamtheit der Vorgänge, das Geschehen innerhalb der Schule* (1): er nimmt lebhaften Anteil am S.; den Eltern Einblicke in das S. vermitteln; **Schul|leh|rer,** der (ugs.): *Lehrer;* **Schul|leh|re|rin,** die (ugs.): w. Form zu ↑Schullehrer; **Schul|lei|stung,** die: *schulische Leistung (eines Schülers):* seine -en sind gut, lassen nach, lassen zu wünschen übrig; **Schul|lei|stungs|test,** der: *standardisierter Test zur Feststellung des Lernerfolges u. der Motivation der Schüler;* **Schul|lei|ter,** der: *Leiter einer Schule* (1); **Schul|lei|te|rin,** die: w. Form zu ↑Schulleiter; **Schul|lei|tung,** die ⟨o. Pl.⟩: *Leitung* (1 a) *einer Schule* (1): mit der S. beauftragt sein. **2.** *Leitung* (1 b) *einer Schule* (1): das ist Aufgabe der S.; **Schul|mäd|chen,** das (ugs.): vgl. Schuljunge: ... und dabei mit dem Fuß stampfte wie ein trotziges S. (Ziegler, Labyrinth 270); ich bin doch kein S. mehr! *(kein Mädchen mehr, das noch belehrt werden muß, unfertig ist);* **Schul|mann,** der ⟨Pl. ...männer⟩: *Pädagoge* (1): ein alter, erfahrener S.; **Schul|map|pe,** die: *Mappe* (2) *für Hefte, Bücher o. ä., die der Schüler mit in die Schule* (1) *nimmt;* **schul|mä|ßig** ⟨Adj.⟩: **a)** *der Schule* (3) *entsprechend:* Ü ..., als Bommer einen -en *(vorbildlichen)* Konter ... mit dem 3 : 1 abschloß (Kicker 82, 1981, 51); Pam Shriver, die hier ... eine flotte Rückhand fast s. *(beispielhaft)* demonstriert (tennis magazin 10, 1986, 11); **b)** *was die Schule* (1) *betrifft, entsprechend:* ... bei dem völlig genormten, fast möchte man sagen -en Studium (Leonhard, Revolution 76); **Schul|me|di|zin,** die ⟨o. Pl.⟩: *allgemein anerkannte, an den Hochschulen gelehrte*

Schulmeinung

Lehren u. Praktiken der Heilkunde: Die Homöopathie, die sich von der S. immer noch in eine Außenseiterrolle gedrängt sieht ... (MM 16. 5. 80, 19); **Schul|mei|nung,** die: *Lehrmeinung;* **Schul|mei|ster,** der: **1.** (veraltend, sonst ugs. scherzh.) *Lehrer:* die S. des Jahres 1948 wollen nicht vor leeren Klassenbänken stehen (Böll, Haus 29). **2.** (abwertend) *jmd., der gern schulmeistert:* Wir sehen ... den Kritiker in seinen niedrigsten Typen, als S., als Nörgler, als Parodisten (Reich-Ranicki, Th. Mann 73); **Schul|mei|ste|rei,** die; -, -en: **1.** ⟨o. Pl.⟩ (veraltend, sonst ugs. scherzh.) *Lehrtätigkeit an der Schule* (1); *Lehrberuf:* „Ich will nämlich meinen Beruf wechseln." ... „Zurück zur S.?" (Remarque, Obelisk 241). **2.** (abwertend) *das Schulmeistern, schulmeisterliches Verhalten:* Er korrigierte mich auf eine liebenswürdige Weise, ohne S. und ohne Strenge (Bergengruen, Rittmeisterin 45); **schul|mei|ster|haft** ⟨Adj.; -er, -este⟩: *schulmeisterlich;* **Schul|mei|ste|rin,** die: **1.** (veraltend, sonst ugs. scherzh.) w. Form zu ↑Schulmeister (1). **2.** (abwertend) w. Form zu ↑Schulmeister (2); **schul|mei|ster|lich** ⟨Adj.⟩ (abwertend): *zur Schulmeisterei* (2) *neigend, wie ein Schulmeister* (2); **schul|mei|stern** ⟨sw. V.; hat⟩ (abwertend): *in pedantischer Art korrigieren u. belehren:* jmdn. s.; ⟨auch o. Akk.-Obj.:⟩ Ulbricht war kurz zuvor in Karlsbad gewesen, um zu s. (W. Brandt, Begegnungen 281); **Schul|mö|bel,** das ⟨meist Pl.⟩: *für den Gebrauch in Schulen* (1) *bestimmtes Möbel:* die Firma ist auf die Herstellung von -n spezialisiert; **Schul|mo|dell,** das: *Modell zum Aufbau, zur Organisation von Schulen* (1) *(eines bestimmten Schultyps):* Die integrierte Gesamtschule galt als ihr Hessen liebstes S. (Zeit 19. 9. 75, 13); **schul|mü|de** ⟨Adj.⟩ (ugs.): *des Schulbesuchs überdrüssig;* **Schul|mu|sik,** die ⟨o. Pl.⟩: **1.** *Musikunterricht u. alle musikalische Betätigung in der Schule* (1). **2.** *Studienfach an Musikhochschulen;* **Schul|mu|si|ker,** der: *jmd., der Schulmusik* (1, 2) *betreibt;* **Schul|mu|si|ke|rin,** die: w. Form zu ↑Schulmusiker; **Schul|no|te,** die: *Note* (2a); **Schul|oper,** die: *Bühnenwerk mit Musik, das nach Inhalt u. technischen Anforderungen zur Aufführung in der Schule* (1) *u. durch Schüler bestimmt ist;* **Schul|or|che|ster,** das: *aus Schülern [u. Lehrern] gebildetes Orchester einer Schule* (1); **Schul|ord|nung,** die: *Gesamtheit der Bestimmungen zur Regelung eines ordnungsgemäßen Ablaufs des Schulunterrichts:* sich an die S. halten; ein Verstoß gegen die S.

Schulp, der; -[e]s, -e [mniederd. schulp(e) = Muschel(schale), wohl zu ↑Schelfe]: *kalkige* (2) *od. hornige Schale der Kopffüßer.*

Schul|päd|ago|gik, die: *Teilgebiet der Pädagogik, das sich auf den Lehrerberuf bezogen mit speziellen pädagogischen Problemen der Schule* (1) *beschäftigt;* **schul|päd|ago|gisch** ⟨Adj.⟩: *die Schulpädagogik betreffend, zu ihr gehörend:* -e Fragen; **Schul|pau|se,** die: *Pause zwischen zwei Unterrichtsstunden in der Schule* (1); **Schul|pe|dell,** der (veraltend): *Pedell einer Schule* (1); **Schul|pen|sum,** das: *in der Schule* (1) *zu bewältigendes Pensum* (b); **Schul|pfleg|schaft,** die: *aus Vertretern der Lehrer- u. Elternschaft, des Schulträgers u. a. gebildeter Beratungsausschuß einer Schule* (1); **Schul|pflicht,** die ⟨o. Pl.⟩: *gesetzliche Vorschrift für schulpflichtige Kinder zum regelmäßigen Besuch einer allgemeinbildenden Schule* (1): die Einführung der allgemeinen S.; **schul|pflich|tig** ⟨Adj.⟩: *das Alter habend, in dem ein Kind der Schulpflicht nachkommen muß:* ein -es Kind; noch [nicht] s. sein; im -en Alter sein *(schulpflichtig sein);* **Schul|platz,** der: vgl. Schulhof; **Schul|po|li|tik,** die: *Gesamtheit von Bestrebungen im Hinblick auf das Schulwesen;* **schul|po|li|tisch** ⟨Adj.⟩: *zur Schulpolitik gehörend, sie betreffend:* eine -e Diskussion; **Schul|prak|ti|ker,** der: *Schulmann;* **Schul|prak|ti|ke|rin,** die: w. Form zu ↑Schulpraktiker; **Schul|prak|ti|kum,** das: *schulisches Praktikum für Studenten, die den Lehrberuf ergreifen wollen;* **Schul|pro|gramm,** das: *(seit Beginn des 19. Jh.s bes. im deutschsprachigen Raum erschienener) Jahresbericht höherer Schulen* (1), *der Abhandlungen des Lehrkörpers enthält, mit denen die Lehranstalten ihren wissenschaftlichen Rang dokumentieren wollen;* **Schul|psy|cho|lo|ge,** der: *[an einer Schule* (1) *tätiger] Fachmann auf dem Gebiet der Schulpsychologie;* **Schul|psy|cho|lo|gie,** die: **1.** *Teilgebiet der angewandten Psychologie, das sich mit den psychologischen schulischen Problemen beschäftigt.* **2.** (veraltet, meist abwertend) *an den Universitäten gelehrte Psychologie (im Unterschied zur Tiefenpsychologie);* **Schul|psy|cho|lo|gin,** die: w. Form zu ↑Schulpsychologe; **Schul|ran|zen,** der: *Ranzen* (1); **Schul|rat,** der: *Beamter der Schulaufsichtsbehörde;* **Schul|rä|tin,** die: w. Form zu ↑Schulrat; **Schul|raum,** der: vgl. Schulzimmer; **Schul|recht,** das ⟨o. Pl.⟩: *das Schulwesen betreffendes Recht* (1a); **Schul|re|form,** die: *Reform des Schulwesens;* **schul|reif** ⟨Adj.⟩: *(von einem Kind) in bezug auf seine Fähigkeiten so weit entwickelt, daß es eingeschult werden kann;* **Schul|rei|fe,** die: *das Schulreifsein;* **Schul|rei|fe|test,** der: *Test zur Ermittlung der Schulreife;* **Schul|sack,** der (schweiz.): *Ranzen* (1); **Schul|schiff,** das: *[Segel]schiff zur Ausbildung von Seeleuten;* **Schul|schluß,** der ⟨o. Pl.⟩: **1.** *Ende der täglichen Unterrichtszeit.* **2.** (landsch.) *Ende der Schulzeit, Beendigung der schulischen Ausbildung;* **Schul|schrift,** die: *Schulprogramm;* **Schul|schwän|zer,** der (ugs.): *Schüler, der die Schule* (3) *schwänzt;* **Schul|schwän|ze|rin,** die (ugs.): w. Form zu ↑Schulschwänzer; **Schul|schwe|ster,** die: *Angehörige eines der Frauenorden, deren ausschließliche Arbeitsgebiete Schule u. Erziehung sind* (z. B. Englisches Fräulein, Ursuline); **Schul|schwie|rig|kei|ten** ⟨Pl.⟩: *Schwierigkeiten eines Schülers in bezug auf die schulischen Anforderungen;* **Schul|spa|ren,** das; -s: *von der Schule* (1) *organisiertes Sparen, wobei die Schüler dazu angehalten werden, regelmäßig kleine Beträge auf ihr Sparbuch einzuzahlen;* **Schul|spei|sung,** die ⟨o. Pl.⟩: *Essen*ausgabe (1) *in der Schule* (1, 2); **Schul|sport,** der: vgl. Schulmusik; **Schul|spre|cher,** der: *Schülersprecher;* **Schul|spre|che|rin,** die: w. Form zu ↑Schulsprecher; **Schul|stra|fe,** die: *aus erzieherischen Gründen u. zur Aufrechterhaltung der schulischen Ordnung verhängte Strafe gegenüber Schülern* (z. B. Nachsitzen, Verweis); **Schul|streß,** der: *starke, auf die Dauer gesundheitliche Schäden verursachende körperlich-seelische Belastung der Schüler durch die besonders hohen intellektuellen Anforderungen in der Schule (u. durch die Vernachlässigung der übrigen Bedürfnisse);* **Schul|stu|be,** die (veraltend): *Schulzimmer;* **Schul|stu|fe,** die: *mehrere Klassen* (1b) *umfassende Stufe innerhalb des Schulaufbaus* (z. B. Mittelstufe); **Schul|stun|de,** die: *Unterrichtsstunde in der Schule* (1): eine S. ist 45 Minuten lang; **Schul|syn|ode,** die: *(in einigen schweizerischen Kantonen) Versammlung von Lehrern zur Begutachtung schulischer Fragen;* **Schul|sy|stem,** das: *Zuordnung verschiedener Schulen* (1) *eines Landes mit unterschiedlichen Schulabschlüssen zueinander:* ein dreigliedriges S. mit Hauptschule, Realschule und Gymnasium; **Schul|ta|fel,** die: *Schreibtafel, Schiefertafel für die Schule* (1): das Kind hat schon wieder seine S. vergessen; **Schul|tag,** der: *Tag, an dem Schule* (3) *ist:* noch vier -e, und dann sind sechs Wochen Ferien; heute ist sein erster S. *(geht er zum ersten Mal in die Schule);* am letzten S. vor den Ferien; **Schul|ta|sche,** die: *Schulmappe.*

Schul|ter, die; -, -n [mhd. schulter, ahd. scult(e)ra, H. u.]: **1.** *oberer Teil des Rumpfes zu beiden Seiten des Halses, mit dem die Arme verbunden sind:* die linke, rechte S.; breite, schmale, gerade, vom Alter gebeugte -n; die -n heben, senken; die -n bedauernd hochziehen, enttäuscht hängen lassen; die Hände zu Fäusten geballt, die -n wie im Boxer vorgezogen, so ging ich zum Verlag zurück (Simmel, Stoff 227); die, mit den -n zucken *(mit einem Hochziehen der Schulter zu verstehen geben, daß man etw. nicht weiß, jmdn. od. etw. nicht versteht);* jmdm. bis an die, zur S. reichen; sie legte ihren Kopf an seine S.; jmdn. im Zorn an den -n packen, rütteln; jmdm. kameradschaftlich auf die S. klopfen; der Ringer zwang, legte seinen Gegner auf die -n *(schulterte ihn);* er nahm, hob das Kind auf die -n; mit hängenden -n dastehen; sich über jmds. S. beugen; Die Damen schauen mir über die -n in den Katalog (Remarque, Obelisk 341); den Arm um jmds. -n legen; Ü die ganze Verantwortung liegt, lastet auf seinen -n; * **S. an S.** (1. *so nah, dicht neben jmdm., nebeneinander, daß man sich mit den Schultern [beinahe] berührt:* Der bebrillte ... Herr saß mir ... am nächsten, beinahe S. an S. mit mir [Th. Mann, Krull 334]. 2. *gemeinsam [im Einsatz für ein u. dieselbe Sache]:* sollte es (= das deutsche Volk) S. an S. mit dem Westen oder ... Osten seine Freiheit wiederzugewinnen suchen? [Nieksch, Leben 150]); **jmdm., einer Sache die kalte S. zeigen** (ugs.; *einer Person od. Sache keine Beachtung [mehr] schenken,* ihr mit Gleichgültigkeit od. Nichtachtung begegnen, sie abweisen, zurückweisen, ablehnen; viell. nach engl. to give [od. to show] somebody the cold shoulder): was mache ich falsch, daß man mir so leicht, so ohne jedes Zögern die kalte S. zeigt? (Strauß, Niemand 87); **etw. auf die leichte S. nehmen** *(etw. nicht ernst genug nehmen):* Mein Rechtsanwalt warnte mich davor, das Verfahren gegen mich auf die leichte S. zu nehmen (Niekisch, Leben 86); Er nahm das Leben offenbar auf die leichte S. (Wilhelm, Unter 45); **etw. auf seine -n nehmen** *(die Verantwortung für etw. übernehmen);* **auf beiden -n [Wasser] tragen** *(zwei Parteien gerecht werden wollen);* **jmdn. über die S. ansehen** *(auf jmdn. herabsehen):* Auch Chile, als zweiten Gegner, sollte niemand über die S. ansehen (Kicker 6, 1982, 29); **auf jmds. -n stehen** *(sich auf jmds. Forschungen, Lehren stützen).* **2.** *Teil eines Kleidungsstückes, der die Schulter (1) bedeckt:* die linke S. sitzt nicht; das Jackett ist in den -n zu eng; ein Mantel mit wattierten -n. **3.** *oberer, fleischiger Teil des Vorderbeins (bes. bei Schlachtvieh u. Wild):* zum Schmoren eignen sich am besten Keule und S.; ein Stück Hammelfleisch von der S. **4.** *waagerechter Absatz in einem abfallenden Gebirgskamm;* **Schul|ter-Arm-Syn|drom**, das: *schmerzhafte, vor allem linksseitig auftretende Beschwerden im Bereich von Schulter u. Arm;* **Schul|ter|blatt**, das [mhd. sculterren-, schulterblat]: *einer der beiden flachen, breiten Knochen oben auf beiden Seiten des Rückens;* **schul|ter|breit** ⟨Adj.⟩: *so breit wie die Schultern (eines Menschen):* er zwängte sich durch den kaum -en Höhleneingang; **Schul|ter|brei|te**, die: *Breite der Schultern (1);* **Schul|ter|brü|cke**[1], die: (Gymnastik, Turnen): *Schulterstandbrücke;* **Schul|ter|decker**[1], der: *Flugzeug, bei dem die Tragflügel oben am Rumpf sitzen;* **schul|ter|frei** ⟨Adj.⟩: *die Schultern (1) nicht bedeckend:* In dem -en Cocktailkleid aus roter Seide ... (Simmel, Stoff 476); s. tragen; heute abend gehe ich s.; **Schul|ter|gelenk**, das: *Kugelgelenk zwischen Schulterblatt u. Oberarmknochen;* **Schul|ter|gurt**, der: *über eine Schulter verlaufender Teil eines Dreipunktgurts:* der S. läuft über die Schulter und nicht den Hals, der Beckengurt paßt (ADAC-Motorwelt 12, 1993, 41); **Schul|ter|gür|tel**, der: *(beim Menschen u. bei Wirbeltieren) paarig angelegter, aus Schulterblatt u. Schlüsselbein gebildeter Teil des Skeletts;* **Schul|ter|hal|fter**, die, auch das: *mit einem Schulterriemen befestigte* ²*Halfter, die an der Seite unter der Achsel getragen wird:* Er steckte seine Pistole ins S. zurück (Zwerenz, Quadriga 234); **schul|ter|hoch** ⟨Adj.⟩: **a)** *so hoch, daß es bis zur obersten Grenze der Schulter (1) reicht:* Das Haus ... war von ihr durch eine etwa schulterhohe Böschung ... getrennt (Kuby, Sieg 232); Das Tor war kaum s. (Prodöhl, Tod 201); **b)** (Zool.) *eine bestimmte Schulterhöhe aufweisend:* ein 2 Meter schulterhohes Nashorn; dieser Hund kann bis 60 cm s. werden; **Schul|ter|hö|he**, die ⟨o. Pl.⟩: *Höhe der obersten Grenze der Schulter (1): die gestreckten Arme bis in

S. heben; **Schul|ter|klap|pe**, die ⟨meist Pl.⟩: *[bei Uniformen zur Kennzeichnung des Dienstgrades] Stoffstreifen auf den Schultern (2);* **Schul|ter|kno|chen**, der: *zur Schulter gehörender Knochen;* **Schul|ter|kra|gen**, der: *breiter, die Schultern bedeckender Kragen;* **Schul|ter|kreisen**, das; -s (Gymnastik): *Übung, die darin besteht, daß man mit den Schultern kreist:* langsames S.; S. rückwärts, vorwärts; **Schul|ter|la|ge**, die (Med.): *Geburtslage, bei der eine Schulter des Kindes vorangeht;* **schul|ter|lang** ⟨Adj.⟩: *(bes. vom Haar) so lang, daß es bis zu den Schultern reicht:* sie hat -es schwarzes Haar; das Haar s. tragen, schneiden; **Schul|ter|li|nie**, die: *Umrißlinie der Schultern:* eine gerade, [stark] abfallende S.; ein Kleid mit weicher S.; **Schul|ter|man|tel**, der: *(in der spanischen Mode des 16. Jh.s) von Männern getragener, capeartiger, meist bis zur Taille reichender Umhang;* **schul|tern** ⟨sw. V.; hat⟩: **1.** *auf die Schulter[n] nehmen:* ein Gewehr, den Rucksack s.; Schwager schultert die Sense (Lentz, Muckefuck 204); er trug das Gepäck geschultert *(auf der Schulter);* Aus einer Seitenstraße trottete eine ... Kolonne mit geschulterten Schaufeln (Springer, Was 319); Ü Niemand kann wirklich sagen, warum Carter erneut die Bürde des Präsidentenamtes s. will (Saarbr. Zeitung 6. 12. 79, 11). **2.** (Ringen) *den Gegner mit beiden Schultern (für eine bestimmte Zeit) auf die Matte drücken u. dadurch besiegen:* er schulterte seinen Gegner in der zweiten Runde; **Schul|ter|nie|der|la|ge**, die (Ringen): *Niederlage, indem man vom Gegner geschultert (2) wird;* **Schul|ter|pas|se**, die: *vgl. Passe;* **Schul|ter|pol|ster**, das: *(bes. in Mänteln, Jacken) zur Verbreiterung der Schultern (1) eingenähtes Polster;* **Schul|ter|prel|lung**, die: *Prellung an der Schulter;* **Schul|ter|rie|gel**, der ⟨meist Pl.⟩: *Schulterklappe;* **Schul|ter|rie|men**, der: *(zur Uniform) über der Schulter getragener schmaler Lederriemen;* **Schul|ter|schluß**, der ⟨o. Pl.⟩: *Zusammenhalten (von Interessengemeinschaften o. ä.):* der S. der Koalitionsparteien, von Verbündeten; Die Perspektiven dürften sich ... durch den technischen, kommerziellen und finanziellen S. mit ATT nun aber deutlich bessern (NZZ 23. 12. 83, 10); Der ... rasante Wandel habe einen S. zwischen Forschung, Staat und Wirtschaft unabdingbar gemacht (NZZ 24. 6. 87, 21); **Schul|ter|schnur**, die: *militärisches Abzeichen in Form einer geflochtenen Schnur, die unter die rechte Schulterklappe geknöpft wird;* **Schul|ter|schwung**, der (Ringen): *Griff, bei dem der Gegner am Oberarm gefaßt, über die Schulter gezogen u. zu Boden geworfen wird;* **Schul|ter|sieg**, der (Ringen): *Sieg durch Schultern (2) des Gegners;* **Schul|ter|sitz**, der: *Sitz auf jmds. Schultern;* **Schul|ter|stand**, der: **1.** (Turnen) *Übung (z. B. am Barren), bei der der Turner auf einer od. beiden Schultern steht.* **2.** (Kunstfahren) *vgl. Schultersitz;* **Schul|ter|stand|brü|cke**[1], die (Turnen): *einer Brücke (6) ähnliche Übung, bei der man sich nur mit den Schultern u. den Zehen auf der Unterlage abstützt;* **Schul|ter-**

stoß, der (Boxen): *(regelwidriger) mit der Schulter ausgeführter Stoß im Nahkampf;* **Schul|ter|stück**, das: **1.** *Schulterklappe:* mit den Gruppen der herumstehenden Offiziere mit roten Hosenstreifen, mit goldenen, mit silbernen -en und Kragenspiegeln (Plievier, Stalingrad 325); Einen Trenchcoat mit -en und Lederknöpfen (Kempowski, Tadellöser 208). **2.** *Stück von der Schulter (3): zum Schmoren empfehle ich Ihnen ein S.;* **Schul|ter|ta|sche**, die: *mit einem Riemen über der Schulter getragene Tasche;* **Schul|ter|tuch**, das: *vgl. Schulterkragen;* **Schul|ter|verren|kung**, die: *Verrenkung des Schultergelenks;* **schul|ter|wärts** ⟨Adv.⟩ [↑ -wärts]: *[seitwärts] zur Schulter hin:* den Kopf s. neigen; **Schul|ter|wehr**, die (Milit. früher): *schulterhoher Wall vor einem Schützengraben;* **Schul|ter|wurf**, der (Ringen): *Griff, durch den der Gegner auf beide Schultern geworfen wird;* **Schul|ter|zucken**[1], das: *das Zucken mit der Schulter (als Geste):* ihre einzige Reaktion war ein gleichgültiges S.; Und er gab mit resigniertem S. und hängenden Armen den Eingang frei (A. Zweig, Grischa 49). **Schult|heiß**, der; -en, -en [mhd. schultheize, ahd. sculdheize(o), eigtl. = Leistung Befehlender, zu ↑Schuld u. ↑²heißen (3)]: **1.** (veraltet) *Gemeindevorsteher.* **2.** (schweiz.) *(im Kanton Luzern) Vorsitzender des Regierungsrates;* **Schult|hei|ßen|amt**, das (veraltet; schweiz.): *Amt des Schultheißen.* **Schul|the|ke**, die (schweiz.): *Schulmappe, Schulranzen;* **Schul|tor**, das: *vgl. Schultür;* **Schul|trä|ger**, der (Amtsspr.): *Institution, Behörde o. ä., die dazu verpflichtet ist, eine Schule zu unterhalten;* **Schul|tür**, die: *Tür des Schulhauses;* **Schul|tur|nen**, das: *vgl. Schulmusik (1);* **Schul|tü|te**, die: *große, spitze, mit Süßigkeiten u. a. gefüllte Tüte aus Pappe, die ein Kind am ersten Schultag als Geschenk bekommt;* **Schul|typ**, der: *Typ einer Schule (1):* die Zwergschule ist als S. ausgestorben; Ebenfalls im Jahre 1951 wurde ein neuer S. geschaffen: die Zehnklassenschule (Klein, Bildung 24); **Schul|uhr**, die: *an zentraler Stelle an od. in einem Schulgebäude angebrachte große Uhr;* **Schulung**, die; -, -en: **1. a)** *das Schulen (a); intensive Ausbildung:* eine eingehende klinische, politische S. erfahren; **b)** *das Schulen (b); Vervollkommnung:* die ständige S. der Stimme, des Reaktionsvermögens, des Urteilsvermögens; Dennoch ist es ... notwendig, das Talent durch systematische S. voll zur Wirkung zu bringen (Klein, Bildung 109). **2.** *Lehrgang, Kurs, in dem jmd. geschult (a) wird:* eine S. durchführen, leiten; an einer S. für Funktionäre teilnehmen; Ein Getreidedispatcher, der noch nie auf S. war, wo gab es denn so was? (Kant, Impressum 382); **Schu|lungs|abend**, der: *am Abend stattfindende Schulung (2);* **Schu|lungs|brief**, der: *vgl. Unterrichtsbrief;* **Schu|lungs|kurs**, der: *Schulung (2);* vgl. *Schulungslehrgang;* **Schu|lungs|lehr|gang**, der: *Schulungskurs;* **Schulungs|lei|ter**, der: *jmd., der eine Schulung (2) leitet;* **Schu|lungs|lei|te|rin**, die: w. Form zu ↑Schulungsleiter; **Schu|lungs|ma|te|ri|al**, das: *vgl. Unterrichtsmaterial;*

Schu|lungs|stun|de, die: vgl. Unterrichtsstunde; **Schu|lungs|the|ma,** das: *Thema einer Schulung* (2); **Schul|un|ter|richt,** der: *Unterricht, der in der Schule* (1) *erteilt wird;* **Schul|ver|band,** der: *für das Schulwesen zuständiger Zweckverband;* **Schul|ver|fas|sung,** die: *durch das Schulgesetz geregelte Ordnung einer Schule* (1); **Schul|ver|sa|gen,** das: *das Versagen* (1 a) *eines Schülers vor den Anforderungen der Schule* (1); **Schul|ver|such,** der: *praktische Erprobung neuer Formen der schulischen Organisation u. des Schulunterrichts:* Was aber geschieht mit den Kindern nach einem mißlungenen S.? (Quick 45, 1975, 79); **Schul|ver|wal|tung,** die: vgl. Schulamt (1); **Schul|vor|stand,** der: *Vorstand einer Schule* (1); **Schul|vor|ste|her,** der: *Vorsteher einer Schule* (1); **Schul|vor|ste|he|rin,** die: w. Form zu ↑Schulvorsteher; **Schul|wan|de|rung,** die: *als schulische Veranstaltung stattfindende, von einem od. mehreren Lehrern geleitete Wanderung einer Gruppe von Schülern;* **Schul|wart,** der: *Hausmeister einer Schule* (1); **Schul|wär|tin,** die: w. Form zu ↑Schulwart; **Schul|wech|sel,** der: *Wechsel der besuchten Schule* (1): der Umzug der Eltern machte einen S. erforderlich; **Schul|weg,** der: *Wegstrecke zwischen Wohnung u. Schulgebäude:* einen kurzen, weiten S. haben; der Unfall passierte auf dem S.; **Schul|weis|heit,** die (abwertend): *nur angelerntes Wissen:* R es gibt mehr Dinge zwischen Himmel und Erde, als unsere S. sich träumen läßt *(als man gemeinhin für möglich hält;* nach Shakespeare, Hamlet I, 5); **Schul|werk|statt,** die: vgl. Schulbetrieb (2); **Schul|we|sen,** das ⟨o. Pl.⟩: *alles, was mit der Schule* (1) *zusammenhängt;* **Schul|wett|be|werb,** der: *in einer Schule* (1) *veranstalteter od. zwischen verschiedenen Schulen ausgetragener Wettbewerb;* **Schul|wis|sen,** das: *Schulkenntnisse.*

Schul|ze, der; -n, -n [spätmhd. schultz, schultesse, gek. aus mhd. schultheize, ↑Schultheiß] (veraltet): *Gemeindevorsteher:* ◆ Der Schulz gab ihm eine Bollette (= schriftliche Anweisung) an den Gemeindwirt auf eine Mehlsuppe und einen Schoppen Wein (Hebel, Schatzkästlein 57).

Schul|zeit, die: *Zeit, Jahre des Schulbesuchs* (1): ich erinnere mich gern an die, meine S.; sie kennt ihn aus der S., schon seit ihrer S.

Schul|zen|amt, das (veraltet): *Amt eines Schulzen:* ◆ das meiste könnte ich auf dem S. anschlagen lassen (Fontane, Effi Briest 26); ◆ **Schul|zen|ge|richt,** das: *Hofgut, mit dem das Amt des Schulzen verbunden ist:* Du wirst doch nicht toll sein und dein schönes -e verlassen? (Lessing, Minna I, 12).

Schul|zen|trum, das: *Gebäudekomplex, in dem verschieden[artig]e Schulen* (1) *untergebracht sind;* **Schul|zeug|nis,** das: *Zeugnis über die schulischen Leistungen eines Schülers;* **Schul|zim|mer,** das: *Klassenzimmer;* **Schul|zwang,** der: vgl. Schulpflicht.

Schum|mel, der; -s (ugs.): *das Schummeln, unbedeutende Betrügerei:* Das war S. und Betrug (Wilhelm, Unter 18); mit S. gewinnen; **Schum|me|lei,** die; -, -en (ugs.): *[dauerndes, wiederholtes] Schummeln* (1): eine kleine S.; jmdm. S. vorwerfen; Um laxe Arbeitsauffassungen und etwaige -en zu verhindern, setzte der Verwaltungschef jedoch jetzt ein Rundschreiben auf (Welt 19. 1. 77, 19); **schum|meln** ⟨sw. V.; hat⟩ [H. u., viell. zu einem mundartl. Verb mit der Bed. „sich hastig bewegen; schlenkern, schaukeln" u. urspr. bezogen auf die schnellen Bewegungen der Taschenspieler] (ugs.): **1.** *unehrlich handeln, mogeln* (1): beim Kartenspielen, bei einer Klassenarbeit s.; Er wollte „haargenau" gesehen haben, wie auf der Mattscheibe geschummelt wurde (Hörzu 27, 1975, 8); Alles maßstabgetreu auf den Millimeter. Bloß bei den Bäumen mußte ich ein bißchen s. (Bieler, Bär 177); ⟨subst.:⟩ Schummeln gilt nicht!; sich beim Schummeln erwischen lassen. **2.** *durch Täuschung, Tricks irgendwohin bringen, mogeln* (2): Briefe in die Zelle s.; Laß dir nicht einfallen, einwandfreie Ware vom Blech zu s.! (Strittmatter, Wundertäter 74); ⟨auch s. + sich:⟩ er hatte sich auf einen Tribünenplatz geschummelt.

Schum|mer, der; -s, - [mniederd. schummer, Nebenf. von ↑Schimmer] (landsch.): *Dämmerung;* **schum|me|rig, schummrig** ⟨Adj.⟩ (ugs.): **a)** *halbdunkel, nur schwach be-, erleuchtet; dämmerig:* ein schummriger Hinterhof; Jetzt eine schummrige Bar, einen Bourbon mit Eis ...! (Cotton, Silver-Jet 160); ... und versuchte, in der schummrigen Küche mein Gesicht zu erkennen (Schnurre, Bart 117); **b)** *(von Licht)* schwach, keine rechte Helligkeit bewirkend: im -en Schein einer Kerze, einer roten Lampe; Man muß zugeben, daß Darling Dolly im schummrigen rauchverschatteten Licht sehr niedlich aussieht (Rechy [Übers.], Nacht 126); die Beleuchtung ist schummrig; **Schum|me|rig|keit,** die; -, *Schummrigkeit,* die - (ugs.): *das Schumm[e]rigsein;* **Schum|mer|licht,** das; -[e]s (ugs.): *Dämmerlicht;* **schum|mern** ⟨sw. V.; hat⟩: **1.** ⟨unpers.⟩ (landsch.) *dämmern* (1 a): Es schummerte schon, und sie konnten nicht am Bache sitzen bleiben bis die Lagerwache sie gewahrte (Strittmatter, Wundertäter 441); ⟨subst.:⟩ im Schummern *(in der Dämmerung)* konnte er sein Gesicht nicht erkennen. **2.** (Fachspr.) *auf einer Landkarte die Hänge in verschiedenen Grautönen darstellen, um der Geländedarstellung eine plastische Wirkung zu geben:* hügeliges Gelände auf einer Wanderkarte s.; im Schatten liegende Hänge werden dunkler geschummert als im Licht liegende; eine geschummerte Karte; **Schum|mer|stünd|chen,** das (landsch.): *Dämmerstündchen;* **Schum|mer|stun|de,** die (landsch.): *Dämmerstunde;* **Schum|me|rung,** die; -, -en [1: mniederd. schummeringe]: **1.** (landsch.) *Dämmerung* (a). **2.** (Fachspr.) **a)** ⟨o. Pl.⟩ *das Schummern* (2); **b)** *mit dem Mittel des Schummerns hervorgebrachte Geländedarstellung:* eine Karte mit Höhenlinien und S.

Schumm|ler, der; -s, - (ugs.): *jmd., der [dauernd] schummelt:* du S., das gilt nicht!; **Schumm|le|rin,** die; -, -nen (ugs.):

w. Form zu ↑Schummler: sie ist 'ne alte S.

schumm|rig: ↑schummerig; **Schumm|rig|keit:** ↑Schummerigkeit.

Schum|per|lied, das; -[e]s, -er (ostmd.): *derbes Volkslied, Liebeslied;* **schum|pern** ⟨sw. V.; hat⟩ [H. u., viell. Nebenf. von schles. schampern = tänzelnd gehen] (ostmd.): *auf dem Schoß schaukeln, wiegen:* die Großmutter schumperte das Kind.

schund: ↑schinden; **Schund,** der; -[e]s [zu ↑schinden (4), urspr. = Unrat, Kot, eigtl. = Abfall beim Schinden] (abwertend): **a)** *etw. künstlerisch Wertloses, Minderwertiges (bes. jugendgefährdende Literatur):* dieser Film ist der größte S., den du dir vorstellen kannst; Der Standard der deutschen Taschenbuchproduktion ist mit den Jahren eher gestiegen. Der reine S. spielt in ihr keine erhebliche Rolle (Enzensberger, Einzelheiten I, 159); der Verlag publiziert viel S.; was liest du da wieder für einen S.?; * **S. und Schmutz** (↑Schmutz 1). **2.** (ugs.) *wertloses, unbrauchbares Zeug, minderwertige Ware:* Schmuck ... Ausschuß! Nichts wert ... glitzernder S.! (Konsalik, Promenadendeck 221); ich werfe den ganzen S. in den Müll; kauf doch nicht so einen [billigen] S.!; auf dem Flohmarkt gab es fast nur S.; **Schund|film,** der; vgl. Schundliteratur; **Schund|heft,** das (abwertend): [2]*Heft* (c), *das Schundliteratur enthält;* **schun|dig** ⟨Adj.⟩ (ugs. abwertend): *minderwertig, wertlos:* Essen, Kleider, Schuhe, Kohle, Seife, Schreibpapier, alles, was wir bekamen, rochen oder schluckten, war Ersatz, erbärmliches, Zeug (K. Mann, Wendepunkt 52); ⟨subst.:⟩ wie kann man nur so was Schundiges kaufen!; **Schund|li|te|ra|tur,** die ⟨o. Pl.⟩: *Literatur, die Schund* (a) *ist;* **Schund|ro|man,** der; vgl. Schundliteratur.

Schun|kel|lied, das: *Lied, nach dessen Rhythmus man gut schunkeln* (1 a) *kann;* **schun|keln** ⟨sw. V.⟩ [niederd., md. Nebenf. von ↑schuckeln]: **1. a)** *sich in einer Gruppe mit untergehakten Armen gemeinsam im Rhythmus einer Musik hin und her wiegen* ⟨hat⟩: spätestens nach dem dritten Glas Wein fangen sie dann an zu s.; Während ... im Nebenraum zu Heimatweisen geschunkelt wurde, hörte man klassische Musik (Meckel, Suchbild 62); ⟨subst.:⟩ Jonny Hill, die Stimmungskanone, brachte die Westfalenhalle zum Schunkeln (Hörzu 11, 1976, 8); **b)** *sich schunkelnd* (1 a) *irgendwohin bewegen* ⟨ist⟩: wir hielten uns untergefaßt und schunkelten durch die Wirtshäuser und durch die Straßen (Fühmann, Judenauto 48). **2.** (landsch.) **a)** *sich hin u. her wiegen, schaukeln, hin u. her schwanken* ⟨hat⟩: das kleine Boot schunkelte heftig; Zwei glatte, gewachste Tüten, die schunkelnde Milch drinnen lauwarm (B. Vesper, Reise 259); ⟨subst.:⟩ die Wellen brachten den Kahn ganz schön zum Schunkeln; **b)** *sich schunkelnd* (2 a) *irgendwohin bewegen* ⟨ist⟩: ein altes Auto schunkelte über die Landstraße; **Schun|kel|schnul|ze,** die (abwertend): vgl. Schunkellied; **Schun|kel|wal|zer,** der; vgl. Schunkellied.

Schupf, der; -[e]s, -e [mhd. schupf, zu: ↑schupfen] (südd., schweiz.): *[leichter] Stoß; Schubs;* **schup|fen** ⟨sw. V.; hat⟩ [mhd. schupfen, (md.) ↑²schuppen] (südd., schweiz., österr.): **a)** *stoßen, anstoßen:* jmdn. von hinten s.; **b)** *werfen:* einen Ball s.
Schup|fen, der; -s, - [mhd. schupfe, vgl. Schopf (5)] (österr., südd.): *Schuppen, Wetterdach.*
Schup|fer, der; -s, - [zu ↑schupfen] (österr. ugs.): *[leichter] Stoß; Schubs;* **Schupf|le|hen,** das [zu ↑schupfen in der Bed. „wegstoßen"]: *(vom MA. bis zum 19. Jh. in Süddeutschland) einem Bauern ursprünglich auf unbestimmte Zeit gegebenes, jederzeit zurückholbares Lehen, das später lebenslänglich u. dann auf die Lebenszeit der Frau u. eines Kindes ausgedehnt vergeben wird;* **Schupf|nu|del,** die ⟨meist Pl.⟩ [zu ↑schupfen in der landsch. Bed. „rollen, wälzen"] (südd.): *in Fett gebackener kleiner Kloß aus Kartoffelpüree, Mehl u. Ei.*
¹Schu|po, die; -: Kurzwort für ↑**Schutzpolizei:** *Was die S. macht, das ist doch meist Mist, das sind eben keine Kriminalisten!* (Fallada, Jeder 254); **²Schu|po,** der; -s, -s (veraltet): Kurzwort für ↑**Schutzpolizist:** *ein S. kontrollierte die Ausweise; ... und sechzehn -s fuhren vor und schafften mit Punktrollern Ordnung* (Grass, Hundejahre 229); *der Dieb wurde von zwei -s abgeführt.*
¹Schupp, der; -[e]s, -e [vgl. Schubs] (nordd.): *[leichter] Stoß; Schubs:* jmdm. einen S. geben.
²Schupp, der; -s, -en [russ. šuba = Pelz] (Fachspr.): *Fell, Pelz des Waschbären.*
Schüpp|chen, das; -s, -: Vkl. zu ↑Schuppe (1, 3); **Schup|pe,** die; -, -n [mhd. schuop(p)e, ahd. scuobba, scuoppa, urspr. = abgeschabte Fischschuppe, ablautende Bildung zu ↑schaben]: **1.** *kleines hartes Plättchen auf dem Körper mancher Tiere (z. B. der Fische, Reptilien, Schmetterlinge):* die glänzenden -n des Fisches; die Flügel des Schmetterlings sind mit kleinen schillernden -n bedeckt. **2.** *(bei manchen Pflanzen vorhandenes) einer Schuppe (1) ähnelndes Gebilde:* die -n eines Tannenzapfens. **3.** *etw., was einer Schuppe (1) ähnelt, nachgebildet ist:* die schimmernden -n seines Harnischs. **4. a)** *Hautschuppe:* Ihre Bärte sind verlaust, ihre Haut hat sich mit -n bedeckt (Seghers, Transit 87); **b)** *Kopfschuppe:* -n haben; Schorsch wischt sich ein paar -n von der Schulter (Degener, Heimsuchung 142); ein Haarwasser gegen -n. **5. * es fällt jmdm. wie -n von den Augen** *(jmdm. wird etwas plötzlich klar, jmd. hat plötzlich eine Erkenntnis;* nach Apg. 9, 18; *bestimmte Augenkrankheiten wurden früher mit Schuppen verglichen, die die Augen bedeckten).*
Schüp|pe (landsch.): ↑Schippe: Und auf chinesischen Musterfarmen dominieren Hacke und S. vor Maschinen (MM 21. 2. 75, 3); ... und versuchen, das festgepappte, verkrustete Eisenerz mit Brecheisen, riesigen Vorschlaghämmern und -n freizuklopfen (Wallraff, Ganz unten 143).
Schüp|pel, der; -s, -[n] [wohl weitergebildet aus ↑Schopf] (südd., österr.): *Büschel:* ein S. Stroh.
schüp|peln ⟨sw. V.; hat⟩ [(ost)md., ablautende Iterativbildung zu ↑schieben] (veraltet): *schiebend bewegen, rollen.*
¹schup|pen ⟨sw. V.; hat⟩ [spätmhd. schūpen, älter zu ↑Schuppe]: **1.** *(einen Speisefisch) von den Schuppen befreien:* Fische s.; Hecht oder dergleichen werden ausgenommen, sauber geschuppt und ... gespickt (Horn, Gäste 182). **2.** ⟨s. + sich⟩ **a)** *Hautschuppen bilden u. abstoßen:* seine Haut schuppt sich; ⟨auch ohne „sich":⟩ Um die Wurzeln (der Haare) schuppte die Haut wie grauer Schnee (Hahn, Mann 23); **b)** *eine sich schuppende (2a) Haut haben:* du schuppst dich [auf dem Rücken].
²schup|pen ⟨sw. V.; hat⟩ [mhd. (md.) schuppen, ablautende Intensivbildung zu ↑schieben] (landsch.): *leicht anstoßen; schubsen.*
schup|pen (landsch.): ↑schippen.
Schup|pen, der; -s, - [zu ↑Schopf (5) (das Schutzdach war urspr. mit Strohbündeln gedeckt), in md. u. niederd. Lautung hochsprachlich geworden]: **1.** *einfacher Bau [aus Holz] zum Unterstellen von Geräten, Materialien, Fahrzeugen u. a.:* ein S. für die Gartengeräte; Hinter uns auf der Düne lag der S. mit dem Rettungsboot (Lentz, Muckefuck 204); den Traktor in den S. stellen; die Fahnder konnten in einem S. (Lagerschuppen) im Hafen Kokain im Wert von einer Million Mark sicherstellen; er fuhr die Lok in den S. (Lokomotivschuppen) und machte Feierabend; Ü Der S. (ugs. abwertend: *das häßliche Gebäude*) da drüben ist das Baubüro (Fels, Sünden 54); der neue S-Bahnhof ist ja ein entsetzlicher S. (ugs. abwertend: *ein äußerst häßliches Gebäude*). **2.** (ugs.) *[großräumiges] Lokal (1):* die neue Disko ist ein toller S.; Später tingelte sie allein mit ihrer Gitarre ... durch die Berliner S. (Courage 2, 1978, 44); ich kenne einen S. S. kann man gut essen, spielen jeden Abend Rockgruppen und ist immer schwer was los.
Schüp|pen (landsch.): ↑Schippen.
schup|pen|ar|tig ⟨Adj.⟩: *in der Form an eine Schuppe (1, 2) erinnernd, in der Anordnung an die Schuppen eines Fisches erinnernd:* -e Metallplättchen; ... sticht man kleine Küchel aus, die s. in eine Auflaufform gelegt ... werden (Horn, Gäste 211); **Schup|pen|baum,** der (Paläobotanik): *(ausgestorbener, bes. im Karbon häufiger) Baum, dessen Rinde von schuppenartigen, oft stark vorspringenden, von den abgefallenen Blättern hinterlassenen Narben bedeckt ist;* **Schup|pen|bil|dung,** die: *das Sichbilden von Schuppen (4b);* **Schup|pen|blatt,** das (Bot.): *schuppenartig dem Stengel anliegendes, kein Chlorophyll enthaltendes, weißliches Blatt mancher Pflanzen;* **Schup|pen|flech|te** (Med.): *chronische Hautkrankheit, bei der es zur Bildung von roten Flecken u. fest darauf haftenden, silberweißen Hautschuppen kommt; Psoriasis;* **schup|pen|för|mig** ⟨Adj.⟩: vgl. schuppenartig; **Schup|pen|har|nisch,** der: vgl. Schuppenpanzer; **Schup|pen|kriech|tier,** das (Zool.): *Kriechtier, dessen Körper mit Schuppen (1) bedeckt ist;* **schup|pen|los** ⟨Adj.⟩: *keine Schuppen (1) habend:* -e Reptilien, Fische; **Schup|pen|pan|zer,** der: **1.** *(früher) aus einzelnen metallenen Schuppen (3) zusammengesetzter Panzer (1).* **2.** *aus Schuppen (2) bestehender Panzer (2): der S. des Gürteltieres;* **Schup|pen|rep|til,** das (Zool.): *Schuppenkriechtier;* **Schup|pen|tier,** das (Zool.): *(in Afrika u. Asien vorkommendes) insektenfressendes Säugetier, dessen Körper mit großen, dachziegelartig angeordneten Schuppen (2) bedeckt ist;* **schup|pig** ⟨Adj.⟩: **a)** *mit Schuppen (1-3) bedeckt, viele Schuppen aufweisend* in -er Fisch; die -e Haut des Reptils; **b)** *mit Schuppen (4) bedeckt, viele Schuppen aufweisend:* er hat eine trockene, -e Haut; sein Haar ist s.; **c)** *im Aussehen an Schuppen (1-3) erinnernd:* ein -es Ornament; Beide lebensgroße Figuren waren s. geklopft, als hätte der Künstler ... Fisch und Fischer dauernd verwechselt (Fels, Sünden 51); **Schup|pung,** die; -, -en (selten): *das Sichschuppen (der Haut).*
Schups (südd.): ↑Schubs; **schup|sen** (südd.): ↑schubsen.
¹Schur, die; -, -en [mhd. schuor, (md.) schūr, zu ↑¹scheren]: **1. a)** *das ¹Scheren von Schafen:* die Schafe haben die erste S. des Jahres schon hinter sich; die Schafe zur S. zusammentreiben; **b)** *bei der Schur (1a) gewonnene Wolle.* **2.** (Landw.) *das Mähen von Wiesen, Schneiden von Hecken o. ä.:* zwei -en jährlich; die Hecke hat eine S. nötig; die Wiese wird nach der S. gedüngt; **²Schur,** der; -[e]s [mhd. schuor, (md.) schūr, zu ↑²scheren] (veraltet): *Verdruß, Plage, Schererei:* *** jmdm. einen S. tun** (veraltet; *jmdn. ärgern, jmdm. absichtlich Verdruß, Ärger bereiten*); **etw. jmdm. zum S. tun** (veraltet; *etw. tun, um jmdn. zu ärgern, ihm Verdruß zu bereiten*): das tut er mir zum S.
♦ **Schür|baum,** der: *dicke lange Stange, mit der der Köhler (?) das Feuer im Kohlenmeiler schürt:* wenn aber doch einer zu ihm gelangte, so wollte er ihn eher mit einem -e erschlagen, als daß er ihn näher und die Seuche hineinlasse (Stifter, Granit 44); **Schür|ei|sen,** das: vgl. Schürhaken; **schü|ren** ⟨sw. V.; hat⟩ [mhd. schürn, ahd. scuren, viell. eigtl. = stoßen, zusammenschieben, H. u.]: **1.** *(ein Feuer) durch Stochern mit einem Feuerhaken o. ä. anfachen, zum Aufflammen bringen:* das Feuer s.; Regina steht beim Herd und schürt die Glut (Waggerl, Brot 53). **2.** *(etw. [aus der Sicht des Sprechenden] Unerwünschtes, Negatives) anstacheln, entfachen, entfesseln [u. steigern]:* jmds. Argwohn, Neid, Eifersucht, Groll, Zorn, Angst, Aggressionen s.; einen Konflikt, einen schwelenden Zwist s.; Sie sollten in Irland den Haß gegen England s. (Weber, Tote 142); es handle sich hier um eine von radikaler Seite in Teheran geschürte Aktion (Bund 9. 8. 80, 3); so schürt Benno Nehlert militante Hoffnungen auf den Tag X (Wochenpost 20. 6. 64, 21); **Schü|rer,** der; -s, - (landsch.): *Schürhaken.*
Schurf, der; -[e]s, Schürfe [zu ↑schürfen] (Bergmannsspr.): *bei der Suche nach Lagerstätten ausgehobene, nicht sehr tiefe*

Schürfarbeiten

Grube o. ä.; **Schürf|ar|bei|ten** ⟨Pl.⟩ (Bergbau): *beim Schürfen (4) durchzuführende Arbeiten;* **Schürf|boh|rung,** die (Bergbau): vgl. Schürfarbeiten; **schür|fen** ⟨sw. V.; hat⟩ [mhd. schür(p)fen, ahd. scurphen = aufschneiden, ausweiden; (Feuer) anschlagen, verw. mit ↑scharf]: **1. a)** *(die Haut) durch Schaben, Kratzen o. ä. mit etw. Scharfem, Rauhem oberflächlich verletzen:* sich ⟨Dativ⟩ die Haut, das Knie s.; **b)** *durch Schürfen (1 a) in einen bestimmten Zustand bringen:* sich [den Arm] blutig s.; sich [am Knie] wund s.; **c)** ⟨s. + sich⟩ *sich eine Schürfung, eine Schürfwunde zuziehen:* er hat sich [am Ellenbogen] geschürft. **2.** *sich schabend, scharrend [geräuschvoll] über etw. hinwegbewegen:* der Schild der Planierraupe schürft über den Boden; Die Leine schürfte kratzend an den scharfen Kanten der Kaminöffnung (Apitz, Wölfe 111). **3.** (Bauw.) *eine an der Oberfläche liegende Schicht des Bodens abtragen, abgraben (z. B. als Vorarbeit beim Straßenbau).* **4.** (Bergbau) **a)** *an der Oberfläche liegende Schichten des Bodens abtragen, um eine Lagerstätte aufzufinden od. zugänglich zu machen:* dort soll demnächst geschürft werden; Deshalb hatte er sich ... entschlossen, unter die Glücksritter unseres gehetzten Jahrhunderts zu gehen und nach Uran zu s. *(schürfend zu suchen;* Menzel, Herren 110); Ü wenn wir der Sache wirklich auf den Grund kommen wollen, müssen wir allerdings noch erheblich tiefer s. *(uns noch erheblich eingehender damit beschäftigen);* **b)** *(im Tagebau) abbauen, fördern:* Braunkohle, Erz s.; **Schür|fer,** der; -s, - (Bergbau): *jmd., der schürft (4 a);* **Schür|fe|rin,** die; -, -nen (Bergbau): w. Form zu ↑Schürfer; **Schürf|feld,** das (Bergbau): vgl. Schürfstelle (1); **Schürf|gra|ben,** der (Bergbau): *nicht sehr tiefer, zur Auffindung einer Lagerstätte gezogener Graben;* **Schürf|gru|be,** die (Bergbau, Bauw.): *zur Erkundung der oberen Schichten des Bodens ausgehobene nicht sehr tiefe Grube;* **Schürf|kübel,** der (Technik): *Behälter, der mit einer Kante den Boden schürft (3, 4 a);* **Schürf|loch,** das (Bergbau, Bauw.): vgl. Schürfgrube; **Schürf|rau|pe,** die: *Gleiskettenfahrzeug mit eingebautem Schürfkübel;* **Schürf|recht,** das: *Recht zum Schürfen (4 a) nach Bodenschätzen;* **Schürf|schacht,** der (Bergbau): vgl. Schürfgraben; **Schürf|stel|le,** die: **1.** (Bergbau) *Stelle, an der geschürft (4) wird.* **2.** *Stelle am Körper, die eine Schürfung (2) aufweist;* **Schürf|stol|len,** der (Bergbau): vgl. Schürfgraben; **Schür|fung,** die; -, -en: **1.** *durch Schürfen (1 a) entstandene Verletzung.* **2.** (selten) *das Schürfen (3, 4);* **Schürf|wun|de,** die: *durch Schürfen (1 a) entstandene Wunde.*

schür|gen ⟨sw. V.; hat⟩ [mhd. schürgen, weitergebildet aus: schürn, ↑schüren] (landsch.): **1.** *schieben, stoßen:* einen Wagen s.; den Schrank an die Wand s. **2.** *treiben:* das Vieh auf die Weide s.

Schür|ha|ken, der: *am unteren Ende hakenförmig gebogene Eisenstange zum Schüren des Feuers.*

-schü|rig [zu ↑¹Schur] (Landw.): in Zusb., z. B.: zweischürig *(zwei Schuren pro Jahr zulassend);* die Wiesen sind mehrschürig *(können jährlich mehrmals gemäht werden).*

Schu|ri|ge|lei, die; -, -en (ugs. abwertend): *[dauerndes, wiederholtes] Schurigeln:* ... daß es jedem hatte scheinen müssen, als füge er den üblichen kleinen -en noch eine weitere hinzu (Hahn, Mann 96); ich lasse mir solche -en nicht mehr gefallen; ich habe die Nase voll von seiner dauernden S.; **schu|ri|geln** ⟨sw. V.; hat⟩ [zu mundartl. schurgeln, schürgeln, (ostmd.) Iterativbildung zu mhd. schürgen, ↑schürgen] (ugs. abwertend): *jmdm. durch fortwährende Schikanen, durch ungerechte Behandlung das Leben schwermachen:* der Meister schurigelte ständig seinen Lehrling; Tierfreund ..., also nie ein Tier schurigeln oder piesacken (Fichte, Wolle 163); er ist früher oft geschurigelt worden; ich lasse mich von Ihnen nicht länger s.!

Schur|ke, der; -n, -n [älter auch: Schurk, Schork, H. u.; viell. verw. mit ↑schüren; vgl. ahd. fiurscurgo = Feuerschürer] (abwertend): *jmd., der Böses tut, moralisch verwerflich handelt, eine niedrige Gesinnung hat:* ein gemeiner, ein ausgemachter S.; dieser verdammte S.!; Ein vollkommener S. wird von der Menschheit fast ebenso bewundert wie ein vollkommener Gentleman (Bamm, Weltalterne 38); Nur wenn wir große -n werden, haben wir den kurzen Rausch des Verbrechens (Jahnn, Geschichten 215); er spielt in dem Western die Rolle des -n; **Schur|ken|streich,** der (veraltend abwertend): *schurkische Tat:* Hätten sie einen kühl berechneten S. im Schilde geführt, er hätte vielleicht sogar gelingen können (Augstein, SPD 6); **Schur|ken|tat,** die (veraltend abwertend): *Schurkenstreich;* **Schur|ke|rei,** die; -, -en (abwertend): *schurkische Tat, Handlung, Handlungsweise:* so eine verdammte S.!; Seit einigen Jahren schon hatte ich unzählige -en verübt (Roth, Beichte 105); **Schur|kin,** die; -, -nen (abwertend): w. Form zu ↑Schurke; **schur|kisch** ⟨Adj.⟩ (abwertend): *dem Wesen, der Art eines Schurken entsprechend; gemein, niederträchtig:* der -e Mestize sinkt entseelt zu Boden (Tucholsky, Werke II, 13); der edle Rächer, der sich mit seinen Überfällen und Räubereien nur gegen die -en Praktiken einer Eisenbahngesellschaft wehrt (Augsburger Allgemeine 3./4. 6. 78, 36); er hat ziemlich s. gehandelt.

Schür|loch, das: *Öffnung eines Ofens, durch das hindurch man das Feuer schüren kann.*

Schur|re, die; -, -n [zu ↑schurren] (landsch., Fachspr.): *Rutsche* (1): Haugk ... sah Brettschneider die S. schließen, durch die der Ofen mit Kohle beschickt wurde (H. Gerlach, Demission 83); **schur|ren** ⟨sw. V.⟩ [mniederd. schurren, Nebenf. von ↑scharren] (landsch.): **1. a)** *ein scharrendes o. ä. Geräusch hervorrufen, verursachen:* der Takelage schurrte; ⟨subst.:⟩ Beim Öffnen strich der Filzstreifen, der die Unterkante der Tür säumte, mit einem ... fast unhörbaren Schurren über den schwellenden Bodenbelag (Kuby, Sieg 348); **b)** *sich mit einem schurrenden* (1 a) *Geräusch irgendwohin bewegen* ⟨ist⟩: sie schurrte [mit ihren Pantoffeln] durchs Zimmer; Die Wiege schurrt über den Fußboden (Nachbar, Mond 204); Die Füße vor und hinter ihm stapften und schurrten und schleiften durch Schneeverwehungen (Plievier, Stalingrad 95). **2.** *scharren* (1 a) ⟨hat⟩: Einige der Zuschauer gehen tatsächlich, einige pfeifen oder schurren mit den Füßen (Becker, Tage 33); **Schurr|murr,** der; -s [Wortspielerei zur Bez. von Durcheinanderliegendem, eigtl. wohl „Zusammengescharrtes"] (nordd.): **a)** *Durcheinander:* wie soll man in dem S. etwas finden?; **b)** *altes Gerümpel, wertloses Zeug:* weg mit dem ganzen S.!

Schür|stan|ge, die: vgl. Schürhaken.

Schur|wol|le, die [zu ↑¹Schur] (Kaufmannsspr.): *von lebenden Schafen gewonnene Wolle:* ein Pullover aus reiner, aus echter S.; **schur|wollen** ⟨Adj.⟩ (selten): *aus Schurwolle hergestellt:* Einreiher aus rein -em Fischgrat-Cheviot (Herrenjournal 2, 1966, 76).

Schurz, der; -es, -e [mhd. schurz, eigtl. = kurzes Kleidungsstück, verw. mit: ahd. scurz = kurz; abgeschnitten, zu ↑¹scheren]: **a)** *einer Schürze ähnliches, aber meist kürzeres Kleidungsstück, das bei bestimmten Arbeiten getragen wird:* der Schmied trägt einen ledernen S.; **b)** (landsch.) *Schürze:* dann kommt die Alte herein, hat einen S. umgebunden (Innerhofer, Schattseite 133); **c)** kurz für ↑Lendenschurz: aus seinen breiten Blättern machten Adam und Heva sich -e, ihre Scham zu bedecken (Th. Mann, Joseph 111); **Schür|ze,** die; -, -n [aus dem Niederd. < mniederd. schörte, verw. mit mhd. schurz (↑Schurz), eigtl. = die Abgeschnittene]: **1.** *(über der Kleidung getragenes) vor allem die Vorderseite des Körpers [teilweise] bedeckendes, mit angenähten Bändern um Taille u. Hals gehaltenes Kleidungsstück, das bes. zum Schutz der Kleidung bei bestimmten Arbeiten dient:* eine geblümte, schmutzige, frische S.; eine S. voll Äpfel; [sich] eine S. umbinden, vorbinden; eine S. tragen, anziehen; die S. ausziehen, ablegen; Tante Anna wischte sich die Hände an der S. ab (Lentz, Muckefuck 180); * *jmdm. an der S. hängen* (ugs. abwertend; *im Handeln, in wichtigen Entscheidungen von jmdm. abhängig sein);* *hinter jeder S. herlaufen/ herseinn o. ä.* (ugs. veraltend spött.; *ein Schürzenjäger sein).* **2.** (Technik Jargon) *bis in die Nähe des Bodens reichende (Seiten)verkleidung:* eine S. ... die -n verboten und die Reifenbreite von 22 auf 16 Zoll reduziert werden (rallye racing 10, 1979, 76). **3.** (Jägerspr.) *Haare am äußeren Genitale des weiblichen Rehs;* **schür|zen** ⟨sw. V.; hat⟩ [mhd. schürzen, zu: schurz, ↑Schurz]: **1. a)** *(einen langen, weiten Rock o. ä.) aufheben u. zusammenraffen u. in der Höhe der Hüften festhalten, befestigen:* sie schürzte ihr Kleid, sich das Kleid und stieg die Treppe hinauf; *häufig im 2. Part.:* mit geschürzten Röcken watete sie durch den Fluß; **b)** *(die Lippen) leicht nach vorne schieben u. kräuseln:* Hortense schürzte verächtlich die Lippen (Apitz, Wölfe 179); der kleine Mund ist immer entschlossen geschürzt (Zeit 7. 2. 75, 2); **c)** ⟨s. + sich⟩ *(von den Lippen) sich leicht nach vorne schieben u. kräuseln:* ihre Lippen schürzten sich. **2.** (geh.) **a)** *(einen Knoten) binden):* einen Knoten s.; Ü der Knoten [der dramatischen Handlung] ist geschürzt *(der Konflikt [des Dramas] erreicht bald seinen Höhepunkt);* **b)** *(etw.) zu einem Knoten verschlingen:* er schürzte die Kordel zu einem Knoten; **c)** ⟨s. + sich⟩ *(zu einem Knoten) werden, (in einem Knoten) übergehen:* Sie strich ... ihr Haar entlang, von der Stirn nach dem Nacken, wo es sich zum Knoten schürzte (A. Zweig, Claudia 130); Ü hier schürzt sich die dramatische Handlung zum Knoten *(spitzt sich der dramatische Konflikt zu);* **schür|zen|ar|tig** ⟨Adj.⟩: *einer Schürze ähnelnd:* ein -es Kleidungsstück; **Schür|zen|band,** das ⟨Pl. ...bänder⟩: *an einer Schürze angenähtes Band, durch das die Schürze gehalten wird:* * **an jmds. S./jmdm. am S. hängen** (↑ Schürze 1); **Schür|zen|jä|ger,** der (ugs. abwertend): *Mann, der ständig Frauen umwirbt, für erotische, sexuelle Beziehungen zu gewinnen sucht:* er ist ein stadtbekannter S.; **Schür|zen|kleid,** das: *leichtes, einem Kittelkleid ähnliches Kleid;* **Schür|zen|latz,** der: *Latz einer Schürze;* **Schür|zen|stoff,** der (Textilw.): *fester, meist kräftig appretierter Stoff, der bes. zur Herstellung von Schürzen, Hauskleidern o. ä. verwendet wird;* **Schür|zen|ta|sche,** die: *auf eine Schürze aufgesetzte Tasche;* **Schür|zen|trä|ger,** der: vgl. Schürzenband; **Schür|zen|zip|fel,** der: *Zipfel einer Schürze:* * **an jmds. S./jmdm. am S. hängen** (↑ Schürze); **Schurz|fell,** das (veraltet): *Lederschurz:* ◆ ... sah er ... ein fremdes Männlein sitzen ... Es hatte ein schmutziges S. um, Pantoffeln an den Füßen (Mörike, Hutzelmännlein 116).

Schuß, der; Schusses, Schüsse, ⟨als Mengenangabe:⟩ - [mhd. schuʒ, ahd. scuʒ, zu ↑ schießen]: **1. a)** *das Abschießen eines Geschosses, das Abfeuern einer Waffe; das Schießen:* ein gezielter, meisterlicher, schlechter S.; ein S. mit einem Gewehr, Bogen, Pistole; ein S. auf eine Scheibe, ins Blaue; es fielen zwei Schüsse *(es wurde zweimal geschossen);* fünf S. stehend, liegend, freihändig, aufgelegt; jeder hat drei Schüsse *(darf dreimal schießen);* er traf auf den ersten S.; er erlegte den Bock mit einem einzigen S.; der Jäger kam nicht zum S.; Ü der Fotograf kam nicht zum S. (ugs.; *kam nicht dazu, ein bestimmtes Motiv zu fotografieren);* bist du bei ihr nicht zum S. gekommen (salopp; *dazu gekommen, mit ihr Geschlechtsverkehr zu haben)?;* * **weit/weitab vom S.** (ugs.; **1.** *in sicherer Entfernung von etw. Gefährlichem, Unangenehmem:* „Halte dich weit vom S.!" [Remarque, Obelisk 328]. **2.** *fern vom Mittelpunkt des Geschehens, abseits:* das Lokal liegt sehr weit vom S.; *aus der Soldatenspr., eigtl.* = weit entfernt vom Gefecht, von der Front); **zum S. kommen** (ugs.; ↑ Zug); **b)** *abgeschossenes, im Flug befindliches Geschoß.* S. aus dem Hinterhalt, aus einer Pistole; der S. hat getroffen, hat das Ziel verfehlt, ist abgeprallt; ein S. geht los, löst sich; einen S. abgeben, abfeuern; du jagst ein paar Schüsse in die Luft (Kuby, Sieg 245); der Zerstörer setzte dem feindlichen Schnellboot einen S. vor den Bug *(forderte es durch einen vor dem Bug einschlagenden Schuß zum Stoppen, Beidrehen auf);* Ü der S. kann leicht nach hinten losgehen (ugs.; *diese Maßnahme kann sich leicht unversehens gegen den Urheber richten);* * **jmdm. einen S. vor den Bug setzen/geben** (ugs.; *jmdn. nachdrücklich warnen, etw., was man mißbilligt, fortzusetzen;* bezogen auf die Kriegsführung zur See: durch einen Kanonenschuß, der vor dem Bug des feindlichen Schiffes einschlägt, wird dieses vor der Weiterfahrt gewarnt, zum Abdrehen od. Stoppen aufgefordert); **einen S. vor den Bug bekommen** (ugs.; *nachdrücklich gewarnt werden, etw., was jmdm. mißfällt, fortzusetzen);* **etw. vor/in den S. bekommen** (Jägerspr.; *etw. ins Schußfeld bekommen):* nach zweistündigem Ansitzen bekam er den Bock endlich vor den S.; **jmdm. vor/in den S. kommen** (**1.** Jägerspr.; *in jmds. Schußfeld geraten.* **2.** ugs.; *jmdm. unversehens Gelegenheit geben, ihn anzugreifen, zur Rede zu stellen o. ä.):* na warte, wenn der Halunke mir mal vor den S. kommt!); **c)** *mit einem Schuß* (1 a) *erzielter Treffer:* ein S. mitten ins Herz; [Hahl] traf diesmal im unteren Drittel, während der erste S. ziemlich hoch gesessen hatte (Kuby, Sieg 280); er brach unter den Schüssen der Polizisten zusammen; * **ein S. ins Schwarze** *(eine ganz zutreffende, das Wesentliche einer Sache treffende Bemerkung; vollkommen richtige Antwort, Lösung eines Rätsels o. ä.);* **ein S. in den Ofen** (ugs.; *ein völliger Fehlschlag;* wohl nach der Vorstellung, daß ein so abgegebener Schuß ohne Wirkung durch den Rauchabzug verpuffe): Die Aktion war ein S. in den Ofen; Die Versuche, bürgerliche Firmen aufzuziehen, erwiesen sich jedoch als „S. in den Ofen" (Spiegel 9, 1978, 49); **d)** *beim Abfeuern einer Feuerwaffe entstehender Knall:* Von draußen ein peitschender S. (Erich Kästner, Schule 12); In der Ferne hallte wieder ein S. durch die Nacht (Simmel, Stoff 20); Drei S. Salut rollten durch das Löwenburger Tal (Spiegel 19, 1967, 27); * **in den S. fallen** (Sport; *gleichzeitig mit dem Startschuß starten);* **e)** *Schußverletzung, Schußwunde:* der S. ist gut geheilt, muß operiert werden; er liegt mit einem S. im Bein im Lazarett; * **einen S. haben** (ugs.; ↑ Vogel): Mensch, die hat aber 'n S.! (Ossowski, Bewährung 12); **f)** *für einen Schuß* (1 a) *ausreichende Menge Munition, Schießpulver:* 10 S. Munition, Schrot; er hat noch drei S. im Magazin; zwei Kästen à dreihundert S. (H. Kolb, Wilzenbach 157); * **keinen S. Pulver wert sein** (ugs.; *charakterlich, menschlich nichts taugen;* aus der Soldatenspr.; eigtl. = die ehrenhafte Hinrichtung durch die Kugel nicht verdient haben [u. gehängt werden]): dieser Bursche ist keinen S. Pulver wert. **2. a)** *das Schlagen, Treten, Stoßen o. ä. eines Balles o. ä.* (bes. *beim Fußballspiel):* ein S. aufs Tor; zum S. ansetzen; sein Bewacher ließ ihn nicht zum S. kommen; **b)** *durch einen Schuß* (2 a) *in Bewegung versetzter Ball o. ä.:* der S. ging ins Aus, war nicht zu halten; ... dessen S. prallt von einem Italiener ab, dem Rechtsaußen Heiß vor die Füße (Welt 28. 4. 65, 8); ... mußte sich Tilkowski gewaltig strecken, um einen S. von Jones über die Latte zu lenken (Welt 13. 5. 65, 6); **c)** *mit einem Schuß* (2 a) *erzielter Treffer:* ein S. gegen die Latte; **d)** ⟨o. Pl.⟩ (Sport Jargon) *Fähigkeit, einen Ball in einer bestimmten Weise zu treten, zu schlagen o. ä.:* er hat [im rechten Bein] haben]; er hat heute keinen S. *(kann heute nicht gut schießen).* **3.** (bes. Bergbau) **a)** *für eine Sprengung angelegtes [mit einer Sprengladung versehenes] Bohrloch;* **b)** *zur Gewinnung von Erz o. ä. durchgeführte Sprengung:* die Gesteinsmasse konnte mit drei Schüssen losgesprengt werden. **4.** (Jargon) **a)** *Injektion einer Droge* (bes. *von Heroin):* der Stoff reicht für zwei Schüsse; eine Dosis Heroin für den nächsten S. (Spiegel 35, 1979, 86); * **jmdm., sich einen S. setzen/drücken/machen** *(jmdm., sich eine Droge injizieren):* selbst Polizeibeamte sind mitunter überrascht, wie schnell sich jemand den letzten S. setzt (Spiegel 52, 1978, 40); **der goldene S.** *([in der Absicht, sich das Leben zu nehmen, vorgenommene] Injektion einer tödlichen Dosis Heroin o. ä.);* **b)** *Menge, Dosis einer Droge* (bes. *Heroin), die normalerweise für eine Injektion ausreicht:* sich einen S. [Heroin] kaufen. **5.** * **einen S. tun/machen** (ugs.; *[von Kindern, Jugendlichen] in kurzer Zeit ein beträchtliches Stück wachsen):* der Junge hat mit 19 Jahren noch mal einen tüchtigen S. getan. **6.** *schnelle, ungebremste Fahrt o. ä.:* im S. (Skisport; *in Schußfahrt)* zu Tal fahren; * **S. fahren** (Skisport; *in Schußfahrt abfahren* 1 c); **in S. kommen** (ugs.; **1.** *in Schwung, in schnelle Fahrt kommen.* **2.** *anfangen, loslegen).* **7.** *kleine Menge einer Flüssigkeit [die, z. B. bei der Bereitung von Speisen, etw. anderem zugesetzt wird]:* Tee mit einem S. Essig, Sahne in die Suppe tun; Tee mit einem S. Rum; Cola mit einem S. *(mit etw. Kognak, Rum o. ä.);* Herr Schatzhauser bestellte jedem eine Weiße mit S. *(mit etw. Fruchtsirup, Himbeersaft;* Schnurre, Bart 109); Ü er hat einen S. Leichtsinn im Blut; eine spritzige Komödie mit einem S. Erotik; einen Song mit einem schönen S. Schwermut (Degener, Heimsuchung 125). **8.** (Textilind.) *in Querrichtung verlaufende Fäden in einem Gewebe od. in Querrichtung aufgespannte Fäden in einem Webstuhl:* Der S. ist aus Baumwolle. **9.** * (die folgenden Wendungen beziehen sich wohl auf ein Geschütz, das zum Abschuß vorbereitet ist od. wird;) **in/**(seltener auch:) **im S. sein** (ugs.; **1.** *in Ordnung, in gutem, gepflegtem Zustand sein:* mein Auto ist jetzt wieder [gut] in S. **2.** *in guter körperlicher Verfassung sein; gesund, wohlauf sein:* Opa ist jetzt prima in S. Seitdem war ich eigentlich nie richtig mehr in S. Ich bin heut noch nervlich fertig [Bottroper Protokolle 17]); **in S. kommen** (ugs.; **1.** *in einen ordentlichen, guten, gepflegten Zustand kommen:* ich muß dafür sorgen, daß der Garten wieder in S. kommt. **2.** *einen guten Gesundheitszustand erlangen:* er ist nach seiner Operation schnell wie-

Schußabgabe

der in S. gekommen); *etw.* **in S. bringen/ haben/halten/kriegen o. ä.** *(ugs.; etw. in Ordnung, in einen guten, gepflegten Zustand bringen usw.):* den Laden werden wir schon wieder in S. kriegen; daß die Sowjetunion eine großartige Staatsmacht ist, die ihr Land tadellos in S. hat (Kempowski, Immer 133); Ich halte dir deine Wagen in S. (Frankenberg, Fahrer 130); **Schuß|ab|ga|be,** die ⟨o. Pl.⟩ (Papierdt.): *Abgabe eines Schusses* (1 b): vor der S.; **Schuß|bahn,** die: *Geschoßbahn;* **schuß|bän|dig** ⟨Adj.⟩ (Jägerspr.): *(von Hunden, auch Pferden) an Schüsse* (1 d) *gewöhnt u. durch sie nicht unruhig werdend;* **Schuß|bein,** das (Fußball Jargon): *Bein, mit dem ein Fußballspieler [gewöhnlich] schießt;* **Schuß|be|reich,** der: vgl. Schußfeld; **schuß|be|reit** ⟨Adj.⟩: **1. a)** *bereit, jederzeit sofort zu schießen:* machen Sie sich s.!; er saß s. auf der Lauer; **b)** *(von einer Waffe) feuerbereit:* mit -em Gewehr saß er in seinem Versteck. **2.** (ugs.) **a)** *bereit, jederzeit sofort zu fotografieren:* die Fotografen machten sich s.; **b)** *(von einer Kamera) jederzeit sofort ausgelöst werden könnend:* mit -er Kamera erwarteten sie den Star; **Schuß|dich|te,** die (Textilind.): *Anzahl der auf eine bestimmte Länge der Kette entfallenden Schußfäden.*
¹**Schus|sel,** der, -s, - [wohl zu ↑Schuß in der Bed. „übereilte, schnelle Bewegung"] (ugs.; oft abwertend): *schusseliger Mensch:* paß doch auf, du S.!; Die (= die Hosen) hat doch wieder dieser S. von Keßler versaubeutelt (Fallada, Mann 92); ²**Schus|sel,** die; -, -n: **1.** (ugs. selten) *schusselige weibliche Person.* **2.** (landsch.) *Schusselbahn.*
Schüs|sel, die; -, -n [mhd. schüʒʒel(e), ahd. scuzzila < lat. scutula, scutella = Trinkschale, Vkl. von: scutra = flache Schale]: **1. a)** *gewöhnlich tieferes, meist rundes od. ovales, oben offenes Gefäß, das bes. zum Auftragen u. Aufbewahren von Speisen benutzt wird:* eine flache, tiefe, runde, silberne S.; eine S. aus Porzellan, Plastik; eine S. mit Spinat, voll Pudding; bringen Sie doch bitte noch eine S. Reis!; ein Satz -n; der Hund kann die S. ausleken; von dem Salat könnte ich eine ganze S. *(eine ganze Schüssel voll) essen;* *** aus einer S. essen** (ugs.; *zusammengehören u. zusammenhalten);* **vor leeren -n sitzen** (ugs.; *hungern müssen, nichts zu essen haben);* **b)** *(veraltend) etw. in einer Schüssel* (1 a) *Angerichtetes, Aufgetragenes; Gericht, Speise:* eine dampfende S. auftragen; man trug die köstlichsten -n auf; mit Stanko ..., der vom Krankenlager längst wieder zu seinen kalten -n im Gardemanger ... zurückgekehrt war (Th. Mann, Krull 218). **2.** (salopp, oft abwertend) *Auto:* eine alte S. fahren; Seine Bitte, das Auto im Kippe-Garten unterzustellen, wurde abgelehnt. Im Gegenteil, Andreas und ich verboten ihm sogar, seine „Schüssel" vor die Kippe-Tür zu stellen (Ossowski, Bewährung 119). **3.** (Jägerspr.) *Teller* (3). **4.** (Jägerspr.) *Lager der Trappe.* **5.** (ugs.) *Satellitenschüssel:* eine S. auf dem Dach; Noch garantiert nur die individuelle S. uneingeschränkten Sat-Empfang (test 9, 1993, 3); viele haben auch keine Möglichkeit, ihren Fernseher an eine „Schüssel" ... anzuschließen (Gong 29, 1991, 3). **6.** (ugs.) *Toilettenschüssel:* die S. ist schmutzig; auf der S. sitzen.
Schüs|sel|bahn, die [zu ↑schusseln (3)] (landsch.): *Schlitterbahn;* **Schüs|sel|feh|ler,** der [zu ↑¹Schussel] (landsch.): *Flüchtigkeitsfehler.*
Schüs|sel|flech|te, die [nach der Form]: *bes. auf Steinen u. Baumrinde wachsende Laubflechte;* **schüs|sel|för|mig** ⟨Adj.⟩: *in der Form einer Schüssel ähnlich:* eine -e Muschel.
schus|se|lig, schußlig ⟨Adj.⟩ [zu ↑¹Schussel] (ugs. abwertend): **a)** *(aus einer inneren Unausgeglichenheit, aus einem Mangel an Konzentration heraus) zur Vergeßlichkeit neigend u. fahrig* (a), *gedankenlos:* ein etwas schusseliger Ober, Autofahrer; sei doch nicht so s.!; Ich bin von Natur aus sehr schusselig. Ich verliere alles oder lasse es irgendwo stehen (Bild 26. 6. 64, 4); der Alte ist schon reichlich s.; **Schus|se|lig|keit,** Schußligkeit, die; -, -en (ugs. abwertend): **a)** ⟨o. Pl.⟩ *das Schusseligsein, schusseliges* (a) *Wesen, schusselige Art:* Jedenfalls hatte Dora in ihrer Schusseligkeit nicht die Aorta getroffen (Bieler, Bonifaz 100); es wird immer schlimmer mit seiner S.; **b)** *schusselige Handlung:* solche -en kann ich mir in meinem Job nicht leisten; **schus|seln** ⟨sw. V.⟩: **1.** (ugs.) *viele vermeidbare, auf Unachtsamkeit beruhende Fehler machen, gedankenlos u. unordentlich arbeiten* ⟨hat⟩: er hat bei seinen Hausaufgaben furchtbar geschusselt. **2.** (ugs.) *schusselig umherlaufen, irgendwohin laufen* ⟨ist⟩: sie schusselte aufgeregt durch die Wohnung. **3.** (landsch.) **a)** *schlittern* (1 a) ⟨hat⟩; **b)** *schlittern* (1 b) ⟨ist⟩.
Schüs|sel|pfen|nig, der (früher): *kleiner einseitig geprägter Pfennig aus Silber mit tellerartig aufgebogenem Rand;* **Schüs|sel|trei|ben,** das (Jägerspr. scherzh.): *gemeinsames Essen nach der Jagd:* mit einem S. im Fahnensaal der Wachenburg klingt der Hubertustag aus (MM 18. 10. 71, 20); **Schüs|sel|tuch,** das ⟨Pl. ...tücher⟩ (nordd.): *Spültuch.*
Schuß|ent|fer|nung, die: *Entfernung, aus der ein Schuß abgegeben wird, wurde.*
Schus|ser, der; -s [im 15. Jh. schuzzer, zu ↑Schuß, da die Murmel beim Spielen „geschossen" (= weggeschnellt) wird] (landsch., bes. südd.): *Murmel;* **schus|sern** ⟨sw. V.; hat⟩ (landsch., bes. südd.): *mit Murmeln spielen.*
Schuß|fa|den, der (Textilind.): *in Querrichtung verlaufender Faden in einem Gewebe;* **Schuß|fahrt,** die (Skisport): *ungebremste geradlinige Abfahrt;* **Schuß|feld,** das: *innerhalb der Schußweite einer Waffe liegender Bereich:* ein freies S. haben; Ü ... gerät vor allem der frühere Kanzleramtchef ... ins S. (*in den Mittelpunkt öffentlicher Kritik;* MM 2. 5. 74, 1); der Spieler hatte freies S. (Fußball; *konnte direkt aufs Tor schießen);* **schuß|fer|tig** ⟨Adj.⟩: vgl. schußbereit; **schuß|fest: 1.** *kugelsicher:* -es Glas; die Elitetruppe ... in -er Nylonkluft – nähert sich von hinten der Maschine (Spiegel 44, 1977, 27). **2.** (Jägerspr.) *an Schüsse* (1 d) *gewöhnt;* **Schuß|fe|stig|keit,** die ⟨o.Pl.⟩: *das Schuß-*

festsein; **schuß|freu|dig** ⟨Adj.⟩ (Sport Jargon): *gern, viel aufs Tor schießend:* ein -er Linksaußen; **Schuß|garn,** das (Textilind.): vgl. Schußfaden; **Schuß|ge|le|gen|heit,** die (Sport): *Gelegenheit, aufs Tor zu schießen;* **schuß|ge|recht** ⟨Adj.⟩ (Jägerspr.): **1.** *(vom Jäger) mit Schußwaffen vertraut.* **2.** *(vom Wild) an einer Stelle befindlich, wo es der Jäger mit hoher Wahrscheinlichkeit treffen kann;* **Schuß|ge|rin|ne,** das (Wasserbau): *stark geneigtes Gerinne;* **schuß|ge|wal|tig** ⟨Adj.⟩ (Sport Jargon): *große Schußkraft besitzend;* **Schuß|glück,** das (Sport Jargon): *Glück beim Schießen aufs Tor:* die Bayern hatten kein [großes] S.
schus|sig ⟨Adj.⟩ (landsch.): *hastig, übereilig:* sei doch nicht so s.!
-schüs|sig (Textilind.): *in Zusb., z. B.* zweischüssig *[von einem Gewebe] zwei Schußfäden pro Fach 3 aufweisend);* **Schuß|ka|nal,** der (Med.): *durch das Eindringen eines Geschosses in den Körper verursachte röhrenförmige Verletzung; der Verlauf des -s kann Aufschluß über den Standort des Schützen geben;* **Schuß|kraft,** die ⟨o. Pl.⟩ (Sport Jargon): *Fähigkeit, den Ball mit großer Wucht [aufs Tor] zu schießen:* er ist wegen seiner ungeheuren S. bei allen Torwarten gefürchtet; **Schuß|kreis,** der (Hockey): *durch eine halbkreisförmige Linie begrenzter Teil des Spielfeldes vor dem Tor, von dem aus direkt auf dieses Tor geschossen werden darf.*
Schuß|ler, der; -s, - (ugs.): ¹*Schussel;* **Schuß|le|rin,** die; -, -nen (ugs.): *w. Form zu* ↑Schußler.
Schuß|licht, das (Jägerspr.): *Büchsenlicht:* ich hatte gerade noch S.
schuß|lig: ↑schusselig; **Schuß|lig|keit:** ↑Schusseligkeit.
Schuß|li|nie, die: *(gedachte) gerade Linie zwischen einer auf ein Ziel gerichteten Schußwaffe u. diesem Ziel:* aus der S. gehen; Ü ... sich wenigstens aus der S. zurückzuziehen, dem permanenten Leistungsdruck ein wenig auszuweichen (Spiegel 30, 1976, 48); *** in die/in jmds. S. geraten** (*in eine Lage geraten, in der man heftiger [öffentlicher] Kritik ausgesetzt ist):* der Staatssekretär ist in die S. geraten; Das Wirtschaftsmagazin des ZDF ist in die S. geraten (Hörzu 27, 1975, 8); **sich in die S. begeben** (*sich heftiger [öffentlicher] Kritik aussetzen);* **Schuß|lücke**¹, die (Sport Jargon): *Lücke in der Abwehr, durch die der Gegner aufs Tor schießen kann:* er fand keine S.; **Schuß|mög|lich|keit,** die (Sport): vgl. Schußgelegenheit; **Schuß|nä|he,** die: *Entfernung, aus der man ein Ziel einigermaßen sicher treffen kann:* sich bis auf S. an ein Wild heranpirschen; **Schuß|pech,** das (Sport Jargon): vgl. Schußglück; **Schuß|po|si|ti|on,** die (Sport): *Position eines Spielers, aus der er aufs Tor schießen, schießen kann;* **schuß|recht** ⟨Adj.⟩ (Jägerspr.): *schußgerecht;* **Schuß|rich|tung,** die: *Richtung eines Schusses* (1 b); *Richtung, in die geschossen wird, werden soll;* **schuß|scheu** ⟨Adj.⟩ (Jägerspr.): *(von Hunden, auch Pferden) auf Schüsse* (1 d) *ängstlich, unruhig reagierend;* **schuß|schwach** ⟨Adj.⟩ (Sport Jargon): *kaum in der Lage, gezielt u. erfolgreich aufs Tor zu schießen:* ein -er

Stürmer; **Schuß|schwä|che,** die (Sport Jargon): *das Schußschwachsein:* die S. der Stürmer war erschreckend; **schuß|sicher** ⟨Adj.⟩: *kugelsicher;* **schuß|stark** ⟨Adj.⟩ (Sport Jargon): vgl. schußschwach; **Schuß|stär|ke,** die (Sport Jargon): vgl. Schußschwäche: die Mannschaft ist wegen ihrer S. gefürchtet; **Schuß|ver|let|zung,** die: *durch einen Schuß* (1 b) *verursachte Verletzung;* **Schuß|waf|fe,** die: *Waffe, mit der man schießen kann:* der Polizist machte von der S. Gebrauch; **Schuß|waf|fen|gebrauch,** der (bes. Polizeiw.): *Gebrauch der Schußwaffe:* Vorsicht, S.!; **Schuß|wech|sel,** der: *gegenseitiges Aufeinanderschießen:* es kam zu einem kurzen, längeren S. zwischen den Geiselnehmern und der Polizei; Bei einem S. in einer Wohnung ... ist ... der 20 Jahre alte Hauptwachtmeister ... erschossen worden (MM 27.12.74, 11); **schuß|weis** ⟨Adv.⟩ (österr. ugs.): *plötzlich in großem Ausmaß:* den ganzen Vormittag hat das Telefon nicht ein einziges Mal geklingelt, und jetzt kommt es s.; **Schuß|wei|te,** die: 1. *Entfernung, die ein abgeschossenes Geschoß überwindet.* 2. (Jägerspr.) *Schußnähe:* der Bock blieb außer S.; **Schuß|win|kel,** der (Sport): *von der Torlinie u. der kürzesten Verbindung zwischen Tor u. schießendem Spieler gebildeter Winkel:* ein ungünstiger, zu spitzer S.; **Schuß|wun|de,** die: vgl. Schußverletzung; **Schuß|zahl,** die: *Anzahl von Schüssen;* **Schuß|zei|chen,** das (Jägerspr.): a) *Reaktion eines Tiers, auf das gerade geschossen worden ist, aus der der Jäger erkennt, ob bzw. wie er das Tier getroffen hat;* b) *etw. (z. B. Blut, Haare, Knochensplitter), was ein angeschossenes Tier hinterlassen hat (u. woraus der Jäger Aufschlüsse erhält, wie er das Tier getroffen hat);* **Schuß|zeit,** die (Jägerspr.): *Jagdzeit.*

Schu|ster, der; -s, - [spätmhd. schuster, schuo(ch)ster < mhd. schuoch-, schuochsuter (↑Schuh) u. sūter, ahd. sūtāri < lat. sutor = (Flick)schuster, eigtl. = Näher]: 1. *Schuhmacher:* die Schuhe zum S. bringen; Spr S., bleib bei deinem Leisten (*tu nur das, wovon du etwas verstehst, u. pfusche den anderen nicht ins Handwerk;* nach einem Ausspruch des altgriech. Malers Apelles, mit dem er auf die Kritik eines Schuhmachers antwortete); * **auf -s Rappen** (scherzh.; *zu Fuß;* eigtl. = mit Hilfe der [schwarzen] vom Schuster hergestellten Schuhe) *reisen,* **kommen.** 2. (salopp abwertend) *Pfuscher, Stümper.* 3. (landsch.) *Weberknecht.* 4. (Tischtennis) *Punktzahl 5 (in nichtoffizieller Wertung);* **Schu|ster|ah|le,** die: *besondere, vom Schuhmacher verwendete Ahle;* **Schu|ster|ar|beit,** die: 1. *Arbeit, wie sie vom Schuster ausgeführt wird:* -en wie das Besohlen von Schuhen; diese Stiefel sind gute S. *(sind das Produkt guter Schusterarbeit).* 2. (salopp abwertend) *Pfuscherbeit;* **Schu|ster|baß,** der (ugs. scherzh.): a) *(statt der richtigen Baßstimme gesungene) primitive Baßstimme, die der Melodie einfach in einer tieferen Oktave folgt;* b) *tiefe laute Stimme:* von weitem schon hörte man seinen S. dröhnen; **Schu|sterbrust,** die: 1. *Einsenkung des Brustbeins, wie sie sich bei Schustern durch das ständige Anpressen des Leistens an die Brust ausbilden kann.* 2. (Med. Jargon) *Trichterbrust;* **Schu|ster|draht,** der: *Pechdraht;* **Schu|ste|rei,** die; -, -en: 1. (veraltet) a) *Schusterwerkstatt;* b) ⟨o. Pl.⟩ *Schusterhandwerk.* 2. (ugs. abwertend) *das Schustern* (1, 2); **Schu|ster|fleck,** der (Musik Jargon abwertend): *Rosalie;* **Schu|ster|ge|sel|le,** der: *Geselle im Schusterhandwerk;* **Schu|ster|handwerk,** das: *Handwerk des Schusters;* **Schu|ster|hocker**[1], der: vgl. Schusterschemel; **Schu|ster|jun|ge,** der [2: urspr. Bez. für die billigste Art Brötchen; spielt auf die sozial schlechte Stellung der Schuster an]: 1. (veraltet) *Schusterlehrling;* * **es regnet -n** (berlin. salopp; *es regnet stark;* spielt auf die große Zahl, in der es Schusterlehrlinge gab). 2. (berlin. veraltend) *Brötchen aus Roggenmehl.* 3. (Druckerspr.) *(im Bleisatz entgegen der Regel) auf der vorangehenden Seite bzw. in der vorangehenden Spalte stehende Anfangszeile eines neuen Abschnitts;* **Schu|ster|ko|te|lett,** das [spielt auf die sozial schlechte Stellung der Schuster an] (nordd., berlin. scherzh.): *Kartoffelpuffer;* **Schu|ster|ku|gel,** die (früher): *(als eine Art Sammellinse wirkende) mit Wasser gefüllte gläserne Kugel zur Verbesserung der Beleuchtung des Arbeitsplatzes [des Schuhmachers]:* Meine Großmutter hat einmal in der Petroleumlampe zurückgeworfen und die S. getroffen (Kant, Aufenthalt 53); **Schu|ster|laib|chen,** das (österr.): *großes, rundes, mit Kümmel bestreutes Brötchen aus Weizen- u. Roggenmehl;* **Schu|ster|lehr|ling,** der: *Lehrling im Schusterhandwerk;* **schu|stern** ⟨sw. V.; hat⟩: 1. (veraltet, noch ugs.) *als Schuster arbeiten.* 2. (ugs. abwertend) *pfuschen;* **Schu|ster|pal|me,** die: *Metzgerpalme;* **Schu|ster|pa|ste|te,** die [vgl. Schusterkotelett] (nordd., ostmd.): *Auflauf o. ä. aus Resten von Fleisch, Gemüse usw.;* **Schu|ster|pech,** das: *Pech für den Schusterdraht;* **Schu|ster|pfriem,** der: vgl. Schusterahle; **Schu|ster|sche|mel,** der: *niedriger, dreibeiniger Schemel, auf dem der Schuhmacher bei der Arbeit sitzt;* **Schu|ster|werk|statt,** die: *Werkstatt eines Schusters.*

Schu|te, die; -, -n [1: (m)niederd. schüte, zu ↑schießen (vgl. ¹Schoß), wohl nach dem weit ausladenden Vordersteven; 2: nach der weiten Form]: 1. *zum Transport bes. von Schüttgut benutztes offenes Wasserfahrzeug (ohne Eigenantrieb):* eine mit Sand beladene S. 2. *breitrandiger, haubenartiger Frauenhut, dessen Krempe das Gesicht umrahmt; Kiepenhut;* **Schu|tenhut,** der: *Schute* (2): mit ihrem schleifenverzierten S. (Brigitte 23, 1974, 112).

Schutt, der; -[e]s [spätmhd. schut, urspr. = künstliche Aufschüttung, zu ↑schütten]: 1. *in kleinere u. kleinste Stücke zerbröckelte Reste von Gesteinsmassen, Mauerwerk o. ä., die vormals zu einem größeren [massiven] Ganzen (Fels od. Bauwerk) gehörten:* ein Haufen S.; [den] S. wegräumen; S. abladen verboten!; Ü so muß man, ... sich ein deutliches Bild jenes Lebens machen, das längst im S. der Jahrtausende zu Staub zerfallen ist (Thieß, Reich 342); * **etw. in S. und Asche legen** *(etw. völlig zerstört u. niederbrennen);* **in S. und Asche liegen** *(völlig zerstört u. niedergebrannt sein);* **in S. und Asche sinken** (geh.; *völlig zerstört u. niedergebrannt werden).* 2. (landsch.) *Schuttabladeplatz:* etw. auf den S. werfen, fahren; **Schutt|ab|la|de|platz,** der: *Platz zum Abladen u. Lagern von Schutt, Abfall, Müll:* dieses Gerümpel gehört auf den S.; Ü den Psychoanalytiker als S. benutzen; **Schutt|berg,** der: vgl. Schutthaufen; **Schütt|be|ton,** der (Bauw.): *lockerer, in Schalungen geschütteter u. danach nur wenig verdichteter Beton;* **Schüttbo|den,** der (landsch.): *[Dach]boden, Speicher, auf dem Getreide u. Stroh gelagert wird;* **Schüt|te,** die; -, -n [zu ↑schütten; 3: mhd. schüt(e)]: 1. a) (bes. in Küchenschränken) *kleiner, herausziehbarer Behälter (in Form einer Schublade) zur Aufbewahrung loser Vorräte, die sich schütten lassen:* drei Eßlöffel Mehl aus der S. nehmen; b) *Behälter, worin man loses Material (z. B. Kohlen o. ä.) tragen u. dessen Inhalt man durch eine oben frei gelassene Öffnung ausschütten kann;* c) (bes. Schiffahrt) *Rutsche zum Verladen von Schüttgut.* 2. (landsch.) a) *Bund, Bündel [Stroh]:* zwei -n Stroh; b) *aufgeschüttetes bes. Stroh, Laub o. ä.):* auf einer S. *(auf einem Strohlager)* schlafen. 3. (schweiz.) *Schüttboden.* 4. (Jägerspr.) a) *Futter, das für Fasanen, Rebhühner u. Schwarzwild ausgelegt wird;* b) *Futterplatz, wo die Schütte* (4 a) *ausgelegt wird.* 5. (Forstw., Bot.) *bei Nadelbäumen auftretende Krankheit, bei der die Nadeln der befallenen Bäume abfallen;* **Schüt|tel|be|cher,** der: *Mixbecher;* **Schüt|tel|frost,** der: *heftiges Zittern am ganzen Körper, verbunden mit starkem Kältegefühl u. schnell ansteigendem Fieber:* mit S. im Bett liegen; **Schüt|tel|krampf,** der (Med.): *Klonus;* **Schüt|tel|läh|mung,** die (Med.): *Parkinsonsche Krankheit;* **schüt|teln** ⟨sw. V.; hat⟩ [mhd. schüt(t)eln, scutilōn, Intensivbildung zu ↑schütten]: 1. a) *etw., jmdn. kräftig, kurz u. schnell hin u. her bewegen [so daß er, es in schwankende Bewegung gerät]:* jmdn. [bei den Schultern nehmen] heftig, kräftig s.; jmdn. am Arm s.; jmdn. aus dem Schlaf s. *(durch Schütteln wecken);* [die Medizin] vor Gebrauch s.!; die Betten s. *(aufschütteln);* der Löwe schüttelt seine Mähne; drohend die Faust [gegen jmdn.] s.; verneinend den Kopf s.; verwundert den Kopf, mit dem Kopf [über etw.] s.; jmdm. bei der Begrüßung die Hand s.; der Wind schüttelt die Bäume; Die Maschine, von Böen geschüttelt, so daß die Flügel wippten, kreiste noch mindestens zwanzig Minuten im Nebel (Frisch, Gantenbein 387); ein Hustenanfall schüttelte ihn; der Ekel schüttelte sie *(sie muß sich schütteln vor Ekel);* das Fieber schüttelt ihn *(bewirkt, daß er heftig zittert);* von Angst geschüttelt sein *(vor Angst zittern);* ⟨unpers.:⟩ es schüttelt mich [vor Kälte, Ekel] *(sie schüttelte sich [vor Kälte, Ekel]);* es schüttelte mich am ganzen Körper; Ü Und niemand war da, um ihn zu trauern, in diesem von Krieg und Verrat geschüttelten Land (Seghers, Transit 282); b) ⟨s.

Schüttelreim

+ sich) *heftig hin u. her gehende od. drehende Bewegungen machen:* der Hund schüttelt sich; sich vor Widerwillen, vor Lachen s.; Der Inspektor schüttelte sich vor Vergnügen (Fallada, Blechnapf 67); **c)** ⟨s. + sich⟩ *sich ekeln:* Wir pflegten den jungen Burschen, die sich vor Schnaps aller Art schüttelten ..., ihren Anteil an diesem köstlichen gelben Getränk in Schokolade und Bonbons zu vergüten (Böll, Mann 43); Grauenhafte Kneipe, ganz grauenhaft, Maler Philippi schüttelt sich (Bobrowski, Mühle 279). **2.** *durch Schütteln* (1 a) *zum Herunter-, Herausfallen bringen:* Obst [vom Baum] s.; den Staub von, aus den Kleidern s.; Mehl durch ein Sieb s. **3.** *[heftig] hin u. her gehende od. drehende Bewegungen machen:* die Kutsche schüttelt; Die Maschine schüttelte und bockte im Sturm, wohin man blickte, kotzten die Passagiere (Zwerenz, Kopf 137); **Schüt|tel|reim,** der: *doppelt reimender Paarreim mit scherzhafter Vertauschung der Anfangskonsonanten der am Reim beteiligten Wörter od. Silben* (z. B.: Ich wünsche, daß mein Hünengrab/ich später mal im Grünen hab'); **Schüt|tel|rost,** der: ¹*Rost (a) in einem Ofen, den man hin- u. herbewegen kann, um die Asche hindurchzuschütteln;* **Schüt|tel|rut|sche,** die (Bergbau): *Rinne aus Blech, die von einem Motor leicht bewegt wird, damit das transportierte Material besser gleitet;* **Schüt|tel|sieb,** das: vgl. Schüttelrost; **Schüt|tel|vers,** der (selten): vgl. Schüttelreim; **schüt|ten** ⟨sw. V.; hat⟩ [mhd. schüt(t)en, ahd. scutten, eigtl. = heftig bewegen]. **1. a)** *in zusammenhängender od. gedrängter Menge niederrinnen, -fallen, -gleiten lassen, gießen:* Wasser [aus dem Eimer] in den Ausguß s.; Mehl in ein Gefäß s.; Sägemehl auf den Boden s.; Kohlen auf einen Haufen s.; jmdm., sich etw. ins Glas, über das Kleid s.; Er lädt sein Gewehr, das ist: er schüttet ein wenig Pulver auf die Pfanne ... (Hacks, Stücke 203); geschüttete (Fachspr.: *nicht gestapelte, nicht abgepackte*) Briketts; **b)** ⟨unpers.⟩ (ugs.) *heftig regnen:* es schüttete die ganze Nacht; **c)** (ugs.) *durch Hinein-, Darauf-, Darüberschütten von etw. in einen mehr od. weniger gefüllten od. bedeckten Zustand bringen:* den Boden voll Korn s.; Am Abend hatten sie sich in der „Propellerschenke" voll Bier geschüttet (salopp: *hatten sie dort große Mengen Bier getrunken;* H. Gerlach, Demission 71). **2.** (Fachspr.) *(bes. vom Getreide, von einer Quelle) ergiebig sein, einen Ertrag von bestimmter Güte od. Menge liefern:* der Weizen schüttet gut, schlecht in diesem Jahr; eine besonders reich schüttende Quelle.

schüt|ter ⟨Adj.⟩ [in oberdeutscher Lautung hochspr. geworden; mhd. schiter, ahd. scetar = dünn, lückenhaft; urspr. = gespalten, zersplittert]. **1.** *spärlich im Wachstum, nicht dicht stehend; dürftig [wachsend]:* der Portier mit dem -en Haarkranz um die große Glatze (Simmel, Stoff 216); ein -er Fichtenwald; Ein Teppich aus -em Gras deckt die Gräber (Koeppen, Rußland 175); sein Bart, Haar ist s. [geworden]; Sie (= die Hügel) sind nur s. mit Kiefern bewachsen (Berger, Augenblick 129). **2.** (geh.) *kümmerlich, schwach:* mit -er Stimme; nachdem Lenau -en Applaus geerntet hatte (Springer, Was 235); Man hätte ... an einen Badestrand fahren müssen, aber selbst dafür waren alle Kräfte zu s. geworden (Rolf Schneider, November 79); Über Sandwege, die nur s. die kriechenden Wurzeln der Strandkiefern bedeckten (Grass, Hundejahre 33).

Schüt|ter|ge|biet, das (Geol.): *durch Linien gleichzeitiger Erschütterung (Homoseisten) charakterisiertes Erdbebengebiet;* **schüt|tern** ⟨sw. V.; hat⟩ [zu ↑schütten]. **1.** *(von [heftig] schwingender, stoßender Bewegung) erschüttert werden:* der Fußboden schüttert jetzt etwas vom Maschinengedröhn (Hartung, Piroschka 11); ... kam meine Straßenbahn heulend und schütternd um die Ecke (Bieler, Bonifaz 40); indem er sich mit einer leise schütternden *(zitternden)* Hand ein Streichholz entzündete (A. Zweig, Grischa 104). ♦ **2. a)** *heftig bewegen, schütteln* (1 a): und uns Waffen zu verschaffen, schüttert er des Berges Wipfel (Goethe, Deutscher Parnaß); **b)** *schaudern* (2): Die ergriffne, schwankende Seele schütterte dreimal noch, als ihm das Herz brach (Klopstock, Messias 7, 210 f.); In eurem Tempel haften wird sein Speer: Da schlagen ihn die Feldherrn schüttend an, wann sie ausfahren über Land und Meer (Uhland, Ver sacrum); **Schütt|feld,** das (Geol.): *von Gesteinsschutt bedeckte Fläche;* **Schutt|fe|sti|ger,** der: *in alpinen Regionen wachsende Pflanze, die mit tiefreichenden Wurzeln in den ruhenden Schichten von Schutthalden verankert ist u. rutschenden Schutt aufstaut;* **Schütt|gelb,** das [wohl verhüll. Eindeutschung von gleichbed. niederl. schijtgeel, eigtl. = „Scheißgelb"]: *Luteolin;* **Schütt|gewicht,** das (Wirtsch.): *durchschnittliches Gewicht einer Volumeneinheit eines [locker] geschütteten Gutes;* **Schütt|gut,** das (Wirtsch.): *loses Gut, das zum Transport in den Laderaum eines Fahrzeugs geschüttet (u. nicht verpackt) wird* (z. B. Kohle, Getreide, Sand); **Schütt|hal|de,** die: **1.** *Anhäufung von Schutt.* **2.** (Geol.) *natürliche Anhäufung von Gesteinsschutt am Fuß eines steilen Hangs;* **Schütt|hau|fen,** der: *Haufen aus Schutt, Abfällen;* **Schütt|karren,** der: *Karren zum Transport von Schutt;* **Schütt|ke|gel,** der (Geol.): *kegelförmige Schutthalde* (2); **Schütt|la|dung,** die: *Bulkladung;* **Schütt|ler,** der; -s, - (ugs.): *von einem Schütteln der Glieder Befallener;* **Schütt|le|rin,** die; -, -nen (ugs.): w. Form zu ↑Schüttler; **Schüttofen,** der (Hüttenw.): *einem Schachtofen ähnlicher Röstofen;* **Schutt|platz,** der: *Schuttabladeplatz;* **Schütt|stein,** der (schweiz.): *Ausguß* (1 a); **Schütt|stroh,** das: *gebündeltes langes Stroh;* **Schüttung,** die; -, -en (Fachspr.): **1. a)** *das Schütten (bes. von Schüttgut):* die S. des Materials, der Erde, des Betons; **b)** *Art, Form des Geschüttetwerdens, -seins (bes. von Schüttgut):* die Kohlen werden in loser S. *(nicht abgepackt)* geliefert. **2.** *das Geschüttete, Aufgeschüttete:* die S. soll einmal die ganze Senke ausfüllen; die S. (Bauw.; *Schotterlage auf der Packlage*) der Schotterstraße. **3.** (Fachspr.) *Ergiebigkeit einer Quelle, geschüttete* (2) *Menge.*

Schutz, der; -es, -e ⟨Pl. selten, bes. schweiz.⟩ [mhd. schuz, urspr. = (Stau)damm, Wehr; Umdämmung, Aufstauung des Wassers, zu ↑¹schützen]: **1.** ⟨o. Pl.⟩ *etw., was eine Gefährdung abhält od. einen Schaden abwehrt:* die Hütte war als S. gegen, vor Unwetter errichtet worden; warme Kleider sind der beste S. gegen Kälte; Abhärtung ist ein guter S., verleiht einen guten S. gegen Erkältungen; das Dach bot [wenig] S. vor dem Gewitter, gegen das Gewitter; die Gotteshäuser bieten ... ein wenig S. vor all dem Lärm (Koeppen, Rußland 189); Die Existenz einer Opposition bildet den S. vor dem Abgleiten des Staates in die Revolution oder Diktatur (Fraenkel, Staat 231); durch den Raubbau am Wald verlor die Insel ihren natürlichen S.; seine Begleitung bedeutete einen zuverlässigen S. für die Frauen; Der Mensch sucht S. in natürlichen, manchmal aber auch künstlichen Höhlen (Bild. Kunst III, 14); Die Mehrheit des Gefolges hatte sich endlich entschlossen, den S. einer Hütte aufzusuchen (B. Frank, Tage 96); jmds. S., den S. des Gesetzes genießen, besitzen; jmdm. [seinen] S. gewähren, bieten; unter einem Baum S. finden; bei jmdm. S. [vor Verfolgung] suchen; den S. *(die Sicherung u. Bewahrung)* der Grundrechte erklärte man zur ersten Aufgabe des Staates; jmdn. jmds. S. *(Obhut)* empfehlen, anvertrauen; Ebenso gibt es viele Beispiele in der Geschichte, daß Schwache sich freiwillig dem S. der Starken unterstellten (Gruhl, Planet 15); die Verbrecher entkamen unter dem/im S. der Dunkelheit; Im S. einer Baracke beobachtete die beiden den Weg (Apitz, Wölfe 112); sich in/unter jmds. S. begeben; ohne männlichen S. *(ohne männliche Begleitung)* wollte sie nicht nach Hause gehen; jmdn. um [seinen] S. bitten; jmd., etw. steht unter jmds. S., unter dem S. des Gesetzes; der Flüchtling stellte sich unter polizeilichen S., unter den S. der Polizei; Der Wald wurde schon frühzeitig unter staatlichen S. gestellt (Mantel, Wald 123); er wurde unter polizeilichem S. *(unter polizeilicher Aufsicht, Bewachung)* abgeführt; unter jmds. S. *(Obhut)* aufwachsen; die Veranstaltung stand unter dem S. *(der Schirmherrschaft)* des Bürgermeisters; zum S. der Augen eine Sonnenbrille tragen; ein wirksames Mittel zum S. gegen/vor Ansteckung; Maßnahmen zum S. der Bevölkerung vor Verbrechern; er hat drei Leibwächter zu seinem [persönlichen] S.; (veraltet geh. in bestimmten Wortpaaren:) jmds. S. und Schirm/Schild sein; jmdm. S. und Schirm gewähren; in S. und Trutz zusammenstehen; *** jmdn. [vor jmdm., gegen jmdn.] in S. nehmen** *(jmdn. gegen [jmds.] Angriffe, Kritik o. ä. verteidigen):* ... daß sich an dem neuen Mieter mancherlei auszusetzen hatte, während meine Tante ihn jedesmal mit Wärme in S. nahm (Hesse, Steppenwolf 10). **2.** (bes. Technik Jargon) *Vorrichtung, die zum Schutz gegen etw. konstruiert ist:* an einer

Kreissäge einen S. anbringen; Dann gehen sie hin und montieren den S. von der Maschine (H. Gerlach, Demission 109).
¹**Schütz,** der; -en, -en: **1.** (veraltet) ¹*Schütze* (1 a). **2.** kurz für ↑*Feldschütz.*
²**Schütz,** das; -es, -e [zu ↑¹*schützen;* vgl. mhd. schuz, ↑Schutz]: **1.** (Fachspr.) *in Wassergräben, Kanälen, an Schleusen, Wehren angebrachte Absperr- u. Regulierungsvorrichtung, bes. in Form einer senkrechten Platte o. ä., die aufgezogen u. heruntergelassen werden kann.* **2.** (Elektrot.) *(für mit Starkstrom arbeitende Geräte, Anlagen o. ä.) verwendender durch einen schwachen Strom betätigter elektromagnetischer Schalter;* **Schutz|al|ter,** das (Jargon): *Alter, bis zu dem Jugendliche im Hinblick auf sexuelle Verführung o. ä. durch Gesetz geschützt sind;* **Schutz|an|pas|sung,** die (Zool.): *tarnende, Schutz vor Feinden dienende Anpassung bestimmter Tiere in Färbung, Körperform, durch die Bildung eines Gehäuses o. ä.;* **Schutz|an|strich,** der: **1.** *Anstrich zum Schutz bes. gegen Korrosion, schädigende Witterungseinflüsse o. ä.* **2.** (Milit. seltener) *Tarnanstrich;* **Schutz|an|zug** s.; vgl. Schutzkleidung; **Schutz|auf|sicht,** die (Rechtsspr. früher): *Überwachung u. Schutz Minderjähriger durch das Jugendamt (auf Grund gerichtlicher bzw. behördlicher Anordnung in Fällen drohender Verwahrlosung);* **Schutz|bau,** der: vgl. Schutzraum; **Schutz|be|dürf|nis,** das ⟨o. Pl.⟩: *Bedürfnis nach Schutz:* das S. der Gesellschaft vor Gewalttaten; **schutz|be|dürf|tig** ⟨Adj.⟩: *Schutz nötig habend:* -e Personengruppen; **Schutz|be|foh|le|ne,** der u. die ⟨Dekl. ↑Abgeordnete⟩ (Rechtsspr., sonst veraltend, geh.): *jmds. Schutz, Obhut Anvertraute[r]; Schützling;* **Schutz|be|häl|ter,** der: *spezieller Behälter für bestimmte Stoffe zum Schutz der Umwelt, bes. vor schädlichen Strahlen;* **Schutz|be|haup|tung,** die (bes. Rechtsspr.): *unzutreffende Behauptung, mit deren Hilfe jmd. eine Schuld zu verbergen sucht, einer Bestrafung zu entgehen versucht:* eine Aussage als S. werten; **Schutz|be|klei|dung,** die: vgl. Schutzkleidung; **Schutz|be|reich,** der (Milit.): *für Zwecke der Landesverteidigung abgegrenzter Bereich, in dem die Benutzung von Grundstücken behördlich angeordneten Beschränkungen unterliegt;* **Schutz|blech,** das: **1.** *halbkreisförmiges, gewölbtes Blech über den Rädern, bes. von Zweirädern, zum Auffangen des Schmutzes.* **2.** *schützendes Blech; schmutzende od. gefährliche bewegliche Teile von Maschinen od. anderen Vorrichtungen abdeckende Verkleidung aus Blech o. ä.;* **Schutz|brief,** der: **1.** (Politik, Dipl.; bes. früher) *Urkunde mit der staatlichen Zusage des Schutzes:* dem Unterhändler, einem Durchreisenden einen S. ausstellen. **2.** (Versicherungsw.) *Versicherung (2 a) für Kraftfahrer, die dem Versicherungsnehmer im In- u. Ausland die jeweils erforderliche Hilfeleistung garantiert;* **Schutz|bril|le,** die: *Brille zum Schutz der Augen vor Verletzungen od. Schädigung;* **Schutz|bünd|nis,** das: *Bündnis zum gegenseitigen Schutz;* **Schutz|bür|ger,** der

(hist.): *Einwohner ohne [volles] Bürgerrecht, der einen weitergehenden rechtlichen Schutz genießt als Fremde bzw. Ausländer;* **Schutz|dach,** das: *Schutz gewährendes Dach;* **Schutz|damm,** der: *Damm zum Schutz bes. vor Überschwemmungen.*
¹**Schüt|ze,** der; -n, -n [mhd. schütze, ahd. scuzz(i)o, zu ↑schießen]: **1. a)** *jmd., der mit einer Schußwaffe schießt:* ein guter, schlechter S.; der S. *(die Person, die geschossen hatte)* konnte ermittelt werden; **b)** (Sport) *den Ball o. ä. [ins Tor] schießender, werfender Spieler:* ein gefährlicher, sicherer S.; der S. des dritten Tors; „Der dritte Sieg hintereinander", kommentierte Thomas Allofs, der S. des 1:0 (Kicker 82, 1981, 49). **2.** *Mitglied eines Schützenvereins.* **3. a)** *Soldat des untersten Dienstgrades beim Heer* (1 b): **S. Arsch [im letzten/dritten Glied]* (Soldatenspr. derb veraltend; *geringgeschätzter einfacher Soldat*): Von der Musterung am Anfang bis zur Entlassung zeichnet Kofler in zahllosen kurzen und kürzesten Abschnitten den Alltag des -n Arsch in unserem Nachbarland (Spiegel 21, 1981, 205); *S. Hülsensack* (Soldatenspr. veraltet; *dummer, tölpelhafter einfacher Soldat;* eigtl. = *Soldat, der nur dazu taugt, die leeren Patronenhülsen aufzusammeln*); **b)** (ehem. DDR) *Soldat des motorisierten Waffengattung des Heeres* (1 b); **c)** (veraltet) *Infanterist.* **4.** (Astrol.) **a)** ⟨o. Pl.⟩ *Tierkreiszeichen für die Zeit vom 23. 11. bis 21. 12.:* im Zeichen des -n geboren sein; **b)** *jmd., der im Zeichen des* ¹Schütze *(4 a) geboren ist:* sie ist [ein] S. **5.** ⟨o. Pl.⟩ *Sternbild.*
²**Schüt|ze,** die; -, -n: ²*Schütz* (1); **Schutz|ein|rich|tung,** die: vgl. Schutzvorrichtung; ¹**schüt|zen** ⟨sw. V.; hat⟩ [mhd. schützen, eigtl. = eindämmen, (Wasser) aufstauen, entweder in der alten Bed. „einen Riegel" vorstoßen") od. zu ↑schütten (mhd. schüten = [einen Schutzwall] anhäufen]: **1.** *jmdm., einer Sache Schutz gewähren, einen Schutz [ver]schaffen:* jmdn., ein Land [vor Gefahren, Feinden, gegen Gefahren, Feinde] s.; das Eigentum, jmds. Interessen [vor Übergriffen, gegen Übergriffe] s.; etw. vor der Sonne, vor, gegen Nässe s.; Die Damen kreischten und suchten sich mit vorgehaltenen Armen zu s. (Th. Mann, Krull 28); sich [durch geeignete Maßnahmen, durch ein Kondom] vor, gegen Ansteckung s.; Es gelte allgemein die Devise, solange man sich schütze *(solange man zum Schutz Kondome benutze)*, könne man soviel Lust ausleben, wie man wolle (Spiegel 25, 1993, 146); sich vor Betrug, Betrügern, gegen Betrug, Betrüger s.; warme Kleidung schützt [dich] vor Kälte; So schützt man seine Glieder am besten vor dem Erfrieren (Plievier, Stalingrad 128); die Dunkelheit schützte den Dieb [vor Entdeckung]; im Vormarsch der Truppen wurde durch Artilleriefeuer geschützt; ein schützendes Dach; eine [vor, gegen Wind] geschützte Stelle. **2.** *unter gesetzlichen Schutz stellen u. dadurch gegen [anderweitige] [Be]nutzung, Auswertung o. ä.* ¹schützen (1): eine Erfindung durch ein Patent s.; ein Buch

urheberrechtlich s. lassen; Besondere Bestimmungen schützen die Krankenversicherung vor Mißbrauch (Fraenkel, Staat 315); Das Erbrecht an dem persönlichen Eigentum der Bürger wird durch das Gesetz geschützt (Mehnert, Sowjetmensch 100); der Name des Fabrikats ist [gesetzlich] geschützt; Die öffentliche Wiedergabe geschützter Musik- und Sprachwerke ... (NJW 19, 1984, 1108). **3.** *unter Naturschutz stellen:* eine Landschaft s.; Pflanzen, Tiere s.; Seitdem hat man den Leoparden schleunigst wieder geschützt (Grzimek, Serengeti 279); das Alpenschneehuhn ist ganzjährig geschützt *(darf zu keiner Zeit des Jahres gejagt werden);* geschützte Tiere, Pflanzen, Arten; ²**schüt|zen** ⟨sw. V.; hat⟩ (Technik): *durch ein* ²*Schütz* (1) *stauen.*
Schüt|zen, der; -s, - [spätmhd. schutzen, zu ↑schießen]: *Schiffchen* (4); **Schüt|zen|bru|der,** der: vgl. Kegelbruder; **Schüt|zen|bru|der|schaft,** die: *katholischer Schützenverein;* **Schüt|zen|di|vi|si|on,** die (ehem. DDR Milit.): *Division der* ¹*Schützen* (3 b); **Schüt|zen|fest,** das: **1.** *mit einem Wettkampf der* ¹*Schützen* (2) *verbundenes Volksfest.* **2.** (Ballsport Jargon) *Spiel, in dem eine Seite besonders viele Tore erzielt;* **Schüt|zen|feu|er,** das (Milit.): vgl. Artilleriefeuer: gegen ein gezieltes S. angreifen; **Schüt|zen|fisch,** der: *(in Südostasien heimischer) kleinerer, seitlich abgeplatteter, grüngrauer Fisch, der bei der Jagd auf Insekten mit dem Maul gezielt Wasser verspritzt* (Aquarienfisch).
Schüt|zen|gel, der [LÜ von kirchenlat. angelus tutelaris]: **1.** *(bes. nach katholischem Glauben) einem Menschen zum Schutz beigegebener Engel:* sein S. hat ihn davor bewahrt; fordere deinen S. nicht heraus *(setze dich nicht mutwillig einer Gefahr aus);* Aber ich hab' einen S. gehabt *(bin vor dem Schlimmsten bewahrt geblieben)* mit dem Hintern gehabt (Kempowski, Immer 190). **2.** *Engel* (2 a): Du warst ein S. aller Armen (Bergengruen, Rittmeisterin 181). **3.** (Jargon) *Zuhälter.*
Schüt|zen|ge|sell|schaft, die: vgl. Schützenverein; **Schüt|zen|gil|de,** die: vgl. Schützenverein; **Schüt|zen|gra|ben,** der: *zum Schutz der Infanteristen angelegter, beim Kampf Deckung bietender Graben;* Schützengräben ausheben, ziehen; im S. liegen; **Schüt|zen|gra|ben|krieg,** der: *Grabenkrieg;* **Schüt|zen|haus,** das: *Vereinshaus der* ¹*Schützen* (2); **Schüt|zen|hil|fe,** die (ugs.): *Unterstützung durch hilfreiches jmds. Vorgehen, Handeln schützendes u. förderndes Verhalten:* jmdm. S. geben, gewähren; Holden prangerte gleichzeitig die Bonner S. für Portugal an (Neues D. 20. 6. 64, 5); S. von jmdm. bekommen, hätte die Befürworter eines gemäßigten Tempos auf den Straßen von Experten, die ... (MM 28. 2. 74, 12); **Schüt|zen|hof,** der: *Schützenhaus [u. Schießplatz];* **Schüt|zen|ket|te,** die (Milit.): *tief gestaffelte Gruppierung der beim Angriff vorrückenden* ¹*Schützen* in S. vorrücken; **Schüt|zen|kö|nig,** der: **1.** *preisgekrönter Sieger des Wettschießens der* ¹*Schützen* (2) *beim Schützenfest.* **2.** (Ball-

Schützenkönigin

spiele Jargon) *erfolgreichster Torschütze (einer Saison, eines Turniers usw.);* **Schützen|kö|ni|gin,** die: w. Form zu ↑Schützenkönig; **Schüt|zen|li|nie,** die (Milit.): vgl. Linie (5 b); **Schüt|zen|loch,** das: *von einzelnen* ¹*Schützen ausgehobenes Loch zur eigenen Deckung beim Kampf;* **Schüt|zen|pan|zer,** der: *gepanzertes Kettenfahrzeug, das Panzergrenadieren bzw.* ¹*Schützen* (3 b) *als Transport- u. Kampffahrzeug dient;* **Schüt|zen|pan|zer|wagen,** der: *Schützenpanzer;* **Schüt|zen|platz,** der: *Platz, auf dem das Schützenfest stattfindet;* **Schüt|zen|rei|he,** die (Milit.): vgl. Schützenlinie; **Schüt|zen|schnur,** die (Milit.): *[silberne] Schnur, die als Auszeichnung für gutes Schießen an der Uniform getragen wird;* **Schüt|zen|stand,** der (Milit.): *für ein od. zwei* ¹*Schützen ausgebautes Schützenloch, aus dem in gedeckter Stellung geschossen wird.* **Schüt|zen|steue|rung,** Schützensteuerung, die (Elektrot.): *Steuerung (eines Geräts, einer Anlage) durch* ²*Schütze* (2). **Schüt|zen|stück,** das: *(in der niederländischen Malerei) Gruppenbild, auf dem die Mitglieder von Schützengilden dargestellt sind.* **schüt|zens|wert** ⟨Adj.⟩: *wert, würdig, geschützt zu werden; Schutz verdienend:* [besonders] -e Baudenkmäler, Landschaften, Biotope, Arten, Daten; ... auch wenn das Gericht zum Schluß kam, daß die übermittelten Informationen weder s. waren noch ein Geheimnis darstellten (NZZ 24. 8. 83, 5). **Schüt|zen|ver|ein,** der: *der Tradition verpflichteter Verein, dessen Mitglieder das Schießen als Sport o. ä. betreiben;* **Schüt|zen|wie|se,** die: vgl. Schützenplatz; **Schüt|zen|zunft,** die (schweiz.): *Schützenverein.* **Schüt|zer,** der; -s, - [zu ↑¹schützen]: **1.** (als Kurzf. von Zus.) *als besonderer Schutz für etw. angefertigte Sache* (z. B. Knieschützer, Ohrenschützer). **2.** (veraltend, geh.) *jmd., der jmdm., einer Sache seinen Schutz gewährt; Beschützer;* **Schüt|ze|rin,** die; -, -nen (veraltend, geh.): w. Form zu ↑Schützer (2); **schutz|fä|hig** ⟨Adj.⟩ (Rechtsspr.): *als Gegenstand rechtlichen (z. B. urheber-, patentrechtlichen) Schutzes geeignet:* eine -e Erfindung; **Schutz|fä|hig|keit,** die (Rechtsspr.): *Eigenschaft, schutzfähig zu sein;* **Schutz|far|be,** die: **1.** *Tarnfarbe.* **2.** *Farbe, die einen Schutzanstrich bildet bzw. dafür geeignet ist;* **Schutz|fär|bung,** die (Zool.): *tarnende u. damit vor Feinden schützende Färbung (bei bestimmten Tieren);* **Schutz|film,** der: *vor Schädigung o. ä. schützender Film* (1), *dünner Überzug:* das Öl, der Lack bildet auf dem Metall einen S.; Holz mit einem S. überziehen; **Schutz|frist,** die (Rechtsspr.): *Frist, während der etw. gesetzlich geschützt ist;* **Schutz|ge|biet,** das: **1.** *zu einem bestimmten Zweck abgegrenztes u. vor anderweitiger Nutzung geschütztes Gebiet, bes. Naturschutzgebiet.* **2.** (bes. hist.) (meist auf die deutschen Kolonien bezogen) *der Oberhoheit eines Staates unterstelltes fremdes Gebiet:* die deutschen -e in Afrika; **Schutz|ge|bühr,** die: **1.** *Gebühr für etw., die gewährleisten soll, daß das Betreffende nur von Interessenten genommen wird:* der Katalog ist gegen eine S. von einer Mark erhältlich. **2.** (verhüll.) *Schutzgeld:* einmal monatlich kommt die Mafia in seine Bar und kassiert die S., die -en; **Schutz|geist,** der ⟨Pl. -er⟩: *schützender guter Geist:* sein S. bewahrte ihn vor einer Fehlentscheidung; Ü sie ist der S. des Hauses, der Familie; **Schutz|ge|län|der,** das: vgl. Schutzgitter; **Schutz|geld,** das: *durch Androhung von Gewalt erpreßte regelmäßige Zahlung des Inhabers einer Gaststätte o. ä. an eine verbrecherische Organisation:* -er, S. zahlen, erpressen, kassieren; weil er ... ein „Schutzgeld" von 150 000 Mark zu erpressen versucht haben soll (Spiegel 17, 1980, 124); **Schutz|geld|er|pres|ser,** der: *jmd., der Schutzgeld erpreßt, zu erpressen versucht;* **Schutz|geld|er|pres|se|rin,** die: w. Form zu ↑Schutzgelderpresser; **Schutz|geld|er|pres|sung,** die: *Erpressung von Schutzgeld;* **Schutz|ge|mein|schaft,** die (Rechtsspr., Wirtsch.): *Zusammenschluß zum Schutz der Interessen von Inhabern unsicherer Wertpapiere:* eine S. gründen; **Schutz|ge|nos|se,** der (Völkerr.): *dem Schutz der diplomatischen u. konsularischen Organe eines befreundeten od. – im Krieg – neutralen Staates anvertraute Person;* **Schutz|ge|setz,** das: *Gesetz, durch das etw. unter einen besonderen Schutz gestellt wird;* **Schutz|ge|wahr|sam,** der (Rechtsspr.): *dem persönlichen Schutz dienender Gewahrsam für jmdn., dem unmittelbare Gefahr für Leib u. Leben droht:* jmdn. in S. nehmen; **Schutz|ge|walt,** die (hist.): ²*Mund;* **Schutz|git|ter,** das: *zum Schutz angebrachtes Gitter;* **Schutz|glas,** das: **1.** *Glas, das Gegenstände schützen soll:* ein Gemälde mit S. versehen. **2.** *Spezialglas, das gegen körperliche Schädigung schützen soll:* ... hielt es mir den Schirm ... vors Gesicht, versuchte durch das dunkle S. zu schauen (Innerhofer, Schattseite 32); **Schutz|glocke¹,** die: *schützende Glocke* (5); **Schutz|gott,** der (Myth.): *schützender Gott;* **Schutz|göt|tin,** die (Myth.): w. Form zu ↑Schutzgott; **Schutz|ha|fen,** der (Schiffahrt): *Hafen, der Schiffen Schutz (vor Sturm) bietet;* **Schutz|haft,** die (Rechtsspr.): **1.** (verhüll.) *(bes. politisch motivierte) Vorbeugehaft:* jmdn. in S. nehmen. **2.** (früher) *Schutzgewahrsam;* **Schutz|häft|ling,** der: *jmd., der sich in Schutzhaft befindet;* **Schutz|hau|be,** die: **1.** *dem Schutz dienende Haube* (2 d). **2.** (Kfz-W.) *Haube* (2 a); **Schutz|haut,** die: *schützende, hautartige äußere Schicht, schützender hautartiger Überzug:* etw. mit einer S. überziehen; **Schutz|hei|li|ge,** der u. die (kath. Rel.): *Patron* (2): der S. dieser Stadt, der Autofahrer; **Schutz|helm,** der: *helmähnlicher Kopfschutz; helmähnliche Kopfbedeckung, die vor allem gegen ein Schlag u. Stoß schützen soll:* der S. des Bauarbeiters, Feuerwehrmanns, Rennfahrers; Kinder sollten nie ohne S. radfahren, Skateboard fahren; **Schutz|herr,** der: **1. a)** (früher) *jmd., der Inhaber besonderer Macht über bestimmte unter seinen Schutz gestellte Abhängige war;* **b)** *Inhaber der Schutzherrschaft* (1 b) *über ein Gebiet.* **2.** (veraltet) *Schirmherr;* **Schutz|herr|schaft,** die: **1. a)** *Amt, Funktion des Schutzherrn* (1 a); **b)** *Oberhoheit in bestimmten Angelegenheiten (bes. Außenpolitik, Verteidigung od. auch Verwaltung), die ein od. mehrere Staaten über ein fremdes, unter ihren Schutz gestelltes Staatsgebiet ausüben.* **2.** (veraltet) *Schirmherrschaft;* **Schutz|hül|le,** die: *schützende Hülle:* die S. des Jagdgewehrs; Bau einer neuen S. um den Unglücksreaktor gefordert (Frankfurter Rundschau 26. 4. 94, 1); das Buch aus der S. *(der Buchhülle, dem Schutzumschlag)* nehmen; **Schutz|hund,** der (Fachspr.): *Hund, der zum Schutz von Personen od. Sachen eingesetzt wird;* **Schutz|hüt|te,** die: *wetterfeste Hütte, einfaches [Holz]haus (bes. im Gebirge) zum Schutz gegen Unwetter, u. zum Übernachten;* **schutz|imp|fen** ⟨sw. V.⟩: schutzimpfte, hat schutzgeimpft): *einer Schutzimpfung unterziehen;* **Schutz|imp|fung,** die: *Impfung zum Schutz gegen Infektion:* aktive, passive S.; eine S. [gegen Pocken] durchführen, erhalten. **Schüt|zin,** die; -, -nen: w. Form zu ↑¹Schütze (1, 2). **Schutz|in|sel,** die (seltener): *Verkehrsinsel;* **Schutz|ju|de,** der (hist.): *gegen besondere Abgaben den Schutz des Landesherrn genießender privilegierter Jude;* **Schutz|kap|pe,** die: *schützende Kappe* (2 a); **Schutz|kar|ton,** der (Buchw.): *(vor Transportschäden o. ä.) schützender Karton zum Verpacken eines Buchs;* **Schutz|klau|sel,** die (Wirtsch., Politik): *Vertragsklausel, die angibt, wem unter welchen Bedingungen ein Schutz gegen entstehende wirtschaftliche Nachteile gewährt wird;* **Schutz|klei|dung,** die: *Kleidung, die zum Schutz gegen schädigende Einwirkungen getragen wird;* **Schutz|kon|takt,** der (Elektrot.): *(vor Stromschlag schützender) zusätzlicher Kontakt an Steckern u. Steckdosen;* **Schutz|kon|takt|steck|do|se,** die (Elektrot.): *durch Schutzkontakt gesicherte Steckdose;* **Schutz|kon|takt|stecker¹,** der (Elektrot.): vgl. Schutzkontaktsteckdose; **Schutz|lack,** der: vgl. Schutzfarbe (2); **Schutz|lei|ste,** die: *vor Beschädigung schützende Leiste;* **Schutz|leu|te:** Pl. von ↑Schutzmann; **Schütz|ling,** der; -s, -e [im 17. Jh.: Schützlinger]: *jmd., der dem Schutz eines anderen anvertraut ist, der betreut, für den gesorgt wird; Schutzbefohlener:* die -e des Trainers, der Kindergärtnerin; sich um seine -e kümmern; **schutz|los** ⟨Adj.; -, -este⟩: *ohne Schutz, hilflos, wehrlos:* dem Gegner, dem Unwetter, jmds. Anfeindungen s. ausgeliefert sein; **Schutz|lo|sig|keit,** die; -: *das Schutzlossein;* **Schutz|macht,** die (Politik): **1.** *Staat, der die Wahrnehmung der Rechte u. Interessen eines dritten Staates gegenüber einem fremden Staat übernommen hat.* **2.** *Staat, der einen Schutz gegen Angriffe von dritter Seite garantiert.* **3.** *Staat, der eine Schutzherrschaft o. ä. ausübt;* **Schutz|mann,** der ⟨Pl. ...männer u. ...leute⟩ (ugs.): *Polizist (bes. Schutzpolizist):* * **eiserner S.** (scherzh.: *Notrufsäule der Polizei*); **Schutz|man|tel,** der: **1. a)** *zum Schutz vor etw. dienender Mantel;* **b)** (bild. Kunst) *beschützend ausgebreiteter Mantel (bes. der Madonna).* **2.** (bes. Fachspr.) *schützender Mantel* (2), *schützende Ummantelung;* **Schutz|man|tel|ma|don|na,** die (bild. Kunst): *im Schutzmantel* (1 b) *dargestellte Madonna;* **Schutz|mar|ke,** die: *Warenzeichen; Fabrik-, Handelsmarke:* eingetragene S.; **Schutz|mas|ke,** die: *Maske* (2a), *die als Schutz, bes. gegen das Einatmen giftiger Gase bzw. verseuchter Luft vor dem Gesicht getragen wird;* **Schutz|maß|nah|me,** die: *vorbeugende Maßnahme zum Schutz einer Person od. Sache;* **Schutz|mau|er,** die (auch Fachspr.): *zum Schutz für od. gegen jmdn. od. etw. gebaute Mauer;* **Schutz|mit|tel,** das: *vgl.* Schutzmaßnahme; **Schutz|netz,** das: 1. (auch Technik) *schützendes Netz* (1). 2. (bes. Artistik) *Netz* (1) *zum Auffangen eines aus größerer Höhe abstürzenden Menschen;* **Schutz|ort,** der ⟨Pl. -e⟩: *Ort, an dem jmd. Schutz findet;* **Schutz|pan|zer,** der: *schützender Panzer* (1-3); **Schutz|pa|tron,** der: *Schutzheiliger;* **Schutz|pflan|zung,** die (Landw., Forstw.): *Anpflanzung aus Bäumen od. Sträuchern, die vor allem dem Schutz gegen extreme Witterungseinflüsse, Lawinen o. Ä. dient;* **Schutz|pla|ne,** die: *schützende Plane;* **Schutz|plat|te,** die: *schützende Platte;* **Schutz|po|li|zei,** die: *Zweig der Polizei, dessen Aufgabe im Schutz des Bürgers u. in der Aufrechterhaltung der öffentlichen Ordnung u. Sicherheit besteht;* **Schutz|po|li|zist,** der: *Polizist der Schutzpolizei;* **Schutz|po|li|zi|stin,** die: w. Form zu ↑Schutzpolizist; **Schutz|pol|ster,** das: *schützendes Polster;* **Schutz|raum,** der: *Raum zum Schutz vor der Wirkung von Angriffswaffen; Luftschutzraum;* **Schutz|recht,** das (Rechtsspr.): *Recht auf den rechtlichen Schutz für geistiges Eigentum, Erfindungen, Gebrauchsmuster, Handelsmarken o. ä.;* **Schutz|schei|be,** die: *als Schutz dienende Glasscheibe;* **Schutz|schicht,** die: *vgl.* Schutzfilm; **Schutz|schild,** der: *schützender Schild* (1, 5a); *schildförmiger Schutz;* **Schutz|schirm,** der (bes. Fachspr.): *[vor Strahlung] schützender Schirm* (3a); **Schutz|sper|re,** die (Boxen): *K.-o.-Sperre;* **Schutz|staat,** der (Politik): 1. *Staat, dem von einer od. mehreren Schutzmächten Schutz gegen Angriffe dritter Staaten garantiert ist.* 2. *Protektorat* (2b).

Schütz|steue|rung: ↑Schützensteuerung; **Schutz|stoff,** der (Fachspr.): *einen biologischen Schutz bewirkender Stoff (z. B. Antikörper, Impfstoff);* **schutz|suchend** ⟨Adj.⟩: *Schutz suchend:* ein Flüchtling; **Schutz|trup|pe,** die (hist.): *(in den deutschen Schutzgebieten) Kolonialtruppe;* **Schutz|trupp|ler,** der; -s, - (hist.): *Angehöriger der Schutztruppe;* **Schutz|über|zug,** der: *vgl.* Schutzfilm; **Schutz|um|schlag,** der: *ein Buch o. ä. vor Verschmutzung schützender Umschlag;* **Schutz-und-Trutz-Bünd|nis,** das (veraltend): *Bündnis, das dem gegenseitigen Schutz dient u. die gemeinsame Abwehr von Angriffen bezweckt;* **Schutz|ver|band,** der: 1. *eine Wunde schützender Verband.* 2. (bes. innerhalb einer Kommune) 1) *Zusammenschluß zum Schutz der Interessen bestimmter Wirtschaftszweige:* der S. [für] Handel und Gewerbe; **Schutz|ver|pflich|tung,** die (hist.): ²Mund;

Schutz|ver|trag, der (Völkerr.): *ein Protektorat* (2a) *begründender Vertrag;* **Schutz|ver|wand|te,** der: *(vom Mittelalter bis ins 19. Jh.) Beisasse, Hintersasse;* **Schutz|vor|keh|rung,** die: *vgl.* Schutzmaßnahme; **Schutz|vor|rich|tung,** die: *Vorrichtung zum Schutz vor Gefahren:* -en gegen Lawinen; eine Maschine mit einer S. ausstatten; **Schutz|waf|fe,** die: 1. (bes. hist.) *Teil der Kampfausrüstung, der zur Bedeckung u. dem Schutz des Körpers od. des Kopfes dient (bes. Helm, Panzer, Schild).* 2. (Fechten) *Teil der Wettkampfausrüstung, zum Schutz des Körpers od. des Gesichts dient;* **Schutz|wald,** der: *vgl.* Schutzpflanzung; **Schutz|wall,** der: *vgl.* Schutzmauer; **Schutz|wand,** die: *vgl.* Schutzmauer; **Schutz|weg,** der (österr.): *Fußgängerüberweg, Zebrastreifen;* **Schutz|wehr,** die (veraltet; noch Fachspr.): *Anlage, Mauer, Wand usw., die dem Schutz vor Gefahren bzw. der Abwehr von Angriffen dient;* **Schutz|wir|kung,** die: *schützende Wirkung:* der Airbag hat eine noch bessere S. als der Dreipunktgurt; **Schutz|zau|ber,** der (Volksk.): *magische Handlung zum Schutz vor Gefahren, schädigenden Kräften o. ä.;* **Schutz|zelt,** das: *zum Schutz gegen Witterungseinflüssen dienendes Zelt (z. B. über einer Baugrube o. ä.);* **Schutz|zoll,** der (Politik, Wirtsch.): *Einfuhrzoll zum Schutz der einheimischen Wirtschaft gegenüber ausländischen Konkurrenten; Repressivzoll;* **Schutz|zoll|po|li|tik,** die: *Politik der Erhebung von Schutzzöllen u. der auf Schutzzöllen basierenden staatlichen Maßnahmen;* **Schutz|zoll|po|li|ti|ker,** der (oft abwertend): *Politiker, eine Schutzzollpolitik vertritt;* **Schutz|zoll|po|li|ti|ke|rin,** die (oft abwertend): w. Form zu ↑Schutzzollpolitiker; **Schutz|zo|ne,** die: 1. *vgl.* Schutzgebiet (1): Wollen wir die Laichplätze und die -n unserer Jungfische nicht ganz verlieren, dann ... (Fisch 2, 1980, 123). 2. *Zone, in der eine bestimmte Gruppe* (2) *einen bestimmten Schutz genießt:* Der Weltsicherheitsrat empfahl, die Zahl der -n für Moslems um fast auf neun zu erweitern (RNZ 5/6. 3. 94, 12).

Schw. = Schwester.

Schwa, das; -[s], -[s] [hebr. šěwa, Name des Vokalzeichens für den unbetonten e-Laut] (Sprachw.): *in bestimmten unbetonten Silben auftretende, gemurmelt gesprochene Schwundstufe des e, bei fremdsprachlichen Wörtern auch anderer voller Vokale (Lautzeichen: [ə]).

Schwa|ba|cher, die; -, **Schwa|ba|cher Schrift,** die; - - [H. u.] (Druckw.): *deutsche Druckschrift* (1) *mit verhältnismäßig breit u. grob wirkenden Buchstaben.*

Schwab|be|lei, die; -, -en ⟨Pl. selten⟩: 1. (ugs. abwertend) *[dauerndes] Schwabbeln* (1). 2. (landsch.) *[dauerndes] Schwabbeln* (2): so geht seinen -en lieber aus dem Weg; **schwab|be|lig,** schwabblig ⟨Adj.⟩ (ugs.): *in gallertartiger Weise weich u. unfest [bis dickflüssig] u. dabei leicht in eine zitternde, in sich wackelnde Bewegung geratend:* ein -er Pudding; eine -e Qualle; ein -er Bauch, Busen; ein fetter, -er Kerl; Sein Fleisch war aufgequollen und schwabbelig (Ott, Haie 164); **schwab-**

beln ⟨sw. V.; hat⟩ [aus dem Md., Niederd., zu: schwabben = schwappen] **1.** (ugs.) *sich als schwabbelige Masse zitternd, in sich wackelnd hin u. her bewegen:* der Pudding schwabbelte auf dem Teller; Alsbald erschien der dicke Wirt, leise schwabbelnd vor Diskretion und Beileid (Geissler, Wunschhütlein 84). **2.** (landsch. abwertend) *unnötig viel reden, Unsinn sich geben; schwatzen:* hör auf zu s.!; Und schwabbel nicht wieder so 'n Unsinn (Nachbar, Mond 186). **3.** (Technik) *mit Hilfe von rotierenden, mit Lammfell, Tuch o. ä. belegten Scheiben u. einem Poliermittel glätten, glänzend machen;* **Schwab|ber,** der; -s, - (Seemannsspr.): *Dweil;* **schwab|bern** ⟨sw. V.; hat⟩: **1.** (ugs.) *schwabbeln* (1): Der Vater ... hatte ein schwabberndes Tripelkinn (Werfel, Himmel 166). **2.** (landsch. abwertend) *schwabbeln* (2). **3.** (Seemannsspr.) *mit einem Schwabber reinigen:* das Deck s.; **schwabb|lig:** ↑schwabbelig.

¹**Schwa|be,** der; -n, -n: Ew. zu ↑Schwaben.

²**Schwa|be,** die; -, -n [unter scherzh. Anlehnung an ↑¹Schwabe zu ↑Schabe]: *Schabe* (1a).

schwä|beln ⟨sw. V.; hat⟩: *schwäbisch gefärbtes Hochdeutsch, schwäbische Mundart sprechen:* leicht, stark s.; Er schwäbelte breit (Werfel, Himmel 188); **Schwa|ben;** -s: Region in Südwestdeutschland; **Schwa|ben|al|ter,** das ⟨o. Pl.⟩ [nach einem alten Sprichwort werden Schwaben erst mit 40 Jahren klug] (scherzh.): *Alter von vierzig Jahren, in dem man vernünftig wird:* das S. erreichen, haben; im S. sein; **Schwa|ben|kind,** das: *(von der Mitte des 17. Jh.s bis ins 19. Jh.) Kind armer Familien aus den entlegenen Alpentälern Vorarlbergs, Tirols u. Graubündens, das zeitweise in Oberschwaben als Arbeitskraft verdingte;* **Schwa|ben|land,** das; -[e]s (volkst.): *Schwaben;* **Schwa|ben|spie|gel,** der ⟨o. Pl.⟩: *Rechtssammlung des deutschen Mittelalters;* **Schwa|ben|streich,** der [wohl nach den komischen Abenteuern im Grimmschen Märchen „Die sieben Schwaben"] (scherzh.): *unüberlegte, törichte, lächerlich wirkende Handlung [aus Überängstlichkeit];* **Schwä|bin,** die; -, -nen: w. Form zu ↑¹Schwabe; **schwä|bisch** ⟨Adj.⟩: zu ↑Schwaben; vgl. badisch.

schwach ⟨Adj.⟩; schwächer, schwächste [mhd. swach = schlecht, gering, armselig, kraftlos, eigtl. = schwankend, sich biegend, verw. mit ↑schwingen]: **1. a)** *in körperlicher Hinsicht keine od. nur geringe Kraft besitzend; von mangelnder Kraft zeugend; nicht kräftig:* ein -es Kind; ein abgemagerter, -er Mann; sie konnte es mit ihren -en Armen nicht tragen; eine -e Gesundheit, Konstitution haben; für diese Arbeit ist sie zu s.; sie wird immer schwächer; er ist schon alt und s., fühlt sich sehr s.; Ihre Beine waren noch zu s. zum Tragen; Er bewegt die Augen, er ist zu s. zum Antworten (Remarque, Westen 56); Da lag dann die Karoline so augenfällig s. mit dem Bündel neben sich auf dem Kissen (Kühn, Zeit 150); ⟨subst.:⟩ der Stärkere muß dem Schwachen helfen; Ü er ist auch nur ein -er Mensch *(ist ein Mensch mit Fehlern u. Schwächen);* sie ist zu s. *(zu nachgiebig),* um die Kinder richtig erziehen zu können; jetzt nur nicht s. werden *(nicht schwankend werden, nicht nachgeben);* wenn ich daran denke, wird mir ganz s. (ugs.; *wird mir ganz flau);* mach mich nicht s. *(rege mich nicht auf, mach mich nicht nervös!);* wenn ich diese Frau sehe, werde ich s. *(vergesse ich alle meine Vorsätze u. möchte mit ihr ein Abenteuer haben);* Sie hakte die Bluse auf. „Du machst mich s. *(nachgiebig)* mit deinen schönen Redensarten" (Bieler, Bonifaz 112); **b)** *in seiner körperlichen Funktion nicht sehr leistungsfähig; anfällig, nicht widerstandsfähig:* ein -es Kind, eine -e Lunge, -e Augen haben; er hat e -e Nerven; Mein Gedächtnis wird jetzt schwächer mit jedem Tag (B. Frank, Tage 46); Ü er hat einen -en Willen *(gibt Versuchungen leicht nach, ist nicht sehr standhaft);* sie hat einen -en Charakter *(ist labil, nicht in sich gefestigt).* **2.** *dünn, nicht stabil, nicht fest u. daher keine große Belastbarkeit aufweisend:* -e Bretter, Balken, Mauern, Äste; ein zu -er Draht; dafür ist das Seil zu s.; das Eis, die Eisdecke ist noch zu s. zum Schlittschuhlaufen; dieses Glied der Kette ist etwas schwächer als die übrigen; Ü der Plan hat einige -e Stellen. **3.** *nicht sehr zahlreich:* eine -e Beteiligung; der -e Besuch einer Veranstaltung; es war nur ein -es Feld (Sport; *wenige Teilnehmer)* am Start; der Saal war nur s. besetzt; das Land ist s. bevölkert, besiedelt. **4.** *keine hohe Konzentration aufweisend, wenig gehaltvoll,* -*reich:* -er Kaffee, Tee; eine -e Salzlösung, Lauge; ein -es Gift; ohne Knochen wird die Brühe zu s. **5.** *keine hohe Leistung* (2 b) *erbringend; keinen hohen Grad an Leistungskraft, Wirksamkeit besitzend; nicht leistungsstark:* eine -e Maschine; ein -er Motor; eine -e Glühbirne; ein ziemlich -er Magnet; ein -es Fernglas; die Brille ist sehr s.; die Gläser der Brille sind zu s.; die Firma ist finanziell recht s. *(kann ihren finanziellen Verpflichtungen nur schwer nachkommen).* **6. a)** *in geistiger od. körperlicher Hinsicht keine guten Leistungen erbringend; nicht tüchtig, nicht gut:* ein -er Kandidat; eine -e Opposition; der schwächste Schüler in der Klasse; der Boxer traf auf einen -en Gegner; er ist ein guter Weitspringer, aber ein -er Läufer; die Schülerin ist in Mathematik sehr s.; die Mannschaft hat s. gespielt; ⟨subst.:⟩ den Schwachen, den Schwächeren in der Klasse muß man helfen; **b)** *als Ergebnis einer geistigen od. körperlichen Leistung in der Qualität unzulänglich, dürftig, wenig befriedigend:* eine -e [schulische] Leistung; Schuld daran trug allerdings auch die -e Darbietung des Kölner Mittelfeldes (Kicker 6, 1982, 44); ein -es Buch, Argument; das ist sein schwächstes Werk, Theaterstück; das ist die schwächste Zeit, die sie seit langem gelaufen ist; eine -e Vorstellung, Veranstaltung; Akers Gegenargument ist demgegenüber s. (DM 5, 1966, 5); die Party war s. (ugs.; *nicht gelungen);* die deutsche Mannschaft bot ein -es Bild (ugs.; *spielte enttäuschend);* Zehn -e Minuten *(zehn Minuten, in denen schwach gespielt wurde)* im Hinspiel reichten, um ... auszuscheiden (Tages Anzeiger 12. 11. 91, 15); Anschließend mußte ich in Bio wiederholen, und es langte nur zu einer -en Drei *(einer Drei, die gerade noch erreicht wurde;* Loest, Pistole 183). **7.** *nur wenig ausgeprägt; in nur geringem Maße vorhanden, wirkend; von geringem Ausmaß, in geringem Grade; nicht intensiv, nicht heftig, nicht kräftig:* eine -e Strömung, Rauchentwicklung; -es Licht; es erhob sich ein -er *(leichter)* Wind; Da zwang ihn ... ein -er Regen, schleunigst nach einem Schutz zu suchen (Kronauer, Bogenschütze 181); ein -er Puls; er spürte einen -en Druck auf den Ohren; Er ... roch ... den Puder, die Schminke, den -en Duft der Seife (Süskind, Parfum 185); eine -e Erinnerung an etw. haben; sein Bericht gibt nur ein -es *(nur wenig deutliches)* Bild von der Wirklichkeit; nur -en Widerstand leisten; -er Beifall; ein -es Lob; es blieb nur eine -e *(geringe, nur wenig)* Hoffnung; es zeigten sich -e *(kaum erkennbare)* Anzeichen einer Besserung; um ihre Lippen spielte ein -es Lächeln; das ist doch nur ein -er Trost (ugs.; *das nutzt doch wenig, hilft auch nur wenig);* plötzlich wechselte das Wetter, und die Sonne wurde s. (Kronauer, Bogenschütze 375); der Erfolg war nur s.; das Geschäft, die Börse ist zur Zeit s. *(es herrscht eine geringe Nachfrage);* ein Land mit s. entwickelter Wirtschaft; diese Silbe ist s. betont; dieser Zug ist nur s. ausgeprägt; sein Herz, Puls schlägt noch s.; das Feuer brennt nur noch s.; die Blumen duften s.; er hat sich nur s. gewehrt; Rechts von unserem Weg blinkt jetzt das Wasser des Werbellinsees durch die noch s. belaubten Bäume (Berger, Augenblick 26); ..., die sich bei ... politischen Seminaren nur s. beteiligen konnte (Leonhard, Revolution 168). **8.** (Sprachw.) **a)** *durch gleichbleibenden Stammvokal u. (bei Präteritum u. Partizip) durch das Vorhandensein des Konsonanten ,,t" gekennzeichnet:* die -e Konjugation; -e *(schwach konjugierte)* Verben; „zeigen" wird s. konjugiert, gebeugt; **b)** *in den meisten Formen durch das Vorhandensein des Konsonanten ,,n" gekennzeichnet:* die -e Deklination, -e *(schwach deklinierte)* Substantive; s. deklinierte Adjektive; „Mensch" wird s. dekliniert, gebeugt; **-schwach:** drückt in Bildungen mit Substantiven – seltener mit Verben (Verbstämmen) – aus, daß die beschriebene Person oder Sache etw. nur in geringem Maße hat, aufweist, kann: devisen-, rechtschreib-, verkehrsschwach; **schwạch|at|mig** ⟨Adj.⟩: *kraftlos atmend;* **schwạch|be|gabt**[1] ⟨Adj.; schwächer, am schwächsten begabt⟩: *wenig, nicht sehr begabt:* ein -er Schüler; **schwạch|be|tont**[1] ⟨Adj.; schwächer, am schwächsten betont⟩: *wenig, nicht stark betont:* -e Silben; **schwạch|be|völ|kert**[1] ⟨Adj.; schwächer, am schwächsten bevölkert⟩: *wenig, nur in geringem Maße bevölkert:* ein -es Land; **schwạch|be|wegt**[1] ⟨Adj.; schwächer, am schwächsten bewegt⟩: *wenig, kaum in Bewegung befindlich:* bei -er See; **schwạch|blau** ⟨Adj.⟩: *ein zartes, mattes Blau aufweisend:* der -e morgendliche Himmel; **schwạch|brüs|tig** ⟨Adj.⟩: *anfällig für Erkrankungen der Atmungsorgane:* ein -es Kind; Ü Regazzoni, dessen Einsatzgefährt am Freitag wegen eines etwas -en Triebwerkes keine vernünftigen Zeiten erzielte (rallye racing 10, 1979, 19); eine -e TV-Agentenserie mit finster radebrechenden Schurken (Spiegel 18, 1975, 153); **Schwạ|che,** die; -, -n [mhd. sweche = dünner Teil der Messerklinge, swache = Unehre, zu ↑schwach]: **1.** ⟨Pl. selten⟩ **a)** *fehlende körperliche Kraft; Mangel an körperlicher Stärke; [plötzlich auftretende] Kraftlosigkeit:* die -liche S. eines Kindes; eine allgemeine S. überkam, befiel sie; sie hat die S. überwunden; Er durfte jetzt keine S. zeigen (Hesse, Narziß 348); er ist vor S. umgefallen, zusammengebrochen; **b)** *fehlende körperliche Funktionsfähigkeit, mangelnde Fähigkeit zu wirken, seine Funktion auszuüben:* eine S. des Herzens, des Kreislaufs, der Nerven; die S. seiner Augen nahm zu; Ich glaube zu wissen, woher die S. des Bindegewebes, und mit ihr die Ausdehnung der Adern ... kommen (Stern, Mann 19). **2. a)** *charakterliche, moralische Unvollkommenheit, Unzulänglichkeit; nachteilige menschliche Eigenschaft, Eigenheit:* die menschlichen -n; jeder hat seine persönlichen, kleinen, verzeihlichen -n; jmds. -n erkennen, ausnutzen; er kannte seine eigenen -n; einer S. nachgeben; Würde unsereiner der S. seines Fleisches immer widerstehen? (H. Mann, Stadt 54); **b)** *Mangel an Können, Begabung [auf einem bestimmten Gebiet], an Beherrschung einer Sache:* die militärische, strategische S. eines Gegners; Die Niederlage der Revolution offenbarte die S. der liberalen Parteien (Fraenkel, Staat 247); seine S. auf dem Gebiet der Fremdsprachen, in Mathematik; mein Vater stellte sich vor und entschuldigte die -n meines Spieles mit meinem zarten Alter (Th. Mann, Krull 27). **3.** ⟨o. Pl.⟩ *besondere Vorliebe, die jmd. für jmdn., etw. hat, große Neigung zu jmdm., etw.:* seine S. für schöne Frauen, für Abenteuer, für teure Kleidung; er hat eine S. für meine Frau; Sie wissen doch, ich habe eine S. für Sie, trotzdem Sie ständig gegen mich wühlen und hetzen (Fallada, Jeder 345); ich hege eine S. für alles, was Kritik heißt (Reich-Ranicki, Th. Mann 79). **4.** *etw., was bei einer Sache als Mangel (2) empfunden wird; nachteilige Eigenschaft:* künstlerische, inhaltliche -n eines Werkes; ..., daß vor allem sprachlicher -n wegen keine Möglichkeit für eine Veröffentlichung bestand (Loest, Pistole 259); die entscheidende S. dieses Systems ist seine Kompliziertheit; der Roman weist eine -n auf; **Schwạ|che|an|fall,** der: *plötzlich, anfallartig auftretende körperliche Schwäche:* einen S. haben, erleiden; Ü Der S. von Pfund und Dollar hat sich auf die Aktienbörse verstimmt (Welt 29. 10. 76, 1); **Schwạ|che|ge|fühl,** das: *Gefühl körperlicher Schwäche:* mich überkam ein plötzliches S.; **schwạ|chen** ⟨sw. V.; hat⟩ [mhd. swechen]: **1.** *der körperlichen Kräfte berauben; kraftlos,* *schwach* (1) *machen; entkräften* (1): *das Fieber hat ihn, seinen Körper geschwächt; das hat seine Gesundheit, Konstitution geschwächt (verschlechtert, gemindert);* Nur Kinder oder geschwächte, kranke Personen kommen ... durch ihren Biß um (Grzimek, Serengeti 187); *ein geschwächtes Immunsystem; den Gegner durch fortgesetzte Angriffe s.;* Ü Ein geschwächter Mittelstand verfällt dem Radikalismus nur allzu leicht (Fraenkel, Staat 197). **2.** *seiner Wirksamkeit berauben; in seiner Wirkung herabsetzen, mindern; weniger wirkungsvoll machen: jmds. Ansehen, Prestige, Macht s.; der Fehlschlag schwächte seine Position;* ... sollten die politischen Parteien ausschalten oder ihren Einfluß entscheidend s. (Fraenkel, Staat 327). ◆ **3.** *entehren* (b): Blandinen, dein gleißendes Töchterlein, schwächt, zur Stunde jetzt schwächt sie ein schändlicher Knecht! (Bürger, Lenardo u. Blandine); Weiter wurde ... beschlossen und geordnet: welcher vom Adel geboren und herkommen ist und Frauen und Jungfrauen schwächte – (Hebbel, Agnes Bernauer III, 13); **schwach|ent|wickelt**[1] ⟨Adj.⟩; *schwächer, am schwächsten entwickelt: wenig, nicht sehr weit entwickelt: ein -es Land;* **Schwäl|che|punkt**, der: *Schwachpunkt;* **schwächer:** ↑schwach; **Schwäche|zu|stand**, der: *Zustand körperlicher Schwäche;* **Schwąch|heit**, die; -, -en [mhd. swachheit = Unehre, Schmach]: **1.** ⟨o. Pl.⟩ *schwacher* (1) *Zustand; Mangel an Kraft, körperlichen u. seelischen Anforderungen standzuhalten: die S. seines Körpers, seiner Augen; die S. eines Greises, des Alters.* **2.** *(selten) Schwäche* (2 a): *seelische, menschliche -en;* * *sich* ⟨Dativ⟩ *-en einbilden* (ugs.; *sich übertriebene Hoffnungen machen; damit rechnen, daß bestimmte Wünsche erfüllt werden):* Aber bilde dir bloß keine -en ein ... es gibt Dutzende wie dich (Rechy [Übers.], Nacht 33); **schwach|her|zig** ⟨Adj.⟩: vgl. starkherzig; **Schwąch|kopf**, der (abwertend): *dummer Mensch:* dieser S. hat natürlich alles vermasselt; **schwach|köp|fig** ⟨Adj.⟩ (abwertend): *dumm;* **schwạch|lich** ⟨Adj.⟩ [mhd. swechlich = schmählich, schlecht]: *körperlich, gesundheitlich ziemlich schwach, oft auch kränklich: ein -es Kind, Mädchen; er war immer etwas s., sah blaß und s. aus;* Ü Ein -er Staat nütze auf die Dauer niemandem, am wenigsten den Minderheiten (Luzerner Tagblatt 31. 7. 84, 14); *die Aufführung war leider etwas s. (nicht sehr gut, etwas dürftig);* **Schwäch|lich|keit**, die; -, -en ⟨Pl. selten⟩: *das Schwächlichsein; etw. Schwächliches;* **Schwäch|ling**, der; -s, -e (abwertend): *schwächlicher, kraftloser Mensch:* du S., du kannst nicht einmal diesen Koffer hochheben; der Fred ist nicht gerade ein S. (Brand [Übers.], Gangster 57); Ü der Thronfolger war ein S. *(war willensschwach, energielos, hatte kein Durchsetzungsvermögen);* **Schwach|ma|ti|kus**, der; -, -se [scherzh. latinis. Bildung] (scherzh. veraltend): *Schwächling:* viele Magere, die schon als Kinder schlecht aßen und -se waren (MM 29. 8. 69, 29); **Schwạch|punkt**, der: *Schwachstelle;*

schwạch|sich|tig ⟨Adj.⟩ (Med.): *an Schwachsichtigkeit leidend:* -e Patienten; er ist s.; **Schwạch|sich|tig|keit**, die; - (Med.): *Mangel an Sehkraft; verminderte Sehschärfe; Augenschwäche;* **Schwạch|sinn**, der ⟨o. Pl.⟩: **1.** (Med.) *[angeborener] geistiger Defekt, Mangel an Intelligenz: leichter, hochgradiger S.* **2.** (ugs. abwertend) *Unsinn:* was redest du bloß für einen S.!; so ein S.!; dieser "Protest" war der reinste S. (Katia Mann, Memoiren 102); hör doch auf mit diesem S.; **schwạch|sin|nig** ⟨Adj.⟩: **1.** (Med.) *an Schwachsinn* (1) *leidend:* ein -es Kind; er ist hochgradig s. **2.** (ugs. abwertend) *blödsinnig* (b): was soll das -e Gequatsche; Was für ein Spiel spielte denn dieser -e Anwalt? (Genet [Übers.], Notre-Dame 249); **schwạch|ste:** ↑schwach; **Schwach|stel|le**, die: *Stelle, an der etw. für Störungen anfällig ist:* eine S. in der Spionageabwehr; der Vergaser ist bei diesem Motor eine S.; Ungewöhnliche klimatische Belastungen aber offenbaren unsere gesundheitlichen -n (Hörzu 9, 1979, 137); **Schwạch|strom**, der (Elektrot.): *schwacher, niedriger Strom;* **Schwạch|strom|lei|tung**, die (Elektrot.): *Leitung für Schwachstrom;* **Schwạchstrom|tech|nik**, die (Elektrot. veraltend): *mit Schwachstrom arbeitende Nachrichtentechnik;* **Schwạ̈l|chung**, die; -, -en: **1.** *das Schwächen* (1), *Entkräften* (1); *das Geschwächt-, Entkräftetsein:* diese Krankheit führte zu einer S. des Körpers; Ü die großen Verluste brachten eine ziemliche S. des Gegners. **2.** *das Schwächen* (2), *Geschwächtsein:* das knappe Abstimmungsergebnis bedeutet für den Minister eine S. seiner Position [im Kabinett].

Schwad, der, auch: das; -[e]s, -e (veraltend), **Schwạ|de**, die; -, -n, ¹**Schwạl|den**, der; -s, - [aus dem Niederd. < mniederd. swat, swaden, auch = Furche, H. u.]: *abgemähtes, in einer Reihe liegendes Gras, Getreide o. ä.:* In den nächsten Tagen war uns das Wenden von Schwaden auf den Feldern zugewiesen (Kisch, Reporter 213); die Maschine mäht das Getreide und legt es zu einem Schwad zusammen.

²**Schwạ|den**, der; -s, - [mhd. swadem, swaden, zu ahd. swedan = schwelend verbraten; ahd. suil. swiđa = brennen; bes. bei ahd. suil. swiđa = brennen]: **1.** ⟨meist Pl.⟩ *in der Luft treibende, sich bewegende wolkenähnliche Zusammenballung von Dunst, Nebel, Rauch o. ä.:* dichte, bläuliche, dunkle S. [von Rauch] hingen über den Häusern; Nebel zog in S. übers Wasser; Ihm war, als brodele die Luft um ihn in dicken, dumpfriechenden S. (Kirst, 08/15, 144); In S. stiegen in S. auf und verfolgten uns (Reinig, Schiffe 11). **2.** (Bergmannsspr.) *schädliche Luft in der Grube [mit hohem Gehalt an Kohlendioxyd].*

¹**schwa|den|wei|se** ⟨Adv.⟩: *in* ¹*Schwaden:* das Korn lag s. ausgebreitet; das Heu wird s. gewendet.

²**schwa|den|wei|se** ⟨Adv.⟩: *in* ²*Schwaden:* der Nebel zog s. durch das Tal.

schwa|dern ⟨sw. V.; hat⟩ [wohl spätmhd. swadern = rauschen, klappern, mhd. swateren, ↑schwatzen] (südd.): **1.** *schwatzen, sich lebhaft unterhalten.* **2.** *plät-*

schern; plätschernd überschwappen, niederfallen.

Schwa|dron, die; -, -en [ital. squadrone, eigtl. = großes Viereck, zu: squadra = Viereck, zu lat. quadrus, ↑Quader] (Milit. früher): *kleinste Einheit der Kavallerie;* **Schwa|dro|na|de**, die; -, -n [französierende Bildung zu ↑schwadronieren]: *wortreiche, aber nichtssagende Schwafelei; prahlerisches Gerede:* Ein Primaner beginnt, sie mit derben Witzen zu amüsieren ... Kindlich eilfertig werden solche -n fortgesponnen (FAZ 28. 10. 61, 53); **schwa|dro|nen|wei|se**, **schwadronsweise** ⟨Adv.⟩ (Milit. früher): *in einzelnen Schwadronen, Schwadron um Schwadron;* **Schwa|dro|neur** [...'nøːɐ̯], der; -s, -e [französierende Bildung zu ↑schwadronieren] (veraltend): *jmd., der viel, gerne schwadroniert;* **schwa|dro|nie|ren** ⟨sw. V.; hat⟩ [eigtl. = beim Fechten wild u. planlos um sich schlagen, zu ↑Schwadron; viell. beeinflußt von ↑schwadern]: **1.** *wortreich, laut u. lebhaft, unbekümmert, oft auch aufdringlich reden, von etw. erzählen:* von seinen Heldentaten s.; Er schwadronierte von diesem und jenem und kam dann auf Spoelmanns zu sprechen (Th. Mann, Hoheit 143); ⟨subst.:⟩ Wir gerieten in ein lärmendes, großspuriges Schwadronieren (Bergengruen, Rittmeistern 353). ◆ **2.** *sich herumtreiben, umherstreifen:* ⟨subst.:⟩ Denn am Ende, was ist all das Suchen und Fahren und Schwadronieren? (Goethe, Stella 3 [1. Fassung]); **Schwa|drons|chef**, der (Milit. früher): vgl. Kompaniechef; **schwa|drons|wei|se:** ↑schwadronenweise.

Schwa|fe|lei, die; -, -en (abwertend): *[dauerndes] Schwafeln; unsinniges, törichtes Gerede:* ... um der Genauigkeit willen, und auf die Genauigkeit kommt es an, will man den Absturz in S. vermeiden ... (Erné, Kellerkneipe 271); **Schwa|fe|ler**, **Schwafler**, der; -s, - (ugs. abwertend): *jmd., der schwafelt;* **Schwa|fe|le|rin**, **Schwaflerin**, die; -, -nen (ugs. abwertend): w. Form zu ↑Schwafeler; **schwa|feln** ⟨sw. V.; hat⟩ [H. u.] (ugs. abwertend): *sich [ohne genaue Sachkenntnis] wortreich über etw. äußern; unsinnig, töricht daherreden:* was schwafelt er denn da wieder!; Auf einmal fängt man selber an, von Sinn und Verantwortung zu s., alle jene hochtrabenden Worte ... (Chr. Wolf, Nachdenken 159); **Schwaf|ler:** ↑Schwafeler; **Schwaf|le|rin:** ↑Schwafelerin.

Schwa|ger, der; -s, Schwäger [1: mhd. swäger = Schwager; Schwiegervater, -sohn, ahd. suāgur = Bruder der Frau, eigtl. = der zum Schwiegervater Gehörige; 2: älter mhd. (bes. Studentenspr.) auch Anrede an Nichtverwandte]: **1.** *Ehemann einer Schwester; Bruder des Ehemannes, der Ehefrau:* mein [zukünftiger] S.; sie hat mehrere Schwäger. **2.** (früher, bes. als Anrede) *Postillion, Postkutscher:* ◆ Wir haben einen gar jungen, lustigen, hübschen S. gehabt, mit dem ich durch die Welt fahren möchte (Goethe, Stella 1); wie man in der neueren Zeit die Postillone auch Schwäger nenne, ohne daß ein Familienband sie an uns knüpfe (Goethe, Dichtung u. Wahrheit 13); **Schwä|ge|rin**, die; -, -nen [mhd.

schwägerlich

swægerinne]: *Ehefrau eines Bruders; Schwester des Ehemanns, der Ehefrau;* **schwä|ger|lich** ⟨Adj.⟩ (selten): *den Schwager betreffend; auf Schwägerschaft beruhend:* er besuchte seine Schwester auf den -en Gut; das -e Verhältnis war getrübt; **Schwä|ger|schaft**, die; -, -en ⟨Pl. selten⟩: *verwandtschaftlicher Grad eines Schwagers, einer Schwägerin zu jmdm.*; **Schwä|her**, der; -s, - [mhd. sweher, ahd. swehur] (veraltet): **1.** *Schwiegervater.* **2.** *Schwager.* ◆ Am Tage, da der Vater fiel, verbarg Elektra rettend ihren Bruder: Strophius, des Vaters S., nahm ihn willig auf (Goethe, Iphigenie III, 1); **Schwä|her|schaft**, die; -, -en ⟨Pl. selten⟩ (veraltet): vgl. Schwägerschaft.

Schwai|ge, die; -, -n [mhd. sweige, ahd. sweiga, H. u.] (bayr., österr.): *Alm-, Sennhütte mit zugehöriger Alm;* **schwai|gen** ⟨sw. V.; hat⟩ (bayr., österr.): **1.** *eine Schwaige, einen Schwaighof bewirtschaften.* **2.** *in einer Schwaige Käse zubereiten;* **Schwai|ger**, der; -s, - (bayr., österr.): **1.** *jmd., der eine Schwaige, einen Schwaighof bewirtschaftet.* **2.** *jmd., der in einer Schwaige Käse zubereitet;* **Schwai|ge|rin**, die; -, -nen (bayr., österr.): w. Form zu ↑Schwaiger; **Schwaig|hof**, der (bayr., österr.): *Bauernhof, auf dem überwiegend Viehzucht u. Milchwirtschaft betrieben wird.*

Schwälb|chen, das; -s, -: Vkl. zu ↑Schwalbe; **Schwal|be**, die; -, -n [mhd. swalbe, swalwe, ahd. swal(a)wa, H. u.]: **1.** *schnell u. gewandt fliegender Singvogel mit braunem od. schwarzweißem Gefieder, langen, schmalen, spitzen Flügeln u. gegabeltem Schwanz:* die -n kehren im Frühjahr sehr zeitig zurück; Spr eine S. macht noch keinen Sommer *(ein einzelnes positives Anzeichen, ein hoffnungsvoller Einzelfall läßt noch nicht auf eine endgültige Besserung der Situation schließen;* wohl nach der Fabel vom verschwenderischen Jüngling u. der Schwalbe des griech. Fabeldichters Äsop (Mitte 6. Jh. v. Chr.), in der der junge Mann seinen Mantel versetzt, als er im Frühjahr die erste Schwalbe sieht, u. sich von der inzwischen erfrorenen Schwalbe betrogen fühlt, weil es weiterhin winterlich kalt bleibt). **2.** *(Fußball Jargon) geschicktes Sichfallenlassen im Kampf um den Ball in der Absicht, einen Frei- oder Strafstoß zugesprochen zu bekommen:* eine S. machen; der Schiedsrichter ist auf seine S. nicht hereingefallen; **Schwal|ben|nest**, das: **1.** *Nest der Schwalbe.* **2.** *(Seemannsspr. früher) seitlich halbkreisförmig über die Bordwand hinausragender Geschützstand bei Kriegsschiffen.* **3.** *auf der Uniform der Musiker von Militärkapellen den Oberarm am Ansatz der Schulter umschließendes halbmondförmiges Abzeichen;* **Schwal|ben|ne|ster|sup|pe**, die (Kochk.): *Suppe, die aus den Nestern der den Schwalben ähnlichen Salangane bereitet wird;* **Schwal|ben|schwanz**, der: **1.** *Schwanz der Schwalbe.* **2.** (scherzh. veraltend) **a)** *Frack:* auch Napoleon hätte lächerlich in einem S. ausgesehen (Remarque, Obelisk 13); **b)** *langer Rockschoß eines Fracks:* er ging so rasch davon, daß seine Schwalbenschwänze flatterten. **3.** *größerer Schmetterling mit vorwiegend gelben, schwarz gezeichneten Flügeln, deren hinteres Paar in je eine Spitze ausläuft;* **Schwal|ben|schwanz|ver|bindung**, die (Technik): *Verbindung von Bauteilen, Maschinenteilen, bes. von Brettern durch trapezförmige, ineinandergreifende Teile zur gegenseitigen Befestigung, Verklammerung;* **Schwal|ben|schwanzin|kung**, die (Technik): *Schwalbenschwanzverbindung.*

Schwalch, der; -[e]s, -e [Nebenf. von ↑Schwalk] (landsch.): *Dampf, Qualm, Rauch:* in dunkler S. lag über den Dächern; Ü Das hatte aber nichts von den S. der Träume ... an sich (Musil, Mann 757); **schwal|chen** ⟨sw. V.⟩ (hat) (veraltet): *qualmen, rußen;* **Schwalk**, der; -[e]s, -e [niederd. swalk, zu ↑¹schwellen] (norddt.): **1.** *Dampf, Rauch, Qualm.* **2.** *Bö;* **schwal|ken** ⟨sw. V.; hat⟩ [zu ↑Schwalk (2)] (norddt.): *sich herumtreiben.*

Schwall, der; -[e]s, -e ⟨Pl. selten⟩ [mhd. swal, zu ↑¹schwellen]: *mit einer gewissen Heftigkeit sich ergießende, über jmdn., etw. hereinbrechende Menge von etw., bes. einer Flüssigkeit:* ein S. Wasser ergoß sich über ihn, schlug gegen die Mauer, schoß an ihm vorbei; Ein S. von Tabaksrauch und Biergeruch empfängt mich (Remarque, Obelisk 161); Ü Ein S. heftig herausgestoßener, mißtönender Laute schlug an sein Ohr (Hauptmann, Thiel 16); Ein Wirbel von Besitz platschte unvermutet in dickem S. über ihn herein (Feuchtwanger, Erfolg 622); **schwal|len** ⟨sw. V.; hat⟩ (Jugendspr. abwertend): *unaufhörlich u. schnell reden, unsinniges Zeug reden;* **Schwal|ler**, der; -s, - (Jugendspr. abwertend): *jmd., der unsinniges Zeug redet;* **Schwal|le|rin**, die; -, -nen (Jugendspr. abwertend): w. Form zu ↑Schwaller; **Schwall|kopf**, der (Jugendspr. abwertend): *Schwaller[in].*

schwamm: ↑schwimmen.

Schwamm, der; -[e]s, Schwämme [mhd., ahd. swamm, swamp, eigtl. = Schwammiges, Poröses]: **1.** *in zahlreichen Arten bes. im Meer lebendes, auf dem Grund festsitzendes, oft große Kolonien bildendes, niederes Tier von sehr einfachem Aufbau, dessen Körper Hohlräume umschließt, in die durch viele Poren die Nahrung einströmt:* nach Schwämmen tauchen. **2.** *aus dem feinfaserigen Skelett eines bestimmten Schwammes (1) od. aus einem künstlich hergestellten porigen Material bestehender, weicher, elastischer Gegenstand von großer Saugfähigkeit, der bes. zum Waschen u. Reinigen verwendet wird:* ein feuchter, nasser, trockener S.; die Torfpolster saugen sich voll wie Schwämme (Simmel, Stoff 57); den S. ausdrücken, anfeuchten, ausspülen; etw. mit einem S. abwischen, reinigen, anfeuchten; sich mit einem S. waschen; *** S. drüber!** (ugs.; *die Sache soll vergessen sein; reden wir nicht mehr darüber*): Manchmal hab' ich zwar 'ne Mordswut auf Sie gehabt ... Aber S. drüber! Im Grunde können Sie mir ja leid tun (Ziegler, Kein Recht 216); **sich mit dem S. frisieren/kämmen können** (ugs. scherzh.; *eine Glatze haben*). **3.** (südd., österr.) *Pilz* (1): *eßbare, giftige Schwämme;* Schwämme sammeln, putzen, essen. **4.** ⟨Pl. selten⟩ *Hausschwamm; Kellerschwamm:* im Haus ist, sitzt der S.; das Haus hat den S., ist vom S. befallen; **schwamm|ar|tig** ⟨Adj.⟩: *einem Schwamm ähnlich;* **Schwäm|chen**, das; -s, -: Vkl. zu ↑Schwamm (2, 3); **Schwamm|do|se**, die (veraltet): *Dose zum Aufbewahren eines kleinen Schwammes* (2).

schwäm|me: ↑schwimmen.

Schwam|merl, der; -s, -[n] [mit südd. Verkleinerungssuffix geb. zu ↑Schwamm (3)] (bayr., österr.): *Pilz* (1): *eßbare Schwammerl[n];* Dort wachsen ebenfalls Hotelbauten förmlich wie die -n aus der ungarischen Erde (Presse 8. 6. 84, 9); Schwammerl[n] suchen, sammeln; Mami sagt immer -n zu Pilzen, richtig lustig hört sich das an (Bastian, Brut 158); **Schwammgum|mi**, der, auch: das: *weicher, poriger, sehr saugfähiger Gummi:* eine Matte, Unterlage aus S.; **Schwamm|gur|ke**, die: *Luffa;* **schwam|mig** ⟨Adj.⟩: **1.** *weich u. porös wie ein Schwamm* (2): *eine -e Masse;* wenn das Material feucht wird, fühlt es sich s. an. **2.** (abwertend) *weich u. aufgedunsen, dicklich aufgeschwemmt:* ein -es Gesicht; ein -er Körper; Drei hagere und ein Spanier stritten heftig zu streiten (Seghers, Transit 55). **3.** (abwertend) *den Inhalt nur sehr vage angebend, ausdrückend; nicht klar u. eindeutig; verschwommen:* ein -er Begriff; eine -e Formulierung; diese Darstellung ist zu s.; Die Resolution zur Nachrüstung aber fiel so s. aus, daß sich Befürworter und Gegner ... darin wiederfinden konnten (Spiegel 16, 1983, 42); sich s. ausdrücken. **4.** *vom Schwamm* (4) *befallen:* -e Balken; der Fußboden ist s.; **Schwam|mig|keit**, die; -: *das Schwammigsein; schwammige* (1, 2, 3) *Beschaffenheit;* **Schwamm|ko|ral|le**, die: *Lederkoralle;* **Schwamm|kür|bis**, der: *Luffa;* **Schwamm|spin|ner**, der: *Nachtfalter mit graubraunen bis weißlichen Flügeln, dessen Raupen bes. an Obstbäumen u. Eichen als Schädlinge auftreten;* **Schwamm|tuch**, das ⟨Pl. ...tücher⟩: *aus einem schwammartigen synthetischen Material bestehendes dickes Tuch zum Reinigen o. ä.*

Schwan, der; -[e]s, Schwäne [mhd., ahd. swan, lautm. u. urspr. wohl Bez. für den Singschwan]: **1.** *großer Schwimmvogel mit sehr langem Hals, weißem Gefieder, einem breiten Schnabel u. Schwimmfüßen:* ein stolzer S.; auf dem Teich schwammen zwei Schwäne; Schwäne füttern; *** mein lieber S.!** (salopp; 1. Ausruf des Erstaunens: ... und Elefanten können trompeten – mein lieber S.! [Bieler, Bär 388]. 2. [scherzhafte] Drohung; wohl gek. aus „Nun sei bedankt, mein lieber Schwan"; R. Wagner, Lohengrin). **2.** ⟨o. Pl.⟩ *im Sternbild;* **Schwän|chen**, das; -s, -: Vkl. zu ↑Schwan.

schwand, schwän|de: ↑schwinden.

schwa|nen ⟨sw. V.; hat⟩ [mniederd., wohl Scherzübersetzung von lat. olet mihi = „ich rieche", bei lat. olere = riechen mit lat. olor = Schwan verknüpft wird] (ugs.): *von jmdm. [als etw. Unangenehmes] [voraus]geahnt werden:* ihm schwante nichts Gutes; ihr schwant, es wird Ärger geben; mir schwant, es habe sich was zugetragen (Dürrenmatt, Meteor 42); Nur der Forstwart ... strahlte; denn ihm schwante, was bevorstand (Kosmos 2, 1965, 34).

Schwa|nen|ge|sang, der [nach antikem Mythos singt der Schwan vor dem Sterben] (geh.): **a)** *letztes Werk (bes. eines Komponisten od. Dichters);* **b)** *Abgesang (auf etw., was im Niedergang, im Verschwinden begriffen ist):* Der „Zauberberg" ist zum S. dieser Existenzform geworden (Th. Mann, Zauberberg V); die „Buddenbrooks", der epische S. des deutschen Bürgertums (K. Mann, Wendepunkt 154); **Schwa|nen|hals**, der: **1.** *Hals eines Schwans.* **2.** (oft scherzh.) *langer, schlanker Hals.* **3.** *langer, starker Pferdehals mit einem Knick am oberen Ende.* **4.** (Jägerspr.) *mit zwei großen, halbkreisförmigen Bügeln versehene Falle zum Fangen von Raubwild (z. B. Füchsen).* **5.** (Technik) *S-förmig gekrümmtes Bauteil, bes. Rohr, [biegsames] rohrartiges Verbindungsstück o. ä.;* **Schwa|nen|jung|frau**, Schwanjungfrau, die (bes. nord. Myth.): *überirdische weibliche Sagengestalt, die sich durch Überwerfen eines entsprechenden Federkleides in einen Schwan verwandelt;* **schwa|nen|weiß** ⟨Adj.⟩ (geh.): *weiß wie das Gefieder eines Schwans.*

schwang: ↑schwingen; **Schwang**, der [mhd. swanc = schwingende Bewegung; Hieb; lustiger Streich, ahd. in: hinaswang = Ungestüm, ablautende Bildung zu ↑schwingen]: nur noch in den Wendungen **im -e sein** (1. *sehr verbreitet, sehr beliebt, in Mode* [2] *sein:* Der Kaffee ist zu Paris sehr im -e [Jacob, Kaffee 130]; Dieser alte Brauch ist heutigen Tages kaum mehr im -e [Bamm, Weltlaterne 15]; Dabei waren Zweitakter ... mal groß im -e [Flensburger Tageblatt, Ostern 1984, 10]. 2. [selten] *die Menschen beschäftigen, interessieren:* Über den Himmel kann man streiten. Da sind viele Fragen im -e [Thielicke, Ich glaube 161]); **in S. kommen** *(große Verbreitung, große Beliebtheit erlangen, in Mode* 2 *kommen):* neuzeitlichere Beleuchtungsarten waren noch nicht in S. gekommen (Bergengruen, Rittmeisterin 308); **schwän|ge**: ↑schwingen.

schwan|ger ⟨Adj.⟩ [mhd. swanger, ahd. swangar, eigtl. = schwer(fällig), H. u.]: *eine Leibesfrucht in sich tragend:* eine -e Frau; im -en Zustand *(im Zustand des Schwangerseins);* Die Rupp, ... die verarbeiteten Hände unruhig um den schweren, -en (geh.; *ein Kind tragenden)* Leib gefaltet (Baum, Paris 30); [von jmdm.] s. sein, werden; sie ist im vierten Monat, zum zweitenmal s.; mit einem Kind s. gehen (geh.; *ein Kind erwarten);* * **mit etw. s. gehen** (ugs. scherzh.; *sich schon einige Zeit mit einem bestimmten Plan, einer geistigen Arbeit beschäftigen);* **-schwan|ger**: drückt in adj. Bildungen mit Substantiven aus, daß die beschriebene Person od. Sache etw. [in geheimnisvoller, schicksalhafter Weise] erfüllt ist od. etw. [mysteriöserweise] in sich trägt, birgt: *bedeutungs-, hoffnungs-, zukunftsschwanger;* **Schwan|ge|re**, die; -n, -n ⟨Dekl. ↑Abgeordnete⟩: *schwangere Frau;*

Schwan|ge|ren|be|ra|tung, die: *Beratung von Schwangeren durch die Gesundheitsfürsorge;* **Schwan|ge|ren|für|sor|ge**, die: *staatliche Fürsorge für Schwangere;* **Schwan|ge|ren|geld**, das: *Geld, das nicht arbeitsfähige erwerbstätige Schwangere anstelle des Arbeitslohns gezahlt bekommen;* **Schwan|ge|ren|ge|lüst**, das: *Gelüst Schwangerer nach bestimmten Speisen;* **Schwan|ger|schafts|gym|na|stik**, die: *Schwangerschaftsgymnastik;* **Schwan|ge|ren|vor|sor|ge**, die: *Maßnahmen zum Schutz der Schwangeren vor Komplikationen während der Schwangerschaft u. bei der Geburt;* **schwän|gern** ⟨sw. V.; hat⟩ [mhd. swengern]: **1.** *(bes. außerhalb der Ehe) schwanger machen:* nachdem er sie geschwängert hatte, ließ er sie sitzen; Er warf sie ins Moos und schwängerte sie (Lynen, Kentaurenfährte 206); ... läßt sich eine volltrunkene Dorfschöne von einem Soldaten s. (Gregor, Film 100). **2.** *anfüllen, erfüllen:* köstliche Aromen, Düfte schwängerten die Luft; die Luft war von Rauch geschwängert; Ü Den Brodem der Hütte schwängerten ihre wilden Wünsche (A. Zweig, Grischa 70); **Schwan|ger|schaft**, die; -, -en: *das Schwangersein; Zustand einer Frau von der Empfängnis bis zur Geburt des Kindes:* ist eine gewollte, eingebildete S.; ist dies Ihre erste S.?; der Arzt hat bei ihr eine S. im dritten Monat festgestellt; eine S. unterbrechen, abbrechen; in, während der S.; **Schwan|ger|schafts|ab|bruch**, der: *Abbruch einer Schwangerschaft durch fachärztlichen Eingriff:* einen S. vornehmen [lassen]; **Schwan|ger|schafts|be|ra|tung**, die: *Schwangerenberatung;* **Schwan|ger|schafts|be|schwer|den** ⟨Pl.⟩: *bei einer Schwangerschaft auftretende Beschwerden;* **Schwan|ger|schafts|er|bre|chen**, das; -s: *(bes. bei Erstgebärenden) in den ersten drei Monaten der Schwangerschaft auftretende [morgendliche] Übelkeit mit Brechreiz, die bes. durch die hormonelle Umstellung im Körper (auch durch psychische Faktoren) bedingt ist;* **Schwan|ger|schafts|gym|na|stik**, die: *spezielle Gymnastik für Schwangere zur Erleichterung der Geburt;* **Schwan|ger|schafts|nar|be**, die ⟨meist Pl.⟩: *Schwangerschaftsstreifen;* **Schwan|ger|schafts|re|ak|ti|on**, die: *Schwangerschaftstest;* **Schwan|ger|schafts|strei|fen**, der ⟨meist Pl.⟩: *bei Schwangeren in der Haut von Bauch u. Hüften auftretender bläulich-rötlicher, später gelblich-weißer Streifen;* **Schwan|ger|schafts|test**, der: *Test zur Feststellung einer Schwangerschaft;* **Schwan|ger|schafts|un|ter|bre|chung**, die: *Schwangerschaftsabbruch;* **Schwan|ger|schafts|un|ter|su|chung**, die: *im Rahmen der Schwangerenvorsorge durchgeführte Untersuchung;* **Schwan|ger|schafts|ur|laub**, der: *Urlaub, auf den Frauen vor der Entbindung Anspruch haben;* **Schwan|ger|schafts|ver|hü|tung**, die: *Empfängnisverhütung;* **Schwan|ger|schafts|zei|chen**, das: *Anzeichen für eine Schwangerschaft (z. B. Ausbleiben der Periode, kindliche Herztöne);* **Schwän|ge|rung**, die; -, -en: *das Schwängern, Geschwängertwerden;* **Schwan|jung|frau**: ↑Schwanenjungfrau.

schwank ⟨Adj.⟩ [mhd. swanc, verw. mit ↑schwingen] (geh.): **1. a)** *dünn, schlank u. biegsam:* eine -e Birke, Palme; -e Halme, Gräser; wie ein -es Rohr im Wind; bei Arten, deren Nest ... auf -en Zweigen steht oder an solchen hängt (Lorenz, Verhalten I, 157); um den die Stiele der goldblütigen Schwertlilien (Hohmann, Engel 230); Er stand groß, s. (hager u. hochgewachsen) und bewaffnet vor ihr (Musil, Mann 1074); Ü Marie ... blickte auf die -e blaue Säule des Rauches, die aus dem Pfeifenkopf emporstieg (Fussenegger, Haus 139); **b)** *zum Schwanken neigend, schwankend:* er stand auf einer hohen, -en Leiter; im -en Kahn (Tucholsky, Werke I, 477); Ü der enorme Aufwand an Statistik steht methodisch auf -em (*unsicherem*) Grund (Muttersprache 10, 1966, 318 [Zeitschrift]). **2.** *in sich nicht gefestigt; unstet; unentschieden:* Louise Soubirous, eine -e Seele, stets von entgegengesetzten Gefühlen hin und her gerissen (Werfel, Bernadette 96); ... sah sie dem -en Menschen, der in sich jetzt wie ein Kork auf und niedertanzte, ... zu (Musil, Mann 1353); **Schwank**, der; -[e]s, Schwänke [mhd. swanc (↑Schwang) = (Fecht)hieb; lustiger Einfall, Streich]: **1.** (Literaturw.) **a)** *kurze launige, oft derbkomische Erzählung in Prosa od. Versen;* **b)** *lustiges Schauspiel mit Situations- u. Typenkomik:* Die Freunde des „Ohnsorg-Theaters", das den S. darbietet (Bild und Funk 12, 1966, 25). **2.** *lustige, komische Begebenheit; Streich:* einen S. aus seiner Jugend erzählen; Mit der Familie Jungverdorben hatte sich das Schicksal einen argen S. gestattet (Sommer, Und keiner 19); **schwan|ken** ⟨sw. V.⟩ [spätmhd. swanken, zu ↑schwank]: **1. a)** *sich schwingend hin u. her, auf u. nieder bewegen* ⟨hat⟩: die Kronen, Wipfel, Äste s.; die Bäume schwankten im Wind [hin und her]; das Boot schwankte sanft, leicht, heftig; der Boden schwankte unter ihren Füßen; vor Müdigkeit s.; die Betrunkenen schwankten schon mächtig; auf schwankenden Beinen, mit schwankenden Schritten; Ü Unruhig schwankt zwischen beiden Parteien die Waage (St. Zweig, Fouché 13); **b)** *sich schwankend* (1 a) *fortbewegen, irgendwohin bewegen* ⟨ist⟩: der alte Mann schwankte über die Straße; ... und ein Fuder (Heu) nach dem andern schwankt in das gewaltige Maul der Scheune (Radecki, Tag 12). **2.** *in seinem Zustand, Befinden, Grad, Maß o. ä. [ständigen] Veränderungen ausgesetzt sein; nicht stabil sein* ⟨hat⟩: die Preise, Kurse, Temperaturen schwanken; die Zahl der Teilnehmer schwankte zwischen 100 und 150; in einer Gemütsverfassung, die zwischen Ekel, Gleichgültigkeit und nervöser Gereiztheit schwankte (Ott, Haie 285); seine Stimme schwankte *(veränderte ihren Klang, versagte teilweise)* [vor Ergriffenheit]; eine schwankende Gesundheit. **3.** *unsicher sein bei der Entscheidung zwischen zwei od. mehreren* [gleichwertigen] *Möglichkeiten* ⟨hat⟩: zwischen zwei Möglichkeiten, Methoden s.; sie schwankt noch, ob sie zusagen oder ablehnen soll; ich schwanke noch zwischen Rumpsteak und Lammkeule; sie hat einen Augen-

Schwankung

blick geschwankt, ehe sie unterschrieben hat; dieser Vorfall ließ, machte ihn wieder s.; sich durch nichts in seinem Vorsatz schwankend machen lassen; ein schwankender *(nicht in sich gefestigter)* Charakter; ⟨subst.:⟩ ins Schwanken geraten; nach anfänglichem Schwanken entschloß er sich mitzumachen; ♦ *Der König, mit dieser schwankenden Antwort unzufrieden ...* (E. T. A. Hoffmann, Fräulein 18); **Schwan|kung,** die; -, -en: *das Schwanken* (2): *das Barometer zeigt keinerlei* S.; *die Kurse sind starken* -en *ausgesetzt, unterworfen;* **Schwan|kungs|re|ser|ve,** die: *Rückstellung* (1) *zur Deckung von Defiziten in der gesetzlichen Rentenversicherung.*
Schwanz, der; -es, Schwänze [mhd. swanz, urspr. = wiegende Bewegung beim Tanz; Schleppe, rückgeb. aus: swanzen = sich schwenkend bewegen, Intensivbildung zu ↑schwanken od. ↑schwingen]: **1.** *(bei Wirbeltieren) Verlängerung der Wirbelsäule über den Rumpf hinaus, meist als beweglicher, schmaler Fortsatz des hinteren Rumpfendes (der zum Fortbewegen, Steuern, Greifen o. ä. dienen kann):* ein langer, gestutzter, buschiger S.; *der* S. *eines Vogels, Fischs, Affen;* einem Hund den S. kupieren; der Hund läßt den S. hängen, klemmt, kneift den S. ein; das Kind faßte die Katze am, beim S.; der Hund wedelt [vor Freude] mit dem S.; Ü der S. eines Papierdrachens, Flugzeugs; die Kinder bildeten den S. *(Schluß) des Festzugs;* Er stellte sich an den S. *(an das Ende) der Schlange, die vor der Kasse wartete* (Fels, Unding 35); *der Vorfall zog einen* [ganzen] S. *(eine Reihe) weiterer Verwicklungen nach sich; ... um einige Minuten zu hemmen und zu dehnen, die Zeit am* -e *zu halten* (Th. Mann, Zauberberg 754); *Am 5. März 1972 wandert Rizzo mit den beiden und samt dem kriminalpolizeilichen* S. *(Gefolge) der Observanten zum Marienplatz* (Lindlau, Mob 176); ** kein* S. (salopp; *niemand*); **den** S. **einziehen/einkneifen** (salopp; *sich einschüchtern lassen u. seine [vorher großsprecherisch geäußerte] Meinung nicht mehr vertreten od. auf seine zu hohen Ansprüche verzichten; nach dem Verhalten des Hundes, der den Schwanz zwischen die Hinterbeine klemmt, wenn er Angst hat);* **den** S. **hängen lassen** (salopp; *bedrückt sein;* nach dem Verhalten des Hundes, der den Schwanz hängen läßt, wenn er Angst hat od. krank ist); **jmdm. auf den** S. **treten** (salopp; *jmdm. zu nahe treten; jmdn. beleidigen);* **sich auf den** S. **getreten fühlen** (salopp; *verletzt, gekränkt sein*); **einen** S. **bauen/machen** (ugs.; *in einem Prüfungsfach durchfallen u. darin noch einmal eine Prüfung machen müssen*). **2. a)** (derb) *Penis:* Was interessiert Frauen ein großer S. ...? (Lemke, Ganz 241); *einige kurze Bewegungen aus dem rechten Handgelenk heraus, und sein* S. *stand so sperrig, daß ...* (Grass, Katz 40); *Die Frau Bürgermeister ... hatte einen Bock auf junge Schwänze (hatte gern mit sehr jungen Partnern Geschlechtsverkehr;* Fels, Sünden 102); **b)** (derb abwertend) *(bes. aus weiblicher Sicht) männliche Person:* was

will der S. denn hier?; hau ab, du blöder S.!; **Schwanz|ap|pell,** der (Soldatenspr. veraltet): *militärärztliche Untersuchung [auf Geschlechtskrankheiten];* **Schwanz|bor|ste,** die ⟨meist Pl.⟩ (Zool.): *bei primitiven Insekten am letzten Hinterleibsegment paarweise ausgebildete kurze [zangenförmige] antennenartige Extremität; Raife;* **Schwänz|chen,** das; -s, -: Vkl. zu ↑Schwanz (1); **Schwanz|drü|se,** die (Zool.): *an der Schwanzwurzel verschiedener Säugetiere endende Duftdrüse, deren bes. zur Paarungszeit ausgeschiedenes Sekret zur Anlockung des Geschlechtspartners dient;* **Schwän|zel|ei,** die; -, -en (ugs. abwertend): *[dauerndes] Schwänzeln* (3); **schwän|zeln** ⟨sw. V.⟩ [mhd. swenzelen = schwenken; zieren]: **1. a)** *mit dem Schwanz wedeln* ⟨hat⟩: *den Pferd kam schwänzelnd auf uns zu;* Ü *Eine schwarze Schleppe mit feurigem Kopf raste schlenkernd ... hinauf wie eine Rakete. Sie schwänzelte und kletterte noch immer hinauf ...* (Gaiser, Jagd 90); **b)** *schwanzwedelnd irgendwohin laufen* ⟨ist⟩: *der Dackel schwänzelte zum Gartentor.* **2.** (ugs. iron.) **a)** *tänzelnd gehen* ⟨hat⟩: Sie schwänzelte leicht beim Gehen (Sommer, Und keiner 68); **b)** *sich schwänzelnd* (2 a) *irgendwohin bewegen* ⟨ist⟩: *die Diva schwänzelte durch ihre Garderobe.* **3.** (ugs. abwertend) *scharwenzeln* ⟨hat/ist⟩: **Schwän|zel|tanz,** der (Zool.): *charakteristische Art des Laufens bei den Arbeiterinnen* (2) *der Honigbiene, mit der sie anderen Bienen Informationen über die Richtung u. Entfernung von Futterquellen übermitteln;* **schwän|zen** ⟨sw. V.; hat⟩ /vgl. geschwänzt/ [im 18. Jh. in der Studentenspr. übernommen (im Sinne von „bummeln, eine Vorlesung versäumen" = aus gaunerspr. schwentzen = herumschlendern; zieren < mhd. swenzen = (hin u. her) schwenken, Intensivbildung zu: swenken, ↑schwenken] (ugs.): *an etw. planmäßig Stattfindendem, bes. am Unterricht o. ä. nicht teilnehmen; dem Unterricht o. ä. fernbleiben, weil man gerade keine Lust dazu hat:* die Schule, eine [Unterrichts]stunde, Biologie, eine Klassenarbeit, eine Klassenfahrt, eine Vorlesung, ein Seminar, das Praktikum, den Dienst s.; ⟨auch o. Akk.-Obj.:⟩ er hat neulich wieder geschwänzt; Ü *Die Katakomben sollten wir doch nicht* s. (*zu besichtigen versäumen;* Werfel, Himmel 187); *Ein Mann, der seine Ehe schwänzt, geht fremd, solange er noch Saft hat* (Bieler, Mädchenkrieg 433); **Schwänz|en|de,** das: *Ende des Schwanzes;* **Schwän|zer,** der; -s, - (ugs.): *jmd., der schwänzt:* er ist ein notorischer S.; **Schwän|ze|rei,** die; -, -en (ugs. meist abwertend): *[dauerndes, wiederholtes] Schwänzen;* **Schwän|ze|rin,** die; -, -nen (ugs.): w. Form zu ↑Schwänzer; **Schwanz|fe|der,** die ⟨meist Pl.⟩: *bes. der Steuerung beim Flug dienende lange, breite Feder am Schwanz eines Vogels;* **Schwanz|flos|se,** die: **1.** *hinterste Flosse eines Fisches.* **2.** (Technik) *Flosse* (3); **Schwanz|haar,** das: *am Schwanz wachsendes Haar:* Roßhaar, das heißt Mähnen- und Schwanzhaare von Pferden, ist ein wertvolles Polstermaterial; **schwanz|la|stig** ⟨Adj.⟩: *(von Flugzeugen) hinten zu

schwer;* **Schwanz|la|stig|keit,** die; -: *das Schwanzlastigsein;* **schwanz|los** ⟨Adj.⟩: *keinen Schwanz habend:* -e Amphibien, Affen; die Mankatze hat einen Stummelschwanz oder ist s.; **Schwanz|lurch,** der: *Lurch mit langgestrecktem Körper, langem Schwanz u. zwei Paar kurzen Gliedmaßen:* Molche und andere -e; **Schwanz|mei|se,** die: *Meise mit langem schwarzem, weiß eingefaßtem Schwanz;* **Schwanz|pa|ra|de,** die (Soldatenspr. früher): *Schwanzappell;* **Schwanz|spit|ze,** die: *spitzes Ende des Schwanzes:* er faßte die tote Maus an der S. und trug sie hinaus; **Schwanz|stück,** das (Kochk.): **a)** *Stück der hinteren Rinderkeule;* **b)** *hinteres Stück vom Fisch mit dem Schwanz;* **schwanz|we|delnd** ⟨Adj.⟩: *mit dem Schwanz wedelnd;* **Schwanz|wir|bel,** der: *einer der hintersten Wirbel der Wirbelsäule im Anschluß an das Kreuzbein;* **Schwanz|wur|zel,** die: *Stelle am Rumpf, an der der Schwanz beginnt.*
schwapp, schwipp, schwips ⟨Interj.⟩: lautm. für ein schwappendes, klatschendes Geräusch: schwipp, schwapp!; **Schwapp,** der; -[e]s, -e, Schwaps, der; -es, -e (ugs.): **1.** *schwappendes, klatschendes Geräusch.* **2.** *[Wasser]guß;* **schwap|pen** ⟨sw. V.⟩ [zu ↑schwapp]: **1. a)** *(von Flüssigem) sich in etw. hin u. her bewegen, überfließen [u. dabei ein klatschendes Geräusch verursachen]* ⟨hat⟩: die Lauge schwappte in der Wanne; Das schwappende Wasser der Moldau war das erste kräftige ... Geräusch dieses Abends (Härtling, Hubert 179); ⟨subst.:⟩ *Später ... hörte man zum ersten Mal das Schwappen des Meeres* (Fest, Im Gegenlicht 17); **b)** *sich schwappend* (1 a) *irgendwohin bewegen* ⟨ist⟩: der Kaffee ist aus der Tasse, über den Rand geschwappt; Die See schaukelte wie toll und schwappte auf die Uferpromenade (Strauß, Niemand 191); *eine seifige Welle schwappte ihnen um die Füße* (H. Gerlach, Demission 45); Ü *Die „Scharhörn" schwappte vorn dreimal hintereinander aufs Wasser* (Hausmann, Abel 39). **2.** *etw. überschwappen lassen u. dabei vergießen* ⟨hat⟩: Bier auf den Tisch s.; **schwaps:** ↑schwapp; **Schwaps:** ↑Schwapp; **schwap|sen:** ↑schwappen.
Schwä|re, die; -, -n [mhd. (ge)swer, ahd. swero, gaswer = Geschwür, zu ↑schwären] (geh.): *eiterndes Geschwür:* -n haben; *als sei er mit* -n *und Aussatz geschlagen* (Th. Mann, Joseph 634); Ü *daß es alte in unseres Blutes sind, von alten Zeiten her, die sich abstoßen werden im Laufe der Entwicklung* (Benn, Stimme 14); **schwä|ren** ⟨sw. V.; hat⟩ [mhd. swern, ahd. sweran, H. u.] (geh.): *eitern u. schmerzen:* an ihren dreckigen Hälsen ... schwärten Eiterpusteln (Ott, Haie 242); *schwärende Wunden;* Ü *ich wollte Harlem sehen, die schwärende Wunde von New York* (Koeppen, New York 33); **schwä|rig** ⟨Adj.⟩ (geh.): *Schwären bildend; schwärend.*
Schwarm, der; -[e]s, Schwärme [1: mhd., ahd. swarm = Bienenschwarm, zu ↑schwirren; 2: rückgeb. aus ↑schwärmen]: **1.** *größere Anzahl sich [ungeordnet,] durcheinanderwimmelnd zusammen fort-*

bewegender gleichartiger Tiere, Menschen: ein S. Bienen, Mücken, Heuschrecken, Krähen; Schwärme von Insekten; ein S. schwarzer/(seltener:) schwarze Vögel; ein S. Kinder folgte/folgten dem Wagen; ein S. von Reportern, Touristen; Heringe leben in Schwärmen; *Dann verließ man in eiligem S. das Schiffchen* (Lenz, Suleyken 38); Ü Dabei werden Schwärme von Teilchen ausgesendet (Kosmos 3, 1965, 116); *... gab es einen S. von Fragen* (R. Walser, Gehülfe 160). **2.** ⟨Pl. ungebr.⟩ (emotional) **a)** *jmd., den man schwärmerisch verehrt:* der Schauspieler ist der S. aller Mädchen; die neue Lehrerin war der S. der Klasse; *Er war jetzt dreiundvierzig, zu alt für einen S., zu jung für ein Onkelchen* (Bieler, Mädchenkrieg 432); **b)** (selten) *etw., wofür man schwärmt:* dieses Modellkleid ist ihr S.; dieses Cabrio war schon immer sein S. **3.** (Milit.) *(bei den Luftstreitkräften) Formation aus vier Flugzeugen;* **Schwarm|be|ben,** das ⟨meist Pl.⟩ (Geol.): *Erdbeben, bei dem sich die Spannungen in der Erdkruste in mehreren [schwächeren] Stößen ausgleichen;* **schwarm|bil|dend** ⟨Adj.⟩ (Zool.): *Schwärme bildend:* -e Insekten, Vögel, Fische; **schwär|men** ⟨sw. V.⟩ [mhd. swarmen, swermen = sich als (Bienen)schwarm bewegen; dann im 16. Jh. als Bez. für das Treiben von Sektierern im Sinne von „wirklichkeitsfern denken, sich begeistern"]: **1. a)** *(von bestimmten Tieren, bes. Insekten) sich im Schwarm bewegen* ⟨hat⟩: Vor den Stallfenstern und über dem ... Komposthaufen schwärmten die Fliegen (Broch, Versucher 103); die Bienen schwärmen jetzt *(fliegen zur Gründung eines neuen Staates aus);* **b)** *sich schwärmend (1 a) irgendwohin bewegen* ⟨ist⟩: die Mücken schwärmten um die Lampe; Ü Vielköpfige Menschenmenge schwärmte in die Neueröffnung der Kaufhäuser (Johnson, Achim 189). **2.** ⟨hat⟩ **a)** *jmdn. schwärmerisch verehren; etw. sehr gern mögen:* für große Hüte, schnelle Autos s.; in ihrer Jugend hat sie für meinen Bruder, für Beatmusik geschwärmt; Woran erkennt man ... den eigentlichen Rationalisten? Daran, daß er bedingungslos für das Irrationale schwärmt (Brod, Annerl 93); **b)** *von jmdm., etw. begeistert reden:* von dem Essen, dem Konzert, der Frau schwärmt er heute noch; Das war vor dem ersten Weltkrieg gewesen, und noch lange hatte der Alte davon geschwärmt (Koeppen, Rußland 141); ... schwärmte sie plötzlich vom Kinderkriegen (Rehn, Nichts 12); ⟨subst.:⟩ sie gerät nicht ins Schwärmen; **Schwär|mer,** der; -s, - [urspr. = Sektierer]: **1. a)** *jmd., der schwärmt (2); unrealistischer Mensch; Phantast:* er ist und bleibt ein S.; **b)** *Schwarmgeist (a).* **2.** *Feuerwerkskörper, der beim Abbrennen unter Funkenentwicklung umherfliegt:* S. hüpften und zischten über die Straße (Roehler, Würde 120). **3.** *bes. in den Tropen heimischer Schmetterling mit langen, schmalen Vorderflügeln u. kleinen Hinterflügeln;* **Schwär|me|rei,** die; -, -en: *das Schwärmen (2 a):* eine jugendliche, literarische S.; Dr. Guillotin hatte ... seine S. für körperliche Sauberkeit so weit gesteigert, daß ... (Sieburg, Blick 45); **Schwär|me|rin,** die; -, -nen: w. Form zu ↑ Schwärmer (1 a); **schwär|me|risch** ⟨Adj.⟩: **a)** *zu sehr gefühlsbetonter Begeisterung, übertriebener Empfindsamkeit neigend od. davon erfüllt u. diesen Wesenszug zum Ausdruck bringend, erkennen lassend:* ein -es junges Mädchen; in seinen -en Jugendstunden (Musil, Mann 390); er ist mir zu s.; „Das waren Zeiten", sagt er s. (Remarque, Obelisk 265); **b)** *die Schwärmer (1 b) betreffend; in der Art der Schwärmer:* weil er (= Cromwell) keine Staatskirche bildet, obwohl er gegen -e Sekten mit Härte vorgeht (Fraenkel, Staat 153f.); **Schwarm|geist,** der ⟨Pl. -er⟩ **a)** *Anhänger einer von der offiziellen Reformationsbewegung abweichenden Strömung;* **b)** *Phantast:* auch Willy Brandt ist ein S. (Spiegel 16, 1975, 34); von dem in Finanzdingen ... eher unerfahrenen S. Ivan Nagel (Frankfurter Rundschau 24. 6. 93, 3); **Schwarm|li|nie,** die (Milit.): *Schützenlinie;* **schwarm|wei|se** ⟨Adv.⟩: *in Schwärmen;* **Schwarm|zeit,** die, *Zeit des Schwärmens bei bestimmten Insekten, bes. bei der Honigbiene, wenn die alte Königin zur Gründung eines neuen Staates mit einem Teil des Volkes den Stock verläßt.*

Schwar|te, die; -, -n [mhd. swart(e), urspr. = behaarte menschliche Kopfhaut; Haut von Tieren, H. u.]: **1. a)** *dicke, derbe Haut bes. vom Schwein:* eine dicke, knusprig gebratene S.; ein Stück S.; die S. mitessen, abschneiden; das Fleisch, der Speck mit der S. angebraten, geräuchert, gekocht; **b)** (Jägerspr.) *Haut von Schwarzwild, Dachs u. Murmeltier.* **2.** (ugs., oft abwertend) *(urspr. in Schweinsleder gebundenes) dickes [altes] Buch:* eine dicke S. lesen; Karl May ... hatte es mit uns angetan. Wir liehen uns die grünen -en aus und ließen sie uns ... schenken (Lentz, Muckefuck 187). **3.** (salopp) *(menschliche) Haut:* Man muß den Herrschenden die S. aufschlitzen, bis sie Blut speien und ihre Schuld zugeben (Fels, Sünden 106); Ü Um die eigene S. *(sich selbst)* zu retten ... (Danella, Hotel 33); * *daß [jmdm.] die S. kracht (daß es kaum noch zu ertragen ist):* sie müssen arbeiten, werden gedrillt, daß die S. kracht. Dann muß er und bleichen, daß die S. kracht; sonst gibt es Strafarbeiten, daß die S. kracht! **4.** (Med.) *durch Druck od. [Rippenfell]entzündung entstandene breite Narbe im Bindegewebe.* **5.** (Fachspr.) *beim Zersägen von Baumstämmen in Längsrichtung erstes u. letztes Stück, das nur eine Schnittfläche hat u. im übrigen von Rinde umgeben ist.* **6.** (Kürschnerei) *während der Sommerzeit gewonnenes Fell von Pelztieren mit geringerer Qualität;* **schwar|ten** ⟨sw. V.; hat⟩: **1.** (Jägerspr.) *abschwarten (1):* Ich werde sie (= die Wildsau) s. (Degenhardt, Zündschnüre 182). **2.** (ugs. selten) *viel lesen.* **3.** (salopp selten) *verprügeln;* **Schwar|ten|ma|gen,** der: *Preßkopf;* **schwar|tig** ⟨Adj.⟩: *eine Schwarte (1, 4), Schwarten aufweisend; von der Art einer Schwarte.*

schwarz ⟨Adj.; schwärzer, schwärzeste⟩ [mhd., ahd. swarz, urspr. = dunkel, schmutzfarbig; **6.** eigtl. = im Dunkeln, im verborgenen liegend, geschehend]: **1.** *von der dunkelsten Färbung, die alle Lichtstrahlen absorbiert, kein Licht reflektiert:* -es Haar; -er Samt; eine -e Katze; -e Schuhe, Strümpfe; zu einer Feier im -en Anzug erscheinen; eine Trauerkarte mit -em Rand; s. wie Ruß; sein Gesicht war s. von Ruß; sie ist s. gekleidet; ein Kleid s. färben; der Stoff ist s. gemustert, gestreift; ⟨subst.:⟩ das kleine Schwarze *(knielanges, festliches schwarzes Kleid);* R denn was man s. auf weiß *(schriftlich)* besitzt, kann man getrost nach Hause tragen (nach Goethe, Faust I, 1966 f.); das kann ich dir s. auf weiß geben *(darauf kannst du dich verlassen);* * *s.* **werden** (Skat ugs.; *keinen Stich bekommen;* zu „Schwarz" im Bedeutungszusammenhang „ohne Geld"); *jmd.* **kann warten, bis er s. wird** (ugs.; *jmd. wird umsonst auf etw. warten;* eigtl. = bezog auf das Verwesen der Leiche); **s. von etw. sein** (emotional; *gedrängt voll von etw. sein):* der Platz war s. von Menschen; der Kadaver war s. von Fliegen; **aus s. weiß machen [wollen]** *(durch seine Darstellung eine Sache in ihr Gegenteil verkehren [wollen]);* **s. auf weiß** (ugs.; *zur Sicherheit, Bekräftigung schriftlich, so daß man sich darauf verlassen kann;* eigtl. = mit schwarzer Tinte [Druckerschwärze] auf weißes Papier geschrieben [gedruckt]): *etw. s. auf weiß haben, besitzen.* **2. a)** *von sehr dunklem Aussehen:* -e Kirschen; -er Pfeffer; -es Brot (Schwarzbrot); eine (geh.; *sternlose) Nacht;* der Kaffee ist mir zu s. *(zu stark);* der Kuchen ist s. geworden (ugs.; *ist beim Backen verbrannt);* den Kaffee s. *(ohne Milch)* trinken; **b)** *der Rasse der Negriden angehörend:* ein -er Jazzmusiker; sie hatte eine -e Mutter und einen weißen Vater; wenn sie ... mit -en GIs Prügeleien anfingen (Fels, Sünden 97); die unterdrückte -e Mehrheit; der -e Erdteil/Kontinent *(Afrika);* die -e Rasse *(die Negriden);* seine Hautfarbe ist s.; sie sind stolz darauf, s. zu sein. **3.** (ugs.) *von Schmutz dunkel:* -e Hände, Fingernägel; der Kragen ist ganz s.; du bist s. im Gesicht; du hast dich s. gemacht; * *jmdm.* **nicht das Schwarze unter dem [Finger]nagel gönnen** (ugs.; *jmdm. gegenüber äußerst mißgünstig sein).* **4. a)** (ugs., oft abwertend) *vom Katholizismus geprägt; eine überwiegend katholische Bevölkerung habend:* das Münsterland ist eine ganz -e Gegend; nur der Süden des Landes ist s.; **b)** (Politik Jargon) *christdemokratisch, konservativ [geprägt; regiert o. ä.]:* ein -er Wahlkreis; eine -e Regierung; im -en Bayern; s. wählen; ⟨subst.:⟩ Man ... riet mir ..., die Schwarzen zu wählen, weil es sonst ... in der Arbeiterkammer allzu rot würde (Innerhofer, Schattseite 122). **5. a)** *unheilvoll, düster:* es war vielleicht der schwärzeste Tag in ihrem Leben; der jüngeren deutschen Geschichte; von -en Gedanken geplagt werden; alles s. in s. sehen, malen; **b)** *böse; niederträchtig:* -e Pläne, Gedanken hegen; eine der schwärzesten Taten der Kriminalgeschichte; er hegte einen ganz -en *(schlimmen)* Verdacht. **6.** (ugs.) *illegal; ohne behördliche Genehmigung, ohne Berechti-*

Schwarz

gung: -e Geschäfte; vor dem -en Umtausch von Devisen warnt der Fachmann (Augsburger Allgemeine 11. 2. 78, 21); -es *(nicht ordnungsgemäß versteuertes, verbuchtes) Geld;* etw. s. kaufen, exportieren; s. über die Grenze gehen, einreisen; etw. s. *(in Schwarzarbeit)* tun; s. *(ohne die Gebühren zu zahlen)* fernsehen; s. Bus fahren *(mit dem Bus schwarzfahren);* s. *(ohne Führerschein)* Auto fahren; s. gebrannter Schnaps; **Schwarz,** das; -[es], -: **1.** *schwarze Farbe:* ein tiefes S.; das S. ihrer Augen, seines Haars; Frankfurter S. *(stark deckende schwarze Druckfarbe);* S. *(schwarze Kleidung, Trauerkleidung)* tragen; in S. gekleidet sein, gehen. **2.** ⟨o. Pl.⟩ *Noir;* **schwarz-, Schwạrz-:** kennzeichnet in Bildungen mit Substantiven oder Verben etw. als illegal, ohne behördliche Genehmigung erfolgend: Schwarzbau, -kauf; schwarzschlachten; **Schwạrz|afri|ka;** -s: größtenteils von Angehörigen der schwarzen Rasse bewohnter Teil Afrikas südlich der Sahara; **Schwạrz|afri|ka|ner,** der: *Schwarzer aus Schwarzafrika;* **Schwạrz|afri|ka|ne|rin,** die: w. Form zu ↑ Schwarzafrikaner; **schwạrz|afri|ka|nisch** ⟨Adj.⟩: die -en Staaten; **Schwạrz|ar|beit,** die ⟨o. Pl.⟩: *illegale, bezahlte, aber nicht behördlich angemeldete Arbeit, Tätigkeit, für die keine Steuern u. Sozialabgaben entrichtet werden:* S. machen; ein Haus in S. bauen; er bessert sich sein Arbeitslosengeld durch S. auf; das Geld dafür hat sie sich mit S. verdient; **schwạrz|ar|bei|ten** ⟨sw. V.; hat⟩: *Schwarzarbeit verrichten;* **Schwạrz|ar|bei|ter,** der: *jmd., der Schwarzarbeit verrichtet;* **Schwạrz|ar|bei|te|rin,** die: w. Form zu ↑ Schwarzarbeiter; **schwạrz|äu|gig** ⟨Adj.⟩: *schwarze Augen habend;* **Schwạrz|bär,** der: *Bär (von unterschiedlicher Färbung) mit gedrungenem Körper, schmalem Kopf u. spitzer Schnauze;* **schwạrz|bär|tig** ⟨Adj.⟩: vgl. schwarzhaarig; **Schwạrz|bee|re,** die (südd., österr.): *Heidelbeere;* **schwạrz|be|haart** ⟨Adj.⟩: *eine schwarze Behaarung aufweisend:* -e Beine; seine -e Brust; **Schwạrz|blätt|chen,** das: *Mönchsgrasmücke;* **schwạrz|blau** ⟨Adj.⟩: *tief dunkelblau u. fast in Schwarz übergehend;* **Schwạrz|blech,** das: *nach dem Auswalzen nicht weiter behandeltes, nicht gegen Korrosion geschütztes, dünnes Eisenblech;* **schwạrz|braun** ⟨Adj.⟩: *tief dunkelbraun u. fast in Schwarz übergehend;* **Schwạrz|bren|ner,** der: *jmd., der ohne amtliche Genehmigung Branntwein brennt;* **Schwạrz|bren|ne|rei,** die: *Brennerei (a) ohne amtliche Genehmigung;* **Schwạrz|bren|ne|rin,** die: w. Form zu ↑ Schwarzbrenner; **Schwạrz|brot,** das: *[überwiegend] aus Roggenmehl gebackenes dunkles Brot;* **schwạrz|bunt** ⟨Adj.⟩ (Fachspr.): *(von Rindern) schwarz u. weiß gefleckt:* -es Vieh; -e Milchkühe; **Schwạrz|dorn,** der ⟨Pl. -e⟩: *Schlehdorn;* **Schwạrz|dros|sel,** die: *Amsel;* ¹**Schwạrze,** der; -n, -n ⟨Dekl. ↑ Abgeordnete⟩: **1.** *Neger* (1): sie ist mit einem -n verheiratet; die -n fordern gleiche Rechte. **2.** ⟨o. Pl.; mit best. Artikel⟩ (veraltet) *der Teufel.* **3.** (österr.) *Tasse schwarzer Kaffee:* ich bestellte mir einen -n; ²**Schwạrze,** die; -n, -n ⟨Dekl. ↑ Abgeordnete⟩: *Ne-*

gerin: die Sopranistin ist eine S.; ³**Schwạr|ze,** das; -n: *schwarze Kreisfläche im Zentrum einer Zielscheibe:* das S. treffen; ein Schuß ins S.; * **ins S. treffen** *(mit etw. genau das Richtige tun, sagen);* **Schwär|ze,** die; -, -n [mhd. swerze, ahd. swerza]: **1.** ⟨o. Pl.⟩ *schwarze Färbung, tiefe Dunkelheit einer Sache:* die S. der Nacht; Ü Was ich aber nicht gekannt, nicht geahnt ... hatte, war die S. dieser Geschichte (Küpper, Simplicius 47). **2.** *schwarzer Farbstoff aus verkohlten Resten tierischer od. pflanzlicher Stoffe;* **Schwarze Meer,** das; -n -[e]s: östlich an das Mittelmeer angrenzendes Binnenmeer; **schwär|zen** ⟨sw. V.; hat⟩ [mhd. swerzen, ahd. swerzan = schwarz machen; 2: zu spätmhd. (rotwelsch) swereze = (Schwärze der) Nacht, eigtl. = bei Nacht Waren über die Grenze schaffen]: **1.** *schwarz machen, färben; mit einer schwarzen Schicht bedecken:* der Ruß hatte ihre Gesichter geschwärzt; Sie ... ging auf den alten Gasthof zu, dessen Mauern ... von der Zeit geschwärzt waren (Lenz, Suleyken 41); Ü Die Freude über das schöne Fest wurde geschwärzt (geh.; *verdorben;* Feuchtwanger, Herzogin 19). **2.** (südd., österr. ugs.) *schmuggeln:* ♦ Die Ketzer ... Die willst du nun mit frechen Scherzen in diese hohen Kreise s. *(einschmuggeln;* Goethe, Faust II, 4911 ff.); **Schwär|zer,** der; -s, - (südd., österr. ugs.): *Schmuggler:* ♦ oder ein S. kam des Weges und verneigte sich vor den Bildnissen und küßte sich vom Kruzifix etliche hundert Tage Ablaß herab (Rosegger, Waldbauernbub 57); **Schwạrz|er|de,** die (Geol.): **a)** *Steppenschwarzerde;* **b)** *Tirs;* **Schwạ̈r|ze|rin,** die; -, -nen (südd., österr. ugs.): w. Form zu ↑ Schwärzer; **schwạrz|fah|ren** ⟨st. V.; ist⟩: **a)** *um des finanziellen Vorteils willen ohne Fahrschein, Fahrkarte fahren* ⟨subst.:⟩ er ist beim Schwarzfahren erwischt worden; **b)** *ein Kraftfahrzeug lenken, ohne einen Führerschein zu besitzen:* er ist jahrelang schwarzgefahren; **Schwạrz|fah|rer,** der: *jmd., der schwarzfährt:* der Kontrolleur hatte gerade einen S. erwischt; **Schwạrz|fah|re|rin,** die: w. Form zu ↑ Schwarzfahrer; **Schwạrz|fahrt,** die: *Fahrt, bei der man schwarzfährt:* wenn man erwischt wird, kann eine S. sehr teuer werden; **Schwạrz|fär|bung,** die: *schwarze Färbung;* **Schwạrz|fäu|le,** die: *(bei Pflanzen u. Früchten auftretende) Pilzkrankheit mit Fäulnis u. schwarzen Verfärbungen;* **Schwạrz|fer|sen|an|ti|lo|pe,** die: *Impala;* **Schwạrz|fil|ter,** der, Fachspr. meist: das (Fot.): *dunkelroter bis schwarzer Filter (2), der nur für den Bereich von Rot u. Infrarot durchlässig ist;* **Schwạrz|fleckig|keit¹,** die: *durch Pilze verursachte Pflanzenkrankheit mit schwärzlichen Flecken auf Blättern u. anderen Organen;* **Schwạrz|fleisch,** das (landsch.): *geräucherter durchwachsener Speck;* **Schwạrz|fo|rel|le,** die: *dunkle Bachforelle;* **Schwạrz|fuchs,** der: **1. a)** *in Nordamerika verbreiteter Rotfuchs mit schwarzem Fell;* **b)** *Pelz aus dem Fell des Schwarzfuchses (1 a).* **2.** *Fuchs (5) mit sehr dunklem Fell;* **schwạrz|gal|lig** ⟨Adj.⟩ (veraltend): *von düsterer Gemütsart, leicht reizbar;*

Schwạrz|gal|lig|keit, die (veraltend): *schwarzgallige Gemütsart:* an unheilbarer Schwermut, Melancholie, S. leidend (Habe, Namen 414); **schwạrz|ge|hen** ⟨unr. V.; ist⟩ (ugs.): **1.** *wildern.* **2.** *schwarz über die Grenze gehen;* **schwạrz|ge|klei|det** ⟨Adj.⟩: *in Schwarz gekleidet;* **schwạrz|ge|lockt** ⟨Adj.⟩: *gelocktes schwarzes Haar habend:* ein dunkelhäutiger, -er Junge; **schwạrz|ge|rän|dert¹** ⟨Adj.⟩: *einen schwarzen Rand aufweisend:* -e Augen; ein -er Briefumschlag; **schwạrz|ge|räu|chert¹** ⟨Adj.⟩: *mit dichtem Rauch bis zur Schwarzfärbung geräuchert:* -es Schweinefleisch; **Schwạrz|ge|räu|cher|te,** das; -n: *schwarzgeräuchertes Schweinefleisch;* **Schwạrz|ge|schäft,** das: *Schwarzmarktgeschäft;* **schwạrz|ge|streift¹** ⟨Adj.⟩: *schwarze Streifen als Muster aufweisend:* ein -es Kleid; **schwạrz|grau** ⟨Adj.⟩: *tief dunkelgrau u. fast in Schwarz übergehend;* **schwạrz|grün** ⟨Adj.⟩: *tief dunkelgrün u. fast in Schwarz übergehend;* **schwạrz|grun|dig** ⟨Adj.⟩: *mit schwarzem Grund* (4); **schwạrz|haa|rig** ⟨Adj.⟩: *schwarzes Haar habend;* **Schwạrz|han|del,** der: *illegaler Handel mit verbotenen od. rationierten Waren:* Kurz nach dem Krieg betrieb er dann ... einen gutgehenden S. mit Seidenstrümpfen (Kirst, 08/15, 278); ... und rauchte weiterhin Fehlfarben, die er im S. gegen Türbeschläge eintauschte (Grass, Hundejahre 323); vom S. leben; **Schwạrz|händ|ler,** der: *jmd., der mit verbotenen od. rationierten Waren illegal Handel treibt;* **Schwạrz|händ|le|rin,** die: w. Form zu ↑ Schwarzhändler; **Schwạrz|hemd,** das: **1.** *schwarzes Hemd als Teil der Uniform faschistischer Organisationen, bes. in Italien.* **2.** ⟨meist Pl.⟩ *Träger des Schwarzhemds* (1): die -en marschierten durch die Straßen; **schwạrz|hö|ren** ⟨sw. V.; hat⟩: **a)** *Rundfunk hören, ohne sein Gerät angemeldet zu haben u. die fälligen Gebühren zu entrichten;* **b)** (veraltend) *[ohne Immatrikulation u.] ohne die fälligen Gebühren zu entrichten, eine Vorlesung an der Universität besuchen;* **Schwạrz|hö|rer,** der: *jmd., der schwarzhört;* **Schwạrz|hö|re|rin,** die: w. Form zu ↑ Schwarzhörer; **Schwạrz|kä|fer,** der (Zool.): *(in vielen Arten bes. in den Tropen u. Subtropen vorkommender, auch als Pflanzen- u. Vorratsschädling auftretender) größerer dunkler bis schwarzer Käfer mit meist stark verkümmerten Flügeln;* **Schwạrz|kehl|chen,** das: *Singvogel, dessen Männchen im oberseits schwarzes, unterseits weißes u. orangefarbenes Gefieder aufweist;* **Schwạrz|ke|ra|mik,** die: *schwarz gefärbte Keramik;* **Schwạrz|kie|fer,** die: *Kiefer mit schwarzgrauer, rissiger Rinde;* **Schwạrz|kit|tel,** der: **1.** (Jägerspr. scherzh.) *Wildschwein.* **2.** (abwertend) *katholischer Geistlicher.* **3.** (bes. Fußball Jargon) *Schiedsrichter;* **Schwạrz|küm|mel,** der: *(in mehreren Arten bes. im Mittelmeergebiet vorkommende) zu den Hahnenfußgewächsen gehörende Pflanze mit einzeln stehenden, verschiedenfarbigen Blüten;* **Schwạrz|kunst,** die: *Schabkunst;* **Schwạrz|künst|ler,** der: **1.** *jmd., der die Buchdruckerkunst betreibt.* **2.** *jmd., der die Zauberkunst, die Magie betreibt;*

Schwarz|künst|le|rin, die: w. Form zu ↑Schwarzkünstler; ♦ **schwạrz|leb|rig** ⟨Adj.⟩ [vgl. Melancholie]: *melancholisch:* Willst du, daß ich deinen -en Grillen zu Gebot steh'? (Schiller, Räuber V, 1); **schwärz|lich** ⟨Adj.⟩ [frühnhd. schwartzlich, schwartzlecht; mhd. swarzlot]: *leicht schwarz getönt; ins Schwarze spielend:* Rechts ein -er Giraffenbulle (Grzimek, Serengeti 108); Die Gliedmaßen ... verfärben sich s. (Medizin II, 170); Ü -e ⟨geh.; düstere⟩ Gedanken; **schwạrzlockig**[1] ⟨Adj.⟩: *schwarzgelockt;* **schwạrzma|len** ⟨sw. V.; hat⟩: *in allzu düsteren Farben schildern, allzu pessimistisch darstellen:* alles s.; ⟨auch o. Akk.-Obj.:⟩ ich glaube, er malt schwarz; **Schwạrz|maler**, der (ugs.): *jmd., der etw., die Dinge schwarzmalt;* **Schwạrz|ma|le|rei**, die (ugs.): *das Schwarzmalen:* was soll die S.? So schlimm ist es doch gar nicht!; **Schwạrz|ma|le|rin**, die (ugs.): w. Form zu ↑Schwarzmaler; **Schwạrz|markt**, der: *schwarzer* (6) *Markt:* etw. auf dem S. kaufen, verhökern; **Schwạrz|markt|geschäft**, das: *auf dem Schwarzmarkt abgewickeltes Geschäft; Schwarzgeschäft;* **Schwạrz|markt|preis**, der: *auf dem Schwarzmarkt üblicher, überhöhter Preis:* -e zahlen; Benzin kriegt man nur noch zu -en; **Schwạrz|pap|pel**, die: *Pappel mit schwärzlich-rissiger Borke u. breiter Krone;* **Schwạrz|plätt|chen**, das: *Mönchsgrasmücke;* **Schwạrz|pul|ver**, das [wohl nach der Farbe]: *aus einer Mischung von Kalisalpeter, Schwefel u. Holzkohle bestehendes [Schieß]pulver, das heute für Sprengungen, zur Herstellung von Zündschnüren u. in der Feuerwerkerei verwendet wird;* **Schwạrz|rock**, der (abwertend): *Geistlicher;* **Schwạrz-Rot-Gọld**, das: *Farben der deutschen Fahne von 1919 bis 1933 u. die Farben der Bundesrepublik Deutschland u. der DDR;* **schwạrz|rot|gọl|den** ⟨Adj.⟩: *die Farben Schwarz, Rot u. Gold aufweisend:* die -e Fahne; **Schwạrz-Rot-Mọ|strich**, das (ugs. scherzh., verächtl.): *Schwarz-Rot-Gold:* daß es ... zu viele Richter, Staatsanwälte ... und Professoren gab, für die Schwarz-Rot-Gold eben S. war und die die Demokratie zum Teufel wünschten (Spiegel 43, 1978, 49); **Schwạrz-Rot-Sẹnf**, das (ugs. scherzh., verächtl.): Entstellung zu ↑Schwarz-Rot-Gold; **Schwạrz|sau|er**, das (nordd.): *[mit Backobst u. Klößen serviertes] Gericht aus Fleisch od. Gänseklein u. Schweine- bzw. Gänseblut, das mit Essig angesäuert ist;* **Schwạrz|schim|mel**, der: *Rappschimmel;* **schwạrz|schlach|ten** ⟨sw. V.; hat⟩: *[in Not-, Kriegszeiten] (Schlachtvieh) ohne behördliche Genehmigung schlachten:* im Krieg wurde öfter [ein Schwein] schwarzgeschlachtet; **Schwạrz|schlach|tung**, die: *das Schwarzschlachten;* **schwạrzsehen** ⟨st. V.; hat⟩ (ugs.): 1. *die Zukunftsaussichten negativ, pessimistisch einschätzen; Unerfreuliches, Schlimmes befürchten:* er sieht immer nur schwarz; für deine Urlaubspläne, sein Examen, den Kandidaten sehe ich schwarz; Teichmann und Stollenberg sahen schwarz für den Fall, daß Heynes Briefe einmal der Zensur in die Hände fielen (Ott, Haie 253). 2. *fernsehen, ohne sein Gerät angemeldet zu haben u. die fälligen Gebühren zu entrichten;* **Schwạrz|se|her**, der: 1. (ugs.) *jmd., der schwarzsieht* (1). 2. *jmd., der schwarzsieht* (2); **Schwạrz|se|he|rei**, die; -, -en ⟨Pl. selten⟩ (ugs.): *das Schwarzsehen;* **Schwạrz|se|he|rin**, die: w. Form zu ↑Schwarzseher; **schwạrz|se|he|risch** ⟨Adj.⟩ (ugs.): *einen Schwarzseher* (1) *kennzeichnend, für ihn typisch;* **Schwạrzsei|te**, die (landsch.): *Schwarzfleisch;* **Schwạrz|sen|der**, der: *ohne behördliche Genehmigung betriebene Fernmelde-, Funkanlage;* **Schwạrz|specht**, der: *größerer schwarzer Specht mit rotem Gefieder an Kopf u. Nacken;* **Schwạrz|storch**, der: *Waldstorch;* **schwạrz|um|flort** ⟨Adj.⟩: *mit einem schwarzen Flor als Zeichen der Trauer versehen:* eine -e Fahne; **schwạrz|um|rän|dert** ⟨Adj.⟩: *von einem schwarzen Rand umgeben; schwarzgerändert:* -e Augen; **schwạrz|um|ran|det** ⟨Adj.⟩: *mit einer schwarze Umrandung aufweisend:* ein -er Brief; ein -es Revers, weißes Kleid; **Schwär|zung**, die; -, -en: 1. *das Schwärzen* (1). 2. (Fot.) *Schwarzfärbung von fotografischem Material;* **Schwạrz|wald**, der; -[e]s: *südwestdeutsches Mittelgebirge;* **¹Schwạrz|wäl|der**, der; -s, -: Ew.; **²Schwạrz|wäl|der** ⟨indekl. Adj.⟩: -er Schinken; -er Kirsch[torte]; **Schwạrz|wäl|de|rin**, die: w. Form zu ↑¹Schwarzwälder; **Schwạrz|wa|re**, die: *Schwarzkeramik;* **Schwạrz|was|ser|fie|ber**, das: *im Verlauf einer schweren Malaria das Auftreten reinen Blutfarbstoffs im Urin mit entsprechender Dunkel- bis Schwarzfärbung;* **schwạrz|weiß** [auch: -'-] ⟨Adj.⟩: a) *schwarz u. weiß:* ein -gestreifter Rock; b) *in Schwarz, Weiß u. Abstufungen von Grau:* ein -es Foto, Bild; eine -e [Fernseh]sendung; s. fotografieren; mit meinem Fernseher kann ich nur s. sehen; **Schwạrz|weiß|auf|nah|me**, die: *Fotografie, die Farben u. Helligkeiten durch Schwarz, Weiß u. Abstufungen von Grau wiedergibt;* **Schwạrz|weiß|bild**, das: 1. *Schwarzweißfoto.* 2. vgl. Schwarzweißzeichnung; **Schwạrz|weiß|emp|fang**, der ⟨o. Pl.⟩: *Empfang von Fernsehsendungen, bei dem diese schwarzweiß wiedergegeben werden:* der S. in Farbe ausgestrahlter Programme; **Schwạrz|weiß|fern|se|her**, der; **Schwạrz|weiß|fern|seh|ge|rät**, das: *Fernsehgerät, bei dem die Bilder in Schwarz, Weiß u. Abstufungen von Grau wiedergegeben werden;* **Schwạrz|weiß|film**, der: 1. *Film* (2) *für Schwarzweißaufnahmen.* 2. *Film* (3 a) *mit Schwarzweißaufnahmen;* **Schwạrz|weißfo|to**, das: *Schwarzweißaufnahme;* **Schwạrz|weiß|fo|to|gra|fie**, die; ⟨o. Pl.⟩ *fotografisches Verfahren, das Farben u. Helligkeiten durch Schwarz, Weiß u. Abstufungen von Grau wiedergibt.* 2. *Schwarzweißaufnahme;* **Schwạrz|weiß|ge|rät**, das: *kurz für ↑Schwarzweißfernsehgerät;* **Schwạrz|weiß|kunst**, die: *graphische, zeichnerische Technik, bei der keine Farbe verwendet wird;* **schwạrzweiß|ma|len** ⟨sw. V.; hat⟩: *nicht differenziert beurteilen, sondern einseitig positiv od. negativ darstellen:* die Figuren des Dramas sind vom Autor, in dieser Inszenierung zu sehr schwarzweißgemalt; **Schwạrz|weiß|ma|le|rei**, die: *das Schwarzweißmalen;* **schwạrz|weiß|rot** ⟨Adj.⟩: *die Farben Schwarz, Weiß u. Rot aufweisend;* **Schwạrz-Weiß-Rot**, das: *Farben der deutschen Fahne von 1871 bis 1918 u. 1933 bis 1945;* **Schwạrz|weiß|zeich|nung**, die: *nur Schwarz u. Abstufungen von Grau (auf weißem Grund) aufweisende Zeichnung;* **Schwạrz|wild**, das (Jägerspr.): *Wildschweine;* **Schwạrzwurz**, die: *Beinwell;* **Schwạrz|wur|zel**, die: *krautige, einen milchigen Saft enthaltende Pflanze, deren schwarze Pfahlwurzel als Gemüse verwendet wird;* **Schwạrzwur|zel|ge|mü|se**, das: *als Gemüse zubereitete Schwarzwurzeln;* **Schwạrz|zun|gen|krank|heit**, die ⟨o. Pl.⟩: *Black tongue* (2).

♦ **schwạt|teln** ⟨sw. V.; hat⟩ [lautm.]: *(in südd. Sprachgebrauch) schwappen* (1 a): Ü und jetzt mit ihrem übervollen Herzen – es schwattelt ganz von Reiseglück ... und allerliebsten Neuigkeiten – stracks hin zur Oberstin damit! (Mörike, Mozart 224).

Schwatz, der; -es, -e [spätmhd. swaz, zu ↑schwatzen] (fam.): *[kürzere] zwanglose Unterhaltung [anläßlich eines zufälligen Zusammentreffens], bei der man sich gegenseitig Neuigkeiten o. ä. erzählt:* einen [kleinen] S. mit dem Nachbarn halten; das habe ich mit gestern bei einem S. mit dem Briefträger erfahren; sich Zeit zu einem gemütlichen, ausgiebigen S. nehmen; **Schwạtz|ba|se**, die (ugs. abwertend): *[weibliche] Person, die gern u. viel schwatzt;* **Schwạtz|bu|de**, die (ugs. abwertend): *Parlament;* **Schwạtz|chen**, das; -s, -: Vkl. zu ↑Schwatz; **schwạt|zen** ⟨sw. V.; hat⟩ [spätmhd. swatzen, ↑schwätzen]: 1. *plaudern* (1): sie kam, um [ein bißchen] mit uns zu s.; An der langen Bar unten hockten die Huren wie Papageien auf der Stange und schwatzten (Remarque, Triomphe 248); dieweil wir oft die halbe Nacht lang schwatzten (Frisch, Cruz 22); eine fröhlich schwatzende Runde. 2. (abwertend) a) *sich wortreich über oft belanglose Dinge auslassen:* über die Regierung, über das Wetter, von einem Ereignis; b) *etw. schwatzend* (2 a) *vorbringen:* Unsinn schwatzen; es ist alles nicht wahr, was der geschwatzt hat; c) *sich während des Unterrichts leise mit seinem Nachbarn unterhalten:* wer schwatzt denn da fortwährend?; ⟨subst.:⟩ durch sein Schwatzen den Unterricht stören. 3. (abwertend) *aus einem unbeherrschten Redebedürfnis heraus Dinge weitererzählen, über die man schweigen sollte:* da muß wieder einer geschwatzt haben!; **schwät|zen** ⟨sw. V.; hat⟩ [spätmhd. swatzen, swetzen, zu mhd. swateren = rauschen, klappern, wohl lautm.; vgl. schwadern] (bes. südd.): 1. *schwatzen* (1): Ich habe Kopf- und Halsschmerzen und gar keine Lust zu s. (Th. Mann, Krull 164); Ü der Brunnen ..., lebendiges Wasser, das in der Nacht gemütlich schwätzt und den Mann unterhält (Waggerl, Brot 17). 2. (abwertend) a) *schwatzen* (2 a): daß der Verteidiger von künstlerischer Freiheit schwätzte (Kühn, Zeit 61); Ü das ... Selbstgespräch eines Brunnens ..., der lallend vom Ewigen schwätzt (Musil,

Schwätzer

Mann 1160); **b)** *schwatzen* (2b): Nein, man soll nichts darauf geben, was sie schwätzen (Fallada, Mann 181); ... daß das alles nicht wahr sein konnte, was der Viviani geschwätzt hatte (Sommer, Und keiner 198); **c)** *schwatzen* (2c): wer schwätzt da schon wieder? **3.** *schwatzen* (3): auf ihn kannst du dich verlassen, er schwätzt garantiert nicht. **4.** (westmd., südd.) *sprechen, reden:* der Kleine fängt schon an zu s.; der Papagei kann s.; kannst du nicht etwas lauter, deutlicher s.?; sie schwätzt schwäbisch; Er liebte nicht die gedrechselte Sprache der hohen Politik, er schwätzte, wie ihm der Schnabel gewachsen war (Augsburger Allgemeine 29./30.4.78,4); Sei so gut und halt deinen Schnabel, sonst schwätz' ich deutsch mit dir (Hesse, Sonne 43); **Schwät|zer**, der; -s, - [spätmhd. swetzer] (abwertend): **1.** *jmd., der [nur] gern u. viel redet:* der alte S. hört sich einfach gerne reden; er ist ein [dummer] S.; wir waren eine ... wirklichkeitsfremde ... Gesellschaft von geistreichen -n (Hesse, Steppenwolf 153). **2.** *jmd., der schwatzt* (3): Du bist ein S. Zwischen mir und ihr wirst du keinen Unfrieden stiften mit deinem blöden Gewäsch (Fels, Sünden 27); **Schwät|ze|rei**, die; -, -en (abwertend): *[dauerndes] Schwätzen;* **Schwät|ze|rin**, die; -, -nen (abwertend): w. Form zu ↑Schwätzer; **schwät|ze|risch** ⟨Adj.⟩ (abwertend): *von, in der Art eines Schwätzers;* **schwatz|haft** ⟨Adj.; -er, -este⟩ (abwertend): *zum Schwatzen* (2, 3) *neigend u. viel, meist Unnötiges redend, wobei die betreffende Person nichts für sich behalten kann:* ein -er Mensch; er ist sehr s.; Der „Eilbote", ein s. abgefaßtes hauptstädtisches Journal, hatte genau zu berichten gewußt ... (Th. Mann, Hoheit 33); **Schwatz|haf|tig|keit**, die; -: *schwatzhafte Art;* **Schwatz|lie|se**, die [zum 2. Bestandteil vgl. Heulliese] (ugs. abwertend): *weibliche Person, die gern u. viel schwatzt;* **Schwatz|maul**, das (derb abwertend): *jmd., der gern u. viel schwatzt;* **Schwatzsucht**, die ⟨o. Pl.⟩ (abwertend): *übersteigerte Schwatzhaftigkeit;* **schwatz|süchtig** ⟨Adj.⟩ (abwertend): *durch Schwatzsucht gekennzeichnet:* ein -er Mensch; s. sein.

Schwe|be, die [mhd. swebe]: in der Fügung **in der S.**/(österr.:) **in S.** (1. *frei schwebend:* in S. gleichsam zwischen Himmel und Erde [Werfel, Himmel 240]. 2. *[noch] unentschieden, [noch] offen:* schien das Schicksal der Räterepublik in der S. zu sein [Niekisch, Leben 73]; So blieb die Frage in der S. [Genet (Übers.), Tagebuch 269]; Habe ich unrecht? Gut, lassen wir's in der S. [Th. Mann, Krull 274]); **Schwe|be|bahn**, die: *an Drahtseilen od. einer Schiene hängende Bahn zur Beförderung von Personen u. Lasten:* mit der S. fahren; **Schwe|be|bal|ken**, der (Turnen): *auf einem Gestell angebrachter, langer [gepolsterter] Balken, auf dem Gleichgewichtsübungen (im Frauenturnen wettkampfmäßig) durchgeführt werden;* **Schwe|be|baum**, der: **1.** *Schwebebalken.* **2.** (Pferdezucht) *zur Trennung zwischen den einzelnen Ständen der Pferde hängend angebrachtes, geschältes, geglättetes Rundholz od. Stahlrohr;* **Schwe|be|bühne**, die (Bergb.): *in einem Schacht an Seilen hängende Vorrichtung mit einer Plattform, von der aus (beim Abteufen) die Arbeiten vorgenommen werden;* **Schwe|beflug**, der: *Flug, bei dem das Luftfahrzeug in der Luft am gleichen Ort u. in konstanter Höhe verharrt (z. B. beim Aufnehmen od. Absetzen von Personen od. Lasten bei fehlenden Landemöglichkeiten);* **Schwebe|hang**, der (Turnen): *Übung am Reck, Barren od. an den Ringen, bei der der Körper frei nach unten hängt u. die Beine nach vorn gestreckt sind;* **Schwe|be|ka|bi|ne**, die: *Kabine einer Schwebebahn;* **Schwebe|kip|pe**, die (Turnen): *mit einem Schwebehang beginnende* ²*Kippe* (2); *Hangkippe;* **Schwe|be|la|ge**, die: vgl. Schwebezustand: in der S. einer ... Zwischenform zwischen Verfassungs- und Zwangsstaat (Fraenkel, Staat 82); **schwe|ben** ⟨sw. V.⟩ [mhd. sweben, ahd. sweben = sich hin u. her bewegen, verw. mit ↑*schweifen*]: **1. a)** *sich in der Luft, im Wasser o. ä. im Gleichgewicht halten, ohne zu Boden zu sinken* ⟨hat⟩: frei s.; Sie (= die Brücke) schien ... schwerelos zu s. (Koeppen, Rußland 124); in der Luft, über dem Abgrund, zwischen Himmel und Erde s.; ... schwebte der Ballon über dem Wattenmeer (Hausmann, Abel 99); Von der Decke herabhängend, schwebte ... ein Flugsaurier (Th. Mann, Krull 349); über das vereiste Land schwebte Nebel (Plievier, Stalingrad 81); Drei runde orangefarbene Papierlaternen schwebten glühend im dunklen Laub der Kastanie über der Terrasse (Seidel, Sterne 134); Ü in tausend Ängsten s.; zwischen Leben und Tod s.; in großer Gefahr, in Lebensgefahr s.; und während ich so zwischen Traum und Wirklichkeit schwebe (Geissler, Wunschhütlein 73); Jetzt ... schwebe ich zwischen Furcht und Freude (Brecht, Mensch 82); Untreue sei das Damoklesschwert, das über ihrer Ehe schwebe (Schwaiger, Wie kommt 105); Ich schwebe mehr über dem Ganzen (stehe darüber; Kirst, Aufruhr 110); im schwebenden Zustand zwischen Wachen und Schlaf (Apitz, Wölfe 256); **b)** *sich schwebend* (1a) *irgendwohin bewegen* ⟨ist⟩: durch die Luft, durchs Wasser s.; der Ballon schwebt nach Osten; wir schweben [im Ballon] über das Land; ein Blatt schwebt zu Boden; Ein Taschenkrebs schwebte auf seinen Spinnenbeinen schnell seitwärts (Hausmann, Abel 160); Ü Ich schwebe durch einen Traum, der in Erfüllung gegangen ist (Bamm, Weltlaterne 84); Stanislaus sah die Nonnen durch die Krankenzimmer s. (*sich fast lautlos gleitend bewegen;* Strittmatter, Wundertäter 211); sich schwebend, schwebenden Schrittes fortbewegen; schwebende (Sprachw.; *zwischen metrischer Skandierung u. sinngemäßer, natürlicher Sprechweise einen Ausgleich suchende*) Betonung; ♦ ⟨selten auch mit „über" + Akk.:⟩ darüber schwebt Gott mit seinen Scharen (Kleist, Käthchen III 15). **2.** *unentschieden, noch nicht abgeschlossen sein; im Gange sein* ⟨hat⟩: sein Prozeß schwebt noch; Gegen den Doktor ... schwebte noch ein Verfahren wegen Begünstigung (Schaper, Kirche 136); man wollte nicht in das schwebende Verfahren eingreifen; **Schwe|be|sta|chel**, der ⟨meist Pl.⟩ (Biol., Zool.): *(bei bestimmten planktisch lebenden Protozoen in großer Zahl vorhandener) stachelartiger Fortsatz der Schale, der das Schweben im Wasser erleichtert;* **Schwe|be|stoff**: ↑Schwebstoff; **Schwe|be|stütz**, der (Turnen): *Übung, bei der der Körper, nur auf die Arme gestützt, frei schwebt u. die Beine nach vorn od. aufwärts gestreckt sind;* **Schwe|be|teil|chen**, das: vgl. Schwebstoff; **Schwe|be|zug**, der: *Magnetschwebebahn;* **Schwe|be|zu|stand**, der ⟨o. Pl.⟩: *Zustand der Unklarheit, der Unsicherheit, der Unentschiedenheit:* ein politischer S.; die Sache blieb in einem S.; den Liebesakt durch Berührungen zu ersetzen, durch erotische Vorspiegelungen, die im S. blieben (Hasenclever, Die Rechtlosen 446); **Schweb|flie|ge**, die: *(in vielen Arten vorkommende) meist metallisch glänzende od. schwarzgelb gefärbte Fliege, die im Schwirrflug in der Luft stehen kann; Schwirrfliege;* **Schweb|stoff**, Schwebestoff, der ⟨meist Pl.⟩ (Chemie): *Stoff, der in feinster Verteilung in einer Flüssigkeit od. einem Gas schwebt, ohne [sogleich] abzusinken;* **Schwe|bung**, die; -, -en (Physik, Akustik): *bei Überlagerung zweier gleichgerichteter Schwingungen mit nur geringen Unterschieden in der Frequenz auftretende Erscheinung periodisch schwankender Amplituden, die sich als An- u. Abschwellen des Tons bemerkbar macht.*

Schwe|de, der; -n, -n: Ew.: **alter S.* (ugs.; *kameradschaftlich-vertrauliche, oft scherzh. drohende Anrede; alter Freund;* wahrsch. nach den altgedienten schwedischen Korporalen, die der preuß. König Friedrich Wilhelm I. [1620–1688] nach dem 30jährigen Krieg im Lande beließ u. als Ausbilder in seine Dienste nahm): na, wie geht's denn, alter S.?; **Schwe|den**, -s: *Staat in Nordeuropa;* **Schwe|den|kra|gen**, der [nach dem schwed. König Gustav II. Adolf]: *breiter, weich fallender, meist reich mit Spitzen verzierter Schulterkragen an Männerhemden der 30er Jahre des 17. Jh.s;* **Schwe|den|kü|che**, die: *(in den 60er Jahren übliche) meist dreifarbige Anbauküche mit aufzuschiebenden Schränken u. abgeschrägten oberen Teilen;* **Schwe|denplat|te**, die (Gastr.): *bunt garnierte Platte meist mit geräucherten u. marinierten Spezialitäten vom Meeresfrüchten (als Vorspeise);* **Schwe|den|punsch**, der: *eiskalt od. heiß serviertes Getränk aus Arrak, Wein u. Gewürzen;* **Schwe|den|schanze**, die: volkst. Bez. für: *vor- od. frühgeschichtliche Befestigungsanlage;* **Schweden|trunk**, der [die Folterung wurde im Dreißigjährigen Krieg zuerst von den Schweden praktiziert]: *Art der Folterung, bei dem dem Gefolterten Jauche o. ä. gewaltsam eingeflößt wird;* **Schwe|din**, die; -, -nen: w. Form zu ↑Schwede; **schwedisch** ⟨Adj.⟩; **Schwe|disch**, das; -[s], u. ⟨nur mit best. Art.:⟩ **Schwe|di|sche**, das; -n: *die schwedische Sprache.*

Schwe|fel, der; -s [mhd. swevel, swebel, ahd. sweval, swebal, wahrsch. zu dem auch ↑ schwelen zugrundeliegenden Verb u. eigtl. = der Schwelende; verw. mit lat. sulphur, ↑ Sulfur]: *nichtmetallischer Stoff [von gelber Farbe], der in verschiedenen Modifikationen auftritt u. bei der Verbrennung blaue Flammen u. scharfe Dämpfe entwickelt* (chemischer Grundstoff); Zeichen: S; **schwe|fel|ar|tig** ⟨Adj.⟩: *von, in der Art des Schwefels;* **Schwe|fel|bad,** das: **1.** *medizinisches Bad mit schwefelhaltigem Wasser.* **2.** *Kurort für Schwefelbäder;* **Schwe|fel|bak|te|rie,** die ⟨meist Pl.⟩ (Biol.): *Bakterie, die Schwefel od. Schwefelwasserstoff oxydiert u. mit Hilfe der frei werdenden Energie organische Verbindungen aufbauen kann;* **Schwe|fel|ban|de,** die [wohl urspr. Spitzname für die sich sehr rüde gebärdende Studentenverbindung „Sulphuria" (zu lat. sulphur, ↑ Sulfur) 1770 in Jena] (ugs. abwertend od. scherzh.): ¹*Bande* (2): *ihr seid eine richtige S.!; diese S. ..., diese Satanskorona hatte ... ihr Teilstück Vaterland tiefer gemodelt, als ...* (Kant, Impressum 156); **Schwe|fel|berg|werk,** das: *der Gewinnung von Schwefel dienendes Bergwerk;* **Schwe|fel|blu|me,** die ⟨o. Pl.⟩: *durch Destillieren von verunreinigtem Schwefel u. rasches Abkühlen des Dampfes gewonnener Schwefel in Form eines feinen, gelben Pulvers;* **Schwe|fel|dampf,** der: *schwefelhaltiger, ätzender Dampf;* **Schwe|fel|di|oxyd,** ⟨chem. Fachspr.:⟩ Schwefeldioxid, das (Chemie): *bei der Verbrennung von Schwefel entstehendes farbloses, stechend riechendes u. die Schleimhäute reizendes Gas;* **Schwe|fel|dop|pel|salz,** das (Chemie): *Doppelsalz des Schwefels;* **Schwe|fel|ei|sen,** das (Chemie): *Eisensulfid;* ◆ **Schwe|fel|fa|den,** der ⟨Pl. auch ...faden⟩: *(wie ein Streichholz verwendeter) in flüssigen Schwefel getauchter Faden:* einen S., den ich ... bei mir trug, um das Raubnest, aus dem ich verjagt worden war, in Brand zu stecken (Kleist, Kohlhaas 13); andere hätten einen kleinen Kram mit S. und dergleichen so erweitert und veredelt, daß sie nun als reiche Kauf- und Handelsmänner erschienen (Goethe, Dichtung u. Wahrheit 5); **Schwe|fel|far|be,** die: **1.** *schwefelgelbe Farbe.* **2.** *Schwefelfarbstoff;* **schwe|fel|far|ben, schwe|fel|far|big** ⟨Adj.⟩: *von der Farbe des Schwefels:* ein schwefelfarbiges Licht; Der Himmel war schwarz, die Luft schwefelfarben von dem Staub, den jähe Windstöße immer wieder wolkenwärts trugen (Simmel, Affäre 132); **Schwe|fel|farb|stoff,** der (Chemie): *Schwefel enthaltendes Mittel, mit dem bes. Baumwolle in verschiedenen Tönungen licht- u. waschecht gefärbt werden kann;* **schwe|fel|gelb** ⟨Adj.⟩: *hellgelb wie reiner Schwefel, oft mit einem Stich ins Grünliche od. Graue;* **Schwe|fel|gelb,** das: *schwefelgelbe Farbe;* **Schwe|fel|ge|ruch,** der: *Geruch nach brennendem Schwefel;* **schwe|fel|hal|tig** ⟨Adj.⟩: *Schwefel enthaltend;* **Schwe|fel|holz,** **Schwe|fel|hölz|chen,** das (veraltet): *Zündholz;* **schwe|fe|lig:** ↑ schweflig; **Schwe|fel|kalk,** der: *Mischung aus Kalk u. Schwefel[blüte];* **Schwe|fel|kalk|brü|he,** die: *(als Pflanzenschutzmittel, bes. gegen Mehltau dienende) wäßrige Aufschwemmung von Schwefelkalk;* **Schwe|fel|kies,** der: *Pyrit;* **Schwe|fel|koh|len|stoff,** der (Chemie): *Verbindung von Schwefel u. Kohlenstoff, die hochexplosive u. auf Haut u. Lunge stark giftig wirkende Dämpfe bildet;* **Schwe|fel|kopf,** der: *in Büscheln an Baumstümpfen wachsender Pilz mit rötlichem bis schwefelgelbem Hut;* **Schwe|fel|kur,** die (Med.): *Trink- u. Badekur mit schwefelhaltigem Wasser;* **Schwe|fel|le|ber,** die ⟨o. Pl.⟩ [nach der an Leber erinnernden Färbung] (Chemie): *durch Zusammenschmelzen von Kaliumkarbonat u. Schwefel erhaltenes Gemisch brauner, später gelbgrüner Stücke, das für Bäder bei Hautkrankheiten verwendet wird;* **Schwe|fel|milch,** die (Chemie, Med.): *schwefelhaltige kolloidale Lösung zur äußerlichen Anwendung bei Hautkrankheiten, z. B. bei Krätze;* **schwe|feln** ⟨sw. V.; hat⟩ [15. Jh.]: **1. a)** (Lebensmittel) *mit gasförmigem od. in Wasser gelöstem Schwefel haltbar machen:* Rosinen, Meerrettich s.; Die Trockenfrüchte sind [stark] geschwefelt; geschwefelter Wein; **b)** (Weinfässer o.ä.) *durch Verbrennen von Schwefel sterilisieren;* **c)** (Textilien) *mit Schwefeldioxid bleichen.* **2.** (Obst-, Weinbau) *in Wasser gelösten, feinverteilten Schwefel auf Obstbäume od. Weinstöcke spritzen:* Reben gegen Mehltau s.; **Schwe|fel|por|ling,** der: *im Frühjahr häufig an Laubbäumen auftretender parasitischer Pilz, der die Rotfäule verursacht;* **Schwe|fel|pul|der,** der: *gelber, schwefelhaltiger Puder zur Behandlung von Hautkrankheiten;* **Schwe|fel|quel|le,** die: *schwefelhaltige Heilquelle, dessen Tropfen Blütenstaub enthalten, der nach dem Verdunsten od. Versickern des Wassers als feine gelbliche Schicht zurückbleibt;* **Schwe|fel|rit|ter|ling,** der: *im Herbst in Laubwäldern auftretender, schwefelgelber Pilz, der nach Schwefeldioxyd riecht;* **Schwe|fel|sal|be,** die: *schwefelhaltige Heilsalbe;* **schwe|fel|sau|er** ⟨Adj.⟩: *meist in Fügungen wie* schwefelsaures Kalium (Chemie; *Kaliumsulfat*); **Schwe|fel|säu|re,** die ⟨o. Pl.⟩: *Schwefelverbindung in Form einer farblosen, öligen Flüssigkeit, die in konzentrierter Form auch Kupfer u. Silber auflösen kann;* **Schwe|fe|lung,** die; -, -en: *das Schwefeln, geschwefelt werden;* **Schwe|fel|ver|bin|dung,** die: *chemische Verbindung des Schwefels;* **Schwe|fel|was|ser|stoff,** der (Chemie): *farbloses, brennbares, nach faulen Eiern riechendes, stark giftiges Gas, das u. a. in vulkanischen Gasen u. Schwefelquellen vorkommt u. durch Zersetzung von Eiweiß entsteht;* **Schwe|fel|was|ser|stoff|grup|pe,** die (Chemie): *(bei der chemischen Analyse) Gruppe von Metallen, die (in Form von Sulfiden) mit Hilfe von Schwefelwasserstoff ausgefällt werden können;* **schwef|lig,** ⟨Adj.⟩ [mhd. swebelic, ahd. swebeleg]: **a)** *schwefelhaltig:* -e Dämpfe; -e Säure (Chemie; *farblose Flüssigkeit, die aus Schwefeldioxid u. Wasser entsteht, an der Luft aber bald in Schwefelsäure übergeht*); hier riecht es s. (*nach Schwefel*); **b)** *in Aussehen, Beschaffenheit dem Schwefel ähnlich:* ein -es Gelb; das schweflige und fahle Licht des Weltuntergangs (Thielicke, Ich glaube 103); der Himmel war schweflig.

Schwe|gel, die; -, -n [mhd. swegel(e), ahd. swegala, H. u.]: **1. a)** (im MA.) *Holzblasinstrument;* **b)** *mit einer Hand zu spielende, zylindrisch gebohrte Blockflöte mit nur drei Grifflöchern, zu der der Spieler mit der andern Hand eine kleine Trommel schlagen kann.* **2.** *Orgelregister mit zylindrischen Labialpfeifen;* **Schwe|gler,** der; -s, - [mhd. swegeler]: *jmd., der die Schwegel bläst;* **Schweg|le|rin,** die; -, -nen: w. Form zu ↑ Schwegler; **Schweif,** der; -[e]s, -e [mhd. sweif, urspr. = schwingende Bewegung, ahd. sweif = Schuhband, zu ↑ schweifen]: **1.** (geh.) *längerer [langhaariger, buschiger] Schwanz:* ein langer, seidiger, buschiger S.; Die Pferde standen schwitzend still ... Die -e peitschten (Lentz, Muckefuck 205); der ... Urvogel mit S. und bekrallten Fittichen (Th. Mann, Krull 349); Ü der S. einer Sternschnuppe; ein S. aus Feuer, Funken, Rauch; ein Flugzeug am Firmament, den hellen S. eines Kondensstreifens hinter sich herziehend (Mayröcker, Herzzerreißende 160); ... zieht wie der Rattenfänger von Hameln einen S. von Hippies hinter sich her (Kinski, Erdbeermund 362). **2.** (Astron.) *Kometenschweif:* auch der S. des Kometen war deutlich zu erkennen; **Schweif|af|fe,** der: *(in zwei Arten in Südamerika vorkommender) langhaariger Affe mit langem, buschigem Schwanz;* **schwei|fen** ⟨sw. V.⟩ /vgl. geschweift/ [mhd. sweifen, ahd. sweifan = schwingen, in Drehung versetzen, bogenförmig gehen, urspr. = biegen, drehen, schwingen]: **1.** (geh.) *ziellos [durch die Gegend] ziehen, wandern, streifen* ⟨ist⟩: *durch die Wälder, die Stadt s.;* ... faßten sie die Wanderschaft allzuehr als Urtrieb auf, in die Ferne zu s. (Nigg, Wiederkehr 19); Ü den Blick s. lassen (*sich umsehen*). **2.** (Fachspr.) (einem Werkstück o. ä.) *eine gebogene Gestalt geben* ⟨hat⟩: ein Brett, ein Stück Blech s.; **Schweif|grind,** der: *Hautausschlag am Pferdeschweif;* **Schweif|kern,** der (Anat., Med.): *neben dem Sehhügel gelegener Teil des Großhirns;* **Schweif|reim,** der (Verslehre): *Schema, bei dem sich, auf je ein Reimpaar folgend, die dritte und sechste Zeile einer Strophe reimen;* **Schweif|rü|be,** die: *kurzer, dicker, von den Schwanzwirbeln gebildeter Teil des Schweifs der Pferde;* **Schweif|sä|ge,** die: *Spannsäge mit schmalem Sägeblatt;* **Schweif|stern,** der (veraltet): *Komet;* **Schwei|fung,** die; -, -en (Fachspr.): **1.** ⟨o. Pl.⟩ *das Schweifen* (2). **2.** *geschweifte Linie, Form;* **schweif|we|deln** ⟨sw. V.; hat⟩: **1.** (von Hunden) *mit dem Schwanz wedeln:* schweifwedelnd begrüßte er seinen Herrn. **2.** (veraltet abwertend) *sich Vorgesetzten gegenüber kriecherisch verhalten:* er hat immer beim Chef geschweifwedelt; **Schweif|wed|ler,** der; -s, - (veraltet abwertend): *Kriecher;* **Schweif|wed|le|rin,** die; -, -nen (veraltet abwertend): w. Form zu ↑ Schweifwedler.

Schwei|ge|ge|bot, das: *Anordnung, daß [über etw. Bestimmtes] nicht gesprochen werden darf;* **Schwei|ge|geld,** das: *Beste-*

Schweigemarsch

chungsgeld, das man jmdm. zahlt, um zu erreichen, daß er über etw. Bestimmtes (z. B. eine Straftat) Stillschweigen bewahrt; **Schwei|ge|marsch,** der: *schweigend durchgeführter Marsch als Ausdruck von Protest u. Trauer;* **Schwei|ge|mi|nute,** die: *kurzes gemeinsames Schweigen als Ausdruck des Gedenkens:* eine S. einlegen; **schwei|gen** ⟨st. V.; hat⟩ [mhd. swīgen, ahd. swigēn, im Nhd. mit seinem Veranlassungswort mhd., ahd. sweigen = zum Schweigen bringen zusammengefallen, H. u.]: **a)** *nicht [mehr] reden; nicht antworten; kein Wort sagen:* beharrlich, hartnäckig, verstockt, verbissen, trotzig, betroffen, verlegen, bedrückt, ratlos s.; der Redner schwieg einen Augenblick; schweig! (herrische Aufforderung: *sag ja nichts mehr [dagegen]!*); ich habe lange geschwiegen; kannst du s. *(etwas, was man dir anvertraut, für dich behalten)?;* vor sich hin s. (ugs.; *wortlos dasitzen);* aus Angst, Verlegenheit, Höflichkeit s.; vor Schreck, Staunen s.; der Angeklagte schweigt auf alle Fragen; über, von etw. s. *(nichts davon sagen);* davon hatte er seiner Frau geschwiegen (selten: *das hatte er ihr verschwiegen;* Plievier, Stalingrad 102); zu allen Vorwürfen hat er geschwiegen *(sich nicht geäußert, sich nicht verteidigt);* Aber du hast am Krieg nicht schlecht verdient und zu allen Sauereien geschwiegen (*nichts dagegen gesagt od. unternommen;* Kirst, 08/15, 847); schweigend dastehen in schweigender Andacht, Zustimmung, Anklage; Ü Die Berge schwiegen silbergrau (Frisch, Stiller 143); darüber schweigt die Geschichtsschreibung, die Erinnerung; *ganz zu s. von ... (und in ganz besonderem Maße ...; und erst recht ...):* das Hotel war schlecht, ganz zu s. vom Essen; ♦ Über die feilen Weiberknechte! – Republiken wollen sie stürzen, können keiner Metze nicht s. (Schiller, Fiesco III, 4); **b)** *nicht [mehr] tönen, keine Klänge, Geräusche [mehr] hervorbringen:* der Sänger, das Radio schweigt; der von den Putschisten besetzte Sender schweigt immer noch; nur über Mittag schwiegen die Preßlufthämmer für eine Stunde; die Geschütze schweigen (geh.; *es wird nicht [mehr] geschossen);* von da an schwiegen die Waffen (geh.; *da war der Krieg zu Ende);* ♦ ... durch schweigende *(nicht knarrende)* leicht angelehnte Türen ins Brautgemach ihm heimlich einzuführen (Wieland, Klelia 5, 26); ♦ **c)** *verschweigen* (1): Wie aber? Schweigst du mir das Kostbarste? (Schiller, Semele 1); Noch einen Grund, sich nicht zu säumen, darf ich nicht s. (Wieland, Gandalin 6, 1794 f.); **Schwei|gen,** das; -s [mhd. swīgen]: *das Nicht[mehr]reden:* es trat ein eisiges, beklommenes S. ein; es herrschte betretenes, peinliches, verlegenes, tiefes S.; man nahm sein S. als Zustimmung; das S. brechen *(endlich [wieder] reden, aussagen);* man betrachtet sein S. als Zustimmung; die Ermittler trafen auf eine Mauer des Schweigens *(niemand war bereit, ihnen Auskunft zu geben);* jmd. ist zum S. verurteilt *(darf od. kann aus einem bestimmten Grund nicht aussagen);* R S. im Lande/im Walde ([aus Verlegenheit od. Angst] wagt niemand etw. zu sagen); *sich in S. hüllen *(sich geheimnisvoll über etw. nicht äußern u. dadurch zu Vermutungen Anlaß geben);* jmdn. zum S. bringen (1. *jmdn. [mit Gewalt, Drohungen, Versprechungen o. ä.] veranlassen, nichts mehr zu äußern.* 2. verhüll.; *jmdn. töten);* **Schwei|ge|pflicht,** die ⟨o. Pl.⟩: *für Angehörige bestimmter Berufe od. für Amtsträger bestehende Verpflichtung, über ihnen Anvertrautes zu schweigen:* die ärztliche S.; seine S. verletzen; das unterliegt der S.; jmdn. von der, seiner S. entbinden; **Schwei|ger,** der, (seltener:) *schweigsamer Mensch;* **Schwei|ge|rin,** die; -, -nen (seltener): w. Form zu ↑ Schweiger; **Schwei|ge|zo|ne,** die (Akustik): *ringförmige, in einiger Entfernung um den Ort einer Detonation o. ä. liegende Zone, in der der Knall nicht zu hören ist, während er in noch größerer Entfernung wieder, wenn auch nur schwach, vernehmbar ist;* ♦ **Schweig|nis,** die; - [wohl von Goethe geb.]: *Schweigen:* Die Geister ... wirken still durch labyrinthische Klüfte ... im Kristall und werden ewigen S. erblicken sie der Oberwelt Ereignis (Goethe, Faust II, 10427 ff.); **schweig|sam** ⟨Adj.⟩: *nicht gesprächig; wortkarg:* ein [sehr] -er Mensch; warum bist du heute so s.?; „Vaterle" ..., der schon immer sehr s., ja mürrisch war, ist noch verschlossener geworden (Borkowski, Wer 33); Renée de la Tour ist darauf sehr s. geworden (Remarque, Obelisk 327); **Schweig|samkeit,** die; -: *schweigsame Art:* ... wo die düstere S. Bonapartes allgemein auffällt (Sieburg, Blick 69).

Schwein, das; -[e]s, -e [mhd., ahd. swīn, eigtl. subst. Adj. mit der Bed. „zum Schwein, zur Sau gehörig" u. urspr. Bez. für das junge Tier; 2: schon mhd., nach der sprichwörtlichen Schmutzigkeit des Tieres]: **1. a)** *kurzbeiniges Säugetier mit gedrungenem Körper, länglichem Kopf, rüsselartig verlängerter Schnauze, rosafarbener bis schwarzer, mit Borsten bedeckter Haut u. meist geringeltem Schwanz; Hausschwein:* ein kleines, fettes, schwarzes S.; das S. grunzt, quiekt; -e züchten, mästen; die -e füttern; das S. schlachten; er blutet, schwitzt wie ein S. (derb; *heftig);* besoffen/voll wie ein S. (derb; *stark betrunken);* sie haben sich wie die -e (*sehr unanständig)* benommen; ein Schnitzel vom S. *(ein Schweineschnitzel);* R wo haben wir denn schon zusammen -e gehütet? (als Zurückweisung der Anrede mit „du": *seit wann duzen wir uns denn?);* **b)** ⟨o. Pl.⟩ (ugs.) kurz für ↑Schweinefleisch: er ißt auch Fleisch, allerdings kein S.; das Hackfleisch ist garantiert ohne S. **2. a)** (derb abwertend, oft als Schimpfwort) *jmd., den man wegen seiner Handlungs- od. Denkweise als verachtenswert betrachtet:* das S. hat mich betrogen; Feige -e, sagt Hotte, verdrücken sich wie die leibhaftigen Ratten (Degener, Heimsuchung 184); du S.!; **b)** (derb abwertend) *jmd., der sich od. etw. beschmutzt hat:* welches S. hat denn hier gegessen?; diese -e schmeißen ihre Abfälle einfach in die Gegend; **c)** (salopp) *Mensch [als ausgeliefertes Geschöpf]:* er, sie ist ein bedauernswertes S.; Wir haben da ... zwei Gruppen von Arbeitslosen: die armen -e und die anderen (Spiegel 42, 1974, 72); Die Bonzen regieren, und wir kleinen -e werden in die Pfanne gehauen (Ziegler, Konsequenz 94); *kein S. (salopp; *niemand):* das glaubt doch kein S. (Degenhardt, Zündschnüre 68). **3.** *S. haben (ugs.; *Glück haben;* wohl nach der mittelalterlichen Sitte, bei Wettkämpfen dem Schlechtesten als Trostpreis ein Schwein zu schenken; wer das Schwein bekam, erhielt etw., ohne es eigentlich verdient zu haben):* er hat [ein] unwahrscheinliches S. gehabt; da haben wir ja noch mal S. gehabt! **4.** (Zool.) *in mehreren Arten vorkommendes zu den Paarhufern gehörendes Tier* (z. B. Haus-, Wild-, Warzenschwein); **-schwein,** das; -[e]s, -e (derb abwertend): in Zus., vgl. -sau (2 b): Kapitalistenschwein; Kommunistenschwein; **Schwein|chen,** das; -s, -: Vkl. zu ↑Schwein (1 a, 2 b); **schwei|ne-, Schweine-: 1.** (ugs. emotional) drückt in Bildungen mit Adjektiven eine Verstärkung aus: *sehr:* schweineteuer, -kalt. **2.** (derb emotional abwertend) drückt in Bildungen mit Substantiven aus, daß jmd. oder etw. als schlecht, minderwertig, miserabel angesehen wird: Schweinesystem, -laden, -bande. **3.** (ugs. emotional) drückt in Bildungen mit Substantiven einen besonders hohen Grad von etw. aus: Schweineglück, -dusel; **Schwei|ne|ar|beit,** die (salopp emotional verstärkend abwertend): *Sauarbeit;* **Schwei|ne|backe[1],** die (bes. nordd. Kochk.): *Fleisch von der Kinnbacke des Schweins;* **Schwei|ne|band|wurm,** der: vgl. Rinderbandwurm; **Schwei|ne|bauch,** der (Kochk.): *Fleisch vom Bauch des Schweins; Bauchfleisch:* gegrillter, geräucherter S.; **Schwei|ne|beu|schel,** das (österr. Kochk.): vgl. Beuschel (1); **Schwei|ne|bor|ste,** die: *Schweinsborste;* **Schwei|ne|bra|ten,** der (Kochk.): *Braten aus Schweinefleisch;* **Schwei|ne|fett,** das: vgl. Schweinefleisch: ich vertrage kein S.; **Schwei|ne|fi|let,** das (Kochk.): vgl. Rinderfilet; **Schwei|ne|fleisch,** das: *Fleisch vom Schwein* (1 a): kein S. essen; **Schwei|ne|fraß,** der (derb emotional abwertend): *Fraß* (1 b); **Schwei|ne|geld,** das ⟨o. Pl.⟩ (salopp emotional): *sehr viel Geld:* das kostet ein S.; er hat damit ein S. verdient; **Schwei|ne|gu|lasch,** das, auch: der (Kochk.): vgl. Rindergulasch; **Schwei|ne|hack,** das (nordd. Kochk.): *Schweinehackfleisch;* **Schwei|ne|hack|fleisch,** das (Kochk.): vgl. Rinderhackfleisch; **Schwei|ne|hälf|te,** die: *Hälfte eines geschlachteten Schweins:* ein mit -n beladener Kühlwagen; **Schwei|ne|her|de,** die: *Herde von Schweinen;* **Schwei|ne|herz,** das: *Herz eines [geschlachteten] Schweins;* **Schwei|ne|hirt,** der: *jmd., der Schweine hütet;* **Schwei|ne|hir|tin,** die: w. Form zu ↑Schweinehirt; **Schwei|ne|hund** (seltener:) *Schweinhund* [urspr. Hund für die Saujagd, dann in der Studentenspr. als grobes Schimpfwort] (derb emotional abwertend, oft als Schimpfwort): *niederträchtiger Kerl; Lump:* das wird mir der S. büßen!; du elender S.!; *der innere S. (Feigheit, Trägheit gegenüber einem als richtig erkannten Tun): den inneren S. überwinden; **Schwei|ne|kol|ben, Schwei|ne|kofen,** der: *Koben;* **Schwei|ne|kopf,** der: **1.** *Schweinskopf* (1). **2.** (abwertend) *Schweinskopf* (2); **Schwei|ne|ko|te|lett,** das (Kochk.): *Kotelett vom Schwein;* **Schwei|ne|le|ber,** die: *Leber (b) vom Schwein;* **Schwei|ne|lend|chen,** das (Kochk.): *Stück, Steak von der Schweinelende;* **Schwei|ne|len|de,** die (Kochk.): *Lendenstück vom Schwein;* **Schwei|ne|mas|ke,** die (Fleischerei): *Maske (6);* **schwei|ne|mä|ßig** ⟨Adj.⟩ (derb): *sehr schlecht, miserabel: das Wetter war wirklich s.; sie haben ihn s. behandelt;* **Schwei|ne|mast,** die: ²*Mast* (1) *von Schweinen;* **Schwei|ne|mä|ste|rei,** die: *Betrieb, in dem Schweine gemästet werden;* **Schwei|ne|mett,** das: *Mett;* **Schwei|ne|metz|ger,** der (landsch.): *Schweinestecher;* **schwei|nen** ⟨sw. V.; hat⟩ (veraltet, noch landsch.): *ferkeln* (2 a,b); **Schwei|ne|ohr,** das: *Schweinsohr;* **Schwei|ne|pest,** die: *durch Viren hervorgerufene, meist tödlich verlaufende, ansteckende Krankheit bei Schweinen, die mit inneren Blutungen, Fieber, Entzündungen im Darm u. in der Lunge einhergeht;* **Schwei|ne|prie|ster,** der (salopp abwertend, oft als Schimpfwort): *männliche Person, die man ablehnt, verachtet: Miststück ..., Bauernrüpel, mickriger S. ...* (Degener, Heimsuchung 33); **Schwei|ne|rei,** die; -, -en [zu älter *schweinen* = sich wie ein Schwein benehmen] (derb abwertend): **a)** *unordentlicher, sehr schmutziger Zustand: wer hat diese S. hier angerichtet?;* **b)** *ärgerliche Sache; üble Machenschaft: die größte S. in der Geschichte dieses ganzen Schweinekrieges!* (Plievier, Stalingrad 143); *es ist eine unerhörte S., daß man uns umsonst herbestellt hat; S.! Mein Geld ist geklaut worden;* **c)** *moralisch Verwerfliches, Anstößiges (meist auf Sexuelles bezogen): ... hat er ... rund zweihundertmal mit Silvia* -en *getrieben* (Ziegler, Kein Recht 302); **Schwei|ne|ripp|chen,** das, **Schwei|ne|rip|pe,** die (Kochk.): *Rippchen vom Schwein;* **schwei|nern** ⟨Adj.⟩ [für älter *schweinen,* mhd. swīnīn] (südd., österr. Kochk.): *aus Schweinefleisch bestehend, mit Schweinefleisch zubereitet: von Tante Elkes Schöpfkelle läuft die* -e *Dillsuppe* (Bieler, Bonifaz 125); **Schwei|ner|ne,** das; -n (südd., österr.): *Schweinefleisch: ein halbes Kilo* -s; *Für etwa 21 Uhr stellt er Janda ein* -s *(Essen mit Schweinefleisch)* in Aussicht (Zenker, Froschfest 161); **Schwei|ne|rot|lauf,** der: *Rotlauf;* **Schwei|ne|rücken¹,** der: *Rücken (3) vom Schwein;* **Schwei|ne|rücken|steak¹,** das: *Steak vom Schweinerücken;* **Schwei|ne|schlach|ter, Schwei|ne|schläch|ter,** der (landsch.): *Schweinestecher;* **Schwei|ne|schmalz,** das (Kochk.): *durch Auslassen* (6) *hauptsächlich von zerkleinertem Bauchfett des Schweins gewonnenes weißes, streichbares Fett;* **Schwei|ne|schnitzel,** das (Kochk.): *Schnitzel vom Schwein;* **Schwei|ne|stall,** das: *Saustall;* **Schwei|ne|steak,** das: *Steak vom Schwein;* **Schwei|ne|ste|cher,** der (landsch. veraltend): *jmd., der [auf den Bauernhöfen einer bestimmten Region]*

Schweine schlachtet; **Schwei|ne|trog,** der: *Trog für das Futter der Schweine: Das Gulasch, das man uns heute vorgesetzt hat, gehört in den S.* (Ziegler, Konsequenz 19); **Schwei|ne|zucht,** die: *planmäßige Aufzucht von Schweinen unter wirtschaftlichem Aspekt;* **Schwein|hund;** ↑ Schweinehund; **Schwein|igel,** der [urspr. volkst. Bez. des Igels nach seiner Schnauzenform] (salopp abwertend): **a)** *jmd., der alles beschmutzt:* du S.!; *diese S. von Campern könnten ja wenigstens ihren Müll mitnehmen!;* **b)** *unanständiger, bes. obszöne Witze erzählender Mensch;* **Schwein|ige|lei,** die; -, -en (salopp abwertend): *Zote: ich will eure* -en *gar nicht hören;* **schwein|igeln** ⟨sw. V.; hat⟩ (salopp abwertend): **a)** *sich als Schweinigel* (a) *aufführen;* **b)** *sich als Schweinigel* (b) *aufführen: Wer nicht schweinigelt, ist kein Soldat* (Remarque, Westen 105); **schwei|nisch** ⟨Adj.⟩ [18. Jh.; mhd. swīnisch = aus Schweinefleisch zubereitet, bestehend] (ugs. abwertend): **a)** *liederlich, schmutzig: Wir sind entsetzt, in was für einen* -en *Zustand die Schule von den Pädagogen ... verlassen wurde* (Vaterland 1. 8. 84, 9); *das Zimmer sieht wirklich s. aus;* **b)** *die Regeln des guten Benehmens, des Anstands verletzend: Ich stelle fest, daß du ziemlich s. ißt,* Popow (Augustin, Kopf 217); *Er ... saß den Tag sechsmal auf dem Kübel, benahm sich s. und schnarchte nachts so laut ...* (Fallada, Trinker 102); **c)** *obszön* (1): -e *Witze, Lieder, Bücher, Bilder, Filme; Und der konnte zeichnen ...: ... nackte Mädchen auf Löwen, überhaupt nackte Mädchen ..., aber nie s.* (Grass, Katz 45); **Schwein|kram,** der (bes. nordd. ugs. abwertend): *etw., was schweinisch* (c) *ist, bes. Pornographie: ... transportierten die Fahnder 54 Bücher ab, denen der Titel auf S. hinwiesen* (Spiegel 10, 1984, 51); **Schweins|au|ge,** **Schweins|äug|lein,** das: *kleines, blinzelndes, dem Auge eines Schweines ähnelndes Auge: Die Schweinsäuglein hinter dem Kneifer blinzen tückisch* (Zwerenz, Kopf 25); **Schweins|bor|ste,** die ⟨meist Pl.⟩: vgl. *Borste* (1 a); **Schweins|bra|ten,** der (südd., österr., schweiz. Kochk.): *Schweinebraten;* **Schweins|fi|let,** das (Kochk.): *Schweinefilet;* **Schweins|fuß,** der (Kochk.): vgl. *Kalbsfuß;* **Schweins|ga|lopp,** der: in der Fügung **im S.** (ugs. scherzh.: *[weil man keine Zeit hat] schnell u. nicht sorgfältig): ich zog mich im S. an und düste zum Bahnhof; wir mußten die neueste Geschichte im S. durchnehmen;* **Schweins|gu|lasch,** das, auch: der: *Schweinegulasch;* **Schweins|hach|se,** die (südd.): **Schweins|ha|xe,** die (Kochk.): vgl. *Hachse* (a); **Schweins|kar|ree,** das (österr. Kochk.): vgl. *Karree* (2); **Schweins|keu|le,** die (Kochk.): *Keule vom Schwein;* **Schweins|kno|chen,** der: *Knochen eines [geschlachteten] Schweins;* **Schweins|kopf,** der: **a)** *Kopf eines [geschlachteten] Schweins;* **b)** (abwertend) *menschlicher Kopf, der wie der eines Schweins aussieht: Er hat einen dicken S.* (Sobota, Minus-Mann 121); **Schweins|kopf|sül|ze,** die (Kochk.): *Sülze aus Fleisch vom Schweinskopf, Schweine-*

maske u. Muskelfleisch; **Schweins|kote|lett,** das: *Schweinekotelett;* **Schweins|le|der,** das: *aus der Haut von Schweinen hergestelltes Leder: ein in S. gebundenes Buch;* **schweins|le|dern** ⟨Adj.⟩: *aus Schweinsleder bestehend:* -e *Handschuhe;* **Schweins|len|de,** die (bes. südd., österr. Kochk.): *Schweinelende;* **Schweins|ohr,** das: **1.** *Ohr eines [geschlachteten] Schweins.* **2.** *flaches Blätterteiggebäck von der Form zweier aneinandergelegter Spiralen.* **3.** *oft in Hexenringen wachsender, zunächst violetter, später rötlicher u. schließlich ockerfarbener, jung keulenförmiger, später pfriemförmiger eßbarer Pilz;* **Schweins|ripp|chen,** das, **Schweins|rip|pe,** die (bes. südd., österr. Kochk.): *Rippchen vom Schwein;* **Schweins|rücken¹,** der: *Schweinerücken;* **Schweins|schnit|zel,** das (österr. Kochk.): *Schweineschnitzel;* **Schweinsstel|ze,** die (österr. Kochk.): *Eisbein;* **Schweins|wurst,** die (Kochk.): *aus Schweinefleisch hergestellte Wurst;* **Schweins|zun|ge,** die (Kochk.): *Zunge* (9) *vom Schwein.*

Schweiß, der; -es, ⟨Med.:⟩ -e [mhd., ahd. sveiȝ, zu einem Verb mit der Bed. „schwitzen"; 2: urspr. wohl aus religiöser Scheu: man wollte das Blut nicht unmittelbar nennen]: **1.** *wäßrige, salzig schmeckende Absonderung der Schweißdrüsen, die bes. bei körperlicher Anstrengung u. bei großer Hitze aus den Poren der Haut austritt: ihm trat S. auf die Stirn; der S. bricht jmdm. aus, läuft, rinnt jmdm.* [in Strömen] *übers Gesicht; der kalte S. stand ihr [in dicken Tropfen] auf der Stirn; bei der Krankheit können starke* -e (Fachspr.: *Schweißabsonderungen,* -ausbrüche) *auftreten; sich den S. abwischen, trocknen; in S. gebadet sein (heftig, am ganzen Körper schwitzen);* in S. (ins Schwitzen) *geraten, kommen; sein ganzer Körper war mit S. bedeckt; nach S. riechen; sein Haar war von S. verklebt; er war naß von, vor S.;* R *das ist des* -es *der Edlen wert* (geh.; *diese Sache verdient Einsatz u. Anstrengung; nach* Klopstock, *aus der Ode „Der Zürchersee"* [1750]; Ü *ein eigenes Werk hängt der S. von Generationen* (geh.; *mehrere Generationen haben daran schwer gearbeitet); die Arbeit hat ihn viel S. gekostet* (geh.; *war sehr mühevoll); Er liebte den S. nicht* (*strengte sich nicht gern an;* Kirst, 08/15, 13); * **im** -**es seines Angesichts** (*unter großer Anstrengung, mit viel Mühe; nach* 1. Mos. 3, 19). **2.** (Jägerspr.) *aus dem Körper ausgetretenes Blut (von Wild u. vom Jagdhund);* **Schweiß|ab|son|de|rung,** die: *Absonderung von Schweiß;* **Schweiß|ap|pa|rat,** der: *Schweißbrenner;* **Schweiß|aus|bruch,** der: *plötzlich einsetzendes starkes Schwitzen;* **Schweißband,** das ⟨Pl. ...bänder⟩: **1.** *[Leder]band bes. in Herrenhüten zum Schutz des Materials gegen Schweiß.* **2.** (bes. Tennis) *um das Handgelenk getragenes Band aus saugfähigem Stoff, das verhindern soll, daß der Schweiß auf die Handfläche gelangt;* **schweiß|bar** ⟨Adj.⟩ (Technik): *sich schweißen* (1) *lassend:* -e *Materialien, Metalle; dieser Kunststoff ist klebbar und s.;* **Schweiß|bar|keit,** die (Technik):

das Schweißbarsein; **schweiß|be|deckt** ⟨Adj.⟩: *von Schweiß bedeckt:* ein -es Gesicht; sein ganzer Körper war s.; **Schweiß|bil|dung,** die: *Bildung von Schweiß:* die S. anregen; **Schweiß|bläs|chen,** das (Med.): *Friesel;* **Schweiß|blatt,** das ⟨meist Pl.⟩: *Armblatt;* **Schweiß|bren|ner,** der: *Gerät zum autogenen Schweißen, bei dem durch ein brennbares Gasgemisch eine Stichflamme von hoher Temperatur erzeugt wird;* **Schweiß|bril|le,** die: *Schutzbrille, die beim Schweißen bes. zum Schutz der Augen gegen die dabei entstehende starke ultraviolette Strahlung getragen wird;* **Schweiß|draht,** der: *Draht, dessen Material beim Schweißen zum Füllen der Schweißfuge dient;* **Schweiß|drü|se,** die ⟨meist Pl.⟩: *Drüse in der Haut, die Schweiß nach außen absondert;* **Schweiß|drü|sen|ab|szeß,** der: *in der Achselhöhle auftretender Abszeß der Schweißdrüse;* **schweiß|echt** ⟨Adj.⟩ (Fachspr.): *(von Textilien) unempfindlich gegen Schweißabsonderungen:* -e Stoffe; **Schweiß|echt|heit,** die (Fachspr.): *schweißechte Beschaffenheit;* **schwei|ßen** ⟨sw. V.; hat⟩ [mhd. sweizen, ahd. sweizʒen = Schweiß absondern; rösten, braten, zu dem unter ↑Schweiß genannten Verb]: **1.** *(Werkstoffteile aus Metall od. Kunststoff) unter Anwendung von Wärme, Druck fest zusammenfügen, miteinander verbinden:* das Material läßt sich nicht s.; Rohre s.; eine Querstrebe an einen Träger s.; ein Blech auf eine durchgerostete Stelle s.; ⟨auch o. Akk.-Obj.:⟩ in dieser Halle wird geschweißt; kannst du s.? **2.** (landsch.) *schwitzen:* die Füße werden schwerer, die Hände schweißen auf den hellen Hosen (Bieler, Bonifaz 122); Schnaubend und schweißend parierte der Gaul (Winckler, Bomberg 23). **3.** (Jägerspr.) *(von Wild) bluten; Blut verlieren:* das angeschossene Tier schweißte stark; **Schwei|ßer,** der; -s, -: *Facharbeiter, der Werkstoffe schweißt* (Berufsbez.); **Schwei|ße|rin,** die; -, -nen: w. Form zu ↑Schweißer; **Schweiß|fähr|te,** die (Jägerspr.): *Blutspur von angeschossenem Wild;* **schweiß|feucht** ⟨Adj.⟩: *feucht von Schweiß:* -e Haare; er war s.; **Schweiß|fleck,** der: *Fleck in einem Kleidungsstück, der von Schweiß herrührt;* **schweiß|fleckig**[1] ⟨Adj.⟩: *mit Schweißflecken bedeckt:* ein -es Hemd; **Schweiß|frie|sel,** der od. das ⟨meist Pl.⟩: *Friesel;* ◆ **Schweiß|fuchs,** der [zu ↑Schweiß (2), dann auf ↑Schweiß (1) bezogen]: *rotbraunes Pferd, dessen Fell von grauen Flecken durchsetzt ist, so daß es wie mit Schweiß (1) bedeckt aussieht:* Der eine lobte den S. mit der Blesse (Kleist, Kohlhaas 5); **Schweiß|fu|ge,** die: *Schweißnaht;* **Schweiß|fuß,** der ⟨meist Pl.⟩: *Fuß mit übermäßiger Schweißabsonderung:* Schweißfüße haben; **Schweiß|fut|ter,** das: *Schweißband* (1); **schweiß|ge|ba|det** ⟨Adj.⟩: *naß von Schweiß:* er, sein Körper war s.; s. aus einem Traum aufwachen; **Schweiß|ge|rät,** das: *Gerät zum Schweißen* (1); **Schweiß|ge|ruch,** der: *unangenehmer Geruch von sich zersetzendem Schweiß;* **Schweiß|hal|sung,** die (Jägerspr.): *breites, gefüttertes Halsband mit einem drehbaren Ring, das dem Schweiß-*

hund angelegt wird; **schweiß|hem|mend** ⟨Adj.⟩: *die Schweißbildung hemmend:* ein -es Mittel; ◆ **Schweiß|hengst,** der: vgl. Schweißfuchs: Der Junker, den der mächtige S. sehr reizte, befragte ihn auch um den Preis (Kleist, Kohlhaas 5); **Schweiß|hund,** der (Jägerspr.): *Jagdhund, der speziell zum Aufspüren des angeschossenen Wildes auf der Schweißfährte abgerichtet ist;* **schwei|ßig** ⟨Adj.⟩ [mhd. sweizic = schweißnaß; blutig, ahd. sweizig]: *schweißfeucht; verschwitzt:* -e Hände; -es Haar; ... war sie ... s. und roch schlecht (Böll, Adam 61); **Schweiß|le|der,** das: *ledernes Schweißband* (1); **Schweiß|naht,** die: *Stelle, an der etw. zusammengeschweißt ist;* **schweiß|naß** ⟨Adj.⟩: *naß von Schweiß:* schweißnasses Haar; er, seine Hände waren s.; **Schweiß|per|le,** die ⟨meist Pl.⟩: *Schweißtropfen auf der Hautoberfläche:* -n traten auf seine Stirn, standen ihm auf der Stirn; sein Gesicht war mit -n bedeckt; **Schweiß|po|re,** die: *Pore in der Haut, aus der Schweiß austritt;* **Schweiß|rand,** der ⟨meist Pl.⟩: *von einem Schweißfleck zurückbleibender Rand in einem Kleidungsstück:* die Bluse hat häßliche Schweißränder unterm Arm; **Schweiß|rie|men,** der (Jägerspr.): *mehrere Meter langer Lederriemen, der an der Schweißhalsung befestigt wird;* **Schweiß|se|kre|ti|on,** die: *Schweißabsonderung;* **Schweiß|spur,** die (Jägerspr.): *Schweißfährte;* **Schweiß|stahl,** der: *(heute nicht mehr hergestellter) aus Roheisen gewonnener Stahl;* **Schweiß|tech|nik,** die: *Technik des Schweißens* (1); **schweiß|trei|bend** ⟨Adj.⟩: *kräftiges Schwitzen bewirkend; diaphoretisch:* ein -es Mittel *(Diaphoretikum);* ein -er Tee; Ü das war eine -e (scherzh.) *mühevolle, anstrengende)* Arbeit, Tätigkeit; **schweiß|trie|fend** ⟨Adj.⟩: *von Schweiß triefend;* **Schweiß|trop|fen,** der ⟨meist Pl.⟩: *Tropfen von Schweiß:* S. stehen jmdm. auf der Stirn, laufen jmdm. über das Gesicht; Ü diese Arbeit hat manchen S. gekostet *(war sehr mühevoll);* **Schweiß|tuch,** das ⟨Pl. ...tücher⟩ (veraltet): *Tuch zum Abwischen des Schweißes;* **schweiß|über|gos|sen** ⟨Adj.⟩: *schweißüberströmt;* **schweiß|über|strömt** ⟨Adj.⟩: *von Schweiß überströmt:* ein -es Gesicht; er war s.; **Schwei|ßung,** die; -, -en: *das Schweißen* (1); **Schweiß|ver|fah|ren,** das: *beim Schweißen (1) angewandtes Verfahren;* **schweiß|ver|klebt** ⟨Adj.⟩: *klebrig von Schweiß:* -es Haar; der Körper war s.; **Schweiß|wol|le,** die [die frisch geschorene Wolle enthält neben anderen Verunreinigungen auch noch den sogenannten Wollschweiß] (Fachspr.): *frisch geschorene, noch ungewaschene Wolle.*

Schweiz, die; - [2: nach der besonderen Schönheit der (an typisch schweizerische Landschaften erinnernden) Landschaftsformen]: **1.** *Staat in Mitteleuropa:* die französische *(französischsprachige)* S. **2.** ⟨in Verbindung mit adj. Abl. vor geogr. Namen in Landschaftsnamen wie:⟩ * **Fränkische** S. *(Landschaft in der Fränkischen Alb);* **Holsteinische** S. *(Landschaft im Osten Schleswig-Holsteins);* **Sächsische** S. *(Landschaft im Elbsand-*

steingebirge); **¹Schwei|zer,** der; -s, - [2: diese Fachkräfte kamen urspr. aus der Schweiz; 3: nach der Ähnlichkeit der Kleidung mit der des ¹Schweizers (4); 4: zu: Schweizergarde = aus Schweizer Soldaten bestehende päpstliche Leibgarde]: **1.** Ew. **2.** (Landw.) *ausgebildeter Melker:* als S. arbeiten. **3.** (landsch.) *(in katholischen Kirchen) Küster.* **4.** *Angehöriger der päpstlichen Garde.* **5.** kurz für ↑Schweizer Käse; **²Schwei|zer** ⟨indekl. Adj.⟩: zu ↑Schweiz (1); **Schwei|zer|bür|ger,** der: *schweizerischer Staatsbürger;* **Schwei|zer|bür|ge|rin,** die: w. Form zu ↑Schweizerbürger; **Schwei|zer|de|gen,** der [wohl nach den zweischneidigen Schwertern der alten schweizerischen Söldner] (Druckerspr.): *Facharbeiter, der sowohl das Drucker- wie das Setzerhandwerk erlernt hat;* **schwei|zer|deutsch** ⟨Adj.⟩: *in der auf den deutschen Mundarten basierenden Verkehrssprache der deutschsprachigen Schweiz:* die eine Mundarten; er spricht s.; **Schwei|zer|deutsch,** das: vgl. Deutsch; **Schwei|zer|deut|sche,** das ⟨nur mit best. Art.⟩: vgl. ²Deutsche (a); **Schwei|ze|rei,** die; -, -en: *kleiner privater Molkereibetrieb auf dem Land;* **Schwei|zer|gar|de,** die ⟨o. Pl.⟩: *päpstliche Garde;* **Schwei|zer|haus,** das: *Chalet* (2); **Schwei|ze|rin,** die; -, -nen: w. Form zu ↑¹Schweizer (1, 2); **schwei|ze|risch** ⟨Adj.⟩: zu ↑Schweiz (1); **Schwei|zer Kä|se,** der; - -s, - -: ³Emmentaler; **Schwei|zer|land,** das; -[e]s (seltener): *Land der Schweizer; Schweiz;* **Schwei|zer|pfei|fe,** die [1: urspr. bei den Schweizer Söldnern häufig verwendetes Musikinstrument; 2: übertr. von 1] (Musik): **1.** (veraltet) *Querpfeife.* **2.** *Orgelregister mit überblasenden Labialpfeifen von enger Mensur* (3 b) *u. scharfem Ton;* **Schwei|zer|psalm,** der: *schweizerische Nationalhymne.*

Schwel|brand, der: *Brand, bei dem das Feuer nur schwelt.*

Schwelch|malz, das [zu veraltet schwelken, schwelchen = welken; dörren]: *an der Luft getrocknetes Malz.*

schwe|len ⟨sw. V.; hat⟩ [aus dem Niederd. < mniederd. swelen = schwelen; dörren; Heu machen, verw. mit ↑schwül]: **1.** *langsam, ohne offene Flamme [unter starker Rauchentwicklung] brennen:* das Feuer schwelt [unter der Asche]; die Balken des Dachstuhls schwelen immer noch; eine schwelende Müllhalde; der Brand ging von einem schwelenden Lumpen aus; Ü Haß, Argwohn, Verbitterung schwelte in ihm (geh.); war untergründig in ihm wirksam): der unter der Decke schwelende Antisemitismus breiter Schichten des akademischen Nachwuchses (Fraenkel, Staat 147). **2.** (Technik) *(bes. Stein- u. Braunkohle) unter Luftabschluß erhitzen (wobei Schwelkoks, -gase, -teer gewonnen werden);* **Schwe|le|rei,** die; -, -en (Technik): *technische Anlage, in der geschwelt wird;* **Schwel|feu|er,** das: vgl. Schwelbrand; **Schwel|gas,** das (Technik): *beim Schwelen (2) aus Stein- od. Braunkohle entstehendes Gas.*

schwel|gen ⟨sw. V.; hat⟩ [mhd. swelgen, ahd. swelgan, eigtl. = (ver)schlucken,

schlingen]: **1.** *sich ausgiebig u. genießerisch an reichlich vorhandenem gutem Essen u. Trinken gütlich tun:* einmal richtig s.; es wurde geschwelgt und gepraßt. **2.** (geh.) **a)** *sich einem Gefühl, einem Gedanken o. ä. genußvoll überlassen; sich daran berauschen:* in Erinnerungen s.; er schwelgte im Vorgefühl seines Triumphs; Ich schwelge in neuen Eindrücken (Th. Mann, Krull 288); Und er schwelgte in Ekel und Haß, und es sträubten sich seine Haare vor wohligem Entsetzen (Süskind, Parfum 159); Ja, die liebliche Medusa schwelgte in Bildern des Grauens (Brod, Annerl 105); **b)** *etw., wovon man besonders angetan od. fasziniert ist, im Übermaß verwenden o. ä.:* in Sentenzen s.; die künstlerische Maßlosigkeit, welche man dem in Farben, Gestalten, Formen schwelgenden Byzantiner zum Vorwurf gemacht hat (Thieß, Reich 426); **Schwel|ger,** der; -s, - [mhd. swelher = Schlucker, Säufer, ahd. swelgāri = Schlemmer] (selten): *jmd., der schwelgt;* **Schwel|ge|rei,** die; -, -en: *das Schwelgen;* **Schwel|ge|rin,** die; -, -nen (selten): w. Form zu ↑Schwelger; **schwel|ge|risch** ⟨Adj.⟩: *von, in der Art eines Schwelgers.*
Schwel|koh|le, die ⟨Pl. selten⟩ (Technik): *für die Schwelung verwendete Braunkohle;* **Schwel|koks,** der ⟨Pl. selten⟩ (Technik): *bei der Schwelung gewonnener Koks.*
Schwell, der; -[e]s, -e [mniederd. swell = Geschwulst, (An)schwellung, zu ↑schwellen] (Seemannsspr.): *von der hohen See ausgehende, die Küste erreichende u. in Buchten u. Häfen hineinlaufende Dünung.*
Schwel|le, die; -, -n [mhd. swelle, ahd. swelli, swella = tragender Balken, urspr. = Brett, aus Brettern Hergestelltes]: **1.** *(auf dem Boden) in den Türrahmen eingepaßter Anschlag (9) aus Holz od. Stein; Türschwelle:* eine steinerne, eichene S.; an der S. stehenbleiben; auf der S. stehen; über die S. [des Hauses] treten, stolpern, fallen; Ü die S. (Psychol.; *der Grenzbereich*) zwischen Bewußtsein und Unbewußtem; Rita ahnte, daß sie erst jetzt die S. zum wirklichen Erwachsensein überschritt (Chr. Wolf, Himmel 90); er darf meine S. nicht mehr betreten (geh.; *meine Wohnung nicht mehr betreten*); wir stehen an der S. (geh.; *am Beginn*) eines neuen Jahrtausends; er steht an, auf der S. zum Greisenalter, der Achtziger; sie setzt ihren Fuß nicht mehr über seine S. (geh.; *betritt seine Wohnung nicht mehr*); jmdn. von der S. weisen (geh.; *jmdn. aus der Tür abweisen, nicht einlassen*). **2.** *aus Holz, Stahl od. Stahlbeton bestehender Teil einer Gleisanlage, auf dem die Schienen (1) befestigt sind; Bahnschwelle:* -n aus Holz, Beton; -n [ver]legen, erneuern, auswechseln. **3.** (Geogr.) *flache, keine deutlichen Ränder aufweisende submarine od. kontinentale Aufwölbung der Erdoberfläche.* **4.** (Physiol.; Psych.) *Reizschwelle.* **5.** (Bauw.) *(beim Fachwerkbau) unterer waagerechter Balken einer Wand mit Riegeln.*
¹schwel|len ⟨st. V.; ist⟩ /vgl. geschwollen/ [mhd. swellen, ahd. swellan, H. u.]: **1.** *[in einem krankhaften Prozeß] an Umfang zunehmen, sich [durch Ansammlung, Stauung von Wasser od. Blut im Gewebe] vergrößern:* ihre Füße, Beine s.; die Adern auf der Stirn schwollen ihm; die Mandeln sind geschwollen; sie hat eine geschwollene Backe, geschwollene Gelenke; Ü die Knospen der Rosen schwellen; die Herbstsonne ließ die Früchte s.; schwellende (*volle*) Lippen, Formen, Moospolster. **2.** (geh.) *bedrohlich wachsen, an Ausmaß, Stärke o. ä. zunehmen:* der Fluß, das Wasser, die Flut schwillt; der Lärm schwoll *(steigerte sich)* zu einem Dröhnen; während der Donner ... verhallte, schwoll *(steigerte sich)* der Wind zum Sturm (Schneider, Erdbeben 105); **²schwel|len** ⟨sw. V.; hat⟩ [mhd., sw. swellen, Veranlassungswort zu ↑¹schwellen]. **1.** (geh.) *blähen, bauschen:* der Wind schwellte die Segel, die Vorhänge; Ü Wieder wollte ihm das Glücksgefühl (scherzh.; *fühlte er sich überglücklich*), Soldat sein zu dürfen (Kirst, 08/15, 221); mit geschwellter Brust (scherzh.; *voller Stolz*) erzählte er von seinen Erfolgen. **2.** (geh.) *bis zum Weichwerden in Wasser kochen.* **3.** (Gerberei) *Häute, Leder in einer bestimmten Flüssigkeit quellen lassen:* aus Pfundleder, das man mit Weißbeize schwellt und mit Knoppern gerbt (Lentz, Muckefuck 20).
Schwel|len|angst, die [LÜ von niederl. drempelvrees, aus: drempel = Schwelle u. vrees = Furcht] (bes. Werbepsych.): *(durch innere Unsicherheit gegenüber dem Unvertrauten, Neuen verursacht) Hemmung eines potentiellen Käufers, Interessenten, ein bestimmtes Geschäft, das Gebäude einer öffentlichen Institution o. ä. zu betreten:* S. haben; Oft haben ... Erwachsene, die sich fortbilden wollen, „Schwellenängste" zu überwinden (Welt 12. 3. 80, I); ... trotz hoher Preise und der S. der Normalbürger, feine Lokale zu betreten (Presse 16. 2. 79, 20); Ohne ... S. strömten die Massen ... in die Museen (BM 20. 7. 77, 12); **Schwel|len|holz,** das ⟨o. Pl.⟩: *Holz, aus dem Schwellen (2) hergestellt werden;* **Schwel|len|land,** das ⟨Pl. ...länder⟩: *Entwicklungsland, das sich durch seinen technischen Fortschritt dem Stand der Industriestaaten nähert:* ... um die wirkliche Konkurrenz ... kommt aus Schwellenländern wie Korea und Taiwan, abzuwehren (NZZ 16. 10. 81, 13); **Schwel|len|macht,** die: *Staat, der keine Kernwaffen produziert, aber aufgrund seiner technischen u. wirtschaftlichen Fähigkeiten innerhalb kurzer Zeit solche Waffensysteme herstellen könnte;* **Schwel|len|reiz,** der (Physiol.): *geringster noch wahrnehmbarer, noch eine Reaktion auslösender Reiz;* **Schwel|len|wert,** der (Physik, Elektrot.): *kleinster Wert einer Größe, der als Ursache einer erkennbaren Veränderung ausreicht.*
Schwel|ler, der; -s, -: *(beim Harmonium) durch Kniehebel bediente Vorrichtung, mit der ein kontinuierliches Zu- u. Abnehmen der Tonstärke bewirkt werden kann;* **Schwell|form|verb,** das (Sprachw.): *Funktionsverb;* **Schwell|kopf,** der: **a)** *überlebensgroße Hohlform eines menschlichen Kopfes, die bei Karnevalsumzügen über dem Kopf getragen wird:* Masken und Schwellköpfe tragende Fastnachter; **b)** *Träger eines Schwellkopfs (a):* Fahnenschwinger, Schwellköpfe und andere Jecken; **Schwell|kör|per,** der (Anat.): *Gewebe bes. im Bereich der äußeren Geschlechtsorgane, das die Fähigkeit hat, sich mit Blut zu füllen u. dadurch an Umfang u. Festigkeit zuzunehmen;* **Schwel|lung,** die; -, -en: **1.** (Med.) **a)** *das ¹Schwellen (1):* der Insektenstich verursachte eine S.; einer S. [des Beins] durch kalte Umschläge vorbeugen; **b)** *das Angeschwollensein.* S. der Mandeln ist zurückgegangen; **c)** *angeschwollene Stelle:* eine S. am Knie. **2.** (Geogr.) *rundliche Erhebung;* **Schwell|vers,** der (Verslehre): *durch vergrößerte Silbenzahl aufgeschwellte Form des Stabreims;* **Schwell|werk,** das: *(bei der Orgel) Register, die im Jalousieschweller liegen.*
Schwel|teer, der (Technik): vgl. Schwelkoks; **Schwe|lung,** die; -, -en (Technik): *das Schwelen (2): die S. von Braunkohle.*
Schwemm|bo|den, der: vgl. Schwemmland; **Schwem|me,** die; -, -n [spätmhd. swemme, zu ↑schwemmen; 4: scherzh. Übertr. von (1)]: **1.** *flache Stelle am Ufer eines Flusses, Teichs o. ä., an die Pferde u. Schafe (zum Zweck der Säuberung od. der Abkühlung bei großer Hitze) ins Wasser getrieben werden:* das Vieh, die Herde in die S. treiben; die Pferde in die S. reiten, zur S. führen; * *jmdn. in die S. reiten* (veraltend; 1. *jmdn. zum Trinken animieren.* 2. *jmdn. in eine schwierige Lage bringen:* Wenn er das kleine Mädchen du tief in die S. geritten hat, muß er sie auch wieder herausholen [Frenssen, Jörn Uhl 167]); **in die S. gehen** (landsch.; *ein Bad nehmen*). **2.** (bes. Wirtsch.) *zeitweises, zeitlich begrenztes erhebliches Überangebot (an bestimmten Produkten, Fachkräften o. ä.):* die derzeitige S. drückt auf die Spargelpreise; bei den Deutschlehrern gibt es eine S.; daß es auf dem Obst- und Gemüsemarkt ... zu vielen -n und Preiszusammenbrüchen kommen wird (Welt 23. 8. 65, 9). **3.** (österr.) *Warenhausabteilung mit niedrigen Preisen.* **4.** (landsch.) *einfaches [Bier]lokal; Kneipe:* in eine, die S. gehen; **-schwem|me,** die; -, -n (emotional verstärkend): *drückt in Bildungen mit Substantiven aus, daß jmd., etw. in allzu großer Zahl vorhanden ist od. erwartet wird:* Dollarschwemme in Argentinien (Spiegel 48, 1990, 167); Serienschwemme am Nachmittag und Vorabend (Hörzu 36, 1988, 26); Es ist leider wahr, daß wir eine Juristenschwemme haben (Spiegel 47, 1983, 10); Außerdem gibt's keine Milch- und Butterschwemme (Wochenpresse 25. 4. 79, 18); Aufgeschreckt durch die Ausländerschwemme, will Bonn das Asylrecht ändern (Spiegel 23, 1980, 17); **schwem|men** ⟨sw. V.; hat⟩ [mhd. swemmen = schwimmen machen, durch Eintauchen reinigen, Veranlassungswort zu ↑schwimmen]: **1.** *(von fließendem Wasser) tragen, befördern, transportieren; spülen (3 a):* die Brandung, die Flut hatte massenweise Tang, Holz, Quallen an den Strand geschwemmt; bei Hochwasser

Schwemmfächer 3036

schwemmt der Fluß immer viel Unrat ans Ufer; eine Leiche wurde an Land geschwemmt; Das Wasser hat das Etikett von der Flasche geschwemmt *(abgelöst u. weggeschwemmt;* Fries, Weg 108); Der Humusboden wird ... von Regengüssen in die Meere geschwemmt (Gruhl, Planet 85); Ü Heute schwemmt jeder Sommer Millionen Menschen nach Italien (Grzimek, Serengeti 246). **2.** (österr.) *(Wäsche) spülen:* Die Arbeitsanzüge ... mußte sie ... waschen, ... einseifen, s., auswinden (Innerhofer, Schattseite 93). **3.** (Gerberei) *einweichen, wässern:* Felle, Häute s. **4.** (österr.) *(Holz) flößen* (1 a): Baumstämme s.; **Schwemm|fä|cher,** der (Geol.): *Schwemmkegel;* **Schwemm|gut,** das ⟨o. Pl.⟩: *ans Ufer eines Gewässers Geschwemmtes:* Ü Diesem hoffnungslosen S. aus aufgelösten Sanitätsstellen gesellen sich die Hoffnungslosen von der Front zu (Plievier, Stalingrad 241); **Schwemm|ke|gel,** der (Geol.): *(vor einer Flußmündung) durch Ablagerung des vom Wasser mitgeführten Schutts entstandener fächerförmiger Schuttkegel;* **Schwemmland,** das ⟨o. Pl.⟩: *durch Anschwemmung, Ablagerung von Meeren u. Flüssen entstandenes fruchtbares Land:* das fruchtbare S. des Deltas; **Schwemm|sand,** der ⟨o. Pl.⟩: *angeschwemmter Sand;* **Schwemm|sel,** das; -s (Fachspr.): *feste Stoffe, die auf dem Wasser schwimmen, vom fließenden Wasser mitgeführt werden;* **Schwemm|stein,** der (Bauw.): *aus Bimsstein* (1) *hergestellter Baustein.*
Schwen|de, die; -, -n [mhd. swende, ahd. swendi = Rodung, zu mhd. swenden, ahd. swenten = schwinden machen, Veranlassungswort zu ↑schwinden]: *durch Brandrodung urbar gemachtes Stück Land;* **schwen|den** ⟨sw. V.; hat): *durch Brandrodung urbar machen;* **Schwendwirt|schaft,** die (Völkerk.): *Ackerbau mit häufig wechselnden, durch Brandrodung immer wieder neu geschaffenen Anbauflächen.*
Schwen|gel, der; -s, - [mhd. swengel, swenkel, zu: swenken, ↑schwenken]: **1.** *Klöppel* (1 a): der S. der Glocke. **2.** *beweglicher Teil der Pumpe* (1) *in Form einer leicht geschwungenen Stange, die durch eine Vor- u. Rückwärtsbewegung die Saugvorrichtung im Innern der Pumpe in Tätigkeit setzt; Pumpenschwengel:* der S. der Pumpe. **3.** *(an einem Ziehbrunnen) lange, um eine Querachse drehbar befestigte Stange zum Heraufziehen des mit Wasser gefüllten Eimers.* **4.** (derb) *Penis:* Der Schmied ... trat zum Popen, packte ihn am S. (Afanasjew [Übers.], Märchen 113); Der Hengst ... strullte mit langem S. einige Liter unter sich (Degenhardt, Zündschnüre 127); **Schwen|gel|brunnen,** der: *Ziehbrunnen mit einem Schwengel* (3) *zum Heraufziehen des Eimers:* In der Mitte des Hofes steht ein S. (Kisch, Reporter 28); **Schwenk,** der; -[e]s, -s, selten: -e [zu ↑schwenken]: **1.** *[rasche] Drehung, Richtungsänderung:* die Kolonne machte einen S. nach rechts; Ü Die Gründe für den S. *(das Umschwenken* 2) Giscards (Spiegel 10, 1981, 20). **2.** (Film, Ferns.) *Bewegung, Drehung (der laufenden Kamera um ihre senkrechte od. waa*

gerechte Achse, bei der sie mehr od. weniger lange über das zu fotografierende Objekt wandert): ein rascher, langsamer S.; ein S. auf jmdn., etw.; die Manie, ... durch überflüssige -s und durch Spielereien mit der Gummilinse unentwegt Bewegung vorzutäuschen (Spiegel 50, 1975, 156); Die Schwermut russischer Seele offenbart sich in minutenlangen -s über die Küste von Jalta (MM 20./21. 11. 65, 6); **Schwenk|arm,** der (Technik): *schwenkbarer Arm (als Teil eines Geräts, einer technischen Vorrichtung o. ä.):* die OP-Lampe hängt an einem langen S.; **schwenk|bar** ⟨Adj.⟩: *sich schwenken, um eine Achse drehen lassend:* ein -er Kran; ein Wasserhahn mit -em Auslauf; die Wandlampe ist s.; **Schwenk|be|reich,** der: *Bereich, innerhalb dessen sich etw. schwenken* (4) *läßt:* der Aufenthalt im S. des Krans ist verboten; **Schwenk|be|wegung,** die: *in einer Drehung um eine Querachse bestehende Bewegung:* eine langsame, schnelle, waagerechte, senkrechte S.; das Stativ des Teleskops erlaubt -en in allen Richtungen; **Schwenk|bra|ten,** der (landsch.): *auf einem über einem Holzfeuer schwingenden Rost gegrilltes Stück Schweine- od. Rindfleisch;* **schwen|ken** ⟨sw. V.⟩ [mhd., ahd. swenken = schwingen machen, schleudern; schwanken, schweben, sich schlingen, zu ↑schwank]: **1.** ⟨hat⟩ **a)** *[mit ausgestrecktem Arm] schwingend hin u. her, auf u. ab bewegen:* Fähnchen, den Hut, Tücher s.; die Arme s.; etw. in der Hand, durch die Luft, hin und her s.; Diese Kleine, die ihren Hintern vor versammelter Mannschaft schwenkt ist eine bessere Nutte (Kirst, 08/15, 339); Ü Ich kenne ... vielerlei Freuden. Ich habe ... getanzt und Mädchen geschwenkt und Weiber niedergeworfen (Reinig, Schiffe 55); **b)** (selten) *mit etw. eine schwingende, schwenkende* (1 a) *Bewegung machen:* mit Fähnchen, Taschentüchern, den Armen s.; **c)** (landsch.) *durch eine schwenkende* (1 a) *Bewegung von etw. entfernen:* die Tropfen von der nassen Bürste s. **2.** *(zum Reinigen od. Spülen) in Wasser o. ä. leicht hin u. her bewegen* ⟨hat⟩: das Geschirr, die Gläser in heißem Wasser s.; die seidene Bluse nur ganz leicht in handwarmem Seifenwasser s. **3.** *mit einer Drehung einbiegen; einen Schwenk* (1) *machen* ⟨ist⟩: nach rechts, um die Ecke, [von der Straße] in einen Seitenweg s.; „Das Ganze rechts schwenkt marsch ...!" oder: „Links schwenkt marsch ...!" (Plievier, Stalingrad 23); Ü sie sind in das andere Lager geschwenkt *(gewechselt).* **4.** *etw. mit einem Schwenk* (1) *in eine andere Richtung, Position bringen* ⟨hat⟩: die Kamera s.; die Wandlampe läßt sich [um 150 Grad] s.; Panzer ... schwenkten langsam ihre Rohre (Böll, Adam 65); riesige Kräne schwenken Stahlträger in ihre Positionen (Simmel, Stoff 636). **5.** ⟨hat⟩ (Kochk.) **a)** *(bereits Gekochtes) kurz, unter leichten Rüttelbewegungen in einer Kasserolle mit heißem Fett hin u. her bewegen:* Kartoffeln, Gemüse [kurz] in Butter s.; **b)** *kurz in der Pfanne braten:* Fleisch[stücke] s.; geschwenkte Filetschnitten. **6.** (landsch.) *jmdn. hinauswer*

fen, entlassen ⟨hat⟩: einen Schüler [von der Schule] s.; **Schwen|ker,** der; -s, -: **1.** *kurz für* ↑*Kognakschwenker.* **2.** (Film, Ferns.) *Assistent des Kameramanns, der während der Aufnahmen die notwendigen Kamerabewegungen ausführt.* **3.** (landsch.) *Schwenkbraten;* **Schwen|kerin,** die; -, -nen (Film, Ferns.): w. Form zu ↑Schwenker (2); ◆ **Schwenk|fel|der,** der; -s, - [zu: herumschwenken = herum-, umherstreifen, wohl in scherzh. Anlehnung an den Namen des dt. reformatorischen Theologen u. Mystikers Kaspar von Schwenckfeld (1489–1561)]: *(bes. im schwäb. Sprachgebrauch) unsteter* (a) *Mensch; Herumtreiber, Vagabund:* je mehr die Wirtin alles zu glauben schien, desto besser ließen sich die jungen S. den Wein und Braten ... schmecken (Hebel, Schatzkästlein 9); **Schwenk|glas,** das ⟨Pl. ...gläser⟩: *Kognakschwenker;* **Schwenk|hahn,** der: *schwenkbarer [Wasser]hahn;* **Schwenk|kar|tof|feln** ⟨Pl.⟩: *in Butter geschwenkte Salzkartoffeln;* **Schwenk|kran,** der: *Kran mit schwenkbarem Ausleger;* **Schwenk|pfan|ne,** die: *bes. zum Braten u. Schwenken* (5) *verwendete Pfanne mit hohem Rand;* **Schwenkung,** die; -, -en: *Schwenk* (1): eine S. nach links, um 90° machen, ausführen; Ü ... war er imstande, rechtzeitig die leisesten Andeutungen einer ideologischen S. zu erkennen (Leonhard, Revolution 161).
schwer ⟨Adj.⟩ [mhd. swære, ahd. swär(i)]: **1. a)** *von großem Gewicht; nicht leicht:* -es Gepäck; laß mich den -eren Koffer tragen; die Möbel sind sehr s.; der Koffer ist mir zu s.; die Kiste war s. wie Blei *(sehr schwer);* die Äste sind s. von Früchten; er ist zu s. (ugs.; *hat ein zu hohes Körpergewicht);* wir hatten s. *(schwere Lasten)* zu tragen; die Sachen wiegen sehr s. *(haben großes Gewicht);* der Wagen war s. beladen *(hatte eine schwere Ladung);* seine Hand lastete s. auf ihrer Schulter ⟨subst.:⟩ du darfst nichts Schweres *(keine schweren Lasten)* heben; Ü -e *(derbe)* Schuhe; ein Armband aus -em *(massivem)* Gold; -er *(lehmiger)* Boden; -e *(große)* Regentropfen prasselten an die Scheiben; er ist ein großer, -er *(massiger [u. schwerfälliger])* Mann; -e *(massige, wuchtige)* Ackergäule; einen -en *(schwerfälligen)* Gang haben; ein Schrittes *(langsam u. schwerfällig)* den Raum verlassen; mit -er *(ungelenker)* Hand schreiben; -e *(bleierne, müde)* Füße, Beine haben; ein -es *(großkalibriges)* Geschütz; ein -er *(großer, stark motorisierter)* Wagen, LKW; ein -es Motorrad, eine -e Maschine; -e *(dicht gewebte [hochwertige])* Stoffe, Teppiche; das Auto hat ⟨ugs.; *viel)* Geld gekostet; er hat -e Dollars ⟨ugs.; *viel Geld in Dollars)* verdient; die Gangster waren s. bewaffnet *(hatten großkalibrige Waffen bei sich);* ihr Wort, Urteil wiegt s. *(hat Bedeutung, ist gewichtig);* die Lider wurden ihr s. *(sie wurde müde, die Augen fielen ihr zu);* Ihr sei es so s. zumut *(sie sei so bedrückt;* R. Walser, Gehülfe 160); **b)** *ein bestimmtes Gewicht habend:* der über einen Zentner -e Sack; der Brief ist nur drei, wenige Gramm s.; wie s. ist der Kürbis?; Ü eine mehrere Millionen -e (ugs.; *mehrere Millionen be*

sitzende) Frau. **2. a)** *große körperliche Anstrengung, großen Einsatz erfordernd; hart* (2), *mühselig:* ein -er Dienst; diese Arbeit ist zu s. für Frauen; er muß s. arbeiten; sich etw. s. erkämpfen müssen; s. *(mit großer Anstrengung)* atmen; s. hören *(ein schlechtes Gehör haben);* **b)** *einen hohen Schwierigkeitsgrad aufweisend; schwierig, nicht leicht zu bewältigen:* eine -e Aufgabe; einen -en Gang antreten müssen; ein -es Leben führen; hinter ihnen lagen -e Jahre; in -en Zeiten zusammenstehen; ein -es *(verantwortungsvolles)* Amt übernehmen; die Klassenarbeit, das Kreuzworträtsel war ziemlich s.; fandest du die Prüfung s.?; es war nicht s. für ihn, sich durchzusetzen, sie zu überzeugen; er hat sich die Sache unnötig s. gemacht; der Werkstoff ist s. *(schwierig)* zu bearbeiten; das Kind ist s. zu erziehen; die Frage ist s. zu beantworten; etw. nur s. begreifen, verstehen; es ist s. zu sagen, ob er sein Ziel erreichen wird; ⟨subst.:⟩ das Schwerste *(der schwierigste Teil der Aufgabe, der Arbeit o. ä.)* kommt erst noch [auf uns zu]; Ü es s. haben *(viele Schwierigkeiten haben, sich sehr abmühen müssen);* er hat es s. mit sich selbst *(leidet an sich selbst);* ⟨subst.:⟩ sie haben Schweres durchgemacht *(hatten Leid o. ä. zu ertragen);* **c)** *von hohem geistigem Anspruch; nicht leicht zugänglich u. nicht zur bloßen Unterhaltung geeignet:* -e Literatur; -e Stücke, Texte; eine nicht zu -e, aber auch nicht zu triviale Lektüre; -e *(ernste, getragene)* Musik; das Buch ist mir als Urlaubslektüre zu s. **3. a)** *groß, stark, heftig:* ein -er Sturm; -e Gewitter, Regengüsse; ein -er Schock; -e Schäden; ein -es Unglück, Vergehen, Verbrechen; das ist ein -er *(schwerwiegender)* Fehler; eine -e Schuld, Krankheit; -e *(erhebliche)* Bedenken haben; seine Verletzungen sind nicht s.; **b)** *(intensivierend bei Verben:)* jmdm. s. zu schaffen machen; s. aufpassen; etw. s. büßen müssen; s. verletzt, verwundet, enttäuscht, beeindruckt, betrunken sein; sich s. blamieren, ärgern, täuschen; s. beleidigt, in Form, im Irrtum sein; ... gestehen beide: „Wir sind s. verliebt." (Freizeitmagazin 26, 1978, 39); das will ich s. hoffen (ugs.; *das erwarte ich auf jeden Fall*). **4. a)** *(von Speisen u. ä.) sehr gehaltvoll [u. dadurch nicht leicht bekömmlich]; nicht gut verträglich:* -e Weine, Zigarren, Speisen; das Dessert war sehr s.; er kocht für meinen Geschmack zu s.; ⟨subst.:⟩ er darf nichts Schweres essen; **b)** *(von Düften)* sehr intensiv u. süßlich: ein -er Duft; der -e Geruch des Flieders weht aus den Gärten (Remarque, Obelisk 182); das Parfum ist mir zu s.; **c)** *sehr feucht u. lastend:* -e, warme Treibhausluft; Die Luft war s. Kein Hauch war zu spüren (Koeppen, Rußland 124). **5.** (Seemannsspr.) *stürmisch:* Sie wurden auf hoher See von -em Wetter überrascht (Jahnn, Geschichten 154); Er hatte harte Nächte, wenn die See s. war (Jahnn, Geschichten 150); **-schwer: 1.** drückt in adj. Bildungen mit Substantiven aus, daß die beschriebene Person od. Sache in hohem Maße über etw. verfügt, damit wie mit einer Last angefüllt ist: ereignis-, kalorienschwer. **2.** (ugs.) drückt in adj. Bildungen mit Substantiven aus, daß die beschriebene Person etw. [in großer Menge] besitzt: dollar-, millionenschwer; **Schwer|ar|beit,** die ⟨o. Pl.⟩: *schwere körperliche Arbeit:* durch ... Verbot der Schwer- und Nachtarbeit von Frauen (Rittershausen, Wirtschaft 11); **Schwer|ar|bei|ter,** der: *jmd., der Schwerarbeit leistet;* **Schwer|ar|bei|te|rin,** die: w. Form zu ↑ Schwerarbeiter; **Schwer|ar|bei|ter|zu|la|ge,** die: *Lohnzulage für Schwerarbeit;* **Schwer|ath|let,** der: *jmd., der Schwerathletik betreibt;* **Schwer|ath|le|tik,** die: *sportliche Disziplin, die Gewichtheben, Kunst-, Rasenkraftsport u. Ringen umfaßt; Kraftsport;* **schwer|ath|le|tisch** ⟨Adj.⟩: *der Schwerathletik zugehörig, eigentümlich:* die -en Disziplinen; **schwer|be|hin|dert** ⟨Adj.; o. Komp.; Sup.: schwerstbehindert⟩ (Amtsspr.): *durch eine schwere körperliche Behinderung dauernd geschädigt [u. dadurch in der Erwerbsfähigkeit stark gemindert]:* ein -es Kind; er ist, gilt als s.; **Schwer|be|hin|der|te,** der u. die (Amtsspr.): *jmd., der schwerbehindert ist;* **Schwer|be|hin|der|ten|aus|weis,** der: *amtlicher Ausweis für einen Schwerbehinderten;* **Schwer|be|hin|der|ten|ge|setz,** das: *Gesetz zur Sicherung der Eingliederung Schwerbehinderter in Arbeit, Beruf u. Gesellschaft;* **schwer|be|la|den**[1] ⟨Adj.; schwerer beladen, am schwersten beladen⟩: *mit großer Last beladen:* -e Fahrzeuge, Lasttiere; **Schwer|ben|zin,** das: *Benzin mit einem hohen Siedepunkt (als Ausgangsmaterial für petrochemische Produkte);* **schwer|be|schä|digt** ⟨Adj.⟩: **1.** ⟨nur attr. zusammengeschrieben⟩: *schwerer beschädigt, am schwersten beschädigt) in starkem Maße beschädigt:* ein -er Wagen. ⟨Steig. vgl. schwerbehindert⟩ **2.** (Amtsspr.) *(durch im Krieg o. ä. erlittene Verletzungen) schwerbehindert;* **Schwer|be|schä|dig|te,** der u. die; -n, -n ⟨Dekl. ↑ Abgeordnete⟩ (Amtsspr.): *jmd., der schwerbeschädigt* (2) *ist;* **Schwer|be|ton,** der (Bauw.): *Beton mit Kies, Schotter, Sand als Zuschlagstoffen;* **schwer|be|waff|net**[1] ⟨Adj.; schwerer bewaffnet, am schwersten bewaffnet⟩: *mit [mehreren] schweren Waffen ausgerüstet:* -e Gangster; **Schwer|be|waff|ne|te,** der u. die: *jmd., der schwer bewaffnet ist;* **schwer|blü|tig** ⟨Adj.⟩: *von ernster Natur; langsam u. bedächtig im Denken u. Handeln:* ein -er Menschenschlag; Abk.: er ist s.; **Schwer|blü|tig|keit,** die; -: *schwerblütige Veranlagung, Art;* **Schwer|che|mi|ka|lie,** die ⟨meist Pl.⟩: *keinen sehr hohen Reinheitsgrad aufweisende Chemikalie;* **Schwe|re,** die; - [mhd. swære, ahd. swārī: **1. a)** (geh., auch Physik) *Eigenschaft eines Körpers, schwer zu sein, ein Gewicht zu haben:* die Partikel sinken auf Grund ihrer S. auf den Meeresboden; Die Haltung des Oberkörpers richtet sich nach der S. *(dem Gewicht)* des Rucksacks (Eidenschink, Fels 30); Ü Es wurde mir so leicht ... und dennoch hatte ich in den Beinen eine bleierne S. *(das Gefühl, als wären meine Beine sehr schwer;* Mostar, Unschuldig 113); **b)** (Physik, Astron.) Schwerkraft (b): das Gesetz der S. **2.** Schwierigkeitsgrad: die S. einer Etüde, Aufgabe; Und da kommt es darauf an, ob der einzelne den Blick dafür besitzt und die S. der Stelle beurteilen kann (Eidenschink, Fels 39). **3.** (geh.) *[großes] Ausmaß; [hoher] Grad:* die S. der Schuld, des Verstoßes, des Unwetters, der Krankheit; das Strafmaß richtet sich nach Art u. S. des Vergehens; das Gericht wendete das Gesetz in seiner vollen S. *(Härte, Strenge)* an. **4. a)** *(von Speisen u. ä.) Gehalt, der etw. schwer verträglich sein läßt:* die S. des Essens; Weine unterschiedlicher S.; **b)** *(von Düften u. ä.) Intensität u. Süße:* die S. des Parfums; der Duft der Blüten war von einer geradezu betäubenden S.; **c)** *lastende Feuchtigkeit:* die S. der Luft machte uns zu schaffen; **Schwe|re|ano|ma|lie,** die (Geophysik): *Abweichung der beobachteten von der normalen Fallbeschleunigung aufgrund unterschiedlicher Verteilung leichter u. schwerer Massen in der Erdkruste;* **Schwe|re|feld,** das (Geophysik): *Gravitationsfeld eines Himmelskörpers, bes. der Erde;* **Schwe|re|grad,** der: *Grad der Schwere* (3): je nach dem S. der Krankheit wird man die eine oder die andere Behandlungsmethode anwenden; **schwe|re|los** ⟨Adj.⟩: *nicht der Schwerkraft unterworfen; ohne Gewicht, ohne Schwere* (1): *der Raumfahrer befinden sich in einem -en Zustand; der -e Körper im freien Fall; s. im Raum schweben;* Ü der Tag war von einer -en (geh.; *unbeschwerten*) Heiterkeit; **Schwe|re|lo|sig|keit,** die; -: *das Schwerelossein:* der Zustand der S.; Ü die S. (geh.; *Leichtigkeit*) ihrer Bewegungen; **Schwe|re|mes|sung,** die: *Messung zur Bestimmung des Schwerefeldes der Erde;* **Schwe|re|not** [auch: '- - -], die [urspr. verhüll. Bez. der als Behexung angesehenen ↑ Epilepsie, die dann später als (verwünschter) Fluch gebr.]: in veralteten Fügungen als Ausruf des Ärgers od. Unwillens: S. [noch mal]!; es ist, um die S. zu kriegen; (als Verwünschungsformel:) daß dich die S.!; **Schwe|re|nö|ter** [auch: - -'- -], der; -s, - [urspr. = jmd., dem man die schwere Not (= Epilepsie) wünscht] (ugs. scherzh.): *Mann, der durch seinen Charme u. eine gewisse Durchtriebenheit Eindruck zu machen u. sich etw. zu verschaffen versteht:* Damals ... erkannte ich, daß Sie im Grunde überhaupt nicht der S. sind, für den man Sie hält (Hörzu 50, 1975, 16); **schwer|er|zieh|bar**[1] ⟨Adj.⟩: *schwerer, am schwersten erziehbar; Verhaltensstörungen aufweisend; dadurch in der Erziehung schwierig:* -e Kinder, Jugendliche; **Schwer|er|zieh|ba|re,** der u. die; -n, -n ⟨Dekl. ↑ Abgeordnete⟩: *jmd., der schwer erziehbar ist;* **Schwer|er|zieh|bar|keit,** die; -: *Eigenschaft, schwer erziehbar zu sein;* **schwer|fal|len** ⟨st. V.; ist⟩: *große Schwierigkeiten bereiten; große Mühe machen:* es fiel ihm schwer, sich zu konzentrieren; du mußt das schon tun, auch wenn's [dir] schwerfällt *(auch wenn du es nicht gerne tust);* **schwer|fäl|lig** ⟨Adj.⟩: **a)** *(in bezug auf die körperliche od. geistige Beweglichkeit) langsam u. umständlich, ohne Leichtigkeit:* -e Bewegungen; ein -er Gang; ein -er Mensch; s. gehen; sich s. fortbewegen, bewegen; Ü ein -es Verfahren; ein

Schwerfälligkeit

-er Beamtenapparat; ♦ **b)** *schwer, massig, plump:* die Baronin saß ... hinter einem ebenso langen wie -en Tisch (Ebner-Eschenbach, Gemeindekind 174); **Schwer|fäl|lig|keit,** die; -: *schwerfällige Art:* die S., mit der das Tier sich [fort]bewegt; die S. seines Gangs; Ü die S. der Bürokratie; **schwer|flüch|tig¹** ⟨Adj.; schwerer, am schwersten flüchtig⟩ (Technik): *nicht leicht verdunstend, verdampfend:* -e Stoffe, Bestandteile; **Schwer|flüch|tig|keit,** die (Technik): *Eigenschaft, schwerflüchtig zu sein;* **schwer|flüs|sig** ⟨Adj.⟩ (selten): *zähflüssig:* ein besonders -es Öl; Ü zwischen dem Himmel und mir flimmert die Hitze dick und s., quecksilbrig (Hildesheimer, Tynset 79); für eine Kunstgattung ..., die bei der -en Art unserer Gebildeten sowieso das böseste Mißtrauen von vornherein wachrief (Tucholsky, Werke II, 17); **Schwer|flüs|sig|keit,** die: **1.** (Technik) *Flüssigkeit besonders hoher Dichte.* **2.** ⟨o. Pl.⟩ (selten) *schwerflüssige Beschaffenheit;* **schwer|gän|gig** ⟨Adj.⟩ (Technik): *sich schwer handhaben, drehen lassend:* ein -er Wasserhahn; verrostete, -e Schrauben erneuern; -e Räder fressen eine Menge Energie; der Bremszylinder, die Lenkung, die Schaltung ist sehr s.; **Schwer|ge|wicht,** das: **1.** (Schwerathletik) **a)** ⟨o. Pl.⟩ *Körpergewichtsklasse;* **b)** *Sportler der Körpergewichtsklasse Schwergewicht* (1 a). **2.** (ugs. scherzh.) *jmd. mit großem Körpergewicht:* er/sie ist ein S.; Ü mit Rechtsanwalt Wildermuth ..., der ... als juristisches S. *(als tüchtiger Jurist)* weit und breit bekannt war (Kirst, Aufruhr 171). **3.** ⟨o. Pl.⟩ *Hauptgewicht (das auf etw. liegt, gelegt wird):* das S. der Arbeit hat sich verlagert; daß ich das S. meiner Untersuchungen zunächst auf die Erforschung des Studiums legte (Jens, Mann 70); **schwer|ge|wich|tig** ⟨Adj.⟩: *mit, von hohem [Körper]gewicht:* immerhin hat der -e Publikumsliebling über 13 Kilo abgenommen (Freizeitrevue 29, 1975, 29); **Schwer|ge|wicht|ler,** der; -s, -: *Schwergewicht* (1b); **Schwer|ge|wichts|mei|ster|schaft,** die: *Meisterschaft in einer Sportart des Schwergewichts* (1a); **schwer|grün|dig** ⟨Adj.⟩ (schweiz.): *schwerwiegend;* **Schwer|gut,** das (Seew.): *Fracht, Ladung von sehr hohem Gewicht;* **schwer|hal|ten** ⟨st. V.; hat; unpers.⟩ (geh.): *schwierig sein; Schwierigkeiten machen:* So dürfte es s., die genaue Fassung des 12. Jahrhunderts ... zu rekonstruieren (Curschmann, Oswald 82); Das kann nicht s., einen Mann in Marseille zu finden (Seghers, Transit 142); **schwer|hö|rig** ⟨Adj.⟩: *in seiner Hörfähigkeit beeinträchtigt; nicht gut hörend:* ein -er Greis; er ist [etwas, sehr] s.; bist du s.? (ugs.; 1. *hör doch genau zu.* 2. *tu endlich, was ich dir sage*) Ü mir scheint, ihr seid [auf einem Ohr] s. (ugs.; *ihr wollt nicht hören, ihr stellt euch taub*); **Schwer|hö|ri|ge,** der u. die; -n, -n ⟨Dekl. ↑ Abgeordnete⟩: *jmd., der schwerhörig ist;* **Schwer|hö|rig|keit,** die; -: *das Schwerhörigsein.*

Schwe|rin: Stadt am Schweriner See; Landeshauptstadt von Mecklenburg-Vorpommern.

Schwer|in|du|strie, die: *Betriebe der eisenerzeugenden u. eisenverarbeitenden Industrie sowie des Bergbaus:* das Land hat keine S.; Die S. *(die Gesamtheit ihrer Repräsentanten)* entdeckte die „aufbauenden Kräfte" im Nationalsozialismus (K. Mann, Wendepunkt 192); **schwer|in|du|stri|ell** ⟨Adj.⟩: *der Schwerindustrie zugehörig, ihr entstammend:* -e Fabrikate; **Schwer|in|du|stri|el|le,** der u. die: *Industrielle[r] der Schwerindustrie:* Hingegen bemerkte man ... sehr viel einflußreiche Financiers und S. (K. Mann, Mephisto 11); **Schwer|kraft,** die (Physik, Astron.): **a)** *Gravitation, Gravitationskraft:* die S. der Erde, der Sonne, des Mondes; zu einer Springtide kommt es, wenn die Schwerkräfte von Sonne und Mond in derselben Richtung wirken; der alte Menschheitstraum, die S. zu überwinden und zu fliegen; Deshalb soll ich euch da als Wundermann etwas vorexperimentieren, soll Steine zu Brot machen, soll die S. aufheben (Thielicke, Ich glaube 90); jeder Körper unterliegt der S.; Ü eine ständige Einrichtung ihrer Seelen ..., die S. gewissermaßen ihren Herzen, nach der sich alles in ihnen regelt (A. Zweig, Grischa 17); **b)** *auf jeden im Bereich der Gravitation eines Himmelskörpers, bes. der Erde, befindlichen Körper wirkende Kraft, die sich aus der Gravitationskraft des Himmelkörpers u. der durch dessen Rotation bewirkten Zentrifugalkraft zusammensetzt;* **schwer|krank¹** ⟨Adj.⟩: **a)** *von schwerer Krankheit betroffen; ernstlich krank:* ein -es Kind; **b)** (Jägerspr.) *angeschossen:* ein -es Tier; **Schwer|kran|ke,** der u. die: *schwerkranker Mensch;* **schwer|kriegs|be|schä|digt** ⟨Adj.⟩: vgl. kriegsbeschädigt; **Schwer|kriegs|be|schä|dig|te,** der u. die: vgl. Kriegsbeschädigte; **Schwer|la|ster,** der (ugs.): vgl. Schwerlastzug; **Schwer|last|trans|port,** der (Verkehrsw.): *Transport schwerer Güter;* **Schwer|last|trans|por|ter,** der (Verkehrsw.): *Schwertransporter;* **Schwer|last|ver|kehr,** der (Verkehrsw.): *Verkehr von LKWs, die schwere Güter befördern;* **Schwer|last|zug,** der (Verkehrsw.): *Lastzug für Schwertransporte;* **schwer|lich** ⟨Adv.⟩ [mhd. swærlīche = ahd. swārlīhho]: *wahrscheinlich nicht, kaum* (1c): das wird ihm s. gelingen; das wird s. zu beweisen sein; Zu dieser Komödie der SPD wird der Bürger s. Beifall spenden (Saarbr. Zeitung 30. 11. 79, 11); ich wäre s. darum herumgekommen, in ... Tauf- und Totenbüchern, Archiven und womöglich Friedhöfen nachzugraben (Muschg, Gegenzauber 86); **schwer|lös|lich¹** ⟨Adj.⟩: *schwerer, am schwersten löslich:* nur schwer löslich: eine -e Substanz; **schwer|ma|chen** ⟨sw. V.; hat⟩: *erschweren, schwierig gestalten:* sich und anderen das Leben s.; man hat ihm die Prüfung schwergemacht; sie haben sich die Sache nicht gerade schwergemacht *(haben sich nicht viel Mühe gegeben);* **Schwer|me|tall,** das: *Metall mit hohem spezifischen Gewicht* (z.B. Blei, Cadmium, Eisen, Gold, Quecksilber): der Klärschlamm enthält giftige -e; das Trinkwasser ist mit gesundheitsschädlichen -en belastet; **Schwer|mut,** die; - [rückgeb. aus

↑ **schwermütig**]: *durch Traurigkeit, Mutlosigkeit, innere Leere u.ä. gekennzeichneter lähmender Gemütszustand:* ... und jedes Jahr an diesem Tag befiel ihn S. (Böll, Erzählungen 112); mit dem Erfolg und dem Ruhm wachsen Trübsinn und S. (Reich-Ranicki, Th. Mann 85); Immer bewegte er sich am Rande der S., alle Dinge nahm er übermäßig ernst (Niekisch, Leben 157); in S. verfallen, versinken; ... ob es ein Unglücksfall war oder ob der junge Mann zu S. oder ähnlichem neigte (Simmel, Stoff 99); Ü Ein runder Vorbau stemmt sich ... gegen die Einsamkeit und S. *(Trostlosigkeit, Öde)* der Landschaft (Koeppen, Rußland 39); **schwer|mü|tig** ⟨Adj.⟩ [mhd. swærmüetec]: *an Schwermut leidend, zu Schwermut neigend; Schwermut ausdrückend, von Schwermut geprägt:* ein -er Mensch; ... um nicht in die -ste Stimmung zu sinken (Nigg, Wiederkehr 44); -e, regenreiche, dunkle Wochen (Dönhoff, Ostpreußen 110); Grenzenlos -e Zärtlichkeit glitt langsam in seinen dunklen Blick (A. Zweig, Claudia 134); nach dem Tod ihres Kindes ist sie s. geworden; Die Indianer selber sind von der Trauer des Untergangs erfüllt, viele ihrer Geschichten sind s. oder bitter (Lüthi, Es 70); Da beginnt ein Chor ... s. und überquellend zu singen (Berger, Augenblick 109); **Schwer|mü|tig|keit,** die; -: *schwermütige Art; Schwermut;* **schwer|muts|voll** ⟨Adj.⟩ (geh.): *von Schwermut erfüllt:* ein -er Blick; **schwer|neh|men** ⟨st. V.; hat⟩: *als schwierig, bedrückend o.ä. empfinden; Unangenehmes zu ernst nehmen:* alles s.; du brauchst die Sache nicht schwerzunehmen *(sie dir nicht sehr zu Herzen zu nehmen);* er nimmt das Leben schwer *(es fehlt ihm alle Leichtigkeit, Heiterkeit);* **Schwer|öl,** das: *bei der Destillation von Erdöl u. Steinkohlenteer anfallendes Öl, das als Treibstoff, Schmier- u. Heizöl verwendet wird;* **Schwer|öl|mo|tor,** der: *mit Schweröl betriebener Dieselmotor;* **Schwer|punkt,** der (Physik): **1.** *Punkt, der als Angriffspunkt der (auf einen Körper od. ein anderes physikalisches System wirkenden) Schwerkraft zu denken ist; Massenmittelpunkt:* den S. eines Körpers berechnen; etw. in seinem S. aufhängen, unterstützen; wie einer, der den S. verlagert, indem er das Standbein wechselt (Bieler, Mädchenkrieg 71); Sportwagen mit sehr niedrigem S. (Frankenberg, Fahren 111); Ü die Kirche ist der S. *(der zentrale Teil),* die Räume des Klosters ... (Bild. Kunst III, 27); der S. *(das Hauptgewicht)* seiner Tätigkeit liegt in der Forschung, auf einem anderen Gebiet. **2.** *Zentrum* (2): Im Mittelalter lag der S. jüdischen Lebens in Europa in ... Spanien (Fraenkel, Staat 141); ... daß es (= Athen) ... der politische S. der hellenischen Welt ... gewesen ... ist (Thieß, Reich 447); Neun Schlösser und Burgen in Hessen werden gegenwärtig zu -en des Fremdenverkehrs ausgebaut (auto 8, 1965, 65). **3.** (Math.) *(bei einem Dreieck) Schnittpunkt der Seitenhalbierenden;* **Schwer|punkt|ak|ti|on,** die: *schwerpunktmäßig durchgeführte Aktion;* **Schwer|punkt|be|trieb,** der (ehem.

DDR): *Betrieb, der vorrangig bestimmte Produkte herstellt;* **Schwer|punkt|in|dustrie**, die (ehem. DDR): vgl. Schwerpunktbetrieb; **Schwer|punkt|kran|ken|haus**, das: *Krankenhaus, das sich schwerpunktmäßig auf bestimmte Arbeitsbereiche konzentriert;* **schwer|punkt|mä|ßig** ⟨Adj.⟩: *auf bestimmte ausgewählte Bereiche, Themen o. ä. konzentriert:* ein -er Streik; Sie (= die Organisation) befaßt sich s. mit Problemen, die in der Entwicklung der Länder der Dritten Welt auftreten (Saarbr. Zeitung 4. 12. 79, 18); wie mir der Chef angedeutet hat, interessieren Sie sich s. *(in erster Linie, hauptsächlich)* für die Gleichberechtigung in meiner Abteilung (Brot und Salz 180); **Schwer|punkt|pro|gramm**, das: *Programm (eines Vorhabens), das sich auf bestimmte Themen konzentriert:* Welche (Forschungsarbeit) sollte man lieber einer anderen Forschungsstätte mit speziellem S. überlassen? (Welt 1. 11. 67, 2); **Schwer|punkt|streik**, der: *Streik, der nicht generell, sondern nur an bestimmten Orten, in bestimmten Schlüsselbetrieben durchgeführt wird;* **Schwer|punkt|the|ma**, das: *Thema, auf das man sich hauptsächlich konzentriert:* S. soll in diesem Jahr das kommunale Wahlrecht für Ausländer ... sein (Volksblatt 23. 6. 87, 12); **schwer|reich**[1] ⟨Adj.⟩ (ugs.): *sehr reich:* ein -er Mann; **Schwer|spat**, der: *Baryt;* **Schwerst|ar|beit**, die: vgl. Schwerarbeit; **Schwerst|ar|bei|ter**, der: vgl. Schwerarbeiter; **Schwerst|ar|bei|te|rin**, die; -, -nen: w. Form zu ↑Schwerstarbeiter; **Schwerst|be|hin|der|te**, der u. die: vgl. Schwerbehinderte; **Schwerst|kran|ke**, der u. die: vgl. Schwerkranke; **Schwerst|kri|mi|na|li|tät**, die: *Kriminalität in schwerster Form:* die S. war im vergangenen Jahr fast überall rückläufig; **Schwerst|ver|letz|te**, der u. die: *jmd. der schwerste Verletzungen erlitten hat.*

Schwert, das; -[e]s, -er [mhd. swert, swerd, H. u.]: **1.** *(in Altertum u. MA. gebräuchliche) Hieb- u. Stichwaffe mit kurzem Griff u. langer, relativ breiter, ein- od. zweischneidiger Klinge:* ein scharfes, kostbares, reich verziertes S.; ein altes, rostiges, schartiges S.; ein S. tragen; das S. ziehen, zücken, in die Scheide stecken; die -e kreuzen (geh.); mit Schwertern miteinander kämpfen; sein S. gürten; jmdn. mit dem S. köpfen, durch das S. hinrichten; sich in sein S. stürzen *(Selbstmord mit dem Schwert begehen);* von jmds. S. durchbohrt werden; R „-er zu Pflugscharen" (in den 1980er Jahren aufgekommenes Motto der damaligen Friedensbewegung, in dem deren Forderung nach Abrüstung zum Ausdruck kommt; nach Jes. 2, 4); Ü Die Luftwaffe ist Amerikas schärfstes S. im Dschungelkrieg (Spiegel 18, 1966, 116); * **ein zweischneidiges S.** *(etw., was Nutzen, aber auch Schaden bringen kann);* **das S. des Damokles** (↑Damoklesschwert); **das/sein S. in die Scheide stecken** (geh., bildungsspr.; *einen Streit beenden).* **2.** (Schiffbau) *(bei der Jolle) Holz- od. Stahlplatte, die durch eine in Längsrichtung im Boden verlaufende Öffnung ins Wasser gelassen wird, um das Abdriften des Bootes zu verringern:* das S. absenken, hochklappen; **Schwert|adel**, der: **1.** *(im MA.) Gesamtheit der durch die Schwertleite Geadelten.* **2.** *für militärische Verdienste verliehener Briefadel;* **schwert|ar|tig** ⟨Adj.⟩: *einem Schwert ähnelnd:* eine -e Hieb- und Stichwaffe; **Schwert|boot**, das: *Jolle* (2); **Schwert|el**, der, österr.: das; -s, -: **1.** (selten) *Gladiole.* **2.** (österr.) *Schwertlilie;* **Schwert|er|ge|klirr**, das: *das Klirren der Schwerter im Gefecht;* **Schwert|er|tanz**, der: *Schwerttanz;* **Schwert|fe|ger**, der [zu ↑fegen (4)] (früher): *Handwerker, der die Feinarbeit an den roh geschmiedeten Schwertern vornimmt;* **Schwert|fisch**, der: *großer, im Meer lebender Raubfisch mit schwertförmig verlängertem Oberkiefer;* **schwert|för|mig** ⟨Adj.⟩: *in der Form eines Schwert ähnelnd:* die -en Blätter der Iris; ein Wal mit einer hohen -en Rückenfinne; der Fisch hat einen s. velängerten Oberkiefer; **Schwert|fort|satz**, der [LÜ aus dem Lat.-Griech.; nach der Form] (Anat.): *unterster, knorpeliger Teil des Brustbeins;* **Schwert|ge|klirr**, das: *Schwertergeklirr;* **Schwert|hieb**, der: *Hieb* (1) *mit einem Schwert;* **Schwert|kampf**, der: *Kampf mit Schwertern;* **Schwert|kämp|fer**, der: *jmd., der mit einem Schwert kämpft:* ein erfahrener S.; **Schwert|kas|ten**, der (Schiffbau): *(bei der Jolle) vom Kiel bis über die Wasserlinie reichendes kasten-, schachtartiges Teil, in das das Schwert* (2) *hochgezogen, -geklappt wird, wenn es nicht gebraucht wird;* **Schwert|knauf**, der: *Knauf eines Schwerts;* **Schwert|lei|te**, die; -, -n [mhd. swertleite, 2. Bestandteil zu ↑leiten]: *(im MA.) Ritterschlag;* **Schwert|li|lie**, die: *Pflanze mit mehr od. weniger breiten u. langen schwertförmigen Blättern u. großen Blüten meist in hell- od. dunkelvioletter Farbe; Iris;* **Schwert|li|li|en|ge|wächs**, das (meist Pl.) (Bot.): *Pflanze einer Familie mit vielen Arten u. Gattungen, zu der u.a. Krokus, Iris u. Gladiole gehören.* **Schwer|trans|port**, der: *Schwerlasttransport;* **Schwer|trans|por|ter**, der: *Schwerlaster.*

Schwert|schluk|ker[1], der: *Artist, der ein Schwert bis zum Knauf in seinem Mund verschwinden läßt;* **Schwert|schluk|ke|rin**[1], die; -, -nen: w. Form zu ↑Schwertschlucker; **Schwert|streich**, der (Pl. selten): *Hieb mit dem Schwert:* Gab es einen gordischen Knoten, ... den man mit einem kühnen S. zerschlagen konnte? (Weber, Tote 109); * **ohne S.** (geh. veraltend; *kampflos; ohne Blutvergießen):* die Festung war ohne S. gefallen; **Schwert|tanz**, der: *Waffentanz von Männern mit gezogenen Schwertern; Schwertertanz;* **Schwert|trä|ger**, der, (Zool.): *kleiner, zu den Zahnkarpfen gehörender Fisch mit olivfarbenem Rücken u. silbrigem Bauch, bei dessen Männchen der untere Teil der Schwanzflosse schwertförmig ausgebildet ist.*

schwer|tun, sich ⟨unr. V.; hat⟩ (ugs.): *mit etw., jmdm. Schwierigkeiten haben, mit einer Sache, jmdm. nicht [gut] zurechtkommen:* anfangs habe ich mich/mir mit der neuen Arbeit, mit der neuen Lehrerin schwergetan; Saarwellingen tat sich schwer und konnte die vielen Torchancen ... nicht nutzen (Saarbr. Zeitung 8. 10. 79, 22); Autofahrer, die beim Einparken schwertun (ADAC-Motorwelt 2, 1986, 24); daß die FDP ... sich s. würde, 1979 einen erneuten Wechsel zu beschließen (Saarbr. Zeitung 3. 12. 79, 10/12).

Schwert|wal, der: *charakteristisch schwarz u. (bes. an der Unterseite) weiß gefärbter kleinerer Wal mit hoher schwertförmiger Rückenfinne, der neben anderen Walen auch Pinguine, Robben u. andere Wale frißt.* **Schwer|ver|bre|cher**, der: *jmd., der schwere Verbrechen begangen hat;* **Schwer|ver|bre|che|rin**, die: w. Form zu ↑Schwerverbrecher; **schwer|ver|dau|lich**[1] ⟨Adj.; schwerer, am schwersten verdaulich⟩: *(von Speisen) schwer zu verdauen:* -e Speisen; Ü eine -e (ugs.; *schwierige)* Lektüre; **schwer|ver|käuf|lich**[1] ⟨Adj.; schwerer, am schwersten verkäuflich⟩: *sich nur schwer verkaufen lassend:* -e Artikel; **Schwer|ver|kehrs|ab|ga|be**, die: *(in der Schweiz) von Schwerlasttransportern für die Benutzung öffentlicher Straßen erhobene Abgabe;* **schwer|ver|letzt**[1] ⟨Adj.; schwerer, am schwersten verletzt⟩: *gefährlich verletzt:* von den fünf -en Opfern schweben zwei noch in Lebensgefahr; er liegt s. auf der Intensivstation; **Schwer|ver|letz|te**, der u. die: *jmd. der schwere Verletzungen erlitten hat:* bei den Opfern; bei dem Unfall gab es einen Toten und drei -e; **schwer|ver|ständ|lich**[1] ⟨Adj.; schwerer, am schwersten verständlich⟩: *auf Grund seiner Ausdrucksweise schwer zu verstehen:* seitenlange, in -er Sprache abgefaßte Verordnungen; **schwer|ver|träg|lich**[1] ⟨Adj.; schwerer, am schwersten verträglich⟩: vgl. schwerverdaulich: -e Speisen, Medikamente; **schwer|ver|wun|det**[1] ⟨Adj.; schwerer, am schwersten verwundet⟩: vgl. schwerverletzt; **Schwer|ver|wun|de|te**, der u. die: *jmd., der schwer verwundet ist;* **Schwer|was|ser|re|ak|tor**, der: *mit schwerem Wasser betriebener Reaktor* (1); **schwer|wie|gend** ⟨Adj.; -er, -ste o. schwerer, am schwersten wiegend⟩: *schwer ins Gewicht fallend, ernst zu nehmend; gewichtig; gravierend:* -e Bedenken, Gründe, Einwände, Mängel, Delikte; ein -er Fehler, Irrtum; Wegen -er Indizien wurde der Mann in Untersuchungshaft gesetzt (NZZ 19. 8. 83, 23); der Verstoß war nicht sehr s.; In Vorwurf, der diesem offenbar so s. erschien, daß er gleich darauf offiziell erklären ließ, ... (Dönhoff, Ära 92).

Schwe|ster, die; -, -n [mhd., ahd. swester; gemeingerm. Verwandtschaftsbez., verw. z. B. mit russ. sestra]: **1.** *Person weiblichen Geschlechts im Verwandtschaftsverhältnis zu einer anderen, die von denselben Eltern abstammt:* meine kleine, große, jüngere, ältere, leibliche, einzige S.; meine S. Inge; wir sind -n; ist sie deine S.?; ich habe zwei -n; der Freund meiner S.; Ü Gewissermaßen die vornehmere S. der Fichte ist die Weißtanne (Mantel, Wald 19); unsere Milchstraße ist, in bezug auf ihre entfernten -n (Th. Mann, Krull 315). **2.** *Mitmensch weiblichen Geschlechts, mit dem man sich verbunden fühlt:* unsere Brüder und -n im anderen Teil Deutschlands; liebe -n und Brüder im Herrn

Schwesteranstalt

(liebe Mitchristinnen u. Mitchristen)! **3.** *Nonne, Ordensschwester:* eine geistliche, dienende S.; in der Anrede: S. Maria; in Namen von Orden: die Barmherzigen -n; die Grauen -n; die -n der christlichen Liebe; die -n unserer Lieben Frau. **4.** kurz für ↑Krankenschwester: S. sein, werden; S. Anna; sie arbeitet als S. im Krankenhaus; nach der S. rufen. **5.** (Jargon) *Homosexueller:* ... haben auf Ästhetik bedachte -n die Leuchtröhren mit rosa Farbe besprüht (Frings, Liebesdinge 173); ... nach Bologna fahren, -n aus der italienischen Bewegung kennenlernen (Siems, Coming out 190). **5.** * **barmherzige S.** (salopp verhüll.; *Prostituierte, die [von bestimmten Freiern] keine Bezahlung verlangt*); **Schwes|ter|an|stalt**, die: vgl. Schwesterfirma; **Schwes|ter|be|trieb**, der: vgl. Schwesterfirma; **Schwes|ter|fir|ma**, die: *Firma im Verhältnis zu einer od. mehreren anderen, zum selben Unternehmen gehörenden Firmen:* unsere österreichische S.; **Schwes|ter|herz**, das ⟨o. Pl.⟩ (veraltet, noch scherzh.): **1.** *liebe Schwester* (1): wie geht es deinem S.?; S., du könntest mir einen riesigen Gefallen tun .... **2.** *liebe Freundin;* **Schwes|ter|kind**, das (veraltet): *Kind der Schwester* (1); **schwes|ter|lich** ⟨Adj.⟩ [mhd. swesterlich]: *von, in der Art einer Schwester* (1): -e Zuneigung, Hilfe; ihre -e Freude an seinem beruflichen Erfolg (Frisch, Gantenbein 356); [sich] s. *(wie Schwestern)* verbunden sein; **Schwes|ter|lich|keit**, die; -: *schwesterliche Art, Gesinnung:* im Geiste der S.; Die Verwirklichung der Ideen der Brüder- und Schwesterlichkeit und der Solidarität (Kelly, Um Hoffnung 165); **Schwes|ter|lie|be**, die: *Liebe einer Schwester (zum Bruder, zur Schwester);* **Schwes|ter|mann**, der (veraltet): vgl. Schwesterkind; **Schwes|tern|hau|be**, die: *zur Berufskleidung einer Krankenschwester gehörende Kopfbedeckung;* **Schwes|tern|haus**, das: *Schwesternwohnheim;* **Schwes|tern|hel|fe|rin**, die: *Helferin in der Krankenpflege;* **Schwes|tern|lie|be**, die: *Liebe zwischen Schwestern* (1); **Schwes|tern|or|den**, der: *Frauenorden;* **Schwes|tern|paar**, das (geh.): *zwei Schwestern* (1); **Schwes|tern|schaft**, die; -: *die Krankenschwestern eines Krankenhauses;* **Schwes|tern|schu|le**, die: *Fachschule zur Ausbildung von Krankenschwestern;* **Schwes|tern|schü|le|rin**, die: *Schülerin einer Schwesternschule;* **Schwes|tern|tracht**, die: **1.** *Berufskleidung der Krankenschwester.* **2.** *Kleidung der Ordensschwester;* **Schwes|tern|wohn|heim**, das: *Wohnheim für Krankenschwestern;* **Schwes|tern|zim|mer**, das: *(in einem Krankenhaus o. ä.) Aufenthaltsraum für die Schwestern* (4); **Schwes|ter|par|tei**, die: *[konservative od. liberale] Partei im Verhältnis zu einer od. mehreren anderen Parteien gleichen Typs, mit gleicher od. ähnlicher politischer Zielsetzung:* die Demokratische Partei von Luxemburg, unsere liberale S. (Saarbr. Zeitung 30. 11. 79, 12); In CDU-Kreisen ... verhehlte (man) jedoch nicht die Besorgnis, die durch diesen neuen Schritt der S. entstanden ist (MM 9./10. 10. 65, 1); **Schwes|ter|schiff**, das: *Schiff im Verhältnis zu einem od. mehreren anderen Schiffen gleichen Typs:* Dem S. der „Manuela", der ... „Ioanna V.", erging es besser (Spiegel 17, 1966, 123); Ü Zahlreiche ... Bahnmanöver von Gemini 6 sind notwendig, um langsam an das S. *(die andere Raumkapsel des gleichen Typs)* heranzukommen (Zeit 10. 12. 65, 29); **Schwes|ter|sohn**, der (veraltet): vgl. Schwesterkind; **Schwes|ter|stadt**, die: **1.** *einer anderen unmittelbar benachbarte Stadt:* Mannheim und seine S. Ludwigshafen; In der Hauptstadt Khartum und ihren Schwesterstädten Khartum-Nord und Omdurman (NZZ 11. 4. 85, 1). **2.** *Partnerstadt:* Bejubelt von den Bürgern der S. wurde ... die Augsburger Stadtkapelle, die mit Pauken und Trompeten durch das Zentrum von Bourges zog (Augsburger Allgemeine 13./14. 5. 78, 45); **Schwes|ter|toch|ter**, die (veraltet): vgl. Schwesterkind.

Schwib|bo|gen, der [mhd. swiboge, ahd. swibogo, zu ↑schweben, eigtl. = Schwebebogen] (Archit.): *zwischen zwei parallelen Wänden gespannter großer Bogen* (2) *ohne darüber lastendes Mauerwerk:* in großer S. verbindet den Nord- mit dem Südflügel des Schlosses.

schwieg: ↑schweigen.
Schwie|gel: ↑Schwegel.
Schwie|ger, die; -, -n [mhd. swiger, ahd. swigar; alte idg. w. Ggb. zu ↑Schwager in dessen alter Bed. „Schwiegervater"] (veraltet): **a)** *Schwiegermutter:* ♦ Ja, die Frau Gräfin versteht's. Sie lernt's (= das Kochen) ihrer S. ab (Schiller, Piccolomini IV, 6); ♦ **b)** *(in landsch. Sprachgebrauch) Schwiegertochter:* Herzog von München-Bayern, laß deine Späher peitschen, sie haben die S. verunglimpft! Die ehrund tugendsame Augsburger Bürgerstochter, Jungfer Agnes Bernauer, ist meine Gemahlin (Hebbel, Agnes Bernauer III, 13); **Schwie|ger|el|tern** ⟨Pl.⟩: *Eltern des Ehepartners;* **Schwie|ger|kind**, das ⟨meist Pl.⟩: *Ehepartner eines Kindes* (2): unsere Kinder und -er; als S. des Angeklagten hat er, sie ein Zeugnisverweigerungsrecht; **Schwie|ger|mut|ter**, die: **1.** *Mutter des Ehepartners:* er versteht sich bestens mit seiner S. **2.** (Jargon) *Verbandsklammer;* **Schwie|ger|sohn**, der: *Ehemann der Tochter;* **Schwie|ger|toch|ter**, die: *Ehefrau des Sohnes;* **Schwie|ger|va|ter**, der: *Vater des Ehepartners.*

Schwie|le, die; -, -n [mhd. swil(e), ahd. swil(o), ablautende Bildung zu ↑schwellen]: **1.** ⟨meist Pl.⟩ *durch Druck verdickte u. verhärtete Stelle in der Haut:* Bloß nicht arbeiten. ... Vons Arbeiten kriegst du nur die Hände, aber keen Geld (Döblin, Alexanderplatz 268); ... nachdem er sich auf dem harten Holz der Ersatzbank -n am Hinterteil geholt hatte (scherzh.: *nachdem er sehr lange darauf hatte warten müssen, im Spiel eingesetzt zu werden;* Kicker 6, 1982, 39); August Kühn fühlte mit dem Finger über die -n an seiner rechten Hand (Kühn, Zeit 63). **2.** (Med.) *Verdickung des Gewebes durch Narben, die von Entzündungen zurückbleiben;* **schwie|lig** ⟨Adj.⟩: *Schwielen* (1) *aufweisend:* -e Hände, Fußsohlen; Ich nehme seine verarbeitete, -e Hand (Sobota, Minus-Mann 15); ... damit sie zarte Hände bekäme, aber sie blieben s. wie die eines Arbeiters (Singer [Übers.], Feinde 15).

Schwie|mel, der; -s, - [spätmhd. (md.) swimel, zu mniederd. swimen, mhd. sweimen = schweben] (salopp): **1.** (nordd.) *Schwindel, Taumel.* **2.** ([ost]md.) *liederlich lebender Mensch:* Wie der S. zur Marine jekommen ist, bleibt mir heute noch schleierhaft (Grass, Blechtrommel 215); **Schwie|me|lei**, die; - ([ost]md. salopp): *liederlicher Lebenswandel:* die S. muß aufhören; **Schwie|me|ler:** ↑Schwiemler; **Schwie|mel|frit|ze**, der ([ost]md. salopp): *Schwiemel* (2); **schwie|me|lig**, schwiemlig ⟨Adj.⟩ (nordd. salopp): *schwindlig:* Es ward einem manchmal ganz schwiemelig (H. Mann, Unrat 132); **Schwie|mel|kopf**, der ([ost]md. salopp): *Schwiemel* (2); **schwie|meln** ⟨sw. V.; hat⟩ (salopp): **1.** (nordd.) *taumeln, schwindlig sein.* **2.** ([ost]md.) *liederlich leben, sich herumtreiben; zechen;* **Schwiem|ler**, Schwiemeler, der; -s, - ([ost]md. salopp): *Schwiemel* (2); **Schwiem|le|rin**, die; -, -nen ([ost]md. salopp): w. Form zu ↑Schwiemler; **schwiem|lig:** ↑schwiemelig.

schwie|rig ⟨Adj.⟩ [mhd. swiric, sweric = voll Schwären, eitrig, zu ↑schwären; an ↑schwer angelehnt]: **1. a)** *viel Kraft, Mühe, große Anstrengung [u. besondere Fähigkeiten] erfordernd:* eine -e Aufgabe, Arbeit, Mission, Frage; ein -es Unterfangen, Experiment, Thema, Problem, Kreuzworträtsel; ein -er Fall; -es *(schwer zu begehendes, zu befahrendes)* Gelände; mehrere ... Fünftausender ..., darunter einige -e *(schwer zu besteigende;* Alpinismus 2, 1980, 4); Die Nacht war die -ere *(schwerer zu ertragende)* Hälfte des Tages (Th. Mann, Zauberberg 283); die Prüfungen werden immer -er; die Verhandlungen waren, gestalteten sich s.; aber diese Sache zu erzählen ... ist ausnehmend s. Es ist da etwas, was sich dagegen wehrt, erzählt zu werden (Buber, Gog 97); Der Boden war s. *(schwer zu begehen),* hoch mit Seggen bestanden und von Wildwechseln durchzogen (Gaiser, Jagd 193); Die Unterscheidung ... ist außerordentlich s. *(schwer)* zu treffen (Noack, Prozesse 135); Die moderne Kunst hat es sehr s. (Frankfurter Rundschau 37, 1985, 15); **b)** *in besonderem Maße mit der Gefahr verbunden, daß man etw. falsch macht, u. daher ein hohes Maß an Umsicht u. Geschick erfordernd:* sie befindet sich in einer äußerst -en Lage, war wahrscheinlich das Beste, was er in dieser -en Situation tun konnte; Die ersten Jahre ... waren auch außenpolitisch -e Jahre (Dönhoff, Ära 104); zu einem solchen -en und heiklen Zeitpunkt (R. Walser, Gehülfe 153); die Verhältnisse hier sind sehr s. geworden. **2.** *schwer zu behandeln, zufriedenzustellen:* ein -er Mensch, Charakter; ein -es Kind; Faye Dunaway, die -e Schönheit aus Hollywood (Frankfurter Rundschau 29. 6. 93, 8); der Alte ist etwas s., wird immer -er. ♦ **3.** *aufrührerisch, widersetzlich, aufsässig:* Das Volk wird höchst s. werden (Goethe, Egmont II); Im innern Land des Aufruhrs Feuerglocke – Der

Bauer in Waffen – alle Stände s. (Schiller, Piccolomini I, 3); **Schwie|rig|keit,** die; -, -en: **1.** *etw., was der Verwirklichung eines Vorhabens o. ä. im Wege steht u. nicht ohne weiteres zu bewältigen ist;* Problem (2): *große, erhebliche, unerwartete, unvorhergesehene* -en; *Nun aber zeigte sich, daß inzwischen eine neue S. hinzugekommen war: ...* (Buber, Gog 116); *die* -en *häuften sich, stellten sich erst im Verlauf der Arbeiten ein; dem Plan stehen beträchtliche* -en *entgegen; das ist die S.; die Durchführung macht, bereitet [technische, ernstliche]* -en; *die Sache hat ihre S.; die* -en *überwinden, aus dem Wege räumen; auf* -en *stoßen; die Angelegenheit ist mit* -en *verbunden; auf den Angestellten, der mit der einfachen S. kämpfte, die Treppe emporzugelangen* (R. Walser, Gehülfe 118); *mit jmdm., etw.* -en *haben (mit jmdm., etw. nicht, nicht gut zurechtkommen).* **2.** ‹meist Pl.› *etw., was für jmdn. sehr unangenehm ist, was jmdn. Ärger, Sorgen o. ä. bereitet, was jmdn. behindert, was jmdm. das Leben schwermacht: private, geschäftliche, finanzielle* -en; *jmdm.* -en *machen, in den Weg legen; hör lieber auf damit, du kriegst sonst* -en *[mit der Polizei]; damit handelst du dir nur [unnötige]* -en *ein; daß er persönlich der Bundesregierung jede erdenkliche S. macht* (Augstein, Spiegelungen 143); *ich warne dich: mach ja keine* -en *(versuche ja nicht, dich zu widersetzen)!; es gab ein mit der Behörde; er hat ständig* -en *(Streit, Streitereien) mit seinem Vermieter;* in -en *(eine schwierige* 1b *Situation) kommen, geraten;* jmdn. in -en *(eine schwierige* 1b *Lage) bringen;* in -en *sein.* **3.** ‹o. Pl.› *Eigenschaft, schwierig zu sein: Die S. des alpinen Geländes ist in sechs Grade eingeteilt* (Eidenschink, Fels 48); *Wendy Griner ... lief in ihrem Kürtraining Passagen von großer Schönheit und S.* (Maegerlein, Triumph 27); *trotz der außerordentlichen S. der Situation, seines Charakters;* **Schwie|rig|keits|grad,** der: *Grad der Schwierigkeit* (3): *eine Kür, Texte mit, von hohem S.; Anzahl u. Art der Probleme nehmen in der Industriegesellschaft ständig zu* (Gruhl, Planet 251); **Schwie|rig|keits|no|te,** die (Sport): *Note, mit der die Schwierigkeit* (3) *einer Übung bewertet wird;* **Schwie|rig|keits|stu|fe,** die: vgl. Schwierigkeitsgrad.
schwill, schwillst, schwillt: ↑ ¹schwellen.
Schwimm|ab|zei|chen, das: *Abzeichen als Auszeichnung für besondere Leistungen im Schwimmen;* **Schwimm|an|la|ge,** die: *Anlage* (3) *zur Ausübung des Schwimmsports;* **Schwimm|an|stalt,** die (selten): Schwimmbad; **Schwimm|an|zug,** der: **1. a)** *besonders geschnittenes, enganliegendes Trikot einer Schwimmerin für Wettkampfsport;* **b)** *Spezialanzug eines Kampfschwimmers der Marine.* **2.** (seltener) *Badeanzug;* **Schwimm|art,** die (selten): *Art des Schwimmens;* **Schwimm|auf|be|rei|tung,** die (Technik, bes. Hüttenw.): *Flotation;* **Schwimm|bad,** das: **a)** *Anlage* (3) *mit [einem] Schwimmbecken [Umkleidekabinen, Liegewiese(n) o. ä.]:* ins *S. gehen;* **b)** *Schwimmbecken: er hat ein S. im Garten;* **Schwimm|bad|kon-**

junk|ti|vi|tis, die (Med.): *Bindehautentzündung, die durch mangelnde Desinfektion des Badewassers in Schwimmbädern verursacht wird;* **Schwimm|bad|re|ak|tor,** der: *Forschungs-, Ausbildungs- u. Testzwecken dienender, einfacher Kernreaktor, bei dem der Reaktorkern verschiebbar in ein mit Wasser gefülltes Becken eingebettet ist;* **Schwimm|bag|ger,** der: vgl. Schwimmkran; **Schwimm|bahn,** die: *Bahn* (3 a) *eines Schwimmbeckens;* **Schwimm|bas|sin,** das: *Schwimmbecken;* **Schwimm|becken¹,** das: *großes, mit Wasser gefülltes Becken* (2 a), *in dem man schwimmen kann;* **Schwimm|be|klei|dung,** die (selten): *beim Schwimmen getragene Bekleidung;* **Schwimm|beut|ler,** der (Zool.): *in Mittel- u. Südamerika heimische, am u. im Wasser lebende Beutelratte;* **Schwimm|be|we|gung,** die ‹meist Pl.›: *mit Armen u. Beinen durchgeführte, fürs Schwimmen charakteristische Bewegung;* **Schwimm|bla|se,** die: **1.** *mit Luft gefülltes Hohlorgan im Leib eines Fisches, das u. a. die Anpassung an die Wassertiefe ermöglicht.* **2.** *mit Luft gefüllter Hohlraum verschiedener Meeresalgen;* **Schwimm|dock,** das: *schwimmfähiges Dock (das sich absenken läßt);* **Schwimm|ei|ster¹,** der: *Bademeister;* **Schwimm|ei|ste|rin¹,** die: w. Form zu ↑Schwimmeister;
schwim|men ‹st. V.› [mhd. swimmen, ahd. swimman, urspr. nur vom Menschen, H. u.]: **1. a)** *sich im Wasser aus eigener Kraft (durch bestimmte Bewegungen der Flossen, der Arme u. Beine) fortbewegen* ‹ist›: *im Aquarium schwimmen Goldfische; auf dem See schwammen Enten, Möwen; Pinguine können ausgezeichnet s. und tauchen; die meisten Säugetiere können s.; da schwimmt eine Qualle, eine Schildkröte, eine Schlange, ein Fischotter; ihr Bruder kann gut, schnell, schlecht, nicht s.; du solltest s. lernen; ich schwimme am liebsten auf dem Rücken; Als die Seeleute im Wasser um ihr Leben schwammen* (Ott, Haie 220); *er schwimmt, kann s. wie ein Fisch [im Wasser] (kann sehr gut schwimmen), wie eine bleierne Ente* (ugs. scherzh.; *kann nicht, nur sehr schlecht schwimmen);* **b)** *zum Vergnügen, um sich sportlich zu betätigen o. ä. schwimmen* (1 a) ‹ist/hat›: s. *gehen; wir schwammen um die Wette; er hat/ist früher viel geschwommen; Ich habe gern geschwommen* (Eppendorfer, Ledermann 47); *wart ihr heute schon s.?;* ‹subst.:› *ist er immer noch nicht vom Schwimmen zurück?;* **c)** *sich schwimmend* (1 a) *irgendwohin bewegen* ‹ist›: *ans Ufer, über den See, durch den Fluß, gegen die Strömung, zur Insel s.; zum Laichen schwimmen die Lachse in die Oberläufe der Flüsse.* **2.** *eine Strecke schwimmend* (1) *zurücklegen* ‹ist›: *wir sind einige Kilometer, zehn Bahnen geschwommen; die Aale schwimmen bei ihren Wanderungen Tausende von Kilometern.* **3. a)** *in einem sportlichen Wettkampf schwimmen* (1 b), *als Mannschaft an den Start gehen* ‹ist›: *im nächsten Durchgang schwimmt der Titelverteidiger; sie schwimmt für Italien;* **b)** *in einem sportlichen Wettkampf als Schwimmer eine bestimmte Zeit erzielen* ‹ist/hat›: *einen*

neuen Rekord s.; neue Bestzeit s.; Er ... entthronte ... Michael Holthaus ..., der ... 4:44,0 *geschwommen war* (MM 4. 8. 69, 16); **c)** *in einem sportlichen Wettkampf eine bestimmte Strecke schwimmen* (1 b) ‹ist/hat›: *400 m Lagen s.* **4. a)** *von einer Flüssigkeit (bes. Wasser) getragen, sich an deren Oberfläche befinden [u. treiben]* ‹hat; seltener auch: ist›: *was schwimmt denn da auf dem, im Wasser?; Die Jacht schwamm ziemlich weit draußen* (Ott, Haie 57); *die Kinder ließen auf dem Teich Schiffchen s.; auf der Suppe schwammen dicke Fettaugen; auf/in der Milch, in deiner Tasse schwimmt eine tote Fliege; nach dem Erkalten ließ sich dann das Wachs leicht herausnehmen, denn es schwamm oben* (Wimschneider, Herbstmilch 33); *ein schwimmendes Hotel; Holz, Kork schwimmt (hat genügend Auftrieb, um nicht unterzugehen); schwimmende Inseln; schwimmende Fracht (Fracht, die per Schiff transportiert wird);* Ü *mit Augen, die in Tränen schwammen, sah er auf seinen Teller nieder* (Th. Mann, Buddenbrooks 347); *in der Bipop-Bar schwimmen zwölf Tote in ihrem Blut und in einer Whiskypfütze* (Reinig, Schiffe 40); *Der Mond schwamm weich in einer Wolke* (Fries, Weg 309); **b)** *sich schwimmend* (4 a) *irgendwohin bewegen, irgendwohin treiben* ‹ist›: *Zentimeter um Zentimeter schwamm der weiße Schiffskoloß an den Kai* (Konsalik, Promenadendeck 130); Ü *(diese Radikalen) schwammen auf der Katastrophenstimmung nach oben* (Kühn, Zeit 353). **5.** ‹hat› **a)** *von einer Flüssigkeit übergossen od. bedeckt sein: Wir haben einen Rohrbruch ..., die ganze Küche schwimmt schon (steht schon unter Wasser;* Fallada, Jeder 243); *der ganze Tisch schwimmt ja [von Bier]!;* **b)** *(von einer Flüssigkeit) sich auf, in etw. befinden, stehen: Die Stehtheke ist im Blechtisch, auf dem ein wenig Bier schwimmt* (Bamm, Weltlaterne 11); *in einer Schüssel schwimmt ein trüber Rest von Kompott* (Frisch, Gantenbein 487); *Berliner Pfannkuchen werden in schwimmendem Fett (in reichlich flüssigem Fett) gebacken.* **6.** ‹hat› *etw. im Überfluß haben od. genießen: daß ich nicht gewöhnt bin, im Überfluß zu s.* (Geissler, Wunschhütlein 115); *Sie haben geschwommen im Geld* (Brot und Salz 243); *Der gute König Heinrich schwamm in Glück* (Feuchtwanger, Herzogin 13). **7.** ‹ist› **a)** *verschwimmen: Die Zahlen ... schwammen vor ihren übermüdeten Augen* (Sebastian, Krankenhaus 144); *Er war äußerst konzentriert, und trotzdem schwamm alles um ihn herum* (Remarque, Triomphe 326); Ü *Also sortierte Sophie, die ihre Brille mal wieder verlegt hatte, das Körbchen Pilze ... mit schwimmendem (alles nur verschwommen erfassendem) Blick* (Grass, Butt 565); **b)** *in einem Zustand sein, in dem alles undeutlich zu sehen, verschwommen ist:* 509 *fühlte, daß sein Kopf schwamm, als hätte er getrunken* (Remarque, Funke 44); *Obwohl ihm das Gehirn schwamm, verlor er ... nicht die Orientierung* (Apitz, Wölfe 169). **8.** ‹hat› (ugs.) *die Situation nicht*

schwimmenlassen

[mehr] unter Kontrolle haben, ihr nicht [mehr] gewachsen sein, unsicher sein: der Redner begann zu s.; ⟨subst.:⟩ *Durch das Geständnis Ihres Partners sind Sie ins Schwimmen geraten* (Bild und Funk 43, 1966, 68); *Dadurch geriet die Gästeabwehr wiederholt ins Schwimmen* (Saarbr. Zeitung 17. 12. 79, 21/23); Ü *sein Kleinbus würde so seltsam s.* (habe eine auffallend instabile Straßenlage); ADAC-Motorwelt 6, 1983, 47); **schwịm|men|las|sen** ⟨st. V.; hat⟩ (seltener): *fahrenlassen*; **Schwịm|mer,** der; -s, - [spätmhd. swimmer]: **1.** *jmd., der schwimmen* (1) *kann:* er ist ein hervorragender S.; *Eisbären sind gute, ausdauernde S.* (können gut, lange Strecken schwimmen); *das große, tiefe Becken ist nur für S.* **2.** *jmd., der das Schwimmen* (3) *als sportliche Disziplin betreibt.* **3.** (Technik) *(meist Luft enthaltender hohler) Körper, dessen Auftriebskraft zu einem bestimmten technischen Zweck ausgenutzt wird* (z. B. *um eine Last über Wasser zu halten, um ein Ventil automatisch zu betätigen, einen Flüssigkeitsstand anzuzeigen):* der S. sorgt dafür, daß der Angelhaken mit dem Köder nicht auf den Grund sinkt; *als Geber für die Benzinuhr dient ein S. im Tank; die Benzinzufuhr zum Vergaser wird durch einen S. geregelt; ohne der S. würde das Wasserflugzeug untergehen;* **Schwịm|merbecken¹,** das: *für Schwimmer* (1) *vorgesehenes Becken* (2 a) *mit bestimmter Wassertiefe in einem Schwimmbad;* **Schwịmme|rei,** die; - (ugs.): *das Schwimmen:* ich mache mir aus der S. nicht viel; *von der S. kriegen die Kinder immer einen mordsmäßigen Appetit;* **Schwịm|mergren|ze,** die: *(an einem überwachten Badestrand o. ä.) im Wasser verlaufende, markierte Grenze, außerhalb deren das Schwimmen verboten ist od. auf eigene Gefahr geschieht;* **Schwịm|me|rin,** die; -, -nen: w. Form zu ↑Schwimmer (1, 2); **schwịm|me|risch** ⟨Adj.⟩: *das Schwimmen betreffend, im Schwimmen:* großes -es Können; eine erstaunliche -e Leistung; s. ist er nur zweifellos überlegen; **Schwịmmer|ven|til,** das; (Technik): *durch, über einen Schwimmer* (3 b) *betätigtes Ventil:* die Wasserzufuhr erfolgt über ein S.; **schwịmm|fä|hig** ⟨Adj.⟩: *schwimmend* (4 b) *im Wasser nicht versinkend:* ein -er Kran; ein -es Auto; das Material sollte s. sein; **Schwịmm|fä|hig|keit,** die: *das Schwimmfähigsein;* **Schwịmm|fest,** das: vgl. *Sportfest;* **Schwịmm|flag|ge,** die: vgl. *Rettungsboje;* **Schwịmm|flos|se,** die: **1.** *aus Gummi o. ä. hergestelltes, einer Flosse* (1) *nachempfundenes, am Fuß zu befestigendes von Tauchern u. Schwimmern verwendetes Hilfsmittel zur schnelleren Fortbewegung im Wasser.* **2.** (selten) *Flosse* (1); **Schwịmm|fuß,** der ⟨meist Pl.⟩: *Fuß mit Schwimmhäuten;* **Schwịmm|gür|tel,** der: **1.** *Gürtel aus Korkteilen o. ä., der jmdn. (der nicht schwimmen kann) im Wasser trägt.* **2.** (ugs. scherzh.) *Rettungsring* (2); **Schwịmm|hal|le,** die: *(im Hallenbad) Halle mit Schwimmbecken;* **Schwịmm|haut,** die: *Haut zwischen den Zehen bestimmter Tiere, bes. der Schwimmvögel:* das Schnabeltier hat Schwimmhäute an den Füßen;

Schwịmm|ho|se, die: **1.** (seltener) *Badehose.* **2.** *Hose eines Schwimmzugs* (1 b); **Schwịmm|kä|fer,** der: *(in verschiedenen Arten vorkommender) im Wasser lebender Käfer mit elliptisch abgeplatteten Hinterbeinen;* **Schwịmm|kis|sen,** das: *aufblasbares Kissen aus Gummi o. ä., das einen im Wasser trägt:* die Kleine darf nicht ohne S. ins Wasser; **Schwịmm|kom|paß,** der: *Magnetkompaß, dessen Kompaßrose sich in einem Gemisch aus Alkohol u. Wasser bewegt;* **Schwịmm|kör|per,** der: *(einem bestimmten Zweck dienender) schwimmfähiger Hohlkörper;* **Schwịmmkran,** der: *auf einem Ponton montierter Kran;* **Schwịmm|kunst,** die ⟨meist Pl.⟩: *Fähigkeit zu schwimmen* (1 a): zeig uns doch mal deine Schwimmkünste; mit den -en des Tigers ist es nicht weit her; **Schwịmm|leh|rer,** der: *jmd., der [beruflich] das Schwimmen lehrt;* **Schwịmmleh|re|rin,** die: w. Form zu ↑Schwimmlehrer; **Schwịmm|pan|zer,** der: *Panzer, der im Wasser u. auf dem Land verwendet werden kann;* **Schwịmm|ring,** der: vgl. Schwimmreifen; **Schwịmm|sand,** der: *vom Grundwasser durchtränkter, breiig fließender, feiner Sand;* **Schwịmm|schüler,** der: vgl. Schwimmlehrer; **Schwịmmschü|le|rin,** die: w. Form zu ↑Schwimmschüler; **Schwịmm|sei|fe,** die: *Seife, die die Eigenschaft hat, auf dem Wasser zu schwimmen:* S. gab es nur auf Karten (Harig, Weh dem 203); **Schwịmm|sport,** der ⟨o. Pl.⟩: *das Schwimmen als sportliche Betätigung:* den S. [an den Schulen] fördern; ein begeisterter Anhänger des -s; **Schwịmm|sta|di|on,** das: *größere, stadionähnliche Anlage* (3) *für das Schwimmen [als Wettkampf];* **Schwịmm|stil,** der: *Stil* (4) *des Schwimmens;* **Schwịmmstoff,** der: *Feststoff, der auf dem Wasser schwimmt;* **Schwịmm|tri|kot,** das: *Schwimmanzug* (1 a); **Schwịmm|un|terricht,** der: *Unterricht, in dem das Schwimmen gelehrt wird;* **Schwịmm|vo|gel,** der: *Vogel mit Schwimmfüßen;* **Schwịmm|wagen,** der: *Amphibienfahrzeug;* **Schwịmmwan|ze,** die: *im Wasser lebende olivbraun glänzende Wanze;* **Schwịmm|wes|te,** die: *aufblasbare od. aus einem sehr leichten Material, wie z. B. Kork, bestehende Weste, die man trägt, um (in einer Notsituation) im Wasser nicht unterzugehen:* für jeden Passagier ist eine S. an Bord; die Insassen der Maschine hatten keine Zeit mehr gehabt, die -n anzulegen; beim Segeln trage ich immer eine S.; ohne S. kommt mir keiner aufs Boot; **Schwịmmzeug,** das (ugs.): *Badezeug;* **Schwịmmzug,** der: *Schwimmbewegung:* Um ... hinüberzukommen, hätte sie fünfunddreißig Schwimmzüge machen müssen (Weber, Einzug 261).

Schwịn|del, der; -s [1: spätmhd. swindel, rückgeb. aus ↑schwindeln (1); 2: beeinflußt von ↑Schwindler]: **1.** *benommener, taumeliger Zustand mit dem Gefühl, als drehe sich alles um einen:* ein leichter, heftiger S. überkam ihn; *Ein plötzlicher S. packte sie* (Baum, Paris 17); *Wie ich ... weiß, leiden Sie öfter an S.* (Langgässer, Siegel 304). **2.** (ugs. abwertend) *Betrug; bewußte Täuschung, Irreführung:* ein ausgemachter, unerhörter S.; der S. kam heraus, flog auf; *Als ob wir überhaupt jemals eine Revolution gehabt hätten! Alles S.! Alles Illusion!* (K. Mann, Wendepunkt 112); *Ich lese keine Zeitungen ... Ist sowieso alles S.* (Hilsenrath, Nazi 82); den S. kenne ich! *(darauf falle ich nicht herein);* auf jeden S. reinfallen *(sich leicht betrügen lassen).* **3.** * *der ganze S.* (salopp abwertend; *alles zusammen*): was kostet der ganze S.? ♦ **4.** *Taumel* (b), *Rausch* (2): Ich bin betrübt, wie Blutdurst einen Mann, das ganze Volk der S. fassen kann (Goethe, Satyros 5); Voll süßen -s flieg' ich nach dem Platze (Schiller, Don Carlos II, 15); **Schwịn|del|an|fall,** der: *Anfall von Schwindel* (1); **Schwịn|de|lei,** die; -, -en (abwertend): **1.** *[kleinere] Betrügerei:* die „Rosenkreuzer", deren - Mitglieder sehr einträglich *(-en betrieben* (Friedell, Aufklärung 53). **2.** *[dauerndes] Schwindeln* (2): was soll die S.? Sag doch einfach die Wahrheit; den Mann, der für eine läßliche S. beinahe erschossen worden wäre (A. Zweig, Grischa 167); **schwịn|del|er|re|gend** ⟨Adj.⟩: *Schwindel* (1) *hervorrufend:* die Fensterputzer arbeiteten in -er Höhe; in der -en Tiefe der Schlucht unter uns; Ü die Preise kletterten in -e Höhen; ... erreichte die Neuerscheinung hohe, -e Auflagen (Grass, Hundejahre 37); eine s. steile Karriere; **Schwịn|del|fir|ma,** die (abwertend): *Firma, deren Zweck es ist, auf unlautere, betrügerische Weise Gewinne zu erwirtschaften:* Der in Hannover einsitzende ehemalige Chef der internationalen S. „Euromex" (MM 12. 6. 80, 18); *Überlassen wir diese Partei nicht denen, ... die aus ihr eine S. machen wollen* (Spiegel 39, 1982, 9); **schwịn|del|frei** ⟨Adj.⟩: *nicht schwindlig werdend:* dafür brauchen wir einen absolut -en Mann; bist du s.?; **Schwịn|del|ge|fühl,** das: vgl. Schwindelanfall: mich überkam, ergriff plötzlich ein heftiges S.; das Mittel erregt bei manchen Patienten Brechreiz und S.; ♦ **Schwịn|del|geist,** der ⟨Pl. -er⟩: *Geist, Dämon, der einen Rausch* (2), *einen Taumel* (b) *bei jmdm. hervorruft:* Ich sehe kein ander Mittel, den S., der ganze Landschaften ergreift, zu bannen (Goethe, Götz III); Stracks übermannt den Alten ein S.; er kann Tanzens nicht enthalten (Wieland, Oberon 2, 37); **schwịndel|haft** ⟨Adj.; -er, -este⟩ (abwertend): **a)** *nicht ganz korrekt; unwahr:* -e Darstellungen, **b)** (selten) *zum Schwindeln* (2) *neigend; unaufrichtig:* ich war töricht genug, dieser -en Person zu glauben; **schwịn|de|lig:** ↑schwindlig; **Schwịn|delma|nö|ver,** das (abwertend): *Täuschungsmanöver:* ein groß angelegtes S.; wer soll nun auf so ein plumpes S. hereinfallen?; **Schwịn|del|mei|er,** der (ugs. abwertend): *Schwindler;* **schwịn|deln** ⟨sw. V.; hat⟩ [1: mhd. swindeln, ahd. swintilōn, Weiterbildung von ↑schwinden, urspr. = in Ohnmacht fallen; 2: beeinflußt von ↑Schwindler]: **1. a)** ⟨unpers.⟩ *von jmdm. als Zustand des Taumelns, Stürzens empfunden werden, wobei sich alles zu drehen scheint:* mir/(selten:) mich schwindelt; auf dem Sims schwindelte ihm; *Da sitzen sie rittlings auf dem schmalen, luftigen Grat ... Der Pfarrer ist* totenblaß, es schwindelt ihn, wenn er nur hinschaut (Trenker, Helden 133); **b)** *vom Schwindel (1) befallen sein, so daß sich alles zu drehen scheint:* der Blick in die Tiefe machte, ließ mich s.; Ü was es heißt, eine Freiheit zu gewinnen, die mich s. macht (Thielcke, Ich glaube 144); der Kopf schwindelte ihm, als er den Preis hörte; in schwindelnden *(schwindelerregenden)* Höhen; Die Abstürze neben der Strecke wurden steiler und tiefer und schließlich schwindelnd *(schwindelerregend;* Doderer, Wasserfälle 10). **2.** (ugs.) **a)** *(beim Erzählen o. ä.) von der Wahrheit abweichen; lügen:* ein bißchen s.; da hast du doch geschwindelt; schwindelst du auch nicht?; bei der Steuererklärung schwindeln die meisten Leute; in jedem Geschäft wird geschwindelt *(getäuscht, betrogen;* Gaiser, Schlußball 22); **b)** *etw. sagen, was nicht [ganz] der Wahrheit entspricht:* das hat er alles geschwindelt; das ist doch geschwindelt; „Er ist leider nicht zu Hause", schwindelte sie; Warum hatte ich leichtfertig geschwindelt, daß in Deutschland diese allgemeine Abschleckerei üblich sei? (Hartung, Piroschka 76). **3. a)** *durch Täuschungsmanöver irgendwohin bringen, schaffen; schmuggeln; mogeln:* etw. durch den Zoll s.; wenn es Hansen gelungen ist, eine Flasche Slibowitz ... in seine Stube zu s. (Fussenegger, Haus 422); **b)** ⟨s. + sich⟩ *auf unehrliche Weise irgendwohin gelangen, ein bestimmtes Ziel erreichen:* sich ohne Eintrittskarte in den Saal s.; sich durchs Leben, durchs Examen s.; er konnte sich geschickt durch alle Kontrollen s.; **Schwin|del|un|ter|neh|men**, das (abwertend): vgl. Schwindelfirma; das S. ist aufgeflogen; **schwin|den** ⟨st. V.⟩ ⟨ist⟩ [mhd. swinden, ahd. swintan]: **1.** (geh.) **a)** *[unaufhaltsam] immer weiter abnehmen, sich verringern [u. schließlich restlos verschwinden, erlöschen, aufhören zu existieren]:* die Vorräte, die Ressourcen schwinden zusehends; das Geld, das Vermögen schwindet immer rascher; 20 Millionen Hektar Regenwald werden jährlich vernichtet, mit ihm schwindet der Arten (natur 2, 1991, 15); die Kräfte des Patienten schwanden sichtlich; das Horn auf der Stirn schwand nur langsam (Fallada, Herr 186); der Schmerz begann allmählich zu s.; der Mut, die Hoffnung, das Vertrauen, das Interesse schwand immer mehr; Jaro sagt es mit solcher Gewißheit, daß Heinz alle Ängste s. spürt (Brod, Annerl 132); Nach dem Zusammenbruch der ... Räterepublik ... schwand mein politisches Interesse (K. Mann, Wendepunkt 75); ⟨subst.:⟩ vielleicht sind die Kokainrationen schon im Schwinden begriffen (Brod, Annerl 184); **b)** *dahingehen, vergehen:* die Jahre schwinden; Ü Der Romanschreiber Fontane schwindet mit seiner Zeit *(hat über seine Zeit hinaus keine Wirkung, Geltung;* Tucholsky, Werke II, 356); **c)** *allmählich entschwinden, verschwinden, sich auflösen:* ihre Gestalt schwand in der Dämmerung; ... sahen das Mäxchen, Siggi und Fränki der Schritt nach Schritt schwindenden Billy nach (Grass, Butt 619); Ü das Lächeln schwand aus ihrem Gesicht; Noch ehe er auf das Pflaster prallte, war seine Besinnung geschwunden *(war er bewußtlos;* Loest, Pistole 80). **2.** (Fachspr.) *(von Werkstücken o. ä.) durch Abkühlen, Erhärten od. Trocknen im Volumen abnehmen.* **3.** (Rundf.) *durch Interferenz an Lautstärke verlieren:* der Sender schwindet; **Schwind|ler**, der; -s, - [älter = Phantast, Schwärmer, beeinflußt von engl. swindler = Betrüger] (abwertend): **1.** *jmd., der schwindelt (2):* dem alten S. glaube ich bald gar nichts mehr. **2.** *jmd., der andere um des eigenen Vorteils willen u. zu deren Schaden täuscht;* Betrüger: Hochstapler und andere S.; Deutsche Gerichte finden „keine rechtliche Möglichkeit", uns vor solchen -n zu schützen (DM 5, 1966, 4); **schwind|ler|haft** ⟨Adj.⟩ (abwertend selten): *schwindlerisch;* **Schwind|le|rin**, die; -, -nen (abwertend): w. Form zu ↑Schwindler; **schwind|le|risch** ⟨Adj.⟩ (abwertend): *Schwindel (2) bezweckend; betrügerisch:* -e Geschäfte; in -er Absicht; ♦ **schwind|licht: 1.** ↑schwindlig (1): es sei gar nicht gefährlich, nur müsse man sich mit den Händen fest an den Sprossen halten und nicht nach den Füßen sehen und nicht s. werden (Heine, Harzreise 29). **2.** ↑schwindlig (2): Es donnern die Höhen, es zittert der Steg, nicht grauet dem Schützen auf -em Weg (Schiller, Tell I, 1); mein Weg führte mich an -en Abgründen vorüber (Tieck, Runenberg 29); **schwind|lig**, **schwindlig** ⟨Adj.⟩: **1.** *von Schwindel (1) befallen:* leicht s. werden; ihr wurde [es] auf dem Karussell richtig s.; die Höhe machte sie s.; Ü es gibt ... so viel zu kaufen, daß einem ganz schwindlig werden kann (Dariaux, Eleganz 73); die Brasilianer spielten die englische Abwehr s. **2.** *schwindelerregend:* Er (= der Himmel) war ... mit einem ... Weiß überzogen, vor dem schwindlig hoch Mauersegler kreisten (Schnurre, Bart 101); Ü Was sich für uns im Westen so schwindlig schnell abgespielt hatte, tritt für die Menschen hier auf der Stelle (Freie Presse 10. 2. 90, 3); **Schwind|ling**, der; -s, -e: *(in einigen Arten als Speisepilz geschätzter) Lamellenpilz mit schlankem Stiel, der bei Trockenheit stark einschrumpft u. später wieder Wasser aufnehmen u. weiterwachsen kann;* **Schwind|maß**, das (Bauw.): *Maß für die Änderung der äußeren Abmessungen eines Körpers o. ä. durch Schwinden (2) des Materials;* Schwundmaß; **Schwind|spannung**, die (Bauw.): *im Beton durch Schwinden (2) hervorgerufene Spannung;* **Schwind|sucht**, die [spätmhd. swintsucht für griech. phthísis = das Schwinden, Auszehrung] (veraltend): *Lungentuberkulose:* die S. haben; Radszuweit starb ... an galoppierender S. (Hohmann, Engel 288); Ü Die Kaufkraft der Massen hat die galoppierende S. *(verringert sich rapide;* Kästner, Fabian 27); **schwind|süch|tig** ⟨Adj.⟩ (veraltend): *an Schwindsucht leidend:* Ihr Vater ist ein -er Schuster gewesen (Kant, Aufenthalt 53); U s. setzte wieder an die Orgel zu - Neff hörte das -e Pfeifen der sich füllenden Bälge (Steimann, Aperwind 74); angesichts ... -er *(im Kurs immer weiter sinkender)* Währungen und steigender Inflationsraten (Saarbr. Zeitung 11. 7. 80, 2); **Schwind|süch|ti|ge**, der u. die (veraltend): *jmd., der schwindsüchtig ist;* **Schwin|dung**, die; - (Fachspr.): *das Schwinden (2).*

Schwing|ach|se, die (Kfz-T.): *Pendelachse;* **Schwing|blatt**, das (selten): *Membran;* **Schwing|bo|den**, der: *leicht nachgebender, federnder Fußboden (in Turn- u. Sporthallen);* **Schwin|ge**, die; -, -n [mhd. swinge = Flegel (2), Wanne bes. zum Reinigen von Getreide, zu ↑schwingen]: **1.** (geh.) **a)** *Flügel (1 a) bes. eines großen Vogels mit großer Spannweite:* der Adler breitet seine -n [aus]; ... kamen ihm die Aasvögel so nahe, daß er das Rauschen ihrer -n hörte (Ransmayr, Welt 233); ... und mit lautlosen -n umkreiste das Lager der Schläfer ... die große jagende Eule (A. Zweig, Grischa 81); Ü der Vogel mit den Propellern und den weiten -n (Plievier, Stalingrad 133); Die -n des Todes ... beschatteten auch meine kindliche Stirn (K. Mann, Wendepunkt 49); und das ist es gewiß, was die -n Ihres Geistes beschwert. Mut, meine Beste! Und fassen Sie Unternehmungslust! (Th. Mann, Krull 83); So erhob ... die Erwartung des Weltendes und die Hoffnung auf den wiederkommenden Herrn aufs neue ihre -n *(erwachten sie wieder;* Thielcke, Ich glaube 258); **b)** *Flügel (1 b):* die gebrochene S. eines Erzengels (Langgässer, Siegel 470); (Zool.) *Schwungfeder:* ... hatte er (= der Vogel) sich dann fast sämtliche -n ... abgebrochen (Lorenz, Verhalten I, 40). **2.** (landsch.) *flacher, ovaler Korb aus Span- od. Weidengeflecht:* Eilig pflücken die Mädchen, im Nu füllt sich die mitgebrachte S. (Fussenegger, Zeit 148). **3.** (Technik) *Teil des Getriebes, das um einen festen Drehpunkt hin u. her schwingt.* **4.** (Landw.) kurz für ↑Flachschwinge, ↑Hanfschwinge.

Schwin|gel, der; -s, - [mundartl. Nebenform von ↑Schwindel, der Same der Pflanze erzeugte, wenn er ins Mehl gelangte, häufig Schwindelgefühle]: *(in vielen Arten vorkommendes) Gras mit flachen od. zusammengerollten Blättern u. rispenförmigen Blütenständen.*

schwin|gen ⟨st. V.⟩ /vgl. geschwungen/ [mhd. swingen, ahd. swingan, verw. mit ↑schwanken]: **1. a)** *sich mit einer gewissen Regelmäßigkeit, einen Bogen beschreibend, hin u. her bewegen* ⟨hat⟩: die Schaukel schwingt; das Pendel s. lassen; an den Ringen, am Reck s.; Ein kleines Mädchen ... schwingt hoch auf dem Schaukelbrett zwischen zwei Bäumen (Strauß, Niemand 189); Die Flügel (= Fensterflügel) schwangen knarrend im kühlen Nachtwind (Sebastian, Krankenhaus 83); **b)** *sich schwingend (1 a) irgendwohin bewegen* ⟨ist⟩: durch die Luft s.; der Artist schwingt am Trapez durch die Kuppel; das Segel schwang knarrend hin und her wie das Pendel einer ... Uhr (Rolf Schneider, Erdbeben 37); **c)** (Physik) *Schwingungen (1 b) ausführen* ⟨hat⟩: die Membran schwingt; das ganze System beginnt zu s.; durch den Gleichschritt begann die Brücke zu s.; ein schwingender Körper; eine schwingende Luftsäule; ⟨subst.:⟩ etw. wird zum

Schwinger

Schwingen angeregt; der Anschlag der Taste bringt die Saite zum Schwingen. **2.** *[mit ausgestrecktem Arm über seinem Kopf] in einem Bogen geführt hin u. her, auf u. ab bewegen* ⟨hat⟩: *eine Fahne, ein Tuch* s.; *die Beine, die Arme* s.; *den Weihrauchkessel über dem Altar [hin und her]* s.; *ein Kind durch die Luft* s.; *er schwang ... ein aufgerolltes Tau in der Hand* (Hausmann, Abel 100); *Und dazu schwang er seine Glocke, in einer Weise, wie wenn er wütig an einem Strick risse* (Maass, Gouffé 286); *Im modischen ... Anzug, den ... Elfenbeinstock leicht schwingend* (Feuchtwanger, Erfolg 30); *grüßend den Hut* s. *(schwenken); die Peitsche, den Knüppel, den Hammer, die Axt* s. *(damit schlagen); sie schwingen Besen, Pfannen, Kochlöffel (scherzh.; hantieren, arbeiten damit;* Schnabel, Marmor 136). **3.** ⟨s. + sich; hat⟩ **a)** *sich mit einem Schwung irgendwohin bewegen:* sich aufs Fahrrad, aufs Pferd, in den Sattel s.; *der Vogel schwingt sich in die Luft, in die Lüfte; In wehenden Nachthemden schwangen sich Gestalten aus den Betten* (Kirst, 08/15, 219); *Manfred schwang sich ... mit einer Flanke über die Bande* (Maegerlein, Triumph 108); **b)** (landsch., bes. südd.) *weggehen, verschwinden:* schwing dich!; der soll sich ja s.!; *Also dann, ich schwing' mich* (M. L. Fischer, Kein Vogel 131). **4.** (geh.) **a)** *als Schall wahrnehmbar sein, klingen, schallen* ⟨hat⟩: *der Schlußakkord schwang noch im Raum; Es* (= das Heulen des Sturmes) *schwang wie Glockengeläute ... in den Wanten* (Hausmann, Abel 43); *... schwang das Lied des Lagers über den kahlen Köpfen* (Apitz, Wölfe 259); **b)** *sich als Schall irgendwohin fortpflanzen* ⟨ist⟩: *der Orgelklang schwang durch die Kirche; sie* (= meine Stimme) *schwang durch die Nacht* (Hildesheimer, Tynset 33); *Vom Hochhaus schwangen zwölf Schläge über die Dächer* (Fries, Weg 50); **c)** *schallen* (c) ⟨hat⟩: *Die Luft schwang von ... Hochgeschrei* (Th. Mann, Hoheit 23). **5.** *(in jmds. Äußerung o. ä.) zum Ausdruck kommen* ⟨hat⟩: *ein bitterer Vorwurf, Kritik schwang in seinen Worten; in ihrer Stimme schwang Freude, Bedauern; überall in dieser Musik schien mir ... diese Ätherklarheit zu s.* (Hesse, Steppenwolf 179). **6.** (Ski) *in Schwüngen abfahren* (1 c) ⟨ist⟩: *ins Tal, zu Tal* s.; *fast bedächtig schwang er durch die Tore* (Olymp. Spiele 16). **7.** ⟨s. + sich⟩ (geh.) *in einem Bogen verlaufen, sich in einem Bogen erstrecken* ⟨hat⟩: *In weitem Bogen schwang sich die Brücke* (Salomon, Boche 41); *Ü Eine so gewaltig sich über Jahrtausende schwingende Brücke muß auf ungeheuren Pfeilern ruhen* (Thieß, Reich 123). **8.** (Landw.) *(Flachs, Hanf) von Holzresten reinigen* ⟨hat⟩. **9.** (schweiz.) *ringen, indem man den Gegner mit der rechten Hand am Gürtel, mit der linken am aufgerollten Hosenbein faßt u. versucht, ihn zu Boden zu werfen* ⟨hat⟩: *mit jmdm.* s.; ⟨subst.:⟩ *er ist Meister im Schwingen*; **Schwin|ger**, der; -s, -: **1.** (Boxen) *mit angewinkeltem, steif gehaltenem Arm geführter Schlag, dessen Wirkung durch den Schwung des Körpers unterstützt wird:* einen S. schlagen; *er gab, versetzte ihm einen S.* **2.** (schweiz.) *jmd., der das Schwingen* (9) *als sportliche Disziplin betreibt;* **Schwin|ge|rin,** die; -, -nen (schweiz.): w. Form zu ↑Schwinger (2); **schwin|ge|risch** ⟨Adj.⟩ (schweiz.): *das Schwingen* (9) *betreffend, dazu gehörend, im Schwingen* (9): *eine -e Glanzleistung*; **Schwin|get,** der; -s, **Schwing|fest,** das (schweiz.): *sportliche Veranstaltung in festlichem Rahmen mit Wettkämpfen im Schwingen* (9); **Schwing|flü|gel,** der (Bauw.): *Fensterflügel, der zum Öffnen u. Schließen um seine waagerechte Mittelachse gedreht wird;* **Schwing|flü|gel|fen|ster,** das (Bauw.): *Fenster mit einem Schwingflügel;* **Schwing|kreis,** der (Elektrot.): *geschlossener Kreis elektrischer Leiter, der einen Kondensator u. eine Spule enthält u. in dem Elektronen zu elektrischen Schwingungen angeregt werden*; **Schwing|ma|schi|ne,** die (Landw.): *Maschine zum Schwingen* (8) *von Hanf od. Flachs;* **Schwing|mes|ser,** das (veraltet): *schwertartig geformtes hölzernes Werkzeug zum Schwingen* (8) *von Hanf od. Flachs;* **Schwing|me|tall,** das (Technik): *zwischen zwei Metallplatten gelegter Gummiklotz zum Lagern von stoßempfindlichen Geräten, Armaturen* (z. B. bei Motoren); **Schwing|quarz,** der: *Piezoquarz;* **Schwing|ra|sen,** der: *auf verlandeten Gewässern schwimmende Vegetationsdecke, die beim Betreten in Schwingungen gerät;* **Schwing|tor,** das: *[Garagen]tor, an dessen oberem Ende auf jeder Seite eine Rolle befestigt ist, die in waagrechten Führungsschienen läuft u. beim Öffnen das Tor – mit Hilfe von Spiralfedern od. einem Gegengewicht – nach oben ins Innere des Raumes schwingen läßt;* **Schwing|tür,** die: *in ihren Angeln schwingende, nach innen u. außen zu öffnende Tür;* **Schwin|gung,** die; -, -en: **1. a)** *schwingende* (1 a, b) *Bewegung:* die Lampe war in stetiger S.; *er zog die Uhr auf und versetzte das Pendel wieder in S.*; **b)** (Physik) *periodische Änderung einer od. mehrerer physikalischer Größen* (z. B. *des Abstands eines Körpers von seiner Ruhelage, der Stärke eines elektrischen Feldes) in einem physikalischen System:* elektromagnetische, mechanische -en; die Frequenz ist die Anzahl der -en pro Sekunde; in S. geraten; eine Brücke in S. versetzen; etw. zu [elektrischen] -en anregen. **2.** (geh.) *durch einen Impuls veranlaßte Regung, Reaktion:* seelische -en. **3.** (geh.) *bogenförmiger Verlauf:* die Brücke zieht sich in eleganter S. über das Tal; **schwin|gungs|dämp|fend** ⟨Adj.⟩ (Technik): *eine Schwingungen dämpfende Wirkung habend:* -e Bauteile; s. wirken; **Schwin|gungs|dämp|fer,** der (Technik): *Vorrichtung, durch die eine mechanische Schwingung* (1 b) *verringert wird;* **Schwin|gungs|dämp|fung,** die (Technik): *Verringerung einer mechanischen Schwingung* (1 b); **Schwin|gungs|dau|er,** die (Physik): *Periode* (3 a); **Schwin|gungs|ebe|ne,** die (Physik): *Polarisationsebene;* **Schwin|gungs|fä|hig|keit,** die (Physik): *Fähigkeit zu schwingen* (1 b); **schwin|gungs|ge|dämpft** ⟨Adj.⟩ (Technik): *eine Schwingungsdämpfung erfahrend, mit schwingungsdämpfenden Teilen versehen:* eine -e Motoraufhängung; s. gelagerte Wellen; **Schwin|gungs|kreis,** der (Elektrot.): *Schwingkreis;* **Schwin|gungs|pe|ri|ode,** die (Physik): ↑*Periode* (3 a); **Schwin|gungs|rich|tung,** die (Physik): *Richtung, in der etw. schwingt* (1 c); **Schwin|gungs|wei|te,** die (Physik): *Amplitude;* **Schwin|gungs|zahl,** die (Physik): *Frequenz* (2 a); **Schwin|gungs|zu|stand,** der (Physik): *momentaner Zustand einer physikalischen Größe während des Verlaufs einer Schwingung* (1 b).

schwipp: ↑*schwapp*; **Schwip|pe,** die; -, -n [mhd. (md.) swippe, zu ↑*schwippen* (1), eigtl. = die Wippende] (landsch.): *Peitsche;* **schwip|pen** ⟨sw. V.⟩ [aus dem Md., Niederd., ablautend zu ↑*schwappen*] (landsch.): **1.** *wippen* ⟨hat⟩. **2.** *schwappen* ⟨hat/ist⟩; **Schwipp|schwa|ger,** der [wohl zu ↑*schwippen* in der Bed. „schief sein", eigtl. = schiefer (d. h. nicht richtiger) Schwager] (ugs.): *Schwager des Ehepartners, des Bruders od. der Schwester:* Sie sind ja 'n Vorzugsschüler. Ist der Justizminister etwa Ihr S.? (Bieler, Bär 334); *Ü ein Freund der Wahrheit und ein S. der Lüge* (Tucholsky, Werke 256); **Schwipp|schwä|ge|rin,** die (ugs.): w. Form zu ↑*Schwippschwager;* **schwips:** ↑*schwapp;* **Schwips,** der; -es, -e [urspr. österr., zu ↑*schwippen* (2)] (ugs.): *durch Genuß von Alkohol hervorgerufener leichter Rausch:* einen S. haben; sich einen [kleinen] S. antrinken; das gefällt ihm – ein Mädchen, das sich auch im S. so fest in der Hand hat (Keun, Mädchen 12). **schwir|bel|ig:** ↑*schwirblig*; **schwir|beln** ⟨sw. V.; hat⟩ [zu mhd. swerben = wirbelnd bewegen] (landsch.): *im Kreis drehen; schwindeln* (1); **schwirb|lig, schwirbelig** ⟨Adj.⟩ (landsch.): *schwindlig* (1).

Schwirl, der; -s, -e [H. u., viell. verw. mit ↑*schwirren*]: *unscheinbarer, meist bräunlicher Singvogel, der einen monotonen, surrenden Gesang von sich gibt.*

schwir|ren ⟨sw. V.⟩ [aus dem Niederd. < mniederd. swirren, lautm.]: **1. a)** *ein helles, zitterndes Geräusch hervorbringen, hören lassen* ⟨hat⟩: *im Spinnennetz schwirrt eine Fliege; die Sehne des Bogens, die Klinge des Degens schwirrte; ein schwirrendes Geräusch;* ⟨subst.:⟩ *das Schwirren der Telegraphendrähte im Wind; außer dem leisen Schwirren des Ventilators war kein Geräusch zu vernehmen; ... empfand ich in allen Nerven das tausendfältige, einlullende Schwirren der Zikaden* (Geissler, Wunschhütlein 65); **b)** *mit schwirrendem* (1 a) *Geräusch fliegen* ⟨ist⟩: *Insekten schwirren durch die Nacht; eine Schar Spatzen schwirrte über den Platz; Granatsplitter, Pfeile schwirrten durch die Luft, ihm um die Ohren; In der Ferne schwirrte ein Rudel fliegender Fische* (Rehn, Nichts 51); Ü *Gerüchte schwirrten durchs Haus und wurden ... tuschelnd diskutiert* (Maass, Gouffé 228); *... daß ihm derlei Gedanken durch den Kopf s. wollten* (H. Kolb, Wilzenbach 141); **c)** (ugs.) *sich schnell irgendwohin bewegen* ⟨ist⟩: *über die Gänge, durch den Saal* s.; *Die drei Töchter des Feldwebels Knopf schwirren aus dem*

Hause (Remarque, Obelisk 90); Er (= ein Düsenjäger) schwirrte als silberner Punkt durch das Blau (Bastian, Brut 47). **2.** *von etw. erfüllt u. deshalb unruhig u. voller Geräusche sein* ⟨hat⟩: Die kleine Stadt schwirrte von Gerüchten und Prophezeiungen (K. Mann, Wendepunkt 45); ... die soziale Eifersucht ... und die Klatschsucht: dergleichen sei römisch. Wo ein paar Römer zusammenkämen, schwirre die Luft von Kolportagen (Fest, Im Gegenlicht 394); ⟨auch unpers.:⟩ es schwirrte von Zurufen (Gaiser, Jagd 20); **Schwịrr|flie|ge,** die: *Schwebfliege;* **Schwịrr|flug,** der: *(manchen Insekten eigene) dem Rüttelflug der Vögel entsprechende Art zu fliegen;* **Schwịrr|holz,** das (Völkerk.): *lanzettförmiges Holzbrettchen mit Einkerbungen, das, in schnelle kreisende Bewegung versetzt, schwirrende u. brummende Geräusche erzeugt;* **Schwịrr|vo|gel,** der (veraltet): *Kolibri.*
Schwịtz|bad, das: *starkes Schwitzen bewirkendes Heißluft-, Dampf- od. Wasserbad;* **Schwịtz|bläs|chen,** das ⟨meist Pl.⟩: *Bläschen auf der Haut als Folge sehr starker Schweißabsonderung;* **Schwịt|ze,** die; -, -n [zu ↑schwitzen (3)] (Kochk.): *Mehlschwitze;* **schwịt|zen** ⟨sw. V.; hat⟩ [mhd. switzen, ahd. swizzen, ablautende Bildung zu dem unter ↑Schweiß genannten Verb]: **1. a)** *Schweiß absondern:* leicht, stark s.; an den Händen, an den Füßen, im Gesicht, unter den Armen, am ganzen Körper s.; der Hände, die Füße schwitzen [mir]; er hat wie ein Affe, Pferd, Bulle geschwitzt; vor Anstrengung, Aufregung, Angst s.; du mußt mal richtig s. *(eine Schwitzkur machen),* um die Erkältung loszuwerden; schwitzt du nicht (ugs.; *ist es dir nicht viel zu warm*) [in dem dicken Pullover]?; ⟨subst.:⟩ ich bin bei der Arbeit [ganz schön, richtig, gewaltig] ins Schwitzen gekommen; Ü Der Filius schwitzt über mathematischen Problemen (ugs.; *strengt sich sehr an, sie zu lösen;* MM 4. 1. 71, 7); ... hätte er ... in einem Extemporale geschwitzt *(angestrengt gearbeitet;* Gaiser, Jagd 98); **b)** ⟨s. + sich⟩ *durch Schwitzen* (1 a) *in einen bestimmten Zustand kommen:* du hast dich ja total naß geschwitzt; sie war klatschnaß geschwitzt. **2. a)** *sich beschlagen, beschlagen sein, von Kondenswasser naß sein:* die Fenster, die Wände, die Mauern schwitzen; Mit absoluter Wärmedämmung, damit Aluminium nicht mehr schwitzt (Augsburger Allgemeine 12. 4. 78, 34); **b)** (auch Fachspr.) *Flüssigkeit, Wasser, Saft o. ä. absondern:* der Käse fängt schon an zu s.; bei sehr hoher Luftfeuchtigkeit schwitzen manche Pflanzen; das gärende Heu schwitzt; **c)** *ausschwitzen* (2 b): für den Zucker, den die Malagatrauben schwitzten (Th. Mann, Zauberberg 777). **3.** (Kochk.) *in heißem Fett [hell]braun werden lassen:* Mehl [in Butter] s.; **schwịt|zig** ⟨Adj.⟩ (ugs.): *mit Schweiß bedeckt; schwitzend* (1 a): -e Hände haben; ich hatte mich gestern wieder so gejagt, daß der Rappe ganz s. war, der hustet jetzt (Dönhoff, Ostpreußen 84); **Schwịtz|kam|mer,** die (früher): *Raum für Schwitzbäder;* **Schwịtz|ka|sten,** der: **1.** (früher) *mit einer Öffnung für den Kopf versehener hölzerner Kasten für Schwitzbäder.* **2.** (Ringen) *Griff, bei dem man die Armbeuge von hinten um den Hals des Gegners legt u. dessen Kopf gegen den eigenen Oberkörper preßt:* jmdn. im S. haben; jmdn. in den S. nehmen; sich aus dem S. befreien; **Schwịtz|kur,** die: *Kur mit schweißtreibenden Mitteln, Schwitzbädern o. ä.;* **Schwịtz|packung**[1]**,** die: vgl. *Schwitzbad;* **Schwịtz|was|ser,** das ⟨o. Pl.⟩: *Kondenswasser.*
Schwọf, der; -[e]s, -e [aus der Studenterspr., eigtl. ostmd. Form von ↑Schweif, beeinflußt von ↑schwofen] (ugs.): **1.** *Tanz* (3): in der Pinte ist jeden Abend S.; zu einem, zum S. gehen. **2.** ⟨o. Pl.⟩ *das Schwofen: ein geselliger Abend mit S.;* als die Syncopaters ... zum S. aufspielten (Fries, Weg 94); **schwọ|fen** ⟨sw. V.; hat⟩ [eigtl. ostmd. Form von ↑schweifen] (ugs.): *tanzen:* die ganze Nacht, mit der Frau des Chefs s.; Ick bin nich mehr jung genug dazu, um zu s. (Döblin, Alexanderplatz 274); Wo früher Bürgersleute und Soldaten schwoften, toben heute Discojünger (Hörzu 16, 1979, 32); Ich war im „Forsthaus" s.! (Bredel, Prüfung 101).
schwoi|en ⟨sw. V.; hat⟩, **schwo|jen** ⟨sw. V.; schwojte, hat geschwojt⟩ [H. u., vgl. gleichbed. niederl. zwaaien] (Seemannsspr.): *(von vor Anker liegenden Schiffen) sich treibend um den Anker drehen:* das Schiff schwoit, schwojet.
schwọll, schwọl|le: ↑¹schwellen.
schwọ̈m|me: ↑schwimmen.
schwọr: ↑schwören; **schwọ̈|ren** ⟨st. V.; hat⟩ /vgl. geschworen/ [mhd. swern, swer(j)en, ahd. swerian, eigtl. = (vor Gericht) sprechen, Rede stehen]: **1. a)** *einen Eid, Schwur leisten, ablegen:* feierlich, öffentlich, vor Gericht s.; mit erhobener Hand s.; auf die Verfassung s.; falsch s. *(einen Falscheid od. Meineid ablegen);* einen Schwur, Eid, Meineid s.; den Fahneneid, Amtseid s.; **b)** *in einem Eid, Schwur versichern od. geloben:* nach der Vernehmung muß der Zeuge s., daß er die Wahrheit gesagt hat; ich schwöre es [so wahr mir Gott helfe] (Eidesformel]; ich könnte, möchte s. *(bin ganz sicher, fest davon überzeugt),* er war; ich hätte s. können (ugs.; *war fest davon überzeugt),* daß heute Donnerstag ist. **2. a)** *nachdrücklich [unter Verwendung von Beteuerungsformeln] versichern; beteuern:* ich schwöre [dir], daß ich nichts weiß; er schwor bei seiner Ehre, bei allen Heiligen, bei Gott, unschuldig zu sein; ich schwöre es bei meinem Augenlicht, daß es wahr ist (Praunheim, Sex 105); **b)** *geloben; [unter Verwendung von Beteuerungsformeln] feierlich versprechen:* er hat [mir] geschworen, das nie wieder zu tun; wir schworen uns ewige Treue; du kriegst es mit mir zu tun, das schwör' ich dir (ugs.; *darauf kannst du dich verlassen).* **3.** ⟨s. + sich⟩ (ugs.) *sich etw. ganz fest vornehmen:* da hab' ich mir geschworen ..., das zahl' ich ihm heim (M. Walser, Eiche 28); weil der eine sich geschworen hat, nie wieder in ein Flugzeug zu steigen (Grzimek, Serengeti 90). **4.** *jmdn., etw. (für einen bestimmten Zweck) für am besten geeignet halten:* meine Mutter schwört [in solchen Fällen] auf ihre Kräutertees; jeder hat seine eigene Methode, auf die er schwört; sie hält ihn für einen Scharlatan, aber ihr Mann schwört nun mal auf ihn; Ebenso wie bei den Türen schwört Aldra auch bei Fenstern auf das Naturmaterial Holz (Augsburger Allgemeine 29./30. 4. 78, 39). ♦ **5.** ⟨Prät. schwur:⟩ *Richter des heimlichen Gerichts,* schwurt *(ihr schwort)* auf Strang und Schwert, unsträflich zu sein, zu richten im Verborgnen, zu strafen im Verborgnen (Goethe, Götz V); da fuhr der Sultan auf und schwur in seinem Grimm ... (Wieland, Wintermärchen ... 1074 f.).
Schwụch|tel, die; -, -n [wohl zu landsch. schwuchteln = tanken, tänzeln (salopp, oft abwertend): *[femininer] Homosexueller:* als S. allein in dieser Stadt, das ist schlimmer als der Tod (Denneny [Übers.], Lovers 144); aber die -n, die sich bei ihm ein Stelldichein geben, sind mir zu eintönig (Kinski, Erdbeermund 112); Du blöde S.! (Ziegler, Kein Recht 372).
schwul ⟨Adj.⟩ [eigtl. = ältere Form von ↑schwül; zur Bedeutungsübertragung vgl. „warmer Bruder" (↑Bruder 4)] (ugs.): **1. a)** *(von Männern) homosexuell veranlagt, empfindend:* -e Männer; „Los, du -e Sau", schrie einer der Angreifer (Spiegel 12, 1992, 112); manche sind so s., die vögeln mit einer Frau überhaupt nicht (Zwerenz, Kopf 186); **b)** *für einen Homosexuellen charakteristisch, zu ihm gehörend; auf (männlicher) Homosexualität beruhend:* -e Gesinnung (man 4, 1979, 53); Tunten übertreiben ihre -en Eigenschaften (Praunheim, Sex 194); **c)** *für (männliche) Homosexuelle bestimmt, geschaffen:* -e Kneipen, Zeitschriften; -e Literatur; In Amerika gibt es jetzt -e Kirchen (Praunheim, Sex 198). **2.** (selten) *lesbisch:* Themen wie „Schwule Frauen im Berufsleben" (Spiegel 36, 1974, 61); **schwül** ⟨Adj.⟩ [älter: schwul, aus dem Niederd. < mniederd. swül, swöl, ablautend verw. mit ↑schwelen]: **a)** *durch Schwüle* (a) *gekennzeichnet:* -es Wetter; -e Wärme, Hitze, Luft; ein -er Sommernachmittag; es ist heute furchtbar s.; Es war unerträglich s. in dem Zimmer (Langgässer, Siegel 117); **b)** *bedrückend, beklemmend:* eine -e Stimmung, Atmosphäre; **c)** *betörend, erotisierend:* der -e Duft der Blüten; ihr -es Parfüm; -e Phantasien, Träume; der -e Zauber orientalischer Paläste und Basare (K. Mann, Wendepunkt 72); als Objekt pikanter Darstellungen, an deren -er Erotik sich die Voyeure delektieren konnten (MM 16. 1. 74, 22); **Schwül,** der; -[e]s (österr. ugs.): *durch Alkoholgenuß verursachter Rausch:* einen S. haben; **Schwụl|le,** der u. (selten:) die; -n, -n ⟨Dekl. ↑Abgeordnete⟩ (ugs.): *jmd., der schwul ist:* Man hat in Amerika erkannt, daß die -n eine politische Macht sein können (Praunheim, Sex 305); Nicht paß ich was geben S. hätte ... (Simmel, Stoff 70); **Schwü|le,** die; -: **a)** *als unangenehm empfundene feuchte Wärme od. Hitze:* es herrschte eine dumpfe, drückende, lastende, gewittrige, unerträgliche S.; die S. des Tages; **b)** *schwüle* (b) *Stimmung;* **c)**

Schwulenbar

schwüle (c) *Art:* Düfte von berauschender S.; **Schwu|len|bar,** die: vgl. Schwulenlokal; **Schwu|len|be|we|gung,** die ⟨Pl. selten⟩: *Bewegung (3) mit dem Ziel, die Gleichberechtigung der Homosexuellen durchzusetzen;* **Schwu|len|grup|pe,** die: *Gruppe (2) von (im Sinne der Schwulenbewegung) engagierten Homosexuellen:* Die Parole der -n ist das „coming out" (Praunheim, Sex 304); **Schwu|len|knei|pe,** die (ugs.): vgl. Schwulenlokal; **Schwu|len|lo|kal,** das: *vorwiegend von männlichen Homosexuellen besuchtes Lokal;* **Schwu|len|or|ga|ni|sa|ti|on,** die: vgl. Schwulengruppe: die Zusammenarbeit zwischen Lesben- und Schwulenorganisationen (Courage 2, 1978, 50); **Schwu|len|strich,** die (ugs.): *Strich (9) für (männliche) Homosexuelle;* **Schwu|len|sze|ne,** die (Jargon): *Milieu, Szene der männlichen Homosexuellen;* **Schwu|len|treff,** der (ugs.): *Ort (meist ein Lokal), an dem sich männliche Homosexuelle treffen:* das Café ist als S. bekannt; **Schwul|heit,** die; - (selten): *das Schwulsein, schwules* (1 a, b, 2) *Wesen;* **Schwu||li,** der; -s, -s [-i] (ugs. scherzh.): *Homosexueller:* für -s, genauer gesagt für Pädophile (Sobota, Minus-Mann 76); **Schwu|li|bus:** in den Wendungen in S. sein (ugs. scherzh.; in Schwierigkeiten, Bedrängnis, einer peinlichen Lage sein); in S. kommen (ugs. scherzh.; in Schwierigkeiten, Bedrängnis, eine peinliche Lage kommen); jmdn. in S. bringen (ugs. scherzh.; *jmdn. in Schwierigkeiten, Bedrängnis, eine peinliche Lage bringen*); **Schwu|li|tät,** die; -, -en ⟨meist Pl.⟩ [urspr. Studentenspr.] (ugs.): *Schwierigkeit, Bedrängnis, peinliche Lage:* in -en sein; in -en kommen; in eine S. geraten; jmdn. in [große] -en bringen; **Schwul|sein,** das: *(männliche) Homosexualität; Schwulheit.*
Schwulst, der; -[e]s, Schwülste [mhd. swulst = Geschwulst, ablautende Bildung zu ↑¹schwellen] (abwertend): **1.** *etw., was zur prachtvollen Gestaltung von etw. dienen soll, was aber bombastisch u. überladen wirkt:* der S. barocker Kirchen; Der Genosse Reinsiepe übersetzt diesen S. ..., ohne eine Miene zu verziehen (Heym, Schwarzenberg 301); seine Gedichte sind frei vor allem S.; Er schrieb naturalistisch-expressionistische Stücke, wie „Vatermord", ... voll von Zorn, S. und Schmerz (Express 4. 10. 68, 7). **2.** *Literaturw. veraltet (in der Literatur des Spätbarocks) übertriebene Häufung von rhetorischen Figuren, dunklen Metaphern u. Tropen;* **schwul|stig** ⟨Adj.⟩: **1.** *krankhaft geschwollen, aufgeschwollen, verschwollen, aufgedunsen:* ein -es Gesicht; -e Lippen, Finger. **2.** (österr. abwertend) *schwülstig;* **schwül|stig** ⟨Adj.⟩ (abwertend): *durch Schwulst* (1) *gekennzeichnet:* eine -e Architektur, Sprache; ein -er Stil; -e Verzierungen, Ornamente; Wahrlich, kein noch so provinzieller Filmregisseur konnte für schwülstigere, -eres Interieur ersinnen (Prodöhl, Tod 10); er redet, schreibt allzu s.; **Schwül|stig|keit,** die; -, -en (abwertend): **1.** ⟨o. Pl.⟩ schwülstige Art. **2.** etw. Schwülstiges.

schwum|me|rig, schwumm|rig ⟨Adj.⟩ [wohl zu ↑schwimmen, eigtl. = das Gefühl des Schwimmens, Schwankens empfinden] (ugs.): **a)** *schwindlig, benommen:* ein -es Gefühl; obwohl ihm beim ersten Lungenzug ... schwummrig geworden war (Eppendorfer, Monster 136); Da kann einem ganz schwummrig werden vor Lampenfieber (Hörzu 51, 1971, 8); **b)** *unbehaglich, bang:* Mir ist schwummerig zumute (Goetz, Prätorius 24); Das sei eine ziemliche Angstpartie gewesen ..., ihr sei ganz schwummerig geworden (Kempowski, Tadellöser 14).
Schwund, der; -[e]s [zu ↑schwinden]: **1. a)** *[allmähliches] Schwinden, Sichverringern:* der S. ihrer Neugierde auf die übliche Post (Frisch, Gantenbein 355); Ein sicheres Kriterium des Zelltodes ist der S. des Zellkernes (Fischer, Medizin II, 162); **b)** (bes. Kaufmannsspr.) *durch natürliche Einflüsse bewirktes [allmähliches] Abnehmen des Gewichts, Volumens:* bei längerer Lagerung ist bei Brot mit einem leichten S. zu rechnen; das Gewicht des Käses hat sich durch S. um 4% verringert; **c)** (Kaufmannsspr.) *Verringerung der Menge einer Ware durch teilweisen Verlust, z. B. infolge undichter, beschädigter Verpackung o. ä.:* insbesondere bei langen Seetransporten gibt es immer reine gewissen S.; Aber am S. hat er sich nie beteiligt (scherzh.; gestohlen hat er nie etwas). „Mir ist nie eine Tüte Bohnen in der Tasche gefallen, ohne S. holen." (Hamburger Abendblatt 12. 5. 84, 6). **2.** (bes. Kaufmannsspr.) *durch Schwund* (1 b, c) *verlorene Menge:* der S. beträgt 7%, 11 kg, 121. **3.** (Rundfunkt., Funkt.) *Fading;* **Schwund|aus|gleich,** der (Rundfunkt., Funkt.): **a)** *das Ausgleichen des Schwundes* (3); **b)** *Vorrichtung in Rundfunkempfängern, Funkgeräten zum automatischen Schwundausgleich* (a); **Schwund|maß,** das (Fachspr.): *Schwindmaß;* **Schwund|stu|fe,** die (Sprachw.): *Stufe des Ablauts, bei der der Vokal ausfällt.*
Schwung, der; -[e]s, Schwünge [spätmhd. swunc, ablautende Bildung zu ↑schwingen]: **1. a)** *kraftvolle, rasche, einen Bogen beschreibende Bewegung:* der Schlittschuhläufer machte plötzlich einen S. nach rechts; Vermutlich wird sie ihre Schwünge noch lange ziehen (die lange Ski laufen; Maegerlein, Piste 84); der Skiläufer fuhr in eleganten Schwüngen den Hang hinunter; der Reiter setzte in kühnem S. über den Graben; **b)** *geschwungene Linienführung:* der S. ihrer Brauen; in, mit kühnem S. überspannt die Brücke das Tal. **2.** ⟨o. Pl.⟩ *kraftvolle Bewegung, in der sich jmd., etw. befindet:* der Radfahrer hatte nicht genug S., um die Steigung zu schaffen; ... so daß er stoppen muß, wo er so schön im S. war (Grass, Blechtrommel 387); mit etwas mehr S. hättest du es geschafft; * **S. holen** *(sich bes. auf einer Schaukel, an einem Turngerät in ausholender Weise in schnelle Bewegung versetzen):* sie setzte sich auf die Schaukel und holte kräftig S.; [die folgenden Wendungen beziehen sich urspr. auf Schwungräder von Maschinen o. ä.]: * **S. in etw./etw. in S. bringen** (ugs.; *etw. beleben, in Gang bringen*): der neue Chef hat den Laden [wieder] in S. gebracht, hat S. in den Laden gebracht; **jmdn. in S./**⟨auch:⟩ **auf den S. bringen** (ugs.; *jmdn. veranlassen, aktiv zu werden, intensiver, schneller zu arbeiten o. ä.*): ich werd' euch schon in S. bringen!; **in S. sein** (ugs.; **1.** *guter Stimmung sein.* **2.** *wütend, böse sein.* **3.** *florieren; gut funktionieren:* der Haushalt, der Laden ist gut in S. **4.** *bei einer Arbeit o. ä. gut vorankommen:* wenn er erst richtig in S. ist, schafft er viel); **in S. kommen** o. ä.: (ugs.; **1.** *in gute Stimmung geraten.* **2.** *wütend, böse werden.* **3.** *zu florieren, gut zu funktionieren beginnen:* ich werde schon dafür sorgen, daß der Laden, der Haushalt wieder in S. kommt. **4.** *bei einer Arbeit o. ä. gut vorankommen:* ich muß erst mal richtig in S. kommen); **etw. in S. haben, halten** (ugs.; *dafür sorgen, daß etw. floriert, gut funktioniert*): sie hat, hält ihren Betrieb in S.; **in etw. kommt S.** *(etw. kommt in Bewegung, kommt richtig in Gang):* es muß etwas geschehen, daß endlich mal S. in den Laden kommt. **3.** ⟨o. Pl.⟩ *Drang, sich zu betätigen, aktiv zu sein; Elan:* ihr S., ihr strahlender Übermut ..., ihre Initiative (Frisch, Gantenbein 355); Er war müde, aber er hatte neuen S. bekommen (Baum, Paris 78); mit viel S. an die Arbeit gehen. **4.** ⟨o. Pl.⟩ *einer Sache innewohnende, mitreißende Kraft:* die Musik hat [viel, keinen] S.; seine Rede hatte keinerlei S. **5.** ⟨o. Pl.⟩ (ugs.) *größere Menge, Anzahl:* ein S. Ostarbeiter, die waren gerade angekommen (Kempowski, Tadellöser 242); Ich kann dir 'nen S. Tabak abgeben (Fallada, Blechnapf 387); „Und wieviel Mädchen hast du seitdem gehabt?" – „Och ..., 'nen ganzen S., fast jeden Tag eine." (Schmidt, Strichjungengespräche 134); **Schwung|bein,** das (Sport): *Bein, mit dem man Schwung holt, beim Sprung, eine Übung zu unterstützen;* **Schwung|brett,** das: *elastisches, federndes Sprungbrett* (1); **Schwung|fe|der,** die (Zool.): *eine der großen, verhältnismäßig steifen Federn des Flügels, durch die der zum Fliegen nötige Auftrieb erzeugt wird;* **Schwung|ge|wicht,** das (Technik): vgl. Schwungrad; **schwung|haft** ⟨Adj.⟩: -er, -este: *(bes. in bezug auf Geschäfte) rege, viel Erfolg zeitigend:* einen -en Handel mit etw. treiben; Das Geschäft mit den Taschenrechnern entwickelt sich s.; die neuen Aktien werden schon s. gehandelt; **Schwung|kip|pe,** die (Turnen): *aus dem Schwingen heraus ausgeführte Kippe;* **Schwung|kraft,** die (Physik): *Zentrifugalkraft;* **schwung|los** ⟨Adj.⟩: -er, -este): **1.** *ohne Schwung* (3). **2.** *ohne Schwung* (4): eine trockene, -e Ansprache; **Schwung|lo|sig|keit,** die: *schwunglose Art, schwungloser Charakter;* **Schwung|rad,** das (Technik): *aus einem schweren Material gefertigtes ²Rad* (2), *das, einmal in Rotation versetzt, seinen Lauf nur sehr allmählich verlangsamt;* **Schwung|schei|be,** die (Technik): vgl. Schwungrad; **Schwung|seil,** das (Gymnastik): *für gymnastische Übungen verwendetes langes Seil;* **Schwung|stem|me,** die (Turnen): *Turnübung, bei der man sich aus dem Hang heraus mit kräftigem Schwung in den Stütz zieht;* **Schwung|teil,** der

(Turnen): *Teil einer Turnübung, der durch das Schwingen des Körpers gekennzeichnet ist;* **Schwung|übung,** die (Turnen): *Turnübung, die durch das Schwingen des Körpers gekennzeichnet ist;* **schwung|voll** ⟨Adj.⟩: **1.** *viel Schwung* (4) *habend:* eine -e Melodie, Inszenierung, Rede; er begrüßt ihn mit -en Worten. **2.** *mit viel Schwung* (2) *ausgeführt:* eine -e Geste, Handbewegung. **3.** *elegant, kühn geschwungen, in [eleganten] Bogen verlaufend:* -e Linien, Formen, Ornamente, Arabesken; eine -e Handschrift, Unterschrift; **Schwung|wurf,** der (Handball): *Wurf, bei dem man aus der Höhe der Hüfte schwingt.*
schwupp ⟨Interj.⟩ [lautm.]: *bezeichnet eine plötzliche, ruckartige, rasche u. kurze Bewegung:* s., schnellte das Gummi zurück; Schwupp, stand eine volle Flasche auf dem Tischchen (Strittmatter, Wundertäter 364); **Schwupp,** der; -[e]s, -e (ugs.): **1.** *plötzliche, ruckartige, rasche u. kurze Bewegung:* mit einem S. schnappte das Tier seine Beute; ** in einem/auf einen S.* (ugs.; *in einem Zuge, auf einmal*): er erledigte alles auf einen S. **2.** *Stoß:* jmdm. einen [leichten] S. geben. **3.** *Guß* (2 a): er goß ihm einen S. Wasser ins Gesicht; **schwupp|di|wupp** ⟨Interj.⟩ [lautm.]: *schwupp;* **Schwup|per,** der; -s, - [zu: schwuppen, niederd. swubben = einen dumpfen Laut hervorbringen (z. B. von sehr feuchtem Erdboden gesagt] (md.): *[sprachlicher] Schnitzer* (2): Er macht nicht nur die üblichen S. (Tucholsky, Werke II, 197); ♦ Er hat da mal wieder einen S. gemacht, irgendwas verwechselt (Fontane, Jenny Treibel 63); **schwups** ⟨Interj.⟩ [lautm.]: *schwupp;* und s. war sie (= eine halbe Zigarette) in seiner Jakkentasche verschwunden (Kronauer, Bogenschütze 347); **Schwups,** der; -es, Schwüpse (ugs.): *Schwupp.*
schwur: ↑*schwören;* **Schwur,** der; -[e]s, Schwüre [mhd. swuor, ahd. in: eidswuor, zu ↑*schwören*]: **a)** *in beteuernder Weise gegebenes Versprechen; Gelöbnis:* ein feierlicher, heiliger S.; einen S. halten, verletzen; ... und wenn ich am Morgen schon mich mit einem Gelöbnis gebunden hatte, so übertrug ich es jetzt mit heißeren Schwüren (Kaiser, Villa 14); ... aber wenn es zum S. kommt, dann halten sie zusammen (v. d. Grün, Glatteis 47); er hat den S. getan (*den festen Vorsatz gefaßt*), nie mehr zu trinken; **b)** *Eid (vor einer Behörde o. ä.):* einen S. auf die Fahne, Verfassung leisten; die Hand zum S. erheben; **schwü|re:** ↑*schwören;* **Schwur|fin|ger,** der (meist Pl.): *Daumen, Zeige-, Mittelfinger der Schwurhand;* **Schwur|ge|richt,** das: *mit hauptamtlichen Richtern u. Schöffen besetzte Strafkammer, die für besonders schwere Straftaten zuständig ist;* **Schwur|ge|richts|pro|zeß,** der: *Schwurgerichtsverfahren;* **Schwur|ge|richts|ur|teil,** das: *Urteil in einem Schwurgerichtsverfahren;* **Schwur|ge|richts|ver|fah|ren,** das: vgl. *Schwurgerichtsverhandlung;* **Schwur|ge|richts|ver|hand|lung,** die: *Verhandlung vor einem Schwurgericht;* **Schwur|hand,** die: *rechte Hand, die man beim Schwören eines Eides (mit ausgestrecktem Daumen, Zeige- u. Mittelfinger) erhebt.*

♦ **schwü|rig:** Nebenf. von ↑*schwierig:* Denn wir sind doch nur ihresgleichen, das sieht man und werden s. (*aufsässig, schwierig* 2; Goethe, Götz V).
Schwyz [ʃviːts]: Kanton u. Stadt der Schweiz; **Schwy|zer,** der; -s, -: Ew.; **Schwy|zer|dütsch** [...dyːtʃ], das; -[s] (schweiz.): *Schweizerdeutsch;* **Schwy|ze|rin,** die; -, -nen: w. Form zu ↑*Schwyzer;* **schwy|ze|risch** ⟨Adj.⟩; **Schwy|zer|tütsch** [...tyːtʃ], das; -[s] (schweiz.): *Schweizerdeutsch.*
Sci|ence-fic|tion ['saɪəns'fɪkʃən], die; - [engl. science fiction, aus: science = Wissenschaft (< [a]frz. science < lat. scientia u. fiction < frz. fiction < lat. fictio, ↑*Fiktion*]: **a)** *Bereich derjenigen (bes. im Roman, im Film, im Comic strip, oft in trivialer Form, seltener mit sozialkritischem Anspruch behandelten) Thematiken, die die Zukunft der Menschheit in einer fiktionalen, vor allem durch umwälzende, teils nie phantastische, teils tatsächlich mögliche naturwissenschaftlich-technische Entwicklungen geprägten Welt betreffen;* **b)** *Science-fiction-Literatur:* S. schreiben, lesen; **Sci|ence-fic|tion-Au|tor,** der: *Verfasser von Science-fiction-Literatur;* **Sci|ence-fic|tion-Au|to|rin,** die: w. Form zu ↑*Science-fiction-Autor;* **Sci|ence-fic|tion-Film,** der: vgl. *Science-fiction-Literatur;* **Sci|ence-fic|tion-Hör|spiel,** das: vgl. *Science-fiction-Literatur;* **Sci|ence-fic|tion-Li|te|ra|tur,** die ⟨o. Pl.⟩: *Literatur mit Thematiken aus dem Bereich der Science-fiction* (a); **Sci|ence-fic|tion-Ro|man,** der: vgl. *Science-fiction-Literatur;* **Sci|ence-fic|tion-Schrift|stel|ler,** der: vgl. *Science-fiction-Autor;* **Sci|ence-fic|tion-Schrift|stel|le|rin,** die: w. Form zu ↑*Science-fiction-Schriftsteller;* **Sci|ence-fic|tion-Se|rie,** die: *Serie* (3), bes. *Fernsehserie mit einer Thematik aus dem Bereich der Science-fiction:* im dritten Programm kommt heute die erste Folge einer neuen S.; **Sci|en|tia ge|ne|ra|lis** ['stsjen...-], die; - - [lat., aus: scientia (↑*Science-fiction*) u. generalis, ↑*General*], **Sci|en|tia uni|ver|sa|lis,** die; - - [lat., universalis, ↑*universal*] (Philos.): *(von Leibniz im Anschluß an Descartes geforderte) Allgemeinwissenschaft, die die begrifflichen u. methodologischen Grundlagen aller Einzelwissenschaften enthalten soll;* **Sci|en|to|lo|ge** [saɪənto...], auch: stsjento...], der; -n, -n: *Angehöriger der Scientology;* **Sci|en|to|lo|gin,** die; -, -nen: w. Form zu ↑*Scientologe;* **Sci|en|to|lo|gy** [saɪən'tɔlədʒi], die; - [engl. scientology, zu: science, ↑*Science-fiction*]: *mit religiösem Anspruch auftretende Bewegung, deren Anhänger behaupten, eine wissenschaftliche Theorie über das Wissen u. damit den Schlüssel zu (mit Hilfe bestimmter psychotherapeutischer Techniken zu erlangender) vollkommener geistiger u. seelischer Gesundheit zu besitzen.*
scil. = *scilicet;* **sci|li|cet** ⟨Adv.⟩ [lat. scilicet = man höre!; freilich, zusg. aus: scire licet = man darf wissen] (bildungsspr.): *nämlich;* Abk. s.?, scil.
Scil|la, Szilla, die; -, ...llen [lat. scilla < griech. skílla]: *(im Frühjahr blühende) Pflanze mit schmalen Blättern u. kleinen, sternförmigen, blauen Blüten.*

sciol|to ['ʃolto] ⟨Adv.⟩ [ital. sciolto, 2. Part. von: sciogliere = lösen, befreien, losbinden] (Musik): *frei, ungebunden im Vortrag.*
Scoop [skuːp], der; -s, -s [engl. scoop, auch: Gewinn, eigtl. = Schöpfkelle] (Presse Jargon): *sensationelle Meldung, mit deren Veröffentlichung eine Zeitung anderen Zeitungen u. Medien zuvorkommt:* 1878 gelang dem „Times"-Mann Henri de Blowitz der bis dahin größte S. (Spiegel 19, 1966, 146).
Scoo|ter ['skuːtə], der; -s, - [↑*Skooter*]: **1.** *Segelboot mit Stahlkufen zum Segeln auf Wasser u. Eis.* **2.** ↑*Skooter.*
Scor|da|tu|ra, die; - (Musik): *Skordatur.*
Score [skɔː], der; -s, -s [engl. score < mengl. scor < anord. skor = (Ein)schnitt, Kerbholz]: **1.** (bes. Mannschaftsspiele) *Spielstand, Spielergebnis.* **2.** (Psych.) *Zahlenwert, Meßwert z. B. eines Tests;* **Score|kar|te,** die (Golf, Minigolf): *Karte, auf der die Anzahl der von einem Spieler gespielten Schläge notiert wird;* **sco|ren** ['skɔːrən] ⟨sw. V.; hat⟩ [engl. to score < mengl. scoren < anord. skora = einschneiden, einkerben, zu: skor, ↑*Score*] (Sport): *einen Punkt, ein Tor o. ä. erzielen:* für die Gastgeber scorte der Abwehrspieler; Nur als Goalgetter überzeugte Müller, der zwar zwei Tore scorte, aber sonst nicht in Erscheinung trat (Express 6. 10. 68, 16); **Sco|rer,** der; -s, - [engl. scorer, zu: to score, ↑*scoren*]: **1.** (Golf, Minigolf) *jmd., der von den einzelnen Spielern gemachten Schläge zählt.* **2.** (Sport) *Spieler, der gescort hat;* **Sco|re|rin,** die; -, -nen: **1.** (Golf, Minigolf) w. Form zu ↑*Scorer* (1). **2.** (Sport) w. Form zu ↑*Scorer* (2): Beste S. wurde die 17jährige Maren Valenti (MM 8. 3. 92, 5); **Sco|ring|mo|dell,** das [zu engl. to score, ↑*scoren*] (Wirtsch.): *Modell zur Bewertung von Handlungsalternativen, das bei der Unternehmensplanung angewendet wird.*
Scotch [skɔtʃ], der; -s, -s [1: engl. Scotch, kurz für Scotch whisky = schottischer Whisky]: **1.** *(aus [teilweise] gemälzter Gerste hergestellter) schottischer Whisky:* Einen Whisky, bitte. – Bourbon oder S.? **2.** kurz für ↑*Scotchterrier;* **Scotch|ter|ri|er,** der [engl. Scotch terrier = schottischer Terrier]: *kleiner, kurzbeiniger Terrier mit gedrungenem Körper u. langhaarigem, rauhem, meist grauem Fell.*
Sco|tis|mus, der; - [engl. Scotism, nach dem schott. Philosophen u. Theologen J. Duns Scotus (etwa 1266–1308)] (Philos.): *philosophische Richtung der Scholastik, die u. a. bes. durch ihren (im Gegensatz zur Auffassung des Thomismus stehenden) Voluntarismus gekennzeichnet ist;* **Sco|tist,** der; -en, -en [engl. Scotist] (Philos.): *Vertreter des Scotismus.*
Scot|land Yard ['skɔtlənd 'jaːd], der; - - [nach der früheren Lage des Polizeigebäudes am ehem. schott. Residenzhof (1829–1890 Great Scotland Yard, 1890–1967 New Scotland Yard am Victoria Embankment, seit 1967 in einer Seitenstraße der Victoria Street)]: **1.** *Londoner Polizeibehörde.* **2.** *Gebäude dieser Polizeibehörde.*
Scott|schal|tung, die; -, -en [nach dem amerik. Elektroingenieur Charles Felton

Scott (1864–1944)] (Elektrot.): *Schaltung von zwei Transformatoren, die es ermöglicht, elektrische Energie aus einem Drehstromnetz in ein unverkettetes, symmetrisches Zweiphasennetz – oder umgekehrt – zu übertragen.*

Scout [skaʊt], der; -[s], -s [engl. scout = Kundschafter < mengl. scoute < afrz. escoute, über das Vlat. zu lat. auscultare, ↑auskultieren]: **1.** engl. Bez. für ↑ Pfadfinder. **2.** (Jargon) *für eine literarischen Verlag arbeitende Person, die im Ausland nach erfolgreichen od. erfolgversprechenden Büchern Ausschau hält, um für ihren Verlag die Lizenz zu erwerben.*

Scrab|ble ⓦ [skræbl], das; -s, -s [engl. scrabble, zu: to scrabble = scharren, herumsuchen, aus dem (M)niederl.]: *Spiel für zwei bis vier Personen, bei dem mit je einem Buchstaben bedruckte Spielsteine nach bestimmten Regeln zu Wörtern zusammengelegt werden.*

Scram|bler ['skræmblə], der; -s, - [engl. scrambler, zu: to scramble, eigtl. = verschlüsseln, klettern] (Elektronik): *Gerät zur Verschlüsselung von Sprachsignalen.*

Scra|pie|krank|heit ['skreɪpi:...], die; -, -en [engl. scrapie, zu: to scrape = kratzen, (ab)schaben] (Tiermed.): *Traberkrankheit.*

Scraps [skrɛps] ⟨Pl.⟩ [engl. scraps, Pl. von: scrap = Fetzen, Stückchen, aus dem Anord.]: *Tabak, der aus den unteren Blättern der Tabakpflanze hergestellt wird.*

scratch [skrætʃ] ⟨Adv.⟩ [engl., zu scratch = hinterste Startlinie bei Handikaprennen] (Golf): *ohne Vorgabe:* er spielt s.; **scrat|chen** [skrætʃn] (sw. V.; hat) [engl. to scratch, ↑Scratching]: *Scratching betreiben:* der Discjockey scratcht; **Scrat|ching** ['skrætʃɪŋ], das; -s [engl. scratching, zu: to scratch = kratzen]: *das Hervorbringen bestimmter akustischer Effekte durch Manipulieren der laufenden Schallplatte (bes. bei Rapmusik);* **Scratch-pad-Spei|cher** ['skrætʃpæd...], der [zu engl.-amerik. scratch pad = Notizblock, zu engl. to scratch (↑Scratching) u. pad = Block] (Datenverarb.): *Speicher[bereich] einer Datenverarbeitungsanlage zur schnellen Speicherung bzw. zur Zwischenablage von Daten o. ä.;* **Scratch-spie|ler** ['- - -], der (Golf): *Spieler, der ohne Vorgabe spielt;* **Scratch|spie|le|rin** ['- - - -], die (Golf): *w. Form zu* ↑Scratchspieler.

Screen [skri:n], der; -s, -s [engl. screen] (Datenverarb.): engl. Bez. für Bildschirm; **Scree|ning** ['skri:nɪŋ], das; -s, -s [engl. screening, zu: to screen = prüfen, auswählen, durchsieben] (Fachspr.): *an einer großen Anzahl von Objekten od. Personen in der gleichen Weise durchgeführte Untersuchung* (z. B. Röntgenreihenuntersuchung): Ein ... generelles S. der gesamten Bevölkerung erscheint eine übertriebene Maßnahme (Spiegel 18, 1987, 252); Im S. würden von 8 000 Substanzen bereits 95 Prozent als ungeeignet ausgeschieden (Saarbr. Zeitung 9. 7. 80, 26/28); **Scree|ning|test**, der (Fachspr.): *Screening;* **Scree|ning|ver|fah|ren**, das (Fachspr.): *Verfahren, wie es beim Screening angewandt wird: Das Gros der verdächtigen Stoffe läßt sich ... in einem so*genannten S. ... durchmustern (MM 7. 4. 70, 3).

Screw|ball|ko|mö|die ['skru:bɔ:l...], die; -, -n [zu engl. screwball = Spinner, aus: screw = Schraube u. ball = ¹Ball]: *aus Amerika stammende temporeiche, respektlose Filmkomödie mit unkonventionellen, exzentrischen Hauptfiguren.*

Scrib|ble [skrɪbl], das; -s, -s [engl. scribble, eigtl. = Gekritzel] (Werbespr.): *erster, noch nicht endgültiger Entwurf für eine Werbegraphik.*

Scrip, der; -s, -s [engl. scrip, gek. aus: subscription = Unterzeichnung, Unterschrift < lat. subscriptio, ↑Subskription] (Wirtsch.): **1.** *Schuldschein für nicht gezahlte Zinsen von Schuldverschreibungen, der den Anspruch auf Zahlung der Zinsen vorläufig aufhebt.* **2.** *Interimsschein.*

Scrit|tu|ra, die; -, ...ren [ital. scrittura = das Schreiben; Schrift; Vertrag < lat. scriptura, zu: scribere (2. Part.: scriptum) = zeichnen, schreiben]: *(im 18. Jh. in Italien) Auftrag, die neue Oper für die nächste Spielzeit zu schreiben.*

Scrol|len, das; -s, **Scrol|ling** ['skroʊlɪŋ], das; -s [zu engl. to scroll = verschieben, zu: scroll = (Buch)rolle] (Datenverarb.): *das stetige, vor allem vertikale Verschieben einer Darstellung auf dem Bildschirm, insbesondere über die Bildschirmränder hinaus.*

Scrub [skrap], der; -[s], -s [engl. scrub]: *Gestrüpp; Buschvegetation in Australien.*

Scu|do, der; -, ...di [ital. scudo < lat. scutum = länglicher Schild, nach der urspr. Form der Münze]: *frühere italienische Münze.*

sculp|sit [lat. = hat (es) gestochen, 3. Pers. Sg. Perf. von: sculpere = schnitzen, meißeln, eingraben]: *gestochen von ...* (auf Kupferstichen hinter der Signatur od. dem Namen des Künstlers); Abk.: sc., sculps.

Scu|tel|lum, das; -s, ...lla [zu lat. scutum, ↑Scudo] (Bot.): *zu einem Saugorgan umgewandeltes Keimblatt der Gräser.*

Scyl|la: ↑Szylla.

Scyth ['stsy:t], das; -s [nach dem Volksstamm der Skythen]: *alpiner Buntsandstein.*

s. d. = siehe dies; siehe dort.

SDA = Schweizerische Depeschenagentur.

SDI [ɛsdiˈai; Abk. für engl. strategic defense initiative]: US-amerikanisches Forschungsprojekt zur Stationierung von (Laser)waffen im Weltraum.

SDP, die; - [Abk. für engl. Social Democratic Party]: sozialdemokratische Partei in Großbritannien.

SDS = Societatis Divini Salvatoris (von der Gesellschaft vom Göttlichen Heiland; Salvatorianer).

Se = Selen.

Se., S. = Seine (Exzellenz usw.).

Seal [zi:l; engl.: si:l], der od. das; -s, -s [engl. seal = Robbe]: **1. a)** *Fell bestimmter Robbenarten;* **b)** *aus Seal (1 a) hergestellter wertvoller, brauner bis schwarzer Pelz.* **2.** *Kleidungsstück aus Seal (1 b):* sie trug einen S.; **Seal|man|tel**, der: *Mantel aus Seal (1 b);* **Seal|plüsch**, der: Sealskin (b); **Seal|skin** ['zi:lskɪn, engl.: 'si:lskɪn], der od. das; -s, -s [a: engl. sealskin = Robbenfell, zu: skin = Fell]: **a)** *Seal (1);* **b)** *glänzender Plüsch mit langem Flor (als Imitation von Seal).*

Sea|ly|ham|ter|ri|er ['si:lɪəm...], der; -s, - [nach Sealyham, dem walisischen Landgut des ersten Züchters]: *englischer Jagdhund.*

Sé|an|ce [ze'ã:s(ə)], die; -, -n [...sn̩; frz. séance = Sitzung, zu: séant = Sitzung haltend, 1. Part. von: seoir = sitzen < lat. sedere = sitzen]: **1.** (Parapsych.) *spiritistische Sitzung mit einem Medium:* eine spiritistische S.; Die S. findet bei Kerzenlicht statt (Hartlaub, Muriel 195); ... sagte Marketa und legte dabei die Fingerkuppen in die Maschen der Filetdecke auf dem kleinen Tisch, als probte sie eine S. (Bieler, Mädchenkrieg 110); Ü Sinatra: Das überflüssige Comeback ... Aber die Stimme trägt nicht mehr; die Galas werden zu nostalgischen -n (Spiegel 21, 1975, 5). **2.** (bildungsspr. veraltend) *Sitzung.*

SEATO, die; - [Kurzwort für engl. South East Asia Treaty Organization]: (bis 1977) südostasiatisches Verteidigungsbündnis.

Seb|cha, die; -, -s [arab. sabhaʰ] (Geogr.): *Salztonebene in der Sahara.*

Se|bor|rhö, Se|bor|rhöe [...'rɔ:, der; -, -öen [zu lat. sebum = Talg u. griech. rhóē = das Fließen] (Med.): *gesteigerte Absonderung der Talgdrüsen; Schmerfluß.*

¹sec = Sekans; Sekunde (1 a).

²sec [sɛk] ⟨indekl. Adj.; nachgestellt⟩ [franz. sec < lat. siccus = trocken]: *dry.*

SECAM-Sy|stem, das; -s [Kurzwort aus frz. séquentiel à mémoire = aufeinanderfolgend mit Zwischenspeicherung]: *französisches System des Farbfernsehens.*

sec|co ⟨indekl. Adj.⟩ [ital. secco, ↑Seccorezitativ]: ital. Bez. für: trocken; **Sec|co**, das; -[s], -s [vgl. a secco] (Musik): *Seccorezitativ;* **Sec|co|ma|le|rei**, die (Kunstwiss.): *auf trockenem Putz ausgeführte Wandmalerei;* **Sec|co|re|zi|ta|tiv**, das [aus ital. secco < lat. siccus (↑²sec) u. ↑Rezitativ] (Musik): *nur von einem Tasteninstrument begleitetes Rezitativ.*

Se|cen|tis|mus [setʃɛn...], der; - [ital. secentismo, zu secento, ↑Secento] (Literaturw.): *bes. durch den Marinismus geprägter Stil der italienischen Barockdichtung des 17. Jahrhunderts;* **Se|cen|tist** [setʃɛn...], der; -en, -en [ital. secentista] (Kunstwiss., Literaturw.): *Künstler, Dichter des Secento;* **Se|cen|ti|stin** [setʃɛn...], die; -, -nen (Kunstwiss., Literaturw.): *w. Form zu* ↑Secentist; **Se|cen|to**, Nebenf. von seicento, ↑Seicento] (Kunstwiss., Literaturw.): *Seicento.*

Sech, das; -[e]s, -e [mhd. sech, ahd. seh(h), H. u., viell. über das Roman. zu lat. secare, ↑sezieren]: *messerartiges, vor der Pflugschar sitzendes Teil an einem Pflug, das den Boden aufreißt.*

sechs ⟨Kardinalz.⟩ [mhd., ahd. sehs; vgl. lat. sex = sechs] (als Ziffer: 6): vgl. acht; **Sechs**, die; -, -en: **a)** *Ziffer 6;* **b)** *Spielkarte mit sechs Zeichen;* **c)** *Anzahl von sechs Augen beim Würfeln:* eine S. würfeln; **d)** *Zeugnis-, Bewertungsnote 6:* [in Biologie] eine S. haben, kriegen; eine S.

schreiben *(eine Arbeit schreiben, die mit der Note 6 bewertet wird);* eine S. geben *(eine Leistung mit der Note 6 bewerten);* e) (ugs.) *Wagen, Zug der Linie 6:* hier hält nur die S.; **Sechs|ach|ser**, der; -s, - (ugs.): vgl. Dreiachser; **sechs|ach|sig** ⟨Adj.⟩ (mit Ziffer: 6achsig) (Technik): vgl. dreiachsig; **Sechs|ach|tel|takt**, der: vgl. Dreiachteltakt; **sechs|ad|rig** ⟨Adj.⟩ (Elektrot.): vgl. einadrig; **sechs|ar|mig** ⟨Adj.⟩: vgl. achtarmig; **sechs|bän|dig** ⟨Adj.⟩: vgl. achtbändig; **sechs|bei|nig** ⟨Adj.⟩: *sechs Beine habend;* **sechs|blätt|e|rig, sechs|blätt|rig** ⟨Adj.⟩ (Bot.): vgl. achtblättrig; **Sechs|eck**, das: vgl. Achteck; **sechs|eckig**[1] ⟨Adj.⟩: vgl. achteckig; **sechs|ein|halb** ⟨Bruchz.⟩ (in Ziffern: 6½): vgl. achteinhalb: s. Kilo; **Sech|se|läu|ten**, das; -s, - [nach altem Brauch verkündet zur Zeit der Frühjahrs-Tagundnachtgleiche eine Glocke um sechs Uhr abends das Ende der Arbeitszeit im Winter] (schweiz.): *am dritten Montag im April gefeiertes Züricher Frühlingsfest;* **Sechs|en|der**, der; -s, - (Jägerspr.): vgl. Achtender; **Sech|ser**, der; -s, - [urspr. = Münze von sechsfachem Wert einer kleineren Einheit; nach 1874 volkst. Bez. für das neu eingeführte 5-Pfennig-Stück der Währung des Deutschen Reiches]: **1.** (landsch.) *Fünfer* (1): mir ist ein S. runtergefallen; *das kostet einen S. (fünf Pfennig);* * *nicht für einen S.* (landsch.; kein bißchen, nicht im geringsten): er hat nicht für einen S. Humor; das interessiert mich nicht für einen S. **2.** (ugs.) vgl. Dreier (2). **3.** (landsch.) vgl. Dreier (3); **Sech|ser|kar|te**, die: *Fahrkarte für sechs Fahrten;* **sech|ser|lei** ⟨best. Gattungsz.; indekl.⟩ [↑-lei]: vgl. achterlei; **Sech|ser|pack**, der ⟨Pl. -s u. -e⟩, **Sech|ser|packung**[1], die: *Packung, die von einer Ware sechs Stück enthält:* Dosenbier im praktischen Sechserpack; **Sech|ser|rei|he**, die: vgl. Dreierreihe; **sechs|fach** ⟨Vervielfältigungsz.⟩ (mit Ziffer: 6fach): vgl. achtfach; **Sechs|fa|che**, das; -n (mit Ziffer: 6fache): vgl. Achtfache; **Sechs|flach**, das (Math.): *von sechs Vierecken begrenztes Polyeder;* **sechs|flä|chig** ⟨Adj.⟩: *sechs Flächen habend;* **Sechs|fläch|ner**, der; -s, - (Math.): Sechsflach; **Sechs|fü|ßer**, der: **1.** (Zool. veraltet) *Insekt.* **2.** *sechsfüßiger Vers;* **sechs|fü|ßig** ⟨Adj.⟩ (Verslehre): vgl. fünffüßig; **sechs|ge|schos|sig** ⟨Adj.⟩: vgl. achtgeschossig; **sechs|he|big** ⟨Adj.⟩ (Verslehre): *sechs Hebungen enthaltend:* ein -er Vers; **sechs|hun|dert** ⟨Kardinalz.⟩ (in Ziffern: 600): vgl. hundert; **sechs|jäh|rig** ⟨Adj.⟩ (mit Ziffer: 6jährig): vgl. achtjährig; **sechs|jähr|lich** ⟨Adj.⟩: vgl. achtjährlich; **Sechs|kampf**, der (Sport): *sportlicher Wettkampf in sechs Disziplinen;* **Sechs|kant**, das od. der; -[e]s, -e (Technik): *Körper (meist aus Metall), dessen Querschnitt ein regelmäßiges Sechseck darstellt;* **Sechs|kant|ei|sen**, das (Technik): *stabförmiges Eisen, dessen Querschnitt ein regelmäßiges Sechseck darstellt;* **sechs|kan|tig** ⟨Adj.⟩: vgl. achtkantig; **Sechs|kant|mut|ter**, die: *Mutter in Form eines Sechskants;* **Sechs|kant|schrau|be**, die: *Schraube mit einem Kopf in Form eines Sechskants;* **Sechs|kant|stahl**, der,

(Technik): vgl. Sechskanteisen; **Sechs|kom|po|nen|ten|mes|sung**, die (Flugw.): *Meßverfahren, bei dem im Windkanal aus der Messung von sechs Einzelkräften die Wirkungen auf ein Flugzeug o. ä. errechnet werden;* **sechs|köp|fig** ⟨Adj.⟩: *aus sechs Personen bestehend, zusammengesetzt:* eine -e Kommission, Familie; **Sechs|ling**, der; -s, -e ⟨meist Pl.⟩ [nach dem Muster von Zwilling geb.]: vgl. Fünfling; **sechs|mal** ⟨Wiederholungsz., Adv.⟩: vgl. achtmal; **sechs|ma|lig** ⟨Adj.⟩ (mit Ziffer: 6malig): vgl. achtmalig; **sechs|mo|na|tig** ⟨Adj.⟩ (mit Ziffer: 6monatig): vgl. achtmonatig; **sechs|mo|nat|lich** ⟨Adj.⟩: vgl. achtmonatlich; **Sechs|mo|nats|ziel**, das (Kaufmannsspr.): *Zahlungsziel von sechs Monaten;* **sechs|mo|to|rig** ⟨Adj.⟩: vgl. einmotorig; **Sechs|paß**, der [zu ↑Paß (4)]: *aus sechs Dreiviertelkreisen zusammengesetzte Figur des gotischen Maßwerks;* **sechs|räd|rig** ⟨Adj.⟩: vgl. dreirädrig; **sechs|sai|tig** ⟨Adj.⟩: vgl. fünfsaitig; **sechs|sei|tig** ⟨Adj.⟩: vgl. achtseitig; **sechs|sil|big** ⟨Adj.⟩: vgl. achtsilbig; **sechs|spal|tig** ⟨Adj.⟩: vgl. achtspaltig; **Sechs|spän|ner**, der; -s, -: Dreispänner; **sechs|spän|nig** ⟨Adj.⟩: vgl. achtspännig; **sechs|spu|rig** ⟨Adj.⟩: *sechs Spuren habend:* eine -e Straße; eine s. ausgebaute Straße; *(in sechs Reihen nebeneinander)* fahren; **sechs|stel|lig** ⟨Adj.⟩: vgl. achtstellig: eine -e Zahl; -e *(in die Hunderttausende gehende)* Umsätze; **Sechs|stern**, der: Hexagramm; **sechs|stim|mig** ⟨Adj.⟩: dreistimmig; **sechs|stöckig**[1] ⟨Adj.⟩: vgl. achtstöckig; **sechs|strah|lig** ⟨Adj.⟩: **1.** *(von Sternen) sechs Zacken habend:* ein -er Stern. **2.** vgl. dreistrahlig; **sechs|stün|dig** ⟨Adj.⟩: vgl. achtstündig; **sechs|stünd|lich** ⟨Adj.⟩: vgl. achtstündlich; **sechst:** in der Fügung *zu s.* (als Gruppe von sechs Personen): wir waren zu s.; wir haben es zu s. gemacht; **sechst...** ⟨Ordinalz. zu ↑sechs⟩ [mhd. sehste, ahd. seh(s)to] (als Ziffer: 6.): vgl. acht...: am sechsten November; ⟨subst.:⟩ Leo der Sechste; **Sechs|ta|ge|fahrt**, die (Motorsport): *sechs Tage dauerndes, durch schwieriges Gelände führendes internationales Rennen für Motorradfahrer;* **Sechs|ta|ge|ren|nen**, das (Radsport): *sechs Tage und Nächte dauerndes, in einer Halle ausgetragenes Rennen;* **Sechs|ta|ge|werk**, das (christl. Relig.): Hexaemeron; **Sechs|ta|ge|wo|che**, die: vgl. Fünftagewoche; **sechs|tä|gig** ⟨Adj.⟩: vgl. achttägig; **sechs|täg|lich** ⟨Adj.⟩: vgl. achttäglich; **sechs|tau|send** ⟨Kardinalz.⟩ (in Ziffern: 6 000): vgl. tausend; **Sechs|tau|sen|der**, der; -s, -: vgl. Achttausender; **sechs|tei|lig** ⟨Adj.⟩ (mit Ziffer: 6teilig): vgl. achtteilig; **sech|stel** ⟨Bruchz.⟩ (als Ziffer: ⅙): vgl. achtel; **Sech|stel**, das, schweiz. meist: der; -s, - [mhd. sehsteil]: vgl. Achtel (a); **sech|stens** ⟨Adv.⟩ (als Ziffer: 6.): vgl. achtens; **Sechs|ton|ner**, der; -s, -: vgl. Achttonner; **Sechs|uhr|vor|stel|lung**, die: vgl. Achtuhrvorstellung; **Sechs|uhr|zug**, der: vgl. Achtuhrzug; **Sechs|und|drei|ßig|flach**, das; **Sechs|und|drei|ßig|fläch|ner**, der; -s, - (Math.): Triakisdodekaeder; **sechs|und|ein|halb** ⟨Bruchz.⟩ (in Ziffern: 6½): vgl.

achtundeinhalb; **Sechs|und|sech|zig**, das; -: *mit einem Skatblatt gespieltes Kartenspiel für zwei bis vier Mitspieler, bei dem mindestens 66 Punkte erreicht werden müssen, um eine Spielrunde zu gewinnen;* **Sechs|vier|tel|takt** [...'fɪrt|...], der: vgl. Fünfvierteltakt; **sechs|wer|tig** ⟨Adj.⟩ (Chemie): vgl. dreiwertig; **sechs|wö|chent|lich** ⟨Adj.⟩: vgl. achtwöchentlich; **sechs|wö|chig** ⟨Adj.⟩: vgl. achtwöchig; **sechs|zackig**[1] ⟨Adj.⟩: vgl. dreizackig: ein -er Stern; **sechs|zäh|lig** ⟨Adj.⟩ (Bot.): *(von Blüten) eine aus sechs od. zweimal sechs Kronblättern bestehende Krone* (5) *habend.* ◆ **sechs|zehn:** ↑sechzehn: Als es s. Jahre zählte, war es schon ein ... ziervolles Mädchen (Keller, Romeo 20); **Sechs|zei|ler**, der: *sechszeilige Strophe o. ä.;* **sechs|zei|lig** ⟨Adj.⟩: vgl. achtzeilig; **Sechs|zim|mer|woh|nung**, die: ↑Fünfzimmerwohnung; **sechs|zol|lig, sechs|zöl|lig** ⟨Adj.⟩: *(im Durchmesser, in der Länge o. ä.) sechs Zoll messend:* ein -es Rohr; **Sechs|zy|lin|der**, der (ugs.): **a)** kurz für ↑Sechszylindermotor; **b)** *Kraftfahrzeug mit einem Sechszylindermotor;* **Sechs|zy|lin|der|mo|tor**, der: *sechszylindriger Motor;* **sechs|zy|lin|drig** ⟨Adj.⟩ (mit Ziffer: 6zylindrig): vgl. achtzylindrig.

Sech|ter, der; -s, - [mhd. sehter, ahd. sehtāri < lat. sextarius = ein Hohlmaß (der 6. Teil eines congius, eines größeren Hohlmaßes)]: **1.** (früher) *Hohlmaß für Getreide von etwa sieben Litern.* **2.** (österr.) *Kübel, [Melk]eimer.*

sech|zehn ⟨Kardinalz.⟩ [mhd. sehzehen, ahd. seh(s)zēn] (in Ziffern: 16): vgl. acht; **Sech|zehn|en|der**, der (Jägerspr.): Achtender; **sech|zehn|hun|dert** ⟨Kardinalz.⟩ (in Ziffern: 1 600): *eintausendsechshundert:* im Jahre s.; der Wagen hat s. Kubik; **sech|zehn|jäh|rig** ⟨Adj.⟩ (mit Ziffern: 16jährig): vgl. achtjährig; **Sech|zehn|me|ter|li|nie**, die (Fußball): *den Sechzehnmeterraum begrenzende, parallel zur Torlinie verlaufende Linie;* **Sech|zehn|me|ter|raum**, der (Fußball): *Strafraum;* **Sech|zehn|mil|li|me|ter|film**, der: *sechzehn Millimeter breiter Film* (2) *(der bes. von Amateuren verwendet wird);* **sech|zehn|tel** ⟨Bruchz.⟩ (in Ziffern: 1/16): vgl. achtel; [1]**Sech|zehn|tel**, das, schweiz. meist: der; -s, -: vgl. Achtel (a); [2]**Sech|zehn|tel**, die; - (Musik): Sechzehntelnote; **Sech|zehn|tel|no|te**, die (Musik): vgl. Achtelnote; **sech|zig** ⟨Kardinalz.⟩ [mhd. sehzic, ahd. seh(s)zug] (in Ziffern: 60): vgl. achtzig; **Sech|zig**, die; -: vgl. Achtzig; **sech|zi|ger** ⟨indekl. Adj.⟩ (mit Ziffer: 60er): vgl. achtziger; [1]**Sech|zi|ger**, der; -s, -: vgl. [1]Achtziger; [2]**Sech|zi|ger**, die; -, - (ugs.): vgl. [2]Achtziger; **Sech|zi|ge|rin**, die; -, -nen: w. Form zu ↑[1]Sechziger; **Sech|zi|ger|jah|re** [auch: '- - - -] ⟨Pl.⟩: vgl. Achtzigerjahre; **sech|zig|jäh|rig** ⟨Adj.⟩ (mit Ziffern: 60jährig): vgl. achtzigjährig; **sech|zigst...** ⟨Ordinalz. zu ↑sechzig⟩ (in Ziffern: 60.): vgl. achtzigst...; **sech|zig|stel** ⟨Bruchz.⟩ (in Ziffern: 1/60): vgl. achtel; **Sech|zig|stel**, das, schweiz. meist der; -s, -: vgl. Achtel (a).

se|con|da vol|ta [ital., zu: secondo (↑secondo) u. volta, ↑Volte] (Musik): *das*

secondhand

zweite Mal (bei der Wiederholung eines Teils); **se|cond|hand** ['sɛkənd'hænd] ⟨Adv.⟩ [engl. second-hand = aus zweiter Hand, gebraucht]: *aus zweiter Hand, gebraucht:* etw. s. kaufen; **Se|cond|hand|klei|dung** ['sɛkənd'hænd...], die ⟨o. Pl.⟩: *gebrauchte Kleidung;* **Se|cond|hand|la|den**, der ⟨Pl. ...läden⟩: *Secondhandshop;* **Se|cond|hand|shop**, der [engl. secondhand shop]: *Geschäft für Secondhandkleidung:* Auch sollten Sie nach ... -s suchen, wenn Sie etwas für Ihr Kind brauchen (Freundin 5, 1978, 89); **Se|cond line** ['sɛkənd 'laɪn], die; - - [engl. second line = zweite Reihe]: **1.** (früher) *Schar von kleinen Jungen u. Halbwüchsigen, die hinter den Straßenkapellen in New Orleans herzieht.* **2.** *Nachwuchskräfte im Jazz;* **se|con|do** [ital. secondo < lat. secundus, ↑Sekunde] (Musik): *das zweite;* (Hinweis hinter dem Namen eines Instruments zur Angabe der Reihenfolge); **Se|con|do**, das; -s, -s u. ...di (Musik): **1.** *erste Stimme.* **2.** *Baß beim vierhändigen Klavierspiel;* **Se|cond-source-Pro|dukt** ['sɛkənd 'sɔ:s...], das [zu engl. second source = zweite Quelle]: *Halbleiterbauelement (z. B. integrierte Schaltung, Mikroprozessor), das von unabhängigen Zweitherstellern in Lizenz gefertigt wird.* **Se|cre|ta|ry** ['sɛkrətrɪ], der; -, ...ries [engl. secretary < mlat. secretarius, ↑Sekretär]: engl. Bez. für *Minister;* **Se|cret Ser|vice** ['si:krɪt 'sə:vɪs], der; - - [engl., aus: secret = geheim (< mfrz. secret < lat. secretus, ↑sekret) u. service, ↑²Service]: *britischer Geheimdienst.*

Sec|tio, die; -, ...ones [lat. sectio = das Schneiden, ↑Sektion] (Med.): *Einschnitt (1) bei operativen Eingriffen, auch zur Leichenschau;* **Sec|tio au|rea**, die; - - [mlat. sectio aurea, zu lat. sectio (↑Sectio) u. aureus = golden] (Math.): *Goldener Schnitt;* **Sec|tio cae|sa|rea**, die; - - [zu nlat., lat. caesarius = zäsarisch, kaiserlich] (Med.): *Kaiserschnitt;* **Sec|tion** ['sɛkʃən], die; -, -s [engl. section, eigtl. = Abschnitt, Stück < lat. sectio, ↑Sectio]: *amerikanisches Flächenmaß;* (259 Hektar).

SED = Sozialistische Einheitspartei Deutschlands (ehem. DDR).

Se|da: Pl. von ↑Sedum.

Se|da|rim: Pl. von ↑Seder.

se|dat ⟨Adj.; -er, -este⟩ [lat. sedatus, zu: sedare = beruhigen, beschwichtigen, Veranlassungsverb zu: sedere = sitzen] (veraltet, noch landsch.): *gesetzt* (2); **se|da|tiv** ⟨Adj.⟩ (Med.): *dämpfend, beruhigend [wirkend]:* ein -es Medikament; eine -e Wirkung haben; s. und schmerzlindernd wirken; **Se|da|tiv**, das; -s, -e (Med.): *Sedativum;* **Se|da|ti|va:** Pl. von ↑Sedativum; **Se|da|ti|vum**, das; -s, ...va (Med.): *sedativ wirkendes Medikament;* **se|den|tär** ⟨Adj.⟩ [frz. sédentaire < lat. sedentarius = sitzend]: **1.** (veraltet) *seßhaft.* **2.** (Geol.) *(von Sedimenten) aus tierischen od. pflanzlichen Stoffen aufgebaut; biogen:* Torf ist ein -es Sediment.

Se|der, der; -[s], Sedarim [hebr. seder, eigtl. = Ordnung] (jüd. Rel.): **1.** *häusliche Feier am ersten u. zweiten Abend des jüdischen Passahfestes.* **2.** *Hauptteil der Mischna u. des Talmuds;* **Se|der|abend**, der: *erster od. zweiter Abend des jüdischen Passahfestes.*

Se|des Apo|sto|li|ca, die; - - [mlat. sedes apostolica, zu lat. sedes = Sitz u. kirchenlat. apostolicus, ↑apostolisch]: *Sancta Sedes.*

Se|dez, das; -es [zu lat. sedecim = sechzehn] (Buchw.): *Buchformat in der Größe eines sechzehntel Bogens, das sich durch viermaliges Falzen eines Bogens ergibt;* Zeichen: 16°; **Se|dez|for|mat**, das (Buchw.): *Sedez;* **Se|de|zi|mal|sy|stem**, das; -s (Math., Datenverarb.): *Hexadezimalsystem.*

Se|dia ge|sta|to|ria [- dʒe...], die; - - [ital. sedia gestatoria, zu: sedia = Stuhl (zu lat. sedere = sitzen) u. gestatorio = Tragsessel < lat. gestatorium, zu: gestatorius = zum Tragen dienlich, zu: gestare = tragen] (kath. Kirche früher): *Tragsessel, in dem der Papst bei feierlichen Aufzügen getragen wird;* **se|die|ren** ⟨sw. V.; hat⟩ [zu lat. sedere, ↑Sediment] (Med.): *sedativ wirken:* der Alkohol sediert eher, schafft fließende Übergänge (Spiegel 38, 1974, 84); sedierende Präparate; **Se|die|rung**, die; -, -en (Med.): *Beruhigung, bes. mit Sedativa;* **Se|di|fluk|ti|on**, die; -, -en [aus lat. sedere (↑Sediment) u. fluctio = das Fließen] (Geol.): *Fließbewegung unverfestigter Sedimente unmittelbar im Anschluß an die Sedimentbildung;* **Se|di|le**, das; -[s], ...lien [lat. sedile = Sitz, zu: sedere, ↑Sediment] (kath. Kirche): *Sitz ohne Rückenlehne für die amtierenden Geistlichen bei der Eucharistiefeier;* **Se|di|ment**, das; -[e]s, -e [lat. sedimentum = Bodensatz, zu: sedere = sitzen; sich setzen, sich senken]: **1.** (Geol.) *etw. durch Sedimentation (1) Entstandenes, bes. Gestein.* **2.** (bes. Chemie, Med.) *durch Sedimentation (2) entstandener Bodensatz:* die festen Bestandteile setzten sich als S. ab; **se|di|men|tär** ⟨Adj.⟩ (Geol.): *durch Sedimentation (1) entstanden:* -e Lagerstätten; **se|di|men|tär|ge|stein**, das (Geol.): *Sedimentgestein;* **Se|di|men|ta|ti|on**, die; -, -en: **1.** (Geol.) *Ablagerung von Stoffen, die an anderer Stelle abgetragen od. von pflanzlichen, tierischen Organismen abgeschieden wurden:* durch S. entstandenes Gestein. **2.** (Chemie, Med.) *das Ausfällen, Sichabsetzen von festen Stoffen; Bildung eines Bodensatzes;* **Se|di|ment|ge|stein**, das (Geol.): *sedimentäres Gestein; Schichtgestein:* Sandstein ist ein S.; **se|di|men|tie|ren** ⟨sw. V.; hat⟩: **1.** (Geol.) *sich ablagern, ein Sediment (1) bilden.* **2.** (Chemie, Med.) *ausfällen, sich als Bodensatz niederschlagen;* **Se|di|ment|lot**, das (Fachspr.): *Echolot zur Erfassung von Strukturen u. Schichten im Meeresboden;* **Se|di|men|to|lo|gie**, die; -, -n [↑-logie]: *Lehre von der Entstehung u. Umbildung der Sedimentgesteine;* **Se|dis|va|kanz**, die; -, -en [zu lat. sedis (Gen. von: sedes = Stuhl) u. ↑Vakanz] (kath. Kirche): *Zeitraum, während dessen das Amt des Papstes, eines Bischofs unbesetzt ist.*

Se|di|ti|on, die; -, -en [lat. seditio] (veraltet): *Aufstand, Aufruhr;* **se|di|ti|ös** ⟨Adj.⟩ [lat. seditiosus] (veraltet): *aufständisch, aufrührerisch.*

Se|duk|ti|on, die; -, -nen [(spät)lat. seductio, zu: seducere = beiseite führen; verführen] (veraltet): *Verführung.*

Se|dum, das; -s, Seda [lat. sedum, H. u.]: *Fetthenne.*

se|du|zie|ren ⟨sw. V.; hat⟩ [lat. seducere, ↑Seduktion] (veraltet): *verführen.*

¹See, der; -s, Seen [mhd. sē, ahd. sē(o), H. u.]: *größere Ansammlung von Wasser in einer Bodenvertiefung des Festlandes; stehendes Binnengewässer:* ein riesiger, großer, tiefer, kleiner, flacher, blauer, klarer, stiller, verträumter, künstlicher S.; der S. war zugefroren; In bleierner Ruhe lag der spiegelglatte S. unter dem weißlichen Himmel (Hartung, Junitag 57); ein Haus am S.; auf einem S. segeln; durch einen S. schwimmen; im S. baden; über den S. schwimmen, fahren, rudern; R still ruht der S. (ugs.; *es ereignet sich nichts;* nach dem 1871 komponierten Lied des dt. Schriftstellers u. Komponisten Heinrich Pfeil, 1835-1899); Ü der Hund hat einen S. gemacht (fam. verhüll.; *hat uriniert*); an dieser Stelle (fam. verhüll.) *hat uriniert*).

²See, die; -, Seen [schon mniederd. sē (w.)]: **1.** ⟨o. Pl.⟩ **a)** *Meer:* eine stürmische, ruhige S.; die offene S. *(die See in größerer Entfernung von der nächstgelegenen Küste);* die See war sehr bewegt; Die S. dunstete schwach und spiegelte wie Quecksilber (Rehn, Nichts 15); die S. ging hoch *(es herrscht starker Seegang);* er liebt die S.; eine Stadt, ein Haus an der S.; an die S. fahren; von S. *(aus Richtung der offenen See)* kommende Schiffe; bei ruhiger S. *(bei geringem Wellengang);* der Handel zur S. *(Seehandel);* * **auf S.** *[an Bord eines Schiffes] auf dem Meer:* er ist seit einer Woche auf S.; ein Gewitter auf S.; **auf S. bleiben** (geh. verhüll.; *[als Seemann] auf See umkommen;* **auf hoher S.** *(weit draußen auf dem Meer);* **in S. gehen/stechen** *(auslaufen 2):* unser Schiff ging/stach am 8. Mai werden in S.; wir gehen/stechen morgen in S.; **zur S.** *(Bestandteil mancher Dienstgrade bei der Marine 1 b;* Abk.: z. S.): Leutnant zur S.; **zur S. fahren** *(auf einem Seeschiff beschäftigt sein, Dienst tun);* **zur S. gehen** (ugs.; *Seemann werden);* **b)** (Seemannsspr.) *Seegang; Wellen; Wellengang:* schwere, rauhe, kabbelige, achterliche S.; Ganz schöne S., sagte er (Hausmann, Abel 67); Es herrschte immer noch grobe S. (Ott, Haie 113); durch den Sturm hatte sich eine hohe S. aufgebaut; die S. ging lang *(die Wellen waren lang);* wir hatten [eine] heftige S.; er weiß genau, wie sich das Boot in der See verhält; das Boot war in der kurzen S. *(bei den kurzen Wellen)* kaum zu bändigen. **2.** (Seemannsspr.) *[Sturz]welle, Woge:* eine S. nach der anderen ging, schlug über das Schiff; die -n gingen bis zu sieben Meter hoch; In stumpfweißen Bächen lief die S. vom Geschütz, vom Vorschiff, dann achtern ab (Grass, Katz 68); das Schiff nahm haushohe -n über; er wurde von einer überkommenen S. von Bord gespült; **See|aal**, der ⟨o. Pl.⟩: *in Gelee mariniertes Fleisch vom Dornhai;* **See|ad|ler**, der: *(vor allem an Gewässern heimischer) großer, rot- bis schwarzbrauner Adler, der sich vorwiegend von Fischen u. Wasservögeln ernährt;* **See|amt**, das (Seew.): *Behörde zur Untersuchung von Unfällen auf See (in* *der Handelsschiffahrt);* **See|ane|mo|ne,** die: a) *Aktinie;* b) *Seerose* (2); **See|an|ker,** der *(Segeln): Treibanker;* **see|ar|tig** ⟨Adj.⟩: *einem See ähnlich;* **See|bad,** das: *an der See gelegenes Bad* (3); **See|bär,** der: **1.** *große Robbe mit dichtem, weichem Fell, das zu Seal verarbeitet wird.* **2.** *(Seemannsspr.) plötzlich auftretende, sehr hohe Welle.* **3.** *(ugs. scherzh.) [alter] erfahrener Seemann: er ist ein richtiger S.;* **See|be|ben,** das: *in einem vom Meer bedeckten Teil der Erdkruste auftretendes Erdbeben;* **see|be|schä|digt** ⟨Adj.⟩ (Seew.): *havariert;* **See|bei|stat|tung,** die: *(an Stelle einer Beerdigung vorgenommene) feierliche Versenkung der Urne mit der Asche des Verstorbenen im Meer;* **See|beu|te,** die (Seew.): *Prise* (2); **See|be|wuchs,** der: *Gesamtheit der sich an den unter Wasser befindlichen Teilen eines Schiffes ansetzenden Pflanzen, Muscheln o. ä.;* **See|blick,** der ⟨o. Pl.⟩: *Blick, Aussicht auf die See: ein Haus, Zimmer mit S.;* **See|blocka|de**[1]**,** die: *Blockade* (1) *eines Seewegs, der Seewege;* **See|bras|se,** die, **See|bras|sen,** der: *Meerbrasse;* **See|büh|ne,** die: *im Wasser errichtete Freilichtbühne;* **See|dorn,** der (Bot.): *Sanddorn;* **See|dra|che,** der (Zool.): *(in vielen Arten vorkommender, zu den Knorpelfischen gehörender) im Meer lebender Fisch mit großem, gedrungenem Kopf u. langem, sich nach hinten verjüngendem u. in einen peitschenartigen Schwanz auslaufendem Körper;* **See|drift,** die: *Drift* (2) *auf See;* **See-Ele|fant,** der: *große Robbe mit rüsselartig verlängerter Nase;* **see|er|fah|ren** ⟨Adj.⟩: *See-Erfahrung habend: ein -er Skipper;* **See-Er|fah|rung,** die ⟨o. Pl.⟩: *auf See in der Schiffahrt gewonnene Erfahrung: er hat noch keinerlei S.;* **see|fä|hig** ⟨Adj.⟩: *seetüchtig;* **see|fah|rend** ⟨Adj.⟩: *(von Nationen o. ä.) Seefahrt betreibend: ein -es Volk;* **See|fah|rer,** der (veraltend): *jmd., der (bes. als Kapitän eines Segelschiffes) weite Seefahrten, Entdeckungsfahrten macht: der portugiesische S. Vasco da Gama; Heinrich, Sindbad der S.; daß das Haus einstmals einem vornehmen Mann gehört hatte, einem Kaufmann oder* (Seghers, Transit 45); **See|fah|rer|na|ti|on,** die: *seefahrende Nation;* **See|fah|rer|volk,** das: *seefahrendes Volk;* **See|fahrt,** die: **1.** ⟨o. Pl.⟩ *Schiffahrt auf dem Meer (als Wirtschaftszweig): S. betreiben; S. ist not (nach dem Titel des 1913 erschienenen Romans des dt. Schriftstellers Gorch Fock, 1880–1916, der auf die lat. Übers. (navigare necesse est] einer Stelle bei Plutarch zurückgeht); Erstens bin ich Kapitän der christlichen S. (Kapitän auf einem Handelsschiff) und kein Kommandant und zweitens ... (Ott, Haie 8); ich heuere an! ... Ich bleibe hier. Aus mit der christlichen S. (scherzh.; mit dem Zur-See-Fahren;* Borell, Romeo 161). **2.** *Fahrt übers Meer: eine S. machen; ... gefolgt von einer interessanten S. nach Ägypten, Konstantinopel, Griechenland, Italien und so weiter* (Th. Mann, Krull 285); *aber als Stüwe ihm sein Leid klagte von wegen wochenlanger S.* (Ott, Haie 111); **See|fahrt[s]|buch,** das (Seew.): *Ausweis für Seeleute, in dem bei einer Abmusterung vom Kapitän Art u. Dauer des geleisteten Dienstes bescheinigt wird;* **See|fahrt[s]|schu|le,** die: *Fachschule od. -hochschule für die Ausbildung von Kapitänen;* **See|fe|der,** die (Zool.): *nicht festgewachsene, nur lose im Sand steckende, meist federförmige Koralle, Federkoralle;* **See|fen|ster,** das: *Wasseransammlung in Wiesen, Mooren o. ä.;* **see|fest** ⟨Adj.⟩: **1.** *seetüchtig.* **2.** *nicht leicht seekrank werdend: Ich bin ziemlich s.* (Kantorowicz, Tagebuch I, 196). **3.** *(von Gegenständen an Bord eines Schiffes) gegen ein Umhergeschleudertwerden bei stärkerem Seegang gesichert: Das Rettungsboot ... wurde mit Ketten s. gemacht* (Kisch, Reporter 33); *Das ... Porzellangeschirr und die Gläser ... sind s. eingebaut* (Skipper 8, 1979, 30); **See|fe|stig|keit,** die: *das Seefestsein;* **See|fisch,** der: **1.** *im Meer lebender Fisch: Kabeljau, Hering und andere -e.* **2.** ⟨o. Pl.⟩ *Fleisch von Seefischen* (1) *als Nahrungsmittel: wer viel S. ißt, hat keinen Jodmangel;* **See|fi|sche|rei,** die: *Fang von Seefischen;* **See|flot|te,** die: *Flotte von Seeschiffen;* **See|flug|zeug,** das: *Wasserflugzeug;* **See|fo|rel|le,** die: *(in Süßwasserseen lebender) einer Forelle ähnlicher Lachsfisch;* **See|fracht,** die: *vgl. Luftfracht;* **See|fracht|brief,** der: *Frachtbrief für etw., was als Seefracht befördert wird;* **See|fracht|ge|schäft,** das: *den Transport von Gütern mit Schiffen auf hoher See betreffendes Geschäft* (1 a); **See|fracht|ver|trag,** der: *seerechtlicher Vertrag zwischen Befrachter u. Verfrachter im Seefrachtgeschäft;* **See|fuchs,** der: *Fell des Marderhundes;* **See|funk,** der: *Funk zwischen Stationen an der Küste u. Schiffen;* **See|gang,** der ⟨o. Pl.⟩: *stärkerer Wellengang auf dem Meer: weil schwerer S. herrschte* (Ott, Haie 120); *Wir haben ja allerhand S.* (Hausmann, Abel 135); *bei [starkem] S.;* **see|gän|gig** ⟨Adj.⟩ (Seemannsspr.): *seetüchtig,* **See|gat, See|gatt,** das [zu ↑Gatt] (Seemannsspr.): *enge Fahrrinne zwischen Inseln od. Riffen [im Wattenmeer];* **See|ge|biet,** das: *einen Teil eines Meeres, des Weltmeers darstellendes Gebiet;* **See|ge|fecht,** das: *Gefecht zwischen feindlichen Kriegsschiffen auf See;* **see|ge|hend** ⟨Adj.⟩ [LÜ von engl. seagoing] (Seemannsspr.): *seetüchtig: -e Yacht; ein -er Raddampfer;* **See|ge|mäl|de,** das: *Seestück;* **See Ge|ne|za|reth,** (ökum.:) **Gen|ne|sa|ret,** der; -s -: *biblischer Name für den See von Tiberias;* **see|ge|stützt** ⟨Adj.⟩ (Milit.): *auf einem Kriegsschiff stationiert:* -e Mittelstreckenraketen; **See|gras,** das: *in Küstennähe auf dem Meeresboden wachsende grasähnliche Pflanze, deren getrocknete Blätter u. a. als Polstermaterial verwendet werden;* **See|gras|ma|trat|ze,** die: *mit Seegras gefüllte Matratze;* **see|grün** ⟨Adj.⟩: *meergrün;* **See|grund,** der: *Grund eines Sees;* **See|gur|ke,** die (Zool.): *(meist auf dem Meeresboden lebendes) walzenförmiges Tier mit einer lederartigen Haut, an der die Mundöffnung angeordnet, der Nahrungsaufnahme dienenden Tentakeln;* **See|ha|fen,** der: **1.** *für Seeschiffe geeigneter, erreichbarer Hafen.* **2.** *Stadt mit einem Seehafen* (1): Hamburg ist [ein] S.; **See|han|del,** der: *auf dem Seeweg abgewickelter Handel;* **See|ha|se,** der [H. u.]: *(zu den Knochenfischen gehörender) im Meer lebender Fisch mit plumpem Körper, dessen schuppenlose Haut mit Höckern u. Stacheln besetzt ist; Meerhase;* **See|hecht,** der: *(im Meer lebender) dem Hecht ähnlicher Raubfisch;* **See|heil|bad,** das: *an der See gelegenes Heilbad* (1); **See|herr|schaft,** die ⟨o. Pl.⟩: *auf den Besitz einer überlegenen [Kriegs]flotte gegründete Herrschaft* (1), *Kontrolle über das Meer u. bes. seine Wasserstraßen;* **See|hö|he,** die (seltener): *Meereshöhe;* **See|hund,** der [frühnhd. sēhunt, 1. Bestandteil verw. mit engl seal, ↑Seal]: **1.** *Robbe mit (beim erwachsenen Tier) weißgrauem bis graubraunem Fell.* **2.** ⟨o. Pl.⟩ *aus dem Fell junger Seehunde hergestellter Pelz: ein Mantel aus S.;* **See|hunds|bank,** die: *Sandbank, auf der sich regelmäßig Seehunde in größerer Zahl aufhalten;* **See|hunds|bart,** der: *Seehundsschnauzbart;* **See|hunds|fang,** der: *vgl. Robbenfang;* **See|hunds|fän|ger,** der: *vgl. Robbenfänger;* **See|hunds|fell,** das: *Fell des Seehunds;* **See|hunds|jagd,** die: *vgl. Robbenjagd;* **See|hunds|jä|ger,** der: *vgl. Robbenjäger;* **See|hunds|schnauz|bart, See|hunds|schnau|zer,** der (ugs.): *weit herabhängender Schnauzbart;* **See|igel,** der: *am Meeresboden lebendes Tier, dessen kugeliger bis scheibenförmig abgeflachter Körper von einer kalkigen Schale mit langen Stacheln umgeben ist;* **See|jung|fer,** die [zu ↑[1]See]: *metallisch bläulichgrün glänzende Libelle mit vier gleich großen Flügeln;* **See|jung|frau,** die (Myth.): *Meerjungfrau;* **See|ka|bel,** das: *im Meer verlegtes Kabel;* **See|ka|dett,** der (Milit.): *Offiziersanwärter bei der Marine;* **See|ka|nal,** der: *zwei Meere miteinander verbindender Kanal für Seeschiffe;* **See|kar|te,** die: *nautischen Zwecken dienende Karte* (6) *mit Angaben für die Navigation;* **See|kas|se,** die (Seew.): *Organisation der Kranken- u. Rentenversicherung für Seeleute;* **See|ki|ste,** die: *Seemannskiste;* **see|klar** ⟨Adj.⟩ (Seemannsspr.): *fertig zur Fahrt aufs Meer: das Schiff ist s. machen;* **See|kli|ma,** das (Geogr.): *bes. in Küstengebieten herrschendes, vom Meer beeinflußtes Klima, das sich durch hohe Luftfeuchtigkeit u. verhältnismäßig geringe Temperaturschwankungen auszeichnet;* **see|krank** ⟨Adj.⟩: *an Seekrankheit leidend: ihm ist leicht s.;* **See|krank|heit,** die ⟨o. Pl.⟩: *durch das Schwanken eines Schiffes auf bewegtem Wasser verursachte Übelkeit [mit Erbrechen];* **See|krei|de,** die (Geol.): *feine, kristalline Kalkablagerung von warmen stehenden Gewässern;* **See|kreu|zer,** der (Segelsport): *Kreuzer* (2); **See|krieg,** der: *mit Seestreitkräften [u. Flugzeugen] auf See geführter Krieg um die Seeherrschaft;* **See|kriegs|füh|rung,** die: *Kriegführung im Seekrieg;* **See|kriegs|recht,** das: *für den Seekrieg geltendes Kriegsrecht;* **See|kuh,** die: *großes Säugetier mit massivem, walzenförmigem unbehaartem Körper, das an Küsten u. in Binnengewässern der Tropen u. Subtropen lebt;* **See|kü|ste,** die (selten): *Küste;* **See|lachs,**

Seelchen

der: **a)** *Köhler* (2); **b)** ⟨o. Pl.⟩ *Fleisch des Köhlers* (2) *als Lachsersatz.*
See|l|chen, das; -s, - [2: Vkl. von ↑Seele (3)]: **1.** Vkl. zu ↑Seele (1, 2, 3, 7). **2.** *psychisch wenig belastbarer, sehr empfindsamer Mensch:* „Glauben sie ja nicht, daß ich ein S. bin." Da ist er plötzlich ganz cool (Spiegel 48, 1978, 69); Es blieb mir nichts übrig, ich mußte das machen. Ich bin kein S. (Strauß, Niemand 169); Nein, S. *(mein Guter),* das meine ich nicht (Th. Mann, Krull 166); **See|le**, die; -, -n [mhd. sēle, ahd. sē(u)la, wahrsch. zu ↑See u. eigtl. = die zum See Gehörende; nach germ. Vorstellung wohnten die Seelen der Ungeborenen u. Toten im Wasser]: **1.** *das, was das Fühlen, Empfinden, Denken eines Menschen ausmacht; Psyche:* die menschliche S.; ... das Körper und S. eine Einheit bilden (Hilsenrath, Nazi 189); aber nicht Gelehrsamkeit war es, wonach seine kindliche S. strebte (Hesse, Narziß 259); eine zarte, empfindsame, unruhige, zerrissene S. haben; Wie wenig Menschen ... haben eine wahrhaft mitfühlende S.! (Musil, Mann 1045); Er hatte verlernt, sich in der S. seiner Frau zu tasten (Sebastian, Krankenhaus 54); R nun hat die liebe S. Ruh (meist scherzh.; *nun kann jmd. nichts weiter verlangen, weil er bereits alles erhalten hat, der betreffende Vorrat aufgebraucht, die betreffende Sache zerbrochen o. ä. ist;* nach Luk. 12, 19); zwei -n wohnen, ach, in meiner Brust *(ich habe widerstreitende Gefühle;* nach Goethe, Faust I, 1112); Ü ihr Blick war ganz S. *(sie blickte seelenvoll);* ihr [Klavier]spiel hat keine S. *(wirkt kalt);* * **die S. baumeln lassen** (ugs.; *sich psychisch entspannen, von allem, was einen psychisch belastet, Abstand gewinnen);* **eine schwarze S. haben** *(einen schlechten Charakter haben);* **jmdm. etw. auf die S. binden** (ugs.; *jmdn. eindringlich bitten, sich um etw. zu kümmern);* **jmdm. auf der S. knien** (ugs.; *jmdn. eindringlich bitten, etw. Bestimmtes zu tun);* **auf jmds. S./jmdm. auf der S. liegen/lasten** (geh.; *jmdn. bedrücken):* die Schuld lastete schwer auf seiner S.; **jmdm. auf der S. brennen** (ugs.; *jmdm. ein dringendes Anliegen sein);* **jmdm. aus der S. sprechen/ reden** (ugs.; *genau das aussprechen, was jmd. auch empfindet);* **aus ganzer/tiefster S.** (**1.** *zutiefst:* ich hasse ihn aus ganzer/ tiefster S. **2.** *mit großer Begeisterung:* sie sangen aus ganzer/tiefster S. [heraus]); **in jmds./jmdm. in die S. schneiden, jmdm. in der S. weh tun** (geh.; *jmdm. innerlich sehr weh tun, großen Kummer verursachen);* **in tiefster S.** *(zutiefst):* Diese ... Händler- und Krämerpolitik ... war ihm in tiefster S. zuwider (Feuchtwanger, Herzogin 136); **mit ganzer S.** *(mit großem Engagement);* **sich** ⟨Dativ⟩ **etw. von der S. reden/ schreiben** *(über etw., was einen bedrückt, sprechen/schreiben u. sich dadurch abreagieren).* **2.** *substanz-, körperloser Teil des Menschen, der nach religiösem Glauben unsterblich ist, nach dem Tode weiterlebt:* die unsterbliche S.; die -n der Toten; im Fegefeuer wird die S. geläutert; und eines Tages würde seine S. eingehen zum Herrn (Schaper, Kirche 180); Schaden an seiner S. nehmen (bibl.; *sündig werden*); Zwei Messen für die armen -n im Fegfeuer (Sommer, Und keiner 22); * **die S. aushauchen** (geh. verhüll.; *sterben*); **jmdm. die S. aus dem Leib fragen** (ugs.; *jmdn. mit Penetranz alles mögliche fragen);* **jmdm. die S. aus dem Leib prügeln** (ugs.; *jmdn. heftig verprügeln);* **sich** ⟨Dativ⟩ **die S. aus dem Leib reden** (ugs.; *alles versuchen, um jmdn. zu überzeugen, zu etw. Bestimmtem zu bewegen);* **sich** ⟨Dativ⟩ **die S. aus dem Leib schreien** (ugs.; *sehr laut u. anhaltend schreien);* **meiner Seel** (bes. südd., österr.; Ausruf der Bekräftigung, Beteuerung; Verkürzung von „ich schwöre es bei meiner Seele", einer nach altem Rechtsbrauch üblichen Formel): meiner S., auch eine Rittmeisterin ist eine Frau ...! (Frisch, Cruz 13); **hinter etw. hersein wie der Teufel hinter der armen S.** *(ganz versessen auf etw. sein).* **3.** (emotional) *Mensch:* eine brave, ehrliche, treue, schlichte S.; seine Frau ist eine gute S.; Doktor Dozous, der Stadtarzt, eine vielbeschäftigte S. (Werfel, Bernadette 31); eine lebendige S., mit der er reden konnte (Waggerl, Brot 27); niemals können subalterne -n die Freiheit ertragen (St. Zweig, Fouché 208); schöne S. (bes. im 18. Jh.; *Menschentypus, bei dem Affekte u. sittliche Kräfte in harmonischem Verhältnis stehen);* keine S. *(niemand)* war zu sehen; er ist eine durstige S. (ugs.; *trinkt viel [Alkohol]);* eine Gemeinde mit, von sechzig -n (veraltend; *Mitgliedern);* der Ort zählte knapp 5 000 -n (veraltend; *Einwohner);* R zwei -n und ein Gedanke *(beide denken [wir] dasselbe);* * **eine S. von Mensch/von einem Menschen sein** *(ein sehr gütiger, verständnisvoller Mensch sein):* Der Leibpolizist entpuppte sich bald als S. von Mensch (Zwerenz, Quadriga 69). **4.** * **die S. einer Sache sein** *(diejenige Person sein, die in einem bestimmten Bereich dafür sorgt, daß alles funktioniert):* die S. des Geschäfts sein; Die S. des ganzen Unternehmens war Denis Diderot (Friedell, Aufklärung 17); Ü ... ist der Schalter die S. dieses modernen ... Lötwerkzeugs (Elektronik 11, 1971, A 68). **5.** (Waffent.) *das Innere des Laufs od. Rohrs einer Feuerwaffe.* **6.** (Fachspr.) *innerer Strang von Kabeln, Seilen o. ä.* **7.** (Musik) *Stimmstock von Saiteninstrumenten;* **See|len|ach|se**, die (Waffent.): *gedachte Mittellinie der Seele* (5); **See|len|adel**, der (geh.): *edler Charakter;* **See|len|amt**, das (kath. Kirche): *Totenmesse:* ein S. abhalten; **See|len|angst**, die (geh.): *tiefgreifende Angst, die psychische Ursachen hat;* **See|len|arzt**, der (ugs.): **a)** *Psychoanalytiker; Psychiater;* **b)** *jmd., der sich verständnisvoll um die psychischen Probleme eines anderen, anderer kümmert;* **See|len|ärz|tin**, die (ugs.): w. Form zu ↑Seelenarzt; **See|len|blind**, die (Med., Psych.): *optische Agnosie* (1); **See|len|bräu|ti|gam**, der (bes. Mystik): *Christus als Bräutigam der Seele;* **See|len|brief|kas|ten**, der (scherzh.): *Rubrik in einer [illustrierten] Zeitschrift, in der Leserbriefe, die persönliche, private Schwierigkeiten beinhalten, u. die Antwort darauf abgedruckt werden;* **See|len|bun|ker**, der (salopp scherzh.): *Kirche;* **See|len|dra|ma**, das (Literaturw.): *Drama, das im wesentlichen den Verlauf eines psychischen Konflikts zum Gegenstand hat;* **See|len|fang**, der: *mit allen Mitteln betriebene Gewinnung leichtgläubiger Menschen für einen [alleinseligmachenden] Glauben:* auf S. ausgehen; **See|len|for|scher**, der (meist scherzh.): *Psychologe:* Heute unterscheiden die S. auch zwischen neurotischem und gesundem Narzißmus (Wilhelm, Unter 26); **See|len|for|sche|rin**, die (meist scherzh.): w. Form zu ↑Seelenforscher; **See|len|frie|de, See|len|frie|den**, der: *innere Ruhe:* seinen Seelenfrieden finden, verlieren; **see|len|froh** ⟨Adj.⟩ (emotional): *sehr froh, außerordentlich erleichtert:* obwohl er eigentlich s. war, nun nicht mehr allein in der Schlafstube liegen zu müssen (Hesse, Sonne 24); **See|len|ge|mein|schaft**, die: *[weitgehende] Übereinstimmung der Art zu empfinden:* ... spann sich vielleicht für eine Stunde eine flüchtige S. zwischen ihnen an (Hesse, Sonne 31); **See|len|grö|ße**, die: *edle Gesinnung; edles Verhalten:* Nehmen Sie ihn (= Jesus) so, wie Sie irgendeinen Menschen nehmen, der Sie durch S. anrührt (Thielicke, Ich glaube 32); **see|len|gut** ⟨Adj.⟩ (emotional): *sehr gut, gütig:* ein -er Mensch; **See|len|gü|te**, die (geh.): *Güte;* **See|len|haus|halt**, der (ugs.): *(durch das jeweilige Verhältnis von positiven u. negativen Faktoren bestimmte) seelische Verfassung:* doch Parilla gestattete sich solche innerlichen Polemiken von Zeit zu Zeit, ... er brauchte sie dringend, seinen S. auszugleichen (Zwerenz, Quadriga 29); Von den Dirigenten wird ... gesagt, sie bedürften des idealen S., indem sie ihre künstlerische Entfaltung mit der Herrschaft über die dafür erforderlichen dienstbaren Geister kombinieren können (W. Schneider, Sieger 367); **See|len|heil**, das (christl. Rel.): *Erlösung der Seele* (2) *von Sünden:* für sein, jmds. S. beten; um sein, jmds. S. besorgt sein; Ü er ist auf sein S. bedacht, kümmert sich um mein S. (scherzh.; *ist darauf bedacht, daß ich nichts Unmoralisches tue);* **See|len|hirt, See|len|hir|te**, der (veraltend, scherzh.): *Geistlicher:* Wenn die Mehrheit der Eminenzen ... einen italienischen Seelenhirten zum Papst machen will ... (Spiegel 40, 1978, 159); **die** (scherzh.): w. Form zu ↑Seelenhirt; **See|len|klo**, das (salopp): *Mensch, der dafür zur Verfügung steht, daß man sich bei ihm über etw., was einen psychisch belastet, ausspricht* (5a): ich bin doch nicht ihr S.!; jmdn. als S. benutzen, mißbrauchen; **See|len|kraft**, die (veraltend): *Seelenstärke;* **See|len|kun|de**, die ⟨o. Pl.⟩ (geh., veraltend): **a)** *Kenntnis der menschlichen Seele;* **b)** *Psychologie;* **see|len|kun|dig** ⟨Adj.⟩ (selten): *die menschliche Seele kennend;* **see|len|kund|lich** ⟨Adj.⟩ (geh., veraltend): **a)** *die Seelenkunde* (a) *betreffend;* **b)** *psychologisch;* **See|len|la|ge**, die (geh.): vgl. Seelenzustand: Unser kleiner Psychotest kann Ihnen sagen, in welcher S. Sie das neue Jahr ansteuern werden (Gut wohnen 1, 1976, 24); **See|len|le|ben**, das ⟨o. Pl.⟩ (geh.): *Gesamtheit der seelischen Vorgänge in einem Menschen;* **See|len|leh|re**, die (veraltet): *Psycholo-*

gie; **see||len||los** ⟨Adj.; -er, -este⟩ (geh.): **a)** *keine Seele habend:* eine -e Maschine; -e Materie; ein -es Wesen; daß es überhaupt keinen Gott gibt, sondern daß alles nur blinder Zufall oder -es Naturgesetz ist (Thielicke, Ich glaube 41); **b)** *ohne Gefühl, innere Wärme:* ein -er Blick; er ist ein -er Roboter; sein Vortrag am Klavier war s.; Der vorzügliche Tante-Emma-Laden ..., anders als die -en Warenhäuser (Saarbr. Zeitung 11. 10. 79, 5); **See||len||lo||sig||keit,** die; -: *seelenlose Art, Beschaffenheit, Natur;* **See||len||mas||sa||ge,** die (ugs.): **1.** *Versuch, jmdn. zu beeinflussen, jmds. Willen zu manipulieren, um ihn zu einem bestimmten Verhalten zu veranlassen:* Doch die S. blieb ohne Erfolg, die Ostler stimmten ... für Scharf (Spiegel 9, 1966, 64). **2.** (selten) *freundlicher Zuspruch, der jmdn. [wieder] aufrichtet, tröstet:* So verpflichteten Deutschlands Skirennläufer ... den ... Psychologen Rainer Kemmler zur „S." (Hörzu 35, 1974, 10); **See||len||mes||se,** die (kath. Kirche): *Totenmesse;* **See||len||not,** die (geh.): *innere, seelische Not, Bedrängnis:* In höchster S. kommt ihm ein Gedanke (Spoerl, Maulkorb 141); Sie war vertraut mit Rickis Seelennöten (er liebte eine ... junge Dame, deren Kapricen ihn an den Rand des Wahnsinns trieben) ... (K. Mann, Wendepunkt 157); **See||len||qual,** die (geh.): vgl. Seelenangst; **See||len||re||gung,** die: *seelische Regung* (2); **See||len||ro||man,** der (Literaturw.): *Seelendrama;* **See||len||ru||he,** die: *unerschütterliche Ruhe; Gemütsruhe:* trotz des starken Verkehrs hielt er einfach auf der Straße an und studierte in aller S. seinen Stadtplan; mit völliger S. ließ er das Gezeter über sich ergehen; **see||len||ru||hig** ⟨Adj.⟩: *mit unerschütterlicher Ruhe:* er stand direkt neben der Zapfsäule und steckte sich s. eine Zigarette an; man kann doch nicht einfach s. zusehen, wie jemand geschlagen wird; Obschon unsere Maschine bereits aufgerührt worden war, stand er noch s. an der Zollsperre und ... (Ziegler, Labyrinth 116); **See||len||schmalz,** das (ugs. abwertend): *Gefühlsduselei:* Erhards Biederkeit und das, was man S. nannte, wurden Ersatz für schöpferisches und planvolles Handeln (W. Brandt, Begegnungen 167); **See||len||schmerz,** der (geh.): *seelischer Schmerz;* **see||lens||gut** ⟨Adj.⟩: *herzensgut;* **See||len||stär||ke,** die (geh.): *psychische Stabilität:* Er ... hätte nicht die S. gehabt, die man brauche, um dem Trott zu entgehen (M. Walser, Pferd 42); **See||len||taub||heit,** die (Med., Psych.): *akustische Agnosie* (1); **See||len||tier,** das (bes. Mystik): *Tier, von dem die Vorstellung besteht, daß die Seele eines Verstorbenen nach dem Verlassen des menschlichen Körpers seine Gestalt angenommen hat;* **See||len||trös||ter,** der: **1.** *jmd., der anderen in seinem Kummer Trost spendet, ihm beisteht:* er war ihr S.; Groß ... spielte den S. (MM 19. 9. 88, 6). **2.** (ugs.) *alkoholisches Getränk;* **See||len||tröst||le||rin,** die: w. Form zu ↑Seelentröster (1): Rosa Schweizer, die Mutters S. geworden war (Härtling, Hubert 207); **See||len||ver||fas||sung,** die: vgl. Seelenzustand; **see||len||ver||gnügt** ⟨Adj.⟩ (emotional): *vergnügt u. zufrieden:* s. mit den Enkeln spielen; **See||len||ver||käu||fer,** der (abwertend): **1.** (Seemannsspr. abwertend) *schlecht gebautes od. zum Abwracken reifes Schiff, das eigentlich nicht seetüchtig ist, aber trotzdem auf See eingesetzt wird.* **2.** (ugs.) *jmd., der (z. B. als Verräter, als Menschenhändler) Menschen skrupellos [für Geld] anderen ausliefert:* wenn ein S. wie du von Kameradschaft spricht, dann ist eine ganz große Schweinerei im Rohr (Kirst, 08/15, 841); **See||len||ver||käu||fe||rin,** die (ugs. abwertend): w. Form zu ↑Seelenverkäufer (2); **see||len||ver||wandt** ⟨Adj.⟩: *gleich od. sehr ähnlich empfindend:* -e Menschen; die beiden sind s.; **See||len||ver||wandt||schaft,** die: vgl. Seelengemeinschaft: zwischen den beiden besteht eine [enge] S.; **see||len||voll** ⟨Adj.⟩ (geh.): *voll innerer Wärme; gefühlvoll:* Den -en Berliner Ganoven also läßt Simmel aus den zwanziger Jahren in die sechziger fallen (Spiegel 52, 1965, 102); ein -er Blick; der Pianist hat nicht allzu virtuos, dafür aber umso -er gespielt; **See||len||wan||de||rung,** die (bes. ind. Religionen): *Reinkarnation;* **See||len||wär||mer,** der; -s, - (ugs. scherzh.): **1.** *warme Strickjacke; warmer Pullover.* **2.** *Schnaps;* **See||len||zu||stand,** der: *[augenblickliche] psychische Verfassung, Gestimmtheit.*

See||leo||pard, der: *in der Antarktis lebende große Robbe, deren Fell auf der Oberseite grau gefärbt u. schwarz gefleckt ist;* **See||leu||te:** Pl. von ↑Seemann; **See||li||lie,** die (Zool.): *in großer Tiefe im Meer lebender Haarstern, der mit seinem langen, am Grund festsitzenden Stiel u. seinen vielfach verzweigten Armen an eine Blume erinnert.* **see||lisch** ⟨Adj.⟩: *die Seele* (1) *betreffend, dazu gehörend; psychisch:* -e Regungen, Vorgänge, Spannungen, Belastungen, Schmerzen, Krankheiten, -e Grausamkeit; jmds. -e Verfassung, Gesundheit; auf einem Tiefpunkt sein; das -e Gleichgewicht verlieren, wiederfinden; einen -en Knacks (ugs.; *ein psychisches Trauma*) haben; Verstopfung aller Quellen der Entfremdung, die ihn (= dem Menschen) ... zum ein Krüppel machen (Spiegel 35, 1977, 32); die Krankheit hatte -e Ursachen, war s. bedingt; s. krank, gesund; jmdn. s. mißhandeln; sich s. auf etw. einstellen; etw. s. nicht verkraften; s. zusammenbrechen; Der Major ist von seiner Frau ... s. kastriert worden. Er hat einen Minderwertigkeitskomplex (Hilsenrath, Nazi 91).

See||lot||se, der (Seew.): *auf See Dienst tuender Lotse* (Berufsbez.); **See||lö||we,** der: *Robbe mit verhältnismäßig schlankem Körperbau u. schmaler Schnauze mit langen, borstenähnlichen Schnurrhaaren, die löwenähnlich brüllen kann.*

Seel||sor||ge, die ⟨o. Pl.⟩: *geistliche Beratung, Hilfe in wichtigen Lebensfragen (bes. in innerer Not):* praktische S. treiben; in der S. tätig sein; **Seel||sor||ger,** der; -s, -: *jmd., der, bes. als Geistlicher, Seelsorge treibt:* der Pfarrer ist kein brillanter Prediger, aber ein sehr guter S.; den Ärzten, die ... oft wider Willen auch s. sein müssen (Natur 96); **Seel||sor||ge||rin,** die; -, -nen: w. Form zu ↑Seelsorger; **seel||sor||ge||risch** ⟨Adj.⟩: *die Seelsorge betreffend:* -e Arbeit, Aufgaben, Pflichten; für den -en Dienst im Strafvollzug (Spiegel 43, 1975, 52); jmdn. s. betreuen; **seel||sor||ger||lich** ⟨Adj.⟩: *seelsorgerisch:* ein -es Gespräch (Ruthe, Partnerwahl 117); in der -en Praxis der Kirche (Ranke-Heinemann, Eunuchen 213); s. tätig sein; **seel||sorg||lich** ⟨Adj.⟩: *seelsorgerisch:* zu seinen ... -en Aufgaben (Glaube 3, 1967, 7); Dekan Josef Ellensohn, dem die -e Betreuung der Ortschaft Latschau ... obliegt (Vorarlberger Nachrichten 23. 11. 68, 14).

See||luft, die ⟨o. Pl.⟩: *frische, kräftig-würzige Luft am, auf dem Meer:* die S. wird dir guttun; ich möchte mal wieder ein bißchen S. atmen, schnuppern (ugs.; *am Meer sein*); **See||luft||streit||kräf||te** ⟨Pl.⟩ (Milit.): *Teil der Kriegsmarine eines Staates, der über Luftfahrzeuge aller Art u. die zu ihrem Betrieb notwendigen Einrichtungen verfügt;* **See||macht,** die: *Staat, der über beträchtliche Seestreitkräfte verfügt;* **See||mann,** der ⟨Pl. ...leute⟩: *jmd., der auf einem Seeschiff beschäftigt ist* (Berufsbez.); **see||män||nisch** ⟨Adj.⟩: *zu einem Seemann gehörend, ihm entsprechend:* -es Geschick; ein -er (seemannssprachlicher) Ausdruck; er ist s. erfahren; **See||manns||amt,** das: *für Belange der Seeleute zuständige Behörde;* **See||manns||art,** die ⟨o. Pl.⟩: *unter Seeleuten übliche Art u. Weise, etwas zu tun:* nach S.; **See||manns||aus||druck,** der: *Ausdruck der Seemannssprache;* **See||manns||brauch,** der: *unter Seeleuten üblicher Brauch;* **See||manns||braut,** die: *Freundin, Braut eines Seemanns:* das schwere Los k einer S.; **See||mann||schaft,** die; - (Seemannsspr.): *seemännische Fähigkeiten u. Kenntnisse:* zu S. gehören auch wetterkundliche Kenntnisse; **See||manns||ehe,** die: *Ehe, in der der Mann Seemann u. meist auf See ist;* **See||manns||gang,** der ⟨o. Pl.⟩: *für Seeleute typischer wiegender* ¹Gang (1a); **See||manns||garn,** das ⟨o. Pl.⟩: *[größtenteils] erfundener, stark übertreibender Bericht eines Seemanns über ein erstaunliches Erlebnis o. ä.:* das ist doch alles nur S.; * S. spinnen (*von erstaunlichen, angeblich auf einer Seereise erlebten Dingen erzählen;* früher mußten die Matrosen auf See in ihrer Freizeit aus aufgelöstem altem Takelwerk neues Garn wickeln, wobei sie sich von ihren Abenteuern erzählten); **See||manns||grab,** das: *in der Wendung* **S. finden** (geh.: *[als Seemann] auf See umkommen*); **See||manns||heim,** das: **a)** *soziale Einrichtung in einer Hafenstadt, die bes. den Zweck hat, Seeleuten in der Fremde Unterkunft, soziale Kontakte u. seelsorgerische Betreuung zu bieten;* **b)** *Gebäude, in dem ein Seemannsheim* (a) *untergebracht ist;* **See||manns||kis||te,** die (früher): *truhenartige Kiste, in der Seemann seine Kleidung u. andere Dinge seines persönlichen Gebrauchs aufbewahrt u. transportiert;* **See||manns||kno||ten,** der: *Schifferknoten;* **See||manns||le||ben,** das ⟨o. Pl.⟩: *Leben eines Seemanns:* er war das S. leid; **See||manns||lied,** das: vgl. Seemannsbrauch; **See||manns||los,** das ⟨o. Pl.⟩ (geh.): *Los* (2) *eines Seemanns;* **See||manns||mis-**

si|on, die: *Institution der evangelischen u. katholischen Kirche zur seelsorgerischen Betreuung von Seeleuten;* **See|mannsspra|che,** die: *Fach- u. Berufssprache der Seeleute;* **see|manns|sprach|lich** ⟨Adj.⟩: *die Seemannssprache betreffend, dazu gehörend;* **See|manns|tod,** der ⟨o. Pl.⟩: *Tod durch Ertrinken auf See:* den S. finden, sterben; **See|ma|nö|ver,** das: *auf See durchgeführtes Manöver* (1) *der Marine;* **see|mä|ßig** ⟨Adj.⟩ (Fachspr.): *(von Verpackungen) für den Seetransport geeignet:* s. verpacktes Frachtgut; **See|maus,** die [1: die etwa mausgroßen leeren Kapseln erinnern, vom Wind über den Strand getrieben, an schnell laufende Mäuse; 2: H. u.]: **1.** *(volkst.) im Umriß rechteckiges, von einer dunklen Hornschale umgebenes, an den Ecken fadenförmig ausgezogenes Ei eines Hais od. Rochens.* **2.** *Seeraupe;* **See|mei|le,** die: *in der Seefahrt zur Angabe von Entfernungen verwendete Längeneinheit; nautische Meile;* Zeichen: sm; **See|mi|ne,** die: *zum Einsatz gegen Schiffe im Wasser verlegte* ¹*Mine* (2); **See|moos,** das ⟨o. Pl.⟩: *in Kolonien im flachen Wasser am Meeresgrund lebende Polypen* (1)*, deren an fein verzweigte, zarte Pflanzen erinnernde Stöcke getrocknet u. [grün] gefärbt zur Dekoration verwendet werden;* **See|mö|we,** die: *am Meer lebende Möwe;* **See|na|del,** die: *(im Meer lebender) Fisch, dessen langgestreckter Körper mit kleinen Plättchen aus Knochen besetzt ist u. dessen Kopf vorn in ein langes, röhrenförmiges Organ ausläuft, mit dem er seine Nahrung aufsaugt;* **seen|artig** ⟨Adj.⟩: *seeartig;* **See|ne|bel,** der: *auf See auftretender Nebel;* **See|nel|ke,** die: *mit zahlreichen kurzen u. feinen Tentakeln ausgestattete, oft lebhaft gefärbte Seerose* (2); **See|neun|au|ge,** das: *Meeresneunauge;* **Seen|ge|biet,** das: *Gebiet, in dem mehrere, viele Seen liegen;* **Seen|kun|de,** die ⟨o. Pl.⟩: *Teilgebiet der Hydrobiologie, das sich mit den Süßgewässern u. den darin lebenden Organismen befaßt; Limnologie;* **seen|kund|lich** ⟨Adj.⟩: *die Seenkunde betreffend, zu ihr gehörend;* **See|not,** die ⟨o. Pl.⟩: *durch eine Havarie* (1 a)*, durch ungünstiges Wetter o. ä. auf See entstandene lebensgefährliche Notlage:* jmdn. aus S. retten; in S. geraten; in S. sein; **See|not|kreu|zer,** der: *Seenotrettungskreuzer;* **See|not|ret|tungs|dienst,** der: *Rettungsdienst bei Seenot;* **See|notret|tungs|flug|zeug,** das: vgl. *Seenotrettungskreuzer;* **See|not|ret|tungs|kreuzer,** der: *für den Einsatz zur Rettung in Seenot geratener Menschen bestimmtes kleineres, aber bes. seetüchtiges Schiff;* **See|not|ruf,** der: *Funkspruch, -signal zur Anforderung von Hilfe bei Seenot;* **See|not|si|gnal,** das: *Seenotzeichen;* **See|notzei|chen,** das: *Funkzeichen zur Anforderung von Hilfe bei Seenot;* **Seen|plat|te,** die (Geogr.): *flache od. nur leicht hügelige Landschaft mit vielen Seen;* **seen|reich** ⟨Adj.⟩: *reich an Seen:* eine -e Gegend; **See|nym|phe,** die (Myth.): *Meerjungfrau;* **See|of|fi|zier,** der: *Offizier der Marine* (1 b); **See|ohr,** das: *im Meer, bes. im Bereich der Brandung, lebende Schnecke, deren Gehäuse an eine menschliche Ohrmuschel erinnert; Meerohr;* **See|ot|ter,** der: *Meerotter;* **See|pferd, See|pferdchen,** das: *(im Meer lebender) meist in aufrechter Haltung schwimmender kleiner Fisch, dessen mit kleinen knöchernen Plättchen bedeckter, bizarr geformter Körper mit dem nach vorn geneigten Kopf an ein Pferd erinnert;* **See|pocke**¹**,** die: *(im Meer, bes. in der Gezeitenzone) meist in [großen] Kolonien lebendes kleines Krebstier, dessen aus Kalk bestehendes, kegelförmiges äußeres Skelett fest auf einem im Wasser befindlichen Gegenstand angeheftet ist;* **See|pro|me|na|de,** die: *Promenade an einem Seeufer;* **See|raub,** der ⟨o. Pl. selten⟩: *[auf See begangener] Raub* (1) *eines Schiffes, einer Schiffsladung; vom S. leben;* jmdn. wegen wiederholten -es zum Tode verurteilen; **See|räu|ber,** der: *jmd., der [gewohnheitsmäßig] Seeraub begeht; Pirat;* **See|räu|be|rei,** die: **1.** ⟨o. Pl.⟩ **a)** *[gewohnheitsmäßige] Betätigung als Seeräuber:* jmdn. wegen fortgesetzter S. hinrichten; **b)** *Seeräuberwesen:* die S. bekämpfen. **2.** ⟨meist Pl.⟩ *seeräuberische Tat; Seeraub:* die ihm zur Last gelegten -en; **see|räu|be|risch** ⟨Adj.⟩: *den Tatbestand der Seeräuberei erfüllend; wie ein Seeräuber vorgehend:* ein -er Überfall, Akt; -e Praktiken; s. lebende Stämme; **See|räu|ber|schiff,** das: *Schiff von Seeräubern;* **See|räu|ber|un|we|sen,** das (abwertend): *Seeräuberwesen;* **See|räuber|we|sen,** das: *Gesamtheit der seeräuberischen Aktivitäten:* das S. bekämpfen; **See|rau|pe,** die: *im Meer lebender Ringelwurm mit schuppenartigen Plättchen auf dem Rücken u. buntschillernden Borsten an den Seiten;* **See|recht,** das ⟨o. Pl.⟩: *die Nutzung der Meere, bes. die Seeschiffahrt regelndes Recht;* **see|rechtlich** ⟨Adj.⟩: *das Seerecht betreffend, zu ihm gehörend:* -e Fragen, Gründe; das ist s. nicht möglich; **See|rei|se,** die: *übers Meer führende Reise;* **See|rei|sen|de,** der u. die: *jmd., der sich auf einer Seereise befindet;* **See|ro|se,** die: **1.** *(in Binnengewässern wachsende) Pflanze mit großen, glänzenden, runden, auf der Wasseroberfläche schwimmenden Blättern u. weißen od. gelben Blüten.* **2.** *(in vielen Arten vorkommendes) oft lebhaft gefärbtes, im Meer lebendes Tier mit zahlreichen Tentakeln, das an eine Blume erinnert; Seeanemone* (b). **Seer|sucker**¹ ['sɪəsʌkə], der; -s [engl. seersucker < Hindi śīrśakar < pers. šīr wa šakar = Milch u. Zucker]: *Baumwoll[misch]gewebe mit Kreppeffekt, der durch unterschiedliche Kettenspannung u. Mischung von stark u. wenig schrumpfenden Garnen erzielt wird.* **See|sack,** der: *bes. von Seeleuten benutzter, mit Tragegurten u. einem Tragegriff versehener größerer Sack aus wasserdichtem Segeltuch zum Verstauen der auf eine Reise mitzunehmenden persönlichen Gegenstände;* **See|salz,** das: *Meersalz;* **See|sand|man|del|kleie,** die (Kosmetik): *mit feinstem Seesand vermischte Mandelkleie;* **See|scha|den,** der (Amtsspr.): *auf See entstandener Schaden an einem Schiff od. seiner Ladung;* **See|scheide,** die: *(am Meeresgrund festsitzendes) einzeln od. in Kolonien lebendes Manteltier mit schlauch- od. walzenförmigem Körper;* **See|schiff,** das: *seetüchtiges Schiff;* **See|schiff|fahrt**²**,** die ⟨o. Pl.⟩: *Schiffahrt, Schiffsverkehr auf See;* **Seeschiffahrt[s]|stra|ße**²**,** die: *Schiffahrtsstraße für die Seeschiffahrt:* der Sueskanal, die Straße von Dover ist eine der wichtigsten -n; **See|schif|fer,** der: *Führer eines Seeschiffs;* **See|schild|krö|te,** die: *Meeresschildkröte;* **See|schlacht,** die: vgl. *Seekrieg;* **See|schlag,** der ⟨o. Pl.⟩ (Seemannsspr.): **1.** *das Übergehen* (6) *von* ²*Seen* (2): die Luken müssen gegen S. gesichert werden. **2.** *das Zusammenwirken von Schwell u. Sog an einer Küste:* der S. hat die Küstenlinie im Laufe der Zeit verändert; **See|schlan|ge,** die: **1.** *(an Küsten warmer Meere vorkommende) im Wasser lebende Giftschlange, die sich vorwiegend von Fischen ernährt.* **2.** (Myth.) *schlangenartiges, im Meer lebendes Ungeheuer;* **See|schwal|be,** die: *(am Wasser, bes. am Meer lebender) vorwiegend weiß od. hell gefärbter Vogel, der bes. wegen seines gegabelten Schwanzes u. seiner schmalen, spitzen Flügel an eine Schwalbe erinnert;* **See|sei|de,** die: *Muschelseide;* **See|sei|te,** die: *dem Meer zugewandte Seite:* die S. des Deiches; **see|sei|tig** ⟨Adj.⟩: *auf der Seeseite gelegen, dem Meer zugewandt;* **See|sieg,** der: *in einer Seeschlacht, in einem Seekrieg errungener Sieg;* **See|skor|pi|on,** der: *Drachenkopf;* **See|sper|re,** die (Milit.): **a)** *das Erklären eines bestimmten Seegebiets zum Sperrgebiet; Sperrung eines bestimmten Seegebiets:* eine S. verhängen; **b)** *gesperrtes Seegebiet;* **See|spin|ne,** die: *(in vielen Arten vorkommende) in Ufernähe im Meer lebende Krabbe mit langen, dünnen, an eine Spinne erinnernden Beinen;* **See|staat,** der (veraltend): vgl. *Seemacht;* **See|stadt,** die: *an der See gelegene Stadt;* **See|stern,** der: *(in vielen Arten vorkommendes) im Meer lebendes sternförmiges Tier mit meist fünf Armen, das an der Oberseite eine rauhe, stachelige Haut u. an der Unterseite viele kleine, der Fortbewegung dienende Saugorgane besitzt;* **See|stra|ße,** die: *über das Meer führende Route, von Schiffen befahrene Strecke;* **See|stra|ßen|ord|nung,** die (Rechtsspr.): *internationales Gesetz zur Regelung des Schiffsverkehrs auf See;* **See|streit|kräfte** ⟨Pl.⟩: *Marine* (1 b); **See|stück,** das (bild. Kunst): *Gemälde, das die See, die Küste, eine Seeschlacht o. ä. darstellt; Marine* (2); **See|sturm,** der (bes. selten): *Sturm auf See;* **See|tang,** der: *große, in Küstennähe im Meer wachsende, meist auf Felsen festsitzende Braun- od. Rotalge;* **See|taucher,** der: *mittelgroßer, an nördlichen Meeren lebender Wasservogel, der sehr gut tauchen kann;* **See|teu|fel,** der: *Drachenkopf;* **See|tie|fe,** die (bes. selten): *Meerestiefe;* **See|tier,** das (bes. selten): *Meerestier;* **See|törn,** der (Seemannsspr.): *Törn auf See;* **See|trans|port,** der: *auf dem Seewege erfolgender Transport;* **see|tüch|tig** ⟨Adj.⟩: *(von Schiffen, Booten) für die Fahrt auf See geeignet;* **See|tüch|tig|keit,** die: *seetüchtige Beschaffenheit, seetüchtiger Zustand;* **See|ufer,** das: *Ufer eines Sees;* **See|um|schlag|platz,** der: *Umschlag-*

platz für zur See transportierte Güter; **See|un|fall,** der: *Unfall (von Schiffen) auf See;* **See|un|ge|heu|er,** das: *Meerungeheuer;* **see|un|tüch|tig** ⟨Adj.⟩: *nicht seetüchtig,* **See|un|tüch|tig|keit,** die: *seeuntüchtige Beschaffenheit, seeuntüchtiger Zustand;* **See|ver|bren|nung,** die (Fachspr.): *Müllverbrennung (bes. Verbrennung gefährlicher Abfälle) auf See:* daß 70 Prozent ... der Giftabfälle für die S. dioxinverseucht seien (Welt 23. 11. 89, 31); **See|ver|kehr,** der: vgl. Seehandel; **See|ver|mes|sung,** die: *Teilgebiet der Meereskunde, das sich mit der Vermessung des Meeresbodens im Bereich der Schiffahrtswege, Küsten u. Häfen sowie mit der Herstellung von Seekarten befaßt;* **See|ver|si|che|rung,** die: *Versicherung für den Transport im Seehandel;* **See|vo|gel,** der: *am Meer lebender Vogel, der seine Nahrung im Meer findet;* **See|volk,** das: *seefahrendes Volk;* **See|wal|ze,** die: *Seegurke;* **See|war|te,** die: *bes. der Seefahrt dienendes meereskundliches Forschungsinstitut;* **see|wär|tig** ⟨Adj.⟩: *auf der Seeseite gelegen; der See zugewandt; sich in Richtung der [offene] See bewegend:* ein -er Wind; eine -e Strömung; -e (Fachspr.; *auf dem Seeweg weiterzubefördernde) Güter;* 40 Prozent des -en (Fachspr.; *auf dem Seeweg abgewickelten) Außenhandels* (FAZ 29. 7. 61, 5); **see|wärts** ⟨Adv.⟩ [↑ -wärts]: *zur See hin; der [offenen] See zu:* der Wind weht s.; weiter s. gelegen; **See|was|ser,** das ⟨o. Pl.⟩: *Wasser der See; Meerwasser;* **See|was|ser|aqua|ri|um,** das: *Aquarium mit Seewasser;* **See|was|ser|stra|ße,** die: *der Seeschiffahrt dienende Wasserstraße;* **See|was|ser|wel|len|bad,** das: *Wellenbad, dessen Becken mit Seewasser gefüllt ist;* **See|weg,** der: **1.** *von der Schiffahrt benutzte Route über das Meer:* der S. nach Indien. **2.** ⟨o. Pl.⟩ *Weg des Verkehrs, des Transports über das Meer:* etw. auf dem S. befördern; **See|weib,** das (Myth.): *Meerjungfrau;* **See|we|sen,** das ⟨o. Pl.⟩: *Bereich u. Einrichtungen der Schiffahrt;* **See|wet|ter|amt,** das: *für den Seewetterdienst zuständiges Wetteramt;* **See|wet|ter|be|richt,** der: *für die Seeschiffahrt herausgegebener Wetterbericht;* **See|wet|ter|dienst,** der: *Wetterdienst für die Seefahrt;* **See|wind,** der: *von der See her wehender Wind;* **See|wolf,** der: *im Meer lebender Fisch mit einem auffallend plumpen Kopf u. einem sehr kräftigen Gebiß, der als Speisefisch geschätzt wird; Austernfisch;* **See|zei|chen,** das: *Zeichen, das Hinweise für die Navigation auf See gibt: feste, schwimmende S.;* **See|zim|mer,** das: *auf der Seeseite eines Hauses gelegenes Zimmer;* **See|zoll|gren|ze,** die: *Zollgrenze, die das Zollgebiet eines Landes gegen die offene See abgrenzt;* **See|zoll|ha|fen,** der: *Hafen an einer (an der Seezollgrenze beginnenden) Zollstraße;* **See|zun|ge,** die: *(bes. im Meer lebender) zu den Plattfischen gehörender Fisch mit gestreckt-ovalem Körper u. einem Augenpaar auf der rechten Kopfseite, der als Speisefisch sehr geschätzt wird;* **See|zun|gen|fi|let,** das: *Filet von der Seezunge.*

Se|gel, das; -s, - [mhd. segel, ahd. segal, wohl urspr. = abgeschnittenes Tuchstück u. verw. mit ↑ Säge]: *großflächiges [drei- od. viereckiges] Stück starkes [Segel]tuch o. ä., das mit Hilfe bestimmter am Mast eines [Wasser]fahrzeuges o. ä. befestigter Vorrichtungen ausgespannt wird, damit der Wind gegen seine Fläche drücken kann:* dem Schiff, Fahrzeug usw. Segel geben: volle, pralle, geschwellte, schlaffe S.; die bunten S. der Windsurfer; Der Bootsmann überlegt, ob Rudern Zweck hat ..., da schlägt plötzlich das S. (Nachbar, Mond 29); Schwarze S. flatterten um den Mast, und weiße S. wollte Theseus hissen auf der Rückfahrt, wenn ... (Ceram, Götter 82); der Wind schwellt, bläht die S.; die S. heißen, auf-, einziehen, ein-, herunter-, niederholen; die S. klarmachen, reffen, streichen, bergen; [die] S. setzen (Seemannsspr.; *aufrollen, aufziehen*); Fischer Rickmers ruderte ein paar Stöße hinaus, bis der Wind ins S. faßte (Fallada, Herr 67); Eine vollbesetzte Barke im Sturm mit knatternden -n (Werfel, Himmel 217); unter S. (Seemannsspr.; *mit gesetzten Segeln*) die Flußmündung passieren; unter S. bleiben (Seemannsspr.; *die Segel gesetzt lassen*); unter S. gehen (Seemannsspr.; *Segel setzen u. absegeln*); * |vor jmdm., etw.| die S. streichen (geh.; *den Kampf, den Widerstand [gegen jmdn., etw.] aufgeben;* in früherer Zeit war es ein Zeichen der Kapitulation, wenn ein Segelschiff vor dem Feind die Segel einholte): Aber nicht wie alle anderen hat Paul dann die S. gestrichen, sondern hat sie gefragt: „Schönes Fräulein, darf ich's wagen ...?" (Plenzdorf, Legende 12); **mit vollen -n** (ugs.; *mit aller Kraft, mit ganzem Einsatz*); **Se|gel|an|wei|sung,** die (Seew.): *Sammlung von Angaben u. Verhaltensregeln, die für die Schiffahrt in einem bestimmten Gebiet wichtig sind;* **se|gel|ar|tig** ⟨Adj.⟩: *wie ein Segel [gebildet], in der Art eines Segels;* **Se|gel|boot,** das: *Boot, das mit Mast[en] u. Segel ausgerüstet ist u. durch die Kraft des Windes fortbewegt wird;* **Se|gel|fahrt,** die: *Fahrt mit dem Segelschiff od. -boot;* **Se|gel|fal|ter,** der: *dem Schwalbenschwanz ähnlicher, großer, gelbschwarz gezeichneter Tagfalter;* **se|gel|fer|tig** ⟨Adj.⟩ (Seemannsspr.): *(von Segelbooten, -schiffen) seeklar;* **Se|gel|flä|che,** die (Fachspr.): *gesamte Fläche der Segel eines Segelboots, -schiffs;* **se|gel|flie|gen** ⟨st. V.; nur im Inf. gebr.⟩: *mit dem Segelflugzeug fliegen:* s. lernen; ⟨subst.:⟩ das Wetter ist ideal zum Segelfliegen; **Se|gel|flie|ger,** der: *Flieger, der das Segelfliegen betreibt;* **Se|gel|flie|ge|rei,** die: *Fliegerei mit Segelflugzeugen;* **Se|gel|flie|ge|rin,** die: w. Form zu ↑ Segelflieger; **Se|gel|flie|ger|oh|ren** ⟨Pl.⟩ (salopp): *abstehende Ohren;* **Se|gel|flos|ser,** der; -s, -: *im Amazonas heimischer, silbriggrauer, scheibenförmiger Buntbarsch mit dunklen Querstreifen, der der Aquarienfisch beliebt ist; Skalar;* **Se|gel|flug,** der: **1.** ⟨o. Pl.⟩ *antriebsloser Flug (1) [mit einem Segelflugzeug]:* er war ein Pionier des -s. **2.** *antriebsloser Flug (2) [mit einem Segelflugzeug]:* es war mein erster S.; **Se|gel|flug|platz,** der: *Flugplatz für Segelflieger;* **Se|gel|flug|sport,** der: *als Sport betriebene Segelfliegerei;* **Se|gel|flug|wett|be|werb,** der: *Wettbewerb im Segelfliegen;* **Se|gel|flug|zeug,** das: *für motorloses Fliegen (Steigen im Aufwind od. Gleiten mit geringem Höhenverlust) konstruiertes Luftfahrzeug;* **Se|gel|jacht,** (seem. auch:) Segelyacht, die: vgl. Segelboot; **Se|gel|kar|te,** die (Seew.): *Seekarte in mittlerem Maßstab;* **se|gel|klar** ⟨Adj.⟩ (Seemannsspr.): *(von Segelbooten, -schiffen) seeklar;* **Se|gel|klub,** der: *Klub, in dem das Segeln als Sport, als Freizeitbeschäftigung gepflegt wird;* **se|gel|los** ⟨Adj.⟩: *ohne Segel;* **Se|gel|ma|cher,** der: *Handwerker, der Segel herstellt u. [Reparatur]arbeiten an Segeln, Takelage o. ä. ausführt* (Berufsbez.); **Se|gel|ma|che|rin,** die: w. Form zu ↑ Segelmacher; **se|geln** ⟨sw. V.⟩ [mhd. sigelen, mniederd. segelen, seilen]: **1.** ⟨ist⟩ **a)** *mit Hilfe eines Segels (u. der Kraft des Windes) fahren, sich fort-, vorwärts bewegen:* das Boot segelt schnell, langsam [aus dem Hafen]; das Schiff segelt morgen nach London, über den Kanal; das Schiff segelt vor dem, hart am Wind, gegen den Wind; der Schoner segelte unter englischer Flagge; als die Schiffe der Griechen gegen Troja segelten (Geissler, Wunschhütlein 81); Ü diese Publikation segelt unter dem Namen Literatur (ugs. spött.; *wird als Literatur ausgegeben, geführt*); Anzeigen – das ist etwas anderes, sie segeln außerhalb der Verantwortung der Redaktion (ugs.; *für sie ist die Redaktion nicht verantwortlich;* Funkschau 19, 1971, 1880); **b)** *sich mit auffälliger Gehabe irgendwohin begeben:* durch den Saal, aus dem Zimmer s.; seine Nachbarin kam um die Ecke gesegelt. **2. a)** *mit einem Segelschiff, -boot usw. fahren* ⟨ist/hat⟩: s. lernen, können, gehen; er hat, ist früher viel gesegelt; wir sind stundenlang gesegelt, mit einer Jolle s.; wir segelten mit dem, vor dem, hart am, gegen den Wind; Sie segelten mit achterlichem Winde (Hausmann, Abel 67); nach Westen, über den Atlantik s.; **b)** ⟨s. + sich; unpers.⟩ *sich unter bestimmten Umständen in bestimmter Weise segeln (2 a) lassen* ⟨hat⟩: bei diesem Sturm segelt es sich schlecht. **3. a)** *ein Segelschiff, -boot usw. steuern:* eine Jolle, einen Katamaran s.; **b)** ⟨s. + sich⟩ *beim Segeln bestimmte Eigenschaften haben* ⟨hat⟩: die Jacht segelt sich gut. **4. a)** *segelnd zurücklegen, bewältigen* ⟨ist/hat⟩: 7 Knoten s.; er ist/(seltener:) hat die Strecke in drei Stunden gesegelt; **b)** *segelnd ausführen, durchführen* ⟨hat/ist⟩: einen anderen Kurs s.; eine Regatta s. (*sich an einer Segelregatta beteiligen*); Ü einen anderen [politischen] Kurs s.; ... sei die BBC auf Expansionskurs gesegelt (*habe sie Expansion angestrebt;* NZZ 11. 4. 85, 43); **c)** *segelnd, als Segler in einem Wettkampf erzielen:* einen neuen Rekord s. **5.** (selten) *mit einem Segelboot, -schiff usw. befördern, an einen bestimmten Ort transportieren* ⟨hat⟩: ... segelten sie die Levantegüter lieber im Kiel verstaut nach Flandern (Jacob, Kaffee 50). **6.** ⟨ist⟩ **a)** *schweben; gleitend fliegen:* die Wolken segeln am Himmel; über uns segelte ein Adler; Blätter segeln durch die Luft; Auch wenn wir den Motor abstellen und im Gleitflug segeln (Grzimek, Serengeti

Segelohren 3056

132); **b)** (ugs.) *mit Schwung fliegen* (11): *das Auto segelte aus der Kurve;* ... *und die Maus segelte durch die Luft, plumpste auf den Rasen und blieb einen Augenblick betäubt liegen* (Roehler, Würde 9); **c)** (salopp) *fliegen* (12), *[hin]fallen, stürzen:* auf den Boden s.; *er segelte in einen Graben, von der Schaukel, auf den Hintern;* **d)** (salopp) *fliegen* (13): *von der Schule s.;* **e)** (salopp) *eine Prüfung nicht bestehen:* durchs Abi, Examen s.; **Se|gel|oh|ren** 〈Pl.〉 (salopp): *abstehende Ohren;* **Se|gel|par|tie,** die: *Ausfahrt, Ausflug mit einem Segelboot;* **Se|gel|qual|le,** die: *im Mittelmeer u. im Atlantik weitverbreitete Qualle mit segelartig hochgestelltem Luftbehälter, die oft in großen Schwärmen an der Wasseroberfläche treibt;* **Se|gel|re|gat|ta,** die: *Regatta für Segelboote;* **Se|gel|schiff,** das: vgl. Segelboot; **Se|gel|schiffahrt²,** die: *Schiffahrt mit Segelschiffen;* **Se|gel|schlit|ten,** der: *Eisjacht;* **Se|gel|schu|le,** die: vgl. Reitschule (1); **Se|gel|schul|schiff,** das: *als Schulschiff dienendes Segelschiff;* **Se|gel|sport,** der: *das Segeln als sportliche Betätigung;* **Se|gel|sur|fen,** das; -s: *Windsurfing;* **Se|gel|törn,** der (Seemannsspr.): *Törn auf einem Segelboot;* **Se|gel|tuch,** das 〈Pl. -e〉: *kräftiges, dichtes Gewebe aus Baumwolle, Flachs o.ä. mit wasserabweisender Imprägnierung, aus dem Segel, Zelte, Planen usw. hergestellt werden:* Turnschuhe aus S.; **Se|gel|tuch|dach,** das: vgl. Segeltuchverdeck; **Se|gel|tuch|ei|mer,** der (Seew.): *eimerartiges Gefäß aus imprägniertem Segeltuch;* **Se|gel|tuch|schuh,** der: *Schuh aus Segeltuch;* **Se|gel|tuch|ver|deck,** das: *Verdeck aus Segeltuch:* der Wagen hat ein S.; **Se|gel|werk,** das: *Takelage;* **Se|gel|wind,** der: *Wind zum Segeln* (2a): heute ist guter S.; wir hatten leider keinen [richtigen] S.; **Se|gel|yacht:** ↑ Segeljacht; **Se|gel|zei|chen,** das (Sport): *oben im Großsegel angebrachte Kennzeichnung, aus der man die Bootsklasse, die Registriernummer u. die Nationaliät eines Segelboots entnehmen kann.*

Se|gen, der; -s, - [mhd. segen = Zeichen des Kreuzes, Segen(sspruch), ahd. segan, rückgeb. aus ↑segnen]: **1. a)** 〈Pl. selten〉 (bes. Rel.) *durch Gebetsworte, Formeln, Gebärden für jmdn., etw. erbetene göttliche Gnade, gewünschtes Glück u. Gedeihen:* der väterliche, päpstliche S.; jmdm. den S. geben, spenden; den S. erhalten, bekommen, empfangen; Und die Großmutter hat alle drei Päpste gesehen, und von allen hat sie sich den S. geholt (Schwaiger, Wie kommt 34); über jmdn., etw. den S. sprechen *(jmdn., etw. segnen);* wird er (= der Papst) den feierlichen Segen „urbi et orbi" erteilen (Glaube 51/52, 1966, 6); heile, heile S.! [Morgen gibt es Regen, übermorgen ...] (Kinderreim bzw. dessen Anfang, der zur Tröstung bei Schmerzen gesprochen wird); den S. *(das segenspendende liturgische Gebet)* sprechen, singen; Die hat man mit allen priesterlichen S. vor vierzehn Tagen ins Grabe getragen (Jahnn, Geschichten 211); sie leben ohne den S. der Kirche (veraltend; *ohne kirchlich getraut zu sein*) zusammen; ... den Geschiedenen nicht ohne geistlichen S. in die Grube fahren zu lassen *(nicht ohne Aussegnung zu beerdigen;* Th. Mann, Krull 75); es läutete zum S. (kath. Kirche; *zum abschließenden Teil der* ¹*Messe* 1); **b)** 〈o. Pl.〉 (ugs.) *Einwilligung, Billigung:* seinen S. zu etw. geben; mit behördlichem und polizeilichem S. (ADAC-Motorwelt 9, 1984, 61); ohne ihren S. geschieht hier nichts. **2.** 〈o. Pl.〉 **a)** *Förderung u. Gedeihen gewährender göttlicher Schutz:* der S. [Gottes, des Himmels] ruhte auf ihm; auf dem Vorhaben ruht kein Segen; jmdm. Glück und [Gottes reichen] S. wünschen; **b)** *Glück, Wohltat:* der S. der Arbeit; diese Erfindung ist ein wahrer, kein reiner S.; Die Kommunikation der Zukunft - Fluch oder S.? (Hörzu 4, 1980, 72); Für den kleinen Grenouille und das Etablissement der Madame Gaillard ein S. Wahrscheinlich hätte er nirgendwo anders überleben können (Süskind, Parfum 27); Die Abgeschiedenheit ist gleichzeitig Kreuz und S. fürs Bergtal (Tages Anzeiger 12. 11. 91, 9); (es ist) ein S., daß es nicht regnet!; diese Erfindung hat [der Menschheit] keinen S. gebracht; etw. zum S. der Menschheit nutzen; ... daß ich dich gefunden habe, uns beiden zum S. (Jahnn, Nacht 139); Spr sich regen bringt S. *(nicht untätig zu sein ist von Nutzen, lohnt sich).* **3.** 〈o. Pl.〉 **a)** *reicher Ertrag:* der S. der Ernte; die Obstbäume trugen reichlich, wir wußten nicht, wohin mit dem [ganzen] S.; Die mochten, soweit sie von dem S. abbekommen hatten, ihn festlegen in gutem, auswärtigem Geld (Feuchtwanger, Erfolg 622); das ist der ganze S. (ugs. iron.; *das ist alles)?;* **b)** (ugs. iron.) *Menge, Fülle, die [plötzlich] unangenehm in Erscheinung tritt od. jmdm. gegen seinen Willen zuteil wird:* die Stricke rissen, und der ganze S. kam herunter; er schüttete den ganzen S. seiner Zivilisation über die eroberte Provinz aus (Thieß, Reich 591); ich ... picke mir einen (= einen der feindlichen Flieger) raus, der bekommt seinen S. (verhüll.; *wird abgeschossen;* Grass, Katz 60); **se|gen|brin|gend**¹ 〈Adj.〉 (geh.): *segensreich;* **Se|gen|er|tei|lung,** die: *Erteilung eines Segens, bes. des priesterlichen Segens;* **Se|gens|for|mel,** die: *Formel, die einen Segen* (1a) *enthält:* eine S. sprechen; **se|gen|spen|dend**¹ 〈Adj.〉 (geh.): *segensreich;* **Se|gens|pen|dung,** die (geh.): *Segenerteilung;* **se|gens|reich** 〈Adj.〉: **1.** *reich an Segen* (2a): jmdm. eine -e Zukunft wünschen. **2.** *reichen Nutzen bringend:* eine -e Erfindung, Einrichtung; einen -en Einfluß haben; nach Jahren -en Wirkens aus dem Amt scheiden; ... womit sich der Kanal jedoch s. auf die Wirtschaftsregion ... auswirken (Südd. Zeitung 18. 5. 84, 13); **Se|gens|spruch,** der: *Spruch, der einen Segen* (1a) *enthält;* **se|gens|voll** 〈Adj.〉: *segensreich;* **Se|gens|wunsch,** der: **1.** *Wunsch, der Inhalt eines Segens* (1a) *ist; Wunsch, mit dem man Segen* (1a) *auf jmdn., etw. herabruft.* **2.** 〈Pl.〉 *Wünsche, mit denen man jmdm. Glück u. Segen wünscht:* Er murmelte ein paar Segenswünsche hinter den beiden Frauen her (Baum, Paris 88).

Se|ger|ke|gel, der [nach dem dt. Techniker H. Seger (1839-1893)] (Technik): *zur Bestimmung der Temperatur in einem keramischen Ofen dienende, aus keramischer Masse bestehende kleine, schlanke Pyramide, die aufgrund ihrer Zusammensetzung bei einer bestimmten Temperatur erweicht;* Zeichen: SK; **Se|ger|por|zel|lan,** das 〈o. Pl.〉: *Berliner Porzellan, das dem japanischen Porzellan ähnlich ist.*

Seg|ge, die; -, -n [aus dem Niederd. < mniederd. segge, verw. mit ↑Säge (mit Bezug auf die schneidenden Blattränder)]: *(zu den Riedgräsern gehörendes) Gras mit ährenartigen Blütenständen u. dreikantigen Stengeln.*

Seg|ler, der; -s, - [spätmhd. segeler, mniederd. sēgeler = Schiffer]: **1. a)** *Segelschiff; größeres Segelboot;* **b)** *Segelflugzeug.* **2. a)** *jmd., der segelt, Segelsport betreibt;* **b)** (geh.) *segelnder* (6a) *Vogel:* die großen S. der Lüfte (Kosmos 3, 1965, 124). **3.** *sehr schnell fliegender, der Schwalbe ähnlicher Vogel von graubrauner bis schwärzlicher Färbung mit sichelförmigen, schmalen Flügeln u. kurzem Schwanz;* **Seg|le|rin,** die; -, -nen: w. Form zu ↑Segler (2a).

Seg|ment, das; -[e]s, -e [lat. segmentum = (Ab-, Ein)schnitt, zu: secare, ↑sezieren]: **1.** (bildungsspr., Fachspr.) *Abschnitt, Teilstück (eines größeren Ganzen).* **2.** (Geom.) **a)** *von einem Kurvenstück u. der zugehörigen Sehne begrenzte Fläche;* **b)** *von einer gekrümmten Fläche u. einer sie schneidenden Ebene begrenzter Teil des Raumes bzw. eines Körpers.* **3. a)** (Zool.) *einer der gleichartigen Abschnitte, aus denen der Körper eines Ringelwurms aufgebaut ist:* die -e des Regenwurms; **b)** (Med.) *Abschnitt eines [gleichförmig gegliederten] Organs:* die -e der Wirbelsäule. **4.** (Sprachw.) *[kleinster] Abschnitt einer sprachlichen Äußerung, der durch deren Zerlegung in sprachliche (bes. phonetisch-phonologische, morphologische) Einheiten entsteht;* **seg|men|tal** 〈Adj.〉 (Geom.): *als Segment* (2) *vorliegend; in Form eines Segments;* **seg|men|tär** 〈Adj.〉: *aus einzelnen Segmenten zusammengesetzt;* **Seg|men|ta|ti|on,** die; -, -en: **1.** *Furchung.* **2.** (Sprachw.) *Segmentierung* (2); **seg|men|tie|ren** 〈sw. V.; hat〉 (bildungsspr., Fachspr.): *[in Segmente] zerlegen, aufgliedern;* **Seg|men|tie|rung,** die; -, -en: **1.** (bildungsspr., Fachspr.) *das Segmentieren, Segmentiertwerden.* **2.** (Sprachw.) *Zerlegung einer komplexen sprachlichen Einheit in kleinere Segmente* (4). **3.** (Zool.) *Metamerie;* **Seg|ment|mas|sa|ge,** die (Med.): vgl. Segmenttherapie; **Seg|ment|re|sek|ti|on,** die (Med.): *operative Entfernung eines Organabschnitts;* **Seg|ment|the|ra|pie,** die (Med.): *Therapie, bei der von bestimmten Zonen der Haut aus (durch Wärme, Kälte, Massage usw.) über die bestimmten, diesen Zonen zugeordnete innere Organe eingewirkt werden soll.*

seg|nen 〈sw. V.; hat〉 [mhd. segenen, ahd. seganōn < (kirchen)lat. signare, ↑signieren]: **1.** (bes. Rel.) **a)** *(mit der entsprechenden Gebärde) jmdm., einer Sache den Segen* (1 a) *geben:* der Pfarrer segnet das Brautpaar, die Fluren; er segnete seinen Sohn; Wieder erscheinen Justinian ..., segnet die Menge ... (Thieß, Reich 522); segnend die Hände heben, ausbreiten; **b)** *über jmdn., etw. das Kreuzeszeichen machen:* Brot und Wein s.; Man segnet auch Fahnen, Waffen und so weiter, damit sie die Schlacht gewinnen (Zuckmayer, Herr 23); Sie ging nie schlafen, ohne sich zu s. *(sich zu bekreuzigen;* Alexander, Jungfrau 182); **c)** (geh.) *(von Gott) jmdn., einer Sache seinen Segen (2 a) geben, gewähren:* der Herr segnete ihn, seine Opferbereitschaft; Gott segne dich, dein Werk!; tritt ein! Und dein Eingang sei gesegnet! (Thiess, Legende 179); ich wünsche Ihnen ein gesegnetes Weihnachtsfest; gesegnete Ostern! (formelhafter Wunsch!). **2.** (geh., oft spött.) *reich bedenken, ausstatten; beglücken:* es war, als segne er seine Zuhörer mit allen Wohltaten, die den Katalog eines Meisterfriseurs geziert hätten (Böll, Haus 22); für den Mann, dessen Erfindung ... Tausende mit den Reichtümern dieser Erde gesegnet hat (Menzel, Herren 120); ⟨meist im 2. Part.:⟩ [nicht] mit irdischen Glücksgütern gesegnet sein; die Ehe war mit Kindern gesegnet; Ramer war mit geistigen Gaben nicht gerade gesegnet (Ott, Haie 223); Geh nicht von mir ..., ehe mein Schoß nicht gesegnet ist *(ehe ich nicht schwanger bin;* Jahnn, Geschichten 13); eine gesegnete *(reiche)* Ernte; in dieser gesegneten *(glücklichen)* Nacht (Hesse, Steppenwolf 197); eine üppig bebuste und auch sonst mit weiblichen Formen gesegnete Frau (Bastian, Brut 160); gesegneten Leibes (veraltet; *schwanger)* sein; ein gesegneter *(reicher, fruchtbarer)* Landstrich; ein gesegnetes *(schönes, herrliches)* Fleckchen Erde; im gesegneten *(hohen)* Alter von 88 Jahren; er hat einen gesegneten (ugs.; *gesunden, guten)* Schlaf, Appetit. **3.** (veraltend) *über etw. glücklich, für etw. dankbar sein; preisen:* ich werde den Tag s., an dem ich diese Arbeit abschließe; ich bin sicher, daß auch in deren Entschluß zu segnen sein wird: **Se|gno** ['zɛŋo], das; -s u. Segni ['zɛŋi]; ital. segno = Zeichen < lat. sīgnum, ↑Signum] (Musik): *(bei Wiederholung eines Tonstückes)* Zeichen, von dem an das Stück wiederholt werden soll;* Abk.: s.; **Seg|nung,** die; -, -en [mhd. segenunge]: **1.** *das Segnen.* **2.** ⟨meist Pl.⟩ (oft spött.) *segensreiche Wirkung:* die -en des Fortschritts, der Zivilisation; Was für eine Mißachtung, die -en der Natur als bloße Nahrung runterzuschlucken ...! (natur 2, 1991, 104); ... um ihren Mitgliedern die -en des modernen Sozialstaates zu erhalten (Schweizer Maschinenbau 16. 8. 83, 41).

Se|gre|gat, das; -[e]s, -e (veraltet): *Ausgeschiedenes, Abgetrenntes;* **¹Se|gre|ga|ti|on,** die; -, -en [spätlat. segregatio = Trennung, zu lat. segregare, ↑segregieren]: **1.** (veraltet) *Ausscheidung, Trennung.* **2.** (Biol.) *Aufspaltung der Erbfaktoren während der Reifeteilung der Geschlechtszellen;* **²Se|gre|ga|tion** [sɛgrɪˈgeɪʃən], die; -, -en [engl. segregation < spätlat. segregatio < ↑¹Segregation] (Soziol.): *Trennung von Personen[gruppen] mit gleichen sozialen (religiösen, rassischen, schichtspezifischen u. a.) Merkmalen von Personen[gruppen] mit anderen Merkma-* len, um Kontakte untereinander zu vermeiden:* ... die ... die faktisch schon bestehende S. der Geschlechter bloß organisierende Frauen-, Männer-, Homosexuellen- und Lesbenbewegung (Pohrt, Endstation 113); **se|gre|gie|ren** ⟨sw. V.; hat⟩ [lat. segregare] (bildungsspr.): *trennen, absondern, abspalten.*

se|gue ['zeːɡue; ital segue = es folgt, 3. Pers. Sg. Präs. von: seguire = folgen < lat. sequi, ↑Sequenz] (Musik): *umblättern, es geht weiter* (in älteren Notendrucken Hinweis auf der Seite unten rechts); **Se|gui|dil|la** [zegiˈdɪlja], die; -, - [span. seguidilla, zu: seguida = Folge, zu: seguir < lat. sequi, ↑Sequenz]: *spanischer Tanz im ³/₄-Takt mit Kastagnetten- u. Gitarrenbegleitung.*

Seh|ach|se, die (Med.): **1.** *Achse des Augapfels u. der Linse.* **2.** *Gerade zwischen der Stelle des schärfsten Sehens (dem gelben Fleck) auf der Netzhaut u. dem beim Sehen fixierten Punkt;* **Seh|linie;** **Seh|bahn,** die (Anat., Physiol.): *Verlauf des Sehnervs von der Netzhaut zum Sehzentrum;* **seh|be|hin|dert** ⟨Adj.⟩: *an einer Behinderung, Schwäche des Sehvermögens leidend:* [schwer] -e Kinder; s. sein; ⟨subst.:⟩ eine Großdruckausgabe für Sehbehinderte; **Seh|be|tei|li|gung,** die (Ferns.): *(in Prozent aller Fernsehteilnehmer angegebenes) Ausmaß, in dem ein bestimmtes Programm Zuschauer findet:* die S. der Sendung betrug 27 Prozent; die S. der Serie ist gesunken; eine hohe S. erzielen; **se|hen** ⟨st. V.; hat⟩ [mhd. sehen, ahd. sehan, eigtl. = (mit den Augen) verfolgen (verw. mit lat. sequi = folgen), wahrsch. liegt ein altes Wort der Jägersprache zugrunde, das sich auf den verfolgenden u. spürenden Hund bezog]: **1.** *mit dem Gesichtssinn, mit den Augen optische Eindrücke wahrnehmen:* gut, schlecht, scharf, weit s.; sehe ich recht? (Ausruf der Überraschung); er kann wieder sehen *(ist nicht mehr blind);* sie sieht nur noch auf/mit einem Auge; * **jmdn. sehend machen** (geh.): *jmd. dazu bringen, die Wahrheit zu erkennen.* **2. a)** *den Blick irgendwohin richten, gerichtet halten; blicken [um etw. festzustellen, zu ermitteln]:* auf die Uhr, den Bildschirm s.; alle sahen gespannt, erwartungsvoll auf ihn; aus dem Fenster s.; durchs Schlüsselloch, Fernrohr s.; durch die Brille, den Sucher s.; in die Schubladen s.; in die Sonne, ins Licht s.; jmdm. [fest, tief] in die Augen s.; seine Augen sehen in die Ferne; nach der Uhr s.; nach oben, unten, vorne, hinten, links, rechts s.; zum Himmel s.; [nach] rückwärts s.; * **sieh[e] da/**(ugs. scherzh.:) **sieh mal [einer] guck** (Ausruf der Überraschung, des überraschten Erkennens): Sieh da, der Marquis trainiert solo (Th. Mann, Krull 393); Man wird älter, ist nicht mehr ganz jung und siehe da, die Zeit beschleunigt sich (K. Mann, Wendepunkt 335); sieh mal einer guck, das ist ja unser Freund Kalle!; **b)** *(s. + sich) durch Sehen, Blicken, Ausschauhalten in einen bestimmten Zustand kommen:* sich müde, matt [danach] gesehen; **c)** *Aufmerksamkeit, Interesse, Erwartung auf jmdn., auf etw. richten od. gerichtet halten:* alles sah auf den kommenden Präsidenten; hoffnungsvoll in die Zukunft s.; Ich finde, daß jeder erst mal auf sich selbst sehen sollte, bevor er auf die Eisenbahner sieht (Freie Presse 22. 12. 89, 4); Es schien also auch Klavierlehrer zu geben, die mehr aufs Alltägliche sahen (Kempowski, Immer 198). **3.** *aus etw. ragen u. zu sehen sein; hervorsehen:* das Boot sah nur ein Stück aus dem Wasser; diesen niedlichen Revolver ..., der ihm aus der Potasche sah (Schnurre, Ich 67). **4.** *eine Lage mit Blick in eine bestimmte Richtung haben:* die Fenster sehen auf den Garten/nach dem Garten, zur Straße; die Küche sieht zum Hof, nach hinten raus, nach Osten. **5. a)** *erblicken, bemerken [können], als vorhanden feststellen [können]:* jmdn. plötzlich, oft, den ganzen Tag, jeden Tag, schon von weitem, nur flüchtig, im Büro, vom Fenster aus s.; es war so neblig, daß man die Hand nicht vor den Augen sah; jmdn., etw. [nicht] zu s. bekommen; niemand war zu s.; die Berge waren kaum, nur verschwommen zu s.; aber der Pfad war frei von Gestrüpp und gut zu s. (Schnabel, Marmor 91); ... erzählt, es wären Schwarze vor uns. Das ist unangenehm, man kann sie schlecht s. (Remarque, Westen 148); hast du [es] gesehen? Er hat ihn gefoult!; Draußen auf der Straße (durch ein ... Fensterloch war es zu s.) flackerte ein Infanteriegefecht (Plievier, Stalingrad 314); Der war wohl vom Lande, tat halb, als ob er's nicht sah, aber kuckte doch, wie die Sache ausgeht (Kempowski, Uns 82); von jmdm., etw. ist nichts zu s. *(jmd., etw. ist nicht zu sehen);* ich sehe es [un]deutlich, mit Staunen, verwundert; ich sehe alles doppelt; er wurde von mehreren Zeugen [am Tatort, beim Verlassen der Wohnung] gesehen; ich habe ihn davonlaufen sehen/ (selten:) gesehen; ich möchte dich s. *(den gibt es nicht),* der das kann!; laß [mich] s. *(zeige [mir]),* was du hast; sich am Fenster s. lassen *(zeigen)* (wann sehen wir uns *(wann treffen wir uns, wann kommen wir zusammen)*?; wir sehen ihn häufig bei uns [zu Besuch] (geh.: *er ist oft bei uns zu Besuch);* wir sehen (geh.: *haben)* häufig Gäste [bei uns] zum Tee; überall gern gesehen *(willkommen)* sein; gesehen *(zur Kenntnis genommen;* Vermerk auf Schriftstücken, Akten); (Verweise in Texten:) siehe (Abk.: s.) Seite 99, beiliegenden Prospekt, oben, unten; * **etw. gern s.** *(etw. gern haben):* meine Eltern sehen diese Freundschaft nicht gern; er sieht es gern, wenn man ihn fragt; **gern gesehen werden/sein** *(auf Zustimmung stoßen):* so etwas wird/ist hier, an dieser Schule nicht gern gesehen; **jmdn., etw. nicht mehr s. können** (ugs.; *jmds., einer Sache überdrüssig sein):* ich kann ihn, seine Visage, das Kleid nicht mehr s.; ich kann das Kantinenessen [allmählich] nicht mehr s.; **[und] hast du nicht gesehen** (ugs.; *unversehens):* [und] hast du nicht gesehen, war er verschwunden; **sich s. lassen können** *(beachtlich sein; vor einer Kritik bestehen können):* diese Leistung kann sich s. lassen; sein Vorstrafenregister kann sich s. lassen (iron.; *ist umfangreich);* **sich mit jmdm., etw. s. lassen können** *(gewiß sein können, mit*

sehenswert

jmdm., etw. einen guten Eindruck zu machen): mit ihm, dieser Figur, dieser Leistung kann sie sich s. lassen; mit ihm kann ich mich überall, nirgends s. lassen; **sich [bei jmdm., irgendwo] s. lassen** (ugs.; *bei jmdm., irgendwo erscheinen, einen Besuch machen*): laß dich mal wieder [bei uns] s.!; in der Kneipe kann ich mich [seitdem] nicht mehr s. lassen; ⟨subst.:⟩ **jmdn. vom Sehen kennen** *(jmdm. schon [öfter] begegnet sein, ihn aber nicht persönlich kennen):* ich kenne sie, wir kennen uns nur vom Sehen; diese paar Stammgäste, die ich vom Sehen alle kannte (Hesse, Steppenwolf 46); **b)** *sich (jmdn., etw.) deutlich, lebhaft vorstellen [können], sich (an jmdn., etw.) deutlich erinnern [können]:* ich sehe ihn noch deutlich vor mir; ich sehe noch deutlich, wie er sich verabschiedete; Ich sehe noch das Telegramm vor mir, in dem André Gide seine Glückwünsche aussprach (K. Mann, Wendepunkt 193); und zum erstenmal ... sah er vor sich die neue große Straße, die nun gebaut werden mußte (Schneider, Erdbeben 110); sie sah ihren Sohn schon als großen Künstler; Ich sah mich schon von den Panzerketten zermalmt (Spiegel 9, 1977, 46); er sah sich schon als der neue Chef/(selten:) als den neuen Chef, schon am Ziel angelangt; ich sehe [noch] kein baldiges Ende des Krieges *(halte es nicht für wahrscheinlich);* **c)** *nachsehen:* es hat geklopft. Ich werde s., wer es ist; ich rufe erst mal an, um zu s. *(festzustellen),* ob er überhaupt da ist. **6. a)** *sich (etw., jmdn.) ansehen; betrachten:* den Film habe ich [schon dreimal] gesehen; den Sonnenuntergang hättest du s. sollen!; er macht große Reisen, um die Welt zu s.; ich habe ihn leider nie auf der Bühne, live gesehen; Er hat Nijinski tanzen gesehen (Riess, Cäsar 338); das muß man gesehen haben *(das ist sehenswert)!;* von der Altstadt haben wir leider nicht viel zu s. gekriegt; Aber möglichst viel von seinem bisherigen Schaffen zu s., sei ich entschlossen (Th. Mann, Krull 341); Der Mann hat bisher nichts vom Krieg gesehen *(mitbekommen;* Plievier, Stalingrad 174); die Krypta ist nur für Geld zu s. *(zu besichtigen);* da gibt es nichts [Besonderes] zu s.; laß [es] [mich] s. *(zeige es mir)!;* erste Ehejahre ..., in denen Mann und Frau noch gerne zusammen ausgehen und sich s. lassen, damit man sie beneidet (Gaiser, Schlußball 148); sich als Hungerkünstler s. lassen *(als Hungerkünstler auftreten);* **b)** ⟨s. + sich⟩ *durch Sehen* (6 a) *in einen Zustand kommen:* sich [an etw.] satt, müde s. **7.** *erleben:* wir haben ihn selten so fröhlich, so guter Laune gesehen; nie zuvor hatte ich eine solche Begeisterung gesehen; hat man so etwas schon gesehen! (Ausruf der Verwunderung); ihr habt ihn in Not gesehen und habt ihm nicht geholfen; Noch nie hatten sie ihn in einer solchen Erregung gesehen (Ott, Haie 317); sie hat schon bessere Zeiten, Tage gesehen *(es ging ihr früher besser);* dieser Schrank hat auch schon bessere Zeiten gesehen (scherzh.; *war einmal in einem besseren Zustand).* **8. a)** *[be]merken; feststellen:* überall nur Fehler s.; nur seinen Vorteil s.; von der einstigen Begeisterung war nichts mehr zu s.; wir sahen, mußten mit Bestürzung s., daß wir nicht mehr helfen konnten; ich sehe schon, so ist das nicht zu machen; wie ich sehe, ist hier alles in Ordnung; hast du gesehen? Er weiß es nicht; da sieht man's wieder!; siehst du [wohl]/(ugs.:) siehste *(merkst du jetzt, daß ich recht habe);* Äußerung, mit der man darauf hinweist, daß sich eine Ansicht, Befürchtung, Hoffnung bestätigt hat); ich möchte doch [einmal] s. *(feststellen, herausfinden),* ob er es wagt; wir werden [ja, schon] s./wir wollen s. *(warten wir ab, das wird sich dann schon herausstellen);* mal s. (ugs.; *warten wir einmal ab),* wie das Wetter morgen ist, wie lange es dauert, ob er es merkt; ihr werdet schon s. [was geschieht]! (warnende Äußerung); seht *(ihr müßt wissen),* das war so: ...; wir sahen unsere Wünsche alle erfüllt, unsere Erwartungen enttäuscht; wir sahen uns betrogen *(stellten fest, daß wir betrogen worden waren);* wir sehen uns (verblaßt: sind) genötigt, nicht in der Lage, die Kosten zu erstatten; **b)** *beurteilen, einschätzen:* alles falsch, verzerrt, negativ s.; Hier schaltet sich Frau Schmidt ein. Sie sieht das anders (Grossmann, Liebe 89); Eine Stellungnahme wollen Sie nicht schreiben, sehe ich das richtig? (Spiegel 44, 1977, 220); so darfst du das nicht s.; wir müssen die Lage ganz nüchtern s.; das dürfen Sie nicht so eng s.!; die Dinge s., wie sie sind; man muß die Tat im richtigen Zusammenhang s.; so gesehen hat er ganz unrecht; menschlich gesehen *(in menschlicher Hinsicht)* ist es ein großartiges Team; auf die Dauer gesehen *(für die Dauer),* ist dies wohl die bessere Lösung; R ... oder wie seh' ich das? (ugs.; *oder wie verhält es sich damit?, oder täusche ich mich?, nicht wahr?);* **c)** *erkennen, erfassen:* das Wesen, den Kern einer Sache s.; Man sah klar und lockend das Positive, die Schwierigkeiten traten zurück (Feuchtwanger, Erfolg 782); doch der eine sah nicht die Zielrichtung der anzusetzenden Generalattacke (Plievier, Stalingrad 276); ich sehe nur allzu deutlich, wie es gemeint ist; er hat in seinem Roman einige Figuren sehr gut gesehen *(erfaßt u. gestaltet);* er sieht in ihm nur den *(betrachtet ihn nur als)* Gegner; Kein Grieche hat darin etwas Befremdliches gesehen *(hat es durchaus nicht für befremdlich gehalten;* Thieß, Reich 47); Sie sehen *(ersehen)* daraus, daß ...; daran läßt sich s. *(ermessen),* wie ...; **d)** *überlegen; prüfen; festzustellen suchen:* s., ob es einen Ausweg gibt; [ich will] mal s., was sich tun läßt. **9. a)** *sich um jmdn., etw. kümmern [indem man hingeht u. nachsieht]:* nach den Kindern, nach dem Kranken s.; Er meint, er braucht jemand, der immer für ihn sorgt, der für ihn da ist, nach ihm sieht (Hörzu 5, 1972, 102); ... und ich mußte doch nach der Heizung s., weil Else heute ihren freien Nachmittag hat (Fallada, Trinker 7); sieh bitte nach den Kartoffeln auf dem Herd; **b)** *suchen, forschen, Ausschau halten:* nach neuen Möglichkeiten s. müssen. **10. a)** *(auf etw.) besonders achten, besonderen Wert legen:* auf Ordnung, Sauberkeit s.; Die Diva sah auf Formen (Ott, Haie 163); Der Kaiser ... sah auf Nutzen mehr als auf Ritterlichkeit (Feuchtwanger, Herzogin 75); er sieht nur auf seinen Vorteil, aufs Geld; du solltest mehr auf dich selbst s.; nicht auf den Preis s. *(sich unabhängig vom Preis für od. gegen etw. entscheiden);* wir müssen darauf s., daß die Bestimmungen eingehalten werden; **b)** (landsch.) *auf jmdn., etw. aufpassen; jmdn., etw. im Auge behalten:* bitte sieh auf das Kind. **11.** *sich darum kümmern, daß man etw. Bestimmtes erreicht:* sieh, daß du bald fertig wirst; Ich ... griff mein Eigentum und sah, daß ich davonkam (Hagelstange, Spielball 72); er soll [selbst] s., wie er das Problem löst; ich muß sehen, daß ich etwas Festes habe, bevor ich keine Engagements mehr finde (Remarque, Obelisk 301); Die Frau muß sehen, wie sie an die Unterstützung kommt, die ihr zusteht (Kronauer, Bogenschütze 289); R man muß s., wo man bleibt (ugs.; *man muß zusehen, daß man nicht zu kurz kommt);* jmd. soll/kann s., wo er bleibt *(jmd. muß selber für sich sorgen).* ◆ **12.** *aussehen* (1 a): Du erschreckst mich, Fernando. Du siehst wild (Goethe, Stella I, 4); sie haben ihm den violetten Rock so lang geklopft, ist er abfärbte und auch sein Rücken violett geworden ist und nicht mehr menschenähnlich sieht (Heine, Rabbi 470); Aber ist Euch auch wohl, Vater? Ihr seht so blaß (Schiller, Räuber I, 1). ◆ **13.** ⟨Prät. sahe:⟩ Das letztemal, da ich sahe, hatte ich nicht mehr Sinne als in dem Trunkene (Goethe, Götz I); **se|hens|wert** ⟨Adj.⟩: *das Ansehen, eine Besichtigung lohnend:* eine -e Ausstellung, Gemäldesammlung, Show; der Film ist [wirklich, sehr] s.; was er an Tricks bot, war s.; **se|hens|wür|dig** ⟨Adj.⟩ (seltener): sehenswert; **Se|hens|wür|dig|keit,** die; -, -en: *etw. wegen seiner Einmaligkeit, außergewöhnlichen Schönheit, Kuriosität o. ä. besonders Sehenswertes, was nur an einem bestimmten Ort zu finden ist u. deshalb bes. für Touristen von besonderem Interesse ist:* dieses Denkmal, diese Burg, dieser Wasserfall, diese Tropfsteinhöhle ist eine der bedeutendsten -en, die größte S. der Region; die -en Roms, Italiens besichtigen; **Se|her,** der; -s, - [zu ↑sehen (5 b)]: **1.** *jmd., dem durch Visionen od. unerklärliche Intuitionen außergewöhnliche Einsichten zuteil werden:* der blinde S. Tiresias. **2.** *(Gaunerspr.) Auskundschafter, Beobachter.* **3. a)** *(Jägerspr.) Auge von zum Raubwild gehörenden Säugetieren u. von Hasen, Kaninchen u. Murmeltieren;* **b)** *(meist Pl.)* (ugs. scherzh., bes. Jugendspr.) *Auge;* **Se|her|blick,** der ⟨o. Pl.⟩: *visionärer, intuitiver Blick* (4) *des Sehers;* **Se|her|ga|be,** die ⟨o. Pl.⟩: *seherische Gabe der S. haben;* **Se|he|rin,** die; -, -nen: w. Form zu ↑Seher (1, 2); **se|he|risch** ⟨Adj.⟩: *den Seher* (1) *kennzeichnend, in der Art eines Sehers:* ihre seherische Gabe; Die Dichter winden sich in -en Konvulsionen (K. Mann, Wendepunkt 113); ein Reich der Weisheit ..., das nur noch s. erkannt werden könne (Musil, Mann 390); **Seh|feh|ler,** der: *Abweichung von der normalen Funk-*

tion des Auges; **Seh|feld,** *das: Gesichtsfeld;* **seh|ge|schä|digt** ⟨Adj.⟩: *in bezug auf die Sehkraft geschädigt:* um die Eltern -er Kinder beraten zu können (Saarbr. Zeitung 4. 12. 79, 23); ⟨subst.:⟩ um Sehgeschädigten den Zugang zur Datenverarbeitung zu schaffen (Zivildienst 2, 1986, 2); **Seh|hil|fe,** die: *Vorrichtung, Gerät zur Verbesserung der Sehleistung des Auges* (z. B. Brille, Lupe): er braucht eine S.; **Seh|hü|gel,** der: *Thalamus;* **Seh|hü|gel|re|gi|on,** die: *Sehhügel;* **Seh|kraft,** die ⟨o. Pl.⟩: *Funktionstüchtigkeit des Auges, Fähigkeit des Auges zu sehen:* jmds. S. läßt nach, nimmt ab; die Ärzte konnten die S. [des rechten Auges] weitgehend erhalten; **Seh|kreis,** der: *Gesichtskreis* (1); **Seh|lei|stung,** die: *das Sehen als Leistung des Auges:* die S. des Auges verbessern; **Seh|leu|te** ⟨Pl.⟩ (ugs. scherzh., ugs. abwertend): *Leute, die zum Schauplatz eines Ereignisses, zu einer Veranstaltung nur als passive Zuschauer, Beobachter gekommen sind:* IKOFA sperrt „S." aus: Messe nur noch für Fachbesucher (MM 16. 9. 76, 12); und natürlich haben wir viele sogenannte S. dabei gehabt, einfach Leute, die eine gewisse Neugier angezogen hat (Eppendorfer, Ledermann 99); **Seh|li|nie,** die: *Sehachse* (2); **Seh|loch,** das (Anat.): *Pupille.*

Seh|ne, die; -, -n [mhd. sen(e)we, sene, ahd. sen(a)wa, eigtl. = Verbindendes, zu dem unter ↑Seil genannten Verb gehörend]: **1.** *starker, fester Strang aus straff u. dicht gebündelten Bindegewebsfasern, der (als Teil des Bewegungsapparates) Muskeln mit Knochen verbindet:* ... und es waren an seiner Hand alle -n gespannt (Musil, Mann 741); ich habe mir beim Turnen eine S. gezerrt; ganz mageres Fleisch ohne Knorpel und -n; er kann wegen einer gerissenen S. zur Zeit nicht Fußball spielen. **2.** *Strang, starke Schnur o. ä. zum Spannen des Bogens:* die S. straffen, spannen; ... spannt man aus besonders zähem Bindfaden eine S. zwischen den Enden des ... Bogens ... (A. Zweig, Grischa 39); der Pfeil schnellt von der S. **3.** (Geom.) *Gerade, die zwei Punkte einer gekrümmten Linie verbindet:* in den Kreis eine S. einzeichnen.

seh|nen, sich ⟨sw. V.; hat⟩ [mhd. senen, H. u.]: *innig, schmerzlich, sehnsüchtig nach jmdn., etw. verlangen:* sich nach jmdm., etw. s.; sich nach Frieden, Liebe, Geborgenheit, Zärtlichkeit, Ruhe, Freiheit, dem Tod, der Heimat, dem Meer, einer Tasse Kaffee, seinem Bett s.; Es gab eine Zeit, da habt ihr euch nach Arbeit gesehnt! (Müthel, Baum 168); sie sehnte sich [danach], allein zu sein; sehnendes Verlangen; **Seh|nen,** das; -s (geh.): *das Sichsehnen; Sehnsucht:* heißes, inniges S. ergriff ihn; ... als Ausdruck des -s nach einer besseren und glücklicheren Welt (Fraenkel, Staat 305).

Seh|nen|de|fekt, der (Med.): *Schaden an einer Sehne;* **Seh|nen|ent|zün|dung,** die (Med.): *Entzündung an einer Sehne;* **Seh|nen|haut,** die (Med.): *eine Sehne umhüllendes Bindegewebe;* **Seh|nen|naht,** die (Med.): *Naht* (1 b), *die die beiden Enden einer durchtrennten Sehne vereinigt;* **Seh|nen|pla|stik,** die (Med.): *chirurgische Plastik zur Behebung eines Sehnendefekts;* **Seh|nen|re|flex,** der (Med.): *Muskelreflex, der durch einen Schlag auf eine Sehne ausgelöst wird;* **Seh|nen|riß,** der (Med.): *Riß einer Sehne;* **Seh|nen|schei|de,** die (Med.): *eine Sehne umhüllender Schlauch aus Bindegewebe, in dem sich die Sehne gleitend bewegt;* **Seh|nen|schei|den|ent|zün|dung,** die (Med.): *Entzündung einer Sehnenscheide;* **Seh|nen|schnitt,** der (Holzverarb.): *parallel zu dessen Längsachse durch einen Baumstamm geführter Schnitt; Tangentialschnitt; Fladerschnitt;* **Seh|nen-Tan|gen|ten-Win|kel,** der (Math.): *der Winkel zwischen einer Sehne [eines Kreises] u. der Tangente durch einen ihrer Endpunkte;* **Seh|nen|trans|plan|ta|ti|on,** die (Med.): *Transplantation einer Sehne;* **Seh|nen|ver|kür|zung,** die (Med.): *operative Verkürzung einer Sehne;* **Seh|nen|ver|län|ge|rung,** die (Med.): vgl. *Sehnenverkürzung;* **Seh|nen|zer|rung,** die (Med.): *durch [ruckartige] Überdehnung verursachte [schmerzhafte] Zerrung einer Sehne:* sie hat sich bei der Gymnastik eine S. zugezogen.

Seh|nerv, der: *paarig angelegter sensorischer Hirnnerv, der mit seinen Verzweigungen in der Netzhaut des Auges endet;* **Seh|ner|ven|atro|phie,** die (Med.): *Schwund der Sehnervenfasern, der zur Verminderung der Sehschärfe, Einengung des Gesichtsfeldes u. schleichenden Erblindung führt.*

seh|nig ⟨Adj.⟩ [spätmhd. synnig, senicht]: **1.** *voller Sehnen:* das Fleisch war zäh und s. **2.** *kräftig u. ohne viel Fett:* die -en Beine des Läufers; -e Gestalten: hager und s. sein.

sehn|lich ⟨Adj.⟩ [mhd. sen(e)lich, zu ↑sehnen]: *sehnsüchtig verlangend:* es ist mein -er, -ster Wunsch, ihn wiederzusehen; jmdn. s., -st erwarten; etw. s., -st verlangen, [herbei]wünschen; er wünscht sich nichts -er als [eigene] Kinder; **Sehn|lich|keit,** die; -: **1.** (selten) *das Sehnlichsein:* gleichviel mit welchem Grade von S. *(wie sehnlich)* er warte (Th. Mann, Joseph 270). **2.** (schweiz.) *Sehnsucht;* **Sehn|sucht,** die; -, ...süchte [mhd. sensuht]: *inniges, schmerzliches Verlangen nach jmdm., etw. [Entbehrtem, Fernem]:* eine brennende, verzehrende, ungestillte, stille S.; S. nach [jmds.] Liebe, nach menschlicher Zuwendung, nach Zärtlichkeit, nach der Heimat; Ach, diese S., weiß zu sein, und diese S., glattes Haar zu haben ...! (Frisch, Stiller 228); S. haben, bekommen; jmds. S. nach etw. wecken; wenn Wolfgang Bugenhagen nicht ... das Heimweh und die S. *(das Sichsehnen)* in die Ferne kennengelernt ... hätte (Jens, Mann 63); alles Menschliche ist ihm vertraut, die ganze Skala der Sehnsüchte und Leidenschaften (K. Mann, Wendepunkt 376); Italien war schon immer das Land seiner S.; der Gedanke daran erfüllte ihn mit S. (ugs. *sehr*) erwartet!; von [der] S. [nach etw.] ergriffen, erfüllt, gepackt, gequält, verzehrt sein, werden; vor S. [fast] vergehen; sich vor S. verzehren; **sehn|süch|tig** ⟨Adj.⟩: *voller Sehnsucht; innig, schmerzlich verlangend:* -es Verlangen; -e Augen, Blicke; Ernst Blochs Wort über die Bücher Karl Mays, den er einen „-en Spießbürger" nennt (Amory [Übers.], Matten 186); etw. s. erwarten, erhoffen, herbeiwünschen; Belfontaine blickte ihm nach, bis er verschwunden war (Langgässer, Siegel 21); **sehn|suchts|voll** ⟨Adj.⟩ (geh.): *sehnsüchtig.*

Seh|öff|nung, die (Anat.): *Pupille;* **Seh|or|gan,** das (Fachspr.): *Organ zum Sehen; Auge;* **Seh|pro|be,** die (Fachspr.): *Bestimmung der Sehschärfe mit Hilfe einer auf Tafeln od. als Projektion dargebotenen Folge von Zeichen abnehmender Größe, die aus einer bestimmten Entfernung zu identifizieren sind;* **Seh|prü|fung,** die (Fachspr.): *Prüfung der Sehleistung, bes. der Sehschärfe, auch des Formen- u. Farbensehens u. der Tiefenwahrnehmung;* **Seh|pur|pur,** der (Med., Zool.): *roter Farbstoff in den Stäbchen der Netzhaut; Rhodopsin;* **sehr** ⟨Adv.; mehr, am meisten⟩ [mhd. sēre, ahd. sēro ⟨Adv.⟩ = schmerzlich; gewaltig, heftig, sehr, zu mhd., ahd. sēr ⟨Adj.⟩ = wund, verwundet, schmerzlich]: *in hohem Maße:* s. nett, traurig, beschäftigt sein; das ist s. schön, gut; ein s. alter Baum; schon s. bald; das kommt s. oft vor; hast du s. lange gewartet?; ich würde sie s. gerne mal wieder besuchen; sie ist s. viel jünger; er wäre dazu s. wohl imstande gewesen; er hat sich s. gefreut; darüber habe ich mich am meisten geärgert; ich mag ihn s.; ich liebte sie von Tag zu Tag mehr; das Kind ist s. gewachsen; tut es s. weh?; er ist zu s. gealtert, um dem noch gewachsen zu sein; er war mit seiner Zahlung s. im Rückstand; er hat sich s. für uns eingesetzt; du hättest dich mehr anstrengen müssen; [ich] danke s.!; bitte s.!; Er ist s., s. reich (Remarque, Obelisk 231); Klaus sagte, er führe sie in den „Hecht". Sehr einverstanden, sagte Helmut (M. Walser, Pferd 26).

Seh|raum, der (Fachspr.): *Raum der optischen Wahrnehmung, in dem die gesehenen Dinge in ihrer Beziehung zueinander u. zum Standort des Sehenden erlebt werden:* Es könnte sein, daß diese Tiere ebensogut einen Hörraum besitzen, wie wir einen S. (Lorenz, Verhalten I, 116).

seh|ren ⟨sw. V.; hat⟩ [mhd. sēren, zu: sēr, ↑sehr] (veraltet; noch landsch.): *versehren, verwunden.*

Seh|rohr, das: *Periskop;* **Seh|rot,** das: *Sehpurpur;* **Seh|schär|fe,** die: *Grad der Fähigkeit des Auges, Einzelheiten des Gesichtsfeldes scharf zu erkennen;* **Seh|schlitz,** der: *schmale, schlitzartige waagerechte Aussparung zum Hindurchsehen:* der S. des Panzers, des Bunkers; der Wärter beobachtete den Gefangenen durch den S. in der Zellentür; Wir knieten mit starren Augen hinter -en (Grass, Hundejahre 290); **Seh|schu|le,** die: *augenärztliche Einrichtung [bes. für Kinder] zur Behandlung von Schwachsichtigkeit u. Schielen durch Übung des Sehens;* **seh|schwach** ⟨Adj.⟩: *an Sehschwäche leidend;* **Seh|schwä|che,** die: *Schwäche der Sehkraft; Augenschwäche;* **Seh|stäb|chen,** das (Anat.): *Stäbchen* (3); **Seh|stö|rung,** die: *Störung des Sehver-*

Sehtest

mögens; Dysopsie; **Seh|test,** *der: Sehprobe, Prüfung der Sehschärfe (z. B. zur Feststellung der Verkehrstauglichkeit beim Erwerb eines Führerscheins):* sich einem S. unterziehen; waren Sie schon beim S.?; **Seh|ver|mö|gen,** *das* ⟨o. Pl.⟩: *Fähigkeit des Auges zu sehen:* das S. wiedergewinnen, verlieren; **Seh|wei|se,** *die: Weise des Sehens* (8 c): als ... Sammelwissenschaft mit eigener Methode oder doch S. (Fraenkel, Staat 15); **Seh|wei|te,** *die:* **1.** (Med.) *geringste Entfernung, auf die das Auge sich ohne Schwierigkeiten einstellen kann.* **2.** ⟨o.Pl.⟩ (seltener) *Sichtweite:* außer S. sein; in [jmds.] S. sein, bleiben; **Seh|werk|zeug,** *das* (Fachspr.): *Sehorgan;* **Seh|win|kel,** *der: Gesichtswinkel;* **Seh|zen|trum,** *das* (Med.): *eines von drei Feldern der Großhirnrinde, in denen der optische Reiz in bewußte Wahrnehmung umgesetzt u. als Erinnerungsbild fixiert wird.*

Sei|ber, *der;* -s [md. Nebenf. von spätmhd. seiffer, ahd. seifar, zu mhd. sīfen, ↑ Seife] (landsch.): *(bes. bei kleinen Kindern) aus dem Mund laufender Speichel;* **sei|bern** ⟨sw. V.; hat⟩ (landsch.): *(bes. von kleinen Kindern) Speichel aus dem Mund laufen lassen.*

Sei|cen|to [sei̯'tʃɛnto], *das;* -[s] [ital. seicento, eigtl. = 600, kurz für: 1600 = 17. Jh.]: *Kultur u. Kunst des 17. Jahrhunderts in Italien; Secento.*

Seich, *der;* -[e]s, **Sei|che,** *die;* - [1: mhd. seich(e), ahd. seih, zu ↑seichen (1)] (landsch. derb): **1.** *Harn:* gefrorene Seiche, Hosenböden hart wie Bretter von angefrorenem Kot (Plievier, Stalingrad 182); Der Kaffee war warmer Seich: ein Küchenbulle, so dachte man, hat hineingeschifft (Lynen, Kentaurenfährte 24); Dabei verkomme die Stadt in Kot und Seich (Grass, Butt 252); Ü gegen Lehrer, die uns ... mit idealistischer Seiche bepinkeln (Spiegel 51, 1967, 55). **2.** (abwertend) *(mündlich od. schriftlich geäußerter) Unsinn, [seichtes] Gerede, Geschwätz:* Was die schreiben, ist alles Seich (Spiegel 4, 1967, 92); Wir sind hier im Dienst. Den privaten Seich können Sie sich sparen (Kirst, 08/15, 371); **sei|chen** ⟨sw. V.; hat⟩ [1: mhd. seichen, ahd. seihhen, Veranlassungswort zu ahd. sīhan (↑seihen) u. eigtl. = ausfließen machen] (landsch. derb): **1.** *harnen:* ins Bett s.; Er dachte noch: Der Doktor seicht irrsinnig lange (M. Walser, Seelenarbeit 256). **2.** (abwertend) *Unsinn reden, schreiben:* der Moderator soll endlich aufhören zu s.; Klaus-Rainer seicht drei Spalten lang (B. Vesper, Reise 183).

Seiches [sɛːʃ], *die* ⟨Pl.⟩ [frz. seiches, zu: sèche, w. Form von: sec (↑²sec); fachspr. orthographisch von diesem geschieden] (Fachspr.): *periodische Schwankungen des Niveaus* (1) *von Binnenseen.*

seicht ⟨Adj.; -er, -este⟩ [mhd. sīht(e), H. u., urspr. wohl = sumpfig, feucht]: **1.** *mit geringer Tiefe; nicht tief:* an einer -en Stelle durch den Fluß waten; im -en Wasser eines Tümpels (Ransmayr, Welt 228); Aber es war ein -es Meer, warm und nicht breit (Jacob, Kaffee 7); der Main stand zu s., selbst für den geringen Tiefgang unseres Schiffchens (Kisch, Reporter 57). **2.** (abwertend) *flach* (4); *banal:* eine -e Komödie; -e Unterhaltung; -es Geschwätz; er wollte ihn aus dem Sumpf der -en Sentimentalität herausreißen (Kirst, 08/15, 149); die Musik, die Show ist mir zu s.; s. daherreden; **Seicht|heit,** ⟨seltener:⟩ **Seich|tig|keit,** *die;* -, -en: **1.** ⟨o. Pl.⟩ *seichte Beschaffenheit.* **2.** *seichte* (2) *Äußerung:* Es unterlaufen ihm dabei eine Menge kräftiger Seichtheiten (Sloterdijk, Kritik 870).

seid: ↑¹sein.

Sei|de, *die;* -, -n [mhd. sīde, ahd. sīda < mlat. seta, H. u.]: **a)** *sehr feiner, dünner Faden vom Kokon eines Seidenspinners:* chinesische S.; ... studierte ich dann die Karte: „Emile Descendre, -n en gros" (Seghers, Transit 197); Garne, Stoffe aus [echter, reiner] S.; der Stoff, die Bluse ist [aus] 50% S. und 50% Leinen; **b)** *feines Gewebe aus Seide* (a): schillernde, schwere, rote, bedruckte S.; S. sollte man nur von Hand waschen; das Kleid ist aus S.; die Jacke sah aus, mit S. gefüttert; Lucile ... war, in einem lichten Nachtgewand, von weißer S. umflossen (Zuckmayer, Herr 90).

Sei|del, *das;* -s, - [mhd. sīdel(īn), über das Mlat. < lat. situla = (Wein)krug, Eimer]: **1.** *Bierglas:* drei S. dunkles Bier/ (geh.:) dunklen Biers; Franz grüßt ... das ganze Leben, er schwenkt sein S.: „Prost" (Döblin, Alexanderplatz 96). **2.** (veraltet) *Flüssigkeitsmaß:* ◆ das halbe S. Wein war lau und kamig (Rosegger, Waldbauernbub 157).

Sei|del|bast, *der* [spätmhd. zīdelbast (zum 1. Bestandteil vgl. Zeidler, zum 2. Bestandteil vgl. Bast), älter mhd. an ↑Seide angelehnt wegen des seidigen Glanzes der Blüten oder des Bastes (1)]: *als Strauch wachsende Pflanze mit roten, duftenden, vor den Blättern erscheinenden Blüten und erbsengroßen, giftigen Steinfrüchten.*

sei|den ⟨Adj.⟩ [mhd. sīdīn, sīden, ahd. sīdīn]: **a)** *aus Seide:* ein -es Kleid, Hemd, Tuch; -e Unterwäsche; **b)** *wie Seide, seidig:* ihr Haar glänzte s.; **Sei|den|äff|chen,** *das: Pinseläffchen;* **sei|den|ar|tig** ⟨Adj.⟩: *seiden* (b); **Sei|den|at|las,** *der:* ³*Atlas;* **Sei|den|band,** *das* ⟨Pl. ...bänder⟩: *seidenes Band;* **Sei|den|bast,** *der: Seidenleim;* **Sei|den|bau,** *der* ⟨o. Pl.⟩: *(gewerbsmäßige) Erzeugung von Seide;* **Sei|den|blu|se,** *die: seidene Bluse;* **Sei|den|bro|kat,** *der: aus Seide hergestellter Brokat;* **Sei|den|da|mast,** *der: aus Seide hergestellter Damast;* **Sei|den|fa|den,** *der: aus Seide gesponnener Faden;* **Sei|den|fi|nish,** *das* (Fachspr.): *(bei der Veredlung von Baumwolle durch abschließenden Kalandern erzielter) seidenartiger Glanz u. Griff* (3); **Sei|den|ge|we|be,** *das: aus Seide hergestelltes Gewebe;* **Sei|den|glanz,** *der: matter Glanz von Seide;* **sei|den|glän|zend** ⟨Adj.⟩: *seidig glänzend;* **Sei|den|gras,** *das: in wärmeren Gebieten in hohen Stauden wachsendes Gras, dessen aus paarweisen Ährchen gebildete Blütenrispen von seidenglänzenden Haaren bedeckt sind;* **Sei|den|hemd,** *das: seidenes Hemd;* **Sei|den|kleid,** *das: seidenes Kleid;* **Sei|den|ko|kon,** *der: Kokon des Seidenspinners;* **Sei|den|leim,** *der: leimartiger Eiweißstoff, der den Rohseidenfaden umgibt u. verklebt;* **Sei|den|ma|le|rei,** *die:* **1.** ⟨o. Pl.⟩ *Malerei* (1) *auf Seide: die Technik der S.* **2.** *einzelne Malerei* (2) *auf Seide:* ein Schal, Lampenschirm mit S.; **sei|den|matt** ⟨Adj.⟩: *[seidig] matt glänzend:* eine -e Lackierung, Oberfläche; **Sei|den|pa|pier,** *das: sehr dünnes, weiches, durchscheinendes Papier aus Zellstoff;* **Sei|den|rau|pe,** *die: Raupe des Seidenspinners;* **Sei|den|rau|pen|zucht,** *die: Zucht von Seidenraupen zur Gewinnung von Seide;* **Sei|den|rei|her,** *der: in südlichen Ländern vorkommender weißer Reiher mit seidenwollenen Schmuckfedern auf dem Rücken u. im Nacken;* **Sei|den|schal,** *der: seidener Schal;* **Sei|den|schnur,** *die: vgl. Seidenfaden;* **Sei|den|schwanz,** *der [nach dem seidenweichen Gefieder]: rötlichbrauner Singvogel mit Haube* (2 c), *schwarzer Kehle u. Flügeln, die an ihren Enden gelb, weiß, schwarz u. rot gezeichnet sind;* **Sei|den|sieb|druck,** *der:* **1.** ⟨o. Pl.⟩ *Druckverfahren, bei dem die Farbe durch Seide auf das zu bedruckende Material gepreßt wird.* **2.** *im Seidensiebdruck* (1) *hergestelltes Druckerzeugnis;* **Sei|den|spin|ner,** *der: (bes. in Ost- u. Südasien vorkommender Schmetterling, dessen Raupen zur Verpuppung einen Kokon spinnen, aus dem Seide hergestellt wird;* **Sei|den|spin|ne|rei,** *die:* **a)** *das Verspinnen von Seide* (a); **b)** *Betrieb, in dem Seide* (b) *hergestellt wird;* **Sei|den|sticke|rei**¹, *die: Stickerei mit seidenem Garn;* **Sei|den|stoff,** *der: vgl. Seidengewebe;* **Sei|den|stra|ße,** *die* [gepr. von dem dt. Geographen F. v. Richthofen (1833-1905) nach der wichtigsten Handelsware]: *etwa seit dem 2. Jh. v. Chr. bes. für den Transport von Seide, Gold, Luxusgütern benützte Karawanenstraße von China durch Zentralasien an die Küsten des Mittelmeeres u. des Schwarzen Meeres;* **Sei|den|strumpf,** *der: seidener Strumpf;* **Sei|den|tuch,** *das* ⟨Pl. ...tücher⟩: *seidenes Tuch;* **sei|den|weich** ⟨Adj.⟩: *sehr weich* (1b); *-es Papier, Haar;* Ü Der -e *(sehr weiche* 1 f*) Lauf des großvolumigen Motors* (Herrenjournal 2, 1966, 123); **Sei|den|zucht,** *die: Seidenraupenzucht;* **sei|dig** ⟨Adj.⟩: *weich u. glänzend wie Seide:* ein -es Fell; -e Haare; Das helle Fell schimmerte in -en Reflexen unterm warmen Kerzenlicht (Frank, Tage 135); etw. fühlt sich s. an; s. glänzen.

Sei|en|de, *das;* -n, -n (Philos.): *etw., von ausgesagt wird, daß es ist; etw., was ist.*

Sei|fe, *die;* -, -n [1: mhd. seife = Seife, ahd. seifa, seipfa = Seife, auch: (tropfendes) Harz, viell. eigtl. = Tröpfelndes, vgl. mhd. sīfen = tröpfeln, sickern; Seife wurde in flüssiger Form zuerst als Mittel zum Rotfärben der Haare hergestellt; 2: mhd. sīfe (Bergmannsspr.) = Anschwemmung eines erzführenden Wasserlaufs, zu: sīfen = tröpfeln, sickern, wohl verw. mit dem unter ↑Sieb genannten Verb mit der Bed. „ausgießen, seihen"]: **1.** *meist in Form von handlichen Stücken einer festen Substanz, auch in flüssiger od. pastenartiger Form hergestelltes wasserlösliches Mittel zum Waschen,* *das bes. in der Körperpflege verwendet wird*: milde, feine, flüssige, parfümierte, desinfizierende, medizinische, rückfettende, desodorierende S.; ein Stück S.; grüne S. *(Schmierseife)*; die S. schäumt, duftet stark; ... und als ihm die S. aus den Händen flitzte, schickte er ihr einen Fluch nach (Sebastian, Krankenhaus 124); die S. gut abspülen; S. kochen, sieden *(unter Erhitzung der Ausgangsstoffe Seife herstellen)*; sich die Hände mit S. waschen; die Flecken kriegst du mit [Wasser und] S. raus. **2.** (Geol.) *Anhäufung von schweren od. besonders widerstandsfähigen Mineralen (z. B. Metalle, Erze, Diamanten) in Sand- u. Kieselablagerungen;* **sei|fen** ⟨sw. V.; hat⟩: **1.** (landsch.) *abseifen: jmdm. den Rücken, sich die Hände s.;* ... und seiften (die Männer) Gesicht und Arme (Gaiser, Jagd 184); Beatrice im Bad, sechsjährig, Gantenbein als Papi, der sie seift (Frisch, Gantenbein 472). **2.** (Geol.) *(Minerale) auswaschen;* **sei|fen|ar|tig** ⟨Adj.⟩: *wie Seife beschaffen;* **Sei|fen|ar|ti|kel,** die ⟨meist Pl.⟩: *Wasch-, Reinigungsmittel;* **Sei|fen|bad,** das: *aus Seifenlauge bereitetes u. bes. bei Entzündungen an der Hand angewendetes Bad:* mit dem kranken Arm Seifenbäder machen; **Sei|fen|baum,** der *[das Fruchtfleisch einer sehr bekannten Art enthält* ↑ Saponin*]:* **1.** *in mehreren, teils auch als Nutzpflanzen kultivierten Arten vorkommender, zu den Seifenbaumgewächsen gehörender mittelgroßer Baum.* **2.** *in Südamerika in mehreren Arten vorkommender, zu den Rosengewächsen gehörender immergrüner kleiner Baum od. Strauch mit ledrigen Blättern;* **Sei|fen|baum|ge|wächs,** das: *in tropischen u. subtropischen Gebieten in zahlreichen, teils auch als Nutzpflanzen kultivierten Arten vorkommender Strauch od. Baum;* **Sei|fen|bla|se,** die: *aus den Bläschen von Seifenwasser mit Hilfe eines Strohhalms o. ä. meist von Kindern zum Vergnügen geblasenes u. schnell wieder zerplatzendes kugelartiges Gebilde:* eine schillernde S.; die Kinder machen -n, lassen -n aufsteigen; die Gerüchte zerplatzten wie -n; Ü Die Gewißheit, daß unsere Freundschaft eine S. war *(eine Episode bleiben wird;* Ziegler, Konsequenz 132); Der Vorschlag ... ist ... nicht mehr als eine politische S. *(bietet nur scheinbar eine politische Lösung;* NZZ 12. 4. 85, 23); **Sei|fen|fa|brik,** die: *Fabrik, in der Seife hergestellt wird;* **Sei|fen|flocke[1],** die ⟨meist Pl.⟩: vgl. Seifenpulver; **Sei|fen|ge|bir|ge,** das (Geol.): *Gebirge mit Ablagerungen von Erzen u. Edelsteinen;* **Sei|fen|in|du|strie,** die: *Seife herstellende u. verarbeitende Industrie;* **Sei|fen|ki|ste,** die (ugs.): *[von Kindern, Jugendlichen] selbstgebasteltes, motorloses Fahrzeug aus Holz mit vier Rädern;* **Sei|fen|ki|sten|ren|nen,** das: *Wettfahrt mit Seifenkisten;* **Sei|fen|kraut,** das *[Blätter u. Wurzeln enthalten Saponin]: in vielen Arten vorkommendes Nelkengewächs mit blaßrosa bis weißen Blüten;* **Sei|fen|lap|pen,** der (landsch.): *Waschlappen;* **Sei|fen|lau|ge,** die: *Lauge aus Seife, Seifenpulver;* **Sei|fen|mit|tel,** das (selten): *Waschmittel;* **Sei|fen|napf,** der: vgl. Sei-

fenschale; **Sei|fen|oper,** die [LÜ von engl. soap opera, wohl weil solche Produktionen ursprünglich oft von Waschmittelfirmen finanziert wurden] (Jargon): *[rührselige] Hörspiel- od. Fernsehspielserie, Unterhaltungsserie:* Priscilla Beaulieu Presley, 39, durch einen Stammplatz in der S. „Dallas" bekannt gewordene US-Schauspielerin (Spiegel 12, 1985, 285); Die Geschichte von Biosphäre II hat schon immer etwas von einer S. gehabt (RNZ 9. 3. 94, 17); **Sei|fen|pul|ver,** das: *Waschmittel, das aus pulverisierter Seife besteht;* **Sei|fen|rin|de,** die: *Quillajarinde;* **Sei|fen|scha|le,** die: *kleine Schale für ein Stück Seife;* **Sei|fen|schaum,** der: *Schaum, der sich aus Seife in Verbindung mit Wasser durch Reiben gebildet hat;* **Sei|fen|sie|der,** der (veraltet): *Handwerker, der Seife herstellt:* * jmdm. geht ein S. auf (ugs.; ↑ Licht 2 a; Seifensieder waren früher auch gleichzeitig Kerzengießer; in der Studentenspr. wird scherzh. der Hersteller für das Produkt gesetzt): Geht Ihnen noch immer kein S. auf? (Zwerenz, Quadriga 195); **Sei|fen|sie|de|rei,** die ⟨o. Pl.⟩: **a)** *Herstellung von Seife;* **b)** *Seifenfabrik;* **Sei|fen|was|ser,** das: *Wasser, das aufgelöste Seife, aufgelöstes Seifenpulver enthält;* ♦ **Sei|fen|wra|sen,** der: *(im nordd. Sprachgebrauch) aus heißer Waschlauge aufsteigender Dampf:* ein sonderbarer Küchengeruch ..., der ... nur auf Rührkartoffeln und Karbonade gedeutet werden konnte, beides mit S. untermischt (Fontane, Jenny Treibel 4); **Sei|fen|zinn,** der (Geol.): *Zinnstein von Seifen (2).*
Sei|fer, der; -s [zu ↑ Seife]; **sei|fern** ⟨sw. V.; hat⟩ (landsch.): *seibern.*
sei|fig ⟨Adj.⟩: **a)** *voller Seife:* (er) trocknete rasch seine -en Hände ab (Baum, Paris 125); Seifige Abwässer (Grass, Butt 286); du bist hinter den Ohren, dein Rücken ist noch ganz s.; **b)** *wie Seife:* etw. hat einen -en Geschmack; das Wasser ... ist von s. grauer Farbe (Fest, Im Gegenlicht 300); der Kognak schmeckt, die Pilze schmecken etwas s.; **Seif|ner,** der; -s, - [zu ↑ Seife (2)] (veraltet): *jmd., der Minerale auswäscht.*
Sei|ge, die; -, -n [mhd. seige = Bodensenke, zu: seigen = sinken machen, zu: sīgen = sinken] (Bergmannsspr.): *vertiefte Rinne, in der das Grubenwasser abläuft;* **sei|ger** ⟨Adj.⟩ (Bergmannsspr.): *senkrecht:* ein -er Schacht; s. verlaufen, stehen; **Sei|ger,** der; -s, - [(spät)mhd. seigære, seiger, urspr. = Waage, zu: seigen, ↑ Seige] **a)** *(landsch. veraltet) Uhr:* ♦ Der S. schlägt (Wieland, Schach Lolo 704); ♦ **b)** *Uhrzeiger:* Es rückt die Uhr. Noch einen kleinen Weg des -s und ein großes Werk ist getan oder versäumt (Goethe, Egmont IV); **sei|gern** ⟨sw. V.; hat⟩ [mhd. seigern = (aus)sondern, auslesen]: **a)** (veraltet) *sickern;* **b)** (Hüttenw.) *[sich] ausscheiden; ausschmelzen;* **Sei|ger|ofen,** der [zu ↑ seigern (b)] (Hüttenw.): *Schmelzofen;* **Sei|ger|riß,** der (Bergbau): *senkrechter Schnitt eines Bergwerks;* **Sei|ger|schacht,** der [zu ↑ seiger] (Bergbau): *senkrechter Schacht;* **Sei|ge|rung,** die; -, -en (Hüttenw.): *Entmischung einer zunächst gleichmäßig zusammengesetzten*

Legierung im Verlauf des Gießens u. Erstarrens.
Seig|net|te|salz [zɛn'jɛt...], das; -es [nach dem frz. Apotheker P. Seignette (1660-1719)]: *Kaliumnatriumsalz der Weinsäure.*
Sei|gneur [zɛn'jøːɐ̯], der; -s, -s [frz. seigneur = Herr < lat. senior, ↑ Senior]: **1.** (hist.) *französischer Grund-, Lehnsherr.* **2.** (bildungsspr. veraltet) *Grandseigneur;* **sei|gneu|ral** [zɛnjøˈraːl] ⟨Adj.⟩ [↑ -al] (veraltet): *vornehm, weltmännisch;* **Sei|gneu|rie** [zɛnjøˈriː], die; -, -n [frz. seigneurie, zu: seigneur, ↑ Seigneur] (hist.): *im Besitz eines Seigneurs (1) befindliches Gebiet.*
Sei|he, die; -, -n (landsch.): **a)** *Filter[tuch] für Flüssigkeiten;* **b)** *Rückstand beim Filtern;* **sei|hen** ⟨sw. V.; hat⟩ [mhd. sīhen, ahd. sīhan = seihen; ausfließen, eigtl. = ausgehen; rinnen, träufeln; vgl. seichen, sickern]: *durchseihen:* Tomatensaft mit dem Saft einer Zitrone mischen und durch ein Sieb s. (Petra 8, 1967, 9); ... daß der Segen (= die Garben) zur Tenne käme, gedroschen würde vom Rindvieh, geworfelt, geseiht und aufgeschüttet (Th. Mann, Joseph 329); **Sei|her,** der; -s, - (landsch.): *Filter für Flüssigkeiten; Sieb* (1); **Seih|pa|pier,** das (landsch.): *Filterpapier;* **Seih|tuch,** das ⟨Pl. ...tücher⟩ (landsch.): *Tuch zum Durchseihen.*
Seil, das; -[e]s, -e [mhd. seil, ahd. seil, eigtl. = (Ver)bindendes]: *aus Fasern, Drähten od. sonstigem festem Material zusammengedrehtes Gebilde (das dicker als eine Leine u. dünner als ein Tau ist):* das S. ist gerissen; der Bergsteiger ging, überquerte den Gletscher am S.; auf einem gespannten S. balancieren; der Boxer hing erschöpft in den -en (Ringseilen); etw. mit einem S. hochziehen; die Kinder springen über das S.; Ü So elend hat sie ihn noch nie angetroffen. Besoffen in den -en hängend (ugs.; *ermattet, erschöpft;* Degener, Heimsuchung 82); **Seil|akro|bat,** der: *Artist, der auf seinem hoch in der Luft gespannten Seil akrobatische Balanceakte ausführt;* **Seil|akro|ba|tin,** die: w. Form zu ↑ Seilakrobat; **seil|ar|tig** ⟨Adj.⟩: *einem Seil ähnlich;* **Seil|bahn,** die: **a)** *der Überwindung von tiefen Taleinschnitten und großen Höhenunterschieden dienendes Beförderungsmittel, bei dem die Transportvorrichtungen (Gondel, Kabine o. ä.) an einem Drahtseil, einer Schiene hängend od. auf Schienen laufend von einem Zugseil mit Stromantrieb bewegt werden können:* mit der, einer S. fahren; **b)** *gesamte Anlage einer Seilbahn (a):* eine S. [auf einen Berg] bauen; **[1]sei|len** ⟨sw. V.; hat⟩ [1: mhd. seilen]: **1.** *Seile herstellen.* **2.** (selten) *an-, abseilen.*
[2]sei|len ⟨sw. V.; hat⟩ [(m)niederd. seilen, zusgez. aus: segelen, niederd. Form von ↑ segeln] (nordd.): *segeln.*
Sei|len|de, das: *Ende eines Seils;* **Sei|ler,** der; -s, - [spätmhd. seiler]: *Handwerker, der Seile herstellt* (Berufsbez.): * ♦ des -s Tochter (scherzh.; *das Seil des Henkers*): ... erinnere ihn von Jugend auf das Handwerk ihres Vaters, der bereits am Auerbacher Galgen mit des -s Tochter kopuliert war, nämlich mit dem Strick (Hebel, Schatzkästlein 25); **Sei|ler|bahn,** die: *langer ebener Platz, auf dem Seile hergestellt wer-*

Seilerei

den; **Sei|le|rei**, die; -, -en: 1. ⟨o. Pl.⟩ *Herstellung von Seilen.* 2. *Betrieb eines Seilers;* **Sei|le|rin**, die; -, -nen: w. Form zu ↑ Seiler; **Sei|ler|mei|ster**, der: *Seiler, der die Meisterprüfung abgelegt hat;* **Sei|ler|mei|ste|rin**, die: w. Form zu ↑ Seilermeister; **Sei|ler|wa|re**, die ⟨meist Pl.⟩: *von einem Seiler hergestelltes Erzeugnis;* **Seil|fäh|re**, die: *Fähre, die an einem über das Wasser gespannten Seil geführt wird;* **Seil|fahrt**, die (Bergmannsspr.): *Beförderung von Personen mit Hilfe der Fördermaschine:* Da in dem alten Schacht die S. nicht stattfinden konnte, fuhren sie auf dem Nachbarschacht Fünf ein (Marchwitza, Kumiaks 193); **Seil|för|de|rung**, die: *Beförderung mit einer Seilbahn;* **Seil|ge|trie|be**, das (Technik): *Getriebe zur Kraftübertragung mit Hilfe eines Seils;* **seil|hüp|fen** ⟨sw. V.; nur im Inf. u. Part. gebr.⟩: *seilspringen:* seilhüpfende Kinder; **Seil|hüp|fen**, das; -s: *Seilspringen;* **Seil|kom|man|do**, das (Bergsteigen): *Zuruf zur Verständigung innerhalb einer kletternden Seilschaft;* **Seil|künst|ler**, der: *Seilakrobat;* **Seil|künst|le|rin**, die: w. Form zu ↑ Seilkünstlerin; **Seil|mann|schaft**, die (Bergsteigen): *Seilschaft;* **Seil|schaft**, die; -, -en: 1. (Bergsteigen) *Gruppe von Bergsteigern, die bei einer Bergtour durch ein Seil verbunden sind:* eine bewährte, eingespielte, erfahrene S.; Als die beste Form der S. im ... Fels hat sich die Zweierseilschaft erwiesen (Eidenschink, Fels 50); eine S. bilden. 2. *Gruppe von Personen, die [im politischen Bereich] zusammenarbeiten:* ... bat er ... um Unterstützung gegen die „linke S.", die ihn stürzen wolle (Hamburger Abendblatt 24. 8. 85, 4); Alte -en in Rathäusern sorgten auch nach der Wende für die ehemaligen MfS-Führer (Spiegel 45, 1990, 149); **Seil|schei|be**, die: *Rad mit einer od. mehreren Rillen zur Führung von Seilen (z. B. in der Spitze eines Fördergerüsts über einem Schacht od. bei Seilbahnen);* **Seil|schwe|be|bahn**, die: *Seilbahn;* **Seil|si|che|rung**, die (Bergsteigen): *Sicherung gegen Absturz mit Hilfe eines Seils;* **Seil|sitz**, der (Bergsteigen): *aus einem Seil hergestellte Vorrichtung, mit deren Hilfe man einen Verletzten auf dem Rücken tragen kann;* **seil|sprin|gen** ⟨st. V.; nur im Inf. u. Part. gebr.⟩: *Seilspringen spielen:* wollen wir s.?; ein seilspringendes Kind; **Seil|sprin|gen**, das ⟨o. Pl.⟩: *Kinderspiel, bei dem man über ein Sprungseil springt;* **Seil|stär|ke**, die: *Stärke eines Seils;* **Seil|steue|rung**, die: *Steuerung eines Fahrzeugs mit Hilfe von Seilzügen:* ein Bob mit S.; **Seil|tanz**, der: *das Seiltanzen:* ***Seiltänze vollführen** (ugs.; *jmdm. gegenüber in einer bestimmten Angelegenheit äußerst vorsichtig u. einfallsreich auftreten, um ihn für etw. zu bewegen):* wegen etw. wahre Seiltänze vollführen; **seil|tan|zen** ⟨sw. V.; nur im Inf. u. Part. gebr.⟩: *auf einem in der Luft gespannten Seil akrobatische Balanceakte ausführen;* **Seil|tän|zer**, der: *Seilakrobat;* **Seil|tän|ze|rin**, die: w. Form zu ↑ Seiltänzer; **Seil|trag|werk**, das: *aus einem Netz von weitgespannten Drahtseilen bestehende Dachkonstruktion;* **Seil|trom|mel**, die: *Trommel zum Auf- u. Ab-*

wickeln eines Seiles; **Seil|werk**, das ⟨o. Pl.⟩: vgl. Tauwerk (1); **Seil|win|de**, die: *mit einem Seil u. einer Seiltrommel arbeitende Winde;* **Seil|zie|hen**, das; -s (schweiz.): *Tauziehen:* Ü ... hat, nach jahrelangem S. zwischen Behörden und Bauherrschaft, das neue Betonwerk ... den Betrieb aufgenommen (NZZ 26. 8. 83, 28); **Seil|zug**, der (Technik): *aus einem [Draht]seil o. ä. bestehender Zug* (4 a): der S. der Kupplung ist gerissen; **Seil|zug|brem|se**, die (Technik): *über einen Seilzug betätigte Bremse.*

Seim, der; -[e]s, -e [mhd. (honec)seim, ahd. (honang)seim, H. u.] (veraltet, noch geh.): *klebrige, zähe Flüssigkeit:* Das Wasser im Teich ... war etwas gesunken. Die Entengrütze hatte am Rand einen bräunlichen S. zurückgelassen (Augustin, Kopf 242); **sei|mig** ⟨Adj.⟩ (veraltet, noch geh.): *dick-, zähflüssig:* ein gelblich -es Bächlein (K. Mann, Wendepunkt 52).

¹**sein** ⟨unr. Verb; bin, ist, sind, seid; war; ist gewesen⟩ [mhd., ahd. sīn; das nhd. Verb enthält drei verschiedene Stämme: 1. mhd., ahd. bin, urspr. = werde, wachse; 2. mhd., ahd. ist, sint; 3. mhd. was, wāren, ahd. was, wārun, urspr. = war(en) da, verweilte(n), zu ahd. wesan, ↑wesen]: **I. 1. a)** *sich in einem bestimmten Zustand, in einer bestimmten Lage befinden; sich bestimmten Umständen ausgesetzt sehen; eine bestimmte Eigenschaft, Art haben:* gesund, ruhig, betrunken, müde, lustig s.; schön, jung, klug, gutmütig s.; er war sehr entgegenkommend, freundlich; das Brot gut, trocken; das Wetter ist schlecht; wie ist der Wein?; die Geschichte ist merkwürdig; das ist ja unerhört!; das kann doch nicht wahr s.!; wie alt bist du?; ich bin 15 [Jahre alt]; sie ist des Streit/des Streites müde; er ist des Diebstahls schuldig; er ist noch am Leben; der Hut ist aus der Mode; er war ganz außer Atem, nicht bei Sinnen; sie ist in Not, in Gefahr, ohne Schuld; er war bei ihnen zu Gast; ⟨unpers.:⟩ es ist (*herrschte*) Hochwasser, Krieg, dichter Nebel, Glatteis, herrliches Wetter; es ist abends noch lange hell; es ist besser so; wie war es denn?; es ist *(verhält sich)* nicht so, wie du denkst; * **dem ist [nicht] so** *(die Sache verhält sich [nicht] so);* **sei es, wie es wolle; sei dem/dem sei, wie ihm wolle; wie dem auch sei** *(wie immer es sich auch verhält; gleichgültig, ob es sich so oder so verhält):* sei es, wie es wolle, ich werde daran teilnehmen; **es sei denn, [daß]** *(ausgenommen, außer wenn):* ich bin um 8 Uhr da, es sei denn, daß etwas dazwischenkommt; **nicht so s.** (ugs.; *sich großzügig, nachsichtig zeigen):* ach, sei doch nicht so, und gib es mir; ♦⟨1. u. 3. Pers. Pl. Ind. Präs. im südd. Sprachgebrauch auch seind:⟩ Stille Schaf seind mille- und wollereich, wird ihnen gewartet (Mörike, Hutzelmännlein 160); **b)** *jmds. Besitz, Eigentum darstellen; jmdm. gehören:* das ist meins/(landsch. ugs.:) mir; welches von den Bildern ist dein (geh. veraltend) *bin dir in Liebe verbunden*); **c)** ⟨unpers.⟩ *von jmdm. als bestimmtes eigenes Befinden festgestellt werden:* es ist mir nicht gut heute; mir ist [es] kalt,

schlecht, übel, wieder besser; bei diesem Gedanken ist mir nicht wohl; ist dir warm?; ist dir etwas? (ugs.; *fehlt dir etwas, fühlst du dich nicht wohl?);* * **jmdm. ist, als [ob]** ... *(jmd. hat das [unbestimmte] Gefühl, den Eindruck, als [ob] ...):* mir ist, als hätte ich ein Geräusch gehört hätte; **jmdm. ist [nicht] nach etw.** (ugs.; *jmd. hat im Augenblick [keine] Lust auf, zu etw.):* mir ist heute nicht nach Feiern; Nach Bett war mir noch nicht (Eppendorfer, St. Pauli 135); **d)** ⟨in Verbindung mit einem Gleichsetzungsnominativ⟩ *drückt die Identität od. eine Klassifizierung, Zuordnung aus:* er ist Lehrer, Künstler, ist eine richtige Bayerin; sie ist ja noch ein Kind; du bist ein Schuft, ein Engel; ihr seid Lügner; er ist der Schuldige; die Katze ist ein Haustier; das ist die Hauptsache, eine Gemeinheit, eine Zumutung; Und das war es dann (ugs.; *und damit ist es vorbei, abgetan;* Eppendorfer, Kuß 55); R das wär's *(das ist alles [was ich sagen, haben wollte, was getan werden mußte]);* * **es s.** *(es getan haben; der Schuldige, Gesuchte sein):* ich weiß genau, du warst es [der es getan hat]; am Ende will es keiner gewesen s.; **wer s.** (ugs.; *es zu etwas gebracht haben; Ansehen genießen*): im Fußball sind wir [wieder] wer; Im Dorf ist er wer: Bis zur Gebietsreform Bürgermeister (Chotjewitz, Friede 81); **nichts s.** (ugs.; *im Leben nichts erreicht haben; es zu nichts gebracht haben):* ihr Mann ist nichts; **e)** *(in bezug auf das Ergebnis einer Rechenaufgabe) zum Resultat haben, ergeben:* fünfzehn und sechs, dreißig weniger neun, drei mal sieben, hundertfünf [geteilt] durch fünf ist/ (ugs.:) sind einundzwanzig; **f)** ⟨unpers.⟩ *(aufgrund der Zeit) als Umstand, Zustand o. ä. gegeben sein:* es ist schon Morgen, Nacht; es sind noch Ferien; dort ist jetzt Winter, Regenzeit, Fastenzeit; bis dahin wird [es] wieder Herbst s.; es war spät [abends, am Abend]; dafür ist es jetzt, nie zu spät ist [gleich, kurz nach] sieben [Uhr]; morgen ist, gestern war der fünfte Mai; ist heute schon der Dreißigste, Freitag?; in sechs Wochen ist schon Weihnachten. **2. a)** *sich irgendwo befinden, aufhalten:* an seinem Platz, bei jmdm., in Hamburg, in Urlaub, unterwegs, auf Reisen s.; er war niemand im Haus, zu Hause s.; wo warst du denn die ganze Zeit?; das Geld ist auf der Bank, auf seinem Konto; Bier ist im Kühlschrank; seine Wohnung ist *(liegt)* im dritten Stock; sie ist in/zur Kur *(ist zu einer Kur verreist);* sie sind essen, schwimmen, einkaufen *(sind zum Essen, Schwimmen, Einkaufen weggegangen);* Ü ich war nur im Rückspiegel (ugs.; *blickte ständig in den Rückspiegel;* Eppendorfer, St. Pauli 94); **b)** *stammen, kommen:* er ist aus gutem Haus, aus einer kinderreichen Familie; sie ist aus Berlin, aus Österreich; das Paket ist von Mutter, von zu Hause; woher ist der Wein?; die Milch ist von heute; das Fleisch ist vom Schwein; das Zitat, das Stück ist von Goethe; das Kind ist von ihm *(er ist der Vater des Kindes);* Meine Schwiegermutter ..., die ist noch ganz von früher *(ist* *eine typische Vertreterin einer früheren Generation;* Dierichs, Männer 167). **3. a)** *an einem bestimmten Ort, zu einer bestimmten Zeit stattfinden, vonstatten gehen:* die erste Vorlesung ist morgen; der Vortrag ist um 8 Uhr, am 4. Mai, in der Stadthalle; * *nicht s.* (ugs.; *nicht erlaubt, möglich o. ä. sein, nicht geduldet werden):* Fernsehen ist [heute] nicht, lest lieber mal ein Buch; Rauchen ist [bei mir] nicht; **b)** *an einem bestimmten Ort, zu einer bestimmten Zeit, unter bestimmten Umständen geschehen, sich ereignen:* die meisten Unfälle sind nachts, bei Nebel, im Winter, auf Landstraßen; das letzte Erdbeben war dort 1906; ⟨auch unpers.:⟩ es war im Sommer letzten Jahres, in Berlin; * *mit etw. ist es nichts* (ugs.; *etw. läuft nicht so ab, findet nicht so statt o. ä., wie es geplant, beabsichtigt o. ä. war):* wenn du krank bist, dann ist es wohl heute nichts mit unserem Ausflug; als sie von seiner Vergangenheit hörte, war es nichts mehr mit [der] Heirat; **c)** ⟨meist im Inf. in Verbindung mit Modalverben⟩ *geschehen, vor sich gehen, passieren:* eine Sache wie diese, so etwas darf nicht s.; muß das s.?; es braucht ja nicht sofort zu s.; das kann doch nicht s.! *(das ist doch nicht möglich!);* war während meiner Abwesenheit irgendwas? (ugs.; *ist während meiner Abwesenheit etwas Erwähnenswertes vorgefallen?);* wenn etwas ist/s. sollte (ugs.; ⟨auch unpers.:⟩ es sei!, so sei es denn! *(es möge, soll, kann so geschehen!);* ℞ was s. muß, muß s. *(es ist unvermeidbar);* sei's drum *(es ist schon gut, es macht nichts);* * *sei es ... sei es; sei es ... oder (entweder ... oder; kann, mag sein [daß] ... oder [daß]; ob ... oder [ob]):* einer muß einlenken, sei es der Osten oder [sei es] der Westen; das Prinzip ist das gleiche, sei es in der Luft, sei es im Wasser. **4.** *dasein; bestehen; existieren:* alles, was einmal war, heute ist oder einmal s. wird; in diesem Bach sind *(gibt es)* viele Fische; wenn es nicht gewesen wäre, hätte alles anders entwickelt; sind noch Fragen dazu?; die Königin ist nicht mehr (geh.; *ist gestorben);* die DDR ist nicht mehr/(landsch.:) ist gewesen *(besteht nicht mehr);* das wird niemals s. *(der Fall sein);* das war einmal *(gehört der Vergangenheit an, besteht nicht mehr);* ist [irgend] etwas? (ugs.; *gibt es etw. Besonderes, einen Grund zur Beunruhigung?);* sind *(gibt es)* noch Fragen?; ℞ was nicht ist, kann noch werden *(man kann immer noch damit rechnen, darauf hoffen);* ⟨subst.:⟩ das menschliche Sein *(Leben, Dasein);* ℞ Sein oder Nichtsein, das ist hier die Frage *(hier geht es um eine ganz wichtige Entscheidung; hierbei handelt es sich um eine existentielle Frage;* nach der Übersetzung der Stelle im Drama „Hamlet" [III, 1] von W. Shakespeare, [1564–1616]: To be or not to be, that is the question). **5.** ⟨mit Inf. mit „zu" als Hilfsverb⟩ **a)** entspricht einem mit „können" verbundenen Passiv: *... werden können:* es ist durch niemanden zu ersetzen *(kann durch niemanden ersetzt werden);* die Schmerzen waren kaum, nicht zu ertragen *(waren unerträglich);* das ist mit Geld nicht zu bezahlen *(ist*

unbezahlbar); **b)** entspricht einem mit „müssen" verbundenen Passiv: *... werden müssen:* fehlerhafte Exemplare sind unverzüglich zu entfernen *(müssen unverzüglich entfernt werden);* der Ausweis ist unaufgefordert vorzuzeigen. **II.** ⟨mit einem 2. Part. als Hilfsverb⟩ **1.** dient der Perfektumschreibung: der Zug ist eingetroffen; er ist gestorben; wir waren gerade abgefahren; wir sind [über den See] gerudert; ⟨mit Ellipse eines Verbs der Bewegung im Übergang zum Vollverb:⟩ sie sind mit dem Wagen in die Stadt (ugs.; *sind in die Stadt gefahren);* sie ist gerade eben raus (ugs.; *ist gerade eben hinausgegangen);* Vom Café bin ich mit Antje gleich zum Friedrichstadt-Palast (ugs.; *bin ich mit ihr dorthin gegangen;* Schädlich, Nähe 45). **2.** dient der Bildung des Zustandspassivs: das Fenster ist geöffnet; damit waren wir gerettet; er sagt, die Rechnung sei längst bezahlt.

²**sein** ⟨Possessivpron.; bezeichnet die Zugehörigkeit od. Herkunft eines Wesens od. Dinges, einer Handlung od. Eigenschaft in bezug auf eine in der 3. Pers. Sg. genannte Person od. Sache männlichen od. sächlichen Geschlechts⟩ [mhd., ahd. sîn]: **1. a)** ⟨vor einem Subst.⟩ s. Hut; -e Jacke; s. Bier; -e Kinder; einer -er Freunde/von -en Freunden; seinem Vater s. Hut (ugs.; *meines Vaters Hut);* das Dorf und -e Umgebung; im Auftrag Seiner Majestät [des Kaisers]; -e *(die von ihm geschriebenen Bücher);* er hat -en Zug *(den Zug, mit dem er fahren wollte, mit dem er zu fahren pflegt)* verpaßt; sie geht in -e Klasse *(in die Klasse, in die auch er geht);* der Graben ist -e (ugs.; *ist gut und gerne)* drei Meter breit; er muß jetzt -e Tabletten *(die Tabletten, die er zur Zeit nehmen muß)* einnehmen; *mit dem Genörgel* (ugs.; *das man bei ihm gewohnt ist);* im Herbst macht er wieder -e Kur *(die Kur, die er regelmäßig immer wieder macht);* **b)** ⟨o. Subst.⟩ das Buch ist s. (landsch.; *gehört ihm);* sind das deine Handschuhe oder -e?; das ist nicht mein Messer, sondern -s/(geh.:) -es. **2.** ⟨subst.⟩ (geh.) ich hatte meine Werkzeuge vergessen und benutzte die -en; sie soll die Seine *(seine Frau)* werden; er fuhr zu den Seinen *(zu seiner Familie, seinen Angehörigen);* er hat das Seine *(sein Teil; das, was er tun konnte)* getan; ℞ jedem das Seine *(jeder soll haben, was ihm zusteht, was er gerne möchte;* vgl. suum cuique); den Seinen gibt's der Herr im Schlaf *(manche Leute haben so viel Glück, daß sie ohne Anstrengung viel erreichen;* Ps. 127, 2); ³**sein** [mhd., ahd. sîn] (dichter. veraltend): ↑seiner: die gedachte, erbarme sich s.

Sein, das; -s [subst. zu ↑¹sein (I, 4)] (Philos.): *das Existieren des ideell u. materiell Vorhandenen, die Wirklichkeit, soweit sie dem Daseienden zukommt:* die S. und das Seiende; ideales, materiales S.; die logischen Begriffe besitzen ideales S.; die Philosophie des -s; die Lehre vom S.

Sei|ne [ˈzɛːn(ə), frz. sɛn], die; -: französischer Fluß.

sei|ner ⟨Gen. der Personalpronomina „er" u. „es"⟩: sie erinnerte, entledigte sich s.; Dann wurde die Polizei s. hab-

haft (Niekisch, Leben 100); **sei|ner|seits** ⟨Adv.⟩ [↑ -seits]: *von ihm, seiner Seite aus:* er s. wollte/er wollte s. nichts davon wissen; es war ein Mißverständnis s.; **sei|ner|zeit** ⟨Adv.⟩: **1.** *zu jener Zeit; damals:* s. hatten wir alle nichts zu essen. **2.** (österr. veraltend) *zu seiner, gegebener Zeit:* wir werden s. darüber noch einmal verhandeln; **sei|ner|zei|tig** ⟨Adj.⟩: *seinerzeit* **(1)** *bestehend, vorhanden; damalig:* der -e Innenminister; ... weit über die -en ... Angebote Kennedys hinaus (Enzensberger, Einzelheiten I, 51); **sei|nes|glei|chen** ⟨indekl. Pron.⟩ [spätmhd. seins gleichen]: *Person, Sache von gleicher Art, gleichem Wert; jmd. wie er, eine Sache wie diese:* dieses Ansinnen sucht s.; Als Meister des Gespräches hat er heute nicht s. (K. Mann, Wendepunkt 200); er verkehrt am liebsten mit s.; (abwertend:) Ich will nicht sagen, mein Kaffeehaus sei das beste unter sämtlichen s. Ich weiß nicht einmal, ob es s. hat (Bergengruen, Rittmeisterin 17); von ihm und s. kann man nicht mehr erwarten; **sei|net|hal|ben** ⟨Adv.⟩ [gek. aus: von seine(n)t halben, mhd. von sinent halben, s. -halben] (veraltend): *seinetwegen;* **sei|net|we|gen** ⟨Adv.⟩ [älter: von seine(n)t wegen, mhd. von sinen wegen]: **a)** *aus Gründen, die ihn betreffen; ihm zuliebe; um seinetwillen:* es kommt nur s., hat sich s. das Leben genommen; wir können s. nicht das ganze Programm über den Haufen werfen; er will nicht, daß wir s. extra einen Umweg fahren; **b)** *durch ihn, durch sein Verhalten:* [nur] s. haben wir den Zug verpaßt; **c)** *ihn betreffend:* s. mache ich mir keine Sorgen; **d)** *von ihm aus:* er hat gesagt, könnten die Kinder mitkommen; **sei|net|wil|len** ⟨Adv.⟩ [älter: umb seinet willen, s. willen]: nur in der Fügung **um s.** *(mit Rücksicht auf ihn):* um s. hat sie ihren Lebensstil geändert; **sei|ni|ge,** der, die, das; -n, -n ⟨Possessivpron.⟩ [spätmhd. (md.) sînec] (geh., veraltend): *der, die, das* ¹seine **(2):** sie stellte ihr Fahrrad neben das s.; sie soll die Seinige *(seine Frau)* werden; er besucht die Seinigen *(seine Familie, seine Angehörigen);* er wird das Seinige *(sein Teil)* dazu beitragen.

sein|las|sen ⟨st. V.; hat⟩ [zu ↑¹sein] (ugs.): *unterlassen:* du solltest das lieber s.; er kann das Trinken einfach nicht s.; Wenn ihr solche Bedingungen stellt, lassen wir das Ganze lieber sein (Remarque, Obelisk 51).

Sei|sing: ↑Zeising.

Seis|mik, die; - [zu ↑seismisch]: *Wissenschaft, Lehre von der Entstehung, Ausbreitung u. Auswirkung der Erdbeben:* angewandte S. *(Untersuchung des Erdinnern, bes. von Lagerstätten u. Baugrund, mit Hilfe künstlich erzeugter seismischer Wellen);* **Seis|mi|ker,** der; -s, -: *Wissenschaftler, Fachmann auf dem Gebiet der angewandten Seismik;* **Seis|mi|ke|rin,** die; -, -nen: w. Form zu ↑Seismiker; **seis|misch** ⟨Adj.⟩ [zu griech. seismós = (Erd)erschütterung, zu: seíein = erschüttern]: **1.** *die Seismik betreffend:* -e Instrumente, Messungen, Untersuchungen, Forschungen. **2.** *Erdbeben betreffend:* -e Erschütterungen; die -en Bedingungen

Seismizität

einer Region; **Seis|mi|zi|tät,** die; -: *Häufigkeit u. Stärke der Erdbeben eines Gebietes;* **seis|mo-, Seis|mo-** ⟨Best. in Zus. mit der Bed.⟩: *Erdbeben* (z. B. seismographisch, Seismogramm); **Seis|mo|gramm,** das; -s, -e [↑-gramm]: *Aufzeichnung von Erschütterungen des Erdbodens, bes. von Erdbeben durch ein Seismometer;* **Seis|mo|graph,** der; -en, -en [↑-graph]: *Seismometer:* der S. registrierte ein leichtes Erdbeben; Ü Weil „Kino der S. für gesellschaftliche Entwicklungen ist" (Spiegel 3, 1975, 112); **seis|mo|graphisch** ⟨Adj.⟩: *mit Hilfe eines Seismographen arbeitend, durchgeführt; durch einen Seismographen [ermittelt]:* -e Untersuchungen, Messungen; ein Erdbeben s. ermitteln; **Seis|mo|lo|ge,** der; -n, -n [↑-loge]: *Wissenschaftler, Forscher, Fachmann auf dem Gebiet der Seismologie;* **Seis|mo|lo|gie,** die; - [↑-logie]: *Seismik;* **Seis|mo|lo|gin,** die; -, -nen: w. Form zu ↑Seismologe; **seis|mo|lo|gisch** ⟨Adj.⟩: *seismisch* (1); **Seis|mo|me|ter,** das; -s, - [↑-meter (1)]: *Gerät zur Registrierung und Messung von Erschütterungen des Erdbodens, bes. von Erdbeben; Seismograph;* **Seis|mo|me|trie,** die; - [↑-metrie]: *Messung von Erdbeben mit Hilfe eines Seismometers;* **seis|mo|me|trisch** ⟨Adj.⟩: *die Seismometrie betreffend; mit Hilfe eines Seismometers [arbeitend, durchgeführt]:* -e Instrumente, Messungen, Untersuchungen; ein Beben s. ermitteln; **Seismo|na|stie,** die; - [↑Nastie] (Bot.): *durch Stoß ausgelöste Bewegung einer Pflanze ohne Beziehung zur Reizrichtung;* **Seismo|phon,** das; -s, -e [↑-phon]: *technisches Gerät, das weit entfernte Erdbeben hörbar macht;* **Seis|mo|re|ak|ti|on,** die: *verändertes Verhalten von Tieren vor Beginn eines Erdbebens (z. B. Unruhe, Flucht);* **Seis|mo|skop,** das; -s, -e [zu griech. skopeīn = betrachten, (be)schauen]: *(heute nicht mehr verwendetes) Instrument zum Registrieren von Erdbeben;* **Seis|mo|tek|to|nik,** die: *Teilgebiet der Geophysik, das sich mit den Zusammenhängen von Erdbebentätigkeit u. tektonischen Strukturen u. Bewegungen befaßt.*

seit [mhd. sīt, ahd. sīd, eigtl. = später als, zu ahd. sīd(ōr) = später, komparativisches Adv. zu einem Adj. mit der Bed. „spät" (vgl. got. seipus = spät), verw. mit ↑säen in dessen alter Bedeutungserweiterung „los-, nachlassen; säumen"]: **I.** ⟨Präp. mit Dativ⟩ *dient zur Angabe des Zeitpunkts, zu dem, od. der Zeitspanne, bei deren Beginn ein noch anhaltender Zustand, Vorgang begonnen hat:* s. kurzem, neuem, längerem, Jahren, Tagen, vier Wochen; s. gestern, damals, jenem Tage, seinem Weggang; er wird s. Kriegsende vermißt; dieses Problem hat mich s. eh und je, s. jeher (ugs.; *schon immer*) beschäftigt; s. wann bist du wieder in Wien?; der gefährlichste Diktator s. Hitler; s. Tschernobyl essen wir keine Waldpilze mehr; s. dem Kabelfernsehen (ugs.; *seit es Kabelfernsehen gibt*). **II.** ⟨Konj.⟩ *gibt den Zeitpunkt an, zu dem ein bestimmter Zustand, Vorgang eingetreten ist:* s. er die Firma leitet, sind alle zufrieden; ich fühle mich viel besser, s. ich die Kur gemacht habe, keinen Kaffee mehr trinke; s. er das letzte Mal hier war, habe ich nichts mehr von ihm gehört. **seit|ab** ⟨Adv.⟩: **a)** *an der Seite; abseits:* s. liegende Felder; Und manche wohnen s. in der unzugänglichen Wildnis (Zwerenz, Kopf 176); s. von den Feldern grasten die Ziegen; **b)** (selten) *beiseite* (b): Sie rieb sich die Augen, streckte die Arme s. und gähnte (Strittmatter, Wundertäter 85); **Seit|beu|gen,** das; -s (Turnen): *(in Grätschstellung ausgeführtes) Beugen des Oberkörpers über die Hüfte abwechselnd nach beiden Seiten.*

seit|dem [wohl verkürzt aus mhd. sīt dem māle = seit der Zeit]: **I.** ⟨Adv.⟩ *seit dem Zeitpunkt, seit damals:* nichts hat sich s. hier geändert; er hatte vor einiger Zeit einen schweren Unfall, und s. fährt er extrem vorsichtig; Seine Frau war lange hier. Er schickt uns s. jedes Jahr ein paar Kisten (Remarque, Obelisk 216). **II.** ⟨Konj.⟩ *seit* (II): s. sie liebt, ist sie völlig verändert; er hatte vor Angst vor Hunden, s. er mal von einem gebissen worden war. **Sei|te,** die; -, -n [mhd. sīte, ahd. sīta, eigtl. = die schlaff Herabfallende (vgl. ahd. sīto [Adv.] = schlaff), wohl urspr. = die unter dem Arm abfallende Flanke des menschlichen Körpers, dann auch: Flanke von Tieren, wahrsch. verw. mit ↑säen in dessen urspr. Bed. „(aus)streuen; fallen lassen"; 7: nach lat. latus]: **1. a)** *eine von mehreren ebenen Flächen, die einen Körper, Gegenstand begrenzen; aus einer bestimmten Richtung sichtbarer Teil der Oberfläche eines Körpers, Gegenstands:* die vordere, hintere, obere, untere, linke, rechte S. einer Kiste; die der Erde abgewandte S. des Mondes; die sechs -n eines Würfels; welche S. gehört nach oben?; sie guckte sich die Box von allen -n genau an; **b)** *linke od. rechte, vordere od. hintere, zwischen oben u. unten befindliche Fläche eines Raumes, Gegenstands, Körpers:* die vordere, der Straße zugewandte S. des Hauses; nur noch eine S. des Zimmers muß tapeziert werden; **c)** *rechter od. linker flächiger Teil eines Gegenstands, Körpers:* die [ganze] rechte S. des Autos muß neu lackiert werden; der Kahn legte sich bedenklich auf die S. (drohte zu kentern). **2. a)** *rechts od. links [von der Mitte] gelegener Teil einer räumlichen Ausdehnung:* die Angeklagten nahmen fast eine ganze S. des Saales ein; wir wohnen auf der anderen S. (*am anderen Ufer*) des Flusses; auf, zu beiden -n einer Sache (*links u. rechts neben etw.*); der Angriff kam von der S. (*aus seitlicher Richtung*); ⟨als Subst. verblaßt u. daher klein geschrieben:⟩ ... hing ihm der schwarze Schnurrbart ... zu seiten des Mundes herab (Th. Mann, Zauberberg 543); **b)** *Ort, Stelle in einer gewissen seitlichen Entfernung von einer Person, Sache:* geh auf die/zur S. (*aus dem Weg*)!; jmdn. auf die S. (*beiseite*) winken; die Bücher zur S. legen; zur S. treten, gehen (*ausweichen, um jmdm. Platz zu machen*); jmdn. zur S. (*beiseite*) nehmen; Ü jmdn. zur S. schieben (*jmdn. [aus seiner Position] verdrängen*); * *etw.* **auf die S. schaffen/bringen** (ugs.; *etw. aus einem zugänglichen Bereich für eigene Bedürfnisse fortnehmen*): er hat Ersatzteile, Baumaterialien auf die S. geschafft; Nachdem er im Dienst neun Telefonapparate „auf die S. gebracht" hatte ... (MM 30. 1. 86, 13); **jmdn. auf die S. schaffen** (salopp; *jmdn. ermorden*); **etw. auf die S. legen** (↑Kante 2): bei dem Gehalt kann er eine ganze Menge, nicht viel, nichts auf die S. legen; **etw. auf der S. haben** (↑Kante 2): Schwitter: Mein Vermögen ging in Flammen auf. Olga: Ich habe schon etwas auf der S. (Dürrenmatt, Meteor 37); **auf die große, kleine S. müssen** (österr.; *[bes. von Schülern] seine große, kleine Notdurft verrichten müssen*); **zur S. sprechen** (Theater; *beiseite sprechen*); **c)** *Teil eines Gebiets, das dies- od. jenseits einer Grenze o. ä. liegt:* die spanische S. der Pyrenäen; der Grenzort auf der italienischen S.; das Dorf liegt [schon, noch] auf tschechischer S. **3. a)** *Partie des menschlichen Körpers, die als fließender Übergang zwischen seiner vorderen u. hinteren Fläche in Längsrichtung von Kopf bis Fuß verläuft:* der Junge trägt sein Fahrtenmesser an der S.; sich im Schlaf auf die andere S. drehen; sie legt den Säugling abwechselnd auf die rechte und linke S.; auf einer S. gelähmt sein; jmdn. von der S. fotografieren; sein Kopf fiel vor Müdigkeit zur S.; Ü sie verbrachte eine glückliche Zeit an der S. ihres Mannes (geh.; *mit ihrem Mann*); sich nicht gern an jmds. S. (*mit jmdm.*) sehen lassen; * **lange -n haben** (landsch.; *viel essen u. trinken können;* eigtl. wohl = viel Platz im Körper haben); **S. an S.** (↑Schulter 1); **an jmds. grüne S.** (scherzh.; *in jmds. unmittelbare Nähe;* vgl. grün 4): komm, setz dich, rück an meine grüne S.!; **jmdm. jmdn., etw. einer Sache an die S. stellen** (*jmdm. jmdn., etw. einer Sache gleichstellen*); **sich auf die faule S. legen** (↑Haut 1 b); **jmdm. [mit Rat und Tat] zur S. stehen** (*jmdm. helfen, beistehen*); **jmdm. zur S. treten/springen** (*jmdm. zu Hilfe kommen, jmdn. unterstützen*); **jmdm. nicht von der S. gehen/weichen** (ugs.; *jmdn. keinen Augenblick allein lassen*); **jmdn. von der S. ansehen** (*jmdn. mit Geringschätzung ansehen, behandeln*); **jmdn. von der S. anquatschen** (ugs.; *jmdn. aufdringlich, frech ansprechen*); **b)** *Partie des menschlichen Oberkörpers, die als fließender Übergang zwischen Brust u. Rücken in Längsrichtung zwischen Hüfte u. Achsel verläuft; der Teil, der über den Hüften u. unter den Rippen liegt:* mir tut die rechte, die ganze S. weh; sich vor Lachen die -n halten; jmdm. einen Stoß in die S. geben; er hat Stiche, Schmerzen in der S.; * **jmdm. [hilfreich] in die S. treten** (ugs. scherzh.; *jmdm. helfen*): ... daß ich bestimmt viel schneller 'ne politische Praxis hätte entwickeln können, wenn nicht 'n Typ ewig versucht hätte, mir hilfreich in die S. zu treten (Merian, Tod 19). **4.** *(von Tieren mit vier Beinen) rechte od. linke Hälfte des Körpers, mit Rücken u. Brust, Vorder- u. Hinterbeinen liegt:* eine S. Speck (*großes Stück Speck vom geschlachteten Schwein; Speckseite*). **5.** *eine von mehreren möglichen Richtungen:* er wich nach der falschen S. aus; die Bühne ist nur nach einer S. offen; die Schüler stoben nach allen -n auseinander; von allen

-n *(von überall her)* herbeiströmen; Ü Nach der S. der politischen Wissenschaft hat ... Hermann Heller die Weberschen Anregungen fruchtbar gemacht (Fraenkel, Staat 113). **6. a)** *[auf beiden Seiten (6 b) beschriebenes od. bedrucktes] Blatt eines Hefts, Druckerzeugnisses o. ä.:* eine S. aus dem Notizbuch herausreißen; die -n umblättern; er blätterte in den -n einer Illustrierten; ein Lesezeichen zwischen die -n legen; * *Gelbe -n* (Titel der als Ergänzungsbände zu den Telefonbüchern erscheinenden, auf gelbem Papier gedruckten Branchenverzeichnisse): ich habe die Nummer aus den Gelben -n; **b)** *eine der beiden [bezifferten] Flächen eines Blattes, einer Buch-, Heft-, Zeitungsseite o. ä.:* leere -n; eine neue S. aufschlagen; schlagt bitte S. 78 auf; der Roman ist 800 -n lang; das Buch hat 300 -n, ist 300 -n stark; siehe S. 11-15/die -n 11-15; 10 -n bunte/(selten:) bunter Bilder; Fortsetzung auf S. 42; auf der ersten S. der Zeitung; Abk.: S.; **c)** *eine der beiden Flächen eines flachen Gegenstands:* die untere, obere, eine, andere S.; die S. der Münze mit der Zahl; die erste, zweite S. einer Schallplatte; der Stoff hat eine glänzende u. eine matte S.; sie wendete die innere S. der Hose nach außen, wendete die Hose auf die linke S.; er untersuchte den Geldschein von beiden -n genau; R das ist [nur] die eine/das ist die andere S. der Medaille *(das ist [nur] die eine/das ist die andere von zwei [gegensätzlichen] Erscheinungsformen, die ein u. dieselbe Sache aufweist, die in gewisser Weise zusammengehören);* Spr alles, jedes Ding hat [seine] zwei -n *(alles, jedes Ding hat [seine] Vor- u. Nachteile).* **7.** (Math.) **a)** *Linie, die die Fläche eines Vielecks begrenzt:* die dem rechten Winkel gegenüberliegende S. heißt Hypotenuse; ein Rechteck mit vier gleich langen -n ist ein Quadrat; **b)** *linkes od. rechtes Glied einer Gleichung od. Ungleichung.* **8. a)** *eine von mehreren Erscheinungsformen; Aspekt, unter dem sich etw. darbietet:* die menschliche, soziale, juristische S. des Konflikts; die technische, wirtschaftliche, ökologische S. des Problems sehen; dieser Geschichte kann man sogar eine komische S. abgewinnen; auf der einen S. ..., auf der anderen S. ...; alles von der leichten, heiteren S. nehmen; etw. von allen -n *(gründlich, umfassend)* untersuchen; **b)** *eine von mehreren Verhaltensweisen, Eigenschaften, Eigenarten, die jmd. zum Ausdruck bringen kann, durch die jmd., etw. geprägt ist:* er, sein Charakter hat viele, zwiespältige -n; seine rauhe, unfreundliche S. herauskehren; ganz neue -n an jmdm. entdecken; du mußt auch mal die guten -n an ihr sehen; Giovanni Palma zeigte sich als furchtgebietender Brigant von seiner besten S. (Thieß, Legende 13); Sie sind wirklich sehr theologisch heute; von dieser S. habe ich Sie ja gar nicht gekannt! (Musil, Mann 474); das Frühjahr hatte sich von seiner regnerischen S. gezeigt; [in beiden folgenden Wendungen bedeutet „Seite" urspr. die beim Kampf ungeschützte bzw. geschützte Körperseite]; * *etw. ist jmds. schwache S.* (ugs.; 1. *jmd. kann etw. nicht besonders gut:* Ma-

thematik ist seine schwache S. 2. *jmd. hat eine Schwäche* 3 *für etw.:* Frauen und Alkohol sind seine schwachen -n); **etw. ist jmds. starke S.** (ugs.; *jmd. kann etw. besonders gut*): Logik war nie seine starke, ist nicht gerade seine stärkste S. **9. a)** *eine von mehreren Personen, Parteien* (4), *die einen unterschiedlichen Standpunkt vertreten od. sich als Gegner, in Feindschaft gegenüberstehen:* beide -n zeigten sich in den Verhandlungen unnachgiebig; die in den Konflikt verwickelten -n sind an einer dauerhaften politischen Lösung interessiert; ich unterstütze keine, die andere S.; man muß immer auch die andere S. hören; ein für beide -n annehmbarer Kompromiß; **b)** ⟨o. Pl.⟩ *Person, Gruppe, Instanz o. ä., die einen bestimmten Standpunkt vertritt, eine bestimmte Funktion hat:* von offizieller, unterrichteter S. erfahren wir, daß ...; von kirchlicher S. wurden Einwände erhoben; ich werde von meiner S. *(von mir aus)* nichts unternehmen; **c)** *von einer bestimmten Seite* (9 a) *in einem Konflikt vertretener Standpunkt:* auf welcher S. stehen Sie eigentlich?; er stand auf der S. der Aufständischen; ich stelle mich lieber auf die S. des Schwächeren; ... hatte Ludendorff ... sich auf die Seite der ... Reaktionäre geschlagen (Niekisch, Leben 177); im Krieg auf die andere S., die S. des Feindes überlaufen; das Recht war auf ihrer S.; jmdn. auf seine S. bringen/ziehen *(jmd. für seinen Standpunkt, seine Absichten, Pläne gewinnen)* ⟨als Subst. verblaßt u. daher klein geschrieben:⟩ auf seiten der Werktätigen herrscht Erbitterung; die Kritik ist ihm von seiten der Parteispitze übel angekreidet worden; ... weil er eher auf Unterstützung von seiten ihrer Verwandtschaft zu rechnen hatte (Th. Mann, Hoheit 176); Ü auf der S. des Fortschritts, der Revolution stehen. **10.** *Familie eines der beiden Elternteile (als Teil der gesamten Verwandtschaft):* die Großeltern, die Verwandtschaft der mütterlichen, väterlichen S.; das hat von der väterlichen, mütterlichen/von väterlicher, mütterlicher S.; **Sei|ten|ab|wei|chung,** die, (Milit.): *Derivation;* **Sei|ten|al|tar,** der: *Altar neben dem Hochaltar (meist im Seitenschiff);* **Sei|ten|an|griff,** der: *Angriff von der Seite* (2 a); **Sei|ten|an|sicht,** die: *Ansicht, die etw. von der Seite* (1 b) *her zeigt:* die S. eines Schlosses; **Sei|ten|arm,** der: *Arm* (2); **Sei|ten|auf|prall|schutz,** der (Kfz-T.): *seitlich in die Karosserie von Kraftfahrzeugen integriertes Stahlrohr, -profil o. ä. zum Schutz bei seitlichem Aufprall;* **Sei|ten|aus,** das (Ballspiele): *Bereich seitlich des Spielfelds:* der Ball ging ins S.; bei S. *(wenn der Ball das Spielfeld über die Seitenlinie verläßt)* gibt es Einwurf; **Sei|ten|aus|gang,** der: *Nebenausgang:* am S. warten; **Sei|ten|aus|li|nie,** die (Ballspiele): *Auslinie;* **Sei|ten|bau,** der ⟨Pl. -ten⟩: *Nebengebäude;* **Sei|ten|be|we|gung,** die: *Bewegung nach der Seite:* er wich dem Schlag mit einer Seitenbewegung S. aus; **Sei|ten|blick,** der: *Blick zur Seite* (2 b), *der sich kurz [u. von andern unbemerkt] auf jmdn., etw. richtet u. dabei meist etw. Bestimmtes ausdrückt:* jmdn. einen flüchtigen, ironischen, prüfenden,

scheuen, koketten S. zuwerfen; jmdm. durch einen, mit einem [schüchternen, bösen] S. etw. zu verstehen geben; mit einem kurzen S. auf die Kinder wechselte er das Thema; Ü ein S. ins „gewöhnliche" Leben (Leonhard, Revolution 224); **Sei|ten|bord|mo|tor,** der: *seitlich am Boot anzubringender Außenbordmotor;* **Sei|ten|büh|ne,** die (Theater): *seitlicher Teil der Bühne;* **Sei|ten|deckung**[1]**,** die (Milit.): *Flankendeckung;* **Sei|ten|druck,** der ⟨Pl. ...drücke⟩: *in seitlicher Richtung wirkender Druck;* **Sei|ten|ein|gang,** der: vgl. Seitenausgang; **Sei|ten|ein|stei|ger,** der; -s, - (Jargon): *jmd., der aus einem anderen [politischen] Bereich kommend, schnell Karriere macht;* **Sei|ten|ein|stei|ge|rin,** die; -, -nen (Jargon): w. Form zu ↑Seiteneinsteiger; **Sei|ten|fach,** das: 1. *[kleineres] Fach* (1), *das sich seitlich von etw. befindet:* eine Tasche mit mehreren Seitenfächern. 2. (selten) *Nebenfach:* freie Wahl der Seitenfächer nach Interesse und Befähigung (Kosmos 1, 1965, 31); **Sei|ten|flä|che,** die: *Seite* (1 b): die -n eines Quaders, einer Kiste; **Sei|ten|flü|gel,** der: 1. *Flügel* (4). 2. *Flügel* (2 a) *eines Flügelaltars;* **Sei|ten|front,** die: *Front* (1 a) *an der Seite eines Gebäudes;* **Sei|ten|füh|rung,** die (Kfz-T.): *das Haften der Reifen* (2) *beim Kurvenfahren;* **Sei|ten|gang,** der: **1. a)** vgl. Seitenstraße; **b)** *seitlich, an der Seite verlaufender Gang:* es gibt in der Kirche, in dem Kino einen Mittelgang und zwei Seitengänge; die Abteile der Waggons sind von einem S. aus zu erreichen. 2. ⟨o. Pl.⟩ (Reiten) *Übung, bei der das Pferd mit der Vor- und Hinterhand auf zwei verschiedenen Hufschlägen* (1) *vorwärts u. seitwärts geht;* **Sei|ten|gas|se,** die: vgl. Seitenstraße; **Sei|ten|ge|bäu|de,** das: *Nebengebäude;* **Sei|ten|ge|wehr,** das: **a)** *Bajonett:* das S. ziehen, aufpflanzen; Ein Soldat sei mit dem S. auf ihn losgegangen (Kempowski, Tadellöser 195); flankiert mit Soldaten mit aufgepflanztem S. (Feuchtwanger, Erfolg 727); **b)** (früher) *Degen od. Säbel (der Offiziere):* das S. ziehen; **Sei|ten|hal|bie|ren|de,** die; -n, -n (Math.): *Gerade bzw. Strecke, die eine Ecke eines Dreiecks mit dem Mittelpunkt der gegenüberliegenden Seite verbindet:* die -n schneiden sich im Schwerpunkt des Dreiecks, teilen sich im Verhältnis 2 : 1; **Sei|ten|hieb,** der: **1.** (Fechten) *Hieb von der Seite.* **2.** (emotional) *eigentlich nicht zum Thema gehörende Bemerkung, mit der man jmdn., etw. kritisiert, angreift; bissige Anspielung:* das, diese Bemerkung war natürlich ein S. auf seinen Erzrivalen; jmdm. einen S. versetzen; mit einem S. auf den Minister sagte er ...; ... mit einem S. auf den marxistischen Klassenbegriff (Enzensberger, Einzelheiten I, 86); **Sei|ten|ka|nal,** der: vgl. Seitenstraße; **Sei|ten|ket|te,** die (Chemie): *kurze Kette* (2 b) *von Kohlenstoffatomen, die von einer längeren abzweigt;* **Sei|ten|knos|pe,** die (Bot.): *seitenständige Knospe;* **Sei|ten|ku|lis|se,** die (Theater): vgl. Seitenbühne: Da tritt aus der S. ein Mann (Welt 22. 6. 65, 7); **Sei|ten|la|ge,** die: *Lage auf der Seite* (3 a): den Verletzten in [die stabile] S. bringen; Mätzig wälzte sich aus

Seitenlähmung 3066

der S. auf den Rücken (Zwerenz, Quadriga 121); in S. schwimmen, koitieren, schlafen; **Sei|ten|läh|mung,** die: *Lähmung einer Körperseite;* **sei|ten|lang** ⟨Adj.⟩: *(von schriftlichen Darlegungen) in aller Breite; sich über viele Seiten erstreckend:* -e Briefe schreiben; etw. s. beschreiben; sich s. über etw. verbreiten; **Sei|ten|laut,** der (Sprachw.): *Lateral;* **Sei|ten|leh|ne,** die: *Armlehne;* **Sei|tenleit|werk,** das (Flugw.): *am Heck befindlicher Teil des Leitwerks zur Steuerung des Flugzeugs bei einer Drehbewegung zur Seite;* **Sei|ten|li|nie,** die: 1. *Nebenlinie* (1, 2). 2. (Zool.) *Seitenorgan.* 3. (bes. Ballspiele) *Auslinie;* **Sei|ten|li|ni|en|or|gan,** das (Zool.): *Seitenorgan;* **Sei|ten|lo|ge,** die (bes. Theater): *Loge an der Seite des Parketts* (2); **Sei|ten|mo|rä|ne,** die (Geol.): *Randmoräne;* **Sei|ten|naht,** die: *an der Seite* (3) *über der Hüfte verlaufende Naht;* **Sei|ten|or|gan,** das (Zool.): *Sinnesorgan von Fischen, Molchen u. Froschlarven, durch das die Geschwindigkeit u. die Richtung von Wasserströmungen wahrgenommen wird;* vgl. Seitenstraße; **Sei|ten|por|tal,** der: vgl. *Portal an der Seitenfront [einer Kirche] od. seitlich des Hauptportals;* **sei|ten|rich|tig** ⟨Adj.⟩: *(von Bildern) den abgebildeten Gegenstand nicht seitenverkehrt abbildend; nicht seitenverkehrt:* eine -e Abbildung; ein seitenverkehrtes Bild erscheint im Spiegel s.; **Sei|ten|riß,** der (Bauw.): *Zeichnung, Darstellung der Seitenansicht eines Bauwerks, Gegenstands;* **Sei|ten|ru|der,** das (Flugw.): *bewegliche Klappe des Seitenleitwerks;* **sei|tens** ⟨Präp. mit Gen.⟩ (Papierdt.): *auf, von seiten:* bisher hat man, wurde s. der Regierung noch nichts unternommen; eine Entlastung s. *(von seiten)* der Landesregierung verlangen; großes Interesse besteht daran s. *(auf seiten)* der Unternehmen; s. *(von seiten)* der Geschäftsleitung wird darauf hingewiesen, daß ...; **Sei|ten|schei|tel,** der: *Scheitel auf der linken od. rechten Kopfhälfte;* **Sei|ten|schiff,** das (Archit.): *Raum in einer Kirche, der seitlich vom Hauptschiff liegt;* **Sei|ten|schnei|der,** der: *einer Schere ähnliche Zange mit kurzen, scharfen, aufeinanderliegenden Schneiden;* **Sei|ten|schritt,** der (bes. Tanzen): *Schritt zur Seite;* **Sei|ten|schwim|men,** das; -s: *Schwimmart, bei der der Körper auf der Seite im Wasser liegt;* **Sei|ten|sproß,** der: vgl. Seitenknospe; **Sei|ten|sprung,** der: 1. (veraltet) *Sprung zur Seite:* er rettete sich mit einem raschen S. 2. *erotisches Abenteuer, vorübergehende sexuelle Beziehung außerhalb der Ehe, einer festen Bindung:* ein kleiner, harmloser, gelegentlicher S.; einen S. machen; sie hat ihm den S. verziehen; **sei|ten|stän|dig** ⟨Adj.⟩ (Bot.): *seitwärts stehend, wachsend; zur Seite hin ausgebildet;* **Sei|ten|ste|chen,** das ⟨o. Pl.⟩: *stechender Schmerz in der Seite* (3b); *Milzstechen:* vom Laufen S. bekommen, haben; **Sei|ten|steu|er,** das (Flugw.): *Seitenruder;* **Sei|ten|strang,** der (Anat., Physiol.): *Nervenbahn, die seitlich in der weißen Substanz des Rückenmarks verläuft;* **Sei|ten|stra|ße,** die: *Nebenstraße:* ruhige -n; in eine S. einbiegen; **Sei|ten|strei|fen,** der: *in der Regel nicht dem fließenden Verkehr dienender [unbefestigter] Streifen neben der eigentlichen Fahrbahn einer Straße:* S. nicht befahrbar (Hinweis auf Verkehrsschildern); Radfahrer sollten hier den S. benutzen; auf den S. ausweichen; das Halteverbot gilt auch auf dem, für den S.; **Sei|ten|stück,** das (selten): 1. *an der Seite gelegenes Stück.* 2. *Gegenstück;* **Sei|ten|tal,** das: *kleineres Tal, das von einem größeren abzweigt;* **Sei|ten|ta|sche,** die: a) *seitliche Tasche eines Kleidungsstücks;* b) vgl. Seitenfach; **Sei|ten|teil,** das, auch: der: *seitliches Teil, Teil an der Seite von etw.:* die beiden -e des Kleiderschranks, des Regals; **Sei|ten|trakt,** der: *an der Seite gelegener Trakt;* **Sei|ten|trieb,** der: *seitenständiger Trieb;* **Sei|ten|tür,** die: *an der Seite (eines Raums, Gebäudes, Fahrzeugs o. ä.) liegende Tür;* **sei|ten|ver|kehrt** ⟨Adj.⟩: *(von Bildern) den abgebildeten Gegenstand, wie ein Spiegelbild, mit vertauschten Seiten abbildend:* die Abbildung ist s.; Dias s. vorführen; **Sei|ten|wa|gen,** der: *Beiwagen* (1); **Sei|ten|wahl,** die (Ballspiele): *Wahl der Spielfeldhälfte;* **Sei|ten|wech|sel,** der (Ballspiele): [Tisch]tennis, Fechten): *Wechsel der Spielfeldhälften o. ä.;* **Sei|ten|weg,** der: vgl. Seitenstraße; **sei|ten|wei|se** ⟨Adv.⟩: vgl. abschnittweise; **Sei|ten|wi|der|stand,** der (Segeln): *Widerstand des Schiffs gegen eine durch den Winddruck auf die Segel bewirkte seitliche Kraft;* **Sei|ten|wind,** der: *Wind, der von seitlicher Richtung kommt:* wir hatten S.; der Wagen ist bei starkem S. kaum auf der Straße zu halten; **Sei|ten|win|den,** -s: *(von bestimmten Tieren) das Sichfortbewegen in seitliche Richtung mit S-förmigen Windungen;* **Sei|ten|wur|zel,** die (Bot.): *seitliche Verzweigung der Hauptwurzel;* **Sei|ten|zahl,** die: 1. *Gesamtheit der Seiten* (6b) *eines Druckerzeugnisses:* der Preis eines Buches hängt auch von der S. ab. 2. *Zahl, mit der eine Seite eines Druckerzeugnisses numeriert ist:* bei der Quellenangabe fehlt leider die S.; **Seit|hal|te,** die (Turnen): *Armhaltung, bei der ein Arm od. beide Arme zur Seite gestreckt werden.*

seit|her ⟨Adv.⟩ [mhd. sīt her, z. T. auch umgedeutet aus mhd. mhd. Komp. sīder = *später*] (selten): *seitdem* (I): ich habe ihn im April gesprochen, s. habe ich ihn nicht mehr gesehen; **seit|he|rig** ⟨Adj.⟩ (selten): *seitdem* (I) *gegeben, bestehend, anhaltend:* ... brachte darauf die „Observer" eine Meldung über den Mord und kommentierte die -e Abwesenheit des Lords (Prodöhl, Tod 264).

-sei|tig: 1. bezeichnet in Bildungen mit Substantiven etw. od. jmdn. als das Mittel od. den Urheber: *mit Hilfe von, durch:* schreiber-, wasserseitig. 2. kennzeichnet in Bildungen mit Substantiven die Zugehörigkeit zu etw. od. jmdm.: *zu ... gehörend, ... betreffend:* arbeitnehmer-, leistungsseitig. 3. bezeichnet in Bildungen mit Substantiven den Ort, die Stelle: *an, auf der Seite von:* kathoden-, nord-, stadtseitig; **seit|lich:** I. ⟨Adj.⟩ *an, auf der Seite [befindlich]; nach der, zur Seite hin [gewendet]; von der Seite [kommend]:* die -e Begrenzung der Straße; bei -em Wind begann der Wagen zu schlingern; der Eingang ist s.; er stand s. von mir; Dreimal mußte der Fahrer stoppen und s. ein Papier herausschwenken (Grass, Hundejahre 300). II. ⟨Präp. mit Gen.⟩ *neben:* er stand s. des Weges; er sah s. des Vorhangs aus dem Fenster; **Seit|ling,** der; -s, -e: *größerer, fleischiger Blätterpilz, der einen seitenständigen Stiel hat od. ungestielt seitlich angewachsen ist;* **seit|lings** ⟨Adv.⟩ (veraltet): a) *nach der Seite:* s. reiten; b) *auf der, die Seite:* er fiel s.; **Seit|pferd,** das (Turnen): *Pferd* (2), *das (im Unterschied zum Langpferd) in Querrichtung steht;* **-seits** [mit sekundärem s zum Akk. sīt von mhd. site († Seite), z. B. in: jensit, † jenseits]: 1. wird mit Adjektiven und dem Fugenzeichen -er- zur Bildung von Adverbien verwendet: *von seiten der/des ..., auf ... Seite:* ärztlicher-, kirchlicher-, psychologischerseits. 2. bezeichnet in Bildungen mit Substantiven - seltener mit Adjektiven + -er- - den Ort, Stelle: *an, auf der Seite von:* fluß-, linkerseits; **Seit|sprei|zen,** das (Turnen): *das Spreizen eines Beines zur Seite beim Ausfall* (4c); **seit|wärts** [† -wärts]: I. ⟨Adv.⟩ a) *zur Seite:* den Körper etwas s. wenden; b) *an, auf der Seite:* s. stehen die Kinder. II. ⟨Präp. mit Gen.⟩ (geh.) *neben* (1 a): s. des Weges; **Seit|wärts|be|we|gung,** die: *seitwärts gerichtete Bewegung;* **Seit|wärts|ha|ken,** der (Boxen): *Schlag mit angewinkeltem Arm, bei dem die Faust seitlich [von unten nach oben] geführt wird;* **Seit|win|den:** † Seitenwinden.

Sejm [sɛjm], der; -s [poln. sejm]: *polnische Volksvertretung.*

Se|junk|ti|on, die; -, -en [lat. seiunctio = *Trennung, Absonderung,* zu: seiungere = *absondern, trennen*] (Psych.): *mangelnde od. verminderte Fähigkeit, Bewußtseinsinhalte miteinander zu verbinden.*

sek, Sek. = Sekunde.

Se|kans, der; -, ...anten [zu lat. secans, † Sekante] (Math.): *Verhältnis der Hypotenuse zur Ankathete im rechtwinkligen Dreieck;* Zeichen: sec; **Se|kan|te,** die; -, -n [nlat. linea secans, aus lat. linea († Linie) u. secans, 1. Part. von: secare, † sezieren] (Math.): *Gerade, die eine Kurve, bes. einen Kreis, schneidet;* **Se|kan|ten|ver|fah|ren,** das ⟨o. Pl.⟩ (Math.): *Regula falsi.*

Se|kel, Schekel, der; -s, - [hebr. šęqęl]: *altbabylonische u. jüd. Gewichts- u. Münzeinheit.*

sek|kant ⟨Adj.; -er, -este⟩ [ital. seccante, 1. Part. von: seccare, † sekkieren] (veraltet, noch österr.): *lästig, zudringlich, penetrant:* Er nörgelt und stichelt und treibt. Er ist s. und laut (Sobota, Minus-Mann 133); Doch diese Art der Metagogie ist mehr s. als suggestiv (Deschner, Talente 60); **Sek|ka|tur,** die; -, -en [ital. seccatura] (veraltet, noch österr.): *das Sekkieren:* Man kann diese -en auch nicht ignorieren, da der Aggressor dadurch in Wut gerät (Sobota, Minus-Mann 81); **sek|kie|ren** ⟨sw. V.; hat⟩ [ital. seccare, eigtl. = (aus)trocknen < lat. siccare, zu: siccus = *trocken*] (veraltet, noch österr.): *belästigen, drangsalieren, schikanieren, quälen:* ... daß er weiter ... als Portier ...

„die Leute da unten ein bißl s. wird ..."(Falter 23, 1983, 13); Auch der Neffe von Beethoven wollte sich umbringen. Weil mich der Onkel so sekkiert hat, sagte er (Schwaiger, Wie kommt 139); „Guido"..., den seine derzeitige Freundin im Gegensatz zur letzten nicht schlägt und sekkiert (Spiegel 19, 1978, 238). **Se|kond,** die; -, -en [ital. seconda, zu: secondo < lat. secundus, ↑Sekunde] (Fechten): *Stellung, bei der die Waffe so gehalten wird, daß die Klingenspitze an der Hüfte des Gegners vorbeizeigt;* **Se|kon|de|leut|nant** [auch: ze'kõ:də...], *der* [zu frz. second = zweiter < lat. secundus, ↑Sekunde] (veraltet): *Leutnant.*
se|kret ⟨Adj.; -er, -este⟩ [lat. secretus = abgesondert, adj. 2. Part. von: secernere, ↑sezernieren] (veraltet): *geheim:* Zweitens (brauche ich) die Vergrößerungen der -en Fotos des Gendarmen Wirrba bei Ausstellung gewisser Grenzscheine (Fr. Wolf, Zwei 315); ¹**Se|kret,** das; -[e]s, -e [1: zu lat. secretum, 2. Part. von: secernere, ↑sezernieren; 2: lat. secretum = Geheimnis, zu: secretum, ↑¹Sekret (1)]: **1.** (Med., Biol.) *Absonderung* (2) *aus einem Organ, einer Wunde, bes. von einer Drüse produzierter u. abgesonderter Stoff, der im Organismus bestimmte biochemische Aufgaben erfüllt* (z. B. Speichel, Hormone): das S. einer Wunde; die Drüsen geben -e ab; Er wischte sich ein wasserhelles S. aus den Augen (Tucholsky, Werke II, 515). **2.** (veraltet) *vertrauliche Mitteilung*. ²**Se|kret,** die; -, -en ⟨Pl. selten⟩ [mlat. (oratio) secreta] (kath. Kirche): *in der lateinischen ¹Messe* (1) *leise gesprochenes Gebet des Priesters, das die Gabenbereitung abschließt u. zur Präfation überleitet;* **Se|kre|tär,** der; -s, -e [mlat. secretarius = (Geheim)schreiber, zu lat. secretus, ↑sekret]: *Geschäftsführer, Abteilungsleiter;* **Se|kre|tär,** der; -s, -e [(frz. secrétaire <) mlat. secretarius, ↑Sekretar; 5: die schwarzen Schmuckfedern am Hinterkopf erinnern an einen früheren Schreiber, der seine Schreibfeder hinters Ohr gesteckt hat]: **1.** *jmd., der jmdm., bes. einer [leitenden] Persönlichkeit des öffentlichen Lebens, zur Abwicklung der Korrespondenz, für technisch-organisatorische Aufgaben o. ä. zur Verfügung steht:* der S. des Schriftstellers; er wird von seinem S. begleitet; er reist immer mit seinem S. **2. a)** *leitender Funktionär einer Organisation* (z. B. *einer Partei, einer Gewerkschaft):* Schließlich gehörte zu unserer Gruppe, nicht als politisches Mitglied, sondern als technischer S., noch ein jüngerer Deutscher (Leonhard, Revolution 279); Sie selbst ist nicht erschienen, wird jedoch vom S. ihrer Gewerkschaft temperamentvoll vertreten (Mostar, Liebe 76); **b)** (seltener) *Schriftführer:* er ist S. des Vereins. **3.** *Beamter des mittleren Dienstes* (bei Bund, Ländern u. Gemeinden). **4.** *schrank- od. kommodenartiges Möbelstück mit auszieh- od. herausklappbarer Schreibplatte:* ein barocker, zierlicher S.; der S. hatte ein Geheimfach: An einem Fenster in S., hoch beladen mit Amtspapieren (Werfel, Himmel 110). **5.** *in der afrikanischen Steppe heimischer, langbeiniger, grauer Greifvogel mit langen Federn am Hinterkopf;* **Se|kre|ta|ri|at,** das; -[e]s, -e [mlat. secretariatus = Amt des Geheimschreibers]: **a)** *der Leitung einer Organisation, Institution, eines Unternehmens beigeordnete, für Verwaltung u. organisatorische Aufgaben zuständige Abteilung;* **b)** *Raum, Räume eines Sekretariats* (a); **Se|kre|ta|rie,** die; -, -n: *päpstliche Behörde;* **Se|kre|tä|rin,** die; -, -nen: **a)** *Angestellte, die eine Führungskraft hinsichtlich der mit technisch-organisatorischen Aufgaben betraut ist:* sie arbeitet als, ist S. in einer Chemiefirma; ich habe nur mit ihrer S. gesprochen; er betrügt seine Frau mit seiner S.; **b)** w. Form zu ↑Sekretär (1-3); **Se|kre|ta|ri|us,** der; -, ...ii (veraltet): *Sekretär* (1); **se|kre|tie|ren** ⟨sw. V.; hat⟩ [1: zu ↑Sekret (1); 2: zu ↑Sekret (2)]: **1.** (Med., Biol.) *absondern, ausscheiden.* **2.** (bes. Bücher) *unter Verschluß halten:* ein Buch s.; pornographische Novellen und Zeichnungen, die zu den sekretierten Kuriositäten zählen (Ceram, Götter 89); das gesamte, damals sekretierte Werk von Marcel Proust (Jens, Mann 71); **Se|kre|tin,** das; -s, -e (Med.): *im Zwölffingerdarm gebildetes Hormon, das die Sekretion* (1) *der Bauchspeicheldrüse anregt;* **Se|kre|ti|on,** die; -, -en [lat. secretio = Absonderung, Trennung, zu: secernere, ↑sezernieren]: **1.** (Med., Biol.) *Produktion u. Absonderung eines ¹Sekrets durch eine Drüse:* Die S. wird nerval wahrscheinlich durch das in der Dünndarmschleimhaut gebildete Sekretin reguliert (Medizin II, 277); dieses Mittel fördert die S. der Bauchspeicheldrüsen; Drüsen mit äußerer, innerer S. **2.** (Geol.) *[teilweise] Ausfüllung von Hohlräumen eines Gesteins von außen nach innen durch Ausscheidungen einer eingedrungenen Minerallösung;* **Se|kre|to|ly|ti|kum,** das; -s, ...ka [zu ↑¹Sekret u. griech. lýein = (auf)lösen] (Med.): *schleimlösendes Hustenmittel;* **Se|kre|to|mo|to|ri|kum,** das; -s, ...ka [zu ↑¹Sekret u. lat. motor, ↑Motor] (Med.): *Arzneimittel, das den Abtransport von Sekreten aus den tiefen Atemwegen beschleunigt;* **se|kre|to|risch** ⟨Adj.⟩ (Med., Biol.): *die Sekretion* (1) *betreffend, sie beeinflussend od. verursachend.*
Sekt, der; -[e]s, -e [älter: Seck, gek. aus frz. vin sec < ital. vino secco = süßer, schwerer, aus Trockenbeeren gekelterter Wein, aus: vino = Wein (< lat. vinum) u. secco < lat. siccus, ↑²sec]: *durch Nachgärung gewonnener Schaumwein (der beim Öffnen der Flasche stark schäumt):* deutscher S.; der S. schäumt, perlt, moussiert; ein Glas S. anbieten; Er trank den S. bis zur Hälfte, rülpste, gähnte und reinigte sich die Zähne mit der Zunge (Dorpat, Ellenbogenspiele 215); * **S. oder Selters** (ugs.; *ich lasse es darauf ankommen; alles oder nichts*).
Sek|te, die; -, -n [mhd. secte < spätlat. secta = philosophische Lehre; Sekte; befolgter Grundsatz, wohl zu lat. sequi (2. Part.: secutum) = folgen]: *kleinere Glaubensgemeinschaft, die von einer größeren Religionsgemeinschaft, einer Kirche abgespalten hat:* eine christliche, koptische, buddhistische S. gründen; Der Vater, der nicht in die Kirche kam und vielleicht einer der verrückten -n angehörte (Wiechert, Jeromin-Kinder 51); Der Frühmarxismus war als die Lehre einer kleinen „kommunistischen" S. ... ohne Einfluß ... geblieben (Fraenkel, Staat 192); **Sek|ten|bru|der,** der (ugs. abwertend): *jmd., der einer Sekte angehört,* Sektierer (1); **Sek|ten|mit|glied,** das: vgl. Sektenbruder; **Sek|ten|we|sen,** das ⟨o. Pl.⟩: *das Vorhanden- und Aktivsein von Sekten.*
Sekt|fa|bri|kant, der: *Hersteller von Sekt, Besitzer einer Sektkellerei;* **Sekt|fa|bri|kan|tin,** die: w. Form zu ↑Sektfabrikant; **Sekt|fla|sche,** die: *dickwandige Flasche für Sekt;* **Sekt|flö|te,** die: *enger Sektkelch;* **Sekt|früh|stück,** das: *am Vormittag serviertes Frühstück mit besonderen Delikatessen u. Sekt;* **Sekt|glas,** das ⟨Pl. ...gläser⟩: *langstieliges, kelch- od. schalenförmiges Glas für Sekt.*
Sek|tie|rer, der; -s, - [zu älter sektieren = eine Sekte bilden]: **1.** *Anhänger, Wortführer einer Sekte:* mit jener Unterwürfigkeitsmiene, wie man sie sonst nur bei gläubigen -n findet (Tucholsky, Zwischen 14). **2. a)** (kommunist.) *jmd., der sektiererisch* (2 a) *vorgeht;* **b)** (ehem. DDR) *Linksabweichler;* **Sek|tie|re|rei,** die; -, -en ⟨Pl. selten⟩: *sektiererisches Verhalten;* **Sek|tie|re|rin,** die; -, -nen: w. Form zu ↑Sektierer; **sek|tie|re|risch** ⟨Adj.⟩: **1.** *zu einer Sekte gehörend, für sie charakteristisch; nach Art eines Sektierers:* fanatisch -e Gruppen; Welcher -e Unsinn hat sich nicht dieser Bangemacherei ... mit Hilfe des Jüngsten Gerichtes bedient! (Thielicke, Ich glaube 264). **2. a)** (kommunist.) *eine vermeintlich radikale Politik (innerhalb der Arbeiterbewegung) betreibend, die losgelöst von den unmittelbaren Interessen der werktätigen Massen* (3 b) *ist;* **b)** (ehem. DDR) *linksabweichlerisch;* **Sek|tie|rer|tum,** das; -s: *sektiererische Art, sektiererisches Verhalten.*
Sek|ti|on, die; -, -en [lat. sectio = das Schneiden; der Abschnitt, zu: sectum, 2. Part. von: secare, ↑sezieren; 4: wohl nach russ. sekcija]: **1.** *Abteilung, Gruppe, Fachbereich innerhalb einer Behörde, Institution, Organisation:* Er ... begründete die deutsche S. des Internationalen Kunstkritikerverbandes (Welt 20. 2. 65, 17); Er ... leitete darin (= in einem Ministerium) die einflußreichste S. (Musil, Mann 92); die Vertreter der österreichischen oder der deutschen S. der Komintern (Leonhard, Revolution 19); an der S. Chemie der Karl-Marx-Universität Leipzig (Neues D. 25. 3. 78, 12); in der S. für Dichtkunst der Preußischen Akademie der Künste (Reich-Ranicki, Th. Mann 175). **2.** (Med.) *das Sezieren einer Leiche (zur Feststellung der Todesursache).* **3.** (Technik) *vorgefertigtes Bauteil, bes. eines Schiffes:* 16 der insgesamt 22 -en sind bereits montiert; **Sek|tio|na|lis|mus,** der; -, ...men [engl. sectionalism, zu: sectional = partikular, zu: section, ↑Sektion]: *amerikanische Ausformung des Regionalismus;* **Sek|ti|ons|bau,** der ⟨o. Pl.⟩: *Schiffbauweise, bei der größere Bauteile, die in der Werkstatt od. auf einem besonderen Bauplatz zusammengebaut wurden,*

Sektionsbefund

als Ganzes in den Schiffskörper eingesetzt werden; **Sek|ti|ons|be|fund**, der (Med.): *Befund einer Sektion* (2); **Sek|ti|ons|chef**, der (österr.): *höchster Ministerialbeamter;* **Sek|ti|ons|che|fin**, die (österr.): w. Form zu ↑Sektionschef; **Sek|ti|ons|sit|zung**, die: *Sitzung einer Sektion* (1); **sek|ti|ons|wei|se** ⟨Adv.⟩: *in einzelnen Sektionen* (1).

Sekt|kelch, der: *kelchförmiges Sektglas;* **Sekt|kel|le|rei**, die: *Kellerei, in der Sekt hergestellt wird;* **Sekt|kor|ken**, der: *pilzförmiger, mit dem oberen Ende auf dem Flaschenrand aufsitzender Korken für Sektflaschen:* die S. knallten; **Sekt|kü|bel**, der: *Kübel, Gefäß, in dem der Sekt mit Eisstücken kühl gehalten wird;* **Sekt|küh|ler**, der: *Vorrichtung, Gefäß zum Kühlhalten von Sekt* (z. B. in Form eines Sektkübels); **Sekt|lau|ne**, die ⟨o. Pl.⟩ (scherzh.): *durch den Genuß von Sekt hervorgerufene beschwingte, übermütige Stimmung, in der man sich leicht zu etw. hinreißen läßt, was einem hinterher unverständlich vorkommt:* in einer S. etw. tun, versprechen; ich habe in einer S. mit ihr gewettet, daß ...

Sek|tor, der; -s, ...oren [1: übertr. von (2); 2: (spät)lat. sector, eigtl. = Schneider, Abschneider, zu: secare, ↑sezieren]: **1.** *Bereich, [Sach]gebiet: der gewerbliche, modische, soziale, religiöse, private, öffentliche S.;* weil ich als Ingenieur und Mediziner Fachmann auf diesem S. bin (Hochhuth, Stellvertreter 62); Und auf welchem S. soll ich mein Licht leuchten lassen? (Kirst, 08/15, 304); Joseph Hitpass ..., bekannt durch manche erhellende Untersuchung im S. Schule (Welt 7. 11. 64, 3); primärer S. (Wirtsch.; *Land-, Forstwirtschaft u. Fischerei*); sekundärer S. (Wirtsch.; *warenproduzierendes Gewerbe*); tertiärer S. (Wirtsch.; *Dienstleistungsgewerbe*). **2.** (Geom.) **a)** *Kreisausschnitt:* einen Kreis in fünf gleichgroße -en aufteilen; Ü er konnte nur einen schmalen S. *(Ausschnitt)* [des vor ihm liegenden Geländes] überblicken; (Juan) packt einen S. *(ein spitz zulaufendes Stück)* Ziegenkäse aus (Hacks, Stücke 82); **b)** *Kugelsektor.* **3. a)** *(in Berlin u. Wien nach dem zweiten Weltkrieg) eines der vier von je einer Siegermacht besetzten Besatzungsgebiete:* die drei westlichen -en; Sie betreten den sowjetischen S. von Groß-Berlin (Kant, Impressum 203); die Stadt wurde in vier -en aufgeteilt; Da waren übrigens Jungens von uns letzthin über der Elbe, haben sich in Berlin und im roten S. die Uni angesehen (Fr. Wolf, Menetekel 195); **b)** *durch die Aufteilung eines Gebietes (in einzelne Interessengebiete o. ä.) entstandene Zone:* der S. der Antarktis zwischen 53° und 74° westlicher Länge wird von Chile, Argentinien und Großbritannien beansprucht; Die Krawalle weiteten sich ... auch auf den arabischen S. Israels aus (Südd. Zeitung 26./27. 2. 94, 5); Die Bohrinsel soll im norwegischen S. der Nordsee eingesetzt werden (Hamburger Morgenpost 21. 5. 85, 4); ein Gebiet in -en aufteilen; **Sek|to|ren|gren|ze**, die: *Grenze zwischen Sektoren* (3 a).

Sekt|pfrop|fen, der: *Sektkorken;* **Sekt-pul|le**, die (salopp): *Sektflasche;* **Sekt|scha|le**, die: *schalenförmiges Sektglas;* **Sekt|steu|er**, die ⟨Pl. selten⟩: *Verbrauchssteuer auf Sekt.*

Se|kund, die; -, -en (österr.): *Sekunde* (3); **se|kun|da** ⟨indekl. Adj.⟩ (Kaufmannsspr. veraltet): *von zweiter Güte:* die Ware ist s.; **Se|kun|da**, die; -, ...den [nlat. secunda (classis) = zweite (Klasse), zu lat. secundus, ↑Sekunde; a: vgl. Prima (a)] (veraltend): **a)** *Unter- od. Obersekunda;* **b)** (österr.) *zweite Klasse eines Gymnasiums;* **Se|kund|ak|kord**, der (Musik): *dritte Umkehrung des Septimenakkords, bei der die Septime im Baß liegt;* **Se|kun|da|ner**, der; -s, - (veraltend): *Schüler einer Sekunda;* **Se|kun|da|ne|rin**, die; -, -nen (veraltend): w. Form zu ↑Sekundaner; **Se|kun|dant**, der; -en, -en [lat. secundans (Gen.: secundantis), 1. Part. von: secundare, ↑sekundieren]: **1.** *jmd., der jmdm. bei einem Duell od. einer Mensur* (2) *als Berater u. Zeuge persönlich beisteht:* Man schickt seinen -en, aber fragt doch nicht telegraphisch, ob einer bereit sei, sich zu schlagen (Katia Mann, Memoiren 76). **2.** (bes. Boxen, Schach) *persönlicher Betreuer u. Berater bei einem Wettkampf;* **Se|kun|dan|tin**, die; -, -nen: w. Form zu ↑Sekundant; **Se|kun|danz**, die; -, -en: *das Sekundieren;* **se|kun|där** ⟨Adj.⟩ [frz. secondaire < lat. secundarius = der zweite der Ordnung nach, zu: secundus, ↑Sekunde]: **1.** (bildungsspr.) **a)** *an zweiter Stelle [stehend], zweitrangig, in zweiter Linie [in Betracht kommend]:* etw. hat nur -e Bedeutung, spielt eine -e *(untergeordnete)* Rolle; Nach meiner Erfahrung war nur die Beglaubigung vorlag (Noack, Prozesse 255); etw. für s. halten, erklären; **b)** *nachträglich hinzukommend, nicht ursprünglich:* Man kann solchen Meinungen nicht entgehen, weil man ... auf -e Quellen angewiesen ist (Gehlen, Zeitalter 49); Runde neunzig Prozent aller Fälle von -er Impotenz in der Lebensmitte (Schreiber, Krise 29); Das Fernsehen vermittelt dem Kind ein -es Welterlebnis (Welt 13. 12. 65, Die Frau); die Staphylokokkeninfektion ist s. **2.** (Chemie) *(von chemischen Verbindungen o. ä.) jeweils zwei von mehreren gleichartigen Atomen durch zwei bestimmte andere Atome ersetzend od. mit zwei bestimmten anderen verbindend:* -e Salze, Alkohole. **3.** (Elektrot.) *den Teil eines Netzgeräts betreffend, über den die umgeformte Spannung als Leistung (2 c) abgegeben wird; zu diesem Teil gehörend, mit seiner Hilfe;* **Se|kun|där|ana|ly|se**, die (Soziol., Statistik): *Desk-Research;* **Se|kun|där|arzt**, der (österr.): *Assistenzarzt;* **Se|kun|där|ärz|tin**, die (österr.): w. Form zu ↑Sekundararzt; **Se|kun|där|elek|tro|nen** ⟨Pl.⟩ (Physik): *Elektronen, die beim Auftreffen einer primären Strahlung auf ein Material (bes. Metall) aus diesem herausgelöst werden;* **Se|kun|där|elek|tro|nen|ver|viel|fa|cher**, der (Physik): *Multiplier;* **Se|kun|där|emis|si|on**, die (Physik): *Emission von Sekundärelektronen;* **Se|kun|där|ener|gie**, die (Technik): *aus einer Primärenergie gewonnene Energie;* **Se|kun|där|grup|pe**, die [gepr. von dem amerik. Soziologen C. H. Cooley (1864–1929)] (Soziol.): *Gruppe, Vereinigung, deren Zusammenhalt nicht auf persönlichen Bindungen, sondern auf vertraglichen Grundlagen u. Zweckorientierungen beruht;* **Se|kun|där|in|fek|ti|on**, die (Med.): *erneute Infektion eines bereits infizierten Organismus;* **Se|kun|där|leh|rer**, der (schweiz.): *Lehrer an einer Sekundarschule;* **Se|kun|där|leh|re|rin**, die (schweiz.): w. Form zu ↑Sekundarlehrer; **Se|kun|där|li|te|ra|tur**, die (Wissensch.): *wissenschaftliche Literatur über Primärliteratur:* die in den einschlägigen Bibliographien verzeichnete S. zu Kafka, zum Johannesevangelium; **Se|kun|där|rohstoff**, der (bes. regional): *Altmaterial:* beim Sammeln von -en (Freiheit 144, 1978, 5); **Se|kun|där|schu|le**, die (schweiz.): *Mittelschule* (1), *Realschule;* **Se|kun|där|sei|te**, die (Elektrot.): *der Teil eines Netzgeräts, über den die umgewandelte Spannung als Leistung* (2 c) *abgegeben wird;* **Se|kun|där|span|nung**, die (Physik): *Stromspannung einer Sekundärwicklung;* **Se|kun|där|spu|le**, die (Elektrot.): *Sekundärwicklung;* **Se|kun|där|sta|ti|stik**, die: *statistische Auswertung von Material, das nicht primär für statistische Zwecke erhoben wurde;* **Se|kun|där|strah|lung**, die (Physik): *durch das Auftreffen einer primären Strahlung auf Materie erzeugte neue Strahlung;* **Se|kun|där|strom**, der (Elektrot.): *elektrischer Strom der Sekundärwicklung;* **Se|kun|där|stu|fe**, die: *der Primarstufe aufbauende weiterführende Schule:* S. I (5.–10. Schuljahr); S. II (11.–13. Schuljahr); **Se|kun|där|suf|fix**, das (Sprachw.): *Suffix, das erst in sprachgeschichtlich jüngerer Zeit durch die Verschmelzung zweier anderer Suffixe entstanden ist* (z. B. -keit aus mhd. -echeit); **Se|kun|där|tek|to|ge|ne|se**, die (Geol.): *(bei Gesteinen) durch Schwere u. Abgleiten des Gesteins verursachte Falten- u. Deckenbildung;* **Se|kun|där|tu|gend**, die ⟨meist Pl.⟩: *nicht zu den Grundtugenden gehörende Tugend* (2); *Tugend* (2) *von minderem Rang:* die -en von Stasibediensteten – Gehorsam und Ordnungsliebe (Spiegel 44, 1990, 77); die spezifischen -en industrieller Leistungsgesellschaften wie z. B. Planungs- und Organisationsvermögen (E + Z 7/8, 1981, 12); **Se|kun|där|ve|ge|ta|ti|on**, die: *unter dem Einfluß des Menschen entstandene, meist recht artenarme, sich selbst überlassene Vegetation;* **Se|kun|där|wald**, der: *nach dem Eingriff des Menschen od. nach Naturkatastrophen entstandener Wald, der v. a. aus schnellwüchsigen Arten besteht;* **Se|kun|där|wick|lung**, die (Elektrot.): *Wicklung, Spule eines Transformators, über die elektrische Leistung* (2 c) *abgegeben wird;* **Se|kun|da|wech|sel**, der (Kaufmannsspr.): *zweite Ausfertigung eines Wechsels [für die Abwicklung des überseeischen Zahlungsverkehrs];* **Se|künd|chen**, das; -s, -: Vkl. zu ↑Sekunde (1); **Se|kun|de**, die; -, -n [verkürzt aus spätlat. pars minuta secunda = zweiter verminderter Teil (der erste verminderte Teil entsteht durch die Teilung der Stunde in 60 Minuten [↑Minute], zu lat. secundus = (der Reihe od. der Zeit nach) folgend, zweiter, zu einem alten 2. Part. von: sequi = folgen]: **1. a)** *sechzigster Teil einer Minute als Grundeinheit der Zeit;* Abk.: Sek.; Zeichen: s (bei Angabe eines Zeitpunktes:) ˢ, (älter:) sec: *das dauert höchstens 10 -n; ein paar, fünf -n später, zu spät; das passiert in, innerhalb von [wenigen] -n;* im nächsten Ton ist es acht Uhr, fünf Minuten und zwanzig, null -n *(zwanzig Sekunden später als acht Uhr fünf, genau acht Uhr fünf);* es ist auf die S. *(genau)* 12 Uhr; bis auf eine S. war er an Berts Europarekord herangekommen (Lenz, Brot 128); **b)** (ugs.) *sehr kurze Zeitspanne; Augenblick:* wir dürfen keine S. verlieren; eine S. [bitte]!, S. [mal]! *(warten Sie bitte einen Augenblick!);* in der nächsten S. war er bereits verschwunden; Ihr Gesicht wird in einer S. *(von einem Augenblick zum andern)* hart und verschlossen (Remarque, Obelisk 254). **2.** (Musik) **a)** *zweiter Ton einer diatonischen Tonleiter vom Grundton an;* **b)** *Intervall von zwei diatonischen Tonstufen:* eine große S. *(ein zwei Halbtöne umfassendes Intervall; ein Ganzton).* **3.** (Fachspr.) *3 600ster Teil eines Grades* (3); Zeichen: ″. **4.** (Druckw., Buchw.) *auf der dritten Seite eines Druckbogens in der linken unteren Ecke angebrachte Zahl mit Sternchen zur Kennzeichnung der Reihenfolge für den Buchbinder;* **Se|kun|den|herz|tod,** der (Med.): *plötzlicher Tod durch Herzversagen u. Kreislaufstillstand;* **se|kun|den|lang** ⟨Adj.⟩: *einige, mehrere Sekunden* (1 a) *lang:* eine -e Bewußlosigkeit; der Ton hallte noch s. nach; der Fahrer war so geblendet, daß er s. nichts sehen konnte; **Se|kun|den|pen|del,** das: *Pendel, dessen halbe Schwingungsdauer eine Sekunde* (1 a) *beträgt;* **se|kun|denschnell** ⟨Adj.⟩: *sehr schnell; sich innerhalb von Sekunden* (1 b) *vollziehend:* eine -e Reaktion; das Gift hat eine -e Wirkung; sich s. entscheiden müssen; **Se|kun|denschnel|le,** die ⟨o. Pl.⟩: *meist in der Fügung* **in S.** *(sehr schnell [geschehend, sich vollziehend]):* das Pulver löst sich in S. auf; **Se|kun|den|zei|ger,** der: *die Sekunden [auf einem eigenen Zifferblatt] anzeigender Uhrzeiger;* **se|kun|die|ren** ⟨sw. V.; hat⟩ [(frz. seconder = beistehen <) lat. secundare = begünstigen, zu: secundus (↑ Sekunde) in der übertr. Bed. = begünstigend; begleitend]: **1. a)** (bildungsspr.) *jmdn., etw. [mit Worten] unterstützen:* jmdm./jmdn. s.; ... fing (sie) an, mir bei meinen Darbietungen zu s. (Th. Mann, Krull 47); die sekundieren dem Faschismus, wie jede Bourgeoisie, offen oder heimlich (Frisch, Stiller 314); Ü Die schwarzen dichten Augenbrauen wurden sekundiert von Haarbüscheln in Ohr und Nase (Doderer, Wasserfälle 119); **b)** (bildungsspr.) *sekundierend* (1 a), *beipflichtend äußern:* „Höchste Zeit!" sekundiert Betty Jones (Fr. Wolf, Menetekel 114); **c)** (Musik) *die zweite Stimme singen od. spielen u. jmdn., etw. damit begleiten:* jmdm. auf der Flöte s.; ein zweiter Sopran sekundierte [dem Lied]. **2.** *jmdm. bei einem Duell od. einer Mensur* (2) *als Berater u. Zeuge persönlich beistehen:* seinem Freund s. **3.** (bes. Boxen, Schach) *einen Teilnehmer während des Wettkampfes persönlich betreuen u. beraten:* von wem wird der Titelverteidiger sekundiert?; **Se|kun|di|pa|ra,** die; -, ...paren [zu lat. parere = gebären] (Med.): *Frau, die ihr zweites Kind gebiert, geboren hat;* **Se|kun|diz,** die; - (kath. Kirche): *50jähriges Priesterjubiläum;* **se|kund|lich** (selten), **se|künd|lich** ⟨Adj.⟩: *in jeder Sekunde [einmal] geschehend, sich vollziehend:* Die Welt verändert sich sekündlich (Strittmatter, Laden 569); Es gibt Sekunden auf dieser Welt, sekündlich, millionenfach (Hagelstange, Spielball 325); Feurige Blitzschlangen..., begleitet von sekündlich krachenden Donnerschlägen (L. Frank, Wagen 10); **Se|kun|do|ge|nitur,** die; -, -en [zu lat. secundo = zweitens u. genitura = Geburt] (Rechtsspr. früher): *Besitz[recht], Anspruch des Zweitgeborenen u. seiner Linie* (in Fürstenhäusern).

Se|ku|rit ⓌZ [auch: ...'rɪt], das; -s [Kunstwort, zu lat. securitas = Sicherheit, zu: securus = unbesorgt, furchtlos; sicher]: *nicht splitterndes Sicherheitsglas;* **Se|kuri|tät,** die; -, -en [frz. sécurité < lat. securitas] (bildungsspr.): *[Gefühl der] Sicherheit; Sorglosigkeit.*

sel. = selig.

se|la [auch: ze'la:] ⟨Interj.⟩ [zu ↑ Sela, das Zeichen wurde volkst. als Schlußzeichen beim musikalischen Vortrag gedeutet] (veraltend): *abgemacht!; Schluß!;* **Se|la,** das; -s, -s [hebr. sęlā, H. u.]: *in den alttestamentlichen Psalmen häufig auftretendes Wort, das möglicherweise als Anweisung für den musikalischen Vortrag zu verstehen ist.*

Se|la|chi|er, der; -s, - ⟨meist Pl.⟩ [zu griech. sélachos = Haifisch] (Zool.): *Haifisch.*

se|la|don [auch: zela'dõ:] ⟨Adj.⟩ [zu ↑ ¹Seladon] (veraltend): *zartgrün, blaßgrün;* **¹Se|la|don** [auch: ...'dõ:], das; -s, -s [wohl nach dem graugrünen Gewand des Céladon, ↑ ²Seladon]: *chinesisches Porzellan mit grüner Glasur in verschiedenen Nuancen;* **²Se|la|don,** der; -s, -s [nach dem Schäfer Céladon im Roman „L'Astrée" von H. d'Urfé (1568–1625)] (bildungsspr. veraltet): *schmachtender Liebhaber;* **se|la|don|grün** ⟨Adj.⟩ (veraltend): = seladon; **Se|la|do|nit** [auch: ...'nɪt], der; -s, -e [zu ↑¹Seladon]: *hell-, gelb-, blau- bis dunkelgrünes Mineral, das als lichtechter Farbstoff für Fresko-, Aquarell-, Tempera- u. Ölmalerei dient;* **Se|ladon|por|zel|lan,** das: ¹Seladon.

Se|lam [alei|kum]: ↑ Salam [alaikum]; **Selam|lik** [auch: ...'lɪk], der; -s, -s [türk. selamlık]: **1.** *Empfangsraum im orientalischen Haus.* **2.** (hist.) *feierliche Auffahrt des Sultans od. Kalifen zum Freitagsgebet.*

selb... ⟨Demonstrativpron.; steht mit dem mit der Präp. verschmolzenen Art. od. mit vorangehendem Demonstrativpron.; veraltet u. ugs. auch ohne vorangehenden Art. für: der-, die-, dasselbe⟩ [mhd. selp, ahd. selb, H. u.]: vgl. derselbe: am -en Tag; beim -en Arzt; zur -en Zeit; im -en Haus; vom -en Stoff; der aufklappende Mund, der infantile, der gläubige, der kam hier aufs -e hinaus (Kronauer, Bogenschütze 246); Diese -en Strukturen (Habermas, Spätkapitalismus 22); ein diesem -en Jüngling sehr nahestehender Mann (Th. Mann, Joseph 64); an -er (veraltet; *derselben*) Stätte; Es werde eine neue Brücke errichtet ..., und -e (veraltet; *diese*) müsse als dringendes Vorhaben betrachtet werden (Fussenegger, Haus 192); „Selbe (ugs.; *dieselbe*) Adresse?" – „Ja." (Remarque, Obelisk 71); **selb|ander** ⟨Adv.⟩ (veraltet): *zu zweit miteinander* (2): In einer Art Wackelschritt zogen sie s. um den Saal (Th. Mann, Zauberberg 455); Gedanke und Gefühl wandern geschäftig s. (Musil, Mann 1140); **selbdritt,** selbviert usw. ⟨Adv.⟩ (veraltet): *zu dritt usw. miteinander* (2): er war selbdritt *(mit zwei weiteren Personen)* unterwegs; waren sie selbdritt nicht vielmehr Teile eines Ganzen, ... die eine nicht denkbar ohne die zwei anderen? (Heym, Schwarzenberg 144); eine Anna selbdritt (Kunstwiss.; *Darstellung Annas, der Mutter Marias, mit dieser u. dem Jesuskind als Dreiergruppe*) von Leonardo; ♦ sie (= Isegrims Frau) habe den Schwanz nur ins Wasser einzutauchen und hängen zu lassen: es würden die Fische fest sich beißen, sie könne selbviert *(als vierte zusammen mit drei anderen)* nicht alle verzehren (Goethe, Reineke Fuchs XI, 8 ff.); Selbzwanzigster *(als Zwanzigster zusammen mit neunzehn anderen)* gefangen und ... begnadigt (Lessing, I, 5); **sel|ber** ⟨indekl. Demonstrativpron.⟩ [mhd. selber, erstarrter stark gebeugter Nom. Sg. von ↑ selb...]: meist alltagsspr.: selbst (I); **Selber|ma|chen,** das; -s, - (ugs.): *das Selbstherstellen, -hervorbringen einer Sache:* S. spart Geld; Möbel, Musikinstrumente zum S.; **sel|big** ⟨Demonstrativpron.⟩ [spätmhd. selbic = derselbe] (veraltend; noch altertümelnd): *bezieht sich auf eine vorher genannte Person od. Sache: dieser, derselbe:* Selbiges Bauvorhaben (= der Turmbau zu Babel) wiederholte sich zweitausend Jahre später (Prodöhl, Tod 42); am -en/an -em Tag; im -en Haus; **selbst** [(spät)mhd. selb(e)s, erstarrter Gen. Sg. Mask. von ↑ selb...]: **I.** ⟨indekl. Demonstrativpron.; in betonter Stellung⟩ steht nach dem Bezugswort od. betont nachdrücklich, daß nur die im Bezugswort genannte Person od. Sache gemeint ist u. niemand od. nichts anderes: der Wirt s. *(persönlich)* hat uns bedient; der Fahrer s. *(seinerseits)* blieb unverletzt; du hast es s. gesagt *(kein anderer als du hat es gesagt);* obwohl das Haus s. sehr schön ist, möchte ich dort nicht wohnen; ich hätte ihn nicht s. *(persönlich)* gesprochen; er wollte s. *(in eigener Person)* vorbeikommen; sie muß alles s. machen *(es hilft ihr niemand);* sie backt, kocht, näht s. *(läßt es keinen anderen für sich tun);* er kann sich wieder s. versorgen *(braucht keine Hilfe mehr);* das Kind kann schon s. *(ugs.; allein)* laufen; wir hatte es s. *(mit eigenen Augen)* gesehen; das weiß ich s. *(das braucht mir niemand zu sagen);* das muß er s. wissen *(ist seine ganz persönliche Sache);* „Wie geht's dir?" – „Gut! Und s.?" (ugs.; *und wie geht es dir?)* er denkt immer nur an sich s. *(ist sehr egoistisch);* etw. ganz aus sich s. tun *(aus eigenem Antrieb)* tun; etw. versteht sich von s. *(ist selbstverständlich);* etw. mit sich s. ausmachen; das

Selbst

kommt ganz von s. *(ohne Anstoß von außen);* sie kommt nicht zu sich s. *(hat keine Zeit für sich);* * **etw. s. sein** (ugs.; *die Verkörperung einer Eigenschaft sein*): sie ist die Bescheidenheit, die Ruhe s. **II.** ⟨Adv.⟩ *sogar, auch:* s. wenn er wollte, könnte er das nicht tun; dazu ist s. ein kleines Kind in der Lage; das ist s. unter optimalen Bedingungen nicht möglich; **Sẹlbst,** das; - [nach engl. the self] (geh.): *der seiner selbst bewußte Ich:* das erwachende, bewußte S.; sein wahres S. finden; Es gilt, auf die ... Stimmen des besseren S. zu lauschen (Natur 104); **Sẹlbst|ab|ho|ler,** der: *jmd., der selbst etw. abholt, was üblicherweise geliefert, zugestellt wird:* S. bei der Post; ein Möbelmarkt für S.; **Sẹlbstab|ho|le|rin,** die: w. Form zu ↑ Selbstabholer; **Sẹlbst|ach|tung,** die: *Achtung* (1), *die man vor sich selbst hat; Gefühl für die eigene menschliche Würde:* seine S. verlieren, wiedergewinnen; **Sẹlbst|ana|ly|se,** die (Psych.): *systematische Analyse des eigenen Selbst;* **sẹlb|stän|dig** ⟨Adj.⟩ [zu frühnhd. selbstand = Person, spätmhd. selbstēnde = für sich bestehend]: **a)** *unabhängig von fremder Hilfe o.ä.; eigenständig:* ein -er Mensch; an -es Arbeiten gewöhnt sein; das Kind ist schon sehr s. für sein Alter; s. handeln, denken; **b)** *nicht von außen gesteuert; in seinen Handlungen frei, nicht von andern abhängig:* ein -er Staat; ein -es – von Amerika losgelöstes – Europa (Dönhoff, Ära 128); eine -e Stellung; ein -er Handwerker *(Handwerker mit eigenem Betrieb);* die -en Berufe *(Berufe, in denen man nicht als Arbeitnehmer arbeitet);* das Land ist s. geworden *(hat seine staatliche Autonomie erhalten);* * **sich s. machen** (1. *ein eigenes Unternehmen gründen.* 2. scherzh.; *sich lösen, abhanden kommen, weglaufen:* die Radkappe hatte sich in der Kurve plötzlich s. gemacht; das Kind hat sich unterwegs s. gemacht); **Sẹlb|stän|di|ge,** der u. die; -n, -n ⟨Dekl. ↑ Abgeordnete⟩: *jmd., der einen selbständigen Beruf ausübt;* **Sẹlb|stän|dig|keit,** die; -: **a)** *selbständige* (a) *Art:* die S. des Denkens; die Kinder zur S. erziehen; **b)** *das Selbständigsein* (b): die S. der Staaten Afrikas; seine S. wahren, erringen; **Sẹlbst|an|kla|ge,** die: **a)** (geh.) *Anklagen, Vorwürfe, die jmd. gegen sich selbst richtet [u. mit denen er sich öffentlich eines begangenen Unrechts bezichtigt]:* bittere -n; eine unbestimmte S., der Vorwurf, daß er ... dem Notruf des anderen nicht ... gehorcht hatte (Jahnn, Nacht 137); sich in -n ergehen; **b)** (selten) *Selbstkritik:* die ... KP-Führung ... zwang die Abweichler zur S. (MM 31. 8. 66, 2); **Sẹlbst|an|schluß,** der (Postw. veraltet): *Fernsprechanschluß, der Ferngespräche ohne Vermittlung ermöglicht;* **Sẹlbst|an|schul|di|gung,** die: vgl. Selbstanklage; **Sẹlbst|an|steckung¹,** die (Med.): *Infektion durch einen Erreger, der bereits im Körper vorhanden ist;* **Sẹlbstan|zei|ge,** die: **1.** (Rechtsspr.) *Anzeige* (1) *eines Vergehens, die der Täter selbst vornimmt.* **2.** *Anzeige* (2b) *eines Buches durch den Verfasser selbst;* **Sẹlbst|an|zei|ger,** der (Rechtsspr.): *jmd., der eine Selbstanzeige* (1) *vornimmt;* **Sẹlbst|anzei|ge|rin,** die (Rechtsspr.): w. Form zu ↑ Selbstanzeiger; **Sẹlbst|auf|ga|be,** die ⟨o. Pl.⟩: **a)** *das Sich-selbst-Aufgeben als Persönlichkeit;* **b)** *das Verlieren des Lebenswillens, der Lebenskraft;* **Sẹlbst|auflö|sung,** die: *das Sich-selbst-Auflösen;* **Sẹlbst|auf|op|fe|rung,** die ⟨Pl. selten⟩: *Hingabe an eine Aufgabe o.ä., bei der jmd. seine eigenen Bedürfnisse od. Interessen ganz hintanstellt [bis hin zur Opferung des eigenen Lebens]:* die Rettungsmannschaften arbeiteten mit S. *(größter Einsatzbereitschaft);* **Sẹlbst|auf|zug,** der (Fachspr.): *Automatik bei einer Uhr, mit deren Hilfe sie sich selbsttätig aufzieht;* **Sẹlbst|aus|lie|fe|rung,** die: vgl. Selbstanzeige; **Sẹlbst|aus|lö|schung,** die (Fachspr.): vgl. Selbstaufgabe; **Sẹlbstaus|lö|ser,** der (Fot.): *Vorrichtung an einer Kamera zum automatischen Auslösen des Verschlusses:* Fotos mit S. machen; **Sẹlbst|be|darf,** der (seltener): *Eigenbedarf;* **Sẹlbst|be|die|nung,** die: **1.** *Form des Einkaufs, bei der der Kunde die Waren selbst aus dem Regal o.ä. nimmt u. an der Kasse bezahlt:* bitte keine S.!; ... werden ... Lebensmittel ... in S. angeboten (MM 2. 9. 75, 25); ein Geschäft, eine Tankstelle mit S. **2.** *Form des Sich-selbst-Bedienens in Gaststätten o.ä. ohne Bedienungspersonal (in denen die Gäste das, was sie verzehren möchten, [am Buffet] selbst zusammenstellen u. an ihren Platz bringen müssen):* eine Gaststätte, Cafeteria mit S.; **Sẹlbst|be|die|nungs|gast|stät|te,** die: *Gaststätte mit Selbstbedienung* (2); **Sẹlbst|be|die|nungs|ge|schäft,** das: *Selbstbedienungsladen;* **Sẹlbst|be|die|nungs|la|den,** der ⟨Pl. ...läden⟩: *Geschäft mit Selbstbedienung* (1); **Sẹlbst|be|die|nungs|re|stau|rant,** das: vgl. Selbstbedienungsgaststätte. **Sẹlbst|be|ein|flus|sung,** die: vgl. Selbstsuggestion; **Sẹlbst|befleckung¹,** die (kath. Theol., sonst veraltend): *(als lasterhaft empfundene) Onanie;* **Sẹlbst|be|frei|ung,** die: **1.** (Rechtsspr.) *Ausbruch eines Gefangenen aus dem Gewahrsam.* **2.** ⟨Pl. selten⟩ (Psych.): *das Sichfreimachen von inneren Zwängen, dem Gefühl der Unfreiheit, Unsicherheit o.ä.:* der Ausbruch aus dem Elternhaus war [für ihn] ein Akt der S.; **Sẹlbst|befrie|di|gung,** die: *Masturbation* (a): Das Mädchen machte immer S. (Hornschuh, Ich bin 23); Ü schreiben ist für mich ... irgendeine Art der geistigen S. (Fichte, Wolli 59); **Sẹlbst|be|fruch|tung,** die (Bot.): *Befruchtung einer Pflanze nach Selbstbestäubung;* **Sẹlbst|be|gren|zung,** die: vgl. Selbstbeschränkung; **Sẹlbst|behalt,** der; -[e]s, -e (Versicherungsw.): *Selbstbeteiligung;* **Sẹlbst|be|hand|lung,** die (Med.): vgl. Selbstmedikation; **Sẹlbst|be|haup|tung,** die ⟨o. Pl.⟩: *Sichbehaupten eines Individuums in seiner Umwelt;* **Sẹlbst|be|herr|schung,** die: *Fähigkeit, Affekte, Gefühle o.ä. durch den Willen zu steuern, ihnen nicht ungezügelt freien Lauf zu lassen:* [keine] S. haben, besitzen, üben; die S. verlieren, bewahren; **Sẹlbst|be|kennt|nis,** das (geh. veraltend): *vor dem eigenen Gewissen od. freiwillig vor andern abgelegtes Bekenntnis über sich selbst:* -se *(eine Autobiographie unter dem Blickwinkel des Selbstbekenntnisses)* schreiben; **Sẹlbst|be|kö|sti-**

gung, die: *Beköstigung auf eigene Kosten (auf der Reise o.ä.);* **Sẹlbst|be|mit|lei|dung,** die: *das Sich-selbst-Bemitleiden;* **Sẹlbst|be|ob|ach|tung,** die: *Introspektion;* **Sẹlbst|be|schä|di|gung,** die: *Beschädigung (Körperverletzung o.ä.), die jmd. sich absichtlich selbst beibringt;* **Sẹlbst|be|schei|dung,** die (geh.): *das Sichbescheiden, Verzichten auf bestimmte Ansprüche;* **Sẹlbst|be|schrän|kung,** die ⟨Pl. selten⟩: *bewußtes Sichbeschränken auf einen bestimmten Bereich:* sie hat ... zu viele Interessen gehabt; die weise S. hat ihr gefehlt (Chr. Wolf, Nachdenken 62); sich S. auferlegen; **Sẹlbst|be|schuldi|gung,** die: vgl. Selbstanklage. **Sẹlbstbe|sin|nung,** die (geh.): *Besinnung auf das eigene Handeln u. Denken:* ein Augenblick der S.; jmdn. zur S. auffordern; **Sẹlbst|be|spie|ge|lung,** die (abwertend): *narzißtische Selbstbeobachtung:* die Dandys ... waren mit S. beschäftigt (Zeitmagazin 47, 1979, 87); **Sẹlbst|bestä|ti|gung,** die (Psych.): *Bewußtsein des eigenen Wertes, der eigenen Fähigkeiten o.ä. (das jmdm. mit einem Erfolgserlebnis zuwächst):* [bei, durch, in etw.] S. suchen, finden; Die Sexualität wird benutzt ... als Mittel zur S. (Ruthe, Partnerwahl 75); **Sẹlbst|be|stäu|bung,** die (Bot.): *Bestäubung einer Blüte durch den von ihr selbst hervorgebrachten Blütenstaub;* **Sẹlbstbe|stim|mung,** die ⟨o. Pl.⟩ [c: LÜ von engl. self-determination]: **a)** (Politik, Soziol.) *Unabhängigkeit des einzelnen von jeder Art der Fremdbestimmung (z.B. durch gesellschaftliche Zwänge, staatliche Gewalt):* die S. der Frauen in der Gesellschaft; **b)** (Philos.) *Unabhängigkeit des Individuums von eigenen Trieben, Begierden u.ä.:* Er glaubt an die Vernunft – an die sittliche S. (Zuckmayer, Fastnachtsbeichte 142); **c)** (Politik) *Unabhängigkeit eines Volkes von anderen Staaten u. die Unabhängigkeit im innerstaatlichen Bereich:* nationale, demokratische S.; International wird in erster Linie unter S. der Anspruch auf staatliche Unabhängigkeit der Nation verstanden (Zeit 17. 4. 64, 4); **Sẹlbst|be|stim|mungs|recht,** das ⟨o. Pl.⟩: **a)** (Rechtsspr.) *Recht des einzelnen auf Selbstbestimmung* (a): Die Hilfeleistungspflicht des Arztes hat ... ihre Grenzen im S. des Patienten (Noack, Prozesse 223); **b)** (Völkerrecht) *Recht eines Volkes auf Selbstbestimmung* (c): das S. der Völker, Nationen; **Sẹlbst|be|strafung,** die: *das Sich-selbst-Bestrafen;* **Sẹlbst|be|tä|ti|gung,** die: *das Sichselbst-Betätigen:* künstlerische S.; **Sẹlbst|be|tei|li|gung,** die (Versicherungsw.): *finanzielle Beteiligung in bestimmter Höhe, die der Versicherte bei einem Schadensfall selbst übernimmt:* eine S. von 300 DM vereinbaren; eine Kaskoversicherung mit 1000 Mark S.; **Sẹlbstbe|trach|tung,** die: vgl. Selbstbeobachtung; **Sẹlbst|be|trug,** der: *das Nichteingestehen einer Sache vor sich selber:* ist reiner S.; Dieser Schwindel mit Begriffen mündet in einen gigantischen S. (Gruhl, Planet 189); **sẹlbst|betrü|ge|risch** ⟨Adj.⟩: *Selbstbetrug bedeutend, auf Selbstbetrug hinauslaufend:* -e Beschönigungen; **Sẹlbst|be|weih|räu-**

che|rung, die (ugs. abwertend): *das Sich-selbst-Beweihräuchern;* **Selbst|be|wirt|schaf|tung,** die: *Bewirtschaftung durch den Eigentümer selbst:* die S. eines Hofes; **Selbst|be|wun|de|rung,** die: vgl. Selbstbeweihräucherung; **selbst|be|wußt** ⟨Adj.⟩: **a)** (Philos.) *Selbstbewußtsein (a) aufweisend:* der Mensch als -es Wesen; **b)** *Selbstbewußtsein (b) besitzend, ausdrückend; selbstsicher:* sie ist eine sehr -e Frau, Person; er hat eine bescheidene, aber durchaus -e Art; s. auftreten; Ü ein -es Bürgertum, Proletariat; **Selbst|be|wußt|sein,** das: **a)** (Philos.) *Bewußtsein (des Menschen) von sich selbst als denkendem Wesen;* **b)** *das Überzeugtsein von seinen Fähigkeiten, von seinem Wert als Person, das sich bes. in selbstsicherem Auftreten ausdrückt:* wenig, ein ausgeprägtes, kein sehr starkes, ein übersteigertes S. haben; etw. gibt jmdm., stärkt jmds. S.; etw. erschüttert jmds. S.; Ü das nationale, politische S.; das S. *(der Stolz)* des Bürgertums, der Arbeiterklasse; **Selbst|be|zeich|nung,** die: *Bezeichnung, mit der man sich selbst, seine Gruppe o. ä. benennt;* **Selbst|be|zich|ti|gung,** die: vgl. Selbstanklage; **Selbst|be|zich|ti|gungs|schrei|ben,** das (Amtsspr.): *Bekennerschreiben;* **selbst|be|zo|gen** ⟨Adj.⟩: *durch Selbstbezogenheit gekennzeichnet;* **Selbst|be|zo|gen|heit,** die; -: *narzißtisches Gerichtet-, Bezogensein auf die eigene Person; Ichbezogenheit;* **Selbst|be|zwin|gung,** die (geh.): vgl. Selbstüberwindung; **Selbst|bild,** das ([Sozial]psych.): *Autostereotyp:* ein gestörtes S. haben; **Selbst|bild|nis,** das: *von ihm selbst geschaffenes Bildnis eines Künstlers; Selbstporträt:* ein S. von Dürer; Ü da ... diese ganze Niederschrift nichts anderes als ein S. *(geh.; eine Selbstdarstellung)* ist ... (Kaschnitz, Wohin 185); **Selbst|bin|der,** der (veraltend): **1.** *Krawatte zum Selbstbinden.* **2.** (Landw.) *Mähbinder;* **Selbst|bio|gra|phie,** die (veraltend): *Autobiographie;* **Selbst|bräu|ner,** der; -s, -: *Lotion od. Creme, die die Haut (ohne Sonneneinwirkung) bräunt;* **Selbst|bu|cher,** der; -s (Postw.): *Postkunde, dem die Möglichkeit eingeräumt worden ist, seine Postsendungen selbst freizumachen;* **Selbst|bu|che|rin,** die; -, -nen (Postw.): w. Form zu ↑Selbstbucher; **Selbst|dar|stel|ler,** der: *Selbstdarsteller;* **Selbst|dar|stel|ler,** der: *jmd., dessen Tun der Selbstdarstellung (a) dient:* Den S. André Heller ... beschimpfte der FPÖ-Führer als ... (Spiegel 5, 1993, 136); **Selbst|dar|stel|le|rin,** die; w. Form zu ↑Selbstdarsteller; **Selbst|dar|stel|lung,** die: **a)** *Darstellung (3 a) der eigenen Person, Gruppe o. ä. (um Eindruck zu machen, seine Fähigkeiten zu zeigen o. ä.):* er nimmt jede Gelegenheit zur S. in der Öffentlichkeit wahr; ihre ... 60-Minuten-Show: S. (Hörzu 4, 1974, 8); Ü die Ausstellung bietet dem Handwerk Gelegenheit zur S.; **b)** *Selbstbildnis;* **Selbst|dis|zi|plin,** die ⟨o. Pl.⟩: *Disziplin, die jmdn. auszeichnet; Beherrschtheit;* **selbst|ei|gen** ⟨Adj.⟩ (veraltet): *jmdm., einer Sache selbst [zu]gehörend:* auf dem Kreuz, dem -en (Bobrowski, Mühle 24); in -er Verantwortung; ◆ mit des Herrn selbsteigner

Hand ... geschrieben (Lessing, Nathan IV, 7); **Selbst|ein|kehr,** die (geh.): vgl. Selbstbesinnung; **Selbst|ein|schät|zung,** die: *Einschätzung der eigenen Person im Hinblick auf bestimmte Fähigkeiten, Fehler u. ä.;* **Selbst|ein|tritt,** der (Wirtsch.; Rechtsspr.): *Übernahme des Geschäfts, das ein Kommissionär für einen Kommittenten ausführen soll, durch den Kommissionär selbst;* **Selbst|ent|äu|ße|rung,** die (geh.): *gänzliches Zurückstellen der eigenen Bedürfnisse, Wünsche o. ä. zugunsten eines anderen od. einer Sache:* Als Staatsmann ... beispielhaft bescheiden bis zur S. (Weinberg, Deutsch 119); **Selbst|ent|fal|tung,** die: *[Möglichkeit der] Entfaltung der eigenen Anlagen u. Fähigkeiten;* **Selbst|ent|frem|dung,** die (bes. marx.): *Entfremdung des Menschen von sich selbst;* **Selbst|ent|la|der,** der; -s, - (Fachspr.): *LKW od. Güterwagen der Bahn mit automatischer Kippvorrichtung;* **Selbst|ent|la|dung,** die: *das (bei Akkumulatoren auftretende) Sichentladen ohne äußere Einwirkung;* **Selbst|ent|lar|vung,** die: *das Sich-selbst-Entlarven;* **Selbst|ent|lei|bung,** die (geh.): *Selbstmord;* **Selbst|ent|span|nung,** die: *das Sichentspannen (mit Hilfe bestimmter Techniken);* **selbst|ent|zünd|lich** ⟨Adj.⟩: *(von bestimmten Stoffen) sich selbst entzündend;* **Selbst|ent|zün|dung,** die: *das Sich-selbst-Entzünden (eines Stoffes):* zu dem Brand kam es vermutlich durch S.; **Selbst|er|fah|rung,** die ⟨o. Pl.⟩ (Psych.): *das Sich-selbst-Verstehenlernen durch Sprechen über sich selbst u. seine Probleme (u. das Kennenlernen ähnlicher Probleme bei anderen);* **Selbst|er|fah|rungs|grup|pe,** die (Psych.): ¹*Gruppe (2), die ein Training in Selbsterfahrung absolviert;* **Selbst|er|hal|tung,** die ⟨o. Pl.⟩: *Erhaltung des eigenen Lebens;* **Selbst|er|hal|tungs|trieb,** der: *Trieb, Instinkt eines Individuums, der auf die Selbsterhaltung ausgerichtet ist;* **Selbst|er|kennt|nis,** die ⟨o. Pl.⟩: vgl. Selbsteinschätzung: es fehlt ihm an S.; Spr S. ist der erste Schritt zur Besserung; **selbst|er|nannt** ⟨Adj.⟩: *sich selbst zu etw. ernannt habend:* ein -er Herrscher; Ü -e Verbraucheranwälte; **Selbst|er|nie|dri|gung,** die (geh.): *das Herabwürdigen seiner selbst;* **selbst|er|wählt** ⟨Adj.⟩ (geh.): *von der betreffenden Person selbst gewählt:* ein -es Schicksal; **Selbst|er|zeu|ger,** der: *jmd., der bestimmte Dinge (bes. Nahrungsmittel) seines täglichen Bedarfs selbst erzeugt;* **Selbst|er|zeu|ge|rin,** die: w. Form zu ↑Selbsterzeuger; **Selbst|er|zie|hung,** die: *das Sich-selbst-Erziehen;* **Selbst|fah|rer,** der: **1.** *jmd., der das Fahrzeug, das er benutzt (z. B. seinen Privatwagen, seinen Dienstwagen, einen Mietwagen, selbst lenkt:* Entwicklungsminister a. D. Scheel kam als S. im grauen OPEL-Kapitän (Spiegel 45, 1966, 39); die Vermietung von PKWs an S. **2.** (Fachspr.) *Fahrstuhl, der vom Benutzer selbst bedient wird.* **3.** *Krankenstuhl, mit dem sich der Behinderte ohne Hilfe fortbewegen kann:* ein elektrischer S. **4.** (Schiffahrt) *(in der Binnenschiffahrt) Frachtschiff mit eigenem Antrieb:* Schleppzüge, Schubverbände und S.; **Selbst|fah|re|rin,** die: w. Form zu

↑Selbstfahrer (1); **Selbst|fahr|la|fet|te,** die (Milit.): *Fahrzeug, auf das ein schweres Geschütz (z. B. Raketenwerfer) montiert ist;* **Selbst|fi|nan|zie|rung,** die (Wirtsch.): *Eigenfinanzierung;* **Selbst|fin|dung,** die (geh.): *das Zu-sich-selbst-Finden, Sich-selbst-Erfahren als Persönlichkeit;* **selbst|ge|backen**¹ ⟨Adj.⟩: *von der betreffenden Person selbst (u. nicht vom Bäcker) gebacken:* -e Plätzchen; das Brot ist s.; **selbst|ge|ba|stelt** ⟨Adj.⟩: vgl. selbstgemacht; **selbst|ge|baut** ⟨Adj.⟩: vgl. selbstgemacht: ein -es Haus; die Gitarre ist s.; **Selbst|ge|brauch,** der: *Eigengebrauch;* **selbst|ge|braut** ⟨Adj.⟩: vgl. selbstgemacht: -es Bier; **selbst|ge|dreht** ⟨Adj.⟩: vgl. selbstgemacht: eine -e Zigarette; ⟨subst.:⟩ Selbstgedrehte (ugs.; *selbstgedrehte Zigaretten*) rauchen; **selbst|ge|fäl|lig** ⟨Adj.⟩ (abwertend): *sehr von sich überzeugt u. auf penetrante Weise eitel, dünkelhaft:* ein -er Mensch; ein -es *(von Selbstgefälligkeit zeugendes)* Lächeln; s. reden; sich s. im Spiegel betrachten; **Selbst|ge|fäl|lig|keit,** die ⟨o. Pl.⟩: *selbstgefällige Art;* **Selbst|ge|fühl,** das (geh.; seltener): vgl. Selbstbewußtsein: ein gesundes, übersteigertes S.; jmds. S. stärken, verletzen; **selbst|ge|macht** ⟨Adj.⟩: *von der betreffenden Person selbst gemacht, hergestellt:* die Marmelade ist s.; **selbst|ge|näht** ⟨Adj.⟩: vgl. selbstgemacht; **selbst|ge|nüg|sam** ⟨Adj.⟩: *an sich selbst Genüge findend; in sich ruhend u. sich bescheidend, ohne den Ehrgeiz od. das Bestreben, sich hervorzutun od. Besonderes zu erreichen:* ein -er Mensch; ein -es Leben führen; s. sein, leben; **Selbst|ge|nüg|sam|keit,** die: *das Selbstgenügsamsein;* **Selbst|ge|nuß,** der (veraltend abwertend): vgl. Selbstliebe; **selbst|ge|recht** ⟨Adj.⟩ (abwertend): *von der eigenen Unfehlbarkeit überzeugt; zu keiner Selbstkritik fähig, keiner Kritik zugänglich:* ein -er Mensch; ein -es *(von Selbstgerechtigkeit zeugendes)* Verhalten; er ist sehr s.; s. argumentieren; **Selbst|ge|rech|tig|keit,** die (abwertend): *das Selbstgerechtsein;* **selbst|ge|schnei|dert** ⟨Adj.⟩: vgl. selbstgemacht: ein -es Kleid; ihre ganze Garderobe ist s.; **selbst|ge|schrie|ben** ⟨Adj.⟩: vgl. selbstgemacht: ein -es Gedicht; **Selbst|ge|spräch,** das (meist Pl.): *Sprechen, das nicht an einen Adressaten gerichtet ist; Gespräch, das jmd. mit sich selbst führt:* -e führen, in S. vertieft sein; Ü dies lange, leidvolle S. vom Kriege zerstörten Dichters (K. Mann, Wendepunkt 55); **selbst|ge|steckt** ⟨Adj.⟩: vgl. selbstgewählt: -e Ziele; **selbst|ge|strickt** ⟨Adj.⟩: vgl. selbstgemacht: ein -er Pullover; Ü eine -e *(von dem, der, den Betreffenden selbst entwickelte)* Methode; **selbst|ge|wählt** ⟨Adj.⟩: vgl. selbsterwählt: im -en Exil; **selbst|ge|weiß** ⟨Adj.⟩ (geh. selten): *selbstbewußt, selbstsicher;* **Selbst|ge|wiß|heit,** die (geh. selten): *Selbstbewußtsein, Selbstsicherheit;* **selbst|ge|zo|gen** ⟨Adj.⟩: **1.** *im eigenen Garten gezogen:* -es Gemüse. **2.** *(von Kerzen) selbst hergestellt:* die Kerze ist s.; **selbst|haf|tend** ⟨Adj.⟩: *selbstklebend:* -e Etiketten, Folien; **selbst|här|tend** ⟨Adj.⟩ (Technik): *(von bestimmten Stoffen)* von *selbst hart, fest werdend, aushärtend:* -e Klebstoffe; **Selbst|haß**, der (bes. Psych.): *gegen die eigene Person gerichteter Haß;* **Selbst|hei|lung**, die (Med.): *ohne medizinische Behandlung erfolgende Heilung:* die Fähigkeit des Organismus zur S.; **Selbst|hei|lungs|kraft**, die ⟨meist Pl.⟩: *Fähigkeit des Organismus zur Selbstheilung:* die Selbstheilungskräfte des Körpers mobilisieren; ♦ **Selbst|heit**, die; -, -en [mhd. selbesheit, selpheit = das Selbst]: **1. a)** ⟨Pl. selten⟩ *Art, Wesen des eigenen Selbst; Individualität* (1): ... die bloß darum meine Feinde wurden, weil sie keine Lust hatten, mir auf Unkosten ihrer S. Gutes wirken zu helfen, und ich ihnen im Bösestun weder zum Gehülfen noch zum Werkzeug dienen wollte (Wieland, Agathon 12, 11); ... daß sich nämlich ... alles, dem man ein Wesen, ein Dasein zuschreiben kann, ins Unendliche vervielfältigt, und zwar dadurch, daß immerfort Gleichbilder, Gleichnisse, Abbildungen als zweite -en von ihm ausgehen (Goethe, Farbenlehre. Histor. Teil. 5. Abt. Intentionelle Farben); **b)** ⟨o. Pl.⟩ *Übereinstimmung, Gleichheit:* Eine überraschende S. ist zwischen einem wahrhaften Liede und einer edlen Handlung (Novalis, Heinrich 173). **2.** ⟨o. Pl.⟩ *Selbstsucht:* so daß der Mensch ... sich für das Beste halten darf, was Gott und Natur hervorgebracht haben, ja, daß er auf dieser Höhe verweilen kann, ohne durch Dünkel und S. wieder ins gemeine gezogen zu werden (Goethe, Wanderjahre II, 1); Voll S., nicht des Nutzens, doch des Sinns, spielet er mit seinem und der andern Glück (Grillparzer, Medea II); **selbst|herr|lich** ⟨Adj.⟩: *sich in seinen Entscheidungen, Handlungen auf Grund seiner Machtvollkommenheit mit völliger Selbstverständlichkeit über andere hinwegsetzend:* er hat eine sehr -e Art; ein -es Verhalten; s. sein; s. entscheiden; **Selbst|herr|lich|keit**, die ⟨o. Pl.⟩: *selbstherrliche Art;* **Selbst|hil|fe**, die ⟨o. Pl.⟩: **1.** *das Sich-selbst-Helfen:* sie haben in S. *(ohne fremde Hilfe)* gebaut; zur S. schreiten. **2.** (Rechtsspr.) *rechtmäßige, eigenmächtige Durchsetzung od. Sicherung eines Anspruchs, wenn obrigkeitliche Hilfe nicht schnell genug zu erlangen ist;* **Selbst|hil|fe|ak|ti|on**, die: *der Selbsthilfe dienende Aktion;* **Selbst|hil|fe|grup|pe**, die: ¹*Gruppe* (2) *von Personen mit gleichartigen Problemen (z. B. Krebskranke in der Nachsorge), die sich zusammenschließen, um sich untereinander zu helfen;* **Selbst|hil|fe|or|ga|ni|sa|ti|on**, die: vgl. Selbsthilfegruppe; **Selbst|hyp|no|se**, die: *Autohypnose;* **Selbst|in|duk|ti|on**, die (Elektrot.): *Rückwirkung eines sich ändernden elektrischen Stroms auf sich selbst bzw. auf den ihn durchflossenen Leiter;* **Selbst|in|se|rent**, der: *jmd., der in einer Zeitungsanzeige zum Ausdruck bringt, daß er die Anzeige selbst aufgibt;* **Selbst|in|se|ren|tin**, die: w. Form zu ↑Selbstinserent; **Selbst|in|sze|nie|rung**, die: *das Sich-selbst-in-Szene-Setzen;* **Selbst|iro|nie**, die ⟨o. Pl.⟩: *Ironie, mit der jmd. sich selbst begegnet, seine Probleme, Fehler o. ä. ironisiert:* zur S. fähig sein; **selb|stisch** ⟨Adj.⟩ [nach engl. selfish]

(geh.): *ichbezogen, egoistisch:* ein -er Mensch, Charakter; -e Motive, Gründe; s. sein, handeln; **Selbst|ju|stiz**, die (Rechtsspr.): *gesetzlich nicht zulässige Vergeltung für erlittenes Unrecht, die ein Betroffener selbst übt;* **Selbst|ka|stei|ung**, die (geh.): *das Sich-selbst-Kasteien* (b); **Selbst|kle|be|fo|lie**, die: *Folie mit einer Haftschicht auf der Rück- bzw. Unterseite;* **selbst|kle|bend** ⟨Adj.⟩: *mittels einer Haftschicht bei Andrücken klebend:* -e Fotoecken, Folien, Etiketten; **Selbst|kon|trol|le**, die: **1.** *das Sich-selbst-Kontrollieren (in seinen Handlungen, Reaktionen u. ä.):* die Schüler zur S. anhalten. **2.** *(im publizistischen Bereich) eigenverantwortliche Kontrolle, die Mißbräuche der Meinungs- u. Pressefreiheit verhindern soll:* die S. der Medien; **Selbst|ko|sten** ⟨Pl.⟩ (Wirtsch.): *Kosten, die für den Hersteller bei der Fertigung einer Ware bzw. beim Erbringen einer Leistung anfallen:* die S. senken, verringern; **Selbst|ko|sten|preis**, der (Wirtsch.): *nur die Selbstkosten deckender Preis:* etw. zum S. abgeben; **Selbst|ko|sten|rech|nung**, die (Wirtsch.): *bei der Produktion der Ermittlung der Selbstkosten dienende Berechnung als Teil des betrieblichen Rechnungswesens;* **Selbst|kri|tik**, die ⟨Pl. selten⟩: *kritische Betrachtung, Beurteilung des eigenen Denkens u. Tuns, die zugleich Erkenntnis u. Eingestehen eigener Fehler bedeutet:* S. üben; es fehlt ihm an S.; er ist nicht zur S. fähig; **selbst|kri|tisch** ⟨Adj.⟩: *Selbstkritik übend, ausdrückend:* eine -e Feststellung; er kann sehr s. sein; **Selbst|la|de|ge|wehr**, das: vgl. Selbstladewaffe; **Selbst|la|de|pi|sto|le**, die: vgl. Selbstladewaffe; **Selbst|la|der**, der (ugs.): *Selbstladewaffe;* **Selbst|la|de|vor|rich|tung**, die: *Vorrichtung zum Selbstladen (bei einer Schußwaffe);* **Selbst|la|de|waf|fe**, die: *mehrschüssige Waffe, die sich nach einem abgegebenen Schuß automatisch neu lädt;* **Selbst|läu|fer**, der: etw., *was wie von selbst, ohne daß man viel dafür tun müßte, den gewünschten Erfolg hat* (z. B. Ware, die sich ohne viel Werbung verkauft); **Selbst|laut**, der: *Vokal;* **Selbst|lie|be**, die: *egozentrische Liebe zur eigenen Person; Eigenliebe;* **selbst|lie|gend** ⟨Adj.⟩ (Fachspr.): *(von Teppichfliesen) lose verlegt, nicht verklebt;* **Selbst|lob**, das: *das Hervorheben eigener Leistungen o. ä. vor anderen; Eigenlob:* etw. nicht ohne S. darstellen; **selbst|los** ⟨Adj.; -er, -este⟩: *nicht auf eigenen Vorteil bedacht; uneigennützig u. zu Opfern bereit:* ein -er Mensch; -e *(von Selbstlosigkeit zeugende)* Hilfe; s. handeln; **Selbst|lo|sig|keit**, die; -: *selbstlose Art;* **Selbst|me|di|ka|ti|on**, die (Med.): *Anwendung von Medikamenten nach eigenem Ermessen, ohne Verordnung durch einen Arzt:* ... machen sie (= die Patienten) den Versuch der „Selbstmedikation", Heilung auf eigene Faust (MM 17. 10. 75, 3); **Selbst|mit|leid**, das (abwertend): *resignierendes, klagendes Sich-selbst-Bemitleiden;* **Selbst|mon|ta|ge**, die: *das Selbstmontieren:* durch die S. hat er eine Menge Geld gespart; Möbel, ein Boot zur S.; **Selbst|mord**, der: *das Sich-selbst-Töten; vorsätzliche Auslöschung des eigenen Lebens:* ein versuchter S.; S. durch Erschießen, Erhängen; erweiterter S. (Rechtsspr.; *Selbstmord, bei dem jmd. noch eine od. mehrere andere Personen tötet*); S. mit Messer und Gabel (ugs. scherzh.; *allmähliches Sichzugrunderichten durch falsche bzw. übermäßige Ernährung*); Rauchen ist S. auf Raten (ugs.; *durch Rauchen richtet man sich allmählich zugrunde*); S. begehen, verüben, machen; durch S. enden; jmdn. in den/zum S. treiben; mit S. drohen; Ü etw. ist/wäre [reiner, glatter] S. (ugs.; *[in bezug auf eine gefährliche, waghalsige od. in anderer Hinsicht törichte Unternehmung o. ä.] etw. ist sehr riskant*); sein Verhalten grenzt an S. (*ist für ihn in höchstem Maße gefährlich*); **Selbst|mord|ab|sicht**, die: *Absicht, Selbstmord zu begehen;* **Selbst|mord|dro|hung**, die: *das Drohen mit Selbstmord;* **Selbst|mör|der**, der: *jmd., der Selbstmord begeht;* **Selbst|mör|de|rin**, die: w. Form zu ↑Selbstmörder; **selbst|mör|de|risch** ⟨Adj.⟩: **1.** *(selten) einen Selbstmord bezweckend, herbeiführend:* ein -er Akt; er handelte in -er Absicht. **2.** *sehr gefährlich, halsbrecherisch* (u. *darum töricht); einem Selbstmord, der Selbstvernichtung gleichkommend:* ein -es Unternehmen, Unterfangen; der Rettungsversuch war s.; **Selbst|mord|ge|dan|ke**, der ⟨meist Pl.⟩: *Gedanke an Selbstmord:* -n haben; sich mit -n tragen; **selbst|mord|ge|fähr|det** ⟨Adj.⟩: *in/von einer psychischen Verfassung, die einen Selbstmord befürchten läßt:* -e Patienten; die Gefangene gilt als, ist [stark] s.; **Selbst|mord|kan|di|dat**, der: **a)** *(seltener) jmd., der akut selbstmordgefährdet ist;* **b)** *jmd., bei dem (auf Grund seiner Persönlichkeit) eine gewisse Wahrscheinlichkeit besteht, daß er eines Tages durch Selbstmord enden wird;* **Selbst|mord|kan|di|da|tin**, die: w. Form zu ↑Selbstmordkandidat; **Selbst|mord|kom|man|do**, das: *Kommando* (3 a), *bei dessen Unternehmung eine vorzeitige Tötung in Kauf genommen wird:* -s für Einsätze im Ausland ausbilden: das Flugzeug wurde von einem S. in die Luft gesprengt; **Selbst|mord|ra|te**, die: *Rate* (2) *der Selbstmorde;* **Selbst|mord|ver|such**, der: *Versuch, Selbstmord zu begehen:* einen S. unternehmen, begehen, machen; sie wurde nach einem gescheiterten S. in eine geschlossene Abteilung eingewiesen; **Selbst|mord|wel|le**, die: *Häufung von Selbstmorden;* **Selbst|or|ga|ni|sa|ti|on**, die: *die Sichorganisieren aus sich selbst, ohne von außen hinzukommende Kraft:* das hochkomplexe Ökosystem, das sich in der ... Erdgeschichte durch einen raffinierten Prozeß der S. ... entwickelt hat (natur 8, 1991, 85); **Selbst|por|trät**, das: *Selbstbildnis;* **Selbst|prü|fung**, die: *kritische Auseinandersetzung mit sich selbst, seinen Handlungen, Antrieben o. ä.:* sich einer kritischen S. stellen; sich eine S. auferlegen; eine Zeit der S.; **Selbst|quä|le|rei**, die: *selbstquälerisches Verhalten;* **selbst|quä|le|risch** ⟨Adj.⟩: *im Übermaß selbstkritisch:* sich s. nach seinem Verschulden fragen; **selbst|re|dend** ⟨Adv.⟩: *natürlich* (II 1): s. werde ich das tun; das ist s. vertraulich zu behandeln; „Kann ich auf Sie zählen?" – „Selbstredend!"; **Selbst|re|fle|xi|on,** die: *Reflexion über die eigene Person;* **Selbst|rei|ni|gung,** die (Biol.): *das Sich-selbst-Reinigen, natürlicher Abbau von verunreinigenden Stoffen:* die S. der Flüsse und Seen; **Selbst|rei|ni|gungs|kraft,** die (Biol.): *Fähigkeit zur Selbstreinigung:* S. der Gewässer; **Selbst|re|kru|tie|rung,** die (Soziol.): *Besetzung einer Stelle innerhalb einer sozialen Gruppe, Organisation o. ä. mit einem [Nachkommen von] Angehörigen dieser sozialen Gruppe o. ä. selbst;* **Selbst|schä|di|gung,** die (Rechtsspr.): *körperliche Schädigung der eigenen Person;* **Selbst|schal|ter,** der: *elektrisches Schaltgerät, das einen Stromkreis bei Überlastung selbsttätig abschaltet;* **selbst|schlie|ßend** ⟨Adj.⟩: *(von Türen) automatisch schließend;* **Selbst|schuß,** der ⟨meist Pl.⟩: *(als Sicherungsmaßnahme) Vorrichtung, bei deren Berührung ein Schuß ausgelöst wird:* „Vorsicht, Selbstschüsse!"; **Selbst|schuß|an|la|ge,** die: *Anlage (4) mit Selbstschüssen:* eine S. installieren, abbauen; die Grenze war mit -n gesichert; **Selbst|schutz,** der: *das Sichschützen, Sichabschirmen gegen bestimmte negative Einflüsse, Gefährdungen o. ä.:* sein Verhalten war eine Art S.; **selbst|si|cher** ⟨Adj.⟩: *Selbstsicherheit besitzend, zeigend:* in -er Mensch; eine -e Miene zur Schau tragen; sie ist sehr s.; s. antworten; **Selbst|si|cher|heit,** die ⟨o. Pl.⟩: *in jmds. Selbstbewußtsein begründete Sicherheit im Auftreten o. ä.:* seine S. verlieren; sehr viel S. besitzen; **Selbst|si|cher|heits|trai|ning,** das: *verhaltenstherapeutisch ausgerichtetes Einzel- od. Gruppentraining zur Förderung der Selbstsicherheit;* **Selbst|stel|ler,** der; -s, - (Rechtsspr.): *jmd., der sich nach einer begangenen Straftat selbst der Polizei stellt;* **Selbst|stel|le|rin,** die; -, -nen (Rechtsspr.): w. Form zu ↑ Selbststeller; **Selbst|steue|rung,** die (Technik): *automatische Steuerung (einer Maschine o. ä.);* **Selbst|sti|li|sie|rung,** die: *das Sich-selbst-Stilisieren auf eine bestimmte Rolle hin, die man spielen möchte:* im Tagebuch leistete er sich den Verzicht auf Schminke und Maske, auf die S. (Reich-Ranicki, Th. Mann 34); **Selbst|stu|di|um,** das ⟨o. Pl.⟩: *Wissensaneignung durch Bücher (ohne Vermittlung durch Lehrer od. Teilnahme an einem Unterricht):* sich Kenntnisse durch, im S. aneignen; Lehrbücher für das, zum S.; **Selbst|sucht,** die ⟨o. Pl.⟩: *nur auf den eigenen Vorteil o. ä. bedachte, nur die eigene Person kennende Einstellung;* **selbst|süch|tig** ⟨Adj.⟩: *durch Selbstsucht bestimmt:* ein -er Mensch; -es Verhalten; s. sein, handeln; **Selbst|sug|ge|sti|on,** die ⟨selten⟩: *Autosuggestion;* **selbst|tä|tig** ⟨Adj.⟩: **1.** *automatisch [funktionierend]:* etw. öffnet, schließt, reguliert sich s. **2.** ⟨selten⟩ *aus eigenem Antrieb; aktiv:* eine -e Mitwirkung; **Selbst|tä|tig|keit,** die ⟨o. Pl.⟩ (seltener): *Tätigkeit aus eigenem Antrieb; Eigeninitiative;* **Selbst|täu|schung,** die: *Täuschung, der sich jmd. selbst hingibt; Selbstbetrug:* der S. erliegen; sich keiner S. hingeben; **Selbst|tor,** das (Ballspiele): *Eigentor;* **Selbst|tö|tung,** die (Amtsspr.): *Selbstmord;* **selbst|tra|gend** ⟨Adj.⟩ (Technik):

ohne zusätzliche Stützen, Träger o. ä. Stabilität besitzend: eine -e Konstruktion; die Karosserie ist s.; **Selbst|über|he|bung,** die (geh.): *Einbildung, Dünkelhaftigkeit;* **Selbst|über|schät|zung,** die: *Überschätzung der eigenen Person, der eigenen Fähigkeiten:* er leidet an S. (ugs.); bildet sich sehr viel auf seine Fähigkeiten ein); **Selbst|über|win|dung,** die: *das Überwinden seiner inneren Widerstände gegen etw., jmdn.:* etw. kostet jmdn. S.; er hat es nur mit großer S. geschafft; **Selbst|ung,** die (Fachspr.): *Erzeugung von Samen durch Selbstbestäubung;* **Selbst|un|ter|richt,** der: *vgl. Selbststudium;* **Selbst|ver|ach|tung,** die: *Verachtung seiner selbst;* **selbst|ver|ant|wort|lich** ⟨Adj.⟩: *eigenverantwortlich;* **Selbst|ver|ant|wort|lich|keit,** die: *Eigenverantwortlichkeit;* **Selbst|ver|ant|wor|tung,** die ⟨o. Pl.⟩: *Verantwortung für das eigene Handeln;* **Selbst|ver|bren|nung,** die: *Form des Selbstmords, bei der jmn. [seine Kleider mit Benzin übergießt u.] sich selbst verbrennt;* **selbst|ver|dient** ⟨Adj.⟩: *durch eigene Arbeit verdient:* -es Geld; **selbst|ver|faßt** ⟨Adj.⟩: *vgl. selbstgemacht:* ein -es Gedicht; **selbst|ver|ges|sen** ⟨Adj.⟩ (geh.): *so völlig in Gedanken versunken, daß man die Umwelt gar nicht wahrnimmt:* s. dasitzen; sie trällerte s. einen Schlager; **Selbst|ver|ges|sen|heit,** die (geh.): *selbstvergessener Zustand;* **Selbst|ver|ge|wis|se|rung,** die: *Bestätigung des eigenen Selbstbildes;* **Selbst|ver|herr|li|chung,** die: *das Sich-selbst-Verherrlichen:* ... immer wieder Feldzüge, Beute und S. wie auf der Trajanssäule (Fest, Im Gegenlicht 370); **Selbst|ver|lag,** der ⟨o. Pl.⟩ (Buchw.): *das Verlegen eines Druckwerks durch den Autor selbst:* ein Buch im S. herausbringen; **Selbst|ver|le|ger,** der (Buchw.): *jmd., der etw. im Selbstverlag erscheinen läßt;* **Selbst|ver|le|ge|rin,** die (Buchw.): w. Form zu ↑ Selbstverleger; **Selbst|ver|leug|nung,** die: *vgl. Selbstentäußerung;* **selbst|ver|liebt** ⟨Adj.⟩: *von sich selbst angetan u. naiv um sich selbst kreisend:* ein -er Star, Mann; s. sein; **Selbst|ver|liebt|heit,** die: *das Selbstverliebtsein:* die S. der Prinzessin im Märchen, des Dandyismus; **Selbst|ver|mark|ter,** der: *jmd., der seine Produkte selbst vermarktet, direkt an die Verbraucher verkauft;* **Selbst|ver|mark|te|rin,** die: w. Form zu ↑ Selbstvermarkter; **Selbst|ver|mark|tung,** die: *Verkauf eigener Produkte direkt an die Verbraucher;* **Selbst|ver|nich|tung,** die: *Vernichtung des eigenen Lebens;* **Selbst|ver|pfle|ger,** der: *jmd., der (im Urlaub o. ä.) selbst für seine Verpflegung sorgt;* **Selbst|ver|pfle|ge|rin,** die; -, -nen: w. Form zu ↑ Selbstverpfleger; **Selbst|ver|pfle|gung,** die ⟨o. Pl.⟩: *Verpflegung, die man selbst übernimmt:* zwei Wochen in S. in ... angemieteten Bungalows (ran 2, 1980, 11); **Selbst|ver|schul|den,** das; -s (Amtsspr.): *eigenes Verschulden (als Ursache für etw.):* der Unfall ist durch S. eingetreten; **selbst|ver|schul|det** ⟨Adj.⟩: *auf Selbstverschulden zurückzuführen:* eine -e Notlage; **Selbst|ver|si|che|rung,** die: *freiwillige Versicherung (2 d) in der gesetzlichen Kranken- u. Rentenversicherung;* **Selbst-**

ver|sor|ger, der: *jmd., der sich selbst (mit Nahrung, bestimmten Gütern o. ä.) versorgt;* **Selbst|ver|sor|ge|rin,** die: w. Form zu ↑ Selbstversorger; **Selbst|ver|sor|gung,** die: *das Sich-selbst-Versorgen (mit Nahrung, bestimmten Gütern o. ä.);* ◆ **Selbst|ver|stand,** der [von Storm gepr.]: *Selbstverständlichkeit; etw., was selbstverständlich ist:* es schien ihm S., die Arbeit von Elkes Vater mitzutun (Storm, Schimmelreiter 54); **selbst|ver|ständ|lich:** I. ⟨Adj.⟩ *sich aus sich selbst verstehend:* eine -e Hilfsbereitschaft, Rücksichtnahme; das ist doch die -ste Sache der Welt; eine ganz -e Reaktion; etw. ist ganz s. für jmdn.; etw. s. finden, als s. hinnehmen, betrachten; etw. für s. halten. II. ⟨Adv.⟩ *was sich von selbst versteht (so daß man keine Begründung geben, keinen Grund nennen muß); ohne Frage; natürlich* (II 1): ich tue das s. gerne; das habe ich s. vorausgesetzt; „Billigst du das?" – „Selbstverständlich [nicht]!"; **Selbst|ver|ständ|lich|keit,** die; -, -en: *etw., was sich von selbst versteht, was man erwarten, voraussetzen o. ä. kann:* es ist doch eine S., hier Hilfe zu leisten; Sanitäranlagen sind eine S. (sind selbstverständlich vorhanden); etw. als S. ansehen; mit der größten S. (Unbefangenheit, Natürlichkeit) tun; mit größter S. hat er sich für andere eingesetzt; **Selbst|ver|ständ|nis,** das ⟨o. Pl.⟩: *Vorstellung von sich selbst, die eine Person, eine Gruppe o. ä. lebt [u. sich in der Öffentlichkeit darstellt]:* das S. des Schriftstellers; ein neues S. entwickeln; wie verträgt sich das mit Ihrem S. als Sozialdemokrat?; Ü das S. der Bundesrepublik, der Universität; **Selbst|ver|stüm|me|lung,** die: *vorsätzliche Verstümmelung, Verletzung des eigenen Körpers:* um dem Kriegsdienst zu entgehen, schreckte er selbst vor dem Mittel der S. nicht zurück; er ist wegen S. verurteilt worden; **Selbst|ver|such,** der: *(zu Forschungszwecken) am eigenen Körper vorgenommener Versuch:* etw. im S. erproben; **selbst|ver|sun|ken** ⟨Adj.⟩ (geh.): *ganz selbstvergessen;* **Selbst|ver|tei|di|gung,** die: *das Sich-selbst-Verteidigen:* er hat ihn in einem Akt der S. schwer verletzt; jedem steht ein Recht auf S. zu; sie hat zur S. stets eine Waffe bei sich; **Selbst|ver|trau|en,** das: *jmds. Vertrauen in die eigenen Kräfte, Fähigkeiten:* ein gesundes, kein, zu wenig S. haben; sein S. wiederfinden; jmds. S. stärken; etw. hebt das S.; **selbst|ver|wal|tet** ⟨Adj.⟩: *in Selbstverwaltung geführt:* ein -es Jugendzentrum; **Selbst|ver|wal|tung,** die [nach engl. self-government]: *Verwaltung, Wahrnehmung von Gemeinschaftsaufgaben durch auf Zeit gewählte Vertreter;* **Selbst|ver|wirk|li|chung,** die (bes. Philos., Psych.): *Entfaltung der eigenen Persönlichkeit durch das Realisieren von Möglichkeiten, die in einem selbst angelegt sind;* **Selbst|vor|wurf,** der ⟨meist Pl.⟩: *Vorwurf, den jmd. sich selbst macht;* **Selbst|wähl|dienst,** der (Postw.): *vgl. Selbstwählfernverkehr;* **Selbst|wähl|fern|ver|kehr,** der (Postw.): *über das Ortsnetz hinausgehender Fernsprechverkehr ohne Vermittlung durch ein Fernamt;* **Selbst|wahr|neh-**

Selbstwertgefühl

mung, die: *Wahrnehmung der eigenen Person:* ihre S. steht in krassem Widerspruch zu dem Eindruck, den sie gewöhnlich auf andere macht; **Selbst|wert|ge|fühl,** das ⟨Pl. selten⟩ (Psych.): *Gefühl für den eigenen Wert;* **Selbst|zahler,** der (Versicherungsw.): *jmd., der seine Arzt-, Krankenhausrechnung o. ä. selbst bezahlt;* **Selbst|zah|le|rin,** die (Versicherungsw.): w. Form zu ↑Selbstzahler; **Selbst|zen|sur,** die ⟨o. Pl.⟩: *eine Art Zensur* (2 a), *die der Autor aus Angst vor Gefährdung selbst vornimmt;* **Selbst|zer|flei|schung,** die (geh.): *zerstörerische Selbstkritik:* ihre Fähigkeit zur Selbstkritik, die oft bis zur S. geht (Hörzu 12, 1976, 16); **selbst|zer|stö|re|risch** ⟨Adj.⟩: *die Zerstörung der eigenen psychischen, physischen Existenz verursachend:* -e Tendenzen; **Selbst|zer|stö|rung,** die: **a)** (Technik) *das Sich-selbst-Zerstören:* in die Rakete ist ein Mechanismus für eine automatische S. eingebaut; **b)** *Zerstörung der eigenen psychischen, physischen Existenz;* **Selbst|zeug|nis,** das ⟨meist Pl.⟩: *literarisches Zeugnis eigenen Tuns u. Denkens, Erlebens o. ä.:* -se Goethes; ein Roman in -sen; **Selbst|zucht,** die ⟨o. Pl.⟩ (geh.): vgl. Selbstdisziplin; **selbst|zu|frie|den** ⟨Adj.⟩ (häufig abwertend): *auf eine unkritische [leicht selbstgefällige] Weise mit sich u. seinen Leistungen zufrieden u. ohne Ehrgeiz:* ein -er Mensch; mit -em *(von Selbstzufriedenheit zeugendem)* Lächeln; s. sein, gucken, grinsen; **Selbst|zu|frie|den|heit,** die (häufig abwertend): *selbstzufriedene Art;* **Selbst|zün|der,** der: **1.** *etw. (Brennstoff, Geschoß o. ä.), was sich selbst entzündet.* **2.** (Kfz-W. Jargon) **a)** *Dieselmotor:* Immer mehr Käufer entschließen sich für den S. (ADAC-Motorwelt 11, 1985, 56); **b)** *Auto mit einem Dieselmotor:* schon 10% aller Pkw sind S. (ADAC-Motorwelt 9, 1986, 44); **Selbst|zün|dung,** die (Kfz-W.): *das selbsttätige Entzünden des Kraftstoff-Luft-Gemischs beim Dieselmotor;* **Selbstzweck,** der ⟨o. Pl.⟩: *Zweck, der in etw. selber liegt, der nicht auf etw. außerhalb Bestehendes abzielt:* etw. ist kein, reiner S.; die Wirtschaft ist nicht S., sondern nur Werkzeug (Gruhl, Planet 263); etw. ist [zum] S. geworden *(hat sich völlig verselbständigt, von seinem eigentlichen Ziel losgelöst);* **Selbst|zwei|fel,** der: *auf sich selbst, sein eigenes Denken u. Tun gerichteter Zweifel:* von [keinerlei] -n geplagt werden; **selb|viert** ⟨Adv.⟩: vgl. selbdritt. **Selch,** die; -, -en (bayr., österr.): *Selchkammer;* **sel|chen** ⟨sw. V.; hat⟩ /vgl. Geselchte/ [vgl. ahd. arselchen = dörren] (bayr., österr.): *räuchern:* Fleisch, Wurst s.; geselchter Schweinebauch; **Sel|cher,** der; -s, - (bayr., österr.): *Fleischer, der Geselchtes herstellt u. verkauft;* **Sel|che|rei,** die; -, -en (bayr., österr.): *Fleisch- u. Wursträucherei;* **Sel|che|rin,** die; -, -nen (bayr., österr.): w. Form zu ↑Selcher; **Sel|cher|la|den,** der ⟨Pl. ...läden⟩ (bayr., österr.): *Laden einer Selcherei;* **Sel|cher|meis|ter,** der (bayr., österr.): vgl. Fleischermeister; **Sel|cher|meis|te|rin,** die (bayr., österr.): w. Form zu ↑Selchermeister; **Selch|fleisch,** das (bayr., österr.): *Rauchfleisch;* **Selch|kam|mer,** die (bayr.,

österr.): *Räucherkammer;* **Selch|kar|ree,** das (österr.): vgl. Karree (2). **Sel|dschu|ke,** der; -n, -n: Angehöriger eines türkischen Volksstammes; **Sel|dschu|kin,** die; -, -nen: w. Form zu ↑Seldschuke.

se|le|gie|ren ⟨sw. V.; hat⟩ [lat. seligere, ↑Selekta] (bildungsspr., Fachspr.): *auswählen:* Belege für Wörter s.; ... ist die moralische Argumentation auf zwei Aufgaben beschränkt: ... auf die empirische Prüfung der Realisierbarkeit von Zielen, die unter Wertgesichtspunkten selegiert worden sind (Habermas, Spätkapitalismus 145); **Se|lek|ta,** die; -, ...ten [zu lat. selectum, 2. Part. von: seligere = auslesen, auswählen] (früher): *Oberklasse für begabte Schüler nach Abschluß der eigentlichen Schule:* Ich habe nur die achtjährige hamburgische Volksschule einschließlich der S. besucht (Hörzu 10, 1973, 105); **Se|lek|ta|ner,** der; -s, - (früher): *Schüler einer Selekta;* **Se|lek|ta|nerin,** die; -, -nen (früher): w. Form zu ↑Selektaner; **Se|lek|teur** [...'tø:ɐ̯], der; -s, -e: *Pflanzenzüchter, der von Krankheiten befallene Pflanzenbestände aussondert, um die Ansteckung gesunder Pflanzen zu verhindern;* **Se|lek|teu|rin,** die; -, -nen: w. Form zu ↑Selekteur; **se|lek|tie|ren** ⟨sw. V.; hat⟩ [zu ↑Selektion] (bildungsspr.): **1.** *aus einer vorhandenen Anzahl von Individuen od. Menge von Dingen diejenigen heraussuchen, deren [positive] Eigenschaften sie für einen bestimmten Zweck besonders geeignet machen:* Saatgut, Tiere für die Zucht s.; Eine Impulsauslösung der Triggerschaltung wird durch einen positiven Spannungssprung ausgelöst, der aus den selektierten Frequenzanteilen in einer Schaltstufe erzeugt wird (Elektronik 10, 1971, 352); selektierende Methoden. **2.** (ns. verhüll.) *(im Konzentrationslager) Häftlinge für die Gaskammer aussondern:* Erber ... habe in regelmäßigen Abständen auf der Rampe von Birkenau selektiert (MM 29. 1. 66, 18); **Se|lek|tie|rung,** die; -, -en: *das Selektieren;* **Se|lek|ti|on,** die; -, -en [engl. selection < lat. selectio = das Auslesen, zu: seligere, ↑Selekta]: **1.** (Biol.) *[natürliche] Auslese u. Fortentwicklung durch Überleben der jeweils stärksten Individuen einer Art; Zuchtwahl:* Züchtung neuer Sorten durch S.; ... so muß demgegenüber hervorgehoben werden, daß wir den Zufall, der gemeinsam mit der S., der sog. natürlichen Auslese, die Ganzheit und Harmonie des Kosmos angeblich erklären soll, scharf ablehnen (Thienemann, Umwelt 42). **2.** ⟨o. Pl.⟩ (bildungsspr.) *Auswahl:* die S. von geeigneten Mitgliedern für ein Team; die S. von Wörtern, die sich syntaktisch kombinieren lassen; Diese verbesserte S. enthält auch eine Reihe kleiner Allbereichsverstärker (Funkschau 19, 1971, 1963); Es gab weder eine S. nach Können noch nach Aussehen (Tages Anzeiger 10. 7. 82, 27). **3.** (ns. verhüll.) *Aussonderung für die Gaskammer;* **se|lek|tio|nie|ren** ⟨s. V.; hat⟩: *selektieren;* **se|lek|tio|nis|tisch** ⟨Adj.⟩ (bildungsspr.): *die Selektion* (1, 2) *betreffend;* **Se|lek|ti|ons|be|schrän|kung,** die (Sprachw.): *Beschränkung der syntakti-*

schen Kombinierbarkeit sprachlicher Elemente; **Se|lek|ti|ons|fil|ter,** der, Fachspr. meist: das (Optik): *Filter, das nur Strahlen bestimmter Frequenzen durchläßt;* **Se|lek|ti|ons|leh|re,** die, **Se|lek|ti|ons|theo|rie,** die: vgl. Evolutionstheorie; **se|lek|tiv** ⟨Adj.⟩ [engl. selective = zielgerichtet, zu lat. selectus, ↑Selekta]: **1.** *auf Auswahl, Auslese beruhend; auswählend:* eine -e Wirkung; jede Wahrnehmung ist subjektiv und s.; die Medien können uns nur s. informieren; angesichts der Flut von Informationen, des Überangebots muß der Konsument sehr s. vorgehen. **2.** (Funkw.) *trennscharf:* Die sechs Übernahmebefehle rufen die Stationen s. auf (Elektronik 11, 1971, 374); **Se|lek|ti|vi|tät,** die; -: **1.** (Funkw.): *Trennschärfe:* verlustarme S. auch für höchste VHF-Frequenzen (Funkschau 19, 1971, 1966). **2.** (Chemie) *(bei chemischen Reaktionen) Anteil der durch Substanzen od. Organismen zu einem gewünschten Produkt umgesetzten Stoffmenge im Verhältnis zur insgesamt umgesetzten Stoffmenge.*

Se|len, das; -s [zu griech. selḗnē = Mond, so benannt wegen der Verwandtschaft mit dem Element Tellur (zu lat. tellus = Erde)]: *in verschiedenen Modifikationen (z. B. rot u. amorph od. dunkelbraun u. glasig) vorkommendes Halbmetall, das auch die Eigenschaft eines Halbleiters haben kann u. je nach Dunkel od. Helligkeit seine Leitfähigkeit ändert (chemischer Grundstoff);* Zeichen: se; **Se|le|nat,** das; -[e]s, -e (Chemie): *Salz der Selensäure;* **se|le|nig** ⟨Adj.⟩ (Chemie): *Selen enthaltend:* -e Säure; ¹**Se|le|nit** [auch: ...'nit], das; -s, -e (Chemie): *Salz der selenigen Säure;* ²**Se|le|nit** [auch: ...'nit], der; -s, -e [griech. líthos selēnítes, eigtl. = mondartiger Stein, nach der blassen Farbe]: *Gips* (1); **Se|le|no|gra|phie,** die; - [↑-graphie]: *Beschreibung u. kartographische Darstellung der Mondoberfläche;* **Se|le|no|lo|ge,** der; -n, -n [↑-loge]: *Wissenschaftler auf dem Gebiet der Selenologie;* **Se|le|no|lo|gie,** die; - [↑-logie]: *Wissenschaft von der Beschaffenheit u. Entstehung des Mondes; Geologie der Mondgesteine;* **Se|le|no|lo|gin,** die; -, -nen: w. Form zu ↑Selenologe; **se|le|no|lo|gisch** ⟨Adj.⟩: *die Selenologie betreffend;* **Se|len|säu|re,** die ⟨o. Pl.⟩ (Chemie): *Sauerstoffsäure des Selens;* **Se|len|zel|le,** die (Physik): *mit Selen als lichtempfindlichem Körper arbeitende Photozelle;* **Se|len|zel|len|be|lich|tungs|mes|ser,** der (Fot.): *mit einer Selenzelle arbeitender Belichtungsmesser.*

Self|ak|tor, der; -s, -s [engl. self-actor, aus: self = selbst u. actor = Handelnder]: *Spinnmaschine mit einem hin u. her fahrenden Wagen, auf dem sich Spindeln drehen;* **Self|ap|peal** ['sɛlfəpi:l], der; -s [zu engl. appeal, ↑Appeal] (Fachspr.): *von einer Ware selbst ausgeübte Werbewirkung;* **Self|ful|fil|ling pro|phe|cy** ['sɛlffʊl'fɪlɪŋ'prɒfɪsɪ], die; - -, - -s [engl. selffulfilling prophecy, eigtl. = sich selbst erfüllende Voraussage] (Psych., Soziol.): *Zunahme der Wahrscheinlichkeit, daß ein bestimmtes Ereignis eintritt, wenn es vorher bereits erwartet wird;* **Self|go|vern|ment** [sɛlf'gʌvnmənt], das; -s, -s [engl. self-government, zu: government = Regierung]:

engl. Bez. für *Selbstverwaltung;* **Self|made|man** ['sɛlfmeɪd|mæn], der; -s, ...men [...'mɛn]; engl. self-made man, eigtl. = selbstgemachter Mann]: *jmd., der sich aus eigener Kraft hochgearbeitet hat:* Die Geschichte eines der letzten großen Selfmademen der deutschen Wirtschaft (Börsenblatt 7, 1974, 440); **Self|ser|vice** [engl.; 'sɛlfsə:vɪs], der; - [engl. self-service, zu: service, ↑²Service]: *Selbstbedienung.*

se|lig ⟨Adj.⟩ [mhd. sælec, ahd. sālīg, eigtl. = wohlgeartet, gut, glücklich, H. u.]: **1. a)** *[von allen irdischen Übeln erlöst u.] des ewigen Lebens, der himmlischen Wonnen teilhaftig:* s. werden; er hat ein -es Ende gehabt *(ist in dem Glauben gestorben, die ewige Seligkeit zu erlangen);* bis an mein -es Ende *(bis zum Tod, durch den ich die ewige Seligkeit zu erlangen hoffe);* Gott hab' ihn s. *(gebe ihm die ewige Seligkeit);* der Glaube allein macht s.; soll er doch/von mir aus kann er s. werden mit seinem Geld (iron.; *[wenn er mir nichts abgeben will –] ich kann darauf verzichten);* **b)** *verstorben:* ihr -er Mann; ... durchaus im Stil des -en Papas (K. Mann, Wendepunkt 122); ⟨veraltend auch nachgestellt:⟩ Schwester Modesta s. hat mir die Richtung beschrieben (Bieler, Mädchenkrieg 383); **c)** ⟨nur in Verbindung mit dem Namen⟩ (kath. Kirche) *seliggesprochen:* der Heiligsprechungsprozeß der -n Dorothea von Montau (Grass, Hundejahre 133). **2. a)** *einem tiefen [spontanen] Glücksgefühl hingegeben:* sie sanken in -en Schlummer; in -em Nichtstun verharren; Beschäftigungen ..., deren Ausübung ... reiner seliger Selbstzweck ist (Hildesheimer, Legenden 97); er war s. über/(schweiz. auch:) für diese Nachricht; sie war s., Lob spenden zu können (Fels, Sünden 78); das macht mich ganz s.; sich s. in den Armen liegen; s. schlafen, lächeln; **b)** (ugs.) *leicht betrunken:* nach dem dritten Glas war er schon ganz s.; **-se|lig** (meist spött. od. scherzh.): drückt in Bildungen mit Substantiven aus, daß die beschriebene Person in etw. schwelgt, sich dem damit verbundenen oder dadurch ausgelösten Gefühl [allzu] bereitwillig hingibt: *operetten-, tränen-, fußball-, walzerselig;* Amsterdam, in den 60er Jahren Paradies haschseliger Blumenkinder (Spiegel 8, 1984, 5); Eine ... spitzwegnahe Figur, scheinbar zerfahren plauderselig (MM 14. 5. 90, 32); **Se|li|ge,** *der u. die;* -n, -n ⟨Dekl. ↑ Abgeordnete⟩: **1. a)** ⟨nur Sg.⟩ (veraltet, noch scherzh.) *verstorbener Ehemann bzw. verstorbene Ehefrau:* mein -r sagte immer ...; Er stand neben dem Bett und glotzte auf meine S. (Dürrenmatt, Meteor 20); **b)** ⟨nur Pl.⟩ *die Toten als in die ewige Seligkeit Eingegangene:* die Gefilde der -n. **2.** (kath. Kirche) *der seliggesprochen wurde;* **Se|lig|keit,** die; -, -en [mhd. sælecheit, ahd. sālicheit]: **1.** ⟨o. Pl.⟩ *Verklärung, Vollendung im Reich Gottes u. ewige Anschauung Gottes:* die ewige S. erlangen, gewinnen, verlieren; Beim Teufel haben Sie Ihre S. eingekauft (Werfel, Himmel 136); die Bomber hatten ... seine Frau in die ewige S. befördert (verhüll.; *getötet;* Rehn, Nichts 66); Ü von dem Motorrad scheint seine S. abzuhängen *(er will es um jeden Preis haben);* von einem Sieg hängt doch nicht die S. ab *(man muß doch nicht um jeden Sieg siegen).* **2.** *tiefes [rauschhaftes] Glücksgefühl; wunschloses Glück:* ihre S. war groß; Eine irrsinnige, heiße S. stieg in ihm auf (Lederer, Liebe 70); alle -en des Lebens auskosten; in S. schwimmen (ugs.; *sehr selig sein);* ... vergaß der Oberbaurat vor lauter -en nicht, den Wecker auf ... halb acht zu stellen (Borell, Romeo 137); vor S. fast vergehen; sie war ganz benommen vor S. (Simmel, Stoff 676). **Se|lig|man|nit** [auch: ...'nɪt], der; -s, -e [nach dem Mineralogen G. Seligmann (1849–1920)]: *grauschwarzes rhombisches Mineral.* **se|lig|prei|sen** ⟨st. V.; hat⟩: **1.** (emotional) *glücklich preisen:* für diese Erfolge ist er wirklich seligzupreisen. **2.** *als der ewigen Seligkeit teilhaftig preisen (in der Bergpredigt);* **Se|lig|prei|sung,** die: *eschatologische Verheißung der Seligkeit (1) in der Bergpredigt;* **se|lig|spre|chen** ⟨st. V.; hat⟩ (kath. Kirche): *einen Verstorbenen auf Grund bestimmter Voraussetzungen (heiligmäßiges Leben, heroische Tugenden, Martyrium, Wunder) durch päpstlichen Akt in den Stand begrenzter lokaler Verehrungswürdigkeit erheben:* der Papst hat sie seliggesprochen; Der stigmatisierte Wundermönch ... soll seliggesprochen werden (Kronen-Zeitung 4. 10. 68, 3); **Se|lig|spre|chung,** die; -, -en (kath. Kirche): *Akt des Seligsprechens; Beatifikation.*

Sel|ler ['sɛlɐ], der; -s, - [engl. seller = Ware (im Hinblick auf ihren Absatz)] (Werbespr.): kurz für ↑Best-, ↑Longseller.

Sel|le|rie ['zɛləri, österr.: ...'ri:], der; -s, -[s] od. (österr. nur:) die; - u. (österr.:) -n [ital. (lombardisch) selleri, Pl. von: sellero < spätlat. selinon < griech. sélinon = Eppich]: *Pflanze mit gefiederten, dunkelgrünen, aromatisch duftenden Blättern u. einer als (eßbare) Knolle ausgebildeten Wurzel;* **Sel|le|rie|ge|mü|se,** das: *Knollen des Selleries als Gemüse;* **Sel|le|rie|grün,** das: *Stengel u. Blätter des Selleries;* **Sel|le|rie|knol|le,** die: *Knolle des Selleries;* **Sel|le|rie|kraut,** das: *Selleriegrün;* **Sel|le|rie|sa|lat,** der: *aus den Knollen von Sellerie bereiteter Salat;* **Sel|le|rie|salz,** das: *mit pulverisiertem Sellerie gewürztes Speisesalz;* **Sel|le|rie|stau|de,** die: *vgl. Salat.*

Sel|ling-Cen|ter ['sɛlɪŋsɛntɐ], das; -s, - [zu engl. to sell = verkaufen u. center, ↑Center] (Wirtsch.): *Gesamtheit der am Verkauf eines Produktes beteiligten Personen;* **Sell-out** ['sɛlaʊt], der; -, -[s], -s [zu engl. to sell out = ausverkaufen] (Börsenw.): *panikartiger Verkauf von Wertpapieren mit der Folge, daß die Kurse stark fallen.*

sel|ten ⟨Adj.⟩ [mhd. selten, ahd. seltan (Adv.), H. u.]: **1.** *in kleiner Zahl [vorkommend, vorhanden]; nicht oft, nicht häufig [geschehend]:* ein -es Ereignis, -e Ausnahmen; -e Pflanzen, Tiere, Arten, Steine; bei diesem barocken Schrank handelt es sich um ein sehr -es Stück; ein -er Gast; das geht in den -sten Fällen gut; eine -e *(ungewöhnliche)* Begabung; sie war eine -e *(außergewöhnliche)* Schönheit; -e Erden (Chemie veraltend; *Oxyde der Seltenerdmetalle);* Störche werden immer -er; seine Besuche sind s. geworden; wir sehen uns nur noch s.; er spricht s. darüber; ein Sommer wie s. einer (Dürrenmatt, Meteor 9); ich habe s. so gelacht [wie in diesem Film]; s. so gelacht! (ugs. iron.; *das ist aber gar nicht komisch od. witzig).* ⟨subst.:⟩ Besonders im Frühsommer sind schnelle Wetterstürze nichts Seltenes (Eidenschink, Fels 88); Ü er ist ein -er Vogel (ugs.; *ein seltsamer, sonderbarer Mensch).* **2.** ⟨intensivierend bei Adjektiven⟩ *besonders:* ein s. schönes Exemplar; ein s. preiswertes Angebot; Wir meinen, die Gelegenheit sei heute s. günstig (Dönhoff, Ära 93); er ist s. dumm angestellt; **Sel|ten|erd|me|tall,** das (Chemie): *eines der Elemente Scandinum, Yttrium, Lanthan sowie der Lanthanoide;* **Sel|ten|heit,** die; -, -en: **1.** ⟨o. Pl.⟩ *seltenes Vorkommen:* trotz der [relativen] S. solcher Fälle ...; das Edelweiß ist wegen seiner S. geschützt. **2.** *etwas selten Vorkommendes:* diese Ausgabe letzter Hand ist eine S.; so saubere Strände sind heute leider schon eine S.; Insgesamt war sie eine S., er mochte sie wirklich gut leiden, aber auch wiederum nicht (Kronauer, Bogenschütze 102); es ist eine S., daß ...; **Sel|ten|heits|wert,** der ⟨o. Pl.⟩: *Wert, den etw. auf Grund seiner Seltenheit hat:* dieses Bild hat S.; ein Exemplar von, mit S.

Sel|ter usw.: ↑Selters usw.; **Sel|ters,** das; -, - [nach der Quelle in dem Ort Niederselters im Taunus]: *kurz für* ↑Selterswasser: S. wurde zischend versprüht (Kempowski, Tadellöser 69); ein Glas, eine Flasche S.; Herr Ober, bitte ein S. (ugs.; *ein Glas Selters);* **Sel|ter|ser:** in der Fügung S. Wasser (veraltend; *Selterswasser);* **Sel|ters|fla|sche,** die: *Flasche für Selterswasser;* **Sel|ters|was|ser, Sel|ter|was|ser,** das ⟨Pl. (Sorten:) ...wässer⟩: *Mineralwasser mit natürlicher od. künstlich zugesetzter Kohlensäure:* zwei Flaschen Selterswasser; er hat drei Selterswasser (ugs.; *drei Flaschen od. Glas Selterswasser)* bestellt; Wodka trank er wie Selterswasser (Ziegler, Labyrinth 212).

selt|sam ⟨Adj.⟩ [mhd. seltsæne, ahd. seltsāni, zu einem Adj. mit der Bed. „sichtbar, zu sehen" (zu ↑sehen), also eigtl. = nicht häufig zu sehen, im Nhd. an Bildungen auf -sam angelehnt u. nicht mehr recht begreiflich; *eigenartig, merkwürdig:* eine -e Erscheinung, Geschichte; ein -es Erlebnis, Phänomen; ein -er Mensch *(jmd., der in seinem Benehmen u. seinen Ansichten anders ist als andere, der ungewöhnlich reagiert u. handelt);* ich habe ein -es *(ungutes)* Gefühl bei dieser Sache; das ist s., kommt mir s. vor; sie ist alt und s. geworden; Seltsam, die Pforte stand heut offen (Schröder, Wanderer 13); Seltsam genug: ich kam mir vor wie im Paradies (Niekisch, Leben 298); mir ist ganz s. zumute; sich s. benehmen; jmdn. s. angucken; sein Mund war s. weich; Wahrhaftig, wo s. es klingt, ich dachte bei mir: Die Kleine wird sich freuen (Seghers, Transit 201); **selt|sa|mer|wei|se**

Seltsamkeit

⟨Adv.⟩: *als Tatbestand, Sachverhalt seltsam anmutend:* s. bin ich gar nicht müde; **Sęlt|sam|keit,** die; -, -en [spätmhd. selzenkeit]: **a)** ⟨Pl. selten⟩ *seltsame Art; seltsamer Zug:* die S. des Geschehens; sie litt unter seiner S.; Stab ward älter und merkte es nur an hohen Feiertagen, er ward grüblerisch, bekam kleine -en, ward träge (Kesten, Geduld 62); **b)** *seltsame Erscheinung, seltsamer Vorgang:* man entdeckte bei näherem Hinsehen allerhand -en; nach einem Leben voller -en (Jens, Mann 9).
Sęl|vas ⟨Pl.⟩ [span. selva < lat. silva = Wald]: *tropischer Regenwald im Amazonasgebiet.*
Sem, das; -s, -e [griech. sēma = Zeichen, Merkmal] (Sprachw.): *kleinste Komponente einer Wortbedeutung; Bedeutungsmerkmal:* die Bedeutung von „Hengst" ist bestimmt durch die -e „männlich" und „Pferd"; **Se|man|tem,** das; -s, -e (Sprachw.): **1.** *Semem.* **2.** (selten) *Sem.* **3.** *(im Gegensatz zum Morphem) der Teil des Wortes, der die lexikalische Bedeutung trägt;* **Se|mạn|tik,** die; - [zu griech. sēmantikós = bezeichnend, zu: sēmaínein = bezeichnen, zu: sēma, ↑Sem] (Sprachw.): **1.** *Teilgebiet der Linguistik, das sich mit den Bedeutungen sprachlicher Zeichen u. Zeichenfolgen befaßt.* **2.** *Bedeutung, Inhalt (eines Wortes, Satzes od. Textes);* **Se|mạn|ti|ker,** der; -s, - (Sprachw.): *Wissenschaftler auf dem Gebiet der Semantik* (1); **Se|mạn|ti|ke|rin,** die; -, -nen (Sprachw.): w. Form zu ↑*Semantiker;* **se|mạn|tisch** ⟨Adj.⟩ (Sprachw.): **1.** *die Semantik* (1) *betreffend:* -e Forschungen. **2.** *die Semantik* (2) *betreffend:* ein -er Unterschied; **se|man|ti|sie|ren** ⟨sw. V.; hat⟩ (Sprachw.): *die Bedeutung umschreiben, ermitteln (z. B. durch Paraphrasieren);* **Se|ma|phor,** das od. (österr. nur:) der; -s, -e [zu griech. sēma (↑Sem) u. phorós = tragend]: *Signalmast mit beweglichen Flügeln;* **se|ma|pho|risch** ⟨Adj.⟩: *das Semaphor betreffend, mit seiner Hilfe erfolgend;* **Se|ma|sio|lo|gie,** die; - [zu griech. sēmasía = das Bezeichnen] (Sprachw.): *Teilgebiet der [älteren] Sprachwissenschaft, das sich bes. mit den Wortbedeutungen u. ihren [historischen] Veränderungen befaßt;* **se|ma|sio|lo|gisch** ⟨Adj.⟩ (Sprachw.): *die Semasiologie betreffend.*
Se|mé [sə'me], das; - [frz. semé = gesät, 2. Part. von: semer = (aus)säen]: **1.** *Bucheinbandschmuck des 16. bis 18. Jh.s, der eine gleichmäßige Streuung von Ornamenten, Wappen u. anderen Motiven aufweist.* **2.** *gleichmäßige Anordnung verschiedener Motive um ein Wappen.*
Se|meio|gra|phie, die; - [zu griech. sēma, ↑Sem u. ↑-graphie]: *Zeichenschrift; Notenschrift;* **Se|meio|tik,** die; - (seltener): ↑*Semiotik;* **Se|mem,** das; -s, -e [geb. nach ↑Morphem] (Sprachw.): *Bedeutung, inhaltliche Seite eines sprachlichen Zeichens.*
Sę|men, das; -s, Semina [lat. semen, ↑Seminar] (Bot.): *Pflanzensamen.*
Se|mẹs|ter, das; -s, - [zu lat. semestris = sechsmonatig (in der Fügung semestre tempus = Zeitraum von sechs Monaten), zu: sex = sechs u. mensis = Monat]: **a)** *Studienhalbjahr an einer Hochschule:* das [neue] S. beginnt Anfang April; sie hat zehn S. Chemie studiert; durch seine Krankheit hat er zwei S. verloren; seine Frau war vier S. im Ausland; ein Student im dritten S.; er ist, steht jetzt im 6. S.; **b)** (Studentenspr.) *jmd., der in einem bestimmten Semester seines Studiums steht:* die ersten S. versammelten sich zur Immatrikulationsfeier; sie hat sich das von einem achten S. erklären lassen; *** ein älteres/höheres S.** (ugs. scherzh.; *eine ältere Person*): ihr Freund ist schon ein etwas höheres/älteres S.; ... daß sich nicht nur die jungen Leute von heute für James-Bond-Modelle brennend interessieren. Auch die älteren S. (Herrenjournal 1, 1966, 10); **Se|mẹs|ter|an|fang,** der: *Anfang des Semesters:* am S.; **Se|mẹs|ter|ar|beit,** die: vgl. Seminararbeit; **Se|mẹs|ter|be|ginn,** der: *Semesteranfang:* gleich bei, zu S.; **Se|mẹs|ter|en|de,** das: *Ende des Semesters:* bis [zum] S.; noch vor S.; **Se|mẹs|ter|fe|ri|en** ⟨Pl.⟩: *Zeit zwischen zwei Semestern, in der keine Lehrveranstaltungen stattfinden;* **Se|mẹs|ter|schluß,** der: *Semesterende:* zum S.; **Se|mẹs|ter|zeug|nis,** das: *Zwischenzeugnis am Ende eines Semesters;* **se|mẹs|tral** ⟨Adj.⟩ (veraltet): **a)** *halbjährlich;* **b)** *halbjährig;* **-se|me|strig:** in Zusb., z. B. zwei-, dreisemestrig *(zwei, drei Semester [dauernd]).*
se|mi-, Se|mi- [lat. semi- = halb ⟨Best. in Zus. mit der Bed.⟩: *halb, fast, teilweise,* z. B. Semivokal; semistationär; **se|mi|arid** ⟨Adj.⟩ [↑*arid*] (Geogr.): *im größten Teil des Jahres trocken:* -es Klima; -e Gebiete; **Se|mi|de|po|nens,** das; -, ...nentia u. ...nenzien [↑*Deponens*] (Sprachw.): *Verb, das (bei aktivischer Bedeutung) einige Formen aktivisch, die anderen passivisch bildet;* **Se|mi|fi|na|le,** das; -s, -, auch: -s (Sport): *Halbfinale;* **se|mi|humid** ⟨Adj.⟩ [↑*humid*] (Geogr.): *im größten Teil des Jahres feucht:* -es Klima; -e Gebiete; **Se|mi|ko|lon,** das; -s, -s u. ...kola [zu griech. kōlon = Glied einer Satzperiode, eigtl. = Körperglied; gliedartiges Gebilde]: *aus einem Komma mit darübergesetztem Punkt bestehendes Satzzeichen, das etwas stärker trennt als ein Komma, aber doch im Unterschied zum Punkt den Zusammenhang eines [größeren] Satzgefüges verdeutlicht; Strichpunkt;* **se|mi|la|te|ral** ⟨Adj.⟩ [↑*lateral*]: *halbseitig* (a); **se|mi|lu|nar** ⟨Adj.⟩ [↑*lunar*] (Fachspr., bes. Med.): *halbmondförmig:* eine -e Hautfalte; **Se|mi|lu|nar|klap|pe,** die (Med.): *halbmondförmige Herzklappe am Ausgang der Herzkammer zu einer der großen Arterien, die diese während der Diastole gegen die Herzkammer verschließt;* **Se|mi|mi|ni|ma,** die; -, ...ae [...mɛ; ↑¹*Minima*] (Musik): *kürzester Notenwert der Mensuralmusik; Viertelnote.*
Se|mi|nar, das; -s, -e, (österr. u. schweiz. auch:) -ien [lat. seminarium = Pflanzschule, Baumschule, zu: semen (Gen.: seminis) = Samen, Setzling, Sprößling, verw. mit ↑*Samen*]: **1.** *Lehrveranstaltung [an einer Hochschule], bei der die Teilnehmer mit Referaten u. Diskussionen unter [wissenschaftlicher] Anleitung bestimmte Themen erarbeiten:* das S. findet wöchentlich statt, fällt in dieser Woche aus; ein S. abhalten, durchführen, leiten, ankündigen, belegen; an einem S. [über die Geschichte der Arbeiterbewegung] teilnehmen; Er wollte sofort nach dem S. in ihre Wohnung kommen (Dorpat, Ellenbogenspiele 175). **2. a)** *Institut* (1) *für einen bestimmten Fachbereich an einer Hochschule mit den entsprechenden Räumlichkeiten u. einer Handbibliothek:* das germanistische, philosophische S.; Die Uhren des juristischen -s sind bekannt für ihre absolute Zuverlässigkeit (Roehler, Würde 173); er ist Assistent am S. für Alte Geschichte; im S. arbeiten; **b)** *Gesamtheit der an einem Seminar Beschäftigten u. Studierenden:* das S. macht einen Ausflug. **3. a)** kurz für ↑*Priesterseminar;* **b)** kurz für ↑*Predigerseminar.* **4. a)** (früher) *Ausbildungsstätte für Volksschullehrer;* **b)** *mit dem Schulpraktikum einhergehender Lehrgang für Studienreferendare vor dem 2. Examen;* **Se|mi|nar|ar|beit,** die: *innerhalb eines Seminars* (1) *anzufertigende Arbeit:* eine S. schreiben; **Se|mi|nar|bi|blio|thek,** die: *Bibliothek eines Seminars* (2); **Se|mi|na|rist,** der; -en, -en: *jmd., der an einem Seminar* (3, 4) *ausgebildet wird;* **Se|mi|na|ris|tin,** die; -, -nen: w. Form zu ↑*Seminarist;* **se|mi|na|rịs|tisch** ⟨Adj.⟩: *in einem Seminar* (1, 3, 4) *[stattfindend]:* eine -e Ausbildung; einen Stoff s. erarbeiten; **Se|mi|nar|lei|ter,** der: *Leiter eines Seminars* (1); **Se|mi|nar|lei|te|rin,** die: w. Form zu ↑*Seminarleiter;* **Se|mi|nar|schein,** der: *Bescheinigung über die [erfolgreiche] Teilnahme an einem Seminar* (1): ihm fehlt für die Zwischenprüfung noch ein S.; **Se|mi|nar|teil|neh|mer,** der: *jmd., der an einem Seminar* (1) *teilnimmt;* **Se|mi|nar|teil|neh|me|rin,** die: w. Form zu ↑*Seminarteilnehmer;* **Se|mi|nar|übung,** die (selten): *Seminar* (1).
Se|mio|lo|gie, die; - [zu griech. sēmeîon = Zeichen u. ↑-*logie*]: **1.** (Philos., Sprachw.) *Lehre von den Zeichen; Zeichentheorie.* **2.** (Med.) *Symptomatologie;* **se|mio|lo|gisch** ⟨Adj.⟩ (Fachspr.): *die Semiologie betreffend:* die Sprache als -es System; **Se|mio|tik,** die; - [zu griech. sēmeiōtikós = zum (Be)zeichnen gehörend]: **1.** (Philos., Sprachw.) *Semiologie* (1). **2.** (Med.) *Symptomatologie;* **se|mio|tisch** ⟨Adj.⟩ (Fachspr.): *die Semiotik betreffend.*
se|mi|per|mea|bel ⟨Adj.⟩ [aus lat. semi- (↑*semi-,* Sēmi-) u. ↑*permeabel*] (Fachspr.): *nur halb, nur für bestimmte Substanzen durchlässig:* semipermeable Membranen; s. sein; **Se|mi|per|mea|bi|li|tät,** die; - (Fachspr.): *Eigenschaft, semipermeabel zu sein;* **se|mi|pro|fes|sio|nẹll** ⟨Adj.⟩: *weitgehend, quasi professionell:* ein -er Videorecorder; Computer für den -en Bereich, Gebrauch; Semiprofessionelle Band sucht ... Keyboarder (Oxmox 6, 1983, 103).
Se|mis [sə'mi], das; - [frz. semis = das Aussäen; Aussaat, zu: semer, ↑*Semé*]: *Semé.*
se|misch ⟨Adj.⟩ [zu ↑*Sem*] (Sprachw.): *das Sem betreffend:* -e Felder, Verknüpfungsbeschränkungen.
Se|mi|se|ria, die; -: *Opera semiseria.*

Se|mit, der; -en, -en [nach Sem, dem ältesten Sohn Noahs im A. T.]: Angehöriger einer sprachlich u. anthropologisch verwandten Gruppe von Völkern bes. in Vorderasien u. Nordafrika; **Se|mi|tin,** die; -, -nen: w. Form zu ↑Semit; **sel|mitisch** ⟨Adj.⟩: *die Semiten betreffend, zu ihnen gehörend:* die -en Sprachen; ein -es Volk; das Wort ist -en Ursprungs; **Se|mitist,** der; -en, -en: *Wissenschaftler auf dem Gebiet der Semitistik;* **Se|mi|ti|stik,** die; -: *wissenschaftliche Erforschung der semitischen Sprachen u. Literaturen;* **Se|mi|ti|stin,** die; -, -nen: w. Form zu ↑Semitist; **se|mi|ti|stisch** ⟨Adj.⟩: *die Semitistik betreffend.*

Se|mi|to|ni|um, das; -s, ...ia u. ...ien [lat. semitonium, zu: semi- (↑semi-, Semi-) u. tonus, ↑²Ton] (Musik): *Halbton;* **Se|miver|sus,** der; -, ...si [zu lat. versum, 2. Part. von: vertere = (um)drehen, umkehren, wenden] (Math.): *trigonometrische Funktion;* Zeichen: sem.; **Se|mi|vo|kal,** der; -s, -e (Sprachw.): *Halbvokal.*

Sem|mel, die; -, -n [mhd. semel(e) = Brot aus Weizenmehl, ahd. semala = feingemahlenes Weizenmehl < lat. simila] (bes. österr., bayr.): *Brötchen:* frische, knusprige, noch warme -n; eine S. mit Wurst, Käse; eine geriebene, zerriebene alte S.; in Milch aufgeweichte -n essen; Ü wir sollen nicht jedem auf die -n schmieren *(allen sagen, zeigen),* wer wir sind und was wir vorhaben (Fallada, Jeder 13); * weggehen wie warme -n *(sich besonders schnell u. gut verkaufen lassen):* Die Platten gingen weg wie warme -n: und Oskar wurde reich (Grass, Blechtrommel 694); **sem|mel|blond** ⟨Adj.⟩: **a)** *von hellem, gelblichem Blond:* -e Haare; **b)** *mit semmelblondem Haar:* ein -es Mädchen; er ist s.; **Sem|mel|brö|sel,** der, österr.: *das* (meist Pl.): *Bröckchen von geriebenem Brötchen;* **Sem|mel|kloß,** der: *Gericht in Form eines großen Kloßes aus eingeweichten alten Brötchen, die mit bestimmten Zutaten vermengt u. in einem Tuch zusammengepreßt gekocht werden:* nimm doch noch etwas [von dem] S.; **Sem|mel|knödel,** der (bayr., österr.): *aus Semmeln, Butter, Mehl, Eiern u. Gewürzen zubereiteter Knödel:* Gulasch mit -n; **Sem|mel|mehl,** das: *feingeriebene Semmelbrösel;* **Sem|mel|teig,** der (Bäckerei): *[Hefe]teig, aus dem Semmeln geformt u. gebacken werden.*

sem|per ali|quid hae|ret [lat.; in dieser Form als sprichwörtlich erstmals von dem engl. Philosophen u. Staatsmann Francis Bacon (1561-1626) angeführt] (bildungsspr.): *es bleibt immer etwas hängen* (auf Verleumdung u. üble Nachrede bezogen); **sem|per idem** [lat.] (bildungsspr.): *immer derselbe* (Ausspruch Ciceros über den Gleichmut des Sokrates).

sem|pern ⟨sw. V.; hat⟩ [zu mundartl. semper = wählerisch (im Essen), mundartl. Nebenf. von mundartl. zimper, ↑zimperlich] (österr. ugs.): *nörgeln, jammern.*

Sem|per|vi|vum, das; -s, ...va [lat. sempervivum, zu: sempervivus = immer lebend] (Bot.): *Hauswurz.*

sem|pli|ce [...itʃe] ⟨Adv.⟩ [ital. semplice < lat. simplex (Gen.: simplicis)] (Musik): *einfach, schlicht.*

sem|pre ⟨Adv.⟩ [ital. sempre < lat. semper] (Musik): *immer.*

Sem|stwo, das; -s, -s [russ. zemstvo]: *Organ der regionalen Selbstverwaltung im zaristischen Rußland.*

¹Sen, der; -[s], -[s] ⟨aber: 100 Sen⟩ [indones.]: *Währungseinheit in Indonesien* (100 Sen = 1 Rupiah).

²Sen, der; -[s], -[s] ⟨aber: 100 Sen⟩ [jap.]: *Währungseinheit in Japan* (100 Sen = 1 Yen).

sen. = senior.

Se|nar, der; -s, -e [lat. senarius, zu: seni = je sechs] (antike Verslehre): *Vers mit sechs Hebungen.*

Se|nar|mon|tit [auch: ...'tɪt], der; -s, -e [nach dem frz. Mineralogen H. H. de Sénarmont (1808–1862)]: *farbloses, weißes od. graues, durchsichtiges bis durchscheinendes Mineral.*

Se|nat, der; -[e]s, -e [1: lat. senatus, eigtl. = Rat der Alten, zu: senex = alt, bejahrt]: **1.** (hist.) *(im Rom der Antike) Staatsorgan als Träger des Volkswillens.* **2.** *(in einem parlamentarischen Zweikammersystem) eine Kammer des Parlaments* (z. B. in den USA). **3. a)** (Bundesrepublik Deutschland) *Landesregierung der Stadtstaaten Hamburg, Bremen u. Berlin;* **b)** ¹*Magistrat* (2) (z. B. in Lübeck, Rendsburg); **c)** *beratendes Organ des bayerischen Landtags.* **4.** *beratende Körperschaft mit gewissen Entscheidungskompetenzen, die sich in einem bestimmten Verhältnis aus einer Universitär od. Hochschule vertretenen Personalgruppen zusammensetzt.* **5.** *aus mehreren Richtern zusammengesetztes Gremium an höheren deutschen Gerichten;* **Se|na|tor,** der; -s, ...oren [lat. senator]: *Mitglied eines Senats* (1-4); **Se|na|to|rin,** die; -, -nen: w. Form zu ↑Senator; **se|na|torisch** ⟨Adj.⟩: *den Senat betreffend;* **Senats|be|schluß,** der: *Beschluß des Senats;* **Se|nats|prä|si|dent,** der: *Präsident des Senats;* **Se|nats|prä|si|den|tin,** die: w. Form zu ↑Senatspräsident; **Senats|sit|zung,** die: *Sitzung des Senats;* **Se|nats|spre|cher,** der: *Sprecher des Senats;* **Se|nats|spre|che|rin,** die: w. Form zu ↑Senatssprecher; **Se|nats|ver|waltung,** die: *Verwaltung des Senats* (2, 3, 4); **Se|nats|vor|la|ge,** die: *vom Senat* (2, 3) *vorgelegter [Gesetz]entwurf;* **Se|na|tus Po|pu|lus|que Ro|ma|nus** [lat. = der Senat u. das römische Volk]: *im alten Rom formelhafte Bez. für das gesamte römische Volk;* Abk.: S. P. Q. R.

Send, der; -[e]s, -e [mhd. sent = Reichs-, Landtag < spätlat. synodus, ↑Synode] (früher): *[geistliche] Gerichtsversammlung; kirchliches Gericht.*

Send|bo|te, der (früher): *jmd., der eine Botschaft überbringt:* -n ausschicken; Ü Schneeglöckchen, die -n des Frühlings; **Send|bo|tin,** die (früher): w. Form zu ↑Sendbote; **Send|brief,** der (früher): *offener Brief;* **Sen|de|an|la|ge,** die (Elektrot.): vgl. Sendegerät; **Sen|de|an|stalt,** die: *Rundfunk-, Fernsehanstalt;* **Sen|de|an|ten|ne,** die (Elektrot.): *Antenne zum Ausstrahlen von Rundfunksendungen, Funksignalen o. ä.;* **Sen|de|be|reich,** der (Rundf., Ferns.): *Bereich, in dem Sendungen [besonders gut] empfangen werden u.* *für den bestimmte Sendungen ausgestrahlt werden;* **Sen|de|ein|rich|tung,** die (Elektrot.): vgl. Sendegerät; **Sen|de|fol|ge,** die (Rundf., Ferns.): **1.** *Reihenfolge der Sendungen.* **2.** (selten) *Sendung in Fortsetzungen;* **Sen|de|ge|biet,** das (Rundf., Ferns.): *Sendebereich;* **Sen|de|ge|rät,** das (Elektrot.): *Gerät, mit dem man Funksprüche, Rundfunk- od. Fernsehsendungen senden kann;* **Sen|de|haus,** das: *Funkhaus;* **Sen|de|lei|stung,** die (Elektrot.): *Leistung* (2 c) *eines Senders, Sendegeräts;* **Sen|de|lei|ter,** der: *Leiter einer Funksendung;* **Sen|de|lei|te|rin,** die: w. Form zu ↑Sendeleiter; **Sen|de|mast,** der: w. Form zu ↑¹Mast (2) *für die Antenne eines Rundfunk- od. Fernsehsenders;* **sen|den** ⟨unr. V.; sandte/(seltener:) sendete, hat gesandt/ (seltener:) gesendet [mhd. senden, ahd. senten, Veranlassungswort zu einem Verb mit der Bed. „reisen" u. eigtl. = reisen machen, verw. mit ↑Sinn in dessen alter Bed. „Gang, Reise, Weg"]: **1.** (geh.) *schicken* (1): jmdm. einen Brief, ein Paket, einen Gruß, Blumen s.; etw. an jmdn., nach Wien s.; wir senden [Ihnen] die Waren ins Haus; Ü ... sandte (schlug) ich einen Ball nach dem anderen mit Vor- oder Rückhandschlag übers Netz (Th. Mann, Krull 393); Da sandte sie aus ihren Augenwinkeln einen schnellen Blick zu Abel hin (Hausmann, Abel 65); der edle Burgunder sandte versickernd sein Bouquet durch die Nase in mein Hirn (Fallada, Herr 131). **2.** (geh.) *schikken* (2 a): eine Abordnung, einen Boten s.; Truppen, Hilfspersonal in ein Katastrophengebiet s.; sie schienen ihm zu kommen wie vom Himmel gesandt (Schaper, Kirche 49); Ü die Sonne sandte ihre wärmenden Strahlen zur Erde; Die sogenannte Kommission Félix ... sandte die Aufrührer ohne Prozeß zum Tode *(ließ sie ohne Prozeß hinrichten;* Sieburg, Robespierre 188). **3.** ⟨sendete, hat gesendet, schweiz.: sandte, hat gesandt⟩ **a)** *ausstrahlen* (4): das Fernsehen sendet eine Aufzeichnung der Festspiele, einen Spielfilm; Seine Hörspiele sind alle gesendet worden (Grass, Hundejahre 132); im Radio wurden Reiserufe gesendet; ⟨auch o. Akk.-Obj.:⟩ die Station sendet auf UKW, rund um die Uhr; **b)** *über eine Funkanlage in den Äther ausstrahlen:* einen Funkspruch, Morsezeichen, SOS, Hilferufe s.; ... und der Funker sendete Peilzeichen (Ott, Haie 260); **Sen|de|pause,** die (Rundf., Ferns.): *Pause zwischen Sendungen:* nach einer kurzen S. bringen wir das Fernsehspiel, Hörspiel ...; Ü Bis zehn konnten wir ... was aufreißen, dann war S. (ugs.; *Schluß*), Sense (Degener, Heimsuchung 13); du hast jetzt erst mal S. (ugs.; *bist still*); **Sen|de|plan,** der (selten): vgl. Sendeprogramm; **Sen|de|platz,** der (Rundf., Ferns.): *Zeit, zu der eine bestimmte Sendung [regelmäßig] ausgestrahlt wird:* das Wochenmagazin soll einen neuen S. bekommen; **Sen|de|programm,** das (selten) *Sendefolge* (1); **Sen|der,** der; -s, - [2: spätmhd. sender]: **1. a)** *Anlage, die Signale, Informationen u. a. in elektromagnetische Wellen umwandelt u. in dieser Form abstrahlt:* ein [leistungs]starker, schwacher S.; ein an-

Senderanlage

derer S. schlägt durch; feindliche S. stören; wir haben zwei S. nach Peilungen ausgehoben (Kirst, 08/15, 573); ... die Maschine (= das Flugzeug) ein Punkt in der Nacht, ... unsichtbar gelenkt und von -n angetastet ... (Gaiser, Jagd 23); **b)** *Rundfunk-, Fernsehsender:* ein privater, öffentlich-rechtlicher, illegaler S.; die angeschlossenen S. kommen mit eigenem Programm wieder; der S. wird von einem anderen überlagert, gestört; einen S. gut, schlecht empfangen können; ausländische S. hören; einen anderen S. einstellen, suchen; den S. kriege ich schlecht, nicht rein; auf dem S. sein/über den S. gehen (Jargon; *gesendet werden*); das Programm wurde von vielen in- und ausländischen -n übernommen; der Staatsakt wurde von allen deutschen -n übertragen; **c)** *Funkhaus:* jmdn. im S. anrufen. **2.** (selten) *jmd., der jmdn. etw. irgendwohin schickt:* ... hieß er der Herr der Seuchen, so darum, weil er zugleich ihr S. war und ihr Arzt (Th. Mann, Joseph 430); **Sen|der|an|la|ge,** die: ↑ Sendeanlage; **Sen|de|raum,** der: *Raum im Funkhaus für Aufnahmen u. Übertragung von Ton- u. Fernsehsendungen;* **Sen|de|rei|he,** die: *mehrere thematisch zusammenhängende Sendungen;* **Sen|de|rin,** die; -, -nen (selten): w. Form zu ↑ Sender (2); **Sen|der|such|lauf,** der (Rundfunkt.): *(beim Rundfunk- u. Fernsehgerät) Vorrichtung, die selbsttätig die Frequenz für den qualitativ besten Empfang eines Senders* (1) *sucht;* **Sen|de|saal,** der: vgl. Senderaum; **Sen|de|schluß,** der: *Ende der Sendezeit* (2)*: zum S. bringen wir noch einmal Nachrichten;* **Sen|de|sta|ti|on,** die (Funk, Rundf., Ferns.): *Station, die Sendungen ausstrahlt;* **Sen|de|stel|le,** die: Sendestation; **Sen|de|stö|rung,** die (Rundf., Ferns.): *technische Störung, die zu einer Unterbrechung einer Sendung führt;* **Sen|de|strahl,** der (Funk): *von einer Antenne ausgesendeter Strahl elektromagnetischer Wellen;* **Sen|de|ter|min,** der: vgl. Sendezeit (1); **Sen|de|turm,** der: vgl. Sendemast; **Sen|de- und Empfangs|ge|rät,** das (Elektrot.): *Gerät, mit dem man Funksprüche, Rundfunk- od. Fernsehsendungen senden u. empfangen kann;* **Sen|de|zei|chen,** das: *Pausenzeichen* (2); **Sen|de|zeit,** die: **1.** *Zeit, die für eine Sendung zur Verfügung steht:* unsere S. geht leider zu Ende. **2.** *Zeit, während deren ein Sender Sendungen ausstrahlt;* **Sen|de|zen|tra|le,** die: *zentrales Funkhaus für überregionale Sendungen:* ... und damit gebe ich zurück an die S. **Send|ge|richt,** das (früher): *Send.* **Send|ling,** der; -s, -e (schweiz., sonst veraltet): *[Send]bote, -botin;* **Send|schrei|ben,** das (früher): *an mehrere Personen od. an die Öffentlichkeit gerichtetes offizielles Schreiben;* **Sen|dung,** die (Elektrot.): *Sendeanlage;* **Sen|dung,** die; -, -en [1a: mhd. sendunge, sandunge = Übersendung; gesandtes Geschenk, ahd. santunga]: **1. a)** (selten) *das Senden* (1): die S. der Bücher ist bereits erfolgt; durch S. per Expreß kommen die Waren schneller an; **b)** *etw. [als bestimmte Menge von Waren] Gesandtes* (1): eine postlagernde, zollpflichtige, eingeschriebene S.; eine S. Orangen; die S. ist eingetroffen, nicht

angekommen; eine S. zustellen; wir haben gerade eine neue S. erhalten; wir mußten die S. zurückschicken; wir bestätigen Ihnen den Empfang der S. **2.** ⟨o. Pl.⟩ (geh.) *große [geschichtliche] Aufgabe, wichtiger [schicksalhafter] Auftrag; Mission:* die politische S. der Partei; als Bernadettes S. schon lange erfüllt ... war (Langgässer, Siegel 151); an seine S. [als Retter der Menschheit] glauben. **3. a)** (Rundfunkt., Ferns.) *das Ausstrahlen über einen Sender* (1 b)*:* Achtung, S. läuft; die S. des Konzerts ankündigen; ich ... merkte gar nicht, daß ich schon auf S. war (Jargon; *daß bereits gesendet* 3 a *wurde;* Hörzu 38, 1972, 14); **b)** *Rundfunk-, Fernsehsendung:* eine aktuelle, politische, kulturelle S.; eine interessante S. zum 200. Todestag des Dichters; eine S. [in Farbe, in Stereo] ausstrahlen, empfangen; eine S. produzieren, hören, sehen, mitschneiden; die S. wird morgen wiederholt; **c)** *etw. Gesendetes* (3 b)*:* feindliche -en stören; ... sowjetische Agentensender. Wir haben fast alle -en abgehört (Kirst, 08/15, 573); **Sen|dungs|be|wußt|sein,** das: *jmds. feste Überzeugung, zu einer Sendung* (2) *auserwählt zu sein:* Eine Message habe sie nicht, S. sei nicht ihre Sache (Stuttg. Zeitung 24. 10. 89, 15); Das S. des Kommunismus (Gruhl, Planet 213); ... einen Menschen ..., in dem sich Können und glühendes S. so fest mit der Gier nach Ruhm ... verbanden (Thorwald, Chirurgen 295).

¹**Se|ne|gal,** der; -[s]: Fluß in Westafrika; ²**Se|ne|gal,** -s, auch m. Art.: der; -[s]: Staat in Westafrika; **Se|ne|ga|ler,** der; -s, -, Senegalese; -n, -n: Ew.; **Se|ne|ga|le|rin,** die; -, -nen: w. Form zu ↑ Senegaler; **Se|ne|ga|le|se,** der; -n, -n: ↑ Senegaler; **Se|ne|ga|le|sin:** w. Form zu ↑ Senegalese; **se|ne|ga|le|sisch, se|ne|ga|lisch** ⟨Adj.⟩.

Se|nes|blät|ter usw.: ↑ Sennesblätter usw.
Se|ne|schall, der; -s, -e [mhd. seneschal(t) < (a)frz. sénéchal, über das Fränk. < ahd. senescalh, eigtl. = Altknecht; vgl. Marschall] (hist.): *oberster Beamter am fränkischen Hof, dem die Verwaltung, das Heerwesen u. die Gerichtsbarkeit unterstellt sind.*
Se|nes|zenz, die; - [zu lat. senescere = alt werden] (Med.): *das Altern u. die dadurch bedingten körperlichen Veränderungen.*
Senf, der; -[e]s, -e [mhd. sen(e)f, ahd. senef < lat. sinapi(s) < griech. sínapi, viell. aus dem Ägypt.]: **1.** *aus angemahlenen Senfkörnern mit Essig u. Gewürzen hergestellte gelbbraune, breiige, würzig bis scharf schmeckende Masse:* scharfer, milder, bayrischer, französischer S.; eine Tube, eine Flasche, ein Teelöffel S.; zu Weißwürsten gehört süßer S.; S. auf den Teller klecksen; Würstchen mit S.; Ü Sie geben jetzt also den ganzen S. (abwertend; *das alles, die ganze Geschichte*) an den Süddeutschen Rundfunk durch (Molsner, Harakiri 124); * **[überall] seinen S. dazugeben** (ugs.; *[ungefragt zu allem] seine Meinung sagen, seinen Kommentar geben*)*:* Manchmal gab der Alte seinen S. dazu, empfahl Vollwandträger statt Fachwerkbinder ... (Bieler, Bär 168); Ich wollte schon gehen, aber Angie Dundee

mußte seinen S. noch dazugeben (Spiegel 43, 1975, 95); **einen langen S. machen** (ugs.; *unnötig viel Worte machen*)*:* mach keinen langen S. und komm mit. **2.** *(in verschiedenen Arten, vor allem im Mittelmeerraum wachsende) Pflanze, aus deren in Schoten enthaltenen Samenkörnern Senf* (1) *hergestellt wird;* **Senf|bad,** das: *Bad* (1)*, dem Senfmehl zugesetzt ist (bes. gegen Erkältungskrankheiten);* **Senf|but|ter,** die (Kochk.): *mit Senf* (1) *vermischte Butter;* **senf|far|ben, senf|far|big** ⟨Adj.⟩: *von der Farbe des Senfs* (1); *bräunlichgelb;* **Senf|frucht,** die: *in gesüßtem Essig mit Senfkörnern u. Gewürzen eingelegte Frucht;* **Senf|gas,** das: *braune, ölige, stechend riechende, äußerst giftige Substanz;* **senf|gelb** ⟨Adj.⟩: vgl. senffarben; **Senf|glas,** das ⟨Pl. ... gläser⟩: ¹*Glas* (2 b) *mit Senf;* **Senf|gur|ke,** die: *reife, in Stücke geschnittene, in Essig mit Senfkörnern, Zucker, Salz u. sonstigen Gewürzen eingelegte Gurke;* **Senf|korn,** das ⟨Pl. ...körner; meist Pl.⟩: *Samenkorn des Senfs* (2), *das als Gewürz verwendet wird;* **Senf|mehl,** das: *gemahlene Senfkörner;* **Senf|öl,** das: *aus Senfkörnern gewonnenes scharf riechendes ätherisches Öl;* **Senf|packung**¹, die: *Senfwickel;* **Senf|pa|pier,** das (früher): *Senfpflaster;* **Senf|pfla|ster,** das (früher): *Papier mit Senfmehl, das auf die Haut aufgelegt wird, um durch einen Reiz die Durchblutung zu verbessern;* **Senf|sa|me,** der: *Senfkorn;* **Senf|so|ße,** die: *mit Senf* (1) *zubereitete Soße:* hartgekochte Eier in S.; **Senf|spi|ri|tus,** der (früher): *in Spiritus gelöstes Senföl;* **Senf|teig,** der: *mit heißem Wasser angerührtes Senfmehl;* **Senf|topf,** der: *[kleiner] Topf aus Ton od. Steingut für Senf* (1); **Senf|tu|be,** die: vgl. Senfglas; **Senf|tun|ke,** die: *Senfsoße;* **Senf|um|schlag,** der: *Senfwickel;* **Senf|wickel**¹: *Wickel mit einem in Senföl getränkten od. mit Senfteig bestrichenen Tuch.*

Sen|ge ⟨Pl.⟩ [eigtl. wohl = Hieb, der brennt] (landsch.): *Prügel:* S. bekommen, kriegen, beziehen; ..., sonst gibt, setzt es S.; du willst doch keine S. haben? (Genet [Übers.], Querelle 46); **sen|gen** ⟨sw. V.; hat⟩ [mhd. sengen, ahd. m.; bisengan, urspr. = brennen, dörren]: **1. a)** (selten) *die Oberfläche einer Sache leicht, ein wenig versengen; ansengen:* sie hat beim Bügeln die Bluse, den Kragen [etwas] gesengt; **b)** *durch leichtes, flüchtiges Abbrennen mit einer Flamme von restlichen Federn befreien; absengen:* eine Gans rupfen und s.; fertig gerupftes und gesengtes Geflügel; * **s. und brennen** (veraltet; *plündern u. durch Brand zerstören*)*:* die Landsknechte zogen sengend und brennend durch das Land; ⟨subst.:⟩ und das, daß der böse Pfalzgraf Österreich verwüstete mit Sengen und Brennen? (Hacks, Stücke 23). **2. a)** *an der Oberfläche leicht, ein wenig brennen:* die Schuhe fingen an zu s.; **b)** *sehr heiß scheinen:* die Mittagssonne sengt; ... weil sie in Reih und Glied marschierten unter sengender Sonne (Loest, Pistole 13); sengende (*sehr große*) Hitze lag über der Stadt; Ü Keine Kühlung! Kein Hauch vom Meer! Nur der sengende Atem der Hochhäuser (K. Mann, Wendepunkt 379). **3.** sengend her-

vorbringen, entstehen lassen: sich mit einer Zigarette ein Loch ins Hemd s.; Einer (= ein glühender Splitter) fiel herunter und sengte ein Loch in den Böllwangschen Mantel (Plievier, Stalingrad 178); **4.** (Textilind.) *gasieren;* **sen|ge|rig, seng|rig** ⟨Adj.⟩ (landsch.): *angebrannt [riechend]:* ein -er Geruch; in der Lagerhalle riecht es s. **Se|nhor** [sɛnˈjoːɐ̯], der; -s, -es [port. senhor < lat. senior, ↑Senior]: **1.** *(in Portugal) Bezeichnung u. Anrede eines Herrn.* **2.** *(in Portugal) Herr* (3), *Besitzer;* **Se|nho|ra,** die; -, -s [port. senhora]: w. Form zu ↑ Senhor; **Se|nho|ri|ta,** die; -, -s [port. senhorita]: *(in Portugal) Bezeichnung u. Anrede eines Mädchens, einer unverheirateten [jungen] Frau;* **se|nil** ⟨Adj.⟩ [lat. senilis = greisenhaft, zu: senex, ↑Senior]: **1.** *(bildungsspr., oft abwertend) durch Alter körperlich u. geistig nicht mehr voll leistungsfähig; greisenhaft u. in seinen Äußerungen u. Handlungen mehr od. weniger kindisch:* ein -er Greis; die Wiederwahl des -en Hindenburg (K. Mann, Wendepunkt 236); s. werden, sein; Ich wollte das Mädchen nicht anfassen. Plötzlich kam es mir s. vor (Frisch, Homo 122). **2.** *(Med.) das Greisenalter betreffend; im hohen Lebensalter auftretend:* -e Demenz; **Se|ni|li|tas prae|cox,** die; - - [nlat., aus lat. senilis (↑senil) u. praecox = vorzeitig] (Med.): *vorzeitig eintretende Vergreisung;* **Se|ni|li|tät,** die; - (bildungsspr., oft abwertend): *das Senilsein; Greisenhaftigkeit;* **se|ni|or** ⟨indekl. Adj.; nur nachgestellt hinter Personennamen⟩ [lat. senior = älter, Komp. von: senex = alt]: *dient der Bezeichnung des Vaters zur Unterscheidung vom Sohn, bes. bei Gleichheit von Vor- u. Zunamen:* der ältere; Abk.: sen.; [Hans] Krause s.; **Se|ni|or,** der; -s, ...oren: (oft scherzh.) *Vater (im Verhältnis zum Sohn);* **b)** ⟨o. Pl.⟩ (Kaufmannsspr.) *älterer Teilhaber, Geschäftspartner:* das Geschäft ist vom S. auf den Junior übergegangen. **2.** (Sport) *Sportler im Alter von mehr als 18 od.* (je nach Sportart) *20, 21 od. 23 Jahren:* er startet schon bei den -en. **3.** ⟨meist Pl.⟩ *älterer Mensch, Mensch im Rentenalter, Ruheständler:* Altersheime sind passé: Der S. von morgen soll ... (MM 2. 12. 88, 37); Der S. hatte im Februar den ersten Verkehrsunfall seines Lebens verursacht (MM 20./21. 11. 84, 14); verbilligte Fahrten für -en; Ich finde Extraprogramme für -en abwertend (Hörzu 50, 1977, 169). **4.** *Ältester in einem Kreis, Kollegium o. ä.:* er ist der S. der Mannschaft; der Holdria ... ist zur Zeit der S. einer Hausgenossenschaft von sieben Kumpanen (Hesse, Sonne 58). **5.** (Studentenspr.) *Erster Chargierter eines studentischen Korps;* **Se|nio|rat,** das; -[e]s, -e [mlat. senioratus = Würde, Amt eines Seniors (5)]: **1.** *Ältestenrecht* (1). **2.** *(im Frankenreich) Aufsicht u. Verantwortung des Grundherrn gegenüber seinen Abhängigen.* **3.** (veraltet) *Amt des Vorsitzenden;* **Se|ni|or|chef,** der (Kaufmannsspr.): *Geschäfts-, Firmeninhaber, dessen Sohn in der Firma mitarbeitet;* **Se|ni|or|che|fin,** die: w. Form zu ↑Seniorchef; **Se|nio|ren|aus|weis,** der: *Ausweis, der jmdn. als Senior* (3) *ausweist;* **Se|nio|ren|heim,** das: *Altenwohnheim;* **Se|nio|ren|kar|te,** die: *verbilligte Fahr-, Eintrittskarte für Senioren* (3); **Se|nio|ren|klas|se,** die (Sport): *Klasse* (4) *der Senioren* (2 a); **Se|nio|ren|klub,** der: *Klub, der der Freizeitgestaltung der Senioren* (3) *dient;* **Se|nio|ren|kon|vent,** der (Studentenspr.): *Vertretung der studentischen Korps eines Hochschulortes;* **Se|nio|ren|nach|mit|tag,** der: *Altennachmittag;* **Se|nio|ren|paß,** der: *von der Deutschen Bundesbahn ausgestellter Ausweis, auf den Senioren* (3) *ermäßigte Fahrkarten erhalten;* **Se|nio|ren|re|si|denz,** die: *[komfortableres, luxuriös ausgestattetes] Altenwohnheim;* **Se|nio|ren|sport,** der: *von Senioren* (3) *betriebener [für sie besonders geeigneter] Sport:* den S. fördern; **Se|nio|ren|stu|di|um,** das: *von Senioren* (3) *betriebenes Hochschulstudium:* S. jetzt im siebten Semester angeboten (MM 24. 4. 86, 21); **Se|nio|ren|wohn|heim,** das: *Altenwohnheim;* **Se|ni|or|ex|per|te,** der: *(in der Entwicklungshilfe) jmd., auf einem bestimmten Gebiet Fachmann ist u. als Ruheständler auf ehrenamtlicher Basis für einige Monate ins Ausland geht, um dort bestimmte in sein Fachgebiet fallende Aufgaben zu erfüllen:* Der S. sollte physisch fit und bereit sein, zu SES-Bedingungen einen Auftrag durchzuführen (VDI nachrichten 18. 5. 84, 27); **Se|ni|or|ex|per|tin,** die: w. Form zu ↑Seniorexperte; **Se|nio|rin,** die; -, -nen: w. Form zu ↑Senior (1 b, 2, 5); **Se|ni|or|rei|se,** die (bes. Werbespr.): *organisierte Reise für Senioren* (3); **Se|ni|um,** das; -s [lat. senium] (Med.): *Greisenalter;* **Se|ni|um prae|cox,** das; - - [nlat., aus lat. senium = hohes Alter, Altersschwäche, Entkräftung u. praecox, ↑praecox = vorzeitig] (Med.): *Senilitas praecox.*

Senk|blei, das (Bauw.): *Lot* (1 a); **Sen|ke,** die; -, -n [mhd. senke, zu ↑senken]: *[größere, flache] Vertiefung im Gelände:* in das Wasser ..., das ... eine eiszeitliche S. füllte (Lentz, Muckefuck 120); das Haus liegt in einer S., ist in eine kleine S. geschmiegt; **Sen|kel,** der; -s, - [mhd. senkel, auch: Zugnetz, Anker, ahd. senkil = Anker, zu ↑senken]: **1.** *kurz für* ↑*Schnürsenkel.* **2. * jmdn. in den S. stellen** *(jmdn. scharf zurechtweisen;* zu „Senkel" in der älteren Bedeutung „Senkblei"; eigtl. = etw. ins Lot bringen): Wenn du aber glaubst, du kannst ... den Rebellen spielen ..., so werden wir dich schnell in den S. stellen (Ziegler, Konsequenz 173); Kneib vom Bundestrainer in den S. gestellt (MM 2. 6. 77, 15). **3. * jmdm. auf den S. gehen** (ugs.; *jmdm. lästig sein, auf die Nerven gehen;* H. u.): Der geht mir auf'n Senkel, was willst du denn mit so'm verschimmelten Affengesicht (Schädlich, Nähe 194); **sen|ken** ⟨sw. V.; hat⟩ [mhd., ahd. senken, eigtl. = sinken machen, verursachen, Veranlassungswort zu ↑sinken]: **1. a)** *abwärts, nach unten bewegen:* den Kopf s., gesenkt halten; die Startflagge s.; sie senkten die Fahnen zur Ehrung der Toten; der Dirigent senkte den Taktstock; Sie senkte zitternd den Scheitel (A. Zweig, Claudia 69); ein ... Mann, der in der Zeitung las, nun die Blätter senkte und mich ansah (Böll, Und sagte 77); Ü den Blick, die Augen s. (geh.; *zu Boden blicken);* er senkte die Stimme (geh.; *sprach leiser [u. dunkler]*); mit gesenktem Blick stand sie vor ihm; **b)** *nach unten u. in eine bestimmte Lage, an eine bestimmte Stelle bringen:* die Taucherglocke ins Wasser, den Sarg ins Grab, den Toten in die Erde s.; der Baum senkt seine Wurzeln [tief] in den Boden; ... neigte ich mich ... zu ihr hinab und senkte meine Lippen auf ihre (Th. Mann, Krull 202); er senkte das Kinn auf die Brust (Bieler, Bonifaz 21); Ü jmdm. den Keim des Bösen ins Herz s.; es (= das innere Gebet) wurde mit ins Herz gesenkt durch die Gnade Gottes (Nigg, Wiederkehr 175). **2.** (Bergmannsspr.) **a)** *(die Sohle einer Strecke) tiefer legen;* **b)** *abteufen:* einen Schacht s. **3.** ⟨s. + sich⟩ **a)** *abwärts, nach unten bewegt werden:* die Schranke senkt sich; der Vorhang senkte sich während des rauschenden Finales; der Förderkorb senkt sich in den Schacht; das Boot hob und senkte sich in der Dünung; der Brustkorb hebt und senkt sich; Sein Adamsapfel in dem viel zu großen Hemdkragen hob und senkte sich (Simmel, Stoff 346); **b)** *abwärts, nach unten sinken; herabsinken:* die Äste senkten sich unter der Last des Schnees; ... und (sie) sah den Mond, der sich gesenkt hatte (A. Zweig, Claudia 129); Ü Dunkelheit, der Abend, die Nacht senkt sich auf die Erde (geh.; *es wird dunkel, wird Abend, wird Nacht);* Schlaf senkt sich auf die Augen (geh.; *sie schläft ein).* **4.** ⟨s. + sich⟩ **a)** *allmählich niedriger werden, in die Tiefe gehen, absinken* (1 b): der Boden, der Grund, das Gebäude, die Straße senkt sich, hat sich um ein paar Zentimeter gesenkt; der Wasserspiegel hat sich [kaum merklich, deutlich] gesenkt; **b)** *leicht abschüssig verlaufen, abfallen* (4): das Gelände senkt sich nach Osten; dann senkte sich der Weg nach Reuthen (Bieler, Bonifaz 7); der Boden (= der Waschküche) senkt sich in der Mitte bis zum Abflußloch (Imog, Wurliblume 124). **5. a)** *bewirken, daß etw. niedriger* (1 a) *wird:* die lange Trockenheit hat den Grundwasserspiegel gesenkt; **b)** *bewirken, daß etw. niedriger* (2) *wird:* das Fieber, den Blutdruck s.; die Löhne, Preise, Steuern, Kosten s. *(herabsetzen);* die Zahl der Arbeitslosen konnte leicht gesenkt werden. **6.** (Fachspr.) *mit einem Senker* (1) *ein Bohrloch kegelförmig erweitern;* **Sen|ker,** der; -s, - [zu ↑senken]: **1.** (Technik) *einem Bohrer ähnliches Werkzeug zum kegelförmigen Erweitern vorgebohrter Löcher.* **2.** (selten) *Steckling; Ableger.* **3.** (Bot.) *(bei Schmarotzerpflanzen) eine Art Wurzel, die in die Wirtspflanze eindringt;* **Senk|fuß,** der (Med.): *Fuß, dessen Wölbung sich gesenkt hat;* **Senk|fuß|ein|la|ge,** die: *Schuheinlage für jmdn., der Senkfüße hat;* **Senk|gru|be,** die (Bauw.): *auszementierte Grube ohne Abfluß zur Aufnahme von Fäkalien;* **Senk|ka|sten,** der (Technik): *in große Wassertiefen versenkbarer Kasten aus Stahl od. Beton mit erhöhtem Druck im Innern, der Arbeiten unter Wasser ermöglicht; Caisson;* **Senk|lot,** das (Bauw.): *Lot* (1 a); **senk|recht** ⟨Adj.⟩ [nach der Vorstellung des an einer

Senkrechte

Schnur gerade nach unten hängenden Senkbleis): **1. a)** (Geom.) *(mit einer Geraden o. ä.) einen rechten Winkel bildend:* eine [zu der Strecke AB] -e Gerade; die Schenkel des Winkels stehen s. aufeinander; **b)** *in einer geraden Linie von unten nach oben od. von oben nach unten verlaufend:* -e Wände, Stäbe, Linien; der Rauch steigt s. in die Höhe; die Felswand ragt fast s. empor; bleib, halt dich s.! (ugs.; *fall nicht um!*); R immer [schön] s. bleiben! (ugs.; *immer Haltung, Fassung bewahren!*); * **das einzig Senkrechte** (ugs.; *das einzig Richtige*). **2.** (schweiz., sonst ugs.) *aufrecht, rechtschaffen:* ein -er Eidgenosse, Bürger, Mann; daß Rachamim sich so verhalten habe, wie jeder -e Schweizer es an seiner Stelle ... auch getan hätte (NZZ 732, 1969, 17); ein -er Junge; eine -e Type; **Senk|rech|te,** die; -n, -n: **a)** (Geom.) *Lot* (3); **b)** *senkrechte* (1 b) *Linie:* zwei S./-n; In der Folge der Perspektive gibt es in der Ferne keine auffallend großen -n (Fotomagazin 8, 1967, 41); **Senk|recht|start,** der: *Start, bei dem ein Flugzeug o. ä. sich senkrecht in die Luft hebt;* **Senk|recht|star|ter,** der: **1.** *Coleopter.* **2.** (ugs.) *jmd., der ohne lange Anlaufzeit eine ungewöhnlich steile Karriere macht; etw., was plötzlich ungewöhnlich großen Erfolg hat:* ein S. in der Politik sein; Wie ihr Sexfilm, so entpuppte sich auch ihr Sexbuch als S. (Spiegel 46, 1969, 108); **Senk|recht|star|te|rin,** die; -, -nen (ugs.): w. Form zu ↑Senkrechtstarter (2); **Senk|recht|start|flug|zeug,** das: *Coleopter,* **Senk|reis,** das (selten): *Setzling, Steckling, Ableger;* **Senk|rü|cken,** der: *(bei bestimmten Tieren, bes. bei Pferden) Rücken, bei dem die Wirbelsäule nach unten durchgebogen ist;* **Senk|ru|der,** das (Segeln): *(bei Jollen übliches) heb- u. senkbares Ruder zum Optimieren der Steuerfähigkeit unter verschiedenen Segelbedingungen;* **Senk|schacht,** der: *Senkgrube;* **Senk|schnur,** die: *Lotleine;* **Senk|schwert,** das (Schiffbau): *drehbar gelagertes Schwert* (2); **Senk|ung,** die; -, -en: **1.** ⟨o. Pl.⟩ *das Senken* (1). **2.** ⟨o. Pl.⟩ *das Senken* (5 b): die S. der Steuern, Löhne, des Konsums; eine S. der Zinsen um 0,4%; Bekämpfung von Infektionskrankheiten durch S. abnorm hoher Temperaturen (Medizin II, 15). **3.** (Geol.) *das Sichsenken von Teilen der Erdkruste, das bei vulkanischer Aktivität, bei Gebirgsbildung u. a. auftritt:* dabei kommt es zu -en. **4.** (selten) *Senke:* dazu mußte lediglich eine flache S. ... durchquert werden (Doderer, Abenteuer 23). **5.** (Verslehre) *unbetonte Silbe eines Wortes im Vers.* **6.** (Med.) kurz für ↑ Blutsenkung: -en und Blutbilder zeigten Übliches (Lentz, Muckefuck 157); eine S. machen. **7.** (Med.) *Deszensus* (2); **Senk|ungs|ab|szeß,** der (Med.): *Abszeß, der entfernt von der Stelle, an der er sich gebildet hat, an die Körperoberfläche gelangt;* **Senk|ungs|feld,** das (Geol.): *von Verwerfungen begrenztes Gebiet mit durch Senkung (3) entstandenen Vertiefungen;* **Senk|ungs|ge|schwin|dig|keit,** die (Med.): *Geschwindigkeit, mit der eine Blutsenkung abläuft;* **Senk|ungs|kü|ste,** die (Geogr.): *durch Ingression entstandene Küste;* **Senk|waa-ge,** die: *Aräometer;* **Senk|wei|he,** die ⟨meist Pl.⟩ (Med.): *Vorwehe.*

Senn, der; -[e]s, -e [spätmhd. senne, ahd. senno, wohl aus dem Kelt. u. viell. eigtl. = Melker] (bayr., österr., schweiz.): *Almhirt, der auf der Alm die Milch zu Butter u. Käse verarbeitet.*

Sen|na, die; - [nlat. Cassia senna]: *Sennesblätter.*

¹**Sen|ne,** der; -n, -n (bayr., österr.): ↑Senn;
²**Sen|ne,** die; -, -n [mhd. senne] (bayr., österr.): *Alm;* **sen|nen** ⟨sw. V.; hat⟩ (bayr., österr.): *als Senn[in] arbeiten;* **Sen|nen|hund,** der: *(urspr. zum Almauftrieb u. zum Hüten der Herden auf den Almen eingesetzter) kräftig gebauter, mittelgroßer Hund mit breitem Kopf u. Hängeohren;* **Sen|ner,** der; -s, - [mhd. sennære] (bayr., österr. seltener): *Senn;* **Sen|ne|rei,** die; -, -en (bayr., österr., schweiz.): *Alm, auf der die Milch zu Butter u. Käse verarbeitet wird;* **Sen|ne|rin,** die; -, -nen (bayr., österr.): w. Form zu ↑Senner.

Sen|nes|blät|ter ⟨Pl.⟩ [mhd. sene = Sennespflanze, -blatt < mlat. sene < arab. sannā]: *Blätter verschiedener Arten der Kassie;* **Sen|nes|blät|ter|tee,** der: *aus Sennesblättern gebrauter Tee, der als Abführmittel verwendet wird;* **Sen|nes|pflan|ze,** die: *Kassie;* **Sen|nes|scho|te,** die: *Frucht der Sennespflanze.*

Senn|hüt|te, die; -, -n (bayr., österr.): *Almhütte;* **Sen|nin,** die; -, -nen (bayr., österr. seltener): w. Form zu ↑Senn; **Senn|tum,** das; -s, ...tümer (schweiz.): *Herde eines Sennen;* **Senn|wirt|schaft,** die (bayr., österr.): **1.** ⟨o. Pl.⟩ *Milchwirtschaft, bei der die Milch im Sommer auf der Alm verarbeitet wird.* **2.** *Sennerei.*

Se|non, das; -s [nach dem keltischen Stamm der Senonen] (Geol.): *zweitjüngste Stufe der oberen Kreideformation;* **se|no|nisch** ⟨Adj.⟩ (Geol.): *das Senon betreffend, im Senon entstanden.*

Se|ñor [sɛn'joːɐ̯], der; -, -es [span. señor < lat. senior, ↑Senior]: **1.** *(in Spanien) Bezeichnung u. Anrede eines Herrn.* **2.** *(in Spanien) Herr* (3)*, Besitzer;* **Se|ño|ra,** die; -, -s [span. señora]: w. Form zu ↑Señor; **Se|ño|ri|ta,** die; -, -s [span. señorita]: *(in Spanien) Bezeichnung u. Anrede eines Mädchens, einer unverheirateten [jungen] Frau.*

Sen|sal, der; -s, -e [ital. sensale < arab. simsār, aus dem Pers.] (österr.): *freiberuflich tätiger Makler;* **Sen|sa|lie,** die; -, -n, **Sen|sa|rie,** die; -, -n (österr.): *Maklergebühr.*

Sen|sa|ti|on, die; -, -en [frz. sensation, eigtl. = Empfindung < mlat. sensatio, zu spätlat. sensatus = empfindend, zu lat. sensus, ↑sensuell]: **1.** *aufsehenerregendes, unerwartetes Ereignis; aufsehenerregende, außergewöhnliche Leistung, Darbietung:* eine technische, archäologische, medizinische S. [ersten Ranges]; er, sein Auftritt war die S. des Abends; ihre Hochzeit war die S. des Jahres; die Rede des Außenministers war eine politische S.; der Roman war eine literarische S.; der Journalist witterte eine S.; das [Fernseh-, Zirkus]publikum will -en sehen; Höfgen spielt dem wohlhabenden Publikum des Berliner Westens die äußerste Entartung vor, und er macht S. (*erregt Aufsehen;* K. Mann, Mephisto 202); mit dem Film sorgte er bei dem Festival für eine S.; der Prozeß, die Geschichte riecht nach S.; etw. als, zur S. aufbauschen, zur S. machen. **2.** (Med.) *subjektive körperliche Empfindung, Gefühlsempfindung* (z. B. Hitzewallung bei Aufregungen): Ein Regentag, eine Reise, die physischen -en von Kälte, Hunger ... (K. Mann, Wendepunkt 22); Er fuhr zur Autobahn hinaus, weil er die S. genießen wollte, den Wagen auszufahren und zugleich die Zärtlichkeit zu spüren (Kuby, Rosemarie 19); **sen|sa|tio|nell** ⟨Adj.⟩ [frz. sensationnel, zu: sensation, ↑Sensation]: *[unerwartet u.] großes Aufsehen erregend:* eine -e Nachricht, Story, Erfindung; ein -es Buch; ein -er Kriminalfall; ein -er archäologischer Fund; einen -en Sieg erringen; einen -en Rekord aufstellen; der Prozeß nahm eine -e Wendung; seine Fähigkeiten sind s.; der Erfolg war s.; eine s. aufgemachte Story; sie haben das Spiel s. hoch gewonnen ⟨subst.:⟩ er bittet um Verständnis für Schillers „Lust am höheren Indianerspiel, am Abenteuerlichen und psychologisch Sensationellen" (Reich-Ranicki, Th. Mann 71); **Sen|sa|ti|ons|be|dürf|nis,** das: vgl. Sensationsgier: dem S. des Publikums entgegenkommen; **Sen|sa|ti|ons|blatt,** das: vgl. Sensationspresse; **Sen|sa|ti|ons|gier,** die (abwertend): *Gier nach Sensationen* (1 a): die S. des Publikums; er sieht sich die Sendung nur aus S. an; **Sen|sa|ti|ons|ha|sche|rei,** die; -, -en ⟨Pl. selten⟩ (abwertend): *Verhalten, das darauf abzielt, Ereignisse zu Sensationen aufzubauschen, so Aufsehen zu erregen:* das ist alles nur S.; jmdn. der S. bezichtigen; Die Prozesse sind auch deshalb - jenseits der S. - beachtet worden, weil ... (Noack, Prozesse 68); **Sen|sa|ti|ons|hun|ger,** der (abwertend): vgl. Sensationsgier; **sen|sa|ti|ons|hung|rig** ⟨Adj.⟩ (abwertend): vgl. sensationslüstern; **Sen|sa|ti|ons|jour|na|lis|mus,** der (abwertend): *Jornalismus im Stil der Sensationspresse;* **Sen|sa|ti|ons|lust,** die (abwertend); **sen|sa|ti|ons|lü|stern** ⟨Adj.⟩ (abwertend): *lüstern nach Sensationen* (1 a): eine -e Menge; **Sen|sa|ti|ons|ma|che,** die (abwertend): *das Aufbauschen eines Ereignisses zur Sensation:* der Verdacht ..., dies sei nur eine der S. dienliche journalistische Erfindung (Wilhelm, Unter 93); **Sen|sa|ti|ons|mel|dung,** die: *sensationelle Meldung;* **Sen|sa|ti|ons|nach|richt,** die: vgl. Sensationsmeldung; **Sen|sa|ti|ons|pres|se,** die (abwertend): *Presse, die Ereignisse zu Sensationen aufbauscht;* **Sen|sa|ti|ons|pro|zeß,** der: *sensationeller Prozeß;* **Sen|sa|ti|ons|sieg,** der (bes. Sport): *sensationeller Sieg;* **Sen|sa|ti|ons|sie|ger,** der (bes. Sport): *jmd., der einen Sensationssieg errungen hat;* **Sen|sa|ti|ons|sie|ge|rin,** die (bes. Sport): w. Form zu ↑Sensationssieger; **Sen|sa|ti|ons|sucht,** die (abwertend): vgl. Sensationsgier; **sen|sa|ti|ons|süch|tig** ⟨Adj.⟩ (abwertend): vgl. sensationslüstern.

Sen|se, die; -, -n [mhd. sense (md.), segens(e), ahd. segensa, eigtl. = die Schneidende]: *Gerät zum Mähen, dessen* *langes, bogenförmig gekrümmtes, am freien Ende allmählich spitz zulaufendes Blatt* (5) *rechtwinklig am langen Stiel befestigt ist:* die S. dengeln; das Gras mit der S. mähen; * S. sein (salopp; *Schluß sein;* H. u., viell. wird mit „Sense" angedeutet, daß etw. abgeschnitten, umgemäht werden soll): Nun ist aber S. mit der Debatte! (Kant, Impressum 353); nach neun Jahren Gruppenmusik war S. (Hörzu 25, 1973, 42); bei mir ist jetzt S. *(ich habe endlich genug davon, mache Schluß);* [jetzt ist] S.!; **sen|sen** ⟨sw. V.; hat⟩ (selten): *mit der Sense mähen;* **Sen|sen|baum,** der: *Sensenwurf;* **Sen|sen|blatt,** das: *Blatt* (5) *einer Sense;* **sen|sen|för|mig** ⟨Adj.⟩: *in der Art eines Sensenblattes bogenförmig gekrümmt;* **Sen|sen|griff,** der: *(am Sensenstiel befestigter) Griff einer Sense;* **Sen|sen|mann,** der: **1.** (veraltet selten) *mit einer Sense mähender Mann, Schnitter.* **2.** *(den Tod* 1 *verkörperndes) menschliches Gerippe mit einer Sense:* der Tod als S.; Ü (Michel) Foucault erwartete den S. (verhüll.; *seinen Tod*) mit Heiterkeit (Spiegel 14, 1993, 5; **Sen|sen|schmied,** der (früher): *Schmied, der Sensenblätter herstellt;* **Sen|sen|stein,** der: *Wetzstein zum Schärfen der Sense;* **Sen|sen|wurf,** der: *Stiel einer Sense.*

sen|si|bel ⟨Adj.; ...bler, -ste⟩ [frz. sensible < lat. sensibilis = der Empfindung fähig, zu: sentire, ↑Sentenz]: **1.** *von besonderer Feinfühligkeit; seelisch leicht beeinflußbar; empfindsam:* ein sehr sensibler Mensch; ein sensibles Kind; sie ist, wirkt sehr s.; Ü eine Creme für die besonders sensible Haut um die Augen; durch das ökologisch sensible Terrain (natur 2, 1991, 68); jemand wie Herr Noss, der offensichtlich nicht s. ist für die tiefgreifenden Probleme des Kontaktsperregesetzes (Saarbr. Zeitung 15./16. 12. 79, II); die Instrumente reagieren sehr s.; Wir wählten die badische Froschschenkelsuppe ..., die s. ... mit feinen Kräutern gewürzt ... war (Saarbr. Zeitung 5. 10. 79, 41). **2.** (Med.) *empfindlich gegenüber Schmerzen u. Reizen von außen; schmerzempfindlich:* sensible Nerven. **3.** *besonders viel Sorgfalt, Umsicht, Fingerspitzengefühl o. ä. erfordernd, heikel:* Im -sten Bereich, nämlich für die Gewissensprüfung, wird sie (= die Militärjustiz) ja verschwinden (Tages-Anzeiger 26. 11. 91, 11); Je sensibler die Daten, desto schwieriger werde der Zugang (Wiesbadener Kurier 12. 5. 84, 6); Weil die USA ... Restriktionen für den Export sensibler Güter verfügten (Weltwoche 26. 7. 84, 22); **Sen|si|bel|chen,** das; -s, - (ugs.): *übermäßig sensibles, leicht zu verletzender od. zu verunsichernder Mensch:* er, sie ist ein S.; **Sen|si|bi|li|sa|tor,** der; -s, ...oren (Fot.): *Farbstoff, der die Empfindlichkeit fotografischer Schichten für rotes u. gelbes Licht erhöht;* **sen|si|bi|li|sie|ren** ⟨sw. V.; hat⟩: **1.** (bildungsspr.) *sensibel* (1), *empfindlich machen (für die Aufnahme von Reizen u. Eindrücken):* sie ist durch dieses Erlebnis für das Leid der Flüchtlinge sensibilisiert worden; Sie fühlten sich ... von seinen Texten „sensibilisiert" (Spiegel 50, 1976, 196). **2.** (Med.) *(den Organismus) gegen bestimmte Antigene empfindlich machen, die Bildung von Antikörpern bewirken:* wenn ein gerade geborenes Kind seine Rh-negative Mutter sensibilisiert hat (MM 19. 6. 68, 3); Der Allergiker, der sich ... gegen Rindereiweiß sensibilisiert hat (Reform-Rundschau 10, 1969, 13). **3.** (Fot.) *(von Filmen) mit Hilfe von Sensibilisatoren lichtempfindlich machen;* **Sen|si|bi|li|sie|rung,** die; -, -en: *das Sensibilisieren;* **Sen|si|bi|lis|mus,** der; - (bildungsspr. selten): *[hochgradige] Empfindlichkeit für äußere Eindrücke, Reize;* **Sen|si|bi|list** (bildungsspr. selten): *jmd., der für äußere Eindrücke [sehr] empfindlich ist;* **Sen|si|bi|li|stin,** die; -, -nen (bildungsspr. selten): *w. Form zu* ↑Sensibilist; **Sen|si|bi|li|tät,** die; - [frz. sensibilité < spätlat. sensibilitas = Empfindbarkeit, zu lat. sensibilis, ↑sensibel]: **1.** (bildungsspr.) *das Sensibelsein* (1). **2.** (Med.) *Reiz-, Schmerzempfindlichkeit (des Organismus u. bestimmter Teile des Nervensystems).* **3.** (Fot.) *(von Filmen) [Licht]empfindlichkeit.* **4.** (Elektrot.) *Eigenschaft eines Funkempfängers, auf gesendete Impulse zu reagieren;* **Sen|sil|le,** die; -, -n, **Sen|sil|lum,** das; -s, ...la (meist Pl.) [nlat., zu lat. sensus, ↑Sensus] (Biol.): **1.** *aus mehreren Zellelementen bestehendes einfaches Sinnesorgan bei Gliederfüßern, das – mit anderen zusammengeschlossen – ein zusammengesetztes Sinnesorgan bildet.* **2.** *einfaches Sinnesorgan der Haut bei Wirbeltieren;* **sen|si|tiv** ⟨Adj.⟩ [frz. sensitif < mlat. sensitivus, zu lat. sentire, ↑Sentenz] (bildungsspr.): *von übersteigerter Feinfühligkeit; überempfindlich:* die empfindsame und geängstigt, -e Seele (Gehlen, Zeitalter 63); je -er der Charakter ist, desto spezifischer wird er auf Schuldkomplexe ... antworten (Kretschmer, Beziehungswahn 12); **sen|si|ti|vie|ren** ⟨sw. V.; hat⟩ (Fot.): *fotografische Schichten stark empfindlich machen;* **Sen|si|ti|vi|tät,** die; - (bildungsspr.): *sensitives Verhalten; sensitive Beschaffenheit;* **Sen|si|ti|vi|täts|trai|ning,** das (Psych.): *Sensitivity-Training;* **Sen|si|ti|vi|ty-Trai|ning** [sɛnsɪ'tɪvətɪ...], das; -s [engl. sensitivity training, aus: sensitivity = Sensibilität u. training, ↑Training] (Psych.): *gruppentherapeutische Methode zur Beseitigung von Hemmungen durch den Ausdrücken von Gefühlen;* **Sen|si|to|me|ter,** das [↑-meter (1)] (Fot.): *Gerät zur Messung der Empfindlichkeit fotografischer Platten u. Filme;* **Sen|si|to|me|trie,** die; - [↑-metrie] (Fot.): *Verfahren zur Messung der Empfindlichkeit fotografischer Platten u. Filme;* **Sen|so|mo|bi|li|tät,** die; - [zu ↑Sensus u. ↑Mobilität] (Med.): *das Zusammenstimmen der sensiblen* (2) *mit den motorischen Nerven bei der Steuerung willkürlicher Bewegungsabläufe;* **Sen|so|mo|to|rik,** Sensumotorik [auch: - - -'- -], die; - [zu ↑Sensus u. ↑Motorik] (Med., Psych.): *Gesamtheit des durch Reize bewirkten Zusammenspiels von Sinnesorganen u. Muskeln;* **sen|so|mo|to|risch,** sensumotorisch ⟨Adj.⟩ (Med., Psych.): *die Sensomotorik betreffend, auf ihr beruhend;* **Sen|sor,** der; -s, ...oren [engl. sensor, zu lat. sensus, ↑sensuell] (Technik): **1.** *Meßfühler.* **2.** *durch bloßes Berühren zu betätigende Schaltvorrichtung bei elektronischen Geräten;* **sen|so|ri|ell** ⟨Adj.⟩ (Med.): *sensorisch;* **Sen|so|rik,** die; -, -, -en: *Teilgebiet der Meßtechnik, das sich mit der Entwicklung u. dem Einsatz von Sensoren befaßt;* **sen|so|risch** ⟨Adj.⟩ (Med.): *die Sinnesorgane, die Aufnahme von Sinnesempfindungen betreffend:* -e Nerven; **Sen|so|ri|um,** das; -s, ...rien [spätlat. sensorium = Sitz der Empfindung]: **1.** (Med.) **a)** (veraltet) *Bewußtsein;* **b)** ⟨Pl.⟩ *Gebiete der Großhirnrinde, in denen Sinnesreize bewußt werden.* **2.** (bildungsspr.) *Empfindungsvermögen, Gespür:* ihm ist S. für etw. zu entwickeln, haben; daß ihr (= der Gesellschaft) das S. dafür fehlt, die Wahrheit noch erkennen zu können (Zwerenz, Kopf 117); **Sen|sor|tal|ste,** die: *Sensor* (2); **Sen|sor|tech|nik,** die: *Sensorik;* **Sen|sua|lis|mus,** der; - [zu spätlat. sensualis, ↑sensuell] (Philos.): *Lehre, nach der alle Erkenntnis allein auf Sinneswahrnehmungen zurückzuführen ist;* **Sen|sua|list,** der; -en, -en: *Anhänger, Vertreter des Sensualismus* (1); **Sen|sua|li|stin,** die; -, -nen: *w. Form zu* ↑Sensualist; **sen|sua|li|stisch** ⟨Adj.⟩: **1.** *den Sensualismus* (1) *betreffend.* **2.** (bildungsspr. veraltet) *sinnlich:* Kreuders Sprache ist nicht neu. Aber sie bekundet -e Qualitäten (Deschner, Talente 170); **Sen|sua|li|tät,** die; - [spätlat. sensualitas] (Med.): *Empfindungsvermögen (der Sinnesorgane);* **sen|su|ell** ⟨Adj.⟩ [frz. sensuel < spätlat. sensualis = sinnlich, zu lat. sensus = Sinn, Wahrnehmung, zu: sentire, ↑Sentenz]: **1.** (bildungsspr. veraltet) *sinnlich:* die jüngere, Carla, beeindruckte die Herrenwelt durch -en Charme (K. Mann, Wendepunkt 12). **2.** *die Sinne, die Sinnesorgane betreffend; sinnlich wahrnehmbar;* **Sen|su|mo|to|rik:** ↑Sensomotorik; **sen|su|mo|to|risch:** ↑sensomotorisch; **Sen|sus,** der; -, - [...suːs] [lat. sensus = Wahrnehmung, Empfindung, Bewußtsein, Gefühl, zu: sentire, ↑Sentenz]: **1.** (Med.) *Empfindungsvermögen (eines Sinnesorgans).* **2.** * einen, keinen S. für etw. haben/besitzen (ugs.; *Gespür, kein Gespür für etw. haben):* daß ... ein Politiker aus den neuen Ländern dafür einen besonderen S. besitzt (Spiegel 44, 1992, 43); **Sen|sus com|mu|nis,** der; - - [lat. sensus communis = die allgemein herrschende Meinung] (bildungsspr.): *gesunder Menschenverstand.*

◆ **Sen|te,** die; -, -n [auch: Sennte, zu ↑²Senne]: *(im österr. u. schweiz. Sprachgebrauch) Herde Kühe und der* ²Senne: ... ein reicher Mann. Er hat wohl zehen -n auf den Alpen (Schiller, Tell IV, 3).

Sen|tenz, die; -, -en [mhd. sentenzie < lat. sententia = Meinung; Urteil; Sinn(spruch), Gedanke, zu: sentire (2. Part.: sensum) = fühlen, wahrnehmen, empfinden; urteilen, denken]: **1.** (bildungsspr.) *kurz u. treffend formulierter, einprägsamer Ausspruch, der Allgemeingültigkeit beansprucht; Sinnspruch, Denkspruch:* Eine dunkle, aber schlagende S. war ihm geglückt (Werfel, Tod 50); „Wer verliert", sagte er darauf, seine S. wiederholend, „wird vorsichtig" (Apitz, Wölfe 339). **2.** ⟨Pl.⟩ (Theol.) *die fundamentalen theologischen Lehrsätze der Kirchenväter u. der Heiligen Schrift enthaltende Samm-*

sentenzartig 3082

lung. **3.** ([Rechtsspr.] veraltet) *richterliches Urteil, Urteilsspruch:* ♦ *wenn Ew. Gnaden erlauben, fäll' ich jetzo die S.* (Kleist, Krug 11); *Ist die S. an Cawdor schon vollstreckt?* (Schiller, Macbeth II, 7); **sen|tenz|ar|tig** ⟨Adj.⟩ (bildungsspr.): *sentenziös* (a); **sen|tenz|haft** ⟨Adj.⟩ (bildungsspr.): *sentenziös* (a); **sen|ten|zi|ös** ⟨Adj.⟩ [frz. sentencieux, zu: sentence = Sentenz < lat. sententia, ↑ Sentenz] (bildungsspr.): **a)** *in der Art einer Sentenz* (1); *knapp u. pointiert formuliert;* **b)** *reich an Sentenzen* (1); **Sen|ti|ment** [säti'mã], das; -s, -s [frz. sentiment < mlat. sentimentum, zu lat. sentire, ↑ Sentenz] (bildungsspr.): **a)** *Empfindung, Gefühl: Das S. für die Natur ist dem Süden fremd* (Fest, Im Gegenteil 225); *Berlinisch-jüdisches S. öffnete dem ... Dichter um 1800 die Herzen der Stadt* (Jacob, Kaffee 178); *Dieser Tote hatte nicht gewußt, was es ihn kostet, -s durch helle, harte Vernunft zu unterdrücken* (Feuchtwanger, Erfolg 708); **b)** (selten) *Gefühl der Voreingenommenheit od. Reserviertheit:* die Möglichkeiten unserer Gesellschaft ohne -s nutzen; **sen|ti|men|tal** ⟨Adj.⟩ [engl. sentimental, zu: sentiment < frz. sentiment, ↑ Sentiment]: **a)** (oft abwertend) *allzu gefühlsbetont;* [übertrieben] *gefühlvoll; rührselig:* -e Lieder, Filme, Geschichten; du bist 'n -er, wehleidiger Tropf (Ott, Haie 58); in -er Stimmung sein; Sonnenuntergänge an der See machen mich s.; ihre Briefe klingen s.; er sang sehr s.; **b)** (selten) *empfindsam* [u. leicht schwärmerisch, romantisch]: die ... Schwierigkeit war, den wissenschaftlichen Text in eine -e Form zu bringen (Praunheim, Sex 6); die dann zur Zeit Rousseaus zu einer -en Naturbegeisterung wurden (Mantel, Wald 10); **Sen|ti|men|tal|le**, die; -n, -n ⟨Dekl. ↑ Abgeordnete⟩: *Schauspielerin, die das Rollenfach der jugendlich-sentimentalen* (b) *Liebhaberin vertritt;* **sen|ti|men|ta|lisch** ⟨Adj.⟩: **a)** (veraltet) *sentimental* (a); **b)** (Literaturw.) *die verlorengegangene ursprüngliche Natürlichkeit durch Reflexion wiederzugewinnen suchend;* **sen|ti|men|ta|li|sie|ren** ⟨sw. V.; hat⟩ (veraltet): *sich überspannt benehmen, aufführen;* **Sen|ti|men|ta|li|tät**, die; -, -en [engl. sentimentality, zu: sentimental, ↑ sentimental] (oft abwertend): **1.** ⟨o. Pl.⟩ *sentimentale Art; allzu große Empfindsamkeit; Rührseligkeit:* seine S. legt mir nicht; S. empfinden; von S. triefende Tierliebe. **2.** ⟨meist Pl.⟩ *etw., worin sich Sentimentalität* (1) *ausdrückt:* mit solchen -en ist niemandem wirklich geholfen; keine Zeit für -en haben.

Se|nus|si, der; -, - u. ...ssen [nach dem Gründer Mohammed Ibn Ali As-Senussi (um 1791-1859)]: *Anhänger eines islamischen Ordens.*

sen|za ⟨Adv.⟩ [ital. senza, zu lat. absentia = Abwesenheit] (Musik): *ohne* (meist in Verbindung mit einer Vortragsanweisung): s. pedale *(ohne Pedal)*; s. sordino *(ohne Dämpfer)*; s. tempo *(ohne bestimmtes Zeitmaß).*

Se|oul [se'u:, korean.: sɔul]: *Hauptstadt von Südkorea.*

Se|pal|lum, das; -s, ...alen ⟨meist Pl.⟩ [nlat. Bildung zu frz. sépale = Kelchblatt] (Bot.): *Kelchblatt.*

Se|pa|ran|dum, das; -s, ...da ⟨meist Pl.⟩ [zu lat. separandum = das Abzusondernde, Gerundiv von: separare, ↑ separieren] (Med.): *Arzneimittel, das gesondert aufbewahrt wird* (z. B. Opiate, Gift); **se|pa|rat** ⟨Adj.⟩ [lat. separatums, adj. 2. Part. von: separare, ↑ separieren]: *als etw. Selbständiges von etw. anderem getrennt; für sich; gesondert:* die Souterrainwohnung hat einen -en Eingang; über diesen Posten hätte ich gern eine -e Rechnung; zwei der am Krieg beteiligten Staaten hatten schon einen -en Frieden geschlossen; die einzelnen Bände sind auch s. erhältlich; s. wohnen; Meine Autogrammpost wird ... s. bearbeitet (DM 45, 1965, 14); **Se|pa|rat-**: *kennzeichnet in Bildungen mit Substantiven eine Sache als etw. Gesondertes, von anderem Getrenntes:* Separatgespräch, -interesse; **Se|pa|ra|ta**: Pl. von ↑ Separatum; **Se|pa|rat|ab|kom|men**, das: vgl. Separatfriede[n]; **Se|pa|rat|druck**, der ⟨Pl. -e⟩: *Sonderdruck;* **Se|pa|rate** ['sɛp(ə)rɪt], das; -s, -s [engl. separates (Pl.), zu: separate = getrennt, gesondert < lat. separatum, ↑ separat] (Mode): *zwei- od. dreiteilige Kombination* (2), *deren Einzelteile man auch getrennt tragen kann:* ein sportlich-elegantes S.; **Se|pa|rat|ein|gang**, der: *separater Eingang;* **Se|pa|rat|frie|de, Se|pa|rat|frie|den**, der: *Frieden, der nur mit einem von mehreren Gegnern, nur einseitig von einem der Bündnispartner mit dem Gegner abgeschlossen wird;* **Se|pa|rat|frie|dens|ver|trag**, der: vgl. Separatfriede; **Se|pa|ra|ti|on**, die; -, -en [lat. separatio = Absonderung, zu: separare, ↑ separieren]: **1.** *Gebietsabtrennung (zur Angliederung an einen anderen Staat od. zur politischen Verselbständigung).* **2.** (veraltend) *Absonderung, Trennung:* ein Lokal, wo ... die Offiziere ... gern unter sich gewesen wären, aber so ganz ließ sich die S. nicht durchführen (Kuby, Sieg 307). **3.** (bes. im 18. u. 19. Jh.) *Verfahren zur Beseitigung der Gemengelage; Flurbereinigung;* **Se|pa|ra|tis|mus**, der; - [vgl. engl. separatism] (oft abwertend): *(im politischen, kirchlich-religiösen od. weltanschaulichen Bereich) Streben nach Separation* (1, 2), *bes. nach Gebietsabtrennung, um einen eigenen Staat zu gründen;* **Se|pa|ra|tist**, der; -en, -en [engl. separatist, urspr. = religiöser Sektierer, zu: to separate = trennen < lat. separare] (oft abwertend): *Vertreter, Anhänger des Separatismus;* **Se|pa|ra|ti|stin**, die; -, -nen (oft abwertend): w. Form zu ↑ Separatist; **se|pa|ra|ti|stisch** ⟨Adj.⟩ (oft abwertend): *den Separatismus betreffend, ihn vertretend:* -e Bestrebungen, Tendenzen; Diese -en Gauner werden sich nicht lange ihres Sieges erfreuen (Marchwitza, Kumiaks 154); **Se|pa|ra|tiv** [auch: 'ze:...], der -s, -e [zu spätlat. separativus = trennend] (Sprachw.): **a)** *Kasus, der eine Trennung od. Absonderung von etw. angibt* (z. B. der Ablativ im Lat.); **b)** *Wort, Ausdruck im Separativ* (a); **Se|pa|ra|tor**, der; -s, ...oren [lat. separator = Trenner] (Technik): *Vorrichtung, Gerät, das die verschiedenen Bestandteile eines Gemisches, Gemenges o. ä. voneinander trennt;* **Se|pa|rat|staat**, der: *Staat, der auf einem Teil des Gebiets eines einheitlichen Staats gebildet worden ist;* **Se|pa|ra|tum**, das; -s, ...ta ⟨meist Pl.⟩: *Exemplar eines Sonderdruckes* (1); **Se|pa|rat|ver|trag**, der: vgl. Separatfriede[n]; **Sé|pa|rée** [zepa're:], das; -s, -s: kurz für ↑ Chambre séparée; **se|pa|rie|ren** ⟨sw. V.; hat⟩ [spätmhd. seperieren < lat. separare = absondern, trennen; 2: frz. séparer < lat. separare, eigtl. = etw. für sich gesondert bereiten, zu: se(d) = für sich; beiseite u. parare = bereiten]: **1.** (Fachspr.) *mit Hilfe eines Separators trennen.* **2.** (veraltend) *absondern, trennen:* die Gesunden von den Kranken s.; Zwei weitere Genossen separieren unauffällig die kleine Gruppe von den übrigen (Bredel, Prüfung 288); Nicht von dem Bundesrepublik will sich das Ulbricht-Regime s., sondern ... von dem deutschen Volk (FAZ 4. 10. 61, 11); separiertes Zweibettzimmer ab 500,– (Kronen-Zeitung 6. 10. 68, 55).

Se|phar|dim ⟨Pl.⟩ [nach dem Namen einer im A. T. genannten, später auf Spanien bezogenen Landschaft]: *die spanisch-portugiesischen u. die orientalischen Juden;* **se|phar|disch** ⟨Adj.⟩: *die Sephardim betreffend, zu ihnen gehörend;* **Se|phar|disch**, das; -[s], u. ⟨nur mit best. Art.:⟩ **Se|phar|di|sche**, das; -n: ²*Ladino* (a).

se|pia ⟨indekl. Adj.⟩ [zu ↑ Sepia (2)]: *von stumpfem Grau- od. Schwarzbraun;* **Sepia**, die; -, Sepien [lat. sepia < griech. sēpía = Tintenfisch]: **1.** *zehnarmiger Kopffüßer* (z. B. Tintenfisch). **2.** ⟨o. Pl.⟩ *aus einem Drüsensekret der Sepia* (1) *gewonnener grau- bis schwarzbrauner Farbstoff;* **se|pia|braun** ⟨Adj.⟩: *sepia;* **Se|pia|knochen**, der: *Schulp;* **Se|pia|pau|se**, die: *Lichtpause mit bräunlicher Zeichnung;* **Se|pia|schal|le**, die: *Schulp;* **Se|pia|zeich|nung**, die: *Feder- od. Pinselzeichnung mit aus Sepia* (2) *hergestellter Tinte, Tusche;* **Sepie**, die; -, -n: ↑ Sepia (1); **Se|pio|lith** [auch: ...'lɪt], der; -s, -e[n] [zu ↑ Sepia (2) u. ↑ -lith]: *Meerschaum.*

Se|poy ['zi:pɔy], der; -s, -s [engl. sepoy < Hindi sipāhī < pers. sipāhī = Soldat, Krieger] (früher): *eingeborener Soldat des englischen Heeres in Indien.*

Sep|pel|ho|se, Sepplhose, die [nach der (bes. in Bayern häufigen) landsch. Kurzf. „Seppl" des m. Vorn. Josef]: *kurze [Trachten]lederhose mit Trägern;* **Seppel|hut**, Sepplhut, der: *meist mit einem Gemsbart u. Zierband geschmückter Trachtenhut für Männer;* **Sęppl|ho|se** usw.: ↑ Seppelhose usw.

Sep|pu|ku, das; -[s], -s [jap.] (selten): *Harakiri.*

Sep|sis, die; -, Sepsen [griech. sēpsis = Fäulnis] (Med.): *Blutvergiftung.*

Sept, die; -, -en (Musik): *Septime;* **Sept.** = September.

Sep|ta: Pl. von ↑ Septum.

Sept|ak|kord, der (Musik): *Septimenakkord.*

Sep|ta|rie, die; -, -n [zu lat. saeptum = Umzäunung, zu: saepire = umzäunen, einhegen] (Geol.): *von radialen Rissen durchzogene, meist knollige Konkretion* (2) *in Ton u. Mergel.*

Sęp|te, die; -, -n (Musik): *Sept;* **Sęp|tem**

ar|tes li|be|ra|les ⟨Pl.⟩ [lat., zu lat. septem = sieben u. artes liberales, ↑ Artes liberales]: *Artes liberales;* **Sep|tem|ber,** der; -[s], - [mhd. september < lat. (mensis) September = siebenter Monat (des römischen Kalenders), zu: septem = sieben]: *neunter Monat des Jahres;* Abk.: Sept.; ◆ **Sep|tem|bri|sier|te,** der u. die ⟨Dekl. ↑ Abgeordnete⟩: *Opfer der sogenannten Septembermorde, der u. a. von Marat veranlaßten Massenmorde während der Französischen Revolution vom 2.–6. September 1792:* Er (= Danton) ist wie der hörnerne Siegfried; das Blut der -n hat ihn unverwundbar gemacht (Büchner, Dantons Tod III, 6); **Sep|te|nar,** der; -s, -e [lat. septenarius, zu: septeni = je sieben, zu: septem = sieben] (Verslehre): *(in der römischen Metrik) achthebiger, meist trochäischer Vers, bei dem der letzte Versfuß unvollständig ist;* **sept|en|nal** ⟨Adj.⟩ [spätlat. septennālis, zu lat. septem = sieben u. annus = Jahr] (veraltet): *sieben Jahre dauernd, siebenjährig;* **Sept|en|nat,** das; -[e]s, -e [zu lat. sept(u)ennis = siebenjährig, zu: septem = sieben u. annus = Jahr], **Sept|en|ni|um,** das; -s, ...ien [spätlat. sept(u)ennium]: 1. (bildungsspr.) *Zeitraum von sieben Jahren.* 2. *(1874–1887) siebenjährige Geltungsdauer des Wehretats den deutschen Heeres u. der Festlegung seiner Friedensstärke;* **sep|ten|trio|nal** ⟨Adj.⟩ [lat. septentrionalis, zu: septentrio = der Große Bär] (bildungsspr. veraltend): *nördlich;* **Sep|tett,** das; -[e]s, -e [relatinisiert aus ital. settetto, zu: sette < lat. septem = sieben] (Musik): a) *Komposition für sieben solistische Instrumente od. sieben Solostimmen [mit Instrumentalbegleitung];* b) *Ensemble von sieben Instrumental- od. Vokalsolisten.*

Sept|häl|mie, die; -, -n [zu griech. sēptikós (↑ septisch) u. haīma = Blut] (Med.): *Sepsis.*

sep|ti|frag ⟨Adj.⟩ [zu ↑ Septum u. lat. fragilis = zerbrechlich, zu: frangere = zerbrechen] (Bot.): *(von der Öffnungsweise der Kapselfrüchte) die Scheidewand der Fruchtblätter zerbrechend.* **Sep|ti|kä|mie, Sep|ti|khä|mie,** die; -, -n [zu griech. sēptikós (↑ septisch) u. haīma = Blut] (Med.): *Sepsis;* **Sep|ti|ko|py|ämie,** die; -, -n [Zusb. aus ↑ Septikämie u. ↑ Pyämie] (Med.): *schwere Blutvergiftung mit Eitergeschwüren an inneren Organen.* **Sep|tim,** die; -, -en (Musik): *Septime;* **Sep|ti|ma,** die; -, Septimen [lat. septima = die Siebente, zu: septem = sieben] (österr. veraltend): *siebte Klasse eines Gymnasiums;* **Sep|ti|ma|ner,** der; -s, - (österr. veraltend): *Schüler einer Septima;* **Sep|ti|ma|ne|rin,** die; -, -nen (österr. veraltend): *w. Form zu ↑ Septimaner;* **Sep|ti|me,** die; -, -n [zu lat. septimus = der Siebente] (Musik): a) *siebenter Ton einer diatonischen Tonleiter;* b) *Intervall von sieben diatonischen Tonstufen;* **Sep|ti|men|ak|kord,** der (Musik): *Akkord aus Grundton, Terz, Quint u. Septime bzw. aus drei übereinandergebauten Terzen;* **Sep|ti|mo|le,** die; -, -n (Musik): *Septole.*

sep|tisch ⟨Adj.⟩ [griech. sēptikós = Fäulnis bewirkend, zu: sēpsis, ↑ Sepsis] (Med.): 1. *die Sepsis betreffend, darauf beruhend.* 2. *mit Keimen behaftet.*

sep|ti|zid ⟨Adj.⟩ [zu ↑ Septum u. lat. caedere (in Zus. -cidere) = töten] (Bot.): *(von der Öffnungsweise der Kapselfrüchte) sich durch Aufspalten entlang der Verwachsungsnähte der Fruchtblätter voneinander lösend.*

Sep|to|le, die; -, -n [geb. nach ↑ Triole] (Musik): *Folge von sieben Noten, die den Taktwert von 4, 6 od. 8 Noten haben;* **Sep|tua|ge|si|ma,** die; -, selten auch, o. Art.: ...mä ⟨meist o. Art.⟩ [mlat. septuagesima, eigtl. = der siebzigste (Tag vor Ostern)]: *(im Kirchenjahr) neunter Sonntag vor Ostern:* Sonntag S./Septuagesimä; **Sep|tua|gin|ta,** die; - [lat. septuaginta = siebzig; nach der Legende von 72 jüdischen Gelehrten verfaßt]: *älteste u. wichtigste griechische Übersetzung des Alten Testaments* (Zeichen: LXX).

Sep|tum, das; -s, ...ta u. ...ten ⟨meist Pl.⟩ [spätlat. septum, Nebenf. von: saeptum, ↑ Septarie] (Anat., Med., Zool.): *Scheidewand;* **Sep|tum|de|fekt,** der (Med.): 1. *(meist durch Verletzung erworbener) Defekt der Nasenscheidewand.* 2. *[angeborener] Herzfehler, bei dem die Scheidewand des Vorhofs od. die Herzscheidewände nur lückenhaft ausgebildet sind;* **Sep|tum|de|via|ti|on,** die (Med.): *(meist angeborene) Verbiegung der Nasenscheidewand (die u. a. zur Beeinträchtigung der Atmung u. des Riechvermögens führen kann).*

Sep|tu|or, das; -s, -s [frz. septuor, zu: sept < lat. septem = sieben] (Musik veraltet): *Septett.*

Se|pul|crum, das; -s, ...ra [lat. sepulcrum = Grab(esstätte), zu: sepelire = bestatten, begraben]: *kleine Vertiefung in der Mensa (2) zur Aufnahme von Reliquien;* **se|pul|kral** ⟨Adj.⟩ [lat. sepulcralis = zum Grabe gehörig] (veraltet): *das Grab[mal] od. Begräbnis betreffend;* **Se|pul|tur,** die; -, -en [lat. sepultura = Bestattung, zu: sepelire, ↑ Sepulcrum]: *(in der spätgotischen Baukunst) Begräbnisraum für Äbte, Prälaten, auch Bischöfe u. Fürsten innerhalb eines Klosters od. Stifts.*

seq. = sequens; **seqq.** = sequentes; **Sequel** ['si:kwəl], das; -s, -s [engl. sequel = Fortsetzung < mengl. sequel(e) < mfrz. séquelle < lat. sequel(l)a = Folge, zu: sequi, ↑ Sequenz] (Film Jargon): *Fortsetzungsfilm, bes. als Nachfolgefilm eines großen Erfolges mit gleichem Personenkreis u. ähnlicher Thematik:* „Drei Männer und ein Baby"... blieb ein mittlerer Erfolg, das amerikanische Remake und das S. zum Remake wurden ein internationales Millionengeschäft (FAZ 30. 6. 93, 27); **se|quens** [lat. sequens, ↑ Sequenz] (veraltet): *folgend;* Abk. seq.; **se|quen|tes** [lat.] (veraltet): *die Folgenden;* Abk.: seqq., sqq., ss.; **se|quen|ti|ell** ⟨Adj.⟩ [nach engl. sequential, zu: sequent = folgend < lat. sequens, ↑ Sequenz] (Datenverarb.): *(von der Speicherung u. Verarbeitung von Anweisungen eines Computerprogramms) fortlaufend, nacheinander erfolgend:* -e Steuerungssysteme: Rechnerische Verfahren zum Entwurf asynchroner -er Logikschaltungen sind schwierig (Elektronik 11, 1971, 398); Daten s. aufrufen; **Se|quenz,** die; -, -en [spätlat. sequentia = (Reihen)folge, zu lat. sequens (Gen.: sequentis), 1. Part. von: sequi = folgen]: 1. (Fachspr., bildungsspr.) *Reihe[n]folge, Aufeinanderfolge von etw. Gleichartigem:* die S. der Aminosäuren in einem Proteinmolekül; Das Lebewesen merkt sich die jüngste S. der Ereignisse (Wieser, Organismen 30). 2. (Musik) *Wiederholung eines musikalischen Motivs auf höherer od. tieferer Tonstufe:* -en über die ganze Tastatur, mal mit der Linken, mal mit der Rechten (Kempowski, Tadellöser 137). 3. (Musik) *hymnusartiger Gesang in der mittelalterlichen Liturgie.* 4. (Film) *aus einer unmittelbaren Folge von Einstellungen gestaltete, kleinere filmische Einheit:* die S. der im Fluß dahintreibenden toten Partisanen (Gregor, Film 23); Den männlichen Partner für die in Brasilien gedrehten -en spielt der brasilianische Theater- und Filmschauspieler (MM 22./23. 3. 69, 67). 5. (Kartenspiel) *Serie aufeinanderfolgender Karten [gleicher Farbe].* 6. (Datenverarb.) *Folge von Befehlen od. von hintereinander gespeicherten Daten;* **Se|quenz|ana|ly|se,** die: 1. (Biochemie) *Analyse der Reihenfolge der verschiedenen molekularen Bausteine in Makromolekülen, bes. in Proteinen u. Nukleinsäuren.* 2. (Wirtschaftstheorie) *Verfahren zur Darstellung u. Erklärung zeitabhängiger ökonomischer Vorgänge;* **Se|quen|zer,** der; -s, - (Musik): *meist als Teil eines Synthesizers verwendeter Kleincomputer, der Tonfolgen speichern u. beliebig oft (auch beschleunigt, verlangsamt u. a.) wiedergeben kann;* **se|quen|zie|ren** ⟨sw. V.; hat⟩ (Musik): *(ein Motiv) auf höherer od. tieferer Tonstufe wiederholen;* **Se|que|ster,** der; -s, - [1: lat. sequester; 2: lat. sequestrum; beide zum Adj. sequester = vermittelnd, zu: sequi, ↑ Sequenz; 3: zu spätlat. sequestrare, ↑ sequestrieren]: 1. (Rechtsspr.) *jmd., der amtlich mit der treuhänderischen Verwaltung einer strittigen Sache beauftragt ist.* 2. ⟨auch: das⟩ (Rechtsspr.) *etw. unter S. stellen.* 3. ⟨auch: das⟩ (Med.) *abgestorbenes Teil eines Gewebes, bes. eines Knochens;* **Se|que|ster|ver|wal|tung,** die (Rechtsspr.): *Sequestration (1);* **Se|que|stra|ti|on,** die; -, -en [1: spätlat. sequestratio, zu: sequestrare, ↑ sequestrieren]: 1. (Rechtsspr.) *Verwaltung von etw. durch einen Sequester (1).* 2. (Med.) *Abstoßung eines Sequesters (3);* **se|que|strie|ren** ⟨sw. V.; hat⟩ [spätlat. sequestrare = absondern, trennen, zu lat. sequester, ↑ Sequester]: 1. (Rechtsspr.) *unter Sequester (2) stellen, beschlagnahmen u. zwangsverwalten:* Vermögen s.; der Staat sequestrierte die Ernte; Die sind beschlagnahmt, sichergestellt, sequestriert, Volkseigentum (Kant, Impressum 151). 2. (Med.) *ein Sequester (3) bilden;* **Se|que|strie|rung,** die; -, -en: *das Sequestrieren;* **Se|que|stro|to|mie,** die; -, -n [zu griech. tomé = Schnitt] (Med.): *operative Entfernung eines Sequesters (3).*

Se|quo|ia, die; -, ...ien, **Se|quo|ie,** die; -, -n [nach Sequoyah, dem Namen eines amerik. Indianerhäuptlings (1760–1843)]: *Mammutbaum; Wellingtonia.*

Se|ra: Pl. von ↑ Serum.

Se|ra|bend: ↑ Saraband.
Sé|rac [ze'rak, frz. se...], der; -s, -s [frz. sérac, eigtl. (mundartl.) = fester, weißer Käse, über das Vlat. zu lat. serum, ↑ Serum] (Geogr.): *zacken- od. turmartiges Gebilde, in das Gletschereis an Brüchen aufgelöst sein kann.*
Se|ra|fim: ↑ Seraph.
Se|rail [ze'ra:j, ze:ra̲i(l), frz.: se'raj], das; -s, -s [frz. sérail < ital. serraglio, türk. saray < pers. sarāy = Palast]: *Palast [eines Sultans], orientalisches Fürstenschloß:* Die Entführung aus dem S. (Titel eines Singspiels von W. A. Mozart); Ü er selbst, der Chef, hielt in seinem mit Teppichen ausgestatteten Wagen üppiges S. (veraltet; hielt ... mit großem Prunk hof; Fussenegger, Haus 274).
Se|ra|pei|on, das; -s, ...eia [griech. Serapeĩon], **Se|ra|pe|um**, das; -s, ...e̲en [lat. Serapeum]: *dem ägyptisch-griechischen Gott Serapis geweihter Tempel.*
Se|raph, der; -s, -e u. -im, (ökum.:) Serafim [kirchenlat. seraphim (Pl.) < hebr. śəraf̄im] (Rel.): *(nach dem A. T.) Engel der Anbetung mit sechs Flügeln [u. der Gestalt einer Schlange];* **se|ra|phisch** ⟨Adj.⟩ (bildungsspr.): *von der Art eines Seraphs; engelgleich:* Der Engel des Todes ..., der sie alle in -er Gelassenheit überragte (Fries, Weg 136).
Se|ra|pis: altägyptischer Gott.
Ser|be, der; -n, -n: Angehöriger eines südslawischen Volkes.
ser|beln ⟨sw. V.; hat⟩ [mhd. serblen, Diminutiv zu: serben, ↑ serben] (schweiz.): *kränkeln, welken:* die Wälder serbeln; ich spreche von Felicitas Schnetzler ..., der unwahrscheinlichen Schwester der serbelnden und trotz massiver Pflege alsbald hingerafften Klara (Muschg, Gegenzauber 42); ♦ **ser|ben** ⟨sw. V.; hat⟩ [mhd. serben, serwen, ahd. serwēn, H. u.]: *(im südd., österr. u. schweiz. Sprachgebrauch) kränkeln, dahinsiechen:* mit mir wird's ausgehen, wie es mit allen serbenden Leuten ausgeht (Rosegger, Waldbauernbub 189).
Ser|bi|en; -s: Gliedstaat Jugoslawiens; **Ser|bin**, die; -, -nen: w. Form zu ↑ Serbe; **ser|bisch** ⟨Adj.⟩; **Ser|bisch**, das; -[s], u. ⟨nur mit best. Art.:⟩ **Ser|bi|sche**, das; -n: *serbische Sprache.*
Serb|ling, der; -s, -e (schweiz.): *jmd., der serbelt; etw., was serbelt.*
ser|bo|kro|a|tisch ⟨Adj.⟩: *zum Serbokroatischen gehörend, es betreffend;* **Ser|bo|kro|a|tisch**, das; -[s], u. ⟨nur mit best. Art.:⟩ **Ser|bo|kro|a|ti|sche**, das; -n: *in den meisten Teilen des ehemaligen Jugoslawien gesprochene südslawische Sprache.*
Sè|re [älter ital. sère < lat. senior, ↑ senior] (veraltet): *höfliche, auf eine männliche Person bezogene Anrede in Italien.*
se|ren ⟨Adj.⟩ [lat. serenus] (bildungsspr.): *heiter; eine Gemütsverfassung.*
Se|ren: Pl. von ↑ Serum.
Se|re|na|de, die; -, -n [frz. sérénade < ital. serenata, zu: sereno < lat. serenus = heiter, eigtl. etwa = heiterer Himmel; in der Bed. beeinflußt von ital. sera = Abend]: **1.** (Musik) *aus einer lokkeren Folge von oft fünf bis sieben Einzelsätzen (bes. Tanzsätzen) bestehende Komposition für [kleines] Orchester:* eine S. für Streicher, Bläser, von Mozart, Brahms. **2.** *Konzertveranstaltung [im Freien an kulturhistorischer Stätte], auf deren Programm bes. Serenaden (1) stehen:* die erste, zweite S. der Schwetzinger Festspiele 1993. **3.** (veraltet) *Ständchen* (2 a): er brachte, sang ihr zur Laute eine schwärmerische S.; **Se|re|nis|si|ma**, die; -, ...mä: w. Form zu ↑ Serenissimus; **Se|re|nis|si|mus**, der; -, ...mi [lat. serenissimus, Sup. von: serenus = heiter; als Titel römischer Kaiser: Serenus = der Durchlauchtige]: **a)** (veraltet) *Anrede für einen regierenden Fürsten; Durchlaucht;* **b)** (scherzh.) *Fürst eines Kleinstaates;* **Se|re|ni|tät**, die; - [lat. serenitas, zu: serenus, ↑ Serenade] (bildungsspr. veraltet): *Heiterkeit.*
Serge [zɛrʃ, frz.: sɛrʒ], die, österr. auch: der; -, -n [frz. serge, über das Vlat. < lat. serica = seidene Stoffe, zu: sericus < griech. sērikós = seiden] (Textilind.): *Gewebe in Köperbindung aus [Kunst]seide, [Baum-, Zell]wolle od. Kammgarn, das für ²Futter (1) bzw. Anzugstoffe verwendet wird.*
Ser|geant [zɛr'ʒant, frz.: sɛr'ʒã, engl. 'sɑ:dʒənt], der; -en, -en, (bei engl. Ausspr.:) -s, -s [frz. sergent bzw. engl. sergeant, älter auch = Gerichtsdiener, aus mlat. serjantus, sergantus = Diener < lat. serviens (Gen.: servientis), 1. Part. von: servire, ↑ servieren] (Milit.): frz. bzw. engl. Bez. für *Dienstgrad eines Unteroffiziers.*
Se|ria, die; -: *Opera seria.*
Se|ri|al ['sɪərɪəl], das; -s, -s [engl. serial, zu: series < lat. series, ↑ Serie] (Ferns., Rundfunk Jargon): *Serie (3):* Wenn ab Montag ... das teuerste S. der deutschen TV-Geschichte anläuft (Spiegel 42, 1979, 255); **Se|rie**, die; -, -n [mhd. serje < lat. series = Reihe, Reihenfolge, zu: serere = fügen, reihen, knüpfen]: **1. a)** *bestimmte Anzahl, Reihe gleichartiger, zueinander passender Dinge, die ein Ganzes, eine zusammenhängende Folge darstellen:* eine S. Briefmarken, Fotos, Bilder; Monets S. der Kathedrale von Rouen (Bild. Kunst III, 37); **b)** *Anzahl in gleicher Ausführung gefertigter Erzeugnisse der gleichen Art:* das Geschirr, das Fernsehgerät, das Regal war so billig, weil die S. ausläuft; er fährt eine Wagen derselben S. [wie ich]; etw. in S. *(serienmäßig)* bauen, herstellen, fertigen, produzieren; etw. in S. schalten (Elektrot.; *hintereinanderschalten, in Reihe schalten*); Mit nur kleinen -n müssen sich die beiden privaten Flugzeugwerke ... begnügen (Welt 24. 9. 66, 17); * S. sein (Jargon; *zur serienmäßigen Ausstattung gehören*): elektrische Fensterheber sind [bei allen Modellen] S.; **in S. gehen** *(erstmals serienmäßig, in Serienfertigung produziert werden):* das neue Waffensystem geht nächstes Jahr in S. **2.** *inhaltlich, thematisch zusammengehörende Folge von Sendungen (3 b), Veröffentlichungen von Büchern, Artikeln o. ä., die in meist regelmäßigen Abständen erfolgen:* das Fernsehen, der Rundfunk bringt zur Zeit eine S. zum Thema Umweltschutz; das Nachrichtenmagazin, die Zeitschrift beginnt nächste Woche eine neue S.; die Verfilmung des Romans ist als zwölfteilige S. geplant; die Bildbände erscheinen als S., in einer S. **3.** *Aufeinanderfolge gleicher, ähnlicher Geschehnisse, Erscheinungen:* die S. von Terroranschlägen reißt nicht ab; eine S. schwerer Verkehrsunfälle ereignete sich am Wochenende; Kriminalpolizei klärte eine S. von Überfällen auf (MM 21. 1. 88, 19); sie kann auf eine lange S. von Erfolgen zurückblicken; **se|ri|ell** ⟨Adj.⟩ [frz. sériel, zu: série < lat. series, ↑ Serie]: **1.** (selten) *serienmäßig* (a): Kunst ist technisch reproduzierbar, s. herstellbar (MM 26. 11. 65, 50). **2.** (Musik) *eine Kompositionstechnik verwendend, der vorgegebene, konstruierte Reihen von Tönen zugrunde legt u. zueinander in Beziehung setzt:* -e Musik; -e Werke; Bald zählte der Novize mit Boulez und Stockhausen zu den Schrittmachern der -en Kompositionstechnik (Spiegel 21, 1975, 146); s. komponieren. **3.** (Datenverarb.) *(in bezug auf die Übertragung, Verarbeitung von Daten) zeitlich nacheinander;* **Se|ri|en|an|fer|ti|gung**, die: *Anfertigung einer bestimmten Anzahl von Erzeugnissen der gleichen Art in gleicher Ausführung;* **Se|ri|en|au|to**, das: *in Serie gefertigtes Auto:* ein ganz normales S.; **Se|ri|en|bau**, der ⟨o. Pl.⟩: vgl. Serienanfertigung; **Se|ri|en|be|trü|ger**, der: vgl. Serientäter; **Se|ri|en|be|trü|ge|rin**, die: w. Form zu ↑ Serienbetrüger; **Se|ri|en|ein|bre|cher**, der: vgl. Serientäter; **Se|ri|en|ein|bre|che|rin**, die: w. Form zu ↑ Serieneinbrecher; **Se|ri|en|fa|bri|ka|ti|on**, die: vgl. Serienanfertigung; **Se|ri|en|fahr|zeug**, das: vgl. Serienauto; **Se|ri|en|fer|ti|gung**, die: vgl. Serienanfertigung; **Se|ri|en|hand|lung**, die (Psych.): *aus verschiedenen, aufeinander bezogenen Einzelakten zusammengesetzte [gewohnheitsmäßige] Handlung;* **Se|ri|en|held**, der: *Held einer Serie* (2); **Se|ri|en|hel|din**, die: w. Form zu ↑ Serienheld; **Se|ri|en|her|stel|lung**, die: vgl. Serienanfertigung; **se|ri|en|mä|ßig** ⟨Adj.⟩: **a)** *in Serienfertigung [ausgeführt]:* mit der -en Herstellung beginnen; einen Wagen s. produzieren; als erstes s. gebautes Tragflügel-Sportboot (Spiegel 5, 1966, 78); **b)** *bei der Serienanfertigung bereits eingebaut, vorhanden:* die Fernbedienung gehört zur -en Ausstattung; -e Scheibenbremsen; der Wagen hat s. Verbundglasscheiben; das Modell ist s. mit einem Antiblockiersystem ausgerüstet; **Se|ri|en|pro|duk|ti|on**, die: vgl. Serienanfertigung; **se|ri|en|reif** ⟨Adj.⟩: *Serienreife aufweisend:* der -e Prototyp einer Maschine; **Se|ri|en|rei|fe**, die: *Stand der Entwicklung u. Erprobung eines Erzeugnisses, der die Serienanfertigung ermöglicht, rechtfertigt:* einen neuartigen Motor zur S. entwickeln; **Se|ri|en|schal|ter**, der (Elektrot.): *Schalter (1), mit dem zwei elektrische Verbindungen, Stromkreise jeweils getrennt voneinander od. auch zusammen zu- od. abgeschaltet werden können;* **Se|ri|en|schal|tung**, die (Elektrot.): *Reihenschaltung;* **Se|ri|en|tä|ter**, der: *jmd., der eine Reihe gleichartiger od. ähnlicher Straftaten begeht:* Bürodiebe sind nicht selten S. (MM 5. 4. 89, 19); **Se|ri|en|tä|te|rin**, die: w. Form zu ↑ Serientäter; **Se|ri|en|wa|gen**, der: vgl. Serienauto

ein Autorennen für S.; **se|ri|en|wei|se** ⟨Adv.⟩: **1.** *in Serien (2), als ganze Serie:* ein Produkt s. fertigen; etw. nur s. verkaufen; ⟨vor Verbalsubstantiven auch attr.⟩ mit der -n Produktion beginnen. **2.** (ugs.) *in großer Zahl, in großen Mengen:* Aber ... legen sie s. Geiseln um? (Kirst, 08/15, 621). **Se|ri|fe,** die; -, -n ⟨meist Pl.⟩ [⟨engl. serif, ceriph⟩ wohl zu niederl. schreef = Strich, Linie] (Druckw.): *kleiner, abschließender Querstrich am oberen od. unteren Ende von Buchstaben;* Schraffe (2); **se|ri|fen|los** ⟨Adj.⟩ (Druckw.): *keine Serifen aufweisend:* eine -e Schrift. **Se|ri|gra|phie,** die; -, -n [zu lat. sericus (↑ Serge) u. ↑ -graphie]: *Siebdruck;* **Se|rin,** das; -s, -e [zu lat. sericus, ↑ Serge] (Biochem.): *Aminosäure, die am Aufbau von Proteinen beteiligt ist;* Abk.: Ser **se|rio** ⟨Adv.⟩ [ital. serio < lat. serius, ↑ seriös] (Musik): *ernst, feierlich, ruhig, gemessen;* **se|ri|ös** ⟨Adj.; -er, -este⟩ [frz. sérieux < mlat. seriosus, zu lat. serius = ernsthaft, ernstlich]: **1. a)** *ordentlich, solide (3) wirkend; gediegen:* ein -er Herr; ein -es Hotel; diese Leute sind, gelten als, wirken sehr s.; ein s. gekleideter Besucher; **b)** *ernst u. würdig; feierlich:* sie waren alle in -es Schwarz, in -e dunkle Anzüge gekleidet u. er macht immer einen sehr -en Eindruck; Neben ihm saß, ebenso s., mit einem dunkelblauen Zweireiher herausgeputzt, sein Gorilla Klaus Dieter Speer (Prodöhl, Tod 22); ⟨subst.:⟩ Ärzte hatten für ihn etwas so schreckliches Seriöses (Geissler, Wunschhütlein 110); **c)** (selten) *solide (1):* ein -er Lederkoffer, hellgelb, Inbegriff Schweizer Wohlstandslebens (Fries, Weg 114). **2.** *(bes. in geschäftlicher Hinsicht) vertrauenswürdig, glaubwürdig, zuverlässig:* eine -e Firma; ein -er Geschäftspartner, Makler, Wissenschaftler; -e Praktiken; ein -es Blatt; das ist kein -es Geschäftsgebaren; daß die Finanzplanung dieser Bundesregierung nicht s. sei (Bundestag 190, 1968, 10307); Die Libyer hielten sich s. und prompt an ihren Teil der Abmachung (Erfolg Nov./Dez. 1983, 31). **3.** *ernstgemeint, ernsthaft, ernst zu nehmen:* „Bitte nur -e Bewerbungen, Angebote an ...'"; es war kein einziger -er Bewerber dabei; sie ist eine ganz -e Künstlerin; solche Anzeigen sind nicht s.; auch Salieri, in Wirklichkeit ein s. arbeitender, qualitätsvoller, wenn auch nicht genialer Musiker (Nordschweiz 27. 3. 85, 1); Ich kann nur sagen, daß die amerikanischen Freunde s. und ernsthaft verhandeln (Dolomiten 1. 10. 83, 2); **Se|rio|si|tät,** die; - [mlat. seriositas] (geh.): *seriöse Art, seriöses Wesen.* **Se|rir,** die; -, -e [arab.]: *Kies- od. Geröllwüste.* **Se|ri|zit** [auch: ...'tsɪt], der; -s, -e [zu lat. sericus, ↑ Serge]: *feinschuppiger, gelbgrüner, seidenglänzender Muskovit.* **Ser|mon,** der; -s, -e [spätmhd. sermōn < lat. sermo (Gen.: sermonis) = Wechselrede, Gespräch; Vortrag; 2: wohl unter Einfluß von frz. sermon]: **1.** (veraltet) *Rede, Predigt:* Der S. des Geistlichen war vorüber (Hauptmann, Schuß 69). **2.** (ugs.) *langatmiges, langweiliges Gerede:* sie hörte seinen S. geduldig an; Der Major bringt den S. des Kommandanten auf die Formel: ... (Bieler, Bär 154).

Se|ro|dia|gno|stik, die; - [zu ↑ Serum u. ↑ Diagnostik] (Med.): *Diagnostik von Krankheiten durch serologische Untersuchungen;* **se|ro|fi|bri|nös** ⟨Adj.⟩ [↑ fibrinös] (Med.): *aus Serum u. Fibrin bestehend; seröse u. fibrinöse Bestandteile enthaltend;* **Se|ro|lo|ge,** der; -n, -n [↑ -loge]: *Facharzt, Wissenschaftler auf dem Gebiet der Serologie;* **Se|ro|lo|gie,** die; - [↑ -logie]: *Forschungsgebiet der Medizin, das sich bes. mit dem Serum in Diagnostik u. Therapie befaßt;* **Se|ro|lo|gin,** die; -, -nen: *w. Form zu* ↑ Serologe; **se|ro|lo|gisch** ⟨Adj.⟩: *die Serologie betreffend:* -e Untersuchungen; **Se|rom,** das; -s, -e [zu ↑ Serum] (Med.): *Ansammlung einer serösen Flüssigkeit in Wunden od. Narben.* **Se|ro|nen** ⟨Pl.⟩ [zu span. serón = großer Korb] (früher): *Packhüllen aus Ochsenhäuten, in denen trockene Waren aus Südamerika versandt werden.* **se|ro|pu|ru|lent** ⟨Adj.⟩ [zu ↑ Serum u. ↑ purulent] (Med.): *(von Körperausscheidungen) aus Serum u. Eiter bestehend;* **se|rös** ⟨Adj.⟩ [zu ↑ Serum] (Med.): **1.** *aus Serum bestehend; mit Serum vermischt:* -e Körperausscheidungen. **2.** *Serum, ein serumähnliches Sekret absondernd:* -e Drüsen. **Se|ro|sa,** die; -, ...sen (Med.): *zarte, innere Organe überziehende seröse (2) Haut.* **Se|ro|sem, Se|ro|si|om,** der; -s, -e [russ. serozem, zu: seryj = grau u. zemlja = Erde] (Geol.): *Grauerde in Trockensteppen.* **Se|ro|si|tis,** die; -, ...itiden [zu ↑ Serosa] (Med.): *Entzündung der Serosa.* **Se|ro|to|nin,** das; -s, -e [zu ↑ Serum u. ↑ Tonus] (Med.): *im Darm u. im Nervensystem vorkommender hormonähnlicher Stoff, der verschiedene Organfunktionen reguliert;* **Se|ro|zel|le,** die; -, -n [zu griech. kéle = Geschwulst] (Med.): *abgekapselter, seröser Erguß.* **ser|pens** ⟨Adj.⟩ [lat. serpens, 1. Part. von: serpere = kriechen, schleichen] (Med.): *fortschreitend, sich weiterverbreitend* (z. B. von Hautflechten); **Ser|pent,** der; -[e]s, -e [frz. serpent, ital. serpente < lat. serpens, ↑ Serpentin] (früher): *einem Horn (3 a) ähnliches Blasinstrument mit schlangenförmig gewundener, aus Holz bestehender u. mit Leder umwickelter Röhre;* **Ser|pen|tin,** der; -s, -e [mlat. serpentina, zu: lat. serpens (Gen.: serpentis) = Schlange; zu: serpere (↑ serpens), viell. nach der einer Schlangenhaut ähnlichen Musterung einzelner Stücke]: **a)** *meist grünes, seltener weißes, braunes od. schwarzes Mineral von geringer Härte, das zur Herstellung kunstgewerblicher Gegenstände, auch von Schmucksteinen verwendet wird;* **b)** *Serpentinit;* **Ser|pen|tin|as|best,** der (Geol.): *Chrysotil;* **Ser|pen|ti|ne,** die; -, -n [zu spätlat. serpentinus = schlangenartig, zu lat. serpens, ↑ Serpentin]: **a)** *in vielen Kehren, Windungen schlangenförmig an steilen Berghängen ansteigender Weg:* die S. hinunterfahren, heraufschleichen; über eine endlos scheinende S. erreichten wir schließlich den Paß; **b)** *Kehre, Windung eines schlan-*

genförmig an steilen Berghängen ansteigenden Weges: eine steile S.; Auf ihn führte ein in -n und Spiralen verlaufender Weg (Schröder, Wanderer 115); **Ser|pen|ti|nen|stra|ße,** die: *in Serpentinen (b) verlaufende Straße;* **Ser|pen|ti|nit** [auch: ...'nɪt], der; -s, -e: *vorwiegend aus Serpentin (a) bestehendes, grünes bis dunkelgrünes, metamorphes Gestein;* **Ser|pu|lit** [auch: ...'lɪt], der; -s, -e [zu lat. serpula = kleine Schlange, Vkl. von: serpens, ↑ Serpentin]: *Kalkstein, der vor allem aus den röhrenförmigen Gehäusen der Ringelwürmer besteht.*

Ser|ra, die; -, -s [port. serra, eigtl. = Säge, < lat. serra]: *Sierra;* **Ser|ra|del|la, Ser|ra|del|le,** die; -, ...llen [katal. serradella < lat. serratula = die Gezackte, zu: serra = Säge, nach der Blattform]: *(zu den Schmetterlingsblütlern gehörende) bes. als Futterpflanze angebaute Pflanze mit gefiederten Blättern u. blaßrosa od. weißen, in Trauben stehenden Blüten.* **Ser|tão,** der; -, -s [port. sertão]: *Landesinneres; Wildnis: unwegsames [Trockenwald- u. Buschgebiet in Brasilien.* **Se|rum,** das; -s, Seren u. Sera [lat. serum = Molke, eigtl. = Flüssiges]: **1.** *kurz für* ↑ Blutserum. **2.** *kurz für* ↑ Immunrum; **Se|rum|be|hand|lung,** die: *Behandlung durch Injektion von Serum (2);* **Se|rum|dia|gno|stik,** die (Med.): *Serodiagnostik;* **Se|rum|ei|weiß|kör|per** ⟨Pl.⟩ (Med., Biol.): *im Blutserum u. in der Lymphe enthaltene Albumine u. Globuline;* **Se|rum|elek|tro|pho|re|se,** die (Med.): *elektrophoretisches Verfahren bei serologischen Untersuchungen;* **Se|rum|ge|win|nung,** die: *Gewinnung von Serum;* **Se|rum|kon|ser|ve,** die: *reines, haltbar gemachtes, als Blutersatz geeignetes Blutserum;* **Se|rum|krank|heit,** die: *Anaphylaxie;* **Se|rum|pro|te|i|ne** ⟨Pl.⟩ (Med., Biol.): *Serumeiweißkörper;* **Se|rum|the|ra|pie,** die: *Serumbehandlung.*

Ser|val, der; -s, -e u. -s [frz. serval < port. (lobo) cerval = Luchs < lat. (lupus) cervarius, eigtl. = Hirschwolf, zu: cervus = Hirsch]: *in Steppen u. Savannen Afrikas lebende, gelbliche, kleinere Raubkatze mit kleinem Kopf, großen Ohren u. einem hellbraunen bis bräunlichen Fell mit schwarzen Flecken;* **Ser|val|kat|ze,** die: *Unterart des Servals mit fast ungeflecktem Fell.* **Ser|van|te,** die; -, -n [frz. servante, eigtl. = Dienerin, eigtl. = w. Form des 1. Part. von: servir = dienen < lat. servire, ↑ servieren]: *Anrichte, Serviertisch.* **Serve-and-Vol|ley** ['sɜːv ənd 'vɒlɪ], das; - [engl., aus: serve = Aufschlag u. volley, ↑ Volley] (Tennis): *Aufschlag u. Netzangriff mit dem Ziel, den zurückgeschlagenen Ball volley zu verwandeln.* **Ser|vela,** die, auch: der; -, -s, (schweiz.:) - [frz. cervelas < ital. cervellata, ↑ Zervelatwurst]: **1.** (landsch.) *Zervelatwurst.* **2.** (bes. südd.) *kleine Fleischwurst, Brühwurst.* **Ser|ver** ['sɜːvə], der; -s, - [engl. server, zu: to serve = dienen < lat. servire, ↑ servieren] (Datenverarb.): *Rechner, der für andere in einem Netzwerk mit ihm verbundene Systeme (z. B. für eine Workstation, für einen Drucker) bestimmte Aufgaben (z. B. das Booten, das Speichern* *von Dateien) übernimmt u. von dem diese ganz od. teilweise abhängig sind.* **2.** (Badminton, Tennis, Tischtennis) *Aufschläger;* **Ser|ve|rin,** die; -, -nen (Badminton, Tennis, Tischtennis): w. Form zu ↑ Server (2); **¹Ser|vice** [zɛr'viːs], das; - [...'viːs] od. -s [...'viːsəs], - [...'viːs od. ...'viːsə] [frz. service, eigtl. = Dienstleistung, Bedienung (↑ ²Service), beeinflußt von frz. servir in der Bed. „Speisen auftragen" (↑ servieren)]: *in Form, Farbe, Musterung übereinstimmendes, aufeinander abgestimmtes mehrteiliges Eß- od. Kaffeegeschirr:* ein schlichtes, gemustertes, geschmackvolles, geblümtes, kostbares S.; das S. gibt es nicht mehr [zu kaufen]; ein S. für zwölf Personen; **²Ser|vice** ['sœːvɪs], der, auch: das; -, -s [...vɪs od. ...vɪsɪs] ⟨Pl. selten⟩ [engl. service = Dienst, Bedienung < (a)frz. service < lat. servitium = Sklavendienst, zu: servire, ↑ servieren]: **1.** ⟨o. Pl.⟩ **a)** *(im gastronomischen Bereich) Bedienung u. Betreuung von Gästen:* das Hotel, Restaurant ist für seinen guten S. bekannt; Sauna und Swimmingpool waren noch nicht gebaut ... der S. und die Einrichtung schlecht (Gute Fahrt 4, 1974, 39); Mädchen für Büfett und Mithilfe im S. *(beim Bedienen der Gäste)* gesucht (Vorarlberger Nachr. 26. 11. 68, 9); **b)** *Kundendienst* (1): für dieses Fabrikat gibt es einen reibungslos funktionierenden S.; den S. für das Gerät übernimmt die Firma Schulze; Besonders peinlich, wenn das weit weg von Ihrem S. *(von der bei Ihnen für den Service zuständigen Stelle)* ... passiert (Elektronik 12, 1971, A 5). **2.** (Tennis) **a)** *Aufschlag* (2): ein harter S.; er war beim S. zu unkonzentriert; **b)** *Aufschlagball:* sein erster S. ging ins Netz; **ser|vice|freund|lich** ['sœːvɪs...] ⟨Adj.⟩: vgl. wartungsfreundlich: eine s. Konstruktion; ich würde das -ere Gerät vorziehen; die Maschine ist leider nicht sehr s.; **Ser|vice|netz** ['sœːvɪs...], das: *über einen bestimmten Raum, Bereich systematisch verteilte Einrichtungen für Reparatur, Wartung o. ä. bestimmter technischer Erzeugnisse:* die Firma hat ein dichtes, weltweites S. aufgebaut; **Ser|vice|programm** ['sœːvɪs...], das (Rundf.): *Rundfunksendung von rein informativem, aktuellem Charakter* (z. B. Verkehrsmeldungen, Wetterlage, Veranstaltungskalender); **Ser|vice|teil** [zɛr'viːs...], das: *zu einem ¹Service gehörendes Teil;* **Ser|vierbrett,** das (veraltend): *Tablett;* **ser|vieren** ⟨sw. V.; hat⟩ [frz. servir = dienen; bei Tisch bedienen < lat. servire = Sklave sein, dienen, zu: servus = Sklave, Diener]: **1.** *zum Essen, Trinken auf den Tisch bringen (u. zum Verzehr anbieten]:* der Kellner servierte die Suppe, den Braten, das Dessert; sie servierte ihren Gästen Tee; ⟨auch ohne Akk.-Obj.:⟩ beim Frühstück, Mittagessen s.; schon kam ein sauber gekleidetes Mädchen in das Zimmer und begann zu s. (Leonhard, Revolution 218); Ü er hat uns die tollsten Lügen serviert *(erzählt, aufgetischt);* Mit welch nachlässiger Eleganz servierte er die Pointen *(trug er sie vor;* K. Mann, Wendepunkt 146). **2.** (Tennis) *den ²Service* (2 a) *ausführen; aufschlagen* (4): der Deutsche servierte erneut so schwach,

daß der Australier leicht retournieren konnte (MM 8. 7. 67, 17). **3.** (bes. Fußball) *einem Mitspieler in aussichtsreicher Position (den Ball) genau zuspielen:* dem einschußbereiten Stürmer den Ball s.; **Ser|vie|re|rin,** die; -, -nen: *weibliche Person, die [als Angestellte in einer Gaststätte] die Gäste bedient:* als S. arbeiten; **Ser|vier|fräu|lein,** das (veraltend), **Ser|vier|mäd|chen,** das (veraltend): *Serviererin;* **Ser|vier|tisch,** der: *kleiner Tisch zum Abstellen von Speisen, Getränken, Geschirr o. ä.;* **Ser|vier|toch|ter,** die (schweiz.): *Serviererin, Kellnerin;* **Ser|vier|wa|gen,** der: vgl. Serviertisch; **Ser|vi|et|te,** die; -, -n [frz. serviette = Mundtuch, Handtuch, zu: servir (↑ servieren), also urspr. = Gegenstand, der beim Servieren benötigt wird]: *meist quadratisches Tuch aus Leinen, Damast o. ä., auch Papiertuch, das beim Essen zum Abwischen des Mundes u. zum Schutz der Kleidung benutzt wird:* weiße, bunte, leinene -n; -n aus Damast, Papier; Der Tisch war gedeckt ... und die eingerollten -n in ihren Ringen waren aufmarschiert wie eine Armee, die ihr General im Stich gelassen hatte (Musil, Mann 1 065); sich die S. auf die Knie legen; er band dem Kind eine S. um; die S. entfalten, zusammenlegen; Während er die Rechnung bezahlte und Geld unter die S. schob, betrachtete er ihn (Baum, Paris 110); **Ser|vi|et|ten|kloß,** der: *großer Kloß aus einem bes. mit Brötchen hergestellten Teig, der, in einem Tuch eingebunden, in kochendem Salzwasser gegart wird;* **Ser|vi|et|ten|ring,** der: *größerer Ring, der eine zusammengerollte Serviette zusammenhält:* silberne, hölzerne -e; **Ser|vi|et|ten|ta|sche,** die: *flaches Behältnis, meist aus Stoff, in dem eine über einen längeren Zeitraum in Gebrauch befindliche Serviette zwischen den Mahlzeiten aufbewahrt wird;* **ser|vil** ⟨Adj.⟩ [lat. servilis, zu: servus = Sklave] (bildungsspr. abwertend): *untertänige Beflissenheit zeigend; kriecherisch schmeichelnd:* -e Beamte, Höflinge; eine -e Haltung, Gesinnung; ein -es Lächeln; ... wählte er eine Worte wohl und behutsam, keineswegs s. oder gar verängstigt (Habe, Namen 8); **Ser|vi|lis|mus,** der; -, ...men (bildungsspr. abwertend selten), **Ser|vi|li|tät,** die; -, -en [frz. servilité, zu: servile < lat. servilis, ↑ servil] (bildungsspr. abwertend): **1.** ⟨o. Pl.⟩ *servile Art, Gesinnung, Haltung:* Servilismus, der den Kellnern oft kennzeichnend geworden sein mag (Habe, Namen 28); Der Leutnant Brack ..., ohne den mindesten Anflug von Servilität, bat ... um die Auskunft, ob ... (Kirst, 08/15, 753). **2.** *servile Handlungsweise, Äußerung;* **Ser|vis** [zɛr'viːs], der; - [frz. service, ↑ ²Service] (veraltet): **1.** *Dienst, Dienstleistung.* **2. a)** *Geld für Verpflegung, Unterkunft;* **b)** *Orts-, Wohnungszulage;* **Ser|vit,** der; -en, -en [nach Ordo Servorum Mariae = Orden der Diener Mariens, dem lat. Namen des Ordens]: *Angehöriger eines 1233 gegründeten Bettelordens;* **Ser|vi|teur** [zɛrvi'tøːɐ̯], der; -s, -e [frz. serviteur = Diener, zu: servir, ↑ servieren] (veraltet): **1.** *Serviertisch; kleine Anrichte.* **2.** *Verbeugung;* **Ser|vi|tin,** die; -, -nen: *Angehörige des weiblichen Zweiges der*

Serviten; **Ser|vi|ti|um,** das; -s, ...ien [lat. servitium, ↑ ²Service]: **1.** (veraltet) *Dienstbarkeit; Sklaverei.* **2.** ⟨Pl.⟩ *(im MA.) Abgaben neuernannter Bischöfe u. Äbte an die römische Kurie;* **Ser|vi|tut,** das; -[e]s, -e, (schweiz. auch:) die; -, -en [lat. servitus (Gen.: servitutis) = Verbindlichkeit] (Rechtsspr.): *Dienstbarkeit* (3); [Best. in Zus. mit Subst. mit der Bed.]: *eine zusätzliche Funktion erfüllend; zusätzlich verstärkend, vergrößernd; Hilfs-,* z. B. Servoeinrichtung, Servogerät; **Ser|vo|bremse,** die (Technik): vgl. Servolenkung; **Ser|vo|fo|kus,** der (Fot.): *Autozoom;* **Ser|vo|len|kung,** die (Technik): *Lenkung (bei Kraftwagen), bei der die vom Fahrer aufgewandte Kraft verstärkt wird;* **Ser|vo|mo|tor,** der (Technik): *Hilfsmotor, der bei bestimmten technischen Anlagen u. Einrichtungen die zum Bewegen eines Bauteils erforderliche Energie liefert;* **Ser|vo|prin|zip,** das; -s: *Prinzip der Steuerung durch eine Hilfskraftmaschine;* **ser|vus** [aus lat. servus = (dein) Diener] (bes. südd., österr.): *freundschaftlicher Gruß beim Abschied, zur Begrüßung:* Geh heim! Ich werd' allein fertig; Servus! (Roth, Radetzkymarsch 81); Ich stürmte auf ihn zu. „Servus, Ernst, was machst du denn hier?" (Leonhard, Revolution 148); **Ser|vus ser|vo|rum Dei** [lat. = Knecht der Knechte Gottes]: *Titel des Papstes in päpstlichen Urkunden.*

Se|sam, der; -s, -e [lat. sesamum < griech. sēsamon, aus dem Semit.]: **1. a)** *(in mehreren, in Indien u. Afrika heimischen Arten vorkommende) krautige, dem Fingerhut* (2) *ähnliche Pflanze mit weißen bis roten glockigen Blüten, deren flache, glatte längliche Samen sehr ölhaltig sind;* **b)** *Samen des Sesams* (1 a). **2.** ** S., öffne dich!* (scherzh.; Ausruf bei dem [vergeblichen] Versuch, etw. zu öffnen od. ein Hindernis zu überwinden, eine Lösung herbeizuführen, ein bestimmtes Ziel zu erreichen o. ä.; nach der eine Schatzkammer öffnenden Zauberformel in dem orientalischen Märchen „Ali Baba und die vierzig Räuber" aus „Tausendundeiner Nacht"); **Se|sam|bein,** das [der kleine Knochen wird mit Sesam (1 b) verglichen] (Anat.): *in Sehnen u. Bändern, bes. im Bereich von Gelenken der Hand u. des Fußes, sitzender kleiner, platter, rundlicher Knochen:* -e verbessern die Zugwirkung der betreffenden Sehnen und Muskeln; **Se|sam|brot,** das: *Brot, das mit Sesam* (1 b) *bestreut ist [u. dessen Teig Sesam enthält];* **Se|sam|bröt|chen,** das: vgl. Sesambrot; **Se|sam|ge|wächs,** das ⟨meist Pl.⟩: *(in zahlreichen, in Indien u. Afrika heimischen Arten vorkommende) krautige, seltener auch als Strauch wachsende Pflanze mit ganzrandigen od. gefiederten Blättern u. glockenförmigen zweilippigen Blüten, deren wichtigste Gattung der Sesam ist;* **Se|sam|kno|chen,** der (Anat.): *Sesambein;* **Se|sam|ku|chen,** der: *bei der Gewinnung von Öl aus Sesam* (1 b) *entstehender Rückstand, der als Viehfutter verwendet wird;* **Se|sam|öl,** das: *aus Sesam* (1 b) *gewonnenes Öl.*

Se|schel|len: vgl. Seychellen.

Se|sel, der; -s, - [lat. seselis < griech.

séselis]: *(in mehreren Arten in Europa, Asien u. Westafrika) in Stauden wachsende Pflanze mit vielstrahligen Dolden u. eiförmigen Früchten, die als Heil- u. Gewürzpflanze verwendet wird.* **Ses|sel,** der; -s, - [mhd. seʒʒel, ahd. seʒʒal, zu ↑sitzen]: **1.** *mit Rückenlehne, gewöhnlich auch mit Armlehnen versehenes, meist weich gepolstertes, bequemes Sitzmöbel (für eine Person); Polstersessel:* ein niedriger, tiefer, bequemer, drehbarer S.; die Zeitung liegt da drüben auf dem S.; in einem S. sitzen; sich in einen S. setzen, fallen lassen; erschöpft sank sie in einen S.; sich aus, von seinem S. erheben; Ü Dem Bürgermeister war sein S. *(sein Amt)* lieber (Fels, Sünden 103); der Minister klebt an seinem S. (ugs. abwertend; *will nicht zurücktreten).* **2.** (österr.) *Stuhl:* Im Schanigarten vor dem „Nessy" ist kein S. frei (Sobota, Minus-Mann 337); **Ses|sel|bahn,** die: *Sessellift;* **Ses|sel|fur|zer,** der; -s, - (salopp abwertend): *jmd., der einen [kleinen] Posten innerhalb eines Verwaltungsapparats, bes. als Beamter in einer Behörde, innehat, auf dem er aus Trägheit, mangelndem Engagement o. ä. nichts Besonderes leistet:* Er ... zieht ... am liebsten über die spießigen „Sesselfurzer" in Behörden und Parteien her (Spiegel 3, 1993, 36); Maximilian der Große. Tugendmax. Der S. Der Wichser aus Arras. Der blutige Robespierre (Müller, Der Auftrag 24); **Ses|sel|leh|ne,** die: *Lehne eines Sessels;* **Ses|sel|lift,** der: *Seilbahn mit Einzel- od. Doppelsitzen, die an einem gewöhnlich fest mit dem Seil gekoppelten Bügel hängen;* **Ses|sel|rad,** das: *Fahrrad mit niedrig angeordnetem Sitz mit Rückenlehne u. einer Lenkung, die gewöhnlich über ein unter dem Sitz angebrachtes, parallel zum Rahmen nach vorn geführtes Gestänge erfolgt;* **seß|haft** ⟨Adj.; -er, -este⟩ [mhd. seʒhaft, zu mhd., ahd. seʒ = (Wohn)sitz]: **a)** *einen festen Wohnsitz, einen bestimmten Ort als ständigen Aufenthalt besitzend:* -e Völker, Bauern; sich in ein -es Leben, eine -e Lebensweise *(ein Leben mit festem Wohnsitz)* gewöhnen; er hat sich in Berlin s. gemacht *(wohnt jetzt in Berlin);* die griechischen Stämme waren s. geworden (Bild. Kunst I, 57); die Regierung will die nomadisierenden Hirten s. machen; **b)** *nicht dazu neigend, seinen Wohnsitz, seinen Aufenthaltsort häufig zu wechseln:* es waren -e Leute, die ihr Dorf nicht verlassen wollten; ein -er (verhüll. scherzh.; *allzulange sitzen bleibender)* Gast; er ist noch -er als sein Bruder; **Seß|haf|tig|keit,** die; -: *das Seßhaftsein.*
ses|sil ⟨Adj.⟩ [lat. sessilis = zum Sitzen geeignet, zu: sedere, ↑Session] (Zool.): *(von im Wasser lebenden Tieren) festsitzend, festgewachsen [lebend]:* -e Arten; eine -e Lebensweise; s. sein; **Ses|si|li|tät,** die; - (Zool.): *das Sessilsein; sessile Lebensweise:* die S. der Korallen; **¹Ses|si|on,** die; -, -en [lat. sessio, zu: sessum, 2. Part. von sedere = sitzen] (bildungsspr.): *sich über einen längeren Zeitraum erstreckende Tagung, Sitzungsperiode:* die Arbeit der Regierung und des Parlaments ... in der anlaufenden S. (Presse 9. 10. 68, 1);
²Ses|sion ['sɛʃən], die; -, -s [engl. session (< afrz. session) < lat. sessio, ↑¹Session]: *kurz für ↑Jam Session.*
Ses|ter, der; -s, - [mhd. sehster, ahd. sehstāri, ↑Sechter]: *Sechter.*
Ses|terz, der; -es, -e [lat. sestertius, eigtl. = halb der dritte ³As, zu: semi = halb u. tertius = dritter]: *antike römische Silbermünze;* **Ses|ter|zi|um,** das; -s, ...ien [lat. sestertium]: *(in Verbindung mit Zahlwörtern [Summe von] 1 000 Sesterze.*
Ses|ti|ne, die; -, -n [ital. sestina, zu: sesto < lat. sextus, ↑Sexte] (Literaturw.): **1.** *sechszeilige Strophe.* **2.** *Gedicht mit sechs Strophen zu je sechs Zeilen u. einer zusätzlichen dreizeiligen Strophe.*
Ses|ton, das; -s [zu griech. sēstós = gesiebt, Analogiebildung zu ↑Plankton]: *Gesamtheit der im Wasser schwebenden lebenden u. leblosen filtrierbaren Teilchen.*
¹Set [sɛt], das; auch: der; -[s], -s [engl. set, zu: to set = setzen]: **1.** *mehrere zusammengehörende gleichartige od. sich ergänzende Gegenstände:* ein S. aus Kamm, Bürste und Spiegel; Dazu das reinwollene S.: sandfarbene Hemdbluse und Strümpfe (Petra 10, 1966, 23). **2.** *Deckchen aus Stoff, Bast, Kunststoff o. ä. für ein Gedeck, das mit anderen dazu passenden, oft anstelle einer Tischdecke, aufgelegt wird; Platzdeckchen.* **3.** (Sozialpsych.) *körperliche Verfassung u. innere Einstellung, Bereitschaft zu etw. (z. B. eines Drogenabhängigen).* **4.** ⟨der; -[s], -s⟩ (Film, Ferns.) *Szenenbau, Dekoration;* **²Set,** das; -[s] [engl. set, ↑¹Set] (Druckw.): *Maßeinheit für die Dicke (2) der Einzelbuchstaben einer Monotype.*
Se|ta, die; -, Seten [lat. seta, saeta = starkes Haar, Borste]: **1.** (Bot.) *Stiel der Sporenkapsel von Laubmoosen.* **2.** ⟨Pl.⟩ (Zool.) *kräftige Borsten in der Haut einiger Säugetiere.*
Set|te|cen|tist [sɛtetʃen'tɪst], der; -en, -en [ital. settecentista]: *Künstler des Settecento;* **Set|te|cen|to** [sete'tʃɛnto], das; -[s] [ital. settecento, eigtl. = 700, kurz für 1700 = 18. Jh.] (Kunstwiss.): *Kultur u. Kunst des 18. Jahrhunderts in Italien.*
Set|ter ['sɛtə], der; -s, - [engl. setter, zu: to set (↑¹Set) in der jägersprachlichen Bed. „vorstehen"]: *größerer hochbeiniger Hund mit glänzendem, meist rotbraunem, langhaarigem Fell;* **Set|ting** ['sɛtɪŋ], das; -s, -s [engl. setting, eigtl. = Rahmen, Umgebung] (Sozialpsych.): *Gesamtheit von Merkmalen der Umgebung, in deren Rahmen etw. stattfindet, erlebt wird.*
Set|tle|ment ['sɛtlmənt], das; -s, -s [engl. settlement, zu: to settle = sich niederlassen] (selten): **1.** *Ansiedlung, Kolonie.* **2.** ⟨o. Pl.⟩ *soziale Bewegung in England gegen Ende des 19. Jh.s.*
Setz|ar|beit, die (Bergbau, Hüttenw.): *Setzwäsche;* **Setz|ei,** das (landsch., bes. nordostd.): *Spiegelei;* **Setz|ei|sen,** das: *Stahlstift, der auf den Kopf eines Nagels gesetzt wird, um ihn tief einzutreiben;* **setzen** ⟨sw. V.⟩ /vgl. gesetzt/ [mhd. setzen, ahd. sezzen, Veranlassungswort zu ↑sitzen, eigtl. = sitzen machen]: **1.** ⟨s. + sich; hat⟩ **a)** *[sich irgendwohin begebend] eine sitzende Stellung einnehmen:* jmdn. auffordern, sich zu s.; willst du dich nicht s.?; setz dich doch; setzt euch/s.!; sich bequem, aufrecht s.; sich an den Tisch, auf einen Stuhl, auf seinen Platz, in den Sessel, ins Gras, in die Sonne, in den Schatten, auf die Terrasse, unter die Kastanie, neben jmdn., zu jmdm. s.; Fritz ... packte mit beiden Händen ... die Stiefel vor sich, zog an, und der Mann in den Schaftstiefeln setzte sich wuchtig in den spitzen Streukies (Kühn, Zeit 332); er hätte sich am liebsten sofort aufs Klo gesetzt *(wäre am liebsten sofort zur Toilette gegangen);* H. Gerlach, Demission 137); Mein Verteidiger setzt sich unmittelbar hinter mir auf eine Bank (Ziegler, Labyrinth 306); der Vogel setzte sich ihm auf die Schulter von seiner Erkrankung hin setzte sie sich sogleich in den Zug/(ugs.:) auf die Bahn *(fuhr sie sogleich mit der Bahn zu ihm);* ◆ ⟨mit Dativobj.:⟩ Auf dieser Bank von Stein will mich setzen, dem Wanderer zur kurzen Ruh' bereitet (Schiller, Tell IV, 3); **b)** *verblaßt in präpositionalen Verbindungen;* drückt aus, daß man bestimmte Verhältnisse für sich herstellt: sich an die Spitze s. (↑Spitze 3 a); sich auf eine andere Spur s. *(als Autofahrer auf eine andere Fahrspur wechseln);* sich an jmds. Stelle s. (↑Stelle 1 a); sich in den Besitz von etw. s. (↑Besitz); sich bei jmdm. in Gunst s. *(sich jmds. Gunst verschaffen;* ↑Bewegung 1 b); sich ins Unrecht s. (↑Unrecht 1 a); sich mit jmdm. in Verbindung (↑Verbindung 4 b), ins Einvernehmen (↑Einvernehmen) s.; sich zur Wehr s. (↑¹Wehr). **2.** ⟨hat⟩ **a)** *zu bestimmtem Zweck an eine bestimmte Stelle bringen u. die betreffende Person, Sache eine gewisse Zeit dort belassen; jmdn., einer Sache einen bestimmten Platz geben:* ein Kind auf einen Stuhl, aufs Töpfchen, jmdm. auf den Oleander nach draußen, in den Garten s.; einen Topf auf den Herd s.; sich den Hut auf den Kopf s.; den Becher [zum Trinken] an den Mund s.; ein Huhn [zum Brüten] auf die Eier s.; Karpfen in einen Teich s.; beim Laufenlernen einen Fuß vor den andern s.; Langsam setzt der Hengst Huf vor Huf (Frischmuth, Herrin 116); Er selber machte auf sein Alter nur dadurch aufmerksam, daß er seine Schritte allzu federnd setzte (Fest, Im Gegenteil 244); der Gast wurde in die Mitte, neben die Dame des Hauses gesetzt; eines Tages setzen sie mir dann fremde Leute in die Bude *(quartieren sie zwangsweise bei mir ein;* Danella, Hotel 47); Der Beschuldigte wurde in Zulieferungshaft gesetzt (Tages Anzeiger 10. 7. 82, 12); (Brettspiele:) einen Stein s.; ⟨auch o. Akk.-Obj.:⟩ er hat nicht nicht gesetzt; **b)** *verblaßt in präpositionalen Wendungen;* drückt aus, daß man bestimmte Verhältnisse für jmdn., etw. herstellt, daß man jmdn., etw. in einen bestimmten Zustand bringt: Einen jungen forschen Lektor an dieses Manuskript s.; überlegen Gabler, es radikal durchforsten lassen (Loest, Pistole 240); jmdn. auf schmale Kost s. *(jmdn. wenig zu essen geben);* Damals konnte er Penicillin nicht vertragen, deshalb setzte ich ihn auf Tetracyclin *(verabreichte ich ihm Tetracyclin;* Kemelman [Übers.], Mittwoch 68);

Setzer

einen Hund auf eine Fährte s. *(zum Suchen auf einer Fährte veranlassen);* ein Schiff auf Grund s. *(auflaufen lassen);* als er in volltrunkenem Zustand einen geliehenen Wagen an einen Laternenpfahl setzte *(gegen einen Laternenpfahl fuhr;* Hörzu 13, 1976, 28); etw. außer Betrieb s. *(eine Maschine o. ä. zu arbeiten aufhören lassen; etw. abstellen);* etw. in Betrieb s. *(eine Maschine o. ä. zu arbeiten beginnen lassen; etw. anstellen);* Dinge zueinander in Beziehung s. *(eine Beziehung zwischen ihnen herstellen, sie in Beziehung zueinander betrachten);* jmdn. ins Brot s. *(seinen Lebensunterhalt verdienen lassen);* ein Wort in Klammern s. *(einklammern);* jmdn. in Erstaunen s. *(jmdn. erstaunen);* etw. an die Stelle von etw. s. (↑ Stelle 1 a); etw. ins Werk s. (↑ Werk); etw. in Szene s. (↑ Szene); etw. in Musik s. (↑ Musik); etw. in die Zeitung s. (↑ Zeitung); etw. in Tätigkeit s. (↑ Tätigkeit 2); ein Pferd in Trab s. (↑ Trab); Banknoten in Umlauf s. (↑ Umlauf); keinen Fuß mehr über jmds. Schwelle s. (↑ Fuß); jmdn. unter Drogen s. *(jmdn. mit [einer hohen Dosis] Drogen willenlos, willfährig machen);* keinen Fuß vor die Tür s. [können] (↑ Fuß); die Worte gut zu s. wissen (↑ Wort 2). 3. ⟨hat⟩ **a)** *an der dafür bestimmten Stelle einpflanzen:* Salat, Tomaten s.; Kartoffeln s. *(Saatkartoffeln in die Erde bringen);* deshalb habe sie ... die hohen Malven gesetzt (M. Walser, Pferd 94); **b)** *in einer bestimmten Form aufstellen, lagern:* Getreide in Puppen s.; Holz, Briketts s. *(schichten, stapeln);* **c)** *[herstellen u.] aufstellen:* einen Herd, [Kachel]ofen s.; eine Mauer, einen Zaun s.; Erst hat er im Zimmer angebaut, dann hat er sich Nachtstromöfen s. lassen (Brot und Salz 317); jmdm. ein Denkmal, einen Grabstein s. *(errichten);* **d)** *an einem Mast o. ä. aufstecken, aufziehen:* den diplomatischen Stander s.; vor der Ausfahrt die Segel s.; das Boot hatte keine Positionslaternen gesetzt; Ü den [linken, rechten] Blinker s. (Kfz-W.; *das [rechte, linke] Blinklicht einschalten);* **e)** *irgendwohin schreiben:* seine Anschrift links oben auf den Briefbogen s.; seinen Namen unter ein Schreiben s.; ein Gericht auf die Speisekarte s. *(in die Speisekarte aufnehmen);* jmds. Namen, jmdn. auf eine Liste s. *(in eine Liste aufnehmen);* etw. auf den Spielplan, auf die Tagesordnung s. *(in den Spielplan, in die Tagesordnung aufnehmen);* einen Punkt, ein Komma s. *(in einem Text anbringen);* er setzt *(verwendet beim Schreiben)* überhaupt keine Satzzeichen; ein Buch auf den Index s. *(die Lektüre eines Buches verbieten);* [jmdm.] einen Betrag auf die Rechnung s. *(berechnen);* **f)** (Druckw.) *einen Schriftsatz von etw. herstellen:* Lettern, Schrift, ein Manuskript, einen Text, ein Buch [mit der Hand, mit der Maschine] s.; **g)** *bei einer Wette, einem Glücksspiel als Einsatz geben:* ein Pfand s.; seine Uhr als, zum Pfand s.; er hat 100 Mark auf das Pferd gesetzt; ⟨auch o. Akk.-Obj.:⟩ er setzt immer auf dasselbe Pferd; Aber man kann auf alles s., Windhunde, Schifahrer, Prominentenhochzeiten (Frischmuth, Herrin 83); Ü auf jmdn. s. *(an jmds. Erfolg,*

Sieg glauben u. ihm sein Vertrauen schenken); verblaßt: seine Hoffnung auf jmdn., etw. s. *(in einer bestimmten Angelegenheit darauf hoffen, daß sich durch jmdn., etw. etwas für einen erreichen läßt);* Entgegen dem Rat Lodframs, der uns auf den Überraschungseffekt zu s. empfahl (Heym, Schwarzenberg 56); Vogel setzt auf absolute Mehrheit (MM 17. 11. 86, 1); Sie (= Landesregierung) ... setzt mit ihrem Alternativangebot ... auf Preisstop, ... Pauschalierung, Kontrollen (Nds. Ä. 22, 1985, 16); sein Vertrauen auf jmdn., etw., s. (↑ Vertrauen); Zweifel in etw. s. (↑ Zweifel); in bezug auf etw. eine bestimmte Anordnung treffen, etw. festlegen, bestimmen: jmdm. eine Frist s.; die Freiheit absolut s. *(auffassen);* Nur unsere Anmaßung setzt die Gefahr als ein Absolutes (Strauß, Niemand 132); einer Sache eine Grenze, Grenzen, Schranken s. *(Einhalt gebieten);* einer Sache ein Ende, Ziel s. *(dafür sorgen, daß etw. aufhört);* du mußt dir ein Ziel s. *(etw. zum Ziel, zur Aufgabe machen);* Akzente s. *(auf etw. besonderen Nachdruck legen u. sich dadurch hervortun);* Jenen noch lebenden Großen nachzuspüren, die in der Vergangenheit Akzente gesetzt, Steine ins Rollen gebracht hatten (Hörzu 23, 1975, 5); Prioritäten s. (↑ Priorität); Zeichen s. (↑ Zeichen); (bes. österr.:) eine Aktion, Maßnahme s. *(eine Aktion durchführen, eine Maßnahme ergreifen):* Das wollte „Greenpeace" zum Anlaß nehmen, um eine erste Aktion in Österreich zu s. (Basta 7, 1983, 48); Auch wenn er unpopuläre Maßnahmen s. muß, sagt er es dem Wähler in aller Deutlichkeit (Wochenpresse 25. 4. 79, 4); **i)** (Sport) *einen Spieler, eine Mannschaft im Hinblick auf die zu erwartende besondere Leistung für den Endkampf einstufen u. ihn teilweise od. ganz aus den Ausscheidungskämpfen herausnehmen:* die deutsche Meisterin wurde als Nummer neun gesetzt; ⟨subst. 2. Part.:⟩ der erste Gesetzte schied bereits in der Vorrunde aus. **4. a)** *einen großen Sprung über etw. machen; etw. in einem od. mehreren großen Sprüngen überqueren* ⟨ist, auch: hat⟩: das Pferd setzt über den Graben, über ein Hindernis; wie ein dressiertes Tier durch einen Flammenreifen setzt (Ransmayr, Welt 66); Gleich einem Tier, das erschreckt von dannen springt, setzte der Barkas (= ein Auto) nach vorn *(machte einen Satz nach vorn;* Bastian, Brut 98); er setzt über den Zaun, die Mauer; **b)** *ein Gewässer mit technischen Hilfsmitteln überqueren* ⟨ist, auch: hat⟩: die Römer setzten über den Rhein; **c)** *über ein Gewässer befördern* ⟨hat⟩: vom Fährmann über den Fluß, ans andere Ufer s. lassen. **5.** ⟨s. + sich; hat⟩ **a)** *(in etw.) nach unten sinken:* die weißen Flöckchen in der Lösung haben sich gesetzt; „Der Staub wird sich bald s.", tröstete der Eitrige (Hilsenrath, Nacht 252); die Lösung setzt *(klärt)* sich; der Kaffee muß sich erst s. *(der Kaffeegrund muß sich nach dem Brühen erst am Boden sammeln);* der Schaum auf dem Bier hat sich schon etwas gesetzt *(ist schon etwas zusammengefallen);* das Erdreich setzt *(senkt)* sich; **b)** *als bestimmter*

Stoff o. ä. irgendwohin dringen: die Giftstoffe setzen sich unter die Haut; Tabakrauch setzt sich in die Kleider; der Staub setzt sich in die Ritzen; der Geruch setzt sich in die Vorhänge; Der Wind setzt sich unter ihren Dirndlrock und die Dirndlschürze (Zeller, Amen 31). **6.** (Jägerspr.) *(von Haarwild außer Schwarzwild) Junge, ein Junges zur Welt bringen* ⟨hat⟩. **7.** * *es setzt etw.* (ugs.; *es gibt Prügel o. ä.;* hat): gleich setzt es Prügel, Hiebe, Senge, Ohrfeigen; wenn du nicht hörst, setzt es was; In Wiederholungsfällen setzt es Gefängnis oder Zwangsarbeit in den Minen (Spiegel 25, 1985, 112); **Setzer**, der; -s, - [mhd. setzer = Aufsteller, Taxator, ahd. sezzari = Stifter] (Druckw.): *Schriftsetzer;* **Set|ze|rei**, die; -, -en (Druckw.): *Abteilung in einem Betrieb des graphischen Gewerbes, in der der Schriftsatz hergestellt wird;* **Set|ze|rin**, die; -, -nen (Druckw.): w. Form zu ↑ Setzer; **Setz|fehl|er**, der; (Druckw.): *Fehler im Schriftsatz;* **Setz|fisch**, der: *Setzling* (2); **Setz|gut**, das ⟨o. Pl.⟩: *Saat* (2 b); **Setz|ham|mer**, der: *beim Schmieden auf ein zu richtendes* (4 a) *Werkstück o. ä. aufgesetzter Hammer, auf den mit dem Vorschlaghammer geschlagen wird;* **Setz|ha|se**, der [zu ↑ setzen (6)] (Jägerspr.): ↑ Satzhase; **Setz|holz**, das: *Pflanzholz;* **Setz|kar|tof|fel**, die: *Pflanzkartoffel;* **Setz|ka|sten**, der: **1.** (Gartenbau) *flacher Kasten für junge Gemüse- od. Blumenpflanzen, die zum Auspflanzen bestimmt sind.* **2.** (Druckw.) *flacher Kasten für die Lettern eines Schriftsatzes;* **Setz|kopf**, der: *Nietkopf;* **Setz|lat|te**, die (Bauw.): *Richtscheit;* **Setz|ling**, der; -s, -e [mhd. setzelinc (im Weinbau)]: **1.** *Jungpflanze, die für ihr weiteres Gedeihen an einen andern Standort versetzt wird.* **2.** *junger Fisch, der zu weiterem Wachstum in einen Setzteich gebracht wird;* Besatz-, Satz-, Setzfisch; **Setz|li|ste**, die (Sport): *Liste, auf der vor Beginn eines Wettkampfs, eines Turniers den besten Teilnehmern ein bestimmter Platz zugewiesen wird;* **Setz|ma|schi|ne**, die: **1.** (Druckw.) *Maschine zur Herstellung eines Schriftsatzes.* **2.** (Bergbau) *Maschine, in der die geförderten Erze mit Hilfe von strömendem Wasser u. von Sieben nach dem spezifischen Gewicht ausgesondert werden;* **Setz|maß**, das (Bauw., Landw.): *Maß, in dem sich aufgeschütteter Boden setzt;* **Setz|mei|ßel**, der: vgl. Setzhammer; **Setz|milch**, die (landsch.): *Sauermilch;* **Setz|schiff**, das (Druckw.): *Schiff* (3); **Setz|stück**, das (landsch. veraltet): *Versatzstück;* **Setz|stu|fe**, die: *senkrechtes Brett zwischen zwei Trittstufen der Treppe;* **Setz|teich**, der: *Teich, in dem Setzlinge* (2) *herangezogen werden;* **Set|zung**, die; -, -en: **1.** *das Setzen* (3 h), *Aufstellen von Normen o. ä.:* Nur diejenigen -en sind normativ legitimiert, die ... (Habermas, Spätkapitalismus 137); die S. von Prioritäten; er sprach von ... lobenswert vornehmen Zurückhaltung in der S. von ganz bestimmten Akzenten (Jonke, Schule 71). **2.** *das Sichsetzen* (5 a) *des Bodens, Baugrundes o. ä.:* die -en des Bodens dürfen ein bestimmtes Maß nicht übersteigen; wenn Temperaturanstieg die S. des Schnees begünstigt (Eidenschink, Eis 132); **Set|zungs|fu|ge,** die (Bauw.): *senkrecht durch ein Gelände verlaufende, planmäßig angelegte Fuge, die die Kraftübertragung u. damit die Rißbildung zwischen Gebäudeteilen verhindert;* **Setz|waa|ge,** die: *Wasserwaage;* **Setzwäl|sche,** die (Bergbau, Hüttenw.): *bei der Erzaufbereitung angewandtes Verfahren der Läuterung (1);* **Setz|zeit,** die (Jägerspr.): *Zeit im Jahr, in der (bei bestimmten Tierarten) die Jungen zur Welt kommen;* **Setz|zwie|bel,** die (selten): *Steckzwiebel.*

Seu|che, die; -, -n [mhd. siuche, ahd. siuhhī = Krankheit, Siechtum, zu ↑siech]: *sich schnell ausbreitende, gefährliche Infektionskrankheit:* eine verheerende, gefährliche S.; die S. breitete sich rasch aus, griff um sich, wütete in ganz Europa, forderte viele Opfer; in der belagerten Stadt drohen -n auszubrechen; eine S. bekämpfen, eindämmen; an einer S. sterben, erkranken; ... wo ihre geschwächten Körper dem Anfall einer tückischen S. erlagen (Langgässer, Siegel 590); die Schweinemäster haben dort durch die S. bereits über tausend Tiere verloren; im Mittelalter wurden immer wieder Tausende von -n dahingerafft; auch nach dem Hochwasser kehrten viele Menschen aus Angst vor -n nicht gleich in die Stadt zurück; Ü diese knatternden Mofas sind eine S. (emotional; *eine verbreitete, äußerst unangenehme Sache*); Gerechtigkeit, erklärte er, ... sei in politisch bewegten Zeiten eine Art S., vor der man sich hüten müsse (Feuchtwanger, Erfolg 140); **Seu|chen|ab|wehr,** die: vgl. Seuchenbekämpfung; **Seu|chen|be|kämpf|ung,** die: *Bekämpfung von Seuchen;* **seu|chen|fest** ⟨Adj.⟩ (Med.): *widerstandsfähig gegen eine Seuche;* **Seu|chen|fe|stig|keit,** die ⟨o. Pl.⟩ (Med.): *Widerstandsfähigkeit gegen eine Seuche.* **Seu|chen|ge|fahr,** die: *Gefahr, daß eine Seuche ausbricht;* **Seu|chen|ge|setz,** das: *Gesetz zur Seuchenbekämpfung;* **Seu|chen|herd,** der: *Stelle, von der aus sich eine Seuche ausbreitet;* **Seu|chenschutz,** der: vgl. Seuchenbekämpfung; **Seu|chen|ver|hü|tung,** die: vgl. Seuchenbekämpfung.

seuf|zen ⟨sw. V.; hat⟩ [mhd. siufzen, älter: siuften, ahd. sūft(e)ōn, zu ahd. sūfan = schlürfen (↑saufen), lautm. für das hörbare Einziehen des Atems]: **a)** *als Ausdruck von Kummer, Sehnsucht, Resignation, Erleichterung o. ä. hörbar tief u. [mit klagendem Ton] ausatmen, oft ohne sich dessen bewußt zu sein:* tief, schwer, beklommen, erleichtert, leise s.; Alf seufzt (stöhnt) über so viel Unverständnis (Büttner, Alf 56); Ü Die Tür zu Georgs Zimmer seufzt leise (Remarque, Obelisk 86); Während die Brigantine durch einen dichten, seufzenden (ächzenden) Wald aus Masten ... dem offenen Meer entgegen ... glitt (Ransmayr, Welt 33); wenn sie unter der Reparationslast seufzten (geh.; *litten*; Niekisch, Leben 115); **b)** *seufzend äußern, sagen:* „ja, ja", seufzte Herr Rogge schuldbewußt (Fallada, Hoppelpoppel 26); **Seuf|zer,** der; -s, - [älter: Seufze, mhd. siufze, siufte]: *Laut des Seufzens: einmali-*

ges Seufzen: ein leiser, lauter, schwerer, befreiender, wohliger S.; ein S. der Erleichterung; ein S. entrang sich ihm; Eine schnelle Sekunde voll Zärtlichkeit, ein hastigerer, seligerer Atem, ein S. vom Glück (Fallada, Blechnapf 245); einen tiefen S. tun; einen S. unterdrücken, ersticken, ausstoßen; seinen letzten S. tun (geh.; *sterben*); indes Galileo unter fetten -n eine kleine kurzbeinige Kratzfüße machte (H. Mann, Stadt 201).

Se|ve|ri|tät, die; - [lat. severitas (Gen.: severitatis), zu: severus = ernst, streng, hart] (veraltet): *Strenge, Härte:* mit großer S. vorgehen.

Se|ve|so|gift ['zeːvezo..., ital. 'sɛːvezo...], das; -[e]s [nach der norditalienischen Ortschaft Seveso, die im Jahre 1976 bei einem großen Chemieunfall mit dem Stoff verseucht wurde] (Jargon): *zu den Dioxinen gehörender, extrem giftiger Stoff:* Das Beispiel des -es (= Dioxin) zeigt deutlich, daß man bei den Umweltgiften sehr wohl nach den Einzelsubstanzen differenzieren muß (DÄ 47, 1985, 26).

Se|vil|la [...'vɪlja]: *Stadt in Südspanien.* **Se|vil|la|na** [sevɪl'jaːna], die; -, -s [span. sevillana, eigtl. = (Tanz) aus Sevilla]: *in Sevilla herausgebildete Variante der Seguidilla:* Spanisches Folklore - -s und Fandangos (MM 2. 5. 69, 42).

Sèv|res|por|zel|lan ['sɛːvr...], das; -s [nach dem Pariser Vorort Sèvres]: *Porzellan aus der französischen Staatsmanufaktur in Sèvres.*

Sex [zɛks, sɛks], der; -[es] [engl. sex < lat. sexus = Geschlecht] (ugs.): **1.** *[dargestellte] Sexualität [in ihrer durch die Unterhaltungsindustrie verbreiteten Erscheinungsform]:* S. und Gewalt kommen beim großen Publikum immer noch am besten an; Solche Kolportagegeschichten voll Schweiß und Tränen, S. und Crime ins ARD-Netz zu jubeln ... (Spiegel 8, 1978, 184). **2.** *Geschlechtsverkehr, sexuelle Betätigung:* außerehelicher S.; Denn viele Touristen suchen am Strand des Indischen Ozeans nicht weißen Sand, sondern schwarzen S. (Spiegel 46, 1982, 191); sicherer, ungeschützter S. (mit, ohne Kondom); das Einzige, was er von ihr will, ist S.; sie hat nichts als S. im Kopf; mit jmdm. S. haben; zuerst machen sie S. (haben sie Geschlechtsverkehr), dann werden sie schwanger (Spiegel 42, 1977, 261); Sein Onkel hatte ihn beim S. mit einer Zehnjährigen erwischt (MM 21. 9. 76, 3); die Ausübung von oralem S. (Spiegel 6, 1978, 198). **3.** *Sex-Appeal:* Was er ausstrahlt, ist „Magnetismus, S." (Hörzu 10, 1973, 135); Sie spielt die liebestolle Lu ... Mit mehr S. als sechs einschlägige Stars zusammen (Bild 10. 4. 64, 4). **4.** *Geschlecht, Sexus.*

Se|xa|ge|si|ma, die; -, selten auch, o. Art.: ...mä (meist o. Art.) [mlat. sexagesima, eigtl. = der sechzigste (Tag vor Ostern), zu lat. sexagesimus = der sechzigste]: *(im Kirchenjahr) achter Sonntag vor Ostern:* Sonntag S./Sexagesimä; **se|xa|ge|si|mal** ⟨Adj.⟩: *auf die Grundzahl 60 bezogen:* ein -es Zahlensystem; **Se|xa|ge|si|mal|sy|stem,** das ⟨o. Pl.⟩ (Math.): *auf der Grundzahl 60 aufbauendes Zahlensystem;* **Se|xa|gon,** das; -s, -e [zu lat. sex =

sechs u. griech. gōnia = Winkel, Ecke]: *Sechseck.*

Sex and Crime ['sɛks ənd 'kraɪm; engl. sex and crime, zu: sex (↑Sex) u. crime, ↑Crime]: *Kennzeichnung von Filmen (seltener von Zeitschriften) mit ausgeprägter sexueller u. krimineller Komponente;* **Sex-Ap|peal** ['zɛks..., (engl.:) 'sɛks əˈpiːl], der [engl. sex appeal, zu: appeal, ↑Appeal]: *erotische, sexuelle Anziehungskraft:* S. haben; **se|xi|bes|es|sen** ⟨Adj.⟩: *von dem Verlangen nach Sex völlig beherrscht;* **Sex|be|ses|sen|heit,** die: *das Sexbesessensein;* **Sex|bie|ne,** die (salopp, oft abwertend): vgl. Sexbombe; sie wehrt sich dagegen, als S. abgestempelt zu werden; **Sex|bom|be,** die (salopp): *Frau, bes. Filmschauspielerin, von der eine starke sexuelle Reizwirkung ausgeht;* **Sexbou|tique,** die: *Sexshop;* **Sel|xer,** der; -s, - [**1**: engl. sexer, zu ↑Sex (4)]: **1.** *jmd., der Jungtiere, bes. Küken nach dem Geschlecht sortiert (Berufsbez.):* ... und daher kommt es wohl auch, daß die „Sexer" - so nennt man die Hühnergeschlechtsexperten - in erster Linie Japaner sind (Quick 49, 1980, VI). **2.** (ugs.) *Sexfilm;* **Sel|xe|rin,** die; -, -nen: w. Form zu ↑Sexer (1); **Sex|film,** der: *Film mit hauptsächlich sexuellen Szenen;* **Sex|fo|to,** das: *Foto, das eine od. mehrere Personen in sexuell aufreizenden Posen zeigt;* **sex|geil** ⟨Adj.⟩ (ugs.): *sexbesessen:* Hier ist in der Tat die Rede von der Darstellerin der -en, geldgierigen und gehirntoten „Kelly Bundy" aus der Kultserie „Eine schrecklich nette Familie" (Gong 34, 1994, 16); **Sex|heft,** das: *Heft (c) mit Sexfotos;* **Sex|idol,** das: *sexuelles Idol;* **se|xig** ⟨Adj.⟩ (selten): *viel Sex (1) bietend:* Sittenreport über eine frivole Welt - sehr frei, unerhört s. und spannend (MM 3. 10. 66, 52); **Sel|xis|mus,** der; -, ...men [engl. sexism]: **1.** ⟨o. Pl.⟩ *Vorstellung, nach der eines der beiden Geschlechter dem anderen von Natur aus überlegen sei, u. die [aufgrund dieser Vorstellung für gerechtfertigt gehaltene] Diskriminierung, Unterdrückung, Zurücksetzung, Benachteiligung von Menschen, bes. der Frauen, aufgrund ihres Geschlechts:* um den S. der römisch-katholischen Kirche zu demaskieren (Kelly, Um Hoffnung 116). **2.** *etw., was auf Sexismus beruht, sexistische Verhaltensweise:* im Patriarchat mit seinen allgegenwärtigen Sexismen, die uns Frauen täglich vergrätzen (Spiegel 10, 1993, 249); **Sel|xist,** der; -en, -en [engl. sexist]: *jmd., der sich sexistisch verhält, der sexistisch denkt;* **Se|xi|stin,** die; -, -nen: w. Form zu ↑Sexist: „Sie sind nicht nur S., Sie sind auch Faschisten" schimpfte die eine (Spiegel 7, 1975, 126); **se|xi|stisch** ⟨Adj.⟩: *auf Sexismus beruhend, davon bestimmt:* eine -e Einstellung haben; ein -es Verhalten; -e Männer; Ich hasse das Buch, es ist s. (Praunheim, Armee 140); s. denken, argumentieren; **Sex|la|den,** der ⟨Pl. ...läden⟩: *Sexshop;* **Sex|lekt,** der; -[e]s, -e [zu ↑Sex (4), Analogiebildung zu ↑Dialekt] (Fachspr.): *geschlechtsspezifische Sprache, Ausdrucksweise;* **Sex|li|te|ra|tur,** die: **a)** (ugs.) vgl. Aufklärungsbuch; **b)** vgl. Sexfilm; **Sex-Live-Show** ['-'--], die: *Live-Show (2);*

Sex|ma|ga|zin, das: *Zeitschrift mit Sexfotos u. hauptsächlich sexuellem Themenkreis;* **Sex|mo|dell**, das: *Modell für, von Sexfotos;* **Sex|muf|fel**, der (salopp scherzh.): *jmd., dem der sexuelle Bereich gleichgültig ist:* sie, er ist ein, kein S.; Weder S. noch Potenzprotze oder Moralprediger sind in unserer Gesellschaftsordnung gefragt (Hörzu 43, 1975, 122); **Sex|ob|jekt**, das: *Sexualobjekt;* **Sex|o|lo|ge**, der; -n, -n [↑-loge]: *Wissenschaftler auf dem Gebiet der Sexologie;* **Sex|o|lo|gie**, die; - [↑-logie]: *Wissenschaft, die sich mit der Erforschung der Sexualität u. des sexuellen Verhaltens befaßt;* **Sex|o|lo|gin**, die; -, -nen: w. Form zu ↑Sexologe; **sex|o|lo|gisch** ⟨Adj.⟩: *die Sexologie betreffend, dazu gehörend;* **Sex|or|gie**, die: *Beisammensein von Menschen, bei dem sexuelle Bedürfnisse hemmungslos ausgelebt werden:* den fatalen Identitätsverlust einer ... Gesellschaft, die sich ... in Salongeplapper, Suff und ... n flüchtet (Saarbr. Zeitung 5. 12. 79, 9); die Party mündete in eine wilde S.; **Sex|po|stil|le**, die (spött. abwertend): *Sexmagazin;* **Sex|prak|tik**, die: *sexuelle Praktik;* **Sex|protz**, der (salopp scherzh.): *jmd., der sich darin gefällt, den Eindruck eines sexuell besonders aktiven Menschen zu machen;* **Sex|ro|man**, der: vgl. Sexfilm; **Sex|shop**, der: *Laden, in dem Bücher, Zeitschriften, Filme u. dergleichen mit sexuellem Inhalt, Mittel zur sexuellen Stimulation u. andere Artikel aus dem sexuellen Bereich verkauft werden:* Kondome gibt es in jedem S.; **Sex|spiel**, das: *spielerische sexuelle Betätigung:* sich mit -en die Zeit vertreiben.

Sext, die; -, -en [2: (kirchen)lat. sexta (hora) = sechste (Stunde)]: **1.** (Musik) ↑Sexte. **2.** (kath. Kirche) *drittes Tagesgebet des Breviers (zur sechsten Tagesstunde [= 12 Uhr]);* **Sex|ta**, die; -, ...ten [nlat. sexta classis = sechste Klasse; a: vgl. Prima (a)] (veraltend): **a)** *erste Klasse des Gymnasiums;* **b)** (österr.) *sechste Klasse des Gymnasiums;* **Sext|ak|kord**, der (Musik): *erste Umkehrung des Dreiklangs mit der Terz im Baß (in der Generalbaßbezifferung durch eine unter od. über dem Baßton stehende 6 gekennzeichnet);* **Sex|ta|ner**, der; -s, - (veraltend): *Schüler einer Sexta;* **Sex|ta|ner|bla|se**, die (ugs. scherzh.): *schwache Blase:* eine S. haben; Ü Vorher erst mal alle aufs Klo. Die -n (Schüler mit ihren Sextanerblasen) und Büchsenballerer (Kempowski, Uns 166); **Sex|ta|ne|rin**, die; -, -nen (veraltend): w. Form zu ↑Sextaner; **Sex|tant**, der; -en, -en [nlat. sextans, Gen.: sextantis = sechster Teil (nach dem als Meßskala benutzten Sechstelkreis)]: *(bes. in der Seefahrt zur astronomisch-geographischen Ortsbestimmung benutztes) Winkelmeßinstrument zur Bestimmung der Höhe eines Gestirns;* **Sex|te**, die; -, -n [mlat. sexta vox = sechster Ton, zu lat. sextus = sechster u. vox = Stimme, Ton] (Musik): **a)** *sechster Ton einer diatonischen Tonleiter vom Grundton an;* **b)** *Intervall von sechs diatonischen Tonstufen;* **Sex|tett**, das; -[e]s, -e [relativisiert aus ital. sestetto, s.: sei < lat. sex = sechs] (Musik): **a)** *Komposition für sechs solistische Instrumente od. (selten) sechs Solostimmen;* **b)** *Ensemble von sechs Instrumental- od. (selten) Vokalsolisten;* **Sex|til|li|on**, die; -, -en [zu lat. sexta = sechste, geb. nach ↑Million (eine Sextillion ist die 6. Potenz einer Million)]: *eine Million Quintillionen* (geschrieben): 10^{36}, *eine Eins mit 36 Nullen);* **Sex|to|le**, die; -, -n [geb. nach ↑Triole] (Musik): *Folge von sechs Noten, deren Dauer insgesamt gleich der Dauer von vier der Taktart zugrundeliegenden Notenwerten ist.*

Sex|tou|ris|mus, der (ugs.): *Tourismus mit dem Ziel sexueller Kontakte:* Die deutschen Reiseveranstalter wollen künftig dazu beitragen, den S. einzudämmen (MM 7./8. 5. 88, 11); **Sex|tou|rist**, der: *jmd., der ein sexuelles Erlebnis will eine [organisierte u. ein diesem Zweck entsprechendes Angebot einschließende] Reise unternimmt:* Ihre Kunden ... sind -en aus Westeuropa, den USA und Japan (Spiegel 42, 1989, 226); **Sex|tou|ri|stin**, die: w. Form zu ↑Sextourist.

Sex|tu|or, das; -s, -s [frz. sextuor, zu: six < lat. sex = sechs] (Musik veraltet): *Sextett.*

se|xu|al ⟨Adj.⟩ [spätlat. sexualis, ↑sexuell] (selten): *sexuell:* Die soziale Sinnlosigkeit der -en Anomalität (Schelsky, Soziologie 73); **Se|xu|al|auf|klä|rung**, die ⟨o. Pl.⟩: *Aufklärung (2 b);* **Se|xu|al|be|zie|hung**, die: *sexuelle Beziehung;* **Se|xu|al|de|likt**, das: *Sexualstraftat;* **Se|xu|al|er|zie|hung**, die: *Erziehung, die sich auf die sexuelle Entwicklung u. das sexuelle Verhalten des Menschen bezieht;* **Se|xu|al|ethik**, die ⟨o. Pl.⟩: *Ethik im Bereich des menschlichen Geschlechtslebens;* **se|xu|al|ethisch** ⟨Adj.⟩: *die Sexualethik betreffend, auf ihr beruhend:* -e Fragen; **Se|xu|al|for|scher**, der: *Sexologe;* **Se|xu|al|for|sche|rin**, die: w. Form zu ↑Sexualforscher; **Se|xu|al|for|schung**, die: *Sexologie;* **Se|xu|al|hor|mon**, das: *Geschlechtshormon;* **Se|xu|al|hy|gie|ne**, die: *Hygiene (2) im Bereich des menschlichen Geschlechtslebens;* **se|xu|a|li|sie|ren** ⟨sw. V.; hat⟩: *jmdn., etw. in Beziehung zur Sexualität bringen u. die Sexualität in den Vordergrund stellen:* ... werden Kinder schon in sehr frühem Alter sexualisiert (Reform-Rundschau 11, 1977, 6); Mit ihm und Evelyn wurde die Arbeitsatmosphäre extrem sexualisiert (Praunheim, Sex 234); ⟨oft im 2. Part.:⟩ Von sexualisierten Formen der Agressivität (Eppendorfer, Ledermann 221); **Se|xu|a|li|sie|rung**, die; -, -en: *das Sexualisieren;* **Se|xu|a|li|tät**, die; -: *Gesamtheit der im Geschlechtstrieb begründeten Lebensäußerungen, Empfindungen u. Verhaltensweisen:* die weibliche S.; die S. des Mannes; Ich meine, daß auf Grund der fleischlosen Nahrung die S. doch abnimmt (Fichte, Wolli 490); Reduktion des Eros auf bloße S. (Grossmann, Mann 75); ... um mehr über S. unter Männern zu erfahren (Grossmann, Schwul 81); **Se|xu|al|kon|takt**, der: *sexueller Kontakt:* -e haben; keinen S. mit jmdm. gehabt haben; **Se|xu|al|kun|de**, die ⟨o. Pl.⟩: *Schulfach, in dem Kinder u. Jugendliche über die biologischen Grundlagen der menschlichen Sexualität unterrichtet werden;* **Se|xu|al|kun|de|un|ter|richt**, der: *Unterricht im Fach Sexualkunde;* **Se|xu|al|le|ben**, das ⟨o. Pl.⟩: *sexuelle Aktivität als Teil der Existenz:* daß sie (= Kinder) selbst so etwas wie ein S. haben (Wohngruppe 62); **Se|xu|al|lock|stoff**, der: *leicht flüchtiger Duftstoff, der, vom Angehörigen eines Geschlechts abgegeben, der Anlockung u. sexuellen Erregung eines Partners dient;* **Se|xu|al|mo|ral**, die: vgl. Sexualethik; **Se|xu|al|mord**, der: *Lustmord;* **Se|xu|al|mör|der**, der: *Lustmörder;* **Se|xu|al|neu|ro|se**, die (Med., Psych.): *mit Störungen im Sexualleben zusammenhängende Neurose;* **Se|xu|al|ob|jekt**, das: *Person, die zur Befriedigung sexueller Wünsche dient:* die Frau als [bloßes] S.; das Schlagwort vom kindlichen S. (Spiegel 35, 1978, 150); **Se|xu|al|or|gan**, das: *Geschlechtsorgan;* **Se|xu|al|pä|d|ago|ge**, der: *Pädagoge auf dem Gebiet der Sexualpädagogik;* **Se|xu|al|pä|d|ago|gik**, die: *pädagogische Disziplin, deren Aufgabe die theoretische Grundlegung der Sexualerziehung ist;* **Se|xu|al|pä|d|ago|gin**, die: w. Form zu ↑Sexualpädagoge; **Se|xu|al|part|ner**, der: *Partner in einer sexuellen Beziehung;* **Se|xu|al|part|ne|rin**, die: w. Form zu ↑Sexualpartner; **Se|xu|al|pa|tho|lo|gie**, die: *wissenschaftliche Disziplin, die sich mit den krankhaften Störungen u. pathologischen Erscheinungsformen der menschlichen Sexualität befaßt;* **se|xu|al|pa|tho|lo|gisch** ⟨Adj.⟩: *die Sexualpathologie betreffend, zu ihr gehörend;* **Se|xu|al|psy|cho|lo|gie**, die: *wissenschaftliche Disziplin, die die psychologischen Aspekte der Sexualität erforscht;* **Se|xu|al|rhyth|mus**, der (Biol., Med.): *Sexualzyklus;* **Se|xu|al|straf|tat**, die: *Straftat, die die sexuelle Freiheit eines anderen verletzt (z. B. sexueller Mißbrauch von Kindern), Vergewaltigung);* **Se|xu|al|tä|ter**, der: *jmd., der durch sein sexuelles Verhalten strafbar macht, sich sexuell gegen andere vergeht:* Wie schütze ich mein Kind vor -n? (MM 20. 5. 77, 37); **Se|xu|al|tä|te|rin**, die: w. Form zu ↑Sexualtäter; **Se|xu|al|the|ra|pie**, die: *Therapie, die versucht, psychische Barrieren in den Sexualbeziehungen von Partnern abzubauen u. zu beseitigen;* **Se|xu|al|trieb**, der: *Geschlechtstrieb;* **Se|xu|al|ver|bre|chen**, das: vgl. Sexualstraftat; **Se|xu|al|ver|bre|cher**, der: vgl. Sexualtäter; **Se|xu|al|ver|bre|che|rin**, die: w. Form zu ↑Sexualverbrecher; **Se|xu|al|ver|hal|ten**, das: *Verhalten im Sexualleben;* **Se|xu|al|ver|kehr**, der: *Geschlechtsverkehr;* **Se|xu|al|wis|sen|schaft**, die ⟨o. Pl.⟩: *Sexologie;* **Se|xu|al|wis|sen|schaft|ler**, der: *Sexologe;* **Se|xu|al|wis|sen|schaft|le|rin**, die: w. Form zu ↑Sexualwissenschaftler; **Se|xu|al|zy|klus**, der (Biol., Med.): *durch Geschlechtshormone gesteuerter periodischer Vorgang;* **se|xu|ell** ⟨Adj.⟩ [frz. sexuel < spätlat. sexualis]: *die Sexualität betreffend, darauf bezogen:* -e Kontakte, Tabus; -e Freizügigkeit, Askese; die -e Sphäre; ... daß Scheuten sich ... der -n Erpressung ... ergeben hatte (Prodöhl, Tod 162); -e Belästigung am Arbeitsplatz; Ist Kalypso nur erotisch, so Kirke nur s. (Bodamer, Mann 118); - aktiv, erregt, hörig sein; ein Kind, Mädchen s. mißbrauchen; da ich sowohl s. als auch in anderer Beziehung ihr Partner bin (Wohngruppe 105); ⟨subst.:⟩ dann drücken sie damit eine Zuneigung aus, die nicht nur aufs Sexuelle begrenzt ist (Freizeitmagazin 26, 1978, 41); **Sex und Crime:** ↑Sex and Crime; **Se|xuo|lo|ge,** der; -n, -n [↑-loge] (bes. regional): ↑Sexologe; **Se|xuo|lo|gie,** die; - [↑-logie] (bes. regional): ↑Sexologie; **Se|xuo|lo|gin,** die; -, -nen (bes. regional): w. Form zu ↑Sexuologe; **se|xuo|lo|gisch** ⟨Adj.⟩ (bes. regional): ↑sexologisch; **Se|xus,** der; -, - [...u:s; lat. sexus = Geschlecht]: **1.** ⟨Pl. selten⟩ (Fachspr.) **a)** differenzierte Ausprägung eines Lebewesens im Hinblick auf seine Aufgabe bei der Fortpflanzung; **b)** Geschlechtstrieb als zum Wesen des Menschen gehörige elementare Lebensäußerung; Sexualität: Die ... Entfesselung des S. (Hörzu 41, 1974, 116); Das Bild der modernen Frau, die ... ihre Hemmungen ihres S. im Kampf um den Mann einsetzt (Bodamer, Mann 113). **2.** (Sprachw. selten) Genus (2); **Sex|wel|le,** die: [nach einer Zeit weitgehender Tabuisierung der Sexualität] sich in der Allgemeinheit [für kürzere Zeit] ausbreitende sexuelle Freizügigkeit: Susana Estrada schwimmt ganz oben auf der S., die seit Francos Tod ... die Iberische Halbinsel überflutet (Spiegel 3, 1979, 134); **se|xy** ['zɛksi, auch: 'sɛksi] ⟨Adj.⟩ [engl. sexy, zu: sex, ↑Sex] (ugs.): sexuell attraktiv od. zu einer entsprechenden Wirkung verhelfend; s. Wäsche; Warum sind Mann und Frau die -sten Geschöpfe? (Börsenblatt 1, 1968, 7); und (er) ist trotzdem s. in seinem bikini oder Tanga: Der „Maillot", ein einteiliger Badeanzug (Spiegel 22, 1979, 215); sie, er ist, wirkt s.; s. aussehen; ich finde sie, ihn, seine Stimme, ihren Gang unheimlich s.; May Spils schildert das kurzweilige Liebesleben zweier „Fummler" mit ... Witz ... und hinreißend s. (MM 2.2. 68, 32).

Sey|chel|len [zeˈʃɛlən] ⟨Pl.⟩: Inselgruppe u. Staat im Indischen Ozean; **Sey|chel|len|nuß,** die: einen von einer dicken, faserigen u. fleischigen Hülle umgebenen Steinkern enthaltende Frucht der Seychellennußpalme; **Sey|chel|len|nuß|pal|me,** die: (auf den Seychellen vorkommende) hohe Palme mit säulenförmigem Stamm, großen, fächerförmigen Blättern u. Seychellennüssen als Früchten; **Sey|chel|ler,** der; -s, -: Ew.; **Sey|chel|le|rin,** die; -, -nen: w. Form zu ↑Seycheller; **sey|chel|lisch** ⟨Adj.⟩.

se|zer|nie|ren ⟨sw. V.; hat⟩ [lat. secernere = absondern, ausscheiden] (Med., Biol.): ein Sekret absondern: wird (= die Zelle) solche Makromoleküle ... als Exotoxin sezerniert (Medizin II, 303); **Se|zer|nie|rung,** die; -, -en (Med., Biol.): das Sezernieren.

Se|zes|si|on, die; -, -en [lat. secessio = Absonderung, Trennung, zu: secedere = beiseite gehen, sich entfernen, sich trennen]: **1.** Absonderung; Verselbständigung von Staatsteilen: im Herbst 1948 nach der S. des Berliner Abgeordnetenhauses (Kantorowicz, Tagebuch I, 480). **2. a)** Absonderung einer Künstlergruppe von einer älteren Künstlervereinigung; **b)** Künstlergruppe, die sich von einer älteren Künstlervereinigung abgesondert hat; **c)** ⟨o. Pl.⟩ Jugendstil in Österreich; **Se|zes|sio|nist,** der; -en, -en: **1.** Anhänger einer Sezession (1). **2. a)** Mitglied einer Sezession (2 b); **b)** Künstler der Sezession (2 c): ... als ob Äthiopien unter den Schlägen der eritreischen -en ... zerbrechen würde (Augsburger Allgemeine 11. 2. 78, 2); **Se|zes|sio|ni|stin,** die; -, -nen: w. Form zu ↑Sezessionist; **se|zes|sio|ni|stisch** ⟨Adj.⟩: die Sezession betreffend; **Se|zes|si|ons|krieg,** der ⟨o. Pl.⟩: Bürgerkrieg in den USA von 1861 bis 1865; **Se|zes|si|ons|stil,** der ⟨o. Pl.⟩: Sezession (2 c).

se|zie|ren ⟨sw. V.; hat⟩ [lat. secare = (zer)schneiden, zerlegen] (Anat.): **eine Leiche öffnen u. anatomisch zerlegen:** eine Leiche s.; ⟨auch o. Akk.-Obj.:⟩ In zwei Präparierkursen ... muß der ... Student der Medizin s. (Medizin II, 16); Ü geschüttelt von einem Verlangen, das er genau s. (zergliedern) kann (Remarque, Triomphe 312); etwaige ... Schwächen ..., die sie dann mit gnadenlos spitzer Zunge seziert (Heim, Traumschiff 252); **Se|zier|mes|ser,** das (Anat.): beim Sezieren verwendetes, langes, starkes Messer zum Aufschneiden der großen Organe; **Se|zier|saal,** der: Saal der Anatomie (2), in dem seziert wird.

sf = sforzando, sforzato.
SFB = Sender Freies Berlin.
S-för|mig ⟨Adj.⟩: in der Form eines S: eine -e Kurve, Linie; ein S. gebogener Draht.
sfor|zan|do ⟨Adv.⟩ [ital. sforzando, zu: sforzare, ↑sforzato] (Musik): sforzato; **Sfor|zan|do,** das; -s, -s u. ...di (Musik): Sforzato; **sfor|za|to** ⟨Adv.⟩ [ital. sforzato, zu sforzare = anstrengen, verstärken, geb. mit dem Verstärkungspräfix s- (< lat. ex-) zu: forzare, ↑forzando] (Musik): verstärkt, plötzlich hervorgehoben (Vortragsanweisung für einen Einzelton od. Akkord; Abk.: sf, sfz); **Sfor|za|to,** das; -s, -s u. ...ti (Musik): plötzliche Verstärkung, Hervorhebung eines Tones od. Akkordes.
sfr., (schweiz. nur:) **sFr** = ²Franken.
sfu|ma|to ⟨Adv.⟩ [ital. sfumato, zu: sfumare = abtönen, zu: fumo < lat. fumus = Rauch] (Kunstwiss.): mit weichen, verschwimmenden Umrissen gemalt, so daß das Bild wie durch einen zarten Schleier gesehen erscheint: ⟨subst.:⟩ die Technik des Sfumato.
sfz = sforzando, sforzato.
SG = Sportgemeinschaft.
S. g. = Sehr geehrt... (österr. veraltet vor Briefanschriften).
Sgraf|fia|to: ↑Graffiato; **Sgraf|fi|to:** ↑Graffito.
s'-Gra|ven|ha|ge [sxra:vənˈha:xə]: offizielle niederländische Form von ↑Den Haag.
sh = Shilling.
Sha|dow|ing ['ʃædoʊɪŋ], das; -[s] [engl. zu: shadow = Schatten] (Psych.): fortlaufendes Nachsprechen sprachlicher Äußerungen, die den Testpersonen über Kopfhörer eingespielt werden, um die selektive Aufmerksamkeit u. Satzverarbeitungsprozesse zu erforschen.
Shag [ʃɛk, engl.: ʃæg], der; -s, -s [engl. shag, eigtl. = Zottel]: **1.** feingeschnittener Pfeifentabak. **2.** amerikan. Modetanz bes. der dreißiger u. vierziger Jahre; **Shag|pfei|fe,** die: Pfeife für Shagtabak; **Shag|tabak,** der: Shag (1).

¹Shake [ʃeɪk], der; -s, -s [engl. shake, zu: to shake = schütteln]: **1.** Mixgetränk. **2.** Modetanz bes. der späten 1960er Jahre mit schüttelnden Bewegungen: ... tanzte in einem Werbespot ... einen S. (Hörzu 19, 1990, 28); **²Shake,** das; -s, -s (Jazz): meist von Trompete, Posaune od. Saxophon auszuführendes, heftiges Vibrato über einer Einzelnote, ähnlich dem Triller beim Klavierspiel; **Shake|hands** [...'hænds], das; -, - ⟨meist Pl.⟩ [zu engl. to shake hands = sich die Hand geben]: Händeschütteln: S. machen; Deshalb auch bat der Deutsche den Máximo Líder Castro, ihn im Abschied auf dem Flughafen ... bei S. zu belassen (Spiegel 43, 1984, 40); **Sha|ker** ['ʃeɪkə], der; -s, - [engl. shaker]: Mixbecher; **shaken** ['ʃeːkən, 'ʃeɪkən] ⟨sw. V.; hat⟩: im Shaker mischen.
Shake|speare|büh|ne ['ʃeːkspiːr...], die [nach dem engl. Dramatiker W. Shakespeare (1564–1616)]: für das volkstümliche englische Theater des ausgehenden 16. und beginnenden 17. Jh.s charakteristische Bühnenform mit einer in den Zuschauerraum hineinragenden Bühnenplattform.
Sham|poo [ʃɛmˈpuː, auch: ʃamˈpuː, ˈʃampu, ʃamˈpoː, ˈʃampo], **Sham|poon** [ʃɛmˈpuːn, auch: ʃamˈpoːn], das; -s, -s [engl. shampoo, zu: to shampoo = (ein Haar waschen, eigtl. = massieren < Hindi chhāmpō = knete!]: flüssiges Haarwaschmittel; **sham|poo|nie|ren** [ʃɛmpuˈniːrən, auch: ʃamp...]: ↑schamponieren.
Sham|rock ['ʃæmrɔk], der; -[s], -s [engl. shamrock < ir. seamróg, Vkl. von: seamar = Klee]: [Sauer]kleeblatt als Wahrzeichen der Iren, denen der heilige Patrick damit die Dreieinigkeit erklärt haben soll.
Shan|tung ['ʃantʊŋ], der; -s, -s (Fachspr.): Schantung; **Shan|tung|sei|de,** die (Fachspr.): Schantungseide.
Shan|ty ['ʃɛnti], das; -s, -s u. ...ties [...tiːs] [engl. shanty, chantey, zu frz. chanter = singen < lat. cantare]: Seemannslied mit Refrain.
¹Sha|ping ['ʃeɪpɪŋ], die; -, -s (Technik): kurz für ↑Shapingmaschine; **²Sha|ping,** das; -[s] [engl. shaping, zu: to shape = formen, bearbeiten] (Psych.): Methode zur Erzielung eines bestimmten angestrebten Verhaltens, bei der jene Reaktionen unterstützt u. verstärkt werden, die in Richtung auf dieses Verhalten weisen; **Sha|ping|ma|schi|ne** ['-----], die [engl. shaping machine] (Technik): Hobelmaschine zur Metallbearbeitung, bei der das Werkzeug stoßende Bewegungen ausführt, während das Werkstück fest eingespannt ist.
Share [ʃɛə], der; -s, -s [engl. share, eigtl. = Teil, Anteil]: engl. Bez für Aktie; **Share|ware** ['ʃɛəˌwɛə], die; -, -s [engl. share ware = (mit anderen) geteilte Ware]: Software, die vor dem Kauf von zahlreichen Nutzern kostengünstig getestet werden darf u. erst nach Eignungsnachweis bezahlt werden muß.
Shed|bau ['ʃɛt...], der; -s, usw.: ↑Schedbau usw.
She|riff ['ʃɛrɪf], der; -s, -s [engl. sheriff <

Sheriffstern

aengl. scīrgerēfa = Grafschaftsvogt]: **1.** *hoher Verwaltungsbeamter in einer englischen od. irischen Grafschaft.* **2.** *oberster, auf Zeit gewählter Vollzugsbeamter einer US-amerikanischen Stadt mit begrenzten richterlichen Befugnissen;* **She̱|riff|stern,** der: *Stern* (2b) *als Abzeichen* (c) *eines Sheriffs* (2).
Sher|pa ['ʃɛrpa], der; -s, -s [engl. sherpa, Name für die Angehörigen eines tibetischen Volksstammes]: *als Lastträger bei Expeditionen im Himalaja arbeitender Tibetaner;* **Sher|pa|ni,** die; -, -s: w. Form zu ↑ Sherpa.
Sher|ry ['ʃɛrɪ], der; -s, -s [engl. sherry < span. jerez, nach dem Namen der span. Stadt Jerez de la Frontera]: *spanischer Likörwein:* ein trockner, weißer S.; ein Glas S., einen S. trinken.
Shet|land ['ʃɛtlənd], der; -[s], -s [nach den Shetlandinseln nordöstlich von Schottland]: *graumelierter Wollstoff in Leinwand- od. Köperbindung;* **She̱t|land|pony,** das: *langhaariges, gedrungenes Pony mit großem Kopf u. kleinen spitzen Ohren;* **She̱t|land|pull|over,** der: *Pullover aus Shetlandwolle;* **She̱t|land|wol|le,** die: *Wolle von auf den Shetlandinseln gezüchteten Schafen.*
Shi|gel|le [ʃi...], die; -, -n ⟨meist Pl.⟩ [nach dem jap. Bakteriologen K. Shiga (1870–1957)] (Biol.): *zu den Salmonellen zählende Bakterie.*
Shil|ling ['ʃɪlɪŋ], der; -s, -s ⟨aber: 20 Shilling⟩ [↑ Schilling]: **1.** *(bis 1971) mittlere Einheit der Währung in Großbritannien* (1 Shilling = 12 Pence; 20 Shilling = 1 Pfund; Zeichen: s, sh). **2.** *Währungseinheit in Kenia u. anderen ostafrikanischen Ländern.*
Shim|my ['ʃɪmi], der; -s, -s [amerik. shimmy, eigtl. = Hemdchen, H. u.]: *Gesellschaftstanz der 20er Jahre in* $^2/_2$*- od.* $^3/_4$*-Takt:* ... zu den exotischen Klängen des Grammophons, das mit robusten Nadeln bedient wird, damit es laut klingt, und seine -s, Foxtrotts und Onesteps erschallen läßt (Th. Mann, Unordnung 699).
Shin|to|is|mus usw.: ↑ Schintoismus usw.
Shirt [ʃəːt], das; -s, -s [engl. shirt, verw. mit ↑ Schürze]: *Hemd, bes. [kurzärmeliges] Baumwollhemd, T-Shirt:* wohlproportionierte Muskelpakete, die S. zur Geltung gebracht (MM 23. 6. 86, 13).
Shit [ʃɪt], der, auch: das; -s [engl. shit, eigtl. = Scheiße] (Jargon): *Haschisch:* S. rauchen; Dann packte er mehrere Platten S. aus (B. Vesper, Reise 23); an jeder Ecke gab es Hasch und nirgends S. (Christiane, Zoo 277).
shocking¹ ['ʃɔkɪŋ] ⟨indekl. Adj.⟩ [engl., 1. Part. von: to shock, ↑ schocken]: *schockierend:* ihr Benehmen war wirklich s.; sie fand seine Ausdrucksweise, ihren Minirock s.
Shod|dy ['ʃɔdi], das, auch: -s, (Sorten:) -s [engl. shoddy, H. u.]: *Reißwolle von nicht verfilzten Strickwaren.*
Sho|gun ['ʃoːgʊn]: ↑ Schogun; **Sho|gu|nat** [ʃogu'naːt]: ↑ Schogunat.
Shon|ki|nit [ʃ..., auch: ...'nɪt], der; -s, -e [nach dem Ort Shonkin in Montana (USA)]: *dunkelgraues bis schwarzes Tiefengestein.*

Shoo|ting-Star ['ʃuːtɪŋ'stɑː], der; -s, -s [engl. shooting star = Sternschnuppe, zu: to shoot = schießen u. star = Stern]: **a)** *jmd., der schnell an die Spitze (z. B. im Schlagergeschäft) gelangt; Senkrechtstarter:* Hans-Otto Wilhelm ... wird zum S. der 90er Jahre (Tempo 1, 1989, 19); **b)** *neuer, sehr schnell erfolgreich gewordener Schlager:* der S. der Woche, in der letzten Woche noch auf Platz 57, ist heute auf Platz 13.
Shop [ʃɔp], der; -s, -s [engl. shop, über das Afrz. < mniederd. schoppe = Schuppen]: *Laden, Geschäft:* Auf keinem Bahnhof ... gibt es einen besseren S. für Reiseproviant (Hamburger Morgenpost 25. 5. 85, 5); **Sho̱p|ping** [ʃɔpɪŋ], das; -s [engl. shopping]: *das Einkaufen:* Am folgenden Tag ... war sie wieder da ..., vom S. kommend (Th. Mann, Krull 197); **Shop|ping-Cen|ter** ['- - - -], das [engl. shopping center]: *Einkaufszentrum;* **Shop|ping-goods** [...gʊdz] ⟨Pl.⟩ [zu engl. goods = Güter, Waren] (Wirtsch.): *Güter, die nicht täglich gekauft werden u. bei deren Einkauf der Verbraucher eine sorgfältige Auswahl trifft; Convenience-goods.*
Shore|här|te ['ʃoːɐ̯...], die; - [nach dem amerik. Industriellen A. F. Shore (20. Jh.)] (Technik): *Bestimmung der Härte mit fallenden Kugeln bei sehr harten Werkstücken, wobei die Rücksprunghöhe ausgewertet wird.*
Short|horn|rind ['ʃoːɐ̯t..., engl.: 'ʃɔːthɔːn...], das; -[e]s, -er [engl. shorthorn = Kurzhorn]: *mittelschweres Rind mit kurzen Hörnern, kleinem Kopf u. kurzem Hals;* **Shorts** [ʃɔrts, engl.: ʃɔːts] ⟨Pl.⟩ [engl. shorts, eigtl. = die Kurzen, zu: short = kurz]: *kurze, sportliche Hose für Damen od. Herren:* wo sind meine grünen S.?; ein Paar S.; **Short sto|ry** ['ʃɔːt 'stɔːrɪ], die; - -, - -ries [...rɪs; engl. short story, aus: short (↑ Shorts) u. story, ↑ Story]: *Kurzgeschichte:* amerikanische Short stories; eine S. von James Joyce; **Short ton** ['ʃɔːt 'tʌn], die; - -, - -s [engl. short ton, zu: ton = Tonne]: *Gewichtsmaß in den USA* (907,185 kg); **Short-Track** ['ʃɔːt 'træk], der; -s [zu engl. track = Bahn]: *Eisschnellauf auf einer kurzen (nur ca. 110 m langen) Bahn:* der deutsche Meister im S.; **Shor|ty** ['ʃɔrti], das, auch: der; -s, -s, auch: ...ties [...tiːs; engl. shorty = kleines Ding]: *Damenschlafanzug mit kurzer Hose.*
Shout [ʃaʊt], der; -s [engl. shout, eigtl. = Ruf, Schrei]: *Shouting;* **Shou̱l|ter** [ʃaʊtɐ], der; -s, - [engl. shouter]: *Sänger, der im Stil des Shoutings singt;* **Shou̱|ting** [ʃaʊtɪŋ], das; -[s] [engl. shouting, zu: to shout = rufen, schreien]: *aus [kultischen] Gesängen der afroamerikanischen Musik entwickelter Gesangsstil des Jazz mit starker Tendenz zu abgehacktem Rufen od. Schreien.*
Show [ʃoʊ], die; -, -s [engl. show, zu: to show = zeigen, darbieten, zur Schau stellen]: *Schau; Vorführung eines großen, bunten Unterhaltungsprogramms in einem Theater, Varieté o. ä., bes. als Fernsehsendung:* seine S. kommt vor allem bei den Senioren gut an, erreicht sagenhafte Einschaltquoten; eine S. präsentieren; in einer S. auftreten; In dieser S. für junge

Leute sind „The Spencer Davis Group", „Twinkle" ... zu sehen und als besondere Attraktion Filmausschnitte eines Konzerts der Beatles (Bild und Funk 13, 1966, 28); mit einer S. auf Tournee gehen; * **eine S. abziehen** ⟨↑ Schau 2⟩; **eine S. machen** ⟨↑ Schau 2⟩; **jmdm. die S. stehlen** ⟨↑ Schau 2⟩; **show|ar|tig** ⟨Adj.⟩: *in der Art einer Show [gestaltet]:* ein -es Unterhaltungsprogramm; **Show|biz** [...bɪz], das; - [engl. show biz, 2. Bestandteil engl. ugs. Abk. für: business, ↑ Busineß (nach der Ausspr. der 1. Silbe)] (Jargon): *Showbusineß:* ... will Wolfson zeigen, was im Zeitalter des S. möglich ist (Spiegel 1, 1986, 138); Wo steht schließlich geschrieben, daß es im S. ehrlich zugeht? (Hörzu 27, 1992, 24); **Show|block,** der ⟨Pl. ...blöcke⟩: *Show als Einlage* (7) *in einer Fernsehsendung:* eine durch zwei Showblöcke aufgelockerte Quizsendung; **Show|boat** ['ʃoʊboʊt], das; -s, -s [engl. showboat, aus: show (↑ Show) u. boat = Boot] (früher): *Unterhaltungsschiff für Show u. Theateraufführungen, bes. auf großen Flüssen im Westen der USA;* **Show|busi|neß,** das [engl. show business, ↑ Busineß]: *Schaugeschäft;* **Show|down** [...'daʊn, engl.: '- -], der; -s, -s [engl. showdown; eigtl. = das Aufdecken der Karten beim Poker] (bildungsspr.): *[mit dem Untergang, der Vernichtung, der endgültigen Niederlage eines der Kontrahenten endende] dramatische, entscheidende Konfrontation, Kraftprobe:* Spektakulärer Höhepunkt des US-Thrillers ... ist ein S. zwischen Sheriff und gestelltem Mörder in einer Seilbahn über dem Grand Canyon (Spiegel 22, 1981, 240); dem von Washington erwarteten S. mit dem erwachten gelben Riesen China (Spiegel 29, 1967, 76); Mit seinen neuen Thesen erzwang Hackethal den S. mit der westdeutschen Schulmedizin (Spiegel 40, 1978, 131); **Show|ge|schäft,** das ⟨o. Pl.⟩: *Schaugeschäft:* er hat sich aus dem S. zurückgezogen, will ins S. einsteigen; **Show|girl,** das [↑ Girl]: *in einer Show auftretende Tänzerin od. Sängerin;* **Show|man** [...mən], der; -s, -men [...mən; engl. showman]: **1.** *jmd., der im Showgeschäft tätig ist.* **2.** *geschickter Propagandist, der aus allem eine Schau zu machen versteht:* Karrieremonst ..., Choleriker und S. (Sobota, Minus-Mann 76); **Show|ma|ster,** der [dt. Bildung aus engl. show (↑ Show) u. master, ↑ Master]: *jmd., der eine Show arrangiert u. präsentiert;* **Show|ma|ste|rin,** die: w. Form zu ↑ Showmaster; **Show|star,** der: *jmd., der durch seine Auftritte in Shows, seine Tätigkeit als Showmaster zum Star geworden ist:* ein beliebter, amerikanischer, neuer S.; sie ist Amerikas S. Nummer eins; **Show|ta|lent,** das: **1.** *besondere Begabung, in Shows aufzutreten, sich einem Publikum als Unterhalter o. ä. zu betätigen:* er hat großes S.; Ü Diese Spieler fielen auf, weil sie mit Können und S. aus der grauen Masse ... (Hörzu 22, 1984, 21). **2.** *jmd., der Showtalent* (1) *hat:* sie, er ist ein S.; Ü Das S. Joschka Fischer (natur3, 1991, 36).
Shred|der ['ʃrɛdɐ], Schredder, der; -s, - [engl. shredder, zu: to shred = zerfet-

zen]: **1.** *Anlage, mit der Autowracks u. andere sperrige Blech- bzw. Metallgegenstände zerkleinert werden: Daß Haushaltskühlgeräte entsorgt werden müssen, ehe sie in den S. kommen ... (CCI 9, 1988, 27).* **2.** *Zerkleinerungsmaschine (z. B. für Holz).*

Shrimp [ʃrɪmp], der; -s, -s ⟨meist Pl.⟩ [engl. shrimp, zu aengl. scrimman = sich winden]: *kleine Garnele;* ¹*Granat; Nordseekrabbe.*

Shuf|fle [ˈʃʌfl̩], der; - [engl. shuffle, zu: to shuffle = schlurfen, schleifen lassen]: *afroamerikanischer Tanz, der durch weit ausholende, schlurfende Bewegungen der Beine gekennzeichnet ist;* **Shuf|fle|board** [ˈʃʌflbɔːd], das; -s [engl. shuffle-board, aus: to shuffle (↑ Shuffle) u. board = ²Bord]: *Spiel, bei dem auf einem länglichen Spielfeld Scheiben mit langen Holzstöcken möglichst genau von der Startlinie in das gegenüberliegende Zielfeld geschoben werden müssen;* **Shuf|fle|rhyth|mus,** *der* (Musik): *gleichförmiger, punktierter, vorwärtstreibender Rhythmus bes. im Swing u. Boogie-Woogie.*

Shunt [ʃant], der; -s, -s [engl. shunt, eigtl. = (Zusammen)stoß, zu: to shunt = stoßen, schieben]: **1.** (Elektrot.) *parallelgeschalteter Widerstand (bei einem Meßgerät).* **2.** (Med.) **a)** *durch einen angeborenen Defekt entstandene Verbindung zwischen großem u. kleinem Kreislauf;* **b)** *operativ hergestellte künstliche Verbindung zwischen Blutgefäßen des großen u. kleinen Kreislaufs;* **shun|ten** [ˈʃantn̩] ⟨sw. V.; hat⟩ [engl. to shunt, eigtl. = stoßen, schieben] (Elektrot.): *durch Parallelschaltung eines Widerstandes die Stromstärke regeln.*

Shut|tle [ʃʌtl̩], der; -s, -s [engl. (space) shuttle; engl. shuttle = im Pendelverkehr befindliches Fahrzeug]: **1.** *Raumfähre.* **2. a)** *Pendelverkehr:* Mit S., einem dem Autobusverkehr abgeguckten Pendelverkehr, flogen die British Airways ... in die Gewinnzone (Spiegel 19, 1978, 170); **b)** *im Shuttle* (2 a) *eingesetztes Fahr-, Flugzeug:* zwischen den beiden Hotels verkehrt ein S.

Shy|lock [ˈʃaɪlɔk], der; -[s], -s [Name einer Figur aus dem Schauspiel „Der Kaufmann von Venedig" von W. Shakespeare] (bildungsspr.): *erpresserischer Geldverleiher; mitleidloser Gläubiger.*

si [si:; ital. si, ↑ Solmisation]: *Silbe, auf die beim Solmisieren der Ton h gesungen wird.*

Si = Silicium.

SI [Abk. von frz. Système International d' Unités] = *Internationales Einheitensystem.*

SIA = *Schweizerischer Ingenieur- und Architektenverein.*

Si|al, das; -[s] [Kurzwort aus Silicium u. Aluminium] (Geol.): *oberste Schicht der Erdkruste.*

Si|al|ade|ni|tis, die; -, ...itiden [zu griech. síalon = Speichel, Geifer u. ↑ Adenitis] (Med.): *Entzündung der Speicheldrüse.*

si|a|lisch ⟨Adj.⟩ [zu ↑ Sial] (Geol.): *(von den Gesteinen der oberen Erdkruste) überwiegend aus Silicium-Aluminium-Verbindungen zusammengesetzt;* **si|al|li|tisch** ⟨Adj.⟩ (Geol.): *tonig (von der Verwitterung der Gesteine in feuchtem Klima).*

Si|a|lo|gra|phie, die; [↑ -graphie] (Med.): *röntgenologische Darstellung der Speicheldrüsen mit Hilfe von Kontrastmitteln;* **Si|a|lo|lith** [auch: ...'lɪt], der; -s u. -en, -en [zu griech. síalon = Speichel, Geifer u. ↑ -lith] (Med.): *Ptyalolith;* **Si|a|lor|rhö, Si|a|lor|rhöe** [...'røː], die; -, ...öen [zu griech. rheĩn = fließen] (Med.): *Ptyalismus.*

Si|am: alter Name von Thailand; **Si|a|me|se,** der; -n, -n: Ew.; **Si|a|me|sin,** die; -, -nen: w. Form zu ↑ Siamese; **si|a|me|sisch** ⟨Adj.⟩: -e Zwillinge; ↑ Zwilling; **Si|am|kat|ze,** die: *aus Asien stammende mittelgroße Katze mit langem Schwanz, blauen Augen u. weißem bis cremefarbenem od. braunem Fell, das vorn am Kopf, an den Rändern der Ohrmuscheln sowie an Pfoten u. Schwanzspitze deutlich dunkler gezeichnet ist;* **Si|a|mo|sen** ⟨Pl.⟩ [die Stoffe wurden urspr. in Siam hergestellt]: *karierte u. gestreifte Baumwollgewebe in Leinwandbindung, die als Schürzen-, Hauskleider- u. Bettbezugsstoffe verwendet werden.*

Si|bi|lant, der; -en, -en [zu lat. sibilans (Gen.: sibilantis), 1. Part. von: sibilare = zischen] (Sprachw.): *Reibelaut, bei dessen Artikulation sich eine Längsrille in der Zunge bildet, über die die ausströmende Luft nach außen gelenkt wird (z. B. s, z, sch);* **si|bi|lie|ren** ⟨sw. V.; hat⟩ (Sprachw.): *(von Lauten) zu Sibilanten machen.*

Si|bi|rer, der; -s, -: Ew.; **Si|bi|re|rin,** die; -, -nen: w. Form zu ↑ Sibirier; **Si|bi|ri|en,** -s: *Teil Rußlands im nördlichen Asien;* **Si|bi|ri|er,** der; -s, -: Ew.; **Si|bi|rie|rin,** die; -, -nen: w. Form zu ↑ Sibirier; **si|bi|risch** ⟨Adj.⟩: -e (emotional; *sehr große*) *Kälte.*

Si|bljak, der; -s, -s [serbokroat.]: *sommergrüner Buschwald.*

Si|byl|le, die; -, -n [lat. Sibylla < griech. Síbylla, in der Antike Name von weissagenden Frauen] (bildungsspr.): *weissagende Frau, geheimnisvolle Wahrsagerin;* **si|byl|len|haft** ⟨Adj.; -er, -este⟩ (bildungsspr.): *sibyllinisch;* **Si|byl|li|nen** ⟨Pl.⟩: *hellenistisch-jüdische Weissagungsbücher;* **si|byl|li|nisch** ⟨Adj.⟩ (bildungsspr.): *geheimnisvoll, rätselhaft:* -e Worte; Er sagte es: „Wir haben eine Leiche. Weiter nichts. Alles andere ist Hypothese." (Prodöhl, Tod 157).

sic [auch: zɪk] ⟨Adv.⟩ [lat. = so]: *Hinweis darauf, daß eine Auffälligkeit in einem wörtlichen Zitat eine Eigenheit der Quelle ist, nicht auf ein Versehen des Zitierenden zurückgeht (gewöhnlich in [eckigen] Klammern u. gelegentlich durch ein Ausrufezeichen verstärkt, hinter der betreffenden Stelle stehend):* so lautet die Quelle.

sich ⟨Reflexivpron. der 3. Pers. Sg. u. Pl., Dativ u. Akk.⟩ [mhd. sich, ahd. sih]: **1.** *weist auf ein Subst. od. Pron. (meist das Subj. des Satzes) zurück:* **a)** ⟨Akk.⟩ *er versteckte, die Kinder versteckten s.;* er hat nicht nur andere, sondern auch s. [selbst] getäuscht; sie waschen s. und die Kinder; da fragt man s. natürlich, ob ...; ⟨fest zum Verb gehörend:⟩ s. freuen, schämen, wundern; er muß, sie müssen s. noch ein wenig gedulden; er hat s. nicht einmal bedankt; Als ... alles wie auf Kommando stramm zum Grüße s. erhebt (M. Walser, Seelenarbeit 134); es läßt s. leicht öffnen *(es kann leicht geöffnet werden);* das ließ s. nicht voraussehen, vermeiden, beweisen *(konnte nicht vorrausgesehen, vermieden, bewiesen werden);* **b)** ⟨Dativ⟩ damit haben sie s. [selbst], s. [und uns] geschadet; er wollte die Schuld nicht s. selbst geben; ⟨fest zum Verb gehörend:⟩ s. etw. aneignen, einbilden; Damit man mitreden kann, muß man s. halt was dazulesen (Kühn, Zeit 22); was maßen Sie s. an!; ⟨als verstärkender, weglaßbarer Rückbezug:⟩ er kauft, sie kaufen s. jedes Jahr eine Dauerkarte; was erhofft er s. davon?. **2.** ⟨nach einer Präp.⟩ **a)** hebt den Rückbezug hervor: er hat den Vorwurf auf s. ⟨Akk.⟩ bezogen; man soll die Schuld zuerst bei s. [selbst] suchen; das ist eine Sache für s. (*muß gesondert betrachtet werden*); beide ... zahlten jeder für s. (Kronauer, Bogenschütze 71); nach der Sitzung hat er den Gast mit zu s. *(in seine Wohnung)* genommen; * **etw. an sich** ⟨Dativ⟩ *(etw. in seinem Wesen als solches):* das Ding an s.; die Natur an s. ist weder gut noch böse; **an und für sich** ⟨Dativ⟩ (↑ an 3); **für sich** (↑ für 2 a); **von sich aus** *(aus eigenem Antrieb):* die Kinder haben von s. aus aufgeräumt; **b)** unbetont nach betonter Präp. (außer im Österr.): die Waren an s. ⟨Akk.⟩ nehmen; die Schuld auf s. ⟨Akk.⟩ nehmen; das hat nichts auf s. ⟨Dativ⟩ *(ist unwesentlich);* Geld bei s. haben; das hat viel für s. *(hat viele Vorzüge, Vorteile);* eine lange Krankheit hinter ⟨Dativ⟩ haben; sie hat ihrer Klage die Gewerkschaft hinter s. ⟨Dativ⟩ *(wird von der Gewerkschaft unterstützt);* diese Bowle hat es in s. ⟨Dativ⟩ *(enthält mehr Alkohol, als man denkt);* um s. hauen; eine anstrengende Reise vor s. ⟨Dativ⟩ haben; was denken Sie denn, wen Sie vor s. ⟨Dativ⟩ haben! *(wie reden Sie denn mit mir!);* sie haben das Kind zu s. genommen; * **etw. an s.** ⟨Dativ⟩ **haben** (↑ an 3); **an s.** ⟨Akk.⟩ **halten** (↑ an 3); **nicht [ganz] bei s. sein** (↑ bei 2 g); **wieder zu s. kommen** (↑ kommen 12). **3.** ⟨Pl.⟩ *in reziproker Bed.: einander:* ⟨Akk.:⟩ s. grüßen, prügeln, streiten; sie haben s. geküßt; Ich glaube, daß Kitsch und Theorie, Unterhaltung und Lernen s. nicht ausschließen (Praunheim, Sex 311); nun zwei Pensionisten sitzen s. stumm und starren s. an (Zenker, Froschfest 160); ⟨Dativ:⟩ sie helfen s. [gegenseitig]. **4.** *oft in unpers. Ausdrucksweise od. zum Ausdruck einer passivischen Sehweise:* es läuft s. gut in diesen Schuhen; hier wohnt, lebt es s. schön; das Buch liest s. leicht, verkauft s. schlecht.

Si|chel, die; -, -n [mhd. sichel, ahd. sihhila, wohl < lat. secula = kleine Sichel, zu: secare, ↑ sezieren]: *Gerät zum Schneiden von Gras o. Ä., das aus einer halbkreisförmig gebogenen Metallklinge u. einem meist hölzernen Griff besteht:* Die Figuren ... schwenkten in ihren nervichten Fäusten Hämmer und Ambosse, -n und Harken (Reinig, Schiffe 94); Korn mit der S. schneiden; Ü Über dem Tempel die bleiche S. des Mondes (B. Vesper, Reise 335); **Si|chel|dü|ne,** die (Geogr.): *(im Binnenland vorkommende) bogen-, sichel-*

sichelförmig

förmige Düne; Barchan; **si|chel|för|mig** ⟨Adj.⟩: *in der Form der Klinge einer Sichel;* **si|cheln** ⟨sw. V.; hat⟩: *mit der Sichel [ab]schneiden:* In Sonnenhauben aus Schilfrohr ... sichelten die Feldleute mit ausholenden Armen das Korn (Th. Mann, Joseph 328); Die Frau zerkleinerte Gemüse, es schienen Schoten zu sein, die sie in der Luft in Stücke hieb, ... die Frau, immer sichelnd (Kronauer, Bogenschütze 223); **Si|chel|wa|gen,** der: *Streitwagen, an dessen Achsen scharfe, sichelartige Messer befestigt waren;* **Si|chel|zel|len|an|ämie,** die (Med.): *schwere, erblich bedingte Anämie, bei der infolge von Störungen bei der Hämoglobinbildung die roten Blutkörperchen sichelförmig deformiert werden u. schließlich zugrunde gehen.*

si|cher [mhd. sicher, ahd. sichur, urspr. (Rechtsspr.) = frei von Schuld, Pflichten, Strafe < lat. securus = sorglos, unbekümmert, sicher, zu: cura, ↑Kur]: **I.** ⟨Adj.⟩ **1.** *ungefährdet, gefahrlos, von keiner Gefahr bedroht; geschützt; Sicherheit bietend:* eine -e Technik; die -sten Straßen sind immer noch die Autobahnen; ein -es Verkehrsmittel; eine -e Endlagerung von Atommüll; ein -er Arbeitsplatz; die Aktion „Sicherer Schulweg"; sich in -em *(Schutz bietendem)* Abstand halten; hier bist du s. *[vor ihm];* sich vor jmdm., vor Beobachtung s. fühlen; nichts ist vor ihrer Neugier s.; die Atomkraftwerke müssen noch -er werden, gemacht werden; das Geld s. aufbewahren; bei diesem Verkehr kann man nicht mehr s. über die Straße gehen; das -ste/am -sten wäre es, wenn du mit der Bahn führest; sie spielt auf s. *(geht kein Risiko ein);* R s. ist s. *(lieber zuviel als zuwenig Vorsicht).* **2.** *zuverlässig:* ein -er Beweis; das weiß ich aus -er Quelle; ein -es *(gesichertes)* Einkommen haben. **3.** *auf Grund von Übung, Erfahrung keine Fehler machend:* ein -es Urteil, einen -en Geschmack haben; ein Chirurg muß eine -e Hand haben; er ist ein sehr -er [Auto]fahrer; er war sehr s. im gesellschaftlichen Umgang; sie fährt sehr s. [Auto]; er hat sehr s. gespielt; weniges, aber s. plaziertes modernes Design (Fest, Im Gegenlicht 68); sie steht schon nach einem Glas Sekt nicht mehr s. auf den Beinen. **4.** *keine Hemmungen habend, zeigend; selbstsicher:* ein -es Auftreten haben; Mama hatte eine wunderbar -e Art, mit allen Arten von Leuten umzugehen (Andersch, Sansibar 78); er macht keinen besonders -en Eindruck; sie wirkt jetzt viel -er als früher. **5.** *ohne jeden Zweifel bestehend od. eintretend; gewiß:* ein -er Sieg; er ist in den -en Tod gerannt; seine Wiederwahl gilt als s.; es ist [so gut wie] s., noch nicht [ganz] s., daß er zustimmt; eine Belohnung, die Beförderung, eine empfindliche Strafe ist ihm s.; ein Heldengrab auf unserem Friedhof war Onkel Adolar s. (Lentz, Muckefuck 158). **6.** *keinerlei Zweifel habend:* ich bin s., daß er noch kommt, daß er es getan hat; ich bin [mir] dessen gar nicht so s.; ich bin [mir] gar nicht so s., ob das wirklich besser wäre; bist du s. *(weißt du es genau)?;* du scheinst dir deiner Sache doch nicht ganz s. zu sein; er ist seiner selbst sehr s. *(hat keinerlei Selbstzweifel).* **II.** ⟨Adv.⟩ **a)** *höchstwahrscheinlich, mit ziemlicher Sicherheit:* s. kommt er bald; Sicher kannte ihn der eine oder andere (Danella, Hotel 29); er hat es s. vergessen; das ist s./s. ist das sehr schwierig; da läßt sich s. etwas machen; das hat er s. nicht gewollt; du hast s. davon gehört; du hast s. auch schon gemerkt, daß ...; s. nicht!; **b)** *gewiß, sicherlich, ohne Zweifel:* das ist s. richtig; Der Mann ... mit einem widerborstig wilden Jungengesicht, obschon er s. fünfzig war (Kronauer, Bogenschütze 249); „Kommst du mit?" „Aber s.!"; R „Aber s.", sagte Blücher (scherzh.; Bekräftigungsformel); **-sicher: 1.** drückt in Bildungen mit Substantiven aus, daß die beschriebene Sache die Gewähr für etw., die im Hinblick auf etw. zuverlässig ist: funktions-, gewinn-, wachstumssicher. **2.** drückt in Bildungen mit Substantiven – seltener mit Verben (Verbstämmen) – aus, daß die beschriebene Person od. Sache für etw. sicher ist, Sicherheit zeigt: koloratur-, kurvensicher; Noch modischer und paßformsicherer sind die Modelle (Herrenjournal 3, 1966, 56). **3.** drückt in Bildungen mit Substantiven od. Verben (Verbstämmen) aus, daß die beschriebene Person od. Sache vor etw., gegen etw. geschützt ist: abhör-, atom-, diebstahlsicher. **4.** drückt in Bildungen mit Verben (Verbstämmen) aus, daß mit der beschriebenen Sache etw. gemacht werden kann (ohne daß es zu Schäden od. Schwierigkeiten kommt: verlege-, waschsicher. **5.** drückt in Bildungen mit Substantiven aus, daß die beschriebene Sache keine vermeidbaren Gefahren für jmdn. od. etw. birgt: kindersicher; ... hatten ... Hersteller von Thunfischkonserven angekündigt, nur noch „delphinsichere Fänge" zu verwerten (natur 2, 1991, 95); **si|cher|ge|hen** ⟨unr. V.; ist⟩: *kein Risiko eingehen; nur dann etw. tun, wenn feststeht, daß es nicht mit einem Risiko verbunden ist:* er wollte s. und nichts dem Zufall überlassen (Brand [Übers.], Gangster 77); um sicherzugehen, erkundige dich lieber erst beim Fachmann; **Si|cher|heit,** die; -, -en [mhd. sicherheit, ahd. sichurheit]: **1.** ⟨o. Pl.⟩ *Zustand des Sicherseins, Geschütztseins vor Gefahr od. Schaden; höchstmögliches Freisein von Gefährdungen:* soziale, wirtschaftliche, militärische, nationale S.; die öffentliche S. und Ordnung; die S. am Arbeitsplatz; die S. der Arbeitsplätze *(Garantie für das Bestehenbleiben der vorhandenen Arbeitsplätze);* aktive S. (bes. Kfz-W.; *durch bestimmte Merkmale eines Fahrzeugs gegebener [relativer] Schutz vor Unfällen);* passive S. (bes. Kfz-W.; *durch bestimmte Merkmale eines Fahrzeugs gegebener [relativer] Schutz des Insassen vor Verletzungen im Falle eines Unfalls);* Es wurden zusätzliche -en eingebaut, um ... Schäden zu vermeiden (Jeversches Wochenblatt 30. 11. 84, 5); die innere S. *(das Gesichertsein des Staates u. der Bürger gegenüber Terrorakten, Revolten u. Gewaltverbrechen);* die äußere S. *(das Gesichertsein des Staates u. der Bürger gegenüber äußeren Feinden);* die S. hat Vorrang, geht vor; unsere S. ist bedroht; jmds. S. garantieren; ein Unternehmen der Werkzeugbranche bot Spitzenverdienst und S., Prämien und freie Krankenkasse (Augsburger Allgemeine 27./28. 5. 78, XI); ein Gefühl der S.; für die, mehr S. sorgen; für jmds. S. verantwortlich sein, geradestehen, garantieren; in S. sein; jmdn., sich, etw. in S. bringen *(jmdn., sich, etw. aus dem Gefahrenbereich wegbringen, [vor dem Zugriff anderer] sichern);* du solltest zur S. deinen Schreibtisch abschließen; * sich, jmdn. in S. wiegen *(irrtümlicherweise glauben, jmdn. glauben machen, daß keine Gefahr besteht).* **2.** ⟨o. Pl.⟩ *Gewißheit, Bestimmtheit:* die S., daß alles gutgeht, hat man in solchen Fällen nie; mit an S. grenzender Wahrscheinlichkeit; ich kenne es nicht mit [letzter] S. sagen; er ist mit ziemlicher S. gestern schon abgereist; der Trost ... hört in zwei Fällen mit tödlicher S. (emotional übertreibend; *ganz bestimmt)* auf (Thielicke, Ich glaube 42). **3.** ⟨o. Pl.⟩ *das Freisein von Fehlern u. Irrtümern; Zuverlässigkeit:* die S. seines Urteils, Geschmacks; die S. der Ergebnisse ist vielfach von dem methodisch klaren Vorgehen abhängig (Mantel, Wald 86); mit traumwandlerischer S. urteilen. **4.** ⟨o. Pl.⟩ *Gewandtheit, Selbstbewußtsein, sicheres Auftreten:* S. im Benehmen, Auftreten; er hat, zeigt S. und Selbstvertrauen; das gab der ganzen Mannschaft viel S. (Kicker 6, 1982, 36); er bewegt sich mit großer S. auf dem diplomatischen Parkett. **5.** (Wirtsch.) *hinterlegtes Geld, Wertpapiere o. ä. als Bürgschaft, Pfand für einen Kredit:* -en geben, leisten; eine Monatsmiete muß als S. hinterlegt werden; die Bank verlangt -en; Mut zum wirtschaftlichen Risiko, und dies ohne nach staatlichen -en *(Unterstützungen, Garantien)* zu fragen (Saarbr. Zeitung 21. 12. 79, IX). **6.** ⟨o. Pl.⟩ (ehem. DDR) *kurz für* ↑Staatssicherheit (2): die Genossen von der S. (Spiegel 1/2, 1977, 22); **Si|cher|heits|ab|stand,** der (Verkehrsw.): *bestimmter, während der Fahrt einzuhaltender Abstand zwischen zwei Kraftfahrzeugen:* den S. einhalten; **Si|cher|heits|au|to,** das: *Auto, das bes. auf Sicherheit gebaut ist:* ein S. entwickeln; **Si|cher|heits|be|auf|trag|te,** der u. die: *Mitarbeiter in einem Betrieb, der die Sicherheit an den Arbeitsplätzen u. die Einhaltung der Sicherheitsvorschriften überwachen soll;* **Si|cher|heits|be|hör|de,** die: *vgl. Sicherheitspolizei* (a); **Si|cher|heits|be|stim|mung,** die ⟨meist Pl.⟩: *Sicherheitsvorschrift;* **Si|cher|heits|bin|dung,** die (Sport): *Skibindung, die sich beim Sturz automatisch löst;* **Si|cher|heits|de|bat|te,** die (Politik Jargon): *Debatte über Fragen der (inneren od. äußeren) Sicherheit;* **Si|cher|heits|den|ken,** das: *auf Sicherheit* (1) *ausgerichtetes Denken;* **Si|cher|heits|dienst,** der: *für die öffentliche Sicherheit zuständige staatliche Organisation mit geheimpolizeilichen Aufgaben;* **Si|cher|heits|fach,** das: *Geheimfach;* **Si|cher|heits|fa|den,** der: *[einem mit dem jeweiligen Notenwert beschrifteten Metallstreifen darstellender] Spezialfaden in Banknoten, der das Fälschen verhindern soll;* **Si|cher|heits|fak|tor,** der:

etw., was sich auf die Sicherheit auswirkt; **Si|cher|heits|far|be,** die: *kräftige, auch bei schlechter Beleuchtung gut sichtbare Farbe (z. B. für Fahrzeuge od. für die Bekleidung von Straßenarbeitern);* **Si|cher|heits|film,** der: *schwer entflammbarer Film* (2); **Si|cher|heits|ga|ran|tie,** die (bes. Politik): *verbindliche Zusage, für jmds. Sicherheit einzustehen:* den Brief von US-Präsident Ronald Reagan mit weitgehenden -n für die Sicherheit (Hamburger Abendblatt 12. 5. 84, 9); **Si|cher|heits|glas,** das ⟨Pl. ...gläser⟩: *splitterfreies Glas;* **Si|cher|heits|grün|de** ⟨Pl.⟩: in der Fügung **aus -n** *(um mögliche Gefahren auszuschließen);* **Si|cher|heits|gurt,** der: **a)** *Gurt, mit dem man sich im Auto od. Flugzeug anschnallt, um bei einem Ruck od. Unfall nicht von Sitz geschleudert zu werden; Haltegurt;* **b)** *(von Bauarbeitern, auch Seglern u. a. benutzter) fester, um den Leib u. über die Schultern gelegter Gurt, der an dem Halteleinen befestigt sind;* **Si|cher|heits|gür|tel,** der: *Sicherheitsgurt* (b); **si|cher|heits|hal|ber** ⟨Adv.⟩: *zur Sicherheit, um sicherzugehen:* ich werde s. noch einmal nach; **Si|cher|heits|in|ge|nieur,** der: *für den Arbeitsschutz zuständiger Ingenieur in einem größeren technischen Betrieb;* **Si|cher|heits|in|ge|nieu|rin,** die: w. Form zu ↑ Sicherheitsingenieur; **Si|cher|heits|in|spek|ti|on,** die (ehem. DDR): **a)** *für Arbeits- u. Gesundheitsschutz verantwortliche Abteilung in einem größeren Betrieb;* **b)** *Abteilung einer staatlichen Behörde, die die Sicherheitsinspektion (a) anleitet u. kontrolliert;* **Si|cher|heits|in|spek|tor,** der (ehem. DDR): *hauptamtlich für den Arbeits- u. Gesundheitsschutz in einem größeren Betrieb verantwortlicher Mitarbeiter;* **Si|cher|heits|in|spek|to|rin,** die (ehem. DDR): w. Form zu ↑ Sicherheitsinspektor; **Si|cher|heits|kett|chen,** das: *dünnes, lose am Verschluß einer Halskette, eines Armbands o. ä. hängendes Kettchen, das den Verlust des Schmuckstückes beim etwaigen Aufgehen des Schlosses verhindern soll;* **Si|cher|heits|ket|te,** die: **a)** *kleinere, kurze Kette* (1 a), *die innen so vor der Wohnungstür eingehängt wird, daß diese sich nur einen Spaltbreit öffnen läßt;* **b)** *große Kette* (1 a), *mit der etw. abgesperrt od. gesichert wird;* **Si|cher|heits|kräf|te** ⟨Pl.⟩: *für die öffentliche, die innere Sicherheit zuständige polizeiliche o. ä. bewaffnete Kräfte:* ... wurden die S. angewiesen, nicht auf Demonstranten zu schießen, sofern das Leben von Soldaten nicht unmittelbar bedroht sei (Südd. Zeitung 26./27. 2. 94, 5); **Si|cher|heits|lam|pe,** die (Bergbau): *tragbare Lampe mit offen brennendem, aber durch ein dichtes Drahtgitter geschütztem Licht, das durch besondere Leuchterscheinungen etwa auftretende gefährliche Gase anzeigt;* **Si|cher|heits|lei|stung,** die: *das Hinterlegen einer Sicherheit* (5): nur gegen S.; **Si|cher|heits|man|gel,** der: *die Sicherheit* (1) *beeinträchtigender Mangel:* Die ... Atomkraftwerke ... mußten wegen haarsträubender Sicherheitsmängel ... abgeschaltet werden (Spiegel 44, 1991, 54); **Si|cher|heits|maß|nah|me,** die: *der Sicherheit dienende Maßnahme:* das ist nur eine S.; **Si|cher|heits|na|del,** die: *Nadel, die so gebogen ist, daß sich beide Enden parallel zueinander befinden, so daß die Spitze mit leichtem Druck in die am Ende angebrachte Vorrichtung hineingebracht u. etw. auf diese Weise fest- od. zusammengehalten werden kann;* **Si|cher|heits|or|ga|ne** ⟨Pl.⟩: *mit Staatsschutz u. Spionageabwehr befaßte Dienststellen;* **Si|cher|heits|pakt,** der (Politik): *die gegenseitige [militärische] Sicherheit garantierender Pakt zwischen Staaten;* **Si|cher|heits|pa|pier,** das: *durch Wasserzeichen u. Chemikalien gegen Fälschungen geschütztes Papier für Banknoten, Schecks, Pässe u. a.;* **Si|cher|heits|po|li|tik,** die: *Politik, die darauf abzielt, militärische Auseinandersetzungen zu vermeiden od. einzudämmen;* **si|cher|heits|po|li|tisch** ⟨Adj.⟩: *die Sicherheitspolitik betreffend:* Als Verteidigungsminister muß er auch die notwendigen -en Konsequenzen ... ziehen (Südd. Zeitung 26./27. 2. 94, 5); **Si|cher|heits|po|li|zei,** die: **a)** *für die öffentliche Sicherheit zuständige Abteilungen der Polizei* (z. B. Kriminal-, Wasserschutz-, Verkehrspolizei); **b)** (ns.) *Gestapo;* **Si|cher|heits|rat,** der ⟨o. Pl.⟩: *Organ der Vereinten Nationen zur Beilegung von Konflikten zwischen Staaten der Welt; Weltsicherheitsrat:* Frankreich ist ständiges Mitglied im S. der Vereinten Nationen; **Si|cher|heits|ri|si|ko,** das: **1.** *Gefahr für die Sicherheit:* dafür zu sorgen, daß keinerlei S. für die jungen Fahrer entsteht (ADAC-Motorwelt 10, 1980, 110); für die globalen Sicherheitsrisiken, die von einer beschädigten Umwelt ausgehen (natur 2, 1991, 23). **2.** (Jargon) *Person, Sache, die die Sicherheit gefährdet:* Dem Erzbischof von Canterbury ... wurde die Einreise verweigert, weil er ein „Sicherheitsrisiko" darstelle (Spiegel 23, 1979, 111); weil er als DKP-Mitglied ein S. sei (Spiegel 10, 1983, 60); **Si|cher|heits|schloß,** das: *(durch einen im Gehäuse gelagerten, in geschlossenem Zustand aber durch mehrere Stifte festgehaltenen Zylinder) besonders gesichertes [Tür]schloß;* **Si|cher|heits|schlüs|sel,** der: vgl. Sicherheitsschloß. **Si|cher|heits|schwel|le,** die: *Grenzwert (für Temperatur, Druck, Geschwindigkeit o. ä.), bis zu dem etw., z. B. eine Maschine, noch als sicher gelten kann:* Es gibt also nicht nur keine S., sondern die Wirkungen auf den Körper summieren sich von einer Bestrahlung zur anderen (Kelly, Um Hoffnung 154); **Si|cher|heits|stan|dard,** der: *Standard* (2) *der Sicherheit:* der relativ hohe S. der westdeutschen Kernkraftwerke; Der ... Kostendruck wird ... zu einer weiteren Verschlechterung der Flugsicherheit führen ..., bereits seit geraumer Zeit sei eine „Erosion des bisherigen -s" zu beobachten (Frankfurter Rundschau 12. 3. 94, 20); **Si|cher|heits|sy|stem,** das (Technik): *System* (5), *das die Sicherheit von jmdm., etw. gewährleisten soll;* **Si|cher|heits|tech|nik,** die: *Technik* (1, 2, 3), *die die Sicherheit im Verkehr, Haushalt, Arbeitsprozeß, bei Freizeitbeschäftigungen o. ä. betrifft;* **si|cher|heits|tech|nisch** ⟨Adj.⟩: *die Sicherheitstechnik betreffend:* Das Aufgabengebiet umfaßt die Durchführung -er Untersuchungen sowie ... (Bund 9. 8. 80, 8); **Si|cher|heits|ven|til,** das (Technik): *Ventil in einem Dampfkessel o. ä., das sich bei zu hohem Innendruck automatisch öffnet;* **Si|cher|heits|ver|schluß,** der: *zusätzliche Sperre, die das Aufgehen eines Verschlusses, z. B. bei einem Schmuckstück, unmöglich macht;* **Si|cher|heits|ver|wah|rung,** die: *Sicherungsverwahrung;* **Si|cher|heits|vor|keh|rung,** die: vgl. Sicherheitsmaßnahme: -en treffen; **Si|cher|heits|vor|schrift,** die: *um der Sicherheit willen erlassene Vorschrift;* **Si|cher|heits|wis|sen|schaft,** die: *Wissenschaft, die sich mit der methodischen u. systematischen Analyse u. Kontrolle von Risiken befaßt, mit dem Ziel, die Häufigkeit u. Schwere von Schäden u. Verlusten zu verringern, z. B. bei einem Schmuckstück;* **si|cher|heits|wis|sen|schaft|lich** ⟨Adj.⟩: *die Sicherheitswissenschaft betreffend:* -e Publikationen, Konzepte; **si|cher|lich** ⟨Adv.⟩ [mhd. sicherlīche, ahd. sichurlīcho]: *aller Wahrscheinlichkeit nach; ganz gewiß; mit ziemlicher Sicherheit:* das war s./s. war das nur ein Versehen; seine s. übertriebenen Äußerungen (Dönhoff, Ära 62); **si|chern** ⟨sw. V.; hat⟩ [mhd. sichern, ahd. sihhurōn, urspr. [Rechtsspr.] = rechtfertigen]: **1. a)** *sicher machen, vor einer Gefahr schützen:* die Tür mit einer Kette s.; ein Fahrrad mit einem Schloß gegen Diebstahl s.; Die Polizei sicherte noch bis zum Ende der Gemeinderatssitzung den „Bannmeile" am Reißmuseum und Toulonplatz (MM 2. 7. 75, 15); um dadurch ihr physisches Leben zu s. (Gruhl, Planet 15); jmdn., sich [beim Bergsteigen] durch ein Seil s.; daß man Kinder nicht mit dem Erwachsenengurt s. soll, weil der ihnen am Hals einschneidet (ADAC-Motorwelt 5, 1993, 51); die Grenzen s.; sich gegen Verluste s.; Noch sich in dieser Situation von Atomwaffen s. lassen will (Alt, Frieden 51); die Arbeitsplätze s.; eine solche Politik ist kaum geeignet, den Wirtschaftsstandort Deutschland zu s.; ein Dokument, Daten s. (Datenverarb.; *dauerhaft speichern*); er hat sich nach allen Seiten gesichert *(abgesichert);* das Gewehr s. *(den Abzug blockieren, damit nicht versehentlich ein Schuß gelöst werden kann);* ⟨auch o. Akk.-Obj.:⟩ Jandell ... füllte das Magazin seiner Pistole nach, lud durch, sicherte und verstaute die Waffe unter dem Kopfkissen (Zwerenz, Quadriga 16); **b)** *garantieren* (b): das Gesetz soll die Rechte der Menschen s.; dem inländischen Produzenten einen bestimmten Marktpreis zu s. (Fraenkel, Staat 132); ⟨oft im 2. Part.:⟩ ein gesichertes Einkommen; ein gesicherter Lebensabend; das Resultat ist wissenschaftlich, statistisch gesichert; seine Zukunft ist gesichert; als die Verabschiedung des ... Abkommens mit Moskau ... noch gesichert schien (Capital 2, 1980, 27); schon lange ist gesichert, daß ... (Welt 3. 9. 88, 3). **2. a)** *in seinen Besitz bringen; verschaffen; (für jmdn. od. sich) sicherstellen:* Dieses Archivgut ... wurde gestern von der Staatsanwaltschaft ... gesichert (Freie Presse 6. 12. 89, 1); sich einen Platz, einen Vorsprung, ein Vorkaufsrecht s.; ich habe mir für das

Gastspiel sofort ein paar Karten gesichert; sichern Sie sich noch heute Ihr Los zur staatlichen Klassenlotterie; dieser Sprung hat ihm den Sieg gesichert; **b)** *am Tatort Beweismittel polizeilich ermitteln, solange sie noch erkennbar sind:* die Polizei sichert die Spuren, Fingerabdrücke. **3.** *(Jägerspr.)* lauschen, horchen, Witterung nehmen: der Bock sicherte nach allen Seiten; ein sichernder Hirsch; **si|cher|stel|len** (sw. V.; hat): **1.** *in behördlichem Auftrag beschlagnahmen, vor unrechtmäßigem Zugriff od. die Allgemeinheit gefährdender Nutzung sichern:* Diebesgut, ein fahruntüchtiges Auto s.; etw. als Beweismittel s.; der Führerschein des Geisterfahrers wurde sichergestellt; das Fluchtfahrzeug, die mutmaßliche Tatwaffe konnte inzwischen sichergestellt werden; Die (= die Kaninchen) sind beschlagnahmt, sichergestellt, sequestriert, Volkseigentum (Kant, Impressum 151); Das Rundschreiben ... mit der warnenden Aufforderung, sämtliche Wertsachen sicherzustellen (Konsalik, Promenadendeck 403). **2.** *dafür sorgen, daß etw. sicher vorhanden ist od. getan werden kann;* gewährleisten, garantieren (b): die Ölversorgung muß sichergestellt werden; wir müssen s., daß ...; jmdn. finanziell s.; in einem Staatswesen ..., in dem die Gründung und das Funktionieren autonomer politischer Parteien sichergestellt ist (Fraenkel, Staat 242). **3.** (seltener) *zweifelsfrei nachweisen, beweisen:* etw. experimentell s.; **Si|cher|stel|lung,** die: *das Sicherstellen;* **Si|che|rung,** die; -, -en [mhd. sicherunge = Bürgschaft, Schutz]: **1.a)** *das Sichern, Schützen, Sicherstellen:* die Erhaltung u. S. des Bestehenden; die S. der Arbeitsplätze hat Vorrang; Maßnahmen zur S. des Friedens; ihr müßt euren Beitrag leisten zur S. des Gleichgewichts (Saarbr. Zeitung 8./9. 12. 79, 3); **b)** *etw. dem Schutz, dem Sichersein Dienendes:* eine Politik des knappen Geldes als S. gegen Inflation; ... vermochte Hitler mit Hilfe scheinbar legaler Manipulationen rasch die schwachen -en innerhalb seines Kabinetts zu überspielen (Fraenkel, Staat 207); das Netz sozialer -en *(die gesetzlich verankerten sozialen Leistungen, die den einzelnen Bürger vor sozialer Not schützen);* **c)** (Wirtsch.) *Sicherheit* (5). **2. a)** (Elektrot.) *Vorrichtung, durch die [mit Hilfe eines dünnen, bei Überhitzung schmelzenden Drahtes] ein Stromkreis unterbrochen wird, falls die entsprechende Leitung zu stark belastet ist od. in ihr eine Störung, ein Kurzschluß auftritt:* eine S. von 10 Ampere; die S. ist durchgebrannt, herausgesprungen; Kurz vor Mittag haute es die -en durch. Mit einem Schlag standen die Maschinen still (Fels, Sünden 87); ***jmdm. brennt die S. durch** (ugs.; *jmd. verliert die Beherrschung, die Kontrolle über sich selbst*); **b)** *technische Vorrichtung, mit der etw. so gesichert wird, daß es nicht von selbst aufgehen, wegrutschen, losgehen kann:* jede Schußwaffe muß eine S. haben; Der Lastwagen hielt. Ich nahm die Haken aus der S., klappte den Verschlag herunter und sprang ... ab (Bieler, Bonifaz 58); **Si|che|rungs|ab-**

tre|tung, die (Wirtsch.): *das Abtreten einer eigenen Forderung als Sicherheitsleistung eines Schuldners gegenüber seinem Gläubiger;* **Si|che|rungs|au|to|mat,** der: *Automat* (1); **Si|che|rungs|bü|gel,** der: **a)** vgl. Sicherungshaken; **b)** *Sicherungshebel;* **Si|che|rungs|flü|gel,** der: *Sicherungshebel;* **Si|che|rungs|ge|ber,** der (Wirtsch.): *Schuldner bei der Sicherungsübereignung;* **Si|che|rungs|ge|be|rin,** die; -, -nen (Wirtsch.): w. Form zu ↑Sicherungsgeber; **Si|che|rungs|grund|schuld,** die (Wirtsch.): *Grundschuld zur Sicherung einer Forderung;* **Si|che|rungs|grup|pe,** der: *Gruppe von Spezialisten bei der Kriminalpolizei, die für die Spurensicherung besonders ausgebildet sind;* **Si|che|rungs|ha|ken,** der: *Haken, mit dem etw. gesichert, festgehalten wird;* **Si|che|rungs|he|bel,** der: *Hebel an einer Schußwaffe, der jeweils zum Sichern od. Entsichern umgelegt wird;* Sicherungsbügel (b), *Sicherungsflügel;* **Si|che|rungs|hy|po|thek,** die (Wirtsch.): *Hypothek, deren Höhe von der eigentlichen u. vom Gläubiger ausdrücklich nachzuweisenden Forderung bestimmt ist;* **Si|che|rungs|in|ve|sti|ti|on,** die (Wirtsch.): *Investition zur Erhaltung u. Sicherung eines Unternehmens;* **Si|che|rungs|ka|sten,** der: *Kasten, in dem die zu einer elektrischen Anlage gehörenden Sicherungen* (2a) *untergebracht sind:* irgendwo muß es doch in diesem Haus, Auto einen S. geben!; **Si|che|rungs|ko|pie,** die (Datenverarb.): *Kopie einer Datei, die man anfertigt, um sich vor einem Verlust von Daten (etwa durch ungewolltes Löschen) zu schützen;* Backup; **Si|che|rungs|leuch|te,** die: *Leuchte zur Absicherung von Verkehrshindernissen (z. B. Baustellen, liegengebliebene Fahrzeuge);* **Si|che|rungs|maß|nah|me,** die: vgl. Sicherheitsmaßnahme; **Si|che|rungs|neh|mer,** der; -s, - (Wirtsch.): *Gläubiger bei der Sicherungsübereignung;* **Si|che|rungs|neh|me|rin,** die; -, -nen (Wirtsch.): w. Form zu ↑Sicherungsnehmer; **Si|che|rungs|pflicht,** die ⟨o. Pl.⟩: *Pflicht, im Auto mitfahrende Kinder durch bestimmte Einrichtungen (z.B. Kindersitze) vor möglichen Unfallfolgen möglichst weitgehend zu schützen:* Seit Einführung der S. für Kinder unter 12 Jahren und 1,50 Meter Körpergröße am 1. April ... (ADAC-Motorwelt 5, 1993, 50); **Si|che|rungs|seil,** das (Bergsteigen): *Seil, mit dem man jmdn., sich beim Bergsteigen anseilt;* **si|che|rungs|über|eig|nen** (sw. V.; hat; meist nur im Inf. u. 2. Part. gebr.) (Wirtsch.): *dem Gläubiger als Sicherheit für eine Schuld übergeben:* die Bank hat sich Teile des beweglichen Vermögens s. lassen; **Si|che|rungs|über|eig|nung,** die (Wirtsch.): *Übergabe zur Sicherung einer Forderung, ohne daß der Gläubiger dabei schon Besitz od. Nutzungsrecht erwirbt;* **Si|che|rungs|ver|wahr|te,** der u. die; -n, -n ⟨Dekl. ↑Abgeordnete⟩ (Rechtsspr.): *jmd., der in Sicherungsverwahrung sitzt;* **Si|che|rungs|ver|wah|rung,** die (Rechtsspr.): *um der öffentlichen Sicherheit willen über die eigentliche Strafe hinaus verhängter Freiheitsentzug für einen gefährlichen Hangtäter;* **si|cher|wir|kend** ⟨Adj.; sicherer, am si-

chersten wirkend⟩: *mit Sicherheit eine Wirkung ausübend:* ein -es Schmerzmittel, Mittel gegen Blattläuse.
Sich|ler, der; -s, - [nach dem sichelförmig gebogenen Schnabel]: *(zu den Ibissen gehörender) Sumpfvogel mit langem, abwärts gebogenem Schnabel.*
Sicht, die; -, -en ⟨Pl. selten⟩ [mhd., ahd. siht, eigtl. = das Sehen, Anblicken; das Gesehene, zu ↑sehen]: **1.** *aus der Seemannsspr.;* LÜ von ital. vista]: **1.** ⟨o. Pl.⟩ **a)** *Möglichkeit, [in die Ferne] zu sehen; Zugang, den der Blick zu mehr od. weniger entfernten Gegenständen hat:* gute, schlechte, klare, freie S. haben; heute ist, wir hatten kaum S.; die S. beträgt nur fünfzig Meter; die S. auf die Berge ist verhängt, öffnet sich; Häuser versperren uns die S. [aufs Meer]; gib mir doch mal aus der S.; hier sind wir gegen S. geschützt; indem er dem Torhüter in der S. gestanden hatte (Frisch, Stiller 254); **b)** *Sichtweite:* ein Schiff kommt/ist in S.; Land in S.!; er verfolgte das Flugzeug mit dem Glas, bis es außer S. war; ... hatte seinem Fahrer befohlen, sein Fahrzeug hinter dem Rathaus abzustellen, außer S. der Bevölkerung (Heym, Schwarzenberg 228); in S. der Küste segeln; auf S. *(in direkter Steuerung, nicht im Blindflug nach Instrumenten)* fliegen; Ü ein Ende des Krieges ist leider immer noch nicht in S. (ugs.; *zu erwarten*); Samstagvormittag und noch kein guter Abend in S. (Strauß, Niemand 86); da ist nichts in S. (ugs.; *nichts Erfreuliches zu erwarten*); **c)** (selten) *das Sehen:* Augen, in deren Winkeln sich durch angespannte S. Fältchen gebildet hatten (Seghers, Transit 192). **2.** *Betrachtungsweise, Sehweise, Anschauungsweise:* deine S. ist oberflächlich (Hochhuth, Stellvertreter 84); er hat eine eigene S. der Welt entwickelt; die Sprache ist ein sehr umfassendes Phänomen, das viele -en bietet (Seidler, Stilistik 12); Verletzungen oder Schäden aus medizinischer S. habe es nie gegeben (Freie Presse 14. 2. 90, 4); aus, in meiner S. ist das anders; in der S. des Historikers liegen die Gewichtungen anders; eine unglückselige Entdeckung wie die meine verleitet zu pessimistischer S. in Dingen der Kunstgeschichte (Hildesheimer, Legenden 65). **3.** ⟨o. Pl.⟩ (Kaufmannsspr.) *Vorlage;* ein Wechsel auf S.; Fälligkeit bei S.; zehn Tage nach S. zahlbar; ***auf lange/weite/kurze S.** *(für lange, kurze Zeit, Dauer):* auf weite S. planen; auf lange S. müssen alternative Energien erschlossen werden; ... soll auf lange S. die Mitarbeiterzahl ... erhöht werden (Saarbr. Zeitung 5./6. 6. 80, 4); **sicht|bar** ⟨Adj.⟩: **a)** *mit den Augen wahrnehmbar, erkennbar:* die -e Welt; eine weithin -e Leuchtschrift; Voraus aber klarte der Himmel auf, und einzelne Wolken trieben über schon -es Blau wie Segelschiffe bei einer Regatta (Bastian, Brut 101); im Röntgenbild war das Geschwür deutlich s.; das Schild sollte möglichst gut s. aufgestellt sein; die Stelle, wo hinter entfernteren Hängen und ihr nicht s. die ausgedehnten Gebäude des Zarenhauses liegen mußten (Musil, Mann 1198); Wir mischen uns ins Getrubel, machen uns

meiner Schwester s. und winken Emma zu (Strittmatter, Der Laden 901); **b)** *deutlich [erkennbar], sichtlich, offenkundig:* -e Fortschritte machen; sein Befinden hat sich s. verschlechtert; die Widersprüche traten immer -er zutage; Gesetze, die s. unter dem Druck der Straße zustande kommen (Fraenkel, Staat 225); etw. s. machen *(verdeutlichen);* **Sicht|bar|keit,** die; -: *Erkennbarkeit; sichtbare, deutliche Beschaffenheit;* **sicht|bar|lich** ⟨Adj.⟩ (altertümelnd, geh.): *deutlich, sichtbar; offensichtlich:* der Stern, der die Sonne s. begleitet (A. Zweig, Grischa 71); daß das Dunkelblanke in deinem Gesicht ... -er hervortritt (Th. Mann, Joseph 468); ◆ ein Schreck durchzuckte mir das Herz, ... beflügelte meinen Lauf – ich gewann s. auf den Schatten (Chamisso, Schlemihl 52); **Sicht|be|hin|de|rung,** die: *Behinderung, Einschränkung der Sicht:* die von einem falsch geparkten Wagen ausgehende S. führte zu einem folgenschweren Unfall; es ist mit -en [durch Nebel] zu rechnen; dadurch kann es zu -en kommen; **Sicht|be|ton,** der (Archit.): *unverkleidet belassener Beton, auf dem die Abdrücke der ehemaligen Holzverschalung erhalten bleiben:* Die ... Baupläne ... sehen vor, die Treppen und Geländersockel ... aus S. herzustellen (MM 26. 4. 79, 25); **Sicht|blen|de,** die: *Vorhang, leichte Trennwand, Jalousie o. ä. als Schutz vor unerwünschten Ein- od. Durchblicken;* **Sicht|ein|la|ge,** die (Bankw.): *kurzfristige Einlage (8 a), über die jederzeit verfügt werden kann;* **sich|ten** ⟨sw. V.; hat⟩ [1: aus der Seemannsspr., zu ↑Sicht; 2: mniederd. sichten = sieben, zu ↑Sieb; heute als identisch mit sichten (1) empfunden]: **1.** *in größerer Entfernung wahrnehmen; erspähen:* am Horizont ein Schiff, einen Eisberg s.; wir haben noch keine Wale, Schiffbrüchigen gesichtet; er will ein Ufo gesichtet haben; Wild s.; der Falke rüttelt über der gesichteten Beute; Diese Seilschaften konnten während der Rettungsaktion nicht gesichtet werden (Vaterland 1. 8. 84, 11); (scherzh.:) habt ihr hier schon irgendwo eine Kneipe gesichtet? **2.** *durchsehen u. ordnen:* einen Nachlaß, das Material für eine Doktorarbeit s.; Nachdem die Beauftragten ... die Fragebögen ... abgeliefert hatten, machten sich zahlreiche Beamte daran, das Material ... zu s. (Kusenberg, Mal 128); Es gab Verwundete ..., es gab Kranke, es gab auch Drückeberger. Zwei Ärzte und dreißig Sanitätsgehilfen sichteten die Masse, sie „arbeiteten auf" (Plievier, Stalingrad 42); **Sicht|feld,** das: *Blickfeld;* **Sicht|fen|ster,** das (Technik): *in das Gehäuse eines Geräts o. ä. integrierte Scheibe aus Glas o. ä., durch die hindurch man ins Innere sehen kann:* das S. des Backofens, in der Tür des Backofens; Sonstige Merkmale: S. für die verwendete Filmtype ... (Foto-Magazin 8, 1967, 63); **Sicht|flug,** der (Flugw.): *Flug mit ausreichender Sicht auf den Boden u. ausreichender Orientierung;* **Sicht|ge|rät,** das (Elektronik): *Gerät, das gespeicherte Informationen auf einem Leuchtschirm sichtbar macht;* **Sicht|gren|ze,** die: *Grenze, bis zu der man (aufgrund der Wetter- u. Umweltbedingungen)*

sehen u. Einzelheiten erkennen kann: die S. lag bei etwa dreißig Metern; **Sicht|gut|ha|ba,** das (Bankw.): vgl. Sichteinlage; **sich|tig** ⟨Adj.⟩ [aus der Seemannsspr.; mhd. sihtec = sichtbar; sehend]: *(vom Wetter u. ä.) klar, so daß man gute Sicht hat:* bei -em Wetter; die Luft war klar und s.; **Sicht|tig|keit,** die; -: *das Sichtigsein;* **Sicht|kar|te,** die: *Fahrausweis (1), der beim Fahren nicht entwertet, sondern nur vorgezeigt wird* (z. B. Zeitkarte); **Sicht|kar|tei,** die (Bürow.): *übersichtliche Kartei aus schuppenartig übereinander angeordneten od. mit farbigen Reitern versehenen Karteikarten;* **Sicht|kar|ten|in|ha|ber,** der (Amtsspr.): *Inhaber einer Sichtkarte;* **Sicht|kar|ten|in|ha|be|rin,** die: w. Form zu ↑Sichtkarteninhaber; **sicht|lich** ⟨Adj.⟩ [mhd. sihtlich = sichtbar]: *offenkundig, deutlich, spürbar, merklich, in sichtbarem Maße:* mit -er Freude; ... bis alle Schulhöfe ... es zu -er Kinderfreundlichkeit gebracht haben (Saarbr. Zeitung 8. 7. 80, 17); sie war s. erschrocken, beeindruckt; das war ihm s. zuviel; **Sicht|li|nie,** die (Verkehrsw.): *Linie, von der aus eine Straße, Kreuzung o. ä. eingesehen werden kann:* bis zur S. vorfahren; **Sicht|ma|schi|ne,** die: *Sortiermaschine;* **Sicht|schutz,** der: *Schutz vor unerwünschten Blicken:* die Hecke bietet einen guten S.; Und es gibt keinen besseren S. als einen Regenschirm (Brand [Übers.], Gangster 19); **Sich|tung,** die; -, -en: **1.** ⟨o. Pl.⟩ *das Sichten (1):* nach S. der Schiffbrüchigen vom Flugzeug aus wurden Rettungsaktionen eingeleitet. **2.** *das Sichten (2), Prüfen u. Ordnen:* die S. des Nachlasses; eine ... S. des musikalischen Schaffens Hamburger Gruppen (Szene 6, 1983, 56); **Sicht|ver|hält|nis|se** ⟨Pl.⟩: *[wetterbedingte] Verhältnisse der Sicht (1 a):* bei optimalen -n; wegen der schlechten S. konnte man nicht sehr schnell fahren; **Sicht|ver|merk,** der: *Visum;* **sicht|ver|merk|frei** ⟨Adj.⟩ (Amtsspr.): *ohne ein Visum erlaubt:* die Einreise ist s.; **Sicht|wech|sel,** der (Bankw.): *Wechsel, der bei Sicht (3) fällig wird;* **Sicht|wei|se,** die: *Sicht (1 b):* die moderne S. der Mathematik (Mathematik I, 295); Wer ... eine „andere" S. ... kennenlernen will, sollte dieses Buch zur Hand nehmen (tango 9, 1984, 1); **Sicht|wei|te,** die: *Entfernung, bis zu der etw. gesehen u. erkannt werden kann; Sicht (1 b):* die S. betrug etwa zweihundert Meter; sich auf S. nähern; außer, in S. sein; Nebel mit -n unter 50 Metern; **Sicht|wer|bung,** die: *deutlich u. weithin sichtbare Werbung* (z. B. Plakatwand).

Si|ci|lia|no [zit∫i...], der; -s, -s u. ...ni [ital. (danza) siciliano, eigtl. = (Tanz) aus Sizilien]: *aus einem alten sizilianischen Volkstanz im ⁶/₈- od. ¹²/₈-Takt entwickeltes, ursprünglich schnelles, später langsames, oft in Moll gehaltenes Musikstück bes. der Barockzeit mit punktiertem Rhythmus u. meist lyrischer Melodie;* **Si|ci|li|enne** [zisi-'liɛn, frz.: sisi'ljɛn], die; - [frz. sicilienne, subst. Fem. von: sicilien < mlat. sicilianus < lat. siciliensis = sizilianisch, aus Sizilien, zu: Sicilia = Sizilien]: *Siciliano.*

¹Sicke¹, die; -, -n [H. u.] (Technik): *rinnen-*

förmige Vertiefung, Kehlung, [zur Versteifung dienende] Randverzierung: Die seitliche S. hat nicht nur die Funktion, den Wagenkörper zu versteifen und optisch zu strecken, sondern hält auch das Spritzwasser von den Seitenfenstern fern (auto 20, 1970, 33); eine Karosserie mit durchlaufenden -n.
²Sicke¹, die; -, -n [niederd. sike, Vkl. von ↑Sie] (Jägerspr.): *Weibchen eines kleinen Vogels* (z. B. der Wachtel): so ein Kanarienvogel ist treu wie ein Hund, besonders die -n (Zwerenz, Kopf 145).
sicken¹ ⟨sw. V.; hat⟩ [zu ↑¹Sicke] (Technik): *(ein Blech, ein Werkstück) mit ¹Sicken versehen:* eine gesickte Karosserie; **Sicken|ham|mer¹,** der (Technik): vgl. Sickenmaschine; **Sicken|ma|schi|ne¹,** die (Technik): *Maschine zum Herstellen von ¹Sicken.*
Sicker|an|la|ge¹, die: *Anlage, Vorrichtung, durch die Regenwasser u. Abwässer schneller im Boden versickern können;* **Sicker|gru|be¹,** die: vgl. Sickeranlage; **sickern¹** ⟨sw. V.; ist⟩ [urspr. mundartl., Iterativbildung zu einem mit ↑seihen verwandten Verb der Bed. „ausfließen"]: *(von Flüssigkeiten) allmählich, tröpfchenweise durch etw. hindurchrinnen, spärlich fließen:* das Regenwasser sickert in den Boden; Blut ist durch den Verband gesickert; Ü durch das schmutzige Glasdach sickerte trübes Tageslicht (Chr. Wolf, Himmel 91); Die Nacht sickerte vom Himmel (Zuckmayer, Herr 112); die Pläne der Regierung waren in die Presse gesickert *(heimlich gelangt);* die Töne sickerten schal und lästig durch die Türritzen (Rolf Schneider, November 102); **Sicker|schacht¹,** der: *mit Steinen u. Kies gefüllter Schacht, durch den abzuleitendes Wasser in das Grundwasser sickern kann;* **Sicker|stel|le¹,** die: *Stelle, an der etw. durchsickert:* die -n suchen und abdichten; **Sicker|ver|lust¹,** der: *durch Versickern entstandener Verlust* (z. B. an Wasser in einem Teich); **Sicker|was|ser¹,** das ⟨o. Pl.⟩: **1.** *in den Boden dringendes [Regen]wasser.* **2.** *an einer schadhaften Stelle in einem Deich, Damm o. ä. durchsickerndes Wasser.*
Sick-out [sɪkˈaʊt, engl.: ˈsɪk-aʊt], das; -s, -s [engl.-amerik. sick-out, zu engl. sick = krank u. out = (he)raus]: *Krankmeldung (bes. von Arbeitnehmern, für die ein Streikverbot gilt) als Mittel des Arbeitskampfes:* Zwei Lotsen seien ... wegen ... Aufforderungen zu einem „Sick-out" (Krankmelden) vorläufig ihres Dienstes enthoben worden (MM 28. 6. 73, 1).
sic tran|sit glo|ria mun|di [auch: ˈzɪk - - -; spätlat., urspr. Zuruf an den neuen Papst beim Einzug zur Krönung, wobei symbolisch ein Büschel Werg verbrannt wurde] (bildungsspr., oft scherzh.): *so vergeht der Ruhm der Welt.*
Sid|dhan|ta [...ˈdanta], das od. der; - [sanskr. Siddhānta = endgültige Lehrmeinung]: *Gesamtheit der heiligen Schriften des Dschainismus.*
Side|board [ˈsaɪdbɔːd], das; -s, -s [engl. sideboard, eigtl. = Seitenbrett]: *längeres, niedriges Möbelstück, das als Buffet, Anrichte o. ä. dient.*
si|de|ral ⟨Adj.⟩ [lat. siderālis, zu: sidus,

↑**siderisch**]: *siderisch;* **si|de|risch** ⟨Adj.⟩ [lat. sidereus, zu: sidus = Stern(bild)]: *auf die Sterne bezogen:* die -e Umlaufzeit *(Umlaufzeit eines Gestirns in seiner Bahn);* ein -es Jahr *(Sternjahr);* -es Pendel *(frei an einem dünnen Faden od. Haar pendelnder Metallring bzw. Kugel, womit angeblich Wasseradern u. Bodenschätze nachgewiesen werden können).*
Si|de|rit [auch: ...'rɪt], der; -s, -e [zu griech. sídēros = Eisen]: **1.** *karbonatisches Eisenerz von meist gelblichbrauner Farbe; Eisenspat.* **2.** *Meteorit aus reinem Eisen;* **Si|de|ro|gra|phie**, die; -, -n [↑-graphie]: **a)** ⟨o. Pl.⟩ *Tiefdruckverfahren mit gravierten Stahlplatten für Wiedergaben mit besonders scharfen Konturen;* **b)** *einzelnes in diesem Verfahren gedrucktes Stück;* **Si|de|ro|lith** [auch: ...'lɪt], der; -s u. -en, -e[n] [↑-lith]: *Meteorit aus Eisenstein;* **Si|de|ro|lith|wa|ren** ⟨Pl.⟩ (veraltet): *lackierte Tonwaren;* **Si|de|ro|lo|gie**, die; - [↑-logie]: *Wissenschaft von der Gewinnung u. den Eigenschaften des Eisens.*
Si|der|onym, das; -s, -e [zu lat. sidus (↑siderisch) u. griech. ónyma = Name]: *Pseudonym aus dem Namen eines Sterns od. einem astronomischen Begriff.*
Si|de|ro|pe|nie, die; - [zu griech. sídēros (↑Siderit) u. pénēs = arm] (Med.): *Eisenmangel in den Körpergeweben;* **si|de|ro|phil** ⟨Adj.⟩ [zu griech. phileĩn = lieben] (Fachspr.): *Eisen an sich bindend, sich leicht mit eisenhaltigen Farbstoffen färben lassend (z. B. von chemischen Elementen);* **Si|de|ro|phi|lie**, die; -, -n [zu griech. philía = Liebe] (Med.): *Hämochromatose;* **Si|de|ro|phi|lin**, das; -s (Med.): *Eiweißkörper des Blutserums, der Eisen an sich binden kann;* **si|de|ro|priv** ⟨Adj.⟩ [zu lat. privare = berauben] (Med.): *(von roten Blutkörperchen) ohne Eisen, eisenarm;* **Si|de|ro|se**, die; -, -n, **Si|de|ro|sis**, die; -, ...oses [zu griech. sídēros, ↑Siderit] (Med.): *Ablagerung von Partikeln von Eisen od. Eisenoxyd in Geweben;* **Si|de|ro|skop**, das; -s, -e [zu griech. skopeĩn = betrachten]: *in der Augenheilkunde verwendetes Gerät zum Nachweis von Eisensplittern im Auge;* **Si|de|ro|sphä|re**, die; - (Geol.): *Nife;* **Si|de|ro|zyt**, der; -en, -en ⟨meist Pl.⟩ [zu griech. kýtos = Höhlung, Wölbung] (Med.): *rotes Blutkörperchen mit Eiseneinlagerungen;* **Si|der|ur|gie**, die; - [griech. sidērourgía = das Arbeiten in Eisen] (Technik): *Eisen- u. Stahlbearbeitung;* **si|der|ur|gisch** ⟨Adj.⟩ (Technik): *die Siderurgie betreffend.*
Si|dra, die; - [hebr. sidrā, eigtl. = Serie, Folge]: *jeweils an einem Sabbat zu verlesende Parasche* (1).
SIDS [Abk. für engl. sudden infant death syndrome]: *plötzlicher Kindstod* (↑Kindstod).
sie ⟨Personalpron.; 3. Pers. Sg. Fem. u. Pl.⟩ [1: mhd. si(e), ahd. si(u); 2 a: mhd. si(e), ahd. sie; b: aus früheren Anreden wie z. B.: Euer Gnaden (sie) haben geruht ...]: **1.** ⟨Fem. Sg.⟩ **a)** steht für ein weibliches Substantiv, das eine Person od. Sache bezeichnet, die bereits bekannt ist, von der schon die Rede war: ⟨Nom.:⟩ „Was macht eigentlich Maria?" – „Sie geht noch zur Schule."; wenn s. nicht gepflegt wird, geht die Maschine kaputt; er verdient das Geld, und s. *(die [Ehe]partnerin)* führt den Haushalt; ⟨Gen.:⟩ ihr/(veraltet:) ihrer: wir werden uns ihrer/(veraltet:) ihr annehmen; ⟨Dativ:⟩ ihr: wir haben es ihr versprochen; ⟨Akk.:⟩ sie: ich werde s. sofort benachrichtigen; erst wenn man s. nicht mehr hat, begreift man, was die Gesundheit wert ist; Leichtfertig ließen wir die ... beschriebene Seite ... in der Maschine. Othmars Vater fand s., las s. mit Interesse (Lentz, Muckefuck 100); **b)** (veraltet) (in Großschreibung) Anrede an eine Untergebene (die weder mit du noch mit Sie angeredet wurde): ⟨Nom.:⟩ gebe Sie es zu!; hat Sie Ihren Auftrag erledigt?; ⟨Gen.:⟩ Ihrer/(veraltet:) Ihr: ich bedarf Ihrer nicht mehr; ⟨Dativ:⟩ Ihr: wer hat Ihr das erlaubt?; ⟨Akk.:⟩ Sie: ich habe Sie nicht nach Ihrer Meinung gefragt; ◆ ⟨Nom.:⟩ Ei, mein Kind, wie kann Sie das von mir glauben (Lessing, Minna III, 3); ⟨Dat.:⟩ Hat es Ihr das gnädige Fräulein nicht erzählt? (Lessing, Minna III, 3). **2.** ⟨Pl.⟩ **a)** steht für ein Substantiv im Pl. od. für mehrere Substantive, die Personen od. Sachen bezeichnen, die bereits bekannt sind, von denen schon die Rede war: ⟨Nom.:⟩ s. wollen heiraten; hier wollen s. (ugs.; *man, die Leute, die Behörden o. ä.*) jetzt eine Autobahn bauen; viele Kriege ..., für die s. immer stärkere, schrecklichere Kanonen und Geräte bauen lassen (Kühn, Zeit 55); ⟨Gen.:⟩ ihrer/(veraltet:) ihr: um sich ihrer/(veraltet:) ihr zu entledigen, verbrannte er die Sachen; ihr aller Leben; ⟨Dativ:⟩ ihnen: er wird sich bei ihnen entschuldigen; ⟨Akk.:⟩ sie: wir haben s. alle nach ihrer Meinung gefragt; **b)** (in Großschreibung) Anrede an eine od. mehrere Personen (die allgemein üblich ist, wenn die Anrede du bzw. ihr nicht angebracht ist): ⟨Nom.:⟩ nehmen Sie doch Platz, meine Herren, mein Herr!; he, Sie da!; Sie Flegel, Sie!; jmdn. mit Sie anreden; ⟨Gen.:⟩ Ihrer: wir werden Ihrer gedenken; ⟨Dativ:⟩ Ihnen: ich kann es Ihnen leider nicht sagen; ⟨Akk.:⟩ Sie: aber, ich bitte Sie!; ⟨subst.:⟩ das förmliche Sie; lassen wir doch das steife Sie!; * *zu etw. muß man Sie sagen* (ugs. scherzh.; *etw. ist von überragender Qualität*): zu dem Kuchen muß man [schon] Sie sagen; **Sie**, das; -s (ugs.): *Person od. Tier weiblichen Geschlechts:* Gepflegte, sehr sportliche S. sucht unabhängige, charmante Freundin (Augsburger Allgemeine 29. 4. 78, 31); der Dackel, die Meerschweinchen, der Kanarienvogel ist eine S.
Sieb, das; -[e]s, -e [mhd. sip, ahd. sib, zu einem Verb mit der Bed. „ausgießen, seihen" u. wohl verw. mit ↑Seife]: **1.** *Gerät, das im ganzen od. am Boden aus einem gleichmäßig durchlöcherten Material od. aus einem netz- od. gitterartigen [Draht]geflecht besteht u. das dazu dient, Festes aus einer Flüssigkeit auszusondern od. kleinere Bestandteile einer [körnigen] Substanz von den größeren zu trennen: ein feines, grobes S.; Tee, Kaffee durch ein S. gießen; Kartoffeln durch ein S. rühren, streichen, schlagen; die Arbeiter schippten Sand, Kies auf das S.; das S. (die siebähnliche Vorrichtung) an der Benzinpumpe muß gereinigt werden; Ü Unser verdammtes Gedächtnis ist ein S. (Remarque, Obelisk 266). **2.** (Druckw.) *aus netzartiger Gaze hergestellte Druckform für den Siebdruck:* die Farbe wird mit einer Rakel auf den S. verteilt; **siebähnlich** ⟨Adj.⟩: *einem Sieb* (1) *ähnlich;* **sieb|ar|tig** ⟨Adj.⟩: *von, in der Art eines Siebs* (1): ein -er Einsatz; s. perforiert; **Sieb|bein**, das (Anat.): *an der Schädelbasis zwischen den Augenhöhlen gelegener, die Stirn- von der Nasenhöhle trennender, siebartig durchlöcherter Knochen;* **Sieb|be|span|nung**, die: *Bespannung* (2 a) *eines Siebs;* **Sieb|bo|den**, der: *Boden eines Siebs;* **Sieb|druck**, der ⟨Pl. -e⟩: **1.** ⟨o. Pl.⟩ *Druckverfahren, bei dem die Farbe durch ein feinmaschiges Gewebe auf das zu bedruckende Material gepreßt wird.* **2.** *im Siebdruckverfahren hergestelltes Druckerzeugnis; Schablonendruck* (2); *Serigraphie;* **Sieb|drucker**[1], der: *Drucker* (1), *der im Siebdruckverfahren druckt* (Berufsbez.); **Sieb|drucke|rin**[1], die: w. Form zu ↑Siebdrucker; **Sieb|druck|ma|schi|ne**, die: *Maschine für den Siebdruck;* **Sieb|druck|scha|blo|ne**, die: *Sieb* (2); **Sieb|druck|tech|nik**, die: *Technik des Siebdrucks;* **Sieb|druck|ver|fah|ren**, das: *Siebdruck* (1); [1]**sie|ben** ⟨sw. V.; hat⟩ [spätmhd. si(e)ben]: **1.** *durch ein Sieb schütten; durchsieben:* Sand, Kies s.; Mehl in eine Schüssel s.; Immer häufiger geschah es, daß Grenouille nicht mehr nur rührte, sondern zugleich auch beschickte, heizte und siebte (Süskind, Parfum 227); Ü Die Wolken s. das Sonnenlicht (Berger, Augenblick 90). **2.** *eine [größere] Anzahl von Personen, Sachen kritisch durchgehen, prüfen u. eine strenge Auswahl treffen, die Personen, Sachen, die ungeeignet sind, ausscheiden:* Kandidaten, Bewerber [sorgfältig, gründlich] s.; die Redaktion siebt das Material ... hinter verschlossenen Türen (Enzensberger, Einzelheiten I, 23); ⟨auch o. Akk.-Obj.:⟩ bei der Prüfung haben sie [schwer] gesiebt; unter den Bewerbern wurde sehr gesiebt.
[2]**sie|ben** ⟨Kardinalz.⟩ [mhd. siben, ahd. sibun; vgl. lat. septem = sieben] (als Ziffer: 7): vgl. acht; **Sie|ben**, die; -, -en, auch: -: **a)** *Ziffer 7:* eine S. schreiben; die böse S. *(die Unglückszahl 7);* **b)** *Spielkarte mit sieben Zeichen:* eine S. ablegen; * **böse S.** (ugs. veraltend; *zänkische, streitsüchtige Ehefrau; nach der Sieben im Karnöffel, auf der anfangs der Teufel, später die Hexe dargestellt war);* **c)** (ugs.) *Wagen, Zug der Linie 7:* wo hält die S.?; vgl. [1]Acht; **sie|ben|ade|rig**, **sie|ben|ad|rig** ⟨Adj.⟩ (Elektrot.): vgl. einaderig; **sie|ben|ar|mig** ⟨Adj.⟩: vgl. achtarmig; **sie|ben|bän|dig** ⟨Adj.⟩: vgl. achtbändig; **sie|ben|blät|te|rig**, **sie|ben|blätt|rig** ⟨Adj.⟩ (Bot.): vgl. achtblättrig.
Sie|ben|bür|gen, -s: *Gebiet in Rumänien;* **Sie|ben|bür|ger**, der; -s, -: Ew.; **Sie|ben|bür|ge|rin**, die; -, -nen: w. Form zu ↑Siebenbürger; **sie|ben|bür|gisch** ⟨Adj.⟩.
Sie|ben|eck, das: *w. Achteck;* **sie|ben|eckig**[1] ⟨Adj.⟩: vgl. achteckig; **sie|ben|ein|halb** (Bruchz.) (mit Ziffern: 7½): vgl. Dreier (3); **Sie|be|ner**, der; -s, - (landsch.): vgl. Dreier (3); **sie|be|ner|lei** ⟨best. Gat-

tungsz.; indekl.⟩ [↑-lei]: vgl. achterlei; **Sie|be|ner|schi|lit,** der; -en, -en: *Ismailit;* **sie|ben|fach** ⟨Vervielfältigungsz.⟩ (mit Ziffer: 7fach) vgl. achtfach; **Sie|ben|fa-che,** das; -n (mit Ziffer: 7fache): vgl. Achtfache; **sie|ben|ge|scheit** ⟨Adj.⟩ (spött.): *neunmalklug;* **sie|ben|ge-schos|sig** ⟨Adj.⟩: vgl. achtgeschossig; **sie|ben|hun|dert** ⟨Kardinalz.⟩ (in Ziffern: 700): vgl. hundert; **sie|ben|jäh|rig** ⟨Adj.⟩ (mit Ziffer: 7jährig): **a)** vgl. achtjährig (a); **b)** vgl. achtjährig (b): nach -er Ehe; der Siebenjährige Krieg (hist.; *von 1756 bis 1763 dauernder Krieg zwischen England u. Frankreich u. deren Verbündeten*); **sie|ben|jähr|lich** ⟨Adj.⟩ (mit Ziffer: 7jährlich): vgl. achtjährlich; **Sie|ben-kampf,** der (Sport): *Mehrkampf der Frauen in der Leichtathletik;* **Sie|ben-kämp|fe|rin,** die (Sport): *Leichtathletin, die Siebenkämpfe bestreitet;* **sie|ben|köp-fig** ⟨Adj.⟩: **1.** *aus sieben Personen bestehend:* ein -es Gremium. **2.** *sieben Köpfe habend:* ein -es Ungeheuer; **Sie|ben|ling,** der; -s, -e ⟨meist Pl.⟩ [nach ↑Zwilling geb.]: vgl. Fünfling; **sie|ben|mal** ⟨Wiederholungsz., Adv.⟩: vgl. achtmal; **sie-ben|ma|lig** ⟨Adj.⟩ (mit Ziffer: 7malig): vgl. achtmalig; **Sie|ben|mei|len|schritt,** der ⟨meist Pl.⟩ (ugs. scherzh.): *sehr großer Schritt:* -e machen; Ü die Inflation schreitet mit -en fort; **Sie|ben|mei|len-stie|fel** ⟨Pl.⟩ [LÜ von frz. *bottes de sept lieues*]: in Verbindungen wie S. anhaben (ugs. scherzh.; *mit sehr großen Schritten [u. deshalb sehr schnell] gehen);* **mit -n** (ugs. scherzh.; *1. mit sehr großen Schritten [u. deshalb sehr schnell]:* mit -n gehen. *2. sehr schnell:* die Entwicklung schreitet mit -n voran; **Sie|ben|me|ter,** der (Hockey, Hallenhandball): *nach bestimmten schweren Regelverstößen verhängte Strafe, bei der der Ball vom Siebenmeterpunkt, von der Siebenmeterlinie aus direkt auf das Tor geschossen wird:* einen S. verhängen, geben, ausführen; **Sie|ben|me-ter|ball,** der (Hockey, Hallenhandball): *Siebenmeter;* **Sie|ben|me|ter|li|nie,** die (Hallenhandball): vgl. Siebenmeterpunkt; **Sie|ben|me|ter|punkt,** der (Hockey): *sieben Meter vor dem Tor befindlicher Punkt, von dem aus ein Siebenmeter ausgeführt wird;* **Sie|ben|me|ter|schie-ßen,** das (Hockey): *Elfmeterschießen;* **Sie|ben|me|ter|wurf,** der (Hallenhandball): *Siebenmeter;* **sie|ben|mo|na-tig** ⟨Adj.⟩: vgl. achtmonatig; **sie|ben|mo-nat|lich** ⟨Adj.⟩: vgl. achtmonatlich; **Sie-ben|mo|nats|kind,** das; vgl. Achtmonatskind; **Sie|ben|punkt,** der: *Marienkäfer mit sieben schwarzen Punkten auf der roten Oberseite;* **Sie|ben|sa|chen** ⟨Pl.; nur in Verb. mit einem Possessivpronomen⟩ (ugs.): *Sachen, die jmd. für einen bestimmten Zweck braucht, bei sich hat; Habseligkeiten:* seine S. zusammensuchen, verstauen, packen; hast du deine S. beisammen?; **sie|ben|sai|tig** ⟨Adj.⟩: vgl. dreisaitig; **Sie|ben|schlä|fer,** der [1: älter = Langschläfer, nach der Legende von sieben Brüdern, die bei einer Christenverfolgung eingemauert wurden u. nach 200jährigem Schlaf wieder erwachten]: **1.** *Bilch mit auf der Oberseite grauem, auf der Unterseite weißem Fell u.*

langem, buschigem Schwanz, der einen besonders langen Winterschlaf hält. **2.** (volkst.) *27. Juni als Lostag einer Wetterregel, nach der es bei Regen an diesem Tag sieben Wochen lang regnet:* morgen ist S.; **sie|ben|stel|lig** ⟨Adj.⟩: vgl. achtstellig; **Sie|ben|stern,** der: *(zu den Primeln gehörende, in feuchten Gebieten wachsende) Pflanze mit langen, oft fadenartigen Stengeln u. weißen Blüten mit sieben Blütenblättern;* **sie|ben|stöckig¹** ⟨Adj.⟩: vgl. achtstöckig; **sie|ben|strah|lig** ⟨Adj.⟩: vgl. sechsstrahlig; **sie|ben|stün|dig** ⟨Adj.⟩: vgl. achtstündig; **sie|ben|stünd|lich** ⟨Adj.⟩: vgl. achtstündlich; **sie|bent...** ⟨Ordinalz. zu ↑²sieben⟩ [mhd. siebende, siebente, ahd. sibunto] (als Ziffer: 7.): vgl. acht...; **Sie-ben|ta|ge|fie|ber,** das: *Denguefieber;* **sie|ben|tä|gig** ⟨Adj.⟩: vgl. achttägig; **sie-ben|täg|lich** ⟨Adj.⟩: vgl. achttäglich; **sie-ben|tau|send** ⟨Kardinalz.⟩ (in Ziffern: 7000): vgl. tausend; **Sie|ben|tau|sen-der,** der; -s, -: vgl. Achttausender; **sie|ben-tei|lig** ⟨Adj.⟩: vgl. achtteilig; **sie|ben|tel** ⟨Bruchz.⟩: ↑siebtel; **Sie|ben|tel,** das; schweiz. meist der; -s, - [als älter siebenteil]: ↑Siebtel; **sie|ben|tens** ⟨Adv.⟩: ↑siebtens; **Sie|ben|ton|ner,** der; -s, -: vgl. Achttonner; **Sie|ben|uhr|vor|stel|lung,** die; vgl. Achtuhrvorstellung; **Sie|ben-uhr|zug,** der; vgl. Achtuhrzug; **sie|ben-und|ein|halb** ⟨Bruchz.⟩ (mit Ziffern: 7½): vgl. achtundeinhalb; **sie|ben|und|sieb-zig** ⟨Kardinalz.⟩ (in Ziffern: 77): vgl. acht; **sie|ben|und|sieb|zig|mal** ⟨Wiederholungsz., Adv.⟩: vgl. achtmal; **sie|ben-wer|tig** ⟨Adj.⟩ (Chemie): vgl. dreiwertig; **sie|ben|wö|chent|lich** ⟨Adj.⟩: vgl. achtwöchentlich; **sie|ben|wö|chig** ⟨Adj.⟩: vgl. dreiwöchig; **sie|ben|zackig¹** ⟨Adj.⟩: vgl. dreizackig; **Sie|ben|zahl,** die ⟨o. Pl.⟩: *Zahl 7, Anzahl von sieben:* nicht nur im Märchen spielt die S. eine wichtige Rolle; **sie|ben|zäh|lig** ⟨Adj.⟩: vgl. sechszählig; **sie|ben|zehn** (veraltet): ↑siebzehn; **sie|ben|zei|ler,** der: vgl. Sechszeiler; **sie|ben|zei|lig** ⟨Adj.⟩: vgl. achtzeilig; **Sie|ben|zim|mer|woh|nung,** die: vgl. Fünfzimmerwohnung.
Sieb|kä|se, der: *passierter Quark;* **Sieb-ket|te,** die (Elektrot.): *Siebschaltung;* **Sieb|koh|le,** die (Fachspr.): *klassierte (2) Kohle;* **Sieb|kreis,** der (Elektrot.): *(aus einer od. mehreren Spulen u. mehreren Kondensatoren bestehende) Schaltung zum Ausfiltern einer bestimmten Frequenz aus einem Gemisch von Frequenzen;* **Sieb|ma|cher,** der: *jmd., der berufsmäßig Siebe (1) herstellt* (Berufsbez.); **Sieb|ma|che|rin,** die; -, -nen: w. Form zu ↑Siebmacher; **Sieb|ma|schi|ne,** die: *bei der Papierherstellung verwendete Maschine zum Entwässern des Papierbreis;* **Sieb|mehl,** das: *gesiebtes Mehl;* **Sieb-plat|te,** die. **1.** (Anat.) *Stirnhöhle u. Nasenhöhle voneinander trennender, siebartig durchlöcherter Teil des Siebbeins.* **2.** (Bot.) *siebartig durchbrochene Zellwand;* **Sieb|röh|re,** die (Bot.): *röhrenförmige Transportbahnen im Phloem;* **Sieb|schal-tung,** die (Elektrot.): *aus mehreren zusammengeschalteten Siebkreisen bestehende Schaltung.*
siebt: in der Fügung **zu s.** *(als Gruppe von*

sieben Personen): sie kamen zu s.; **siebt...** ⟨Ordinalz. zu ↑²sieben⟩ [mhd. sibende, sib(en)te, ahd. sibunto] (als Ziffer: 7.): vgl. acht...; **Sieb|teil,** der (Bot.): *Phloem.* **sieb|tel,** siebentel ⟨Bruchz.⟩ (als Ziffer: ⅐): vgl. achtel; **Sieb|tel,** Siebentel, das, schweiz. meist der; -s, - [↑Siebentel]: vgl. Achtel (a); **sieb|tens,** siebentens ⟨Adv.⟩ (als Ziffer: 7.): vgl. achtens.
Sieb|ung, die; -, -en [zu ↑¹sieben]: **1.** *das* ¹,²*Sieben* (1). **2.** *das* ¹,²*Sieben* (2): während ... von den Personen, die dem Ereignis beiwohnen durften, ... nach strengster S. nur eine ganz kleine Anzahl übriggeblieben war (Musil, Mann 216).
sieb|zehn ⟨Kardinalz.⟩ [mhd. sibenzehen] (in Ziffern: 17): vgl. acht; **sieb|zehn-hun|dert** ⟨Kardinalz.⟩ (in Ziffern: 1700): *eintausendsiebenhundert:* seit [dem Jahre] s.; der Motor hat s. Kubik; **sieb|zehn-jäh|rig** ⟨Adj.⟩ (mit Ziffern: 17jährig): vgl. achtjährig; **sieb|zehn|tel** ⟨Bruchz.⟩ (als Ziffer: 1/17): vgl. achtel; **Sieb|zehn|tel,** das, schweiz. meist der; -s, -: vgl. Achtel (a); **Sieb|zehn|und|vier,** das; -: *Glücksspiel mit Karten, bei dem es gilt, eine Punktzahl von 21 zu erreichen od. möglichst nahe an diese Punktzahl heranzukommen.*
Sieb|zel|le, die (Bot.): *Zelle einer Siebröhre.*
sieb|zig ⟨Kardinalz.⟩ [mhd. sibenzec, ahd. sibunzug] (in Ziffern: 70): vgl. achtzig; **Sieb|zig,** die; -: vgl. Achtzig; **sieb|zi|ger** ⟨indekl. Adj.⟩ (mit Ziffer: 70er): vgl. achtziger; **¹Sieb|zi|ger,** der; -s, - ⟨Pl.⟩: vgl. ¹Achtziger; **²Sieb|zi|ger,** die; -, - (ugs.): vgl. ²Achtziger; **Sieb|zi|ge|rin,** die; -, -nen: w. Form zu ↑¹Siebziger; **Sieb|zi-ger|jah|re** [auch: '- - - '- -] ⟨Pl.⟩: vgl. Achtzigerjahre; **sieb|zig|jäh|rig** ⟨Adj.⟩ (mit Ziffern: 70jährig): vgl. achtzigjährig; **sieb|zigst...** ⟨Ordinalz. zu ↑siebzig⟩ (in Ziffern: 70.): vgl. achtzigst...; **sieb-zig|stel** ⟨Bruchz.⟩ (in Ziffern: 1/70): vgl. achtel; **Sieb|zig|stel,** das, schweiz. meist der; -s, -: vgl. Achtel (a).
siech ⟨Adj.⟩ [mhd. siech, ahd. sioh, H. u.] (geh.): *(bes. von alten Menschen) [schon] über eine längere Zeit u. ohne Aussicht auf Besserung krank, schwach u. hinfällig:* ihre -e Großmutter; er ist alt und s.; Fotos von Bergleuten, die in den Stollen s. geworden waren (Ransmayr, Welt 209); Die -en Bäume sind ideale Ziele für die Borkenkäfer (Hamburger Abendblatt 20. 3. 84, 16); Ü 1971 wollte Franz Geist, daß Feichtinger die -e Rumpel AG übernimmt (profil 17, 1979, 28); **Siech|bett,** das (veraltet): *Krankenbett* (1): ◆ Ich eben auf dem S., hatte kaum angefangen, aus einer schweren Krankheit etwas Kräfte zu sammeln (Schiller, Räuber IV, 5); **Sie|che,** der u. die; -n, -n ⟨Dekl. ↑Abgeordnete⟩: *jmd., der siech ist;* **sie|chen** (sw. V.; hat) [mhd. siechen, ahd. siuchan, siuchōn] (veraltet): *siech sein;* **Sie|chen-bett,** das (veraltet): *Siechbett;* **Sie|chen-haus,** das (früher): *[Pflege]heim für Sieche;* **Sie|chen|heim,** das (früher): *Siechenhaus;* **Siech|heit,** die; - (veraltet): *Siechtum;* **Siech|tum,** das; -s [mhd. siechtuom, ahd. siohtuom] (geh.): *das Siechsein: daß dem Tode ein langes, schmerzensreiches S. vorausgegangen ist*

Sie|de, die; - (landsch.): (Thieß, Reich 631); bis der Tod ihn von seinem S. erlöste. **Sie|de,** die; - (landsch.): *gesottenes Viehfutter;* **Sie|de|ba|ro|me|ter,** das: *Hypsometer;* **Sie|de|druck,** der ⟨Pl. ...drücke⟩ (Physik): *herrschender [Luft]druck, von dessen Höhe es abhängt, bei welcher Temperatur etw. zu sieden beginnt;* **Sie|defleisch,** das (südd., schweiz.): *Siedfleisch;* **Sie|de|grad,** der (selten): *Siedepunkt;* **sie|de|heiß** ⟨Adj.⟩ (selten): ↑siedendheiß; **Sie|de|hit|ze,** die (selten): *Temperatur eines kochenden flüssigen Stoffes:* etw. in reichlich Wasser bei S. garen; Ü die bis zur S. *(bis zum äußersten) getriebene Nervosität und Gereiztheit* (Apitz, Wölfe 355).

sie|deln ⟨sw. V.; hat⟩ [mhd. sidelen, ahd. in: gisidalen = einen Sitz anweisen, ansässig machen, zu mhd. sedel, ahd. sedal = (Wohn)sitz, zu ↑sitzen]: *sich an einem bestimmten Ort (meist in einer noch nicht besiedelten Gegend) niederlassen u. sich dort ein [neues] Zuhause schaffen; eine Siedlung gründen:* hier haben schon die Kelten gesiedelt; Niemand dachte daran, in dem unwirtlichen Gelände zu s. (Buber, Gog 7); er hat 1945 in Mecklenburg gesiedelt (ehem. DDR veraltet; *sich als Neubauer niedergelassen*); Ü Im Mündungsgebiet von Euphrat und Tigris siedeln einige Vogelarten in isolierten Populationen (natur 3, 1991, 32); Hat ein Volk gesiedelt *(sich in einem Bienenstock niedergelassen),* entnimmt der Imker ... den Honig (Tier 19, 1971, 19); **Sie|delung** usw.: ↑Siedlung usw.

sie|den ⟨st. u. sw. V.; hat⟩ [mhd. sieden, ahd. siodan, H. u.]: **1. a)** ⟨Fachspr. nur: siedete, gesiedet⟩ (landsch., Fachspr.) *kochen* (3 a): Wasser siedet bei 100 °C; siedende *(sehr große)* Hitze; die Suppe ist siedend heiß *(sehr heiß);* Ü wenn ich solche Ungerechtigkeiten mit ansehen muß, siedet mir das Blut *(errege ich mich aufs äußerste);* in ihm siedete es *(er war sehr wütend);* **b)** ⟨Kochk.⟩ *so weit erhitzt sein, daß kleine Blasen aufsteigen, ohne daß es jedoch zu der fürs Kochen* (3 a) *kennzeichnenden wallenden Bewegung kommt:* Das Wasser darf immer nur leise s., sonst wird der Pudding löcherig (e & t 4, 1983, 94); den Fisch in siedendem Wasser gar ziehen lassen; **c)** (landsch.) *zum Kochen bringen:* Wasser s. **2.** ⟨meist: sott, gesotten⟩ (landsch.) **a)** *kochen* (1 a): Eier, Krebse s.; gesottener *(in siedendem Wasser gegarter) Fisch;* gesottene Kartoffeln (bayr.; *Pellkartoffeln);* ⟨auch o. Akk.-Obj.:⟩ in der Küche wurde gebraten u. gesotten; ⟨subst.:⟩ Rindfleisch zum Sieden (Vorarlberger Nachr. 29. 11. 68, 20); ⟨subst. 2. Part.:⟩ Gebratenes und Gesottenes (↑Gesottene); **b)** *kochen* (1 c): etw. gar s.; die Eier hart s.; das Ei ist weich gesotten. **3.** (landsch.) *kochen* (3 b): die Kartoffeln müssen noch fünf Minuten s. **4.** (landsch.) *kochen* (5): Teer s. **5.** (veraltet) *durch Kochen einer Flüssigkeit herstellen, gewinnen:* Salz, Seife s. **6.** ⟨meist: siedete, gesiedet⟩ (landsch.) *kochen* (6): er siedete [vor Wut]; **sie|dend|heiß**[1] ⟨Adj.⟩ (landsch.): *kochendheiß:* -es Öl; * **jmdm. s. einfallen** (ugs.; *jmdm. zu seinem Schrecken wieder in die Erinnerung kommen als etw., was er zu einer bestimmten Zeit erledigen, beachten o. ä. sollte):* da fällt es nun doch der Tochter ein, s., sagt man wohl, daß sie bei der Mutter erwartet werden (Strauß, Niemand 17); um zehn nach fünf fiel ihr s. ein, daß sie ihn um fünf Uhr anrufen sollte; **Sie|de|punkt,** der (Physik): *(vom herrschenden [Luft]druck abhängige) Temperatur, bei der ein bestimmter Stoff vom flüssigen in den gasförmigen Aggregatzustand übergeht, zu kochen beginnt; Kochpunkt:* Öl hat einen höheren S. als Wasser; Ü ... stieg die allgemeine Stimmung in kürzester Zeit auf den S. *(erreichte sie ihren Höhepunkt;* Kirst, 08/15, 171); **Sie|der,** der; -s, - (selten): **1. a)** kurz für ↑Leim-, ↑Salz-, ↑Seifensieder; **b)** kurz für ↑Tauchsieder. **2.** (Technik) *Behälter, in dem Wasser zum Sieden gebracht wird;* **Sie|de|rei,** die; -, -en (selten): *Betrieb, Raum, in dem gesiedet* (5) *wird;* **Sie|de|rin,** die: w. Form zu ↑Sieder (1a); **Sie|de|was|ser|re|ak|tor,** der: *bestimmter Leichtwasserreaktor;* Abk.: SWR; **Sied|fleisch,** das (südd., schweiz.): *Fleisch zum Kochen; Suppenfleisch.*

Sied|ler, der; -s, - ⟨älter nhd., spätmhd. in: sidlerguot = Siedlerstätte]: **1.** *jmd., der gesiedelt hat, siedelt; Kolonist:* weil im frühen Mittelalter holländische S. die Weichselniederung entwässerten (Grass, Hundejahre 36); die jüdischen S. in den von Israel besetzten Gebieten. **2.** (landsch.) *Kleingärtner.* **3. a)** *jmd., der eine Heimstätte* (2) *hat;* **b)** (ehem. DDR veraltet) *Neubauer;* **Sied|ler|be|darf,** der (landsch.): *von Kleingärtnern benötigtes Material, Gerät;* vgl. Siedlerfrau; **Sied|ler|fa|mi|lie,** die: *Frau eines Siedlers;* **Sied|ler|haus,** das: *Haus eines Siedlers;* **Sied|le|rin,** die; -, -nen: w. Form zu ↑Siedler; **Sied|ler|stel|le,** die: *Heimstätte* (2); **Sied|ler|stolz,** der (landsch. scherzh. veraltend): *selbstgezogener Tabak:* er raucht S.; **Sied|lung,** die; -, -en [nhd., spätmhd. in: sidlungrecht = Siedlungsabgabe]: **1. a)** *Gruppe [gleichartiger, kleinerer] Wohnhäuser [mit Garten] am Stadtrand o. ä.:* er wohnt in einer modernen, neuen S. [am Stadtrand]; Doch mit der Zeit zogen viele Flüchtlinge weg in die Stadt. Ganze -en wurden für sie gebaut (Wimschneider, Herbstmilch 108); ... blickte sie zu der S. hinauf, wo in einigen der ... Bungalows schon die Lichter an waren (Handke, Frau 11); Mit Investitionen in der S. solle man nicht so verschwenderisch sein, die Barackenbewohner wünschten ja oft gar keine anderen Wohnungen (Ossowski, Flatter 86); **b)** *die Bewohner einer Siedlung* (1 a): die S. steht geschlossen hinter der Bürgerinitiative; Die ganze S. weiß, daß du ihn geschlagen hast (Ossowski, Flatter 161). **2.** *menschliche Niederlassung; Ansammlung von Gebäuden, in denen Menschen wohnen, samt den dabei befindlichen, anderen Zwecken dienenden Bauten, Einrichtungen, Verkehrsflächen usw.:* eine ländliche, städtische S.; prähistorische, römische, indianische, verlassene S.; Da werden Wälder gerodet oder niedergebrannt, ... mehr und mehr entstehen geschlossene -en (Thienemann, Umwelt 26); jene berühmten -en *(Ortschaften, Städte),* bei deren Namensklange dem Zecher das Herz lacht (Th. Mann, Krull 10); eine S. gründen, aufgeben; über die improvisierten -en der Goldgräber zur Zeit des Goldrausches (Leonhard, Revolution 119); wir fuhren oft Hunderte von Meilen, ehe wir zur nächsten [menschlichen] S. kamen. **3. a)** *Heimstätte* (2); **b)** (ehem. DDR veraltet) *Neubauernsiedlung.* **4.** ⟨o. Pl.⟩ (Papierdt.) *das Ansiedeln von Menschen, bes. auf Heimstätten* (2): *zur S. geeignetes Land.* **5.** (Zool.) *Kolonie von Tieren:* bei einigen in -en brütenden Formen (Lorenz, Verhalten I, 240); **Sied|lungs|ar|chäo|lo|gie,** die: *Teilgebiet der Archäologie, das sich mit der Erforschung früh- u. vorgeschichtlicher Siedlungsformen befaßt;* **Sied|lungs|bau,** der ⟨Pl. -ten⟩: vgl. Siedlungshaus; **Sied|lungs|dich|te,** die: *Bevölkerungsdichte;* **Sied|lungs|form,** die: *Form einer menschlichen Siedlung* (2): Hufendorf, Straßendorf und andere ländliche -en; **Sied|lungs|ge|biet,** das: vgl. Siedlungsland: die Gegend war römisches S.; **Sied|lungs|ge|län|de,** das: vgl. Siedlungsland; **Sied|lungs|geo|gra|phie,** die: *Gebiet der Siedlungskunde, das sich mit Lage, Form, Größe, Verteilung, Struktur u. Funktion der Siedlungen* (2) *befaßt;* **Sied|lungs|ge|schich|te,** die: *Gebiet der Siedlungskunde, das sich mit der geschichtlichen Entwicklung der Siedlungen* (2) *u. Siedlungsformen befaßt;* **Sied|lungs|ge|sell|schaft,** die: *gemeinnütziges Unternehmen, dessen Aufgabe es ist, Land zu erwerben u. Siedlerstellen zur Verfügung zu stellen;* **Sied|lungs|haus,** das: *zu einer Siedlung* (1a) *gehörendes Haus;* **Sied|lungs|kun|de,** die ⟨o. Pl.⟩: *(als Teilgebiet der Kulturgeographie) Wissenschaft von den Siedlungen* (2); **Sied|lungs|land,** das ⟨o. Pl.⟩: *zum Siedeln geeignetes, besiedeltes Land:* neues S. erschließen; **Sied|lungs|po|li|tik,** die: *auf die Siedlung* (4) *gerichtete Politik:* die israelische S. [in den besetzten Gebieten]; **Sied|lungs|pro|gramm,** das: vgl. Siedlungspolitik; **Sied|lungs|raum,** der: vgl. Siedlungsland; **Sied|lungs|un|ter|neh|men,** das: vgl. Siedlungsgesellschaft; **Sied|lungs|we|sen,** das ⟨o. Pl.⟩: *Bereich der öffentlichen Verwaltung, der sich mit der Planung u. Entwicklung der städtischen u. ländlichen Siedlungen befaßt.*

Sieg, der; -[e]s, -e [mhd. sic, sige, ahd. sigi, sigu, eigtl. = das (im Kampf) Festhalten, das Überwältigen]: *Erfolg, der darin besteht, sich in einer Auseinandersetzung, im Kampf, im Wettstreit o. ä. gegen einen Gegner, Gegenspieler o. ä. durchgesetzt zu haben, ihn überwunden, besiegt zu haben:* ein glorreicher, leichter, schwer errungener, glücklicher, knapper, deutlicher S.; Ein kalter S., ruhmlos und böse (Thieß, Reich 548); ein diplomatischer, politischer, militärischer S.; ein S. im Wahlkampf; der S. war schwer erkämpft, teuer erkauft; einen S. [über einen Feind, einen Rivalen] erringen/(geh.:) davontragen; Die Massen erhoben sich ... und erkämpften den S. (Brecht, Groschen 360); Er hatte ... manchmal auch große -e erfochten (Musil, Mann 690); einen S. feiern; Er ... wird den S. auskosten (Feuchtwanger, Erfolg 17); jmdm. den S. entreißen; auf S. spielen (Sport Jargon; *alles daranzusetzen, das Spiel zu gewinnen*); *das Spiel endete mit einem hohen, klaren, verdienten S. der Heimmannschaft*; jmdm. zum S. verhelfen; In S. und Niederlage zeigte der Stoiker keinerlei Regung (Spiegel 42, 1978, 218); S. Heil! (ns.; *Hochruf der Nationalsozialisten*); Ü es war ein S. des Guten [über das Böse], der Gerechtigkeit, der Humanität, der Vernunft; ein triumphierender S. über Tod und Verzweiflung (Hesse, Narziß 304); ich hatte einen S. über mich selbst errungen *(erfolgreich einer Versuchung widerstanden, eine Schwäche* 2a *überwunden);* der Wahrheit, Vernunft zum S. verhelfen; *den S. an seine Fahne heften (geh.; *siegen*).

Sie|gel, das; -s, - [mhd. sigel, mniederd. seg(g)el, ahd. in: insigili (↑Insiegel) < lat. sigillum = kleine Figur, Bildchen; Abdruck des Siegelrings, Vkl. von: signum, ↑Signum]: **1. a)** *Stempel zum Abdruck, Eindruck eines Zeichens in weiche Masse, zum Siegeln; Petschaft:* Die Kunst der Herstellung von -n aus weichem Steinmaterial (Bild. Kunst I, 122); **b)** *Abdruck eines Siegels (1 a), einen Siegelabdruck tragendes Stück Siegellack o. ä., mit dem etw. versiegelt ist:* das S. war beschädigt; ein S. an etw. anbringen; ein S. aufbrechen, öffnen; etw. mit einem S. verschließen, versehen; Ü das Buch trägt unverkennbar sein S. *(ist deutlich als sein Werk zu erkennen);* *[jmdm.] etw. unter dem S. der Verschwiegenheit, strengster Geheimhaltung o. ä. mitteilen o. ä.: *([jmdm.] etw. unter der Voraussetzung, daß es nicht weitergesagt wird, mitteilen o. ä.):* er hat es mir unter dem S. der Verschwiegenheit anvertraut. **2. a)** *Stempel, mit dem man ein Siegel (2 b) auf etw. drückt:* bei dem Einbruch im Rathaus sind mehrere S. entwendet worden; **b)** *Stempelabdruck, mit dem Behörden o. ä. die Echtheit von Dokumenten, Urkunden o. ä. bestätigen; Dienstsiegel:* ein amtliches S.; das Schriftstück trug das S. des Bundespräsidenten, der Stadt, der Universität Heidelberg; ein S. fälschen, entfernen; Akten, teils in Mappen, teils mit großen notariellen -n (Maass, Gouffé 30). **3.** *von jmdm. als Siegelbild benutzte Darstellung o. ä.:* das S. des Königs ist ein Doppeladler; Sie|gel|ab|druck, der: **1)** *Abdruck eines Siegels (1 a), Siegelrings o. ä.;* **2)** *Siegel (2 b);* sie|gel|ar|tig ⟨Adj.⟩: (selten): *einem Siegel ähnlich;* Sie|gel|baum, der: *zu den Schuppenbäumen gehörender fossiler Baum, dessen Stamm von bienenwabenartig geformten (von abgefallenen Blättern herrührenden) Narben bedeckt ist; Sigillarie;* Sie|gel|be|wah|rer, der (hist.): *(im MA.) mit der Aufbewahrung der fürstlichen, staatlichen Siegels beauftragter Beamter;* Sie|gel|bild, das: *Motiv, Zeichen, das ein Siegel (1 b, 2 b) zeigt;* Sie|gel|bruch, der (Rechtsspr.): *strafbare Beschädigung, Ablösung, Unkenntlichmachung o. ä. eines amtlichen Siegels;* Sie|gel|fäl|schung, die: *Fälschung eines Siegels;* Sie|gel|füh|rer, der: *jmd., der ein bestimmtes Siegel (3) führt;*

Sie|gel|füh|re|rin, die: w. Form zu ↑Siegelführer; Sie|gel|kun|de, die ⟨o. Pl.⟩: *Sphragistik;* sie|gel|kund|lich ⟨Adj.⟩: *die Siegelkunde betreffend, zu ihr gehörend;* Sie|gel|lack, der: *im kalten Zustand harte, bei Erwärmung schmelzende, meist rote Masse zum Versiegeln (von Briefen, Urkunden o. ä.);* Sie|gel|mar|ke, die: *Papierstreifen mit dem Siegel einer Behörde zum Versiegeln von Räumen;* sie|geln ⟨sw. V.; hat⟩ [mhd. sigelen]: **a)** *mit einem Siegel (1 b) versehen:* einen Brief, eine Urkunde s.; als sie den großen, mit der Amtsoblate gesiegelten Umschlag öffnete (Musil, Mann 949); **b)** *mit einem Siegel (2 b) versehen, beglaubigen:* Die großen Geschäfte werden in den Büros abgeschlossen, unterschrieben und gesiegelt (Bamm, Weltlaterne 45); Sie|gel|ring, der: *Fingerring mit einem in eine Metallfläche od. einen Stein eingravierten Siegelbild, der (an Stelle eines Petschafts) zum Siegeln benutzt werden kann:* er trug einen silbernen S. mit seinem Monogramm; ♦ Sie|gel|stein, der [spätmhd. sigelstein]: *Stein, in den ein Siegel geschnitten od. gegraben ist:* Er wies mir -e und andre alte Kunstarbeiten (Novalis, Heinrich 15); Sie|gel|stem|pel, der: *Siegel (1 a), Petschaft;* Sie|ge|lung, Sieglung, die; -, -en: *das Siegeln;* Sie|gel|wachs, das: *zum Siegeln geeignetes, verwendetes Wachs.*

sie|gen ⟨sw. V.; hat⟩ [mhd. sigen, ahd. in: ubarsiginōn, zu ↑Sieg]: *als Sieger aus einem Kampf, einer Auseinandersetzung, einem Wettstreit o. ä. hervorgehen; einen Sieg erringen:* im Kampf, im Krieg, in der Schlacht, im Streit, im sportlichen Wettkampf s.; über jmdn. s.; die Volkspartei hat gesiegt *(die Wahl gewonnen);* unsere Mannschaft hat [hoch, knapp, mit 2:0] gesiegt *(gewonnen);* Ü die Wahrheit wird am Ende s.; Das Geld hat gesiegt, denke ich, wie immer (Remarque, Obelisk 86); schließlich siegte bei ihr doch das Gefühl über den Verstand; wann siegt endlich einmal die Vernunft?; das war die siegende Idealität der Musik, der Kunst, des menschlichen Gemüts (Th. Mann, Zauberberg 896); R Frechheit siegt (ugs.; *mit Dreistigkeit setzt man sich durch, erreicht man sein Ziel).*

Sie|gel|nit [auch: ...'nit], der; -s, -e [nach der Stadt Siegen]: *weißlichgelbes Mineral.* Sie|ger, der; -s, - [frühnhd., vgl. mhd. (rhein.) segere]: *jmd., der bei einem Kampf, Wettstreit o. ä. den Sieg errungen hat:* der strahlende S.; s. waren die künftigen S. (Gaiser, Jagd 102); Die Bürgeraktion verlor und war dennoch der moralische S. (natur 6, 1991, 65); wer ist [der] S.?; unsere Elf wurde [bei, in dem Turnier] S.; als S. aus einer Wahl, einem Prozeß, einem Wettstreit hervorgehen; die S. ehren; die Fußballfans jubelten den S. zu; die Verfassung wurde dem Land, den Besiegten von den -n diktiert; zum S. ausgerufen (Gast, Bretter 105); er wurde zum S. nach Punkten, durch technischen K. o. erklärt; *zweiter S. sein/bleiben (Sport Jargon; *in einem Zweikampf, Wettkampf einem anderen unterliegen);* Sie|ger|eh|rung, die: *feierlicher Akt, bei dem die Sieger eines [sportlichen]*

Wettbewerbs geehrt [u. Urkunden, Medaillen o. ä. überreicht] werden; Sie|ge|rin, die; -, -nen: w. Form zu ↑Sieger; Sie|ger|kranz, der: *[Lorbeer]kranz, der dem Sieger eines Wettbewerbs, Wettstreits aufgesetzt, umgehängt wird;* Sie|ger|land, das: vgl. Siegermacht; Sie|ger|lor|beer, der: *Lorbeer (3) zur Ehrung eines Siegers;* Sie|ger|macht, die: *Macht (4a), die einen Krieg gewonnen hat;* Sie|ger|mann|schaft, die (bes. Sport): *siegreiche Mannschaft;* Sie|ger|mie|ne, die: *den Stolz, die Freude über einen Sieg ausdrückende Miene; triumphierende Miene:* mit S. verließ der Redner das Podest; Sie|ger|na|ti|on, die: vgl. Siegermacht; Sie|ger|po|dest, das: *Podest, auf dem die Sieger bei einer Siegerehrung stehen;* Sie|ger|po|kal, der: *Pokal, den der Sieger eines sportlichen Wettbewerbs erhält;* Sie|ger|po|se, die: vgl. Siegermiene: er ließ sich in S. fotografieren; Sie|ger|preis, der: vgl. Siegerpokal; Sie|ger|run|de, die (Sport): *Ehrenrunde eines Siegers;* Sie|ger|sei|te, die: *Seite der Sieger:* auf der S. stehen *(zu den Siegern gehören);* Sie|ger|staat, der: vgl. Siegermacht; Sie|ger|stolz, der: *Stolz eines Siegers auf seinen Sieg;* Sie|ger|stra|ße, die: in Wendungen wie **auf der S. sein** (Sport Jargon; *gute Aussichten haben zu siegen);* **auf die S. kommen** (Sport Jargon; *in eine Position kommen, aus der heraus man gute Aussichten hat zu siegen);* Sie|ger|volk, das (seltener): vgl. Siegermacht; Sie|ger|wet|te, die (geh.): vgl. Siegeswette; Sie|ges|ban|ner, das (geh.): vgl. Siegesfahne; sie|ges|be|wußt ⟨Adj.⟩: *von der Zuversicht erfüllt, daß man siegen, sich durchsetzen, bei einem schwierigen Vorhaben erfolgreich sein wird:* sie trafen auf einen sehr -en Gegner; s. auftreten, blicken; der Verteidiger des Angeklagten gab sich ausgesprochen s.; die Mannschaft spielte sehr s.; Sie|ges|bot|schaft, die: *Nachricht über einen errungenen Sieg;* Sie|ges|chan|ce, die (bes. Sport): *Chance, einen Sieg zu erringen;* Sie|ges|fah|ne, die: *zum Zeichen eines [militärischen] Sieges gehißte, aufgepflanzte o. ä. Fahne:* auf dem Parlamentsgebäude wehte die S. [der Revolution]; Sie|ges|fan|fa|re, die: *zum Zeichen eines [militärischen] Sieges ertönende Fanfare (2);* Sie|ges|fei|er, die: *Feier anläßlich eines Sieges;* Sie|ges|freu|de, die: *Freude über einen errungenen Sieg;* sie|ges|froh ⟨Adj.⟩: *von Siegesfreude erfüllt, Siegesfreude ausdrückend:* mit -en Gesichtern; Sie|ges|ge|schrei, das: *lauter Siegesjubel;* sie|ges|ge|wiß ⟨Adj.⟩ (geh.): *siegessicher;* Sie|ges|ge|wiß|heit, die ⟨o. Pl.⟩ (geh.): *das Siegessein;* Sie|ges|göt|tin, die (Myth.): *Göttin, die den Sieg bringt, bringen soll:* Nike ist der Name der griechischen S.; Sie|ges|ju|bel, der: *Jubel über einen errungenen Sieg;* Sie|ges|kranz, der: *als Symbol des Sieges geltender Lorbeerkranz [mit dem ein Sieger gekrönt wird];* Sie|ges|lärm, der: *lärmender Siegesjubel:* Ü Es bleibe zu hoffen, und der S. aus dem Kreml relativiert sich, daß nun auch tatsächlich ein ... stabiler Frieden ... gefunden werden könne (Frankfurter Rundschau 22. 2. 94, 3); Sie|ges|lauf, der ⟨o. Pl.⟩ (geh.): *Siegeszug;* Sie|ges|lor-

Siegesmarsch

beer, der (geh.): vgl. Siegeskranz; **Sieges|marsch,** der: vgl. Siegeszug: das Begebnis, das den S. des Feindes aufhielt (Hagelstange, Spielball 268); **Sieges|mel|dung,** die: vgl. Siegesnachricht; **Sieges|mün|ze,** die: *Gedenkmünze od. Medaille, die anläßlich eines Sieges ausgegeben wird;* **Sie|ges|nach|richt,** die: *Nachricht über einen errungenen Sieg (bes. im Krieg);* **Sie|ges|pal|me,** die: *Palmenzweig als Symbol des Sieges:* Ü die S. (geh.; *den Sieg*) davontragen; **Sieges|pa|ra|de,** die: *zur Feier eines militärischen Sieges abgehaltene Truppenparade:* Wegen der S. waren der Wenzelsplatz und die angrenzenden Straßen für den Verkehr gesperrt (Bieler, Mädchenkrieg 469); **Sie|ges|po|dest,** das: *Siegerpodest;* **Sie|ges|prä|mie,** die: vgl. Siegespreis; **Sieges|preis,** der: *für den Sieger eines Wettstreits o. ä. ausgesetzter Preis:* jmdm. den S. überreichen; **Sie|ges|rausch,** der (geh.): *[rauschhaft gesteigerte] Siegesstimmung;* **Sie|ges|säu|le,** die: *zum Andenken an einen militärischen Sieg errichtetes Denkmal in Form einer Säule;* **Sie|ges|se|rie,** die (Sport): *Serie von Siegen;* **sie|ges|si|cher** ⟨Adj.⟩: *fest damit rechnend, daß man siegen, sich durchsetzen, bei einem schwierigen Vorhaben erfolgreich sein wird:* ich machte mich auf den Weg zur Miliz, s. und frohen Mutes (Leonhard, Revolution 121); s. lächeln, sein; ein neues Auto ..., von dem die Leyland-Manager s. sagen, daß ... (ADAC-Motorwelt 4, 1983, 30); **Sie|ges|stim|mung,** die: *gehobene Stimmung, in die jmd. durch einen eben errungenen od. kurz bevorstehenden Sieg gerät;* **Sie|ges|sym|bol,** das: *Symbol des Sieges:* der Lorbeer als S.; **Sie|ges|tau|mel,** der (geh.): vgl. Siegesrausch; **Sie|ges|tor,** das: **1.** (Sport) vgl. Siegestreffer. **2.** *Triumphbogen;* **Sie|ges|tref|fer,** der (Sport): *das Spiel, den Wettkampf entscheidender letzter Treffer, durch den der Sieg errungen wird;* **Sie|ges|tro|phäe,** die: vgl. Siegespreis; **sie|ges|trun|ken** ⟨Adj.⟩ (geh.): *von Siegesfreude überwältigt;* **Sie|ges|trun|ken|heit,** die (geh.): *siegestrunkener Zustand:* Teta hatte in ihrer S. das Klopfen überhört (Werfel, Himmel 202); **Sie|ges|wil|le,** der: *fester Wille, einen Sieg zu erringen, sich durchzusetzen, Erfolg zu haben:* Gewiß, der CDU-Chef hat ... das kundgetan, was seine ... Partei wohl dringend braucht: -n (Frankfurter Rundschau 22.2.94, 3); **Sie|ges|zei|chen,** das: vgl. Siegessymbol: die rechte Hand mit zwei gespreizten Fingern erhoben zum S. (K. Mann, Wendepunkt 417); **Sie|ges|zug,** der: *siegreicher Vormarsch (einer Armee o. ä.):* nichts konnte den S. der Eroberer mehr aufhalten; Ü Das Taschenbuch hat seinen S. im Jahre 1935 angetreten (Enzensberger, Einzelheiten I, 139); **Sie|ges|zu|ver|sicht,** die: vgl. Siegesgewißheit; **sieg|ge|krönt** ⟨Adj.⟩ (geh.): *siegreich:* s. kehrten sie aus der Schlacht, von den Olympischen Spielen zurück; **sieg|ge|wohnt** ⟨Adj.⟩: *häufig siegreich gewesen; an Siege gewöhnt:* eine -e Armee, Mannschaft, die; **sieg|haft** ⟨Adj.; -er, -este⟩ [1: mhd. sigehaft, ahd. sigihaft]: **1.** (veraltet) *den Sieg errungen habend, siegreich:* das -e Heer. **2.** (geh.) *im Bewußtsein des kommenden Erfolges; des Erfolges sicher:* in heiterer -er Ruhe (Bredel, Väter 134); „,... und wir sind unwiderstehlich!" rief Bert und tat ein paar -e Schritte (K. Mann, Wendepunkt 88); **Sieg|haftig|keit,** die; -: *das Sieghaftsein;* **Sieg|heil,** das: *Siegheilruf;* **Sieg|heil|ruf,** der: *„Sieg Heil!" lautender Hochruf (der Nationalsozialisten);* **sieg|los** ⟨Adj.⟩: *ohne Sieg [geblieben]:* eine -e Mannschaft, Armee; der Favorit schied s. aus; Ü Schwestern des Sisyphus, ... -e Kämpferinnen gegen den Hunger (Koeppen, Rußland 22).

Sieg|lung, die: ↑ Siegelung.

Sieg|prä|mie, die: *(im Profisport, bes. im Fußball) für einen Sieg gezahlte Prämie* (1 a); **Sieg|punkt,** der (Sport): *(innerhalb eines Wettbewerbs) für einen Sieg gegebener Punkt:* die Mannschaft hat schon drei -e; **sieg|reich** ⟨Adj.⟩ [mhd. sigerīche]: **a)** *den Sieg errungen habend;* -e Mannschaft; daß das deutsche Heer im Kriege bis zum Ende s. war (*aus allen Schlachten als Sieger hervorging;* Remarque, Obelisk 96); s. aus der Schlacht zurückkehren; er ging s. aus den Präsidentschaftswahlen hervor; **b)** *mit einem Sieg (für jmdn.) ausgehend:* ein -er Feldzug, Kampf; **c)** (selten) *reich an Siegen:* es war eine -e Saison; eine -e Laufbahn als Sportler; **Sieg|ru|ne:** ↑ Sigrune; ◆ **Siegs|pa|nier,** das: *Siegesfahne:* Hoch weht das Kreuz im S. (Novalis, Heinrich 53); **Sieg|wet|te,** die: *Pferdewette, bei der man auf den Sieg eines bestimmten Pferdes setzt;* **Sieg|wurz,** die [der von einer netzartigen Hülle umgebene Wurzelstock wurde mit einem Kettenhemd verglichen u. sollte als Amulett seinen Träger unverwundbar machen]: *Gladiole.*

sieh, sie|he, siehst, sieht: ↑ sehen.

SI-Ein|heit, die [↑ SI]: *im Internationalen Einheitensystem (= SI) festgelegte Einheit physikalischer Größen.*

Sie|ke, die; -, -n (Jägerspr.): ↑ ²Sicke.

Siel, der od. das; -[e]s, -e [mniederd. sīl, eigtl. = Gerät zum Seihen, aus dem Afries.] (nordd., Fachspr.): **1. a)** *Deichschleuse:* das S. ist geschlossen; **b)** *Sieltief.* **2.** *unterirdischer Abwasserkanal.*

Sie|le, die; -, -n [mhd. sil, ahd. silo, zu ↑ Seil] (veraltend): *Sielengeschirr:* seine Füchse ... legten sich in die -n (Fallada, Herr 5); Ü in den -n (*bis zuletzt arbeitend, mitten in der Arbeit*) *sterben.*

siel|len, sich ⟨sw. V.; hat⟩ [mhd. (md.) süln, landsch. Nebenf. von ↑ suhlen] (landsch.): *sich mit Behagen [herum]wälzen:* sich im Bett s.; die Spatzen fiepen und sielen sich in blauen Lachen (Tucholsky, Werke II, 423).

Sie|len|ge|schirr, das [zu ↑ Siele]: *Geschirr* (2) *für ein Zugtier;* **Sie|len|zeug,** Sielzeug, das: *Sielengeschirr.*

Siel|haut, die (Fachspr.): *aus Schmutz, Fäkalien bestehender Belag an der Wand eines Siels* (2); **Siel|tief,** das (Fachspr.): *Entwässerungskanal, in dem das Wasser aus dem eingedeichten Marschland durch ein Deichsiel abfließt;* **Siel|tor,** das (Fachspr.): *Tor, Klappe zum Verschließen eines Siels* (1 a).

Siel|zeug: ↑ Sielenzeug.

Sie|mens, das; -, - [nach dem dt. Erfinder W. von Siemens (1816–1892)] (Physik, Elektrot.): *Einheit des elektrischen Leitwerts;* Zeichen: S; **Sie|mens-Martin-Ofen,** der [nach den dt. Industriellen F. u. W. v. Siemens u. dem frz. Ingenieur P. Martin] (Technik): *spezieller Ofen zum Erschmelzen von Stahl aus Roheisen [mit einem Zusatz von Schrott od. oxydischem Eisenerz];* **Sie|mens-Mar|tin-Pro|zeß,** der (Technik): *Siemens-Martin-Verfahren;* **Sie|mens-Mar|tin-Stahl,** der (Technik): *im Siemens-Martin-Verfahren hergestellter Stahl;* **Sie|mens-Mar|tin-Ver|fah|ren,** das (Technik): *Verfahren der Stahlerzeugung mit Hilfe eines Siemens-Martin-Ofens.*

sie|na [s...] ⟨indekl. Adj.⟩: *rotbraun:* ein s. Kleid; **Sie|na,** das; -s, -, ugs.: -s [nach der ital. Stadt Siena]: **1.** *siena Farbe, Färbung.* **2.** *kurz für* ↑ Sienaerde; **Sie|na|er|de,** die: *als Farbstoff zur Herstellung sienafarbener Malerfarbe verwendete, gebrannte tonartige, feinkörnige Erde;* **sie|na|far|ben,** **sie|na|far|big** ⟨Adj.⟩: *in der Farbe Siena:* -es Geschirr.

Si|er|ra [s...], die; -, -s u. ...rren [span. sierra < lat. serra = Säge]: *span. Bez. für Gebirgskette;* **Si|er|ra Leo|ne,** - -s: *Staat in Afrika;* **Si|er|ra|leo|ner,** der; -s, -: Ew.; **Si|er|ra|leo|ne|rin,** die; -, -nen: w. Form zu ↑ Sierraleoner; **si|er|ra|leo|nisch** ⟨Adj.⟩; **Si|er|ra Ne|va|da,** die; - -: **1.** *Gebirge in Südspanien.* **2.** *zu den Kordilleren gehörende Gebirgskette in den USA.*

Sie|sta, die; -, ...sten u. -s [span. siesta < lat. (hora) sexta = die sechste (Stunde des Tages), zu: sextus, ↑ Sext]: *Ruhepause, bes. nach dem Mittagessen; Mittagsruhe:* eine kurze S. halten; Ada und der Bauer hatten sich ... in ihre Kammern zurückgezogen und machten wahrscheinlich S. (Innerhofer, Schattseite 44); ich will ihn nicht bei, in seiner S. stören.

Siet|land, das; -[e]s, ...länder [zu mniederd. sīt = niedrig, flach] (nordd.): *tief gelegenes [Weide-, Wiesen]land;* **Siet|wen|de,** die; -, -n, **Siet|wen|dung,** die; -, -en (nordd.): *Binnendeich, der dazu dient, aus höher gelegenen angrenzenden Gebieten kommendes Wasser von einem Sietland fernzuhalten.*

sie|zen ⟨sw. V.; hat⟩: *mit Sie* (2 b) *anreden:* wir siezen uns; warum siezt du dich noch mit ihr?; Verwirrt, weil sie gesiezt worden war, brachte Sophie ihre Bitte vor (Bieler, Mädchenkrieg 511); ⟨subst.:⟩ Erst im 18. Jahrhundert kam das Siezen so recht in Gang (Spiegel 53, 1981, 35).

Si|fel|ma, das; -s [Kurzwort aus Silicium, Ferrum u. Magnesium] (Geol.): *Material, aus der der Erdmantel (zwischen* ¹*Sima u. Nife) besteht.*

Sif|flö|te, die; -, -n [zu frz. sifflet = kleine Flöte]: *sehr hohe Labialstimme bei der Orgel.*

Si|gel, das; -s, -, Sigle, die; -, -n [lat. sigla (Pl.), synkopiert aus: sigilla, Pl. von: sigillum, ↑ Siegel]: *feststehendes [beim Stenographieren verwendetes] Zeichen für ein Wort, eine Silbe od. eine Wortgruppe; Kürzel; Abkürzungszeichen* (z. B. § für „Paragraph", usw. für „und so weiter"); **si|geln** ⟨sw. V.; hat⟩ (Fachspr.): *(bes. Buchti-*

tel in Katalogen o. ä.) mit einem Abkürzungszeichen, Firmenkürzel versehen.
Sight|see|ing ['saɪt‚siːɪŋ], das; -[s], -s [engl. sightseeing, zu: sight = Sehenswürdigkeit u. to see = (an)sehen]: *Besichtigung von Sehenswürdigkeiten:* für S. bleibt sowieso nicht viel Zeit (Popcorn 10, 1988, 7); Ü Denn das historische S. *(die Betrachtung der Geschichte unseres Gegenstands)* soll nicht nur deine Schaulust befriedigen (Heringer, Holzfeuer 4); **Sight|see|ing-Bus** ['- - - -], der: *Bus für Besichtigungsfahrten, Stadtrundfahrten;* **Sight|see|ing-Tour** ['- - - -], die: *Besichtigungsfahrt, Stadtrundfahrt.*
Si|gill, das; -s, -e [lat. sigillum] (veraltet): *Siegel* (1); **Si|gil|la|rie**, die; -, -n: *Siegelbaum;* **si|gil|lie|ren** ⟨sw. V.; hat⟩ (veraltet): *siegeln* (Heringer, Holzfeuer 4); **Si|gil|lum**, das; -s, ...lla: lat. Form von ↑Sigill; **Si|gle** ['ziːgl̩, frz. sigle]: ↑Sigel.
Sig|ma, das; -[s], -s [griech. sĩgma, sígma, aus dem Semit., vgl. hebr. samek]: **1.** *achtzehnter Buchstabe des griechischen Alphabets (Σ, σ, am Wortende: ς).* **2.** (Med.) Sigmoid; **Sig|ma|ti|ker**, der; -s, - (Med.): *der lispelt;* **Sig|ma|ti|ke|rin**, die; -, -nen (Med.): w. Form zu ↑Sigmatiker; **Sig|ma|tis|mus**, der; - (Med.): *Sprachfehler, der sich in Lispeln* (1) *äußert;* **Sig|mo|id**, der; -[e]s, -e [zu griech. -oeidēs = ähnlich] (Med.): *S-förmiger Abschnitt des Grimmdarms.*
sign. = signatum; **Si|gna**: Pl. von ↑Signum; **Si|gnal** [auch: zɪŋ'naːl], das; -s, -e [frz. signal < spätlat. signale, subst. Neutr. von lat. signalis = dazu bestimmt, ein Zeichen zu geben, zu: signum, ↑Signum]: **1.** *[optisches od. akustisches] Zeichen mit einer bestimmten Bedeutung:* optische, akustische -e; das S. zum Angriff, Rückzug, Sammeln; das S. bedeutet Gefahr, freie Fahrt; Vom Rhein her tönten die e der Nebelhörner (Menzel, Herren 87); ein S. geben, blasen, trommeln, blinken, winken, funken, morsen; ein S. hören, sehen, mißachten, beachten, übersehen, überhören, befolgen; Ü die jüngsten hoffnungsvollen -e *(Anzeichen)* – Sadats Aussprache mit Ford ... die freiwillige Truppenverdünnung der Israelis ... (Zeit 6. 6. 75, 1); ... wird die Tatsache der Selbstverstümmelung als Ungehorsam gewertet und nicht als ein alarmierendes S. *(Indiz)* für den verantwortungslosen Jugendstrafvollzug (Ossowski, Bewährung 26); Die Zeitungen seien zum S. sozialer Zugehörigkeit geworden. Sie wurden mehr gekauft und öffentlich getragen als gelesen (Fest, Im Gegenlicht 333); * **-e setzen** (bildungsspr.; *etw. tun, was richtungweisend ist; Anstöße geben*): seine Erfindung hat, mit seiner Erfindung hat er -e gesetzt; Kann die Koalition hier an der Saar ein bundespolitisches S. setzen ...? (Saarbr. Zeitung 30. 11. 79, 12). **2. a)** (Eisenb.) *für den Schienenverkehr an der Strecke aufgestelltes Schild o. ä. mit einer bestimmten Bedeutung bzw. [fernbediente] Vorrichtung mit einer beweglichen Scheibe, einem beweglichen Arm o. ä., deren Stellung, oft in Verbindung mit einem Lichtsignal, eine bestimmte Bedeutung hat:* das S. steht auf „Halt", „Freie Fahrt"; der Zugführer hatte ein S. übersehen; Ü für die Wirtschaft stehen alle -e auf Investition *(die wirtschaftliche Lage läßt Investitionen angezeigt erscheinen);* **b)** (bes. schweiz.) *Verkehrszeichen für den Straßenverkehr:* ... kann der Gemeinderat in eigener Kompetenz ... -e auf Gemeindestraßen aufstellen (Basler Zeitung 12. 5. 84, 39). **3.** (Physik, Kybernetik) *Träger einer Information (z. B. eine elektromagnetische Welle), der entsprechend dem Inhalt der zu übermittelnden Information moduliert (3) wird:* analoge, digitale, sinusförmige -e; die von der Antenne empfangenen elektrischen -e werden vom Radio wieder in akustische -e zurückverwandelt; das S. vom Plattenspieler kommt gar nicht im Verstärker an; das S. für einen einwandfreien Stereoempfang ist zu schwach; -e in Form von Impulsfolgen (Wieser, Organismen 107); **Si|gnal|an|la|ge**, die (Verkehrsw.): *technische Anlage, mit deren Hilfe [automatisch] Signale* (1) *gegeben werden (z. B. Ampelanlage);* **Si|gnal|ball**, der (Seew.): *kugelförmiger Körper, der, an einem Mast o. ä. aufgezogen, etw. signalisiert;* **Si|gnal|brü|cke**[1], die: *quer über die Gleise gebaute brückenartige Konstruktion, auf der Signale (2 a) installiert sind;* **Si|gnal|buch**, das (Seew.): *Zusammenstellung der in der Seeschiffahrt verwendeten internationalen Signale (in Form eines Buches);* **Si|gnal|cha|rak|ter**, der ⟨o. Pl.⟩: *Eigenschaft, Signal zu sein, eine Signalwirkung zu haben;* **Si|gna|le|ment** [...'mãː, schweiz.: ...'mɛnt], das; -s, -s u. (schweiz.:) -e [frz. signalement, zu: signaler = kurz beschreiben < ital. se- gnalare = kurz bezeichnen < spätlat. signale, ↑Signal]: **1.** (bes. schweiz.) *kurze Personenbeschreibung mit Hilfe von charakteristischen [äußeren] Merkmalen:* S.: Ein Meter vierundsechzig groß, schlank, blaue Augen (Ziegler, Konsequenz 253); das S. des Täters (NZZ 1./2. 5. 83, 22). **2.** (Pferdezucht) *Merkmale, die an bestimmtes Tier charakterisieren;* **Si|gnal|far|be**, die: *große Leuchtkraft besitzende u. daher stark auffallende Farbe;* **si|gnal|far|ben, si|gnal|far|big** ⟨Adj.⟩: *eine Signalfarbe aufweisend:* ein -er Fahrradhelm, Schulranzen; **Si|gnal|feu|er**, das: *vgl. Signallicht* (a); **Si|gnal|flag|ge**, die (Seew.): *Flagge mit einer bestimmten Bedeutung zur optischen Nachrichtenübermittlung [mit Hilfe des Flaggenalphabets];* **Si|gnal|gast**, der ⟨Pl. -en⟩ [zu ↑²Gast] (Seew.): *zur Übermittlung optischer Signale (mit Hilfe von Signalflaggen) eingesetzter Matrose o. ä.;* **Si|gnal|ge|rät**, das: *vgl. Signalanlage;* **Si|gnal|glocke**[1], die: *vgl. Signalanlage;* **Si|gnal|horn**, das: **a)** *Horn* (3 b); **b)** (früher) *bes. beim Militär verwendetes Horn, mit dem Signale gegeben wurden;* **Si|gnal|in|stru|ment**, das: *einfaches Musikinstrument zum Geben von Signalen (z. B. Trommel, Pfeife, Glocke);* **Si|gna|li|sa|ti|on**, die (schweiz.): **a)** *das Signalisieren* (4)*, Ausschildern:* die S. einer Straße vornehmen; **b)** *Ausschilderung, Verkehrszeichen:* das Tempo 50 gilt auch ohne S.; **si|gna|li|sie|ren** ⟨sw. V.; hat⟩ [französierende Bildung]: **1. a)** *durch ein Signal übermitteln, anzeigen:* Wenn ein Auto kommt, signalisierst du (Sobota, Minus-Mann 189); [jmdm.] eine Nachricht [mit Hilfe von Blinkzeichen] s.; Ich signalisiere Martin, daß ich nun wegen der drohenden Lawinengefahr in einem Zug abfahren werde (Alpinismus 2, 1980, 25); jmdm. eine Warnung, einen Befehl s.; Mit den Fingern signalisierte ich ihm, daß ich drei Männer ausgemacht hatte (Cotton, Silver Jet 155); **b)** *als Signal, wie ein Signal auf etw. hinweisen, etw. deutlich machen:* grünes Licht signalisiert freie Fahrt; das Wahlergebnis signalisiert eine Tendenzwende; Denn Angst steht, indem sie eine Gefahr signalisiert, im Dienste der Lebenserhaltung (Gregor-Dellin, Traumbuch 151); Die Entstehung von künstlichem Leben ... wird den Beginn einer neuen Epoche in der Evolution des Lebens auf der Erde s. (natur 6, 1991, 80); **c)** (bildungsspr.) *mit Worten mitteilen, andeuten:* die andere Seite hat bereits Kompromißbereitschaft signalisiert; ich möchte mich ... darauf beschränken, Ihnen mein Unbehagen zu s. (Schnurre, Ich 122); In einem Spiegel-Gespräch signalisierte ... der DDR-Führung, Bonn wolle ... (Spiegel 6, 1977, 4). **2.** ⟨s. + sich⟩ (veraltet) *sich bemerkbar machen, auf sich aufmerksam machen, sich hervortun.* **3.** (veraltet) *ein Signalement (von jmdm.) geben, (jmdn.) kurz beschreiben:* Vielleicht war ich schon signalisiert, mein Name an den Mauern angeschlagen (Dessauer, Herkun 234); weil ein Arzt dieses Namens auf dem spanischen Konsulat signalisiert war (Seghers, Transit 127). **4.** (schweiz.) *ausschildern:* Die Umleitungen sind signalisiert (NZZ 29. 4. 83, 26); **Si|gna|li|sie|rung**, die; -, -en: *das Signalisieren;* **Si|gnal|knopf**, der: *Knopf, mit dem ein Signal ausgelöst wird;* **Si|gnal|kunst**, die: *moderne Kunstrichtung, in der Flächen od. Objekte mit den Grundfarben symmetrisch od. konzentrisch gestaltet werden;* **Si|gnal|lam|pe**, die: vgl. Signallicht (a); **Si|gnal|la|ter|ne**, die: vgl. Signallicht (a); **Si|gnal|licht**, das: **a)** *als Signal dienendes Licht;* **b)** (schweiz.) *[Verkehrs]ampel;* **Si|gnal|mast**, der: **1.** (Seew.) *Mast, an dem Signale, bes. in Form von Bällen u. ä., aufgezogen werden.* **2.** (Eisenb.) *Mast, an dem ein Signal (2 a) befestigt ist;* **Si|gnal|mu|ni|ti|on**, die: *Leuchtkugel, -munition, durch deren Abschuß man ein Signal gibt;* **Si|gnal|pa|tro|ne**, die: vgl. Signalmunition; **Si|gnal|pfei|fe**, die: vgl. Signalinstrument; **Si|gnal|pfiff**, der: *Pfiff, der etw. signalisiert;* **Si|gnal|pi|sto|le**, die: *Pistole, mit der Signalmunition abgeschossen wird;* **Si|gnal|ra|ke|te**, die: vgl. Signalmunition; **Si|gnal|re|iz**, der (Psych., Verhaltensf.): *Schlüsselreiz;* **Si|gnal|ring**, der (Fachspr.): *kreis- od. halbkreisförmiges Teil im Lenkrad mancher Autos, mit dem die Hupe betätigt wird;* **si|gnal|rot** ⟨Adj.⟩: *stark leuchtend u. auffallend rot;* **Si|gnal|schrei|bung**, die (Sprachw.): *(im Deutschen übliche) Großschreibung, durch die angezeigt wird, es sich bei dem betreffenden Wort um ein Substantiv od. um das erste Wort einer wie ein Substantiv gebrauchten Fügung handelt (z. B. der Hund, das Hot dog);* **Si|gnal|schuß**, der: *als Signal abgegebener Schuß;* **Si|gnal-**

Signalstellung

stab, der (Eisenb.): *Kelle (2) des Stationsvorstehers;* **Si|gnal|stel|lung,** die (Eisenb.): *Stellung eines beweglichen Signals* (2a); **Si|gnal|sy|stem,** das (Psych., Verhaltensf.): *Gesamtheit der für das Verhalten eines Lebewesens entscheidenden (durch Erfahrungen geprägten) Beziehungen zwischen Auslösern (2) aus der Umwelt u. den dadurch ausgelösten Reaktionsweisen;* **Si|gnal|ton,** der: *Ton, der etw. signalisiert;* **Si|gnal|trom|mel,** die (Völkerk.): vgl. Signalinstrument; **Si|gnal-tuch,** das ⟨Pl. ...tücher⟩ (Flugw.): *großes Tuch, das, auf dem Boden ausgebreitet, einem Flugzeugführer eine bestimmte Information signalisiert;* **Si|gnal|wir|kung,** die: *von einer Sache, einem Vorgang ausgehende Wirkung, die darin besteht, daß etw., bes. ein bestimmtes Verhalten von Menschen, ausgelöst wird:* von der Entscheidung des Verfassungsgerichts ging eine S. aus; die Bildung der schwarz-grünen Koalition auf Landesebene hatte S. [für Bonn]; **Si|gna|tar,** der; -s, -e [frz. signataire, zu: signer < lat. signare, ↑signieren]: **a)** (selten) *Signatarmacht;* **b)** (veraltet) *Unterzeichner, Unterzeichneter;* **Si|gna|ta|rin,** die; -, -nen (veraltet): w. Form zu ↑Signatar (b); **Si|gna|tar|macht,** die (Politik): *Staat, der einen internationalen Vertrag unterzeichnet [hat];* **Si|gna-tar|staat,** der (Politik): *Signatarmacht;* **si|gna|tum** [lat. signatum, 2. Part. von: signare, ↑signieren]: *unterzeichnet* (auf Dokumenten, Verträgen o. ä. vor dem vor der Unterschrift stehenden Datum); Abk.: sign.; **Si|gna|tur,** die; -, -en [1: mlat. signatura, zu: lat. signare, ↑signieren]: **1. a)** *Namenszeichen;* **b)** (bildungsspr.) *Unterschrift* (1): Noch im Februar ... fehlten rund 10000 -en (NZZ 12. 4. 85, 24); Es fiel mir schwer, an jeder Stelle ... blindlings meine S. hinzusetzen (Grass, Blechtrommel 689). **2.** *Kombination aus Buchstaben u. Zahlen, unter der ein Buch in einer Bibliothek geführt wird u. an Hand deren man es findet.* **3. a)** *auf das Rezept od. die Verpackung geschriebener Hinweis zum Gebrauch einer Arznei;* **b)** *den Inhalt bezeichnende Aufschrift auf einer Verpackung, einem Behälter o. ä.* **4.** (Kartographie) *Kartenzeichen.* **5.** (Druckw.) *als Hilfe beim Setzen dienende Markierung (in Form einer Einkerbung) an einer Drucktype.* **6.** (Buchw.) *Ziffer od. Buchstabe auf dem unteren Rand der ersten Seite eines Druckbogens zur Bezeichnung der beim Binden zu beachtenden Reihenfolge der Bogen;* **Si|gnem,** das; -s, -e (Sprachw.): *Monem;* **Si|gnet** [zɪn'jeː, auch: zɪ'gnɛt], das; -s, -e [...ɛtə], -s [mlat. signetum, zu: lat. signum, ↑Signum]: **1. a)** (Buchw.) *Drucker-, Verlegerzeichen;* **b)** *Marken-, Firmenzeichen; Logo:* Stadt will mit einem neuen S. ... um Sympathie werben (MM 26. 9. 86, 23). **2.** (veraltet) *Petschaft;* **si|gnie|ren** ⟨sw. V.; hat⟩ [(kirchen)lat. signare = mit einem Zeichen versehen, besiegeln; das Kreuzzeichen machen, zu: signum, ↑Signum]: **1. a)** *(als Schöpfer, Urheber, Autor von etw.) sein Werk mit der eigenen Signatur (1) versehen:* der Maler hat manche seiner Bilder nicht signiert; der Autor wird nach der Lesung seinen neuen Roman s.; Nena führt am 19. 9. ihr Video ... vor, anschließend signiert sie Autogrammkarten und Unterarme (tango 9, 1984, 44); eine [von Hand] signierte Druckgraphik; Der Apollotempel ... eines der ersten signierten Bauwerke der Geschichte (Fest, Im Gegenlicht 22); **b)** (bildungsspr.) *unterschreiben, unterzeichnen:* Beide Dokumente wurden von Walter Ulbricht und Nikita Chruschtschow signiert (Neues D. 13. 6. 64, 1). **2.** (selten) *mit einer Signatur* (2, 3 b, 6) *versehen;* **Si|gnier|stun|de,** die: *Veranstaltung, die darin besteht, daß jmd. Exemplare eines Buchs, dessen Autor er ist, für deren Käufer signiert* (1a): eine Lesung mit anschließender S. veranstalten; die Autorin wird morgen von 16 bis 18 Uhr zu einer S. in unserer Buchhandlung, an unserem Stand sein; **Si|gnie-rung,** die; -, -en: *das Signieren;* ♦ **Si|gni-fer,** der; -s, -en [lat. signifer, Substantivierung von: signifer = Zeichen tragend, zu: signum (↑Signum) u. ferre = tragen]: *Banner-, Fahnenträger:* dieser (= auf einem Löschblatt gezeichnete) S. hat doch etwas zu lange Arme (Raabe, Chronik 113); **Si|gni|fi|ant** [siɲi'fjã], das; -s, -s [frz. signifiant, subst. 1. Part. von: signifier < lat. significare, ↑signifizieren] (Sprachw.): *Signifikant;* **Si|gni|fié** [siɲi-'fje], das; -s, -s [frz. signifié, subst. 2. Part. von: signifier, ↑Signifiant] (Sprachw.): *Signifikat;* **si|gni|fi|kant** ⟨Adj.; -er, -este⟩ [lat. significans (Gen.: significantis) = bezeichnend; anschaulich, adj. 1. Part. von: significare, ↑signifizieren]: **1. a)** (bildungsspr.) *in deutlicher Weise als wesentlich, wichtig, erheblich erkennbar:* ein -er Unterschied; eine -e Mehrheit sprach sich dafür aus; das neue Modell weist gegenüber dem alten keine -en Verbesserungen auf; das wohl -este politische Ereignis des Jahres; ... daß Alkoholisierung keinen -en Einfluß auf das Skiunfallgeschehen hat (DÄ 47, 1985, 30); **b)** (Statistik) *zu groß, um noch als zufällig gelten zu können:* ein -er Anstieg der Leukämierate; eine ... Statistik ..., wonach ... wirtschaftlich unterentwickelte Staaten eine s. längere TV-Werbung aufweisen (Wochenpresse 13, 1984, 30); das Gutachten ..., in dem Linzer Stadtkindern s. schlechtere Lungentätigkeit nachgewiesen worden war (profil 46, 1983, 52); **c)** (bildungsspr.) *in deutlicher Weise als kennzeichnend, bezeichnend, charakteristisch, typisch erkennbar:* -e Merkmale, Charakterzüge; diese Äußerung ist für seine Haltung s.; wenn ... dieses ... Buch s. wäre für die tragische Teilung unseres Landes (Deschner, Talente 191). **2.** (Sprachw. selten) *signifikativ;* **Si|gni|fi-kant,** der; -en, -en (Sprachw.): *Ausdrucksseite eines sprachlichen Zeichens;* **Si|gni|fi|kanz,** die; - [lat. significantia = Deutlichkeit, zu: significare, ↑signifizieren]: **a)** (bildungsspr.) *das Signifikantsein* (1a); **b)** (Statistik) *das Signifikantsein* (1b); **c)** (bildungsspr.) *das Signifikantsein* (1c); **Si|gni|fi|kanz|test,** der (Statistik): *Verfahren zur Ermittlung der Signifikanz* (b) *von [auf Stichproben beruhenden] Ergebnissen;* **Si|gni|fi|kat,** das; -s, -e (Sprachw.): *Inhaltsseite eines sprachlichen Zeichens;* **si|gni|fi|ka|tiv** ⟨Adj.⟩: **1.** (Sprachw.) *zum Signifikat gehörend, es betreffend.* **2.** (bildungsspr. veraltet) *signifikant* (1a, c); **si|gni|fi|zie|ren** ⟨sw. V.; hat⟩ [lat. significare, zu: signum (↑Signum) u. facere = machen, tun] (bildungsspr. selten): **a)** *anzeigen;* **b)** *bezeichnen;* **si|gni|tiv** ⟨Adj.⟩: *symbolisch, mit Hilfe von Zeichensystemen (z. B. der Sprache).*

Si|gnor [zɪn'joːɐ̯], der; -, -i [ital. signor(e) < lat. senior, ↑Senior]: *(in Italien) Anrede eines Herrn* (mit folgendem Namen od. Titel); **Si|gno|ra,** die; -, -..re u. -s [ital. signora]: **1.** w. Form zu ↑Signor. **2.** w. Form zu ↑Signore; **Si|gno|re,** der; -, -..ri [ital. signore, ↑Signor] (in Italien): **1.** *Bezeichnung u. Anrede eines Herrn* (ohne folgenden Namen od. Titel). **2.** *Herr* (3), *Besitzer;* **Si|gno|ria,** die; -, -n [ital. signoria, zu: signore, ↑Signore] (hist.): *(im MA.) höchste Behörde der italienischen Stadtstaaten;* **Si|gno|ri|na,** die; -, -s, seltener auch: ..ne [ital. signorina, Vkl. von: signora, ↑Signora] *(in Italien) Bezeichnung u. Anrede eines Mädchens, einer unverheirateten [jungen] Frau;* **Si|gno|ri|no,** der; -s, -s, auch: ...ni [ital. signorino, Vkl. von: signore, ↑Signore]: *(in Italien) Bezeichnung u. Anrede eines jungen Mannes.*

Si|gnum, das; -s, -..gna [lat. signum = Zeichen] (bildungsspr.): **1.** *Signatur* (1): Die lustigen Figuren werden während der Autogrammstunde mit dem S. des Schlümpfe-Vaters ... verkauft (Saarbr. Zeitung 30. 11. 79, 13). **2.** *Zeichen, Symbol:* das S. der Macht; die berühmtesten bedruckten Seidentücher der Welt tragen das S. Hermès (Dariaux, Eleganz 68); Ü die Schnellebigkeit ist das S. (*Kennzeichen* 1) unserer Zeit. **3.** (Med.) *Krankheitszeichen.*

Si|grist ['ziːgrɪst, zi'grɪst], der; -en, -en [mhd. sigrist(e), ahd. sigristo < mlat. sacrista, zu lat. sacrum = das Heilige; Gottesdienst] (schweiz.): *Kirchendiener, Meßdiener, Küster.*

Sig|ru|ne, Siegrune, die [H. u., erster Bestandteil viell. zu ahd. sigu = Sieg]: *(heute vor allem als nationalsozialistisches Symbol bekannte) für den s-Laut stehende Rune:* Kaum etwas von alledem wußte dieser Zehnjährige, als er ... das Koppelschloß mit der S. zum ersten Mal zuhakte (Loest, Pistole 47).

Si|gu|rim, die; - [alban. sigurim]: *für die Staatssicherheit verantwortliche Polizei in Albanien.*

Si|ka|hirsch, der; -[e]s, -e [jap. shika]: *(in Ostasien heimischer) kleiner Hirsch mit [rot]braunem, weißgeflecktem Fell.*

Sikh, der; -[s], -s [Hindi sikh, eigtl. = Schüler, zu aind. śiksati = Studien]: *Anhänger der Sikhreligion;* **Sikh|re|li|gi|on,** die ⟨o. Pl.⟩: *gegen Ende des 15. Jh.s gestiftete monotheistische indische Religion, deren Anhänger militärisch organisiert sind;* **Sikh|tem|pel,** der: *Tempel der Sikhs.*

Sik|ka|tiv, das; -s, -e [zu spätlat. siccativus = trocknend, zu lat. siccare = trocknen] (Chemie): *Substanz, die bes. Ölfarben zugesetzt wird, um den Vorgang des Trocknens zu beschleunigen;* **sik|ka|ti-vie|ren** ⟨sw. V.; hat⟩ (Chemie): *Sikkativ zusetzen.*

Si|la|ge [zi'laːʒə], die; - (Landw.): *Ensilage* (b).
Si|lan, das; -s, -e [Kunstwort aus Silikon u. Methan] (Chemie): *Siliciumwasserstoff.*
Si|la|stik, das; -s [Kunstwort, zu ↑elastisch] (Textilind.; regional veraltend): *weiches, sehr elastisches Gewebe aus gekräuselten Garnen;* **Si|la|stik|ho|se**, die (regional veraltend): *Hose aus Silastik;* **Si|la|stik|pull|over**, der (regional veraltend): vgl. Silastikhose; **Si|la|stik|stoff**, der (regional veraltend): *Silastik;* **Si|la|stik|strumpf**, der (regional veraltend): vgl. Silastikhose.
Sil|be, die; -, -n [mhd. silbe, sillabe, ahd. sillaba < lat. syllaba < griech. syllabḗ, zu: syllambánein = zusammennehmen, -fassen, eigtl. = die zu einer Einheit zusammengefaßten Laute]: *abgegrenzte, einen od. mehrere Laute umfassende Einheit, die einen Teil eines Wortes od. ein Wort bildet:* eine betonte, unbetonte, kurze, lange S.; nur aus einem Vokal bestehende -en dürfen nicht abgetrennt werden; eine offene (Sprachw.; mit einem Vokal endende), eine geschlossene (Sprachw.; mit einem Konsonanten endende) S.; die -n zählen, messen; das Wort wird auf der vorletzten S. betont; Ü ich glaube dir keine S. *(nichts von dem, was du sagst);* etw. mit keiner S. *(überhaupt nicht)* erwähnen; du hättest doch nur eine S. *(etwas)* zu sagen brauchen!; da ist der Nachbar, ohne eine S. des Abschieds, schon wieder verschwunden (Hofmann, Fistelstimme 6); die kriegen einen Schrecken, machen aber nicht Mucks, sagen keine S. *(kein Wort;* Döblin, Alexanderplatz 403); er versteht, kann keine S. *(kein bißchen)* Deutsch; **Sil|ben|klau|ber**, der (veraltend abwertend): *Wortklauber;* **Sil|ben|klau|be|rei**, die (veraltend abwertend): *Wortklauberei;* **Sil|ben|klau|be|rin**, die (veraltend abwertend): w. Form zu ↑Silbenklauber; **Sil|ben|län|ge**, die: *Quantität* (2 b); **Sil|ben|maß**, das (Metrik): *(insbes. quantitierendes) Versmaß;* **Sil|ben|rät|sel**, das: *Rätsel, bei dem aus vorgegebenen Silben Wörter zusammenzufügen sind;* **Sil|ben|schrift**, die: *Schrift, deren Zeichen jeweils Silben bezeichnen;* **Sil|ben|ste|cher**, der (veraltend abwertend): 1. *Schriftsteller, Literat.* 2. *Wortklauber;* **Sil|ben|trä|ger**, der (Sprachw.): *Laut, der eine Silbe bildet od. in einer Silbe die größte Schallstärke auf sich vereinigt;* **Sil|ben|tren|nung**, die: *Trennung eines Wortes (nach bestimmten Regeln) am Zeilenende;* **Sil|ben|tren|nungs|pro|gramm**, das: *Programm* (4) *zur automatischen Silbentrennung eines Textes;* **Sil|ben|zahl**, die: *Anzahl der Silben:* Wörter, Verse mit gleicher S.
Sil|ber, das; -s [mhd. silber, ahd. sil(a)bar, H. u.]: 1. *weißglänzendes, weiches Edelmetall (chemischer Grundstoff);* Zeichen: Ag (↑ Argentum): *reines, gediegenes, legiertes S.; etw. glänzt, schimmert wie S.;* der Becher ist aus [massivem, getriebenem] S.; etw. mit S. überziehen. 2. a) *silberne Gegenstände, silbernes Gerät,* bes. *[Tafelgeschirr, Besteck:* das S. putzen; von S. speisen; ein alter Beamter mit einer Menge S. *(silberner Orden o. ä.)* am Revers (Sobota, Minus-Mann 85); Die Kerzen im siebenarmigen S. *(silbernen Leuchter;* Hahn, Mann 12); b) ⟨o. Art.⟩ (Sport Jargon) kurz für ↑ Silbermedaille; c) (veraltend) *Silbermünze[n], Geldstück[e] aus Silber:* mit, in S. bezahlen. 3. *silberne Farbe, silberner Schimmer; Silberglanz:* Ballettschuhe in Rosa und S.; (dichter.:) das S. des Mondlichtes, ihres Haars.
-sil|ber: ↑-silber.
Sil|ber|ader, die: *silberhaltige Gesteinsader;* **Sil|ber|aka|zie**, die [nach den grauweißen Zweigen]: *Mimose* (1); **Sil|ber|an|ti|mon**, das: *Dyskrasit;* **Sil|ber|ar|beit**, die: *in Silber ausgeführte Arbeit:* kostbare -en; **Sil|ber|auf|la|ge**, die: *Auflage aus Silber;* **Sil|ber|aus|beu|te**, die: *Ausbeute an Silber;* **Sil|ber|bar|ren**, der: *Barren aus massivem Silber;* **Sil|ber|bart**, der (geh.): *silbriger, silbergrauer Bart;* **Sil|ber|be|cher**, der: *silberner Becher;* **Sil|ber|berg|werk**, das: *Bergwerk zum Abbau von Silbererz;* **Sil|ber|be|schlag**, der: *silberner Beschlag:* ein Schmuckkästchen, altes Buch mit Silberbeschlägen; **sil|ber|be|schla|gen** ⟨Adj.⟩: *mit Silberbeschlägen versehen:* ein -er Gürtel; **Sil|ber|be|steck**, das: *silbernes Besteck* (1 b): das S. auflegen; mit S. essen; **sil|ber|be|stickt** ⟨Adj.⟩: *mit Silberfäden bestickt:* ein -es Kissen; **sil|ber|be|treßt** ⟨Adj.⟩: *mit Silbertressen besetzt;* **Sil|ber|bl|sam**, der: *dichter, weicher, rötlichbraun u. silberweiß schimmernder Pelz einer russischen Maulwurfart;* **sil|ber|blank** ⟨Adj.⟩: *blank wie Silber;* **Sil|ber|blech**, das: *Blech aus Silber;* **Sil|ber|blick**, der [eigtl. = silbriger Schimmer, Silberglanz] (ugs. scherzh.): *leicht schielender Blick:* sie hat einen S.; der Kleine mit dem S.; **sil|ber|blond** ⟨Adj.⟩: *vgl. goldblond;* **Sil|ber|bor|te**, die: *silberfarbene od. silberdurchwirkte Borte;* **Sil|ber|braut**, die: *Frau, die ihre silberne Hochzeit feiert;* **Sil|ber|bräu|ti|gam**, der: *Mann, der eine silberne Hochzeit feiert;* **Sil|ber|bro|kat**, der: *mit Silberfäden durchwirkter Brokat;* **Sil|ber|bro|mid**, das: *Bromsilber;* **Sil|ber|bron|ze**, die: 1. *silberhaltige Kupferlegierung.* 2. *silbrige Bronze[farbe],* bes. *Aluminiumfarbe;* **Sil|ber|di|stel**, die: *distelähnliche, meist stengellose Pflanze mit großer, strahlenförmiger, silberweißer Blüte;* **Sil|ber|draht**, der: *Draht aus Silber;* **sil|ber|durch|wirkt** ⟨Adj.⟩: *mit Silberfäden durchwirkt;* **Sil|ber|erz**, das: *silberhaltiges Erz;* **Sil|ber|fa|den**, der: *silberfarbener Faden:* das Gewebe ist mit feinen Silberfäden durchwirkt; Ü sein Haar, sein Bart zeigte schon Silberfäden (geh.): *war von grauen, weißen Haaren durchzogen;* **sil|ber|far|ben**, **sil|ber|far|big** ⟨Adj.⟩: *von der Farbe des Silbers:* ein -es Tuch, Insekt, Auto; **Sil|ber|fisch|chen**, (landsch.): **Sil|ber|fisch|chen**, das; -s, -: *kleines, flügelloses Insekt mit silbrig glänzendem, beschupptem Körper, das bes. in feuchtwarmen Räumen lebt;* **Sil|ber|fo|lie**, die: *Folie aus Silber;* **Sil|ber|fuchs**, der: 1. *Fuchs der nördlichen Regionen [Amerikas], dessen schwarze Grannenhaare an den Spitzen silberweiß sind.* 2. *Pelz vom Silberfuchs* (1): zieh doch mal wieder deinen S. an; **sil|ber|füh|rend** ⟨Adj.⟩: vgl. goldführend; **Sil|ber|ful|mi|nat**, das (Chemie): *Knallsilber;* **Sil|ber|fund**, der: *das Finden von Silber, eines Silbervorkommens;* **sil|ber|ge|faßt** ⟨Adj.⟩: *in Silber gefaßt:* ein -er Rubin; **Sil|ber|ge|halt**, der: vgl. Goldgehalt: *der S. einer Legierung, einer Münze, eines Erzes;* **Sil|ber|geld**, das: *Hartgeld, das aus Silbermünzen besteht;* **Sil|ber|ge|schirr**, das: vgl. Silberbesteck; **Sil|ber|ge|win|nung**, die: *Gewinnung von Silber;* **Sil|ber|glanz**, der: 1. (oft dichter.) *silberner Glanz.* 2. *Argentit;* **sil|ber|glän|zend** ⟨Adj.⟩: *silbern glänzend;* **Sil|ber|gras**, das: *(in Europa heimisches) graugrünes, teilweise rasenbildendes Gras mit borstigen, steif aufrecht stehenden Blättern mit rosa Blattscheiden;* **sil|ber|grau** ⟨Adj.⟩: *hellgrau mit silbrigem Schimmer:* ein -er Schal; das -e Band des Flusses; **Sil|ber|gro|schen**, der (hist.): *alte Silbermünze verschiedener Währungen;* **Sil|ber|haar**, das (geh.): *silbergraues od. weißes Haar:* eine alte Dame mit S.; **sil|ber|haa|rig** ⟨Adj.⟩ (geh.): *weißhaarig;* **sil|ber|hal|tig** ⟨Adj.⟩: *Silber enthaltend:* ein Erz; **sil|ber|hell** ⟨Adj.⟩: 1. *hell, hoch u. wohltönend:* ein -es Lachen; das Glöckchen tönte s. 2. (dichter.) *hell [schimmernd] wie Silber:* ein -er Quell; **Sil|ber|hoch|zeit**, die: *silberne Hochzeit;* **Sil|ber|hüt|te**, die: *Hütte, Hüttenwerk zur Silbergewinnung;* **sil|be|rig**: ↑silbrig; **Sil|ber|jo|did**, das (Chemie): *mit Silber gebildetes Jodid; Jodsilber (gelbe kristalline Verbindung);* **Sil|ber|ket|te**, die: *silberne Kette:* sie trug eine schmale S. um den Hals; **Sil|ber|klang**, der (geh.): *wohltönender heller, hoher Klang:* der S. ihrer Stimme, ihres Lachens, des Glöckchens; **Sil|ber|kor|del**, die: *silberfarbene od. aus Silberfäden gedrehte Kordel;* **Sil|ber|la|mé**, der: vgl. Lamé; **Sil|ber|le|gie|rung**, die: *Legierung des Silbers mit anderen Metallen,* bes. *Kupfer, Platin, Zinn od. Zink;* **Sil|ber|leuch|ter**, der: *silberner Leuchter;* **Sil|ber|licht**, das (geh.): *silbern schimmerndes Licht:* im S. des Mondes; **Sil|ber|ling**, der; -s, -e [mhd. nicht belegt, su. sil(a)barling (früher): *Silbermünze:* Ü ich habe hier noch drei -e (ugs.; Markstücke); * jmdn., etw. für dreißig -e verraten *(jmdn., etw. für wenig Geld, nicht des Gewinns wegen verraten;* nach Matth. 26, 15 waren 30 Silberlinge der Lohn des Judas Ischariot für den Verrat an Jesus Christus); **Sil|ber|lit|ze**, die: vgl. Silberborte; **Sil|ber|löck|chen**, das, **Sil|ber|locke[1]**, die (meist Pl.) (meist geh.): *silbergraue od. weiße Locke;* **Sil|ber|löf|fel**, der: *silberner Löffel;* **Sil|ber|lö|we**, der: *Puma;* **Sil|ber|me|dail|le**, die: *silberne od. versilberte Medaille, die als [sportliche] Auszeichnung für den zweiten Platz verliehen wird;* **Sil|ber|me|dail|len|ge|win|ner**, der: *Gewinner einer Silbermedaille;* **Sil|ber|me|dail|len|ge|win|ne|rin**, die: w. Form zu ↑Silbermedaillengewinner; **Sil|ber|mi|ne**, die: vgl. Silberbergwerk: in einer S. arbeiten; **Sil|ber|mö|we**, die: *weiße Möwe mit hellgrauer Oberseite, schwarzweißen Flügelspitzen u. gelbem Schnabel;* **Sil|ber|mün|ze**, die: *Münze aus Silber od. einer Silberlegierung;* **sil|bern** ⟨Adj.⟩ [mhd. silberin, ahd. silbarin]:

Silberpaar

1. *aus Silber:* ein -er Becher, Löffel, Ring. **2.** *hell, weiß schimmernd; silberfarben:* ein -er Farbton; das -e Mondlicht; Sie hat ein weißes Kleid an und -e Schuhe (H. Gerlach, Demission 256); seine -e Löwenmähne (Ziegler, Labyrinth 208); ihre Haare waren s. (geh.; *silbergrau, weiß*) geworden; etw. glänzt, schimmert s. **3.** (dichter.) *hell, hoch u. wohltönend:* ein -es Lachen; s. klingen; **Sil|ber|paar,** das (ugs.): *Paar, das seine silberne Hochzeit feiert;* **Sil|ber|pa|pier,** das: *Aluminiumfolie, Stanniol [für Verpackungszwecke];* **Sil|ber|pap|pel,** die: *Pappel mit unterseits dicht behaarten, weißlichen Blättern;* **Sil|ber|plat|te,** die: *silberne Platte* (3 a) *zum Servieren von Speisen;* **Sil|ber|plat|tie|rung,** die: *Plattierung* (2) *aus Silber;* **Sil|ber|po|kal,** der: *silberner Pokal;* **Sil|ber|punkt,** der (Physik): *Temperatur, bei der flüssiges Silber erstarrt;* **Sil|ber|putz|mit|tel,** das: *Putzmittel für Silber;* **Sil|ber|quell,** der (dichter.): *heller, klarer Quell;* **Sil|ber|re|gen,** der: *(in Ostasien heimisches) starkwüchsiges, windendes Knöterichgewächs mit zahlreichen weißen bis grünlichweißen Blüten in hängenden, rispenähnlichen Blütenständen;* **Sil|ber|rei|her,** der: *großer, weißer Reiher mit schwarzen Beinen u. langen Schmuckfedern an Genick u. Schultern;* **Sil|ber|ring,** der: *silberner Ring;* **Sil|ber|rücken**[1], der: *älteres Männchen der Gorillas mit silbergrauer Rückenbehaarung;* **Sil|ber|sa|chen** ⟨Pl.⟩: *Silber* (2 a); **Sil|ber|salz,** das (Chemie): *Salz des Silbers (Verbindung des Silbers mit einem Säurerest);* **Sil|ber|schein,** der (dichter.): vgl. Silberschimmer; **Sil|ber|schicht,** die: *Schicht aus Silber:* mit einer dünnen S. überzogenes Kupfer; **Sil|ber|schim|mer** (dichter.): *silberner Schimmer;* **Sil|ber|schmied,** der: *Handwerker, der Schmuck od. künstlerisch gestaltete [Gebrauchs]gegenstände aus Silber, Kupfer od. Messing anfertigt* (Berufsbez.); **Sil|ber|schmie|din,** die: w. Form zu ↑Silberschmied; **Sil|ber|schmuck,** der: *silberner Schmuck;* **Sil|ber|schnur,** die: *silberfarbene od. aus Silberfäden gedrehte Schnur;* **Sil|ber|schüs|sel,** die: *silberne Schüssel;* **Sil|ber|stahl,** der (Technik): *(silberblanker) gezogener u. geschliffener od. polierter Werkzeugstahl in Form von Stangen;* **Sil|ber|sticke|rei**[1], die: *Stickerei mit Silberfäden;* **Sil|ber|stift,** der: *(gleichmäßig zarte Striche erzeugender) Stift mit Silber- od. Blei-Zink-Spitze zum Zeichnen auf besonders präpariertem Papier;* **Sil|ber|stim|me,** die (geh.): *helle, hohe u. wohlklingende Stimme;* **Sil|ber|sträh|ne,** die: *silbergraue od. weiße Haarsträhne;* **Sil|ber|streif,** der: in der Fügung **S. am Horizont** (↑Silberstreifen); **Sil|ber|strei|fen,** der: *silberner, silberen od. silbergrau schimmernder Streifen:* Am Horizont hob sich ein schmaler S. aus dem Wasser (Remarque, Triomphe 217); ein S. auf der Wasserfläche; *** S. am Horizont** *(sich andeutungsweise abzeichnende positive Entwicklung; Anlaß zur Hoffnung;* nach einem Ausspruch des dt. Politikers G. Stresemann [1878–1929]): Eigentlich soll Eva ... für ihre Ehrlichkeit schwer büßen, doch nun zeigt sich immerhin ein S. am Horizont (MM 20. 3. 74, 28); **Sil|ber|strich,** der: *Falter mit einem Silberstreifen auf der Unterseite der Flügel; Kaisermantel;* **Sil|ber|stück,** das (veraltet): *silbernes Geldstück, Silbermünze;* **Sil|ber|ta|blett,** das: *silbernes Tablett;* **Sil|ber|tan|ne,** die: *Edeltanne;* **Sil|ber|ton,** der: **1.** *silberner Farbton.* **2.** (geh.) vgl. Silberklang: der S. des Glöckchens; **Sil|ber|tres|se,** die: vgl. Silberborte; **Sil|ber|ver|gol|det** ⟨Adj.⟩: *(Gefäße, Statue o. ä. aus Silber) mit einer Goldauflage versehen;* **Sil|ber|vo|gel,** der (dichter.): *Flugzeug;* **Sil|ber|vor|kom|men,** das: *Vorkommen* (b) *von Silber:* in S. ausbeuten; ein Land mit reichen S.; **Sil|ber|wäh|rung,** die (Wirtsch.): *Metallwährung, bei der das maßgebliche Zahlungsmittel Silbermünzen sind, deren Wert ihrem Silbergehalt entspricht;* **Sil|ber|wa|ren** ⟨Pl.⟩: *(zum Verkauf bestimmte) silberne Gegenstände;* **Sil|ber|wei|de,** die: *Weide mit beiderseits silbrigbehaarten Blättern;* **sil|ber|weiß** ⟨Adj.⟩: *von silbrigem Weiß; hellschimmernd weiß:* -es Haar, Metall; etw. glänzt s; **Sil|ber|wert,** der: *Wert des Silbergehalts:* der S. einer Münze; **Sil|ber|wurz,** die ⟨o. Pl.⟩ [nach der silberweißen Unterseite der Blätter]: *(zu den Rosengewächsen gehörende) als niedriger Strauch wachsende Pflanze mit glänzenden, an der Unterseite weißen Blättern u. großen weißen od. gelben Blüten;* **Sil|ber|zeug,** das ⟨Pl. selten⟩ (ugs.): *Silber* (2 a); **Sil|ber|zwie|bel,** die: *Perlzwiebel.*

-sil|big: in Zusb., z. B. achtsilbig *(aus acht Silben bestehend);* **sil|bisch** ⟨Adj.⟩ (Sprachw.): *eine Silbe bildend:* ein -es l, n, r; -e Konsonanten; ein s. gesprochenes l; **-silb|ler,** -silber, der; -s, - (Verslehre): in Zusb., z. B. Zwölfsilb[l]er *(Vers mit zwölf Silben).*

sil|brig, silberig ⟨Adj.⟩: **1.** *silbern schimmernd, glänzend:* ein silbriger Glanz, Schimmer; eine -e Wolke; Am Horizont, in silbrigen Reflexen, das Meer (Fest, Im Gegenlicht 307); s. schimmern; Fische, deren Schuppenleiber vor dem jähen Abtauchen in die Tiefe noch einmal silbrig aufblitzen (Ransmayr, Welt 80). **2.** (geh.) *hell, hoch u. wohltönend:* der -e Klang eines Cembalos; s. tönen; jungenhaft wie die Stimme, die ... gar nicht silbrig, sondern ... eher unwirsch und etwas rauh lautete (Th. Mann, Krull 332).

Sild, der; -[e]s, -[e] [norw. sild = Hering] (Gastr.): *pikant eingelegter junger Hering.*

Si|len, der; -s, -e [lat. Silenus < griech. Seilēnós] (antike Myth.): *(einem Satyr ähnlicher) Dämon aus dem Gefolge des Dionysos.*

Si|len|ti|um, das; -s, ...tien [lat. silentium = Schweigen, zu: silere = still sein]: **1.** ⟨Pl. selten⟩ (veraltend, noch scherzh.) *[Still]schweigen, Stille:* Ab neun Uhr galt für alle, bis auf die Schwestern ... S. und Bettruhe (Bieler, Mädchenkrieg 377); Wir nahmen unsere Kopfbedeckungen ab ... und legten uns S. ein (Lynen, Kentaurenfährte 244); (oft als Aufforderung:) S.! **2.** (Schulw.) *Zeit, in der die Schüler eines Internats ihre Schularbeiten erledigen sollen:* Pädagoge für S., Freizeit und Internatsdienst ... gesucht (FAZ 108, 1958, 39); **Si|len|ti|um ob|se**‑ **quio|sum,** das; -- [zu lat. obsequiosus = sehr nachgiebig, zu: obsequium = Nachgiebigkeit, Gehorsam, zu: obsequi = Folge leisten, gehorchen] (kath. Rel.): **1.** *ehrerbietiges Schweigen gegenüber einer kirchlichen Lehrentscheidung.* **2.** *Schweigen als Ausdruck des Nichtzustimmens;* **Si|lent mee|ting** ['sailənt 'mi:tɪŋ], das; -- [engl., aus: silent = still u. meeting, ↑Meeting]: *stille gottesdienstliche Versammlung der Quäker.*

Si|lex, der; -, -e [lat. silex = Kiesel, Granit]: **1.** *Jaspis.* **2.** *Gesteinsmaterial, das glasartig splittert u. deshalb nicht durchbohrt werden kann.*

Sil|houetlte [zi'luɛtə], die; -, -n [frz. silhouette, nach dem frz. Staatsmann E. de Silhouette (1709–1767), der aus Sparsamkeitsgründen sein Schloß statt mit kostbaren Gemälden mit selbstgemachten Scherenschnitten ausstattete]: **1. a)** *Umriß, der sich (dunkel) vom Hintergrund abhebt:* die S. eines Berges, eines Baumes; die flimmernde S. einer großen Stadt (Kronauer, Bogenschütze 385); In der Ferne trat die S. des Heidelberger Schlosses zart und ehrwürdig aus silbrigem Dunst hervor (K. Mann, Wendepunkt 129); Zuerst sah ich Almaidas üppige S. gegen die hellen Fenster (Thiess, Frühling 167); **b)** (bild. Kunst) *Schattenriß:* eine S. zeichnen, einrahmen; eine S. schneiden *(einen Scherenschnitt anfertigen).* **2.** (Mode) *Umriß[linie]; Form der Konturen:* Die schlanke S. dieses Zweiknopfeinreihers (Herrenjournal 3, 1966, 138); Als Krönung der neuen Kleidermode mit der schmalen S. ... (Saarbr. Zeitung 5. 10. 79, 30); **sil|houet|tie|ren** ⟨sw. V.; hat⟩ [frz. silhouetter, zu: silhouette, ↑Silhouette] (bild. Kunst veraltend): *im Schattenriß zeichnen od. schneiden:* jmdn., etw. s.

Si|li|ca|gel, das: *Kieselgel;* **Si|li|cat** usw.: ↑Silikat usw.; **Si|li|cid,** Silizid, das; -[e]s, -e (Chemie): *Verbindung von Silicium mit einem Metall;* **Si|li|ci|um,** Silizium, das; -s [zu lat. silex (Gen.: silicis) = Kiesel (= urspr. Bez. des Elements)]: *(chemisch gebunden) in den meisten Gesteinen u. Mineralien enthaltenes säurebeständiges, schwarzgraues, stark glänzendes Halbmetall (chemischer Grundstoff);* Zeichen: Si; **Si|li|ci|um|di|oxyd,** (chem. Fachspr.:) Siliciumdioxid, das (Chemie): *aus Silicium und Sauerstoff bestehende, in zahlreichen Modifikationen auftretende chemische Verbindung;* **si|li|ci|um|hal|tig** ⟨Adj.⟩: *Silicium enthaltend;* **Si|li|ci|um|was|ser|stoff,** der (Chemie): *aus Silicium und Wasserstoff bestehende chemische Verbindung; Silan;* **Si|li|con:** ↑Silikon.

si|lie|ren ⟨sw. V.; hat⟩ [zu ↑Silo] (Landw.): *(Futterpflanzen) in einem Silo* (2) *einlagern, einsäuern;* **Si|lie|rung,** die; -, -en (Landw.): *das Silieren:* Für die S. des Heus, also die gezielte Vergärung, bietet das Verfahren ... erhebliche Vorteile (Welt 26. 6. 90, 27).

Si|li|fi|ka|ti|on, die; -, -en [zu ↑Silicium u. lat. facere = bewirken] (Fachspr.): *Verkieselung;* **si|li|fi|zie|ren** ⟨sw. V.; hat⟩ (Fachspr.): *verkieseln;* **Si|li|ka|stein,** der; -[e]s, -e: *aus zerkleinertem Quarzit mit Kalkmilch gebrannter, feuerfester Stein* (für die Auskleidung industrieller Öfen); **Si|li|kat,** (Fachspr.:) Silicat, das; -[e]s, -e [zu ↑Silicium] (Chemie): *Salz einer Kieselsäure:* mineralische -e; **Si|li|kat|gestein,** das (Geol.): *vorwiegend aus Silikaten bestehendes Gestein;* **Si|li|kat|glas,** das: ¹*Glas* (1), *zu dessen Herstellung Kieselsäure verwendet wurde;* **si|li|ka|tisch** ⟨Adj.⟩ (Chemie): *reich an Kieselsäure;* **Si|li|ka|to|se,** die; -, -n [zu ↑Silikat] (Med.): *durch silikathaltigen Staub hervorgerufene Staublunge;* **Si|li|kon,** (Fachspr.:) Silicon, das; -s, -e (Chemie): *aus Silicium, Sauerstoff u. organischen Resten bestehender flüssiger, fester od. elastischer Stoff von hoher Wasser- u. Wärmebeständigkeit, der bes. in der Technik u. Textilindustrie Verwendung findet;* **Si|li|ko|se,** die; -, -n (Med.): *durch dauerndes Einatmen von Quarzstaub hervorgerufene Staublunge;* **Si|li|zid:** ↑Silicid; **Si|li|zi|um** usw.: ↑Silicium usw.

Silk, der; -s, -s [engl. silk]: engl. Bez. für *Seide;* **Silk|gras,** das; -es [engl. silk grass, eigtl. = Seidengras]: *(von verschiedenen Ananasgewächsen gewonnene) haltbare, feine Blattfasern, die u. a. zu Netzen u. Hängematten verarbeitet werden;* **Silkworm** ['sɪlkwəːm], **Silk|worm|gut** [...gʌt], das; -s [engl. silkworm gut, aus: silkworm = Seidenraupe u. gut = Darm]: *aus dem Saft, mit dem die Seidenraupe ihren Kokon spinnt, gewonnenes chirurgisches Nähmaterial.*

¹**Sill,** der; -s, -e [schwed. sill]: *Sild.*
²**Sill,** der; -s, -s [engl. sill = Schwelle] (Geol.): *waagerechte Einlagerung eines Ergußgesteins in bereits vorhandene Schichtgesteine.*

Sil|la|bub ['sɪləbʌb], das; - [engl. sillabub, syllabub, H. u.]: *kaltes Getränk aus schaumig geschlagenem Rahm, Wein u. Gewürzen.*

Sil|len ⟨Pl.⟩ [griech. sílloi, Pl. von: síllos = Spott, Hohn] (antike Literaturw.): *parodistische altgriechische Spottgedichte auf Dichter u. Philosophen.*

Sil|li|ma|nit [auch: ...'nɪt], der; -s, -e [nach dem amerik. Geologen B. Silliman (1779–1864)]: *gelblichgraues, graugrünes od. bräunliches Mineral, das bes. zur Herstellung feuerfester keramischer Werkstoffe verwendet wird.*

Sil|lo|graph, der; -en, -en [zu gráphein = schreiben] (antike Literaturw.): *Verfasser von Sillen.*

Si|lo, der, auch: das; -s, -s [span. silo = Getreidegrube, H. u.]: **1.** (bes. Landw.) *[schacht- od. kastenförmiger] Speicher od. hoher Behälter zur Lagerung von Schüttgut, bes. Getreide, Erz, Kohlen, Zement.* **2.** (Landw.) *Grube, hoher Behälter zum Einsäuern von Futter.* **3.** (Milit.) kurz für ↑Raketensilo; **-silo,** der, auch: das; -s, -s (ugs. abwertend): *kennzeichnet in Bildungen mit Substantiven – selten im Verbund (Verbstämmen) – ein Gebäude, das zur Unterbringung einer großen Zahl von Menschen od. Dingen dient, als tristen, nüchtern-unpersönlich wirkenden Bau:* Beamten-, Bücher-, Wohnsilo; **Si|lo|fut|ter,** das (Landw.): *im Silo als Vorrat eingesäuertes pflanzliches Futter;* **Si|lo|mais,** der (Landw.): *zur Silierung vorgesehener Mais;* **Si|lo|rei|fe,** die

(Landw.): *das Reifsein für die Silierung;* **Si|lo|wa|gen,** der (Kfz-T., Verkehrsw.): *zum Transport von Schüttgut dienender Lastwagen od. Anhänger mit einem Spezialaufbau, der aus einem od. mehreren zylindrischen, kesselartigen o. ä. geschlossenen Behältern besteht.*

Si|lu|min ⓦ, das; -[s] [Kunstwort aus ↑Silicium u. ↑Aluminium]: *korrosionsbeständige, schweiß- u. gießbare Legierung aus Aluminium u. Silicium.*

Si|lur, das; -s [nach dem vorkeltischen Volksstamm der Silurer] (Geol.): **1.** *dritte Formation des Erdaltertums (zwischen Ordovizium u. Devon).* **2.** *(früher) Ordovizium u. Gotlandium umfassende Formation;* **si|lu|risch** ⟨Adj.⟩: *das Silur betreffend; im Silur entstanden.*

Sil|vae ['zɪlvɛ] ⟨Pl.⟩ [lat. silvae, eigtl. = Wälder]: *literarische Sammelwerke der Antike u. des Mittelalters mit formal u. inhaltlich verschiedenartigen Gedichten.*

Sil|va|ner, der; -s, - [viell. zu Transsilvanien = Siebenbürgen (Rumänien), dem angeblichen Herkunftsland]: **a)** ⟨o. Pl.⟩ *Rebsorte mit grünen Beeren in dichten Trauben, die einen milden, feinfruchtigen bis vollmundigen Weißwein liefert;* **b)** *Wein der Rebsorte Silvaner* (a).

Sil|ve|ster, der, auch: das; -s, - [nach Silvester I., Papst von 314 bis 335, dem Tagesheiligen des 31. Dezember]: *letzter Tag des Jahres, 31. Dezember:* S. feiern; [nächsten] S. sind wir nicht zu Hause; zu S. fahren wir weg; **Sil|ve|ster|abend,** der: vgl. Silvesternacht; **Sil|ve|ster|ball,** der: ²*Ball am Silvesterabend;* **Sil|ve|ster|fei|er,** die: vgl. Silvesterball; **Sil|ve|ster|karp|fen,** der: *Karpfen, der am Silvesterabend gegessen wird;* **Sil|ve|ster|nacht,** die: *Nacht von Silvester zum 1. Januar;* **Sil|ve|ster|par|ty,** die: vgl. Silvesterball; **Sil|ve|ster|pfann|ku|chen,** der: *Pfannkuchen* (2), *der an Silvester gegessen wird;* **Sil|ve|ster|scherz,** der: *Scherz, wie er zu Silvester, bei Silvesterfeiern gemacht wird:* diese Ankündigung kam uns wie ein S. vor; Allein schon deshalb ist das Manifest kein schlechter S. (ist es durchaus ernst zu nehmen; Spiegel 3, 1978, 7).

¹**Si|ma,** das; -[s] [Kurzwort aus ↑Silicium u. ↑Magnesium] (Geol.): *unterer Teil der Erdkruste, der vorwiegend aus Silicium- u. Magnesiumverbindungen besteht.*

²**Si|ma,** die; -, -s u. ...men [lat. sima, zu: simus = platt(nasig) < griech. simós] (Archit.): *um den Dachrand des antiken Tempels geführte breite, verzierte Leiste aus Ton od. Stein, die das Regenwasser auffängt u. durch Wasserspeier abgibt.*

Si|mandl, das; -s, -[n] [eigtl. = Mann, der durch eine "Sie" beherrscht wird] (bayr. u. österr. ugs.): *Pantoffelheld.*

Si|mar|re, die; -, ...ren [frz. simarre < ital. zimarra < span. zamarra]: **1.** *bodenlanger Männermantel in Italien des 16. Jh.s.* **2.** (veraltet) *Schleppkleid.*

Si|ma|schicht, die (Geol.): ¹*Sima;* **si|ma|tisch** ⟨Adj.⟩ (Geol.): *aus Basalten u. Gabbro zusammengesetzt.*

Sim|bab|we; -s: Staat in Afrika; **Sim|bab|wer,** der; -s, -: Ew.; **Sim|bab|we|rin,** die; -, -nen: w. Form zu ↑Simbabwer; **sim|bab|wisch** ⟨Adj.⟩.

Si|men: Pl. von ↑²Sima.

Si|me|tit [auch: ...'tɪt], der; -s, -e [nach dem Fluß Simeto auf Sizilien]: *rotbraunes, bernsteinartiges Harz aus Sizilien.*

si|mi|lär ⟨Adj.⟩ [frz. similaire, zu lat. similis = ähnlich] (veraltet; Fachspr. selten): *ähnlich;* **Si|mi|la|ri|tät,** die; -, -en (veraltet; Fachspr. selten): *Ähnlichkeit, ähnliche Beschaffenheit;* **si|mi|le** ⟨Adv.⟩ [ital. simile < lat. similis = ähnlich] (Musik): *auf ähnliche Weise weiter; ebenso;* **Si|mi|le,** das; -s, -s [lat. simile, subst. Sg. Neutr. von similis, ↑simile] (bildungsspr. veraltet): *Gleichnis, Vergleich;* **Si|mi|li,** das, ugs. der; -s, -s [ital. simili = die Ähnlichen] (Fachspr.): *Nachahmung, bes. von Edelsteinen;* **si|mi|lia si|mi|li|bus** [lat.] (bildungsspr.): *Gleiches [wird] durch Gleiches [geheilt]* (ein Grundgedanke der Volksmedizin); **Si|mi|li|stein,** der (Fachspr.): *imitierter Edelstein.*

si|misch ⟨Adj.⟩ (Geol.): *simatisch.*

sim|men ⟨sw. V.; hat⟩ [lautm.] (landsch., bes. ostniederd.): *in heller fein vibrierender Weise tönen; sirren:* weil die Mücken über ihrem Bette simmen (Kempowski, Zeit 211).

Sim|mer, das; -s, - [älter = Sümmer, Sumer, mhd. sumber, ahd. sumbir, eigtl. = geflochtener Korb] (früher): *Hohlmaß (unterschiedlicher Größe) für Getreide.*

Sim|mer|ring ⓦ, der; -[e]s, -e [nach dem dt. Ingenieur W. Simmer] (Technik): *ringförmige Wellendichtung in Form einer Manschette, die in einem Gehäuse gefaßt ist u. durch Federdruck an die Welle gepreßt wird.*

Si|mo|nie, die; -, -n [mhd. simoni(e) < kirchenlat. simonia, nach dem Magier Simon, der nach Apg. 8, 18 ff. glaubte, die Macht, die die Hl. Geist verleiht, kaufen zu können] (kath. Kirche): *Kauf u. Verkauf geistlicher Ämter o. ä.;* **si|mo|nisch** ⟨Adj.⟩ (kath. Kirche): *die Simonie betreffend, darauf beruhend.*

sim|pel ⟨Adj.⟩; simpler, -ste) [spätmhd. mniederd. simpel = einfältig < frz. simple = einfach < lat. simplex = einfach, **1.** Bestandteil zu: semel = einmal, **2.** Bestandteil verw. mit plicare (eigtl. = einmal gefaltet)]: **1.** *keines besonderen geistigen Aufwands bedürfend, nichts weiter erfordernd; unkompliziert; einfach:* eine simple Konstruktion, Methode, Rechenaufgabe, Frage, Erklärung; ein simpler Trick, Schwindel; Je simpler mein Plan, um so besser (Frisch, Montauk 132); die Lösung ist ganz s., aber gar nicht auszudrücken; das ist eine simple Tatsache *(ist nichts weiter als eine Tatsache);* Also besann er sich auf die -ste Fluchtmöglichkeit (Kronauer, Bogenschütze 191); ⟨subst.:⟩ Zeremonie, mit der sie das Simpelste von der Welt tat (Kronauer, Bogenschütze 376). **2.** (oft abwertend) *in seiner Beschaffenheit anspruchslos-einfach; nur eben das Übliche und Notwendigste aufweisend; schlicht:* ein simples Kleid kostet schon an die 200 Mark; es fehlt an den -sten Dingen; ein simpler Nagel tut es auch; die „Brotboutique" war nichts als ein simpler Bäckerladen; das fordert schon der simple *(einfache, selbstverständliche)* Anstand; ein simpler *(keine besonderen beruflichen*

Simpel

Qualifikationen besitzender) Arbeiter; Ich meine nicht, daß W. ein simpler Egoist war (Frisch, Montauk 47); die Ferienwohnung war für meinen Geschmack etwas zu s. eingerichtet; Es roch s., das Meer, aber zugleich roch es groß und einzigartig (Süskind, Parfum 46); ich sehe sie (= die Frauen) nicht s., sondern voller Widersprüche (Frisch, Montauk 118). **3.** (abwertend) *einfältig, beschränkt:* ein simples Gemüt, einen simplen Gesichtsausdruck haben; s. sein, daherreden; **Sim|pel,** der; -s, - (landsch. ugs.): *einfältiger, beschränkter Mensch; Einfaltspinsel:* Es lag einfach an der Gegend. Man war praktisch ein S., wenn man von hier ... war (M. Walser, Seelenarbeit 150); **Sim|pel|fran|sen** ⟨Pl.⟩ (ugs. scherzh.): *Ponyfransen;* **sim|pel|haft** ⟨Adj.⟩ (landsch. ugs.): *einfältig.*
Sim|perl, das; -s, -n [zu mhd. simmerin, Vkl. von: sumber, ↑Simmer] (österr.): *flacher, geflochtener Brotkorb.*
Sim|pla: Pl. von ↑Simplum; ♦ **sim|plement** [sɛ̃pləˈmã] ⟨Adv.⟩ [frz. simplement, zu: simple < lat. simplex, ↑Simplex]: *einfach, schlechthin:* Sie verzeihen ..., daß ich Ihnen das alles ... hier so ganz s. wiederhole (Fontane, Jenny Treibel 107); **Sim|plex,** das; -, -e u. ...plizia [zu lat. simplex, ↑simpel] (Sprachw.): *nicht zusammengesetztes [u. nicht abgeleitetes] Wort:* die -e machen nur einen relativ kleinen Teil des Wortschatzes aus; das dem Präfixverb zugrunde liegende S.; das als Grundwort des Kompositums fungierende S.; **Sim|plex|wa|re,** die: *dichte Wirkware aus Baumwoll- od. Perlongarn für die Herstellung von Handschuhen;* **sim|pli|ci|ter** ⟨Adv.⟩ [lat. simpliciter, zu: simplex, ↑simpel] (bildungsspr.): *schlechterdings, schlechthin; unbedingt, ohne Einschränkung;* **Sim|pli|fi|ka|ti|on,** die; -, -en (bildungsspr.): *Simplifizierung;* **sim|pli|fi|zie|ren** ⟨sw. V.; hat⟩ [mlat. simplificare] (bildungsspr.) *[stark, übermäßig] vereinfachen:* ein Problem, einen Sachverhalt s.; etw. in simplifizierter Form, simplifiziert darstellen, wiedergeben; Diese Aussage ist eindeutig zu simplifizierend (NZZ 30. 8. 86, 9); **Sim|pli|fi|zierung,** die; -, -en (bildungsspr.): *simplifizierende Darstellung; [starke, übermäßige] Vereinfachung;* **Sim|pli|zia:** Pl. von ↑Simplex; **Sim|pli|zia|de,** die; -, -n [nach der Titelfigur Simplicissimus aus dem Roman von Grimmelshausen; ↑-ade]: *Abenteuerroman um einen einfältigen Menschen;* **Sim|pli|zi|tät,** die; - [lat. simplicitas, zu: simplex, ↑simpel] (bildungsspr.): *Einfachheit, Schlichtheit:* Die raffinierte S. seines lyrischen Stils (K. Mann, Wendepunkt 102); wo man die S. der Legendensprache neu entdeckt (Welt 9. 10. 65, 12); seine Songs sind von erfrischender S.; **Sim|plum,** das; -s, ...pla [nlat., zu lat. simplex, ↑simpel] (Wirtsch.): *einfacher Steuersatz.*
Sims, der od. das; -es, -e [mhd. sim(e)ʒ, ahd. in: simiʒstein = Säulenknauf, viell. verw. mit lat. sima, ↑²Sima]: *waagerechter, langgestreckter [Wand]vorsprung; Gesims:* Häuser mit breiten -en; Auf dem S. über dem Kamin stand altes Zinngeschirr (Simmel, Affäre 16).

Sim|sa|la|bim, der; -s [H. u., viell. verstümmelt aus ↑similia similibus]: **1.** ⟨o. Art.⟩ *Zauberformel:* Ü Und aus 27 Tagebuch-Folgen, die der Reporter zunächst angekündigt hatte, ließ er, S. (spött.; *im Handumdrehen*), 60 Folgen erwachsen (Spiegel 16, 1984, 123). **2.** (abwertend) *Hokuspokus* (2): Mit wolkig formulierten Allerweltsprophetien, garnten ten die Astrologen ... auf (Spiegel 49, 1981, 245).
Sim|se, die; -, -n [H. u.]: **1.** *(in zahlreichen, zum Teil binsenähnlichen Arten vorkommendes) an feuchten, sumpfigen Stellen wachsendes Riedgras.* **2.** (landsch.) *Binse.*
Sims|ho|bel, der [zu ↑Sims]: *schmaler Hobel zur Bearbeitung abgesetzter Flächen.*
Si|mu|lant, der; -en, -en [zu lat. simulans (Gen.: simulantis), 1. Part. von: simulare, ↑simulieren]: *jmd., der etw., bes. eine Krankheit, simuliert:* für die Aufseher ist jeder Häftling, der im Bunker krank wird, ein S. (Ziegler, Konsequenz 86); **Si|mu|lan|tin,** die; -, -nen: w. Form zu ↑Simulant; **Si|mu|la|ti|on,** die; -, -en [lat. simulatio = Vorspiegelung, zu: simulare, ↑simulieren]: **1.** *das Simulieren* (1). **2.** (Fachspr., bildungsspr.) *das Simulieren* (2): die S. eines Raumfluges: Manchmal übertrifft die S. sogar die wirkliche Welt (natur 6, 1991, 81); **Si|mu|la|tor,** der; -s, ...oren (Fachspr.): *Gerät, Anlage, System usw. für die Simulation* (2): Flugschulung nur noch im S.? (Spiegel 19, 1980, 256); **si|mu|lie|ren** ⟨sw. V.; hat⟩ [lat. simulare, eigtl. = ähnlich machen, nachbilden; nachahmen, zu: similis, ↑similär]: **1.** *vortäuschen:* eine Krankheit, Gedächtnisschwund, Schmerzen, eine Erkältung s.; Viele simulieren die Ohnmacht (Spiegel 6, 1979, 41); ⟨auch o. Akk.-Obj.:⟩ ich glaube, er simuliert *[nur] (ist gar nicht krank, verstellt sich);* ich muß fortwährend verdrängen und s. (Mayröcker, Herzzerreißende 74). **2.** (Fachspr., bildungsspr.) *Sachverhalte, Vorgänge [mit technischen, (natur)wissenschaftlichen Mitteln] modellhaft nachbilden, (bes. zu Übungs-, Erkenntniszwecken) in den Grundzügen wirklichkeitsgetreu nachahmen:* einen Raumflug, die Bedingungen eines Raumflugs s.; Das Gerät kann verschiedene Instrumentenkombinationen, vom Violinsolo bis zum kompletten Orchester, s. (Spiegel 52, 1975, 121); Programme simulieren das Schicksal von Pflanzenvernichtungsmitteln in den (Chemische Rundschau 21. 8. 92, 3); Der Phantomkopf ... simuliert genau einen lebenden Menschen (MM 14. 2. 67, 3); ökonomische Prozesse mit Hilfe eines Modells s.; Verschmelzung von simulierter Realität und realer Wirklichkeit (Ostschweiz 31. 7. 84, 4); das simulierte Höhentraining nach strengen ... Sicherheitsbedingungen (Freie Presse 14. 2. 90, 4); ⟨auch o. Akk.-Obj.:⟩ Zwei Jahre nach den Dreharbeiten wurde Wirklichkeit, was in diesem Astronautenfilm nur simuliert werden mußte (Hörzu 32, 1976, 28). **3.** (veraltend, noch landsch.) *grübeln, nachsinnen:* er fing an zu s. [ob, wie es sich erreichen ließe]; ♦ Was simulierst? Hör schon auf ... Was liegt dir dran, was ein

paar Betrunkene reden (Ebner-Eschenbach, Gemeindekind 194); **si|mul|tan** ⟨Adj.⟩ [mlat. simultaneus, zu lat. simul = zugleich, zusammen, zu: similis, ↑similär] (Fachspr., bildungsspr.): *gleichzeitig:* zwei -e Prozesse, Vorgänge; das Zweitonverfahren für die -e Übertragung in Schwedisch und Finnisch (NZZ 23. 10. 86, 47); der Schachmeister spielte s. gegen 12 Gegner; s. ablaufen, geschehen, erfolgen; s. *(während der zu übersetzende Text gesprochen wird)* dolmetschen, übersetzen; Da im Time-sharing-Betrieb mehrere Benutzer s. erfaßt und bedient werden müssen (Mathematik II, 51); **Si|mul|tan|büh|ne,** die (Theater): *Bühne mit mehreren, gleichzeitig sichtbaren Schauplätzen;* **Si|mul|tan|dar|stel|lung,** die (bild. Kunst): *(im Kubismus) Darstellung ohne in die Tiefe gehende Perspektive, die eine Flächenhaftigkeit des Dargestellten bewirkt;* **Si|mul|tan|dol|met|schen,** das, -s: *während des Vortrags des zu übersetzenden Textes erfolgendes Dolmetschen;* **Si|mul|tan|dol|met|scher,** der: *Dolmetscher, der simultan übersetzt;* **Si|mul|tan|dol|met|sche|rin,** die: w. Form zu ↑Simultandolmetscher; **Si|mul|ta|ne|i|tät,** Simultanität, die; -, -en [frz. simultanéité, zu: simultané = gleichzeitig < mlat. simultaneus, ↑simultan]: **1.** (Fachspr., bildungsspr.) *Gleichzeitigkeit; gleichzeitiges Auftreten, Eintreten:* die S. der Ereignisse. **2.** (Kunstwiss.) *Darstellung von zeitlich od. räumlich auseinanderliegenden Ereignissen auf einem Bild;* **Si|mul|ta|ne|um,** das; -s [nlat.] (Fachspr.): *gemeinsames Nutzungsrecht verschiedener Konfessionen an kirchlichen Einrichtungen;* **Si|mul|tan|imp|fung,** die: *gleichzeitige aktive u. passive Schutzimpfung gegen Infektionskrankheiten, wobei durch die passive Impfung die schutzlose Zeit bis zur Antikörperbildung (durch die aktive Impfung) überbrückt werden soll;* **Si|mul|ta|ni|tät:** ↑Simultaneität; **Si|mul|tan|kir|che,** die: *Kirche* (1), *die von mehreren Konfessionen gemeinsam benutzt wird;* **Si|mul|tan|par|tie,** die (Schach): vgl. Simultanspiel; **Si|mul|tan|schach,** das: vgl. Simultanspiel; **Si|mul|tan|schu|le,** die: *Gemeinschaftsschule;* **Si|mul|tan|spiel,** das (Schach): ¹*Schachspiel, bei dem im Schachspieler gegen mehrere, meistens leistungsschwächere Gegner gleichzeitig spielt;* **Si|mul|tan|tech|nik,** die (Literaturw.): *literarische Technik zur Erfassung der Gleichzeitigkeit verschiedener räumlich getrennt sich abspielender Ereignisse;* **Si|mul|tan|über|set|zung,** die: vgl. Simultandolmetschen.
sin = Sinus.
Si|nai [...na-i], der; -[s]: **1.** *ägyptische Halbinsel im Norden des Roten Meers:* die Halbinsel S./der S. **2.** kurz für ↑Sinaigebirge; **Si|nai|ge|bir|ge,** das: *Gebirge auf der Halbinsel Sinai* (1); **Si|nai|halb|in|sel,** die; - (selten): *Halbinsel Sinai* (1).
Sin|an|thro|pus, der; -, ...pi [zu griech. Sínai = Chinesen; China u. ánthropos = Mensch] (Anthrop.): *Pekingmensch.*
Si|nau, der; -s, -e [frühnhd. sindau(we), 1. Bestandteil wohl zu mhd. sin- = beständig (↑Sintflut), 2. Bestandteil mhd. tou =

Tau, also eigtl. = Pflanze, auf der immer Tau liegt (in den trichterförmigen Blättern sammelt sich oft Regentropfen)]: *(als Staude wachsende) dem Frauenmantel ähnliche Pflanze.*
sind: ↑¹sein.
Sin|da|co, der; -, ..ci [...tʃi; ital. sindaco < spätlat. syndicus, ↑Syndikus]: *Gemeindevorsteher, Bürgermeister in Italien.*
si|ne an|no [lat., zu: sine = ohne u. annus = Jahr] (Buchw. veraltet): *ohne Angabe des Erscheinungsjahres; ohne Jahr;* Abk.: s. a.; **si|ne an|no et lo|co** [lat., zu: locus, ↑sine loco] (Buchw. veraltet) *sine loco et anno;* Abk.: s. a. e. l.; **si|ne ira et stu|dio** [--- 'st...; lat.; nach Tacitus, Annales I, 1] (bildungsspr.): *ohne Haß u. (parteiischen) Eifer; sachlich, objektiv;* **Si|ne|ku|re,** die; -, -n [zu lat. sine cura = ohne Sorge]: *Pfründe* (a): Ü Ihm hatte er eine S. beim Grafen Schaffgotsch verschafft, die ihm monatlich 1000 Mark einbrachte (Niekisch, Leben 250); **si|ne lo|co** [lat., zu: locus = Ort, Stelle] (Buchw. veraltet): *ohne Ort; ohne Angabe des Erscheinungsortes;* Abk.: s. l.; **si|ne lo|co et an|no** [lat.] (Buchw. veraltet): *ohne Ort u. Jahr; ohne Angabe des Erscheinungsortes u. -jahres;* Abk.: s. l. e. a.; **si|ne ob|li|go** [lat., ↑Obligo] (Wirtsch.): *ohne Obligo* (2); Abk.: s. o.; **si|ne tem|po|re** [lat. = ohne Zeit(zugabe), zu: tempus, ↑Tempus] (bildungsspr.): *zum angegebenen Zeitpunkt; ohne akademisches Viertel;* Abk.: s. t.
Sin|fo|nia con|cer|tan|te [- kontʃer...], die; - -, ...nie [...'niːə] - [ital. sinfonia concertante = konzertante Sinfonie, aus: sinfonia (↑Sinfonie) u. concertante, ↑konzertant)] (Musik): *meist dreisätzige Komposition für mehrere Soloinstrumente u. Orchester (bes. der zweiten Hälfte des 18. Jh.s);* **Sin|fo|nie,** Symphonie, die; -, -n [ital. sinfonia < lat. symphonia = Zusammenstimmen, Einklang; mehrstimmiger musikalischer Vortrag < griech. symphōnía, zu: sýmphōnos = zusammentönend, zu: sýn = zusammen u. phōnḗ, ↑Phon]: **1.** *auf das Zusammenklingen des ganzen Orchesters hin angelegtes Tonwerk [in Sonatenform] mit mehreren Sätzen* (4b): eine S. von Bruckner; Beethovens S. Nr. 9; eine S. komponieren, spielen, dirigieren, schreiben, aufführen. **2.** (geh.) *Ganzes, reiche Gesamtheit, gewaltige Fülle, worin verschiedenartige Einzelheiten eindrucksvoll zusammenwirken:* eine S. von/in/aus Farben, Düften; das neue Regierungsviertel ist eine S. von/in/aus Glas und Beton; **Sin|fo|nie|kon|zert,** Symphoniekonzert, das: *Konzert eines Sinfonieorchesters;* **Sin|fo|nie|or|che|ster,** Symphonieorchester, das: *großes Orchester zur Aufführung von Werken klassischer Musik;* **Sin|fo|ni|et|ta,** die; -, ...ten [ital. sinfonietta, Vkl. von: sinfonia, ↑Sinfonie] (Musik): *kleine Sinfonie;* **Sin|fo|nik,** Symphonik, die; - (Musik): **1.** *Kunst der sinfonischen Gestaltung.* **2.** *sinfonisches Schaffen;* **Sin|fo|ni|ker,** Symphoniker, der; -s, - (Musik): **1.** *Komponist von Sinfonien.* **2.** ⟨Pl.⟩ *Sinfonieorchester* (in Namen): Die „Heidelberger Sinfoniker" gaben ihr Debüt in der Stadthalle (RNZ 22. 2. 94, 7); die Wiener Symphoniker; die Bamberger Symphoniker; **Sin|fo|ni|ke|rin,** Symphonikerin, die; -, -nen (Musik): w. Form zu ↑Sinfoniker (1); **sin|fo|nisch,** symphonisch ⟨Adj.⟩ (Musik): *der Sinfonie in Form, Satz, Klangbild entsprechend, ähnlich:* -e Werke; eine -e Kantate.
Sing. = Singular.
Sing|aka|de|mie, die: *Vereinigung zur Pflege des Chorgesangs* (meist in Namen).
¹Sin|ga|pur [auch: ...'puːɐ̯], -s: Staat auf der Halbinsel Malakka; **²Sin|ga|pur:** Hauptstadt von ¹Singapur; **Sin|ga|pu|rer,** der; -s, -: Ew.; **Sin|ga|pu|re|rin,** die; -, -nen: w. Form zu ↑Singapurer; **sin|ga|pu|risch** ⟨Adj.⟩.
sing|bar ⟨Adj.⟩: *(in bestimmter Weise) zu singen; sich singen lassend:* ein leicht, schwer -er Part; diese Tonfolge ist kaum s.; **Sing|bru|der|schaft,** die: *Kantorei;* **Sing|dros|sel,** die: *(in Wäldern u. Parkanlagen lebender) großer Singvogel, dessen Gefieder auf der Oberseite braun, auf der Bauchseite braunweiß gesprenkelt ist;* **Sin|ge|be|we|gung,** die (ehem. DDR): *Bewegung, die das Singen bes. von politischen Liedern pflegt;* **Sin|ge|grup|pe,** die (ehem. DDR): *Gruppe (innerhalb einer gesellschaftlichen Organisation), die sich dem Singen bes. von politischen Liedern widmet;* **Sin|ge|klub,** der (ehem. DDR): vgl. Singegruppe; **sin|gen** ⟨st. V.; hat⟩ [mhd. singen, ahd. singan, eigtl. = mit feierlicher Stimme vortragen; bezeichnete urspr. wohl das feierliche Sprechen von Weissagungen u. religiösen Texten]: **1. a)** *mit der Stimme* (2 a) *(ein Lied, eine Melodie o. ä.) hervorbringen, vortragen:* gut, rein, tief, falsch, laut s.; mehrstimmig, gemeinsam s.; kann wer nicht s.; sie singen und lachen; er singt solo (*als Solist*); er singt in einem Chor *(gehört einem Chor an);* nach Noten, vom Blatt, zur Laute s.; sie zogen singend durch die Straßen; singende und tanzende Kinder; ⟨subst.:⟩ lautes Singen war zu hören; ℝ da hilft kein Singen und kein Beten *(da ist nichts mehr zu machen);* du warst wohl s.[?] (scherzh.; *du hast aber viel Kleingeld bei dir!);* Ü im Garten singen schon die Vögel; der Teekessel singt auf dem Herd; das Blut singt ihm in den Ohren; das Feuer im Birkenholz sang (Wiechert, Jeromin-Kinder 510); bei 100 km/h fangen die Reifen auf diesem Belag an zu s. (Fachspr.; *ein sirrendes Geräusch zu verursachen);* er hat einen singenden *(stark modulierenden)* Tonfall; (dichter.:) schluchzend sangen die Geigen; **b)** *etw. singend* (1 a) *vortragen, hören lassen:* ein Lied, eine Arie, einen Schlager; einen Ton, eine Tonleiter s.; der Chor singt eine Motette; ... sangen wir halt fünfmal die erste Strophe (Eppendorfer, St. Pauli 244); diese Melodie ist leicht, schwer zu s.; den Titelsong des Films singt Liza Minelli; Mit ihrem Rock alpin sangen sie sich in die Herzen der Fans (Hörzu 35, 1982, 49); Cheryl Studer sang die Katja *(den Part der Katja),* die, schon leidenschaftlich beginnend, sich noch enorm zu steigern vermochte (Orchester 5, 1983, 467); ℝ das kann ich dir s. (ugs.; *da kannst du sicher sein, darauf kannst du dich verlassen);* das kann ich schon s. (ugs.; *das kenne ich schon bis zum Überdruß*); Ü die Nachtigall singt ihr Lied; ◆ ⟨mit Gen.-Obj.:⟩ Da sollen wir nun die neuen Psalmen nicht singen ... Es seien Ketzereien drin ... Ich hab' ihrer doch auch gesungen; ... ich hab' nichts drin gesehen (Goethe, Egmont I); **c)** *als Stimmlage haben:* Sopran, Alt, Tenor, Baß s. **2. a)** *durch Singen* (1) *in einen bestimmten Zustand bringen:* sich heiser, müde s.; das Kind in den Schlaf, Schlummer s.; **b)** ⟨s. + sich; unpers.⟩ *sich in bestimmter Weise singen* (1) *lassen:* mit trockner Kehle singt es sich schlecht. **3.** (dichter. veraltend) *in dichterischer Sprache, in Versen, in Liedform o. ä. erzählen, berichten:* wo die Troubadoure von den Wundern sangen, welche den kaiserlichen Palast schmückten (Thieß, Reich 629); die Odyssee, in der der Dichter von den Irrfahrten des Odysseus singt; Ü jmds. Lob, Ruhm s. (geh.; *sich lobend, rühmend über jmdn. äußern).* **4.** (salopp) *(vor der Polizei, als Angeklagter) Aussagen machen, durch die andere [Komplizen] mit belastet werden:* im Verhör, vor Gericht s.; Krämer singt nicht, aus dem holst du nicht mal einen Gedankenstrich raus (Apitz, Wölfe 42); ⟨subst.:⟩ jmdn. zum Singen bringen; **Sin|ge|rei,** die; -, -en ⟨Pl. selten⟩: **1.** ⟨Pl. selten⟩ (oft abwertend) *[dauerndes] Singen:* das war nun endlich wir ihrer S. aufhören wollten! **2.** ⟨o. Pl.⟩ (ugs.) *berufsmäßiges od. als Hobby ausgeübtes Singen* (1): inzwischen ist die S. zu ihrem Beruf geworden; Die S. solltest du an den Nagel hängen (Bieler, Mädchenkrieg 316).
Sin|gha|le|se, der; -n, -n: *Angehöriger einer Sprach- u. Völkergruppe auf Sri Lanka;* **Sin|gha|le|sin,** die; -, -nen: w. Form zu ↑Singhalese; **sin|gha|le|sisch** ⟨Adj.⟩: *die Singhalesen betreffend, zu ihnen gehörend;* **Sin|gha|le|sisch,** das; -[s] u. ⟨nur mit best. Art.:⟩ **Sin|gha|le|si|sche,** das; -n ⟨nur mit bestimmtem Art.⟩: *die singhalesische Sprache.*
Sing|kreis, der: *kleinerer Chor.*
¹Sin|gle ['sɪŋl], die; -, -[s], -[s] [engl. single, eigtl. = einzeln(e) < altfrz. sengle < lat. singulus, ↑singulär]: **1.** (Badminton, Tennis) *Einzelspiel (zwischen zwei Spielern).* **2.** (Golf) *Zweierspiel;* **²Sin|gle,** die; -, -[s]: *Schallplatte mit nur je einem Titel auf Vorder- u. Rückseite:* Seine neue S. ... kam in alle Hitparaden (Freizeitmagazin 10, 1978, 6); **³Sin|gle,** der; -[s], -s [engl. single, zu: single, ↑¹Single]: *jmd., der ohne Bindung an einen Partner lebt:* er, sie ist ein S., lebt als S.; Urlaub für -s mit Kind (MM 23. 2. 80, Beil. Reise); **Sin|gle|da|sein,** das: *Leben als ³Single:* er ist das S. leid; Ohne bestimmte soziale Voraussetzungen ... ist ein „S. mit Sohn" gar nicht denkbar (Welt 15. 2. 79, 5); **Sin|gle|plat|te,** die (selten): ²Single; **Sin|gle|ton** ['sɪŋltən], der; -, -s [engl. singleton, zu: single, ↑¹Single]: **a)** *nur aus Spielkarten gleicher Farbe bestehendes Blatt* (4 b) *in der Hand eines Spielers;* **b)** *Trumpf beim Kartenspiel.*
Sing|lust, die (selten): *Sangeslust;* **Sing|mes|se,** die (kath. Kirche früher): *¹Messe* (1), *bei der die Gläubigen den pa-*

raphrasierten (2) Text der ¹*Messe* (1) *singen;* **Sing-out** ['sɪŋ|aʊt, '–'–, –'–], *das;* -[s], -s [zu engl. to sing out = singen]: *(von protestierenden Gruppen veranstaltetes) Singen von Protestliedern.*
Sin|grün, *das,* -s, -[e] [mhd. singrüene, spätahd. singruoni, 1. Bestandteil mhd. sin- = immer(während),* ↑ Sintflut]: *Immergrün.*
Sing|sang, *der* ⟨o. Pl.⟩: **a)** *[eintöniges] kunstloses, leises Vor-sich-hin-Singen:* man hörte den S. der Frauen bei der Arbeit; **b)** *einfache Melodie, die jmd. vor sich hin singt:* mit einem leisen S. versucht die Mutter das Kind in Schlaf zu singen; Ü Was soll dieser schleppende S. in seiner Stimme, das fast Liturgische? (Weber, Tote 299); **Sing|schu|le** *die;* **1.** (selten) *Musikschule.* **2.** *(im Meistersang des 15./16. Jh.s) feste Einrichtung, in der die Meistersinger ihre Kunst pflegten;* **Singschwan,** *der: Schwan mit teils gelbem, teils schwarzem Schnabel ohne Höcker, der wohltönende Rufe hören läßt.*
Sing Sing, *das;* - -[s], - -s [nach dem Namen des Staatsgefängnisses der Staates New York bei der Stadt Ossining, die früher Sing Sing hieß] (ugs.): *Gefängnis:* er hat drei Jahre S. S. hinter sich.
Sing|spiel, *das* (Musik): *Bühnenstück (meist heiteren, volkstümlichen Inhalts) mit gesprochenem Dialog u. musikalischen Zwischenspielen u. Gesangseinlagen;* **Sing|spiel|dich|ter,** *der: Verfasser von Singspielen;* **Sing|spiel|dich|te|rin,** *die:* w. Form zu ↑ Singspieldichter; **Singstim|me,** *die:* **a)** *Stimme* (3 b), *die gesungen wird:* hier setzt die S. ein; **b)** *menschliche Stimme beim Singen:* der Sopran ist die höchste S. *(die Singstimme mit der höchsten Stimmlage);* ein Stück für Klavier, Flöte und S.; **Sing|stun|de,** *die* (landsch.): *Chorprobe eines Gesangvereins o. ä.*
Sin|gu|lar, *der;* -s, -e [lat. (numerus) singularis, ↑ singulär] (Sprachw.): **1.** ⟨o. Pl.⟩ *Numerus, der beim Nomen u. Pronomen anzeigt, daß dieses sich auf eine einzelne Person od. Sache bezieht, u. der beim Verb anzeigt, daß es nur ein Subjekt zu dem Verb gehört; Einzahl:* wie lautet der Akkusativ S.?; „sie" ist hier dritte Person S.; die Formen des -s; das Verb steht im S.; das Wort gibt es nur im S. **2.** *Wort, das im Singular* (1) *steht; Singularform:* ich habe die Form irrtümlich für einen S. gehalten; bei zwei durch „und" verbundenen -en als Subjekt steht das Verb im Plural; **sin|gu|lär** ⟨Adj.⟩ [(frz. singulier <) lat. singularis = zum einzelnen gehörig; vereinzelt; eigentümlich, zu: singulus = jeder einzelne, je einer, einzeln] (bildungsspr.): **1.** *nur vereinzelt auftretend o. ä.; selten:* ... dieser -en Erscheinung der deutschen Politik, diesem Professor und Literaten (Saarbr. Zeitung 15./16. 12. 79, 2); solche Fälle sind aber ausgesprochen. **2.** *einzigartig:* daß man das Buch eine -e, vergleichslose Schöpfung nennen muß (Deschner, Talente 169); **Sin|gu|lar|bildung,** *die* (Sprachw. selten): *[von einem Pluraletantum] abgeleitete Singularform:* fachsprachliche -en wie Elter oder Geschwister; **Sin|gu|lar|en|dung,** *die* (Sprachw.): *singularische Flexionsendung;* **Sin|gu|la|re|tan|tum,** *das;* -s, -s u. Singulariatantum [zu lat. singularis (↑ singulär) u. tantum = nur] (Sprachw.): *Substantiv, das nur im Singular vorkommt:* „Durst" ist ein S.; **Sin|gu|lar|form,** *die* (Sprachw.): *singularische Form (eines Wortes);* **Sin|gu|la|ris,** *der;* -, ...res [...re:s; lat. singularis] (Sprachw. veraltet): *Singular;* **sin|gu|la|risch** ⟨Adj.⟩ (Sprachw.): *im Singular stehend; zum Singular gehörend:* -e Formen, Endungen, Wörter; **Sin|gu|la|ris|mus,** *der;* - (Philos.): *philosophische Anschauung, Theorie, nach der die Welt als Einheit angesehen wird, deren Teile nur scheinbar selbständig sind;* **Sin|gu|la|ri|tät,** *die;* -, -en [lat. singularitas = das Einzelnsein, Alleinsein, zu: singularis,* ↑ singulär]: **1.** (bildungsspr.) *das Singulärsein:* die S. des Vorgangs. **2.** *mehr od. weniger regelmäßig zu einer bestimmten Zeit des Jahres wiederkehrende, an sich aber für die betreffende Jahreszeit nicht typische Wettererscheinung:* Nachtfröste zur Zeit der Eisheiligen, Tauwetter um Weihnachten und andere -en. **3.** (Math.) *Stelle, an denen eine Kurve od. Fläche anders verhält als bei ihrem normalen Verlauf;* **Sin|gu|lar|suk|zes|si|on,** *die* (Rechtsspr.): *Eintritt in ein einzelnes, bestimmtes Rechtsverhältnis;* **Sin|gu|lett,** *das;* -s, -e [engl. singulet, zu lat. singulus,* ↑ singulär] (Physik): *von einem mikrophysikalischen System bei einem Quantensprung zwischen zwei Termen* (2) *emittierte Spektrallinie.*
Sin|gul|tus, *der;* -, - [...tu:s; lat. singultus = das Schluchzen, Schlucken] (Med.): *Schluckauf.*
Sing|vo|gel, *der: Vogel, der eine mehr od. weniger reiche, melodische Folge von Tönen, Rufen, Lauten hervorzubringen vermag;* **Sing|wei|se,** *die: Art u. Weise des Singens.*
Si|nia, *die;* - [zu griech. Sinai, ↑ Sinanthropus] (Geol.): *präkambrisch gefalteter u. konsolidierter Teil des ostasiatischen Festlandes;* **Si|ni|de,** *der* u. *die;* -n, -n ⟨Dekl. ↑ Abgeordnete⟩ [zu griech. Sinai (↑ Sinanthropus) u. -oeidḗs = ähnlich]: *Angehörige[r] eines mongoliden Rassenkreises;* **Si|ni|ka** ⟨Pl.⟩ (Buchw.): *Veröffentlichungen über China, bes. über die chinesische Geschichte, Kultur, Sprache:* ein auf S. spezialisierter Antiquar.
si|ni|ster ⟨Adj.⟩ [lat. sinister, eigtl. = links]: **1.** (bildungsspr.) *düster* (1 d), *zwielichtig; unheilvoll:* sinistre Gedanken; die wohl größte Rettungschance seines sinistren Lebens (Spiegel 33, 1979, 122); Otto Premingers sinistrer Krimi (Spiegel 7, 1979, 207); die ganze Angelegenheit ist ziemlich s. **2.** (Med.) *links, linker;* **si|ni|stra ma|no:** ↑ mano sinistra.
sin|ken ⟨st. V.; ist⟩ [mhd. sinken, ahd. sinkan, H. u.]: **1. a)** *sich (durch sein geringes Gewicht bzw. durch den Auftrieb abgebremst) langsam senkrecht nach unten bewegen; niedersinken:* etw. sinkt [langsam, schnell]; der Ballon, das Flugzeug sinkt allmählich; im Schein der sinkenden (geh.; *untergehenden*) Sonne; Ü der Abend, die Dämmerung sinkt *(bricht herein);* er ist moralisch tief gesunken *(in einen Zustand moralischer Zerrüttung geraten);* **b)** *sinkend* (1 a) *an einen bestimmten Ort gelangen; absinken:* auf den Grund des Meeres, auf den Boden, in die Tiefe s.; langsam sinken die Schneeflocken, die Blätter zur Erde; gleich sinkt die Sonne hinter den Horizont; **c)** *(von Booten, Schiffen durch das Eindringen von Wasser) auf den Grund eines Gewässers sinken* (1 b); *untergehen:* die Fähre, das U-Boot ist vor Rügen gesunken; das Boot kann [praktisch] nicht s.; das Gemälde zeigt die sinkende „Titanic"; das Wrack eines gesunkenen Schiffs; **d)** *(durch sein Gewicht) [langsam] in den weichen Untergrund eindringen, einsinken:* in den tiefen Schnee s.; Allzu leicht sinkt der Fuß ins quellende Moor (Simmel, Stoff 59); er wäre vor Verlegenheit am liebsten in die Erde gesunken; Ü todmüde sank er ins Bett, in die Kissen, in einen Sessel; in Ohnmacht s. (geh.; *ohnmächtig werden*); in [tiefen] Schlaf s. (geh.; *fest einschlafen*); **e)** *aus einer aufrechten Haltung o. ä. [langsam] niederfallen, [erschlaffend] niedersinken:* tödlich getroffen sank er nach vorn, nach hinten, zu Boden; sie sank ihm an die Brust; er ließ den Kopf auf die Schulter s.; der Kopf sank ihm auf die Brust; sie sank auf/in die Knie (geh.; *ließ sich langsam auf die Knie nieder);* sich/einander in die Arme s. *(einander umarmen);* die Arme, die Zeitung, das Buch s. lassen; die Hände in den Schoß s. lassen; Ü Alle drei, vier Stunden läuft er zum Hauptamt ..., um dann sinkenden Herzens zu erfahren, daß ... (Heym, Nachruf 86). **2. a)** *niedriger werden; an Höhe verlieren, abnehmen:* das [Hoch]wasser, der Wasserpegel ist gesunken; die Quecksilbersäule sinkt; **b)** *weniger werden, sich vermindern:* der Blutdruck, das Fieber sinkt; das Thermometer, Barometer sinkt *(zeigt eine Abnahme der Temperatur, des Luftdrucks an);* das Thermometer ist auf, unter Null gesunken; Wenn der Hb-Gehalt unter eine kritische Grenze sinkt (Hackethal, Schneide 193); sinkende Temperaturen; im späten Oktober, bei sinkendem Licht (Strauß, Niemand 211); **c)** *(im Wert) fallen, geringer werden, an Wert verlieren:* die Kurse, Preise sinken; der Wert des Geldes, die Kaufkraft, das Bruttosozialprodukt ist gesunken; im Kurs, Preis, Wert s.; die Aktien sind gesunken; der Dollar drohte unter 1,50 DM zu s., ist um einen Pfennig gesunken; Ü in der Gunst des Publikums, in jmds. Achtung s.; **d)** *kleiner, geringer, weniger werden, nachlassen, abnehmen:* die Nachfrage, der Verbrauch, die Produktion sinkt; ⟨subst.:⟩ ein Sinken der Auflage, deren Höhe maßgeblich für die Anzeigenpreise ist (NJW 19, 1984, 1124); Ü jmds. Mut, Vertrauen, Hoffnung sinkt; seine Chancen sind eher noch gesunken; **Sink|flug,** *der* (Flugw.): *Flug, bei dem ein Flugzeug o. ä. sich dem Boden nähert:* die Maschine überflog den See im S. und landete auf der anderen Seite; **Sink|kasten,** *der: Schacht, der Abwasser aufnimmt;* **Sink|stoff,** *der;* (meist Pl.): *vom fließenden Wasser mitgeführte feste Bestandteile, die langsam zu Boden sinken.*
Sinn, *der;* -[e]s, -e [mhd., ahd. sin, eigtl. = Gang, Reise, Weg]: **1. a)** ⟨meist Pl.⟩ *Fä-*

higkeit der Wahrnehmung u. Empfindung (die in den Sinnesorganen ihren Sitz hat): verfeinerte, wache, stumpfe -e; die fünf -e, nämlich das Hören, das Sehen, das Riechen, das Schmecken und das Tasten; das Tier sieht nicht gut, seine übrigen -e sind dafür umso schärfer; aber jetzt waren seine -e klar und ließen ihn alles miterleben (Loest, Pistole 106); etw. schärft die -e, stumpft die -e ab; seine -e für etw. öffnen, vor etw. verschließen; etw. mit den -en wahrnehmen, aufnehmen; jmdm. schwinden, vergehen die -e *(jmd. droht das Bewußtsein zu verlieren, ohnmächtig zu werden);* ihre -e hatten sich verwirrt *(sie konnte nicht mehr klar denken);* der Alkohol umnebelte seine -e; seiner -e nicht mehr mächtig sein, nicht mehr Herr seiner -e sein *(sich nicht mehr beherrschen können, außer sich sein);* * *der sechste/ein sechster S. (besonderer Instinkt, mit dem man etw. richtig einzuschätzen, vorauszuahnen vermag):* einen sechsten S. haben; etw. mit dem sechsten S. wahrnehmen; **seine fünf -e zusammennehmen/zusammenhalten** (ugs.; *aufpassen, sich konzentrieren);* **seine fünf -e nicht beisammenhaben** (ugs.; *nicht recht bei Verstand sein);* [**nicht**] **bei -en sein** *([nicht] bei klarem Verstand sein):* die Großmutter ist nicht mehr ganz bei -en; bist du noch bei -en? (Ausruf der Verärgerung, der Entrüstung über jmds. Verhalten od. Tun); [**wie**] **von -en sein** *(überaus erregt sein, außer sich sein):* sie war wie von -en vor Angst; sind Sie denn ganz und gar von -en? (Ausruf der Verärgerung, der Entrüstung über jmds. Verhalten od. Tun); **b)** ⟨Pl.⟩ (geh.) *geschlechtliches Empfinden, Verlangen:* jmds. -e erwachen; die Tänzerin erregte seine -e, brachte seine -e in Aufruhr; ich wartete noch immer darauf, im Taumel der -e zu vergehen (Perrin, Frauen 65). **2.** ⟨o. Pl.⟩ *Gefühl, Verständnis für etw.; innere Beziehung zu etw.:* S. für Stil bei den byzantinischen Griechen im Blute (Thieß, Reich 400); Job Manns hervorstechender S. für das Wesentliche (Reich-Ranicki, Th. Mann 229); sie hat [viel] S. für Blumen, für Humor; Hast du keinen S. für die Schönheiten der Natur? (Remarque, Obelisk 70); er hatte wenig S. für Familienfeste *(mochte sie nicht).* **3.** ⟨o. Pl.⟩ **a)** (geh.) *jmds. Gedanken, Denken:* jmds. S. ist auf etw. gerichtet; er hat seinen S. *(seine Einstellung, Haltung [dazu])* geändert; er ist in dieser Sache anderen -es *(hat eine andere Meinung darüber);* sie war eines -es (geh.; *einer Meinung)* mit mir; bei der Besetzung der Stelle hatte man ihn in S. *(an ihn gedacht, wollte ihn berücksichtigen);* ich dachte, es sei auch in deinem -e *(du seist auch dafür);* er hat ganz in meinem S. *(wie ich es mir gewünscht habe, hätte)* gehandelt; das ist [nicht ganz] nach meinem S. *(gefällt mir so [nicht ganz]);* * **jmdm. steht der S. [nicht] nach etw.** *(jmd. hat [keine] Lust zu etw., ist [nicht] auf etw. aus):* der S. stand ihr nicht nach vielem Reden; wonach steht dir denn der S.?; **jmdm. aus dem S. kommen** *(von jmdm. vergessen werden):* ich wollte ihn gestern schon anrufen, aber irgendwie ist es mir dann doch wie-

der [ganz] aus dem S. gekommen; jmdm. **nicht aus dem S. gehen** (↑ Kopf 3); **sich** ⟨Dativ⟩ **etw. aus dem S. schlagen** (↑ Kopf 3); **jmdm. durch den S. gehen/fahren** *(jmdm. [plötzlich] einfallen u. ihn beschäftigen);* **jmdm. im S. liegen** (veraltend; *jmds. Gedanken ständig beschäftigen);* **etw. im S. haben** *(etw. Bestimmtes vorhaben):* was hast du im S.?; Aber er selber hatte anderes im S., sein künstlerischer Ehrgeiz ging ... in eine ganz andere Richtung (Reich-Ranicki, Th. Mann 158); **mit jmdm., etw. nichts im S. haben** *(mit jmdm., etw. nichts zu tun haben wollen);* **jmdm. in den S. kommen** *(jmdm. einfallen):* Stefan hatte nichts einzuwenden, es kam ihm überhaupt nicht in den S. (Rolf Schneider, November 208); jmds. **nicht in den S. wollen** (↑ Kopf 3); **jmdm. zu S. sein/werden** (geh. selten; *jmdm. zumute sein/werden):* Er trug ein großes Verlangen, ihr zu schreiben, was ihm zu S. war (Feuchtwanger, Erfolg 355); **b)** (geh.) *Sinnesart, Denkungsart:* ein hoher, edler S. war ihm eigen; seine Frau hat einen realistischen, nüchternen S.; geraden S.; sie war frohen -es. **4.** ⟨o. Pl.⟩ *Sinngehalt, gedanklicher Gehalt; Bedeutung:* der verborgene, geheime, tiefere, wahre S. einer Sache; der S. seiner Worte, dieser Äußerung blieb mir verborgen; der S. des Gedichts erschließt sich leicht; den S. von etw. erfassen, ahnen, begreifen; Die Worte haben alle einen doppelten S. (Chr. Wolf, Nachdenken 231); etw. ergibt [k]einen S.; etw. macht [k]einen S. (ugs.; *etw. ergibt [k]einen Sinn, ist [nicht] verständlich, sinnvoll; nach engl. something makes sense):* Für mich macht durchaus S., wenn man sagt ... (Spiegel 27, 1983, 86); Das macht S., weil Daten- und Nachrichtentechnik künftig immer enger zusammenwachsen dürften (Spiegel 46, 1981, 106); jmds. Äußerung dem -e nach wiedergeben; im herkömmlichen, klassischen, ursprünglichen, eigentlichen, strengen, wörtlichen, engeren, weiteren, weitesten S.; Alles ist verzerrt, schreiend, übertrieben ... romantisch also im üblen -e (Reich-Ranicki, Th. Mann 157); im -e des Gesetzes *(so, wie es das entsprechende Gesetz vorsieht);* er hat sich in einem ähnlichen S. geäußert; ich habe lange über den S. seiner Worte nachgegrübelt, nachgedacht; * [**nicht**] **im -e des Erfinders sein** (ugs.; *[nicht] in jmds. ursprünglicher Absicht liegen):* Das wäre nicht im -e des Erfinders (Spiegel 44, 1977, 226). **5.** *Ziel u. Zweck, Wert, der einer Sache innewohnt:* etw. hat seinen guten S.; den S. von etw. nicht erkennen, sehen; hat es überhaupt einen S., das zu tun?; was hat dieses Philosophieren für einen praktischen S.? (Langgässer, Siegel 553); etw. hat seinen S. verloren; um dem Dasein einen S. abzugewinnen (Müthel, Baum 67); einen S. in etw. bringen; es hat keinen, wenig, nicht viel S. *(ist [ziemlich] sinnlos, zwecklos),* damit zu beginnen; es hat keinen/wenig S. (ugs.; *hat keinen/wenig Sinn; nach engl. it doesn't make [any] sense);* Macht es denn überhaupt S., daß kleine Anleger jetzt noch Gold kaufen? (Spiegel 1/2, 1980, 32); nach dem S. des Le-

bens fragen; ohne irgendeinen Wert oder S. zu schaffen — keine Kinder, kein Garten, kein Reichtum (Strauß, Niemand 81); etw. ist ohne S. *(ist sinnlos);* * **ohne S. und Verstand** *(ohne Überlegung; unsinnig, sinnlos):* er arbeitet ohne S. und Verstand; **weder S. noch Verstand haben** *(völlig unsinnig sein).* ♦ **6.** *Absicht, Vorhaben:* Jeder nahm sich vor, auch irgend ein Stück von dem S. des Verfassers zu entwickeln (Goethe, Lehrjahre IV, 3); * **jmdm. durch den S. fahren** (1. *jmds. Plan vereiteln, jmds. Vorhaben behindern:* Ich fahr' ihnen alle Tag' durch den S., sag' ihnen die bittersten Wahrheiten, daß sie mein müde werden und mich erlassen sollen [Goethe, Götz V]. 2. *jmdm. widersprechen:* Man muß dem Philosophen durch den S. fahren, sagten sie, man muß ihm nicht weismachen, daß er alles besser wisse als wir [Wieland, Abderiten I, 9]); **Sịn|nen|be|reich,** der (Sprachw.): Sinnbezirk; **sịn|nen|be|täu-bend** ⟨Adj.⟩ (geh.): *von starker Wirkung, die Sinne gleichsam betäubend, berauschend:* ein -er Duft; **sịn|nen|be|tö|rend** ⟨Adj.⟩ (geh.): vgl. sinnbetäubend; **Sịn|nen|be|zirk,** der (Sprachw.): Wortfeld; **Sịnn|bild,** das: *etw. (eine konkrete Vorstellung, ein Gegenstand, Vorgang o. ä.), was als Bild für einen abstrakten Sachverhalt steht; Symbol:* das Kreuz ist das S. der Passion Christi; der Anker als S. der Hoffnung; **sịnn|bild|haft** ⟨Adj.; -er, -este⟩ (geh.): *in der Weise eines Sinnbildes, wie ein Sinnbild:* etw. hat -en Charakter, -e Bedeutung; das ist s. zu verstehen; **sịnn-bild|lich** ⟨Adj.⟩: *als Sinnbild; durch ein Sinnbild; symbolisch:* etw. s. darstellen; **Sịnn|deu|tung,** die (selten): *Interpretation* (1 a): die S. eines Gedichts; **sịn|nen** ⟨st. V.; hat⟩ /vgl. gesinnt, gesonnen/ [mhd. sinnen, ahd. sinnan, urspr. = gehen, reisen] (geh.): **1.** *in Gedanken versunken [über etw.] nachdenken, Betrachtungen [über etw.] anstellen:* nachdem sie eine Weile darüber gesonnen hatte, sagte sie ...; was sinnst du? *(woran denkst du?);* [lange hin und her] s., wie ein Problem zu lösen sei; sie schaute sinnend (in Gedanken versunken) aus dem Fenster; ⟨subst.:⟩ In tiefem Sinnen dann verließ Alois Kutzner ... die Kirche (Feuchtwanger, Erfolg 388). **2.** *planend seine Gedanken auf etw. richten; nach etw. trachten:* auf Mord, Rache, Abhilfe, Flucht s.; ... hätte ich es für meine Pflicht gehalten, auf Mittel und Wege zu s., wie er hätte beseitigt werden könne (Niekisch, Leben 353); wie sollte ich nicht darauf s., mich ... erkenntlich zu erweisen? (Th. Mann, Krull 280); ⟨veraltet mit Akk.-Obj.:⟩ Verrat s.; Jetzt sann er Blut (Th. Mann, Joseph 216); ⟨subst.:⟩ ihr ganzes Sinnen [und Trachten] war darauf gerichtet, sich dafür zu rächen; **Sịn|nen|freu|de,** die (geh.): **a)** ⟨o. Pl.⟩ *durch die Sinne* (1 a), *mit den Sinnen erfahrene Lebensfreude:* die S. der Südländer; **b)** ⟨Pl.⟩ *leibliche, erotische Abenteuer:* kulinarische und andere -n genießen; **sịn|nen-freu|dig** ⟨Adj.⟩: vgl. sinnenfroh; **sịn|nen-froh** ⟨Adj.⟩ (geh.): *durch Sinnenfreude* (a) *gekennzeichnet:* ein -er Mensch, Bewunderer alles Schönen; **Sịn|nen|ge|nuß,**

Sinnengier

der: *das Genießen von Sinnenfreuden;* **Sin|nen|gier,** die (abwertend): *Gier nach Sinnengenuß;* **Sin|nen|kit|zel,** der (selten): *Kitzel* (2); **Sin|nen|lust,** die ⟨o. Pl.⟩: vgl. Sinnenfreude (a); **Sin|nen|mensch,** der: *Mensch, dessen Erleben ganz durch die Sinneserfahrung bestimmt ist, für den sinnliche Eindrücke, Erfahrungen, Sinnenfreude wichtig sind;* **Sin|nen|rausch,** der ⟨o. Pl.⟩ (geh.): *durch Erregung der Sinne* (1 a) *bewirkter ungezügelter, rauschhafter Zustand;* **Sin|nen|reiz,** der: *starker, auf die Sinne* (1 a) *wirkender Reiz;* **Sin|nen|tau|mel,** der (geh.): vgl. Sinnenrausch; **sinn|ent|leert** ⟨Adj.⟩ (geh.): *keinen Sinn* (4, 5) *mehr aufweisend, in sich tragend:* -e Reden; die Arbeit erscheint ihm s.; Zwänge der Halbstarken, die in der Tristesse einer -en Welt nur noch vom großen Geld oder einer knalligen Tat träumen können (Hörzu 9, 1978, 55); **Sin|nen|trug,** der (dichter.): *Täuschung der Sinne* (1 a); **sinn|ent|spre|chend** ⟨Adj.⟩: *sinngemäß;* **sinn|ent|stel|lend** ⟨Adj.⟩: *den Sinn* (4) *von etw. entstellend:* eine -e Übersetzung; dieser Druckfehler ist s.; s. zitieren; **Sin|nen|welt,** die ⟨o. Pl.⟩ (bes. Philos.): *die Welt, so wie sie mit den Sinnen* (1 a) *erfahren wird; die vom Menschen wahrgenommene Welt der Erscheinungen;* **sinn|er|füllt** ⟨Adj.⟩ (geh.): *Sinn* (5) *in sich tragend:* ein -es Leben; **Sinn|er|gän|zung,** die (Sprachw.): *Satzglied, das vom Verb notwendig gefordert wird;* **Sin|nes|än|de|rung,** die: *Sinneswandel;* **Sin|nes|art,** die: *Wesens-, Denkart eines Menschen:* eine sanfte, ungebärdige S. haben; **Sin|nes|ein|druck,** der: vgl. Sinnesreiz: ein optischer S.; **Sin|nes|emp|fin|dung,** die: vgl. Sinneswahrnehmung; **Sin|nes|er|fah|rung,** die: *Erfahrung, die durch die Sinne* (1 a) *vermittelt wird;* **Sin|nes|funk|ti|on,** die ⟨meist Pl.⟩: *Aufgabe der Sinnesorgane:* eine Prüfung der -en vornehmen; **Sin|nes|haar,** das ⟨meist Pl.⟩: *Härchen od. haartiges Organ, das der Aufnahme u. Weiterleitung der Sinnesreize dient;* **Sin|nes|lei|stung,** die (Fachspr.): *Leistung eines Sinnesorgans:* Auch die -en Hören und Riechen versuchen Forscher ... nachzuahmen (Welt 18. 10. 91, 23); **Sin|nes|nerv,** der: *Nervenstrang, der eine Verbindung zwischen Sinnesorgan u. bestimmten nervösen Zentren (z. B. dem Gehirn) herstellt;* **Sin|nes|or|gan,** das: *(beim Menschen u. bei höheren Tieren) Organ, das der Aufnahme u. Weiterleitung der Sinnesreize dient; Empfindungsorgan;* **Sin|nes|phy|sio|lo|gie,** die: *Teilgebiet der Physiologie, das sich mit den Funktionen u. Leistungen der Sinnesorgane u. -nerven beschäftigt;* **Sin|nes|psy|cho|lo|gie,** die: *Wahrnehmungspsychologie;* **Sin|nes|reiz,** der (Biol.): *Reiz, der auf ein Sinnesorgan einwirkt;* **Sin|nes|schär|fe,** die: *Grad der Wahrnehmungsfähigkeit eines Sinnesorgans;* **Sin|nes|stö|rung,** die: *Störung, Beeinträchtigung eines od. mehrerer Sinne* (1 a); **Sin|nes|täu|schung,** die: *optische od. akustische Wahrnehmung, die auf einer Täuschung der Sinne beruht u. die mit den wirklichen Gegebenheiten od. Vorgängen nicht übereinstimmt:* dieser Eindruck beruht auf einer S.; **Sin|nes|ver|wir|rung,** die (geh.): *[vorübergehende] Geistesgestörtheit;* **Sin|nes|wahr|neh|mung,** die: *Wahrnehmung durch die Sinnesorgane;* **Sin|nes|wan|del,** der: *Änderung der Einstellung zu jmdm., etw.:* ein ganz unbegreiflicher, erfreulicher S.; woher dieser plötzliche S. *(wie kommt es, daß du auf einmal eine ganz andere Meinung vertrittst)?;* Er habe sich meinen S. nicht erklären können (W. Brandt, Begegnungen 113); **Sin|nes|werk|zeug,** das: *Sinnesorgan;* **Sin|nes|zel|le,** die ⟨meist Pl.⟩ (Anat., Zool.): *[zu einem Sinnesorgan gehörende] Zelle, die der Sinneswahrnehmung dienende, für die Aufnahme von Sinnesreizen spezialisierte Zelle;* **sinn|fäl|lig** ⟨Adj.⟩: *einleuchtend, leicht verständlich:* eine -e Metapher, ein -er Vergleich; etw. findet in etw. -en Ausdruck; das „neue Rom", im Habsburgerkaiser verwirklicht, in einem Kirchenbau s. dargestellt (Bild. Kunst III, 27); **Sinn|fäl|lig|keit,** die ⟨o. Pl.⟩: *das Sinnfälligsein;* **Sinn|fra|ge,** die ⟨o. Pl.⟩: *Frage nach dem Sinn* (5), *bes. des menschlichen Lebens;* **Sinn|ge|bung,** die; -, -en (geh.): *das Verleihen eines Sinnes* (5): dem tragischen Schicksal, Zentrum eines zweigeteilten Landes zu sein, würde auf diese Weise doch noch eine späte S. zuteil (Dönhoff, Ära 75); **Sinn|ge|dicht,** das (Literaturw.): *kurzes, oft zweizeiliges Gedicht mit witzigem od. satirischem Inhalt; Epigramm;* **Sinn|ge|halt,** der: *Sinn* (4); **sinn|ge|mäß** ⟨Adj.⟩: **1.** *(in bezug auf die Wiedergabe einer mündlichen od. schriftlichen Äußerung) nicht dem genauen Wortlaut, jedoch dem Sinn, dem Inhalt nach:* eine -e Wiedergabe; etw. s. übersetzen; das hat er, zumindest s., gesagt; nicht wortwörtlich, aber s. (Kühn, Zeit 255). **2.** (selten) *sinnvoll; folgerichtig:* So war es s., daß es (= das Proletariat) sich dem bestehenden Europa gegenüber feindselig einstellte (Niekisch, Leben 148); **sinn|ge|treu** ⟨Adj.⟩ (geh.): *den Sinn nicht verfälschend:* eine möglichst -e Übersetzung; eine Äußerung s. wiedergeben; **sinn|gleich** ⟨Adj.⟩: vgl. sinnverwandt; **sinn|haft** ⟨Adj.⟩; -er, -este) [mhd. sinnehaft] (geh., selten): *Sinn* (4) *in sich tragend:* ein -es Tun; **Sinn|haf|tig|keit,** die; - (geh.): *das Sinnhaftigsein:* Die S. staatlichen Handelns (Frankfurter Rundschau 9. 7. 88, 10); **sinn|hal|tig** ⟨Adj.⟩ (geh.): *sinnvoll:* eine -e Daseinsform; **Sinn|hal|tig|keit,** die; - (geh.): *das Sinnhaltigsein:* ... befreit es (= das Glück) ... und versichert ihn der Sinnhaltigkeit zugleich der S. seines Daseins (Höhler, Glück 11); **sin|nie|ren** ⟨sw. V.; hat⟩: *ganz in sich versunken über etw. nachdenken; seinen Gedanken nachhängen; grübeln:* er saß in einer Ecke und sinnierte; über etw. s.; So sind nun einmal die Gedanken, sinnierte er (Weber, Tote 227); Beide sinnierten gern mit sich hin (Hausmann, Abel 10); ⟨subst.:⟩ ins Sinnieren kommen; Seine Art zu denken war in Sinnieren, ihm fehlten Leichtigkeit, Frische, vor allem Humor (Meckel, Suchbild 79); **Sin|nie|rer,** der; -s, -: *jmd., der zum Sinnieren neigt; Grübler;* **Sin|nie|re|rin,** die; -, -nen: w. Form zu ↑Sinnierer; **sin|nig** ⟨Adj.⟩ [mhd. sinnec = verständig, besonnen, klug; ahd. sinnig = empfänglich, gedankenreich]: **1.** *sinnreich, sinnvoll:* ein sehr -es Vorgehen; (meist spött. od. iron.:) Der -e Einfall, diesen Abschied im Cachot zu feiern (Werfel, Bernadette 383); ... stellt Autor Gregor A. Heussen die -e Frage, ob im Gefängnis auch Befreiung erlebt werden kann (Spiegel 1, 1983, 142); ein -es *(gutgemeintes, aber doch gerade nicht sehr sinnvolles)* Geschenk; ein -er Spruch, Merkvers; das war sehr s. *(ziemlich unpassend, unsinnig)* [von dir]. **2.** (veraltet) *nachdenklich:* Wolf, der immer so still und so s. war (Löns, Hansbur 65); was guckst du so s.? **3.** (landsch.) *bedächtig, langsam, vorsichtig:* Immer s. mit die Deerns! (Hausmann, Abel 28). ♦ **4.** *zum Nachdenken, zum Sinnen* (2) *anregend:* Am schönsten, heitersten, sinnigsten ... hielt man einen -en Flurumzug um und durch das Ganze (Goethe, Wanderjahre I, 8); **sin|ni|ger|wei|se** ⟨Adv.⟩: *so, wie es sinnvoll ist:* (meist spött. od. iron.:) die Kneipe nennt sie s. „Zum letzten Heller"; er hatte sich seine Geheimnummer s. auf der Scheckkarte notiert; das hat sie mir sogar selbst mal gesagt, und zwar s. in einer recht pikanten Situation (Kempowski, Zeit 159); **Sin|nig|keit,** die; -: *Sinnigsein;* **Sinn|kri|se,** die: *psychische Krise, in die jmd. geraten ist; wenn er das Leben nicht mehr als sinnvoll erfährt:* dieser Schicksalsschlag hat bei ihr eine schwere S. hervorgerufen; Wertewandel und moderne -n, die den Epochenübergang von der Industriegesellschaft in die Informations- und Dienstleistungskultur begleiten (Höhler, Sieger 166); **Sinn|kri|te|ri|um,** das (Sprachphilosophie): *Kriterium, mit dessen Hilfe entschieden werden kann, ob ein Satz semantisch sinnvoll (d. h. wahr od. falsch) ist;* **sinn|lich** ⟨Adj.⟩ [1: mhd. sin(ne)lich]: **1.** *zu den Sinnen* (1 a) *gehörend, durch sie vermittelt; mit den Sinnen* (1 a) *wahrnehmbar, aufnehmbar:* die -e Wahrnehmung, Erfahrung; ein -er Reiz, Eindruck; eine -e *(unmittelbare)* Anschauung von etw. gewinnen; etw. s. erfassen; die s. wahrnehmbare Welt. **2. a)** *auf Sinnengenuß ausgerichtet; dem Sinnengenuß zugeneigt:* den -en *(leiblichen)* Genüssen, Freuden zugetan sein; **b)** *auf den geschlechtlichen Genuß ausgerichtet; begehrlich:* -e Verlangen; -e Begierden, Leidenschaften; -e Liebe; sie ist ein ausgesprochen -er Mensch, Typ; ein -er Mund *(der eine starke sexuelle Veranlagung erkennen läßt);* meine Mutter ... hatte -e Lippen (Hilsenrath, Nazi 15); ... sagt Rocco mit seiner schönen und -en Stimme (Rocco [Übers.], Schweine 88); s. [veranlagt] sein; -e erregen; **Sinn|lich|keit,** die; - [1: mhd. sin(ne)licheit]: **1.** *das den Sinnen* (1 a) *zugewandte Sein:* die S. der Kunst des Barock. **2.** *sinnliches Verlangen:* eine hingebungsvolle, zügellose S.; seine S. nicht beherrschen; Sie war von einer tollen, unersättlichen S., die er zuerst schamlos fand (Bredel, Väter 333); Ihre ... Augen fieberten vor S. (Kinski, Erdbeermund 294); **sinn|los** ⟨Adj.⟩; -er, -este) [mhd., ahd. sinnelōs = wahnsinnig; bewußtlos, von Sinnen]: **1.** *ohne Vernunft, ohne erkennbaren Sinn* (5); *unsinnig:* ein -er

Streit, Krieg; -er Lärm; eine völlig -e Handlung; -e Zerstörung, Verschwendung; -es Töten; er ... sprach, was noch lesbar war, als -en, wirren Text in die Stille (Ransmayr, Welt 243); das ist alles ganz s.; als Napoleon die große Armee s. ruiniert hatte (Hochhuth, Stellvertreter 119); Dann rollte s. hupend ein Autobus vorüber (Dürrenmatt, Grieche 21); Zu kostbar seine Zeit, um sie s. zu vertrödeln (Bastian, Brut 166). **2.** (abwertend) *übermäßig, maßlos:* er hatte eine -e Wut; er war s. *(völlig) betrunken;* **Sinn|lo|sig|keit,** die; -, -en: **1.** ⟨o. Pl.⟩ *das Sinnlossein:* die S. einer Tat. **2.** (selten) *sinnlose Handlung:* -en begehen; **Sinn|pflan|ze,** die [die Pflanze scheint einen Sinn (1 a), d. h. die Fähigkeit zur Empfindung zu besitzen]: Mimose (2); **sinn|reich** ⟨Adj.⟩ [mhd. sinnerīche = verständig, scharfsinnig]: **1.** *durchdacht u. zweckmäßig:* eine -e Einrichtung, Erfindung; ... aus dem Kanonenöfchen, das hinten am Auto montiert war und auf s-e Weise dem Motor die nötige Energie verschaffte (Heym, Schwarzenberg 201). **2.** (seltener) *einen bestimmten Sinn (5) enthaltend; tiefsinnig:* ein -er Spruch. **3.** *sinnig* (1): das ist ja alles sehr s.; **Sinn|spruch,** der: *Spruch od. Satz, der eine Lebensregel enthält;* Gnome; Sentenz (1); **sinn|stif|tend** ⟨Adj.⟩ (geh.): *bewirkend, daß sich [für etw.] ein Sinn (5) ergibt:* die -e Wirkung des Glaubens; **Sinn|stif|tung,** die (geh.): vgl. Sinngebung; **sinn|ver|lo|ren** ⟨Adj.⟩ (geh. selten): vgl. gedankenverloren; **Sinn|ver|lust,** der: *Verlust des [Lebens]sinns;* **sinn|ver|wandt** ⟨Adj.⟩ (Sprachw.): *synonym;* **sinn|ver|wir|rend** ⟨Adj.⟩; vgl. sinnverwirrt; **sinn|voll** ⟨Adj.⟩: **1.** *durchdacht u. zweckmäßig; vernünftig:* eine -e Einrichtung, Lösung, Maßnahme; viele empfinden -es Sparen als Einschränkung ihrer persönlichen Freiheit (NZZ 26. 2. 86, 9); Es geht um die Neuorientierung hin zu anderen, -eren Produkten (natur 9, 1991, 74); -en Gebrauch von etw. machen; es ist [nicht, wenig] s., so zu handeln; den Vorschlag finde ich nicht sehr s.; das Geld s. verwenden; die Ressourcen s. einsetzen; die Wartezeit s. nutzen; ⟨subst.:⟩ wenn ich noch irgendwas Sinnvolles tun kann, sag es bitte. **2.** *für jmdn. einen Sinn (5) habend, eine Befriedigung bedeutend:* eine -e Aufgabe, Tätigkeit, Beschäftigung; ein -es Leben; so eine Arbeit ist für mich, in meinen Augen nicht [besonders] s.; Um den Saarländern, die nicht in Urlaub fahren, eine -e Ferien-Freizeitbeschäftigung zu bieten ... (Saarbr. Zeitung 9. 7. 80, 26); ⟨subst.:⟩ etwas Sinnvolles tun, zu tun haben. **3.** *einen Sinn (4) ergebend:* ein -er Satz; **sinn|wid|rig** ⟨Adj.⟩ (geh.): *der Bedeutung, dem Sinn (4) von etw. zuwiderlaufend:* ein -es Verhalten; **Sinn|wid|rig|keit,** die; - ⟨o. Pl.⟩ *das Sinnwidrigsein.* **2.** (selten) *etwas Sinnwidriges;* **Sinn|zu|sam|men|hang,** der: *Kontext, größerer Zusammenhang, aus dem etw., bes. ein Wort, ein Satz, eine Äußerung u. ä., erst richtig gedeutet werden kann:* ohne den [größeren] S. zu kennen, kann man diesen Satz kaum richtig verstehen; ein zwar wörtliches, aber aus dem S. gerissenes Zitat;

das Wort hat, je nach dem S., in dem es verwendet wird, sehr unterschiedliche Bedeutungen.

si|no-, Si|no- [zu griech. Sínai, ↑Sinanthropus] ⟨Best. in Zus. mit der Bed.⟩: *China; chinesisch,* z. B. Sinologie, sinotibetisch; **si|no|ja|pa|nisch** ⟨Adj.⟩ (Sprachw.): *(von chinesischen Lehnwörtern) lautlich an das Japanische angeglichen;* **Si|no|lo|ge,** der; -n, -n [↑-loge]: *Wissenschaftler auf dem Gebiet der Sinologie;* **Si|no|lo|gie,** die; - [↑-logie]: *Wissenschaft von der chinesischen Sprache u. Kultur;* **Si|no|lo|gin,** die; -, -nen: w. Form zu ↑Sinologe; **si|no|lo|gisch** ⟨Adj.⟩: *die Sinologie betreffend, zu ihr gehörend, auf ihr beruhend.*

Si|no|pie, die; -, -n [nach der türk. Stadt Sinop, aus der urspr. die Erdfarbe stammte] (Kunstwiss.): *in roter Erdfarbe auf dem Rauhputz ausgeführte Vorzeichnung bei Mosaik u. Wandmalerei.*

Si|no|sko|pie, Sinuskopie, die; -, -n [zu ↑Sinus u. griech. skopeīn = betrachten] (Med.): *endoskopische Untersuchung der Nasennebenhöhlen, bes. der Kieferhöhlen.*

si|no|ti|be|tisch ⟨Adj.⟩ [vgl. sinojapanisch] (Sprachw.): *die Sprachfamilie betreffend, deren Sprecher in Ost- u. Südostasien beheimatet sind u. zu der die chinesischen, die tibetobirmanischen u. die Thaisprachen gehören; tibetochinesisch.*

sin|te|mal, sin|te|ma|len ⟨Konj.⟩ [mhd. sintemāl, eigtl. = seit der Zeit] (veraltet, noch scherzh.): *weil; zumal:* so irren Sie doch in Ihrer ersten Voraussetzung, Mann, sintemal ich kein Volksschullehrer bin (H. Mann, Unrat 39); * **s. und alldieweil** (veraltet, noch scherzh.: *weil).*

Sin|ter, der; -s, - [mhd. sinter, sinder, ahd. sintar = Metallschlacke]: *poröses Gestein (meist Kalkstein), das durch Ablagerung aus fließendem Wasser entstanden ist;* **Sin|ter|glas,** das ⟨o. Pl.⟩: *durch Sintern von Glaspulver hergestellter poröser Werkstoff, der bes. zur Herstellung von Filtern verwendet wird;* **sin|tern** ⟨sw. V.⟩ (hat) (Technik): **a)** *(pulverförmige bis körnige Stoffe, bes. Metall) durch Erhitzen [u. Einwirkenlassen von Druck] oberflächlich zum Schmelzen bringen, zusammenwachsen lassen u. verfestigen:* Erze, keramische Rohmasse s.; **b)** *durch Einwirkung von Hitze [u. Druck] oberflächlich schmelzen, zusammenwachsen u. sich verfestigen:* das Erz sintert und bildet Blöcke; **Sin|ter|ter|ras|se,** die: *durch Ablagerung von Sinter entstandene Terrasse (2);* **Sin|te|rung,** die; - (Technik): *das Sintern.*

Sint|flut, die ⟨o. Pl.⟩ [mhd., ahd. sin(t)vluot, unter Einfluß von ↑Sünde zu mhd. sin(e)-, ahd. sin(a)- = immerwährend; gewaltig u. ↑Flut]: *(in Mythos u. Sage) große, katastrophale [die ganze Erde überflutende] Überschwemmung als göttliche Bestrafung:* nach biblischer Überlieferung entgingen nur Noah und seine Familie der S.; (emotional übertreibend:) alles stand unter Wasser, es war die reinste S.; R und wie die S. danach kommt, ist mir gleichgültig; nach dem Ausspruch der Marquise von Pompadour nach der Schlacht bei Roßbach [1757]: Après nous le déluge; Ü die Flut des Jammers, die

Flut der Tränen, die S. (Langgässer, Siegel 597); Die Einwohner kämpfen erfolgreich gegen die S. unseres Wohlstandsmülls (natur 6, 1991, 60); * **eine S. von etw.** (emotional übertreibend; *eine [plötzlich auftretende] übermäßig große Menge, ein Übermaß von etw.*): eine S. von Briefen, Angeboten; Eine S. von Licht schien über die Erde ausgegossen (Hauptmann, Thiel 29); es schwoll eine S. an von Gelächter, die alle Grundfesten unterwusch (Radecki, Tag 102); **sint|flut|ar|tig** ⟨Adj.⟩: *an eine Sintflut erinnernd:* -e Regenfälle; Sintflutartiger Monsunregen hat ... die Situation in Bangladesh weiter verschärft (NNN 26. 9. 87, 2).

Sin|ti|za, die; -, -s: w. Form zu ↑Sinto (Selbstbezeichnung); **Sin|to,** der; -, ...ti ⟨meist Pl.⟩ [viell. nach der Herkunft ihrer Vorfahren aus der nordwestind. Region Sindh]: *Angehöriger der etwa seit Beginn des 15. Jh.s im deutschsprachigen Raum lebenden Gruppe der Zigeuner* (1) (Selbstbezeichnung): die deutschen Sinti und Roma; Die Tatsache, daß Johann Matz ein S. war (Spiegel 17, 1986, 76).

Si|nui|tis, die; -, ...itiden (Med.): Sinusitis; **si|nu|ös** ⟨Adj.⟩ [zu ↑Sinus] (Med.): *(von Organen od. Organteilen) gewunden, Falten od. Vertiefungen aufweisend;* **Si|nus,** der; -, - [...nu:s] u. -se [(m)lat. sinus = Krümmung, H. u.]: **1.** (Math.) *im rechtwinkligen Dreieck das Verhältnis von Gegenkathete zu Hypotenuse;* Zeichen: sin. **2.** (Anat.) **a)** *Hohlraum in Geweben u. Organen;* **b)** *Einbuchtung, Vertiefung an Organen u. Körperteilen;* **c)** *Erweiterung von Gefäßen;* **d)** *venöses Blut führender Kanal zwischen den Hirnhäuten;* **Si|nus|haar,** das ⟨meist Pl.⟩: *kräftiges, langes, steifes Sinneshaar als Tastsinnesorgan bei Säugetieren;* **Si|nu|si|tis,** die; -, ...itiden (Med.): *Entzündung im Bereich der Nebenhöhlen;* **Si|nus|kno|ten,** der: *knotenförmiges Bündel von Muskelfasern im menschlichen Herzen, das für die Steuerung des Schlagrhythmus wichtig ist;* **Si|nu|sko|pie:** ↑Sinoskopie; **Si|nus|kur|ve,** die (Math.): *zeichnerische Darstellung des Sinus in einem Koordinatensystem in Form einer Kurve (1 a);* **Si|nus|satz,** der ⟨o. Pl.⟩ (Math.): *Lehrsatz der Trigonometrie zur Bestimmung von Seiten u. Winkeln in beliebigen Dreiecken;* **Si|nus|schwin|gung,** die (Physik): *in ihrem räumlichen u. zeitlichen Verlauf als Sinuskurve darstellbare Schwingung;* **Si|nus|throm|bo|se,** die (Med.): *Thrombose eines venöses Blut führenden Blutgefäßes im Gehirn;* **Si|nus|ton,** der (Physik, Musik): *von einer Sinusschwingung erzeugter Ton.*

Si|oux ['ziːʊks; engl.: suː], der; -, -: *Angehöriger eines nordamerikanischen Indianerstammes.*

Si|pho, der; -s, ...onen [lat. sipho, ↑Siphon] (Zool.): *(bei Schnecken, Muscheln u. a.) bes. der Atmung dienende Röhre;* **Siphon** ['ziːfõ, österr.: ziˈfoːn], der; -s, -s [frz. siphon, eigtl. Saugheber < lat. sipho < griech. siphōn = (Wasser)röhre, Weinheber, wohl lautm.]: **1.** *Geruchsverschluß:* der S. am Waschbecken ist verstopft. **2.** *dicht verschlossenes Gefäß, in dem kohlensäurehaltige Getränke dadurch hergestellt werden können, daß mit Hilfe*

Siphonflasche

spezieller Patronen die Kohlensäure hineingeleitet wird, so daß beim Öffnen eines entsprechenden Ventils die kohlensäurehaltige Flüssigkeit durch den im Gefäß herrschenden Druck herausgespritzt wird: Adda gießt Orangensaft ins Glas, wirft ein paar Stücke Eis hinein und spritzt aus dem S. Sodawasser hinzu (Fr. Wolf, Menetekel 27). **3.** (österr. ugs.) *Sodawasser.* **4.** *Abflußanlage, die unter eine Straße führt;* **Si|phon|fla|sche,** die: *Siphon* (2); **Si|pho|no|pho|re,** die; -, -n ⟨meist Pl.⟩ [zu griech phorós = tragend]: *Staatsqualle;* **Si|phon|ver|schluß,** der: *Geruchsverschluß.*
◆ ¹**Sip|pe,** der; -n, -n [mhd. sippe]: *Verwandter:* der ihr als Bruder oder Ohm, als Sipp' verwandt oder sonst als Vetter verwandt (Lessing, Nathan IV, 7); ²**Sip|pe,** die; -, -n [mhd. sippe, ahd. sipp(e)a, urspr. = eigene Art]: **1. a)** (Völkerk.) *durch bestimmte Vorschriften u. Bräuche (bes. im religiösen, rechtlichen u. wirtschaftlichen Bereich) verbundene, oft eine Vielzahl von Familien umfassende Gruppe von Menschen mit gemeinsamer Abstammung:* Lebensgruppen erster Ordnung sind Familie und S. (Fraenkel, Staat 109); Von Kind auf lernte er (= der Römer) die Bedeutung der Familie, der S. kennen (Bild. Kunst I, 192); in -n leben; ... wird das Mädchen von der S. des Mannes aufgenommen (Ossowski, Flatter 126); **b)** (meist scherzh. od. abwertend) *Gesamtheit der Mitglieder der [weiteren] Familie, der Verwandtschaft:* er kommt sicher wieder mit der, seiner ganzen S.; sie will mit seiner S. möglichst wenig zu tun haben. **2.** (Biol.) *Gruppe von Tieren od. Pflanzen gleicher Abstammung:* auch mehr als 180 -n von Blütenpflanzen (Weser-Kurier 20. 5. 85, 18); **Sip|pen|for|schung,** die: *Genealogie;* **Sip|pen|haft,** die: *Haft, Haftstrafe für jmdn., der der Sippenhaftung (2) unterworfen wird;* **Sip|pen|haftung,** die ⟨o. Pl.⟩: **1.** (Völkerk.) *Verantwortlichkeit einer* ²*Sippe* (1 a) *für eine Tat, die von einem ihrer Mitglieder begangen wurde.* **2.** (bes. ns.) *unrechtmäßiges Zurechenschaftziehen der Angehörigen von jmdm., der für etw. bestraft worden ist:* Die S. für Angehörige von Kommunisten ist noch nicht eingeführt (Chotjewitz, Friede 158); **Sip|pen|haupt,** der (Völkerk.): *Oberhaupt einer* ²*Sippe* (1 a); **Sippen|kun|de,** die ⟨o. Pl.⟩: *Genealogie;* **sippen|kund|lich** ⟨Adj.⟩: *genealogisch:* -e Forschungen; **Sip|pen|ver|band,** der (Völkerk.): ²*Sippe* (1 a); **Sipp|schaft,** die; -, -en [mhd. sippeschaft = Verwandtschaft(sgrad)]: **1.** (meist abwertend) ²*Sippe* (1 b): sie bringt wieder ihre ganze S. mit; ich sei schon fertig, mit ihm nämlich und seiner ganzen albernen, selbstgefälligen S. (Habe, Namen 173); Jedesmal schnitt sie einen ganzen Zweipfundwecken Brot auf und zählte ihrer S. die Scheiben hin (Sommer, Und keiner 71). **2.** (abwertend) *üble Gesellschaft; Gesindel, Pack, Bande:* mit dieser üblen, verlogenen, asozialen S. wollte er nichts zu schaffen haben; (iron.:) das ist ja eine feine, nette S.!
Sir [sə:], der; -s, -s [engl. sir < frz. sire, ↑Sire]: **1.** ⟨o. Art.; o. Pl.⟩ englische Anrede für einen Herrn (nicht in Verbindung mit einem Namen): nehmen Sie Platz, S. **2. a)** ⟨o. Pl.⟩ *(in Großbritannien) Titel eines Mannes, der dem niederen Adel angehört;* **b)** *Träger des Titels Sir* (2 a): er ist S.; in der Anrede in Verbindung mit dem Vornamen: S. Edward; **Sire** [si:r; frz. sire, über das Vlat. < lat. senior, ↑Senior]: *(in Frankreich) Anrede von Königen u. Kaisern; Majestät.*
Si|re|ne, die; -, -n [mhd. sirēn(e), syrēn(e) < spätlat. Siren(a) < griech. Seirēn (Pl. Seirēnes) = eines der weiblichen Fabelwesen der griech. Mythologie, die mit ihrem betörenden Gesang vorüberfahrende Seeleute anlockten, um sie zu töten; 2: frz. sirène; 3: nach der ungefähren Ähnlichkeit der weiblichen Tiere mit den Fabelwesen]: **1.** (bildungsspr.) *schöne, verführerische Frau:* wozu du dann ... Zeitschriften liest, in denen es von unerreichbaren -n ... nur so wimmelt (Remarque, Obelisk 92). **2.** *Gerät, das laute, meist langanhaltende, heulende Töne erzeugt, mit denen Signale bes. zur Warnung bei Gefahr gegeben werden:* die S. der Feuerwehr, des Unfallwagens, des Schiffs, der Fabrik ertönt; es gab Fliegeralarm, und die -n heulten; der Fahrer des Krankenwagens schaltete die S. ein, aus; als die Feuerwehr mit gellender S. ... vorbeifuhr (Jäger, Freudenhaus 314). **3.** *Seekuh;* **Si|re|nen|ge|heul,** das: *heulende Töne, Signale einer Sirene* (2); **Si|re|nengesang,** der [nach dem betörenden Gesang der Sirenen, ↑Sirene (1)] (geh.): *verlockende, verführerische Worte, Ausführungen:* die Sirenengesänge der Agitatoren; **si|re|nen|haft** ⟨Adj.; -er, -este⟩ (geh.): *verlockend, anreizend, verführerisch, betörend:* er widerstand den -en Worten, Lockungen.
Si|rio|me|ter, das; -s, - [zu ↑Sirius u. ↑Meter]: *in der Astronomie u. Astrophysik verwendete Längeneinheit;* (1 S. = 1,495 × 10¹⁴ km); **Si|ri|us,** der; - (Astron.): *anderer Name für den* ↑*Hundsstern.*
sir|ren ⟨sw. V.⟩ [lautm.]: **1.** *einen feinen, hell klingenden Ton von sich geben* ⟨hat⟩: die Mücken, Grillen sirren; sirrende Geschosse, Pfeile; Sirrende, glühende Telephondrähte (Chr. Wolf, Himmel 231); ein sirrendes Geräusch; ⟨subst.:⟩ hatte sich ... Itys einen Finger verstümmelt, als er in das Sirren dieses Ventilators griff (Ransmayr, Welt 32); und formt das friedliche Gesumm der Bienen zu einem protestvollen Sirren um (Strittmatter, Der Laden 165). **2.** *sich mit sirrendem* (1) *Ton, Geräusch irgendwohin bewegen* ⟨ist⟩: Die Mücken sirrten ihnen um die Ohren (Kuby, Sieg 244).
Sir|ta|ki, der; -, -s [ngriech. (mundartl.) syrtákē, zu: syrtós = Rundtanz]: *von Männern getanzter griechischer Volkstanz.*
Si|rup, der; -s, (Sorten:) -e ⟨Pl. selten⟩ [mhd. sirup, syrop < mlat. siropus, sirupus < arab. šarāb = Trank]: **a)** *zähflüssige, braune, viel Zucker enthaltende Masse, die bei der Herstellung von Zucker bes. aus Zuckerrüben entsteht:* ein Butterbrot mit S.; mit S. süßen; **b)** *dickflüssiger, durch Einkochen von Obst-*

saft mit Zucker hergestellter Saft [der zum Gebrauch mit Wasser verdünnt wird].
Sir|ven|tes, das; -, - [aprovenz. sirventes, eigtl. = Dienstlied, zu: sirven(t) = Diener < lat. serviens (Gen.: servientis), 1. Part. von: servire, ↑servieren] (Literaturw.): *Lied, Gedicht der provenzalischen Troubadoure, in dem die gesellschaftlichen, politischen od. allgemein moralischen Mißstände kritisiert u. verspottet werden.*
Si|sal, der; -s [nach der mex. Hafenstadt Sisal]: *aus den Blättern der Sisalagave gewonnene, gelblich glänzende Fasern, die bes. zur Herstellung von Schnüren, Seilen, Läufern u. Teppichen verwendet werden;* **Si|sal|aga|ve,** die: *Agave mit sehr großen, fleischigen Blättern, aus denen Sisal gewonnen wird;* **Si|sal|hanf,** der: *Sisal.*
si|stie|ren ⟨sw. V.; hat⟩ [lat. sistere = stehen machen, anhalten]: **1.** (bildungsspr.) *[vorläufig] einstellen, unterbrechen; unterbinden, aufheben:* die Ausführung von etw., die Geschäfte s.; doch hat Herr Hitler ... ja manche Maßnahmen sistiert (Hochhuth, Stellvertreter 18); Belgrad sistiert Schuldenzahlungen (NZZ 27. 1. 83, 13). **2.** (bes. Rechtsspr.) *zur Feststellung der Personalien zur Wache bringen; festnehmen:* den Verdächtigen s.; Im Zuge der Auseinandersetzungen sistierte die Polizei auch noch einen 34 Jahre alten Mann (MM 21. 4. 78, 20); ⟨subst. 2. Part.:⟩ Doch nicht die Spur eines Beweises gelingt, um den Sistierten mit dem Doppelmorden zu belasten (Noack, Prozesse 107); **Si|stie|rung,** die; -, -en: *das Sistieren.*
Si|strum, das; -s, Sistren [lat. sistrum < griech. seĩstron]: *alte ägyptische Rassel, bei der das klirrende Geräusch durch Metallstäbe hervorgerufen wird.*
Si|sy|phus|ar|beit, die ⟨Pl. selten⟩ [nach Sisyphus (Sisyphos), Gestalt der griech. Mythologie, die dazu verurteilt war, einen Felsblock einen steilen Berg hinaufzuwälzen, der kurz vor Erreichen des Gipfels wieder ins Tal rollte]: *sinnlose, vergebliche Anstrengung; schwere, nie ans Ziel führende Arbeit.*
si| ta|cu|is|ses, phi|lo|so|phus man|sis|ses [- taku... - -; lat.; nach Boethius, Trostbuch der Philosophie II, 7] (bildungsspr.): *wenn du geschwiegen hättest, wärst du ein Philosoph geblieben* (bezogen darauf, daß man jmdn., wenn er seine Meinung nicht geäußert hätte, für klüger gehalten hätte).
Si|tar, der; -[s], -[s] [Hindi sitār, aus dem Pers.]: *einer Laute od. Gitarre ähnliches indisches Zupfinstrument mit langem Hals u. dreieckigem bis birnenförmigem Körper.*
Sit|com ['sıtkɔm], die; -, -s [engl. sitcom, kurz für: situation comedy = Situationskomödie] (Ferns.): *Situationskomödie (bes. als Fernsehserie):* Schließlich gibt es pfiffige -s wie Al Bundy (Spiegel 22, 1993, 213).
Si|tie|ir|gie, die; -, -n [zu griech. sition = Speise, Nahrungsmittel u. eirgein = ausschließen, abhalten; sich fernhalten] (Med.): *Nahrungsverweigerung bei Geisteskranken.*
Sit-in [sıt'ın], das; -[s], -s [engl. sit-in, zu:

to sit in = teilnehmen, anwesend sein]: *Aktion von Demonstranten, bei der sich die Beteiligten demonstrativ irgendwo, bes. in od. vor einem Gebäude, hinsetzen, um gegen etw. zu protestieren:* ein S. machen; 3 000 Studenten inszenieren ... an der FU ein S. (Spiegel 24, 1967, 54); mit einem S. gegen etw. protestieren.
Si|tio|ma|nie, Si|to|ma|nie, die; -, -n [zu griech. sitíon (↑Sitieirgie) u. ↑Manie] (Med.): *krankhafte Eßsucht;* **Si|to|pho|bie,** die; -, -n [↑Phobie] (Med.): *Nahrungsverweigerung [bei Zwangsneurosen].*
Sit|te, die; -, -n [mhd. site, ahd. situ, urspr. = Gewohnheit, Brauch, Art u. Weise des Lebens, wahrsch. verw. mit ↑Seil u. eigtl. = Bindung]: **1.** *für bestimmte Lebensbereiche einer Gemeinschaft geltende, dort übliche, als verbindlich betrachtete Gewohnheit, Gepflogenheit, die im Laufe der Zeit entwickelt, überliefert wurde:* schöne, althergebrachte, uralte, ererbte -n; die -n und Gebräuche eines Volkes; dort herrschen ziemlich rauhe, wilde -n *(dort geht es ziemlich rauh zu, ist man nicht zimperlich);* das ist bei ihnen [so] S. *(ist dort üblich);* das sind ja ganz neue -n! (ugs.; Ausdruck der Verärgerung, wenn etw. nicht so ist, wie man es gewohnt ist u. erwartet hat); eine S. achten, verletzen; mit einer S. brechen; es ist besser, „meine Freunde" zu sagen ... nach guter, alter, heimatlicher S. (Roth, Beichte 17). **2.** *ethische, moralische Normen, Grundsätze, Werte, die für das zwischenmenschliche Verhalten einer Gesellschaft grundlegend sind:* die gute S.; hier herrscht Zucht und S.; Anstand und S. bewahren, verletzen; die guten -n pflegen; Verfall und Verrohung der -n; das verstößt gegen die -n, gegen die [gute] S.; er verhielt sich gegen die, gegen alle S.; ... Mein Mann und ich ... sind aus Tradition, aus guter S. und Anstand ... zur Beerdigung gegangen (Kronauer, Bogenschütze 283). **3.** ⟨Pl.⟩ *Benehmen, Manieren, Umgangsformen:* gute, feine, vornehme, schlechte, sonderbare -n haben; sie achten bei ihren Kindern auf gute -n; er ist in Mensch mit/ von merkwürdigen -n. **4.** ⟨o. Pl.⟩ (Jargon) kurz für ↑Sittenpolizei: Die zwei von der S. kontrollieren auf gut Glück einige Personalausweise (Rechy [Übers.], Nacht 361); bei der S. sein, arbeiten; **Sit|ten|apo|stel,** der (iron.): *Moralapostel;* **Sit|ten|bild,** das: **1.** *Schilderung, Beschreibung der Sitten einer bestimmten Epoche, eines bestimmten Volkes, bestimmter Schichten:* dieser historische Roman ist zugleich ein S. jener Zeit. **2.** *Genrebild;* **Sit|ten|de|zer|nat,** das: *Abteilung der Kriminalpolizei, die sich bes. mit Sexualdelikten, unerlaubtem Glücksspiel o. ä. befaßt:* ein Ziviler vom S.; **Sit|ten|ge|mäl|de,** das: vgl. Sittenbild; **Sit|ten|ge|schich|te,** die: *historische Darstellung der Entwicklung von Sitten eines od. mehrerer Völker:* er ist der Autor einer S. Frankreichs, Europas; **Sit|ten|ge|setz,** das: *Moralgesetz;* **Sit|ten|ko|dex,** der: *Vorschriften für das Verhalten u. Handeln, die nach Sitte u. Moral eines Volkes, einer Gesellschaftsgruppe o. ä. als verbindlich gelten:* der bürgerliche, gesellschaft-

liche S.; er hat mit dieser Heirat gegen den S. seiner Sippe verstoßen; **Sit|ten|ko|mö|die,** die: vgl. Sittenstück; **Sit|ten|leh|re,** die: *Ethik* (1 a); *Moralphilosophie;* **Sit|ten|leh|rer,** der: *Ethiker* (1), *Moralphilosoph;* **sit|ten|leh|re|rin,** die: w. Form zu ↑Sittenlehrer; **sit|ten|los** ⟨Adj., -er, -este⟩: *Anstand u. Sitte* (2) *außer acht lassend; ohne sittliche, moralische Schranken:* eine -e Gesellschaft; ein -es Leben, Treiben; diese jungen Leute lebten ihr zu s.; **Sit|ten|lo|sig|keit,** die; -: *das Sittenlossein;* **Sit|ten|ma|le|rei,** die (seltener): *Genremalerei;* **Sit|ten|po|li|zei,** die (volkst.): *Sittendezernat;* **Sit|ten|pre|di|ger,** der (abwertend): *Moralprediger;* **Sit|ten|pre|di|ge|rin,** die (abwertend): w. Form zu ↑Sittenprediger; **Sit|ten|rich|ter,** der (oft abwertend): *jmd., der sich [in überheblicher Weise] ein Urteil über die Tugend, Moral anderer anmaßt:* selbsternannte S.; den S. spielen; sich zum S. aufwerfen, machen; Ich hielt ... nichts davon, uns in die Rolle politischer S. zu begeben (W. Brandt, Begegnungen 206); w. Form zu ↑Sittenrichter; **Sit|ten|ro|man,** der: vgl. Sittenstück; **Sit|ten|schil|de|rung,** die: vgl. Sittenstück; **sit|ten|streng** ⟨Adj.⟩ (veraltend): *moralisch* (2); *sehr tugendhaft:* ein -er Vater; üppige Ehebetten ..., wie sie bei der -en Vorgeneration so beliebt waren (Musil, Mann 441); ist s., handelt in allem äußerst s.; **Sit|ten|stren|ge,** die (veraltend): *das Sittenstrengsein;* **Sit|ten|strolch,** der (emotional): *Mann, über dessen sexuelles Fehlverhalten gegenüber Frauen u. Kindern man sich empört;* **Sit|ten|stück,** das (Literaturw.): *Drama, das meist in moralisierender, kritischer Absicht die Sitten einer Epoche darstellt;* **Sit|ten|ver|derb|nis,** die (geh.): vgl. Sittenverfall; **Sit|ten|ver|fall,** der: *Verfall der Sitten* (2); **Sit|ten|wäch|ter,** der (oft abwertend): vgl. Sittenrichter; **Sit|ten|wäch|te|rin,** die (oft abwertend): w. Form zu ↑Sittenwächter; **sit|ten|wid|rig** ⟨Adj.⟩ (bes. Rechtsspr.): *gegen die in einer Gesellschaft geltenden Sitten* (2) *verstoßend:* -e Methoden; ein -es Geschäftsgebaren; -e Werbung; ein Vertrag ist s.; Die Forderung ... nach einer Abstandssumme von rund 10 000 Mark ... ist ... s. (MM 7. 4. 93, 1); sich verhalten; **Sit|ten|wid|rig|keit,** die ⟨o. Pl.⟩ (bes. Rechtsspr.): *das Sittenwidrigsein:* die Klausel ist wegen ihrer S. nichtig.
Sit|tich, der; -s, -e [mhd. (p)sitich < lat. psittacus < griech. psíttakos = Papagei]: *(in Amerika, Afrika, Südasien u. Australien heimischer) kleiner, meist sehr bunt gefärbter Vogel mit langem, keilförmigem Schwanz.*
sit|tig ⟨Adj.⟩ [mhd. sitec, ahd. sitig, zu ↑Sitte] (veraltet): *sittsam, tugendhaft; keusch* (a): ein -es Benehmen; s. die Augen niederschlagen; ♦ Sie sah s. vor sich nieder und erwiderte leise den Druck meiner Hand (Chamisso, Schlemihl 33); Aber selbst in die -sten Gesellschaft erwartete mich eine lästige Prüfung (Goethe, Dichtung u. Wahrheit 11); **sit|ti|gen** ⟨sw. V.; hat⟩ (veraltet): *zur Gesittung, zu sittlichem, zivilisiertem Verhalten führen; beitragen:* daß ich mich ... genötigt fand,

auf ... den sittigenden ... Einfluß der römischen Hierarchie hinzuweisen (K. Mann, Wendepunkt 318); **Sit|ti|gung,** die; - (veraltet): *das Sittigen:* vom Lernen und der Entwicklung und der S. des Kindes (Universitas 8, 1970, 821); **sitt|lich** ⟨Adj.⟩ [mhd. sitelich, ahd. sitlih]: **1.** *die Sitte* (2) *betreffend, darauf beruhend, dazu gehörend; der Sitte, Moral* (1) *entsprechend:* -e Bedenken, Einwände, Vorurteile, Forderungen, Maßstäbe; Wir konnten nicht von einer -en Norm abweichen: es gab keine solche Norm (K. Mann, Wendepunkt 108); der -e Zerfall eines Volkes; ihm fehlt die -e Reife; es ist deine -e Pflicht, ihr zu helfen; die -e Kraft, der -e Wert *(die im Hinblick auf Sitte, Moral vorbildhafte erzieherische Wirkung) eines Kunstwerks;* ein s. hochstehender Mensch; weil der sich über Unrats Sohn s. entrüstet hatte (H. Mann, Unrat 30). **2.** *die Sitte* (2), *Moral genau beachtend; moralisch einwandfrei; sittenstreng:* ein -er Mensch, -es Verhalten; ein überempfindliches Gewissen und ein tief ausgeprägtes -es Bewußtsein (NJW 19, 9. 5. 84, 1081); ein -es Leben führen; sie handelte in allem, was sie tat, stets s.; **Sitt|lich|keit,** die; -: **1.** *Sitte* (2), *Moral* (1 a): *die öffentliche S. gefährden;* Weil sie doch erst sechzehn ist ... Das kann er nicht verantworten, ist gegen die S. (Nachbar, Mond 133); Relativierung der religiös gebundenen Begriffe von Recht und S. durch die Philosophie (Fraenkel, Staat 259). **2.** *sittliches* (2) *Empfinden, Verhalten eines einzelnen, einer Gruppe; Moral* (1 b), *Moralität* (1): das gebt gegen seine S. ...; ein Mensch ohne, von hoher S.; **Sitt|lich|keits|de|likt,** das: *Sexualstraftat;* **Sitt|lich|keits|ver|bre|chen,** das: *schwere Sexualstraftat;* **Sitt|lich|keits|ver|bre|cher,** der: *jmd., der ein Sittlichkeitsverbrechen begangen hat;* **sitt|sam** ⟨Adj.⟩ [spätmhd. sitsam = ruhig, sacht, bedächtig, ahd. situsam = geschickt, passend] (veraltend): **a)** *Sitte* (2) *u. Anstand wahrend; gesittet* (a); *wohlerzogen u. bescheiden* (1): -e Kinder; ein -es Benehmen, Betragen; jeder Kniehosen-Matrosenknabe ... lüftet s. seine Matrosenmütze vor Lehrer, Pfarrer und allen höhergestellten Persönlichkeiten wie Vater und Mutter (Fischer, Wohnungen 20); **b)** *schamhaft zurückhaltend; keusch* (b); *züchtig:* ein -es junges Mädchen; s. erröten, die Augen niederschlagen; in der Höhlung der aneinandergelegten Beine (Genet [Übers.], Totenfest 85); **Sitt|sam|keit,** die; -, - (veraltend): *das Sittsamsein.*
Si|tua|ti|on, die; -, -en [frz. situation, zu: situer = in die richtige Lage bringen < mlat. situare, zu lat. situs = Lage, Stellung]: **1. a)** *Verhältnisse, Umstände, in denen sich jmd. [augenblicklich] befindet; jmds. augenblickliche Lage:* das ist eine fatale, heikle, peinliche, kritische, brenzlige, gefährliche S.; so war denn seine finanzielle S. ebenfalls ungleich schlechter (Reich-Ranicki, Th. Mann 156); aus dem Gespräch ergab sich eine neue, ganz andere S.; eine S. erkennen, erfassen, überblicken; s. klären, retten, meistern, beherrschen; Die hohe Schadstoffkon-

situationell

zentration ... verschärft allerdings die S. (Freie Presse 6. 12. 89, 3); er blieb Herr der S.; sie war der S. durchaus gewachsen; einen Ausweg aus einer komplizierten S. suchen, finden; Der Versuch, aus einer miesen S. das Beste zu machen (H. Gerlach, Demission 114); jmdn. in eine unwürdige S. bringen; er hat sich selbst in eine ausweglose S. manövriert; in dieser S. konnte er nicht anders handeln; ich befand mich in einer völlig verfahrenen, äußerst unangenehmen S.; man hat die beiden in einer verfänglichen S. überrascht, ertappt; sie wurde mit dieser neuen S. nicht auf Anhieb fertig; **b)** *Verhältnisse, Umstände, die einen allgemeinen Zustand kennzeichnen; allgemeine Lage:* die politische, wirtschaftliche. S. hat sich verändert, zugespitzt, entspannt; die augenblickliche, gegenwärtige, derzeitige, damalige S.; Die Kurse orientieren sich nur wenig an der S. des deutschen Geldmarktes (Welt 24. 9. 66, 18); so etwas wäre in der heutigen S. nicht denkbar. **2.** (Geogr.) *Lageplan;* **si|tua|tio|nẹll** ⟨Adj.⟩ (bes. Sprachw.): *situativ:* der -e Kontext einer Äußerung; Mit Urteilen über die Akzeptabilität von Äußerungen liegen ... noch keine Angaben über deren -e ... Angemessenheit vor (Cherubim, Fehlerlinguistik 69); **Si|tua|tio|nịst**, der; -en, -en: *jmd., der sich schnell u. zu seinem Vorteil jeder [neuen] Lage anzupassen versteht;* **Si|tua|tio|nị|stin**, die; -, -nen: w. Form zu ↑Situationist; **Si|tua|ti|ons|angst**, die (Psych.): *Situationsphobie;* **si|tua|ti|ons|bedingt** ⟨Adj.⟩: *durch die gegebene Situation bedingt:* ein -es Fehlverhalten; **Si|tua|ti|ons|ethik**, die ⟨o. Pl.⟩: *Richtung der Ethik (1 a), die nicht von allgemeingültigen sittlichen Normen ausgeht, sondern die sittliche Entscheidung an der jeweiligen konkreten Situation orientiert;* **si|tua|ti|ons|ge|bun|den** ⟨Adj.⟩: *an die gegebene Situation gebunden, von ihr abhängig:* von konkreten, oft -en Bedürfnissen des Gemeinwesens (Fraenkel, Staat 343); **si|tua|ti|ons|ge|recht** ⟨Adj.⟩: *der gegebenen Situation angemessen, gerecht werdend:* eine -e Reaktion; sich s. verhalten; **Si|tua|ti|ons|ko|mik**, die: *Komik, die durch eine lächerliche Situation entsteht;* **Si|tua|ti|ons|ko|mö|die**, die: *Komödie, deren komische Wirkung bes. durch Verwechslungen, Verkettung überraschender Umstände, Intrigen o. ä. entsteht;* **Si|tua|ti|ons|pho|bie**, die (Psych.): *krankhafte Angst in bestimmten Situationen* (z. B. Prüfungsangst, Lampenfieber); **Si|tua|ti|ons|plan**, der (selten): *Lageplan;* **Si|tua|ti|ons|psy|cho|se**, die (Psych.): *durch die besondere Situation des Betroffenen hervorgerufene Psychose* (z. B. Haftpsychose); **Si|tua|ti|ons|stück**, das: *Situationskomödie;* **si|tua|tiv** ⟨Adj.⟩ (bildungsspr.): *eine bestimmte [jeweilige] Situation betreffend, durch sie bedingt, auf ihr beruhend:* ein s. bedingtes Verhalten; Wir gehen von konkreten Verkehrssituationen aus ... und kombinieren die -en Komponenten mit dem psychischen Status des Fahrers (Mensch im Verkehr 22); **si|tu|ie|ren** ⟨sw. V.; hat; gew. im 2. Part.⟩ [frz. situer, ↑Situation]: **1. a)** (bes.

schweiz., sonst veraltend) *an einem bestimmten Ort errichten, einrichten o. ä.;* *plazieren:* die Schänzli-Rennbahn in Basel, direkt neben der G 80 beim St.-Jakobs-Stadion situiert *(gelegen;* Bund 9. 8. 80, 24); Am Bielerseeufer situiert *(gelegen),* bildet sie einen ansprechenden Messepark mit sieben Messehallen (NZZ 31. 8. 86, 28); **b)** (Sprachw.) *in einen Zusammenhang stellen, einbetten:* eine Aussage s. **2.** (bildungsspr.) *stellen* (11): gut, schlecht situiert sein; sie sind etwa gleich situiert; aus der am besten situierten Diözese Deutschlands (DM 1, 1966, 63); Zwillingsgeborene ... sucht situierten (ugs.; gutsituierten) Partner (Kurier 12. 5. 84, 24); **Si|tu|ie|rung**, die; -, -en: **a)** (bes. schweiz., sonst veraltend) *räumliche Anordnung, Lage:* ... erkennt Bregenz ... die falsche S. der beiden Anschlußstellen im Westen und Norden (Vorarlberger Nachr. 26. 11. 68, 5); **b)** (Sprachw.) *Stellung (einer Äußerung) im Kontext:* die Notwendigkeit, bei der Interpretation einer Äußerung auch ihre pragmatische S. zu beachten (Cherubim, Fehlerlinguistik 248).

Si|tụl|la, die; -, Situlen [lat. situla, ↑Seidel]: *vorgeschichtliches, bes. für die Eisenzeit typisches, meist aus Bronze getriebenes, eimerartiges Gefäß.*

Si|tus, der; -, - [... tu:s; lat. situs, ↑Situation]: **1.** (Anat.) *Lage der Organe im Körper, des Fetus in der Gebärmutter.* **2.** (Soziol.) *Funktionsbereich von Personen od. Gruppen mit gleichem Status in der sozialen Hierarchie.*

sit vẹ|nia vẹr|bo [lat. = mir sei Verzeihung (gewährt)] (bildungsspr.): man möge mir diese Ausdrucksweise gestatten, nachsehen; Abk.: s. v. v.

Sịtz, der; -es, -e [mhd., ahd. siz, zu ↑sitzen]: **1. a)** *etw., was zum Daraufsitzen bestimmt ist, was als Sitzgelegenheit dienen soll* (z. B. in einem Saal, in od. an einem Fahrzeug, einer Maschine o. ä.): bequeme, sehr schmale, harte, gepolsterte -e; ein ausklappbarer S.; in der ersten Klasse sind die -e breiter; die vorderen -e des Autos sind höhenverstellbar; der S. ist leer [geblieben]; Er will gar nicht mehr fliegen, und wenn man ihm einen billigen S. anbieten würde (Basler Zeitung 27. 7. 84, 25); er hat sich einen Stein als S. ausgesucht; Kinder dürfen auf dem Fahrrad, im Auto nur auf/in besonderen dafür vorgesehenen -en mitgenommen werden; eine Arena mit ansteigenden -en; * jmdn. [nicht] vom S. reißen/hauen (↑Stuhl 1); **b)** *Sitzfläche* (1): ein durchgesessener, leicht gewölbter S.; sie ließ die -e der Stühle neu beziehen. **2.** *Platz mit Stimmberechtigung:* er hat S. und Stimme im Rat, in der Hauptversammlung; die Partei erhielt 40 -e im Parlament; die Konservativen haben drei -e hinzugewonnen, [an die Rechtsradikalen] verloren; Wenn nach dieser Berechnungsform nicht alle im Wahlkreis zu besetzenden -e vergeben werden können ... (Fraenkel, Staat 359). **3.** *Ort, an dem sich eine Institution, Regierung, Verwaltung o. ä. befindet:* der S. der Firma ist [in] Berlin; die Stadt ist S. eines Amtsgerichts, eines katholischen Bischofs, der Landesregie-

rung; die Burg war lange Zeit der S. *(die Residenz)* der Grafen von N.; die UNESCO hat ihren S. in Paris; am S. der Vereinten Nationen in New York; ein internationales Unternehmen mit S. in Mailand; Ü nach alter Vorstellung ist die Leber der S. des Gemütes; Die Seele des Menschen ... hat ihren S. zuhöchst in unserem Körper (Stern, Mann 137). **4.** ⟨o. Pl.⟩ *sitzende Haltung:* ein steifer, aufrechter S.; der S. (Turnen; *das Sitzen)* hinter den Händen, auf einem Schenkel; der Reiter hat einen guten, schlechten S.; * *auf einen S.* (ugs.; *in einem Zug):* die Strecke können wir ohne weiteres auf einen S. fahren; Gestern sind auf einen S. gleich hundert Mann entlassen worden (L. Frank, Wagen 4); ... sich zehn Sätze im Kopf zu überlegen und sie dann auf einen S. niederzuschreiben (Muschg, Gegenzauber 61). **5.** ⟨o. Pl.⟩ *Art des Anliegens, Aufliegens von etw., bes. von Kleidungsstücken am Körper:* der S. eines Anzugs, einer Brille, einer Krawatte, einer Frisur; das Kostüm hat einen guten S. *(sitzt gut);* Das Schlagen eines Hakens erforderte große Erfahrung ... Am singenden Ton erkennt man den guten S. (Eidenschink, Fels 66); Wenn solche Männer sich im Spiegel anlächeln, dann weniger aus Wohlgefallen, sondern eher um den S. ihrer Jacketkronen zu überprüfen (Schreiber, Krise 20); beim Aufziehen des Reifens ist auf korrekten S. zu achten. **6.** *Hosenboden:* Die S. ist abgewetzt, durchgescheuert. **7.** (Technik) *Halterung;* **Sịtz|backe[1]**, die ⟨meist Pl.⟩ (ugs.): *Gesäßbacke;* **Sịtz|bad**, das: *Bad, das man im Sitzen nimmt, wobei nur der untere Teil des Rumpfes u. die Beine eingetaucht werden;* **Sịtz|ba|de|wan|ne**, die: *kleinere Badewanne für Sitzbäder;* **Sịtz|bank**, die ⟨Pl. ...bänke⟩: *Bank als Sitzmöbel;* **Sịtz|bein**, das (Anat.): *hinterer Teil des Hüftbeins als knöcherne Grundlage des Gesäßes;* **Sịtz|blocka|de[1]**, die: *im Sitzen durchgeführte Aktion zur Blockierung einer Durchfahrt, Zufahrt o. ä.:* an einer S. teilnehmen; Auch Ralf Kramer ... war ... bei der S. vor einer US-Air-Base in der Eifel vor Ort gewesen (Spiegel 11, 1986, 60); **Sịtz|brett**, das: *Brett, das zum Daraufsitzen bestimmt ist, das einen Sitz darstellt:* das S. einer Kutsche, einer Schaukel, eines Ruderbootes; Ein ... Überzug aus Wassertropfen bedeckte die -er der Bank (H. Gerlach, Demission 177); **Sịtz|buckel[1]**, der (Med.): *bes. beim Sitzen auffallende Kyphose, bes. bei rachitischen Kindern;* **Sịtz|ecke[1]**, die: *in einer Zimmerecke aufgestellte Eckbank [mit weiteren dazu passenden Sitzmöbeln u. Tisch];* **sịt|zen** ⟨unr. V.; hat; südd., österr., schweiz.: ist⟩ /vgl. gesessen/ [mhd. sitzen, ahd. sizzen, verw. mit lat. sedere = sitzen]: **1. a)** *eine Haltung eingenommen haben, bei der man mit Gesäß u. Oberschenkeln bei aufgerichtetem Oberkörper auf einer Unterlage (bes. einem Stuhl o. ä.) ruht [u. die Füße auf den Boden gestellt sind]:* [auf einem Stuhl] weich, bequem, schlecht s.; das Kind kann nicht still, ruhig s.; er kann vor Schmerzen nicht s.; am Tisch, am Fenster, auf einer Bank, im Gras, in der Sonne, im Schatten, in der

3116

4. Reihe, neben jmdm., hinter jmdm., zu mehreren um den Tisch, zu jmds. Füßen, hoch zu Pferd, zwischen lauter Fremden s.; Der saß im Reitsitz auf einem alten Küchenstuhl (Sommer, Und keiner 257); Rolf hatte schon das Fahrrad, und ich durfte einmal auf der Stange s. (Schwaiger, Wie kommt 73); Herr Warga sitzt zur Zeit auf dem Klo (Ossowski, Flatter 45); Als sie dann in einem Wirtshaus unter einem Kastanienbaum gesessen waren, hatte ihm sein Großvater ... (G. Roth, Winterreise 24); Auf der Terrasse saßen vier Männer hinter vier Colaflaschen (Loest, Pistole 137); Ich gebe zu bedenken, daß in der Schule die Lehrer bestimmen, wo und mit wem man sitzt (Strittmatter, Der Laden 608); er kam ans andere Ende des Tischs, neben mich zu s.; *eine sitzende Lebensweise (Lebensweise, bei der man viel sitzt);* (verblaßt:) am Schreibtisch s. *(dort arbeiten);* ich habe den ganzen Tag am Steuer gesessen *(bin Auto gefahren);* an der Nähmaschine s. *(mit der Nähmaschine nähen);* In der Nacht saß sie aufgerichtet an der Schreibmaschine und tippte schnell (Handke, Frau 108); an, bei, über einer Arbeit s. *(mit einer Arbeit beschäftigt sein);* beim Kaffee s. *(Kaffee trinken);* bei Tisch, beim Essen s. *(beim Essen sein);* auf der Anklagebank s. *(angeklagt sein);* stundenlang beim Friseur, im Wartezimmer s. *(warten; warten müssen);* das Mädchen blieb oft beim Tanzen s. *(wurde oft nicht zum Tanz aufgefordert);* im Café, Wirtshaus s. *(seine Zeit verbringen);* Zwei Stunden sei sie im Bahnhofsgebäude gesessen (Cziffra, Ungelogen 65); nach seinem Unfall saß er schon bald wieder im Sattel *(ritt er ... wieder);* über den Büchern s. *(eifrig lesen u. studieren, lernen);* Adolf sitzt viel vorm Fernseher *(sieht viel fern;* Chotjewitz, Friede 79); den ganzen Tag zu Hause s. *(sich sehr selten nach draußen, unter Menschen begeben);* sie hat dem Künstler [für ein Porträt] gesessen *(hat sich ihm [für eine gewisse Zeit irgendwo sitzend] als Modell für ein Porträt zur Verfügung gestellt);* *auf etw. s.* (salopp; *nicht trennen wollen u. es nicht her-, herausgeben):* auf seinem Geld, seinen Büchern s.; b) (schweiz.) *sich setzen:* auf eine Bank, an den Tisch, zu jmdm. s.; c) *(von Tieren) sich auf etw., an einer bestimmten Stelle aufhalten, niedergelassen haben:* da sitzt eine Ratte, eine Eidechse, ein Schmetterling; an der Wand sitzt eine Spinne; In den Pappeln saßen ein paar Krähen (H. Gerlach, Demission 197); die Henne sitzt [auf den Eiern] *(brütet);* die Pflanze sitzt voller Blattläuse *(an der Pflanze sitzen viele Blattläuse.* 2. a) *an einem [entfernten] Ort leben u. tätig sein:* sie sitzt in einem kleinen Dorf bei Kiel; Und ihr Mann saß irgendwo im Osten (Erné, Kellerkneipe 139); die Firma sitzt in Berlin; auf dem Gut sitzt ein Pächter *(das Gut ist verpachtet);* b) *Mitglied in einem Gremium o. ä. sein:* im Parlament, im Stadtrat, in einem Ausschuß, im Vorstand, im Aufsichtsrat s.; c) (ugs.) *wegen einer Straftat längere Zeit im Gefängnis eingesperrt sein:* im Gefängnis, hinter schwedischen Gardinen s.; der hat öfters schon gesessen ... wegen Betrug (Schmidt, Strichjungengespräche 71). 3. *sich an einer bestimmten Stelle befinden:* der Knopf sitzt an der falschen Stelle, zu weit links; an dem Zweig sitzen mehrere Blüten; an dem Hut sitzt ein schief auf dem Kopf; der Nagel sitzt zu hoch; Ü in allen Ritzen sitzt Dreck, Staub; der Geruch sitzt in den Gardinen; der Schreck, die Angst saß ihm noch in den Gliedern *(wirkte noch in ihm nach);* *etw. [nicht] auf sich s. lassen [können/wollen] (etw. [nicht] unwidersprochen lassen [können/ wollen]);* *auf jmdm. s. bleiben (an jmdm. hängenbleiben):* der Vorwurf, Makel blieb auf ihm s.; *einen s. haben* (salopp; *[leicht] betrunken sein).* 4. *in Schnitt, Form, Größe und den Maßen, den Erscheinungsbild des Trägers entsprechen; passen* (1 a): der Anzug sitzt [gut, tadellos, nicht]; ein besorgter Trauerkloß, der, wissen wollte, ob unsere Unterhosen richtig säßen (Kant, Aufenthalt 10); nach der Kopfwäsche sitzt ihr Haar besser; eine gut sitzende Brille, Krawatte; er trägt schlecht sitzende Anstaltskleidung (Ossowski, Flatter 198). 5. (ugs.) a) *so einstudiert, eingeübt sein, daß man das Gelernte perfekt beherrscht [u. richtig anwendet, ausführt]:* beim Meister sitzt jeder Handgriff; die Vokabeln müssen einfach s.; Mit der Bildplatte ... können Lektionen so oft wiederholt werden, bis sie sitzen (Hörzu H, 1975, 18); selbst der kleinste Gag sitzt (Augsburger Allgemeine 13. 5. 78, 43); b) *richtig treffen u. die gewünschte Wirkung erreichen:* der Hieb, der Schuß, die Ohrfeige hat gesessen; Ü das hat gesessen *(diese Bemerkung hat die beabsichtigte [einschüchternde, verletzende o.ä.] Wirkung erreicht);* **sịt|zen|blei|ben** ⟨st. V.; ist⟩: 1. (ugs.) *nicht in die nächsthöhere Schulklasse versetzt werden:* er ist [während seiner Schulzeit] zweimal sitzengeblieben; wenn sie in Deutsch eine Fünf kriegt, bleibt sie s. 2. (ugs. abwertend) *als Frau unverheiratet bleiben:* sie ist sitzengeblieben; ⟨subst.:⟩ Hanna ... kam in die Jahre, wo Mädchen ... sich allmählich vom Sitzenbleiben fürchten (Bieler, Bär 43). 3. (ugs.) *für etw. keinen Abnehmer, Käufer finden:* auf seiner Ware s.; da niemand den Sarg bestellt haben wollte, blieb Wilke damit sitzen (Remarque, Obelisk 244). 4. (landsch.) *(von Teig) beim Backen nicht aufgehen:* Während des Gugelhupfs, für den man statt der vorgeschriebenen vier Eier nur zwei genommen hat, mit Sicherheit sitzenbleibt (Presse 2. 8. 69, 21); **Sịt|zen|blei|ber,** der; -s, - (ugs. abwertend): *jmd., der sitzengeblieben* (1) *ist;* **Sịt|zen|blei|be|rin,** die; -, -nen (ugs. abwertend): w. Form zu ↑ Sitzenbleiber; **sịt|zen|las|sen** ⟨st. V.; hat⟩ (ugs.): 1. a) *[trotz Eheversprechens] schließlich nicht heiraten:* ein Mädchen, seine Freundin, seine Verlobte s.; er hat sie schwanger gemacht und dann sitzenlassen/(seltener:) sitzengelassen; b) *im Stich lassen:* er hat Frau und Kinder sitzenlassen/(seltener:) sitzengelassen; jmdn. mit einer Ware s. *(sie ihm nicht abnehmen);* c) *eine Verabredung nicht einhalten u. jmdn. vergeblich warten lassen:* wir wollten uns heute treffen, aber er hat mich sitzenlassen/(seltener:) sitzengelassen; unsere Putzfrau, der Klempner, unser Babysitter hat uns sitzenlassen/(seltener:) sitzengelassen. 2. *sitzenbleiben* (1) *lassen:* sie haben ihn sitzenlassen/(seltener:) sitzengelassen. **-sịt|zer,** der; -s, -: in Zusb., z. B. Zweisitzer (1. *Fahrzeug, Flugzeug, mit zwei Sitzen.* 2. *Sofa für zwei Personen);* **Sịtz|er|hö|hung,** die: *Unterlage zur Anpassung der Sitzposition eines im Auto mitfahrenden Kindes an die sonst für Kinder kaum geeigneten Sicherheitsgurte:* für Ihre Tochter wäre es ... sicherer, den Gurt zusammen mit einer S. zu benutzen (ADAC-Motorwelt 5, 1993, 51); **Sịtz|flä|che,** die: 1. *der Teil einer Sitzgelegenheit, auf dem man sitzt:* die -n absaugen, abbürsten; Stühle mit samtenen -n. 2. (ugs. scherzh.) *Gesäß:* mit Überblusen ..., die lang genug sind, um die S. zu bedecken (Dariaux [Übers.], Eleganz 93); **Sịtz|fleisch,** das: 1. b. (ugs. scherzh.) *[mit geistiger Trägheit verbundene] Ausdauer bei einer sitzenden Tätigkeit:* Staatsdiener – S. oder Leistung (Spiegel 8, 1976, 159); er ist nur durch S. zu dem Posten gekommen; *kein S. haben* (ugs.; *nicht lange still sitzen können; nicht die nötige Ausdauer für eine sitzende Tätigkeit haben);* *S. haben* (ugs.; 1. *als Gast bei einem Besuch gar nicht ans Aufbrechen denken.* 2. *lange im Wirtshaus sitzen).* 2. (salopp scherzh.) *Gesäß:* die Flammen hätten sein S. leicht angeröstet (H. Grzimek, Tiere 34); **Sịtz|ge|le|gen|heit,** die: *etw., worauf man sich setzen kann:* Stühle oder andere -en; es fehlen noch ein paar -en; etw. als S. benutzen; jmdm. eine S. besorgen; sich nach einer S. umsehen; **Sịtz|grö|ße,** die (ugs. scherzh.): *Sitzriese;* **Sịtz|grup|pe,** die: *zusammen aufgestellte, zueinander passende Sitzmöbel* (bes. Sessel, Polstergarnitur): variable, frei stehende -n; **Sịtz|hal|tung,** die: *Haltung beim Sitzen:* eine gebückte, aufrechte, schiefe S.; **-sịt|zig:** in Zusb., z. B. zweisitzig *(zwei Sitze habend);* **Sịtz|kas|sa, Sịtz|kas|se,** die: (österr.): *Kasse in einem Lokal o. ä., an der ständig eine Kassiererin sitzt;* **Sịtz|kas|sie|rin,** die (österr.): *Kassiererin an einer Sitzkasse;* **Sịtz|kis|sen,** das: 1. *Kissen als Auflage auf einer Sitzfläche.* 2. *hohes Kissen aus festem Material als Sitzgelegenheit;* **Sịtz|kom|fort,** der: *Komfort, den ein Sitz, ein Sitzmöbel dem Benutzer bietet:* ein Rennsattel bietet natürlich keinen großen S. auch der Fahrersitz ist für noch mehr S. auch in der Höhe verstellbar; **Sịtz|korb,** der: *nur zum Sitzen geeigneter Strandkorb (bei dem sich die Rückenlehne nicht neigen läßt);* **Sịtz|le|der,** das (salopp scherzh. selten): 1. a) vgl. Arschleder; b) *(in einer Radlerhose) im Bereich des Schritts u. des unteren Gesäßes eingenähtes rundes Stück weiches Leder.* 2. *Sitzfleisch* (1): Genie ist Fleiß, Genie ist S.; Ohne S. wären die Russen nicht zum Mond gekommen (Dorpat, Ellenbogenspiele 81); **Sịtz|mö|bel,** das ⟨meist Pl.⟩: *zum Sitzen dienendes Möbel;* **Sịtz|nach|bar,** der: *jmd., der (in einem Saal o. ä.) neben einem sitzt:* ich bat meinen -n, mir meinen Platz freizuhalten; **Sịtz|nach|ba|rin,** die: w. Form zu ↑ Sitznachbar; **Sịtz|ord|nung,** die: *festge-*

Sitzplatz

legte Reihenfolge, in der man bei einer Sitzung, Veranstaltung o.ä. sitzt: eine lockere S.; es gibt hier keine feste S.; die S. festlegen, ändern; **Sitz|platz,** der: *Platz in Form einer Sitzgelegenheit, bes. Stuhl, Sessel in einem Zuschauerraum, Verkehrsmittel:* der Bus hat 42 Sitzplätze; jmdm. einen S. anbieten, reservieren; im Zug fand er keinen S. [am Fenster] mehr; ein Saal mit 400 Sitzplätzen; **Sitz|pol|ster,** das: *Polster eines Sitzes:* Daß ist in Hamburgs S-Bahn ... 20 S. aufgeschlitzt ... wurden (Spiegel 42, 1975, 178); **Sitz|po|si|ti|on,** die: *Position, in der jmd. sitzt; Position beim Sitzen:* den Sitz, Sattel so einstellen, daß die S. optimal ist; **Sitz|rei|he,** die: *Reihe von Sitzen (z. B. in einem Saal, Fahrzeug o.ä.):* das Flugzeug hat zehn -n; **Sitz|rie|se,** der (ugs. scherzh.): *im Sitzen besonders groß erscheinende Person mit langem Rumpf:* ... dem phlegmatischen S. Kohl (Spiegel 23, 1988, 35); **Sitz|rohr,** das (Fachspr.): *Sattelrohr;* **Sitz|rücken**[1], der: *Sitzbuckel;* **Sitz|stange,** die: *(in einem Käfig, Stall) Stange als Sitzgelegenheit für Vögel, Geflügel;* **Sitz|stel|lung,** die (selten): vgl. Sitzhaltung; **Sitz|streik,** der: *auf öffentlichen Plätzen im Sitzen durchgeführte Aktion von Demonstranten;* **Sit|zung,** die; -, -en [im 15. Jh. = das Sichniedersetzen]: **1. a)** *Versammlung, Zusammenkunft einer Vereinigung, eines Gremiums o.ä., bei der über etw. beraten wird, Beschlüsse gefaßt werden:* eine öffentliche, geheime, turnusmäßige, außerordentliche, wichtige S.; Die ... stundenlange S. hatte ebenso unerwartet aufgehört, wie sie begonnen hatte (Leonhard, Revolution 186); die -en des Bundestags, der Parlamentsausschüsse; die S. beginnt um 9 Uhr, endete um 18 Uhr, dauerte drei Stunden; die S. ist geschlossen; der Vorstand hat morgen S.; eine S. anberaumen, abhalten, einberufen, leiten, vertagen; die S. eröffnen, schließen, unterbrechen, abbrechen; an einer S. teilnehmen; er ist in einer S.; zu einer S. zusammentreten; Ü das war eine lange S.! (ugs. scherzh.; *ein langer Aufenthalt auf der Toilette*); Die dicken Graupen ... ekelten mich ... Das führte zu ewig langen -en am Frühstückstisch (Dönhoff, Ostpreußen 20); **b)** kurz für ↑Karnevalssitzung. **2. a)** *jeweiliges Sitzen für ein Porträt:* ... daß er (= Renoir) für jedes der ... Bilder von ihr mindestens einen Monat lang drei -en in einer Woche brauchte (Gehlen, Zeitalter 37); **b)** *jeweilige zahnärztliche, psychotherapeutische Behandlung o.ä., der man sich unterzieht:* die Zahnbehandlung erfordert mehrere -en; **c)** *Zusammenkunft einer Gruppe von Leuten, die zu einem bestimmten Zweck regelmäßig zusammenkommen:* das Seminar wird zehn jeweils 90minütige -en umfassen; in der nächsten Woche muß unsere S. leider ausfallen; **Sit|zungs|be|richt,** der: vgl. Sitzungsprotokoll; **Sitzungs|geld,** das (bes. Politik): *Geld, das jmd. für die Teilnahme an einer Sitzung (1 a) erhält;* **Sit|zungs|pe|ri|o|de,** die: *(bes. im Parlament) Periode, in der Sitzungen abgehalten werden;* **Sit|zungs|proto|koll,** das: *Protokoll einer Sitzung (1 a);* **Sit|zungs|saal,** der: *Saal, in dem Sitzungen (1 a, b) stattfinden;* **Sit|zungs|tag,** der: *Tag, an dem eine Sitzung abgehalten, begonnen od. fortgesetzt wird:* am ersten, zweiten S.; **Sit|zungs|zim|mer,** das: vgl. Sitzungssaal; **Sitz|ver|tei|lung,** die: *Verteilung der Sitze (2) entsprechend dem Wahlergebnis;* **Sitz|wan|ne,** die: *Sitzbadewanne.*

Si|va|pi|the|cus, der; -, ...ci [nach dem Fundort Siwalik Hills im Himalaja u. zu griech. píthēkos = Affe]: *fossiler Menschenaffe aus dem Miozän u. Pliozän mit stark menschlichen Merkmalen.*

Si|vas, der; -, - [nach der gleichnamigen türk. Stadt]: *vielfarbiger, meist rotgrundiger Teppich mit persischer Musterung.*

Six Days ['sıks 'deız] ⟨Pl.⟩ [kurz für engl. six-day race] (Sport): **1.** engl. Bez. für *Sechstagerennen.* **2.** engl. Bez. für *Sechstagefahrt.*

Sixt, die; -, -en [eigtl. = sechste Fechtbewegung, zu (v)lat. sixtus = der sechste] (Fechten): *Stellung mit gleicher Klingenlage wie bei der Terz, jedoch mit anderer Haltung der Faust.*

Six|ty-nine [sıkstı'naın], das; - [engl. sixty-nine, eigtl. = neunundsechzig, nach der Stellung der Partner, die mit dem Bild der liegend geschriebenen Zahl 69 verglichen wird] (Jargon): *(von zwei Personen ausgeübter) gleichzeitiger gegenseitiger oraler Geschlechtsverkehr; Neunundsechzig; Soixante-neuf:* Keinen kennt er, ... der „nicht zum Beispiel S. selbstverständlich findet" (Spiegel 5, 1985, 181).

Si|zi|li|a|ne, die; -, -n [zu ital. siciliana = (die) aus Sizilien stammend(e)] (Literaturw.): *aus Sizilien stammende achtzeilige Form der Stanze mit nur zwei Reimen;* **Si|zi|li|a|ner,** der; -s, -: Ew. zu ↑Sizilien; **Si|zi|li|a|ne|rin,** die; -, -nen: w. Form zu ↑Sizilianer; **si|zi|li|a|nisch** ⟨Adj.⟩; **Si|zi|li|a|no:** ↑Siciliano; **Si|zi|li|en;** -s: *süditalienische Insel;* **Si|zi|li|en|ne** [zitsi'liɛn], die; - [frz. sicilienne, ↑Sicilienne]: *Eolienne;* **Si|zi|li|er,** der; -s, -: Ew. zu ↑Sizilien; **Si|zi|lie|rin,** die; -, -nen: w. Form zu ↑Sizilier; **si|zi|lisch** ⟨Adj.⟩.

SJ = Societa[ti]s Jesu.

SK = Segerkegel.

Ska, der; -[s] [H. u.] (Musik): *in Jamaika aus dem Rhythm and Blues entwickelter Musikstil (Vorläufer des Reggae).*

Ska|bi|es [...iɛs], die; - [lat. scabies, zu: scabere, ↑skabrös] (Med.): [2]*Krätze;* **ska|bi|ös** ⟨Adj.⟩ (Med.): *die Symptome der Skabies aufweisend;* **Ska|bi|o|se,** die; -, -n [zu lat. scabiosus = rauh(haarig): *Pflanze mit gefiederten, behaarten Blättern u. langgestielten Blütenköpfen von blauvioletter od. gelber Farbe;* **ska|brös** ⟨Adj.⟩ [frz. scabreux < spätlat. scabrosus = rauh, zu lat. scaber = rauh, schäbig, zu: scabere = kratzen, reiben] (veraltet): *heikel, schlüpfrig.*

Ska|denz, die; -, -en [ital. scadenza, zu: scadente = minderwertig, zu: scadere = verfallen, ablaufen, über das Vlat. zu lat. excidere = herausfallen, abfallen] (Wirtsch. veraltet): *Verfallzeit.*

Ska|ger|rak, das od. der; -s: *Meerenge zwischen Norwegen u. Jütland.*

Skai ⓌⓏ, das; -[s] [Kunstwort]: *Kunstleder.*

skål [sko:l] ⟨Interj.⟩ [schwed., dän. skål, eigtl. = Trinkschale]: dänisch, norwegisch, schwedisch für: *prost!, zum Wohl!*

Ska|la, die; -, ...len u. -s [ital. scala = Treppe, Leiter < lat. scalae (Pl.), zu: scandere, ↑skandieren]: **1.** *(aus Strichen u. Zahlen bestehende) Maßeinteilung an Meßinstrumenten:* die S. des Thermometers reicht von −40° bis +40°C; einen Meßwert, von, auf einer S. ablesen. **2.** *vollständige Reihe zusammengehöriger, sich abstufender Erscheinungen; Stufenleiter:* eine S. von Brauntönen; die Skala der Verstöße verzeichnet Raub, ... Brandstiftung ... und Totschlag (Welt 23. 1. 65, 3). **3.** (Musik) *Tonleiter:* eine S. von Tönen. **4.** (Druckw.) *Zusammenstellung der für einen Mehrfarbendruck notwendigen Farben;* **skal|ar** ⟨Adj.⟩ [lat. scalaris = zur Leiter, Treppe gehörend] (Math., Physik): *durch reelle Zahlen bestimmt:* -e Größe ([1]*Skalar);* [1]**Ska|lar,** der; -s, -e (Math., Physik): *durch einen reellen Zahlenwert bestimmte Größe;* [2]**Ska|lar,** der; -s, -e: *Segelflosser;* **Ska|lar|feld,** das (Physik): *durch eine skalare Größe beschreibbares Feld (7).*

Skal|de, der; -n, -n [aisl. skáld]: *(im MA.) [Hof]dichter u. Sänger in Norwegen u. Island;* **Skal|den|dich|tung,** die ⟨o. Pl.⟩ (Literaturw.): *durch kunstvolle metrische Formen u. Verwendung eines eigenen dichterischen Vokabulars gekennzeichnete, im MA. bes. an den norwegischen Höfen vorgetragene altnordische Dichtung, die u.a. Preislieder auf historische Personen od. Ereignisse umfaßt;* **skal|disch** ⟨Adj.⟩ (Literaturw.): *die Skalden betreffend.*

Ska|le, die; -, -n (Fachspr.): *Skala* (1); **Ska|len|an|trieb,** der (Technik): *Vorrichtung zum Bewegen des Skalenzeigers an einem Meßgerät;* **Ska|len|knopf,** der (selten): *Drehknopf zum Einstellen der Sender (an einem Rundfunkgerät).*

Ska|le|no|e|der, das; -s, - [zu griech. skalēnós = ungleichseitig u. hédra = Fläche] (Math.): *Polyeder, dessen Oberfläche von zwölf ungleichseitigen Dreiecken gebildet wird.*

Ska|len|zei|ger, der: *Nadel (5), die auf einer Skala (1) den Meßwert anzeigt;* **ska|lie|ren** ⟨sw. V.; hat⟩ [zu ↑Skala] (Psych., Soziol.): *(Verhaltensweisen, Leistungen o.ä.) in einer statistisch verwendbaren Skala vor Werten einstufen;* **Ska|lie|rung,** die; -, -en (Psych., Soziol.): *das Skalieren.*

Skalp, der; -s, -e [engl. scalp = Hirnschale, Schädel, wohl aus dem Skand.] (früher): *[bei den Indianern Nordamerikas] die dem [getöteten] Gegner als Siegestrophäe abgezogene Kopfhaut [mit Haaren]:* Ich stellte mir eben vor, wie du ... mir am Marterpfahl mit dem Dolch den S. heruntergesäbelt hättest (Fr. Wolf, Menetekel 33); Ü jmds. S. *(Kopf, Leben)* fordern, haben wollen.

Skal|pell, das; -s, -e [lat. scalpellum, Vkl. von: scalprum = Messer; Grabstichel, Meißel, zu: scalpere = schneiden; kratzen, ritzen]: *kleines chirurgisches Messer mit feststehender Klinge:* ... wie ein Chirurg, der zum erstenmal das S. ansetzt (Kirst, 08/15, 451); ... wo sich ein Arzt fand, der mich ohne S. *(ohne chirurgischen Eingriff)* kurierte (Fühmann, Judenauto 124).

skal|pie|ren ⟨sw. V.; hat⟩ [zu ↑Skalp]: *den Skalp, die Kopfhaut abziehen:* wenn man mit den Haaren in diese Maschine gerät, kann man regelrecht skalpiert werden; **Skal|pie|rung,** die; -, -en: **1.** *das Skalpieren, Skalpiertwerden.* **2.** (Med.) *völliges Abgerissenwerden der Kopfhaut (bei einem Unfall).*
Ska|mu|sik, die ⟨o. Pl.⟩: *Ska.*
Skan|dal, der; -s, -e [frz. scandale < kirchenlat. scandalum = Ärgernis < griech. skándalon, eigtl. = Fallstrick]: **1.** *Geschehnis, das Anstoß u. Aufsehen erregt:* ein öffentlicher, großer, aufsehenerregender S.; einen S. verursachen, provozieren, vermeiden, vertuschen, fürchten, aufdecken; der S. hat ihn seinen Posten gekostet; in einen S. verwickelt sein; für die Behörde ... wurde der Dichter durch den S. seines Todes vollends unberechenbar (Ransmayr, Welt 138); im S. um illegale Atomexporte (Spiegel 44, 1988, 14); dieser Filmstar lebt nur von -en; diese Zustände wachsen sich allmählich zu einem S. aus; es ist/das ist ja ein S. *(ist unerhört, skandalös),* wie man ihn behandelt! **2.** (landsch. veraltend) *Lärm, Radau:* es erhob sich ein großer S.; **Skan|dal|af|fä|re,** die: *Skandalgeschichte:* in eine S. verwickelt sein; **Skan|dal|blatt,** das (abwertend): vgl. Skandalpresse; **Skan|däl|chen,** das; -s, -: Vkl. zu ↑Skandal (1); **Skan|dal|ge|schich|te,** die: *Aufsehen u. Ärgernis erregende Sache, Angelegenheit:* durch -n von sich reden machen; **skan|da|lie|ren** ⟨sw. V.; hat⟩ [zu ↑Skandal (2)] (veraltet): *Lärm machen;* **skan|da|li|sie|ren** ⟨sw. V.; hat⟩ [wohl nach frz. scandaliser] (bildungsspr. veraltend): **a)** *zu einem Ärgernis Anlaß geben u. dadurch empören, in Unruhe versetzen:* die Inszenierung skandalisierte das Publikum; **b)** *zu einem Skandal (1) machen:* einen Vorfall s.; Ihre Forderungen, skandalisiert man sie nicht voreilig, sind auf einen einfachen Nenner zu bringen (Höhler, Horizont 14); **c)** ⟨s. + sich⟩ *Anstoß nehmen, sich empören:* sich über etw. s.; **Skan|dal|nu|del,** die (ugs.): *[weibliche] Person, die immer wieder Aufsehen erregt, Ärgernis erregende Affären hat:* Margaret Trudeau, kanadische Premiers-Gattin und S., macht wieder von sich reden (Spiegel 8, 1982, 160); Der amerikanische Erzähler Truman Capote, seit langem nur noch als S. in den Schlagzeilen, ... (Spiegel 36, 1984, 195); **Skan|dal|lon,** das; -s [griech. skándalon, ↑Skandal] (bildungsspr.): *etw., was Anstoß, Ärgernis erregt:* Sie (= die Mordsache Weißgerber) schuf darüber hinaus ein gesamtdeutsches S. (Spiegel 44, 1985, 98); Die Sprache der Politik ist aber weder mystisch ... noch wissenschaftlich, und das macht sie zu einem S. für ihre positivistischen Kritiker (Heringer, Holzfeuer 49); **skan|da|lös** ⟨Adj.; -er, -este⟩ [frz. scandaleuse, zu: scandale, ↑Skandal]: *Aufsehen u. Empörung erregend; unerhört:* ein -er Vorfall; -e Zustände, Praktiken; Durch eine -e Verlagspolitik sind seine Bücher heute zum Teil vergriffen (Stadtblatt 21, 1984, 32); sein Benehmen ist einfach s.; man hat ihn s. behandelt, benachteiligt; Sie (= die Sozialversicherungsgerichte)

brauchen bis zur Urteilsfällung ... oft s. viel Zeit (NZZ 23. 10. 86, 36); **Skan|dal|pres|se,** die (abwertend): *niveauloser Teil der Presse, der seine Leser mit reißerischen Berichten über Skandale (1) zu interessieren sucht;* **skan|dal|süch|tig** ⟨Adj.⟩ (abwertend): *sehr interessiert an Skandalen (1):* ein -es Publikum; **skan|dal|träch|tig** ⟨Adj.⟩: vgl. -trächtig: eine -e Situation; **skan|dal|um|wit|tert** ⟨Adj.⟩: *häufig zu Skandalen (1) Anlaß gegeben habend u. daher ständig im Verdacht, neue heraufzubeschwören:* die -e Diva; Röhm ... der -e Tod (Riess, Auch 168).
skan|die|ren ⟨sw. V.; hat⟩ [lat. scandere, eigtl. = (stufenweise) emporsteigen] (bildungsspr.): **a)** *Verse mit starker Betonung der Hebungen sprechen:* ein Gedicht s.; **b)** *rhythmisch u. abgehackt, in einzelnen Silben sprechen:* Tausende von Studenten, die die Fäuste ballten und Sprechchöre skandierten (NZZ 27. 8. 83, 3); „Moser, Moser", skandierten 20000 Fans (Tagesspiegel 13. 6. 84, 16); Ü es herrschte ein ... militärischer Tonfall, ein Jawoll folgte heiser den anderen, die Hackenschläge skandierten die Stunden (Härtling, Hubert 124).
Skan|di|na|vi|en; -s: Teil Nordeuropas; **Skan|di|na|vi|er,** der; -s, -: Ew.; **Skan|di|na|vie|rin,** die; -, -nen: w. Form zu ↑Skandinavier; **skan|di|na|visch** ⟨Adj.⟩; **Skan|di|na|vist,** der; -en, -en: *Wissenschaftler auf dem Gebiet der Skandinavistik;* **Skan|di|na|vi|stik,** die; -: *Wissenschaft von den skandinavischen Sprachen u. Literaturen;* **Skan|di|na|vi|stin,** die; -, -en: w. Form zu ↑Skandinavist; **skan|di|na|vi|stisch** ⟨Adj.⟩: *die Skandinavistik betreffend, zu ihr gehörend.*
Skan|di|um: ↑Scandium.
Skap|han|der, der; -s, - [zu griech. skáphē = ausgehöhlter Körper u. anḗr (Gen.: andrós) = Mann]: **1.** *Schutzanzug für extreme Druckverhältnisse (z. B. für Raumfahrer).* **2.** (veraltet) *Taucheranzug.*
Skap|o|lith [auch: ...'lɪt], der; -s, -en, -e[n] [zu griech. skápos = Stab (nach den oft langgestreckten Kristallen) u. ↑-lith]: *farbloses bis weißes, glänzendes Mineral.*
Ska|pu|la|man|tie, Ska|pu|la|man|tik, die; - [zu lat. scapula = Schulterblatt u. griech. manteia = das Weissagen] (Völkerk.): *das Weissagen aus den Rissen im Schulterblatt [eines Schafes];* **Ska|pu|lier,** das; -s, -e [mlat. scapularium, zu lat. scapulae = Schultern, Rücken, spätmhd. schapular] (kath. Kirche): *von manchen Mönchsorden getragener, über Brust u. Rücken bis zu den Füßen reichender Überwurf.*
Ska|ra|bä|en|gem|me, die: *Skarabäus (2);* **Ska|ra|bä|us,** der; -, ...äen [lat. scarabaeus = Holzkäfer < griech. kárabos]: **1.** *Pillendreher (1).* **2.** *als Amulett od. Siegel benutzte [altägyptische] Nachbildung des Pillendrehers (1), der im alten Ägypten als Sinnbild des Sonnengottes verehrt wurde, in Stein, Glas od. Metall.*
Ska|ra|muz, der; -es, -e [ital. Scaramuccia, frz. Scaramouche]: *Figur des prahlerischen Soldaten aus der Commedia dell'arte u. dem französischen Lustspiel.*
Ska|ri|fi|ka|ti|on, die; -, -en [spätlat. scarificatio, zu: scarificare, ↑skarifizieren]

(Med.): *kleiner Einschnitt od. Stich in die Haut zur Blut- od. Flüssigkeitsentnahme od. zu einem therapeutischen Zweck;* **ska|ri|fi|zie|ren** ⟨sw. V.; hat⟩ [spätlat. scarificare, zu: scarifus < griech. skáriphos = Riß] (Med.): *eine Skarifikation vornehmen.*
Ska|ri|ol, der; -s [↑Eskariol] (Bot.): *Eskariol.*
Skarn, der; -[e]s, -e [schwed. skarn, eigtl. = Schmutz] (Geol.): *aus Kalkstein, Dolomit od. Mergel entstandenes erzhaltiges Gestein.*
Skart, der; -[e]s [ital. scarto, ↑Skat] (österr. Philat.): *Kiloware;* **skar|tie|ren** ⟨sw. V.; hat⟩ [ital. scartare, ↑Skat] (österr. Amtsspr.): *alte Akten o. ä. ausscheiden (3);* **Skat,** der; -[e]s, -e u. -s [ital. scarto = das Wegwerfen (der Karten); die abgelegten Karten; Ausschuß (3), Makulatur, zu: scartare = Karten wegwerfen, ablegen, zu: carta = Papier; (Spiel)karte < lat. charta, ↑Karte]: **1.** ⟨Pl. ungebr.⟩ *Kartenspiel für drei Spieler, das mit 32 Karten gespielt wird u. bei dem durch Reizen festgestellt wird, welcher Spieler gegen die beiden anderen spielt:* [eine Runde] S. spielen; [einen zünftigen] S. dreschen/klopfen (salopp; *Skat spielen).* **2.** (beim Skat) *zwei [zunächst] verdeckt liegende Karten:* den S. aufnehmen, liegen lassen; das As war, lag im S.; **Skat|abend,** der: vgl. Kegelabend; **Skat|blatt,** das: *Blatt* (4 c) *für das Skatspiel;* **Skat|bru|der,** der; -s: **1.** (ugs.) *jmd., der gern u. viel Skat spielt.* **2.** *einer aus einer Runde von Skatspielern, die sich regelmäßig treffen.*
Skate|board ['skeɪtbɔːd], das; -s, -s [engl. skateboard, aus: to skate = gleiten u. board = Brett]: *als Spiel- u. Sportgerät dienendes Brett auf vier federnd gelagerten Rollen, mit dem man sich stehend [durch Abstoßen] fortbewegt. das nur durch Gewichtsverlagerung gesteuert wird; Rollerbrett:* S. fahren; **Skate|boar|der** ['skeɪtbɔːdɐ], der; -s, - [engl. skateboarder]: *jmd., der Skateboard fährt;* **Skate|boar|de|rin,** die; -, -nen: w. Form zu ↑Skateboarder.
skaten ⟨sw. V.; hat⟩ [zu ↑Skat] (ugs.): *Skat spielen;* **Skater,** der; -s, - (ugs.): *Skatspieler;* **Ska|te|rin,** die; -, -nen (ugs.): w. Form zu ↑Skater.
Ska|ting|ef|fekt ['skeɪtɪŋ...], der; -[e]s, -e [zu engl. skating = das Gleiten] (Technik): *ungleicher Druck, mit dem der Tonabnehmer auf der inneren u. äußeren Seite der Rille einer Schallplatte aufliegt;* **Ska|ting|kraft,** die; -, Skatingkräfte (Technik): *vom Tonabnehmer auf die innere Seite der Rille einer Schallplatte ausgeübte Kraft.*
Skat|kar|te, die: **1.** *eine der 32 Spielkarten für das Skatspiel.* **2.** ⟨o. Pl.⟩ *vollständiges Spiel von Spielkarten für das Skatspiel.*
Ska|tol, das; -s [zu griech. skátos, Gen. von: skōr = Kot]: *übelriechende, bei der Fäulnis von Eiweißstoffen entstehende chemische Verbindung (z. B. im Kot);* **Ska|to|lo|gie,** die; - [↑-logie] (Med.): **1. a)** *wissenschaftliche Untersuchung des Kots;* **b)** (Paläont.) *Untersuchung von fossilem Kot.* **2.** (Psych.) *Vorliebe für Ausdrücke aus dem Analbereich;* **ska|to|lo|gisch** ⟨Adj.⟩: **1.** (Med., Paläont.) *die Skatologie (1) be-*

treffend. **2.** (Psych.) *eine auf den Analbereich bezogene Ausdrucksweise bevorzugend;* **Ska|to|pha|ge,** der u. die; -n, -n [zu griech. phageĩn = essen, fressen] (Med., Psych.): *Koprophage* (2); **Ska|topha|gie,** die; - (Med., Psych.): *Koprophagie;* **Ska|to|phi|lie,** die; - [zu griech. philía = Liebe, (Zu)neigung] (Med., Psych.): *Koprophilie.*
Skat|par|tie, die: *Skatspiel* (3); **Skat|runde,** die: **1.** *Runde von Personen, die zusammen Skat spielen:* eine fröhliche S. **2.** *Runde* (3 b) *beim Skatspiel:* für ein paar -n reicht die Zeit noch; **Skat|schwe|ster,** die: vgl. Skatbruder; **Skat|spiel,** das: **1.** ⟨Pl. ungebr.⟩ *Skat* (1): die Regeln des -s. **2.** ⟨o. Pl.⟩ *das Skatspielen:* regelmäßiges S. **3.** *Partie beim Skat:* ein S. machen. **4.** *Skatkarte* (2); **Skat|spie|ler,** der: *jmd., der Skat spielt;* **Skat|spie|le|rin,** die: w. Form zu ↑ Skatspieler; **Skat|tur|nier,** das: *Turnier im Skatspielen.*
Ska|zon, der; -s, ...zonten [lat. scazon < griech. skázōn, eigtl. = hinkend] (Verslehre): *Choliambus.*
SKE = Steinkohleeinheit.
Skeet|schie|ßen ['ski:t...], das; -s [engl. skeet (shooting), wohl zu anord. skot = Schuß] (Sport): **1.** ⟨o. Pl.⟩ *Wurftaubenschießen, bei dem die Schützen im Halbkreis um die Wurfmaschinen stehen u. auf jede Taube nur einen Schuß abgeben dürfen.* **2.** *Veranstaltung, Wettkampf des Skeetschießens* (1).
Ske|lett: ↑ ¹Skelett (1 b); **Ske|le|ton** ['skɛlətṇ, ...leton], der; -s, -s [engl. skeleton, eigtl. = Gerippe, Gestell < griech. skeletón, ↑ ¹Skelett] (Sport): *niedriger Rennschlitten, den der Fahrer auf dem Bauch liegend lenkt;* **ske|le|to|to|pisch** ⟨Adj.⟩ [zu griech. tópos = Ort] (Med., Biol.): *die Lage (eines Organs o. ä.) im Verhältnis zum Skelett betreffend;* ¹**Ske|lett,** (Fachspr. auch:) Skelet, das; -[e]s, -e [griech. skeletón (sõma) = ausgetrocknet(er Körper), Mumie, zu: skeletós = ausgetrocknet, zu: skéllein = austrocknen, dörren; vertrocknen]: **1.** *die Weichteile des Körpers stützendes [bewegliches] Gerüst bes. aus Knochen; Knochengerüst:* das menschliche (...) ein weibliches, männliches S.; das S. eines Hundes, eines Affen; ein leichtes, sehr schweres, kräftiges, schlecht ausgebildetes S. haben; viele wirbellose Tiere haben ein äußeres S.; in der Höhle wurde ein S. *(Gerippe)* gefunden; die Geier haben von dem Aas nur das S. *(Gerippe)* übriggelassen; Ü sie war das reinste, war nur noch ein S. (emotional übertreibend; *sehr mager, abgemagert);* diese mit Haut überspannten -e (Plievier, Stalingrad 47); er ist fast zum S. abgemagert. **2.** (Bauw.) *aus einzelnen Stützen u. Trägern bestehende tragende Konstruktion; Gerüst:* das S. der Bahnhofshalle steht bereits; ... Schuttberge zu beiden Seiten. Dahinter leere Fassaden, immer neue -e von unfertigen Gebäuden (Fest, Im Gegenlicht 41). **3.** (Bot.) *zur Festigung von Pflanzenorganen dienendes Gewebe;* ²**Ske|lett,** das; - (Druckw.): *aus relativ dünnen Strichen bestehende Schrift;* **Ske|lett|bau,** der ⟨Pl. -ten⟩ (Bauw.): **1.** ⟨o. Pl.⟩ *das Bauen in Skelettbauweise.* **2.** *Bauwerk in Skelettbau-*

weise; **Ske|lett|bau|wei|se,** die (Bauw.): *Bauweise, bei der Stützen in der Art eines Gerippes den Bau tragen u. die Zwischenräume mit nichttragenden Wänden ausgefüllt werden;* **Ske|lett|bo|den,** der (Geol.): *Boden mit hohem Anteil an Gestein (bes. in Gebirgen);* **Ske|lett|teil¹,** das: *Teil des, eines* ¹Skeletts (1); **ske|lett|tieren** ⟨sw. V.; hat⟩: **1.** *das* ¹*Skelett* (1) *bloßlegen:* Hunderte von Piranhas skelettierten den Kadaver; Die Identität der ... in der Nähe der Autobahn aufgefundenen, bereits stark skelettierten Leiche ist nun geklärt (MM 11. 6. 82, 14); Ü Er skelettierte den Text, entkleidete ihn aller sinnlich wahrnehmbaren Attribute (MM 1. 2. 65, 18). **2.** (Biol.) *(von Pflanzenschädlingen) ein Blatt bis auf die Rippen abfressen;* **Ske|lett|kon|struk|ti|on,** die (Bauw.): ¹*Skelett* (2); **Ske|lett|kri|stall,** das: *Kristall mit beim Wachstum unvollständig ausgebildeten Flächen;* **Ske|lett|mon|tage,** die (Bauw.): *Montage des* ¹*Skeletts* (2); **Ske|lett|mus|kel,** der (Anat.): *an Teilen des* ¹*Skeletts* (1) *ansetzender Muskel.*
Ske|ne, die; -, ...nai [griech. skēnḗ, ↑ Szene]: **a)** *im antiken Theater ein Ankleideräume enthaltender Holzbau, der das Proszenium* (2) *nach hinten abschloß;* **b)** *zum Proszenium* (2) *hin gelegene Wand der Skene* (a), *vor der die Schauspieler auftraten;* **Ske|no|gra|phie,** die; - [griech. skēnographía]: *(in der Antike) Bemalung der Skene* (2) *als Bühnendekoration.*
Skep|sis, die; - [griech. sképsis = Betrachtung; Bedenken, zu: sképtesthai = schauen, spähen; betrachten]: *[durch] kritische Zweifel, Bedenken, Mißtrauen [bestimmtes Verhalten]; Zurückhaltung:* ihre S. sollte sich als unbegründet erweisen, die S. gegen ihre Mitbürger (Kant, Impressum 251); er betrachtet die Entwicklung mit großer, einiger, berechtigter, begründeter, gesunder S.; [einer Sache gegenüber] voller S. sein; Zwar mögen solche Zahlen eher zur S. Anlaß geben, aber sie zeugen von Fleiß (Reich-Ranicki, Th. Mann 254); **Skep|ti|ker,** der; -s, - [griech. skeptikós = Philosoph einer Schule, deren Anhänger ihre Meinung nur mit Bedenken, Zweifeln äußerten, subst. Adj. skeptikós, ↑skeptisch]: **1.** *zu einem durch Skepsis bestimmten Denken, Verhalten neigender Mensch:* ... wenn ich ein vielfach „gebranntes Kind" und darüber ein alter S. geworden bin (Thielicke, Ich glaube 51); die S. *(diejenigen, die der Sache skeptisch gegenüberstanden)* sollten leider recht behalten. **2.** (Philos.) *Anhänger des Skeptizismus* (2); **Skep|ti|ke|rin,** die; -, -nen: w. Form zu ↑ Skeptiker; **skep|tisch** ⟨Adj.⟩ [griech. skeptikós = zum Betrachten, Bedenken gehörig, geneigt]: *zu Skepsis neigend, auf ihr beruhend:* ein -er Mensch; eine -e Haltung, Miene; Helmut Schelsky, deutscher Soziologe, Angehöriger jener -en Generation, die durch Hitlers Diktatur ... geprägt wurde, wird heute 65 Jahre alt (MM 14. 10. 77, 35); seine Antwort war, klang sehr s.; ich bin s. *(habe Zweifel, Bedenken),* ob sich der Plan verwirklichen läßt; sie steht der Sache eher s. gegenüber; er betrachtet die Sache sehr s.;

Skep|ti|zis|mus, der; -: **1.** *skeptische Haltung:* mit einleuchtenden Argumenten trat er ihrem S. entgegen. **2.** (Philos.) *den Zweifel zum Prinzip des Denkens erhebende, die Möglichkeit einer Erkenntnis der Wirklichkeit u. der Wahrheit in Frage stellende Richtung der Philosophie.*
Sketch [skɛtʃ], der; -[es], -e[s] u. -s [engl. sketch = Skizze, Stegreifstudie < niederl. schets = Entwurf < ital. schizzo, ↑Skizze]: *(bes. im Kabarett od. Varieté aufgeführte) kurze, effektvolle Szene mit scharfer Schlußpointe:* einen S. aufführen; die Fernsehshow „Spitting Image" ..., bei der Kautschuk-Karikaturen mit ätzenden -es Aktuelles aus Kabinett und Königshaus parodieren (Spiegel 13, 1986, 286); **Sketsch,** der; -[e]s, -e (selten): eindeutschend für ↑ Sketch.
Ski [ʃi:], Schi, der; -s, -er, auch: - [norw. ski, eigtl. = Scheit < anord. skið = Scheit; Schneeschuh, verw. mit ↑ Scheit]: *schmales, langes, vorn in eine nach oben gebogene Spitze auslaufendes Brett aus Holz, Kunststoff od. Metall, an dem der Skistiefel mit der Bindung* (2) *befestigt wird, so daß man sich [gleitend] über den Schnee fortbewegen kann:* ein Paar S.; mein rechter S. machte sich selbständig; S. und Rodel gut (Met.; *die Schneeverhältnisse sind so, daß man gut Ski laufen und rodeln kann);* S. laufen, fahren; die -er an-, abschnallen, schultern, spannen, wachsen; auf -ern die Piste herunterfahrensen; Wer diese echte Könnerpiste zügig bewältigen will, muß schon sehr sauber auf dem S. stehen *(muß sehr gut Ski laufen können);* ski 10, 1981, 89).
Skia|gra|phie, die; -, -n [griech. skiagraphía, zu: skiá = Schatten u. ↑-graphie] (Archäol.): *(in der antiken Malerei) das Zeichnen der Schatten von Gegenständen u. Figuren zum Erzielen einer plastischen Wirkung.*
Ski|akro|ba|tik, die: *Trickskilaufen.*
Skia|me|ter, das; -s, - [zu griech. skiá = Schatten u. ↑-meter (1)] (Physik): *Instrument zur Messung der Intensität von Röntgenstrahlen.*
Ski|an|zug, der: *Anzug zum Skilaufen.*
Skia|sko|pie, die; -, -n [zu griech. skiá = Schatten u. skopeĩn = betrachten] (Med.): *Verfahren zur Feststellung von Brechungsfehlern des Auges durch Beobachten eines Schattens, der mit Hilfe eines speziellen Spiegels im Auge erzeugt wird.*
Ski|aus|rü|stung, die: *zum Skifahren benötigte Ausrüstung;* **Ski|be|klei|dung,** die: vgl. Skianzug; **Ski|bin|dung,** die: *Bindung* (2); **Ski|bob,** der: **1.** *Wintersportgerät aus einem einem Fahrradrahmen ähnlichen Gestell, das auf zwei hintereinander angeordneten, kurzen Skiern montiert ist, von denen der vordere mit einem Lenker gesteuert wird.* **2.** *Sportart, bei der der Fahrer mit kurzen Skiern an den Füßen auf einem Skibob* (1) *sitzend einen Hang hinabfährt;* **Ski|brem|se,** die: *an der Skibindung angebrachte Vorrichtung in Form von zwei Dornen, die sich nach einem (durch einen Sturz verursachten) Sichlösen des Skis selbsttätig nach unten ausklappt, in den Schnee greift u. so das Weitergleiten des Skis verhindert;* **Ski|brille,** die: *Schutzbrille für Skifahrer;* **Ski-**

fah|rer, der: *Skiläufer;* **Ski|fah|re|rin,** die: w. Form zu ↑Skifahrer.
Skiff, das; -[e]s, -e [engl. skiff < frz. esquif < ital. schifo < ahd. scif = Schiff] (Sport): *Einer* (2).
Skif|fle ['skɪʃl], das; -, auch: das; -s [engl. skiffle, H. u., viell. lautm.]: *Art des Jazz, der auf primitiven Instrumenten, z. B. Waschbrett, Kamm u. Jug gespielt wird;* **Skif|fle-group** ['skɪʃlgruːp], die; -, -s [engl. skiffle group, zu: group = Gruppe]: *Ensemble von [Amateur]musikern, das Skifflemusik spielt;* **Skif|fle|musik** [...l...], die: *Skiffle.*
Ski|flie|gen, das; -s, **Ski|flug,** der: *Skispringen von einer Flugschanze;* **Ski|fu|ni,** der; -, -s [über das Roman. zu lat. funis = Seil] (schweiz.): *großer Schlitten, der von einer seilbahnähnlichen Konstruktion gezogen wird u. der Skiläufer bergaufwärts befördert;* **Ski|ge|biet,** das: *für den Skilauf geeignetes Gebiet;* **Ski|gym|na|stik,** die: *spezielle Gymnastik, die den Körper für das Skilaufen kräftigt;* **Ski|ha|serl,** das; -s, -[n] (südd., österr. scherzh.): *junge Skiläuferin;* **Ski|ho|se,** die; **Ski|jö|ring, Ski|kjö|ring,** [...jøːrɪŋ], das; -s, -s [norw. kjøring, zu: kjøre = fahren]: *Sportart, bei der ein Skiläufer von einem Pferd od. Motorrad gezogen wird;* **Ski|klub,** der: *Klub für Skiläufer;* **Ski|kurs,** (seltener:) **Ski|kur|sus,** der: *Kurs* (3 a) *im Skilaufen;* **Ski|lang|lauf,** der: *Langlauf* (3); **Ski|lauf,** der, **Ski|lau|fen,** das; -s: *das Sichfortbewegen auf Skiern (als sportliche Disziplin):* nordischer, alpiner Skilauf; **Ski|läu|fer,** der: *jmd., der Ski läuft;* **Ski|läu|fe|rin,** die: w. Form zu ↑Skiläufer; **Ski|leh|rer,** der: *jmd., der Unterricht im Skilaufen gibt;* **Ski|leh|re|rin,** die: w. Form zu ↑Skilehrer; **Ski|lift,** der: *Seilbahn o. ä., die Skiläufer bergaufwärts befördert;* **Ski|ma|ra|thon,** das: *Skilanglauf über eine Strecke von über 50 km;* **Ski|müt|ze,** die: vgl. Skianzug.
Skin, der; -s, -s: *kurz für* ↑Skinhead: Hamburger -s betrieben eine regelrechte Türken-Jagd (Spiegel 1, 1986, 64); **Skin|ef|fekt,** der; -[e]s, -e [engl. skin effect, eigtl. = Hautwirkung, aus: skin = Haut u. effect = Wirkung] (Elektrot.): *Erscheinung, daß ein Wechselstrom hoher Frequenz nur an der Oberfläche des elektrischen Leiters fließt;* **Skin|head** [...hɛd], der; -s, -s [engl. skinhead, eigtl. = Hautkopf, zu: head = Kopf]: *(in einer Clique organisierter) [gewalttätiger] Jugendlicher mit kurz- od. kahlgeschorenem Kopf:* Jugendliche -s, die sich meist aus dem rechten Dunstkreis rekrutieren (Spiegel 14, 1980, 246).
Skink, der; -[e]s, -e [lat. scincus < griech. skígkos = in Ägypten lebende Eidechse]: *(in Tropen u. Subtropen lebende) gelbliche bis graubraune Eidechse mit keilförmigem Kopf, glatten, glänzenden Schuppen u. langem Schwanz.*
Skin|ner-Box, die; -, -en [nach dem amerik. Verhaltensforscher B. F. Skinner (geb. 1904)]: *Käfig zur Erforschung von Lernvorgängen bei Tieren.*
Ski|no|id ⓦ, das; -[e]s [zu engl. skin = Haut]: *lederähnlicher Kunststoff.*
Ski|op|ti|kon, das; -s, ...ken u. -s [zu griech. skia = Schatten u. optikós = zum Sehen gehörig] (veraltet): *Projektionsapparat.*
¹**Skip,** der; -[s], -s [engl. skip, Nebenf. von: skep < anord. skeppa = Korb] (Bergbau): *Fördergefäß.*
²**Skip,** der; -s, -s [Kurzf. von ↑Skipper]: *Mannschaftsführer (bes. beim Curling).*
Ski|pa|ra|dies, das: *ideales Skigebiet;* **Ski|paß,** der: *für die Skilifts eines bestimmten Gebiets gültige Zeitkarte.*
Skip|för|de|rung, die (Bergbau): *Förderung mit Skips.*
Ski|pi|ste, die: *Piste* (1).
Skip|per, der; -s, - [engl. skipper = Kapitän < mniederl. schipper = Schiffer] (Jargon): *Kapitän einer [Segel]jacht;* **Skip|pe|rin,** die; -, -nen (Jargon): w. Form zu ↑Skipper.
Ski|ren|nen, das: *Wettlauf auf Ski.*
Skis: ↑Skus.
Ski|schuh, der: vgl. Skistiefel; **Ski|schu|le,** die: vgl. Reitschule (1); **Ski|sport,** der: *auf Skiern betriebene sportliche Disziplinen;* **Ski|sprin|gen,** das: 1. ⟨o. Pl.⟩ *Sportart, bei der man auf Skiern eine Sprungschanze hinuntergleitet u. nach dem Sprung mit den Skiern auf dem Boden aufsetzt.* 2. *Wettbewerb im Skispringen* (1): die S. konnte nicht stattfinden; **Ski|sprin|ger,** der: *jmd., der das Skispringen als sportliche Disziplin betreibt;* **Ski|sprin|ge|rin,** die: w. Form zu ↑Skispringer; **Ski|sprung,** der: *Skisprengen;* **Ski|spur,** die: *Spur eines Skiläufers im Schnee;* **Ski|stie|fel,** der: *Stiefel* (1 b) *aus Leder od. Kunststoff, der dem Fuß beim Skilaufen besonderen Halt gibt u. mit der Bindung* (2) *befestigt wird;* **Ski|stock,** der: *einer von zwei Stöcken, die oben mit einer Schlaufe zum Durchstecken der Hand u. einem Griff versehen sind, unten in eine dornenförmige Spitze auslaufen u. die der Skiläufer in den Schnee stößt, um Schwung zu holen u. die Balance zu halten;* **Ski|trä|ger,** der: *Dachgepäckträger zum Transport von Skiern;* **Ski|un|fall,** der: *beim Skilaufen sich ereignender Unfall;* **Ski|ur|laub,** der: *Urlaub, in dem man hauptsächlich Ski fährt.*
Ski|ver|tex ⓦ ['skaiv...], das; - [Kunstwort]: *zur Herstellung von Bucheinbänden verwendeter lederähnlicher Kunststoff.*
Ski|wachs, das: *Wachs, mit dem die Lauffläche eines Skis eingerieben wird, damit er besser gleitet;* **Ski|wan|dern,** das; -s: *Wandern auf Skiern;* **Ski|was|ser,** das [wohl urspr. = Getränk aus Wasser aus aufgetautem Schnee u. Sirup, das in Skihütten für Skifahrer zubereitet wurde]: *Getränk aus Fruchtsirup u. eisgekühltem Wasser;* **Ski|zir|kus,** der (Jargon): 1. *über ein ganzes Skigebiet verteiltes, in sich geschlossenes System von Skiliften.* 2. *alpine Skirennen mit allen damit in Zusammenhang stehenden Veranstaltungen der Saison.*
Skiz|ze, die; -, -n [ital. schizzo, eigtl. = Spritzer (mit der Feder), lautm.]: 1. *mit groben Strichen hingeworfene, sich auf das Wesentliche beschränkende Zeichnung [die als Entwurf dient]:* eine flüchtige S.; Dazwischen fand sich die S. einer Landschaft, eines Tiers (Seidel, Sterne 155); eine S. machen; hinwerfen; er fertigte eine Skizze des Gebäudes, von der Unfallstelle an; In meterbreiten Bahnen hing Papier an den Wänden, die sie teilweise mit taktischen -n, teils mit Einsatzbefehlen ... bedeckten (Kuby, Sieg 320). 2. a) *kurzer, stichwortartiger Entwurf; Konzept* (1): die S. einer Rede, eines Romans; b) *kurze, sich auf das Wesentliche beschränkende [literarische] Darstellung, Aufzeichnung:* eine S. der Hauptetappen der deutschen Literatur; er hielt die wichtigsten Eindrücke seiner Reise in einer kleinen S. fest; **Skiz|zen|block,** der; ⟨Pl. ...blöcke u. -s⟩: *Block* (5), *auf dem man Skizzen* (1) *zeichnet;* **Skiz|zen|buch,** das: vgl. Skizzenblock; **skiz|zen|haft** ⟨Adj.⟩: *in der Art einer Skizze* (1): -e Zeichnungen, Entwürfe, Aufzeichnungen; Man sah ..., s. angedeutet, den Untergang seiner Armee (Leonhard, Revolution 95); skizzenhafter Charakter; **Skiz|zen|haf|tig|keit,** die; -: *skizzenhafter Charakter;* **Skiz|zen|heft,** das: vgl. Skizzenblock; **Skiz|zen|map|pe,** die: *Mappe zum Aufbewahren von Skizzen* (1); **skiz|zie|ren** ⟨sw. V.; hat⟩ [ital. schizzare, eigtl. = spritzen]: 1. *in der Art einer Skizze* (1) *zeichnen, darstellen:* der Architekt skizziert das Gebäude. 2. a) *etw. in großen Zügen, sich auf das Wesentliche beschränkend darstellen, aufzeichnen:* er skizzierte das Thema des Vortrags; ein Schreiben, worin der Generalstabschef ... die Friedensbedingungen skizzierte (Goldschmit, Genius 14); Immer wieder hat man den Eindruck, rasch, geradezu hastig skizzierte Entwürfe zu lesen (Reich-Ranicki, Th. Mann 117); b) *sich für etw. Notizen, ein Konzept* (1) *machen; entwerfen:* er skizzierte den Text für seine Rede; **Skiz|zier|pa|pier,** das: *Papier zum Skizzieren;* **Skiz|zie|rung,** die; -, -en ⟨Pl. selten⟩: *das Skizzieren.*
Skla|ve, der; -n, -n [spätmhd. sclave, mhd. slave < mlat. s(c)lavus = Unfreier, Leibeigener < mgriech. sklábos = Sklave, eigtl. = Slawe (die ma. Sklaven im Orient waren meist Slawen)]: 1. (bes. früher) *jmd., der in völliger wirtschaftlicher u. rechtlicher Abhängigkeit von einem anderen Menschen als dessen Eigentum lebt:* ein afrikanischer, griechischer S.; -n halten, kaufen, verkaufen; einen -n mißhandeln, bestrafen, freilassen; einem -n die Freiheit geben; jmdn. wie einen -n behandeln; jmdn. als -n verkaufen; mit -n handeln; die Kriegsgefangenen wurden zu -n gemacht; ... der viele schwarzhäutigen -n her, die eingeführt wurden zu Zeiten (Th. Mann, Krull 302). 2. (oft abwertend) *jmd., der (innerlich unfrei) von etw. od. jmdm. sehr abhängig ist:* Man war oft williger S. seiner Angewohnheiten (H. Gerlach, Demission 196); eines bösen Verstandes ..., der den Menschen ... zum Sklaven der Maschine mache (Musil, Mann 40); Diese Argumentation sei typisch für die -n des Glimmstengels (Szene 8, 1984, 14); zum -n seiner Leidenschaften werden. 3. (Jargon) *jmd., der sich Schmerzen zufügen läßt, weil er dadurch sexuell erregt wird:* Ich spielte eine Domina mit Peitsche ... er war einer (n-Spiegel 7, 1991, 211); Sadomasochismus ... Die Rollen sind die von Meister und S. (Silverstein [Übers.], Freuden

Sklavenarbeit

185); **Skla|ven|ar|beit**, die: 1. (bes. früher) *von einem Sklaven* (1) *verrichtete Arbeit.* 2. (abwertend) *besonders schwere, anstrengende Arbeit;* **Skla|ven|auf|stand**, der (bes. früher): *Aufstand von Sklaven gegen ihre Herren;* **Skla|ven|da|sein**, das: 1. (bes. früher) *Leben eines Sklaven.* 2. *fremdbestimmtes Leben, Leben in Abhängigkeit (von jmdm. od. etw.);* **Skla|ven|hal|ter**, der (bes. früher): *jmd., der Sklaven* (1) *als Eigentum besitzt;* **Skla|ven|hal|ter|ge|sell|schaft**, die ⟨o. Pl.⟩ (bes. marx.): *Gesellschaft, in der die Herrschenden sowohl die Produktionsmittel wie auch die Produzenten (die Sklaven) als Eigentum besitzen;* **Skla|ven|hal|ter|staat**, der (bes. marx.): vgl. Sklavenhaltergesellschaft; **Skla|ven|han|del**, der (bes. früher): *Handel mit Sklaven* (1): *... das Geschäft mit illegalen Schwarzarbeitern blühte. Diesen modernen S. hat ...* (Hamburger Morgenpost 28. 8. 85, 15); **Skla|ven|händ|ler**, der (bes. früher): *jmd., der mit Sklaven* (1) *handelt;* **Skla|ven|jä|ger**, der (bes. früher): *jmd., der Jagd auf Menschen machte, um sie als Sklaven zu verkaufen;* **Skla|ven|markt**, der (bes. früher): *Markt, auf dem Sklaven* (1) *verkauft werden;* **Skla|ven|mo|ral**, die [nach dem dt. Philosophen F. Nietzsche (1844–1900)] (Philos.): *aus Ressentiments gegen die „Herren" (die Starken, Mächtigen) von den Schwachen, Unterdrückten ausgebildete Moral, die das Schwache, bes. in Form christlicher Werte wie Demut u. Nächstenliebe, zur ethischen Norm erhebt;* **Skla|ven|tum**, das; -s (geh.): *Sklaverei;* **Skla|ve|rei**, die; -: 1. (bes. früher) *völlige wirtschaftliche u. rechtliche Abhängigkeit eines Sklaven* (1) *von einem Sklavenhalter: die S. abschaffen; jmdn. aus der S. befreien; in S. geraten; jmdn. in die S. verkaufen, führen.* 2. (oft abwertend) a) *starke Abhängigkeit von jmdm. od. etw.:* ich wünschte, die Töchter der Arbeiter wären frei von Kirche und wirtschaftlicher S. (Tucholsky, Werke II, 165); b) *harte, ermüdende Arbeit:* diese Arbeit ist die reinste S.; **Skla|vin**, die; -, -nen: w. Form zu ↑Sklave; **skla|visch** ⟨Adj.⟩ (bildungsspr. abwertend): 1. *blind u. unbedingt gehorsam; unterwürfig; willenlos:* -er Gehorsam; Da empfing Leas Magd den Herrn mit Demut und -er Emsigkeit (Th. Mann, Joseph 327); jmdm. s. ergeben sein; sich s. unterordnen; er führt s. alle Befehle aus; er befolgt je dieses noch so unsinnige Vorschrift. 2. *[unselbständig u.] ohne eigene Ideen ein Vorbild nachahmend, nachbildend:* eine -e Nachahmung; sich s. an die Vorlage halten, nach der Vorlage richten; die vorgegebene Reihenfolge brauchen wir ja nicht s. einzuhalten. **Skle|ra**, die; -, ...ren [zu griech. sklērós = spröde, hart] (Anat.): *Lederhaut des Auges; äußere Hülle des Augapfels aus derbem Bindegewebe;* **Skler|ade|ni|tis**, die; -, ...itiden [↑Adenitis] (Med.): *Drüsenverhärtung;* **Skle|rei|de**, die; -, -n [zu griech. -eidēs = gestaltet, ähnlich, zu: eīdos = Aussehen, Gestalt] (Bot.): *Pflanzenzelle mit verholzten, starren Wänden;* **Skle|rem**, das; -s (Med.): *der Sklerodermie ähnliche Erkrankung;* **Skler|en|chym**, das; -s, -e [zu griech. égchyma = (eingegossene) Flüssigkeit] (Bot.): *festigendes Gewebe in nicht mehr wachsenden Pflanzenteilen;* **Skle|ri|tis**, die; -, ...ritiden (Med.): *Entzündung der Sklera;* **Skle|ro|blast**, der; -en, -en [zu griech. blastós = Keim, Sproß] (Biol.): *skelettbildende Zelle bei Tieren (z. B. bei Schwämmen);* **Skle|r|ödem**, das; -s, -e [↑Ödem] (Med.): *mit einem Ödem verbundene, sklerodermieähnliche Verhärtung des Unterhautfettgewebes;* **Skle|ro|der|mie**, die; -, -n [zu griech. dérma = Haut] (Med.): *krankhafte Quellung des Bindegewebes u. Verhärtung der Haut;* **Skle|rom**, das; -s, -e (Med.): 1. *Sklerodermie.* 2. *chronische, mit Knotenbildung verlaufende Entzündung der oberen Luftwege;* **Skle|ro|me|ter**, das; -s, - [↑-meter (1)]: *Gerät zur Bestimmung der Härte von Mineralien;* **Skle|ro|phyl|len** ⟨Pl.⟩ [zu griech. phýllon = Blatt] (Bot.): *Hartlaubgewächse;* **Skle|ro|se**, die; -, -n (Med.): *krankhafte Verhärtung von Geweben u. Organen:* multiple S. (Med.; *Erkrankung des Gehirns u. Rückenmarks mit Bildung zahlreicher Verhärtungen von Gewebe, Organen od. Organteilen*); S. der Leber (Med.; *Leberzirrhose*); **skle|ro|sie|ren** ⟨sw. V.; hat⟩ (Med.): 1. *(von Gewebe) verhärten.* 2. *(ein Blutgefäß) zu therapeutischen Zwecken verhärten;* **Skle|ro|sie|rung**, die; -, -en (Med.): 1. *das Sklerosieren* (1). 2. *das Sklerosieren* (2) *durch Injektion bestimmter Lösungen;* **Skle|ro|skop**, das; -s, -e [zu griech. skopeīn = betrachten] (Technik): *Gerät zur Prüfung der Härte von Werkstoffen;* **Skle|ro|ti|ker**, der; -s, - (Med.): *jmd., der an Sklerose erkrankt ist;* **Skle|ro|ti|ke|rin**, die; -, -nen (Med.): w. Form zu ↑Sklerotiker; **skle|ro|tisch** ⟨Adj.⟩ (Med.): 1. *die Sklerose betreffend, von ihr herrührend:* -e Prozesse. 2. *an Sklerose leidend;* **Skle|ro|ti|um**, das; -s, ...tien [zu griech. tomḗ = Schnitt] (Med.): *Einschnitt in der Lederhaut zur Druckentlastung des Auges beim grünen Star.* **Sko|lex**, der; -, ...lizes [...e:s; griech. skṓlēx = Wurm, zu: skoliós, ↑Skolion] (Biol., Med.): *Kopf des Bandwurmes;* **Sko|le|zit** [auch: ...'tsit], der; -s [zu griech. skōlēkítēs = wurmähnlich, zu: skṓlēx, ↑Skolex]: *farbloses od. weißes monoklines Mineral;* **Sko|li|on**, das; -s, ...ien [griech. skólion, zu: skoliós = krumm, verdreht; viell. nach der unregelmäßigen Reihenfolge beim Vortrag]: *(im antiken Griechenland) beim Symposion von den einzelnen Gästen zur Unterhaltung vorgetragenes Lied gnomischen od. politischen Inhalts [in satirischer Form];* **Sko|lio|se**, die; -, -n (Med.): *seitliche Verkrümmung der Wirbelsäule;* **Sko|li|zes**: Pl. von ↑Skolex. **Sko|lo|pal|or|gan**, das; -s, -e [zu griech. skólops (Gen.: skólopos) = Pfahl] (Biol.): *aus Skolopidien zusammengesetztes, auf Lage- bzw. Druckveränderungen ansprechendes Sinnesorgan der Insekten.* **Sko|lo|pen|der**, der; -s, - [griech. skolópendra = Tausendfüßler]: *(in Tropen u. Subtropen in vielen Arten verbreiteter gelblichbrauner bis grüner Gliederfüßer mit länglichem Rumpf, vielen Beinpaaren u. giftigen, zangenförmigen Klauen.* **Sko|lo|pi|di|um**, das; -s, ...ien [zu griech. skólops, ↑Skolopalorgan] (Biol.): *Sinneszelle in den Skolopalorganen der Insekten.* **skon|tie|ren** ⟨sw. V.; hat⟩ [ital. scontare = abziehen, zu ↑Skonto] (Kaufmannsspr.): *Skonto gewähren, von etw. abziehen:* eine Rechnung s.; **Skon|to**, der od. das; -s, -s, selten auch: ...ti [ital. sconto, zu: scontare = abrechnen, abziehen, zu: contare = zählen, rechnen < lat. computare = berechnen] (Kaufmannsspr.): *Preisnachlaß bei Barzahlung:* S. verlangen, bekommen; 2% S. abziehen; bei Barzahlung binnen 10 Tagen gewähren wir 3% S. auf den Rechnungsbetrag; **Skon|tra|ti|on**, die; -, -en (Buchf.): *das Skontrieren;* **skon|trie|ren** ⟨sw. V.; hat⟩ [ital. scontrare = gegeneinander aufrechnen, eigtl. aufeinanderstimmen, zu: contra = gegen] (Buchf.): *Zu- und Abgänge zur ständigen Ermittlung des Bestandes (bes. eines Lagers) fortschreiben;* **Skon|tro**, das; -s, -s [ital. (libro) scontro, eigtl. = (Buch der) Aufrechnung, ↑skontrieren] (Buchf.): *in der Buchhaltung verwendetes Buch, in das die Ergebnisse der Skontration eingetragen werden;* **Skon|tro|buch**, das; -[e]s, ...bücher: *Skontro.* **Skoo|ter** ['sku:tɐ], der; -s, - [engl. scooter = Roller, zu: to scoot = rasen]: *elektrisch angetriebenes, einem Auto nachgebildetes kleines lenkbares Fahrzeug zum Fahren auf einer großen, rechteckigen Bahn:* auf dem Jahrmarkt S., mit dem S. fahren. **Skop**, der; -s, -s [aengl. scop]: *Dichter u. Sänger in der Gefolgschaft eines westgermanischen Fürsten.* **Sko|pol|amin**, das; -s [zu nlat. Scopolia = Tollkraut (nach dem ital. Arzt G. A. Scopoli [1723–1788]) u. ↑Amin]: *dem Atropin verwandtes Alkaloid verschiedener Nachtschattengewächse mit stark erregungshemmender Wirkung.* **Sko|po|phil|lie**, die; -, -n [zu griech. skopeīn (↑Skopus) u. philía = Liebe] (Med., Psych.): *krankhafte Neugier;* **Skop|to|pho|bie**, die; -, -n [↑Phobie] (Med., Psych.): *krankhafte Angst, beobachtet zu werden;* **Sko|pus**, der; -, ...pen [lat. scopus < griech. skopós = (in der Ferne zu sehendes) Ziel, zu: skopeīn = sehen, schauen]: 1. (Theol.) *zentrale Aussage eines Predigttextes, auf die der Prediger in seiner Auslegung hinführen soll.* 2. (Sprachw.) *Wirkungsbereich einer näheren Bestimmung in einem Satz (z. B. einer Partikel).* **Skop|ze**, der; -n, -n [russ. skopec = Kastrat]: *Anhänger einer zu Anfang des 19. Jh.s gegründeten schwärmerischen russischen Sekte, die von ihren Mitgliedern strenge Enthaltsamkeit verlangt.* **Skor|but**, der; -[e]s [nlat. (16. Jh.) scorbutus, H. u.] (Med.): *auf einem Mangel an Vitamin C beruhende Krankheit, die bes. zu Blutungen vor allem des Zahnfleisches u. der Haut kommt:* früher erkrankten, starben vor allem viele Seeleute an S.; **skor|bu|tisch** ⟨Adj.⟩ (Med.): 1. *Skorbut beruhend, für Skorbut charakteristisch, mit Skorbut einhergehend:* -e Sym-

ptome; eine -e Erkrankung. **2.** *an Skorbut erkrankt:* -e *Patienten.*
Skor|da|tur, die; -, -en [ital. scordatura = Verstimmung, zu: scordare = verstimmen, nicht stimmen] (Musik): *Umstimmen einzelner Saiten eines Saiteninstruments zur Erzeugung besonderer Klangeffekte.*
Skore [skoːɐ̯, engl.: skɔː], das; -s, -s [engl. score, ↑Score] (schweiz. Sport): *Score;* **sko|ren** usw. (österr., schweiz. Sport): ↑scoren usw.
Sko|ro|dit [auch: ...'dɪt], der; -s, -e [zu griech. skórodon = Knoblauch, nach dem beim Erhitzen entstehenden Knoblauchgeruch]: *blaugrünes bis schwarzgrünes rhombisches Mineral.*
Skor|pi|on, der; -s, -e [mhd. sc(h)orpiōn, ahd. scorpiōn (Akk.) < lat. scorpio (Gen.: scorpionis) < griech. skorpíos]: **1.** *(in vielen Arten in den Tropen u. Subtropen verbreitetes, zu den Spinnentieren gehörendes) Tier mit zwei kräftigen Scheren am Vorderkörper u. einem Giftstachel am Ende des langen, vielgliedrigen Hinterleibs.* **2.** ⟨Astrol.⟩ **a)** ⟨o. Pl.⟩ *Tierkreiszeichen für die Zeit vom 24. 10. bis 22. 11.;* **b)** *jmd., der im Zeichen Skorpion (2 a) geboren ist:* sie ist [ein] S.; **Skor|pi|ons|flie|ge,** die: *Fliege, bei der das Männchen mit einer am Ende des hinten verdickten, nach oben gekrümmten Hinterleibs sitzenden, an den Stachel eines Skorpions erinnernden Zange ausgestattet ist.*
♦ **Skor|ta|ti|ons|stra|fe,** die [zu lat. scortari = huren u. eigtl. = Geldbuße für Prostitution]: *Kranzgeld;* ... *und bezahle die S. für seine Dirne* (Schiller, Kabale I, 5).
Skor|zo|ne|re, die; -, -n [ital. scorzonera < span. escorzonera < kat. escurçonera, zu: escurçó = Viper] (Bot.): *Schwarzwurzel.*
Sko|te, der; -n, -n: Angehöriger eines alten irischen Volksstammes in Schottland; **Sko|tin,** die; -, -nen: w. Form zu ↑Skote.
Sko|to|di|nie, die; -, -n [griech. skotodinía, zu: skótos, ↑Skotom] (Med.): *Schwindel-, Ohnmachtsanfall;* **Sko|tom,** das; -e [zu griech. skótos = Dunkelheit] (Med.): *auf einen begrenzten Teil des Gesichtsfeldes beschränkter Ausfall der Funktion des Auges;* **Sko|to|mi|sa|ti|on,** die; -, -en (Psychoanalyse): *das Skotomisieren;* **sko|to|mi|sie|ren** ⟨sw. V.; hat⟩ (Psychoanalyse): *(eine offensichtliche Tatsache, die man psychisch nicht bewältigen kann) auf Grund eines bestimmten Abwehrmechanismus negieren, für nicht gegeben od. vorhanden halten:* Ängste zu s. versuchen; Er prahlt, panzert sich mit Überheblichkeit ..., bei der die äußere Realität nicht nur skotomisiert, sondern auch die unsichere seelische Wirklichkeit gefestigt wird (Graber, Psychologie 72); **Sko|to|pho|bie,** die; -, -n [↑Phobie] (Psych.): *krankhafte Angst vor der Dunkelheit.*
skr = schwedische Krone.
Skra|per ['skreːpɐ], der; -s, - [engl. scraper, zu: to scrape = (ab)schaben, (ab)kratzen]: *Maschine zum Entfernen der Borsten des Schlachtviehs.*
Skri|bent, der; -en, -en [zu lat. scribens

(Gen.: scribentis), 1. Part. von: scribere = schreiben] (bildungsspr. abwertend): *Vielschreiber, Schreiberling:* ein drittklassiger S.; er ist kein armer S., der sich die Misere seines Alltags von der Seele schreibt (Greiner, Trivialroman 62); **Skri|ben|tin,** die; -, -nen (bildungsspr. abwertend): w. Form zu ↑Skribent; **Skri|bi|fax,** der; -[es], -e [scherzh. latinis. Bildung] (bildungsspr. scherzh. veraltet): *Skribent;* **Skrib|ler,** der; -s, - (veraltet): *Skribent;* **Skript,** das; -[e]s, -en u. -s [engl. script < afrz. escript < lat. scriptum = Geschriebenes. 2. Part. von: scribere, ↑Skribent]: **1.** *Manuskript* (1). **2.** *(bes. bei den Juristen) Nachschrift einer Vorlesung.* **3.** ⟨Pl. meist -s⟩ **a)** (Film) *Drehbuch:* Ich ... schrieb s und Theaterstücke (Praunheim, Sex 16); **b)** (Rundf., Ferns.) *einer Sendung zugrunde liegende schriftliche Aufzeichnungen;* **Skrip|ta:** Pl. von ↑Skriptum; **Skrip|ten:** Pl. von ↑Skript, ↑Skriptum; **Skript|girl,** das [engl. script girl, aus: script (↑Skript) u. girl ↑Girl] (Film): *Mitarbeiterin, Sekretärin eines Filmregisseurs, die während der Dreharbeiten alle technischen Daten notiert;* **Skrip|tor,** der; -s, ...oren [lat. scriptor, zu: scribere, ↑Skribent]: **a)** (veraltet) *Schriftsteller, Verfasser von Büchern o. ä.;* **b)** *(in der Antike u. im MA.) Schreiber* (2); **Skrip|to|rin,** die; -, -nen (veraltet): w. Form zu ↑Skriptor (a); **Skrip|to|ri|um,** das; -s, ...ien [mlat. scriptorium]: *mittelalterliche Schreibstube in einem Kloster;* **Skrip|tum,** das; -s, ...ten, auch: ...ta [lat. scriptum, ↑Skript] (österr., sonst veraltend): *Skript* (1, 2); **Skrip|tur,** die; -, -en ⟨meist Pl.⟩ [lat. scriptura, zu: scribere, ↑Skribent] (veraltet): *Schrift, Schriftstück; Handschrift* (4 a): ♦ rings um herum Lottens Kleider und Alberts -en (Goethe, Werther II, 26. Oktober); **skrip|tu|ral** ⟨Adj.⟩ [1: spätlat. scripturalis]: **1.** (bildungsspr.) *die Schrift betreffend.* **2.** (bild. Kunst) *durch Formen gekennzeichnet, die an [ostasiatische] Schriftzeichen erinnern:* -e Malerei; ♦ **Skritz|ler, Skriz|ler,** der; -s, - [aus Skrib[b]ler = Vielschreiber (zu: skrib[b]eln = schmieren, schlecht schreiben, mhd. nicht belegt, ahd. scribilôn, zu: scrīban, ↑schreiben) u. Kritzler]: *Autor, der viel u. schlecht schreibt:* Ich geh' letzthin in die Druckerei ... und diktier' einem Skrizler das dort saß, das leibhafte Bild von einem Wurmdoktor in die Feder (Schiller, Räuber II, 3).
Skro|fel, die; -, -n [lat. scrofulae (Pl.), zu: scrofa = (Zucht)sau; Schweine waren oft mit Drüsenkrankheiten behaftet]: **1.** *Geschwulst an einem Lymphknoten, an der Haut.* **2.** ⟨Pl.⟩ *Skrofulose:* er hat -n; **skro|fu|lös** ⟨Adj.⟩ (Med.): *an Skrofulose leidend:* Armselige Kinder sind es, mit geschorenen runden Köpfen, verhärtig und s. (Kempowski, Zeit 312); **Skro|fu|lo|se,** die; -, -n (Med.): *bei Kindern auftretende tuberkulöse Erkrankung, bei der sich an der Haut u. an den Lymphknoten Geschwülste bilden.*
Skro|ta: Pl. von ↑Skrotum; **skro|tal** ⟨Adj.⟩ (Med.): *zum Skrotum gehörend, es betreffend;* **Skro|tal|bruch,** der; -[e]s, ...brüche (Med.): *Ho-*

denbruch; **Skro|tum,** das; -s, ...ta [lat. scrotum] (Med.): *Hodensack.*
Skrub|ber ['skrabɐ], der; -s, - [engl. scrubber, zu: to scrub = schrubben, reinigen] (Technik): *Anlage zur Reinigung von Gasen; Sprühwäscher.*
Skrubs [skrʌbz] ⟨Pl.⟩ [engl. scrubs (Pl.), eigtl. = Büsche, Gestrüpp] (Fachspr.): *minderwertige Tabakblätter.*
¹**Skru|pel,** der; -s, - ⟨meist Pl.⟩ [lat. scrupulus = stechendes Gefühl der Angst, Unruhe, eigtl. = spitzes Steinchen, Vkl. von: scrupus = spitzer Stein]: *auf moralischen Bedenken beruhende Hemmung (etw. Bestimmtes zu tun), Zweifel, ob ein bestimmtes Handeln mit dem eigenen Gewissen vereinbar ist:* moralische, religiöse S.; ihn quälten [keine] S.; seine S. waren rasch verflogen; er hatte, kannte keine S.; Haben Sie ökologische S.? (natur 3, 1991, 48); Nein, S. machen mir nur einige intellektuelle Aspekte (Stern, Mann 85); da hätte ich überhaupt keine S. *(das würde ich ohne weiteres tun);* er plagt sich mit [völlig unbegründeten] -n; er hat das gefundene Portemonnaie ohne jeden, ohne den geringsten S. unterschlagen; ²**Skru|pel,** das; -s, - [spätmhd. scropel < lat. scrupulum = kleinster Teil eines Gewichts, ↑¹Skrupel] (früher): *Apothekergewicht (etwa 1,25 g);* **skru|pel|los** ⟨Adj.; -er, -este⟩ (abwertend): *ohne ¹Skrupel; gewissenlos:* -e Geschäftemacher, Killer, Verbrecher; -e Holzhandelsfirmen ... haben den Raubbau zu verantworten (Spiegel 9, 1989, 5); -er Machtmißbrauch; -e Ausbeutung; Der Mann, der unfein und s. genug ... wäre (Prödöhl, Tod 112); s. handeln; immer offenkundiger ..., wie s. ... der Kreml aufrüstete (Rhein. Merkur 18. 5. 84, 16); seine Macht, die er s. anwendete (Prödöhl, Tod 54); jmdn. s. betrügen, aus dem Weg räumen; **Skru|pel|lo|sig|keit,** die; -: *skrupellose Art, skrupelloses Wesen;* **skru|pu|lös** ⟨Adj.; -er, -este⟩ [lat. scrupulosus, eigtl. = voll spitzer Steinchen, rauh, zu: scrupulus, ↑¹Skrupel] (bildungsspr. veraltend): *[übertrieben] gewissenhaft, [ängstlich] darauf bedacht, keinen Fehler zu machen:* wenn man als Politiker etwas erreichen will, darf man nicht allzu s. sein; die Befreiung von mancherlei Druck im pedantischen und -en Norden (Fest, Im Gegenlicht 235); **Skru|pu|lo|si|tät,** die; - [lat. scrupulositas, scrupulosus, ↑skrupulös] (bildungsspr. veraltend): *skrupulöses Wesen, skrupulöse Art:* ... daß sich ... vor allem solche für eine soziale Tätigkeit meldeten, denen auffallende Merkmale von Moralismus und S. anhafteten (Richter, Flüchten 158).
Skru|ta|tor, der; -s, ...oren [mlat. scrutator < lat. scrutator = Durchsucher, Untersucher, zu: scrutari = durchsuchen, untersuchen] (kath. Kirche): *jmd., der die abgegebenen Stimmen bei einer kirchlichen Wahl einsammelt;* **Skru|ti|ni|um,** das; -s, ...ien [mlat. scrutinium < spätlat. scrutinium = Durchsuchung, zu lat. scrutari, ↑Skrutator]: **1. a)** (bes. kath. Kirche) *Sammlung u. Prüfung der bei einer Abstimmung abgegebenen Stimmen;* **b)** (kath. Kirche) *Abstimmung od. kanonische Wahl durch geheime Stimmabgabe.*

2. a) (kath. Kirche) *von einem Bischof vorgenommene Prüfung der Eignung eines Kandidaten für die Priesterweihe;* **b)** (christl. Rel.) *(in frühchristlicher Zeit) Prüfung der Täuflinge vor der Taufe.*

Sku|ban|ken [ʃk...], **Sku|ban|ki** [ʃk...] ⟨Pl.⟩ [tschech. škubánky] (österr., bes. wiener.): *kleine Klöße aus Kartoffeln, Mehl u. Butter, die mit zerlassener Butter übergossen u. mit Mohn bestreut werden.*

Skull, das; -s, -s [engl. scull, H. u.] (Seemannsspr., Rudersport): *mit einer Hand zu führendes (paarweise vorhandenes) Ruder* (1): *ein Paar* s; **Skull|boot**, das (Seemannsspr., Rudersport): *Ruderboot, das mit Hilfe von Skulls vorwärts bewegt wird;* **skul|len** ⟨sw. V.; hat/ist⟩ [engl. to scull] (Seemannsspr., Rudersport): *mit Skulls rudern;* **Skul|ler**, der; -s, - [engl. sculler]: **1.** (Seemannsspr., Rudersport) *Skullboot.* **2.** (Rudersport) *jmd., der das Skullen als Sport betreibt;* **Skul|le|rin**, die; -, -nen (Rudersport): w. Form zu ↑Skuller (2).

Skulp|teur [...'tøːɐ̯], der; -s, -e [frz. sculpteur, zu: sculpture < lat. sculptura, ↑Skulptur] (bildungsspr.): *Künstler, der Skulpturen herstellt;* **Skulp|teu|rin** [...'tøːrɪn], die; -, -nen (bildungsspr.): w. Form zu ↑Skulpteur; **skulp|tie|ren** ⟨sw. V.; hat⟩ [zu ↑Skulptur] (bildungsspr.): *bildhauerisch gestalten, schaffen: Fein skulptierte Stele in Quiriguá* (MM 28. 6. 73, 3); **Skulp|tur**, die; -, -en [lat. sculptura, zu: sculpere = (durch Graben, Stechen, Schneiden) etw. schnitzen, bilden, meißeln]: **a)** *Werk eines Bildhauers, Plastik: reich mit -en geschmückte Trichterportale* (Bild. Kunst III, 22); **b)** ⟨o. Pl.⟩ *Bildhauerkunst:* Die Stilentwicklung ist von Malerei und S. abhängig (Bild. Kunst III, 78); **skulp|tu|ral** ⟨Adj.⟩ (bildungsspr.): *in der Art, der Form einer Skulptur:* Man entdeckt ... nicht die Spur einer architektonischen oder -en Form (MM 14. 11. 59, 35); **Skulp|tu|ren|sammlung**, die; -, -en: *Sammlung von Skulpturen* (a); **skulp|tu|rie|ren** ⟨sw. V.; hat⟩ (bildungsspr.): *skulptieren.*

Skunk, der; -s, -s u. -e [engl. skunk < Algonkin (nordamerik. Indianerspr.) skunk]: **1.** ⟨Pl. meist: -e⟩ *Stinktier.* **2.** ⟨Pl. meist: -s⟩ **a)** *Fell eines Skunks* (1); **b)** *aus Skunk* (2 a) *hergestellter Pelz;* **Skunk|fell**, das: *Fell eines Skunks* (1); **Skunks**, der; -es, -e ⟨Pl. selten⟩ (Fachspr.): *Skunk* (2 b): S. wird meist zu Besätzen verarbeitet.

Skup|schti|na, die; - [serb. skupština = Versammlung]: *jugoslawisches Parlament.*

skur|ril ⟨Adj.⟩ [lat. scurrilis, zu: scurra = Witzbold, Spaßmacher] (bildungsspr.): *(in Aussehen od. Wesen) sonderbar, absonderlich anmutend, auf lächerliche od. befremdende Weise eigenwillig; seltsam:* eine -e Idee, Phantasie, Geschichte; ein -er Plan, Einfall; er ist ein etwas -er Mensch; durch einen -en Zufall traf ich ihn zehn Jahre später wieder; Das Hermannsdenkmal sei einem -en Mißverständnis entsprungen (Fest, Im Gegenlicht 279); er ... sah ... zur -en Ruine der alten Gedächtniskirche hinüber (Prodöhl, Tod 11); s. anmuten, aussehen; **Skur|ri|li|tät**, die; -, -en [lat. scurrilitas, zu: scurrilis, ↑skurril] (bildungsspr.): **1.** ⟨o. Pl.⟩ *das Skurrilsein, skurrile Art, skurriles Wesen.* **2.** *etw. Skurriles, skurrile Äußerung, Handlung o. ä.*

S-Kur|ve ['ɛs-], die: *Doppelkurve:* die Straße, der Fluß macht, beschreibt dort eine scharfe S.

Skus, **Süs**, Skis, der; -, - [zu ital. scusa, frz. excuse = Entschuldigung] (Kartenspiel): *(beim Tarock) einem Joker vergleichbare Karte, die weder sticht noch gestochen werden kann.*

Skut|te|ru|dit [auch: ...'dɪt], der; -s, -e [nach dem norwegischen Ort Skuterud]: *Speiskobalt.*

¹**Skye** [skaɪ]: *zu den Inneren Hebriden gehörende schottische Insel;* ²**Skye** [skaɪ], der; -s, -s: *kurz für* ↑Skyeterrier; **Skye|ter|ri|er**, der [engl. skye terrier, nach der Insel ¹Skye]: *kleiner Hund mit langem, dichtem, bläulichgrauem Haar, einem langen Schwanz u. Hänge- od. Stehohren.*

Sky|jacker¹ ['skaɪdʒɛkɐ], der; -s, - [engl. skyjacker, eigtl. = Himmelsräuber, zu: sky, ↑Skylab] (selten): *Hijacker;* **Sky|jacke|rin**¹, die; -, -nen (selten): w. Form zu ↑Hijacker; **Sky|lab** ['skaɪlæb; engl., aus: sky = Himmel u. lab(oratory) = Laboratorium]: *Name einer amerikanischen Raumstation;* **Sky|light** ['skaɪlaɪt], das; -s, -s [engl. skylight, zu: light = Licht] (Seemannsspr.): *Oberlicht (auf Schiffen);* **Sky|light|fil|ter** ['skaɪlaɪt...], der, Fachspr. meist: das (Fot.): *schwach rötlich getöntes Filter* (2) *zur Verhinderung von Blaustichigkeit beim Fotografieren mit einem Umkehrfarbfilm;* **Sky|line** ['skaɪlaɪn], die; -, -s [engl. skyline, eigtl. = Horizont, Silhouette, zu: line = Linie]: *[charakteristische] Silhouette einer aus der Ferne gesehenen Stadt:* die berühmte S. von New York; eine S. taucht auf, Wolkenkratzer, Türme von noch nie gesehener Art (Koeppen, Rußland 88).

Skyl|la: griech. Form von ↑Szylla.

Sky|phos, der; -, ...phoi [griech. skýphos] (Archäol.): *altgriechisches becherartiges Trinkgefäß mit zwei waagerechten Henkeln am oberen Rand.*

Sky|se|gel ['skaɪ...], das; -s, - [nach engl. skysail, aus: sky = Himmel u. sail = Segel] (Seemannsspr.): *bei großen Segelschiffen das oberste Rahsegel.*

Skyth, das; -[s] [nach den Skythen] (Geol.): *unterste Stufe der alpinen Trias;* **Sky|the**, der; -n, -n: *Angehöriger eines alten iranischen Nomadenvolkes;* **Sky|thin**, die; -, -nen: w. Form zu ↑Skythe; **sky|thisch** ⟨Adj.⟩; **Sky|thisch**, das; -[s], u. o. ⟨nur mit best. Art.⟩ **Sky|thi|sche**, das; -n: *(tote) Sprache der Skythen;* **Sky|thi|um**, das; -s (Geol.): *Skyth.*

s. l. = sine loco.

Slack [slɛk, engl.: slæk], der; -s [engl. slack = Flaute, zu: slack = locker, lose, flau] (Wirtsch.): *Überschuß an [finanziellen] Mitteln eines Unternehmens, der in Erfolgszeiten ansammelt u. als Reserve für Krisenzeiten dient;* **Slacks** [slɛks, engl.: slæks] ⟨Pl.⟩ [engl. slacks, zu: slack, ↑Slack]: *legere lange Hose [für Damen]:* sie trug blaue S.

Sla|lom, der; -s, -s [norw. slalåm, eigtl. = leicht gekrümmte Skispur] (Ski-, Kanusport): *Rennen, bei dem vom Start bis zum Ziel eine Anzahl von Toren in Kurvenlinien durchfahren werden muß:* einen S. fahren, gewinnen; Ü Der Weg war derart zugeparkt, daß die Radfahrer [regelrecht] S. fahren (ugs.; in einer Art Schlangenlinie fahren) mußten; **Sla|lom|hang**, der (Skisport): *Hang für Slalomläufe;* **Sla|lom|kurs**, der (Ski-, Kanusport): *Kurs* (2) *eines Slaloms;* **Sla|lom|lauf**, der (Skisport): *Slalom;* **Sla|lom|läu|fer**, der, (Skisport): *Skiläufer, der Slalom fährt;* **Sla|lom|läu|fe|rin**, die (Skisport): w. Form zu ↑Slalomläufer; **Sla|lom|tau|chen**, das; -s (Tauchsport): *Übung, bei der unter Stangen u. durch Ringe getaucht wird.*

Slang [slæŋ], der; -s [engl. slang, H. u.]: **a)** *(oft abwertend) nachlässige, oft fehlerhafte Ausdrucksweise; saloppe Umgangssprache:* der amerikanische, deutsche S.; S. sprechen; **b)** *Ausdrucksweise bestimmter sozialer, beruflicher o. ä. Gruppen; [Fach]jargon:* der technische S.; Er besuchte die Volksschule, sie alle besuchten hier, ... und sprach ihren S. perfekt (Lynen, Kentaurenfährte 12); **Slang|aus|druck**, der: vgl. Slangwort; **Slang|wort**, das ⟨Pl. ...wörter⟩: *nur im Slang gebräuchliches Wort.*

Slap|stick ['slɛpstɪk, engl.: 'slæpstɪk], der; -s, -s [engl. slapstick, eigtl. = Pritsche (3), zu: slap = Schlag u. stick = Stock]: **a)** *(bes. in bezug auf Stummfilme) Burleske* (1); **b)** *burleske Einlage, grotesk-komischer Gag, wobei meist die Tücke des Objekts als Mittel eingesetzt wird;* **Slap|stick|ko|mö|die**, die: *hauptsächlich aus Slapsticks* (b) *bestehende [Film]komödie, Slapstick* (a).

slar|gan|do ⟨Adv.⟩ [ital. slargando, zu: slargare = breiter werden] (Musik): *getragen u. dabei langsamer werdend.*

S-Laut ['ɛs-], der: *im Deutschen durch s, ss, ß wiedergegebener, stimmhaft od. stimmlos gesprochener Laut.*

Sla|ve usw.: ↑Slawe usw.; **Sla|we**, der; -n, -n: *Angehöriger einer in Ost-, Südost- u. Mitteleuropa verbreiteten, europäen Völkergruppe;* **Sla|wen|tum**, das; -s: *Wesen u. Kultur der Slawen;* **Sla|win**, die; -, -nen: w. Form zu ↑Slawe; **sla|wisch** ⟨Adj.⟩: *die Slawen betreffend, zu ihnen gehörend:* ein -es Volk; die -en Sprachen *(die zum Indogermanischen gehörenden Sprachen der slawischen Völker);* **sla|wi|sie|ren** ⟨sw. V.; hat⟩ [zum Völkernamen Slawen (Pl.)]: *slawisch machen;* **Sla|wi|sie|rung**, die; -: *das Slawisieren;* **Sla|wismus**, der; -, ...men (Sprachw.): **1.** *für eine slawische Sprache charakteristische Erscheinung, die in einer nichtslawischen gebraucht wird.* **2.** *Element der slawischen orthodoxen Kirchensprache in bestimmten modernen slawischen Schriftsprachen;* **Sla|wist**, der; -en, -en: *Wissenschaftler auf dem Gebiet der Slawistik;* **Sla|wi|stik**, die; -: *Wissenschaft von den slawischen Sprachen, Literaturen [u. Kulturen];* **Sla|wi|stin**, die; -, -nen: w. Form zu ↑Slawist; **sla|wi|stisch** ⟨Adj.⟩: *die Slawistik betreffend, zu ihr gehörend;* **sla|wo|phil** ⟨Adj.⟩ [zu griech. phileín = lieben] (bildungsspr.): *den Slawen, ihrer Kultur besonders aufgeschlossen gegenüberstehend;* **Sla|wo|phi|le**, der u. die; -n, -n ⟨Dekl. ↑Abgeordnete⟩: **1.** (bildungsspr.) *Freund u. Gönner der Slawen u. ihrer Kultur.* **2.** An-

hänger einer russischen philosophisch-politischen Ideologie im 19. Jh., die die Eigenständigkeit u. die besondere geschichtliche Aufgabe Rußlands gegenüber Westeuropa betonte.

s. l. e. a. = sine loco et anno.

Slee|per ['sli:pɐ], der; -s, - [engl. sleeper, zu: to sleep = schlafen] (Jargon): **1.** *Liegesitz, bes. in Passagierflugzeugen:* einen S. buchen. **2.** *(für eine spätere Aufgabe) irgendwo eingeschleuster, aber noch nicht tätiger Spion, Geheimagent o. ä.*

Slen|dro, das; -[s] [indon. selendero]: *fünfstufige indonesische Tonleiter mit annähernd gleichen Intervallen (2).*

slen|tan|do ⟨Adv.⟩ [↑lentando] (Musik): *lentando.*

Sli|bo|witz, Sliwowitz, der; -[es], -e [serbokroat. šljivovica, zu: šljiva = Pflaume]: *Pflaumenschnaps.*

Slice [slais], der; -, -s [...sɪz; engl. slice, eigtl. = Schnitte, Scheibe]: **1.** (Golf) **a)** ⟨o. Pl.⟩ *Schlag, bei dem der Ball im Flug nach rechts abbiegt;* **b)** *mit einem Slice* (1 a) *gespielter Ball:* sein S. verfehlte das Loch. **2.** (Tennis) **a)** ⟨o. Pl.⟩ *Schlag, der mit nach hinten gekippter Schlägerfläche ausgeführt wird, wodurch der Ball einen Rückwärtsdrall erhält:* einen S. schlagen; **b)** *mit einem Slice* (2 a) *gespielter Ball:* diesen S. konnte er nicht retournieren; **sli|cen** ['slaisn̩] ⟨sw. V.; hat⟩ [engl. to slice, eigtl. = in Scheiben schneiden] (Golf, Tennis): einen Slice spielen, schlagen.

Slick, der; -s, -s [engl. slick, zu: slick = schlüpfrig] (Motorsport): *breiter Rennreifen ohne Profil, bei dem die Haftung auf der Straße durch Schlüpfrigwerden der erwärmten Lauffläche entsteht:* -s fahren; **Slick|rei|fen**, der (Motorsport): *Slick.*

Sli|ding-tack|ling ['slaɪdɪŋˈtæklɪŋ], das; -s, -s [aus engl. sliding = gleitend u. tackling = das Angreifen] (Fußball): *Abwehraktion, bei der der Abwehrspieler in die Beine des Angreifers hineingrätscht, um den Ball wegzutreten.*

Slim|hemd, das; -[e]s, -en [zu engl. slim = schlank]: *Oberhemd mit schmalem [tailliertem] Schnitt;* **Slim|pull|over**, der; -s, -: vgl. Slimhemd.

Sling, der; -s, -s [engl. sling = Schlinge, Riemen]: **1.** Kurzf. von ↑Slingpumps. **2.** *(bes. in Amerika getrunkenes) kaltes alkoholisches Getränk;* **Sling|pumps**, der; -, -: *Pumps mit ausgesparter Hinterkappe, der über der Ferse mit einem Riemchen gehalten wird:* Nur an abendlichen Sandaletten und S. sind die Formen grazilier (MM 11. 2. 72, 12).

Slink, das; -[s], -s [engl. slink = (Fell einer) Frühgeburt]: *gekräuseltes, [gelblich]weißes Fell von Lämmern einer bestimmten Schafrasse.*

Slip, der; -s, -s [1: engl. slip = leicht über- oder anzuziehendes Kleidungsstück, kurzes Damenunterkleid, zu: to slip, ↑slippen]: **1.** ⟨seltener auch im Pl. mit singularischer Bed.⟩ *kleinerer Schlüpfer für Damen, Herren u. Kinder, der eng anliegt u. dessen Beinteil in der Schenkelbeuge endet:* sie trug einen schwarzen S.; ein junger Mann in -s saß ... auf dem Bett (Rechy [Übers.], Nacht 110). **2.** (Technik) *Unterschied zwischen dem tatsächlich zu-*

rückgelegten Weg eines durch Propeller angetriebenen Flugzeugs, Schiffes u. dem aus der Umdrehungszahl des Propellers theoretisch sich ergebenden Weg. **3.** (Seemannsspr.) *Aufschleppe.* **4.** (Flugw.) *gezielt seitwärts gesteuerter Gleitflug mit starkem Höhenverlust.* **5.** *[Abrechnungs]beleg bes. bei Bank- u. Börsengeschäften;* **Sli|pon**, der; -s, -s [zu engl. to slip on = überstreifen]: *lose fallender, einreihiger Sportmantel für Herren mit verdeckter Knopfleiste u. Raglanärmeln;* **slip|pen** ⟨sw. V.; hat⟩ [engl. to slip, eigtl. = gleiten, schlüpfen]: **1.** (Seemannsspr.) *(ein Schiff) auf einem Slip* (3) *an Land ziehen od. zu Wasser bringen.* **2.** (Seemannsspr.) *(ein Tau, eine Ankerkette o. ä.) lösen, loslassen.* **3.** (Flugw.) *einen Slip* (4) *ausführen;* **Slip|per**, der; -s, -[s] [engl. slipper = Pantoffel, zu: to slip, ↑slippen]: **1.** *bequemer, nicht zu schnürender Halbschuh mit flachem Absatz.* **2.** ⟨Pl.: -⟩ (österr.) *Slipon;* **Slip-stick-Ef|fekt**, der [zu engl. to slip (↑slippen) u. to stick = steckenbleiben] (Physik): *(aus Gleiten u. Stocken bestehende) ruckartige Bewegung eines auf einer festen Unterlage liegenden Körpers beim Übergang zum Gleiten.*

Sli|wo|witz: ↑Slibowitz.

Slo|gan ['slo:gn̩, engl.: 'slougən], der; -s, -s [engl. slogan, aus gäl. sluaghghairm = Kriegsgeschrei]: *bes. in Werbung u. Politik verwendete Redensart, einprägsame, wirkungsvoll formulierte Redewendung:* ein treffender, eingängiger S.; einer der -s der sechziger Jahre lautete ...: „Dumm ist, wer noch einmacht" ... Dieser S. war das Ergebnis einer langen Konferenz mit der Fabrikleitung gewesen (Böll, Haus 71); einen neuen S. kreieren.

Slo|ka, der; -, -s [sanskr. = Ruf, Schall] (Verslehre): *Hauptversmaß der Sanskritdichtung.*

Sloop [slu:p], die; -, -s [engl. sloop < niederl. sloep = Schaluppe]: *Slup.*

Slop, der; -s, -s [engl.-amerik. slop, zu: to slop = (sich) lose, locker bewegen]: *zu langsam gespieltem Twist mit ruckartigen Bewegungen aus den Knien getanzter Modetanz der sechziger Jahre.*

Slot, der; -s, -s [engl. slot, eigtl. = Schlitz] (Datenverarb.): *Steckplatz;* **Slot-racing** ['...reɪsɪŋ], das; - [engl. slot racing, eigtl. = Schlitzrennen (die Wagen werden in einer Nut geführt)]: *das Fahrenlassen von elektrisch angetriebenen Spielzeugautos auf einer speziellen, dafür vorgesehenen Bahn.*

Slou|ghi ['slugi]: ↑Slughi.

slow ['slo:, engl.: 'slou; engl. slow = langsam] (Musik): *Tempobezeichnung im Jazz, etwa zwischen adagio u. andante.* **Slo|wa|ke**, der; -n, -n: Ew.; **Slo|wa|kei**, die; -: *Staat in Mitteleuropa;* **Slo|wa|kin**, die; -, -nen: w. Form zu ↑Slowake; **slo|wa|kisch** ⟨Adj.⟩: *die Slowakische Republik (Slowakei);* **Slo|wa|kisch**, das; -[s], u. ⟨nur mit best. Art.:⟩ **Slo|wa|ki|sche**, das; -n: *Sprache der Slowaken.*

Slo|we|ne, der; -n, -n: Ew.; **Slo|we|ni|en**, -s: *Staat in Südosteuropa;* **Slo|we|ni|er**, der; -s, -: *Slowene;* **Slo|we|nie|rin**, die; -, -nen: w. Form zu ↑Slowenier; **Slo|we|nin**, die; -, -nen: w. Form zu ↑Slowene; **slo|we|nisch** ⟨Adj.⟩; **Slo|we|nisch**, das;

-[s], u. ⟨nur mit best. Art.:⟩ **Slo|we|nische**, das; -n: *Sprache der Slowenen.*

Slow|fox ['slo:-, 'slou-], der; -[es], -e [aus engl. slow (↑slow) u. fox, ↑Fox]: *langsamer Foxtrott;* **Slow|fox|trott**, der: *Slowfox;* **Slow-Scan|ning-Ver|fah|ren** [...skenɪŋ...], das; - [↑ Scanning]: *Verfahren, bei dem das bewegte Bild des Fernsehens scheinbar in Momentaufnahmen zerlegt wird;* **Slow-Vi|rus-In|fek|ti|on** [slou'vi:...], die; -, -en (Med.): *chronische Infektionskrankheit bei Menschen u. Tieren mit extrem langer Inkubationszeit* (Abk.: SVI).

Slu|ghi, Sloughi, der; -s, -s [engl. sloughi, slughi, saluki < arab. salūqī = Windhund, Jagdhund, eigtl. = zu Saluk gehörend, ↑Saluki]: *(aus Nordafrika stammender) Windhund mit länglichem Schädel, konischem, spitzem Maul, hängenden Ohren u. kurzen Haaren.*

Slum [slam, engl.: slʌm], der; -s, -s ⟨meist Pl.⟩ [engl. slum, eigtl. = kleine, schmutzige Gasse, H. u.]: *Elendsviertel [einer Großstadt]:* Ich komme doch nicht aus einem S. von Chicago (Kant, Impressum 68); Millionen Menschen wohnen in den Elendsvierteln vieler Städte der Welt – in überfüllten Mietskasernen, erbärmlichen Notbaracken und schmutzigen -s (MM 6. 9. 68, 33); Dort geht es um die Beseitigung von -s und den Bau neuer Wohnungen (Welt 14. 8. 65, 8).

Slump [slamp, engl.: slʌmp], der; -[s], -s [engl. slump = Sturz, starker Rückgang] (Börsenw.): *Baisse.*

Slup, die; -, -s [eindeutschend für ↑Sloop] (Seemannsspr.): **1.** *einmastige Jacht mit Groß- u. Vorsegel.* **2.** *Sluptakelung;* **Slup|ta|ke|lung**, die (Seemannsspr.): *Takelung mit Groß- u. Vorsegel.*

sm = Seemeile.

Sm = Samarium.

¹SM = Societas Mariae.

²SM, der; -[s] (Jargon): Sadomasochismus: *exzentrisches Hobby:* Sadomasochismus, kurz „SM" (Spiegel 50, 1992, 206); aber dich auf SM einlassen, das war ein anderer Trip (Praunheim, Armee 130).

S. M. = Seine Majestät.

small [smɔ:l] ⟨indekl. Adj.⟩ [engl. small = klein]: *klein (als Kleidergröße);* Abk.: S; **Small Band** ['smɔ:l 'bænd], die; -, -s [engl. small band, zu: band, ↑³Band]: *Combo;* **Small talk** ['smɔ:l 'tɔ:k], der, auch: das; -, -s, -s [engl. small talk, zu: talk = Gespräch, Unterhaltung] (bildungsspr.): *leichte, beiläufige Konversation:* ... ließen sich die Parteivertreter fröhlich zum gemeinsamen Frühstück ... nieder und pflegten S. (Spiegel 41, 1983, 58); wieviel Zeit doch so ein Minister für mancherlei belanglosen S. hat (Spiegel 5, 1984, 22).

Smal|te: ↑Schmalte; **Small|tin**, der; -s [frz. smaltine, zu: smalt = Schmalte]: *Speiskobalt;* **Smal|tit** [auch: ...'tɪt], der; -s: *Smaltin.*

Sma|ragd, der; -[e]s, -e [mhd. smaragt, smarāt, ahd. smaragdus < lat. smaragdus < griech. smáragdos, H. u.]: **1.** (Mineral.) *tiefgrün gefärbter Beryll (wertvoller Edelstein):* der S. war schon im Altertum geschätzt; eine kleine Figur aus S. **2.**

Stück Smaragd (1), *aus Smaragd* (1) *bestehender Schmuckstein:* -e schleifen; ein Ring mit einem S.; **Sma|rạgd|ei|dechse,** die: *(in den wärmeren Gebieten Europas u. in Kleinasien heimische) Eidechse mit leuchtendgrüner, dunkel gepunkteter Oberseite;* **sma|rạg|den** ⟨Adj.⟩ [mhd. smaragdin]: **1.** *aus einem Smaragd, aus Smaragden gearbeitet, mit Smaragden besetzt:* kostbare -e Gefäße; ein -er Ring. **2.** *(in der Farbe) wie ein Smaragd, smaragdgrün:* eine -e Färbung; **sma|rạgd|grün** ⟨Adj.⟩: *von leuchtendem hellerem Grün;* **Sma|rạg|dịt** [auch: ...'dɪt], der; -s, -e: **1.** *smaragdgrünes Mineral.* **2.** *aus grünem Glas bestehende Imitation* (1 b) *eines Smaragds;* **Sma|rạgd|ring,** der: *Ring mit einem Smaragd* (2).
smạrt [auch: smart; engl.: smɑ:t] ⟨Adj.; -er, -este⟩ [engl. smart, zu: to smart= schmerzen, verletzen, also urspr. = schmerzend, schmerzlich, dann auch: scharf, beißend, schneidend]: **1.** *geschäftstüchtig, clever, gewitzt:* ein -er Kurdirektor; Ich hoffe, die Behörden lassen sich eine -e (intelligente) Lösung einfallen (Szene 8, 1983, 36); der Bursche ist viel zu s., um darauf hereinzufallen. **2.** *von modischer u. auffallend erlesener Eleganz; fein:* ein -es Schneiderkostüm; eine -e Erscheinung; Roland Kaiser ..., der -e Frauenliebling (Hörzu 52, 1987, 74); s. aussehen; **Smạr|tie,** der; -s, -s [zu engl. ↑smart] (ugs.): *jmd., der smart ist:* Lichten Zorn erzeugen mir aber jene -s, die sich einen Sport machen, zwei, drei Mille für eine Maschine hinzublättern (Spiegel 18, 1979, 14).
Smash [smæʃ], der; -[s], -s [engl. smash, zu: to smash = (zer)schmettern] (bes. Tennis, Badminton): *Schmetterschlag, -ball.*
Smẹg|ma, das; -[s] [griech. smẽgma = das Schmieren, Reiben] (Med.): *von den Talgdrüsen unter der Vorhaut sowie zwischen Klitoris u. kleinen Schamlippen abgesondertes Sekret;* **smek|tisch** ⟨Adj.⟩ [zu griech. smēktós = gestrichen, geschmiert]: *seifenähnlich;* **Smek|tịt** [auch: ...'tɪt], des; -s, -e: *Mineralgemenge aus Bolus* (1) *u. a.*
Smith|so|nịt [smɪtso..., auch: ...'nɪt], der; -s, -e [nach dem brit. Chemiker u. Mineralogen J. Smithson (1765–1829)]: *farbloses bis weißes, meist grünlich, gelblich u. bläulich getöntes, durchscheinendes bis trübes Mineral.*
Smog [smɔk, engl.: smɔg], der; -[s], -s [engl. smog, zusgez. aus: smoke = Rauch u. fog = Nebel]: *mit Abgasen, Rauch u. a. gemischter Dunst od. Nebel über Großstädten, Industriegebieten [wenn kein Luftaustausch mit den oberen Luftschichten stattfindet]:* Beim Giftnebel S. handelt es sich um die Folge einer sogenannten austauscharmen Wetterlage (ADAC-Motorwelt 4, 1987, 61); photochemischer S. (Sommersmog); **Smọg|alarm,** der: *Alarm beim Auftreten von Smog:* S. auslösen; So wurde in den letzten Tagen ... wiederholt S. gegeben und die Bevölkerung aufgefordert, die Häuser nur im Notfall zu verlassen (Welt 5. 12. 89, 25); bei S. herrscht für bestimmte Fahrzeuge ein Fahrverbot.

Smok|ar|beit, die; -, -en [zu ↑smoken]: **a)** *[Hand]arbeit, die in der Technik des Smokens ausgeführt wird;* **b)** *etw. Gesmoktes, gesmokte Verzierung:* ein mit einer schönen S. verziertes Nachthemd.
Smoke-in ['smoʊk-ɪn], das; -s, -s [engl. smoke-in, wohl geb. nach ↑Go-in u. a., zu: to smoke = rauchen] (Jargon): *Zusammentreffen [junger Leute] zum gemeinsamen Haschischrauchen.*
smọ|ken ⟨sw. V.; hat⟩ [engl. to smock, zu: smock = Bauern-, Arbeitskittel]: *in kleine, regelmäßige Fältchen raffen u. diese mit Stickstichen festhalten, wobei ein geometrisches Muster entsteht:* eine gesmokte Passe.
Smo|king, der; -s, -s, österr. auch: -e [kurz für engl. smoking-suit, smoking-jacket = Rauchanzug, Rauchjackett (urspr. nach dem Essen statt des Fracks zum Rauchen getragen), zu: to smoke = rauchen, verw. mit ↑schmauchen]: *meist schwarzer Abendanzug mit seidenen Revers für kleinere gesellschaftliche Veranstaltungen;* **Smo|king|jackett**[1]**,** das: *Jackett eines Smokings;* **Smo|king|schlei|fe,** die: *zum Smoking getragene breite Schleife* (1 b).
Smo|lẹnsk: russische Stadt.
Smör|gås|bord ['smø:rgɔs...], der; -s, -s [schwed. smörgåsbord, eigtl. = Tisch mit Butterbroten, aus: smörgås = Butterbrot; zu: smör = Butter (verw. mit ↑Schmer) u. bord = Tisch (verw. mit ↑[1]Bord)] (Kochk.): *Tisch, Tafel mit vielen verschiedenen, meist kalten Vorspeisen;* **Smör|re|bröd,** das; -s, -s [dän. smørrebrød, eigtl. = Butterbrot, aus: smörre = Butter u. brød = Brot] (Kochk.): *reich belegtes Brot.*
smor|zạn|do ⟨Adv.⟩ [ital. smorzando, zu: smorzare = dämpfen] (Musik): *immer schwächer werdend; verlöschend;* Abk.: smorz.; **Smor|zạn|do,** das; -s, -s u. ...di (Musik): *das Abnehmen der Tonstärke.*
Smụr|de, der; -n, -n [mlat. smurdus, aus dem Slaw., eigtl. = Stinkender]: *(im MA.) Höriger im Gebiet zwischen Elbe u. Saale sowie in Schlesien.*
Smụt|je, der; -s, -s [niederd. smutje, eigtl. = Schmutzfink, urspr. abwertende Bez.] (Seemannsspr.): *Schiffskoch:* da zaubert der S. auch bei dem miesesten Wetter noch eine heiße Suppe auf die Back (Skipper 8, 1979, 36).
SMV = Schülermitverwaltung.
Smỵr|na, der; -[s], -s [nach der gleichnamigen kleinasiatischen Stadt (heute Izmir)]: *langfloriger Teppich mit großer Musterung;* **Smỵr|na|garn,** das: *dickes, zweifach gezwirntes, weiches Garn aus grober Wolle;* **Smỵr|na|sticke|rei**[1]**,** die: *mit Kanevas ausgeführte Stickerei, bei der bestimmte Knoten in das Gewebe mit eingearbeitet werden;* **Smỵr|na|tep|pich,** der: *Smyrna.*
Sn = Stannum (↑Zinn 1).
[1]**Snạck** (nordd.): ↑Schnack.
[2]**Snạck** [snɛk, engl.: snæk], der; -s, -s [engl. snack, zu mundartl. to snack = schnappen]: *Imbiß* (1): *mit einem kleinen S. vertragen;* **Snạck|bar,** die [engl. snack bar, zu: bar, ↑[1]Bar]: *Imbißstube.*
snie|fen ⟨sw. V.; hat⟩ [unter Einfluß von ↑schniefen zu engl. to sniff, ↑sniffen] (Jargon): *schnüffeln* (2); **Snịff,** der; -s, -s

[engl. sniff, eigtl. = das Schnüffeln, zu: to sniff, ↑sniffen] (Jargon): *das Sniffen;* **snịf|fen** ⟨sw. V.; hat⟩ [engl. to sniff, eigtl. = durch die Nase einziehen] (Jargon): *schnüffeln* (2): Sniffen ist in Mode gekommen. 1974 hatten erst acht Prozent der Heroinabhängigen den Stoff durch die Nase eingezogen (Spiegel 38, 1981, 61); **Snịf|fing,** das; -s [engl. sniffing] (Jargon): *Sniff.*
Snob [snɔp, engl.: snɔb], der; -s, -s [engl. snob, H. u.] (abwertend): *jmd., der sich durch zur Schau getragene Extravaganz den Schein geistiger, kultureller Überlegenheit zu geben sucht u. nach gesellschaftlicher Exklusivität strebt:* S., der er war, hatte er die französische Übersetzung gelesen. Ainsi parlait Zarathustra (M. Walser, Pferd 11); **Snob-Appeal** [snɔpləˈpiːl], der [engl. snob appeal, zu: appeal, ↑Appeal] (bildungsspr.): *von einem Snob, von etw. Snobistischem ausgehende [reizvolle] Wirkung, Ausstrahlung;* **Snob|ef|fekt,** der (Soziol.): *im Verbraucherverhalten auftretender Effekt, der darin besteht, beim Kauf von Gütern möglichst Exklusivität zu erreichen;* **Sno|bie|ty** [snoˈbaɪəti], die; - [↑High-Snobiety]: vgl. High-Snobiety: Wir sitzen, wo S. sich wohl fühlt: in einem Hinterhof-Restaurant (Hörzu 8, 1977, 18); **Sno|bis|mus,** der; -, ...men [engl. snobism] (abwertend): **1.** ⟨o. Pl.⟩ *Haltung, Einstellung eines Snobs; Blasiertheit, Vornehmtuerei.* **2.** *einzelne, für einen Snob typische Eigenschaft, Handlung, Äußerung:* literarische Snobismen; **sno|bi|stisch** ⟨Adj.⟩ (abwertend): *in der Art eines Snobs; von Snobismus* (1) *geprägt:* -e Allüren.
Snoo|ker ['snuːkə], das; -s, -s [engl. snooker, H. u.] (Billard): **1.** ⟨o. Pl.⟩ *dem Poolbillard ähnliches, jedoch auf einem sehr viel größeren Tisch u. mit mehr Kugeln gespieltes Billardspiel.* **2.** *Situation beim Snooker* (1), *in der ein Spieler die richtige Kugel nicht direkt spielen kann.*
Snow [snoʊ], der; -s [engl. snow = Schnee (3)] (Jargon): *Schnee* (3); **Snow|board** ['snoʊbɔːd], das; -s, -s [engl. snow-board, aus: snow = Schnee u. board = Brett]: *als Sportgerät dienendes Brett für das Gleiten auf Schnee;* **snow|boar|den** ['snoʊbɔːdn] ⟨sw. V.; hat/ist⟩: *mit dem Snowboard gleiten;* **Snow|boar|der** ['snoʊbɔːdə], der; -s, - [engl. snowboarder]: *jmd., der snowboardet;* **Snow|boar|de|rin,** die; -, -nen: w. Form zu ↑Snowboarder; **Snow|boar|ding** ['snoʊbɔːdɪŋ], das; -s - [engl. snowboarding]: *das Snowboarden;* **Snow|mo|bil,** das; -s, -s [engl. snowmobile, zu: mobile = Fahrzeug]: *Schneemobil.*
[1]**so:** ↑sol.
[2]**so** [mhd., ahd. sō; urspr. nur Adv. mit der Bed. „in dieser Weise"]: **I.** ⟨Adv.⟩ **1. a)** ⟨meist betont⟩ *bezeichnet eine durch Kontext od. Situation näher bestimmte Art, Weise eines Vorgangs, Zustands o. ä.: auf diese, solche Art, Weise; in, von dieser, solcher Art, Weise:* so kannst du das nicht machen; so ist es nicht gewesen; so betrachtet/gesehen, hat er recht; das ist, wenn ich so sagen darf, eine Unverfrorenheit; recht so!; gut so!; sie spricht einmal so, ein andermal so, bald

so, bald so, erst so, dann so; das kann man so und/oder so *(in dieser u./od. jener, anderer Weise)* deuten; die Sache verhält sich so *(folgendermaßen);* wir können sie so *(in diesem Zustand)* unmöglich allein lassen; mir ist so *(es scheint mir, ich habe den Eindruck),* als hätte er ihn schon mal irgendwo gesehen; so ist es! (als Entgegnung: *das stimmt, trifft völlig zu*); So und nicht anders schaukelt man sich durch die achtzehn Monate hindurch (Spiegel 9, 1977, 46); ⟨als Korrelat zu „daß":⟩ er spricht so, daß man ihn gut versteht; * so oder so *(in jedem Fall):* Für die einen bin ich verblödet und für die anderen von Gott veräppelt, so oder so bin ich blamiert (Dürrenmatt, Meteor 60); du mußt das Geld so oder so zurückzahlen; b) ⟨unbetont⟩ mit Ellipse des Verbs bei Zitaten od. Quellenangaben: *mit diesen Worten, in diesem Sinne äußert[e] sich ..., steht es in ...:* „Die Verteidigungsausgaben", so der Minister, „werden von der Etatkürzung nicht betroffen"; man setzt hier ein Komma, so der Duden, wenn ... 2. a) ⟨meist betont⟩ bezeichnet ein durch Kontext od. Situation näher bestimmtes [verstärktes] Maß o. ä., in dem eine Eigenschaft, ein Zustand o. ä. vorhanden, gegeben ist: *in solchem Maße, Grade; dermaßen:* einen so heißen Sommer hatten wir seit Jahren nicht; noch nie hatte ich eine so riesige Bühne, eine so kostbare Ausstattung gesehen (Koeppen, Rußland 105); so einfach ist das gar nicht; sprich bitte nicht so laut; warum kommst du so spät?; er ist nicht so töricht, das zu tun; (mit entsprechender begleitender Geste:) er ist so groß; er versteht nicht so viel *(nicht das geringste)* davon; ⟨oft als Korrelat zu „daß":⟩ sie war so erschrocken, daß sie kein Wort hervorbringen konnte; er war so begeistert von der Idee, daß er sich sofort bereit erklärte, mitzumachen; b) ⟨betont⟩ im Ausrufesatz od. in einer Art Ausrufesatz, oft in Verbindung mit der Partikel „ja": *überaus, maßlos:* ich bin [ja] so glücklich darüber!; das tut uns [ja] so leid!; ich bin so müde; c) ⟨meist unbetont⟩ kennzeichnet als Korrelat zu der Vergleichspartikel „wie" od. „als" eine Entsprechung: *ebenso, genauso:* es kam alles so, wie er es vorausgesehen hatte; Das Landesmuseum hatte angerufen, sie sollten alles so lassen, wie es wäre (Küpper, Simplicius 40); er ist so groß wie du; er ist so nicht so geizig; so weiß wie Schnee *(schneeweiß);* so früh, bald, rasch, oft, gut wie/als möglich *(möglichst früh, bald usw.).* 3. a) ⟨meist betont⟩ (ugs.) in der Funktion eines Demonstrativpronomens; weist auf die vorher bekannte Beschaffenheit, Art einer Person od. Sache hin: *solch, solche:* so ein schönes Lied!; Und so eine Position wollen Sie aufgeben, Sie Riesenroß!- (Remarque, Obelisk 242); so ein Angebot kann man doch nicht einfach ausschlagen!; das ist auch so eine, einer (abwertend; in bezug auf jmdn., den man in eine bestimmte negative Kategorie einordnet); Sich auf offener Straße mit so einer (verhüllend; *mit einem Flittchen)* abzuknutschen (Fallada, Mann 66); (intensivierend:) so ein Pech, Zufall! *(das ist wirklich ein großes Pech, ein großer Zufall);* Sie Kamel! ... Wer so jemand hat, soll hinter Ihrer Frau herlaufen? (Remarque, Obelisk 317); und so was (ugs. abwertend; *solch einen Menschen/solche Menschen*) nennt man nun seinen Freund/seine Freunde; [na/nein/also] so was! (als Ausruf des Erstaunens, der Verwunderung); so Goldbuchstaben halten ja nun nicht ewig (Schnurre, Ich 95); b) ⟨unbetont⟩ (veraltet, bibl.) in der Funktion eines Relativpronomens: *welcher, welche, welches:* auf daß ich die, so unter dem Gesetz sind, gewinne (1. Korinther 9, 20); ♦ Zu was Ende die Allianzen, so diese Doria schlossen? (Schiller, Fiesco IV, 6). 4. ⟨betont⟩ (ugs.) *ohne den vorher genannten od. aus der Situation sich ergebenden Umstand, Gegenstand:* nimm dem Mann die Handfessel ab. Der kommt auch so mit (Fallada, Jeder 98); ich habe meine Mitgliedskarte vergessen, da hat man mich so reingelassen; ich habe so *(ohne zusätzliche Arbeit, ohnehin)* schon genug zu tun. 5. ⟨unbetont⟩ (ugs.) a) relativiert die Genauigkeit einer folgenden Zeit-, Maß- od. Mengenangabe: *etwa, schätzungsweise:* so in zwanzig Minuten bin ich fertig; (oft [intensivierend] in Verbindung mit bedeutungsgleichen Adv.:) so etwa/gegen 9 Uhr; so an/um die hundert Personen; er hat es so ziemlich *(in etwa)* verstanden; b) nachgestellt in Verbindung mit „und" od. „oder"; als vage Ergänzung u. nachträgliche Relativierung einer genau[er]en Angabe: *(u./od.) ähnliches:* hier kommen viele Fremde her, Matrosen und so (Schmidt, Strichjungengespräche 230); wenn wir Ärger kriegen oder so; eine Stunde oder so kann es schon dauern. 6. ⟨betont⟩ alleinstehend. in. in isolierter Stellung am Satzanfang: a) signalisiert, daß eine Handlung, Rede o. ä. abgeschlossen ist od. als abgeschlossen erachtet wird, bildet den Auftakt zu einer resümierenden Feststellung od. zu einer Ankündigung: Er schlug den letzten Nagel ein. So, das hält für die ersten fünf Jahre (Kuby, Sieg 20); so, das wäre geschafft, erledigt; und jetzt will ich dir mal was sagen; so, und nun?; b) drückt als Antwort auf eine Ankündigung, Erklärung Erstaunen, Zweifel aus: Er will morgen abreisen. – So? *(wirklich?);* So? Das wäre aber sonderbar. 7. ⟨unbetont⟩ (konsekutiv) a) (geh.) *also, deshalb, infolgedessen:* du hast es gewollt, so trage [auch] die Folgen; du warst nicht da, so bin ich allein spazierengegangen; b) *in diesem Falle ... [auch]; dann:* Hast du einen Wunsch, so will ich ihn dir erfüllen (Reinig, Schiffe 101); R hilf dir selbst, so hilft dir Gott. 8. ⟨unbetont⟩ temporal; drückt meist unmittelbare zeitliche Folge aus: *und schon; da:* kaum war er heraus, so stellte sich Kurlbaum hinter einen Stuhl und begann ... (Tucholsky, Werke I, 162); es dauerte gar nicht lange, so kam er. II. ⟨Konj.⟩ 1. konsekutiv; als Teil der Einheit „so daß" (österr. „sodaß" geschrieben): *mit dem Ergebnis, der Folge; und das hatte zur Folge:* er war krank, so daß er die Reise verschieben mußte. 2. (geh.) konditional: *falls:* sag's noch einmal, so du dich traust (Broch, Versucher 76); so Gott will, sehen wir uns bald wieder. 3. ⟨so + Adj., Adv.⟩ konzessiv; oft in Korrelation mit „auch [immer]": *wenn (auch)/obwohl wirklich, sehr:* so leid es mir tut *(wenn es mir auch/obwohl es mir wirklich leid tut),* ich muß absagen; so angestrengt er auch nachdachte, er kam zu keiner Lösung. 4. ⟨so + Adj., Adv. ... so + Adj., Adv.⟩ vergleichend: So menschlich sauber Scheffer war, so anrüchig war Döpner (Niekisch, Leben 316); so jung sie ist, so unerfahren ist sie. III. ⟨Partikel; unbetont⟩ 1. drückt in Aussagesätzen eine Bekräftigung, Nachdrücklichkeit aus: *wirklich; richtig:* das war so ganz nach meinem Geschmack; das will mir so gar nicht einleuchten; er schlug die Tür zu, daß es nur so knallte; mir ist das so egal. 2. drückt in Aussage- u. Fragesätzen Unbestimmtheit aus u. verleiht dem Gesagten oft den Charakter der Beiläufigkeit: er machte sich so seine Gedanken; er hat so seine Pläne; ich habe da so meine Zweifel; was die Leute so reden; wie geht es noch [denn] so?; Mein Mann ... war ... impressioniert, auch von allem, was ich ihm so erzählte (Katia Mann, Memoiren 78). 3. drückt in einleitender Stellung in Aufforderungssätzen eine gewisse Nachdrücklichkeit aus, oft in Verbindung mit „doch", „schon": so komm doch/schon endlich!; so glaub mir doch, ich konnte nichts dafür; so laßt uns beginnen!; so hör doch endlich auf!

SO = Südost[en].
So. = Sonntag.
s. o. = siehe oben.
Soap-ope|ra ['soʊp 'ɔpərə], die; -, -s [engl. soap opera, aus: soap = Seife u. opera = Oper, ↑ Seifenoper]: Seifenoper.
soa|ve ⟨Adv.⟩ [ital. soave < lat. suavis] (Musik): *lieblich, sanft, süß.*
Soa|ve, der; -[s] [nach dem ital. Ort Soave]: *heller, frischer, trockener italienischer Weißwein.*
so|bald ⟨Konj.⟩: *in dem Augenblick, da ...; gleich wenn:* ich rufe an, s. ich zu Hause bin; er wird uns Bescheid sagen, s. er genauere Informationen hat; Sobald die Schwester sich bückte ..., verließ er das Zimmer (Bieler, Mädchenkrieg 309).
Sol|bor, der; - [russ. sobor]: *Konzil, Synode [der russisch-orthodoxen Kirche];* **Sol|bor|nost,** die; - [russ. sobornost; zu: sobornyj = versammelt; gemeinschaftlich]: *Organisationsprinzip in der orthodoxen Kirche, wonach ein Synodalbeschluß vom Kirchenvolk gutgeheißen werden muß.*
Sol|bran|je, die; -, -n, auch: das; -s, -n [bulg. (narodno) sobranje]: *bulgarische Volksvertretung.*
Sol|brie|tät [zobrie...], die; - [lat. sobrietas (Gen.: sobrietatis), zu: sobrius = nüchtern, enthaltsam] (bildungsspr. veraltet): *Mäßigkeit.*
Soc|cer ['sɔkə], das, auch: der; -s [engl. soccer, zu einer Kurzform „soc." aus: association football = Verbandsfußball]: amerik. Bez. für: *Fußball.*
Soc|cus, der; -, Socci ['zɔktsi] [lat. soccus, ↑ Socke]: *(im antiken Lustspiel von den Schauspielern getragener) leichter, niedriger Schuh mit flacher Sohle.*

So|cial costs ['souʃəl 'kɔsts] ⟨Pl.⟩ [zu engl. social = sozial u. cost = Kosten] (Wirtsch.): *Kosten, die bei der industriellen Produktion entstehen (z. B. durch Wasser-, Luftverschmutzung), jedoch von der Gemeinschaft getragen werden müssen;* **So|cial en|gi|nee|ring** ['souʃəl ɛndʒɪ'nɪərɪŋ], das; - -[s] [engl. social engineering, zu: engineering = Technik]: *Einbeziehung sozialer Bedürfnisse des Menschen bei der Planung von Arbeitsplätzen u. maschinellen Einrichtungen;* **So|cial spon|so|ring** ['souʃəl 'spɔnsərɪŋ], das; - -[s] [↑ Sponsoring] (Jargon): *Sponsoring zugunsten sozialer Einrichtungen o. ä.*
So|cie|tas Je|su, die; - - [nlat. = Gesellschaft Jesu, zu lat. societas, ↑ Soziëtät] (kath. Kirche): *Jesuitenorden;* Abk.: SJ; **So|cie|tas Ma|riae** [- -...ɛ], die; - - [nlat. = Gesellschaft Mariens] (kath. Kirche): *zur Erneuerung des katholischen Lebens u. Erziehungswesens gegründete Kongregation von Priestern u. Laien;* Abk.: SM; **So|cie|tas Ver|bi Di|vi|ni,** die; - - - [nlat. = Gesellschaft des Göttlichen Wortes] (kath. Kirche): *Kongregation von Priestern u. Ordensbrüdern für Mission u. Seelsorge;* Abk.: SVD; ◆ **So|cie|tät,** die; -, -en [↑ Soziëtät]: *Gemeinschaft, Gesellschaft* (2 a) besonders aber erinnert man sich dabei der -en, in denen man liebte (Goethe, Wahlverwandtschaften I, 4); **So|cié|té an|onyme** [sɔsjeteano'nim], die; - -, -s -s [sɔsjeteano'nim] [frz. société anonyme, aus: société = Gesellschaft (< lat. societas, ↑ Soziëtät) u. anonyme = anonym (< spätlat. anonymus, ↑ anonym)]: frz. Bez. für *Aktiengesellschaft;* Abk.: S. A.; **So|cie|ty** [sə'saɪətɪ], die; - [engl. society = Gesellschaft < mfrz. société < afrz. societe < lat. societas, ↑ Soziëtät]: *High-Society:* die S. in der Bundesrepublik; Als ihm die Hamburger S. trotzdem die Anerkennung versagte ... (Spiegel 44, 1976, 127).
Söck|chen, das; -s, -: **1.** Vkl. zu ↑ Socke. **2.** *(von Kindern u. [jungen] Frauen bes. im Sommer getragener) kurzer Strumpf, der nur bis an od. knapp über den Knöchel reicht;* **Socke¹,** die; -, -n [mhd., ahd. soc < lat. soccus = leichter Schuh (bes. des Schauspielers in der Komödie), zu griech. sýkchos, sykchís = eine Art Schuh]: *kurzer, bis an die Wade od. in die Mitte der Wade reichender Strumpf:* [ein Paar] dicke, gestrickte, wollene -n; -n stricken, waschen, stopfen; Ü laufen, marschieren, bis einem die -n qualmen (ugs.; *sehr schnell, sehr lange laufen, marschieren*); mir qualmen die -n (ugs.; *ich habe mich sehr beeilt*); * **rote S.** (Politik Jargon; *jmd., der in der ehemaligen DDR, bes. als Funktionär der SED, dem herrschenden Regime gedient hat*): Bald wird über „die rote Socke" gemunkelt, man vermutet eine Zusammenarbeit mit dem MfS (Spiegel 15, 1992, 71); **jmdm. die -n ausziehen** (ugs.; *unerträglich sein*): der Wein, die Musik zieht mir die -n aus; **sich auf die -n machen** (ugs.; *aufbrechen [um irgendwohin zu gehen]*); **jmdm. auf den -n sein** (↑ Ferse 1); **von den -n sein** (ugs.; *verblüfft, erstaunt sein*): da bin ich aber von den -n!; Wir waren alle von den -n, daß er auch Mandoline spielen kann (Spiegel

31, 1977, 150); **Sockel¹,** der; -s, - [frz. socle < ital. zoccolo < lat. socculus = kleiner Schuh, Vkl. von: soccus, ↑ Socke]: **1.** *Block aus Stein o. ä., auf dem etw., bes. eine Säule, Statue steht:* das Denkmal steht auf einem Sockel aus Granit; sie stürzten das Standbild des Diktators vom S.; Ü ... wie groß ... das Bedürfnis war, Thomas Mann abzulehnen und ihn womöglich vom S. zu stürzen (Reich-Ranicki, Th. Mann 269). **2.** *unterer [abgesetzter] Teil eines Gebäudes, einer Mauer, eines Möbelstücks o. ä., der bis zu einer bestimmten Höhe reicht:* der S. des Hauses ist aus Sandstein; der Schrank hat einen 9 cm hohen S. **3.** (Elektrot.) *Teil der Halterung, der meist gleichzeitig elektrischen Kontakt mit einem anderen Bauteil herstellt:* der S. der Glühbirne ist zu groß für diese Fassung. **4.** (Wirtsch. Jargon) kurz für ↑ Sockelbetrag: einen S. [von 200 Mark] vereinbaren, fordern; **Sockel|be|trag¹,** der (Wirtsch.): *fester Betrag als Teil einer Lohnerhöhung (der noch um eine prozentuale Erhöhung aufgestockt wird);* **Sockel|ge|schoß¹,** das (selten): *Souterrain;* **socken¹** ⟨sw. V.; ist⟩ [eigtl. = sich auf die Socken machen, urspr. = Socken anziehen] (landsch. veraltend): *eilig, schnell gehen, laufen:* durch die Gegend s.; **Socken¹,** der; -s, - (südd., österr., schweiz.): ↑ Socke; **Socken|hal|ter¹,** der; -s, -: *um die Wade geführtes breiteres Gummiband zum Halten der Socke (bei Männern).*
Sod, der; -[e]s, -e [mhd. sōt(e), zu ↑ sieden]: **1.** (veraltet) *Sodbrennen.* **2.** (veraltet) *das Siedende, Aufwallende.* **3.** (bes. schweiz.) *[Zieh]brunnen.*
So|da, der; - u. das; -s [span. soda, ital. soda, H. u.]: **1.** *graues bis gelbliches, wasserlösliches Natriumsalz der Kohlensäure, das bes. zur Wasserenthärtung u. zur Herstellung von Seife u. Reinigungsmitteln verwendet wird; Natriumkarbonat.* **2.** ⟨das; -⟩ kurz für ↑ Sodawasser: einen Whisky [mit] S., bitte.
So|da|le, der; -n, -n [lat. sodalis = Gefährte, Freund; kameradschaftlich] (kath. Kirche): *Mitglied einer Sodalität;* **So|da|li|tät,** die; -, -en [lat. sodalitas = Freundschaft, Verbindung, zu: sodalis, ↑ Sodale] (kath. Kirche): *Bruderschaft od. Kongregation* (1).
So|da|lith [auch: ...'lɪt], der; -s u. -en, -e[n] [zu ↑ Soda u. ↑-lith] (Mineral.): *(als Schmuckstein o. ä. verwendetes) durchsichtiges bis durchscheinendes, meist farbloses od. in Grau- bzw. Blautönen vorkommendes Mineral.*
so|dann ⟨Adv.⟩ [mhd. sō danne] (altertümelnd): **1.** *dann* (1); *darauf, danach:* In den Büros ... werden s. die besagten Waren gewogen (Jacob, Kaffee 123). **2.** *des weiteren, außerdem:* Untersucht wird zunächst die Aufmachung ..., s. die Nachrichtenpolitik des Blattes im ganzen (Enzensberger, Einzelheiten I, 25).
So|dar [auch: -'-], der; -s [engl. sodar, Kurzwort aus: sound detecting and ranging, eigtl. = Schallermittlung und -ortung]: *Verfahren zur Sondierung der unteren Luftschichten, zur Turbulenzmessung u. zur Ortung unsichtbarer Abgase.*

so|daß ⟨Konj.⟩ (österr.): ²*so* (II 1) *daß;* **so daß** (österr. auch: sodaß): ↑ so (II 1).
So|da|was|ser, das; -s ⟨Pl. ...wässer⟩: *mit Kohlensäure versetztes Mineralwasser:* Whisky, einen Aperitif mit S. mischen.
Sod|bren|nen, das; -s [zu ↑ Sod (1)]: *sich vom Magen bis in den Rachenraum ausbreitende brennende Empfindung, die von zu viel, seltener auch von zu wenig Magensäure herrührt:* ich habe S.; ein Mittel gegen S.; **Sod|brun|nen,** der; -s, - (bes. schweiz.): *Sod* (3).
¹Sod|de, die; -, -n [mniederd. sode, H. u.] (landsch., bes. nordd.): **a)** *[abgestochenes] Rasenstück;* **b)** *abgestochenes, getrocknetes Stück Torf.*
²Sod|de, die; -, -n [spätmhd. sōde, mniederd. sōt, zu ↑ sieden] (veraltet): *Salzsiederei.*
Söd|de: Pl. von ↑ Sood.
So|di|um, das; -s [engl., frz. sodium]: engl. u. frz. Bez. für *Natrium.*
So|do|ku, das; - [jap.] (Med.): *durch den Biß von Ratten od. rattenfressenden Tieren übertragene Infektionskrankheit mit Fieberanfällen, Muskel- u. Gelenkschmerzen u. blaurötlichem Hautausschlag.*
So|dom, das; -s [nach der gleichnamigen bibl. Stadt] (bildungsspr.): *Ort, Stätte der Lasterhaftigkeit u. Verworfenheit:* Frankfurt, in den Augen des Autors eine infernalische Stadt, ein S. (MM 3. 1. 74, 29); * **S. und Gomorrha** (*Zustand der Lasterhaftigkeit u. Verworfenheit;* nach 1. Mos. 18 u. 19): wenn ... sich jeder Unhold an pubertierende Kinder heranmachen könnte, ... hätten wir in kurzer Zeit S. und Gomorrha (Ziegler, Recht 292); **So|do|mie,** die; - [spätlat. sodomia, urspr. = Päderastie, Onanie, zu *Sodom*] (Med.): **1.** *Geschlechtsverkehr mit Tieren.* **2.** (veraltet) *Homosexualität;* **so|do|mi|sie|ren** ⟨sw. V.; hat⟩ [frz. sodomiser, zu: sodomie = Analverkehr; Sodomie < spätlat. sodomia, ↑ Sodomie] (bildungsspr. selten): *anal koitieren;* **So|do|mit,** der; -en, -en [spätlat. Sodomita, urspr. = Einwohner von Sodom]: *jmd., der seinen Geschlechtstrieb durch* ↑ *Sodomie* (1) *befriedigt;* **So|do|mi|tin,** die; -, -nen: w. Form zu ↑ Sodomit: ... trieben es lüsterne -nen mit deutschen Schäferhunden (Spiegel 52, 1991, 200); **so|do|mi|tisch** ⟨Adj.⟩: *Sodomie* (1) *treibend;* **Sodoms|ap|fel,** der; -s, ...äpfel [nach der Übers. des nlat. bot. Namens, eigtl. = Apfel aus Sodom]: *Gallapfel.*
so|eben ⟨Adv.⟩: **a)** *unmittelbar zum gegenwärtigen Zeitpunkt:* ich bin s. dabei, den Fehler zu korrigieren; Die Flasche, aus der Sie sich s. freigebig einschenken (Remarque, Obelisk 216); **b)** *unmittelbar vor dem gegenwärtigen Zeitpunkt:* die Nachricht kam s.; das Buch ist s. erschienen; s. hat dein Freund angerufen.
Soest [zo:st]: *Stadt in Nordrhein-Westfalen;* **¹Soe|ster** ['zo:stɐ], der; -s, -: Ew.; **²Soe|ster** ⟨indekl. Adj.⟩: die S. Börde (*Landstrich in Westfalen*); **Soe|ste|rin** ['zo:stərɪn]: w. Form zu ↑ ¹Soester.
So|fa, das; -s [frz. sofa < arab. suffa^h = Ruhebank]: *gepolstertes Sitzmöbel mit Rückenlehne u. Armlehnen, dessen Sitzfläche für mehrere Personen Platz bietet:* ein bequemes, weich gepolstertes S.;

auf dem S. sitzen, liegen, schlafen; sich aufs S. setzen, legen, flegeln; ◆ ⟨auch der; -s, -s:⟩ Ist das der S., wo ich an ihrem Halse in Wonne schwamm (Schiller, Räuber IV, 2); Bleib! setz dich neben mich auf diesen S. (ebd., V, 1); **So|fa|ecke**[1], die: *Ecke zwischen Rücken- u. Armlehne eines Sofas:* das Feuerzeug, die Fernbedienung war in die S. gerutscht; **So|fa|gar|ni|tur**, die: vgl. Couchgarnitur; **So|fa|kis|sen**, das: *Kissen für ein Sofa;* **So|fa|leh|ne**, die: *Lehne eines Sofas:* die Katze lag auf der S. und schlief; **So|fa|platz**, der: *Platz auf einem Sofa:* jmdm. einen S. anbieten.

so|fern ⟨Konj.⟩ [vgl. mhd. sō verre = wenn]: *vorausgesetzt, daß:* wir kommen morgen, s. es euch paßt; s. es nicht in Strömen regnet, fahre ich mit dem Fahrrad.

soff [auch: ↑ saufen; **Soff**, der; -[e]s (landsch.): **1.** ↑ Suff: Diese Heiligkeit war widerlicher als S.! (Strittmatter, Wundertäter 18). **2.** *Gesöff;* **söf|fe**: ↑ saufen; **Söf|fel, Söf|fer**, der; -s, - (landsch.): *Trinker:* ◆ Die Tagdiebe, die Söffer, die Faulenzer, ... die stänkern aus Langerweile (Goethe, Egmont II); **Söf|fe|rin**, die; -, -nen (landsch.): w. Form zu ↑ Söffer.

Sof|fit|te, die; -, -n [(frz. soffite <) ital. soffitta, soffitto, über das Vlat. zu lat. suffixum, 2. Part. von: suffigere = oben an etw. befestigen]: **1.** ⟨meist Pl.⟩ (Theater) *vom Schnürboden herabhängende Dekoration, die an der Bühne nach oben abschließt.* **2.** kurz für ↑ Soffittenlampe; **Sof|fit|ten|lam|pe**, die: *röhrenförmige Glühlampe mit einem Anschluß an jedem Ende.*

So|fia [auch: 'zo:...]: *Hauptstadt Bulgariens;* ¹**So|fi|aer**, ¹**Sofioter**, der; -s, -: Ew.; ²**So|fi|aer**, ²**Sofioter** ⟨indekl. Adj.⟩; **So|fi|ae|rin**, die; -, -nen: w. Form zu ↑ ¹Sofiaer; ¹**So|fi|o|ter**, ¹**Sofioer**: ↑ ¹Sofiaer; ↑ ²Sofiaer; **So|fi|o|te|rin**, die; -, -nen: w. Form zu ↑ ¹Sofioter.

so|fort ⟨Adv.⟩ [aus dem Niederd., zusger. aus mniederd. vōrt, zu: vōrt = alsbald, eigtl. = vorwärts (↑ fort)]: **1. a)** *unmittelbar nach einem bestimmten, mit der betreffenden Sache in Zusammenhang stehenden Geschehen o. ä.:* er hat [die Bedeutung der Nachricht] s. begriffen; er mußte s. operiert werden, war s. tot; ich ... ärgere mich s. darüber, es gesagt zu haben (Remarque, Obelisk 302); s. her! **b)** *ohne zeitliche Verzögerung; unverzüglich:* das muß s. erledigt werden, komm s. her!; du möchtest ihn bitte s. anrufen; wenn du nicht s. still bist, knallt's; diese Regelung gilt ab s. *(von diesem Zeitpunkt an);* der Auftrag muß per s. (Kaufmannsspr.; *unverzüglich*) ausgeliefert werden. **2.** *innerhalb kürzester Frist:* ich bin s. fertig; der Arzt muß s. kommen; einen Moment, bitte, Sie werden s. bedient; **So|fort|ak|ti|on**, die: vgl. Soforthilfe; (Fot.): *mit einer Sofortbildkamera hergestelltes Foto;* **So|fort|bild|ka|me|ra**, die (Fot.): *Kamera, die einzelne, unmittelbar nach der Aufnahme fertig entwickelte Fotos auswirft;* **So|fort|hil|fe**, die: *unverzüglich durchgeführte, wirksam werdende Hilfe (z. B. für unverschuldet in Not geratene Menschen);* **So|for|tig** ⟨Adj.⟩: *unmittelbar, ohne zeitlichen Verzug eintretend:*

mit -er Wirkung in Kraft treten; die andere Seite reagierte mit dem -en Abbruch der Beziehungen, Verhandlungen; Jedenfalls kam eine -e Reise ... nicht in Frage (Fallada, Jeder 198); **So|fort|maß|nah|me**, die: *sofort ergriffene, sofort zu ergreifende Maßnahme:* Als S. prüft man vorerst mehrwöchige Weiterbildungskurse für Arbeitslose (NZZ 27. 1. 83, 24); der Nachweis ..., daß der Antragsteller in -n m Unfallort unterwiesen worden ist (Straßenverkehrsrecht 105); **So|fort|pro|gramm**, das: vgl. Sofortmaßnahme: Es gilt ferner, ein S. gegen das Wäldersterben zu verwirklichen (MM 25. 2. 83, 10); **So|fort|ver|brauch**, der: *sofortiger Verbrauch:* frisch gepreßte Fruchtsäfte für den S.

soft [sɔft] ⟨Adj.⟩ [engl. soft, verw. mit ↑ sanft]: **1.** (Musik, bes. Jazz) *weich:* plötzlicher Wechsel zum neuen, -eren Sweet-Sound (Freizeitmagazin 12, 1978, 19); ... spielte das Take-Five-Quintett hot und s. auf (MM 3. 5. 68, 6). **2.** (Jargon) *(von Männern) nicht den gängigen Vorstellungen von einem Mann entsprechend, sondern sanft, weich, seinen Gefühlen Ausdruck gebend:* einen neuen, zeitgemäßen Helden ...: den -en proletigen Kerl (Spiegel 15, 1978, 206).

Sof|ta, der; -[s], -[s] [türk. softa < pers. sūhtah = (für die Wissenschaft) Erglühter] (früher): *Student einer islamischen Hochschule.*

Soft art [- 'aːt], die; - - [aus engl. soft (↑ soft) u. art = Kunst, eigtl. = weiche Kunst]: *Kunstrichtung in der Bildhauerei, statt der traditionellen harten Materialien weiche (wie z. B. Filz, Gummi, Kunststoff) zu verwenden;* **Soft|ball** [...bɔːl], der; -s [engl. amerik. softball, zu: ball = ¹Ball]: *Form des Baseballs mit weicherem Ball u. kleinerem Feld;* **Soft|co|py** [-kɔpi], die; -, ...ies [...piz] [engl. soft copy, eigtl. = weiche (im Sinne von „nicht gegenständliche") Kopie] (Datenverarb.): *Darstellung von Daten auf dem Monitor eines Computers (im Unterschied zur ausgedruckten Hardcopy);* **Soft Drink**, der; - -s, - -s [engl. soft drink, eigtl. = weiches Getränk]: *alkoholfreies Getränk;* **Soft drug** [- 'drʌg], die; - -, - -s [engl. soft drug, eigtl. = weiche Droge] (Jargon): *Rauschgift, das nicht süchtig macht* (z. B. Haschisch, Marihuana); **Soft-Eis**, das [nach engl. soft icecream]: *sahniges Speiseeis;* **sof|ten** (sw. V.; hat) [engl. to soften] (Fot.): *(die Vergrößerung eines Fotos) mit optischen Hilfsmitteln weich zeichnen;* **Sof|te|ner**, der; -s, - [engl. softener] (Textilind.): *Maschine zum Weichmachen von Jutefasern;* **Sof|tie** [...ti], der; -s, -s [engl. softie, softy, eigtl. = Trottel] (Jargon): *[jüngerer] Mann von sanftem, zärtlichem, empfindungsfähigem Wesen:* zwischen der Idolfigur des Westernhelden ... und dem „Softie" (Hörzu 37, 1978, 84) Gefragt ist der „Softy", der weiche, emotionale Mann (MM 6. 5. 79, 49); **Soft|por|no**, der: vgl. Softsexfilm; **Soft Rock**, der; - -[s] [engl. soft rock]: *gemilderte, leisere Form der Rockmusik;* **Soft sculp|ture** [- 'skʌlptʃə], die; - - [engl. soft sculpture, eigtl. = weiche Skulptur]: *Soft art;* **Soft|sex|film**, der: *Sexfilm, in dessen Sexszenen keine besonders ausgefallenen Sexualpraktiken dargestellt u. die Vorgänge nicht besonders detailliert gezeigt werden;* **Soft|ware** [...wεə], die; -, -s [engl. software, eigtl. = weiche Ware]: *(im Unterschied zur Hardware) alle nicht technisch-physikalischen Funktionsbestandteile einer Datenverarbeitungsanlage, wie Einsatzanweisungen, Programme o. ä.;* **Soft|ware|pa|ket**, das: *Gesamtheit von Programmen, die aufeinander abgestimmt sind od. zusammengehören.*

sog.: ↑ saugen; **Sog**, der; -[e]s, -e [aus dem Niederd. < mniederd. soch, eigtl. = das Saugen, zu ↑ saugen]: **1.** *(in der nächsten Umgebung eines Strudels od. Wirbels od. hinter einem sich in Bewegung befindenden Gegenstand, z. B. einem fahrenden Fahrzeug, auftretende) saugende Strömung in Luft od. Wasser:* einen S. erzeugen, ausüben; in den S. der Schiffsschraube, des Propellers geraten; Ü der S. *(die starke Anziehungskraft)* der großen Städte; Ein ohnehin angeschlagener Erster Offizier hat das Gefühl, in den S. einer Geschichte zu geraten *(in eine Geschichte verwickelt zu werden),* deren Konsequenzen unüberblickbar werden (Heim, Traumschiff 259); Wie von einem jähen S. erfaßt, flog der Blick auf dieses Fenster zu (Ransmayr, Welt 27). **2.** (Meeresk.) *Strömung, die unter landwärts gerichteten Wellen seewärts zieht.*

sog. = sogenannt.

so|gar ⟨Adv.⟩ [älter so gar = so vollständig, so sehr (↑ ²gar)]: **1.** *unterstreicht eine Aussage [u. drückt dadurch eine Überraschung aus]:* was gar nicht anzunehmen, zu vermuten war; obendrein; überdies; auch: s. du müßtest das einsehen; das hat s. ihn beeindruckt; er hat es s. freiwillig getan; das tut sie s. [ausgesprochen] gerne; sie ging s. selbst hin. **2.** *zur steigernden Aneinanderreihung von Sätzen od. Satzteilen:* mehr noch; um nicht zu sagen: er sah das Mädchen ungeniert, s. herausfordernd an, ich schätze sie, ich verehre sie s.; es ist nicht nur genauso gut, sondern s. [noch] besser; es ist kalt geworden, heute nacht hat es s. [schon] gefroren; Der Mensch hat die Pflicht zu suchen und s. leidenschaftlich zu suchen (Nigg, Wiederkehr 99).

söl|ge: ↑ saugen.

so|ge|nannt ⟨Adj.⟩: *wie es genannt wird, heißt; als ... bezeichnet:* die -en Schwellenländer; feinste Blutgefäße, -e Kapillaren; das israelische Parlament, die -e „Knesseth"; Seit einer Woche ... wird der -e Leihwagen-Prozeß verhandelt (Dönhoff, Ära 38); (spött.:) wo sind denn deine -e Freunde?; (als Ausdruck des Sichdistanzierens von einem Sprachgebrauch:) die -e Demokratie, freiheitliche Grundordnung, künstlerische Freiheit; ... gibt es auch in der -en Deutschen Demokratischen Republik (DDR) keine freie Arbeiterbewegung (Fraenkel, Staat 29); in gewissen Büros der -en westlichen Welt (Neues D. 13. 6. 64, 4); für die Sonderbehandlung der s. offensichtlich mißbräuchlichen Asylgesuche (NZZ 1./2. 5. 83, 20); Abk.: sog.

sog|gen ⟨sw. V.; hat⟩ [H. u., viell. mundartl. Nebenf. von ↑ ²sacken]: *(von Salz*

sogleich

sich aus der Sole in Kristallen niederschlagen.
so|gleich ⟨Adv.⟩: **1.** *sofort* (1): die Gäste wurden nach ihrer Ankunft s. in ihre Zimmer geleitet; er schien s. zu verstehen, was ich meinte. **2.** (selten) *sofort* (2): einen Moment bitte, ich komme s.; nehmen Sie bitte s. Ihre Plätze ein!
So|har, der; - [hebr. zohar = Glanz]: *in Anlehnung an den Pentateuch gestaltetes Hauptwerk der jüdischen Kabbala.*
so|hin ⟨Adv.⟩ (österr., sonst selten): *somit, also.*
Sohl|bank, die; -, ...bänke (Bauw.): *unterer waagerechter Abschluß der Fensteröffnung in der Mauer;* **Soh|le**, die; -, -n [mhd. sole, ahd. sola, über das Vlat. zu lat. solum = Grund(fläche), (Fuß)sohle; 5: vgl. sohlen (2)]: **1. a)** *untere Fläche des Schuhs, auch des Strumpfes:* -n aus Leder, Gummi; dünne, dicke -n; die -n sind durchgelaufen, haben ein Loch; die -n erneuern, flicken; neue -n auf die Schuhe kleben, nageln; Der Boy ... umschleicht mich auf weicher S. (Bamm, Weltlaterne 84); Der Leutnant ... ging die Hindenburgstraße weiter bergab, lautlos auf schmiegsamen -n (Kuby, Sieg 65); Ü *die S. des Bügeleisens (die Fläche, mit der gebügelt wird)* hat einen Belag; * **eine kesse, heiße S. aufs Parkett legen** (ugs.; *auffallend flott tanzen*); **sich** ⟨Dativ⟩ **etw. [längst] an den -n abgelaufen haben** (↑Schuh 1); **auf leisen -n** (*ganz unbemerkt, still u. heimlich*): er machte sich auf leisen -n davon; **b)** kurz für ↑Einlegesohle. **2.** kurz für ↑Fußsohle: die -n voller Blasen haben; sie lief auf, mit nackten -n durchs Gras; ... sagte Jandell und stapfte auf patschenden -n ins Bad (Zwerenz, Quadriga 165); * **sich** ⟨Dativ⟩ **die -n nach etw. ablaufen, wund laufen** (↑Bein 1); **sich an jmds. -n/sich jmdm. an die -n heften, hängen** (↑Ferse 1); **jmdm. unter den -n brennen** (↑Nagel 3). **3.** *Boden eines Tals, Flusses, Kanals o. ä.:* die S. des Grabens, des Kanals, des Tals; Ü ... weil er (= Gott) auf der S. aller Abgründe neben mir steht (Thielicke, Ich glaube 155). **4.** (Bergmannsspr.) **a)** *Boden, untere Begrenzungsfläche einer Strecke, einer Grube:* die S. des Stollens; **b)** *alle auf einer Ebene liegenden Strecken:* der Brand ist auf der vierten S. ausgebrochen. **5.** (Bergbau) *unmittelbar unter einem Flöz liegende Gesteinsschicht.* **6.** (landsch.) *Lüge;* **soh|len** ⟨sw. V.; hat⟩ [1: niederrhein. (13. Jh.) solen; 2: wohl im Sinne von ↑aufbinden (4)]: **1.** *besohlen:* die Stiefel müssen [neu] gesohlt werden. **2.** (landsch.) *lügen:* Ich ... hätte es dem Chef gesagt, daß der Schulz ... gesohlt hat (Fallada, Mann 59); **Soh|len|gän|ger**, der (Zool.): *Säugetiere, das beim Gehen mit der ganzen Fußsohle auftritt;* **Soh|len|le|der**, Sohlleder, das: *Leder, das sich bes. zur Verarbeitung zu Schuhsohlen eignet;* **Soh|len|stand**, der (Turnen): *Ausgangsstellung für den Sohlenumschwung, bei der man gebückt u. mit den Fußsohlen auf der Stange steht u. mit den Händen die Stange fest greift;* **Soh|len|tal**, das (Geogr.): *Tal mit einer deutlich ausgebildeten Talsohle;* **Soh|len|um|schwung**, der (Turnen): *(am Reck od. am hohen Holm des Stufenbarrens ausgeführ-*

ter) Umschwung aus dem Sohlenstand; **Soh|len|wel|le**, die (Turnen): *Sohlenumschwung;* **söh|lig** ⟨Adj.⟩ [zu ↑Sohle (4 b)] (Bergmannsspr.): *waagerecht;* **Sohl|le|der:** ↑ Sohlenleder; **Sohl|pres|sung**, die: *Druck, den ein Bauwerk mit seinem Fundament auf den Boden ausübt; Bodenpressung.*
Sohn, der; -[e]s, Söhne [mhd. sun, son, ahd. sun(u), eigtl. = der Geborene]: **1.** *männliche Person im Hinblick auf ihre leibliche Abstammung von den Eltern; unmittelbarer männlicher Nachkomme:* ein legitimer, natürlicher, unehelicher S.; der älteste, jüngste, einzige, erstgeborene S.; Vater und S. sehen sich sehr ähnlich; er ist ganz der S., ist der echte S. seines Vaters *(ist dem Vater im Wesen o. ä. sehr ähnlich);* sie wurde vom S. des Hauses *(vom erwachsenen Sohn der Familie)* zu Tisch geführt; sie haben einen S. bekommen; grüßen Sie bitte Ihren Herrn S.; Ü er ist ein echter S. der Berge *(im Gebirge geboren u. aufgewachsen u. von diesem Leben geprägt);* ein S. des Volkes *(ein einfacher Mann)* und von lustiger Einfalt (Th. Mann, Tod u. a. Erzählungen 102); dieser große S. *(berühmte Einwohner)* unserer Stadt; S. Gottes (christl. Rel.; Titel Jesu Christi); Vater, S. (christl. Rel.; *Gott in Gestalt Jesu Christi*) und Heiliger Geist; S. des Himmels (frühere Bez. für den Kaiser von China); Das ehrende Andenken an Fjodor Kulakow, einen treuen S. der Partei (*ein loyales Parteimitglied;* Neues D. 18. 7. 78, 1); * **der verlorene S.** (1. geh.; *jmd., der in seinem Tun u. Handeln, seinen Anschauungen o. ä. nicht den [moralischen] Vorstellungen, Erwartungen seiner Eltern entspricht u. deshalb für diese eine große Enttäuschung bedeutet.* 2. *jmd., von dem man lange keine Nachricht hatte, den man lange nicht gesehen hat:* da kommt ja der verlorene S.!; nach Luk. 15, 11 ff.). **2.** ⟨o. Pl.⟩ (fam.) *Anrede an eine jüngere männliche Person:* nun, mein S.; Den Hauptsturmführer gewöhne dir ab, mein S. (Apitz, Wölfe 335); **Söhn|chen**, das; -s, -: Vkl. zu ↑Sohn (1); **Soh|ne|mann**, der; -[e]s (fam.): *[kleiner] Sohn* (1): Sie kennt die Schwächen von ihrem S. (Kinski, Erdbeermund 98); **Soh|ne|matz**, der; -es (fam.): *kleiner Sohn* (1); **Söh|ne|rin**, die; -, -nen (veraltet): *Schwiegertochter;* **Soh|nes|frau**, Sohnsfrau, die (veraltet): *Schwiegertochter;* **Soh|nes|lie|be**, die (geh.): vgl. Kindesliebe; **Soh|nes|pflicht**, die (geh.): *[rechtlich festgelegte] Pflicht des Sohnes seinen Eltern gegenüber;* **Sohns|frau:** ↑ Sohnesfrau.
sohr ⟨Adj.⟩ [mniederd. sōr, vgl. engl. sear = verdorrt < aengl. sēar] (nordd.): *ausgedörrt, trocken; welk;* **Sohr**, der; -s (nordd.): *Sodbrennen;* **Söh|re**, die; - (nordd.): *Trockenheit, Dürre;* **soh|ren, söh|ren** ⟨sw. V.; ist⟩ (nordd.): *austrocknen; welken.*
soi-di|sant [swadi'zã] ⟨indekl. Adj.⟩ [frz., aus: soi = sich u. disant, 1. Part. von: dire = sagen, nennen, eigtl. = sich nennend] (veraltet): *angeblich; sogenannt.*
soi|gnie|ren [zŏan'ji:rən] ⟨sw. V.; hat⟩ /vgl. soigniert/ [frz. soigner = besorgen, pflegen, aus dem Afränk.] (geh. selten): *besorgen, pflegen:* Mit Hilfe eines gemiete-

ten Barbiers soignierte er Haar und Bart (Fussenegger, Haus 17); **soi|gniert** [zŏan'ji:rt] ⟨Adj.⟩ [frz. soigné, adj. 2. Part. von: soigner, ↑ soignieren] (geh.): *gepflegt* (a-c): ein -er Herr; die Liebenswürdigkeit des Hausherrn, die -e Küche (K. Mann, Mephisto 355); er wirkt sehr s.
Soi|ree [soa're:], die; -, ...reen [frz. soirée, zu: soir = Abend] (geh.): **a)** *exklusive Abendgesellschaft; festlicher Abendempfang:* er wurde zu einer S. im Hause des Botschafters gebeten; **b)** *[aus besonderem Anlaß stattfindende] abendliche Veranstaltung, Festvorstellung:* eine musikalische, literarische S. veranstalten, besuchen; ich war gestern bei/in einer S. im Goethe-Institut.
Soi|xante-neuf [swasãt'nœf], das; - [frz. soixante-neuf, eigtl. = neunundsechzig] (Jargon): *Sixty-nine.*
So|ja, die; -, ...jen [jap. shōyu = Sojasoße; aus dem Chin.]: *Sojabohne* (a): S. anbauen; **So|ja|boh|ne**, die: **a)** *im Wuchs der Buschbohne ähnliche Pflanze, meist mit behaarten Stengeln u. Blättern, kleinen, weißen od. violetten Blüten u. kleinen runden od. nierenförmigen Samen in langen Hülsen;* **b)** *Same der Sojabohne* (a); **So|ja|brot**, das: *aus Sojamehl gebackenes Brot;* **So|ja|mehl**, das: *Mehl aus Sojabohnen* (b); **So|ja|öl**, das: *aus Sojabohnen* (b) *gepreßtes Öl;* **So|ja|so|ße**, die: *würzige, salzige od. süße Soße aus vergorenen Sojabohnen* (b); **So|ja|sproß**, der; -sses, -sse (Pl. meist -sprossen; meist Pl.): *[zu Gemüse, Salat verwendeter] Keimling einer Sojabohne.*
So|kol, der; -s, -n [aus dem Slaw.; vgl. poln. sokól, tschech. sokol = Falke]: *polnischer, tschechischer u. südslawischer (früher sehr nationalistischer) Turnverband;* **So|ko|list**, der; -en, -en: *Mitglied eines Sokols;* **So|ko|li|stin**, die; -, -nen: w. Form zu ↑Sokolist.
So|kra|tik, die; - [nach dem griech. Philosophen Sokrates (470-399 v. Chr.)]: *sokratische* (1) *Art des Philosophierens; bei der das vernünftige Begreifen menschlichen Lebens die wesentliche Aufgabe ist;* **So|kra|ti|ker**, der; -s, - ⟨meist Pl.⟩ [lat. Socraticus < griech. Sōkratikós]: *Vertreter der Sokratik u. der an sie anknüpfenden Richtungen;* **So|kra|ti|ke|rin**, die; -, -nen: w. Form zu ↑Sokratiker; **so|kra|tisch** ⟨Adj.⟩: **1.** *den griechischen Philosophen Sokrates u. seine Lehre betreffend, auf ihr beruhend:* -e Methode *(auf die Gesprächsführung des Sokrates zurückgehende Methode des Lehrenden, durch geschicktes Fragen des Schülers die Antworten u. Einsichten selbst finden zu lassen).* **2.** (bildungsspr.) *in philosophischer Weise abgeklärt, ausgewogen; weise:* eine sehr -e Entscheidung.
sol [ital.]: *Silbe, auf die beim Solmisieren der Ton g gesungen wird.*
¹Sol, das; -s, -e [Kunstwort zu: solutio = Lösung] (Chemie): *kolloide Lösung.*
²Sol, der; -[s], -[s] [span. sol < lat. sol = Sonne, nach dem Hoheitszeichen Perus]: *(bis 1985) Währungseinheit in Peru* (1 Sol = 100 Centavos; Zeichen: S/.; **³Sol**: *römischer Gott der Sonne.*
so|la fi|de [lat. = allein durch den Glauben]: *Grundsatz der Theologie Luthers,*

nach dem die Rechtfertigung des Sünders ausschließlich durch den Glauben erfolgt (nach Röm. 3, 28); **so|la gra|tia** [lat. = allein durch die Gnade]: Grundsatz der Theologie Luthers, nach dem die Rechtfertigung des Sünders ausschließlich durch die Gnade Gottes geschieht. **So|la|nen:** Pl. von ↑ Solanum.
so|lang, so|lan|ge: I. ⟨Konj.⟩ *für die Dauer der Zeit, während der ...:* du kannst bleiben, s. du willst; s. du Fieber hast, mußt du im Bett liegen, darfst du nicht aufstehen; Solange die Kinder klein sind, stehen die Geschenke im Vordergrund (Chotjewitz, Friede 130); Das Leben hat die Tendenz zum Weitergehen, solang es eben geht (K. Mann, Wendepunkt 347); ich muß das erledigen, s. *(innerhalb der Zeit, in der)* ich [noch] Urlaub habe; (bes. verneint oft mit konditionaler Nebenbedeutung:) ihren ... Führer, den sie nicht abwählen können, solange sich nicht auf einen Nachfolger einigen (Spiegel 41, 1966, 26); Solange das Gerichtsurteil nicht rechtskräftig ist, kann ... das Unterhausmandat nicht aberkannt werden (Prodöhl, Tod 287); s. alles planmäßig läuft, ist das ein Kinderspiel. **II.** ⟨Adv.⟩ *währenddessen:* mach das ruhig erst fertig, ich warte s., ich lese s. Zeitung.
So|la|nin, das; -s [zu lat. solanum, ↑ Solanum] (Bot., Chemie): *in zahlreichen Nachtschattengewächsen vorkommendes, stark giftiges Alkaloid;* **So|la|nis|mus,** der; -, ...men (Med.): *Vergiftung durch Solanin;* **So|la|num,** das; -s, ...nen [lat. solanum] (Bot.): *Nachtschattengewächs.*
so|lar ⟨Adj.⟩ [lat. solaris, solarius, zu: sol, ↑²Sol] (Astron., Met., Physik): *die Sonne betreffend, zu ihr gehörend, von ihr ausgehend:* -e Phänomene; Diese -e korpuskulare Strahlung wird jetzt allgemein als -er Wind bezeichnet (Universitas 8, 1970, 794); **So|lar|ar|chi|tek|tur,** die: *Architektur, die sich mit der Nutzung der Sonnenenergie beschäftigt;* **So|lar|bat|te|rie,** die (Physik, Elektrot.): *Sonnenbatterie;* **So|lar|ener|gie,** die (Physik): *Sonnenenergie;* **So|lar|farm,** die (Energietechnik): *Sonnenfarm:* Der ... Energiebedarf könnte ... mit einer „Solarfarm" von 380 mal 380 Kilometer in sonnenreicher Lage ... gestillt werden (Saarbr. Zeitung 4. 10. 79, 1); **So|lar|flug|zeug,** das: *Sonnenkraftflugzeug;* **So|lar|ge|ne|ra|tor,** der (Physik, Elektrot.): *Solarbatterie;* **So|lar|hei|zung,** die: *Sonnenheizung;* **So|lar|ho|ro|skop,** das: *nach dem Sonnenlauf ausgerechnetes Horoskop für ein Jahr;* **So|la|ri|en:** Pl. von ↑ Solarium; **So|la|ri|me|ter,** das; -s, - [↑ -meter (1)] (Astron., Met., Physik veraltet): *Gerät zur Messung der Sonnen- u. Himmelsstrahlung;* Pyranometer; **So|la|ri|sa|ti|on,** die; -, -en (Fot.): *(bei starker Überbelichtung eines Films auftretende) Erscheinung der Umkehrung der Lichteinwirkung (z. B. ein Positiv stellt sich dar wie ein Negativ);* **so|la|risch** ⟨Adj.⟩: *älter für ↑ solar;* **So|la|ri|um,** das; -s, ...ien [lat. solarium = der Sonne ausgesetzter Ort, zu: solarius, ↑ solar]: *Anlage, Gerät mit künstlich ultraviolette Strahlung erzeugenden Lichtquellen zur Bräunung des Körpers;* **So|lar|jahr,**

das (Astron.): *Sonnenjahr;* **So|lar|kol|lek|tor,** der (Energietechnik): *Sonnenkollektor;* **So|lar|kon|stan|te,** die (Met.): *bestimmte Menge der Sonnenstrahlung, die an der Grenze der Atmosphäre (1 a) in einer Minute auf einen Quadratzentimeter gestrahlt wird;* **So|lar|kraft|ma|schi|ne,** die (Energietechnik): *Sonnenkraftanlage;* **So|lar|kraft|werk,** das (Energietechnik): *Sonnenkraftwerk;* **So|lar|ma|schi|ne,** die (Energietechnik): *kurz für* ↑ Solarkraftmaschine; **So|lar|mo|bil,** das: *mit Solarstrom angetriebenes Fahrzeug;* **So|lar|ofen,** der: *Sonnenofen;* **So|lar|öl,** das (früher): *Öl, das durch Aufbereitung von Braunkohlenteer gewonnen wird;* **So|lar|ple|xus** [auch: - - '- -], der [nlat. plexus solaris, 2. Bestandteil zu lat. plectere, ↑ Plexus] (Physiol.): *Sonnengeflecht;* **So|lar|strom,** der: *aus Sonnenenergie gewonnener elektrischer Strom;* **So|lar|tech|nik,** die; - (Energietechnik): *Technik, die sich mit der Nutzbarmachung u. den Anwendungsmöglichkeiten der Sonnenenergie befaßt;* **so|lar|ter|re|strisch** ⟨Adj.⟩ (Astron., Met., Physik): *die Auswirkungen der Sonne auf das Vorgehen in der Erdatmosphäre u. an der Erdoberfläche betreffend;* -e Physik; **so|lar|ther|misch** ⟨Adj.⟩ (Met., Physik, Energietechnik): *die Sonnenenergie, -wärme betreffend, davon ausgehend, dadurch bewirkt:* -e Kraftwerke; **So|lar|turm,** der (Energietechnik): *zu einem solarthermischen Kraftwerk gehörender Turm, an dessen Spitze die von Spiegeln reflektierte Sonnenstrahlung absorbiert wird;* **So|lar|wind,** der (Astron.): *Sonnenwind;* **So|lar|zel|le,** die (Physik, Elektrot.): *Sonnenzelle;* **So|lar|zel|len|ge|ne|ra|tor,** der (Physik, Elektrot.): *Solarbatterie.*
so|la scrip|tu|ra [lat. = allein durch die Schrift]: Grundsatz der Theologie Luthers, nach dem die Bibel die alleinige Autorität darstellt.
So|la|wech|sel, der; -s, - [nach ital. sola di cambio, eigtl. = einziger Wechsel] (Geldw.): *Eigenwechsel.*
Sol|bad, Solebad, das: **1.** *Heilbad (1) mit Solquelle.* **2.** *Heilbad (2) in Sole.*
solch: ↑ solcher, solche, solches; **sol|che:** ↑ solcher; **sol|cher,** solche, solches, (solch) ⟨Demonstrativpron.⟩ [mhd. solch, ahd. solīh, zu ↑²so u. ↑ -lich, eigtl. = so gestaltet, so beschaffen]: **1. a)** *weist auf die Art od. Beschaffenheit hin: so geartet, so beschaffen:* [eine] solche Handlungsweise; [ein] solches Vertrauen; solcher Glaube; solche Taten; Solchen Lauf steht er nicht durch (Lenz, Brot 143); solches Schöne; mit solchem Schönen; mit solchen Leuten; die Taten eines solchen Helden/(selten:) die Taten solches Helden; die Wirkung solchen/(seltener:) solches Sachverhalts; alle solche Anweisungen; all solcher Spuk; solcher feiner Stoff/: solcher feiner Stoff; solches herrliche Wetter; bei solchem herrlichen/(selten:) herrlichem Wetter; bei einem solchen herrlichen Wetter; bei solcher intensiven/ (auch:) intensiver Strahlung; solche prachtvollen/(auch:) prachtvolle Bauten; solche Armen/(auch:) Arme; die Hütten solcher Armen; zwei, einige sol-

che/solcher Fehler; **b)** *weist auf den Grad, die Intensität hin: so groß, so stark:* ich habe solchen Hunger, solche Kopfschmerzen; ich ging mit solchem Herzklopfen hin; rede nicht mit solchem Unsinn!; das macht doch solchen Spaß! **2.** ⟨selbständig⟩ *nimmt Bezug auf etw. in einem vorangegangenen od. folgenden Substantiv od. Satz Genanntes:* solche wie die fallen doch immer auf die Füße; Ich will solches melden, mein Herr (Hacks, Stücke 27); Das Dejeuner, das ein Abschiedsessen hatte sein sollen, aber als solches schon nicht mehr galt (Th. Mann, Krull 397); sie ist keine solche *(leichtlebige, etwas minderwertige Person);* die Sache als solche *(an sich)* wäre schon akzeptabel; R es gibt immer solche und solche (ugs.; *es ist nun einmal so, daß nicht alle gleich [angenehm o. ä.] sind*). **3.** ⟨ungebeugt⟩ (geh.) *so [ein]:* solch ein Tag; solch feiner Stoff; solch Schönes; mit solch Schönem; ich bin solcher kein Liebhaber nicht (Th. Mann, Krull 208); Solch Hochwasser hatte es aber nur ... 1968 gegeben (Prodöhl, Tod 246); bei solch herrlichem Wetter/einem solch herrlichen Wetter/solch einem herrlichen Wetter; **sol|cher|art: I.** ⟨indekl. Demonstrativpron.⟩ *so geartet:* er kann mit s. Leuten nicht umgehen; Kaufinteressenten für Kapitalanlagen (Prodöhl, Tod 176). **II.** ⟨Adv.⟩ *auf solche Art, Weise:* Das neue Gebild, das s. entsteht (K. Mann, Wendepunkt 184); **sol|cher|ge|stalt** ⟨Adv.⟩ (selten): *solcherart* (II); **sol|cher|lei** ⟨unbest. Gattungsz.; indekl.⟩ [↑ -lei]: *solche Art von; solch:* ⟨attr.:⟩ s. [kostbarer] Hausrat; s. Ideen, Klagen; Solcherlei Erfrischungsgetränke gab es damals in großer Anzahl (Jacob, Kaffee 126); ⟨alleinstehend:⟩ ich habe s. schon gehört; ich las s. des öfteren; **sol|cher|ma|ßen** ⟨Adv.⟩: *solcherart* (II); **sol|cher|wei|se** ⟨Adv.⟩: *solcherart* (II); **sol|ches:** ↑ solcher.
Sold, der; -[e]s, -e ⟨Pl. selten⟩ [mhd. solt < afrz. solt = Goldmünze < spätlat. solidus (nummus) = gediegene Goldmünze, zu lat. solidus, ↑ solide]: **1.** (veraltend) *Lohn, Entgelt für Kriegsdienste:* der S. war nicht hoch; S. zahlen, auszahlen, empfangen; heute gibt es S.; * **in jmds. S.** (geh.; *in jmds. Dienst*): Dreiundzwanzig Dienstjahre im -e Ihrer Majestät (Prodöhl, Tod 250); **in jmds. S. stehen** (*für jmdn. arbeiten u. dafür bezahlt werden*): er stand im S. mehrerer Abwehrorganisationen. **2.** *[monatliche] Bezahlung der Wehrdienst leistenden Soldaten;* **Sol|da|nel|la,** die; -, ...llen, **Sol|da|nel|le,** die; -, -n [ital. soldanella, zu: soldo (↑ Soldat) nach den einer kleinen Münze ähnlichen, runden Blättern]: *Troddelblume;* **Sol|dat,** der; -en, -en [ital. soldato, eigtl. = in Sold Genommene, subst. 2. Part. von: soldare = in Sold nehmen, zu: soldo < spätlat. solidus, ↑ Sold; 1 b: nach russ. soldat]: **1. a)** *Angehöriger der Streitkräfte eines Landes:* ein einfacher, aktiver S.; S. auf Zeit *(Zeitsoldat);* S. sein, werden; viele -en sind gefallen, wurden verwundet; Ein weiblicher S., der ... abkommandiert war (Spiegel 3, 1977, 75); -en einberufen, einziehen, ausbilden; bei den -en (ugs.; *beim Militär*) sein; Warum wollen

Soldatenfriedhof

Mädchen unter die -en? (Hörzu 44, 1979, 12); R der wird S., kommt zu den -en (Skat Jargon; *diese Karte lege ich verdeckt ab); Ü* das Beispiel eines standhaften -en der proletarischen Revolution (Horizont 12, 1977, 14); **b)** (ehem. DDR) *unterster Dienstgrad der Land- u. Luftstreitkräfte.* **2.** *(bei Ameisen u. Termiten) [unfruchtbares] Tier mit besonders großem Kopf u. besonders großen Mandibeln, das in der Regel die Funktion hat, die anderen Tiere des Staats zu verteidigen.* **3.** *Feuerwanze;* **Sol|da|ten|fried|hof,** der: *[große, einheitlich angelegte] Begräbnisstätte gefallener Soldaten;* **Sol|da|ten|grab,** das: *Grab eines gefallenen Soldaten;* **Sol|da|ten|heim,** das: *Begegnungsstätte für Soldaten;* **Sol|da|ten|lied,** das: *für Soldaten geschriebenes, von Soldaten gesungenes Lied;* **Sol|da|ten|pres|se,** die ⟨o. Pl.⟩: *Presse* (2a), *deren Erzeugnisse sich speziell an Soldaten wenden;* **Sol|da|ten|rat,** der: vgl. Arbeiter-und-Soldaten-Rat; **Sol|da|ten|rock,** der (selten): *Uniformrock;* **Sol|da|ten|sen|der,** der: *Rundfunk-, Fernsehsender für im Krieg eingesetzte Soldaten od. für im Ausland stationierte Soldaten u. deren Familien: Das freie Amerika ... findet ... durch die S. Zutritt in die deutschen Haushalte* (Kraushaar, Lippen 33); **Sol|da|ten|spra|che,** die: *Jargon* (a) *der Soldaten;* **Sol|da|ten|stand,** der ⟨o. Pl.⟩: *Stand* (5a) *des Soldaten;* **Sol|da|ten|tod,** der: *Tod (eines Soldaten) auf dem Schlachtfeld, im Kampfeinsatz:* den S. sterben; **Sol|da|ten|tum,** das, -s: *das Soldatsein;* **Sol|da|ten|ver|band,** der: *Kriegerverein;* **Sol|da|ten|zeit,** die: *Militärzeit;* **Sol|da|tes|ka,** die; -, ...ken [ital. soldatesca, zu: soldatesco = soldatisch, zu: soldato, ↑Soldat] (abwertend): *gewalttätig u. rücksichtslos vorgehende Soldaten:* eine entfesselte, wüste, meuternde, mordende S.; **Sol|da|tin,** die; -, -nen: w. Form zu ↑Soldat; **sol|da|tisch** ⟨Adj.⟩: *einem Soldaten* (1) *eigen, angemessen; militärisch* (2): eine -e Haltung, Art; -e Pflicht, Zucht; **Sold|buch,** das: *(bis 1945) Buch, das der Ausweis des Soldaten ist [u. Eintragungen über die Auszahlung des Solds enthält];* **Sol|dling,** der; -s, -e (abwertend): *jmd., das, was er tut, in finanzieller Abhängigkeit von jmdm. u. in dessen Auftrag od. Sinn tut:* Franco, der S. Hitlers und Mussolinis (K. Mann, Wendepunkt 343); **Söld|ner,** der; -s, - [mhd. soldenære, soldenier]: *Angehöriger eines Söldnerheeres;* **Söld|ner|ar|mee,** die; vgl. Söldnerheer; **Söld|ner|füh|rer,** der: *oberster Befehlshaber eines Söldnerheeres;* **Söld|ner|heer,** das: *Legion* (2); **Söld|ner|in,** die; -, -nen: w. Form zu ↑Söldner; **Sol|do,** der; -s, -s u. Soldi [ital. soldo, ↑Soldat]: **1.** *(in Italien) frühere Münze aus Gold od. Kupfer.* **2.** (volkstüml.) *(in Italien) Münze im Wert von fünf Centesimi.*

Sol|le, die; -, -n [aus dem Niederd. < mniederd. sole (spätmhd. sul, sol) = Salzbrühe zum Einlegen, verw. mit ↑Salz]: *[in stärkerem Maße] Kochsalz enthaltendes Wasser:* Seit dem Jahr 1911 stand in Reichenhall mehr hochwertige S. zur Verfügung, als an Ort und Stelle zu verarbeiten war (Bayernkurier 19. 5. 84, 18); **Sol|le|bad:** ↑Solbad; **Sol|ei,** das: *in Salzlake eingelegtes hartgekochtes Ei, dessen Schale nach dem Kochen leicht aufgeklopft wurde.* **Sol|eil** [zɔˈlɛːj, frz.: sɔˈlɛj], der; -[s] [frz. soleil, über das Vlat. zu lat. sol = Sonne] (Textilind.): *feingerippter, stark glänzender Stoff aus Seide, Kunstseide od. Kammgarn.* **Sol|le|lei|tung,** die: *[Rohr]leitung für Sole:* die S. von Bad Reichenhall nach Traunstein (Bayernkurier 19. 5. 84, 18); **sol|lenn** ⟨Adj.⟩ [frz. solennel < lat. sol(l)emnis (sol[l]ennis) = (alljährlich) gefeiert, festlich, aus: sollus = ganz, allu. annus = Jahr] (bildungsspr.): *feierlich, festlich:* ein -es Mahl; ein -er Anlaß; eine -e Festlichkeit; In der üblichen -en Weise vollzog sich der Empfang der Hoheiten (A. Kolb, Daphne 165); **sol|len|ni|sie|ren** ⟨sw. V.; hat⟩ [spätmhd. solempnizieren < spätlat. sollem(p)nizare (veraltet): *festlich, feierlich begehen; feierlich bestätigen;* **Sol|len|ni|tät,** die; -, -en [spätmhd. sol(l)empnitet < lat. sol(l)emnitas (veraltet): *Feierlichkeit.* **Sol|le|no|id,** das; - [e]s, -e [zu griech. sōlēn = Furche, Röhre u. -oeidēs = ähnlich] (Physik): *zylindrische Spule aus Metall, die wie ein Stabmagnet wirkt, wenn Strom durch sie fließt.* **Sol|le|quel|le:** ↑Solquelle; **Sol|le|salz:** ↑Solsalz; **Sol|le|was|ser:** ↑Solwasser. **Sol|fa|ta|ra,** die; -, ...ren, **Sol|fa|ta|re,** die; -, -n [ital. solfatara (nach dem Namen eines Kraters bei Neapel), zu: solfatare = (aus)schwefeln] (Geol.): *das Ausströmen schwefelhaltiger heißer Dämpfe in Vulkangebieten.* **sol|feg|gie|ren** [...fɛˈdʒiːrən] ⟨sw. V.; hat⟩ [ital. solfeggiare, zu: solfa = Tonübung, aus ↑sol u. ↑fa] (Musik): *Solfeggien singen;* **Sol|feg|gio** [...ˈfɛdʒo], das; -s, ...ggien [...ˈfɛdʒən] ⟨ital. solfeggio⟩ (Musik): *auf die Silben der Solmisation gesungene Übung.* **So|li:** Pl. von ↑Solo. **So|li|ci|tor** [səˈlɪsɪtə], der; -s, -s [engl. solicitor, über das Mfrz. zu lat. sollicitare, ↑sollizitieren]: *(in Großbritannien) Rechtsanwalt, der (im Unterschied zum Barrister) nicht vor höheren Gerichten auftritt.* **sol|lid:** ↑solide; **So|li|dar|bei|trag,** der: *Beitrag [in der Form einer Abgabe], den eine Gruppe als Teil der Solidargemeinschaft zu leisten hat;* **So|li|dar|ge|mein|schaft,** die: *auf dem Solidarismus gründende Gemeinschaft:* die S. der Krankenversicherten; **So|li|dar|haf|tung,** die (Wirtsch., Rechtsw.): *Haftung mehrerer Personen als Gesamtschuldner;* **so|li|da|risch** ⟨Adj.⟩ [frz. solidaire, zu lat. solidus, ↑solide]: **1.** *mit jmdm. übereinstimmend u. für ihn einstehend, eintretend:* eine -e Haltung; in -er Übereinstimmung handeln; eine -e *(vom Gedanken der Solidarität a bestimmte) Gesellschaft:* Die Werktätigen des Betriebes sehen darin ihren Beitrag zur -en Unterstützung des leidgeprüften rumänischen Volkes (Freie Presse 30. 12. 89, 1); mit jmdm. s. sein; sich mit jmdm. s. fühlen, erklären; s. handeln. **2.** (Rechtsspr.) *gemeinsam verantwortlich; gegenseitig verpflichtet;* **so|li|da|ri|sie|ren** ⟨sw. V.; hat⟩ [frz. se solidariser, zu: solidaire, ↑solidarisch]: **a)** ⟨s. + sich⟩ *für jmdn., etw. eintreten, um gemeinsame Interessen u. Ziele zu verfolgen:* sich mit den Streikenden, dem Streik s.; Die ... Priester hätten keine andere Wahl als sich zu s. (Welt 22. 1. 69, 1); Wer sich nicht mit dem politischen Kampf der Studenten solidarisiere, ... brauche bei ihm auch keinen Tee zu trinken (Ossowski, Liebe ist 297); **b)** *zu solidarischem Verhalten bewegen:* Doch Carla hofft, auch die nicht der RFFU angehörenden Mitarbeiter s. zu können (Saarbr. Zeitung 5. 12. 79, 25/27/29); **So|li|da|ri|sie|rung,** die; -, -en: *das [Sich]solidarisieren;* **So|li|da|ris|mus,** der; - (Philos.): *Lehre von der wechselseitig verpflichtenden Verbundenheit des einzelnen mit der Gemeinschaft zur Förderung des Gemeinwohls;* **So|li|da|ri|tät,** die; - [frz. solidarité, zu: solidaire, ↑solidarisch]: **a)** *unbedingtes Zusammenhalten mit jmdm. auf Grund gleicher Anschauungen u. Ziele:* die S. mit anderen Völkern; die S. in, unter der Belegschaft wächst; S. anstreben; **b)** *(bes. in der Arbeiterbewegung) auf das Zusammengehörigkeitsgefühl u. das Eintreten füreinander sich gründende Unterstützung:* Seit Beginn dieses Schuljahres haben sie bereits 1 750 Mark für die internationale S. gespendet (BNN 28, 1978, 1); **So|li|da|ri|täts|ad|res|se,** die: *Solidarität* (a) *bekundende Adresse* (2b); **So|li|da|ri|täts|ak|ti|on,** die; DDR: *aus Solidarität durchgeführte Aktion, mit der man für jmdn., etw. eintritt;* **So|li|da|ri|täts|ba|sar,** der (bes. ehem. DDR): *Basar* (2), *dessen Erlös für die Unterstützung ausländischer politischer Gruppierungen o. ä. verwendet wird;* **So|li|da|ri|täts|er|klä|rung,** die: *Erklärung der Solidarität* (a); **So|li|da|ri|täts|ge|fühl,** die ⟨o. Pl.⟩: *Gefühl der Solidarität* (a); **So|li|da|ri|täts|kund|ge|bung,** die: vgl. Solidaritätserklärung; **So|li|da|ri|täts|streik,** der: *Streik, den Arbeitnehmer durchführen, um bereits streikenden anderen Arbeitnehmern ihre Solidarität zu bekunden;* **So|li|da|ri|täts|zu|schlag,** der (Steuerw.): *(zur Beschaffung der durch die deutsche Vereinigung zusätzlich benötigten Mittel erhobener) Zuschlag zur Einkommens- u. Körperschaftssteuer;* **So|li|dar|pakt,** der (Politik): *Übereinkommen zwischen Politik, Unternehmensverbänden u. Gewerkschaften zur Finanzierung außergewöhnlicher Vorhaben durch eine möglichst sozialverträgliche Verteilung der Lasten;* **So|li|dar|pa|tho|lo|gie,** die: *bes. in der Antike ausgebildete Lehre, die (im Gegensatz zur Humoralpathologie) die festen Bestandteile des Körpers als Träger des Lebens ansieht u. in ihrer Beschaffenheit die Ursachen für Gesundheit od. Krankheit sieht;* **So|li|dar|schuld|ner,** der (schweiz. Rechtsspr.): *Gesamtschuldner;* **So|li|dar|schuld|ne|rin,** die (schweiz. Rechtsspr.): w. Form zu ↑Solidarschuldner; **So|li|dar|zu|schlag,** der: *Solidaritätszuschlag;* (bes. österr. nur:) solid ⟨Adj.⟩ [frz. solide < lat. solidus = gediegen, echt; fest, unerschütterlich; ganz]: **1.** *in bezug auf das Material so beschaffen, daß es fest, massiv, haltbar, gediegen ist:*

solide Mauern, Balken, Bretter; sie gruben, bis sie auf soliden Fels stießen; solides Holz; Das Haus war schön; es war geräumig, es war solide, es war behaglich (Koeppen, Rußland 140); diese Schuhe sind [sehr] s.; der Stoff ist s. und strapazierfähig; die Möbel sind sehr s. gearbeitet; er ... trug einen solide gemachten Anzug (Kesten, Geduld 56). **2.** *gut fundiert:* ein solides Geschäft; eine solide Firma, Finanzierung, wirtschaftliche Grundlage; sie haben sich einen soliden Wohlstand erarbeitet; eine solide Bildung; ein solides Wissen; solide Fachkenntnisse; sie mußten ... eine solide Handwerkerausbildung mitbringen (Saarbr. Zeitung 27. 6. 80, 13); Ihre Aufgabe verlangt solides Können, Sachverstand ... (Freizeitmagazin 12, 1978, 45). **3.** *ohne Ausschweifungen, Extravaganzen u. daher nicht zu Kritik, Skepsis Anlaß gebend; anständig* (1 a): ... ein ernsthafter und solider Angestellter ist nicht gewohnt, bis in alle Nächte hinein Karten zu spielen (R. Walser, Gehülfe 161); ein solider Lebenswandel; ihr eigenes Wesen wurzelte ebenfalls in dem Boden solidester Bürgerlichkeit, solid im Handeln wie im Denken und Fühlen (Mostar, Liebe 100); er hat geheiratet und ist d. geworden; sie ist, lebt sehr s.
So|li De|o, der; - -, - - [lat. = allein vor Gott]: *nur vor dem Allerheiligsten abgenommener Pileolus der katholischen Geistlichen;* **So|li De|o glo|ria** [lat.]: *Gott allein [sei] die Ehre* (Inschrift an Kirchen u. a.); Abk.: S. D. G.
So|li|di: Pl. von ↑Solidus; **so|li|die|ren** ⟨sw. V.; hat⟩ [(spät)lat. solidare, zu: solidus, ↑solide] (veraltet): *bekräftigen, befestigen; versichern;* **So|li|di|tät,** die; - [1: frz. solidité < lat. soliditas, zu: solidus, ↑solide]: **1.** *solide* (1, 2) *Beschaffenheit.* **2.** *solide* (3) *Lebensweise;* **So|li|dus,** der; -, ...di [spätlat. solidus (aureus), ↑Sold]: *Goldmünze (im Römischen Reich).*
so|li|flu|i|dal ⟨Adj.⟩ [zu lat. solum = Grund, Boden u. ↑fluidal] (Geol.): *die Solifluktion betreffend;* **So|li|fluk|ti|on,** die; -, -en [zu lat. fluctio = das Fließen, zu: fluere, ↑fluid] (Geol.): **1.** *das Kriechen der Hänge (als eine Form der Bodenbewegung).* **2.** *Bewegung von gefrorenen Böden, die zur Bildung von Polygonböden führt.*
So|li|lo|quent, der; -en, -en [vgl. Soliloquium] (Musik): *in einer Passion* (2 c) *auftretende Einzelperson (im Gegensatz zu den Turbae);* **So|li|lo|quist,** der; -en, -en (Literaturw.): *Verfasser eines Soliloquiums;* **So|li|lo|qui|um,** das; -s, ...ien [spätlat. soliloquium, zu lat. solus (↑solo) u. loqui = reden] (Literaturw.): *Selbstgespräch, Monolog (der antiken Bekenntnisschriften).*
So|ling, die; -, -s, auch: -e, auch: der od. das; -s, -s [H. u.] (Segeln): *von drei Personen zu segelndes Kielboot im Rennsegelsport* (Kennzeichen: Ω).
So|lin|gen: Stadt in Nordrhein-Westfalen; **¹So|lin|ger,** der; -s, -; Ew.⟩ ²**So|lin|ger** (indekl. Adj.); **So|lin|ge|rin,** die; -, -nen: w. Form zu ↑¹Solinger.
Sol|ip|sis|mus, der; - [zu lat. solus (↑solo) u. ipse = selbst] (Philos.): *erkenntnistheoretische Lehre, die alle Gegenstände der Außenwelt u. auch sogenannte fremde Ichs nur als Bewußtseinsinhalte des als allein existent angesehenen eigenen Ichs sieht;* **Sol|ip|sist,** der; -en, -en: *Vertreter des Solipsismus;* **Sol|ip|si|stin:** w. Form zu ↑Solipsist; **sol|ip|si|stisch** ⟨Adj.⟩: *den Solipsismus betreffend;* **So|list,** der; -en, -en [frz. soliste, ital. solista, zu ital. solo, ↑solo]: **1.** *jmd., der ein Solo* (1) *singt, spielt od. tanzt:* er tritt als S. auf, singt als S. mit, spielt als S. mit; es singt der Chor der Johannesgemeinde, die -en sind ...; ein Konzert mit beliebten -en und bekannten Orchestern. **2.** (bes. Fußball Jargon) *Spieler, der einen Alleingang* (b) *unternimmt:* Es fehlen überragende -en, Leute wie Grahn und Larsson verstehen zwar ihr Handwerk, aber ... (MM 29./30. 6. 74, 9); **So|li|sten|kon|zert,** das: *Konzert eines Solisten;* **So|li|stin,** die; -, -nen: w. Form zu ↑Solist; **so|li|stisch** ⟨Adj.⟩: **a)** *den Solisten betreffend;* **b)** *sich als Solist betätigend:* Daß die beide Künstler sich auch s. vorstellen ... (Augsburger Allgemeine 23. 4. 78, 37); **c)** *für Solo* (1) *komponiert:* ein Konzert mit -en Werken; **so|li|tär** ⟨Adj.⟩ [frz. solitaire = einsam, einzeln < lat. solitarius, zu: solus, ↑solo] (Zool.): *(von Tieren) einzeln lebend; nicht staatenbildend;* **So|li|tär,** der; -s, -e [frz. solitaire]: **1.** *besonders schöner u. großer, einzeln gefaßter Brillant.* **2.** (Fachspr.) *[außerhalb des Waldes] einzeln stehender Baum:* Ü Als beleidigend monotoner, kastenförmiger S. (bildungsspr.: *nicht in das Ensemble der umgebenden Bebauung eingebundener Bau) ... dominierte er ... das Entree der City (Frankfurter Rundschau 18. 2. 94, 8). **3.** ⟨o. Pl.⟩ *Brettspiel für eine Person, bei dem bis auf ein leer bleibendes Loch in jedem der 33 kreuzförmig auf dem Brett angeordneten Löcher ein Stift steckt u. bei dem man versuchen muß, durch Überspringen eines Stiftes mit einem anderen alle bis auf den letzten vom Brett zu entfernen.* **4.** (bildungsspr.) *Einzelgänger, Einsiedlernatur:* Seine Miene ist immer häufiger die eines sarkastischen -s, ... den gesamten Menschenbetrieb bitter belustigt (Strauß, Niemand 125); **So|li|tär|spiel,** das: *Brett u. Stifte, mit denen man Solitär* (3) *spielt;* **So|li|ton,** das; -s, ...onen [zu ↑solitär] (Physik): *spezielle Welle, die ihre Gestalt beibehält; solitäre Welle;* **So|li|tu|de** ['tyːd], **So|li|tü|de** [frz. solitude < lat. solitudo = Einsamkeit, zu: solus, ↑solo]: *Name von Schlössern (das Lustschloß S.*
Sol|jan|ka, die; -, -s [russ. soljanka, zu sol' = Salz]: *scharf gewürzte Suppe aus Fleisch od. auch Fisch u. Gemüse, sauren Gurken u. saurer Sahne.*
¹Soll, das; -s, Sölle [aus dem Niederd., eigtl. = (sumpfiges) Wasserloch] (Geol.): *kleine, oft kreisrunde [mit Wasser gefüllte] Bodensenke (im Bereich von Grund- u. Endmoränen):* das Entrümpeln und Entschlammen von Teichen und Söllen (NNN 23. 9. 89, 5).
²Soll, das; -[s], -[s] [subst. aus ↑sollen in der veralteten (kaufmannsspr.) Bed. „schulden"]: **1.** (Kaufmannsspr., Bankw.) *alles, was auf der Sollseite steht:* S. und Haben *(Ausgabe u. Einnahmen)* einander gegenüberstellen; das Konto ist im S. *(weist als Kontostand einen negativen Betrag aus).* **2.** (Kaufmannsspr., Bankw.) *Sollseite:* einen Betrag im S. verbuchen, in S. eintragen. **3.** (Wirtsch.) **a)** *geforderte Arbeitsleistung:* das S. ist sehr hoch, ist schwer zu erreichen; das [tägliche] S., sein S. erfüllen; hinter dem S. zurückbleiben; **b)** *(in der Produktion) festgelegte, geplante Menge; Plansoll, Norm* (3 b): ein S. von 500 Autos pro Tag; ein bestimmtes S. festlegen; Bringen wir unser S. nicht raus, dann gibt es nichts ins Lohnbuch (Marchwitza, Kumiaks 137); Ü ich habe heute mein S. nicht erfüllt *(nicht alles geschafft, was ich mir vorgenommen hatte);* Ab 24 Tagen spricht man ... von einem regelrechten Eiswinter. Der zurückliegende hat somit also schon das doppelte S. erfüllt (NNN 24. 3. 87, 1); **Soll-Be|stand,** der (Wirtsch.): *erwünschter, geplanter Bestand (von Waren, Vorräten u. a.);* **Soll-Bruch|stel|le,** die (Technik): *Stelle in einem Bauteil o. ä., die so ausgelegt ist* (1 d), *daß bei einem Schadensfall nur hier ein Bruch erfolgt;* **Soll-Bud|get,** das (Steuerw.): *Zusammenstellung der geplanten öffentlichen Einnahmen u. Ausgaben in systematischer Gliederung.* **sol|len** ⟨unr. V.; hat⟩ [mhd. soln, suln, Vereinfachung der alten germ. Form mit sk-, mhd. scoln, ahd. sculan (got. skulan) = schuldig sein; sollen, müssen]: **1.** ⟨mit Inf. als Modalverb: sollte, hat ... sollen⟩ **a)** *die Aufforderung, Anweisung, den Auftrag haben, etw. Bestimmtes zu tun:* er soll sofort kommen; ich soll ihm das Buch bringen; du sollst Vater und Mutter ehren (bibl.); hattest du nicht bei mir anrufen s.?; er soll mir nur mal kommen! (ugs.; drückt Ärger aus u. eine Art Herausforderung); das soll er mal versuchen!; **b)** *drückt einen Wunsch, eine Absicht, ein Vorhaben (des Sprechers, od. eines Dritten) aus:* mögen: es soll ihm nützen; du sollst dich hier wie zu Hause fühlen; sollen *(wollen)* wir heute ein wenig früher gehen?; das soll uns nicht stören *(davon wollen wir uns nicht stören lassen);* du sollst alles haben, was du brauchst *(es sei dir zugestanden);* sie sollen wissen, daß ...; Der Schal soll zum Mantel passen; an dieser Stelle soll die neue Schule gebaut werden; Damit unsere Urlauber sich dort nicht verlaufen sollten, habe Himmelsstoß den Umsteigen (Remarque, Westen 36); „Der hat vielleicht geflucht!" – „Soll er doch (ugs.; abwertend; *meinetwegen)*!"; das sollte ein Witz sein; was soll denn das sein, bedeuten, heißen?; wozu soll denn das gut sein?; was soll [mir] das?; was soll's? (Ausdruck der Gleichgültigkeit gegenüber einer Sache, die sich doch nicht ändern läßt); **c)** ⟨fragend od. verneint⟩ *drückt ein Ratlossein aus:* was soll das nur geben?; was soll ich nur machen?; was soll man dazu antworten?; er wußte nicht, wie er aus der Situation herauskommen sollte; **d)** *drückt eine Notwendigkeit aus:* man soll die Angelegenheit sofort erledigen, zu welcher Zeit gleich gehen; **e)** ⟨häufig im 2. Konj.⟩ *drückt aus, daß etw. Bestimmtes eigentlich zu erwarten wäre:* das sollte er aber [eigentlich] wissen; du solltest dich schämen, darüber freuen; **f)** ⟨häufig im 2.

Söller

Konj.) *drückt aus, daß etw. Bestimmtes wünschenswert, richtig, vorteilhaft o. ä. wäre:* man sollte das nächstens anders machen; das sollte man auf keinen Fall tun; dieses Buch sollte man gelesen haben; darüber sollte man Bescheid wissen; das sollte man verbieten; **g)** *drückt etw. (vom betreffenden damaligen Zeitpunkt aus gesehen) in der Zukunft Liegendes durch eine Form der Vergangenheit aus: jmdm. beschieden sein:* er sollte seine Heimat nicht wiedersehen; es sollte ganz anders kommen; es hat nicht sein s./hat nicht s. sein (Ausdruck des Bedauerns, der Resignation); **h)** ⟨im 2. Konj.⟩ *für den Fall, daß:* sollte es regnen, [dann] bleiben wir zu Hause; wenn du ihn sehen solltest, sage ihm bitte ...; ich versuche es, und sollte ich dabei alles verlieren (geh.; *selbst auf die Gefahr hin, daß ich dabei alles verliere*); **i)** ⟨im Präs.⟩ *drückt aus, daß der Sprecher sich für die Wahrheit dessen, was er als Nachricht, Information o. ä. weitergibt, nicht verbürgt:* das Restaurant soll sehr gut sein; er soll Diabetiker, Millionär, krank, steinreich, schwul, sehr nett sein; er soll im Lotto gewonnen haben; er soll es aber selber gewollt haben; **j)** ⟨im 2. Konj.⟩ *dient in Fragen dem Ausdruck des Zweifels, der Sprecher an etw. Bestimmtes hegt:* sollte er es [etwa] vergessen haben?; sollten sie [wirklich] gar keine Chance mehr haben?; sollte das [wirklich] wahr sein?; sollte das sein Ernst sein? **2.** ⟨Vollverb; sollte, hat gesollt⟩ **a)** *tun, machen sollen:* gerade das hätte er nicht gesollt; das solltest du aber; und warum soll ich das [nicht]?; was soll [denn] das? *(welchen Zweck hat das [denn]?);* **b)** *sich irgendwohin begeben sollen; irgendwohin gebracht, gelegt o. ä. werden sollen:* ich hätte heute eigentlich in die/zur Schule gesollt; ich soll jetzt schon nach Hause?; sollen die Äpfel auch in den Kühlschrank?; der Wagen soll alle 20 000 km zur Inspektion; wohin soll denn nur die neue Stadthalle? *(wo soll sie denn gebaut werden?);* er soll aufs Gymnasium *(soll das Gymnasium besuchen?).*

Söl|ler, der; -s, - [mhd. sölre, soller, ahd. solari < lat. solarium, ↑Solarium]: **1.** (Archit.) *Altan.* **2.** (schweiz.) *Fußboden.* **3.** (landsch.) *Dachboden.*

Soll-Ist-Ver|gleich, der (Wirtsch.): *Gegenüberstellung von erwarteten u. tatsächlich entstandenen Kosten u. a. (zum Zweck einer Feststellung der Abweichungen).*

Sol|li|zi|tạnt, der; -en, -en [zu lat. sollicitans (Gen.: sollicitantis), 1. Part. von: sollicitare, ↑sollizitieren] (veraltet): *Bittsteller,* ↑Sollizitant]; w. Form zu ↑Sollizitant; **Sol|li|zi|ta|ti|on,** die; -, -en [lat. sollicitatio = Bekümmernis; Aufhetzung, zu: sollicitare, ↑sollizitieren] (veraltet): *Bitte, [Rechts]gesuch;* **Sol|li|zi|ta|tor,** der; -s, ...oren [lat. sollicitator = Reizer, Verführer] (österr. veraltet): *Gehilfe eines Rechtsanwalts;* **sol|li|zi|tie|ren** ⟨sw. V.; hat⟩ [lat. sollicitare = stark bewegen, erregen; aufwiegeln; zu etw. veranlassen] (veraltet): *nachsuchen, betreiben.*

Soll|sei|te, die (Kaufmannsspr.; Bankw.): *linke Seite eines Kontos, auf der Aufwendungen, Vermögenszunahmen u. Schuldenabnahmen verbucht werden;* **Soll-Stär|ke,** die (Milit.): *festgelegte Zahl von Soldaten einer militärischen Einheit.*

Sol|lux|lam|pe Ⓦ, die; -, -n [zu lat. sol = Sonne u. lux = Licht]: *bei der Lichtbehandlung verwendete elektrische Lampe, die Wärmestrahlen aussendet.*

Soll-Wert, der; *Wert, den eine [physikalische] Größe haben soll;* **Soll|zin|sen** ⟨Pl.⟩: *Zinsen, die von einer Bank od. Sparkasse für geliehenes Geld od. für den Betrag, um den ein Konto überzogen wird, gefordert werden.*

Sol|mi|sa|ti|on, die; - [ital. solmisazione, zu den Tonsilben sol u. mi des von Guido v. Arezzo im 11. Jh. erstmals beschriebenen Tonsystems, dessen Silben aus einem ma. lat. Hymnus an Johannes den Täufer stammen] (Musik): *unter Verwendung der Silben do, re, mi, fa, sol, la, si entwickeltes System von Tönen (dem das System mit den Bezeichnungen c, d, e, f, g, a, h entspricht);* **Sol|mi|sa|ti|ons|sil|be,** die (Musik): *Silbe der Solmisation;* **sol|mi|sie|ren** ⟨sw. V.; hat⟩ (Musik): *die Solmisation, die Silben der Solmisation anwenden, damit arbeiten, danach singen.*

sọ|lo ⟨indekl. Adj.⟩ [ital. solo < lat. solus = allein]: **1.** (bes. Musik) *als Solist:* s. spielen, singen, tanzen. **2.** (ugs., oft scherzh.) *allein, ohne Partner, ohne Begleitung:* ich bin, komme heute s.; seit wann gehst du s. zum Anteeplatz? (H. Kolb, Wilzenbach 150); **Sọ|lo,** das; -s, -s u. Soli: **1.** (bes. Musik) *musikalische od. tänzerische Darbietung eines einzelnen Künstlers, meist zusammen mit einem [als Begleitung auftretenden] Ensemble:* ein langes, schwieriges, virtuoses S.; ein S. singen, spielen, tanzen; Sammy legte ein S. aufs Parkett, und die Stimmung war da (Ossowski, Bewährung 42); ein Oratorium für Soli, Chor und Orchester. **2. a)** (bes. Fußball Jargon) *Alleingang* (b): Essens bester Spieler ... markierte nach einem sehenswerten S. ... den Essener Ausgleich (Augsburger Allgemeine 10. 6. 78, 27); zu einem S. ansetzen; **b)** (Kartenspiel) *Spiel eines einzelnen gegen die übrigen Mitspieler;* **Sọ|lo|ge|sang,** der: *solistischer Gesang;* **Sọ|lo|in|stru|ment,** das: *für Solospiel eingesetztes, besonders geeignetes Musikinstrument;* **Sọ|lo|kan|ta|te,** die: *Kantate, bei der Arien u. Rezitative von nur einem Solisten gesungen werden;* **Sọ|lo|kar|rie|re,** die: *Karriere als Solist; Karriere als Pop-, Rockmusiker, der unter eigenem Namen auftritt, von den Soloplatten erscheinen usw.:* Der Doppelbelastung, als Boß einer Gruppe auf der Bühne zu stehen und nebenbei noch eine erfolgreiche S. zu bestehen, war er nicht mehr gewachsen (Freizeitmagazin 10, 1978, 14); mancher Chorsänger träumt von einer neuen S.; **Sọ|lo|ma|schi|ne,** die (Motorsport): *einsitziges Motorrad ohne Beiwagen.*

so|lọ|nisch ⟨Adj.⟩ [nach dem athenischen Staatsmann u. Dichter Solon (um 640–560 v. Chr.)] (bildungsspr.): *klug, weise [wie Solon]:* -e *(höchste)* Weisheit.

Sọ|lo|part, der: *Part für einen solistisch auftretenden Künstler:* den S. übernehmen, singen, spielen, tanzen; **Sọ|lo|plat|te,** die: *Schallplatte, auf der ein Sänger, Musiker solistisch zu hören ist; (bes. in der Pop-, Rockmusik) unter dem Namen eines einzelnen Musikers, Sängers erschienene Platte:* Eine S. aufnehmen, herausbringen; **Sọ|lo|sän|ger,** der: *als Solist auftretender Sänger;* **Sọ|lo|sän|ge|rin,** die: w. Form zu ↑Solosänger; **Sọ|lo|spiel,** das ⟨o. Pl.⟩: *solistisches Spielen auf einem Musikinstrument;* **Sọ|lo|stim|me,** die: *solistisch eingesetzte, für Sologesang geeignete Stimme;* **Sọ|lo|tanz,** der: vgl. *Sologesang;* **Sọ|lo|tän|zer,** der: *als Solist auftretender Tänzer;* **Sọ|lo|tän|ze|rin,** die: w. Form zu ↑Solotänzer.

Sọ|lo|thurn: Kanton u. Stadt in der Schweiz; **¹Sọ|lo|thur|ner,** der; -s, -: Ew.; **²Sọ|lo|thur|ner** ⟨indekl. Adj.⟩; **Sọ|lo|thur|ne|rin,** die; -, -nen: w. Form zu ↑Solothurner; **sọ|lo|thur|nisch** ⟨Adj.⟩.

So|lö|zịs|mus, der; -, ...men [lat. soloecismus < griech. soloikismós, nach dem offenbar fehlerhaften Griechisch der Einwohner von Soloi in Kilikien] (bildungsspr. veraltend): *grober sprachlicher Fehler, bes. fehlerhafte syntaktische Verbindung von Wörtern.*

Sọl|per, der; -s [spätmhd. solper, H. u., wohl verw. mit ↑Sole, Salz] (landsch.): **1.** *Salzbrühe für Pökelfleisch.* **2.** *Pökelfleisch;* **Sọl|per|fleisch,** das (landsch.): *Pökelfleisch.*

Sol|quel|le, die [zu ↑Sole]: *Solequelle, Quelle, in deren Wasser Kochsalz gelöst ist;* **Sọl|salz,** das: *Solesalz, aus Sole gewonnenes Salz.*

Sol|spit|ze, die [zu lat. sol, ↑²Sol] (Handarb.): *Sonnenspitze;* **Sol|sti|ti|al|punkt,** der; -[e]s, -e (Astron.): *Punkt auf der Ekliptik, an dem sich die Sonne zur Zeit einer Sonnenwende befindet; (nördlicher od. südlicher) Wendepunkt der Sonne;* **Sol|sti|ti|um,** das; -s, ...ien, **Sọl|stiz,** das; -es, -e [lat. solstitium, zu: sol (↑²Sol) u. sistere (Stamm stit-) = (still)stehen] (Astron.): *Sonnenwende* (1).

so|lu|bel ⟨Adj.⟩ [lat. solubilis, zu: solvere, ↑solvent] (Chemie): *löslich, auflösbar:* leicht, schwer, in Wasser, in Fett soluble Stoffe; in Alkohol s. sein; **Sol|lu|bi|li|sa|ti|on,** die; -, -en (Chemie): *Auflösung eines Stoffes in einem Lösungsmittel, in dem er unter normalen Bedingungen nicht löslich ist, durch Zusatz bestimmter Substanzen.*

sọ|lus Chrịstus [lat. = Christus allein]: *Grundsatz der Theologie Luthers, nach dem ausschließlich Christus das Heil bedeutet.*

So|lu|tio, die; -, ...iones [...ne:s], **So|lu|ti|on,** die; -, -en [lat. solutio = (Auf)lösung, zu: solvere, ↑solvent] (Chemie, Pharm.): *Lösung (z. B. eines Arzneimittels).*

So|lu|tré|en [zolytre'ɛ̃:], das; -[s] [nach dem Fundort unterhalb des Felsens Solutré in Frankreich] (Prähistorie): *westeuropäische Kulturstufe der jüngeren Altsteinzeit.*

sol|va|bel ⟨Adj.⟩ [1: zu lat. solvere, ↑solvent; 2: frz. solvable, zu lat. solvere, ↑solvent]: **1.** (Chemie) *löslich.* **2.** (veraltet) *solvent;* **Sọl|vat,** das; -[e]s, -e (Chemie): *aus einer Solvatation hervorgegangene lockere Verbindung;* **Sol|va|ta|ti|on,** die; - [zu lat. solvere, ↑solvent] (Chemie): *Anlagerung,*

Bindung von Molekülen aus Lösungsmitteln an Moleküle, Atome od. Ionen der darin gelösten Substanzen; das; -, ...venzien u. ...ventia (Med.): *schleimlösendes Mittel;* **sol|vent** ⟨Adj.; -er, -este⟩ [ital. solvente < lat. solvens (Gen.: solventis), 1. Part. von: solvere (2. Part.: solutum) = (auf)lösen; eine Schuld abtragen] (bes. Wirtsch.): *zahlungsfähig:* ein -er Interessent, Käufer, Geschäftspartner; die Firma ist nicht s.; **Sol|ven|tia:** Pl. von ↑Solvens; **Sol|venz,** die; -, -en (bes. Wirtsch.): *Zahlungsfähigkeit:* die S. der Firma, des Interessenten überprüfen; **Sol|ven|zi|en:** Pl. von ↑Solvens.
Sol|ver|fah|ren, das: *Verfahren zur Salzgewinnung, bei dem Wasser in die Salzlagerstätten geleitet wird, das Salz sich darin auflöst u. die entstandene Sole dann abgepumpt wird.*
sol|vie|ren ⟨sw. V.; hat⟩ [zu lat. solvere, ↑solvent]: **1.** (Chemie) *lösen, auflösen:* etw. in etw. s. **2.** (bes. Wirtsch.) *abzahlen, zurückzahlen:* eine Schuld s.
Soll|was|ser, Solewasser, das ⟨Pl. ...wässer⟩: **a)** *Wasser einer Solquelle;* **b)** *Wasser, dem Salz zugesetzt wurde.*
¹**So|ma,** das; -, -ta [griech. sōma (Gen.: sōmatos) = Körper]: **1.** (Med., Psych.) *Körper im Gegensatz zu Geist, Seele, Gemüt.* **2.** (Med., Biol.) *Gesamtheit der Körperzellen eines Organismus (im Gegensatz zu den Keimzellen, Geschlechtszellen).*
²**So|ma,** der; -[s], -s [sanskr.]: *[im Mondgott personifizierter] Opfertrank der wedischen Religion.*
So|ma|lia; -s: Staat in Ostafrika; **So|ma|li|er,** der; -s, -: Ew.; **So|ma|lie|rin,** die; -, -nen: w. Form zu ↑Somalier; **so|ma|lisch** ⟨Adj.⟩.
So|man, das; -s [Kunstwort]: *geruchloser, hochgiftiger chemischer Kampfstoff.*
So|ma|ti|ker, der; -s, - (oft leicht abwertend): *Mediziner, der sich nur mit den somatischen Aspekten der Krankheiten befaßt u. die psychosomatischen Zusammenhänge außer acht läßt;* **So|ma|ti|ke|rin,** die; -, -nen (oft leicht abwertend): w. Form zu ↑Somatiker; **so|ma|tisch** ⟨Adj.⟩ [zu ↑¹Soma]: **1.** (Med., Psych.) *das* ¹Soma *(1) betreffend:* die -en Ursachen, Symptome einer Krankheit; Somatische Leiden hatten 37 Prozent der Befragten (Klee, Pennbrigde 60); für das Arbeitsgebiet -e Rechtsmedizin (DÄ 47, 1985, 10); ... einen s. orientierten Arzt einzustellen (NZZ 26. 10. 86, 33); rein s. bedingte Symptome. **2.** (Med., Biol.) *das* ¹Soma *(2) betreffend:* -e Zellen, Proteine; **So|ma|to|ga|mie,** die; -, -n [zu griech. gámos = Ehe, Heirat] (Biol.): *(bei Pilzen) Befruchtung durch Verschmelzung von Körperzellen aus einem einzigen od. aus verschiedenen Individuen;* **so|ma|to|gen** ⟨Adj.⟩ [↑-gen]: **1.** (Med., Psych.) *körperlich bedingt, verursacht:* -e Krankheitssymptome. **2.** (Med., Biol.) *von Körperzellen (nicht aus der Erbmasse) gebildet:* -e Veränderungen; **So|ma|to|gramm,** das; -[e]s, -e [↑-gramm] (Med.): *graphische Darstellung der körperlichen Entwicklung bes. eines Säuglings od. Kleinkindes;* **So|ma|tol|lo|gie,** die; - [↑-logie]: *(als Teilgebiet der Anthropologie) Wissenschaft,*

Lehre von den allgemeinen Eigenschaften des menschlichen Körpers; **so|ma|tol|lo|gisch** ⟨Adj.⟩: *die Somatologie betreffend;* **So|ma|tol|ly|se,** die; -, -n [↑Lyse] (Biol.): *Schutzverhalten bei Tieren, bei dem durch Verfärben, Streifen o. ä. das Tier in einer bestimmten Umgebung für den Betrachter unsichtbar wird;* **So|ma|to|me|trie,** die; - [↑-metrie]: *Teilgebiet der Somatologie, das sich mit dem Messen, mit den Maßen des menschlichen Körpers befaßt;* **So|ma|to|psy|cho|lo|gie,** die; -: *Teilgebiet der Psychologie, das sich mit den Beziehungen zwischen Körper u. Seele, mit den Seelenleben in seinen körperlichen Begleiterscheinungen befaßt;* **So|ma|to|sko|pie,** die; -, -n [zu griech. skopeīn = betrachten] (Med.): *Untersuchung des Körpers;* **So|ma|to|sta|tin,** die; -, -e [zu griech. stásis = das Stehen; Stillstand] (Biol.): *im Gehirn u. auch in der Bauchspeicheldrüse des Menschen u. vieler Wirbeltiere vorkommendes Peptidhormon, das die Freisetzung bestimmter anderer Hormone hemmt;* **So|ma|to|tro|pin,** das; -s [zu griech. tropé = (Hin)wendung, Richtung] (Biol., Med.): *Wachstumshormon aus dem vorderen Lappen der Hypophyse;* **So|ma|zel|le,** die (Biol.): *(meist diploide) Körperzelle.*
Som|bre|ro, der; -s, -s [span. sombrero = Hut, zu: sombra < lat. umbra = Schatten]: *(in Mittel- u. Südamerika getragener) hoher, kegelförmiger Strohhut mit sehr breitem Rand.*
so|mit [auch: '- -] ⟨Adv.⟩: *wie daraus zu schließen, zu folgern ist; folglich, also, mithin:* es gehört ihm, und s. kann er/und er kann s. frei darüber verfügen; eine gruppen- od. interessenunabhängige ... Willensbildung (Fraenkel, Staat 255); daß diese keine unrechtmäßigen Todesurteile unterschrieben habe und s. im Sinne der Anklage nicht schuldig sei (Noack, Prozesse 100); er war 16 und s. *(damit)* der jüngste von uns.
Som|ma|ti|on, die; -, -en [frz. sommation, zu: sommer = auffordern, etw. zu tun, zu: somme = Summe, Menge, Höhe < lat. summa, ↑Summa] (veraltet): *gerichtliche Vorladung, Mahnung; Ultimatum.*
Som|me|lier [sɔməˈli̯e:], der; -s, -s [frz. sommelier, urspr. = Saumtierführer, zu: sommier = Matratze, Sturz(balken), eigtl. = Last-, Saumtier, mlat. sagmarius, zu lat. sagmarius = zum Saumsattel gehörig, zu: sagma = Saumsattel] (Gastr.): *speziell für die Getränke, vor allem den Wein zuständiger Kellner:* Wir ließen uns vom S. zu jedem Gang den passenden Wein einschenken (Falter 23, 1983, 14).
Som|mer, der; -s, - [mhd. sumer, ahd. sumar; alte germ. Jahreszeitbezeichnung, vgl. air sam(rad) = Sommer]: *Jahreszeit zwischen Frühling u. Herbst als wärmste Zeit des Jahres, in die Früchte reifen:* ein langer, kurzer, schöner, verregneter, kühler, trockener S.; für dieses Klima sind feuchte, trockene S. charakteristisch; es ist S.; dieses Jahr will es gar nicht richtig S. werden; der S. kommt, beginnt, neigt sich dem Ende zu; Als der S. seine volle Glut entfachte (Kuby, Sieg 320); den S., die S. an der See verbringen; bis das Monument, 34 S. nach dem ersten Spaten-

stich, vollendet war (Jens, Mann 105); den S. über, den ganzen S. lang war er unterwegs; es war im S. 1989; im S. macht er Urlaub; Der Frühling ging jetzt so langsam in den S. über (Fallada, Trinker 106); Der Asphalt roch nach S. und Teer (Schnurre, Bart 114); er fährt S. wie Winter *(das ganze Jahr über)* Fahrrad; Die zärtlich und verschwenderisch vom jungen S. belaubten Bäume und Sträucher (Musil, Mann 1143); vor dem nächsten S., vor S. nächsten Jahres wird die Brücke nicht fertig; Ü im S. (dichter.; *auf dem Höhepunkt, in der Mitte)* des Lebens; Der „polnische S." ... währte kaum 17 Monate. Dann wurde es wieder kalt im Lande zwischen Oder und Bug (MM 14. 12. 81, 3); **Som|mer|abend,** der: *Abend im Sommer;* **Som|mer|an|fang,** der: *Anfang, Beginn des Sommers (zwischen 20. u. 23. Juni):* morgen ist S.; **Som|mer|an|zug,** der: *leichter, für den Sommer geeigneter Anzug [in meist hellerer Farbe];* **Som|mer|blu|me,** die: *im Sommer blühende Blume;* **Som|merdeich,** der: *auf dem Vorland eines Deiches errichteter zweiter, niedrigerer Deich bes. zum Schutz landwirtschaftlicher Nutzflächen gegen die niedrigeren Sturmtiden in den Sommermonaten;* **Som|mer|fahrplan,** der: *während des Sommerhalbjahres geltender Fahrplan (1);* **Som|mer|fell,** das: vgl. Sommerkleid (2 a); **Som|merfe|ri|en** ⟨Pl.⟩: *(lange) Schulferien im Sommer;* **Som|mer|fest,** das: *im Sommer [im Freien] abgehaltenes Fest;* **Som|mer|flau|te,** die: *im Sommer herrschende Flaute.*
♦ **Som|mer|fleck,** der: *Sommersprosse:* Wenn ich ihn nicht herbanne, so sagt: ein altes Weib, die Warzen und -en vertreibt, verstehe mehr von der Sympathie als ich (Goethe, Götz II); ein lachendes, kerngesundes, mit unzähligen -en bedecktes Knabengesicht (Raabe, Chronik 105); **Som|mer|fri|sche,** die ⟨Pl. selten⟩ (veraltend): **a)** *Erholungsaufenthalt im Sommer auf dem Land, an der See, im Gebirge:* S. machen; in die S. fahren; er hat sich in der S. gut erholt; sie ist hier zur S.; **b)** *Ort für eine Sommerfrische (a):* eine schöne, beliebte S. an der See; wie man eine S. hängt S. da, man regelmäßig besucht (Baum, Paris 46); **Som|mer|frisch|ler,** der; -s, - (veraltend): *jmd., der sich zur Sommerfrische (a) an einem Ort aufhält;* **Som|mer|frisch|le|rin,** die; -, -nen (veraltend): w. Form zu ↑Sommerfrischler; **Som|mer|frucht,** die ⟨o. Pl.⟩: *Sommergetreide;* **Som|mer|ge|trei|de,** das (Landw.): *Getreide, das im Frühjahr gesät u. im Sommer des gleichen Jahres geerntet wird;* **Som|mer|grip|pe,** die: *in der warmen Jahreszeit auftretende, meist leicht verlaufende Grippe (b);* **som|mer|grün** ⟨Adj.⟩ (Bot.): *(von Gehölzen) nur im Sommer, während der sommerlichen Vegetationsperiode Laub tragend;* **Som|mer|haar,** das: vgl. Sommerkleid (2 a); **Som|merhalb|jahr,** das: *Frühling u. Sommer umfassende Hälfte des Jahres (in der die Tage länger sind als die Nächte);* **Som|merhaus,** das: *meist leichter gebautes Haus auf dem Land, das dem Aufenthalt bes. während des Sommers dient;* **Som|merhim|mel,** der: *sommerlicher (a) Himmel:*

Sommerhitze

Dies ist der S.: in seinem Blau schwimmen weiße, flockige Wolken (K. Mann, Wendepunkt 41); **Som|mer|hit|ze**, die: *sommerliche* (a) *Hitze;* **Som|mer|hut**, der: vgl. Sommeranzug; **söm|me|rig** ⟨Adj.⟩ (landsch.): *(von Fischen) erst einen Sommer alt:* -e *Karpfen;* **Som|mer|kleid**, das: **1. a)** *leichtes Kleid für den Sommer;* **b)** ⟨Pl.⟩ *Sommerkleidung.* **2. a)** *kürzere, weniger dichte u. oft auch andersfarbige Behaarung vieler Säugetiere im Sommer;* **b)** *Gefieder mancher Vogelarten im Sommer im Unterschied zum andersfarbigen Gefieder im Winter:* ein Schneehuhn im S.; **Som|mer|klei|dung**, die: vgl. Sommeranzug; **Som|mer|kol|lek|ti|on**, die: *Kollektion der Sommermode:* der Modeschöpfer stellte seine neue S. vor; **Som|mer|koog**, der: *nur durch einen Sommerdeich geschützter Koog (der bei Sturmtiden überflutet wird);* **som|mer|lich** ⟨Adj.⟩ [mhd. sumerlich, ahd. sumarlīh]: **a)** *für den Sommer typisch, in einem für den Sommer typischen Zustand befindlich, vom Sommer bestimmt:* -e Temperaturen; -es Wetter; es herrschte -e Wärme, Hitze; ein -es Licht; eine -e Stimmung; -e Düfte; ein warmer, [fast] -er Tag, Abend; die sengende -e Sonne; eine -e Landschaft; Kein blaues, -es Mittelmeer, sondern graues Wasser (Grzimek, Serengeti 27); ... wanderte er durch die -en Straßen (Baldwin [Übers.], Welt 246); es war s. warm; die Bäume waren noch s. grün; **b)** *dem Sommer gemäß:* -e Kleidung; -e Farben; sich s. kleiden; ein s. leichtes Mahl; **c)** *im Sommer stattfindend, sich ereignend, vorkommend:* ein -es Gewitter; bevor der -e Urlaubsverkehr einsetzt; ein Tip für -es Fahren im Gebirge (auto 8, 1965, 19); **Som|mer|loch**, das; -s ⟨Jargon⟩: *bes. an wichtigen politischen Nachrichten arme Zeit während der sommerlichen Ferienzeit; Sauregurkenzeit:* Um seinen „lieben Stern-Lesern" im S. überhaupt noch etwas zu bieten, holte Winter ganz weit aus (Szene 8, 1984, 10); Den ostpolitischen Salto mortale hat er profilsüchtig exakt ins S. terminiert (Spiegel 33, 1983, 7); **Som|mer|luft**, die: *sommerliche* (a) *Luft:* die milde, warme S.; **Som|mer|man|tel**, der: vgl. Sommerkleid; **Som|mer|mo|de**, die: *Mode für den Sommer:* die neue, diesjährige S.; **Som|mer|mo|nat**, der: **a)** ⟨o. Pl.⟩ (veraltet) *Juni;* **b)** *(ganz od. teilweise) im Sommer liegender Monat:* der Februar ist dort der heißeste S.; die -e verbringt er gewöhnlich an der See; während die -e, besonders im Juli und August; **Som|mer|mond**, der ⟨o. Pl.⟩ (dichter. veraltet): *Sommermonat* (a); **Som|mer|mor|gen**, der: vgl. Sommerabend; ¹**som|mern** ⟨sw. V.; hat⟩ [1: mhd. sumeren; 2: zu ↑Sommer]: **1.** ⟨unpers.⟩ (geh. selten) *Sommer werden:* es sommert schon. **2.** (landsch.) *sömmern* (2).
²**som|mern** ⟨sw. V.; hat⟩ [nach dem Erfinder P. Sommer] (selten): *(abgefahrene Reifen von Kraftfahrzeugen) durch Nachschneiden wieder mit einem Profil versehen:* Reifen s.; gesommerte Reifen; ⟨subst.:⟩ Das Reifennachschneiden, auch „Sommern" genannt ... (ADAC-Motorwelt 10, 1972, 26).
söm|mern ⟨sw. V.; hat⟩ [zu ↑Sommer]: **1.** (landsch.) *sonnen* (1). **2.** (landsch.) **a)** *(das Vieh) auf die Sommerweide treiben, im Sommer auf der Weide halten:* Die Bauern ... bieten Kühe und Rinder an, die sie auf der Alp sömerten (Tages Anzeiger 12. 11. 91, 9); **b)** *(vom Vieh) im Sommer auf der Weide gehalten werden:* ... bezüglich der Radioaktivität von Schafen im Tessin, die auf Alpweiden gesömmert haben (NZZ 30. 8. 86, 25). **3.** (Fischereiw.) *(bestimmte Teiche) zur Verbesserung des Bodens trockenlegen:* den Karpfenteich s.; **Som|mer|nacht**, die: vgl. Sommerabend: eine milde, laue, sternklare, helle, kurze S.; **Som|mer|olym|pia|de**, die: *im Sommer stattfindende Olympiade;* **Som|mer|pau|se**, die: *(bei verschiedenen öffentlichen Einrichtungen eintretende) längere Unterbrechung der Tätigkeit, des Arbeitens in den Sommermonaten:* das Theater hat S.; das Gesetz soll noch vor der S. verabschiedet werden; **Som|mer|quar|tier**, das: *Ort, an dem sich bestimmte Tiere während des Sommers aufhalten:* wenn die Störche in ihre europäischen -e zurückkehren; **Som|mer|re|gen**, der: *meist leichterer Regen, wie er im Sommer fällt;* **Som|mer|rei|fen**, der: *für den Betrieb auf trockener u. regennasser Fahrbahn besonders geeigneter, aber nur bedingt wintertauglicher [Auto]reifen mit feinerem, scharfkantigerem Profil;* **Som|mer|rei|se**, die: *Urlaubsreise im Sommer;* **Som|mer|re|si|denz**, die: *Residenz eines Fürsten, einer prominenten Persönlichkeit o. ä. als Aufenthaltsort während des Sommers:* die S. des Papstes in Castel Gandolfo; **som|mers** ⟨Adv.⟩ [mhd. (des) sumers]: *[immer] im Sommer, während des Sommers:* Drydens Lehnsessel, der im Winter unverrückbar am Fenster stand, wanderte s. auf den Balkon (Jacob, Kaffee 99); die Wege ..., die mein Freund ... Tag für Tag, s. und winters, gegangen war (Jens, Mann 104); er geht immer zu Fuß, s. wie winters; **Som|mer|saat**, die (Landw.): *Nutzpflanzen, die im Frühjahr gesät u. im Sommer geerntet werden;* **Som|mer|sa|chen** ⟨Pl.⟩: vgl. Sommeranzug; **Som|mer|sai|son**, die: *Saison* (a) *während der Sommermonate, des Sommerhalbjahrs;* **Som|mers|an|fang**, der: ↑Sommeranfang; **Som|mer|schlaf**, der (Zool.): *schlafähnlicher Zustand, in dem manche Tiere während der Hitzeperiode im Sommer in den Tropen u. Subtropen befinden;* **Som|mer|schluß|ver|kauf**, der: *im Sommer stattfindender Saisonschlußverkauf:* etw. im S. kaufen; **Som|mer|schuh**, der: vgl. Sommeranzug; **Som|mer|se|mes|ter**, das: *im Sommerhalbjahr liegendes Semester;* **Som|mer|sitz**, der: vgl. Sommerresidenz; **Som|mer|ski|ge|biet**, das: *Skigebiet in hohen Lagen, wo man [auf Gletschern] im Sommer Ski laufen kann;* **Som|mer|smog**, der: *hauptsächlich im Sommer bei durch Schadstoffe stark belasteter Luft durch photochemische Vorgänge entstehender, unter anderem durch eine Erhöhung der Ozonkonzentration in Bodennähe gekennzeichneter Smog; photochemischer Smog;* **Som|mer|son|ne**, die: *sommerliche Sonne:* die helle, grelle, heiße S.; **Som|mer|son|nen|wen|de**, die: *Zeitpunkt, an dem die Sonne während ihres jährlichen Laufs ihren höchsten Stand erreicht;* **Som|mer|spie|le** ⟨Pl.⟩: **1.** *während der Sommerpause an bestimmten Orten stattfindende Reihe von Theateraufführungen.* **2.** *im Sommer abgehaltene Wettkämpfe der Olympischen Spiele;* **Som|mer|spros|se**, die ⟨meist Pl.⟩ [2. Bestandteil frühnhd. sprusse, wohl eigtl. = aufsprießender Hautfleck]: *(im Sommer stärker hervortretender) kleiner, bräunlicher Fleck auf der Haut:* er hat rote Haare und -n; ihr Gesicht und ihre Arme waren mit -n übersät; **som|mer|spros|sig** ⟨Adj.⟩: *Sommersprossen aufweisend; mit Sommersprossen bedeckt:* ein -es Gesicht; ein rothaariger, -er Junge; sie ist blond und s.; **Som|mer|stoff**, der: *Stoff, aus dem Sommerkleidung hergestellt wird:* ein heller, bunter, leichter S.; **som|mers|über** ⟨Adv.⟩: *im Sommer, während des Sommers:* s. hält er sich meist an der See; vgl. winters; **Som|mers|zeit**, die ⟨o. Pl.⟩: ↑Sommerzeit (1); **Som|mer|tag**, der: **a)** *Tag im Sommer:* ein heißer, schwüler, heller, regnerischer, herrlicher S.; an einem langen S.; **b)** (Met.) *Tag mit sommerlichen Temperaturen;* **som|mer|tags** ⟨Adv.⟩: *an Sommertagen* (a): weil er gern ... in seinem Garten pusselt s. und Bilder malt (Nachbar, Mond 70); **Som|mer|tags|zug**, der: *(bes. in der Rheinpfalz) am Sonntag Lätare veranstalteter Umzug von Kindern, die buntumwickelte, von einem Apfel od. einer Brezel gekrönte Stöcke tragen u. so den Beginn des Frühlings feiern;* **Som|mer|thea|ter**, das ⟨o. Pl.⟩: vgl. Sommerspiele (1): Ü Droht Bonn wieder ein „Sommertheater"? (MM 24. 5. 85, 1); **Som|me|rung**, die: -, -en (Landw.): *Sommergetreide;* **Söm|me|rung**, die: -, -en: **1.** (landsch.) *das Sömmern* (1, 2). **2.** (Fischereiw.) *das Sömmern* (3); **Som|mer|ur|laub**, der: *Urlaub im Sommer:* unser S. war leider etwas verregnet; ich mache dieses Jahr keinen S.; er verbringt er immer an der See; **Som|mer|vo|gel**, der (landsch., bes. schweiz.): *Schmetterling;* **Som|mer|weg**, der (veraltend): *unbefestigter u. daher nur bei trockenem Wetter benutzbarer Weg;* **Som|mer|wei|de**, die: *Weide, auf der das Vieh den Sommer über bleiben kann;* **Som|mer|wei|zen**, der (Landw.): vgl. Sommergetreide; **Som|mer|wet|ter**, das ⟨o. Pl.⟩: *sommerliches* (a) *Wetter:* bei warmem, schönem, herrlichstem S.; **Som|mer|wind**, der: *leichter, warmer, lauer Wind, wie er im Sommer weht;* **Som|mer|woh|nung**, die: vgl. Sommerhaus; **Som|mer|wurz**, die [nach dem Auftreten im Sommer]: *an den Wurzeln vieler Kulturpflanzen als Parasit lebende Pflanze, die kein Blattgrün bildet;* **Som|mer|zeit**, die: **1.** ⟨o. Pl.⟩ *Zeit, in der es Sommer ist:* bald ist die schöne S. schon wieder vorüber. **2.** *gegenüber der sonst geltenden Normalzeit um meist eine Stunde vorverlegte Zeit während des Sommerhalbjahrs:* die S. beginnt dieses Jahr am 27. März; dort ist noch bis zum 2. Oktober S.; um 9 Uhr [mitteleuropäischer, westeuropäischer, britischer] S.; die S. abschaffen, einführen; ♦ **Som|mer|zeug**, das: *Sommerstoff:* in einem kurzen polnischen

Schnürrocke von grünem -e (Immermann, Münchhausen 332).
Som|mi|tät, die; -, -en [frz. sommité < lat. summitas = Spitze, zu: summus, ↑Summa] (bildungsspr. veraltet): hochstehende Person.
som|nam|bul ⟨Adj.⟩ [frz. somnambule, zu lat. somnus = Schlaf u. ambulare = umhergehen]: **a)** (Med.) *schlafwandelnd; mondsüchtig:* ein -es Kind; **b)** (bildungsspr.) *schlafwandlerisch:* ... in ihrer Maske -er Traumverlorenheit (Kantorowicz, Tagebuch I, 333); ⟨subst.:⟩ sein Ausdruck habe etwas Seherisches und Somnambules (Th. Mann, Zauberberg 772); **Som|nam|bu|le**, der u. die; -n, -n ⟨Dekl. ↑Abgeordnete⟩: *jmd., der schlafwandelt;* **som|nam|bu|lie|ren** ⟨sw. V.; hat/(auch:) ist⟩ (bildungsspr.): *schlafwandeln;* **Som|nam|bu|lis|mus**, der; - [frz. somnambulisme, zu: somnambule, ↑somnambul] (Med.): *das Schlafwandeln; Noktambulismus;* **som|no|lent** ⟨Adj.⟩ [spätlat. somnolentus - schlaftrunken, zu lat. somnus = Schlaf] (Med.): *benommen, krankhaft schläfrig;* **Som|no|lenz**, die; - [spätlat. somnolentia, zu: somnolentus, ↑somnolent] (Med.): *Benommenheit, krankhafte Schläfrigkeit.*
son, sone ⟨Demonstrativpron.⟩ [zusgez. aus: so ein(e)] (salopp): *solch:* sone netten Kerl; sone nette Person; son altes Haus; sone frechen Gören; bei soner Kälte; mit sonen Blödköppen macht das keinen Spaß; R es gibt immer sone und solche (↑solcher 2).
so|nach ⟨Adv.⟩ (selten): *demnach:* Ein unzulässiger Behinderungswettbewerb kommt s. nur insoweit in Betracht, als ... (NJW 19, 1984, 1122).
So|na|gramm, das; -s, -e [zu lat. sonare (↑Sonant) u. ↑-gramm] (Fachspr.): *graphische Darstellung einer akustischen Struktur (z. B. der menschlichen Stimme);* **So|na|graph**, der; -en, -en [↑-graph] (Fachspr.): *Gerät zur Aufzeichnung von Klängen u. Geräuschen;* **so|na|graphisch** ⟨Adj.⟩ (Fachspr.): *mit einem Sonagraphen aufgezeichnet u. dargestellt;* **So|nant**, der; -en, -en [zu lat. sonans (Gen.: sonantis) = tönend; (subst.:) Vokal, adj. 1. Part. von: sonare = tönen] (Sprachw.): *silbenbildender Laut (Vokal od. sonantischer Konsonant wie z. B. [l] in Dirndl);* **so|nan|tisch** ⟨Adj.⟩ (Sprachw.): **a)** *den Sonanten betreffend;* **b)** *silbenbildend;* **So|nar**, das; -s, -e [engl. sonar, Kurzwort für: sound navigation ranging] (Technik): **1.** ⟨o. Pl.⟩ *Verfahren zur Ortung von Gegenständen im Raum, unter Wasser mit Hilfe ausgesandter Schallimpulse.* **2.** *Sonargerät;* **So|nar|ge|rät**, das (Technik): *Gerät, das mit Hilfe von Sonar (1) Gegenstände ortet;* **So|na|ta**, die; -, ...te (Musik): ital. Bez. für: *Sonate;* **So|na|ta a tre**, die; - - -, ...te - - (Musik): *Triosonate;* **So|na|ta da ca|me|ra**, die; - - -, ...e - - (Musik): *Sonate mit meist drei Sätzen gleicher Tonart in der Folge schnell-langsam-schnell;* **So|na|ta da chie|sa** [- -'kjɛza], die (Musik): *Sonate mit vier in der Tonart verwandten, abwechselnd langsamen u. schnellen Sätzen;* **So|na|te**, die; -, -n [ital. sonata, eigtl. = Klingstück, zu: sonare < lat. sonare, ↑Sonant] (Musik):

zyklisch angelegte Instrumentalkomposition mit meist mehreren Sätzen (4 b) in kleiner od. solistischer Besetzung; **So|na|ten|form**, die ⟨o. Pl.⟩ (Musik): *Sonatensatz;* **So|na|ten|satz**, der ⟨o. Pl.⟩ (Musik): *formaler Verlauf bes. des ersten Satzes einer Sonate, Sinfonie, eines Kammermusikwerks o. ä., der sich meist in Exposition, Durchführung, Reprise [u. Koda] gliedert;* **So|na|ten|satz|form**, die ⟨o. Pl.⟩ (Musik): *Sonatensatz;* **So|na|ti|ne**, die; -, -n [ital. sonatina, Vkl. von: sonata, ↑Sonate] (Musik): *kleinere, leicht spielbare Sonate mit verkürzter Durchführung.*
Son|de, die; -, -n [frz. sonde, H. u.]: **1.** (Med.) *stab-, röhren- od. schlauchförmiges Instrument, das zur Untersuchung od. Behandlung in Körperhöhlen od. Gewebe eingeführt wird:* Eine S. fuhr ihm in den Leib (Plievier, Stalingrad 190); eine S. in den Magen einführen; einen Patienten mit der S. ernähren; Ü Das bedeutet im Falle Haydns oft genug, der Echtheitsprüfung anzulegen (Welt 28. 6. 65, 7). **2.** *kurz für* ↑Raumsonde: Von diesem „neutralen Punkt" an begann die S. auf den Erdtrabanten zu fallen (Zeit 10. 6. 66, 28); eine S. zum Mond, zur Venus, zur Sonne schicken; erforschen. **3.** *kurz für* ↑Radiosonde: *eine S. zur Überwachung der Ozonschicht;* eine S. aufsteigen lassen. **4.** (Technik) *Vorrichtung zur Förderung von Erdöl od. Erdgas aus Bohrlöchern;* **Son|den|er|näh|rung**, die: *Form der künstlichen Ernährung, bei der über eine Sonde dünnflüssige od. breiige Nahrung in den Magen bzw. Dünndarm eingeführt wird.*
son|der ⟨Präp. mit Akk.; meist in Verbindung mit Abstrakta⟩ [mhd. sunder (Adv.), ahd. suntar (Adv.) = abseits, für sich, auseinander, urspr. adv. aind. sanu-tár = abseits] (geh. veraltend): *ohne:* s. allen Zweifel; Er ... treibt ihn ein s. Nachsicht (Th. Mann, Joseph 639); ♦ Ein Rechtshandel über eines Esels Schatten würde s. Zweifel in jeder Stadt der Welt Aufsehen machen (Wieland, Abderiten IV, 3); **Son|der-:** *drückt in Bildungen mit Substantiven aus, daß etw. nicht dem Üblichen entspricht, sondern zusätzlich dazukommt u./od. für einen speziellen Zweck bestimmt ist:* Sonderparteitag, -werkzeug, -zulage; **Son|der|ab|druck**, der ⟨Pl. -e⟩: *Sonderdruck;* **Son|der|ab|fall**, der: *Sondermüll;* **Son|der|ab|ga|be**, die (Finanzw.): *Quasisteuer;* **Son|der|ab|kom|men**, das: *zusätzliches, besonderes Abkommen;* **Son|der|ab|schrei|bung**, die (Wirtsch., Steuerw.): *auf besondere steuerliche Vorschriften zurückzuführende Abschreibung;* **Son|der|ab|teil**, das: *besonderes, einem besonderen Zweck dienendes, bestimmten Personen vorbehaltenes Abteil (1 a):* ein S. für das Zugpersonal; **Son|der|ak|ti|on**, die (bes. Kaufmannsspr.) *Aktion zur Steigerung des Absatzes, des Umsatzes durch Sonderangebote (mit entsprechenden werblichen Maßnahmen):* eine S. machen; **Son|der|an|fer|ti|gung**, die: *besondere Anfertigung außerhalb der Serienproduktion;* **Son|der|an|ge|bot**, das: *auf eine kurze Zeitspanne beschränktes Angebot einer Ware*

zum Sonderpreis: er kauft nur -e (ugs.; *Waren, die zum Sonderpreis angeboten werden*); auf -e achten; das gibt es, das ist zur Zeit im S. (*wird zur Zeit zum Sonderpreis angeboten*); **Son|der|auf|füh|rung**, die: *besondere, ursprünglich im Spielplan nicht vorgesehene Aufführung;* **Son|der|auf|trag**, der: *besonderer Auftrag;* **Son|der|aus|ga|be**, die: **1.** *aus bestimmtem Anlaß herausgegebene, zusätzliche [einmalige] Ausgabe bes. eines Druckwerks.* **2. a)** ⟨meist Pl.⟩ (Steuerw.) *private Aufwendung, die bei der Ermittlung des [steuerpflichtigen] Einkommens abzuziehen ist;* **b)** *Extraausgabe (2);* **Son|der|aus|stat|tung**, die: *vgl. Sonderanfertigung;* **Son|der|aus|stel|lung**, die: *zusätzliche [zu dem ständig ausgestellten Objekten in einem Museum] für einen begrenzten Zeitraum [zu einem bestimmten Thema] eingerichtete Ausstellung (2);* **Son|der|aus|weis**, der: *besonderer, bestimmten Personen vorbehaltener Ausweis;* **son|der|bar** ⟨Adj.⟩ [mhd. sunderbære, -bar = besonder..., ausgezeichnet, spätahd. sundirbāre, -bāre = abgesondert]: *vom Üblichen, Gewohnten, Erwarteten abweichend u. deshalb Verwunderung od. Befremden hervorrufend; merkwürdig, eigenartig:* ein -er Mensch, Gast; ein -es Erlebnis, Gefühl; sein Benehmen war s.; er ist heute, manchmal so s.; ich finde es s., daß ...; s. aussehen; jmdn. s. ansehen; sich s. benehmen; Zu Hause war dann alles so s. still (R. Walser, Gehülfe 173); **son|der|ba|rer|wei|se** ⟨Adv.⟩: *was sonderbar ist, anmutet:* durch das breite Tor, das s. unverriegelt war (Hilsenrath, Nacht 48); **Son|der|bar|keit**, die; -, -en: **a)** ⟨o. Pl.⟩ *das Sonderbarsein; sonderbare Beschaffenheit, [Wesens]art;* **b)** *sonderbare Äußerung, Handlung o. ä.;* **Son|der|be|auf|trag|te**, der u. die: *vgl. Sonderbotschafter;* **Son|der|be|deu|tung**, die: *zusätzliche, besondere Bedeutung;* **son|der|be|han|deln** ⟨sw. V.; hat; nur im Inf. u. 2. Part.⟩ (ns. verhüll.): *liquidieren (3 b):* Wer nich' arbeit'n kann, ... wird sonderbehandelt (Hochhuth, Stellvertreter 109); **Son|der|be|hand|lung**, die: **1.** *besondere [die betreffende Person bevorzugende] Behandlung.* **2.** (ns. verhüll.) *Liquidierung (3 b):* zur S. kommen (*liquidiert 3 b werden*); **Son|der|bei|trag**, der: *gesonderter Beitrag (3) zu einem besonderen Thema;* **Son|der|be|ob|ach|ter**, der: *vgl. Sonderberichterstatter;* **Son|der|be|ob|ach|te|rin**, die: *w. Form zu* ↑Sonderbeobachter; **Son|der|be|richt|er|stat|ter|in**, die: *Berichterstatter, der über besondere Ereignisse an einem bestimmten Ort berichtet;* **Son|der|be|richt|er|stat|te|rin**, die: *w. Form zu* ↑Sonderberichterstatter; **Son|der|be|voll|mäch|tig|te**, der u. die: *vgl. Sonderbotschafter;* **Son|der|be|wa|cher**, der (Ballspiele): *Bewacher eines bestimmten Spielers der gegnerischen Mannschaft;* **Son|der|be|wa|che|rin**, die (Ballspiele): *w. Form zu* ↑Sonderbewacher; **Son|der|bi|lanz**, die (Wirtsch., Kaufmannsspr.): *Bilanz, die im Gegensatz zur Jahresbilanz am Schluß des Geschäftsjahres aus besonderen wirtschaftlichen od. rechtlichen Anlässen erstellt wird;* **Son|der|bot|schaf|ter**, der: *Botschafter mit*

Sonderbotschafterin

besonderer Mission; **Son|der|bot|schaf-te|rin,** die: w. Form zu ↑Sonderbotschafter; **Son|der|brief|mar|ke,** die: *aus einem bestimmten Anlaß herausgebrachte Briefmarke [mit darauf Bezug nehmendem Motiv];* **Son|der|bus,** der: *für eine Sonderfahrt eingesetzter Bus;* **Son|der|de|likt,** das (Rechtsspr.): *Straftat, die nicht von jedermann begangen werden kann, sondern beim Täter gewisse Bedingungen voraussetzt (z. B. Amtsträger zu sein);* **Son|der|de|po|nie,** die: *Deponie für Sondermüll;* **Son|der|de|zer|nat,** das: *Dezernat für besondere Aufgaben;* **Son|der|druck,** der ⟨Pl. -e⟩: **1.** *als selbständiges Druckwerk veröffentlichter Abdruck eines einzelnen Beitrags aus einem Sammelwerk od. eines Kapitels o. ä. aus einer Monographie.* **2.** (selten) *Sonderausgabe* (1); **Son|der|ei-gen|tum,** das (Rechtsspr.): **a)** ⟨o. Pl.⟩ *alleiniges Eigentum* (1 b) *eines Miteigentümers (an einem Gebäudeteil, bes. einer Wohnung);* **b)** *etw., woran jmd. ein Sondereigentum (a) hat;* **Son|der|ent|wick-lung,** die: *besondere Entwicklung:* In England ist das normannische Erbe meist stärker als die Anlehnung an französische Vorbilder, woraus sich eine bemerkenswerte S. ergibt (Bild. Kunst III, 22); **Son|der|er|laub|nis,** die: *vgl. Sondergenehmigung;* **Son|der|fahr|kar|te,** die: *besondere [verbilligte] [Eisenbahn]fahrkarte (für einen bestimmten Personenkreis, für bestimmte nähere Reiseziele);* **Son|der|fahrt,** die: *Fahrt außerhalb des Fahrplans od. eines Programms;* **Son|der|fall,** der: *besonderer [eine Ausnahme darstellender] Fall* (2 b): in einem S. wie diesem wollen wir einmal eine Ausnahme machen; Überdies ist er ein S., kein Typus (Niekisch, Leben 103); ... hat das Grundgesetz ... die Auflösung des Bundestags auf zwei Sonderfälle beschränkt (Fraenkel, Staat 250); **Son|der-flug|zeug,** das: *vgl. Sondermaschine;* **Son|der|form,** die: *besondere Form:* die Gotik entwickelt daneben die S. der ... Filigraninitiale (Bild. Kunst III, 64); **Son|der|frie|de[n],** der: *Separatfriede;* **Son|der|ge|neh|mi|gung,** die: *besondere, eine Ausnahme darstellende Genehmigung;* **Son|der|ge|richt,** das: **1.** (ns.) *bei einem Oberlandesgericht gebildetes Gericht zur raschen Aburteilung politischer Straftaten.* **2.** *Gericht, das auf einem bestimmten Sachgebiet an Stelle eines sonst zuständigen Gerichts entscheidet (z. B. Ehrengericht);* **Son|der|ge|setz,** das (Rechtsspr.): *Gesetz, das mit Rücksicht auf die in der Natur der Sache liegende Unterschiede eine Regelung für bestimmte Rechtsverhältnisse schafft, von allgemein geltenden Regeln abweicht (z. B. das Verbraucherkreditgesetz);* **son|der|glei-chen** ⟨Adv., nur nachgestellt bei Subst.⟩ (emotional verstärkend): *in seiner Art, seinem Ausmaß unvergleichlich, ohne Beispiel; ohnegleichen:* eine Frechheit, Rücksichtslosigkeit s.; mit einer Hartnäckigkeit, Kaltblütigkeit s.; **Son|der|gott,** der (Religionswissenschaft): *Gottheit, deren Funktion auf einen sehr eng zeitlich od. räumlich abgegrenzten Wirkungsbereich in der Natur od. im Menschenleben beschränkt ist od. die nur von einem Teil der Kultgemeinde verehrt wird;* **Son|der|heft,** das: *Heft einer Zeitschrift als Sonderausgabe;* **Son|der|heit,** die; -, -en [mhd. sunderheit] (selten): *Besonderheit;* **Son|der-in|ter|es|sen** ⟨Pl.⟩: *von einer bestimmten Gruppe, von einem einzelnen verfolgte spezielle Interessen:* S. haben; auf jmds. S. Rücksicht nehmen; **Son|der|kin|der|gar-ten,** der: *Kindergarten für lernbehinderte Kinder;* **Son|der|klas|se,** die ⟨o. Pl.⟩: **1.** (ugs.) *hervorragende Qualität [in bezug auf jmds. Leistungen]:* Der Infanterieoberst hatte nicht zuviel gesagt: dieses Schloß war S. (großartig, einzigartig; Kuby, Sieg 389). **2.** *besondere Klasse in der Klassenlotterie;* **Son|der|kom|man-do,** das: *Kommando* (3 a) *für besondere Einsätze;* **Son|der|kom|mis|si|on,** die: *für einen besonderen Zweck eigens zusammengestellte Kommission:* eine S. der Kriminalpolizei; eine S. bilden; **Son-der|kon|di|ti|on,** die ⟨meist Pl.⟩ (bes. Kaufmannsspr., Bankw.): *auf einen besonderen Fall zugeschnittene Kondition* (1); **Son|der|kon|to,** das: *für bestimmte [wohltätige] Zwecke eingerichtetes Konto:* ein S. einrichten; etw. auf ein S. einzahlen; **Son|der|kor|re|spon|dent,** der: *vgl. Sonderberichterstatter;* **Son-der|kor|re|spon|den|tin,** die: w. Form zu ↑Sonderkorrespondent; **Son|der|ko-sten** ⟨Pl.⟩ (Wirtsch.): *auf Grund ihrer Art o. ä. bei der Kostenrechnung gesondert ausgewiesene Kosten;* **Son|der|kul|tur,** die (Landw.): *auf Teilflächen eines landwirtschaftlichen Betriebes dauernd angebaute aufwendige Kultur* (3 b; z. B. Weinreben, Gewürzpflanzen); **Son|der|lei-stung,** die: *besondere, zusätzliche Leistung;* **son|der|lich** [mhd. sunderlich, ahd. suntarlīh = abgesondert; ungewöhnlich]: **I.** ⟨Adj.⟩ **1.** (nur in Verbindung mit einer Verneinung o. ä.) **a)** *besonders, außergewöhnlich groß, stark o. ä.:* er hatte keine -e Lust dazu; etw. ohne -e Mühe schaffen; Er aß langsam und ohne -en Genuß (Kirst, 08/15, 418); die Darlegungen ... verdienten kaum -e Beachtung (Maass, Gouffé 287); ⟨subst.:⟩ das hat nichts Sonderliches *(Besonderes)* zu bedeuten; **b)** ⟨intensivierend bei Adj. u. V.⟩ *besonders, sehr:* ein nicht s. überraschendes Ergebnis; sie hat sich nicht s. gefreut; ... daß die Gräfin sich s. gut auf Sie zu sprechen sei (Th. Mann, Hoheit 172); nicht ortskundig genug ..., um beim Suchen s. helfen zu können (Jahnn, Nacht 91); es geht ihm nicht s. *(nicht besonders) gut.* **2.** *sonderbar, seltsam:* ein -er Mensch; -e Angewohnheiten; ... um die -e Stimmung zu erzeugen ..., die für die „Betrachtungen" charakteristisch ist (K. Mann, Wendepunkt 54); jmdm. wird s. zumute. **II.** ⟨Adv.⟩ (österr., schweiz., sonst veraltet) *insbesondere, besonders, vor allem:* s. im Herbst; s. in der Küche; **Son-der|lich|keit,** die; -, -en: *Sonderbarkeit;* **Son|der|ling,** der; -s, -e [zu mhd. sunder = abgesondert]: *jmd., der sich von der Gesellschaft absondert u. durch sein sonderbares, von der Norm stark abweichendes Wesen auffällt:* ein weltfremder, menschenscheuer S.; **Son|der|mar|ke,** die: *kurz für* ↑Sonderbriefmarke; **Son-der|ma|schi|ne,** die: *aus besonderem Anlaß außerhalb des Flugplans eingesetztes Passagierflugzeug;* **Son|der|mel|dung,** die: *im Rundfunk od. Fernsehen außerhalb einer Nachrichtensendung durchgegebene Meldung* (2): das Fernsehen bringt laufend -en über die Lage im Katastrophengebiet; immer wieder wurde das Programm durch, für -en unterbrochen; **Son|der|mes|sing,** das: *mit Zusätzen von Aluminium, Eisen, Mangan, Nickel u. a. legiertes, festes u. korrosionsbeständiges Messing;* **Son|der|mi|ni|ster,** der: *Minister mit besonderem Aufgabenbereich;* **Son|der|mi|ni|ste|rin,** die: w. Form zu ↑Sonderminister; **Son|der|mis|si|on,** die: *besondere Mission* (1); **Son|der|müll,** der: *[giftige] Abfallstoffe, die wegen ihrer Gefährlichkeit nur in besonderen Anlagen beseitigt od. in besonderen Deponien gelagert werden;* **Son|der|müll|de|po|nie,** die: *Deponie* (1) *für Sondermüll;* ¹**son-dern** ⟨sw. V.; hat⟩ [mhd. sundern, ahd. suntarōn = trennen, unterscheiden] (geh.): **1.** *von jmdm., etw. trennen, scheiden, entfernen; zwischen bestimmten Personen od. Dingen eine Trennung bewirken:* die kranken Tiere von den gesunden s.; es war Hanok dermaßen klug und fromm ..., daß er sich von den Menschen sonderte *(absonderte, fernhielt;* Th. Mann, Joseph 115). ♦ **2. a)** *unterscheiden* (1 a); *trennen* (3 a): Willst du sicher gehn, so mußt du wissen, Schlangengift und Theriak zu s. (Goethe, Diwan [Buch Hafis, Fetwa]); hier ist das Mein und Dein, die Rache von der Schuld nicht mehr zu s. (Schiller, Braut v. Messina 396 f.); **b)** *nach vorhandenen Besonderheiten unterscheiden u. einordnen:* Serlo hingegen sonderte gern und beinah' zuviel; sein scharfer Verstand wollte in einem Kunstwerke gewöhnlich nur ein mehr oder weniger unvollkommenes Ganze erkennen (Goethe, Lehrjahre V, 4); Alles verdient Reim und Fleiß, wenn man es recht zu s. weiß (Goethe, Zahme Xenien V, 1187 f.); ²**son|dern** ⟨Konj.⟩ [spätmhd. (md.) sundern = ohne; außer; aber]: *dient nach einer verneinten Aussage dem Ausdrücken, Hervorheben einer Verbesserung, Berichtigung, einer anderen, gegensätzlichen Aussage: vielmehr; richtiger gesagt, im Gegenteil:* er zahlte nicht bar, s. überwies den Betrag; nicht er hat es getan, s. sie; das ist nicht grün, s. blau; dieser Humor ist eben kein Ausdruck überschäumender Lebensfreude, s. eher eine Haltung (Spiegel 8, 1968, 90); Es ist der Augenblick, in das Thermenmuseum hinüberzugehen, nicht weil es ein Museum ist, s. um den alten Göttern ... die Referenz zu erweisen (Koeppen, Rußland 179); ⟨in der mehrteiligen Konj. „nicht nur ..., s. [auch] ...":⟩ ich fahre nicht nur wegen der Tagung nach Köln, sondern auch, um einen Freund zu besuchen; **Son|der|num|mer,** die: **1.** *Sonderausgabe einer Zeitung, Zeitschrift.* **2.** *zusätzliche, besondere Nummer* (2 a); **Son-der|nut|zung,** die (Rechtsspr.): *Nutzung einer öffentlichen Sache, die über den Gemeingebrauch hinausgeht;* **Son|der|op-fer,** das: *besonderes Opfer* (2), *das jmdm. [zusätzlich] zugemutet wird;* **Son|der-päd|ago|ge,** der: *Heilpädagoge;* **Son-**

der|päd|ago|gik, die: *Heilpädagogik;* So̱n|der|päd|ago|gin, die: w. Form zu ↑Sonderpädagoge; So̱n|der|par|tei|tag, der: *aus besonderem Anlaß einberufener Parteitag;* So̱n|der|post|wert|zei|chen, das (Postw.): *Sonderbriefmarke;* So̱n|der|prä|gung, die (Münzk.): vgl. Sonderbriefmarke; So̱n|der|preis, der: *reduzierter Preis:* etw. zu einem, zum S. abgeben, kaufen, anbieten; So̱n|der|pro|gramm, das: *zusätzliches, besonderes Programm* (1 a, 3, 5); So̱n|der|ra|ti|on, die: *zusätzliche Ration;* So̱n|der|recht, das: **1.** *Privileg.* **2.** (Rechtsspr.) vgl. Sondergesetz; So̱n|der|re|ge|lung, So̱n|der|reg|lung, die: vgl. Sondergenehmigung; so̱n|ders: ↑samt II; So̱n|der|schau, die: vgl. Sonderausstellung; So̱n|der|schicht, die: *zusätzliche Arbeitsschicht:* -en fahren; eine S. einlegen; So̱n|der|schu|le, die: *allgemeinbildende Pflichtschule für Lernbehinderte, für körperlich od. geistig behinderte od. für schwererziehbare Kinder u. Jugendliche;* So̱n|der|schü|ler, der: *Schüler einer Sonderschule;* So̱n|der|schü|le|rin, die: w. Form zu ↑Sonderschüler; So̱n|der|schul|leh|rer, der: *Lehrer an einer Sonderschule;* So̱n|der|schul|leh|re|rin, die: w. Form zu ↑Sonderschullehrer; So̱n|der|sen|dung, die: *aus aktuellem Anlaß kurzfristig in das Programm eingeschobene od. an die Stelle einer anderen Sendung gesetzte Rundfunk-, Fernsehsendung:* der Spielfilm begann wegen einer S. zwanzig Minuten später; So̱n|der|sit|zung, die: *aus einem besonderen Anlaß außer der Reihe stattfindende Sitzung;* So̱n|der|spra|che, die (Sprachw.): *sich bes. im Wortschatz von der Gemeinsprache unterscheidende, oft der Abgrenzung, Absonderung dienende Sprache einer sozialen Gruppe;* So̱n|der|sta|tus, der: *besonderer rechtlicher, politischer, sozialer Status:* Um ihren S. nicht zu verlieren, wohnen Loewe und Wiessner ... in Ost-Berlin (Hörzu 22, 1975, 12); das hing mit dem S. von Berlin zusammen; So̱n|der|stel|lung, die ⟨Pl. selten⟩: *besondere [privilegierte] Stellung einer Person, einer Sache innerhalb eines Ganzen:* Sie fürchten, in der Evolutionslehre Teilhards werde die S. des Menschen verwischt (Natur 26); eine S. haben, einnehmen; Alles dies macht die S. der Landwirtschaft gegenüber den anderen Wirtschaftszweigen deutlich (Fraenkel, Staat 21); So̱n|der|stem|pel, der: *Poststempel, der auf eine besondere Veranstaltung hinweist, auf einen bestimmten Anlaß Bezug nimmt;* So̱n|der|steu|er, die: *Steuer (z. B. Mineralöl-, Kraftfahrzeugsteuer) zur Mitfinanzierung von in Anspruch genommenen Leistungen des Staates;* So̱n|der|ta|rif, der: *besonderer [reduzierter] Tarif* (z. B. Nachttarif); So̱n|de|rung, die; -, -en [mhd. sunderung] (geh.): *das Sondern; Trennung, Scheidung* (2); So̱n|der|ur|laub, der (Milit.): *aus besonderem Anlaß gewährter zusätzlicher Urlaub;* So̱n|der|ver|kauf, der: *Verkauf eines besonderen Anlaß mit Sonderpreisen (z. B. Sommerschlußverkauf);* So̱n|der|ver|mö|gen, das (Rechtsspr.): *Vermögen, dem das Gesetz eine rechtliche Sonderstellung einräumt, ohne daß eine juristische Person mit eigener Rechtspersönlichkeit besteht* (z. B. Vermögen einer Gesellschaft des bürgerlichen Rechts, einer offenen Handelsgesellschaft); So̱n|der|voll|macht, die: *zusätzliche, besondere Vollmacht;* So̱n|der|vor|stel|lung, die: *zusätzliche Vorstellung [für einen besonderen Zweck];* So̱n|der|vo|tum, das: *Minderheitsvotum;* So̱n|der|wunsch, der ⟨meist Pl.⟩: *zusätzlicher, besonderer Wunsch:* einen S. haben, äußern; nicht alle Sonderwünsche erfüllen, berücksichtigen können; Außerdem gibt es jetzt ... – als S. *(als Extra)* – die Klimaanlage der S-Klasse (ADAC-Motorwelt 10, 1980, 10); So̱n|der|zei|chen, das (Druckw., Datenverarb.): *Zeichen (1 c), das weder Buchstabe noch Ziffer ist;* So̱n|der|zie|hungs|recht, das ⟨meist Pl.⟩ (Wirtsch.): *Bezugsschein, der ein Land zum Bezug einer fremden konvertiblen Währung berechtigt;* Abk.: SZR; So̱n|der|zug, der: **1.** vgl. Sondermaschine: Sonderzüge für Gastarbeiter (MM 22. 3. 66, 11); Inzwischen sind nun viele Beobachter dem S. Adenauers gefolgt (Dönhoff, Ära 17); ... fuhren die Generale von Seydlitz und Dr. Korfes ... in einem S. an die Front (Leonhard, Revolution 246). **2.** (schweiz.) vgl. Sonderzüglein; So̱n|der|züg|lein, das; -s, - (schweiz.): meist in der Wendung *ein S. fahren* (nur die eigenen Interessen verfolgen; sich von einem gemeinsam beschlossenen Vorgehen abkehren u. auf eigene Faust handeln): In Nicaragua verbleibt ... die organisierte Opposition nur die Coordinatora Democrática Nicaraguense ... Daneben fahren noch die Konservativdemokraten ein S. (NZZ 22. 12. 82, 5); So̱n|der|zu|la|ge, die: *aus besonderem Anlaß gewährte Zulage.*

so̱n|die|ren ⟨sw. V.; hat⟩ [frz. sonder, zu: sonde, ↑Sonde]: **1.** (bildungsspr.) *etw. [vorsichtig] erkunden, erforschen, sich seines eigenen Verhaltens, Vorgehen der Situation anpassen zu können, die Möglichkeiten zur Durchführung eines bestimmten Vorhabens abschätzen zu können:* die öffentliche Meinung, das Terrain s.; Als sie ans Fenster eilten, um die Lage s. (MM 6. 6. 70, 6); Dann wollen wir einmal vorsichtig s. lassen, wer zum Kauf in Frage käme (Edschmid, Liebesengel 137); sondierende Gespräche *(Sondierungsgespräche)* in Moskau (Dönhoff, Ära 17). **2. a)** (Med.) *mit einer Sonde (1) medizinisch untersuchen:* eine Wunde, den Magen s.; ⟨auch o. Akk.-Obj.:⟩ Der Doktor kam ..., sondierte mit Stethoskop und Spatel, war erstaunt (Lentz, Muckefuck 126); **b)** *mit Hilfe technischer Geräte, Sonden o. ä. untersuchen:* den Boden s.; Elektrisch sondiert er die Hohlräume, dann bohrt er das Grab an (Ceram, Götter 443). **3.** (Seew.) *loten (1), die Wassertiefe messen:* wir sondierten ständig; wir sondierten ⟨maßen⟩ 50 Faden Wassertiefe; So̱n|die|rung, die; -, -en: **1.** *das Sondieren.* **2.** ⟨meist Pl.⟩ *Sondierungsgespräch:* die ... -en in Stockholm über einen Waffenstillstand zwischen Hitler-Deutschland und der Sowjetunion (Leonhard, Revolution 243); So̱n|die|rungs|ge|spräch, das: *Gespräch, bei dem die Haltung des Gesprächspartners zu einer bestimmten Frage sondiert werden soll:* Darüber führte der Minister ... mit dänischen Regierungsstellen -e (Spiegel 48, 1965, 47).

so̱|ne: ↑son.
So̱|ne, die; -, - [zu lat. sonus, ↑Sonett] (Physik): *Maßeinheit der Lautheit;* So̱nett, das; -[e]s, -e [ital. sonetto, eigtl. = „Klinggedicht", zu: s(u)ono < lat. sonus = Klang, Ton, zu: sonare, ↑Sonant] (Dichtk.): *gereimtes Gedicht, das gewöhnlich aus zwei auf Grund des Reimschemas eine Einheit bildenden vierzeiligen u. zwei sich daran anschließenden (ebenfalls eine Einheit bildenden) dreizeiligen Strophen besteht:* ein S. von Petrarca, Shakespeare, Rilke; So|ne̱t|ten|kranz, der (Dichtk.): *Zyklus von 15 Sonetten, bei dem jeweils die Schlußzeile des vorhergehenden Sonetts im folgenden als Anfangszeile aufgenommen wird;* So|ne̱t|ten|zy|klus, der (Dichtk.): *Sonettenkranz.*

Song [sɔŋ], der; -s, -s [engl. song = Lied, ablautende Bildung zu: to sing = singen]: **1.** (ugs.) *Lied (der Unterhaltungsmusik o. ä.):* ein S. von Bob Dylan, den Beatles. **2.** (musikalisch u. textlich meist einfaches) *einprägsames, oft als Sprechgesang vorgetragenes Lied mit zeitkritischem, sozialkritischem, satirischem o. ä. Inhalt:* ein S. von Brecht und Weill, aus der Dreigroschenoper; Die -s, mit denen er (= Jean Cocteau) die „Vedettes" der Music-Hall beschenkt ..., sind ebenso wirkungsvoll wie seine berühmten Librettos (K. Mann, Wendepunkt 199); Song|book ['sɔŋbuk], das; -[s], -s [engl. song-book = Liederbuch]: *Buch, in dem sämtliche bei Abfassung des Buches vorliegende Lieder eines Einzelinterpreten od. einer Gruppe mit Text u. Noten enthalten sind;* Song|wri|ter ['sɔŋraɪtə], der; -s, - [engl. songwriter, eigtl. = Liedschreiber]: *jmd., der Texte [u. Melodien] von Songs schreibt;* Song|wri|te|rin, die; -, -nen: w. Form zu ↑Songwriter.

So̱nn|abend, der; -s, -e [mhd. sun[nen]abent, ahd. sunnūnāband, LÜ von aengl. sunnanǣfen, eigtl. = Vorabend vor Sonntag, zu: sunnandæg = Sonntag u. ǣfen = (Vor)abend, verw. mit ↑Abend] (regional, bes. nordd. u. md.): *sechster Tag der mit Montag beginnenden Woche; Samstag:* am ersten S. des Monats; vgl. Dienstag; So̱nn|abend|abend usw.: vgl. **so̱nn|abend|flu̱|tet** ⟨Adj.⟩ (österr., schweiz.): ↑sonnendurchflutet, **so̱nn|durch|glüht** ⟨Adj.⟩ (österr., schweiz.): ↑sonnendurchglüht, So̱n|ne, die; -, -n [mhd. sunne, ahd. sunna, alte idg. Bez., verw. mit lat. sol = Sonne]: **1.** ⟨o. Pl.⟩ **a)** *als gelb bis glutrot leuchtende Scheibe am Himmel erscheinender, der Erde Licht u. Wärme spendender Himmelskörper:* die aufgehende, untergehende, leuchtende S.; die abendliche, mittägliche, herbstliche, winterliche S.; die goldene S.; die liebe S. S. geht auf, geht unter; die S. scheint, steht hoch am Himmel, steht im Westen, sinkt hinter den Horizont, brennt vom Himmel herab, bricht durch die Wolken; heute kommt die S. nicht heraus *(bleibt sie hinter Wolken od. Nebel verborgen);* die S. hat sich hinter den Wolken versteckt; die S. sticht; die S. lacht *(scheint von einem wolkenlosen Himmel);* die S. meint es

sonnen

heute gut [mit uns] *(wir haben heute viel Sonnenschein);* die S. im Rücken haben; gegen die S. fahren, spielen, fotografieren; in die S. gucken, blinzeln; die um die S. kreisenden Planeten; sie lebten unter südlicher S. (geh.; *im Süden, in südlichen Breiten*); er ist der glücklichste Mensch unter der S. (geh.; *ist sehr glücklich*); eine Sonde zur S. schicken; R es gibt [doch] nichts Neues unter der S. *(auf der Welt;* nach Pred. 1,9); die S. bringt es an den Tag *(ein Unrecht bleibt auf die Dauer nicht verborgen;* Titel und Kehrreim eines Gedichts von A. v. Chamisso [1781-1838]); und die S. Homers, siehe! Sie lächelt auch uns *(die kosmische Ordnung hat sich im Laufe der Geschichte der Menschheit nicht verändert;* Schlußvers von Schillers „Elegie"); Spr es ist nichts so fein gesponnen, es kommt doch an das Licht der -n *(auch was man ganz verborgen halten möchte, kommt eines Tages heraus, wird bekannt);* Ü die S. der Liebe, des Friedens, der Freiheit; Jetzt sollte man ... am Boden kriechen, so wie Emilia gekrochen war, bevor die S. ihres Glücks aufgegangen (Lederer, Bring 91); ** die S. zieht Wasser/hat Wasserstrahlen* (ugs.; *die Sonne scheint durch einen Dunstschleier, was auf bevorstehenden Regen hindeutet;* nach den hellen Streifen, die die durch den Dunst fallenden Sonnenstrahlen auf dem Wasser bilden); **keine S. sehen** (ugs.; *keine Aussicht auf Erfolg haben*): wenn unsere Mannschaft gut drauf ist, sehen die Gäste heute keine S.; **b)** *Licht [u. Wärme] der Sonne; Sonnenstrahlen; Sonnenschein:* [eine] gleißende, sengende S.; die S. hat ihn gebräunt, hat sein Haar gebleicht; die unbarmherzige S. hat alles verdorren lassen; hier kommt die S. den ganzen Tag nicht hin; S. lag über dem Land (geh.; *es lag im Sonnenschein*); hier gibt es nicht viel S.; die S. meiden, nicht vertragen können; das Zimmer hat die S. im Gesicht *(ihr Gesicht wird von der Sonne beschienen);* er ließ sich die S. auf den Pelz brennen (ugs.; *sonnte sich*); die Pflanzen kriegen hier nicht genug S.; Tomaten brauchen viel S.; etw. zum Trocknen an die S. legen; geh mir aus der S.! (1. *geh mir aus dem Licht!* 2. *mach, daß du wegkommst!*); er legt sich stundenlang in die S. [in der [prallen] S. sitzen; etw. in der S. trocknen lassen; in der S. braten, sich von der/in der S. braten lassen (ugs.; *sich sonnen*); von der S. versengtes Gras; sich vor der, vor zuviel S. schützen; ** S. im Herzen haben* (veraltend; *ein fröhlicher Mensch sein).* **2.** (Astron.) *zentraler Stern eines Sonnensystems;* ... deren (= der Milchstraßen) jede aus Unmengen flammender -n, ... Planeten ... und kalten Trümmerfeldern von Eisen, Stein und kosmischem Staub bestehe ... (Th. Mann, Krull 314). **3.** (seltener) **a)** kurz für ↑ Heizsonne; **b)** kurz für ↑ Höhensonne; **sonnen** ⟨sw. V.; hat⟩ [mhd. sunnen = der Sonne aussetzen]: **1. a)** ⟨s. + sich⟩ *sich von der Sonne bescheinen lassen, ein Sonnenbad nehmen:* sich [auf dem Balkon] s.; die Katze liegt auf der Fensterbank und sonnt sich; Auf dem Schiefer der Dächer sonnten sich Schlangen (Ransmayr, Welt 200); ⟨schweiz. auch ohne „sich":⟩ im Badeanzug s.; Ü ... den Sabinerbergen entgegen, deren Hänge sich im Vormittagslicht sonnten (Geissler, Nacht 18); **b)** (landsch.) *etw. der Sonnenbestrahlung aussetzen, an, in die Sonne legen:* die Betten s. **2.** ⟨s. + sich⟩ *etw. selbstgefällig genießen:* sich in seinem Glück, Ruhm, Erfolg s.; Überseen aber sonnte sich in seiner Publicity (Muschg, Gegenzauber 19); **Son|nen|ak|ti|vi|tät,** die (Astron., Met.): *Gesamtheit der an der Sonnenoberfläche zu beobachtenden physikalischen Vorgänge:* die Auswirkungen der S. auf die Erdatmosphäre; **Son|nen|all|er|gie,** die (Med.): *durch Sonnenlicht ausgelöste allergische Reaktion der Haut;* **Son|nen|an|bel|ter,** der (scherzh.): *jmd., der sich gern u. häufig in der Sonne aufhält, der sich gern u. häufig der Sonne aussetzt (um braun zu werden);* **Son|nen|an|bel|te|rin,** die (scherzh.): w. Form zu ↑ Sonnenanbeter; **Son|nen|an|be|tung,** die ⟨o. Pl.⟩: vgl. Sonnenkult (1); **son|nen|arm** ⟨Adj.⟩: *wenig Sonnenschein habend, mit sich bringend:* -e Zeiten, Jahre, Gegenden; **Son|nen|auf|gang,** der: *das Aufgehen* (1) *der Sonne am Morgen:* S. ist morgen um sechs Uhr drei; den S. beobachten; kurz nach, eine Stunde vor S.; bei, seit S.; **Son|nen|aulge,** das: *der Sonnenblume ähnliche Pflanze mit blaßgelben Blüten;* **Son|nen|bad,** das: *das Einwirkenlassen des Sonnenlichts auf den [teilweise] unbedeckten Körper:* ein S. nehmen; **son|nen|baliden** ⟨sw. V.; hat; meist nur im Inf. u. 2. Part. gebr.⟩: *ein Sonnenbad, Sonnenbäder nehmen;* **Son|nen|bahn,** die (Astron.): *Bahn, auf der sich die Sonne im Laufe eines Jahres durch den Tierkreis bzw. im Laufe eines Tages von Osten nach Westen über das Himmelsgewölbe zu bewegen scheint:* die Ekliptik ist die scheinbare S.; in der an den Tagesgleichen sichtbaren S. (Th. Mann, Joseph 402); **Son|nen|bal|kon,** der: vgl. Sonnenterrasse; **Son|nen|ball,** der (dichter.): vgl. Sonnenrad; **Son|nen|bank,** die ⟨Pl. ...bänke⟩: *das Bräunung des ganzen Körpers bewirkendes, einer* ¹*Bank* (1) *ähnliches Gerät mit UV-Strahlung;* **Son|nen|barsch,** der: *seitlich abgeflachter, farbenprächtiger Barsch mit hohem Rücken u. ungeteilter Rückenflosse;* **Son|nen|bat|terie,** die (Physik, Elektrot.): *flächenhaft angeordnete Vielzahl von Sonnenzellen, die Sonnenenergie in Elektroenergie umwandeln; Solarbatterie;* **son|nen|beglänzt** ⟨Adj.⟩ (dichter.): *sonnenbeschienen;* **son|nen|be|heizt** ⟨Adj.⟩ (Technik): *mit Hilfe von Sonnenenergie beheizt:* ein -er Pool; **Son|nen|be|ob|ach|tung,** die: *Beobachtung der Sonne (aus astronomischem Interesse):* ein Observatorium zur S.; **son|nen|be|schie|nen** ⟨Adj.⟩ (geh.): *von der Sonne beschienen;* **Son|nen|bestrah|lung,** die: *Bestrahlung durch die Sonne* (1 a): *das Material darf keiner [direkten, zu starken] S. ausgesetzt werden;* **Son|nen|blatt,** das (Bot.): *auf der Sonne zugekehrten Seite wachsendes Laubblatt;* **Son|nen|blen|de,** die: **1.** *Blende* (1), *die Sonnenlicht abhält:* der Busfahrer klappte die S. herunter. **2.** (Fot.) *Aufsatz auf dem Objektiv einer Kamera zum Abschirmen schräg einfallenden Sonnenlichts; Gegenlichtblende;* **Son|nen|blu|me,** die [nach der Gestalt der großen Blütenköpfe u. weil die Pflanze sich immer dem Sonnenlicht zuwendet]: *sehr hoch wachsende Pflanze mit rauhen Blättern an einem dicken Stengel und einer großen, scheibenförmigen Blüte, bei der der Samenstand von einem Kranz relativ kleiner, leuchtendgelber Blütenblätter gesäumt ist; Helianthus:* die -n blühen; -n anbauen; **Son|nen|blu|men|kern,** der ⟨meist Pl.⟩: *ölhaltiger Same der Sonnenblume:* -e kauen; die Vögel mit -en füttern; mit -en bestreute Brötchen; **Son|nen|blu|men|öl,** das: *aus Sonnenblumenkernen gepreßtes Speiseöl;* **Son|nen|brand,** der: **1.** *durch zu starke Einwirkung der Sonne hervorgerufene starke Rötung od. Entzündung der Haut:* einen S. haben, bekommen; er hat sich heute einen schweren S. geholt. **2.** *Zerstörung von Gewebe an Pflanzen durch übermäßig starke Sonneneinstrahlung.* **3.** (geh.) vgl. Sonnenglut; **Son|nen|bräu|ne,** die: *durch Sonnenbestrahlung hervorgerufene braune Färbung der Haut:* eine leichte, natürliche S.; ihre S. ist echt; **Son|nen|braut,** die: *Pflanze mit in Dolden wachsenden gelben bis dunkelbraunen strahligen Randblüten mit wulstigem braunem bis schwarzem Körbchen* (3); **Son|nen|brenner,** der (Geol.): *Ergußgestein, das unter dem Einfluß der Sonneneinstrahlung u. der Atmosphärilien fleckig u. rissig wird u. schließlich zerfällt;* **Son|nen|brett,** das (selten): *(in Schwimmbädern) Lattenrost, auf den man sich [zum Sonnenbaden] legt, setzt;* **Son|nen|brille,** die: *Brille mit dunkelgetönten Gläsern, die die Augen vor zu starker Helligkeit des Sonnenlichts schützen soll:* eine S. tragen; er versteckte sich hinter einer spiegelnden, dunklen S.; **Son|nen|creme,** die: *Sonnenschutzcreme;* **Son|nen|dach,** das: *Sonnensegel, Markise;* **Son|nen|deck,** das: *oberstes, nicht überdachtes Deck auf Passagierschiffen;* **son|nen|durch|flultet** ⟨Adj.⟩ (geh.): *von Sonne durchflutet:* ein -er Raum; **son|nen|durch|glüht** ⟨Adj.⟩ (dicht.): vgl. sonnendurchflutet; **Son|nen|ein|strah|lung,** die (Met.): *Insolation* (1): *eine hohe S.; die kürzere S. im Winter; im Sommerhalbjahr ist die [tägliche] Dauer der S. erheblich größer;* **Son|nen|ener|gie,** die (Physik): *aus dem Inneren der Sonne kommende u. von der Sonnenoberfläche abgestrahlte Energie; Solarenergie:* die S. nutzbar machen; S. in elektrische Energie umwandeln; Elektrizität aus S.; das Auto fährt mit S. *(mit aus Sonnenenergie gewonnener elektrischer Energie);* ohne die S. wäre auf der Erde kein Leben möglich; **Son|nen|erup|ti|on,** die (Astron.): *Flare;* **Son|nen|fackel**¹, die (Astron.): *helleres, flächenhaftes od. dunkleres fadenförmiges Gebilde der Chromosphäre der Sonne;* **Son|nen|farm,** die (Technik): *Sonnenkraftanlage mit sehr vielen, auf großer Fläche angeordneten Sonnenkollektoren, in der Sonnenenergie in größerem Maße gewonnen wird; Solarfarm;* **son|nen|fern** ⟨Adj.⟩ (Astron.): *der Sonne fern:* der -ste Punkt der Um-

laufbahn; der noch -ere Saturn; **Sọn|nen|fer|ne**, die 〈Astron.〉: 1. *Aphel.* 2. *Ferne von der Sonne:* die große S. des Planeten; **Sọn|nen|fern|rohr**, das: *Fernrohr zum Betrachten der Sonne;* **Sọn|nen|fin|ster|nis**, die [im 16. Jh. für mhd. sunnenvinster] 〈Astron.〉: *Finsternis* (2), *die eintritt, wenn die Sonne ganz od. teilweise durch den Mond verdeckt ist:* eine totale, partielle S.; eine S. beobachten; **Sọn|nen|fisch**, der: 1. *Sonnenbarsch.* 2. *Mondfisch;* **Sọn|nen|fleck**, **Sọn|nen|flecken**[1], der 〈meist Pl.〉: 1. 〈Astron.〉 *Gebiet auf der Sonnenoberfläche, das sich durch eine dunklere Färbung von der Umgebung abhebt.* 2. (seltener) *Sommersprosse:* ... daß ihre ... Nase ganz von winzigen Sonnenflecken gesprenkelt war (Fussenegger, Zeit 19). 3. 〈geh.〉 *von der Sonne beschienene Stelle auf einer im übrigen im Schatten liegenden Fläche:* ein paar Sonnenflecken liegen auf dem ... Boden (Fallada, Mann 168); **sọn|nen|ge|bräunt** 〈Adj.〉: *von der Sonne* (1 b) *gebräunt:* -e Urlauber; **Sọn|nen|ge|flecht**, das (Physiol.): *der Schlagader des Bauches aufliegendes, die Bauchorgane versorgendes Nervengeflecht des sympathischen Nervensystems;* Solarplexus; **sọn|nen|gelb** 〈Adj.〉: *von einem leuchtenden, satten Gelb;* **sọn|nen|ge|reift** 〈Adj.〉 (bes. Werbespr.): *in der Sonne zur Reife gelangt:* -e Früchte, Tomaten; **Sọn|nen|ge|stirn**, das (dichter.): *Sonne* (1 a); **Sọn|nen|glanz**, **Sọn|nen|glast**, der (dichter.): *gleißend helles Sonnenlicht;* **Sọn|nen|glut**, die: *große Sonnenhitze;* **Sọn|nen|gott**, der 〈Myth.〉: *männliche Gottheit, die in der Sonne verehrt wird;* **Sọn|nen|göt|tin**, die 〈Myth.〉: w. Form zu ↑Sonnengott; **sọn|nen|halb** 〈Adv.〉 (schweiz.): *auf der Sonnenseite (eines Tals);* **Sọn|nen|haus**, das: *Haus, das mit Sonnenenergie versorgt, bes. beheizt wird;* **Sọn|nen|hei|zung**, die: *Heizungsanlage, die mit Sonnenenergie betrieben wird;* **sọn|nen|hell** 〈Adj.〉 (dichter.): *hell von Sonnenlicht:* Der Himmel (war) wolkig und s. (Kaschnitz, Wohin 211); **Sọn|nen|hit|ze**, die 〈o. Pl.〉: *Hitze, die durch Sonnenstrahlung entsteht;* **Sọn|nen|hun|ger**, der (emotional): *großes Verlangen nach Sonnenschein, sonnigem Wetter:* seinen S. stillen; **sọn|nen|hung|rig** 〈Adj.〉 (emotional): *großes Verlangen nach Sonnenschein, sonnigem Wetter habend:* -e Nordeuropäer, Urlauber; **Sọn|nen|hut**, der [2: nach den großen breitblättrigen Blüten]: 1. *leichter Hut mit breiterer Krempe als Schutz gegen die Sonne:* einen S. tragen, aufsetzen. 2. *(zu den Korbblütlern gehörende) hochwachsende Pflanze mit strahlenförmigen, leuchtendgelben bis braunroten, in der Mitte meist tiefbraunen u. kegelförmig aufgewölbten Blüten;* **Sọn|nen|jahr**, das 〈Astron.〉: *Zeitraum, innerhalb dessen die Erde alle Jahreszeiten durchläuft;* Solarjahr; **sọn|nen|klar** 〈Adj.〉: 1. ['- - -] 〈geh.〉 *klar u. hell; voll Sonne:* Es war ein -er Frühlingstag (Zwerenz, Quadriga 7). 2. ['- -'-] 〈ugs.〉 *ganz eindeutig, offensichtlich; keinen Zweifel lassend:* ein -er Fall, Beweis; es doch s., daß er es war; **Sọn|nen|kleid**, das (selten): *Kleid, dessen Oberteil nur schmale Träger u. keine Är-*

mel hat; *Strandkleid;* **Sọn|nen|kol|lek|tor**, der 〈meist Pl.〉 (Energietechnik): *Vorrichtung, mit deren Hilfe Sonnenenergie absorbiert wird;* Solarkollektor; **Sọn|nen|ko|ro|na**, die 〈Astron.〉: *Korona* (1); **Sọn|nen|kraft|an|la|ge**, die (Energietechnik): *Anlage, mit Hilfe von Sonnenkollektoren Sonnenenergie in Wärmeenergie umwandelt (z. B. Sonnenofen, -wärmekraftwerk);* **Sọn|nen|kraft|flug|zeug**, das: *Flugzeug, bei dem der Vortriebskraft durch Ausnutzung der Sonnenenergie gewonnen wird;* **Sọn|nen|kraft|werk**, das: kurz für ↑ Sonnenwärmekraftwerk; **Sọn|nen|krin|gel**, der 〈meist Pl.〉: *Kringel* (1), *den das (durch etw. Löchriges) fallende Sonnenlicht auf einer Fläche bildet;* **Sọn|nen|ku|gel**, die: *die Sonne als kugelförmiger Himmelskörper:* die Temperatur im Innern der S.; **Sọn|nen|kult**, der (Rel.): *Verehrung der Sonne als göttliches Wesen;* **Sọn|nen|licht**, das 〈o. Pl.〉: *von der Sonne ausgehendes Licht;* **Sọn|nen|lie|ge**, die: a) *Sonnenbank;* b) *Liege zum Sonnenbaden;* **sọn|nen|los** 〈Adj.〉: vgl. sonnenarm: die -e Zeit der Polarnacht; **sọn|nen|nah** 〈Adj.〉: vgl. sonnennah: im -en Raum; Merkur hat eine extrem -e Bahn; der sonnennächste Punkt der Umlaufbahn; **Sọn|nen|nä|he**, die 〈Astron.〉: 1. *Perihel.* 2. *Nähe zur Sonne:* die in extremer S. herrschende Strahlungsintensität; **Sọn|nen|ober|flä|che**, die: *als Oberfläche der Sonnenkugel erscheinende Photosphäre der Sonne;* **Sọn|nen|ofen**, der (Energietechnik): *(nach dem Prinzip des Brennspiegels arbeitende) Anlage zur Nutzung der Sonnenenergie, in der mit Hilfe eines gewaltigen Hohlspiegels sehr hohe Temperaturen erzeugt werden;* **Sọn|nen|öl**, das: *Sonnenschutzöl;* **Sọn|nen|pad|del**, das [die ausgeklappte Fläche wird mit einem Paddel verglichen] (Raumf.): *ausklappbare Fläche an einer Sonnensonde, auf der die für die Energieversorgung der Sonde notwendigen Sonnenbatterien angeordnet sind;* **Sọn|nen|par|al|la|xe**, die 〈Astron.〉: *Parallaxe* (2) *der Sonne;* **Sọn|nen|pflan|ze**, die (Bot.): *Pflanze, die zu ihrem Wachstum eine hohe Lichtintensität braucht;* **Sọn|nen|phy|sik**, die: *Teilgebiet der Astrophysik, das sich mit der Sonne beschäftigt;* **Sọn|nen|plis|see**, das [nach dem Vergleich mit (stilisierten) Sonnenstrahlen, die zur Erde fallen]: *Plissee, dessen Falten von oben nach unten breiter werden u. entsprechend aufspringen;* **Sọn|nen|pro|tu|be|ranz**, die 〈meist Pl.〉 〈Astron.〉: *Protuberanz* (1); **Sọn|nen|rad**, das (oft geh.): *als Rad gedachte od. dargestellte Sonne;* **Sọn|nen|ral|le**, die: *(in Mittel- u. Südamerika lebender, zu den Kranichvögeln gehörender) ziemlich hochbeiniger etwa hühnergroßer Vogel mit langem Hals u. langem, spitzem Schnabel;* **sọn|nen|reich** 〈Adj.〉: *viel Sonnenschein habend, mit sich bringend:* -e Zeiten, Jahre, Gegenden; **Sọn|nen|rei|her**, der: *Sonnenralle;* **Sọn|nen|rös|chen**, das [die Blüten öffnen sich nur bei Sonnenschein]: *als niedriger Strauch wachsende Pflanze mit kleinen, eiförmigen Blättern u. gelben, weißen od. roten kleineren Blüten, die in der Form der Heckenrose ähnlich*

sind; *Helianthemum;* **Sọn|nen|ro|se**, die (landsch.): *Sonnenblume;* **Sọn|nen|schei|be**, die: *Scheibe, als die die Sonne am Himmel erscheint:* am Rand der S.; Denn der Durchmesser der S. war genau so oft in der ... sichtbaren Sonnenbahn enthalten, wie das Jahr Tage hatte (Th. Mann, Joseph 402); **Sọn|nen|schein**, der [mhd. sunne(n)schîn]: 1. 〈o. Pl.〉 *das Scheinen der Sonne:* Regen und S. wechselten sich ab; draußen ist, herrschte strahlender, schönster S.; wir hatten im Urlaub jeden Tag nur, fast die ganze Zeit S.; bei S.; und im hellen S. glichen sie treibendem Gewölk (Plievier, Stalingrad 346); Ü es herrscht eitel S. *(es gibt keine Probleme, alle sind glücklich u. zufrieden);* Die Kinder sind mein S. *(ganzes Glück;* Spiegel 39, 1987, 115); R des kleinen Mannes S. *(ganzes Glück)* sind Bumsen und Besoffensein. 2. 〈fam.〉 *geliebtes Kind:* unser kleiner S.; Sie ist ein richtiger kleiner S. *(ein Kind, das seiner Umgebung viel Freude macht;* Bieler, Mädchenkrieg 411); (auch als Anrede:) mein kleiner S.!; **Sọn|nen|schein|au|to|graph**, der; -en, -en [zu ↑auto-, Auto- u. ↑-graph] 〈Met.〉: *Gerät zur automatischen Aufzeichnung der Sonnenscheindauer;* **Sọn|nen|schein|dau|er**, die 〈Met.〉: *Dauer der direkten Sonneneinstrahlung (an einem bestimmten Ort auf der Erde an einem bestimmten Tag des Jahres);* **Sọn|nen|schirm**, der: *Schirm zum Schutz gegen Sonnenstrahlen:* Ein altertümlicher S. in verwaschenem Lila verbesserte den ärgerlich kecken Aufzug nicht (Werfel, Himmel 154); Die Cafés am Quai hatten bunte -e herausgestellt (Remarque, Triomphe 211); **Sọn|nen|schutz**, der: vgl. Regenschutz; **Sọn|nen|schutz|creme**, die: *Sonnenschutzmittel;* **Sọn|nen|schutz|glas**, das: *Glas zum Schutz vor Sonnenbestrahlung;* **Sọn|nen|schutz|mit|tel**, das: *Mittel (in Form einer Creme, einer Lotion o. ä.) zum Einreiben der Haut, das die schädliche Wirkung der Sonnenbestrahlung abschwächt;* **Sọn|nen|schutz|öl**, das: vgl. Sonnenschutzmittel; **Sọn|nen|se|gel**, das: 1. *aufspannbares Schutzdach aus Segeltuch zum Schutz gegen die Sonne.* 2. *(bislang nur als Konzept existierende) aus einer dünnen Folie bestehende großflächige segelartige Vorrichtung zur direkten Ausnutzung des von der Sonne ausgehenden Strahlungsdrucks für den Antrieb eines Raumflugkörpers;* **Sọn|nen|sei|te**, die 〈Pl. selten〉: *sonnige, zur Sonne hin gelegene, der am stärksten der Sonne ausgesetzte Seite von etw.:* Ü die S. *(angenehme, heitere Seite)* des Lebens; **sọn|nen|sei|tig** 〈Adj.〉: *auf der Sonnenseite:* die -en Hänge; **sọn|nen|si|cher** 〈Adj.〉: *erfahrungsgemäß überwiegend sonniges Wetter habend:* ein relativ -er Urlaubsort; **Sọn|nen|son|de**, die 〈Astron.〉: *Sonde* (2), *die der Erforschung der physikalischen Vorgänge im sonnennahen Raum u. in der Sonne selbst dient;* **Sọn|nen|spek|trum**, das: *Spektrum der Intensität der von der Sonne ausgehenden elektromagnetischen Strahlung;* **Sọn|nen|spie|gel**, der: *Heliotrop* (3); **Sọn|nen|spit|ze**, die [nach den runden Motiven] (Handarb.): *aus relativ kleinen, einzeln*

Sonnenstand

gearbeiteten, meist runden Motiven bestehende Spitze, die aus gespannten, mit Stopfstichen durchwirkten Fäden besteht; Solspitze; Teneriffaspitze; **Son|nen|stand,** der: *Stand der Sonne am Himmel;* **Son|nen|stäub|chen,** das ⟨meist Pl.⟩: *in der Luft schwebendes Staubpartikel (das in einem in einen schattigen Bereich fallenden Sonnen- od. Lichtstrahl sichtbar wird);* **Son|nen|stern,** der [nach der Ähnlichkeit mit einer stilisierten Sonne]: *Seestern mit relativ großem Körper u. kurzen Armen;* **Son|nen|stich,** der (Med.): *durch starke Sonnenbestrahlung verursachte Reizung der Hirnhaut mit starken Kopfschmerzen, Schwindel, Übelkeit u. a.:* einen S. haben, bekommen; * **einen S. haben** (salopp; ↑ Stich 2): *du hast wohl einen S.!;* **Son|nen|store,** der: *Store, der gegen einfallende Sonne schützen soll;* **Son|nen|strahl,** der: **1.** ⟨Pl.⟩ *von der Sonne ausgehende [wärmende] Strahlen* (3): die auftreffenden -en werden reflektiert, absorbiert; die Analyse der Wirkung von -en auf die Haut (Medizin II, 218). **2.** ⟨Pl. selten⟩ *von der Sonne herrührender Strahl* (1): durch den Türspalt fiel ein S. [ins Zimmer]; in einer zarten Schleierwolke, in der ein S. zitterte (Dürrenmatt, Grieche 114); **Son|nen|strahlung,** die ⟨o. Pl.⟩: *von der Sonne ausgehende Strahlung;* **Son|nen|strand,** der ⟨meist Pl.⟩: *sonniger, oft im Sonnenschein liegender Strand:* die Sonnenstrände Spaniens; **Son|nen|stu|dio,** das: *Bräunungsstudio;* **Son|nen|sy|stem,** das (Astron.): *von der Sonne u. den sie umkreisenden Himmelskörpern gebildetes System samt dem von ihnen durchmessenen Raum u. der darin befindlichen Materie;* **Son|nen|tag,** der: **1.** *Tag mit sonnigem Wetter.* **2.** (Astron.) *Zeitdauer einer Umdrehung der Erde um sich selbst (Zeit von 24 Stunden);* **Son|nen|tau,** der [das in der Sonne funkelnde Sekret ähnelt Tautropfen]: *fleischfressende Pflanze, deren in Form einer Rosette angeordnete Blätter ein Sekret ausscheiden, an dem Insekten haftenbleiben u. dann verdaut werden;* **Son|nen|ter|ras|se,** die: *[zum Sonnenbaden geeignete] direkter Sonneneinstrahlung zugängliche Terrasse;* **Son|nen|tierchen,** das: *Urtierchen von kugeliger Gestalt mit vielen, nach allen Seiten ausstrahlenden Füßen, die dem Beutefang dienen; Heliozoon;* **Son|nen|top,** das: *den Oberkörper nur teilweise (oft nur über der Brust) bedeckendes Top zum Sonnenbaden;* **son|nen|über|flu|tet** ⟨Adj.⟩ (dichter.): *in hellem Sonnenschein liegend:* eine -e Landschaft; **Son|nen|uhr,** die: *auf einer waagerechten od. senkrechten Fläche angeordnete Skala, auf der der Schatten eines zu ihr gehörenden Stabes die Stunden anzeigt;* **Son|nen|un|ter|gang,** der: *Untergang (1) der Sonne am Abend;* **son|nen|ver|brannt** ⟨Adj.⟩: *stark sonnengebräunt;* **Son|nen|vo|gel,** der: *in Asien heimischer Singvogel mit farbenprächtigem Gefieder, der auch als Käfigvogel gehalten wird;* **Son|nen|wa|gen,** der (Myth.): *Wagen des Sonnengottes, mit dem er über den Himmel fährt;* **Son|nen|wär|me,** die: *Wärme, die von der Sonne ausgeht;* **Son|nen|wär|me|kraft|werk,** das (Energietechnik): *Sonnenkraftanlage, in der mit Hilfe eines durch Sonnenenergie aufgeheizten Mediums* (3) *u. angeschlossener Generatoren* (1) *elektrischer Strom erzeugt wird;* **Son|nen|war|te,** die: *der Beobachtung der Sonne dienendes Observatorium;* **Son|nen|wen|de,** die [mhd. sunne(n)wende = Umkehr der Sonne]: **1.** ⟨auch: Sonnwende⟩ *Zeitpunkt, zu dem die Sonne während ihres jährlichen Laufs ihren höchsten bzw. tiefsten Stand erreicht; Solstitium.* **2.** ¹*Heliotrop* (1); **Son|nen|wend|fei|er:** ↑ Sonnwendfeier; **Son|nen|wend|feu|er:** ↑ Sonnwendfeuer; **Son|nen|wen|dig|keit,** die (Bot.): *Fähigkeit der Pflanzen, sich zur Sonne hin zu drehen;* **Son|nen|wind,** der (Astron.): *ständig von der Sonne ausgehender Strom von Ionen u. Elektronen; Solarwind;* **Son|nen|zeit,** die ⟨o. Pl.⟩: *dem scheinbaren täglichen Umlauf der Sonne um die Erde entsprechende Zeit, deren Maß die (jahreszeitlich unterschiedliche) wahre Länge eines Tages ist:* wahre S.; mittlere S. *(Zeit, die einem mit konstanter Geschwindigkeit in der Äquatorebene gedachten Umlauf der Sonne entspricht u. der Zeiteinteilung des Tages in 24 Stunden zugrunde liegt);* **Son|nen|zel|le,** die (Physik, Elektrot.): *Element* (6) *aus bestimmten Halbleitern, das die Energie der Sonnenstrahlen in elektrische Energie umwandelt; Solarzelle;* **son|ne|ge|bräunt** ⟨Adj.⟩ (österr., schweiz.): ↑ sonnengebräunt; **son|nig** ⟨Adj.⟩ [im 18. Jh. neben sönnig u. älter sonnicht; mhd. dafür sunneclich]: **1. a)** *von der Sonne beschienen:* ein -es Plätzchen; eine -e Parkbank; ein -es Zimmer; die Pflanze braucht einen -en Standort; hier ist es mir zu s. (*ist zuviel Sonne*); **b)** *mit viel Sonnenschein:* -es Wetter; im -en Süden; Es war ein -er, frostiger Tag (Simmel, Stoff 682); Ü Hat ja nicht jeder so 'ne -e Jugend wie du (Brot und Salz 200). **2.** *von einer offenen, freundlichen Wesensart; heiter:* ein -er Mensch; ein -es Naturell haben; hier reagierte man mit einem -en Lachen (Konsalik, Promenadendeck 155); du hast [vielleicht] ein -es Gemüt! (iron.; *du bist sehr naiv*); ⟨subst.:⟩ Du hast so was Sonniges (Th. Mann, Krull 189); **Sonn|sei|te,** die ⟨Pl. selten⟩ (österr., schweiz.): ↑ Sonnenseite; **sonn|sei|tig** ⟨Adj.⟩ (österr., schweiz.): ↑ sonnenseitig; **Sonn|tag,** der, -s, -e [mhd. sun(n)tac, ahd. sunnūn tag, LÜ von lat. dies Solis; LÜ von griech. hēméra Hēlíou = Tag der Sonne]: *siebter Tag der mit Montag beginnenden Woche:* an Sonn- und Feiertagen geschlossen; * **Weißer Sonntag** *(Sonntag nach Ostern [an dem in der katholischen Kirche die Erstkommunion stattfindet];* nach kirchenlat. dominica in albis = Sonntag in der weißen Woche [= Osterwoche]; bis zu diesem Sonntag trugen in der alten Kirche die Getauften ihr weißes Taufkleid); vgl. Dienstag, **Sonn|tag|abend** usw.: vgl. Dienstagabend usw.; **sonn|tä|gig** ⟨Adj.⟩: vgl. dienstägig; **sonn|täg|lich** ⟨Adj.⟩: **1.** vgl. dienstäglich. **2.** *dem Sonntag entsprechend:* eine -e Stille; s. angezogen sein; **sonn|tags** ⟨Adv.⟩: vgl. dienstags: sonn- und feiertags; **Sonn|tags-: 1.** (veraltend od. leicht scherzh.) drückt in Bildungen mit Substantiven aus, daß etw. für besondere Anlässe bestimmt ist und deshalb etwas Besonderes darstellt: Sonntagsbluse, -essen. **2.** (häufig abwertend) drückt in Bildungen mit Substantiven (meist Nomina agentis) aus, daß jmd. eine bestimmte Tätigkeit nur gelegentlich, nicht sehr häufig ausübt und deswegen darin ungeübt ist: Sonntagsdichter, -gärtner; **Sonn|tags|an|zug,** der (veraltend): *nur sonntags getragener Anzug;* **Sonn|tags|ar|beit,** die ⟨o. Pl.⟩: *sonntags verrichtete Arbeit;* **Sonn|tags|aus|flug,** der: *am Sonntag unternommener Ausflug:* ein beliebtes Ziel für Sonntagsausflüge; **Sonn|tags|aus|flüg|ler,** der: *jmd., der auf einem Sonntagsausflug ist:* die Straßen waren von -n verstopft; **Sonn|tags|aus|flüg|le|rin,** die: w. Form zu ↑ Sonntagsausflügler; **Sonn|tags|aus|ga|be,** die: *sonntags erscheinende Ausgabe einer Zeitung;* **Sonn|tags|bei|la|ge,** die: *meist hauptsächlich der Unterhaltung dienende Beilage zur Wochenendausgabe einer Tageszeitung;* **Sonn|tags|bra|ten,** der: *für die Hauptmahlzeit am Sonntag zubereiteter, vorgesehener Braten:* der traditionelle S.; im Backofen brutzelte schon der S.; **Sonn|tags|dienst,** der: **1.** *an einem Sonntag zu leistender Dienst (in bestimmten Berufen):* ich mache, habe diese Woche S.; welche Apotheke hat heute S.? **2.** *den Sonntagsdienst* (1) *versehende Person od. Personen:* „Du bist ein Fall fürs Krankenhaus" ... „Ob du willst oder nicht, ich werde den S. verständigen ..." (Fels, Unding 98); **Sonn|tags|fah|rer,** der (abwertend): *Autofahrer, der sein Auto nicht häufig benutzt u. darum wenig Fahrpraxis hat;* **Sonn|tags|fah|re|rin,** die (abwertend): w. Form zu ↑ Sonntagsfahrer; **Sonn|tags|fahr|ver|bot,** das: *an Sonntagen geltendes Verbot zu fahren:* das S. für Lastwagen gilt nur bis 22 Uhr; wegen der Ölkrise wurde ein [allgemeines] S. für Kraftfahrzeuge verhängt; **Sonn|tags|ge|sicht,** das: *freundliches Gesicht, das jmd. [bewußt] zeigt:* die heile Welt der Honoratioren, -er, Spesenaufwand: das obligate Essen für den hohen Gast (Spiegel 38, 1974, 84); sein S. aufsetzen; **Sonn|tags|got|tes|dienst,** der: *sonntäglicher Gottesdienst;* **Sonn|tags|jä|ger,** der (iron.): *jmd., der nur selten auf die Jagd geht; ungeübter, schlechter Jäger;* **Sonn|tags|jun|ge,** der: vgl. Sonntagskind (1); **Sonn|tags|kind,** das: **1.** *an einem Sonntag geborener Mensch, der als besonders vom Glück begünstigt gilt:* er, sie ist ein S. **2.** *Glückskind* du S.!; **Sonn|tags|kleid,** das (veraltend): vgl. Sonntagsanzug; **Sonn|tags|ma|ler,** der: *jmd., der die Malerei in seiner Freizeit, als Steckenpferd betreibt, ohne eine entsprechende Ausbildung zu besitzen;* **Sonn|tags|ma|le|rin,** die: w. Form zu ↑ Sonntagsmaler; **Sonn|tags|num|mer,** die: *Sonntagsausgabe;* **Sonn|tags|pre|digt,** die: *Predigt im Sonntagsgottesdienst;* **Sonn|tags|re|de,** die (abwertend): *bei feierlichen Anlässen gehaltene schöne Rede mit großen, der Realität meist nicht standhaltenden Worten;* **Sonn|tags|rück|fahr|kar|te,** die (früher): *ermäßigte Rückfahrkarte, die in der Zeit von Samstagmittag bis Sonntag-*

abend Gültigkeit hat; **Sonn|tags|ru|he,** die: **1.** *durch die Arbeitsruhe am Sonntag bedingte Stille auf den Straßen:* es herrscht S. **2.** vgl. Feiertagsruhe: jmds. S. stören; die S. einhalten, verletzen; **Sonn|tags|sa|chen** ⟨Pl.⟩: *Sonntagskleider;* ◆ **Sonn|tags|schil|ling,** der: *Schilling* (2) *als Geldgeschenk, das jmd. (bes. eine Herrschaft 2 b) jmdm. gibt, weil es Sonntag ist:* Mitunter ging auch wohl die ... Frau Senatoren mit ihrer Kaffeetasse in der Hand den Steig hinab, um die Enkelinnen des alten Andreas mit einer Frucht oder einem S. zu erfreuen (Storm, Söhne 7); **Sonn|tags|schu|le,** die: **1.** *(früher) Kindergottesdienst.* **2.** *sonntägliche religiöse Unterweisung für Kinder (bei der Heilsarmee):* S. halten; in die S. gehen; **Sonn|tags|spa|zier|gang,** der: *sonntäglicher Spaziergang:* die Familie macht ihren S.; **Sonn|tags|staat,** der ⟨o. Pl.⟩ (scherzh.): *Sonntagskleider;* **Sonn|tags|ver|gnü|gen,** das (auch iron.): *sonntägliches Vergnügen* (2 a); **Sonn|tags|ver|kehr,** der: *Straßenverkehr, wie er an Sonntagen zu herrschen pflegt;* **Sonn|tags|zei|tung,** die: *an Sonntagen erscheinende Zeitung;* **sonn|ver|brannt** (österr., schweiz.): ↑*sonnenverbrannt;* **Sonn|wen|de:** ↑*Sonnenwende* (1); **Sonn|wend|fei|er,** Sonnenwendfeier, die: *gewöhnlich mit dem Anzünden eines Sonnwendfeuers verbundene Feier der Sonnenwende:* Auf der Lichtung veranstalten Bürger von N. am 21. Dezember eine S. (Chotjewitz, Frieden 153); **Sonn|wend|feu|er,** Sonnenwendfeuer, das [mhd. sunnewentviur]: *Feuer, das am Tag der Sonnenwende im Freien bes. auf Bergen angezündet wird:* Besonders schön war das S., das auf einem Feldweg angezündet wurde (Wimschneider, Herbstmilch 63).

Son|ny|boy ['sʌnɪ, auch: 'zɔnɪ-], der; -s, -s [engl. sonny boy = (mein) Söhnchen, (mein) Junge (sonny = Kosef. von: son = Sohn)]: *junger Mann, der eine unbeschwerte Fröhlichkeit u. Charme ausstrahlt, dem die Sympathien zufliegen:* er ist ein [richtiger] S.

So|no|che|mie, die; - [zu lat. sonus = Ton, Schall]: *Ultraschallchemie;* **So|no|gramm,** das; -[e]s, -e [↑-gramm] (Med.): *kurvenmäßige Aufzeichnung der Ergebnisse bei der Sonographie;* **So|no|graph,** der; -en, -en [↑-graph] (Med.): *Gerät zur Durchführung von Sonographien;* **So|no|gra|phie,** die; -, -n [↑-graphie] (Med.): *Echographie;* **so|no|gra|phisch** ⟨Adj.⟩ (Med.): *auf die Sonographie beruhend, sie anwendend, ihr entsprechend od. eigentümlich;* **So|no|lu|mi|nes|zenz,** die; - (Physik): *durch Schallwellen hervorgerufene Leuchterscheinung;* **So|no|ly|se,** die; -, -n [↑Lyse]: *Ultraschallchemie;* **So|no|me|ter,** das; -s, - [↑-meter (1)]: *Gerät zur Messung der Schallstärke;* **so|nor** ⟨Adj.⟩ [frz. sonore < lat. sonorus = schallend, klangvoll, zu: sonor (Gen.: sonoris) = Klang, Ton, zu: sonare, ↑sonant]: **1.** *voll- u. wohltönend, klangvoll:* eine -e Stimme; ein -es Lachen. **2.** (Sprachw.) *die Eigenschaften eines Sonors besitzend:* -e Konsonanten. **So|nor,** der; -s, -e (Sprachw.): *Konsonant [ohne Geräuschanteil], der [fast] nur mit der Stimme gesprochen wird* (z. B. m, n, l, r); **So|no|ri|sa|ti|on,** die; -, -en (Sprachw.): *Umwandlung stimmloser Konsonanten in stimmhafte* (z. B. lat. catena zu span. cadena); **So|no|ri|sie|rung,** die; -, -en (Sprachw.): *Sonorisation;* **So|no|ri|tät,** die; - (Sprachw.): *Klangfülle eines Lautes, Grad der Stimmhaftigkeit;* **So|nor|laut,** der (Sprachw.): *Sonor.*

sonst ⟨Adv.⟩ [mhd. su(n)st, sus(t), ahd. sus = so (aber, nicht); die heutige Bed. seit dem 14. Jh.]: **1. a)** *bei anderen Gelegenheiten, in anderen Fällen:* heute nicht, s. ja; was hast du denn, du bist doch s. nicht so empfindlich!; s. habe sie uns immer geholfen; da müssen sich die s. so klugen Experten wohl geirrt haben; er hat es wie s. *(wie üblich)* gemacht; hier ist alles noch wie s. *(wie immer);* wenn es euch morgen nicht paßt, komme ich eben s. einmal *(ein andermal)* vorbei; **b)** (veraltet) *damals, früher einmal:* s. stand hier ein Hospiz. **2.** *darüber hinaus; abgesehen vom Genannten:* nur die beiden Regierungschefs, s. niemand; ich trinke nur Mineralwasser, s. nichts; s. ist dort alles unverändert; was hat sie s. erzählt?; kommt s. noch jemand?; darf es s. noch etwas sein?; habt ihr s. noch Fragen, Wünsche, Einwände?; wer, was, wie, wo [denn] s. (anders)?; er denkt, er ist s. wer (ugs.; *etwas Besonderes*); s. *(weiter)* nichts/nichts s. noch was?/[aber] s. geht's dir gut?/[aber] s. tut dir nichts weh? *(salopp;* drückt leicht empörte Ablehnung aus). **3.** *im andern Fall, andernfalls:* tu es jetzt, s. ist es zu spät; zieh dich warm an, s. erkältest du dich; **sonst|lei|ner** ⟨Indefinitpron.⟩ (ugs.): vgl. sonstjemand; ◆ **son|sten** [15. Jh.]: bes. md. u. südd. Nebenf. von ↑sonst: Kennst du noch s. jemand meines Bluts? (Schiller, Braut v. Messina 1827); ... wie eine Frau wie ich zu solchen Dingen kommt, die selbst dem Fürstenstamme verborgen sind u. männiglich (Wieland, Oberon 4, 42); **sons|tig** ⟨Adj.⟩: *sonst noch vorhanden, in Betracht zu ziehen; anderweitig* (1): sein -es Verhalten war gut; -es überflüssiges Gepäck; -er *(anderer, andersartiger)* angenehmer Zeitvertreib; mit unveröffentlichtem/(auch:) unveröffentlichten Material; bei Ausnutzung -er arbeitsfreier/(auch:) arbeitsfreien Tage; ⟨subst.:⟩ Unter „Sonstiges" standen immer die interessantesten Nachrichten (Kempowski, Tadellöser 308); **sonst|je|mand** ⟨Indefinitpron.⟩ (ugs.): **1.** *sonst irgend jemand, irgend jemand anders; jeder beliebige sonst:* du oder s.; da könnte ja s. kommen! **2. a)** *jemand Besonderer:* man könnte denken, er ist s.; **b)** *irgendein übler Mensch:* da hätte s. ins Haus kommen können!; **sonst|was** ⟨Indefinitpron.⟩ (ugs.): **1.** *sonst irgend etwas, irgend etwas anderes; jedes beliebige sonst:* nimm seinen Hammer oder s.! **2. a)** *etw. Besonderes:* der denkt wohl, er ist s.!; **b)** *etw. Schlimmes, Übles:* da hätte s. passieren können; es hätte fast s. gesagt!; **sonst|wer** ⟨Indefinitpron.⟩ (ugs.): vgl. sonstjemand; **sonst|wie** ⟨Adv.⟩ (ugs.): **1.** *sonst irgendwie; anderswie.* **2.** *auf eine besondere Weise:* er denkt, er kann uns damit s. imponieren; **sonst|wo** ⟨Adv.⟩ (ugs.): **1.** *sonst irgendwo, irgendwo anders:* hier oder s. in der Welt. **2. a)** *ganz woanders, ganz weit [weg]:* wenn wir früher losmarschiert wären, könnten wir jetzt schon s. sein; **b)** *an einem besonders guten bzw. schlimmen Ort:* man könnte denken, man wäre s.; **sonst|wo|her** ⟨Adv.⟩ (ugs.): vgl. sonstwo; **sonst|wo|hin** ⟨Adv.⟩ (ugs.): vgl. sonstwo.

Sood, der; -[e]s [mniederd. sōt, vgl. Sod] (nordd.): *Brunnen:* Er ging in den Hof und wusch sich am S. (Löns, Haide 42).

so|oft ⟨Konj.⟩: *jedesmal wenn, immer wenn, wie oft auch immer:* s. er kam, brachte er Blumen mit; ich komme, s. du es wünschst; s. ich auch komme, er ist nie zu Hause.

Soor, der; -[e]s, -e [H. u.; viell. zu mniederd. sōr, ↑sohr] (Med.): *Pilzinfektion (bes. bei Säuglingen), die sich in grauweißem Belag bes. auf der Mundschleimhaut äußert;* **Soor|my|ko|se,** die (Med.): *Soor;* **Soor|pilz,** der: *Soor hervorrufender Pilz* (2).

So|phia, die; - [1: lat. sophia < griech. sophía = Weisheit, zu: sophós, ↑Sophisma; 2: russ. sofija < griech. sophía]: **1.** (Philos.) *(bei Plato) das Wissen von den göttlichen Ideen, die in ihrer Reinheit nur von der körperlosen Seele geschaut werden.* **2.** *(in der russischen Religionsphilosophie) schöpferische Weisheit Gottes;* **So|phis|ma,** das; -s, ...men [lat. sophisma < griech. sóphisma, zu: sophízesthai = ausklügeln, aussinnen, zu: sophós = geschickt, klug] (bildungsspr., seltener): *Sophismus;* **So|phis|mus,** der; -, ...men (bildungsspr.): *sophistischer* (1) *Gedanke, Täuschung bezweckender Trugschluß, Scheinbeweis;* **So|phist,** der; -en, -en [(m)lat. sophista, sophistes < griech. sophistés, zu: sophós, ↑Sophisma]: **1.** (bildungsspr. abwertend) *jmd., der sophistisch* (1) *argumentiert.* **2.** (Philos.) *Vertreter einer Gruppe griechischer Philosophen u. Rhetoren des 5. bis 4. Jh.s v. Chr., die als erste den Menschen in den Mittelpunkt philosophischer Betrachtungen stellten u. als berufsmäßige Wanderlehrer ihre Kenntnisse bes. in der Redekunst, der Kunst des Streitgesprächs u. der Kunst des Beweises verbreiteten;* **So|phis|te|rei,** die; -, -en [mlat. sophistaria (ars) = Kunst betrügerischer, blendender Rede] (bildungsspr. abwertend): *sophistisches Spiel mit Worten u. Begriffen, sophistische Argumentation; Haarspalterei;* **so|phi|s|ti|ca|ted** [sə-'fɪstɪkeɪtɪd] ⟨indekl. Adj.⟩ [engl. sophisticated, zu mlat. sophisticatum, 2. Part. von: sophisticare, zu lat. sophisticus, ↑sophistisch]: *weltgewandt, kultiviert; geistreich, intellektuell;* **So|phi|stik,** die; - [(m)lat. sophistica (ars) < griech. sophistikḗ (téchnē) = Kunst der Sophisterei, zu: sophistikós, ↑sophistisch]: **1.** (bildungsspr. abwertend) *sophistische* (1) *Denkart, Argumentationsweise:* politische S. **2.** (Philos.) **a)** *geistesgeschichtliche Strömung, deren Vertreter die Sophisten* (2) *waren;* **b)** *Lehre der Sophisten* (2); **So|phi|sti|ka|ti|on,** die; -, -en [mlat. sophisticatio = Täuschung] (Philos.): *Argumentation mit Hilfe von Scheinschlüssen; (bes. nach Kant) Argumentation, durch die eine*

Sophistin

in Wirklichkeit grundsätzlich unbeweisbare objektive Realität erschlossen werden soll; **So|phi|stin,** die; -, -nen (bildungsspr. abwertend): w. Form zu ↑Sophist (1); **so|phi|stisch** ⟨Adj.⟩ [lat. sophisticus < griech. sophistikós]: **1.** (bildungsspr. abwertend) spitzfindig, haarspalterisch [argumentierend], Sophismen benutzend, enthaltend: ein -er Trick; -e Unterscheidungen; die Politiker argumentierten s. **2.** (Philos.) *zur Sophistik (2) gehörend, ihr eigentümlich.*
So|phro|sy|ne, die; - [griech. sōphrosýnē, zu: sōphrōn = verständig; mäßig]: *(altgriechische) Tugend der Besonnenheit.*
So|por, der; -s [lat. sopor = Betäubung, Schlaf] (Med.): *sehr starke Benommenheit, leichte Ohnmacht (Vorstufe des Komas);* **so|po|rös** ⟨Adj.⟩ (Med.): *im Zustand des Sopors.*
So|pot ['sɔ...]: poln. Name von ↑Zoppot.
so|pra ⟨Adv.⟩ [ital. sopra < lat. supra] (Musik): **1.** *oben* (z. B. in bezug auf die Hand, die beim [Klavier]spiel übergreifen soll). **2.** *um ein angegebenes Intervall höher;* **So|pran,** der; -s, -e [ital. soprano (subst. Adj.), eigtl. = darüber befindlich; oberer < mlat. superanus = darüber befindlich; überlegen, zu lat. super = oben, auf, über] (Musik): **1. a)** *hohe Singstimme; höchste menschliche Stimmlage:* da erklang ihr reiner S.; sie, der Junge hat einen weichen, klaren S.; S. singen; **b)** ⟨o. Pl.⟩ *die hohen Frauen- od. Kindersingstimmen in einem Chor:* er, sie singt jetzt im S. mit. **2.** ⟨o. Pl.⟩ **a)** *[solistische] Sopranpartie in einem Musikstück:* den S. übernehmen; **b)** *Sopranstimme (2) in einem Chorsatz:* den S. einüben, studieren. **3.** *Sopranistin:* ein lyrischer, dramatischer S.; der S. ist erkrankt; **So|pran|block|flö|te,** die: vgl. Sopranflöte; **So|pran|flö|te,** die: *in Sopranlage gestimmte Flöte;* **So|pran|in|stru|ment,** das: *in Sopranlage (meist eine Quint höher als das betreffende Altinstrument) gestimmtes Musikinstrument;* **So|pra|nist,** der; -en, -en: *Sänger (meist Knabe) mit Sopranstimme;* **So|pra|ni|stin,** die; -, -nen: *Sängerin mit Sopranstimme; Sopran* (3); **So|pran|la|ge,** die: *Stimmlage des Soprans* (1 a); **So|pran|par|tie,** die: *für den Sopran (1 a) geschriebener Teil eines Musikstücks;* **So|pran|sän|ger,** der: *Sopranist;* **So|pran|sän|ge|rin,** die: w. Form zu ↑Sopransänger; **So|pran|schlüs|sel,** der: *[Noten]schlüssel, durch den die Lage des c' auf die unterste der fünf Notenlinien festgelegt wird; Diskantschlüssel;* **So|pran|so|lo,** das: *Solo der Sopranstimme;* **So|pran|stimm|me,** die: **1.** *Sopran* (1 a). **2.** *Noten für die Sopranisten, Sopranistinnen [in einem Chor];* **So|pra|por|te,** Suppaporte, die; -, -n [ital. sopraporta, eigtl. = (Ornament) über der Tür] (Archit.): *malerisch od. bildnerisch gestaltetes Feld über der Tür:* in eine große Halle, über deren drei Türen als Supraporten die ... Gemälde seiner Hunde hingen (Dönhoff, Ostpreußen 25).
So|ra|bist, der; -en, -en: *jmd., der sich mit der Sorabistik befaßt;* **So|ra|bi|stik,** die; - [zu nlat. sorabicus = sorbisch]: *Wissenschaft, die die sorbische Sprache u. Literatur zum Gegenstand hat;* **So|ra|bi|stin,** die; -, -nen: w. Form zu ↑ Sorabist; **so|ra|bi|stisch** ⟨Adj.⟩: *die Sorabistik betreffend.*
¹Sor|bat, das; -[e]s, -e [zu lat. sorbere in: absorbere, ↑absorbieren] (Chemie, Physik): *der bei einer Sorption aufgenommene Stoff.*
²Sor|bat, das; -[e]s, -e [↑Sorbinsäure] (Chemie): *Salz od. Ester der Sorbinsäure.*
Sor|be, der; -n, -n: *Angehöriger einer westslawischen Volksgruppe.*
Sor|bens, das; -, ...nzien u. ...ntia [vgl. ¹Sorbat] (Chemie, Physik): *der bei einer Sorption aufzunehmende Stoff.*
Sor|bet ['zɔrbɛt, auch: zɔr'be:], der od. das; -s, -s, **Sor|bett,** Scherbett, der od. das; -[e]s, -e [(frz. sorbet <) ital. sorbetto < türk. şerbet, aus dem Arab.] (Gastr.): **1.** *eisgekühltes Getränk aus gesüßtem Fruchtsaft od. Wein mit Eischnee od. Schlagsahne.* **2.** *Halbgefrorenes, zu dessen Zutaten Süßwein od. Spirituosen sowie gesüßter Eischnee od. Schlagsahne gehören.*
Sor|bi: Pl. von ↑Sorbus.
Sor|bin, die; -, -nen: w. Form zu ↑Sorbe.
Sor|bin|säu|re, die; -, -n [zu lat. sorbum = Frucht der Eberesche] (Chemie): *bes. als Konservierungsstoff für Lebensmittel dienende organische Säure, die vor allem in Vogelbeeren natürlich vorkommt.*
sor|bisch ⟨Adj.⟩: zu ↑Sorbe; **Sor|bisch,** das; -[s], u. (nur mit best. Art.:) **Sor|bi|sche,** das; -n: *die sorbische Sprache.*
¹Sor|bit [auch: ...'bɪt], der; -s [zu lat. sorbum, ↑Sorbinsäure] (Chemie): *süß schmeckender Alkohol einer in Vogelbeeren, Kirschen u. anderen Früchten vorkommenden Form.*
²Sor|bit [auch: ...'bɪt], der; -s [nach dem brit. Geologen H. C. Sorby (1826-1908)] (veraltet): *Bestandteil von Stahl;* **sor|bi|tisch** [auch: ...'bɪ...] ⟨Adj.⟩ (veraltet): *aus ²Sorbit bestehend.*
Sor|bo|se, die; - [zu ↑¹Sorbit] (Chemie): *aus ¹Sorbit entstehendes Monosaccharid;* **Sor|bus,** der; -, ...bi [lat. sorbus = Eberesche]: *in mehreren Arten in den nördlichen gemäßigten Zonen vorkommende, als Baum od. Strauch wachsende Pflanze mit ungeteilten od. gefiederten Blättern u. kleinen, weißen, in Dolden stehenden Blüten (z. B. Eberesche).*
Sor|di|ne, die; -, -n (Musik): *Sordino;* **sor|di|niert** ⟨Adj.⟩ (Musik): *mit Sordino [versehen, spielend]: das von den an Streichern begleitete Flötensolo;* **Sor|di|no,** der; -s, -s u. ...ni [vgl. con sordino] (Musik): *Dämpfer* (1); **sor|do** ⟨Adv.⟩ [ital. sordo < lat. surdus, ↑Sordun] (Musik): *gedämpft;* **Sor|dun,** der od. das; -s, -e [ital. sordone, zu: sordo < lat. surdus = kaum hörbar, eigtl. = taub]: **1.** *(im 16. u. 17. Jh. gebräuchliches) mit Fagott u. verwandtes, gedämpft klingendes Blasinstrument mit doppeltem Rohrblatt.* **2.** *dunkel klingendes Orgelregister.*
So|re, die; -, -n [zu jidd. sechore < hebr. sehôrā = Ware] (Gaunerspr.): *Diebesgut:* S. verstecken; An manchen Tagen erbeutete das Ehepaar S. von mehr als 10 000 Mark (BM 28. 1. 77, 10).
So|re|di|um, das; -, ...ien [zu griech. sorós = Behältnis, Gefäß] (Bot.): *der vegetativen Vermehrung dienende, von Hyphen umsponnene Algenzelle der Flechten.*

Sor|ge, die; -, -n [mhd. sorge, ahd. sorga, eigtl. = Kummer, Gram]: **1.** *(durch eine unangenehme, schwierige, gefahrvolle Situation hervorgerufene) quälende Gedanken; bedrückendes Gefühl der Unruhe u. Angst:* drückende, ernste -n; wirtschaftliche, gesundheitliche, häusliche -n; ihn peinigen schwere -n; auf ihm lastet die bange S. um den Arbeitsplatz; meine S. ist groß, daß ...; keine S. *(nur ruhig),* wir schaffen das schon!; ich habe [große] S., ob du das durchhältst *(ich fürchte, du hältst es nicht durch);* ich habe keine S. *(ich bin zuversichtlich),* daß er die Prüfung besteht; finanzielle, berufliche -n haben; sich um jmdn., etw. S., [keine] -n machen; deine Gesundheit macht, bereitet mir [ernstlich] -en; mach dir darum, darüber, deswegen keine -n; jmds. geheime -n und Nöte kennen; jmds. -n [nicht] teilen; seine -n in Alkohol ertränken; jmdm. die -n vertreiben; seine -n vergessen; diese S. sind wir endlich, wenigstens los; dieser S. bin ich endlich enthoben, ledig; um jmdn., jmds. Gesundheit sehr in S. *(sehr besorgt)* sein; etw. erfüllt jmdn. mit S.; R der hat -n! (ugs. iron.; *er regt sich über belanglose, unwichtige Dinge auf*); deine -n möchte ich haben! (ugs. iron.; *du regst dich über belanglose, unwichtige Dinge auf*); wer -n hat, hat auch Likör (scherzh. nach Wilh. Busch, Fromme Helene). **2.** ⟨o. Pl.⟩ *Bemühen um jmds. Wohlergehen, um etw.; Fürsorge:* die S. füreinander; die gegenseitige S.; die S. für die Familie fordert all ihre Kräfte; die S. des Staates für seine Bürger, für das Bildungswesen, für die Wirtschaft; die Zukunft seiner Kinder war seine größte S.; das ist seine S. *(darum muß er sich kümmern);* das laß nur meine S. sein *(dafür werde ich sorgen);* dafür übernehme ich die Verantwortung); sie wacht mit mütterlicher S. bei dem kranken Kind; erfüllt von liebender S.; * **für jmdn., etw./**(schweiz. auch:) **jmdm., einer Sache S. tragen** (geh.; *für jmdn., etw. sorgen*): Er wußte für die Verpflegung und die Heimkehr der Gefangenen ... S. tragen (Niekisch, Leben 372); tragen Sie S. dafür, daß das nicht wieder vorkommt; Du, trag ihm S.! (Frisch, Nun singen 127); **Sor|ge|be|rech|tig|te,** der u. die; -n, -n ⟨Dekl. ↑Abgeordnete⟩ (Rechtsspr.): *jmd., der das Sorgerecht für ein bestimmtes Kind hat;* **sor|gen** (sw. V.; hat) [mhd. sorgen, ahd. sorgēn]: **1.** (s. + sich) *sich Sorgen machen, besorgt, in Sorge sein:* sich sehr, wegen jeder Kleinigkeit s.; sich um jmdn., etw. s.; Du brauchst dich nicht zu s., daß mir etwas passiert; Sie wagen nicht nach dem Preise zu fragen und sorgen sich eher furchtbar darüber (Remarque, Westen 140); ♦ ⟨auch ohne „sich":⟩ Oftmals hab' ich gesorgt, es möchte der Krug dir entstürzen (Goethe, Alexis u. Dora 45); Wir sorgten, die Herren werden zuviel Ehr' im Leib haben und nein sagen (Schiller, Räuber I, 2). **2. a)** *sich um jmds. Wohlergehen kümmern, die Pflichten auf sich nehmen, die zur Erhaltung od. zum Gedeihen einer Sache erfüllt werden müssen:* gut, vorbildlich, schlecht für jmdn. s.; sie sorgt liebevoll für ihre Schützlinge; für Kinder und Alte muß besonders gesorgt werden; wer sorgt während unserer Abwesenheit für den Garten?; ... indes der Alte mit sorgenden Händen die Handlung leitete (Th. Mann, Joseph 591); **b)** *sich bemühen, daß etw. vorhanden ist, erreicht wird:* für das Essen, für eine gute Ausbildung, für jmds. Wohlergehen, für jmds. Unterhalt, für Ruhe und Ordnung s.; Da sorgten sie ihm für eine Unterkunft (Gaiser, Jagd 56); doch der Staat sorgte für die Heimreise (Thieß, Legende 147); es ist für alles [Notwendige] gesorgt; für die Zukunft der Kinder ist gesorgt *(Vorsorge getroffen worden);* ein Conférencier soll für gute Laune s.; **c)** (verblaßt) *bewirken, zur Folge haben, hervorrufen:* sein Auftritt sorgte für eine Sensation; Der erste Urlauberansturm sorgte für Chaos auf den Autobahnen (MM 16. 6. 75, 12); Für Verwicklungen war damit reichlich gesorgt (Musil, Mann 614); **Sor|gen|bre|cher,** der (ugs. scherzh.): *Alkohol, bes. Wein, als etw., was die Sorgen vertreibt u. die Stimmung hebt;* **Sor|gen|fal|te,** die ⟨meist Pl.⟩: *Falte auf der Stirn als Ausdruck von jmds. Sorgen;* **sor|gen|frei** ⟨Adj.⟩ [mhd. sorgenvrî]; s. leben; **Sor|gen|frei|heit,** die ⟨o. Pl.⟩: *Freiheit von Sorgen;* **Sor|gen|kind,** das: *Kind, das den Eltern viel Sorge bereitet;* er war von Anfang an ihr S.; Ü Alle drei Länder waren er der Allianz und des demokratischen Europa (W. Brandt, Begegnungen 206); Bei all dem habe ich doch Freude an „Decision" und denke nicht daran, mein S. aufzugeben (K. Mann, Wendepunkt 377); **Sor|gen|last,** die: *schwere Sorgen, die auf jmdm. lasten;* **sor|gen|los** ⟨Adj.⟩: *sorgenfrei;* **Sor|gen|lo|sig|keit,** die; -: *Sorgenfreiheit;* **sor|gen|schwer** ⟨Adj.⟩ (geh.): *erfüllt von Sorgen:* er wiegte s. den Kopf; **Sor|gen|stuhl,** der (veraltend): *bequemer Lehnsessel;* **sor|gen|voll** ⟨Adj.⟩: *voller Sorgen, mit großer Sorge:* er beobachtet die Entwicklung s.; **Sor|ge|pflicht,** die ⟨o. Pl.⟩ (Rechtsspr.): *Verpflichtung, für jmdn., bes. für die eigenen Kinder [wirtschaftlich] zu sorgen;* **Sor|ge|recht,** das ⟨o. Pl.⟩ (Rechtsspr.): *Recht, bes. der Eltern, ein minderjähriges Kind nach seinen Vorstellungen zu erziehen, zu beaufsichtigen, seinen Aufenthalt zu bestimmen u. ä.:* das S. für die beiden Kinder wurde der Mutter zugesprochen; ging auf den Vormund über; gegebenenfalls muß bei einer Scheidung auch die Frage des -s für die gemeinsamen Kinder geregelt werden; **Sorg|falt,** die; - [rückgeb. aus ↑sorgfältig]: *Genauigkeit, Gewissenhaftigkeit, große Behutsamkeit [beim Arbeiten, Hantieren]:* Er verwandte große S. darauf, es sich nicht merken zu lassen (Musil, Mann 334); hier fehlt es an der nötigen S.; ihr solltet eure Schulaufgaben mit mehr S. erledigen; Ich ... machte mit der S. Toilette, die mir bei diesem Geschäft immer eigentümlich gewesen ist (Th. Mann, Krull 325); von einer Frau ..., die sehr anmutig, von geringer S. in ihrer Rede war (Jahnn, Geschichten 27); **sorg|fäl|tig** ⟨Adj.⟩ [spätmhd. sorcveltic = sorgenvoll, eigtl. wohl = mit Sorgenfalt auf der Stirn; die heutige Bed. zuerst im 14. Jh. im Niederd. u. Md.]: *voller*

Sorgfalt, von Sorgfalt zeugend: eine -e Arbeit; ein sehr zuverlässiger und -er Mensch; er ist ein sehr -er Arbeiter; daß Mama lange, -e Stunden an ihrer Schönheit gearbeitet hatte (Th. Mann, Hoheit 41); ich muß Sie bitten, [dabei] künftig etwas -er zu sein; er ist, arbeitet, schreibt sehr s.; das muß s. vorbereitet werden; etw. s. behandeln, reinigen, warten; Unterdessen aber ereignet sich, dem Volke s. verschwiegen, am Hofe ein Ärgernis sondergleichen (Th. Mann, Joseph 135); Die von der ... Wissenschaft ... -st untersuchte Frage, ob ... (Fraenkel, Staat 243); **Sorg|fäl|tig|keit,** die; -: *das Sorgfältigsein;* **Sorg|falts|pflicht,** die (bes. Rechtsspr.): *Verpflichtung zu besonderer Sorgfalt:* Die -en eines Hundehalters (MM 4. 3. 83, 16); Sie (= die Zeichen und Weisungen der Polizeibeamten) ... entbinden den Verkehrsteilnehmer jedoch nicht von seiner S. (Straßenverkehrsrecht 42). **Sor|gho,** der; -s, -s, **Sor|ghum,** das; -s, -s [ital. sorgo (Pl.: sorghi), über mundartl. Formen < spätlat. Syricum (granum) = (Getreide) aus Syrien]: *(in verschiedenen Arten in tropischen u. subtropischen Gebieten bes. Afrikas angebautes) sehr hohes Gras mit markigem [zuckerhaltigem] Stengel u. großen, dichten Rispen; Durra; Kaffernkorn.* **sorg|lich** ⟨Adj.⟩ [mhd. sorclich, ahd. sorglîh, urspr. = Sorge erregend, bedenklich; besorgt] (veraltend): **1.** *fürsorglich:* Der -e Hausvater, den der Freund ... parodieren wollte (Brod, Annerl 78); mit den Groschen ..., die ihm die Mutter vor dem Abmarsch s. zugesteckt (Heym, Nachruf 15). **2.** *sorgfältig:* wenn er mit seinen lieben Büchern so s. umging (A. Zweig, Claudia 19); **Sorg|lich|keit,** die; - (veraltend): **1.** *Fürsorglichkeit:* Der Gedanke an diese Auszeichnung beflügelte seine emsige S. (Werfel, Himmel 165). **2.** *Sorgfältigkeit:* daß der Bursche ... das Geschäft mit S. und Verstand erfüllte (Th. Mann, Joseph 882); **sorg|los** ⟨Adj.⟩ ⟨-er, -este⟩: **a)** *ohne Sorgfalt; unachtsam:* es ist unverantwortlich, wie s. er mit den kostbaren Gegenständen, mit seiner Gesundheit umgeht; **b)** *unbekümmert, ohne sich Sorgen zu machen:* ein fröhliches, -es Leben; wir gaben uns zuversichtlich und s. hinein; Simmel, Stoff 653); er lebt s. in den Tag hinein; **Sorg|lo|sig|keit,** die; -: *das Sorglossein;* **sorg|sam** ⟨Adj.⟩ [mhd. sorcsam, ahd. sorgsam, urspr. = Sorge erregend, bedenklich; besorgt] (geh.): *sorgfältig u. bedacht:* ein -es Vorgehen; eine -e Betreuung des Kranken; bei -er, -ster Pflege kann sich sein Zustand bessern; mit Dias s. umgehen; Das Ergebnis dieser psychologisch so analysierten Krankengeschichte war die Psychoanalyse (Natur 90); **Sorg|sam|keit,** die; -: *das Sorgsamsein.* **So|ri|tes,** der; -, - [lat. sorites < griech. (syllogismós) sōreítēs, eigtl. = gehäuft, haufenweise] (Logik): *aus mehreren verkürzten Syllogismen bestehender Kettenschluß.* **So|rop|ti|mist,** der; -en, -en: *Mitglied von Soroptimist International:* Die -en sind ein Club berufstätiger Frauen in Mannheim (MM 18. 1. 90, 21); **So|rop|ti|mi-**

stin, die; -, -nen: w. Form zu ↑Soroptimist; **So|rop|ti|mist In|ter|na|tio|nal** [sər'ɔptɪmɪst ɪntəˈnæʃənl] [engl.; wohl zugez. aus engl. *sorority* = weibliche Studentenvereinigung (eigtl. = Schwesternschaft, zu lat. soror = Schwester) u. **optimist** = Optimist(in)]: *internationale Vereinigung von Frauen aller Berufszweige zur Förderung der Interessen in Beruf u. Gesellschaft u. der internationalen Verständigung, zur Hilfe für Mitmenschen u. zur Wahrung der Menschenrechte;* **So|ro|rat,** das; -[e]s [zu lat. soror = Schwester] (Völkerk.): *Sitte, daß ein Mann nach dem Tode seiner Frau (bei einigen Völkern auch [gleichzeitig]) zu ihren Lebzeiten) deren Schwester[n] heiratet.* **Sorp|ti|on,** die; -, -en [gek. aus ↑Absorption] (Chemie, Physik): *selektive Aufnahme eines Gases od. gelösten Stoffes durch einen porösen festen od. einen flüssigen Stoff;* **Sorp|tiv,** das; -s, -e (Chemie, Physik): ↑Sorbat. **Sor|te,** die; -, -n [ital. sorta (wohl < frz. sorte) = Art, Qualität < lat. sors (Gen.: sortis) = Los(stäbchen); Stand, Rang; Art u. Weise; schon mniederd. sorte = mniederl. sorte < frz. sorte]: **1.** *Art, Qualität (einer Ware, einer Züchtung o. ä.), die sich durch bestimmte Merkmale od. Eigenschaften von anderen Gruppen der gleichen Gattung unterscheidet:* eine edle, gute, schmackhafte, strapazierfähige, milde, wohlschmeckende, teuere, billige, minderwertige S.; die einzelnen -en sind am Geschmack zu unterscheiden; diese S. [von] Rosen braucht viel Sonne; sie kauft immer die beste, teuerste S.; Stoffe aller -n/in allen -n; bei dieser S. [Zigarren] will ich bleiben; bitte auch noch ein Pfund von der anderen S.; Ü er kann jede S. *(Art von)* Panne selbst beheben (Kirst, 08/15, 315); Was an dieser S. *(Art von)* Schriftstellerei so außerordentlich erheiternd wirkt, ist ihre ... unbewußte Komik (Tucholsky, Werke II, 50); in allen -n und Preislagen; er ist eine seltsame S. [Mensch] (ugs.; *ein seltsamer Mensch);* ein nettes Mädchen; Koeppen, Rußland 83); es (= das Haus) war ein Rattenloch schlimmster S. (ugs.; *Art;* Hasenclever, Die Rechtlosen 444); das ist mir schnuppe, ob da nicht mehr brüllen, ich habe auch fünf von der S. (ugs.; *fünf Kinder;* Fallada, Mann 123). **2.** ⟨Pl.⟩ *Devisen* (2 b); **Sor|ten|aus|wahl,** die: *Auswahl an verschiedenen Sorten einer Warenart;* **Sor|ten|fer|ti|gung,** die (Wirtsch.): *Sortenproduktion;* **Sor|ten|ge|schäft,** das, **Sor|ten|han|del,** der (Bankw.): *Geschäft, Handel mit Sorten* (2); **Sor|ten|kal|ku|la|ti|on,** die (Wirtsch.): *Kostenberechnung bei der Sortenproduktion;* **Sor|ten|kreu|zung,** die (Biol.): *vgl. Kreuzung* (2); **Sor|ten|kurs,** der (Bankw.): *Börsenkurs für Sorten* (2); **Sor|ten|li|ste,** die (Gartenbau, Landw.): *(von einer dafür zuständigen Behörde geführte) Liste der zum Handel zugelassenen Sorten von Nutzpflanzen;* **Sor|ten|markt,** der (Bankw.): *vgl. Sortenhandel;* **Sor|ten|pro|duk|ti|on,** die (Wirtsch.): *Art der Fertigung, bei der verschiedene Sorten eines Erzeugnisses od. verschiedene Waren*

Sortenschutz

auf gleicher Grundlage mit den Vorteilen einer Massenproduktion hergestellt u. erst gegen Ende des Prozesses zu einem reichhaltigeren Angebot differenziert werden; **Sor|ten|schutz,** der (Gartenbau, Landw.): *(einem patentrechtlichen Schutz ähnlicher) rechtlicher Schutz, den der Züchter od. Entdecker für eine neue Sorte von Nutzpflanzen erhalten kann;* **Sor|ten|ver|zeich|nis,** das, **Sor|ten|zet|tel,** der (Kaufmannsspr.): *Liste, auf der die lieferbaren Waren [mit Preisen] verzeichnet sind;* **Sor|ter** ['sɔːtə], der; -s, - [engl. sorter, zu: to sort = sortieren]: *Sortiermaschine;* **Sor|tes** [...teːs] ⟨Pl.⟩ [lat. sortes, Pl. von: sors, ↑Sorte]: *in der Antike bei der Befragung des Orakels verwendete Stäbchen od. Plättchen aus Holz od. Bronze;* **sor|tie|ren** ⟨sw. V.; hat⟩ [ital. sortire < lat. sortiri = (er)losen, auswählen, zu: sors, ↑Sorte]: *nach Art, Farbe, Größe, Qualität o. ä. sondern, ordnen:* Waren, Fotos, Bilder, Briefmarken, Briefe s.; die Stücke werden nach der Größe sortiert; etw. alphabetisch, maschinell s.; die Wäsche in den Schrank, das Besteck in die Fächer s. *(einsortieren);* Ü ich muß erst mal meine Gedanken s.; Mein Bauch mußte der Länge nach geöffnet werden, damit Hofrat Krecke Gelegenheit hatte, das völlig in Unordnung geratene Gekröse ... zu entwirren und neu zu s. (K. Mann, Wendepunkt 50); **Sor|tie|rer,** der; -s, -: **a)** *Arbeiter, der Waren, Werkstücke, Materialien u. ä. sortiert;* **b)** *Arbeiter an einer Sortiermaschine;* **c)** *Sortiermaschine;* **Sor|tie|re|rin,** die; -, -nen: w. Form zu ↑Sortierer (a, b); **Sor|tier|ma|schi|ne,** die: *Maschine zum automatischen Sortieren;* **sor|tiert** ⟨Adj.⟩: **1.** *ein entsprechendes [Waren]angebot aufweisend:* ein reich -es Lager; eine gut -e Buchhandlung; der Laden ist schlecht s.; dieses Geschäft ist sehr gut in französischen Rotweinen s.; Da: Meskalin, das Teufelszeug! Sieh mal an, auch schlichtes LSD – und da, wieder Marihuana ... Ihr seid ja prima s.! (Martin, Henker 104). **2.** *erlesen, ausgewählt, hochwertig:* -e Ware; reine Brasilzigarren, s.; **Sor|tie|rung,** die; -, -en: **1.** ⟨o. Pl.⟩ *das Sortieren:* die S. erfolgt nach der Größe. **2.** *Reichtum an Sorten, Sortiment* (1); **Sor|ti|le|gi|um,** das; -s, ...ien [mlat. sortilegium, zu lat. sortilegus = weissagerisch, zu: sors (↑Sorte) u. legere = lesen]: *(in der Antike) Weissagung durch Sortes;* **Sor|ti|ment,** das; -[e]s, -e [älter ital. sortimento, zu: sortire, ↑sortieren]: **1.** *Gesamtheit von Waren, die [in einem Geschäft] zur Verfügung stehen; Warenangebot, Warenauswahl:* ein reiches, vielseitiges S.; wir wollen unser S. [an Lebensmitteln] vergrößern, erweitern; Ü Sekretärinnen haben da ein prächtiges S. an Ausflüchten ... parat (Welt 31. 10. 64, 9). **2. a)** *kurz für* ↑*Sortimentsbuchhandel;* **b)** *(seltener) kurz für* ↑*Sortimentsbuchhandlung;* **Sor|ti|men|ter,** der; -s, - (Jargon): *in einem Sortiment* (2) *tätiger Buchhändler;* **Sor|ti|men|te|rin,** die; -, -nen (Jargon): w. Form zu ↑Sortimenter; **Sor|ti|ments|buch|han|del,** der: *Zweig des Buchhandels, der in Läden für den Käufer ein Sortiment von Büchern aus den verschiedenen Verlagen bereithält;* **Sor|ti|ments|buch|händ|ler,** der: *Buchhändler im Sortimentsbuchhandel;* **Sor|ti|ments|buch|händ|le|rin,** die: w. Form zu ↑Sortimentsbuchhändler; **Sor|ti|ments|buch|hand|lung,** die: *Buchhandlung, in der die Kunde Bücher aus beliebigen Verlagen einzeln aussuchen, kaufen od. bestellen kann;* **sor|ti|ments|fremd** ⟨Adj.⟩: *nicht zum eigentlichen Sortiment* (1) *eines Geschäftes gehörend:* -e Artikel; Kaffeegeschäfte, die mit -en Sonderangeboten locken; **sor|ti|ments|ge|recht** ⟨Adj.⟩ (bes. ehem. DDR): *dem jeweiligen vorgeschriebenen Sortiment* (1) *entsprechend:* -e Planerfüllung; **Sor|ti|ments|po|li|tik,** die: *(zum Marketing gehörende) unternehmerische Politik, die das Sortiment betrifft.*

Sor|ti|ta, die; -, ...ten [ital. sortita, zu: sortire = hinausgehen (wohl weil die Sängerin mit dieser Arie aus den Kulissen hinaus auf die Bühne tritt)] (Musik): *erste [Auftritts]arie der Primadonna, auch des Helden, in der ital. Oper des 18. Jahrhunderts.*

So|rus, der; -s, Sori [zu griech. sorós = Behältnis, Gefäß] (Bot.): *zu einem Häufchen vereinigte Sporenbehälter der Farne.*

SOS [ɛsloː'lɛs], das; - [gedeutet als Abk. für engl. save our ship (od. souls) = rette(t) unser Schiff (od. unsere Seelen)]: *internationales [See]notsignal:* SOS funken.

so|sehr ⟨Konj.⟩: *wie sehr ... auch; wenn ... auch noch so:* s. ich mich auch mühte – meine schweren Füße kamen nicht einen Schritt näher (Hagelstange, Spielball 132); wir müssen die Veranstaltung absagen, s. es bedaure; **So|sein,** das (Philos.): *Essenz* (1 b); **so|so:** **I.** ⟨Gesprächspartikel⟩ **a)** *dient dazu, eine Information, an der man nicht interessiert ist, die einem gleichgültig ist, zu bestätigen; drückt aus, daß dem Gesagten relativ gleichgültig gegenübersteht:* „Die Kinder haben schön gespielt." – „Soso, das ist recht."; **b)** *drückt aus, daß man an einer Information Zweifel hat, daß man etwas zweifelnd od. mißbilligend zur Kenntnis nimmt:* s., du warst gestern krank; „Wir haben die ganze Nacht nur Musik gehört." – „Soso, Musik gehört!" **II.** ⟨Adv.⟩ (ugs.) *nicht [gerade] gut; leidlich, mittelmäßig:* „Wie geht es dir?" – „Soso."; „Wie war es?" – „Soso".

so|spi|ran|do, so|spi|ran|te ⟨Adv.⟩ [ital. sospirando, zu: sospirare < lat. suspirare = seufzen] (Musik): (bes. in Madrigalen) seufzend; **So|spi|ro,** das; -s, -s u. ...ri [ital. sospiro = Seufzer < lat. suspirium, zu: suspirare, ↑sospirando] (Musik): *Pause im Wert eines halben Taktes.*

SOS-Ruf, der: *Funkspruch, der SOS sendet:* der S. wurde nicht gehört; einen S. aussenden, empfangen.

So|ße, (auch:) **Sauce,** die; -, -n [frz. sauce = Tunke, Brühe < vlat. salsa = gesalzen(e Brühe), zu lat. salsus = gesalzen, zu: sal = Salz; schon mhd. salse < vlat. salsa]: **1.** *flüssige bis sämig gebundene Beigabe zu verschiedenen ²Gerichten, Salaten, Nachspeisen o. ä.:* eine würzige, scharfe, synthetisch schmeckende S.; Die Witwe Amsel ... schmeckte die -n ab (Grass, Hundejahre 32); Ü ein Parteiprogramm mit einer ökologischen S. überziehen; Börne verbuchte die Entscheidung als Erfolg, obwohl alles dieselbe S. *(völlig gleich)* war (Bieler, Bär 341). **2.** (Tabakind.) *Beize* (1 f). **3.** (salopp abwertend) *feuchter, breiiger Schmutz, Schmutzwasser:* Da hat er noch gelebt. In einer fürchterlichen Soße hat er gelegen (Spiegel 32, 1978, 76); **so|ßen** ⟨sw. V.; hat⟩ (Tabakind.): *saucieren:* stark gesoßte Pfeifentabake; **So|ßen|koch,** der: *Saucier;* **So|ßen|kü|chin,** die: w. Form zu ↑Soßenkoch; **So|ßen|löf|fel,** der: *kleinerer Schöpflöffel mit Schnabel* (3); **So|ßen|re|zept,** das: *Rezept für eine Soße;* **So|ßen|schüs|sel,** die: *Sauciere;* **so|ßie|ren** ⟨sw. V.; hat⟩ (Tabakind.): *saucieren.*

sost. = *sostenuto,* **so|ste|nu|to** ⟨Adv.⟩ [ital. sostenuto, zu: sostenere = tragen, stützen < lat. sustinere] (Musik): **a)** *(im Hinblick auf das Fortklingenlassen eines Tons) gleichmäßig;* **b)** *(im Hinblick auf das Tempo) etwas langsamer, getragener:* andante s.; Abk.: sost.; **So|ste|nu|to,** das; -s, -s u. ...ti (Musik): *sostenuto* (2) *gespieltes Musikstück.*

So|ta|de|us, der; -, ...ei [...'deːi] [lat. Sotadeus = nach Art des altgriech. Dichters Sotades (griech. Sōtádēs; 3. Jh. v. Chr.)] (Verslehre): *(in der antiken Metrik) katalektischer Tetrameter, der auf dem Ionicus a maiore aufbaut.*

so|tan ⟨Adj.⟩ [spätmhd. sōtān, zusg. aus mhd. sōgetān] (veraltet): *solch; so beschaffen:* ♦ Der Schulmeister, welcher unter -en Umständen sich zum Hausmeister anerbot, bewies ... eine nicht geringe Anstelligkeit (Immermann, Münchhausen 120); ♦ **so|ta|ner|wei|se** ⟨Adv.⟩: *auf solche Weise, solcherart:* In dem nach und nach s. herabgekommenen sogenannten Schlosse Schnick-Schnack-Schnurr ... mußte sich der alte Baron ... kümmern und sich eben behelfen (Immermann, Münchhausen 89).

Sol|ter, der; -, -e [lat. soter < griech. sōtēr = (Er)retter, Heiland, zu: sōzein = (er)retten]: **a)** (christl. Rel.) *Ehrentitel für Jesus Christus;* **b)** *Titel für Herrscher u. Beiname von Göttern der [hellenistischen u. römischen] Antike;* **So|te|rio|lo|gie,** die; - [↑-logie] (christl. Theol.): *Lehre vom Erlösungswerk Jesu Christi als Teil der Christologie;* **so|te|rio|lo|gisch** ⟨Adj.⟩: *die Soteriologie betreffend.*

Sol|tie: frz. Schreibung von ↑Sottie.

Sot|nie, die; -, -n [russ. sotnja = Hundertschaft]: *Kosakenabteilung.*

sott: ↑sieden.

Sott, der od. das; -[e]s [mniederd. sōt, wohl eigtl. = (Ab-, An)gesetztes (nordd.): *Ruß.*

sötlte: ↑sieden.

Sot|tie, die; -, -s [frz. sotie, zu: sot, ↑Sottise] (Literaturw.): *meist gegen den Papst gerichtetes satirisch-politisches Bühnenstück in Versen, dessen Hauptfigur ein Narr ist.*

sot|tig ⟨Adj.⟩ [zu ↑Sott] (nordd.): *rußig.*

Sot|ti|se, die; -, -n ⟨meist Pl.⟩ [frz. sottise, zu: sot = Narr; dumm < mlat. sottus] (bildungsspr. veraltend abwertend): *Dummheit* (2), *dümmlich-freche Äußerung, Rede:* Der Titel ist mir vorhin eingefallen, als Laurent seine -n abgeschlossen hat (Kuby, Sieg 341).

so|to ⟨Adv.⟩ [ital. sotto = unter < lat. subtus = unten] (Musik): *(beim Klavierspiel mit gekreuzten Händen) unter der anderen Hand zu spielen);* **so|to vo|ce** [- 'vo:tʃə] ⟨Adv.⟩ [ital. sotto voce, eigtl. = unter der Stimme] (Musik): *mit gedämpftem Ton u. äußerster Zurückhaltung in Dynamik u. Ausdruck [zu singen, zu spielen];* Abk.: s. v.
Sou [su], der; -, -s [frz. sou < spätlat. solidus, ↑Sold]: **a)** *(früher) französische Münze im Wert von 5 Centimes;* **b)** (bildungsspr. veraltend) *Münze, Geldstück von geringem Wert:* noch ein paar -s haben; dafür gebe ich keinen S. aus.
Sou|bret|te [zu..., auch: su...], die; -, -n [frz. soubrette, eigtl. = verschmitzte Zofe (als Vertraute ihrer Herrin), zu provenz. soubret = geziert, zu lat. superare = übersteigen, zuviel sein] (Musik, Theater): **a)** *naiv-heiteres, komisches Rollenfach für Sopran in Operette, Oper, Singspiel:* die S. übernehmen; **b)** *auf die Soubrette* **c)** *spezialisierte Sopranistin;* **Soubret|ten|fach**, das (Musik, Theater): *Soubrette* (a): sie ist vom S.
Sou|che ['zu:ʃə, frz.: suʃ], die; -, -n [frz. souche, eigtl. = Baumstumpf] (Börsenw.): *Teil eines Wertpapiers, der zur späteren Kontrolle der Echtheit zurückbehalten wird.*
Sou|chong ['zu:ʃɔŋ, auch: 'su:...], der; -[s], -s [engl. souchong, zu chines. xiao = klein u. zhong = Sorte]: *chinesischer Tee mit größeren, breiten Blättern;* **Sou|chong|tee**, der: *Souchong.*
Souf|flé [zu'fle:, auch: su...], das; -s, -s [frz. soufflé, eigtl. = der Aufgeblasene, zu: souffler, ↑soufflieren] (Gastr.): *Auflauf;* **Souf|fleur** [...'flø:ɐ̯], der; -s, -e [frz. souffleur, zu: souffler, ↑soufflieren] (Theater): *Mitarbeiter eines Theaters, der während einer Vorstellung im Souffleurkasten sitzt, um Schauspielern beim Steckenbleiben durch leises Vorsprechen der Rolle weiterzuhelfen* (Berufsbez.); **Souf|fleur|kasten**, der (Theater): *in der Mitte der Rampe* (2) *verdeckt eingelassene, halboffene Kabine, in der der Souffleur, die Souffleuse während einer Vorstellung sitzt;* **Souf|fleu|se** [...'flø:zə], die; -, -n [frz. souffleuse] (Theater): w. Form zu ↑Souffleur; **souf|flie|ren** ⟨sw. V.; hat⟩ [frz. souffler, eigtl. = blasen, flüsternd zuhauchen < lat. sufflare (an-, hinein)blasen, zu: sub = unter u. flare = wehen, blasen]: **a)** *als Souffleur, Souffleuse tätig sein;* **b)** *den Rollentext flüsternd vorsprechen:* dem Schauspieler beim Monolog, die vergessene Textstelle s.; Ü er soufflierte seinem Nebenmann die Antwort.
Souf|fla|ki, der; -[s], -[s] [ngriech. soubláki = kleiner Spieß] (Kochk.): *(in der griechischen Küche) kleiner Fleischspieß.*
Souk [zu:k]: ↑Suk.
Soul [soʊl], der; -s [engl. soul, eigtl. = Inbrunst, Seele, verw. mit ↑Seele]: **a)** *expressiver afroamerikanischer Musikstil als bestimmte Variante des Rhythm and Blues:* die Band spielt Blues und S.; er begeistert das Publikum mit sanftem S.; **b)** *auf Soul* (a) *getanzter Paartanz:* sie tanzten Beat und S.

Sou|la|ge|ment [sulaʒə'mã:], das; -s, -s [frz. soulagement, zu: soulager, ↑soulagieren] (bildungsspr. veraltet): *Erleichterung, Unterstützung;* **sou|la|gie|ren** [zula'ʒi:rən] ⟨sw. V.; hat⟩ [frz. soulager < afrz. suzlager, über das Vlat. = subelevare] (bildungsspr. veraltet): **a)** *erleichtern, unterstützen;* ♦ **b)** ⟨s. + sich⟩ *sich Erleichterung verschaffen:* Er wird sich gleich in eine Pfütze setzen, das ist die Art, wie er sich soulagiert (Goethe, Faust I, 4172f.).
Soul|mu|sik, die; -: *Soul* (a); **Soul|mu|si|ker**, der: *Musiker, der Soulmusik spielt;* **Soul|mu|si|ke|rin**, die: w. Form zu ↑Soulmusiker.
Sound [saʊnd], der; -s, -s [engl. sound, eigtl. = Schall < mengl. soun < (a)frz. son < lat. sonus = Schall]: *(im Jazz u. in der Rockmusik) für einen Instrumentalisten, eine Gruppe od. einen Stil charakteristischer Klang, charakteristische Klangfarbe:* ein weicher, harter S.; Der S. fetzt, klingt hart und brutal nach aufreibendem Heavyrock (Freizeitmagazin 26, 1978, 34); ich habe die Gruppe sofort am S. erkannt; Ü der Walkman, die Anlage hat einen hervorragenden S. *(Klang);* Rockmusik im S. *(musikalischen Stil)* der 70er Jahre; ein Herkules mit vertrautem S. *(Motorgeräusch)* rast die Straße entlang (Degener, Heimsuchung 47); **Sound|about** ['saʊndəbaʊt], das; -s, -s [zu engl. to sound = klingen u. about = rings(he)rum]: *Walkman;* **Sound|check** ['saʊnd...], der; -s, -s [engl. sound check, zu: check = Kontrolle]: *das Ausprobieren der in einem Konzert aufgebauten, angeschlossenen u. eingestellten Verstärkeranlage zur Überprüfung des Klangs unter den gegebenen akustischen Bedingungen:* Open-Air-Spezialisten lassen nichts unversucht ... Der erste S. zeigt jedoch, daß Künstler und Techniker ... lernen müssen, mit dem Kompromiß zu leben (MM 15. 8. 88, 11).
so|und|so (ugs.): **I.** ⟨Adv.; vorangestellt⟩ *von einer Art u. Weise, deren Beschreibung im gegebenen Zusammenhang nicht wichtig erscheint od. die aus anderem Grunde nicht benannt wird (meist in mündlicher Rede):* wenn etwas s. groß, lang, breit ist, s. viel kostet, dann ...; ich habe ihm s. oft *(schon sehr oft)* gesagt, er soll ... **II.** ⟨Adj.; nachgestellt⟩ *steht an Stelle einer genaueren Bezeichnung, eines Namens, eines Zahlworts o. ä., deren Nennung im gegebenen Zusammenhang nicht wichtig erscheint od. die aus anderem Grunde nicht mitgeteilt werden:* Hausnummer, Paragraph s.; Familienstand, Staatsangehörigkeit s.; **So|und|so**: *für einen nicht bekannten od. aus anderem Grunde nicht genannten Namen, bes. Familiennamen, eingesetztes Element:* Mein Name ist S., das und das ist passiert ... (Bieler, Bär 378); Auch von den großen verlorenen Schiffen war die Rede ... Ein Name wurde genannt, eine Fanny Soundso (Kaschnitz, Wohin 35); ... Liebenauge s. dort an den wachhabenden Adjutanten, SS-Obersturmbannführer S., wenden (Grass, Hundejahre 299); in das ... Jugendheim von S. (Amendt, Sexbuch 223); **so|und|so|viel...** ⟨Ordinalz.⟩ (ugs.): *steht an Stelle einer genauen Zahl, die im Zusammenhang nicht wichtig erscheint od. die aus anderem Grunde nicht mitgeteilt wird:* am -en Januar.
Sound|track ['saʊndtræk], der; -s, -s [engl. sound-track, eigtl. = Tonspur] (Jargon): **a)** *Zusammenstellung der für einen Film eingespielten od. zusammengestellten Musikaufnahmen (auf Schallplatte o. ä.):* den S. zu dem Film gibt es als CD; **b)** *Filmmusik:* Der ehrgeizige Paul schrieb nicht nur das Buch, sondern spielte auch die Hauptrolle und komponierte den S. (Spiegel 44, 1984, 267); Ü die Musik ... liefert den S. zu wilden Festen in alten Elektrizitätswerken (Spiegel 44, 1991, 334).
Soup|çon [zʊ'psõ:], der; -s, -s [frz. soupçon < afrz. sospeçon < spätlat. suspectio, zu lat. suspicere, ↑suspekt] (bildungsspr. veraltet): *Argwohn, Verdacht:* weil Erich Mende ... einen solchen S. gegen alles Soziahafte ... hat (Spiegel 30, 1966, 16).
Sou|per [zu'pe:, auch: su...], das; -s, -s [frz. souper (subst. Inf.), ↑soupieren] (geh.): *festliches Abendessen [mit Gästen]:* ein S. geben; jmdn. zum S. einladen; **sou|pie|ren** ⟨sw. V.; hat⟩ [frz. souper, eigtl. = eine Suppe zu sich nehmen, zu: soupe = Suppe] (geh.): *ein Souper einnehmen:* bei, mit jmdm. s.; Drücktest auch wohl ... Stirn und Nase an große Glasscheiben ... und sahst die feine Gesellschaft Frankfurts ... an kleinen Tischen s. ...? (Th. Mann, Krull 99).
Sou|pir [zu'pi:ɐ̯, frz.: su'pi:r], das; -s, -s [frz. soupir = Seufzer, zu: soupirer = seufzen < lat. suspirare] (Musik): *Sospiro.*
Sour ['zaʊɐ̯, engl. 'saʊə], der; -[s], -s [engl. sour, eigtl. = sauer]: *stark alkoholisches Mixgetränk mit Zitrone.*
Sour|di|ne [zʊr'di:n(ə), ...'di:nən; frz. sourdine < ital. sordina, zu: sordo, ↑sordo] (Musik): *Dämpfer, zu: sordo, ↑sordo* (Musik): *Sordine.*
Sou|sa|phon [zu..., das; -s, -e [nach dem amerik. Komponisten J. Ph. Sousa (1854–1932) u. ↑-phon]: *(in der Jazzmusik verwendetes) Blechblasinstrument mit kreisförmig gewundenem Rohr, das der Spieler um den Oberkörper trägt.*
Sous|chef ['zu:..., frz.: 'su-], der; -s, -s [frz. sous-chef, aus: sous = unter u. chef = Chef, Vorsteher]: **1.** (Gastr.) *Stellvertreter des Küchenchefs.* **2.** (schweiz.) *Stellvertreter des Bahnhofsvorstandes;* **Sous|che|fin**, die; -, -nen: w. Form zu ↑Souschef.
Sous|sol [susɔl], das; -s, -s [frz. sous-sol, zu: sol = (Erd)boden] (schweiz.): *Untergeschoß:* die Lebensmittelabteilung befindet sich im S.
Sou|ta|che [zu'taʃ(ə), auch: su'taʃ], die; -, -n [...ʃn; frz. soutache, aus dem Ung.] (Textilind.): *schmale, geflochtene Litze (als Besatz an Kleidungsstücken);* **sou|ta|chie|ren** ⟨sw. V.; hat⟩ [frz. soutacher, zu: soutache, ↑Soutache] (Textilind.): *mit Soutache verzieren.*
Sou|ta|ne [zu..., auch: su...], die; -, -n [frz. soutane < ital. sottana, eigtl. = Untergewand, zu: sottano = unter, unterst, zu: sotto, ↑sotto] (früher): *knöchellanges Obergewand des katholischen Geistlichen;*

Sou|ta|nel|le, die; -, -n [frz. soutanelle, zu: soutane, ↑ Soutane]: *(heute kaum noch getragener) bis zum Knie reichender Gehrock des katholischen Geistlichen.*
sou|te|nie|ren [zutə...] ⟨sw. V.; hat⟩ [frz. soutenir, über das Vlat. < lat. sustinere] (veraltet): *unterstützen, behaupten.*
Sou|ter|rain ['zu:tɛrɛ̃, auch: 'su:...], das; -s, -s [frz. souterrain, zu: souterrain = unterirdisch < lat. subterraneus, zu: sub = unter(halb) u. terra = Erde]: *Kellergeschoß, Tiefparterre:* eine Wohnung im S.; zuerst zog Kampraths Käthe in den S. (Chotjewitz, Friede 127); **Sou|ter|rain|woh|nung**, die: *Wohnung im Souterrain.*
Sou|tien [zu'tjɛ̃, frz.: su'tjɛ̃], das; -, -s [frz. soutien, zu: soutenir, ↑ soutenieren] (veraltet): **1.** *Beistand, Unterstützung.* **2.** *Unterstützungstruppe.*
Sou|ve|nir [zuvə..., auch: su...], das; -s, -s [frz. souvenir, eigtl. = Erinnerung, zu: souvenir = sich erinnern < lat. subvenire = einfallen, in den Sinn kommen]: *kleiner Gegenstand, den jmd. zur Erinnerung an eine Reise erwirbt, der jmdm. als Andenken (2) geschenkt wird:* eine Miniatur des Eiffelturms als S. aus Paris; [sich] ein S., etw. als S. mitnehmen; -s verkaufen; Den Gummi (= das Präservativ) wirf da rein ... Kannst ihn aber auch gern als S. (iron.; *als Erinnerungsstück*) behalten (Zenker, Froschfest 222); Ü die Narbe ist ein S. aus dem 2. Weltkrieg (scherzh.; *stammt von einer Verwundung im 2. Weltkrieg*); **Sou|ve|nir|la|den**, der ⟨Pl. ...läden⟩: *Geschäft, in dem man Souvenirs, Reiseandenken kaufen kann.*
sou|ve|rän [zuvə..., auch: su...] ⟨Adj.⟩ [frz. souverain < mlat. superanus = darüber befindlich, überlegen, zu lat. super = oben, auf, darüber]: **1.** *(auf einen Staat od. dessen Regierung bezogen) die staatlichen Hoheitsrechte ausübend; Souveränität besitzend:* ein -er Staat; das Land ist erst seit wenigen Jahren s. **2.** (veraltend) **a)** *unumschränkt:* ein -er Herrscher, Monarch; **b)** *uneingeschränkt:* die -en Rechte eines Staates. **3.** (geh.) *(auf Grund seiner Fähigkeiten) sicher u. überlegen (im Auftreten u. Handeln):* Er ist ein -er Geist, der aus dem vollen schöpft (Niekisch, Leben 216); s. sein; etw. s. beherrschen; die Lage s. meistern; **Sou|ve|rän**, der; -s, -e [frz. souverain]: **1.** (veraltend) *unumschränkter Herrscher, Fürst eines Landes:* der S. eines kleinen Landes, Fürstentums, Kleinstaats; Ü Doch der S., der Wähler, habe nun einmal anders entschieden (MM 18. 7. 83, 13); Das Volk handelt als S. (Freie Presse 30. 10. 89, 1); Der parlamentarische Wahlakt des Volk (Spiegel 16, 1983, 154). **2.** (schweiz.) *Gesamtheit der [eidgenössischen, kantonalen od. kommunalen] Stimmbürger:* der S. wird in einem Referendum darüber entscheiden; **Sou|ve|rä|ni|tät**, die; - [frz. souveraineté, zu: souverain, ↑ souverän]: **1.** *höchste Gewalt; Oberhoheit des Staates:* die staatliche S.; die Beendigung der S. Italiens über Triest (Dönhoff, Ära 80). **2.** *Unabhängigkeit eines Staates (vom Einfluß anderer Staaten):* die S. eines Landes verletzen, respektieren; das Land hat seine S.

erlangt. **3.** (geh.) *das Souveränsein (3); Überlegenheit, Sicherheit:* die Gewandtheit und S., mit der er auftrat; er hat die schwierige Aufgabe mit großer S. bewältigt; **Sou|ve|rä|ni|täts|an|spruch**, der: *Anspruch eines Landes auf Souveränität* (2); **Sou|ve|rä|ni|täts|recht**, das ⟨meist Pl.⟩: *Recht auf Souveränität (2) in bestimmter Hinsicht;* **Sove|reign** ['zɔvrɪn], der; -s, -s [engl. sovereign, eigtl. = Souverän < afrz. soverain, sovrain < mlat. superanus, ↑ souverän; auf der Vorderseite der Münze war der thronende Herrscher (Souverän) dargestellt] (früher): *englische Goldmünze.*
so|viel: I. ⟨Konj.⟩ **1.** *nach dem, was:* s. ich weiß/mich erinnere, s. mir bekannt ist, kommt er heute; es geht gut voran, s. ich sehe. **2.** *in wie großem Maß auch immer:* s. er sich auch abmüht, er kommt auf keinen grünen Zweig. **II.** ⟨Adv.⟩ *in demselben großen Maße; nicht weniger; ebensoviel:* er hat s. bekommen wie/(seltener:) als sie; das ist s. wie gar nichts/; er nimmt s. wie/als möglich mit; die Antwort war s. wie eine Zusage *(entsprach einer Zusage);* du darfst nehmen, s. [wie] du willst; **so|viel|mal** ⟨Konj.⟩: *so viele Male; sooft:* s. er es auch versuchte, es war vergebens.
Sow|chos ['zɔfçɔs; –'–], der od. das; -, ...ose, **Sow|cho|se**, die; -, -n [russ. sovhoz, gek. aus: sovetskoe hozjajstvo = Sowjetwirtschaft]: *staatlicher landwirtschaftlicher Großbetrieb in der ehemaligen UdSSR.*
so|weit: I. ⟨Konj.⟩ **1.** *nach dem, was; soviel* (I, 1): s. ich weiß, ist er verreist; s. mir bekannt ist, s. mir bekannt ist. **2.** *in dem Maße, wie:* s. ich es beurteilen kann, geht es ihm gut; s. ich dazu in der Lage bin, will ich gern helfen; alle Beteiligten, s. ich sie kenne, waren Fachleute. **II.** ⟨Adv.⟩ drückt eine Einschränkung aus: *im großen u. ganzen; im allgemeinen:* wir sind s. zufrieden; alles ging s. gut; s. als möglich *(im Rahmen des Möglichen)* werden wir ihm helfen; ***s. sein** (ugs.; **1.** *fertig, bereit sein:* wenn alle s. sind, brechen wir auf. **2.** ⟨unpers.⟩ *[von einem erwarteten Zeitpunkt o. ä.] gekommen sein:* es ist [noch nicht, bald, endlich] s.); **so|we|nig:** ⟨Konj.⟩ *in wie geringem Maß auch immer:* s. er auch davon weiß, er will immer mitreden; s. man mich auch belästigte, so bekam mir doch der Aufenthalt ... nicht auf. **2.** ⟨Adv.⟩ *in demselben geringen Maße, ebensowenig:* er war s. dazu bereit wie die anderen; ich kann es s. wie du; es gefällt mir s. wie dir; rauchen s. wie/als möglich *(möglichst wenig);* **so|wie** ⟨Konj.⟩: **1.** *dient der Verknüpfung von Gliedern einer Aufzählung: und [außerdem], und auch, wie auch:* die beste Form der Seilschaft im leichten s. schweren Fels (Eidenschink, Fels 50); Die Estérel-Kollektion umfaßt zwei- und dreiteilige Anzüge, Sportsakkos und Blazer s. einige Mantelmodelle (Herrenjournal 3, 1966, 16); er s. seine Frau war/waren da. **2.** drückt aus, daß sich ein Geschehen unmittelbar nach od. fast gleichzeitig mit einem anderen vollzieht: *gleich, wenn; in dem Augenblick, da ...; sobald:* er wird es

dir geben, s. er damit fertig ist; s. sie uns sahen, liefen sie weg; Sowie die Vögel aber fest gepaart sind, ist das so gut wie unmöglich (Lorenz, Verhalten I, 65); **so|wie|so** ⟨Adv.⟩: **a)** *unabhängig davon, auch so, auch ohne das; ohnedies, ohnehin:* das brauchst du ihm nicht zu sagen, das weiß er s. schon; du kannst es mir mitgeben, ich gehe s. dahin; das s.! (ugs.; *das versteht sich von selbst);* **b)** *unvermeidlicherweise, unabänderlicherweise, ohne jeden Zweifel, in jedem Falle:* Was noch draußen liegt, ist s. naß (Grzimek, Serengeti 332); es war zwecklos, daß sie liefen, denn sie würden s. zu spät kommen (Böll, Haus 138); das versteht sie nicht; das macht nichts, ich hätte s. keine Zeit gehabt; sie hat s. keine Chance; sie gewinnt, verliert s.; es hat doch s. keinen Sinn, Zweck!; **So|wie|so:** für einen unbekannten od. aus anderem Grunde nicht genannten Personen-, bes. Familiennamen eingesetztes Element: Mein Name ist S., werde ich sagen (Bieler, Bär 378); Papst S. (Fels, Kanakenfauna 85); Morgen führ Uhr dreißig da und da S. abholen (Kant, Impressum 360); ⟨meist mit vorangestelltem „Frau', „Herr" usw.:⟩ Alle ... Aufgaben hat Herr S. mit der ihm eigenen Sorgfalt er... erledigt (Cherubim, Fehlerlinguistik 248).
So|wjet [auch: 'zɔvjɛt], der; -s, -s [russ. sovet = Rat] (hist.): **1.** *russ. Bez. für* ↑ [Arbeiter-und-Soldaten-]Rat: der Petrograder S.; Alle Macht den -s! (Losung der Bolschewiki in der Oktoberrevolution). **2.** *(in der Sowjetunion) Behörde od. Organ der Verwaltung:* ein städtischer, ländlicher S.; der örtliche S. hat beschlossen ...; der Oberste S. *(oberste Volksvertretung der Sowjetunion).* **3.** ⟨Pl.⟩ *Sowjetunion:* 1961 gelang den -s der erste bemannte Raumflug; **So|wjet|ar|mee**, die ⟨o. Pl.⟩: *Armee der Sowjetunion;* **So|wjet|bür|ger**, der: Ew. zu ↑ Sowjetunion: Millionen von -n brandmarkten ... die verbrecherischen Umtriebe (Dönhoff, Ära 210); **So|wjet|bür|ge|rin**, die: w. Form zu ↑ Sowjetbürger; **so|wje|tisch** ⟨Adj.⟩: zu ↑ Sowjetunion: -es Hoheitsgebiet; die Hauptstadt, Grenze, Regierung; die baltischen Staaten wurden erst 1940 s.; die s. besetzte Zone; **so|wje|ti|sie|ren** ⟨sw. V.; hat⟩ (oft abwertend): *nach dem Muster der Sowjetunion organisieren, umstrukturieren:* die Landwirtschaft s.; Die Russen hätten eingesehen ..., daß sie Österreich nicht s. könnten (Augstein, Spiegelungen 54); **So|wje|ti|sie|rung**, die; -, -en: *das Sowjetisieren, das Sowjetisiertwerden:* die S. der osteuropäischen Satellitenstaaten; **So|wjet|land**, das; -[e]s (veraltend, bes. ehem. DDR): *Sowjetunion:* Und auch jetzt demonstriert das S. Entschlossenheit, ... zu kämpfen (NNN 29. 11. 82, 1); **So|wjet|li|te|ra|tur**, die ⟨o. Pl.⟩: *Literatur der Sowjetunion seit etwa 1925;* **So|wjet|macht**, die ⟨o. Pl.⟩: *staatliche u. gesellschaftliche Ordnung, in der die politische Macht von Sowjets* (1, 2) *ausgeübt wird:* in Kirgisistan wurde die S. im Jahre 1918 errichtet; Sie ... versuchten, die Grundpfeiler der S. *(des sowjetischen Staats)* zu untergraben (horizont 12, 1977, 8); **So|wjet|mensch**, der: *Sowjetbürger, -bürge-*

rin: Deutsche und *-en ... kämpfen ... gemeinsam für die Erhaltung ... des Friedens* (Neues D. 2. 6. 64, 3); **So|wje|to|lo|gie**, die; - [↑ -logie]: *wissenschaftliche Erforschung der Sowjetunion;* **So|wjet|re|gie|rung**, die: *Regierung der Sowjetunion, Sowjetrußlands* (2); **So|wjet|re|gime**, das (abwertend): *in der Sowjetunion herrschendes Regime* (1); **So|wjet|re|pu|blik**, die: **a)** *Gliedstaat der Sowjetunion:* die Kirgisische Sozialistische S.; die zwanzig Autonomen Sozialistischen *-en;* **b)** (hist.) *Republik, in der die politische Macht von Sowjets (1) ausgeübt wird; Räterepublik:* eine S. ausrufen; 1920 wurde in Buchara eine S. gebildet, errichtet; **So|wjet|rus|se**, der (ugs.): *Sowjetbürger;* **So|wjet|rus|sin**, die (ugs.): w. Form zu ↑ Sowjetrusse; **so|wjet|rus|sisch** ⟨Adj.⟩: zu ↑ Sowjetrußland; **So|wjet|ruß|land**; -s: **a)** (ugs.) *Sowjetunion;* **b)** (hist.) *bolschewikisches, kommunistisches Rußland (vor Gründung der Sowjetunion);* **So|wjet|staat**, der ⟨o. Pl.⟩ (hist., veraltend bes. ehem. DDR): *Sowjetrußland* (b), *Sowjetunion:* des durch die Machtergreifung der Bolschewiki geschaffenen -es (Fraenkel, Staat 45); Die Feinde des Sozialismus und des -es (horizont 12, 1977, 9); **So|wjet|stern**, der: *roter Stern mit fünf Zacken als Symbol der Sowjetunion;* **So|wjet|uni|on**, die; -: *Staat in Osteuropa u. Nordasien* (1922–1991); Abk.: SU; vgl. auch UdSSR; **So|wjet|volk**, das ⟨o. Pl.⟩ (veraltend, bes. ehem. DDR): *Staatsvolk der Sowjetunion:* der heroischen KPdSU und dem ruhmreichen S. (horizont 12, 1977, 14); **So|wjet|wis|sen|schaft**, die ⟨o. Pl.⟩: *Sowjetologie;* **so|wje|to|zo|nal** ⟨Adj.⟩ (veraltet, oft abwertend): *zur ehem. DDR gehörend, sie betreffend, von ihr ausgehend:* Ein Sprecher des -en Außenministeriums (Welt 24. 9. 66, 1); **So|wjet|zo|ne**, die: **a)** *sowjetische Besatzungszone (in Deutschland nach dem 2. Weltkrieg);* **b)** (veraltet, abwertend) *DDR.*
so|wohl ⟨Konj.⟩: *nur in der Verbindung* s. ... als/wie [auch] ... *(nicht nur ..., sondern auch;* verbindet nebengeordnete gleichartige Satzteile, Aufzählungsglieder u. betont dabei nachdrücklich, daß jedem von ihnen gleiches Gewicht zukommt): s. er wie [auch] sie waren/(seltener:) war erschienen; es ist s. Brot wie Wurst wie Schnaps da (Fallada, Jeder 21); er spricht s. Englisch als [auch] Französisch als [auch] Italienisch; ein Zimmer, in dem das Kind s. schläft als auch spielt als auch seine Schularbeiten macht; er hat sich s. entschuldigt als auch den Schaden behoben.
Sox|hlet-Ap|pa|rat, der; -[e]s, -e [nach dem dt. Chemiker F. v. Soxhlet (1848–1926)] (Chemie): *Apparat zur Extraktion fester Stoffe.*
So|zi, der; -s, -s (ugs., auch abwertend): *Sozialist, Sozialdemokrat, bes. Mitglied einer sozialistischen, sozialdemokratischen Partei:* in Frankreich haben die *-s* eine Wahlschlappe erlitten; **So|zia**, die; -, -s: **1.** (Wirtsch.) w. Form zu ↑ Sozius (1). **2.** (oft scherzh.) w. Form zu ↑ Sozius (2 b); **so|zia|bel** ⟨Adj.⟩: ...abler, -ste⟩ [frz. sociable < lat. sociabilis = gesellig, verträglich, zu: socius, ↑ Sozius] (Soziol.): *fähig,*

willig, sich in die Gesellschaft einzupassen; umgänglich, gesellig: Da sie ... gewöhnt sind, auf andere Rücksicht zu nehmen, werden sie sozialer und weniger egoistisch als „Familienkinder" (Wohngruppe 16); **So|zia|bi|li|sie|rung**, die; -, -en (Soziol.): *erste Phase der Sozialisation:* welche Instanzen die frühe Enkulturation und S. zu übernehmen haben (Schmidt, Strichjungengespräche 36); **So|zia|bi|li|tät**, die; - (Soziol.): *soziales Wesen, Verhalten;* **so|zi|al** ⟨Adj.⟩ [frz. social < lat. socialis = gesellschaftlich (1); gesellig, zu: socius, ↑ Sozius]: **1. a)** *das (geregelte) Zusammenleben der Menschen in Staat u. Gesellschaft betreffend; auf die menschliche Gemeinschaft bezogen, zu ihr gehörend:* die -e Entwicklung, -e Lasten; die -en Verhältnisse der Bevölkerung, in diesem Land; -es Recht, -e Freiheit; die -e Idee; In Österreich hat gutes Essen keinen so hohen -en Stellenwert (Presse 16. 2. 79, 20); **b)** *die Gesellschaft u. bes. ihre ökonomische u. politische Struktur betreffend:* -e Ordnung, Politik, Bewegung; -er Fortschritt; mit -en Mißständen aufräumen; Die -e Misere stinkt den Brandenburgern mehr als die wilde Müllkippe vor der Haustür (natur 5, 1991, 419); in der -e Gerechtigkeit und wirschaftlicher Fortschritt Diener der Menschenwürde sind (Welt 30. 6. 62, 4); die -e Frage *(die Gesamtheit der infolge der industriellen Revolution entstandenen sozialpolitischen Probleme);* die -e *(speziell auf die Lösung der Arbeiterfrage zielende)* Revolution; Sozial ausgewogen sind die Sparpläne nicht (Spiegel 4, 1993, 76); **c)** *die Zugehörigkeit des Menschen zu einer der verschiedenen Gruppen innerhalb der Gesellschaft betreffend:* -es Ansehen erlangen; -e Gruppen, Schichten, -e Gegensätze, Schranken, Unterschiede, Konflikte; es besteht ein -es Gefälle; s. aufsteigen, sinken; **d)** *dem Gemeinwohl, der Allgemeinheit dienend; die menschlichen Beziehungen in der Gemeinschaft regelnd u. fördernd u. den [wirtschaftlich] Schwächeren schützend:* -e Sicherungen; einen -en Beruf (Sozialberuf) ergreifen; Ich geb' heute einen aus, ich hab' heute meinen -en (ugs.; *großzügigen*) Tag (v. d. Grün, Glatteis 209); -e Leistungen *(Sozialleistungen);* -e *(gemeinnützige)* Einrichtungen; Meine Mutter, die ... außerordentlich s. war und viel für Wohltätigkeit tat (Dönhoff, Ostpreußen 99); sein Verhalten ist nicht sehr s.; eine sowohl s. wie auch ökologisch verträgliche Lösung; s. denken, handeln, empfinden. **2.** *(von Tieren) gesellig; nicht einzeln lebend; staatenbildend:* -e Insekten; **So|zi|al|ab|bau**, der ⟨o. Pl.⟩: *Abbau* (2) *der Sozialleistungen;* **So|zi|al|ab|ga|ben** ⟨Pl.⟩: *(in der Höhe vom Bruttoentgelt des Arbeitnehmers abhängende) Beiträge für die Sozialversicherung;* **So|zi|al|ab|kom|men**, das: *Abkommen zwischen zwei Staaten über die Gleichstellung der Staatsangehörigen des jeweiligen Vertragspartners mit Inländern, über die Versicherungsansprüche (z. B. der Renten-, Kranken-, Arbeitslosenversicherung) u. a.;* **So|zi|al|amt**, das: *Behörde, die für die Durchführung aller gesetzlich*

vorgeschriebenen Maßnahmen der Sozialhilfe zuständig ist; **So|zi|al|an|thro|po|lo|gie**, die: *Teilgebiet der Anthropologie, das sich mit dem Problem der Beziehungen zwischen verschiedenen Klassen u. den Fragen der Vererbung von Eigenschaften innerhalb sozialer Gruppen befaßt;* **So|zi|al|ar|beit**, die ⟨o. Pl.⟩: *Betreuung bestimmter Personen od. Gruppen, die auf Grund ihres Alters, ihrer sozialen Stellung, eines körperlichen od. seelischen Befindens der Fürsorge bedürfen, u. Maßnahmen, Hilfesuchende zu befähigen, ohne öffentliche Hilfe zu leben;* **So|zi|al|ar|bei|ter**, der: *jmd., der in der Sozialarbeit tätig ist* (Berufsbez.); **So|zi|al|ar|bei|te|rin**, die: w. Form zu ↑ Sozialarbeiter (Berufsbez.); **So|zi|al|auf|wand**, der: *vom Arbeitgeber aufgewendete Mittel für die gesetzlichen, tariflichen u. zusätzlichen Sozialleistungen;* **So|zi|al|aus|ga|ben** ⟨Pl.⟩: *vom Staat aufgewendete Mittel für sozialpolitische Zwecke;* **So|zi|al|aus|wahl**, die: *Auswahl nach sozialen Gesichtspunkten, die der Arbeitgeber bei einer betriebsbedingten Kündigung von Arbeitnehmern treffen muß;* **So|zi|al|bei|trä|ge** ⟨Pl.⟩: *Sozialabgaben;* **So|zi|al|be|richt**, der: *Teil des Geschäftsberichtes einer AG, der über soziale Leistungen und Verhältnisse der AG Auskunft gibt;* **So|zi|al|be|ruf**, der: *Beruf, bei dem die Arbeit hilfsbedürftigen Mitmenschen gewidmet ist;* **So|zi|al|be|voll|mäch|tig|te**, der u. die (ehem. DDR): *gewählter Funktionär der Gewerkschaftsgruppe, der als Bevollmächtigter für Sozialversicherung auf dem Gebiet der Gesundheitsfürsorge u. der Krankenbetreuung tätig ist;* **So|zi|al|bin|dung**, die: *in der Fügung* S. des Eigentums *(Bindung des Eigentums unter dem Gesichtspunkt des Gemeinwohls);* **So|zi|al|bra|che**, die: *landwirtschaftlich nutzbare Fläche, deren Bearbeitung aus wirtschaftlichen Gründen eingestellt wurde;* **So|zi|al|bud|get**, das: *Teil des Sozialberichtes, der über die Struktur u. Entwicklung der Sozialleistungen sowie deren Finanzierung in kurz- u. mittelfristiger Vorausschau Auskunft gibt;* **So|zi|al|cha|rak|ter**, der: *nicht durch Anlage, Vererbung, sondern durch äußere Einflüsse geformter Charakter, der Angehörigen einer bestimmten sozialen Gruppe o. ä. eigen ist u. sich in bestimmten Einstellungen, Wertvorstellungen, Verhaltensweisen o. ä. ausdrückt;* **So|zi|al|dar|wi|nis|mus**, der: *soziologische Theorie, die darwinistische Prinzipien auf die menschliche Gesellschaft überträgt u. so bestimmte (von anderen als ungerecht empfundene) soziale Ungleichheiten o. ä. als naturgegeben gerechtfertigt erscheinen läßt;* **So|zi|al|dar|wi|ni|stisch** ⟨Adj.⟩: *den Sozialdarwinismus betreffend, zu ihm gehörend;* **So|zi|al|de|mo|krat**, der: **1.** *Vertreter, Anhänger der Sozialdemokratie.* **2.** *Mitglied einer sozialdemokratischen Partei;* **So|zi|al|de|mo|kra|tie**, die: *(im 19. Jh. innerhalb der Arbeiterbewegung entstandene) politische Parteirichtung, die die Grundsätze des Sozialismus u. der Demokratie gleichermaßen zu verwirklichen sucht;* **So|zi|al|de|mo|kra|tin**, die: w. Form zu ↑ Sozialdemokrat; **so|zi|al|de|mo|kra|tisch** ⟨Adj.⟩: *die Sozialdemokratie betreffend, auf ihr* beruhend; **So|zi|al|de|mo|kra|tis|mus,** der (ehem. DDR abwertend): *Richtung der Sozialdemokratie mit antikommunistischen Tendenzen; sozialdemokratische Ideologie, die den Klassenkampf ignoriert u. den Kapitalismus unterstützt;* **So|zi|al|ein|kom|men,** das: *alle vom Staat u. der Sozialversicherung gezahlten Unterstützungen an jmdn., der nicht in der Lage ist, [genügend] Geld zu verdienen* (z. B. Arbeitslosengeld, Wohngeld, Subventionen); **So|zi|al|ein|rich|tung,** die: *vom Arbeitgeber getragene soziale Einrichtung* (z. B. Kantine, Betriebs-Kindergarten, Erholungsheim); **So|zi|al|en|zy|kli|ka,** die: *Enzyklika, die sich mit Fragen der gesellschaftlichen Ordnung u. des menschlichen Zusammenlebens befaßt;* **So|zi|al|etat,** der (ehem. DDR): *Etat für Sozialleistungen eines Betriebs od. des Staates;* **So|zi|al|ethik,** die ⟨o. Pl.⟩: *Lehre von den sittlichen Pflichten des Menschen gegenüber der Gesellschaft, gegenüber dem Gemeinschaftsleben;* **So|zi|al|ex|per|te,** der (Politik): *Experte für soziale Fragen (z. B. in einer Partei);* **So|zi|al|ex|per|tin,** die (Politik): w. Form zu ↑Sozialexperte; **So|zi|al|fall,** der: *jmd., der auf Sozialhilfe angewiesen ist:* er ist ein S., ist zum S. geworden; **So|zi|al|fonds,** der (ehem. DDR): *Sozialetat;* **So|zi|al|for|schung,** die: *Forschungsgebiet, das sich mit der Erforschung der sozialen Wirklichkeit befaßt;* **So|zi|al|für|sor|ge,** die (ehem. DDR): *Sozialarbeit;* **So|zi|al|geo|gra|phie,** die: *Teilgebiet der Geographie, auf dem Beziehungen menschlicher Gruppen zu den von ihnen bewohnten Gebieten untersucht werden;* **So|zi|al|ge|richt,** das: *Gericht, das in Streitigkeiten der Sozial- u. Arbeitslosenversicherung, der Kriegsopferversorgung o.ä. entscheidet;* **So|zi|al|ge|richts|bar|keit,** die ⟨o. Pl.⟩: *Ausübung der rechtsprechenden Gewalt durch Sozialgerichte;* **So|zi|al|ge|schich|te,** die: **a)** ⟨o. Pl.⟩ *besonderer Teil der Geschichtswissenschaft, der sich vor allem mit der Geschichte sozialer Klassen u. Gruppen, Institutionen u. Strukturen befaßt;* **b)** *Werk, das die Sozialgeschichte (a) zum Thema hat:* an einer S. des Handwerks im frühen 19. Jahrhundert schreiben; **So|zi|al|ge|setz|ge|bung,** die: *Bereich der Gesetzgebung, in dem sozialpolitische Vorstellungen unter den Leitideen sozialer Gerechtigkeit u. sozialer Sicherheit in Rechtsnormen umgesetzt werden;* **So|zi|al|hil|fe,** die: *Gesamtheit der Hilfen, die einem Menschen in einer Notlage die materielle Grundlage für eine menschenwürdige Lebensführung geben soll;* **So|zi|al|hil|fe|emp|fän|ger,** der: *Empfänger von Sozialhilfe;* **So|zi|al|hil|fe|emp|fän|ge|rin,** die: w. Form zu ↑Sozialhilfeempfänger; **So|zi|al|hy|gie|ne,** die: *Teilgebiet der Hygiene (1), das sich mit der Wechselbeziehung zwischen dem Gesundheitszustand des Menschen u. seiner sozialen Umwelt befaßt;* **So|zi|al|im|pe|ria|lis|mus,** der: **1.** *(nach Lenin) im 1. Weltkrieg von Teilen der Sozialdemokratie praktizierte Unterstützung der imperialistischen Politik der jeweiligen nationalen Regierung.* **2.** *(von Gegnern gebrauchte) Bez. für die [außen]politische Praxis der sich als sozialistisch verstehenden Sowjetunion;* **So|zi|a|li|sa|ti|on,** die; - (Soziol., Psych.): *[Prozeß der] Einordnung des (heranwachsenden) Individuums in die Gesellschaft u. die damit verbundene Übernahme gesellschaftlich bedingter Verhaltensweisen durch das Individuum:* frühkindliche S.; S., die Vergesellschaftung der inneren Natur (Habermas, Spätkapitalismus 26); **So|zi|a|li|sa|ti|ons|pro|zeß,** der (Soziol., Psych.): *Prozeß der Sozialisation;* **so|zi|a|li|sie|ren** ⟨sw. V.; hat⟩: **1.** (Wirtsch.) *von privatem in gesellschaftlichen, staatlichen Besitz überführen; verstaatlichen, vergesellschaften:* Industrien, Wirtschaftszweige s.; -e Betriebe. **2.** (Soziol., Psych.) *jmdn. in die Gemeinschaft einordnen, zum Leben in ihr befähigen:* bei gut sozialisierten Angehörigen der Mittel- oder der Oberschicht (Richter, Flüchten 43); **So|zi|a|li|sie|rung,** die; -, -en: **1.** (Wirtsch.) *das Sozialisieren (1).* **2.** (selten) *Sozialisation;* **So|zi|a|lis|mus,** der; -, ...men [engl. socialism, frz. socialisme]: **1.** ⟨o. Pl.⟩ *(nach Karl Marx die dem Kommunismus vorausgehende) Entwicklungsstufe, die auf gesellschaftlichen od. staatlichen Besitz der Produktionsmittel u. eine gerechte Verteilung der Güter an alle Mitglieder der Gemeinschaft hinzielt:* der real existierende S.; den S. aufbauen; der Kommunismus ist die höchste Erscheinungsform des S.; das Leben im S. ist schön (Trommel 29, 1976, 7); unter dem S. leben; durch den Übergang zum S. werde die Nationalitätenfrage sozusagen automatisch gelöst (NZZ 25. 12. 83, 6). **2.** ⟨Pl. selten⟩ *politische Richtung, Bewegung, die gesellschaftlichen Besitz der Produktionsmittel u. die Kontrolle der Warenproduktion u. -verteilung verficht:* der demokratische, bürokratische S.; Wobei der S. *(das sozialistische Lager)* für sich in Anspruch nahm, die Interessen der „arbeitenden Menschen" zu vertreten (Gruhl, Planet 68); Von den ... Eliten anderer Sozialismen (sozialistischer Systeme; Welt 10. 9. 76, 1); **So|zi|a|list,** der; -en, -en [a: engl. socialist, frz. socialiste]: **a)** *Anhänger, Verfechter des Sozialismus:* sie verstehen sich als -en; **b)** *Mitglied einer sozialistischen Partei:* zum ersten Mal wurde mit ihm ein S. zum Präsidenten gewählt; die -en haben ihre Mehrheit im Parlament verloren; **So|zi|a|li|sten|ge|setz,** das (hist.): *unter Bismarck verabschiedetes Gesetz, das Sozialdemokraten u. Gewerkschaft in ihrer Arbeit stark behinderte u. benachteiligte:* 100 Schreiner, 80 Schneider und 40 Schuster, die hatten nur einen lokalen Hilfskassenverein gegründet, ... nun aber setzte man sie unter Anklage wegen Verstoßes gegen die -e (Kühn, Zeit 94); **So|zi|a|li|stin,** die; -, -nen: w. Form zu ↑Sozialist; **so|zi|a|li|stisch** ⟨Adj.⟩: **1.** *den Sozialismus betreffend, zum Sozialismus gehörend; in der Art des Sozialismus:* -e Ideale; die -e Revolution; die -en Staaten; als Chile noch s. war; Diese Entscheidungen, die also typisch s. sind (profil 17, 1979, 18); s. regierte Länder. **2.** (österr.) *sozialdemokratisch:* der -e Bundeskanzler; **So|zi|a|li|tät,** die; - [lat. socialitas = Geselligkeit, zu: socialis, ↑sozial] (bildungsspr.): *die menschliche Gemeinschaft, Gesellschaft;* **So|zi|al|ka|pi|tal,** das: *Kapital, das der Arbeitgeber für Sozialleistungen (z. B. Pensionszahlungen) zurückstellt;* **So|zi|al|kom|pe|tenz,** die: *Fähigkeit einer Person, in ihrer sozialen Umwelt selbständig zu handeln;* **So|zi|al|kri|tik,** die ⟨o. Pl.⟩: *Gesellschaftskritik;* **so|zi|al|kri|tisch** ⟨Adj.⟩: *die Sozialkritik betreffend, darauf beruhend:* -e Anmerkungen; -e Literatur; -e Songs; **So|zi|al|kun|de,** die ⟨o. Pl.⟩: *der politischen Erziehung u. Bildung dienendes Unterrichtsfach, das gesellschaftliche Fragen zusammenhängend darstellt;* **So|zi|al|la|sten** ⟨Pl.⟩: *Sozialabgaben u. -leistungen;* **So|zi|al|leh|re,** die: *die Sozialethik der christlichen Kirchen:* die katholische, evangelische S.; **So|zi|al|lei|stun|gen** ⟨Pl.⟩: *Gesamtheit aller von staatlichen u. gesellschaftlichen Institutionen od. vom Arbeitgeber entrichteten Leistungen zur Verbesserung der Arbeits- u. Lebensbedingungen u. zur wirtschaftlichen Absicherung des Arbeitnehmers;* **so|zi|al|li|be|ral** ⟨Adj.⟩ (Politik): **a)** *soziale u. liberale Ziele verfolgend:* eine -e Politik; **b)** *sozialdemokratisch-freidemokratisch, sozialistischliberal:* -e Koalition; die s. regierten Bundesländer; **So|zi|al|lohn,** der: *Lohn, der sich nicht nach Leistung, sondern nach sozialen Kriterien bemißt;* **So|zi|al|me|di|zin,** die: *Teilgebiet der Medizin, das sich mit den durch die Umwelt bedingten Ursachen von Erkrankung, Invalidität u. frühem Tod befaßt;* **So|zi|al|mor|pho|lo|gie,** die (Soziol.): *Lehre von den sozialen Gliederungsformen;* **So|zi|al|neid,** der: *Neid einer sozialen Gruppe gegenüber einer anderen;* **So|zi|al|öko|lo|gie,** die: *Teilgebiet der Ökologie, das sich mit dem Verhältnis zwischen dem sozialen Verhalten des Menschen u. seiner Umwelt befaßt;* **So|zi|al|öko|no|mie,** die ⟨o. Pl.⟩: *Wissenschaft, die sich mit der gesamten Wirtschaft einer Gesellschaft befaßt; Volkswirtschaftslehre;* **So|zi|al|öko|no|mik,** die: *Sozialökonomie;* **so|zi|al|öko|no|misch** ⟨Adj.⟩: *zur Sozialökonomie gehörend; sie betreffend;* **So|zi|al|ord|nung,** die: *soziale Ordnung innerhalb einer bestimmten Gesellschaftsordnung;* **So|zi|al|päd|ago|ge,** der: *jmd., der in der Sozialpädagogik tätig ist* (Berufsbez.); **So|zi|al|päd|ago|gik,** die: *Teilgebiet der Pädagogik, das sich mit der Erziehung des einzelnen zur Gemeinschaft u. zu sozialer Verantwortung außerhalb der Familie u. der Schule befaßt;* **So|zi|al|päd|ago|gin,** die: w. Form zu ↑Sozialpädagoge; **so|zi|al|päd|ago|gisch** ⟨Adj.⟩: *die Sozialpädagogik betreffend;* **So|zi|al|part|ner,** der (Politik): *(bes. bei Tarifverhandlungen) Arbeitgeber od. -nehmer u. ihre Verbände od. Vertreter;* **So|zi|al|part|ner|schaft,** die (Politik): *Partnerschaft zwischen Arbeitgebern u. Arbeitnehmern;* **So|zi|al|phi|lo|so|phie,** die: *Philosophie, die sich mit dem Menschen als gesellschaftlich bestimmtem Wesen u. der kritisch reflektierenden Untersuchung der Gesellschaft befaßt;* **So|zi|al|plan,** der: *soziale (1 c) Fragen betreffender Plan, bes. im Hinblick auf zu vermeidende soziale Härtefälle bei betriebsbedingten Entlassungen;* **So|zi|al|po|li|tik,** die: *Planung u. Durchführung staatlicher Maßnahmen zur Verbesserung der sozialen Verhältnisse der*

Bevölkerung; Gesellschaftspolitik; **So|zi|al|po|li|ti|ker,** der: *Politiker, der sich mit Sozialpolitik befaßt;* **So|zi|al|po|li|ti|ke|rin,** die: w. Form zu ↑ Sozialpolitiker; **so|zi|al|po|li|tisch** ⟨Adj.⟩: *die Sozialpolitik betreffend;* **So|zi|al|pre|sti|ge,** das: *Ansehen, das jmd. auf Grund seiner gesellschaftlichen Stellung genießt;* **So|zi|al|pro|dukt,** das (Wirtsch.): *(in Geldwert ausgedrückte) Gesamtheit aller Güter, die eine Volkswirtschaft in einem bestimmten Zeitraum gewerbsmäßig herstellt (nach Abzug sämtlicher Vorleistungen);* **So|zi|al|psy|chia|trie,** die: *Forschungsrichtung der Psychiatrie, die den Einfluß sozialer Faktoren (wie Familie, Beruf) auf Entstehung u. Verlauf seelischer Krankheiten untersucht;* **So|zi|al|psy|cho|lo|gie,** die: *Teilgebiet sowohl der Soziologie als auch der Psychologie, das sich mit den Erlebnis- u. Verhaltensweisen unter dem Einfluß gesellschaftlicher Faktoren befaßt;* **So|zi|al|raum,** der: *sozialen (1 d) Zwecken dienender Raum (z. B. Ruheraum, Wasch- u. Umkleideraum);* **So|zi|al|recht,** das ⟨o. Pl.⟩: *Recht, das der Sozialgerichtsbarkeit unterliegt;* **So|zi|al|re|form,** die: *Reform der gesellschaftlichen Ordnung zugunsten sozial schwächerer Schichten;* **So|zi|al|re|for|mis|mus,** der (bes. ehem. DDR abwertend): vgl. Reformismus (b); **So|zi|al|ren|te,** die: *von der Sozialversicherung gezahlte Rente;* **So|zi|al|rent|ner,** der: *jmd., der Sozialrente empfängt;* **So|zi|al|rent|ne|rin,** die: w. Form zu ↑ Sozialrentner; **so|zi|al|re|vo|lu|tio|när** ⟨Adj.⟩: *auf eine soziale Umwälzung abzielend:* Eine -e Bewegung bedroht den innenpolitischen Status Mexikos (Kelly, Um Hoffnung 88); **So|zi|al|re|vo|lu|tio|när,** der: *jmd., der auf eine soziale Umwälzung hinarbeitet: ein marxistischer S.;* **So|zi|al|re|vo|lu|tio|nä|rin,** die: w. Form zu ↑ Sozialrevolutionär; **so|zi|al|schäd|lich** ⟨Adj.⟩ (bes. Rechtsspr.): *für die Gesellschaft als Ganzes schädlich:* -e Verhaltensweisen; **So|zi|al|schäd|lich|keit,** die (bes. Rechtsspr.): *das Sozialschädlichsein:* ... über ein Merkmal des Begriffs Wirtschaftskriminalität: die hohe Schadenträchtigkeit und die damit einhergehende S. dieser Kriminalitätsart (NZZ 26. 10. 86, 13); **So|zi|al|staat,** der: *demokratischer Staat, der bestrebt ist, die wirtschaftliche Sicherheit seiner Bürger zu gewährleisten u. soziale Gegensätze innerhalb der Gesellschaft auszugleichen;* **So|zi|al|sta|ti|on,** die: *Einrichtung zur ambulanten Kranken-, Alten- u. Familienpflege;* **So|zi|al|sta|ti|stik,** die: a) *Statistik sozialer Sachverhalte u. Vorgänge;* b) *Statistik der Sozialleistungen;* **So|zi|al|struk|tur,** die: *Gesellschaftsform;* **So|zi|al|ta|rif,** der: *verbilligte Preise für Rentner, Schüler o. ä. zur Nutzung öffentlicher Einrichtungen (z. B. Verkehrsmittel);* **So|zi|al|tech|no|lo|gie,** die ⟨o. Pl.⟩: *Social engineering;* **so|zi|al|the|ra|peu|tisch** ⟨Adj.⟩: *die Sozialtherapie betreffend, zu einer Sozialtherapie gehörend, auf ihr beruhend:* -e Anstalten; **So|zi|al|the|ra|pie,** die: *Behandlung psychischer od. geistiger Krankheiten bes. bei sozial benachteiligten od. bes. gefährdeten Gruppen mit dem Ziel, den Patienten in das Familien- od. Berufsleben einzugliedern;* **So|zi|al|tou|ris|mus,** der, **So|zi|al|tou|ri|stik,** die: *Bemühungen, bes. einkommensschwachen Schichten der Bevölkerung die Möglichkeit einer Ferienreise zu bieten;* **So|zi|al|ver|hal|ten,** das: *auf andere Mitglieder der Gruppe bezogenes Verhalten eines Menschen od. Tieres; soziales Verhalten;* **So|zi|al|ver|mö|gen,** das: 1. *sozialen Zwecken (z. B. Werkswohnungen, Werksbücherei) dienende Vermögen eines Betriebes.* 2. *der Allgemeinheit dienende Vermögenswerte wie Straßen, Brücken o. ä.;* **So|zi|al|ver|si|che|rung,** die: *Versicherung des Arbeitnehmers u. seiner Angehörigen, die seine wirtschaftliche Sicherheit während einer Arbeitslosigkeit u. im Alter sowie die Versorgung im Falle einer Krankheit od. Invalidität o. ä. gewährleistet;* **So|zi|al|ver|si|che|rungs|aus|weis,** der: *vom Träger der Rentenversicherung ausgestelltes Dokument für Arbeitnehmer, das den Namen, Versicherungsnummer u. a. enthält u. das der Arbeitnehmer bei Beginn einer Beschäftigung dem Arbeitgeber vorlegen muß;* **So|zi|al|ver|si|che|rungs|bei|trag,** der: *Beitrag zur Sozialversicherung;* **So|zi|al|ver|si|che|rungs|pflicht,** die ⟨o. Pl.⟩: *gesetzliche Verpflichtung zur Mitgliedschaft in der Sozialversicherung, zur Zahlung von Sozialversicherungsbeiträgen;* **so|zi|al|ver|träg|lich** ⟨Adj.⟩: *mit sozialen Gesichtspunkten verträglich u. sich nicht nachteilig für die Betroffenen auswirkend:* Der Stellenabbau soll s. ... erfolgen (Rheinpfalz 6. 12. 88, 4); **So|zi|al|wah|len** ⟨Pl.⟩: *Wahl der Interessenvertreter für die Organe der Selbstverwaltung in der Sozialversicherung;* **So|zi|al|wai|se,** die: *Kind, dessen Eltern nicht für es sorgen;* **So|zi|al|we|sen,** das ⟨o. Pl.⟩: *Gesamtheit aller Maßnahmen der Sozialarbeit u. der Sozialpädagogik;* **So|zi|al|wis|sen|schaf|ten** ⟨Pl.⟩: *Gesellschaftswissenschaft (2);* **So|zi|al|woh|nung,** die: *mit öffentlichen Mitteln gebaute Wohnung mit relativ geringen Mietkosten für Mieter mit geringem Einkommen;* **So|zi|al|zu|la|ge,** die: *Zulage zum tariflich geregelten Lohn od. Gehalt, die auf Grund sozialer Kriterien (Familienstand, Kinder, Alter o. ä.) gezahlt wird;* **So|zi|a|ti|on,** die, -, -en (Biol.): *mehrschichtige Pflanzengesellschaft mit einer od. mehreren dominierenden Pflanzenarten in jeder Schicht;* **So|zi|a|tiv** [auch: 'zo(:)...], der, -s, -e [zu lat. sociare, ↑ sozieren] (Sprachw.): *Komitativ;* **so|zi|e|tär** [...ie...] ⟨Adj.⟩ [frz. sociétaire, zu: société, ↑ Sozietät] (Soziol.): *die rein [vertrags]gesellschaftlichen Beziehungen betreffend;* **So|zi|e|tär,** der, -s, -e (veraltet): *Angehöriger, Mitglied einer Sozietät;* **So|zi|e|tät,** die, -, -en [frz. société < lat. societas = Gesellschaft, Gemeinschaft, zu: socius, ↑ Sozius]: 1. a) (Soziol.) *Gruppe von Personen, deren Zusammengehörigkeit durch gemeinsame soziale Normen, Interessen, Ziele, aber nicht durch ein gemeinsames Wohngebiet bestimmt ist;* b) (Verhaltensf.) *Verband, Gemeinschaft bei Tieren (z. B. Vögeln);* c) (bildungsspr.) *Gemeinschaft, Gesellschaft:* ... war die S. aus einer amorphen Masse zur pluralistischen Gesellschaft geworden (FAZ 2. 9. 61, 5); dann will ich ja auch nicht so sein und will Sie der menschlichen S. zurückerstatten (Th. Mann, Zauberberg 285); Der ... Geisteskranke ... schließt sich ... autistisch von der S. ab (Universitas 5, 1966, 488). 2. *Zusammenschluß bes. von Angehörigen freier Berufe zu gemeinschaftlicher Ausübung des Berufs:* er trat als S. von Wirtschaftsprüfern und Steuerberatern bei; **so|zi|ie|ren,** sich ⟨sw. V.; hat⟩ [lat. sociare = vereinigen, zu: socius, ↑ Sozius]: *sich wirtschaftlich vereinigen, assoziieren (2):* die beiden Anwälte haben sich soziiert.

So|zi|nia|ner, der, -s, - [nach den ital. Begründern Lelio u. Fausto Sozzini]: *Angehöriger einer Religionsgemeinschaft des 16. Jh.s in Polen, die die Lehre von der Trinität ablehnt;* **So|zi|nia|nis|mus,** der; -: *Lehre der Sozinianer.*

so|zio-, So|zio- [zu lat. socius, ↑ Sozius] ⟨Best. in Zus. mit der Bed.⟩: *gesellschaftlich, Gesellschafts-; eine soziale Gruppe betreffend;* **So|zio|bio|lo|gie,** die; -: *Wissenschaft, in der man sich mit dem Leben unter Einbeziehung der gesellschaftlichen Umwelt befaßt;* **So|zio|ge|ne|se,** die; - (Biol., Med.): *Entstehung von Krankheiten u. psychischen Störungen durch gesellschaftliche Faktoren;* **So|zio|gramm,** das; -s, -e [↑ -gramm] (Soziol.): *graphische Darstellung sozialer Verhältnisse u. Beziehungen innerhalb einer Gruppe;* **So|zio|gra|phie,** die; - [↑ -graphie]: *sozialwissenschaftliche Forschungsrichtung, die die soziale Struktur einer bestimmten Einheit (z. B. eines Dorfes od. einer geographischen Region) empirisch zu untersuchen u. zu beschreiben versucht;* **So|zio|hor|mon,** das; -s, -e ⟨meist Pl.⟩ (Biol.): *Wirkstoff aus der Gruppe der Pheromone, der die Fortpflanzungsverhältnisse regelt;* **so|zio|kul|tu|rell** ⟨Adj.⟩: *die kulturelle Gebundenheit, gesellschaftlich-kulturell: die Gebundenheit der biblischen Autoren an bestimmte -e ... Voraussetzungen* (Wiedemann, Liebe 83); So nimmt ... das politische System ... gegenüber dem -en und dem ökonomischen System eine übergeordnete Stellung ein (Habermas, Spätkapitalismus 15); **So|zio|lekt,** der; -[e]s, -e [geb. nach ↑ Dialekt, ↑ Idiolekt] (Sprachw.): *Sprachgebrauch einer sozialen Gruppe (z. B. Berufssprache, Jugendsprache);* **So|zio|lin|gui|stik,** die; - [↑ -istik]: *Teilgebiet der Sprachwissenschaft, das Sprachverhalten sozialer Gruppen untersucht;* **so|zio|lin|gui|stisch** ⟨Adj.⟩: *die Soziolinguistik betreffend;* **So|zio|lo|ge,** der; -n, -n [↑ -loge]: *Wissenschaftler auf dem Gebiet der Soziologie;* **So|zio|lo|gie,** die; - [frz. sociologie, gepr. 1830 von dem frz. Philosophen der Wissenschaft A. Comte (1798-1857), zu lat. socius (↑ Sozius) u. griech. lógos, ↑ Logos]: *Wissenschaft, Lehre vom Zusammenleben der Menschen in der Gemeinschaft od. Gesellschaft, von den Erscheinungsformen, Entwicklungen u. Gesetzmäßigkeiten gesellschaftlichen Lebens:* S. studieren; Es gibt eine S. des Mülls: Akademiker lesen mehr Zeitungen; Haushalte mit höherem Einkommen verbrauchen mehr Tiefkühlkost (Weinberg, Deutsch 122); **So|zio|lo|gin,** die; -, -nen: w. Form zu ↑ Soziologe; **so|zio|lo|gisch**

Soziologismus

⟨Adj.⟩: *die Soziologie betreffend, zu ihr gehörend, auf ihr beruhend:* -e Phänomene; eine -e Betrachtungsweise; er führt -e Untersuchungen durch; **So|zio|lo|gis|mus**, der; -: *Überbewertung der Soziologie im Hinblick auf die Betrachtung geistiger, kultureller u. politischer Erscheinungen;* **So|zio|me|trie**, die; - [↑-metrie] (Sozialpsych.): *Testverfahren, durch das die gegenseitigen Kontakte innerhalb einer Gruppe u. die bestehenden Abneigungen u. Zuneigungen ermittelt werden können;* **so|zio|me|trisch** ⟨Adj.⟩ (Sozialpsych.): *die Soziometrie betreffend:* -e Erhebungen; **so|zio|morph** ⟨Adj.⟩ [↑-morph] (Fachspr.): *von der Gesellschaft, den sozialen Verhältnissen geformt;* **so|zio|öko|no|misch** ⟨Adj.⟩ (Soziol.): *die Gesellschaft wie die Wirtschaft, die [Volks]wirtschaft in ihrer gesellschaftlichen Struktur betreffend:* -e Veränderungen; der derzeitige -e Zustand des Kapitalismus (Stamokap 24); **So|zio|path**, der; -en, -en [↑-path (1)] (Psych.): *an Soziopathie Leidender;* **So|zio|pa|thie**, die; -, -n [↑-pathie (1)] (Psych.): *Form der Psychopathie, die sich bes. in abartigem sozialem Verhalten u. Handeln äußert;* **So|zio|pa|thin**, die; -, -nen (Psych.): *w. Form zu* ↑Soziopath; **So|zio|the|ra|pie**, die; -, -n (Psych., Med.): *Sozialtherapie;* **So|zio|to|mie**, die; -, -n [zu griech. tomḗ = Schnitt] (Biol.): *Abtrennung von Teilen eines Insektenstaates zur Gründung eines neuen;* **So|zi|us**, der; -, -se, auch: ...zii [lat. socius = Gefährte, Genosse, Teilnehmer, wohl zu: sequi = folgen]: **1.** ⟨Pl. meist: ...zii⟩ (Wirtsch.) *Teilhaber, [Mit]gesellschafter, bes. in einer Sozietät (2):* er wurde als S. in die Praxis aufgenommen. **2.** ⟨Pl. -se⟩ **a)** *Beifahrersitz auf einem Motorrad, -roller o. ä.:* Er befahl O'Daven, sich auf den S. zu setzen (Weber, Tote 174); **b)** *jmd., der auf dem Sozius (2a) mitfährt:* Fahrer und S. wurden bei dem Sturz leicht verletzt. ⟨Pl. -se⟩ (ugs. scherzh.) *Genosse, Kumpan;* **So|zi|us|fah|rer**, der: *Sozius* (2b); **So|zi|us|fah|re|rin**, die: *w. Form zu* ↑Soziusfahrer; **So|zi|us|sitz**, der: *Sozius* (2a).
so|zu|sa|gen ⟨Adv.⟩: **1.** *wie man es ausdrücken könnte; gleichsam:* durch den Übergang vom Sozialismus werde die Nationalitätenfrage s. automatisch gelöst (NZZ 25. 12. 83, 6); Unser Männerchor ist s. die Seele vom Dorfklub (Freie Presse 17. 2. 89, Beilage S. 1); kurz und erschöpfend, mit soldatischer Knappheit s. (Kirst, 08/15, 456). **2.** *quasi, ungefähr:* es geschah s. offiziell; Sozusagen gleich blieb auch die Zahl der Abonnenten mit rund 5 800 (NZZ 1. 2. 83, 19).
Sp. = Spalte (2).
Space|lab ['speɪslæb], das; -s, -s [engl., aus: space = Weltraum u. lab(oratory) = Laboratorium]: *von ESA u. NASA entwickeltes Raumlabor;* **Space-shut|tle** ['speɪs-], der; -s, -s [↑Shuttle]: *Raumfähre.*
Spach|tel, der; -s, - od. (österr. nur so:) die; -, -n [(urspr. bayr. Nebenf. von) spätmhd. spatel, ↑Spatel]: **1.** *kleines, aus einem Griff u. einem [trapezförmigen] Blatt (5) bestehendes Werkzeug zum Auftragen, Glattstreichen ud. Abkratzen von Farbe, Mörtel, Kitt o. ä.:* lose Farbe mit einem S. abkratzen; den Gips mit einem S. in die Risse streichen. **2.** *Spachtelmasse.* **3.** (ugs. selten) *Spatel* (1); **Spach|tel|kitt**, der: *Kitt* (1); **Spach|tel|ma|le|rei**, die ⟨o. Pl.⟩ (Malerei): *Maltechnik, bei der die Farbe mit einem Spachtel auf die Leinwand aufgetragen wird;* **Spach|tel|mas|se**, die: *pastenförmige Masse, die an der Luft nach einiger Zeit hart wird, zum Ausgleichen von Unebenheiten;* **spach|teln** ⟨sw. V.; hat⟩: **1. a)** *mit dem Spachtel auftragen und glätten:* Gips in die Fugen s.; die Farben sind gespachtelt; **b)** *mit dem Spachtel bearbeiten:* die Wand s.; nach dem Ausbeulen wird der Kotflügel gespachtelt und geschliffen. **2.** (fam.) *mit Freude am Essen u. mit gutem Appetit essen:* die Kinder haben ganz schön gespachtelt; wir haben wundervoll gespachtelt ... ein richtiges Schweizer Essen (Zinn, Sohn 26). **3.** (Handarb.) *von Spachtelspitze eingefaßte Stellen herausschneiden;* **Spach|tel|spit|ze**, die [zu ↑spachteln (3)] (Handarb.): *Spitze, die durch Besticken bestimmter Stoffes u. Herausschneiden unbestickter, von der Stickerei eingefaßter Stellen hergestellt wird.*
spack ⟨Adj.⟩ [mniederd. spa(c)k, eigtl. = dürr, trocken, verw. mit: spaken = dürre Äste, mhd. spache = dürres (Brenn)holz, ahd. spahha = Reisig] (bes. nordd.): **1.** *abgemagert, dünn u. schmal:* ... einen -en Spökenmacher (Kant, Impressum 40); sie ist schrecklich s. geworden; s. aussehen. **2.** *straff, eng:* der Rock sitzt aber s.
Spa|da ['ʃp..., 'sp...], die; -, -s [ital. spada < lat. spatha, ↑Spatel] (Fechten veraltend): *Degen;* ◆ **Spa|di**, der; -s, -s ⟨meist o. Art.⟩: *(bes. im südd. Sprachgebrauch) Spadille:* „Der Jude ist ein feiner Spieler", sagte er, „deine besten Tarocks hat er dir abgejagt, und das Spiel scheint in seiner Hand zu liegen; aber – er muß sich verrechnet haben, wir wollen sehen, wie er beschlagen ist, wenn wir – S. anspielen" (Hauff, Jud Süß 410); **Spa|dil|le** [...'dɪljə], die; -, -n [frz. spadille < span. espadilla, Vkl. von: espada < lat. spatha, ↑Spatel als höchste Trumpfkarte im Lomber; **Spa|dix**, der; - [lat. spadix < griech. spádix = abgerissener (Palm)zweig] (Bot.): *zu einem Kolben verdickte Blütenachse.*
¹**Spa|gat**, der (österr. nur so) od. das; -[e]s, -e [ital. spaccata, zu: spaccare = spalten] (Ballett, Turnen): *Figur (6), bei der die in entgegengesetzte Richtungen ausgestreckten Beine eine (senkrecht zum aufrechten Körper verlaufende) waagerechte Linie bilden:* [einen] S. machen; in den S. gehen. ²**Spa|gat**, der; -[e]s, -e [ital. spaghetto, ↑¹Spaghetti] (südd., österr.): *Schnur, Bindfaden:* so ward denn das Ganze noch einmal umhüllt und mit S. gebunden (Doderer, Wasserfälle 67).
Spa|gat|pro|fes|sor, der [zu ↑¹Spagat] (scherzh.): *Professor, der an zwei [weit auseinanderliegenden] Hochschulen gleichzeitig tätig ist;* **Spa|gat|pro|fes|so|rin**, die (scherzh.): *w. Form zu* ↑Spagatprofessor.
¹**Spa|ghet|ti** [ʃp..., auch: sp...] ⟨Pl.⟩ [ital. spaghetti (Pl.), Vkl. von: spago = dünne Schnur, H. u.]: *lange, dünne, schnurartige Nudeln:* S. mit Tomatensoße; ²**Spa|ghet|ti**, der; -[s], -s (salopp abwertend): *Italiener;* **Spa|ghet|ti|fres|ser**, der (derb abwertend): *Italiener:* setz dich nicht zu diesen dreckigen -n (Sobota, Minus-Mann 24); **Spa|ghet|ti|fres|se|rin**, die (derb abwertend): *w. Form zu* ↑Spaghettifresser; **Spa|ghet|ti|trä|ger**, der (Mode): *(an Sommerkleidern, Unterröcken o. ä.) sehr schmaler Träger (3).*
Spa|gi|rik, die; - [zu griech. spán = herausziehen u. ageírein = sammeln]: **1.** *ma. Bez für Alchimie.* **2.** (Pharm.) *Arzneimittelherstellung auf mineralisch-chemischer Basis;* **Spa|gi|ri|ker**, der; -s, -: *Alchimist;* **spa|gi|risch** ⟨Adj.⟩: *alchimistisch:* -e Kunst *(Alchimie).*
Spa|gno|lett [ʃpanjo..., sp...], der; -[e]s, -e [2: ital. spagnoletta, zu: spagnolo = spanisch]: **1.** *beidseitig angerauhtes Baumwollgewebe in Leinwandbindung.* **2.** *Espagnoletteverschluß.*
spä|hen ⟨sw. V.; hat⟩ [mhd. spehen, ahd. spehōn, verw. mit lat. specere, ↑Spekulum]: **a)** *forschend, suchend blicken:* aus dem Fenster, um die Ecke, durch die Gardine, in die Ferne s.; Über den Tassenrand hinweg spähte sie geängstigt nach Mathieus Gesicht (Lederer, Bring 171); Jankowski spähte mit flinken Augen um sich (Apitz, Wölfe 13); ... und (seine Augen) spähten besorgt nach mir, da ich näher kam (Th. Mann, Joseph 465); „Du hältst nichts von der Eifersucht?" fragte Marianne und sah ihn spähend *(forschend)* an (Baum, Paris 131); **b)** *Ausschau halten:* er spähte nach ihr; Man könnte sagen, daß er schon gestorben war, als er so nach beiden Seiten auf einen Zug spähte (Musil, Mann 1517); **Spä|her**, der; -s, - [mhd. spehære, ahd. spehāri]: *jmd., der etw. auskundschaften soll; Kundschafter:* freudig hört Ihr die Häscher an Euer Tor pochen, willkommen sind Euch die S. der Inquisition (Hacks, Stücke 92); S. aussenden, ausschicken; er hatte seine S. überall; Indianer nannte man die ins gegnerische Lager entsandten S. und Kundschafter (Zwerenz, Quadriga 196); **Spä|her|au|ge**, das: *scharf beobachtendes Auge:* seinem S. entgeht nichts; daß die Szene einen würdigen Abgang bekäme für das S. der Nachbarschaft *(für die neugierig zusehenden Nachbarn;* Fries, Weg 242); **Spä|her|blick**, der: vgl. Späherauge; **Spä|he|rei**, die; -, -en: *[dauerndes] Spähen;* **Spä|he|rin**, die; -, -nen: *w. Form zu* ↑Späher.
Spa|hi ['spa:hi, 'ʃp...], der; -s, -s [frz. spahi < türk. sipahi = Reitersoldat, aus dem Pers.]: **1.** *(von 1834 bis 1962) Angehöriger einer von den Franzosen in Nordafrika aufgestellten, aus Einheimischen bestehenden Reitertruppe.* **2.** (früher) *[adliger] Reiter im türkischen Heer.*
Späh|pan|zer, der (Milit.): *zur Aufklärung (4) eingesetzter leichterer Panzer (4);* **Späh|pa|trouil|le**, die (Milit.): **a)** *zur Aufklärung (4) durchgeführte Erkundung, Patrouille (1);* **b)** *Patrouille (2), die eine Aufklärung (4) durchführt;* **Späh|trupp**, der (Milit.): **a)** *Spähpatrouille (b):* einen S. ausschicken; **b)** *Spähpatrouille (a):* sie

unternahmen einen regelrechten S. (Kuby, Sieg 300). **Spal|kat**, der; -[e]s, -e (österr. veraltet): ¹*Spagat*. **Spa|ke**, die; -, -n [mniederd. spake, urspr. = dürrer Ast, verw. mit ↑spack] (Seew.): **a)** *eine der zapfenförmig über den Rand hinausreichenden Speichen des Steuerrads;* **b)** *als Hebel dienende Holzstange;* **spa|kig** ⟨Adj.⟩ [mniederd. spakig, urspr. = (von der Sonne) ausgetrocknet, dürr] (nordd.): *faulig u. angeschimmelt; stockfleckig.* **Spal|let**, das; -s, -s [ital. spalletta, ↑Spalett] (Milit. veraltet): *Brustwehr, Geländer;* **Spa|lett**, das; -[e]s, -e [ital. spalletta = Brustwehr, Vkl. von: spalla, ↑Spalier] (österr.): *Fensterladen aus Holz;* **Spa|lier**, das; -s, -e [ital. spalliera, eigtl. = Schulterstütze, Rückenlehne, zu: spalla = Schulter < lat. spatula, ↑Spatel]: **1.** *meist gitterartiges Gestell aus Holzlatten od. Draht, an dem Obstbäume, Wein o. ä. gezogen werden:* Rosen an einem S. ziehen; Wein rankt sich an -en empor; Schwarz und trächtig bricht Senta durch ein S. Saubohnen (Grass, Hundejahre 68). **2.** *durch eine Reihe von Menschen auf jeder Seite gebildete Gasse (durch die jmd. geht, fährt):* Und das lange graue S. stand da mit beschmierten Gesichtern (Plievier, Stalingrad 331); ein [dichtes] S. bilden; ... den Doktor Überbein, der ... das S. der Zuschauer entlangkam (Th. Mann, Hoheit 66); er fuhr durch ein S. jubelnder Menschen; * *S. stehen (sich zu einem Spalier 2 aufgestellt haben);* **Spa|lier|baum**, der: *an einem Spalier (1) wachsender [Obst]baum;* **Spa|lier|obst**, das: **a)** *Obst von Spalierbäumen;* **b)** *an Spalieren (1) wachsende Obstbäume;* **Spa|lier|obst|baum**, der: *an einem Spalier (1) wachsender Obstbaum;* **Spa|lier|strauch**, der (Bot.): *flach am Boden wachsender od. den Boden in Form eines Spaliers überziehender Strauch;* **Spa|lier|wuchs**, der (Bot.): *Wuchsform von Gehölzen, bei der Stamm u. Äste in einer Ebene – horizontal od. vertikal – wachsen.* **Spal|la|ti|on**, die; -, -en [engl. spallation, zu: to spall = (auf)splittern, spalten] (Kernphysik): *Herauslösung von Nukleonen aus dem Atomkern nach Auftreffen von energiereicher Teilchenstrahlung.* **Spalt**, der; -[e]s, -e [mhd., ahd. spalt, zu ↑spalten]: **1. a)** *schmale, längliche Öffnung, die als [vorübergehender] Zwischenraum vorhanden ist, entsteht:* ein schmaler, tiefer S.; ein S. im Fels, im Gletschereis; die Tür einen S. offenlassen, öffnen; die Augen einen S. weit öffnen; Sie angelte ein Glas aus dem S. zwischen Bett und Wand (Böll, Haus 80); Er öffnete die Tür und streckte seinen Kopf durch den S. (Kirst, 08/15, 334); ... um durch den S. cremefarbener Vorhänge in das Innere ... zu blicken (Th. Mann, Krull 99); Sie ... zog die Augen zu einem S. zusammen (Baum, Paris 118); **b)** (vulg.) *Spalte (4):* Ihr winziges Höschen deckt kaum den S. (Sobota, Minus Mann 324). **2.** (Ringen schweiz.) *Spaltgriff;* **Spalt|al|ge**, die ⟨meist Pl.⟩ [die Algen vermehren sich durch Spaltung] (veraltet): *Blaualge;* **spalt|bar** ⟨Adj.⟩: **a)** (Kernphysik) *so be-*

schaffen, daß es gespalten (2 a) werden kann: -es Material; **b)** (Mineral.) *(von Mineralien) sich durch Schlag od. Druck in Stücke zerspalten lassend;* **Spalt|bar|keit**, die; - (Kernphysik, Kerntechnik, Mineral.): *das Spaltbarsein;* **Spalt|bil|dung**, die (Med.): *Mißbildung auf Grund eines fehlenden Verschlusses von im embryonalen Entwicklungsprozeß gebildeten Lücken;* **spalt|bar|sein** ⟨Adj.⟩: *gerade so breit wie ein Spalt* (1 a): *eine -e Öffnung;* **Spalt|breit**, der; -: *Breite eines Spalts* (1 a): *die Tür einen S. (nur einen Spalt 1 a) öffnen;* **Spält|chen**, das; -s, -: Vkl. zu ↑Spalt (1), ↑Spalte (1); **Spal|te**, die; -, -n [spätmhd. spalte, mhd. (md.) spalde, Nebenf. von ↑Spalt]: **1.** *längerer Riß in einem festen Material:* -n im Fels; ein Mauerwerk zeigten uns tiefe, breite -n; Ü Der Geist ... des Kleinmuts weiß sich wie Ungeziefer in den geheimsten -n der Seele zu verstecken (Thieß, Reich 227). **2.** (Druckw.) *blockartiger Teil [gleich langer] untereinandergesetzter Zeilen, der mit einem od. mehreren anderen beim Umbruch (2 a) zu einer Seite zusammengestellt wird:* Seine eigentliche ... Liebe aber gilt England ..., wo sich die -n der „Times" ihm stets geöffnet hatten (wo er in der „Times" stets schreiben konnte; Ceram, Götter 70); die Buchseite hat zwei -n; Er gab mir eine S. Vokabeln auf (Kempowski, Tadellöser 204); der Artikel war eine S. lang, ging über drei -n; der Skandal füllte die -n der Weltpresse (stand in allen Zeitungen). **3.** (bes. österr.) *halbmondförmige ¹Scheibe (2) einer Frucht:* einen Apfel in -n schneiden; gibst du mir mal eine S. von deiner Orange? **4.** (vulg.) *Schamspalte:* unter dem ... Stoff zeichnet sich ein wohlgeformter Venushügel ab, darunter die S. (Eppendorfer, Monster 202). **5.** (ugs.) *Gesäßspalte;* **Späl|te**, die; -, -n (schweiz.): *durch ein- od. zweimaliges Spalten eines Rundholzes entstandenes Holz:* eine bleich grinsende Mauer aus -n ..., die noch troffen vor Saft und Waldesnässe (Steimann, Aperwind 43); **spal|ten** ⟨unr. V.; spaltete, hat gespalten/(auch:) gespaltet⟩ [mhd. spalten, ahd. spaltan, urspr. = platzen, bersten, splittern]: **1. a)** *[der Länge nach, entlang der Faser] in zwei od. mehrere Teile zerteilen:* mit einer Axt Holz s.; Frost und Hitze haben den Fels gespalten/gespaltet; ein vom Blitz gespaltener Baum; jmdm. mit dem Schwert den Schädel s.; die Gewalt solchen Bebens, das plötzlich die Erde rüttelte, spaltete und Menschenwerk verschlang (Ceram, Götter 85); **b)** ⟨s. + sich⟩ *sich in bestimmter Weise spalten (1 a) lassen:* das Holz spaltet sich gut, schlecht; **c)** ⟨s. + sich⟩ *sich teilen, [zer]trennen:* ihre Haare, Fingernägel spalten sich; das Mauerwerk hat sich gespalten; sie (= die vielen Flüsse) ... trennten sich, verbanden sich, spalteten sich in viele Arme ... (Schröder, Wanderer 93); ein gespaltener Gaumen (Wolfsrachen), eine gespaltene Oberlippe (Hasenscharte). **d)** *bewirken, daß die Einheit von etw. nicht mehr besteht, gegeben ist:* eine Partei s.; der Bürgerkrieg hatte das Land in zwei feindliche Lager gespalten; **e)** ⟨s. + sich⟩ *die Einheit verlieren, aufgeben; sich teilen,*

trennen: die Partei, seine Anhängerschaft hat sich gespalten; gespaltenes Bewußtsein (Med., Psych.; Schizophrenie). **2. a)** (Physik) *zur Energiegewinnung durch Einwirkung schneller Neutronen, energiereicher Gammastrahlen o. ä. zerlegen:* Atomkerne s.; **b)** (Chemie) *umwandeln:* Nahrungsstoffe werden im Darm durch Enzyme gespalten; Träumen Sie ... von der Blume des Feldes, die in Sonnennäher das Leblose zu s. und ihrem Lebensleib einzuverwandeln weiß (Th. Mann, Krull 319); **Spal|ten|bil|dung**, die: *Entstehung von Spalten (1);* **Spal|ten|brei|te**, die: *Breite einer Spalte (2);* **spal|ten|lang** ⟨Adj.⟩: *einige, mehrere Spalten (2) lang:* -e Artikel und empörte Leserbriefe (Grass, Hundejahre 309); Der Fall, seit Wochen s. in allen Blättern behandelt ... (Frisch, Gantenbein 421); **spal|ten|wei|se** ⟨Adv.⟩: *in Spalten (2):* etw. s. setzen; **Spal|ter**, der; -s, - (bes. ehem. DDR abwertend): *jmd., der eine Partei o. ä. durch Uneinigkeit zu spalten versucht od. gespalten hat:* Indem die S. zu dem Versuch greifen, über die UNO „zwei Koreas" zu schaffen (horizont 13, 1978, 26); **spal|ter|big** ⟨Adj.⟩ (Biol.): *heterozygot;* **Spal|ter|flag|ge**, die (veraltet abwertend): *polemische Bez. für die Flagge der DDR:* ... könne kein deutscher Sportler an einer Veranstaltung teilnehmen, bei der die S. der Zone gezeigt werde (FAZ 10. 6. 71, 1); vor jenem „völlig korrekten Fahnentuch" (Gaus), das viele Menschen hierzulande noch immer die „Spalterflagge" nennen (Spiegel 26, 1974, 19); **Spal|te|rin**, die; -, -nen (bes. ehem. DDR abwertend): w. Form zu ↑Spalter; **spal|te|risch** ⟨Adj.⟩ (abwertend): *in der Art eines Spalters, als Spalter:* -e Aktivitäten; ... gelang es den Spaltern, in der Arbeiterklasse, -e Kräfte in der Gewerkschaftsbewegung zu isolieren (horizont 45, 1976, 7); **Spalt|fuß**, der: **a)** (Zool.) *scherenartig geformter Fuß bei Krebstieren;* **b)** (Med.) *Mißbildung des Fußes, bei der die beiden äußeren Mittelfußknochen jeweils miteinander verwachsen sind u. der mittlere kaum od. gar nicht ausgebildet ist, so daß der Fuß scherenartig gespalten erscheint;* **Spalt|griff**, der (Ringen): *Griff, bei dem der Angreifer zwischen den Beinen des Gegners hindurchgreift u. die Hände ineinanderhakt, um dann den Gegner zu Fall zu bringen;* **Spalt|hand**, die (Med.): vgl. Spaltfuß (b); **Spalt|lam|pe**, die (Med.): *in der Augenheilkunde zur Betrachtung des Augeninneren verwendete Lampe, die ein durch einen Spalt austretendes sehr helles Lichtbündel auf das Auge wirft;* **Spalt|le|der**, das (Gerberei): *durch Abspalten des Narbens hergestelltes Leder;* **Spalt|ma|te|ri|al**, das (Kernphysik): *spaltbares Material;* **Spalt|neu|tron**, das ⟨meist Pl.⟩ (Kernphysik): *durch Kernspaltung aus dem gespaltenen Kern freigesetztes Neutron;* **Spalt|öff|nung**, die (Bot.): *(in großer Zahl an den grünen Pflanzenteilen vorhandene) mikroskopisch kleine, längliche, dem Gasaustausch dienende Öffnung; Stoma (2);* **Spalt|pilz**, der (Biol., Med.) [die Pilze vermehren sich durch Spaltung] (veraltet): *Bakterie:* Ü Die SPD ist gegen den S. (gegen spalte-

Spaltprodukt

rische Tendenzen) immun (Spiegel 51, 1976, 30); **Spalt|pro|dukt,** das: **1.** (Kernphysik) *bei der Spaltung von Atomkernen entstehendes, stark radioaktives Material.* **2.** (Chemie) *bei einer chemischen Umwandlung entstandenes Produkt;* **Spaltstoff,** der (Kernphysik): *Spaltmaterial;* **Spal|tung,** die; -, -en [mhd. (zer)spaltunge]: **1.** *das Spalten* (1 d), *Sichspalten* (spalten 1 e), *Gespaltensein* (spalten 1 d, e): die S. Deutschlands könnte unterblieben sein (Johnson, Mutmaßungen 94); wie unversöhnlich die S. zwischen Sozialdemokraten und Kommunisten bereits geworden ist (Kantorowicz, Tagebuch I, 229); S. des Bewußtseins (Med.; *Schizophrenie*); Der ... Bruch der Fraktionsdisziplin führte 1916/1917 zur S. der SPD (Fraenkel, Staat 102). **2.** (Physik, Chemie) *das Spalten* (2); **Spal|tungs|ebe|ne,** die (Mineral.): *Ebene* (2), *in der ein Mineral gespalten ist, sich spalten läßt;* **spaltungs|ir|re** ⟨Adj.⟩ (Med.): schizophren (1); **Spal|tungs|ir|re|sein,** das (Med.): *Schizophrenie* (1); **Spalt|zo|ne,** die (Kerntechnik): *Teil eines Kernreaktors, in dem die Kernspaltung erfolgt.*

Span, der; -[e]s, Späne ⟨meist Pl.⟩ [1: mhd., ahd. spān, urspr. = langes, flaches Holzstück; 2: mhd. span = Zerwürfnis; Spannung, zu ↑spannen; vgl. widerspenstig]: **1.** *(beim Hobeln, Behauen, Schneiden o. ä.) kleines, als Abfall entstehendes Stückchen des bearbeiteten Materials:* feine, dünne, grobe Späne; die Sägen knirschten und schrien manchmal, wenn sich ein S. gegen das Blatt stemmte (Fallada, Trinker 106); die Späne wegfegen, wegpusten; mit einem trockenen, harzigen S. ein Feuer anzünden; Spr wo gehobelt wird, [da] fallen Späne *(man muß die mehr od. weniger kleinen Nachteile von etw., dessen Ausführung an sich gut u. nützlich ist, eben in Kauf nehmen).* **2. a)** *Späne machen (salopp; *Schwierigkeiten machen; Widerstand leisten)*; **mit jmdm. einen S. haben** (landsch.; *mit jmdm. Streit haben*); **einen S. ausgraben** (bes. schweiz.; *Streit suchen*); ♦ **b)** *Zank; Meinungsverschiedenheit:* in der hohen Häupter S. und Streit sich unberufen ... drängen bringt wenig Dank und öfterer Gefahr (Schiller, Braut v. Messina 1778 ff.); **span|ab|he|bend** ⟨Adj.⟩ (Technik): *spanend:* -e Bearbeitung, Fertigung; **Spän|chen,** das; -s, -: Vkl. zu ↑Span (1).

Span|dril|le, die; -, -n [roman., zu lat. expandere = auseinanderspannen] (Archit.): *Zwickel* (2 b).

spä|nen ⟨sw. V.; hat⟩ [zu ↑Span] (Technik): *(ein Werkstück) durch Abhobeln, Abfeilen o. ä. von Spänen formen:* die Schneiden der Messer können in radialer und axialer Richtung s.; spanende Bearbeitung, Fertigung; spanende Werkzeuge; **¹spä|nen** ⟨sw. V.; hat⟩: *mit Metallspänen abreiben, abziehen* (6): das Parkett s.

²spä|nen ⟨sw. V.; hat⟩ [spätmhd. spänen, mhd. abspennen, zu: spen, ↑Spanferkel] (landsch.): *entwöhnen* (1); **Span|fer|kel,** das; -s, - [spätmhd. (md.) spenferkel, mhd. spenvarch, spünne verkelīn, ahd. spen-, spunnifarah, 1. Bestandteil mhd. spen, spünne, ahd. spunni = Mutterbrust, Zitze; Muttermilch]: *junges Ferkel* (1), *das noch gesäugt wird.*

Späng|chen, das; -s, -: Vkl. zu ↑Spange; **Span|ge,** die; -, -n [mhd. spange, ahd. spanga, urspr. = haltgebende Querbalken im Holzbau, dann auch: Eisenbänder u. Beschläge an Bauteilen u. Waffen, wahrsch. verw. mit ↑spannen]: **1.** *aus festem Material bestehender Gegenstand, mit dem etw. mit Hilfe eines Dorns* (3 a) *eingeklemmt u. zusammengehalten wird [u. der zugleich als Schmuck dient]:* sie trug eine S. im Haar; etw. wird mit einer S. [zusammen]gehalten; Ü Der Verkehr ... werde auf der neuen S. (Verkehrsw.) *Querverbindung zwischen zwei wichtigen Straßen)* möglicherweise noch zunehmen (Kieler Nachrichten 30. 8. 84, 23). **2.** *schmaler, über den Spann führender Lederriemen am Schuh zum Knöpfen od. Schnallen:* ... Lackspangenschuhe; denn Amsel hatte nichts gegen -n und Lack (Grass, Hundejahre 86). **3.** kurz für ↑Armspange. **4.** kurz für ↑Ordensspange. **5.** kurz für ↑Zahnspange. **6.** ⟨meist Pl.⟩ (verhüll.) *Handschelle:* Im Gerichtssaal werden mir die -n abgenommen (Sobota, Minus-Mann 61); **Spän|gel|chen,** das; -s, -: Vkl. zu ↑Spange; **Span|gen|schuh,** der: *[Damen]schuh, der mit einer Spange* (2) *geschlossen wird;* **Span|gen|werk,** das ⟨o. Pl.⟩ (Handw. veraltet): *Gesamtheit der an einer Tür od. einem Fensterladen verwendeten Spangen* (1).

Spa|ni|el [ˈʃpa:ni̯əl, ˈspɛn...], der; -s, -s [engl. spaniel < afrz. espagneul < span. español = spanisch, also eigtl. = spanischer Hund]: *in verschiedenen Formen gezüchteter Jagd- u. Haushund mit großen Schlappohren u. seidigem Fell.*

Spa|ni|en, -s: Staat im Südwesten Europas; **Spa|ni|er,** die; -, -: Ew.; **Spa|nierin,** die; -, -nen: w. Form zu ↑Spanier; **Spa|ni|ol,** der; -s, -e [zu veraltet Spaniol(e) = Spanier < span. espagnol, ↑Spaniel] (veraltet): *spanischer Schnupftabak;* **Spa|ni|ol|le,** die; -, -n [vgl. Spaniol]: *Nachkomme der 1492 aus Spanien vertriebenen Juden;* **spa|nisch** ⟨Adj.⟩: *aus Spanien* = Literatur; * jmdm. s. vorkommen (ugs.; *jmdm. seltsam vorkommen;* geht wohl auf die Zeit zurück, als Karl V., ein Spanier, die dt. Kaiserkrone trug, u. die Deutschen spanische Mode, spanische Sitten u. Gebräuche kennenlernten, die ihnen fremdartig u. seltsam vorkamen); **Spa|nisch,** das; -[s]: **a)** *die spanische Sprache;* **b)** *spanische Sprache u. Literatur als Lehrfach;* **Spa|ni|sche,** das; -n ⟨nur mit best. Art.⟩: *Spanisch* (a).

Span|korb, der: *aus (maschinell hergestellten) dünnen Bändern aus Holz geflochtener Korb.* ♦ **Span|licht,** das: *durch einen brennenden Span, brennende Späne erzeugtes Licht:* Erst als wir in der Stube waren und das S. brannte ... (Rosegger, Waldbauernbub 189); **span|los** ⟨Adj.⟩ (Technik): *nicht spanend:* -e Fertigung, Formgebung.

spann: ↑spinnen; **Spann,** der; -[e]s, -e [zu ↑spannen]: *(beim Menschen) Oberseite des Fußes zwischen dem Ansatz des Schienbeins u. den Zehen; Fußrücken, Rist* (1 a): einen hohen S. haben; der Schuh drückt auf dem S.; er trat den Ball mit dem S.; **Spann|be|ton,** der (Bauw.): *Beton mit gespannten* (1 a) *Einlagen aus Stahl, die dem Material besondere Stabilität verleihen;* **Spann|be|ton|brücke¹,** die: *Brücke aus Spannbeton;* **Spann|bettuch¹,** das: *Spannlaken;* **Spann|dienst,** der (früher): *Frondienst, den ein Bauer mit seinem Gespann für seinen Grundherrn leisten mußte:* S. leisten; **Span|ne,** die; -, -n [2 b: mhd. spanne, ahd. spanna]: **1.** *[zwischen zwei Zeitpunkten sich erstreckender (kürzerer)] Zeitraum:* eine kurze S.; die S. der Bewußtlosigkeit, des Schlafs; Sechs Monate, das ist eine ganz schöne S. Zeit, wenn sie vor einem liegt (Dönhoff, Ära 112); eine S. lang; dazwischen lag eine S. von 12 Tagen. **2. a)** (selten) *räumliche Erstreckung; Abstand zwischen zwei Punkten:* das ist eine ziemliche S.; **b)** *altes Längenmaß (etwa 20–25 cm, d.h. der Abstand von der Spitze des Daumens bis zur Spitze des kleinen Fingers bei gespreizter Hand):* eine S. lang, breit, dick, hoch; ... wobei er in den künstlichen See stieg, der jedoch nur eine S. tief war (Kuby, Sieg 381). **3. a)** (Kaufmannsspr.) kurz für ↑Handelsspanne; **b)** *Preisunterschied:* Die Esso AG kürzt die S. zwischen Normal- und Superbenzin von sieben auf vier Pfennig je Liter (Welt 4. 11. 67, 1). **4.** (Forstw.) *Kluppe* (a); **späh|ne:** ↑spinnen; **Spän|nel|mann** [zu ↑spannen (6)]: in der Wendung **N. machen** (salopp; *als Unbeteiligter sehr genau u. interessiert neugierig zu-, hinhören*); **span|nen** ⟨sw. V.; hat⟩ /vgl. spannend, gespannt/ [mhd. spannen, ahd. spannan = (sich) dehnen, ziehend befestigen, im Frühnhd. zusammengefallen mit dem Veranlassungswort mhd. spennen = (an)spannen, urspr. = ziehen, sich ausdehnen; vgl. Gespenst; 6: eigtl. = mit dem gespannten Bogen lauernd auf eine Beute warten]: **1. a)** *etw. so dehnen, ziehen, daß es straff, glatt ist:* die Saiten einer Geige, Gitarre s.; das Fell einer Trommel s.; den Geigenbogen *(die Haare des Geigenbogens)* s.; den Bogen *(die Sehne des Bogens)* s.; die Rechte behielt ich oben, denn damit spannte ich ja den Zügel des Braunen (H. Kolb, Wilzenbach 9); Gardinen s. *(mit Hilfe eines Rahmens in die gewünschte Form ziehen);* die Katze spannte ihre Muskeln zum Sprung; gespanntes Gas (Technik; *unter Druck stehendes Gas*); Ü seine Nerven waren zum Zerreißen gespannt; du darfst deine Erwartungen nicht zu hoch s.; damit würde der begriffliche Rahmen sehr weit gespannt (Fraenkel, Staat 35); er will nun ... die Grenzen seiner Macht unablässig dehnen und s. (St. Zweig, Fouché 144); **b)** *spannen* (1 a) *u. befestigen:* eine Wäscheleine, ein Seil s.; ein Netz s.; eine Plane über den Wagen s.; U wie die Brücke, die in großer Baumeister ... über einen Strom spannt (Thieß, Legende 208); Die Sonne spannte breite Lichtbänder zwischen die Stämme (Geissler, Wunschhütlein 35); der Himmel spannte lächelnd sein blaues Dach über Fluß, Dom, Brücke (Bamm, Weltlaterne 21); **c)** ⟨s. + sich⟩ *straff, fest werden:* als die Pferde anzogen, spannten sich die Gurte; ich habe ihr Fleisch nicht gesucht, ihre ... Haut ... und ihre ... Schenkel, über denen sich die Röcke sich spannen (Langgässer, Siegel 250); seine Muskeln spannten sich; sein Gesicht, seine Züge spannten sich *(er bekam einen wachsamen, konzentrierten Gesichtsausdruck);* seine Hand spannte sich *(schloß sich fest)* um den Stock, um den Griff seiner Waffe; **d)** *in etw. (z. B. einer Halterung) festklemmen, einspannen:* einen Bogen in die Schreibmaschine s.; ein Werkstück in den Schraubstock s.; **e)** *(durch Betätigen einer entsprechenden Vorrichtung) zum Auslösen bereitmachen:* den Hahn einer Pistole, ein Gewehr s.; der Fotoapparat war nicht gespannt. **2.** *zu eng sein, zu straff [über etw.] sitzen u. dadurch eine unangenehme Empfindung verursachen:* die Jacke spannt [mir]; das Kleid spannt [unter den Armen]; Ü nach dem Sonnenbad spannte meine Haut. **3.** *die Gurte eines Zugtieres an einem Fuhrwerk o. ä. befestigen:* ein Pferd an/vor den Wagen, die Ochsen vor den Pflug s.; Ü ... habe er alles Volk ohne Ausnahme in die Fron gespannt (Th. Mann, Joseph 740); **4.** ⟨s. + sich⟩ (geh.) *sich [über etw.] erstrecken, wölben:* die Brücke spannt sich über den Fluß; In weitem Bogen spannen sich die Gewölbe und Gurte (Bild. Kunst III, 22); ein Regenbogen spannte sich über den Himmel. **5.** (Fachspr.) *eine bestimmte Spannweite haben:* der Vogel, der Schmetterling spannt 10 cm; die Tragflächen des Flugzeugs spannen zwanzig Meter; das Geweih spannt über einen Meter. **6. a)** (ugs.) *seine ganze Aufmerksamkeit auf jmdn., etw. richten; etw. genau verfolgen, beobachten:* auf die Vorgänge, Gespräche in der Nachbarwohnung s.; die Katze spannt *(lauert)* auf die Maus; er spannt *(wartet ungeduldig)* seit Jahren auf die Erbschaft; Er spannte auf eine Gelegenheit, mit Zweigling ins Gespräch zu kommen (Apitz, Wölfe 165); die Lage s. *(auskundschaften);* sie vergewisserte sich erst, daß im Treppenhaus niemand spannte *(aufpaßte, lauschte);* er geht nur an den FKK-Strand, um zu s. *(um seinem Voyeurismus zu frönen);* **b)** (landsch., bes. südd., österr.) *merken; einer Sache gewahr werden:* endlich hat er [es] gespannt, daß du ihn nicht leiden kannst; das darf dem P. T. Publikum, soweit es das Malheur nicht selber spannt, um Gottes Willen nicht ausgeplauscht werden (Brod, Annerl 123); **spạn|nend** ⟨Adj.⟩ [wohl ausgehend vom Bild einer gespannten Stahlfeder od. der gespannten Muskeln; schon mhd. spannen = freudig erregt sein]: *Spannung (1 a) erregend; fesselnd:* ein -er Roman, Kriminalfilm; eine -e Wahlnacht, Gerichtsverhandlung, Diskussion; die Geschichte ist sehr s.; das Buch ist s. geschrieben; R mach es doch nicht so s.! *(rede nicht um die Sache herum, sondern erzähle ohne Umschweife);* **spạn|nen|lang** ⟨Adj.⟩ [mhd. spannelanc] (veraltend): *(nur) eine Spanne (2 b) lang;* **Spạn|ner,** der; -s, -: **1. a)** *Vorrichtung zum Spannen (1 a) von etw.:* den Tennisschläger in den S. stecken; **b)** *kurz für* ↑ Hosenspanner; **c)** *kurz für* ↑ Schuhspanner; **d)** *kurz für* ↑ Gardinenspanner. **2.** *(in vielen Arten vorkommender) Schmetterling, der in Ruhestellung seine Flügel flach ausbreitet.* **3.** (salopp) **a)** *Voyeur:* er ist ein alter S.; Einen Orgasmus ... habe ich noch nie vor der Kamera gehabt, wahre Emotionen will sie -n nicht preisgeben (Spiegel 10, 1983, 220); **b)** *jmd., der bei unerlaubten, ungesetzlichen Handlungen die Aufgabe hat, aufzupassen u. zu warnen, wenn Gefahr besteht, entdeckt zu werden;* **-spän|ner,** der; -s, -: *in Zusb., z. B.* Zweispänner *(mit zwei Zugtieren bespanntes Fahrzeug);* **Spạnn|gar|di|ne,** *die:* Gardine, *die durch oberhalb u. unterhalb der Fensterscheibe angebrachte kleine Stangen gespannt wird;* **Spạnn|hang,** der (Turnen): Hang (3) mit zur Seite gestreckten Armen; **-spän|nig:** *in Zusb., z. B.* zweispännig *([von Fuhrwerken] mit zwei Zugtieren bespannt);* **Spạnn|kraft,** die ⟨o. Pl.⟩: *jmds. Kraft, Energie, über die er im Hinblick auf die Bewältigung größerer Aufgaben, Anforderungen verfügt:* er verfügt trotz seines hohen Alters immer noch über eine erstaunliche S.; **spạnn|kräf|tig** ⟨Adj.⟩ (selten): *voller Spannkraft;* **Spạnn|laken,** das: *Laken, dessen Ecken so genäht sind, daß sie genau über die Ecken der Matratze passen u. straff über die Matratze gespannt werden können;* **Spạnn|rah|men,** der (Fachspr.): *Rahmen, in den etw. eingespannt od. in dem etw. festgeklemmt wird;* **Spạnn|reck,** das (Turnen): *Reck, dessen Pfosten mit Stahlkabeln im Boden verankert sind;* **Spạnn|sä|ge,** die: *Säge, bei der das Blatt (5) in einem Rahmen eingespannt ist;* **Spạnn|satz,** der (Sprachw.): *Satz, in dem das finite Verb (in der Regel) an letzter Stelle steht (z. B.:* Wenn er doch käme!, Wie schön ist es!, ...weil er immer so spät kommt*);* **Spạnn|schloß,** das: *Vorrichtung zum Spannen von Drähten, Seilen u. Zugstangen;* **Spạnn|seil,** das (Fußball): **Spạnn|stahl,** der (Bauw.): *Einlage[n] aus Stahl für Spannbeton;* **Spạnn|stich,** der (Handarb.): *wie ein Plattstich zu stickender, jedoch längerer u. in weitläufiges Ornament ergebender Zierstich;* **Spạnn|stoff,** der (Handw., Textilind.): *leichter Baumwollstoff, mit dem ein Möbelstück bespannt wird, bevor man es mit Polsterstoff bezieht;* **Spạnn|stoß,** der (Fußball): *Schießen des Balls mit dem Spann;* **Spạnn|stütz,** der (Turnen): *Stütz mit weit zur Seite greifenden Händen;* **Spạnn|tep|pich,** der: *an den Rändern am Fußboden befestigter Teppichboden od. ähnlicher teppichartiger Fußbodenbelag;* **Spạn|nung,** die; -, -en: **1. a)** *auf etw. Zukünftiges gerichtete erregte Erwartung, gespannte Neugier:* im Saal herrschte atemlose, eine ungeheure S.; die S. wuchs, stieg, ließ nach, erreichte ihren Höhepunkt; etw. erregt, erweckt, erzeugt die S.; das erhöht die S.; Szenen und Motive, die lediglich auf primitive S. berechnet sind (Reich-Ranicki, Th. Mann 143); er erwartete uns in S.; er hielt die Leute in S.; sie erwartete ihn mit/voll S.; **b)** *Beschaffenheit, die Spannung (1 a) erregt:* ein Fußballspiel, Film voller, ohne jede S.; **c)** *Erregung, nervöse Unausgeglichenheit:* psychische -en; ihre S. löste sich allmählich; Die S. ist von ihr gewichen, sie wird umgänglich (Frischmuth, Herrin 78); sich in einem Zustand innerer S. befinden; **d)** *gespanntes Verhältnis; latente Unstimmigkeit, Feindseligkeit:* politische, soziale, wirtschaftliche -en; zwischen ihnen herrscht, besteht eine gewisse S.; Zwischen Droste und ... Dr. Rodnitz war stets eine leichte S. (Baum, Paris 74); die -en zwischen den beiden Staaten sind überwunden; etw. führt zu -en im Betrieb; Ü Die alte S. zwischen Freiheit und Gleichheit (Fraenkel, Staat 75). **2.** *Differenz der elektrischen Potentiale zweier Punkte, auf Grund deren zwischen diesen beiden Punkten ein elektrischer Strom fließen kann:* die [elektrische] S. wird in Volt gemessen; die zwischen zwei Punkten bestehende, herrschende S.; die an dem Leiter, dem Widerstand anliegende S.; die S. schwankt, sinkt, fällt ab, steigt, beträgt 220 Volt; die S. messen, regeln; die Leitung hat eine hohe, niedrige S., steht unter S. **3. a)** (selten) *das Spannen (1 a, b), Straffziehen;* **b)** *das Gespannt-, Straffsein:* die S. der Saiten hatte nachgelassen; **c)** (Physik) *Kraft im Innern eines elastischen Körpers, die gegen seine durch Einwirkung äußerer Kräfte entstandene Form wirkt:* die S. eines Gewölbes, einer Brücke; wenn Holzskier naß werden, verlieren sie an S.; die Feder steht unter S.; **spạn|nung|füh|rend:** ↑ spannungsführend; **Spạn|nungs|ab|fall,** der (Elektrot.): *Abnahme der Spannung (2) zwischen zwei Punkten eines Stromkreises;* **Spạn|nungs|aku|stik,** die: *Lehre von den Eigenschaften eines Stoffes bei Schalleinwirkung;* **Spạn|nungs|bo|gen,** der: *Abfolge von Ereignissen o. ä., die Spannung (1 a) erzeugt, zum Anwachsen der Spannung (1 a) führt;* **Spạn|nungs|fall,** der: *das Auftreten, Eintreten von Spannungen (1 d); Situation voller Spannung (1 d), Bedrohung von außen:* im S. treten bestimmte Notstandsgesetze in Kraft; **Spạn|nungs|feld,** das: *Bereich mit unterschiedlichen, gegensätzlichen Kräften, die aufeinander einwirken, sich gegenseitig beeinflussen u. auf diese Weise einen Zustand hervorrufen, der wie mit Spannung (2) geladen zu sein scheint;* **spạn|nungs|frei** ⟨Adj.⟩: *frei von Spannungen (1 d);* **spạn|nungs|füh|rend** ⟨Adj.⟩ (Elektrot.): *unter elektrischer Spannung (2) stehend:* eine -e Leitung; **Spạn|nungs|ge|biet,** das: *Gebiet, in dem es wegen vorhandener Spannungen (1 d) leicht zu politischen Krisen, zu kriegerischen Auseinandersetzungen kommen kann:* in -e dürfen keine Waffen geliefert werden; **Spạn|nungs|ge|fäl|le,** das (Elektrot.): *Spannungsabfall;* **spạn|nungs|ge|la|den** ⟨Adj.⟩: *voll von Spannungen (1 d):* eine -e Atmosphäre, Stimmung; **Spạn|nungs|herd,** der: *Ausgangspunkt, Quelle ständiger, immer wieder neuer Spannungen (1 d):* ein gefährlicher S.; Überall, wo internationale Spannungsherde sind, die von den Kräften des Imperialismus ... geschürt werden (Bauern-Echo 12.7.78, 5); **Spạn|nungs|ir|re|sein,** das (Med.): *Katatonie;* **Spạn|nungs|ko|ef|fi|zi|ent,** der (Physik): *Verhältnis der durch die Temperaturerhöhung eines Gases um 1 °C bei gleichbleibendem Volumen bewirkten Druckerhö-*

hung zum Druck dieses Gases bei 0 °C; **span|nungs|los** ⟨Adj.⟩: *spannungsfrei;* **Span|nungs|mes|ser,** der (Elektrot.): *Gerät zum Messen der elektrischen Spannung* (2); *Voltmeter;* **Span|nungs|moment,** das: ²*Moment* (1), *das Spannung* (1 a) *hervorruft;* **Span|nungs|prü|fer,** der (Elektrot.): *Spannungssucher;* **Span|nungs|reg|ler,** der (Elektrot.): *Vorrichtung zum Konstanthalten der Spannung* (2) *in elektrischen Anlagen od. Elektrogeräten;* **span|nungs|reich** ⟨Adj.⟩: *voller Spannung* (1 b): *ein -es Fußballspiel;* **Span|nungs|rei|he,** die (Chemie, Physik): *systematische Anordnung der chemischen Elemente, bes. der Metalle, nach bestimmten elektrischen Eigenschaften;* **Span|nungs|rich|tung,** die (Elektrot.): *Richtung der in Schaltplänen od. -bildern als Pfeile dargestellten elektrischen Spannungen;* **Span|nungs|schwan|kung,** die (Elektrot.): *Schwankung der elektrischen Spannung* (2); **Span|nungs|sta|bi|li|sa|tor,** der (Elektrot.): vgl. *Spannungsregler;* **Span|nungs|su|cher,** der (Elektrot.): *Gerät zum Nachweis von Spannung* (2); **Span|nungs|tei|ler,** der (Elektrot.): *Potentiometer;* **Span|nungs|ver|hält|nis,** das: *[neue Impulse erzeugendes] Verhältnis von Position u. Gegenposition;* **Span|nungs|ver|lust,** der (Elektrot.): *Absinken der Spannung* (2); **span|nungs|voll** ⟨Adj.⟩: *spannungsreich;* **Span|nungs|wand|ler,** der (Elektrot.): *Meßwandler;* **Span|nungs|zu|stand,** der: *durch das Vorhandensein von Spannungen* (1 c, 2, 3 c) *gekennzeichneter Zustand;* **Spann|vor|rich|tung,** die (Technik): *Vorrichtung, die dazu dient, etw. (z. B. den Treibriemen an Maschinen) straff zu spannen:* die S. *an der Drahtseilbahn;* **Spann|wei|te,** die: **1.** *Strecke zwischen den Spitzen der ausgebreiteten Flügel eines Vogels od. Insekts, der Tragflächen eines Flugzeugs:* die S. *des Flugzeugs beträgt zwölf Meter;* die Flügel des Vogels haben eine S. von einem Meter; Ü die geistige S. *eines Menschen;* Die S. *der Monatsgehälter erstreckte sich ... von* 2 802 DM *... bis zu* 1 766 DM *(Saarbr. Zeitung* 9. 10. 79, 6); *Verdis* S. *vom Reißerischen bis zum Abgründigen (Brückenbauer* 11. 9. 85, 14). **2.** (Bauw.) *Entfernung, Erstreckung eines Bogens, eines Gewölbes von einem Pfeiler, einem Ende zum anderen.*
Span|plat|te, die: *großflächige Platte aus zusammengepreßten u. verleimten Holzspänen;* **Span|schach|tel,** die: *[bemalte] meist runde bis ovale Schachtel aus sehr dünnem Holz.*
Spant, das, Flugw. auch: der; -[e]s, -en ⟨meist Pl.⟩ [aus dem Niederd., wohl zu mniederd. span = Spant, zu ↑spannen] (Schiffbau, Flugw.): *wie eine Rippe geformtes Bauteil zum Verstärken der Außenwand des Rumpfes bei Schiff od. Flugzeug;* **Span|ten|riß,** der (Schiffbau): *Konstruktionszeichnung, die einen Querschnitt durch den Schiffsrumpf darstellt.*
Spa|nung, die; -, -en: *das Spanen.*
Spar|auf|kom|men, das: *Gesamtheit von Spargeldern;* **Spar|bat|zen,** der (schweiz.): *Spargroschen;* **Spar|be|trag,** der: *gesparter Betrag;* **Spar|bren|ner,** der: *Brenner* (1), *der wenig Brennstoff ver-*

braucht; **Spar|brief,** der (Bankw.): *Urkunde über eine für einen bestimmten Zeitraum zinsgünstig festgelegte Geldsumme:* in -en angelegtes Geld; **Spar|buch,** das: *kleineres Heft, Buch, das beim Sparer verbleibt u. in dem ein Geldinstitut ein- od. ausgezahlte Sparbeträge u. Zinsguthaben quittiert:* ein S. anlegen, einrichten; sie hat ein S.; auf meinem S. sind zur Zeit zweitausend Mark; **Spar|büch|se,** die: *Büchse* (1 c), *in die jmd. durch einen dafür vorgesehenen Schlitz Geld steckt, das er sparen möchte:* hier hast du eine Mark für deine S.; **Spar|eck|zins,** der (Geldw.): *Eckzins;* **Spar|ein|la|ge,** die: *auf das Sparkonto eines Geldinstituts eingezahlte Geldsumme;* **spa|ren** ⟨sw. V.; hat⟩ [mhd. sparn, ahd. sparēn, sparōn = bewahren, schonen, zu ahd. spar = sparsam, knapp, urspr. wohl = weit-, ausreichend]: **1. a)** *Geld nicht ausgeben, sondern [für einen bestimmten Zweck] zurücklegen, auf ein Konto einzahlen:* eifrig, fleißig, viel, wenig s.; je früher du anfängst zu s., desto früher kannst du es dir kaufen; bei einer Bank, Bausparkasse s.; auf, für ein Haus s.; sie sparen für ihre Kinder; ⟨mit Akk.-Obj.:⟩ einen größeren Betrag s.; er spart jeden Monat mindestens hundert Mark; wieviel hast du schon gespart? *(zusammengespart);* Spr spare in der Zeit, so hast du in der Not; ◆ O weh, ein volles Fläschchen echte Rosée d'Aurore (= ein Riechwasser) rein ausgeleert! Ich sparte sie wie Gold (Mörike, Mozart 214); **b)** *sparsam, haushälterisch sein; bestrebt sein, von etw. möglichst wenig zu verbrauchen:* er kann nicht s.; wir müssen s.; sie spart am falschen Ende; sie spart sogar am Essen; er spart mit jedem Pfennig (ugs.; *er ist allzu sparsam, geizig*); seine Hand streicht Butter auf ein ... Brötchen, und er spart nicht dabei (Heim, Traumschiff 273); bei dem Essen war an nichts gespart worden *(es war sehr üppig);* ⟨mit Akk.-Obj.:⟩ Strom, Gas s.; wir müssen Trinkwasser s.; Recycling spart Rohstoffe *(macht es möglich, daß man mit kleineren Mengen von Rohstoffen auskommt);* die ... Scheuer mit Heu und Stroh sparte ... das Bett *(machte das Bett entbehrlich;* Kühn, Zeit 199); Ü er sparte nicht mit Lob *(lobte mit anerkennenden Worten);* ◆ ich will mir alle Mühe geben und kein Geld s., Ihm Seinen Gaul wiederzufinden (Cl. Brentano, Kasperl 359). **2.** *nicht verwenden, nicht gebrauchen, nicht aufwenden, nicht ausgeben:* wenn wir zu Fuß gehen; sparen wir das Fahrgeld; auf diese Weise können wir viel Geld, Material, Papier, Energie, Wasser s.; er brachte den Brief selbst hin, um das Porto zu s.; Ü Zeit, Kraft, Arbeit, Nerven s. **3. a)** *ersparen* (2): du sparst dir, ihm viel Ärger, wenn du das nicht machst; die Mühe, den Weg hätten wir uns s. können; Im Winter ... wurde quer über das Eis ... gefahren – das sparte etwa sieben Kilometer (Dönhoff, Ostpreußen 120); Und man spart sich viel Streß (natur 3, 1991, 47); **b)** *unterlassen, weil es unnötig, überflüssig ist:* spar [dir] deine Erklärungen; Spar deine Worte (Aichinger, Hoffnung 32); Der Junge sparte sich die Antwort (Fels, Sünden 43); deine Ratschläge

kannst du dir s. *(sie interessieren mich nicht).* **4.** (veraltet) *sich, etw. schonen:* er sparte sich nicht; Brennt die Städte nieder auf den Grund ... Und spart mir nicht die Stadt Bamberg (Hacks, Stücke 20); ◆ Ich spreche von dem einen nur, denn du das Leben spartest (Lessing, Nathan III, 7); **Spa|rer,** der; -s, -: *jmd., der spart (bes. bei einer Bank od. Sparkasse):* ein eifriger S.; die kleinen S. *(Sparer kleinerer Geldbeträge);* Spr auf einen guten S. folgt immer ein guter Verzehrer; **Spa|rer|frei|be|trag,** der (Steuerw.): *Betrag, der vor der Berechnung der Steuer vom Spargutahben, von den Spareinlagen abgezogen werden kann;* **Spa|re|rin,** die; -, -nen: w. Form zu ↑*Sparer;* **Spar|flam|me,** die ⟨o. Pl.⟩: *(bes. bei Gasöfen) sehr kleine Flamme, die mit einem Minimum an Brennstoff brennt:* auf S. kochen; Ü er arbeitet auf S. (ugs. scherzh.; *ohne sich anzustrengen, mit geringem Kraftaufwand*); **Spar|för|de|rung,** die: *[staatliche] Förderung des Sparens durch günstige Zinssätze, Sparprämien o. ä.*
Spar|gel, der; -s, -, (südd., schweiz. auch:) die; -, -n [spätmhd. sparger, über das Roman. ⟨vgl. älter ital. sparago, mlat. sparagus⟩ < lat. asparagus < griech. asp(h)áragos = Spargel; junger Trieb]: **1.** *(als Staude wachsende) Pflanze mit wie feine Nadeln erscheinenden Blättern u. grünlichen Blüten, aus deren Wurzelstock Sprosse hervorwachsen, die (bevor sie an die Erdoberfläche kommen) abgeschnitten u. als Gemüse gegessen werden:* der S. als Heilpflanze wurde ... bereits 460 vor Christus ... erstmals erwähnt (MM 30. 4. 91, 11); in dieser Gegend wächst viel S.; S. kultivieren, anbauen. **2. a)** *stangenförmiger Sproß des Spargels* (1): ein großer, dünner Mann, anzusehen wie ein S. (Ziegler, Labyrinth 69); Artischocken, Bündel von grünen -n ... waren ... dazwischen verteilt (Th. Mann, Krull 55); **b)** ⟨o. Pl.⟩ *als Gemüse verwendete (ganze od. zerkleinerte) Spargel* (2 a): grüner, frischer S.; was kostet der S.?; ein Bund, fünf Stangen, ein Kilo S.; S. essen; S. stechen; **Spar|gel|beet,** das: *Beet mit Spargel* (1); **Spar|gel|boh|ne,** die: *Schmetterlingsblütler, der am Boden Polster bildet.*
Spar|geld, das: *gespartes Geld:* etw. von seinem S. kaufen.
Spar|gel|erb|se, die: *Spargelbohne;* **Spar|gel|feld,** das: vgl. *Spargelbeet;* **Spar|gel|flie|ge,** die: *den Spargel* (1) *schädigende Minierfliege;* **Spar|gel|ge|mü|se,** das: *mit einer Soße zubereitete Stücke von Spargeln* (2) *als Gemüse;* **Spar|gel|grün,** das; ⟨o. Pl.⟩: *das Grün* (2) *des Spargels* (1); **Spar|gel|hähn|chen,** das [2. Bestandteil H. u.]: *kleiner Käfer, der als Schädling Kraut u. Wurzeln des Spargels* (1) *frißt;* **Spar|gel|he|ber,** der: *speziell geformtes Küchengerät, mit dem man zubereiteten Stangenspargel von einer Platte* (3 a) *aufnimmt u. auf den Teller legt;* **Spar|gel|kohl,** der: *Brokkoli;* **Spar|gel|kopf,** der: *Spargelspitze;* **Spar|gel|kraut,** das ⟨o. Pl.⟩: *Spargelgrün;* **Spar|gel|spit|ze,** die: *zarte Spitze des Spargels* (2); **Spar|gel|stan|ge,** die: *Spargel* (2 a); **Spar|gel|ste|cher,** der: *jmd., der Spargel* (2 a) *sticht;* **Spar|gel|ste|che|rin,** die: w. Form

zu ↑Spargelstecher; **Spar|gel|sup|pe,** die: *aus Spargeln (2) zubereitete, cremige Suppe;* **Spar|gel|topf,** der: *höherer Topf mit einem Drahtkorb als Einsatz, in dem Stangenspargel zubereitet wird.*
Spar|gi|ro|kon|to, das (Bankw.): *Girokonto, auf dem auch gespart wird;* **Spar|gi|ro|ver|kehr,** der (Bankw.): *Zahlungsverkehr, der über ein Spargirokonto abgewickelt wird;* **Spar|gro|schen,** der (ugs.): *kleinerer Betrag, den jmd. (verbunden mit gewissen Einschränkungen) gespart hat:* Die Inflation entwertete nicht allein die S. der Arbeiter (Kantorowicz, Tagebuch I, 17); **Spar|gut|ha|ben,** das: *in einem Sparbuch ausgewiesenes Guthaben.*
Spark, der; -[e]s [niederd.]: a) *(in wenigen Arten vorkommende) Pflanze mit schmalen Blättern u. kleinen, weißen Blüten;* b) *Spörgel.*
Spar|kas|se, die: 1. *[öffentlich-rechtliches] Geld- u. Kreditinstitut, das früher hauptsächlich Spareinlagen betreute):* Geld auf die S. bringen. 2. *Sparbüchse:* 5 Mark in die S. stecken, werfen; **Spar|kas|sen|buch,** das: *Sparbuch;* **Spar|kauf|brief,** der (ehem. DDR): *von der Sparkasse ausgestelltes Dokument, das zum bargeldlosen Einkauf von Waren bis zur eingetragenen Höhe berechtigt;* **Spar|kon|to,** das: *Konto, auf dem die Spareinlagen verbucht werden;* **spär|lich** ⟨Adj.⟩ [mhd. sperliche, ahd. spar alīhho (Adv.), zu spar, ↑sparen]: a) *nur in sehr geringem Maße [vorhanden]:* -e Reste; es Beifall; eine -e Vegetation; ein recht -er Baumbestand; einen -en Haarwuchs haben; -es Licht brannte in Wettbüros (Böll, Tagebuch 57); nichts ... als Blöcke, Geröll, -e Halme (Geissler, Wunschhütlein 80); die Nachrichten kamen nur s.; die Geldmittel flossen nur sehr s.; die Veranstaltung war ziemlich s. *(schwach)* besucht; der nur s. behaarte Körper; der Raum war s. beleuchtet; sie war nur s. *(wenig)* bekleidet; b) *auf das Notdürftige eingeschränkt, sich einschränkend; sehr knapp bemessen; kärglich; kaum ausreichend:* -e Kost; ein -es Einkommen; Sie fand sich schlecht, daß in diesen ein *(wenigen zur Verfügung stehenden)* Minuten nicht ganz ausschließlich an Martin dachte (Feuchtwanger, Erfolg 536); die Rationen waren s.; s. leben, essen; **Spär|lich|keit,** die; -: *spärliches Vorhandensein.*
Spar|man|nie, die; -, -n [nach dem schwed. Naturforscher A. Sparmann (1748-1820)]: *Zimmerlinde.*
Spar|maß|nah|me, die: *Maßnahme zur Einschränkung des Verbrauchs, der Kosten:* seine erste S. bestand darin, das Weihnachtsgeld zu streichen; das Kabinett hat einschneidende -n beschlossen; **Spar|mo|tor,** der: *Motor, der wenig Kraftstoff verbraucht;* **Spar|pfen|nig,** der (ugs.): *Spargroschen:* ◆ Ich selbst werde auch etwa einen S. haben, einer vertrauten Freundin beizustehen! (Keller, Romeo 61); **Spar|po|li|tik,** die: *vgl. Sparmaßnahme:* Programmatischer Schwerpunkt der neuen Regierung ist die Fortsetzung der S. (NZZ 5. 11. 82, 2); **Spar|prämie,** die: *Prämie beim Prämiensparen;* **Spar|preis,** der (bes. Werbespr.): *besonders niedriger Preis;* **Spar|pro|gramm,**
das: 1. (Politik) *Programm (3) zur Durchführung von Sparmaßnahmen.* 2. *Programm (1 d) bei elektrischen Haushaltsgeräten zur Reduzierung des Energieverbrauchs;* **Spar|quo|te,** die (Wirtsch.): *Verhältnis zwischen der Ersparnis u. dem Volkseinkommen.*
spar|ren ⟨sw. V.; hat⟩ [engl. to spar, ↑Sparring] (Boxsport): *zum Training boxen:* mit jmdm. s.
Spar|ren, der; -s, - [mhd. sparre, ahd. sparro, verw. mit ↑Speer]: 1. *Dachsparren:* ganz unters Dach, wo sie ... die Balken und S. auf Würmer untersuchten (Muschg, Gegenzauber 243); * *einen S. [zuviel, zuwenig] haben* (ugs.; *nicht ganz bei Verstand sein).* 2. (Her.) *Chevron.* 3. (ugs.) *etw., was sich anderen als kleine Verrücktheit darstellt; Spleen:* siehe da, auch er hat seinen S., wie jeder (Fallada, Mann 152); laß ihm doch seinen S.!; **Spar|ren|dach,** das (bes. nordd.): *Dachgerüst mit paarweise verbundenen Sparren (1);* **spar|rig** ⟨Adj.⟩ (Bot.): *seitwärts abstehend:* -e Äste; s. wachsende Triebe.
¹**Spar|ring,** das; -s [engl. sparring = das Boxen, zu: to spar = boxen, trainieren, H. u.] (Boxsport): *das Sparren;* ²**Sparring,** der; -s, -s (Boxsport): *kleiner, von Boxern zum Schlagtraining verwendeter Übungsball;* **Spar|rings|kampf,** der: *Boxkampf zum Training mit einem Sparringspartner;* **Spar|rings|part|ner,** der: *Partner beim* ¹*Sparring;* **Spar|rings|part|ne|rin,** die: w. Form zu ↑Sparringspartner.
spar|sam ⟨Adj.⟩ [zu ↑sparen]: 1. a) *(Geld o. ä.) wenig verbrauchend:* eine -e Hausfrau; eine -e Verwendung von Rohstoffen; sie ist sehr s.; mit dem Trinkwasser, dem Heizöl, den Vorräten s. sein, umgehen; s. wirtschaften, leben; etwas s. dosieren; Er zog den Flakon aus der Tasche, betupfte sich s. (Süskind, Parfum 211); Ü s. mit Worten sein; er machte von der Erlaubnis s. (nur wenig) Gebrauch; b) *(von Sachen) vorteilhafterweise für seine spezielle Wirkung, seinen Betrieb nur wenig benötigend:* ein besonders -es Auto; dieser Motor ist sehr s.; Waschmaschinen sind heute [im Wasser- und im Stromverbrauch] wesentlich -er; dieses Waschpulver ist besonders s. *(reicht sehr lange, ist besonders ergiebig).* 2. a) *nur in geringem Maße [vorhanden]; wenig; spärlich (a):* -er Beifall; Die Kleiderkarten waren s. *(knapp),* aber Essen gab es schon (Wimschneider, Herbstmilch 102); das Land ist s. (geh.; *dünn, schwach)* besiedelt; b) *auf das Nötige, Notwendige beschränkt; karg:* eine -e Farbgebung, Ausdrucksweise; er berichtete in -en Sätzen; das Grundprinzip dorischer Baukunst, die mit den -sten Mitteln die reichste Variation erstrebt (Bild. Kunst I, 212); Seine Bewegungen sind s., nur selten fährt die Zeigefinger wie eine ... Waffe hoch (Sieburg, Robespierre 75); eine s. ausgestattete Wohnung. ◆ 3. *selten auftretend; nicht häufig vorkommend:* "Geschicklichkeit hat einen ganz besondern, stärkenden Reiz, und es ist wahr, ihr Bewußtsein verschafft einer dauerhafteren und deutlicheren Genuß ..." – "Glaubt nicht ..., daß ich das letzte tadle" aber
es muß von selbst kommen und nicht gesucht werden. Seine -e Erscheinung ist wohltätig ..." (Novalis, Heinrich 111); **Spar|sam|keit,** die; -, -en ⟨Pl. ungebr.⟩: 1. *das Sparsamsein (1 a):* seine S. grenzt schon an Geiz. 2. *sparsame (2 b) Beschaffenheit; knappe Bemessenheit:* die S. der Farbgebung, der Gestik; **Spar|schwein,** das: *Sparbüchse in der Form eines kleinen Schweins:* Geldstück ins S. stecken, werfen; das S. schlachten (ugs. scherzh.; *den Inhalt entnehmen);* **Spar|strumpf,** der: *Strumpf, in dem jmd. Geld aufhebt, das er vor anderen sicher wissen u. sparen will:* sie hat noch einige Hunderter in ihrem S. (scherzh.; *hat noch einige Hunderter an Erspartem);* **Spar|sum|me,** die: *gesparte Summe.*
Spart, der od. das; -[e]s, -e: *Esparto.*
Spar|ta ['ʃp..., 'sp...]: *altgriechische Stadt;* **Spar|ta|kia|de** [ʃp..., sp...], die; -, -n [in Anlehnung an Olympiade u. ↑Spartakist]: *(in einem sozialistischen Land durchgeführte) Sportveranstaltung mit Wettkämpfen in verschiedenen Disziplinen;* **Spar|ta|ki|de,** der; -n, -n (veraltet): *Spartakist;* **Spar|ta|kist,** der; -en, -en: *Mitglied des Spartakusbundes;* **Spar|ta|ki|stin,** die; -, -nen: w. Form zu ↑Spartakist; **Spar|ta|kus|bund,** der; -[e]s [nach dem römischen Sklaven Spartakus, dem Führer des Sklavenaufstandes von 73-71 v. Chr.]: *während des Ersten Weltkriegs entstandene linksradikale Bewegung um Karl Liebknecht u. Rosa Luxemburg;* **Spar|ta|ner,** der; -s, -: *Ew. zu ↑Sparta;* **Spar|ta|ne|rin,** die; -, -nen: w. Form zu ↑Spartaner; **spar|ta|nisch** ⟨Adj.⟩ [die Spartaner waren wegen ihrer strengen Erziehung u. anspruchslosen Lebensweise bekannt]: 1. *das alte Sparta betreffend.* 2. a) *so beschaffen, daß es besondere Anforderungen an jmds. Willen, Energie, Entsagung, Selbstüberwindung usw. stellt:* eine -e Erziehung, b) *einfach, sparsam [ausgestattet]; auf das Nötigste beschränkt; anspruchslos:* ein -es Nachtlager; die Ausstattung ist sehr s.; Bei uns zu Hause ging es jetzt etwas weniger s. zu als in den düsteren Tagen von 1917 (K. Mann, Wendepunkt 76); Wir gingen hinter ihm her in sein s. eingerichtetes Büro (Wolfen, Stoff 400).
Spar|ta|rif, der (bes. Werbespr.): *besonders niedriger Tarif:* fahren, fliegen, telefonieren Sie zum S.; **Spar|tä|tig|keit,** die: *das Sparen:* die S. hat im ganzen Land stark abgenommen.
Spar|te, die; -, -n [älter = Amt, Aufgabe, viell. nach der nlat. Wendung spartam nancisci = ein Amt erlangen (LÜ von griech. élaches Spártēn, kósmei = dir wurde Sparta zugeteilt, [jetzt] verwalte [es]; aus Euripides' Drama „Telaphos")]: 1. (bes. als Untergliederung eines Geschäfts- od. Wissenszweigs) *spezieller Bereich, Abteilung eines [Fach]gebiets:* eine S. der Wirtschaft, Verwaltung; eine S. im Sport leiten; die -n Schauspiel, Musiktheater und Ballett; ... aber Menschen waren nie seine S., sondern Effekten, Aktien, Baumwolle (A. Kolb, Daphne 129). 2. *Spalte, Teil einer Zeitung, in dem [unter einer bestimmten Rubrik] etw. abgehandelt wird:* die politische, feuilletoni-

Spartein

stische S. einer Zeitung; die unter, in der S. Wirtschaft erscheinenden Artikel.

Spar|te|in, das; -s [zu Spartium (< griech. spartion = kleiner Strick), dem nlat. Namen des Binsenginsters] (Pharm., Med.): *in Schmetterlingsblütlern, bes. im Besenginster, vorkommendes, giftiges, bitter schmeckendes Alkaloid, das zur Behebung von Herzrhythmusstörungen verwendet wird.*

Spar|te|rie, die, - [frz. sparterie, zu: sparte < lat. spartum, ↑ Esparto]: *Flechtwerk aus Span od. Bast;* **Spart|gras,** das: *Espartogras.*

Spar|ti|at [ʃp..., sp...], der; -en, -en [griech. Spartiátēs]: *(im Unterschied zu den Heloten u. Periöken) vollberechtigter, von den dorischen Gründern abstammender Bürger des antiken Sparta.*

spar|tie|ren [ʃp..., sp...] ⟨sw. V.; hat⟩ [ital. spartire, eigtl. = (ein)teilen, zu: partire, ↑ Partitur] (Musik): *(ein nur in den einzelnen Stimmen vorhandenes [älteres] Musikwerk) in Partitur setzen.*

◆ **Spa|rung,** die; - [zu ↑ sparen (4)]: *Schonung* (1): *wenn anders dem so ist, - hat er durch S. Eures Lebens ...* (Lessing, Nathan II, 7); **Spar|ver|trag,** der: *Vertrag mit einem Geldinstitut, in dem die Bedingungen, zu denen gespart wird, festgelegt sind;* **Spar|ziel,** das: *Ziel* (3), *auf das hin gespart wird: das Zwecksparen für konkrete ... -e* (Sparkasse 6, 1981, 202); **Spar|zins,** der ⟨Pl. -en⟩: *Zins auf Spargutahben.*

Spas|men: Pl. von ↑ Spasmus; **spasmisch** [ˈʃp..., ˈsp...], **spas|mo|disch** ⟨Adj.⟩ [griech. spasmṓdes] (Med.): *(vom Spannungszustand der Muskulatur) krampfartig, krampfhaft, verkrampft:* -e *Herzrhythmusstörungen;* **spas|mo|gen** ⟨Adj.⟩ [↑-gen] (Med.): *Krämpfe erzeugend;* **Spas|mo|ly|ti|kum,** das; -s, ...ka [zu griech. lýein = lösen] (Med.): *krampflösendes Mittel;* **spas|mo|ly|tisch** ⟨Adj.⟩ (Med.): *krampflösend;* **spas|mo|phil** ⟨Adj.⟩ [zu griech. philein = lieben] (Med.): *zu Krämpfen neigend;* **Spas|mo|phi|lie,** die; -, -n (Med.): *mit Neigung zu Krämpfen verbundene Stoffwechselkrankheit bei Kindern;* **Spas|mus,** der; -, ...men [lat. spasmus < griech. spasmós] (Med.): *Krampf, Verkrampfung.*

Spaß, der; -es, Späße [älter: Spasso < ital. spasso = Zeitvertreib, Vergnügen, zu: spassare = zerstreuen, unterhalten, über das Vlat. zu lat. expassum, 2. Part. von: expandere = auseinanderspannen, ausbreiten, aus: ex = aus u. pandere = ausspannen, ausbreiten, ausspreizen]: **1.** *ausgelassen-scherzhafte, lustige Äußerung, Handlung o. ä., die auf Heiterkeit, Gelächter abzielt; Scherz: ein gelungener, harmloser, alberner, schlechter S.; das war doch nur [ein] S.; Natürlich fällt es ihm ... auf die Nerven, wenn seine Gesprächspartner nicht unterscheiden können, was Ernst und was S. ist* (Dönhoff, Ära 194); *das ist kein S. mehr; dieser S. ging zu weit; er macht gern S., Späße; hier, da hört [für mich] der S. auf (das geht [mir] zu weit); er hat doch nur S. gemacht* (ugs.; *hat es sich [so] ernst gemeint*); *keinen S. verstehen (humorlos sein); er versteht in Gelddingen keinen S. (ist ziemlich genau, wenig großzügig);* etw. aus, im, zum S. sagen *(nicht ernst meinen);* Selbst Christian ... war gänzlich ungesprächig und zu keinem -e aufgelegt (Th. Mann, Buddenbrooks 414); R S. muß sein!/(scherzh.:) S. muß sein bei der Beerdigung[, sonst geht keiner mit] (kommentierend zu etw., was nur als Scherz gedacht war); S. beiseite (nach einer Reihe scherzhafter Bemerkungen als [Selbst]aufforderung, nun das zu sagen, was man im Ernst meint); [ganz] ohne S. *([ganz] im Ernst);* mach keinen S., keine Späße (ugs.; als Ausruf ungläubigen Staunens). **2.** ⟨o. Pl.⟩ *Freude, Vergnügen, das man an einem bestimmten Tun hat:* Das war der größte S. des Nachmittags ... wir ... lachten uns halb tot (Küpper, Simplicius 18); jmdm. ist der S. vergangen *(jmd. hat die Freude an etw. verloren);* ich mußte im Hotel liegen, was kein S. ist *(was unangenehm ist),* mehr als zwei Wochen (Frisch, Homo 242); Wir hatten uns eine Couch und zwei Sessel gekauft, achthundert Mark kostete der S. (ugs.; *kostete das;* v. d. Grün, Irrlicht 42); S. ist ein teurer S. *(ein kostspieliges Vergnügen* 2); etw. macht großen, richtigen, viel, keinen S.; die Arbeit, das Autofahren macht ihm S.; es macht ihm offenbar S., sie zu ärgern; Ich steh' hier so lang, wie's mir S. macht (ugs.; *solange ich will;* Schnurre, Ich 99); [ich wünsche dir für heute abend] viel S.!; laß ihm doch seinen S.!; jmdm. den S. verderben; er machte sich einen S. daraus, ihn zu ärgern; S. an etw. finden, haben; etw. aus, zum S. tun; Sie nahm mit stillem S. wahr, daß er jetzt einen Ansatz von Schläfenbart hatte, der ihn dem alten Lechner ähnlicher machte (Feuchtwanger, Erfolg 600); R [na,] du machst mir [vielleicht] S.! (iron., als Ausdruck unangenehmen Überraschtseins, ärgerlichen Erstaunens in bezug auf jmds. merkwürdiges Verhalten o. ä.); * **aus S. an der Freude** *(aus Freude an der Sache; weil es einem eben Spaß macht);* **aus [lauter] S. und Tollerei** (ugs.; *nur so zum Spaß; aus lauter Übermut*); **Späß|chen,** das; -s, -: Vkl. zu ↑ Spaß; **spa|ßen** ⟨sw. V.; hat⟩ [zu ↑ Spaß]: **a)** *etw. nicht ernstlich meinen:* ich spaße nicht; Sie spaßen wohl!; * **mit jmdm. ist nicht zu s./jmd. läßt nicht mit sich s.** *(bei jmdm. muß man sich vorsehen):* Mit dem Iwan ist nicht zu s.! (Hilsenrath, Nazi 130); Aber er vergißt, daß dieser Platzhalter zum Minister bestellt ist von einem Herrn, der nicht mit sich s. läßt (St. Zweig, Fouché 155); **mit etw. ist nicht zu s., darf man nicht s.** *(mit etw. darf man nicht unvorsichtig, leichtsinnig sein; etw. muß ernst genommen werden):* mit so einer Infektion ist nicht zu s., geh lieber zum Arzt!; Mit einem Schlangenbiß darf man nicht s.; **b)** *(mit jmdm.) lustige Späße machen, ausgelassen sein:* mit jmdm. miteinander s.; die Kinder, mit denen ich im Zuge gespaßt habe (Th. Mann, Krull 150); **spa|ßes|hal|ber** ⟨Adv.⟩ (ugs.): *nicht aus einem ernsthaften Grund, einem wirklichen Anliegen, Interesse heraus (etw. tun), sondern nur, um es einmal kennenzulernen o. ä.:* auf einen Vorschlag s. eingehen; sie probierte den Hut s. auf; wir können ja s. mal die Rollen tauschen; Nehmen wir einmal s. an, Sie wären einer von den Partisanen ... Würden Sie versuchen, sich eine deutsche Uniform zu verschaffen? (Loest, Pistole 90); **Spa|ßet|tel[n]** ⟨Pl.⟩ [zu ↑ Spaß] (österr. ugs.): *Witze, Scherze; Unfug:* S. machen; **spaßhaft** ⟨Adj.; -er, -este⟩: *einen Spaß* (1) *enthaltend; Lachen erregend:* -e Redewendungen; Die Satire ist heute - 1919 - gefährlich geworden, weil auf die -en Worte leicht ernste Taten folgen können (Tucholsky, Werke II, 134); Denn s. geht es auch bei diesem nicht zu in der Armee (H. Kolb, Wilzenbach 8); **spa|ßig** ⟨Adj.⟩: **1.** *Vergnügen bereitend; zum Lachen reizend; komisch wirkend:* eine -e Geschichte; ich finde das überhaupt nicht s.; ... weil der ein arbeitsscheuer Krimineller war ... und das Leben in einer Räuberbande -er gefunden hatte als das Medizinstudium (Prodöhl, Tod 172). **2.** *gern scherzend; humorvoll, witzig [veranlagt]:* ein -er Bursche; mit jenem Professor und Museumsdirektor, dessen Name allerdings s. lautet (Th. Mann, Krull 401); **Spaß|ma|cher,** der: *jmd., der andere durch Späße unterhält;* **Spaß|ma|che|rin,** die; -, -nen: w. Form zu ↑ Spaßmacher; **Spaß|ver|der|ber,** der: *jmd., der bei einem Spaß nicht mitmacht u. dadurch anderen das Vergnügen daran nimmt;* **Spaß|ver|der|be|rin,** die; -, -nen: w. Form zu ↑ Spaßverderber; **Spaß|ver|gnü|gen,** das (landsch. ugs.): *Spaß, Vergnügen:* Umsonst gelebt? Ziemlich dürftig gelebt - aber das mit S. (Spiegel 37, 1991, 34); **Spaß|vo|gel,** der: *jmd., der oft lustige Einfälle hat u. andere [gern] mit seinen Späßen erheitert.*

Spa|sti, der; -s, -s [↑-i] (derb abwertend): *Spastiker* (1); **Spa|sti|ker** [ˈʃp..., ˈsp...], der; -s, - [lat. spasticus < griech. spastikós, zu: spasmós, ↑ Spasmus]: **1.** (Med.) *an einer spastischen Krankheit Leidender.* **2.** (ugs. abwertend) *Kretin* (2); **Spa|sti|ke|rin,** die; -, -nen: w. Form zu ↑ Spastiker; **spa|stisch** ⟨Adj.⟩: **1.** (Med.) *mit Erhöhung des Muskeltonus einhergehend:* eine -e Verengung der Gefäße; s. gelähmt sein. **2.** (ugs. abwertend) *in der Art eines Spastikers* (2); **Spa|sti|zi|tät,** die; - (Med.): *das Bestehen eines spastischen Leidens.*

spat ⟨Adv.⟩ [mhd. spät(e), ahd. spāto] (veraltet, noch landsch.): *spät.*

¹Spat, der; -[e]s, -e u. Späte [mhd. spāt, auch: Splitter, viell. verw. mit ↑ Span, ↑ Spaten] (Mineral.): *Mineral, das sich beim Brechen blättrig spaltet* (z. B. Feld-, Flußspat).

²Spat, der; -[e]s [mhd. spat, H. u.] (Tiermed.): *(bes. bei Pferden) [zur Erlahmung führende] Entzündung der Knochenhaut am Sprunggelenk.*

spät ⟨Adj.; -er, -este⟩ [mhd. spæte, ahd. spāti, eigtl. = sich hinziehend u. wahrsch. verw. mit ↑ sparen]: **1.** *in der Zeit ziemlich weit fortgeschritten, am Ende liegend; nicht zeitig:* an -en Abend, Vormittag, Nachmittag; bis in die -e Nacht; er kam zu -er Stunde (geh.; *sehr spät);* im -en Sommer, neunzehnten Jahrhundert, Mittelalter; in den -en siebziger Jahren; ich bin sicher, daß er sich erst in seinen

-en Jahren entschlossen hatte ... (Reich-Ranicki, Th. Mann 34); ein -es Werk des Malers; In einer -eren Studie ... hat er ... seine Theorien abgeschwächt (Fraenkel, Staat 251); der -e Goethe *(Goethe, wie man ihn von seinem Spätwerk her kennt);* es ist schon s. am Abend, schon ziemlich s.; gestern [abend] ist es sehr s. geworden (ugs.; *sind wir sehr spät zu Bett gegangen);* wie s. ist es? *(wieviel Uhr ist es?);* bis s. in den Herbst [hinein]; von früh bis s. *(den ganzen Tag lang);* R je - er der Abend, desto schöner die Gäste (höflich-scherzhafte Begrüßung eines später hinzukommenden Gastes); Ü Drüben, ... in warmem, tiefgoldenem Licht der -en *(abendlichen)* Sonne, stand eine nackte Frau (Seidel, Sterne 77). **2.** *nach einem bestimmten üblichen, angenommenen Zeitpunkt liegend, eintretend o. ä.; verspätet, überfällig:* ein -es Frühjahr; eine *(spät reifende)* Sorte Äpfel; ein -er Nachkomme; ein -es Glück; -e Reue, Einsicht, Besinnung; mit einem -eren Zug fahren; Nach einer -en Heirat ... hatte Zeidlers Vater ... das Glück gehabt ... (G. Vesper, Laterna 31); dazu ist es jetzt zu s.; Ostern ist, fällt, liegt dieses Jahr s.; s. aufstehen, zu arbeiten anfangen; du kommst s., -er als sonst, zu s.; sie hat [erst] relativ s. promoviert; wir sind eine Station zu s. ausgestiegen *(zu weit gefahren);* Minuten -er *(kurz darauf);* wir sind s. dran (ugs.; *wir haben uns verspätet, sind im Rückstand);* R besser/lieber s. als gar nicht/als nie[mals]; du kommst noch früh genug zu s. (ugs. scherzh.; *laß dir Zeit!, nicht so hastig!);* **spät|abends** ⟨Adv.⟩: *spät am Abend:* er war von frühmorgens bis s. unterwegs; **Spät|an|ti|ke,** die: *Spätzeit der Antike;* **Spät|auf|ste|her,** der; -s, -: *jmd., der in der Regel spät aufsteht;* **Spät|auf-ste|he|rin,** die; -, -nen: w. Form von ↑Spätaufsteher; **Spät|aus|sied|ler,** der (ugs.): *Aussiedler, der ab etwa 1980 in die Bundesrepublik Deutschland gekommen ist;* **Spät|aus|sied|le|rin,** die; -, -nen (ugs.): w. Form zu ↑Spätaussiedler; **spät|ba|rock** ⟨Adj.⟩: *zum Spätbarock gehörend, aus der Zeit des Spätbarocks stammend;* **Spät|ba|rock,** das od. der: *Spätzeit des Barocks;* **Spät|bur|gun|der,** der: **a)** ⟨o. Pl.⟩ *Rebsorte mit schwarzblauen Beeren in kompakten Trauben;* **b)** *Wein der Rebsorte Spätburgunder* (a); **Spät-dienst,** der: vgl. Spätschicht (a): er hat diese Woche S.; **Spä|te,** die; - [mhd. spæte, spate = späte Tageszeit; Abend-, Nachtzeit] (veraltet): *das Spätsein; späte Zeit.*

Spat|ei|sen|stein, der; -s (Mineral. veraltend): *Eisenspat.*

Spa|tel, der; -s, - (österr. nur so) od. die; -, -n [spätmhd. spatel < lat. spat(h)ula, Vkl. von: spatha < griech. spáthē = längliches, flaches (Weber)holz; breites Unterende am Ruder; Schulterblatt; Schwert]: **1.** *(in der Praxis eines Arztes od. in der Apotheke verwendeter) flacher, länglicher, an beiden Enden abgerundeter Gegenstand (aus Holz od. Kunststoff), mit dem z. B. Salbe aufgetragen wird:* der Arzt drückte die Zunge mit einem S. nach unten. **2.** *Spachtel* (1).

spa|ten ⟨sw. V.; hat⟩ (veraltend, noch landsch.): *umgraben;* **Spa|ten,** der; -s, - [spätmhd. spat(e), urspr. = langes, flaches Holzstück u. verw. mit ↑Span]: *(zum Umgraben, Abstechen u. Ausheben von Erde o. ä. bestimmtes) Gerät aus einem viereckigen, unten scharfkantigen [Stahl]blatt u. langem [Holz]stiel mit einem als Griff dienenden Querholz am Ende:* er nahm den S. und fing an umzugraben; 1876 hatte die Vierundfünfzigjährige in Mykenä den S. angesetzt (*mit den Ausgrabungen begonnen;* Ceram, Götter 72); **Spa|ten|blatt,** das: *Blatt* (5) *des Spatens;* **Spa|ten|for|schung,** die: *archäologische Forschung durch Ausgrabungen;* **Spa|ten|stich,** der: *das Einstechen mit dem Spaten [u. das Umwenden der dabei gelockerten Erde]:* er war schon nach wenigen -en im Schweiß gebadet; * *der erste S./*(seltener auch:) der S. *([bes. bei öffentlichen Bauvorhaben üblicher] symbolischer Akt in Form eines Spatenstichs od. eines entsprechenden Vorgangs mit einem Bagger o. ä. zur feierlichen Eröffnung der Bauarbeiten):* Am Wochenende erfolgte in Leipzig der symbolische erste S. für ein „Haus des Buches" (FAZ 7. 12. 93, 39); „Wir wollen ... einen urbanen Stadtteil haben", sagte Böhme beim S. (Zeit 31. 12. 93, 12).

Spät|ent|wick|ler, der: *Kind od. Jugendlicher, bei dem die psychische od. physische Entwicklung etwas zurückbleibt, sich später aber ausgleicht;* **Spät|ent|wick|le|rin,** die: w. Form zu ↑Spätentwickler; **spä|ter** [Komp. zu ↑spät (1)]: **I.** ⟨Adj.⟩ **a)** *(nach unbestimmter Zeit) irgendwann eintretend, nachfolgend; kommend:* in -en Jahren; in -er Zeit werden orientalische Formen aufgenommen (Bild. Kunst III, 39); zu einem -en Zeitpunkt; -e Generationen; **b)** *(bezogen auf einen bestimmten angenommenen, angegebenen Zeitpunkt) nach einer gewissen Zeit eintretend; [zu]künftig:* damals lernte er seine -e Frau kennen; mit ... dem Kronprinzen, dem -en Kaiser Friedrich (Winckler, Bomberg 194). **II.** ⟨Adv.⟩ *nach einer gewissen Zeit; danach:* er soll s. [einmal] die Leitung der Firma übernehmen; ich wurde verwundet und s. gefangen (Frisch, Nun singen 148); ... und s., als er verheiratet war, hatte er es nie über sich gebracht, seine Frau zu betrügen (Böll, Adam 38); er vertröstete ihn auf s.; wir sehen uns s. noch!; bis s.! (Abschiedsformel, wenn man sich im Laufe des Tages wieder treffen, sprechen wird); **spä|ter-hin** ⟨Adv.⟩ (geh.): *später* (II): er verlor sie aus den Augen; **spä|te|stens** ⟨Adv.⟩: *nicht später als:* wir treffen uns s. morgen, [am] Freitag, in drei Tagen, um 8 Uhr; die Arbeit muß bis s. 12 Uhr fertig sein; daß er seine Schlüssel vergessen hat, merkt er s. [dann], wenn er den Wagen starten will; ich durchschaue Sie s. seit unserer Fahrt nach Tübingen (Hochhuth, Stellvertreter 221); **Spät|film,** der (Ferns.): *Film, der am späten Abend gesendet wird;* **Spät|fol|ge,** die: vgl. Spätschaden; **Spät|frost,** der: *relativ spät im Jahr auftretender Frost;* **Spät|frucht,** die: *relativ spät im Jahr reifende Frucht;* **Spät-ge|bä|ren|de,** die; -n, -n ⟨Dekl. ↑Abgeordnete⟩: *Frau, die spät ihre erste od. eine weitere Geburt hat;* **Spät|ge|burt,** die: **1.** *verspätete Geburt eines Kindes nach Ablauf der normalen Schwangerschaftsdauer.* **2.** *verspätet geborenes Kind;* **Spät-ge|mü|se,** das: vgl. Spätfrucht; **Spät|ge-schäft,** das (regional): *über den allgemeinen Ladenschluß hinaus geöffnetes Geschäft;* **Spät|ge|sto|se,** die (Med.): *im letzten Drittel der Schwangerschaft auftretende Gestose;* **Spät|gla|zi|al,** das (Geol.): *letzter Zeitabschnitt der letzten Eiszeit;* **Spät|go|tik,** die: vgl. Spätbarock; **spät|go|tisch** ⟨Adj.⟩: vgl. spätbarock.

Spa|tha ['sp..., 'ʃp...], die; -, ...then [griech. spáthē, ↑Spatel]: **1.** (Bot.) *meist auffällig gefärbtes, den Blütenstand überragendes Hochblatt bei Palmen- u. Aronstabgewächsen.* **2.** *zweischneidiges germanisches Schwert.*

Spät|heim|keh|rer, der: *Kriegsgefangener, der erst lange nach Kriegsende entlassen wird;* **Spät|herbst,** der: *Spätsommer;* **Spät|holz,** das ⟨o. Pl.⟩: *vom Baum im Herbst gebildeter Teil des Jahresrings.*

Spa|ti|en: Pl. von ↑Spatium; **spa|ti|ie|ren, spa|tio|nie|ren** [ʃp..., sp...] ⟨sw. V.; hat⟩ (Druckw.): *mit Spatien (1) versehen;* **Spa|tio|nie|rung** [ʃp..., sp...], die; -, -en (Druckw.): *das Spationieren;* **spa|ti|ös** [ʃp..., sp...] ⟨Adj.⟩ (Druckw. veraltend): *weit [gesetzt]; mit Spatien (1) versehen:* -er Druck; **Spa|ti|um** [ʃp..., sp...], das; -s, ...ien [lat. spatium = Zwischenraum] (Druckw.): **1.** *Zwischenraum (zwischen Buchstaben o. ä.).* **2.** *Ausschluß* (2).

Spät|jahr, das (seltener): *[Spät]herbst;* **Spät|ka|pi|ta|lis|mus,** der: vgl. Spätantike; **spät|ka|pi|ta|li|stisch** ⟨Adj.⟩: *zum Spätkapitalismus gehörend, ihn betreffend;* **Spät|kar|tof|fel,** die: vgl. Spätfrucht; **Spät|klas|sik,** die: vgl. Spätantike; **spät|klas|sisch** ⟨Adj.⟩: vgl. spätbarock; **Spät|la|tein,** das: *Latein vom 3. bis etw. 6. Jh.;* **spät|la|tei|nisch** ⟨Adj.⟩: *in Spätlatein [geschrieben, schreibend];* **Spät|le|se,** die: *Lese (1) von vollreifen Weintrauben gegen Ende des Herbstes (nach Abschluß der regulären Weinlese).* **2.** *Wein aus Trauben der Spätlese* (1); **Spät-ling,** der; -s, -e: **1. a)** *Nachkömmling;* **b)** (selten) *spätes Kind:* Denn du warst Isaak, mein S. und Erstling (Th. Mann, Joseph 105). **2.** (selten) *Spätwerk.* **3.** (selten) *spät* (1) *im Jahr blühende Blume, reifende Frucht;* **Spät|mit|tel|al|ter,** das: vgl. Spätbarock; **spät|mit|tel|al|ter|lich** ⟨Adj.⟩: vgl. spätbarock; **Spät|nach|mit-tag,** der: *später (I) Nachmittag;* **spät-nach|mit|tags** ⟨Adv.⟩: vgl. spätabends; **Spät|nach|rich|ten,** die (Rundf., Ferns.): *letzte Nachrichten (2) des Tages;* **spät-nachts** ⟨Adv.⟩: vgl. spätabends; **Spät-pha|se,** die: *Phase gegen Ende eines bestimmten Zeitraums, einer Epoche;* **Spät-pro|gramm,** das (bes. Rundf., Fernsehen): *spätabends od. nachts gesendetes Programm;* **spät|pu|ber|tär** ⟨Adj.⟩ (bildungsspr. abwertend): *(auf Personen im Erwachsenenalter, deren Verhalten bezogen) unreif* (2); **Spät|rei|fe,** die: *erst spät, später als üblich erlangte Reife;* **Spät|re-nais|san|ce,** die: vgl. Spätbarock; **Spät-ro|man|tik,** die: vgl. Spätbarock; **spät-rö|misch** ⟨Adj.⟩: *die Zeit gegen Ende des*

Spätschaden 3160

Römischen Reiches betreffend, zu ihr gehörend, aus ihr stammend; **Spät|scha|den,** *der: [organischer] Schaden, der als Folge von etw. nicht unmittelbar, sondern erst nach längerer Zeit auftritt, erkannt wird:* Spätschäden als Folge einer Operation, einer Krankheit; Sie hat herausgefunden, daß auch kleinste Strahleneinwirkungen zu Spätschäden führen können (Saarbr. Zeitung 3. 10. 79, III); **Spätschäldigung,** die (seltener): vgl. Spätschaden; **Spät|schicht,** die: a) *Schicht* (3 a) *am [späten] Abend:* die S. beginnt um 18 Uhr; S. haben; in der S. arbeiten; b) *Arbeiter der Spätschicht* (a): die S. macht um drei Uhr Feierabend; **Spätsom|mer,** *der: letzte Phase des Sommers;* **Spät|som|mer|tag,** *der: Tag im Spätsommer:* ein warmer, schwüler S.; **Spätsprech|stun|de,** die (regional): *spätnachmittags od. abends eingerichtete Sprechstunde;* **Spät|sta|di|um,** *das: spätes, [weit] fortgeschrittenes Stadium:* im S. ist die Krankheit meist nicht mehr behandelbar; **Spät|star|ter,** *der* (ugs.): *jmd., der spät Karriere macht;* **Spät|star|te|rin,** die; -, -nen (ugs.): w. Form zu ↑ Spätstarter; **Spät|stil,** *der: für das Spätwerk eines Künstlers charakteristischer Stil:* der S. Beethovens, Rembrandts; **Spät|verkaufs|stel|le,** die (regional): vgl. Spätgeschäft; **Spät|vor|stel|lung,** *die: Vorstellung* (3), *Kinovorstellung o. ä. am späten Abend;* **Spät|werk,** *das: gegen Ende der Schaffensperiode eines Künstlers entstandenes [gesamtes] Werk;* **Spät|win|ter,** der: vgl. Spätsommer.

Spatz, der; -en, auch: -es, -en [mhd. spaz, spatze, Kosef. von mhd. spare, ahd. sparo, ↑ Sperling]: **1.** *Sperling:* ein junger, frecher, dreister S.; die -en lärmen, tschilpen, plustern sich auf; wie ein [junger] S. *(laut u. aufgeregt)* schimpfen; er ißt wie ein S. (ugs.; *sehr wenig);* Als der 14jährige Schüler Karl H. ... mit einem Flobertgewehr auf -en schießen wollte, traf er die ... Schülerin Sonja Hofmann ... (Presse 16. 7. 69, 5); R du hast wohl -en unterm Hut? (ugs. scherzh.; als Frage, wenn jmd. beim Grüßen o. ä. den Hut nicht abnimmt); Spr besser ein S. in der Hand als eine Taube auf dem Dach *(es ist besser, sich mit dem zu begnügen, was man bekommen kann, als etw. Unsicheres anzustreben);* Ü sie war schon als kleines Kind ein frecher S. (ugs. scherzh.; *ein Frechdachs);* * **das pfeifen die -en von den/allen Dächern** (ugs.; *das ist längst kein Geheimnis mehr, jeder weiß davon).* **2. a)** (fam.) *kleines, schmächtiges Kind;* **b)** (Kosewort, bes. für Kinder) *Herzchen, Liebling:* komm her, mein [kleiner] S.! **3.** (fam.) *Penis;* **Spätz|chen,** das; -s, -: Vkl. zu ↑ Spatz.

Spät|zeit, die: vgl. Spätphase.

Spat|zen|ge|hirn, Spat|zen|hirn, das (salopp abwertend): *wenig, geringer Verstand:* ein S. haben; **Spat|zen|por|ti|on,** die (ugs. scherzh.): *sehr kleine Portion (einer Speise):* diese S. wirst du ja wohl noch schaffen; **Spat|zen|schreck,** der; -s, -e (österr.): *Vogelscheuche;* **Spat|zenzun|ge,** die [nach den schmalen Blättern] (Bot.): *(bes. im Mittelmeerraum verbreitete) als Strauch od. Kraut wachsende Pflanze mit kleinen, schmalen Blättern u. unscheinbaren, grünlichen od. gelben Blüten ohne Kronblätter;* **Spät|zin,** die; -, -nen (selten): w. Form zu ↑ Spatz (1); **Spätz|le** ⟨Pl.⟩ [mundartl. Vkl. von ↑ Spatz] (bes. schwäb.): *kleine, längliche Stücke aus [selbst hergestelltem] Nudelteig, die in siedendem Salzwasser gekocht werden;* **Spätz|li** ⟨Pl.⟩ (schweiz.): *Spätzle.*

Spät|zün|der, der (ugs. scherzh.): **1.** *jmd., der nicht so schnell begreift, Zusammenhänge erkennt.* **2.** *Spätentwickler;* **Spätzün|de|rin,** die; -, -nen (ugs. scherzh.): w. Form zu ↑ Spätzünder; **Spät|zün|dung,** die: **1.** (Technik) *(auf Grund einer fehlerhaften Einstellung eines Verbrennungsmotors) zu spät erfolgende Zündung.* **2.** (ugs. scherzh.) *[zu] spätes Begreifen, [zu] späte Reaktion:* er hatte S.

spa|zie|ren ⟨sw. V.; ist⟩ [mhd. spacieren, spazieren < ital. spaziare < lat. spatiari = einherschreiten, zu: spatium, ↑ Spatium]: **1. gemächlich** *[ohne bestimmtes Ziel] gehen;* **schlendern:** auf und ab, durch die Straßen s.; die Besucher spazierten in den großen Saal, durch die Ausstellung; Shen Te kommt des Weges spaziert (Brecht, Mensch 44); Schon von weitem erblickte er ein schneeweißes Huhn, das mitten auf der Straße spazierte *(herumlief;* Geißler, Wunschhütlein 46). **2.** (veraltend) *spazierengehen:* ... wenn man baden kann. Jetzt ist es noch zu kalt, aber man wird s. können, falls es morgen nicht regnet (Frisch, Montauk 93); **spa|zie|ren|fah|ren** ⟨st. V.⟩: **1.** *eine Spazierfahrt machen* ⟨ist⟩: sonntags [im, mit dem Auto] s. **2.** *mit jmdm. eine Spazierfahrt machen, ihn ausfahren* (2 b) ⟨hat⟩: ein Baby s.; die Urlaubsgäste s.; Wir müssen in kein Café gehen, ich lass' mich gerne s. (Sobota, Minus-Mann 181); **spa|zie|ren|füh|ren** ⟨sw. V.; hat⟩: *mit jmdm. spazierengehen u. ihn dabei leiten, geleiten:* einen Kranken, seinen Hund s.; Ü Er ist ... eher ein Kumpel, der sein angestammtes Berliner Mundwerk ziemlich ungewaschen spazierenführt (Schreiber, Krise 203); ein neues Kleid s. (ugs. scherzh.; *ausführen* 1 d); **spa|zieren|ge|hen** ⟨unr. V.; ist⟩: *einen Spaziergang machen:* jeden Tag zwei Stunden s.; mit den Kindern im Wald s.; dort kann man schön s.; Ü sonst bin ich womöglich ungezogen genug, mit meiner Phantasie dort spazierenzugehen, wo ich demnächst sein werde (Geissler, Wunschhütlein 53); **spa|zie|ren|rei|ten** ⟨st. V.; ist⟩ (selten): *ausreiten* (1 b); **Spa|zier|fahrt,** die: *Fahrt in die Umgebung, die zur Erholung, zum Vergnügen unternommen wird;* **Spa|zier|gang,** der: ¹*Gang* (2) *zur Erholung, zum Vergnügen:* einen ausgedehnten, langen, weiten S. machen; jmdn. auf einem S. begleiten; von seinen vielen Spaziergängen kennt er die Gegend sehr genau; **Spa|zier|gän|ger,** der: *jmd., der einen Spaziergang macht;* **Spa|zier|gänge|rin,** die: w. Form zu ↑ Spaziergänger; **Spa|zier|ritt,** der ⟨selten⟩: *Ausritt* (1); **Spa|zier|stock,** der ⟨Pl. ...stöcke⟩: *Stock mit gekrümmtem Griff, der beim Spazierengehen das Gehen erleichtert;* **Spa|zierweg,** *der: Weg, der sich gut für Spaziergänge eignet.*

SPD = Sozialdemokratische Partei Deutschlands.

Spea|ker ['spi:kɐ], der; -s, - [engl., eigtl. = Sprecher, zu: to speak = sprechen]: *Präsident des britischen Unterhauses u. des US-amerikanischen Kongresses.*

Specht, der; -[e]s, -e [mhd., ahd. speht, weitergebildet aus gleichbed. mhd. spech, ahd. speh, H. u.]: *Vogel mit langem, geradem, kräftigem Schnabel, mit dem er, am Baumstamm kletternd, Insekten u. deren Larven aus der Rinde herausholt:* der S. trommelt, hackt, klopft; **Specht|mei|se,** die: *Kleiber.*

Spe|cial ['spɛʃəl], das; -s, -s [engl. special, zu: special = speziell < afrz. especial < lat. specialis, ↑ speziell]: *Fernseh-, Rundfunksendung, in der eine Persönlichkeit (meist ein Künstler), eine Gruppe od. ein Thema im Mittelpunkt steht.*

Speck, der; -[e]s, (Sorten:) -e [mhd. spec, ahd. spek, viell. eigtl. = Dickes, Fettes]: **1. a)** *zwischen Haut u. Muskelschicht liegendes Fettgewebe des Schweins (das, durch Räuchern u. Pökeln haltbar gemacht, als Nahrungsmittel dient):* fetter, durchwachsener, geräucherter, grüner S.; S. räuchern, braten, in Würfel schneiden, auslassen; Erbsen, Bohnen mit S.; R ran an den S.! (ugs.; *los!, an die Arbeit!);* Spr mit S. fängt man Mäuse *(mit einem verlockenden Angebot kann man jmdn. dazu bewegen, etw. zu tun, auf etw. einzugehen);* Ü Als S. für die Angel *(als Lockmittel)* dienen Geld und gute Versprechungen (St. Zweig, Fouché 121); * **den S. riechen** (ugs.; ↑ Braten); **b)** *Fettgewebe von Walen u. Robben:* aus dem S. gewinnt man Tran. **2.** (ugs. scherzh.) *(in bezug auf jmds. Beleibtheit) Fettpolster:* sie hat ganz schön S. um die Hüften; Kam ihr S. vom Kummer oder ihr Kummer vom S.? Sie wußte es selber nicht (Bieler, Bär 243); Der rasierte S. seines Mondgesichts schimmerte (Th. Mann, Krull 232); S. ansetzen (ugs.; *an Gewicht zunehmen);* [keinen] S. auf den Rippen haben (ugs.; *[ganz u. gar nicht] dick sein);* das ist gut für meinen S. *(davon werde ich schlanker;* Aberle, Stehkneipen 107); **Speck|bauch,** der; (ugs., oft scherzh.): *Schmerbauch;* **speck|bäu|chig** ⟨Adj.⟩ (ugs., oft scherzh.): *mit einem Speckbauch;* **Speckboh|nen** ⟨Pl.⟩: *Bohnen mit Speck;* **Speckdeckel¹,** der (landsch. abwertend): *speckig glänzende Kopfbedeckung;* **Speck|falte,** die (ugs.): *von Fettwülsten gebildete Falte (bes. am Bauch):* ... messen wir seinen Herzschlag, sein Gewicht ... und zählen seine -n (White [Übers.], Staaten 26); **Speck|grie|be,** die: *Griebe* (1); **speckig¹** ⟨Adj.⟩ [zu ↑ Speck]: **1. a)** *abgewetzt u. auf fettig-glänzende Weise schmierig:* ein -er Hut, Kragen, Anzug; ein -es *(abgegriffenes, schmutziges)* Buch; Auf den Rockkragen fallendes Nackenhaar sehe ich gar nicht gern, da es ganze unfehlbar auf die Dauer s. machen muß (Th. Mann, Krull 334); der Polstersessel ist s. geworden, glänzt s.; **b)** *wie Speck [glänzend]:* ... und (er) schlug mit dem Spaten die -en Erdschollen in Stücke (Rinser, Jan Lobel 16); Speckig glänzte der Schlamm (Apitz, Wölfe 224). **2.** (ugs. abwertend) *in unangenehmer Weise dick, fett; feist:* ein -er

Nacken; -e Backen; Tulla ... traf auch mehrmals den runden Rücken und -en Hinterkopf Amsels (Grass, Hundejahre 195). **3.** (landsch.) *nicht richtig durchgebacken u. deshalb klebrig-teigig:* -es *Brot;* **Speck|jä|ger,** der: **1.** (ugs. veraltend) *Landstreicher.* **2.** (ugs. abwertend) *Schmarotzer* (1)*: Man brauchte nur alle diese Schmeißfliegen und S., denen es nur um Geldscheffeln und Lebeschön ging, aus seiner Umgebung zu entfernen* (Fallada, Jeder 37); **Speck|kä|fer,** der: *(in vielen Arten vorkommender) kleiner Käfer, dessen Larven von fetthaltigen Stoffen meist tierischer Herkunft leben;* **Speck|knö|del,** der (südd., österr.): *Knödel mit kleinen Speckstückchen;* **Specku|chen,** der: *mit Speckstückchen belegter Kuchen, der warm gegessen wird;* **Speck|nacken**[1], der (ugs. abwertend): *feister Nacken (eines Menschen);* **speck|nackig**[1] ⟨Adj.⟩ (ugs. abwertend): *mit einem Specknacken;* **Speck|pol|ster,** das (ugs.): *Fettpolster;* **Speck|röll|chen,** das (ugs. scherzh.): *rund um einen Körperteil verlaufendes Fettpolster: Der Gürtel drückt, die Bluse spannt, S. umrunden den Leib* (Spiegel 11, 1988, 72); **Speck|schei|be,** die: *Scheibe Speck vom Schwein;* **Speckschicht,** die: *von Speck gebildete Schicht;* **Speck|schwar|te,** die: *Schwarte an einem Stück Speck;* **Speck|sei|te,** die: *großes Stück Speck vom Schwein;* **Speck|soße,** die: *mit Speck zubereitete Soße;* **Speck|stein,** der: *Steatit: Skulpturen aus S.;* **Speck|stip|pe,** die (bes. nordd.): *Stippe* (1 b) *aus ausgelassenem Speck;* **Speck|stück,** das: vgl. *Speckscheibe;* **Speck|stück|chen,** das: *kleines Speckstück;* **Speck|tor|te,** die: vgl. *Speckkuchen;* **Speck|wür|fel,** der: *würfelförmiges Speckstück.*

Spe|cu|lum, das; -s, ...la [lat. speculum, ↑Spekulum]: *Titel von spätmittelalterlichen Kompilationen* (b) *theologischer, lehrhafter u. unterhaltender Art.*

spe|die|ren ⟨sw. V.⟩ [ital. spedire = versenden < lat. expedire, ↑expedieren]: *(Frachtgut) befördern, versenden: Möbel, Güter mit der Bahn, mit einem Lastwagen s.;* Ü *der Türsteher spedierte ihn ins Freie* (ugs. scherzh.; *warf ihn hinaus);* **Spe|di|teur** [...'tø:ɐ̯], der; -s, -e, schweiz.; auch: -e [mit französierender Endung zu ↑spedieren]: *Kaufmann, der gewerbsmäßig die Spedition* (a) *von Gütern besorgt;* **Spe|di|teu|rin** [...'tø:...], die; -, -nen: w. Form zu ↑Spediteur; **Spe|di|ti|on,** die; -, -en [ital. spedizione = Absendung, Beförderung < lat. expeditio, ↑Expedition]: **a)** *gewerbsmäßige Versendung von Gütern: Die Firma übernahm die S. der Waren;* **b)** *Betrieb, der die Spedition* (a) *von Gütern durchführt; Transportunternehmen: für den Umzug eine S. bestellen; mit dem Transport eine S. beauftragen;* **c)** kurz für ↑Speditionsabteilung; **Spe|di|ti|ons|ab|tei|lung,** die: *Versand* (2)*;* **Spe|di|ti|ons|be|trieb,** der: *Spedition* (b); **Spe|di|ti|ons|fir|ma,** die: *Spedition* (b); **Spe|di|ti|ons|ge|bühr,** die: *für die Spedition* (a) *zu zahlende Gebühr;* **Spe|di|ti|ons|ge|schäft,** das (Wirtsch.): *Vertrag über den Transport von Gütern;* **Spe|di|ti|ons|kauf|frau,** die: vgl. Speditionskaufmann; **Spe|di|ti|ons|kauf|mann,** der: *Kaufmann, der im Bereich des Transports u. der Lagerung von Waren tätig ist* (Berufsbez.); **spe|di|tiv** ⟨Adj.⟩ [ital. speditivo = hurtig < lat. expeditus = ungehindert, adj. 2. Part. von: expedire, ↑expedieren] (schweiz.): *rasch vorankommend, zügig: Dank -er Behandlung der Geschäfte hat der Gemeinderat ... seine jüngste Sitzung ... nach bloß einer Stunde schließen können* (NZZ 23. 10. 86, 36); *etw. s. erledigen; doch es wurde sorgfältig und s. gearbeitet* (Weltwoche 17. 5. 84, 12).

Speech [spi:tʃ], der; -es, -e u. -es [...ɪs; engl. speech] (selten): *Rede, Ansprache: einen kleinen S. halten.*

¹**Speed** [spi:d], der; -s, -s [engl. speed = Geschwindigkeit] (Sport): *Geschwindigkeit[ssteigerung] eines Rennläufers od. Pferdes; Spurt;* ²**Speed,** das; -s, -s (Jargon): *stimulierende, erregende, aufputschende Droge* (bes. Amphetamin): *er schmeißt Acid und S.;* **Speed|ball** ['spi:dbɔ:l], der; -s, -e [engl. speedball, zu: ball = ¹Ball] (Jargon): *Mischung aus Heroin u. Kokain;* **Speed|ski,** das ⟨o. Pl.⟩ (Skisport): *auf einer besonders steilen Strecke durchgeführter Abfahrtslauf, bei dem es darum geht, eine möglichst hohe absolute Höchstgeschwindigkeit zu erreichen;* **Speed|way** ['spi:dweɪ], der; -s, -s [engl. speedway, eigtl. = Schnellstraße] (Sport): engl. Bez. für *Rennstrecke für Autorennen;* **Speed|way|ren|nen,** das (Sport): *Motorradrennen auf Aschen-, Sand- od. Eisbahnen.*

Speer, der; -[e]s, -e [mhd. sper, spar(e), ahd. sper, eigtl. = Sparren, Stange, verw. mit lat. sparum, sparus = kurzer Jagdspeer]: **a)** *Waffe zum Stoßen od. Werfen in Form eines langen, dünnen, zugespitzten od. mit einer [Metall]spitze versehenen Stabes: jmdn. mit dem S. durchbohren, treffen; seinen S. gegen jmdn. schleudern; Burschen mit bunten, farbig bewimpelten -en (Banderillas) stellen sich vor dem Stier auf* (Feuchtwanger, Erfolg 307); Ü *sirrende -e aus Eiskristallen, die die Haut aufrissen* (Roehler, Würde 15); *... während die Sonne mit glühenden -en durch das verwucherte Blattwerk drängte* (Langgässer, Siegel 7); **b)** (Leichtathletik) *Speer* a) *als Sportgerät zum Werfen;* **spee|ren** ⟨sw. V.; hat⟩: *mit dem Speer durchbohren, töten: Während sie in zerbrechlichen Auslegerkanus die Brandung durchreiten, um Fische zu s. ...* (MM 2./3. 11. 68, 3); *Der Vater ... war geblendet und dann gespeert worden* (Jahnn, Geschichten 46); **Speer|kies,** der [nach den einem Speer ähnlichen Kristallen]: *einer Speerspitze ähnlich geformter Markasit;* **Speer|schaft,** der: ¹*Schaft* (1 a) *des Speers;* **Speer|schleuder,** die: (Völkerk.) *Schleuder, mit der man Speere abschießt;* **Speer|spit|ze,** die: **1.** *Spitze eines Speers:* eine steinzeitliche, bronzene, eiserne S. **2.** *wichtigster Exponent* (1)*, Gesamtheit der wichtigsten Exponenten* (1)*, bes. einer [politischen] Bewegung, eines von mehreren Lagern* (3) *o. ä.: S. der Schwier-Widersacher im Arbeitskreis Schule ... ist ... Dr. päd. Manfred Dammeyer* (Westd. Zeitung 11. 5. 84, 3); *Wir waren ... die S. des Naturschutzes* (Tages Anzeiger 30. 7. 84, 16); **Speerwer|fen,** das; -s (Leichtathletik): *sportliche Disziplin, bei der der Speer* (b) *möglichst weit geworfen werden muß;* **Speerwer|fer,** der (Leichtathletik): *jmd., der das Speerwerfen als sportliche Disziplin betreibt;* **Speer|wer|fe|rin,** die (Leichtathletik): w. Form zu ↑Speerwerfer; **Speer|wurf,** der (Leichtathletik): **a)** ⟨o. Pl.⟩ *das Speerwerfen;* **b)** *einzelner Wurf beim Speerwerfen.*

spei|ben ⟨st. V.; hat⟩ [mhd. spīwen, ahd. spīwan, ältere Form von mhd. spīen, ahd. spīan, ↑speien] (südd., österr.): **a)** *spucken;* **b)** *erbrechen* (2).

Spei|che, die; -, -n [mhd. speiche, ahd. speihha, eigtl. wohl = langes, zugespitztes Holzstück, verw. mit ↑spitz; 2: wohl in Anlehnung an lat. radius = Rad-, Armspeiche]: **1.** *einer der strebenartigen Teile des Rades, die von der Nabe strahlenförmig auseinandergehen u. die Felge stützen:* eine S. ist verbogen, gerissen, gebrochen; eine S. ersetzen, einsetzen, einfädeln, einziehen, spannen; Mit der einen Fußspitze, die sie in die -n eines Fahrzeuges gesteckt hatte ... (Gaiser, Jagd 131); *ein Lenkrad mit vier -n;* ***dem Schicksal, dem Rad der Geschichte** o. ä. **in die -n greifen/fallen** (geh.; *das Schicksal, den Lauf der Geschichte aufzuhalten suchen*)*: ... aber Sie werden einsehen, daß es unnütz ist, dem Schicksal in die -n zu fallen* (Th. Mann, Zauberberg 115). **2.** (Anat.) *Knochen des Unterarms auf der Seite des Daumens:* Elle und S.; *er hat sich bei dem Sturz die S. [des linken Arms] gebrochen.*

Spei|chel, der; -s [mhd. speichel, ahd. speihhil(a), zu ↑speien]: *von den im Mund befindlichen Drüsen abgesonderte Flüssigkeit; Spucke: dünner S. rann, floß, lief, troff ihm aus dem Mund und der S. läuft ihm im Mund zusammen; ... winselte er, und S. sprühte von seinen zitternden Lippen* (Kirst 08/15, 802); *er ... hatte dicken S. im Bart* (Musil, Mann 1429); *... liefert die Ohrspeicheldrüse ... einen relativ dünnflüssigen S.* (Medizin II, 26); *Er ... zog allen S. zusammen, um die Tablette schlucken zu können* (Molsner, Harakiri 21); *sie feuchtete die Briefmarke mit etwas S. an;* **Spei|chel|ab|son|de|rung,** die: *Absonderung von Speichel;* **Spei|chel|drü|se,** die: *Drüse, die Speichel absondert;* **Spei|chel|drü|sen|ent|zün|dung,** die (Med.): *Entzündung der Speicheldrüsen;* **Spei|chel|fluß,** der (Med.): *übermäßige Absonderung von Speichel;* **Spei|chellecker**[1], der (abwertend): *jmd., der durch Unterwürfigkeit jmds. Wohlwollen zu erlangen sucht;* **Spei|chel|le|cke|rei**[1], die; -, -en (abwertend): *speichelleckerisches Verhalten:* seine S. widert mich an; ich ignoriere seine -en einfach; **Spei|chel|lecke|rin**[1], die; -, -nen (abwertend): w. Form zu ↑Speichellecker; **spei|chel|le|cke|risch**[1] ⟨Adj.⟩ (abwertend): *in der Art eines Speichelleckers;* **spei|cheln** ⟨sw. V.; hat⟩: *Speichel aus dem Mund austreten lassen:* im Schlaf, beim Reden [stark] s.; *Aber der Tote ist trocken, ganz ohne Saft und Schleim. Kein speichelnder Mund mehr, kein tränenvoller Blick* (K. Mann, Wen-

Speichelreflex

depunkt 249); **Spei|chel|re|flex,** der: *in einer vermehrten Speichelabsonderung bestehender Reflex;* **Spei|chel|stein,** der (Med.): *die Speichelabsonderung hemmendes Konkrement in den Ausgängen der Speicheldrüsen.*
Spei|chen|bruch, der: **1.** *Bruch einer Speiche* (1). **2.** *Bruch der Speiche* (2) *eines Arms;* **Spei|chen|loch,** das (Technik): *Loch (im Flansch der Nabe od. in der Felge), in dem eine Speiche* (1) *sitzt;* **Speichen|nip|pel,** der (Technik): *Nippel zum Befestigen an der Felge u. Spannen einer Speiche* (1); **Spei|chen|rad,** das (Technik): *Rad mit Speichen* (1): *ein alter Rolls mit Speichenrädern;* **Spei|chen|re|flektor,** der: *(bes. bei Fahrrädern üblicher) an den Speichen* (1) *befestigter, von den Seiten her auftreffendes Licht reflektierender Rückstrahler, Reflektor;* **Spei|chenschloß,** das: *einfaches Fahrradschloß, bei dem ein zwischen die Speichen* (1) *geschobener Riegel das Hinterrad blockiert;* **Spei|chen|strah|ler,** der: *Speichenreflektor.*
Spei|cher, der; -s, - [mhd. spīcher, ahd. spīhhāri < spätlat. spicarium = Getreidespeicher, zu lat. spica = Ähre]: **1.** *Gebäude zum Aufbewahren von etw.:* dicht am Hafen, wo die alten Seemannskneipen sind, die großen Getreidesilos und S. (Kirsch, Pantherfrau 76); Getreide, Saatgut, Waren in einem S. lagern; Schließlich lag die Brigg direkt vor dem S. unseres altgewohnten Getreidekaufmanns Kalander (Fallada, Herr 35). **2.** *(bes. westmd., südd.) Dachboden:* den S. ausbauen; die Wäsche auf dem S. aufhängen; etw. auf den S. bringen; Von Zeit zu Zeit stieg die Großmutter auf den S. (Böll, Haus 82). **3.)** *Vorrichtung an elektronischen Rechenanlagen zum Speichern von Informationen:* S. (Datenspeicher, Informationsspeicher) nennt man die auch als Speicherwerk bezeichnete Funktionseinheit einer EDVA (Mathematik II, 365); Daten in den S. eingeben. **4.** (Technik) **a)** *oberhalb eines Stauwerks gelegenes Gelände, in dem Wasser aufgestaut wird;* **spei|cher|bar** (Adj.): *so beschaffen, daß es gespeichert werden kann;* **Spei|cher|becken**[1]**,** das: *Speicher* (2 a); **Spei|cher|bild,** das (Physik): *Hologramm;* **Spei|cher|blatt,** das (Bot.): *fleischigpflanzliches Blatt, das der Speicherung von Wasser od. Reservestoffen dient;* **Spei|cher|ele|ment,** das (Datenverarb.): *Element eines Speichers* (2 b) *zur Speicherung der kleinsten Dateneinheit;* **Speicher|geld,** das: *Gebühr für das Aufbewahren von Gütern in einem Speicher* (1 a); **Spei|cher|ge|stein,** das (Geol.): *poröses Gestein, in das Erdöl od. Erdgas eingedrungen ist;* **Spei|cher|ge|webe,** das (Bot.): *pflanzliches Gewebe, in dem etw. (z. B. Nährstoffe od. Samen) gespeichert wird;* **Spei|cher|ka|pa|zi|tät,** die: *Fassungsvermögen, Kapazität eines Speichers; Fähigkeit, etw. (bis zu einer bestimmten Höchstmenge) zu speichern:* der Rechner hat eine zu kleine S.; wir müssen unsere S. erweitern; **Spei|cher|kraftwerk,** das (Technik): *Kraftwerk, dem ein Speicher* (2 a) *vorgelagert ist u. das wegen der ständig zur Verfügung stehenden Reserven an Wasser gleichmäßig Energie produzieren kann;* **Spei|cher|krank|heit,** die (Med.): *angeborene Stoffwechselstörung, bei der es zu einer Einlagerung von Stoffwechselprodukten in Gewebe u. Organe kommt, wodurch diese krankhaft verändert werden;* **Spei|cher|me|di|um,** das (Datenverarb.): *Datenträger;* **Spei|chermög|lich|keit,** die: vgl. Speicherkapazität; **spei|chern** (sw. V.; hat): *[in einem Speicher zur späteren Verwendung] aufbewahren, lagern:* Vorräte, Getreide, Futtermittel, Saatgut s.; in dem Stausee wird das Trinkwasser für die Stadt gespeichert; der Kachelofen speichert Wärme für viele Stunden *(gibt die Wärme nur langsam ab);* Daten auf Magnetband s.; Die Blättchen des Torfmooses sind in der Lage, das für ihr Leben unentbehrliche Wasser reichlich und auf lange Zeit zu s. (Simmel, Stoff 57); so kann ... das wertvolle Fett in den Leberzellen gespeichert werden (Medizin II, 156); TE KA DE brachte ein Autotelefon auf den Markt, in dem sich 30 Rufnummern s. lassen (Gute Fahrt 3, 1974, 8); Ü Wissen, Kenntnisse s.; Er ... hatte a... Schwierigkeiten, mein Äußeres mit den Daten, die er in seinem Personengedächtnis speicherte, in Einklang zu bringen (Cotton, Silver-Jet 100); Viele Lupinenfelder ... Felder voll Gelb: als speicherte die Sonne ihre Farben in ihnen (Bastian, Brut 45); Die Gassen speichern Gerüche (Fels, Kanakenfauna 83); **Spei|cherofen,** der: kurz für ↑ Nachtspeicherofen; **Spei|cher|or|gan,** das (Bot.): *Organ mit Speichergewebe bei überwinternden Pflanzen;* **Spei|cher|par|en|chym,** das (Bot.): *Speichergewebe;* **Spei|cher|platz,** der ⟨o. Pl.⟩ (Datenverarb.): *Speicherkapazität eines Datenträgers;* **Spei|che|rung,** die; -, -en: *das Speichern, Gespeichertwerden;* **Spei|cher|werk,** das (Datenverarb.): *Teil einer Datenverarbeitungsanlage, in dem die Daten gespeichert werden;* **Spei|cher|wur|zel,** die (Bot.): *Wurzel mehrjähriger Pflanzen, die Reservestoffe speichert;* **Spei|cher|zel|le,** die (Datenverarb.): *Bauteil von Digitalrechnern für die Speicherung von Daten.*
Speich|griff, der; -[e]s, -e (Turnen): *Griff, bei dem der Daumen beim Umfassen des* ¹Holms (1 a) *neben dem Handteller liegt, die Speiche* (2) *oben ist u. die Handteller einander zugewandt sind.*
Spei|del, der; -s, - [mhd. spidel, spedel = Splitter, Span, viell. verw. mit ↑spitz] (landsch.): *Keil* (1 a).
spei|en ⟨st. V.; hat⟩ [mhd. spī(w)en, ahd. spī(w)an, verw. mit lat. spuere, ↑ Sputum; vgl. speiben] (geh.): **a)** *spucken* (1): Der wälzt sich auf dem Pflaster und speit (Kisch, Reporter 242); Blut s.; Er ... schüttelte die Sandkörner aus seinen Kleidern und spie sie aus meinem Munde (Hauptmann, Thiel 40); auf den Boden, nach jmdm., jmdm. ins Gesicht s.; er würde seinen Speichel auf die lieblich rot erstrahlende Herdplatte s. (Jahnn, Geschichten 108); vor einer Bretterbude ... saßen zwei Fischer, spieen braunen Tabaksaft neben sich (Rolf Schneider, November 71); Ü der Mensch kann nicht immer nur in sich hineinwürgen, er muß auch von sich s. dürfen (A. Zweig, Grischa 217); Und Haubitzen, Mörser, Nebelwerfer spien Feuer (Plievier, Stalingrad 209); Und es gibt Berge, die Schwefel und Rauch und glühende Steine in den blauen Himmel speien (Frisch, Cruz 23); die Bagger ..., schwarze, erdige Kohle in gebogenen Strahlen speiend (Berger, Augenblick 63); **b)** *spucken* (14): Ich spei' auf den ganzen Krieg, unter solchen Bedingungen (Hacks, Stücke 227); **c)** *sich übergeben:* er wurde seekrank und mußte s.; * **zum Speien** (emotional; äußerst abstoßend, unerträglich): unsere ersten Nazis – zum Speien! (Kuby, Sieg 196); **Spei|gat[t],** das [zu ↑ speien] (Seemannsspr.): *Öffnung im unteren Teil der Reling, durch die Wasser vom Deck ablaufen kann.*
Speik, der; -[e]s, -e [oberdeutsche Form von älter Spieke < lat. spica (↑ Speicher), nach dem einer Ähre ähnlichen Blütenstand]: **1.** *in den Alpen vorkommende Art des Baldrians.* **2.** *Lavendel.* **3.** *in den Alpen vorkommende, blau blühende Primel.*
Speil, der; -s, -e [niederd. spil(e) = Splitter, Span; Keil, eigtl. = Abgesplittertes, viell. verw. mit ↑spitz; vgl. Speidel]: *dünnes Holzstäbchen, bes. zum Verschließen des Wurstzipfels;* **spei|len** (sw. V.; hat): *(bes. einen Wurstzipfel) mit einem Speil verschließen, zusammenstecken;* **Spei|ler,** der; -s, -: *Speil;* **spei|lern** (sw. V.; hat): *speilen.*
Spei|napf, der (geh.): *Spucknapf.*
¹**Speis,** die; -, -en [zu ↑Speise] (südd., österr. ugs.): *Speisekammer;* ²**Speis,** der; -es [wohl gek. aus älter Maurerspeise, zu ↑ Speise (2)] (bes. westmd., süd[west]d.): *Mörtel:* vielleicht schnicken sie noch den S. von der Kelle (Kreuder, Gesellschaft 137); **Spei|se,** die; -, -n [mhd. spīse, ahd. spīsa < mlat. spe(n)sa = Ausgaben; Vorrat(sbehälter); Nahrung < lat. expensa (pecunia) = Ausgabe, Aufwand, zu: expensum, 2. Part. von: expendere, ↑expensiv; vgl. Spesen; 2: mhd. = zum Guß (1a) verwendete Metallegierung]: **1. a)** *zubereitete Nahrung als einzelnes Essen;* ²*Gericht:* köstliche, leckere, erlesene, raffiniert zubereitete -n; warme und kalte -n; -n und Getränke sind im Preis inbegriffen; Die Haushälterin Veronika trug die -n ab und zu, derbe, schmackhafte -n (Feuchtwanger, Erfolg 785); (sie) fiel mit freudigem Appetit über die -n her (Hesse, Steppenwolf 119); **b)** (geh.) *feste Nahrung:* er hat nicht ausreichend S. haben; * **Speis und Trank** (geh.): *Essen u. Getränk[e]:* sie stärkten sich mit Speis und Trank; **c)** *(bes. nordd.) Süßspeise, Pudding.* **2.** kurz für ↑ Glockenspeise; **Spei|se|brei,** der (Med.): *mit Verdauungssäften durchsetzte Nahrung im Magen u. im Darm; Chymus;* **Spei|se|eis,** das: *aus Milch, Zucker, Säften, Geschmacksstoffen usw. bestehende, künstlich gefrorene, cremig schmelzende Masse, die zur Erfrischung verzehrt wird;* **Spei|se|fett,** das: *zum Verzehr geeignetes Fett* (1); **Spei|se|fisch,** der: vgl. Speisefett: der Lachs ist ein geschätzter, wertvoller, beliebter S.; **Spei|se|fol|ge,** die: *Speisenfolge;* **Spei|se|gast|stät|te,** die: *Restaurant:* Cafés und -n; **Spei|se|haus,** das

(veraltet): *Restaurant;* **Spei|se|kam|mer,** die [mhd. spīsekamer]: *Kammer* (1 b) *zum Aufbewahren von Lebensmitteln;* **Spei|se|kar|te,** die: *Verzeichnis der in einer Gaststätte erhältlichen Speisen auf einer Karte, in einer Mappe o. ä.;* **Spei|se|kar|tof|fel,** die: vgl. Speisefett; **Spei|se|ka|sten,** der (österr.): *Speiseschrank;* **Spei|se|kelch,** der (kath. Kirche): *Ziborium* (1); **Spei|se|krebs,** der: vgl. Speisefett; **Spei|se|lei|tung,** die (Technik): *Leitung* (3 a), *durch die etw. mit Gas, Strom o. ä. gespeist* (3) *wird;* **Spei|se|lo|kal,** das: *Restaurant;* **spei|sen** ⟨sw. V.; hat⟩ [mhd. spīsen]: **1.** (geh.) **a)** *eine Mahlzeit zu sich nehmen, essen* (1): ausgiebig, gut, à la carte, nach der Karte s.; zu Abend s.; ich wünsche wohl zu s., wohl gespeist/ (scherzh.:) gespiesen zu haben (veraltend; als Wunschformel vor bzw. nach einer Mahlzeit); **b)** (seltener) *essen* (2): zu dem Kaviar speiste er in Butter geschwenkte Kartoffeln (Koeppen, Rußland 139); was wünschen die Herrschaften zu s.?. **2.** (geh.) *[mit etw.] verpflegen:* Hungrige, die Armen, Kinder s.; man ... speist und tränkt die Scharen der Pilger (Koeppen, Rußland 194); so sind es ... fast ohne Ausnahme Juden, die mich empfangen, beherbergen, speisen *(bewirten)* und hätscheln (Reich-Ranicki, Th. Mann 57); Ü Sie werden nicht umhin können, uns von Ihrer Kenntnis zu s. (A. Zweig, Claudia 51); eine von/aus humanistischer Tradition gespeiste Idee; ⟨selten auch s. + sich:⟩ Das Verlangen, aus dem sich der Tourismus speist, ist das nach dem Glück der Freiheit (Enzensberger, Einzelheiten I, 204). **3. a)** ⟨schweiz. auch st. V.: spies, hat gespiesen⟩ *[einer Sache etw.] zuführen, [sie mit etw.] versorgen:* ein aus/von zwei Flüssen gespeister See; der Fond wird aus Spenden gespeist; die Taschenlampe wird aus/von zwei Batterien gespeist; ... wird das Grundwasser durch Flußinfiltrationen gespeist (Weltwoche 17. 10. 85, 25); Ü Wir ... hatten nichts an unsere Hoffnung. Sie allein spies noch unseren Glauben (Dürrenmatt, Meteor 21); **b)** (Technik) *einspeisen* (1): Berlin speist 14 neue Programme ins Kabel (Welt 29. 8. 85, 4); ... schalten sich die ... Gasmotoren automatisch an und speisen ... Strom ins Netz (natur 6, 1991, 91); **Spei|sen|auf|zug,** der: *[kleiner] Aufzug, mit dem Speisen befördert werden;* **Spei|sen|fol|ge,** die (geh.): *Gesamtheit der* ¹*Gänge* (9) *einer Mahlzeit; Menü;* **Spei|sen|kar|te,** die: ↑ Speisekarte; **Spei|se|öl,** das: vgl. Speisefett; **Spei|se|op|fer,** das (Rel.): *rituelle Darbringung von Nahrung als Opfergabe;* **Spei|se|pilz,** der: vgl. Speisefett; **Spei|se|plan,** der: **a)** *Küchenzettel:* einen S. fürs Wochenende aufstellen; **b)** *in Form einer Liste zusammengefaßter Speiseplan* (a): der S. für die laufende Woche hängt in der Kantine aus; **Spei|se|quark,** der (Fachspr.): *Frischkäse;* **Spei|se|raum,** der: *Raum, in dem Mahlzeiten eingenommen werden;* **Spei|se|rest,** der: *nicht verzehrter Rest einer Speise:* zwischen den Zähnen sitzende -e; Teller mit -en und zerknüllten Papierservietten; Schweine mit -en füttern; **Spei|se|re|stau|rant,** das (selten): *Restaurant;* **Spei|se|rohr,** das (Technik): vgl. Speiseleitung; **Spei|se|röh|re,** die: *aus Muskeln bestehender, innen mit Schleimhaut versehener Kanal zwischen Schlund* (1 a) *u. Magen, durch den die Nahrung in den Magen gelangt; Ösophagus;* **Spei|se|röh|ren|ent|zün|dung,** die (Med.): *Ösophagitis;* **Spei|se|röh|ren|krampf,** der (Med.): *schmerzhafte Zusammenziehung der Speiseröhrenmuskulatur; Ösophagismus;* **Spei|se|röh|ren|krebs,** der: *Krebs* (3 a) *der Speiseröhre;* **Spei|se|röh|ren|schnitt,** der (Med.): *Ösophagotomie;* **Spei|se|röh|ren|spie|gel,** der (Med.): *Ösophagoskop;* **Spei|se|röh|ren|ver|ät|zung,** die (Med.): *durch Trinken von Säuren od. Laugen hervorgerufene Verätzung der Speiseröhrenschleimhaut;* **Spei|se|saal,** der: vgl. Speiseraum; **Spei|se|saft,** der: *der Verdauung dienende Flüssigkeit in den Lymphgefäßen des Darms; Nahrungssaft; Chylus;* **Spei|se|salz,** das: *zum Würzen von Speisen geeignetes Salz;* **Spei|se|scho|ko|la|de,** die: vgl. Speisefett; **Spei|se|schrank,** der: *[Wand]schrank zur Aufbewahrung von Lebensmitteln;* **Spei|se|stär|ke,** die: *zum Kochen u. Backen verwendete Maisstärke;* **Spei|se|täub|ling,** der: *eßbarer Täubling mit halbkugeligem bis flachem Hut von weißer bis blutroter Farbe;* **Spei|se|ver|bot,** das: *(in bestimmten Religionen) Verbot, bestimmte Speisen od. Getränke zu sich zu nehmen;* **Spei|se|wa|gen,** der: *Wagen für Fernreisezüge, in dem die Reisenden wie in einem Restaurant essen u. trinken können;* **Spei|se|was|ser,** das ⟨Pl. ...wässer⟩ (Technik): *speziell aufbereitetes, zum Speisen* (3) *von Dampfkesseln dienendes Wasser;* **Spei|se|wirt|schaft,** die: *Speisegaststätte;* **Spei|se|wür|ze,** die: *flüssige Würzmischung aus Kräutern, Gewürzen, Fleischextrakt o. ä.;* **Spei|se|zet|tel,** der: *Speiseplan;* **Spei|se|zim|mer,** das: *Eßzimmer;* **Speis|ko|balt,** das; -s [1. Bestandteil zu ↑ Speise (2)]: *grauweiße bis stahlgraue Art des Kobalts; Smaltin;* **Spei|sung,** die; -, -en [mhd. spīsunge]: **1.** (geh.) *das Speisen* (2), *Gespeistwerden:* die S. der Armen. **2.** (Technik) *das Speisen* (3): die zur S. des Geräts erforderlichen Akkus.
Speis|täub|ling, der [zu ↑ speien]: *ungenießbarer Täubling;* **Spei|teu|fel,** der: *Speitäubling;* **spei|übel** ⟨Adj.⟩: *zum Erbrechen übel:* mir wurde, ist s.
spek|ta|bel ⟨Adj.⟩ [lat. spectabilis, ↑ Spektabilität] (veraltet): *sehenswert, ansehnlich;* **Spek|ta|bi|li|tät** [ʃp..., sp...], die; -, -en [lat. spectabilitas = Würde, Ansehen, zu: spectabilis = ansehnlich, zu: spectare, ↑ ²Spektakel]: **a)** ⟨o. Pl.⟩ *Titel für einen Dekan an einer Hochschule;* **b)** *Träger des Titels Spektabilität* (a): die -en sind sich geeinigt; Seine S. läßt bitten; (in der Anrede:) Eure, Euer S.; ¹**Spek|ta|kel** [ʃpɛk'ta:kl], der; -s, - ⟨Pl. selten⟩ [urspr. Studentenspr., identisch mit ↑ ²Spektakel; Genuswechsel wohl unter Einfluß von frz. le spectacle] (ugs.): **1.** *großer Lärm, Krach* (1 a): Ich brüllte, einmal weil der S. an Deck ... wirklich erheblich war ... (Fallada, Herr 68); [einen großen] S. machen; macht doch nicht so einen S., Kinder!. **2.** *laute Auseinandersetzung, Krach* (2): es gab einen fürchterlichen S.; ²**Spek|ta|kel,** das; -s, - [lat. spectaculum = Schauspiel, zu: spectare = schauen, (an)sehen, Iterativbildung von: specere, ↑ Spektrum]: **a)** (veraltet) *[aufsehenerregendes, die Schaulust befriedigendes] Theaterstück:* ein billiges, schauriges, albernes, sentimentales S.; **b)** *aufsehenerregender Vorgang, Anblick; Schauspiel* (2): So böte sich das monströse S. eines Konvois von riesigen ... Kähnen, die ... an die Gestade Israels gezogen werden (natur 8, 1991, 91); die Sturmflut, der Start der Rakete war ein beeindruckendes S.; **c)** *große, viele Zuschauer, Besucher anlockende Veranstaltung:* Die Rekordsachbearbeiter des Deutschen Schwimmverbandes ... werden sich die Hände nach dem zweitägigen S. reiben (Saarbr. Zeitung 17. 12. 79, 17/19); Helmckes Beerdigung wurde zu einem makabren S. (Prodöhl, Tod 108); **spek|ta|keln** ⟨sw. V.; hat⟩ (selten): ¹*Spektakel, Lärm machen:* Dabei haben ... beide spektakelt wie die Marktschreier (Tucholsky, Zwischen 12); **Spek|ta|kel|stück,** das (veraltet): *Spektakel* (a); **Spek|ta|ku|la:** Pl. von ↑ Spektakulum; **spek|ta|ku|lär** ⟨Adj.⟩ [zu ↑ ²Spektakel; vgl. frz. spectaculaire, engl. spectacular]: *Staunen, großes Aufsehen erregend:* ein -er Zwischenfall, Kriminalfall, Unfall, Auftritt, Abgang, Wahlsieg, Erfolg, archäologischer Fund, Fallrückzieher; ein -es Kopfballtor, Foto; -e Protestaktionen, Landschaften, Filmaufnahmen; die Rede des Ministers war ausgesprochen s.; wie viele Autoren, die zwischen 1960 und 1970 s. hervortraten, haben das aus der Literatur wieder verschwinden sehen! (Gregor-Dellin, Traumbuch 150); **spek|ta|ku|lös** ⟨Adj.⟩; -er, -este) [zu ↑ ²Spektakel] (veraltet): **1.** *geheimnisvollseltsam.* **2.** *auf peinliche Weise Aufsehen erregend.* **Spek|ta|ku|lum,** das; -s, ...la (meist scherzh.): ²*Spektakel;* **Spek|ta|tor,** der; -s, ...oren [lat. spectator, zu: spectare, ↑ ²Spektakel] (bildungsspr. veraltet): *Zuschauer;* **Spek|tiv,** das; -s, -e: kurz für ↑ Perspektiv; **Spek|tra:** Pl. von ↑ Spektrum; **spek|tral** [ʃp..., sp...] ⟨Adj.⟩ [zu ↑ Spektrum] (Physik): *das Spektrum* (1) *betreffend, davon ausgehend;* **Spek|tral|ana|ly|se,** die: **1.** (Physik, Chemie) *Methode zur chemischen Analyse eines Stoffes durch Auswertung der von ihm ausgestrahlten Spektralfarben.* **2.** (Astron.) *Verfahren zur Feststellung der chemischen u. physikalischen Beschaffenheit von Himmelskörpern durch Beobachtung u. Auswertung der von ihnen ausgestrahlten Spektralfarben;* **spek|tral|ana|ly|tisch** ⟨Adj.⟩ (Fachspr.): *die Spektralanalyse betreffend, sich ihrer bedienend;* **Spek|tral|ap|pa|rat,** der (Physik): *optisches Gerät, mit dem einfallendes Licht in ein Spektrum* (1 a) *zerlegt werden kann;* **Spek|tral|emp|find|lich|keit,** die ⟨o. Pl.⟩ (Fot.): *Farbempfindlichkeit;* **Spek|tral|far|be,** die ⟨meist Pl.⟩ (Physik): *eine der sieben ungemischten, reinen Farben verschiedener Wellenlänge, die bei der spektralen Zerlegung von Licht entstehen u. die nicht weiter zerlegbar sind;* **Spek|tral|ge|rät,** das (Physik): *Spektralapparat;* **Spek|tral-**

Spektrallinie

klas|se, die (Astron.): *nach der Art ihres Spektrums* (1a) *eingeteilte Klasse von Sternen:* der Stern gehört zur selben S. wie die Sonne; **Spek|tral|li|nie,** die (Physik): *von einem Spektralapparat geliefertes, einfarbiges Bild einer linienförmigen Lichtquelle, die Licht einer bestimmten Wellenlänge ausstrahlt;* **Spek|tral|pho|to|me|trie,** die (Physik): *Verfahren zum Messen der Strahlungsintensität in Abhängigkeit von der Wellenlänge der Strahlung im sichtbaren, ultravioletten u. infraroten Spektralbereich;* **Spek|tral|typ,** der (Physik): *Spektralklasse:* zwei Sterne desselben -s; **Spek|tren:** Pl. von ↑Spektrum; **Spek|tro|graph** [ʃp..., sp...], der; -en, -en [zu ↑Spektrum u. ↑-graph] (Technik): *Spektralapparat zur fotografischen Aufnahme von Spektren;* **Spek|tro|gra|phie,** die; -, -n [↑-graphie] (Physik): **1.** *Aufnahme von Spektren mit einem Spektrographen.* **2.** (Astron.) *Auswertung der festgehaltenen Spektren eines Sterns;* **spek|tro|gra|phisch** ⟨Adj.⟩: *mit dem Spektrographen [erfolgend]; die Spektrographie betreffend;* **Spek|tro|he|lio|graph,** der (Physik): *Instrument zur fotografischen Aufnahme der Sonne in einem engen Wellenlängenbereich;* **Spek|tro|he|lio|skop,** das (Physik): *dem Spektroheliographen ähnliches Instrument zur unmittelbaren Beobachtung der Sonne in einem engen Wellenlängenbereich;* **Spek|tro|me|ter,** das; -s, - [↑-meter (1)] (Technik): *Spektralapparat besonderer Ausführung zum genauen Messen von Spektren;* **Spek|tro|me|trie,** die; - [↑-metrie] (Physik): *Spektroskopie;* **Spek|tro|pho|to|me|trie,** die: **1.** (Astron.) *photometrische Messung der einzelnen wellenabhängigen Größen im Spektrum eines Sterns.* **2.** (Physik) *Spektralphotometrie;* **Spek|tro|skop,** das; -s, -e [zu griech. skopeīn = schauen] (Technik): *mit einem Fernrohr ausgestatteter Spektralapparat zur Beobachtung u. Bestimmung von Spektren;* **Spek|tro|sko|pie,** die; - (Physik): *Beobachtung u. Bestimmung von Spektren mit dem Spektroskop;* **spek|tro|sko|pisch** ⟨Adj.⟩: *die Spektroskopie betreffend, darauf beruhend;* **Spek|trum** [ʃp..., sp...], das; -s, ...tren, älter: ...tra [1: engl. spectre, spectrum < lat. spectrum = Erscheinung (3), zu: specere (2. Part.: spektum) = sehen, schauen]: **1.** (Physik) **a)** *Band in den Regenbogenfarben, das entsteht, wenn weißes Licht durch ein gläsernes Prisma fällt u. so in die einzelnen Wellenlängen zerlegt wird, aus denen es sich zusammensetzt;* **b)** *Gesamtheit der Schwingungen elektromagnetischer Wellen eines bestimmten Frequenzbereichs.* **2.** (bildungsspr.) *reiche Vielfalt:* das [ganze, breite] S. der modernen Literatur, der zeitgenössischen Kunst, der elektronischen Medien; Das S. ... reichte vom Öko-Petersilie-Guru über den ausrangierten APO-Opa bis zum Rechtsanwalt ... (natur 2, 1991, 28); Die vom ... linken S. *(von der Gesamtheit der linksorientierten politischen Kräfte)* sorgsam gepflegte Stilisierung Zundels zum ... Ungeheuer (Communale 15. 12. 83, 1).
Spe|ku|la: Pl. von ↑Spekulum; **Spe|ku|lant,** der; -en, -en [zu lat. speculans (Gen.: speculantis), 1. Part. von: speculari, ↑spekulieren]: *jmd., der spekuliert* (2): *Häuser, in denen ... -en ... überhöhte Mieten kassieren* (Chotjewitz, Friede 231); **Spe|ku|lan|tin,** die; -, -nen: w. Form zu ↑Spekulant; **Spe|ku|la|ti|on,** die; -, -en [lat. speculatio = das Ausspähen, Auskundschaften; Betrachtung, zu: speculari = spähen, sich umsehen]: **1. a)** *auf bloßen Annahmen, Mutmaßungen beruhende Erwartung, Behauptung, daß etw. eintrifft:* wilde, unhaltbare, vage, bloße -en; Dies alles ist natürlich reine S., da wir über die Vorgänge in den tieferen Schichten des Gehirns so gut wie nichts wissen (Wieser, Organismen 116); Neue -en um Bernd Schuster (MM 3. 12. 86, 11); -en über etw. anstellen; Den -en ist breiter Spielraum gelassen (Dönhoff, Ära 41); Irrwitzigen -en nachjagen nützt nichts (Prodöhl, Tod 276); ich möchte mich nicht auf irgendwelche -en einlassen; **b)** *(Philos.) hypothetische, über die erfahrbare Wirklichkeit hinausgehende Gedankenführung:* metaphysische -en. **2.** (Wirtsch.) *Geschäftstätigkeit, die auf Gewinne aus zukünftigen Veränderungen der Preise abzielt:* vorsichtige, waghalsige -en; er ist durch S. mit Devisen reich geworden; die S. mit Grundstücken, Aktien; -en an der Börse, auf einen baldigen Kursanstieg; **Spe|ku|la|ti|ons|ge|schäft,** das (Wirtsch.): *Geschäft auf Grund von Spekulationen* (2); **Spe|ku|la|ti|ons|ge|winn,** der (Wirtsch.): *Gewinn aus einem Spekulationsgeschäft;* **Spe|ku|la|ti|ons|kauf,** der (Wirtsch.): vgl. Spekulationsgeschäft; **Spe|ku|la|ti|ons|ob|jekt,** das (Wirtsch.): *Objekt* (2a), *das Gegenstand von Spekulationen* (2) *ist;* **Spe|ku|la|ti|ons|pa|pier,** das (Wirtsch.): *Wertpapier, dessen Kurs starken Schwankungen unterliegt u. das daher für Spekulationen* (2) *bes. geeignet ist;* **Spe|ku|la|ti|ons|steu|er,** die (Wirtsch.): *für Spekulationsgewinne zu zahlende Steuer;* **Spe|ku|la|ti|ons|wert,** der (Wirtsch.): *Spekulationsgewinn.*
Spe|ku|la|ti|us, der; -, - [H. u., viell. über das Ostfries. u. Niederrhein. aus gleichbed. älter niederl. speculatie]: *flaches Gebäck aus gewürztem Mürbeteig in Form von Figuren.*
spe|ku|la|tiv ⟨Adj.⟩ [spätlat. speculativus = betrachtend, nachsinnend, zu lat. speculari, ↑spekulieren]: **1.** *in der Art der Spekulation* (1) *[denkend]:* -e Philosophie; -e Entwürfe. **2.** (Wirtsch.) *die Spekulation* (2) *betreffend, auf ihr beruhend:* wie stark der Kakaomarkt ... durch -e Einflüsse geprägt wird (Welt 24. 9. 66, 18); -e Betätigung; **spe|ku|lie|ren** ⟨sw. V.; hat⟩ [mhd. speculieren = spähen, beobachten < lat. speculari, zu: specere, ↑Spekulum]: **1.** (ugs.) *etw. zu erreichen, zu erlangen hoffen; auf etw. rechnen:* auf eine Erbschaft s.; Spekulieren Sie auf den Posten? (Bieler, Bär 126); Der Kaplan ... sagt, der Osten spekuliert darauf, daß wir uns nicht wehren (M. Walser, Eiche 90). **2.** *durch Spekulationen* (2) *Gewinne zu erzielen suchen:* an der Börse s.; auf Hausse *(à la hausse),* auf Baisse *(à la baisse)* s.; mit, (Wirtsch. Jargon:) in Kaffee, Weizen, Grundstücken s. **3.** *(über etw.)* **Spekulationen** (1a) *anstellen; mutmaßen:* es lohnt sich nicht, über diese Sache lange zu s.; da[rüber] kann man nur s.; Vielleicht hat man Fritz ... nach Paris versetzt, spekulierte Oskar (Grass, Blechtrommel 408); Am Montag würde es sich zeigen, ob sie richtig spekulierte (Kühn, Zeit 411); Einige Fachleute hatten spekuliert, Libyen habe die DC-9 abgeschossen (NZZ 30. 8. 86, 7); **Spe|ku|lum** [ˈʃp..., ˈsp...], das; -s, ...la [lat. speculum = Spiegel, zu: specere = (hin-, an)sehen, verw. mit ↑spähen] (Med.): *meist mit einem Spiegel versehenes röhren- od. trichterförmiges Instrument zum Betrachten u. Untersuchen von Hohlräumen u. -organen (z. B. der Nase).*
Spe|läo|lo|ge [ʃp..., spe...], der; -n, -n [↑-loge]: *Wissenschaftler auf dem Gebiet der Speläologie;* **Spe|läo|lo|gie,** die; - [zu lat. spelaeum < griech. spélaion = Höhle u. ↑-logie]: *Höhlenkunde;* **Spe|läo|lo|gin,** die; -, -nen: w. Form zu ↑Speläologe; **spe|läo|lo|gisch** ⟨Adj.⟩: *die Speläologie betreffend, dazu gehörend.*
Spelt, der; -[e]s, -e [mhd. spelte, spelze, ahd. spelta, spelza, wohl zu ↑spalten (2), darauf bezogen, daß die Ähren beim Dreschen in einzelne Teile zerfallen]: *Dinkel.*
Spe|lun|ke, die; -, -n [spätmhd. spelunck(e) < lat. spelunca < griech. spēlygx = Höhle] (abwertend): **a)** *wenig gepflegte, verrufene Gaststätte;* **b)** *unsaubere, elende Behausung, Unterkunft.*
Spelz, der; -es, -e [↑Spelt]: *Dinkel;* **Spel|ze,** die; -, -n [zu ↑Spelz]: **a)** *dünne, harte, trockene Hülse des Getreidekorns;* **b)** *trockenes Blatt der Grasblüte;* **Spel|zen|bra|ne,** die: *Erkrankung bes. des Weizens durch einen bestimmten Pilz;* **Spelz|ge|trei|de,** das: *Getreide bestimmter Sorten (Hafer, Gerste, Reis);* **spel|zig** ⟨Adj.⟩: *Spelzen* (a) *enthaltend.*
spen|da|bel ⟨Adj.; ...bler, -ste⟩ [mit romanisierender Endung zu ↑spenden] (ugs.): *in freigiebiger Weise sich bei bestimmten Anlässen vor allem in bezug auf Essen u. Trinken großzügig zeigend, andere freihaltend:* ein spendabler Herr; er war heute sehr s. und hat uns alle zum Essen eingeladen; er ... war s. mit seinen Trinkgeldern (Konsalik, Promenadendeck 384); Ich bin bereit, dir diese Lehre auf meine Kosten zu erteilen, denn aus bestimmten Gründen bin ich heute s. aufgelegt (Süskind, Parfum 100); **Spen|de,** die; -, -n [mhd. spende, ahd. spenta, spenda, zu ↑spenden (nach gleichbed. mlat. spenda, spenta)]: *etw., was zur Hilfe, Unterstützung, Förderung einer Sache od. Person gegeben wird, beitragen soll:* eine große, großzügige, kleine S.; -n an Geld, Kleidung, Medikamenten, Lebensmitteln s. für wohltätige Zwecke; es gingen viele -n ein; -n sammeln; das Privileg, politische -n zur Hälfte auf Kosten der Steuer zu finanzieren (Augstein, Spiegelbuch 70); um eine S. bitten; **spen|den** ⟨sw. V.; hat⟩ [mhd. spenden, ahd. spendōn, spentōn < mlat. spendere = ausgeben, aufwenden, zu lat. expendere, ↑expensiv]: **a)** *als Spende geben:* Geld, Kleider, Medikamente, Lebensmittel [für die Opfer des Erdbebens] s.; Blut s. *(sich Blut für Blut-*

übertragungen abnehmen lassen); ein Organ s. *(sich für eine Transplantation entnehmen lassen);* ⟨auch o. Akk.-Obj.:⟩ bereitwillig, großzügig, reichlich, für eine Sammlung, für jmd. s.; *Der betete nicht mehr und spendete für keinen Kollektenteller mehr* (Plievier, Stalingrad 179); Ü *die Bäume spenden Schatten;* mit ... Hähnen, auf denen „warm" und „kalt" stand, die aber beim Aufdrehen keinen Tropfen Wasser spendeten (Thieß, Legende 81); *Die Lampe spendet angenehmes Licht* (Jens, Mann 95); *Sie* (= die dicken Mauern) *spendeten Kühle an heißen Tagen* (Basler Zeitung 2. 10. 85, 12); *Viele Flüsse spenden weniger Wasser, weil ... der Regen ausbleibt* (natur 2, 1991, 25); **b)** *austeilen:* die Sakramente, den Segen, die Taufe s.; *Ich habe ihr noch gerade die letzte Ölung gespendet* (Langgässer, Siegel 211); Ü *Freude s.; daß der geistliche Herr mir des Wohllautes meiner Stimme wegen Lob gespendet hatte* (Th. Mann, Krull 81); *... spendeten ... die Zuschauer prasselnden Applaus* (NNN 28. 9. 87, 3); *... erwiderte er das Lächeln, das ihm von der Schönen gespendet wurde* (A. Kolb, Schaukel 122); *Er spendet ihr nicht nur Tröstung und neuen Glauben, sondern ...* (Thieß, Reich 475); **Spen|den|ak|ti|on,** die: *der Sammlung von Spenden dienende Aktion;* **Spen|den|auf|kom|men,** das: *Aufkommen aus Spenden;* **Spen|den|auf|ruf,** der: *Aufruf zur Beteiligung an einer Spendenaktion;* **Spen|den|be|schei|ni|gung,** die: *Nachweis in Form einer Bescheinigung über Geldspenden, die von der Steuer abgesetzt werden können;* **Spen|den|geld,** das ⟨meist Pl.⟩: vgl. Spendenaufkommen; **Spen|den|kon|to,** das: *bei einer Bank o. ä. zeitweilig eingerichtetes Konto, auf das Spenden für einen bestimmten Zweck eingezahlt werden können;* **Spen|den|li|ste,** die: *Liste mit Namen u. Beiträgen der Spender bei einer Sammlung;* **Spen|den|quit|tung,** die: *Spendenbescheinigung;* **Spen|den|samm|ler,** der: *jmd., der im Rahmen einer Spendenaktion Spenden sammelt;* **Spen|den|samm|le|rin,** die: w. Form zu ↑Spendensammler; **Spen|den|samm|lung,** die: vgl. Spendenaktion: eine S. durchführen; **Spen|der,** der; -s, - [mhd. spendære, ahd. spentāri] **a)** *jmd., der etw. spendet:* ein großzügiger, anonymer S.; wer war der edle S.? (scherzh.; wer hat das spendiert?); **b)** *Organ-, Blutspender:* ... erhielt eine 54jährige ... ein fremdes Herz eingepflanzt ... Spender war ein 16jähriger Bursche (Kronen-Zeitung 14. 10. 68, 24); Der ... Blutspendedienst braucht zur Zeit nur S. mit rhesusnegativem Blut (B Z 18. 10. 75, 3); **c)** (Fachspr.) *Behälter, der eine größere Menge od. Anzahl von etw. enthält, was (mit Hilfe eines Mechanismus o. ä.) einzeln od. in kleinerer Menge daraus entnommen werden kann:* Rasierklingen, Papiertücher im S.; **Spen|der|blut,** das (Med.): *von einem Blutspender, einer Blutspenderin stammendes Blut;* **Spen|der|herz,** das (Med.): *von einem Organspender, einer Organspenderin stammendes Herz;* **Spen|de|rin,** die; -, -nen: w. Form zu ↑Spender (a, b); **Spen|der|nie|re,** die (Med.): vgl.

Spenderherz; **Spen|der|or|gan,** das (Med.): vgl. Spenderherz; **spen|die|ren** ⟨sw. V.; hat⟩ [mit romanisierender Endung zu ↑spenden] (ugs.): *freigebig, großzügig anderen etw. zum Verzehr, Verbrauch zukommen lassen, für andere bezahlen:* [jmdm.] eine Flasche Wein s.; er spendierte den Kindern ein Eis; das hab ich im Geld mal stecken, das spendiere ich; Der Hauptkassierer spendierte dem Fahrer eine Sumatrafehlfarbe (Bieler, Bär 105); Eine Dauerwelle, die ihr der Mariner ... spendiert hatte, war noch zu ahnen (Grass, Hundejahre 347); ⟨auch o. Akk.-Obj.:⟩ Soldaten waren ihm immer herzlich willkommen. Er spendierte ihnen *(lud sie zum Trinken ein)* abends ... (Küpper, Simplicius 144); Ü Dazu spendiert BMW noch ein serienmäßiges Antiblockiersystem (Wochenpresse 5. 6. 84, 38); **spen|dier|freu|dig** ⟨Adj.⟩ (ugs.): *gern spendierend; freigebig;* **Spen|dier|freu|dig|keit,** die; -: *spendierfreudige Art, Laune;* **Spen|dier|ho|sen** ⟨Pl.⟩: in der Wendung **die S. anhaben** (ugs. scherzh.; *zum Spendieren aufgelegt sein*): Pa hat heute S. angehabt (Ossowski, Liebe ist 87); **Spen|dier|lau|ne,** die ⟨o. Pl.⟩: vgl. Geberlaune in S. sein; **Spen|dung,** die; -, -en [zu ↑spenden] (selten): *das Spenden.*

Speng|ler, der; -s, - [spätmhd. speng(e)ler, zu mhd. spengel(īn) = kleine Spange, zu ↑Spange; der Spengler verfertigte urspr. Spangen u. Beschläge] (bes. südd., österr., schweiz.): *Klempner;* **Speng|le|rei,** die; -, -en (bes. südd., österr., schweiz.): **a)** ⟨o. Pl.⟩ *Handwerk des Spenglers;* **b)** *Werkstatt eines Spenglers;* **Speng|le|rin,** die; -, -nen (bes. südd., österr., schweiz.): w. Form zu ↑Spengler.

Spen|ser: ↑Spenzer; **Spen|zer,** (veraltet, noch österr.:) Spenser, der; -s, - [a: engl. spencer, nach dem engl. Grafen G. J. Spencer (1758–1834)]: **a)** *kurze, enganliegende Jacke [mit Schößchen]:* ♦ Zu einem leinenen ungefärbten Landrock trug sie einen alten grünseidenen Spenser (Keller, Romeo 26); **b)** *kurzärmeliges, enganliegendes Unterhemd für Damen.*

Sper|ber, der; -s, - [mhd. sperwære, ahd. sparwāri; wohl Zus. aus ahd. spar, ahd. sparo = Sperling u. mhd. ar, ahd. aro = Aar u. eigtl. = Sperlingsaar, der Vogel jagt häufig Sperlinge]: *einem Habicht ähnlicher, kleinerer Greifvogel mit graubraunem Gefieder;* **Sper|ber|baum,** der [mhd. sper-, spirboum, zu ↑Spier(e), wohl volksetym. an ↑Sperber angelehnt]: *Speierling;* **sper|bern** ⟨sw. V.; hat⟩ (schweiz.): *[auf etw.] scharf blicken;* **Sper|be|rung,** die; -, -en: *Zeichnung (2) des Gefieders, wie sie der Sperber hat, bei bestimmten anderen Vögeln.*

Spe|ren|zchen, Spe|ren|zi|en ⟨Pl.⟩ [unter volksetym. Anlehnung an „sich sperren = sich zieren" zu mlat. sperantia = Hoffnung (daß das Sichzieren Wirkung hat)] (ugs. abwertend): **1.** *etw., womit jmd. nach Einschätzung des anderen unnötiger- u. ärgerlicherweise eine Sache behindert, verzögert:* Der Entzug ging ... über die Bühne. Die beiden machten keinerlei S., auch keine Anstalten zu verduften (Christiane, Zoo 158); das möblierte

Fräulein, dessen Freund um zehn die Bude räumen muß, weil sonst die Wirtin S. macht (Herrenjournal 2, 1966, 123); laß die S.! **2.** *kostspielige Vergnügungen od. Gegenstände:* die (= die Katze) taugt sowieso nichts. Nie 'ne Maus angerührt, immer bloß Kartoffelbrei und Milch und so 'ne S. gefressen (Schnurre, Fall 6).

Sper|ling, der; -s, -e [mhd. (md.) sperlinc, ahd. sperilig, urspr. wohl Bez. für den jungen Sperling, zu mhd. spar(e), sparwe, ahd. sparo = Sperling, verw. mit griech. spérgoulos = kleiner Vogel]: *kleiner, graubraun gefiederter Vogel mit kräftigem, kegelförmigem Schnabel u. kurzen Flügeln:* ein frecher, kleiner, unscheinbarer S.; die -e tschilpen; Spr besser ein S. in der Hand als eine Taube auf dem Dach (↑Spatz 1); **Sper|lings|vo|gel,** der: *Vogel, der gekennzeichnet ist durch eine starke Ausbildung der ersten, nach hinten gerichteten Zehe, starke Reduktion der Zehenstreckmuskeln u. korkenzieherartig gedrehte Spermatozoen.*

Sper|ma ['ʃp..., 'sp...], das; -s, ...men u. -ta [spätlat. sperma < griech. spérma (Gen.: spérmatos), zu: speírein, ↑sporadisch] (Biol.): *(bei Mensch u. Tier der Befruchtung der Eizelle dienende) milchige Substanz, die die Spermien u. bestimmte Sekrete enthält; Samenflüssigkeit; Samen* (2): ... weil die Homosexuellen die verbotene Frucht, das männliche S. essen (Praunheim, Armee 290); **Sper|ma|bank,** die ⟨Pl. -en⟩ (Med., Tiermed.): *Samenbank;* **Sper|ma|spen|de,** die (Med.): *Samenspende;* **Sper|ma|spen|der,** der (Med.): *Samenspender;* **Sper|ma|ti|de,** die; -, -n [zu ↑Sperma] (Biol.): *(bei Mensch u. Tier) noch unreife männliche Keimzelle;* **Sper|ma|ti|tis,** die; -, ...itiden (Med.): *Funikulitis;* **Sper|ma|ti|um,** das; -s, ...tien ⟨meist Pl.⟩ (Bot.): *unbewegliche männliche Keimzelle der Rotalgen;* **sper|ma|to-, Sper|ma|to-** ⟨Best. in Zus. mit der Bed.⟩: *Sperma, Samen* (z. B. Spermatogenese); **sper|ma|to|gen** ⟨Adj.⟩ [-gen] (Biol.): **1.** *männliche Keimzellen bildend.* **2.** *dem Samen entstammend;* **Sper|ma|to|ge|ne|se,** die; - (Med., Biol.): *Bildung u. Reifung der Spermien;* **Sper|ma|to|go|ni|um,** das; -s, ...nien [zu griech. goné = Erzeugung; Abstammung] (Biol.): *männliche Ursamenzelle;* **Sper|ma|to|gramm,** das; -s, -e [↑-gramm] (Med.): *Spermiogramm;* **Sper|ma|to|pho|re,** die; -, -n ⟨meist Pl.⟩ [zu griech. phorós = tragend] (Zool.): *(bei bestimmten niederen Tieren) Bündel von Spermien, das zusammenhängend an das weibliche Tier weitergegeben wird;* **Sper|ma|to|phyt,** der; -en, -en [zu griech. phytón = Pflanze] (Bot.): *Blüten-, Samenpflanze;* **Sper|ma|tor|rhö, Sper|ma|tor|rhöe** [...'rø:], die; -, ...öen [zu griech. rhóē = das Fließen] (Med.): *Samenfluß;* **Sper|ma|to|zo|en:** Pl. von ↑Spermatozoon; **Sper|ma|to|zo|id,** der; -en, -en ⟨meist Pl.⟩ [zu griech. -oeidés = ähnlich] (Bot.): *bewegliche männliche Keimzelle mancher Pflanzen;* **Sper|ma|to|zo|on,** das; -s, ...zoen [zu griech. zōon = Lebewesen]: *Spermium;* **Sper|ma|to|zyt,** der; -en, -en [zu griech. kýtos = Höhlung; Wölbung] (Biol.): *aus den Spermatogonien hervorgegangene männliche Keim-*

Spermazet

zelle; **Sper|ma|zet**, das; -[e]s, **Sper|ma|ze|ti**, das; -s [zu lat. cetus < griech. kētos = Wal]: *Walrat;* **Sper|ma|zet|öl**, das; *Spermöl;* **Sper|men**: Pl. von ↑Sperma; **Sper|mi|din**, das; -s (Biol.): *dem Spermin sehr ähnlicher Bestandteil des männlichen Samens;* **Sper|mi|di|um**, das; -s, ...dien (Biol.): *Spermium;* **Sper|mi|en**: Pl. von ↑Spermium; **Sper|min**, das; -s (Biol.): *Bestandteil des männlichen Samens von charakteristischem Geruch;* **Sper|mio|ge|ne|se**, die; - (Med., Biol.): *Spermatogenese;* **Sper|mio|gramm**, das; -s, -e [↑-gramm] (Med.): *bei der mikroskopischen Untersuchung der Samenflüssigkeit entstehendes Bild von Art u. Anzahl der Samenfäden sowie ihrer Beweglichkeit;* **Sper|mi|um**, das; -s, ...mien (Biol.): *reife männliche Keimzelle (bei Mensch u. Tier), Samenfaden, -zelle:* 60 bis 80 Millionen Spermien pro Milliliter Ejakulat (Stuttg. Zeitung 17. 11. 89, 18); **sper|mi|zid** ⟨Adj.⟩ [zu lat. caedere (in Zus. -cidere) = töten] (Med.): *Spermien abtötend;* **Sper|mi|zid**, das; -[e]s, -e (Med.): *spermizide Substanz, [zur Empfängnisverhütung dienendes] spermizides Mittel;* **Sperm|öl**, das: *aus Walrat gewonnenes Öl, das u. a. als Spezialschmiermittel u. als Rohstoff für die Gewinnung von Fettsäuren dient.*

Sper|rad[1], das (Technik): *Zahnrad mit Sperrgetriebe;* **sperr|an|gel|weit** ⟨Adv.⟩ (emotional): *weit offen; so weit geöffnet wie überhaupt möglich:* die Türen standen s. offen; die Deckung des Boxers war s. offen; ⟨selten auch attr.:⟩ das unverschämte, -e, grob gelangweilte ... Gähnen (Th. Mann, Herr 151); **Sperr|balken**, der (seltener): *Sperrbaum;* **Sperr|bal|lon**, der (Milit.): *Ballon, der der Abriegelung eines Luftraumes dient;* **Sperr|bat|te|rie**, die (Milit.): *zur Abriegelung von Hafeneinfahrten eingesetzte Batterie (1);* **Sperr|baum**, der: *Schlagbaum;* **Sperr|be|ton**, der: *Beton, der durch bestimmte Zusammensetzung, Verdichtung u. Nachbehandlung wasserdicht ist;* **Sperr|be|zirk**, der: **a)** vgl. Sperrgebiet (a); **b)** *Gebiet, in dem bestimmte, der Eindämmung u. Bekämpfung von Tierseuchen dienende Verbote gelten:* Nun würden -e und Beobachtungsgebiete eingerichtet, um die Ausweitung der Seuche zu verhindern (Frankfurter Rundschau 15. 12. 93, 32); **c)** *Gebiet in einer Stadt, in dem die Prostitution verboten ist:* Sie darf im S. ohnehin nicht der Prostitution nachgehen (Spiegel 39, 1988, 70); Skandal im S. – Sittenpolizei ließ Bar ... schließen (MM 26. 1. 84, 18); **Sperr|bre|cher**, der: *zum Durchbrechen feindlicher Sperren speziell ausgerüstetes Schiff;* **Sperr|deckung**[1], die (Fechten): *Parade, bei der ein gegnerischer Angriff durch den Versuch eines Sperrstoßes abgeblockt wird;* Kontraktion; **Sperr|druck**, der; ⟨o. Pl.⟩ (Druckw.): *gesperrter* [2]*Druck* (1 c): *etw. durch S. hervorheben;* **Sper|re**, die; -, -n [1 a: mhd. sperre, Buchverschluß, Riegel; 2, 3: zu ↑sperren]: **1. a)** *Gegenstand, Vorrichtung, die verhindern soll, daß etw., jmd. hindurchgelangt:* eine S. errichten, bauen, entfernen, wegräumen; Armaturen, die den Fahrschein verschlangen und dafür eine metallene S. aufhoben (Rolf Schneider, November 41); Ü eine S. haben (ugs.; *begriffsstutzig sein*); **b)** *schmaler Durchgang, an dem man Fahrkarten, Eintrittskarten o. ä. vorzeigen od. sich ausweisen muß:* die S. öffnen, schließen; er wartete an der S. auf sie; durch die S. gehen. **2.** *Maßnahme zum Sperren (2) [von etw.]:* über die Einfuhr von billigem Wein eine S. (*ein Embargo*) verhängen. **3.** (Sport) *Verbot, an (offiziellen) Wettkämpfen, Spielen teilzunehmen:* über jmdn. eine S. [von drei Monaten] verhängen; bei jmdm. die S. wieder aufheben; Mit drastischen ... hat der ... Verband ... insgesamt 15 Athleten belegt, deren Dopingproben ... positiv ausgefallen waren (MM 26. 11. 86, 11); **sper|ren** ⟨sw. V.; hat⟩ [mhd. sperren, ahd. sparran, zu ↑Sparren u. urspr. = mit Sparren versehen; mit Balken abschließen, verrammeln]: **1. a)** *den Zugang, Durchgang, die Zufahrt, Durchfahrt verbieten, verwehren, [mittels einer Barriere o. ä.] unmöglich machen:* eine Brücke, einen Tunnel, einen Eingang, eine Straße [für den Verkehr] s.; eine Treppe s.; Polizei sperrte die Grenzen; die Häfen sind gesperrt; die Straße war wegen einer Baustelle, eines Unfalls, des Hochwassers [in beiden Richtungen] gesperrt; die meisten Alpenpässe sind noch gesperrt; **b)** *auf Grund seiner Lage bewirken, daß der Zugang, die Zufahrt zu etw. nicht möglich ist; versperren:* ein querstehender LKW sperrt die Straße; der Weg war durch einen umgestürzten Baum gesperrt. **2.** *etw. zu unterbinden suchen, (jmdm.) etw. vorenthalten, verbieten:* die Zufuhr, Einfuhr, den Handel s.; jmdm. die Bezüge, den Urlaub, das Taschengeld s. **3.** (bes. in Fällen, in denen jmd. seinen *[Zahlungs]verpflichtungen nicht nachkommt] die normale Abwicklung, die Benutzung von etw. durch bestimmte Maßnahmen zu verhindern suchen, unmöglich machen:* die Bank hat das Konto, einen Kredit gesperrt; sie ließ die gestohlenen Schecks, die verlorene Kreditkarte sofort s.; einem säumigen Kunden das Gas, den Strom, das Licht, das Wasser, das Telefon s. **4.** (Sport) *einem gegnerischen Spieler durch regelwidrige Behinderung den Weg [zum Ball] versperren.* **5.** (Sport) *einem Spieler, einer Mannschaft verbieten, an (offiziellen) Wettkämpfen, Spielen teilzunehmen:* der Spieler wurde wegen eines schweren Fouls für drei Monate gesperrt; Wie es bei uns immer üblich war, daß gesperrte Spieler nicht ... zum Einsatz kommen (Kicker 6, 1982, 31). **6. a)** *(ein Tier) in einen abgeschlossenen Raum bringen, aus dem es nicht von sich aus herauskommen kann:* einen Vogel, Tiger in einen Käfig s.; den Hund in den Zwinger s.; **b)** (emotional) *jmdn. in etw. sperren* (6 a): er wurde ins Gefängnis, in eine Einzelzelle gesperrt; sie sperrte das unartige Kind zur Strafe in die Besenkammer. **7.** ⟨s. + sich⟩ *für einen Plan, Vorschlag o. ä. nicht zugänglich sein; einer Sache heftig widersetzen, sich ihr gegenüber verschließen; sich sträuben:* ich sperrte mich gegen dieses Vorhaben, diese Idee, Arbeit; sie sperrt sich gegen alles; Gegen keinen dieser Emigranten von gestern haben sich Kritik und Publikum ... gesperrt (Reich-Ranicki, Th. Mann 115); Rom ... hat ... sich so beharrlich gegen die Gotik gesperrt (Fest, Im Gegenlicht 330). **8.** (landsch.) *[sich] nicht [richtig] schließen [lassen], weil etw. klemmt:* die Tür, das Fenster sperrt. **9.** (Druckw.) *spationieren:* diese Wörter sind zu s.; der Name, der Text ist gesperrt gedruckt. **10.** (österr. südd.) **a)** *schließen* (1 b): er hat das Tor hinter sich gesperrt; **b)** *schließen* (7a, c): das Geschäft, Werk, den Betrieb s.; Ein paar Kilometer von hier ist eine Fernfahrerkneipe, die sperren erst um fünf (Sobota, Minus-Mann 189); die Kasse hat heute gesperrt; Der Edinger hat wegen eines Todesfalles ... einen Tag gesperrt (Zenker, Froschfest 223); von der dreckigen Polizei ..., die den Spielsalon gesperrt hatte (Simmel, Stoff 552); **c)** *schließen* (8 b): der Schlüssel sperrt nicht. **11.** (Zool.) *(von jungen Vögeln) den Schnabel aufsperren, um gefüttert zu werden:* daß vom Menschen aufgezogene Jungvögel meist länger sperren (Lorenz, Verhalten I, 28); **Sperr|feu|er**, das (Milit.): *schlagartig einsetzendes Feuer (4) zur Verhinderung eines feindlichen Angriffs;* **Sperr|frist**, die (Rechtsspr.): *Zeitraum, in dem bestimmte Handlungen nicht vorgenommen werden dürfen; Karenzzeit;* **Sperr|ge|biet**, das: **a)** *nicht allgemein zugängliches Gebiet:* das Gelände, der Hafen ist militärisches S.; ein fünf Kilometer breiter Grenzstreifen wurde zum S. erklärt; das Treffen ... wurde dann aber ... in die Hocheifel verlegt, einem S. mit weitgestreckten Bunkeranlagen (Zwerenz, Quadriga 7); **b)** vgl. Sperrbezirk (c); **Sperr|ge|biets|ver|ord|nung**, die: *Verordnung, die die Prostitution in dichtbesiedelten [Stadt]gebieten verbietet;* **Sperr|geld**, das (österr.): *Gebühr für das Öffnen der Haustür während der Nacht:* die Hausmeisterin kassierte hierauf beim Weggehen des Gastes das S. (Doderer, Wasserfälle 25); **Sperr|ge|trie|be**, das (Technik): *Getriebe mit einer Vorrichtung zum zeitweisen Sperren od. Hemmen einer Bewegung (bes. einer Drehbewegung);* **Sperr|gür|tel**, der: *durch entsprechende Maßnahmen herbeigeführte Absperrung um etw. herum, die das Eindringen von jmdm., etw. verhindern soll:* die Flak beginnt, einen S. um die Reichshauptstadt zu schießen (Hochhuth, Stellvertreter 53); Die Italiener hätten ... den dichten S. um ihren Strafraum lockern müssen (Walter, Spiele 173); **Sperr|gut**, das: *sperriges Gut* (3); **Sperr|gut|ha|ben**, das: *Guthaben auf einem Sperrkonto;* **Sperr|ha|ken**, der (landsch.): *Dietrich;* **Sperr|he|bel**, der (Technik): *Hebel, durch den bewirkt wird, daß eine Maschine o. ä. zum Stillstand gebracht od. etw., bes. ein Rad, arretiert wird;* **Sperr|holz**, das *[das Material „sperrt" sich gegen Verwerfung: (in Form von Platten hergestelltes) Material aus dünnen Schichten Holz, die in quer zueinander verlaufender Faserrichtung aufeinandergeleimt sind;* **Sperr|holz|plat|te**, die: *Platte aus Sperrholz;* **Sperr|holz|wand**, die: *Wand aus Sperrholz;* **Sperr|ie|gel**[1], der: vgl. Sperrkette; **sper|rig** ⟨Adj.⟩

[mhd. sperric = beschlagnahmt werden können, konfiszierbar; widersetzlich]: *auf Grund seiner Form, Größe unverhältnismäßig viel Platz in einem dafür zu engen Raum erfordernd, sich nicht gut irgendwo unterbringen, transportieren lassend:* -e Güter; *das Gepäck ist sehr s.*; Aststücke und anderes -es Material bringen Sauerstoff in den Haufen (= Komposthaufen; natur 2, 1991, 82); Die Frau fühlte sich ... nicht in der Lage, das -e Wohnmobil allein nach Deutschland zurückzubringen (ADAC-Motorwelt 4, 1986, 144); Ü *ich bin zu nichts nütze, bin s.*, überzählig geworden (Mayröcker, Herzzerreißende 88); So blieb Plato nur die Diffamierung seines unheimlichen und -n Gegners (Sloterdijk, Kritik 209); **Sperr|jahr**, das (Rechtsspr.): *einjährige Sperrfrist;* **Sperr|ket|te**, die: *Kette, mit der etw. abgesperrt (2) wird;* **Sperr|klau|sel**, die: *Klausel, durch die etw. ausgeschlossen od. eingeschränkt wird;* **Sperr|klin|ke**, die (Technik): *(bei Maschinen o. ä.) das Zurück- od. Weiterlaufen eines Rades verhindernde Klinke;* **Sperr|kon|to**, das (Bankw.): *Konto, über das nicht od. nur beschränkt verfügt werden kann;* **Sperr|kraut**, das [viell. entstellt aus „Speerkraut"]: *(als Staude wachsende) Pflanze mit gefiederten Blättern u. glockigen, blauen, violetten od. weißen Blüten; Jakobsleiter (3);* **Sperr|kreis**, der (Elektrot., Rundfunk): *Schaltkreis zur Unterdrückung eines dem Empfang störenden Senders;* **Sperr|ling**, der; -s, -e (veraltet): *Knebel (2);* **Sperr|li|nie**, die (Milit.): *Verteidigungslinie mit Sperren (1 a);* **Sperr|mau|er**, die: *(bei Talsperren) Staumauer;* **Sperr|mi|no|ri|tät**, die (bes. Wirtsch.): *eine Minderheit darstellende Anzahl an Stimmen, die aber gerade ausreicht, um bei Abstimmungen bestimmte Beschlüsse zu verhindern:* wer über eine S. verfügt, kann jede Satzungsänderung verhindern; **Sperr|müll**, der: *sperriger Müll (z. B. Möbel), der nicht in die Mülltonne o. ä. paßt (u. in Sonderaktionen zur Mülldeponie gefahren wird):* es kann durchaus sein, daß ich mir mit Möbeln aus dem S. ... die Wohnung einrichte (Eppendorfer, Ledermann 33); heute ist S. (ugs.; *ist Sperrmüllabfuhr);* **Sperr|müll|ab|fuhr**, die: *Abfuhr (1) von Sperrmüll;* **Sperr|schicht**, die: **a)** (Met.) *vertikale Luftbewegungen weitgehend verhindernde horizontale Luftschicht;* **b)** (Elektronik) *Schicht, die für elektrischen Strom in einer Richtung einen hohen Widerstand darstellt;* **c)** (Bauw.) *wasserundurchlässige Schicht (z. B. aus Bitumen, Kunststoffolie);* **Sperr|sitz**, der [die Plätze waren früher abgesperrt u. nur dem Mieter zugänglich]: *Sitzplatz (im Kino in einer der letzten, im Theater od. Zirkus in einer der ersten Sitzreihen);* **Sperr|stoff**, der (Bauw.): *Baustoff, der Schutz gegen chemische Angriffe, Witterungseinflüsse u. Feuchtigkeit bietet;* **Sperr|stoß**, der (Fechten): *Stoß, mit dem man dem angreifenden Gegner bei gleichzeitiger Deckung der eigenen Blöße (4) versetzt;* **Sperr|stun|de**, die: *Polizeistunde;* **Sper|rung**, die; -, -en [spätmhd. sperrunge = Hinderung]: **1.** *das Sperren, Gesperrtsein.* **2.** (südd., österr.) *das Schließen (7 c) eines Betriebes o. ä.;* **Sperr|vermerk**, der: *einschränkender Vermerk, an etw. hindernde Eintragung in Dokumenten wie Ausweisen o. ä.:* ein S. im Sparbuch eines Minderjährigen; **Sperr|vor|richtung**, die: vgl. Sperrkette; **sperr|weit** ⟨Adv.⟩ (ugs.): *sperrangelweit;* **Sperr|wert**, der [weil die Marke von der Postverwaltung sozusagen „gesperrt" wird] (Philat.): *zur Erhöhung des Sammlerwerts nur in relativ geringer Stückzahl in Umlauf gebrachter Wert (5a) eines Satzes (6):* bis auf die beiden -e habe ich den Satz komplett.

Sper|ry|lith [auch: ...'lɪt], der; -s u. -en, -en [nach dem kanad. Chemiker F. L. Sperry (19. Jh.); ↑-lith]: *weißes, stark metallisch glänzendes Mineral.*

Sperr|zeit, die: *Polizeistunde;* **Sperr|zoll**, der ⟨Pl. ...zölle⟩: *Prohibitivzoll;* **Sperr|zone**, die: vgl. Sperrgebiet (a).

Spe|sen ⟨Pl.⟩ [ital. spese, Pl. von: spesa = Ausgabe, Aufwand < lat. expensa, ↑Speise]: *Kosten, bes. bei der Erledigung eines Geschäfts o. ä. anfallende Unkosten, Auslagen, die vom Arbeitgeber erstattet werden:* hohe S.; S. machen, haben, abrechnen; Er rechnete hohe S. für seine Fahrten aufs Land (Feuchtwanger, Erfolg 556); abgesetzte S., die das Jahreseinkommen überstiegen (Bieler, Bonifaz 161); R außer S. nichts gewesen (scherzh.; außer der Mühe, den Unkosten ist bei einer bestimmten Unternehmung o. ä. nichts weiter herausgekommen); **Spe|sen|ab|rech|nung**, die: vgl. Spesenrechnung; **spe|sen|frei** ⟨Adj.⟩: *ohne Spesen;* **Spe|sen|platz**, der (Bankw.): *Ort, an dem kein Geldinstitut vertreten ist, so daß der Einzug von dort zahlbaren Wechseln u. Schecks Spesen verursacht;* **Spe|sen|rech|nung**, die: *Zusammenstellung von Spesen;* **Spe|sen|rit|ter**, der (abwertend): *jmd., der es darauf anlegt, hohe Spesen zu machen u. sich durch Spesen persönliche Vorteile zu verschaffen;* **Spe|sen|rit|ter|in**, die (abwertend): w. Form zu ↑Spesenritter.

Spes|sart, der; -s: *Mittelgebirge zwischen Rhön u. Odenwald;* **Spes|sar|tin**, der; -s, -e [nach dem Vorkommen im Vorspessart]: *zu den Granaten gehörendes orangefarbenes bis braunrotes Mineral.*

spet|ten ⟨sw. V.; hat⟩ [wohl zu schweiz. Spetter = Hilfskraft, Tagelöhner; Spediteur, H. u.] (schweiz.): *im Tag- od. Stundenlohn zur Aushilfe arbeiten;* **Spet|ter**, der; -s, - (schweiz. selten): *jmd., der spettet;* **Spet|te|rin**, die; -, -nen (schweiz.): w. Form zu ↑Spetter. **Spett|frau**, die (schweiz.): *Putzfrau; Haushaltshilfe.*

Spey|er: *Stadt am Rhein;* **¹Spey|e|rer**, der; -s, - ⟨ Ew.⟩; **²Spey|e|rer** ⟨indekl. Adj.⟩; **Spey|e|rin**, die; -, -nen: w. Form zu ↑¹Speyerer; **spey|e|risch** ⟨Adj.⟩; **¹Spey|rer**, der; -s, - ⟨Ew.⟩; **²Spey|rer** ⟨indekl. Adj.⟩; **Spey|re|rin**, die; -, -nen: w. Form zu ↑¹Speyrer; **spey|risch** ⟨Adj.⟩.

Spe|ze|rei, die; -, -en ⟨meist Pl.⟩ [mhd. specierie, spezerie < ital. spezieria < mlat. speciaria = Gewürz(handel), zu lat. species, ↑Spezies]: **1.** (veraltend) *überseeisches Gewürz.* **2.** ⟨Pl.⟩ (österr. veraltend) *Delikatessen;* ♦ **Spe|ze|rei|händ|ler**, der: *jmd., der mit Spezereien (1) handelt; Drogist:* Uns gegenüber saß der Sohn des Schultheißen, eines vornehmen -s (C. F. Meyer, Amulett 13); **Spe|ze|rei|hand|lung**, die (schweiz. veraltet): *Gemischtwarenhandlung;* **Spe|ze|rei|wa|ren** ⟨Pl.⟩ (veraltet): *Spezereien (2);* **¹Spe|zi**, der; -s, -[s] [Kurzf. von ↑Spezial (1)] (südd., österr. ugs., seltener: schweiz. ugs.): *jmd., mit dem man in einem besonderen, engeren freundschaftlich-kameradschaftlichen Verhältnis steht:* ein langjähriger S. des Bürgermeisters; 15 Tagessätze zu 7 Mark für ersteren, der als Zivildienstleistender billiger wegkam als sein S., dem man gleich 600 Mark aufbrummte (Jaeggi, Fummeln 71); er hat einen S. im Gewerbeaufsichtsamt; **²Spe|zi**, der; -s, -, -[s] [H. u.] (ugs.): *Getränk aus Limonade u. einem koffeinhaltigen Erfrischungsgetränk:* Nur mit unseren Weihnachtsfeiern trank er mal ein Glas Bier. Sonst wollte er nur S. oder Cola (MM 10./11. 8. 85, 16); **spe|zi|al** ⟨Adj.⟩ (veraltend): ↑speziell; **Spe|zi|al**, der; -s, -e (landsch.): **1.** (veraltet) *vertrauter Freund.* **2.** *einfacher, leichter Wein.* **Spe|zi|al-** ⟨Best. in Zus. mit der Bed.⟩: *speziell, Sonder-* (z. B. Spezialbulletin, -problem, -anfertigung, -fall); **Spe|zi|al|ab|teilung**, die: vgl. Spezial-; **Spe|zi|al|an|fer|ti|gung**, die: *Sonderanfertigung;* **Spe|zi|al|an|zug**, der: vgl. Spezial-: *ein feuerfester S.;* **Spe|zi|al|arzt**, der: *Facharzt;* **Spe|zi|al|ärz|tin**, die; -, -nen: w. Form zu ↑Spezialarzt; **Spe|zi|al|aus|bil|dung**, die: *Ausbildung, durch die besondere Kenntnisse, Fähigkeiten auf einem bestimmten Gebiet, für eine bestimmte Aufgabe erworben werden;* **Spe|zi|al|aus|druck**, der: *Fachterminus;* **Spe|zi|al|aus|füh|rung**, die: *spezielle Ausführung (2 b) von etw.;* **Spe|zi|al|bank**, die: *auf einen bestimmten Geschäftsbereich spezialisierte Bank (z. B. Hypothekenbank, Bausparkasse);* **Spe|zi|al|be|reich**, der: vgl. Spezialgebiet; **Spe|zi|al|dis|zi|plin**, die: *spezielle Disziplin (2) einer Wissenschaft:* eine juristische, medizinische S.; **Spe|zi|al|fach**, das: vgl. Spezialgebiet; **Spe|zi|al|fahr|zeug**, das: *Fahrzeug für einen besonderen Verwendungszweck mit verschiedenen Zusatzeinrichtungen;* **Spe|zi|al|ge|biet**, das: *bestimmtes [Fach]gebiet, auf das sich jmd. [beruflich] spezialisiert hat:* ein kleines S. der Archäologie; ein medizinisches, philatelistisches S.; die Halbleitertechnik ist mein S.; auf seinem S. kennt er sich wirklich aus; **Spe|zi|al|gerät**, das: *vgl. Spezial-;* **Spe|zi|al|geschäft**, das: *Fachgeschäft;* **Spe|zi|al|glas**, das: *(für einen besonderen Verwendungszweck hergestelltes) Glas mit besonderen Eigenschaften:* hochwertige Spezialgläser; **Spe|zi|al|holz**, das: vgl. Spezial-; **Spe|zi|a|li|en** ⟨Pl.⟩ (veraltet): *Besonderheiten, Einzelheiten;* **Spe|zi|a|li|sa|ti|on**, die; -, -en [frz. spécialisation, zu: (se) spécialiser = sich spezialisieren, zu: spécial, ↑speziell] (selten): *Spezialisierung;* **spe|zi|a|li|sie|ren** ⟨sw. V.; hat⟩ [2: unter Einfluß von frz. se spécialiser, zu: frz. spécialiser, ↑Spezialisation]: **1.** ⟨s. + sich⟩ *sich, seine Interessen innerhalb eines größeren Rahmens auf ein bestimmtes Gebiet konzentrieren:* nach dem Studium

Spezialisierung

will er sich s.; Subjella hatte sich auf das Schieben mit Arzneimitteln spezialisiert (Kempowski, Uns 263); Der Doktor Roth kannte sich aus mit alten Möbeln, das hatte er selber gesagt, er war auf sowas spezialisiert (Rolf Schneider, November 76); die Buchhandlung ist auf medizinische Literatur spezialisiert; stark, hochgradig spezialisierte Betriebe, Verlage; Artenarme Monokulturen ... Ihre Anfälligkeit gegenüber spezialisierten Schädlingen ist groß (natur 9, 1991, 103); eine auf Meßgeräte spezialisierte Firma. **2.** (veraltend) *einzeln, gesondert aufführen; differenzieren:* die Firma hat die diversen Positionen auf der Rechnung spezialisiert; **Spe|zia|li|sie|rung,** die; -, -en: **1.** *das Sichspezialisieren.* **2.** (veraltend) *das Spezialisieren* (2); **Spe|zia|list,** der; -en, -en [frz. spécialiste, zu: spécial, ↑speziell]: **a)** *jmd., der auf einem bestimmten [Fach]gebiet über besondere Kenntnisse, Fähigkeiten verfügt:* Also sei er Journalist geworden. S. für Umweltfragen. Innerhalb der Ökologie S. für Ernährungsfragen (M. Walser, Pferd 42); ein S. in Finanzsachen; frag doch mal einen -en; Schulen und Universitäten sehen sich schon lange nur noch in der Lage, -en auszubilden (Gruhl, Planet 253); **b)** (volkst.) *Facharzt:* zum -en gehen; der Hausarzt hat sie zum -en überwiesen, geschickt; **Spe|zia|li|sten|tum,** das; -s: *das Spezialistsein:* Wer den Ausweg aus dem S. nicht schafft, sitzt dann enttäuscht in der Sackgasse (Capital 2, 1980, 59); **Spe|zia|li|stin,** die; -, -nen: w. Form zu ↑Spezialist; **spe|zia|li|stisch** ⟨Adj.⟩ (veraltet): *in der Art eines Spezialisten;* **Spe|zia|li|tät,** die; -, -en [(frz. spécialité <) spätlat. specialitas = besondere Beschaffenheit, zu lat. specialis, ↑speziell]: **a)** *etw., was als etw. Besonderes in Erscheinung tritt, als eine Besonderheit von jmdm., etw. bekannt ist, geschätzt wird:* dieses Gebäck ist eine Mannheimer S., eine S. des Hauses, meiner Großmutter; Er sah sich nach dem hinter ihm stehenden Glasschrank um, in dem die alkoholischen -en des Hauses aufbewahrt wurden (Prodöhl, Tod 33); Mitbestimmung ist doch noch eine nahezu deutsche S. (Capital 2, 1980, 59); ... werden die Gesellschaften des Produktionssektors .. reorganisiert und auf ihre -en fixiert (NZZ 21. 12. 86, 15); **b)** *etw., was jmd. bes. gut beherrscht od. gerne tut:* das Restaurieren von Antiquitäten ist ihre S.; solche Recherchen sind seine S.; Bohneneintopf ist seine S. *(kann er besonders gut kochen, kocht er besonders gern);* Türkeireisen sind die S. *(das Spezialgebiet)* dieses Reisebüros; Eine seiner -en sind Freistöße (Augsburger Allgemeine 27./ 28. 5. 78, III); **Spe|zia|li|tä|ten|re|stau|rant,** das; -s, -s: *Restaurant, das vor allem Spezialitäten* (a), *besonders zubereitete Gerichte anbietet;* **Spe|zi|al|kar|te,** die (Geogr.): *Landkarte, in die über die Topographie hinaus ein besonderer Gegenstandsbereich eingearbeitet ist;* **Spe|zi|al|lack,** der: vgl. Spezialglas: *ein besonders hitzebeständiger S.;* **Spe|zi|al|pa|pier,** das: vgl. Spezialglas; **Spe|zi|al|prä|ven|ti|on,** die (Rechtsspr.): *Versuch, künftige Straftaten eines Straffälligen durch bestimmte Maßnahmen (z. B. Resozialisation) zu verhüten; Individualprävention;* **Spe|zi|al|schu|le,** die, (ehem. DDR): *Oberschule* (2) *mit schwerpunktmäßiger Förderung einzelner Fächer;* **Spe|zi|al|sla|lom,** der (Skisport): *Slalom, der als Einzelwettbewerb u. nicht als Kombination* (3 c) *ausgetragen wird;* **Spe|zi|al|sprung|lauf,** der (Skisport): *als Einzelwettbewerb u. nicht als Kombination* (3 c) *ausgetragenes Skispringen;* **Spe|zi|al|trai|ning,** das (Sport): *gezieltes Training zur Steigerung einer bestimmten sportlichen Leistung;* **Spe|zi|al|trup|pe,** die: vgl. Spezial-: ... hat diese S. der US-Armee gerade unter der Zivilbevölkerung ... gewütet (elan 2, 1980, 9); **Spe|zi|al|wis|sen,** das: *spezielles Wissen (auf einem bestimmten Gebiet);* **Spe|zi|al|wör|ter|buch,** das: *einen speziellen Wortschatz darstellendes, auf spezielle Bedürfnisse zugeschnittenes Wörterbuch;* **Spe|zia|ti|on,** die; -, -en [zu ↑Spezies] (Biol.): *Artbildung;* **spe|zi|ell** [französierende Umbildung aus älter ↑spezial < lat. specialis = besonder...; eigentümlich, zu: species, ↑Spezies]: **I.** ⟨Adj.⟩ *von besonderer, eigener Art; in besonderem Maße auf einen bestimmten, konkreten Zusammenhang o. ä. ausgerichtet, bezogen; nicht allgemein:* -e Wünsche, Fragen, Interessen, Kenntnisse haben; das ist ein [sehr] -es Problem; ein -es Täschchen für Kamm und Lippenstift (Kronauer, Bogenschütze 385); eine -ere Form der Stetigkeit ist die ... (Mathematik II, 379); seine Abwesenheit sei seine ganz -e Weise der Anwesenheit (Stern, Mann 130); Findet der Behinderte noch ein relativ lückenloses Netz von -en Toiletten, so ... (ADAC-Motorwelt 1, 1983, 69); er ist mein [ganz] -er Freund (iron.: *ich schätze ihn nicht, bin nicht gut auf ihn zu sprechen*); ⟨subst.:⟩ auf dein Spezielles! (ugs.; als Wunsch für jmds. Wohlergehen, wenn man jmdm. zutrinkt); * **im -en** (bes. schweiz.; ↑besonder... 3): Die Aufständischen griffen nicht im -en Missionsstationen und Missionare an (NZZ 2. 2. 83, 18). **II.** ⟨Adv.⟩ *besonders* (2 a), *in besonderem Maße, vor allem; eigens:* s. für Kinder angefertigte Möbel; Die ... schnellen Intercity Express-Züge, ausgestattet mit modernster Telekommunikation, bieten s. Geschäftsreisenden eine zukunftsweisende Alternative (natur 3, 1991, 15); daß die Freundlichkeiten ... nicht s. ihm galten (Fallada, Herr 337); du s./s. du (ugs.; *gerade, erst recht du*) solltest das wissen; **Spe|zie|rer,** der; -s, - (schweiz. veraltet): *Spezerei-, Gemischtwarenhändler;* **Spe|zi|es** ['ʃpeːtsiɛs, 'sp...], die; - [...eːs; lat. species = äußere Erscheinung; Vorstellung, Begriff; Art; Eigenheit, zu: specere = (hin-, an)sehen]: **1.** *besondere, bestimmte Art, Sorte von etw., einer Gattung:* sein Film ist eine ganz neue S. (Spiegel 7, 1976, 108); Mit welchem Recht wollen die Industriestaaten die neue S. der Umweltflüchtlinge abwehren (natur 2, 1991, 27); eine besondere S. [von] Mensch. **2.** (Biol.) *(botanische, zoologische) Art:* eine rezente, seltene, ausgestorbene, fossile S.; die S. Homo sapiens; in der Regel paaren sich nur Individuen derselben S. **3.** *Grundrechnungsart in der Mathematik.* **4.** (Rechtsspr.) kurz für ↑Spezieskauf, Speziesschuld. **5.** (Pharm.) *Teegemisch;* **Spe|zi|es|kauf,** der (Rechtsspr.): *Kauf, dessen Gegenstand eine bestimmte individuelle Sache ist; Stückkauf* (z. B. Kauf eines bestimmten [anhand einer Fahrgestellnummer identifizierbaren] Gebrauchtwagens); **Spe|zi|es|schuld,** die (Rechtsspr.): *Schuld, bei der die Verpflichtung zu einer nicht nur der Art nach, sondern individuell bestimmten Leistung besteht* (z. B. die Verpflichtung, als Verkäufer einer bestimmten individuellen Sache genau diese u. nicht etwa eine gleichartige andere zu liefern); **Spe|zi|es|ta|ler,** der (früher): *geprägter Taler in Hartgeld (zum Papiergeld;* **Spe|zi|fik** [ʃp..., sp...], die; - (bildungsspr.): *das Spezifische einer Sache:* aufgrund der S. der dortigen Wirtschaftsstruktur; Jedenfalls hat Lenin ... ihre alte, vorkapitalistische Formation nicht in ihrer ganzen S. erkannt (Bahro, Alternative 101); **Spe|zi|fi|ka:** Pl. von ↑Spezifikum; **Spe|zi|fi|ka|ti|on,** die; -, -en [mlat. specificatio = Auflistung, Verzeichnis]: **1.** *das Spezifizieren.* **2.** *spezifiziertes Verzeichnis, spezifizierte Aufstellung, Liste.* **3.** (Logik) *Einteilung in Unterabteilungen (z. B. einer Gattung in Arten).* **4.** (Rechtsspr.) *Bearbeitung, Behandlung eines Stoffes in einer Weise, durch die er erheblich verändert wird;* **Spe|zi|fi|ka|ti|ons|kauf,** der (Wirtsch.): *Handelskauf, bei dem dem Käufer die Spezifikation von Form u. Maß der Ware o. ä. vorbehalten ist;* **Spe|zi|fi|kum,** das; -s, ...ka [zu spätlat. specificus, ↑spezifisch]: **1.** *Besonderheit, Eigentümlichkeit; spezifisches Merkmal:* ein S. der Moschee ist das Minarett; Daß dieser Vorgang dem Medium Theater vorbehalten blieb, hängt mit den Spezifika der Bühne zusammen (Raddatz, Traditionen II, 450). **2.** (Med.) *Heilmittel mit sicherer Wirkung gegen eine bestimmte Erkrankung od. Gruppe von Krankheiten;* **spe|zi|fisch** ⟨Adj.⟩ [frz. spécifique < spätlat. specificus = von besonderer Art, eigentümlich, zu lat. species (↑Spezies) u. facere = machen]: *für jmdn., etw. bes. charakteristisch, typisch, eigentümlich, ganz in jmdm. innewohnenden Art:* die -en Eigenarten, Besonderheiten der Menschenaffen; der -e Geruch von Pferd und Schaf; das, was man als den -en Stil der Adenauer-Ära empfindet (Dönhoff, Ära 14); Aquarelle mit bewußter Verwendung der -en Möglichkeiten der Wasserfarbenmalerei (Bild. Kunst III, 13); eine Aufzucht der Kälber unter -en Bedingungen (NNN 12. 8. 86, 2); Es gibt Fragen allgemeiner wie -er Natur, die sich nur gemeinsam mit ihnen (= den Russen) lösen lassen (Heym, Schwarzenberg 187); das -e Gewicht (Physik: *Gewicht eines Körpers im Verhältnis zu seinem Volumen);* die -e Wärme (Physik; *Wärme, die erforderlich ist, um 1 g eines Stoffes um 1 °C zu erwärmen);* Zu diesem Zweck wird semiisolierendes Material benötigt, das einen hohen -en Widerstand besitzt (Chemische Rundschau 21. 8. 92, 3); ein s. bürgerliches Standesbewußtsein (Fraenkel, Staat 69); das ist s. englisches; ein s. weibliches, männliches Verhalten; **-spe|zi|fisch:** drückt in adj. Bildungen mit Substantiven aus, daß die beschriebene Sache typisch, charakteristisch für jmdn., etw. ist, jmdm., etw. eigentümlich, wesensseigen ist: alters-, fach-, frauenspezifisch; **Spe|zi|fi|tät,** die; -, -en: **1.** (bildungsspr.) *für jmdn., etw. auf spezifischen Merkmalen beruhende Besonderheit.* **2.** (Chemie) *charakteristische Reaktion* (2); **spe|zi|fi|zie|ren** ⟨sw. V.⟩ hat) [mlat. specificare] (bildungsspr.): *im einzelnen darlegen, aufführen; detailliert ausführen:* Auslagen, Ausgaben s.; sind die Ersatzteile denn auf der Reparaturrechnung nicht spezifiziert?; was damit im einzelnen gemeint war, ist nicht näher spezifiziert; **Spe|zi|fi|zie|rung,** die; -, -en (bildungsspr.): *das Spezifizieren; Spezifikation;* **Spe|zi|men** [österr.: ...'tsi:...], das; -s, ...imina [lat. specimen = Muster, zu: specere, ↑Spezies] (veraltet): *Probestück, Muster;* **spe|zi|ös** ⟨Adj.⟩ [(frz. spécieux <) lat. speciosus, zu: species, ↑Spezies] (veraltet): **1.** *ansehnlich.* **2.** *scheinbar.* **Spha|gnum,** das; -s [griech. sphágnos, spháxos = Baummoos] (Bot.): *Torfmoos.* **Sphalle|rit** [auch: ...'rıt], der; -s [zu griech. sphalerós = verführerisch; trügerisch; vgl. Blende (7)]: *Zinkblende.* **Sphä|re,** die; -, -n [2: lat. sphaera < griech. sphaīra = (Himmels)kugel; schon mhd. sp(h)ēre, ahd. in: himelspēra, 1: unter frz. sphère < lat. sphaera, ↑Sphäre (2)]: **1.** *Bereich, der jmdn., etw. umgibt:* die private, öffentliche, politische, geistige S.; Er huldigte einem hohen Ordnungsbegriff, von dem er alle -n seines Lebens und Werks beherrscht sehen wollte (Reich-Ranicki, Th. Mann 44); aus kleinbürgerlicher S. stammen. **2.** *(in antiker Vorstellung) scheinbar kugelig die Erde umgebendes Himmelsgewölbe in seinen verschiedenen Schichten:* * **in höheren -n schweben** (scherzh.; ↑Region 2); **Sphä|ren|ge|sang,** der (geh.): *als fast überirdisch schön empfundener Gesang;* **Sphä|ren|har|mo|nie,** die ⟨o. Pl.⟩: *(nach der Lehre des altgriechischen Philosophen Pythagoras) durch die Bewegung der Planeten entstehendes kosmisches, für den Menschen nicht hörbares, harmonisches Tönen;* **Sphä|ren|klän|ge** ⟨Pl.⟩: vgl. Sphärenharmonie; **Sphä|ren|mu|sik,** die ⟨o. Pl.⟩: Sphärenharmonie; **Sphä|rik,** die; - (Math.): *Geometrie von Figuren, die auf Kugeloberflächen von größten Kreisen gebildet werden;* **sphä|risch** ⟨Adj.⟩ [spätlat. sph(a)ericus < griech. sphairikós]: **1.** *die Himmelskugel betreffend:* -e Astronomie. **2.** (Math.) *auf die Kugel, die Fläche einer Kugel bezogen, damit zusammenhängend:* -e Trigonometrie; **Sphä|ro|id,** das; -[e]s, -e [zu lat. sphaeroides < griech. sphairoeidḗs = kugelförmig]: **1.** *kugelähnlicher Körper (bzw. seine Oberfläche).* **2.** *Rotationsellipsoid* (a): die Erde ist ein S., hat die Form eines -s; **sphä|ro|i|disch** ⟨Adj.⟩: *von der Form eines Sphäroids* (1); **Sphä|ro|lith** [auch: ...'lıt], der; -s u. -en, -e[n] [↑-lith] (Mineral.): *kugeliges mineralisches Aggregat* (3) *aus strahlenförmig angeordneten Bestandteilen;* **sphä|ro|li|thisch** [auch: ...'lı...] ⟨Adj.⟩ (Mineral.):

(vom Gefüge mancher magmatischer Gesteine) von kugeliger Form u. strahlenförmigem Aufbau; **Sphä|ro|lo|gie,** die; - [↑-logie]: *geometrische Lehre von der Kugel;* **Sphä|ro|me|ter,** das; -s, - [↑-meter (1)] (Optik): *Gerät zur Bestimmung des Krümmungsradius von Kugelflächen, bes. von Linsen;* **Sphä|ro|si|de|rit** [auch: ...'rıt], der; -s, -e: *kugelförmig vorkommender Eisenspat;* **Sphä|ro|zyt,** der; -en, -en [zu griech. kýtos = Höhlung; Wölbung] (Med., Biol.): *abnorm geformtes rotes Blutkörperchen, das an Stelle der Scheibenform eine Kugelgestalt aufweist.* **Sphen,** der; -s, -e [griech. sphēn = Keil, nach der Form der Kristalle]: *Titanit* (1); **Sphe|no|id,** das; -[e]s, -e [zu griech. sphēnoeidḗs = keilförmig] (Mineral.): *keilförmige Kristallform;* **sphe|no|i|dal** ⟨Adj.⟩: *keilförmig;* **Sphe|no|ze|phalie,** die; -, -n [zu griech. kephalē̄ = Kopf] (Med.): *keil- od. eiförmige Mißbildung des Kopfes.* **Sphe|rics** ['sferıks] ⟨Pl.⟩ [engl. spherics, kurz für: atmospherics = elektrische Störungen in der Atmosphäre] (Physik): *von Blitzen u. anderen Entladungsvorgängen herrührende Funkstörungen, die beim [Rund]funkempfang als Knack- u. Kratzgeräusche hörbar werden.* **Sphin|gen:** Pl. von ↑Sphinx (1). **Sphink|ter,** der; -s, Sphinktere [griech. sphigktḗr, zu: sphíggein = zuschnüren] (Anat.): *Ring-, Schließmuskel* (1); **Sphink|ter|skle|ro|se,** die (Med.): *Sklerose des Blasenschließmuskels, die zu Störungen des Harnabgangs führt.* **Sphinx,** die; -, -e, ⟨Archäol. meist:⟩ der; -, -e u. Sphingen [lat. Sphinx < griech. Sphígx, H. u., viell. zu: sphíggein (↑Sphinkter) in der Bed. „(durch Zauber) festbinden"]: **1.** *altägyptisches Steinbild in Löwengestalt, meist mit Männerkopf, als Sinnbild der übermenschlichen Kraft des Königs od. Gottes:* die S. von Gise. **2.** ⟨nur: die; o. Pl.⟩ *(Griech. Myth.) Ungeheuer in Gestalt eines geflügelten Löwen mit Frauenkopf, das jeden Vorüberkommenden verschlang, der sein ihm aufgegebenes Rätsel nicht lösen konnte:* das Rätsel der S.; lächeln wie eine S. *(unergründlich, rätselhaft lächeln);* Ü sie ist eine S. *(ein rätselhafter, undurchschaubarer Mensch).* **Sphra|gi|stik,** die; - [zu griech. sphragistikós = zum Siegeln gehörend, zu: sphragís = Siegel]: *Wissenschaft, die sich mit der rechtlichen Funktion u. Bedeutung des Siegels* (1 a) *befaßt; Siegelkunde;* **sphra|gi|stisch** ⟨Adj.⟩: *zur Sphragistik gehörend, sie betreffend.* **Sphyg|mo|gramm,** das; -s, -e [zu griech. sphygmós = Puls u. ↑-gramm] (Med.): *Oszillogramm des Pulses* (1 a); **Sphyg|mo|graph,** der; -en, -en [↑-graph] (Med.): *Gerät zur Aufzeichnung des Pulses* (1 a); **Sphyg|mo|gra|phie,** die; -, -n [↑-graphie] (Med.): *Aufzeichnung des Pulses* (1 a) *mit einem Sphygmographen;* **Sphyg|mo|ma|no|me|ter,** das; -s, - (Med.): *einfaches Gerät zum Messen des Blutdrucks.* **spia|na|to** [sp...] ⟨Adv.⟩ [ital. spianato, eigtl. = eben, flach, zu: spianare = (ein)ebnen, glätten] (Musik): *einfach, schlicht.*

spic|ca|to [sp...] ⟨Adv.⟩ [ital. spiccato, zu: spiccare = (deutlich) hervortreten] (Musik): *(durch neuen Bogenstrich bei jedem Ton) mit deutlich abgesetzten Tönen [zu spielen]* (Vortragsanweisung); **Spic|ca|to,** das; -s, -s u. ...ti (Musik): *die Töne deutlich voneinander absetzendes Spiel bei Streichinstrumenten.* **Spi|ci|le|gi|um** [...tsi...], das; -s, ...ia [lat. spicilegium = Ährenlese, zu: spica = Ähre u. legere = (auf)lesen]: *Anthologie* (im 17. u. 18. Jh. oft in Buchtiteln). **Spick,** der; -[e]s, -e (Schülerspr. landsch.): *Spickzettel* (a). **Spick|aal,** der [zu mniederd. spik = trocken, geräuchert, H. u.] (bes. norddt.): *Räucheraal;* **Spick|brust,** die (bes. norddt.): *geräucherte Gänsebrust.* **Spickel[1],** der; -s, - [wohl über das Roman. zu lat. spiculum = Spitze, Stachel, Vkl. von: spica, ↑Speicher] (schweiz.): *Zwikkel* (1) **spicken[1]** ⟨sw. V.; hat⟩ [1: mhd. spicken, zu ↑Speck; 4: viell. übertr. von (2) od. Intensivbildung zu ↑spähen]: **1.** *(mageres) Fleisch vor dem Braten mit etw., bes. mit Speckstreifen, versehen, das man mit einer Spicknadel in das Fleisch hineinbringt (damit es bes. saftig, würzig wird):* den Braten s.; Ich hatte die Hammelschulter mit halben Knoblauchzehen gespickt (Grass, Butt 9); ein mit Trüffeln gespickter Rehrücken. **2.** *mit etw. [zu] reichlich versehen, ausstatten:* eine Rede mit Zitaten s.; In den kommenden zwei Jahren wird das Darenstädter Institut ... das ganze Haus mit etwa 60 Temperaturfühlern s. (natur 2, 1991, 64); das Diktat war mit Fehlern gespickt; eine gespickte (ugs.; *mit viel Geld gefüllte) Brieftasche;* ihre ... mit MGs gespickten Unterstände (Plievier, Stalingrad 313). **3.** (ugs.) *bestechen* (1): er hat den Beamten ordentlich gespickt, um die Wohnung zu kriegen. **4.** (Schülerspr. landsch.) ⟨von Schülern⟩ *heimlich abschreiben:* bei/von seinem Nachbarn s.; jmdn. bei der Klassenarbeit s. lassen; ⟨subst.:⟩ er ist beim S. erwischt worden; **Spicker[1],** der; -s, - (Schülerspr. landsch.): **1.** *jmd., der spickt* (4). **2.** *Spickzettel;* **Spicke|rin[1],** die; -, -nen (Schülerspr. landsch.): w. Form zu ↑Spicker (1). **Spick|gans,** die [zum 1. Bestandteil vgl. Spickaal] (bes. norddt.): *geräucherte Gänsebrust.* ♦ **spickig[1]** ⟨Adj.⟩ [Nebenf. von ↑speckig in dessen landsch. Bed. „schmierig"]: *(in landsch. Sprachgebrauch) nicht ganz ausgebacken:* Die Brotlaibe, die schon angefangen hatten aufzuschwellen, fielen in sich zusammen und blieben s. wie ein Klumpen Schmer (Rosegger, Waldbauernbub 148). **Spick|na|del,** die [zu ↑spicken (1)]: *mit aufklappbarer Öse versehener nadelartiger Gegenstand, mit dem man spickt* (1); **Spick|zet|tel,** der [zu ↑spicken (4)]: **a)** (Schülerspr. landsch.) *kleiner Zettel mit Notizen zum Spicken* (4) *während einer Klassenarbeit;* **b)** (ugs.) *für eine bestimmte bevorstehende Situation als Gedächtnisstütze angefertigte Notizen:* der Redner zog einen S. aus der Tasche; Stoltenberg beendete seinen Text ohne S. und sonstige

Spider

Hilfen (Hörzu 13, 1975, 34); Hatte er ein so perfektes Gedächtnis, daß er keinen S. brauchte? (Bieler, Bär 204); der Moderator warf einen kurzen Blick auf seinen S. **Spi|der** [ˈʃpaidɐ, ˈsp..., engl.: ˈspaɪdə], der; -s, - [engl. spider = leichter Wagen, eigtl. = Spinne]: *Roadster.*
spie: ↑ speien; **spieb:** ↑ speiben.
Spie|gel, der; -s, - [mhd. spiegel, ahd. spiagal, über das Roman. < lat. speculum, ↑ Spekulum]: **1. a)** *Gegenstand aus Glas od. Metall, dessen glatte Fläche das, was sich vor ihr befindet, als Spiegelbild zeigt:* ein runder, ovaler, rechteckiger, gerahmter S.; ein blanker, blinder, trüber, fleckiger, beschlagener S.; in der Garderobe hängt ein großer S. an der Wand; an den Schränken mannshohe S. (Ossowski, Flatter 170); ... daß ich schreien werde und daß der S. zersplittern wird von meinem Schrei (Schwaiger, Wie kommt 119); er zog einen kleinen S. aus der Tasche; in den S. sehen, gucken, sich im S. betrachten; sie steht ständig vorm S. *(betrachtet sich aus Eitelkeit häufig im Spiegel);* R der S. lügt nicht *(im Spiegel sieht man sich so, wie man wirklich aussieht);* Ü seine Romane sind ein S. unserer Zeit, des mittelalterlichen Lebens; „Die Schule sei hier als ein getreuer S. der wilhelminischen Gesellschaft und ihrer tyrannischen Autoritäten dargestellt" (Reich-Ranicki, Th. Mann 130); Ein schönes Jahr ... im S. der öffentlichen Berichterstattung (Th. Mann, Hoheit 79); * **jmdm. den S. vorhalten** *(jmdn. deutlich auf seine Fehler hinweisen);* **sich** ⟨Dativ⟩ **etw. hinter den S. stecken können** (ugs.; 1. ↑ ¹Hut 1. 2. *etw. beherzigen müssen*); **sich** ⟨Dativ⟩ **etw. nicht hinter den S. stecken** (ugs.; *etw., bes. ein Schriftstück o. ä., was auf den Betreffenden ein ungünstiges Licht wirft, andere nicht sehen lassen);* nach der verbreiteten Gewohnheit, hübsche Bildchen, liebe Briefe, Postkarten o. ä. so hinter den Rand des Spiegels zu klemmen, daß man sie täglich vor Augen hat): das Zeugnis, die Rezension wird er sich [wohl, sicher] nicht hinter den S. stecken. **b)** (Med.) *Spekulum.* **2. a)** *Oberfläche eines Gewässers:* der S. des Sees glänzte in der Sonne, kräuselte sich im Wind; Die S. der Teiche bedeckten sich mit Piniennadeln und Laub (Ransmayr, Welt 132); **b)** *Wasserstand:* der S. des Sees ist gesunken, ist seit gestern um 20 cm gestiegen; Mächtiger als alles, was sich jemals über den S. des Schwarzen Meeres erhoben hatte, warf dieser Berg seinen Schatten auf die Küste (Ransmayr, Welt 285). **3.** (Med.) *Konzentration eines Stoffs im Blut, im Plasma od. im Serum:* beim Cholesterin sollte der S. zwischen 120 und 250 mg pro 100 ml [Serum] liegen; er trank so viel, daß er am nächsten Morgen noch einen S. von 0,8 Promille [Alkohol im Blut] hatte. **4. a)** *seidener Rockaufschlag:* die S. des Fracks; **b)** *andersfarbiger Besatz auf dem Kragen einer Uniform.* **5.** (Zool., Jägerspr.) **a)** *(bei bestimmten Tieren, z. B. beim Reh-, Rot- u. Damwild) heller Fleck um den After;* **b)** *(bei bestimmten Vögeln, z. B. bei Enten) andersfarbige Zeichnung auf den Flügeln.* **6.** (Schiffbau) *senkrecht od. schräg stehende ebene Platte, die den hinteren Abschluß des Rumpfs eines Schiffs, Boots bildet.* **7.** *schematische Darstellung, Übersicht:* die Zeitschrift veröffentlichte einen S. der Lebenshaltungskosten, der Mietpreise. **8. a)** (Druckw.) *Satzspiegel;* **b)** (Buchw.) *Dublüre* (2). **9. a)** (Archit.) *flaches, häufig mit Fresken o. ä. verziertes mittleres Feld des Spiegelgewölbes;* **b)** (Tischlerei) *Türfüllung.* **10.** *(im MA.) meist in Prosa verfaßtes, moralisch-religiöses, juristisches od. satirisches Werk* (bes. in Titeln): die ersten deutschen S. sind Rechtsbücher. **11.** *innerstes Feld einer Zielscheibe.* ♦ **12.** *hübsches, jugendlich glattes Gesicht:* Mein Enkel ... sprach von der schönen Annerl, wie die Leute sie ihres glatten -s wegen nannten, immer von der Ehre (Cl. Brentano, Kasperl 355); **Spie|gel|bild,** das: *von einem Spiegel o. ä. reflektiertes, seitenverkehrtes Bild:* sie betrachtete ihr S. im Schaufenster; Ü die Literatur als S. gesellschaftlicher Entwicklung; **spie|gel|bild|lich** ⟨Adj.⟩: *in der Art eines Spiegelbildes; seitenverkehrt:* eine -e Abbildung; **spie|gel|blank** ⟨Adj.⟩: *so blank, daß es spiegelt* (1 a), *sich jmd., etw. darin spiegeln kann:* -e Fenster; das Silber, die Schuhe, den Lack, das Auto s. polieren; **Spie|gel|ebe|ne,** die (Geom.): *Symmetrieebene;* **spie|gel|gel|ei,** das [nach dem spiegelnden Glanz des Dotters]: *Ei, das in eine Pfanne geschlagen u. darin gebraten wird, wobei der Dotter ganz bleibt;* **Spie|gel|fech|ter,** der (abwertend): *jmd., der Spiegelfechterei treibt;* **Spie|gel|fech|te|rei,** die; -, -en [viell. eigtl. = das Fechten vor dem Spiegel mit seinem eigenen Bilde, also zum Schein] (abwertend): *heuchlerisches, nur zum Schein gezeigtes Verhalten, mit dem jmd. getäuscht werden soll:* auf solche -en falle ich nicht herein; hör doch auf mit dieser, deiner lächerlichen S.; **Spie|gel|fech|te|rin,** die (abwertend): w. Form zu ↑ Spiegelfechter; **Spie|gel|fern|rohr,** das (Optik): *Reflektor* (3); **Spie|gel|fu|ge,** die (Musik): ²*Fuge, bei der nicht nur das Ausgangsthema, sondern auch sämtliche Stimmen umkehrbar sind (wobei die tiefste Stimme zur höchsten wird usw.);* **Spie|gel|ga|le|rie,** die: *(bes. in barocken Schlössern) mit vielen Spiegeln ausgestattete Galerie* (2); **Spie|gel|ge|wöl|be,** das (Archit.): *Gewölbe* (1) *mit einem Spiegel* (9 a) *als oberem Abschluß;* **Spie|gel|glas,** das: **a)** *zur Herstellung von Spiegeln verwendetes, beidseitig geschliffenes u. poliertes Glas;* **b)** (selten) *Spiegel* (1 a); **spie|gel|glatt** ⟨Adj.⟩: **a)** *äußerst glatt* (1 b): er war auf der -en Fahrbahn ins Schleudern gekommen; das Parkett war frisch gebohnert und s.; die Straße war s. [gefroren]; **b)** *äußerst glatt* (1 a): eine -e Oberfläche; Die See war s. und sanft (Jens, Mann 179); s. polierte Marmorplatten; **Spie|gel|gla|tze,** die: *glänzende Vollglatze:* ein kleiner Mann mit einer S. (Hilsenrath, Nacht 470); **spie|gel|gleich** ⟨Adj.⟩ (veraltet): *symmetrisch;* **Spie|gel|gleich|heit,** die (veraltet): *Symmetrie;* **spie|ge|lig** ⟨Adj.⟩ [zu ↑ Spiegel] (selten): *eine glänzende, spiegelähnliche Oberfläche habend; Licht (glänzend) widerspiegelnd:* ... indem er das Gesicht dem Monde zuwandte, der ... seine Augen ... s. glänzen ließ (Th. Mann, Joseph 110); **Spie|gel|ka|bi|nett,** das: vgl. Spiegelgalerie; **Spie|gel|karp|fen,** der: *Karpfen mit wenigen sehr großen, glänzenden Schuppen;* **Spie|gel|lin|se,** die: *hauptsächlich zu Beleuchtungszwecken verwendetes optisches System aus einem transparenten Werkstoff mit einer brechenden u. einer reflektierenden Fläche;* **Spie|gel|ma|le|rei,** die: **1.** *Hinterglasmalerei, bei der Stücke von spiegelnder Metallfolie auf das Glas aufgebracht werden* (1). **2.** *in der Technik der Hinterglasmalerei* (1) *angefertigtes Bild;* **spie|geln** ⟨sw. V.; hat⟩ [mhd. spiegeln = wie ein Spiegel glänzen; hell wie einen Spiegel machen]: **1. a)** *(wie ein Spiegel Lichtstrahlen zurückwerfend) glänzen:* das Parkett spiegelt [im Licht, vor Sauberkeit]; meine Feiertagsschuhe müssen s. (Innerhofer, Schattseite 175); **b)** *infolge von auftreffendem Licht blenden* (1), *störende Reflexe verursachen:* die Brille, der Bildschirm spiegelt; das Bild war schlecht zu erkennen, weil das Glas spiegelte; Um das Interieur zu erkennen, mußte man das Gesicht nahe an die spiegelnde Fensterscheibe halten, die beiden Hände als Scheuklappen (Frisch, Montauk 23). **2. a)** ⟨s. + sich⟩ *sich widerspiegeln, als Spiegelbild erscheinen:* die Bäume spiegeln sich im Fluß, auf dem Wasser; In den Straßen ist Licht, denn die Sonne spiegelt sich überall (Ossowski, Flatter 108); In den Pfützen auf dem Hof spiegelten sich die Lampen (H. Gerlach, Demission 82); ... versuchte durch das dunkle Schutzglas zu schauen, sah aber nur mein Gesicht, das sich darin spiegelte (Innerhofer, Schattseite 32); Ü in ihrem Gesicht spiegelte sich Freude, Erleichterung; in seinen Büchern spiegelt sich der Geist der Zeit; Das Engagement der Vorsitzenden des ... Ortsvereins spiegelt sich darüber hinaus darin, daß sie ... (Saarbr. Zeitung 3. 12. 79, 6); An den Devisenmärkten spiegelte sich die Erwartung niedriger Erdölpreise ... in einem erneut kräftig nachgebenden Pfundwechselkurs (NZZ 27. 1. 83, 11); **b)** *das Spiegelbild von etw. zurückwerfen:* die Glastür spiegelte die vorüberfahrenden Autos; Ü seine Bücher spiegeln die Not des Krieges; ihr Gesicht spiegelte Angst; Selbst die Museen spiegelten die italienische Teilnahmslosigkeit an der übrigen Welt. Kein Goya, kein Ingres ... (Fest, Im Gegenlicht 368); Nur stellenweise hat die außenpolitische Debatte ... das anhaltende Interesse für Europa gespiegelt (NZZ 21. 12. 86, 9). **3.** ⟨s. + sich⟩ (selten) *(auf einer spiegelnden Fläche) sein Spiegelbild betrachten:* sie blieb vor einem Schaufenster stehen, um sich [darin] zu s.; Er steht grinsend hinter seinem Tresen und spiegelt sich im Chrom (Brot und Salz 200). **4.** (Med.) *mit dem Spekulum betrachten, untersuchen:* den Kehlkopf, den Darm s. **5.** (Geom.) *eine Spiegelung* (d) *vornehmen;* **Spie|gel|ob|jek|tiv,** das (Fot.): *(meist als Teleobjektiv ausgeführtes) Objektiv, das mit einer Kombination von Linsen u. Spiegeln arbeitet;* **Spie|gel|re|flex|ka|me|ra,** die (Fot.): *Kamera mit eingebautem Spiegel, der das vom Objektiv erfaßte Bild auf eine Mattscheibe wirft, so daß im Sucher ein ge-*

naues Abbild von dem erscheint, was das Objektiv einfängt; **Spie|gel|saal**, der: Saal, dessen Wände mit Spiegeln verkleidet sind; **Spie|gel|schei|be**, die (selten): Spiegelglas (2); **Spie|gel|schlei|fer**, der: Glasschleifer, der Spiegelglas schleift; **Spie|gel|schlei|fe|rin**, die: w. Form zu ↑Spiegelschleifer; **Spie|gel|schnitt**, der (Holzverarb.): Längsschnitt durch völlig gerade gewachsenes Holz verschiedener Holzarten (z. B. Eiche, Ahorn); **Spie|gelschrank**, der: Schrank mit außen in die Türen eingesetzten Spiegeln; **Spie|gelschrift**, die: seitenverkehrte Schrift: in S. schreiben; **Spie|gel|strich**, der [der Strich na dem Erstellen eines Satzspiegels (↑Satzspiegel) eine bestimmte drucktechnische Bed.] (Schrift- u. Druckw.): (einem Gedankenstrich gleichender) der Gliederung dienender waagerechter Strich am Anfang eines eingerückten Absatzes; **Spie|gel|sym|me|trie**, die (Geom.): durch Spiegelung (d) an einer Geraden od. an einer Ebene hervorgerufene Symmetrie; **Spie|gel|te|le|skop**, das (Optik): Reflektor (3); **Spie|gel|tisch**, der: (als Frisiertisch, Schminktisch o. ä. dienender) Tisch mit einem od. mehreren (zum Teil schwenkbaren) Spiegeln; **Spiege|lung**, (selten:) Spieglung, die; -, -en [mhd. spiegelunge]: **a)** das Spiegeln; **b)** das Gespiegeltwerden; **c)** Spiegelbild: was du da gesehen hast, war nur eine S.; Ü Ich ... halte es (= dieses Bibelwort) vielmehr für die literarische Spiegelung eines schon Existenten (Stern, Mann 64); Jedenfalls sind Gerichtssprüche nicht nur Spiegelungen der sich ändernden Sitten, sondern auch prägend (Weltwoche 26. 7. 84, 7); **d)** (Geom.) spiegelbildliches Abbilden eines ebenen od. räumlichen Gebildes beiderseits einer Geraden od. Ebene; **spie|gel|lungs|gleich** ⟨Adj.⟩ (Geom.): symmetrisch; **Spie|ge|lungsgleich|heit**, die (Geom.): Symmetrie; **spie|gel|ver|kehrt** ⟨Adj.⟩: seitenverkehrt; **Spieg|lung**: ↑Spiegelung.
Spie|ker, der; -s, - [mniederd. spiker, viell. verw. mit lat. spiculum, ↑Spickel] (Schiffbau): Nagel mit flach rechteckigem Querschnitt u. keilförmiger Spitze; **spie|kern** ⟨sw. V.; hat⟩ (Schiffbau): mit Spiekern [fest]nageln.
Spiel, das; -[e]s, -e [mhd., ahd. spil, eigtl. wohl = Tanz(bewegung), H. u.]: **1. a)** Tätigkeit, die ohne bewußten Zweck zum Vergnügen, zur Entspannung, aus Freude an ihr selbst u. an ihrem Resultat ausgeübt wird; das Spielen (1 a): sie sah dem S. der Kinder und Kätzchen zu; das Kind war ganz in sein S. [mit den Puppen, den Bauklötzen] vertieft; Manchmal hielten beide im S. inne, nur um zu horchen, wie der Sturm sauste (Handke, Frau 114); die Schularbeiten macht er wie im S. (mühelos); seine Eltern sind weg, jetzt hat er freies S. (kann er tun, was er will); **b)** Spiel (1 a), das nach festgelegten Regeln durchgeführt wird; Gesellschaftsspiel: ein lustiges unterhaltsames, lehrreiches, pädagogisch wertvolles, langweiliges S.; -e für Erwachsene und Kinder; das königliche S. (Schach); ein S. machen, spielen, gewinnen, verlieren, abbrechen, aufgeben; dieses S. hast du gemacht (gewonnen); bei einem S. mitmachen, zugucken; es sind noch alle im S. (es ist noch keiner ausgeschieden); **c)** Spiel (1 b), bei dem der Erfolg vorwiegend vom Zufall abhängt u. bei dem um Geld gespielt wird; Glücksspiel: ein verbotenes S.; machen Sie Ihr S. (Roulette: machen Sie Ihren Einsatz)!; dem S. verfallen, ergeben sein; sein Geld beim, im S. verlieren; R das S. ist aus (die Sache ist verloren, vorbei); Spr Pech im S., Glück in der Liebe; Ü ein offenes, ehrliches S.; Spionage ist ein riskantes, gefährliches S.; Wir sind zugleich die Narren und die Opfer in einem undurchsichtigen S. (Gregor-Dellin, Traumbuch 129); **d)** nach bestimmten Regeln erfolgender sportlicher Wettkampf, bei dem zwei Parteien um den Sieg kämpfen: ein faires, spannendes, hartes, schönes S.; das S. steht, endete 2 : 0, [1 : 1] unentschieden; die -e der Bundesliga; ein S. anpfeifen, abbrechen, wiederholen, verschieben, austragen, im Fernsehen übertragen, am Bildschirm verfolgen; die Mannschaften lieferten ein tolles S.; das S. machen (Sport; das Spiel bestimmen); einen Spieler ins S. schicken. **2.** ⟨o. Pl.⟩ Art zu spielen (3 b); Spielweise: ein defensives, offensives S. bevorzugen; dem Gegner das eigene S. aufzwingen; nach der Pause fanden die Gastgeber doch noch zu ihrem S.; kurzes, langes S. (Golf: das Schlagen kurzer, langer Bälle). **3.** einzelner Abschnitt eines längeren Spiels (1 b, c, d) (beim Kartenspiel, Billard o. ä., beim Tennis): wollen wir noch ein S. machen?; bis jetzt hat jeder zwei -e gewonnen; beim Davis-Cup gewann der Australier nur die ersten beiden -e des ersten Satzes; S., Satz und Sieg für den Schweden. **4. a)** Anzahl zusammengehörender, zum Spielen (bes. von Gesellschaftsspielen) bestimmter Gegenstände: das S. ist nicht mehr vollständig; ein S. aufstellen, aufbauen; ein neues Spiel [Karten] kaufen; was habt ihr denn für S. (Fachspr.)? **b)** Satz (6): ein S. Stricknadeln (fünf gleiche Stricknadeln, z. B. zum Stricken von Strümpfen); ein S. Saiten. **5.** ⟨o. Pl.⟩ **a)** künstlerische Darbietung, Gestaltung einer Rolle durch einen Schauspieler; das Spielen (6 a): das gute, schlechte, natürliche, überzeugende S. des Hauptdarstellers; sie begeisterte das Publikum durch ihr S.; **b)** Darbietung, Interpretation eines Musikstücks; das Spielen (5 a): das gekonnte, temperamentvolle, brillante S. des Pianisten; der Geigerin, dem Orchester lauschen; das Regiment rückte mit klingendem S. (veraltend; mit Marschmusik) aus. **6.** [einfaches] Bühnenstück, Schauspiel: die geistlichen und die Mittelalters; ein S. für Laiengruppen; ein S. im S. (Literaturw.; in ein Bühnenwerk in Form einer Theateraufführung eingefügte dramatische Handlung od. Szene). **7.** (schweiz.) [Militär]musikkapelle, Spielmannszug: das S. der 3. Division zog auf; ... gingen die Instruktionsoffiziere hinter dem S. (Widmer, Kongreß 103). **8.** ⟨o. Pl.⟩ **a)** das Spielen (10 a): das S. der Wellen, ihrer Hände, seiner Augen, der Muskeln; Ü das S. der Gedanken, der Phantasie; das freie S. der Kräfte; ein seltsames S. der Natur (Naturphänomen); **b)** (seltener) das Spielen (10 b). **9.** Handlungsweise, die etw., was Ernst geboten, leichtnimmt; das Spielen (9): das S. mit der Liebe; sie denkt gar nicht daran, ihn zu heiraten, für sie war es von Anfang an nur [ein] S.; ein abgekartetes S.; War das ... ein Spielchen zwischen seinen Eltern gewesen ...? (Kronauer, Bogenschütze 304); All diese Jahre ... Sie waren kein S., ich brings nicht fertig, mich mit ihnen anzufinden (Fels, Kanakenfauna 20); das war ein S. mit dem Leben (war lebensgefährlich); ein falsches/doppeltes S. (eine unehrliche Vorgehensweise); das S. zu weit treiben (in einer Sache zu weit gehen); [s]ein S. mit jmdm./etw. treiben (mit jmdm., etw. spielen 9); aus dem S. wurde bitterer Ernst; R genug des grausamen -s! (scherzh.; hören wir auf damit!); nach Schillers Gedicht „Der Taucher", wo es heißt: „Laßt, Vater, genug ist das grausame Spiel!"). **10.** Bewegungsfreiheit von zwei ineinandergreifenden od. nebeneinanderliegenden [Maschinen]teilen; Spielraum: die Lenkung hat zuviel S.; Klappläden haben oft so viel S., daß sie sich in geschlossenem Zustand aus den Angeln heben lassen (Hörzu 21, 1977, 120). **11.** (Jägerspr.) Schwanz des Birkhahns, Fasans, Auerhahns. **12.** * das S. hat sich gewendet (↑Blatt 4 a); **ein S. mit dem Feuer** (1. gewagtes, gefährliches Tun. 2. unverbindliches Flirten, Kokettieren); **bei jmdm. gewonnenes S. haben** (schon im voraus wissen, daß man bei jmdm. keine Schwierigkeiten im Hinblick auf die Verfolgung seines Zieles haben wird); [mit jmdm., etw.] ein leichtes S. haben (mit jmdm., etw. leicht fertig werden): Der Zahnarzt hat mir gekündigt ... Schweine. Die haben mit unsereins leichtes S. (Fels, Kanakenfauna 94); **das S. verloren geben** (eine Sache als aussichtslos aufgeben); **auf dem S. stehen** (in Gefahr sein verlorenzugehen, Schaden zu nehmen o. ä.): bei dieser Operation steht sein Leben auf dem S.; Und erst recht, wenn sein Beruf auf dem S. stand (Erné, Kellerkneipe 44); **etw. aufs S. setzen** (etw. [leichtfertig] riskieren, in Gefahr bringen): seinen guten Ruf aufs S. setzen; Ihm fehlte der Mut, das neue Glück gleich wieder aufs Spiel zu setzen (Plenzdorf, Legende 237); **jmdn., etw. aus dem S. lassen** (jmdn., etw. nicht in eine Angelegenheit o. ä. hineinziehen): laß meine Mutter [dabei] bitte aus dem S.!; **aus dem S. bleiben** (nicht einbezogen, nicht berücksichtigt werden); [**mit**] **im S. sein** (mitwirken): Beim schwersten U-Bahn-Unglück in London war Alkohol im S. (MM 17. 4. 75, 31); **jmdn., etw. ins S. bringen** (jmdn. [in etw.] mit einbeziehen); **ins S. kommen** (wirksam werden); ♦ **auf dem S. haben** (riskieren 2; der Gefahr eines Verlustes aussetzen): wir beide haben die Ehre nur einmal auf dem S. (Schiller, Fiesco IV, 12); erklären Sie sich mir, wieviel Sie bei der fernern Weigerung des Majors auf dem S. haben (Schiller, Kabale III, 1); **Spiel|ab|bruch**, der (Sport): Abbruch eines Spiels (1 d): in der 70. Minute drohte ein S.; **Spiel|al|ter**, das: Alter, in dem ein Kind vorwiegend spielt; **Spiel|anteil**, der (Sport): Gesamtheit dessen, was

Spielanweisung

eine Mannschaft in einem Spiel (1 d) *an Leistungen, Aktivitäten zeigt:* die Heimmannschaft hatte die größeren -e; **Spiel|an|wei|sung,** die (Musik): *Anweisung des Komponisten an den Musiker, etw. in einer bestimmten Weise zu spielen;* **Spiel|anzug,** der: *Anzug, den ein Kind zum Spielen trägt;* **Spiel|art,** die: *leicht abweichende Sonderform von etw., was in verschiedenen [Erscheinungs]formen vorkommt; Variante:* der Jazz in allen seinen -en; **Spiel|au|to|mat,** der: *Automat für Glücksspiele, den man durch Einwurf einer Münze in Gang setzt;* **Spiel|ball,** der: **1. a)** (Ballspiele) *in einem Spiel benutzter Ball;* **b)** *Karambole;* **c)** (Tennis) *zum Gewinn eines Spiels* (3) *erforderlicher Punkt.* **2.** *Person od. Sache, die jmdm. od. einer Sache machtlos ausgeliefert ist:* ein S. der Götter, des Schicksals sein; das Boot war, wurde ein S. der Wellen; **Spiel|bank,** die ⟨Pl. -en⟩: *Spielkasino;* **spiel|bar** ⟨Adj.⟩: *so beschaffen, daß es auch gespielt* (5 a, 6 a, d) *werden kann:* diese Etüde, Rolle ist kaum s.; **Spiel|bar|keit,** die, -: *das Spielbarsein;* **Spiel|be|ginn,** der: *Beginn eines Spiels* (1 d): zu, [kurz] vor, [kurz] nach S.; **Spiel|bein,** das: **a)** (Sport) *Bein, das bei einer sportlichen Übung zum Balltreten, Schwungholen o. ä. dient;* **b)** (Kunstwiss.) *im klassischen Kontrapost das den Körper nur leicht stützende, unbelastete Bein;* **Spiel|be|rech|ti|gung,** die (Sport): *Berechtigung (in einem bestimmten Spiel, Turnier o. ä.) zu spielen;* **Spiel|be|trieb,** der: *organisatorische Abwicklung u. Durchführung von Spielen* (1 d) *od. Aufführungen* (1); **Spiel|brett,** das: **1.** *(entsprechend markiertes) Brett für Brettspiele.* **2.** (Basketball) *Brett, an dem der Korb* (3 a) *hängt;* **Spiel|dau|er,** die: *Dauer eines Spiels;* **Spiel|do|se,** die: *mechanisches Musikinstrument in Form einer Dose od. eines Kastens, das, wenn man es aufzieht, eine od. mehrere Melodien spielt;* **Spiel|ecke**¹, die: vgl. Spielzimmer; **Spiel|ein|satz,** der: vgl. Einsatz (2a); **spie|len** ⟨sw. V.; hat⟩ /vgl. spielend/ [mhd. spiln, ahd. spilōn, urspr. = sich lebhaft bewegen, tanzen]: **1. a)** *sich zum Vergnügen, Zeitvertreib u. allein aus Freude an der Sache selbst auf irgendeine Weise betätigen, mit etw. beschäftigen:* die Kinder spielen [miteinander, im Hof, im Sandkasten]; sie spielt mit einem Ball, der elektrischen Eisenbahn, einer Puppe s.; Die Frau und das Kind saßen am Abend im Wohnraum und spielten mit Würfelbechern (Handke, Frau 114); du darfst noch für eine Stunde s. gehen; er spielt schon wieder mit seinem neuen Computer; die Katze spielt mit einem Wollknäuel, einer Maus; spielende Kinder; Ü die Sonne spielte den ganzen Tag über in den Bäumen (Richter, Etablissement 261); **b)** *etw. fortwährend mit den Fingern bewegen; an etw. herumspielen:* sie spielte an/mit ihrem Armband, Ohrring; er spielte an ihren Brüsten, mit ihrem Haar; Ü der Wind spielte mit ihren Haaren; **c)** *ein bestimmtes Spiel* (1 b) *zum Vergnügen, Zeitvertreib, aus Freude an der Sache selbst machen:* Halma, Schach, Skat s.; Verstecken, Fangen, Blindekuh, Indianer, Räuber und Gendarm s.; wollen wir noch eine Partie s.?; ⟨mit einem Subst. des gleichen Stammes als Objekt:⟩ ein Spiel s.; **d)** (Kartenspiel) *im Spiel einsetzen, ausspielen:* Herz, Trumpf, eine andere Farbe s.; **e)** *ein bestimmtes Spiel* (1 b) *beherrschen:* spielen sie Skat?; sie spielt sehr gut Schach. **2.** *sich an einem Glücksspiel beteiligen:* hoch, niedrig, riskant, vorsichtig, um Geld, mit hohem Einsatz, um hohe Summen s.; im Lotto, Toto s.; er begann zu s. *(wurde ein Spieler);* ⟨auch mit Akk.-Obj.:⟩ Lotto, Toto, Roulette s. **3. a)** *[als Sport] ein bestimmtes Ballspiel o. ä. spielen:* Fußball, Handball, Hockey, Golf, Billard s.; sie spielt hervorragend Tennis; er kann spielen wegen einer Verletzung zur Zeit nicht s.; **b)** *einen sportlichen Wettkampf austragen:* die Mannschaft spielt heute [gut, schlecht, enttäuschend, offensiv]; gegen einen starken Gegner s.; es wird in der Halle gespielt; um Punkte, um die Meisterschaft s.; **c)** ⟨s. + sich; unpers.⟩ *sich in bestimmter Weise spielen* (3 b) *lassen:* auf nassem Rasen spielt es sich schlecht; in der Halle spielt es sich besser; **d)** *(einen Ball o. ä.) im Spiel irgendwohin gelangen lassen:* den Ball, die Scheibe vors Tor s.; die schwarze Kugel über die Bande ins Loch s.; **e)** *(einen Ball o. ä.) in einer bestimmten Weise im Spiel bewegen:* den Ball hoch, flach, mit Effet s.; **f)** *ein Spiel mit einem bestimmten Ergebnis abschließen, beenden:* unentschieden s.; die deutsche Mannschaft hat 1 : 0 gespielt; **g)** (Ballspiele, Eishockey) *als Spieler* (a) *einen bestimmten Posten* (2 c) *einnehmen:* im Tor, in der Abwehr, halblinks s.; Libero s. *(als Libero spielen).* **4.** ⟨s. + sich⟩ *durch Spielen* (1 a, c, 2, 3 b) *in einen bestimmten Zustand gelangen:* die Kinder haben sich müde, hungrig gespielt; sich beim Roulette um sein Vermögen *(arm)* s.; sich warm, in Form s. **5. a)** *auf einem Musikinstrument musizieren:* Gitarre s.; sie spielt seit Jahren Cello; er spielt in einer Band Saxophon; sie spielt [gut, schlecht] Klavier *(kann [gut, schlecht] Klavier spielen);* **b)** *auf einem Musikinstrument darbieten:* eine Melodie, Etüde, Sonate [auf dem Klavier] s.; die Kapelle spielte einen Marsch, Volkslieder, Jazz, Tanzmusik; sie spielten [Werke von] Haydn und Mozart; Ü das Radio spielte *(im Radio hörte man)* eine Symphonie; spiel doch mal eine Schallplatte (ugs.; *lege eine Schallplatte auf)!;* **c)** *musizieren:* auswendig, vom Blatt, nach Noten s.; vierhändig, auf zwei Flügeln s.; gekonnt, routiniert, anmutig, mit Gefühl s.; die Band spielt heute in Köln; zum Tanz s.; Ü das Radio spielt *(läuft)* bei ihm den ganzen Tag. **6. a)** *(eine Gestalt in einem Theaterstück, Film) schauspielerisch darstellen:* eine kleine Rolle, die Hauptrolle [in einem Stück] s.; den Hamlet [eindrucksvoll, überzeugend] s.; ⟨auch ohne Akk.-Obj.:⟩ die Hauptdarstellerin spielte manieriert, gut, eindringlich; **b)** *als Darsteller auftreten:* spielen ist neuerdings am Burgtheater *(hat dort ein Engagement als Schauspieler);* **c)** *(ein Bühnenstück) aufführen, (einen Film) vorführen:* eine Komödie, Oper s.; das Staatstheater spielt heute Hamlet; das Kino spielt/im Kino spielen sie schon wieder "Casablanca"; was wird heute im Theater gespielt?; Ü was wird hier gespielt? (ugs.; *was geht hier vor sich?);* **d)** ⟨s. + sich⟩ *durch seine Leistung im Spiel* (1 d, 5 a, b) *in einen bestimmten Rang aufsteigen:* mit dieser Rolle hat er sich ganz nach vorn, in die erste Reihe gespielt; die Mannschaft hat sich an/in die Weltspitze gespielt. **7.** *(in bezug auf die Handlung eines literarischen Werkes o. ä.) sich irgendwann, irgendwo zutragen:* der Film, Roman spielt im 16. Jh., in Berlin; Dieser Roman, so weitab er zu s. scheint, ist im höchsten Sinne aktuell (Reich-Ranicki, Th. Mann 132); ♦ ⟨in landsch. Sprachgebrauch auch s. + sich; unpers.:⟩ Einmal ... spielte es sich, als sollte in unserem großen Ofen auch Fleisch gebraten werden (Rosegger, Waldbauernbub 150). **8. a)** *so tun, als ob man etw. Bestimmtes wäre; vortäuschen, vorgeben:* den Überlegenen s.; sie spielt gerne die große Dame; spiel hier nicht den Narren, den Unschuldigen!; ⟨häufig im 2. Part.:⟩ mit gespielter Gleichgültigkeit; gespieltes Interesse; Er war überzeugt, daß diese Ohnmacht nicht gespielt war (Loest, Pistole 82); **b)** *eine bestimmte Rolle, Funktion übernehmen:* Er hatte doch eine Zeit lang das Gefühl gehabt, der Streit werde ihm vorgetragen, damit er den Schiedsrichter spiele (M. Walser, Seelenarbeit 118); er bereitete sich darauf vor, den Sündenbock zu s. (H. Gerlach, Demission 106); könntest du nicht mal [den] Mundschenk, [die] Dolmetscherin s.?; sie will nicht den ganzen Tag Hausfrau s.; ich denke ja gar nicht daran, schon wieder den Chauffeur zu s. **9.** *leichtfertig, launenhafter Willkür mit jmdm., einer Sache umgehen:* mit jmdm., jmds. Gefühlen [nur] s.; [leichtsinnig] mit seinem Leben s. *(sein Leben riskieren);* er spielt gern mit Worten *(liebt Wortspiele).* **10. a)** *[sich] unregelmäßig, ohne bestimmten Zweck, leicht u. daher wie spielerisch [hin u. her] bewegen:* der Wind spielt in den Zweigen, in ihren Haaren; das Wasser spielte um seine Füße; Ü ein Lächeln spielte um ihre Lippen *(ein leichtes Lächeln war in ihrem Gesicht zu sehen);* **b)** *von einem Farbton in einen anderen übergehen:* ihr Haar spielt [etwas] ins Rötliche; der Diamant spielt *(glitzert)* in allen Farben; unter meiner schlaffer werdenden Gesichtshaut, die vom Bräunlichen ins Gelbliche zu s. beginnt, sehe ich im Spiegel manchmal den eigenen Totenschädel (Stern, Mann 206). **11.** *heimlich irgendwohin gelangen lassen; jmdm. unauffällig zuspielen* (2): jmdm. etw. in die Hände s.; Hausminister von Knobelsdorff war es gewesen, der eine ... Verlautbarung ... in die Tagespresse gespielt hatte (Th. Mann, Hoheit 133). **12.** * **etw. s. lassen** *(etw. für eine bestimmte Wirkung einsetzen, wirksam werden lassen):* seine Beziehungen, Verbindungen s. lassen; sie ließ ihren Charme, ihre Reize s.; laß doch mal deine Phantasie s.!; sein Geld s. lassen. (österr.; 1. *etw. nicht ernsthaft betreiben.* 2. *etw. mühelos bewältigen).* **13.** (bes. schweiz.) *funktionieren, wirksam werden:* Einschränkungen sind nur dort vorzusehen, wo Monopolmedien vorhanden sind und der Wettbewerb nicht s. kann (NZZ 30. 8. 83, 15); Die Gewaltentrennung gilt ... sowohl gegenüber dem Gesetzgeber als auch gegenüber der Verwaltung (Nordschweiz 29. 3. 85, 13); Muß notwendigerweise auch in Zukunft das ablaufen, was in der Vergangenheit gespielt hat? (Weltwoche 17. 5. 84, 19). ◆ **14. a)** *(von Geschützen) einen Schuß, Schüsse abgeben; abgefeuert werden:* Drauf spielte das Geschütz, und Blumensträuße, wohlriechend köstliche Essenzen wurden aus niedlichen Feldstükken abgefeuert (Schiller, Maria Stuart II, 1); da ... alle Batterien, die man ... s. ließ, nicht nur ohne Wirkung blieben ... (Wieland, Abderiten IV, 9); **b)** schießen (c): Um Mitternacht fing das Bombardement an, sowohl von der Batterie an unserm rechten Ufer als von einer andern auf dem linken, welche näher gelegen und mit Brandraketen spielend, die stärkste Wirkung hervorbrachte (Goethe, Kampagne in Frankreich 1792, 30. August); **spie**|**lend** ⟨Adj.⟩: *mühelos:* er löste alle Probleme mit -er Leichtigkeit; etw. s. lernen, schaffen, beherrschen; **Spiel**|**en**|**de**, das: *Ende eines Spiels* (1 d): die Entscheidung fiel kurz vor S.; **Spie**|**ler**, der; -s, - [mhd. spilære = (Würfel)spieler, ahd. spilâri = Paukenspieler/Mime]: **a)** *jmd., der an einem Spiel* (1 b, d) *teilnimmt:* ein guter, schlechter, starker, schwacher, fairer S.; in gegnerischer S.; ... was es bei uns immer üblich war, daß gesperrte S. nicht ... zum Einsatz kommen (Kicker 6, 1982, 31); der Verein hat zwei neue S. verpflichtet; **b)** *jmd., der vom Glücksspiel nicht lassen kann:* ein leidenschaftlicher, besessener S.; zum S. werden; **c)** (seltener) *jmd., der ein Musikinstrument spielt;* **d)** (selten) kurz für ↑Schauspieler; **Spie**|**le**|**rei**, die; -, -en: **1.** ⟨o. Pl.⟩ (abwertend) *[dauerndes] Spielen* (1 b): laß die S., iß endlich! **2.** *etw., was leicht ist, weiter keine Mühe macht:* ihre Arbeit war in seinen Augen [nichts als] eine S.; für einen starken Mann wie ihn ist das eine S. **3.** (oft abwertend) *etw., was etw. Zusätzliches, aber Entbehrliches, für das Betreffende nicht wichtiges ist:* das ganzen technischen Neuerungen an diesem Auto sind doch nur -en; **Spie**|**le**|**rin**, die; -, -nen: w. Form zu ↑Spieler; **spie**|**le**|**risch** ⟨Adj.⟩: **1. a)** *von Freude am Spielen zeugend, absichtslos-gelockert:* mit -er Leichtigkeit; die Katze schlug s. nach dem Ball; Er boxte halb s., halb ernst auf Helmut ein (M. Walser, Pferd 56); **b)** *ohne rechten Ernst:* Sie war ein ... Geschöpf, das ein -es, bangloses Leben geführt hatte (Remarque, Triomphe 163). **b) 2.** *die Technik des Spiels* (2, 5 a, b) *betreffend:* eine ausgezeichnete -e Leistung; Wir haben ein zu großes -es Manko (Kicker 82, 1981, 26); eine s. hervorragende Mannschaft; die Elf hat s. sehr verbessert; **Spie**|**ler**|**trans**|**fer**, der (Sport): *Transfer* (3); **spiel**|**fä**|**hig** ⟨Adj.⟩ (bes. Sport): vgl. arbeitsfähig: der Torwart ist wieder s.; **Spiel**|**feld**, das: *abgegrenzte, markierte Fläche für sportliche Spiele;* **Spiel**|**feld**|**hälf**|**te**, die: *Hälfte* (a) *eines Spielfeldes:* sie kamen kaum aus der eigenen S. her-

aus; **Spiel**|**fi**|**gur**, die: *zu einem Brettspiel gehörende Figur:* handgeschnitzte -en; die Dame ist beim Schach die wertvollste S.; **Spiel**|**film**, der: *aus inszenierten, gespielten Szenen zusammengesetzter, der Unterhaltung dienender, gewöhnlich abendfüllender [künstlerischer] Film* (3 a), *meist mit einer durchgehenden fiktiven Handlung* (2): sein erster [längerer, abendfüllender] S. war eine Romanverfilmung, ein Episodenfilm; S. inszenieren, drehen, zeigen, mitschneiden; der neue TV-Kanal bringt nur -e; **Spiel**|**flä**|**che**, die: *Spielfeld;* **Spiel**|**fol**|**ge**, die: *Aufeinanderfolge von Spielen;* **Spiel**|**form**, die (selten): *Spielart;* **spiel**|**frei** ⟨Adj.⟩: *ohne Spiel* (1 d, 5 a), *Vorstellung:* ein -er Tag; die Mannschaft ist dieses Wochenende s.; ich habe zwar heute abend s., aber zur Probe muß ich trotzdem; **Spiel**|**freu**|**de**, die ⟨o. Pl.⟩: *Freude am Spiel:* die S. der Mannschaft; die Gitarrenstimme ist her- untergespielt; **spiel**|**freu**|**dig** ⟨Adj.⟩: **a)** *Spielfreude habend, erkennen lassend:* -e Schauspieler, Fußballspieler, Musiker; ein -es Konzert; **b)** *gern spielend:* sogar alle selbst Eltern -er Kinder (Tagesspiegel 20. 10. 85, 34); **Spiel**|**füh**|**rer**, der (Sport): *Führer, Kapitän, Sprecher einer Mannschaft* (1 a); **Spiel**|**füh**|**re**|**rin**, die (Sport): w. Form zu ↑Spielführer; **Spiel**|**ge**|**fähr**|**te**, der: *Kind in bezug auf ein anderes Kind, mit dem es öfter zusammen spielt;* **Spiel**|**ge**|**fähr**|**tin**, die: w. Form zu ↑Spielgefährte; **Spiel**|**geld**, das: **1.** *für bestimmte Spiele als Spieleinsatz imitiertes Geld.* **2.** *Einsatz* (2 a) *beim [Glücks]spiel;* **Spiel**|**ge**|**mein**|**schaft**, die: vgl. Sportgemeinschaft; **Spiel**|**ge**|**rät**, das: *für bestimmte Spiele, ein bestimmtes Spiel erforderliches Hilfsmittel* (z. B. Wippe, Schaukel, Hüpfbein, Stelzen); **Spiel**|**ge**|**stal**|**ter**, der (Sport Jargon): *Spielmacher;* **Spiel**|**ge**|**stal**|**te**|**rin**, die (Sport Jargon): w. Form zu ↑Spielgestalter; **Spiel**|**hahn**, der [zu ↑Spiel (11) od. nach dem Gebaren bei der Balz] (Jägerspr.): *Birkhahn;* **Spiel**|**hälf**|**te**, die: **1.** *Halbzeit* (1). **2.** *Spielfeldhälfte;* **Spiel**|**hal**|**le**, die: *Räumlichkeit, in der verschiedene Spielautomaten dem Besucher die Möglichkeit zu Geschicklichkeitsspielen u. Geldgewinnen geben;* **Spiel**|**höl**|**le**, die (abwertend): *Spielbank; Räumlichkeit, in der Glücksspiele gespielt werden;* **Spiel**|**hös**|**chen**, das: vgl. Spielanzug; **spie**|**lig** ⟨Adj.⟩ (landsch.): **a)** *verspielt;* **b)** *übermütig;* **Spiel**|**io**|**thek**, Spielothek, die; -, -en [geb. nach ↑Bibliothek]: **1.** *Einrichtung zum Verleih von Spielen* (4 a). **2.** *Spielhalle.* **Spiel**|**jahr**, das: **a)** (Sport) *Zeitraum, innerhalb dessen die Spiele einer (jährlich stattfindenden) Meisterschaft abgewickelt werden:* das S. 1994/95; **b)** vgl. Spielzeit; **Spiel**|**ka**|**me**|**rad**, der: *Spielgefährte;* **Spiel**|**ka**|**me**|**ra**|**din**, die: w. Form zu ↑Spielkamerad; **Spiel**|**kar**|**te**, die: *(mit Bildern u. Symbolen bedruckte) Karte eines Kartenspiels;* **Spiel**|**kar**|**ten**|**far**|**be**, die: *Farbe* (4); **Spiel**|**kar**|**ten**|**wert**, der: *Wert, den eine Spielkarte in einem Kartenspiel hat;* **Spiel**|**ka**|**si**|**no**, das: *gewerbliches Unternehmen, in dem um Geld gespielt wird;* **Spiel**|**kind**, das: *Kind im*

Spielalter: er ist noch ein S.; **Spiel**|**klas**|**se**, die (Sport): *Klasse* (4), *in die Mannschaften nach ihrer Leistung eingestuft werden;* **Spiel**|**kreis**, der: *Gruppe von Personen, die [in ihrer Freizeit] zusammen musizieren od. Theater spielen;* **Spiel**|**lei**|**den**|**schaft**, die: *Leidenschaft für Glücksspiele;* **Spiel**|**lei**|**ter**, der: **a)** *Regisseur;* **b)** *jmd., der (bes. im Fernsehen) ein Wettspiel, Quiz leitet;* **Spiel**|**lei**|**te**|**rin**, die: w. Form zu ↑Spielleiter; **Spiel**|**lei**|**tung**, die: **1.** *Regie.* **2. a)** ⟨o. Pl.⟩ *Leitung* (1 a) *eines Spiels;* **b)** *Leitung* (1 b) *eines Spiels;* **Spiel**|**ma**|**cher**, der (Sport Jargon): *Spieler, der das Spiel seiner Mannschaft entscheidend bestimmt;* **Spiel**|**ma**|**che**|**rin**, die (Sport Jargon): w. Form zu ↑Spielmacher; **Spiel**|**mann**, der ⟨Pl. ...leute⟩ [mhd. spilman, ahd. spiliman, urspr. = Schaustarker, Gaukler]: **1.** *(im MA.) fahrender Sänger, der Musikstücke, Lieder [u. artistische Kunststücke] darbietet.* **2.** *Mitglied eines Spielmannszuges;* **Spiel**|**manns**|**dich**|**tung**, die: **1.** *den Spielleuten zugeschriebene Dichtung.* **2.** (Literaturw.) *Gruppe frühhöfischer Epen, die in schwankhafter Weise Begebenheiten bes. der Kreuzzüge erzählen;* **Spiel**|**manns**|**epos**, das (Literaturw.): vgl. Spielmannsdichtung (2); **Spiel**|**manns**|**poe**|**sie**, die (Literaturw.): vgl. Spielmannsdichtung (1); **Spiel**|**manns**|**zug**, der: *bes. aus Trommlern u. Pfeifern bestehende Musikkapelle eines Zuges (einer militärischen Einheit, eines Vereins o. ä.);* **Spiel**|**mar**|**ke**, die: *kleine, flache Scheibe aus Pappe, Kunststoff o. ä., die bei Spielen das Geld ersetzt;* ¹Fiche; Jeton (a); **Spiel**|**mei**|**ster**, der (regional veraltend): *Spielleiter* (b); **Spiel**|**mei**|**ste**|**rin**, die (regional veraltend): w. Form zu ↑Spielmeister; **Spiel**|**mi**|**nu**|**te**, die (Sport): *Minute der Spielzeit:* die ersten -n; das Tor fiel in der dreißigsten S.; **Spiel**|**mün**|**ze**, die: vgl. Spielgeld (1); **Spiel**|**mu**|**sik**, die: *auf die Musik des Barocks zurückgreifende, relativ leicht zu spielende Instrumentalmusik;* **Spiel**|**oper**, die (Musik): *dem Singspiel ähnliche deutsche komische Oper;* **Spie**|**lo**|**thek**: ↑Spieliothek; **Spiel**|**päd**|**ago**|**gik**, die: *Zweig der Pädagogik, der sich mit dem Spiel als erzieherischem Mittel befaßt;* **Spiel**|**pau**|**se**, die: *Pause zwischen zwei Abschnitten eines Spiels;* **Spiel**|**pfei**|**fe**, die: *Pfeife des Dudelsacks, auf der die Melodie gespielt wird; Schalmei* (3); **Spiel**|**pha**|**se**, die: *Phase eines Spiels* (1 d): in der letzten S. wurde der HSV stärker; **Spiel**|**plan**, der: **1. a)** *Gesamtheit der für die Spielzeit einer Bühne vorgesehenen Stücke:* eine Oper auf den S. setzen, in den S. aufnehmen, vom S. absetzen; **b)** *über die Spielplan* (a) *eines bestimmten Zeitraumes Auskunft gebendes Programm* (2) *einer od. mehrerer Bühnen.* **2.** (Sport) *Plan, nach dem die Spiele einer Meisterschaft, eines Pokals, Turniers abgewickelt werden;* **Spiel**|**platz**, der: *[mit Spielgeräten ausgestatteter] Platz im Freien zum Spielen für Kinder:* ein schöner, phantasievoll gestalteter S.; die Straße ist kein S.; die Kinder treffen sich nachmittags auf dem S., kennen sich vom S.; **Spiel**|**rat**|**te**, die (ugs. scherzh.): *jmd., bes. ein Kind, der oft, immer wieder bestimmte Spiele spielt:* sie ist eine richtige S.; **Spiel|raum,** der: *gewisser freier Raum, der den ungehinderten Ablauf einer Bewegung, das ungehinderte Funktionieren von etw. ermöglicht, gestattet: keinen, genügend S. haben;* Ü *Spielräume für die schöpferische Phantasie; das Gesetz läßt der Auslegung weiten S.; Das Gleichgewicht des Schreckens, ausbalanciert von den beiden Supermächten, gibt einen S., die starren Fronten in Bewegung zu setzen* (W. Brandt, Begegnungen 141); **Spiel|re|gel,** die: *Regel, die beim Spielen eines Spiels (1 b, d) beachtet werden muß: die für Schach, Billard, Hockey geltenden -n; die -n kennen, beachten; das ist gegen die -n;* Ü *die politischen -n kennen; gegen alle -n der Diplomatie verstoßen;* **Spiel|run|de,** die: *Runde (3 b) bei einem Spiel;* **Spiel|saal,** der: *(bes. in einem Spielkasino) Saal, in dem gespielt wird;* **Spiel|sa|chen** ⟨Pl.⟩: *Spielzeug* (a); **Spiel|sai|son,** die: **1.** *(bes. schweiz.)* Spielzeit (1 a). **2.** (Sport) *Spieljahr* (a); **Spielschar,** die: *bes. von Jugendlichen gebildeter Spielkreis;* **Spiel|schuld,** die ⟨meist Pl.⟩: *beim Glücksspiel entstandene Schuld* (3); **Spiel|schu|le,** die: **1.** *Kursus bes. für verhaltensgestörte Kinder, in dem sie spielen lernen sollen.* **2.** (veraltend) *Kindergarten;* **Spiel|stand,** der: *Stand (4 a) bes. eines sportlichen Spiels: nach der ersten Halbzeit war der S. 1:1;* **spiel|stark** ⟨Adj.⟩ (Sport): *in der spielerischen Leistung stark (6 a);* **Spiel|stär|ke,** die (Sport): *starke spielerische Leistung;* **Spiel|stät|te,** die (geh.): *Stätte zum Spielen (z. B. zum Theaterspielen, zum Fußballspielen): die Stadt wird der Laienspielgruppe eine geeignete S. zur Verfügung stellen; der Verein braucht dringend eine eigene S.;* **Spiel|stein,** der: *kleiner, flacher Gegenstand, mit dem man bestimmte [Brett]spiele spielt;* **Spiel|straße,** die: *für den Durchgangsverkehr gesperrte Straße, die zum Spielen für Kinder freigegeben ist;* **Spiel|stun|de,** die (Schulw.): *unterrichtsfreie Schulstunde, in der die Kinder spielen dürfen;* **Spielsucht,** die: *einer Sucht (1) ähnlicher, unwiderstehlicher Drang, sich dem Glücksspiel zu überlassen;* **spiel|süch|tig** ⟨Adj.⟩: *an Spielsucht leidend:* -e *Jugendliche;* **Spiel|süch|ti|ge,** der u. die: *jmd. der spielsüchtig ist;* **Spiel|tag,** der: *Tag, an dem ein od. mehrere Meisterschaftsspiele ausgetragen werden: am ersten S. der Bundesliga;* **Spiel|teu|fel,** der ⟨o. Pl.⟩ (emotional): *große Leidenschaft für Glücksspiele: vom S. besessen sein;* **Spiel|theo|rie,** die (Math., Kybernetik): *mathematische Theorie zur Beschreibung strategischer Spiele, die bei der Analyse bestimmter realer, bes. wirtschaftlicher u. politischer Situationen angewandt wird;* **Spiel|the|ra|pie,** die (Psych.): *Therapie, die (bes. bei Kindern) versucht, im spielerischen Darstellen u. Durchleben psychische Konflikte zu bewältigen;* **Spiel|tisch,** der: **1.** *[kleiner] Tisch zum Spielen bes. von Brett- u. Kartenspielen.* **2.** *Teil der Orgel, an dem sich Manuale, Pedale u. Registerknöpfe befinden u. an dem der Spieler sitzt;* **Spiel|trieb,** der: *Lust, Freude, Vergnügen am Spiel, an spielerischer Betätigung;* **Spiel|uhr,** die: vgl. *Spieldose;*

Spiel|ver|bot, das (Sport): *Verbot, an einem Spiel (1 d) teilzunehmen;* **Spiel|ver|der|ber,** der: *jmd., der durch sein Verhalten, seine Stimmung anderen die Freude an etw. nimmt: sei [doch] kein S.!; er hat nur mitgemacht, weil er kein S. sein wollte;* **Spiel|ver|der|be|rin,** die; -, -nen: w. Form zu ↑ Spielverderber; **Spiel|ver|ei|ni|gung,** die: *Sportverein (bes. als Name);* **Spiel|ver|län|ge|rung,** die (Ballspiele): *(bei unentschiedenem Ausgang) zusätzliche Spielzeit über die vorgeschriebene Spieldauer hinaus, um einen Sieger zu ermitteln;* **Spiel|wa|ren** ⟨Pl.⟩: *als Waren angebotenes Spielzeug für Kinder;* **Spiel|wa|ren|ge|schäft,** das: *Fachgeschäft für Spielwaren;* **Spiel|wa|ren|händ|ler,** der: *jmd., der mit Spielwaren handelt, ein Spielwarengeschäft führt;* **Spiel|wa|ren|händ|le|rin,** die: w. Form zu ↑ Spielwarenhändler; **Spiel|wa|ren|hand|lung,** die: *Spielwarengeschäft;* **Spiel|wa|ren|in|du|strie,** die: *Zweig der Industrie, in dem Spielwaren hergestellt werden;* **Spiel|wei|se,** die: *Art zu spielen (1 c, 3 a, b, 5 a, 6 a);* **Spiel|werk,** das: **1.** *Mechanismus einer Spieldose od. -uhr.* ◆ **2.** *Spielzeug* (b): *Sie beschäftigte sich, einige* -e *in Ordnung zu bringen, die sie ihren kleinen Geschwistern zum Christgeschenke zurechtgemacht hatte* (Goethe, Werther II, Der Herausgeber an den Leser); **Spiel|wie|se,** die: vgl. *Spielplatz: auf die S. dürfen keine Hunde mitgenommen werden;* Ü *Verkehrssicherheit darf keine S. für Ideologen werden* (Stuttg. Zeitung 30. 10. 89, 17); **Spielwitz,** der ⟨o. Pl.⟩ (Sport, bes. Fußball): *Einfallsreichtum beim Spiel (1 d);* **Spielzeit,** die: **1. a)** *Zeitabschnitt innerhalb eines Jahres, während dessen in einem Theater Aufführungen stattfinden: im nächsten Monat beginnt die neue S.; sein Engagement läuft zum Ende der nächsten S. aus;* **b)** *Zeit, während deren in einem Kino ein Film auf dem Programm steht: der Film wurde nach einer S. von nur einer Woche abgesetzt.* **2.** (Sport) *Zeit, die zum Austragen eines Spieles vorgeschrieben ist;* **Spiel|zeit|hälf|te,** die (Sport): *Hälfte der Spielzeit* (2); **Spiel|zeit|ver|län|ge|rung,** die (Ballspiele): *Spielverlängerung;* **Spiel|zeug,** das: **a)** ⟨o. Pl.⟩ *Gesamtheit von Spielzeugen* (b): *gutes, schönes S.; S. aus Holz; überall lag S. herum;* **sein** *-S. wegräumen;* **b)** *Gegenstand zum Spielen für Kinder: ihr liebstes S. ist der Teddy; laß das Mikroskop, das ist kein S.!; einem Kind ein neues S. schenken;* Ü *der Computer ist Vaters liebstes S.; Liebte er sie? Sie war nur sein S. (er spielte nur mit ihr;* Express 6. 10. 68, 22); **Spiel|zeug|au|to,** das: vgl. *Spielzeugeisenbahn;* **Spiel|zeug|ei|sen|bahn,** die: *kleine Nachbildung einer Eisenbahn zum Spielen;* **Spielzeug|mo|dell,** das: *als Spielzeug hergestelltes Modell (z. B. eines Schiffs, eines Flugzeugs);* **Spiel|zeug|pi|sto|le,** die: vgl. *Spielzeugeisenbahn;* **Spiel|zim|mer,** das: *Zimmer zum Spielen;* **Spiel|zug,** der: **a)** *das Ziehen eines Steines od. einer Figur bei einem Brettspiel;* **b)** (Sport) *Aktion, bei der sich Spieler einer Mannschaft den Ball zuspielen.*

spien|zeln ⟨sw. V.; hat⟩ [H. u.] (schweiz.

mundartl.): **a)** *stolz, prahlerisch vorzeigen;* **b)** *verstohlen, neidisch blicken.*

Spier, der od. das; -[e]s, -e [mniederd. spir = kleine Spitze] (nordd.): *kleine, zarte Spitze (bes. von gerade aufgehendem Gras, Getreide);* **Spie|re,** die; -, -n (Seemannsspr.): *Rundholz, Stange [der Takelage];* **¹Spier|ling,** der; -s, -e [wohl nach den länglichen, schmalen Körperformen] (landsch.): **1.** *Sandaal.* **2.** *Stint* (1). **²Spier|ling,** der; -s, -e: ↑ Speierling. **Spier|stau|de,** die [wohl volkst. Angleichung an den nlat. bot. Namen Spiraea; vgl. Spiräe]: *Mädesüß;* **Spier|strauch,** der [vgl. Spierstaude]: *Pflanze mit gesägten Blättern u. kleinen weißen, rosa od. roten Blüten in Dolden od. Trauben.*

Spieß, der; -es, -e [1: mhd. spieʒ, ahd. spioʒ, H. u.; 2: mhd., ahd. spiʒ, zu ↑ spitz u. eigtl. = Spitze, spitze Stange (der Bratspieß war urspr. ein zugespitzter Holzstab); erst im Nhd. mit Spieß (1) zusammengefallen, 3: bezogen auf den Offizierssäbel, den der (Kompanie)feldwebel früher getragen hat]: **1.** *(früher) Waffe bes. zum Stoßen in Form einer langen, zugespitzten od. mit einer [Metall]spitze versehenen Stange: mit* -en *bewaffnete Landsknechte; er durchbohrte ihn mit dem S.;* ***den S. umdrehen/umkehren** (ugs.; *nachdem man angegriffen worden ist, seinerseits [auf dieselbe Weise, mit denselben Mitteln] angreifen; eigtl.* = *den Spieß des Gegners gegen ihn selbst wenden*); **den S. gegen jmdn. kehren** (veraltend; *jmdn. angreifen*); **brüllen/schreien wie am S.** (ugs.; *sehr laut u. anhaltend brüllen/schreien*). **2. a)** *an einem Ende spitzer Stab [aus Metall], auf den Fleisch zum Braten u. Wenden [über offenem Feuer] aufgespießt wird; Bratspieß: den S., den Braten am S. drehen; einen Ochsen an S. braten;* **b)** *Spießchen;* **c)** *Fleischspieß: das Kind ißt höchstens einen S.* **3.** (Soldatenspr.) *Kompaniefeldwebel, Hauptfeldwebel* (b): *Er ist der S., die "Mutter der Kompanie"* (Hörzu 45, 1987, 54). **4.** (Jägerspr.) *(beim jungen Hirsch, Rehbock, Elch) Stange* (6), *die noch keine Enden hat.* **5.** (Druckw.) *durch hochstehenden u. deshalb mitdruckenden Ausschluß (2) verursachter schwarzer Fleck zwischen Wörtern u. Zeilen;* **Spießbock,** der [2: nach den langen, Spießen (1) ähnlichen Hörnern] (Jägerspr.): **1.** *Rehbock mit Spießen* (4). **2.** *Heldbock;* **Spieß|bra|ten,** der: *am Bratspieß gebratener Braten;* **Spieß|bür|ger,** der [urspr. wohl = mit einem Spieß (1) bewaffneter Bürger (vgl. Schildbürger), dann spöttisch abwertend für den altmodischen Wehrbürger, der noch mit Spieß trug statt des modernen Gewehrs, dann studentenspr. Scheltwort für den konservativen Kleinstädter] (abwertend): *engstirniger Mensch, der sich an den Konventionen der Gesellschaft u. dem Urteil der andern orientiert: ein selbstzufriedener, kleiner, kleinkarierter, elender S.; ... weil er ein reiner Typus des uniformverrückten deutschen -s war* (Niekisch, Leben 161); **Spieß|bür|ge|rin,** die; -, -nen: w. Form zu ↑Spießbürger; **spieß|bür|ger|lich** ⟨Adj.⟩ (abwertend): *wie ein Spießbürger, von der Art eines*

Spießbürgers: ein -es Milieu; -e Vorurteile; s. denken; **Spieß|bür|ger|lich|keit,** die (abwertend): *spießbürgerliche Art, Gesinnung;* **Spieß|bür|ger|tum,** das (abwertend): **1.** *Existenz[form] u. Lebenswelt des Spießbürgers.* **2.** *Gesamtheit der Spießbürger;* **Spieß|chen,** das; -s, -: *spitzes Stäbchen, mit dem ein kleines, mundgerechtes Stück einer festen Speise vor dem Servieren aufgespießt wird, damit es bequem vom Teller genommen werden kann;* **spießen** ⟨sw. V.; hat⟩ [vermengt aus spätmhd. spi3en = aufspießen (zu ↑Spieß 1) u. mhd. spi33en = aufspießen (zu ↑Spieß 2)]: **1. a)** (selten) *durchstechen, durchbohren:* Dort ... spießten wir Plattfische, die im warmen Seichtwasser gerne im Sand gebettet liegen (Grass, Butt 30); daß er ... zu Boden geworfen, gespießt, massakriert, zertrampelt werden würde (Th. Mann, Krull 434); ⟨subst. 2. Part.:⟩ *von Deichseln Gespießte* (Plievier, Stalingrad 136); **b)** (selten) *mit der Spitze stecken-, hängenbleiben:* die Feder spießt beim Schreiben [ins Papier]. **2. a)** *mit einem spitzen Gegenstand aufnehmen:* ein Stück Fleisch mit der Gabel s.; **b)** *auf einen spitzen Gegenstand stecken:* Zettel, Quittungen auf einen Nagel s.; Die Frauen stopften die Anzüge der Männer aus mit Stroh und spießten sie auf hohe Pfähle (Müller Niederungen 41); auf Nadeln gespießte Schmetterlinge; ◆ ... und hier eine wütende Mutter lief, ihr saugendes Kind an Bajonetten zu spießen (Schiller, Kabale II, 2); **c)** (selten) *mit einem spitzen Gegenstand an, auf etw. befestigen, [fest]stecken:* ein Foto an die Wand s. **3.** *(einen spitzen Gegenstand) in etw. hineinstecken, hineinbohren:* eine Stange in den Boden s.; Ü Weit hinten, an einem Fluß ... spießt ein magerer Kirchturm in den grauen Himmel (Köhler, Hartmut 6); Sie trug kurze Haare, und wenn sie erregt war, erhoben sich einige Haare und spießten in die Luft (H. Weber, Einzug 326). **4.** ⟨s. + sich⟩ (österr.) **a)** *sich verklemmen:* die Schublade spießt sich; in der Tischlade spießt sich etwas, ein Löffel; **b)** ⟨oft unpers.⟩ *nicht in gewünschter Weise vorangehen, stocken:* Ich hab' Aussichten für Graz ... Aber leider spießt sich's (Kraus, Tage 101); das Aufnahmeverfahren spießt sich; **Spie|ßer,** der; -s, - [1: gek. aus ↑Spießbürger]: **1.** (ugs. abwertend) *Spießbürger:* kleine S., die ohne Stundenplan nicht existieren können (Ziegler, Konsequenz 63). **2.** (Jägerspr.) *junger Rehbock, Hirsch, Elch mit Spießen* (4); **spie|ßer|haft** ⟨Adj.; -er, -este⟩, **spie|ßerisch** ⟨Adj.⟩ (ugs. abwertend, seltener): *spießbürgerlich;* **Spie|ßer|mo|ral,** die ⟨o. Pl.⟩ (abwertend): *spießbürgerliche Auffassung von Moral;* **Spie|ßer|tum,** das; -s (ugs. abwertend): *Spießbürgertum;* **Spieß|gesel|le,** der [urspr. = Waffengefährte]: **1.** (abwertend) *Helfershelfer.* **2.** (scherzh.) *Kumpan* (a): er saß mit seinen -n am Stammtisch, scherzh.): w. Form zu ↑Spießgeselle; **spie|ßig** ⟨Adj.⟩ [gek. aus ↑spießbürgerlich] (ugs. abwertend): *spießbürgerlich:* ein -er Typ, Provinzler, Häuslebauer; Das ganze -e Gehabe, das sie an-

kotzt (elan 12, 1979, 20); aus einem -en Elternhaus stammen; eine Bude ..., die sich auf wohltuende Weise von dem -en Wohnzimmer der Manzonis mit seiner Wachstuchtischdecke ... unterschied (Ziegler, Konsequenz 140); sie ist mir zu s., wird von Jahr zu Jahr -er; eine entsetzlich s. eingerichtete Wohnung; ⟨subst.:⟩ der Inbegriff des Spießigen (M. Walser, Pferd 48); **Spieß|ig|keit,** die; -, -en ⟨Pl. selten⟩ (ugs. abwertend): *Spießbürgerlichkeit;* **Spieß|ru|te,** die [zu ↑Spieß (2)]: *Rute, Gerte, die beim Spießrutenlaufen verwendet wurde* in der Wendung * **-n laufen** (1. Milit. früher; *[zur Strafe] durch eine von Soldaten gebildete Gasse laufen u. dabei Rutenhiebe auf den entblößten Rücken bekommen:* zur Strafe mußte er -n laufen. 2. *an vielen [wartenden] Leuten vorbeigehen, die einen neugierig anstarren od. spöttisch, feindlich anblicken:* ⟨subst.:⟩ dieses Spießrutenlaufen hätte man der Angeklagten ersparen können); **Spieß|ru|ten|lau|fen,** das; -s: vgl. Spießrute.

Spike [ʃpaik, spaik], der; -s, -s ⟨engl. spike = langer Nagel, Stachel, Dorn; 2: engl. spikes (Pl.)]: **1.** *der Rutschfestigkeit dienender spitzer Dorn* (3 a) *aus Stahl für die Sohlen von Laufschuhen* (b), *die Laufflächen von Reifen:* Schuhe, Winterreifen mit -s. **2.** ⟨meist Pl.⟩ (Leichtathletik) *rutschfester Laufschuh* (b) *mit Spikes* (1): *für Langstrecken sind s. nicht geeignet.* **3.** ⟨Pl.⟩ (Kfz-T.) *Spikesreifen:* -s fahren; **Spike|rei|fen, Spikes|rei|fen,** der (Kfz-T.): *mit Spikes* (1) *versehener Autoreifen.* **Spik|öl,** das; -[e]s, (Sorten:) -e [zu ↑Speik]: *Nardenöl.*
Spi|lit [auch: ...'lɪt], der; -s, -e [zu griech. spílos = Fleck; Schmutz]: *dunkles, grünliches vulkanisches Gestein.*
Spill, das; -[e]s, -e u. -s [mhd. spille, ahd. spilla, Nebenf. von ↑Spindel] (Seemannsspr.): *einer Winde ähnliche Vorrichtung, von der die Trommel frei die Leine, u. [Anker]kette nach mehreren Umdrehungen wieder abläuft.*
Spill|al|ge [ʃpɪˈlaːʒə, sp...], die; -, -n [mit der frz. Nachsilbe -age geb. zu engl. to spill = verschütten] (Wirtsch.): *durch falsche Verpackung verursachter Gewichtsverlust trocknender Waren.*
Spil|le, die; -, -n [mhd. spille, ↑Spill] (bes. nordd.): *Spindel* (1); **spil|le|rig, spillrig** ⟨Adj.⟩ [zu ↑Spille] (bes. nordd.): *dürr, schmächtig:* ein -es Mädchen; ihre dünnen, um nicht zu sagen spilligen Finger (Strauß, Niemand 97).
Spil|ling, der; -s, -e [spätmhd. spilling, mhd. spilinc, älter = spenilinch, H. u.]: *Haferpflaume.*
spill|rig: ↑spillerig.
Spi|lo|sit [auch: ...'zɪt], der; -s, -e [zu griech. spílos = Fleck; Schmutz]: *metamorphes Gestein, das aus tonigen Gesteinen entstanden ist.*
Spin [spɪn], der; -s, -s [engl. spin, eigtl. = schnelle Drehung, zu: to spin = (sich) drehen]: **1.** (Physik) *bei Drehung um die eigene Achse auftretender Drehimpuls, bes. bei Elementarteilchen u. Atomkernen.* **2.** (Sport) *Effet.*
Spi|na [ˈʃp..., ˈsp...], die; -, ...ae [lat. spina = Dorn, Stachel; Rückgrat]

(Anat., Med.): **1.** *spitzer od. stumpfer, meist knöcherner Vorsprung.* **2.** *Rückgrat;* **Spi|na bi|fi|da,** die; - - [zu lat. bifidus = gespalten] (Med.): *Spaltbildung der Wirbelsäule;* **spi|nal** [ʃp..., sp...] ⟨Adj.⟩ [lat. spinalis, zu: spina, ↑Spina] (Anat., Med.): *zur Wirbelsäule, zum Rückenmark gehörend, in diesem Bereich liegend, erfolgend:* -e Kinderlähmung; **Spi|nal|an|ästhe|sie,** die (Med.): *Anästhesie durch Injektion eines Anästhetikums in die Rükkenmarksflüssigkeit;* **Spi|nal|gan|gli|on,** das (Anat.): *Nervenknoten im Bereich der hinteren Wurzel eines Rückenmarknervs;* **Spin|al|gie,** die; -, -n [zu griech. álgos = Schmerz] (Med.): *Druckempfindlichkeit der Wirbel;* **Spi|na|li|om,** das; -s, -e (Med. veraltet): *von den Stachelzellen der Epidermis ausgehende bösartige Form des Hautkrebses;* **Spi|nal|nerv,** der (Anat.): *dem Rückenmark entstammender Nerv;* **Spi|nal|pa|ra|ly|se,** die (Med.): *langsam fortschreitende Erkrankung des Rückenmarks, die zu einer spastischen Lähmung führt.*
Spi|nar, der; -s, -e [engl. spinar, Kurzwort für: **spin**(ning) **star** = *schnelldrehender Stern,* Analogiebildung zu ↑Quasar, Pulsar] (Astron.): *(als Hypothese) sehr schnell rotierendes, sehr massives u. dichtes Objekt im Kern eines Quasars od. einer andersartigen aktiven Galaxie mit sehr starkem Magnetfeld.*
Spi|nat, der; -[e]s, ⟨Sorten:⟩ -e [mhd. spinat < span. espinaca (angelehnt an: espina = Dorn < lat. spina, wohl wegen der spitz auslaufenden Blätter) < hispanoarab. isbināh < arab. isbānaḫ < pers. ispānāǧ]: *Pflanze mit hohen Stengeln u. langgestielten, dreieckigen, kräftig grünen Blättern, die als Gemüse gegessen werden:* S. pflücken, ernten; es gab Spiegelei[er] mit S.; dem Märchen von der ungeheuer großen Eisenhaltigkeit des -s (H. Gerlach, Demission 156); * **höchstes S.** (österr. ugs.): *etw. Unübertreffliches;* **spi|nat|grün** ⟨Adj.⟩: *kräftig grün wie die Blätter des Spinats:* ein -er Pullover; Zandra Rhodes, Londoner Modemadarin mit -em *(spinatgrün gefärbtem)* Rettichkopf (Spiegel 4, 1978, 146); **Spi|natwach|tel,** die (salopp abwertend): *wunderliche od. komisch aussehende ältere weibliche Person;* **Spi|nat|wäch|ter,** der (österr. ugs. spött.): *[grün uniformierter] Feldhüter, Wachmann, Polizist o. ä.*
Spind, der od. das; -[e]s, -e [aus dem Niederd. < mniederd. spinde = Schrank < mlat. spinda, spenda = *Vorrat(sbehälter),* zu: spendere, ↑spenden]: *einfacher, schmaler Schrank* (bes. in Kasernen): die -e in den Umkleideräumen; ... und an vielen Abenden ... räumte Gusti seinen S. ein und aus und aus und ein, beaufsichtigt von einem Korporal (Widmer, Kongreß 64); Eine Göttin für den S. war die Pin-up-Girl der 40er und 50er Jahre (Spiegel 40, 1984, 248).
Spin|del, die; -, -n [mhd. spindel, spinnel, ahd. spin(n)ala, zu ↑spinnen]: **1.** *in Drehung versetzbarer länglicher od. stabförmiger Körper (bes. an Spinnrad od. Spinnmaschine), auf den der gesponnene Faden aufgewickelt wird.* **2.** (Technik) *mit einem Gewinde versehene Welle zur Übertragung*

Spindelbaum

einer Drehbewegung od. zum Umsetzen einer Drehbewegung in eine Längsbewegung od. in Druck. **3.** (Bauw.) *zylindrischer Mittelteil der Wendeltreppe.* **4.** (Gartenbau) *frei stehendes Formobst* (1) *mit einem kräftigen mittleren Trieb, dessen gleich lange, kurze Seitenäste die Früchte tragen.* **5.** (Biol.) *spindelförmige Anordnung sehr feiner, röhrenartiger Proteinstrukturen innerhalb der in Teilung begriffenen Zelle.* **6.** (Kfz-T.) *aus einer [geschlossenen] Glasröhre mit einer Meßskala bestehender Heber* (1) *zur Kontrolle des Frostschutzmittels im Kühlwasser von Kraftfahrzeugen od. der Dichte der Säure in Batterien* (2 a); **Spin|del|baum**, der: **1.** (Gartenbau) *Spindel* (4). **2.** *häufig immergrüne, als Strauch wachsende Pflanze mit gegenständigen Blättern u. fleischigen Kapseln als Früchten;* **spin|del|dürr** ⟨Adj.⟩ [eigtl. = dünn wie eine Spindel (1)]: *sehr dürr, sehr mager:* -e Beine; ein -es Männchen; sie ist s.; er hätte sich am liebsten s. gewünscht, seit er seinen breiten Schatten bemerkt hatte (Fels, Unding 10); **spin|del|för|mig** ⟨Adj.⟩: *wie eine Spindel* (1) *geformt;* **Spin|del|le|hen**, das (hist.): *Kunkellehen;* **spin|deln** ⟨sw. V.; hat⟩ (Kfz-T.): *mit einer Spindel* (6) *kontrollieren:* das Kühlwasser s.; **Spin|del|öl**, das (Technik): *dünnflüssiges Schmieröl für wenig belastete, schnellaufende Maschinen;* **Spin|del|pres|se**, die (Technik): *Presse, bei der der Druck mit Hilfe einer Spindel* (2) *erzeugt wird;* **Spin|del|strauch**, der: *Spindelbaum;* **Spin|del|trep|pe**, die (Bauw.): *Wendeltreppe.*

Spi|nell, der; -s, -e [wohl ital. spinello, Vkl. von: spina < lat. spina, ↑Spina]: *kubisch kristallisierendes, durchsichtiges Mineral.*

Spi|nett, das; -[e]s, -e [ital. spinetta, viell. nach dem Erfinder, dem Venezianer G. Spinetto (um 1500)]: *Tasteninstrument (des 16. u. 17. Jh.s), bei dem die Saiten spitzwinklig zur Klaviatur angeordnet sind u. zu jeder Taste in der Regel nur eine Saite gehört;* **Spi|net|ti|no**, das; -s, -s [ital. spinettina, Vkl. von: spinetta, ↑Spinett]: *kleines Spinett.*

Spin|flip [sp...], der; -s, -s [engl. spin flip, aus: spin (↑Spin 1) u. flip = Sprung] (Physik): *Übergang des Spins eines Teilchens, bes. eines Elektrons, von einem Zustand in einen anderen.*

Spin|na|ker [ˈʃpɪnakɐ], der; -s, - [engl. spinnaker, H. u.] (Segeln): *leichtes, großflächiges Vorsegel auf Sportsegelbooten;* **Spin|na|ker|baum**, der (Segeln): *Spiere, mit der der Spinnaker auf der Luvseite gehalten wird.*

Spinn|an|gel, die: *Angel zum Angeln mit dem Spinner* (4); **Spinn|ap|pa|rat**, der: *dem Herstellen von Spinnetzen o.ä. dienender Apparat* (4) *am Hinterleib der Spinnen;* **Spinn|band**, das ⟨Pl. ...bänder⟩ (Textilind.): *dickes, endloses Faserband, das aus den parallel liegenden gerissenen od. zerschnittenen [Kunst]fasern des Spinnkabels besteht;* **Spinn|bru|der**, der (salopp abwertend) *Spinner* (2 a); **Spinn|drü|se**, die: *Drüse der Spinnen* (1), *mancher Insekten u. Schnecken, deren Absonderung als Faden für ein Netz, einen Kokon od. beim Nestbau dient;* **Spinn|dü|se**, die (Textilind.): *bei der Herstellung von* Chemiefasern *verwendete, mit einer feingelochten Scheibe versehene Düse;* **Spin|ne**, die; -, -n [mhd. spinne, ahd. spinna, eigtl. = die Spinnende, Fadenziehende, zu ↑spinnen]: **1.** *(zu den Gliederfüßern gehörendes, in zahlreichen Arten vorkommendes) [Spinndrüsen besitzendes] Tier mit einem in Kopf-Brust-Stück u. Hinterleib gegliederten Körper u. vier Beinpaaren:* die S. spinnt/webt ihr Netz, sitzt/ lauert im Netz; die S. zieht ihre Fäden, läßt sich an einem Faden herab; Spr S. am Morgen bringt Kummer und Sorgen, S. am Abend erquickend und labend (urspr. auf das Spinnen bezogen, das materielle Not anzeigt, wenn es schon morgens erforderlich ist, abends dagegen ein geselliges Vergnügen bedeutet); * **pfui S.!** (ugs.; Ausruf des Abscheus, Ekels). **2.** (abwertend) *boshafte, häßliche Frau [von dürrer Gestalt]:* diese alte S.! **3.** (bes. Verkehrsw.) *Stelle, an der fünf od. mehr Wege, Straßen zusammenlaufen;* **spin|ne|feind** ⟨Adj.⟩: in der Wendung *[mit] jmdm. s. sein (ugs.; *mit jmdm. sehr verfeindet sein;* nach der Beobachtung, daß bestimmte Spinnen zu Kannibalismus neigen): Irak und Saudi-Arabien, einst einander s., schlossen ein Zweckbündnis (Spiegel 43, 1979, 185); Die beiden Freunde ... waren sich über Nacht s. geworden (Szene 8, 1983, 19); **spin|nen** ⟨st. V.; hat⟩ [mhd. spinnen, ahd. spinnan, verw. mit ↑spannen, bezeichnete wohl das Ausziehen u. Dehnen der Fasern, das dem Drehen des Fadens vorangeht; 3: eigtl. = (eigenartige) Gedanken spinnen; 4: früher gab es Arbeitshäuser, in denen gesponnen werden mußte]: **1. a)** *Fasern zum Faden drehen:* am Spinnrad sitzen und s.; mit der Hand, maschinell s.; **b)** *durch Spinnen* (1 a) *verarbeiten:* Flachs, Wolle s.; die Fasern lassen sich [gut] s.; **c)** *durch Spinnen* (1 a) *herstellen:* Garn s.; **d)** *aus einem (von den Spinndrüsen hervorgebrachten) Faden entstehen lassen:* die Spinne spinnt ihr Netz, einen Faden; ⟨auch o. Akk.-Obj.:⟩ die Spinne spinnt (baut) an ihrem Netz; Ü ein Netz von Intrigen, ein Lügengewebe, Ränke, ein Komplott s.; Doch ehe er noch weitere religionsvergleichende Gedanken s. kann (Heim, Traumschiff 335); ⟨auch o. Akk.-Obj.:⟩ an einer Intrige s.; ich spann aufs sorgfältigste an meiner Illusion (Rinser, Mitte 44); **e)** (Textilind.) *(Chemiefasern) aus einer Spinnlösung, Schmelze o.ä., die durch Spinndüsen gepreßt wird, erzeugen:* Perlon s. **2.** (landsch.) *(von der Katze) schnurren.* **3. a)** (ugs. abwertend) *nicht recht bei Verstand sein:* du spinnst ja, wohl!; der Kerl spinnt doch total!; ich glaube, die Frau spinnt ein bißchen; Ich denke, ich spinne *(ich hör' wohl nicht recht),* als ich dem Kommissar ... sagen höre ... (Kinski, Erdbeermund 277); Ü ... wenn der Vergaser spinnt *(nicht mehr richtig funktioniert;* ADAC-Motorwelt 5, 1982, 46); **b)** (ugs. abwertend) *Unwahres behaupten, vortäuschen:* das ist doch gesponnen, das spinnt er doch *(das stimmt doch nicht, ist doch nicht wahr).* **4.** (ugs. veraltet) *in einer Haftanstalt eine Strafe verbüßen;* **Spin|nen|amei|se**, die: *Bienenameise;* **Spin|nen|ar|me** ⟨Pl.⟩: *sehr dünne, lange Arme;* **Spin|nen|bein**, das: **1.** *Bein der Spinne* (1). **2.** ⟨Pl.⟩ vgl. Spinnenarme; **Spin|nen|fa|den**, der: *von einer Spinne* (1) *gesponnener Faden;* **Spin|nen|fin|ger** ⟨Pl.⟩: vgl. Spinnenarme; **Spin|nen|fing|rig|keit**, die; -, -en (Med.): *Arachnodaktylie;* **Spin|nen|ge|we|be**, das (seltener): *Spinngewebe;* **Spin|nen|gift**, das: *Gift der Spinnen;* **Spin|nen|netz**, das: *von einer Spinne* (1) *hergestelltes Netz;* **Spin|nen|tier**, das ⟨meist Pl.⟩: *Gliederfüßer mit zweiteiligem, in Kopf-Brust-Stück u. Hinterleib abgesondertem Körper u. vier Beinpaaren:* zu den -en gehören außer den Spinnen auch die Weberknechte und Skorpione; **Spin|ner**, der; -s, - [4: zu ↑spinnen (3 b)]: **1.** *Facharbeiter in einer Spinnerei* (Berufsbez.). **2.** (ugs. abwertend) *jmd., der spinnt* (3 a): Er ist ein Aufschneider und Phantast. Ein Großsprecher und S. (Strauß, Niemand 99); in einer kleinen Bar ..., die von einem komischen und liebenswerten S. geführt wurde (Perrin, Frauen 103); ... eines Klüngels von militanten rechtsextremen -n (ran 3, 1980, 10). **3.** (Zool. veraltet) *Nachtfalter, dessen Raupen Kokons spinnen.* **4.** (Angeln) *zum Fang von Raubfischen dienender, mit Angelhaken versehener Metallköder, der sich, wenn er durchs Wasser gezogen wird, um die Längsachse dreht u. so einen kleinen Fisch vortäuscht;* **Spin|ne|rei**, die; -, -en: **1. a)** ⟨o. Pl.⟩ *das Spinnen* (1 a–c, e); **b)** *Betrieb, in dem aus Fasern o.ä. Fäden gesponnen werden.* **2.** (ugs. abwertend) **a)** ⟨o. Pl.⟩ *[dauerndes] Spinnen* (3 a): das ist doch alles S.; Saublödes Gerede. Der soll seine -en lassen (Spiegel 51, 1977, 28); hör doch auf mit der S.!; **b)** *unvernünftiger, wunderlicher Gedanke:* deine -en haben uns schon genug Geld gekostet; Nein, ein Mann der Wissenschaft ... brauchte ... kein Parteiprogramm und keinen -en der Weltverbesserer (Drewitz, Eingeschlossen 106); **Spin|ne|rin**, die; -, -nen: w. Form zu ↑Spinner (1, 2); **Spin|ner|lied**, das: *in Spinnstuben gesungenes Lied;* **spin|nert** ⟨Adj.⟩ (bes. südd. abwertend): *verrückt:* ein [etwas] -er Mensch, Typ; eine [total] -e Idee; Die Branche wimmelt von ... -en Dilettanten (tip 12, 1984, 70); Das klingt alles sehr s., wenn man das hier so erzählt (Fichte, Wolli 453); ⟨subst.:⟩ so was Spinnertes!; **Spinn|fa|den**, der: *gesponnener Faden;* **Spinn|fa|ser**, die (Textilind.): *Faser, die versponnen wird;* **Spinn|ge|we|be**, das: *Spinnennetz;* ◆ **Spinn|haus**, das: *Arbeitshaus bes. für Frauen, in dem gesponnen werden muß:* Wo ist meine Mutter? – Im S. (Schiller, Kabale III, 6); **spin|nig** ⟨Adj.⟩ (ugs. abwertend): *spinnert;* **Spinn|ka|bel**, das (Textilind.): *endloses, aus vielen parallel liegenden Einzelfasern bestehendes Faserband, wie es aus der Spinndüse kommt;* **Spinn|kö|der**, der (Angeln): *Spinner* (4); **Spinn|lö|sung**, die (Textilind.): *Lösung, aus der sich eine Kunstfaser spinnen läßt;* **Spinn|ma|schi|ne**, die: *Maschine zum Spinnen* (1 a, e); **Spinn|mil|be**, die: *an Pflanzen schmarotzende, gelbliche, grünliche, orangefarbene od.*

3176

rote Milbe mit birnenförmigem Körper, die Spinnfäden produziert, mit denen sie die Blätter der Pflanze überzieht; **Spinn|rad,** das: *einfaches Gerät zum Spinnen* (1 a), *dessen über einen Fußhebel angetriebenes Schwungrad die Spindel dreht:* das S. schnurrt; am S. sitzen; **Spinn|rocken¹,** der: *Teil am Spinnrad, auf das das zu verspinnende Material gewickelt wird; Rokken;* **Spinn|stoff,** der: vgl. Spinnfaser; **Spinn|stu|be,** die (früher): *Stube (im Dorf), in der an Winterabenden Frauen u. Mädchen zum Spinnen zusammenkommen;* **Spinn|web,** das; -s, -e (österr.): *Spinngewebe;* **Spinn|we|be,** die; -, -n [mhd. spinne(n)weppe, ahd. spinnunweppi, 2. Bestandteil mhd. weppe, ahd. weppi = Gewebe(faden), zu ↑weben]: *Spinnfaden, Spinngewebe, Spinnennetz;* **Spinn|wir|tel,** der: *an der mit der Hand gedrehten Spindel befestigtes, scheiben- od. kugelförmiges Schwunggewicht.*
Spin-off [sp...], das od. der; -[s], -s [engl. spin-off, eigtl. = Nebenprodukt, zu: to spin off = von sich werfen, abstoßen]: **1.** *Übernahme von bestimmten technisch innovativen Verfahren od. Produkten (z. B. aus der Raumfahrt) in andere Technikbereiche.* **2.** *Fernsehproduktion, die aus einer anderen, erfolgreichen Fernsehserie hervorgegangen ist u. in der die Randfiguren der Serie nun die Hauptpersonen sind;* **Spinor,** der; -s, ...oren [engl. spinor, zu: to spin, ↑Spin] (Physik): *mathematische Größe, die es gestattet, den Spin* (1) *des Elektrons zu beschreiben.*
spi|nös ⟨Adj.; -er, -este⟩ [lat. spinosus = spitzfindig, eigtl. = stechend, zu: spina, ↑Spina] (bildungsspr. veraltend): *heikel u. sonderbar, schwierig (im Umgang):* eine -e Person; -e *(absonderliche)* Einfälle; er ist [manchmal] ein wenig s.
Spi|no|zis|mus [ʃp..., sp...], der; - [nach dem niederl. Philosophen B. de Spinoza (1632-1677)]: *Lehre u. Weiterführung der Philosophie des niederländischen Philosophen B. de Spinoza (1632-1677);* **Spi|no|zist,** der; -en, -en: *Vertreter des Spinozismus;* **Spi|no|zi|stin,** die; -, -nen: w. Form zu ↑Spinozist; **spi|no|zi|stisch** ⟨Adj.⟩: *den Spinozismus betreffend.*
Spin|the|ris|mus, der; - [zu griech. spinthēr = Funke] (Med.): *Photopsie.*
spin|ti|sie|ren ⟨sw. V.; hat⟩ [H. u., wahrsch. romanisierende Weiterbildung zu dt. ↑spinnen (3 a)] (abwertend): *eigenartigen, wunderlichen, abwegigen Gedanken nachgehen:* anfangen [über etw.] zu s.; **Spin|ti|sie|rer,** der; -s, - (abwertend): *jmd., der spintisiert;* **Spin|ti|sie|re|rei,** die; -, -en (abwertend): **1.** ⟨o. Pl.⟩ *[dauerndes] Spintisieren.* **2.** ⟨meist Pl.⟩ *eigenartiger, abwegiger Gedankengang;* **Spin|ti|sie|re|rin,** die; -, -nen (abwertend): w. Form zu ↑Spintisierer.
Spi|on, der; -s, -e [ital. spione, zu: spia = Späher, Beobachter, zu: spiare = spähen, heimlich erkunden, aus dem Germ., verw. mit ↑spähen]: **1. a)** *jmd., der für einen Auftraggeber od. Interessenten, bes. eine fremde Macht, militärische, politische od. wirtschaftliche Geheimnisse auskundschaftet:* ein feindlicher S.; als S. für ein westliches Land tätig sein, arbeiten; einen S. enttarnen, verhaften, [gegen jmdn.] austauschen; jmdn. als S. ver-dächtigen; Obendrein ist die Bundesrepublik mit -en so verseucht, daß im Jahresdurchschnitt 2 000 Agenten entlarvt werden (Welt 4. 11. 67, 2); **b)** *heimlicher Beobachter od. Aufpasser, der etw. zu erkunden sucht:* der Trainer hatte seine -e im Stadion des zukünftigen Gegners. **2. a)** *Guckloch bes. in einer Tür:* durch den S. sehen; Von nun an war ich in einer der Dunkelzellen ... und in jeder Minute unter dem Auge eines Bewachers am S. (Zeit 20. 11. 64, 10); **b)** *außen am Fenster angebrachter Spiegel für die Beobachtung der Straße u. des Hauseingangs:* in den S. sehen; **Spio|na|ge** [...'naːʒə], die; - [nach frz. espionnage: zu: espionner, ↑spionieren]: *Tätigkeit für einen Auftraggeber od. Interessenten, bes. eine fremde Macht, zur Auskundschaftung militärischer, politischer od. wirtschaftlicher Geheimnisse:* [für einen Geheimdienst] S. treiben; Seine Freundin war bei einem Besuch der Leipziger Messe für die sowjetzonale S. angeworben worden (FAZ 19. 12. 61, 1); in der S. arbeiten; **Spio|na|ge|ab|wehr,** die: *Abwehr* (2 b); **Spio|na|ge|af|fä|re,** die: *spektakulärer Spionagefall;* **Spio|na|ge|agent,** der (selten): *Spion* (1); **Spio|na|ge|agen|tin,** die (selten): w. Form zu ↑Spionageagent; **Spio|na|ge|ap|pa|ra|te,** der: *Apparat* (2) *für Spionage:* einen S. aufbauen, zerschlagen; **Spio|na|ge|dienst,** der: *Organisation, Gruppe für Spionage;* **Spio|na|ge|fall,** der: *Spionage betreffender* ↑*Fall* (3); **Spio|na|ge|film,** der: *Spielfilm, in dem es um Spionage, um einen Spionagefall geht;* **Spio|na|ge|netz,** das: *über ein Gebiet verbreitetes Netz* (2 d) *von Spionageagenten;* **Spio|na|ge|or|ga|ni|sa|ti|on,** die: *der Spionage dienende Organisation;* **Spio|na|ge|pro|zeß,** der: *Prozeß* (1), *in dem es einen Spionagefall geht;* **Spio|na|ge|ring,** der: vgl. Spionagenetz; **Spio|na|ge|ro|man,** der: *Form des Kriminalromans, bei dem es um Spionage, um einen Spionagefall geht;* **Spio|na|ge|tä|tig|keit,** die: *in Spionage bestehende Tätigkeit;* **Spio|na|ge|ver|dacht,** der: *Verdacht auf Spionage:* er ist wegen -s suspendiert, festgenommen worden; **Spio|na|ge|zen|tra|le,** die: *für die Spionage zuständige, sie veranlassende u. koordinierende Zentrale* (1 a); **spio|nie|ren** ⟨sw. V.; hat⟩ [nach frz. espionner, zu: espion = Spion, zu afrz. espier = ausspähen, aus dem Germ.]: **a)** *Spionage treiben, als Spion* (1 a) *tätig sein:* für, gegen eine [feindliche] Macht s.; Drei Frauen und ein Mann spionierten gegen die Bundeswehr (MM 19. 2. 74, 1); **b)** (abwertend) *heimlich u. ohne dazu berechtigt zu sein, [herum]suchen, aufpassen, Beobachtungen machen od. lauschen, um etw. herauszufinden:* Rahel aber ... hatte spioniert und alles gesehen (Th. Mann, Joseph 330); es ist nicht heimlich an meinen Schreibtisch gegangen, um darin zu s.; Der Austria-Trainer hatte beim 1 : 1 der Mailänder in Genua spioniert (Kurier 22. 11. 83, 28); **Spio|nie|re|rei,** die; -, -en (ugs. abwertend): *[dauerndes, wiederholtes] Spionieren* (b); **Spio|nin,** die; -, -nen: w. Form zu ↑Spion (1).
Spi|räe [ʃp..., sp...], die; -, -n [lat. spiraea < griech. speiraia, zu: speīra (↑Spirale), wohl nach den spiraligen Blütenständen einiger Arten]: *Spierstrauch;* **spi|ral** [ʃp...] ⟨Fachspr.⟩: *spiralig;* **Spi|ral|bin|dung,** die (Buchw.): *Bindung, Verbindung, bei der die einzelne, mit eingestanzten Löchern versehene Blätter durch eine Draht- od. Kunststoffwendel dauerhaft miteinander verbunden werden (z. B. bei Wandkalendern);* **Spi|ral|bohrer,** der (Technik): *spiralig gefurchter Bohrer;* **Spi|ra|le,** die; -, -n [mlat. (linea) spiralis = schneckenförmig gewunden(e Linie), zu mlat. spiralis = schneckenförmig gewunden, zu lat. spira = gewundene Linie, in Schneckenlinie gewundener Körper < griech. speīra]: **1. a)** *sich um eine Achse windende Linie:* das Flugzeug fliegt, beschreibt eine S.; Über schwarzgrünen ... Wäldern zogen Gerfalken und Milane ihre -n (Ransmayr, Welt 196); das Flugzeug schraubt sich in einer [weiten, engen] S. immer höher hinauf; in Serpentinen und -n *(Spiralwindungen)* verlaufender Weg (Schröder, Wanderer 115); mit einer Frühstückszigarette im Mund, den blauen -n, die aus dem Fenster hin zerdehnten (Fries, Weg 124); Ü die S. *(wechselseitige Steigerung)* der Gewalt, der Rüstungsanstrengungen; die Entwicklung verlief in einer S., in -n *(wiederholt sich immer wieder auf einem jeweils höheren Niveau);* **b)** (bes. Geom.) *gekrümmte Linie, die in immer weiter werdenden Windungen um einen festen Punkt läuft.* **2. a)** *spiralförmiger Gegenstand, spiraliges Gebilde:* eine S. aus Draht; Kein Wunder, daß das Wasser nicht warm wird! Die S. *(Heizspirale)* ist gerissen! (Simmel, Stoff 48); **b)** (ugs.) *spiralförmiges Intrauterinpessar:* wie sicher ist die S.?; sie ließ sich eine S. einsetzen; **Spi|ral|fe|der,** die: *spiralförmige Feder* (3); **spi|ral|för|mig** ⟨Adj.⟩: *von der Form einer Spirale;* **Spi|ral|ga|la|xie,** die (Astron.): *Spiralnebel;* **spi|ra|lig** ⟨Adj.⟩: *spiralförmig; in Spiralwindungen verlaufend;* **Spi|ral|li|nie,** die: *spiralige Linie;* **Spi|ral|ne|bel,** der (Astron. veraltet): *Sternsystem, Nebel* (2) *von spiraliger Gestalt; Spiralgalaxie;* **Spi|ral|win|dung,** die: *Windung einer Spirale* (1).
Spi|rans ['ʃp..., 'sp...], die; -, Spiranten, **Spi|rant** [ʃp..., sp...], der; -en, -en [zu lat. spirans (Gen.: spirantis), 1. Part. von spirare, ↑²Spiritus] (Sprachw.): *durch Reibung der ausströmenden Atemluft an Lippen, Zähnen od. dem Gaumen gebildeter Laut, Reibelaut, Frikativ (z. B. f, sch);* **spi|ran|tisch** [ʃp..., sp...] ⟨Adj.⟩ (Sprachw.): *in der Art eines Spiranten [gebildet].*
Spi|ri|fer, der; -s, ...feren [zu griech. speīra (↑Spirale) u. phérein = tragen]: *ausgestorbener Armfüßer (Leitfossil des Devons u. Karbons);* **Spi|ril|le** [ʃp..., sp...], die; -, -n (meist Pl.) [nlat. Vkl. von lat. spira, ↑Spirale] (Med.): *schraubenförmig gewundene Bakterie; Schraubenbakterie (u. a. Erreger der Cholera);* **spi|ril|li|zid** ⟨Adj.⟩ [zu lat. caedere (in Zus. -cidere) = niederhauen, töten] (Med.): *Spirillen abtötend.*
Spi|rit ['spɪrɪt], der; -s, -s [engl. spirit < afrz. esp(e)rit < lat. spiritus, ↑²Spiritus] (Parapsych.): ²*Geist* (3); **Spi|ri|ta|ner,**

Spiritismus der; -s, -: *Angehöriger einer katholischen Ordensgemeinschaft für Erziehung u. Mission;* **Spi|ri|tis|mus** [ʃp..., sp...], der; - [wohl unter Einfluß von engl. spiritism, frz. spiritisme zu lat. spiritus, ↑²Spiritus]: *Glaube an Geister, Beschwörung von Geistern [Verstorbener] bzw. der Kontakt mit ihnen durch ein* ¹*Medium* (4a); **Spi|ri|tist**, der; -en, -en: *Anhänger des Spiritismus;* **Spi|ri|ti|stin**, die; -, -nen: w. Form zu ↑Spiritist; **spi|ri|ti|stisch** ⟨Adj.⟩: *den Spiritismus betreffend: eine -e Sitzung;* **spi|ri|tu|al** ⟨Adj.⟩ [(spät)lat. spirit(u)alis, zu lat. spiritus, ↑²Spiritus] (selten): *spirituell;* ¹**Spi|ri|tu|al**, der; -s u. -en, -en [zu ↑spiritual] (kath. Kirche): *Seelsorger in Priesterseminaren u. Klöstern;* ²**Spi|ri|tu|al** ['spɪrɪtjʊəl], das, auch: der, -s, -s [engl. (negro) spiritual, zu: spiritual = geistlich < frz. spirituel, ↑spirituell]: *kurz für* ↑Negro Spiritual; **Spi|ri|tu|a|le**, der; -n, -n ⟨meist Pl.⟩: *Angehöriger einer strengen Richtung der Franziskaner im 13./14. Jh.;* **Spi|ri|tu|a|li|en** [sp...] ⟨Pl.⟩ (MA.): *geistliche Befugnisse (bes. das geistliche Amt, die bischöfliche Amtsgewalt im Unterschied zu den Temporalien);* **spi|ri|tu|a|li|sie|ren** [ʃp..., sp...] ⟨sw. V.; hat⟩ (bildungsspr.): *vergeistigen; in vergeistigte Ausdrucksformen überführen;* **Spi|ri|tu|a|li|sie|rung**, die; -, -en (bildungsspr.): **1.** *das Spiritualisieren.* **2.** *spiritualisierte Form von etw.;* **Spi|ri|tu|a|lis|mus**, der; -: **1.** *philosophische Richtung, die das Wirkliche als geistig od. als Erscheinungsform des Geistes ansieht.* **2.** *religiöse Haltung, die die Erfahrung des göttlichen Geistes, die unmittelbare geistige Verbindung des Menschen mit Gott in den Vordergrund stellt.* **3.** *(veraltet) Spiritismus;* **Spi|ri|tu|a|list**, der; -en, -en: *Anhänger, Vertreter des Spiritualismus;* **Spi|ri|tu|a|li|stin**, die; -, -nen: w. Form zu ↑Spiritualist; **spi|ri|tu|a|li|stisch** ⟨Adj.⟩: *den Spiritualismus betreffend;* **Spi|ri|tu|a|li|tät**, die; - [mlat. spiritualitas] (bildungsspr.): *Geistigkeit; inneres Leben, geistiges Wesen;* **Spi|ri|tu|al Song** ['spɪrɪtjʊəl -], der; - -s, - -s [engl. spiritual song, aus: spiritual (↑²Spiritual) u. song, ↑Song]: *geistliches Volkslied der weißen Bevölkerung Amerikas aus der Zeit der Erweckungsbewegung;* **spi|ri|tu|ell** ⟨Adj.⟩ [frz. spirituel < lat. spiritualis, ↑spiritual]: **a)** (bildungsspr.) *geistig: jmds. -e Entwicklung fördern; die mögliche Existenz -er Wesen* (Marek, Notizen 27); *Musik des -en Ohrs* (Adorno, Prismen 157); **b)** (bildungsspr.) *geistlich: -e Lieder;* **spi|ri|tu|os** [ʃp...], **spi|ri|tu|ös** ⟨Adj.⟩ [frz. spiritueux, zu alchimistenlat. spiritus, ↑¹Spiritus] (selten): *Weingeist in starker Konzentration enthaltend, stark alkoholisch;* **Spi|ri|tu|o|se**, die; -, -n ⟨meist Pl.⟩ [alchimistenlat. spirituosa (Pl.), zu ↑spirituos]: *stark alkoholisches Getränk (mit einem Alkoholgehalt von mindestens 20%; z. B. Branntwein, Likör);* **Spi|ri|tu|o|sen|ge|schäft**, das: *Fachgeschäft für Sprirituosen;* **spi|ri|tu|o|so** [sp...] ⟨Adv.⟩ [ital. spirit(u)oso, zu spirito < lat. spiritus, ↑²Spiritus] (Musik): *geistvoll u. lebendig; con spirito;* ¹**Spi|ri|tus**, der; -, ⟨Sorten:⟩ -se [alchimistenlat. spiritus = destillierter Extrakt < lat. spiritus, ↑²Spiritus]: *technischen Zwecken dienender, vergällter (Äthyl)alkohol: ein Organ in S. legen, in S. konservieren; mit S. (auf einem Spirituskocher) kochen;* ²**Spi|ri|tus** ['sp...], der; -, - [...tu:s; lat. spiritus, zu: spirare = blasen; (be)hauchen, atmen; leben] (bildungsspr.): *Hauch, Atem, [Lebens]geist;* **Spi|ri|tus as|per** ['sp...], der; - -, - [...tu:s] -i [lat. spiritus asper, zu: asper = rauh] (Sprachw.): *Zeichen (') für den H-Anlaut im Altgriechischen;* **Spi|ri|tus|bren|ne|rei**, die: *Brennerei* (b); **Spi|ri|tus fa|mi|lia|ris** ['sp...], der; - - [lat., zu: familiaris = zur Familie gehörig] (bildungsspr.): *guter* ²*Geist* (1 b) *des Hauses; Vertraute[r] der Familie;* **Spi|ri|tus|ko|cher**, der: *mit* ¹*Spiritus geheizter Kocher;* **Spi|ri|tus|lack**, der: *Lack, der* ¹*Spiritus als Lösungsmittel enthält;* **Spi|ri|tus|lam|pe**, die: vgl. Spirituskocher; **Spi|ri|tus le|nis** ['sp..., der; - -, - - [...tu:s] lenes [...e:s; lat. spiritus lenis, zu: lenis = mild] (Sprachw.): *Zeichen (') für das Fehlen des H-Anlauts im Altgriechischen;* **Spi|ri|tus rec|tor** ['sp...], der; - - [lat., zu: rector, ↑Rektor] (bildungsspr.): *Kopf, treibende Kraft;* **Spi|ri|tus Sanc|tus** ['sp...], der; - - [lat., zu: sanctus = heilig] (christl. Rel.): *der Heilige Geist.*

Spir|kel, der; -s, - [(ost)preuß., vgl. lit. spirgas = Griebe] (nordostd.): **1.** *Rückstand von ausgelassenem Speck, Griebe* (1). **2.** *Ausschlag am Mund, Griebe* (2): *einen S. haben.* **3.** *kleiner, schmächtiger Mensch: Tulla, ein S. mit Strichbeinen, hätte genausogut ein Junge sein können* (Grass, Katz 38).

Spi|ro|chä|te [ʃp..., sp...], die; -, -n [zu griech. speĩra (↑Spirale) u. chaítē = langes Haar; nach der Form] (Med.): *schraubenförmig gewundene, krankheitserregende Bakterie.*

Spi|ro|er|go|me|ter [ʃp..., sp...], das; -s, - [zu lat. spirare (↑²Spiritus) u. ↑Ergometer] (Med.): *Gerät zur Messung der körperlichen Leistungsfähigkeit an Hand des Sauerstoffverbrauchs bei stufenweiser körperlicher Belastung;* **Spi|ro|er|go|me|trie**, die; - (Med.): *Messung der körperlichen Leistungsfähigkeit mit Hilfe eines Spiroergometers;* **Spi|ro|me|ter** [ʃp..., sp...], das; -s, - [↑-meter (1)] (Med.): *Gerät zur Messung verschiedener Eigenschaften des Atems;* **Spi|ro|me|trie** [ʃp..., sp...], die; - [↑-metrie] (Med.): *Messung [u. Aufzeichnung] der Atmung.*

Spi|ro|sto|mum, das; -s, ...ma [zu griech. speĩra (↑Spirale) u. stóma = Mund] (Biol.): *Wimpertierchen mit langgestrecktem, zylindrischem Körper.*

Spir|re, die; -, -n [aus dem Niederd., Nebenf. von: spi(e)r, ↑Spiere] (Bot.): *Blütenstand, dessen seitene u. längere äußere Blüten eine Art Trichter bilden;* **spir|rig, spirr|lig** ⟨Adj.⟩ (landsch., bes. nordd.): *klein, schmächtig u. schwächlich: Die sperrige Latte, sinnwidrig auf den sanften Namen Susanne getauft. Das spirrige Ding, dem nichts anschlug* (Grass, Butt 590); *Der Polizist, ein spirriges Männchen, ... unterschied sich nur durch eine Mütze von andern Bauern* (Kuby, Sieg 395); *Letztes Jahr sei er* (= der Weihnachtsbaum) *spirrig gewesen und vorletztes Jahr wie ein Strunk* (Kempowski, Tadellöser 112).

spis|sen ⟨sw. V.; hat⟩ [wohl lautm.] (Jägerspr.): *(vom Haselhahn) Balzlaute von sich geben.*

Spi|tal, das, schweiz. ugs. auch: der; -s, Spitäler [mhd. spitāl, spittel, gek. aus mlat. hospitale, ↑Hospital]: **1.** (veraltet, noch landsch., bes. österr., schweiz.) *Krankenhaus.* **2.** (veraltet) **a)** *Hospital* (2); **b)** *Armenhaus;* **Spi|tal|auf|ent|halt**, der (bes. schweiz.): *Krankenhausaufenthalt;* **Spi|tal|er**, ¹**Spi|tä|ler**, der; -s, -: **1.** (veraltet, noch landsch.) *Krankenhauspatient.* **2.** (veraltet) *Insasse eines Spitals* (2); ²**Spi|tä|ler**: Pl. von ↑Spital; **Spi|tal|geist|li|che**, der u. die (bes. schweiz.): *an einem Spital tätige[r] Geistliche[r];* **Spi|tal|ko|sten** ⟨Pl.⟩ (bes. schweiz.): *Kosten eines Krankenhausaufenthalts;* **Spi|tal|pfle|ge**, die (bes. schweiz.): vgl. Spitalsbehandlung: *der Verunglückte befindet sich in S.;* **Spi|tals|ab|tei|lung**, die (bes. österr.): *Abteilung für die stationäre ärztliche Behandlung Kranker, Verletzter: er liegt in der S. der Anstalt;* **Spi|tals|arzt**, der (bes. österr.): *Krankenhausarzt;* **Spi|tals|ärz|tin**, die (bes. österr.): w. Form zu ↑Spitalsarzt; **Spi|tals|be|hand|lung**, die (bes. österr.): *Krankenhausbehandlung;* **Spi|tals|be|lag**, der (österr.): *Anzahl der Kranken in einem Spital* (1); **Spi|tals|ko|sten** ⟨Pl.⟩ (bes. österr.): *Spitalkosten;* **Spi|tals|pfle|ge**, die (bes. österr.): vgl. Spitalsbehandlung: *jmdn. in S. bringen (jmdn. ins Krankenhaus einliefern);* **Spi|tals|schwe|ster**, die (bes. österr.): *Krankenschwester;* **Spit|tel**, das, schweiz.: der; -s, - (landsch., bes. schweiz.): **1.** (ugs.) *Krankenhaus.* **2.** (veraltet) *Spital* (2); **Spitt|ler**, der; -s, - (landsch., bes. schweiz.): **1.** (ugs.) *Krankenhauspatient.* **2.** (veraltet) *Insasse eines Spitals* (2); **Spitt|le|rin**, die; -, -nen (landsch., bes. schweiz.): w. Form zu ↑Spittler.

spitz ⟨Adj.; -er, -este⟩ [mhd. spiz, spitze, ahd. spizzi, verw. z. B. mit lat. spica = Ähre (eigtl. = Spitze)]: **1. a)** *in einer [scharfen] Spitze* (1 a) *endend: ein -er Nagel, Pfeil; eine -e Nadel, Gräte, Harpune; der Bleistift ist nicht s. genug;* **b)** *schmal zulaufend: -e Knie, Ellenbogen, Schuhe, Steine, Türme; ein -es Kinn; eine -e Nase, Schnauze; ein -er Schädel, Bart; ein Kleid mit -em Ausschnitt; die -en Bogen (Spitzbogen) der Kirche; ein s. zulaufendes Rasenstück; Advokat Belotti, schon im schwarzen Rock, der hinten s. abstand* (H. Mann, Stadt 37); *Seine Zähne sind auf ihrem rechten Schenkel einfach und naß und s. aufgereiht* (Müller, Fuchs 117); *Seine Zigarre ... bildete in seinem ... Gesicht einen rechten Winkel und ließ ebenso spitz wie s. erscheinen* (Grass, Hundejahre 176); **c)** (Geom.) *(von Winkeln) kleiner als 90°:* -*er Winkel.* **2.** *(von Tönen, Geräuschen) heftig, kurz u. hoch: einen -en Schrei ausstoßen; Und wie immer, wenn Chinesen miteinander sprechen, klingt es so herausfordernd, gellend und s., als hätten sie Streit* (Heim, Traumschiff 208). **3.** (ugs.) *schmal, abgezehrt (im Gesicht): s. aussehen; sie ist [im Gesicht] s. geworden; Morgens sahen wir sein Gesicht. Es ist -er und gelber geworden* (Remarque, Westen 179). **4.** *anzüglich, stichelnd:* -e

Bemerkungen; Kiessling, der ... mit -en Worten sich erkundigte, ob er vielleicht mit von der Partie sein dürfe (Heym, Schwarzenberg 201); sie kann sehr s. sein; „Auf jeden Fall verdient er Geld", sagte sie s. (Hilsenrath, Nacht 283). **5.** (ugs.) *scharf* (19): *ein -es Weib; So ein -er Lümmel! Dieser Lustmolch!* (Wilhelm, Unter 57); *die Frau ist so was von s.; sie macht die Typen s. und läßt sie dann nicht ran;* ***** *s.* **auf jmdn. sein** (↑ *scharf* 20); **Spitz,** der; -es, -e [1: wohl subst. Adj. spitz; 2: eigtl. = Ansatz, Beginn (= Punkt) eines Rauschs, vgl. frz. (avoir une) pointe, ↑ Pointe; 3: zu ↑ Spitz (1)]: **1.** *Hund mit spitzer Schnauze u. aufrecht stehenden, spitzen Ohren, mit geringeltem Schwanz u. meist langhaarigem, schwarzem od. weißem Fell.* **2.** (landsch.) *leichter Rausch.* **3.** ***** *mein lieber S.!* (fam.; Anrede, die Verwunderung ausdrückt od. einen mahnenden, drohenden Hinweis beinhaltet). **4. a)** (österr., schweiz.) *Spitze;* **b)** ***** *auf S. und Knopf/S. auf Knopf stehen* (südd.; *auf Messers Schneide stehen;* wohl zu ↑ Spitze 1 a = Degen-, Schwertspitze u. Knopf in der Bed. „Knauf des Degens, Schwertes"): Die Dinge stehen jetzt in der DDR für S. und Knopf (Stuttg. Zeitung 9. 11. 89, 1). **5.** (österr.) **a)** *Zigarren-, Zigarettenspitze;* **b)** *kurz für* ↑ *Tafelspitz.* ♦ **6.** (auch -en, -en) *Spitze* (8) *[als Verzierung an Kleidungsstücken]:* Ihr habt da einen saubern -en am Kragen, und wie Euch der Hosen sitzen! (Schiller, Wallensteins Lager 6); **Spitz|ahorn,** der: *Ahorn mit großen, handförmig gelappten, spitz gezähnten Blättern;* **Spitz|bart,** der: **1.** *nach unten spitz zulaufender Kinnbart.* **2.** (ugs.) *Mann mit Spitzbart* (1); **spitz|bär|tig** ⟨Adj.⟩: *einen Spitzbart* (1) *tragend;* **Spitz|bauch,** der: *stark vorstehender Bauch* (1 b); **Spitz|bein,** das (Kochk. landsch.): *Pfote des geschlachteten Schweines;* **spitz|be|kom|men** ⟨st. V.; hat⟩ (ugs.): *herausbekommen:* Sobald Montgomery spitzbekam, wes Geistes Kind Calvin war, begann sein eigener Verstand zu arbeiten (Amory [Übers.], Matten 62); Ich bekam das schnell spitz, setzte mich neben ihn in günstige Position und langte tüchtig hin (Spiegel 51, 1979, 77).
Spitz|ber|gen, -s: *Inselgruppe im Nordpolarmeer.*
Spitz|bo|gen, der (Archit.): *nach oben spitz zulaufender Bogen* (2): *der gotische S.;* **Spitz|bo|gen|fen|ster,** das (Archit.): *Fenster mit einem Spitzbogen als oberem Abschluß;* **spitz|bo|gig** ⟨Adj.⟩ (Archit.): *mit einem Spitzbogen versehen;* **Spitz|boh|ne,** die [nach der spitzen Form des Gerstenkorns im Ggs. zur Form der Kaffeebohne] (ugs. scherzh.): *Gerste[nkorn] des Malzkaffees;* **Spitz|boh|nen|kaf|fee,** der (ugs. scherzh.): *Malzkaffee;* **Spitz|boh|rer,** der: *Werkzeug zum Anreißen* (5) *od. Stechen von Löchern;* **Spitz|bu|be,** der [urspr. = Falschspieler, zu ↑ spitz in der veralteten Bed. „überklug, scharfsinnig"; 3: H. u.]: **1.** (abwertend) *[gerissener] Dieb, Betrüger, Gauner:* -n und Zuhälter; der S. hat ihn übers Ohr gehauen. **2.** (fam.) *(bezogen auf einen kleinen Jungen) Frechdachs, Schelm.* **3.** (österr.) *Gebäck, das aus zwei bzw. drei mit Marmelade aufeinandergeklebten einzelnen Plätzchen besteht;* **Spitz|bu|ben|streich:** *Spitzbüberei* (1); **Spitz|bü|be|rei,** die. **1.** *kleiner Diebstahl; Betrügerei, Gaunerei:* Niemand weiß so genau Bescheid über als ich, und niemand haßt sie so (B. Frank, Tage 127). **2.** (selten) ⟨o. Pl.⟩ *spitzbübische Art; Verschmitztheit, Schalkhaftigkeit;* **Spitz|bü|bin,** die; -, -nen: w. Form zu ↑ Spitzbube (1, 2); **spitz|bü|bisch** ⟨Adj.⟩: **1.** *verschmitzt, schalkhaft, schelmisch:* s. lächeln, grinsen. **2.** (veraltet abwertend) *diebisch, betrügerisch: es Gesindel;* wir müssen uns dünnemachen, um mich einer -en *(gaunersprachlichen)* Redewendung zu bedienen (Th. Mann, Krull 290); **Spitz|buckel**[1], der (Med.): *Kyphose;* **Spitz|chen,** das; -s, -: Vkl. zu ↑ Spitze (1); **Spitz|dach,** das: *spitz zulaufendes Dach;* **spit|ze** ⟨indekl. Adj.⟩ [zu ↑ Spitze (5 b)] (ugs.): *klasse:* es ist s. Film, Buch; das finde ich echt s.; er kann s. kochen; ja, s. hast du das gemacht!; **Spit|ze,** die; -, -n [mhd. spitze, ahd. spizza, spizzī; 8: nach den Zacken des Musters]: **1. a)** *spitzes, scharfes Ende von etw.:* die S. des Pfeils, einer Nadel; bei allen Bleistiften war die S. abgebrochen, ***** *einer Sache die S. abbrechen/nehmen* (einer Sache die Schärfe, die Gefährlichkeit nehmen); die Auffassung ..., mit dem Verzicht auf Kühltürme könne man die Opposition die S. brechen (Baselland. Zeitung 21. 3. 85, 1); *jmdm., einer Sache die S. bieten* (veraltend; *jmdm., einer Sache mutig entgegentreten;* eigtl. = jmdm. die Spitze des Degens, einer Waffe entgegenhalten, ihn zum Zweikampf herauszufordern); *auf S. und Knopf stehen* (↑ Spitz 4 b); **b)** *Ende eines spitz zulaufenden Teils von etw.:* Sein Kopf glich einem auf die S. gestellten Dreieck (Sommer, Und keiner 38); **c)** *Ende, vorderster Teil von etw. Langgestrecktem od. Länglichem:* die S. des Fingers; die S. des Fußes; die -n der Stiefelabdrücke zeigten bei jedem Schritt in eine andere Richtung (Schnurre, Bart 47); die -n *(den vordersten Teil der Schuhsohlen)* erneuern lassen; Darum sagte ich ... mit den -n der Lippen, säuselnd und die Nase dünkelhaft über die Welt erhoben (Th. Mann, Krull 174); Mit der S. des Ellenbogens fiel ich auf den Beton (Bieler, Bonifaz 67); **d)** *oberes Ende von etw. Hochaufgerichtetem:* die S. des Masts, des Kirchturms; die S. *(der Gipfel)* des Berges; Wäre der Wald drüben nicht, man sähe die -n der Schlote (Doderer, Wasserfälle 5); ***** *die S. des Eisbergs* (der offenliegende, kleinere Teil der üblen, mißlichen Sache, die in Wirklichkeit weit größere Ausmaße hat): ich fürchte die jetzt bekannt gewordenen Korruptionsfälle sind nur die S. des Eisbergs; **e)** *kurz für* ↑ *Zigarren-,* ↑ *Zigarettenspitze.* **2. a)** *Anfang, vorderster, anführender Teil:* die S. des [Eisenbahn]zuges, der Kolonne, des Feldes; ... sind amerikanische Panzerkräfte nach Osten durchgebrochen. Ihre -n haben den Main ... erreicht (Apitz, Wölfe 117); die S. bilden; Kaum ist Bonaparte an die S. seiner Reiterei ... ausgerückt ... (St. Zweig, Fouché 102); an der S. marschieren, fahren; sich an die S. setzen, stellen; **b)** (Ballspiele) *in vorderster Position spielender Stürmer:* der Hamburger soll S. spielen, als S. eingesetzt werden; mit zwei -n operieren. **3.** *vordere, führende Position (bes. in bezug auf Leistung, Erfolg, Qualität):* die S. [über]nehmen, halten, abgeben; an der S. liegen, stehen; sich an die S. setzen; Nur ein ganzer Kerl ... kann sich im Sport unserer Jahre so lange an der S. halten (Maegerlein, Piste 75); Die ganze Zeit hielt Egon S. (Loest, Pistole 188); was die Qualität der Geräte angeht, liegen die Japaner heute an der S., ***** *an der S. einer Sache stehen* (die höchste Position in einem bestimmten Bereich innehaben): an der S. des Staates, des Konzerns, der Partei, des Senders, einer Organisation, einer Verschwörung stehen; ... gelangte Hitler ... im Inflationsjahr 1923 an die S. der rechtsradikalen Umsturzbewegung in Bayern (Fraenkel, Staat 206); an der S. der Tabelle stehen (Sport; *Tabellenführer sein*). **4. a)** *Spitzengruppe (bezüglich Leistung, Erfolg, Qualität):* die S. bilden; **b)** *führende, leitende Gruppe:* die gesamte S. des Verlags, der Partei, des Konzerns ist zurückgetreten; Angesichts der Erfahrungen mit der Hitlerzeit ... ließ sich einiges für die monarchische S. sagen (Rothfels, Opposition 110); **c)** ⟨Pl.⟩ *führende, einflußreiche Persönlichkeiten:* die -n der Gesellschaft, der Partei, von Kunst und Wissenschaft; Die Monarchien von Preußen, Österreich und Rußland besaßen lernwillige -n (Sloterdijk, Kritik 164); Er pflegte die Beziehungen zu den -n des Reiches, zur kaiserlichen Familie (Delius, Siemens-Welt 17). **5. a)** *Höchstwert, Höchstmaß; Gipfel:* „Wir kommen im Schnitt täglich 60 Anträge, S. war mehr als 120", sagte uns der Leiter der Paßstelle (MM 9./10. 8. 69, 8); die Verkaufszahlen erreichten im letzten Jahr die absolute S.; das Auto fährt/ macht 180 km S. (ugs.; *Höchstgeschwindigkeit*); Das erste Auto, ... einen Vierzylinder mit 35 PS und 72 Stundenkilometern S., konstruierte wiederum ... (W. Schneider, Sieger 66); in der S. (Jargon; Spitzenzeit 1) brach die Stromversorgung zusammen; ***** *etw.* **auf die S. treiben** (etw. bis zum Äußersten treiben); **b)** ***** *S. sein* (ugs.; *spitze, klasse sein*): die Musik, der Film, das Bier, seine neue Freundin, die Mannschaft, die Band ist [absolute, einsame] S.; Im Eieressen sind wir S. (Hörzu 13, 1983, 132); Ich finde es S., daß Sie solche Themen aufgreifen (ADAC-Motorwelt 14, 1986, 160). **6.** (Wirtsch.) **a)** *bei einer Aufrechnung übrigbleibender Betrag:* die -n beim Umtausch von Aktien; eine S. von 20 Mark; **b)** ***** *freie -n* (ehem. DDR; *landwirtschaftliche Erzeugnisse, die über das Ablieferungssoll hinausgehen u. zu höheren Preisen verkauft werden dürfen*). **7.** *gegen jmdn. gerichtete boshafte Bemerkung:* seine Bemerkung war eine S. gegen dich, gegen das Regime; Diese Feststellung enthielt natürlich eine S., auf mich gerichtet (Hildesheimer, Legenden 119); der Redner teilte einige -n aus; -n parieren. **8.** *in unterschiedlichen Techni-*

Spitzel

ken aus Fäden hergestelltes Material mit kunstvoll durchbrochenen Mustern: eine geklöppelte, gehäkelte S.; -n knüpfen, weben, wirken, stricken; dort, wo der ... Samt ihres Prinzeßkleides in durchsichtige S. überging (Th. Mann, Krull 98); das Kleid ist mit -n besetzt; **Spit|zel**, der; -s, - [urspr. wiener., wohl Vkl. von ↑ Spitz (1), also eigtl. = wachsamer kleiner Spitz] (abwertend): *jmd., der in fremdem Auftrag andere heimlich beobachtet, aufpaßt, was sie sagen u. tun, und seine Beobachtungen seinem Auftraggeber mitteilt:* Ach Bagoff, wenn du nicht so ein gottverdammter Spion und S. wärst (Zwerenz, Quadriga 93); Ein S. hatte der Gestapo den Hinweis geliefert, daß ... (Kühn, Zeit 363); er arbeitet als S. für die Polizei, die Stasi, den Verfassungsschutz; Er wußte, da er in der Firma seine S. hatte, daß ... (Danella, Hotel 240); **Spit|zel|dienst**, der ⟨meist Pl.⟩: *Dienstleistung, die man erbringt, indem man als Spitzel tätig ist:* für jmdn. -e leisten; jmdn. für seine -e bezahlen; ¹**spit|zeln** ⟨sw. V.; hat⟩ (abwertend): *als Spitzel tätig sein:* er soll für die Stasi gespitzelt haben; Aber du weißt nicht, für wen ich spitzele (Zwerenz, Quadriga 93); ²**spit|zeln** ⟨sw. V.; hat⟩ [zu ↑ Spitze (1 c)] (Fußball): *den Ball leicht mit der Fußspitze irgendwohin stoßen:* den Ball ins Tor s.; jmdm. den Ball vom Fuß s.; **spit|zen** ⟨sw. V.; hat⟩ [mhd. spitzen = spitzen (1), lauern (2b), ahd. in: gispizzan = zuspitzen]: **1.** *mit einer Spitze versehen; anspitzen (1):* einen Bleistift s.; Ü da wird er dünn Pfeifen, um ihn den Mund [zum Pfeifen, zum Kuß] s. *(die Lippen vorschieben u. runden);* der Hund spitzt die Ohren *(stellt die Ohren auf, um zu lauschen);* Und ich hab' in Bonn die Ohren gespitzt - nicht nur auf Konferenzen von Politprofis (Hörzu 44, 1979, 8); ♦ So soll es jedem Floh ergehn! - Spitzt die Finger und packt sie fein! (Goethe, Faust I, 2242 f.). **2.** (landsch.) **a)** *aufmerksam od. vorsichtig schauen, lugen:* um die Ecke, durch den Türspalt s.; **b)** *aufmerken:* da spitzt du aber! *(da wirst du aber hellhörig!);* **c)** ⟨s. + sich⟩ *dringlich erhoffen, ungeduldig erwarten:* sich auf das Essen, auf eine Einladung s.; jenes Amt, auf das sich Strauß bis vor kurzem noch selbst gespitzt hatte (Spiegel 36, 1982, 24); ⟨auch o. „sich":⟩ er spitzt auf einen besseren Posten; ♦ Unterdessen hat sich doch schon Valer auf sie (= Juliane) gespitzt *(sich Hoffnung gemacht, sie heiraten zu können;* Lessing, Der junge Gelehrte I, 6); ⟨auch o. „sich":⟩ ... wenn es ein Kennerlob zu s. gilt, das halt nicht eines jeden Sache ist (Mörike, Mozart 236); **Spit|zen-**: **1.** (emotional verstärkend) drückt in Bildungen mit Substantiven aus, daß jmd. oder etw. als besonders gut, [qualitativ] erstklassig, zur Spitze gehörend angesehen wird: Spitzenbesetzung, -darsteller, -film, -frau, -hotel, -mann, -lage, -produkt, -wein. **2.** kennzeichnet in Bildungen mit Substantiven jmdn. oder etw. als eine Person oder Sache, die eine hohe Position, einen hohen oder den höchsten Rang einnimmt: Spitzenagent, -organisation. **3.** drückt in Bildungen mit Substantiven aus, daß etw. (selten jmd.) den

höchsten Wert, das höchste Maß darstellt: Spitzenbedarf, -belastung, -einkommen, -preis, -temperatur; **Spit|zen|be|satz**, der: *Besatz (1) aus Spitze (8);* **Spit|zen|blu|se**, die: *Bluse aus Spitze (8);* **Spit|zen|deck|chen**, das: vgl. Spitzenbluse; **Spit|zen|er|zeug|nis**, das (emotional verstärkend): *Erzeugnis von starker Qualität;* **Spit|zen|funk|tio|när**, der: *führender Funktionär;* **Spit|zen|funk|tio|nä|rin**, die: w. Form zu ↑Spitzenfunktionär; **Spit|zen|gar|ni|tur**, die: *Damengarnitur mit Spitzen (8);* **Spit|zen|ge|schwin|dig|keit**, die: *Höchstgeschwindigkeit eines Fahrzeugs;* **Spit|zen|grup|pe**, die (bes. Sport): *zur Spitze (3) gehörende, an der Spitze (3) stehende Gruppe:* Aus der S. zurückgefallen ist der bisher so starke Aufsteiger Werder Bremen (Kicker 6, 1982, 33); die S. der Konkurrenten, der konkurrierenden Produkte; **Spit|zen|häub|chen**, das (früher): Vkl. zu ↑Spitzenhaube; **Spit|zen|hau|be**, die (früher): *aus Spitze (8) bestehende od. mit Spitzen besetzte Haube;* **Spit|zen|hös|chen**, das: vgl. Spitzengarnitur; **Spit|zen|kampf**, der (bes. Boxen, Budo, Ringen): vgl. Spitzenspiel; **Spit|zen|kan|di|dat**, der: *Kandidat, der an der Spitze (2 a) einer Wahlliste steht;* **Spit|zen|kan|di|da|tin**, die: w. Form zu ↑ Spitzenkandidat; **Spit|zen|klas|se**, die (emotional verstärkend): **1.** *Klasse der Besten, Leistungsstärksten:* der Rennfahrer gehört zur [internationalen] S. **2.** *höchste Qualität:* dieser Sherry ist S.; Fabrikate der S.; getestet wurden fünf Hi-Fi-Camcorder der S.; *** S. sein** (ugs.): *[in der Leistung, Qualität] hervorragend, ausgezeichnet sein);* das Essen, die Musik, die Band war S.; **Spit|zen|klöp|pe|lei**, die: *Klöppelei;* **Spit|zen|klöpp|le|rin**, die: *Frau, die Spitzen (8) klöppelt;* **Spit|zen|kön|ner**, der (emotional verstärkend): *Könner der Spitzenklasse (1);* **Spit|zen|kön|ne|rin**, die: w. Form zu ↑Spitzenkönner; **Spit|zen|kraft**, die (emotional verstärkend): *hervorragende [Arbeits]kraft:* eine hochbezahlte S.; Spitzenkräfte ausbilden, einstellen, engagieren; **Spit|zen|kra|gen**, der: vgl. Spitzenhaube; **Spit|zen|krau|se**, die: vgl. Spitzenhaube; **Spit|zen|last**, die (Elektrot.): *zeitweise extreme Belastung des Stromnetzes;* **Spit|zen|lei|stung**, die (emotional verstärkend): *hervorragende, ausgezeichnete Leistung;* **Spit|zen|mann|schaft**, die (emotional verstärkend): *Mannschaft der Spitzenklasse (1);* **spit|zen|mä|ßig** ⟨Adj.⟩ (ugs.): *ausgezeichnet, hervorragend:* Die Inhaber ... verkaufen ... -e Bouletten (Szene 8, 1983, 25); die Band hat s. gespielt; **Spit|zen|pa|pier**, das: **1.** *am Rand wie Spitzen (8) durchbrochenes dekoratives Papier für Tortenplatten o. ä.* **2.** (Wirtsch. emotional verstärkend) *äußerst lukratives Wertpapier;* **Spit|zen|platz**, der: *Platz an der Spitze (3 a):* einen S. belegen, erobern; **Spit|zen|po|li|ti|ker**, der (emotional verstärkend): vgl. Spitzensportler; **Spit|zen|po|li|ti|ke|rin**, die (emotional verstärkend): w. Form zu ↑Spitzenpolitiker; **Spit|zen|po|si|ti|on**, die: **1.** *Position an der Spitze (3).* **2.** *führende, leitende Position;* **Spit-**

zen|qua|li|tät, die (emotional verstärkend): vgl. Spitzenerzeugnis; **Spit|zen|rei|ter**, der: *Person, Gruppe, Sache in einer Spitzenposition (1):* der S. der Hitparade, des Rennens, auf dem Automarkt; die Bundesliga ist einen neuen S.; **Spit|zen|rei|te|rin**, die: w. Form zu ↑Spitzenreiter; **Spit|zen|rü|sche**, die: vgl. Spitzenhaube; **Spit|zen|spiel**, das (Sport emotional verstärkend): *Spiel von Spitzenmannschaften gegeneinander;* **Spit|zen|spie|ler**, der (Sport emotional verstärkend): vgl. Spitzensportler; **Spit|zen|spie|le|rin**, die (Sport emotional verstärkend): w. Form zu ↑Spitzenspieler; **Spit|zen|sport**, der (emotional verstärkend): *Leistungssport, der sich durch Spitzenleistungen auszeichnet;* **Spit|zen|sport|ler**, der (emotional verstärkend): *Sportler der Spitzenklasse (1); Champion, Crack;* **Spit|zen|sport|le|rin**, die (emotional verstärkend): w. Form zu ↑Spitzensportler; **Spit|zen|stel|lung**, die: vgl. Spitzenposition; **Spit|zen|stoß**, der (Fußball): *mit der Fußspitze ausgeführter Stoß;* **Spit|zen|tanz**, der: *(im Ballett) bei gestrecktem Spann auf der äußersten Fußspitze ausgeführter Tanz;* **Spit|zen|tän|ze|rin**, die: *Tänzerin, die den Spitzentanz beherrscht;* **Spit|zen|ta|schen|tuch**, das: *mit Spitze (8) umrandetes Taschentuch;* **Spit|zen|tech|no|lo|gie**, die (emotional verstärkend): *dem neuesten Stand entsprechende Technologie von höchster Qualität;* **Spit|zen|tuch**, das ⟨Pl. ...tücher⟩: *mit Spitze (8) verziertes, aus Spitze bestehendes Tuch;* **Spit|zen|ver|die|ner**, der: *jmd., der zur Gruppe derer gehört, die am meisten Geld verdienen:* [nicht] zu den -n gehören; **Spit|zen|ver|die|ne|rin**, die: w. Form zu ↑ Spitzenverdiener; **Spit|zen|wachs|tum**, das ⟨o. Pl.⟩ (Bot.): **1.** *Längenwachstum der Sproß-, Wurzel- u. Blattspitzen.* **2.** *Längenwachstum der einzelnen Zelle, die sich an ihrer Spitze durch Einlagerung von Zellulosemolekülen verlängert;* **Spit|zen|wert**, der: *Höchstwert;* **Spit|zen|zeit**, die: **1.** *Zeit der Höchstbelastung, des größten Andrangs, Verkehrs u. a.:* in -en verkehren die Busse im 10-Minuten-Takt. **2.** (Sport) **a)** *beste, kürzeste erzielte Zeit;* **b)** (emotional verstärkend) *gestoppte Zeit, die eine Spitzenleistung bedeutet;* **Spit|zen|zel|le**, die (Bot.): *Scheitelzelle;* **Spit|zer**, der; -s, -: **1.** (ugs.) kurz für ↑ Bleistiftspitzer. **2.** (landsch.) *Spitz (1);* **spitz|fin|dig** ⟨Adj.⟩ [viell. zu ↑ spitz in der veralteten Bed. = überklug, scharfsinnig" u. zu mhd. vündec, ↑ findig] (abwertend): *in argerlicher Weise kleinlich, rabulistisch od. sophistisch in der Auslegung, Begründung o. ä. von etw.:* eine -e Unterscheidung; jetzt wirst du [aber ein bißchen sehr] s.; s. argumentieren; **Spitz|fin|dig|keit**, die; -, -en (abwertend): **a)** ⟨o. Pl.⟩ *das Spitzfindigsein;* **b)** *einzelne spitzfindige Äußerung o. ä.:* verschone mich mit deinen -en; sich in -en verlieren; **Spitz|fuß**, der (Med.): *deformierter Fuß mit hochgezogener Ferse, der nur ein Auftreten mit Ballen u. Zehen zuläßt; Pferdefuß (1 b);* **Spitz|ge|win|de**, das (Technik): *spitz zulaufendes Gewinde;* **Spitz|gie|bel**, der: vgl. Spitzdach; **Spitz|glas**, das: *spitzes Kelchglas;* **spitz|ha|ben** ⟨sw. V.; hat⟩ (ugs.):

spitzgekriegt haben; **Spitz|hacke**[1], die: [1]*Hacke mit spitz zulaufendem Blatt;* [1]*Pickel* (a): *der Mörder hat sein Opfer mit einer S. erschlagen;* Ü *dieses Gebäude ist der S. zum Opfer gefallen (ist abgebrochen, abgerissen worden);* **Spitz|har|fe**, die: *aufrechte, auf beiden Seiten des Resonanzbodens mit Saiten bezogene Zither in Harfenform;* **Spitz|hörn|chen**, das: *(in Süd[ost]asien heimisches) bis 20 cm langes Säugetier mit spitzer Schnauze, bräunlichem Fell u. langem, meist buschigem Schwanz;* **Spitz|hund**, der (seltener): *Spitz* (1); **spit|zig** ⟨Adj.⟩ [mhd. spizec, spitzic] (veraltend): **1.** *spitz* (1); *schmal zulaufend:* -e *Eisenstangen, Pflöcke, Fingernägel; ... und löst den unteren Schild mit einem langen -en Messer ab* (Jonke, Schule 49). **2.** *spitz* (3), *abgezehrt: sie ist ganz s. im Gesicht.* **3.** *spitz* (4): -e *Anspielungen;* **Spit|zig|keit**, die; - (veraltend): *das Spitzigsein;* ♦ **Spit|zin**, die; -, -nen- *(in landsch. Sprachgebrauch) weiblicher Spitz* (1): *Das ärmste von den armen Tieren der Wegemacherfamilie war aber die alte Sp. Sie lief nur noch auf drei Beinen* (Ebner-Eschenbach, Spitzin 19); **spitzke|ge|lig, spitz|keg|lig** ⟨Adj.⟩: *die Form eines spitzen Kegels habend:* -e *Schuttberge;* **Spitz|keh|re**, die: **1.** *Kehre* (1); *Haarnadelkurve.* **2.** (Ski) *Wendung [am Hang], die im Stand um 180° ausgeführt wird, so daß man in entgegengesetzter Richtung weiterfahren kann;* **Spitz|kelch**, der: *spitzer Kelch* (1 a); **Spitz|kohl**, der: *bläulichgrüne Art des Weißkohls mit spitz-ovalem Kopf;* **Spitzkopf**, der (Med.): *Kopf von abnorm hoher, spitzer Form;* **spitz|köp|fig** ⟨Adj.⟩ (Med.): *einen Spitzkopf habend;* **spitz|krie|gen** ⟨sw. V.; hat⟩ [aus dem Niederd., urspr. wohl = etw. für einen bestimmten Zweck spitz machen] (ugs.): *bemerken, herausbekommen: bis die das spitzkriegen, sind wir doch längst über alle Berge; Was passiert, wenn meine Frau das spitzkriegt und mir den Koffer vor die Tür schmeißt?* (Grossmann, Beziehungsweise 217); *Hat Annemarie etwa dein Verhältnis mit Frau Karnbach spitzgekriegt?* (Bieler, Bär 259); *er hat den Schwindel gleich spitzgekriegt (durchschaut);* **Spitz|kro|ne**, die (Bot.): *nach oben spitz zulaufende, spindelförmige Krone eines Baumes;* **Spitz|kühler**, der [scherzh. übertr. nach dem die Spitze des Autos bildenden Kühler (a)] (salopp scherzh.): *Spitzbauch;* **Spitz|mar|ke**, die (Druckw.): *in auffallender Schrift am Anfang der ersten Zeile eines Absatzes gesetztes (eine Überschrift vertretendes) Wort;* **Spitz|ma|schi|ne**, die: *Maschine zum Anspitzen von Bleistiften o. ä.;* **Spitzmaus**, die: **1.** *kleines, einer Maus ähnliches Tier mit langer, spitzer Schnauze.* **2.** (ugs. leicht abwertend) *jmd., bes. eine weibliche Person, mit magerem, spitzem Gesicht;* **Spitz|mor|chel**, die [nach dem kegelförmigen Hut]: *als Speisepilz sehr geschätzte Morchel mit kegelförmigem Hut;* **Spitz|na|me**, der [zu ↑spitz (4)]: *scherzhafter od. spöttischer Beiname: ei-n haben, weghaben; jmdm. einen -n geben, verpassen; Ich wollte es soweit bringen, daß ich auch einen starken -n*

bekam (Christiane, Zoo 42); *ich kenne sie nur mit* [ihrem] -n; *mit -n heißt er Django;* **spitz|na|sig** ⟨Adj.⟩: *mit spitzer Nase: ein -es Gesicht, Mädchen;* **spitzoh|rig** ⟨Adj.⟩: *mit spitzen Ohren: ein -er Hund;* **Spitz|pocken**[1] ⟨Pl.⟩ [nach den zugespitzten Knötchen]: *Windpocken.* ♦ **Spitz|re|de**, die: *spitze* (4) *Bemerkung; Spottrede: Die gewöhnliche Zielscheibe ihrer -n war die arme Schnapper-Elle* (Heine, Rabbi 479); **Spitz|säu|le**, die (selten): *Obelisk;* **Spitz|sen|ker**, der [nach dem kegelförmigen Kopf] (Technik): *Krauskopf* (3); **Spitz|we|gerich**, der: *Wegerich mit schmalen, lanzettlichen Blättern;* **spitz|win|ke|lig, spitz|wink|lig** ⟨Adj.⟩: *mit, in einem spitzen Winkel: ein -es Dreieck; sie in einem spitzen Winkeln; s. zusammenlaufen;* **spitzzün|gig** ⟨Adj.⟩: *vgl. scharfzüngig;* **Spitzzün|gig|keit**, die; -: *vgl. Scharfzüngigkeit.*
splanch|nisch ['sp...] ⟨Adj.⟩ [zu griech. splágchna = Eingeweide] (Med.): *viszeral;* **Splanch|no|lo|gie** [sp...], die; - [-logie] (Med.): *Wissenschaft u. Lehre von den Eingeweiden.*
Spleen [ʃpli:n, selten: sp...], der; -s, -e u. -s [engl. spleen, eigtl. = (durch Erkrankung der) Milz (hervorgerufene Gemütsverstimmung) < lat. splen = Milz < griech. splḗn]: *Schrulle, Marotte; Überspanntheit: etw. ist jmds. S.; ... kirchgängerei als einen S. hinwegzusehen ...* (Bieler, Mädchenkrieg 96); *sie hatte den S., jeden nach seiner Abstammung zu fragen; er hat ja einen ganz schönen S. (ist ganz schön eingebildet); Menschenskinder, ihr habt ja 'n S. (seid ja nicht recht bei Verstand;* H. Mann, Unrat 54); **splee|nig** ['ʃpli:nɪç, selten: 'sp...] ⟨Adj.⟩: *einen Spleen habend, darstellend; leicht verrückt: ein -er Mensch, Einfall;* **Splee|nig|keit**, die; -, -en: **1.** ⟨o. Pl.⟩ *spleenige Art, Verschrobenheit, Überspanntheit.* **2.** *spleeniger Zug, Einfall.*
Spleiß, der; -es, -e [zu ↑spleißen]: **1.** (Seemannsspr.) *durch Spleißen hergestellte Verbindung zwischen zwei Seil- o. Kabelenden.* **2.** (landsch.) *Splitter;* **splei|ßen** ⟨st. u. sw. V.; hat⟩ [1: urspr. = ein Tau in Stränge auflösen]; 2: mhd. (md.) splīzen = bersten, (sich) spalten, verw. mit ↑spalten; vgl. Splitt]: **1.** (bes. Seemannsspr.) *(Seil-, Kabelenden) durch Verflechten der einzelnen Stränge o. ä. verbinden: Seile, Taue s.;* ⟨auch o. Akk.-Obj.:⟩ *kannst du s.?* **2.** (landsch. veraltend) **a)** *(Holz o. ä.) spalten;* **b)** *schleißen* (1a).
Splen [sp..., ʃp...], der; -s, -es [...ne:s] [griech. splḗn] (Med. selten): *Milz.*
splen|did [ʃp..., sp...] ⟨Adj.⟩: -er, -[e]ste [älter = glänzend, prächtig, unter Einfluß von ↑spendieren < lat. splendidus, zu: splendere = glänzen]: **1.** (bildungsspr. veraltend) *freigebig, großzügig: ein -er Mensch; er war in -er Laune; So s. sind die Preußen nicht* (Remarque, Westen 7); *Zeigt sich ausnahmsweise doch jemand so s., einen Sechser zuzulegen* (Kisch, Reporter 59); *jmdn. s. bewirten.* **2.** (bildungsspr. veraltend) *kostbar; prächtig:* -e *Dekorationen.* **3.** (Druckw.) *weit auseinandergerückt, mit großem Zei-*

lenabstand [auf großem Format mit breiten Rändern]; -er Satz; etw. s. setzen; **Splen|did isollation** ['splɛndɪd aɪsə'leɪʃən], die; - - [engl. splendid isolation, eigtl. = glanzvolles Alleinsein] (bildungsspr.): *freiwillige Bündnislosigkeit eines Landes, einer Partei o. ä.:* Ü *er lebt in einer S. i. (hat sich ganz zurückgezogen);* **Splen|di|di|tät**, die; - (veraltet): *das Splendidsein* (1, 2).
Splen|ek|to|mie, die; -, -n [zu griech. splḗn = Milz u. ↑Ektomie] (Med.): *operative Entfernung der Milz;* **Sple|ni|tis**, die; -, ...itiden (Med.): *Milzentzündung;* **sple|no|gen** ⟨Adj.⟩ [↑-gen] (Med.): *von der Milz herrührend (von krankhaften Veränderungen);* **Sple|no|he|pa|to|me|galie**, die; -, -n [zu griech. hēpar (Gen.) hēpatos) = Leber u. mégas (megal-) = groß] (Med.): *Vergrößerung von Milz u. Leber;* **Sple|nom**, das; -s, -e (Med.): *gutartige Milzgeschwulst;* **sple|no|me|gal** ⟨Adj.⟩ (Med.): *die Splenomegalie betreffend;* **Sple|no|me|ga|lie**, die; -, -n [zu griech. mégas (megal-) = groß] (Med.): *krankhafte Vergrößerung der Milz;* **Sple|no|to|mie**, die; -, -n [zu griech. tomḗ = das Schneiden; Schnitt] (Med.): *Milzoperation.*
Spließ, der; -es, -e [spätmhd. splīʒe, zu mhd. (md.) splīʒen, ↑spleißen] (Bauw.): *[Holz]span, Schindel o. ä. unter den Dachziegelfugen;* **Spließ|dach**, das (Bauw.): *Dach mit Biberschwänzen u. Spließen.*
Splint, der; -[e]s, -e [aus dem Niederd. < mniederd. splinte, eigtl. = Abgespaltener, verw. mit ↑spleißen, ↑splittern]: **1.** (Technik) *der Sicherung von Schrauben u. Bolzen dienender gespaltener Stift aus Metall, der durch eine quergebohrte Öffnung in Schrauben u. Bolzen gesteckt u. durch Auseinanderbiegen seiner Enden befestigt wird.* **2.** ⟨o. Pl.⟩ (Bot., Holzverarb.) *weiches Holz (bes. der äußeren Holzschicht eines Stammes);* **Splint|holz**, das ⟨o. Pl.⟩: *Splint* (2); **Splint|holz|käfer**, der [die Larven bohren Gänge in das Splintholz]: *(in Mitteleuropa heimischer) schlanker, meist brauner Käfer;* **Splint|käfer**, der [vgl. Splintholzkäfer]: *(in Europa heimischer) sehr schädlicher Borkenkäfer.*
spliß: ↑spleißen; **Spliß**, der; Splisses, Splisse: *Spleiß;* **splis|sen** ⟨sw. V.; hat⟩ (landsch.): *spleißen.*
Split [ʃplɪt]: *Stadt in Kroatien.*
Splitt, der; -[e]s, ⟨Sorten:⟩ -e [aus dem Niederd., eigtl. = abgeschlagenes Stück, Splitter, zu: splitten, Nebenf. von: spliten = spleißen]: *im Straßenbau u. bei der Herstellung von Beton verwendetes Material aus grobkörnig zerkleinertem Stein;* **split|ten** ⟨sw. V.; hat⟩ [engl. to split = spalten, (auf)teilen < mniederl. splitten, identisch mit niederd. splitten, ↑Splitt]: **1.** (bes. Wirtsch.) *teilen, aufteilen, bes. einem Splitting* (2) *unterziehen: Aktien s.; einen Auftrag s.* **2.** (Politik) *einem Splitting* (3) *unterziehen; aufteilen: Sie können ihre Stimmen s.* **3.** (Sprachw.) *einem Splitting* (4) *unterziehen: gesplittete Formen in Anträgen;* **Split|ter**, der; -s, - [mhd. splitter, splittere, zu ↑spleißen]: **a)** *kleines, flaches spitzes Bruchstück bes. von einem spröden Material: ein S. aus Holz, Metall, Kunststoff,*

Splitterbombe

Glas, Stein; die S. eines zertrümmerten Knochens; ... und ein paar S. lagen herumgesät (Gaiser, Jagd 71); er ist durch einen S. *(Bomben-, Granatsplitter)* verwundet worden; das Glas zersprang in tausend S.; ... Holz, Tuch, ... armselige Deckung vor hochschlagenden -n (Remarque, Westen 53); R den S. im fremden Auge, aber den Balken im eigenen nicht sehen *(kleine Fehler anderer kritisieren, aber die eigenen viel größeren nicht erkennen od. nicht eingestehen wollen; nach* Matth. 7, 3); **b)** *als Fremdkörper in die Haut eingedrungener winziger Splitter* (a) *aus Holz o.ä.:* der S. ist herausgeeitert, muß raus; einen S. im Finger haben; sich einen S. einreißen, holen, herausziehen; **Split|ter|bom|be,** die (Milit.): *Bombe mit großer Splitterwirkung;* **Split|ter|bruch,** der (Med.): ¹*Bruch* (2 a), *bei dem der Knochen stark zersplittert ist;* **split|ter|fa|ser|nackt** ⟨Adj.⟩ [H. u.] (ugs.): *völlig nackt;* **split|ter|frei** ⟨Adj.⟩: *nicht splitternd* (2 a): -es Sicherheitsglas; **Split|ter|gra|ben,** der (Milit.): *Graben, der Schutz vor Bomben-, Granatsplittern o.ä. bieten soll:* Ede wühlte im Garten, um einen sogenannten Splittergraben zu bauen (Lentz, Muckefuck 186); **Split|ter|grup|pe,** die: *kleine (bes. politische, weltanschauliche) Gruppe [die sich von einer größeren abgesplittert hat]:* radikale -n; **split|te|rig,** splittrig ⟨Adj.⟩: **1.** *leicht splitternd* (1): -es Holz. **2.** *voller Splitter:* ein ungehobeltes, -es Brett; **split|tern** ⟨sw. V.⟩: **1.** *an der Oberfläche, bes an den Kanten, Splitter* (a) *bilden* ⟨hat⟩: das Holz splittert [sehr]. **2. a)** *die Eigenschaft haben, beim Brechen zu splittern* (2 b) ⟨hat⟩: dieser Kunststoff splittert nicht; nicht splitterndes Sicherheitsglas; **b)** *in Splitter zerbrechen; zersplittern* ⟨ist⟩: Nebenan krachte Holz, splitterte Glas (Bieler, Mädchenkrieg 244); die Fensterscheibe ist [in tausend Scherben] gesplittert; **split|ter|nackt** ⟨Adj.⟩ [mniederd. im 15. Jh. splitternaket, H. u.] (ugs.): *völlig nackt;* **Split|ter|par|tei,** die: vgl. Splittergruppe; **Split|ter|rich|ter,** der [nach Matth. 7, 3] (veraltet): *kleinlicher Beurteiler;* **Split|ter|rich|te|rin,** die (veraltet): w. Form zu ↑ Splitterrichter; **Split|ter|schutz,** der: *Schutz* (2) *gegen Bomben-, Granatsplitter:* Wir sind luftschutzbereit, haben ... die Kellerfenster mit S. verschalt (Zeller, Amen 253); **split|ter|si|cher** ⟨Adj.⟩: **1.** *gegen [Bomben-, Granat]splitter Schutz bietend:* -e Unterstände. **2.** *splitterfrei;* **Split|ter|wir|kung,** die: *in der Entstehung von Splittern* (1) *bestehende Wirkung:* das Glas wird zur Erhöhung der Bruchfestigkeit und zur Verringerung der S. thermisch vorgespannt; diese Geschosse sind vor allem wegen ihrer zerstörerischen S. so gefährlich; **Split|ting** ['ʃp..., 'sp...], das; -s, -s [engl. splitting, eigtl. = das Spalten, zu: to split, ↑splitten]: **1.** ⟨o. Pl.⟩ (Steuerw.) *Besteuerung von Ehegatten, die sich bei jedem der beiden Ehegatten auf die Hälfte des Gesamteinkommens erstreckt:* das S., das Verfahren des -s einführen; das S. durch eine wahlweise getrennte Veranlagung der Ehepaare ersetzen. **2.** (Wirtsch.) *Teilung einer Aktie o.ä. (wenn der Kurswert sich vervielfacht hat).* **3.** (Politik) *Verteilung der Erst- u. Zweitstimme auf verschiedene Parteien.* **4.** (Sprachw.) *Aufteilung eines Substantivs mit maskulinem Genus als Genus commune in eine maskuline und feminine Form:* Antragsteller/-in; **Split|ting|sy|stem,** das (Steuerw.): *Splitting* (1); **Split|ting|ta|rif,** der (Steuerw.): *beim Splitting* (1) *angewandter Steuertarif;* **Split|ting|ver|fah|ren,** das (Steuerw.): vgl. Splittingsystem; **split|trig:** ↑splitterig.

SPÖ = Sozialdemokratische Partei Österreichs; (bis 1991:) Sozialistische Partei Österreichs.

Spo|di|um ['ʃp..., 'sp...], das; -s [lat. spodium < griech. spódion = (Metall)asche] (Chemie): *durch Erhitzen von Knochen* (1 b) *unter Luftabschluß gewonnenes Produkt, das u.a. als Medikament bei Darmkatarrh verwendet wird;* **Spo|du|men,** der; -s, -e [zu griech. spodoúmenon = das zu Asche Gebrannte]: **1.** (Mineral.) *durchsichtiges Mineral, das auch als Schmuckstein verwendet wird:* S. ist ein wichtiger Rohstoff für die Gewinnung von Lithiumverbindungen. **2.** *Stück Spodumen* (1), *aus Spodumen* (1) *bestehender Schmuckstein:* ein Ring mit einem S.

Spoi|ler, der; -s, - [engl. spoiler, zu: to spoil = (Luftwiderstand) vermindern, eigtl. = verderben, ruinieren < mengl. spoile < afrz. espoille < lat. spolia, ↑spoliieren]: **1.** (Kfz-T.) *die aerodynamischen Verhältnisse günstig beeinflussendes Blech- od. Kunststoffteil an Kraftfahrzeugen, das durch Beeinflussung der Luftströmung eine bessere Bodenhaftung bewirkt.* **2.** (Flugw.) *Klappe an der Oberseite eines Tragflügels, die einen Auftriebsverlust bewirkt.* **3.** (Ski) *Verlängerung des Skistiefels am Schaft als Stütze bei der Rücklage;* **Spoils-sy|stem** ['spɔɪlzsɪstɪm], das; - [engl. spoils system, eigtl. = Beutesystem, zu: spoil = Beute < mengl. spoile < afrz. espoille < lat. spolia, ↑Spolien]: *in den Vereinigten Staaten die Besetzung öffentlicher Ämter durch die Mitglieder der in einer Wahl siegreichen Partei.*

Spö|ke, der; -, -n [zu niederd. spök, ↑Spökenkieker]: *(u.a. in der Nordsee u. im Mittelmeer lebender) silbergrauer, dunkelgefleckter Seedrache, aus dessen Leber ein hochwertiges Öl gewonnen wird;* **Spö|ken|kie|ker,** der [niederd., zu: spök = Spuk(gestalt) u. ↑kieken]: **a)** (nordd.) *Geisterseher; Hellseher:* ... weil die seriösen Meteorologen keine S. sein wollen (Hörzu 42, 1972, 80); einen S. als Schwindler entlarven; **b)** (ugs. scherzh. od. spött.) *grüblerischer, spintisierender Mensch:* In der letzten Zeit, sagt Justus, muß sie oft an diesen verfluchten S. gedacht haben, an den sie damals geraten ist (Chr. Wolf, Nachdenken 96); **Spö|ken|kie|ke|rei,** die; -, -en: **a)** (nordd.) *Hellseherei;* **b)** (ugs. scherzh. od. spött.) *Spintisiererei;* **Spö|ken|kie|ke|rin,** die; -, -nen: w. Form zu ↑Spökenkieker.

Spo|li|ant, der; -en, -en [zu lat. spolians (Gen.: spoliantis), 1. Part. von: spoliare, ↑spoliieren] (Rechtsspr. veraltet): *jmd., der der Beraubung angeklagt ist;* **Spo|lia|ti|on,** die; -, -en [lat. spoliatio, zu: spoliare, ↑spoliieren] (Rechtsspr. veraltet): *Raub, Plünderung;* **Spo|li|en** ['ʃp..., 'sp...] ⟨Pl.⟩ [1: lat. spolia (Pl.), eigtl. wohl = Abgezogenes; 2: mlat. spolia; 3: übertr. von (1)]: **1.** *(im antiken Rom) Beutestücke, erbeutete Waffen.* **2.** (früher) *Nachlaß eines katholischen Geistlichen.* **3.** (Archit.) *aus anderen Bauten stammende, wiederverwendete Bauteile (z.B. Säulen o.ä.);* **Spo|li|en|kla|ge,** die (kath. Kirchenrecht): *Klage wegen des Entzugs des Besitzes an Rechten od. Sachen;* **Spo|li|en|recht,** das: *(bes. im MA.) Anspruch eines geistlichen od. weltlichen Kirchenherrn auf die Spolien* (2) *eines verstorbenen Geistlichen;* **spo|li|ie|ren** ⟨sw. V.⟩; hat⟩ [lat. spoliare, zu: spolium = Beute (Pl.: spolia), ↑Spolien] (veraltet, noch landsch.): *berauben, plündern, stehlen.*

Spom|pa|na|deln, Spom|pa|na|den ⟨Pl.⟩ [älter ital. spampanata = Aufschneidereien, zu: spampanare = aufschneiden] (österr. ugs.): *Sperenzchen.*

Spon|de|en: Pl. von ↑Spondeus; **spon|de|isch** [sp..., ʃp...] ⟨Adj.⟩: **1.** *den Spondeus betreffend.* **2.** *in Spondeen geschrieben, verfaßt;* **Spon|de|us** [sp..., ʃp...], der; -, ...en [lat. spondeus (pes) < griech. spondeîos (poús), zu: spondḗ = (Trank)opfer, nach den hierbei üblichen langsamen Gesängen] (Verslehre): *aus zwei Längen bestehender antiker Versfuß;* **Spon|dia|kus** [sp..., ʃp...], der; -, ...zi [zu lat. spondiacus < griech. spondeiakós = spondeisch] (Verslehre): *Hexameter, in dem statt des fünften Daktylus ein Spondeus eintritt.*

spon|die|ren ⟨sw. V.; hat⟩ [lat. spondere = verkünden; feierlich versprechen] (österr.): *jmdm. den Magistertitel verleihen:* er wurde an der Universität Salzburg spondiert.

Spon|dyl|ar|thri|tis [ʃp..., sp...], die; -, ...iti|den [zu griech. spóndylos (↑Spondylus) u. ↑Arthritis] (Med.): *Entzündung der Wirbelgelenke;* **Spon|dyl|ar|thro|se** [ʃp..., sp...], die (↑Arthrose) (Med.): *chronisch-degenerative Veränderung der Wirbelgelenke;* **Spon|dy|li|tis** [ʃp..., sp...], die; -, ...iti|den (Med.): *Wirbelentzündung;* **Spon|dy|lo|de|se** [ʃp..., sp...], die; -, -n [zu griech. désis = das Binden] (Med.): *operative Versteifung von Wirbelsäulenabschnitten als therapeutische Maßnahme z.B. bei fortschreitender Skoliose;* **Spon|dy|lo|se** [ʃp..., sp...], die; -, -n (Med.): *[von den Bandscheiben ausgehende] Erkrankung der Wirbelsäule;* **Spon|dy|lus** [ʃp..., sp...], der; -, ...li [1: griech. spóndylos]: **1.** (Anat.) *Wirbel.* **2.** (Zool.) *Stachelauster.*

Spon|gia ['ʃp..., 'sp...], die; -, ...ien [lat. spongia < griech. spoggiá] (Biol.): *Schwamm* (1); **Spon|gi|lit** [ʃp..., sp...; auch: ...'lɪt], der; -s, -e: *hauptsächlich aus Nadeln von Kieselschwämmen entstandenes Kieselgestein;* **Spon|gin** [ʃp..., sp...], das; -s (Biol.): *elastische Stützsubstanz der Schwämme* (1); **Spon|gio|lo|gie,** die; - [↑-logie]: *Teilgebiet der Biologie, auf dem man sich mit den Schwämmen* (1) *befaßt;* **spon|gi|ös** [ʃp..., sp...] ⟨Adj.⟩ [lat. spongiosus] (bes. Med.): *schwammartig;* **Spon|gio|sa** [ʃp..., sp...], die; - (Med.): *spongiöses Innengewebe der Knochen.*

spön|ne: ↑spinnen.
Spon|sa [ʃp..., sp...], die; -, ...sae [...zɛ; lat. sponsa, zu: spondere, ↑Sponsalien]: (in Kirchenbüchern) lat. Bez. für *Braut;* **Spon|sa|li|en** [ʃp..., sp...] ⟨Pl.⟩ [lat. sponsalia, zu: sponsus = Verlobter, zu: spondere (2. Part.: sponsum) = ver-, geloben] (veraltet): **a)** *Verlobungsgeschenke;* ◆ **b)** *Verlobung:* Wer wird überhaupt diesen und dergleichen Sachen kurz vor seinen S. schärfer nachdenken (Jean Paul, Wutz 38); **spon|sern** [ʃp..., sp...] ⟨sw. V.; hat⟩ [engl. to sponsor, zu: sponsor, ↑Sponsor]: *(auf der Basis eines entsprechenden Vertrags) finanziell od.* auch *durch Sachleistungen od. Dienstleistungen unterstützen, [mit]finanzieren (um dafür werblichen o. ä. Zwecken dienende Gegenleistungen zu erhalten):* einen Sportler, einen Künstler, eine Tournee s.; Wer sauberen Sport s. will, könnte zum Beispiel ... (MM 29. 4. 92, 3); Der Ligacup wird von der britischen Molkereiwirtschaft gesponsert (Salzburger Nachr. 30. 3. 84, 11); Für Marlboro dementiert ein Sprecher: „Wir haben das Video nicht gesponsert" (Hörzu 36, 1985, 28); der Rennfahrer wird von einem Kaufhauskonzern gesponsert; Nach dem Gartenbuch ..., das die Zigarettenmarke HB gesponsert hatte (Börsenblatt 53, 1976, 985); der Schülerwettbewerb wird vom Bildungsministerium gesponsert (ugs.; *finanziell gefördert*); **spon|sie|ren** [ʃp..., sp...] ⟨sw. V.; hat⟩ (veraltet, noch landsch.): *um ein Mädchen werben, den Hof machen;* **Spon|si|on** [ʃp..., sp...], die; -, -en [lat. sponsio = feierliches Gelöbnis, zu: spondere, ↑Sponsalien] (österr.): *feierliche Verleihung des Magistertitels:* ... wurde im Festsaal der Hochschule Rolfs S. und Promotion gefeiert (Schwaiger, Wie kommt 12); **Spon|sor** [ʃp..., sp..., engl.: 'spɔnsə], der; -s, ...oren u. (bei engl. Ausspr.) -s [engl. sponsor, eigtl. = Bürge < lat. sponsor, zu: spondere, ↑Sponsalien]: **a)** *Wirtschaftsunternehmen o. ä., das jmdn., etw. sponsert (z. B. im Sport):* mächtige, finanzstarke -en; Ein S. dagegen gibt das Geld zu seiner Imagepflege und Imageverbesserung aus (Spiegel 38, 1988, 215); die -en der Regatta, des Stadtmarathons, der Tournee; S. dieses Rennfahrers, Teams ist die Firma X; ... ist die Daimler-Benz AG zum größten S. der deutschen Sportler geworden (Spiegel 6, 1989, 5); ... wäre jeder Versuch ... der -en dumm, die Gestaltungsfreiheit von Künstlern einzuengen oder zu manipulieren (MM 14./15. 1. 89, 60); **b)** (ugs.) *jmd., der jmdn., etw. finanziell unterstützt, fördert:* großzügige -en; **Spon|so|rin** [ʃp..., sp...], die; -, -nen: w. Form; zu ↑Sponsor; **Spon|so|ring** [ʃp..., sp..., engl.: 'spɔnsərɪŋ], das; -s [engl. sponsoring]: *das Sponsern:* Das ... S. der Wirtschaft macht den Sport zum Spielball kommerzieller Interessen (Spiegel 15, 1991, 212); S. betreiben; ... daß die meisten Unternehmen das S. ... der Werbung oder Public Relations zuordnen (Börsenblatt 78, 1988, 2804); der Konzern gibt für [das] S. jährlich zehn Millionen aus; **Spon|sor|schaft**, die; -, -en: *Förderung durch einen Gönner, Geldgeber:* eine S. für jmdn., etw. übernehmen; **Spon|sor|ship** ['ʃpɔnzo:ɐ̯ʃɪp, 'sp..., engl.: 'spɔnsə-ʃɪp], die; -, - [engl. sponsorship]: *Sponsorschaft;* **Spon|sus** [ʃp..., sp...], der; -, ...si [lat. sponsus, ↑Sponsalien]: (in Kirchenbüchern) lat. Bez. für *Bräutigam.*
spon|tan [ʃp..., sp...] ⟨Adj.⟩ [spätlat. spontaneus = freiwillig; frei, zu lat. (sua) sponte = freiwillig, zu: spons (nur im Gen. spontis u. Abl. sponte üblich) = (An)trieb, freier Wille]: **a)** *aus einem plötzlichen Entschluß, Impuls heraus; einem plötzlichen inneren Antrieb, Impuls folgend:* ein -er Entschluß; sie ist [in allen ihren Handlungen, Äußerungen] sehr s.; eine -e *(nicht von außen gesteuerte)* politische Aktion, Demonstration; -e *(nicht zentral von der Gewerkschaft organisierte)* Streiks; Asylsuchende leben ... isoliert von der einheimischen Bevölkerung. Spontane Kontakte ergeben sich eher selten (NZZ 21. 12. 86, 29); s. zustimmen, seine Hilfe anbieten, reagieren; Aber sie tut alles erst nach reiflicher Überlegung, nie tut sie etwas s. und impulsiv (Tikkanen, Mann 59); Der Autofahrer muß damit rechnen, daß sich Kinder s. verhalten (ADAC-Motorwelt 9, 1986, 28); jmdn. s. umarmen; **b)** (bildungsspr.; Fachspr.) *von außen, ohne äußeren Anlaß, Einfluß [ausgelöst]:* eine -e Entwicklung, Mutation, Heilung, Fehlgeburt; sich s. entwickeln; s. entstehen, verschwinden; Eine Krankheit, ... die ... glücklicherweise meist s. remittiert, ist die kollagene Kolitis (DÄ 47, 1985, 2); **Spon|ta|nei|tät** [...ne-i...], (selten:) Spontanität, die; -, -en ⟨Pl. selten⟩ [frz. spontanéité, zu: spontané < spätlat. spontaneus, ↑spontan; Spontanität direkt zu ↑spontan] (bildungsspr.; Fachspr.): **1.** ⟨o. Pl.⟩ **a)** *spontane Art u. Weise; Impulsivität:* S. verlangt die Fähigkeit, sich selbst und anderen zu vertrauen (Missildine [Übers.], Kind 233); die S. eines Entschlusses; die angebliche S. der Demonstranten, Arbeitsniederlegungen; solche spießigen Konventionen machen jede S. zunichte; der Künstler hat an S. verloren; **b)** *das Vorsichgehen ohne äußeren Anlaß od. Einfluß:* die S. von Bewegungen. **2.** *spontane Handlung, Äußerung:* seine -en sind erfrischend; **Spon|tan|fick**, der (vulg.): *spontan vollzogener Geschlechtsakt:* literarische Fundstellen: ... zum Wesen von Feen und Elfen, die mehr „zum S." denn zu „längeren Beziehungen" neigten (Spiegel 27, 1979, 156); **Spon|tan|hei|lung**, die (Med.): *von selbst geschehende, nicht therapeutisch herbeigeführte Heilung;* **Spon|ta|ni|tät**: ↑Spontaneität; **Spon|tan|kauf**, der: *spontan getätigter Kauf;* **Spon|tan|spal|tung**, die (Kernphysik): *spontane Kernspaltung; Spaltung eines Atomkerns in zwei etwa gleich große Teile ohne äußeren Anlaß;* **Spon|ti** [ʃp..., sp...], der; -s, -s [zu ↑spontan; - -↑-i] (Politik Jargon): *Angehöriger einer undogmatischen linksgerichteten Gruppe:* „Freaks", „Spontis", „Krieger", „Ökos" und all die anderen Subs waren gebeten ... (Spiegel 27, 1980, 92).
Spon|ton [ʃpɔn'to:n, sp...; spõ'tõ:], der; -s, -s [unter Einfluß von frz. esponton < ital. spontone, spuntone, zu: punta = Spitze; Stich(waffe) < lat. puncta = Stich, zu: pungere (2. Part.: punctum) = stechen]: *von den Infanterieoffizieren im 17. u. 18.Jh. getragene, kurze, der Hellebarde ähnliche Pike:* ◆ an einer von Rost zerfressenen Helbarte oder S., wie man es nannte (Keller, Romeo 37).
Spoon [spu:n, ʃpu:n], der; -s, -s [engl. spoon, eigtl. = Löffel] (Golf veraltet): *löffelförmiger Golfschläger.*
Spor, der; -[e]s, -e [zu mhd. spœr = trocken, rauh, ahd. spōri = mürb, faul, H. u.] (landsch.): *Schimmel[pilz].*
spo|ra|disch [ʃp..., sp...] ⟨Adj.⟩ [frz. sporadique < griech. sporadikós = verstreut, zu: speírein = streuen, säen; sprengen, spritzen]: **a)** *vereinzelt [vorkommend]; verstreut:* dieses Metall findet man nur s.; **b)** *gelegentlich, nur selten:* -e Besuche; In Militärkreisen wurden die Meutereien als -e Zwischenfälle gewertet (Tagesspiegel 13. 6. 84, 8); Leider ... erfolgt die Belieferung sehr s. (Bieler, Bär 250); ich lese diese Zeitung nur s.; er nimmt nur s. am Unterricht teil; Er arbeitete in letzter Zeit nur mehr s. und widmete sich ganz dem Boxsport (NZZ 23. 12. 83, 37); **Spor|an|gi|um** [ʃp..., sp...], das; -s, ...ien [zu ↑Spore u. griech. aggeîon = Behälter] (Bot.): *Sporenbehälter.*
spor|co ['ʃp..., 'sp...] ⟨Adv.⟩ [ital. sporco, eigtl. = schmutzig < lat. spurcus] (Kaufmannsspr. veraltet): *brutto.*
Spo|re, die; -, -n ⟨meist Pl.⟩ [griech. sporá = das Säen, Saat; Same, zu: speírein, ↑sporadisch]: **1.** (Bot.) *meist dickwandige, der ungeschlechtlichen Fortpflanzung dienende Zelle mit meist nur einem Kern:* Pilze anhand der Farbe der -en bestimmen; Moose, Farne pflanzen sich durch -n fort. **2.** (Zool., Med.) *gegen thermische, chemische u. andere Einflüsse bes. widerstandsfähige Dauerform einer Bakterie;* **Spo|ren:** Pl. von ↑Sporn; **Spo|ren|be|häl|ter**, der (Bot.): *(bei niederen Pflanzen) Zelle od. kapselartiges Organ, in dem die Sporen gebildet werden;* **spo|ren|bil|dend** ⟨Adj.⟩ (Bot.): *Sporen (1) hervorbringend, ausbildend:* die -e Generation der Moose; **Spo|ren|bild|ner**, der: *Bakterie, die Endosporen bildet;* **Spo|ren|blatt**, das (Bot.): *Sporophyll;* **Spo|ren|kap|sel**, die (Bot.): *(bei den Moosen) kapselartiger Sporenbehälter;* **spo|ren|klir|rend** ⟨Adj.⟩ (veraltend): **a)** *mit klirrenden Sporen;* **b)** *mit forschem, selbstbewußtem Gang;* **Spo|ren|mut|ter|zel|le**, die: *(bei niederen Pflanzen) Zelle, aus der durch Teilung Sporen entstehen;* **Spo|ren|pflan|ze**, die: *blütenlose Pflanze, die sich durch Sporen vermehrt;* **Spo|ren|schlauch**, der (Bot.): *sackförmiger Sporenbehälter der Schlauchpilze;* **Spo|ren|tier|chen**, das; -s, - ⟨meist Pl.⟩: *mikroskopisch kleines, einzelliges, parasitisch lebendes Tier; Sporozoon;* **spo|ren|tra|gend** ⟨Adj.⟩ (Bot.): vgl. sporenbildend; **Spo|ren|trä|ger**, der (Bot.): vgl. Sporenbehälter.
Spör|gel, der; -s, - [mlat. spergula, spargula, H. u.]: *[als Futterpflanze angebaute] Art des Sparks (a) mit fast nadelförmigen Blättern u. weißen Blüten.*
spo|rig ⟨Adj.⟩ [zu ↑Spor] (landsch.): *schimmelig.*
Spor|ko ['ʃp..., 'sp...], das; -s, **Spor|kol|ge-**

wicht, das [zu ↑ sporco] (Kaufmannsspr.): *Bruttogewicht.*

Sporn, der; -[e]s, Sporen u. (bes. Fachspr.:) -e [mhd. spor(e), ahd. sporo, zu einem Verb mit der Bed. „mit den Füßen treten" u. verw. mit ↑ Spur; das -n der mhd. Form stammt aus den flektierten Formen]: **1.** ⟨Pl. Sporen; meist Pl.⟩ *mit einem Bügel am Absatz des Reitstiefels befestigter Dorn od. kleines Rädchen, mit dem der Reiter das Pferd antreibt:* klirrende Sporen; Sporen tragen; die Sporen anschnallen; einem Pferd die Sporen geben *(es antreiben, indem man ihm die Sporen in die Seite drückt);* Ü zwischen Otranto ... und dem Garganogebirge ..., das als S. am italischen Stiefel tief ins aufschäumende Adriatische Meer stößt (Stern, Mann 264); * sich ⟨Dativ⟩ **die [ersten] Sporen verdienen** *(die ersten, eine Laufbahn eröffnenden Erfolge für sich verbuchen können;* [goldene] Sporen zu tragen war im MA. ein Vorrecht des Ritters, das vor dem Ritterschlag verdient werden mußte): sie hat sich als junge Anwältin in der Kanzlei ihres Vaters die Sporen verdient. **2.** ⟨Pl. Sporen, Fachspr. auch -e⟩ **a)** *(bei verschiedenen Vögeln)* hornige, nach hinten gerichtete Kralle an der Ferse od. am Flügel: die Hähne gingen mit ihren Sporen aufeinander los; **b)** *(bei verschiedenen Insekten)* starre, aber bewegliche Borste am Bein; **c)** (Med.) schmerzhafter knöcherner Auswuchs an der Ferse. **3.** ⟨Pl. -e⟩ (Bot.) *(bei verschiedenen Pflanzen)* längliche, spitz zulaufende Ausstülpung der Blumen- u. Kelchblätter. **4.** ⟨Pl. -e⟩ *zwischen zwei zusammenlaufenden Tälern liegender u. von vorn schwer zugänglicher Bergvorsprung:* die Burg liegt auf einem S. **5.** ⟨Pl. -e⟩ (früher) *[unter Wasser befindlicher] Vorsprung im Bug eines Kriegsschiffes zum Rammen feindlicher Schiffe.* **6.** ⟨Pl. -e⟩ *Metallbügel od. Kufe am Heck leichter Flugzeuge zum Schutz des Rumpfes beim Landen u. Abheben.* **7.** ⟨Pl. -e⟩ (Milit.) *Vorrichtung an Geschützen, mit der ein Zurückrollen nach dem Abfeuern verhindert wird.* **8.** ⟨o. Pl.⟩ (geh. veraltend) *Ansporn;* **spor̲nen** ⟨sw. V.; hat⟩ [mhd. spornen] (veraltend): *(einem Pferd) die Sporen geben:* sein Pferd s.; Ü (selten:) die Aussicht auf eine große Karriere spornte ihn zu Höchstleistungen; **sporn̲räd|chen,** das: *gezacktes Metallrädchen* (z. B. am Feuerzeug); **sporn|streichs** ⟨Adv.⟩ [eigtl. = im schnellen Galopp, adv. Gen. zu veraltet Spor(e)nstreich = Schlag mit dem Sporn] *(als Reaktion auf etw.) unverzüglich u. ohne lange zu überlegen od. zu zögern:* s. zur Polizei eilen; Rührt euch! sagte Oberleutnant Meyer und ging s. weg (Kuby, Sieg 87). **Spo̲|ro|bi|ọnt** [ʃp..., sp...], der; -en, -en [zu ↑ Spore u. griech. biōn (Gen.: biōúntos), 1. Part. von bioūn = leben] (Bot.): *Sporophyt;* **spo̲|ro|gen** [ʃp..., sp...] ⟨Adj.⟩ [↑ -gen] (Bot.): *sporenerzeugend;* **Spo̲|ro|gon** [ʃp..., sp...], das; -s, -e (Bot.): *sporenerzeugende Generation der Moospflanzen;* **Spo̲|ro|go|nie** [ʃp..., sp...], die; - [zu griech. gonḗ = Erzeugung; Abstammung; Generation; Samen]: **1.** (Bot.) *Erzeugung von Sporen als ungeschlechtliche Phase im Verlauf eines Generationswechsels.* **2.** (Biol.) *Vielfachteilung im Entwicklungszyklus der Sporentierchen;* **Spo̲|ro|phyll** [ʃp..., sp...], das; -s, -e [zu griech. phýllon = Blatt] (Bot.): *sporentragendes Blatt;* **Spo̲|ro|phyt** [ʃp..., sp...], der; -en, -en [zu griech. phytón = Pflanze] (Bot.): *(bei Pflanzen, die dem Generationswechsel unterliegen) ungeschlechtliche, Sporen hervorbringende Generation;* **Spo̲|ro|pol|le|nin** [ʃp..., sp...], das; -s [zu lat. pollen = feines Mehl] (Bot.): *gegen Verwitterung beständiger Hauptbestandteil der Zellwand pflanzlicher Sporen u. Pollenkörner, durch den die Pollenanalyse möglich ist;* **Spo̲|ro|tri|cho|se** [ʃp..., sp...], die; -, -n [↑ Trichose] (Med.): *Pilzerkrankung des Haut- u. Unterhautgewebes mit der Bildung von Geschwüren;* **Spo̲|ro|zo|it** [ʃp..., sp...], der; -en, -en [zu griech. zōon, ↑ Sporozoon] (Biol.): *durch Sporogonie (2) entstehendes Entwicklungsstadium der Sporentierchen;* **Spo̲|ro|zo|on** [ʃp..., sp...], das; -s, ...zoen meist Pl.⟩ [zu griech. zōon = Lebewesen]: *Sporentierchen;* **Spo̲|ro|zy|ste** [ʃp..., sp...], die; -, -n [↑ Zyste] (Zool.): *Larvenstadium der Saugwürmer;* **Spo̲|ro|zyt** [ʃp..., sp...], der; -en, -en [zu griech. kýtos = Höhlung, Wölbung]: *Sporenmutterzelle.*

Sport, der; -[e]s, (Arten:) -e ⟨Pl. selten⟩ [engl. sport, urspr. = Zerstreuung, Vergnügen, Zeitvertreib, Spiel, Kurzf. von: disport = Zerstreuung, Vergnügen < afrz. desport, zu: (se) de(s)porter = (sich) zerstreuen, (sich) vergnügen < lat. deportare = fortbringen (↑ deportieren) in einer vlat. Bed. „zerstreuen, vergnügen"]: **1. a)** ⟨o. Pl.⟩ *nach bestimmten Regeln [im Wettkampf] aus Freude an Bewegung u. Spiel, zur körperlichen Ertüchtigung ausgeübte körperliche Betätigung:* der S. kommt bei mir in letzter Zeit etwas zu kurz; S. treiben; zum S. gehen; **b)** ⟨o. Pl.⟩ *Sport (1 a) als Fachbereich, Unterrichtsfach o. ä.:* S. unterrichten, studieren; in der dritten Stunde haben wir S.; in S. hat er immer eine Eins; **c)** ⟨o. Pl.⟩ *das sportliche Geschehen in seiner Gesamtheit:* der S. ist für viele eine wichtige Sache; Der S. ist um zwei große Meister ärmer geworden (Maegerlein, Piste 98); den S. fördern; das Fernsehen bringt zuviel S. *(zu viele Sportsendungen);* ich interessiere mich nicht für S.; das Sponsoring im S.; **d)** *Sportart:* Fußball ist ein sehr beliebter S.; Schwimmen ist ein gesunder S.; Boxen ist ein harter, roher S; Internationales Knabeninstitut ... 50 interne Schüler ... – 12 Lehrer – Alle -e (Presse 6. 6. 69, 4); * **der weiße S.** *(das Tennis).* **2.** *Liebhaberei, Betätigung zum Vergnügen, zum Zeitvertreib, Hobby:* Fotografieren ist ein teurer S.; er sammelt Briefmarken als, zum S.; Sie betreiben das Fahren zum illegalen Nulltarif geradezu als S. (MM 14. 11. 77, 15); Mit den Aussagen der Kriminalbeamten ... entsteht das Bild eines eigenartigen -s, dem der Werner Boost frönte (Noack, Prozesse 123); * **sich** ⟨Dativ⟩ **einen S. daraus machen, etw. zu tun** (ugs.; *etw. aus Übermut u. einer gewissen Boshaftigkeit heraus [beharrlich u. immer wieder] tun);* **Sport|ab|tei|lung,** die: *Abteilung eines Kaufhauses o. ä., in der Sportartikel verkauft werden;* **Sport|ab̲zei|chen,** das: *für bestimmte sportliche Leistungen verliehenes Abzeichen;* **Sport̲akro|ba|tik,** die: *Sportart, die Elemente des Kunstkraftsports u. des Bodenturnens miteinander verbindet;* **Sport̲|amt,** das: *für den Sport zuständige Behörde;* **Sport̲|ang|ler,** der: *Sportfischer;* **Sport̲|ang|le|rin,** die: w. Form zu ↑ Sportangler; **Sport̲|an|la|ge,** die: *Anlage (3) zur Ausübung des Sports u. für Sportveranstaltungen;* **Sport̲|an|zug,** der: vgl. Sportschuh (a, b); **Sport̲|art,** die: *Disziplin (3): eine der beliebtesten -en;* **Sport̲|ar|ti|kel,** der ⟨meist Pl.⟩: *zur Ausübung eines Sports benötigter Artikel* (z. B. Kleidungsstück, Gerät); **Sport̲|arzt,** der: *Arzt für die Betreuung von Leistungssportlern u. die Behandlung von Sportverletzungen;* **Sport̲|ärz|tin,** die: w. Form zu ↑ Sportarzt; **Sport̲|aus|rü|stung,** die; vgl. Sportartikel; **sport̲|be|gei|stert** ⟨Adj.⟩: *an sportlichen Dingen sehr interessiert;* **Sport̲|bei|la|ge,** die: *Beilage (2) mit Berichten über sportliche Veranstaltungen;* **Sport̲|be|richt,** der: *Bericht über sportliche Ereignisse;* **Sport̲|be|richt|er|stat|ter,** der: *in der Sportberichterstattung tätiger Journalist;* **Sport̲|be|richt|er|stat|te|rin,** die: w. Form zu ↑ Sportberichterstatter; **Sport̲|be|richt|er|stat|tung,** die: *Berichterstattung über Sportereignisse;* **Sport̲|be|trieb,** der ⟨o. Pl.⟩: vgl. Betrieb (3); **Sport̲|be|we|gung,** die: *Bewegung (3) zur Förderung des [Volks]sports;* **Sport̲|blu|se,** die: vgl. Sportschuh (a); **Sport̲|boot,** die: *Motorboot für den Freizeitsport;* **Sport̲|cou|pé,** das: *Coupé (3);* **Sport̲|dis|zi|plin,** die: *Sportart;* **Sport̲|dreß,** der: vgl. Dreß.

Spor̲|tel, die; -, -n ⟨meist Pl.⟩ [spätmhd. sporteln < lat. sportella, eigtl. = Körbchen (in dem man eine Speise als Geschenk bringt), Vkl. von: sporta = Korb]: *(im späten MA.) Gebühr, die ein Amtsträger, bes. ein Richter, bei Amtshandlungen erhob;* **Spor̲|tel|frei|heit,** die ⟨o. Pl.⟩: *Gebührenfreiheit.*

spor̲|teln ⟨sw. V.; hat⟩ [zu ↑ Sport] (ugs.): *ein wenig nebenbei, doch nicht ernsthaft Sport treiben;* **Sport̲|er|eig|nis,** das: *sportliches Ereignis;* **Sport̲|fan,** der: *jmd., der sich für den Sport (1 b) begeistert;* **Sport̲|fa|na|ti|ker,** der: *jmd., der sich übermäßig für den Sport (1 b) begeistert;* **Sport̲|fa|na|ti|ke|rin,** die: w. Form zu ↑ Sportfanatiker; **Sport̲|fech|ten,** das; -s: *Florett- od. Degenfechten als sportliche Disziplin;* **sport̲|feind|lich** ⟨Adj.⟩: *dem Sport (1 b) feindlich gegenübersteht;* **Sport̲|feld,** das (veraltend): *repräsentative Wettkampfstätte; Stadion;* **Sport̲|fest,** das: *festliche Veranstaltung einer Schule, eines Vereins o. ä. mit sportlichen Wettkämpfen u. Darbietungen;* **Sport̲|fi|schen,** das; -s: vgl. Angelfischerei; **Sport̲|fi|scher,** der: *jmd., der den Angelsport als Liebhaberei u. in Wettbewerben betreibt;* **Sport̲|fi|sche|rei,** die: vgl. Angelfischerei; **Sport̲|fi|sche|rin,** die: w. Form zu ↑ Sportfischer; **Sport̲|flie|ger,** der: *jmd., der das Fliegen als Sport betreibt;* **Sport̲|flie|ge|rei,** die: *Fliegen als sportliche Disziplin;* **Sport̲|flie|ge|rin,** die: w. Form zu ↑ Sportflieger; **Sport̲|flug|zeug,** das: *[einmotoriges] der sportlichen Betätigung dienendes Flugzeug;* **Sport̲|fo-**

to|graf, der: vgl. Sportjournalist; **Sport-fo|to|gra|fin,** die: w. Form zu ↑ Sportfotograf; **Sport|freund,** der: (auch:) Sportsfreund, der: **1.** *Freund, Anhänger des Sports* (1). **2.** *Sportkamerad;* **Sport|freun-din,** die: w. Form zu ↑ Sportfreund; **sport|freund|lich** ⟨Adj.⟩: vgl. sportfeindlich; **Sport|funk|tio|när,** der: *Funktionär im Bereich des Sports;* **Sport|funk|tio|nä-rin,** die: w. Form zu ↑ Sportfunktionär; **Sport|geist,** der ⟨o. Pl.⟩: *sportliche Gesinnung, Fairneß:* [keinen] S. haben, zeigen; **Sport|ge|mein|schaft,** die (bes. ehem. DDR): *organisatorischer Zusammenschluß für den Sport au unterer Ebene;* **Sport|ge|rät,** das: *Gegenstand, an dem od. mit dem sportliche Übungen ausgeführt werden;* **sport|ge|recht** ⟨Adj.⟩: *dem Sport gemäß;* **Sport|ge|richt,** das: *von Sportverbänden eingesetztes Schiedsgericht, das bei der Ausübung des Sports entstandene Streitfälle schlichtet u. Geldstrafen od. Sperren verhängen kann;* **Sport|ge|schäft,** das: *Geschäft* (2), *das Sportartikel führt;* **Sport|ge|sche|hen,** das: *sportliches Geschehen;* **Sport|ge|schich-te,** die ⟨o. Pl.⟩: *Geschichte* (1 a) *des Sports;* **Sport|ge|wehr,** das: vgl. Sportwaffe; **Sport|grö|ße,** die: *Größe* (4) *im Sport;* **Sport|gym|na|stik,** die: in der Verbindung *rhythmische S.* (wettkampfmäßig ausgetragene rhythmische Gymnastik für Damen); **Sport|hal|le,** die: vgl. Sportanlage; **Sport|hemd,** das: **1.** *Trikothemd, das bei der Ausübung eines Sports von den Mitgliedern eines Vereins in einheitlicher Farbe getragen wird.* **2.** *sportliches Freizeithemd;* **Sport|herz,** das (Med.): *Herz eines Sportlers, das sich durch ständiges Training vergrößert u. den gesteigerten Leistungen angepaßt hat;* **Sport|hoch-schu|le,** die: *Hochschule für Leibesübungen;* **Sport|ho|se,** die: vgl. Sporthemd; **Sport|ho|tel,** das: *auf die Bedürfnisse von* [Winter]*sportlern eingestelltes Hotel;* **Sport|in|va|li|de,** der u. die: *Invalide infolge einer Sportverletzung;* **spor|tiv** ⟨Adj.⟩ [engl. sportive, frz. sportif]: *sportlich aussehend, wirkend:* ein -er Typ, Lebensstil; -e Kleidung; sich s. kleiden; **Sport|jacke¹,** die: *bequeme, sportliche* [Klub]*jacke;* **Sport|jour|na|list,** der: *Journalist, der über Sportereignisse berichtet;* **Sport|jour|na|li|stin,** die: w. Form zu ↑ Sportjournalist; **Sport|ka|me|rad,** der: *jmd., mit dem man gemeinsam* [im gleichen Verein] *Sport treibt;* **Sport|ka|me|ra-din,** die: w. Form zu ↑ Sportkamerad; **Sport|ka|me|rad|schaft,** die: *Kameradschaft unter Sportkameraden, Sportkameradinnen;* **Sport|ka|no|ne,** Sportskanone, die (ugs.): vgl. Kanone (2); **Sport-kar|re,** die (ugs., bes. nordd.): ↑ Sportwagen (2); **Sport|kar|rie|re,** die: *Karriere im* [professionellen] *Sport;* **Sport|klei|dung,** die: *Kleidung für den Sport;* **Sport|klet-tern,** das, -s: *als Sport betriebenes wettkampfmäßiges Klettern an Kunstwänden;* **Sport|klub,** der: *Sportverein;* **Sport|leh-rer,** der: **a)** *Lehrer* [an einer Schule], *der Unterricht im Fach Sport erteilt;* **b)** *Coach;* **Sport|leh|re|rin,** die: w. Form zu ↑ Sportlehrer; **Sport|lei|den|schaft,** die: *Leidenschaft für den Sport;* **Sport|ler,** der, -s, -: *jmd., der aktiv Sport treibt;* **Sport|ler-**

herz, das: *Sportherz;* **Sport|le|rin,** die; -, -nen: w. Form zu ↑ Sportler; **sport|lich** ⟨Adj.⟩: **1. a)** *den Sport betreffend, auf ihm beruhend:* -e Höchstleistungen; eine -e Karriere; -es Können; der -e Wettstreit; -e *(für den Sport bestimmte)* Ausrüstung; er möchte mit Sabine einen Waldlauf machen ... keine sportliche Tortur (M. Walser, Pferd 129); sich s. betätigen; Die Schwimm-Nationalmannschaft des Scheichtums ... wird in den kommenden zwei Jahren von einem Saarländer s. betreut (Saarbr. Zeitung 12./13. 7. 80, 6); eine s. hervorragende Leistung; **b)** *fair:* -es Benehmen; es war ein schönes, ausgesprochen s. gespielt; sie haben hart, aber s. gespielt; **c)** *in einer Weise, die dem Sport als imponierender Leistung gleicht, ähnelt:* ein -es Tempo; eine -e Fahrweise; -e Autos, Motoren; er fährt s. **2. a)** *durchtrainiert; wie vom Sport geprägt u. daher elastisch-schlank, voller Spannkraft:* ein -er Typ; Festwagen, auf welchen -e Jünglinge Handstände vollführen (Schädlich, Nähe 14); einen -en Gang haben; s. aussehen, wirken; Er war doch immer sehr s. (hat doch immer Sport getrieben; Sobota, Minus-Mann 64); **b)** *einfach u. zweckmäßig im Schnitt; flott wirkend:* -e Kleidung, -e Schuhe; eine s. geschnittene Bluse; s. gekleidet sein; **sport|lich-ele|gant** ⟨Adj.⟩: *(in bezug auf Kleidung) von sportlicher Eleganz:* -e Kleider; **Sport|lich|keit,** die; -: *das Sportlichsein;* **sport|lie|bend** ⟨Adj.⟩: *den Sport liebend;* **Sport|ma|schi|ne,** die: *Sportflugzeug;* **sport|mä|ßig:** ↑ sportsmäßig; **Sport|me|di|zin,** die ⟨o. Pl.⟩: *Spezialgebiet der Medizin, das sich mit den Wechselwirkungen zwischen Sport u. Gesundheit, den Möglichkeiten u. Grenzen des Hochleistungssports u. der Behandlung von Sportverletzungen befaßt;* **Sport|me-di|zi|ner,** der: *Arzt, der sich der Sportmedizin widmet;* **Sport|me|di|zi|ne|rin,** die: w. Form zu ↑ Sportmediziner; **sport|me-di|zi|nisch** ⟨Adj.⟩: *die Sportmedizin betreffend;* **Sport|mel|dung,** die: *Meldung von einem Sportereignis;* **Sport|mo|tor,** der: *Motor eines Sportwagens* (1); **Sport-müt|ze,** die: *sportliche* [Schirm]*mütze;* **Sport|nach|rich|ten** ⟨Pl.⟩: *Nachrichtensendung vom Sport;* **Sport|päd|ago|gik,** die: *Wissenschaft von den Aufgaben u. Möglichkeiten des Sports in Erziehung u. Bildung;* **Sport|pfad,** der: *Trimm-dich-Pfad;* **Sport|phi|lo|lo|ge,** der: *Lehrer an einer höheren Schule für ein od. mehrere philologische Fächer u. Sport;* **Sport|phi-lo|lo|gin,** die: w. Form zu ↑ Sportphilologe; **Sport|pi|sto|le,** die: *kleinkalibrige Pistole* (o. *kleinkalibriger Revolver;* **Sport|platz,** der: *Sportanlage im Freien:* auf den S. gehen; **Sport|preis,** der: *Preis* (2 a) *für eine sportliche Leistung;* **Sport-pres|se,** die: *Presse* (2 a), *die den Sport zum Gegenstand hat;* **Sport|psy|cho|lo-gie,** die: vgl. Sportmedizin; **Sport|pu|bli-zi|stik,** die: *Darstellung u. Kommentierung des Sports bzw. aktueller sportlicher Ereignisse in den Massenmedien;* **Sport-recht,** das ⟨o. Pl.⟩: *Gesamtheit der rechtlichen Verhältnisse, Satzungen, Ordnungen o. ä., die den Sport betreffen;* **Sport|re-dak|teur,** der: vgl. Sportjournalist;

Sport|re|dak|teu|rin, die: w. Form zu ↑ Sportredakteur; **Sport|rei|ten,** das; -s: *als Sport betriebenes Reiten;* **Sport|re-por|ter,** der: vgl. Sportjournalist; **Sport-re|por|te|rin,** die: w. Form zu ↑ Sportreporter; **Sport|scha|den,** der (Med.): *körperlicher Schaden, der durch sportliche Betätigung entstanden ist;* **Sport|schie|ßen,** das ⟨o. Pl.⟩: vgl. Sportreiten; **Sport-schlit|ten,** der: *als Sportgerät dienender Schlitten;* **Sport|schuh,** der: **a)** *sportlicher* (2 b) *Schuh;* **b)** *Turnschuh;* **Sport-schu|le,** die: vgl. Reitschule (1); **Sport-sei|te,** die: *Zeitungsseite, auf der Sportnachrichten u. -berichte stehen;* **Sport|sen-dung,** die (Rundf., Ferns.): *dem Sport gewidmete Sendung;* **Sport|sen|sa|ti|on,** die: *sportliche Sensation;* **Sports-freund,** der: ↑ Sportfreund; **Sports|freun|din,** die: ↑ Sportfreundin; **Sports|geist,** der: ↑ Sportgeist; **Sports|ka|no|ne:** ↑ Sportkanone; **Sports|mann,** der ⟨Pl. ...leute, seltener: ...männer⟩ [nach engl. sportsman]: *jmd., der Sport treibt, dessen Neigungen, Interessen dem Sport gehören;* **sports|mä|ßig,** sportmäßig ⟨Adj.⟩: *dem Sport gemäß:* -es Benehmen; **Sport|so|zio|lo|gie,** die: *spezielle Soziologie, die sich mit den sozialen Vorgängen innerhalb des Sports, den gesellschaftlichen Rahmenbedingungen u. den Wechselbeziehungen zwischen Sport u. Gesellschaft beschäftigt;* **Sport|spon|so-ring,** das: *Sponsoring im Bereich des Sports;* **Sport|spra|che,** die: *Fachsprache u. Jargon des Sports;* **Sport|sta|di|on,** das: *Stadion;* **Sport|stät|te,** die (geh.): *Sportanlage;* **Sport|strumpf,** der: *farbiger* [gemusterter] *Kniestrumpf meist aus Wolle;* **Sport|stu|dent,** der: *Student, der das Fach Sport studiert;* **Sport|stu|den-tin,** die: w. Form zu ↑ Sportstudent; **Sport|stun|de,** die: *Unterrichtsstunde im Fach Sport;* **Sports|wear** ['spɔːtsweə], der od. das; -[s] [engl. sports wear, aus: sports (Pl.) = Sport u. wear = Kleidung] (Mode): *sportliche Tageskleidung, Freizeitkleidung;* **Sport|tau|chen,** das; -s: *Tauchen mit od. ohne Gerät als sportlicher Wettbewerb od. zur Unterwasserjagd;* **Sport|tau|cher,** der: *jmd., der Sporttauchen betreibt;* **Sport|tau|che|rin,** die: w. Form zu ↑ Sporttaucher; **Sport|teil,** der: vgl. Sportseite; **Sport|to|to,** das, auch: der: vgl. Fußballtoto; **sport|trei|bend** ⟨Adj.⟩: *regelmäßig Sport treibend;* **Sport-trei|ben|de,** der u. die; -n, -n ⟨Dekl. ↑ Abgeordnete⟩: *jmd., der regelmäßig Sport treibt;* **Sport|übung,** die: *sportliche Übung;* **Sport|un|fall,** der: *Sportschaden;* **Sport|un|ter|richt,** der: *Unterricht im Fach Sport;* **Sport|ver|an|stal-tung,** die: *sportliche Veranstaltung;* **Sport|ver|band,** der: *organisatorischer Zusammenschluß mehrerer Sportvereine zur gemeinsamen Vertretung ihrer Interessen;* **Sport|ver|ein,** der: *Verein, in dem eine bzw. mehrere Sportarten betrieben werden;* **Sport|ver|let|zung,** die: *Verletzung, die sich jmd. bei der Ausübung eines Sports zugezogen hat;* **Sport|waf|fe,** die: *beim Sportfechten od. im Schießsport gebrauchte Waffe;* **Sport|wa|gen,** der: **1.** *windschnittig gebautes* [zweisitziges] *Auto mit starkem Motor.* **2.** *Kinderwagen, in dem Kleinkinder, die bereits sitzen kön-*

Sportwart

nen, gefahren werden; **Sport|wart,** der: *jmd., der bei einem Verein, Verband o. ä. für die Organisation sorgt u. die Instandhaltung von Sportplatz u. Sportgeräten überwacht;* **Sport|war|tin,** die: w. Form zu ↑Sportwart; **Sport|welt,** die ⟨o. Pl.⟩: *Welt des Sports;* **Sport|wett|kampf,** der: vgl. Wettkampf; **Sport|wis|sen|schaft,** die: *Wissenschaft vom Sport;* **Sport|zeitung,** die: *über sportliche Ereignisse berichtende Zeitung;* **Sport|zen|trum,** das: *größere Anlage (mit mehreren Sportplätzen, einer od. mehreren Sporthallen, [Hallen]schwimmbad) für Training u. sportliche Veranstaltungen;* **Sport|zwei|sit|zer,** der (selten): vgl. Sportwagen (1). **Spo|sa|li|zio,** das; - [ital. sposalizio = Vermählung, zu spätlat. sponsalicius = zur Verlobung gehörig, zu lat. sponsalia, ↑Sponsalien] (Kunstwiss.): *Darstellung der Verlobung bzw. Vermählung Marias mit Joseph in der [italienischen] Kunst.* **Spot** [spɔt, ʃpɔt], der; -s, -s [engl. spot, eigtl. = (kurzer) Auftritt, zu: spot = Fleck, Ort]: **1.** *(das eigentliche Programm im Fernsehen, Funk od. Kino unterbrechender) werblichen, propagandistischen o. ä. Zwecken dienender meist sehr kurzer Film od. Text; kurz eingeblendete Werbung:* zwei [kommerzielle] -s von jeweils dreißig Sekunden Länge; ein S. des Gesundheitsministeriums, eines Waschmittelherstellers; Er produziert -s, Werbefilme und Industriefilme, mal für den Fernsehgebrauch, mal für die Kinos (Allgemeine Zeitung 19. 7. 68, 16). **2. a)** kurz für ↑Spotlight: ein S. taucht den Bühneneingang in gleißendes Licht (Hörzu 5, 1980, 12); **b)** *(bes. in Wohnräumen verwendete) dreh- u. schwenkbar befestigte Leuchte, die ein stark gebündeltes Licht abgibt:* Diele ... hell: mit indirektem Licht und -s (Haus 2, 1980, 32); **Spot|beleuch|tung,** die: *mit Spots (2) erfolgende Beleuchtung;* **Spot|ge|schäft,** das (Wirtsch.): *Geschäft gegen sofortige Lieferung u. Kasse (am internationalen Verkehr);* **Spot|light** [-lait], das; -s, -s [engl. spotlight = Scheinwerfer(licht)] (Bühnentechnik, Fot., Film): *Scheinwerfer, der das Licht stark bündelt:* Langsam erhellen bunte -s die große Bühne (Freizeitmagazin 26, 1978, 34); ein S. auf jmdn. richten; im S. *(im Schein eines Spotlights)* angestrahlt von einem weißen S., steigt Prince aus dem Wagen (Popcorn 10, 1988, 5); **Spot|markt,** der (Wirtsch.): *internationaler Markt, auf dem nicht vertraglich gebundene Mengen von Rohöl den Meistbietenden verkauft werden;* **Spot-Next-Ge|schäft,** das; -[e]s, -e [zu engl. next = nächst...] (Börsenw.): *Börsengeschäft, das am folgenden Tag erfüllt wird;* **Spot|preis,** der (Wirtsch.): *auf dem Spotmarkt bezahlter, erzielter Preis.* **Spott,** der; -[e]s [mhd., ahd. spot]: *Äußerung od. Verhaltensweise, mit der man sich über jmdn., jmds. Gefühle o. ä. lustig macht, seine Schadenfreude ausdrückt, über jmdn., etw. frohlockt* (1): gutmütiger, leichter, scharfer, beißender, boshafter, zärtlicher S.; Hohn und S.; Um seine Nasenflügel zuckte leiser S. (Strittmatter, Wundertäter 405); seinen S. mit jmdm., etw. treiben; zum Schaden auch noch

den S. haben; Ulrich nahm den S. achselzuckend hin (Musil, Mann 1109); er gießt bitteren S. aus oder S. (Mehnert, Sowjetmensch 180); dem S. preisgegeben sein; Man wollte sich nicht dem bösen S. des Philosophen aussetzen (Hildesheimer, Legenden 44); ... mit welchen Paraden er dem S. begegnen würde (Schnabel, Marmor 104); er beobachtete seine vergeblichen Versuche voll heimlichen -s; zum S. [der Leute] werden (seltener; *verspottet werden*) nach Ps. 22, 7); **Spottbild,** das: **a)** (veraltet) *Karikatur* (1 a); **b)** *als Verspottung wirkende bildhafte Vorstellung od. Erscheinung:* er sah aus wie, er war ein S. seiner selbst; **spott|bil|lig** ⟨Adj.⟩ (ugs.): *sehr, überraschend billig;* **Spott|dros|sel,** die: **a)** *grauer bis brauner, langschwänziger Vogel, der den Gesang anderer Vögel bzw. Laute aus seiner Umgebung imitiert;* **b)** *Spottvogel;* **Spöt|te|lei,** die; -, -en: **a)** ⟨o. Pl.⟩ *das Spötteln;* **b)** *harmlos, leicht spottende Bemerkung:* du darfst dir aus seinen -en nichts machen; **spöt|teln** ⟨sw. V.; hat⟩ [zu ↑spotten]: *leicht spöttische Bemerkungen machen, auf versteckte Weise spotten:* über jmdn., etw. s.; Er spöttelte über Julikas mütterliche Geduld (Frisch, Stiller 123); „Ich glaube, du spottest?" fragte der Alte (Th. Mann, Joseph 692); spöttelndes Getuschel; **spot|ten** ⟨sw. V.; hat⟩ [mhd. spotten, ahd. spot(t)ōn, wohl eigtl. = vor Abscheu ausspucken]: **1.** *(über jmdn., etw.) spöttisch, mit Spott reden, sich lustig machen:* soll er doch, laß ihn doch s. [soviel er will]!; du hast gut/leicht s.; über jmdn., etw./(veraltet:) jmds., einer Sache s.; sie spotteten über den Amtsschimmel, über seine Ängstlichkeit; Nicoletta spottete grimmig darüber, daß Barbara solche Einladungen akzeptiere (K. Mann, Wendepunkt 146); Da läge es doch nahe, daß die Fußballspieler meiner spotteten, zumal ich ja auch sonst ein wenig aus dem Rahmen falle (K. Mann, Wendepunkt 397); Der alte Sänger bewegte mit einem müde spottenden Lächeln die Hand (H. Mann, Stadt 238). **2.** (geh.) **a)** *etw. nicht ernst nehmen; sich über etw. hinwegsetzen:* einer Sache ⟨Gen.⟩ s.; der Gefahr, jmds. Warnungen s.; **b)** *(von Sachen, Vorgängen o. ä.) sich entziehen* (2 e): das spottet jeder Vorstellung, Beschreibung; Die betende Anschauung des sakramentalen Jesus ist unzweideutig Mystik, die aller rationaler Erklärung spottet (Nigg, Wiederkehr 114). **3.** (Zool., Verhaltensf.) *(von Vögeln) Laute aus der Umwelt nachahmen:* die Spottdrosseln sind nicht die einzigen Vögel, die [häufig] s.; gespottete Lockrufe; Der Gesang der Dohlen besteht zum Teil aus gespotteten Lauten (Lorenz, Verhalten 55); **Spötter,** der; -s, - [mhd. spottære = Spottender, spätahd. spottari = gewerbsmäßiger Spaßmacher]: **1.** *jmd., der [gern] spottet:* ein böser S.; auf der Bank der S. sitzen (geh.; *ein Spötter sein;* nach Ps. 1, 1). **2.** *Gelbspötter;* **Spöt|te|rei,** die; -, -en: **a)** ⟨o. Pl.⟩ *das Spotten;* **b)** *Spottrede, spöttische Bemerkung:* seine -en lassen mich kalt; **Spott|ge|burt,** die (geh. abwertend): *jmd., etw. Verächtliches:* ◆ du S.

von Dreck und Feuer (Goethe, Faust I, 3536); **Spott|ge|dicht,** das: *Gedicht, in dem jmd. od. etw. verspottet wird;* **Spottgeld,** das (ugs.): vgl. Spottpreis: etw. für/ (veraltend:) um ein S. erwerben. **Spot|ting,** das; -s, -s [engl. spotting, zu: to spot = beflecken, beschmutzen] (Med.): *Schmierblutung.* **spöt|tisch** ⟨Adj.⟩ [spätmhd. spöttischen (Adv.)]: **a)** *Spott ausdrückend:* ein -es Lächeln; -e Worte, Bemerkungen; er ... verblüffte im Gespräch durch jähe Umsprünge und -e Leichtigkeit (Gaiser, Jagd 61); jmdn. s. ansehen; s. grinsen; ..., sagte sie s.; **b)** *zum Spott neigend, gern spottend:* ein -er Mensch; sei doch nicht so s. (laß doch das Spotten)!; **Spott|lied,** das: vgl. Spottgedicht; **Spott|lust,** die ⟨o. Pl.⟩: *Lust, Neigung, andere zu verspotten;* **spott|lu|stig** ⟨Adj.⟩: *von Spottlust erfüllt;* **Spott|na|me,** der: *jmdm., einer Sache zum Spott beigelegter Name;* **Spott|preis,** der (ugs.): *sehr, überraschend niedriger Preis:* etw. zu einem S. kaufen, erstehen, erwerben, bekommen, abgeben, verschleudern; zu -en einkaufen; **Spott|rede,** die: *spottende, spöttische Rede;* **Spott|schrift,** die: vgl. Spottgedicht; **Spott|sucht,** die: vgl. Spottlust; **spottsüch|tig** ⟨Adj.⟩: vgl. spottlustig; **Spottvers,** der; vgl. Spottgedicht: Nach dem Fasnachtsumzug ... gaben die über 60 „Schnitzelbänkler" ihre -e zum besten (Frankfurter Rundschau 22. 2. 94, 24); **Spott|vo|gel,** der: *Spötter* (1). **S. P. Q. R.** = Senatus Populusque Romanus (lat. = Senat und Volk von Rom; zur Zeit der Republik offizieller Staatsname Roms).

Spr. = Sprüche Salomos. **sprach:** ↑sprechen; **Sprach|aka|de|mie,** die: *meist staatliche Einrichtung zur Pflege u./od. Normierung einer Sprache;* **Sprach|ana|ly|se,** die (Datenverarb.): *Umwandlung akustischer Signale in für die elektronische Datenverarbeitung geeignete elektronische Signale (als Teil der Spracherkennung);* **Sprach|at|las,** der: *Kartenwerk, das die geographische Verbreitung von [Dialekt]wörtern, Lauten od. anderen sprachlichen Erscheinungen verzeichnet;* **Sprach|aus|gleich,** der (Sprachw.): *der Allgemeinverständlichkeit dienender Ausgleich zwischen Dialekten, Regionalsprachen;* **Sprach|bar|rie|re,** die: **a)** ⟨meist Pl.⟩ (Sprachw., Soziol.) *Mangel an Ausdrucks- u. Verstehensmöglichkeiten (bes. bei Kindern der Unterschicht);* **b)** *Schwierigkeiten der Verständigung zwischen Angehörigen verschiedener Sprachen;* **Sprach|bau,** der ⟨o. Pl.⟩ (Sprachw.): *grammatischer Aufbau einer Sprache;* **sprach|be|gabt** ⟨Adj.⟩: *begabt für das Erlernen von Fremdsprachen;* **Sprach|be|ga|bung,** die: *Begabung für das Erlernen von Fremdsprachen;* **Sprach|be|herr|schung,** die: *Beherrschung der Sprache als Ausdrucksmittel;* **sprach|be|hin|dert** ⟨Adj.⟩: *sprachgestört;* **Sprach|be|nut|zer,** der (Sprachw.): *jmd., der sich einer Sprache als Kommunikationsmittel bedient;* **Sprach|be|nut|ze|rin,** die (Sprachw.): w. Form zu ↑Sprachbenutzer; **Sprach|be|ra|tung,** die: *Beratung in grammatischen, rechtschreiblichen* od. stilistischen Fragen; **Sprach|be|wahrung,** die: *Spracherhaltung;* **Sprachbund,** der: *Gruppe räumlich benachbarter, jedoch nicht [eng] miteinander verwandter Sprachen, bei denen sich infolge gegenseitigen Austauschs Gemeinsamkeiten herausgebildet haben;* **Sprach|denk|mal,** das: *literarisches Zeugnis aus einer vergangenen Epoche;* **Sprach|di|dak|tik,** die: *den Sprachunterricht betreffende Fachdidaktik;* **Sprach|dumm|heit,** die: *von mangelnder Sprachbeherrschung od. von Gedankenlosigkeit im Umgang mit der Sprache zeugender Sprachverstoß;* **Sprache,** die; -, -n [mhd. sprāche, ahd. sprāhha, auch: Rede; Beratung, Verhandlung; zu ↑sprechen]: **1.** ⟨o. Pl.⟩ *Fähigkeit zu sprechen; das Sprechen als Anlage, Möglichkeit des Menschen:* die menschliche S.; S. und Denken; Die Natur hat dem Menschen nicht die S. gegeben, damit er den Mund hält (Bieler, Bonifaz 150); der Mann starrte ... nur maßlos erschreckt und blöde ... und blieb ... gänzlich ohne Verstand und S. (Ransmayr, Welt 57); * **jmdm. bleibt die S. weg/verschlägt es die S.** *(jmd. ist sehr überrascht, weiß nicht, was er sagen soll);* **jmdm. die S. verschlagen/**(geh.:)**rauben** *(jmdn. sehr überraschen, für jmdn. kaum zu fassen sein).* **2.** ⟨o. Pl.⟩ (meist in bestimmten Wendungen) *das Sprechen; Rede:* Jürgen zögert mit der S. (Chotjewitz, Friede 240); * **die S. auf etw. bringen/etw. zur S. bringen** *(etw. zum Thema des Gesprächs machen, von etw. zu sprechen beginnen);* **mit der S. [nicht] herausrücken/herauswollen** *(etw. Bestimmtes [gar nicht] nur zögernd sagen, erzählen, eingestehen);* **heraus mit der S.!** (ugs.: *nun sprich schon!, nun sag es schon!, nun gib es schon zu! o. ä.);* **zur S. kommen** *(erwähnt, besprochen werden).* **3. a)** *Art des Sprechens; Stimme, Redeweise:* eine flüssige, schnelle, tiefe, dunkle S.; ihre S. klingt rauh; man erkennt ihn an der S.; der S. nach stammt sie aus Berlin; **b)** *Ausdrucksweise, Stil:* eine natürliche, schlichte, kunstlose, gehobene, bilderreiche, poetische, geschraubte, gezierte, [un]verständliche S.; die S. der Dichtung, des Alltags, der Politik, der Werbung, der Gosse, der Gegenwart, des vorigen Jahrhunderts; seine S. ist ungelenk, ungehobelt, arm an Worten, primitiv, ordinär; Kein Zweifel, daß Kennedy der erste Staatsmann ist, der die S. der neuen Generation spricht (Dönhoff, Ära 191); die Jugend hat ihre eigene S.; eine freche S. führen; du könntest dich ruhig einer etwas gepflegteren S. befleißigen; ein Ausdruck aus der S. der Jäger, der Bergleute; * **eine deutliche/unmißverständliche S. [mit jmdm.] sprechen/reden** *([jmdm.] offen, unverblümt, energisch seine Meinung sagen);* **eine deutliche S. sprechen** *([von Sachen] etw. meist Negatives, was nicht ohne weiteres erkennbar, zu sehen ist, offenbar werden lassen):* Neben den Bildern sprechen auch die beigefügten Tabellen eine deutliche S.: Abfall wird zur Bedrohung (Vaterland 27. 3. 85, 33). **4. a)** *(historisch entstandenes u. sich entwickelndes) System von Zeichen u. Regeln, das einer Sprachgemeinschaft als Verständi-*

gungsmittel dient; Sprachsystem: die lateinische, deutsche, englische S.; lebende und tote, neuere und ältere -n; die afrikanischen -n; verwandte, indogermanische -n; diese S. ist schwer, leicht zu lernen; Französisch ist eine schöne, klangvolle S.; es gibt auf der Welt mindestens 2500 [natürliche] -n; mehrere -n sprechen, beherrschen; Denn ich verstünde so ziemlich alle europäischen -n (Roth, Beichte 11); Die meisten sprechen uns eine fremde S. (Schnabel, Marmor 54); etw. in eine andere S. übersetzen; sie unterhalten sich in englischer S.; die S. des Herzens, der Liebe, der Leidenschaft; die S. *(Verständigung mit Hilfe bestimmter Signale)* der Bienen, der Buckelwale; * **dieselbe/die gleiche S. sprechen/reden** *(dieselbe Grundeinstellung haben u. sich deshalb gut verstehen);* **eine andere S. sprechen/reden** *(etw. ganz anderes, Gegensätzliches ausdrücken, zeigen);* **in sieben -n schweigen** (scherzh.; *sich überhaupt nicht äußern; [bei einer Diskussion] stummer Zuhörer sein;* nach einem Ausspruch des dt. klass. Philologen F. A. Wolf [1759–1824]); **b)** *System von Zeichen (das der Kommunikation o. ä. dient):* Programmiersprachen und andere formalisierte -n; Vor allem stehen sehr leistungsfähige höhere -n zur Verfügung, die ein ... fehlerfreieres Programmieren erlauben (Schweizer Maschinenbau 16. 8. 83, 25); die S. der [formalen] Logik; **sprä|che;** ↑sprechen; **Sprach|ecke¹,** die: *kurze Spalte in einer Zeitung od. Zeitschrift, in der sprachliche Fragen erörtert werden;* **Sprach|ei|gen|tüm|lich|keit,** die: *Eigentümlichkeit einer Sprache;* **Sprach|ein|gabe,** die (Datenverarb.): *Eingabe (3) gesprochener Informationen in eine Datenverarbeitungsanlage;* **Sprach|emp|finden,** das: *Sprachgefühl;* **Spra|chen|frage,** die ⟨o. Pl.⟩: *aus dem Zusammenleben mehrerer ethnischer Gruppen mit verschiedenen Sprachen innerhalb eines Staates herrührende Problematik;* **Spra|chen|gewirr,** das: *Gewirr (2) von verschiedenen (an einem Ort, in einer Gemeinschaft gesprochenen) Sprachen:* das S. in diesem Heere ... schien babylonisch schlechthin (Welt 16. 6. 62, Geist. Welt 1); **Sprachen|kampf,** der: *Auseinandersetzung um Rang u. Geltung verschiedener Sprachen innerhalb eines Gemeinwesens;* **Spra|chen|kar|te:** ↑Sprachkarte; **Spra|chen|recht,** das: *gesetzliche Regelung über Amts-, Staatssprache, Sprache von Minderheiten o. ä.;* **Spra|chen|schu|le,** die: *Schule, an der Fremdsprachen gelehrt werden;* **Spra|chen|stu|di|um,** Sprachstudium, das: *Studium einer od. mehrerer Fremdsprachen;* **Sprach|ent|wick|lung,** die: **1.** *das Sichentwickeln der Sprache (beim Kind).* **2.** *Sprachlenkung;* **Sprach|er|hal|tung,** die: *Erhaltung einer Sprache, die mit anderen in Kontakt steht u. durch diese Nachbarschaft in ihrem Fortbestand bedroht ist; Sprachbewahrung;* **Sprach|er|ken|nung,** die: *automatische bzw. maschinelles Erkennen gesprochener Sprache;* **Sprach|er|werb,** der (Sprachw.): *das Erlernen der Muttersprache;* **Spracher|zie|hung,** die: *erzieherische Maßnahmen, die auf den Erwerb der Muttersprache*

che gerichtet sind; **Sprach|fä|hig|keit,** die ⟨o. Pl.⟩ (Sprachw.): *Fähigkeit zur Kommunikation durch Sprache;* **Sprach|fa|mi|lie,** die (Sprachw.): *Gruppe verwandter, auf einen gemeinsamen Ursprung zurückzuführender Sprachen;* **Sprach|fehler,** der: *physisch od. psychisch bedingte Störung in der richtigen Aussprache bestimmter Laute:* einen S. haben; **sprach|fer|tig** ⟨Adj.⟩: *sprachgewandt;* **Sprach|fer|tig|keit,** die ⟨o. Pl.⟩ (seltener): *Sprachgewandtheit;* **Sprach|fet|zen,** der ⟨meist Pl.⟩: *an jmds. Ohr dringendes Bruchstück von Gesprochenem; Gesprächsfetzen:* Er dachte darüber nach ..., ohne auf die Geräusche ringsum, S., Gläserklirren ... zu achten (Erné, Kellerkneipe 73); **Sprach|for|scher,** der: vgl. Sprachwissenschaftler; **Sprach|for|sche|rin,** die: w. Form zu ↑Sprachforscher; **Sprach|for|schung,** die: vgl. Sprachwissenschaft; **Sprach|fü|hrer,** der: *(bes. bei Auslandsreisen zu benutzendes) kleines Buch, das die für den Alltagsgebrauch wichtigsten Wörter u. Wendungen der betreffenden Fremdsprache mit Ausspracheangaben u. Grundregeln der Grammatik enthält;* **Sprach|ge|biet,** das: *Sprachraum;* **Sprach|ge|brauch,** der: *die in einer Sprache übliche Ausdrucksweise u. Bedeutung:* nach allgemeinem S.; **Sprach|ge|fühl,** das ⟨o. Pl.⟩: **a)** *Gefühl, Sinn für den richtigen u. (im Sinne einer gültigen Norm) angemessenen Sprachgebrauch:* ein gutes, kein S. haben; nach meinem S. ist das falsch; **b)** *Stilgefühl;* **Sprach|ge|mein|schaft,** die (Sprachw.): *Gesamtheit aller muttersprachlichen Sprecher einer Sprache;* **Sprach|ge|misch,** das: *Mischung aus Elementen verschiedener Sprachen;* **Sprach|ge|nie,** das: *Mensch mit ungewöhnlicher Sprachbegabung;* **Sprach|geo|gra|phie,** die: *Forschungsrichtung der Sprachwissenschaft, die sich mit der räumlichen Verbreitung sprachlicher Erscheinungen (lautlicher, lexikalischer, grammatischer Art) befaßt;* **sprach|geo|gra|phisch** ⟨Adj.⟩: *die Sprachgeographie betreffend;* **Sprach|ge|schich|te,** die ⟨o. Pl.⟩: **1) a)** *Geschichte (1 a) einer Sprache;* **b)** *Wissenschaft von der Sprachgeschichte (a) als Teilgebiet der Sprachwissenschaft.* **2)** *Werk, das die Sprachgeschichte (1 a) zum Thema hat;* **sprach|ge|schicht|lich** ⟨Adj.⟩: *die Sprachgeschichte betreffend;* **Sprach|ge|sell|schaft,** die: *(im 17. Jh.) gelehrte Vereinigung zur Pflege der deutschen Muttersprache u. der Literatur;* **Sprach|ge|setz,** das: *Gesetzmäßigkeit in der Sprache;* **sprach|ge|stört** ⟨Adj.⟩ (Psych., Med.): *an einer Sprachstörung leidend;* **Sprach|ge|walt,** die ⟨o. Pl.⟩: *souveräne u. wirkungsvolle Beherrschung der sprachlichen Ausdrucksmittel;* **sprach|ge|wal|tig** ⟨Adj.⟩: *Sprachgewalt habend:* ein Dichter; **sprach|ge|wandt** ⟨Adj.⟩: *gewandt im Ausdruck in der eigenen od. in einer fremden Sprache;* **Sprach|ge|wandt|heit,** die: *das Sprachgewandtsein;* **Sprach|gren|ze,** die: *Grenze zwischen den Verbreitungsgebieten zweier Sprachen;* **Sprach|gut,** das ⟨o. Pl.⟩: *in sprachlicher Form Überliefertes;* **Sprach|handlung,** die (Sprachw.): *Sprechen, Hören,*

Sprachheilfürsorge

Schreiben od. Lesen als Handlung mit dem Ziel gegenseitiger Verständigung durch Symbole u. sprachliche Zeichen; **Sprach|heil|für|sor|ge,** die: *behördliche Betreuung sprachgestörter Kinder;* **Sprach|heil|kun|de,** die ⟨o. Pl.⟩: *Logopädie;* **Sprach|hei|mat,** die: *sprachliche Heimat;* **-spra|chig:** in Zusb., z. B. fremdsprachig (↑fremdsprachig); dänischsprachig (vgl. deutschsprachig); fünfsprachig (vgl. zweisprachig); **Sprach|in|halt,** der (Sprachw.): *sprachlicher Inhalt, geistige Seite einer Sprache;* **Sprach|in|halts|for|schung,** die (Sprachw.): *inhaltsbezogene Betrachtung von Sprache;* **Sprach|in|sel,** die: *kleines Gebiet, in dem eine andere Sprache gesprochen wird als in dem umliegenden Bereich;* **Sprach|ka|bi|nett,** das (regional): *Sprachlabor;* **Sprach|kar|te,** Sprachenkarte, die: vgl. Sprachatlas; **Sprach|kenner,** der: *Kenner fremder Sprachen;* **Sprach|ken|ne|rin,** die: w. Form zu ↑Sprachkenner; **Sprach|kennt|nis|se** ⟨Pl.⟩: *Kenntnis fremder Sprachen:* gute [französische] S. haben; **Sprach|klischee,** das: vgl. Klischee (2 c); **Sprach|kom|pe|tenz,** die (Sprachw.): *Kompetenz* (2); **Sprach|kon|flikt,** der: *Konflikt innerhalb einer mehrsprachigen Gemeinschaft, der z. B. durch die Benachteiligung der Angehörigen der einen Sprachgemeinschaft gegenüber den Angehörigen der anderen Sprachgemeinschaft[en] ausgelöst wird;* **Sprach|kon|takt,** der: *Kontakt mit einer anderen Sprache, mit anderen Sprachen;* **Sprach|kri|tik,** die: **1.** (Sprachw.) **a)** *kritische Beurteilung der sprachlichen Mittel u. der Leistungsfähigkeit einer Sprache;* **b)** *Sprachpflege.* **2.** (Philos.) *erkenntnistheoretische Untersuchung von Sprache auf ihren Wirklichkeits- u. Wahrheitsgehalt hin;* **sprach|kri|tisch** ⟨Adj.⟩: *die Sprachkritik betreffend;* **Sprach|kul|tur,** die ⟨o. Pl.⟩: **a)** *Maß, Grad, in dem der Sprachgebrauch den für die jeweilige Sprache geltenden Normen bes. in grammatischer u. stilistischer Hinsicht entspricht;* **b)** *Fähigkeit, die Normen der Sprachkultur (a) zu erfüllen;* **c)** (bes. ehem. DDR) *Sprachpflege (als Einflußnahme der Gesellschaft auf die Sprache im Hinblick auf die Erreichung eines möglichst hohen sprachlichen Niveaus);* **Sprach|kun|de,** die (veraltend): **a)** *Lehre von der Sprache u. ihren Gesetzen;* **b)** *Lehrbuch der Sprachkunde (a);* **sprach|kun|dig** ⟨Adj.⟩: *mehrere Sprachen verstehend u. sprechend;* **Sprach|kun|dige,** der u. die; -n, -n ⟨Dekl. ↑Abgeordnete⟩: *jmd., der sprachkundig ist;* **Sprach|kund|ler,** der; -s, - (veraltet): *Wissenschaftler auf dem Gebiet der Sprachkunde;* **Sprach|kund|le|rin,** die; -, -nen (veraltet): w. Form zu ↑Sprachkundler; **sprach|kund|lich** ⟨Adj.⟩ (veraltet): *die Sprachkunde betreffend;* **Sprach|kunst,** die: **a)** ⟨o. Pl.⟩ *Kunst des sprachlichen Ausdrucks;* **b)** *sprachliche Fähigkeit:* beeindrucken dich seine Sprachkünste?; mit ihren Sprachkünsten ist es nicht weit her; **Sprach|kurs, Sprach|kur|sus,** der: *Kurs in einer Fremdsprache;* **Sprach|la|bor,** das: *mit Tonbandgeräten u. Kopfhörern für jeden Arbeitsplatz ausgestatteter Übungsraum, in dem Fremdsprachen nach besonderen Programmen geübt u. gelernt werden;* **Sprach|laut,** der (Sprachw.): *artikulierter Laut (als Teil einer Lautäußerung durch Sprache);* **Sprach|leh|re,** die: *Grammatik (1, 2);* **Sprach|leh|rer,** der: *Lehrer, der Fremdsprachenunterricht gibt;* **Sprach|leh|re|rin,** die: w. Form zu ↑Sprachlehrer; **Sprach|lehr|for|schung,** die: *Erforschung des Lehrens u. Lernens von Sprachen im Unterricht;* **Sprach|lenkung,** die: *[manipulierende] Einflußnahme auf den allgemeinen Sprachgebrauch; planvolle Formung der Standardsprache;* **sprach|lich** ⟨Adj.⟩: *die Sprache betreffend:* -e Feinheiten, Fähigkeiten; -es Handeln; die -e Entwicklung des Kindes; -e Meisterschaft; das ist s. falsch; in s. hervorragender Aufsatz; **-sprach|lich:** in Zusb., z. B. fremdsprachlich (↑fremdsprachlich); muttersprachlich (↑muttersprachlich); **Sprachlich|keit,** die; - (seltener): *das Verfügen über Sprache:* die S. des Menschen; **sprach|los** ⟨Adj.⟩ [mhd. sprāchlōs, ahd. sprāhalōs]: **a)** *so überrascht, daß man im Augenblick keine Worte findet:* s. [vor Staunen, Schrecken, Entsetzen, Freude] sein; über jmds. Unverfrorenheit, Frechheit, Unverschämtheit s. sein; sie sahen einander s. an; **b)** (geh.) *ohne Worte:* in -em Einverständnis; Manchmal passierte es Franziska, daß sie plötzlich ... in eine -e Gerührtheit ausbrach (Handke, Frau 29); **Sprach|lo|sig|keit,** die; -: *das Sprachlossein;* **sprach|mäch|tig** ⟨Adj.⟩ (geh.): *sprachgewaltig;* **Sprach|ma|ni|pu|la|ti|on,** die (abwertend): *das Manipulieren* (1) *mit Hilfe der Sprache u. durch die Sprache;* **Sprach|me|lo|die,** die: vgl. Intonation (5); **Sprach|mi|schung,** die: vgl. Sprachgemisch; **Sprach|mitt|ler,** der: *jmd., der von einer Sprache in eine andere überträgt (Dolmetsch od. Übersetzer);* **Sprach|mitt|le|rin,** die: w. Form zu ↑Sprachmittler; **Sprach|mitt|lung,** die; -, -en: *das Übertragen von einer Sprache in eine andere (Dolmetsch od. Übersetzen);* **Sprach|norm,** die (Sprachw.): *sprachliche Norm (1); die in einer Sprachgemeinschaft in bezug auf Rechtschreibung, Aussprache, Grammatik u. Stil) als üblich u. richtig festgelegten Regeln;* **Sprach|nor|mie|rung, Sprach|normung,** die: *das Aufstellen sprachlicher Normen;* **Sprach|öko|no|mie,** die: *Tendenz der Sprache zu Sparsamkeit u. Vereinfachung (z. B. durch Kürzung, Vereinheitlichung von Formen);* **Sprach|per|zep|ti|on,** die: *das Wahrnehmen von Sprache, von Sprachlauten;* **Sprach|pflege,** die: *Gesamtheit der Maßnahmen, die auf einen normgerechten Sprachgebrauch abzielen; Bemühungen um eine Verbesserung der Sprachbewußtheit u. einen kultivierten Sprachgebrauch;* **sprach|pfle|ger,** der: *jmd., der Sprachpflege betreibt;* **Sprach|pfle|ge|rin,** die: w. Form zu ↑Sprachpfleger; **Sprach|phi|lo|so|phie,** die: *Teilgebiet der Philosophie, das sich mit dem Ursprung u. Wesen sprachlicher Zeichen, mit Sprache u. Idee, Sprache u. Logik befaßt;* **sprach|phi|lo|so|phisch** ⟨Adj.⟩: *die Sprachphilosophie betreffend;* **Sprach|pla|nung,** die (Sprachw.): vgl. Sprachlenkung; **Sprach|po|li|tik,** die: *die in einem Land gesprochene[n] Sprache[n], die in einem Land sich stellende Sprachenfrage o. ä. betreffende Politik:* die S. der derzeitigen Regierung zielt auf eine Reform des Sprachenrechts; eine liberale, restriktive S. verfolgen; **sprach|po|litisch** ⟨Adj.⟩: *die Sprachpolitik betreffend;* **Sprach|pro|duk|ti|on,** die: *das Erzeugen sprachlicher Äußerungen;* **Sprach|psy|cho|lo|gie,** die: *Teilgebiet der Psychologie, das sich mit den psychologischen Aspekten des Sprechens u. der Sprache u. mit psychisch bedingten Sprachstörungen befaßt;* **sprach|psy|cho|lo|gisch** ⟨Adj.⟩: *die Sprachpsychologie betreffend;* -es Gutachten; **Sprach|raum,** der: *Gebiet, in dem eine bestimmte Sprache od. Mundart gesprochen wird:* im [nieder]deutschen S.; **Sprach|re|form,** die: *offizielle Festsetzung neuer Sprachnormen; sprachliche Reform;* **Sprach|re|gel,** die ⟨meist Pl.⟩ (Sprachw.): *grammatische Regel in einer Sprache;* **Sprach|re|ge|lung,** die (selten): **Sprach|reg|lung,** die (Politik): *einer [offiziellen] Weisung od. Empfehlung entsprechende Formulierung, Darstellung eines bestimmten Sachverhalts in der Öffentlichkeit:* ... den arabischen Wunsch nach Waffen zu erfüllen, als „Beitrag zur Stabilisierung der Region", wie die S. heißt (Spiegel 18, 1981, 25); nach der offiziellen S. ist er auf eigenen Wunsch, aus gesundheitlichen Gründen ausgeschieden; **Sprach|rein|heit,** die: *vom Purismus* (1) *angestrebter, durch Sprachreinigung zu erreichender Zustand der [Mutter]sprache* (1); **Sprach|rei|ni|gung,** die: *vom Purismus* (1) *angestrebte künstliche Eliminierung von fremden Elementen, bes. von neueren Fremdwörtern, aus der [Mutter]sprache* (1); **Sprach|rei|se,** die: *mit einem Sprachkurs verbundene Auslandsreise;* **sprach|rich|tig** ⟨Adj.⟩: *genau, korrekt nach den Regeln der Sprache [ausgedrückt];* **Sprach|rich|tig|keit,** die: vgl. Sprachnorm; **Sprach|rohr,** das: *trichterförmiges Blechrohr, das – beim Sprechen vor den Mund gehalten – die Stimme verstärkt:* ein Schiff durch das S. anrufen; Ü der Verband versteht sich als S. der dänischen Minderheit; das Blatt ist das S. der Opposition: jmds. S. sein (1. *in jmds. Namen sprechen:* er hat sich zum S. der von der Maßnahme betroffenen Bürger gemacht. 2. abwertend: *kritiklos jmds. Meinung weitergeben:* sie ist nur das S. ihres Chefs) o. ä.; **Sprach|schatz,** der ⟨Pl. selten⟩: *Wortschatz;* **Sprach|schicht,** die: vgl. Stilschicht; **Sprach|schnit|zer,** der (ugs.): *Sprachverstoß;* **Sprach|schöp|fer,** der: *jmd., der im Umgang mit der Sprache schöpferisch ist;* **Sprach|schöp|fe|rin,** die: w. Form zu ↑Sprachschöpfer; **sprach|schöp|fe|risch** ⟨Adj.⟩: *schöpferisch im Umgang mit der Sprache;* **Sprach|schran|ke,** die: *Sprachbarriere* (b); **Sprach|schu|lung,** die: vgl. Sprachunterricht; **Sprach|schwä|che,** die: *Schwäche (2 b), Störungen in der Entwicklung der Sprachfähigkeit;* **Sprach|schwie|rig|keit,** die ⟨meist Pl.⟩: *Schwierigkeit im Zusammenhang mit einer Sprache;* **Sprach|sil|be,** die (Sprachw.): *(in der Wortbildung) Wortteil (z. B. Vorsilbe, Stamm, Endung);* **Sprach|sinn,** der

⟨o. Pl.⟩: *Sprachgefühl;* **Sprach|so|zio|lo|gie**, die: *Teilgebiet der Soziologie, auf dem man sich mit der Analyse von Sprache u. Gesellschaft befaßt;* **sprach|so|zio|lo|gisch** ⟨Adj.⟩: *die Sprachsoziologie betreffend;* **Sprach|spiel**, das [eingef. von dem österr. Philosophen L. Wittgenstein (1889–1951)] (Sprachw.): *Verwendung von Sprache, sprachliche Tätigkeit als Teil einer Tätigkeit od. Lebensform od. im Zusammenhang mit einer anderen beliebigen Handlung;* **Sprach|spie|le|rei**, die: *Spielen mit der Sprache unter Ausnützung von Mehrdeutigkeiten, lautmalenden Klängen, Wortspielen o. ä.;* **Sprach|stamm**, der (Sprachw.): *mehrere verwandte, auf einen gemeinsamen Ursprung zurückzuführende Sprachfamilien;* **Sprach|sta|tistik**, die: *Erforschung der Sprache in bezug auf die Häufigkeit des Gebrauchs einzelner Wörter, die Länge von Morphemen, Wörtern u. ä. mit Methoden der Statistik;* **Sprach|stil**, der: *vgl. Stil* (1); **Sprach|stö|rung**, die: *physisch od. psychisch bedingte Störung im Bereich der Sprache, des Sprechens;* **Sprach|struk|tur**, die: *vgl.* Sprachbau; **Sprach|stu|di|um**: ↑Sprachenstudium; **Sprach|stu|fe**, die (Sprachw.): *sprachgeschichtliche Entwicklungsstufe;* **Sprach|syn|the|se**, die: *Erzeugung von Sprache, Sprachlauten durch elektronische Mittel;* **Sprach|sy|stem**, das (Sprachw.): *System aus in gleicher Weise immer wieder vorkommenden u. sich wiederholenden sprachlichen Elementen u. Relationen, das dem Sprachteilhaber zur Verfügung steht;* **Sprach|ta|lent**, das: *vgl.* Sprachbegabung; **Sprach|teil|ha|ber**, der (Sprachw.): *Angehöriger einer Sprachgemeinschaft;* **Sprach|teil|ha|be|rin**, die (Sprachw.): *w. Form zu* ↑Sprachteilhaber; **Sprach|teil|neh|mer**, der (Sprachw. seltener); **Sprach|teil|neh|me|rin**, die (Sprachw. seltener): *w. Form zu* ↑Sprachteilnehmer; **Sprach|theo|rie**, die: *auf sprachphilosophischen Reflexionen u./od. Ergebnissen der Sprachwissenschaft beruhende Theorie, deren Gegenstand bes. das Verhältnis von Sprache u. Welt, Sprache u. Denken, Sprache u. Handeln ist;* **Sprach|the|ra|pie**, die: *Therapie von Sprachstörungen;* **Sprach|ty|po|lo|gie**, die: *Klassifikation von Sprachen nach übereinstimmenden Charakteristika;* **Sprach|über|set|zung**, die (Datenverarb.): *computergestützte Übertragung von Texten aus einer natürlichen Sprache in eine andere natürliche Sprache unter Bewahrung des Textinhalts;* **Sprach|über|tra|gung**, die: *Übertragung des sprachlichen Schalls in einem für die Verständlichkeit ausreichenden Frequenzband;* **sprach|üb|lich** ⟨Adj.⟩: *(als sprachlicher Ausdruck, Formulierung) üblich;* **Sprach|übung**, die: *dem Erlernen einer Fremdsprache dienende Übung (2 a, 5);* **Sprach|un|ter|richt**, der: *Unterricht in einer Fremdsprache;* **Sprach|ur|sprung**, der: *Ursprung von Sprache;* **Sprach|ver|ar|bei|tung**, die: *(durch Digitaltechnik ermöglichtes) maschinelles Aufnehmen, Erkennen, Interpretieren u. Erzeugen von Sprachlauten, sprachlichen Signalen;* **Sprach|ver|ein**, der: *vgl.* Sprachgesellschaft; **Sprach|ver|fall**, der: *Verfall, Niedergang einer Sprache;* **Sprach|ver|glei|chung**, die: *Methode der vergleichenden Sprachwissenschaft;* **Sprach|ver|stel|len**, das; -s (Sprachw.): *Sprachperzeption;* **Sprach|ver|stoß**, der: *Verstoß gegen eine Sprachregel;* **Sprach|ver|wandt|schaft**, die (Sprachw.): *Verwandtschaft zwischen Sprachen (auf Grund des Vorhandenseins gesetzmäßiger Entsprechungen auf den verschiedenen Ebenen von Sprachen mit einer gemeinsamen Grund- od. Ursprungssprache);* **Sprach|ver|wir|rung**, die: *durch Mangel an Übereinkunft im Gebrauch von Begriffen o. ä. entstehende Unsicherheit in der Verständigung;* **Sprach|wahr|neh|mung**, die (Sprachw.): *Sprachperzeption;* **Sprach|wan|del**, der (Sprachw.): *Wandel, dem die Sprache unterliegt;* **Sprach|werk**, das: *(im Urheberrecht) literarisches wissenschaftliches od. künstlerisches Werk, das aus geschriebener od. gesprochener Sprache besteht (z. B. Roman, Rede);* **sprach|wid|rig** ⟨Adj.⟩: *gegen die Gesetze der Sprache verstoßend;* **Sprach|wis|sen|schaft**, die: *Wissenschaft, die eine Sprache, Sprachen in Hinsicht ihres Aufbaus u. ihrer Funktion beschreibt u. analysiert;* **Sprach|wis|sen|schaft|ler**, der: *Wissenschaftler auf dem Gebiet der Sprachwissenschaft;* **Sprach|wis|sen|schaft|le|rin**, die: *w. Form zu* ↑Sprachwissenschaftler; **sprach|wis|sen|schaft|lich** ⟨Adj.⟩: *die Sprachwissenschaft betreffend;* **Sprach|zen|trum**, das (Physiol.): *Teil des Großhirns, dem die Prozesse des Sprechens u. des Sprachverstehens zugeordnet sind;* **Sprach|zweig**, der (Sprachwiss.): *einzelne Sprachfamilie (eines Sprachstamms).*

sprang, spräng|e: ↑springen.
spratzen ⟨sw. V.; hat⟩ [aus dem Südd., Österr., eigtl. wohl = (vom feuchten Holz im Feuer) knacken; zerplatzen; wohl lautm.] (Hüttenw.): *(von Metallen) beim Wiedererstarren nach der Schmelze Gasblasen auswerfen.*

Spray [ʃpreː, spreː; engl.: spreɪ], der od. das; -s, -s [engl. spray, ↑sprayen]: *Flüssigkeit, die durch Druck [mit Hilfe eines Treibgases] aus einem Behältnis in feinsten Tröpfchen versprüht wird:* ein angenehm duftendes, umweltfreundliches, FCKW-freies S.; ein S. fürs Haar, gegen Insekten; das Deodorant gibt es auch als S.; **Spray|do|se**, die: *mit einem Zerstäuber versehene Dose, Spray u. eine für dessen Zerstäubung ausreichende Menge Treibgas enthaltende Dose; Sprühdose;* **sprayen** ⟨sw. V.; hat⟩ [engl. to spray, wohl < mniederl. spraeien = spritzen, stieben, verw. mit mhd. spræjen, ↑sprühen]: **a)** *mit einer Spraydose sprühen* (1 a): sie sprayte sich etwas Festiger ins Haar; **b)** *mit einer Spraydose sprühen* (1 b): Er kann in der Wohnung ein Antimückenmittel s. (Luzerner Tagblatt 31. 7. 84, 21); Dort sprayte er Tränengas gegen eine Angestellten (NZZ 11. 4. 85, 28); ⟨auch o. Akk.-Obj.:⟩ gegen Ungeziefer s.; **c)** *mit einer Spraydose sprühen* (1 c): Parolen an Wände, U-Bahn-Wagen s.; gesprayte Graffiti; **d)** *mit Spray besprühen:* jmdn., sich das Haar s.; bevor er sich die Achselhöhlen sprayte (Fels, Unding 48); **Sprayer**, der; -s, - [engl. sprayer]: *jmd., der sprayt, bes. jmd., der mit Spraydosen Graffiti o. ä. herstellt:* die jugendlichen S. entkamen unerkannt; der als „S. von Zürich" bekannt gewordene Harald Naegeli; **Spraye|rin**, die; -, -nen: *w. Form zu* ↑Sprayer.

Spread [sprɛd], der; -s, -s [engl. spread, eigtl. = Ausbreitung, Verbreitung, zu: to spread = aus-, verbreiten] (Börsenw.): **1.** *Differenz zwischen zwei Preisen od. Zinssätzen (z. B. zwischen An- u. Verkaufskurs von Devisen).* **2.** *Aufschlag auf einen vereinbarten speziellen Zinssatz;* **Sprea|der** [ˈsprɛdə], der; -s, - [engl. spreader, zu: to spread, ↑Spread]: *Tragrahmen an Hebezeugen als Aufnahmevorrichtung für Container;* **Sprea|ding** [ˈsprɛdɪŋ], das; -[s] [zu engl. to spread, ↑Spread] (Börsenw.): *gleichzeitiger Kauf u. Verkauf einer gleichen Anzahl von Optionen o. ä. mit unterschiedlichen Basispreisen, um so z. B. auf einen fallenden od. steigenden Markt zu spekulieren u. das Verlustrisiko zu begrenzen.*

Sprech|akt, der (Sprachw.): *Akt sprachlicher Kommunikation;* **Sprech|akt|theo|rie**, die (Sprachw.): *Theorie, deren Gegenstand die Analyse der Faktoren, Bedingungen u. Regeln für das Verstehen u. Gelingen von Sprechakten ist;* **Sprech|angst**, die (Med.): *Lalophobie;* ♦ **Spre|cha|nis|mus**, der; -, ...men [zu ↑sprechen u. ↑Mechanismus]: *(bes. in der Berliner Umgangsspr. scherzh. für) Redegabe:* Er hat einen S., um den ich ihn beneiden könnte (Fontane, Jenny Treibel 16); **Sprech|an|la|ge**, die: *elektrische Anlage bes. an Wohnungstüren, über die eine Verständigung mit einem Einlaßbegehrenden o. ä. an der Haustür möglich ist;* **Sprech|bla|se**, die: *(bei Comic strips o. ä.) eingezeichnete, vom Mund der gezeichneten Person ausgehende Blase (in der im Text als gedachte Aussage dieser Person) hineingeschrieben ist;* **Sprech|büh|ne**, die: *Theater (1 b), das nur gesprochene Stücke (Dramen) aufführt;* **Sprech|chor**, der: **a)** *gemeinsames, gleichzeitiges Sprechen, Vortragen od. Ausrufen der gleichen Worte:* im S. rufen; sie protestierten mit Sprechchören; **b)** *Gruppe von Menschen, die gemeinsam etw. vortragen:* ein S. auf der Bühne; einen S. bilden; **Spre|che**, die; -: **a)** (ugs.) *Art u. Weise, sich mündlich auszudrücken; Sprechweise:* S. der Jugendlichen; **b)** (Sprachw. Jargon) *gesprochene Sprache; mündliche Form:* strukturelle Differenzen zwischen S. und Schreibe; **spre|chen** ⟨st. V.; hat⟩ /vgl. sprechend/ [mhd. sprechen, ahd. sprehhan, H. u.; urspr. viell. lautm.]: **1. a)** *Sprachlaute, Wörter hervorbringen, bilden:* Ich hörte es s. Beide hörte ich s. (Grass, Butt 693); s. lernen; unser Kind kann noch nicht s.; er war so heiser, daß er kaum s. konnte; mit vollem Mund spricht man nicht; vor Aufregung nichts s. können; ⟨subst.:⟩ das Sprechen fiel ihr schwer; **b)** *in bestimmter Weise sprechen* (1 a), *sich in bestimmter Weise ausdrücken:* laut, [un]deutlich, flüsternd, durch die Nase s.; Eindringlich, glühend und sanft sprach sie mit Dir (Langgässer, Siegel 328); ins Mikrophon, mit verstellter Stimme, in ernstem Ton, in singendem

sprechend

Tonfall, mit rollendem R s.; Er spricht mit slawischem Akzent (Frischmuth, Herrin 124); Sie sprachen lange, sie fragend mit hellen Spitzen, er väterlich zuredend (Grass, Butt 693); deutsch, englisch s.; Man sprach gebildet, man sprach italienisch, französisch ... (Koeppen, Rußland 202); sie spricht gern in Bildern, Versen; ins unreine gesprochen *(noch nicht genau formuliert),* möchte ich einmal sagen ...; ⟨verblaßter Imperativ:⟩ mit der notwendigen Infrastruktur, sprich *(nämlich, also, das heißt):* Kindergärten, Schulen, Theatern ... (Mieterzeitung 12, 1975, 4); **c)** *der menschlichen Sprache ähnliche Laute hervorbringen:* der Papagei kann s. **2. a)** *mündlich, sprechend* (1 a) *äußern; sagen:* er hat noch kein Wort gesprochen; das Kind kann schon ein paar einzelne Wörter, ganze Sätze s.; du mußt die Wahrheit s.; der Richter hat das Urteil gesprochen; ein paar einführende Worte, ein Schlußwort s.; Ich schlage ... vor, alles, was ich über Thomas Manzoni weiß, auf Tonband zu s. (Ziegler, Konsequenz 13); er spricht *(redet)* doch nur Unsinn; Und Gott sprach (bibl., geh., veraltend; *sagte*): Es werde Licht! (1. Mose 1, 3); **b)** *vorlesen, vortragen, rezitieren, aufsagen:* ein Gebet, das Vaterunser, ein Gedicht, den Segen, einen Kommentar, eine Eidesformel, eine Zauberformel s.; **c)** *(eine Sprache) benutzen, beherrschen:* zu Hause spricht er nur Dialekt, Englisch; mehrere Sprachen s.; sprechen Sie Deutsch?; fließend, akzentfrei, ausgezeichnet, schlecht Deutsch, Englisch s.; rheinische Mundart, Slang, Platt, Fachchinesisch, ein völlig unverständliches Kauderwelsch, ein sehr gepflegtes Englisch s.; die verschiedenen Experten sprechen jeweils ihre eigene Fachsprache (Gruhl, Planet 343). **3.** *sich äußern, urteilen:* gut, schlecht über jmdn., etw./von jmdn., etw. s.; er hat in lobenden Worten, sehr anerkennend über dich, deine Arbeit gesprochen; Der dem Bedürfnis, über sich selber zu s., immer wieder nachgab (Reich-Ranicki, Th. Mann 23); sie weiß, wovon sie spricht (ugs.; *sie kennt das aus eigener Erfahrung*); einige sprechen *(votieren)* für den Vorschlag, andere dagegen; ich spreche hier für die Mehrheit der Bürger *(drücke die Meinung der Mehrheit aus);* die Zusicherung, für ganz Deutschland s. zu dürfen, haben wir seit den Londoner Protokollen (Dönhoff, Ära 214); * **für, gegen jmdn., etw. s.** *(sich auf die Bewertung, Beurteilung jmds., einer Sache günstig, ungünstig auswirken):* die Umstände sprechen für, gegen den Angeklagten; es spricht eigentlich alles für diesen Bewerber; für dieses Gerät spricht vor allem der günstige Preis; es gibt nur wenige Argumente, die für, gegen einen Verkauf sprechen; was spricht eigentlich dagegen, daß wir mit der Bahn fahren?; **für, gegen etw. s.** *(ein Indiz für, gegen die Richtigkeit, das Gegebensein von etw. sein):* diese Tatsache spricht für, gegen eine Annahme, die Selbstmordtheorie; Vieles spricht für die Richtigkeit seiner Vermutung (Reich-Ranicki, Th. Mann 171); das spricht dafür, dagegen, daß es ein Unfall

war; **für sich selbst s.** *(keiner weiteren Erläuterung bedürfen);* **auf jmdn., etw. schlecht, nicht gut zu s. sein** *(über jmdn., etw. verärgert sein, jmdn., etw. nicht mögen):* Gar nicht gut ist Frau Mann auf Adorno zu s. (Reich-Ranicki, Th. Mann 243); **von etw. s.** *(etw. als Bezeichnung zur Benennung, zur Charakterisierung einer bestimmten Sache benutzen):* Hans-Martin Gauger spricht ... treffend von einem „bewußt-unbewußten Anschreiben gegen Thomas Mann" (Reich-Ranicki, Th. Mann 235); Böse Zungen werden nun von ausgleichender Gerechtigkeit s. (Kicker 6, 1982, 36). **4. a)** *ein Gespräch führen, sich unterhalten, Worte wechseln:* mit jmdn., miteinander/zusammen s.; mit sich selbst s. *(Selbstgespräche führen);* sie spricht gerade, dort wird gerade gesprochen (Fernspr.; *bei ihr, dort ist gerade besetzt*); ... sprechen Sie noch? Ich trenne (Gaiser, Jagd 114); vom Wetter, von den Preisen, über Politik s.; Er sprach auch später nie mit Rita über diesen Abend (Chr. Wolf, Himmel 180); wir haben gerade von dir gesprochen; Darüber spricht man höchstens mit Freunden (Hornschuh, Ich bin 6); man kann ruhig darüber s.; wegen der Wohnung sollten wir noch mal mit ihm s.; so *(in diesem Ton)* lasse ich nicht mit dir s., spricht man nicht mit seiner Mutter!; darüber müssen wir noch s. *(diskutieren);* ich habe noch mit dir zu s. *(etwas zu besprechen);* **b)** *erzählen, berichten:* sie sprach vom letzten Urlaub; Jemand hat mir von Brasilien gesprochen (Kaschnitz, Wohin 126); davon, darüber hat er schon oft gesprochen; das spricht sie nicht gerne; das ist Betriebsgeheimnis, darüber darf ich nicht, zu niemandem s.; davon habe ich [dir] noch gar nicht gesprochen; ⟨subst.:⟩ Sie sagte mir nicht, wie sie den Matrosen zum Sprechen brachte, aber ... (Menzel, Herren 96). **5. a)** *(jmdn.) treffen, [zufällig sehen u.] mit ihm Worte wechseln:* Ihn persönlich noch zu s., vermeidet er ... nur Diktate schickt er ihm hinüber (St. Zweig, Fouché 201); Wenn die Geschwister ihren Bruder s. wollten ... (Jens, Mann 111); wir haben uns gestern [telefonisch] gesprochen; **b)** *(jmdn.) erreichen; mit jmdm. Verbindung aufnehmen, ins Gespräch kommen:* wann kann ich den Chef s.?; ich möchte dich in einer privaten Angelegenheit s.; Sie wollten mich s.?; Frau Meier ist im Moment leider nicht zu s.; ich bin heute für niemanden mehr zu s. **6.** *einen Vortrag, eine Rede halten:* im Rundfunk, über etw., zu einem kleinen Publikum, vor einem großen Hörerkreis s.; der Redner hat sehr gut, viel zu lange gesprochen; auf der Versammlung werden Vertreter aller Parteien s.; zu einem bestimmten Thema s.; In einer Versammlung der Führer sprach Rupert Kutzner zur Lage (Feuchtwanger, Erfolg 673); wer spricht heute abend [zu uns]?; worüber hat er denn gesprochen?; frei s. *(ohne abzulesen).* **7.** (geh.) *erkennbar sein; sich ausdrücken:* aus seinen Worten spricht Haß, Liebe, Bewunderung; aus ihren Blicken, hastigen Bewegungen sprach Angst; Aus seinem bescheidenen

Lächeln sprach die Zuversicht (Apitz, Wölfe 50); Es war nicht Resignation ..., was aus seiner Haltung sprach (Weber, Tote 181); Ich habe ... mein Gewissen und meine feste Überzeugung s. *(bestimmen, den Ausschlag geben)* lassen (Reich-Ranicki, Th. Mann 187); manchmal sollte man sein Gefühl, Herz s. lassen *(sich nach seinen Gefühlsregungen richten);* große, sprechende *(ausdrucksvolle)* Augen. **8.** ⟨in der Amtsspr. auch schwach gebeugt⟩ (schweiz.) *(einen Kredit, einen Betrag aus öffentlichen Mitteln o. ä.) bewilligen:* [jmdm.] einen Kredit s.; 2,76 Millionen wurden für die Sanierung und den Ausbau der Bahnhofstraße gesprochen (Vaterland 27. 3. 85, 29); **sprechend** ⟨Adj.⟩: *anschaulich, deutlich; überzeugend:* ein -es Beispiel; einen -eren Beweis könnte es nicht geben; **Spre|cher,** der; -s, - [mhd. sprechære, spätahd. sprehhari]: **1. a)** *jmd., der von einer Gruppe gewählt u. beauftragt ist, deren Interessen zu vertreten:* der S. einer Bürgerinitiative; jene bürgerlichen Menschen ..., als deren Repräsentant und S. er wirken wollte (Reich-Ranicki, Th. Mann 250); **b)** *Beauftragter einer Regierung od. hohen Dienststelle, der offizielle Mitteilungen weiterzugeben hat:* der außenpolitische S. der Regierung; die Meldung wurde von einem, dem S. des Verteidigungsministeriums dementiert; ein Nein, das von den -n der CDU/CSU und der FDP untermalt wurde (Augstein, Spiegelungen 121); **c)** *jmd., der im Rundfunk od. Fernsehen als Ansager arbeitet, Nachrichten o. ä. liest:* er ist, arbeitet als S. beim Rundfunk, im Fernsehen; **d)** *jmd., der eine bestimmte Sprache od. Mundart spricht:* Tonbandaufnahmen von verschiedenen niederdeutschen -n; die Sprache mit den meisten [muttersprachlichen] -n ist das Chinesische; die S. des Englischen, dieser Mundart; der ideale S. (↑Ideal speaker) einer Sprache; **e)** *jmd., dessen Aufgabe es ist, für einen bestimmten Zweck Texte zu sprechen:* der S. des Kommentars hatte einen leichten französischen Akzent; Sie hörten das Hörspiel „Stille Nacht" von N. N. Die Personen und ihre S. waren: ...; der Film ist mit professionellen, ausgezeichneten -n vertont, synchronisiert worden; **f)** *Urheber einer gesprochenen Äußerung:* laut Gutachten ist der auf der Tonbandaufnahme zu hörende S. mit dem Angeklagten identisch. **2.** (Jargon) *Begegnung zwischen einem Häftling u. jmdm., der ihn im Gefängnis besucht:* dem Häftling beim S. einen Kassiber zustecken; **Spre|cher-aus|schuß,** der: *Ausschuß von leitenden Angestellten, der in einem Betrieb deren Interessen vertritt;* **Spre|cher|er|ken-nung,** die (Datenverarb.): *Erkennen eines bestimmten Sprechers (1) an Hand der akustischen Merkmale seines Sprechens;* **Spre|cher|iden|ti|fi|zie|rung,** die: *eindeutiges Identifizieren eines unbekannten Sprechers (1) an Hand seiner sprachlichen Äußerungen (z. B. in der Kriminalistik);* **Spre|che|rin,** die; -, -nen: w. Form zu ↑Sprecher (1); **spre|che|risch** ⟨Adj.⟩ (selten): *das Sprechen betreffend:* eine hervorragende -e Leistung; **Sprech|er|laub-**

nis, die: *Erlaubnis, einen Strafgefangenen zu besuchen u. mit ihm zu sprechen;* **Sprech|er|zie|hung,** die: *Erziehung zur richtigen Atemtechnik, zur korrekten Aussprache, zum verständlichen Sprechen;* **sprech|faul** ⟨Adj.⟩: **1.** *mundfaul.* **2.** *(von Kleinkindern) noch nicht viel sprechend;* **Sprech|funk,** der: *Anlage für wechselseitigen Funkkontakt [über relativ kurze Entfernung]; Telefonie (1) (im Flugzeug, Auto u. ä.):* über S. verhandeln; **Sprechfunk|an|la|ge,** die: vgl. Sprechfunk; **Sprech|funk|ge|rät,** das: vgl. Sprechfunk; **Sprech|ge|sang,** der: *dem Sprechen angenäherter Gesang in Parlando, Psalmodie, Rezitativ;* **Sprech|kon|takt,** der: *im Miteinandersprechen bestehender Kontakt (1);* **Sprech|kun|de,** die: **a)** *Wissenschaft, Lehre von der Sprecherziehung u. Rhetorik;* **b)** *Lehrbuch der Sprechkunde* (a); **sprech|kund|lich** ⟨Adj.⟩: *die Sprechkunde betreffend;* **Sprech|kunst,** die: *Kunst der Rhetorik, der Rezitation u. Deklamation;* **Sprech|leh|rer,** der: *Lehrer für Sprecherziehung;* **Sprech|leh|re|rin,** die: w. Form zu ↑Sprechlehrer; **Sprechme|lo|die,** die (Sprachw.): vgl. Intonation (5); **Sprech|mu|schel,** die: *Teil des Telefonhörers, in den man hineinspricht:* die S. zuhalten; **Sprech|or|ga|ne** ⟨Pl.⟩: *Sprechwerkzeuge;* **Sprech|pau|se,** die: *beim Sprechen, Reden eintretende od. eingelegte Pause:* eine kurze S. einlegen; **Sprech|plat|te,** die: *Schallplatte, auf der ein gesprochener Text aufgenommen worden ist;* **Sprech|pup|pe,** die: *Puppe, in deren Innern eine Platte mit gesprochenem od. gesungenem Text abläuft;* **Sprech|rolle,** die (Theater): *Rolle, die nur gesprochenen Text enthält (in einem sonst überwiegend gesungenen Stück);* **Sprech|sil|be,** die (Sprachw.): *Silbe, die sich aus der natürlichen Aussprache eines Wortes ergibt (im Gegensatz zur Sprachsilbe);* **Sprechsi|tua|ti|on,** die (Sprachw.): *Situation, in der eine sprachliche Äußerung fällt;* **Sprech|spra|che,** die: *gesprochene Sprache (im Unterschied zur geschriebenen Sprache);* **Sprech|stim|me,** die: *menschliche Stimme beim Sprechen:* eine hohe, dunkle, laute, kräftige S. haben; **Sprechstö|rung,** die: vgl. Paraphasie; **Sprechstun|de,** die: **a)** *Zeit, in der jmd. für Gespräche zur Verfügung steht:* S. [ab]halten; wann hat die Frauenbeauftragte, der Professor S.?; ich werde mal zu deiner Klassenlehrerin in die S. gehen; **b)** *Zeit, in der ein Arzt o. ä. zur Konsultation aufgesucht werden kann u. in der er Behandlungen vornimmt:* S. [ab]halten; zu jmdm. in die S. gehen, kommen; mein Zahnarzt hat heute keine, hat montags bis freitags von neun bis zwölf S.; **Sprech|stunden|hel|fe|rin,** die (veraltend): *Arzthelferin;* **Sprech|stun|den|hil|fe,** die (veraltend): *Arzthelferin;* **Sprech|tag,** der: *Wochentag, an dem eine Behörde für den Publikumsverkehr geöffnet ist;* **Sprech|takt,** der: *Teil einer Äußerung, der mit Atemstoß hervorgebracht, melodisch akzentuiert u. durch Pausensetzung markiert wird;* **Sprech|tech|nik,** die: vgl. Sprecherziehung; **Sprech|thea|ter,** das: vgl. Sprechbühne; **Sprech|übung,** die: *Übung zum einwandfreien Sprechen;*

Sprech|un|ter|richt, der: vgl. Sprecherziehung; **Sprech|ver|bot,** das: vgl. Redeverbot; **Sprech|ver|kehr,** der ⟨o. Pl.⟩: *[fern]mündlicher Verkehr;* **Sprech|versuch,** der: *Versuch zu sprechen:* das Kind macht schon seine ersten -e; **Sprech|vorgang,** der: *Vorgang des Sprechens;* **Sprech|wei|se,** die: *Redeweise;* **Sprechwei|te,** die (selten): vgl. Rufweite; **Sprech|werk|zeu|ge** ⟨Pl.⟩: *Organe, die die Artikulation, das Sprechen ermöglichen;* **Sprech|zeit,** die: **1.** *Redezeit.* **2.** *für ein Gespräch zur Verfügung stehende Zeit:* „Die S. ist beendet", sagte der Aufseher (Bieler, Bonifaz 197). **3.** vgl. Sprechstunde: wir haben heute keine S.; während, außerhalb der -en; **Sprech|zel|le,** die: *Kabine zum Telefonieren (innerhalb eines Gebäudes);* **Sprech|zim|mer,** das: *Raum, in dem, bes. beim Arzt, Sprechstunden abgehalten werden.*

Spree, die; -: *linker Nebenfluß der Havel;* **Spree-Athen:** scherzh. Bez. für die *Stadt Berlin;* **Spree|was|ser,** das: in der *Wendung* **mit S. getauft sein** (scherzh.; *in Berlin geboren sein*).

Spre|he, der; -s, -n [aus dem Md., Niederd. < mniederd. sprēn, ahd. sprā, eigtl. = *der Bespritzte, nach dem gesprenkelten Gefieder*] (bes. [nord]westd.): ¹*Star.*

Sprei|ßel, der, österr.: das; -s, - [mhd. sprīʒel, zu frühmhd. sprīʒen = splittern]: **a)** (landsch., bes. südd.) *Splitter* (b): einen S. im Finger haben; **b)** (landsch., bes. österr.) *Span (als Abfall);* **Sprei|ßel|holz,** das ⟨o. Pl.⟩ (österr.): *Kleinholz [zum Anheizen].*

Spreit|decke¹, die (landsch.): *Spreite* (1 a); **Sprei|te,** die; -, -n [zu ↑spreiten]: **1.** (landsch.) **a)** *[Bett]decke;* **b)** *ausgebreitete Lage [von Getreide zum Dreschen].* **2.** (Bot.) *Fläche des Laubblattes;* **sprei|ten** ⟨sw. V.; hat⟩ [mhd. spreiten, ahd. spreitan, H. u.] (geh., veraltend): *auseinanderbreiten, ausbreiten:* ♦ sobald es Nacht ist, zündet die Hausfrau die Lichter an, spreitet das Tafeltuch über den Tisch (Heine, Rabbi 453); Der Generalgewaltige spreitete seinen roten Mantel, legte sie (= die junge Frau) der Länge nach darauf (C. F. Meyer, Page 155); **Spreitla|ge,** die: *Spreite* (1 b).

spreiz|bar ⟨Adj.⟩: *sich spreizen (1) lassend;* **spreiz|bei|nig** ⟨Adj.⟩: *mit gespreizten Beinen:* s. dastehen; **Spreiz|dü|bel,** der: *spezieller Dübel (1) aus Kunststoff, dessen vorderer, gespaltener Teil beim Eindrehen einer passenden Schraube gespreizt wird;* **Sprei|ze,** die; -, -n [mhd. sprīʒe, in der alten Bed. „stützen"; 2: zu ↑spreizen (1 a)]: **1.** (Bauw.) *waagerecht angebrachte Strebe, mit der die [senkrechte] Bauteile abgespreizt werden.* **2.** (Turnen) *Stellung, Übung, bei der ein Bein gespreizt wird;* **sprei|zen** ⟨sw. V.; hat⟩ /vgl. gespreizt/ [entrundete Form von spätmhd. spreutzen, mhd. spriuʒen, spriuzen, ahd. spriuʒan, urspr. = *stemmen, mit einem Strebebalken stützen,* zu ↑sprießen, wohl von der Vorstellung des vom Stamm nach der Seite wegwachsenden Zweiges ausgehend]: **1. a)** *so weit als möglich [seitwärts] voneinander wegstrecken:* die Beine, Finger, Zehen s.; ... und verbeugte sich ... tief, während er die in spitzen Lackstiefeletten steckenden Füße zierlich spreizte (Thieß, Legende 123); der Vogel spreizt die Flügel; Und wie du den kleinen Finger spreizt (*abspreizt;* Kirst, 08/15, 715)!; ... sah man seinen Partner ... den Mantel hinter sich s. (*ausbreiten;* Th. Mann, Krull 435); ⟨oft im 2. Part.:⟩ mit gespreizten Beinen dastehen; die rechte Hand mit zwei gespreizten Fingern erhoben zum Siegeszeichen (K. Mann, Wendepunkt 417); ... so, daß die Zuschauer direkt zwischen ihre gespreizten Schenkel sehen konnten (Simmel, Stoff 339); **b)** (Rundfunkt.) *den Frequenzbereich in einem Empfänger auseinanderziehen:* gespreizte Kurzwellenbereiche. **2.** ⟨s. + sich⟩ **a)** *sich zieren, [zum Schein] sträuben, etw. Bestimmtes zu tun:* sie spreizte sich erst eine Weile, bevor sie einwilligte; **b)** *sich eitel u. eingebildet gebärden; sich aufblähen (2); sich wichtigtuerisch s.;* Er spreizte sich nicht eitel, er redete nicht affektiert (Maegerlein, Piste 52); **Spreizfuß,** der (Med.): *Verbreiterung des vorderen Fußes mit Abflachung der Fußwölbung;* **Spreiz|ho|se,** die: *Säuglingen zur Korrektur angeborener Defekte des Hüftgelenks angelegtes Gestell, das beide Oberschenkel in rechtwinkliger Spreizstellung hält;* **Spreiz|klap|pe,** die (Flugw.): *unter der Tragfläche angebrachte Landeklappe;* **Spreiz|sal|to,** der (Turnen): vgl. Spreizüberschlag; **Spreiz|schritt,** der: *großer seitlicher Schritt:* ... brauste er (= im Fußballspieler) herbei, um mit dem für ihn typischen S. die Gefahr zu bannen (Walter, Spiele 177); **Spreizsprung,** der (Turnen): *Sprung mit gespreizten Beinen;* **Spreiz|stel|lung,** die: *gespreizte Stellung;* **Spreiz|über|schlag,** der (Turnen): *Überschlag mit gespreizten Beinen;* **Spreiz|ung,** die; -, -en ⟨Pl. selten⟩: **1.** *das Spreizen* (1). **2.** (Kfz-T.) *Neigungswinkel der Lenkachse eines Rads quer zur Fahrtrichtung;* **Spreiz|win|del,** die: *Spreizhose.*

Spreng|bom|be, die: *Bombe, die beim Aufschlag eine starke Sprengwirkung auslöst;* **Spren|gel,** der; -s, - [mhd., mniederd. sprengel = *Weihwasserwedel,* zu ↑sprengen (2 a); das Sinnbild der geistlichen Gewalt wurde auf den kirchlichen Amtsbezirk übertragen; eigtl. = *Bereich, in dem der Bischof mit Weihwasser segnen darf*]: **a)** *Bezirk, der einem Geistlichen unterstellt, der ihm zum Ausüben seines Amtes zugeteilt ist:* der S. umfaßt vier Dörfer; er genießt in seinem S. großes Ansehen; **b)** (österr., sonst veraltend) *Amts-, Verwaltungsbezirk; Dienstbereich;* **spren|gen** ⟨sw. V.⟩ [mhd., ahd. sprengen, Veranlassungswort zu ↑springen u. eigtl. = *springen machen;* 2 a: eigtl. = *Wasser springen lassen;* 3, 4: eigtl. = *das Pferd, das Wild springen machen*]: **1.** ⟨hat⟩ **a)** *mit Hilfe von Sprengstoff zerstören, zum Bersten, zum Einsturz bringen:* einen Bunker, eine Brücke, einen Felsen, einen alten Fabrikschornstein s.; das Fundament muß gesprengt werden; deutsche Panzermänner ... hätten einen Kampfwagen gesprengt (Plievier, Stalingrad 22); die Luftpiraten drohten, das Flugzeug, sich mit den Geiseln in die Luft zu s.; die Rohre gesprengter Geschütze ragten in die Luft (Lentz, Muckefuck 154); ⟨auch o. Akk.-Obj.:⟩ im Steinbruch sprengen sie; Ü ohne jeden Geschmack und Takt ... sprengte er die ganze rückständige, verfaulte, verkalkte Welt der Feudalitäten und Diplomaten ... in die Luft (Friedell, Aufklärung 288); **b)** *durch Sprengen* (1 a) *entstehen lassen, schaffen:* ein Loch in eine Felswand s.; sie sprengten einen Tunnel durch den Berg; **c)** *mit Gewalt öffnen, aufbrechen:* eine Tür, ein Schloss, einen Tresor s.; das Küken sprengt die Schale des Eis; Er sprengte die versiegelten Grabkammern mit einem Sturmbock (Ceram, Götter 132); Ü Ob ihr den Ring s. könnt, den die Russen um Euch geschlossen haben? (Plievier, Stalingrad 183); Nur Liebende sprengen das Gefängnis der Einsamkeit (Thielicke, Ich glaube 34); **d)** *durch Druck od. Zug auseinanderreißen, zertrümmern:* seine Fesseln, Ketten s.; das gefrierende Wasser, das Eis sprengt den Felsen; Ü ... war diese Empfindung jedoch von solcher Macht, daß sie zuweilen meine Brust zu s. drohte (Th. Mann, Krull 42); es (= das Göttliche) sprengt alle Formen der Vorstellung (Thieß, Reich 426); Parteien oder gar einzelne Interessengruppen monographisch zu behandeln, hätte den Rahmen dieses Bandes gesprengt (Fraenkel, Staat 15); Placido Domingo ... wird in einer ... Superproduktion unter der Regie von Franco Zeffirelli als „Othello" die Leinwand s. (Hamburger Abendblatt 20. 5. 85, 9); eine Versammlung s. *(gewaltsam auflösen);* die Spielbank wurde gesprengt *(zahlungsunfähig gemacht);* einen Spionagering, Rauschgiftring s. *(zerschlagen);* ein Bündnis s. *(zur Auflösung bringen);* **e)** *durch Sprengen* (1 d) *entstehen lassen, schaffen:* um ... die vom Frost ins Mauerwerk gesprengten Risse zu verhüllen (Ransmayr, Welt 191). **2.** ⟨hat⟩ **a)** *mit einem Schlauch od. einem anderen Gerät in einem Strahl, in feinen Strahlen, Tröpfchen über etw. verteilen:* Wasser auf die Wäsche, über die Blumen s.; ⟨auch o. Akk.-Obj.:⟩ ich werde [im Hof] erst mal s., damit es beim Fegen nicht so staubt; **b)** *sprengend* (2 a) *bewässern, anfeuchten; besprengen:* den Rasen, den Hof, die Beete, die Blumen s.; mit einem Sprengwagen wird die Straße gesprengt. **3.** (geh.) *in scharfem Tempo reiten, galoppieren* ⟨ist⟩: er sprengte vom Hof, durch das Tor, über die Brücke; Picadores sprengten ihm in den Weg und stießen nach ihm mit ihren stumpfen Lanzen (Th. Mann, Krull 432); Reiter sprengten in das Städtchen, über die Felder. **4.** ⟨hat⟩ (Jägerspr.) **a)** *(ein Wild) mit Hilfe eines Hundes (von irgendwo) aufjagen:* ein Reh aus dem Bett, einen Keiler aus dem Kessel, einen Fuchs aus dem Bau s.; **b)** *(von männlichen Rehen, Hirschen, Gemsen) treiben* (6); **Spren|ger,** der; -s, -: kurz für ↑Rasensprenger; **Sprȩng|ge|la|ti|ne,** die: *energiereichster Sprengstoff aus Nitroglyzerin, das mit Kollodiumwolle gelatiniert ist;* **Sprȩng|ge|schoß,** das: vgl. Sprengbombe; **Sprȩng|gra|na|te,** die: vgl. Sprengbombe; **Sprȩng|kam|mer,** die: *Hohlraum zur Aufnahme einer Sprengladung;* **Sprȩng|kap|sel,** die: *kleine zylindrische Kapsel aus Metall, die Initialsprengstoff enthält;* **Sprȩng|kom|man|do,** das: *Gruppe von Fachkräften od. geschulten Soldaten, die mit der Durchführung einer Sprengung beauftragt ist;* **Sprȩng|kopf,** der: *vorderer, die Sprengladung enthaltender Teil eines Torpedos, einer Bombe o. ä.;* **Sprȩng|kör|per,** der: *mit Sprengstoff gefüllter Behälter:* konventionelle, nukleare S.; **Sprȩng|kraft,** die: *Wirkungskraft einer Sprengladung; Brisanz* (1): die Hiroschima-Bombe hatte eine S. von 13,5 Kilotonnen; ein Torpedo, ein Geschütz mit gewaltiger S.; Ü Wohnsilos in verwittertem Gelbgrau, ein Stadtteil von enormer sozialer S. (Zeit 31. 12. 93, 12); **Sprȩng|la|dung,** die: ¹*Ladung* (2); **Sprȩng|laut,** der (Sprachw. veraltet): *Explosivlaut;* **Sprȩng|loch,** das: *Loch zur Aufnahme einer Sprengladung:* Sprenglöcher bohren; **Sprȩng|meis|ter,** der: *Facharbeiter, der Sprengungen verantwortlich leitet; Schießmeister* (Berufsbez.); **Sprȩng|meis|te|rin,** die: w. Form zu ↑Sprengmeister; **Sprȩng|mit|tel,** das: *zur Sprengung notwendiges Mittel* (z. B. Sprengstoff, Zündschnur); **Sprȩng|pa|tro|ne,** die: *Patrone* (2); **Sprȩng|pul|ver,** das: *Schießpulver;* **Sprȩng|punkt,** der: *Stelle, an der eine Sprengung ansetzen soll;* **Sprȩng|satz,** der: *Sprengladung:* ein atomarer S.; Gegen 1.30 Uhr explodierte ... ein S. von noch unbekannter Zusammensetzung (MM 6. 5. 75, 17); Ü Die Strukturkrise der Stahlstädte ... ist zu einem gesellschaftspolitischen S. geworden (Rheinpfalz 7. 3. 87, 2); **Sprȩng|schnur,** die: *mit sehr brisantem* (1) *Sprengstoff gefülltes schlauchartiges Gebilde;* **Sprȩng|seis|mik,** die: *Teilgebiet der angewandten Seismik, das sich damit beschäftigt, aus dem Ausbreitungsverhalten von künstlich – durch Sprengungen – erzeugten Erdbebenwellen Rückschlüsse auf Gesteinsschichten, Lagerstätten u. a. zu gewinnen;* **Sprȩng|sel,** der od. das; -s, - (ugs.): *Sprenkel;* **Sprȩng|stoff,** der: *Substanz, bei der durch Zündung große Gasmengen mit starker Explosivkraft gebildet werden:* ein pulverförmiger, knetbarer, hochbrisanter S.; Dynamit ist ein gefährlicher S.; Ü diese Äußerung enthält politischen S.; **Sprȩng|stoff|an|schlag,** der: *Anschlag, bei dem Sprengstoff verwendet wird;* **Sprȩng|stoff|at|ten|tat,** das: vgl. Sprengstoffanschlag; **sprȩng|stoff|hal|tig** ⟨Adj.⟩: *Sprengstoff enthaltend;* **Sprȩng|stoff|pa|ket,** das: *Sprengstoff enthaltendes Paket, mit dem ein Anschlag verübt wird;* **Sprȩng|stück,** das: *abgesprengtes Stück;* **Sprȩng|trich|ter,** der: vgl. Bombentrichter; **Sprȩng|trupp,** der: *Sprengkommando;* **Sprȩng|ung,** die; -, -en: *das Sprengen* (1, 2, 4): eine S. vornehmen; zur S. des alten Fabrikschornsteins waren viele Schaulustige gekommen; **Sprȩng|wa|gen,** der: *Wagen, von dem aus bei großer Trockenheit die Straßen mit Wasser besprengt werden;* **Sprȩng|werk,** das (Bauw.): *Konstruktion, bei der ein meist horizontaler Träger durch geneigte Streben abgestützt wird;* **Sprȩng|wir|kung,** die: vgl. Sprengkraft; **Sprȩng|zer-**

klei|ne|rung, die: *Zerkleinerung von Feststoffen* (z. B. Gesteinen) *durch Zersprengen von innen heraus od. durch Sprengung* (1 a); **Sprȩng|zün|der,** der: *meist elektrisches Zündmittel, das in einer geschlossenen Hülse eine Sprengkapsel u. einen elektrischen Contact zum Zünden enthält.* **Sprȩn|kel,** der; -s, - [mhd. sprinkel, md. sprenkel, nasalierte Form von mhd. spreckel]: *kleiner Fleck (auf einer andersfarbigen Fläche):* ein weißes Kleid mit [kleinen] bunten, roten, blauen -n; **sprȩn|ke|lig,** sprenklig ⟨Adj.⟩: *voller Sprenkel;* **sprȩn|keln** ⟨sw. V.; hat⟩ /vgl. gesprenkelt/ [für älter spreckeln, vgl. Sprenkel]: **a)** *mit Sprenkeln versehen:* eine helle Fläche bunt, schwarz s.; dicke Regentropfen sprenkelten das Pflaster; ⟨auch s. + sich:⟩ Er sah, wie die Straße sich mit schwarzem Silber sprenkelte (Remarque, Triomphe 314); Ü sein Gesicht war mit Sommersprossen gesprenkelt; **b)** *(eine Flüssigkeit) in Tropfen, Spritzern verteilen:* er sprenkelte Wasser auf die Bügelwäsche, blaue Farbe auf die Leinwand; Er sprenkelte einige Tropfen auf das Taschentuch (Süskind, Parfum 78); ⟨auch o. Akk.-Obj.:⟩ manchmal durfte Josefine aus der wassergefüllten Kartoffelschüssel s. (Alexander, Jungfrau 289); ♦ **sprȩn|ken:** ↑sprenkeln: ⟨2. Part.:⟩ Das hier ist Kraut und das gesprenkter Kohl (Grillparzer, Weh dem II); **sprȩnk|lig** ⟨Adj.⟩: ↑sprenkelig. **sprȩn|zen** ⟨sw. V.; hat⟩ [wohl Intensivbildung zu ↑sprengen (2) unter Einfluß von ↑spritzen] (südwestd.): **1.** *sprengen* (2). **2.** ⟨unpers.⟩ *leicht regnen:* es sprenzt [nur ein bißchen]. ♦ **sprȩt|zeln** ⟨sw. V.; hat⟩ [lautm.]: *(in landsch. Sprachgebrauch) prasseln, sprühen:* das rote Bärtchen, es schien darin zu knistern und zu s. wie Feuer im Tannenholz (Gotthelf, Spinne 34). **Sprȩu,** die; - [mhd., ahd. spriu, verw. mit ↑sprühen u. eigtl. = Stiebendes, Sprühendes; *das gedroschene Korn wurde urspr. in den Wind geworfen, wobei die leichte Spreu verstob u. die Körner zu Boden fielen]: *aus Grannen* (1), *Hülsen, Spelzen u. ä. bestehender Abfall des Getreides, der beim Dreschen anfällt:* die S. zusammenfegen; was geschieht mit der S.?; verweht werden wie [die] S. im Wind; Ü ... und während der Hauptstadt ahnungslos illuminiert, jagen staubwirbelnd die Rosse der preußischen Kavallerie die letzte lose S. *(die Überreste)* der flüchtenden Armee vor sich her (St. Zweig, Fouché 193); zur S. gehören (geh.; *zu den vielen unbedeutenden Menschen gehören*); * **die S. vom Weizen trennen/sondern** *(das Wertlose vom Wertvollen trennen;* nach Matth. 3, 12). **sprich, sprichst, spricht:** ↑sprechen; **Sprich|wort,** das ⟨Pl. ...wörter⟩ [mhd. sprichwort = geläufige Redewendung]: *kurzer, einprägsamer Satz, der eine praktische Lebensweisheit enthält; Proverb:* ein altes, russisches, bekanntes S.; **Sprichwör|ter|samm|lung,** die: *Sprichwörter enthaltende Sammlung* (3 b); **sprichwört|lich** ⟨Adj.⟩: **a)** *fast zu einer Floskel geworden; proverbiell:* eine -e Redensart, Wendung; **b)** *allgemein bekannt; häufig*

zitiert: das ist der -e Tropfen auf den heißen Stein; Die einst -e Stabilität der Schweiz zeigt sich heute noch zumindest beim Alkoholkonsum (Tages Anzeiger 26. 11. 91, 12); ihre Unpünktlichkeit ist schon s.
Sprie|gel, der; -s, - [älter: Sprügel = Bügel, H. u.] (Kfz-T.): *gebogenes Holz, Metallbügel, mit dem eine Plane o. ä. gehalten, verspannt wird.*
Sprieß, der; -es, -e [vgl. ¹*sprießen*] (Bauw.): *Spreize* (1); **Sprie|ße,** die; -, -n [mhd. spriuʒ(e), ahd. spriuʒa = Stütze, zu ↑¹*sprießen*]: **a)** (Bauw.) *Spreize* (1); **b)** (landsch.) *Sprosse* (1); **c)** (landsch.) *Splitter;* **Sprie|ßel,** das; -s, - (österr.): *[Leiter]sprosse; waagerechter Stab (z. B. Sitzstange, Hühnerstange);* ¹**sprie|ßen** ⟨sw. V.; hat⟩ [wohl = ²*sprießen*, nach spreizen in der alten Bed. "stemmen, stützen"] (Bauw.): *abspreizen* (2): *die Decke muß, die Grubenwände müssen gespreizt werden;* ²**sprie|ßen** ⟨st. V.; ist⟩ [mhd. sprieʒen (ablautend mhd. sprüʒen, vgl. Sproß), eigtl. = aufspringen, schnell hervorkommen, verw. mit ↑*sprühen*] (geh.): *zu wachsen beginnen, keimen; austreiben: die Saat sprießt; die ersten Schneeglöckchen, die Knospen s.; Blumen sprießen aus der Erde; Nach den winterlichen Regenfällen s. in den Sand- und Schotterwüsten Gräser und Kräuter* (natur 3, 1991, 32); *der Bart beginnt zu s.; Ich zupfte an meiner Warze, die .. zwischen Daumen und Zeigefingerwurzel sproß* (Lentz, Muckefuck 17); ⟨unpers.⟩: *überall sprießt und grünt es;* Ü *immer neue Vereine sprießen aus dem Boden;*
Spieß|holz, das (Bauw.): *Spreize* (1);
Spriet, das; -[e]s, -e [mniederd. spriet, sprēt, zu ↑²*sprießen*, eigtl. = Sproß, junger Ast] (Seemannsspr.): *diagonal vom Mast ausgehende dünne Spiere für das Sprietsegel;* **Spriet|baum,** der (Seemannsspr.): *Spriet;* **Spriet|se|gel,** das (Seemannsspr.): *viereckiges, durch das Spriet gehaltenes Segel.*
¹**Spring,** der; -[e]s, -e [mhd. sprinc, zu ↑*springen*] (landsch.): *sprudelnde Quelle.*
²**Spring,** die; -, -e [H. u.] (Seemannsspr.): **a)** *vom Bug eines Schiffes schräg nach hinten od. vom Heck schräg nach vorn verlaufende Leine zum Festmachen: ein Schiff auf S. legen (unter Verwendung zweier* ²*Springs vertäuen);* **b)** *vom Heck eines vor Anker liegenden Schiffes zur Ankerkette führende Trosse, mit der man die Lage eines Schiffes (zum Wind od. zur Strömung) verändern kann.*
Sprin|gan|ti|lo|pe, die: *Gazelle;* **Spring|blen|de,** die (Fot.): *(bei Objektiven mit Blendenautomatik) Blende, die sich erst beim Auslösen automatisch schließt;* **Spring|bock,** der [die Tiere vollführen charakteristische, dem Bocken eines Pferdes ähnliche Sprünge]: *(in Südafrika heimische) Antilope mit braunem Rücken, der durch ein dunkles Längsband von der weißen Unterseite abgesetzt ist;* **Spring|bo|gen,** der (Musik): *Art der Bogenführung, bei der zum Bogen auf Grund seiner Eigenelastizität springend geführt wird u. die Saite nur kurz anreißt;* **Spring|brunnen,** der: *Brunnen, bei dem das Wasser aus Düsen in kräftigem Strahl in die Höhe steigt u. in ein Becken zurückfällt;* **sprin|gen** ⟨st. V.⟩ [mhd. springen, ahd. springan, urspr. = aufspringen, hervorbrechen, verw. mit dem ↑*Spur* zugrundeliegenden Verb mit der Bed. „treten; zappeln, zucken"]: **1.** ⟨ist⟩ **a)** *sich [durch kräftiges Sichabstoßen mit den Beinen vom Boden] in die Höhe u./od. nach vorn schnellen: gut, hoch, weit s. können; mit Anlauf, aus dem Stand s.; nun spring doch endlich!; die Kinder springen mit dem [Spring]seil; die Fische s. (schnellen sich aus dem Wasser);* Ü *wenn man beim Mühlespiel nur noch drei Steine hat, darf man s. (seine Steine auf jeden beliebigen freien Punkt setzen);* **b)** *sich springend (1 a) irgendwohin, in eine bestimmte Richtung, von einem bestimmten Platz wegbewegen: der Hund sprang ihm an die Kehle; die Katze ist auf den Tisch gesprungen; das Pferd sprang über den Graben, das Hindernis; auf einen fahrenden Zug s.; aus dem Fenster, vom Dach s.; durch einen brennenden Reifen s.; hin u. her s.; vor Freude in die Höhe s.; ins Wasser, in die Tiefe, über Bord s.; sie sprang elegant vom Pferd; die Kinder sprangen von Stein zu Stein; zur Seite s.; nach etw. s. (etw. im Sprung zu erreichen suchen);* in den Hang s. (Turnen; *mit einem Sprung in den Hang gehen); mit den Beine, Füße s. (mit einer raschen Bewegung aufstehen); aus dem Bett s. (mit einer raschen, schwungvollen Bewegung aus dem Bett aufstehen); ins, aus dem Auto s. (rasch ins Auto, aus dem Auto steigen); der Chauffeur sprang aus dem Führersitz, eilte um den Wagen herum* (Harig, Weh dem 12); Ü *er springt von einem Thema zum anderen (wechselt oft unvermittelt das Thema); als sie erwachte, sprang ihr die furchtbare Wahrheit wieder in Herz und Hirn* (Bastian, Brut 113); *weil mehrere Kollegen krank waren, mußte er s. (je nach Bedarf von einem Arbeitsplatz zum anderen wechseln).* **2.** ⟨ist/ hat⟩ (Sport) **a)** *einen Sprung (1 b) ausführen: jeder darf dreimal s.; bist/hast du schon gesprungen?;* **b)** *beim Springen (2 a) (eine bestimmte Leistung) erreichen: er ist/hat 5,20 m, einen neuen Rekord gesprungen; ... sprang er* (= der Skispringer) *mit Tageshöchstweite von 108,5 m zum Sieg* (Oberösterr. Nachrichten 2. 2. 92, 21); **c)** *(einen bestimmten Sprung) ausführen: einen Salto, Auerbach, eine Schraube s.* **3.** *sich rasch in großen Sprüngen, in großen Sätzen fortbewegen* ⟨ist⟩: *wenn sie einen Wunsch hat, springt die ganze Familie (beeilt sich jeder, ihren Wunsch zu erfüllen);* Ü *die Flammen sprangen von Haus zu Haus; In den Lachen sprang über ihr Kindergesicht* (A. Zweig, Claudia 118); *Die Kunde sprang schnell durchs Lager* (Apitz, Wölfe 128). **4.** ⟨ist⟩ **a)** (südd., schweiz.) *laufen, rennen; eilen:* **a)** *wenn wir den Bus noch kriegen wollen, müssen wir aber s.;* **b)** (landsch.) *[rasch] irgendwohin gehen [um etw. zu besorgen, zu erledigen]: ich spring' nur rasch zum Bäcker, zum Briefkasten.* **5.** ⟨ist⟩ **a)** *sich mit einer raschen [ruckartigen] Bewegung irgendwohin bewegen, irgendwohin rücken: der Zeiger sprang auf 20,5; der Ki-lometerzähler springt gleich auf 50 000; die Ampel (das Licht der Ampel) sprang [von Gelb] auf Rot;* **b)** *(aus einer Lage) geschnellt werden: ein Knopf war ihm von der Jacke gesprungen; Folchert sprang beim Holzhacken ein Scheit ins Auge* (Grass, Hundejahre 99); *der Ball sprang ihm vom Fuß, sprang vom Schläger;* **c)** *sich, einem starken Druck nachgebend, mit einem Ruck aus seiner Lage bewegen: die Lok ist aus dem Gleis gesprungen; die Straßenbahn sprang aus den Schienen (entgleiste);* * *etw. s. lassen* (ugs.; *etw. spendieren): ... das hat er immerhin s. lassen, 400 DM* (Kronauer, Bogenschütze 146). **6.** ⟨ist⟩ **a)** *[aufprallen u.] in die Höhe springen: der Ball springt gut, springt nicht mehr; er schlug auf den Tisch, daß die Gläser [nur so] sprangen;* **b)** *sich springend (6 a) irgendwohin bewegen: der Ball sprang über die Torlinie, ins Aus.* **7.** (geh.) *spritzend, sprudelnd aus etw. hervortreten* ⟨ist⟩: *aus dem Stein sprangen Funken; Wasser sprang aus der Erde* (Aichinger, Hoffnung 155); Ü *ihm sprang ihn die Angst aus den Augen.* **8.** ⟨ist⟩ **a)** *einen Sprung (3), Sprünge bekommen: die Vase, der Teller, die Glocke ist gesprungen; das Glas springt leicht;* **b)** *zerspringen: in Scherben s.; die Platte, die Fensterscheibe ist in tausend Stücke gesprungen; eine Saite ist gesprungen (gerissen);* **c)** *aufbrechen, platzen: die Samenkapsel springt; mein Kopf schmerzt, als wollte er s.; gesprungene Lippen.* **9.** (selten) *vorspringen* ⟨ist⟩: *Das Atelier sprang ... noch ein Stück weiter in den Garten* (Andres, Liebesschaukel 56); **Sprin|gen,** das; -s, - **1.** ⟨o. Pl.⟩ *Vorgang, Tätigkeit des Springens.* **2.** (Sport, bes. Pferdesport) *Wettbewerb in einer Disziplin, bei der gesprungen wird* (z. B. Amazonen-, Jagd-, Mächtigkeits-, Ski-, Zeitspringen); **Sprin|ger,** der; -s, - [mhd. springer = Tänzer, Gaukler]: **1.** *Sportler, in dessen Disziplin gesprungen wird* (z. B. Fallschirm-, Hoch-, Kunst-, Ski-, Stabhoch-, Turm-, Weitspringer). **2.** (Zool.) *Tier, das sich [vorwiegend] springend fortbewegt:* Heuschrecken sind S. **3.** *Schachfigur, die man ein Feld weit in gerader u. ein Feld weit in schräger Richtung bewegen kann; Pferd* (3); *Rössel* (2). **4.** *Arbeitnehmer, der dazu eingestellt ist, je nach Bedarf an verschiedenen Arbeitsplätzen innerhalb eines Betriebes eingesetzt zu werden: ... daß wir immer weniger S. einsetzen* (d. h. solche, die für kurzfristig vom Band statt entfernte Arbeiterinnen einspringen) ... (Delius, Siemens-Welt 85); *außerdem werde sie von der Schulleitung auch noch als sogenannter S. eingesetzt, die in anderen Schulen bei Personalengpässen aushelfen muß* (MM 20./21. 2. 88, 23). **5.** * *junger S.* (ugs.; *unerfahrener junger Mann).* **6.** (Landw.) *zur Zucht bestimmtes Haustieren männliches Zuchttier.* ♦ **7.** *Akrobat: Eine große Gesellschaft Seiltänzer, S. und Gaukler ... waren mit Weib und Kindern eingezogen* (Goethe, Lehrjahre II, 4); **Sprin|ge|rin,** die; -, -nen: w. Form zu ↑Springer (1, 2, 4); **Sprin|gerl,** das; -s, -n [wohl nach den „springenden" Bläschen der Kohlensäure im Getränk] (bayr.): *Limonade,*

Springerle 3194

Sprudel; **Sprin|ger|le** (südd.), **Sprin|gerli** (schweiz.), das; -s, - [der Teig bleibt über Nacht stehen u. geht dann auf, macht einen „Sprung"]: *Anisplätzchen;* **Sprin|ger|stie|fel,** der: *Schnürstiefel, wie er von Fallschimspringern* (a) *getragen wird;* **Spring|flut,** die: *bei Voll- u. Neumond auftretende, besonders hohe Flut;* **Spring|form,** die: *flache, runde Backform, bei der sich die Seitenwand entfernen läßt;* **Spring|frosch,** der: *(in Teilen Europas heimischer) Frosch mit meist hellbrauner Oberseite, großem, dunklem Fleck in der Schläfengegend u. weißlicher Bauchseite;* **Spring|frucht,** die (Bot.): *Frucht, die beim Erreichen des Reifezustandes aufspringt u. so die Samen entläßt;* **Spring|ins|feld,** der; -[e]s, -e ⟨Pl. selten⟩ [eigtl. = ich springe ins Feld, urspr. Spitzname von Landsknechten, Handwerksburschen u. dgl.] (scherzh.): *unerfahrener, unreifer junger Mensch von unbekümmerter Wesensart;* **Spring|kraut,** das ⟨o. Pl.⟩: *(in vielen Arten vorkommende) Pflanze, deren reife Früchte bei Berührung aufspringen u. die Samen herausschleudern; Impatiens;* **spring|le|ben|dig** ⟨Adj.⟩: *quicklebendig;* **Spring|maus,** die: *(in Afrika u. Asien heimisches) kleines Nagetier mit langem, mit einer Quaste versehenen Schwanz u. stark verlängerten Hinterbeinen, auf denen es sich in großen Sprüngen fortbewegt;* **Spring|mes|ser,** das: *Schnappmesser;* **Spring|pferd,** das (Reiten): *zum Springreiten verwendetes Pferd;* **Spring|pro|zes|si|on,** die: *Prozession, bei der sich die Teilnehmer in großen Sprüngen (vorwärts u. rückwärts) fortbewegen;* **Spring|prüfung,** die (Reiten): *Prüfung im Springreiten;* **Spring|quell,** der, **Spring|quel|le,** die: **a)** (selten) *Geysir;* **b)** (dichter.) *Springbrunnen;* **Springrei|ten,** das (Reiten): *Jagdspringen;* **Spring|rei|ter,** der (Reiten): *jmd., der das Springreiten betreibt;* **Spring|rei|te|rin,** die (Reiten): w. Form zu ↑Springreiter; **Spring|rol|lo, Spring|rou|leau,** das: *Rouleau, das sich mit Hilfe einer Feder* (3) *aufrollt;* **Spring|schrecke**[1], die [2. Bestandteil zu ↑schrecken in der älteren Bed. „(auf)springen"]: *grillen- u. heuschreckenartiges Insekt mit langen Hinterbeinen, stark verdickten Hinterschenkeln u. meist zwei Paar Flügeln, die in Ruhelage flach od. dachförmig über dem Hinterleib zurückgelegt sind;* **Spring|schwanz,** der: *in Bereichen mit hoher Luftfeuchtigkeit lebendes Urinsekt;* **Spring|seil,** das: *Sprungseil;* **Spring|spin|ne,** die: *oft ameisenähnlich aussehende Spinne, die ihre Beute im Sprung fängt; Hüpfspinne;* **Spring|stun|de,** die: *Freistunde eines Lehrers zwischen zwei Unterrichtsstunden:* eine S. haben; **Spring|tanz,** der: *Tanz, bei dem die Schritte vorwiegend springend, hüpfend ausgeführt werden;* **Spring|ti|de,** die: vgl. Springflut; **Spring|tur|nier,** das (Reiten): *Turnier im Jagdspringen;* **Spring|wan|ze,** die: *an feuchten Plätzen lebende, flinke Wanze, die gut springen kann;* **Spring|wurm|wick|ler,** der [die Raupen schnellen bei Störungen ruckartig zurück (= „Springwurm")]: *kleiner Schmetterling mit bräunlichen, ockerfarbenen, von zwei Schrägbinden durchzogenen Vorderflügeln;* **Spring|wurz, Spring|wurzel,** die (Volksk.): *Wurzel des Salomonsiegels, der Zauberkraft zugeschrieben wird;* **Spring|zeit,** die: **1.** *(bei bestimmten Haustieren) Begattungszeit.* **2.** *Zeit der Springflut.*

Sprink|ler, der; -s, - [engl. sprinkler, zu: to sprinkle = sprenkeln, Wasser versprengen]: **1.** (Fachspr.) *weißer Nerzpelz mit eingesprengten schwarzen Haaren.* **2. a)** *Rasensprenger;* **b)** *Düse zum Versprühen von Wasser (als Teil einer Sprinkleranlage);* **Sprink|ler|an|la|ge,** die: *automatische Feuerlöschanlage, bei der an der Decke Düsen installiert sind, die im Falle eines Brandes automatisch Wasser versprühen.*

Sprint, der; -s, -s [engl. sprint, zu: to sprint, ↑sprinten]: **1. a)** *Kurzstreckenlauf;* **b)** *Eisschnellauf über eine kurze Strecke;* **c)** *Fliegerrennen* (1). **2.** *das Sprinten* (1): einen S. einlegen; die letzten hundert Meter legte er im S. zurück; Ü wenn wir einen S. einlegen, kriegen wir den Bus vielleicht noch; **sprin|ten** ⟨sw. V.⟩ [engl. to sprint, aus dem Nordgerm.]: **1.** (Sport) *eine kurze Strecke mit größtmöglicher Geschwindigkeit zurücklegen* ⟨ist/hat⟩: auf den letzten 200 m s.; sie sprintete die Strecke in 11 Sekunden. **2.** ⟨ist⟩ (ugs.) **a)** *schnell laufen:* wenn wir sprinten, können wir den Bus noch kriegen; der Polizist holte die sprintenden Ganoven ein; **b)** *schnell irgendwohin laufen:* um die Ecke, über die Straße, zum Bahnhof s.; ... wieder sprintete der weiße Sergeant über den Kasernenhof (Küpper, Simplicius 205); **Sprin|ter,** der; -s, - [engl. sprinter, zu: to sprint, ↑sprinten] (Sport): **a)** *Kurzstreckenläufer;* **b)** *Eisschnelläufer über eine kurze Strecke;* **c)** *Flieger* (5 b); **Sprin|te|rin,** die; -, -nen (Sport): w. Form zu ↑Sprinter; **Sprin|terren|nen,** das (Radsport): *Fliegerrennen* (1); **Sprin|ter|vier|kampf,** der (Eisschnellauf): *Wettkampf, bei dem die Teilnehmer zweimal die 500-m- und die 1000-m-Sprintstrecke laufen müssen;* **Sprintstrecke**[1], die (Sport): *Kurzstrecke* (b); **Sprint|ver|mö|gen,** das ⟨o. Pl.⟩ (Sport): *Fähigkeit zu sprinten* (1).

Spris|sel, das; -s, -n (österr.): *Sprießel.*

Sprit, der; -[e]s, ⟨Arten:⟩ -e [2: aus dem Niederd., volkst. Umbildung von ↑Spiritus; unter Anlehnung an frz. esprit, ↑Esprit]: **1.** ⟨Pl. selten⟩ (ugs.) *Treibstoff, Benzin:* der S. reicht noch, nicht mehr; Südlich von München sei dem S. aus und das Flugzeug absolvierte eine Bruchlandung (MM 19. 2. 81, 10); Wieviel S. spart man wirklich? Gibt es nicht auch große Autos, die vernünftig mit dem Benzin umgehen? (ADAC-Motorwelt 10, 1980, 39). **2. a)** ⟨Pl. selten⟩ (ugs.) *Branntwein, Schnaps:* er säuft S.; flaschenweise wurde der S. durch die Kehle gejagt (Klee, Pennbrüder 120); **b)** ⟨o. Pl.⟩ (Fachspr.) *Äthylalkohol:* der Eierlikör schmeckt stark nach S.; **spri|tig** ⟨Adj.⟩: *Sprit* (2 b) *enthaltend; wie Sprit riechend, schmeckend;* **Sprit|ver|brauch,** der (ugs.): *Treibstoff-, Benzinverbrauch.*

Spritz|ap|pa|rat, der: *Gerät zum Zerstäuben von Farbe;* **Spritz|ar|beit,** die: **1.** *Arbeit, die im Spritzen von Farbe besteht.* **2.** vgl. Spritzbild; **Spritz|be|ton,** der (Bauw.): *mit hohem Druck in die Schalung od. gegen schon vorhandene Bauteile gespritzter Beton;* **Spritz|beu|tel,** der (Kochk.): *Dressiersack;* **Spritz|be|wegung,** die (Bot.): *explosionsartiges Öffnen von Früchten od. Sporenbehältern zur Verbreitung der Samen od. Sporen;* **Spritzbild,** das (bild. Kunst): *Bild, bei dem die Farbe (mit einer Spritzpistole o. ä.) auf die Leinwand, aufs Papier gespritzt wird, wobei scharfe Konturen mit Hilfe von Schablonen erzielt werden);* **Spritz|blas|verfah|ren,** das (Fertigungst.): *Verfahren zur Herstellung von Hohlkörpern aus thermoplastischen Kunststoffen, bei dem durch Spritzguß eine Rohform gefertigt wird, die anschließend zum fertigen Hohlkörper geblasen wird;* **Spritz|brun|nen,** der (südd., schweiz.): *Springbrunnen;* **Spritz|decke**[1], die: *als Spritzschutz dienende Decke, Plane o. ä.;* **Spritz|dü|se,** die: *Düse an Geräten, mit denen etw. versprüht wird;* **Sprit|ze,** die; -, -n [mhd. sprütze, sprutze; 3 a: 15. Jh.]: **1.** *mit einer Düse, Tülle o. ä. versehenes Gerät zum Spritzen, Versprühen o. ä. von Flüssigkeiten od. weichen, pastenartigen Stoffen:* eine S. zum Versprühen von Pestiziden, zum Verzieren von Torten; aus dem Teig werden mit einer S. kleine Kringel geformt. **2. a)** kurz für ↑ Injektionsspritze: eine S. mit einer stumpfen Kanüle; eine S. aufziehen, auskochen, sterilisieren; **b)** *Injektion:* jmdm. eine S. geben/machen/verpassen; eine S. [in das Gesäß] bekommen; es verging kaum eine Nacht, in der Bugenhagen nicht lindernde Mittel, -n, Drogen und Zäpfchen benötigte (Jens, Mann 92); der Fixer hat sich eine S. gesetzt; Der liegt da, dachte Ravic, und selbst mit der S. wird er eine scheußliche Nacht haben (Remarque, Triomphe 272); Ü der Anblick der Thunderbolts setzte unseren Füßen, unseren Lungen, unseren Augen die richtige S., daß sie weitermachten (Küpper, Simplicius 131); an der S. hängen (Jargon; *von einer Droge abhängig sein, die injiziert wird);* die S. *(das injizierte Präparat)* wirkt schon. **3. a)** *Löschgerät der Feuerwehr; Feuerspritze:* die Feuerwehr rückte mit vier -n an; Er ließ die -n abstellen, fuhr in seinem Wagen an die triefenden Soldaten heran (Kuby, Sieg 330); **b)** *Löschfahrzeug mit eingebauter Spritze* (3 a); **c)** (ugs.) *Endstück eines Schlauchs, durch das der austretende Wasserstrahl reguliert wird; Strahlrohr:* der Feuerwehrmann richtet die S. auf die Flammen. **4.** (salopp) *[automatische] Feuerwaffe:* die Gangster ballerten mit ihren -n wild um sich; Übrigens ist es kein Karabiner, es ist das lange S. Modell Achtundneunzig (Gaiser, Jagd 137). **5.** (ugs.) *Finanzspritze:* eine S. von zehn Mille könnte mich sanieren; das Unternehmen braucht eine S. **6.** (Skat Jargon) *Kontra:* S.!; jmdm. eine S. geben, verpassen; eine S. bekommen, kriegen; mit S. spielen; **sprit|zen** ⟨sw. V.⟩ [16. Jh., entrundet aus mhd. sprützen, vgl. ↑²sprießen]: **1.** *(eine Flüssigkeit) in Form von Tropfen, Spritzern irgendwohin gelangen lassen* ⟨hat⟩: jmdm. Wasser ins Gesicht s.; versehentlich Tinte, Farbe auf den Boden s.; er hat mir etwas Soße auf die Hose gespritzt; wie er als Kind Wasser gegen den glühenden Ofen spritzte (Ott, Haie 85); ⟨auch o. Akk.-Obj.:⟩ die Kinder planschten und spritzten; spritz doch nicht so!; mit Wasser s.; es ist kein Kinderspiel, im Ozean zu fischen ... wenn da die Brandung spritzt (Frisch, Stiller 60); Ü ... die Gasthausräume ... wo das Bier besonders ... am Freitag, am Zahltag, über die Theke spritzt (Fischer, Wohnungen 24). **2.** *durch Druck in Form eines Strahls aus einer engen Öffnung, einer Düse o. ä. hervorschießen, hervortreten [u. irgendwohin gelangen] lassen* ⟨hat⟩: Wasser, Löschschaum in die Flammen s.; Beton in die Verschalung s.; Sahne auf eine Torte s.; ⟨auch o. Akk.-Obj.:⟩ mit dem Gartenschlauch in die Flammen s. **3.** (derb) *ejakulieren* ⟨hat⟩: Ihr Loch ist so eng, daß ich gleich beim Hineingleiten spritze (Kinski, Erdbeermund 112); da denkt man im Grunde genommen, hoffentlich spritzt er bald (Fichte, Wolli 184). **4.** ⟨hat⟩ **a)** *durch Bespritzen in einen bestimmten Zustand versetzen:* er hat mich ganz naß gespritzt; **b)** (ugs.) *bespritzen, naß spritzen:* Mama, er spritzt mich immer! **5. a)** *sich in Form von Spritzern, Tropfen in verschiedenen Richtungen hin verteilen, gespritzt* (1, 2) *werden* ⟨hat⟩: das Fett spritzt; ⟨auch unpers.:⟩ Vorsicht, es spritzt!; Ü die Räder drehten durch, daß der Kies, Dreck nur so spritzte; Unter spritzenden Steinen ist es zu seinem Schreibtischsessel ... vorgedrungen (Jelinek, Lust 47); **b)** *irgendwohin spritzen* (5 a) ⟨ist⟩: das Wasser spritzte ihm ins Gesicht; Fett spritzte nach allen Seiten; Das Blut, das aus dem Hals des Huhns spritzte, ließ Josefine erstaunen (Alexander, Jungfrau 82); Ü ... Von der Deckenwölbung spritzte der Kalk (Geissler, Nacht 120); **c)** ⟨unpers.⟩ (ugs.) *leicht regnen* ⟨hat⟩: es spritzt [nur] ein wenig. **6.** ⟨hat⟩ **a)** *durch Spritzen* (2) *befeuchten, bewässern; sprengen:* den Rasen, den Hof s.; der Tennisplatz muß mal wieder gespritzt werden; **b)** *mit einem Pflanzenschutzmittel o. ä. besprühen:* Obstbäume, Reben s.; er spritzt seinen Kohl mit E 605, gegen Schädlinge; die Trauben sind garantiert nicht gespritzt; gespritztes Obst; **c)** *mit Hilfe einer Spritzpistole o. ä. mit Farbe, Lack o. ä. besprühen:* ein Auto [neu] s.; ein gelb gespritztes Fahrzeug. **7.** *(ein [alkoholisches] Getränk) mit Selterswasser, Limonade o. ä. verdünnen:* ein Apfelsaft s.; ein gespritzter Wein. **8.** ⟨hat⟩ **a)** *injizieren:* ein Kontrastmittel, Hormone s.; der Arzt spritzte ihm ein Schmerzmittel [in die Vene]; Mittel ..., die ... einfach irgendwo in die Muskeln gespritzt werden (Grzimek, Serengeti 199); jede Spritze bringt Linderung, die ich ummünze in Hoffnung ... bis zum viehischen Verrecken in gespritzter Hoffnung (Frisch, Gantenbein 227); **b)** (ugs.) *jmdm. eine Injektion verabreichen:* der Arzt hat ihn gespritzt; der Diabetiker muß sich täglich einmal s.; im Staate Washington wird es dem Todeskandidaten selbst überlassen zu entscheiden, ob er „gespritzt" *(mit einer Injektion getötet)* oder gehängt werden will (NZZ 9. 12. 82, 7); Am Main spritzen sich die meisten Rauschgiftsüchtigen zu Tode, vergangenes Jahr 124 (Spiegel 12, 1980, 136); ⟨auch o. Akk.-Obj.:⟩ er hatte gespritzt *(sich Rauschgift injiziert).* **9.** ⟨hat⟩ **a)** *durch Spritzen* (2) *erzeugen, herstellen:* Kartoffelbrei wird gespritzt (Horn, Gäste 71); eine Eisbahn s.; er spritzte ein Herz aus Sahne auf die Torte; **b)** (Fertigungst.) *im Spritzguß herstellen:* gespritzte Kunststoffartikel. **10.** ⟨ist⟩ (ugs.) **a)** *schnell [irgendwohin] laufen:* zur Seite, um die Ecke s.; er spritzte zum Telefon; Einstweilen spritzt Kantorek in die Höhe ein aufgescheuchtes Wildschwein (Remarque, Westen 127); **b)** *dienstbeflissen laufen, um jmds. Wünsche zu erfüllen:* Die Kellner spritzten nur so (Schnurre, Bart 138); Irgendein Sonderabzeichen an der Uniform und Ausweise, bei denen alles spritzt? (Kempowski, Tadellöser 429); **Sprịt|zen|haus,** das (veraltend): *Gebäude, in dem Feuerspritze u. Feuerwehrauto untergebracht sind:* der Arretierte wurde ins S. gebracht; **Sprịt|zen|meister,** der (früher): *Brandmeister;* **Sprịtzen|wa|gen,** der (veraltend): *Spritze* (3 b); **Sprịt|zer,** der, -s, - [älter = jmd., der spritzt; Spritzgerät]: **1. a)** *kleinere zusammenhängende durch die Luft fliegende Menge einer Flüssigkeit:* ein paar S. landeten dummerweise auf ihrer weißen Bluse; ich habe einen S. [Farbe] auf die Brille gekriegt; **b)** *kleine Menge einer Flüssigkeit, die man in, auf etw. spritzt:* ein S. Zitronensaft; ein paar S. Spülmittel ins Wasser geben; Whisky mit einem S. (Schuß) Soda; wenn Sie das Obstsalat, den sie ... mit einem weiteren S. Calvados übergoß (Wellershoff, Körper 45); **c)** *von einem Spritzer* (1 a) *hinterlassener Fleck:* Du hast noch ein paar S. [Farbe] im Gesicht. **2.** *jmd., der beruflich spritzt* (6 c): er arbeitet als S. in einer Spielwarenfabrik. **3.** (ugs.) *Fixer* (2): Kiffer und S. **4.** * *junger S.* (↑ Springer 5); **Sprịt|ze|rei,** die; -, -en (oft abwertend): *[dauerndes] Spritzen;* **Sprịtz|fahrt,** die (ugs. veraltend): *Spritztour;* **Sprịtz|fla|sche,** die: **1.** *Flasche, deren Inhalt man durch eine Düse herausspritzen kann:* Parfüm in einer S. **2.** (Chemie) *Kolben* (2) *mit zwei durch den Stöpsel geführten, gebogenen Glasröhrchen zum Spritzen von Flüssigkeiten (durch Einblasen von Luft in eines der Röhrchen);* **Sprịtz|ge|bäck,** (landsch.:) **Sprịtz|ge|backe|ne**[1]**,** das: *aus Rührteig mit einer Teigspritze geformtes Gebäck;* **Sprịtz|ge|rät,** das: *Vorrichtung, Gerät zum Zerstäuben von Flüssigkeit;* **Sprịtz|gur|ke,** die: *Gurke* (1 a), *deren Früchte sich bei erreichter Reife vom Stengel lösen, wobei die Samen durch die dabei entstehende Öffnung herausgeschleudert werden;* **Sprịtz|guß,** der ⟨o. Pl.⟩ (Fertigungst.): *Verfahren zur Verarbeitung von thermoplastischen Stoffen, bei dem das erwärmte Material in eine kalte Form gespritzt wird;* **sprịt|zig** ⟨Adj.⟩: **a)** *anregend, belebend, prickelnd:* ein -er Wein; Pafüms mit -er Note; **b)** *schwungvoll; flott u. flüssig [dargeboten] u. dadurch unterhaltsam:* eine -e Komödie, Show, Inszenierung; die Musik war sehr s.; eine -e geschriebene Reportage; **c)** *wendig, agil:* ein -er Stürmer; Obwohl die FCK-Amateure nicht so s. spielten wie sonst ... (Saarbr. Zeitung 8. 10. 79, 22); **d)** *mit hohem Beschleunigungsvermögen:* ein -er Sportwagen; der Motor könnte etwas -er sein; ein Auto ..., das s. fährt (ADAC-Motorwelt 11, 1984, 43); **Sprịtz|zig|keit,** die; -: *das Spritzigsein* (a, b); **Sprịtz|ku|chen,** der: *mit einem Spritzbeutel o. ä. geformtes, krapfenähnliches Gebäck;* **Sprịtz|lack,** der: *gespritzter Lack;* **Sprịtz|lackie|rung**[1]**,** die: *mit einer Spritzpistole aufgebrachte Lackierung;* **Sprịtz|le|der,** das (selten): vgl. Spritzdecke; **Sprịtz|loch,** das (Zool.): **1.** *(bei Knorpelfischen) vorderste Kiemenspalte.* **2.** *(bei Walen) Nasenöffnung, aus der beim Ausatmen der verbrauchten Luft eine mehrere Meter hohe Wasserdampffontäne emporsteigt;* **Sprịtz|ma|le|rei,** die (bild. Kunst): vgl. Spritzbild; **Sprịtz|pisto|le,** die: *Spritzgerät, bes. zum Lackieren;* **Sprịtz|schutz,** der: *etw., was zum Schutz vor Spritzern, vor Spritzwasser dient* (z. B. Plane, Schutzblech); **Sprịtztour,** die [aus der Studentenspr.] (ugs.): *kurze Vergnügungsfahrt, kurzer Ausflug, bes. mit einem privaten Fahrzeug:* eine kleine S.; sie haben das Auto nur geklaut, um eine S. zu machen; **Sprịt|zung,** die; -, -en (selten): *das Spritzen* (6 b, 8); **Sprịtz|ver|stel|ler,** der; -, - (Kfz-T.): *Vorrichtung an der Einspritzpumpe von Dieselmotoren, die dazu dient, den Zeitpunkt der Kraftstoffeinspritzung zu verändern;* **Sprịtz|wa|gen,** der (landsch., bes. südd.): *Sprengwagen;* **Sprịtz|was|ser,** das ⟨o. Pl.⟩: *spritzendes, in Form von Spritzern irgendwohin gelangtes Wasser:* das Deck war naß von S.; das mit dem S. in den Motorraum gelangende Streusalz; **Sprịtz|wurm,** der (im Sand- u. Schlammgrund v. a. tropischer Meere verbreiteter Wurm mit einem walzenförmigen Hinterkörper u. einem schlankeren Vorderkörper, der in den Rumpf eingestülpt werden kann.* **spröd:** ↑ spröde; **Spröd|bruch,** der (Werkstofftechnik): *Bruch eines Werkstoffs, der fast ohne vorangehende makroskopische Formveränderung erfolgt;* **sprö|de,** (seltener:) **spröd** ⟨Adj.; spröder, sprödeste⟩ [spätmhd., urspr. bes. im Hüttenwesen von Metallen gesagt, viell. eigtl. = leicht springend u. verw. mit ↑ sprühen]: **1. a)** *hart, unelastisch u. leicht brechend od. springend:* sprödes Glas, Gußeisen; dieser Kunststoff ist für so einen Zweck zu s.; **b)** *sehr trocken u. daher nicht geschmeidig u. leicht aufspringend od. reißend:* spröde Haare, Nägel, Lippen; zuviel Sonne macht die Haut s. **2.** *rauh, hart klingend; brüchig:* eine spröde Stimme, „Erdmitte", sagte ich und wußte nicht, woher der spröde Klang in ihrer Stimme war (Seidel, Sterne 128). **3. a)** *schwer zu gestalten:* ein sprödes Thema, der Stoff erwies sich als z. s. für eine Bühnenfassung; **b)** *schwer zuganglich, abweisend, verschlossen wirkend:* ein sprödes Wesen haben; sie ist immer noch spröde gewesen; eine Landschaft von spröder Schönheit; die spröde Sprache des Dichters; ... und zwang die in Gelddingen äußerst spröden Briten, sich an der Finanzierung ... zu beteiligen (Allgemeine Zeitung 21. 12.

Spröde

84, 3); und wenn das Fräulein spröde tut (K. Mann, Wendepunkt 112); sich s. geben, zeigen; Seine ersten Radierungen sind Kopien nach Velasquez. Die brüchige, spröde *(strenge, auf das Wesentliche beschränkte)* Strichführung scheint von Tiepolo zu kommen (Bild. Kunst III, 87); **Spröǀde,** die; - ⟨geh. veraltend⟩, **Sprödǀheit,** die; -, **Sprödigǀkeit,** die; -: *spröde Beschaffenheit, sprödes Wesen.*

sproß: ↑²sprießen; **Sproß,** der; Sprosses, Sprosse u. Sprossen [spätmhd. sproß, spruß, zu mhd. sprǫ̈zen, ↑²sprießen; eigtl. Nebenf. von ↑Sprosse u. erst im 18. Jh. von diesem unterschieden]: **1.** ⟨Pl. Sprosse⟩ **a)** *[junger] Trieb einer Pflanze; Schößling:* der Baum treibt einen neuen S.; **b)** (Bot.) *meist über der Erde wachsender, Sproßachse u. Blätter einschließender Teil einer Sproßpflanze.* **2.** ⟨Pl. Sprosse⟩ ⟨geh.⟩ *Nachkomme, Abkömmling, bes. Sohn [aus vornehmer, adliger Familie]:* der letzte S. eines stolzen Geschlechts; ein S. aus ältestem Adel; Als S. der Karnbachschen Likördynastie hatte sie die Noblesse natürlich im Blut ... (Bieler, Bär 35); Vorläufig bezeichnet das Haus Porsche seinen jüngsten S. noch als Testobjekt – den Porsche 924 Carrera GT (rallye racing 10, 1979, 7). **3.** ⟨Pl. Sprossen⟩ (Jägerspr.) *Sprosse* (3); **Sproßǀachǀse,** die (Bot.): *Stamm, Stengel (als Blätter tragendes Organ der Sproßpflanzen);* **Sprößǀchen,** das; -s, -: Vkl. zu ↑Sproß, ↑Sprosse; **Sprosǀse,** die; -, -n [1 a: mhd. sprozze, ahd. sprozzo, zu ↑²sprießen; wohl nach dem Baumstamm mit Aststümpfen als ältester Form der Leiter od. eigtl. = kurze (Quer)stange; 3: wohl eigtl. im Sinne von „Querstange" od. „Zweig"; 4: vgl. Sommersprosse]: **1. a)** *Querholz, -stange einer Leiter:* die oberste S. der Leiter; eine S. fehlt, ist gebrochen; Ü er stand auf der ersten/obersten S. seiner Karriere; jetzt war er nicht mehr Masse, sondern ein Führerchen ..., hatte den Fuß auf die unterste S. der Himmelsleiter gesetzt, an deren Spitze der Führer stand (Loest, Pistole 49); **b)** *Querholz, mit dem ein Fenster o.ä. unterteilt ist.* **2.** (österr.) kurz für ↑Kohlsprosse. **3.** (Jägerspr.) *Spitze eines [Hirsch]geweihs; Ende* (3). **4.** (veraltet) *Sommersprosse; kleiner Leberfleck;* **sprösǀse:** ↑²sprießen; **sprosǀsen** ⟨sw. V.⟩ [zu ↑Sproß] ⟨geh.⟩: **a)** *(von Pflanzen) neue Triebe hervorbringen, Sprosse treiben* ⟨hat⟩: im Frühling sprossen Bäume und Sträucher; **b)** *²sprießen* ⟨ist⟩: überall sprossen Blumen [aus der Erde]; Ü der Bart will noch nicht so recht s. (scherzh.; *wachsen;* **Sprosǀsenǀfenster,** das: *Fenster, das durch Sprossen* (1 b) *unterteilt ist;* **Sprosǀsenǀkohl,** der ⟨o. Pl.⟩ (österr.): *Rosenkohl;* **Sprosǀsenǀleiǀter,** die: **1.** *Leiter mit Sprossen* (1 a); Ü -n für Karrieristen im meterhohen Bürostaub (Zwerenz, Quadriga 228). **2.** (Turnen) *aus gitterartig miteinander verbundenen Sprossen (1 a) bestehendes, an Decke u. Boden befestigtes Turngerät;* **Sprosǀsenǀwand,** die (Turnen): *an einer Wand befestigte Sprossenleiter* (2); **Sprosǀser,** der; -s, - [zu ↑Sprosse (4)]: *der Nachtigall ähnlicher, zu den Drosseln gehörender Vogel mit braunem Gefieder;* **Sproßǀknolǀle,**

die (Bot.): *knollenartig verdickter, der Speicherung von Stoffen dienender Teil einer Sproßachse;* **Sproßǀknosǀpe,** die (Bot.): *bei der Keimpflanze an der Spitze des Hypokotyls zwischen den Keimblättern gelegene Knospe, aus der der Sproß (1 a) hervorgeht;* **Sprößǀling,** der; -s, -e [1: spätmhd. sproßling; 2: spätmhd. sprüßling]: **1.** (veraltet) *Sproß* (1). **2.** (ugs. scherzh.) *Kind* (2), *bes. Sohn (bes. im Kindes-, Jugendalter):* unser S. kommt nächstes Jahr ins Gymnasium; sind das alles Ihre -e?; **Sproßǀmeǀtaǀmorǀphoǀse,** die (Bot.): *durch Veränderungen der Proportionen u. der Wachstumsrichtung von der Normalform abweichende Gestalt pflanzlicher Sprosse;* **Sproßǀmuǀtaǀtiǀon,** die (Bot.): *Gen- od. Genommutation in einer Zelle des Vegetationspunktes;* **Sproßǀpflanǀze,** die (Bot.): *Kormophyt;* **Sprosǀsung,** die; -, -en ⟨Pl. selten⟩ ⟨geh., veraltend⟩: *das Sprossen, Knospen;* **Sproßǀvoǀkal,** der (Sprachw.): *in der Klangfarbe variierender Vokal, der zur Erleichterung der Aussprache zwischen zwei Konsonanten eingeschoben wird; Swarabhakti.*

Sprott, der; -[e]s, -e (landsch., Fachspr.), **Sprotǀte,** die; -, -n [aus dem Niederd., viell. verw. mit ↑Sproß u. urspr. = Jungfisch]: *kleiner, heringsähnlicher, im Meer in Schwärmen lebender Fisch, der bes. geräuchert gegessen wird:* Sprotten fangen; geräucherte, marinierte Sprotten; Kieler Sprotten/(landsch.:) Sprotte *(geräucherte Sprotten [aus der Stadt Kiel]).*

Spruch, der; -[e]s, Sprüche [mhd. spruch, auch = gesprochenes Gedicht, zu ↑sprechen, urspr. = *Gesprochenes*]: **1. a)** *kurzer, einprägsamer, oft gereimter Satz, der eine Lebensregel, eine Lebensweisheit enthält:* ein alter, schöner, kluger, weiser, goldener, frommer S.; jmdm. einen S. ins Poesiealbum schreiben; sich einen S. [von Goethe] an die Wand hängen; einen S. beherzigen; ein S. *(Zitat)* aus der Bibel; die Sprüche *(Aussprüche)* Jesu; die Hauswand war mit anarchistischen Sprüchen (ugs.; *Parolen)* beschmiert; **b)** *[lehrhaftes] meist kurzes, einstrophiges Gedicht, Lied mit oft moralischem, religiösem od. politischem Inhalt (bes. in der mittelhochdeutschen Dichtung, auch im A. T.):* die politischen Sprüche Walthers von der Vogelweide; das Buch der Sprüche Salomos *(Buch des A. T., das eine König Salomo zugeschriebene Sammlung von Spruchweisheiten enthält).* **2.** ⟨meist Pl.⟩ (ugs. abwertend) *nichtssagende Phrase:* das sind doch alles nur Sprüche!; Sprüche helfen uns nicht weiter; laß doch diese dummen, albernen Sprüche!; Du wolltest mir beweisen, was für ein Lappen ich bin mit meinen großen Sprüchen (Brasch, Söhne 35); ** Sprüche machen/klopfen (ugs. abwertend; sich in großtönenden Worten äußern, hinter denen nicht viel steckt).* **3.** (ugs.) *etw., was jmd. in einer bestimmten Situation [immer wieder in stets gleicher, oft formelhafter Formulierung] sagt, sagen muß:* Du bist noch zu grün hinter den Ohren, war sein S. (natur 6, 1991, 95); der Vertreter leiert an jeder Tür seinen S. herunter. **4. a)** *Urteils-, Schiedsspruch o.ä.:* die Geschworenen, die heute noch zu ih-

rem S. kommen müssen (Frisch, Gantenbein 424); **b)** *prophetische Äußerung; Orakelspruch:* ein delphischer S.; Das ... Orakel hat seinen weisen S. gesprochen (Werfel, Bernadette 114); **Spruchǀband,** das ⟨Pl. ...bänder⟩: **1.** *breites Band aus Stoff, Papier o.ä., auf dem [politische] Forderungen, Parolen o.ä. stehen; Transparent* (1). **2.** *(auf Bildern, bes. des MA.s) gemaltes Band mit Erklärungen zu dem jeweiligen Bild, mit den Namen von dargestellten Personen od. Sachen;* **Spruchbuch,** das: *Buch mit Sprüchen* (1 a); **Spruchǀdichǀter,** der: *Verfasser von Sprüchen* (1 b); **Spruchǀdichǀteǀrin,** die: w. Form zu ↑Spruchdichter; **Spruchǀdichǀtung,** die (Literaturw.): *Gesamtheit von Werken der Dichtkunst, die der Gattung des Spruchs* (1 b) *zugehören;* **Sprüchǀeǀklopǀfer,** der (ugs. abwertend): *jmd., der sich häufig in Sprüchen* (2) *ergeht;* **Sprüǀcheǀklopǀfeǀrei,** die; -, -en (ugs. abwertend): *[dauerndes] Sprücheklopfen;* **Sprüǀcheǀklopǀfeǀrin,** die; -, -nen (ugs. abwertend): w. Form zu ↑Sprücheklopfer; **Sprüǀchel,** das; -s, -[n] (österr.), **Sprüǀchelǀchen,** das; -s, -: Vkl. zu ↑Spruch (1 a, 3); **Sprüǀcheǀmaǀcher,** der (ugs. abwertend): *Sprücheklopfer;* **Sprüǀcheǀmaǀcheǀrei,** die; -, -en (ugs. abwertend): *Sprücheklopferei;* **Sprüǀcheǀmaǀcheǀrin,** die (ugs. abwertend): w. Form zu ↑Sprüchemacher; **Spruchǀkalǀenǀder,** der: *[Abreiß]kalender mit jeweils einem Spruch* (1 a) *auf dem einzelnen Blatt;* **Spruchǀkamǀmer,** die (Rechtsspr. früher): *Gericht, das über Entnazifizierungen verhandelt;* **Spruchǀkörǀper,** der (Rechtsspr.): *bei einem Gericht Recht sprechendes Richterkollegium od. Einzelrichter;* **Sprüchǀlein,** das; -s, -: **1.** Vkl. zu ↑Spruch (1 a). **2.** Vkl. zu ↑Spruch (3): Ich hatte mir mein S. recht säuberch ... ausgearbeitet (K. Mann, Wendepunkt 190); **Spruchǀpraxis,** die (Rechtsspr.): *Praxis der Rechtsprechung;* **spruchǀreif** ⟨Adj.⟩: *(in bezug auf eine Sache, einen Sachverhalt) sich in dem Stadium befindend, in dem darüber gesprochen, entschieden werden kann:* die Sache ist noch nicht s.; **Spruchǀweisǀheit,** die: *als Spruch (1 a) formulierte Weisheit.*

Spruǀdel, der; -s, - [zu ↑sprudeln]: **1. a)** *stark kohlensäurehaltiges Mineralwasser:* eine Flasche S.; zwei S. *(zwei Glas Sprudel);* **b)** (österr.) *alkoholfreies Erfrischungsgetränk.* **2.** (veraltet) *Quelle, Fontäne [eines Springbrunnens]; [auf]sprudelndes Wasser.* **3.** (österr. selten) *Sprudler;* **Spruǀdelǀkopf,** der (veraltet): *Brausekopf;* **spruǀdeln** ⟨sw. V.⟩ [wohl unter Einfluß von prudeln (= landsch. Nebenform von ↑brodeln) weitergebildet zu sprühen]: **1.** ⟨ist⟩ **a)** *wallend, wirbelnd, schäumend (aus einer Öffnung) [hervor]strömen, [hervor]quellen:* eine Quelle sprudelte aus der Felswand; das Mineralwasser sprudelte aus der Flasche; von seinem Blut, das wie ein Springbrunnen aus seinem Halsstumpf sprudelte (Ott, Haie 287); Ü die Worte sprudelten nur so über ihre Lippen; Denn so wie damals sprudeln die Ideen längst nicht mehr (Kronen-Zeitung 19, 1984, 14); **b)** *wallend, schäumend fließen [u. sich irgendwohin ergießen]:* ein

Bach sprudelt über das Geröll; schäumend sprudelt der Champagner ins Glas. **2.** ⟨hat⟩ **a)** *in heftiger, wallender Bewegung sein u. Blasen aufsteigen lassen:* das Wasser begann im Topf zu s.; **b)** *durch viele, rasch aufsteigende u. an der Oberfläche zerplatzende Bläschen in lebhafter Bewegung sein:* die Brause, der Sekt sprudelt im Glas. **3.** *überschäumen* ⟨hat⟩: vor Begeisterung, Lebensfreude, guter Laune s.; Tobten hier Gelage, ereigneten sich Orgien? Es war Kantinenübermut, der hier sprudelte (Koeppen, Rußland 141); ein sprudelndes Temperament. **4.** (ugs.) *schnell, hastig, überstürzt sprechen* ⟨hat⟩: „Gut, daß du endlich da bist!" sprudelte sie; „Sehr richtig, Monsieur", antwortete Carapin mit einer raschen Neigung des Kopfes und fuhr sprudelnd fort: ... (Maas, Gouffé 275). **5.** (österr.) *quirlen* ⟨hat⟩; **Spru|del|quel|le,** die (veraltend): *sprudelnde Quelle;* **Spru|del|stein,** der (Geol.): *Erbsenstein als Sinter an heißen Quellen;* **Spru|del|was|ser,** das ⟨Pl. ...wässer⟩: *Sprudel* (a); **Sprud|ler,** der; -s, - (österr.): *Quirl.*
Sprue [spru:], die; - [engl. sprue < niederl. spruw, sprouw = Soor] (Med.): *fieberhafte Erkrankung mit Gewebsveränderungen im Bereich von Zunge u. Dünndarmschleimhaut.*
Sprüh|do|se, die: *Spraydose;* **sprü|hen** ⟨sw. V.⟩ [frühnhd., ablautend zu mhd. spræjen = spritzen, stieben, verw. z. B. mit griech. speirein, ↑sporadisch]: **1. a)** *in vielen kleinen, fein verteilten Tröpfchen, in zerstäubter Form an eine bestimmte Stelle gelangen lassen* ⟨hat⟩: Wasser auf die Blätter, über die Pflanzen s.; Pestizide, E 605 s.; er sprühte ein bißchen Kriechöl in das eingerostete Schloß, auf das Gewinde; sie sprühte sich ein duftendes Deo in die Achselhöhlen; den Lack gleichmäßig auf die grundierte Oberfläche s.; ⟨auch o. Akk.-Obj.:⟩ wieder s. *(ein Schädlingsbekämpfungsmittel versprühen);* **b)** *durch Sprühen* (1 a) *entstehen lassen, irgendwo anbringen* ⟨hat⟩: Graffiti s.; sie sprühten Parolen, Spontisprüche an Wände; **c)** ⟨unpers.⟩ *leicht regnen; nieseln* ⟨hat⟩: es sprüht [nur ein bißchen]; **d)** *in vielen kleinen, fein verteilten Tröpfchen durch die Luft fliegen* ⟨hat⟩: die Brandung tobte, daß die Gischt nur so sprühte; **e)** *in vielen kleinen, fein verteilten Tröpfchen irgendwohin fliegen* ⟨ist⟩: Gischt sprühte über das Deck; Regen sprühte gegen die Scheibe; Speichel sprühte von seinen zitternden Lippen (Kirst, 08/15, 802). **2.** ⟨hat⟩ **a)** *etw. in Form vieler kleiner Teilchen von sich schleudern, fliegen lassen* ⟨hat⟩: der Krater, die Lokomotive sprüht Funken; Ü ihre grünen Augen sprühten ein gefährliches Feuer; seine Augen sprühten Haß, Verachtung; Er ... schlägt um sich, der Mund ist naß und sprüht wilde Worte (Remarque, Westen 82); ⟨auch o. Akk.-Obj.:⟩ ihre Augen sprühten [vor Freude]; er ließ seinen Geist, Witz s.; der Redner sprühte von Ideen, vor Witz; ⟨häufig im 1. Part.:⟩ ein sprühender *(reger, immer neue Ideen hervorbringender)* Geist; in sprühender *(ausgelassener)* Laune; ein sprühendes *(besonders lebhaftes)* Temperament; Harych war ein sprühender Erzähler, er hatte bestürzend viel erlebt (Loest, Pistole 250); **b)** *(von kleinen Teilchen) durch die Luft fliegen* ⟨hat⟩: die Funken sprühten; **c)** *in Form vieler kleiner Teilchen irgendwohin fliegen* ⟨ist⟩: Funken sprühten über den Teich (Aichinger, Hoffnung 175); Ü Eine christliche Kraft sprüht aus diesem Buche (Nigg, Wiederkehr 77); **d)** *funkeln, glitzern* ⟨hat⟩: der Brillant sprüht in tausend Farben; sprühende Sterne; **Sprüh|fahr|zeug,** das: *Fahrzeug mit einer Vorrichtung zum Versprühen von Flüssigkeiten;* **Sprüh|fla|sche,** die: *Flasche mit Zerstäuber zum Versprühen flüssiger Stoffe;* **Sprüh|flecken|krank|heit**[1], die: *durch Pilze verursachte Erkrankung von Kirschbäumen;* **Sprüh|flüs|sig|keit,** die: *Flüssigkeit (die zu einem bestimmten Zweck) versprüht wird;* **Sprüh|ge|rät,** das: *Gerät zum Versprühen flüssiger Stoffe, bes. von Schädlingsbekämpfungsmitteln;* **Sprüh|mit|tel,** das: *Mittel zum Besprühen von etw.* (z. B. Insektizid); **Sprüh|ne|bel,** der: *nebelartig in der Luft schwebende zerstäubte Flüssigkeit;* **Sprüh|pfla|ster,** das: *flüssiger, an der Luft fest werdender Stoff, der an Stelle eines Pflasters auf kleinere Wunden aufgesprüht wird;* **Sprüh|re|gen,** der (bes. Met.): *Nieselregen;* **Sprüh|trock|nung,** die: **1.** *das Trocknen von flüssigen od. breiigen Substanzen, dadurch daß diese in speziellen Türmen fein verteilt einem erwärmten Trockengas zugeführt werden.* **2.** *Verfahren zur Herstellung von Pulver durch Sprühtrocknung* (1); **Sprüh|wa|gen,** der: vgl. Sprühfahrzeug; **Sprüh|wä|scher,** der (Technik): *Skrubber;* **Sprüh|was|ser,** das: vgl. Sprühflüssigkeit.
Sprung, der; -[e]s, Sprünge [1: mhd., spätahd. sprunc, zu ↑springen; 3: eigtl. = aufgesprungener Spalt]: **1. a)** *das Springen; springende Bewegung:* ein hoher, weiter S.; ein S. über einen Graben, über einen Zaun, aus dem Fenster, in die Tiefe; einen S. machen, tun; der Hengst vollführte wilde Sprünge; sie konnte sich gerade noch durch einen S. zur Seite retten; die Katze schnappte den Vogel im S.; in großen Sprüngen überquerte der Hirsch die Lichtung; mit einem gewaltigen S. setzte er über die Mauer; zum S. ansetzen; der Tiger duckte sich zum S.; R S. auf, marsch, marsch! (Milit.; Kommando, aus liegender Haltung aufzuspringen u. sich im Laufschritt in Marsch zu setzen): gleich darauf schnarcht er ... ein einziges Mal durch die Kommandos: S. auf, marsch, marsch! mehr zu erwecken (Remarque, Obelisk 44); Ü ein qualitativer/dialektischer S. (Philos.; *Umschlag einer quantitativen in eine qualitative Veränderung*); Sobald er in Frankfurt zu studieren begann, brauchte er ein Quartier ... Der S. hinaus *(aus dem Elternhaus)* würde ihm nicht leichtfallen (Härtling, Hubert 210); die neue Stelle bedeutet für ihn einen großen S. nach vorn *(eine große Verbesserung);* der Schauspieler hat den S. *(das Überwechseln)* zum Film nicht gewagt, nie geschafft; Einigen Vertretern ist der S. nach Frankreich geglückt (Brückenbauer 11. 9. 85, 15); Sie bejubelten ihren Sieg und den damit verbundenen S. auf den zweiten Tabellenplatz (Kicker 6, 1982, 36); sein Herz machte vor Freude einen S.; beim Vorlesen einen S. machen *(ein Textstück o. ä. überspringen);* die Natur macht keinen S./keine Sprünge *(in der Natur entwickelt sich alles langsam u. kontinuierlich);* ich konnte seinen Sprüngen *(Gedankensprüngen)* nicht immer folgen; * **ein S. ins kalte Wasser** (ugs.; *die Aufnahme einer Tätigkeit, die dem Betreffenden völlig neu, völlig unvertraut ist u. von der er nicht weiß, ob er ihr gewachsen sein wird);* **ein S. ins Dunkle/Ungewisse** *(ein Entschluß, von dem der Betreffende nicht weiß, wie er sich auf sein weiteres Leben auswirken wird);* **keine großen Sprünge machen können/sich erlauben können** (ugs.; *sich, bes. finanziell, nicht viel leisten können):* Mit ihrer Rente kann Frau Sauerbier keine großen Sprünge machen (Gut wohnen 10, 1985, 26); Wie kann sich der Verein solch große Sprünge erlauben, wenn der Zuschauerschnitt bei 13 000 liegt?; **auf einen S./**(landsch.:) **einen S.** (ugs.; *für kurze Zeit):* ich gehe [auf] einen S. in die Kneipe; ich habe es sehr eilig, ich komme nur [auf] einen S.!; **auf dem Sprung[e] sein/**(seltener:) **stehen** (ugs.; ↑Begriff 3): ich stehe auf dem -e, einen Krieg zu führen (Hacks, Stücke 293); **auf dem Sprung[e] sein** (ugs.; *in Eile sein, keine Zeit, keine Ruhe haben, sich länger aufzuhalten):* bist du etwa schon wieder auf dem S.?; Aber er ist immer nervös und auf dem S. (Kronauer, Bogenschütze 287); **b)** *als sportliche Übung o. ä. (z. B. im Weitsprung, Hochsprung) ausgeführter Sprung:* ein dreifacher S. (beim Eiskunstlauf); ein S. vom 5-Meter-Turm, über den Kasten; ihm gelang ein S. von 8,15 m; jeder hat drei Sprünge. **2.** (ugs.) *kurze Entfernung; Katzensprung:* von dort ist es nur ein S. bis zur Grenze, nach Straßburg; er wohnt nur einen S. von hier. **3.** *feiner Riß (in einem spröden Material):* in der Scheibe ist ein S., sind Sprünge; die Tasse, der Spiegel, das Glas hat einen S.; Seine Augen waren aufwärts gerichtet zur Decke, wo ein S. im Plafond war (Sommer, Und keiner 113); Ü ... hatte sein katholischer Glaube arge Sprünge bekommen (Kühn, Zeit 30); * **ein S. in der Schüssel haben** (salopp; *verrückt, nicht recht bei Verstand sein).* **4.** (Landw.) *(bei manchen Haustieren) das Bespringen:* der Bulle ist zum S. zugelassen. **5.** (Jägerspr.) *hinteres Bein des Hasen.* **6.** (Jägerspr.) *Gruppe von Rehen:* ein S. Rehe. **7.** (Geol.) *Verwerfung* (2). **8.** (Schiffbau) *geschwungene Linie, geschwungener Verlauf eines Decks (von der Seite gesehen).* **9.** (Weberei) *Fach* (3). **10.** * **jmdm. auf die Sprünge helfen** (ugs.; *jmdm. [durch Hinweise, Zureden o. ä.] weiterhelfen);* diese u. die folgenden Redewendungen gehen wohl von „Sprung" im Sinne von „Springen; rasche Vorwärtsbewegung" aus; möglich ist aber auch eine Anknüpfung an „Sprung" in der jägersp. Bed. „Spur [bes. eines Hasen]"): Und wenn die Hinterbliebenen nicht selbst drauf kommen – der Bestatter hilft ihnen auf die Sprünge (Hörzu 17, 1971, 63); **einer Sache auf die Sprünge**

Sprunganlage

helfen (ugs.; *dafür sorgen, daß etw. wie gewünscht funktioniert*): Wir helfen Ihrer Phantasie gern ein bißchen auf die Sprünge (Spiegel 46, 19775, 149); **jmdm. auf die Sprünge kommen** (ugs.; ↑Schlich 1); **Sprung|an|la|ge**, die (Sport): 1. *Anlage für Drei-, Hoch-, Stabhoch- od. Weitsprung.* 2. *aus Sprungturm, Sprungbrettern (2) u. Sprungbecken bestehende Anlage;* **Sprung|bal|ken**, der (Leichtathletik): *in den Boden eingelassener Balken, von dem aus man beim Weit- u. Dreisprung abspringt; Absprungbalken;* **Sprung|becken**[1], das: *Becken (2a) zum Springen (beim Schwimmsport);* **Sprung|bein**, das: 1. *Bein, mit dem der Springer (1) abspringt.* 2. (Anat.) *zwischen Schien- u. Fersenbein gelegener Fußwurzelknochen;* **sprung|be|reit** ⟨Adj.⟩: *zum Sprung, Springen bereit:* s. liegt die Katze auf der Lauer; Ü sein Mißtrauen ist immer s.; **Sprung|brett**, das: 1. (Turnen) *Vorrichtung mit einer schrägen [federnden] Fläche, von der man abspringt:* Ü ein Amt, einen Posten als S. (*als gute Ausgangsposition*) [für/(seltener:) in eine Karriere] benutzen. 2. *am Rand eines Schwimmbeckens, Sprungbeckens angebrachtes, langes, stark federndes Brett, von dem aus man Sprünge ins Wasser ausführt;* **Sprung|deckel**[1], der: *Deckel einer Taschenuhr, den man mittels Federkraft aufspringen lassen kann;* **Sprung|fall|wurf**, der (Handball): *im Sprung ausgeführter Fallwurf;* **Sprung|fe|der**, die: *Spiralfeder aus Stahl (z.B. in Polstermöbeln);* **Sprung|fe|der|ma|trat|ze**, die: *Matratze, in der sich Sprungfedern befinden;* **Sprung|fe|der|rah|men**, der: *aus einem Rahmen mit vielen darin befestigten Sprungfedern bestehender Teil eines Bettes, auf den die Matratze aufliegt;* **sprung|fer|tig** ⟨Adj.⟩ (selten): vgl. sprungbereit; **Sprung|ge|lenk**, das (Anat.): *Gelenk zwischen den Unterschenkelknochen u. der Fußwurzel;* **Sprung|gru|be**, die (Leichtathletik): *flache, mit Sand, Torfmull o.ä. gefüllte Grube, in die der Springer (bes. beim Drei- u. beim Weitsprung) abspringt;* **sprung|haft** ⟨Adj.; -er, -este⟩: 1. *häufig von einer Sache, Tätigkeit o.ä. zur nächsten wechselnd, ohne zuvor etw. Begonnenes zu Ende geführt zu haben:* ein furchtbar -er Mensch; er hat ein sehr -es Wesen; mit meinen ... -en *(an Gedankensprüngen reichen)* Gedanken (R. Walser, Gehülfe 175); er sprach s. und ohne Zusammenhang (Jens, Mann 42). 2. a) *abrupt u. übergangslos:* -e Veränderungen; es war kein allmählicher Wandel, sondern ein -er Umschlag; Edi ... wechselte s. den Gegenstand seiner Betrachtung (Bastian, Brut 62); b) *rasch zunehmend, emporschnellend* (b): ein -er Preisanstieg; s. zunehmen; **Sprung|haf|tig|keit**, die; -: *das Sprunghaftsein* (1); **Sprung|hö|he**, die: 1. *Höhe eines Sprungs.* 2. (Geol.) *Strecke, um die zwei Gesteinsschichten bei einer Verwerfung in vertikaler Richtung gegeneinander verschoben sind;* **Sprung|hü|gel**, der (Leichtathletik): *aus Kunststoffmatten o.ä. gebildeter Hügel, auf dem der Springer (beim [Stab]hochsprung) aufkommt;* **Sprung|ka|sten**, der (Turnen): *Kasten*

(11); **Sprung|kraft**, die: *zum Springen (1a) befähigende Kraft;* **sprung|kräf|tig** ⟨Adj.⟩: *große Sprungkraft habend;* **Sprung|lat|te**, die (Leichtathletik): *Latte (2b),* **Sprung|lauf**, der (Ski): *Skisprung (als Teil der nordischen Kombination);* **Sprung|pferd**, das (Turnen): *Pferd (2) ohne Pauschen;* **Sprung|rah|men**, der: *Sprungfederrahmen;* **Sprung|schan|ze**, die (Ski): *Anlage für Skispringen mit einer stark abschüssigen Bahn zum Anlaufnehmen; Bakken;* **Sprung|schicht**, die: 1. (Biol., Geogr.) *Schicht zwischen zwei übereinanderliegenden Wassermassen unterschiedlicher Dichte.* 2. (Met.) *Schicht der Atmosphäre, in der sich bestimmte Komponenten des Wetters sprunghaft ändern;* **Sprung|seil**, das: *[in der Mitte verdicktes, an den Enden mit Griffen versehenes] Seil zum Seilspringen;* **Sprung|stab**, der (Leichtathletik): *aus einer langen Stange bestehendes Gerät für den Stabhochsprung;* **Sprung|stel|le**, die (Math.): *Wert des Arguments (2) einer Funktion, bei dem sich der Wert der Funktion sprunghaft ändert;* **Sprung|tech|nik**, die (Sport): *beim Springen angewendete Technik:* eine gute S. haben; **Sprung|tuch**, das ⟨Pl. ...tücher⟩: 1. *(von der Feuerwehr verwendetes) aus festem Tuch bestehendes Rettungsgerät zum Auffangen von Menschen, die sich nur durch einen Sprung aus einem brennenden Gebäude retten können.* 2. (Sport) *federnd im Rahmen eines Trampolins aufgehängtes, sehr festes Tuch;* **Sprung|turm**, der (Sport): *turmartige Konstruktion mit verschieden hohen Plattformen zum Turmspringen;* **Sprung|übung**, die (Sport): *Turn-, Gymnastikübung, bei der man springt;* **sprung|wei|se** ⟨Adv.⟩: *in Sprüngen, Sprung für Sprung:* sich s. nach vorne arbeiten; **Sprung|wei|te**, die: vgl. Sprunghöhe (1); **Sprung|wel|le**, die (Geogr.): *Bore;* **Sprung|werk**, das (Technik): *mechanische Vorrichtung zum sprunghaften Übergang von einem Zustand in einen anderen;* **Sprung|wurf**, der (Basketball, Handball): *im Sprung ausgeführter Wurf.*

♦ **Sprüt|ze**: ↑Spritze: Weckst du dir ein süßes Lachen, sieh, so verdienst du dir, den Nymphen naß zu machen, die kleine S. hier (Bürger, Stutzerballade); ♦ **sprüt|zen**: ↑spritzen: daß mir ... der Gassenkot über und über an die Beinkleider spritzet (Schiller, Kabale I, 6).

SPS = Sozialdemokratische Partei der Schweiz.

Spucht, der; -[e]s, -e [weitergeb. aus. spuch = ältere Nebenf. von ↑Spuk] (landsch.): *kleiner, schmächtiger, schwächlicher [junger] Mann:* laß dir doch von dem S. nichts gefallen!; **spuch|tig** ⟨Adj.⟩ (landsch.): *klein, schmächtig u. schwächlich.*

Spucke[1], die; - [zu ↑spucken] (ugs.): *Speichel:* er feuchtete die Briefmarke mit [etwas] S. an; * **jmdm. bleibt die S. weg** (ugs.; *jmd. ist vor Überraschung, vor Staunen sprachlos*); **spucken**[1] ⟨sw. V.; hat⟩ [aus dem Ostmd., wohl Intensivbildung zu dem ↑speien zugrundeliegenden Verb]: 1. a) *Speichel mit Druck aus dem Mund ausstoßen:* häufig s.; Trinkler hatte die Angewohnheit zu s. (Kirst, 08/

15, 520); Ü der Ofen spuckt (ugs.; *gibt starke Hitze ab*); der Motor spuckt (*funktioniert nicht mehr ordnungsgemäß*); er wird s. (ugs.; *schimpfen*), wenn er das erfährt; b) *(mit Speichel) aus dem Mund von sich geben:* Blut s.; Kirschkerne s.; Paß auf, Alter, du spuckst gleich Zähne (Hornschuh, Ich bin 26); Ü der Vulkan spuckt glühende Asche und Lava; der Ofen spuckt wohlige Wärme; c) *durch Spucken (1) Speichel irgendwohin treffen lassen:* auf den Boden, in die Luft, jmdm. ins Gesicht s.; ... daß mein Bruder ... auf die Stiefel spuckte und sie wichste (Wolff [Übers.], Bisexualität 212); kaum jmdm. s.; Der Nazi spuckte dann nach allen Seiten wie ein Lama im Tierpark (Sommer, Und keiner 153); Ü Das ... MG spuckte in den dunklen Haufen (Remarque, Funke 236); das waren ... solide Burschen, die in die Hände spuckten (*die ohne Zögern u. mit Schwung an die Arbeit gingen*; Küpper, Simplicius 108); d) *durch Spucken irgendwohin treffen lassen:* einen Kirschkern auf den Boden, aus dem Fenster s.; Ü Er (= der Mähbinder) spuckte die fertigen Garben auf die Stoppeln (Lentz, Muckefuck 205). 2. (landsch.) *sich übergeben, erbrechen:* das Kind hat gespuckt; viele Passagiere auf dem Schiff mußten s. 3. (salopp) *jmdn., etw. voller Verachtung ablehnen, zurückweisen:* auf jmdn., auf jmds. Geld s.; ich spucke auf seine Freundschaft; **Spuck|ku|chen**, der (ugs. scherzh.): *Obstkuchen mit nicht entsteinten Steinfrüchten;* **Spuck|napf**, der: *Gefäß, in das man hineinspucken kann;* **Spuck|scha|le**, die: *flache, nierenförmige Schale zur Aufnahme von Flüssigkeiten (Blut, Erbrochenem o.ä.).*

Spuk, der; -[e]s, -e ⟨Pl. selten⟩ [aus dem Niederd. < mniederd. spōk, spūk, spoek, H. u.]: 1. *Geistererscheinung:* der S. begann Schlag Mitternacht; das Licht flammte auf und der S. war vorbei; der Reiter flogen wie ein S. an ihm vorüber (geh.; tauchten plötzlich auf. waren, ehe er sich's versah, wieder verschwunden); nicht an S. glauben. 2. a) (abwertend) *Geschehen, das so schrecklich, so ungeheuerlich ist, daß es unwirklich anmutet:* der faschistische S. war endlich vorbei; Als der Spuk losging, als man den Brandgeruch von der Synagoge auch in der Fasanenstraße spürte ... (Erné, Kellerkneipe 48); die Polizei stürmte das Gebäude und machte dem S. ein Ende; b) (ugs. veraltend) *Lärm, Trubel:* die Kinder machen ja ein tollen S.!; Ü Seitdem ich begriffen habe, daß Rai tot ist, denke ich oft, daß es besser wäre, gar nicht zu heiraten; Wozu dieses Theater, dieser S. (Böll, Haus 76); die Sache lohnt den ganzen S. (*den Aufwand, die Umstände*) nicht; mach doch deswegen nicht einen S. (*soviel Aufhebens*)! 3. (veraltet) *Spukgestalt, Gespenst;* **spu|ken** ⟨sw. V.⟩ [aus dem Niederd. < mniederd. spōken]: a) *als Geist, Gespenst irgendwo umgehen* ⟨hat⟩: der Geist des Schloßherrn spukt hier noch heute; ⟨meist unpers.:⟩ in dem Haus, alten Schloß spukt es; auf dem Lande spukt es viel besser als in der Stadt (Fries, Weg 274); hier soll es früher gespukt haben; Ü dieser Aberglaube spukt

noch immer in den Köpfen vieler Menschen; aber jetzt spukt da noch ein Lied in der Luft (A. Zweig, Grischa 287); **b)** *sich spukend* (a) *irgendwohin bewegen* ⟨ist⟩: *ein Gespenst, der Geist der Ermordeten spukt allnächtlich durch das Schloß;* * **bei jmdm. spukt es** (ugs. selten; *jmd. ist nicht recht bei Verstand*); **Spu|ke|rei,** die; -, -en (ugs.): *[dauerndes] Spuken;* **Spuk|er|schei|nung,** die: *Spukphänomen;* **Spuk|geist,** der: vgl. *Spukgespenst;* **Spuk|ge|schich|te,** die: *Geschichte von einem Spukphänomen, einer Geistererscheinung;* **Spuk|ge|stalt,** der: *Gespenst; Geistererscheinung;* **spuk|haft** ⟨Adj.; -er, -este⟩ [aus dem Niederd. < mniederd. spōkaftich]: **a)** *als Spuk* (1) *auftretend, auf Spuk zurückführbar:* eine -*e Gestalt;* -*e Vorgänge, Erscheinungen;* **b)** *wie ein Spuk [wirkend], geisterhaft, gespenstisch;* **Spuk|haus,** das: *Haus, in dem es spukt;* **Spuk|phä|no|men,** das (bes. Parapsych.): *auf Spuk* (1 b) *beruhendes Phänomen;* **Spuk|sa|ge,** die (Volksk.): vgl. *Spukgeschichte;* **Spuk|schloß,** das: *Schloß, in dem es spukt;* **Spuk|we|sen,** das; vgl. *Spukgestalt.*
Spül|ap|pa|rat, der: *Irrigator;* **Spül|au|to|mat,** der: *Geschirrspülmaschine;* **Spül|bad,** das: *Bad* (4), *in dem etw. gespült wird;* **Spül|becken¹,** das; -s: **1.** *Becken* (1) *zum Geschirrspülen* (in einer *Spüle*). **2.** (bes. in Zahnarztpraxen) *kleines Becken* (1) *mit einer Spülvorrichtung, über der der Patient sich den Mund ausspülen kann;* **Spül|boh|ren,** das; -s (Bergbau): *Bohrverfahren, bei dem dem Bohrloch über das Bohrgestänge ständig eine Flüssigkeit zugeführt wird, die das anfallende Gestein aus dem Bohrloch herausspült u. gleichzeitig das Bohrwerkzeug kühlt;* **Spül|bür|ste,** die; vgl. *Spültuch.*
Spu|le, die; -, -n [mhd. spuol(e), ahd. spuolo, spuola, eigtl. = abgespaltenes Holzstück (zum Aufwickeln der Webfäden) u. wahrsch. verw. mit ↑*spalten*]: **1.** *Rolle, auf die man etw. aufwickelt:* eine *leere, volle S.;* Garn auf eine *S. wickeln;* das *Tonband, der Film ist von der S. gelaufen;* eine *S. Garn (eine Spule mit darauf aufgewickeltem Garn).* **2.** (Elektrot.) *elektrisches Schaltelement, das aus einem meist langen, dünnen, isolierten [Kupfer]draht besteht, der zu einer Spule* (1) *o. ä. gewickelt ist [u. einen Eisenkern umschließt].* ◆ **3. a)** (in landsch. Sprachgebrauch) *Nabe:* durchs ganze Tal hin hatte niemand eine Achse gehört, die sich umgedreht um ihre S. (Gotthelf, Spinne 52); **b)** *unterer Teil des Federkiels:* daß er ... einen alten Flederwisch nahm und sich die Feder ausgog und damit ... schrieb (Jean Paul, Wutz 10).
Spü|le, die; -, -n [zu ↑*spülen*]: *schrankartiges Küchenmöbel mit ein od. zwei Spülbecken;* **Spül|ei|mer,** der: *(bei Toiletten ohne Wasserspülung) Wassereimer zum Nachspülen.*
spu|len ⟨sw. V.; hat⟩ [mhd. spuolen, zu ↑*Spule*]: *auf eine Spule wickeln:* Garn s.; den *Film auf eine andere Spule s.;* etw. *von einer Spule, Rolle s. (abspulen);* das *Tonband an den Anfang einer Aufnahme s. (bis zu der Stelle umspulen, an der die Aufnahme beginnt);* ⟨auch ohne

Akk.-Obj.:⟩ allzu *lange Tonbänder sind unpraktisch, weil man oft sehr lange s.* ⟨das *Band umspulen*⟩ muß; ⟨auch s. + sich:⟩ Paasch ... ließ die Tonbänder rotieren, in die linke Scheibe spulte sich braun das Band (Fries, Weg 147).
spü|len ⟨sw. V.; ahd. in: ir-spuolen, H. u.]: **1.** ⟨hat⟩ **a)** *etw. mit einer Flüssigkeit, durch Bewegen in einer Flüssigkeit von Schmutz, Rückständen o. ä. befreien, reinigen:* den *Pullover nach dem Waschen gut, mit viel Wasser, lauwarm s.; sich die Haare s.; eine Wunde, die Augen mit Borwasser s.;* ⟨auch o. Akk.-Obj.:⟩ *die Waschmaschine spült gerade,* "Spülen *Sie bitte mal* ⟨*spülen Sie sich bitte mal den Mund aus*⟩", *sagte der Zahnarzt;* **b)** *spülend* (1 a) *von irgendwo entfernen, irgendwohin schwemmen:* die *Seife aus der Wäsche s.; sich das Shampoo aus dem Haar, die Seife vom Körper s.;* er *spülte den Schlamm mit einem Gartenschlauch in den Gully;* Ü *die frische ... Nachtluft spülte die Müdigkeit aus ihrem Hirn* (Sebastian, Krankenhaus 115); **c)** (landsch.) *abwaschen* (2): *Geschirr s.;* die *paar Teller spüle ich von Hand;* sind *die Gläser schon gespült?;* ⟨auch o. Akk.-Obj.:⟩ *wenn du spülst, trockne ich ab;* ⟨subst.:⟩ soll *ich dir beim Spülen helfen?* **2.** *die Wasserspülung der Toilette betätigen* ⟨hat⟩: *vergiß nicht zu s.!* **3. a)** *(von Flüssigkeiten, bes. Wasser) mitreißen u. irgendwohin gelangen lassen, schwemmen* ⟨hat⟩: *die Flut hat ihre Leiche auf/an den Strand, an Land gespült; er wurde [von einer übergehenden See] ins Meer, über Bord gespült;* der *Regen spült das Pestizide in den Boden, ins Grundwasser; Wahrscheinlich spülen die schweren Gewitterregen die Erde von den Hügeln* (Wiechert, Jeromin-Kinder 813); **b)** (selten) *irgendwohin geschwemmt werden* ⟨ist⟩: *Wrackteile spülten auf den Strand.* **4.** *sich [in größerer Menge, in kräftigem Schwall] irgendwohin ergießen* ⟨ist⟩: das *Meer spült ans Ufer, über die Deichkrone;* ♦ Und *wie ist erwachet in seliger Lust, da spülen die Wasser ihm um die Brust* (Schiller, Tell 1, 1); Der *Damm zerreißt, das Feld erbraust, die Fluten spülen, die Fläche saust* (Goethe, Johanna Sebus); ⟨1. Part.:⟩ *heim lauern die Hunde am spülenden Teich* (Bürger, Neuseeländisches Schlachtlied).
Spu|len|ton|band|ge|rät, das: *Tonbandgerät mit zwei einzelnen Spulen für das Tonband:* der *Kassettenrecorder verdrängt das S. immer mehr;* **Spu|ler,** der; -s, -: **1.** *Vorrichtung (z. B. an einer Nähmaschine) zum Spulen.* **2.** *jmd., der [als Fabrikarbeiter] Garn od. anderes aufspult.*
Spü|ler, der; -s, -: **1.** (ugs.) *Knopf, Hebel zur Betätigung der Wasserspülung in einer Toilette:* der *S. klemmt, ist kaputt; kräftig auf den S. drücken.* **2.** *jmd., der in einem gastronomischen Betrieb Geschirr spült.*
Spu|le|rin, die; -, -nen: w. Form zu ↑*Spuler* (2).
Spü|le|rin, die; -, -nen: w. Form zu ↑*Spüler* (2); **Spül|gang,** der: vgl. *Schleudergang;* **Spül|licht,** das; -s, -e [frühnhd. spülig, mhd. spüelach] (veraltend): *Wasser, mit dem Geschirr gespült worden ist od. das beim Säubern der Wohnung benutzt*

worden ist: das *S. auf die Straße gießen;* der *Kaffee schmeckt ja wie S.!;* **Spül|kasten,** der: *(bei Toiletten mit Wasserspülung) kastenförmiger Behälter, in dem sich das zum Spülen benötigte Wasser befindet;* **Spül|küche,** die: *zum Geschirrspülen eingerichteter Raum;* **Spül|lap|pen,** der: *Spültuch;* **Spül|lum|pen,** der (landsch.): *Spültuch;* **Spül|ma|schi|ne,** die: vgl. ↑*Geschirrspülmaschine;* **spül|ma|schi|nen|fest** ⟨Adj.⟩: *(von Geschirr o. ä.) sich in der Geschirrspülmaschine reinigen lassend, ohne dabei Schaden zu nehmen;* **Spül|mit|tel,** das: **1.** *(meist flüssiges) Reinigungsmittel, das dem Spülwasser* (2) *zugesetzt wird; Geschirrspülmittel.* **2.** *Mittel, das dem Spülwasser* (1) *zugesetzt wird (z. B. Klarspülmittel, Weichspülmittel);* **Spül|pum|pe,** die (Kfz.-T.): *(bei Zweitaktmotoren) eine Pumpe zum Ausspülen der Verbrennungsgase u. zum Einführen von frischer Luft od. eines Kraftstoff-Luft-Gemischs;* **Spül|saum,** der (Fachspr.): *von angespültem Material (verschiedenster Art u. Herkunft) gebildeter Streifen am Strand;* **Spül|schüs|sel,** die: *zum Geschirrspülen verwendete größere Schüssel;* **Spül|stein,** der (landsch. veraltend): *Spülbecken* (1); **Spül|tisch,** der: *Abwaschtisch;* **Spül|tuch,** das ⟨Pl. ...tücher⟩: *beim Geschirrspülen verwendetes Tuch;* **Spü|lung,** die; -, -en: **1. a)** *das Durchspülen von Hohlorganen o. ä. als therapeutische Maßnahme:* eine *S. [der Blase] vornehmen;* **b)** (Technik) *das Spülen zur Entfernung unerwünschter Stoffe.* **2. a)** (Technik) *Vorrichtung zum Spülen.* **b)** *Wasserspülung einer Toilette:* die *S. rauscht;* die *Wasserspülung betätigen.* **3.** (Bergbau) *Verfahren, um das Einrammen von Pfählen od. Spundwänden mit Hilfe von Wasser zu erleichtern.* **2.** (Kfz.-T.) *Verfahren zur Spülung der Zylinder bei Zweitaktmotoren;* **Spül|ver|fah|ren,** das: **1.** (Bergbau) *Verfahren, bei dem feinkörniger Versatz* (2 b) *mit Wasser in Rohrleitungen in die durch Abbau o. ä. entstandenen Hohlraum gespült wird, um einen Einsturz zu vermeiden;* **Spül|vor|rich|tung,** die: *Vorrichtung zum Spülen (z. B. an einer Toilette, einem Spülbecken* 2); **Spül|was|ser,** das ⟨Pl. ...wässer⟩: **1.** (Technik) *Wasser, mit dem etw. gespült wird, wurde.* **2.** *Wasser, mit dem Geschirr gespült wird, wurde:* der *Kaffee schmeckt wie S.* (ugs. abwertend); *ist viel zu dünn u. schmeckt unangenehm.*
Spul|wurm, der; -[e]s, ...würmer [im 17. Jh.; zu ↑*Spule,* nach der Gestalt]: *Fadenwurm, der als Parasit im Darm, bes. von Säugetieren u. Menschen, lebt.*
Spu|man|te, der; -s, -s [ital. spumante, eigtl. = der Schäumende, subst. 1. Part. von: spumare = schäumen]: ital. *Bez. für Schaumwein.*
Spund, der; -[e]s, Spünde. -e [1: mhd. spunt, über das Roman. zu (spät)lat. (ex)punctum = in eine Röhre gebohrte Öffnung; 2: wohl übertr. von der kleinen Form des Spundes (1)]: **1.** ⟨Pl. Spünde⟩ **a)** *[hölzerner] Stöpsel, Zapfen zum Verschließen des Spundlochs:* einen *S. einschlagen;* Sie *schlugen die -e heraus, der Wein strömte* (Kuby, Sieg 280); **b)** (Tischlerei) *Feder* (4 a). **2.** ⟨Pl. -e⟩ (ugs.) *jmd., den man*

auf Grund seiner Jugend als unerfahren, nicht kompetent ansieht: was will der unerfahrene S.?; Robert voran und ihr jungen -e hinterher (Spiegel 43, 1977, 73); ... und da pfuscht so'n junger S. von Student an ihm herum (Kemelman [Übers.], Mittwoch 47); **Spund|boh|le,** die (Bauw.): *aus Stahl, Holz od. Beton bestehendes bohlenähnliches Bauelement für Spundwände;* **spun|den** ⟨sw. V.; hat⟩ [mhd. in: verspunden, verspünden]: **1.** (Tischlerei) *durch Spundung (2) zusammenfügen:* ⟨meist im 2. Part.:⟩ eine gespundete Verschalung. **2.** (selten) *verspunden;* **Spund|hahn,** der: *Zapfhahn, der in das Spundloch geschlagen wird.*

spun|dig ⟨Adj.⟩ [zu veraltet Spund, Nebenf. von: Spind, Spint = nicht durchgebackene Stelle im Brot o. ä., mhd., ahd. spint = Fett, Speck, H. u.] (landsch.): *nicht richtig durchgebacken, noch teigig.*

Spund|loch, das: *runde Öffnung in einem Faß zum Füllen u. zum Zapfen;* **Spundung,** die; -, -en: **1.** *das Spunden.* **2.** (Tischlerei) *Holzverbindung, bei der ein Spund (1 b) in eine Nut greift;* **Spund|verschluß,** der: *Spund (1 a);* **Spund|wand,** die (Bauw.): *aus senkrecht in den Boden gerammten, ineinandergreifenden Spundbohlen zusammengesetzte wasserdichte Wand;* **Spund|zap|fen,** der: *zapfenförmiger Spund (1 a).*

Spur, die; -, -en [mhd. spur, spor, ahd. spor, eigtl. = Tritt, Fußabdruck, zu einem Verb mit der Bed. „mit dem Fuß ausschlagen, treten; zappeln, zucken"; vgl. springen; 8: urspr. = „hinterlassenes Zeichen", dann „nur schwach Merkliches"]: **1. a)** *Reihe, Aufeinanderfolge von Abdrücken od. Eindrücken, die jmd., etw. bei der Fortbewegung im Boden hinterlassen hat:* eine neue, alte, deutliche, frische, tiefe S. im Schnee; die S. eines Schlittens, Wagens, Pferdes; die S. führt zum, endet am Waldrand, verliert sich; eine S. verfolgen; Auf dem Boden zeichneten kleine ... Blutflecken eine S. (Sebastian, Krankenhaus 86); eine S. aufnehmen *(finden u. zu verfolgen beginnen);* der Hund wittert, verfolgt eine S.; der Regen hat die -en verwischt; die Schnecke hinterläßt eine schleimige S., eine S. aus Schleim; einer S. folgen, nachgehen; Ü die S. der Diebe führt nach Frankreich; von dem Vermißten, den gestohlenen Gemälden fehlt jede S.; die Polizei ist auf eine S. gestoßen, verfolgt eine neue S.; der Forscher, der Detektiv ist auf der richtigen, falschen S.; * eine heiße S. *(wichtiger Anhaltspunkt für die Aufklärung eines Verbrechens o. ä.):* die Polizei hat, verfolgt eine heiße S.; Anfangs schien es sogar, als sei ich auf eine heiße S. gestoßen (Weber, Tote 85); **jmdm. auf die S. kommen** (1. *jmdn. als Täter o. ä. ermitteln.* 2. ↑ Schlich 1); **einer Sache auf die S. kommen** *(herausfinden, was es mit einer Sache auf sich hat; etw. aufdecken);* **jmdm. auf der S. sein/bleiben** *(auf Grund sicherer Anhaltspunkte jmdn. [weiterhin] verfolgen);* **einer Sache auf der S. sein/bleiben** *(auf Grund sicherer Anhaltspunkte sich [weiterhin] bemühen, eine Sache zu erforschen, aufzudecken);* **auf jmds. -en wandeln, in jmds. -en treten** (↑ Fußstapfe);

b) (Ski) *Loipe:* die S. legen; in die S. gehen, treten; in der S. sein; In der S., ja, da konnte er die Gegner vor sich herjagen und ihnen dann aus keuchendem Atem heraus das herrische „Spur frei!" zurufen, das dem Vordermann bedeutet, aus der S. zu treten und den Stärkeren vorbeiziehen zu lassen (Maegerlein, Piste 14); **c)** (Jägerspr.) *Reihe, Aufeinanderfolge von Abdrücken der Tritte bestimmter Tiere, bes. des Niederwilds* (im Unterschied zu Fährte, Geläuf). **2.** ⟨meist Pl.⟩ *von einer äußeren Einwirkung zeugende [sichtbare] Veränderung an etw., Anzeichen für einen in der Vergangenheit liegenden Vorgang, Zustand:* die -en des Krieges, der Zerstörung; Eine S. von Gewalt zogen die Stones-Tourneen hinter sich her, Prügeleien, Krawalle (Spiegel 22, 1982, 198); das Buch trug die -en häufigen Gebrauchs; sein Gesicht zeigte die -en der Anstrengung, einer schweren Krankheit; Ich liebte sie, wenn sie die ersten -en des Alters an ihrem Körper tapfer zu mir ins Licht der Kerzen trug (Stern, Mann 78); die Einbrecher haben keine -en hinterlassen; der Täter hat alle -en sorgfältig verwischt, beseitigt; die Polizei kam zum Tatort, um die -en zu sichern; Ü die -en *(Überreste)* vergangener Kulturen. **3.** (Verkehrsw.) *Fahrspur od. einer Fahrspur ähnlicher abgegrenzter Streifen einer Fahrbahn:* die S. wechseln; nimm am besten die mittlere S.; Wenn er Lastwagen überholt hatte, versuchte er sich auf der linken S. zu halten (Johnson, Ansichten 238); in/auf der rechten S. bleiben. **4. a)** *einen bestimmten Anteil der gesamten Breite eines Magnetbands einnehmender Streifen:* Der Vorteil des Verfahrens: Alle -en stehen zum Vertonen zur Verfügung (Foto-Magazin 8, 1968, 76); Die Spielzeit einer S. beträgt eine volle Stunde (Foto-Magazin 8, 1968, 76); das Bandgerät arbeitet mit vier -en; **b)** (Datenverarb.) *abgegrenzter Bereich auf einem Datenträger, in dem eine einfache Folge von Bits gespeichert werden kann:* Lochstreifen, Magnetplatten mit mehreren -en. **5.** (Technik) *Spurweite:* Autos mit breiter S. und langem Radstand. **6.** (Kfz-T.) *(für das Spurhalten bedeutsame) Stellung von linkem u. rechtem Rad zueinander:* die S. stimmt nicht; die S. kontrollieren, einstellen, messen. **7.** *vom Fahrer mit Hilfe der Lenkung bestimmte Linie, auf der sich ein Fahrzeug bewegen soll:* das Auto hält gut [die] S. *(bricht nicht seitlich aus);* der Wagen darf beim Bremsen nicht aus der S. geraten *(seitlich ausbrechen).* **8.** *sehr kleine Menge von etw.; ein wenig:* da fehlt noch eine S. Paprika, Salz, Essig; Para-amino-Benzoesäure, von der die meisten Bakterien winzige -en ... unbedingt benötigen (Natur 35); die Suppe ist um eine S. zu salzig; sie fanden -en von Zyankali; Jod benötigt der Körper nur in -en; Ü Ravic sah ihn mit einer S. von Ironie an (Remarque, Triomphe 18); ohne die leiseste, geringste S. von Furcht; der Empfang war um eine S. zu kühl; * **nicht die S./keine S.** (ugs.; *überhaupt nicht*): In dieser Familie gab es nie die S. von Not (Loest, Pistole 39); Und er – nicht die S. kriegt der mit

(Bastian, Brut 133); **spür|bar** ⟨Adj.⟩: **a)** *so beschaffen, daß man es [körperlich] wahrnimmt, fühlt, merkt:* eine -e Abkühlung; das Erdbeben war noch in 100 km Entfernung [deutlich] s.; es ist s. kälter, heller geworden; **b)** *sich (in bestimmten Wirkungen) deutlich zeigend; deutlich, merklich:* eine -e Verbesserung, Entlastung, Erhöhung der Beiträge; eine -e Zunahme der Kriminalität; Einen -en Knacks bekam Annemaries Ehe nach ungefähr drei Jahren (Schreiber, Krise 185); die Gewinne sind, die Nachfrage ist s. *(beträchtlich)* gestiegen, zurückgegangen; er war s. *(sichtlich)* erleichtert; **Spur|brei|te,** die: **1.** *Breite einer Spur.* **2.** *Spurweite;* **Spur|bus,** der: *in einer speziellen Spur (3) geführter Bus;* **spu|ren** ⟨sw. V.; hat⟩: **1.** (ugs.) *tun, was erwartet, befohlen wird:* wer nicht spurt, fliegt; Ich habe die Nummer angerufen, und die haben sofort gespurt (Spiegel 41, 1976, 126). **2.** (selten) *die Spur halten:* der Wagen spurt einwandfrei. **3.** (Ski, Bergsteigen) **a)** *mit einer Spur versehen:* Die Loipen sind gespurt (MM 14. 2. 91, 11); ⟨subst.:⟩ Viel schlimmer ist jedoch das maschinelle Spuren der Loipen (natur 3, 1991, 47); **b)** *sich auf Skiern durch den noch unberührten Schnee bewegen; seine Spur ziehen:* der Bergsteiger, der ... im tiefen Schnee spurt (Eidenschink, Eis 118); **spü|ren** ⟨sw. V.; hat⟩ [mhd. spür(e)n = suchend nachgehen, aufspüren; wahrnehmen, ahd. spurian = eine Spur suchen, verfolgen]: **1.** *körperlich empfinden; wahrnehmen, fühlen:* eine Berührung [auf seiner Haut] s.; einen [leichten] Schmerz im Bein s.; sie spürte die Kälte kaum; ich spüre noch nichts, keine Wirkung; sie spürte, wie ihr Puls schneller wurde; er spürte Zorn in sich aufsteigen; Als Vergil ... den Tod kommen spürte, verfügte er in seinem Testament ... (Fest, Im Gegenlicht 255); seinen Magen, sein Kreuz s. (ugs.; *Magenschmerzen, Kreuzschmerzen haben*); du wirst es noch am eigenen Leibe s., zu s. bekommen; den Alkohol *(seine Wirkung)* s.; sie spürt die lange Bahnfahrt doch sehr *(ist davon sehr angestrengt);* die Peitsche zu s. bekommen *(mit der Peitsche geschlagen werden);* Er wird meine Rache noch zu s. kriegen! (Imog, Wurliblume 70). **2. a)** *gefühlsmäßig, instinktiv, fühlen, merken:* jmds. Enttäuschung, Erleichterung, Verärgerung s.; er spürte sofort, daß etwas nicht stimmte; sie spürte, daß jemand hinter ihr stand, daß sich ein Unheil anbahnte; Cotta stand nichts von allem, glaubte aber doch zu s., was die Alte von ihm hören wollte (Ransmayr, Welt 194); von Kameradschaft war nichts zu s. *(Kameradschaft gab es nicht);* er ließ mich seinen Ärger nicht s. *(zeigte ihn nicht);* sie ließ ihn [allzu deutlich] s. *(zeigte ihm [allzu deutlich]),* daß sie ihn nicht mochte; **b)** (seltener) *verspüren:* ich spürte keine Lust mitzugehen; ich spürte Müdigkeit, Abscheu, Enttäuschung; Er selbst spürte weder Hunger noch Durst (Loest, Pistole 110); sie spürte den Wunsch, laut zu schreien. **3.** (Jägerspr.) *[mit Hilfe des Geruchssinns] einer Spur (1 c) nachgehen, folgen:* vor ihnen spürt ein ... irischer Setter (Fr. Wolf, Zwei 190); die Hunde spüren nach Wild *(suchen nach den Spuren von Wild);* der Hund, der Jäger hat einen Fuchs gespürt; **Spu|ren|ana|ly|se,** die: *chemische Analyse, bei der geringste Mengen einer Substanz in größeren Mengen anderer Substanzen nachgewiesen u. quantitativ bestimmt werden;* **Spu|ren|ele|ment,** das (Biochemie): *Element, das für den Organismus zwar unentbehrlich ist, aber nur in sehr geringen Mengen benötigt wird;* **Spu|ren|kam|mer,** die: *Gerät, das die Bahnen ionisierender Teilchen sichtbar u. fotografierbar macht;* **Spu|ren|me|tall,** das (Metallurgie): *Metall, das in geringster Menge in dem Erz eines anderen Metalls od. in einem metallurgischen Zwischenprodukt enthalten ist;* **Spu|ren|nach|weis,** der: *Nachweis von Spuren* (2); **Spu|ren|si|che|rung,** die (Polizeiw.): **1.** *das Sichern der Spuren* (2) *im Rahmen kriminalpolizeilicher Ermittlungen.* **2.** *für die Spurensicherung* (1) *zuständige Abteilung der Polizei:* die S. benachrichtigen; die Kollegen von der S.; **Spu|ren|stoff,** der (Biochemie): *Spurenelement;* **Spur|füh|rung,** die: *Einrichtung (z. B. Schienen, Tragseile), durch die ein Fahrzeug entlang eines vorgegebenen Fahrkurses geführt wird;* **Spur|hal|tung,** die (Kfz.-T.): *das Spurhalten (eines Fahrzeugs):* das Antiblockiersystem sorgt für optimale S. auch beim Bremsen auf nasser Fahrbahn; **Spür|hund,** der [mhd. spürhunt, ahd. spurihunt]: *Hund, der dazu abgerichtet ist, Fährten, Spuren zu verfolgen od. Dinge aufzufinden:* -e ansetzen; ein Polizist, ein Zollbeamter, ein Jäger mit einem S.; Ü Antimachos, den ich mir als S. *(Spitzel)* halte (Hagelstange, Spielball 53); **-spurig:** *in Zusb., z. B.:* zwei-, mehrspurig *(zwei, mehrere Spuren 3, 4 habend);* schmalspurig *(eine schmale Spur 5 habend);* **Spu|ri|us,** der; -, - [scherzh. latinis. Bildung zu ↑Spur (1a)] (österr.): *Gespür, Riecher* (2); **Spur|kranz,** der [*Schienenfahrzeug*]: *Wulst an der Innenkante der Lauffläche eines Rades;* **spurlos** ⟨Adj.⟩: **a)** *keinen Anhaltspunkt für den weiteren Verbleib hinterlassend:* das Buch ist s. verschwunden; **b)** *keine Spuren* (2) *hinterlassend, keine bleibenden Auswirkungen habend:* das Ereignis ist s. an ihm vorübergegangen; der Krieg ist wohl an niemandem ganz s. vorübergegangen; **Spür|na|se,** die (ugs.): **a)** *scharfer Geruchssinn:* er hat eine gute S.; Ü Ihre S. *(Ihr Gespür)* für dicke Luft hilft Ihnen, ein Ärger im Keim zu ersticken (Hörzu 1, 1973, 77); **b)** *jmd., der eine besondere Gabe hat, Dinge herauszufinden:* er ist eine richtige S.; er hat diese S. das bloß wieder rausgekriegt?; um allen -n von vornherein das Wasser abzugraben, bekenne ich, daß ... (Ziegler, Labyrinth 208); **Spur|ril|le,** die ⟨meist Pl.⟩ (Verkehrsw.): *durch häufiges Befahren einer Fahrbahn entstandene, rinnenartige, in Längsrichtung verlaufende Vertiefung:* Achtung, -n!; **spur|si|cher** ⟨Adj.⟩ (Kfz.-T.): *eine sichere Spurhaltung besitzend:* der Wagen ist, läuft sehr s.; **Spür|sinn,** der ⟨o. Pl.⟩: **1.** *scharfer Geruchssinn eines Tieres:* mit Hilfe seines -s findet der Hund immer wieder nach Hause. **2.** *feiner Instinkt, der jmdn. Dinge ahnen, spüren, Situationen intuitiv richtig einschätzen läßt:* sein kriminalistischer S. hat ihn auch dieses Mal nicht im Stich gelassen; einen feinen S. für etw. haben; ein Vorgesetzter, der es selbst durch ... Risikofreude und S. für Produkte und Märkte zu etwas gebracht hat ... (Capital 2, 1980, 44); Hatte ich mit unbewußtem S. erraten, was sie von mir wollte? (Kaiser, Villa 85); **Spur|stan|ge,** die (Kfz-T.): *aus einer od. mehreren durch Gelenke miteinander verbundenen Stangen bestehendes, zur Lenkung gehörendes Teil.*

Spurt, der; -[e]s, -s, selten: -e [engl. spurt, zu: to spurt, ↑spurten]: **1.** (Sport) *das Spurten* (1): einen S. machen, einlegen; den S. anziehen; zum S. ansetzen; er gewann das Rennen im S.; Bert nahm im S. die Spitze, und durch Zwischenspurts machte er sie fertig (Lenz, Brot 79). **2.** (ugs.) *schneller Lauf, das Spurten* (2): mit einem S. schaffte er den Zug gerade noch. **3.** (Sport) *Spurtvermögen:* die russische Läuferin hat einen guten S.; **spur|ten** ⟨sw. V.⟩ [engl. to spurt, Nebenf. von: to spirt = hervorspritzen, aufspritzen, H. u.]: **1.** (Sport) *(bei einem Lauf) ein Stück einer Strecke, bes. das letzte Stück vor dem Ziel, mit stark beschleunigtem Tempo zurücklegen* ⟨ist/ hat⟩: zu s. anfangen; der deutsche Achter spurtet schon 200 Meter vor dem Ziel. **2.** ⟨ist⟩ (ugs.) **a)** *schnell laufen:* wir sind ganz schön gespurtet, um den Bus noch zu kriegen; die Kinder sind den ganzen Weg gespurtet; **b)** *schnell irgendwohin laufen:* über den Hof, ins Haus s.; Kaum hatte der Zug passiert, so spurtete der Schrankenwärter auf die linke Seite (Küpper, Simplicius 22); **spurt|schnell** ⟨Adj.⟩: **a)** (Sport) *beim Spurten besonders schnell:* ein -er Läufer, Fahrer; **b)** *ein hohes Beschleunigungsvermögen besitzend:* ein -es Auto; **Spurt|sieg,** der (Sport): *im Endspurt errungener Sieg;* **spurt|stark** ⟨Adj.⟩: **a)** (Sport) *spurtschnell* (a): ein -er Verteidiger; **b)** *spurtschnell* (b): die neuen Motoren sind s.; **Spurt|ver|mö|gen,** das (bes. Sport): *Leistungsfähigkeit in bezug auf das Spurten.*

Spur|wech|sel, der (Verkehrsw.): *das Überwechseln von einer Spur* (3) *in eine andere:* ein S. muß durch Blinken angezeigt werden; **Spur|wei|te,** die: **1.** (Kfz-T.) *Abstand zwischen linkem u. rechtem Rad eines Fahrzeugs; Spur* (5). **2.** (Eisenb.) *Abstand zwischen den inneren Kanten der Schienen* (1).

Spu|ta: Pl. von ↑Sputum.

spu|ten, sich ⟨sw. V.; hat⟩ [aus dem Niederd. < mniederd. spōden; vgl. spätahd. gispuoten = gelingen lassen, (sich) eilen, zu ahd. spuot = glückliches Gelingen, Schnelligkeit, zu: spuon = vonstatten gehen, gelingen, gedeihen] (veraltend, noch landsch.): *sich beeilen im Hinblick auf etw., was schnell, bis zu einem bestimmten Zeitpunkt getan, erreicht werden sollte:* Ich muß mich s., sonst versäume ich noch den Zug (K. Mann, Wendepunkt 137).

Sput|nik ['ʃp..., 'sp...], der; -s, -s [russ. sputnik = Gefährte]: *(von der UdSSR gestarteter) künstlicher Erdsatellit.*

Sput|te|ring ['spʌtərɪŋ], das; -s [engl. sputtering, eigtl. = das Herausprudeln, zu: to sputter = herausprudeln, spritzen] (Physik): *Kathodenzerstäubung.*

Spu|tum ['ʃp..., 'sp...], das; -s, ...ta [lat. sputum, zu: spuere = (aus)spucken] (Med.): *Auswurf;* **Spu|tum|zy|to|lo|gie,** die (Med.): *(bei Verdacht auf Lungenkrebs) Untersuchung des Auswurfs auf Zellentartungen.*

Sput|ze, die; - [zu ↑sputzen] ([west]md.): *Spucke;* **sput|zen** ⟨sw. V.; hat⟩ [auch: spützen, mundartl. Iterativbildung zu ↑spuien] ([west]md.): *spucken.*

Spvg., Spvgg. = Spielvereinigung.

Square dance ['skwɛə 'dɑːns], der; - -, - -s [...ɪz; engl. square dance, aus: square = Quadrat u. dance = Tanz]: *amerikanischer Volkstanz, bei dem jeweils vier Paare, in Form eines Quadrats aufgestellt, nach den Weisungen eines Ansagers gemeinsam verschiedene Figuren ausführen.*

Squash [skvɔʃ], das; - [**1**: engl. squash, zu: to squash = zerquetschen; **2**: engl. squash = weiche Masse, nach dem weichen Ball]: **1.** *frisch gepreßter Fruchtsaft mit Fruchtfleisch.* **2.** (Sport) *Ballspiel, bei dem ein kleiner Ball gegen eine Wand geschlagen wird u. der Gegner den zurückprallenden Ball seinerseits schlagen muß;* **Squash|cen|ter,** das; vgl. Tenniscenter; **Squa|sher** ['skvɔʃɐ], der; -s, -: *jmd., der Squash spielt;* **Squa|she|rin,** die; -, -nen: w. Form zu ↑Squasher; **Squash|hal|le,** die: *Halle zum Squashspielen.*

Squat|ter ['skvɔtɐ, engl.: 'skwɒtə], der; -s, - [engl. squatter, zu: to squat = hocken, kauern]: *(bes. früher in den USA) Siedler, der ohne Rechtsanspruch auf unbebautem Land siedelt.*

Squaw [skvɔ:], die; -, -s [engl. squaw < Algonkin (nordamerik. Indianerspr.) squa = Frau]: **1.** *(bei den nordamerikanischen Indianern) Ehefrau.* **2.** *Frau* (1) *nordamerikanisch-indianischer Abstammung:* er ist mit einer S. verheiratet.

Squelch [skvɛltʃ], das; -, -es [...tʃɪz, ...tʃɪs] [engl. squelch, eigtl. = Schlag, Stoß; (bei einem Schlag erzeugtes) Geräusch, lautm.] (Elektrot.): *Schaltung eines Sende-Empfangs-Gerätes zur Unterdrückung des Rauschens.*

Squire ['skvaɪɐ, engl.: 'skwaɪə], der; -[s], -s [engl. squire, gek. aus: esquire, ↑Esquire]: *(in Großbritannien) zur Gentry gehörender Gutsherr.*

sr = Steradiant.

Sr = Strontium.

SR = Saarländischer Rundfunk.

Sr. = Seiner.

SRG = Schweizerische Radio- und Fernsehgesellschaft.

Sri Lan|ka; - -s: *Inselstaat im Indischen Ozean;* **Sri|lan|ker,** der; -s, -: Ew.: **Sri|lan|ke|rin,** die; -, -nen: w. Form zu ↑Srilanker; **sri|lan|kisch** ⟨Adj.⟩.

S-Rohr ['ɛs-], das: *S-förmig gebogenes Rohr.*

S-R-Psy|cho|lo|gie [ɛs|ɛr-], die [kurz für engl. stimulus = Reiz u. response = Reaktion]: *psychologische Richtung, die jedes Verhalten auf ein Zusammenwirken von Reiz u. Reaktion zurückführt.*

ß [ɛs'tsɛt, 'ʔa; ↑A], das; -, - [(schon in spätma. Handschriften) in der Fraktur-

SS

schrift entstanden aus ß, Ligatur von ſ (sog. langem s) u. ʒ (z) für die Varianten der mhd. z-Schreibung (ʒ[ʒ], sz, z)]: *(nur im Wortinnern u. am Wortende vorkommender, nur als Kleinbuchstabe vorhandener) als stimmloses s gesprochener Buchstabe des deutschen Alphabets.*
SS [ɛs'|ɛs], die; - ⟨ns.⟩: *Schutzstaffel (nationalsozialistische Organisation).*
SS. = Sante, Santi.
SSD = Staatssicherheitsdienst (der ehem. DDR).
SS-Füh|rer, der ⟨ns.⟩: *Führer in der SS;* **SS-Mann**, der ⟨ns.⟩: *SS-Männer, seltener: SS-Leute*⟩ ⟨ns.⟩: *Angehöriger der SS.*
SSO = Südsüdost[en].
SSR = Sozialistische Sowjetrepublik.
SS-Uni|form, die ⟨ns.⟩: *Uniform der SS.*
SSW = Südsüdwest[en].
st ⟨Interj.⟩: *Lautäußerung, durch die jmd. auf sich aufmerksam machen will.*
st = Stunde; Stempelglanz.
St = Stratus; Saint.
St. = Sankt; Stück; Stunde.
s. t. = sine tempore.
S. T. = salvo titulo.
Staat, der; -[e]s, -en [spätmhd. sta(a)t = Stand; Zustand; Lebensweise; Würde < lat. status = das Stehen; Stand, Stellung; Zustand, Verfassung; Rang, zu: stare (2. Part. statum) = stehen; sich aufhalten; wohnen; 3 a: älter = Vermögen, nach mlat. status = Etat; prunkvolle Hofhaltung]: **1. a)** *Gesamtheit der Institutionen, deren Zusammenwirken das dauerhafte u. geordnete Zusammenleben der in einem bestimmten abgegrenzten Territorium lebenden Menschen gewährleisten soll:* ein selbständiger, unabhängiger, autonomer, souveräner S.; ein freiheitlicher, demokratischer, sozialistischer, moderner S.; der französische S.; der Staat Israel; ein S. *(Bundesstaat)* Washington; das bezahlt der S. *(eine Institution des Staates);* einen neuen S. aufbauen, gründen; einen S. anerkennen; den S. vor inneren und äußeren Feinden schützen; den S. verteidigen; Wieviel S. können und wollen wir uns in Zukunft leisten? (Zeit 19. 9. 75, 1); einem S. angehören *(zum Staatsvolk eines Staates gehören);* im Interesse, zum Wohle des -es; Die Industrialisierung und die radikale Ausbeutung der Natur stehen im Dienste der Machtentfaltung des -es (Gruhl, Planet 213); er ist beim S. *(bei einer Institution des Staates)* angestellt; das höchste Amt im -e; Wir rufen immer gleich nach dem S. *(fordern das Eingreifen des Staates;* Spiegel 53, 1979, 35); Repräsentanten von S. und Kirche; die Trennung von Kirche und S.; in S. im Staate *(eine mächtige, der Kontrolle des Staates sich entziehende, in bestimmten Bereichen mit ihm konkurrierende Organisation);* * *von -s wegen (auf Veranlassung einer Institution des Staates);* **b)** *Land (dessen Territorium das Staatsgebiet eines Staates bildet):* ein kleiner mittelamerikanischer S.; die benachbarten -en; die -en Südamerikas; die Grenze zwischen zwei -en; * *die -en (ugs.; die Vereinigten Staaten von Amerika);* **c)** (schweiz.) *²Kanton* (1): der S. Luzern. **2.** (Zool.) *Insektenstaat:* der S. der Bienen, Ameisen; manche Insekten bilden -en. **3.** ⟨o. Pl.⟩ **a)** (ugs. veraltend) *festliche Kleidung:* wenn eine Fiesta war, dann zog Großmutter ihren spanischen S. an (Baum, Paris 112); sich in S. werfen; er kam in vollem S. *(in offizieller, festlicher Kleidung);* **b)** (veraltet) *Gesamtheit der Personen im Umkreis, im Gefolge einer hochgestellten Persönlichkeit:* Hemor, der Gichtige, mit dem S. seines Hauses (Th. Mann, Joseph 161); **c)** * *ein* [*wahrer*] *S. sein* (↑ Pracht); [**viel**] *S.* **machen** *([großen] Aufwand treiben);* **mit jmdm., etw. [nicht viel/keinen] S. machen können** *(mit jmdm., etw. [nicht viel/keinen] Eindruck machen, [nicht sehr/nicht] imponieren können):* kein Mädchen, mit dem man S. machen konnte vor seinen Kameraden (Schaper, Kirche 155); [**nur**] **zum S.** *(nur zum Repräsentieren, um Eindruck zu machen);* **staa|ten|bil|dend** ⟨Adj.⟩ (Zool.): *in Staaten* (2) *lebend:* -e Insekten, Bienen; **Staa|ten|block**, der ⟨Pl. ...blöcke, selten: -s: Block* (4 b); **Staa|ten|bund**, der: *Konföderation;* **Staa|ten|bünd|nis**, das: *Föderation* (1 a); **Staa|ten|fa|mi|lie**, die (bes. ehem. DDR): vgl. Staatengemeinschaft; **Staa|ten|ge|mein|schaft**, die (bes. ehem. DDR): *aus einer Anzahl von Staaten bestehende Gemeinschaft* (3): *die sozialistische S;* **Staa|ten|len|ker**, der (geh. veraltend): *einen Staat regierender Politiker;* **Staa|ten|len|ke|rin**, die (geh. veraltend): w. Form zu ↑ Staatenlenker; **staa|ten|los** ⟨Adj.⟩: *keine Staatsangehörigkeit besitzend:* er ist s.; **Staa|ten|lo|sig|keit**, die; -: *das Staatenlossein;* **Staa|ten|staat**, der (Völkerr.): *Staat, der aus einem die Oberhoheit innehabenden souveränen Staat u. einem od. mehreren anderen halbsouveränen Staaten besteht;* **Staa|ten|sy|stem**, das (Politik): vgl. Staatenwelt: ... welche ... die Grundlage des europäischen -s bildeten (Fraenkel, Staat 17); **Staa|ten|ver|bin|dung**, die (Völkerr.): *staats- od. völkerrechtliche Vereinigung o. ä. zwischen Staaten:* die Vereinten Nationen sind eine S.; **Staa|ten|welt**, die (Politik): *Gesamtheit der [in einer bestimmten Region bestehenden] Staaten:* die moderne, die europäische S.; **staat|lich** ⟨Adj.⟩: **a)** *den Staat* (1 a) *betreffend, zum Staat gehörend:* -e Souveränität, Unabhängigkeit; die -e Macht ausüben; -e Aufgaben, -e Interessen vertreten; die -e Anerkennung *(die Anerkennung als Staat)* erlangen; **b)** *dem Staat gehörend, vom Staat unterhalten, geführt:* -e und kirchliche Institutionen, -e Museen; etw. mit -en Mitteln subventionieren; der Betrieb ist s.; **c)** *den Staat vertretend, vom Staat autorisiert:* ein -er Beauftragter; -e Stellen, Behörden; **d)** *vom Staat ausgehend, veranlaßt, durchgeführt:* -e Maßnahmen; unter -er Verwaltung stehen; etw. s. subventionieren; ein s. geprüfter, anerkannter Sachverständiger; **staat|li|cher|seits** ⟨Adv.⟩ [↑-seits] (Papierdt.): *von seiten des Staates, vom Staat aus:* s. bestehen keine Bedenken; **Staat|lich|keit**, die; -: *Status eines Staates:* Die ... mehr als sechzig Seiten starke und „Über die Stärkung der russischen S." getitelte Botschaft (Frankfurter Rundschau 25. 2. 94, 3); **Staats|af|fä|re**, die: in der Wendung **eine S. aus etw. machen** (ugs.; ↑ Haupt- und Staatsaktion); **Staats|akt**, der: **a)** *Festakt, feierliche Festveranstaltung einer Staatsregierung:* er wurde in einem S. mit dem Großen Verdienstkreuz geehrt; **b)** *staatlicher Akt* (1 c): ein Verfassungsgericht, das jedweden S. kontrolliert (Fraenkel, Staat 341); **Staats|ak|ti|on**, die: *einschneidende Maßnahme, wichtige Aktion einer Staatsregierung:* Ü ... bliesen ihre kleinen Gezänke ... zu ... -en auf (Hesse, Sonne 5); * **eine S. aus etw. machen** (↑ Haupt- und Staatsaktion); **Staats|ama|teur**, der (Sport): *Sportler, der nominell Amateur ist, jedoch vom Staat in einem Maße gefördert wird, daß seine Voraussetzungen nicht von denen eines Profis unterscheiden;* **Staats|ama|teu|rin**, die (Sport): w. Form zu ↑ Staatsamateur; **Staats|amt**, das: *hohes staatliches Amt;* **Staats|an|ge|hö|ri|ge**, der u. die: *jmd., der eine bestimmte Staatsangehörigkeit hat:* er ist französischer -r; **Staats|an|ge|hö|rig|keit**, die; -: *juristische Zugehörigkeit zu einem bestimmten Staat, Nationalität* (1 a): seine S. ist deutsch; die schwedische S. annehmen, besitzen; welche S. haben Sie?; er bemüht sich um die deutsche S.; **Staats|an|ge|le|gen|heit**, die: *den Staat betreffende Angelegenheit:* er ist in einer wichtigen S. nach Moskau geflogen; **Staats|an|ge|stell|te**, der u. die: *Angestellte[r] des Staates;* **Staats|an|lei|he**, die: **a)** *vom Staat aufgenommene Anleihe;* **b)** *vom Staat ausgestellte Schuldverschreibung;* **Staats|an|walt**, der: *Jurist, der die Interessen des Staates wahrnimmt, bes. als Ankläger in Strafverfahren;* **Staats|an|wäl|tin**, die; w. Form zu ↑ Staatsanwalt; **Staats|an|walt|schaft**, die: *staatliches Organ der Rechtspflege, zu dessen Aufgaben bes. die Durchführung von Ermittlungsverfahren u. die Anklageerhebung in Strafsachen gehören:* die S. hat Anklage erhoben; **staats|an|walt|schaft|lich** ⟨Adj.⟩: *die Staatsanwaltschaft betreffend, dazu gehörend; den Staatsanwalt betreffend:* die -en Ermittlungen sind abgeschlossen; **Staats|ap|pa|rat**, der: *Apparat* (2) *eines Staates;* **Staats|ärar**, der (österr. Amtsspr.): *Fiskus;* **Staats|ar|chiv**, das: *staatliches Archiv;* **Staats|auf|ga|be**, die ⟨meist Pl.⟩: *vom Staat zu erfüllende Aufgabe:* die für die -n erforderlichen Mittel; **Staats|auf|sicht**, die ⟨o. Pl.⟩: *staatliche Aufsicht:* die Rundfunkanstalten unter S. stellen; **Staats|aus|ga|be**, die ⟨meist Pl.⟩: *vom Staat getätigte Ausgabe;* **Staats|bahn**, die: *vom Staat betriebene Eisenbahn;* **Staats|bank**, die ⟨Pl. -en⟩: **a)** *öffentlich-rechtliche ²Bank* (1 a); **b)** *(in sozialistischen Ländern) Zentralbank;* **Staats|bankett**, das: *von einer Staatsregierung veranstaltetes Bankett;* **Staats|bank|rott**, der: *Bankrott eines Staates;* **Staats|be|am|te**, der: vgl. Staatsangestellte; **Staats|be|am|tin**, die: w. Form zu ↑ Staatsbeamte; **Staats|be|gräb|nis**, das: *von einer Staatsregierung verfügte feierliche Beisetzung als Ehrung einer verstorbenen Persönlichkeit;* **Staats|be|such**, der: *offizieller Besuch eines*

Staatsmannes in einem anderen Staat: der Kanzler ist zu einem S. nach Tokio geflogen; **Staats|be|trieb**, der: *staatlicher Betrieb* (1); **staats|be|wußt** ⟨Adj.⟩: *Staatsbewußtsein habend:* die Kinder zu -en Bürgern erziehen; **Staats|be|wußt|sein**, das: *Bewußtsein von der Bedeutung des Staats für das Leben des Individuums;* **Staats|bi|blio|thek**, die: *staatliche Bibliothek;* **Staats|bud|get**, das: vgl. Staatshaushalt; **Staats|büh|ne**, die: vgl. Staatstheater; **Staats|bür|ger**, der: *Staatsangehöriger; Bürger* (1 a): ein pflichtbewußter S.; er ist amerikanischer, deutscher S.; *S. in Uniform ⟨Adj. für 1 a⟩; **Staats|bür|ge|rin**, die: w. Form zu ↑Staatsbürger; **Staats|bür|ger|kun|de**, die: 1. (früher) *Gemeinschaftskunde.* 2. (ehem. DDR) *Schulfach, dessen Aufgabe die politisch-ideologische Erziehung der Schüler im Sinne der sozialistischen Weltanschauung ist;* **staats|bür|ger|lich** ⟨Adj.⟩: *zum Staatsbürger gehörend, ihn betreffend:* -e Rechte und Pflichten; **Staats|bür|ger|pflicht**, die: *Bürgerpflicht;* **Staats|bür|ger|recht**, das ⟨meist Pl.⟩: *einem Staatsbürger zustehende Rechte;* **Staats|bür|ger|schaft**, die: *Staatsangehörigkeit:* er hat die deutsche S.; die: *vom Staat übernommene Bürgschaft;* **Staats|chef**, der: *Inhaber des höchsten Amtes im Staat:* der französische, libysche S.; die Staats- und Parteichefs der sozialistischen Länder; **Staats|che|fin**, die: w. Form zu ↑Staatschef; **Staats|die|ner**, der ⟨meist scherzh.⟩: *jmd., der im Staatsdienst tätig ist;* **Staats|die|ne|rin**, die ⟨meist scherzh.⟩: w. Form zu ↑Staatsdiener; **Staats|dienst**, der: *berufliche Tätigkeit als Staatsbeamter, -angestellter o. ä.:* im S. [tätig] sein; **Staats|dok|trin**, die: *Doktrin, nach der ein Staat seine Politik ausrichtet;* **Staats|drucke|rei**[1], die: *staatseigene Druckerei, in der Banknoten, Postwertzeichen, staatliche Erlasse, repräsentative Druckwerke gedruckt werden;* **Staats|du|ma**, die ⟨o. Pl.⟩: *das russische Parlament;* **staats|ei|gen** ⟨Adj.⟩: *in Staatseigentum [befindlich]:* -e Betriebe; **Staats|ei|gen|tum**, das ⟨o. Pl.⟩: **a)** *Eigentum* (1 b) *des Staates:* etw. in S. überführen; **b)** *etw., was sich in Staatseigentum* (a) *befindet,* S. sein; **Staats|ein|nah|me**, die ⟨meist Pl.⟩: vgl. Staatsausgabe; **Staats|em|blem**, das: vgl. Staatswappen; **Staats|emp|fang**, der: vgl. Staatsbankett; **staats|er|hal|tend** ⟨Adj.⟩: *die bestehende staatliche Ordnung festigend, stützend:* eine -e Kraft; sich s. auswirken; **Staats|etat**, der: vgl. Staatshaushalt; **Staats|ex|amen**, das: *Staatsprüfung;* **Staats|far|ben** ⟨Pl.⟩ (selten): *Nationalfarben;* **Staats|fei|er|tag**, der: *Nationalfeiertag;* **Staats|feind**, der: *jmd., der durch seine Aktivitäten dem Staat schadet, den Bestand der staatlichen Ordnung gefährdet:* die „Autonomen", sonst S. Nummer 1, kommen ausführlich zu Wort (Hamburger Rundschau 15. 3. 84, 4); jmdn. zum S. erklären; **Staats|fein|din**, die: w. Form zu ↑Staatsfeind; **staats|feind|lich** ⟨Adj.⟩: *gegen den Staat, die bestehende staatliche Ordnung gerichtet:* eine -e Partei, Organisation, Gesinnung; -e Umtriebe; sich s. äußern; **Staats|feind|lich|keit**, die ⟨o. Pl.⟩: *das Staatsfeindlichsein;* **Staats|fi|nan|zen** ⟨Pl.⟩: *Finanzen* (2) *eines Staates;* **Staats|flag|ge**, die: *Nationalflagge;* **Staats|form**, die: *Form, Aufbau eines Staates:* als in Deutschland und Österreich die monarchistische S. durch eine republikanische ersetzt wurde (Hofstätter, Gruppendynamik 60); Die Diskussion über die beste S. geht auf Platon und Aristoteles zurück (Fraenkel, Staat 317); **Staats|forst**, der: *in Staatseigentum befindlicher Forst; Staatswald;* **Staats|füh|rung**, die: 1. *Regierung.* 2. *das Lenken eines Staatswesens;* **Staats|funk|tio|när**, der: *für eine staatliche Behörde, Institution tätiger Funktionär;* **Staats|funk|tio|nä|rin**, die: w. Form zu ↑Staatsfunktionär; **Staats|gast**, der: *jmd., der dabei ist, einen Staatsbesuch zu machen;* **Staats|ge|biet**, das: *Territorium, auf das sich die Gebietshoheit eines Staates erstreckt;* **staats|ge|fähr|dend** ⟨Adj.⟩: *den Bestand der staatlichen Ordnung gefährdend:* -e Umtriebe, Schriften; **Staats|ge|fähr|dung**, die: *Gefährdung der staatlichen Ordnung;* **Staats|ge|fäng|nis**, das: *staatliches Gefängnis für Schwerverbrecher, politische Gefangene:* der Tower in London diente lange Zeit als S.; Elitesoldaten der Nationalgarde stürmten das S. in Attica/ New York, um eine Gefangenenrevolte zu beenden (RNZ 12./13. 2. 94, 35); **Staats|ge|heim|nis**, das: *etw., was aus Gründen der Staatssicherheit geheimgehalten werden muß:* -e verraten; Ü das ist kein S. (ugs.; *das kann man ruhig erzählen*); **Staats|gel|der** ⟨Pl.⟩: *dem Staat gehörende Gelder:* S. veruntreuen; **Staats|ge|richts|hof**, der: *(in einigen Ländern der Bundesrepublik Deutschland, z. B. Bremen, Hessen)* Bez. für das *Verfassungsgericht;* **Staats|ge|schäft**, das ⟨meist Pl.⟩: *mit der Leitung des Staates in Zusammenhang stehendes Geschäft* (3): die -e nehmen ihn ganz in Anspruch; **Staats|ge|setz**, das: *vom Staat erlassenes Gesetz;* **Staats|ge|walt**, die: **a)** ⟨o. Pl.⟩ *Herrschaftsgewalt des Staates:* ... steht den Monarchen die Ausübung der gesamten S. zu (Fraenkel, Staat 318); **b)** ⟨Pl. selten⟩ *auf einen bestimmten Bereich beschränkte Gewalt* (1) *des Staates:* die klassischen -en (Bild. Kunst III, 44); die richterliche S. (*Judikative*); die gesetzgebende S. (*Legislative*); die vollziehende S. (*Exekutive*); **c)** ⟨o. Pl.⟩ *Exekutive; Polizei als ausführendes Organ der Exekutive:* sich der S. widersetzen; ich kriege eine Anzeige wegen Beamtenbeleidigung und Widerstand gegen die S. (Kinski, Erdbeermund 180); **Staats|gren|ze**, die: *das Gebiet eines Staates umschließende Grenze;* **Staats|grün|dung**, die: *Gründung eines Staates:* die Feiern zum fünfzigsten Jahrestag der S.; seit der S. im Jahre 1948; **Staats|gut**, das: *Domäne* (1); **Staats|haf|tung**, die (Rechtsspr.): *Amtshaftung;* **Staats|han|del**, der ⟨o. Pl.⟩: *vom Staat getriebener Außenhandel;* **Staats|han|dels|land**, das: *Land, in dem der Staat ein Monopol für den Außenhandel besitzt;* **Staats|haus|halt**, der: *Haushalt* (3), *Etat eines Staates;* **Staatshaus|halts|plan**, der: *Haushaltsplan eines Staates;* **Staats|ho|heit**, die ⟨o. Pl.⟩: *Hoheit* (1) *eines Staates;* **Staats|hym|ne**, die, (bes. ehem. DDR): *offizielle Nationalhymne eines Staates;* **Staats|kanz|lei**, die: **1.** *(in den meisten Ländern der Bundesrepublik Deutschland) vom Ministerpräsidenten geleitete Behörde.* **2.** *(schweiz.) der Bundeskanzlei entsprechende Behörde eines* ²*Kantons* (1); **Staats|ka|pi|ta|lis|mus**, der (Wirtsch.): *Wirtschaftsform, in der sich der Staat direkt wirtschaftlicher Unternehmen bedient, um bestimmte Ziele zu erreichen;* **Staats|ka|ros|se**, die: *von einem Staatsoberhaupt bei bestimmten Anlässen benutzte Karosse* (1): die Königin in der S.; Ü in S. (scherzh.; *der repräsentative Dienstwagen*) des Premiers; **Staats|kas|se**, die: **a)** *Bestand an Barmitteln, über den ein Staat verfügt; Ärar* (1): etw. aus der S. bezahlen; **b)** *Fiskus:* die Kosten des Verfahrens trägt die S. (Spr., der (ugs. veraltend): *Prachtkerl;* **Staats|kir|che**, die: *mit dem Staat eng verbundene Kirche, die gegenüber anderen Religionsgemeinschaften Vorrechte genießt;* **Staats|kir|chen|tum**, das, -s: *kirchenpolitisches System, bei dem das Staatsoberhaupt meist gleichzeitig oberster Würdenträger der Staatskirche ist;* **Staats|kleid**, das (ugs. veraltend): *Festkleid;* **staats|klug** ⟨Adj.⟩: *staatsmännische Klugheit besitzend:* ein -er Realpolitiker; **Staats|kne|te**, die (salopp): *staatliche Gelder (z. B. als Zuwendung an Parteien od. als Unterstützung für Personen):* Die Stiftung der Grünen steckt viel S. ein (Spiegel 42, 1991, 152); S. beziehen; etw. mit S. finanzieren; **Staats|kom|mis|sar**, der: *Kommissar* (1); **Staats|kom|mis|sa|rin**, die: w. Form zu ↑Staatskommissar; **Staats|ko|sten** ⟨Pl.⟩: in der Fügung **auf S.** *(auf Kosten des Staates):* auf S. studieren, in der Weltgeschichte herumreisen; **Staats|kri|se**, die: *Krise, die darin besteht, daß die staatliche Ordnung in ihrem Bestand gefährdet ist:* Österreich ... trudelte wegen Waldheim in eine S. (profil 7, 1988, 13); **Staats|kult**, der: *(in der Antike) vom Staat getragener Kult* (1); **Staats|kun|de**, die: *Staatslehre;* **Staats|kunst**, die ⟨o. Pl.⟩ (geh.): *Kunst der Staatsführung* (2): ein Beispiel römischer S.; **Staats|kut|sche**, die: *Staatskarosse;* **Staats|leh|re**, die: *Wissenschaft vom Staat, von den Staatsformen;* **Staats|lei|stun|gen** ⟨Pl.⟩: *finanzielle Zuwendungen des Staates für die Kirche;* **Staats|lot|te|rie**, die: *vom Staat veranstaltete öffentliche Lotterie;* **Staats|macht**, die ⟨o. Pl.⟩: *vom Staat ausgeübte Macht:* die S. an sich reißen; **Staats|mann**, der ⟨Pl. ...männer⟩ (geh.): *hochgestellter Politiker (von großer Befähigung):* ein großer S.; **Staats|män|nin**, die (geh.): w. Form zu ↑Staatsmann; **staats|männisch** ⟨Adj.⟩: *einem guten Staatsmann gemäß:* -e Klugheit, Weitsicht; -es Geschick; ... gibt sich Jelzin vor Journalisten wie im Parlament s. und als über allem schwebender Landesvater (Frankfurter Rundschau 25. 2. 94, 3); s. handeln; **Staats|ma|schi|ne|rie**, die (bildungsspr. abwertend): *Maschinerie* (2) *des Staates;* **Staats|mi|ni|ster**, der: **1.** *(in manchen Staaten, Bundesländern) Mini-*

Staatsministerin

ster. **2.** Minister, der kein bestimmtes Ressort verwaltet. **3. a)** ⟨o. Pl.⟩ *(in der Bundesrepublik Deutschland) Titel bestimmter parlamentarischer Staatssekretäre;* **b)** *Träger des Titels Staatsminister* (3 a); **Staats|mi|ni|ste|rin**, die: w. Form zu ↑ Staatsminister; **Staats|mi|ni|ste|ri|um**, das: **1.** *(in Baden-Württemberg) vom Ministerpräsidenten geleitete Behörde.* **2.** *(in Bayern u. Sachsen) Ministerium;* **Staatsmit|tel** ⟨Pl.⟩: *staatliche Mittel:* etw. mit -n finanzieren; **Staats|mo|no|pol**, das: *staatliches Monopol:* für die Ausgabe von Banknoten besteht ein S.; **staats|mo|no|po|li|stisch** ⟨Adj.⟩ (Marxismus-Leninismus): *durch die Verbindung der Macht der Monopole mit der Macht des Staates gekennzeichnet:* die -e Wirtschaft; -er Kapitalismus; **Staats|mo|no|pol|ka|pi|ta|lismus**, der (Marxismus-Leninismus): *staatsmonopolistischer Kapitalismus;* Stamokap; **Staats|not|recht**, das (Staatsrecht): *Recht des Staates, bes. seiner obersten Vollzugsorgane, bei Staatsnotstand auch ohne gesetzliche Ermächtigung die notwendigen Maßnahmen zu treffen (z. B. in die Grundrechte des einzelnen einzugreifen);* **Staats|not|stand**, der (Staatsrecht): *Notstand* (b); **Staats|ober|haupt**, das: *oberster Repräsentant eines Staates;* **Staats|oper**, die: vgl. Staatstheater; **Staats|ord|nung**, die: vgl. Gesellschaftsordnung; **Staats|or|gan**, das: *staatliches Organ* (4) *zur Ausübung der Staatsgewalt, zur Erfüllung staatlicher Aufgaben:* oberste, nachgeordnete -e; der Präsident der Republik ist das oberste S. der Exekutive; **Staats|pa|pier**, das ⟨meist Pl.⟩: *vom Staat ausgegebene Schuldverschreibung;* **Staats|par|tei**, die: *(bes. in Staaten mit Einparteiensystem) Partei, die die Herrschaft im Staat allein ausübt, die alle wichtigen Staatsorgane u. weite Bereiche des öffentlichen Lebens kontrolliert;* **Staatsphi|lo|soph**, der: *jmd., der sich mit Staatsphilosophie befaßt:* ein bedeutender Politiker S. des 18. Jahrhunderts; **Staats|phi|lo|so|phie**, die: **1.** ⟨o. Pl.⟩ *Wissenschaft, die sich auf philosophischer Grundlage mit Problemen des Staates u. der Gesellschaft beschäftigt.* **2.** *Staatstheorie auf philosophischer Grundlage:* Rousseaus S.; **Staats|phi|lo|sophin**, die: w. Form zu ↑ Staatsphilosoph; **staats|phi|lo|so|phisch** ⟨Adj.⟩: *die Staatsphilosophie betreffend;* **Staatsplan**, der (ehem. DDR): *vom Staat ausgegebener Plan* (1 c); **Staats|po|li|tik**, die: *Politik des Staates;* **staats|po|li|tisch** ⟨Adj.⟩: *die Staatspolitik betreffend:* -e Aufgaben; **Staats|po|li|zei**, die: *politische Polizei: die sogenannte Geheime S. des Naziregimes;* **Staats|prä|si|dent**, der: *Staatsoberhaupt einer Republik;* **Staats|prä|si|den|tin**, die: w. Form zu ↑ Staatspräsident; **Staats|preis**, der: *vom Staat verliehener Preis* (2 a); **Staats|prüfung**, die: *(bei bestimmten akademischen Berufen) von dem staatlichen Prüfern durchgeführte Abschlußprüfung.* 2.; **Staats|qual|le**, die: *(in vielen Arten vorkommendes) in frei schwimmenden Kolonien lebendes Nesseltier;* **Staats|rai|son** (selten), **Staats|rä|son**, die: *Grundsatz, nach dem der Staat einen Anspruch darauf*

hat, *seine Interessen unter Umständen auch unter Verletzung der Rechte des einzelnen durchzusetzen, wenn dies im Sinne des Staatswohls für unbedingt notwendig erachtet wird:* etw. aus Gründen der S./aus S. tun; Menschenleben gehe vor „Staatsräson" (Spiegel 19, 1975, 30); **Staats|rat**, der: **1.** *kollektives [oberstes] Staatsorgan der Exekutive:* in der DDR war der S. das Staatsoberhaupt. **2.** *(bes. in einigen Kantonen der Schweiz) Regierung* (2). **3. a)** ⟨o. Pl.⟩ *Titel bes. der Mitglieder eines Staatsrates;* **b)** *Träger des Titels Staatsrat;* **Staats|rats|vor|sit|zen|de**, der u. die: *Vorsitzende[r] eines Staatsrats;* **Staats|rech|nung**, die (schweiz.): *(dem Parlament zur Genehmigung vorgelegter) Haushalt* (3) *des Bundes od. eines ²Kantons* (1); **Staats|recht**, das ⟨o. Pl.⟩: *Gesamtheit derjenigen Rechtsnormen, die den Staat, bes. seinen Aufbau, seine Aufgaben u. das Verhältnis, in dem er zur Gesellschaft steht, betreffen;* **Staats|rechtler**, der; -s, -: *Fachmann auf dem Gebiet des Staatsrechts;* **Staats|recht|le|rin**, die; -, -nen: w. Form zu ↑ Staatsrechtler; **staats|recht|lich** ⟨Adj.⟩: *das Staatsrecht betreffend;* **Staats|re|gie|rung**, die: *Regierung* (2) *eines Staates;* **b)** *(in Bayern, Sachsen) Landesregierung;* **Staatsre|li|gi|on**, die: *Religion, die der Staat als einzige anerkennt od. der er eine deutlich bevorzugte Stellung einräumt;* **Staats|reser|ve**, die (ehem. DDR): *staatliche Reserve an Verbrauchsgütern od. Produktionsmitteln;* **Staats|ro|man**, der (Literaturw.): *Roman, in dem das politische u. soziale Leben in einem [utopischen] Staat dargestellt wird;* **Staats|rund|funk**, der: *staatlicher Rundfunk:* Der israelische S. sendete seit dem frühen Morgen Trauermusik (Südd. Zeitung 26./27. 2. 94, 5); **Staats|säckel¹**, der (scherzh.): *Staatskasse;* **Staats|schatz**, der: *staatlicher Vorrat an Devisen u. Gold, auch an Bargeld u. a.;* **Staats|schau|spie|ler**, der: *Kammerschauspieler;* **Staats|schauspie|le|rin**, die: w. Form zu ↑ Staatsschauspieler; **Staats|schiff**, das [viell. nach Horaz, Oden I, 14, wo der durch Bürgerkriege erschütterte röm. Staat mit einem vom Sturm geschüttelten Schiff verglichen wird] (geh.): *Staat:* das S. mit sicherer Hand durch alle Klippen steuern; **Staats|schrei|ber**, der (schweiz.): *(in den meisten ²Kantonen 1) Vorsteher der Staatskanzlei* (2); **Staats|schrei|be|rin**, die (schweiz.): w. Form zu ↑ Staatsschreiber; **Staats|schuld**, die ⟨meist Pl.⟩: *Schuld* (3) *des Staates;* **Staats|schuldbuch**, das: *staatliches Register, in das Staatsschulden eingetragen werden;* **Staats|schutz**, der: *Schutz des Staates;* **Staats|schutz|de|likt**, das (Rechtsspr.): *Delikt, das sich gegen den Bestand u. die verfassungsmäßigen Einrichtungen des Staates richtet;* **Staats|schüt|zer**, der (ugs.): *Beamter (bes. der politischen Polizei), dessen Aufgabe der Staatsschutz ist;* **Staats|schüt|ze|rin**, die; -, -nen (ugs.): w. Form zu ↑ Staatsschützer; **Staats|se|kre|tär**, der: **a)** *(in der Bundesrepublik Deutschland) ranghöchster Beamter bes. in einem Ministerium, der den Leiter der jeweiligen Behörde unterstützt u. (in be-*

stimmten Funktionen) vertritt: *parlamentarischer S.* (einem Bundesminister od. dem Bundeskanzler beigeordneter Bundestagsabgeordneter, der den jeweiligen Minister bzw. den Kanzler entlasten soll); **b)** (ehem. DDR) *hoher Funktionär des Staates (als Stellvertreter eines Ministers od. als Leiter eines Staatssekretariats);* **Staats|se|kre|ta|ri|at**, das: **1.** ⟨o. Pl.⟩ *als Sekretariat dem Papst unmittelbar zugeordnete oberste Behörde der römischen Kurie.* **2.** (ehem. DDR) *einem Ministerium vergleichbares Staatsorgan des Ministerrats;* **Staats|se|kre|ta|rie**, die; -: *päpstliche Behörde für die Außenpolitik der katholischen Kirche unter der Leitung des Kardinalstaatssekretärs;* **Staats|sekre|tä|rin**, die: w. Form zu ↑ Staatssekretär; **Staats|ser|vi|tu|ten** ⟨Pl.⟩: *durch völkerrechtlich gültige Verträge einem Staat auferlegte Verpflichtungen, auf bestimmte Hoheitsrechte zugunsten anderer Staaten zu verzichten (z. B. fremden Truppen den Durchmarsch zu gestatten, auf Grenzbefestigungen zu verzichten);* **Staats|si|cherheit**, die ⟨o. Pl.⟩: **1.** *Sicherheit des Staates:* im Interesse der S.; *das Ministerium für S. der DDR.* **2.** (regional ugs.) *Staatssicherheitsdienst;* Stasi; **Staats|si|cherheits|dienst**, der: *(in der ehem. DDR) politische Geheimpolizei mit geheimdienstlichen Aufgaben;* Abk.: SSD; ugs. Kurzwort: Stasi; **Staats|skla|ve**, der: *(im antiken Sparta) dem Staat gehörender Sklave;* Helot; **Staats|so|zia|lis|mus**, der: *wirtschaftliches System, bei dem die Produktionsmittel Staatseigentum sind;* **Staatsso|zio|lo|gie**, die: *Teilgebiet der politischen Soziologie, das sich mit den gesellschaftlichen Voraussetzungen bestehender Staatsformen u. staatsähnlicher Gebilde sowie mit Verfassungen u. staatlichen Handlungen befaßt;* **Staats|spra|che**, die: *offizielle Sprache eines Staates;* **Staats|steu|er**, die ⟨meist Pl.⟩: *vom Staat erhobene Steuer;* **Staats|stra|ße**, die: *vom Staat unterhaltene Straße;* **Staatsstreich**, der [nach frz. coup d'État]: *gewaltsamer Umsturz durch etablierte Träger hoher staatlicher Funktionen:* der S. ist gelungen, gescheitert; einen S. durchführen, vereiteln; **Staats|sym|bol**, das: *Symbol eines Staats:* die Bundesflagge ist ein S.; Krone, Zepter, Reichsapfel und andere -e; **Staats|sy|stem**, das: *vgl. Gesellschaftssystem;* **Staats|tä|tig|keit**, die: *Tätigkeit des Staates:* eine demokratische Kontrolle der S. (Fraenkel, Staat 220); **Staats|thea|ter**, das: *staatliches Theater;* **Staats|theo|re|ti|ker**, der: vgl. Staatsphilosoph; **Staats|theo|re|ti|ke|rin**, die: w. Form zu ↑ Staatstheoretiker; **Staats|theo|rie**, die: *Theorie über Wesen, Wert u. Zweck des Staates sowie staatlicher Macht;* **Staats|ti|tel**, der (ehem. DDR): *vom Staat für hervorragende Leistungen verliehener Titel;* **staats|tra|gend** ⟨Adj.⟩: *den Bestand des Staates sichernd, die bestehende staatliche Ordnung stützend:* die -en Parteien; für die -e u. staatsbildende Rolle der zugewanderten Hugenotten (Scholl-Latour, Frankreich 66); ... konnte man nur mit Verwunderung die -e Rede des SPD-Sprechers Lorenz registrieren (taz 6. 12. 84, 16);

Staats|trau|er, die: *staatlich angeordnete allgemeine Trauer:* eine dreitägige S. anordnen; **Staats|typ,** der: vgl. Staatsform; **Staats|un|ter|neh|men,** das: *ganz od. überwiegend in Staatseigentum befindliches Wirtschaftsunternehmen;* **Staats|ver|bre|chen,** das: *Staatsschutzdelikt:* R das ist doch kein S.! *(ist doch nicht so schlimm);* **Staats|ver|bre|cher,** der: *jmd., der ein Staatsverbrechen begangen hat;* **Staats|ver|bre|che|rin,** die: w. Form zu ↑Staatsverbrecher; **Staats|ver|dros|sen|heit,** die: *auf Enttäuschung o. ä. beruhende gleichgültige od. ablehnende Haltung gegenüber dem Staat u. der offiziellen Politik:* eine intakte Monarchie ... als Therapie gegen S. und Totalitarismus (Spiegel 30, 1981, 106); **Staats|ver|fas|sung,** die: *Verfassung eines Staates;* **Staats|ver|leum|dung,** die (Rechtsspr.): *Verleumdung des Staates, staatlicher Einrichtungen;* **Staats|ver|mö|gen,** das: *Vermögen des Staates, in Staatseigentum befindliche Vermögenswerte;* **Staats|ver|sa|gen,** das (Wirtsch.): *Versagen des Staates bei Maßnahmen, die zum Ziel haben, das Wohlergehen der einzelnen, der Gemeinschaft zu maximieren;* **Staats|ver|schul|dung,** die: vgl. Staatsschuld; **Staats|ver|trag,** der: *Vertrag zwischen (selbständigen od. Glied)staaten;* **Staats|ver|wal|tung,** die: *Verwaltung des Staates;* **Staats|vi|si|te,** die: *Staatsbesuch;* **Staats|volk,** das: *Bevölkerung des zu einem Staat gehörenden Gebiets, Gesamtheit der Staatsangehörigen eines Staates;* **Staats|wald,** der: *Staatsforst;* **Staats|wap|pen,** das: *Wappen eines Staates;* **Staats|weib,** das (ugs. veraltend): *Prachtweib;* **Staats|we|sen,** das: *Staat als Gemeinwesen:* ein demokratisches S.; **Staats|wirt|schaft,** die: *öffentliche Finanzwirtschaft;* **Staats|wis|sen|schaft,** die: *Wissenschaft, die sich mit dem Wesen u. den Aufgaben des Staates befaßt;* **Staats|wohl,** das: *Wohl des Staates:* parteipolitische Interessen zugunsten des -s hintanstellen; **Staats|ziel,** das (Rechtsspr.): *Ziel, zu dessen Verfolgung der Staat (aufgrund einer entsprechenden Bestimmung in der Verfassung) verpflichtet ist:* Die Reformer wollen den Umweltschutz als S. in der Verfassung verankern (Spiegel 6, 1993, 29); daß es zwischen dem grundgesetzlich verankerten S. der deutschen Wiedervereinigung und der Einheit Europas keinen Widerspruch gebe (Rheinpfalz 17. 1. 89, 2); **Staats|zu|schuß,** der: *staatlicher Zuschuß.*

Stab, der; -[e]s, Stäbe [mhd. stap, ahd. stab, eigtl. = der Stützende, Steifmachende; 2: nach dem Befehlsstab (Marschallstab) des Feldherrn]: **1. a)** *im Querschnitt meist runder, einem Stock ähnlicher Gegenstand aus Holz, Metall o. ä.:* ein langer, geglätteter, dünner, dicker, massiver, elastischer S.; ein S. aus Holz, Stahl, Kunststoff; die eisernen Stäbe des Käfigs, Gitters; Bandarilheiros, spitze, bunt bebänderte Stäbe in den Händen, und ... Capeadores ... schritten hinter ihnen (Th. Mann, Krull 430); * **den S. über jmdn., etw. brechen** (geh.; *jmdn., etw. moralisch verurteilen, verdammen;* früher wurde über dem Kopf eines zum Tode Verurteilten vor dem Richter vor der Hinrichtung der sog. Gerichtsstab zerbrochen u. ihm vor die Füße geworfen): du solltest nicht vorschnell den S. über sie, ihr Verhalten brechen; **b)** (geh.) *Taktstock:* der Dirigent hob den S.; **c)** kurz für ↑Staffelstab: der S. fiel beim Wechsel zu Boden; den S. verlieren; **d)** kurz für ↑Stabhochsprungstab: du mußt den S. möglichst weit oben fassen; **e)** kurz für ↑Zauberstab: der Zauberer berührte es mit seinem S. **2. a)** (Milit.) *Gruppe von Offizieren o. ä., die den Kommandeur eines Verbandes bei der Erfüllung seiner Führungsaufgaben unterstützen:* Zusätzliche Korpsbefehle für Truppenführer, die keine Truppe mehr und nur noch ihre Stäbe um sich hatten ... (Plievier, Stalingrad 287); er ist Hauptmann beim/(seltener:) im S.; zum S. gehören; **b)** *Gruppe von Mitarbeitern, Experten [um eine leitende Person], die oft für eine bestimmte Aufgabe zusammengestellt wird:* der technische S. eines Betriebs; ein S. von Sachverständigen; den Verdienst Israels, das mit seinem reichen S. an wissenschaftlichen und technischen Fachleuten ... (natur 8, 1991, 45); Es hatte auch seine Vorteile, als Politik in sorgsamer Analyse und ruhiger Korrespondenz, statt in aufgeregten Konferenzen mit aufgeplusterten Stäben geformt wurde (W. Brandt, Begegnungen 187); **Stab|an|ten|ne,** die: *stabförmige Antenne:* für den UKW-Empfang hat das Gerät eine ausziehbare S.

Sta|bat ma|ter ['st...], das; -, - [lat. = (es) stand die (schmerzensreiche) Mutter, nach den ersten Worten des Gesangstextes]: **1.** ⟨o. Pl.⟩ (kath. Kirche) *Sequenz* (3) *im Missale.* **2.** *Komposition, der der Text des Stabat mater* (1) *zugrunde liegt.*

Stäb|chen, das; -s, -: **1.** Vkl. zu ↑Stab (1 a). **2.** ⟨meist Pl.⟩ kurz für ↑Eßstäbchen: kannst du mit S. essen? **3.** (Anat.) *lichtempfindliche, spindelförmige Sinneszelle in der Netzhaut des Auges beim Menschen u. den meisten Wirbeltieren.* **4.** (Handarb.) *Masche beim Häkeln, bei der der Faden ein od. mehrere Male um die Häkelnadel geschlungen wird, durch den dann, mit zwei- oder mehrfachem Einstechen, vorhandene Maschen durchgezogen werden:* einfache, halbe, doppelte S. häkeln. **5.** (ugs.) *Zigarette:* hast du noch ein S. für mich?; noch lieber hätte er jetzt ein Bier getrunken und ein S. geraucht (Bieler, Bär 55); **Stab|ei|sen,** das (Technik): *gewalztes Eisen in Stabform.*

Sta|bel|le, die; -, -n [schweiz. Nebenf. von veraltet Schabelle < lat. scabellum] (schweiz.): *hölzerner Stuhl, Hocker, bei dem die Beine u. gegebenenfalls die Lehne einzeln in die Sitzfläche eingelassen sind.*

stä|beln ⟨sw. V.; hat⟩ (landsch.): *(Pflanzen) anbinden:* Tomaten s.; **stal|ben** ⟨sw. V.; hat⟩ (Verslehre): *stabreimen;* **Stab|fi|gur,** die: *an einem Stab befestigte Figur eines Puppentheaters; Stabpuppe;* **stab|för|mig** ⟨Adj.⟩: *von der Form eines Stabes* (1 a); **Stab|füh|rer,** der: *Dirigent:* Es gibt doch ... keinen S., den man in interkontinentalen Konzertleben häufiger trifft als Sie (Spiegel 44, 1989, 263); **Stab|füh|re|rin,** die: w. Form zu ↑Stabführer; **Stab|füh|rung,** die: *musikalische Leitung (eines Orchesters) durch einen Dirigenten:* die S. haben; die Los-Angeles- Philharmoniker unter S. von Zubin Mehta (MM 15. 9. 74, 34); **Stab|heu|schrecke**[1], die: *stabförmige, meist bräunliche, oft flügellose Heuschrecke;* **stab|hoch|sprin|gen** ⟨st. V.; ist; meist nur im Inf. u. Part. gebr.⟩ (Sport): *Stabhochspringen betreiben;* **Stab|hoch|sprin|gen,** das (Sport): *Sportart, bei der mit Hilfe eines langen Stabes über eine hoch angebrachte Latte gesprungen wird;* **Stab|hoch|sprin|ger,** der (Sport): *Sportler, der Stabhochsprung* (a) *betreibt;* **Stab|hoch|sprin|ge|rin,** die (Sport): w. Form zu ↑Stabhochspringer; **Stab|hoch|sprung,** der (Sport): **a)** ⟨o. Pl.⟩ *das Stabhochspringen (als Disziplin der Leichtathletik);* **b)** *einzelner Sprung im Stabhochspringen;* **Stab|hoch|sprung|an|la|ge,** die (Sport): *Anlage für Stabhochsprung;* **Stab|hoch|sprung|stab,** der (Sport): *beim Stabhochsprung verwendete runde, elastische Stange;* **Stab|hoch|sprung|tech|nik,** die (Sport): *Technik des Stabhochsprungs.*

sta|bil ⟨Adj.⟩ [lat. stabilis = feststehend, standhaft, dauerhaft, zu: stare = stehen]: **1. a)** *sehr festgefügt u. dadurch Beanspruchungen aushaltend:* ein -er Stuhl, Schrank; die provisorische Abdeckung soll durch ein -es Dach ersetzt werden; eine -e Stahlkonstruktion; Mountainbikes haben besonders -e Rahmen; das Regal ist sehr s.; Soviel ich weiß, hat er sich in einem Schrebergartenhaus einquartiert ..., aber das Häuschen war s. (Kronauer, Bogenschütze 400); die Leiter ist mir nicht s. genug; ein s. gebautes Gerüst, Fahrzeug; **b)** (bes. Physik, Chemie, Technik) *in sich konstant bleibend, gleichbleibend, relativ unveränderlich:* ein -er Zustand; ein relativ -er Schaum; eine -e Lösung, Verbindung; wegen ... der -en Kraftübertragung (auto 8, 1965, 25); ein -es Atom *(Atom, dessen Kern nicht von selbst zerfällt):* Die neuen Stoffe ... sind in saurer Umgebung höchst s. (Wochenpresse 13, 1984, 58). **2.** (auch Fachspr.) *so beständig, daß nicht leicht eine Störung, Gefährdung möglich ist; Veränderungen, Schwankungen kaum unterworfen:* eine -e Wirtschaft, Währung, Regierung, politische Lage; -e Preise, Zinsen; eine -e Wetterlage, Luftschichtung; eine politisch nicht sehr -e Region; ... daß über Jahrtausende ... völlig -e Kulturen bestanden haben (Gruhl, Planet 293); ein -es Gleichgewicht *(Physik; Gleichgewicht, das bei Veränderung der Lage immer wieder erreicht wird);* neue Paarverhältnisse ... die ... bedeutend -er sind (Wohngruppe 33); etwas s. halten; Gefragt sind Lösungen, mit denen die Personalstärke s. bleibt (Sonntagsblatt 20. 5. 84, 4); Weil die persönlichen Verhältnisse des Angeklagten nicht besonders s. erschienen (Basler Zeitung 26. 7. 84, 21); ... daß bei -en Faßbierpreisen ... leicht Erhöhungen durchzusetzen waren (Saarbr. Zeitung 28. 12. 79, 5); In der nicht Schweiz dagegen ... (profil 17, 1979, 38); Die meisten ... rechnen mit einer relativ -en Arbeitslosenquote (Südd. Zeitung 1. 3. 86, 149). **3.** *widerstandsfähig; kräftig; nicht anfällig:* eine -e Gesundheit, Konstitution; Sie

Stabile

war eine ungleich -ere und robustere Natur als der ... Bruder (Reich-Ranicki, Th. Mann 181); sie ist im ganzen nicht sehr s.; sein Kreislauf ist glücklicherweise s. geblieben; Der Zustand der 40jährigen Patientin ... wurde ... als s. geschildert (NZZ 25. 10. 86, 7); **Sta|bi|le**, das; -s, -s [engl. stabile, zu: stabile < lat. stabilis ↑ stabil] (bild. Kunst): *Kunstwerk, das aus einer auf dem Boden stehenden, metallenen, meist monumentalen Konstruktion besteht, die aus nicht beweglichen Teilen zusammengesetzt ist;* **sta|bi|lie|ren** ⟨sw. V.; hat⟩ (veraltet): *stabilisieren;* **Sta|bi|li|sa|ti|on**, die; -, -en (seltener): *Stabilisierung;* **Sta|bi|li|sa|tor**, der; -s, ...oren: **1.** (Technik) **a)** *Einrichtung, die Schwankungen von elektrischen Spannungen o. ä. verhindert od. vermindert;* **b)** *(bes. bei Kraftfahrzeugen) Bauteil, das bei der Federung einen Ausgleich bei einseitiger Belastung o. ä. bewirkt;* **c)** *Vorrichtung in Schiffen, die dem Schlingern entgegenwirkt.* **2. a)** (Chemie) *Substanz, die die Beständigkeit eines leicht zersetzbaren Stoffes erhöht od. eine unerwünschte Reaktion chemischer Verbindungen verhindert od. verlangsamt:* Als S. ... in Kunststoffen ist Cadmium nur zugelassen, wenn dafür kein Ersatz vorhanden ist (NZZ 31. 8. 86, 28); **b)** (Med.) *gerinnungshemmende Flüssigkeit für die Konservierung des Blutes;* **sta|bi|li|sie|ren** ⟨sw. V.; hat⟩: **1. a)** *stabil* (1 a) *machen:* ein Gerüst durch Stützen s.; Reifen mit zusätzlich stabilisierter Lauffläche; **b)** (bes. Physik, Technik) *stabil* (1 b) *machen:* Das Netzgerät ... ist gegenüber Netzspannungsänderungen stabilisiert (Elektronik 11, 1971, A 43); Industrielle Schlämme können nur durch Zugabe großer Mengen Kalk so stabilisiert werden, daß sie deponiert werden können (Rhein. Merkur 18. 5. 84, 27). **2. a)** *stabil* (2), *beständig machen:* die Währung, das Wachstum, die Preise s.; einen Zustand s. wollen; die internationalen Finanzmärkte zu s. (Kieler Nachrichten 30. 8. 84, 4); es gelte, den Montanstandort Saar zu s. (Saarbr. Zeitung 2. 10. 79, 17); Sie (= Wälder) ... s. Klima und Grundwasser (natur 7, 1991, 49); **b)** ⟨s. + sich⟩ *stabil* (2), *beständig, sicher werden:* daß ... die Beziehungen zu den westlichen Alliierten sich endgültig stabilisiert hätten (Leonhard, Revolution 258). **3. a)** *stabil* (3) *machen:* das Training hat seine Gesundheit, Konstitution stabilisiert; **b)** ⟨s. + sich⟩ *stabil* (3) *werden:* ihr Kreislauf hat sich wieder stabilisiert; **Sta|bi|li|sie|rung**, die; -, -en: *das Stabilisieren;* **Sta|bi|li|sie|rungs|flä|che**, die (Flugw.): vgl. Stabilisierungsflosse; **Sta|bi|li|sie|rungs|flos|se**, die: *flossenähnliche [Blech]platte (an Autos, Schiffen, Raketen o. ä.), die der Verminderung od. Verhinderung von Schlingerbewegungen o. ä. dient;* **Sta|bi|li|sie|rungs|schal|tung**, die (Technik): *Stabilisator* (1 a); **Sta|bi|li|tät**, die; - [lat. stabilitas, zu: stabilis, ↑ stabil]: **1.** *das Stabil-, Haltbar-, Fest-, Konstantsein:* die S. einer Konstruktion, eines Bauwerks, eines Fahrzeugrahmens. **2.** *das Stabil-, Beständig-, Sicher-, Festgefügtsein:* die wirtschaftliche, finanzielle, politische S.; die S. der Währung, der Preise; ... die S. un-serer Republik in Frage zu stellen (Bieler, Mädchenkrieg 338); die S. der Beziehungen zwischen Staaten sichern. **3.** *das Stabil-, Widerstandsfähig-, Kräftigsein:* die S. ihrer Konstitution, des Kreislaufs; Bedenkt man ..., daß seine Gesundheit sich nie durch S. auszeichnete (Reich-Ranicki, Th. Mann 81); **Sta|bi|li|täts|an|lei|he**, die: *Anleihe (in einer Phase der Hochkonjunktur), die bei der Deutschen Bundesbank stillgelegt wird;* **Sta|bi|li|täts|ge|setz**, das ⟨o. Pl.⟩: *Gesetz zur Konjunkturpolitik, durch das Bund u. Länder verpflichtet werden, bei ihren wirtschafts- u. finanzpolitischen Maßnahmen die Erfordernisse des gesamtwirtschaftlichen Gleichgewichts zu beachten;* **Sta|bi|li|täts|po|li|tik**, die: *auf wirtschaftliche u. a. Stabilität bedachte Politik.*

Stab|kir|che, die: *(in Skandinavien) Holzkirche, deren tragende Elemente bis an den Dachstuhl des Hauptraumes reichende Pfosten sind u. deren Außenwände aus häufig mit Schnitzereien verzierten Planken bestehen;* **Stab|lam|pe**, die: *stabförmige Taschenlampe;* **Stab|ma|gnet**, der: *stabförmiger Magnet;* **Stab|pup|pe**, die: *Stockpuppe;* **Stab|reim**, der [nach der Bez. „Stab" (< anord. staft = Stab, Buchstabe) für die Hebung (4)] (Verslehre): **a)** *(in der germanischen Dichtung) besondere Form der Alliteration, die nach bestimmten Regeln u. entsprechend dem germanischen Akzent ausgeprägt ist u. bei der nur die bedeutungsschweren Wörter hervorgehoben werden;* **b)** *Alliteration;* **stab|rei|men** ⟨sw. V.; hat; meist nur im Inf. u. 1. Part. gebr.⟩ (Verslehre): *Stabreim, Alliteration zeigen;* **Stabs|arzt**, der (Milit.): **a)** ⟨o. Pl.⟩ *dem Hauptmann entsprechender Dienstgrad eines Sanitätsoffiziers;* **b)** *Träger des Dienstgrads Stabsarzt;* **Stabs|ärz|tin**, die (Milit.): w. Form zu ↑ Stabsarzt; **Stabs|boots|mann**, der ⟨Pl. ...leute⟩ (Milit.): **a)** ⟨o. Pl.⟩ *(in der Bundesmarine) dem Stabsfeldwebel entsprechender Dienstgrad;* **b)** *Träger des Dienstgrads Stabsbootsmann;* **Stabs|chef**, der (Milit.): *Chef eines Stabes* (2 a); **Stabs|feld|we|bel**, der (Milit.): **a)** ⟨o. Pl.⟩ *(in der Bundeswehr) zweithöchster Dienstgrad eines Unteroffiziers;* **b)** *Träger des Dienstgrads Stabsfeldwebel;* **Stabs|ge|frei|te**, der u. die (Milit.): **a)** ⟨o. Pl.⟩ *höchster Mannschaftsdienstgrad;* **b)** *Träger des Dienstgrads Stabsgefreiter, Trägerin des Dienstgrads Stabsgefreite;* **stab|sich|tig** ⟨Adj.⟩: (Med.) *an Stabsichtigkeit leidend;* **Stab|sich|tig|keit**, die; - (Med.): *Astigmatismus;* **Stabs|of|fi|zier**, der (Milit.): *Träger eines der Dienstgrade Major, Oberstleutnant u. Oberst bzw. Korvettenkapitän, Fregattenkapitän u. Kapitän zur See;* **Stabs|quar|tier**, das (Milit.): *Sitz der Führung eines Großverbandes;* **Stabs|stel|le**, die: **1.** (Milit.) **a)** *Stelle, wo sich ein Stab befindet;* **b)** *Stab* (2 a) *als organisatorische Einheit.* **2. a)** *Stelle, wo sich ein Stab* (2 b) *befindet, sich zusammenfindet;* **b)** *aus einem Stab* (2 b) *bestehende Leitungsinstanz ohne eigene Entscheidungskompetenz;* **Stab|stahl**, der: vgl. Stabeisen; **Stabs|un|ter|of|fi|zier**, der (Milit.): **a)** ⟨o. Pl.⟩ *(in der Bundeswehr) höchster Dienstgrad eines Unteroffiziers ohne Portepee;* **b)** *Träger des Dienstgrads Stabsunteroffizier;* **Stabs|ve|te|ri|när**, der (Milit. früher): vgl. Stabsarzt; **Stabs|wacht|mei|ster**, der (Milit. früher): *Stabsfeldwebel;* **Stab|ta|schen|lam|pe**, die: *Stablampe;* **Stab|über|gal|be**, die (Leichtathletik): vgl. Stabwechsel; **Stab|über|nah|me**, die (Leichtathletik): vgl. Stabwechsel; **Stab|wech|sel**, der (Leichtathletik): *Übergabe des Stabes an den nächsten Läufer beim Staffellauf:* ein guter, schlechter, mißglückter S.; **Stab|werk**, das ⟨o. Pl.⟩ (Archit.): *Profil* (6) *aufweisende Pfosten an gotischen Fenstern, die diese vertikal unterteilen u. das Maßwerk tragen;* **Stab|wurz**, die: *Eberraute.*

stacc. = staccato; **stac|ca|to** [st..., ʃt...] ⟨Adv.⟩ [ital. staccato, zu staccare = abstoßen, absondern] (Musik): *(von Tönen) so hervorgebracht, daß jeder Ton vom andern deutlich abgesetzt ist;* Abk.: stacc.; **Stac|ca|to**, das: ↑ Stakkato.

stach, stä|che: ↑ stechen; **Sta|chel**, der; -s, -n [mhd. stachel, spätahd. stachil, ahd. stachilla, eigtl. = Stechendes, Spitzes, verw. mit ↑ Stich]: **1. a)** *meist dünner, kleiner spitzer Pflanzenteil (bes. Stachel 1 b, Dorn 1 b):* paß auf, der Strauch, der Kaktus hat ganz gemeine -n; ich habe mir an den -n der Büsche die Beine zerkratzt; Ü jenes Gespräch, das ihr wie ein S. im Fleisch saß (Müthel, Baum 119); **b)** (Bot.) *bei bestimmten Pflanzen) spitze, harte Bildung der äußeren Zellschicht (die im Unterschied zum Dorn 1 b kein umgewandeltes Blatt, Blatteil o. ä. ist):* „Dornen" der Rose sind im botanischen Sinne gar keine Dornen, sondern -n. **2. a)** *(bei bestimmten Tieren) in od. auf der Haut, auf dem Panzer o. ä. sitzendes, aus Horn, Chitin o. ä. gebildetes, spitzes, hartes Gebilde:* die -n des Igels sind ein guter Schutz gegen Feinde; lange -n haben; kurz für ↑ Giftstachel: der S. der Wespe, Hornisse; der S. der Honigbiene hat viele kleine Widerhaken; der giftige S. des Skorpions. **3.** *an einem Gegenstand sitzendes, dornartiges, spitzes Metallstück; spitzer, metallener Stift:* die tödlichen -n seines Morgensterns; ein mit spitzen -n besetztes Hundehalsband; ein Bergstock mit einem S. am unteren Ende; der ekelhafte Draht mit den dichtstehenden, langen -n (Remarque, Westen 47); * **wider/** (auch:) **gegen den S. löcken** (↑ löcken). **4.** (geh.) **a)** *etw. Peinigendes, Quälendes, Qual:* der S. der Eifersucht, des Mißtrauens, der Reue; es war etwas in ihm, dieser Beschämung den S. nahm (Musil, Törleß 147); **b)** *etw. unablässig Antreibendes, Anreizendes:* der S. des Ehrgeizes trieb ihn zu immer höheren Leistungen; **Sta|chel|al|ge**, die: *Braunalge, die im Sommer ein stachelartig gezacktes Aussehen annimmt;* **Sta|chel|au|ster**, die: *Auster mit zahlreichen Augen am Mantelrand u. ungleichen, rötlichen Schalen mit langen, stacheligen Fortsätzen;* **Sta|chel|bart**, der: *Stachelpilz mit dunkelweißem bis gelblichem Fruchtkörper;* **Sta|chel|beer|bei|ne** ⟨Pl.⟩ (ugs. scherzh.): *stark behaarte Männerbeine;* **Sta|chel|beer|blatt|wes|pe**, die [die Larven fressen an den Blättern von Stachelbeere (1 a) u. Johannisbeere (a)]: *(in Europa u. Nordamerika heimische) gelbrote Pflanzenwespe;* **Sta|chel|bee|re,** die [nach den an den Trieben der Pflanze sitzenden Stacheln]: **1. a)** *(bes. in Gärten gezogener) Strauch mit einzeln wachsenden, dickschaligen, oft borstig behaarten, grünlichen bis gelblichen Beeren mit süßlich-herbem Geschmack;* **b)** ⟨meist Pl.⟩ *Beere der Stachelbeere (a):* -n pflücken, einmachen; Marmelade aus -n. **2. chinesische S.** (veraltet: ²*Kiwi*); **Sta|chel|beer|ge|lee,** das od. der; vgl. Stachelbeermarmelade; **Stachel|beer|mar|me|la|de,** die: *Marmelade aus Stachelbeeren;* **Sta|chel|beer|spanner,** der: *Spanner (2), dessen Raupe als Schädling an Stachel- u. Johannisbeeren auftritt;* Harlekin (2); **Sta|chel|beerstrauch,** der: *Stachelbeere (a);* **Sta|chelbeer|täub|ling,** der [der Pilz riecht nach Stachelbeerkompott]: *(nur bei Fichten wachsender) Täubling mit lilafarbenem bis weinrotem, weinrotem bis purpurfarbenem Stiel;* **Stachel|beer|wein,** der: *Obstwein aus Stachelbeeren;* **Sta|che|di|no|sau|ri|er,** der: *Stegosaurier;* **Sta|chel|draht,** der: *(aus mehreren Drähten bestehender) Draht mit scharfen Stacheln (3) in kürzeren Abständen:* eine Rolle, fünfzig Meter S.; ein S. spannen; im Fernsehen konnte man miterleben, wie ... die Volkspolizei Betonpfeiler einrammte, S. quer durch Berlin spannte ... (Dönhoff, Ära 76); am/im S. hängenbleiben; ich würde nicht mehr leben wollen. Ich würde fliehen durch sieben Stacheldrähte (Reinig, Schiffe 92); *** hinter S.** *(in ein/in einem Gefangenen-, Konzentrations-, Internierungslager):* hinter S. sitzen; jmdn. hinter S. bringen; **Sta|chel|draht|ver|hau,** der: vgl. Drahtverhau; **Sta|chel|draht|zaun,** der: *mit Stacheldraht gebauter Zaun:* die Weide war mit einem S. umgeben; **Stachel|flos|ser,** der; -s, -: *Knochenfisch mit zweiteiliger Rückenflosse u. Bauchflosse an Brust od. Kehle, die mit dem Schultergürtel verbunden ist;* **Sta|chel|hai,** der: **1.** *ausgestorbener Panzerfisch mit großem Stachel vor jeder Flosse.* **2.** *Hai mit starkem Stachel am Anfang der ersten u. zweiten Rückenflosse;* **Sta|chel|hals|band,** das: *Hundehalsband, das auf der Innenseite mit Stacheln (3) versehen ist;* **Stachel|häu|ter,** der; -s, - ⟨Zool.⟩: *(in vielen Arten vorkommendes) im Meer lebendes Tier mit einem Radialsymmetrie aufweisenden Körperbau mit Stacheln aus Kalk auf seiner Oberfläche (z. B. Seeigel);* ◆ **sta|che|licht,** stachlicht: ↑stachelig: Doch wer die stachelichten Rätsel nicht auflöst, die seine Frau ihm in der Eh' aufgibt ... (Schiller, Turandot II, 1); mag das dunkle, stachlichte Grün des Leidens, des Irrtums noch so vorwaltend sein ... (Raabe, Chronik 154); Schwarz wimmelten da ... die stachlichte Roche, der Klippenfisch (Schiller, Der Taucher); **sta|che|lig,** stachlig ⟨Adj.⟩: *mit Stacheln (1 a, 2) versehen; voller Stacheln:* ein -s Kaktus, Strauch, Fisch; -e Früchte; die -en grünen Schalen der Kastanien; ein -es Tier; ein -er *(kratziger)* Stoppelbart; Ü -e (geh.: *spitze, boshafte)* Reden; eine geistreiche, witzige, ironische, bitterböse, stachlige (geh.; *unbequeme)* Person (Baselland. Zeitung 27. 3. 85, 15); er ist heute ziemlich s. (ugs. scherzh.; *unverträglich* u. *mit Vorsicht zu behandeln);* **Sta|che|lig|keit,** Stachligkeit, die; -: *das Stacheligsein; stachelige Art, Beschaffenheit;* **Sta|chel|ma|krele,** die: *Fisch mit langgestrecktem Körper u. tief eingeschnittener Schwanzflosse;* **stacheln** ⟨sw. V.⟩ ⟨hat⟩: **1.** (selten) *mit Stacheln stechen, kratzen:* die Ranken, die Disteln stachelten; das Stroh, sein Bart stachelte ziemlich; Ü Es stachelte *(erregte)* ihn erst recht, daß er sich solchen Gedanken ... in der gesunden Natur hingebe (Musil, Mann 1200). **2.** *anstacheln, antreiben:* ... so muß eine Belohnung mir winken und ein Anreiz mich s. (Th. Mann, Joseph 275); etw. stachelt jmds. Begierde, Argwohn, Haß, Phantasie; jmdn. zu höheren Leistungen s.; Denn Margret ist es gewesen, die ... die niederen Gewerke zum Aufstand gestachelt ... hat (Grass, Butt 266); **Stachel|pilz,** der: *Pilz mit Auswüchsen in Form von Stacheln auf der Unterseite des Hutes;* **Sta|chel|röchen,** der: *Rochen mit peitschenartigem Schwanz u. starkem, mit Giftdrüsen verbundenem Stachel auf der Schwanzoberseite;* **Sta|chel|schnecke**[1], die: *Purpurschnecke;* **Sta|chel|schwein,** das [LÜ von mlat. porcus spinosus; das Tier grunzt wie ein Schwein]: *großes Nagetier mit gedrungenem Körper, kurzen Beinen u. sehr langen, spitzen, schwarz u. weiß geringelten Stacheln (2 a), bes. auf dem Rücken;* **Sta|chel|stock,** der: *(zum Viehtreiben verwendeter) Stock mit einem Stachel (3) am unteren Ende;* **Sta|chel|zaun,** der: (selten) *Stacheldrahtzaun;* **Sta|chel|zel|le,** die ⟨Med.⟩: *über stachelförmige Fortsätze mit den Nachbarzellen verbundene Epithelzelle;* ◆ **stach|licht:** ↑stachelicht; **stach|lig:** ↑stachelig; **Stach|lig|keit:** ↑Stacheligkeit.

¹**Stack,** das; -[e]s, -e [mniederd. stak, wohl verw. mit ↑Stake(n)]: *Buhne.*
²**Stack** [stæk], der; -s, -s [engl. stack, eigtl. = Stapel, Haufen] ⟨Datenverarb.⟩: *Form eines Datenspeichers mit bestimmten eingeschränkten Operationen;* Stapelspeicher; Kellerspeicher.
Stack|deich, der [zu ↑¹Stack]: *Deich, dessen Fuß durch Buschwerk geschützt ist.*
stad ⟨Adj.⟩ [mhd. stat, stæt, ↑stet] (bayr., österr.): *still, ruhig:* geh, sei s.!
Sta|del, der; -s, - u. (schweiz.:) Städel, (österr. auch:) Stadeln [mhd. stadel, (südd., österr., schweiz.): *Heustadel.*
Sta|den, der; -s, - [mhd. stade, ↑Gestade] (landsch.): *Ufer, Uferstraße.*
sta|di|al ⟨Adj.⟩ [zu ↑Stadium] (bildungsspr.): *stufen-, abschnittsweise;* **Sta|di|al,** das; -s, -e ⟨Geol.⟩: *Zeit besonderer Kälte innerhalb einer Eis- od. Kaltzeit;* **Sta|dia|li|tät,** die; - ⟨Sprachw.⟩: *Lehre des russischen Sprachwissenschaftlers N. Marr, die auf der Annahme gesellschaftlich bedingter sprachlicher Veränderungen in bestimmten Stadien der Entwicklung beruht;* **Sta|di|en:** Pl. von ↑Stadion, ↑Stadium. **Sta|di|on,** das; -s, ...ien [griech. stádion = Rennbahn, Laufbahn, eigtl. = ein Längenmaß (zwischen 179 m u. 213 m); Rennbahn; urspr. Bez. für die 1 stádion lange Rennbahn im altgriech. Olympia]: **a)** *mit Rängen, Tribünen für die Zuschauer versehene, große Anlage für sportliche Wettkämpfe u. Übungen, bes. in Gestalt eines ovalen Sportfeldes:* ein S. für 80 000 Zuschauer, 50 000 Sitzplätzen; das S. des örtlichen Fußballvereins; ein S. für den Eissport, für die Schwimmer; ins Stadion gehen; **b)** *die Zuschauer in einem Stadion:* das [ganze] S. raste vor Begeisterung; **Sta|di|on|an|sa|ge,** die: *Ansage (2 a) bei einer Veranstaltung in einem Stadion;* **Stadi|on|an|sa|ger,** der: *Stadionsprecher;* **Stadi|on|an|sa|ge|rin,** die: w. Form zu ↑Stadionansager; **Sta|di|on|laut|spre|cher,** der: *Lautsprecher für Stadionanlagen;* **Sta|di|on|spre|cher,** der: *jmd., der bei einer Veranstaltung in einem Stadion die Ansage (2 a) macht;* **Sta|di|on|spreche|rin,** die: w. Form zu ↑Stadionsprecher; **Sta|di|on|zei|tung,** die: *von größeren Fußballvereinen herausgegebene, meist zu Heimspielen erscheinende kleinere Zeitung;* **Sta|di|um,** das; -s, ...ien [zuerst in der med. Fachspr. = Abschnitt (im Verlauf einer Krankheit); lat. stadium < griech. stádion, ↑Stadion]: *Zeitraum aus einer gesamten Entwicklung;* Entwicklungsstufe, -abschnitt: ein frühes, fortgeschrittenes, späteres, entscheidendes S.; Für sie dürfte die Nichtseßhaftigkeit ein vorübergehendes S. auf dem Weg in die Kriminalität sein (Klee, Pennbrüder 49); alle Stadien einer Entwicklung durchlaufen; in ein neues S. eintreten, übergehen; ... war Nasos Existenz durch seine Verbannung aus Rom in ein S. zwischen Leben und Tod geraten (Ransmayr, Welt 129); er hatte Krebs im letzten S.

Stadt, die; -, Städte [ʃtɛ(:)tə] [mhd., ahd. stat = Ort, Stelle; Wohnstätte, Siedlung; seit dem 12. Jh. ma. Rechtsbegriff, erst vom 16. Jh. an orthographisch von ↑Statt unterschieden]: **1. a)** *größere, dicht geschlossene Siedlung, die mit bestimmten Rechten ausgestattet ist u. den verwaltungsmäßigen, wirtschaftlichen u. kulturellen Mittelpunkt eines Gebietes darstellt; große Ansammlung von Häusern [u. öffentlichen Gebäuden], in der viele Menschen in einer Verwaltungseinheit leben:* eine schön gelegene, malerische, häßliche, reiche, arme, lebendige, blühende, berühmte, antike, mittelalterliche, moderne S.; eine kleine S. am Rhein, bei Lyon, in Mexiko; eine Stadt mit/von 750 000 Einwohnern; die älteste, schönste, größte S. des Landes; eine S. der Künste, der Mode; die S. Wien; eine offene S. (Milit.; *nicht verteidigte)* S.; eine S. besuchen, besichtigen, gründen, aufbauen, erobern, zerstören, belagern, einnehmen; die Bürger, Einwohner der S.; am Rande, im Zentrum einer S. wohnen; die Leute aus der S. *(die Städter);* in der S. *(in einer Stadt)* leben; Mit den Städten entstanden die ersten Umweltprobleme (Gruhl, Planet 44); in die S. (1. *in die Innenstadt, ins Einkaufszentrum der Stadt.* 2. *in eine [bestimmte] in der Nähe gelegene Stadt)* gehen, fahren; *** die Ewige S.** *(Rom;* wohl nach Tibull, Elegien II, 5, 23); **die Heilige S.** *(Jerusalem);*

Stadtamman

die Goldene S. *(Prag);* in S. und Land (veraltend; *überall, allenthalben);* **b)** ⟨o. Pl.⟩ *Gesamtheit der Einwohner einer Stadt* (1 a): *die ganze S. war auf den Beinen; wenn du es ihr erzählst, weiß es bald die ganze S.* **2.** *Verwaltung einer Stadt:* dafür ist die S. zuständig; sie hat die S. verklagt; das Gebäude gehört der S.; die Angestellten, der Etat der S.; er ist, arbeitet bei der S.; **Stadt|am|man,** der (schweiz.): **1.** *(in einigen Kantonen der Schweiz) Bürgermeister.* **2.** *(im Kanton Zürich) Vollstreckungsbeamter;* **Stadt|an|lei|he,** die: *über größeren Städten ausgegebene langfristige Schuldverschreibung (meist zur Finanzierung von Infrastrukturmaßnahmen);* **Stadt|an|sicht,** die: *Ansicht (2) einer Stadt;* **Stadt|ar|chiv,** das: *städtisches Archiv;* **stadt|aus|wärts** ⟨Adv.⟩: *aus der Stadt hinaus:* s. fahren; **Stadt|au|to,** das: *Auto für Stadtfahrten:* ein solargetriebenes S., ein besonders als S. geeigneter Kleinwagen; **Stadt|au|to|bahn,** die: *Autobahn innerhalb einer Stadt [für den innerstädtischen Verkehr];* **Stadt|bahn,** die: *S-Bahn;* **Stadt|bau,** der ⟨Pl. -ten⟩: *städtischer (2) Bau;* **Stadt|bau|amt,** das: *städtisches (1) Bauamt;* **Stadt|bau|kunst,** die: *Baukunst, die die gestaltende Ordnung, die räumliche u. bauliche Entwicklung größerer Ansiedlungen zum Gegenstand hat;* **Stadt|bau|rat,** der: *Baurat einer städtischen (1) Baubehörde;* **Stadt|bau|rä|tin,** die: w. Form zu ↑Stadtbaurat; **stadt|be|kannt** ⟨Adj.⟩: *auf Grund besonderer positiver od. negativer Eigenschaften in einer Stadt allgemein bekannt:* ein -es Spezialitätenrestaurant, Original; ein -er Kneipenwirt, Schürzenjäger; Scheuten ... sei Beamter und eine -e Persönlichkeit (Prodöhl, Tod 193); Meister Pappkes Salzstangen waren s. (Strittmatter, Wundertäter 219); **Stadt|be|völ|ke|rung,** die: *Bevölkerung von Städten, einer Stadt;* **Stadt|be|woh|ner,** der: *Bewohner einer Stadt;* **Stadt|be|woh|ne|rin,** die: w. Form zu ↑Stadtbewohner; **Stadt|be|zirk,** der: *aus einem od. mehreren Stadtteilen bestehende Verwaltungseinheit in einer größeren Stadt;* **Stadt|bi|blio|thek,** die: *städtische Bibliothek;* **Stadt|bild,** das: *Ansicht, die eine Stadt im ganzen bietet:* das neue Hochhaus hat das S. stark verändert, paßt nicht ins S.; **Stadt|buch,** das: *(im MA.) Buch städtischer Behörden zur Aufzeichnung aller rechtlichen, verwaltungstechnischen Vorgänge in einer Stadt;* **Stadt|bü|che|rei,** die: *städtische Bücherei;* **Stadt|bum|mel,** der (ugs.): vgl. ¹Bummel (a); **Städt|chen** ['ʃtɛ(:)tçən], das; -s, -: Vkl. zu ↑Stadt (1): *ein nettes, hübsches kleines S.; ein verschlafenes S. in der Provinz;* R andere S., andere Mädchen *(wenn man den Aufenthalts-, Wohnort wechselt, ergeben sich dadurch neue Liebesbeziehungen);* **Stadt|chro|nik,** die: *Chronik einer Stadt;* **Stadt|di|rek|tor,** der: *hauptamtlicher Leiter der Verwaltung in Städten einiger Bundesländer (Amtsbez.);* **Stadt|di|rek|to|rin,** die: w. Form zu ↑Stadtdirektor; **Städ|te|bau,** der ⟨o. Pl.⟩: *Planung, Projektierung, Gestaltung beim Bau, bei der Umgestaltung von Städten;* **Städ|te|bau|er,** der; -s, -: *jmd., dessen Arbeitsgebiet der Städtebau ist;* **Städ|te|bau|e|rin,** die: w. Form zu ↑Städtebauer; **städ|te|bau|lich** ⟨Adj.⟩: *den Städtebau betreffend;* **Städ|te|bil|der** ⟨Pl.⟩ (bes. bild. Kunst): *bildliche Darstellungen von Städten;* **Städ|te|bund,** der: *(im MA.) Zusammenschluß von Städten zum Schutz ihrer Rechte;* **stadt|ein|wärts** ⟨Adv.⟩: *in die Stadt hinein:* s. fahren; **Städ|te|kampf,** der: *sportlicher Wettkampf zwischen Mannschaften verschiedener Städte;* **Stadt|ent|wäs|se|rung,** die: **1.** *Abwasserbeseitigung, Kanalisation (1 a) einer Stadt.* **2.** *städtische Behörde, die für die Stadtentwässerung (1) zuständig ist;* **Städ|te|ord|nung,** die: *Gemeindeordnung für Städte;* **Städ|te|part|ner|schaft,** die: *Jumelage;* **Städ|te|pla|ner,** der: *Stadtplaner;* **Städ|te|pla|ne|rin,** die: w. Form zu ↑Städteplaner; **städ|te|pla|ne|risch** ⟨Adj.⟩: *stadtplanerisch;* **Städ|te|pla|nung,** die: *Stadtplanung;* **Städ|ter** ['ʃtɛ(:)tɐ], der; -s, - [1.: mhd. steter]: **1.** *jmd., der in einer Stadt wohnt.* **2.** *jmd., der [in der Stadt aufgewachsen u.] durch das Leben in der Stadt geprägt ist;* Stadtmensch: Ich bin nicht auf Landarbeit versessen, ich bin durch und durch S. (Seghers, Transit 288); **Städ|te|rin,** die; -, -nen: w. Form zu ↑Städter; **Städt|er|neue|rung,** die: *Maßnahmen zur Sanierung, Erhaltung o. ä. im Bereich einer Stadt;* **Städ|te|tag,** der: *Zusammenschluß mehrerer Städte zur Wahrnehmung gemeinsamer Interessen;* **Städ|te|tou|ris|mus,** der: *Tourismus, bei dem die Reiseziele Städte sind;* **Stadt|fahrt,** die: *Fahrt (bes. mit dem Auto) innerhalb einer Stadt:* der Wagen ist für S. besonders geeignet; **Stadt|fahr|zeug,** das: *Kraftfahrzeug für den innerörtlichen [Personen]verkehr;* **Stadt|far|be,** die ⟨meist Pl.⟩: *Farbe (3 a) einer Stadt;* **stadt|fein** ⟨Adj.⟩: *in der Wendung* sich s. machen *(scherzh.; sich für den Aufenthalt, das Ausgehen in der Stadt anziehen, zurechtmachen);* **Stadt|fest,** das: *Fest, das eine Stadt aus einem bestimmten Anlaß begeht:* ein historisches S.; **Stadt|flucht,** die: *Abwanderung vieler Stadtbewohner aus den Städten in ländliche Gebiete;* **Stadt|füh|rer,** der: *Reiseführer (2) für eine Stadt;* **Stadt|füh|re|rin,** die: w. Form zu ↑Stadtführer; **Stadt|gar|ten,** der: vgl. Stadtpark; **Stadt|gärt|ne|rei,** die: *städtischer (1) Gärtnereibetrieb;* **Stadt|gas,** das ⟨o. Pl.⟩: *meist durch Verkokung aus Kohle gewonnenes, in den Städten verwendetes Brenngas;* **Stadt|ge|biet,** das: *zu einer Stadt gehörendes Gebiet;* **Stadt|ge|mein|de,** die: *Gemeinde, die als Stadt verwaltet wird, die zu einer Stadt gehört;* **Stadt|geo|gra|phie,** die: *Teildisziplin der Geographie, die Städte im Hinblick auf ihre Topographie, ihre Geschichte, Entwicklung o. ä. erforscht;* **stadt|geo|gra|phisch** ⟨Adj.⟩: *die Stadtgeographie betreffend, zu ihr gehörend;* **Stadt|ge|richt,** das (hist.): *(in den Städten des MA. u. der frühen Neuzeit) aus dem Stadtrat bestehendes städtisches Gericht;* **Stadt|ge|schich|te,** die: **1.** ⟨o. Pl.⟩ *Geschichte (1 a) einer Stadt.* **2.** *Geschichte (1 c) einer Stadt;* **Stadt|ge|spräch,** das: **1.** vgl. Ortsgespräch. **2.** *in Wendungen wie* S. sein *(überall in der Stadt immer wieder als Gesprächsthema aufgegriffen, besprochen, erörtert werden):* die Affäre, der Vorfall, der Unfall, das Ereignis war wochenlang S.; **Stadt|gra|ben,** der (früher): *der Befestigung einer Stadt dienend, um die Stadtmauer führender Graben;* **Stadt|gren|ze,** die: *Grenze einer Stadt[gemeinde];* **¹Stadt|gue|ril|la,** die: *(bes. in Lateinamerika)* ¹*Guerilla* (b), *die sich in Städten betätigt;* **²Stadt|gue|ril|la,** der: *(bes. in Lateinamerika) Guerillakämpfer, Guerillero, der sich in Städten betätigt;* **Stadt|gue|ril|le|ra,** die: w. Form zu ↑Stadtguerillero; **Stadt|gue|ril|le|ro,** der: ²*Stadtguerilla;* **Stadt|hal|le,** die: *großer Saal od. ganzes Gebäude mit Sälen für öffentliche Veranstaltungen* (die Versammlung, der Kongreß, das Konzert findet in der S. statt; **Stadt|haus,** das: **1.** *Gebäude, in dem ein Teil der Verwaltungsbehörden einer Stadt untergebracht ist:* das Amt befindet sich im S. Nord. **2.** *[in seinem Stil im Unterschied zum Landhaus städtischen Erfordernissen entsprechendes] Haus in einer Stadt;* **Stadt|il|lu|strier|te,** die: *von einer Stadt periodisch herausgegebene Zeitschrift, die bes. der Werbung u. der Information der Bürger dient;* **Stadt|in|dia|ner,** der (Jargon): *jmd., der die bestehende Gesellschaft ablehnt u. diese Haltung durch ausgefallene Kleidung, Haartracht [u. durch Bemalung des Gesichts] demonstrativ zum Ausdruck bringt;* **Stadt|in|ne|re,** das: *Innenstadt, [Stadt]zentrum:* die Straße führt direkt ins S.; **städ|tisch** ⟨Adj.⟩: **1.** *eine Stadt, die Stadtverwaltung betreffend, ihr unterstellt, von ihr verwaltet, zu ihr gehörend; kommunal:* -e Behörden, Bedienstete, Beamte, Anlagen, Bauten, Einrichtungen; die -en Verkehrsmittel, Bäder, Kindergärten; die -e Müllabfuhr; das Altersheim ist s., wird s. verwaltet. **2.** *einer Stadt entsprechend, in ihr üblich, für sie, das Leben in ihr charakteristisch; in der Art eines Städters; urban:* eine -e Lebensweise; das -e Wohnen; -e Sitten; ihre Kleidung war s., s. gekleidet sein; zwischen ... Tiedes Schwiegertöchtern, die s. in Rosa, Lindgrün und Veilchenblau stöckelten ... (Grass, Hundejahre 33); **Stadt|käm|me|rer,** der: *(in bestimmten Städten) Leiter der städtischen Finanzverwaltung;* **Stadt|käm|me|rin, Stadt|käm|m|re|rin,** die: w. Form zu ↑Stadtkämmerer; **Stadt|kar|te,** die: *Stadtplan;* **Stadt|kas|se,** die: **1.** *Geldmittel einer Stadt für den laufenden Bedarf, für öffentliche Zwecke:* etw. aus der S. finanzieren. **2.** *Stelle, Behörde, die die Stadtkasse (1) verwaltet:* einen Betrag an die S. überweisen, bei der S. bezahlen; **Stadt|kern,** der: *innerer, zentral gelegener Teil einer Stadt;* **Stadt|kern|sa|nie|rung,** die: *Sanierung des Stadtkerns;* **Stadt|kind,** das: vgl. Großstadtkind; **Stadt|klatsch,** der (ugs. abwertend): *Klatsch (2 a) über Vorkommnisse, Neuigkeiten o. ä. in einer meist kleineren Stadt;* **Stadt|kli|ma,** das: *bes. durch die dichte Bebauung, die Erzeugung von Wärme u. Abgasen, Verschmutzung der Luft u. a. bestimmtes Klima im Bereich größerer Städte;* **Stadt|kof|fer,** der (veraltend): *kleiner Handkoffer;* **Stadt|kom|man|dant,** der (Milit.): **1.** *Standortkommandant.* **2.** *oberster Befehlshaber in einer* unter Militäradministration stehenden *Stadt:* die drei westlichen -en von Berlin; **Stadt|kreis,** der: *staatlicher Verwaltungsbezirk, der nur aus einer einzelnen, keinem Landkreis eingegliederten Stadt besteht;* **stadt|kun|dig** ⟨Adj.⟩: **a)** *sich in einer Stadt gut auskennend:* ein -er Begleiter; ◆ **b)** *stadtbekannt:* Eine -e Kokette! (Schiller, Fiesco I, 1); **Stadt|leu|te** ⟨Pl.⟩ (veraltet): *Städter* (1); **Stadt|mau|er,** die (früher): *der Befestigung einer Stadt dienende, sie umgebende, dicke, hohe Mauer;* **Stadt|meis|ter|schaft,** die (Sport): *von Teilnehmern aus einer Stadt ausgetragene Meisterschaft* (2 a); **Stadt|mensch,** der: **1.** *jmd., der [in einer Stadt aufgewachsen u.] vom Leben in der Stadt geprägt ist.* **2.** (veraltet) *Städter* (1); **Stadt|mis|si|on,** die: *kirchliche Organisation, die bes. der geistlichen u. diakonischen Betreuung der Menschen in einer Stadt dient, die durch die Pfarrämter schwer zu erreichen sind;* **Stadt|mit|te,** die: *[Stadt]zentrum, Stadtkern,* die; **Stadt|mö|bel,** das ⟨meist Pl.⟩ (Fachspr.): *im Stadtgebiet aufgestelltes kleineres bauliches Element* (9), *das (funktionalistischen städteplanerischen Vorstellungen entspricht u.) dem Stadtbild ein bestimmtes Gepräge geben soll* (z. B. Sitzgruppe in Fußgängerzonen, Wartehäuschen in modernem Design, elektronische Informations- u. Werbetafel); **Stadt|mö|blie|rung,** die: vgl. Möblierung (1, 2); **Stadt|mund|art,** die: *städtische Umgangssprache;* **Stadt|mu|si|kant,** der (früher): vgl. Stadtpfeifer: die Bremer -en *(Esel, Hund, Katze u. Hahn in dem gleichnamigen Tiermärchen);* **stadt|nah** ⟨Adj.⟩: *in der Nähe einer Stadt gelegen:* -e Grundstücke; s. gelegen sein, wohnen; **Stadt|neu|ro|ti|ker,** der: *Großstadtmensch, der durch die Lebensbedingungen, den Streß u. die Hektik des Lebens in der Großstadt eine psychische Störung erlitten hat:* das Gewerbe derer, die Lebenshilfe für S. anbieten (MM 7./8. 3. 81, 36); **Stadt|neu|ro|ti|ke|rin,** die: w. Form zu ↑Stadtneurotiker; **Stadt|park,** der: *öffentlicher Park in einer Stadt;* **Stadt|par|la|ment,** das: vgl. Stadtrat (1); ◆ **Stadt|pa|trol|lant,** der, -en, -en [zu: Stadtpatrolle = Patrouille (2), die in einer Stadt Kontrollgänge macht]: *Angehöriger einer Patrouille* (2), *die in einer Stadt Kontrollgänge macht:* du ziehst bei den Bettelvögten, -en und Zuchtknechten Kundschaft ein, wer so am fleißigsten bei ihnen einspreche (Schiller, Räuber II, 3); **Stadt|pfei|fer,** der (früher): *in einer Zunft organisierter Musiker im Dienste einer Stadt;* **Stadt|plan,** der: ²*Plan* (3) *einer Stadt [auf einem zusammenfaltbaren Blatt];* **Stadt|pla|ner,** der: *jmd., der [berufsmäßig] auf dem Gebiet der Stadtplanung tätig ist;* **Stadt|pla|ne|rin,** die: w. Form zu ↑Stadtplaner; **stadt|pla|ne|risch** ⟨Adj.⟩: *die Stadtplanung betreffend; hinsichtlich der Stadtplanung;* **Stadt|pla|nung,** die: *Gesamtheit der Planungen für den Städtebau;* **Stadt|prä|si|dent,** der (schweiz.): *Vorsitzender des Stadtrates* (1); **Stadt|prä|si|den|tin,** die (schweiz.): w. Form zu ↑Stadtpräsident; **Stadt|rand,** der: *Rand, Peripherie der, einer Stadt:* am S. wohnen; **Stadt|ran|der|ho|lung,** die; -,

-en: *(von kommunalen, kirchlichen o. ä. Institutionen organisierte) Erholung am Rande einer Stadt (bes. für Schulkinder, die während der [Sommer]ferien nicht verreisen können):* Weiterhin organisiert sie die S. für Kinder und Erholungsreisen für ältere Menschen (Saarbr. Zeitung 14. 3. 80, 20); **Stadt|rand|sied|lung,** die: *Siedlung am Stadtrand;* **Stadt|rat,** der: **1.** *Gemeindevertretung, oberstes Exekutivorgan einer Stadt:* er ist in den S. gewählt worden. **2.** *Mitglied eines Stadtrates* (1): zwei Stadträte werden neu gewählt; **Stadt|rä|tin,** die: w. Form zu ↑Stadtrat (2): sie ist S.; **Stadt|rats|frak|ti|on,** die: *Fraktion* (1 a) *im Stadtrat* (1); **Stadt|recht,** das: *(vom MA. bis ins 19. Jh.) Gesamtheit der in einer Stadt geltenden Rechte;* **Stadt|re|gi|on,** die: *Conurbation;* **Stadt|rei|ni|gung,** die: *städtische Einrichtung, die für die Sauberhaltung einer Stadt (durch Straßenreinigung, Müllabfuhr o. ä.) zuständig ist;* **Stadt|rund|fahrt,** die: *Besichtigungs-, Rundfahrt durch eine Stadt;* **Stadt|säckel¹,** der (scherzh.): *Stadtkasse* (1); **Stadt|sa|nie|rung,** die: *das Sanieren* (3) *von alten Teilen einer Stadt;* **Stadt|schaft,** die; -, -en: *öffentliche Kreditanstalt genossenschaftlichen Charakters;* **Stadt|schrei|ber,** der (früher) *jmd., bes. Geistlicher od. Rechtsgelehrter, der in einer Stadt die schriftlichen Arbeiten als Protokollführer, Chronist o. ä. ausführte.* **2.** *Schriftsteller, der in einer Stadt dazu eingeladen wird, für eine befristete Zeit in der Stadt zu leben u. [als eine Art Chronist] über sie zu schreiben;* **Stadt|schrei|be|rin,** die: w. Form zu ↑Stadtschreiber (2); **Stadt|se|nat,** der (österr.): *Gemeindevorstand von Städten mit eigenem Statut;* **Stadt|so|zio|lo|gie,** die: *spezielle Soziologie, die sich mit den Problemen des modernen [Groß]stadtlebens befaßt;* **Stadt|staat,** der: *Stadt, die ein eigenes Staatswesen mit selbständiger Verfassung darstellt:* die altgriechischen, mittelalterlichen -en; zur Bundesrepublik gehören jetzt dreizehn Flächenstaaten und drei -en; **Stadt|strei|cher,** der [Ggb. zu ↑Landstreicher]: *jmd., der nicht seßhaft ist, sich meist ohne festen Wohnsitz bes. in Großstädten aufhält;* **Stadt|strei|che|rin,** die: w. Form zu ↑Stadtstreicher; ◆ **Stadt|tam|bour,** der: *städtischer* (1) *Ausrufer, der mittels einer Trommel auf sich aufmerksam macht:* der S. drehte bereits an seiner Spannschraube und tat einzelne Schläge mit dem rechten Schlegel (Keller, Kleider 56); **Stadt|teil,** der: **a)** *eine gewisse Einheit darstellender Teil einer Stadt:* die alten, südlichen, inneren -e; am anderen Ufer des Flusses soll ein ganz neuer S. entstehen; er wohnt jetzt in einem anderen S.; **b)** (ugs.) *Gesamtheit der Einwohner eines Stadtteils* (a): wenn du willst, daß es morgen der ganze S. weiß, mußt du es ihr erzählen; **Stadt|teil|zei|tung,** die: *Zeitung für einen Stadtteil;* **Stadt|thea|ter,** das: *Theater, das von einer Stadt verwaltet, unterhalten wird;* **Stadt|tor,** das (früher): *Tor in einer Stadtmauer;* **Stadt|vä|ter** ⟨Pl.⟩ (ugs. scherzh.): *leitende Mitglieder einer Stadtverwaltung, Stadträte;* **Stadt|ver|kehr,** der: *Straßenverkehr*

in einer Stadt: für den S. ist das der ideale Wagen; im S. verbrauscht das Auto etwa zehn Liter; **Stadt|ver|ord|ne|te,** der u. die; -n, -n ⟨Dekl. ↑Abgeordnete⟩: *Stadtrat* (2); **Stadt|ver|ord|ne|ten|ver|samm|lung,** die: *Versammlung* (1 c) *der Stadtverordneten;* **Stadt|ver|wal|tung,** die: **a)** *Verwaltung* (2 a) *einer Stadt; städtische Verwaltungsbehörde;* **b)** *Räumlichkeiten, Gebäude der Stadtverwaltung* (a); **c)** (ugs.) *Gesamtheit der in der Stadtverwaltung* (a) *beschäftigten Personen:* die S. macht einen Betriebsausflug; **Stadt|vier|tel,** das: vgl. Stadtteil; **Stadt|wa|gen,** der: *für den Verkehr in der Stadt wegen seiner Kleinheit u. Wendigkeit bes. gut geeigneter Kraftwagen:* dieses Modell ist der ideale S.; ein als S. konzipiertes Elektromobil; **Stadt|wald,** der: *im Besitz einer Stadt befindlicher Wald;* **Stadt|wap|pen,** das: *Wappen einer Stadt;* **Stadt|wer|ke** ⟨Pl.⟩: *von einer Stadt betriebene wirtschaftliche Unternehmen, die bes. für die Versorgung, den öffentlichen Verkehr o. ä. der Stadt zuständig sind;* **Stadt|woh|nung,** die: vgl. Stadthaus (2); **Stadt|zei|tung,** die: *Zeitung, die nicht allgemeine Themen, sondern spezifische Themen einer bestimmten Stadt, Stadtregion behandelt;* **Stadt|zen|trum,** das: *Innenstadt; City.*

Sta|fel, der; -s, Stäfel [mhd. stavel, wohl über das Roman. < lat. stabulum = Stall] (schweiz.): **1.** *Alphütte.* **2.** *Weide im Hochgebirge mit einer od. mehreren Hütten.*

Sta|fet|te, die; -, -n [1: ital. staffetta, zu: staffa = Steigbügel, aus dem Germ.]: **1. a)** (früher) *reitender Bote [der im Wechsel mit andern Nachrichten überbrachte];* **b)** *Gruppe aus mehreren Personen, Kurieren, die, miteinander wechselnd, etw. schnell übermitteln:* Auf der Autobahn ... richtete die Polizei innerhalb weniger Minuten eine S. ein, die das Blut ... auf dem schnellsten Weg nach Darmstadt brachte (MM 8. 12. 67, 14). **2.** *sich in bestimmter Anordnung, Aufstellung fortbewegende Gruppe von Fahrzeugen, Reitern als Begleitung von jmdm., etw.:* eine S. von Polizisten auf Motorrädern begleitete die Staatskarosse. **3.** (Sport veraltet) **a)** *Staffel* (1 b); **b)** *Staffellauf;* **Sta|fet|ten|lauf,** der (Sport veraltet): *Staffellauf.*

Staf|fa|ge [...'fa:ʒə], die; -, -n [mit französisierender Endung zu ↑staffieren]: **1.** *[schmückendes] Beiwerk; Ausstattung, Aufmachung, die dem schöneren Schein dient, etw. vortäuscht:* die Studiogäste dienten nur als S., waren bloße S.; das ist doch alles nur S. **2.** (bild. Kunst) *(bes. in der Malerei des Barock) Figuren von Menschen od. Tieren zur Belebung von Landschafts- u. Architekturbildern;* **Staf|fa|ge|fi|gur,** die (bild. Kunst): vgl. Staffage (2).

Staf|fel, die; -, -n [mhd. staffel, stapfel = Stufe, Grad, ahd. staffal, staphal = Grundlage, Schritt, urspr. wohl = erhöhter Tritt, verw. mit ↑Stab]: **1.** (Sport) **a)** *(eine Mannschaft bildende) Gruppe von Sportlern, deren Leistungen in einem Wettkampf gemeinsam gewertet werden:* die S. der Gewichtheber; Insgesamt sechs Boxer der westdeutschen S. sind schon ausgeschieden (Welt 26. 5. 65, 22); der Ringer im Mittelgewicht holte zwei

Staffelanleihe

weitere Punkte für seine S.; **b)** (bes. Leichtathletik, Ski, Schwimmen) *Gruppe von (meist vier) Sportlern, die sich auf einer zurückzulegenden Strecke im Wettkampf nacheinander ablösen u. gemeinsam gewertet werden:* die finnische S. geht in Führung, liegt in Front, gewinnt; die deutsche S. wurde disqualifiziert; 1956 in Cortina d'Ampezzo hatte er schon die 50 Kilometer gewonnen ... und hatte in der S. noch eine Bronzemedaille gewonnen (Olymp. Spiele 1964, 25); **c)** *Teil einer Spielklasse.* **2.** (Milit.) **a)** *(der Kompanie vergleichbare) Einheit eines Luftwaffengeschwaders:* Eine S. Düsenjäger raste im Tiefflug über das Lager hinweg (Simmel, Stoff 39); **b)** *(bei der Kriegsmarine) Formation von Schiffen beim Fahren im Verband, bei der die Schiffe nebeneinander den gleichen Kurs steuern.* **3.** *Stafette* (2): zwei -n Polizei mit Motorrädern eskortierten den Wagen des Präsidenten. **4.** (Ferns.) *aus mehreren Folgen (2) bestehende [Produktions]einheit einer Fernsehserie:* Die erste S. mit zwölf Folgen endet am 25. November (MM 7.9.89, 46); Die Serie ... soll nach der ersten S. weitergedreht werden (Hörzu 32, 1989, 21). **5.** *Aufeinanderfolge:* Eine S. dieser Kaltluft erfaßte in der Nacht auf Donnerstag von Norden her unser Land (Nordschweiz 29.3.85, 35); „Es war ein Herbststurm größeren Kalibers", sagte ein SMA-Sprecher, der für den Mittwoch eine weitere S. heftiger Winde in Aussicht stellte (NZZ 23.10. 86, 7). **6.** (südd.) *[Absatz einer] Treppe:* Er sitzt jetzt draußen auf der S. vor den großen Saaltüren (Gaiser, Schlußball 190); ♦ Der Wirt steht auf der S. und ruft ihm nach ... (Hebel, Schatzkästlein 24); **Staf|fel|an|lei|he**, die (Wirtsch.): *Anleihe, bei der sich die Verzinsung zu bestimmten festgelegten Terminen ändert;* **Staf|fel|ba|si|li|ka**, die (Kunstwiss.): *Basilika mit mindestens fünf Schiffen (2), wobei die Seitenschiffe nach außen stufenweise niedriger werden;* **Staf|fel|be|tei|li|gung**, die (Wirtsch.): *(bei Genossenschaften) Übernahme anderer Geschäftsanteile durch einzelne Mitglieder je nach Umfang der Inanspruchnahme der Genossenschaft;* **Staf|fel|bruch**, der (Geol.): *treppenartige Verwerfung von Gesteinsschollen;* **Staf|fel|chor**, der (Kunstwiss.): *Form des Chors, bei der die Nebenchöre zum Hauptchor stufenweise tiefer werden;* **Staf|fel|ei**, die; -, -en [zu ↑Staffel (4)]: *beim Malen, Zeichnen verwendetes Gestell, auf dem das Bild in Höhe u. Neigung verstellt werden kann:* die S. aufstellen; vor der S. sitzen und malen; **staf|fel|för|mig** ⟨Adj.⟩: *wie eine Staffel (2 b) angeordnet;* **Staf|fel|gie|bel**, der (Archit.): *Treppengiebel;* **Staf|fel|holz**, das (Leichtathletik): *Staffelstab;* **staf|fe|lig**, (auch:) **stafflig** ⟨Adj.⟩ (selten): *staffelförmig:* eine -e Formation; **Staf|fel|lauf**, der (Leichtathletik, Ski): *Wettkampf, bei dem mehrere Staffeln (1 b) gegeneinander antreten [wobei in der Leichtathletik der Läufer einer Staffel nach Durchlaufen seiner Strecke dem jeweils nachfolgenden Läufer den Staffelstab übergeben muß];* **Staf|fel|läu|fer**, der (Leichtathletik, Ski): *Läufer einer Staffel*

(1 b); **Staf|fel|läu|fe|rin**, die (Leichtathletik, Ski): w. Form zu ↑Staffelläufer; **Staf|fel|mie|te**, die (Wohnungsw.): ¹*Miete, die sich nach Vereinbarung in festen Zeitständen erhöht;* **staf|feln** ⟨sw. V.; hat⟩: **1.** *in einer bestimmten, schräg abgestuften Anordnung aufstellen, aufeinandersetzen, formieren:* Dosen pyramidenartig, zu Pyramiden s.; ⟨auch s. + sich:⟩ Sie ... staffelten sich neu zum Schießen (Böll, Adam 49); (Fußball:) die gut, tief, klug gestaffelte Abwehr des Gegners. **2. a)** *nach bestimmten Rängen, Stufungen einteilen:* Preise, Steuern, Gebühren s.; Das Erfassungsraster staffelt in 12 Bereiche spezifischer Energieverbräuche (CCI 9, 1985, 16); nach Dienstjahren gestaffelte Gehälter; **b)** ⟨s. + sich⟩ *nach bestimmten Rängen, Stufungen gegliedert, aufeinanderfolgend sein:* die Telefongebühren staffeln sich nach der Entfernung; **Staf|fel|preis**, der ⟨meist Pl.⟩ (Wirtsch.): *nach Qualität, Größe, Ausstattung o. ä. gestaffelter Preis für eine Ware;* **Staf|fel|rech|nung**, die (Wirtsch.): *Zinsrechnung, bei der fortlaufend der jeweilige Saldo eines Kontos zugrunde gelegt wird;* **Staf|fel|schwim|men**, das; -s: *Wettkampf im Schwimmen, bei dem Staffeln (1 b) gegeneinander antreten;* **Staf|fel|sie|ger**, der (Sport): *Sieger in einer Staffel (1 c);* **Staf|fel|sie|ge|rin**, die (Sport): w. Form zu ↑Staffelsieger; **Staf|fel|span|ne**, die ⟨meist Pl.⟩ (Wirtsch.): *Handelsspanne, die sich von anderen Handelsspannen entsprechend einer (von Qualität, Größe o. ä. der Waren abhängigen) Staffelung der Verkaufspreise unterscheidet;* **Staf|fel|stab**, der (Leichtathletik): *Stab aus Holz od. Metall, den beim Staffellauf ein Läufer dem nachfolgenden übergeben muß;* **Staf|fe|lung**, Stafflung, die; -, -en: **1.** *das Staffeln.* **2.** *das Gestaffeltsein;* **staf|fel|wei|se** ⟨Adv.⟩: *in einer in bestimmter Weise abgestuften Anordnung, in gestaffelter Form;* **Staf|fel|wett|be|werb**, der (Sport): *Wettkampf, bei dem Staffeln (1 b) gegeneinander antreten.*

staf|fie|ren ⟨sw. V.; hat⟩ [mniederd. staffēren < mniederl. stofferen < afrz. estofer, ↑Stoff]: **1.** (selten) *ausstaffieren.* **2.** (österr., sonst veralt.) *schmücken, verzieren:* einen Hut [mit Blumen] s.; ♦ eine Kommode ganz vergoldet, mit bunten Blumen staffiert und lackiert (Goethe, Italien. Reise 11.3.1787 [Neapel]); es stand viel köstlicher Hausrat herum an den Wänden, und diese waren samt dem Estrich ganz mit Teppichen staffiert (Mörike, Hutzelmännlein 123). **3.** (Schneiderei) *Stoff auf einen anderen nähen (z. B. Futter in einen Mantel nähen);* **Staf|fie|rer**, der; -s, -: *jmd., der bei der Herstellung von Kleidern, Hüten, Taschen o. ä. Einzelarbeiten verrichtet;* **Staf|fie|re|rin**, die; -, -nen: w. Form zu ↑Staffierer; **Staf|fie|rung**, die; -, -: *das Staffieren.*

stafflig: ↑staffelig; **Staff|lung:** ↑Staffelung.

Stag, das; -[e]s, -e[n] [aus dem Niederd. < mniederd. stach, wohl eigtl. = das straff Gespannte] (Seew.): *Drahtseil zum Verspannen u. Abstützen von Masten (in Längsrichtung des Schiffes).*

¹**Sta|ge** ['sta:ʒə], die; -, -n [frz. stage < mlat. stagium = Dienstverpflichtung eines Vasallen, Latinisierung von afrz. estage = Wohnung; Aufenthalt (= frz. étage, ↑Etage)]: ¹*Wohnung; Vorbereitungszeit, Probezeit;* ²**Sta|ge**, der; -s, -s (schweiz.): *Aufenthalt bei einer Firma o. ä. zur weiterführenden Ausbildung.*

Stag|fla|ti|on [ʃt..., st...], die; -, -en [engl. stagflation, zusges. aus: **stag**nation (↑Stagnation) u. **inflation**, ↑Inflation] (Wirtsch.): *Stillstand des Wirtschaftswachstums bei gleichzeitiger Geldentwertung.*

Sta|gi|aire [sta'ʒiɛːɐ̯], der; -s, -s [frz. stagiaire, zu: stage, ↑¹Stage]: **1.** *Probekandidat.* **2.** (schweiz.) *jmd., der einen* ²*Stage absolviert.*

Sta|gio|ne [sta'dʒo:nə], die; -, -n [ital. stagione < lat. statio, ↑Station]: **1.** ital. Bez. für *Spielzeit eines [Opern]theaters.* **2.** ital. Bez. für *Ensemble eines [Opern]theaters.*

Sta|gi|rit, der; -en [nach der makedonischen Stadt Stageira, dem Geburtsort des Philosophen]: *Beiname des Aristoteles (384–322 v. Chr.).*

Stag|na|ti|on [auch: st...], die; -, -en (bildungsspr.): *Stillstand, Stockung bei einer Entwicklung (bes. auf wirtschaftlichem Gebiet):* eine permanente S.; die augenblickliche S.; die S. überwinden; **Stag|na|ti|ons|pha|se**, die (Geogr.): *Zeit, in der die Wassermassen eines Sees thermisch stabil geschichtet sind;* **stag|nie|ren** ⟨sw. V.; hat⟩ [lat. stagnare = gestaut, überschwemmt sein, zu: stagnum = stehendes Gewässer, See, Lache, zu: stare = stehen] (bildungsspr.): *in einer Bewegung, Entwicklung nicht weiterkommen, stillstehen, stocken:* die Wirtschaft stagniert; die Produktion, der Absatz, der Export stagniert [schon seit mehreren Monaten]; daß dieses Europa stagniert, das sehen wir (Bundestag 189, 1968, 10232); Das Theater heute stagniert (Saarbr. Zeitung 27.12.79, 4); ... trotzdem war dieses Jahr das glücklichste in meinem ansonsten stagnierenden Dasein (Erné, Kellerkneipe 156); das Gewässer stagniert (Geogr.; *steht ohne sichtbaren Abfluß*); **Stag|nie|rung**, die; -, -en (bildungsspr.): *das Stagnieren;* **stag|ni|kol** ⟨Adj.⟩ [zu lat. stagnum (↑stagnieren) u. colere = bewohnen] (Biol.): *in ruhigen Gewässern lebend.*

Sta|go|skop|ie, die; - [zu griech. stagṓn = Tropfen u. skopeīn = betrachten] (Med., Biol.): *quantitatives Verfahren zum Nachweis von Stoffen in chemischen Verbindungen (z. B. in Körpersäften od. an Kristallen in getrockneten Tropfen).*

Stag|se|gel, das (Seew.): *an einem Stag befestigtes Segel.*

stahl: ↑stehlen.

Stahl, der; -[e]s, Stähle, selten: -e [mhd. stāl, stahel, ahd. stahal, subst. Adj. zu: eigtl. = der Feste, Harte]: **1.** *Eisen in einer Legierung, das auf Grund ihrer Festigkeit, Elastizität, chemischen Beständigkeit gut verarbeitet, geformt, gehärtet werden kann:* hochwertiger, rostfreier S.; säurebeständige, minderwertige, leicht rostende Stähle; das Material ist hart wie S.; S. härten, ausglühen, walzen, schmieden, vergüten, polieren, produzieren, exportieren; eine Konstruktion aus S.; mo-

derne Bauten aus S. und Beton; mit S. armierter Beton; Ü Kein Glanz in den Augen, ... kein S. *(keine Härte, Festigkeit)* in der Stimme (St. Zweig, Fouché 10); Er hatte ... ein fröhliches Gemüt und Nerven aus S. *(sehr gute Nerven)* (Simmel, Stoff 31). **2.** (dichter.) *blanke Waffe, Dolch, Schwert, Messer:* der tödliche S. drang tief in seine Brust ein; **Stahl|ar|bei|ter**, der: *in der Stahlindustrie tätiger Arbeiter;* **Stahl|ar|bei|te|rin**, die: w. Form zu ↑Stahlarbeiter; **Stahl|ar|mie|rung**, die: *Armierung (b) aus Stahl;* **Stahl|bad**, das: **1. a)** *medizinisches Bad mit Wasser aus Eisenquellen;* **b)** *Kurort, der Eisenquellen besitzt.* **2.** (geh.) *etw., was seelisch abhärtet:* der Zweite Weltkrieg ..., das S. der Résistance hatten das Hochkommen der KPF begünstigt (Scholl-Latour, Frankreich 556); Wir kannten nur eins: die Krise. Wir gingen durch ein S. (Hörzu 39, 1977, 18); **Stahl|band**, das 〈Pl. ...bänder〉: vgl. Eisenband; **Stahl|bau**, der: **1.** 〈o. Pl.〉 *Bautechnik, bei der wesentliche Bauteile aus Stahl bestehen.* **2.** 〈Pl. -ten〉 *Bauwerk, Gebäude, bei dem die tragenden Bauteile aus Stahl bestehen.* **3.** 〈o. Pl.〉 *Bereich der stahlverarbeitenden Bauindustrie (2);* **Stahl|bau|schlos|ser**, der: *im Stahlbau (3) tätiger Bauschlosser;* **Stahl|bau|schlos|se|rin**, die: w. Form zu ↑Stahlbauschlosser; **Stahl|be|sen**, der (Musik): *(beim Schlagzeug) Stiel mit einem (den Borsten eines Besens ähnelnden) Bündel aus Stahldrähten;* **Stahl|be|ton**, der (Bauw.): *mit Einlagen aus Stahl versehener Beton; armierter Beton;* **Stahl|be|ton|bau**, der: **1.** 〈o. Pl.〉 *Bautechnik, bei der im wesentlichen Stahlbeton verwendet wird.* **2.** 〈Pl. -ten〉 *Bauwerk, das im wesentlichen aus Stahlbeton besteht;* **Stahl|be|ton|plat|te**, die: *Platte aus Stahlbeton:* als Fundament dient eine S.; Hochhäuser aus vorgefertigten -n; **stahl|blau** 〈Adj.〉: **1.** *dunkel-, schwärzlich- bis grünlichblau:* eine -e Luxuslimousine. **2.** (oft emotional) *leuchtendblau:* -e Augen; **Stahl|blech**, das: *Blech aus Stahl;* **Stahl|block**, der 〈Pl. ...blöcke〉: *Block (1) aus Stahl;* **Stahl|bril|le**, die: vgl. Nickelbrille; **Stahl|bü|gel**, der: *Bügel aus Stahl;* **Stahl|draht**, der: *Draht aus Stahl.*
stäh|le: ↑stehlen.
Stahl|ein|la|ge, die: *Einlage aus Stahl (z. B. in Beton);* **stäh|len** 〈sw. V.; hat〉 [mhd. stehelen, stælen = härten (a), zu ↑Stahl] (geh.): *sehr stark, kräftig, widerstandsfähig machen:* regelmäßiges Training stählt die Muskeln; er hat sich, seinen Körper durch Sport gestählt; Ü der Lebenskampf hat ihren Willen gestählt; **stäh|lern** 〈Adj.〉 [älter: stählin, mhd. stehelin]: **1.** *aus Stahl bestehend, hergestellt:* eine -e Brücke, Konstruktion; -e Stangen, Rohre, Träger; Ü -e Muskeln *(Muskeln hart wie Stahl).* **2.** (geh.) *stark, fest, unerschütterlich:* er hat -e Grundsätze, Nerven; sein Wille ist s.; **Stahl|erz**, das: *Zinnober, dem eine organische Substanz beigemengt wurde u. der dadurch bläulichmetallisch glänzt;* **stahl|er|zeu|gend** 〈Adj.〉: *sich mit der Stahlerzeugung befassend:* die -e Industrie; ein -er Betrieb; **Stahl|er|zeu|gung**, die: *Erzeugung von Stahl;* **Stahl|fa|ser**, die: *sehr feine Spinnfaser aus Stahl, die als antistatische Beimischung für Garn von Teppichen u. a. verwendet wird;* **Stahl|fe|der**, die: **1.** *Schreibfeder aus Stahl.* **2.** *Feder (3) aus Stahl;* **Stahl|flach|stra|ße**, die (Straßenbau): *behelfsmäßige Fahrbahn aus Stahl, auf der der Verkehr um eine Baustelle herumgeleitet werden kann;* **Stahl|fla|sche**, die: *Flasche aus Stahl;* **stahl|grau** 〈Adj.〉: *grau wie Stahl;* **Stahl|guß**, der 〈o. Pl.〉: *durch Vergießen (2 b) von Gußstahl hergestelltes Werkstück;* **stahl|hart** 〈Adj.〉: *große Härte, die Härte von Stahl aufweisend:* eine -s Legierung; die Masse wird [beim Brennen], ist [nach dem Abbinden] s.; Ü (oft emotional:) ein -er Händedruck; ein Supermann; s. und elegant (Hörzu 47, 1970, 6); **Stahl|helm**, der: *Schutzhelm aus Stahl für Soldaten;* **Stahl|hoch|stra|ße**, die (Straßenbau): *auf Stützen montierte Stahlflachstraße,* ↑Stahlhochstraße; **Stahl|in|du|strie**, die: *Industrie, in der Stahl hergestellt, verarbeitet wird;* **Stahl|kam|mer**, die: *(bes. in Banken) feuer- u. einbruchssicherer unterirdischer Raum mit Fächern, Schränken aus Stahl zur Aufbewahrung von Wertsachen u. Geld; Tresor;* **Stahl|kap|pe**, die: *Kappe (2 d) aus Stahl;* **Stahl|ko|cher**, der 〈meist Pl.〉 (Jargon): *Stahlarbeiter:* Mehrheit der S. stimmt für Streik (Welt 23. 11. 78, 1); bei den -n *(in der Stahlindustrie);* **Stahl|ko|che|rin**, die (Jargon): w. Form zu ↑Stahlkocher; **Stahl|kon|struk|ti|on**, die: *Konstruktion (1 b) aus Stahl:* der Turm, die Bohrinsel ist eine S.; die Fahrbahn der Brücke ruht auf einer S.; **Stahl|man|tel**, der (bes. Fachspr.): *Mantel (2) aus Stahl;* **Stahl|man|tel|ge|schoß**, das (Waffent.): *Geschoß (1) mit einem Stahlmantel;* **Stahl|mast**, der: *Mast aus Stahl:* die hohen -en der Freileitung, der Straßenbeleuchtung; **Stahl|mö|bel**, das 〈meist Pl.〉: **1.** *aus Stahl, Stahlblech gefertigte Möbel:* mit nüchternen grauen -n ausgestattete Büros. **2.** kurz für ↑Stahlrohrmöbel; **Stahl|na|del**, die: *Nadel aus Stahl;* **Stahl|pla|stik**, die (Kunstwiss.): *künstlerische Konstruktion aus Stahl;* **Stahl|plat|te**, die: *Platte aus Stahl:* eine aus großen -n zusammengesetzte provisorische Fahrbahn; beim Stahlstich wird das Bild mit einem Stichel in eine S. graviert; **Stahl|pro|duk|ti|on**, die: *Produktion von Stahl;* **Stahl|quel|le**, die: *Eisenquelle;* **Stahl|rohr**, das: *Rohr aus Stahl;* **Stahl|rohr|mö|bel**, das 〈meist Pl.〉: *Möbel, dessen tragende Teile aus verchromten od. lackierten Stahlrohren bestehen;* **Stahl|roß**, das (ugs. scherzh.): *Fahrrad;* **Stahl|ru|te**, die: *aus teleskopartig auseinanderschiebbaren Stahlfedern bestehende Waffe zum Schlagen;* **Stahl|sai|te**, die: *aus Stahl hergestellte Saite für bestimmte Zupf- u. Streichinstrumente:* die Gitarre ist mit -n bespannt; **Stahl|sai|ten|be|ton**, der (Bauw.): *Spannbeton mit Stahldrähten;* **Stahl|schrank**, der: *aus Stahlblech, -platten o. ä. hergestellter [einbruchs- u.] feuersicherer Schrank;* **Stahl|seil**, das: vgl. Drahtseil; **Stahl|ske|lett**, das (Bauw.): vgl. ¹Skelett (2); **Stahl|ske|lett|bau**, der (Bauw.): vgl. Skelettbau; **Stahl|ske|lett|bau|wei|se**, die (Bauw.): vgl. Skelettbauweise; **Stahl|stab**, der: *Stab aus Stahl:* ein Rost aus fingerdicken Stahlstäben; **Stahl|ste|cher**, der: *Künstler, der Stahlstiche herstellt;* **Stahl|ste|che|rin**, die: w. Form zu ↑Stahlstecher; **Stahl|stich**, der (Graphik): **1.** 〈o. Pl.〉 *graphisches Verfahren, bei dem statt einer Kupferplatte (wie beim Kupferstich) eine Stahlplatte verwendet wird.* **2.** *nach diesem Verfahren hergestelltes Blatt;* **Stahl|stra|ße**, die (Straßenbau): kurz für ↑Stahlflachstraße, ↑Stahlhochstraße; **Stahl|stre|be**, die: *Strebe aus Stahl;* **Stahl|teil**, das: *Teil aus Stahl:* schwere -e durch leichtere Alu- oder Kunststoffteile ersetzen; **Stahl|trä|ger**, der: vgl. Eisenträger; **Stahl|tros|se**, die: vgl. Drahtseil; **Stahl|tür**, die: *Tür aus Stahl:* eine feuerfeste S.; an der S. des Tresors sind die Einbrecher gescheitert; **Stäh|lung**, die; -: *das Stählen, Gestähltwerden;* **stahl|ver|ar|bei|tend** 〈Adj.〉: vgl. eisenverarbeitend: die -e Industrie; ein -er Betrieb; **Stahl|ver|for|mung**, die: *Industriezweig, der Stücke, Teile, Gegenstände aus Stahl fertigt u. vorwiegend Zulieferer der Automobil-, Maschinenbau- u. elektrotechnischen Industrie ist;* **Stahl|walz|werk**, das: vgl. Walzwerk (2); **Stahl|wa|ren** 〈Pl.〉: vgl. Eisenwaren; **Stahl|was|ser|bau**, der: *Erstellung von Anlagen[teilen] des Wasserbaus, die wegen besonderer Anforderungen ganz od. vorwiegend aus Stahl gefertigt werden* (z. B. Schleusentore); **Stahl|werk**, das: *Werk, das Stahl produziert;* **Stahl|wer|ker**, der 〈meist Pl.〉 (Jargon): *Stahlarbeiter;* **Stahl|wer|ke|rin**, die; -, -nen (Jargon): w. Form zu ↑Stahlwerker; **Stahl|wol|le**, die: *dünne, gekräuselte, fadenähnliche Gebilde aus Stahl zum Abschleifen u. Reinigen metallener od. hölzerner Flächen.*
Stain|less Steel ['steɪnlɪs 'stiːl], der; - - [engl. stainless steel]: *rostfreier Stahl* (Qualitätsbezeichnung auf Gebrauchsgütern).
stak, stä|ke: ↑stecken (5, 6, 7).
Sta|ke, die; -, -n, **Staken**, der; -s, - [mniederd. stake, wohl verw. mit ↑Stecken] (nordd.): *lange Holzstange (bes. zum Abstoßen u. Vorwärtsbewegen eines Bootes od. als Stütze beim Fachwerkbau);* **sta|ken** 〈sw. V.〉 [mniederd. staken, zu ↑Stake(n)] (nordd.): **1. a)** *(ein Boot o. ä.) durch Abstoßen u. weiteres Stemmen mit einer langen Stange gegen den Grund od. das Ufer vorwärts bewegen* 〈hat〉: den Kahn, das Boot [durch das Schilf, über den Teich] s.; 〈auch o. Akk.-Obj.:〉 laß mich mal s.; **b)** *sich durch Staken (1 a) in einem Boot o. ä. irgendwohin bewegen* 〈ist〉: wir stakten ans Ufer, über den Teich. **2.** (selten) *staksen* 〈ist〉: über den Hof, durch den Schnee s.; Wir staken den schmalen Weg zu unserem Hause (Imog, Wurliblume 328). **3.** (landsch.) *mit einer Heugabel o. ä. aufspießen u. irgendwohin befördern* 〈hat〉: das Heu, die Garben auf den Wagen s.; 〈auch o. Akk.-Obj.:〉 sie standen in der Scheune und staken. **4.** (selten) *spitz hervorstehen, -ragen:* Die Sträucher stakten schwarz und ohne Blätter aus dem schwarzen Sand (Reinig, Schiffe 98); **Sta|ken**: ↑Stake; **Stakes** [steːks, ʃt..., engl. steɪks] 〈Pl.〉 [engl. stakes, viell. identisch mit: stake (Sg.) =

Staket

(Ziel)pfosten, Stange, verw. mit ↑Stake] (Pferdesport): **1.** *Wetteinsätze [die den Pferden die Startberechtigung sichern].* **2.** *Pferderennen, bei denen der Siegespreis aus der Summe aller Einsätze besteht;* **Sta|ket**, das; -[e]s, -e [mniederd. staekkette < altfrz. estachette, zu: estaque = Pfahl, aus dem Germ., verw. mit ↑Stake(n)] (landsch.): *Lattenzaun;* **Sta|ke|te**, die; -, -n (bes. österr.): *[Zaun]latte;* **Sta|ke|ten|zaun**, der (landsch.): *Gartenzaun aus Latten;* ◆ **Sta|ket|pfor|te**, die: *(in landsch. Sprachgebrauch) Pforte, Tür in einem Zaun:* Hier wurde die ... Häuserreihe von einem grünen Weißdornzaune und dieser wiederum durch eine breite S. unterbrochen (Storm, Söhne 5); **sta|kig** ⟨Adj.⟩: **1.** *staksig:* ◆ den Beschluß machten uns. aufgeschossenes Mädchen und ein ... Knabe (Storm, Carsten Curator 115). **2.** (selten) *spitz hervorstehend, -ragend, -stechend:* -e Zweige.
Stak|ka|to [ʃt..., st...], Staccato, das; -s, -s u. ...ti [ital. ↑staccato] (Musik): *musikalischer Vortrag, bei dem die Töne staccato gespielt werden.*
stak|sen ⟨sw. V.; ist⟩ [Intensivbildung zu ↑staken (2)] (ugs.): *sich ungelenk, mit steifen Beinen fortbewegen, irgendwohin bewegen:* sie staksten über die feuchte Wiese, durch den hohen Schnee; linkisch durchs Zimmer s.; Er ... stakst langsam, doch hocherhobenen Hauptes ... zur Umkleidekabine (Heim, Traumschiff 90); mit staksenden Schritten s.; **stak|sig** ⟨Adj.⟩ (ugs.): *ungelenk staksend:* ein -es Fohlen; er hat einen etwas -en Gang; er durchquerte den Saal auf -en Beinen, mit -en Schritten; er ging s. hinaus, zur Tür.
Stall|ag|mit [auch: st..., ...'mɪt], der; -s u. -en, -e[n] [nlat. stalagmites, zu griech. stálagma = Tropfen] (Geol.): *säulenähnlicher Tropfstein, der sich vom Boden einer Höhle nach oben aufbaut;* **stal|lag|mi|tisch** ⟨Adj.⟩: *wie Stalagmiten gebildet, geformt;* **Stal|lag|mo|me|ter**, das; -s, - [↑-meter (1)]: *Gerät zur Messung der Tropfengröße u. damit der Oberflächenspannung von Flüssigkeiten;* **Stal|lak|tit** [auch: st..., ...'tɪt], der; -s u. -en, -e[n] [nlat. stalactites, zu griech. stalaktós = tröpfelnd] (Geol.): *einem Eiszapfen ähnlicher Tropfstein, der von der Decke einer Höhle nach unten wächst u. herabhängt;* **Stal|ak|ti|ten|ge|wöl|be**, das (Kunstwiss.): *(in der persisch-islamischen Baukunst) Gewölbe mit Stalaktitwerk;* **sta|lak|ti|tisch** ⟨Adj.⟩: *wie Stalaktiten gebildet, geformt.* **Stal|ak|tit|werk** [auch: ...'tɪt...], das (Kunstwiss.): *(in der persisch-islamischen Baukunst) Werk mit vielen kleinen, an Stalaktiten erinnernden Verzierungen.*
◆ **Stall|den**, der; -s, - [mhd. stalde, zu ↑stellen u. eigtl. wohl = Ort, wo man „gestellt" (= gehemmt) wird]: *(im schweiz. Sprachgebrauch) Abhang; steile Straße:* man mußte den S. auf durchs Dorf fahren an der Kirche vorbei (Gotthelf, Spinne 81).
Sta|lin|grad: 1925–1961 Name von Wolgograd; **¹Sta|lin|gra|der**, der; -s, -: Ew.; **²Sta|lin|gra|der** ⟨indekl. Adj.⟩; **Sta|lin|gra|de|rin**, die; -, -nen: w. Form von ↑¹Stalingrader; **Sta|li|nis|mus** [ʃt..., st...], der; -: *von J.W. Stalin (1879–1953) geprägte Interpretation des Marxismus u. die darauf beruhenden, von Stalin erstmals praktizierten Methoden u. Herrschaftsformen;* **Sta|li|nist**, der; -en, -en: *Anhänger, Vertreter des Stalinismus;* **Sta|li|nis|tin**, die; -, -nen: w. Form zu ↑Stalinist; **sta|li|ni|stisch** ⟨Adj.⟩: *den Stalinismus betreffend, zu ihm gehörend, von ihm bestimmt, seine Züge tragend:* das -e System; die -e Ära; eine -e Einstellung; -e Politiker; Da sie die Teilung Berlins kritisierte ..., wurde sie ... verdächtigt, eine -e Agentin zu sein (Reich-Ranicki, Th. Mann 189); **Sta|lin|or|gel** ['ʃt...], die (Soldatenspr.): *(von den sowjetischen Streitkräften im 2. Weltkrieg eingesetzter) Raketenwerfer, mit dem eine Reihe von Raketengeschossen gleichzeitig abgefeuert wurden.*
Stall, der; -[e]s, Ställe [mhd., ahd. stal, eigtl. = Standort, Stelle, wohl verw. mit ↑stehen]: **1.** *geschlossener Raum, Gebäude[teil], in dem das Vieh untergebracht ist, gehalten wird:* große, geräumige, moderne Ställe; den S. säubern, ausmisten; einen S. bauen; einen S. für die Kaninchen, Hühner zimmern; die Pferde wittern schon den S.; die Kühe aus dem S. holen; die Schweine in den S. bringen, treiben; die Tiere bleiben den Winter über im S.; die Rinder stehen im S. *(werden im S. gehalten);* in deiner Bude sieht es aus wie in einem S. (ugs.; *ist es unerträglich unordentlich u. schmutzig);* Ü den S. müssen wir mal tüchtig ausmisten (ugs.; *hier müssen wir Ordnung schaffen);* sie kommt aus einem guten S. (ugs. scherzh.; *aus gutem Haus);* Er stammte aus einem bestens schauspielerischen S. (BM 14. 6. 84, 20); die beiden kommen aus demselben S. (ugs. scherzh.; *entstammen derselben Familie, haben die gleiche Ausbildung, Erziehung genossen);* * *ein ganzer S. voll* (ugs.; *sehr viele):* einen S. voll Kinder haben; **den S. wittern** (ugs. scherzh.; *auf dem Nachhauseweg angesichts des nahen Ziels einen starken Drang verspüren, die restliche Strecke möglichst schnell zurückzulegen).* **2.** (Jargon) **a)** kurz für ↑*Rennstall* (1): dieser S., ein Pferd aus diesem S. nimmt an dem Rennen nicht teil; **b)** kurz für ↑*Rennstall* (2): er ist der Jüngste im S.; **Stall|a|ter|ne¹**, die: *stabile, feuersichere Laterne* (1 a) *für den Stall;* **Stall|baum**, der: *Latierbaum;* **Stall|bur|sche**, der: *[junger] Mann, der in einem landwirtschaftlichen Betrieb, in einem Gestüt, Reitstall die Pferde versorgt;* **Ställ|chen**, das; -s, -: **1.** Vkl. zu ↑Stall (1). **2.** *Laufgitter, Laufstall:* das Baby spielt in seinem S.; **Stall|dienst**, der: *Arbeit, Dienst in einem Vieh-, Pferdestall:* Sie hat S. ..., muß ... vierunddreißig Pferde füttern (Frischmuth, Herrin 69); **Stall|dung**, der: *im Stall bes. größerer Nutztiere anfallender* ¹*Mist* (1 a) */* **Stall|dün|ger**, der: *Stalldung;* **stal|len** ⟨sw. V.; hat⟩ [1: mhd. stallen, zu ↑Stall; 2: spätmhd. stallen, H. u.; später zusammengefallen mit ↑stallen (1)]: **1.** (selten) **a)** *im Stall unterbringen, in den Stall bringen* [u. *versorgen]:* die Pferde s.; **b)** *im Stall stehen, untergebracht sein:* das Pferd stallt. **2.** (landsch.) *(von Pferden) urinieren;* **Stall|feind**, der ⟨o. Pl.⟩ (Schweiz.): *Maul- u. Klauenseuche;* **Stall|füt|te|rung**, die: *Fütterung von Vieh im Stall;* **Stall|gas|se**, die: *Durchgang zwischen den Boxen im Pferdestall;* **Stall|ge|bäu|de**, das: *Gebäude[teil], in dem der Stall, die Stallungen untergebracht sind;* **Stall|ge|ruch**, der: *für einen Stall charakteristischer Geruch:* Ü Nicht minder wichtig für die Karriere ... ist es, mit den Kollegen auszukommen, das heißt, den ... richtigen S. (ugs. scherzh.; *die Zugehörigkeit zu einem bestimmten Kreis, gehobenen Milieu*) mitzubringen oder zumindest anzunehmen (Capital 2, 1980, 44); **Stall|ha|se**, der (volkst.): *Hauskaninchen;* ◆ **Stall|jun|ge**, der: *Stallbursche:* Waser ... sah den Wirt ..., die tobenden Hunde an der Kette legen, wozu ihm der S. mit einer Pechfackel leuchtete (C. F. Meyer, Jürg Jenatsch 18); **Stall|knecht**, der (veraltend): *für die Versorgung des Viehs verantwortlicher Knecht* (1); **Stall|magd**, die: vgl. Stallknecht; **Stall|mei|ster**, der: *jmd., der in einem Gestüt, Reitstall o.ä. als aufsichtsführende Person, als Reitlehrer tätig ist, Pferde zureitet o.ä.* (Berufsbez.). **Stall|mei|ste|rin**, die: w. Form zu ↑Stallmeister; **Stall|mist**, der: *Stalldung;* **Stall|ord|nung**, die: *Gesamtheit von Vorschriften für das Verhalten im Stall;* **Stall|tür**, die: *Tür eines Stalls:* jemand hatte versehentlich die S. offenstehen lassen; **Stal|lung**, die; -, -en ⟨meist Pl.⟩ [(spät)mhd. stallunge]: *Stall, Stallgebäude für größere Haustiere:* hinter den -en lag ein großer Reitplatz; **Stall|wa|che**, die: **1.** *(bei berittenen Truppen) Wache im Pferdestall:* S. haben. **2.** (bes. Politik Jargon) **a)** *Dienst als Stallwächter, Stallwächterin:* Genscher hält S. Die übrigen Minister suchen Erholung vom Bonner Streß (MM 19. 8. 79, 10); das Meinungsbild derjenigen zu bestimmen, die in der Bonner Regierungszentrale ... S. schoben (Spiegel 2, 1978, 19); **b)** *Stallwache* (2 a) *haltende Person[en]:* einer seiner engeren Mitarbeiter, der zur S. in Bonn gehört (Welt 10. 8. 78, 2); Indirekt rüffelte der Parteipatriarch seine S. (Spiegel 36, 1984, 22); **Stall|wäch|ter**, der (bes. Politik Jargon): *jmd., der während der [Parlaments]ferien die Aufsicht in einer Behörde o.ä. führt:* der Staatssekretär als derzeitiger S. im Ministerium; **Stall|wäch|te|rin**, die, (bes. Politik Jargon): w. Form zu ↑Stallwächter; **Stall|wet|te**, die: *Siegwette, der man dann gewinnt, wenn eines von mehreren Pferden eines bestimmten Stalles, die an einem Rennen teilnehmen, gewonnen hat.*
Sta|men, das; -s, ...mina [lat. stamen (Gen.: staminis) = Faden] (Bot.): *Staubblatt;* **Sta|mi|no|di|um** [ʃt..., st...], das; -s, ...ien [zu griech. -oeidés = ähnlich] (Bot.): *unfruchtbares Staubblatt.*
Stamm, der; -[e]s, Stämme [mhd., ahd. stam, wohl im Sinne von „Ständer", verw. mit ↑stehen]: **1.** *Baumstamm:* ein dünner, schlanker, dicker, starker, knorriger, bemooster S.; die gewaltigen Stämme und Kronen, die hier in lichten Gruppen beieinander standen (Schröder, Wanderer 21); die Stämme schälen, zersägen, ins Sägewerk transportieren; In einem kleinen Birkengehölz stand eine Hütte aus rohen Stämmen (Hesse, Nar-

ziß 277); Bäume mit hohen, kerzengeraden Stämmen. **2.** *(bes. bei Naturvölkern) größere Gruppe von Menschen, die sich bes. im Hinblick auf Sprache, Kultur, wirtschaftliche o. ä. Gemeinsamkeiten, gemeinsames Siedlungsgebiet o. ä. von anderen Gruppen unterscheidet:* nomadisierende, seßhafte, rivalisierende Stämme; die germanischen Stämme; ein westafrikanischer, indianischer S.; (bibl.:) die zwölf Stämme Israels; (bibl.:) der S. Ephraim, Benjamin; Diese Gebiete sind soziologisch dadurch charakterisiert, daß ... die Loyalität des Arabers der Familie und dem S. liegt und der Staat ihm nicht viel bedeutet (Dönhoff, Ära 164); der Letzte seines -es *(seiner Sippe, seines Geschlechts;* nach Fr. Schiller, Wilhelm Tell II, 1); sie sind vom, gehören zum selben S. *(haben gemeinsame Vorfahren);* *** vom -e Nimm sein** (ugs. scherzh.; *stets auf seinen Vorteil, auf Gewinn bedacht sein; immer alles nehmen, was man bekommen kann).* **3.** (Biol.) **a)** *(im System der Lebewesen, bes. der Tiere) Kategorie mit gemeinsamen, sich von anderen unterscheidenden Merkmalen (zwischen Reich, Unterreich od. Stammesgruppe u. Klasse); Phylum:* der S. der Ringelwürmer umfaßt über 8 000 Arten; diese Klasse gehört, die Wirbeltiere gehören zum S. der Chordatiere; **b)** *(in der Mikrobiologie) kleinste Einheit von Mikroorganismen:* ein resistenter S. [des Erregers, von Staphylokokken]; bei den Bierhefen unterscheidet man obergärige und untergärige Stämme; **c)** *(in der Pflanzenzucht) aus einer einzelnen Pflanze hervorgegangene Nachkommenschaft;* **d)** *(in der Tierzucht) Gruppe von enger verwandten Tieren eines Schlages* (15 b), *die sich durch typische Merkmale wie Größe, Farbe, Zeichnung von den anderen unterscheiden;* **e)** *(in der Tierhaltung) zusammengehörender Bestand von bestimmten Tieren:* ein S. Bienen *(ein Bienenvolk);* ein S. Hühner (Hennen u. Hahn). **4. a)** ⟨o. Pl.⟩ *Gruppe von Personen als fester Bestand von etw.:* Ein ständig wachsender S. von Jugendlichen hofft mit uns, endlich einen Zentralpunkt zu erhalten (Ossowski, Bewährung 95); das Haus hat einen [festen] S. von Gästen, Besuchern, Kunden; ... wird BP einen S. von 6 000 Mitarbeitern beschäftigen (Hamburger Abendblatt 24. 5. 85, 21); Er gehörte zum S. der Belegschaft (Innerhofer, Schattseite 252); **b)** *größere Einheit einer Jugendorganisation:* ein S. der Pfadfinder; Auch ans Mannheim waren die dort ansässigen amerikanischen Scouts, die seit langem freundschaftliche Bande zu entrichten pflegen, erschienen (MM 6. 11. 69, 9); (ns.:) drei bis fünf Fähnlein bildeten einen S. **5.** (Sprachw.) *zentraler Teil eines Wortes, dem andere Bestandteile (wie Vor-, Nachsilben, Flexionsendungen) zugesetzt, angehängt werden* (z. B. *leb-*en, ge-*leb-*t, *leb-*endig). **6.** (ugs.) *Stammgericht:* ich nehme meistens den S.; **Stạmm|ak|tie,** die (Wirtsch.): *Aktie, die keine besonderen Vorrechte einschließt;* **Stạmmann|schaft**[1], die: vgl. Stammpersonal; **Stạmm|art,** die (Biol.): **1.** *der Vorläufer anderer Arten.* **2.** *der erdgeschicht-*

lich jüngste gemeinsame Vorfahre eines Taxons; **Stạmm|baum,** der [1: LÜ von mlat. arbor consanguinitatis, nach dem bibl. Bild der „Wurzel (o. ä.) Jesse", Jes. 11,1]: **1.** *Aufstellung der Verwandtschaftsverhältnisse von Menschen (auch Tieren) zur Beschreibung der Herkunft durch Nachweis möglichst vieler Vorfahren, oft in Form einer graphischen Darstellung od. einer bildlichen Darstellung in Gestalt eines sich verzweigenden Baumes; Ahnentafel, Genealogie* (2): ihr S., der S. ihrer Familie reicht bis ins 17. Jahrhundert; einen S. aufstellen; ... erhielt er ... einen S. ins Haus geliefert, der ihn direkt von Wotan ... hätte abstammen lassen können (Kühn, Zeit 365); der Hund hat einen S. *(eine Nachweis für seine reinrassige Abstammung).* **2.** *oft als bildliche od. graphische Darstellung veranschaulichte Beschreibung der natürlichen Verwandtschaftsverhältnisse zwischen systematischen Einheiten des Tier- u. Pflanzenreichs.* **3.** (Sprachw.) *Stemma;* **Stạmmbaum|schema,** das: *an einen sich verzweigenden Baum erinnerndes Schema, mit dem bestimmte Zusammenhänge graphisch dargestellt werden;* **Stạmm|baumtheo|rie,** die ⟨o. Pl.⟩ (Sprachw.): *(in Form eines Stammbaums dargestellte) Theorie der Entwicklung der indogermanischen Einzelsprachen aus einer indogermanischen Ursprache;* **Stạmm|baum|züchtung,** die (Bot.): *Verfahren, bei dem über mehrere Generationen hinweg aus Stämmen* (3 c) *einzelne Pflanzen ausgelesen u. weitergezüchtet werden; Pedigreezüchtung;* **Stạmm|bei|sel,** das *(österr.):* Stammlokal; **Stạmm|be|leg|schaft,** die: vgl. Stammpersonal; **Stạmm|be|satzung,** die: vgl. Stammpersonal; **Stạmmbe|set|zung,** die: *übliche Besetzung mit einem Stamm von Mitwirkenden;* **Stạmmbild|ner,** der (Bot.): *(bei der Veredelung) Pflanze, die den Stamm bildet;* **Stạmmblüt|ig|keit,** die: - (Bot.): *Kaulifloric;* **Stạmm|buch,** das: **1.** *(veraltend) Buch, in das sich Gäste, Freunde, Bekannte bes. mit Versen, Sinnsprüchen o. ä. zur Erinnerung eintragen:* könntest du mir noch etwas ins S. schreiben?; *** jmdm. etw. ins S. schreiben** *(jmdn. mit Nachdruck kritisierend auf etw. Tadelnswertes hinweisen).* **2. a)** *Familienstammbuch;* **b)** *Herdbuch;* **Stạmm|burg,** die: *Burg, von der ein Adelsgeschlecht seinen Ausgang genommen hat;* **stạmm|bür|tig** ⟨Adj.⟩ (Bot.): kauliflor; **Stạmm|ca|fé,** das: vgl. Stammlokal; **Stạmm|chen,** das; -s, -: Vkl. zu ↑Stamm (1); **Stạmm|da|ten** ⟨Pl.⟩ (Datenverarb.): *gespeicherte Daten, die für einen relativ langen Zeitraum gültig bleiben u. mehrmals verarbeitet werden;* **Stạmmein|la|ge,** die (Wirtsch.): *Beteiligung (am Stammkapital), die ein Gesellschafter* (2) *einer GmbH zu entrichten hat;*

stạm|meln ⟨sw. V.; hat⟩ [mhd. stammeln, stamelen, ahd. stam(m)alōn, zu Adj. mit der Bed. „stammelnd", vgl. ahd. stam(m)al, zu: stam = stammelnd, stotternd, ablautend verw. mit ↑stumm u. mit diesem verw. mit ↑stemmen, also eigtl. = anstoßen, (sprachlich) gehemmt sein]: **1. a)** *(aus Unsicherheit, Verlegenheit, Erregung o. ä.) stockend, stotternd, unzusam-*

menhängend sprechen: vor Verlegenheit fing sie an zu s.; Vor Glück und Unglück stammelnd, konstatierte Thomas Mann die große Liebe (Reich-Ranicki, Th. Mann 78); ... pries er mit stammelnden Worten der Freuden der Liebe (Böll, Haus 37); **b)** *stammelnd* (1 a) *hervorbringen:* verlegen, errötend eine Entschuldigung s.; Da stammelte er leise seinen Thronverzicht (Stern, Mann 201). **2.** (Med.) *bestimmte Laute od. Verbindungen von Lauten nicht od. nicht richtig aussprechen können.*

Stạmm|el|tern ⟨Pl.⟩: *Eltern als Begründer eines Stammes, einer Sippe;* **stạm|men** ⟨sw. V.; hat⟩ [mhd. stammen, zu ↑Stamm]: **a)** *seinen Ursprung in einem bestimmten räumlichen Bereich haben:* die Tomaten stammen aus Italien, von den Kanarischen Inseln; die Kiwi stammt ursprünglich aus China; die Familie stammt aus Frankreich; er ... möchte wohl aus einer Kleinstadt s. (Koeppen, Rußland 79); woher stammt seine Frau?; er war lange in Berlin, stammt aber eigentlich, ursprünglich aus Dresden (ist in Dresden geboren); **b)** *seine Herkunft, seinen Ursprung in einem bestimmten zeitlichen Bereich haben; aus einer bestimmten Zeit überliefert sein, kommen:* diese Urkunde, diese Münze stammt aus dem 9. Jahrhundert; von wann, aus welcher Zeit stammt das Fossil?; die Brötchen scheinen von gestern, vor vor drei Tagen zu s.; **c)** *seine Herkunft, seinen Ursprung in einem bestimmten Bereich, in einer bestimmten Gegenheit, einem bestimmten Umstand haben:* aus einer Handwerkerfamilie, aus einfachen Verhältnissen, von einfachen Leuten s.; sie stammt aus einem alten [Adels]geschlecht; das Wort stammt aus dem Lateinischen; so stammt der Mensch vom Tier (Th. Mann, Krull 312); **d)** *auf jmdn., etw., auf jmds. Arbeit, Tätigkeit, Betätigung zurückgehen; von jmdn. gesagt, gemacht, erschaffen worden sein:* der Satz stammt aus seiner Feder, von Sokrates; Aus einer Erwägung solcher Art stammte meine Gegnerschaft gegen aristokratische ... Lebensformen (Niekisch, Leben 154); Aus dem Munde dieses unbestechlichen Mannes stammt der Ausspruch ... (Nigg, Wiederkehr 170); die Plastik stammt nicht von seiner Hand, stammt von einem anderen Künstler; die Flecken auf dem Tischtuch stammen nicht von mir; von wem stammt denn diese Idee?; der Stich stammt von einer Wespe; die Narbe stammt von einer Messerstecherei, Operation; woher stammt eigentlich die Beule in deinem Auto?; das Kind stammt nicht von ihm *(er ist nicht der Vater);* **e)** *von irgendwoher genommen, aus etw. Bestimmtem gewonnen worden sein:* die Milch, das Fleisch, das Fell stammt von einer Ziege; das Elfenbein stammt von sibirischen Mammuts; woher stammt eigentlich Lebertran?; das Holz stammt von skandinavischen Kiefern; die Scheine stammen aus dem Lösegeld; das Zitat stammt aus der Bibel, aus einem seiner Dramen; der Schmuck stammt von ihrer Mutter *(wurde ihr von ihrer Mutter geschenkt od. vererbt);* ein regelmäßiges, ... standesgemäßes, ... aus verschiedenartigen Quellen stammendes Einkommen (Fraenkel, Staat 65).

stam|mern ⟨sw. V.; hat⟩ (landsch.): *stammeln* (1).

Stam|mes|be|wußt|sein, das: vgl. Nationalbewußtsein; **Stam|mes|ent|wick|lung**, die (Biol.): *Phylogenie;* **Stam|mes|feh|de**, die: *Feindseligkeit, kämpferische Auseinandersetzung zwischen Stämmen* (2); **Stam|mes|füh|rer**, der: *Führer, Häuptling eines Stammes* (2); **Stam|mes|füh|re|rin**, die: w. Form zu ↑Stammesführer; **Stam|mes|fürst**, der: vgl. Stammesführer; **Stam|mes|für|stin**, die: w. Form zu ↑Stammesfürst; **Stam|mes|ge|schich|te**, die ⟨o. Pl.⟩ (Biol.): *Entwicklungsgeschichte der Lebewesen, ihrer Stämme* (3 a) *u. Arten im Laufe der Erdgeschichte;* **stam|mes|ge|schicht|lich** ⟨Adj.⟩ (Biol.): *die Stammesgeschichte betreffend;* **Stam|mes|häupt|ling**, der: vgl. Stammesführer; **Stam|mes|kun|de**, die: *Wissenschaft von den Volksstämmen;* **Stam|mes|na|me**, der: *Name eines Stammes* (2); **Stam|mes|re|li|gi|on**, die: *auf einen vergleichsweise kleinen Kreis von Anhängern, die durch gemeinsame Abstammung, Kultur u. Sprache, durch gemeinsames Brauchtum u. Siedlungsgebiet verbunden sind, beschränkte Religion;* **Stam|mes|sa|ge**, die: *in einem Stamm* (2) *überlieferte Sage;* **Stam|mes|sen**, das: vgl. Stammgericht; **Stam|mes|spra|che**, die: *Sprache eines Stammes* (2); **Stam|mes|ver|band**, der: *Verband* (4), *wie er durch einen Stamm* (2) *gebildet wird;* **Stam|mes|zu|ge|hö|rig|keit**, die: *Zugehörigkeit zu einem Stamm* (2); **Stamm|fäu|le**, die: *Holzfäule am Stamm lebender Bäume oberhalb des Wurzelstocks;* **Stamm|form**, die: 1. (Sprachw.) *eine der (z. B. im Deutschen, Englischen od. Lateinischen drei) Formen des Verbs, von denen alle anderen Formen der Konjugation abgeleitet werden können:* die -en der unregelmäßigen und starken Verben, des Verbs „gehen". 2. *Wildform, von der die domestizierten Formen einer Tierart, die Kulturformen einer Pflanzenart abstammen:* die Felsentaube ist die S. der Haustaube; die S. des Gartenrettichs ist vermutlich der Hederich; **Stamm|füh|rer**, der (ns.): *Führer eines Stammes* (4 b); **Stamm|gan|gli|on**, das (Anat.): *großes Ganglion im Hirnstamm;* **Stamm|gast**, der: *häufiger, regelmäßiger Besucher eines Lokals o. ä.:* unsere Stammgäste; sie ist dort S.; **Stamm|ge|richt**, das: *preiswertes, meist einfacheres Gericht, das in einer Gaststätte bes. für die Stammgäste angeboten wird;* **Stamm|grup|pe**, die (Biol.): *(im System der Lebewesen) mehrere Stämme* (3 a) *zusammenfassende Einheit, Kategorie;* **Stamm|gut**, das (früher): *unveräußerlicher Besitz, der nur an einen männlichen Nachkommen ungeteilt vererbt werden darf;* **stamm|haft** ⟨Adj.⟩ (Sprachw.): *zum Stamm* (5) *gehörend:* -es „t"; **Stamm|hal|ter**, der (scherzh.): *erster männlicher Nachkomme eines Elternpaares, der den Namen der Familie weitererhält;* **Stamm|haus**, das: 1. *Gebäude, in dem eine Firma gegründet wurde [u. das oft Sitz der Zentrale ist].* 2. vgl. Stammburg; **Stamm|hirn**, das: *Gehirnstamm;* **Stamm|holz**, das ⟨o. Pl.⟩ (Forstw.): *aus Baumstämmen von einer gewissen Dicke an gewonnenes Holz;* **Stam|mie|te¹**, die: *Abonnement im Theater;* **Stam|mie|ter¹**, der: *Inhaber einer Stammiete;* **Stam|mie|te|rin¹**, die: w. Form zu ↑Stammieter; **stäm|mig** ⟨Adj.⟩ [eigtl. = wie ein Stamm (1)]: *kräftig, athletisch gebaut u. meist untersetzt, gedrungen:* ein -er Mann; Eine gedrungene, -e Schwester (Sebastian, Krankenhaus 57); -e *(kräftige)* Beine, Arme; für einen Hochspringer ist er ziemlich s. [gebaut]; **Stäm|mig|keit**, die, -: *das Stämmigsein;* **Stamm|kaf|fee**, das (veraltet): ↑Stammcafé; **Stamm|ka|pi|tal**, das (Wirtsch.): *Gesamtheit der Stammeinlagen;* **Stamm|ki|no**, das: vgl. Stammlokal; **Stamm|knei|pe**, die (ugs.): vgl. Stammlokal; **Stamm|kohl**, der: *Gemüsekohl mit bes. kräftig entwickelter Sproßachse;* **Stamm|kun|de**, der: vgl. Form zu ↑Stammkunde; **Stamm|kund|schaft**, die: vgl. Stammgast; **Stamm|land**, das ⟨Pl. ...länder, hist. fachspr. -e⟩: *Land, in dem ein Volk, ein Volksstamm, ein Geschlecht o. ä. beheimatet ist, seinen Ursprung hat:* das S. der Habsburger; Ü Die Absichten des ... Beamten drohen den Bausparkassen nicht nur in ihren süddeutschen -en ... Ärger ... einzubringen (Capital 2, 1980, 15).

Stamm|ler, der; -s, - [spätmhd. stameler, ahd. stamilari] (Med.): *jmd., der stammelt* (2); **Stamm|le|rin**, die; -, -nen (Med.): w. Form zu ↑Stammler.

Stamm|lo|kal, das: *Lokal, in dem jmd. Stammgast ist;* **Stamm|or|phem¹**, das (Sprachw.): *Morphem, das der Stamm eines Wortes ist;* **Stamm|per|so|nal**, das: *langjähriges Personal, das einen festen Bestand bildet;* **Stamm|platz**, der: *Platz, den jmd. bevorzugt, immer wieder einnimmt:* der Sessel am Fenster ist sein S.; er saß auf seinem S. am Tresen; an unserem S. stand schon ein anderes Zelt; Ü er hat einen S. (festen Platz) in der Nationalmannschaft; **Stamm|pu|bli|kum**, das: *Publikum, das immer wieder, regelmäßig an bestimmten Orten anzutreffen ist, bestimmte Veranstaltungen besucht:* das Theater hat sein, ein S.; sie gehören seit Jahren zum S. des Lokals; **Stamm|re|gi|ster**, das: 1. (Bankw.) *Teil eines Scheckbuches, eines Quittungsblocks, der nach Abtrennung der Formulare übrigbleibt.* 2. vgl. Stammhaus: der S. einer Firma. 3. vgl. Stammburg: der S. eines Adelsgeschlechts; **Stamm|spie|ler**, der (Sport): *Spieler, der zum Stamm* (4) *einer Mannschaft gehört;* **Stamm|spie|le|rin**, die (Sport): w. Form zu ↑Stammspieler; **Stamm|ta|fel**, die: *Aufstellung der Nachkommen eines Elternpaares als Stammeltern, bes. der Verwandtschaft des männlichen Generation in absteigender Linie in Form eines Verzeichnisses, eines graphisch od. bildlich dargestellten Stammbaumes o. ä.;* **Stamm|tisch**, der: 1. *(meist größerer) Tisch in einer Gaststätte, an dem ein Kreis von Stammgästen regelmäßig zusammenkommt u. der für diese Gäste meist reserviert ist:* am S. sitzen; Wo immer ... darüber Gespräche geführt werden, in den Geschäften, in den Büros, am S. ... (Welt 6. 10. 65, 2). 2. *Kreis von Personen, die regelmäßig am Stammtisch* (1) *zusammenkommen:* auf der Beerdigung eines Kollegen, zu der sein ganzer S. erschienen war (M. L. Fischer, Kein Vogel 160); es verkehren also mehrere -e hier (Aberle, Stehkneipen 34). 3. *regelmäßiges Zusammenkommen, Sichtreffen eines Kreises von Stammgästen am Stammtisch* (1): freitags hat er S.; ich sehe ihn spätestens morgen beim S.; ich gehe jetzt zum S.; **Stamm|tisch|bru|der**, der (ugs.): *Mann, der zu einem Stammtisch* (2) *gehört;* **Stamm|tisch|po|li|tik**, die ⟨o. Pl.⟩ (abwertend): *naive politische Diskussion; unqualifiziertes, unsachliches Politisieren am Stammtisch;* **Stamm|tisch|po|li|ti|ker**, der (abwertend): *jmd., der Stammtischpolitik treibt:* diese S. haben doch überhaupt keine Ahnung; **Stamm|tisch|po|li|ti|ke|rin**, die (abwertend): w. Form zu ↑Stammtischpolitiker; **Stamm|tisch|schwe|ster**, die (ugs.): *Frau, die zu einem Stammtisch* (2) *gehört;* **Stamm|ton**, der (Musik): *Ton ohne Vorzeichen (von dem ein Ton mit Vorzeichen abgeleitet wird);* **Stamm|ton|art**, die (Musik): *(in der altgriechischen Musik) eine der ursprünglichen Tonarten, von denen die übrigen Tonarten abgeleitet sind;* **Stammut|ter¹**, die: vgl. Stammeltern, **Stamm|va|ter**, der: vgl. Stammeltern, **stamm|ver|wandt** ⟨Adj.⟩: 1. *zum gleichen Stamm* (2) *gehörend, sich vom gleichen Stamm, von den gleichen Vorfahren herleitend:* ein -es Volk; -e Familien. 2. (Sprachw.) *vom gleichen Stamm* (5), *Stammwort abgeleitet:* -e Wörter; **Stamm|ver|wandt|schaft**, die: *das Stammverwandtsein;* **Stamm|vo|kal**, der (Sprachw.): *Vokal der Stammsilbe eines Wortes;* **Stamm|wäh|ler**, der: *jmd., der eine Partei, einen Kandidaten immer wieder wählt;* **Stamm|wäh|le|rin**, die: w. Form zu ↑Stammwähler; **Stamm|wort**, das ⟨Pl. ...wörter⟩ (Sprachw.): *Etymon; Wurzelwort;* **Stamm|wür|ze**, die (Brauerei): *in der Bierwürze vor Eintritt der Gärung enthaltene lösliche Substanzen, bes. Extrakte des Malzes:* das Bier hat 15% S.; **Stamm|zel|le**, die (Med.): *Hämoblast.*

Stam|nos, der; -, ...noi [griech. stámnos]: *bauchiges, auch längliches Gefäß der griechischen Antike mit kurzem Hals, weiter Öffnung u. zwei waagerecht angebrachten Henkeln.*

Sta|mo|kap, der; -s (Marxismus-Leninismus): Kurzw. für **sta**ats**mo**nopolistischer **Kap**italismus.

Stam|pe, die; -, -n [zu niederd. stampen = stampfen, urspr. = Tanzlokal niederen Ranges; 2: vgl. Stamperl] 1. (bes. berlin., oft abwertend): *Gaststätte, Kneipe:* Das Wagner-Eck war eine sogenannte S., in der reinrassiges Proletariat verkehrte (Hilbig, Ich 300); Mittweida besaß an die hundert Gaststätten vom Hotel bis zur S. (Loest, Pistole 46). ♦ **2.** *(bes. im landsch. Sprachgebrauch) kleines, massives Trinkglas mit dickem Fuß:* kam ein schmuckes Mädchen mit einer großen S. Wein (Eichendorff, Taugenichts 32); **Stam|pe|de** [st..., ʃt..., engl.: stæm'piːd], die; -, -n, bei engl. Aussprache: -s [engl. stampede < span. (mex.) estampida, aus dem Germ., verw. mit ↑stampfen]: *wilde Flucht einer in Panik geratenen [Rinder]herde;* **Stam|per,** der; -s, - (landsch.): *Stamperl;* **Stam|perl,** das; -s, -n [zu bayr., österr. stampern = stampfen, eigtl. = Glas, das auf den Tisch „aufgestampft" werden kann] (südd., österr.): *kleines, massives [Schnaps]glas ohne Stiel;* **stam|pern** ⟨sw. V.; hat⟩ (österr. ugs.): *wegjagen; scheuchen;* **Stampf|as|phalt,** der; *(heute nicht mehr verwendeter) Asphalt einer bestimmten feinkörnigen Art, der erhitzt, verteilt u. gestampft als Straßenbelag aufgebracht wurde;* **Stampf|be|ton,** der: *durch Stampfen verdichteter Beton;* **Stamp|fe,** die; -, -n: *Werkzeug, Gerät zum Stampfen (2 a);* **stamp|fen** ⟨sw. V.⟩ [mhd. stampfen, ahd. stampfōn, urspr. = mit einem Stoßgerät (ahd. stampf) im Mörser zerkleinern]: **1. a)** *heftig u. laut den Fuß auf den Boden treten, mit Nachdruck auftreten* ⟨hat⟩: mit dem Fuß auf den Boden/(auch:) den Boden s.; er stampfte auf die Stelle, während Maske um Maske an ihm vorübertaumelte (Ransmayr, Welt 91); vor Ärger, Trotz, Zorn mit den Füßen s.; die Pferde stampften [mit den Hufen]; man hörte die stampfenden Hufe der Pferde; **b)** *sich stampfend* (1 a) *fortbewegen, irgendwohin bewegen* ⟨ist⟩: er stampfte [mit schweren Schritten] auf die andere Straßenseite, durch den Schnee, durchs Zimmer; **c)** *durch Stampfen* (1 a) *angeben, verdeutlichen* ⟨hat⟩: mit dem Fuß den Takt s.; sie versuchten, mit den Stiefeln den Rhythmus zu s.; **d)** *sich durch Stampfen* (1 a) *von etw. befreien* ⟨hat⟩: sich den Schmutz, den Schnee von den Stiefeln s. **2.** ⟨hat⟩ **a)** *durch Stampfen* (1 a)*, durch kräftige, von oben nach unten geführte Schläge, Stöße mit einem Gerät zusammendrücken, -pressen, feststampfen:* den lockeren Schnee, die Erde s.; Sie hocken auf schweren Straßenbaumaschinen und stampfen Asphalt (Saarbr. Zeitung 14. 3. 80, 8); Sauerkraut s.; der Keller hat einen gestampften Lehmboden; **b)** *durch kräftige, von oben nach unten geführte Schläge, Stöße mit einem Gerät zerkleinern:* die Kartoffeln [zu Brei] s.; **c)** *durch Stampfen* (2 a) *irgendwohin bewegen, befördern:* Pfähle in den Boden s.; Aber bevor noch eine flinke Hand sich den weggeworfenen Stummel angeln konnte, stampfte er ihn mit dem Absatz in die nasse Erde (Kühn, Zeit 408). **3.** ⟨hat⟩ **a)** *mit wuchtigen Stößen, laut stoßendem, klopfendem Geräusch arbeiten, sich bewegen:* die Motoren, Maschinen stampften; das stampfende Geräusch eines Güterzuges; ⟨subst.:⟩ er hörte das schwere, dumpfe, rhythmische Stampfen aus der Fabrikhalle; **b)** *(Seemannsspr.)* *sich in der Längsrichtung heftig auf u. nieder bewegen:* das Schiff stampft [im heftigen Seegang]; Da hinten stampft ein weißer

Raddampfer durch die Wellen (Kempowski, Zeit 244); **Stamp|fer,** der; -s, -: **1.** *(Technik) (als Werkzeug od. Maschine ausgeführtes) Gerät zum Feststampfen von Erde, Straßenbelag o. ä.* **2.** *zum Zerquetschen, Zerstampfen von bestimmten Speisen, bes. Kartoffeln, dienendes einfaches Küchengerät, das aus einem Stiel mit hölzernem, keulenartig verdicktem od. einem metallenen durchbrochenen Ende besteht.* **3.** *(seltener) Stößel;* **Stampf|ge|rät,** das (Technik): *Stampfer* (1); **Stampf|kar|tof|feln** ⟨Pl.⟩ (landsch.): *Kartoffelbrei.* **Stam|pi|glie** [...'piljə, ...'piːli̯ə], die; -, -n [ital. stampiglia, zu: stampare, ↑ Estampe] (österr.): **a)** *Gerät zum Stempeln, Stempel:* die S. ist entwendet worden; **b)** *Abdruck eines Stempels:* die S. ist gefälscht. **stand:** ↑stehen; **Stand,** der; -[e]s, Stände [mhd. stant = das Stehen, Ort des Stehens, ahd. in: firstand = Verstand, urstand = Auferstehung, zu mhd. standen, ahd. stantan = stehen, ↑stehen]: **1.** ⟨o. Pl.⟩ **a)** *das aufrechte Stehen [auf den Füßen]:* einen, keinen sicheren S. auf der Leiter haben; Das Wasser, wenn es um die Waden strömt, ist kalt, und einmal verliert er und beinah den S. (Frisch, Montauk 97); vom Reck in den S. springen (Turnen; *auf dem Boden in aufrechter Haltung zum Stehen kommen*); Ü keinen guten S. bei jmdm. haben (ugs.; *es schwer bei jmdm. haben*); bei jmdm., gegen jmdn. einen harten, schweren, keinen leichten S. haben (ugs.; *sich nur schwer behaupten, durchsetzen können*); *** aus dem S. [heraus]** (ugs.; ↑Stegreif): Wie viele Prozesse ... derzeit gegen ihn laufen, weiß er aus dem S. nicht zu sagen (Spiegel 14, 1979, 98); **b)** *das Stillstehen, das Sich-nicht-Bewegen:* aus dem S. (*ohne Anlauf*) auf die Bank springen; aus dem S. spielen (Fußball; *sich den Ball zuspielen, ohne die Position zu ändern*); den Motor im S. laufen lassen; Ü die neue Partei hat aus dem S. [heraus] *(gleich bei ihrer ersten Teilnahme an einer Wahl)* über sieben Prozent erreicht, die Fünfprozenthürde genommen. **2. a)** ⟨Pl. ungebr.⟩ *Platz zum Stehen; Standplatz:* der S. eines Schützen, Jägers, Beobachters; der Bergsteiger schlägt sich einen S. in das Eis; ein S. für Taxen; Franz hatte seinen S. an Paulinchens Seite genommen (A. Kolb, Daphne 51); Wild hat einen bestimmten S. (Jägerspr.; *Platz, an dem es sich am liebsten aufhält*); **b)** kurz für ↑Schießstand: warum warst du gestern nicht auf dem S.?; **c)** kurz für ↑Führerstand: Fahrgäste dürfen den S. des Lokführers nicht betreten. **3. a)** *[für eine begrenzte Zeit] entsprechend her-, eingerichtete Stelle (z. B. mit einem Tisch), an der etw. [zum Verkauf] angeboten wird:* ein S. mit Blumen, Gemüse, Käse, Fisch, Gewürzen; die Händler fingen schon an, ihre Stände abzubauen; der Bäcker hat auch einen S. auf dem Wochenmarkt, in der Markthalle; kommen Sie doch auf der Messe zu unserem S., an unseren S.; ein S. mit Informationsmaterial; während des Wahlkampfes hatten alle Parteien ihre Stände in der Fußgängerzone; **b)** *kleiner, abgeteilter Raum eines Stalls; Box* (1). **4.** ⟨o. Pl.⟩ **a)** *im Ablauf einer Entwick-*

lung zu einem bestimmten Zeitpunkt erreichte Stufe: der damalige S. der Entwicklung, der Technik, der Wissenschaft, der Forschung; der augenblickliche, jetzige S. der Geschäfte läßt das nicht zu; das Lexikon ist nicht [mehr] auf dem neuesten S.; etw. auf den neuesten S., den S. von 1994 bringen; bei diesem S. der Dinge würde ich davon abraten; ... ginge ich davon aus, daß beim gegebenen und voraussehbaren S. ein russischer Angriff nicht zu vermuten sei (W. Brandt, Begegnungen 155); wir werden Sie laufend über den S. der Verhandlungen, des Spiels, des Wettkampfs informieren; **b)** *Beschaffenheit, Verfassung, Zustand, in dem sich jmd., etw. zu einem bestimmten Zeitpunkt befindet:* den S. der Unschuld hat der Mensch ... verloren (Gruhl, Planet 29); das Auto, das Haus, die Wohnung ist gut im Stand[e]/in gutem Stand[e]; etw. wieder in den alten, in einen ordnungsgemäßen S. [ver]setzen; jmdn. in den vorigen S. zurückversetzen (Rechtsspr.; *jmdm. auf Grund eines Gerichtsbeschlusses o. ä. einen ihm vorher aberkannten Rechtsstatus wieder zuerkennen*); *** in den [heiligen] S. der Ehe treten** (geh.; *heiraten*); **c)** *zu einem bestimmten Zeitpunkt erreichter Wert, gemessene Menge, Größe, Höhe o. ä.:* der letzte, neue, derzeitige S. des Kontos; der S. der [Wert]papiere, der Aktien[kurse], des Dollars ist gut; den S. des [Kilometer]zählers, Thermometers ablesen; den S. des Motoröls, des Wassers im Kessel kontrollieren; den S. der Kasse, der Finanzen prüfen; das Hochwasser hatte seinen höchsten S. noch nicht erreicht, richtet sich nach dem S. der Sonne, des Mondes, der Sterne [am Himmel]. **5. a)** ⟨o. Pl.⟩ kurz für ↑Familienstand: bitte Namen und S. angeben; **b)** kurz für ↑Berufsstand: der S. der Arbeiter; das schädigt den S. der Angestellten (Fallada, Mann 69); den S. der Kaufleute, der Handwerker angehören; **c)** *gegenüber anderen verhältnismäßig abgeschlossene Gruppe, Schicht in einer hierarchisch gegliederten Gesellschaft* (1): der S. des Adels, der Geistlichkeit; der geistliche S.; der arbeitende S. sollte sich nicht „fein machen" – nicht nach städtisch bürgerlichem Vorbild (Th. Mann, Krull 218); die unteren, niederen, höheren Stände; einen S. bilden; Leute gebildeten -es; er hat unter seinem S. geheiratet; Sie war besser angezogen, als es ihrem S. zukam (Mann, Paris 89); Dieser Hitler – ... Plebejer, nicht von S. *(nicht adlig;* K. Mann, Wendepunkt 251); ein Mann von S. *(Adliger);* *** der dritte S.** (hist.; *das Bürgertum neben Adel u. Geistlichkeit;* nach frz. le tiers état); **d)** ⟨Pl.⟩ *Vertreter der Stände* (5 c) *in staatlichen, politischen Körperschaften des Mittelalters u. der frühen Neuzeit:* eine Versammlung der Stände. **6.** (schweiz.) *Kanton.* **7.** (Jägerspr.) *Bestand an Wild im Revier.* **8.** kurz für ↑Blütenstand. ¹**Stan|dard** [auch: 'st...], der; -s, -s [engl. standard, eigtl. = Standarte, Fahne (einer offiziellen Institution) < afrz. estandart, ↑Standarte]: **1.** *etw., was als mustergültig, modellhaft angesehen wird u. wonach sich anderes richtet; Richtschnur,*

Standard

Maßstab, Norm: verbindliche, international festgelegte -s; *Dynamischer Fahrkomfort, der neue -s setzt* (ADAC-Motorwelt 4, 1981, 11). **2.** *im allgemeinen Qualitäts- u. Leistungsniveau erreichte Höhe:* ein hoher S. der Technik, der Sicherheit, der Bildung; der soziale S. der Industriegesellschaft; daß sich ... der technische S. unserer Autos deutlich erhöht hatte (Zivildienst 2, 1986, 33); einen höheren S. erreichen; *Cantilevrebremsen sind bei Mountainbikes S. (das Normale, keine Sonderausstattung);* die Waschmaschine gehört heute zum S. *(zur Grundausrüstung)* eines Haushalts. **3.** (Fachspr.) *Normal* (1). **4.** (Münzk.) *(gesetzlich festgelegter) Feingehalt einer Münze;* **²Stan|dard** ['stændəd], das; -s, -s (Jazz Jargon): *immer wieder gern gespielte Musikstück (einer bestimmten Stilrichtung o. ä.):* Das Repertoire der Musiker umfaßt sowohl -s des neuen Jazz wie auch eigene Kompositionen (Augsburger Allgemeine 6./7. 5. 78, 43); **Stan|dard|ab|wei|chung**, die (Statistik): *mittlere Abweichung der Streuung;* **Stan|dard|ak|tie**, die (Börsenw.): *Aktie eines großen, bekannten Unternehmens, die die Grundlage für den Aktienindex bildet u. deren Kursentwicklung als repräsentativ für das Börsengeschehen gilt;* **Stan|dard|aus|füh|rung**, die: vgl. Standardausrüstung: *für meine Zwecke ist die S. [der Maschine, des Wagens] völlig ausreichend;* **Stan|dard|aus|rü|stung**, die: *allgemein übliche u. gängige Ausrüstung;* **Stan|dard|aus|spra|che**, die (Sprachw.): *normierte Aussprache (der deutschen Hoch- bzw. Standardsprache);* **Stan|dard|bei|spiel**, das: vgl. Standardwerk; **Stan|dard|brief**, der: *einer bestimmten Norm entsprechender Brief mit bestimmten Mindest- u. Höchstmaßen o. einem bestimmten Höchstgewicht:* wieviel kostet ein S. [nach Kanada]?; etw. als S. schicken; **Stan|dard|far|be**, die: vgl. Standardausrüstung; **Stan|dard|form**, die: vgl. Standardausrüstung; **Stan|dar|di|sa|ti|on**, die; -, -en [engl. standardization, zu: to standardize, ↑ standardisieren]: *Vereinheitlichung nach einem [genormten] Muster;* **stan|dar|di|sie|ren** ⟨sw. V.; hat⟩ [engl. to standardize, zu: standard, ↑ ¹Standard]: *[nach einem genormten Muster] vereinheitlichen; normen:* Leistungen s.; standardisierte Bauelemente; **Stan|dar|di|sie|rung**, die; -, -en: **1.** *das Standardisieren.* **2.** *das Standardisiertsein;* **Stan|dard|kal|ku|la|ti|on**, die (Wirtsch.): *mit Standardkosten od. Standardkostenrechnung operierende Art der Kalkulation;* **Stan|dard|klas|se**, die (Sport): *Klasse* (4, 5), *die bestimmten Beschränkungen unterliegt, nicht offene Klasse;* **Stan|dard|ko|sten** ⟨Pl.⟩ (Wirtsch.): *unter bestimmten normierten Gesichtspunkten ermittelte u. in die Plankostenrechnung einbezogene Kosten;* **Stan|dard|ko|sten|rech|nung**, die (Wirtsch.): *auf den Standardkosten aufbauende Plankostenrechnung,* dazu: **Stan|dard|lö|sung**, die (Sprachw.): *Standardaussprache;* **Stan|dard|lö|sung**, die: vgl. Standardwerk; **Stan|dard|mo|dell**, das: vgl. Standardausrüstung; **Stan|dard|nerz**, der (Fachspr.): *in Naturfarbe ge-*

züchteter Mink (2) (Handelsname); **Stan|dard|pa|pie|re** ⟨Pl.⟩ (Börsenw.): *Aktien der wichtigsten Gesellschaften, die am meisten gehandelt werden;* **Stan|dard|preis**, der (Wirtsch.): *fester (durchschnittlicher) Verrechnungspreis;* **Stan|dard|pro|gramm**, das: *Programm, das dem* ¹*Standard* (2) *entspricht:* etw. gehört zum S.; **Stan|dard|si|tua|ti|on**, die (Ballspiele, bes. Fußball): *Spielsituation mit standardisiertem Ablauf* (z. B. direkter Freistoß): ein Tor aus einer S. heraus erzielen; **Stan|dard|sor|te**, die: vgl. Standardausrüstung; **Stan|dard|spra|che**, die (Sprachw.): *über den Mundarten, lokalen Umgangssprachen u. Gruppensprachen stehende, allgemeinverbindliche Sprachform; gesprochene u. geschriebene Erscheinungsform der Hochsprache;* **stan|dard|sprach|lich** ⟨Adj.⟩ (Sprachw.): *zur Standardsprache gehörend, in der Standardsprache:* -e Wörter, Formen, Lautungen; sich s. ausdrücken; **Stan|dard|tanz**, der ⟨meist Pl.⟩: *für den Turniertanz festgelegter Tanz* (langsamer Walzer, Tango, Slowfox, Wiener Walzer od. Quickstep); **Stan|dard|typ**, der: vgl. Standardausrüstung; **Stan|dard|werk**, das: *grundlegendes Werk (eines Fachgebiets);* **Stan|dard|wer|te** ⟨Pl.⟩ (Börsenw.): *Standardpapiere;* **Stan|dard|zeit**, die: *Normalzeit;* **Stan|dar|te** [ʃt..], die; -, -n [mhd. stanthart < afrz. estandart = Sammelplatz der Soldaten, Feldzeichen, aus dem Germ.]: **1. a)** (Milit. früher) *[kleine, viereckige] Fahne einer Truppe:* * *bei der S. bleiben* (veraltet; *dem Ehemann treu bleiben*); **b)** *[kleine, viereckige] Fahne als Hoheitszeichen eines Staatsmannes* (z. B. am Auto). **2.** (ns.) *(in SA u. SS) etwa einem Regiment entsprechende Organisationseinheit.* **3.** (Jägerspr.) *(bei Fuchs u. Wolf) Schwanz;* **Stan|dar|ten|füh|rer**, der (ns.): *Befehlshaber einer Standarte* (2); **Stan|dar|ten|trä|ger**, der (Milit. früher): *Träger der Standarte* (1 a).

Stand|bein, das: **a)** (bes. Sport) *Bein, auf dem man steht;* **b)** (Kunstwiss.) *im klassischen Kontrapost das die Hauptlast des Körpers tragende Bein:* Ü das Handwerk – das S. unserer heimischen Wirtschaft; das Unternehmen hat ein weiteres S. *(eine Filiale)* im Ausland; sollte man die Autoindustrie ... zwingen, sich nach neuen -en umzusehen? (natur 9, 1991, 76); **Stand|bild**, das: **1.** *Statue.* **2.** (Film) *Standfoto.* **3.** (Elektronik) *(bei der Wiedergabe von Videoaufzeichnungen) für längere Zeit auf dem Bildschirm bleibendes, nicht bewegtes Einzelbild:* der Recorder hat kein gutes S.

Stand-by [ʃtændbaɪ], das; -[s], -s [engl. stand-by = Ersatz; Entlastungsflugzeug, zu: to stand by = sich bereithalten]: **1.** *Flugreise mit Platzvergabe nach einer Warteliste, in der man sich vor der Abflugzeit einträgt.* **2.** (Elektronik) *Betriebsart, bei der ein Gerät auf die Fernbedienung anspricht, im übrigen aber abgeschaltet ist:* der Fernseher auf S. schalten; **Stand-by-Be|trieb**, der (Elektronik): vgl. Stand-by (2): im S. braucht das Gerät nur wenig Strom; **Stand-by-Kre|dit**, der (Bankw.): *kurzfristiger internationaler Beistandskredit zur Stützung einer schwa-*

chen Währung; **Stand-by-Schal|tung**, die (Elektronik): *den Stand-by-Betrieb ermöglichende Schaltung;* **Stand-by-Ta|rif**, der: *verbilligter Tarif* (1 a) *für Stand-by* (1).

Ständ|chen, das; -s, - [2: weil im Stehen gespielt od. gesungen wird]: **1.** Vkl. v. ↑ Stand (3). **2.** *Musik, die jmdm. aus einem besonderen Anlaß meist vor seinem Haus, seiner Wohnung dargebracht wird,* z. B. um ihn zu ehren od. ihm eine Freude zu machen: jmdm. ein S. bringen; **Stan|de**, die; -, -n [mhd. stande, ahd. standa; vgl. Ständer] (landsch., bes. schweiz.): *Faß; Bottich;* **stän|de**: ↑ stehen; **Stän|de|ge|sell|schaft**, die: *Gesellschaftsform (bes. im MA.), die durch die hierarchische Ordnung rechtlich, politisch u. religiös begründeter u. differenzierter Stände* (5 c) *gekennzeichnet ist;* **Stän|de|haus**, das (hist.): *Versammlungsort der Stände* (5 d); **Stän|de|kam|mer**, die (hist.): *aus den Ständen* (5 d) *zusammengesetztes Parlament; Gesamtheit der Stände;* **Stän|de|klau|sel**, die (Literaturw.): *Auflage, Festsetzung, daß in einer Tragödie die Hauptpersonen nur von hohem, in der Komödie nur von niederem Stand sein dürfen;* **Stän|de|mehr**, das (schweiz.): *Mehrheit der Kantone;* **Stän|den**, der; -, - (landsch.): ↑ stehen; **Stän|de|ord|nung**, die (hist.): *(im Ständestaat) gesellschaftliche Ordnung nach Ständen;* **Stän|der**, der; -s, - [mniederd. stander (↑ Ständer), wohl beeinflußt von ↑ Standarte]: **1.** *dreieckige [od. gezackte] Flagge (als Hoheits- od. Signalzeichen):* der S. am Wagen des Ministerpräsidenten; das Schiff führt keinen S., hat einen blau-grünen S. gesetzt. **2.** (Seemannsspr.) *(für einen bestimmten Zweck hergerichtetes) Stück Tau od. Draht;* **Stän|der**, der; -s, - [spätmhd. stander, stentner, spätahd. stanter = Stellfaß, zu ahd. stantan, ↑ Stand; mniederd. stander, stender = Pfosten]: **1.** *auf verschiedene Art konstruiertes, frei stehendes Gestell; Vorrichtung, die dazu dient, etw. daran aufzuhängen, etw. aufrecht hineinzustellen o. ä.* (z. B. Kleider-, Notenständer): den Mantel an den S. *(Kleiderständer)* hängen; eine Kerze auf einem bronzenen S. *(Kerzenständer);* die Noten liegen auf dem S. *(Notenständer);* stell bitte das Fahrrad in den S. *(Fahrradständer).* **2.** (Jägerspr.) *(beim nicht im Wasser lebenden Federwild) Bein u. Fuß.* **3.** (ugs.) *erigierter Penis:* einen S. haben; Als er wieder aufstand, bekam er einen S. (Fels, Sünden 58). **4.** (Bauw.) *senkrecht stehender Balken [im Fachwerk].* **5.** (Elektrot.) *feststehender, elektromagnetisch wirksamer Teil einer elektrischen Maschine;* **Stän|de|rat**, der (schweiz.): **a)** ⟨o. Pl.⟩ *Vertretung der Kantone in der Bundesversammlung;* **b)** *Mitglied des Ständerats* (a); **Stän|de|rä|tin**, die: w. Form zu ↑ Ständerat (b); **Stän|de|recht**, das (hist.): *bestimmte Stände* (5 d) *privilegierendes Recht;* **Stän|der|lam|pe**, die (schweiz.): *Stehlampe;* **Stän|der|pilz**, der: *in vielen Arten über die ganze Erde verbreiteter Pilz, der seine Sporen auf speziellen Fruchtkörpern bildet, die auf dafür bestimmten Trägern wachsen;* **Stän|de|saal**, der (hist.): vgl. Ständehaus; **Stän-**

des|amt, das: *Behörde, die Geburten, Eheschließungen, Todesfälle o. ä. beurkundet;* **stan|des|amt|lich** ⟨Adj.⟩: *durch das Standesamt, den Standesbeamten [vollzogen]:* die -e Trauung findet morgen statt; s. getraut werden; **Stan|des|be|am|te,** *der: Beamter, dem Beurkundungen, Eintragungen o. ä. auf dem Standesamt obliegen;* **Stan|des|be|am|tin,** die: w. Form zu ↑ Standesbeamte; **stan|des|be|wußt** ⟨Adj.⟩: *sich der Zugehörigkeit zu einem bestimmten Stand (5 b, c) bewußt u. entsprechend handelnd u. sich verhaltend;* **Stan|des|be|wußt|sein,** das: vgl. Nationalbewußtsein; **Stan|des|dün|kel,** der (abwertend): *auf Grund von jmds. Zugehörigkeit zu einem bestimmten Stand (5 b, c) vorhandener Dünkel;* **Stan|des|eh|re,** die (veraltet): *einem bestimmten Stand (5 b, c) zukommende Ehre;* **Stan|des|er|hö|hung,** die: **a)** *Erhebung in den Adelsstand; Adelserhebung;* **b)** *Erhebung in eine höhere Stufe des Adelsstandes;* **Stan|des|ethos,** das: *ethisches Bewußtsein des Menschen, das sich aus seiner sozialen Stellung, seiner Funktion u. Leistung in Familie, Beruf u. Gesellschaft ergibt;* **Stan|des|fall,** der (österr.): *vom Standesamt zu beurkundendes Vorkommnis;* **Stan|des|ge|fühl,** das: *emotionelles Selbstverständnis eines Standes (5 b, c);* **stan|des|ge|mäß** ⟨Adj.⟩: *dem [höheren] sozialen Stand (5 c), Status entsprechend:* eine -e Heirat; als [nicht] s. gelten; s. auftreten, heiraten; **Stan|des|herr,** der (hist.): *Angehöriger bestimmter Gruppen des hohen Adels (nach 1806 der mediatisierten Reichsstände mit besonderen Privilegien);* **stan|des|herr|lich** ⟨Adj.⟩ (hist.): *die Standesherren betreffend, zu ihnen gehörend, ihnen gehörend:* -e Besitzungen; **Stan|des|herr|schaft,** die (hist.): *Besitzungen eines Standesherrn;* **Stan|des|klei|dung,** die: *Standestracht;* **Stan|des|kul|tur,** die: *spezifische Kultur eines Standes (5 c);* **Stan|des|ma|tri|kel,** die (österr. Amtsspr.): *Verzeichnis des Personenstands;* **Stan|des|or|ga|ni|sa|ti|on,** die: vgl. Berufsorganisation; **Stan|des|per|son,** die: *Person hohen Standes (5 c);* **Stan|des|pflicht,** die: *mit der Zugehörigkeit zu einem Stand (5 b, c) verbundene Pflicht;* **Stan|des|pri|vi|leg,** das ⟨meist Pl.⟩: *Privileg auf Grund der Zugehörigkeit zu einem höheren Stand (5 c);* **Stan|des|recht,** das ⟨meist Pl.⟩: *Gesamtheit aller Rechte der Angehörigen eines Standes (5 c);* **Stan|des|re|gi|ster,** das: *Register des Standesamts, in das Geburten u. a. eingetragen werden;* **Stan|des|schran|ke,** die ⟨meist Pl.⟩: *Schranke, Unterschied zwischen den Ständen (5 c);* **Stan|des|spra|che,** die: *Sprache eines Berufsstandes;* **Stän|de|staat,** der (hist.): *(im späten MA. u. der frühen Neuzeit in Europa) Staatsform, in der die Stände (5 c) unabhängige Herrschaftsgewalt u. politische Rechte innehaben;* **Stan|des|tracht,** die: *für jmdn. auf Grund seiner Standeszugehörigkeit vorgeschriebene od. zugelassene Kleidung;* **Stan|des|un|ter|schied,** der ⟨meist Pl.⟩: vgl. Standesschranke; **Stan|des|vor|recht,** das: *Standesprivileg;* **Stan|des|vor|ur|teil,** das: *Vorurteil, das jmd. auf Grund seiner Zugehörigkeit zu ei*nem bestimmten Stand (5 c) gefaßt hat; **Stan|des|wür|de,** die: *mit einem Stand (5 c) verbundene Würde;* **stan|des|wür|dig** ⟨Adj.⟩: *der Standeswürde entsprechend;* **Stan|des|zu|ge|hö|rig|keit,** die: *Zugehörigkeit zu einem Stand (5 b, c);* **Stän|de|tag,** der (hist.): *Versammlung der Stände (5 d);* **Stän|de|ver|samm|lung,** die (hist.): *Ständetag;* **Stän|de|we|sen,** das ⟨o. Pl.⟩ (hist.): vgl. Ständestaat; **stand|fä|hig** ⟨Adj.⟩: *fähig zu stehen;* **stand|fest** ⟨Adj.⟩: **1.** *fest, sicher stehend:* eine -e Leiter; eine Getreidesorte mit sehr -en Halmen; Ü nicht mehr ganz s. (ugs.; *leicht betrunken)* sein. **2.** (Technik) *(von Materialien) einer längeren Belastung standhaltend:* Bohrer aus extrem -en Stählen; **Stand|fe|stig|keit,** die: **1.** *festerer, sicherer Stand:* einer Getreidesorte größere S. anzüchten; die Gewichtsersparnis darf nicht auf Kosten der S. gehen; Ü nicht sehr S. ist es nicht weit her (ugs.; *er verträgt nicht viel Alkohol).* **2.** *Standhaftigkeit;* **Stand|flä|che,** die: **1.** *Fläche, auf der etw. steht:* für dieses Möbel haben wir keine geeignete S. **2.** *Fläche, Seite eines Gegenstandes, auf der es steht:* die Gläser fallen leicht um, weil sie eine sehr kleine S. haben; **Stand|fo|to,** das: *Standphoto, die (Film): (bei Filmaufnahmen) Foto, das Kostümierung u. Arrangement jeder Kameraeinstellung festhält;* **Stand|fuß,** der (bes. Sport): vgl. Standbein; **Stand|fuß|ball,** der (Jargon): vgl. Standspiel; **Stand|gas,** das (Kfz-T.): *Gas (3 a), das in einem Kraftfahrzeug dem Motor zusätzlich [im Stand] zugeführt wird;* **Stand|geld,** das: *für die gewerbliche Teilnahme am Markt u. die Errichtung eines Verkaufsstandes zu entrichtende Gebühr:* das S. erhöhen; S. zahlen müssen; **Stand|ge|rät,** das: **1.** *Fernsehgerät mit einem dazugehörigen Fuß od. Gestell, auf dem es auf dem Boden steht.* **2.** *Haushaltsgerät, das nicht für den Einbau in eine Einbauküche, sondern für eine freistehende Aufstellung vorgesehen ist:* der Herd, Kühlschrank ist [sowohl als Einbaugerät wie] auch als S. lieferbar; **Stand|ge|richt,** das: *rasch einberufenes Militärgericht, das Standrecht ausübt;* **Stand|glas,** das ⟨Pl. ...gläser⟩: *Meßzylinder;* **stand|haft** ⟨Adj.; -er, -este⟩: *(bes. gegen Anfeindungen, Versuchungen u. a.) fest zu einem Entschluß stehend; in gefährdeter Lage nicht nachgebend; beharrlich im Handeln, Erdulden o. ä.:* ein -er Mensch; s. bleiben; sich s. weigern [etw. zu tun]; sie ertrug ihr Leid, ihr Schicksal s.; Nur die Fahne stand dort s. und hart (Böll, Haus 192); **Stand|haf|tig|keit,** die; -: *standhaftes Wesen, Verhalten;* **stand|hal|ten** ⟨st. V.; hat⟩: **1.** *sich als etw. erweisen, das etw. aushält, einer Belastung o. ä. zu widerstehen vermag:* die Tür konnte dem Anprall nicht s.; die Deiche haben [der Sturmflut] standgehalten; Nicht zufällig wurde er (= der Damm) so gebaut, daß er militärischen Angriffen standhält (natur 2, 1991, 23); Ü einer Kritik s. können; Wahrscheinlich würde sie sogar einem polizeilichen Verhör s. (M. L. Fischer, Kein Vogel 199). **2.** *jmdm., einer Sache erfolgreich widerstehen:* den Angriffen des Gegners [nur mühsam] s.; sie hielten stand, bis Verstärkung kam; sie hat allen Versuchungen standgehalten; jmds. Blick[en] s. *(nicht ausweichen);* **Stand|hei|zung,** die (Kfz-T.): *auch bei stehendem Motor funktionierende zusätzliche Heizung für den Betrieb im stehenden Fahrzeug;* **Stand|hoch|sprung,** der (Leichtathletik): vgl. Standsprung; **stän|dig** ⟨Adj.⟩: **1.** *sehr häufig, regelmäßig od. [fast] ununterbrochen wiederkehrend, andauernd:* ihre -e Nörgelei; mit jmdm. in -er Feindschaft, Rivalität leben; unter -em Druck stehen; in -er Angst leben; er ist s. unterwegs; wir haben s. Ärger mit ihm; sie kommt s. zu spät; der Straßenverkehr nimmt s. zu, wächst s.; Henri hatte ein Konto für ihn angelegt, auf das er s. Geld eingezahlt hat (Danella, Hotel 413); Ansonsten ist Engholm nicht bemüht, sich s. von der CDU abzugrenzen (natur 10, 1991, 46). **2. a)** *eine bestimmte Tätigkeit dauernd ausübend:* ein Stab -er Mitarbeiter; der -e Ausschuß tagte; die -en Mitglieder des Sicherheitsrats; Aber das sag' ich Ihnen gleich, Ihren -en Polizeispitzel spiel' ich nicht (Prodöhl, Tod 216); **b)** *dauernd, sich nicht ändernd, fest:* unser -er Wohnsitz, Aufenthalt; ein -es Einkommen haben; Später könnte man dann über -e Grenzen entscheiden (Südd. Zeitung 22. 10. 85, 9); ... wenn ich ein paar Jahre älter bin. Dann will ich nämlich s. hier wohnen (Danella, Hotel 198).

Stan|ding ['stændɪŋ], das; -s [engl. standing, zu: to stand = stehen] (selten): *Rang, Ansehen:* wenn er einen deutschen Kanzler vom internationalen S. eines Helmut Schmidt in der Weise angeht (Spiegel 22, 1981, 8); **Stan|ding crop** ['stændɪŋ 'krɔp], die; - - [engl. standing crop, aus: standing = stehend u. crop = Ernte]: *Teil der Biomasse, der zu einem bestimmten Zeitpunkt vorhanden ist u. abgeerntet werden kann;* **Stan|ding ova|tions** ['stændɪŋ oʊ'veɪʃənz] ⟨Pl.⟩ [engl. standing ovation (Sg.), aus: standing = stehend u. ovation = Ovation]: *im Stehen dargebrachte Ovationen:* Es gibt S. o. (Spiegel 16, 1989, 224); das Publikum begrüßte den Dirigenten mit S. o.

stän|disch ⟨Adj.⟩: **1.** *die Stände (5 c) betreffend; von den Ständen herrührend:* die -e Ordnung, Gesellschaft; das -e Prinzip. **2.** (schweiz.) *aus den Ständen (6) kommend, sie betreffend:* -e Kommissionen; **Stand|kampf,** der (Budo, Ringen): *Kampf, der im Stehen ausgetragen wird;* **Standl,** das; -s, - (bayr., österr.): *Verkaufsstand;* **Stand|lam|pe,** die (schweiz.): *Stehlampe;* **Stand|laut,** der (Jägerspr.): *anhaltendes Bellen eines Hundes, wenn er ein gehetztes Tier stellt;* **Stand|lei|tung,** die (bes. Rundfunk): *für eine gewisse Zeit od. auf Dauer gemietete Telefonleitung zwischen zwei festen Punkten (z. B. zwei Rundfunkstudios);* **Stand|ler,** der; -s, - [zu ↑ Standl] (österr.): *Inhaber eines Verkaufsstandes; Verkäufer an einem Verkaufsstand;* **Stand|le|rin,** die; -, -nen (österr.): w. Form zu ↑ Standler; **Stand|leuch|te,** die: *Parkleuchte;* **ständ|lich** ⟨Adj.⟩ (schweiz.): *den Stand (5 b) betreffend; ständisch (1);* **Stand-**

licht, das ⟨o. Pl.⟩: *verhältnismäßig schwache Beleuchtung* (1 a) *eines Kraftfahrzeugs, die beim Parken im Dunkeln eingeschaltet wird;* **Stand|li|nie,** die: *auf der Erdoberfläche od. im Raum befindliche Linie, die mit einer für die Positionsbestimmung ausreichenden Genauigkeit bekannt ist* (z. B. Straße, Fluß); **Stand|miete,** die: *Standgeld;* **Stand|ort,** der ⟨Pl. -e⟩: **1.** *Ort, Punkt, an dem jmd., etw. steht, sich befindet:* der S. eines Betriebes; Absonderlich wirkte auch der S. des Schreibtisches (Ossowski, Liebe ist 106); seinen S. wechseln; diese Pflanze braucht einen sonnigen S.; anhand des Katalogs den S. eines Buches [in der Bibliothek] ermitteln; eine Liste der -e der Altglascontainer; von seinem S. aus konnte er das Haus nicht sehen; Ü jmds. politischen S. kennen. **2.** (Milit.) *Ort, in dem Truppenteile, militärische Dienststellen, Einrichtungen u. Anlagen ständig untergebracht sind;* Garnison (1). **3.** (Wirtsch.) **a)** *geographischer Ort, Raum (z. B. Stadt, Region, Land), wo od. von wo aus eine bestimmte wirtschaftliche Aktivität stattfindet:* die Firma will den S. Frankfurt aufgeben, sucht einen neuen S. [für ihr Auslieferungslager]; die Produktion soll an einen fernöstlichen S. verlegt werden; Verbundenheit der Belegschaft, dem S. Mannheim (MM 20. 10. 93, 10); **b)** kurz für ↑Wirtschaftsstandort: Strategiepapier zum S. Deutschland (Spiegel 39, 1992, 23); **Stand|ort|äl|te|ste,** der (Milit.): vgl. Standortkommandant; **Standort|be|stim|mung,** die: *Bestimmung des Standorts* (1) Ü die Partei nimmt eine neue S. vor *(legt ihren politischen Standpunkt neu fest);* **Stand|ort|fak|tor,** der (Wirtsch.): *Faktor, der für die Wahl eines Standorts* (3 a) *für einen industriellen Betrieb o. ä. maßgebend ist;* **Stand|ortgeist|li|che,** der u. die: *für einen Standort* (2) *zuständige[r] Militärgeistliche[r];* Standortpfarrer[in]; **Stand|ort|ka|ta|log,** der (Buchw.): *Katalog, der über den Standort* (1) *der Bücher in einer Bibliothek Auskunft gibt;* **Stand|ort|kom|man|dant,** der (Milit.): *jmd., der im Bereich des Standorts* (2) *Befehlsbefugnis hat:* ein Befehl des -en; **Stand|ort|nach|teil,** der (bes. Wirtsch.): *Nachteil, der sich aus dem Standort* (3 a), *bes. einer Fabrik o. ä. ergibt:* -e durch Subventionen ausgleichen; **Stand|ort|num|mer,** die (Buchw.): *Signatur* (2); **Stand|ort|ori|en|tie|rung,** die (Wirtsch.): *für die Suche eines Standorts* (3 a) *für ein Unternehmen maßgebliche Orientierung an bestimmten wirtschaftlichen Faktoren;* **Stand|ort|pfar|rer,** der: *Standortgeistlicher;* **Stand|ort|pfar|rerin,** die: w. Form zu ↑Standortpfarrer; **Stand|ort|pres|se,** die: *Zeitung, die nahezu ihre gesamte Auflage in einem kleinen, eng umgrenzten Gebiet absetzt u. ihre lokale Berichterstattung nur auf diesen Raum bezieht;* **Stand|ort|theo|rie,** die (Wirtsch.): *Theorie, die die Bedeutung des Standorts* (3 a) *für ein Unternehmen zum Gegenstand hat;* **Stand|ort|übungsplatz,** der (Milit.): *Übungsgelände eines Standorts* (2); **Stand|ort|vor|teil,** der (bes. Wirtsch.): *Vorteil, der sich aus dem Standort* (3 a), *bes. einer Fabrik o. ä. ergibt:* die Produktion wegen des -s ins Ausland verlagern; **Stand|ort|wech|sel,** der: *Wechsel des Standorts* (1): die Pflanze hat den S. gut überstanden; die Firma plant einen S.; **Stand|pau|ke,** die [urspr. studentenspr. Verstärkung von ↑Standrede] (ugs.): *Strafpredigt:* jmdm. eine S. halten; **Stand|pho|to:** ↑Standfoto; **Stand|platz,** der: *Stand* (2 a); **Stand|punkt,** der: **1.** (selten) *Stand* (2 a): von diesem S. aus hat man einen guten Rundblick; Ü vom wissenschaftlichen, politischen S. aus; er betrachtet die Dinge nur vom S. des Arbeitgebers [aus]. **2.** *bestimmte Einstellung, mit der man etw. sieht, beurteilt:* ein richtiger, vernünftiger, überholter S.; einen falschen S. vertreten, haben; jmds. S. nicht teilen können; auf den S. stellen, sich auf den S. stellen, daß ...; das ist doch kein S.! *(so darf man doch nicht denken!);* * *jmdm.* **den S. klarmachen** (ugs.; *jmdm. zurechtweisen, indem man ihm nachdrücklich seine Auffassung von etw. darlegt);* **Stand|quar|tier,** das: *feste Unterkunft für eine längere Zeit an einem bestimmten Ort, von dem aus Wanderungen, Streifzüge, Fahrten o. ä. unternommen werden können;* **Stand|recht,** das ⟨o. Pl.⟩ [urspr. Bez. für kurze (eigtl. = im Stehen durchgeführte) *Gerichtsverfahren]: (in bestimmten Situationen vom Militär wahrgenommenes) Recht, nach vereinfachten Strafverfahren Urteile (bes. das Todesurteil) zu verhängen u. zu vollstrecken;* **stand|recht|lich** ⟨Adj.⟩: *gemäß dem Standrecht:* eine -e Exekution; jmdn. s. erschießen; in einem Gesetz ..., nach dem Geiselnehmer sofort s. hingerichtet werden können (Spiegel 10, 1976, 108); **Stand|re|de,** die [eigtl. = im Stehen angehörte, kurze (Grab)rede] (selten): *Standpauke;* **Stand|rohr,** das: *senkrecht stehendes Rohr zur Überwachung u. Messung des in einer Flüssigkeit herrschenden hydrostatischen Drucks;* **Stand|seil|bahn,** die: *Seilbahn, deren Wagen auf Schienen am Boden laufen;* **stand|si|cher** ⟨Adj.⟩: *standfest* (1): eine sehr -e Leiter; **Stand|si|cher|heit,** die ⟨o. Pl.⟩: *das Standsichersein;* **Stand|spie|gel,** der: *Spiegel, der (z. B. auf einem Fuß o. ä.) frei steht (etwa im Gegensatz zu einem Wandspiegel);* **Stand|spiel,** das (bes. Fußball Jargon): *Spiel, bei dem sich die Spieler den Ball zuspielen, ohne viel zu laufen;* **Standsprung,** der (Leichtathletik): *Sprung ohne Anlauf;* **Stand|spur,** die: *durch eine Markierung gekennzeichneter Teil einer Fahrbahn neben der Fahrspur zum Halten im Notfall;* **Stand|stoß,** der (Kugelstoßen): *Stoß ohne Anlauf;* **Stand|strei|fen,** der: *Standspur;* **Stand|uhr,** die: *Penderuhr in einem hohen, schmalen, auf dem Boden stehenden Gehäuse;* **Stand|ver|mögen,** das: *Stehvermögen* (b): er hat als Politiker zu wenig S.; **Stand|ver|such,** der (Technik): *Versuch zur Prüfung der Standfestigkeit eines Materials;* **Stand|vo|gel,** der (Zool.): *Vogel, der während des ganzen Jahres in der Nähe seines Nistplatzes bleibt;* **Stand|waa|ge,** die (Gymnastik, Turnen): *Übung, bei der man auf einem gestreckten Bein steht, während man den Oberkörper nach vorn beugt u. das andere Bein gestreckt nach hinten anhebt, bis dieses zusammen mit den Armen eine waagerechte Linie bildet:* in die S. gehen; **Stand|was|ser,** das (Bergbau): *Ansammlung von Wasser in natürlichen od. künstlichen Hohlräumen;* **Stand|weit|sprung,** der (Leichtathletik); vgl. Standsprung; **Stand|wild,** das (Jägerspr.): *Haarwild, das innerhalb eines Reviers bleibt;* **Stand|zeit,** die: **1.** (Technik) *Zeitdauer, während deren man mit einem Werkzeug o. ä. arbeiten kann, ohne daß erhebliche Verschleißerscheinungen auftreten:* der Bohrer, die Trennscheibe, das Sägeblatt hat eine hohe, hervorragende S. **2.** *Zeit, in der eine Maschine, ein Fahrzeug o. ä. nicht arbeitet, nicht läuft, stillsteht:* Steigerung der Produktivität durch Verkürzung der -en.

Stang, der; -[s], -s: *Untereinheit der thailändischen Währung* (1 Stang = 0,01 Baht); Abk.: St., Stg.

Stan|ge, die; -, -n [mhd. stange, ahd. stanga, eigtl. = die Stechende; Spitze]: **1. a)** *langes, meist rundes Stück Holz, Metall o. ä., das im Verhältnis zu seiner Länge relativ dünn ist:* eine lange, hölzerne S.; eine S. aus Eisen; die -n [des Zelts] sind aus Aluminium; die S. dort ist zum Klettern, ist eine Kletterstange; das Pferd hat die S. vom Hindernis gerissen; er hielt sich an der S. fest; die Würste hängen an einer [waagerechten] S. aufgereiht; die Bohnen ranken sich an den -n hoch; der Vorhang hängt an Ringen, die auf einer S. laufen; sie saßen da wie Hühner auf der S.; Der Laternenanzünder kam schon mit seiner S. (Sommer, Und keiner 45); hilf mir doch bitte mal, den Teppich über die S. zu hängen; Rolf hatte schon das Fahrrad, und ich durfte einmal auf der S. (ugs.; *dem Oberrohr des Rahmens*) sitzen (Schwaiger, Wie kommt 73); er stieß das Boot mit einer S. vom Ufer ab; Ü er/sie ist eine lange S. (ugs. abwertend; ↑Bohnenstange); * **jmdm. die S. halten** (1. *jmdn. nicht im Stich lassen, sondern für ihn eintreten u. fest zu ihm stehen;* im MA. konnte im gerichtlichen Zweikampf der Unterlegene vom Kampfrichter mit einer Stange geschützt werden. 2. bes. schweiz.; *es jmdm. gleichtun);* [die nächsten beiden Wendungen beziehen sich wohl auf das Fechten mit Spießen (= Stangen), bei dem die Waffe des Gegners durch geschicktes Parieren gleichsam festgehalten wurde od. man den eigenen Spieß immer hart an den des Gegners hielt]: **jmdn. bei der S. halten** *(bewirken, daß jmd. eine [begonnene] Sache zu Ende führt);* **bei der S. bleiben** *(eine [begonnene] Sache nicht aufgeben, sondern zu Ende führen);* **von der S.** (ugs.; *nicht nach Maß gearbeitet, sondern als fertige [Konfektions-, Massen]ware produziert;* nach den Stangen, an denen in Bekleidungsgeschäften die Textilien hängen): ein Anzug von der S.; der Frack ist von der S.; er kauft nichts von der S.; Keine Stahlrosse von der S., vielmehr stabile Tourenräder mit fünf Gängen (natur 3, 1991, 72); **b)** *in bestimmter Höhe waagerecht an der Wand (eines Übungsraums) angebrachte Stange* (1 a) *für das Training von Balletttänzern od. für gymna-*

stische Übungen. **2. a)** *in seiner Form einer Stange* (1 a) *ähnliches Stück von etw.:* eine S. Zimt, Lakritze, Vanille; bring bitte zwei -n Weißbrot mit; möchtest du noch ein paar -n Spargel?; zwei -n Lauch; hast du noch eine S. Siegellack?; Schwefel in -n; *Der Eismann brachte eine S. Eis* (Lentz, Muckefuck 88); eine S. *(eine bestimmte Anzahl aneinandergereihter u. so verpackter Schachteln)* Zigaretten; * **eine [ganze/hübsche/schöne] S.** (ugs.; *sehr viel;* bezog sich urspr. auf Geld und geht von den in länglichen Rollen verpackten Münzen aus): das ist eine ganze S. Geld; das kostet wieder 'ne ganze S./eine schöne S. Geld; Zwanzig Jahre Altersunterschied sind doch eine ganze S., dachte er (Konsalik, Promenadendeck 174); **eine S. angeben** (ugs.; *sehr prahlen, großtun*); **eine S. [Wasser] in die Ecke stellen** (salopp; *[von Männern] urinieren;* urspr. wohl Soldatenspr.); **b)** (landsch.) *zylindrisches Glas (für Altbier u. Kölsch): nach dem Konsum einiger -n Altbier* (Spiegel 13, 1976, 51). **3.** (bes. landsch.) *Deichsel: Die S. ist gebrochen;* * **dem Pferd die -n geben** (Trabrennen; *dem Pferd im Finish freien Lauf lassen).* **4.** *der im Maul des Tieres liegende Teil der Kandare.* **5.** (derb) *erigierter Penis.* **6.** ⟨meist Pl.⟩ (Jägerspr.) *Geweihstange:* eine abgeworfene S. von einem Achtender; **Stän|gel|chen**, das; -s, -: Vkl. zu ↑ Stange (1 a, 2 a); **stän|geln** ⟨sw. V.; hat⟩: *mit Stangen versehen, an Stangen anbinden;* **Stan|gen|boh|ne**, die: *Gartenbohne, die an Stangen rankend wächst;* **Stan|gen|boh|rer**, der: *Holzbohrer* (1) *mit Windungen nach einem längeren glatten Stück bis zur Spitze;* **Stan|gen|brot**, das: *Brot in Form einer Stange* (1 a); **stan|gen|för|mig** ⟨Adj.⟩: *die Form einer Stange habend;* **Stan|gen|ge|rüst**, das (Bauw.): *aus Holzstangen errichtetes Baugerüst;* **Stan|gen|glas**, das: **1.** ⟨Pl. ...gläser⟩ *(im 16. u. 17. Jh.) hohes zylindrisches Glasgefäß.* **2.** ⟨o. Pl.⟩ *stangenförmiges Halbfabrikat zur Herstellung von Glasknöpfen u. a.;* **Stan|gen|holz**, das ⟨o. Pl.⟩: **1.** (Fachspr.) *dünnes Langholz.* **2.** (Forstw.) *dem Jungholz folgende Entwicklungsstufe des Baumbestands, in der die einzelnen Stämme einen bestimmten Durchmesser haben u. die unteren Äste bereits entfernt sind;* **Stan|gen|kä|se**, der: *in stangenförmigen Stücken hergestellter Käse, bes. Handkäse;* **Stan|gen|pferd**, das: *jedes Pferd (eines Gespanns), das unmittelbar an der Stange* (3) *geht;* **Stan|gen|rei|ter**, der: *jmd., der auf einem Stangenpferd reitet;* **Stan|gen|rei|te|rin**, die: w. Form zu ↑ Stangenreiter; **Stan|gen|see|zei|chen**, das (Seew.): vgl. Pricke; **Stan|gen|spar|gel**, der: *nicht in Stücke geschnittener, nicht zerkleinerter Spargel* (2): ein Kilo S.; es gab S. mit neuen Kartoffeln und Schinken; **Stan|gen|waf|fe**, die: (früher:) *für Stoß u. Hieb geeignete Waffe mit einem beidhändig zu führenden langen Stiel (z. B. Gleve, Hellebarde);* **Stan|gen|weiß|brot**, das: vgl. Stangenbrot; **Stäng|lein**, das; -s, -: Vkl. zu ↑ Stange (1 a, 2 a).

Sta|nit|zel, Sta|nitzl, das; -s, - [mundartl. Entstellung von veraltet bayr.-österr. Scharmützel (unter Einfluß von tschech. kornout = Tüte) < ital. scartoccio, Nebenf. von: cartoccio, ↑ Kartusche] (bes. österr.): *spitze Tüte.*

stank: ↑ stinken; **Stank**, der; -[e]s [mhd., ahd. stanc, ↑ Gestank]: **1.** (ugs.) *Zank, Ärger:* S. machen; es gibt S. **2.** (selten) *Gestank:* mit zwei Dutzend Menschen in S. und Kälte (St. Zweig, Schachnovelle 53); ◆ sie brennen drüben Kalk in der Grube, der S. zieht im Winde weit umher (Immermann, Münchhausen 332); **Stän|ke:** ↑ stinken; **Stän|ker**, der; -s, - [urspr. = Gestankmacher, zu mhd. stenken, ahd. stenchen (↑ stänkern) o. zu ↑ Stank]: **1.** (ugs. abwertend seltener) *Stänkerer:* so ein S.! **2.** (Jägerspr.) *Iltis;* **Stän|ke|rei**, die; -, -en (ugs. abwertend): *[dauerndes] Stänkern:* Übrigens, ... es gibt keine -en mit ihm. Ich mag so was nicht, verstanden? (Fallada, Jeder 100); **Stän|ke|rer**, der; -s, - (ugs.): *jmd., der [dauernd] stänkert;* **stän|ke|rig, stän|krig** ⟨Adj.⟩ (ugs. abwertend): *dauernd stänkernd, zum Stänkern neigend;* **Stän|ke|rin**, die; -, -nen (ugs. abwertend): w. Form zu ↑ Stänkerer; **stän|kern** ⟨sw. V.; hat⟩ [eigtl. = Gestank machen, Weiterbildung von mhd. stenken, ahd. stenchen = stinken machen] (ugs. abwertend): **1.** *mit jmdm., etw. nicht einverstanden sein u. daher — mehr auf versteckte, nicht offene Art — gegen ihn, dagegen opponieren:* mit jmdm. s.; er stänkert ständig, nicht schon wieder; sie stänkert im Betrieb [gegen den Chef]; Ich sollte nicht immer bloß s., sondern ... mal ... was Positives von mir geben (Saarbr. Zeitung 3. 12. 79, 3). **2.** *die Luft mit Gestank verpesten:* mit billigen Zigarren s.; **stän|krig:** ↑ stänkerig.

Stan|nat, das; -[e]s, -e [zu ↑ Stannum] (Chemie): *Salz der Zinnsäure;* **Stan|nin**, der; -s, -e: *Zinnkies;* **Stan|ni|ol**, das; -s, -e [älter ital. stagnolo = Blattzinn, zu: stagno < lat. stagnum, stannum, ↑ Stannum]: *dünne, meist silbrig glänzende Folie aus Zinn od. Aluminium;* **Stan|ni|ol|blätt|chen**, das: *kleines Blatt Stanniol;* **Stan|ni|ol|fo|lie**, die: *Stanniol;* **stan|ni|o|lie|ren** ⟨sw. V.; hat⟩ (Fachspr.): *in Stanniol verpacken:* Pralinen s.; nur die Pilsflaschen sind [am Hals] stannioliert; **Stan|ni|ol|pa|pier**, das: **1.** *Stanniol.* **2.** *mit Aluminium kaschiertes Papier;* **Stan|num** [ʃt..., 'st...], das; -s [lat. stannum = Mischung aus Blei u. Silber, Zinn]: lat. Bez. für Zinn; Zeichen: Sn

stan|ta|pe ⟨Adv.⟩ (österr. salopp): *stante pede;* **stan|te pe|de** ['st..., lat. = stehenden Fußes] (ugs. scherzh.): *sofort, auf der Stelle:* Nehmen Sie Ihren Mantel. ... Sie kehren mit mir s. in die Klinik zurück (Dürrenmatt, Meteor 60).

¹**Stan|ze**, die; -, -n [ital. stanza, eigtl. = Wohnraum (übertr.: „Wohnraum poetischer Gedanken") < mlat. stantia, zu lat. stans (Gen.: stantis), 1. Part. von: stare, ↑ Staat]: **1.** (Verslehre) *Strophe aus acht elfsilbigen jambischen Versen; Oktave* (2). **2.** ⟨Pl.⟩ (bild. Kunst) *von Raffael u. seinen Schülern ausgemalte Wohnräume des Papstes Julian II. im Vatikan:* durch Borgias Räume ... zu Raffaels lobsingenden -n (Koeppen, Rußland 196).

²**Stan|ze**, die; -, -n: **1.** *Gerät, Maschine zum Stanzen:* Tag und Nacht laufen die Webstühle, ... klappern die -n und Hammer (Fr. Wolf, Zwei 72). **2.** *Prägestempel;* **stan|zen** ⟨sw. V.; hat⟩ [landsch. stanzen, stenzen = stoßen, schlagen; hart aufsetzen, H. u.]: **1.** *(maschinell) unter Druck in eine bestimmte Form pressen; durch Pressen in einer bestimmten Form abtrennen, herausschneiden:* daß Wächtler & Lange Millionen Blechabzeichen für braune Feste ... stanzte (Loest, Pistole 43). **2.** *etw. auf, in ein Material prägen:* Manche Zahlen werden in Lochstreifenspulen gestanzt (Menzel, Herren 18). **3.** *durch Stanzen* (1) *hervorbringen, erzeugen:* daß eine ... Beziehung bestand zwischen den gestanzten Löchern in dem laufenden Band und dem Klavier als Stahlstäbin (Jahnn, Geschichten 84); **Stan|ze|rei**, die; -, -en: **1.** ⟨Pl. selten⟩ (abwertend) *[dauerndes] Stanzen.* **2.** *Betrieb, in dem gestanzt wird:* in der ... S. mit ihren 20 Exzenterpressen (Chotjewitz, Friede 165); **Stanz|form**, die: *Form zum Stanzen* (1); **Stanz|ma|schi|ne**, die: ²Stanze (1).

Sta|pel, der; -s, - [aus dem Niederd. < mniederl. stapel = (Platz für) gestapelte Ware, niederd. Form von ↑ Staffel, zu ↑ Stab u. urspr. = Pfosten, Block, Stütze, Säule]. **1. a)** *[ordentlich] aufgeschichteter Stoß, Haufen einer Menge gleicher Dinge; Menge [ordentlich] übereinandergelegter gleicher Dinge:* ein hoher S. Holz, Wäsche, Bücher; in großer S. von Drucksachen und Prospekten (Jens, Mann 69); Der Herr Gärtner ... senkte sie (= die Setzlinge) ein in Töpfe, von denen ein S. neben ihm aufgeschichtet war (Gaiser, Jagd 81); ungehobelte Kirschholzbretter in -n (Kempowski, Tadellöser 108); **b)** *Platz od. Gebäude für die Stapelung von Waren:* ◆ Ü Eure Hofstatt ist der Sitz der Minne, sagt man, und der Markt, wo alles Schöne muß den S. halten (sich den Blicken der Betrachter darbietet): Schiller, Jungfrau III, 3). **2.** (Schiffbau) *Unterlage aus Balken, Holzklötzen od. -keilen, auf der das Schiff während des Baus ruht:* * **(ein Schiff) auf S. legen** (↑ ²Kiel 1 a); **vom S. laufen** *[von Schiffen] nach Fertigstellung ins Wasser gleiten;* **vom S. lassen** (1. *[ein Schiff] nach Fertigstellung ins Wasser gleiten lassen.* 2. ugs. abwertend; *etw. von sich geben [was (bei anderen) auf (spöttische) Ablehnung stößt]:* Hernach wird ... der Gerichtsassessor ... einen Mundartvortrag vom S. lassen; Langgässer, Siegel 262); Ich kenne Männer, ... die in trauter Männerrunde Zynismen über die Frauenbewegung vom S. lassen (Dierichs, Männer 81). **3.** (Textilind.) *Länge der Faser eines noch zu spinnenden Materials.* **4.** *(im Fell von Schafen) mehrere bes. durch die Kräuselung des Fells verbundene Haarbüschel;* **Sta|pel|be|trieb**, der ⟨o. Pl.⟩ (Datenverarb.): *Batch processing;* **Sta|pel|fa|ser**, die (Textilind.): *Faser, die zum Verspinnen in eine bestimmte Länge geschnitten ist;* **Sta|pel|glas**, das ⟨Pl. ...gläser⟩: *Glas, das sich mit anderen Gläsern der gleichen Sorte gut stapeln* (1) *läßt;* **Sta|pel|holz**, das ⟨o. Pl.⟩: *Klafterholz.*

Sta|pe|lia, Sta|pe|lie, die; -, ...ien [nach dem niederl. Arzt u. Botaniker J. B. van

Stapellauf

Stapel, gest. 1636]: *(in Afrika heimische, zu den Sukkulenten gehörende) Pflanze mit großen, sternförmigen Blüten von rotbrauner Färbung u. aasartigem Geruch.* **Sta|pel|lauf**, der: *das Hinabgleiten eines neu gebauten Schiffs vom Stapel* (2), *von der Helling ins Wasser;* **sta|peln** ⟨sw. V.; hat⟩: **1.** *zu einem Stapel* (1 a) *schichten, aufeinanderlegen:* Holz s.; Ich ... stapele sie (= die Briketts) fein säuberlich in eine Kellerecke (Böll, Mann 71); ... wie er da die Pullover auf die Unterhemden gestapelt hat (Kemelman [Übers.], Dienstag 196); Ich ... stapelte die Skizzen, Notizen und Glossarien zu kleinen gebündelten Haufen (Jens, Mann 140); Ü gestapelte Langeweile in gestreiften Alben voller Fotografien (Böll, Haus 165). **2.** ⟨sw. + sich⟩ *sich in großer Menge zu Stapeln* (1 a) *aufhäufen:* Dahinter stapelten sich Kisten, Säcke und Korbflaschen (Kirst, 08/15, 473); Als ... sich die Schubladen, Kästen, Kabelrollen ... zu Bergen ... stapelten (Kuby, Sieg 296); **Sta|pel|platz**, der: *Platz für die Stapelung von Waren;* **Sta|pel|recht**, das ⟨o. Pl.⟩ (hist.): *(im MA. manchen Städten vom Landesherrn gewährtes) Recht, durchreisende Kaufleute zu zwingen, ihre Waren der Stadt eine Zeitlang zum Verkauf anzubieten;* **Sta|pe|lung**, die; -, -en ⟨Pl. selten⟩: **1.** *das Stapeln* (1). **2.** *das Gestapeltsein;* **Sta|pel|ver|ar|bei|tung**, die (Datenverarb.): *Batch processing;* **Sta|pel|wa|re**, die ⟨meist Pl.⟩: **1.** vgl. Stapelglas. **2.** (Textilind.) *Kleidungsstück o. ä., das nicht der Mode unterworfen ist u. deshalb in großen Mengen gefertigt u. gestapelt wird;* **sta|pel|wei|se** ⟨Adv.⟩: *in großer Menge, in Stapeln:* Zwar schickten sie s. Kopien von Magdeburger Vernehmungsprotokollen ... (Spiegel 44, 1985, 98).

Sta|pes, der; -, Stapedes [mlat. stapes (Gen.: stapedis)] (Anat.): *Steigbügel* (2). **Stap|fe**, die; -, -n, **Stap|fen**, der; -s, - [mhd. stapfe, ahd. stapfo]: kurz für ↑Fußstapfe[n]; **stap|fen** ⟨sw. V.; ist⟩ [mhd. stapfen, ahd. stapfōn, verw. mit ↑Stab]: *mit festen Schritten gehen u. dabei die Beine höher anheben u. kräftig auftreten [so daß der Fuß im weichen Untergrund einsinkt]:* durch den Schnee, Schlamm s.; man ... stapft durch die Dünen (Koeppen, Rußland 68); sie stapfen querfeldein (Frisch, Stiller 414); mit den stapfenden Tritten absteigender Leute (Th. Mann, Zauberberg 70).

Sta|phy|le, die; -, -n [griech. staphylḗ, eigtl. = Weintraube] (Med.): *Zäpfchen am Gaumen;* **Sta|phy|li|ni|de**, die; -, -n ⟨meist Pl.⟩ [griech. staphylīnos = ein Insekt] (Zool.): *Kurzflügler;* **Sta|phy|li|tis**, die; -, ... itiden (Med.): *Entzündung des Gaumenzäpfchens;* **Sta|phy|lo|der|mie**, die; -, -n [zu ↑Derma] (Med.): *durch Staphylokokken verursachte Hauteiterung* (z. B. Furunkel); **Sta|phy|lo|kok|kus** [ʃt..., st...], der; -, ...kken ⟨meist Pl.⟩ [↑Kokkus] (Med.): *traubenförmig zusammenstehende, kugelige Bakterie* (häufigster Eitererreger); **Sta|phy|lo|ly|sin**, das; -s [↑Lysin] (Med.): *die Blutkörperchen auflösendes Gift der Staphylokokken;* **Sta|phy|lom**, das; -s, -e, **Sta|phy|lo|ma**, das; -s, -ta (Med.): *beerenförmige Geschwulst am Auge;* **Sta|phy|lo|my|ko|se**, die; -, -n [↑Mykose] (Med.): *Erkrankung durch eine Infektion mit Staphylokokken.*

Stap|ler, der; -s, -: kurz für ↑Gabelstapler; **Stap|ler|fah|rer**, der: kurz für ↑Gabelstaplerfahrer; **Stap|ler|fah|re|rin**, die: w. Form zu ↑Staplerfahrer.

¹**Star**, der; -[e]s, -e, schweiz.: -en [mhd. star, ahd. stara, wohl lautm.]: *größerer Singvogel mit schillerndem, schwarzem Gefieder, kurzem Hals u. langem, spitzem Schnabel:* Ein Zug -e fiel ein und saß auf einmal in den ... Büschen (Schröder, Wanderer 18); Dies entspricht ... der ... großen Flug- und geringen Gehgeschwindigkeit des -es (Lorenz, Verhalten I, 178).

²**Star** [st..., auch: ʃt...], der; -s, -s [engl. star, eigtl. = Stern]: **1. a)** (Theater, Film) *gefeierter, berühmter Künstler:* ein großer S.; Ü sie war die S. des Abends *(stand im Mittelpunkt des Interesses);* als -s der ... Saison brillieren kurze ... Jacken (Augsburger Allgemeine 29. 4. 78, 43); **b)** *jmd., der auf einem bestimmten Gebiet Berühmtheit erlangt hat:* ... wenn der Prozeß von einem S. wie Richter Harris ... geführt wurde (Kemelman [Übers.], Dienstag 120). **2.** kurz für ↑Starboot.

³**Star**, der -[e]s, -e ⟨Pl. selten⟩ [verselbständigt aus mhd. starblint, ahd. staraplint]: **1.** Bestandteil wohl verw. mit mhd. star(e)n, ahd. starēn, ↑starren] (volkst.): *Erkrankung der Augenlinse:* sie hat den S.; Warum muß man mir den S. operieren? (Rehn, Nichts 96); grauer S. (²*Katarakt*); grüner S. (*Glaukom*); * **jmdm. den S. stechen** (ugs.; *jmdn. aufklären, wie sich etw. in Wirklichkeit verhält;* nach dem früher zur Beseitigung des ³Stars üblichen Praktiken): Er will nicht korrigieren, oder die Hausdisziplin verbietet dem einen Großkommentator, dem andern im Schwesterblatt den S. zu stechen (Zwerenz, Kopf 130).

Stär, der; -[e]s, -e [mhd. ster, ahd. stero, eigtl. = der Unfruchtbare] (landsch.): *Widder.*

Star|agent, der: vgl. Staranwalt; **Star|agen|tin**, die: w. Form zu ↑Staragent; **Star|al|lü|ren** ⟨Pl.⟩ (abwertend): *eitles, launenhaftes Benehmen, Allüren eines* ²*Stars* (1); **Star|an|walt**, der: *Anwalt, der auf einem Gebiet ein* ²*Star* (1 b) *ist;* **Star|an|wäl|tin**, die: w. Form zu ↑Staranwalt; **Star|auf|ge|bot**, das: *Aufgebot an* ²*Stars* (1).

starb: ↑sterben.

Star|be|set|zung, die: *aus* ²*Stars* (1) *bestehende Besetzung* (2 b).

star|blind ⟨Adj.⟩: *durch* ³*Star erblindet.*

Star|boot, das [zu ↑²Star] (Segeln): *von zwei Personen zu segelndes Boot mit Kiel für den Rennsegelsport* (Kennzeichen: roter Stern).

Star|bril|le, die: *Brille, die nach einer operativen Entfernung der am* ³*Star erkrankten Augenlinse die Sehkraft reguliert.*

Star|di|ri|gent, der: vgl. Staranwalt; **Star|di|ri|gen|tin**, die: w. Form zu ↑Stardirigent.

stä|ren ⟨sw. V.; hat⟩ [zu ↑Stär] (landsch.): *nach dem Stär brünstig sein.*

Sta|ren|ka|sten, der: *Nistkasten für* ¹*Stare.*

Sta|rez, der; -, Starzen [russ. starec, eigtl. = der Alte, Greis; zu staryj = alt]: *älterer, in der Askese u. Kontemplation bewährter Mönch in der Ostkirche.*

Star|gast, der: *jmd., der als* ²*Star* (1) *Gast bei einer Veranstaltung o. ä. ist:* Anziehungskraft übte S. G. G. Andersen beim Rosenmontagsball (MM 17. 2. 88, 18).

stark ⟨Adj.; stärker, stärkste⟩ [mhd. starc, ahd. star(a)ch, verw. mit ↑starren, urspr. wohl = steif, starr]: **1. a)** *viel Kraft besitzend, über genügend Kräfte verfügend; von viel Kraft zeugend; kräftig:* ein -er Mann; -e Arme; ein -er (selten; *fester, kräftiger*) Händedruck; er ist s. wie ein Bär; das Kind ist groß und s. geworden; Man fühlt sich s., als ob man die ganze Welt aus den Angeln heben könne (Niekisch, Leben 33); ⟨subst.:⟩ das Recht des Stärkeren; Ü Ein gesunder und -er Mittelstand verhindert das Anwachsen von extremen Gruppierungen und Parteien (Fraenkel, Staat 197); einen -en Staat fordern; sie hat einen -en Willen *(ist willensstark);* ein -er *(unerschütterlicher)* Glaube; sie ist s. *(charakterfest, willensstark)* genug, mit diesem Schlag fertig zu werden; jetzt heißt es s. bleiben *(nicht schwankend werden, nicht nachgeben);* * **sich für jmdn., etw. s. machen** (ugs.; *sich mit aller Energie für jmdn., etw. einsetzen*): Ein Lehrer zog mich von früh bis spät damit auf, daß ich mich ... für die SPD s. machte (Kempowski, Immer 127); **b)** *(in bezug auf seine Funktion) sehr leistungsfähig, widerstandsfähig:* ein -es Herz; sie schickten ausgesuchte Männer mit -en Nerven auf Patrouille (Kant, Impressum 459). **2. a)** *dick, stabil, fest u. daher sehr belastbar:* -e Mauern, Äste, -er Karton; dazu ist das Garn nicht s. genug; **b)** (bes. Werbespr. verhüll.) *dick, beleibt:* Kleider für stärkere Damen; er ist s. geworden; **c)** *eine bestimmte Dicke, einen bestimmten Umfang aufweisend:* eine 20 cm -e Wand; daß er ... ein über vier Meter -es Lager von Uraniniterz durchstoßen hatte (Menzel, Herren 113); das Buch ist mehrere hundert Seiten s. **3. a)** *zahlenmäßig nicht gering; zahlreich:* eine -e Beteiligung; beide Vorstellungen waren s. besucht; **b)** *eine große Anzahl von Teilnehmern, Angehörigen, Mitgliedern o. ä. aufweisend:* ein -es Heer, Aufgebot; **c)** *eine bestimmte Anzahl habend:* eine etwa 20 Mann -e Bande; **d)** (selten) *gut* (3 b): wir werden zwei -e Stunden für den Heimweg brauchen. **4.** *eine hohe Konzentration aufweisend; sehr gehaltvoll, -reich:* -er Kaffee; der Genever ist s. und würzig (Remarque, Obelisk 237); diese Zigaretten sind mir zu s.; Ü -e (*kräftige, intensive*) Farben. **5.** *hohe Leistung bringend; einen hohen Grad von Wirksamkeit besitzend; leistungsstark:* hast du keine stärkere Glühbirne?; Wer die stärksten Maschinen hatte (Gaiser, Jagd 190); Robert würden sie wohl nicht nehmen, den mit seiner -en Brille *(mit seiner Brille mit stark gekrümmten Gläsern),* wenn der an so was anlegen müßte, könnt' er ja gar nichts sehn (Kempowski, Tadellöser 134); alle Wellenbereiche waren gleich s. (Fries, Weg 261); da (= in Steckkontakten) sind wir s. wie kein anderer in Europa (Elektronik 12, 1971, 78). **6 a)** *gute Leistungen erbringend; tüchtig:* ein -er Spieler; er traf auf einen -en Gegner; der Schüler ist in Mathematik s.; er war s. in Kopfbällen und bei akrobatischen Schußversuchen (Spiegel 46, 1976, 192); Sie haben zeitweise wirklich sehr s. gespielt (MM 25. 2. 74, 4); **b)** *(als Ergebnis einer geistigen od. körperlichen Leistung) sehr gut, ausgezeichnet:* das ist sein stärkstes Werk; die Mannschaft bot eine -e Leistung; Alles in allem eine -e Darbietung (Kicker 82, 1981, 51). **7.** *sehr ausgeprägt; in hohem Maße vorhanden, wirkend; von großem Ausmaß; sehr intensiv; sehr kräftig:* -e Hitze; es setzte -er Frost ein; -e Schneefälle behindern den Verkehr; er spürte einen -en Druck auf den Ohren; -er Verkehr; -er Beifall; einen -en Eindruck machen, Einfluß ausüben; unter -er Anteilnahme der Bevölkerung; das ist eine -e Übertreibung; -en Hunger, -e Schmerzen haben; -e *(gut erkennbare, deutliche)* Zeichen einer Besserung; er ist ein -er Esser, Raucher *(ißt, raucht viel);* ein -er *(heftiger)* Wind; die Nachfrage war diesmal besonders s.; s. beschäftigt, verschuldet sein; ein s. wirkendes Mittel; eine s. betonte Silbe; sie erinnert ihn s. an seine Mutter; die Blumen duften s.; es hat s. geregnet; s. erkältet sein; Der Gehülfe trank ziemlich s. (R. Walser, Gehülfe 177); Während früher der Holzpreis gegendweise ... s. differierte (Mantel, Wald 130); ich habe dich s. im Verdacht, das veranlaßt zu haben; es geht s. auf Mitternacht (ugs.; *ist bald Mitternacht);* er geht s. auf die Siebzig zu (ugs.; *wird bald siebzig);* Das war aber wirklich zu s., ja wohl s.! (ugs.; *das war unerhört, eine Frechheit!).* **8.** (Jugendspr.) *so großartig, hervorragend, ausgezeichnet, daß das od. der Betreffende* (den Sprecher) *in höchstem Maße gefällt:* ein -er Film; -e Musik; ich finde den Typ unerhört s.; Ein Erlebnis, das die heute Dreißigjährigen sich noch als ... „stark" einstufen würden (Welt 25. 2. 78, II); sie kann unheimlich s. singen; s.!; Nick Lowe: „Half a boy and half a man", echt s., muß der Neid lassen (tango 9, 1984, 40). **9.** (Sprachw.) **a)** *(in bezug auf Verben) durch einen sich ändernden Stammvokal u. (beim 2. Partizip) durch das Vorhandensein der Endung -en gekennzeichnet:* die -e Konjugation; -e *(stark konjugierte)* Verben; die Verben „singen, nehmen, klingen" werden s. gebeugt, konjugiert; **b)** *(in bezug auf Substantive) in den Formen der Maskulina u. Neutra durch das Vorhandensein der Endung -[e]s im Genitiv Singular gekennzeichnet:* die -e Deklination; -e *(stark deklinierte)* Substantive; die Substantive „Mann, Haus" werden s. gebeugt, dekliniert; **-stark: 1.** drückt in Bildungen mit Substantiven aus, daß die beschriebene Person oder Sache etw. in hohem Maße, in großer Menge hat, aufweist: charakter-, energie-, umsatzstark. **2.** drückt in Bildungen mit Substantiven oder Verben (Verbstämmen) aus, daß die beschriebene Person oder Sache in etw. besonders leistungsfähig ist, große Qualitäten bei etw. hat: kopfball-, saugstark. **Star|ka|sten,** der: *Starenkasten.*

stark|be|haart[1] ⟨Adj.; stärker, am stärksten behaart⟩: *sehr behaart, mit dichtem Haarwuchs;* **stark|be|völ|kert**[1] ⟨Adj.; stärker, am stärksten bevölkert⟩: *sehr, in hohem Maße bevölkert;* **Stark|bier,** das: *Bier mit einem hohen Gehalt an Stammwürze; Doppelbier;* **Stär|ke,** die; -, -n [mhd. sterke, ahd. starchī, sterchī; 8: rückgeb. aus ↑stärken (3), schon mhd. sterke = Stärkmehl u. sterechlei = Stärkkleie]: **1.** ⟨o. Pl.⟩ **a)** *körperliche Kraft:* die S. eines Bären; sie bewunderte die S. seiner Muskeln, seiner Fäuste; Ü jmds. charakterliche S.; Es bedarf nämlich einer großen moralischen S., die guten Weine nach dem Degustieren wieder auszuspucken (Tages Anzeiger 3. 12. 91, 3); **b)** *Macht:* die militärische S. eines Landes; die USA demonstrieren S.; Die Politik der S. führt nicht automatisch zur Wiedervereinigung (Dönhoff, Ära 109); **c)** *Funktionsfähigkeit, Leistungsfähigkeit:* die S. der Nerven, Augen. **2.** *Stabilität bewirkende Dicke, Festigkeit:* die S. der Bleche; Ich habe ... die S. der aufgespannten Fäden bis zu einem Millimeter verringert (Menzel, Herren 56); Bretter von verschiedener S. **3.** *zahlenmäßige Größe; Anzahl:* die S. einer Armee, Flotte, Klasse; Es kursierten sogar Gerüchte, die Volkspolizei werde mit 120000 Mann auf die S. des westlichen Grenzschutzes abgerüstet (Dönhoff, Ära 208); Die Ausschüsse werden seit den achtziger Jahren gemäß der S. der Fraktionen besetzt (Fraenkel, Staat 229). **4.** ⟨o. Pl.⟩ *Grad des Gehalts; Konzentration (4):* die S. des Kaffees, Giftes; die S. der Säure messen, kontrollieren. **5.** *hoher Grad an Leistungskraft, Wirksamkeit:* die S. eines Motors, einer Glühbirne; Er trug eine Brille mittlerer S. (Johnson, Achim 42): **6. a)** *Vorhandensein besonderer Fähigkeiten, besonderer Begabung [auf einem bestimmten Gebiet], durch die jmd. eine außergewöhnliche, hohe Leistung erbringt:* darin zeigt sich seine S.; Mathematik war niemals meine S.; Das war schon immer meine S.: hinterdreinzocken, neugierig sein, zuhören (Grass, Hundejahre 286); Die S. der Weberschen Begabung lag in der Graphik (Niekisch, Leben 144); **b)** *etw., was bei jmdm., einer Sache als besonders vorteilhaft empfunden wird; vorteilhafte Eigenschaft, Vorzug:* eine entscheidende S. des Systems; die Mannschaft hat -n und Schwächen; bei all ihren -n hat sie auch einige Schwächen: für Krimseft (CCI 7, 1984, 45). **7.** *Ausmaß, Größe, Grad der Intensität:* die S. des Verkehrs, der Schmerzen; die S. des Geschützdonners nahm zu; daß die Pupillen unseres Auges in ihren Bewegungen ... abhängig seien von der S. des Lichtes, das sie trifft (Th. Mann, Krull 18); so empfindet man das Abstoßende und Häßliche in unverminderter S. (Musil, Mann 1176); im Sturm, Orkan, Regenfälle von ungeheurer S. **8.** *aus verschiedenen Pflanzen (z. B. Reis, Kartoffeln) gewonnene, weiße, pulvrige Substanz, die u. a. in der Nahrungsmittelindustrie u. zum Stärken von Wäsche verwendet wird:* S. aus Reis; durch Gärung wird S. in Zucker verwandelt; die Wäsche mit S. behandeln; **Stär|ke|bil|dung,** die: *Bildung von Stärke (8);* **Stär|ke|bin|de,** die (Med.): *in Stärke (8) getränkte, mit Stärke bestrichene Mullbinde für Okklusivverbände;* **Stär|ke|fa|brik,** die: *Fabrik, in der Stärke (8) gewonnen wird;* **Stär|ke|ge|halt,** der: *[1]Gehalt an Stärke (8);* **stär|ke|hal|tig** ⟨Adj.⟩: *Stärke (8) enthaltend;* **Stär|ke|klei|ster,** der: *aus Stärke (8) hergestellter Klebstoff;* **Stär|ke|mehl,** das: *Maisstärke;* **stär|ken** ⟨sw. V.; hat⟩ [mhd. sterken, ahd. sterchen]: **1. a)** *stark (1) machen; kräftigen; die körperlichen Kräfte wiederherstellen:* Training stärkt den Körper, die Gesundheit; der Whisky, der Gin kräftigen den Lebensmut, von einer gesottenen Lammkeule werden breite Scheiben geschnitten, den Leib zu s. (Koeppen, Rußland 159); ein stärkendes Mittel nehmen; S.; jmds. Zuversicht, Selbstvertrauen s.; ... das käme ihr nur zugute und stärke den Charakter (Ott, Haie 144); Gestärkt von ihrem Zuspruch kam er wieder hinter der Theke vor (Jaeger, Freudenhaus 64); **b)** ⟨s. + sich⟩ *essen u./od. trinken, damit man [wieder] Kraft hat, erfrischt ist:* nach dem langen Marsch stärkten sie sich [durch einen, mit einem Imbiß]; stärkt euch erst einmal! **2.** *die Wirksamkeit von etw. verbessern; wirkungsvoller machen:* jmds. Prestige, Position s.; die Stellung des Präsidenten, den Einfluß der Partei, die Verwaltung s.; ihre (= der Länder) Landwirtschaft so zu s., daß ... (Fraenkel, Staat 22). **3.** *(Wäsche) mit Stärke (8) steif machen:* den Kragen am Oberhemd s.; gestärkte Manschetten; **Stär|ke|pul|der,** der: *Stärkemehl;* **Stär|ker:** Komp. zu ↑*stark;* **Stär|ke|si|rup,** der: *verflüssigter Stärkezucker;* **Stär|ke|zucker**[1], der: *Traubenzucker;* **stark|far|big** ⟨Adj.⟩: *kräftige, leuchtende Farben aufweisend;* **stark|her|zig** ⟨Adj.⟩ (geh.): *von innerer, seelischer Stärke [zeugend].*

Star|king, der; -s, -s [H. u.]: *großer Apfel von unregelmäßiger Form, meist dunkelroter Schale u. wenig aromatischem, süßlichem Fruchtfleisch.*

stark|kno|chig ⟨Adj.⟩: *von festem, starkem Knochenbau;* **Stark|lei|big** ⟨Adj.⟩: *beleibt;* **Stark|lei|big|keit,** die; -: *das Starkleibigsein;* **stärk|ste:** Sup. zu ↑*stark;* **Stark|strom,** der (Elektrot.): *elektrischer Strom mit hoher Stromstärke u. meist hoher Spannung;* **Stark|strom|lei|tung,** die: *Leitung für Starkstrom;* **Stark|strom|tech|nik,** die ⟨o. Pl.⟩: *Teilgebiet der Elektrotechnik, das sich mit der Erzeugung u. Verwendung von Starkstrom befaßt;* **Stark|strom|tech|ni|ker,** der: *auf Starkstromtechnik spezialisierter Elektrotechniker;* **Stark|strom|tech|ni|ke|rin,** die: w. Form zu ↑*Starkstromtechniker;* **Stark|ton,** der (Sprachw.): *Hauptakzent.*

Star|kult, der (abwertend): *Kult (2), der mit einem [2]Star (1) getrieben wird.*

Stär|kung, die; -, -en: **1. a)** *das Stärken (1 a), Kräftigen; das Gestärkt-, Gekräftigtsein:* Zur S. fuhr er ... nach Dänemark, zu seinem Vater in die ... Villa mit Park und ... Strand (Kempowski, Tadellöser 200); Ü zu diesem Zeitpunkt, wo eine seelische S. mir wohlgetan hätte (Böll, Erzählungen 101); **b)** *etw., womit man sich stärkt (1 b), erfrischt; Essen, Trinken, das dazu*

Stärkungsmittel

dient, *[wieder] zu Kräften zu kommen:* nach der langen Wanderung nahmen wir eine kleine S. zu uns. **2.** *das Stärken* (2), *Gestärktsein; Anhebung, Verbesserung der Wirksamkeit:* die Abschaffung sämtlicher Privilegien des ersten und zweiten Standes hatte eine ... S. der Bourgeoisie ... zur Folge (Fraenkel, Staat 67); **Stärkungs|mit|tel**, das (Med.): *der Stärkung* (1 a) *dienendes [Arznei]mittel.*
Stark|wind, der (Seemannsspr.): *Wind von Stärke 6–7.*
Star|let, Star|lett ['ʃt..., 'st...], das; -s, -s [engl. starlet, eigtl. = Sternchen, zu: engl. ↑ ²Star] (spött. abwertend): *Nachwuchsfilmschauspielerin, die gern ein* ²*Star* (1 a) *werden möchte, sich wie ein Star fühlt, benimmt:* Für die Karriere eines -s kann die Couch im Besetzungsbüro noch immer eine Hilfe sein (White [Übers.], Staaten 14).
Stär|ling, der; -s, -e [zu ↑ ¹Star]: *in Amerika heimischer Singvogel mit schwarzem Gefieder mit gelblichen bis roten Federn u. länglichem, spitzem Schnabel.*
Star|man|ne|quin, das, selten: der: vgl. Staranwalt.
Star|matz, der (fam.): ¹*Star (als Käfigvogel).*
Starn|ber|ger See, der: *See im bayrischen Alpenvorland.*
Star|num|mer, die: *besonders herausragende Nummer einer Veranstaltung, Show o. ä.*
Star|ope|ra|ti|on, die: *operative Entfernung eines* ³*Stars.*
Sta|rost [ʃt..., auch st...], der; -en, -en [poln., russ. starosta, eigtl. = Ältester, zu: poln. stary, russ. staryj = alt]: **1.** *(im Königreich Polen u. im zaristischen Rußland) Vorsteher eines Dorfes.* **2.** *(in Polen von 1919 bis 1939) Landrat;* **Sta|ro|stei**, die; -, -en: *Amt, Verwaltungsbereich eines Starosten.*
Star|pa|ra|de, die: *das Auftreten mehrerer* ²*Stars* (1) *in einer Veranstaltung o. ä.*
starr ⟨Adj.⟩ [rückgeb. aus mhd. starren, ↑ starren]: **1. a)** *steif; nicht beweglich; nicht elastisch:* der -e Körper des Toten; -e (veraltet; *nicht schmiegsame*) Seide; ein -es (selten: *nicht flexibles*) Material; meine Finger sind s. vor Kälte; sie saß, stand s. *(konnte sich nicht bewegen)* vor Schreck; **b)** *ohne bewegliches Gelenk; fest[stehend]:* -e Achsen; ... sind die Hinterräder durch ein gekröpftes Achsrohr s. miteinander verbunden (auto 6, 1965, 6). **2.** *regungs- u. bewegungslos; ohne Lebendigkeit u. Ausdruckskraft:* Der Mandrill hielt die Zwinge in der Hand, hinter seiner Stirn schien etwas vorzugehen (Apitz, Wölfe 169); ihr Lächeln, ihre Miene war s.; er schaute s. geradeaus. **3. a)** *nicht abwandelbar:* ein -es Prinzip; Nach Auffassung der CDU muß das ... Ladenschlußgesetz mit -en Einkaufszeiten überprüft werden (Wiesbadener Kurier 12. 5. 84, 2); was oft von den Theoretikern übersehen wird, die den Lohn nach unten für s. erklären (Rittershausen, Wirtschaft 10); **b)** *starrköpfig, unnachgiebig, streng; rigid* (2): sein -er Sinn; Wie s. und einseitig sind heute die meisten Menschen im Alter geworden! (Natur 72); s. an etw. festhalten; daß je-

ner Doktrin deshalb so s. gefolgt wird, ... (Dönhoff, Ära 55); **Starr|ach|se**, die (Kfz-T.): *starre* (1 b) *Hinterachse;* **Star|re**, die; -: *das Starrsein;* **star|ren** ⟨sw. V.; hat⟩ [in der nhd. Form sind zusammengefallen mhd. starren = steif sein, ablautend ahd. storrēn = steif hervorstehen u. mhd. star(e)n, ahd. starēn = unbeweglich blicken]: **1.** *starr* (2) *blicken:* alle starrten erstaunt, [wie] gebannt auf den Fremden; Meine Augen brennen, so starre ich in das Dunkel (Remarque, Westen 150); Seine ... Augen starrten leblos gegen die hohe Hallenwand (Borchert, Geranien 79); Corinna hatte es, nach oben starrend, gar nicht bemerkt (Hausmann, Abel 93). **2. a)** *von etw. voll, ganz bedeckt sein [u. deshalb starr* (1 a), *steif wirken]:* er, seine Kleidung, das Zimmer starrt vor/von Schmutz; sie brachten die Fetzen des Schleiers herbei, die von halbgetrocknetem Blute starrten (Th. Mann, Joseph 624); **b)** *sehr viel von etw. aufweisen, so daß kaum noch etw. anderes zu sehen ist; strotzen:* von Waffen s.; Sie starrte von Perlen und Diamanten (A. Kolb, Daphne 19). **3.** *starr [in die Höhe] ragen:* die Schienen der Feldbahn drüben sind aufgerissen, sie starren hochgebogen in die Luft (Remarque, Westen 56). ♦ **4. a)** *starr* (1 a), *steif sein:* ein hohes Gedeck mit starrenden Ledervorhängen (Mörike, Mozart 213); **b)** *erstarren:* Schon starrt das Leben, und vorm Ruhebette wie vor dem Grabe scheut der Fuß (Goethe, Egmont V); Die Deinen, heiß gedrängt von Meroe, weichen! – Daß das zu Fels starrten! (Kleist, Penthesilea 15); die Tinte starrt *(trocknet ein),* vergilbt ist das Papier (Goethe, Faust II, 6574); **c)** *steif, starr* (1 a) *dastehen:* Die rohe Menge hast du nie gekannt; sie starrt *(steht untätig da)* und staunt und zaudert, läßt geschehn (Goethe, Die natürliche Tochter IV, 4); Er starrt und will nicht zappeln, s., kleben (Goethe, Faust I, 1862).
Star|re|por|ter, der: vgl. Staranwalt; **Star|re|por|te|rin**, die: w. Form zu ↑ Starreporter.
Starr|flü|gel|flug|zeug, das: *Flugzeug, das durch den aerodynamischen Auftrieb eines feststehenden Tragflügels getragen wird.*
Starr|heit, die; -: *das Starrsein;* **Starr|kopf**, der (abwertend): *jmd., der starrköpfig ist;* **starr|köp|fig** ⟨Adj.⟩ (abwertend): *eigensinnig auf einer Meinung* (die unverständlich, töricht, lächerlich o. ä. erscheint) *beharrend:* Trotzdem warten die permanenten Goldgurus und Dollarpessimisten s. auf die Rückkehr der Inflation (Weltwoche 26. 7. 84, 13); **Starr|krampf**, der: *kurz für* ↑ *Wundstarrkrampf;* **Starr|sinn**, der ⟨o. Pl.⟩ (abwertend): *starrköpfiges Verhalten;* **starr|sin|nig**, der (abwertend): *starrköpfig;* **Starr|sucht**, die ⟨o. Pl.⟩ (Med.): *selten für* ↑ *Katalepsie;* **starr|süch|tig** ⟨Adj.⟩: *selten für* ↑ *kataleptisch.*
Star|rum|mel, der (ugs.): ²*Rummel* (1), *der um einen* ²*Star* (1) *veranstaltet wird.*
Stars and Stripes ['stɑːz ənd 'straɪps] ⟨Pl.⟩ [engl. = Sterne u. Streifen; nach den die Bundesstaaten der USA symbolisierenden Sternen u. den (die 13 Gründungs-

staaten symbolisierenden) Längsstreifen]: *Nationalflagge der USA, Sternenbanner.*
Start [auch: start], der; -[e]s, -s, selten: -e [engl. start, zu: to start, ↑ starten]: **1. a)** *Beginn eines Wettlaufs, -rennens, -schwimmens o. ä.:* ein gelungener, mißglückter S.; der S. verzögert sich, muß wiederholt werden; erst der zweite S. gelang, klappte; einen guten S. haben; den besten S. erwischen; den S. verschlafen; den S. freigeben *(einen Wettkampf beginnen lassen);* er kam beim S. gut weg; sie führte vom S. an; mit der Pistole das Zeichen zum S. geben; *** fliegender S.** (Motorsport, Radsport; *Start, bei dem sich die Teilnehmer [mit hoher Geschwindigkeit] der Startlinie nähern u. das Rennen beginnt, wenn die Startlinie überfahren wird);* **stehender S.** (Motorsport, Radsport; *Start, bei dem sich die Teilnehmer des Rennens an der Startlinie aufstellen*). **b)** *Stelle, an der ein Start* (a) *stattfindet:* die Läufer gehen zum S.; für ein Land am S. sein, an den S. gehen *(starten* 1 c); **c)** *das Starten* (1 c): *Teilnahme an einem Wettkampf:* der lockenköpfige Schiffsmaler, den sie ... für offizielle -s gesperrt hatten (Lenz, Brot 68). **2. a)** *Beginn eines Fluges:* der S. des Raumschiffs verlief reibungslos; der S. der Rakete ist mißglückt; den S. des Ballons abbrechen; den S. der Maschine freigeben (Flugw.; *den Abflug eines Flugzeugs genehmigen);* ein Flugzeug zum S. freigeben; **b)** *Startplatz:* das Flugzeug rollt langsam zum S. **3.** *das Starten* (3): der S. einer Anlage, eines Computers; beim S. des Programms. **4. a)** *das Aufbrechen, das Sich-in-Bewegung-Setzen im Hinblick auf ein Ziel:* der S. ins Berufsleben; der S. in den Frühling, in die neue Skisaison; Der frühe S. in den Wahlkampf kann dazu führen, daß die Bürger uninteressiert die Wahlparolen über sich ergehen lassen (Saarbr. Zeitung 1. 12. 79, 34); zwei Drittel kamen auf ein Sperrkonto, das nur nach verbüßter Strafe ihm den S. in die Freiheit erleichtern sollte (Ziegler, Konsequenz 15); **b)** *die Anfangszeit, das Anlaufen einer Unternehmung, der Beginn einer Entwicklung, eines Vorhabens o. ä.:* er hatte bei seiner Arbeit einen schlechten S.; **Start|auf|la|ge**, die (bes. Buchw.): *erste Auflagenhöhe; Anzahl, mit der eine Serienproduktion gestartet* (4 a) *wird:* S.: 10000 Exemplare (Börsenblatt 8, 1971, 595); Hochprozentiger Pfälzer ... mit einer S. von 100000 Flaschen (MM 2. 10. 84, 1).
Start|aus|weis, der: *Startpaß;* **Start|au|to|ma|tik**, die (Kfz-T.): *über die Temperatur des Motors automatisch geregelter Choke;* **Start|bahn**, die: *für den Start von Flugzeugen eingerichtete Bahn, Piste auf Flugplätzen;* **Start|be|rech|ti|gung**, die: *Starterlaubnis* (2); **start|be|reit** ⟨Adj.⟩: *ganz darauf eingestellt, vorbereitet, daß der, die, das Betreffende sofort eingesetzt werden, starten kann:* das ganze Jahr haben Sie ein -es Ferienheim (= einen Wohnwagen; Gute Fahrt 3, 1974, 5); **Start|block**, der ⟨Pl. ...blöcke⟩: **1.** ⟨Pl.⟩ (Leichtathletik) *auf dem Boden befestigte Vorrichtung mit einer schrägen Fläche, von der sich der Läufer beim Start mit dem*

Fuß abdrücken kann. **2.** *(Schwimmen) einem Podest ähnliche Erhöhung am Rande des Schwimmbeckens, von der der Schwimmer beim Startzeichen ins Wasser springt;* **Start|chan|ce,** *die: Chance für den Beginn für jmdn., etw.:* die besseren -n haben; **star|ten** ⟨sw. V.⟩ [engl. to start = fort-, losgehen, -fahren]: **1. a)** *einen Wettkampf (Wettlauf, -rennen, -schwimmen o. ä.) beginnen lassen* ⟨hat⟩: das Autorennen s.; Bereits 1843 waren in Nordnorwegen ... die ersten Skirennen gestartet worden (Gast, Bretter 18); Der Starter ruft die Leute an die Plätze, Larsen wird auch den Zehntausendmeterlauf s. (Lenz, Brot 7); **b)** *(auf ein optisches u./od. akustisches Signal hin) einen Wettkampf (Wettlauf, -rennen, -schwimmen o. ä.) beginnen* ⟨ist⟩: zur letzten Etappe s.; Wer wird am schnellsten s., wer in der ersten Runde die Führung übernehmen? (Frankenberg 42); ⟨subst.:⟩ Auf der Aschenbahn übten Hundertmeterläufer das Starten (Grass, Katz 5); Ü Er hatte ja den Ball zu führen, außerdem starte ich schneller (*laufe ich schneller los;* Walter, Spiele 18); **c)** *an einem Wettkampf aktiv teilnehmen* ⟨ist⟩: bei einem Wettkampf, für einen Verein s.; die deutsche Mannschaft wird in Oslo nicht s.; Logischerweise darf man als Anfänger nicht gleich international s., sondern muß mit Wettbewerben anfangen, die national ausgeschrieben sind (Frankenberg, Fahren 9). **2. a)** *machen, daß etw. auf ein Ziel hin in Bewegung gesetzt wird* ⟨hat⟩: eine Rakete s.; **b)** *sich (irgendwohin) in Bewegung setzen* ⟨ist⟩: das Flugzeug ist pünktlich (nach Paris) gestartet; Maschinen landen und starten; Kosmonauten ins All gestartet (MM 29./30. 11. 80, 32). **3. a)** *(durch Betätigung einer Taste, des Anlassers o. ä.) in Gang setzen, in Betrieb nehmen* ⟨hat⟩: den Motor, das Auto s.; der Pilot startet die Triebwerke; Ich setze mich an meinen Schreibtisch und starte den Computer (Tempo 1, 1989, 81); das Programm (*des Computers*) s.; Hierdurch wird die Betriebsart „Wiedergabe" gestartet (Elektronik 11, 1971, 375); **b)** *(durch Betätigung einer Taste, des Anlassers o. ä.) in Gang gesetzt werden, in Betrieb genommen werden:* das Gerät, der Computer, das Programm startet. **4. a)** *(eine Unternehmung, ein Vorhaben o. ä.) beginnen lassen* ⟨hat⟩: eine große Aktion s.; einen neuen Versuch, ein Comeback, ein Pilotprojekt, eine Werbekampagne s.; Viele Hausfrauen starteten den Frühjahrsputz (Bild 20. 3. 84, 5); wir wollen morgen die Serienproduktion s.; ein neuer Anfang (= der Hauptfertigung) wurde 1945 in Wertheim ... gestartet (Funkschau 21, 1971, 2181); **b)** *aufbrechen, um eine Unternehmung, ein Vorhaben o. ä. durchzuführen* ⟨ist⟩: sie sind gestern [in den Urlaub, zu einer Expedition] gestartet; **c)** *anlaufen, seinen Anfang nehmen, beginnen* ⟨ist, selten: hat⟩: die Tournee startet in Hamburg; Die Hallensaison startet (tango 9, 1984, 3); Der Betrieb von Pension „Rast und Ruh" hatte vielversprechend gestartet (K. Mann, Vulkan 353); **Star|ter,** *der; -s, -* [engl. starter, zu: to start, ↑starten]: **1.** *jmd., der*

das Startsignal zu einem Wettkampf gibt. **2.** *jmd., der an einem Wettkampf teilnimmt.* **3.** *Anlasser;* **Star|ter|bat|te|rie,** *die: wartungsfreie od. -arme Batterie* (2 a) *für Kraftfahrzeuge;* **Star|te|rin,** *die; -, -nen:* w. Form zu ↑Starter; **Star|ter|klap|pe,** *die: Choke;* **Start|er|laub|nis,** *die:* **1.** *(vom zuständigen Verband erteilte) Erlaubnis, an offiziellen Wettkämpfen teilzunehmen.* **2.** *Erlaubnis für ein Flugzeug, von einem Flugplatz zu starten;* **start|fer|tig** ⟨Adj.⟩: startbereit; **Start|flag|ge,** *die: Flagge, mit der (durch deren Heben od. Senken) das Zeichen zum Start gegeben wird;* **Start|geld,** *das:* **1.** *Geldbetrag, der vom Wettkampfteilnehmer (für die Deckung der Veranstaltungskosten) entrichtet werden muß.* **2.** *(gew. bei Wettkämpfen mit Berufssportlern) Geldbetrag, den der Veranstalter an den Sportler zahlt, damit dieser teilnimmt;* **Start|hil|fe,** *die:* **1.** *[finanzielle] Hilfe, die jmdm. den Start* (4) *bei etw. erleichtert.* **2. a)** *das Anschließen einer intakten [Auto]batterie an eine entladene, um das Starten des Motors zu ermöglichen;* **b)** *Vorrichtung zur kurzfristigen Erhöhung der Benzinzufuhr als Hilfe beim Kaltstart.* **3.** *Rakete zur Beschleunigung beim Start von Flugzeugen u. -körpern;* **Start|hil|fe|ka|bel,** *das: bei der Starthilfe* (2 a) *benutztes Kabel, mit dem die intakte Batterie an die entladene angeschlossen wird;* **Start|ka|pi|tal,** *das: Anfangskapital;* **start|klar** ⟨Adj.⟩: vgl. startbereit; **Start|kom|man|do,** *das: Kommando für den Start eines Wettlaufs o. ä.;* **Start|läu|fer,** *der (beim Staffellauf) erster Läufer;* **Start|läu|fe|rin,** *die;* w. Form zu ↑Startläufer; **Start|li|nie,** *die: markierte Linie, von der aus der Start* (1 a) *erfolgt;* **Start|loch,** *das (Leichtathletik früher): Vertiefung im Boden, aus der sich der Läufer beim Start mit dem Fuß abdrücken konnte;* * **in den Startlöchern sitzen** (ugs.; *bereit sein, sofort zu beginnen*): Sein Nachfolger sitzt schon in den Startlöchern (Augsburger Allgemeine 10./11. 6. 78, 26); **Start|ma|schi|ne,** *die (Leichtathletik selten): Startblock* (1); **Start|num|mer,** *die: Nummer auf einem Stück Stoff, die ein Wettkampfteilnehmer auf Brust u./od. Rücken trägt;* **Start|paß,** *der: Schriftstück mit der Starterlaubnis für einen Sportler;* **Start|pi|sto|le,** *die: Pistole für den Startschuß;* **Start|platz,** *der: Start* (1 b); **Start|ram|pe,** *die: Vorrichtung, von der aus Raketen gestartet werden:* daß die meisten der ... Mittelstreckenraketen und der mobilen m., zweistufige ballistische Raketen ... sind (Welt 27. 10. 62, 5); **Start|recht,** *das;* ⟨o. Pl.⟩: vgl. Starterlaubnis; **Start|schiff,** *das (Rennsegeln): Schiff, das das Ende der Startlinie markiert u. von dem aus die für die Regatta nötigen Signale gegeben werden;* **Start|schuß,** *der: Schuß als akustisches Startsignal:* Ü Sinn der ... Veranstaltung war, den S. für Westberlins gigantischstes Bauwerk, den Steglitzer Kreisel, zu geben (Prodöhl, Tod 21); Der Landesvorsitzende der FDP ... hat ... den offiziellen S. zur innerparteilichen Diskussion über die Koalitionsfrage gegeben (Saarbr. Zeitung 10. 1. 80, 2); **Start|schwie|rig|keit,** *die* ⟨meist

Pl.⟩: *Schwierigkeit, die sich am bzw. vor dem Beginn von etw. für jmdn. etw. ergibt:* anfangs gab es -en bei dem Projekt; **Start|si|gnal,** *das: optisches od. akustisches Signal, mit dem ein Rennen gestartet wird;* **Start|sprung,** *der: Kopfsprung zu Beginn eines Schwimmwettkampfs;* **Start|strecke¹,** *die: Strecke, die ein startendes Flugzeug vom Anrollen bis zum Erreichen einer bestimmten Höhe benötigt;* **Start-und-Lan|de-Bahn,** *die: für Start u. Landung von Flugzeugen eingerichtete Bahn, Piste auf Flugplätzen; Runway;* **Start|ver|bot,** *das: vgl. Starterlaubnis;* **Start|zei|chen,** *das: Startsignal;* **Start-Ziel-Sieg,** *der: Sieg eines Wettkampfteilnehmers, der vom Start an an der Spitze liegt.*

Star|ver|tei|di|ger, *der:* vgl. Staranwalt; **Star|ver|tei|di|ge|rin,** *die:* w. Form zu ↑Starverteidiger.

Sta|se ['st..., 'ʃt...], *Stasis, die; -, Stasen* [griech. stásis = das Stehen, Stillstand] (Med.): *Stauung, Stillstand (bes. des Blutes).*

¹**Sta|si,** *die; -, der; -[s]* (ugs.): *Kurzwort für* ↑Staatssicherheitsdienst: Loewe ... bemerkte, daß ihm ... die S. motorisiert nachkam (Spiegel 1/2, 1977, 20); ²**Sta|si,** *der; -s, -s* (ugs.): *Angehöriger des Staatssicherheitsdienstes:* in den angrenzenden Schrebergärten vertreten sich „Stasis" ... Tag und Nacht die Beine (Spiegel 49, 1976, 127).

Sta|si|ge|nel|se, *die; -* [zu griech. stásis (↑Stase) u. ↑Genese] (Biol.): *das Konstantbleiben eines Merkmals im Verlauf der Phylogenese trotz sich ändernder Umweltbedingungen;* **Sta|si|mon** ['st..., 'ʃt...], *das; -s, ...ma* [griech. stásimon (mélos), eigtl. = Standlied, zu: stásimos = stehend, zu: stásis, ↑Stase] (Literaturw.): *Chorlied der altgriech. Dramas, in dem das Geschehen auf der Bühne kommentiert wird;* **Sta|si|mor|phie,** *die; -, -n* [zu griech. morphē = Gestalt] (Bot.): *(bei Pflanzen) das Stehenbleiben in der Entwicklung eines Organs;* **Sta|sis:** ↑Stase.

Stat, *das; -, -* [gek. aus elektro*stat*isch] (veraltet): *Einheit* (2) *für die Radioaktivität von Quellgewässern o. ä.*

stät (schweiz.): ↑stet.

sta|ta|risch [ʃt..., st...] ⟨Adj.⟩ [lat. statarius = im Stehen geschehend, zu: status, ↑Staat] (bildungsspr. selten): *langsam fortschreitend, immer wieder verweilend.*

State De|part|ment ['steɪt dɪ'pɑ:tmənt], *das; - -:* Außenministerium der USA;

State|ment ['steɪtmənt], *das; -s, -s* [engl. statement, zu: to state = festsetzen, erklären, zu: state, über das Afrz. < lat. status, ↑Staat]: **1.** *öffentliche [politische] Erklärung, Verlautbarung:* Sein ... S. über Mann- und Raumdeckung (Saarbr. Zeitung 3. 12. 79, 15/17); ein S. abgeben, herausgeben; Unterdessen spulte Lehnau sein wohlvorbereitetes S. ab (Springer, Was 201). **2.** (EDV) *Anweisung, Befehl (für den Computer);* **Sta|ter,** *der; -s, -e* [(lat. stater <) griech. statḗr = eigentlich jedes Gewicht]: *Münze des Altertums;* **Stath|mo|graph,** *der; -en, -en* [zu griech. stathmós = Pfosten, Pfeiler; Gewicht, Waagschale u. ↑-graph]: *selbsttätig arbeitendes Instrument zur Aufzeichnung von*

Geschwindigkeiten u. Fahrzeiten von Eisenbahnzügen; sta|tie|ren [ʃt...] ⟨sw. V.; hat⟩ (Theater): *als Statist tätig sein.*

stä|tig ⟨Adj.⟩ [mhd. stetic, zu: stat (↑ Statt), eigtl. = nicht von der Stelle zu bewegen] (landsch.): *(von Pferden) störrisch, widerspenstig;* **Stä|tig|keit,** die; - (landsch.): *das Stätigsein.*

Sta|tik [auch: 'st...], die; - [griech. statikḗ (téchnē) = Kunst des Wägens, zu: statikós = zum Stillstehen bringend, wägend, zu: statós = (still)stehend]: **1.** (Physik) **a)** *Teilgebiet der Mechanik für die Untersuchung von Kräften an ruhenden Körpern;* **b)** *Lehre vom Gleichgewicht der Kräfte an ruhenden Körpern.* **2.** (Bauw.) *Stabilität bewirkendes Verhältnis der auf einen Körper, bes. auf Bauwerke, wirkenden Kräfte:* die S. eines Hauses berechnen. **3.** (bildungsspr.) *statischer (3) Zustand:* Die Panazee, welche die gesellschaftliche S. garantiert (Adorno, Prismen 95); **Sta|ti|ker,** der; -s, -: *Bauingenieur mit speziellen Kenntnissen auf dem Gebiet statischer Berechnungen von Bauwerken;* **Sta|ti|ke|rin,** die; -, -nen: w. Form zu ↑ Statiker; **Sta|ti|on** [ʃt...], die; -, -en [lat. statio = das (Still)stehen, Stand-, Aufenthaltsort, zu: stare, ↑ Staat]: **1.** *Haltestelle (eines öffentlichen Verkehrsmittels); [kleiner] Bahnhof:* die -en der S- und U-Bahn; bis Stadtmitte sind es noch drei -en; wie heißt die nächste S.?; So sind wir hier eine S. zu spät ausgestiegen (Imog, Wurliblume 242); der Zug hält nicht auf, an jeder S.; an, auf, bei der nächsten S. aussteigen; Als dies geschehen war, meldete die Glocke mit drei schrillen Schlägen, ... daß ein Zug in der Richtung von Breslau her aus der nächstliegenden S. abgelassen sei (Hauptmann, Thiel 20); Tochter eines Feldwebels und mit dem Bahnhofsvorstand einer kleinen S. an der Strecke Frankfurt–Niederlahnstein von langer Hand versprochen (Th. Mann, Krull 61). **2. a)** *Aufenthalt[sort], Rast[platz] (während einer Fahrt):* Die -en seiner ... Reise waren Luzern, Wien, Rom, Brüssel (Welt 1. 9. 62, 7); ***freie S.** (veraltend; unentgeltliche Unterkunft u. Verpflegung):* Diese Stunde, wo er von einem unbestimmten Luxusgeschöpf zum Diener mit freier S. und kleinem Salär befördert worden war (Musil, Mann 222); **S. machen** *(eine Fahrt, Reise für einen Aufenthalt unterbrechen);* **b)** (kath. Kirche) *[geweihte] Stelle des Kreuzwegs u. der Wallfahrt, an der die Gläubigen verweilen:* Ü Bei all diesen Aufführungen handelte es sich um die Vergegenwärtigung eines Weges mit einzelnen -en (loca, mansiones), die alle von Anfang an sichtbar aufgebaut waren (Bild. Kunst III, 72). **3.** *wichtiger, markanter Punkt innerhalb eines Zeitablaufs, eines Vorgangs, einer Entwicklung:* die einzelnen -en in ihrer Karriere; Jefferson, Emerson, Whitman, Melville, Eliot und Faulkner: -en und Stadien der Entwicklung einer eigenständigen amerikanischen Literatur (Welt 1. 12. 62, 8); Jeder Genius kann an entscheidenden -en seines Lebens dieses Mißverstehen der Welt erfahren (Goldschmit, Genius 9). **4.** *Abteilung eines Krankenhauses:* die chirurgische S.; die S. für Endoskopie; die Nachtschwester, die drei -en zu besorgen hatte (Sebastian, Krankenhaus 85); auf welcher S. liegt der Kranke?; jmdn. auf eine andere S. verlegen; der Patient wird auf [die] S. gebracht; der Arzt ist auf S. *(tut Dienst).* **5. a)** *[Stützpunkt mit einer] Anlage für wissenschaftliche, militärische o. ä. Beobachtungen u. Untersuchungen:* eine meteorologische S.; eine S. in der Antarktis; Beliebte Ziele der Pioniere und FDJler sind -en junger Naturforscher und Techniker (Freiheit 21. 6. 78, 5); **b)** (selten) *Sender* (1): eine S. suchen, empfangen; um ausländische -en zu hören (Leonhard, Revolution 251); **c)** (Datenverarb. selten) *kurz für Workstation:* Jede Änderung im Datenbestand von einer S. kann sofort an anderer Stelle abgerufen werden (Welt 22. 10. 92, 2); **sta|tio|när** ⟨Adj.⟩ [frz. stationnaire < spätlat. stationarius = stillstehend, am Standort bleibend, zu lat. statio, ↑ Station]: **1.** (bes. Fachspr.) **a)** *an einen festen Standort gebunden:* Untersuchungen durch -e Mondlaboratorien (Kosmos 1, 1965, 17); daß der Wohnwagen ... in 80 Prozent der Fälle vorwiegend s. genutzt wird (Caravan 1, 1980, 40); **b)** *örtlich u. zeitlich nicht verändert; (bes. im Hinblick auf Ort u. Zeit) unverändert:* Man unterscheidet -e Aktien und Wuchsaktien (Rittershausen, Wirtschaft 249); Die Trombophlebetis (Entzündung der Venenwand) im linken Bein sei offenbar s. (MM 6. 11. 75, 1). **2.** (Med.) *eine Krankenhausaufnahme gebunden; die Behandlung in einer Klinik betreffend; nicht ambulant;* ... die Behandlung s. fortzusetzen (Bieler, Mädchenkrieg 229); **Sta|tio|nar,** der; -s, -e, **Sta|tio|na|ri|us,** der; -, ... rii [mlat. stationarius, zu lat. statio, ↑ Station]: *amtlicher Verleiher von Handschriften an mittelalterlichen Universitäten;* **Sta|tio|nen|drama,** das (Literaturw.): *Drama, das aus einer Folge von relativ autonomen Szenen besteht, deren Verbindung durch eine zentrale Figur hergestellt wird;* **sta|tio|nieren** ⟨sw. V.; hat⟩: **1. a)** *jmdn. (bes. Soldaten) an einen bestimmten Ort bringen, an dem er sich für einen Ort bestimmen, an dem er sich eine Zeitlang aufhalten soll:* Truppen in einem Land s.; einen Posten s. *(postieren);* Dieser Soldat war in Rumänien, am Fluß Pruth, stationiert (Leonhard, Revolution 98); auf dem Balkan stationierte Sicherheitstruppen; Eine echte Herausforderung bieten wir Ihnen als Mitarbeiterin und rechte Hand unseres in Winterthur stationierten Regionalleiters (NZZ 29. 8. 86, 44); **b)** *(für einige Zeit) an einen bestimmten Ort bringen, stellen:* Müllcontainer s.; Und noch immer geistert der Plan, gewaltige Sonnenkraftwerke im All zu s., durch die Planungsabteilungen der Hochtechnologieschmieden (natur 2, 1991, 89); ... besonders für jene Länder ..., auf deren Boden Atomwaffen stationiert seien (Welt 20. 5. 66, 1). **3.** (veraltet) **a)** *seinen Standort haben:* In der Garnison stationierte noch ein Dragonerregiment (Roth, Radetzkymarsch 99); **b)** *parken:* Der umfängliche Landauer des apostolischen Nuntius stationierte neben dem elektrischen Kupee eines jungen Tunichtgutes (A. Kolb, Daphne 46); An mehreren Orten wurden stationierte Fahrzeuge auf die Fahrbahn gezerrt (Basler Zeitung 18. 12. 87, 27); **Sta|tio|nie|rung,** die; -, -en: *das Stationieren;* **Sta|tio|nie|rungs|ko|sten** ⟨Pl.⟩: *Kosten der Stationierung (bes. von Truppen);* **Sta|ti|ons|arzt,** der: *Arzt, dem die Leitung u. Beaufsichtigung einer Station (4) anvertraut ist;* **Sta|ti|ons|ärz|tin,** die: w. Form zu ↑ Stationsarzt; **Sta|ti|ons|dienst,** der: *Dienst in einer Station (4, 5);* ♦ **Sta|ti|ons|dorf,** das: *Dorf, in dem sich eine Postod. Relaisstation (2) befindet:* Die Postpferde waren in dem ... -e erst nach ein paar Stunden bestellt (Eichendorff, Taugenichts 42); **Sta|ti|ons|ge|bäu|de,** das: *Bahnhofsgebäude;* **Sta|ti|ons|hil|fe,** die: *Hilfsschwester o. ä. einer Station (4);* **Sta|ti|ons|ko|sten** ⟨Pl.⟩: *Kosten für den Aufenthalt eines Patienten auf einer Station (4);* **Sta|ti|ons|pfle|ger,** der: vgl. Stationsschwester; **Sta|ti|ons|schwester,** die: *leitende Krankenschwester einer Station (4);* **Sta|ti|ons|ta|ste,** die: *eine von mehreren Druck- od. Sensortasten am Rundfunkempfänger, mit denen man den jeweils eingestellten Sender ohne erneutes Suchen wieder einstellen kann;* **Sta|ti|ons|vor|stand** (landsch., bes. österr.), **Sta|ti|ons|vor|ste|her,** der: *für die Belange des Betriebs (Zugablauf usw.) u. Verkehrs (Fahrkartenverkauf usw.) auf einem Bahnhof verantwortlicher leitender Bahnbeamter; Bahnhofsvorsteher;* **Sta|ti|ons|vor|ste|he|rin,** die: w. Form zu ↑ Stationsvorsteher.

Sta|tion Wa|gon ['steɪʃn 'wægən], der; - -, - -s [amerik. station-wagon, aus: station = Station u. wagon = Wagen]: amerik. Bez. für *Kombiwagen;* **sta|ti|ös** ⟨Adj.; -er, -este⟩ [mit französierender Endung zu mlat. status, ↑ Staat (3)] (veraltet, noch landsch.): *prunkend; stattlich; ansehnlich:* in einen großen Raum, in dem hinter einem Schreibtisch in der Herr ... saß (Kantorowicz, Tagebuch I, 85); während sie um die -en Möbel und Besucher herumstrich (Musil, Mann 220); **sta|tisch** [auch: 'st...] ⟨Adj.⟩ [zu ↑ Statik]: **1.** (Physik) *das von Kräften erzeugte Gleichgewicht betreffend:* -e Gesetze; daß die Leistungen von Organismen -en Regeln folgen müssen (Wieser, Organismen 21); Von seinen Sinnen funktioniert nachweisbar das Gehör, der -e Sinn (der Gleichgewichtssinn) und der Wärmesinn (Lorenz, Verhalten I, 156). **2.** (Bauw.) *die Statik (2) betreffend:* -e Berechnungen; die -en Kräfte werden aus den raumumschließenden Elementen seziert, abgesondert in ein eignes System verlagert (Bild. Kunst III, 21). **3.** (bildungsspr.) *keine Bewegung, Entwicklung aufweisend:* Diese Gesellschaftsordnung war s. und kam schon seit dem Mittelalter mit allen dynamischen sozialen Kräften in Konflikt (Fraenkel, Staat 325).

stä|tisch: ↑ stätig.

Sta|tist, der; -en, -en [zu lat. statum, ↑ Staat]: **1.** (Theater, Film) *Darsteller, der als stumme Figur mitwirkt.* **2.** *unbedeutende Person, Rand-, Nebenfigur:* nur S. sein; Nur bei Hochzeiten oder Todesfällen in den noch regierenden Häusern tauchen die Nachfahren gelegentlich als -en auf (Fest, Im Gegenlicht 365); jmdn. zum -en degradieren; **Sta|ti|sten|rol|le**, die; -, -n: *Rolle (5 a) als Statist:* er hat nur eine S. in dem Stück; Ü bei der Schlußakte von Helsinki spielte ... Frankreich nur eine S. *(es hatte keine wichtige Funktion;* Scholl-Latour, Frankreich 365); **Sta|ti|ste|rie**, die; -, -n: *Komparserie;* **Sta|ti|stik** [auch: st...], die; -, -en [zu ↑*statistisch*]: **1.** ⟨o. Pl.⟩ *Wissenschaft von der zahlenmäßigen Erfassung, Untersuchung u. Auswertung von Massenerscheinungen:* Er leitete eine Abteilung des ... Statistischen Amtes und konnte nun mit seinen schematischen Figuren dem ... Volke S. *(die Methoden der Statistik)* sinnfällig nahebringen (Niekisch, Leben 56). **2.** *schriftlich fixierte Zusammenstellung, Aufstellung der Ergebnisse von Massenuntersuchungen, meist in Form von Tabellen od. graphischen Darstellungen:* die S. berichtete *(die Statistiken berichteten)* aus dem Mund der Intourist-Mädchens von der steil ansteigenden Kurve der Heilungen (Koeppen, Rußland 136); Sie führten genaue -en (Brecht, Groschen 297); über die ... Fakten der amtlichen S. *(Statistiken)* hinaus (Noelle, Umfragen 20); **Sta|ti|sti|ker**, der; -s, -: **1.** *jmd., der sich wissenschaftlich mit den Grundlagen u. Anwendungsmöglichkeiten der Statistik* (1) *befaßt.* **2.** *jmd., der eine Statistik* (2) *bearbeitet u. auswertet;* **Sta|ti|sti|ke|rin**, die; -, -nen: w. Form zu ↑Statistiker; **Sta|ti|stin**, die; -, -nen: w. Form zu ↑Statist; **sta|ti|stisch** ⟨Adj.⟩ [wohl zu nlat. statisticus = staatswissenschaftlich, eigtl. = Staatswissenschaft, (auf bestimmten Daten beruhende) Staatenbeschreibung, zu lat. status, ↑Staat]: **1.** *die Statistik* (1) *betreffend.* **2.** *auf Ergebnissen der Statistik* (2) *beruhend; durch Zahlen belegt:* ... -e Verfahren auf Menschen anzuwenden (Noelle, Umfragen 13); ... kann man sie (= diese vordergründige Frage) vielleicht auch nur vordergründig beantworten und dann am besten s. (Thielicke, Ich glaube 10); Statistisch gesehen sterben die Männer vor ihren Frauen (Kant, Impressum 298); **Sta|tiv** [ſt...], das; -s, -e [zu lat. stativus = (fest)stehend, zu: stare, ↑Staat]: *meist dreibeiniger, gestellartiger Gegenstand für bestimmte feinmechanische Apparate (z. B. Kameras), den man zusammenschieben u./od. zusammenlegen kann u. auf die Geräte festgeschraubt o. ä. werden können:* Der Landvermesser baute das S. auf und starrte durchs Okular (Bieler, Bonifaz 137); **Sta|to|blast** [ſt..., st...] der; -en, -en [zu griech. statós (↑Statik) u. blastós = Keim] (Biol.): *ungeschlechtlicher Fortpflanzungskörper der Moostierchen;* **Sta|to|lith** [ſt..., st...; auch: ...'lɪt], der; -s u. -en, -e[n] ⟨meist Pl.⟩ [zu griech. statós (↑Statik) u. ↑-lith]: **1.** (Anat.) *kleiner Kristall aus kohlensaurem Kalk im Gleichgewichtsorgan des Ohres.* **2.** (Bot.) *Stärkekorn in Pflanzenwurzeln;* **Sta|tor** [ˈʃt..., ˈst...], der; -s, ...oren [zu lat. stare = stehen] (Technik): **1.** *feststehender, nicht rotierender Teil von bestimmten Geräten od. Maschinen;* **2.** *feststehende Spule beim Variometer;* **Sta|to|skop** [ˈʃt..., ˈst...], das; -s, -e [zu griech. statós

(↑Statik) u. skopeĩn = betrachten] (Flugw.): *hochempfindlicher Höhenmesser.*

statt [verkürzt aus ↑anstatt]: **I.** ⟨Konj.⟩ *anstatt, an Stelle von:* er faulenzte, s. zu arbeiten, (veraltend:) s. daß er arbeitete; Statt das, was er suchte, fand er ein paar alte Schaftstiefel (R. Walser, Gehülfe 119). **II.** ⟨Präp. mit Gen.⟩ *an Stelle:* Statt des ... Kübels befand sich in der Zelle ... ein Wasserklosett (Niekisch, Leben 301); Von der ... Zweitinjektion in der Armvene war ... nicht mehr die Rede, s. dessen vom Knie (Wohmann, Absicht 169); Aber warum wollte ich plötzlich auf die anderen s. seiner? (Jahnn, Geschichten 162); ⟨mit Dativ, wenn der Genitiv formal nicht zu erkennen ist⟩: s. Worten will ich Taten sehen; **Statt**, die; - [mhd., ahd. stat, eigtl. = das Stehen; vgl. Stadt] (geh., selten): *Ort, Platz, Stelle:* nirgends eine bleibende S. *(Ort, wo man leben kann;* nach Hebr. 13, 14, eigtl. = Stadt) haben, finden; *** an jmds. S.** *(an Stelle von jmdm.):* Schickt einen Knecht nach Hause an unserer S. (Hacks, Stücke 30); **an Eides S.** (↑Eid); **an Kindes S.** (↑Kind 2); **an Zahlungs S.** (↑Zahlung); **Stät|te**, die; -, -n [spätmhd. stete, entstanden aus den flektierten Formen von mhd. stat, ↑Statt] (geh.): *Stelle, Platz (im Hinblick auf eine bestimmten Zweck); Ort [als Schauplatz wichtiger Begebenheiten, feierlicher Handlungen o. ä.], dem eine besondere Bedeutung zukommt od. der einem außerordentlichen Zweck dient:* eine historische S.; Er ... grüßte ... den barfüßigen Weißbart, der ihm die S. *(den Platz am Strand)* bereitet, das braune Schattentuch ausgespannt, die Möbel der Hütte hinaus auf die Plattform gerückt hatte (Th. Mann, Tod 39); für eine Internationalisierung der Schutz der heiligen -n (Dönhoff, Ära 81); Wirsich ... sehne sich ... nach der S. der früheren Wirksamkeit zurück (R. Walser, Gehülfe 24); Als er aber an nächsten Tag zur S. seiner Schmerzen kam (Jacob, Kaffee 102); **statt|fin|den** ⟨st. V.; hat⟩: *(als Geplantes, Veranstaltetes) geschehen, vor sich gehen:* die Aufführung findet heute, in der Aula statt; daß auf Regierungs- und Verwaltungsebene immer wieder Kontakte und Verhandlungen s. werden (NZZ 19. 12. 86, 27); **statt|ge|ben** ⟨st. V.; hat⟩ (Amtsdt.): *einer (als Antrag, Gesuch o. ä. formulierten) Bitte, Forderung o. ä. entsprechen:* ihr (= der Revision) darf die höchste Instanz nur dann s., wenn ... (Mostar, Unschuldig 12); ... ward dem Gnadengesuch Hugo Weinschenks vom Senate stattgegeben (Th. Mann, Buddenbrooks 436); **statt|ha|ben** ⟨unr. V.; hat⟩ (geh.): *stattfinden;* **statt|haft** ⟨Adj.⟩ (geh.): *von einer Institution zugestanden, durch eine Verfügung erlaubt, zulässig:* es ist nicht s., hier zu rauchen; ... ob die lebensnahe Rekonstruktion versteinerter Tiere so ... (natur 5, 1991, 47); **Statt|haf|tig|keit**, die; - (geh.): *das Statthaftsein;* **Statt|hal|ter**, der; -s, - [1: spätmhd. stathalter, LÜ von mlat. locumtenens, ↑Leutnant]: **1.** (früher) *Vertreter des Staatsoberhauptes od. der Regierung in einem Teil des Landes.* **2.** (schweiz.) **a)** *oberster Beamter eines Be-*

zirks; **b)** *Stellvertreter des regierenden Landammanns;* **c)** *Bürgermeister;* **Statt|hal|te|rei**, die; -, -en: *Verwaltungsbezirk eines Statthalters* (1); **Statt|hal|te|rin**, die; w. Form zu ↑Statthalter; **Statt|hal|ter|schaft**, die; *Ausübung des Amtes als Statthalter* (1); ◆ **stät|tig** (im südd. u. alemann. Sprachgebrauch): ↑stätig: je mehr er schalt und fluchte, um so größer ward der Unstern, um so -er das Vieh (Gotthelf, Spinne 39).

statt|lich ⟨Adj.⟩ [aus dem Niederd. < mniederd. statelik = ansehnlich, zu ↑Staat (3)]: **1.** *von beeindruckender großer u. kräftiger Statur:* ein -er Mann; sie war nämlich auch so s. dick gewesen wie Tante Millie (Keun, Mädchen 155). **2.** *(in Hinsicht auf äußere Vorzüge) ansehnlich, bemerkenswert:* ein -es Gebäude; Jetzt sind sie (= die Guldenscheine) da, und es ist eine -e *(beträchtliche)* Summe (Remarque, Obelisk 340); So s. *(groß)* Sir Claudes Lakaienstab war (A. Kolb, Daphne 162); **Statt|lich|keit**, die; -: *stattliches Aussehen, stattliche Beschaffenheit.* **Sta|tu|a|rik** [auch: st...], die; - (bildungsspr. selten): *Statuenhaftigkeit:* ... geht es den Berliner nicht um die Schönheit an sich, sondern um Individualität und Charakter, also weniger um klassische S. ... als um Fixierung lebendiger Bewegung (MM 24. 10. 73, 33); **sta|tu|a|risch** ⟨Adj.⟩ [lat. statuarius, zu: statua, ↑Statue]: *auf die Bildhauerkunst od. eine Statue bezüglich;* **Sta|tue** [auch: 'st...], die; -, -n [lat. statua, zu: statuere (2. Part.: statutum) = aufstellen, zu: stare (2. Part.: statum) = stehen]: *frei stehende* ¹*Plastik* (1), *die einen Menschen od. ein Tier in ganzer Gestalt darstellt:* eine S. aus Marmor, Bronze; er stand unbewegt wie eine S.; **sta|tu|en|haft** ⟨Adj.⟩: **a)** *in der Art einer Statue;* **b)** *unbewegt wie eine Statue;* **Sta|tu|en|haf|tig|keit**, die; -: *das Statuenhaftsein;* **Sta|tu|et|te**, die; -, -n [frz. statuette, Vkl. von: statue < lat. statua, ↑Statue]: *kleine Statue:* Kabel, -n, Armreifen, Amulette zum Schutz vor dem in der Tiefe der Bergwerke lauernden Unheil (Ransmayr, Welt 230); **sta|tu|ie|ren** ⟨sw. V.; hat⟩ [lat. statuere, ↑Statue] (bildungsspr.): *aufstellen, festsetzen; bestimmen:* ... statuiert man eine gesetzliche Auskunftspflicht des Lenkers (Wochenpresse 46, 1983, 54); **Sta|tu|ie|rung**, die; -, -en (selten): *das Statuieren;* **Sta|tur** [ſt...], die; -, -en ⟨Pl. selten⟩ [lat. statura, zu: stare = stehen]: *körperliches Erscheinungsbild, Körperbau;* ⟨Wuchs:⟩ sie ist zierlich von S.; **Sta|tus** [auch: 'st...], der; -, -[...tu:s; lat. status, ↑Staat]: **1.** (bildungsspr.) *Lage, Situation:* der wirtschaftliche S. eines Landes; die Gesetzesinitiative sei der falsche Weg in dem Bemühen, den sozialen S. der freien Künstler und Publizisten weiter abzusichern (Saarbr. Zeitung 30. 11. 79, 5). **2. a)** *Stand, Stellung in der Gesellschaft, innerhalb einer Gruppe:* Die Gräfin wollte Geld. Und ich wollte gesellschaftlichen S. (Hilsenrath, Nazi 187); **b)** *Rechtsstellung:* ... den S. Westberlins als einer freien Stadt zu überwachen (Dönhoff, Ära 74). **3.** (Med.) *Zustand, Befinden:* ... die Krankheitsursache zu beseiti-

Statusdenken

gen ... und ... den normalen S. des biologischen Gleichgewichtes wiederherzustellen (Medizin II, 148). **4.** (Med.) *durch die Anlage (6) bedingte Neigung zu einer bestimmten Krankheit;* **Sta|tus|den|ken,** *das: geistige Haltung, Einstellung, für die der eigene gesellschaftliche Status von besonderer Bedeutung ist;* **Sta|tus nas|cen|di,** *der; - -* [lat., eigtl. = Zustand des Entstehens, zu: nasci = gezeugt, geboren werden, entstehen] (Chemie): *(von Stoffen im Augenblick ihres Entstehens) besonders reaktionsfähiger Zustand;* **Sta|tus prae|sens,** *der; - -* [lat.; vgl. Präsens] (Med.): *augenblicklicher Zustand eines Patienten;* **Sta|tus quo,** *der; - -* [lat. = Zustand, in dem ...] (bes. Rechtsspr.): *gegenwärtiger Zustand;* **Sta|tus quo an|te,** *der; - - -* [lat., zu ante = vorher] (bildungsspr.): *Stand vor dem in Frage kommenden Tatbestand od. Ereignis;* **Sta|tus|sym|bol,** *das: etw., was jmds. gehobenen Status* (2) *dokumentieren soll:* Das blaue Meißner Zwiebelmusterporzellan ... war ein S. (Welt 11. 11. 61, Geistige Welt 5); **Sta|tut,** *das; -[e]s, -en* [mhd. statut < lat. statutum = Bestimmung, subst. 2. Part. von: statuere, ↑Statue]: *Satzung, Festgelegtes, Festgesetztes* (z. B. bezüglich der Organisation eines Vereins): -en aufstellen; **sta|tu|ta|risch** [auch: st...] ⟨Adj.⟩: *auf einem Statut beruhend; satzungsgemäß;* **Sta|tute Law** ['stætjuːt 'lɔː], *das; - -* [engl. statute law = Gesetzesrecht, aus: statute = Gesetz u. law = Recht]: *kodifiziertes* (1) *Recht in Großbritannien;* **Sta|tu|ten|än|de|rung,** *die: Änderung der Statuten;* **sta|tu|ten|ge|mäß** ⟨Adj.⟩: *satzungsgemäß;* **sta|tu|ten|wid|rig** ⟨Adj.⟩: *gegen die Statuten verstoßend.*

Stau, *der; -[e]s, -s u. -e* [rückgeb. aus ↑stauen]. **1. a)** ⟨Pl. selten⟩ *durch Behinderung des Fließens, Strömens o. ä. bewirkte Ansammlung:* ein S. der Eisschollen an der Brücke; Die Schneelast drückt also durch ihre kriechende Tendenz nach unten, wobei dort, im meist flacheren Teil des Hanges ein S. entsteht (Eidenschink, Eis 131); **b)** ⟨Pl. meist -s⟩ *Ansammlung von Fahrzeugen in einer langen Reihe durch Behinderung, Stillstand des Verkehrs:* kilometerlange -s auf der Autobahn; in einen S. geraten; im S. stehen; Die Flut der Osterreisenden verdichtete sich ... im Mannheimer Autobahnbereich ... zu langen -s (MM 6./7. 4. 69, 7); **c)** ⟨Pl. ungebr.⟩ (Met.) *Ansammlung (u. Aufsteigen) von Luftmassen vor einem Gebirge, die zu Wolkenbildung u. Niederschlägen führt.* **2.** (selten) *Stauwerk:* wenn es (= das Wasser) die künstlichen -e hinter sich hatte (Lynen, Kentaurenfährte 8); **Stau|an|la|ge,** *die: Stauwerke.*

Staub, *der; -[e]s, (Fachspr.:) -e u. Stäube* [mhd., ahd. stoup, zu ↑stieben]: **1.** *etw., was aus feinsten Teilen (z. B. von Sand) besteht, in der Luft schwebt u./od. sich als [dünne] Schicht auf die Oberfläche von etw. legt:* feiner, dichter, grauer S.; radioaktive Stäube; metallisch schwarz glänzender S. haftete in den Wimpern (Th. Mann, Krull 38); S. [von den Möbeln] wischen; S. saugen; Seine ... Schuhe wirbelten S. auf, als er sich trocken in die Nasenlöcher setzte (Lentz, Muckefuck 115); die Instrumente waren von dickem S. bedeckt (Brecht, Groschen 10); * **S. aufwirbeln** (ugs.; *Aufregung, Unruhe verursachen sowie Kritik u. Empörung hervorrufen*); **den S. (einer Stadt o. ä.) von den Füßen schütteln** (geh.; *einen Ort, ein Land verlassen, für immer fortgehen;* nach Matth. 10, 14); **sich aus dem Staub[e] machen** (ugs.; *sich [rasch u. unbemerkt] entfernen;* eigtl. = sich in einer Staubwolke heimlich aus dem Schlachtgetümmel entfernen): Es tut mir leid ..., daß Euer Galan ein solcher Schuft ist, der sich aus dem Staube macht und lieber sein Mädchen in Stiche läßt (Frisch, Cruz 71); **jmdn., etw. durch/in den S. ziehen, zerren** (geh.; ↑Schmutz 1); **vor jmdm. im Staub[e] kriechen; sich vor jmdm. in den S. werfen** (geh. veraltet; *sich in demütigender Weise jmdm. unterwerfen [müssen]*); **[wieder] zu S. werden** (geh. verhüll.; *sterben;* nach Prediger Salomo 3, 20). **2.** (Mineral.) *feinverteilte feste Einschlüsse in durchsichtigen Schmucksteinen;* **staub|ab|wei|send** ⟨Adj.⟩: vgl. schmutzabweisend; **Staubbach,** *der: Sturzbach, dessen Wasser beim Herabstürzen zerstäubt wird;* **Staub|bad,** *das: von einigen Vögeln zur Reinigung vorgenommenes Bad in Staub od. in trokkenem Sand;* **staub|be|deckt** ⟨Adj.⟩: *von Staub bedeckt;* **Staub|be|sen,** *der: Handbesen mit langen, weichen Haaren zum Abstauben;* **Staub|beu|tel,** *der* (Bot.): *Teil des Staubblatts, der die Pollensäcke enthält; Anthere;* **Staub|blatt,** *das* (Bot.): *Teil der Blüte, der den Blütenstaub enthält;* **Staub|blatt|kreis,** *der* (Bot.): *im Kreis angeordnete Staubblätter;* **Staubbrand:** *der: Flugbrand;* **Staub|bril|le,** *die: Brille, die die Augen vor Staub schützt;* **Staub|bür|ste,** *die:* vgl. Schmutzbürste; **Stäub|chen,** *das; -s, -: einzelnes Staubteilchen:* wenn sie einen ihrer Büroräume verläßt, ist nicht ein S. zu finden (Ossowski, Flatter 142); **staub|dicht** ⟨Adj.⟩: *Staub nicht durchlassend;* **Stäu|be:** Pl. von ↑Staub.

Stau|becken[1], *das: Becken für gestautes Wasser.*

stau|ben ⟨sw. V.; hat⟩ [mhd., ahd. stouben, wohl eigtl. = stieben machen]: **1. a)** *Staub absondern, von sich geben:* das Kissen staubt; Jetzt wurde endlich ein Wimbledon-Finale daraus, mit Aufschlagassen, Volleys und Passierbällen, daß die Linien staubten (Hamburger Abendblatt 8. 7. 85, 9); ⟨unpers.:⟩ beim Fegen staubt es sehr *(gibt es viel Staub);* Ü gestern hat's bei uns aber gestaubt (landsch.; *hat es eine heftige Auseinandersetzung gegeben*); **b)** *Staub aufwirbeln, herumwirbeln:* du sollst beim Fegen nicht so s. **2.** (landsch.) *Mehl bestäuben:* gestaubte Brötchen. **3.** (selten) *Staub, Schmutzteilchen o. ä. von etw. entfernen:* mit der Serviette Krümel vom Tischtuch s.; **stäuben** ⟨sw. V.; hat⟩ [mhd. stöuben, ahd. stouben, ↑stauben]: **1.** (selten) *Staub absondern,* stauben (1 a). **2.** *Staub, Schmutzteilchen o. ä. von etw. entfernen; stauben* (3): sie stäubten den Schnee von ihrem Fußwerk und ihren Pelzmänteln (Plievier, Stalingrad 227). **3.** *in kleinste Teilchen zerstieben; wie Staub umherwirbeln:* der Sand stäubt schon auf der einsamen Straße (Wiechert, Jeromin-Kinder 325); weiß stäubte und wehte der Kalk (Schneider, Erdbeben 105). **4.** *(etw. Pulveriges) fein verteilen, streuen:* Sie ... stäubte eine Puderwolke zwischen seine dicken Schenkel (Bachmann, Erzählungen 115). **5.** (Jägerspr.) *(vom Federwild) Kot fallen lassen;* **Staub|ent|wick|lung,** *die: Entwicklung, Entstehung von Staub:* Durch den ... Erzumschlag ... werde der SZ-Betrieb ... durch S. beeinträchtigt (Saarbr. Zeitung 14. 3. 80, 18).

Stau|be|ra|ter, *der: von einem Automobilklub eingesetzter Motorradfahrer, der im Stau steckenden Autofahrern Beratung und kleinere Hilfeleistungen anbietet;* **Stau|be|ra|te|rin,** *die: w. Form zu* ↑Stauberater.

stäu|bern ⟨sw. V.; hat⟩ [zu ↑stauben] (landsch.): *Staub entfernen;* **Staub|ex|plo|si|on,** *die: durch eine Mischung von brennbaren Stäuben mit Luft entstehende Explosion;* **Staub|fa|den,** *der* ⟨meist Pl.⟩ (Bot.): *einem Faden ähnlicher Teil an der Blüte, der den Staubbeutel trägt; Filament* (1); **Staub|fah|ne,** *die: von starkem Wind aufgewirbelter Staub;* **Staub|fän|ger,** *der* (abwertend): *Gegenstand aus Stoff u. mit vielen Verzierungen; der Zierde einer Wohnung dienender Gegenstand, in dem man nur etw. sieht, worauf sich Staub absetzt;* **staub|fein** ⟨Adj.⟩: *fein wie Staub:* Die Luft flimmerte von Millionen -er Kristalle (Bredel, Väter 127); **Staub|fet|zen,** *der* (landsch., bes. österr.): *Staubtuch;* **Staub|feue|rung,** *die* (Technik): (in Dampfkesseln) *Feuerung mit Kohlenstaub;* **Staub|fil|ter,** *der, Fachspr. meist das* (Technik): *Filter* (1 b), *mit dem Staub aus der Luft gefiltert wird;* **staub|frei** ⟨Adj.⟩: *frei von Staub;* **staub|ge|bo|ren** ⟨Adj.⟩ (bibl.): *irdisch* (1), *vergänglich, sterblich;* **Staub|ge|bo|re|ne,** *der u. die; -n, -n* ⟨Dekl. ↑Abgeordnete⟩ (bibl.): *Mensch;* **Staub|ge|fäß,** *das: Staubblatt;* ♦ **Staub|hemd,** *das: (bes. im südd. Sprachgebrauch) kittelartiges leinenes Kleidungsstück, das zum Schutz gegen Straßenstaub bei langen Wanderungen über der Kleidung getragen wird:* sie standen ... vor der Haustüre ..., in lange braune Röcke gekleidet mit alten, verwaschenen -en darüber (Keller, Kammacher 233); **Staub|ho|se,** *die: Sandhose;* ♦ **staub|icht:** ↑staubig; ... in alten, -en Urkunden nachzuschlagen (Droste-Hülshoff, Judenbuche 4); aber die Seelen versetzen sich aus dem -en Kerker und treffen sich im Paradiese der Liebe (Schiller, Räuber IV, 4); **stau|big** ⟨Adj.⟩ [mhd. stoubec]: **1.** *voll Staub; mit Staub bedeckt:* -e Kunststoffblumen (Ziegler, Labyrinth 93); auf -en Straßen (Edschmid, Liebesengel 8); Auf dem -en Boden (= des Cafés; Seghers, Transit 188); mit Bertie ..., s. wie ich (Simmel, Stoff 111). **2.** (landsch. scherzh.) *betrunken.* ♦ **stau|bigt:** ↑staubig: in einer engen -en Studierstube (Lessing, Freigeist II, 2); **Staub|in|ha|la|ti|ons|krank|heit,** *die* (Med.): **Staublunge;** **Staub|kamm,** *der: Kamm mit feinen, sehr eng stehenden Zinken;* **Staub|koh|le,** *die: Kohlenstaub;* **Staub|korn,** *das* ⟨Pl. ...körner⟩: *einzelner, kleiner Teil des Staubs;* **Staub|lap|pen,**

der: vgl. Staubtuch; **Staub|laus,** die: *Laus mit verhältnismäßig großem Kopf, die bes. in Lagerräumen u. Wohnungen auftritt;* **Staub|la|wi|ne,** die: *Lawine aus Pulverschnee, bei deren Abgehen der Schnee hoch aufstäubt;* **Stäub|ling,** der; -s, -e: *Bofist;* **Staub|lun|ge,** die (Med.): *durch beständiges Einatmen von Staub hervorgerufene Erkrankung der Lunge; Pneumokoniose;* **Staub|man|tel,** der [urspr. = leichter Mantel, der beim Wandern die Kleidung vor dem Straßenstaub schützen sollte]: *leichter [heller] Mantel aus Popeline;* **Staub|mas|ke,** die: vgl. Staubbrille; **Staub|par|ti|kel,** das, auch: die: *Staubkorn;* **Staub|pilz,** der: *Bofist;* **Staub|pin|sel,** der: vgl. Staubbesen; **Staub|sand,** der: *Schluff* (1); **staub|sau|gen** 〈sw. V.; staubsaugte, hat staubgesaugt〉: *saugen* (2 a); **Staub|sau|ger,** der: *elektrisches Gerät, mit dem man Staub, Schmutz o. ä. von etw. absaugt;* **Staubschicht,** die: vgl. Schmutzschicht; **Staub|schweif,** der (Astron.): *aus interplanetarem Staub bestehender Teil des Kometenschweifs;* **Staub|sturm,** der: vgl. Sandsturm; **Staub|teil|chen,** das: *Staubkorn;* **staub|trocken**[1] 〈Adj.〉: **1.** [´-´-] (meist abwertend) *überaus trocken.* **2.** [´- - -] (Fachspr.) *(von Lack) so weit getrocknet, daß sich kein Staub mehr festsetzt;* **Staub|tuch,** das 〈Pl. ...tücher〉: *weiches Tuch zum Abstauben;* **Staub|wedel,** der: vgl. Staubbesen; **Staub|wol|ke,** die: *wie eine Wolke aufgewirbelter Staub;* **Staub|zucker**[1], der: *Puderzucker.*

Stau|che, die; -, -n [mhd. stūche = weiter Ärmel, Kopftuch, ahd. stūcha = (weiter) Ärmel] (landsch.): **1.** *Pulswärmer.* **2.** *weiter unterer Teil des Ärmels.* **3.** *Kopftuch (der Frauen).*

stau|chen 〈sw. V.; hat〉 [H. u., vgl. (m)niederd. stūken = stoßen, stūke = aufgeschichteter Haufen; 5: wohl aus der Soldatenspr.]: **1.** *heftig auf, gegen etw. stoßen:* Er stauchte seinen Krückstock auf den Boden (Sebastian, Krankenhaus 111). **2.** *gegen etw. stoßen u. dadurch zusammendrücken, verbiegen [kürzer u. dikker machen]:* ein Gestänge s.; Die Achse ist gestaucht, die Radscheibe verbogen (Frisch, Gantenbein 32); Ü sie ... ging gestaucht *(gekrümmt, gebückt)* von Alter zwischen ihren ... Möbeln am Stock (Johnson, Ansichten 38). **3.** (Technik): *ein Werkstück (z. B. Nieten, Bolzen) durch Druck mit einem Stempel formen.* **4.** (selten) *verstauchen:* ich stürzte und stauchte mir den Fuß (Kaiser, Villa 78). **5.** (ugs.) *jmdn. kräftig zurechtweisen, ausschimpfen;* **Stau|cher,** der; -s, - (landsch. ugs.): *Zurechtweisung;* **Stau|chung,** die; -, -en: *das Stauchen* (1–4).

Stau|damm, der: *Damm zum Stauen von Wasser.*

Stau|de, die; -, -n [mhd. stūde, ahd. stūda, wohl zu ↑stauen] **1.** (Bot.) *[große] Pflanze mit mehreren, aus einer Wurzel wachsenden kräftigen Stengeln, die im Herbst absterben u. im Frühjahr wieder neu austreiben.* **2.** (landsch., bes. südd.) *Strauch.* **3.** (landsch.) *Kopf* (5 b): eine S. Salat; **stauden** 〈sw. V.; hat〉 (selten): *buschig, in Stauden wachsen;* **stau|den|ar|tig** 〈Adj.〉: *von, in der Art einer Staude* (1); *wie eine Staude;* **Stau|den|aster,** die: *als Staude* (1) *wachsende Aster mit vielen rötlichen, lila od. weißen Blüten an einer Rispe;* **Stau|den|ge|wächs,** das: *Staude* (1); **Stau|den|sa|lat,** der (landsch.): *Kopfsalat;* **Stau|den|sel|le|rie,** der: *als Staude* (1) *wachsender Sellerie, dessen lange, fleischige Stengel als Salat u. Gemüse geschätzt werden;* **stau|dig** 〈Adj.〉: *in Stauden* (1) *wachsend.*

stau|en 〈sw. V.; hat〉 [aus dem Niederd. < mniederd. stouwen, eigtl. = stehen machen, stellen, zu ↑stehen]: **1.** *(etw.) Fließendes, Strömendes o. ä.) zum Stillstand bringen* [u. dadurch ein Ansammeln bewirken]*:* Wasser, einen Bach s.; das Blut durch Abbinden der Vene s.; Ü Elisabeth Engel hob ... abwehrend beide Hände, um den entfesselten Redefluß der Puck zu s. (Sebastian, Krankenhaus 19). **2.** 〈s. + sich〉 **a)** *(von etw. Fließendem, Strömendem o. ä.) zum Stillstand kommen u. sich ansammeln:* das Blut staut sich in den Venen; im Körper stauen sich böse Säfte (Bergengruen, Rittmeisterin 287); ich ... fiel vor einen Gully, vor dem sich Wassermassen stauten (v.d. Grün, Irrlicht 20); **b)** *sich an einem Ort (vor einem Hindernis o. ä.) ansammeln:* Autos stauten sich an der Unfallstelle; Das Publikum, vornehmes und schlichteres, staute sich vor dem Pavillon (Th. Mann, Krull 26); die Gewitter stauten sich vor dem Strom (Klepper, Kahn 91); Hinter einem schmiedeeisernen Portal staute sich der Dreck (Böll, Und sagte 93); 〈selten ohne „sich":〉 Die Rheinbrücke war nicht der Engpaß. Es staute drüben (MM 2. 6. 66, 4); Ü Der Ärger hatte sich in ihm gestaut; Während Riemke und Pfannenstiel noch ... verhandelten, stauten sich bei den beiden Obersteward-Stellvertretern bereits die Reklamationen (Konsalik, Promenadendeck 26); gestauter Tatendrang. **3.** (Seemannsspr.) *(auf einem Schiff) sachgemäß unterbringen, verladen:* Schüttgut, Säcke s.; Da wir mehrere Tage ... unterwegs bleiben würden, stauten wir die nötigen Vorräte in die kleine Kajüte (Leip, Klabauterflagge 10); **Stau|en|de,** das: *Ende eines Staus* (1 b): Unfall auch am S. (MM 3. 10. 75, 32); **Stau|er,** der; -s, -: *jmd., der Frachtschiffe be- u. entlädt* (Berufsbez.).

Stauf, der; -[e]s, -e u. (als Maßangabe:) - [mhd. stouf, ahd. stou(p)f] (landsch., sonst veraltet): **a)** *Becher, Humpen von bestimmter Größe;* **b)** *Hohlmaß von etw. mehr als einhundert Litern.*

Stauf|fer|büch|se, die; -, -n [↑ Staufferfett] (Technik): *Vorrichtung zum Schmieren, die das Fett durch Drehen des mit einem Gewinde versehenen Deckels an die Stelle bringt, die geschmiert werden soll;* **Staufferfett,** das; -[e]s [nach der amerik. Herstellerfirma Stauffer Chemical Company]: *Fett als Schmieröl a. tierischem o. pflanzlichem Fett zum Schmieren* (1 a).

Stau|mau|er, die: *hohe [gewölbte] Mauer eines Stauwerks zum Stauen;* **Stau|näs|se,** die: *Wasseransammlung auf dem/im Boden, die z. B. verursacht durch einen wasserundurchlässigen Untergrund, nicht abziehen kann.*

stau|nen 〈sw. V.; hat〉 [im 18. Jh. aus dem Schweiz. in die Hochspr. gelangt, schweiz. stūnen (Anfang 16. Jh.), eigtl. = erstarren, wohl zu ↑ staunen]: **1. a)** *mit großer Verwunderung wahrnehmen:* er staunte, daß sie schon da war; man höre und staune!; **b)** *über etw. sehr verwundert sein:* über jmds. Anwesenheit s.; ich staune [darüber], wie schnell du das geschafft hast; Willie staunte mitfühlend: „Was, dein Planet wurde durch eine Atomexplosion vernichtet?" (Büttner, Alf 36); da staunst du [wohl]!; ihr werdet s., wenn ihr seht, wen sie mitgebracht hat; er staunte nicht schlecht (ugs.; *war sehr verwundert*), als seine Frau aufkreuzte. **2.** *sich beeindruckt zeigen u. Bewunderung ausdrücken:* über jmds. Einfallsreichtum s. ♦ **3.** *Staunen hervorrufen:* 〈meist im 1. Part.:〉 er fuhr aus dem staunenden Traum auf (Goethe, Hermann u. Dorothea 7,8); **Stau|nen,** das; -s: **1.** *starke Verwunderung:* Wer ... noch nicht das S. verlernt hat (Medizin II, 23); er kam aus dem S. nicht mehr heraus; jmdn. in S. [ver]setzen. **2.** *staunende Bewunderung:* zu den tanzenden Liliputanern starrte sie in ehrfürchtigem S. hinauf (Zuckmayer, Fastnachtsbeichte 125); **stau|nen|er|re|gend** 〈Adj.〉: *geeignet, Staunen zu erregen:* eine -e Leistung; **stau|nens|wert** 〈Adj.〉 (geh.): *so, daß man es bewundern muß:* mit -em Fleiß.

¹Stau|pe, die; -, -n [aus dem Md.; vgl. mniederl. stuype = krampfartiger Anfall]: *(durch einen Virus hervorgerufene) Tier-, bes. Hundekrankheit.*

²Stau|pe, die; -, -n [spätmhd. (md.), mniederd. stūpe, afries. stūpa, wohl aus dem Westslaw.] (früher): **1.** *öffentliches Auspeitschen mit Ruten an einem Schandpfahl.* **2.** *Rute zum Auspeitschen;* **stäu|pen** 〈sw. V.; hat〉 [zu ↑²Staupe] (früher): *an einem Schandpfahl mit Ruten öffentlich auspeitschen:* ... werden die Beteiligten streng zur Rechenschaft gezogen, die La Motte gestäupt u. gebrandmarkt (Neues D. 17. 6. 64, 5); ♦ es sollte in dem Schloßhofe eine Exekution vorgehen und ein Knabe gestäupt werden (Goethe, Lehrjahre III,9); **Stäu|pung,** die; -, -en (früher): *das Stäupen.*

Stau|punkt, der (Physik): *Punkt an einer Kante eines umströmten Körpers, in dem die Geschwindigkeit des strömenden Mediums gleich Null ist;* **Stau|raum,** der: **1.** (Seemannsspr.) *Platz, an dem etw. gestaut* (3) *werden kann.* **2.** (ehem. DDR) *durch Sperrlinien markierter Teil der Fahrbahn auf Kreuzungen, auf dem Fahrzeuge halten, solange die Fahrtrichtung gesperrt ist.* **3.** (Fachspr.) *Raum für das aufgestaute Wasser eines Stauwerks.*

Stau|ro|lith [ʃt..., st...]; auch: ...'lɪt], der; -s u. -en, -e[n] [zu griech. staurós = Kreuz u. ↑-lith] (Mineral.): *glattes, glänzendes an der Oberfläche oft auch rauhes, rötliches bis dunkelbraunes Mineral aus zwei sich diagonal kreuzenden, meist sechseckigen Kristallen;* **Stau|ro|thek,** die; -, -en [zu griech. thḗkē, ↑Theke] (Kunstwiss.): *Behältnis für eine Reliquie des heiligen Kreuzes.*

Stau|see, der: *durch Stauen eines Flusses entstandener See;* **Stau|stu|fe,** die: *mit einer Schleuse versehene Stauanlage als Teil*

Stauung

gleichartiger Anlagen, die, in Abständen in den Fluß gebaut, dessen Schiffbarkeit ermöglichen; **Stau|ung,** die; -, -en: **1.** *das Stauen* (1). **2.** *Stau* (1a–c); **Stau|ungs-le|ber,** die (Med.): *durch eine Blutstauung hervorgerufene Veränderung der Leber;* **Stau|ungs|niere,** die (Med.): **1.** Hydronephrose. **2.** *Blutstauung in den Nieren durch Nachlassen der Leistung des Herzens;* **Stau|was|ser,** das ⟨Pl. ...wasser⟩ (Fachspr.): *(in einer Tide) Wasser fast ohne Strömung (wenn sich die Strömung in umgekehrter Richtung zu bewegen beginnt);* **Stau|wehr,** das: ²*Wehr;* **Stau-werk,** das (Fachspr.): *quer durch einen Fluß od. ein Flußtal gebaute Anlage zum Stauen* (1).
Std. = Stunde; **Stdn.** = Stunden.
Stea|dy|sel|ler ['stɛdɪ...], der; -s, - [aus engl. steady = gleichmäßig u. seller, ↑ Seller]: *Buch, das über längere Zeit gleichmäßig gut verkauft wird.*
Steak [ste:k; selten: ʃt...], das; -s, -s [engl. steak < aisl. steik = Braten, zu: steikja = braten, urspr. = an den Bratspieß stecken]: *nur kurz gebratene od. zu bratende Fleischscheibe aus der Lende (bes. von Rind od. Kalb);* **Steak|haus,** das [engl. steak-house]: *Restaurant, das bes. auf die Zubereitung von Steaks spezialisiert ist;* **Steak|let** ['ste:klət, 'ʃt...], das; -s, -s: *flachgedrückter, kurz gebratener Kloß aus feinem Hackfleisch.*
Stea|mer ['sti:mɐ, 'ʃt...], der; -s, - [engl. steamer, zu: steam = Dampf] (Seemannsspr.): *Dampfschiff;* **Steam-kracken**¹ ['sti:m...], das; -s [zu engl. steam (↑ Steamer) u. to crack, ↑ kracken]: *bei der Erdölverarbeitung das Aufspalten von Kohlenwasserstoffen in kleinere Bruchstücke durch hocherhitzten Wasserdampf.*
Stea|rat, das; -[e]s, -e: *Salz der Stearinsäure;* **Stea|rin** [auch: st...], das; -s, -e [frz. stéarine, zu griech. stéar (Gen.: stéatos) = Fett, Talg]: *(zur Kerzenherstellung u. für kosmetische Produkte verwendetes) festes, weißes, bei höheren Temperaturen flüssig werdendes Gemisch aus Stearin- u. Palmitinsäure;* **Stea|rin|ker|ze,** die: *Kerze aus Stearin;* **Stea|rin|licht,** das ⟨Pl. -er⟩: *Licht* (2b) *aus Stearin;* **Stea|rin-säu|re,** die (Chemie): *an Glyzerin gebundene gesättigte Fettsäure in vielen tierischen u. pflanzlichen Fetten;* **Stear|rhö, Stear|rhöe** [...'rø:], die; -, ...öen [zu griech. rhoḗ = Fluß] (Med.): *Fettstuhl;* **Stea|tit** [auch: st..., ...'tɪt], der; -s, -e [zu griech. stéar, ↑ Stearin] (Mineral.): *Talk in besonders dichter Form; Speckstein;* **Stea-tom,** das; -s, -e (Med.): *Balggeschwulst;* **Stea|to|py|gie,** die; - [zu griech. pygḗ = Gesäß] (Med.): *starker Fettansatz am Gesäß;* **Stea|tor|rhö, Stea|tor|rhöe** [...'rø:], die; -, ...öen [zu griech. rhoḗ = Fluß] (Med.): *Fettstuhl;* **Stea|to|se,** die; -, -n (Med.): *Fettsucht.*
Stech|ap|fel, der: *(zu den Nachtschattengewächsen gehörende) hochwachsende Pflanze mit großen Blättern, großen, weißen, trichterförmigen Blüten u. stacheligen Kapselfrüchten; Datura;* **Stech|becken**¹, das: *Bettpfanne;* **Stech|bei|tel,** der: *Beitel;* **Stech|ei|sen,** das: *Stechbeitel;* **ste-chen** ⟨st. V.; hat⟩ [mhd. stechen, ahd. stehhan; 13, 16: vgl. ausstechen (3)]: **1.**

spitz sein, mit Spitzen o. ä. versehen sein u. daher eine unangenehme Empfindung auf der Haut verursachen bzw. *die Haut verletzen:* Dornen, Tannennadeln, Disteln, Borsten stechen; die Wolle sticht [auf der Haut] *(ist sehr rauh, kratzt);* dein Bart sticht *(kratzt).* **2.** *(mit einem spitzen Gegenstand) einen Stich* (1b) *beibringen; an, mit einem spitzen Gegenstand verletzen:* jmdn. mit einer Stecknadel s.; ich habe mir/mich (versehentlich) in den Finger gestochen; sich an den Dornen der Rose s. **3. a)** *(von bestimmten Insekten) mit einem Stechrüssel bzw. einem Stachel* (2b) *ausgestattet sein; die Fähigkeit haben, sich durch Stiche zu wehren od. anzugreifen, Blut zu saugen:* Wespen, Bienen stechen; Am Morgen stachen die Schnaken nicht (Doderer, Wasserfälle 34); **b)** *(von bestimmten Insekten) mit dem Stechrüssel bzw. dem Stachel* (2b) *einen Stich beibringen:* eine Wespe hatte ihn [am Hals] gestochen; bist du gestochen worden?; das Insekt hat ihm/ihn ins Bein gestochen. **4. a)** *(ein spitzer Gegenstand, ein spitzes od. scharfes Werkzeug, eine Stichwaffe o. ä.) irgendwohin stoßen, irgendwo eindringen lassen:* die Nadel in die Haut, jmdm. ein Messer in den Rücken, in den Bauch s.; die Ahle in das Leder s.; den Spaten in die Erde, in den Boden s.; Kiewitt nickte noch einmal und stach dann langsam die Gabel in die nächste Garbe (Wiechert, Jeromin-Kinder 2, 566); Während sie ... mechanisch die Paddel ins Wasser stachen (Ott, Haie 71); **b)** *(mit einem spitzen Gegenstand, einem spitzen, scharfen Werkzeug, einer Stichwaffe o. ä.) einen Stich in eine bestimmten Richtung ausführen:* mit einer Nadel durch das Leder, in den Stoff s.; er hatte ihm/ihn mit dem Messer in die Brust gestochen; der Arzt ... stach ihn mit einer dünnen Nadel in den Arm (Ott, Haie 187); Ich hab' keine Angel, nur so einen Stecken mit zwei spitzen Nägeln drin, mit dem stech' ich nach den Fischen (Rinser, Jan Lobel 68); Ü Pippig griente Höfel an, stach dem Kind mit dem Zeigefinger in den Bauch (Apitz, Wölfe 103). **5.** *durch Einstechen* (1) *in einem Material o. ä. hervorrufen:* Löcher in das Leder, in die Ohrläppchen s.; ... und in die Zeitung hat er mit einer Stecknadel Löchlein gestochen, damit er versteckt dem Treiben der Menschen zusehen kann (Seghers, Transit 161). **6.** (Fischerei) *mit einem gabelähnlichen Gerät fangen:* Aale s. **7.** *(bestimmte Schlachttiere) durch Abstechen* (1) *töten:* Schweine s. **8.** *mit einem entsprechenden Gerät von der Oberfläche des Bodens ab-, aus dem Boden herauslösen:* Torf, Rasen s. **9.** *durch Abschneiden über der Wurzel ernten:* Feldsalat s.; Spargel s. *(mit einem dafür vorgesehenen Gerät aus dem Boden stechen);* frisch gestochene Champignons. **10.** (Jargon) *tätowieren.* **11.** ⟨unpers.⟩ *in einer Weise schmerzen, die ähnlich wie Nadelstiche wirkt:* es sticht mich [im Rücken]; je mehr man gegenhielt, desto mehr wurde gedrängt, das stach in den Eingeweiden (Kempowski, Uns 80); ein stechender Schmerz. **12.** (bes. *in eine Metallplatte) mit dem Stichel eingraben, gravieren* (1): etw. in Kupfer, in Stahl s.;

ein Wappen s.; Es müßte sich um einen Prozeß volkstümlicher Art handeln, und ich würde ein Bulletin herausgeben oder besser ein Flugblatt davon s. lassen (Hacks, Stücke 261). **13.** (Kartenspiel) **a)** *(von einer Farbe) die anderen Farben an Wert übertreffen:* Herz sticht; Ü Wismars Konter über den rechten Flügel stachen (Werftstimme 7, 1985, 7); Hier sticht das Argument, weniger Armut bremse das Bevölkerungswachstum (natur 6, 1991, 101); **b)** *(eine Karte) mit Hilfe einer höherwertigen Karte an sich bringen:* einen König mit dem Buben s.; Ich konnte jedes beliebige As ausspielen, sie stach es (Bieler, Bonifaz 217). **14.** (Jägerspr.) *das Stechschloß spannen:* die Büchse s. **15.** (Jägerspr.) *(von bestimmten Tieren) mit der Schnauze im Boden graben:* der Dachs sticht nach Würmern. **16.** (Sport, bes. Reiten) *(bei Punktgleichheit in einem Wettkampf) durch Wiederholung eine Entscheidung herbeiführen:* beim Jagdspringen wird gestochen. **17.** *die Stechuhr betätigen:* Ich hab' nicht mehr viel Zeit. Muß die Uhr s. in fünf Minuten (Ziegler, Kein Recht 221); bis 9⁰⁰ Uhr muß man gestochen haben; er hat zu s. vergessen. **18.** *(von der Sonne) unangenehm grell sein; heiß brennen:* die Sonne sticht heute; Gewölk war aufgestiegen, und die Sonne stach bereits (Frank, Tage 93); die Sonne stach ihr in die Augen *(blendete sie);* dafür blinkt und glitzert jedes Zweiglein im hellen, stechenden Sonnenschein (Grzimek, Serengeti 204); Ü Das Gaslicht stach *(blendete schmerzhaft)* mit unerträglich grünem Glanz (A. Zweig, Claudia 86). **19.** *jmdn. sehr reizen, in Unruhe versetzen:* die Neugier sticht ihn; Ihn stach nicht der Ehrgeiz, es den Freiluftgecken und Schicksportlern gleichzutun (Th. Mann, Zauberberg 654); ... daß sie gar nichts mehr zu sagen wagte, obwohl seine Äußerung sie ein wenig gestochen hatte (H. Mann, Unrat 143). **20.** *vor einem Hintergrund hervortreten; hervorragen o. ä.:* Weite wegdurchquerte Plätze regelmäßiger Hügel, aus denen Schornsteine stachen, deuteten Viertel früherer Holzhäuser an (A. Zweig, Grischa 322); das Gefühl verließ ihre Hände, ... weiß stachen die Knöchel aus der Haut (Hahn, Mann 155); Die Sommersprossen stachen scharf aus seinem käsigen Gesicht (Remarque, Funke 51). **21.** *(von den Augen, dem Blick) in unangenehmer Weise starr u. durchbohrend sein:* Seine Augen stachen durch die dicken Brillengläser (Apitz, Wölfe 263); er hat stechende Augen, einen stechenden Blick. **22.** *einen Übergang in einen bestimmten anderen Farbton aufweisen; einen Stich in etw. haben:* ihr Haar sticht ins Rötliche; Im Licht der hohen Spiegel stach der sandfarbene Stoff plötzlich ins Parteibraun (Bieler, Mädchenkrieg 39). **23.** *(vom Stechpaddel) eintauchen:* die Paddel stechen ins Wasser. ♦ **24.** in landsch. Sprachgebrauch fälschlich für ↑ stecken (bes. 5): In der einen Hand hatte sie die schwarzen Schnüre eines ... Wartsäckleins, in welchem ... eine große Zupfe stach, ein Geschenk für die Kindbetterin (Gotthelf, Spinne 8); **Ste|chen,** das; -s [zu ↑stechen 11, 16]: **1.** *stechender Schmerz:* ... *verspürte ich ein leichtes S. in der Magengegend* (Cotton, Silver-Jet 19). **2.** *(Sport, bes. Reiten) bei Punktgleichheit in einem Wettkampf durch Wiederholung herbeigeführte Entscheidung: Der Neunzehnjährige blieb im zweiten S. auf dem Olympiapferd Ferdl als einziger fehlerlos* (Welt 10. 5. 65, 16); **ste|chend** ⟨Adj.⟩: *(von Gerüchen) scharf u. durchdringend: ein -er Geruch;* **Ste|cher**, der; -s, - [mhd. stechære = Mörder; Turnierkämpfer; Stichwaffe]: **1.** kurz für ↑Kupferstecher (1); *Graveur.* **2.** (abwertend) kurz für ↑Messerstecher. **3.** *Stechschloß.* **4.** (Jägerspr.) *Schnabel der Schnepfe;* **Ste|che|rei**, die; -, -en (abwertend); kurz für ↑Messerstecherei; **Ste|che|rin**, die; -, -nen: **1.** w. Form zu ↑Stecher (1). **2.** (abwertend) w. Form zu ↑Stecher (2); **Stech|flie|ge**, die: *der Stubenfliege ähnliche Fliege mit einem Stechrüssel;* **Stech|fra|ge**, die: *Stichfrage;* **Stech|he|ber**, der: *Heber* (1); **Stech|im|me**, die ⟨meist Pl.⟩ (Zool.): *zu den Hautflüglern gehörendes, einen Stachel besitzendes Insekt (z. B. Biene);* **Stech|kahn**, der: *Kahn, der in flachem Wasser mit einer Stange fortbewegt wird;* **Stech|kar|re**, die: vgl. Sackkarre; **Stech|kar|te**, die: *Kontrollkarte der Stechuhr, auf der bes. Beginn u. Ende der Arbeitszeit festgehalten werden;* **Stech|mücke**[1], die: *(in vielen Arten vorkommende) Mücke mit langen Beinen u. Stechrüssel, die als Blutsauger bei Tieren u. Menschen auftritt u. oft Krankheiten überträgt;* **Stech|pad|del**, das: *Paddel mit nur einem Blatt (mit dem ein Kanadier* (2) *fortbewegt wird);* **Stech|pal|me**, die: *Baum od. Strauch mit glänzenden, immergrünen, häufig dornigen Blättern; Ilex;* **Stech|rüs|sel**, der: *Rüssel bestimmter Insekten, mit dem sie zu stechen u. zu saugen vermögen;* **Stech|sa|lat**, der: *Schnittsalat;* **Stech|sau|ger**, der: *als Ektoparasit lebendes Insekt (z. B. Blattläuse, Flöhe, Wanzen);* **Stech|schloß**, das: *Vorrichtung an Jagdgewehren, die es ermöglicht, den Abzug so einzustellen, daß bei leichtester Berührung der Schuß ausgelöst wird;* **Stech|schritt**, der (Milit.): *Paradeschritt;* **Stech|uhr**, die: **1.** *mit einem Uhrwerk gekoppeltes Gerät zur Aufzeichnung bes. von Arbeitsbeginn u. -ende auf einer jeweils in das Gerät zu steckenden Stechkarte: -en einführen; Alles anders machen. Ohne Fabriken, ohne Autos, ohne Zensuren, ohne -en* (Brasch, Söhne 18). **2.** *Wächterkontrolluhr,* **Stech|vieh**, das (österr.): *Vieh, das bei der Schlachtung gestochen wird;* **Stech|win|de**, die: *(zu den Liliengewächsen gehörende) Pflanze (bes. in den Tropen) mit stacheligen Ranken u. kleinen Blüten in Rispen, Dolden od. Trauben;* **Stech|zir|kel**, der: *Zirkel mit Spitzen an beiden Schenkeln bes. zum Messen von Abständen.*

Steck|becken[1], das: *Stechbecken;* **Steck|brief**, der [1: eigtl. = Urkunde, die eine Behörde veranlaßt, einen gesuchten Verbrecher „in das Gefängnis zu stecken"]: **1.** (Rechtsspr.) *[auf einem Plakat öffentlich bekanntgemachte, mit einem Bild versehene] Beschreibung eines kriminellen Tat Verdächtigten, durch die Öffentlichkeit zur Mithilfe bei seiner Ergreifung aufgefordert wird: jmdn. durch S., mittels -s suchen, verfolgen.* **2.** (Jargon) **a)** *kurze Personenbeschreibung in Daten:* -e *der einzelnen Teilnehmer;* **b)** *kurze Information über eine Sache, ein [technisches] Produkt:* Hier der S. *unseres neuen Transistor-Kurzwellenempfängers* (Funkschau 20, 1971, 2064); **steck|brief|lich** ⟨Adj.⟩: *in Form, mit Hilfe eines Steckbriefs* (1): *jmdn. s. verfolgen, suchen; neben acht anderen s. Gesuchten* (Döblin, Alexanderplatz 451); **Steck|do|se**, die: *[in die Wand eingelassene] Vorrichtung zur Herstellung eines Kontaktes zwischen Stromkabel u. elektrischem Gerät mit Hilfe eines Steckers: den Stecker in die S. stecken;* **stecken**[1] ⟨sw., beim intr. Gebrauch im Imperfekt auch im. V.; hat⟩ /vgl. gesteckt/ [mhd. stecken, im ahd. Form sind zusammengefallen ahd. stecchēn = festhaften, steckenbleiben u. stecchen = stechend befestigen, Veranlassungsverb zu: stehhan, ↑stechen]: **1.** ⟨Imperfekt: steckte⟩ **a)** *[durch eine Öffnung hindurchführen u.] an eine bestimmte Stelle tun (schieben, stellen, legen o. ä.); hineinstecken: das Messer in die Scheide s.; Sie legt den Spiegel ab, steckt den Lippenstift in die Hülse* (Richartz, Büroroman 23); *der kleine Erich beobachtet genau, wie die Streifenkarte in den Entwerter gesteckt und abgestempelt wird* (Kühn, Zeit 117); *das Hemd in die Hose s.; den Brief in den Umschlag, Briefkasten s.; Er steckt sich ... eine Zigarette in den Mund* (Bekker, Irreführung 29); *sich Watte in die Ohren s.; sich die Papiere zu sich* (steckte sie ein, nahm sie an sich); *den Kopf aus dem Fenster, durch die Tür s.; die Hand durch das Gitter s.* (durchstecken); *die Hände in die Taschen s.; Bohnenstangen [in die Erde] s.; Ü Das Kind ins Bett s.* (fam.; *dafür sorgen, daß es ins Bett kommt*); *Jugendliche ins Heim s.* (in ein Heim unterbringen); *Mich haben sie in eine Strafkompanie gesteckt* (geschickt, versetzt; Lentz, Muckefuck 292); *... nehmen wir Dich von der Schule und stecken Dich in eine Lehre* (B. Vesper, Reise 399); *jmdn. ins Gefängnis s.* (ugs.; *mit Gefängnis bestrafen*); *er wurde in eine Uniform gesteckt* (*er mußte eine Uniform anziehen*); *er hat viel, sein ganzes Vermögen, seine ganze Kraft in das Unternehmen gesteckt* (hineingesteckt, investiert); *sich hinter jmdn. s.* (ugs.; *jmdn. um Mithilfe bei etw. zu gewinnen suchen; jmdn. anstacheln, ihn bei etw. zu unterstützen*); *sich hinter etw. s.* (ugs.; *sich mit Eifer an etw., an eine Arbeit machen*); **b)** *an einer bestimmten [dafür vorgesehenen] Stelle einpassen; aufstecken; feststecken o. ä.: einen Ring an den Finger s.; Kerzen auf den Leuchter s.; sie hatte sich eine Blume ins Haar gesteckt;* * **jmdm. eine/ein paar s.** (landsch.; *jmdn. ohrfeigen*); **eine/ein paar gesteckt kriegen** (landsch.; *geohrfeigt werden*). **2.** ⟨Imperfekt: steckte⟩ *an, auf, in etw. befestigen, [mit Hilfe von Nadeln] anheften, anstecken: ein Abzeichen ans Revers s.; sich das Haar zu einem Knoten s.* (aufstecken); ⟨auch ohne Raumergänzung:⟩ *der Saum ist nur gesteckt.* **3.** ⟨Imperfekt: steckte⟩ (landsch.) *(bes. von Knollen, Zwiebeln o. ä.) an der dafür bestimmten Stelle in die Erde bringen; setzen; legen: Zwiebeln s.* **4.** ⟨Imperfekt: steckte⟩ (ugs.) *jmdm. heimlich mitteilen; zur Kenntnis bringen:* dem Chef etw. s.; *Bei der Razzia heute nacht könnten wir den Bullen s., daß Hans die Schießerei ... angezettelt hat* (Prodöhl, Tod 59); * **es jmdm. s.** (ugs.; *jmdm. unverblümt die Meinung sagen; wohl nach der Sitte der Femegerichte, Vorladungen mit einem Dolch an die Tür des zu Ladenden zu heften*). **5.** ⟨Imperfekt: steckte, geh.: stak⟩ **a)** *sich an einer bestimmten Stelle, an die etw. getan (geschoben, gestellt, gelegt o. ä.) worden ist, befinden: der Brief steckt im Umschlag; die vermißten Handschuhe steckten/staken in der Manteltasche; das Buch hat hinter dem Schrank gesteckt; ihre Füße steckten/staken in hochhackigen Schuhen; sie hat immer die Hände in den Taschen s.; das Geschoß steckt noch in seiner Lunge; der Pfahl steckt [fest] in der Erde; Alle* (= Chemiker) *steckten in luftdichten Schutzanzügen* (hatten luftdichte Schutzanzüge an; Natur 38); Ü *wo hast du denn gesteckt?* (ugs.; *wo warst du denn?*); *ich habe eine Erkältung in mir s.* (ugs.; *ich habe eine noch nicht richtig zum Ausbruch gekommene Erkältung*); *mein Freund steckt* (ugs.; *befindet sich*) *in Schwierigkeiten, in einer Krise, in Geldnöten, Schulden; erst in den Anfängen s.* (noch nicht weit gediehen sein); *in jmdm. steckt etwas* (ugs.; *jmd. ist begabt, befähigt*); *der Schreck stak ihm noch in den Gliedern; unter all meiner guten Kinderstube steckte ein groß Teil Schüchternheit* (Fallada, Herr 10); *Leider steckte* (war) *in Ihrer generösen Kalkulation ein Fehler* (Erné, Kellerkneipe 218); * **hinter etw. s.** (ugs.; *die Triebfeder, der Veranlasser von etw., einer bestimmten Handlung o. ä. sein: hinter der ganzen Sache steckt seine Frau, die das nicht haben möchte*; ♦ ⟨Präsens stickst, stickt:⟩ *Wo stickst du?* (Goethe, Goetz I); **b)** *an einer bestimmten [dafür vorgesehenen] Stelle eingepaßt, auf etw. aufgesteckt, an etw. festgesteckt o. ä. sein: der Ring steckt am Finger; eine Rose steckte/stak in ihrem Haar; der Schlüssel steckt im Schloß* (auch ohne Raumergänzung:) *der Schlüssel steckt* (ugs.; *ist nicht abgezogen*). **6.** ⟨Imperfekt: steckte, geh.: stak⟩ *an, auf, in etw. befestigt, [mit Hilfe von Nadeln] angeheftet, angesteckt sein: in Abzeichen steckt an seinem Revers.* **7.** ⟨Imperfekt: steckte, geh.: stak⟩ *viel, eine Menge, ein großes Maß von etw. aufweisen: er steckt voller Einfälle; Die Komödien des Plautus stecken ebenso voller Albernheiten wie der Sommernachtstraum* (Bamm, Weltlaterne 29). **8.** (ugs.) *aufgeben* (7): *die Reise können wir s.; sie hat es gesteckt; steck es!*

Stecken[1], der; -s, - [mhd. stecke, ahd. stecko, verw. mit mhd. stake = langer Stock, Stange od. zu ↑Stich] (landsch.): [1]Stock (1): * **den S. nehmen müssen** (↑[1]Hut 1).

stecken|blei|ben[1] ⟨st. V.; ist⟩: **1. a)** *(in einem weichen Untergrund, über den man*

steckenlassen

geht od. fährt) eingesunken sein u. nicht mehr von der Stelle kommen: die Autos sind [im Schlamm] steckengeblieben; Die deutsche Wehrmacht, vor Moskau zurückgeschlagen, vor Leningrad stekkengeblieben *(festsitzend;* Leonhard, Revolution 145); **b)** *an der Stelle, an die es vorgedrungen ist, verbleiben, dort feststekken:* eine Gräte kann leicht im Hals s.; Ü auch die expansionistische Erneuerung eines römischen Imperiums blieb in propagandistischen Ansätzen ... stecken (Fraenkel, Staat 86); daß jeder Versuch, die Geschichte ... kausalistisch deuten zu wollen, in Widersprüchen s. muß (Thieß, Reich 394). **2.** (ugs.) *beim Sprechen, beim Vortragen von etw. Auswendiggelerntem den Faden verlieren, ins Stocken geraten:* der Schauspieler blieb mehrere Male stecken; Ich bitte um Nachsicht, daß ich in der Vorrede steckengeblieben bin (Bamm, Weltlaterne 60); **steck|en|lassen**¹ ⟨st. V.; hat⟩: *an der Stelle, an der es steckt, belassen:* den Schlüssel s.; lassen Sie [ihr Geld] stecken! (ugs.; *Sie sind eingeladen, ich bezahle für Sie mit*).

Stęcken|pferd¹, das [2: nach engl. hobbyhorse]: **1.** *Kinderspielzeug aus einem [hölzernen] Pferdekopf mit daran befestigtem Stock.* **2.** *von Außenstehenden leicht als [liebenswürdige] Schrulle belächelte Liebhaberei, der jmd. seine freie Zeit widmet:* So hat jeder sein S. (Welt 20. 7. 65, 7); Man könne den lieben Gott einen guten Mann sein lassen und seinem -e frönen (Kempowski, Tadellöser 290); ***sein S. reiten** (scherzh.; *sich seiner Liebhaberei widmen; über ein Lieblingsthema immer wieder sprechen;* vgl. engl. to ride one's hobby-horse): Er ritt ein wenig sein altes S., nämlich das Problem von der Berufung der Frau zur Kunst überhaupt (Seidel, Sterne 107).

Stęcker¹, der; -s, -: *mit Kontaktstiften versehene Vorrichtung, die in die Steckdose gesteckt wird:* den S. herausziehen; Er ... steckte den S. der Reißbrettbeleuchtung in die Steckdose (H. Gerlach, Demission 93); **Stęck|kamm**, der: *Einsteckkamm:* S. und Gürtelschnalle ergänzten sie (= die Parüre) gelegentlich (Schmuck 2, 1984/85, 50); **Stęck|kar|te**, die (Datenverarb.): *an einem Steckplatz angebrachte Platte aus Kunststoff od. Hartpapier, die bei einem Computer als Platine für elektronische Bauteile dient;* **Stęck|kar|tof|fel**, die ⟨meist Pl.⟩: *Saatkartoffel;* **Stęck|kis|sen**, das (früher): *oft mit Spitzen o. ä. verzierte, einem Schlafsack ähnliche Hülle mit Kopfteil, in die ein Baby, bes. ein Täufling, hineingesteckt wurde;* **Stęck|kon|takt**, der (veraltend): *Stecker.*
♦ **Stęck|lein|sprin|ger**, der; -s, - [1. Bestandteil = Vkl. von ↑ Stecken, eigtl. = Geschäftemacher, der mit seinem Spazierstock scheinbar geschäftig über Land geht]: *(in landsch. Sprachgebrauch) Agent (2a):* Ganz so meine ich auch und habe dem S. eine ähnliche Antwort gegeben (Keller, Romeo 6).
Stęck|ling, der; -s, -e: *von einer Pflanze abgetrennter Trieb, der zur Bewurzelung in die Erde gesteckt wird u. aus dem sich eine neue Pflanze entwickelt:* -e von Geranien in Töpfe setzen; **Stęck|mu|schel**, die: *im Mittelmeer vorkommende Muschel, die mit der Spitze im Meeresboden steckt;* **Stęck|na|del**, die: *kleine, zum Heften von Stoff o. ä. verwendete Nadel mit einem Kopf aus Metall od. buntem Glas:* die Nähte vor dem Heften mit -n abstecken; es ist so still, daß man eine S. fallen hören könnte *(daß nicht das geringste zu hören ist);* Auf dem Marktplatz kann keine S. zu Boden fallen *(stehen die Menschen dichtgedrängt;* Quick 28, 1958, 36); ***etw., jmdn. suchen wie eine S.** (ugs.; *lange, überall nach etw., jmd. schwer Auffindbarem suchen);* **eine S. im Heuhaufen/Heuschober suchen** (ugs.; *etw. ohne od. nur mit geringen Erfolgsaussichten suchen);* **Stęck|na|del|kis|sen**, das: vgl. Nadelkissen; **Stęck|na|del|kopf**, der: *Kopf* (5 a) *der Stecknadel;* **stęck|na|delkopf|groß** ⟨Adj.⟩: *sehr klein:* ... die äußerste Spitze eines Hakens der Größe 16 mit einem -en Teigkügelchen zu beködern (Fisch 3, 1986, 67); **Stęck|na|del|kup|pe**, die (selten): *Stecknadelkopf;* **Stęckplatz**, der (Datenverarb.): *normierte Anschlußstelle an einem Computer zur Anbringung einer Steckkarte; Slot;* **Stęckreis**, das: *Steckling;* **Stęck|rü|be**, die (landsch.): *Kohlrübe* (1); **Stęck|schach**, das: **1.** *kleines Schachspiel, bei dem die Figuren in das Brett gesteckt werden.* **2.** ***[eine Partie] S. spielen** (vgl. ↑ Lochbillard 2); **Stęck|scha|le**, die (Blumenbinderei): *Schale für Gestecke;* **Stęckschloß**, das: *länglicher, zylindrischer Stift, der zur Sicherung gegen Einbruch in ein Kastenschloß eingesetzt werden kann;* **Stęck|schlüs|sel**, der: *aus einem Stahlrohr bestehender Schraubenschlüssel, dessen Kopfende bei seiner Benutzung auf die Schraubenmutter aufgesteckt wird;* **Stęck|schuß**, der: *Schußverletzung, bei der das Geschoß im Körper steckengeblieben ist:* einen S. in der Lunge haben; **Stęck|schwamm**, der (Blumenbinderei): *weiche, poröse Masse von grüner Farbe, in die bei Gestecken die einzelnen Zweige, Blüten o. ä. gesteckt werden;* **Stęckschwert**, das (Schiffbau): *Schwert* (2), *das nur lotrecht bewegt u. in den Schwertkasten gesteckt wird;* **Stęck|tuch**, das: *Einstecktuch;* **Stęck|va|se**, die: *mit einer Spitze am unteren Ende versehene Vase zum Einstecken in die Erde;* **Stęck|verbin|dung**, die (Elektrot.): *zur Verbindung elektrischer Leitungen dienende Steckvorrichtung, die den leichten Austausch elektrischer bzw. elektronischer Bausteine ermöglicht;* **Stęck|vor|rich|tung**, die (Elektrot.): *Gesamtheit von Stecker u. Steckdose;* **Stęck|zi|ga|ret|te**, die: *Zigarette, die sich der Raucher aus dem vorgeformten Tabak u. der Hülse selbst zusammensteckt;* **Stęck|zwie|bel**, die: *junge Zwiebel, die zum Wachsen in die Erde gesteckt wird.*

Steel|band ['stiːlbɛnt, engl.: ...bænd], die; -, -s [engl. steel band, aus: steel = Stahl (scherzh. Anspielung auf die Ölfässer) u. band, v. ↑³Band]: *(bes. auf den karibischen Inseln)* ³*Band, deren Instrumente aus verschieden großen leeren Ölfässern bestehen;* **Steel drum** [- drʌm], die; - -, - -s [engl. steel drum, eigtl. = Stahltrommel, zu: drum = Trommel]: *in der Volksmusik Trinidads verwendetes Schlaginstrument aus einem leeren Ölfaß ohne Boden.*
Steel|ple|chase ['stiːplˌtʃeɪs], die; -, -n [engl. steeplechase, aus: steeple = Kirchturm u. chase = Jagd, eigtl. = „Kirchturmjagd" (nach dem urspr. Ziel)] (Reiten): *Hindernisrennen;* **Steepller** ['stiːplɐ], der; -s, - [engl. steepler] (Reiten): *Pferd, das eine Steeplechase läuft.*
Stel|fan, das; -[s] [zu frz. stéphanois, Adj. zum Namen der frz. Stadt Saint-Étienne] (Geol.): *Stufe des Karbons.*
Steg, der; -[e]s, -e [mhd. stec, ahd. steg, zu ↑ steigen u. urspr. = schmaler, erhöhter Übergang über ein Gewässer, auf dem man meist hinaufsteigen muß]: **1.a)** *kleine, schmale Brücke über einen Bach, einen Graben o. ä.:* ein morscher S.; der eiserne S., der in diesem Stadtteil über die Isar führte (Feuchtwanger, Erfolg 655); Auf schwankendem S. überquerten sie die Maas (Kuby, Sieg 230); **b)** *als Überführung dienende schmale Brücke für Fußgänger:* ein S. über das Bahngelände. **2.a)** kurz für ↑ Bootssteg: Am S. hinter dem Hangar lag ein ... Schiff (Seghers, Transit 274); Sie lagen ... auf dem S., der sich in den See hinausschob, in der ... Sonne (Feuchtwanger, Erfolg 511); **b)** *Brett, das eine Verbindung bes. zwischen einem Schiff u. dem Ufer herstellt:* sie gelangten über einen S. an Land. **3.** (veraltet) *schmaler Pfad:* er kannte alle Wege und -e seiner Heimat. **4.** *(bei Saiteninstrumenten) senkrecht stehendes kleines Holzbrettchen auf der Oberseite des Instruments, auf dem die Saiten aufliegen.* **5.** *Teil des Brillengestells, durch den die Brille auf der Nase festgehalten wird.* **6.** *(an Steghosen) seitlich am unteren Ende des Hosenbeins angebrachtes, unter der Fußsohle verlaufendes, das Hinaufrutschen des Hosenbeins verhinderndes Gummiband:* die Hosen mit dem schmal zulaufenden Beinen ... mit einem S. unterm Fuß (Dariaux [Übers.], Eleganz 93). **7.** *Teil des Schuhs, der sich zwischen der Lauffläche der Schuhsohle u. dem Absatz befindet:* wir ... putzten an den Schuhen sogar die -e (Lentz, Muckefuck 109). **8.** *waagerechtes Verbindungsteil zwischen zwei Stuhlbeinen od. Tischbeinen.* **9.** (Technik) *der (im Querschnitt) vertikale Teil eines Trägers, einer Schiene o. ä. aus Stahl.* **10.** (Druckw.) **a)** *(beim Bleisatz) Material zum Ausfüllen von größeren Flächen einer Kolumne, die ohne Schrift sind;* **b)** *rechtwinklige Leiste aus Eisen zur Bildung der Druckform; Formatsteg;* **c)** *freier Raum an den Seiten einer Druckform.*
Ste|ga|no|gra|phie, die; - [griech. steganographía, zu: steganós = bedeckt, versteckt u. gráphein = schreiben] (veraltet): *Geheimschrift.*
Steg|ho|se, die: *[Ski]hose mit einem Steg* (6), *mit dessen Hilfe die Hosenbeine einen straffen Sitz bekommen;* **Steg|lei|tung**, die (Elektrot.): *flaches, bandförmiges Elektrokabel.*
Ste|go|don, das; -s, ...donten [zu griech. stégos = Dach u. odoús (Gen.: odóntos) = Zahn]: *ausgestorbenes Rüsseltier mit zwei leicht nach oben gekrümmten Stoßzähnen;* **Ste|go|sau|ri|er** [ʃt..., st...], der; -s, - [↑ Saurier; nach den Knochen-

platten auf Rücken u. Schwanz]: *Dinosaurier mit auffallend kleinem Kopf, hochgewölbtem Rücken u. aufrichtbaren knöchernen Platten auf Rücken u. Schwanz;* **Ste|go|ze|pha|le,** der; -n, -n [zu griech. kephalḗ = Kopf]: *urweltlicher Panzerlurch.*
Steg|reif: *nur in der Fügung* **aus dem S.** *(ohne Vorbereitung; improvisiert;* mhd. steg(e)reif, ahd. stegareif = Steigbügel, 1. Bestandteil zu ↑steigen, 2. Bestandteil zu ↑²Reif in der alten Bed. „Strick" (u. wohl urspr. = Seil- od. Riemenschlinge am Sattel), eigtl. = ohne vom Pferd abzusteigen): *etw. aus dem S. vortragen; das sind Fragen, die wir aus dem S. nicht beantworten können* (Frankenberg, Fahren 75); **Steg|reif|dich|ter,** der: *jmd., der aus dem Stegreif dichtet;* **Steg|reif|dich|te|rin,** die: w. Form zu ↑Stegreifdichter; **Steg|reif|dich|tung,** die: *aus dem Stegreif verfaßte Dichtung;* **Steg|reif|ko|mö|die,** die: *Komödie, bei der die Schauspieler die Möglichkeit freier Improvisation haben;* **Steg|reif|künst|ler,** der: *Improvisator;* **Steg|reif|künst|le|rin,** die: w. Form zu ↑Stegreifkünstler; **Steg|reif|re|de,** die: vgl. Extempore; **Steg|reif|spiel,** das: vgl. Stegreifkomödie.
Steh|auf|man|derl (österr.), **Steh|auf|männ|chen** [auch: '- - - -], das: *kleine Spielzeugfigur, die aus jeder Lage in die Senkrechte zurückkehrt:* Ü *er ist ein S.* (ugs.; *ein Mensch, der sich nicht unterkriegen läßt);* **Steh|ban|kett,** das: *Bankett, bei dem man nicht an Tischen sitzt;* **Steh|bier,** das: *Glas Bier, das man im Stehen trinkt: ich ... ging in eine Schnellstätte, um ein S. zu trinken* (DM 6, 1967, 61); **Steh|bier|hal|le,** die: *einfaches Lokal, in dem man sein Bier im Stehen trinkt;* **Steh|bild,** das: **a)** (Fot. Jargon) ¹*Foto;* **b)** (Film) *Bild, auf dem die Bewegung (wie erstarrt) in einer Phase festgehalten ist;* **Steh|bünd|chen,** das: *Abschluß am Hals (bes. bei Blusen u. Kleidern) in Form eines geraden, hochstehenden Stoffstreifens, der mehr od. weniger dicht am Hals anliegt;* **Steh|ca|fé,** das (seltener): vgl. Stehbierhalle; **Steh|emp|fang,** der: *Empfang* (3 b), *an dem man stehend teilnimmt;* **ste|hen** ⟨unr. V.; hat, südd., österr. u. schweiz.: ist⟩ [mhd., ahd. stān, stēn]: **1. a)** *sich in aufrechter Körperhaltung befinden; aufgerichtet sein, mit seinem Körpergewicht auf den Füßen ruhen: aufrecht, gerade, krumm, schief, gebückt, breitbeinig, still, auf den Zehenspitzen, wie angewurzelt s.; sie standen dicht gedrängt, in Reih und Glied; der Zug war so voll, daß sie s. mußten (keinen Sitzplatz bekamen); er konnte kaum noch s. (war sehr erschöpft); das Baby kann schon s. (kann schon eine aufrechte Körperhaltung einnehmen); er arbeitet stehend; der Boxer war stehend k. o.; er schießen stehend freihändig (ohne das Gewehr auf einer Unterlage abzustützen);* ⟨subst.:⟩ *er trinkt den Kaffee im Stehen;* * *stehend freihändig* (ugs.; *mühelos):* wenn es „flutscht", tippt sie, „stehend freihändig", im Tagwerk schon mal 20 Seiten voll (Spiegel 52, 1976, 123); **b)** *sich stehend* (1 a) *an einem bestimmten Ort, einer bestimmten Stelle befinden: am Fenster, neben jmdm., einer Sache s.; Alte und Junge stehen andächtig mit den entschleierten Bild* (Koeppen, Rußland 65); *mit den Füßen im Wasser s.; die Pferde stehen im Stall;* (als Beteuerungsformel:) *so wahr ich hier stehe, ...;* R *hier stehe ich, ich kann nicht anders* (nach Luthers angeblichen Schlußworten auf dem Reichstag zu Worms 1521); (verblaßt:) *am Herd s. (mit Kochen beschäftigt sein); als wir ihn abholen wollten, stand er noch im Hemd* (ugs.; *war er noch nicht angezogen); die Mutter steht zwischen ihnen (verhindert, daß sie ein besseres Verhältnis haben); im Rentenalter s. (das Rentenalter erreicht haben); vor einer Frage, einer Entscheidung s. (mit einer Frage, Entscheidung konfrontiert sein); vor dem Bankrott s.; erst am Beginn einer Entwicklung s.; daß vor fünfzehn Jahren niemand ahnte, wo wir heute s. würden (wie unsere Situation sein würde,* Dönhoff, Ära 82); **c)** (schweiz.) *sich stellen: er befahl dem Kind, in die Ecke zu s.;* **d)** *(von Sachen) sich [in aufrechter Stellung] an einer bestimmten Stelle befinden, dort [vorfindbar] sein: hoch, schief s.; das Haus steht direkt an der Straße; die Teller stehen schon auf dem Tisch; Blumen standen in der Vase; das Buch steht im Regal; die Sachen stehen vergessen in der Ecke (werden nicht mehr beachtet); sie haben einen Barockschrank im Zimmer s.;* (verblaßt:) *die Sonne steht hoch am Himmel; das Wasser stand im Keller; dichter Rauch stand im Raum; Schweißperlen standen auf seiner Stirn;* * *mit jmdm., etw. s. und fallen (von jmdm., etw. entscheidend abhängig sein);* **jmdm. bis zum Hals[e], bis oben/bis hier[hin] s.** (ugs.; *zum Überdruß werden, von jmdm. nicht mehr ertragen werden;* meist von einer Handbewegung zum Hals begleitet, womit angedeutet wird, daß man kurz davor ist, sich vor Widerwillen zu erbrechen): *Schmeißen Sie mich nur raus, Frau Direktor. Mir steht der Laden sowieso bis hier* (Grass, Hundejahre 348). **2. a)** *(auf einer [Wert]skala, innerhalb eines Systems o. ä.) eine bestimmte Stellung haben: das Barometer steht hoch, tief, steht auf Regen; das Thermometer steht auf 10°; die Ampel steht auf Rot; in Mathematik, im Physik stand sie unumstößlich auf der Eins, die Drei vom Januar war ausgemerzt* (Loest, Pistole 219); *der Franc, die Aktie steht hoch, schlecht; der Dollar stand bei 1,52 DM;* **b)** (Sport) *einen bestimmten Spielstand aufweisen: das Fußballspiel steht 1 : 1; im zweiten Satz steht es 5 : 3.* **3.** *(von Kulturpflanzen) in einem bestimmten Stand des Wachstums, Gedeihens sein: der Weizen steht gut, schlecht.* **4.** *(von Gebäuden) als Bauwerk vorhanden sein: das Haus steht seit 20 Jahren, steht noch, schon lange nicht mehr; von der Burg stehen nur noch ein paar Mauerreste.* **5.** *(von Fischen) ruhig (im Wasser) verharren, sich nicht fortbewegen.* **6.** (Jägerspr.) *(von Schalenwild) in einem bestimmten Revier seinen ständigen Aufenthalt haben.* **7.** (Ski, Eislauf) *einen Sprung stehend, ohne Sturz zu Ende führen: einen dreifachen Rittberger sicher s.; der weiteste gestandene Sprung.* **8. a)** *nicht [mehr] fahren, nicht [mehr] in Bewegung sein: auf einen stehenden Zug auffahren;* ⟨subst.:⟩ *der Triebwagen kam in letzter Sekunde zum Stehen;* Ü *einen Angriff zum Stehen bringen (aufhalten);* **b)** *nicht [mehr] laufen* (7 a), *nicht mehr in Funktion, in Betrieb sein; stillstehen* (1): *der Motor, die Uhr steht; die Räder standen (drehten sich nicht mehr).* **9.** *an einer bestimmten Stelle in schriftlicher od. gedruckter Form vorhanden sein: die Nachricht steht in der Zeitung; auf der Marmortafel steht geschrieben* (geh., veraltend; *kann man lesen), daß ...; unter dem Schriftstück steht sein Name;* (verblaßt:) *das Gericht steht nicht mehr auf der Speisekarte (ist dort nicht mehr aufgeführt); etw. steht auf dem Programm, auf der Tagesordnung (ist im Programm, in der Tagesordnung vorgesehen); das Zitat steht bei Schiller (stammt aus einem Werk Schillers); das Geld steht auf dem Konto, auf dem Sparbuch (ist als Haben auf dem Konto, im Sparbuch verzeichnet); wo steht denn das geschrieben? (es gibt keine Vorschrift, die dem eigenen Handeln entgegenstünde);* nach Martin Luthers jeweils einleitender Frage für die biblische Begründung seiner Erklärungen zu Taufe, Abendmahl u. Sündenvergebung im „Kleinen Katechismus"). **10.** (ugs.) ⟨s. + sich⟩ *in bestimmten (bes. finanziellen) Verhältnissen leben: er steht sich gut, nicht schlecht, besser als vorher; er steht sich auf 3 000 Mark monatlich (verdient ... 3 000 Mark).* **11.** *ein bestimmtes Verhältnis zu jmdm. haben: schlecht mit jmdm. s.;* Sie sind *wohl im Bild, wie wir zueinander stehen* (Brecht, Mensch 68); ⟨ugs. auch s. + sich:⟩ *sich gut mit jmdm. s.;* Lion Feuchtwanger ... Thomas Mann stand sich besonders *nett mit ihm* (Katia Mann, Memoiren 105). **12.** *von jmds. Entscheidung abhängen: es liegt, die Entscheidung steht [ganz] bei dir, ob und wann mit der Sache begonnen wird.* **13.** (ugs.) *(im Hinblick auf die Vorbereitung o. ä. von etw.) fertig, abgeschlossen sein: Zwei Proben müssen genügen, dann muß die Nummer s.* (MM 5./6. 5. 90, 71); *der Plan, seine Rede steht (ist fertiggestellt); die Mannschaft steht (ist zusammengestellt).* **14. a)** *für etw. einstehen, Gewähr bieten: die Marke steht für Qualität; meistens steht Irland für einen Urlaub, wie man ihn nur noch in wenigen Gegenden Europas machen kann* (Gute Fahrt 4, 1974, 54); **b)** *stellvertretend sein: dieses Beispiel, sein Name steht für viele.* **15.** *sich zu etw. bekennen: zu seinem Wort, seinem Versprechen s.;* Die *drei Hersteller ... stehen zu ihrer Verpflichtung, aus der FCKW-Produktion auszusteigen* (Chemische Rundschau 21, 8. 91, 1); *er steht zu dem, was er getan hat (steht dafür ein); wie stehst du zu der Angelegenheit? (was für eine Meinung hast du dazu?).* **16.** *jmdm. beistehen, zu jmdm. halten: hinter jmdm. s.* **17.** *(in bezug auf eine Straftat) mit einem bestimmten Strafmaß geahndet werden: auf Diebstahl, auf eine solche Straftat steht Gefängnis.* **18.** *in einem bestimmten [Entwicklungs]zustand sein: die Sache*

stehenbleiben

steht gut; die Aussichten, Chancen stehen fifty-fifty; ⟨auch unpers.:⟩ mit seiner Gesundheit steht es schlimm, nicht zum besten; das verheulte Gesicht der Haushälterin sagte mir, daß es schlecht um den alten Herrn stand (Fallada, Herr 70/71); *(Frage nach jmds. Ergehen:)* [wie geht's] wie steht's? **19.** ⟨unpers. mit Inf. mit „zu"; entspricht einem mit „müssen" gebildeten Passiv⟩: es steht *(ist)* zu erwarten, zu befürchten, zu hoffen, daß ... **20.** *(von Kleidungsstücken) zu jmdm. in bestimmter Weise passen; jmdn. kleiden* (1 b): der Hut, das Kleid, die Farbe steht dir gut, steht dir nicht; Ü Sie ist ganz verwirrt, aber es steht ihr (Frisch, Gantenbein 340). **21.** (landsch.) *leben* (3), *angestellt, beschäftigt sein:* er steht als Lehrer im Westerwald. **22.** (ugs., bes. Jugendspr.) *von jmdm., einer Sache besonders angetan sein, eine besondere Vorliebe für jmdn., etw. haben:* auf jmdn., auf etw. s.; Der Rickey steht auf Country und Western (Degener, Heimsuchung 26); Dein Freund ist fast zehn Jahre älter als du. Offenbar steht er auf ganz junge Partnerinnen (Ziegler, Kein Recht 29). **23.** (Seemannsspr.) *(in bezug auf den Wind) in einer bestimmten Richtung, in bestimmter Weise wehen:* der Wind steht nach Norden, steht günstig; Steht dann noch der Wind auf das Land zu und weht kräftig, ... (Stern, Mann 263). **24.** (ugs.) *erigiert sein:* Hör mal, mein Freund, es ist nicht meine Schuld, wenn er dir nicht mehr steht (Rocco [Übers.], Schweine 26). ◆ **25.** ⟨Imperfekt stund⟩: Sie stund auf, packte die Säcklein aus (Gotthelf, Spinne 11); die Tränen stunden ihm in den Augen (Goethe, Götz V); **ste|hen|blei|ben** ⟨st. V.; ist⟩: **1. a)** *in der Fortbewegung innehalten, nicht weitergehen:* neugierig, erschrocken, vor der Schaufenster s.; Herr Belfontaine blieb in der offenen Tür ... wie angewurzelt stehen (Langgässer, Siegel 531); bleib doch mal einen Augenblick stehen!; Ü das Kind ist in der Entwicklung stehengeblieben *(hat sich nicht weiterentwickelt);* wo sind wir stehengeblieben? *(wo haben wir unser Gespräch, unsere Tätigkeit o. ä. unterbrochen?);* es war, als wäre die Zeit stehengeblieben *(als hätte sich nichts verändert);* **b)** *nicht weiterfahren; anhalten* (1 b): die Autos blieben vor der Bahnschranke stehen. **2.** *nicht weiter in Funktion, in Tätigkeit sein; nicht weiterlaufen:* die Maschine, der Apparat, die Uhr ist stehengeblieben; Ü das Herz war ihr [fast] stehengeblieben vor Schreck *(sie war sehr erschrocken).* **3.** *(in bezug auf Gebäude o. ä.) der Zerstörung entgehen:* bei den Fliegerangriffen war kein einziges Haus stehengeblieben. **4. a)** *(an der Stelle, an der etw. abgestellt wurde) vergessen werden, unabsichtlich zurückgelassen werden:* in der Garderobe ist ein Stock stehengeblieben; **b)** *(an dem Platz, an dem etw. aufgestellt wurde) belassen werden:* der Schrank kann, soll hier s. **5.** *in fehlerhafter Form, unverändert gelassen werden:* es sind zu viele Fehler stehengeblieben; ... kann die in dem Artikel wieder durchschimmernde Behauptung, jeder dritte Homosexuelle sei mit HTLV-3 infiziert, nicht so s. (Spiegel 9, 1985, 12); **ste|hen|las|sen** ⟨st. V.; hat⟩: **1. a)** *etw. an der Stelle, an der es sich befindet, belassen:* er hat die Leiter am Baum stehenlassen/ (seltener:) stehengelassen; Um diese Zeit ließ der Hauptmann Vehlgast seinen Wagen auf dem Feldweg stehen (Gaiser, Jagd 129); sie mußten alles stehen- und liegenlassen/liegen- und s., um sich in Sicherheit zu bringen *(konnten sich keine Zeit lassen);* (auch jmdn.:) den Vertreter an der Tür s. *(nicht in die Wohnung bitten);* **b)** *etw. an der Stelle, an der man es abgestellt hat, unbeabsichtigt zurücklassen, ohne mitzunehmen vergessen:* er hat sein Paket im Laden stehenlassen, (seltener:) stehengelassen; Auf einmal merkte ich, daß ich meine Schuhe im Schlafzimmer hatte stehenlassen (Bieler, Bonifaz 87). **2.** *jmdn. nicht länger beachten, sich von ihm abwenden u. davongehen:* er hat den Kollegen einfach stehenlassen, (seltener:) stehengelassen. **3.** *(etw. Gewachsenes) an der Stelle, an der es wächst, belassen, nicht entfernen o. ä.:* das Unkraut, die Bäume s.; Ü ich will mir einen Bart s. (ugs.: *wachsen lassen).* **4.** *nicht [ganz] aufessen:* er hat die Suppe, den Nachtisch stehenlassen, (seltener:) stehengelassen; für ein Stück Kuchen läßt er alles andere stehen (ugs.; *er zieht den Kuchen allem anderen vor).* **5.** *(einen Fehler, etw. Fehlerhaftes) unkorrigiert lassen, übersehen:* einen Fehler, ein Wort s.; diesen Satz kannst du so nicht s.; **Ste|her**, der; -s, -: **1.** (Pferderennen) *Pferd, das über eine lange Distanz seine besten Leistungen zeigt.* **2.** (Radrennen) *Radrennfahrer, der auf der Bahn über eine lange Distanz hinter einem Schrittmacher fährt.* **3.** (landsch.) *jmd., der zuverlässig, in Ordnung ist:* Du bis in Ordnung, Willi ... Du bist ein S. (Plenzdorf, Leiden 28). **4.** (österr.) *Zaun-, Stützpfosten;* **Ste|he|rin**, die; -, -nen: w. Form zu ↑Steher (2, 3); **Ste|her|in|nen**, das (Radrennen): *Rennen für Steher* (2); **Steh|gei|ger**, der (veraltend): *Geiger, der stehend (mit anderen Instrumentalisten) in einem Restaurant, Café zur Unterhaltung spielt;* **Steh|gei|ge|rin**, die (veraltend): w. Form zu ↑Stehgeiger; **Steh|im|biß**, der: vgl. Stehbierhalle; **Steh|kaf|fee**, das: vgl. Stehbierhalle: Ich besuche ein S. (Welt 14. 7. 62, Die Frau); **Steh|kar|zer**, der (früher): *Karzer* (1), *der so klein u. eng ist, daß man nur darin stehen kann;* **Steh|knei|pe**, die (abwertend): vgl. Stehbierhalle; **Steh|kon|fe|renz**, die (scherzh.): *Gespräch* (1), *bei dem die Teilnehmer stehen;* **Steh|kon|vent**, der (Studentenspr.): *täglich stattfindendes Treffen von Verbindungsstudenten an einem verabredeten Platz innerhalb der Universität:* Ü einen S. abhalten (bildungsspr. scherzh.; *im Gespräch zusammenstehen);* **Steh|kra|gen**, der: **a)** *an Kleidungsstücken Kragen ohne Umschlag, der so geschnitten ist, daß er am Hals hochsteht;* **b)** (früher) *steifer, nicht umgelegter Hemdkragen für Herrenhemden:* Ü bis an den/bis zum S. in Schulden stecken (ugs.; *völlig verschuldet sein);* **Steh|kra|gen|pro|let, Steh|kra|gen|pro|le|ta|ri|er**, der (veraltend abwertend): *Angehöriger der Arbeiterklasse, der sich auf Grund seines Aufstiegs als Angestellter über seine Standesgenossen erhebt;* **Steh|lam|pe**, die: *Lampe mit Fuß u. meist größerem Schirm, die auf dem Boden steht;* **Steh|lei|ter**, die: *Leiter mit einem stützenden Teil, die frei zu stehen vermag.*

steh|len ⟨st. V.; hat⟩ [mhd. steln, ahd. stelan, H. u.]: **1.** *fremdes Eigentum, etw., was einem nicht gehört, heimlich, unbemerkt an sich nehmen, in seinen Besitz bringen:* du sollst nicht s. (7. Gebot); wenn man nicht alles notiert, stiehlt die Bande wie eine Schar Elstern (Remarque, Triomphe 21); er stiehlt *(pflegt zu stehlen, ist nicht ehrlich);* er hat gestohlen *(hat einen Diebstahl begangen);* er hat [ihm] das Portemonnaie gestohlen; das Geld für die Sachen hast du [dir] gestohlen; R woher nehmen und nicht s.? (in bezug auf etwas, was man nicht hat u. nicht beschaffen kann); Ü jmdm. den Schlaf, die Zeit s. *(rauben, ihn darum bringen);* für den Besuch mußte sie sich die Zeit s. *(die Zeit nehmen, die sie eigentlich nicht hatte);* der Komponist hat [einem anderen, bei/von einem anderen] ein Motiv gestohlen (ugs.; *hat ein Plagiat begangen);* ich habe ihr ein paar Küsse gestohlen *(habe sie geküßt),* ganz gegen ihren Willen (Fallada, Herr 15); * **jmdm. gestohlen bleiben können/**(seltener:) **werden können** (ugs.; *von einer Art sein, daß man nichts mit der betreffenden Person, Sache zu tun haben will*): Ich habe nicht etwa deshalb getrunken, weil Herr und Frau Hopp nicht da sind. Die können mir gestohlen bleiben (Roehler, Würde 74). **2.** ⟨s. + sich⟩ *sich heimlich, unbemerkt von einem Ort weg- od. irgendwohin schleichen:* sich aus dem Haus, ins Zimmer s.; Oder er stahl sich in ein Schafgehege, um heimlich ein Lamm zu scheren (Süskind, Parfum 235); Ü Noch glaubt die SPD-Spitze nicht, daß die Liberalen sich aus der Koalition s. wollen (Spiegel 35, 1981, 19); ein Lächeln stahl sich auf ihr Gesicht (geh.; *erschien auf ihrem Gesicht);* **Stehl|ler**, der; -s, - (selten): *jmd., der etw. stiehlt;* ↑Hehler; **Stehl|le|rei**, die; -, -en (ugs. abwertend): *[dauerndes] Stehlen;* **Stehl|le|rin**, die; -, -nen (selten): w. Form zu ↑Stehler; **Stehl|sucht**, die ⟨o. Pl.⟩ (Psych.): *Kleptomanie;* **Stehl|trieb**, der ⟨o. Pl.⟩ (Psych.): vgl. Stehlsucht.

Steh|ohr, das: *(bei bestimmten Tieren) aufrecht stehendes Ohr;* **Steh|par|kett**, das: *(bes. im Theater) Bereich des Parketts* (2), *in dem die Zuschauer nur stehen können;* **Steh|par|ty**, die: vgl. Stehbankett; **Steh|platz**, der: *keine Sitzgelegenheit bietender, nur zum Stehen vorgesehener Platz (in einem Stadion, Theater, Verkehrsmittel o. ä.);* **Steh|pult**, das: *hohes Pult, an dem man stehend arbeitet;* **Steh|satz**, der (Druckw.): *Schriftsatz* (1), *der nach dem Ausdrucken* (1 a) *zur möglichen Wiederverwendung aufbewahrt wird;* **Steh|tisch**, der: *(in einem Lokal o. ä.) hoher Tisch, an dem man steht;* **Steh|ver|mö|gen**, das ⟨o. Pl.⟩: **a)** *Fähigkeit (auf Grund guter körperlicher Verfassung), eine Anstrengung, eine [sportliche] Anforderung o. ä. gut zu bestehen:* Der Amsterdamer bewies mehr S. als die „Jahrhundertstars" Cruyff und Beckenbauer (Saarbr. Zeitung 28. 12. 79,

steigern

8); **b)** *charakterliche Eigenschaft, einer Sache, die sich nicht leicht bewältigen od. im eigenen Sinne lenken läßt o. ä., mit Zähigkeit od. Unerschütterlichkeit zu begegnen; Durchhaltevermögen:* In entscheidenden Krisenaugenblicken der Gemeinde hat er nicht gerade S. bewiesen (Thielicke, Ich glaube 225). **Stei|e|rin**, die; -, -nen: w. Form zu ↑ Steirer; **Stei|er|mark**, die; -: österreichisches Bundesland; **¹Stei|er|mär|ker**, der; -s, -: Ew.; **²Stei|er|mär|ker** (indekl. Adj.); **Stei|er|mär|ke|rin**, die; -, -nen: w. Form zu ↑ ¹Steiermärker; **stei|er|mär|kisch** ⟨Adj.⟩. **steif** ⟨Adj.⟩ [mhd. (md.) stîf, eigtl. = (bes. von Holzpfählen) unbiegsam, starr; aufrecht]: **1.** *nicht weich, wenig biegsam, von einer gewissen Festigkeit u. (gestärkter od. versteifter)* Karton; -e Pappe; ein -er *(gestärkter od. versteifter)* Kragen; die Wäsche war s. gefroren, war s. wie ein Brett (ugs.; *ganz starr geworden*). **2.** *(bes. von Körperteilen, Gelenken, Gliedmaßen) von verminderter od. [vorübergehend] nicht mehr bestehender Beweglichkeit:* ein -er Hals, Nacken; Die Finger des Operateurs sind s. vor Frost (Plievier, Stalingrad 241); er hat ein -es Bein *(sein Kniegelenk ist unbeweglich geworden);* s. in den Gelenken sein; Aber diese Toten ... waren s. wie Holzpfähle (Plievier, Stalingrad 189); sie ist ganz s. geworden *(hat ihre körperliche Elastizität eingebüßt).* **3.** (ugs.) erigiert: ein -es Glied; sein Ding war, wurde nicht s.; ⟨subst.:⟩ Mitten im Unterricht bekam ich einen Steifen (Wilhelm, Unter 57). **4.** *(in seiner Haltung, seinen Bewegungen o. ä.) ohne Anmut; unelastisch; ungelenk; verkrampft wirkend:* ein -er Gang; eine -e Haltung; sich s. bewegen; Rupp ... saß s. da und schaute auf die Geschworenen (Baum, Paris 71). **5.** *förmlich u. unpersönlich; leicht gezwungen wirkend:* ein -er Empfang; er ist ein sehr -er Mensch; Die Engländer, sagt man, seien s. (Koeppen, Rußland 17); ... bemerkte das Fräulein s. (Langgässer, Siegel 413); Ü daß ... ein -es Meublement ... in den „Salotto" gestopft wurde, darin er ... schlief (Thieß, Legende 115). **6.** *(in bezug auf bestimmte, in ihrem Ausgangsstadium mehr od. weniger flüssige Nahrungsmittel) [schaumig u.] fest:* Mit Dessertwein übergießen (= Erdbeeren) und gut gekühlt mit s. Sahne servieren (Petra 8, 1971, 21); Eiweiß s. schlagen. **7.** (Seemannsspr.) *von ziemlicher Heftigkeit, Stärke:* ein -er Wind; eine -e *(stark bewegte)* See; der Wind steht s. aus Südost. **8.** (ugs.) *stark, kräftig (3):* ein -er Grog. ♦ **9.** *unverwandt:* Sehen Sie mich an! Steif an! Aug' in Auge (Lessing, Emilia Galotti IV, 5). **10.** * **s. und fest** (ugs.; *mit großer Bestimmtheit, unbeirrbar, unerschütterlich*): etw. s. und fest behaupten, glauben; **steif|bei|nig** ⟨Adj.⟩ (ugs.): *mit ungelenken, steifen Beinen:* Er läßt sich Zeit mit den Schlüsseln, kommt s. heran (Johnson, Mutmaßungen 98); **Stei|fe**, die; -, -n: **1.** ⟨o. Pl.⟩ *(geh.) das Steifsein* (bes. steif 1-5). **2.** (Bauw.) *schräge Stütze; Strebe;* **stei|fen** ⟨sw. V.; hat⟩ [zu ↑ steif; 2: mniederd. stîven]: **1.** (selten) **a)** *steif machen; anspannen:* die Schultern s.; Ü die allgemeine Sympathie steift Joseph Fouché noch straffer den Rücken *(bestärkt ihn noch mehr, macht ihm noch mehr Mut;* St. Zweig, Fouché 152); **b)** ⟨s. + sich⟩ *steif werden:* daß sich ihr Rücken steifte (Sebastian, Krankenhaus 18). **2.** (landsch.) *stärken (3):* Tischwäsche s. **3.** (Bauw.) *absteifen:* eine Mauer s.; **steif|hal|ten** ⟨st. V.; hat⟩: nur in den Wendungen **die Ohren s.** (↑ Ohr), **den Nacken s.** (↑ Nacken); **Steif|heit**, die; -: *das Steifsein* (steif 1-8); **Stei|fig|keit**, die; -: **1.** *steife (1-8) Beschaffenheit.* **2.** (Technik) *Grad der Elastizität bzw. Festigkeit (bestimmter Werkstoffe o. ä.):* dynamische S. *(Größe für die stoßdämpfende Wirkung bestimmter Dämmstoffe);* **steif|lei|nen** ⟨Adj.⟩: **1.** *aus Steifleinen:* wider Wetter und Gefahren mit dem -en Sonnenschirm bewaffnet – so zog Opas Opa ins Grüne hinaus (Kosmos 2, 1965, 57). **2.** (selten, abwertend) *steif (5):* Er (= der Titel) lautet jetzt korrekter, aber s.: „Thomas Mann im Spiegel seiner politischen Essays" (Kantorowicz, Tagebuch I, 635); **Steif|lei|nen**, das, (auch:) **Steif|lein|wand**, die (Schneiderei): *stark appretiertes Leinen zum Versteifen bestimmter Teile der Oberbekleidung;* **Stei|fung**, die; -: *das Steifen.* **Steig**, der; -[e]s, -e [mhd. stîc, ahd. stîg] (selten): *schmaler, steiler Weg; Gebirgspfad;* **Steig|bü|gel**, der: **1.** *Fußstütze für den Reiter, die in Höhe der Füße seitlich vom Sattel herabhängt:* * **jmdm. den S. halten** (geh. abwertend; *jmdm. bei seinem Aufstieg, seiner Karriere behilflich sein*). **2.** (Anat.) *Gehörknöchelchen, das einem Steigbügel (1) ähnelt;* **Steig|bü|gel|hal|ter**, der (abwertend): *jmd., der einem anderen bei seinem Aufstieg (2 a) Hilfestellung gibt;* **Steig|bü|gel|hal|te|rin**, die (abwertend): w. Form zu ↑ Steigbügelhalter: ... wirft sie ... Jacques Chirac vor, dem sie ... jahrelang als S. gedient hat (Weltwoche 17. 5. 84, 5); **Stei|ge**, die; -, -n [1 a: mhd. steige, zu: steigen = steigen machen; sich erheben, Veranlassungsverb zu: stîgen, ↑ steigen; 3: mhd. stîge, urspr. wohl = Ort, an dem etwas zusammengedrängt wird]: **1. a)** (bes. südd., österr.) *steile Fahrstraße:* Erst die S. hinunter löste sich der Schwarm (= Schüler) wieder (Gaiser, Schlußball 73); **b)** (landsch.) *kleine Treppe; Stiege:* man ... küßte die Stufen der kleinen S. (= des Gotteshauses; Koeppen, Rußland 152). **2.** (bes. südd., österr.) *flache Lattenkiste (in der Obst od. Gemüse zum Verkauf angeboten wird):* Eine aus einer S. entnommene Probe ... sagt ... noch nicht viel über den Zustand des übrigen Wageninhalts (MM 26. 8. 72, 12). **3.** (landsch., österr.) *Latvenverschlag (Stall [für Kleintiere];* **Steig|ei|sen**, das: **1.** (Bergsteigen) *unter die Schuhsohlen befestigtes, mit Zacken versehenes Eisen, das den Bergsteiger (im Eis) gegen Abrutschen sichern soll.* **2.** *Bügel aus Metall, der, in größerer Zahl in die Wand von Schächten, Kaminen o. ä. eingelassen, das Hoch- bzw. Hinuntersteigen ermöglicht.* **3.** *die Schuhe anschnallbarer Bügel aus Metall, der das Erklettern hölzerner Leitungsmasten ermöglicht;* **stei|gen** ⟨st. V.; ist⟩ [mhd. stîgen, ahd. stîgan, eigtl. = (hinauf)schreiten]: **1.** *sich aufwärts, in die Höhe bewegen; hochsteigen (2):* der Nebel steigt; die Kinder lassen Drachen s.; die Sonne steigt am Horizont; Lerchen steigen in die Luft; das Flugzeug steigt bis auf 10000 Meter; Ob denn alle Ballons gleichzeitig in die Höhe gestiegen sein? (Hausmann, Abel 90). **2. a)** *sich gehend an einen höher, tiefer liegenden Ort, eine höher od. tiefer liegende Stelle begeben:* bergauf, bergan, ins Tal s.; auf einen Turm s.; in den Keller s.; vom Turm s.; Spr wer hoch steigt, fällt tief; **b)** *sich mit einem Schritt, einem Satz [schwungvoll] an einen höher od. tiefer liegenden Platz bewegen:* auf einen Stuhl, aufs Fahrrad s.; ein ausgezeichneter Reiter, der jeden Morgen ... auf sein Pferd stieg (Böll, Adam 34); aus dem Auto, der Badewanne s.; in den Bus, über die Mauer s.; Ü auf die Bremse s. (ugs.; *scharf bremsen*); in die Kleider s. (ugs.; *sich anziehen*); ins Examen s. (ugs.; *Examen machen*); **c)** *sich ausbreitend o. ä. an eine bestimmte Stelle gelangen:* der Duft steigt mir in die Nase; das Blut war ihm ins Gesicht gestiegen. **3. a)** *im Niveau höher werden, ansteigen* (2 a): der Wasserspiegel steigt um einen Meter; die Temperatur, das Fieber ist auf 40° gestiegen; Ü Unruhe und Spannung waren gestiegen; **b)** *sich erhöhen, größer werden, zunehmen (an Umfang, Wert o. ä.):* der Preis, die Leistung ist gestiegen; ... hatte er noch ein zweites Zimmer dazubekommen, ohne daß die Miete gestiegen wäre (Danella, Hotel 95); die Kurse, Aktien steigen; etw. steigt im Preis, im Wert; **c)** *zunehmen (an Bedeutung, Wichtigkeit), sich mehren:* die Ansprüche, Aussichten steigen. **4.** (ugs.) *stattfinden:* morgen soll die Party, der Coup s.; Für Kempes steigt das erste Finale ... am heutigen Samstag (Augsburger Allgemeine 10. 6. 78, 25); Das Referat steigt in Kürze ... Der Vortrag kann s. (Erika Klopp in: Börsenblatt 87, 1972, 2456). **5.** *(von Pferden) sich auf der Hinterhand aufbäumen.* **6. a)** *(von Fischen) stromauf wandern;* **b)** *(von Fischen) an die Wasseroberfläche kommen, um Nahrung aufzunehmen.* **7.** (Jägerspr.) *(von Gemsen u. Steinböcken) klettern;* **Stei|ger**, der; -s, - [1: eigtl. wohl = jmd., der häufig (zu Kontrolle o. ä.) ins Bergwerk steigt; mhd. stîger = Kletterer, Bergsteiger, Besteiger einer Sturmleiter]: **1.** (Bergbau) *Ingenieur (Techniker), der als Aufsichtsperson unter Tage arbeitet* (Berufsb.). **2.** *Anlegebrücke für den Personenschiffahrt.* **3.** (selten) kurz für ↑ Bergsteiger; **Steig|ge|rer**, der; -s, -: *jmd., der auf einer Versteigerung bietet;* **Stei|ge|rin**, die; -, -nen: **1.** w. Form zu ↑ Steiger (3). **2.** w. Form zu ↑ Steigerer; **stei|gern** ⟨sw. V.; hat⟩ [spätmhd. steigern, zu mhd. steigen, ↑ Steige]: **1. a)** *erhöhen, vergrößern;* den Wert, die Produktion s.; die Verfeinerung der Beobachtungstechnik ... elektromagnetischer Vorgänge so weit gesteigert worden war (Natur 56); eine gesteigerte *(zunehmende)* Nachfrage; im Zeichen eines gesteigerten Anspruchs der staatlichen Hoheitsgewalt (Fraenkel, Staat 300); **b)** *etw. zunehmen, sich verstärken lassen:* etw. steigert jmds. Spannung; der Läufer steigert das

Tempo; ... steigerten Literatur und Sitte im ... westlichen Europa die Nachfrage nach dem Kaffeegetränk höher, als die Produktion lag (Jacob, Kaffee 117); ein schweres Leiden hat ihr streitbares Temperament nicht gemildert, sondern eher noch gesteigert (Reich-Ranicki, Th. Mann 182). **2.** ⟨s. + sich⟩ **a)** *zunehmen, stärker werden, sich intensivieren:* die Verwirrung, die Erregung steigerte sich; etw. steigert sich ins Unerträgliche, ins Maßlose; Langsam dämmerte es August Kühn, in welchem Umfang sich die Unterdrückung der Sozialisten noch s. würde (Kühn, Zeit 92); seine Leistungen haben sich gesteigert *(verbessert);* die Schmerzen steigerten *(verschlimmerten)* sich mehr und mehr; Der Sturm steigerte sich zum Orkan (wuchs zum Orkan an; Simmel, Affäre 78); **b)** (bes. Sport) *sich in seinen Leistungen verbessern:* er konnte sich in der letzten Phase noch s. **3.** ⟨s. + sich⟩ *sich in etw. (einen bestimmten Gemütszustand) versetzen, hineinsteigern:* Er steigerte sich immer mehr in Wut (Sebastian, Krankenhaus 149). **4.** *bei einer Versteigerung erwerben, ersteigern:* einen Barockschrank s. **5.** (Sprachw.) *(bei einem Adjektiv) die Vergleichsformen bilden; komparieren:* ein Adjektiv s.; **Stei|ge|rung,** die; -, -en [spätmhd. steigerunge]: **1.** *das Steigern (1):* die S. der Produktion, des Absatzes; dem Autor gelingt eine S. der Spannung. **2.** (bes. Sport) *Verbesserung der Leistung.* **3.** (Sprachw.) *das Steigern (5); Komparation;* **stei|ge|rungs|fä|hig** ⟨Adj.⟩: **1.** *sich steigern (1 a) lassend:* eine -e Produktion. **2.** (Sprachw.) *Vergleichsformen bildend:* in dieser Bedeutung ist das Adjektiv nicht s.; **Stei|ge|rungs|form,** die (Sprachw.): seltener für ↑Vergleichsform; **Stei|ge|rungs|grad,** der: *Grad der Steigerung;* **Stei|ge|rungs|lauf,** der (Leichtathletik): *Trainingsform, bei der man die einzelnen gleich langen Teile einer Strecke mit zunehmender Geschwindigkeit läuft;* **Stei|ge|rungs|ra|te,** die (bes. Wirtsch.): *Rate, Umfang der Steigerung in einem bestimmten Zeitraum:* Mit ihrer S. von 41 Prozent ragen die Ford-Werke ... über den Bundesdurchschnitt ... hinaus (FAZ 16.6. 61, 8); **Stei|ge|rungs|stu|fe,** die (Sprachw.): *erste bzw. zweite Stufe der Komparation; Komparativ bzw. Superlativ;* **Steig|fä|hig|keit,** die (Kfz-T.): *Leistung eines Motors im Hinblick auf das Befahren von Steigungen;* **Steig|fell,** das (Ski): *auf der Laufsohle der Skier befestigter, das Abrutschen verhindernder Fellstreifen;* **Steig|flug,** der: *das Steigen (eines Flugzeugs o. ä.):* ... wird man ... in den S. übergehen können (FAZ 22.7. 61, 10); **Steig|ge|schwin|dig|keit,** die: *Geschwindigkeit, mit der ein Flugzeug, Flugkörper o. ä. in die Höhe steigt;* ◆ **Steig|har|ke,** die [zu ↑Steig]: *(in landsch. Sprachgebrauch) kleine Harke für die Gartenwege:* Am Eingang empfing sie der alte Andreas, die S. in der Hand (Storm, Söhne 94); **Steig|hö|he,** die: *Höhe, bis zu der ein Flugzeug, ein Flugkörper o. ä. steigt;* **Steig|lei|stung,** die (Kfz-T.): vgl. Steigfähigkeit; **Steig|lei|ter,** die: *fest angebrachte, senkrechte Leiter;* **Steig|lei|tung,** die: *Rohrleitung, die senkrecht hochsteigt;* **Steig|rie|men,** der: *Riemen am Sattel, in dem der Steigbügel hängt;* **Steig|rohr,** das: *Rohr einer Steigleitung;* ◆ **Steig|stein,** der [zu ↑Steig]: *(in landsch. Sprachgebrauch) steinerne Begrenzung am Rande eines Weges:* Der Großvater stieg über den S., indem er seinen Stock und seinen Rock nach sich zog und mir, der ich zu klein war, hinüberhalf (Stifter, Granit 25); **Stei|gung,** die; -, -en: **1. a)** *das Ansteigen eines Geländes, einer Straße o. ä.:* eine starke, geringe, sanfte S.; die S. beträgt 12%; **b)** *ansteigende Strecke; Anstieg:* eine S. (einen Höhenunterschied) überwinden/ (Sport Jargon) nehmen; auf der Autobahn ... blieben Lastkraftwagen ohne Schneeketten an den -en hängen (Freie Presse 14. 2. 90, 4). **2.** (Technik) *Weg, um den sich die Schraubenmutter bei einer vollen Umdrehung auf dem Schraubenbolzen verschiebt;* **Stei|gungs|ta|fel,** die (Eisenb.): *Schild, auf dem die Steigung (1 a) einer Strecke angegeben ist;* **Stei|gungs|win|kel,** der: *Maßzahl für den Grad einer Steigung (1 a);* **Steig|wachs,** das: *Skiwachs, das den Skiern Haftfähigkeit beim Steigen verleiht.*

steil ⟨Adj.⟩ [spätmhd., mniederd. steil, zusgez. aus mhd. steigel, ahd. steigal, ablautend zu: stīgan (↑steigen) u. eigtl. = (aufod. ab)steigend]: **1.** *stark ansteigend od. abfallend:* ein -er Weg, Abhang, Berg, Fels; ein -es Dach *(Dach mit starker Neigung);* eine -e Handschrift *(Handschrift, bei der die Buchstaben groß u. nicht nach einer Seite hin geneigt sind);* das Flugzeug stieg s. in die Höhe; Aber wie ich an der Rolltreppe kam, die s. in die Tiefe führt (Schnabel, Marmor 119); Evelyn saß s. *(senkrecht)* aufgerichtet im Bett (Baum, Paris 136); Ü eine -e *(schnelle u. in ein hohes Amt führende)* Karriere. **2.** (ugs., bes. Jugendspr.) *imponierend; beeindruckend; auffallend:* Er sang von „,-en Zähnen", von Petticoats und Pferdeschwanzfrisuren – im Sound der ... 50er Jahre (Bravo 51, 1976, 14); ... rutschte ... in jene Vereinsamung hinein, die ... auch meiner Ilsebill hilft, plötzlich -e Entschlüsse zu fassen (Grass, Butt 185); Hella ist s. ..., die wollten mir schon zehn andere ausspannen (Loest, Pistole 193). **3.** (Ballspiele, bes. Fußball) *über eine größere Distanz nach vorn gespielt:* eine -e Vorlage; der Paß war zu s.; War ich im Ballbesitz, suchte ich der Boß, wartete, bis er in seinem Verteidiger vorbei in den freien Raum laufen würde und ich s. spielen konnte (Walter, Spiele 207); **Steil|ab|fahrt,** die (bes. Skisport): *steile Abfahrt, Gefällstrecke;* **Steil|ab|fall,** der: *steiler Abfall (3);* **Steil|dach,** das: *Dach mit starker Neigung;* **Steille,** die; - (geh., selten): *Steilheit;* **steil|len** ⟨sw. V.; hat⟩ (selten) *steil in die Höhe ragen:* Die Flammen steilten knatternd zum Nachthimmel (Strittmatter, Wundertäter 374); Ü W. E. Süskind drückte sich höflicher aus, nicht so gesteilt und apodiktisch (K. Mann, Wendepunkt 259); **Steil|feu|er,** das ⟨o. Pl.⟩ (Milit.): vgl. Steilfeuergeschütz: S. schießen, legen; **Steil|feu|er|ge|schütz,** das (Milit.): *Geschütz mit kurzem Rohr u. meist großem Kaliber, dessen Geschosse in einem steilen Winkel auftreffen;* **Steil|hang,** der: *steil abfallender Hang (1);* **Steil|heck,** das: *mit dem Dach des Pkws einen mehr oder weniger rechten Winkel bildendes Heck;* **Steil|heit,** die; -: *das Steilsein (1, 3);* **Steil|kur|ve,** die: *(bei Rennbahnen o. ä.) steil überhöhte Kurve;* **Steil|kü|ste,** die: vgl. Steilhang; **Steil|paß,** der (Fußball): *steil nach vorn gespielter Paß (3);* **Steil|paß|spiel,** das ⟨o. Pl.⟩ (Fußball): *den Steilpaß bevorzugende Spielweise;* **Steil|rand,** der: *Abfall der Geest zur Marsch;* ◆ **steil|recht** ⟨Adj.⟩: *(bes. in landsch. Sprachgebrauch) senkrecht (1 b):* Im Innern war es trocken, da der -e Schneefall keine einzige Flocke hineingetragen hatte (Stifter, Bergkristall 43); alle Bergfelder ... sind dann weiß; ... selbst die -en Wände, die die Bewohner Mauern heißen, sind mit einem angeflogenen weißen Reife bedeckt (ebd. 8); **Steil|schrift,** die: *steile Handschrift;* **Steil|spiel,** das (Fußball): *Steilpaßspiel;* **Steil|ufer,** das: vgl. Steilküste; **Steil|vor|la|ge,** die (Fußball): *Steilpaß;* **Steil|wand,** die: *steile Felswand;* **Steil|wand|fah|rer,** der: *Artist, der auf einem Motorrad mit sehr großer Geschwindigkeit auf einer senkrechten kreisförmigen Bahn fährt;* **Steil|wand|fah|re|rin,** die: w. Form zu ↑Steilwandfahrer; **Steil|wand|zelt,** das: *Zelt mit senkrechten Wänden.*

Stein, der; -[e]s, -e u. (als Maß- u. Mengenangabe): - [mhd., ahd. stein, wohl eigtl. = der Harte): **1. a)** ⟨o. Pl.⟩ *feste mineralische Masse (die einen Teil der Erdkruste ausmacht):* hart wie S.; ein Denkmal aus S.; etw. in S. meißeln, hauen; Ü er hat ein Herz aus S. (geh.; *ist hartherzig, mitleidlos);* ihr Gesicht war zu S. geworden, zu S. erstarrt (geh.; hatte einen starren Ausdruck angenommen); In seinem Gesicht war das Entsetzen zu S. geworden (Apitz, Wölfe 143); **b)** *mehr od. weniger großes Stück Stein (1 a), Gesteinsstück, das sich in größer Zahl in u. auf der Erdoberfläche befindet:* runde, flache, spitze, dicke -e; ihm flog ein S. an den Kopf; Sand und -e wirbeln aus der Kuhle, die immer tiefer wird (Imog, Wurliblume 45); Du hältst am dritten Tag vor meiner Tür, oder du karrst am vierten Dreck und -e im Oderbruch (B. Frank, Tage 106); -e auflesen, sammeln; er hatte einen S. im Schuh; „Erkälte dich nicht auf den kalten -en", sagte er (Böll, Erzählungen 112); mit -en werfen; etw. mit einem S. beschweren; der Acker ist voller -e; nach dem langen Marsch schlief er wie ein S. (ugs. emotional; *sehr fest);* R man könnte ebensogut -e predigen (alle Worte, Ermahnungen o. ä. treffen auf taube Ohren); * *der S. der Weisen* (geh.; *die Lösung aller Rätsel, Probleme;* alchimistenlat. lapis philosophorum [= arab. al-iksīr, ↑Elixier], die wichtigste magische Substanz der ma. Alchimie, die Unedles edel machen sollte); *der S. des Anstoßes* (geh.; *die Ursache der Verärgerung;* nach Jes. 8, 14 u. a.; vgl. Anstoß 4): Carepakete, neuester S. des Anstoßes für den Hartl. Viele davon gingen an altbekannte Adressen (Kühn, Zeit 401); *jmdm. fällt ein S. vom*

Herzen *(jmd. ist sehr erleichtert über etw.)*; Irgendwann ist er dann abgetorkelt Richtung Heimat, mir fiel ein S. vom Herzen (Eppendorfer, St. Pauli 136); **der S. kommt ins Rollen** (ugs.; *eine [schon längere Zeit schwelende] Angelegenheit kommt in Gang*); **es friert S. und Bein** (ugs.; *es herrscht strenger Frost;* zu ↑ Bein (5), eigtl. wohl = es friert so sehr, daß der Frost sogar in Steine u. Knochen eindringt); **S. und Bein schwören** (ugs.; *etw. nachdrücklich versichern;* zu ↑ Bein (5), viell. urspr. = beim steinernen Altar u. den Knochen eines Heiligen schwören); **den S. ins Rollen bringen** (ugs.; *eine [schon längere Zeit schwelende] Angelegenheit in Gang bringen*): Die Invasion, der 20. Juli, der Zusammenbruch der Mittelfront und die Paulus-Erklärung hatten den S. ins Rollen gebracht (Leonhard, Revolution 264); **jmdm. [die] -e aus dem Weg räumen** *(für jmdn. die Schwierigkeiten ausräumen);* **jmdm. -e in den Weg legen** *(jmdm. bei einem Vorhaben o. ä. Schwierigkeiten machen):* Es wurde einmal am Familientisch das Schicksal eines Bekannten beklagt, dem die bösen Linken wegen seiner Nazivergangenheit ... -e in den Weg seiner Karriere gelegt hätten (Zorn, Mars 46); **jmdm. -e geben statt Brot** (geh.; *jmdm. mit leeren [Trost]worten abspeisen, statt ihm wirklich zu helfen;* nach Matth. 7, 9); **weinen, daß es einen S. erweichen könnte** *([laut] heftig weinen);* **den ersten S. auf jmdn. werfen** *(damit beginnen, einen anderen öffentlich anzuklagen, zu beschuldigen o. ä.;* nach Joh. 8, 7); **jmdm. einen S. in den Garten werfen** (ugs.; 1. *jmdm. Schaden zufügen.* 2. scherzh.; *jmdm. eine Gefälligkeit erwidern; eigtl. = aus jmds. Garten durch einen Steinwurf die Saat wegfressende Vögel vertreiben*). 2. *Baustein (verschiedener Art):* -e abladen, aufschichten; -e *(Ziegelsteine)* brennen; -e *(Bruchsteine)* brechen; Entgegen allen Zusicherungen soll der Nordtrakt des Zürcher Hauptbahnhofs nicht S. um S. in seiner ursprünglichen Form wiederhergestellt ... werden (NZZ 30. 8. 86, 29); (im Bauw. als Maßangabe:) eine zwei S. starke Wand; * **kein S. bleibt auf dem anderen** *(es wird alles völlig zerstört;* nach Matth. 24, 2); * **keinen S. auf dem anderen lassen** *(etw. völlig zerstören).* 3. kurz für ↑ Edelstein, Schmuckstein: ein echter S.; ein geschnittener S. *(Gemme, Glypte);* Der S. auf ihrer Hand funkelte in der Dämmerung (Remarque, Triomphe 143); Sie (= die Uhr) ist weder aus Gold noch aus Silber, aber sie hat vierzehn -e *(Rubine in den Lagern;* Erné, Fahrgäste 46); die Uhr läuft auf 12 -en *(Rubinen in den Lagern).* * **jmdm. fällt kein S. aus der Krone** (↑ Perle 1 a). 4. kurz für ↑ Grabstein. 5. kurz für ↑ Spielstein: * **bei jmdm. einen S. im Brett haben** (ugs.; *jmds. besondere Gunst genießen;* urspr. wohl = einen Spielstein bei bestimmten Brettspielen auf dem Felde des Gegners stehen haben [u. durch einen entsprechend geschickten Spielzug die Anerkennung des Gegners finden]): Der Unterscharführer war ein lustiger Mensch, und ich hab', wie man so sagt, ein S. im Brett gehabt bei ihm (M. Walser, Eiche 81). 6. *hartschaliger Kern der Steinfrucht:* die -e der Kirschen, Zwetschen, Aprikosen; einen S. verschlucken; er spuckte die -e auf den Boden. 7. (Rasenkraftsport) *Quader aus Metall, mit dem beim Steinstoßen gestoßen wird.* 8. *Konkrement* (z. B. Gallenstein, Nierenstein): -e bilden sich, gehen ab; sie hat -e in der Galle. 9. (landsch.) *Bierkrug:* auf dem Schanktisch stehen die -e aufgereiht; (als Maßangabe:) der 22jährige ... stemmte zwischen 20 und 24 Uhr ... 20 „Stein" Bier (MM 3. 10. 70, 14); **stein-** (emotional verstärkend): drückt in Bildungen mit Adjektiven eine Verstärkung aus: *steinmüde, -schwer, -unglücklich;* **Stein|ad|ler,** der: *großer, im Hochgebirge vorkommender Adler mit vorwiegend dunkelbraunem, am Hinterkopf goldgelbem Gefieder, Königsadler;* **stein|alt** (emotional verstärkend) ⟨Adj.⟩: *(von Menschen) sehr alt;* **stein|ar|tig** ⟨Adj.⟩: *wie Stein;* **Stein|axt,** die: *einer Axt ähnliches Gerät, Waffe aus Stein, wie sie in der Steinzeit verwendet wurde;* **Steinbank,** die ⟨Pl. ...bänke⟩: *steinerne Sitzbank;* **Stein|bau,** der ⟨Pl. -ten⟩: *Gebäude, das ganz od. in der Hauptsache aus Stein gebaut ist;* **Stein|bau|ka|sten,** der: *Baukasten mit Klötzchen aus Stein;* **Steinbeil,** das: vgl. Steinaxt; **Stein|bei|ßer,** der: **1.** *(zu den Schmerlen gehörender) in Süßwasser lebender Fisch mit grünlichbraunem Körper u. dunklen Flecken auf dem Rücken, der sich bei Gefahr in den Sand einbohrt.* **2.** *Seewolf;* **Stein|bildung,** die: *Bildung, Entstehung von Steinen (8) in bestimmten Organen;* **Steinblock,** der ⟨Pl. ...blöcke⟩: *großer, massiger Stein;* **Stein|bock,** der [mhd. steinboc]: **1.** *im Hochgebirge lebendes, gewandt kletterndes u. springendes, einer Gemse ähnliches Tier mit langen, kräftigen, nach hinten gebogenen Hörnern.* **2.** (Astrol.) **a)** ⟨o. Pl.⟩ *Tierkreiszeichen für die Zeit vom 22. 12. bis 19. 1.;* **b)** *jmd., der im Zeichen Steinbock (2 a) geboren ist:* sie ist [ein] S.; **Stein|bo|den,** der: **1.** *steinerner Boden.* **2.** *mit Steinen, Steinplatten belegter [Fuß]boden;* **Stein|boh|rer,** der: *zum Bearbeiten von Stein, Beton o. ä. geeigneter Bohrer;* **Stein|brand,** der: *durch Brandpilze verursachte Krankheit des Weizens;* **Stein|brech,** der; -[e]s, -e [mhd. steinbreche, LÜ von lat. saxifraga, nach der früheren Verwendung als Heilpflanze gegen Blasen- u. Nierensteine]: *überwiegend im Hochgebirge vorkommende Pflanze mit ledrigen od. fleischigen Blättern u. weißen, gelben od. rötlichen Blüten;* **Stein|bre|cher,** der: **1.** *Maschine, die Gestein zerkleinert.* **2.** *auf das Brechen u. Rohbearbeiten von Gestein spezialisierter Facharbeiter* (Berufsbez.); **Steinbrech|ge|wächs,** das: (Bot.): *Kraut, Strauch od. auch Baum mit einfachen od. zusammengesetzten Blättern u. Blüten in verschiedenartigen Blütenständen;* **Steinbrocken¹,** der: vgl. Steinblock; **Steinbruch,** der: *Stelle, Bereich im Gelände, in dem nutzbares Gestein im Tagebau gebrochen, abgebaut wird:* in S. arbeiten; das ist eine Arbeit wie im S. (ugs.; *eine äußerst schwere [körperliche] Arbeit*); **Stein|bruch|ar|bei|ter,** der: *Arbeiter in einem Steinbruch;* **Stein|brücke¹,** die: *steinerne Brücke;* **Stein|büch|se,** die: *mittelalterliches Geschütz, das Geschosse aus Stein verfeuert;* **Stein|butt,** der [nach den steinartigen, knöchernen Höckern in der Haut]: *Plattfisch von fast kreisrundem Umriß des Körpers mit schuppenloser Haut u. gelblichgrauer Färbung der Oberseite;* **Stein|damm,** der: vgl. Steinwall; **Stein|denk|mal,** das: *Denkmal aus Stein;* **Stein|druck,** der ⟨Pl. -e⟩: **1.** ⟨o. Pl.⟩ *Verfahren des Flachdrucks, bei dem ein geschliffener Stein als Druckform dient; Lithographie* (1 a). **2.** *im Steindruck (1) hergestellte Graphik; Lithographie* (2 a); **Stein|ei|che,** die: *(im Mittelmeerraum heimischer) immergrüner Baum mit ledrigen, elliptischen bis eiförmigen dunkelgrünen Blättern;* **stei|nen** ⟨sw. V.; hat⟩ [mhd. steinen = mit Grenzsteinen versehen] (veraltet) = *ab-, umgrenzen;* **stei|nern** ⟨Adj.⟩ [dafür mhd., ahd. steinin]: **1.** *aus Stein (1 a) [bestehend]:* ein -es Portal; eine -e Fensterbank; e Putten; Ü im Dom ... herrschte die gewohnte, -e Stille eines Beichtnachmittags (Zuckmayer, Fastnachtsbeichte 6). **2.** *erstarrt, wie versteinert, hart:* ein -es Herz haben; mit -er Miene; Sie war sehr blaß, und ihr Gesicht war so s., wie es ihre Stimme am Telefon gewesen war (Rinser, Mitte 8); **Stein|er|wei|chen:** in der Fügung zum S. weinen (heftig, herzzerreißend); **Stein|fall,** der (Fachspr.): *Steinschlag* (1); **Stein|flie|ge,** die: *in vielen Arten bes. in den gemäßigten Zonen vorkommendes, graubraunes Insekt mit zwei Paar großen, in Ruhe flach auf den Rücken gelegten Flügeln, fadenförmigen Fühlern u. zwei langen Schwanzborsten;* **Stein|flie|se,** die: *Fliese aus Stein[gut];* **Stein|frucht,** die (Bot.): *fleischige Frucht, deren Samen eine harte Schale besitzt;* **Stein|fuß|boden,** der: *Steinboden* (2); **Stein|gar|ten,** der: *gärtnerische Anlage, die bes. mit niedrigen alpinen [Polster]pflanzen bepflanzt u. in den Zwischenräumen mit größeren Steinen belegt ist;* **Stein|geburt,** die, (antike Myth.): *Geburt unbesiegbarer Heroen aus einem Stein, bei der ein Schmied Hilfe leisten kann;* **Stein|ge|fäß,** das: *Gefäß aus Stein;* **stein|ge|wor|den** ⟨Adj.⟩ (geh.): *in einem steinernen Bauwerk, Kunstwerk verewigt, dadurch symbolisiert o. ä.:* Das Barockschloß ist -er Geist seiner Zeit; **Stein|glas,** das: *Glas mit Verunreinigungen durch Mineralkörnchen;* **Stein|grab,** das: vgl. Steinkistengrab; **stein|grau** ⟨Adj.⟩: *von einem blassen Silbergrau:* links strebten dunkle Fichten zwischen Felsblöcken gegen einen -en Himmel empor (Th. Mann, Zauberberg 13); **Stein|gut,** das ⟨Arten: -e⟩: **1.** *Ton u. ähnliche Erden, aus denen Steingut (2) hergestellt wird.* **2.** *aus Steingut (1) Hergestelltes; weiße, glasierte Irdenware:* Drei Stammessen in abgestoßenem S. (Kuby, Sieg 72); **Stein|gut|ge|schirr,** das: *Geschirr aus Steingut;* **Stein|ha|gel,** der: vgl. Steinlawine; **Stein|hal|de,** die: *durch herabgestürzte Steine entstandene Art Halde;* **stein|hart** ⟨Adj.⟩ (emotional verstärkend, häufig abwertend): *sehr hart; hart wie Stein:* -e Plätzchen; Der letzte Kanten Brot war s., schimmelig (Dorpat, Ellenbogenspiele 25); in einer

Steinhauer

Zeit, in der das Land schon s. gefroren war (Plievier, Stalingrad 238); **Stein|hau|er,** der (veraltet): **1.** *Steinbrecher.* **2.** *Steinmetz;* **Stein|hau|er|lun|ge,** die (Med.): *Staublunge, bes. der Steinbrecher u. Steinbearbeiter;* **Stein|hau|fen,** der: *Haufen, Anhäufung von Steinen;* **Stein|haus,** das: vgl. Steinbau; **Stein|holz,** das: *unter Verwendung von zermahlenem Gestein hergestellter wärmedämmender Werkstoff.*
Stein|hu|der Meer, das: See zwischen Weser u. Leine.
♦ **stei|nicht:** ↑steinig: Wir konnten nur langsam fahren in den engen -en Schluchten (Eichendorff, Taugenichts 48); **stei|nig** ⟨Adj.⟩ [mhd. steinec, ahd. steinag]: *mit vielen Steinen* (1 b) *bedeckt:* über den -en Pfad durch den Fichtenwald (Broch, Versucher 128); Ü Im ... Firmenspektrum wird bestimmt für einige ein -en Weg bevorstehen (Schweizer Maschinenbau 16. 8. 83, 67); **stei|ni|gen** ⟨sw. V.; hat⟩ [dafür mhd. steinen, ahd. steinōn] (früher): *mit Steinwürfen töten:* Wegen Ehebruchs sollen in Kuwait ein Ausländer und eine Ausländerin auf gerichtliche Anordnung hin zu Tode gesteinigt werden (MM 14. 3. 81, 11); Ü wenn du nicht kommst, wirst du gesteinigt (ugs. scherzh.; *hüte dich, nicht zu kommen*); **Stei|ni|gung,** die; -, -en: *das Steinigen;* **Stein|ka|sten,** der (abwertend): *Steinhaus;* **Stein|kauz,** der: *kleiner Kauz mit braun-weißem Gefieder, der in Baumhöhlen u. Mauerlöchern brütet;* **Stein|kern,** der (Bot.): *Stein* (6); **Stein|ki|stengrab,** das: *Megalithgrab;* **Stein|klee,** der [nach dem Standort]: *Klee mit langgestielten Blättern u. gelben od. weißen, in Trauben wachsenden Blüten;* **Stein|klotz,** der: *großer, schwerer Stein:* Ü Ich bin ja in der Nachfolge Jesu schließlich nicht zu einem S. geworden, sondern ich bleibe ein verwundbarer Mensch (Thielicke, Ich glaube 49); **Stein|koh|le,** die: **a)** ⟨o. Pl.⟩ *harte, schwarze, fettig glänzende Kohle mit hohem Anteil an Kohlenstoff:* S. fördern, verheizen, veredeln; **b)** ⟨häufig Pl.⟩ *als Heiz-, Brennmaterial verwendete Steinkohle* (a): -[n] feuern, einkellern; mit -[n] heizen; **Stein|koh|le|ein|heit,** die (Fachspr.): *Maßeinheit für die Wärmemenge, die aus einem Kilogramm Steinkohle mit einem Heizwert von 7 000 kcal/kg gewonnen wird;* Abk.: SKE; **Stein|koh|len|berg|bau,** der: *Bergbau zur Förderung von Steinkohle;* **Stein|koh|len|berg|werk,** das: *Bergwerk zur Förderung von Steinkohle;* **Stein|koh|len|flöz,** das (Bergbau): vgl. Kohlenflöz; **Stein|koh|len|för|de|rung,** die: *Förderung von Steinkohle;* **Stein|koh|len|for|ma|ti|on,** die: *Formation* (4 b), *die Steinkohle aufweist;* **Stein|koh|len|gru|be,** die: vgl. Kohlengrube; **Stein|koh|len|la|ger,** das: *Lager* (5) *von Steinkohle;* **Stein|koh|len|pro|duk|ti|on,** die: *Steinkohlenförderung;* **Stein|koh|len|re|vier,** das: vgl. Kohlenrevier; **Stein|koh|len|teer,** der: *bei der Verkokung von Steinkohle anfallender Teer;* **Stein|koh|len|ze|che,** die: vgl. Kohlenzeche; **Stein|koh|len|zeit,** die (Geol.): *Karbon;* **Stein|ko|ral|le,** die: *Koralle, die mit ihrer Kalkausscheidung große Riffe bildet;* **Stein|krank|heit,** die (Med.): *Steinleiden;* **Stein|kreuz,** das: *Kreuz aus Stein;* **Stein|kult,** der (Völkerk.): *kultische Verehrung von Steinen;* **Stein|la|wi|ne,** die: *Masse herabstürzenden Felsgesteins;* **Stein|lei|den,** das (Med.): *Krankheit, die in der Bildung von Konkrementen in inneren Organen (Nieren, Galle, Harnwege) besteht;* **Stein|mar|der,** der: *nachts auf Beutefang gehender Marder mit hellbraunem Fell u. weißem Fleck unter der Kehle;* **Stein|mau|er,** die: *Mauer aus Stein;* **Stein|mehl,** das: *sehr fein gemahlenes Gestein;* **Stein|metz,** der; -en, -en [mhd. steinmetze, ahd. steinmezzo; 2. Bestandteil über das Galloroman. < vlat. macio = Steinmetz, aus dem Germ.]: *Handwerker, der Steine behaut u. bearbeitet;* **Stein|met|zin,** die; -, -nen: w. Form zu ↑Steinmetz; **Stein|metz|zei|chen,** das (Kunstwiss.): *Zeichen* (1 b), *das dem Steinmetz (bes. bei Bauwerken des MA) als Signatur dient;* **Stein|nel|ke,** die [nach dem Standort]: *Kartäusernelke;* **Stein|obst,** das: *Obst mit hartschaligem Kern;* **Stein|öl,** das ⟨o. Pl.⟩ (veraltet): *Petroleum;* **Stein|ope|ra|ti|on,** die (Med.): *Lithotomie;* **Stein|pfei|ler,** der: *Pfeiler aus Stein;* **Stein|pfla|ster,** das: *Straßenpflaster aus Steinen* (1 b); **Stein|pilz,** der [nach dem festen Fleisch od. dem einem Stein ähnlichen Aussehen der jungen Pilze]: *großer Röhrenpilz mit fleischigem, halbkugeligem, dunkelbraunem Hut u. knolligem, weißem bis bräunlichem Stiel;* **Stein|pla|stik,** die: *Plastik aus Stein;* **Stein|plat|te,** die: *Platte aus Stein;* **Stein|qua|der,** der: *Quader* (a); **stein|reich** ⟨Adj.⟩ [2: spätmhd. steinriche = reich an Edelsteinen]: **1.** ['− −] (selten) *reich an Steinen; steinig.* **2.** ['− '−] (emotional verstärkend) *sehr, ungewöhnlich reich:* ... müßten sämtliche Pferdetrainer -e Leute sein (Presse 16. 2. 79, 13); **Stein|salz,** das: *im Bergbau gewonnenes Natriumchlorid, das u. a. zu Speisesalz aufgearbeitet wird;* **Stein|samm|lung,** die: *Sammlung von Steinen;* **Stein|sarg,** der: *großer [prunkvoller] aus Stein gehauener Sarg;* **Stein|schlag,** der (Fachspr.): **1.** *Das Herabstürzen von durch Verwitterung losgelösten Steinen (im Bereich von Felsen, Felsformationen).* **2.** ⟨o. Pl.⟩ (selten) *Schotter;* **Stein|schlag|ge|fahr,** die ⟨o. Pl.⟩: *Gefahr des Steinschlags* (1); **Stein|schlei|fer,** der: *Facharbeiter, der Natur- und Kunststein durch Schleifen u. Polieren bearbeitet* (Berufsbez.); **Stein|schleu|der,** die: *Schleuder* (1); **Stein|schliff,** der: **1.** ⟨o. Pl.⟩ *das Schleifen von [Edel]steinen.* **2.** *Form, in der ein [Edel]stein geschliffen ist;* **Stein|schmät|zer,** der [manche Arten nisten in Felsen od. Steinbrüchen]: *(zu den Drosseln gehörender) Vogel mit grauer Oberseite, weißem Bauch u. schwarzen Flügel- und Schwanzfedern;* **Stein|schnei|de|kunst,** die ⟨o. Pl.⟩: *Kunst des Gravierens von erhabenen od. vertieften Reliefs in Schmucksteinen; Glyptik;* **Stein|schnei|der,** der: *Facharbeiter, der [Edel]steine schneidet* (3 c); *Graveur* (Berufsbez.); **Stein|schnei|de|rin,** die: w. Form zu ↑Steinschneider; **Stein|schnitt,** der: vgl. Steinschliff; **Stein|schot|ter,** der: *Schotter;* **Stein|set|zer,** der: *Pflasterer* (Berufsbez.); **Stein|set|ze|rin,** die: w. Form zu ↑Steinsetzer; **Stein|sockel[1],** der: *Sockel aus Stein;* **Stein|stoß,** der: **a)** ⟨o. Pl.⟩ *Steinstoßen;* **b)** *Stoß beim Steinstoßen;* **Stein|stoß|bal|ken,** der: vgl. Kugelstoßbalken; **Stein|sto|ßen,** das; -s (Rasenkraftsport): *Disziplin, bei der ein Quader von bestimmtem Gewicht mit einem Arm möglichst weit gestoßen werden muß;* **Stein|stu|fe,** die: *Treppenstufe aus Stein;* **Stein|topf,** der: *Topf aus Steingut;* **Stein|trep|pe,** die: vgl. Steinstufe; **Stein|trog,** der: vgl. Holztrog; **Stein|wall,** der: *aus Steinen aufgeschütteter Wall;* **Stein|wand,** die: *Wand aus Steinen;* **Stein|wein,** der [nach der Lage Würzburger Stein] (ugs. veraltet): *Frankenwein;* **Stein|werk,** das: *Steinbruch[groß]betrieb;* **Stein|wild,** das (Jägerspr.): vgl. Steinbock (1); **Stein|wol|le,** die: *Werkstoff aus Gesteinsfasern;* **Stein|wurf,** der: *das Werfen, der Wurf eines Steines:* Ein ... Tohuwabohu von schreienden Plakaten, Steinwürfen, Menschenansammlungen (K. Mann, Wendepunkt 59); * [nur] einen S. weit [entfernt] (veraltend; *in nur geringer Entfernung*); **Stein|wü|ste,** die (Geogr.): *Wüste, die mit Geröll bedeckt ist; Hammada;* **Stein|zeich|nung,** die: *Zeichnung auf Stein; Lithographie;* **Stein|zeit,** die ⟨o. Pl.⟩: *erste frühgeschichtliche Kulturperiode, in der Waffen u. Werkzeuge hauptsächlich aus Steinen hergestellt wurden;* **stein|zeit|lich** ⟨Adj.⟩: *zur Steinzeit gehörend:* durch die Affäre um die Tasaday ..., einen angeblich noch in -en Verhältnissen lebenden Eingeborenenstamm (NZZ 30. 8. 86, 43); Ü eine -e (ugs. abwertend; *völlig veraltete*) Methode; **Stein|zeit|mensch,** der: *Mensch der Steinzeit;* **Stein|zeug,** das: *glasiertes keramisches Erzeugnis, das hart, nicht durchscheinend u. meist von grauer od. bräunlicher Farbe ist:* rheinisches, Westerwälder S.

stei|pen ⟨sw. V.; hat⟩ (westmd.): *steipern;* **Stei|per,** der; -s, - [spätmhd. stiper] ([west]md., süd[west]d.): *Stütze* (2); **stei|pern** ⟨sw. V.; hat⟩ [spätmhd. stipern, zu ↑steif] (süd[west]d.): *stützen.*
Stei|rer, der; -s, -: Bewohner der Steiermark; **Stei|rer|an|zug,** der: *österreichischer Trachtenanzug;* **stei|risch** ⟨Adj.⟩: vgl. Steiermark.
Steiß, der; -es, -e [entrundet aus älter steuß, mhd., ahd. stiuʒ, eigtl. = gestutzter (Körper)teil, zu ↑stoßen]: **1. a)** *Steißbein;* **b)** *Gesäß:* Aber zwischen den Bäumen heraus harpfte der Klumpfuß von St. Marie ... und schwenkte den S., als sei alles gut aufgehoben (Brecht, Geschichten 17). **2.** (Jägerspr.) *(bei Federwild mit sehr kurzen Schwanzfedern) Schwanz;* **Steiß|bein,** das [zu ↑Bein (5)] (Anat.): *kleiner, keilförmiger Knochen am unteren Ende der Wirbelsäule;* **Steiß|fleck,** der (Med.): *Mongolenfleck;* **Steiß|fuß,** der (Zool.): *Lappentaucher;* **Steiß|ge|burt,** die (Med.): *Geburt eines Kindes in Steißlage;* **Steiß|la|ge,** die (Med.): *Beckenendlage, bei der der Steiß des Kindes bei der Geburt zuerst erscheint;* **Steiß|tromm|ler,** der [vgl. Pauker] (veraltend, abwertend): *Lehrer:* ein gewisser Professor Arland

stellen

aus Stralsund, ... kein richtiger Professor, sondern bloß so ein S. (Fallada, Herr 179)).
Stek [ste:k, ʃte:k], der; -s, -s [(m)niederd. stek(e) = Stich, Stechen] (Seemannsspr.): *[Schiffer]knoten.*
-stel: ↑ ²-tel.
Stelle ['st..., 'ʃt...], die; -, -n [griech. stélē]: **1.** (Kunstwiss.) *frei stehende, mit Relief od. Inschrift versehene Platte od. Säule (bes. als Grabdenkmal):* Sein Name (= Aristion) ist auf den Sockel der schmalen S. geschrieben (Bild. Kunst I, 20). **2.** (Bot.) *Zentralzylinder der Pflanze.*
Stellage [...'la:ʒə], die; -, -n [(m)niederd. stellage, mit französierender Endung zu: stellen = dt. stellen]: **1.** *Aufbau aus Stangen u. Brettern o. ä. [zum Abstellen, Aufbewahren von etw.];* Gestell: Gleich hinter ihm wurde eine S. mit Kleidern hereintransportiert (M. Walser, Seelenarbeit 33); Obst, Weinflaschen auf -n aufbewahren; Auf eigens gezimmerten -n, die von vier Personen getragen werden, nähern sich hoch über den Köpfen die Porträts bärtiger Männer (Schädlich, Nähe 11). **2.** (Börsenw.) *Stellagegeschäft;* **Stellagegeschäft,** das [der Verkäufer muß bei diesem Geschäft „stillhalten", die Entscheidung, zu kaufen od. zu verkaufen, liegt nur beim Käufer] (Börsenw.): *Form des Prämiengeschäftes der Terminbörse.*
stellar [ʃt..., st...] ⟨Adj.⟩ [spätlat. stellaris, zu: stella = Stern] (Astron.): *die Fixsterne u. Sternsysteme betreffend;* **Stellarastronom,** der: *Wissenschaftler auf dem Gebiet der Stellarastronomie;* **Stellarnomie,** die: *Wissenschaft von den Eigenschaften der einzelnen Sterne sowie dem Aufbau der Sternsysteme;* **Stellarastronomin,** die: w. Form zu ↑ Stellarastronom; **Stellarator,** der; -s, ...oren u. (bei engl. Ausspr.) -s [engl. stellarator, zu: stellar < spätlat. stellaris, ↑ stellar] (Kernphysik): *aus Amerika stammendes Versuchsgerät zur Erzeugung thermonuklearer Kernverschmelzungen;* **Stellardynamik,** die ⟨o. Pl.⟩: *Teilgebiet der Stellarastronomie, mit dem man sich mit der Bewegung der Sterne bes. aus dem Milchstraßensystem beschäftigt.*
Stelldichein, das; -[s], -[s] [LÜ von frz. rendez-vous, (veraltend): *verabredetes [heimliches] Treffen von zwei Verliebten;* Rendezvous: ein S. [mit jmdm.] haben; zu einem S. gehen; sie erschien nicht zum vereinbarten S.; *ein S. geben (zusammentreffen, sich versammeln):* Dichter gaben sich in dem benachbarten Gasthaus ... ein S. (Langgässer, Siegel 319); Die Creme der Stadt- und Landadels ... gab sich hier ein S. (Winckler, Bomberg 45); **Stelle,** die; -, -n [wohl frühnhd. Rückbildung aus ↑ stellen, urspr. = Ort, wo etw. steht, hingestellt wurde (für gleichbed. mhd. stal, ↑ Stall)]: **1. a)** *Ort, Platz, Punkt innerhalb eines Raumes, Geländes o. ä., an dem sich jmd., etw. befindet bzw. befunden hat, an dem sich etw. ereignet [hat]:* das ist eine schöne S. zum Campen; ich kenne hier im Wald eine S., wo Pilze wachsen; an einigen -n liegt noch Schnee; an der vereinbarten S. treffen; an dieser S. hat sich der Unfall ereignet, soll ein Denkmal errichtet werden; An einer lichten S. zeigten sich Äcker mit fahlgrüner Saat (Gaiser, Jagd 192); das Bild hängt an der richtigen S.; er hat die Sachen an die falsche S. gestellt; stell den Stuhl wieder an seine S. *(an den Platz, wo er üblicherweise steht)!;* die schwere Truhe ließ sich kaum von der S. rücken; sie blieb unentwegt auf der gleichen S. stehen; sich nicht von der S. rühren *(am gleichen Platz stehen od. sitzen bleiben);* Ü er ist an die S. seines Kollegen getreten *(hat seinen Platz eingenommen);* Im 13. Jh. treten den Laienkünstler an die S. der Malermönche (Bild. Kunst III, 69); ich an deiner S. würde das nicht machen *(wenn ich du wäre, würde ich das nicht machen);* ich möchte nicht an seiner S. sein/stehen *(möchte nicht in seiner Lage sein);* sich an jmds. S. setzen *(etw. von jmds. Lage aus betrachten);* etw. an jmds. S. setzen *(etw. durch etw. anderes ersetzen);* *an S., (auch:) anstelle (statt, stellvertretend für):* an S. seines Bruders; Jugendherbergen stellen einen ähnlichen Organismus wie das Hotel dar; an S. der Einzelzimmer treten Schlafsäle (Bild. Kunst III, 45); an S. von Reden werden Taten erwartet; ... haben die Europäer deswegen hier und da versucht, an S. von Pferden Zebras einzuspannen und zu reiten (Grzimek, Serengeti 208); *auf der S. (noch in demselben Augenblick; sofort, unverzüglich, augenblicklich):* laß auf der S. los!; Der Verunglückte war auf der S. tot; ich könnte auf der S. einschlafen; wenn ich dich erwisch', daß du Alkohol süffelst, fliegst du auf der S. (Fels, Unding 297); *auf der S. treten (ugs.; in einer bestimmten Angelegenheit nicht vorankommen; [in bezug auf die Entwicklung von etw.] keine Fortschritte machen);* *nicht von der S. kommen* (↑ Fleck 3); *zur S. sein (im rechten Moment [für etw.] dasein, sich an einem Ort einfinden):* bald hielt man es bald für selbstverständlich, daß immer jemand zur S. war (Ossowski, Liebe ist 356); *sich zur S. melden* (bes. Milit.; *seine Anwesenheit melden);* **b)** *lokalisierbarer Bereich am Körper, an einem Gegenstand, der sich durch seine besondere Beschaffenheit von der Umgebung deutlich abhebt:* Unter den Sohlen schmiegte sich der Sand fest und fügsam; kühle und brutwarme -n wechselten (Gaiser, Jagd 159); eine rauhe, entzündete S. auf der Haut; eine schadhafte S. im Gewebe; ihre Beine ... sie blieben unzuverlässig, hatten offene -n (Ossowski, Liebe ist 71); Er zog seine Taschentuch ... und hielt es gegen die schmerzende S. (Schröder, Wanderer 69); eine kahle S. am Kopf; die Äpfel haben -n *(Druckstellen);* genau an dieser S. tut es mir weh; die schadhafte S. der Tapete (Thieß, Legende 152); Ü das ist eine sehr empfindliche, verwundbare S. *(in dieser Beziehung ist er sehr empfindlich, leicht verwundbar);* seine Argumentation hat eine schwache S. *(ist in einem Punkt nicht stichhaltig).* **2. a)** *[kürzeres] Teilstück eines Textes, Vortrags, [Musik]stücks o. ä.;* Abschnitt, Absatz, Passage, Passus: eine spannende, wichtige, interessante S.; Die entscheidende S. des bedeutsamen Beschlusses lautete: ... (Leonhard, Revolution 204); In seinen Reden gibt es schwache -n, auch Wiederholungen (Thieß, Reich 407); Wortlos zeigte ich ihm die betreffende S. der „Prawda" (Leonhard, Revolution 162); eine S. aus dem Buch herausschreiben, zitieren, vorlesen; einige -n am Rand ankreuzen; ... möchte ich doch hier jene köstliche S. aus der Chronik des Ammianus Marcellinus anführen (Thieß, Reich 317, Anm.); ich hatte unter dem Tisch ein Exemplar, und da merkte ich, daß er (= der Lehrer) alle schlüpfrigen -n wegließ (Kempowski, Immer 93); Fänä ließ sich die S. in dem Buch zeigen (Degenhardt, Zündschnüre 20); ich kriege diese S. der Sonate einfach nicht in den Griff; **b)** *Punkt im Ablauf einer Rede o. ä.:* es möchte sich noch darauf hinweisen, ...; etw. an passender, unpassender S. *(im rechten, im falschen Augenblick)* bemerken; Die Herausgeber möchten den Herren ... auch an dieser S. bestens danken (Fraenkel, Staat 9). **3. a)** *Position* (1 b) *(innerhalb einer hierarchischen Ordnung);* Platz, den jmd., etw. in einer Rangordnung, Reihenfolge einnimmt: etw. steht, kommt an oberster, vorderster, erster S.; in einem Wettkampf an erster S. liegen; Mit 25 Treffern liegt Klaus Fischer in der „ewigen Torjägerliste" der Nationalelf schon an sechster S. (Kicker 82, 1981, 15); er steht in der Wirtschaft an führender S.; Die jungen Leute, die heute überall an den verantwortlichen -n sitzen (Dönhoff, Ära 190); **b)** (Math.) *(bei der Schreibung einer Zahl) Platz vor od. hinter dem Komma, an dem eine Ziffer steht:* die erste S. hinter, nach dem Komma; eine Zahl mit vier -n. **4.** *Arbeitsstelle, Posten, Beschäftigung:* eine freie, offene, gutbezahlte S.; in dieser Firma ist eine S. als Sekretärin frei; ihr wurde an der Universität eine halbe S. *(Planstelle)* angeboten; sich eine S. suchen; eine S. ausschreiben; eine S. finden, bekommen, antreten; seine S. aufgeben, wechseln; Franca hat zwei -n als Putzfrau (Chotjewitz, Friede 236); ich hatte eine gute S. in einer Textilfabrik (Böll, Erzählungen 45); Frieda hatte ihre S. verloren und saß nun fast immer zu Hause (Schnurre, Bart 33); sie werden Karin doch nicht die S. aufkündigen? (v. d. Grün, Glatteis 273); sich um eine S. bemühen, bewerben. **5.** *kurz für* ↑ *Dienststelle:* eine amtliche, kirchliche, staatliche S.; an der vorgesetzte S. wenden; ... die Memoranden würden an die „zuständige S." weitergeleitet (Maass, Gouffé 20); sich bei höherer S. beschweren, erkundigen; Ein paar Freunde in einflußreichen -n (Remarque, Triomphe 395); **stellen** ⟨sw. V.; hat⟩ [mhd., ahd. stellen, zu ↑ Stall u. eigtl. = an einen Standort bringen, aufstellen]: **1. a)** ⟨s. + sich⟩ *sich an einen bestimmten Platz, eine bestimmte Stelle begeben u. dort für eine gewisse Zeit stehenbleiben:* sich ans Fenster, an den Eingang, an die Theke, vor die Tür s.; Gut, ich werde mich hinter

stellen 3238

meine Gardine s. und aufpassen, ob er nach Hause kommt (Faller, Frauen 70); sie stellte sich zum Fensterputzen auf die Leiter; Der (= Büffel) ... stellt sich hartnäckig über Mittag unter den Baum (Grzimek, Serengeti 118); stell dich neben mich, ans Ende der Schlange, in die Reihe!; Als eine Nachbarin auf einmal nicht mehr dasein sollte, stellte ich mich zu den Neugierigen ins Treppenhaus (Fels, Kanakenfauna 12); Er legte sich ins Bett, wie wenn er schwach wäre ... Die Nachbarn kamen und stellten sich um das Lager (Jahnn, Geschichten 94); er stellte sich ihm in den Weg *(suchte sie am Weitergehen zu hindern);* sich auf die Zehenspitzen s. *(sich auf den Zehenspitzen in die Höhe recken);* ich stelle mich lieber (landsch.; *stehe lieber/bleibe lieber stehen),* sonst kann ich nichts sehen; Ü sich gegen jmdn., etw. s. *(jmdm. in seinem Vorhaben, seinen Plänen o. ä. die Unterstützung versagen [u. ihm entgegenhandeln]; sich mit etw. nicht einverstanden erklären u. es zu verhindern suchen);* sich hinter jmdn., etw. s. *(für jmdn., etw. Partei ergreifen, jmdn., etw. unterstützen);* die Gewerkschaften ... stellten sich hinter die Streikaktion (Basler Zeitung 2. 10. 85, 1); sich [schützend] vor jmdn., (seltener:) etw. s. *(für jmdn., etw. eintreten, jmdn., etw. beschützen, verteidigen);* **b)** *an einen bestimmten Platz, eine bestimmte Stelle bringen u. dort für eine gewisse Zeit in stehender Haltung lassen; an einer bestimmten Stelle in stehende Haltung bringen:* ein Kind ins Laufgitter s.; jmdn., der hingefallen ist, wieder auf die Füße s.; Ü jmdn. vor eine Entscheidung, vor ein Problem s. *(ihn mit einer Entscheidung, mit einem Problem konfrontieren);* * **auf sich [selbst] gestellt sein** *([finanziell] auf sich selbst angewiesen sein).* **2.** *(von Sachen) an einen bestimmten Platz, eine bestimmte Stelle bringen, tun [so daß die betreffende Sache dort steht]:* das Geschirr auf den Tisch, in den Schrank s.; das Buch ins Regal s.; die Blumen in die Vase, ins Wasser s.; die Stühle um den Tisch, die Pantoffeln unter Bett s.; den Topf auf den Herd s.; wie sollen wir den Möbel s.?; Onkel Heger stellte die Heugabel ... an die kalkige Stallwand (Alexander, Jungfrau 19); ein Kopf glich einem auf die Spitze gestellten Dreieck (Sommer, Und keiner 38); Haugk stellte das Fahrrad in den Ständer (H. Gerlach, Demission 132); Schocker ... stellt eine Gießkanne unter die tropfende Stelle (Ossowski, Flatter 147); Mein Gewehr lehne ich in eine Ecke, den Tornister stelle ich gegen die Wand (Remarque, Westen 115); Südweinflaschen s., nicht legen; etw. nicht s. können *(nicht ausreichend Platz dafür haben);* Im späten Frühjahr, wenn er sein Gärtchen bepflanzt, Bohnenstangen gestellt *(gesteckt)* ... hatte (Harig, Weh dem 91); hier läßt sich nicht viel, nichts mehr s.; Ü eine Frage in den Mittelpunkt der Diskussion s.; eine Sache über eine andere s. *(mehr als eine andere Sache schätzen, sie bevorzugen);* Auf diesen Satz haben die Schüler Rabbi Elisers die Lehre gestellt *(aufgebaut;* Schnurre, Schattenfotograf 131).

3. *(von Fanggeräten) aufstellen:* Fallen, [im seichten Wasser] Netze s. **4.** *(von technischen Einrichtungen, Geräten) in die richtige od. gewünschte Stellung, auf den richtigen od. gewünschten Wert o. ä. bringen, so regulieren, daß sie zweck-, wunschgemäß funktionieren:* die Waage muß erst gestellt werden; die Weichen s.; die Uhr s. *(die Zeiger auf die richtige Stelle rücken);* Als man dann endlich in die Federn kroch, vergaß der Oberbaurat trotz aller Seligkeiten nicht, den Wecker auf morgens halb acht zu s. (Borell, Romeo 137); den Hebel schräg s.; das Radio lauter, leiser, auf leise s.; die Heizung höher, niedriger s.; ... hastig lief sie zum Herd, um die Flamme kleiner zu s. (Baldwin [Übers.], Welt 430); den Schalter auf Null s.; Er stellte das Glas (= Fernglas) auf allerfeinste Schärfe (Kirst, 08/15, 452). **5.** *dafür sorgen, daß jmd., etw. zur Stelle ist; bereitstellen:* einen Ersatzmann, Bürgen, Zeugen s.; Die Alliierten, die jetzt die Richter stellen *(einsetzen, bestimmen)* und die Prozesse führen (NJW 19, 1984, 1087); seinen gleichaltrigen Genossen aus dem Dienstadel, der ihm die Freunde und die Ministerialen stellte (Stern, Mann 213); die Gemeinde stellte für die Bergungsarbeiten, für die Suchaktion 50 Mann; Wagen, Pferde s.; eine Kaution s.; er stellte *(spendierte)* den Wein für die Feier; die Firma stellt ihm Wagen und Chauffeur. **6.** ⟨s. + sich⟩ *einen bestimmten Zustand vortäuschen:* sich krank, schlafend, taub, unwissend s.; ich stellte mich dann ganz schlaftrunken (Erné, Kellerkneipe 234); ... fragte Agathe und stellte sich erstaunt, als höre sie das Wort zum erstenmal (Musil, Mann 1152); sie stellte sich dumm (ugs.; tat so, als ob sie von nichts wüßte, als ob sie die Anspielung o. ä. nicht verstünde). **7.** *(von Speisen, Getränken) etw. an einen dafür geeigneten Platz stellen, damit es eine bestimmte Temperatur behält od. bekommt:* sie hat das Essen warm gestellt; das Kompott, den Sekt kalt s. **8.** *zum Stehenbleiben zwingen u. dadurch in seine Gewalt bekommen:* die Polizei stellte die Verbrecher nach einer aufregenden Verfolgungsjagd; Wegen der Eile des Herweges schien es Wetter, als ob er die Frau immer noch gegen ihren Willen verfolge und sie jetzt im Aufzug gestellt *(zum Stehenbleiben veranlaßt)* habe (Springer, Was 147); der Hund hat das Wild gestellt. **9.** ⟨s. + sich⟩ **a)** *(von jmdm., der gesucht wird, der eine Straftat begangen hat) sich freiwillig zur Polizei o. ä. begeben, sich dort melden:* der Täter hat sich [der Polizei] gestellt; **b)** *um einer Pflicht nachzukommen, sich bei einer militärischen Dienststelle einfinden, melden:* er muß sich am 1. Januar s. *(wird einberufen);* **c)** *einer Herausforderung o. ä. nicht ausweichen; bereit sein, etw. auszutragen:* Entschlossenheit, sich den großen und schwierigen Aufgaben zu s. (Dönhoff, Ära 63); der Politiker stellt sich der Presse; der Europameister will sich den Herausforderer s.; Wer Weltmeister werden will ..., muß jeden Gegner schlagen können, der sich uns stellt (Kicker 6, 1982, 31); Er flüchtete sich nach der asiatischen Küste und stellte sich ... dem nachdrängenden Feinde zu einer letzten Schlacht (Thieß, Reich 272); Ü dann sollten Sie sich wieder den Tatsachen s. (Danella, Hotel 474); **d)** (selten) *(zu einem Marsch, Umzug o. ä.) sich an einer bestimmten Stelle versammeln:* die Mitglieder der Gruppe stellen sich um 10 Uhr am Marktplatz. **10.** ⟨s. + sich⟩ **a)** *sich in bestimmter Weise jmdm., einer Sache gegenüber verhalten; in bezug auf jmdn., etw. eine bestimmte Position beziehen, Einstellung haben:* wie stellst du dich zu diesem Problem, der neuen Kollegin, ihrer Kandidatur?; sich positiv, negativ zu einer Sache s.; Die Spritproduzenten stellen sich ohnehin stur (natur 3, 1991, 71); sich mit jmdm. gut s. *(mit jmdm. gut auszukommen, seine Sympathie zu gewinnen suchen);* Im ersten Jahr zu Weihnachten schenkte ihr Maria eine teure Seife, weil wir uns gut s. wollten mit ihr (Strauß, Niemand 199); ◆ **b)** *sich verstellen* (4 b): Keinem Menschen hätte sie geglaubt, ... daß so eine reiche Müllerstochter sich so s. könne, aber daß sie nicht ihr Lebtag Magd gewesen, das hätte sie ihr doch gleich anfangs angesehen (Gotthelf, Elsi 134); Ich soll mich s., ... soll Fallen legen (Lessing, Nathan III, 4). **11.** *jmdm. ein bestimmtes Auskommen verschaffen:* die Firma hat sich geweigert, ihn anders zu s.; ⟨meist im 2. Part.:⟩ gut, schlecht gestellt sein *(in guten, schlechten finanziellen Verhältnissen befinden);* ⟨landsch. auch s. + sich:⟩ Heute stehe ich auch im Geschäft und stelle mich nicht schlecht (Gaiser, Schlußball 38). **12.** ⟨s. + sich⟩ (Kaufmannsspr., bes. österr.) *einen bestimmten Preis haben, eine bestimmte Summe kosten:* der Teppich stellt sich auf 8 000 Mark; die Reise stellt sich höher als er erwartet. **13.** *(in bezug auf die Stellungen u. Bewegungen der Personen [auf der Bühne]) festlegen; arrangieren* (1 b): eine Szene s.; das Ballett wird nach der Musik gestellt; dieses Familienfoto wirkt gestellt *(unnatürlich, gezwungen).* **14.** *steif in die Höhe richten, aufstellen:* der Hund, das Pferd stellt die Ohren; die Katze stellt den Schwanz; In Wahrheit ... gleicht mein reelles Wissen ... der Mähne des Löwen: Wie dieser seine Haare stellt, so ... (Stern, Mann 56). **15.** *auf Grund bestimmter Merkmale, Daten o. ä. erstellen, aufstellen:* eine Diagnose, seine Prognose s.; Der ... Patient darf aber verlangen, daß der Chirurg die Indikation zu einer lebensgefährlichen Operation mit größter Sorgfalt stellt (Hackethal, Schneide 57); sie ließ sich, ihm das Horoskop s.; jmdm. eine hohe Rechnung s. (landsch.; *ausstellen).* **16.** (verblaßt) [jmdm.] ein Thema, eine Aufgabe s. *(geben);* Bedingungen s. *(geltend machen);* So aber glaubte sie, ihm ein Ultimatum stellen *(eine Frist setzen)* zu können, dem er zwangsläufig nachgeben müsse (Kühn, Zeit 164); Als ihn das Gericht vorlud, stellte er das Gesuch *(ersuchte er darum),* die Öffentlichkeit von der Verhandlung auszuschließen (Tages Anzeiger 12. 11. 91, 12); sich auf den Standpunkt s. *(den Standpunkt vertreten),* daß ...; Forderungen s. *(etw. fordern);* eine Bitte s. *(um etw. bitten);* eine Frage s. *(etw. fragen);* einen Antrag s. *(etw. beantragen);* etw. in Zweifel s. *(bezweifeln);* etw. in Rechnung s. *(berechnen);* etw. unter Denkmalschutz, Naturschutz s.; etw. unter Beweis s. *(beweisen);* Unser Strafgesetzbuch stellt nämlich jedes unbefugte Aufnehmen von Gesprächen unter Strafe *(es wird bestraft;* Brückenbauer 11. 9. 85, 8); jmdn. unter Aufsicht s. *(beaufsichtigen machen);* jmdn. unter Anklage s. *(anklagen);* jmdn. vor Gericht s. *(anklagen);* sich zur Wahl s. *(sich bereit erklären, sich bei einer Wahl aufstellen zu lassen);* etw. zur Verfügung s. (↑ *Verfügung* 2); Mir lag daran, ... keinesfalls den Eindruck aufkommen zu lassen, die originären Rechte der Westmächte könnten zur Disposition gestellt werden *(darüber könnte frei verfügt werden;* W. Brandt, Begegnungen 20); Stel|len|an|ge|bot, das: *Angebot einer freien Stelle* (4), *an freien Stellen;* Stel|len|aus|schrei|bung, die: *Ausschreibung einer freien Stelle* (4); Stel|len|be|set|zung, die: *Besetzung einer freien Stelle* (4); Stel|len|be|wer|ber, der: *jmd., der sich um eine Stelle* (4) *bewirbt;* Stel|len|be|wer|be|rin, die: w. Form zu ↑ Stellenbewerber; Stel|len|bildung, die: *Gestaltungsvorgang der Aufbauorganisation, durch den Teilaufgaben zu Teilaufgabenkomplexen zusammengefaßt werden;* Stel|len|dienst|al|ter, das (Amtsspr.): *die Reihenfolge in der Beförderung bestimmendes Dienstalter bestimmter Beamten;* Stel|len|ge|such, das: *Gesuch, Bewerbung um eine Stelle* (4); Stel|len|in|ha|ber, der: *jmd., mit dem eine Stelle* (4) *besetzt ist;* Stel|len|in|ha|be|rin, die: w. Form zu ↑ Stelleninhaber; stel|len|los ⟨Adj.⟩: *ohne Anstellung, stellungslos;* Stel|len|lo|se, der u. die: *-n, -n* ⟨Dekl. ↑ Abgeordnete⟩: *Stellungslose[r];* Stel|len|lo|sig|keit, die: *-: Stellungslosigkeit;* Stel|len|markt, der: *Arbeitsmarkt;* Stel|len|nach|weis, der: *Arbeitsnachweis;* Stel|len|plan, der: *Plan der vorhandenen Arbeitsstellen (bes. im öffentlichen Dienst);* Stel|len|ver|mitt|lung, die: *Arbeitsvermittlung;* -, *Wechsel der Arbeitsstelle;* Stel|len|wechs|ler, der: *jmd., der seine Arbeitsstelle wechselt:* Viele S. gehen an die schriftliche Bewerbung auf ein Stellenangebot in der Zeitung, wie an eine schwere Examensarbeit (Capital 2, 1980, 41); Stel|len|wechs|le|rin, die: w. Form zu ↑ Stellenwechsler; stel|len|wei|se ⟨Adv.⟩: *an manchen Stellen* (1 a, 2 a); Stel|len|wert, der: a) (Math.) *Wert einer Ziffer, der von ihrer Stellung innerhalb der Zahl abhängt;* b) *Bedeutung einer Person, Sache in einem bestimmten Bezugssystem:* einen erheblichen, niedrigen S. aufweisen, besitzen; ... hat die Prophylaxe großen S. (Vaterland 27. 3. 85, 27); welchen S. sie (= sowjetische Führung) der Menschlichkeit einräumt (Badische Zeitung 12. 5. 84, 1); Bei dem hohen S., den die Luftrettung in der Bundesrepublik einnimmt (ADAC-Motorwelt 2, 1983, 12); Zivildienst in der Bundesrepublik hat längst einen gesellschaftspolitischen S. (Zivildienst 2, 1986, 1); Stel|ler, der;

-s, - (Volleyball): *Spieler, der seine Mitspieler so in Stellung bringt, daß sie schmettern* (1 c) *können.* Stel|le|ra|tor: ↑ Stellarator. Stel|le|rin, die; -, -nen (Volleyball): w. Form zu ↑ Steller; Stell|flä|che, die: *Fläche zum Stellen* (2) *von Einrichtungsgegenständen, Geräten o. ä.;* Stell|he|bel, der: vgl. Stellrad; stel|lig ⟨Adv.⟩: in der Verbindung jmdn. s. machen (österr.; *ausfindig machen);* -stel|lig: in Zusb., z. B. vierstellig *(mit vier Stellen* 3 b; *aus vier Stellen bestehend),* mehr-, vielstellig; Stel|ling, die; -, -e, auch: -s [mniederd. stellinge = (Bau)gerüst, Gestell; Stellung] (Seemannsspr.): *an Seilen herabhängendes Brett, Brettergerüst zum Arbeiten an der Bordwand eines Schiffes;* Stell|knopf, der: vgl. Stellrad; Stell|knor|pel, der (Anat.): *kleiner, paariger Knorpel des Kehlkopfes;* Stell|ma|cher, der [zu mhd. stelle = Gestell]: *Handwerker, der hölzerne Wagen[teile] anfertigt u. repariert,* Wagenbauer, -macher (Berufsbez.); Stell|ma|che|rei, die; -, -en: 1. ⟨o. Pl.⟩ *Handwerk des Stellmachers.* 2. *Werkstatt eines Stellmachers;* Stell|mo|tor, der (Technik): *Servomotor:* Weshalb die Dosierung von Temperatur und Ventilatordrehzahl mit -en erfolgen muß, ist nicht ganz einzusehen (NZZ 11.4. 85,9); Stell|netz, das: *Fischernetz, das auf dem Grund eines Gewässers wie ein Maschenzaun aufgestellt wird;* Stell|platz, der: 1. *Platz zum Auf-, Hinstellen o. ä.:* ein Campingplatz, Parkplatz mit 250 Stellplätzen. 2. *Stelle, wo sich jmd. od. eine Gruppe von Personen zu einem bestimmten Zweck hinstellt, aufstellt, versammelt:* Erst von seiner Frau erfährt Paul, daß der Tiergarten der S. der Straßenmädchen ist (Plenzdorf, Legende 311); Diesmal ging ich gemeinsam mit meinem Mann und meinem Sohn aus dem Hause, jeder an seinen S., zu seinen Kolleginnen und Kollegen, um ihnen zu demonstrieren (Neues D. 4. 6. 64, 8); Stell|platz|ab|ga|be, die: *von Gemeinden, vom Bauherrn erhobene Abgabe, mit der sich dieser von der in der Bauordnung vorgeschriebenen Pflicht befreit, eine Garage, einen Stellplatz zur Verfügung zu stellen;* Stell|pro|be, die (Theater): *Probe, bei der die Stellungen der Schauspieler auf der Bühne, ihre Auftritte u. Abgänge festgelegt werden;* Stell|rad, das: *kleineres Rad an Meßgeräten (z. B. Uhren) zum [Ein]stellen, Regulieren;* Stell|schrau|be, die: vgl. Stellrad; Stell|spie|ler, der (Volleyball seltener): *Steller;* Stell|spie|le|rin, die (Volleyball seltener): w. Form zu ↑ Stellspieler; Stell|ta|fel, die: *Tafel* (1 a) *zum Aufstellen:* Inzwischen ist der Wahlkampf in seine Endphase getreten. Berlins Straßenbild wird von Plakaten und -n geprägt (MM 25. 1. 89, 2); Stell|tie|fe, die: *Tiefe* (2 a) *in bezug auf das Stellen* (2), *Aufstellen von Einrichtungsgegenständen, Geräten o. ä.:* das neue Fernsehgerät verlangt nur eine S. von weniger als etwa 40 cm S.; Stel|lung, die; -, -en [spätmhd. stellung]: 1. a) *bestimmte Körperhaltung, die jmd. einnimmt:* eine natürliche, zwanglose, unbequeme S.; er hatte oben auf dem Bettpfosten den linken Arm ausgestreckt und

den Kopf auf ihn gelegt, ... diese S. war aber die bequemste von allen (Kafka, Schloß 257); daß ich nachts nun auf dem Bauch liegen mußte, eine S., in der ich nie habe schlafen können (Fallada, Trinker 197); eine hockende, kauernde S. einnehmen; die S. wechseln, ändern; in gebückter, kniender S. verharren; zwei Polizisten nahmen S. (landsch.; *stramme Haltung an)* und salutierten (Musil, Mann 873); b) *bestimmte Körperhaltung, die die Partner beim Geschlechtsverkehr einnehmen:* eine neue S. ausprobieren; alle -en kennen; Sie bringt mir die verschiedenen -en bei (Kinski, Erdbeermund 89); S. neunundsechzig *(Sixtynine).* 2. *Art u. Weise, in der etw. steht, eingestellt, angeordnet ist; Stand, Position* (2): die S. des Gestirne; die S. der Planeten [zur Sonne]; die S. eines Wortes im Satz; die S. der Weichen ändern; die Hebel müssen alle in gleicher S. sein. 3. *Platz, den man beruflich einnimmt; Amt, Posten:* eine schlechte, gutbezahlte, einflußreiche S.; diese S. sagt ihm nicht zu; das Vorkommnis kostete ihn seine S.; eine S. suchen, finden, aufgeben, antreten, verlieren; er hatte ... die S. eines Croupiers ... angenommen (Salomon, Boche 101); er hat häufig seine S. gewechselt; eine hohe S. einnehmen, bekleiden, innehaben; Sie hätte dort auf eine Zeitungsannonce eine S. als Sprechstundenhilfe bekommen (Sommer, Und keiner 37); sie ist ohne S.; in eine leitende, führende, verantwortungsvolle S. aufrücken, aufsteigen; sich nach einer neuen, anderen S. umsehen; Ich möchte mich um die von Ihnen ausgeschriebene S. einer technischen Zeichnerin bewerben (Schnabel, Marmor 138); Also wurde er Gärtnerlehrling „in sicherer S." am städtischen Friedhof (Kühn, Zeit 420); sie ist seit einiger Zeit [bei uns] in S. (veraltend; *[bei uns] als Hausgehilfin eingestellt);* sie will [bei uns] in S. gehen (veraltend; *als Hausgehilfin arbeiten).* 4. ⟨o. Pl.⟩ *Grad des Ansehens, der Bedeutung von jmdm., etw. innerhalb einer vorgegebenen Ordnung; Rang, Position* (1 b): seine S. als führender Politiker ist erschüttert; die S. der Bundesrepublik innerhalb Europas; Heinrichs S., so glänzend sie im Augenblick erscheint, ist ... unterminiert (Reich-Ranicki, Th. Mann 174); Berlin habe seine S. als zentraler ... Modeplatz nicht eingebüßt (FAZ 19. 10. 61, 21); In der Spätzeit Griechenlands wie Roms hat die Frau eine bemerkenswerte gesellschaftliche S. zu erringen gewußt (Thieß, Reich 364); ..., der nach Einkommen und sozialer S. nicht zur Oberschicht gezählt werden darf (Mehnert, Sowjetmensch 39); sich in exponierter S. befinden. 5. ⟨o. Pl.⟩ *Einstellung (zu jmdm., etw.):* eine kritische S. zu jmdm. haben; seine positive S. zu etw. bewahren; * zu etw. S. nehmen *(seine Meinung zu etw. äußern):* ein ... Verfahren ..., in dessen Verlauf Krautheimer mehrfach Gelegenheit gegeben wurde, zu dem Fragenkomplex und zu den Vorwürfen gegen ihn S. zu nehmen (MM 24. 8. 71, 8); für, gegen jmdn., etw. S. nehmen *(sich für, gegen jmdn., etw. aussprechen; für jmdn.,*

Stellungnahme

etw. eintreten, sich gegen jmdn., etw. stellen). **6.** *ausgebauter u. befestigter Punkt, Abschnitt im Gelände, der militärischen Einheiten zur Verteidigung dient:* eine befestigte, [un]gedeckte, gut getarnte S.; die feindlichen -en; die S. besetzen, verlassen, wechseln, stürmen, nehmen; Die Interbrigadisten hatten ihre S. nicht halten können (Weber, Tote 25); neue -en beziehen; in S. gehen *(seine Stellung beziehen);* Auf den Hochhäusern ... werden leichte Flakgeschütze in S. gebracht *(zum Einsatz kampf-, feuerbereit aufgestellt;* Borkowski, Wer 118); das Bataillon lag in vorderster S.; Ü geh nur, ich halte die S. *(bleibe hier u. passe auf);* * **S. beziehen** *(in bezug auf etw. einen bestimmten Standpunkt einnehmen):* Jetzt ist die Zeit gekommen, eine unmißverständliche Sprache zu führen und ganz entschieden S. zu beziehen (Gruhl, Planet 350); Dort wird auch bewußt gegen Militarismus und Aufrüstung, Krieg und Verteidigungsmaschinerie S. bezogen (Zivildienst 5, 1986, 2). **7.** (österr.) *Musterung (Wehrpflichtiger):* zur S. müssen; **Stel|lung|nah|me,** die; -, -n: **a)** (o. Pl.) *das Äußern seiner Meinung, Ansicht zu etw.:* eine klare S. zu/gegen etw.; eine S. abgeben; sich seine S. vorbehalten; jmdn. um [eine/seine] S. bitten; Er enthielt sich vorerst jeder S. (Kirst, 08/15, 243); **b)** *geäußerte Meinung, Ansicht:* die S. des Ministers liegt vor, wurde verlesen; Dennoch scheint mir, daß manchmal offizielle -n in der Bundesrepublik eine Auffassung vom Staatsbürger enthüllen, die man ... beunruhigend nennen muß (Dönhoff, Ära 47); **Stel|lungs|be|fehl,** der (Milit.): *Einberufungsbefehl;* **Stel|lungs-ge|such,** das: *Stellengesuch;* **Stel|lungs-kampf,** der: *Kampf, der von befestigten Stellungen* (6) *aus geführt wird;* **Stel-lungs|kom|mis|si|on,** die (österr.): *für die Musterung, Stellung* (7) *zuständige Kommission;* **Stel|lungs|krieg,** der: vgl. Stellungskampf: daß der Kaisersohn Kronprinz Wilhelm ... eine der drei deutschen Armeen befehligte, die im nördlichen Teil der Westfront das zum S. erstarrte Ringen aufbrechen ... sollten (Saarbr. Zeitung 28. 12. 79, I); **stel|lungs-los** ⟨Adj.⟩: *ohne Anstellung; arbeitslos* (1); **Stel|lungs|lo|se,** der u. die; -n, -n ⟨Dekl. ↑Abgeordnete⟩: *stellungslose Person;* **Stel|lungs|lo|sig|keit,** die; -: *das Stellungslossein;* **stel|lungs|pflich|tig** ⟨Adj.⟩ (österr. Amtsspr.): *verpflichtet, sich zur Musterung* (2) *einzufinden;* **Stel|lungs-spiel,** das ⟨o. Pl.⟩ (Fußball): *(bes. vom Torwart bei seinem Spiel im Tor) das Einnehmen der jeweils richtigen Position;* **Stel|lungs|su|che** usw.: ↑Stellungssuche usw.; **Stel|lung|su|che,** die: *Suche nach einer [An]stellung, Arbeit:* auf S. sein; **stel|lung|su|chend** ⟨Adj.⟩: *eine [An]stellung, Arbeit suchend;* **Stel|lung|su|chen-de,** der u. die; -n, -n ⟨Dekl. ↑Abgeordnete⟩: *jmd., der eine [An]stellung, Arbeit sucht;* **Stel|lungs|wech|sel,** der: *Wechsel der Stellung* (1-3, 6); **stel|lver|tre|tend** ⟨Adj.⟩: *den Posten eines Stellvertreters innehabend; an jmds. Stelle [handelnd]:* der -e Minister; der Brigadegeneral Graf Kielmannsegg, -er Kommandeur einer Panzerdivision, ... (Noack, Prozesse 98); er leitete s. die Sitzung; s. für die anderen gratulieren; Abk.: stv.; **Stell|ver|tre|ter,** der: *jmd., der einen anderen vertritt:* der S. des Direktors, Präsidenten; einen S. ernennen; ... wird die verantwortungsvolle Position des Chefredakteurs durch die Ernennung eines -s abgesichert (Kant, Impressum 280); (kath. Rel.:) der Papst als S. Gottes/Christi auf Erden; **Stell|ver|tre|te|rin,** die: w. Form zu ↑Stellvertreter; **Stell|ver|tre|ter|krieg,** der: *bewaffnete Auseinandersetzung zwischen kleineren Staaten, die zur Einflußsphäre jeweils verschiedener Großmächte gehören u. gleichsam stellvertretend für diese die Auseinandersetzung führen:* Die wirtschaftliche Abhängigkeit und von Drittländern ausgetragene -e ließen es nicht zu, von echter Freiheit der früheren Kolonien zu sprechen (NZZ 5. 9. 86, 1); Ü Der Kampf gegen Asylbewerber ist ein S. (Deutsches Allgemeines Sonntagsblatt 39, 1992, 1); **Stell|ver|tre|tung,** die: *Vertretung eines anderen; das Handeln im Namen eines anderen;* **Stell|wa|gen,** der: [älter: Gestellwagen] (österr. veraltet): *Pferdefuhrwerk als [öffentliches] Verkehrsmittel;* **Stell|wand,** die: *bewegliche Trennwand (in Großraumbüros, Ausstellungsräumen usw.);* **Stell|wert,** das (Eisenb.): *Anlage zur Fernbedienung von Weichen u. Signalen für Eisenbahnen;* **Stell|werks-mei|ster,** der (Eisenb.): *Leiter eines Stellwerks;* **Stell|werks|mei|ste|rin,** die (Eisenb.): w. Form zu ↑Stellwerksmeister; **Stell|zeit,** die: *Zeit, zu der man sich an einem Stellplatz* (2) *einfinden soll;* **Stell|zir-kel,** der: *Zirkel, der mittels einer Schraube auf den gewünschten Radius eingestellt werden kann.*

St.-Elms-Feu|er [zaŋkt...]: ↑Elmsfeuer.

Stelz|baum, Stelzenbaum, der: *Baum mit Stelzwurzeln* (z. B. Mangrove); **Stelz-bein,** das: *Stelzfuß;* **stelz|bei|nig** ⟨Adj.⟩: *stelzfüßig;* **Stel|ze,** die; -, -n [mhd. stelze, ahd. stelza = Holzbein, Krücke, eigtl. = Pfahl, Stütze, zu ↑stellen]: **1.** *(meist Pl.) in ihrer unteren Hälfte mit einem kurzen Querholz o. ä. als Tritt für den Fuß versehene Stange, die paarweise (bes. von Kindern zum Spielen) benutzt wird, um in erhöhter Stellung zu gehen:* Kinder laufen gerne -n; kannst du auf -n gehen, laufen?; wir haben ... (einen staksigen Gang haben). **2.** *am Boden lebender, zierlicher, hochbeiniger Singvogel mit langem, wippendem Schwanz, der schnell in trippelnden Schritten läuft.* **3.** *Beinprothese in Form eines einfachen Stocks, der an einer dem Amputationsstumpf angepaßten ledernen Hülle befestigt ist; Holzbein.* **4.** (meist Pl.) **a)** (salopp) *Bein:* nimm deine -n aus dem Weg, da will jemand durch die Reihe!; **b)** (salopp emotional) *langes, dünnes Bein:* sie hat richtige -n. **5.** (österr.) *kurz für* ↑Kalbsstelze, ↑Schweinsstelze; **stel|zen** ⟨sw. V.; ist⟩ [spätmhd. stelzen = auf einem Holzbein gehen]: **1.** *auf Stelzen gehen:* Wir stelzten mit Holzstelzen über die feuchten Wege (Kempowski, Tadellöser 305). **2.** *sich mit steifen, großen Schritten irgendwohin bewegen:* der Reiher stelzt durch das Wasser; der Bahnhofskommandant stelzte durch die Gegend wie ein Hahn auf dem Misthaufen (Kirst, 08/15, 545); ⟨oft im 2. Part.:⟩ ein gestelzter Gang; Ü eine gestelzte (abwertend; *gespreizte)* Ausdrucksweise; Als der Herzog von Weimar 1785 anregte, den gestelzten Kanzleistil zu vereinfachen (W. Schneider, Sieger 442); **Stel|zen|baum:** ↑Stelzbaum; **Stel|zen|gang:** ↑Stelzgang; **Stel-zen|gei|er,** der (Zool.): *Sekretär* (5); **Stel|zen|läu|fer,** der: **1.** *jmd., der [auf] Stelzen* (1) *läuft.* **2.** *(bes. in den [Sub]tropen) an Meeresküsten u. flachen Seeufern lebender Watvogel mit langen, dünnen, roten Beinen;* **Stel|zen|läu|fe|rin,** die: w. Form zu ↑Stelzenläufer (1); **Stel|zen-schuh,** Stelzschuh, der: *sandalenartiger Schuh mit übermäßig dicker Holzsohle (in dem man wie auf Stelzen* 1 *geht);* **Stelz-fuß,** der [spätmhd. stelzervuoʒ]: **1.** *Stelze* (3). **2.** (ugs.) *jmd., der einen Stelzfuß* (1) *hat.* **3.** (Fachspr.) *gerade Stellung der Fessel (beim Pferd);* **stelz|fü|ßig** ⟨Adj.⟩: **1.** (ugs.) *mit einem Stelzfuß* (1). **2.** *mit steifen Schritten, wie ein Stelzfuß:* s. auf und ab gehen; Ü eine -e (geh. abwertend; *steife, gespreizte)* Ausdrucksweise. **3.** (Fachspr.) *mit einem Stelzfuß* (3); **Stelz|gang,** Stelzengang, der (abwertend): *gestelzter Gang;* **stel|zig** ⟨Adj.⟩ (selten): *stelzfüßig* (2), *gestelzt;* **Stelz|läu|fer,** der: *Stelzenläufer* (1); **Stelz|läu|fe|rin,** der: w. Form zu ↑Stelzläufer; **Stelz|schuh:** ↑Stelzenschuh; **Stelz|vo|gel,** der: *großer Vogel mit sehr langen Beinen u. langem Hals; Schreitvogel* (z. B. Storch, Reiher); **Stelz-wur|zel,** die (Bot.): *über die Wasseroberfläche hinaus wachsende Wurzel (bestimmter Bäume in Sumpfgebieten).*

Stem|ma ['ʃt..., 'st...], das; -s, -ta [lat. stemma = Stammbaum, Ahnentafel < griech. stémma]: **1.** (Literaturw.) *[in graphischer Form erstellte] Gliederung der einzelnen Handschriften eines literarischen Werks in bezug auf ihre zeitliche Folge u. textliche Abhängigkeit:* Von allen erhaltenen Handschriften stehen diese beiden dem Original am fernsten, untereinander aber so nahe, daß Baesecke sie in seinem S. unter einem gemeinsamen Nenner zusammenfassen konnte (Curschmann, Oswald 203). **2.** (Sprachw.) ¹*Graph zur Beschreibung der Struktur eines Satzes;* **stem|ma|to|lo-gisch** ⟨Adj.⟩: *das Stemma betreffend.*

Stemm|bein, das (Leichtathletik): *Bein, das man bei einer Übung gegen den Boden stemmt;* **Stemm|bo|gen,** der (Ski): *durch Gewichtsverlagerung bei gleichzeitigem Stemmen* (2 b) *des Skis gefahrener halber Bogen zur Richtungsänderung;* **Stem|me,** die; -, -n (Turnen): *Übung, bei der sich der Turner aus dem Hang in den Stütz- oder Handstand stemmt;* **Stemm-ei|sen,** das, **Stemmei|ßel¹,** der: *Beitel;* **stem|men** ⟨sw. V.; hat⟩ [mhd. stemmen = zum Stehen bringen, hemmen; steif machen, verw. mit ↑stammeln u. ↑stumm, viell. auch mit ↑stehen]: **1.** *indem man die Arme langsam durchstreckt, mit großem Kraftaufwand über den Kopf bringen, in die Höhe drücken:* Gewichte, Hanteln s.; er stemmt seine Partnerin mit einer Hand in die Höhe. **2. a)** *mit großem Kraftaufwand sich, einen bestimmten*

Körperteil in steifer Haltung fest gegen etw. drücken (um sich abzustützen, einen Widerstand zu überwinden o. ä.): sich [mit dem Rücken] gegen die Tür s.; Sophie stemmte sich gegen das Bettende (Bieler, Mädchenkrieg 385); Tereus, der selbst das Schlachtvieh zu überbrüllen vermochte, wenn es sich in Todesangst gegen den Zerrstrick stemmte (Ransmayr, Welt 281); sich gegen die Strömung, den Sturm s.; die Füße, Knie gegen die Wand s.; er hatte die Ellbogen auf den Tisch gestemmt *(fest aufgestützt)*; die Arme, Hände, Fäuste in die Seite, die Hüften s. *(oft als Gebärde der Herausforderung: die Hände fest über den Hüften auflegen, so daß die Ellbogen nach auswärts stehen)*; **b)** (Ski) *(die Skier) schräg auswärts stellen, so daß die Kanten in den Schnee greifen;* **c)** ⟨s. + sich⟩ *sich stemmend* (2 a) *in eine bestimmte Körperhaltung bringen, sich aufrichten:* ich stemme mich in die Höhe; ich brauche noch Atem – noch eins. Das letzte stemmt sich auf die Vorderbeine (Remarque, Westen 51). **3.** ⟨s. + sich⟩ *einer Sache od. Person energischen Widerstand entgegenstellen:* sich gegen ein Vorgehen, gegen die Maßnahmen der Regierung s.; Als Delegierte im Münchner CSU-Stimmkreis 105 hatten sie sich gegen eine Wiederaufstellung von Richard Hundhammer ... gestemmt (Augsburger Allgemeine 13./14. 5. 78, 15); Offenbach stemmte sich mit dem Mut der Verzweiflung gegen den drohenden Abstieg (Express 12. 5. 84, 19). **4.** *mit einem Stemmeisen o. ä. hervorbringen:* ein Loch [in die Wand, Mauer] s. **5.** (salopp) *von einem alkoholischen Getränk (bes. von Bier) eine gewisse, meist größere Menge zu sich nehmen; etw. Alkoholisches trinken:* ein Glas, einen Humpen s.; Pflugmair stemmte sein drittes Bier (Konsalik, Promenadendeck 420); Gegen Mitternacht hat er mit den Senioren noch „kräftig eins gestemmt" (Hörzu 5, 1987, 12). **6.** (salopp) *(meist Sachen, die ein größeres Gewicht haben) stehlen:* eine Stange Zigaretten s.; wo hast du das Ding gestemmt? **7.** (salopp) *koitieren;* **Stemm|schritt,** der (Leichtathletik): vgl. Stemmbein.
Stem|pel, der; -s, - [in niederd. Lautung hochspr. geworden, mniederd. stempel, mhd. stempfel = Stößel, (Münz)prägestock, ahd. stemphil = Stößel, zu ↑stampfen; 5: nach der Form; 6: aus der mhd. Bergmannsspr.]: **1.** *Gerät meist in Form eines mit knaufartigem Griff versehenen, kleineren [Holz]klotzes, an dessen Unterseite, spiegelbildlich in Gummi, Kunststoff od. Metall geschnitten, eine kurze Angabe, ein Siegel o. ä. angebracht ist, das eingefärbt auf Papier o. ä. gedruckt wird:* ein S. mit Name und Adresse; S. auf S. knallte auf Papier (Reinig, Schiffe 85); einen S. anfertigen, schneiden [lassen]; ... oder vielleicht die S. auf seinem Schreibtisch sortieren (Böll, Adam 27); den S. auf die Quittung, die Urkunde, den Briefumschlag drücken; * **jmdm., einer Sache seinen/den S. aufdrücken** *(jmdn., etw. so beeinflussen, daß seine Mitwirkung deutlich erkennbar ist; jmdm., einer Sache sein eigenes charakteristisches Gepräge verleihen):* Bock hatte der Therapiewoche 20 Jahre lang präsidiert und ihr seinen S. aufgedrückt (DÄ 22. 11. 85, 67). **2.** *Abdruck eines Stempels* (1): ein runder S.; der S. der Firma, einer Behörde; der S. ist verwischt, zu blaß, schlecht leserlich; auf dem Formular fehlt noch der S.; Die S. waren echt, die Unterschriften waren echt (Roth, Beichte 155); ich brauche noch Atem S.; der Brief trägt den S. vom 2. Januar 1980, des heutigen Tages; das Dokument ist mit Unterschrift und S. versehen; die Briefmarken sind durch einen S. entwertet; Ü Das russische Pilgerbüchlein ist nicht erfunden, dieweil es von der ersten bis zur letzten Seite den S. des Erlebten trägt (Nigg, Wiederkehr 144); Die Regierungen verkünden Programme, die nur noch den S. des Lächerlichen tragen (Gruhl, Planet 271); * **den S. von jmdm., etw. tragen** *(jmds. Handschrift 2 tragen; von etw. in unverkennbarer Weise geprägt sein).* **3.** (Technik) *[mit einem spiegelbildlichen Relief versehener] stählerner Teil einer Maschine zum Prägen von Formen od. Stanzen von Löchern.* **4.** *auf Waren, bes. aus Edelmetall, geprägtes Zeichen, das den Feingehalt anzeigt od. Auskunft über die Herkunft, den Verfertiger, Hersteller, Besitzer o. ä. gibt:* Trommeln waren verfertigt aus Kisten. Fremdländische S. drauf (Lynen, Kentaurenfährte 261); das Silberbesteck, der Goldring hat, trägt einen S.; Durch den S. des Fürsten erhielten Silber- und Goldklümpchen den Charakter von Münzen (Fraenkel, Staat 361); eine Wirtshaustasse mit einem S. der Unterkunft- und Geräteverwaltung (Gaiser, Jagd 99). **5.** (Bot.) *aus Fruchtknoten, Griffel u. Narbe bestehender mittlerer Teil einer Blüte.* **6.** (Bauw., Bergbau) *kräftiger Stützpfosten [aus Holz]:* die Decke des Stollens ist durch S. abgestützt; Ü sie hat S. *(salopp: auffallend dicke Beine).* **7.** (Technik) *Kolben einer Druckpumpe.* **8.** (ugs. selten) *Gaspedal:* dann trat ich auf den S. (Simmel, Stoff 584); **Stem|pel|auf|druck,** der: *mit Hilfe eines Stempels* (1) *vorgenommener Auf-, Überdruck;* **Stem|pel|bru|der,** der (ugs. veraltend abwertend): *jmd., der stempelt* (5); **Stem|pel|fäl|schung,** die: *Fälschung eines Stempels* (2); **Stem|pel|far|be,** die: *Lösung von stark färbenden Farbstoffen zum Durchtränken des Stempelkissens;* **Stem|pel|ge|bühr,** die: *für die Abstempelung eines Dokuments zu entrichtende Gebühr;* **Stem|pel|geld,** das ⟨o. Pl.⟩ (ugs. veraltend): *Arbeitslosengeld, -hilfe:* Auf den Stufen der Freitreppe hocken Männer, die sich nicht in die Schlange vor den Schaltern eingereiht haben, wo das S. ausgezahlt wird (Hartlaub, Muriel 85); Elf Mark bekam er S. (Kühn, Zeit 347); **Stem|pel|glanz,** der (Münzk.): *spiegelnder Glanz von ungebrauchten Münzen* (in der Numismatik Bez. für den Grad der Erhaltung von Münzen; Abk.: st); **Stem|pel|hal|ter,** der (ugs. früher): *Halter* (1 a) *für Stempel* (1); **Stem|pel|kar|te,** die (ugs. früher): *Karte für Arbeitslose, die jeweils bei Auszahlung des Arbeitslosengeldes abgestempelt wird;* **Stem|pel|kis|sen,** das: *meist in ein flaches Kästchen eingelegtes Stück Filz, das mit Stempelfarbe für den Stempel durchtränkt ist;* **Farbkissen;** **Stem|pel|kis|sen|far|be,** die: *Stempelfarbe;* **Stem|pel|mar|ke,** die: *Gebührenmarke zum Nachweis der entrichteten Stempelsteuer;* **Stem|pel|ma|schi|ne,** die: *Maschine zum Abstempeln u. Entwerten von Briefmarken;* **stem|peln** ⟨sw. V.; hat⟩ [mniederd. stempelen; 5: seit etwa 1930, eigtl. = auf Grund eines amtl. Stempels beziehen]: **1.** *etw. mit einem Stempel* (2) *versehen, um die betreffende Sache dadurch in bestimmter Weise zu kennzeichnen, für [un]gültig zu erklären o. ä.:* einen Ausweis, Paß s.; Briefe, Postkarten, Formulare s.; die Briefmarken sind gestempelt *(durch einen Poststempel entwertet).* **2.** *durch Stempelaufdruck hervorbringen, erscheinen lassen:* das Datum s.; Name und Anschrift auf den Briefumschlag s. **3.** *mit einem Stempel* (4) *versehen:* Gold-, Silberwaren s.; die Bestecke sind 800 gestempelt. **4.** *in negativer Weise als etw. Bestimmtes kennzeichnen, in eine bestimmte Kategorie fest einordnen:* jmdn. zum Lügner, zum Verbrecher s.; er will mich nicht mit allen und nicht immer mit den feinsten Mitteln zur Schuldigen s. (Maass, Gouffé 309); War auf einem Konzil ein Bischof zum Ketzer gestempelt worden, ... (Thieß, Reich 336); Wer nicht für Atomwaffen in deutscher Hand ist, wird zum Vaterlandsverräter gestempelt (Dönhoff, Ära 50); dieser Mißerfolg stempelt ihn zum Versager; daß die private Wirtschaft zum Sündenbock gestempelt wird (Baselland. Zeitung 27. 3. 85, 1). **5.** (ugs. veraltend) *Arbeitslosengeld, -hilfe beziehen:* In 28 Gemeinden des Kantons stempeln 10 oder mehr Arbeitslose (NZZ 23. 10. 86, 34); als er entdeckte, daß ihm sein stempelnder Vater unterschlagen hatte (Giordano, Die Bertinis 108); (meist im Inf. in Verbindung mit „gehen":) s. gehen; Kreibel geht s., hat sich von den festgesetzten Tagen seine Unterstützung ab (Bredel, Prüfung 344); **stem|pel|pflich|tig** ⟨Adj.⟩ (österr.): *gebührenpflichtig;* **Stem|pel|schnei|der,** der: *Hersteller von Prägestempeln* (bes. Münzstempeln) (Berufsbez.); **Stem|pel|schnei|de|rin,** die: w. Form zu ↑Stempelschneider; **Stem|pel|stän|der,** der: vgl. Stempelhalter; **Stem|pel|steu|er,** die: *Steuer* (z. B. Wechselsteuer), *deren Entrichtung durch Aufkleben von Stempelmarken o. ä. belegt wird;* **Stem|pel|uhr,** die: *Stechuhr* (1); **Stem|pe|lung,** die; -, -en: *das Stempeln* (1–4).
Stem|pen, der; -s, - [landsch. Nebenf. von ↑Stumpen] (südd., österr.): *kurzer Pfahl, Pflock.*
Stemp|lung: ↑Stempelung.
Sten|del, der; -s, -, **Sten|del|wurz,** die [zu ↑Ständer (3); vgl. Ragwurz]: **1.** *(zu den Orchideen gehörende) Pflanze mit meist nur zwei Blättern u. weißen Blüten mit langem Sporn; Waldhyazinthe.* **2.** (landsch.) *Knabenkraut.*
Sten|ge, die; -, -n [aus dem Niederd. < mniederl. stenge, eigtl. = Stange] (Seemannsspr.): *Verlängerung eines Mastes;*
Sten|gel, der; -s, - [mhd. stengel, ahd. stengil, zu ↑Stange]: **1.** *(bei Pflanzen) von*

Stengelblatt

der Wurzel an aufwärts wachsender schlanker Teil, der die Blätter u. Blüten trägt: ein schlanker, dünner, kräftiger, dicker, biegsamer S.; der S. einer Tulpe; die dürren S. der Wegwarte lagen abgeblüht und zerknickt am Rande (H. Gerlach, Demission 50); Die S. des Schilfs am Wegrand standen starr wie Lanzen (Simmel, Stoff 708); die Blüten sitzen auf langen -n; Ü ich bin fast vom S. gefallen (ugs.; *ich bin sehr überrascht gewesen*); fall [mir] nicht vom S.! (ugs.; *fall nicht herunter, fall nicht um!*). **2.** (derb) *Penis:* daß plötzlich klebriges Zeug aus meinem steifen S. schoß (Wilhelm, Unter 55); **Sten|gel|blatt**, das (Bot.): *am Stengel sitzendes, ihn umschließendes Blatt;* **Sten|gel|bren|ner**, der ⟨o. Pl.⟩: *Pilzkrankheit, die in Form bräunlicher Streifen, Flecken am Stengel bestimmter Pflanzen (z. B. Klee) auftritt;* **Sten|gel|fa|ser**, die: *(zur Herstellung textiler Gewebe genutzte) Bastfaser eines Stengels;* **-sten|ge|lig**; ↑-stenglig; **sten|gel|los** ⟨Adj.⟩: *ohne deutlich sichtbaren Stengel (1);* **sten|geln** ⟨sw. V.; hat⟩ **1.** (selten) *Stengel treiben:* Der Garten schickt üppige Früchte über den Zaun, Blumen stengeln in vergeblicher Pracht (Fries, Weg 111). **2.** (bes. berlin.) *herumstehen* (1): was stengelst du denn in der Gegend?; **-steng|lig**, -stengelig: in Zusb., z. B. kurzstenglig *(mit kurzem Stengel).*

¹**Ste|no**, die; - ⟨meist o. Art.⟩ (ugs.): Kurzf. von ↑Stenographie: S. schreiben; ein Diktat in S. aufnehmen; Neue Kurse in S. und Maschinenschreiben (MM 8. 9. 80, 19); ²**Ste|no**, das; -s, -s ⟨ugs.⟩: Kurzf. von ↑Stenogramm; **Ste|no|blei|stift**, der: *Stenostift;* **Ste|no|block**, der ⟨Pl. ...blöcke u. -s⟩: *Stenogrammblock;* **Ste|no|dak|ty|lo**, die; -, -s ⟨schweiz.⟩: Kurzf. von ↑Stenodaktylographin; **Ste|no|dak|ty|lo|gra|phie**, die; - [zu ↑daktylographieren] (schweiz. veraltend): *Stenographie u. Maschineschreiben;* **Ste|no|dak|ty|lo|gra|phin**, die (schweiz. veraltend): *Stenotypistin;* **Ste|no|fe|der**, die: *sehr feine Feder zum Stenographieren;* **Ste|no|graf** usw.: ↑Stenograph usw.; **Ste|no|gramm**, das; -s, -e [zu griech. stenós (↑Stenographie) u. ↑-gramm]: *Text [den jmd. gesprochen hat] in Stenographie:* ein S. in die Schreibmaschine übertragen; ein S. aufnehmen *(ein Diktat in Stenographie schreiben);* **Ste|no|gramm|block**, der ⟨Pl. ...blöcke u. -s⟩: *Block mit liniiertem Papier für Stenographie;* **Ste|no|gramm|hal|ter**, der: *Haltevorrichtung für den Stenogrammblock;* **Ste|no|graph**, der; -en, -en [zu griech. gráphein = schreiben]: *jmd., der [beruflich] Stenographie schreibt; Kurzschriftler;* **Ste|no|gra|phie**, die; -, -n [engl. stenography, zu griech. stenós = eng, schmal u. ↑-graphie]: *Schrift mit verkürzten Schriftzeichen, die ein schnelles [Mit]schreiben ermöglichen; Kurzschrift;* **Ste|no|gra|phie|kurs**, der: *Kurs in Stenographie;* **ste|no|gra|phie|ren** ⟨sw. V.; hat⟩: **1.** *Stenographie schreiben:* sie kann [gut] s. **2.** *in Stenographie [mit]schreiben:* eine Rede s.; **Ste|no|gra|phin**, die; -, -nen: w. Form zu ↑Stenograph; **ste|no|gra|phisch** ⟨Adj.⟩: **1.** *die Stenographie betreffend:* -e Zeichen. **2.** *in Stenographie geschrieben, kurzschriftlich:* -e Notizen; **ste|no|hal|in** [ʃt..., st...] ⟨Adj.⟩ [zu griech. háls (Gen. halós) = Salz] (Biol.): *(von Pflanzen u. Tieren) empfindlich gegenüber Schwankungen des Salzgehalts des Wassers;* **Ste|no|hal|ter**, der: *Füllfederhalter mit Stenofeder;* **sten|lök** [ʃt..., st...] ⟨Adj.⟩ [zu griech. oíkos = Haus] (Biol.): *(von Pflanzen u. Tieren) empfindlich gegenüber Schwankungen der Umweltfaktoren;* **Ste|no|kar|die**, [ʃt..., st...], die; -, -n [zu griech. kardía = Herz] (Med.): *Herzbeklemmung;* **Sten|lökie**, die; - (Biol.): *Empfindlichkeit pflanzlicher u. tierischer Organismen gegenüber Schwankungen der Umwelt;* **Ste|no|kon|to|rist**, der: vgl. Stenokontoristin; **Ste|no|kon|to|ri|stin**, die: *Kontoristin mit Kenntnissen in Stenographie u. Maschineschreiben;* **Ste|no|ko|rie**, die; - [zu griech. kórē = Mädchen; Pupille] (Med.): *Miosis;* **Ste|no|kurs**, der (ugs.): *Kurs in Stenographie;* **ste|no|phag** [ʃt..., st...] ⟨Adj.⟩ [zu griech. phageīn = essen, fressen] (Biol.): *(von Pflanzen u. Tieren) auf bestimmte Nahrung angewiesen;* **Ste|no|se**, Stenosis [ʃt..., st...], die; -, ...osen [griech. sténōsis = Verengung] (Med.): *Verengung eines Körperkanals od. einer Körperöffnung;* **Ste|no|se|kre|tär**, der: vgl. Stenosekretärin; **Ste|no|se|kre|tä|rin**, die: vgl. Stenokontoristin; **Ste|no|sis** [ʃt..., st...]: ↑Stenose; **Ste|no|stift**, der: *sehr weicher Bleistift zum Stenographieren;* **ste|no|therm** [ʃt..., st...] ⟨Adj.⟩ [zu griech. thermós = warm] (Biol.): *(bes. von Aquarienfischen) empfindlich gegenüber Temperaturschwankungen;* **Ste|no|tho|rax**, der (Med.): *enger, schmaler Brustkorb;* **ste|no|top** [ʃt..., st...] ⟨Adj.⟩ [zu griech. tópos = Ort, Gegend] (Biol.): *(von stenöken Pflanzen u. Tieren) nicht weit verbreitet;* **Ste|no|ty|pie**, die; -, -n [↑Type]: *Abdruck stenographischer Schrift;* **ste|no|ty|pie|ren** [ʃt..., st...] ⟨sw. V.; hat⟩ (selten): *in Stenographie [mit]schreiben u. in die Schreibmaschine übertragen;* **Ste|no|ty|pist**, der; -en, -en [zusgez. aus: Stenograph-Typist, geb. von dem dt. Stenographen F. Schrey (1850–1938) mit engl. typist „Maschinenschreiber" (zu engl. type „Druckbuchstabe", typewriter „Schreibmaschine")]: *jmd., der Stenographie u. Maschinenschreiben beherrscht;* **Ste|no|ty|pi|stin**, die; -, -nen: w. Form zu ↑Stenotypist; **sten|oxy|bi|ont** [ʃt..., st...] ⟨Adj.⟩ [zu ↑Oxygenium u. griech. biōn (Gen.: bioūntos), 1. Part. von: bioūn = leben] (Biol.): *(von Pflanzen u. Tieren) empfindlich gegenüber Schwankungen des Sauerstoffgehaltes.*

sten|tan|do [st...], **sten|ta|to** [st...] ⟨Adv.⟩ [ital., zu: stentare = zögern] (Musik): *zögernd, schleppend.*

Sten|tor|stim|me ['ʃt..., 'st...], die [nach Stentor, dem stimmgewaltigen Helden des Trojanischen Krieges] (bildungsspr.): *laute, gewaltige Stimme.*

Stenz, der; -es, -e [zu landsch. veraltet stenzen = flanieren, bummeln, eigtl. = schlagen, stoßen, vgl. stanzen] (ugs. abwertend): **1.** *selbstgefälliger, geckenhafter junger Mann.* **2.** (selten) *Zuhälter:* Warum, glaubst du, müssen die Mädchen -e haben? (Aberle, Stehkneipen 110); **sten|zen** ⟨sw. V.; hat⟩ [zu ↑Stenz] (landsch. veraltet): *flanieren, bummeln* (1).

Step [ʃtɛp, st...], der; -s, -s [engl. step, eigtl. = Schritt, Tritt]: **1.** *Tanzart, bei der die mit Stepeisen beschlagenen Spitzen u. Absätze der Schuhe in schnellem, stark akzentuiertem Bewegungswechsel auf den Boden gesetzt werden, so daß der Rhythmus hörbar wird.* **2.** (Leichtathletik) *zweiter Sprung beim Dreisprung;* **Step|ei|sen**, das: *Plättchen aus Eisen als Beschlag für Schuhspitze u. -absatz zum* ²*Steppen.*

Ste|pha|nit [auch: ...'nıt], der; -s [nach Erzherzog Stephan von Österreich (1817–1867)] (Mineral.): *(aus Silber, Antimon u. Schwefel bestehendes) metallisch glänzendes, graues bis schwarzes Mineral;* **Ste|pha|ni|tag**, der: ↑Stephanstag; **Ste|phans|tag**, der: *Fest des heiligen Stephan (26. Dezember).*

Stepp|ano|rak, der: vgl. Steppdecke; **Stepp|decke**¹, die: *mit Daunen od. synthetischem Material gefüllte Bettdecke (1), die durch Steppnähte in [rautenförmige] Felder gegliedert ist.*

Step|pe, die; -, -n [russ. step', H. u.]: *weite, meist baumlose, mit Gras od. Sträuchern [spärlich] bewachsene Ebene (z. B. Pampa, Prärie, Pußta):* Die Wegrichtung war Westen, wo die schneestarrende S. südlich des Tatarengrabens (Plievier, Stalingrad 284).

¹**step|pen** ⟨sw. V.; hat⟩ [mhd. steppen, aus dem Md., Niederd., vgl. asächs. stepōn = (Vieh) durch Einstiche kennzeichnen, urspr. = stechen]: *(etw.) nähen, indem man mit der Nadel jeweils auf der Oberseite des Stoffes einen Stich zurückgeht u. auf der Unterseite zwei Stiche vorgeht, so daß sich die Stiche auf beiden Seiten lückenlos aneinanderreihen:* Nähte, einen Saum s.; ... schritt sie auf einen Menschen in gesteppter Wattejacke (Johnson, Ansichten 227).

²**step|pen** ['ʃt..., 'st...] ⟨sw. V.; hat⟩ [engl. to step = treten]: *Step tanzen:* Er konnte ausgezeichnet singen und s. (Leonhard, Revolution 136); Evelyn steppt auf blankem Parkett (Hörzu 44, 1972, 42).

Step|pen|ad|ler, der: *in europäischen Steppen heimischer dunkelbrauner Adler;* **Step|pen|be|woh|ner**, der: *Bewohner der Steppe;* **Step|pen|be|woh|ne|rin**, die: w. Form zu ↑Steppenbewohner; **Step|pen|bo|den**, der: *Boden der Steppe;* **Step|pen|brand**, der: *Brand der Steppe:* Ü Ob sich die Feuer zum S. ausweiten, der Saddam und seine Helfershelfer mitgehen wird, bleibt ungewiß (Badener Tagblatt 9. 3. 91, 2); **Step|pen|fau|na**, die: *Tierwelt der Steppe;* **Step|pen|flo|ra**, die: *Pflanzenwelt der Steppe;* **Step|pen|fuchs**, der: *(in den Steppen Zentralasiens heimischer) kleinerer Fuchs mit im Sommer rötlichem, im Winter weißem Fell;* **Step|pen|gras**, das: *Gras der Steppe;* **Step|pen|huhn**, das: *in asiatischen Steppen lebendes, sandfarbenes Flughuhn mit schwarzgefiedertem Bauch;* **Step|pen|kerz|e**, die: *Eremurus;* **Step|pen|schwarz|er|de**, die (Geol.): *schwarzbraune, humusreiche Erde der Grassteppe; Schwarzerde (a);* **Step|pen|wind**, der: *in der Steppe auftretender Wind;* **Step|pen|wolf**, der: *Prärie-*

wolf: Ü als einsamer S. streifte er durch das großstädtische Nachtleben; **Step̱pen|wöḻ|fin,** die: w. Form zu ↑Steppenwolf: Steppenwölfinnen gleich pirschen ihre Heldinnen nach dem Sexualobjekt Mann (Spiegel 52, 1976, 118); Ü Die S. von Rom – Fünf Tage im Leben der Schriftstellerin Luise Rinser (Hörzu 17, 1981, 66).
Step̱|per ['ʃt..., 'st...], der; -s, - [zu ↑²steppen]: *Steptänzer.*
Step̱|pe|rei̱, die; -, -en [zu ↑¹steppen]: *Verzierung mit Steppnähten:* ein Popelinmantel mit dezenter S.; Durch -en, Wattierungen und Teddyfutter wird diesem Stoff eine neue Dimension gegeben (Rheinpfalz 25. 9. 87, Beilage Mode); ¹**Step̱|pe|rin,** die; -, -nen [zu ↑¹steppen]: *Näherin von Steppdecken o. ä.*
²**Step̱|pe|rin** ['ʃt..., 'st...], die; -, -nen [zu ↑²steppen]: w. Form zu ↑Stepper.
Step̱p|fut|ter, das: *Futter[stoff], auf dessen Innenseite eine Lage Watte, Vlies o. ä. gesteppt ist;* **Step̱p|ja̱cke¹,** die: vgl. Steppdecke; **Step̱p|jaṉ|ker,** der: vgl. Steppdecke.
Step̱p|ke, der; -[s], -s [niederd. Vkl. von ↑Stopfen] (ugs., bes. berlin.): *kleiner Junge, Knirps:* Die hübsche Kindergärtnerin ist jeden Donnerstag Übungsleiterin für 17 -s aus ihrem Kindergarten (Freie Presse 14. 10. 89, 6).
Step̱p|man|tel, der: vgl. Steppdecke; **Step̱p|ma|schi̱|ne,** die: *Maschine zum Steppen;* **Step̱p|naht,** die: *[Zier]naht aus Steppstichen;* **Step̱p|sei̱|de,** die: vgl. Steppfutter; **Step̱p|stich,** der: *gesteppter [Zier]stich.*
Step̱|schritt, der: *zum Step (1) gehörender Tanzschritt;* **Step̱|tanz,** der: *Step (1);* **Step̱|tän|zer,** der: *Tänzer, der Step tanzt;* **Step̱|tän|ze|rin,** die: w. Form zu ↑Steptänzer.
Ste̱r, der; -s, -e u. -s ⟨aber: 5 Ster⟩ [frz. stère, zu griech. stereós = räumlich]: *Raummeter;* **Ste|ra|di|a̱nt** [ʃt..., st...], der; -en, -en [zu griech. stereós (↑Ster) u. ↑Radiant] (Math.): *Winkel, der als gerader Kreiskegel, der seine Spitze im Mittelpunkt einer Kugel hat, dem Halbmesser 1 m hat, aus der Oberfläche dieser Kugel eine Kalotte mit einer Fläche von 1 m² ausschneidet (Einheit des räumlichen Winkels);* Zeichen: sr
Steṟb|chen, das: in der Wendung S. machen (fam. scherzh.; *sterben*); **Steṟ|be,** die; - [mhd. sterbe = Seuche, Pest, zu ↑sterben]: *seuchenartig auftretende, tödlich verlaufende Krankheit (bei Pferden);* **Steṟ|be|ab|laß,** der (kath. Kirche): *vollkommener Ablaß in der Sterbestunde;* **Steṟ|be|amt,** das (kath. Kirche): *Totenmesse* ⟨a⟩: Das S. findet am Montag, ... in der katholischen Pfarrkirche zu Friedrichsthal statt (Saarbr. Zeitung 5. 10. 79, 10); **Steṟ|be|bett,** das: *Bett, in dem ein Sterbender liegt:* an jmds. S. sitzen, gerufen werden; Der junge Amsel ... war aus der Stadt ans S. seiner Mutter geeilt (Grass, Hundejahre 38); auf dem S. liegen *(im Sterben liegen);* **Steṟ|be|buch,** das: *Personenstandsbuch, in dem Sterbefälle beurkundet werden;* **Steṟ|be|büch|lein,** das (Literaturw.): *Ars moriendi;* **Steṟ|be|da|tum,** das: *Todesdatum;* **Steṟ-**

be|fall, der: *Todesfall:* Die Auszahlungssumme für den S. ... war auf eine halbe Million Kronen festgesetzt (Bieler, Mädchenkrieg 326); **Steṟ|be|ge|bet,** das: *Gebet für einen Sterbenden;* **Steṟ|be|ge|läut,** **Steṟ|be|ge|läu|te,** das ⟨o. Pl.⟩: *Geläut der Sterbeglocke;* **Steṟ|be|geld,** das ⟨o. Pl.⟩: *von einer Versicherung an den, die Hinterbliebenen gezahltes Geld für Bestattungskosten;* **Steṟ|be|glöck|chen,** das: Vkl. zu ↑Sterbeglocke; **Steṟ|be|glocke,** die: *Glocke, die bei jmds. Tod od. Begräbnis geläutet wird;* **Steṟ|be|haus,** das: vgl. Sterbezimmer. **Steṟ|be|hel|fer,** der: *jmd., der Sterbehilfe (1) leistet;* **Steṟ|be|hel|fe|rin,** die: w. Form zu ↑Sterbehelfer; **Steṟ|be|hemd,** das: *weißes Hemd (2), das dem Toten angezogen wird; Totenhemd;* **Steṟ|be|hil|fe,** die: **1.** *Euthanasie* (1 b): Humane und christliche S. sei „bei uns eine wenig gelernte und geübte Tätigkeit" (Rheinpfalz 10. 2. 89, 14); Mit Hilfe menschlicher Ärzte habe ich meiner Frau S. geleistet (Spiegel 9, 1975, 10); Hackethal, gegen den die Staatsanwaltschaft Traunstein wegen unerlaubter S. ermittelt (Badische Zeitung 12. 5. 84, 16). **2.** *Sterbegeld;* **Steṟ|be|jahr,** das: *Todesjahr;* **Steṟ|be|kas|se,** die: *kleinerer Versicherungsverein für Sterbegeld;* **Steṟ|be|ker|ze,** die (früher): *Kerze, die am Sterbebett beim Sterbegebet angezündet wird;* **Steṟ|be|kleid,** das (geh.): *Sterbehemd;* **Steṟ|be|kli|nik,** die: *(vorerst Modell einer) Klinik, deren Ziel es ist, Menschen im Endstadium einer unheilbaren Krankheit ohne künstliche Lebensverlängerung seelische Sterbehilfe zu geben:* englische -en; **Steṟ|be|kreuz,** das: *kleines Kreuz, das dem Sterbenden zu Beginn des Sterbegebets vom Priester gereicht wird;* **Steṟ|be|la|ger,** das (geh.): *Sterbebett;* **Steṟ|be|ma|tri|kel,** das (österr. Amtsspr.): *Totenverzeichnis;* **Steṟ|be|mes|se,** die: *Sterbeamt;* **Steṟ|be|mün|ze,** die: *seit dem 16. Jh. übliche Gedenkmünze für einen verstorbenen Fürsten od. einen seiner Angehörigen;* **steṟ|ben** ⟨st. V.; ist⟩ [mhd. sterben, ahd. sterban, eigtl. (verhüll.) = erstarren, steif werden, zu ↑starren]: **a)** *aufhören zu leben, sein Leben beschließen:* jung, im Alter von 78 Jahren, mit 78 Jahren, in hohem Alter, plötzlich, unerwartet s.; eines sanften Todes (geh.; *sanft*) s.; wenn Hieronymus von Molk in paar Kilometer vor dem Ziel hier auf der Landstraße Hungers s. *(verhungern)* sollte (Geissler, Wunschhütlein 21); er starb als gläubiger Christ, an Altersschwäche, an einem Herzschlag, an den Folgen eines Unfalls; ... sterben in der Bundesrepublik von je einer Million Einwohnern 33 an den Folgen einer Blinddarmoperation (Hackethal, Schneide 44); sie starb aus Gram über den Tod ihres Kindes; auf dem Schafott, durch Mörderhand, im Krankenhaus, zu Hause, auf dem Schlachtfeld *(im Kampf),* in den Armen seiner Frau s.; sie starb unter schrecklichen Qualen; er starb über seiner Arbeit; Reichlich gestorben wurde auch heuer, die Zeitungen konnten die Anzeigen kaum fassen (Bieler, Mädchenkrieg 431); ⟨auch s. + sich; unpers.:⟩ Für die Freiheit stirbt sich's *(stirbt man)*

leichter (Bieler, Bonifaz 154); So schnell stirbt es sich nicht; (formelhafter Schluß von Märchen:) und wenn sie nicht gestorben sind, dann leben sie noch heute; ⟨subst.:⟩ im Sterben liegen *(kurz vorm Tode sein;* in bezug auf einen Schwerkranken, Altersschwachen); R daran/davon stirbt man/stirbst du nicht gleich (ugs.; *das ist nicht so schlimm, nicht so gefährlich*); Ü der Wald stirbt *(geht zugrunde);* seine Hoffnung, Liebe ist gestorben (geh.; *erloschen*); vor Angst, Scham, Langeweile, Neugier s. (ugs.; *sich überaus ängstigen usw.*); Einführungsabende für Eltern ... seien ... am Desinteresse gestorben *(wegen Desinteresses nicht weitergeführt worden;* Spiegel 9, 1978, 75); Die beiden Elbdörfer sollten im Zuge der Hafenerweiterung s. *(aufhören zu existieren;* Hamburger Abendblatt 8. 7. 85, 4); dann will Köln die Sendereihe s. lassen *(einstellen;* Hörzu 6, 1978, 18); ⟨subst.:⟩ dann kam, begann das große Sterben *(Massensterben);* Jeder von uns muß ... helfen, das Sterben der Meere zu stoppen (Hörzu 19, 1988, 10); * zum Sterben langweilig, müde, einsam o. ä. (emotional; *sehr, überaus* [in bezug auf einen negativen Zustand]): obwohl sie zum Sterben müde war, lief sie weiter; **für jmdn. gestorben sein** *(von jmdm. völlig ignoriert werden, für ihn nicht mehr existieren, weil man seine Erwartungen o. ä. in hohem Maße enttäuscht hat):* „Welche Gefühle hegst du gegenüber Montgomery?" – „Für mich ist er gestorben" (Amory [Übers.], Matten 156); **gestorben sein** (1. salopp; *in bezug auf etw. Geplantes o. ä.*) *nicht zustande gekommen [sein], nicht ausgeführt, in die Wirklichkeit umgesetzt worden [sein] u. deshalb [vorläufig] nicht mehr zur Diskussion stehend:* Der private Wohnungsbau ist gestorben [Tages Anzeiger 12. 11. 91, 4]; Unter dem Eindruck der Bürgerproteste ... hat die Baubehörde dies Programm inzwischen auf ein Minimum eingeschmolzen. Die Kerntangente ist gestorben [Hamburger Abendblatt 3. 7. 79, 6]. 2. Film, Fernsehen Jargon: *abgebrochen od. abgeschlossen [in bezug auf die Dreharbeit für eine bestimmte Szene]:* „Gestorben!"); **b)** ⟨mit Akk. des Inhalts⟩ *einen bestimmten Tod erleiden:* den Helden-, Soldaten-, Hungertod s.; einen leichten, schweren, qualvollen T. s.; sie starben trostlos einen absurden Tod (Andersch, Sansibar 108); Wir rinnen Tode, die noch keiner starb (Stern, Mann 196); Ü Im Krieg dann starb der Club einen stillen Tod *(ging still zugrunde;* Danella, Hotel 62); **c)** *(für etw., jmdn.) sein Leben lassen:* für seinen Glauben, seine Überzeugung s.; für das Vaterland, seinen Freund s.; Die Menschen haben andere Ideale, für die sich nach ihrer Ansicht zu s. lohnt (Grzimek, Serengeti 335); **d)** *(jmdm.) durch den Tod genommen werden:* ihr ist der Mann gestorben; Einer fehlt unverschuldet, einem anderen ist plötzlich der Vater gestorben (NBI 39, 1989, 22); ◆ **e)** ⟨Imperfekt sturb⟩: bei allen schröcklichen Seufzern derer, die jemals durch eure Dolche sturben (Schiller, Räuber IV, 5); **-ster-**

Sterbensangst 3244

ben, das; -s: drückt in Bildungen mit Substantiven aus, daß etw. [langsam] zugrunde geht, immer weniger, wird: Baum-, Fisch-, Zeitungssterben; **Sterbens|angst**, die (emotional verstärkend): *sehr große Angst;* **ster|bens|bang** ⟨Adj.⟩ (geh. emotional verstärkend): *sehr lang;* **ster|bens|elend** ⟨Adj.⟩ (emotional verstärkend): *sich sehr elend, unwohl, übel fühlend, so elend, daß man glaubt, sterben zu müssen:* ihm ist, er fühlt sich s.; Der Boden bebte. Die Luft vibrierte. Mir war plötzlich s. (Simmel, Stoff 113); **ster|bens|krank** ⟨Adj.⟩: **a)** (emotional verstärkend) *sterbenselend;* **b)** *sehr schwer krank, todkrank:* Überhaupt mußte ein Zögling schon s. sein, bis man ihn zum Arzt schickte (Ziegler, Kein Recht 102); **ster|bens|lang|wei|lig** ⟨Adj.⟩ (emotional verstärkend): *äußerst langweilig, uninteressant:* ihre Abneigung gegen die -en Lehrveranstaltungen (Becker, Tage 74); Ich hab' zuerst auch gemeint, Seßhaftigkeit sei s. (Fels, Sünden 16); **ster|bens|matt** ⟨Adj.⟩ (geh. emotional verstärkend): *ganz matt, ermattet, müde;* **ster|bens|mü|de** ⟨Adj.⟩ (geh. emotional verstärkend): *sehr müde, todmüde;* **Sterbens|see|le**: in der Fügung **keine/nicht eine S.** *(überhaupt niemand):* davon darf keine S. etwas erfahren; **Ster|bens|sil|be**: ↑ Sterbenswort; **ster|bens|übel** ⟨Adj.⟩ (emotional verstärkend): *sich sehr unwohl, übel fühlend, so übel, daß man glaubt, sterben zu müssen;* **ster|bens|un|glück|lich** ⟨Adj.⟩ (emotional verstärkend): *sehr betrübt, unglücklich:* sie war s., weil sie zu Hause bleiben mußte; **Sterbens|wort, Ster|bens|wört|chen**, das: in der Fügung **kein/nicht ein Sterbenswort/-wörtchen** *(kein einziges Wort, überhaupt nichts;* zusgez. aus „kein sterbendes [= schwaches, kaum hörbares] Wörtchen"): nicht ein S. sagen; Schnauze halten. Kein Sterbenswort zu den Bullen (Degener, Heimsuchung 183); von einem Sohn hat sie mir nie auch nur ein Sterbenswörtchen verraten (Fels, Unding 223); Vier Tage lang erfuhr die Presse kein Sterbenswörtchen darüber (Prodöhl, Tod 260); **Ster|be|ort**, der: *Ort, in dem jmd. gestorben ist;* **Ster|be|ra|te**, die: *Mortalität:* In Phase 1 waren Geburtenrate und S. etwa gleich hoch (Fraenkel, Staat 43); **Ster|be|sa|kra|men|te** ⟨Pl.⟩ (kath. Kirche): *Sakramente der Buße, der Eucharistie u. der Krankensalbung für Schwerkranke u. Sterbende:* die S. empfangen; **Ster|be|se|gen**, der (kath. Kirche): *dem Sterbenden in der Sterbestunde gespendeter besonderer Segen;* **Ster|be|stun|de**, die: *Todesstunde;* **Ster|bet**, der; -s [spätmhd. sterbat] (schweiz.): *das [Massen]sterben;* **Ster|be|ta|fel**, die: *(in der Bevölkerungsstatistik) Tabelle, die (getrennt nach Geschlechtern) angibt, wieviel Personen des gleichen Alters das nächsthöhere Alter wahrscheinlich erleben u. (daraus abgeleitet) wieviel Personen des betreffenden Alters sterben;* **Ster|be|tag**, der: *Todestag;* **Ster|be|ur|kun|de**, die: *standesamtliche Urkunde über Ort, Tag u. Stunde des Todes einer Person;* **Ster|be|wä|sche**, die: vgl. Sterbehemd; **Ster|be|zif|fer**, die: *Mortalität:* Im Lager Woldenberg S. pro Tag 15 Mann (Kempowski, Uns 188); **Ster|be|zim|mer**, das: *Zimmer, in dem jmd. gestorben ist;* **sterblich** ⟨Adj.⟩ [mhd. sterblich]: **1.** *seiner natürlichen Beschaffenheit nach dem Sterben unterworfen; so beschaffen, daß er sterben muß, vergänglich ist:* alle Lebewesen sind s. **2.** (ugs. emotional verstärkend) *sehr, überaus:* sich s. blamieren; s. verliebt; **Sterb|li|che**, der; -n, -n ⟨Dekl. ↑ Abgeordnete⟩: **1.** (dichter.) *sterblicher Mensch.* **2.** ***ein gewöhnlicher o. ä. -r** *(ein gewöhnlicher Mensch, Durchschnittsmensch):* Ich gewöhnlicher -r hatte damals kein Auto (Erné, Kellerknappe 107); Aus der Fachsprache des Fachmannes in die Ausdrucksweise des gewöhnlichen -n übersetzt ... (Natur 38); **Sterb|lich|keit**, die; - [1: spätmhd. sterblichheit]: **1.** *sterbliche* (1) *Beschaffenheit; das Sterblichsein:* Wem werden denn Kleider und Schuhe, deren wir uns abends entledigen, noch zum Bild der S. ...? (Thielicke, Ich glaube 54). **2.** *durchschnittliche Anzahl der Sterbefälle:* die S. bei Kreislauferkrankungen ist gestiegen, zurückgegangen; Die Entwicklung der S. ist günstiger gewesen als vor einem Jahr (FAZ 8. 4. 61, 9); **Sterblich|keits|ra|te, Sterb|lich|keits|zif|fer**, die: *Mortalität;* **Sterb|lings|wol|le**, die; - (Fachspr.): *von verendeten Schafen gewonnene Wolle [geringerer Qualität].*

ste|reo [auch: 'st...] ⟨Adj.⟩: **1.** Kurzf. von ↑ stereophon. **2.** (Jargon) *bisexuell;* **Stereo**, das; -s, -s: **1.** ⟨o. Pl.⟩ Kurzf. von ↑ Stereophonie: ein Konzert in S. aufnehmen, senden. **2.** Kurzf. von ↑ Stereotypieplatte; **ste|reo-, Ste|reo-** [auch: st...; griech. stereós] ⟨Best. in Zus. mit der Bed.⟩: *starr, fest, massiv; räumlich, körperlich* (z. B. stereotyp, Stereoskop); **Ste|reo|agnosie**, die; -, -n [↑ Agnosie] (Med.): *Unfähigkeit, Gegenstände allein mit Hilfe des Tastsinns zu identifizieren;* **Ste|reo|akustik**, die ⟨o. Pl.⟩: *Lehre vom räumlichen Hören;* **Ste|reo|an|la|ge**, die: *aus einzelnen Geräten (z. B. Plattenspieler, Radio) bestehende kompakte Anlage* (4) *für den stereophonen Empfang u. die stereophone Wiedergabe von Musik o. ä.;* **Ste|reo|an|zei|ge**, die: *(bei Stereorundfunkgeräten o. ä.) Kontrollampe, die bei Stereosendungen aufleuchtet;* **Ste|reo|auf|nah|me**, die: *stereophone Aufnahme* (8); **Ste|reo|au|to|graph**, der; -en, -en (Kartographie): *optisches Instrument zur Auswertung von Raumbildern für Karten;* **Ste|reo|bat** [auch: st...], der; -en, -en [lat. stereobates < griech. stereobátēs] (Archit.): *Unterbau des griech. Tempels;* **Ste|reo|bild**, das (Optik): *Raumbild;* **Ste|reo|box**, die: *[quaderartiger] Resonanzkasten mit eingebauten Stereolautsprechern;* **Ste|reo|che|mie**, die; -: *Teilgebiet der Chemie, in dem die räumliche Anordnung der Atome in einem Molekül erforscht wird;* **Ste|reo|chro|mie**, die; - [zu griech. chrôma = Farbe]: *altes Verfahren der Wandmalerei, bei dem auf trockenem Putz mit Wasserfarben ausgeführte Wandgemälde durch einen Überzug mit Wasserglas* (2) *befestigt werden;* **Ste|reo|de|co|der**, der; -s, -: *Decoder in einem Stereorundfunkgerät;* **Ste|reo|emp|fang**, der ⟨o. Pl.⟩: *stereophoner Empfang;* **Ste|reo|fern|seh|emp|fän**ger, der: *Stereofernseher;* **Ste|reo|fern|se|hen**, das: *Fernsehen mit stereophoner Tonwiedergabe;* **Ste|reo|fern|se|her**, der: *mit zwei Lautsprechern ausgestatteter Fernsehapparat, für stereophonen Empfang u. stereophone Wiedergabe;* **Ste|reo|film**, der: *dreidimensionaler Film* (3 a); **Ste|reo|fo|to|gra|fie**, Stereophotographie, die: **1.** ⟨o. Pl.⟩ *Verfahren zur Herstellung von räumlich wirkenden Fotografien.* **2.** *fotografisches Raumbild;* **Ste|reo|gno|sie**, die; -, -n [zu griech. gnôsis = das Erkennen, Erkenntnis] (Med.): *Fähigkeit, Gegenstände allein mit Hilfe des Tastsinns zu identifizieren;* **Ste|reo|graph**, der; -en, -en [↑-graph] (Druckw.): *Maschine zur Herstellung von Stereotypplatten;* **ste|reo|gra|phisch** ⟨Adj.⟩: in der Fügung: -e Projektion (Kartographie): *Abbildung der Punkte einer Kugeloberfläche auf eine Ebene, wobei Kugelkreise wieder als Kreise erscheinen);* **Ste|reo|ka|me|ra**, die: *Kamera mit zwei gleichen Objektiven in Augenabstand zur Aufnahme von Teilbildern für Raumbildverfahren;* **Ste|reo|kom|pa|ra|tor**, der (Optik): *in der Astronomie u. in der Stereophotogrammetrie verwendeter Komparator* (1); **Ste|reo|laut|spre|cher**, der: *einer von zwei zusammengehörigen Lautsprechern für die stereophone Wiedergabe von Musik o. ä.;* **Ste|re|om**, das; -s, -e [griech. steréōma = das Festgemachte] (Bot.): *Gesamtheit des festigenden Gewebes der Pflanzen (Kollenchym u. Sklerenchym); Festigungsgewebe;* **Ste|reo|me|ter**, das; -s, - [↑-meter (1)]: **1.** (Optik) *Gerät zur Auswertung von Stereofotografien.* **2.** (Physik) *optisches Gerät zur Messung des Volumens fester Körper;* **Ste|reo|me|trie**, die; - [griech. stereometría] (Math.): *Lehre von der Berechnung der geometrischen Körper;* **ste|reo|me|trisch** ⟨Adj.⟩: *die Stereometrie betreffend;* **Ste|reo|mi|kro|phon**, das: *spezielles Mikrophon für Stereoaufnahmen;* **Ste|reo|mi|kro|skop**, das: *aus zwei getrennten, gegeneinander geneigten Tuben* (1) *bestehendes Mikroskop zur räumlichen Beobachtung;* **ste|reo|phon** ⟨Adj.⟩ [nach engl. stereophonic, zu griech. stereós = räumlich u. phōnḗ = Klang, Stimme, Ton] (Akustik, Rundfunk.): *(von Schallübertragungen) über zwei od. mehr Kanäle laufend, räumlich klingend:* eine -e Übertragung, Wiedergabe eines Konzertes; die Oper ist s. aufgenommen; eine Sendung s. empfangen; Tonbandmusik setzt nun s. ein (Degener, Heimsuchung 143); **Ste|reo|pho|nie**, die; - [engl. stereophony, zu: stereophonic, ↑ stereophon]: *elektroakustische Schallübertragung über zwei od. mehr Kanäle, die einen räumlichen Klangeffekt entstehen läßt;* **ste|reo|pho|nisch** ⟨Adj.⟩: *stereophon;* **Ste|reo|pho|to|gram|me|trie**, die (Meßtechnik): *Raumbildverfahren;* **Ste|reo|pho|to|gra|phie**: ↑ Stereofotografie; **Ste|reo|pla|ni|graph**, der; -en, -en [zu lat. planus = eben, flach u. ↑-graph] (Kartographie): *optisches Instrument zur Auswertung von Raumbildern für Karten;* **Ste|reo|plat|te**, die: *Schallplatte, die stereophon abgespielt werden kann;* **Ste|reo|plat|ten|spie|ler**, der: *Gerät zum Abspielen von Stereoplatten;* **Ste|reo|rund|funk|ge|rät**, das:

Rundfunkgerät für die stereophone Wiedergabe von Musik, Gesprochenem o. ä.; **Ste|reo|sen|dung,** die: *stereophon ausgestrahlte Sendung;* **Ste|reo|skop,** das; -s, -e: *optisches Gerät zur Betrachtung von Raumbildern;* **Ste|reo|sko|pie,** die; - [zu griech. skopeīn = betrachten]: *Gesamtheit der Verfahren zur Aufnahme u. Wiedergabe von Raumbildern;* **ste|reo|sko|pisch** ⟨Adj.⟩: *räumlich erscheinend, dreidimensional wiedergegeben;* **ste|reo|tak|tisch** ⟨Adj.⟩ (Neurochirurgie): **a)** *mittels Sonde o. ä. u. genauer Vermessung des Gehirns ausgeführt:* eine -e Operation; Professor Orthner riet aufgrund der bisherigen Erfolge, die sogenannte -e Methode auch bei anderen Sexualstörungen anzuwenden (MM 2. 10. 69, 10); einer jener 25 Sexualtäter, die bei der Bundesrepublik mit einem „-en Eingriff" im Gehirn behandelt wurden (StZ 25. 10. 89, 23); Bartsch hatte sich ... s. operieren lassen wollen (Spiegel 22, 1976, 70); **b)** *stereotaktische Operationen betreffend:* -e Instrumente, Geräte; **Ste|reo|ta|xie,** die; - [zu griech. táxis, ↑ ¹Taxis] (Neurochirurgie): *durch ein kleines Bohrloch in der Schädeldecke punktförmig genaues Berühren eines bestimmten Gebietes im Gehirn;* **Ste|reo|ta|xis,** die; -: **1.** (Med.) *Stereotaxie.* **2.** (Biol.) *Bestreben von Tieren, mit festen Gegenständen in Berührung zu kommen;* **Ste|reo|to|mie,** die; - [zu griech. tomé = das Schneiden; Schnitt] (veraltet): *Teilgebiet der Stereometrie, das die Durchschnitte der Oberflächen von Körpern behandelt;* **Ste|reo|ton,** der: *stereophoner Ton;* **Ste|reo|ton|band|ge|rät,** das: *Tonbandgerät für die stereophone Aufnahme u. Wiedergabe von Musik o. ä.;* **Ste|reo|ton|kopf,** der: *Tonkopf zum Abspielen von Stereoplatten;* **Ste|reo|tu|ner,** der: *Tuner für Stereoempfang;* **Ste|reo|turm,** der: *höheres, schmaleres, mit Fächern versehenes Gehäuse, in dem die einzelnen Geräte einer Stereoanlage übereinander angeordnet sind;* **ste|reo|typ** ⟨Adj.⟩ [frz. stéréotype, eigtl. = mit gegossenen feststehenden Typen gedruckt, zu griech. stereós = starr, fest u. týpos = Schlag; Eindruck; Typus, Muster, Modell]: **1.** (bildungsspr.) *(meist von menschlichen Aussage-, Verhaltensweisen o. ä.) immer wieder in der gleichen Form [auftretend], in derselben Weise ständig, formelhaft, klischeehaft wiederkehrend:* eine -e Frage, Antwort; -e Redensarten, Redewendungen; Er sprach von vollständiger Abrüstung: eine -e Formel, die seit Jahrzehnten alles und daher eher nichts bedeutete (W. Brandt, Begegnungen 192); ein -es *(unecht, maskenhaft wirkendes)* Lächeln; Die Mannschaft verlor sich in unergiebigem Kurzpaßspiel oder in -en *(immer wieder gleichartigen)* Flankenbällen (NZZ 3. 5. 83, 29); etw. s. wiederholen. **2.** (Druckw.) *mit feststehenden Schrifttypen gedruckt;* **Ste|reo|typ,** das; -s, -e: **1.** ([Sozial]psych.) *vereinfachendes, verallgemeinerndes, stereotypes Urteil, [ungerechtfertiges] Vorurteil über sich od. andere od. eine Sache; festes, klischeehaftes Bild:* ... die es auch dem Mann unmöglich macht, das herkömmliche S. von Männlichkeit weiterhin ungebrochen zu verwirklichen (Richter, Flüchten 65); Kaum ein Volk wird so von -en verfolgt ... wie US-Indianer (Oxmox 9, 1984, 22). **2.** (Psychiatrie, Med.) *stereotype (1) sprachliche Äußerung od. motorische Bewegung;* **Ste|reo|typ|druck,** der (Druckw.): *Druck von der Stereotyp[ie]platte;* **Ste|reo|ty|peur** [...'pø:ɐ̯], der, -s, -e (Druckw.): *jmd., der stereotypiert* (Berufsbez.); **Ste|reo|ty|peu|rin** [...'pø:rɪn], die; -, -nen: w. Form zu ↑ Stereotypeur; **Ste|reo|ty|pie,** die; -, -n: **1.** (Druckw.) **a)** ⟨o. Pl.⟩ *Verfahren zur Abformung von Druckplatten für den ²Hochdruck (1);* **b)** *Stereotypieplatte.* **2.** ⟨o. Pl.⟩ (Psychiatrie, Med.) *[krankhaftes] Wiederholen von sprachlichen Äußerungen od. motorischen Abläufen;* **Ste|reo|ty|pie|plat|te,** die (Druckw.): *Abguß aus Metall in Form einer festen Druckplatte;* **ste|reo|ty|pie|ren** ⟨sw. V.; hat⟩ (Druckw.): *von einem Schriftsatz Matern herstellen u. zu Stereotypieplatten ausgießen;* **ste|reo|ty|pisch** ⟨Adj.⟩: *stereotyp;* **Ste|reo|typ|me|tall,** das (Druckw.): *Metallegierung, aus der Stereotyp[ie]platten gegossen werden;* **Ste|reo|typ|plat|te,** die: *Stereotypieplatte.*

ste|ril [auch: st...] ⟨Adj.⟩ [frz. stérile < lat. sterilis = unfruchtbar, ertraglos]: **1.** *keimfrei:* ein -er Verband; -e Instrumente; die Injektionsnadel ist nicht s.; etw. s. machen; Er trägt unter seinen Glacéhandschuhen noch dünne Gummihandschuhe ... „Er arbeitet sozusagen völlig s." (Konsalik Promenadendeck 170). **2.** (Biol., Med.) *unfruchtbar, fortpflanzungsunfähig:* Absinth soll s. machen, nicht impotent (Remarque, Triomphe 324). **3.** (bildungsspr. abwertend) **a)** *geistig unfruchtbar, unschöpferisch:* -e Ansichten; Die Jugend ... ist bereits in -er Altklugheit erstarrt (Bund 9. 8. 80, 2); **b)** *kalt, nüchtern wirkend, ohne eigene Note:* Nun gibt es viele Sorten von Kneipen: gemütliche und schicke, Schmuddelkneipen, -e Neonschuppen (Hamburger Rundschau 18. 8. 83, 3); Rauchend schaue ich gegen das -e Weiß der Wand (Sobota, Minus-Mann 137); Die ganze Einrichtung wirkt chic, sauber, ein bißchen s. fast (Ziegler, Gesellschaftsspiele 178); Im s. gefliesten Treppenhaus eile ich an den vielen grauen Türen ... vorbei (Zivildienst 2, 1986, 14); **Ste|ril|fil|tra|ti|on,** die: *Entkeimung von Flüssigkeiten u. Gasen durch Bakterienfilter;* **Ste|ri|li|sa|ti|on,** die; -, -en [frz. stérilisation, zu: stériliser, ↑ sterilisieren]: *das Sterilisieren (1, 2);* **Ste|ri|li|sa|tor,** der; -s, ...oren: *Apparat zum Sterilisieren (1);* **Ste|ri|li|sier|ap|pa|rat,** der: *Sterilisator;* **ste|ri|li|sie|ren** ⟨sw. V.; hat⟩ [frz. stériliser, zu: stérile, ↑steril]: **1.** *keimfrei, steril (1) machen:* medizinische Instrumente, Milch s.; Nach einer Vorbehandlung wird der Sondermüll etwa 15 Minuten bei einer Temperatur von 134 Grad Celsius sterilisiert (Presse 8. 6. 84, 7); sie durchschnitt die Nabelschnur mit der sterilisierten Nähschere ihrer Mutter (Böll, Haus 12). **2.** (Med.) *unfruchtbar, zeugungsunfähig, steril (2) machen:* sich die Eileiter s. lassen; Einige Männer wurden sterilisiert wegen Erbkrankheit, wie hieß (Wimschneider, Herbstmilch 80); **Ste|ri|li|sie|rung,** die; -, -en: *Sterilisation;* **Ste|ri|li|sie|rungs|ap|pa|rat,** der: *Sterilisator;* **Ste|ri|li|tät,** die; - [frz. stérilité < lat. sterilitas = Unfruchtbarkeit, zu: sterilis, ↑steril]: **1.** *sterile (1) Beschaffenheit; Keimfreiheit.* **2.** (Biol., Med.) *Unfruchtbarkeit, Zeugungsunfähigkeit.* **3.** *geistiges Unvermögen, Unproduktivität.*

Ste|rin [ʃt..., st...], das; -s, -e [zu griech. stereós = räumlich, körperlich] (Biochemie): *in tierischen u. pflanzlichen Zellen vorhandene Kohlenwasserstoffverbindung.*

Ster|ke, die; -, -n [mniederd. sterke, eigtl. = die Unfruchtbare] (nordd.): *Färse.*

ster|ko|ral ⟨Adj.⟩ [zu lat. stercus (Gen.: stercoris) = Kot, Mist] (Med.): *kothaltig, kotig.*

Ster|let, Ster|lett, der; -s, -e [russ. sterljad']: *(in osteuropäischen Gewässern lebender) kleiner Stör.*

Ster|ling ['ʃtɛr..., 'st...], engl.: 'stə:lɪŋ], der; -s, -e (aber: 5 Pfund Sterling) [engl. sterling < afrz. esterlin, über das Fränk. u. Vlat. zu spätlat. stater < griech. statér = ein Gewicht; eine Silbermünze; schon mhd. sterlinc = eine Münze]: *Währungseinheit in Großbritannien; Pfund Sterling* (1 Sterling = 100 New Pence); *Zeichen* u. *Abk.:* £, £Stg; **Ster|ling|block,** der ⟨o. Pl.⟩: *Länder, deren Währung mit dem englischen Pfund Sterling zu gemeinsamer Währungspolitik verbunden ist;* **Ster|ling|ge|biet,** das ⟨o. P.⟩: *Sterlingblock;* **Ster|ling|sil|ber,** das: *Silberlegierung mit einem hohen Feingehalt (mindestens 925 Teile Silber auf 1 000 Teile der Legierung).*

¹Stern, der; -s, -e [engl. stern < anord. stjorn = Steuer(ruder)] (Seemannsspr.): *Heck.*

²Stern, der; -[e]s, -e [mhd. stern(e), ahd. sterno, viell. zu ↑Strahl u. eigtl. = am Himmel Ausgestreuter]: **1. a)** *als silbrigweißer, funkelnder Punkt bes. am nächtlichen Himmel sichtbares Gestirn:* ein heller, leuchtender, blasser, goldener, silberner S.; Der Himmel hoch und kalt und voll funkelnder -e (Plievier, Stalingrad 345); Sonne, Mond u. die -e des nördlichen, südlichen Himmels; die -e gehen auf, ziehen auf, stehen am Himmel, blinken, flimmern, glänzen, glitzern, leuchten, strahlen, verlöschen, gehen unter; ein mit -en besäter, übersäter Nachthimmel; unter fremden -en (dichter.; *in der Fremde*) leben; Ü mit jmdm. geht ein neuer S. auf (*jmd. tritt als großer Könner auf seinem Gebiet hervor*); er ist ein aufgehender/der neue S. am Filmhimmel (*ein zunehmend beliebter, bekannter werdender Filmschauspieler*) *der gefeierte, berühmte Star;* Yanez ist der jüngste S. am chilenischen Fußballhimmel (Kicker 6, 1982, 53); *-e sehen (ugs.; *durch einen Schlag, Aufprall o. ä. ein Flimmern vor den Augen haben u. einer Ohnmacht nahe sein*); **die -e vom Himmel holen wollen** (geh.; *Unmögliches zu erreichen suchen*); **jmdm. für jmdn. die -e vom Himmel holen** *(alles für jmdn. tun;* Äußerung, mit der man jmdm. gegenüber seine große Liebe zum Ausdruck bringen will); **nach den -en greifen** (geh.; *etwas Unerreichbares haben wollen*); **b)** *Gestirn im Hinblick auf*

sternal

seine schicksalhafte Beziehung zum Menschen: die -e stehen günstig (Astrol.; *ihre Konstellation kündet für jmdn. Glück o. ä. an*); die -e befragen, in den -en lesen *(durch Sterndeutung die Zukunft vorherzusagen suchen);* ein glücklicher S., sein guter S. (geh.; *freundliches Geschick, Glücksstern*) hat ihn geleitet, hat sie zusammengeführt, hat ihn verlassen; jmds. S. geht auf, ist im Aufgehen (geh.; *jmd. ist zunehmend erfolgreich, ist auf dem Weg, bekannt, berühmt zu werden);* Nasos S. schien lange Zeit unangreifbar (Ransmayr, Welt 55); jmds. S. sinkt, ist im Sinken, ist untergegangen, erloschen (geh.; *jmds. Glück, Erfolg, Ruhm läßt nach, ist dahin*); Sei es, ... daß seine -e gerade besonders übel standen, jedenfalls war Lehrer Zeller bedeutend unwirsch (Sommer, Und keiner 102); Der wahre Feldherr ... muß an seinen S. *(Glücksstern)* glauben und darf an seiner Kraft nie verzweifeln (Bieler, Mädchenkrieg 182); jmd. ist unter einem/keinem guten, glücklichen S. geboren, zur Welt gekommen (geh.; *jmd. hat [kein] Glück im Leben*); R die -e lügen nicht (Schiller, Wallensteins Tod III, 9); ** in den -en [geschrieben] stehen (noch ganz ungewiß sein, sich noch nicht voraussagen lassen):* Insofern steht der Termin einer Wiedereröffnung des Lokals noch in den -en (MM 3./4. 4. 80, 28); **unter einem guten, glücklichen, [un]günstigen** o. ä. **S. stehen** (geh.; *in bezug auf Unternehmungen o. ä. [un]günstige Voraussetzungen haben, einen guten, glücklichen, [un]günstigen Verlauf nehmen*); **c)** *Himmelskörper [als Objekt wissenschaftlicher Untersuchung]:* ein S. erster, zweiter, dritter Größe; die Sonne ist ein S.; auf diesem S. (dichter.; *auf der Erde*); er ist [ein Mensch] von einem anderen S. *(er paßt nicht in diese Welt, ist weltfremd);* Freier waren nun ja wirklich keine Wesen vom anderen S. mehr für mich *(waren mir nicht mehr fremd;* Christiane, Zoo 118). **2. a)** *Figur, Gegenstand, um dessen kreisförmige Mitte [gleich große] Zacken symmetrisch angeordnet sind, so daß er einem Stern* (1 a) *ähnlich ist:* ein sechszackiger S.; am Weihnachtsbaum hängen goldene -e; -e zeichnen, malen, ausschneiden, aus Stroh basteln, aus Teig ausstechen; **b)** *Stern* (2 a) *als Rangabzeichen, Orden, Hoheitszeichen:* silberne, goldene -e auf den Schulterstücken; auf dem Banner ist ein fünfzackiger, roter S.; Klack – wieder ein S. mehr auf der Schulterklappe (Loest, Pistole 66); Der Orden „S. der Völkerfreundschaft" in Gold wurde auch ... überreicht (ehem. DDR; Schweriner Volkszeitung 29. 4. 78, 1); **c)** *sternförmiges Zeichen zur qualitativen Einstufung von etw.* (bes. von Hotels, Restaurants): ein Hotel, ein Kognak mit fünf -en; das berühmte Lokal, von dem der Reiseführer mit drei -en meldet, daß seine Spezialität Schlangen seien (Koeppen, Rußland 26); Ü etw. ist eine Eins mit S. *(eine ganz hervorragende Leistung);* **d)** *sternförmiges Kennzeichen in Texten, graphischen Darstellungen o. ä. als Verweis auf eine Anmerkung, Fußnote:* Ein S. mit Klammer wäre eigentlich nötig, auf eine kleingedruckte Fußnote unten verweisend (Lentz, Muckefuck 19). **3.** *(bei Pferden u. Rindern) weißer Fleck auf der Stirn.* **4.** (Jägerspr.) *(beim Wild) Iris.* **5.** (Kosewort) *geliebte Person, Liebling:* du bist mein S.

ster|nal [auch: st...] ⟨Adj.⟩ [zu ↑Sternum] (Med.): *das Brustbein betreffend;* **Stern|al|gie,** die; -, -n [zu griech álgos = Schmerz] (Med.): *Schmerz im Bereich des Brustbeins.*

Stern|anis, der: **a)** *(in Südchina u. Hinterindien heimischer) kleiner, immergrüner Baum mit sternförmigen Fruchtkapseln, deren ölhaltige, stark nach Anis duftende Samen als Gewürz verwendet werden;* **b)** *Frucht des Sternanis* (a); **Stern|anis|öl,** das: *aus dem Samen des Sternanis* (a) *gewonnenes ätherisches Öl;* **Stern|as|so|zia|ti|on,** die (Astron.): *lockere Gruppe von Sternen (die in der Zusammensetzung, Farbe u. ä. einander ähnlich sind);* **Stern|be|deckung**[1]**,** die (Astron.): *Bedeckung eines Fixsternes durch den Mond;* **stern|be|sät** ⟨Adj.⟩ (geh.): *voll von Sternen; mit Sternen bedeckt:* ein klarer, -er Nachthimmel; **Stern|bild,** das: *als Figur gedeutete Gruppe hellerer Sterne am Himmel:* das S. des Kleinen, Großen Bären; **Stern|bild|na|me,** der: *Name, Bezeichnung eines Sternbildes;* **Stern|blu|me,** die: *Blume mit sternförmiger Blüte* (z. B. Aster); **Stern|chen|nu|del,** die ⟨meist Pl.⟩: *kleine, sternförmige Nudel (als Suppeneinlage);* **Stern|deu|te|rei,** die (ugs. abwertend): *Sterndeutung;* **Stern|deu|te|rin,** die: w. Form zu ↑Sterndeuter; **Stern|deu|tung,** die ⟨o. Pl.⟩: *Astrologie;* **Ster|nen|au|ge,** das ⟨meist Pl.⟩ (dichter.): *strahlendes Auge;* **Ster|nen|bahn,** die (geh.): *Bahn der Planeten;* **Ster|nen|banner,** das: *Stars and Stripes;* **Ster|nen|gefun|kel,** das ⟨o. Pl.⟩: *Gefunkel von Sternen;* **ster|nen|hell:** ↑sternhell; **Ster|nen|himmel,** der ⟨o. Pl.⟩ (geh.): *Sternhimmel;* **ster|nen|klar:** ↑sternklar; **Ster|nen|kranz,** der (bes. bild. Kunst): *aus Sternen* (2 a) *gebildeter Kranz* (1); **Ster|nen|krone,** die: *mit Sternen* (2 a) *verzierte Krone:* Maria mit der S.; **Ster|nen|kult,** der: *Astralmythologie;* **Ster|nen|licht,** das ⟨o. Pl.⟩ (geh.): *von den Sternen* (1 a) *ausgehendes Licht;* **ster|nen|los:** ↑sternlos; **Ster|nen|nacht,** die (geh.): *sternklare Nacht;* **Ster|nen|schein,** der (geh.): *[Licht]schein der Sterne;* **ster|nen|wärts** ⟨Adv.⟩ [↑-wärts] (dichter.): *zu den Sternen empor;* **ster|nen|weit** ⟨Adj.⟩ (dichter.): *(in bezug auf Entfernungen) unendlich weit;* **Ster|nen|zelt,** das ⟨o. Pl.⟩ (dichter.): *Sternhimmel;* **Stern|fahrt,** die: *[sportliche Wett]fahrt bes. mit dem Auto od. Motorrad, die von verschiedenen Ausgangspunkten zum gleichen Ziel führt;* **Stern|flug,** der (Flugsport): vgl. Sternfahrt; **stern|för|mig** ⟨Adj.⟩: *in der Form eines Sternes* (2 a): Der Bau des Zellenhauses ist s. (Sobota, Minus-Mann 74); **Stern|forscher,** der: *jmd., der die Sterne* (1 c) *erforscht; Astronom;* **Stern|for|sche|rin,** die: w. Form zu ↑Sternforscher; **Stern|ge|wöl|be,** das (Archit.): *Gewölbe, dessen Rippen eine sternförmige Figur bilden;* **Stern|glo|bus,** der (Astron.): *Himmelsglobus;* **Stern|gucker**[1]**,** der (ugs. scherzh.): *Himmelsgucker;* **Stern|gucke|rin**[1]**,** die (ugs. scherzh.): w. Form zu ↑Sterngucker; **stern|ha|gel|be|sof|fen** ⟨Adj.⟩ (derb), **stern|ha|gel|voll** ⟨Adj.⟩ (salopp): *völlig, sinnlos betrunken:* Sie waren ... so sternhagelbesoffen, daß sie sich das Bier in die Schaftstiefel gossen (Borkowski, Wer 90); Spätabends sind die dann sternhagelvoll zurückgekommen – man hat die schon von weitem gehört – so laut haben die gegrölt (Richartz, Büroroman 202); **Stern|hau|fen,** der (Astron.): *Anhäufung einer größeren Zahl von Sternen (die in der Zusammensetzung, Farbe u. ä. einander ähnlich sind);* **Stern|haus,** das (Archit.): *Hochhaus, bei dem mehrere Wohnflügel sternförmig um ein zentrales Treppenhaus angeordnet sind;* **stern|hell** ⟨Adj.⟩: *von Sternen erhellt:* eine -e Nacht; **Stern|hel|lig|keit,** die (Astron.): *Helligkeit* (2 b); **Stern|him|mel,** der ⟨o. Pl.⟩: *gestirnter nächtlicher Himmel;* **Stern|holz,** das ⟨o. Pl.⟩: *Sperrholz mit sternförmig gegeneinander versetzten Furnierlagen;* **Stern|jahr,** das: *Zeit zwischen zwei aufeinanderfolgenden gleichen Stellungen der Sonne zu einem bestimmten Fixstern, Umlaufzeit der Erde um die Sonne; siderisches Jahr;* **Stern|kar|te,** die: *kartographische Darstellung des Sternhimmels, Himmelskarte;* **Stern|ka|ta|log,** der: *Katalog, in dem die Sterne* (1 c) *mit spezifischen Angaben über ihre Örter, Bewegungen, Helligkeiten u. a. aufgeführt sind;* **stern|klar, sternenklar** ⟨Adj.⟩: *so klar, daß man die Sterne deutlich sehen kann:* eine -e Nacht; Über sich hatte er den Himmel, der war sternenklar (Plievier, Stalingrad 217); **Stern|kun|de,** die ⟨o. Pl.⟩: *Wissenschaft von den Himmelskörpern; Himmelskunde, Astronomie;* **stern|kun|dig** ⟨Adj.⟩: *Kenntnisse auf dem Gebiet der Sternkunde besitzend;* **Stern|li|wein,** der: *Schweizer Wein mit viel Kohlensäure, die beim Einschenken im Glas aufsteigt, sich löst u. einen sternförmigen Schaum bildet;* **stern|los, sternenlos** ⟨Adj.⟩: *ohne Sterne* (1 a): eine -e Nacht; **Stern|marsch,** der: vgl. Sternfahrt: ... Studentenausschüsse haben zu einem S. für den 11. Juni nach Dortmund aufgerufen (MM 31. 5./1. 6. 75, 32; **Stern|mie|re,** die: *Miere mit weißen, sternförmigen Blüten;* **Stern|mo|tor,** der (Technik): *Verbrennungsmotor, bei dem die Zylinder sternförmig angeordnet sind;* **Stern|na|me,** der: *Name eines Sterns* (1 c); **Stern|ort,** der ⟨Pl. ...örter⟩ (Astron.): *astronomischer Ort;* **Stern|sa|ge,** die: *volkstümliche Erzählung über die Sterne als göttliche Wesen, als in den Himmel versetzte Menschen o. ä.;* **Stern|schal|tung,** die (Elektrot.): *elektrische Schaltung zur Verkettung dreier Wechselspannungen;* **Stern|schnup|pe,** die [man hielt die Meteore früher für „Putzabfälle" (↑Schnuppe) von Sternen]: *mit bloßem Auge sichtbarer Meteor:* Kleine -n blitzten auf und verloschen wieder (Rehn, Nichts 118); Sie sahen einen Schwarm -n durch den Himmel wischen (Rehn, Nichts 24); **Stern|sin|gen,** das; -s ⟨landsch.⟩: *das nach altem Brauch dargebotene Singen bestimmter Lieder zum Dreikönigsfest von Kin-*

dern, die als Heilige Drei Könige verkleidet von Haus zu Haus ziehen u. dabei einen Stern (2 a) *mit sich führen;* **Stern|sin|ger,** der; -s, - (landsch.): *Kind, das am Sternsingen teilnimmt:* Mehr als tausend Mark ... sammelten die S. der katholischen Jugend bei Lorscher Familien (MM 19. 1. 70, 7); **Stern|sin|ge|rin,** die; -, -nen (landsch.): w. Form zu ↑ Sternsinger; **Stern|strom,** der: *Gruppe von Sternen mit gleicher Bewegungsrichtung;* **Stern|stun|de,** die (geh.): *Zeitpunkt, kürzerer Zeitabschnitt, der in jmds. Leben in bezug auf die Entwicklung von etw. einen Höhepunkt od. glückhafte Wendepunkt bildet; glückliche, schicksalhafte Stunde:* eine S. der/für die Wissenschaft: Der Landtag in Wiesbaden erlebte gestern eine S. des Parlamentarismus, wie sie in deutschen Länderparlamenten leider selten geworden ist (MM 6. 7. 79, 2); Eine S. für die Ohren (Hörzu 21, 1980, 165); Unsere Nacht im Hotel gehört zu den -n in meinem Leben (Ziegler, Labyrinth 188); **Stern|sy|stem,** das (Astron.): *ausgedehnte Ansammlung von vielen Sternen, die ihre Entwicklung u. Bewegung nach einer Einheit bilden (z. B. Milchstraßensystem);* **Stern|tag,** der (Astron.): *nach dem Auf- u. Untergang der Fixsterne berechneter Tag.*
Ster|num, das; -s, ...na [griech. stérnon = Brust] (Anat.): *Brustbein.*
Stern|wan|de|rung, die: vgl. Sternfahrt; **Stern|war|te,** die: *Observatorium;* **Stern|wind,** der: *ständiger Strom geladener Teilchen, bes. Protonen u. Elektronen, der von der Oberfläche eines Sterns ausgeht;* **Stern|wol|ke,** die (Astron.): *hellleuchtende, aus einer großen Zahl von Sternen bestehende Stelle der Milchstraße;* **Stern|zei|chen,** das: *Tierkreiszeichen* (1): *Der Stier steht laut Buch physiologisch in Verbindung mit dem S. Skorpion* (Schwaiger, Wie kommt 104); Bodmer, im S. des Stiers geboren ... (Ziegler, Liebe 270); **Stern|zeit,** die (Astron.): *in Sterntagen gemessene Zeit.*
Ste|roi|de [ʃt..., st...] ⟨Pl.⟩ [zu ↑ Sterin u. griech. -oeidḗs = ähnlich] (Biochemie): *Gruppe biologisch wichtiger organischer Verbindungen;* **Ste|ro|id|hor|mon,** das ⟨meist Pl.⟩ (Biochemie): *Hormon von der spezifischen Struktur der Steroide (z. B. Östrogen).*
Stert, der; -[e]s, -e [mniederd. stert] (nordd.): ²*Sterz* (1).
Ster|tor, der; -s [zu lat. stertere = schnarchen] (Med.): *röchelndes Atmen;* **ster|to|rös** ⟨Adj.⟩ (Med.): *röchelnd, schnarchend.*
¹**Sterz,** der; -es, -e [zu mundartl. sterzen = steif sein] (südd., österr.): *Speise aus einem mit [Mais]mehl, Grieß o. ä. zubereiteten Teig, der im Fett gebacken od. in heißem Wasser gegart u. dann in kleine Stücke zerteilt wird;* ²**Sterz,** der; -es, -e [mhd., ahd. sterz, eigtl. = Starres, Steifes, zu ↑starren]: **1.** *Schwanz, Bürzel.* **2.** *kurz für* ↑ *Pflugsterz;* **ster|zeln** ⟨sw. V.; hat⟩ (Imkerei): *(von Bienen) den Hinterleib hochrichten.*
stet ⟨Adj.⟩ [mhd. stæt(e), ahd. stāti = beständig, zu ↑stehen] (geh.): **a)** *über eine relativ lange Zeit gleichbleibend, keine Schwankungen aufweisend:* das -e Wohlwollen seines Chefs haben; (als Briefschluß:) in -em Gedenken, -er Treue; Die Schiffsturbinen haben nun ihren -en (gleichmäßigen) Rhythmus erreicht (Heim, Traumschiff 388); **b)** *ständig, andauernd:* sie ist den -en Streit mit ihrem Mann leid; Ich erinnere mich an die -e Angst meiner Mutter vor der Prüfung (Frisch, Montauk 171); eine Vertrauensstellung, die -e Arbeitsbereitschaft voraussetzt (Rheinpfalz 7. 7. 84, 29); **Ste|te, Stet|heit,** die; - (geh., selten): *das Stetsein, Stetigkeit.*
Ste|tho|skop [ʃt..., st...], das; -s, -e [zu griech. stēthos = Brust u. skopeîn = betrachten] (Med.): *medizinisches Instrument zum Auskultieren, das aus einem sich gabelnden schallverstärkenden Gummischlauch mit schallverstärkender Membran einen, Metallbügeln mit Ohrstücken am anderen Ende besteht; Hörrohr* (1): ... holte sein S. aus der Tasche ... und horchte Herz und Lunge ab (Hartlaub, Muriel 14).
ste|tig ⟨Adj.⟩ [mhd. stætec, ahd. stātig, zu ↑stet]: *über eine relativ lange Zeit gleichmäßig, ohne Unterbrechung sich fortsetzend, [be]ständig, kontinuierlich:* der -e Zuwachs wissenschaftlicher Erkenntnisse; Das -e Geräusch der Brandung (Frisch, Montauk 114); Der milde, -e Wind, der manchmal zum Orkan anschwoll (Ransmayr, Welt 254); die Geburtenrate ist s. gesunken, gestiegen; Während die allgemeinen Lebenshaltungskosten s. kletterten (natur 3, 1991, 70); daß in meinem Fall die Kerze des Glaubens eher flackerte, als daß sie s. brannte (Stern, Mann 236); **Ste|tig|keit,** die; - [mhd. stætecheit, ahd. stātekheit]: *stetige Art, Beschaffenheit; Beständigkeit.*
Stetl, Schtetl, das; -s, - [jidd. schtetel < mhd. stetel = kleine Stadt] (früher): *überwiegend von Juden bewohnter Ort (in Osteuropa), in dem die Bevölkerung ihren eigenen jüdischen Traditionen lebt.*
stets ⟨Adv.⟩ [mhd. stætes, ↑stet]: *immer, jederzeit:* sie ist s. freundlich, pünktlich, großzügig; er ist s. zufrieden, guter Laune; sein Gesicht, das weich und glatt war wie s. (Kronauer, Bogenschütze 274); In den Häusern mühten sich früh alternde, s. dunkel gekleidete Frauen ab (Ransmayr, Welt 10); s. und ständig (verstärkend): **immerzu;** **stets|fort** ⟨Adv.⟩ (schweiz. veraltend): *andauernd.*
Stet|son [stɛtsn], der; -s, -s [engl. stetson, nach dem Namen des amerik. Hutfabrikanten J. B. Stetson (1830–1906)]: *weicher Filzhut mit breiter Krempe; Cowboyhut:* Ein ungehobelter Klotz ... kommt in Cowboystiefeln und mit dem Kopf nach New York (MM 19./20. 10. 68, 7).
Stet|tin: Stadt an der Oder; vgl. Szczecin; ¹**Stet|ti|ner,** der; -s, -: Ew.; ²**Stet|ti|ner** ⟨indekl. Adj.⟩; **Stet|ti|ne|rin,** die; -, -nen: w. Form zu ↑¹Stettiner.
¹**Steu|er,** das; -s, - [aus dem Niederd. < mniederd. stur(e) = Steuerruder, urspr. = lange Stange zum Staken u. Lenken eines Schiffes, eigtl. = Stütze, Pfahl, zu ↑stauen, verw. mit ↑²Steuer]: **a)** *Vorrichtung in einem Fahrzeug zum* ¹*Steuern* (1 a) *in Form eines Rades, Hebels o. ä.:* das S. [nach links] drehen, herumreißen, herumwerfen; das S. übernehmen *(jmdn. beim Steuern ablösen);* am/hinter dem S. sitzen, stehen; jmdn. ans S. lassen; Ziethen setzte sich ans S. (Lentz, Muckefuck 179); man hatte ihm schon einmal den Führerschein entzogen ... wegen Trunkenheit am S. (Erné, Kellerkneipe 278); während ich hinter dem S. warte (Strauß, Niemand 215); jmdm. ins S. greifen; Ü er hat das S. *(die Führung)* [der Partei] übernommen, fest in der Hand; bis in unsere Gegenwart, in der die Arbeitenden, Verfolgten und Unterdrückten das S. ergriffen haben (Berger, Augenblick 42); **b)** *Ruder* (2): das S. halten, führen; ²**Steu|er,** die; -, -n [mhd. stiure, ahd. stiura = Stütze, Unterstützung; = Stütze, Pfahl, zu ↑stauen, verw. mit ↑¹Steuer]: **1.** *bestimmter Teil des Lohns, Einkommens od. Vermögens, der an den Staat abgeführt werden muß:* staatliche, städtische -n; hohe, progressive -n; So kamen zu den ohnehin qualvoll drückenden -n noch diese „freiwilligen" Umlagen hinzu (Thieß, Reich 306); direkte -n (Wirtsch.; *Steuern, die derjenige, der sie schuldet, direkt an den Staat zu zahlen hat);* indirekte -n (Wirtsch.; *Steuern, die im Preis bestimmter Waren, bes. bei Genuß- u. Lebensmitteln, Mineralöl o. ä., enthalten sind);* Der Wagen steht auf dem Parkplatz, wo Adolf ihn Monate vorher abgestellt hat. S. *(Kraftfahrzeugsteuer)* und Versicherung laufen weiter (Chotjewitz, Friede 139); -n auf Kapitalerträge (Spiegel 18, 1989, 102); -n [be]zahlen, abführen, nachzahlen, erheben, einziehen, hinterziehen, eintreiben, erhöhen, senken; den Bürgern immer neue -n auferlegen; Viele konnten die S. nicht mehr aufbringen, die der Haltung von Hunden gelegt war (Feuchtwanger, Erfolg 345); das Auto kostet 500 Mark S. im Jahr; der S. unterliegen; etw. mit einer S. belegen; Nach -n verbleibt ein achtbarer Gewinn von ... (NZZ 30. 4. 83, 15); die Unkosten von der S. absetzen. **2.** ⟨o. Pl.⟩ (ugs.) *kurz für* ↑ *Steuerbehörde:* bei der S. arbeiten; die Frau von der S. ist da; **Steu|er|ab|zug,** der (Steuerw.): *indirekter Steuereinzug durch Einbehaltung an der Einkunftsquelle;* **steu|er|ab|zugs|fä|hig** ⟨Adj.⟩ (Steuerw.): *abzugsfähig:* Dieser Verein sammelte -e Spenden (Delius, Siemens-Welt 64); **Steu|er|am|ne|stie,** die (Rechtsspr.): *Gewährung von Straffreiheit bei Selbstanzeige des Steuerhinterziehers;* **Steu|er|amt,** das (veraltend): *Finanzamt;* **Steu|er|än|de|rungs|ge|setz,** das (Steuerw.): *Gesetz, das die Änderungen der steuerlichen Bestimmungen enthält;* **Steu|er|an|ge|le|gen|heit,** die ⟨meist Pl.⟩: *das, was die Steuern betrifft:* in -en; **Steu|er|an|pas|sungs|ge|setz,** das (Steuerw.): *Steueränderungsgesetz;* **Steu|er|an|spruch,** der (Steuerw.): *Anspruch des Staates, der den einzelnen zur Zahlung von Steuern verpflichtet;* **Steu|er|an|teil,** der: *der Steuer zukommender Anteil an etw.:* den S. erhöhen; **Steu|er|auf|kom|men,** das ⟨o. Pl.⟩: *Gesamtheit der Einnahmen des Fiskus aus Steuern innerhalb eines bestimmten Zeitraums;* **Steu|er|auf|sicht,** die ⟨o. Pl.⟩: *Kontrolle der*

Steuerausfall

Steuerpflichtigen durch die Finanzbehörden; **Steu|er|aus|fall,** der: *(den Staat, die Kommunen betreffender) Ausfall von Steuern;* **Steu|er|aus|gleichs|kon|to,** das (Steuerw.): *Konto, auf dem Bewertungsunterschiede zwischen Handels- u. Steuerbilanzen gesammelt werden;* **Steu|er|aus|schuß,** der (Steuerw.): *das Finanzamt in bestimmten Steuerangelegenheiten beratender Ausschuß;* **Steu|er|ban|de|rol|le,** die: *Steuerzeichen;* ¹**steu|er|bar** ⟨Adj.⟩: *sich steuern lassend; so beschaffen, konstruiert, daß es gesteuert werden kann:* ein -es Gerät; ein -er Flugkörper; Spiegelleuchten, deren Helligkeit mit einem Regler s. ist; ²**steu|er|bar** ⟨Adj.⟩ (Amtsspr.): *steuerpflichtig; zu versteuern:* -es Einkommen, -er Gewinn; obschon wirtschaftlich eine -e Ausschüttung vorliege (NZZ 21.8.83, 17); **Steu|er|bar|keit,** die; -: **1.** *Möglichkeit, Fähigkeit, gesteuert zu werden.* **2.** (Amtsspr.) *das Steuerpflichtigsein;* **Steu|er|bat|zen,** der (schweiz.): *Steuergeld;* **Steu|er|be|am|te,** der (veraltend): *Finanzbeamter;* **Steu|er|be|am|tin,** die (veraltend): w. Form zu ↑ Steuerbeamte; **Steu|er|be|fehl,** der (Datenverarb.): *Befehl* (1 b); **Steu|er|be|frei|ung,** die ⟨o. Pl.⟩: *Befreiung von der Steuerpflicht;* **steu|er|be|gün|stigt** ⟨Adj.⟩ (Steuerw.): *[zum Teil] von der Steuer absetzbar (als Teil eines Förderungsprogramms):* -e Wertpapiere; s. sparen; **Steu|er|be|hör|de,** die: *Finanzbehörde;* **Steu|er|be|la|stung,** die ⟨Pl. selten⟩: *das Belastetsein durch Steuern:* Haushalte mit hoher, geringer S.; **Steu|er|be|leg,** der: *Beleg für die Steuererklärung;* **Steu|er|be|mes|sungs|grund|la|ge,** die (Steuerw.): *bestimmter Betrag, Wert, der bei der Ermittlung der Höhe der zu entrichtenden Steuern zugrunde liegt;* **Steu|er|be|ra|ter,** der: *staatlich zugelassener Berater u. Vertreter in Steuerangelegenheiten* (Berufsbez.); **Steu|er|be|ra|te|rin,** die: w. Form zu ↑ Steuerberater; **Steu|er|be|ra|tung,** die: *Beratung in Steuerangelegenheiten;* **Steu|er|be|scheid,** der (Steuerw.): *Bescheid des Finanzamts über die Höhe der zu entrichtenden Steuer;* **Steu|er|be|trag,** der: *Betrag an Steuer[n];* **Steu|er|be|trug,** der (Steuerw.): *Betrug durch Angabe von fingierten steuerlichen Daten;* **Steu|er|be|voll|mäch|tig|te,** der u. die: vgl. Steuerberater (Berufsbez.); **Steu|er|bi|lanz,** die (Steuerw.): *Bilanz, die zur Ermittlung der Höhe des zu besteuernden Gewinns aufgestellt wird;* **Steu|er|bo|nus,** der: *Nachlaß* (2) *der Steuer;* **steu|er|bord,** steuerbords ⟨Adv.⟩ (Seew., Flugw.): *rechts, auf der rechten Schiffs- od. Flugzeugseite;* **Steu|er|bord,** das, österr. auch: der ⟨Pl. ungebr.⟩ [nach dem urspr. rechts angebrachten Steuerruder] (Seew., Flugw.): *rechte Seite eines Schiffes (in Fahrtrichtung gesehen) od. Luftfahrzeugs (in Flugrichtung gesehen):* nach S. gehen; **steu|er|bords:** ↑ steuerbord; **Steu|er|bord|sei|te,** die: *Steuerbord;* **Steu|er|do|mi|zil,** das (schweiz.): *der für die Bestimmung, an welchen Kanton Steuern zu zahlen sind, maßgebliche Wohnsitz;* **Steu|er|ein|heit,** die: *Teil der Steuerbemessungsgrundlage, nach der die Zuordnung zu einem bestimmten Steuertarif bestimmt wird;* **Steu|er|ein|nah|me,** die ⟨meist Pl.⟩ (Steuerw.): *Einnahme aus Steuern;* **Steu|er|ein|neh|mer,** der (früher): vgl. Einnehmer; **Steu|er|ein|zug,** der: *das Einziehen* (8 a) *von Steuern;* **Steu|e|rer,** der; -s, - [zu ↑ ¹steuern (1 a)] (selten): *jmd., der steuert;* **Steu|er|er|hö|hung,** die: *Erhöhung von Steuern;* **Steu|er|er|klä|rung,** die (Steuerw.): *Angaben eines Steuerpflichtigen über sein Vermögen, Einkommen, Gehalt o. ä., die dem Finanzamt zur Ermittlung der Höhe der zu entrichtenden Steuern vorgelegt werden müssen:* die S. abgeben; **Steu|er|er|laß,** der (Steuerw.): *[teilweiser] Erlaß von Steuern;* **Steu|er|er|leich|te|rung,** die: *Verringerung der steuerlichen Belastung;* **Steu|er|er|mä|ßi|gung,** die (Steuerw.): *Ermäßigung der Steuerschuld;* **Steu|er|er|mitt|lungs|ver|fah|ren,** das (Steuerw.): *Verfahren, Vorgehen zur Ermittlung, Festsetzung der Steuerschuld;* **Steu|er|ero|si|on,** die (Steuerw.): *Verringerung der Steuerbemessungsgrundlage (bes. bei der Einkommensteuer) durch die Gewährung von Steuervergünstigungen von seiten des Gesetzgebers;* **Steu|er|er|stat|tung,** die (Steuerw.): *Rückzahlung von zuviel gezahlten Steuern;* **Steu|er|fach|ge|hil|fe,** der: *bei einem Steuerberater angestellter Gehilfe* (1) (Berufsbez.); **Steu|er|fach|ge|hil|fin,** die: w. Form zu ↑ Steuerfachgehilfe; **Steu|er|fahn|der,** der: *Beamter, der für die Steuerfahndung zuständig ist;* **Steu|er|fahn|de|rin,** die: w. Form zu ↑ Steuerfahnder; **Steu|er|fahn|dung,** die (Steuerw.): **a)** *staatliche Überprüfung der Bücher eines Betriebs bei Verdacht eines Steuervergehens;* **b)** *für die Steuerfahndung zuständige Beamte:* Bei einem Großteil aller Delikte schaltet sich auch die S. ein (Spiegel 5, 1978, 91); **Steu|er|fe|der,** die ⟨meist Pl.⟩: *Schwanzfeder:* So finden sich z. B. bei den verschiedensten Vogelgruppen die äußersten -n weiß gefärbt (Lorenz, Verhalten I, 247); **Steu|er|fest|set|zung,** die: *Festsetzung der Steuer;* **Steu|er|flucht,** die (Steuerw.): **a)** *Umgehung der Steuerpflicht durch das Verbringen von Kapital, Vermögen o. ä. ins Ausland;* **b)** *Umgehung der Steuerpflicht durch Verlegen des Wohnod. Unternehmenssitzes ins Ausland;* **steu|er|flüch|tig** ⟨Adj.⟩: *Steuerflucht begehend;* **Steu|er|flücht|ling,** der: *jmd., der Steuerflucht* (b) *begeht:* Wer sich als S. in Monaco niederließ, ... (Welt 28. 4. 92, 26); **Steu|er|for|de|rung,** die: *das Fordern steuerlicher Zahlungen;* **Steu|er|for|mu|lar,** das: *Formular für die Steuererklärung;* **Steu|er|frau,** die (Rudersport): w. Form zu ↑ Steuermann (3); **steu|er|frei** ⟨Adj.⟩: *von der Steuer nicht erfaßt; nicht be-, versteuert:* -e Beträge; Die Zinseinnahmen bleiben s., wenn sie ... (Welt 5. 8. 65, 13); **Steu|er|frei|be|trag,** der (Steuerw.): *steuerfreier Betrag;* **Steu|er|frei|gren|ze,** die (Steuerw.): *Freigrenze;* **Steu|er|frei|heit,** die ⟨o. Pl.⟩: *das Befreitsein von der Steuerpflicht;* **Steu|er|ge|gen|stand,** der: *Steuerobjekt;* **Steu|er|ge|heim|nis,** das: *Geheimhaltungspflicht aller Staats-, Steuerbeamten im Hinblick auf Vermögensverhältnisse, Steuerangelegenheiten anderer;* **Steu|er|ge|hil|fe,** der: *Steuerfachgehilfe;* **Steu|er|ge|hil|fin,** die: w. Form zu ↑ Steuergehilfe; **Steu|er|geld,** das ⟨meist Pl.⟩: *Geld, das aus Steuern stammt:* Fünf Millionen Mark -er wurden verpulvert (Spiegel 41, 1977, 114); **Steu|er|ge|rät,** das: **a)** (Rundfunkt.) *Receiver;* **b)** (Elektrot.) *Gerät zur automatischen Steuerung von Anlagen, Abläufen, Vorgängen o. ä.:* elektronische -e; **Steu|er|ge|rech|tig|keit,** die: *Gerechtigkeit in bezug auf die zu zahlenden Steuern, wobei die Höhe der Steuern so [gestaffelt] festgelegt wird, daß sie in einem gerechten Verhältnis zur tatsächlichen finanziellen Leistungskraft des Steuerzahlers steht:* mehr S. fordern; Steuern auf notwendige Lebensmittel sind mit S. nicht vereinbar; **Steu|er|ge|setz,** das: *bes. die Erhebung von Steuer[n] betreffendes steuerrechtliches Gesetz;* **Steu|er|ge|setz|ge|bung,** die: *die Steuern betreffende Gesetzgebung;* **Steu|er|git|ter,** das (Elektronik): *Gitter* (4), *mit dem sich die Elektronen steuern lassen;* **Steu|er|gro|schen,** der ⟨meist Pl.⟩ (ugs.): *Steuergeld:* Die Oberpostdirektion ... ließ sich die Zufriedenheit ihrer Briefträger und Paketzusteller manchen S. kosten (Welt 9. 10. 75, 1); **Steu|er|he|bel,** der, (bes. Flugw.): *Steuerknüppel;* **Steu|er|hel|fer,** der (veraltet, noch landsch.): *Steuerbevollmächtigter;* **Steu|er|hin|ter|zie|hung,** die (Steuerw.): *Hinterziehung von Steuern durch das Nichtangeben von steuerpflichtigem Einkommen od. durch unvollständige, unrichtige Angaben über die Vermögens-, Einkommensverhältnisse;* **Steu|er|ho|heit,** die (Steuerw.): *das Recht einer staatlichen Körperschaft, Steuern zu erheben;* **Steu|e|rin,** die; -, -nen (selten): w. Form zu ↑ Steuerer; **Steu|er|kar|te,** die: *Lohnsteuerkarte;* **Steu|er|klas|se,** die (Steuerw.): *nach Familienstand u. Anzahl der Kinder festgelegte, innerhalb des Steuertarifs gestaffelte Steuerbemessungsgrundlage für die Einkommens- u. Lohnsteuer;* **Steu|er|knüp|pel,** der (bes. Flugw.): ¹*Steuer* (a) *in Form eines Knüppels:* den S. nach rechts drücken, nach hinten ziehen; der Pilot schob den S. ganz nach vorn (B. Vesper, Reise 95); am S. sitzen; **Steu|er|last,** die (Steuerw.): *Belastung durch Steuern:* die S. wird immer drückender; die Höhe der einzelnen S. ist individuell und hängt vom Einkommen ab (Haus 2, 1980, 6); **Steu|er|leh|re,** die: *die Steuern betreffende Lehre, Theorie;* **steu|er|lich** ⟨Adj.⟩ (Steuerw.): *die* ²*Steuer* (1) *betreffend; auf die* ²*Steuer* (1) *bezogen:* -e Vergünstigungen, Nachteile; Seinen guten Platz behauptet Großbritannien auch, wenn dem Vergleich die tatsächliche -e Gesamtbelastung zugrunde gelegt wird (Saarbr. Zeitung 8./9. 12. 79, 5); s. begünstigt, benachteiligt werden; **steu|er|los** ⟨Adj.⟩: **a)** *ohne Steuerung;* **b)** *ohne jmdn., der steuert:* das Schiff treibt s. auf dem Meer; **Steu|er|mann,** der ⟨Pl. ...leute, seltener ...männer⟩: **1.** (Seew. früher) *Seeoffizier (höchster Offizier nach dem Kapitän), der für die Navigation verantwortlich ist.* **2.** (Seew.) *Bootsmann* (2). **3.** (Rudersport) *jmd., der ein Boot steuert:* Vierer mit, ohne S. **4.** (Elektrot.) *jmd., der ein Steuerpult bedient;* **Steu|er|manns|pa|tent,** das: vgl. Patent (2); **Steu|er|mar|ke,** die: *Marke als Quittung für bezahlte Steuern,* bes. *Hundemarke;* **Steu|er|meß|be-scheid,** der (Steuerw.): *Bescheid über die Höhe des Steuermeßbetrages;* **Steu|er-meß|be|trag,** der (Steuerw.): *vom Finanzamt festgesetzter Grundbetrag zur Errechnung von Steuern;* **Steu|er|mit|tel,** das ⟨meist Pl.⟩: *Steuergeld:* S. für ein Forschungsprojekt bewilligen; **Steu|er|moral,** die: *Einstellung des Bürgers zu Steuern u. zur Besteuerung:* Die schlechte S. zwingt den Staat seit einigen Jahren zu ... (NZZ 3. 5. 83, 11); Maßnahmen zur Hebung der S. ergreifen; ¹**steu|ern** ⟨sw. V.⟩ [mhd. stiuren, ahd. stiur(r)en]: **1.** ⟨hat⟩ **a)** *das* ¹*Steuer (a) eines Fahrzeugs bedienen u. dadurch die Richtung des Fahrzeugs bestimmen; durch Bedienen des* ¹*Steuers (a) in eine bestimmte Richtung bewegen:* ein Boot s.; das Schiff [sicher] durch die Klippen, in den Hafen s.; sie steuerte das Motorrad nur mit einer Hand; Kelley steuerte seinen Jeep über deutsche Landstraßen (Lentz, Muckefuck 296); einen Ferrari s. *(im Rennen) fahren);* wenn er Leuten begegnete, die an Walzstraßen standen oder an Gießöfen, die Dieselloks steuerten und Fernlaster (Loest, Pistole 249); wer hat den Wagen gesteuert *(ist der Fahrer des Wagens)?;* ⟨auch ohne Akk.-Obj.:⟩ nach rechts, seitwärts s.; der Rudergänger steuerte nach dem Kompaß; Ü ein Tief bei Island steuert Warmluft nach Frankreich; einer er (= der Kanzler) glaubt ja, daß nur er in der Lage sei, die Bundesrepublik sicher durch die Wirren der Zeit zu s. (Dönhoff, Ära 56); **b)** (Seew., Flugw.) *steuernd* (1a) *einhalten;* Westkurs s.; **c)** ⟨s. + sich⟩ *sich in bestimmter Weise steuern* (1a) *lassen:* dieser Flugzeugtyp steuert sich gut. **2.** ⟨ist⟩ **a)** *irgendwohin Kurs nehmen; eine bestimmte Richtung einschlagen:* das Schiff steuert in den Hafen, zur Insel; das Flugzeug steuert nach Norden; Ü wohin steuert unsere Politik?; **b)** (ugs.) *sich zielstrebig in eine bestimmte Richtung bewegen:* sie steuerte durch die Tischreihen, nach vorn, an die Theke; als er vorsichtig heimwärts steuerte (Springer, Was 49); Wir sehen ... Jugendliche, die nicht herumlungern, sondern eilig irgendwohin steuern (Berger, Augenblick 5); Ü er steuert in sein Unglück. **3.** ⟨hat⟩ **a)** (Technik) *(bei Geräten, Anlagen, Maschinen) den beabsichtigten Gang, Ablauf, das beabsichtigte Programm* (4) *o. ä. auslösen:* einen Rechenautomaten, die Geschwindigkeit eines Fließbands s.; das gesamte Nachrichtennetz fällt ebenso aus wie die automatisch gesteuerte Heizung und die Wasserzufuhr (Gruhl, Planet 264); **b)** *für einen bestimmten Ablauf, Vorgang sorgen; so beeinflussen, daß sich jmd. in beabsichtigter Weise verhält, daß etw. in beabsichtigter Weise abläuft, in etw. so geht: lenken:* den Produktionsprozeß s.; Der Mensch soll nicht nur fangen, sondern auch die Reproduktion der Fische s. (NNN 23. 3. 87, 5); diese Hormone steuern die Tätigkeit der Keimdrüsen; ein Gespräch geschickt [in die gewünschte Richtung] s.; die öffentliche Meinung s.; er glaube aber nicht, daß die UdSSR den Terrorismus steuere (Südd. Zeitung 22. 10. 85, 9); ob der ... KGB von der Operation wußte und inwieweit er das Attentat steuerte (Hamburger Abendblatt 24. 5. 85, 2); Unruhen ..., die von Kairo aus gesteuert worden waren (Konzelmann, Allah 353); sie wird von Gefühlen gesteuert; Er ... wußte aber, wie er seine Schwäche zu s. hatte (Loest, Pistole 133); Wir müssen Spannungen aushalten, Aggressionen s. (Vaterland 27. 3. 85, 25). **4.** (geh.) *einer Sache, Entwicklung, einem bestimmten Verhalten von jmdm. entgegenwirken* ⟨hat⟩: dem Unheil, der Not s.; In der Schule versuchte man, dem Hunger mit Hilfe der Amerikaner zu s. (Heym, Nachruf 15); ²**steu|ern** ⟨sw. V.; hat⟩ [mhd. stiuren = beschenken, eigtl. = ¹steuern] (schweiz., sonst veraltet): *Steuern zahlen;* **Steu|er|nach|laß,** der: *Nachlaß von Steuern;* **Steu|er|oa|se,** die (ugs.): *Staat, Kanton o. ä., der keine od. nur sehr niedrige Steuern erhebt [u. daher für steuerflüchtige Ausländer attraktiv ist];* **Steu|er-ob|jekt,** das: *Gegenstand der Besteuerung;* **Steu|er|pa|ket,** das (Jargon): *Paket von steuerlichen Maßnahmen:* ein S. verabschieden; **Steu|er|pa|ra|dies,** das (ugs.): *Steueroase;* **Steu|er|pflicht,** die (Steuerw.): *gesetzliche Verpflichtung, Steuern zu entrichten;* **steu|er|pflich|tig** ⟨Adj.⟩ (Steuerw.): **1.** *gesetzlich verpflichtet, Steuern zu entrichten.* **2.** *der Steuerpflicht unterliegend:* -es Einkommen; **Steu|er|pflich|ti|ge,** der u. die; -n, -n ⟨Dekl. ↑Abgeordnete⟩ (Steuerw.): *jmd., der steuerpflichtig ist;* **Steu|er|po|li|tik,** die: *Gesamtheit der Maßnahmen der Finanzpolitik im steuerlichen Bereich:* Die S. ist in der Zeit des deutschen Wiederaufbaus ein wichtiges Mittel neoliberaler Wirtschaftspolitik gewesen (Fraenkel, Staat 94); **steu|er|po|li|tisch** ⟨Adj.⟩: *die Steuerpolitik betreffend;* **Steu|er|pro-gramm,** das (Datenverarb.): *Programm* (4), *das den Ablauf anderer Programme* (4) *organisiert, überwacht;* **Steu|er|pro-gres|si|on,** die: *progressive steuerliche Mehrbelastung höherer Einkommen aus Gründen der Steuergerechtigkeit;* **Steu|er|prü|fer,** der: *Buchprüfer, Wirtschaftsprüfer;* **Steu|er|prü|fe|rin,** die: w. Form zu ↑Steuerprüfer; **Steu|er|pult,** das (Elektrot.): *Schaltpult;* **Steu|er|quo|te,** die: *Quote, die die Steuer ausmacht; Steueranteil;* **Steu|er|rad,** das: **a)** vgl. Steuerknüppel; *Lenkrad;* **b)** (Seew.) *Rad des Ruders;* **Steu|er|recht,** das: *gesetzliche Regelung des Steuerwesens;* **steu|er-recht|lich** ⟨Adj.⟩: *das Steuerrecht betreffend;* **Steu|er|re|form,** die: *Reform des* ²*Steuersystems;* **Steu|er|rück|stand,** der: *Rückstand* (2) *an Steuern;* **Steu|er|ru-der,** das (Seew.) *Ruder* (2); **Steu|er|satz,** der (Steuerw.): *Betrag, der einer bestimmten Steuerpflicht entspricht;* **Steu|er|säu-le,** die (Kfz-T.): *stangenförmiger Teil der Lenkung eines Kraftfahrzeugs, der die Drehbewegung des Lenkrads auf das Lenkgetriebe überträgt; Lenksäule;* **Steu|er|schal|ter,** der (Technik): *Schalter zur Betätigung einer Steuerung;* **Steu|er-schrau|be,** die: in den Wendungen **die S. anziehen, überdrehen/an der S. drehen** (ugs.; *die Steuern [drastisch] erhöhen);*

Steu|er|schuld, die (Steuerw.): **a)** *Steuer, die noch gezahlt werden muß;* **b)** *Verpflichtung, eine bestimmte Steuer zu zahlen;* **Steu|er|schuld|ner,** der (Steuerw.): *Steuersubjekt;* **Steu|er|schuld|ne|rin,** die (Steuerw.): w. Form zu ↑ Steuerschuldner; **Steu|er|sen|kung,** die: *Senkung von Steuern;* **Steu|er|straf|recht,** das: *Verstöße gegen die Steuer- u. Zollgesetze betreffendes Strafrecht;* **Steu|er|straf|tat,** die: *Steuer- od. Zollgesetze verletzende Straftat;* **Steu|er|stun|dung,** die: *Stundung der Steuer;* **Steu|er|sub|jekt,** das (Steuerw.): *jmd., der durch Gesetz verpflichtet ist, Steuern zu entrichten; Steuerpflichtiger;* **Steu|er|sün|der,** der (ugs.): *jmd., der seiner Steuerpflicht nicht od. nur z. T. nachkommt;* **Steu|er|sün|de|rin,** die (ugs.): w. Form zu ↑ Steuersünder; ¹**Steu-er|sy|stem,** das (Technik): *Steuerung* (1): das S. eines Raumschiffs; ²**Steu|er-sy|stem,** das (Steuerw.): *System der Besteuerung:* Die -e in der Europäischen Wirtschaftsgemeinschaft sollen einander angeglichen werden (Fraenkel, Staat 94); **Steu|er|ta|bel|le,** die (Steuerw.): *Tabelle zur Bestimmung von Steuerbeträgen;* **Steu|er|ta|rif,** der (Steuerw.): *Zusammenstellung der Steuerklassen u. Steuersätze;* **Steu|er|trä|ger,** der: *jmd., der auf Grund von Steuerumwälzungen letztlich die Steuerlast zu tragen hat (u. wirtschaftliche Einbußen erleidet);* **Steu|er|trä|ge|rin,** die: w. Form zu ↑ Steuerträger; **Steu|er|um|ge|hung,** die: *Mißbrauch rechtlicher Möglichkeiten zur Steuerminderung;* **Steu|er|um|wäl|zung,** die: *Belastung eines anderen mit der Steuerlast durch indirekte Steuern, die im Warenpreis bestimmter Waren enthalten sind;* **Steue|rung,** die; -, -en [zu ↑ ¹steuern]: **1.** (Technik) **a)** *Gesamtheit der technischen Bestandteile eines Fahrzeugs, die für das* ¹*Steuern* (1 a) *notwendig sind:* die S. war blockiert, gehorchte nicht mehr; Der Pilot ... hatte die S. festgeklemmt (Kirst, 08/15, 608); **b)** *Steuergerät* (b): die [automatische] S. einschalten, betätigen; Wir müssen unbedingt ein Tempo zulegen, weil die Werkzeugmaschinenindustrie auf unsere -en wartet (Freie Presse 26. 11. 87, 1). **2.** ⟨o. Pl.⟩ *(bes. von Schiffen, Flugzeugen) das* ¹*Steuern* (1 a). **3.** ⟨o. Pl.⟩ **a)** (Technik) *das* ¹*Steuern* (3 a): die S. einer Heizungsanlage; Die S. dieser Anlagen erfolgt weitgehend automatisch (Gruhl, Planet 59); die Messungen zur S. des Apparates benutzen; **b)** *das* ¹*Steuern* (3 b): die S. von Produktionsprozessen; die hormonelle, vegetative S. von Vorgängen im Körper; die S. von Gefühlsausbrüchen durch das kontrollierende Bewußtsein; die Fähigkeit der Systeme, Störungen aus der Umwelt durch S. auszugleichen; Die ganze forstliche Tätigkeit im Wald besteht nun einmal in einem fortgesetzten Einsatz und der S. vorhandener und zusätzlicher Naturfaktoren (Mantel, Wald 103). **4.** (geh. veraltend) *das* ¹*Steuern* (4): die S. der Wohnungsnot, der Arbeitslosigkeit; **Steu|e|rungs|an|la|ge,** die (Technik): *technische Anlage zur Steuerung von etw.;* **Steue|rungs|com|pu|ter,** der (Elektronik): *Computer zur Steuerung technischer Anlagen, Maschinen o. ä.;* **steue|rungs-**

Steuerungshebel

fä|hig ⟨Adj.⟩ (bes. Psych.): *fähig, jmdn., sich, etw. zu steuern* (3 b): durch Alkohol vermindert s. sein; **Steue|rungs|he|bel,** der (Technik): *Hebel zur Steuerung von etw.;* **Steue|rungs|me|cha|nis|mus,** der: *Mechanismus* (1 a), *durch den etw. gesteuert wird:* Ü Der Bundesrat hingegen hält grundsätzlich am marktwirtschaftlichen S. von Angebot und Nachfrage fest (Vaterland 27. 3. 85, 13); **Steue|rungs|me|tho|de,** die: *Methode der Steuerung;* **Steue|rungs|tech|nik,** die ⟨o. Pl.⟩: *Teil der Technik, der sich mit Steuerungen befaßt;* **Steue|rungs|ven|til,** das (Technik): *Steuerventil;* **Steue|rungs|vor|gang,** der: *Vorgang, durch den etw. gesteuert wird;* **Steu|er|ven|til,** das (Technik): *Ventil zur Steuerung von Kraftmaschinen;* **Steu|er|ver|an|la|gung,** die (Steuerw.): *Feststellung, ob u. in welcher Höhe eine Steuerschuld* (b) *besteht;* **Steu|er|ver|ge|hen,** das (Steuerw.): *Verstoß gegen die Steuergesetze;* **Steu|er|ver|gün|sti|gung,** die (Steuerw.): *Steuererleichterung als staatliche Förderungsmaßnahme;* **Steu|er|ver|gütung,** die (Steuerw.): *(bes. bei der Warenausfuhr gewährte) staatliche Vergütung auf Grund gezahlter Steuer;* **Steu|er|vor|aus|zah|lung,** die (Steuerw.): *Vorauszahlung auf die endgültige Steuerschuld;* **Steu|er|vor|rich|tung,** die: *Vorrichtung zur Steuerung von etw.;* **Steu|er|vor|teil,** der: *steuerlicher Vorteil:* Die irische Regierung stellt dem Auslandskapital überdurchschnittliche Profite, diverse -e ... und andere Vergünstigungen in Aussicht (horizont 12, 1977, 19); **Steu|er|wel|le,** die (Technik): *Welle zur Steuerung von [Dampf]maschinen;* **Steu|er|werk,** das (Datenverarb.): *Teil einer Datenverarbeitungsanlage, der der Abrufung der Steuerbefehle, der Steuerung u. Überwachung der Anlage dient;* **Steu|er|we|sen,** das ⟨o. Pl.⟩: *alles mit den ²Steuern* (1) *Zusammenhängende, einschl. Funktion, Organisation u. Verwaltung;* **Steu|er|zah|ler,** der: *jmd., der zur Zahlung von Steuern verpflichtet ist:* schließlich rechnet einer aus, was Pommerenke bis zu seinem Lebensende den S. *(diejenigen, die regelmäßig Steuern zahlen)* kosten wird (Noack, Prozesse 243); **Steu|er|zah|le|rin,** die: w. Form zu ↑ Steuerzahler: Viele von uns sind Arbeiterinnen ..., wir alle -nen (Kelly, Um Hoffnung 120); **Steu|er|zeichen,** das: *Zeichen an Packungen (bes. bei Tabakwaren), durch das die Erhebung der Verbrauchsteuer gekennzeichnet wird;* **Steu|er|zei|chen|fäl|schung,** die: *Fälschung des Steuerzeichens;* **Steu|erzet|tel,** der (ugs.): *Steuerbescheid;* **Steu|er|zu|schlag,** der (Steuerw.): *Säumniszuschlag;* **Steu|rer:** ↑ Steuerer; **Steu|re|rin,** die; -, -nen: w. Form zu ↑ Steurer.

Stel|ven [...vn̩], der; -s, - [mniederd. steven, eigtl. wohl = Stock, Stütze] (Schiffbau): *ein Schiff nach vorn u. hinten begrenzendes Bauteil, das den Kiel nach oben fortsetzt.*

Ste|ward ['stjuːɐt], der; -s, -s [engl. steward < aengl. stigweard = Verwalter]: *Betreuer der Passagiere an Bord von Schiffen u. Flugzeugen; Flugbegleiter* (Berufsbez.); **Ste|war|deß** ['stjuːɐdɛs, auch: ...'dɛs], die; -, ...dessen [engl. stewardess, zu: steward, ↑ Steward]: w. Form zu ↑ Steward: S. sein; als S. arbeiten; die S. kümmert sich um die Fluggäste; Am Abend im letzten Flugzeug nach Hamburg hetzte ihn die S. hin und her zwischen seinem Tablett und dem Eisschrank (Johnson, Ansichten 37); **Ste|ward|ship** [...ʃɪp], die; - [engl. stewardship, eigtl. = Verwaltung]: *(in der protestantischen Kirche der USA) Dienst der Gemeindemitglieder, die einen Teil ihrer Zeit, ihrer Fähigkeiten u. ihres Geldes der Gemeinde zur Verfügung stellen.*

Stg. = Satang.

StGB = Strafgesetzbuch.

Sthe|nie [st..., ʃt...], die; - [zu griech. sthénos = Stärke, Kraft] (Med.): *physische Kraftfülle;* **sthe|nisch** ⟨Adj.⟩ (Med.): *kraftvoll.*

sti|bit|zen ⟨sw. V.; hat⟩ [urspr. Studenspr., H. u.] (fam.): *auf listige Weise entwenden, an sich bringen:* Schokolade s.; Eis aus dem Kühlschrank s.; Mit Jonny hab' ich schon als Fünfjähriger gespielt. Und ich habe für ihn immer ein Würstchen stibitzt (Danella, Hotel 39); Gekrallt haben die mich dann, als ich Fahrradöl für eine Mark stibitzt hab' (Degener, Heimsuchung 50).

Sti|bi|um [ˈʃt..., 'st...], das; -s [lat. stibi(um) < griech. stíbi): *Antimon;* Zeichen: Sb; **Stib|nit,** der; -s, -e: *Antimonglanz.*

stich: ↑ stechen; **Stich,** der; -[e]s, -e [1: mhd. stich, ahd. stih; 12: mhd. stich; 14: gek. aus: Stichentscheid]: **1. a)** *das Eindringen einer Stichwaffe o. ä. [in jmds. Körper]; der Stoß mit einer Stichwaffe o. ä.:* ein tödlicher S. mit dem Messer; der S. traf sie mitten ins Herz; Ü ein S. [von hinten] *(versteckte spitze, gehässige Bemerkung, boshafte Anspielung);* Ihr Gatte hat mich provoziert. Nicht daß mir seine -e *(Sticheleien)* unter die Haut gehen (Erné, Kellerkneipe 198); **b)** *[schmerzhaftes] Eindringen eines Stachels, Dorns o. ä. [in die Haut]; das Stechen* (2): der S. einer Biene, Wespe; einen heftigen S. spüren; **c)** (selten) *Einstechen, Einstich:* Schmerzhaft war der S. in das beängstigend weit zurückgewichene Zahnfleisch (Böll, Haus 35). **2. a)** *Verletzung, die jmdm. durch einen Stich* (1 a, b) *zugefügt wird, durch einen Stich* (1 a, b) *entstanden ist:* der S. eitert, ist angeschwollen, schmerzt, juckt noch; er brachte ihm mehrere schwere -e mit einem Stilett, Messer bei; wobei seine ... Brust, mit den Narben unzähliger -e gezeichnet, fast schamlos zum Vorschein kam (Langgässer, Siegel 499); **b)** (seltener) *Einstich[stelle].* **3.** (Fechten) *Stoß, der mit dem Florett od. Degen geführt wird.* **4. a)** *das Einstechen mit der Nadel u. das Durchziehen des Fadens (beim Nähen, Sticken):* mit kleinen, großen -en nähen; Er flickte seine Backstubenhose, eifrig, machte kleine, feine -e (Strittmatter, Wundertäter 101); sie heftete das Futter mit ein paar -en an; **b)** *der Faden zwischen den jeweiligen Einstichen:* ein paar -e sind aufgegangen. **5.** *stechender Schmerz; Schmerz, der wie ein Stich* (1) *empfunden wird:* -e in der Herzgegend haben, verspüren; Ich rannte erst noch ein Stückchen; dann kriegte ich -e

(Schnurre, Bart 8); Ü bei der Nennung des Namens Coax ging ihm ein S. durchs Herz (Brecht, Groschen 52); Diese Erinnerung versetzte Otto Brasch einen nadelfeinen S. (Loest, Pistole 165); Karin war nicht nach Hause gekommen, es gab mir einen S. *(traf mich sehr),* als ich ihr Bett unberührt vorfand (v. d. Grün, Glatteis 127). **6.** kurz für ↑ Kupferstich, Stahlstich: ein wertvoller S.; -e eines alten Meisters; Im Salon hingen alte -e von Hamburg (Simmel, Stoff 313); Ebenso sind -e nach Figuren der Antike ... als Lehrmittel verbreitet gewesen (Bild. Kunst III, 9). **7.** ⟨o. Pl.⟩ *leichter Farbschimmer, der in einem anderen Farbton mitspielt, ihn wie ein getönter Schleier überzieht:* das Dia hat einen S. ins Blaue; ihr Haar zeigte einen S. ins Rötliche; sein Gesicht war kreidig mit einem S. ins Grünliche: Ü einen S. *(ein bißchen)* zu korrekt; sie hat einen S. ins Ordinäre, Pathetische; über alles das hinaus hatte sie auch noch einen S. ins Pazifistische (Kant, Impressum 306); Hat nicht das Verhältnis zwischen Arthur und mir verquere Art einen S. von Zuhälterei? (Kant, Impressum 139). **8.** * **einen [leichten] S. haben** (1. ugs.; *[von Speisen, Getränken] nicht mehr ganz einwandfrei, leicht verdorben sein:* die Milch, Wurst, das Bier hat einen S. 2. salopp; *nicht recht bei Verstand, verrückt sein:* du hast ja 'n S.!; Die Fremden haben schon einen S. [Konsalik, Promenadendeck 329]. 3. landsch.; *betrunken sein).* **9.** (landsch.) *(bes. von Speisefett) kleinere Menge, die mit einem Messer o. ä. herausgestochen worden ist:* einen S. Butter dazugeben; schales Bier, das mit einem S. Essiggurke und einer Messerspitze Zigarrenasche versetzt war (Bieler, Mädchenkrieg 253). **10.** (Kartenspiel) *Karten, die der Spieler mit einer höherwertigen Karte durch Stechen an sich bringt; Point* (1 a): alle -e machen; einen S. abgeben; bei S. bekommen; Ü Als die faschistische Demagogie vordrang, sog sie die bürgerliche Mitte auf, gegenüber den Arbeiterparteien gewann sie keinen S. *(konnte sie nichts ausrichten;* Loest, Pistole 46); Beim Meisterschaftsmehrkampf ... ließ Daniel Giubellini seinen Konkurrenten keinen S. (Tages Anzeiger 26. 11. 91, 14). **11.** * **jmdn. im S. lassen** (1. *sich um jmdn., der in eine Notlage geraten ist, sich in einer kritischen Situation befindet, nicht mehr kümmern:* ich hätte mich darüber beschwert, daß uns Kennedy im S. gelassen habe [W. Brandt, Begegnungen 31]. 2. *jmdn., mit dem man verbunden war, verlassen:* das dünne Mädchen, um dessentwillen er jenes andere Mädchen im S. gelassen hatte [Seghers, Transit 240]. 3. ugs.; *jmdm. den Dienst versagen:* sein Gedächtnis ließ ihn im S.; Seine Augen fingen an, ihn zuweilen im -e zu lassen [Th. Mann, Hoheit 220]; wohl eigtl. = jmdn. [im Kampf] den Stichen des Gegners ausgeliefert lassen); **etw. im S. lassen** *(etw. aufgeben, zurücklassen);* **S. halten** *(einer Nachprüfung standhalten, sich als richtig erweisen;* wohl eigtl. = dem Stich des Gegners im Kampf standhalten): seine Argumentation, ihr Alibi hielt S.; meine

scherzhaften Bemerkungen über den Pariser Verkehrstrubel und die französische Art des Autofahrens würden heute nicht mehr S. halten (Sieburg, Paris 62). **12.** (landsch.) *jäher Anstieg einer Straße.* **13.** (Hüttenw.) *[einmaliger] Durchgang des Walzgutes durch die Walzen.* **14.** (schweiz.) *Wettschießen.* **15.** (Archit.) *Pfeilhöhe.* **16.** (Jägerspr.) *(beim Haarwild) Grube (4) an der vorderen Seite des Halses: auf den S. schießen.* **Sti|cha|ri|on**, das; -s, ...ia [mgriech. sticharion]: *liturgisches Gewand in der Ostkirche, ungegürteter weißer od. farbiger Talar.*
Stich|bahn, die (Eisenb.): *Eisenbahnstrecke, die von einer durchgehenden Strecke abzweigt u. in einem Kopfbahnhof endet;* **Stich|bal|ken**, der (Bauw.): *kurzer Balken, der auf der einen Seite in einen Balken eingelassen ist u. auf der anderen Seite frei aufliegt;* **Stich|band|ke|ra|mik**, die (Archäol.): **1.** *Bandkeramik (1), deren Verzierung eingestochen ist.* **2.** ⟨o. Pl.⟩ *jüngere Stufe der Bandkeramik (2);* **Stich|blatt**, das: **1.** (Fechten) *Glocke (6);* ♦ ... und hat den alten Hieber und ein ungeheures S., worauf er sein Frühstück zu verzehren pflegte, mit dem Paradedegen eines herzoglich württembergischen Lieutenants vertauscht (Hauff, Jud Süß 385). ♦ **2.** *Zielscheibe bei Fechtübungen für Stiche (3):* Ü Das Bekenntnis willst du noch haben, daß die ganze geheime Weisheit unsers Geschlechts (= der Frauen) nur eine armselige Vorkehrung ist, unsere tödliche Seite zu entsetzen, ... daß alle unsre weiblichen Künste einzig für dieses wehrlose S. fechten (Schiller, Fiesco IV, 12); ... und sich das S. des unendlichen Bubenstücks (ebd. V, 13); **Stich|bo|gen**, der (Archit.): *Flachbogen;* **stich|dun|kel** ⟨Adj.⟩ [zu Stich in der veralteten, noch landsch. Bed. „Kleinigkeit, kleine Menge"; vgl. auch Stich 7] (landsch.): *so dunkel, daß man überhaupt nichts sieht;* **Stich|el**, der; -s, - [mhd. stichel, ahd. stihhil]: *kurz für* ↑*Grabstichel;* **Sti|che|lei**, die; -, -en (ugs. abwertend): **1. a)** ⟨o. Pl.⟩ *[dauerndes] Sticheln* (1): jmds. ständige S. satt haben; **b)** *einzelne stichelnde (1) Bemerkung:* die fortwährenden -en ärgerten sie; Freilich waren das eigentlich nur Quengeleien, kleine -en um ein Garnichts (Fallada, Trinker 9). **2.** ⟨o. Pl.⟩ *[dauerndes] Sticheln (2);* **Sti|chel|haar**, das: **1.** *Granne (2).* **2.** (Textilind.) *kurzes, hellfarbiges Kaninchaar od. Haar aus gröberem Reyon;* **sti|chel|haa|rig** ⟨Adj.⟩: *mit Stichelhaar[en];* **Sti|chel|haar|stoff**, der (Textilind.): *Stoff mit abstehenden Stichelhaaren (2);* **sti|cheln** ⟨sw. V.⟩ ⟨hat⟩ [Intensiv-Iterativ-Bildung zu ↑stechen]: **1.** *versteckte spitze Bemerkungen, boshafte Anspielungen machen;* mit spitzen Bemerkungen, boshaften Anspielungen reizen od. kränken: sie muß ständig s.; Sie spürt, daß überall gegen sie gestichelt wird (Tikkanen [Übers.], Mann 58). **2.** *emsig mit der Nadel hantieren, [mit kleinen Stichen] nähen,* sticken: sie stichelten eifrig an ihren Handarbeiten; Sinsheimer Damen sticheln für einen guten Zweck (MM 31. 10./1./2. 11. 80, 19); **Sti|chel|rei|de**, die (geh. abwertend): *sti-*
chelnde Rede; **Stich|ent|scheid**, der [zu ↑stechen (16)]: *Entscheidung durch Stichwahl, Stichkampf o. ä.* **Sti|che|ra|ri|on**, das; -s, ...ria [zu ↑Sticheron]: *(vom 11.–15. Jh. gebräuchliches) liturgisches Buch der orthodoxen Kirche, das die Stichera zum Morgen- u. Abendgottesdienst für das ganze Jahr enthält;* **Sti|che|ron**, das; -s, ...era ⟨meist Pl.⟩ [mgriech. stichērón, subst. Neutr. von griech. stichērós = in Reihen, Versen geschrieben]: *liturgische Dichtung in der orthodoxen Kirche, bei der ein kurzer Hymnus mit dem Vers eines Psalms verbunden wird.*
Stich|fah|ren, das; -s (Pferdesport): *Stechen (16) beim Trabrennen;* **stich|fest**: ↑hieb- u. stichfest; **Stich|flam|me**, die: *(bei Explosionen o.ä.) plötzlich aufschießende, lange, spitze Flamme:* eine S. schoß empor; ... schießen -n durch das brennende Gebäude (Chotjewitz, Friede 263); **Stich|fra|ge**, die: *Frage, die bei Punktegleichheit von Kandidaten (z. B. bei einem Quiz) zusätzlich gestellt wird u. deren richtige Beantwortung entscheidend für den Sieg ist;* **Stich|gra|ben**, der (Milit. früher): *Sappe;* **stich|hal|ten** ⟨st. V.⟩ ⟨hat⟩: österr. Schreibung für: Stich (11) halten; **stich|hal|tig**, (österr.:) **stich|häl|tig** ⟨Adj.⟩ [ursp. = einem Stich mit der Waffe standhaltend]: *einleuchtend u. so gut begründet, daß es allen Gegenargumenten standhält; zwingend, unwiderlegbar:* ein -es Argument; -e Gründe haben; Andererseits ... ist nichts davon ein wirklich stichhaltiger Beweis (Kemelman [Übers.], Dienstag 94); er hat seine Thesen s. begründet; **Stich|hal|tig|keit**, (österr.:) **Stich|häl|tig|keit**, die; -: *das Stichhaltigsein:* Der Diskurs früherer Tage drehte sich in der Regel um die Stichhaltigkeit schlichter Einzelbehauptungen (natur 5, 1991, 52); ... ein Teil der neuen Theorie ... leicht auf seine Stichhaltigkeit zu prüfen (Rheinpfalz 11. 1. 80, 11); **Stich|hö|he**, die (Archit.): *Pfeilhöhe;* **sti|chig** ⟨Adj.⟩ [zu Stich (8)] (landsch.): *(von Speisen, Getränken) nicht mehr ganz einwandfrei, leicht verdorben;* **-sti|chig**: in Zusb., z. B. blaustichig *(mit einem Stich 7 ins Blaue);* **sti|chisch** ⟨Adj.⟩ [zu griech. stíchos = Reihe, Vers] (Verslehre): *(von Dichtungen) aus fortlaufend aneinandergereihten (formal) gleichen Versen bestehend.*
Stich|jahr, das: vgl. Stichtag; **Stich|kampf**, der [zu ↑stechen (16)] (Sport): *Kampf um die Entscheidung, den Sieg zwischen Wettkämpfern mit gleicher Leistung;* **Stich|ka|nal**, der: **1.** (Wasserbau) *Durchstich zwischen zwei größeren Kanälen.* **2.** (Hüttenw.) *Rinne, in die nach Anstich eines Hochofens das geschmolzene Erz fließt;* **Stich|kap|pe**, die (Archit.): *kleines Gewölbe für ein Fenster o. ä., das in ein größeres Gewölbe einschneidet;* **Stich|ler**, der; -s, - [zu ↑sticheln] (abwertend): *jmd., der stichelt (1);* **Stich|le|rin**, die; -, -nen (abwertend): *w. Form zu* Stichler; **Stich|ling**, der; -s, -e [mhd. stichelinc, nach den Stacheln]: *(zu den Raubfischen gehörender) kleiner, schuppenloser Fisch mit Stacheln vor der Rückenflosse;* **Stich|loch**, das (Gießerei):
Öffnung an Schmelzöfen zur Entnahme des flüssigen Metalls.
Sti|cho|man|tie [ʃt..., st...], die; - [zu griech. stíchos = Reihe, Vers u. manteía = das Weissagen] (bildungsspr.): *Wahrsagung aus einer [mit Messer od. Nadel] zufällig aufgeschlagenen Buchstelle;* **Sti|cho|me|trie** [ʃt..., st...], die; -, -n [↑-metrie]: **1.** (Literaturw.) *Verszählung in der Antike zur Feststellung des Umfangs eines literarischen Werkes.* **2.** (Stilk.) *Form des antithetischen Dialogs [im Drama];* **Sti|cho|my|thie** [ʃt..., st...], die; -, -n [griech. stichomythía = das Zeile-für-Zeile-Hersagen] (Literaturw.): *schnelle, verseise wechselnde Rede u. Gegenrede in einem Versdrama als Ausdrucksmittel für ein lebhaftes Gespräch, einen heftigen Wortwechsel o. ä.*
Stich|pro|be, die [ursp. = beim Abstich des Hochofens entnommene Probe des flüssigen Metalls]: **1.** *Teil einer Gesamtheit, der nach einem bestimmten Auswahlverfahren zustande gekommen ist:* eine S. gewinnen, ziehen; von einer S. von zehn Mädchen hatten sechs einen IQ von über 110 (Ch. Wolff [Übers.], Bisexualität 62). **2.** *Überprüfung, Untersuchung, Kontrolle einer Stichprobe (1), um daraus auf das Ganze zu schließen:* -n machen, vornehmen; **stich|pro|ben|ar|tig** ⟨Adj.⟩: *in der Art einer Stichprobe:* Dann hatte die Geschäftsleitung ... in allen Abteilungen s. die Taschen kontrollieren lassen (Fels, Unding 72); **Stich|pro|ben|prü|fung**, die: *Stichprobe (2);* **stich|pro|ben|wei|se** ⟨Adv.⟩: *in Form, mit Hilfe von Stichproben;* **Stich|punkt**, der ⟨meist Pl.⟩: *Stichwort (3);* **Stich|reim**, der [1. Bestandteil wohl zu griech. stíchos, ↑ Stichometrie] (Literaturw.): *Aufteilung eines Reimpaares auf zwei Sprecher als Sonderform der Stichomythie;* **Stich|sä|ge**, die: *Lochsäge;* **stichst**: ↑stechen; **Stich|stra|ße**, die: *größere Sackgasse [mit Wendeplatz];* **sticht**: ↑stechen; **Stich|tag**, der: *amtlich festgesetzter Termin, der für behördliche Maßnahmen, bes. Berechnungen, Erhebungen o.ä., maßgeblich ist:* S. ist der 10. 1.; Jegliche Waldstatistik mit einem festen S. ist wegen der Unmöglichkeit, alle Walddaten an einem S. zu erheben, von vornherein mit Fehlern behaftet (Mantel, Wald 132); **Stich|tief|druck**, der (Druckw.): *Kupfertiefdruckverfahren, bei dem die Druckzeichen mit dem Stichel auf die Walzen, Platten aufgebracht werden;* **Stich|ver|let|zung**, die: *Verletzung durch einen Stich, durch Stiche (1 a):* Bringt sich jemand selbst in Tötungsabsicht eine S. bei, so wird er das Herz zu treffen suchen (Medizin II, 47); **Stich|waf|fe**, die: *Waffe (mit einer Spitze, einer spitzen Klinge), mit der jmdm. ein Stich beigebracht werden kann* (z. B. Dolch); **Stich|wahl**, die [zu ↑stechen (16)]: *(nach Wahlgängen, die nicht die erforderliche Mehrheit erbracht haben) letzter Wahlgang, der die Entscheidung zwischen den [beiden] Kandidaten mit den bisher meisten Stimmen herbeiführt:* Für die S. um die französische Präsidentschaft ... (MM 8. 5. 74, 5); **Stich|wort**, das [ursp. = verletzendes Wort]: **1.** ⟨Pl. ...wörter⟩ **a)** *Wort, das in einem Lexikon, Wörterbuch o.ä. behandelt wird [u.*

stichwortartig

in alphabetischer Reihenfolge zu finden ist]: das Wörterbuch enthält über hunderttausend Stichwörter; Ü *Jede Bewegung, jede Revolution verspricht heute unter dem S. „soziale Gerechtigkeit", mehr Güter zur Verteilung zu bringen* (Gruhl, Planet 100); **b)** *einzelnes Wort eines Stichwortregisters:* das S. verweist auf Raumforschung. **2.** ⟨Pl. -e⟩ **a)** (Theater) *Wort, mit dem ein Schauspieler seinem Partner das Zeichen zum Auftreten od. zum Einsatz seiner Rede gibt:* das S. geben; wie einen Schauspieler, dessen S. der Mitspieler verpaßt hat (Hagelstange, Spielball 187); Ich sehe mich noch mit Gustaf hinter den Kulissen stehen, gespannt, gleichsam sprungbereit in Erwartung unseres -es (K. Mann, Wendepunkt 149); **b)** *Bemerkung, Äußerung o. ä., die bestimmte Reaktionen, Handlungen auslöst:* Radar – das war das S., auf das wir noch gewartet hatten (Menzel, Herren 85); Plötzlich war das S. gefallen: Einen Wagen müßte man besitzen! (Maegerlein, Triumph 104); die Rede des Ministers gab das S. zu Reformen; Er baute an Dialogen, in denen Zeugen und Verteidiger ihm genau jene -e brachten, die er notwendig hatte (Baum, Paris 82). **3.** ⟨Pl. -e; meist Pl.⟩ *einzelnes Wort, das man sich als Gedächtnisstütze od. als Grundlage für weitere Ausführungen notiert:* sich -e machen; die -e ausführen; sie hat die Rede in -en festgehalten; **stich|wort|artig** ⟨Adj.⟩: *in Stichworten;* **Stich|wort|kata|log,** der (Buch-, Bibliothekswesen): *Katalog (1) alphabetisch angeordneter Stichwörter;* **Stich|wort|re|gi|ster,** das, **Stich|wort|ver|zeich|nis,** das: *Verzeichnis von Wörtern, Sachbegriffen, die in einem Buch, Text [vorkommen u.] behandelt werden;* **Stich|wun|de,** die: vgl. Stichverletzung.

Stick [auch: stɪk], der; -s, -s [engl. stick, eigtl. = Stengel, Stock, Stecken]: **1.** ⟨meist Pl.⟩ *kleine, dünne Salzstange.* **2.** *Stift als Kosmetikartikel (z. B. Deodorantstick);* **Stick|ar|beit,** die (Handarb.): *gestickte Arbeit, Stickerei* (2 b); **Stickel**[1], der; -s, - [mhd. stickel] (südd., österr.): *Stange, Pfahl als Stütze für Pflanzen, bes. junge Bäume;* **sticken**[1] ⟨sw. V.; hat⟩ [mhd., ahd. sticken = fest zusammenstecken zu ↑ Stich u. eigtl. = stechen] (Handarb.): **1.** *[durch bestimmte Stiche* (4 b) *mit [farbigem] Garn, [farbiger] Wolle o. ä. Verzierungen, Muster auf Stoff o. ä. anbringen:* sie stickt gern. **2. a)** *durch Stikken* (1) *hervorbringen, anfertigen:* ein Muster s.; Monogramme [auf Taschentücher, in die Tischdecken] s.; auf der Suche nach einer Dame aus Amerika, welche die Lilien des ehrwürdigen Wappens sich in die Badehandtücher s. läßt (Bamm, Weltlaterne 81); eine dunkelblaue Krawatte mit vielen sehr kleinen gestickten silbernen Elefanten (Simmel, Stoff 15); **b)** *mit einer Stickerei* (2 a) *versehen:* eine Decke s.; ⟨meist in 2. Part.:⟩ eine gestickte Bluse; während jener im gestickten Kaisermantel die Fürsten Europas ... empfängt (St. Zweig, Fouché 196); auf den alten, fast wertlosen Küchenstühlen lagen kleine gestickte Schoner (Sommer, Und keiner 49); **stickend-**

heiß[1] ⟨Adj.⟩ [zu veraltet sticken = ersticken] (emotional): *(bes. in einem Raum) in unangenehmer Weise drückend warm, so daß man kaum atmen kann, Luft bekommt:* im Zimmer war es s.; **¹Sticker**[1], der; -s, -: *jmd., der Textilien o. ä. mit Stickereien* (2 a) *versieht* (Berufsbez.); **²Sticker**[1] [st...], der; -s, - [engl. sticker, zu: to stick = kleben, befestigen, verw. mit ↑ stechen]: *Aufkleber:* ein S. mit dem Aufdruck „Nr. 1" ist auf das Cover geklebt. Ihre S. zeigen Rummenigge, Heavymetal-Bands und Nena (Frings, Liebesdinge 154); Als Jörg erfährt, daß der Betriebsrat ... an der vorgeschriebenen Absauganlage vorerst nicht interessiert ist, erscheinen er und andere Azubis mit -n, auf denen „Gestank macht krank" steht (Hörzu 8, 1983, 75); **Sticke|rei**[1], die; -, -en: **1.** ⟨o. Pl.⟩ *[dauerndes] Sticken* (1). **2.** (Handarb.) **a)** *gesticktes Muster, gestickte Verzierung:* eine durchbrochene S.; Weiße Blusen, mit S. oder Spitze garniert, sind ganz aus der Mode (Dariaux [Übers.], Eleganz 44); **b)** *etw., was mit Stickereien* (2 a) *versehen ist; Stickarbeit:* -en herstellen; mit einer S. anfangen; **Sticke|rin**[1], die; -, -nen: w. Form zu ↑ ¹Sticker; **Stick|garn,** das: *Garn zum Sticken;* **Stick|gas,** das [vgl. stickig] (veraltet): *Stickstoff;* **Stick|hu|sten,** der [vgl. stickig] (veraltend): *Keuchhusten;* **stickig**[1] ⟨Adj.⟩ [zu veraltet sticken = ersticken, im 16.Jh. rückgeb. aus ↑erstikken]: *(von Luft, bes. in Räumen) so schlecht, verbraucht, daß das Atmen beklemmend unangenehm ist:* -e Luft; ein -er Raum (*ein Raum mit verbrauchter Luft);* ... nach Haus zu fahren und sich zur Mutter in die -e Wohnung zu setzen (Strauß, Niemand 17); im Saal war es furchbar s.; **Stick|luft,** die: *stickige Luft;* **Stick|ma|schi|ne,** die: *Maschine zur Anfertigung von Stickereien;* **Stick|mu|ster,** das (Handarb.): *Muster zum Sticken;* **Stick|mu|ster|tuch,** das (Handarb.): *Tuch mit Stickmustern als Vorlage zum Sticken;* **Stick|na|del,** die (Handarb.): *dicke Nadel zum Sticken;* **Stick|oxyd** (chem. Fachspr.:) *Stickoxid,* das: *Stickstoffoxyd;* **Stick|oxy|dul,** das; -s (veraltet): *Lachgas;* **Stick|rah|men,** der: *Rahmen zum Einspannen des zu bestickenden Stoffes;* **Stick|stoff,** der [1. Bestandteil zu veraltet sticken (↑stickig), das Gas „erstickt" brennende Flammen]: *farb- u. geruchloses Gas, das in vielen Verbindungen vorkommt (chemischer Grundstoff):* Die Pflanzen brauchen nun einmal S., Phosphor und Kali (Gruhl, Planet 106); Zeichen: N (↑ Nitrogen[ium]); **Stick|stoffbak|te|ri|en** ⟨Pl.⟩ (Fachspr.): *Bakterien, die Stickstoffverbindungen erzeugen;* **Stick|stoff|dün|ger,** der: *Dünger, der vorwiegend Stickstoff enthält;* **stick|stoff|frei** ⟨Adj.⟩ (Fachspr.): *frei von Stickstoff;* **Stick|stoff|ge|halt,** der: *Gehalt an Stickstoff;* **stick|stoff|hal|tig** ⟨Adj.⟩ (Fachspr.): *Stickstoff enthaltend;* **Stick|stoffoxyd** (chem. Fachspr.:) *Stickstoffoxid,* das: *Verbindung des Stickstoffs mit Sauerstoff;* **Stick|stoff|samm|ler,** der: *Pflanze, die die Anreicherung von Stickstoff im Boden bewirkt;* **Stick|stoff|ver|bin|dung,** die: *stickstoffhaltige Verbindung;* **Stick-**

stoff|was|ser|stoff|säu|re, die (Fachspr.): *farblose, stechend riechende Verbindung von Stickstoff und Wasserstoff.*
Stie|bel, der; -s, - (landsch.): *Stiefel.*
stie|ben ⟨st., seltener sw. V.⟩ [mhd. stieben, ahd. stioban, H. u.]: **1. a)** *(wie Staub) in Teilchen auseinanderfliegen (ist/hat):* beim Abschwingen stob/stiebte der Schnee; Beim Tischler stiebt auch das Sägemehl (Freie Presse 16. 11. 88, 3); Eisen schmettert auf Eisen, von der Richtplatte stieben Funken (Zwerenz, Kopf 27); Ascheflocken stoben aus einem Fenster (Ransmayr, Welt 238); ⟨unpers.:⟩ sie rannten davon, daß es nur so stob; **b)** *sich stiebend* (1 a) *irgendwohin bewegen* ⟨ist⟩: Schnee stiebt durch die Ritzen; Von ihren Filzstiefeln stob der Pulverschnee in die Höhe (Schnabel, Marmor 65); die Funken waren zum Himmel gestoben. **2.** *rasch [u. panikartig] irgendwohin davon-, auseinanderlaufen, davonfahren* ⟨ist⟩: alles stob mit Gekreisch von dannen; ... sprangen wir über den Weidezaun und stoben hinunter zum Bach (Harig, Weh dem 31); die Hühner sind nach allen Seiten gestiebt/gestoben; Die Fahrzeuge stoben wie am Abend vorher nach Osten (Plievier, Stalingrad 154); Das Boot stob jetzt durchs Wasser (Ott, Haie 319); russische Panzer..., die in Kiellinie über das ebene Feld stoben (Plievier, Stalingrad 206).

Stief|bru|der, der [1. Bestandteil in Zus.) mhd. stief-, ahd. stiof-, eigtl. wohl = abgestutzt, beraubt, verwaist, wohl zu ↑stoßen]: **a)** *Bruder, der mit einem Geschwister nur einen Elternteil gemeinsam hat; Halbbruder;* **b)** vgl. Stiefgeschwister (b).
Stie|fel, der; -s, - [mhd. stivel, stival, ahd. stival, aus dem Roman., H. u.]: **1. a)** *langschäftiges Schuhwerk, das meist bis zu den Knien reicht:* enge, weite, hohe, gefütterte, genagelte S.; ..., sieht sie die bauchigen Reithosen und blankgewichste S. (Weber, Tote 297); die Füße in schweren, lehmverkrusteten -n (Plievier, Stalingrad 41); Im Befehlsgebäude ging der Gouverneur mit seinen blanken -n auf und ab (Reinig, Schiffe 36); S. aus weichem Leder; S. mit hohen Absätzen, Schäften; seine S. putzen, einfetten; Abends hörte man Herrn Kampf hinter der Wohnungstür mit müdem Strich die S. wichsen (Sommer, Und keiner 31); mit -n durchs Wasser waten; das zieht einem [ja] die S. aus (↑ Hemd 1 a); [das sind] lauter linke S. (ugs.; *[das ist] alles unbrauchbar);* Ü Drum mußte man Aufrührer unter den S. halten (A. Zweig, Grischa 340); Einmal will ich italienischen S. *(Italien nach der Form der Landkarte)* lang runterreisen (Grass, Unkenrufe 180); * **spanischer S.** (früher: *aus zwei schweren Eisenplatten mit Schrauben bestehendes Foltergerät, das die Beine, Füße des Gefolterten zusammenquetschte;* das Foltergerät wurde bes. während der span. Inquisition angewandt); **zwei Paar/zwei verschiedene/zweierlei S. sein** (ugs.; *[zwei] ganz verschiedene, nicht miteinander vergleichbare Dinge sein):* Moto-Cross mit Dach überm Kopf und Moto-Cross im Freien, das sind zwei verschiedene S. (ADAC-Motorwelt 11, 1985, 122); **jmdm.**

die S. lecken *(sich jmdm. gegenüber unterwürfig verhalten, sich kriecherisch anbiedern)*; jmdn. aus den -n hauen *(ugs.; jmdn. sehr überraschen, sprachlos machen)*; jmdm. in die S. scheißen *(derb; jmdn. in hohem Maße verärgern)*; **b)** *fester [Schnür]schuh, der bis über den Knöchel reicht.* **2.** *sehr großes Bierglas in Form eines Stiefels* (1 a): einen S. [Bier] trinken; Wir bestellen einen S. Bier, das sind etwa zwei Liter (BM 9. 5. 78, 13); * **einen [tüchtigen/gehörigen/guten** o. ä.**] S. vertragen/trinken [können]** *(ugs.; viel Alkohol vertragen [können])*: Daß ich einen S. vertrug, ist ja selbstverständlich (Hauptmann, Schuß 55); **sich** ⟨Dativ⟩ **einen S. einbilden** *(veraltend; sehr eingebildet sein).* **3.** * **einen S. [zusammen]reden, [zusammen]schreiben, [zusammen]spielen** o. ä. *(ugs.; schlecht, in unsinniger Weise reden/schreiben/spielen;* zu Stiefel in der landsch. Bed. „Unsinn"); (in den folgenden Wendungen wird „Stiefel" als landsch. abwertende Bez. für „Routinemäßiges":) **seinen/[alten] S./im alten S. weitermachen** *(ugs.; in gewohnter Weise weitermachen; immer weiter in der gewohnten Weise vor sich hin arbeiten)*; **einen S. arbeiten, schreiben, spielen, fahren** usw. *(ugs. abwertend; schlecht arbeiten usw.)*; **Stie|fel|ab|satz,** der: *Absatz des Stiefels;* **Stie|fel|an|zie|her,** der: *Schuhlöffel mit langem Griff zum Anziehen von Stiefeln;* **Stie|fe|let|te,** die; -, -n [mit französierendem Verkleinerungssuffix geb.]: *[eleganter] halbhoher Damen-, Herrenstiefel:* Zu einem grauen Rock trug sie ... an den Füßen -n, die ihre geschwollenen Beine stützen sollten (Simmel, Stoff 36); Knirschend setzen seine -n auf (Degener, Heimsuchung 142); **Stie|fel|knecht,** der: *Gerät zum leichteren Ausziehen der Stiefel* (1 a); **Stie|fel|lecker**[1], der (abwertend veraltend): *Speichellecker;* **Stie|fel|lecke|rin**[1], die (abwertend veraltend): w. Form zu ↑Stiefellecker; **stie|feln** (sw. V.; ist) /vgl. gestiefelt/: (ugs.): *[mit weit ausgreifenden (u. schweren) Schritten] gehen*: wenn man da so mutterseelenallein ... durch den borneischen Dschungel stiefelt (Heim, Traumschiff 270); Großmutter, die mit in den Keller gestiefelt war (Lentz, Muckefuck 219); Mißmutig stiefelte er zum Bahnhof (Fels, Unding 103); **Stie|fel|put|zer,** der: vgl. Schuhputzer; **Stie|fel|put|ze|rin,** die: w. Form zu ↑Stiefelputzer; **Stie|fel|schaft,** der: *Schaft des Stiefels:* Wehrmachtsoffiziere, die ihre Beine mit den blanken Stiefelschäften unter die Tischplatte streckten (Rolf Schneider, November 15); **Stie|fel|spit|ze,** die: *Spitze des Stiefels:* dann legte er sich aufs Sofa und bohrte seine -n ins schmuddelige Kissen (Fels, Sünden 94). **Stief|el|tern** ⟨Pl.⟩ [vgl. Stiefbruder]: *Elternpaar, bei dem der Stiefvater bzw. die Stiefmutter wieder geheiratet hat, so daß das Kind mit keinem Elternteil mehr blutsverwandt ist.* **Stie|fel|wich|se,** die (ugs.): *Schuhcreme für Stiefel.* **Stief|ge|schwi|ster** ⟨Pl.⟩ [vgl. Stiefbruder]: **a)** *Geschwister, die nur einen Elternteil gemeinsam haben; Halbgeschwister;* **b)** *Kinder in einer Ehe, die weder denselben Vater noch dieselbe Mutter haben, sondern von den jeweiligen Elternteilen mit in die Ehe gebracht worden sind;* **Stief|kind,** das, [mhd. stiefkint, ahd. stiufchint]: *Kind aus einer früheren Ehe des Ehepartners:* sie behandelte ihre -er wie ihre eigenen; * **S. [einer Person, einer Sache] sein** *([von jmdm., etw.] vernachlässigt, zurückgesetzt werden):* er ist ein S. des Glücks; Die Rentenversicherung ist noch immer ein S. des Arbeiter- und Bauernstaates (Zeit 10. 11. 64, 12); **Stief|mut|ter,** die [mhd., ahd. stiefmuoter]: **a)** *Frau, die mit dem leiblichen Vater eines Kindes verheiratet ist u. die Stelle der Mutter einnimmt;* **b)** *weiblicher Teil der Pflegeeltern;* **Stief|müt|ter|chen,** das [H. u.]: *(früh blühende) kleine Pflanze mit dunkelgrünen, gezähnten Blättern u. zahlreichen, in ihrer Form dem Veilchen ähnlichen Blüten; Pensee; Viola tricolor:* die überwinterten S. in den Vorgärten ... hatten schon die Üppigkeit vor der lang sich hinziehenden Welke (Kasack, Birkenwäldchen 50); **stief|müt|ter|lich** ⟨Adj.⟩: *sich so auswirkend, daß jmd., etw. vernachlässigt, zurückgesetzt wird; schlecht; lieblos:* eine -e Behandlung erfahren; s. behandelt werden. **Stie|fo|gra|fie, Stie|fo|gra|phie,** die; - [nach dem dt. Stenographen H. Stief (1906-1977)]: *Kurzschriftsystem mit 25 Grundzeichen.* **Stief|schwe|ster,** die: vgl. Stiefbruder; **Stief|sohn,** der: vgl. Stiefkind; **Stief|toch|ter,** der: vgl. Stiefmutter. **stieg:** ↑steigen. ◆ **Stieg,** der; -[e]s, -e: ↑²Stiege (1): sie waren um mindestens ein halb S. Fuß im Vorteil *(hatten beim Boßeln einen Vorsprung von mindestens 10 Fuß;* Storm, Schimmelreiter 44). ¹**Stie|ge,** die; -, -n [1: mhd. stiege, ahd. stiega, zu ↑steigen]: **1. a)** *steilere, enge Holztreppe; Steige* (1 b): Ich folgte der Frau die eine knarrende S. (Innerhofer, Schattseite 14); **b)** *(südd., österr.) Treppe.* **2.** *Steige* (2). ²**Stie|ge,** die; -, -n [mniederd. stige, asächs. stīga, H. u.]: **1.** *(nordd. veraltend) 20 Stück:* eine S. Eier, Gänse; Dreihundert für das Stück. Zweihundert bei Abnahme einer ganzen S. (Hacks, Stücke 92). **2.** (landsch.) ¹*Hocke* (1). **Stie|gen|ab|satz,** der (südd., österr.): *Treppenabsatz;* **Stie|gen|auf|gang,** der (südd., österr.): *unterer Anfang (e) einer Treppe:* Neben dem S. sitzt der Discjockey (Sobota, Minus-Mann 315); **Stie|gen|ge|län|der,** das (südd., österr.): *Treppengeländer;* **Stie|gen|haus,** das (südd., österr.): *Treppenhaus:* Die Leute hockten jetzt draußen auf der Treppe und lagerten unten im S. (Hilsenrath, Nacht 305); Wie gern wäre ich die Treppe noch einmal hinaufgegangen, hätte mich nicht Lust im labyrinthischen S. verirrt (Harig, Weh dem 181). **Stieg|litz,** der; -es, -e [mhd. stigeliz, aus dem Slaw., wohl lautm.]: *Distelfink.* **stiehl, stiehlst, stiehlt:** ↑stehlen. **stie|kum** ⟨Adv.⟩ [zu jidd. stieke = ruhig, zu hebr. šātaq = schweigen] (ugs.): *ganz heimlich; leise:* Wenige Monate später wurden sie s., aber wunschgemäß aus der DDR entlassen (Hörzu 38, 1989, 13); Hoffmann-La Roche, die das Gift produziert und s. verschwinden lassen wollte (Spiegel 15, 1983, 32). **Stiel,** der; -[e]s, -e [mhd., ahd. stil, verw. mit lat. stilus (↑ Stil) od. aus diesem entlehnt]: **1. a)** *[längeres] meist stab- od. stangenförmiges Stück Holz, Metall o. ä. als Teil eines [Haushalts]geräts od. Werkzeugs, an dem man es anfaßt:* der S. der Pfanne, des Hammers, des Besens; der S. ist abgebrochen, hat sich gelockert; den S. der Axt befestigen; Er ... bohrte mir den S. des Suppenlöffels in den Schlund (Th. Mann, Krull 50); Er nahm den Spaten am S. (H. Gerlach, Demission 197); **b)** *kleineres, stabförmiges Stück aus festem Material, auf dessen einem Ende eine Süßigkeit o. ä. gesteckt ist:* Eis am S.; **c)** *längliches, dünnes Verbindungsstück zwischen Fuß u. Kelch eines [Wein-, Sekt]glases:* Die Gläser ... hatten Schnörkel und Warzen am gedrehten S. (Kuby, Sieg 320); Gläser mit kurzem, langem S., ohne S. **2. a)** *(bes. von Blumen) Stengel:* ein kurzer, dünner, kräftiger S.; Rosen mit langen -en; Die Rosen auf dem Nachttisch waren verwelkt, fast schwarz hingen sie von ihren -en (Baum, Paris 139); **b)** *von einem Zweig, Stengel o. ä. abzweigender, kürzerer, länglicher, dünnerer Teil von Blättern, Früchten, Blüten o. ä.:* die -e der Äpfel, Kirschen entfernen. **3. a)** *umwickelte Fäden in Form eines kurzen Stiels, mit denen ein Knopf angenäht ist;* **b)** (Med.) *strangförmige Verbindung zwischen Geweben, Organen o. ä.;* **Stiel|au|ge,** die: *Facettenauge, das bei bestimmten Krebsarten auf einer stielförmigen Erhebung sitzt:* * **-n machen/bekommen/kriegen** (ugs. scherzh.; *auf etw., was der Betreffende nicht für möglich hält od. was er auch gern hätte, in deutlich sichtbarer Weise mit Überraschung, Neugierde, Neid blicken*): In Zerbst hätte das Schalterfräulein -n gemacht, wenn der Herr Landrat ein Billett nach Berlin löste. In Roßlau wunderte sich niemand (Bieler, Bär 325); **Stiel|be|sen,** der: *Handbesen mit längerem [geschwungenem] Stiel;* **Stiel|bril|le,** die (veraltet): *Lorgnette;* **Stiel|bür|ste,** die: *Bürste mit einem Stiel;* **Stiel|dre|hung,** die (Med.): *Verdrehung eines Stiels* (3 b); **Stiel|ei|che,** die: *Eiche, deren Eicheln meist zu mehreren an langen Stielen sitzen;* **stie|len** ⟨sw. V.; hat⟩/vgl. gestielt/(selten): *mit einem Stiel versehen;* **Stiel|fäu|le,** die: *Zerstörung der Stiele von noch unreifen Trauben durch Grauschimmel* (2); **stiel|för|mig** ⟨Adj.⟩: *von der Form eines Stiels; stabförmig;* **Stiel|glas,** das ⟨Pl. ...gläser⟩: *Glas mit Stiel:* ein kleines S. mit Schnaps auf den Fenstertisch (Johnson, Ansichten 231); **Stiel|hand|gra|na|te,** die (Milit. früher): *Handgranate, bei der sich der eigentliche Sprengkörper an einem längeren Stiel befindet;* **-stie|lig:** in Zusb., z. B. kurzstielig; **Stiel|kamm,** der: *Kamm, der an einem Ende in einen Stiel* (1 a) *übergeht;* **Stiel|läh|me,** die; -: *Krankheit der Weinrebe, bei der das Gewebe der Stiele* (2) *eintrocknet, die Wasser- u. Nährstoffzufuhr behindert werden u. die Beeren schrumpfen;* **stiel|los** ⟨Adj.⟩: *ohne Stiel;* **Stiel-**

Stielstich

pfan|ne, die: vgl. Stielbürste; **Stiel|stich,** der (Handarb.): *Zierstich, der von links nach rechts gearbeitet wird u. bei mehreren Stichen eine einem Stiel ähnliche Linie ergibt.*
stie|men ⟨sw. V.; hat⟩ [mniederd. stimen = lärmen, tosen, zu: stime = Lärm, Getöse, urspr. wohl = Gewirr] (nordd.): **1.** ⟨unpers.⟩ *in kleinen, dichten Flocken stark schneien.* **2.** *qualmen;* **Stiem|wetter,** das ⟨o. Pl.⟩ (nordd.): *dichtes Schneetreiben.*
stier ⟨Adj.⟩ [1: wahrsch. unter Einfluß von ↑Stier umgebildet aus mniederd. stür, ↑stur; 2: H. u.]: **1.** *(vom Augenausdruck) glasig, starr, ausdruckslos [ins Leere] blickend:* Bemerktest du seinen eigentümlichen -en Blick? (Hacks, Stücke 340); Er sah den Kommissar mit -en Augen an (Fallada, Jeder 156); Robert kuckte s. in eine Ecke (Kempowski, Uns 196); wenn sie s. vor sich hin schweigt (Grass, Butt 75). **2.** (österr., schweiz. ugs.) **a)** *ohne Geld; finanziell am Ende:* die beiden Freunde waren völlig s.; **b)** *flau* (c); *wie ausgestorben.*
Stier, der; -[e]s, -e [mhd. stier, ahd. stior, eigtl. = Stierkalb, H. u.]: **1.** *geschlechtsreifes männliches Rind; Bulle:* ein gereizter, wütender S.; der S. riß sich los, nahm ihn auf die Hörner; aus einem kleinen Tor ... bricht ... etwas Elementares hervor, rennend, der S., schwarz, schwer, mächtig, eine augenscheinlich unwiderstehliche Ansammlung zeugender und mordender Kraft (Th. Mann, Krull 430); Ede brüllt wie ein S. *(schreit laut);* er ging wie ein S. auf seinen Gegner los (ugs.: *griff ihn wild an*); der Matador besiegte, tötete den S.; ***den S. bei den Hörnern packen/fassen** *(in einer prekären Lage, Situation entschlossen, ohne Zögern handeln).* **2.** (Astrol.) **a)** ⟨o. Pl.⟩ *Tierkreiszeichen für die Zeit vom 21.4. bis 21.5.;* **b)** *jmd., der im Zeichen Stier* (2 a) *geboren ist:* sie, er ist [ein] S.; **¹stie|ren** ⟨sw. V.; hat⟩ [zu ↑Stier]: *rindern.*
²stie|ren ⟨sw. V.; hat⟩ [zu ↑stier]: *mit stieren Augen blicken:* zu Boden, an die Decke s.; Der andere ... stierte blöd auf das Medaillon (Langgässer, Siegel 378); Andere paffen schweigend vor sich hin und stieren ins Nichts (Kinski, Erdbeermund 56); Der einsame Zecher stiert vor sich hin (Spoerl, Maulkorb 12).
Stie|ren|au|ge, das (schweiz.): *Spiegelei:* sie briet mir aus einigen Eiern -n; **stie|rig** ⟨Adj.⟩ [zu ↑Stier]: *(von der Kuh) brünstig;* **Stier|kalb,** das: *Bullenkalb;* **Stier|kampf,** der: *bes. in Spanien u. Südamerika beliebte Darbietung (in einer Arena), bei der nach bestimmten Regeln ein Stierkämpfer einen Kampfstier zum Angriff reizt [u. ihn dann tötet]; Corrida;* **Stier|kampf|are|na,** die: *Arena für Stierkämpfe;* **Stier|kämpfer,** der: *jmd., der Stierkampf betreibt;* **Stier|kämp|fe|rin,** die: w. Form zu ↑Stierkämpfer: Die 22 Jahre alte Cristina Sanchez ist S. mit Leib und Seele (MM 15. 9. 93, 11); **Stier|kopf|hai,** der: *kleinerer Haifisch mit plumpem Körper, breitem Kopf u. je einem Stachel vor den beiden Rückenflossen; Hornhai;* **stier|köp|fig** ⟨Adj.⟩: **1.** *mit dem Kopf eines Stiers [versehen]:* -e Flußgötter. **2.** (veraltend) *starr-*

sinnig: ihr Mann ist sehr s.; **Stier|kult,** der (Völkerk.): *kultische Verehrung des Stiers (als Symbol von Gottheiten);* **Stiernacken¹,** der (oft abwertend): *feister, starker Nacken eines Menschen:* Ein kräftiger Kerl mit einem breiten Nacken, einem S. (Tikkanen [Übers.], Mann 52); **stier|nackig¹** ⟨Adj.⟩ (oft abwertend): *mit Stiernacken:* ein Hüne wie er, ... kompakter allerdings in der Statur, s. (Weber, Tote 17); Breit und s. blieb er unbewegt hinter seinem Pult stehen (Kühn, Zeit 19).
Stie|sel, Stießel, der; -s, - [wohl landsch. umgebildet aus ↑Stößel, zu mhd. stieʒen = stoßen] (ugs. abwertend): *Mann, der sich in Ärger hervorrufender Weise unhöflich, unfreundlich, flegelig benimmt, verhält:* dieser S. grüßt nie; Hand aus der Tasche nehmen, sonst denkt er, daß man ein Stiesel ist (Kempowski, Uns 212); **stie|se|lig, sties|lig** stießelig, stießlig ⟨Adj.⟩ (ugs. abwertend): *wie ein Stiesel;* **stieß:** ↑stoßen; **Stie|ßel:** ↑Stiesel; **stie|ße|lig, stieß|lig:** ↑stieselig.
¹Stift, der; -[e]s, -e [mhd. stift, steft, ahd. steft = Stachel, Dorn, wohl zu ↑steif; 3: eigtl. = etwas Kleines, Geringwertiges]: **1. a)** *dünneres, längliches, an einem Ende zugespitztes Stück aus Metall od. Holz, das zur Befestigung, zum Verbinden von etw. in etw. hineingetrieben wird:* das Stück Holz mit einem [kurzen, langen] S. befestigen; **b)** (Technik) *zylindrisches od. kegelförmiges Maschinenelement, das Maschinenteile verbindet, zentriert od. vor dem Sichloslösen sichert.* **2.** *kurz für* ↑Blei-, Bunt-, Farb-, Zeichen-, Schreibstift: ein weicher, harter, langer, farbiger S.; der S. ist abgebrochen; der S., jeden Morgen frisch gespitzt, lag gelb und hölzern neben dem aufgeschlagenen Buch (H. Gerlach, Demission 81); ... und hatte schließlich resigniert den S. sinken lassen (H.Weber, Einzug 113). **3.** (ugs.) **a)** *[jüngster] Lehrling:* Der S. muß Bier holen; vorläufig bist du noch S. im Baugeschäft Ravens (Bieler, Bär 20); **b)** *kleiner Junge; Knirps.* **4.** ⟨Pl.⟩ (Imkerspr.) *Eier der Bienenkönigin.*
²Stift, das; -[e]s, -e, selten: -er [mhd. stift, zu ↑stiften]: **1. a)** *(christl. Kirche) mit einer Stiftung (meist Grundbesitz) ausgestattete geistliche Körperschaft;* von Mitgliedern eines *²Stifts* (1 a) *geleitete kirchliche Institution [als theologisch-philosophische Ausbildungsstätte]; Konvikt* (1): Hegel, Schelling und Hölderlin studierten am Tübinger S. **c)** *Baulichkeiten, die einem ²Stift* (1 a) *gehören:* zum S. Neuburg bei Heidelberg wandern; **d)** (österr.) *[größeres] Kloster.* **2.** (veraltend) **a)** *auf einer Stiftung beruhende konfessionelle Privatschule für Mädchen:* sie ist in einem [evangelischen] S. erzogen worden; **b)** *Altersheim, das durch eine Stiftung finanziert wird;* **stif|ten** ⟨sw. V.; hat⟩ [mhd., ahd. stiften = gründen; einrichten, H. u.]: **1. a)** *größere finanzielle Mittel zur Gründung u. Förderung von etw. zur Verfügung stellen:* einen Orden, ein Kloster, eine Kirche, ein Krankenhaus s.; die Stadt stiftete einen Preis [für besondere Verdienste auf dem Gebiet der Kunst]; **b)** (seltener) *gründen* (1): einen Verein s.; Er

hatte einen Geheimbund gestiftet (Thieß, Reich 187). **2. a)** *als Spende [über]geben:* Geld, Bücher, Kleidung s.; daß August Matern ... dem Kapellchen in Steegen, wo es Katholische gab, eine Madonna stiftete (Grass, Hundejahre 20); In vielen Betrieben stiften die Arbeiter bis 10 Prozent ihres Lohnes an die „Spanienhilfe" (Fr. Wolf, Zwei 114); **b)** *für einen bestimmten Zweck zur Verfügung stellen, spendieren:* den Wein, einen Kasten Bier [für die Feier] s.; unter Miß Spoelmanns Waren hatten sich drei oder vier alte Gläser befunden, die ihr Vater selbst aus seiner Kollektion für den Bazar gestiftet hatte (Th. Mann, Hoheit 151). **3.** *bewirken, herbeiführen, schaffen:* Unheil, Unruhe, Verwirrung s.; In der Wohnung sprachen wir meistens nur über Dinge, die uns kaum berührten, ... weil ich in fremden Häusern keinen Verdruß s. wollte (Innerhofer, Schattseite 113); Ein Mann wie Sie sollte mit ein paar Worten Ruhe s. können (Thieß, Legende 200); Frieden s.; Solche falschen Vermenschlichungen haben in einer Hinsicht recht viel Schaden gestiftet (Lorenz, Verhalten I, 205); Ja, der Müller stiftet Ehen, das macht ihm Spaß (Waggerl, Brot 149). **stif|ten|ge|hen** ⟨unr. V.; ist⟩ [H. u.] (ugs.): *sich heimlich, schnell u. unauffällig entfernen, um sich einer Verantwortung zu entziehen od. weil die Situation bedrohlich erscheint:* ich möchte am liebsten s.; er ist einfach stiftengegangen; man muß sich die Disziplin der Kommunisten zunutze machen. Von denen geht uns keiner stiften (Apitz, Wölfe 37).
Stif|ten|kopf, der (ugs.): **a)** *Bürstenfrisur;* **b)** *jmd., der eine Bürstenfrisur hat.*
Stif|ter, der; -s, - [mhd. stiftære]: *jmd., der etw. stiftet* (1, 2), *gestiftet hat;* **Stif|ter|bild|nis,** das (bild. Kunst): *Stifterfigur;* **Stif|ter|fa|mi|lie,** die (bild. Kunst): *auf einem Gemälde o. ä. dargestellte Mitglieder einer Familie, die eine Kirche o. ä. gestiftet haben od. der Kirche in Kunstwerk vermacht haben;* **Stif|ter|fi|gur,** die (bild. Kunst): *Darstellung desjenigen, der eine Kirche o. ä. gestiftet hat od. der Kirche ein Kunstwerk vermacht hat (in oder an dem gestifteten [Bau]werk);* **Stif|te|rin,** die; -, -nen: w. Form zu ↑Stifter; **Stif|ter|re|li|gi|on,** die: *Religion, die auf einen historisch belegten Religionsstifter zurückgeführt werden kann;* **stif|tisch** ⟨Adj.⟩ (veraltet): *zu einem ²Stift* (1) *gehörend;* **Stift|ler,** der; -s, - [zu ↑²Stift] (veraltet): *jmd., der einem ²Stift angehört;* **Stift|le|rin,** die; -, -nen (veraltet): w. Form zu ↑Stiftler; **Stifts|bi|blio|thek,** die: *Bibliothek eines ²Stifts;* **Stifts|da|me,** die: **1.** (früher) *[adliges] weibliches Mitglied eines ²Stifts* (1 a), *eines Kapitels* (2); *Kanonisse* (1). **2.** (veraltend) *Bewohnerin, Mitglied eines Heims für [alte] alleinstehende [adlige] Frauen;* **Stifts|fräu|lein,** die (früher): **1.** *Stiftsdame.* **2.** *junges Mädchen, das in einem ²Stift* (2 a) *erzogen wurde;* **Stifts|ge|nos|se,** der: *Mitglied eines ²Stifts* (1 a); *Kollegiat* (2); **Stifts|herr,** der: *Chorherr* (1, 2); **Stifts|hüt|te,** die (israelitische Rel.): *Tempel für das Heiligtum in Form eines Zeltes (auf dem Zug durch die Wüste);* **Stifts|ka|pi|tel,** das: *Kapitel* (2 a) *einer*

Stiftskirche; **Stifts|kir|che,** die: *zu einem* ²*Stift (1 a) gehörende Kirche;* **Stifts|schu|le,** die (früher): *Schule, die vor allem der Ausbildung von Geistlichen diente;* **Stifts|vor|ste|he|rin,** die: *Vorsteherin eines* ²*Stifts (1 a, b);* **Stif|tung,** die; -, -en [mhd. stiftunge, ahd. stiftunga]: **1. a)** (Rechtsspr.) *Schenkung, die an einen bestimmten Zweck gebunden ist, durch die etw. gegründet, gefördert wird:* eine private, öffentliche, staatliche, wohltätige S.; eine S. zu jmdn. machen; er erhält Geld aus einer S.; **b)** *Institution, Anstalt o. ä., die durch eine Stiftung (1 a) finanziert, unterhalten wird:* eine geistliche S.; Das Sanatorium, eine staatliche S. von einer wohltätigen Schwester (Jens, Mann 52); eine S. des bürgerlichen, des öffentlichen Rechts; eine S. errichten, verwalten. **2.** *das Stiften (2 a):* für die S. des Krankenwagens hat sie einen Teil ihres Vermögens geopfert; **Stif|tungs|brief,** der: *Stiftungsurkunde;* **Stif|tungs|fest,** das: *Fest anläßlich einer Stiftung (1 a) od. ihres Jahrestages;* **Stif|tungs|forst,** der: *Wald, der sich im Besitz einer öffentlich-rechtlichen Stiftung (1 b) befindet;* **Stif|tungs|ur|kun|de,** die (Rechtsspr.): *Urkunde über eine Stiftung (1 a).*
Stift|zahn, der (Zahnmed.): *mit einem* ¹*Stift (1 a) in der Zahnwurzel befestigter künstlicher Zahn.*
Stig|ma ['st..., 'ʃt...], das; -s, ...men u. -ta [lat. stigma < griech. stígma = Zeichen; Brandmal, eigtl. = Stich]: **1. a)** (bildungsspr.) *etw., wodurch etw., jmd. deutlich sichtbar als etw. Bestimmtes, in einer bestimmten, meist negativen Weise gekennzeichnet ist u. sich dadurch von anderem unterscheidet:* das S. des Verfalls tragen; er war mit dem S., ein Agent zu sein, behaftet; Schlechte Fertigungsqualität, lange Zeit das S. aller in Südeuropa hergestellten Autos, ... (ADAC-Motorwelt 1, 1987, 32); Andere Frauen scheuen sich noch immer davor, eine „geschiedene Frau" zu sein, obwohl dieses S. heute eigentlich keine Gültigkeit mehr hat (Saarbr. Zeitung 7. 12. 79, I); **b)** *Brandmal, das Sklaven (bei schweren Vergehen) im Altertum eingebrannt wurde;* **c)** (kath. Kirche) *Wundmal eines Stigmatisierten.* **2. a)** (Bot.) *Narbe (3);* **b)** (Biol.) *Augenfleck;* **c)** (Zool.) *Atemöffnung bei Insekten, Spinnen, Tausendfüßlern;* **Stig|ma|rie** [...riə], die; -, -n *(meist Pl.)* [an den flach ausgebreiteten Ästen der Stigmarien setzten viele Wurzeln an, die beim Abfallen rundliche Narben („Stigmen") hinterließen]: *versteinerter Wurzelstock des ausgestorbenen Schuppenbaumes;* **Stig|ma|ta:** Pl. von ↑Stigma; **Stig|ma|ti|sa|ti|on,** die; -, -en: **1.** (kath. Kirche) *Auftreten der [fünf] Wundmale Jesu Christi bei einem Menschen.* **2.** *Brandmarkung der Sklaven im Altertum.* **3.** (Med.) *das Auftreten von Hautblutungen u. anderen psychogen bedingten Veränderungen bei hysterischen Personen;* **stig|ma|ti|sie|ren** ⟨sw. V.; hat⟩ [mlat. stigmatizare] (bildungsspr., Soziol.): **1.** *brandmarken:* er war durch seine Schwerhörigkeit stigmatisiert; er ist als Hochstapler, Verräter, Abweichler stigmatisiert worden; Die Kirche muß aufhören, homosexuell liebende Menschen zu s. (Wiedemann, Liebe 157); Der Sprachkritiker ... darf nicht Wörter verbieten oder s. (Heringer, Holzfeuer 23); **stig|ma|ti|siert** ⟨Adj.⟩ (kath. Kirche): *mit den Wundmalen Jesu Christi gezeichnet;* **Stig|ma|ti|sier|te,** der u. die; -n, -n ⟨Dekl. ↑Abgeordnete⟩ (kath. Kirche): *jmd., bei dem die [fünf] Wundmale Jesu Christi erscheinen;* **Stig|ma|ti|sie|rung,** die; -, -en (bildungsspr., Soziol.): *das Stigmatisieren;* **Stig|ma|tor,** der; -s, ...oren: *Vorrichtung in Elektronenmikroskopen, mit der sich der (axiale) Astigmatismus (1) ausgleichen läßt;* **Stig|men:** Pl. von ↑Stigma; **Stig|mo|nym,** das; -s, -e [zu griech. ónyma = Name]: *durch Punkte od. Sternchen (teilweise) ersetzter Name.*
Stil [ʃtiːl, stiːl], der; -[e]s, -e [lat. stilus, eigtl. = spitzer Pfahl; Schreibgerät, Griffel, Stiel]: **1.** *[durch Besonderheiten geprägte] Art u. Weise, etw. mündlich od. schriftlich auszudrücken, zu formulieren:* ihr S. ist elegant, geschraubt; der S. seiner Briefe ist knapp; der Artikel kann nicht von ihr stammen, das ist nicht ihr S.; er hat, schreibt einen flüssigen, eigenwilligen, holprigen, steifen S.; das Buch ist in lebendigem S. geschrieben; etw. im lyrischen, heiteren S. vortragen; Der Kommandeur hielt 'ne Rede im alten S. (Ott, Haie 50). **2.** *(von Baukunst, bildender Kunst, Musik, Literatur o. ä.) das, was im Hinblick auf Ausdrucksform, Gestaltungsweise, formale u. inhaltliche Tendenz o. ä. wesentlich, charakteristisch, typisch ist:* der korinthische, romanische, gotische S.; Es war ein ... verhältnismäßig großer Bau, in jenem überladenen S., ... (Leonhard, Revolution 147); Als erster seit der portugiesischen Entdeckerzeit wagte er wieder zu bauen, freilich nicht im portugiesischen S., sondern in schweren, machtvollen S., -es des Escorial (Schneider, Leiden 5); der klassizistische S. seiner Sinfonien; die -e des 19. Jahrhunderts; Inzwischen hat der britische Sänger Cliff Richard längst seinen eigenen S. gefunden (Hörzu 22, 1975, 55); den S. Renoirs imitieren; die Räume haben, die neue Mode hat S.; Viele avantgardistische Maler ... kultivieren in ihrer Kleidung einen S., der so weit von Eleganz entfernt ist wie ... (Dariaux [Übers.], Eleganz 82); die jungen Regisseure entwickeln einen neuen, eigenen, persönlichen S.; das Haus ist im S. der Gründerzeit gebaut; er zeichnet im S. von George Grosz. **3.** ⟨o. Pl.⟩ *Art u. Weise des Sichverhaltens, des Vorgehens, bes. hinsichtlich seiner stilistischen Ausprägung:* er hatte einen schlechter politischer S.; er schrie „Scheiße, Mist, verflucht ...", und in dem S. ging es weiter; Man raucht übrigens nie auf dem Pferde, meine Herrschaften, das würde gegen jeden S. verstoßen! (Dwinger, Erde 172); das ist nicht mein S. *(so etwas mache ich nicht);* Wahr ist aber, daß der Minister für Umwelt ... niemals ausflippt. Das ist ... nicht sein S. (Spiegel 14, 1987, 45); * **im großen S./großen -s** *(in großem Ausmaß/ großen Ausmaßes):* er macht Geschäfte im großen S.; Solange weiterhin Energie in großen S. verschwendet werde (Baseland. Zeitung 21. 3. 85, 3); ein Diamantendiebstahl großen -s.; Alle Blumenhandlungen machten Geschäfte großen -es (Th. Mann, Buddenbrooks 469). **4.** *Art u. Weise, wie eine Sportart ausgeübt wird; bestimmte Technik in der Ausübung einer Sportart:* die verschiedenen -e des Schwimmens; sein S. im Laufen läßt noch zu wünschen übrig; er fährt einen eleganten S.; Clark fährt einen sehr runden und ökonomischen S. (Frankenberg, Fahrer 98). **5.** * **alten -s** *(Zeitrechnung nach dem Julianischen Kalender;* Abk.: a. St.); **neuen -s** *(Zeitrechnung nach dem Gregorianischen Kalender;* Abk.: n. St.); **Stil|ana|ly|se,** die: *Analyse des Stils;* **Stil|art,** die: *Art des Stils.*
Stilb ['ʃt..., 'st...], das; -s, - [zu griech. stilbē = Glanz; das Leuchten] (Physik früher): *Einheit der Leuchtdichte;* Zeichen: sb
stil|bil|dend ⟨Adj.⟩: *zur Ausprägung eines neuen Stils führend, beitragend:* sein Werk wirkte s. für die Epoche; Die Musik hat von jeher stark s. in meine Arbeit hineingewirkt (Th. Mann, Zauberberg X); **Stil|blü|te,** die: *Äußerung, Formulierung, die durch ungeschickte, falsche od. doppelsinnige Verknüpfung von Redeteilen ungewollt komisch wirkt;* **Stil|bruch,** der: *Kombination, Verwendung von verschiedenen Stilen, Stilmitteln, die nicht zueinander passen;* **Stil|büh|ne,** die (Theater): *Bühnenbild, das im wesentlichen nur aus stilisierten Elementen besteht;* **Stil|ebe|ne,** die (bes. Sprachw.): *bestimmte Ebene des Stils (1);* **stil|echt** ⟨Adj.⟩: *im Stil (2) echt:* -e Möbel; die Gestalt des St. Nikolaus: mit Mitra, Krummstab und im -en Gewand (Saarbr. Zeitung 8./9. 12. 79, 21); an der Brücke liegen zwei s. nachgebaute Spreewaldkähne (Berger, Augenblick 61); eine Kneipe ..., die als s. renoviertes Fachwerkhäuschen ... auf ihn wartete (Grass, Hundejahre 45); **Stil|element,** das: *für einen Stil charakteristisches Element:* manieristische, klassizistische -e verwenden; In seine Inszenierung fließen ... -e des Kabuki-Theaters ein (Welt 4. 8. 62, Film); Reed verbindet hier eindrucksvoll -e des deutschen expressionistischen Films der 20er Jahre mit dem französischen Realismus in der Art Marcel Carnés (Hörzu 2, 1974, 47); **Stil|em,** das; -s, -e ⟨ital. Stilk.⟩ (Sprachw., Stilk.): *stilistisches Element, Merkmal;* **Stil|emp|fin|den,** das: vgl. *Stilgefühl:* ein sicheres S.; **Stil|ent|wick|lung,** die: *Entwicklung eines Stils;* **Stil|epo|che,** die: *durch einen bestimmten Stil (2) geprägte Epoche.*
Stillett, das; -s, -e [ital. stiletto, Vkl. von: stilo = Dolch, Griffel < lat. stilus, ↑Stil]: *kleiner Dolch mit dreikantiger Klinge.*
Stil|feh|ler, der: *stilistischer Fehler;* **Stil|fi|gur,** die (Sprachw.): *Figur (8);* **Stil|fra|ge,** die: *den Stil betreffende Frage (2);* **Stil|ge|fühl,** das ⟨o. Pl.⟩: *Gefühl für Stil;* **stil|ge|mäß** ⟨Adj.⟩: *stilgerecht:* ein farbiges Porträt ..., das ihm feierlich in einem -en Goldrahmen überreichten (Remarque, Obelisk 46); **stil|ge|recht** ⟨Adj.⟩: *dem (jeweiligen) Stil entsprechend:* Für eine -e Restaurierung wurde ... Ersatz beschafft (Hamburger Abendblatt 20. 3. 84, 3); Um den Gerstensaft auch s. servieren zu können, ... (Augsburger Allgemeine 13./14. 5. 78, 46); **sti|li|sie|ren**

Stilisierung

[ʃt..., st...] ⟨sw. V.; hat⟩ (bildungsspr.): **1.** *von dem Erscheinungsbild, wie es in der Natur, Wirklichkeit vorkommt, abstrahieren u. nur in seinen wesentlichen Grundstrukturen darstellen:* einen Baum, eine Pflanze s.; Statt dessen verfällt auch Watson in jene ... Selbstgerechtigkeit, die die Molekularbiologie zur fast unfehlbaren Heilslehre stilisiert (hochstilisiert; natur 2, 1991, 47); eine stilisierende Darstellungsart; ⟨oft im 2. Part.:⟩ stilisierte Figuren, Muster, Menschen; Es war ein silbernes Pferd ..., stark stilisiert (Zwerenz, Quadriga 102); In der Mitte ... stand eine stilisierte gelbe Dattelpalme (Stern, Mann 92); Kein Zweifel, daß hier die mediterrane Lebensweise, der stark stilisierte italienische Alltag ausgespielt werden soll gegen deutsche Daseinsart (Reich-Ranicki, Th. Mann 133). **2.** (veraltend) *in einen bestimmten Stil bringen:* er ... überlegte und stilisierte und verwarf jeden Satz wieder (Roth, Radetzkymarsch 198); **Stillilsielrung,** die; -, -en: **1.** *das Stilisieren.* **2.** *Stilisiertes;* **Stillist,** der; -en, -en (bildungsspr.): **1.** *jmd., der die sprachlichen Ausdrucksmittel beherrscht:* der Autor ist ein hervorragender, glänzender S. **2.** *jmd., der den Stil (4) beherrscht:* die Weltmeister im Eiskunstlauf sind echte -en; **Stillilstik,** die; -, -en: **1.** ⟨o. Pl.⟩ *Lehre von der Gestaltung des sprachlichen Ausdrucks, vom Stil (1).* **2.** *Lehrbuch der Stilistik (1);* **Stillilstin,** die; -, -nen (bildungsspr.): w. Form zu ↑Stilist; **stilllilstisch** ⟨Adj.⟩ (bildungsspr.): *den Stil (1, 2) betreffend;* **Stilllkleid,** das: *zeitloses, festliches Kleid, bes. Abendkleid mit anliegendem Oberteil u. weitem Rock;* **Stilllkunlde,** die: **1.** ⟨o. Pl.⟩ *Stilistik (1).* **2.** *Stilistik (2);* **stilllkundllich** ⟨Adj.⟩: *die Stilistik (1) betreffend.*

still ⟨Adj.⟩ [mhd. still(e), ahd. stilli, zu ↑stellen, eigtl. = stehend, unbeweglich]: **1.** *so, daß kein, kaum ein Geräusch, Laut o. ä. zu hören ist:* es war plötzlich ganz s. im Haus; es war so s. wie in einer Kirche; sie drückte auf die Taste, aber der Lautsprecher blieb s. *(gab keinen Ton von sich);* ein sanft heulender Motor kam näher, schnell und fast drohend ...; dann war er plötzlich s. (Böll, Adam 17); s. vor sich hin weinen. **2. a)** *ruhig (2 a), frei von Lärm [u. störender Betriebsamkeit]:* ein -es Dorf, Tal; in eine -e Gegend ziehen; **b)** *ruhig (2 b), leise:* -e Mieter; er verhielt sich s.; sei doch [endlich] s.!; Der Divisionsveterinär ... setzte sich s. an den Tisch (Plievier, Stalingrad 266); Ü es ist s. um jmdn. geworden *(jmd. wird [von der Öffentlichkeit] nicht mehr so beachtet wie früher).* **3.** *ruhig (1), [fast] unbewegt, reglos:* der Wind hat sich gelegt, die Luft ist s.; s. [da]liegen; die Hände s. halten. **4. a)** *ruhig (3 a), frei von Spannungen u. Aufregungen:* überleg dir das in einer -en Stunde; das war heute ein -er Tag; das ... fast lautlose Huschen einer Feldmaus, die an einem -en Nachmittag über den Weg läuft (Böll, Mann 45); **b)** *ruhig (3 b), frei von Hektik; in sich ruhend, nicht übersprudelnd, nicht überaktiv; gelassen, in sich gekehrt u. in sich ruhend; ohne übergroße Hoffnungen u. Erwartungen; bes. die (geruhsames) Leben führen;* er reagiert in seiner -en Art souverän. **5.** *zurückhaltend, nicht sehr gesprächig; in sich gekehrt:* er ist ein -er, bescheidener Junge; du bist ja heute so s.; s. in der Ecke sitzen. **6. a)** *ohne sich [laut] zu äußern; wortlos:* ein -er Vorwurf; Besonders auf den Blocks, wo es einen oder gar mehrere der verschwundenen Todeskandidaten gab, herrschte unter den Blockinsassen ein -es Einverständnis (Apitz, Wölfe 290); (formelhaft in Todesanzeigen:) in -er Trauer; er leidet s.; Die Matschi Kosemund, Marillis vom Leben enttäuschte Mutter, duldete alles s. und verhärmt (Sommer, Und keiner 377); sie ging s. neben ihm her; **b)** *vor anderen verborgen, heimlich:* ein -er Seufzer; sie ist seine -e Liebe; er hat die -e Hoffnung, daß ...; in -em Einvernehmen; unter -em Verdacht, daß ich auf öffentliche Erfolge hereinfalle, ... (Frisch, Montauk 48); * **im -en** (**1.** *von anderen nicht bemerkt:* er hat seine Flucht im -en vorbereitet. **2.** *ohne es zu sagen; bei sich selbst:* im -en fluchte ich; Wie im -en erhofft, hatte Jonny den Volkswagen aufgetankt, die Scheiben geputzt [Danella, Hotel 38]); **Stilllarlbeit,** die ⟨o. Pl.⟩ (Päd.): *selbständige Beschäftigung von Schülern während des Unterrichts:* der Unterricht muß produktive Tätigkeit und Geschäftigkeit, S. und Gespräch ermöglichen (Rheinpfalz 7. 7. 84, 10); **stillllbleilben** ⟨st. V.; ist⟩: **1.** *sich nicht bewegen.* **2.** *stillhalten (2);* **Stilllbülstenhallter,** der [zu ↑stillen (1)]: *Büstenhalter mit speziell gefertigten Körbchen, die zum Stillen geöffnet werden;* **Stilllldauler,** die: *Dauer der Stillzeit;* **stillle** ⟨Adj.⟩ (landsch.): ↑ *still;* **Stillle,** die; -, -: [mhd. stille, ahd. stillī]: **1. a)** *durch kein lärmendes, unangenehmes Geräusch gestörter [wohltuender] Zustand:* es herrschte friedliche, sonntägliche, ländliche, völlige S.; die abendliche S. des Waldes; S. lag über dem Land; Die lastende S. des Mittags herrschte über der Savanne (Kessel [Übers.], Patricia 144); in der S. der Nacht; solche Eigenschaften konnten sich in dieser Klarheit nur in der S. klösterlicher Abgeschiedenheit entwickeln (Thieß, Reich 433); das Tal lag in tiefer S.; **b)** *Zustand, der dadurch geprägt ist, daß [plötzlich] kein lautes Geräusch, kein Ton mehr zu hören ist, alles schweigt:* eine lähmende, furchtbare, atemberaubende S. trat ein, erfüllte den Raum; Nach der Lesung breitete sich unbehagliche S. aus (Loest, Pistole 230); es entstand, herrschte eine peinliche, erwartungsvolle S.; die S. lastete auf ihr; in die S. fiel ein Ruf, ein Schuß; „Ich", sagte er in die atemlose S. hinein, „bekenne mich schuldig." (Kirst, Aufruhr 224); * **gefräßige S.** (scherzh.; *Verstummen der Unterhaltung während des Essens od. danach).* **2.** *Zustand des Ruhigseins* (ruhig 1): die S. des Meeres, der Luft vor dem Sturm (↑Ruhe 1). **3.** * **in aller S.** *(im engsten Familien-, Freundeskreis; ohne alles Aufheben):* die Beerdigung findet in aller S. statt; In aller S. ermittelte der Hergang und Hintergründe der Mordtat (Prodöhl, Tod 260); **Stillleben¹,** das [von engl. still life beeinflußte LÜ von niederl. stilleven]: **1.** *bildliche Darstellung von Dingen, bes. Blumen, Früchten, erlegten Tieren u. Gegenständen des alltäglichen Lebens, in künstlerischer Anordnung:* ein S. malen. **2.** *Bild, Kunstblatt mit einem Stilleben* (1): ein S. kaufen; **stillleIgen** ⟨sw. V.; hat⟩: *außer Betrieb setzen; den Betrieb von etw. einstellen:* eine Zeche, Eisenbahnlinie s.; die Fabrik wurde stillgelegt; Er hatte wochenlang Tag um Tag mit der mährischen Filiale telefoniert, bis die Leitung stillgelegt wurde (Bieler, Mädchenkrieg 449); Ü ... wurden kritische Intellektuelle an den Rand der Partei gedrängt und die Jugendorganisationen stillgelegt (Wochenpresse 43, 1983, 13); **Stillle|gung¹,** die; -, -en: *das Stillegen.*

Stillllehlre, die: **1.** ⟨o. Pl.⟩ *Stilistik* (1). **2.** *Stilistik* (2).

stillllen ⟨sw. V.; hat⟩ [mhd., ahd. stillen = still machen, beruhigen]: **1. a)** *(einen Säugling) an der Brust Muttermilch trinken lassen:* ein Kind s.; **b)** *einen Säugling durch regelmäßiges Stillen (1 a) ernähren:* sie stillt; wegen des hohen Fiebers konnte sie nicht s.; stillende Mütter. **2.** *(ein Bedürfnis) befriedigen, zum Aufhören bringen:* seinen Hunger s.; den Durst mit einem Glas Bier s.; seine Rache, seine Begierden s.; Mit siebzehn Jahren ist er dem Erzieher ... davongelaufen, weil er, ohne an eine Ehe zu denken, seine Neugier an dem ältesten Mädchen stillte (Jahnn, Geschichten 163); jmds. Lesehunger s.; Heute, wo in den Straßen unseres Amüsierviertels keine Süchte gestillt ... werden (Erné, Kellerkneipe 177). **3.** *etw. zum Stillstand bringen, eindämmen:* das Blut, jmds. Tränen, den Husten s.; die Schmerzen konnten nicht gestillt werden; bis aller Eifer gestillt ist (Strauß, Niemand 151); **stillllfählig** ⟨Adj.⟩: *zu stillen imstande; zu stillen geeignet:* eine -e Brust; Mütter, die s. sind; **Stillllgeld,** das (ehem. DDR): *Geld, das stillende Mütter von der Krankenkasse erhalten;* **Stilllhaltelablkomlmen,** das: **a)** (Bankw.) *Übereinkunft zwischen Gläubigern u. Schuldnern über die Stundung von Krediten;* **b)** *Übereinkunft zwischen Parteien, die entgegengesetzte Interessen vertreten, für einen bestimmten Zeitraum auf Auseinandersetzungen zu verzichten;* **stillllhallten** ⟨st. V.; hat⟩: **1.** *sich nicht bewegen:* Entschuldigen Herr Doktor, ich werde s., aber chloroformieren Sie mich nicht (Remarque, Westen 171); Die Pferde ... hielten bewegungslos still, um sich bewundern zu lassen (Kronauer, Bogenschütze 374). **2.** *etw. geduldig hinnehmen, nicht reagieren, sich nicht wehren:* Es wurden die „preußischen" Bierpreise erhöht, die Bayern haben stillgehalten (Spiegel 48, 1965, 32); vier verdächtige Container ... sollten erst zum Wochenbeginn entladen werden. Polizei und Zoll hielten solange still (Hamburger Abendblatt 28. 8. 85, 4); **stillilelgen¹** ⟨st. V.; hat⟩: *außer Betrieb sein.*

stillllos ⟨Adj.⟩; -er, -este⟩: **a)** *ohne eigentlichen, ausgeprägten Stil* (2): ein -es Hochhaus; **b)** *einen Verstoß gegen den Stil, das Stilgefühl bedeutend:* Wein aus Biergläsern zu trinken ist s.; **Stillllolsiglkeit,** die: **1.** ⟨o. Pl.⟩ *das Stillossein.* **2.** *etwas Stilloses.*

Stillllpaulse, die: *Pause während der Arbeitszeit für Mütter mit Kindern, die noch gestillt werden;* **Stillllperilode,** die: *Zeitraum nach der Entbindung, in dem die Mutter stillen kann;* **still-**

schwei|gen ⟨st. V.; hat⟩/vgl. stillschweigend/(intensivierend): **a)** *schweigen;* **b)** *äußerste Diskretion* (a) *bewahren:* obwohl man sie bedrängte, hat sie stillgeschwiegen; **Still|schwei|gen,** das: **a)** (intensivierend) *Schweigen:* Sophies S. gab Sellmann Antrieb (Bieler, Mädchenkrieg 315); Als er fertig war, herrschte verlegenes S. (Niekisch, Leben 114); über etw. mit S. hinweggehen, etw. mit S. übergehen; *** sich in S. hüllen** (↑Schweigen); **b)** *äußerste Diskretion* (a): *geloben, vereinbaren; jmdm. S. auferlegen;* Danach wies man den Zeugen ein separates Zimmer an und verordnete ihm S. (Bieler, Mädchenkrieg 562); ... verpflichtete mich, über alles, was ich im Zusammenhang mit der Schlacht von Stalingrad in Erfahrung gebracht habe, strengstes S. zu bewahren (Loest, Pistole 95); **still|schwei|gend** ⟨Adj.⟩: **a)** *ohne ein Wort zu sagen:* etw. s. hinnehmen; Sie möchten, daß ich s. verschwinde (Kemelman [Übers.], Dienstag 32); **b)** *ohne förmliche, offizielle Abmachung; ohne daß darüber geredet worden wäre:* eine -e Übereinkunft, Voraussetzung; Ein solches -es Einverständnis ... (Rolf Schneider, November 131); das Projekt wurde s. eingestellt; etw. s. zu den Akten legen; **still|sit|zen** ⟨unr. V.; hat⟩: *sitzen, ohne sich zu beschäftigen o. ä.:* er kann nicht s.; **Still|stand,** der: **a)** ⟨o. Pl.⟩ *Zustand, in dem etw. stillsteht, nicht mehr läuft, in Betrieb ist:* ein S. des Gerätes muß dabei vermieden werden; den Motor zum S. bringen; sie hörte das Aufrauschen des Wassers in dem Wirbel, den die Schraube erzeugte, ehe sie zum S. kam (Andersch, Sansibar 67); **b)** *das Aufhören einer Tätigkeit; Zustand, in dem eine Tätigkeit unterbrochen, eingestellt ist:* der S. des Herzens, der Atmung; eine Entzündung zum S. bringen; die Blutung ist zum S. gekommen; Je öfter diese Atemstillstände (= beim Schnarchen) auftreten, desto gefährlicher lebt der Betroffene. Von zehn Stillständen pro Stunde an, die jeweils länger als zehn Sekunden dauern, sprechen Mediziner von behandlungsbedürftiger „Schlafapnoe" (Spiegel 37, 1992, 104); **c)** *Zustand, in dem etw. aufhört, sich zu entwickeln, nicht vorankommt, in seiner Entwicklung eingedämmt, unterbrochen wird:* einen beruflichen S. feststellen; in den Verhandlungen gab es einen S., ist ein S. eingetreten; **still|ste|hen** ⟨unr. V.; hat⟩: **1.** *nicht mehr in Bewegung, Betrieb sein; in seiner Bewegung, Funktion, Tätigkeit unterbrochen sein:* Ich sah, wie er eine Taschenlampe anknipste; der Lichtkegel stand einen Augenblick still (Schnurre, Bart 13); alle Maschinen stehen seit gestern still; wenn auch ein Müllerssohn ... getauft wurde, stand dennoch Materns Mühle nicht still (Grass, Hundejahre 25); der Verkehr steht still; daß der Mensch stirbt, wenn Herz und Atmung stillstehen (Medizin II, 244); Ü sein Herz stand vor Schreck, Angst still *(er erschrak heftig, hatte sehr große Angst);* ihr Mundwerk steht nie still *(sie redet ununterbrochen);* die Zeit schien stillzustehen. **2.** (Milit.) *in strammer Haltung u. unbewegt stehen:* die Soldaten s. lassen; (als Kommando:) stillgestanden!; **Stil|lung,** die; -: *das Stillen;* **still|ver|gnügt** ⟨Adj.⟩: *in einer nach außen kaum sichtbaren Weise vergnügt:* sie lächelte s.; **Still|wein,** der: *Wein ohne perlende Kohlensäure;* **Still|zeit,** die: *Zeit des Stillens* (1 b).

Stil|merk|mal, das: *für einen bestimmten Stil charakteristisches Merkmal;* **Stil|mit|tel,** das (Sprachw., Musik, bild. Kunst): vgl. Stilelement: die S. der badischen Kirchenmusik untersuchen; **Stil|mö|bel,** das: *als Imitation eines früheren Stils hergestelltes Möbel;* **Stil|no|te,** die (Sport): *Note* (2 b) *für den Stil* (4): die guten -n brachten ihm den Sieg; die Sprungrichter gaben ihm immer hohe -n (Maegerlein, Piste 32); **Stil|rich|tung,** die: *stilistische Richtung;* **Stil|schicht,** die (Sprachw.): vgl. Stilebene; **stil|si|cher** ⟨Adj.⟩: *mit sicherem Gefühl für Stil; eine große Sicherheit in bezug auf Stil zeigend.* **Stil|ton** ['stɪltn̩], der; -[s], -s [nach dem gleichnamigen engl. Ort]: *fetter Weichkäse mit grünem Schimmelbelag.* **Stil|übung,** die (Stilk.): *stilistische Übung;* **Stil|un|ter|su|chung,** die (bes. Sprachw.): *Untersuchung des Stils (z. B. eines Textes);* **Sti|lus** [ʃt..., st...], der; -, ...li [lat. stilus, ↑Stil] (Antike): *langer Griffel aus Metall od. Knochen zum Schreiben auf der Wachstafel;* **stil|voll** ⟨Adj.⟩: **a)** *in angemessenem Stil; Stil aufweisend:* -e Möbel; ... unter denen der s. restaurierte Fachwerkbau vor allem die Aufmerksamkeit der Besucher auf sich zieht (Westd. Zeitung 12. 5. 84, o. S.); **b)** *von gutem Geschmack, von Gefühl für Stil zeugend:* die Wohnung s. einrichten; **Stil|wech|sel,** der: *Wechsel des Stils;* **stil|wid|rig** ⟨Adj.⟩: *einem bestimmten Stil zuwiderlaufend, nicht entsprechend;* **Stil|wör|ter|buch,** das: *phraseologisches Wörterbuch, das die richtige Verwendung der Wörter im Satz zeigt.*

Stimm|ab|ga|be, die: *Abgabe der Stimmen* (6 a) *bei einer Wahl;* **Stimm|ap|pa|rat,** der (Physiol.): *Gesamtheit der Organe, die die Stimme hervorbringen:* Papageien werden auch gefiederte Affen genannt; ihr S. ist unpaarig entwickelt (Strittmatter, Der Laden 784); **Stimm|auf|wand,** der: *Aufwand an Stimmkraft:* etw. mit großem S. verlesen; **Stimm|band,** das ⟨meist Pl.⟩: *paariges stimmbildendes Organ in Form eines elastischen Bandes im Kehlkopf:* für die Stimmbänder ist Schreien ganz wichtig (Jägersberg, Leute 94); **Stimm|band|ent|zün|dung,** die: *Entzündung an den Stimmbändern;* **Stimm|band|läh|mung,** die: *Lähmung an den Muskeln des Kehlkopfes;* **stimm|be|rech|tigt** ⟨Adj.⟩: *berechtigt, bei einer Wahl od. Abstimmung seine Stimme abzugeben:* alle -en Bürger; die Gastdelegierten sind nicht s.; **Stimm|be|rech|tig|te,** der u. die; -n, -n ⟨Dekl. ↑Abgeordnete⟩: *jmd., der stimmberechtigt ist;* **Stimm|be|rech|ti|gung,** die: *Berechtigung zur Stimmabgabe;* **Stimm|be|zirk,** der: *Wahlbezirk;* **stimm|bil|dend** ⟨Adj.⟩: *die Stimmbildung* (1, 2) *betreffend, bei ihr gehörend;* **Stimm|bil|dung,** die: **1.** *Bildung der Stimme im Kehlkopf; Phonation.* **2.** *systematische Schulung der Stimme (z. B. Atmung, Resonanz, Tonbildung), die der Herausbildung einer klangschönen, belastbaren Stimme dient:* in der S. Fortschritte machen; **Stimm|bruch,** der: *Stimmwechsel bei männlichen Jugendlichen in der Pubertät, der sich in einer zwischen Höhe u. Tiefe unkontrolliert schwankenden, leicht überschnappenden Stimme ausdrückt u. zu einem allmählichen Tieferwerden der Stimme führt:* im S. sein; **Stimm|buch,** das ⟨meist Pl.⟩ (Musik früher): *Buch, in dem die einzelne Stimme* (3 b) *einer mehrstimmigen Komposition aufgezeichnet ist;* **Stimm|bür|ger,** der (schweiz.): *wahlberechtigter Bürger; Wähler:* Erst als ich ihn darauf aufmerksam machte, daß auch ich S. von Stäfa sei und ein öffentliches Amt bekleide (Ziegler, Liebe 196); Man wußte als S. zu wenig, worum es ging (NZZ 25. 12. 83, 21); ... haben kalifornische S. ein weiteres Volksbegehren zu diesem Thema lanciert (NZZ 16. 10. 81, 7); **Stimm|bür|ge|rin,** die (schweiz.): w. Form zu ↑Stimmbürger; **Stimm|chen,** das; -s, -: Vkl. zu ↑Stimme (2); **Stim|me,** die; -, -n [mhd. stimme, ahd. stimma, stimna, H. u.]: **1.** *Fähigkeit, Vermögen, Laute, Töne zu erzeugen:* Fische haben keine S. **2. a)** *das, was mit einer bestimmten [charakteristischen] Klangfarbe an Lauten, Tönen erzeugt wird, [beim Sprechen, Singen o. ä.] zu hören ist:* eine tiefe, dunkle, angenehme, sonore, klare, schwache, laute, kräftige, harte, schnarrende, blecherne S.; seine S. dröhnte durch das Haus; verdächtige -n drangen an ihr Ohr; seine S. überschlägt sich, trägt nicht; die S. ... schnappte zuweilen über vor Anstrengung (Hauptmann, Thiel 17/18); Mitten in die ... Stille knarrte die S. des Oberstaatsanwalts (Zuckmayer, Fastnachtsbeichte 60); Ihre S. bekommt einen verführerischen Klang (Fallada, Mann 170); Ich hörte die wispernden -n der Männer, ehe die Männer mich hören konnten (Martin, Henker 70); die S. versagte ihm *(er konnte nicht mehr weitersprechen);* ein furchtbares Schluchzen erstickte seine S.; seine S. erheben (geh.; *zu sprechen beginnen);* die S. heben *(lauter sprechen),* senken *(leiser sprechen);* Du solltest deine S. etwas dämpfen *(leiser sprechen;* Roehler, Würde 117); die -n der Vögel erkennen, nachahmen; ... sagte Ronni und gab seiner ... S. einen gewollt resignierten Ton (Geissler, Wunschhütlein 16); in seiner S. schwang, klang Ärger mit; man hörte deutlich die Genugtuung in seiner S. (Schnurre, Bart 33); -n hören *(auf Grund von Sinnestäuschungen od. Wahnvorstellungen hören);* Ü eine innere S. *(ein sicheres Gefühl, eine Vorahnung)* warnte ihn; die S. des Blutes *(das instinkthafte Sichhingezogen-Fühlen zu blutsverwandten Menschen)* war stärker als die Vernunft; der S. des Herzens, der Vernunft, des Gewissens folgen, gehorchen *(ihr gemäß handeln);* der S. der Natur folgen *(seinen sinnlichen Trieben nachgeben);* **b)** *bestimmter [charakteristischer] Klang, Tonfall einer Stimme* (2 a): eine männliche, kindliche S. haben; Er hatte eine dunkle und melodiöse S. (Niekisch, Leben 98); Der Direktor neigt sich vor, seine S. wird beschwörend (Loest, Pistole 11); seine S.

stimmen

verstellen; jmdn. an der S. erkennen; mit kühler, barscher, höhnischer, schwacher, tonloser, erstickter, weinerlicher, zitternder, stockender, belegter *(heiserer) S.* sprechen; als er mit erhobenem Haupt und leuchtenden Augen, mit vor Zorn bebender S. ... wütete (Reich-Ranicki, Th. Mann 93); **c)** *Stimme* (2 a) *des Menschen beim Singen; Singstimme:* eine volle, voluminöse, strahlende, tragfähige S.; er läßt seine S. ausbilden *(nahm Gesangunterricht);* seine S. verlieren *(nicht mehr so gut singen können wie früher);* mit unsauberer S. singen; die Arie in der Probe mit halber S. singen *(nicht voll aussingen);* der hat S.! *(der kann singen!);* die neue Sopranistin hat keine S. *(kann nicht gut singen);* [nicht/gut] bei S. sein *(beim Singen* [nicht] *gut disponiert sein).* **3.** (Musik) **a)** *Stimmlage* (b): ein Chor für vier [gemischte] -n; **b)** *Partie, Tonfolge in einer mehrstimmigen Komposition, die von Instrumenten od. Vokalstimmen solistisch od. von mehreren im Orchester, Chor o. ä. gespielt, gesungen wird:* bei einer Fuge setzen die -n nacheinander ein; die -n in der Partitur mitlesen; die erste, zweite S. singen. **4.** (Musik) **a)** *Stimmstock;* **b)** *Register* (3 a). **5.** *jmds. Auffassung, Meinung, Position* (1 d) *[die in die Öffentlichkeit dringt]:* die -n des Protests mehren sich; die S. *(der Wille)* des Volkes; seine S. gilt viel in dieser Stadt; die -n der Presse waren kritisch; -n werden laut, erheben sich, die fordern, daß ...; Dennoch gab es -n, die Jenny Brunies das tagtägliche Schwarz als Farbe der Aufsässigkeit auslegten (Grass, Hundejahre 339); Gleichwohl gab es nur wenige juristische -n, die sich ... jenes Werkes von Karl Kraus erinnerten (NJW 19, 1984, 1071). **6. a)** *jmds. Entscheidung für jmdn., etw. bei einer Wahl, Abstimmung:* [un]gültige -n; jede S. zählt, ist wichtig; -n, die für andere Kandidaten abgegeben worden sind, werden nicht berücksichtigt (Fraenkel, Staat 355); die abgegebenen -n auszählen; er hat die meisten -n erhalten, auf sich vereinigt; jmdm. seine S. geben *(jmdn. wählen);* eine S. haben *(an der Wahl, Abstimmung teilnehmen können);* über eine oder mehrere -n verfügen; seine S. abgeben *(mit abstimmen, wählen);* -n *(Wähler)* gewinnen, verlieren; sich der S. enthalten; der Antrag wurde mit 25 -n angenommen; Das Wahlergebnis, das der Einheitsliste immer 99 % der -n bringt ... (Fraenkel, Staat 353); **b)** *Stimmrecht:* keine S., Sitz und S. im Parlament haben; **stịm|men** ⟨sw. V.; hat⟩ [mhd. stimmen = rufen; benennen; gleichstimmend machen, zu ↑Stimme]: **1. a)** *den Tatsachen entsprechen; zutreffend sein:* ihre Angabe, die Behauptung stimmt; meine Vermutungen stimmten nicht; seine Informationen stimmen meistens; Davon stimmt kein einziges Wort (Reich-Ranicki, Th. Mann 123); die Adresse stimmt nicht mehr; stimmt es, daß du morgen kündigst?; das kann unmöglich s.!; [das] stimmt [haargenau]!; „Du willst doch auch die Monarchie abschaffen, oder?" – „Stimmt, weil sie von vorgestern ist ..." (Kühn, Zeit 55); stimmt auffallend! (iron.; *das hast du mit deinem Scharfsinn richtig erfaßt);* R stimmt's, oder hab' ich recht? (ugs. scherzh.; *verhält es sich etwa nicht so, wie ich behaupte?);* **b)** *so sein, daß nichts einzuwenden ist; in Ordnung sein, keinen Anlaß zu Beanstandungen geben:* die Rechnung, die Kasse stimmt [nicht]; trotz der Niederlage stimmte die Moral; Klappte in der ersten Halbzeit nach vorn noch nicht allzuviel, ... so stimmte das Abwehrverhalten von Beginn an (Freie Presse 24. 11. 89, 4); die Kasse stimmt bei ihm immer (ugs.; *er hat immer genügend Geld);* Hauptsache, die Kohlen stimmen (ugs.; *die Bezahlung, der Lohn o. ä. ist zufriedenstellend);* der Preis muß s. *(im angemessenen Verhältnis zum Erworbenen stehen);* bei diesem Auto stimmt einfach alles *(entspricht alles völlig den Erwartungen);* Das Produkt stimmt, es ist hervorragend (Weltwoche 26. 7. 84, 23); (als Aufforderung, das Geld, das eigentlich herauszugeben (3 a) wäre, [als Trinkgeld] zu behalten:) stimmt so!; hier stimmt etwas nicht!; in ihrer Ehe stimmt etwas nicht; mit meinen Nieren muß etwas nicht s.; Martin war dem Anschlag entgangen, da sein Fahrer ... gemerkt hatte, daß mit dem Wagen etwas nicht stimmte (MM 13. 6. 75, 1); bei ihm stimmt es/etwas nicht (salopp; *er ist nicht ganz normal).* **2.** (seltener) *auf jmdn., zu jmdm., etw. passen* (1): die Beschreibung stimmt auf die Gesuchte; das Blau stimmt nicht zur Tapete. **3. a)** *in eine bestimmte Stimmung versetzen:* das stimm mich zuversichtlich, mißtrauisch, nachdenklich, bedenklich, wehmütig, traurig; sie hat ihn mit ihren Worten wieder versöhnlich gestimmt; die Mächtigkeit seiner dunkelgrün rauschenden Bäume und Flüsse stimmte mich ... weichherzig (Stern, Mann 230); Nach diesem ersten Teil, in dem vor allem Weihnachtslieder dargeboten wurden, die oft besinnlich stimmten (Saarbr. Zeitung 4. 12. 79, 16); sie stimmte jeden von uns fröhlich; festlich, sentimental, zum Feiern gestimmt sein; ♦ **b)** *beeinflussen:* Saladin hat's über sich genommen, ihn zu s. (Lessing, Nathan V, 3). **4.** *seine Stimme* (6 a) *abgeben:* für, gegen den Kandidaten, Vorschlag s.; wie viele Delegierte haben mit Ja gestimmt? **5.** *einem Instrument die richtige Tonhöhe geben; auf die Höhe des Kammertons bringen:* die Geige s.; die Saiten höher, tiefer s.; das Klavier s. lassen. ⟨auch o. Akk.-Obj.:⟩ das Orchester stimmt. **Stịm|men|an|teil,** der: *Anteil an Stimmen* (6 a): Der S. der CDU/CSU war von 50,2 auf 45,3 Prozent gesunken (Spiegel 24, 1976, 156); **Stịm|men|aus|zäh|lung,** die: *Auszählung der abgegebenen Stimmen* (6 a): Mit Spannung erwartete August Kühn das Ergebnis der S. (Kühn, Zeit 153); **Stịm|men|ein|bruch,** der (salopp): *starker Verlust von Stimmen* (6 a) *bei einer Wahl:* Stimmeneinbrüche für die großen Parteien; **Stịm|men|fang,** der ⟨o. Pl.⟩ (abwertend): *das Gewinnen von Stimmen* (6 a) *(durch attraktive Darstellung der Ziele des Kandidaten od. der Partei, durch Versprechungen usw.);* **Stịm|men|ge|winn,** der: *Gewinn an Stimmen* (6 a) *bei einer Wahl (im Vergleich zu den vorigen Wahlen);* **Stịm|men|ge|wirr,** das: *Gewirr menschlicher Stimmen* (2 a): Das S. erstarb (Kirst 08/15, 763); Aus dem S. brachen Stichworte, auf die er noch nicht reagieren konnte (Härtling, Hubert 317); **Stịm|men|gleich|heit,** die: *Gleichheit der Zahl der für jede der zur Wahl stehenden Alternativen abgegebenen Stimmen* (6 a): bei S. muß die Wahl wiederholt werden; **Stịm|men|kauf,** der: *Kauf von Stimmen* (6 a); **Stịm|men|mehr|heit,** die: *Mehrheit der abgegebenen Stimmen* (6 a); **Stịmm|ent|hal|tung,** die: **a)** *Verzicht auf die Stimmabgabe:* S. üben; **b)** *Stimmabgabe, durch die zum Ausdruck gebracht wird, daß weder mit Ja noch mit Nein gestimmt wird:* Der Weltsicherheitsrat hat heute nacht bei S. der westlichen Länder die inzwischen beendete Intervention ... verurteilt (Heringer, Holzfeuer 281); **Stịm|men|ver|hält|nis,** das: *Zahlenverhältnis der abgegebenen Stimmen* (6 a); **Stịm|men|ver|lust,** der: vgl. Stimmengewinn; **Stịm|men|zu|wachs,** der: *Zuwachs an Stimmen* (6 a) *bei einer Wahl:* Der ... Wahlgang hatte ... den Sozialen, die sich neuerdings auch christlich gebärdeten, einen entscheidenden S. gebracht (Kirst, Aufruhr 226); **Stịm|mer,** der; -s, - [zu ↑stimmen (5)]: *jmd., der berufsmäßig Instrumente stimmt;* **Stịm|me|rin,** die; -, -nen: w. Form zu ↑Stimmer; **Stịmm|fach,** das (Musik): *Rollenfach in der Oper;* **stịmm|fä|hig** ⟨Adj.⟩: *stimmberechtigt;* **Stịmm|füh|rung,** die: **1.** (Musik) *in einer mehrstimmigen Komposition das Fortschreiten, der Verlauf der einzelnen Stimmen* (3 a) *u. ihr Verhältnis zueinander;* **b)** *Art u. Weise der technischen u. musikalischen Gestaltung der Stimmen* (3 a) *beim Spielen einer mehrstimmigen Komposition.* **2.** (Sprachw.) *Tonfall, Satzmelodie;* **Stịmm|ga|bel,** die (Musik): *mit Griff versehener Gegenstand aus Stahl in länglicher U-Form, mit dem man durch Anschlagen* (5 b) *eine bestimmte Tonhöhe, bes. die des Kammertons, erzeugen kann;* **Stịmm|ge|walt,** die: *große Stimmkraft;* **stịmm|ge|wal|tig** ⟨Adj.⟩: *(von der [menschlichen] Stimme) sehr laut u. kräftig; mit großem Volumen:* ein -er Sänger; mit -em Baß singen; s. eine Rede halten; **stịmm|haft** ⟨Adj.⟩ (Sprachw.): *(von Lauten) weich auszusprechen; mit Schwingung der Stimmbänder gebildet* (z. B. b, d, g): -e Konsonanten; das s in „Rose" wird s. ausgesprochen; **Stịmm|haf|tig|keit,** die; - (Sprachw.): *das Stimmhaftsein;* **stịm|mig** ⟨Adj.⟩: *so beschaffen, daß alles [harmonisch] übereinstimmt, zusammenpaßt:* die Illusion einer -en Welt; Für die SPD sei eine in sich -e Politik für Bund, Hamburg und Kommunen notwendig (Hamburger Abendblatt 20. 3. 84, 10); ihre Argumentation war in sich s.; Diese Filme sind zuweilen rational gut kalkuliert und gemacht (Sonntag 16. 10. 88, 2); -**stim|mig:** in Zusb., z. B. vierstimmig *(mit vier Stimmen* 3 a); **Stịm|mig|keit,** die; -: *das Stimmigsein;* **Stịmm|it|tel¹,** das: *Mittel der Stimmbildung* (1); **Stịmm|kraft,** die: *der Stimme* (2 a) *innewohnende Kraft* (1); **Stịmm|kreu|zung,** die (Musik): *Stimmführung, bei der streckenweise die tiefere Stimme* (3 a) *über der höheren od. die hö-*

here unter der tieferen Stimme (3 a) *verläuft;* **Stimm|la|ge,** die: **a)** *durch eine bestimmte Höhe od. Tiefe unterschiedene Lage, Färbung einer Stimme* (2 a): seine S. verändern; **b)** *(Musik) Bereich einer Vokal- od. Instrumentalstimme, der durch einen bestimmten Umfang der Tonhöhe gekennzeichnet ist* (z. B. Sopran, Alt, Tenor); **stimm|lich** ⟨Adj.⟩: *die Stimme* (2, 3) *betreffend:* die der -en Nachahmung fähigen Vögel; Sein beachtliches -es Können bewies er bei seinen Parodien vieler internationaler Stars (Saarbr. Zeitung 10. 10. 79, 16); s. begabt sein, gut zueinander passen; die Arie stellt s. hohe Anforderungen an den Sänger; **Stimm|lippe,** die ⟨meist Pl.⟩: *paariges stimmbildendes Organ in Form eines elastischen Bandes im Kehlkopf;* **stimm|los** ⟨Adj.⟩ **a)** *kaum vernehmbar [sprechend]; tonlos:* mit -er Stimme sprechen; Die in sich zusammengekrümmte Frau füllte den Raum mit pfeifendem Atem, der hin und wieder in -es Rasseln überging (Ossowski, Liebe ist 38); Gleichzeitig machen Scheu und Furcht ihn s. (Chotjewitz, Friede 118); Isabella zog denn auch nur s. den Atem durch die Zähne (Stern, Mann 35); **b)** (Sprachw.) *(von Lauten) hart auszusprechen; ohne Schwingung der Stimmbänder gebildet:* -e Konsonanten wie p, t, k; **Stimm|lo|sig|keit,** die: *das Stimmlossein;* **Stimm|or|gan,** das: *der Stimmbildung* (1) *dienendes Organ;* **Stimm|pfeife,** die: *(von 1750 bis 1850 gebräuchliche) Blockflöte ohne Grifflöcher, bei der die Tonhöhe mit Hilfe eines beweglichen, im Innern des Tubus hin- u. hergleitenden Stabes reguliert wird;* **Stimm|recht,** das: *Recht, an einer Abstimmung od. an Wahlen teilzunehmen:* Der Grundsatz der Gleichheit der Wahl gebietet, daß alle Wahlberechtigten gleiches S. besitzen (Fraenkel, Staat 360); Zwar haben die drei Studenten bei der Entscheidung über das Prüfungsergebnis wohl Rede-, aber kein Stimmrecht (Spiegel 3, 1974, 50); **Stimm|rit|ze,** die (Anat.): *Ritze zwischen den Stimmbändern, Glottis* (b); **Stimm|rit|zen|krampf,** der (Med.): *Laryngospasmus;* **Stimm|rit|zen|laut,** der: *Glottal;* **Stimm|schlüs|sel,** der (Musik): *Instrument* (1) *zum Stimmen von Saiteninstrumenten, deren Wirbel keinen Griff haben;* **Stimm|stock,** der (Musik): **1.** *rundes Holzstäbchen, das im Resonanzkörper eines Streichinstruments zwischen Decke u. Boden in der Höhe der rechten Seite des Stegs steht und den Schwingungen der Saiten den vollen Klang des Instruments bewirkt; Seele* (7). **2.** *Bauteil des Klaviers, in dem die Wirbel* (5) *befestigt sind;* **Stimm|tausch,** der: *(in der mehrstimmigen Musik) Kompositionstechnik, bei der bei gleichzeitig erklingenden Stimmen* (3 a) *Abschnitte der Melodie kreuzweise ausgetauscht werden;* **Stimm|ton,** der (Musik): *Kammerton;* **Stimm|um|fang,** der: *Umfang einer Singstimme:* einen großen S. haben; **Stim|mung,** die; -, -en: **1. a)** *bestimmte augenblickliche Gemütsverfassung:* seine düstere S. hellte sich auf; ihre fröhliche S. verflog; Seine schlechte S. verflog auf der Stelle (Edschmid, Liebesengel 142); seine miese S. an jmdm. auslassen; etw. trübt jmds. S.; Daß sie da mit dabeisein durfte, hob ihre S. so, daß ... (Kühn, Zeit 101); Ich schlief wieder schlechter, aber das konnte meine gute S. nicht mehr beeinträchtigen (Fallada, Trinker 196); jmdm. die S. *(die gute Stimmung, Laune)* verderben; jmdm. in S. versetzen *(animieren);* in bester, aufgeräumter, gedrückter, gereizter S. sein; Sie befanden sich beide in nachdenklicher S. (A. Kolb, Daphne 41); die Passagiere unter Lampions saßen in fröhlicher S. (Döblin, Märchen 37); in S. *(in guter Laune, Stimmung)* sein; der Conférencier brachte alle gleich in S. *(in gute, ausgelassene Stimmung);* nicht in der [rechten] S. sein, etw. zu tun; haben Sie nicht Lust mitzukommen? Ich könnte mir vorstellen, daß Sie genau in der richtigen S. dafür sind (Kemelman [Übers.], Mittwoch 81); **b)** *augenblickliche, von bestimmten Gefühlen, Emotionen geprägte Art u. Weise des Zusammenseins von [mehreren] Menschen; bestimmte Atmosphäre in einer Gruppe o. ä.:* es herrschte eine fröhliche, ausgelassene, bierselige, gelockerte, tolle, feierliche, feindselige, deprimierte, gespannte S.; die an Meuterei grenzende S. unter den Truppen (Thieß, Reich 114); die S. schlug plötzlich um; es war eine S. wie Weihnachten; es gelang ihm, die S. zu glätten (Lenz, Brot 598); für [gute] S. im Saal sorgen; In diese grantige S. hinein platzte der Benno Lechner mit seinen Sorgen (Feuchtwanger, Erfolg 598); **c)** ⟨Pl.⟩ *wechselnde Gemütsverfassung:* -en unterworfen sein; warum beziehst du mich denn in die deine ein? (Schwaiger, Wie kommt 38). **2.** *[ästhetischer] Eindruck, Wirkung, die von etw. ausgeht u. in bestimmter Weise auf jmds. Empfindungen wirkt; Atmosphäre* (2 a): die merkwürdige S. vor einem Gewitter; eine feierliche S. umfängt die Besucher; Eine trostlose S. zog mit der grauen Dämmerung in die häuslichen Wohnküche ein (Sommer, Und keiner 308); Der Maler hat das S. des Sonnenaufgangs sehr gut eingefangen, getroffen; das Bild strahlt S. aus. **3.** *vorherrschende [öffentliche] Meinung, Einstellung, die für od. gegen jmdn., etw. Partei ergreift:* die S. war gegen ihn; Die Sache ist die, daß die öffentliche S. und Meinung uns nicht sonderlich günstig war (Th. Mann, Hoheit 184); für, gegen jmdn., etw. S. machen *(versuchen, andere für, gegen jmdn., etw. einzunehmen);* die Stadionsprecher ..., die vor dem Spiel gegen Schiedsrichter und die Gastmannschaft S. machen (Saarbr. Zeitung 29./ 30. 12. 79, 7). **4.** (Musik) **a)** *das als verbindliche Norm geltende Festgelegtsein der Tonhöhe eines Instrumentes:* die reine, temperierte S.; die S. auf Kammerton; **b)** *das Gestimmtsein eines Instruments:* die S. der Geige ist nicht sauber, zu hoch; **Stimmungs|ba|ro|me|ter,** das (ugs.): *Stimmung* (1 b): ihr S. schwankt beträchtlich; Das S. stieg allerorts noch um einige Grade *(die Stimmung besserte sich etwas;* Morgen 13. 8. 87, 6); die S. steht auf Null, auf „Tief" *(die Stimmung ist sehr schlecht);* Man braucht die Presse nicht mehr als S. *(Instrumentarium, das die all-* gemeine Stimmung anzeigt, wiedergibt; Dönhoff, Ära 62); **Stim|mungs|bild,** das: *bildhafte Schilderung, Darstellung einer Stimmung* (2), *die einer Situation, einem Ereignis o. ä. zugrunde liegt;* **Stimmungs|ka|no|ne,** die (ugs. scherzh.): *jmd., der [als Unterhalter] für Stimmung* (1 b) *sorgt:* er ist eine [richtige] S.; Er dachte an einen Alleinunterhalter, einen, der Musik machen würde – eine S. (Jaeger, Freudenhaus 57); **Stim|mungs|kapel|le,** die: *Kapelle, die bes. populäre Tanzmusik spielt;* **Stim|mungs|ma|che,** die (abwertend): *Versuch, mit unlauteren Mitteln die [öffentliche] Meinung für od. gegen jmdn., etw. zu beeinflussen:* Solche Schauergeschichten hatte ich schon oft gehört, für mich waren sie üble S., mit der man die Häftlinge im Griff behalten wollte (Ziegler, Konsequenz 72); **Stimmungs|ma|cher,** der: **1.** (abwertend) *jmd., der Stimmungsmache betreibt:* Ausgerechnet die lautesten S. für das Auto reklamieren für sich neuerdings die Aufnahme ins Konzert der Naturschützer (natur 3, 1991, 76). **2.** (seltener) *Stimmungskanone:* Dann besprachen sie, welche Kapelle ... zu engagieren sei, wen man als S. auftreten lassen solle (Bredel, Väter 85); **Stim|mungs|ma|che|rin,** die: w. Form zu ↑Stimmungsmacher; **Stimmungs|mu|sik,** die: *einfache Unterhaltungsmusik, die geeignet ist, ein Publikum in heitere Stimmung* (1 b) *zu versetzen;* **Stim|mungs|schil|de|rung,** die: *bildhafte Schilderung einer Stimmung* (2), *die einer Situation, einem Ereignis o. ä. zugrunde liegt;* **Stim|mungs|um|schwung,** der: *Umschwung der Stimmung* (3): der S. im Lande greift weiter um sich; Hitlers Angriff auf Frankreich hat in den Reihen der Intelligenz in Moskau zu einem S. geführt (Leonhard, Revolution 66); **stimmungs|voll** ⟨Adj.⟩: *das Gemüt ansprechend; voller Stimmung* (2): -e Lieder, Gedichte; Er verfaßt -e Verse über -e Winkel, umliegende Dörfer, Straßenecken am Abend und seine wehmütige Seele (Remarque, Obelisk 149); Soll ja sehr s. sein in dem alten Schloß (Danella, Hotel 474); etw. s. vortragen; **Stimmungs|wan|del,** der: vgl. Stimmungsumschwung; **Stim|mungs|wech|sel,** der: vgl. Stimmungsumschwung; **Stimm|verlauf,** der (Musik): *Stimmführung* (1); **Stimm|vieh,** das (abwertend): *stimmberechtigte Personen, die nur unter dem Aspekt der Stimmabgabe für jmdn. od. eine Partei gesehen werden:* nur S. für die Parteien sein; **Stimm|vo|lu|men,** das: *Stimmumfang;* **Stimm|wech|sel,** der: *(in der Pubertät erfolgende) Veränderung der Stimmlage; Mutation* (2); **Stimm|zet|tel,** der: *Zettel, Formular für eine schriftliche Stimmabgabe:* die S. abgeben, auszählen; **Stimm|zug,** der (Musik): *ausziehbarer Röhrenteil an Blechblasinstrumenten zur Korrektur der Stimmung* (4 b).

Sti|mu|lans ['ʃt..., 'st...], das; -, ...anzien u. ...antia [zu lat. stimulans (Gen.: stimulantis), 1. Part. von: stimulare, ↑stimulieren] (bildungsspr.): *das Nervensystem, den Kreislauf u. Stoffwechsel anregendes Mittel:* Koffein als S. gebrauchen; Wer wird denn Kokain schnupfen, dieses S. unse-

Stimulanz

rer Großmütter aus der Inflation! (Tucholsky, Werke II, 196); Mescalin ... wird von den Eingeborenen sowohl als S. wie auch als Heilmittel gebraucht (Jens, Mann 49); Ü Der Diskontbeschluß ... wird als psychologisches S. für die Konjunktur verstanden (Welt 15. 8. 75, 1); Historisches Bewußtsein ist ein S. (Wohmann, Absicht 453); **Sti|mu|lanz** [ʃt..., st...], die; -, -en (bildungsspr.): *Anreiz, Antrieb:* ein tückischer Schuß ... nach vorausgegangener Musterkombination, das war die richtige S. für die ohnehin schon prächtige Stimmung auf den Rängen (MM 1. 7. 74, 4); **Sti|mu|la|ti|on,** die; -, -en [mlat. stimulatio] (bildungsspr., Fachspr.): *das Stimulieren;* **Sti|mu|la|tor,** der; -s, ...oren (Fachspr.): *Vorrichtung, die einen Reiz auslöst;* **Sti|mu|li:** Pl. von ↑ Stimulus; **sti|mu|lie|ren** ⟨sw. V.; hat⟩ [lat. stimulare, eigtl. = mit einem Stachel stechen, anstacheln, zu: stimulus, ↑ Stimulus] (bildungsspr., Fachspr.): *zu größerer Aktivität anregen, steigern, anspornen:* der Erfolg stimuliert ihn zu immer besseren Leistungen; das Publikum, der Szenenapplaus stimulierte die Schauspieler; das Präparat stimuliert die Magensekretion, den Geschlechtstrieb, hat stimulierende Wirkung; Dadurch werden erhöhte Mengen des SGF-Proteins freigesetzt, was die Knochenneubildung verstärkt stimuliert (NZZ 2. 2. 83, 43); China will selber mit massiven Investitionen die Hongkonger Wirtschaft s. (Basler Zeitung 26. 7. 84, 3); Wir versuchen, die privaten Meister auch finanziell zu s. *(ihnen einen finanziellen Anreiz zu bieten),* Lehrlinge aufzunehmen und auszubilden (NNN 8. 12. 8, 3); stimulierende Musik; sexuell stimulierend wirken; **Sti|mu|lie|rung,** die; -, -en (bildungsspr., Fachspr.): *das Stimulieren;* **Sti|mu|lus** [ˈʃt..., ˈst...], der; -, ...li [lat. stimulus, eigtl. = Stachel]: **1.** (Psych.) *(eine unwillkürliche Reaktion auslösender) Reiz.* **2.** (bildungsspr.) *Anreiz:* etw. ist ein S. für etw., ein S., etw. zu tun; die Umsatzbeteiligung ist ein wirksamer S.; Natürlich haben sich die in den letzten drei Jahren wirkenden ökonomischen Reize sehr positiv ausgewirkt (Jagd 3, 1987, 75). **Stin|ger** [ˈstɪŋə], der; -[s], - [engl. stinger, zu: to sting = stechen] (Milit.): *von einem Mann zu bedienendes Flugabwehrraketensystem zur Bekämpfung von Luftfahrzeugen in niedrigen Höhen.*

stink- (salopp emotional verstärkend): drückt in Bildungen mit Adjektiven eine Verstärkung aus/ *sehr:* stinkbürgerlich, -gemütlich; ¹**Stin|ka|do|res** [...ɛs], die; -, - [mit span. Endung scherzh. geb. zu ↑ stinken] (ugs. scherzh.): *schlechte, die Luft verpestende Zigarre;* ²**Stin|ka|do|res,** der; -, - (ugs. scherzh.): *stark u. unangenehm riechender Käse;* **stink|be|sof|fen** ⟨Adj.⟩ (salopp emotional verstärkend): *stark betrunken;* **Stink|bock,** der (landsch. derb abwertend): *Stinker* (1); **Stink|bom|be,** die: *mit einer penetrant riechenden Flüssigkeit gefüllte kleine Kapsel aus Glas, deren Inhalt beim Zerplatzen frei wird:* Vor zehn Jahren war sie ein übermütiges kleines Mädchen, das -n in feine Hotels warf (Hörzu 31, 1971, 6); **Stink|drü|se,** die: *(bei bestimmten Tieren) unter der Haut liegende Drüse, die zur Abwehr ein übelriechendes Sekret absondert;* **Stink|ke|fin|ger,** der (ugs.): *hochgestreckter Mittelfinger, der einer Person – mit dem Handrücken auf sie zu – gezeigt wird, um auszudrücken, daß man sie verachtet, von ihr in Ruhe gelassen werden will:* Der Polizeibeamte, der Carsten Steine werfen, einen „Hooligantanz" hinlegen, den „Stinkefinger" zeigen und herumhüpfen sah ... (Spiegel 39, 1992, 34); **stin|ken** ⟨st. V.; hat⟩ [mhd. stinken, ahd. stincan, eigtl. = stoßen, puffen, dann: dampfen, ausdünsten, H. u.]: **1.** (abwertend) *üblen Geruch von sich geben:* Karbid, Jauche stinkt; Somit hatte Martha immer frische, billige Fische, und es stank mörderisch bei uns (Kirsch, Pantherfrau 75); aus dem Mund s.; nach Fusel, Fisch s. *(deren üblen Geruch von sich geben);* das Haus stinkt nach Unrat (Chotjewitz, Friede 232); Sie stanken jedesmal nach Bier, wenn ich zu Ihnen kam (Konsalik, Promenadendeck 426); stinkende Abgase; an der rauchenden und dadurch stinkenden Petroleumlampe (Alexander, Jungfrau 175); ⟨auch unpers.:⟩ es stank wie faule Eier, nach Chemikalien; es stank nach Abort (Fels, Sünden 10). **2.** (ugs.) *eine negative Eigenschaft in hohem Grade besitzen:* er stinkt vor Faulheit!; Ihr stinkt vor Selbstgerechtigkeit, ihr Pharisäer (Remarque, Obelisk 142); ⟨im 1. Part.:⟩ stinkend (salopp abwertend; *äußerst*) faul sein. **3.** (ugs.) *eine bestimmte Vermutung, einen Verdacht nahelegen:* das stinkt nach Verrat; Etwas im Menschen stank nach Aberglauben (A. Zweig, Grischa 336); nach Geld s. *(allem Anschein nach sehr reich sein);* die Sache ⟨unpers.:⟩ es stinkt *(die Sache erscheint verdächtig);* an dieser Sache stinkt etwas *(ist offenbar etwas nicht in Ordnung).* **4.** (salopp) *jmds. Mißfallen, Widerwillen erregen, so daß die betreffende Person die Lust verliert:* die Arbeit stinkt mir; Manchmal stinkt mir diese Stadt einfach (Gabel, Fix 148); Mir stank diese Schule unheimlich (Christiane, Zoo 62); ⟨auch unpers.:⟩ mir stinkt's; zuviel Routine, mir stinkt's langsam (Rocco [Übers.], Schweine 125); **Stin|ker,** der; -s, - (salopp abwertend): **1.** *jmd., der stinkt* (1). **2.** *jmd., der doch etw. das Mißfallen des Sprechers hervorruft:* er ist ein reaktionärer S.; halt die Klappe, du S.!; Lauter reiche S., die sich hier ihre Villen bauen lassen (Fels, Sünden 54); **Stin|ke|rin,** die; -, -nen (salopp abwertend): w. Form zu ↑ Stinker; **stink|faul** ⟨Adj.⟩ (salopp emotional verstärkend): *sehr faul;* **stink|fein** ⟨Adj.⟩ (salopp emotional verstärkend): *äußerst fein, vornehm:* Hätten wir uns ordentlich angezogen, hätte mein Alter Herr uns zum Abendessen eingeladen in sein -es Restaurant (Danella, Hotel 37); **Stink|fin|ger,** der ⟨meist Pl.⟩ (salopp abwertend): *Finger:* nimm deine [dreckigen] S. da weg!; **Stink|fritz,** der (ugs.): *Stinker* (1); **Stink|fuß,** der (salopp abwertend): vgl. Stinkfinger: seine Stinkfüße bleiben eine Ewigkeit direkt vor meiner Nase stehen (Kinski, Erdbeermund 29); **Stink|gips,** der (Geol.): *bituminöser Gips, der beim Anschlagen nach Asphalt riecht;* **stin|kig** ⟨Adj.⟩ [spätmhd. stinkic] (salopp abwertend): **1.** *in belästigender Weise stinkend:* eine -e Zigarre; Die -e Abluft wird weiter oben am Berg ausgeblasen (Tages Anzeiger 14. 10. 85, 6); Es war wirklich s. da, wenn man genau hinsah und roch (Christiane, Zoo 29). **2.** *durch seine Art das Mißfallen des Sprechers hervorrufend; übel, widerwärtig:* eine -e Sache; -e Parolen; ein -er Spießer, Nörgler; ihr -en, elenden Weiber (Bastian, Brut 130); mieser, -er kleiner Denunziant (H. Gerlach, Demission 26); **Stink|kä|fer,** der (landsch.): **1.** *Pillendreher.* **2.** *Mistkäfer;* **Stink|kalk** der (Geol.): vgl. Stinkgips; **Stink|kä|se,** der (emotional): *stark u. unangenehm riechender Käse;* **stink|lang|wei|lig** ⟨Adj.⟩ (salopp emotional verstärkend): *äußerst langweilig;* **Stink|lau|ne,** die (salopp): *sehr schlechte Laune;* **Stink|mar|der,** der (Jägerspr.): *Iltis;* **Stink|mor|chel,** die: *eigenartig riechender, dickstieliger Pilz mit fingerhutähnlichem, dunkelolivfarbenem Hut;* **Stink|na|se,** die (Med.): *chronische Entzündung der Nasenschleimhaut, bei der ein übelriechendes Sekret abgesondert wird;* **stink|nor|mal** ⟨Adj.⟩ (salopp emotional verstärkend): *ganz normal;* **stinkreich** ⟨Adj.⟩ (salopp emotional verstärkend): *sehr reich;* **stink|sau|er** ⟨Adj.⟩ (salopp emotional verstärkend): *sehr sauer* (3 b): Hörzu, und paß auf, weil ich sonst nämlich wirklich s. werde (Rocco [Übers.], Schweine 130); **Stink|schie|fer,** der (Geol.): vgl. Stinkgips; **Stink|stie|bel,** der (landsch.): *Stinkstiefel;* **Stink|stie|fel,** der (derb abwertend): *[mißgelaunter, unhöflicher] Mann, über den man sich ärgert;* **Stink|tier,** das: **1.** *(in Amerika heimischer) Marder mit plumpem Körper, buschigem Schwanz, kleinem, spitzem Kopf u. schwarzem, weißgestreiftem od. -geflecktem Fell, der aus Stinkdrüsen am After ein übelriechendes Sekret auf Angreifer spritzt; Skunk* (1). **2.** (derb abwertend) *[üble] Person, die man nicht ausstehen kann:* die Verkäuferin war ein richtiges S.; Und so ein S. ... machte ihn moralisch fertig (Kirst, 08/15, 202); „Hast du Flöhe?" fragt mich so ein S. (Kinski, Erdbeermund 216); **stink|vor|nehm** ⟨Adj.⟩ (salopp emotional verstärkend): *äußerst vornehm:* -e Leute; ein -es Hotel; **Stink|wan|ze,** die: *(bes. auf Getreide, Laubbäumen u. Himbeeren lebende) im Sommer grüne, im Winter braungefärbte Wanze, die einen üblen Geruch verbreitet;* **Stink|wut,** die (salopp): *große Wut:* eine S. [auf jmdn.] haben; sie hat eine S. im Leibe; **stink|wü|tend** ⟨Adj.⟩ (salopp emotional verstärkend): *sehr wütend:* s. sein; Der Jagdherr ... konnte so s. werden, wenn statt eines Hahnes eine Henne auf der Strecke lag (Pirsch 22. 9. 84, 1422). **Stint,** der; -[e]s, -e [aus dem Niederd. < mniederd. stint, wohl eigtl. = „Kurzer, Gestutzter"]: **1.** *kleiner, silberglänzender, zu den Lachsen gehörender Fisch, der bes. zur Trangewinnung gefangen wird:* Fritz hatte eine Tüte -e für fünfzig Pfennige gekauft (Bredel, Väter 98). **2.** (nordd.) *Junge, junger Mensch:* Ein Bengel ..., den die -e untergeben Störtebeker nannten

(Grass, Katz 109); *sich freuen wie ein S. (sich sehr freuen).
Stilpel, die; -, -n [zu lat. stipula = Halm, zu: stipare = zusammendrängen, -pressen; füllen] (Bot.): *Nebenblatt;* **Stilpendilat**, der; -en, -en: *jmd., der ein Stipendium erhält, mit Hilfe eines Stipendiums Forschung betreibt o.ä.;* **Stilpendialtin**, die; -, -nen: w. Form zu ↑Stipendiat; **Stilpenldilenlanltrag**, der: *Antrag auf Gewährung eines Stipendiums;* **Stilpendienlverlgalbe**, die: *Vergabe von Stipendien;* **Stilpendienlverlwalltung**, die: 1. *Erfüllung der mit der Vergabe von Stipendien verbundenen Verwaltungsaufgaben.* 2. *Apparat* (2 a) *für die Stipendienverwaltung* (1); **Stilpenldist**, der; -en, -en (bayr., österr.): *Stipendiat;* **Stilpenldistin**, die; -, -nen (bayr., österr.): w. Form zu ↑Stipendist; **Stilpenldilum**, das; -s, ...ien [lat. stipendium = Steuer; Sold; Unterstützung, zu: stips = Geldbeitrag, Spende (zu: stipare, ↑Stipel) u. pendere = (zu)wägen, also eigtl. = das Geldzuwägen]: *Studenten, jungen Wissenschaftlern, Künstlern vom Staat, von Stiftungen, der Kirche o.ä. gewährte Unterstützung zur Finanzierung von Studium, Forschungsvorhaben, künstlerischen Arbeiten:* ein S. bekommen, beantragen, erhalten; jmdm. ein S. geben, gewähren; So war ich auf der Suche nach einer Lehranstalt, die Absolventen der 9. Klasse aufnahm und Stipendien und Unterkunftsmöglichkeiten bot (Leonhard, Revolution 50).
Stipp, der; -[e]s, -e: 1. ↑Stippe. 2. *auf den S.* (landsch., bes. nordd.; *sofort);* **Stippbelsuch**, der (bes. nordd.): *Stippvisite;* **Stiplpe**, die; -, -n [mniederd. stip(pe) = Punkt, Stich, zu ↑stippen] (bes. nordd.): 1. a) *aus ausgebratenem Speck mit Mehl u. Wasser o.ä. Milch od. mit Essig, Zwiebeln, Quark o.ä. zubereitete breiige Soße;* b) *[pikante] Soße, Tunke.* 2. *Pustel.* 3. *Kleinigkeit;* **stiplpen** ⟨sw. V.; hat⟩ [mniederd. stippen, Nebenf. von ↑¹steppen] (bes. nordd.): 1. a) *kurz eintauchen, eintunken, tauchen* (2 a): Kuchen, hartes Gebäck, Zwieback in den Kaffee s.; ich stippte mit meinen Brotkanten in die Pflaumenkreide (Grass, Hundejahre 174); Er stippte mit dem Löffel in seinen tiefen Teller (hielt ihn hinein; Sebastian, Krankenhaus 139); b) *stippend* (1 a) *aus etw. herausholen:* das Fett mit einem Stück Brot aus der Pfanne s. 2. a) *antippen,* ¹*tippen* (1): jmdn. auf die Schulter s.; Sie ... stippte mit dem Finger auf meine Nasenspitze (H. Weber, Einzug 288); b) *leicht stoßen:* gegen jmds. Arm s.; er stippte mit einem Stock nach dem Tier; c) *leicht stoßend rücken:* etw. zur Seite s.; Meisgeier stippte sich die Mütze aus der Stirn (Apitz, Wölfe 370); **stiplpig** ⟨Adj.⟩: 1. *(von Kernobst) [rundliche, graugrüne bis bräunliche Flecke auf der Schale u. darunter] braune Verfärbungen im Fruchtfleisch aufweisend:* der Apfel ist s. 2. (landsch.) *mit Pusteln besetzt;* **Stiplpiglkeit**, die; -: 1. *(von Kernobst) stippige Beschaffenheit:* Wird zu früh geerntet, neigen Früchte zum Schrumpfen, zu Hautbräune und S. (Saarbr. Zeitung 4. 10. 79, II). 2. (landsch.) *das Stippigsein* (2); **Stipplvilsi-**

-te, die (ugs.): *kurzer Besuch:* [bei jmdm.] eine S. machen; Auf einer S. nach Wertlau meinte Lothar ... (Bieler, Bär 200). **Stilpullaltilon** [ʃt..., st...], die; -, -en [lat. stipulatio, zu: stipulari, ↑stipulieren] (Rechts-, Kaufmannsspr.): *vertragliche Abmachung; Übereinkunft;* **stilpullielren** ⟨sw. V.; hat⟩ [lat. stipulari = sich etw. förmlich zusagen lassen, zu: stipulus = fest]: 1. (Rechts-, Kaufmannsspr.) *vertraglich festlegen, vereinbaren, übereinkommen:* Der Artikel 21 stipulierte die Beendigung der Souveränität Italiens über Triest (Dönhoff, Ära 80). 2. (bildungsspr.) *festlegen, festsetzen:* Termini definitorisch s.; **Stilpullielrung**, die; -, -en: *das Stipulieren.*
stirb, stirbst, stirbt: ↑sterben.
Stirn, die; -, -en, (geh.:) Stirne, die; -, -n [mhd. stirn(e), ahd. stirna, eigtl. = ausgebreitete Fläche, zu ↑Strahl]: 1. *(beim Menschen u. bei best. Wirbeltieren) Gesichtspartie, [sich vorwölbender] Teil des Vorderkopfes über den Augen u. zwischen den Schläfen:* eine hohe, niedrige, flache, breite, gewölbte, fliehende, glatte, verfurchte S.; seine S. war heiß; Die Stirne war glatt in ihrer unteren Hälfte (Th. Mann, Joseph 65); ihre S. verfinsterte sich, umwölkte sich; die S. runzeln, in Falten ziehen, legen; sich die S. wischen, trocknen; Sie ... kühlt meine Stirn mit Wasser (Imog, Wurliblume 230); er hat eine hohe S. (verhüll. scherzh.; *eine Glatze);* über jmdn., etw. die S. runzeln *(etw. an jmdm. mißbilligen, es [moralisch] beanstanden);* sich an die S. greifen, tippen; die Schweißtropfen, Schweißperlen standen ihm auf der S.; sich das Haar aus der, in die S. kämmen; Rowohlt schob die Brille auf die S. (Salomon, Boche 10); man konnte ihm ansehen, was hinter seiner S. vorging *(was er dachte);* er hatte den Hut in die S. gezogen, gedrückt; das Haar fällt ihr in die S.; etw. mit gefurchter, sorgenvoller S. lesen; Der Richter las eine Narbe quer über die Stirn (Schwaiger, Wie kommt 160); sich den Schweiß von der S. wischen; der Schweiß lief ihm [in Bächen], rann ihm von der S.; mit der [flachen] Hand vor die S. schlagen (als Ausdruck dafür, daß man etw. falsch gemacht, nicht bedacht hat); * *jmdm., einer Sache die S. bieten (jmdm., einer Sache furchtlos entgegentreten):* An die 800 Männer hatten dem Bürgermeister ... die Stirn geboten, als er die Sozialistenversammlung verbot (Kühn, Zeit 163); **die S. haben, etw. zu tun** *(die Unverschämtheit, Dreistigkeit besitzen, etw. zu tun);* verkürzt aus älter „eine eherne Stirn haben" [= unbeugsam sein], nach Jes. 48,4): Bei Klassenarbeiten hatte die wirklich der Stirn, im Wasserkasten auf dem Lokus nachzusehen (Eppendorfer, Gesichtslandschaften 103); Sibylle hatte die Stirne, ausgerechnet in jener Woche zu einer Freundin ... auf Besuch zu gehen (Frisch, Stiller, 270); **sich** ⟨Dativ⟩ **an die Stirn fassen/greifen** (ugs.; ↑Kopf 1); **jmdm. an der/auf der S. geschrieben stehen** *(deutlich an jmds. Gesicht abzulesen, jmdm. sogleich anzumerken sein);* **jmdm. etw. an der S. ablesen** *(an seinem Gesicht merken, was in ihm vorgeht, was er denkt);*

mit eiserner S. (1. *unerschütterlich:* mit eiserner S. standhalten; nach Jes. 48, 4. 2. *dreist, unverschämt:* mit eiserner S. lügnen). 2. (Geol.) *unterster Rand einer Gletscherzunge;* **Stirnlader** die: *Schlagader an der Schläfe;* **Stirnlband**, das ⟨Pl. ...bänder⟩: *um die Stirn [als Schmuck] getragenes* ¹*Band* (I, 1); **Stirnlbein**, das (Anat.): *den vorderen Teil des Schädeldachs bildender Knochen;* **Stirnlbinde**, die; vgl. Stirnband; ♦ **Stirnlblatt**, das: *Stirn* (1), *Stirnbein:* ... und häuptlings mit dem S. schmettr' ich auf den Ofen hin (Kleist, Krug 1); **Stirlne**: ↑Stirn; **Stirnlfallte**, die: *Falte* (2) *auf der Stirn;* **Stirnlflälche**, die (bes. Fachspr.): vgl. Stirnseite; **Stirnlglatlze**, die: *(bei Männern) Glatze oberhalb der Stirn;* **Stirnlhaar**, das: *Haar oberhalb der Stirn;* **Stirnlhöhle**, die: *im Innern des Stirnbeins gelegene, in den mittleren Nasengang mündende Nebenhöhle;* **Stirnlhöhlenlentzünldung**, die: *Entzündung in der Stirnhöhle;* **Stirnlhöhlenlkaltarrh**, der; vgl. Stirnhöhlenentzündung; **Stirnlhöhlenlverleiltelrung**, die; vgl. Stirnhöhlenentzündung; **Stirnljoch**, das: *auf der Stirn aufliegendes Joch* (1); **Stirnllocke**[1], die: *in die Stirn fallende Locke;* **Stirnlmauler**, die (Archit.): *Schildmauer;* **Stirnlnaht**, die (Anat.): *Schädelnaht zwischen beiden Schädelknochen;* **Stirnlrad**, das (Technik): *zylindrisches Zahnrad mit axial stehenden Zähnen;* **Stirnlreif**, der; vgl. Stirnband; **Stirnlrielmen**, der: *über der Stirn des Pferdes liegender Riemen des Geschirrs* (2); **Stirnlrunlzeln**, das; -s: *Runzeln der Stirn [als Ausdruck der Mißbilligung o.ä.]:* seine Äußerungen riefen S. hervor; Nach kurzem S. malte sich das heiterste Erstaunen in seinem Gesicht (Th. Mann, Krull 268); **stirnlrunlzelnd** ⟨Adj.⟩: *[mißbilligend] die Stirn runzelnd:* s. ein Schreiben lesen; **Stirnlsatz**, der (Sprachw.): *Satz, der mit dem finiten Verb eingeleitet wird;* **Stirnlseilte**, die: *Vorderseite, Front[seite]:* die S. eines Gebäudes, Raumes, Tisches; ein Feldwebel, der an der rechten S. des Tisches über Eck neben dem Leutnant saß (Kuby, Sieg 424); **Stirnltolle**, die; vgl. Stirnlocke; **Stirnlwafflenlträlger**, der ⟨meist Pl.⟩ (Zool.): *zu den Wiederkäuern gehörendes Tier mit Geweih od. Hörnern;* **Stirnlwand**, die; vgl. Stirnseite; **Stirnlwunlde**, die; vgl. Kopfwunde; **Stirnlzielgel**, der: *(bei Tempeln der Antike) ornamental od. figürlich ausgestalteter, aufrecht stehender Ziegel am unteren Rand des Daches.*
St. Kitts und Nevis [sənt - - 'niːvɪs]; - - - Nevis': *Inselstaat im Bereich der Westindischen Inseln.*
St. Lulcia; - -s: *Inselstaat im Bereich der Westindischen Inseln.*
Stoa ['st..., auch: 'ʃt...], die; -, Stoen [griech. Stoá, nach der stoá poikilḗ, eine mit Bildern geschmückten Säulenhalle im antiken Athen, in der sich die von Zenon von Kition (etwa 335–263 v.Chr.) gegründete Schule versammelte]: 1. ⟨o. Pl.⟩ *griechische Philosophenschule von 300 v.Chr. bis 250 n.Chr., deren oberste Maxime der Ethik darin bestand, in Übereinstimmung mit sich selbst u. mit der Natur zu leben u. Neigungen u. Affekte als*

stob

der Einsicht hinderlich zu bekämpfen. **2.** (Kunstwiss.) *altgriechische Säulenhalle.*
stọb, stö|be: ↑stieben; ◆ **Stö|ber,** der; -s, - ⟨Ü von Stöber, ↑stöbern⟩: *Spion, Spitzel:* der Laienbruder, des sich der Patriarch so gern zum S. bedient (Lessing, Nathan V, 5); **Stö|be|rei,** die; -, -en (oft abwertend): *fortgesetztes Stöbern;* **Stö|ber|hund,** der (Jägerspr.): *Jagdhund zum Aufstöbern des Wildes;* **stö|bern** ⟨sw. V.⟩ [1: Abl. von älter Stöber = Stöberhund, zu niederd. stöben = aufscheuchen; 2: Iterativbildung zu niederd. stöwen, stöben = stieben; 3: wohl eigtl. = Staub aufwirbeln, zu ↑stöbern (2)]: **1.** (ugs.) *nach etw. suchen [u. dabei Unordnung verursachen], [wühlend] herumsuchen* ⟨hat⟩: in Archiven s.; ein bißchen in Illustrierten s.; er hat auch wohl nie im Peißenberger Stadtarchiv in alten Akten gestöbert (Seidel, Sterne 37); im Sperrmüll nach etw. s.; er ... steigt dann durch ein offenes Fenster in die Küche ein. Er stöbert nach Geld (Noack, Prozesse 238); der Hund stöbert (Jägerspr.; *stöbert Wild auf*). **2.** (landsch.) **a)** ⟨unpers.⟩ *schneien* ⟨hat⟩: es begann zu s.; es hat richtig gestöbert; **b)** *in wirbelnder Bewegung herumfliegen* ⟨hat⟩: stöbernde Schneeflocken; wo du sitzt, ... da flutet kein Regen, stöbert der Schnee nicht (Muschg, Sommer 66); **c)** *stöbernd* (2a) *irgendwohin wehen* ⟨ist⟩: der Wind stöbert durch die Straßen, über den Platz. **3.** (südd.) *gründlich saubermachen* ⟨hat⟩: ein Zimmer, den Speicher s.; ⟨auch ohne Akk.-Obj.:⟩ es muß doch jetzt bei uns gestöbert werden? (Katia Mann, Memoiren 101).
Sto|cha|stik [st..., ʃt...], die; - [griech. stochastikḗ (téchnē) = zum Erraten gehörend(e Kunst)] (Statistik): *Teilgebiet der Statistik, das sich mit der Untersuchung vom Zufall abhängiger Ereignisse u. Prozesse befaßt;* **sto|cha|stisch** ⟨Adj.⟩ [griech. stochastikós = mutmaßend] (Statistik): *vom Zufall abhängig:* -e Vorgänge, Prozesse; Xenakis bei seinen s. generierten Konstruktionen (Melos I, 1984, 59).
Stọ|cher, der; -s, -: *Gegenstand, Gerät zum Stochern;* **Stọ|cher|kahn,** der; -[e]s, ...kähne (landsch.): *Stechkahn;* **stọ|chern** ⟨sw. V.; hat⟩ [Iterativbildung zu veraltet stochen, mniederd. stöken = schüren, eigtl. = stoßen, stechen, wohl zu ↑stoßen]: *mit einem [stangenförmigen, spitzen] Gegenstand, Gerät wiederholt in etw. stechen:* mit dem Feuerhaken in der Glut, mit einem Zweig im Sand s.; Werner stocherte im verbrannten Stroh (Lentz, Muckefuck 202); sich mit einem Streichholz [nach Speiseresten] in den Zähnen s.; lustlos [mit der Gabel] im Essen s.; Sodtbaum stocherte in den Kartoffeln (Loest, Pistole 254).
Stö|chio|me|trie [st..., ʃt...], die; - [zu griech. stoicheîa (Pl.) = Grundstoff u. ↑-metrie]: *Lehre von der mengenmäßigen Zusammensetzung chemischer Verbindungen u. der mathematischen Berechnung chemischer Umsetzungen;* **stö|chio|me|trisch** ⟨Adj.⟩: *die Stöchiometrie betreffend.*
¹Stọck, der; -[e]s, Stöcke [mhd., ahd. stoc = Baumstumpf, Klotz, Knüppel; urspr. wahrsch. = abgeschlagener Stamm od. Ast, zu ↑stoßen]: **1. a)** *von einem Baum od. Strauch abgeschnittener, meist gerade gewachsener dünner Ast[teil], der bes. als Stütze beim Gehen, zum Schlagen o. ä. benutzt wird:* ein langer, dünner, dicker, knotiger S.; [steif] wie ein S. *(in unnatürlich steifer Haltung)* dastehen; sich einen S. schneiden; den S. [als Erziehungsmittel] gebrauchen; den S. zu spüren bekommen *(Prügel bekommen);* „Ich mußte die Hände vorhalten und „kriegte eins mit dem S." (B. Vesper, Reise 122); er geht, als wenn er einen S. verschluckt hätte *(scherzh.; er hat einen sehr aufrechten u. dabei steifen Gang);* die alte Frau, der Patient mußte am S. *(Krückstock)* gehen; An seinem S. *(Krückstock)* richtete er sich in die Höhe (B. Frank, Tage 17); sich auf seinen S. *(Spazierstock)* stützen; mit einem S. in etw. stochern, herumrühren; jmdm. mit [s]einem S. drohen; Oben trommelte ein Junge mit Stöcken auf die Glasziegel (Böll, Haus 197); etw. mit dem S. *(Zeigestock)* auf der Landkarte zeigen; wie ein Blinder die Bordschwelle mit dem S. *(Blindenstock)* abfühlt (Rehn, Nichts 113); der Dirigent legt den S. *(Taktstock)* aufs Pult, klopft mit dem S. ab; ***am S. gehen** (ugs.; 1. *in einer schlechten körperlichen Verfassung sein, sehr krank sein.* 2. *in einer schlechten finanziellen Lage sein; kein Geld haben);* **b)** kurz für ↑Skistock: einen S. verlieren; die Stöcke einsetzen. **2.** *Baumstumpf mit Wurzeln:* Stöcke roden; der Käufer des Holzes schlägt es selbst ein; der sogenannte Verkauf auf dem S. *(vor dem Fällen;* Mantel, Wald 60); ***über S. und Stein** *(über alle Hindernisse des Erdbodens hinweg).* **3.** *strauchartige Pflanze:* bei den Rosen sind einige Stöcke erfroren. **4.** kurz für ↑Bienenstock: Bienen töten eine fremde Königin, die in ihren S. gesetzt wird, ... wegen ihres auffallenden Benehmens (Lorenz, Verhalten I, 188). **5.** kurz für ↑Tierstock. **6.** *(im MA.) Gestell aus Holzblöcken od. Metall, in das ein Verurteilter an Händen, Füßen [u. Hals] eingeschlossen wurde:* im S. sitzen; jmdn. in den S. legen. **7.** (landsch., bes. südd.) *dikker Holzklotz als Unterlage [zum Holzhakken].* **8.** (südd.) *Gebirgsmassiv.* **9.** (südd., österr.) kurz für ↑Opferstock. **10.** kurz für ↑Kartenstock. **11.** (Eishockey, Hockey, Rollhockey) *Schläger:* *hoher S. (Eishockey; regelwidriges Heben des Stocks über normale Schulterhöhe; Stockfehler* 1); **²Stọck,** der; -[e]s, - ⟨Pl. nur in Verbindung mit Zahlenangaben⟩ [mhd. stoc, eigtl. = Balkenwerk]: *Geschoß* (2), *das höher liegt als das Erdgeschoß; Etage, Obergeschoß, Stockwerk:* sie wohnen einen S. tiefer; das Haus hat vier S., ist vier S. hoch; einen S. aufsetzen; in welchem S. wohnt ihr?; Der alte Goldberg im S. unter ihm begann sein Morgenkonzert (Remarque, Triomphe 140); Einen S. über ihr hatte sich die Aufräumerin Margit Schlegel (27) mit ihrem Sohn ... eingemietet (Neue Kronen Zeitung 2. 10. 93, 10); **³Stọck,** der; -s, -s [engl. stock, eigtl. = Klotz] (Wirtsch.): **a)** *Bestand an Waren; Vorrat, Warenlager:* ohne Kapitalstützung hätte man die gesamten -s zu niedrigen Preisen losschlagen müssen (Jacob, Kaffee 219); Ü Es gibt ... Aussteller, die sind mit dem Geschäftsgang zufrieden, wissen einen großen S. an treuen Stammgästen hinter sich (Basler Zeitung 12. 5. 84, 43); **b)** *Grundkapital, Kapitalbestand;* **stọck-** (ugs. emotional verstärkend): drückt in Bildungen mit Adjektiven eine Verstärkung aus/ *von Grund auf, durch und durch:* stockblau, -bürgerlich, -reaktionär; **Stọck|aus|schlag,** der (Forstw.): *aus einem ¹Stock* (2) *nach dem Fällen neu wachsender Trieb;* **stọck|be|sọf|fen** ⟨Adj.⟩ (salopp emotional verstärkend), **stọck|be|trụn|ken** ⟨Adj.⟩ (ugs. emotional verstärkend): *stark betrunken;* **Stọck|bett,** das: *Etagenbett:* Eines Tages ... schliefen wir in einer Art Jugendherberge, die mit ausgestattet war (H. W. Richter, Etablissement 163); **stọck|blịnd** ⟨Adj.⟩ (ugs. emotional verstärkend): *nicht das geringste Sehvermögen besitzend:* Ü sie s. durchs Leben.
Stock-Car [ˈstɔkkaː], der; -s, -s [engl. stockcar, aus: stock = Serie u. car = Wagen] (Automobilsport): *mit starkem Motor ausgestatteter, sich äußerlich oft nicht von Serienfahrzeugen unterscheidender Wagen, mit dem auf geschlossenen Rennstrecken Rennen gefahren werden;* **Stock-Car-Ren|nen,** das (Automobilsport): *Rennen mit Stock-Cars.*
Stöck|chen, das; -s, -: Vkl. zu ↑¹Stock (1a); **Stọck|de|gen,** der: *in einem als Scheide dienenden [Spazier]stock steckender Degen;* **stọck|dụmm** ⟨Adj.⟩ (ugs. emotional verstärkend): *äußerst dumm;* **stọck|dụn|kel** ⟨Adj.⟩ (ugs. emotional verstärkend), **stọck|dụ|ster** ⟨Adj.⟩ (ugs. emotional verstärkend): *völlig dunkel* (1a). **Stöcke¹:** Pl. von ↑¹Stock; **¹Stöckel¹,** der; -s, - (ugs.): kurz für ↑Stökkelabsatz; **²Stöckel¹,** das; -s, - (österr.): *Nebengebäude;* **Stöckel|ab|satz¹,** der: *hoher, spitzer Absatz (bes. am Pumps):* Ihre Stöckelabsätze hämmerten (Härtling, Hubert 105); **stöckeln¹** ⟨sw. V.; ist⟩ (ugs.): *auf Stöckelabsätzen in kleinen Schritten ruckartig u. steif gehen:* er ... nahm ihren Arm und schlurfte neben ihr, während sie stöckelte (Grass, Unkenrufe 76); über den Flur, durchs Büro s.; Ich stöckele die Promenade auf und ab, mit mühsamen Schritten auf zu hohen Hakken (Zeller, Amen 66); Das Mädchen stöckelte ins Nebenzimmer (Sebastian, Krankenhaus 62); **Stöckel|schuh¹,** der: *Schuh mit Stöckelabsatz:* die Stufen hinauf klackten die -e laut (Fels, Unding 217); Sie geht auf -en (Kinski, Erdbeermund 284); **stọcken¹** ⟨sw. V.⟩ [urspr. = fest, dickflüssig werden, gerinnen, wohl zu ↑¹Stock, eigtl. = steif wie ein Stock werden; 3: eigtl. = unter der Einwirkung stockender Dünste faulen]: **1.** ⟨hat⟩ **a)** *(von Körperfunktionen o. ä.) [vorübergehend] stillstehen, aussetzen:* jmdm. stockt der Atem, der Puls, das Herz [vor Entsetzen]; das Blut stockte ihm in den Adern; **b)** *nicht zügig weitergehen; in seinem normalen Ablauf zeitweise unterbrochen sein:* der Verkehr, das Gespräch stockte; die Unterhaltung stockte, die Geschäfte stockten; die Produktion, Fahrt stockte immer wieder; Wenn der Absatz stockt,

geht es um die Existenz (Fels, Kanakenfauna 39); das Licht zuckt, und die Tür klemmt, und der Lift stockt (Müller, Niederungen 136); die Feder stockte ihm *(er konnte nicht weiterschreiben);* die Antwort kam stockend *(zögernd);* ⟨subst.:⟩ die Arbeiten gerieten ins Stocken. **2.** *im Sprechen, in einer Bewegung, Tätigkeit aus Angst o. ä.* innehalten ⟨hat⟩: sie stockte beim Lesen, beim Gedichtaufsagen, in ihrer Erzählung [kein einziges Mal]; die Menschen auf den Straßen stockten im Schritt und wandten sich um; Sie erschrak, stockte, griff wie hilfesuchend nach Simons Arm (Danella, Hotel 283); stockend etw. fragen, jmdm. etw. eröffnen; er sprach ein wenig stokkend *(nicht flüssig).* **3.** (landsch., bes. südd., österr., schweiz.) gerinnen, dickflüssig, sauer (1 b) werden ⟨hat/ist⟩: die Milch stockt, hat/ist gestockt; Morgen werden sie bleich ... sein und ihr Blut gestockt (Remarque, Westen 91). **4.** *Stockflecke bekommen* ⟨hat⟩: die alten Bücher haben gestockt; **Stock|en|te,** die [wohl zu Stock in der alten Bed. „Baumstumpf, Ast", nach den häufigen Nistplätzen in ufernahen Gehölzen]: Ente mit braunem Gefieder, beim Männchen dunkelgrünem Kopf, gelbem Schnabel, weißem Halsring u. rotbraunem Kropf; **Stöcker¹,** der; -s, - [nach der länglichen, dünnen Körperform]: *in Schwärmen vorkommender, barschartiger, an Seiten u. Bauch silberglänzender, auf dem Rücken blaugrauer bis grünlicher Fisch;* **Stockerl¹,** das; -s, -n (südd., österr.): *Hocker;* **Stock Exchange** ['stɔkıks,tʃeɪndʒ], die; - - [engl. stock exchange, aus: stock = Wertpapier (↑¹Stock) u. exchange, ↑ Exchange]: **1.** *Londoner Börse.* **2.** *Effektenbörse;* **Stockfäu|le,** die (Forstw.): *(vom Wurzelbereich ausgehende) Pilzerkrankung des Kernholzes lebender Bäume;* **Stock|feh|ler,** der: **1.** (Eishockey) *hoher Stock* (11). **2.** (Hockey) *unerlaubtes Anheben des Stocks* (11) *vor u. beim Schlag über Schulterhöhe sowie Schlagen u. Stoppen des Balls mit der abgerundeten Seite des Stocks;* **stockfin|ster** ⟨Adj.⟩ (ugs. emotional verstärkend): *stockdunkel;* **Stock|fisch,** der [spätmhd. stocvisch < mniederd. stokvisch, wohl nach dem Trocknen auf Stangengerüsten]: **1.** *im Freien auf Holzgestellen getrockneter Dorsch o. ä.:* Sie aß madiges Mehl und S. (Reinig, Schiffe 27). **2.** (ugs. abwertend) *langweiliger, in keiner Weise gesprächiger Mensch:* Soweit ich Renate erinnern kann, ist es das vierte Wort, das der S. mit Brille an sie richtet (Heim, Traumschiff 8); **Stockfleck,** der: *durch Schimmelpilze auf Textilien, Papier, Holz entstehender heller, bräunlicher od. grauschwarzer, muffig riechender Fleck:* Auf der Rückseite dieser von -en verunstalteten Fotografie (Ransmayr, Welt 136); **stock|fleckig¹** ⟨Adj.⟩: *Stockflecke aufweisend:* an ihr hing ein -er Kupferstich (Fussenegger, Zeit 30); **Stock|flö|te,** die: *(um 1800 aufgekommene) Blockflöte in der Form eines Spazierstocks mit abnehmbarem Knauf;* **stock|fremd** ⟨Adj.⟩ (ugs. emotional verstärkend): *völlig fremd* (3 a); **Stock|haar,** das ⟨o. Pl.⟩: *aus mittellangen Grannenhaa-*

ren u. dichter Unterwolle gebildetes Haarkleid bestimmter Hunde (z. B. des Schäferhundes); **Stock|haus,** das [zu ↑¹Stock (6)] (früher): *Gefängnis;* **stock|hei|ser** ⟨Adj.⟩ (ugs. emotional verstärkend): *sehr heiser;* **Stock|hieb,** der: *Stockschlag.* **Stock|holm** [auch: -'-]: *Hauptstadt von Schweden;* **¹Stock|hol|mer,** der; -s, -: Ew.; **²Stock|hol|mer** ⟨indekl. Adj.⟩; **Stock|hol|me|rin,** die; -, -nen: w. Form zu ↑ Stockholmer. **Stock|holz,** das: *Holz vom ¹Stock* (2); **stockig¹** ⟨Adj.⟩ [**1**: zu ↑ stocken (3); **2**: zu ↑ stocken (4); **3**: eigtl. = steif wie ein Stock]: **1.** *'muffig:* s. riechendes Obst; zwei Hände voll -er Haferflocken ... sollten, über die Türschwelle gestreut, Ratten ködern (Grass, Hundejahre 363). **2.** *stockfleckig:* -e Kartoffeln, Bücher; s. gewordene Bettücher. **3.** (landsch.) *verstockt:* sei nicht so s.!; **-stöckig¹** [zu ↑²Stock]: in Zusb., z. B. zwölfstöckig *(mit 12 Stockwerken);* **Stock|job|ber** ['stɔk...], der [engl. stockjobber, aus: stock (↑ Stock Exchange) u. jobber, ↑ Jobber]: *Händler an der Londoner Börse, der nur Geschäfte für eigene Rechnung abschließen darf;* ♦ **Stock|ju|de,** der: *äußerst strenggläubiger u. konservativer Jude:* So ganz S. sein zu wollen, geht schon nicht (Lessing, Nathan III, 6); **stock|ka|tho|lisch** ⟨Adj.⟩ (ugs. emotional verstärkend): *durch u. durch katholisch, vom Katholizismus geprägt;* **stock|kon|ser|va|tiv** ⟨Adj.⟩ (ugs. emotional verstärkend): *äußerst konservativ* (1 a, 2); **Stock|krank|heit,** die: *mit Stengelverdickung u. spärlichem Wuchs einhergehende Pflanzenkrankheit bestimmter Kulturpflanzen;* **Stock|la|ter|ne,** die: *an einem Stock befestigte u. getragene Papierlaterne;* **Stöck|li,** das; -s, - (schweiz.): *Altenteil;* **Stock|locke¹,** die [das Haar wurde über einen Stock gewickelt] (veraltet): *Korkenzieherlocke;* **Stock|maß,** das (Landw.): *(von Haustieren) mit dem Meßstock gemessenes Maß, bes. der größten Rumpfhöhe;* **Stock|mei|ster,** der [zu ↑¹Stock (6)] (früher): *Gefängniswärter; Profos;* **Stock|na|gel,** der: *kleine Plakette aus Metall mit Namen u./od. Bild eines Wanderziels, die auf einen Wanderstock genagelt wird;* **stock|nor|mal** ⟨Adj.⟩ (ugs. emotional verstärkend): *ganz normal* (1 b); **stocknüch|tern** ⟨Adj.⟩ (ugs. emotional verstärkend): *völlig nüchtern* (1); **Stock|pi|ling** ['stɔkpaɪlıŋ], das; -s [zu engl. to stockpile = horten, anhäufen, aus: stock (↑¹Stock) u. pile = Haufen, Stapel]: *gesetzlich vorgeschriebene Vorratshaltung von strategischen Gütern (z. B. Rohstoffen);* **Stock|prü|gel** ⟨Pl.⟩ (früher): *Stockschläge;* **Stock|punkt,** der (Chemie): *Temperatur, bei der eine flüssige Substanz so zähflüssig wird, daß sie gerade aufhört zu fließen;* **Stock|pup|pe,** die: *an einem ¹Stock* (1 a) *befestigte Puppe eines Puppentheaters; Stabpuppe;* **Stock|ro|se,** die: *Malve;* **stock|sau|er** ⟨Adj.⟩ (salopp emotional verstärkend): *äußerst sauer* (3 b); **Stock|schirm,** der: **a)** *Spazierstock mit eingearbeitetem Regenschirm;* **b)** *in der Länge nicht zusammenschiebbarer [Regen]schirm;* **Stock|schlag,** der: *Schlag mit einem Stock;* **Stock|schla|gen,** das;

-s (Eishockey): *regelwidriges Schlagen mit dem Stock* (11); **Stock|schnup|fen,** der: *Schnupfen mit starker Schwellung der Nasenschleimhaut, bei dem die Atmung durch die Nase sehr behindert ist;* **Stockschwämm|chen,** das: *auf ¹Stöcken* (2) *in Büscheln wachsender Pilz mit bräunlichgelbem Hut u. zimtbraunen Lamellen;* **stock|so|li|de** ⟨Adj.⟩ (ugs. emotional verstärkend): *ganz u. gar solide;* **Stock|spitze,** die: *[mit Metall beschlagene] Spitze eines Spazierstocks;* **stock|steif** ⟨Adj.⟩ (ugs. emotional verstärkend): *von, in sehr gerader u. dabei steifer Haltung:* ein -er Gang; s. dasitzen, daliegen, vor dem Mikrophon stehen; Ü daß er mit diesen -en Hamburgern nicht warm werden konnte (Prodöhl, Tod 91); **stock|still** ⟨Adj.⟩ (ugs. emotional verstärkend): *so still, daß nicht der geringste Laut zu hören ist;* **stockstumm** ⟨Adj.⟩ (ugs.): **a)** *nicht das geringste Sprechvermögen besitzend;* **b)** *kein Wort sagend;* **stock|taub** ⟨Adj.⟩ (ugs. emotional verstärkend): *nicht das geringste Hörvermögen besitzend;* **Stock|uhr,** die (österr. veraltet): *Standuhr;* **Stokkung¹,** die; -, -en: *das Stocken* (1, 2, 3); **stock|voll** ⟨Adj.⟩ (salopp emotional verstärkend): *stark betrunken;* **Stock|werk,** das: **1.** *²Stock:* die oberen -e brannten aus; Das Zimmer ... lag in mansardenartigen zweiten S. des Mittelbaus (Musil, Mann 675). **2.** (Bergmannsspr.) *Gesamtheit aller in einer Ebene gelegenen Grubenbaue;* **Stock|werk|bett,** das: *Etagenbett;* **Stock|zahn,** der (südd., österr., schweiz.): *Backenzahn;* ♦ * **auf den Stockzähnen lächeln** *(heimlich lächeln):* mit den Augen blinzelnd und auf den Stockzähnen lächelnd (Keller, Kleider 13).

Stoff, der; -[e]s, -e [wohl über das Niederl. aus afrz. estoffe (= frz. étoffe) = Gewebe; Tuch, Zeug, zu: estoffer (= frz. étoffer) = mit etw. versehen; ausstaffieren, urspr. = aus-, verstopfen, H. u.]: **1.** *aus Garn gewebtes, gewirktes, gestricktes, in Bahnen aufgerolltes in den Handel kommendes Erzeugnis, das bes. für Kleidung, [Haushalts]wäsche u. Innenausstattung verarbeitet wird:* ein [rein]wollener, [rein]seidener S.; ein leichter, schwerer, dicker, knitterfreier, weicher, derber, gemusterter, karierter, gestreifter S.; ein Sofa, das mit einem gerippten, grünen, kratzigen -e überzogen war (Musil, Törleß 79); Kaffeeflecken in bunten -en reibt man mit Glyzerin ein (Horn, Gäste 157); ein S. aus Baumwolle; S. für ein Kleid, zu einem Kostüm; der S. liegt 90 breit *(ist 90 cm breit);* einen S. bedrucken, zuschneiden, weben, wirken; ein Anzug aus einem teuren S.; etw. mit S. bespannen, auskleiden. **2. a)** *in chemisch einheitlicher Form vorliegende, durch charakteristische physikalische u. chemische Eigenschaften gekennzeichnete Materie; Substanz: pflanzliche, synthetische, wasserlösliche, radioaktive, mineralische, kleinmolekulare, körpereigene -e;* es ist Tatsache, daß es körperfremde -e gibt, deren Anwesenheit ... (Freud, Unbehagen 107); Der menschliche Körper hat mehrere Haushalte: den der festen und gelösten -e, den Wasserhaushalt und den Wärme-

Stoffabschnitt 3264

haushalt (Medizin II, 230); Ü aus einem anderen, aus dem gleichen, aus härterem, edlerem S. gemacht, gebildet sein *(von anderer usw. Art sein);* R der S., aus dem die Träume sind (nach engl. We are such stuff as dreams are made on [Shakespeare, Der Sturm IV, 1]); **b)** ⟨o. Pl.⟩ (Philos.) *Materie* (2a); *Hyle.* **3.** ⟨Pl. ungebr.⟩ (salopp) **a)** *Alkohol* (2b): unser S. geht aus; neuen S. aus dem Keller holen; wir haben keinen S. mehr; **b)** *Rauschgift:* jmdm., sich S. verschaffen; Der hat gedealt. S. hat der verkauft (Gabel, Fix 9); Ich würde meinen Kopf wetten, daß Armando sich keinen S. mehr besorgt hat (Ziegler, Gesellschaftsspiele 24); **c)** *Benzin, Kraftstoff:* ... statt bleifreien Benzins verbleiten S. in Ihren Autotank fließen ließen (ADAC-Motorwelt 11, 1986, 46); S.! *(schneller!; gib Gas!).* **4. a)** *etw., was die thematische Grundlage für eine künstlerische Gestaltung, wissenschaftliche Darstellung, Behandlung abgibt:* ein erzählerischer, dramatischer, frei erfundener, wissenschaftlicher S.; ein S. für eine/(selten:) zu einer Tragödie; als S. für ein Buch dienen; einen S. gestalten, bearbeiten, verfilmen; S. für einen neuen Roman sammeln; dann können Sie sich ausrechnen, daß ich noch S. bis ins Jahr 2000 habe (Hörzu 18, 1974, 12); einen S. *(Unterrichtsstoff)* in der Schule durchnehmen; die Anordnung, Gliederung des -es; das Buch verschafft dem Studenten eine gute Übersicht über die Fülle des -es; Diese ganz kurze Übersicht über den riesigen S., den die beschreibende Anatomie zunächst einmal systematisiert hat, ... (Medizin II, 24); Es gibt Schriftsteller, die von einem S. gepackt werden (Musil, Mann 1606); **b)** *etw., worüber man berichten, nachdenken, sich unterhalten kann:* Immer wieder strebten sie zumeist schlüpfrige Nachtunterhaltungen an, aber der S. *(Gesprächsstoff)* ging ihnen sehr schnell aus (Kirst, 08/15, 902); einer Illustrierten S. liefern; jmdm. viel S. zum Nachdenken geben; Solche Gerüchte geben einem aufgeklärten Kopfe natürlich S. zu lachen (A. Zweig, Grischa 84); **Stoff|ab|schnitt,** der: *Coupon* (3); **Stoff|ar|be**[1], die: *zum Bedrucken, Färben usw. von Stoffen* (1) *geeignete Farbe;* **Stoff|aus|tausch,** der (Chemie, Physik): *Vorgang, bei dem Materie* (1b) *auf atomarer u. molekularer Ebene innerhalb eines Systems bewegt od. zwischen verschiedenen Systemen, Aggregatzuständen o. ä. ausgetauscht wird;* **Stoff|bahn,** die: *Bahn* (4) *eines Stoffes* (1); **Stoff|bal|len,** der: *zu einem Ballen aufgerollte Stoffbahn;* **Stoff|be|hang,** der: *Behang aus Stoff* (1); **Stoff|be|zeich|nung,** die (Sprachw.): *Bezeichnung für einen Stoff* (2a), *eine Masse, ein Material;* **Stoff|druck,** der ⟨o. Pl.⟩: *Druckverfahren, bei dem Farben auf Stoff aufgebracht werden.*

Stof|fel, der; -s, - [eigtl. = Kosef. des m. Vorn. Christoph (die Legendengestalt wandelte sich im Volksglauben von einer riesigen zu einer ungeschlachten Gestalt)] (ugs. abwertend): *ungehobelte, etwas tölpelhafte männliche Person:* Jenny ..., die ihn für einen S. hält, der Frauen einfach nicht versteht (Hörzu 43, 1989, 38); **stof|fe|lig,** stofflig ⟨Adj.⟩ (ugs. abwertend): *ungehobelt.*

Stoffet|zen[1], der: *Fetzen Stoff;* **Stoff|gebiet,** das: *einen bestimmten Lehrstoff umfassendes Gebiet;* **Stoff|geld,** das: *Stoffstreifen od. -tücher als Zahlungsmittel;* **Stoff|ge|misch,** das: *Gemisch* (1); **stoff|hal|tig** ⟨Adj.⟩: *Stoff enthaltend;* **Stoff|hu|be|rei,** die ⟨o. Pl.⟩ (ugs. abwertend): *vordergründiges Aussein auf den Stoff* (4a), *auf eine pure Stoffsammlung;* **Stoff|hül|le,** die: *Hülle* (1a) *aus Stoff* (1); **Stoff|kreis|füh|rer, Stoff|kreis|ka|ta|log,** der: *(in Bibliotheken) Themenkatalog zur inhaltlichen Erschließung belletristischer Literatur;* **stoff|lich** ⟨Adj.⟩: **1.** *den Stoff* (4a) *betreffend:* die -e Fülle war kaum zu bewältigen. **2.** *materiell* (1): Noch unmöglicher aber ist es, eine -e Seele anzunehmen (Stern, Mann 136). **3.** *den Stoff* (1) *betreffend:* Sie haben aus metallischen, -en und was weiß ich für Überresten herausgefunden, daß der Tote keinerlei Art von Uniform trug (Weber, Tote 102); **Stoff|lich|keit,** die; -: *das Bestehen aus einer stofflichen Substanz, aus Materie* (1a).

stoff|lig: ↑ stoffelig.

Stoff|mu|ster, das: **1.** *Muster* (3) *auf einem Stoff* (1). **2.** *Muster* (2) *eines Stoffes* (1); **Stoff|plan,** der: *Plan hinsichtlich des Lehrstoffes; Unterrichtsstoffes;* **Stoff|pup|pe,** die: *Puppe* (1a) *aus textilem Material;* **Stoff|rest,** der: *Rest eines Stoffballens od. beim Zuschneiden übriggebliebenes Stück Stoff* (1); **Stoff|samm|lung,** die: *Sammlung von Stoff* (4a); **Stoff|ser|vi|et|te,** die: *Serviette aus Stoff* (1); **Stoff|tier,** das: *(als Kinderspielzeug hergestellte) Nachbildung eines Tieres aus textilem Material:* auf dem Kinderbett lagen verschiedene -e; jmdm. ein S. mitbringen; **Stoff|trans|port,** der: **1.** (Biol.) *Transport von organischen u. anorganischen Stoffen in Pflanzen u. Tieren.* **2.** (Chemie, Physik) *Stoffaustausch;* **Stoff|ül|le**[1], die: *Fülle von zu bewältigendem Lehr-, Unterrichtsstoff;* **Stoff|wech|sel,** der ⟨Pl. selten⟩: *biochemische Vorgänge in einem lebenden Organismus, bei denen dieser zur Aufrechterhaltung seiner Funktionen Stoffe aufnimmt, chemisch umsetzt u. abbaut; Metabolismus;* **Stoff|wech|sel|krank|heit,** die: *auf Stoffwechselstörungen beruhende Krankheit* (z. B. Gicht): eine erbliche S.; an einer S. leiden; **Stoff|wech|sel|pro|dukt,** das ⟨meist Pl.⟩: *beim Stoffwechsel entstandener Stoff:* Als ein S. entsteht Kohlendioxid, das beim Ausatmen an die Atmosphäre abgegeben wird (Gruhl, Planet 32); **Stoff|wech|sel|stö|rung,** die: *Störung* (2b) *des Stoffwechsels.*

stöh|le: ↑ stehlen.

stöh|nen ⟨sw. V.; hat⟩ [mhd. (md.), mniederd. stenen = mühsam atmen, ächzen]: **a)** *bei Schmerzen, bei plötzlicher, starker seelischer Belastung od. bei Wohlbehagen o. ä. mit einem tiefen, langgezogenen Laut schwer ausatmen:* laut, leise, wohlig, vor Schmerz, Anstrengung, Lust s.; Sie stöhnte vor Wut (Langgässer, Siegel 357); Er stöhnte tief und hoffnungslos (Ott, Haie 179); ihm fiel ein, daß sie auch bei anderen Männern gestöhnt hatte (G. Roth, Winterreise 20); sich stöhnend aufrichten; Ü die Äste stöhnten und peitschten mit ihrem Laubhaar in Verzweiflung die Erde (geh.; Stern, Mann 240); alle stöhnen unter der Hitze *(leiden darunter u. klagen darüber);* Mütter, Frauen, Kinder stöhnten unter einer Propaganda, die ihnen alle Hoffnung nahm (Plievier, Stalingrad 237); **b)** *stöhnend* (a) *äußern:* etw. ins Mikrophon s.; „Muß das sein?", stöhnte er; Agathe stöhnte: „Du wirst mich verlassen!" (Musil, Mann 1425); „Die reinste Fron", stöhnte ein Assistent (Menzel, Herren 115).

stoi [stɔy; russ. stoi, Imperativ 2. Pers. Sg. von: stat = stehenbleiben]: russ. für *halt!*

Stoi|che|don, das; - [zu griech. stoichēdón = in der Reihe, neben- od. hintereinander]: *Anordnung der Buchstaben auf altgriechischen Inschriften reihenweise untereinander u. ohne Trennung der Wörter.*

Stoi|ker [auch: 'st...], der; -s, - [lat. Stoicus < griech. Stoikós, zu: stōikós = stoisch (1), eigtl. = zur Halle gehörig, zu: stoá, ↑Stoa]: **1.** *Angehöriger der Stoa* (1). **2.** *Vertreter des Stoizismus* (1). **3.** (bildungsspr.) *Mensch von stoischer Haltung:* der neue Trainer ist ein S.; **Stoi|ke|rin** [auch: 'st...], die; -, -nen: w. Form zu ↑ Stoiker (2, 3); **sto|isch** [auch: 'st...] ⟨Adj.⟩ [spätmhd. stoysch < lat. stoicus = stoisch (1) < griech. stoikós, ↑ Stoiker]: **1. a)** *die Stoa* (1) *betreffend, dazu gehörend:* die -e Philosophie; **b)** *den Stoizismus betreffend, dazu gehörend.* **2.** (bildungsspr.) *dem stoischen* (1) *Ideal entsprechend unerschütterlich; gleichmütig, gelassen:* eine -e Haltung, Ruhe, Gelassenheit; er ertrug alles s., mit -em Gleichmut; Im Blick verrät sich keine Leidenschaft, von der die -e Fassade sonst nichts merken ließe (K. Mann, Wendepunkt 339); Unruhe geht durch die dichtgedrängte, bisher so -e Menschenansammlung (Hamburger Rundschau 23. 8. 84, 3); Gladow blickt dann ... s. in die Ferne (Kempowski, Zeit 23); **Stoi|zis|mus,** [auch: st...], der; -: **1.** *von der Stoa* (1) *ausgehende Philosophie u. Geisteshaltung, die bes. durch Gelassenheit, Freiheit von Neigungen u. Affekten, durch Rationalismus u. Determinismus gekennzeichnet ist.* **2.** (bildungsspr.) *unerschütterliche, gelassene Haltung, Gleichmut.*

Stokes [stoʊks], das; -, - [nach dem engl. Physiker George G. Stokes (1819–1903)]: *Maßeinheit für die Zähigkeit eines Stoffes;* Zeichen: St

Sto|la [ˈʃt..., ˈst...], die; -, ...len [(3: mhd. stôl[e], ahd. stola <) lat. stola < griech. stolē = Rüstung, Kleidung, zu: stéllein = (mit Kleidern, Waffen) ausrüsten; fertigmachen]: **1.** *über einem Kleid o. ä. getragenes, breites, schalartiges Gebilde, das um Schultern u. Arme gelegt wird:* Das Abendmantelproblem lösen wir oft durch eine lange, breite S. aus dem Material des Kleides (Dariaux [Übers.], Eleganz 28); eine S. aus Pelz tragen. **2.** *über der Tunika getragenes langes Gewand der römischen Matrone, das aus einem langen, in Falten um den Körper drapierten u. von Spangen zusammengehaltenen Stoffstreifen besteht.* **3.** (bes. kath. Kirche) *von Priester u. Diakon getragener Teil der liturgischen Bekleidung in Form eines lan-*

gen, schmalen, mit Ornamenten versehenen Stoffstreifens: der Pfarrer in S. und weißem Rochett (Winckler, Bomberg 23); **Stol|ge|büh|ren** ⟨Pl.⟩ (kath. Kirche): *Abgaben für bestimmte Amtshandlungen eines Geistlichen (Taufe, Trauung u.a.).* **Stol|le,** die; -, -n [mhd. stolle, ahd. stollo, eigtl. = Pfosten, Stütze, wohl zu ↑stellen]: *länglich geformtes Gebäck aus Hefeteig mit Rosinen, Mandeln, Zitronat u. Gewürzen, das für die Weihnachtszeit gebacken wird;* **stol|len** ⟨sw. V.; hat⟩ [zu ↑Stolle in der älteren, fachspr. Bed. (auf einem Pfahl befestigte) „eiserne Scheibe zum Weiten u. Weichmachen von Fellen"] (Gerberei): *Leder nach der Gerbung u. Trocknung weich u. geschmeidig machen;* **Stol|len,** der; -s, - [↑Stolle]: 2b: schon mhd., viell. nach der Abstützung mit Pfosten; 4: die zweite Hälfte „stützt" den Abgesang]: **1.** *Stolle:* einen S. bakken, kaufen; Adolf ... ißt ein Stück S. (Chotjewitz, Friede 132). **2. a)** *unterirdischer Gang:* einen S. anlegen, ausmauern; einen S. in den Fels treiben; Die Grube besaß zwölf Reviere, die von zahlreichen S. durchkreuzt waren (Marchwitza, Kumiaks 35); **b)** (Bergbau) *leicht ansteigender, von einem Hang in den Berg vorgetriebener Grubenbau:* einen S. vortreiben, absteifen. **3. a)** *hochstehender, zapfenförmiger Teil des Hufeisens, der ein Ausgleiten verhindern soll;* **b)** *rundes Klötzchen, stöpselförmiger Teil aus Leichtmetall, Leder o. ä. an der Sohle von Sportschuhen, der ein Ausgleiten verhindern soll:* neue S. einschrauben; die S. wechseln; Der Leer Biwi hatte gerade seine Fußballstiefel ... mit zentimeterhohen S. beschlagen (Sommer, Und keiner 172); Schuhe mit S. **4.** (Verslehre) *(im Meistersang) eine der beiden gleich gebauten Strophen des Aufgesangs;* **Stol|len|bau,** der ⟨o. Pl.⟩: **1.** *das Vortreiben eines Stollens.* **2.** *Abbau (6a) in Stollen;* **Stol|len|gang,** der: *Stollen (2);* **Stol|len|mund|loch,** das (Bergmannsspr.): *Eingang zu einem Stollen (2b);* **Stol|len|schrank,** der: *im 15. u. 16. Jh. am Niederrhein u. in Flandern verbreiteter Schrank auf vier hohen Pfosten, die unten durch ein Brett o. ä. verbunden sind.* **Stol|lo[n],** der; -s, Stol|lo|nen ⟨meist Pl.⟩ [lat. stolo (Gen.: stolonis) = Wurzelsproß]: **1.** (Bot.) *Ausläufer, unterirdischer Trieb bei Pflanzen.* **2.** (Zool.) *schlauchartiger Fortsatz bei niederen Tieren, die Kolonien (4) bilden.* **Sto|lo|wa|ja** [russ.: stʌ...], die; -, -s [russ. stolovaja, zu: stolovať'sja = in Kost sein, zu: stol = Mahlzeit; Tisch]: *einfache russ. Speisegaststätte; russische Imbißstube:* Selbst in Moskau kostet in den schmuddeligen Garküchen, den -s, ein Mahl mittlerweile um die 20 Rubel (Spiegel 4, 1992, 128). **Stol|per,** der; -s, - (ostmd.): *Fehltritt* (a); **Stol|per|draht,** der: *(als Hindernis) knapp über dem Erdboden gespannter Draht, über den zu Fuß Gehende stolpern sollen;* **stol|pern** ⟨sw. V.; ist⟩ [Iterativbildung zu gleichbed. älter stolpen, stölpen, eigtl. = steif sein, gehen, zu ↑stellen]: **1. a)** *beim Gehen, Laufen mit dem Fuß an eine Unebenheit, ein Hindernis stoßen, dadurch*

den festen Halt verlieren u. zu fallen drohen: das Kind stolperte und fiel hin; sie stolperte, konnte sich aber gerade noch auffangen; über eine Schwelle, jmds. ausgestreckte Beine s.; Das Fräulein stolperte über eine Baumwurzel und schlug schmerzhaft zu Boden (Simmel, Stoff 545); über seine eigenen Füße *(mit einem Fuß über den anderen)* s.; **b)** *sich stolpernd (1 a), ungeschickt, mit ungleichmäßigen Schritten irgendwohin bewegen:* sie stolperten durch die Dunkelheit; Mahl, ein Taschentuch gegen die Nase gepreßt, blutbesudelt und mit zerrissenem Hemd, stolperte zur Tür (Kuby, Sieg 137); Ü daß es von Vorteil sein kann, als Star durch die Welt zu s. (Lindenberg, El Panico 21); Der ehrbare Kaufmann und erfindungsreiche Warenproduzent stolpert in die Abgründe der Zahlungsunfähigkeit (NJW 19, 1984, 1059); Er stolperte von Entschluß zu Entschluß (Frisch, Stiller 272). **2. a)** *über jmdn., etw. zu Fall kommen; an jmdn., etw. scheitern:* über eine Affäre, einen Paragraphen s.; ... trat ... die Nachfolge von Ottomar Domrich an, der über die Entlassung von Trainer Kuno Klötzer gestolpert war (Saarbr. Zeitung 1. 12. 79, 6); die Mannschaft ist in der ersten Runde gestolpert; Frankreich stolperte über Italien; **b)** *etw. nicht verstehen u. dabei hängenbleiben (1 b); an etw. Anstoß nehmen:* über einen Fachausdruck, eine Bemerkung, eine Kleinigkeit s.; Es gibt zum Teil Sätze, über die ich stolpere und die ich nicht singen kann, weil ich sie nicht fühle (Basta 6, 1984, 14); **c)** (ugs.) *jmdm. unvermutet begegnen, auf jmdn. stoßen:* im Urlaub stolperte er über eine alte Bekannte; **Stol|per|stein,** der: *Schwierigkeit, an der etw., jmd. leicht scheitern kann:* manchen S. aus dem Wege räumen; Nicht unterschätzen dürfen wir allerdings Algerien, denn sonst könnte die Mannschaft ... zu einem S. werden (Kicker 6, 1982, 31). **stolz** ⟨Adj.; -er, -este⟩ [mhd. stolz = prächtig, hochgemut spätahd. stolz = hochmütig, urspr. wohl = steif aufgerichtet u. zu ↑Stelze]: **1. a)** *von Selbstbewußtsein u. Freude über einen Besitz, eine [eigene] Leistung erfüllt; ein entsprechendes Gefühl zum Ausdruck bringend od. hervorrufend:* die -n Eltern; der -e Vater; mit -er Freude; das war ihr -este Augenblick seines Lebens; auf einen Erfolg, auf seine Kinder s. sein; Ich bin s. auf das Erreichte (Handke, Kaspar 68); sie ist s., daß sie ihr Ziel erreicht hat; s. wie ein Pfau/wie ein Spanier *(in sehr aufrechter Haltung, selbstsicher u. hochgestimmt)* ging er an uns vorbei; Ü Stolz wehte die Flagge ... vom Mast (Lentz, Muckefuck 19); **b)** *in seinem Selbstbewußtsein überheblich u. abweisend:* eine -e Frau, s. um Hilfe anzugehen, Blick; er war zu s., um Hilfe anzunehmen; Zu s., zu starrsinnig und zu sicher der eigenen Unfehlbarkeit ist der französische Staatschef, als daß irgend jemand beeinflussen ließe (Dönhoff, Ära 125); warum so s.? (Frage an jmdn., wenn er nicht grüßt od. einen Gruß nicht erwidert). **2. a)** *imposant, stattlich:* ein -es Gebäude, Schiff, Schloß; Hinter den ... Mauern (= von

Villen) bemühten sich die Insassen um den Vollzug eines glücklichen Lebens, wie es der -en Aufmachung ihrer Häuser entsprach (Kronauer, Bogenschütze 189); **b)** (ugs.) *(im Hinblick auf Anzahl, Menge, Ausmaß) erheblich, beträchtlich; als ziemlich hoch empfunden; beeindruckend:* eine -e Summe, -e Zahl; ein -er Preis; bis zur Kö brauchte man gegen 10.30 Uhr e 40 Minuten (Westd. Zeitung 12. 5. 84, o. S.); Nun wird der SC Bern ... noch den -en Zuschauerdurchschnitt von rund 10 000 erreichen (NZZ 21. 1. 83, 33); Die Zuwachsrate ... betrug ... -e 60 Prozent (Dolomiten 1. 10. 83, 8); Mit Motorkraft kann die „Sea Cloud" täglich 430 Seemeilen zurücklegen, unter Segeln aber auch -e 165 Seemeilen (Saarbr. Zeitung 27. 12. 79, 14); **Stolz,** der; -es [zu ↑stolz]: **a)** *ausgeprägtes, jmdm. von Natur mitgegebenes Selbstwertgefühl:* natürlicher, unbändiger, maßloser, hochmütiger, beleidigter S.; Er ... erträgt die Schmerzen mit dem wortlosen -e des Helden (Thieß, Reich 146); sein [männlicher] S. verbietet ihm das; jmds. S. verletzen, brechen; einen gewissen S. besitzen; Diese Vorstellung war nicht ungeeignet, seinen S. zu heben (Musil, Mann 1197); er hat eben auch seinen S. *(er ist sich für bestimmte Dinge zu schade);* überhaupt keinen S. haben, besitzen *(alles hinnehmen, mit sich machen lassen);* seinen [ganzen] S. in etw. setzen *(sich unter allen Umständen um etw. bemühen);* daß jeder der griechischen Stämme seinen S. darin sah, zur Vertiefung ... der Sprache beizutragen (Thieß, Reich 404); ein üppiges Abendmahl zu bereiten, ... dahinein legt die Loni ihren S. (Fr. Wolf, Zwei 60); sich in seinem S. gekränkt fühlen; aus falschem S. *(Stolz am falschen Platz)* etw. ablehnen; **b)** *Selbstbewußtsein u. Freude über einen Besitz, eine [eigene] Leistung:* in ihm regte sich väterlicher, berechtigter S. auf seinen Sohn; Freude über einen Triumph und S. auf einen Sieg wären nicht mehr vorhanden (Stern, Mann 110); jmds. [ganzer] S. sein, [ganzen] S. ausmachen *(das sein, darstellen, worauf jmd. besonders stolz ist);* hinter der Bescheidenheit, mit der er seine Methode erläutert, bricht der erstmalig des jungen Entdeckers hervor (Ceram, Götter 110); Ein wilder, unbändiger S. hatte ihn gepackt (Zuckmayer, Fastnachtsbeichte 180); etw. erfüllt jmdn. mit S.; etw. mit, voller S. empfinden, verkünden; Nicht ohne S. hat Mendelssohn bei verschiedenen Gelegenheiten versichert, er sei ... (Reich-Ranicki, Th. Mann 256); von S. geschwellt, gebläht sein; **stolz|geschwellt** ⟨Adj.; -er, -este⟩: *von Stolz geschwellt:* mit -er Brust blickt er in die Runde, in einem Bekleidungsgeschäft bezahlte mir meine Mutter s. zwei Arbeitsanzüge (Fels, Kanakenfauna 21); **stol|zie|ren** ⟨sw. V.; ist⟩ [mhd. stolzieren (stolzen) = stolz sein od. tun]: *sich sehr wichtig nehmend einhergehen, gravitätisch irgendwohin gehen:* auf der Promenade auf und ab s.; wie ein Hahn, Gockel s.; In seinen Anzügen ... von Brenninkmeier stolziert Jürgen durch die Kneipen wie ein englischer Lord (Chot-

Stoma

jewitz, Friede 108); unterm Vivat der Gäste stolzierte das Paar ... in den Saal (Zuckmayer, Fastnachtsbeichte 30).
Sto|ma ['st..., 'ʃt...], das; -s, -ta [griech. stóma (Gen.: stómatos) = Mund]: **1.** (Med., Zool.) *Mundöffnung.* **2.** (Bot.) *Spaltöffnung des Pflanzenblatts.* **3.** (Med.) *künstlicher [Darm-, Harnleiter]ausgang, Fistel.* **4.** ⟨meist Pl.⟩ (Med.) *sehr kleine Öffnung in Blut- u. Lymphgefäßen, durch die Zellen hindurchtreten können;* **sto|ma|chal** ⟨Adj.⟩ [zu griech. stómachos = Mündung; Magen] (Med.): *durch den Magen gehend; aus dem Magen kommend; den Magen betreffend;* **Sto|ma|chi|kum**, das; -s, ...ka (Med.): *Mittel, das den Appetit anregt u. die Verdauung fördert;* **Sto|mal|ka|ze**, die; - [griech. stoma-káke = Krankheit des Mundes, bei der die Zähne ausfallen, Skorbut] (Med.): *geschwürige Mundfäule;* **Sto|ma|ta:** Pl. von ↑Stoma; **Sto|ma|ti|tis**, die; -, ...itiden (Med.): *Entzündung der Mundschleimhaut;* **sto|ma|to|gen** ⟨Adj.⟩ [↑-gen] (Med.): *vom Mund bzw. von der Mundschleimhaut ausgehend, herrührend;* **Sto|ma|to|lo|ge**, der; -n, -n [↑-loge]: *Facharzt auf dem Gebiet der Stomatologie;* **Sto|ma|to|lo|gie**, die; - [↑-logie] (Med.): *Wissenschaft von den Krankheiten der Mundhöhle;* **Sto|ma|to|lo|gin**, die; -, -nen: w. Form zu ↑Stomatologe; **sto|ma|to|lo|gisch** ⟨Adj.⟩ (Med.): *die Stomatologie betreffend.*
Stomp [auch: st...], der; -[s] [engl. stomp, eigtl. = das Stampfen]: **1.** *afroamerikanischer Tanz.* **2.** *(im Jazz) melodisch-rhythmische Technik, bei der der fortlaufenden Melodie eine rhythmische Formel zugrunde gelegt wird.*
stoned [stoʊnd] ⟨Adj.⟩ [engl. stoned, zu: to stone = (sich) betäuben, gefühllos machen, zu stone = Stein] (Jargon): *unter der Wirkung von Rauschmittel stehend; durch Drogen im Rauschzustand:* Die Veranstalter ... sagten die Vorstellung ab, weil die Hauptdarsteller „stoned" ... seien (MM 5. 10. 70, 24); Die Leute kamen nun nicht mehr betrunken zum Spielen, sondern standen eben alle s. auf der Bühne (Kraushaar, Lippen 156); **stone-washed** ['stoʊnwɔʃt] ⟨Adj.⟩ [zu engl. to stone = Stein u. to wash = waschen]: *(von Stoffen) mit kleinen Steinen vorgewaschen, um Farbe u. Material so herzurichten, daß sie nicht mehr neu aussehen:* Teenager in s. Jeans (Spiegel 40, 1991, 41).
stop ⟨Interj.⟩ [st..., ʃt...; engl., zu: to stop, ↑stoppen]: *halt!* (z. B. auf Verkehrsschildern, Drucktasten); **Stop**, der; -s, -s (Badminton, [Tisch]tennis): *Stoppball;* **Stop-and-go-Ver|kehr** ['stɔpəndˈgoʊ...], der [engl. stop-and-go = (an)fahrend, dann wieder (an)haltend]: *Verkehr, der durch das nur langsame Vorwärtskommen der Fahrzeuge, die noch dazu häufig anhalten müssen, gekennzeichnet ist.*
Stö|pe, die; -, -n [niederl. stoep = Deichauffahrt, eigtl. = Stufe] (nordd.): *Deichscharte:* So wird in der möglichen Schaffung einer S. im Hauptseedeich eine Gefahrenstelle bei Sturmfluten gesehen (Husumer Nachrichten 27. 2. 85, 14).

Stopf|buch|se, Stopf|büch|se, die (Technik): *Vorrichtung zum Abdichten von Gehäusen, durch die bewegliche Maschinenteile geführt werden;* **Stopf|ei**, das: vgl. Stopfpilz; **stop|fen** ⟨sw. V.; hat⟩ [mhd. stopfen, ahd. (bi-, ver)stopfōn = verschließen, wohl < mlat. stuppare = mit Werg verstopfen, zu lat. stuppa = Werg, z. T. unter Einfluß von mhd. stopfen, ahd. stopfōn = stechen]: **1.** *ein Loch in einem Gewebe o. ä. mit Nadel u. Faden ausbessern, indem man es mit gitterartig verspannten Längs- u. Querfäden dicht ausfüllt:* ein Loch in der Hose s.; die Socken waren schon an mehreren Stellen gestopft; gestopfte Strümpfe. **2.** *etw. [ohne besondere Sorgfalt] schiebend in etw. hineinstecken u. darin verschwinden lassen:* etw. in die Tasche s.; Sachen in den Koffer s.; Ich sortierte die Bücher aus, die ich nicht brauchen könnte, und stopfte sie in das unterste Fach (Loest, Pistole 206); er stopfte das Hemd in die Hose; sich Watte in die Ohren s.; das Kind stopft sich alles in den Mund; Draußen stopfte Jutta die Hände in die Taschen (Loest, Pistole 238); Flugblätter von Beschwerdeführenden wurden ihm in die Hände gestopft (Kronauer, Bogenschütze 182). Ingrid stopfte ihre Mähne unter den Luftschutzstahlhelm (Lentz, Muckefuck 231); Er legte sie behutsam auf das Bett ... und stopfte ihr Kissen unter die Beine (M. L. Fischer, Kein Vogel 12); Ü die Kinder ins Auto s. und wegfahren; Fünfzig Leute stopft man in die engen Zellen (Sobota, Minus-Mann 28). **3. a)** *stopfend (2) mit einer Füllung versehen:* ein Kissen, eine Steppdecke, ein Oberbett mit Daunen s.; Am Nachmittag holten wir uns vom Dachboden zwei alte Bettstellen, zwei Strohsäcke mußten noch gestopft werden (Wimschneider, Herbstmilch 74); ich stopfte mir eine Pfeife; Wurst s. *(Därme mit Fleischmasse füllen);* Ü damit die Kranken sich ... die leeren Bäuche s. konnten (Plievier, Stalingrad 48); der Saal war gestopft voll (ugs.; *war bis auf den letzten Platz gefüllt);* **b)** (Musik) *die Faust od. einen trichterförmigen Dämpfer in die Schallöffnung einführen, dadurch die Tonstärke vermindern u. zugleich die Tonhöhe heraufsetzen:* eine gestopfte Trompete. **4.** *eine Lücke o. ä. mit etw. ausfüllen u. dadurch schließen; zustopfen:* ein Loch im Zaun, ein Leck mit Werg s.; plötzlich wollte er noch singen ... So mußte ich ... ihm den Mund mit Kissen s. (Fallada, Herr 177); Ü ein Loch im Etat s. *(ein Defizit beseitigen);* Diese Gesetzeslücke muß nun unverzüglich gestopft werden, damit nicht der Willkür Tür und Tor geöffnet werden (Vaterland 27. 3. 85, 35). **5.** (landsch.) *nudeln* (2): Geflügel, Gänse, Enten s.; Ü Sie drückten Emma auf einen wackeligen Stuhl und stopften sie ... mit Landbrot, Eiern und gebratenem Speck (Giordano, Die Bertinis 352); Deshalb stopft Ditjas Vater dem Mädchen mit Honig (natur 8, 1991, 76). **6.** (fam.) ²*schlingen* (a): stopf nicht so! **7.** *die Verdauung hemmen:* Kakao stopft; ⟨subst.:⟩ jmdm. ein Mittel zum Stopfen verschreiben. **8.** (ugs.) *sättigend wirken, satt machen:* Nußtorte stopft; **Stop|fen**, der; -s, - (landsch.): *Stöpsel, Pfropfen;* **Stop|fer**, der; -s, -: **1.** *kleines metallenes Gerät, mit dem Tabak in eine Pfeife gestopft wird.* **2.** (landsch.) *gestopfte Stelle in einem Kleidungs-, Wäschestück;* **Stopf|garn**, das: *Garn zum Stopfen* (1); **Stopf|korb**, der: *Korb zur Aufbewahrung von Strümpfen, Wäschestücken, die gestopft* (1) *werden sollen;* **Stopf|na|del**, die: *dickere Nadel zum Stopfen* (1); **Stopf|pilz**, der: *beim Stopfen* (1) *verwendete pilzförmige, hölzerne Unterlage;* **Stopf|trom|pe|te**, die (Musik): *gestopfte* (3 b) *Trompete;* **Stopf|twist**, der: vgl. Stopfgarn; **Stopf|ung**, die; -, -en: *das Stopfen;* **Stopf|wol|le**, die: vgl. Stopfgarn.

Stop-over ['stɔp-oʊvə], der; -s, -s [engl. stopover]: *Zwischenlandung, Zwischenaufenthalt;* **stopp** ⟨Interj.⟩ [Imperativ von ↑stoppen] (ugs.): *halt!:* „Stopp!" rief der Posten; s. [mal] *(Moment [mal]),* ...; **Stopp**, der; -s, -s [Subst. von ↑stopp]: **a)** *das Anhalten aus der Bewegung heraus:* Im heutigen Verkehr sind häufige -s die Regel (ADAC-Motorwelt 10, 1979, 9); beim S. an der Box einen Reifen wechseln; ein Fahrzeug ohne S. passieren lassen; **b)** *Unterbrechung, vorläufige Einstellung:* ein S. für den Import von Butter; Ein sofortiger S. der Kohleförderung kommt ... nicht in Frage (natur 5, 1991, 41); **Stopp|ball**, der (Badminton, [Tisch]tennis): *Ball, der so gespielt wird, daß er unmittelbar hinter dem Netz aufkommt [u. kaum springt].*
¹**Stop|pel**, die; -, -n [aus dem Niederd. < mniederd.-md. stoppel, wohl < spätlat. stupula < lat. stipula = (Stroh)halm]: **1.** ⟨meist Pl.⟩ *nach dem Mähen stehengebliebener Rest des [Getreide]halms:* die -n unterpflügen. **2.** ⟨o. Pl.⟩ (selten) *Gesamtheit der Stoppeln; Stoppelfeld.* **3.** ⟨meist Pl.⟩ (ugs.) *Bartstoppel:* Ich rasierte ordentlich ... ließ auch keine -n stehen (Hilsenrath, Nazi 334); ... seine hohlen Wangen waren mit braunen -n bedeckt (Plievier, Stalingrad 56).
²**Stop|pel**, der; -s, -[n] [mundartl. Vkl. von ↑Stoppel] (österr.): *Stöpsel* (1).
Stop|pel|acker¹, der: *Stoppelfeld;* **Stopp|el|bart**, der (ugs.): *nachwachsende Bartstoppeln;* **stop|pel|bär|tig** ⟨Adj.⟩: *einen Stoppelbart tragend; unrasiert:* ein -er Mann; ein -es Kinn; **Stop|pel|feld**, das: *abgemähtes [Getreide]feld mit stehengebliebenen Stoppeln:* Wir laufen dir davon, ... barfuß über die -er (Kant, Impressum 67); **Stop|pel|fri|sur**, die: *Frisur mit Stoppelhaar:* Jugendliche aus Ost und West in Springerstiefeln, mit Bomberjacken und -en (Spiegel 16, 1991, 112); **Stop|pel|frucht**, die (Landw.): *nach der Ernte einer früh reifenden Frucht ohne Umpflügen ausgesäte Zwischenfrucht zur herbstlichen Nutzung;* **Stop|pel|haar**, das ⟨o. Pl.⟩: *sehr kurz geschnittenes Haar* (2 a); **stop|pel|haa|rig** ⟨Adj.⟩: *sehr kurzhaarig* (b): ein -er Junge; Heidmanns -er Blondkopf tauchte hinter der Abdeckung ... (Sebastian, Krankenhaus 126); **Stop|pel|hop|ser**, der (Soldatenspr.): *Infanterist:* Die Offiziere erheben sich sogar im Wagen und schimpfen auf die „Stoppelhopser" (Kempowski, Zeit 302); **stop|pe|lig,**

stopplig ⟨Adj.⟩: *mit Stoppelhaaren besetzt:* ein -es Kinn; Seine Backen sind schon wieder recht stopplig (A. Zweig, Grischa 128); Seine Eltern störte es nicht, wenn sein Gesicht stoppelig wurde (H. Gerlach, Demission 39); **Stop|pe|lig|keit**, Stoppligkeit, die; -: *das Stoppeligsein;* **Stop|pel|läh|me**, die ⟨Tiermed.⟩: *Lahmen von Schafen durch entzündete Verletzungen an den Klauen, die vom Weiden auf Stoppelfeldern herrühren;* **stoppeln** ⟨sw. V.; hat⟩ [1: eigtl. = auf einem Stoppelfeld Ähren auflesen]: **1.** (landsch.) *auf abgeernteten Feldern übriggebliebene Früchte, bes. Kartoffeln, auflesen:* Das war eine Hochzeit, ja? Mit Sirup, selbst gekocht aus gestoppelten Rüben (Brot und Salz 135). **2.** (seltener) *zusammenstoppeln.*
Stop|pel|zie|her, der; -s, - (österr.): *Korkenzieher.*
stop|pen ⟨sw. V.; hat⟩ /vgl. stopp/ [aus dem Niederd., Md. < mniederd. stoppen, niederd. Form von ↑stopfen; beeinflußt von engl. to stop = anhalten]: **1. a)** *anhalten* (1 a) *[u. am Weiterfahren hindern]:* ein Auto, ein Schiff s.; Schließlich stoppte er einen Lastwagen (Fels, Sünden 53); die Maschinen wurden gestoppt *(zum Stillstand gebracht, abgestellt);* die Reisegruppe an der Grenze s.; sie konnten die Verfolger, den Feind s.; einen Spieler s. (Sport; *am Angreifen, Durchbrechen hindern);* einen Gegner s. (Boxen; *seinen Angriff abwehren);* einen Schlag s. (Boxen; *parieren, abfangen);* den Ball, die Scheibe s. (Fußball, [Eis]hockey; *annehmen u. unter Kontrolle bringen, so daß der Ball, die Scheibe nicht wegspringt);* Ü er war nicht zu s. *(in seinem Redefluß zu bremsen);* **b)** *dafür sorgen, daß etw. aufhört, nicht weitergeht; zum Stillstand kommen lassen; einen Fortgang, eine Weiterentwicklung aufhalten:* der Polizist stoppt den Verkehr; seine Zahlungen, die Auslieferung eines Buches, die Produktion s.; eine alarmierende Entwicklung s.; ... nur noch chemische Mittel, um die Käferinvasion zu s. (Südd. Zeitung 18. 5. 84, 12); Der Verlust an Marktanteilen müsse ... gestoppt werden (Heilbronner Stimme 12. 5. 84, 4); Das hatte sich im Betrieb noch nicht herumgesprochen, daß der Abriß gestoppt war (H. Gerlach, Demission 145); die Fähre stoppte *(unterbrach)* die Fahrt (Lenz, Brot 23). **2.** *in seiner Vorwärtsbewegung innehalten; seine Fahrt o. ä. unterbrechen, nicht fortsetzen; anhalten:* das Auto stoppte an der Kreuzung; der Fahrer konnte nicht mehr s.; Ich stoppe nicht, sondern verlangsame nur die Fahrt (Frisch, Montauk 150); Ü stopp mal! (ugs.; *halte einen Augenblick inne!);* der Angriff stoppte *(kam nicht voran).* **3. a)** *mit der Stoppuhr, mit einem elektronischen Zeitmesser messen:* die für etw. benötigte Zeit s.; **b)** *mit Hilfe einer Stoppuhr, eines elektronischen Zeitmessers die Geschwindigkeit (mit der sich etw. bewegt, mit der etw. vor sich geht) ermitteln:* einen Lauf, einen Läufer s.; **c)** *als Ergebnis eines Stoppens* (3 a, b) *erhalten:* ich habe 11 Sekunden, 103 km/h gestoppt; **Stop|per**, der; -s, -: **1.** (Fußball) *Spieler, der in der Mitte der Abwehr spielt.* **2.** (Seew.) *Haltevorrichtung für ein Tau, eine Ankerkette.* **3.** *Platte, runder Klotz aus Hartgummi o. ä. vorne am Rollschuh, der zum Stoppen dient;* **Stop|pe|rin**, die; -, -nen (Fußball): w. Form zu ↑Stopper (1).
Stop|pi|ne, die; -, -n [ital. stoppino = Docht, Zündschnur, zu: stoppa = Werg < lat. stuppa < griech. stýppē]: *(in der Pyrotechnik) Zündmittel, das aus einem trockenen Baumwollfaden besteht.*
Stop|ping ['stɔpɪŋ], das; -s, -s [engl. stopping, eigtl. = das Anhalten, zu: to stop, ↑stoppen] (Pferdesport): *das unerlaubte Verabreichen von das Leistungsvermögen herabmindernden Mitteln bei Rennpferden;* **Stopp|licht**, das ⟨Pl. ...lichter⟩: *Bremslicht.*
stopp|lig usw.: ↑stoppelig usw.
Stopp|preis, der (Wirtsch.): *(in einer staatlich gelenkten Wirtschaft) festgesetzter Höchstpreis;* **Stopp|schild**, das: *Verkehrsschild mit der Aufschrift „STOP", das das Halten von Fahrzeugen an der betreffenden Kreuzung, Einmündung vor der Weiterfahrt vorschreibt;* **Stopp|si|gnal**, das: *Signal, das das Stoppen des Fahrzeugs fordert;* **Stopp|stra|ße**, die: *Straße, an deren Einmündung in eine andere bevorrechtigte Straße Fahrzeuge vor der Weiterfahrt halten müssen;* **Stopp|uhr**, die [LÜ von engl. stopwatch]: *bes. im Sport verwendete Uhr, deren Uhrwerk durch Druck auf einen Knopf in Bewegung gesetzt u. zum Halten gebracht wird, wobei kürzeste Zeiten gemessen werden können:* Der Direktor hat heute die Zeit gestoppt, mit einer echten S. (Handke, Frau 39).
Stöp|sel, der; -s, - [aus dem Niederd., Substantivbildung zu ↑stoppen]: **1.** *runder od. zylinderförmiger Gegenstand aus härterem Material zum Verschließen einer Öffnung:* Flakons und Tiegelchen aus Kristall mit geschliffenen -n aus Bernstein (Süskind, Parfum 61); den S. einer Karaffe s. sitzt fest; den S. aus der Wanne, dem Waschbecken ziehen; Die andere Möglichkeit war, den S. ins Abflußloch zu versenken (Wiener 11, 1983, 85). **2.** (Elektrot.) *[Bananen]stecker:* den S. in die Buchse stecken. **3.** (ugs. scherzh.) *kleiner [dicker] Junge;* ein frecher S.; der S. hielt sich am Mantel des Vaters fest; **stöp|seln** ⟨sw. V.; hat⟩: **1. a)** *mit einem Stöpsel* (1) *verschließen:* den Wannenabfluß s.; **b)** *wie einen Stöpsel in etw. hineinstecken:* den Schlüssel in das Zündschloß s.; den Stecker in die Dose s. **2.** (Elektrot. früher) *(eine Fernsprechverbindung) durch Handvermittlung herstellen:* Ein hübsches Mädchen saß hinter vor einem uralten Schaltkasten und stöpselte (Simmel, Stoff 64); ich ... nahm einen Packen der in hohen Stößen herumliegenden Fernschreiben, ließ auf mich die Verbindung nach Kiew s. (Fühmann, Judenauto 103).
Stop-time ['stɔptaɪm], die; - [engl. stop time, aus: stop = das Halten u. time = Zeit; Takt]: *rhythmisches Gestaltungsmittel des traditionellen Jazz, das im plötzlichen Abbruch des Beats* (1) *der Rhythmusgruppe besteht, während ein Solist weiterspielt.*

¹**Stör**, der; -[e]s, -e [mhd. stör(e), stür(e), ahd. stur(i)o; H. u.]: *(vorwiegend im Atlantik lebender) großer, auf dem Rücken blaugrau, auf der Unterseite weißlich gefärbter Fisch, der zum Laichen in die Flüsse aufsteigt.*
²**Stör**, die; -, -en [mhd. stœre = Störung, zu ↑stören; ein Handwerker, der früher nicht in der eigenen Werkstatt arbeitete, sondern ins Haus seines Kunden ging, störte die allgemeine Zunftordnung] (südd., österr., schweiz.): *im Haus des Kunden durchgeführte handwerkliche Arbeit:* auf S. sein, gehen *(bei einem Kunden arbeiten);* auf die/in die S. gehen; **Stör|ak|ti|on**, die: *einen normalen Ablauf störende Aktion* (1); **stör|an|fäl|lig** ⟨Adj.⟩: *(als Erzeugnis der Technik) gegen Störungen anfällig; sehr empfindlich reagierend u. auf Grund von Mängeln öfter nicht mehr funktionstüchtig:* ein -es Gerät, Auto; eine -e Elektronik; Bereits im Jahre 1932 wurden die -en Motoren ... ersetzt (Basler Zeitung 9. 10. 85, 23); daß der auf dem Flugplatz Jever stationierte Düsenjäger ... offensichtlich besonders s. ist (Welt 6. 10. 65, 2); Vergaser sind deutlich er als Einspritzanlagen (ADAC-Motorwelt 5, 1986, 44); Ü eine -e Wirtschaft; dessen hochgetrimmter Fahndungsapparat sich in der Praxis als s. erwies (Spiegel 11, 1978, 223); **Stör|an|fäl|lig|keit**, die: *Eigenschaft, störanfällig zu sein.*
Sto|rax usw.: ↑Styrax usw.
Storch, der; -[e]s, Störche [mhd. storch(e), storc, mhd. stor(a)h, zu ↑starren, eigtl. = der Stelzer, nach dem steifen Gang]: *(bes. in ebenen, feuchten Gegenden lebender) größerer, schwarz u. weiß gefiederter Stelzvogel mit langem Hals, sehr langem, rotem Schnabel u. langen, roten Beinen, der oft auf Hausdächern nistet:* ein schwarzer, weißer S.; der S. steht reglos auf einem Bein, klappert mit dem Schnabel; die Störche ziehen im Herbst nach dem Süden; Störche nisten auf dem Dach; der S. *(Klapperstorch)* bringt die Kinder; bei ihnen war der S. (fam. scherzh.; ↑Klapperstorch); * **wie ein S. im Salat [gehen** o. ä.] (ugs. scherzh.; *steifbeinig, ungelenk [gehen* o. ä.]): Die „Dame" stakst in ihren Pumps übers Parkett wie ein S. im Salat (Hörzu 6, 1983, 8); **der S. hat sie ins Bein gebissen** (fam. scherzh. veraltend: **1.** *sie erwartet ein Kind.* **2.** *sie hat ein Kind bekommen);* **da/jetzt brat' mir einer einen S.!** (ugs. Ausdruck der Verwunderung): Wenn man dreißig und noch nicht verheiratet oder verlobt ist, brat' mir einer 'nen S., wenn da alles seine Ordnung hat (Borell, Romeo 70); **Storch|bein**, das (ugs. scherzh.): *langes, sehr dünnes Bein;* **storch|bei|nig** ⟨Adj.⟩: *den Beinen eines Storchs ähnlich; Storchbeine habend:* ein -es Kind; s. gehen; **stor|chen** ⟨sw. V.; ist⟩ (ugs. scherzh.): *steifbeinig mit langen Schritten gehen:* mit aufgekrempelten Hosen storchte er über den Gang s.; **Storch|chen|biß**, der: *angeborenes blaßrotes od. bläuliches Mal meist im Nacken von Neugeborenen;* **Stor|chen|gang**, der: *der Gangart eines Storchs ähnlicher, stelzender Gang mit hochgezogenen Beinen u. langen Schritten;* **Stor|chen-**

nest: ↑Storchnest; **Stor|chen|paar,** das: *ein Paar* (1 b) *Störche:* auf dem Schornstein nistet ein S.; **Stor|chen|schna|bel,** der: *Storchschnabel* (1); **Stör|chin,** die; -, -nen: *weiblicher Storch;* **Störch|lein,** das; -s, -: Vkl. zu ↑Storch; **Storch|nest,** Storchennest, das: *Nest des Storchs;* **Storch|schna|bel,** der [2: mhd. storcksnabel, ahd. storkessnabul]: **1.** *Schnabel des Storchs.* **2.** *(in vielen Arten vorkommende) Pflanze mit meist handförmigen Blättern, bläulichen od. rötlichen, strahligen Blüten u. Früchten, die an den Schnabel eines Storchs erinnern.* **3.** *Gerät zum Vergrößern od. Verkleinern von Zeichnungen, das aus vier ein bewegliches Parallelogramm bildenden Schenkeln besteht;* **Storch|schna|bel|ge|wächs,** das ⟨meist Pl.⟩ (Bot.): *krautiges od. strauchartiges Gewächs der gemäßigten Gebiete der Erde.*
Stör|dienst, der: *für Störungen zuständiger Dienst* (2), *zuständige Dienststelle:* der S. der Stadtwerke.
¹Store [ʃtoːɐ̯, stoːɐ̯, schweiz.: ˈʃtoːrə], der; -s, -s, schweiz. meist: die; -, -n [frz. store = Rollvorhang < ital. stuora, stuoia < lat. storea = Matte]: *(meist mit einer Übergardine kombinierter) die Fensterfläche in ganzer Breite bedeckender, durchscheinender Vorhang:* ein weißer, duftiger S.; die -s vor-, zuziehen, herunterlassen; die großen Fenster des Luxushotels waren mit dichten -s verhängt (Andersch, Rote 74).
²Store [stoːɐ̯], der; -s, -s [engl. store < mengl. stor < afrz. estor = Vorrat, zu: estorer < lat. instaurare = erneuern] (Schiffahrt): *Vorrat[sraum], Lager[raum].*
Sto|ren, der; -s, - (schweiz.): **1.** *Vorhang, der von oben vor ein Fenster gezogen od. herabgelassen wird, um direkte Sonnenstrahlung abzuhalten; Rouleau, Jalousette.* **2.** *aufrollbares schräges Sonnendach; Markise.*
stö|ren ⟨sw. V.; hat⟩ /vgl. gestört/ [mhd. stœren, ahd. stōr(r)en, urspr. = verwirren, zerstreuen, vernichten H. u.]: **1.** *jmdn. aus seiner Ruhe od. aus einer Tätigkeit herausreißen, einen gewünschten Zustand od. Fortgang unterbrechen:* (vor Tagesanbruch) nicht gestört werden wollen; durch das ständige Kommen und Gehen dauernd gestört werden; einen Schlafenden s.; jmdn. bei der Arbeit, in einem Vorhaben s.; Ein fröhliches Gekreisch störte ihn in seiner Lektüre (Kirst, Aufruhr 189); sich durch jmdn., etw. [in seiner Ruhe] gestört fühlen; sich nicht [durch etw.] s. lassen; jmds. Ruhe, ein Gespräch, den Unterricht, ein Fest s.; ... um seine Diener nicht aus dem Schlafe zu s. (Thieß, Reich 383); bitte, lassen Sie sich nicht s. *(durch meine Anwesenheit irgendwie irritieren);* ⟨auch o. Akk.-Obj.:⟩ störe ich [sehr]?; ich weiß nicht, ob wir jetzt s. dürfen; entschuldigen Sie bitte, daß/wenn ich störe. **2.** *nachhaltig beeinträchtigen, zu zerstören, zunichte zu machen drohen:* die Leitung, einen Sender, den Empfang s.; das würde unser Vertrauensverhältnis nur s.; die guten Beziehungen zu den Nachbarländern sollten nicht gestört werden; Sicherheit und Ordnung wurden dadurch gestört; die griechischen Auswanderer ... störten den Frieden der Einöde (Ransmayr, Welt 205); wie auch in der besten Ehe mal etwas vorkommen kann, was die Harmonie stört (Brot und Salz 207). **3.** *jmds. Vorstellungen, Wünschen o. ä. zuwiderlaufen u. ihm deshalb mißfallen:* die Enge des Raumes störte ihn; die ausgiebigen Begrüßungszeremonien, die ihn keineswegs störten (Reich-Ranicki, Th. Mann 52); es störte sie sehr, daß/wenn man die Form nicht wahrte; das soll nicht weiter s. *(beunruhigen, kümmern).* **4.** ⟨s. + sich⟩ (ugs.) *sich an etw. stoßen; an etw. Anstoß nehmen;* sie an jmds. Anwesenheit s.; sie (= die Hyänenhunde) stören sich nicht an Autos und selbst nicht an Menschen (Grzimek, Serengeti 208); er sieht, wie ein Zettel durchgeschoben wird, stört sich aber nicht daran (Hohmann, Engel 45). **5.** (südd., österr.) *auf der ²Stör arbeiten, auf die Stör gehen;* **Stö|ren|fried,** der; -[e]s, -e [Satzwort, eigtl. = (ich) störe den Fried(en)]: *jmd., der die Eintracht, die Ruhe u. Ordnung stört:* einen S. hinauswerfen, verscheuchen, loswerden; die Polizei schritt gegen ständige -e ein; Sie haben als Kapitän das Recht, nach Rücksprache mit ihrer Reederei -e von Bord zu weisen (Konsalik, Promenadendeck 380); **Stö|rer,** der; -s, -: **1.** *jmd., der stört* (1, 2). **2.** (südd., österr., schweiz.) *jmd., der auf ²Stör geht;* **Stö|re|rei,** die; -, -en (abwertend): *[dauerndes] Stören* (1, 2); **Stö|re|rin,** die; -, -nen: w. Form zu ↑Störer; **Stör|fak|tor,** der: *vgl. Störaktion:* ein ständiger S.; Zahlreich sind die -en, die das Ökosystem im Boden irritieren können (natur 4, 1991, 102); -en erkennen, beseitigen; **Stör|fall,** der: *Störung in einem Atomkraftwerk:* Ein S. mit erheblichen Auswirkungen auf die Umgebung ist bei den Kernkraftwerken in der Bundesrepublik auszuschließen (Welt 30. 4. 86, 3); **stör|fest** ⟨Adj.⟩: *störsicher;* **Stör|fe|stig|keit,** die: *Störsicherheit;* **Stör|feu|er,** das (Milit.): *unregelmäßiges Artilleriefeuer, durch das der Gegner in seinen militärischen Handlungen gestört werden soll:* Ü Als „propagandistisches S. mit einem Hauch von Erpressung" wurde die Rede Breschnjews ... bezeichnet (Saarbr. Zeitung 8. 10. 79, 2); **stör|frei** ⟨Adj.⟩: *störungsfrei;* **Stör|frequenz,** die: *ein Störgeräusch o. ä. verursachende Frequenz.*
stor|gen ⟨sw. V.; hat/ist⟩ [zu ↑Storger] (landsch.): *als Landstreicher umherziehen; hausieren;* **Stor|ger,** der; -s, - [viell. unter Einfluß von historia (↑Historie) geb. zu mlat. histrio = fahrender Spielmann] (landsch.): *Landstreicher, Hausierer.*
Stör|ge|räusch, das: *den Empfang störendes Geräusch in einer Leitung, einem Rundfunkgerät o. ä.:* Ihre Stimme war von starken -en überlagert (Zeller, Amen 52); **Stör|klap|pe,** die (Flugw.): *Spoiler* (2); **Stör|ma|nö|ver,** das: *der Störung dienendes Manöver;* **Stör|nä|he|rin,** die [zu ↑²Stör] (südd., österr., schweiz. veraltend): *Hausschneiderin.*
Stor|nel|lo [st...], das, auch: der; -s, -s u. ...lli [ital. stornello, zu provenz. estorn = Wett-, Streitgesang]: *kurzes, zum Teil improvisiertes italienisches Volkslied.*

Stor|ni: Pl. von ↑Storno; **stor|nie|ren** [ʃt..., st...] ⟨sw. V.; hat⟩ [ital. stornare = rückgängig machen, eigtl. = ablenken, abwenden, zu: tornare = zurückkehren < lat. tornare = mit dem Drechseleisen runden, drechseln]: **1.** (Bankw., Kaufmannsspr.) *eine unrichtige Buchung durch Einsetzen des Betrags auf der Gegenseite aufheben, rückbuchen:* die Bank hat die irrtümliche Gutschrift storniert. **2.** (Kaufmannsspr.) *einen Auftrag rückgängig machen:* eine Bestellung, einen Kaufvertrag s.; Daß jetzt große Handelsketten und -häuser die Rechnungen ihrer Winzer stornieren *(zurückstellen),* bis alle gelieferten Weine untersucht sind (Hamburger Rundschau 22. 8. 85, 14); **Stor|nie|rung,** die; -, -en (Bankw., Kaufmannsspr.): **1.** *das Stornieren* (1), *Stornobuchung.* **2.** *das Stornieren* (2): die S. von Aufträgen; **Stor|no,** der od. das; -s, ...ni [ital. storno, eigtl. = Ablenkung, zu: stornare, ↑stornieren] (Bankw., Kaufmannsspr.): *Stornobuchung;* **Stor|no|bu|chung,** die; -, -en (Bankw., Kaufmannsspr.): *das Stornieren* (1), *Rückbuchung.*
Stör|pe|gel, der (Elektronik): *Geräusche, die die Übertragung, Verarbeitung od. Messung eines Signals stören.*
stör|rig usw. (seltener): ↑störrisch usw.; **stör|risch** ⟨Adj.⟩ [zu mundartl. Storren = Baumstumpf, mhd. storre, ahd. storro, zu ↑starren, also eigtl. = starr wie ein Baumstumpf]: *sich eigensinnig, starrsinnig widersetzend od. eine entsprechende Haltung erkennen lassend:* ein -es Kind; Die Ironie, mit der sie einen -en Schüler zur Vernunft bringt (Chr. Wolf, Nachdenken 127); ein -er Esel; eine -e Art; sich s. zeigen; er ist s. wie ein [Maul]esel (ugs.; *sehr störrisch);* s. schweigen; „Das ist mir egal", sagt die Frau s. (Remarque, Obelisk 238); **Stör|risch|keit,** die; -: *störrische Art.*
Stör|schnei|der, der [zu ↑²Stör] (südd., österr., schweiz. veraltend): *Hausschneider:* die Bauern ließen sich ihre Kittel und Hosen vom S. nähen (Kühn, Zeit 18); **Stör|schnei|de|rin,** die (südd., österr., schweiz.): w. Form zu ↑Störschneider: ... die ... außer dem Höller, dem Bäcker, dem Rauchfangkehrer, dem Friseur, dem Gemeindearzt und der S. kein Mensch je zu Gesicht bekommen hat (Bernhard, Kalkwerk 16); **Störschutz,** der: *Gesamtheit der Maßnahmen u. Vorrichtungen zur Funkentstörung;* **Stör|sen|der,** der: *Sender, der systematisch den Empfang anderer Rundfunksender stört:* Er lauschte durch das Pfeifen der S. hindurch ... dem Londoner Rundfunk (Loest, Pistole 68); **stör|si|cher** ⟨Adj.⟩: *sicher vor Störungen:* e Relais; **Stör|si|cher|heit,** die ⟨o. Pl.⟩: *Sicherheit vor Störungen;* **Stör|si|gnal,** das (Nachrichten.): *Signal, das die Erkennbarkeit einer Nachricht beeinträchtigt;* **Stör|stel|le,** die (Chemie): *vom regelmäßigen Aufbau eines Kristallgitters abweichende Stelle im Kristall;* **Stör|tä|tig|keit,** die: vgl. Störaktion.

Stor|ting [ˈst...], das; -s [norw. storting, eigtl. = große Zusammenkunft, aus: stor = groß u. ting = Thing]: *norwegisches Parlament.*

Stör|trupp, der: *Gruppe von Personen, die Störaktionen durchführt;* **Stö|rung,** die; -, -en [mhd. stœrunge]: **1.** *das Stören* (1): *eine kurze, kleine, nächtliche S.; häufige -en bei der Arbeit; jmds. Anwesenheit als S. betrachten, empfinden; bitte entschuldigen Sie die S.!* **2. a)** *das Stören* (2): *eine S. des Gleichgewichts; als sei schon die kurze ... Erinnerung an das Schloß und an seine Sohnespflicht eine empfindliche, nicht zu ersetzende S. seines Glückes* (Kafka, Schloß 164); *die S. von Ruhe und Ordnung; die Sache verlief ohne S.;* **b)** *das Gestörtsein* (2) *u. dadurch beeinträchtigte Funktionstüchtigkeit: gesundheitliche, nervöse -en; Der kleine Mann sagt, daß ich die Symptome einer neurovegetativen S. habe* (Schwaiger, Wie kommt 148); *es liegt eine S. vor; eine* [technische] *S. beheben, beseitigen; eine S. verursachen, feststellen; die Sendung fiel infolge einer S. aus;* **c)** (Met.) *[wanderndes] Tiefdruckgebiet: atmosphärische -en; die -en greifen auf Westeuropa über und gestalten das Wetter veränderlich;* **Stö|rungs|feu|er,** das (Milit.): *Störfeuer;* **stö|rungs|frei** ⟨Adj.⟩ (bes. Technik): *frei von Störungen* (2 b): *... um sich zu vergewissern, daß die Hydraulik s. funktionierte* (Bieler, Mädchenkrieg 545); *Nicht so interessant ist es, exakte Auskunft darüber zu erhalten, welches Automodell relativ s. läuft* (auto 7, 1965, 29); **Stö|rungs|front,** die (Met.): *Front einer atmosphärischen Störung;* **Stö|rungs|quel|le,** die: *Ursache einer Störung* (bes. 2 b); **Stö|rungs|schutz,** der: *Störschutz;* **Stö|rungs|stel|le,** die: *für Störungen im Fernsprechverkehr zuständige Abteilung bei der Post;* **Stö|rungs|su|che,** die: *Suche nach der Ursache einer Störung;* **Stö|rungs|su|cher,** der: **1.** *jmd., der Störungen im Fernsprechverkehr, Funkempfang ermittelt u. behebt.* **2.** *Gerät zur Störungssuche;* **Stö|rungs|su|che|rin,** die: *w. Form zu* ↑ *Störungssucher* (1). **Sto|ry** ['stɔːri, 'stɔri], die; -, -s u. ...ies [...rɪz, ...riːs:; engl. story < afrz. estoire < lat. historia, ↑ Historie]: **1.** *den Inhalt eines Films, Romans o. ä. ausmachende Geschichte: eine spannende, romantische, effektvoll arrangierte S.; Der Film ist eine kleine Wonne. Pointiert, witzig und ein wenig frivol ist seine S.* (Welt 22. 2. 64, 14); *daß meine Gesprächspartner Bücher etwas danach beurteilten, ob ihnen ... die S. sympathisch war* (Koeppen, Rußland 104); *Ein Film, ... der überhaupt keine S. hat* (Frisch, Gantenbein 282). **2.** (ugs.) **a)** *ungewöhnliche Geschichte, die sich zugetragen haben soll: eine tolle S.; die S. stand auch in der Zeitung* (Degener, Heimsuchung 107); *glaubst du diese S. etwa?; ich ... erzähle ihm die größten Stories* (Aberle, Stehkneipen 106); **b)** *Bericht, Report: eine S. über einen Parteitag schreiben; der Reporter sucht eine S.* ⟨*etw., worüber er schreiben kann*⟩*;* **Sto|ry|board** ['stɔːribɔːd], das; -s, -s [engl. storyboard, eigtl. = Geschichte, zu: ↑ story u. board = Brett, Tafel]: *Darstellung der Abfolge eines Films in Einzelbildern zur Erläuterung des Drehbuchs.* **Stoß,** der; -es, Stöße [mhd., ahd. stoʒ, zu

↑ stoßen]: **1. a)** *[gezielte] schnelle Bewegung, die in heftigem Anprall auf jmdn., etw. trifft u. an der betreffenden Stelle Erschütterung hervorruft: ein leichter, heftiger, kräftiger, brutaler S.; ein S. mit dem Ellbogen, der Faust, dem Kopf; jmdm. einen S. in die Seite, vor den Magen, gegen die Schulter geben; Ich bekomme einen S. und fliege gegen das Schaufenster* (Remarque, Obelisk 329); *bei dem Auffahrunfall hatten die Fahrgäste nur einen leichten S. gespürt; er ... versetzte dem ... Schränkchen einen verächtlichen S.* (Langgässer, Siegel 344); ** jmdm. einen S. versetzen (jmdn. plötzlich stark erschüttern u. unsicher machen);* **b)** (Leichtathletik) *das Stoßen der Kugel: er hat noch zwei Stöße; die Britin tritt zu ihrem letzten S. an.* **2.** *Schlag, Stich mit einer Waffe: einen S. parieren, auffangen; den ersten, den entscheidenden S. führen; er fürchtet auf* [Hieb und] *S.; Er gibt dem zusammengebrochenen Tier mit dem Genickfänger den letzten S.* (Koeppen, Rußland 54). **3.** *ruckhaft ausgeführte Bewegung beim Schwimmen, Rudern: einige Stöße schwimmen; mit kräftigen Stößen rudern.* **4. a)** *stoßartige, rhythmische Bewegung: die Stöße der Wellen; in tiefen, flachen, keuchenden Stößen atmen; Sie ... macht die Beine breit ... Nach wenigen Stößen ejakuliert er* (Chotjewitz, Friede 68); **b)** *kurz für* ↑ *Erdstoß: es folgten noch mehrere* [schwache] *Stöße;* **c)** *jeweils ausgestoßene, fortgewehte o. ä. Menge von Luft o. ä.: ein S. Zigarettenrauch kam aus ihrer Lunge; Ein S. Schneeluft fuhr herunter* (Plievier, Stalingrad 14). **5.** *aufgeschichtete Menge; Stapel: ein S.* [von] *Zeitungen, Wäsche, Akten, Noten; Bis vergangenen Herbst hatte Zeidler ... darauf gewartet, daß man ihm einen S. Bücher lieh* (G. Vesper, Laterna 49). *Stöße von Versandhauskatalogen wurden von den Briefträgern in die Haushalte geschleppt* (Innerhofer, Schattseite 171); *sie schichteten das Brennholz in Stößen, zu einem S. auf.* **6.** (Milit.) *einzelne offensive Kampfhandlung: der S. des Feindes aufnehmen.* **7.** (Technik) *ebene Flächen, an denen zwei zu verbindende Bauteile aneinanderstoßen* (z. B. Schienenstoß). **8.** (Bergbau) *seitliche Begrenzung eines Grubenbaus.* **9.** (Jägerspr.) *Gesamtheit der Schwanzfedern: der S. des Auerhahns.* **10.** (Med.) *[nach kurzer Zeit wiederholte] Verabreichung eines Medikaments in sehr hoher Dosis.* **11.** (Schneiderei) *Stoßborte;* **Stoß|ar|beit,** die ⟨o. Pl.⟩ (ehem. DDR): *zeitweise über das normale Maß hinaus anfallende Arbeit;* **stoß|ar|tig** ⟨Adj.⟩: *von, in der Art eines Stoßes* (1 a); **Stoß|aus|gleich,** der (Technik): *Ausgleich von Stößen* (1 a); **Stoß|ball,** der (Billard): *roter Ball, der den Karambolage außer dem Punktball getroffen werden muß;* **Stoß|band,** das ⟨Pl. ...bänder⟩: *Stoßborte;* **Stoß|be|trieb,** der ⟨o. Pl.⟩: vgl. Stoßverkehr; **Stoß|bor|te,** die: *Borte, die an der Innenseite von Rändern an Kleidungsstücken (bes. an Hosenbeinen) so angenäht wird, daß ein kleiner Teil hervorsteht, der den Stoff vor Abnutzung schützt;* **Stöß|chen,** das; -s, -: Vkl. zu ↑ Stoß; **Stoß|däm|pfer,** der (Kfz-T.):

zwischen Rad u. Fahrgestell od. Aufbau (4 b) *eines Fahrzeugs angebrachte Vorrichtung, die die durch Bodenunebenheiten entstehenden Schwingungen dämpfen soll;* **Stoß|däm|pfung,** die (Technik): *das Dämpfen von Schwingungen;* **Stoß|de|gen,** der: ²*Degen* (a); **Stö|ßel,** der; -s, - [mhd. stœʒel, ahd. stōʒil]: **1.** *kleiner, stabähnlicher, unten verdickter u. abgerundeter Gegenstand zum Zerstoßen, Zerreiben von körnigen Substanzen* (z. B. im Mörser). **2.** (Technik) *zylinderförmiges Bauteil zur Übertragung von stoßartigen Bewegungen von einem Maschinenelement auf ein anderes;* **stoß|emp|find|lich** ⟨Adj.⟩: *empfindlich gegen Stöße: eine nicht -e Armbanduhr;* **sto|ßen** ⟨st. V.⟩ [mhd. stōʒen, ahd. stōzan]: **1.** ⟨hat⟩ **a)** *in* [gezielter] *schneller Bewegung* [mit etw.] *auf jmdn., etw. auftreffen u. an der betreffenden Stelle eine Erschütterung hervorrufen: jmdn. mit dem Fuß, Ellenbogen, mit seinem Koffer s.; jmdn./jmdm. in die Seite s.; er stieß mit der Faust an, gegen die Scheibe; der Stier stieß mit den Hörnern nach ihm; Vorsicht, der Ziegenbock stößt (ist stößig);* **b)** *mit kurzer, heftiger Bewegung eindringen lassen; mit kurzer, heftiger Bewegung in etw. stecken, hineintreiben: jmdm. ein Messer in die Rippen s.; sie stieß sich einen Dolch ins Herz, durch die Brust; Bohnenstangen in die Erde s.; das Schwert in die Scheide s.;* **c)** *durch Stoßen* (1 a) *in etw. hervorbringen: er hat mit der Stange ein Loch in die Scheibe gestoßen;* **d)** *mit einem Stoß* (1 a) *von einer Stelle weg-, irgendwohin bewegen: jmdn. aus dem Zug, ins Wasser, von der Leiter, zur Seite s.; Am nächsten Tag hat dich Bruno zum Spaß mit Kleidern und Schuhen ins Meer gestoßen* (Handke, Frau 106); *sie stieß das weinende Kind von sich; die Kugel mit dem Queue s.; er hat die Kugel 20 Meter* [weit] *gestoßen;* Ü *man hat ihn aus der Gemeinschaft gestoßen; die schartigen Schornsteine des Chemiewerks stießen blütenrein scheinenden Dampf in den blauen Himmel* (Hahn, Mann 65); *... wollte sie Bischof von Chur ihres Wittums berauben und sie von Chur die armen Waisen in Not und Elend s.* (Feuchtwanger, Herzogin 35); *man hat ihn vom Thron gestoßen (ihn abgesetzt) die Eltern haben den Sohn von sich gestoßen* (geh.); *haben ihn verstoßen); jmdn. auf etw. s. (deutlich auf etw. hinweisen).* **2. a)** *in einer schnellen Bewegung unbeabsichtigt kurz u. heftig auf jmdn., etw. auftreffen, mit jmdm., etw. in Berührung kommen* ⟨ist⟩: *gegen jmdn. s.; Ich bin vor einer Woche auf den ... Korridor gegen eines dieser widerwärtigen Möbelstücke gestoßen* (Kinski, Erdbeermund 25); *mit dem Kopf an die Decke s.;* **b)** ⟨s. + sich⟩ *in einer schnellen Bewegung unbeabsichtigt mit einem Körperteil kurz u. heftig auf jmdn., etw. auftreffen, so daß es schmerzt* [u. man sich dabei verletzt] ⟨hat⟩: *paß auf, daß du dich nicht stößt!; sich an der Tischkante s.; ich habe mich im Dunkeln an der Tür den Kopf* [blutig] *gestoßen; ich habe mir an der Stirn eine Beule s. (sich die Stirn stoßen u. eine Beule bekommen).* **3.** ⟨ist⟩ **a)**

stoßend

jmdm. unvermutet begegnen: bei ihrem Aufenthalt in der Stadt stießen sie auf alte Bekannte; Lebensgeschichten von Leuten, auf die ich irgendwann einmal in meinem Leben gestoßen war (Mayröcker, Herzzerreißende 151); **b)** *unvermutet finden, entdecken, auf etw. treffen:* auf Erdöl s.; beim Aufräumen auf alte Fotos s.; Ich stieß durch Zufall vor einem Jahr auf den Text (Vaterland 27. 3. 85, 25); Immer wieder stoßen wir auf Verbrechen, die aus der Nazizeit herrühren (Weber, Tote 105); die Polizei stieß auf eine heiße Spur; da stoßen wir immer wieder auf dieselbe Frage (NJW 19, 1984, 1086); Ü sie stieß [mit ihrem Plan], ihr Plan stieß auf Ablehnung, Kritik; ... stoßen junge Männer, die sich der Prozedur der Gewissensprüfung unterziehen, eher auf Unverständnis (Zivildienst 2, 1986, 18); Anfangs stießen sie damit nur auf den Hohn der Bürger (Fest, Im Gegenlicht 264); Auf ein reges Interesse der Öffentlichkeit stieß gestern nachmittag die Urteilsverkündung (MM 9./10. 1. 88, 9). **4.** *sich jmdm., einer Gruppe anschließen, sich mit etw. vereinigen* ⟨ist⟩: zu der Gruppe s.; nach unserem Abstecher stoßen wir wieder zu euch; zu den Rebellen s.; als er im französischen Exil zur Familie gestoßen war (Reich-Ranicki, Th. Mann 224). **5.** *direkt auf etw. zuführen* ⟨ist⟩: die Straße stößt auf den Marktplatz. **6.** *an etw. grenzen* ⟨hat⟩: mein Zimmer stößt an das der Eltern; das Grundstück stößt an die Straße, unmittelbar an den Wald. **7.** ⟨s. + sich⟩ *etw. als unangebracht od. unangemessen empfinden u. Unwillen darüber verspüren; an etw. Anstoß nehmen* ⟨hat⟩: sich an jmds. ordinärer Sprache s.; sie stießen sich an seinem Benehmen; Viele stießen sich auch an der schlechten Versorgungslage in Rumänien (Tages Anzeiger 19. 11. 91, 10). **8.** (Jägerspr.) *im steil nach unten gerichteten Flug auf ein Tier stürzen* ⟨ist⟩: der Habicht stößt auf seine Beute. **9.** *eine körnige o.ä. Substanz zerstoßen, zerkleinern* ⟨hat⟩: Zimt, Zucker [zu Pulver] s.; gestoßener Pfeffer. **10.** ⟨hat⟩ **a)** *sich als Fahrzeug unter ständiger Erschütterung fortbewegen:* der Wagen stößt auf der schlechten Wegstrecke; **b)** *in Stößen* (4a) *erfolgen:* der Wind stößt (weht in Stößen); mit stoßendem Atem sprechen, gelaufen kommen. **11.** *jmdn. [stoßweise] heftig erfassen* ⟨hat⟩: ihn stieß ein Schluchzen; Irgend etwas von der furchtbaren Notwendigkeit, die ihn von innen her stieß (Giordano, Die Bertinis 265). **12.** (veraltend) *kurz u. kräftig in etw. blasen* ⟨hat⟩: in die Trompete s.; der Wächter stieß dreimal ins Horn. **13.** (ugs.) *jmdm. etw. unmißverständlich zu verstehen geben* ⟨hat⟩: ich habe ihm das gestern gestoßen. **14.** (vulg.) *(vom Mann) koitieren* ⟨hat⟩: Männer betrachten einen anderen Mann, wie er eine Frau stößt (Frings, Männer 61); Heute stoß' ich meine Alte (Fichte, Wolli 47); Ich möcht' dich ma' wieder von hinten s. (Bukowski [Übers.], Fuck 70). **15.** ⟨hat⟩ (schweiz.) **a)** *(ein Fahrzeug, z. B. Fahrrad) schieben;* **b)** *(ein Auto) anschieben;* **c)** *(Aufschrift auf Türen) drücken:* Bitte s.!; **sto|ßend** ⟨Adj.⟩

(schweiz.): *Anstoß, Unwillen erregend, das Gerechtigkeitsempfinden verletzend:* daß mit diesem Bundesbeschluß die -en Einkommensunterschiede in der schweizerischen Landwirtschaft etwas gemildert werden können (NZZ 23. 12. 83, 23); Eine Verurteilung hätte sich deshalb zwar rechtfertigen lassen, ... doch wäre sie im Ergebnis s. gewesen (NZZ 3. 2. 83, 29); **Stö|ßer,** der; -s, - [älter stosser = Habicht]: **1.** Sperber. **2.** Stößel. **3.** (österr.) *Hut des Fiakers* (b); **Sto|ße|rei,** die; -, -en (meist abwertend): *[dauerndes] Stoßen;* **Stoß|fän|ger,** der (Kfz-T.): *Stoßstange;* **stoß|fest** ⟨Adj.⟩: *unempfindlich gegen Stöße* (1 a): eine -e Uhr, Lackierung; Eine Tapete für höchste Anforderungen, dauerhaft, s. (Wohnfibel 135); **Stoß|garn,** das (Jägerspr.): *zum Fang von Hühnerhabicht u. Falke verwendetes Garnnetz, in dem sich der Raubvogel beim Hinunterstoßen auf einen Lockvogel verfängt;* **Rinne** (3); **Rönne; Stoß|ge|bet,** das: *(bei plötzlich auftretender Gefahr) eilig hervorgestoßenes kurzes Gebet:* ein S. zum Himmel, zur Heiligen Jungfrau senden, schicken; **Stoß|ge|schäft,** das ⟨o. Pl.⟩: vgl. Stoßverkehr: sie hatte sich, weil das S. zum Fest vorüber war, zwischen Weihnachten und Neujahr unbezahlten Urlaub genommen (v. d. Grün, Glatteis 111); **stoß|ge|si|chert** ⟨Adj.⟩: *gegen Stöße* (1 a) *gesichert:* eine -e Armbanduhr; **stö|ßig** ⟨Adj.⟩: *die Angewohnheit haben, mit den Hörnern zu stoßen:* ein -er Ziegenbock; Ü Er stand da, stiernackig, s. vor Wut (Maass, Gouffé 186); **Stoß|kan|te,** die: *mit einer Stoßborte besetzter [Hosen]saum;* **Stoß|keil,** der (bes. Milit.): *vorstoßender Keil* (2 a): Der S. der Russen zielte genau auf Rostock (Kempowski, Tadelloser 465); **Stoß|kis|sen,** das (Fechten): *Polster zum Auffangen der Stöße beim Training; Plastron* (3); ♦ **Stoß|klin|ge,** die: *Stoßdegen:* Ich führe die S. ... wie wenige und kenne die hohe Fechtschule aus dem Fundament (C. F. Meyer, Amulett 9); **Stoß|kraft,** die: **1.** *Kraft eines Stoßes* (1 a): Stoßkräfte auffangen; Ein Kinderautositz muß mit richtigen Sicherheitsgurten ausgerüstet sein, die bei einem Unfallaufprall ... die Stoßkräfte ableiten (Gute Fahrt 3, 1974, 13). **2.** ⟨o. Pl.⟩ *vorwärtsdrängende Kraft:* eine starke politische S.; die S. einer Idee; Die Widerstandskreise gewannen eine S., die weit über ihren zahlenmäßigen Bestand hinausging (Niekisch, Leben 186); daß die traditionellen Massenorganisationen durchaus in der Lage sind, sich von innen heraus zu erneuern und eine neue antikapitalistische S. zu entwickeln (Stamokap 182); **stoß|kräf|tig** ⟨Adj.⟩: *Stoßkraft* (2) *besitzend, aufweisend;* **Stoß|rich|tung,** die: *Richtung, in die ein Angriff, planmäßiges Vorgehen zielt:* Ü Halten Sie dies für eine richtige S. staatlicher Aktivitäten? (Tages Anzeiger 14. 10. 85, 5); **Stoß|seuf|zer,** der: *seufzend hervorgestoßene Äußerung, die eine Klage, ein Bedauern, einen vergeblichen Wunsch o. ä. ausdrückt:* einen S. von sich geben; Paul Cézanne ... hatte sich während seines schweren und sehr einsamen Lebens einen stereotypen S. angewöhnt:

„Das Leben ist schrecklich." (Thielicke, Ich glaube 37); ♦ Du hast jetzt noch Zeit, für deine Rettung viele Ave Maria zu sprechen ... überwinde dich ... Nur einen S. *(ein Stoßgebet)* ... vor dem Einschlafen (C. F. Meyer, Amulett 47); **stoß|si|cher** ⟨Adj.⟩ (bes. Technik): *stoßfest;* **Stoßstan|ge,** die: *an einem Kraftfahrzeug vorn u. hinten angebrachtes Kunststoff-, früher Blechteil zum Schutz der Karosserie bei leichten Stößen* (1 a): die hintere S. des Talbots streifte den linken Kotflügel des Mercedes (Remarque, Triomphe 388); S. an S. schieben sich ... Autokolonnen durch die Innenstädte (MM 26. 11. 70, 36); **Stoß|stein,** der: *Quader aus Metall, mit dem beim Steinstoßen gestoßen wird;* **stößt:** ↑stoßen; **Stoß|tau|cher,** der (Zool.): *Vogel, der sich senkrecht ins Wasser stürzt, um seine Beute mit dem Schnabel zu packen;* **Stoß|the|ra|pie,** die (Med.): *Therapie, bei der ein Medikament in sehr hoher Dosis [mehrmals in kurzen Abständen] verabreicht wird;* **Stoß|trupp,** der (Milit.): *besonders ausgerüstete kleine Kampfgruppe für die Durchführung von Sonderaufgaben:* nachdem S. A und S. B bereits im Inneren des Camps und der Kasernenhöfe waren (Hilsenrath, Nazi 356); einen S. bilden, zusammenstellen; Ü ... ging er besonders auf die Rolle der Jugendbrigaden als Kaderschmieden der Arbeiterjugend und -s des sozialistischen Wettbewerbs ein (Junge Welt 27. 10. 76, 1); Wir sind der S. der Vernunft (MM 17. 7. 69, 8); **Stoß|trupp|ler,** der; -s, - (Milit.): *Teilnehmer an einem Stoßtruppunternehmen;* **Stoß|trupp|un|ter|neh|men,** das: *von einem Stoßtrupp auszuführendes Unternehmen;* **Stoß|ver|kehr,** der ⟨o. Pl.⟩: *sehr starker Verkehr zu einer bestimmten [Tages]zeit:* mit Blaulicht und 120 Stundenkilometern durch den S. (Ziegler, Liebe 135); **Stoß|waf|fe,** die: *Waffe, die stoßend geführt wird* (z. B. Florett, ²Degen, Säbel b); **stoß|wei|se** ⟨Adv.⟩: **1.** *in Stößen* (4); *in Abständen ruckartig einsetzend u. nach kurzer Zeit wieder abebbend, schwächer werdend:* s. lachen; ihr Atem ging s.; s. auftretende Schmerzen; trotzdem ich mich auf alle mögliche Weise anstrengte, ernst zu sein, kam das Lachen s. immer wieder (Rilke, Brigge 26); ⟨mit Verbalsubstantiven auch attr.:⟩ s. Atmung. **2.** *in Stößen* (3): im Keller lagen s. alte Zeitungen; sie trug die Wäsche s. hinaus; ⟨mit Verbalsubstantiv auch attr.:⟩ s. die s. Abarbeitung der Akten; **Stoß|wel|le,** die (Physik): *sich räumlich ausbreitende, abrupte, aber stetige Veränderung von Dichte, Druck u. Temperatur in Gasen;* **Stoß|zahl,** die (Physik): *Anzahl der Zusammenstöße, die ein Teilchen mit anderen Teilchen in einer bestimmten Zeit erfährt;* **Stoß|zahn,** der: *starker, oft leicht geschwungener, nach oben od. unten gerichteter Schneidezahn* (bes. im Oberkiefer von Rüsseltieren): die Stoßzähne des Elefanten; Mir wurden vorgestellt ... mit seinen aufgebogenen Stoßzähnen das zottige Mammut (Th. Mann, Krull 350); **Stoß|zeit,** die: **a)** *Zeit des Stoßverkehrs; Hauptverkehrszeit, Rush-hour:* in der S. unterwegs sein; **b)** *Zeit des Stoßbetriebs:* -en auf den Postämtern; Er vermittelt am Tag an die 300 Aushilfsarbeiter, in -en mehr (Klee, Pennbrüder 20).

Stoltinlka [sto...], die; -, ...ki [bulg. stotinka, zu: sto = hundert]: *Währungseinheit in Bulgarien* (100 Stotinki = 1 Lew).

Stotltelrei, die; -, -en (abwertend): 1. ⟨o. Pl.⟩ *[dauerndes] Stottern.* 2. *gestotterte, stockend vorgebrachte Äußerung;* **Stotlterer**, der; -s, -: *jmd., der stottert:* **stotlterig, stottrig** ⟨Adj.⟩: *stotternd, stockend:* weil das so stotterig ging mit dem Morgengruß heute (H. Kolb, Wilzenbach 153); **Stotltelrin**, die; -, -nen: w. Form zu ↑Stotterer; **stotltern** ⟨sw. V.; hat⟩ [aus dem Niederd. < mniederd. stoter(e)n, Iterativbildung zu: stöten = stoßen, eigtl. = wiederholt mit der Zunge beim Sprechen anstoßen: **a)** *stockend u. unter häufiger, krampfartiger Wiederholung einzelner Laute u. Silben sprechen:* stark s.; vor Aufregung, Verlegenheit s.; ⟨subst.:⟩ Schon wenn man nach dem Sinn des Lebens fragt, kommt man ins Stottern (Danella, Hotel 479); Ü der Motor stottert (ugs.; *läuft ungleichmäßig);* der Verwundete ... schrie etwas, es ging unter in den kurzen stotternden Stößen der MP (Lynen, Kentaurenfährte 173); * *auf Stottern* (ugs.; *auf Raten);* **b)** *(aus Verlegenheit o. ä.) stockend vorbringen, sagen; stammeln:* eine Ausrede, Entschuldigung s.; Sie stotterte ein paar Lügen (v. d. Grün, Glatteis 18); Und Werktreu stotterte etwas von wegen vorzeitiger Bestandsaufnahme (Kirst, 08/15, 12); er stotterte, es tue ihm leid; „Im Keller, Herr Oberst", stotterte Friedrich Holldorf verblüfft (Augsburger Allgemeine 10./11. 6. 78, V); **Stottlrelrin**, die; -, -nen (veraltet): ↑Stotterin; **stottlrig**: ↑stotterig.

Stotz, der; -es, -e [1: spätmhd. stotze, verw. mit ↑¹Stock; 2: eigtl. = aus einem Stotzen (1) gearbeitetes Gefäß] (landsch.): 1. *[Baum]stumpf.* 2. *Bottich, Waschtrog;* **Stotlzen**, der; -s, - (schweiz.): *Hinterschenkel des geschlachteten Tieres; Keule;* **stotlzig** ⟨Adj.⟩ (bes. südwestd., schweiz.): 1. *steil:* Ungerufen fassen Alphornbläser und Fahnenschwinger Stand, ... wo's nicht zu s. ist (NZZ 20. 8. 83, 30); Das Emmental ... ist eine rundum offene Landschaft mit Hügeln, ... von beidseitig s. abfallenden Gräten und Kämmen (NZZ 20. 8. 83, 29). 2. *dick, klotzig.*

Stout [staʊt], der; -s, -s [engl. stout, aus dem Germ.]: engl. Bez. für *stark gehopftes, dunkles, obergäriges Bier mit hohem Alkoholgehalt.*

Stovlchen, Stövlchen, das; -s, - [Vkl. von mniederd. stove, ↑Stove] (landsch., bes. nordd.): 1. *kleiner Untersatz mit einer Kerze, auf dem etw. warm gehalten werden kann.* 2. (veraltet) *Kohlenbecken* (2); *Kiek[e];* **Stolve** [...və], die; -, -n [mniederd. stove = Fußbank mit einer Kieke, eigtl. = (beheizte) Badestube; vgl. Stube] (nordd.): *Trockenraum.*

stolwen ⟨sw. V.; hat⟩ [mniederd. stoven] (nordd.): *dämpfen, dünsten:* gestowtes Obst.

StPO = Strafprozeßordnung.

Str. = Straße.

stralbanlzen, strawanzen ⟨sw. V.; hat⟩ [H. u.] (bayr., österr. mundartl.): *umherstreifen, sich herumtreiben; er strabanzt den ganzen Tag, statt zu arbeiten;* **Stralbanlzer, Strawanzer**, der; -s, - (bayr., österr. mundartl.): *jmd., der strabanzt;* **Stralbanlzelrin, Strawanzerin**, die; -, -nen (bayr., österr. mundartl.): w. Form zu ↑Strabanzer.

Stralbịslmus [ʃt..., st...], der; - [griech. strabismós, zu: strabízein = schielen, zu: strabós = verdreht] (Med.): *das Schielen* (1); **Stralbo**, der; -s, -s [griech. strabón] (Med.): *Schielender;* **Stralbolmelter** [ʃt..., st...], das; -s, - [↑-meter] (Med.): *optisches Meßgerät, mit dem die Abweichung der Augenachsen von der Parallelstellung bestimmt wird;* **Stralbolmeltrie**, die; -, -n [↑-metrie] (Med.): *Messung der Abweichung der Augenachsen von der Parallelstellung mit dem Strabometer;* **Stralboltomie**, die; -, -n [zu griech. tomḗ = das Schneiden] (Med.): *operative Korrektur einer Fehlstellung der Augen.*

Stracichilno [stra'ki:no], der; -[s] [ital. stracchino, zu: stracco = müde; Käse wurde urspr. aus der Milch der im Herbst von den Bergen heimkehrenden vacche stracche (= müde Kühe) hergestellt]: *norditalienischer Weichkäse.*

¹Stracicialtellla [stratʃa'tɛla], die; -[s] [ital. stracciatella, zu: stracciare = zerreißen, zerfetzen]: *Milcheis mit Schokoladestückchen;* **²Stracicialtellla**, die; -, -...le: *italienische Suppe mit einer aus Eiern, Mehl u. Wasser hergestellten Einlage* (3).

strack ⟨Adj.⟩ [mhd., ahd. strac, verw. mit ↑starren]: 1. (mhd.) [westmd.] *gerade, straff, steif:* -es Haar; s. gehen; der Bompard saß s. aufgerichteten Leibes mit demonstrativ abgewandtem Gesichte da (Maass, Gouffé 280). 2. (westmd.) *faul, bequem:* sei nicht so s., hilf mir lieber!. 3. (landsch. ugs.) *stark betrunken;* ◆ **stracḵlich** ⟨Adv.⟩: **a)** *geradewegs:* Fleuch Lanze, voran! Fleuch s. (Bürger, Neuseeländisches Schlachtlied); **b)** *sofort; unbedingt; schleunigst:* es geht ihr auf, daß sie nur ... einige Hauptmaximen ... ernst und s. befolgen müsse (Goethe, Wanderjahre II, 7); ◆ **stracḵlings** ⟨Adv.⟩: *auf dem kürzesten Wege, schnurstracks:* ich flog s. dem Orte zu, wo ein so alter Anfänger mit einiger Schicklichkeit seine ersten Übungen anstellen konnte (Goethe, Dichtung u. Wahrheit 12); **stracks** ⟨Adv.⟩ [mhd. strackes, erstarrter Genitiv von: strac, ↑strack]: **a)** *geradewegs; auf dem kürzesten, schnellsten Weg, ohne Umweg, direkt:* blanke Wasserwege laufen s. wie die Straßen New Yorks durch das Reich (Koeppen, Rußland 58); Nägel einschlagen, die so gerade und s. zwei Bretter im rechten Winkel miteinander verbinden (A. Zweig, Grischa 200); 1732 ... macht Riepp sich auf die Walz. Und zwar aus der schwäbischen Provinz s. westwärts (NZZ 30. 8. 86, 37); **b)** *sofort, ohne Verzug, Verzögerung:* Stracks meldete sich der Stubenälteste (Sebastian, Krankenhaus 70); Mir genügt es, daß ich ein Kälbchen sehe, wie es ... dem Schlächter entgegen muß, um meine Lebenslust s. in Unlust zu kehren (A. Kolb, Daphne 95).

Stradldle ['strɛdl], der; -[s], -s [engl. straddle = das Spreizen] (Leichtathletik): *Wälzsprung;* **Strad̲dlelsprung**, der: *Straddle.*

Straldilvalri [st...], die; -, -[s]: *Geige aus der Werkstatt des ital. Geigenbauers A. Stradivari (etwa 1644–1737);* **Straldilvalrigeilge**, die: *Stradivari;* **Straldilvalrilus**, die; -, -: *Stradivari.*

Straflakite, die: *Akte, die die ein Strafverfahren betreffenden Schriftstücke enthält;* **Straflakition**, die: *Aktion* (1), *mit der jmd. bestraft werden soll;* **Straflandrohung**, die: *Androhung einer Strafe;* **Strafangst**, die (Psych.): *Angst vor Strafe;* **Straflanlstalt**, die: *Gefängnis* (1); **Straflanltrag**, der: 1. *Antrag auf Einleitung eines Strafverfahrens:* Außerdem stellte sie S. wegen Wahlbehinderung gegen Filialmanager Moser (Spiegel 22, 1981, 75). 2. *in einem Strafprozeß vom Staatsanwalt gestellter, das Strafmaß betreffender Antrag;* **Straflanlzeilge**, die: *Mitteilung einer Straftat an die Polizei od. Staatsanwaltschaft:* [eine] S. erstatten; er ... sagte, gegen mich laufe eine S. wegen Einbruch (v. d. Grün, Glatteis 122); **Straflarlbeit**, die: *zusätzliche [Haus]arbeit, die einem Schüler zur Strafe aufgegeben wird;* **Straflarlrest**, der (Milit.): *kurze, gegen Soldaten verhängte Freiheitsstrafe;* **Straflaufhelbung**, die (Rechtsspr.): *Aufhebung einer bereits verhängten Strafe;* **Straflaufhelbungslgrund**, der (Rechtsspr.): *Strafausschließungsgrund;* **Straflaufschub**, der: *Aufschub des Strafvollzugs;* **Straflauslschlielßungslgrund**, der (Rechtsspr.): *Umstand, der eine Strafe ausschließt, obwohl eine an sich strafbare Handlung vorliegt;* **Straflauslsetzung**, die: *das Aussetzen* (5 b) *einer Strafe;* **Straflauslstand**, der (Rechtsspr.): *Strafaussetzung od. Strafunterbrechung;* **Strafbank**, die ⟨Pl. ...bänke⟩ (Eishockey, Handball): *Bank, Sitze für Spieler, die wegen einer Regelwidrigkeit vorübergehend vom Spielfeld verwiesen worden sind u. auf der S. sitzen;* **strafibar** ⟨Adj.⟩ [spätmhd. strafbar]: **a)** *gegen das Gesetz verstoßend u. unter Strafe gestellt:* -e Handlungen, Gegenstände, die zum Begehen einen -en Tat bestimmt sind (NZZ 30. 8. 86, 26); Daß solcher Tauschhandel in dieser Mangelzeit Schwarzhandel genannt und von den Behörden als -es Delikt verboten war, ... (Kühn, Zeit 400); unterlassene Hilfeleistung ist s.; Wir sind im eigenen Betrieb strafbar, ist das s.? (v. d. Grün, Glatteis 71); sich s. machen *(eine strafbare Handlung begehen);* ◆ **b)** *Strafe verdienend, strafwürdig:* ich wäre höchst s., wenn ich Ihnen das geringste artige Wörtchen, die geringste galante Tändelei vorsagte (Lessing, Die alte Jungfer II, 3); Ich fühle s., daß ich s. bin (Schiller, Don Carlos I, 6); **Straflbarlkeit**, die; -: *das Strafbarsein;* **Straflbaltaillon**, das: vgl. Strafkompanie; **Straflbelfehl**, der (Rechtsspr.): *auf Antrag der Staatsanwaltschaft vom Gericht ohne Verhandlung verhängte Strafe für geringfügige Delikte:* erst vor zwei Wochen hat Viereck wegen einer ähnlichen Sache, einer Versammlung in Langenhausen ..., einen S. bekommen (Kühn, Zeit 152); **Straflbelfugnis**, die (Rechtsspr.): *Befugnis (einer Be-*

Strafbescheid

hörde o. ä.), bestimmte Strafen zu verhängen; **Straf|be|scheid**, der: **a)** (Rechtsspr. früher) Strafverfügung (a); **b)** (schweiz. Rechtsspr.) Bescheid über eine Geldbuße für geringfügigere Delikte; **straf|be|wehrt** ⟨Adj.⟩ [zu ↑bewehren in der veralteten Bed. „zum Schutz (gegen etwas) mit etwas versehen"] (Rechtsspr.): mit Strafe bedroht: ein -es Verbrechen; eine -e Handlung, Tat; die -e Vermummung; Diebstahl ist s.; Während für den liberalen Minister die Frage eines strafbewehrten Vermummungsverbots (eines strafbewehrten Verstoßes gegen das Vermummungsverbot) noch nicht eindeutig geklärt ist (MM 12. 11. 87, 1); **Straf|bewehrung**, die (Rechtsspr.): Bewehrung (1) mit Strafe; **Straf|dau|er**, die: Dauer einer Strafe; **Stra|fe**, die; -, -n [mhd. strâfe = Tadel; Züchtigung]: **a)** etw., womit jmd. bestraft wird, was jmdm. zur Vergeltung, zur Sühne für ein begangenes Unrecht, eine unüberlegte Tat (in Form des Zwangs, etw. Unangenehmes zu tun od. zu erdulden) auferlegt wird: eine hohe, schwere, abschreckende, exemplarische, drakonische, strenge, [un]gerechte, empfindliche, grausame, [un]verdiente, leichte, milde S.; eine gerichtliche, disziplinarische S.; eine körperliche S. (Züchtigung); zeitliche, ewige (kath. Rel.); im Fegefeuer, in der Hölle abzubüßende Strafen); die S. fiel glimpflich aus; auf dieses Delikt steht eine hohe S. (es wird hart bestraft); jmdm. eine S. androhen, auferlegen, aufbrummen; man hat ihm die S. ganz, teilweise erlassen, geschenkt; eine S. aufheben, aufschieben, verschärfen, mildern, vollstrecken, vollziehen; eine S. aussprechen, [über jmdn.] verhängen; du hast eine harte S. verdient (Kirst, Aufruhr 218); Einheiten, die sich schlecht schlugen, erhielten entehrende -n (Thieß, Reich 601); er hat seine S. bekommen, weg (ugs.; ist bestraft worden); sie wird ihre S. noch finden; er wird seiner [gerechten] S. nicht entgehen; sie empfand diese Arbeit als S. (sie fiel ihr sehr schwer); etw. ist bei S. verboten (Amtsdt.; wird bestraft); Kein Mensch darf bei schwerster S. aus den Wagen heraus, solange wir hier auf dieser Station stehen! (Leonhard, Revolution 112); (geh.:) jmdn., eine Tat mit einer S. belegen; Jeder Verstoß gegen ihre Anordnungen wurde mit verschärften -n ... geahndet (Fraenkel, Staat 322); etw. steht unter S. (wird bestraft); etw. unter S. stellen (drohen, etw. zu bestrafen); Der Angriffskrieg ... galt weder als verboten, noch stellte irgendein Gesetz ihn unter S. (NJW 19, 1984, 1085); zu einer S. verurteilt werden; zur S. (als Strafe) durfte er nicht mit ins Kino; Bei der zweiten Frage habe ich total versagt und mußte zur S. drei Runden um den ganzen Urbansportplatz laufen (Borkowski, Wer 26); R S. muß sein!; das ist die S. [dafür]! (das kommt davon!); das ist ja eine S. Gottes!; Ü die S. folgt auf dem Fuß (etw. tritt als negative Folge von etw., was nicht gebilligt wird, ein); das ist die S. für deine Gutmütigkeit, deinen Leichtsinn! (das hast du nun von deiner Gutmütigkeit, deinem Leichtsinn!); es ist eine S. (es ist schwer zu ertragen), mit ihm arbeiten zu müssen; * **jmdn. in S. nehmen** (Rechtsspr.; jmdn. bestrafen); **b)** Freiheitsstrafe: Sie nehmen lieber eine längere, aber zeitlich genau begrenzte S. in Kauf (Noack, Prozesse 243); eine S. antreten, verbüßen, absitzen; das Gericht setzte die S. zur Bewährung aus; **c)** Geldbuße: S. zahlen, bezahlen müssen; die Polizei erhob, kassierte von den Parksündern eine S. [von zwanzig Mark]; zu schnelles Fahren kostet S.; **Straf|ecke¹**, die (Hockey): gegen die Mannschaft, die den Ball ins eigene Toraus befördert od. eine Regelwidrigkeit begangen hat, verhängter Freischlag von der Torlinie (1) aus; **Straf|ein|satz**, der (Kartenspiel): als Strafe verhängter [erhöhter] Einsatz (2 a); **stra|fen** ⟨sw. V.; hat⟩ [mhd. strâfen, urspr. = tadelnd zurechtweisen, H. u.]: **a)** jmdm. eine Strafe auferlegen; bestrafen (a): jmdn. hart, schwer, empfindlich, [un]nachsichtig, grausam, unbarmherzig [für etw.] s.; Gott hatte der Hand verdorren lassen, hatte Kolja gestraft mit dem Tode (Schaper, Kirche 71); jmdn. körperlich s. (ihn züchtigen); Was habe ich getan? Warum strafen mich die Götter so schrecklich? (Baum, Bali 203); sie wurde noch für jede Kleinigkeit mit dem Stock gestraft (geschlagen); ein strafender Blick; strafende Worte; sie sah ihn strafend an; R Gott strafe mich, wenn ich lüge; Ü Ich habe einen schwachen Magen, der mich nach dem Essen häufig mit einem Völlegefühl straft (Stern, Mann 276); die Kunstgeschichte strafte ihn lange mit Nichtachtung (beachtete ihn lange nicht; Koeppen, Rußland 193); er ist gestraft genug (ugs.; das, was geschehen ist, ist schlimm genug für ihn, er braucht nicht noch eine Strafe); das Schicksal hat ihn schwer gestraft (hat ein schweres Schicksal zu tragen); ***mit jmdm., etw. gestraft sein** (mit jmdm., etw. großen Kummer haben): mit diesem Leben, diesem Mann ist sie wirklich gestraft; **b)** (selten) bestrafen (b): ein Unrecht s.; **c)** (Rechtsspr. veraltend) eine Strafe an jmdm., an jmds. Eigentum wirksam werden lassen: jmdn. an seinem Vermögen, an Leib und Leben s.; **Straf|ent|las|se|ne**, der u. die; -n, -n ⟨Dekl. ↑Abgeordnete⟩: jmd., der nach Verbüßung einer Freiheitsstrafe aus der Haft entlassen worden ist; **Straf|er|kennt|nis**, die (österr. Rechtsspr.): Strafbescheid; **Straf|er|laß**, der: Erlaß einer verhängten Strafe: bedingter S. (↑bedingt); Ein Vierteljahr später brachte ein S. zum 15. Jahrestag der DDR ihm und mir die Freiheit (Loest, Pistole 129); **straf|er|schwe|rend** ⟨Adj.⟩ (Rechtsspr.): vgl. strafverschärfend: ein -er Umstand; **straf|ex|er|zie|ren** ⟨sw. V.; hat; nur im Inf. u. Part. gebr.⟩ (Milit.): zur Strafe exerzieren: s. müssen; jmdn. s. lassen; **Straf|ex|pe|di|ti|on**, die: [militärische] Aktion gegen Menschen, die sich in irgendeiner Weise widersetzen, gegen ein Land in der Interessensphäre einer [Kolonial]macht.

straff ⟨Adj.; -er, -[e]ste⟩ [spätmhd. straf = streng, hart, wohl verw. mit mniederd. stref = angespannt (von der Bogensehne), ostfries. strabben = ausdehnen, viell. auch mit ↑starren]: **1.** glatt, fest [an]gespannt od. gedehnt, nicht locker od. schlaff [hängend]: ein -es Seil; Heckantrieb, -e Federung und eine leichtgängige Lenkung ... (Freizeitmagazin 10, 1978, 36); das Gummiband ist s.; die Saiten sind s. gespannt; die Leine, die Zügel s. anziehen; die Gardinen nach der Wäsche s. spannen; Während der Winterpause ist darauf zu achten, daß die Reifen ständig s. aufgepumpt sind (NNN 6. 12. 88, 5); sie trug ihr Haar s. zurückgekämmt, s. gescheitelt; eine -e Brust, Büste; sie hat eine -e Haut; Miriam ... besaß die -e Figur eines jungen Mädchens (Kemelman [Übers.], Mittwoch 21); Jandell blickte auf Bagoffs -en Körper (Zwerenz, Quadriga 90); eine -e Haltung; er hielt sich s. **2.** [gut durchorganisiert u.] keinen Raum für Nachlässigkeiten, Abschweifungen, Überflüssiges usw. lassend: eine -e Organisation, Leitung, Reglementierung; Analysen und -e Kontrollen der Kosten ... sollen dazu führen, ... (Freie Presse 23. 11. 87, 3); hier herrscht eine -e Zucht; Die Verhandlungen könnten etwas -er sein (NJW 18, 1984, IV); der Betrieb ist s. organisiert; Wir haben hier im Betrieb s. rationalisiert (Freie Presse 14. 10. 89, 3).

Straf|fall, der: ¹Fall (3), der Gegenstand eines Strafprozesses ist; **straf|fäl|lig** ⟨Adj.⟩: einer Straftat schuldig: -e Jugendliche; s. werden (eine Straftat begehen); **Straf|fäl|lig|keit**, die; -: das Straffälligsein.

straf|fen ⟨sw. V.; hat⟩: **1. a)** straff (1) machen, spannen: das Seil, die Leine, die Zügel s.; der Wind straffte die Segel; seine Muskeln, seinen Körper s.; Sibylle straffte die Schultern (M. L. Fischer, Kein Vogel 312); Er straffte den Rücken, doch gleich darauf zerrte ihn ein Weinkrampf so weit nach vorn, daß ... (Bieler, Mädchenkrieg 368); diese Creme strafft die Haut (wirkt straffend auf die Haut); **b)** ⟨s. + sich⟩ straff (1) werden: die Leinen strafften sich; er, sein Körper, seine Gestalt straffte sich; Helga richtete sich auf, sah ihn an und lächelte wieder ... Dann straffte sie sich (Danella, Hotel 399); seine Züge strafften sich wieder; Jetzt straffte sich unter einem Anflug von Zorn und Ungeduld ihre Stirn (Strauß, Niemand 158). **2.** straff (2) gestalten: die Leitung, die Führung eines Betriebes s.; eine gestraffte Ordnung, Organisation; einen Roman, Essay s. (auf Wesentliches beschränken); Wir haben unser Programm also ziemlich gestrafft (durch Beschränkung auf Wesentliches gekürzt; tennis magazin 10, 1986, 49); Um nämlich die hohen Verluste auszugleichen und parallel dazu die Produktion zu s. (Rhein. Merkur 2. 2. 85, 12); **Straff|heit**, die; -: das Straffsein; straffe Beschaffenheit.

straf|frei ⟨Adj.⟩: ohne Strafe, frei von Strafe: Straffreier Konsum „weicher Drogen" in Spanien (NZZ 29. 4. 83, 7); s. ausgehen, davonkommen; jmdn. für s. (von der Bestrafung ausgenommen) erklären; **Straf|frei|heit**, die ⟨o. Pl.⟩: das Straffreisein: jmdm. S. zusichern; Sie forderten als Gegenleistung für die Freilassung der Geiseln S. für die 24 Attentäter (Spiegel 50, 1984, 121).

Straf|fung, die; -, -en: *das Straffen.*
Straf|ge|fan|ge|ne, der u. die: *jmd., der wegen einer Straftat eine Freiheitsstrafe verbüßt;* **Straf|ge|richt,** das: **1.** (Rechtsspr.) *für Strafprozesse zuständiges Gericht:* Das Basler S. hat sechs Angeklagte ... zu Gefängnisstrafen zwischen zwei Jahren und vier Monaten verurteilt (Nordschweiz 29. 3. 85, 5). **2.** *Bestrafung Schuldiger:* ein S. des Himmels; ein grausames S. abhalten; **straf|ge|richt|lich** ⟨Adj.⟩; vgl. *gerichtlich:* -e Verfügungen; **Straf|ge|richts|bar|keit,** die: *Gerichtsbarkeit im Bereich des Strafrechts;* **Straf|ge|setz,** das: *Gesetz, das bestimmte Handlungen für strafbar erklärt u. ihre Bestrafung regelt:* die -e zum Schutze der persönlichen Ehre (Fraenkel, Staat 129); sollten sie gegen die Verschärfung der -e ... stimmen (Kühn, Zeit 153); **Straf|ge|setz|buch,** das: *Sammlung der Strafgesetze;* Abk.: StGB; **Straf|ge|setz|ge|bung,** die: *strafrechtliche Gesetzgebung;* **Straf|ge|walt,** die ⟨o. Pl.⟩: **a)** *das Recht, Straftaten zu sühnen:* die S. des Staates; **b)** *Strafrahmen, innerhalb dessen eine gerichtliche Instanz zum Urteilsspruch befugt ist;* **Straf|haft,** die: ¹*Haft;* **Straf|ho|heit,** die: *Strafgewalt* (a): Jeder Staat besitzt grundsätzlich nur insoweit S. über die Straftaten der Bürger anderer Staaten, als diese auf seinem Territorium verübt wurden (horizont 12, 1977, 18); **Straf|ju|stiz,** die: *mit Strafsachen befaßte Justiz;* **Straf|kam|mer,** die (Rechtsspr.): *für Strafsachen zuständige Kammer* (8 b); **Straf|ko|lo|nie,** die: *Arbeitslager an einem entlegenen Ort für Strafgefangene;* **Straf|kom|pa|nie,** die: *(im Krieg) Kompanie, in die Soldaten zur Bestrafung versetzt werden u. die bes. unangenehme od. gefährliche Aufgaben durchführen muß;* **Straf|la|ger,** das: *Lager* (1), *in dem Freiheitsstrafen verbüßt werden;* **sträf|lich** ⟨Adj.⟩ [mhd. stræflich = tadelnswert]: *so, daß es eigentlich bestraft werden sollte; unverzeihlich, verantwortungslos:* -er Leichtsinn; eine -e Nachlässigkeit; sie nimmt auch diesen Prozeß wenig ernst, nicht aus einer -en Verachtung des Rechtes, sondern ... (Maass, Gouffé 308); er hat seine Kinder s. vernachlässigt; So hatte Peter, ihr s. bequem gewordener Mann, sie seit Jahren nicht mehr geküßt (Konsalik, Promenadendeck 159); **Sträf|lich|keit,** die; -: *das Sträflichsein;* **Sträf|ling,** der; -s, -e (meist emotional abwertend): *Strafgefangener:* wie ein S. schuften müssen; der sieht aus wie ein S.; **Sträf|lings|an|zug,** der: *(im Schnitt an einen Pyjama erinnernder) lose hängender, gestreifter Anzug für Sträflinge;* **Sträf|lings|klei|dung,** die: vgl. *Sträflingsanzug;* **straf|los** ⟨Adj.⟩: vgl. *straffrei:* Juristisch ... ist das eine -e Notwehrhandlung (Prodöhl, Tod 210); etw. ist, bleibt s.; **Straf|lo|sig|keit,** die; -: vgl. *Straffreiheit;* **Straf|man|dat,** das: **a)** *gebührenpflichtige polizeiliche Verwarnung für einfache Übertretungen (bes. im Straßenverkehr):* ein S. für falsches Parken bekommen; **b)** (Rechtsspr. früher) *Strafverfügung;* **Straf|maß,** das: *Höhe [u. Art] einer Strafe:* das S. auf 20 Jahre festsetzen; Anfang Juli wurde das S. für Fahnenflucht oder eigenmächtiges Verlassen des Dienstes erheblich verschärft (Leonhard, Revolution 63); Das eigentliche Schwurgericht, bei dem zwölf Geschworene allein über die Schuld und drei Fachrichter allein über das S. entscheiden, existiert bei uns nicht mehr (Mostar, Unschuldig 7); **Straf|maß|nah|me,** die: vgl. *Strafaktion:* -n ergreifen; **straf|mil|dernd** ⟨Adj.⟩: *das Strafmaß aus bestimmten Gründen mindernd:* -e Umstände; als s. wirkte sich aus, daß der Angeklagte geständig war; Als s. ist immerhin zu berücksichtigen, daß der Angeklagte nicht vorbestraft ist (Ziegler, Kein Recht 293); **Straf|mil|de|rung,** die: *Milderung des Strafmaßes;* **Straf|mi|nu|te,** die (Sport): **a)** (bes. Eishockey, Handball) *Minute, für die ein Spieler wegen einer Regelwidrigkeit vom Spielfeld verwiesen wird;* **b)** *Minute, die (wegen eines Regelverstoßes o. ä.) zu der bei einem Wettkampf erzielten Zeit hinzugerechnet wird:* Für jeden Fehlschuß werden der tatsächlichen Laufzeit zwei -n hinzugerechnet (Olymp. Spiele 1964, 65); Damals rasten zwar Andretti und Villeneuve vor Lauda durchs Ziel, bekamen jedoch wegen eines angeblichen Frühstarts eine S. aufgebrummt (rallye racing 10, 1979, 65); **straf|mün|dig** ⟨Adj.⟩ (Rechtsspr.): *alt genug, um für strafbare Handlungen belangt werden zu können:* Die beiden haben noch nicht -e Jugendliche zu einer Reihe von Kaufhausdiebstählen angestiftet (Hörzu 16, 1977, 72); **Straf|mün|dig|keit,** die (Rechtsspr.): *das Strafmündigsein;* **Straf|por|to,** das: *Nachgebühr;* **Straf|pre|digt,** die (ugs.): *Vorhaltungen in strafendem Ton:* jmdm. eine S. halten; eine S. über sich ergehen lassen; **Straf|pro|zeß,** der: *Prozeß* (1), *in dem entschieden wird, ob eine strafbare Handlung vorliegt, u. in dem gegebenenfalls eine Strafe festgesetzt wird;* **Straf|pro|zeß|ord|nung,** die (Rechtsspr.): *einen Strafprozeß regelnde Rechtsvorschriften;* Abk.: StPO; **Straf|pro|zeß|recht,** das (Rechtsspr.): *Strafprozeßordnung;* **straf|pro|zes|su|al** ⟨Adj.⟩ (Rechtsspr.): *die Strafprozeßordnung betreffend, auf ihr beruhend:* -e Probleme; **Straf|punkt,** der: *Minuspunkt (für nicht erbrachte Leistungen in einem [sportlichen] Wettkampf);* **Straf|rah|men,** der (Rechtsspr.): *(im Strafgesetzbuch eingeräumter) Spielraum für die Strafzumessung:* der S. wurde für einige Delikte erweitert (Saarbr. Zeitung 8. 7. 80, 17); Insgesamt reicht der S. von DM 5,-- bis DM 100 000,-- (Skipper 8, 1979, 66); **Straf|raum,** der (bes. Fußball): *abgegrenzter Raum um das Tor, in dem der Torwart besondere Rechte zur Abwehr hat u. Regelwidrigkeiten der verteidigenden Mannschaft bes. streng geahndet werden; Sechzehnmeterraum:* Rahn drang in den S. ein, ich folgte ihm auf dem Fuß (Walter, Spiele 18); **Straf|recht,** das: *Gesamtheit der Rechtsnormen, die bestimmte, für das gesellschaftliche Zusammenleben als schädlich angesehene Handlungen unter Strafe stellen u. die Höhe der jeweiligen Strafe bestimmen;* **Straf|recht|ler,** der; -s, -: *Jurist, der auf Strafrecht spezialisiert ist;* **Straf|recht|le|rin,** die; -, -nen: w. Form zu ↑*Strafrechtler;* **straf|recht|lich** ⟨Adj.⟩: *das Strafrecht betreffend:* daß gegen den jugoslawischen Konsul ... -e Ermittlungen laufen (Enzensberger, Einzelheiten I, 40); eine -e Verfolgung lag keinesfalls außer dem Bereich der Möglichkeit (Fallada, Mann 237); Im -en Sinne fühle er sich nicht schuldig (Noack, Prozesse 197); Ihr Leumund war ausgezeichnet, s. lag nichts gegen sie vor (Weber, Tote 145); **Strafrechts|re|form,** die: *Reform des Strafrechts;* **Straf|re|de,** die: *Strafpredigt;* **Straf|re|gis|ter,** das: *amtlich geführtes Verzeichnis der gerichtlich bestraften Personen;* **Straf|rich|ter,** der (Rechtsspr.): *Richter in Strafprozessen;* **Straf|rich|te|rin,** die (Rechtsspr.): w. Form zu ↑*Strafrichter;* **Straf|sa|che,** die (Rechtsspr.): *Handlung, die Gegenstand eines Strafprozesses ist:* die Verhandlung in der S. ... (gegen ...); **Straf|schär|fung,** die (Rechtsspr.): *Strafverschärfung;* **Straf|se|nat,** der: *für Strafsachen zuständiger Senat* (5): Der S. des Oberlandesgerichts Frankfurt hat den dagegen erhobenen Einspruch der Staatsanwaltschaft abgelehnt (Noack, Prozesse 36); **Straf|stoß,** der (Ballspiele, Eishockey): *nach bestimmten schweren Regelverstößen verhängte Strafe, bei der der Ball od. Puck direkt u. ungehindert auf das Tor geschossen werden darf (z. B. Elfmeter, Siebenmeter, Penalty);* **Straf|tat,** die: *strafbare Handlung, Delikt:* eine S. begehen; **Straf|tat|be|stand,** der (Rechtsspr.): *(gesetzlich festgelegte) Merkmale für die Strafwürdigkeit einer Handlung;* **Straf|tä|ter,** der: *jmd., der eine Straftat begangen hat:* jugendliche, rückfällige S.; **Straf|tä|te|rin,** die: w. Form zu ↑*Straftäter;* **Straf|til|gung,** die (Rechtsspr.): *Streichung einer Eintragung im Strafregister (so daß der Betreffende nicht mehr als vorbestraft gilt);* **Straf|til|gungs|grund,** der (Rechtsspr.): *Grund für eine Straftilgung;* **Straf|um|wand|lung,** die (Rechtsspr.): *Umwandlung einer Strafe in eine andere;* **Straf|un|ter|bre|chung,** die (Rechtsspr.): *krankheitsbedingte Unterbrechung einer zu verbüßenden Freiheitsstrafe;* **Straf|un|ter|su|chung,** die (schweiz. Rechtsspr.): *Voruntersuchung, nach deren Abschluß Anklage erhoben od. das Verfahren eingestellt wird;* **Straf|ver|bü|ßung,** die (Rechtsspr.): *Verbüßung einer Strafe;* **Straf|ver|ei|te|lung,** die (Rechtsspr.): *vorsätzliche Verhinderung der Bestrafung eines Straftäters;* **Straf|ver|fah|ren,** das: vgl. *Strafprozeß;* **Straf|ver|fol|gung,** die: *Verfolgung einer Straftat, bei Verdacht auf eine Straftat vom Staatsanwalt veranlaßte Ermittlungen;* **Straf|ver|fol|gungs|be|hör|de,** die: *mit der Verfolgung von Straftaten befaßte Behörde;* **Straf|ver|fü|gung,** die (Rechtsspr.): **a)** (früher, noch Rechtsspr.) *Festsetzung einer Strafe (Geldbuße) für ein geringfügiges Delikt ohne gerichtliche Verhandlung;* **b)** (schweiz.) *bei Einspruch gegen einen Strafbescheid* (b) *nach erneuter Prüfung getroffene richterliche Entscheidung über eine Strafe;* **Straf|ver|merk,** der: *Vermerk im Strafregister;* **straf|ver|schär|fend** ⟨Adj.⟩ (Rechtsspr.): *eine Erhöhung des Strafmaßes bewirkend:* -e Umstände; Beschäftigungslosigkeit wirkt s. (Bredel,

Strafverschärfung

Prüfung 133); Strafverschärfend kam für Paul noch hinzu, daß er ... (Plenzdorf, Legende 77); **Straf|ver|schär|fung**, die (Rechtsspr.): *Verschärfung einer Strafe;* **straf|ver|set|zen** ⟨sw. V.; hat; nur im Inf. u. Part. gebr.⟩: *als Strafe jmdn. (bes. einen Beamten od. Soldaten) auf einen anderen [ungünstigeren] Posten, an einen anderen Ort versetzen:* man hat ihn kurzerhand strafversetzt; In einem behördeninternen Disziplinarverfahren wurde Scheuten zu 500 Mark Geldbuße verurteilt und nach Krefeld strafversetzt (Prodöhl, Tod 177); **Straf|ver|set|zung**, die: *das Strafversetzen;* **Straf|ver|tei|di|ger**, der: *Rechtsanwalt, der als Verteidiger in Strafprozessen auftritt;* **Straf|ver|tei|di|ge|rin**, die: w. Form zu ↑Strafverteidiger; **Straf|ver|zei|gung**, die (schweiz.): *Strafanzeige;* **Straf|voll|streckung**[1], die: *Vollstreckung der in einem Urteil verhängten Strafe;* **Straf|voll|zug**, der: *Vollzug einer Verurteilung zu einer Freiheitsstrafe in einem Gefängnis:* Solche Erleichterungen ... vermochten über die eigentliche Problematik des -s nicht hinwegzutäuschen (Ziegler, Konsequenz 33); **Straf|voll|zugs|an|stalt**, die (Rechtsspr.): *Gefängnis (für den Strafvollzug);* **Straf|voll|zugs|be|am|te**, der: *Beamter im Strafvollzug; Beamter, der Häftlinge beaufsichtigt;* **Straf|voll|zugs|be|am|tin**, die: w. Form zu ↑Strafvollzugsbeamte; **straf|wei|se** ⟨Adv.⟩: *aus Gründen der Bestrafung [vorgenommen]:* jmdn. s. versetzen; Sie ordneten an, daß ich s. aus dem Saal entfernt ... werden solle (Niekisch, Leben 318); (mit Verbalsubstantiv auch attr.:) Eine s. Versetzung wurde jedoch gelegentlich vorgenommen (Heym, Nachruf 21); **straf|wür|dig** ⟨Adj.⟩ (Rechtsspr.): *eine [gerichtliche] Strafe verdienend:* ein -es Verhalten; weder dumpf noch instinktiv, noch in kaltblütiger Berechnung ist eine -e Tat begangen worden (Noack, Prozesse 185); da in der Schweiz die einfache Steuerhinterziehung nicht s. ist (Badische Zeitung 12. 5. 84, 3); **Straf|zeit**, die: vgl. Strafminute (a); **Straf|zet|tel**, der (ugs.): *Strafmandat* (a): einen S. bekommen; **Straf|zu|mes|sung**, die (Rechtsspr.): *Festsetzung des Strafmaßes;* **Straf|zu|schlag**, der: *Strafporto.*

Stra|gu|la ⓦ ['ʃt..., 'st...], das; -s [lat. stragula = Decke]: *glatter Fußbodenbelag mit Kunststoffoberfläche.*

Strahl, der; -[e]s, -en [älter auch = Pfeil, mhd. strāl(e), ahd. strāla, eigtl. = Streifen, Strich]: **1.** ⟨Pl. selten⟩ *von einer Lichtquelle in gerader Linie ausgehendes Licht, das dem Auge als schmaler, heller Streifen erscheint; Lichtschein:* die sengenden, glühenden -en der Sonne; ein S. fiel durch den Türspalt, durch das Schlüsselloch, auf sein Gesicht; Der S. aus Schwester Noras Taschenlampe strich über die Ziegelmauer (Sebastian, Krankenhaus 86); er richtete den S. der Taschenlampe nach draußen; die Mittagssonne brach in schrägen, dichten und durch den Kajüteneingang in die ... Küche (Klepper, Kahn 56); der Wald lag im ersten S. (geh.; *Licht*) der Sonne; die warmen -en der Sonne *(der wärmende Sonnenschein);* Ü ein S. der Hoffnung, der Freude lag auf ihrem Gesicht. **2.** ⟨Pl. selten⟩ *aus einer engen Öffnung in Form eines Strahls* (1) *hervorschießende Flüssigkeit:* ein dicker, dünner, kräftiger, scharfer S.; den S. des Gartenschlauchs auf das Beet richten; das Blut ... spritzte in einem puckernden, schiefen S. seitlich heraus (Remarque, Triomphe 221); Er drehte einen Spundhahn, Wein schoß in einem starken S. auf den Boden (Kuby, Sieg 278); so schlief ich in der Küche ... und wusch mich unter dem S. der Wasserleitung (Th. Mann, Krull 91). **3.** ⟨Pl.⟩ (Physik) *sich in einer Richtung geradlinig bewegender Strom materieller Teilchen od. elektromagnetischer Wellen:* radioaktive, ionisierende, kosmische, ultraviolette -en; Endlich ist die photographische Emulsion hochempfindlich gegen energiereiche -en (Medizin II, 333); die -en brechen sich, werden reflektiert, gebündelt, absorbiert; Radium, Uran, die Sonne sendet -en aus; sich gegen schädliche, vor schädlichen -en schützen. **4.** (Math.) *von einem Punkt ausgehende, ins Unendliche laufende gerade Linie;* **Strahl|an|trieb**, der (Technik): *Antrieb mit Hilfe eines Strahltriebwerks;* **Strahl|e|mann**, der ⟨Pl. ...männer⟩ (ugs.): *jmd., der immer ein strahlendes Lächeln zeigt:* US-Präsident Jimmy Carter ... wirkt wie ein S. (Spiegel 31, 1979, 23); Ein Showstar. Aber was steckt wirklich hinter dem erfolgreichen S.? (Hörzu 25, 1980, 6); **strah|len** ⟨sw. V.; hat⟩ [urspr. vom Blitz gesagt]: **1. a)** *Lichtstrahlen aussenden, große Helligkeit verbreiten; leuchten:* die Sterne strahlen; das Licht strahlt [hell]; die Sonne strahlt am, vom Himmel; ein strahlend heller Tag; strahlendes *(sonniges)* Wetter; bei strahlendem Sonnenschein wanderten wir los; Ü das ganze Haus strahlt vor Sauberkeit; aus den dunklen Augen strahlte gewaltig die Hoffnung (Sebastian, Krankenhaus 59); ⟨1. Part.:⟩ sie ist eine strahlende Erscheinung, Schönheit; sie ist der strahlende Mittelpunkt des Festes; der Sänger hat eine strahlende *(klare, helle)* Stimme; **b)** *glänzen, funkeln:* der Diamant strahlt; ihr goldenes Haar strahlte in der Sonne (Ott, Haie 182); ihre Augen strahlten vor Begeisterung; ... strahlen die Luxusgeschäfte ... im schönsten Glanz (Fallada, Blechnapf 312); **c)** (selten) *ausstrahlen* (1 a): er sieht sich um nach dem ... Kachelofen, der Hitze strahlt (Fallada, Blechnapf 240); Neonstäbe hängen wie gleißende Schwerter über den Köpfen, auch tagsüber strahlen sie Hitze in die Augen (Fels, Kanakenfauna 39); Ü die junge Frau strahlte *(verbreitete um sich)* Glück, Zuversicht. **2.** *sehr froh u. glücklich aussehen:* da strahlte er; die Großmutter strahlte, als ihre Enkel kamen; vor Glück, Freude, Stolz s.; Sibylle, noch vor ein paar Tagen ganz unglücklich und ratlos, strahlte vor Zufriedenheit (Geissler, Wunschhütlein 163); über das ganze Gesicht, (salopp:) über beide Backen s.; ⟨1. Part.:⟩ sie empfing ihn mit strahlendem Gesicht. **3.** *Strahlen* (3) *aussenden:* radioaktives Material strahlt; Der Torf strahlt mit bis zu 80 Becquerel pro Kilogramm (natur 7, 1991, 22); daß Blut von Patienten, die an Krebs ... leiden, anders strahlt als der Lebenssaft Gesunder (natur 4, 1991, 63); strahlende Materie; Strahlender Schrott vom abgetakelten Atomschiff „Otto Hahn" (Spiegel 27, 1981, 82). **4.** (Rundfunkt., Ferns.) (seltener): *ausstrahlen* (4): ... des englischsprachigen Programms ..., die Eishockeyspiele ... und vor allem viel Werbung in die Wiener Haushalte strahlt (profil 26. 3. 84, 70); ... handelt es sich bei dem TV-Sat um einen direkt strahlenden Satelliten (Blick auf Hoechst 8, 1984, 4).

sträh|len ⟨sw. V.; hat⟩ [mhd. strǣlen, ahd. strāljan] (landsch., schweiz., sonst veraltet): *kämmen:* ich strähle [mir] mein Haar; Die Friseurin nimmt eine Rundbürste aus der Tasche und strählt und fönt und windet ihr kunstvoll das Haar um den Kopf (Frischmuth, Herrin 46); Ü ⟨2. Part.:⟩ besser gestrählte (schweiz.; *wohlhabende*) Leute.

Strah|len|ab|fall, der: *Überrest von nicht mehr zu nutzenden radioaktiven Strahlen;* **Strah|len|be|hand|lung**, die: *Behandlung von Krankheiten durch Bestrahlung, bes. mit ionisierenden Strahlen;* **Strah|len|be|la|stung**, die (Med.): *Belastung des Organismus durch Einwirkung ionisierender Strahlen:* Die Einführung neuer, verbesserter Meßgeräte ... hat es erlaubt, die unvermeidliche S. des Patienten in den letzten Jahren erheblich zu reduzieren (Medizin II, 344); **Strah|len|bio|lo|gie**, die: *wissenschaftliche Forschungsrichtung, die sich mit den Wirkungen ionisierender Strahlen (z. B. der Röntgenstrahlen) auf Zellen, Gewebe, Organe, Organismus beschäftigt; Radiobiologie;* **Strah|len|bre|chung**, die (Physik): *Brechung* (1) *von Strahlen* (3); **Strah|len|bün|del**, das: **1.** (Optik) *Gesamtheit von Lichtstrahlen, die durch eine Blende* (2) *fallen.* **2.** (Math.) *alle von einem Punkt ausgehenden Geraden;* **Strah|len|bü|schel**, das (Optik): *Strahlenbündel* (1), *dessen Strahlen alle von einem Punkt ausgehen od. in einem Punkt enden;* **Strah|len|che|mie**, die: *Teilgebiet der Chemie, das sich mit der chemischen Wirkung ionisierender Strahlen auf Materie beschäftigt;* **Strah|len|do|sis**, die (Med.): *Dosis ionisierender Strahlen;* **strah|len|emp|find|lich** ⟨Adj.⟩ (Med.): *empfindlich gegen ionisierende u. ultraviolette Strahlen:* Da das ... Schilddrüsengewebe zugleich besonders s. ist (Medizin II, 335); **Strah|len|ex|po|si|ti|on**, die: *das Ausgesetztsein der radioaktiven Strahlung u. die Belastung durch radioaktive Strahlung:* In der Medizin werden ... Methoden entwickelt ..., um unnötige -en des Patienten zu verhindern (NZZ 26. 1. 83, 32); **Strah|len|fi|bro|se**, die (Med.): *durch ionisierende Strahlen hervorgerufene Gewebsveränderung;* **Strah|len|fil|ter**, der, Fachspr. meist: das (Technik, Med.): *Filter, der unerwünschte Strahlen absorbiert u. die Homogenität von Röntgenstrahlen u. radioaktiven Strahlen verbessert;* **strah|len|för|mig** ⟨Adj.⟩: *geradlinig von einem [zentralen] Punkt ausgehend:* eine -e Anordnung; kleine Teiche, zu denen s. von allen Seiten die Wege der Tiere führen (Grzimek, Serengeti 308); **Strah|len|for|schung**, die: *Forschung, die sich mit ionisierenden*

Strahlen u. ihrer Wirkung befaßt; **Strahlen|gang,** der (Optik): *Verlauf der Lichtstrahlen in einem optischen Gerät;* **Strahlen|kalter,** der (Med. Jargon): *durch Einwirkung ionisierender Strahlen hervorgerufene, sich durch Müdigkeit, Erbrechen, Kopfschmerz, Appetitlosigkeit äußernde leichtere Erkrankung;* **Strah|len|kör|per,** der (Med.): *Ziliarkörper;* **Strah|lenkrank|heit,** die (Med.): *durch ionisierende Strahlen verursachte Erkrankung;* **Strah|len|kranz,** der: *Kranz von Strahlen:* der S. der Sonne; (Kunstwiss.:) eine Madonna im S.; Ü das Haar, ein heller S. um ihren Kopf (Rehn, Nichts 59); **Strah|len|kunde,** die: *Radiologie;* **Strah|len|messung,** die: *Messung energiereicher Strahlen;* **Strah|len|müll,** der: *Strahlenabfall;* **Strah|len|pe|gel,** der: *Strahlungsintensität an einem bestimmten Ort;* **Strah|lenpilz,** der ⟨meist Pl.⟩ (Biol.): *bes. im Boden lebende, grampositive Bakterie; Aktinomyzet;* **Strah|len|pil|zer|kran|kung,** die, **Strah|len|pilz|krank|heit,** die (Med.): *durch Strahlenpilze hervorgerufene Infektion bes. der Atem- u. Verdauungswege; Aktinomykose;* **Strah|len|pneu|mo|nie,** die (Med.): *als Folge einer Strahlenbehandlung der Lunge auftretende Entzündung der Lungenbläschen;* **Strah|lenquel|le,** die (Physik): *Substanz, von der ionisierende Strahlen ausgehen;* **strahlen|re|si|stent** ⟨Adj.⟩ (Physik): *resistent gegen ionisierende u. ultraviolette Strahlen;* **Strah|len|re|si|stenz,** die (Physik): *Resistenz gegen ionisierende u. ultraviolette Strahlen;* **Strah|len|scha|den,** der, **Strah|len|schä|di|gung,** die (Physik, Med.): *durch Einwirkung ionisierender Strahlen bes. an lebenden Organismen hervorgerufener Schaden;* **Strah|lenschutz,** der: *Vorrichtungen u. Maßnahmen zum Schutz gegen Strahlenschäden;* **Strah|len|schutz|glas,** das: *Glas, das vor schädlicher Strahlung schützt;* **Strah|lenschutz|zel|le,** die: *mit Beton, Stahl od. Blei abgeschirmte Kammer, in der Arbeiten mit radioaktiven Materialien durchgeführt werden;* **strah|len|si|cher** ⟨Adj.⟩ (Physik): *geschützt gegen ionisierende u. ultraviolette Strahlen;* **Strah|len|sym|metrie,** die ⟨o. Pl.⟩ (Zool.): *Radialsymmetrie;* **Strah|len|the|ra|peut,** der (Med.): *Arzt, der auf Strahlentherapie spezialisiert ist;* **Strah|len|the|ra|peu|tin,** die (Med.): w. Form zu ↑Strahlentherapeut; **Strah|lenthe|ra|pie,** die (Med.): *therapeutische Anwendung bes. ionisierender Strahlen;* **Strah|len|tier|chen,** das: *(in vielen Arten u. Formen vorkommender) mikroskopisch kleiner Einzeller; Radiolarie;* **Strah|lentod,** der: *Tod durch Einwirkung ionisierender Strahlen;* **Strah|len|un|fall,** der: *Unfall, bei dem Menschen erhöhter radioaktiver Strahlung ausgesetzt sind;* **strahlen|ver|seucht** ⟨Adj.⟩: *durch Einwirkung ionisierender Strahlen verseucht;* **Strahlen|waf|fe,** die: *Waffe, die mit hoher energetischer Strahlung bes. mit Laserstrahlen, feindliche Ziele bekämpft;* **Strah|lenwir|kung,** die: *Wirkung ionisierender Strahlen;* **Strah|ler,** der; -s, -: **1. a)** *Gerät, das Strahlen aussendet;* Dieser S. hat einen ... hohen Wirkungsgrad ... Frequenzbereich 800 bis 20 000 Hz (Funkschau 19, 1971, 1916); **b)** kurz für ↑ Infrarotstrahler, ↑ UV-Strahler. **2.** (Physik) **a)** *Substanz, die Strahlen aussendet, Strahlenquelle;* **b)** *Körper* (3 a), *der [Licht]strahlen reflektiert:* schwarzer S. (Physik), *Körper, der keine Lichtstrahlen reflektiert).* **3.** kurz für ↑ Heizstrahler. **4.** (schweiz.) jmd., *der Mineralien sucht [u. verkauft];* **Strahl|flugzeug,** das: *Flugzeug mit Strahlantrieb;* **strahl|ig** ⟨Adj.⟩: *strahlenförmig angeordnet, verlaufend; radiär:* -e Blüten; -e Mineralien; **-strah|lig:** in Zusb., z. B. zwei-, drei-, vierstrahlig (mit Ziffer: 4strahlig): ein vierstrahliger Düsenjäger; **Strahlkraft,** die (geh.): *Ausstrahlung* (b): eine Persönlichkeit von großer S.; **Strahlpum|pe,** die (Technik): *Pumpe, die flüssige od. gasförmige Stoffe dadurch fördert, daß ein mit hoher Geschwindigkeit aus einer Düse austretendes flüssiges od. gasförmiges Treibmittel den zu fördernden Stoff mitreißt;* **Strahl|rich|tung,** die: *Richtung, in die etw. strahlt;* **Strahl|rohr,** das: *rohrförmiges Endstück eines Schlauchs, mit dem Stärke u. Geschwindigkeit des austretenden Wasserstrahls eingestellt werden können;* **Strahl|stär|ke,** die: *Stärke einer Strahlung;* **Strahl|stein,** der: *zu den Hornblenden gehörendes dunkelgrünes Mineral mit Kristallen, die in strahligen od. faserigen Aggregaten* (3) *auftreten; Aktinolith;* **Strahl|strom,** der (Met.): *Jetstream;* **Strahl|trieb|werk,** das (Technik): *Triebwerk, bei dem die Antriebskraft durch Ausstoßen eines Strahls von Abgas erzeugt wird; Düsentriebwerk, -aggregat;* **Strah|lung,** die; -, -en: **1.** (Physik) **a)** *Ausbreitung von Energie u./od. Materie in Form von Strahlen, die von einer Strahlenquelle ausgehen:* radioaktive, kosmische S.; **b)** *von einer Strahlenquelle ausgehende Energie u./od. Materie:* so daß das bißchen S., das aus den Kernkraftwerken nach draußen kommt, niemandem schadet (Springer, Was 95); Die Möglichkeit, energiereiche S. zur Behandlung anzuwenden ... (Medizin II, 322). **2.** ⟨Pl. ungebr.⟩ (seltener) *Wirkung, Ausstrahlung:* Ich lag einfach da ... in der erbarmungslosen S. dieser Leere (Nossack, Begegnung 347); Insofern hat die S. altertümlicher Königsarroganzen bis heute nicht ganz aufgehört (Sloterdijk, Kritik 423); **Strah|lungs|be|reich,** der (bes. Physik) *von einer Strahlung erfaßter Bereich;* **Strah|lungs|cha|rak|te|ri|stik,** die (Physik): *räumlicher Verlauf einer Strahlung* (1 a); *Richtcharakteristik;* **Strah|lungsdruck,** der ⟨Pl. ...drücke⟩ (Physik): *Druck, den eine auf einen Körper auftreffende Strahlung ausübt;* **Strah|lungs|emp|fänger,** der (Physik, Technik): *Gerät, das der Untersuchung u. Messung elektromagnetischer Strahlungen dient;* **Strah|lungsener|gie,** die (Physik): *in Form von Strahlung ausgesandte, übertragene od. aufgefangene Energie;* **Strah|lungs|fluß,** der (Physik): *Menge der je Zeiteinheit von einer Strahlenquelle ausgesandten Strahlungsenergie;* **Strah|lungs|frost,** der (Met.): *bei klarem u. heiterem Wetter auftretender, durch den Wärmeverlust der Erdoberfläche infolge großer Ausstrahlung verursachter Frost;* **Strah|lungs|ge|setz,** das ⟨meist Pl.⟩ (Physik): *physikalisches Gesetz, das den Zusammenhang zwischen der Temperatur eines strahlenden Körpers u. der Energie od. Wellenlänge der ausgesandten Strahlen angibt;* **Strah|lungsgür|tel,** der (Physik): *gürtelförmig um die Erde liegende Zone mit starker ionisierender Strahlung:* Ursache für die Ausbildung von -n ist das Magnetfeld der Erde (Welt 20. 3. 92, 21); **Strah|lungs|heizung,** die (Fachspr.): *Heizung, bei der die Abgabe von Wärme in einen Raum durch Beheizen der den Raum umgebenden Flächen erfolgt* (z. B. Fußboden-, Wandheizung); **Strah|lungs|in|ten|si|tät,** die (Physik): *Intensität einer Strahlung:* die S. messen; **Strah|lungs|käl|te,** die (Met.): vgl. Strahlungsfrost; **Strahlungs|kli|ma,** das (Met.): *Klima mit häufiger u. intensiver Sonneneinstrahlung* (bes. in Hochgebirgen u. an kühlen Meeresküsten); **Strah|lungs|lei|stung,** die (Physik): *Strahlungsfluß;* **Strah|lungsmeß|ge|rät,** das: *Gerät zur Messung von Strahlung;* **strah|lungs|si|cher** ⟨Adj.⟩: *strahlensicher;* **Strah|lungs|tem|pe|ratur,** die (Physik): *Temperatur, die nach bestimmten Verfahren indirekt aus der elektromagnetischen Strahlung eines Körpers ermittelt wird;* **Strah|lungs|wär|me,** die: *Wärme in Form von Strahlung;* **Strah|lungs|zo|ne,** die: *um die Erde liegende Zone mit starker ionisierender Strahlung.*

Strähn, der; -[e]s, -e (österr.): ↑ Strähne (3); **Sträh|ne,** die; -, -n [mhd. stren(e), ahd. streno, eigtl. = Streifen od. Flechte von Haar, Garn o. ä., zu ↑ Strahl]: **1.** *eine meist größere Anzahl glatter, streifenähnlich liegender od. hängender Haare:* eine graue, blonde, lockige S.; ein paar -n fielen ihr in die Stirn; wirre Strähnen hingen ihr ins Gesicht; sie ließ sich eine S. heller tönen; das schwarze Haar, das er lang zurückgekämmt trug und das vor Schmutz in glatten -n zusammenklebte (Brecht, Geschichten 19); Des Pianisten Künstlerhaar verfilzte zu -n (Grass, Hundejahre 228); Ü Es regnete ... Naß und grau wehten die -n im Wind (Remarque, Triomphe 72); Wasser stürzte zur Erde, nicht in ..., eher in Strahlen (Bastian, Brut 97). **2.** *Reihe von Ereignissen, die für jmdn. alle günstig od. ungünstig sind; Phase:* er hat derzeit eine gute, glückliche, unglückliche S.; Gustls Glück wuchs zu einer langen S. (Kühn, Zeit 350). **3.** (landsch.) *als eine Art Bund abgepackte Wolle; Strang* (2 a): für diesen Pullover braucht man fünf -n Wolle; **sträh|nen** ⟨sw. V.; hat⟩ (selten): *in Strähnen* (1) *legen, zu Strähnen formen:* Rochus Felgentreu strähnte erhitzt seinen Bart (Schnurre, Bart 171); Die Männer in den Wohnwagen strichen sich gähnend die Haare (Schnurre, Schattenfotograf 171); vom Wasser gesträhntes Haar; **sträh|nig** ⟨Adj.⟩: *(bes. von jmds. Haar) Strähnen bildend, in Form von Strähnen [herabhängend]:* -es Haar; die langen Barthaare auf der Brust grau und s. (Stern, Mann 119); Seine Haare guckten s. unter dem Hut hervor (Jens, Mann 79); Ü Zigarettenqualm, der langsam in -en

grauen Schwaden in die Diele stieg (Böll, Haus 89).
straight [streɪt] ⟨Adj.⟩ [engl., eigtl. = gerade, aufrecht]: **1.** (Jargon) *heterosexuell:* Der Wunsch, vorteilhaft zu wirken, ist typisch für alle Singles überall auf der Welt – ob gay oder s. (White [Übers.], Staaten 32). **2.** *geradlinig, konsequent.* **3.** *(eine Melodie) notengetreu, ohne Variation od. Improvisation spielend;* **Straight,** der; -s, -s, **Straight|flush** [...flʌʃ], der; -[s], -es [engl. straight (flush)]: *Sequenz von fünf Karten der gleichen Farbe beim Pokerspiel.*
Strak, das; -s, -e [zu ↑straken] (Schiffbau): *Verlauf der (gekrümmten) Linien eines Bootskörpers;* **stra|ken** ⟨sw. V.⟩ [mniederd. straken = (über)streichen, streifen] (Schiffbau, Technik): **a)** *(von den zum Schiffbau benötigten Latten) vorschriftsmäßig ausrichten* ⟨hat⟩; **b)** *(von einer Kurve) vorschriftsmäßig verlaufen* ⟨ist⟩.
Stral|sund [auch: -'-]: Hafenstadt an der Ostsee; **¹Stral|sun|der** [auch: -'- -], der; -s, -: Ew.; **²Stral|sun|der** [auch: -'- -] ⟨indekl. Adj.⟩; **Stral|sun|de|rin** [auch: -'- - -], die; -, -nen: w. Form zu ↑¹Stralsunder.
stral|zie|ren [ʃt..., st...] ⟨sw. V.; hat⟩ [ital. stralciare, eigtl. = den Weinstock beschneiden, zu: tralcio = Schößling, Trieb, Rebling < lat. tradux] (Kaufmannsspr. veraltet): *liquidieren; gütlich abtun, beilegen;* **Stral|zie|rung** [ʃt..., st...], die; -, -en, (österr.:) **Stral|zio,** der; -s, -s [ital. stralcio, zu: stralciare, ↑stralzieren] (Kaufmannsspr. veraltet): *Liquidation* (1).
Stram|bot|to [st...], das; -[s], ...tti [ital. strambotto]: *aus acht elfsilbigen Versen bestehende Gedichtform der volkstümlichen sizilianischen Dichtung.*
Stra|min, der; -s, (Arten:) -e [aus dem Niederd. < niederl. stramien < mniederl. st(r)amijn < afrz. estamin(e), zu lat. stamineus = faserig; eigtl. = grobes Gespinst]: *appretiertes Gittergewebe für [Kreuz]stickerei;* **Stra|min|decke¹,** die: *Decke aus besticktem Stramin.*
stramm ⟨Adj.⟩ [aus dem Niederd. < mniederd. stram = gespannt, steif, aufrecht, wohl zu ↑starren]: **1.** *etw., bes. den Körper, fest umschließend; straff:* ein -es Gummiband; zumal der Mann gezwungen war, ... sein Luftgewehr mit -eren Druckfedern zu bestücken (H. Gerlach, Demission 80); das Hemd, die Hose sitzt [zu] s.; Das heißt, daß der Gurt s. am Körper anliegen muß (ADAC-Motorwelt 10, 1986, 5); Bei zu s. aufgepumpten Reifen ... (NNN 3. 11. 87, 3). **2.** *kräftig gebaut u. gesund, kraftvoll aussehend:* ein -er Junge, ein -es Kind; einen -en Körper, -e Beine, Waden haben; Ü Schnecken lieben schlaffe Setzlinge. Stramme Keimlinge ... mögen sie weniger (natur 3, 1991, 83). **3.** *mit kraftvoll angespannten Muskeln gerade aufgerichtet:* eine -e Haltung annehmen; statt des –Auftretens schlenderten diese Uniformierten gemächlich dahin (Kühn, Zeit 284); er hält sich s.; Und wirklich meldete sich nach einer kurzen Weile, s. vor dem russischen Offizier salutierend, ... ein Hauptwachtmeister (Heym, Schwarzenberg 178);

eine -e *(zackige) Kehrtwendung machen.* **4.** *energisch u. forsch; nicht nachgiebig; streng:* hier herrscht -e Disziplin; ... wenn er s. mit den Rekruten war (Remarque, Westen 25); Nebiker folgt jetzt s. der konservativen SVP-Hauptlinie (Tages Anzeiger 3. 12. 91, 2); Für Heinrich ist jeder ein Kommunist, der nicht s. rechts ist (Remarque, Obelisk 265); ein -er ⟨ugs.; engagierter u. linientreuer⟩ Marxist; Der -en *(energischen u. linientreuen)* Rede des ZK-Sekretärs Kulakow folgten revolutionäre Chöre (Welt 8. 11. 76, 1); ⟨sw.; strenggläubiger⟩ Katholik. **5.** (ugs.) *tüchtig, viel; zügig u. ohne zu rasten:* sie erhielt -en *(kräftigen u. anhaltenden)* Applaus; s. zu tun haben; Gebummelt wird nicht, sondern s. marschiert! (ADAC-Motorwelt 7, 1979, 42); Trotz alledem wird s. gearbeitet am Mexikoring (Kieler Nachrichten 30. 8. 84, 3); Bis München hab' ich noch zwölf Stunden s. zu fahren (Prodöhl, Tod 218); **strammen** ⟨sw. V.; hat⟩: **1.** *stramm machen, fest spannen:* der Fallschirm ..., den eine Brise scharf strammte (Gaiser, Jagd 198); Meinen Bauch strammen nicht Muskeln (Fels, Kanakenfauna 61); Er zündet eine Treibladung, den der Gurt strammt (ADAC-Motorwelt 10, 1979, 26). **2.** ⟨s. + sich⟩ (veraltend) *stramm* (3) *werden, sich aufrichten:* das ... Herrchen strammte sich (Lenz, Suleyken 87); Der Bock ... sei so fabriziert, daß das Gesäß sich strammt (Kempowski, Uns 91); **Strạmm|heit,** die; -: *das Strammsein;* **stramm|ste|hen** ⟨unr. V.⟩: *(bes. von Soldaten) in strammer* (3) *Haltung stehen:* vor dem Major s.; Stehe stramm, wenn ich mit dir rede! (Remarque, Obelisk 179); Ü vor dem Chef steht er stramm; **stramm|zie|hen** ⟨unr. V.; hat⟩: *etw. stramm* (1) *anziehen, fest spannen:* den Gürtel s.
Stram|pel|an|zug, der: *Kleidungsstück in der Art einer ²Kombination für ein Baby;* **Stram|pel|hös|chen,** das, **Stram|pel|hose,** die: *Hose für ein Baby mit Beinlingen u. einem Oberteil, das über den Schultern mit Trägern geschlossen wird;* **strạm|peln** ⟨sw. V.⟩ [wohl Iterativbildung zu niederd. strampen = mit den Füßen stampfen, H. u.]: **1.** *mit den Beinen heftige, zappelnde Bewegungen machen* ⟨hat⟩: im Schlaf s.; das Baby strampelt [vor Vergnügen]. **2.** (ugs.) *(mit dem Rad) fahren* ⟨ist⟩: jeden Tag 20km s.; durch die Gegend, durch die Stadt, in Richtung Burgdorf, nach Süden s.; mit dem Rad zur Arbeit s.; bergauf mußten sie ganz schön s.; Radler strampeln heute gegen den blauen Dunst (*demonstrieren radfahrenderweise gegen das Rauchen;* Augsburger Allgemeine 27./28. 5. 78, 41). **3.** (ugs.) *sich sehr anstrengen, bemühen (um zu einem bestimmten Ziel, Erfolg zu gelangen)* ⟨hat⟩: ganz schön s. müssen; Pa kann s., wie er will, er kriegt mich nicht mehr ins „Albis" (Muschg, Gegenzauber 13); in dem Jahr, „in dem wir ordentlich gestrampelt haben, viel in Bewegung gesetzt haben ..." (natur 7, 1991, 29); Bei der Halbzeit schon wie der sichere Sieger aussehend, hatte Dynamo am Ende noch arg zu s., um keine unliebsame Überraschung zu erleben (Junge Welt 7. 10. 76,

8); Bei der Howeg, die ... um eine konsolidierte und langfristig tragfähige Existenzbasis strampelt, ... (NZZ 19. 12. 86, 13); **Strạm|pel|sack,** der: *durchgehendes, aus einem jackenartigen Oberteil u. einem wie ein Sack geschnittenen Unterteil bestehendes Kleidungsstück für ein Baby.*
strạmp|fen ⟨sw. V.; hat⟩ [H. u.] (österr.): *(mit dem Fuß) stampfen:* den Schmutz von den Schuhen s.
Strạmp|ler, der; -s, -: *Strampelanzug, -hose.*
Strand, der; -[e]s, Strände [mhd., mniederd. strant, eigtl. wohl = Streifen, zu ↑Strahl]: *flacher, sandiger od. kiesiger Rand eines Gewässers, bes. des Meeres (der je nach Wasserstand von Wasser bedeckt sein kann):* ein breiter, schmaler, steiniger S.; sonnige, überfüllte, verschmutzte Strände; Welch ein Aufenthalt ..., der die Reize eines gepflegten Badelebens an südlichen -e mit der traulich breiten Nähe der ... Stadt verbindet! (Th. Mann, Tod 38); der S. der Ostsee; sie gehen an den S. *(Badestrand;* am S. in der Sonne liegen; die Boote liegen am, auf dem S.; das Schiff ist auf [den] S. gelaufen, geraten; (Seemannsspr.:) der Kapitän setzte das leckgeschlagene Schiff auf [den] S.; **Strand|amt,** das: *für die Hilfeleistung bei Seenot in Strandnähe u. für die Sicherstellung von Strandgut zuständiges Amt;* **Strand|an|zug,** der: *leichter, luftiger Anzug, der im Sommer am Strand getragen wird;* **Strand|bad,** das: *an einem Fluß od. einem See mit Strand gelegene Badeanstalt, zum Baden angelegte Stelle, eingerichtetes Gelände;* **Strand|burg,** die: *am Seestrand [um den Strandkorb herum] gebauter kreisartiger Wall aus Sand: eine S. bauen; in der S. liegen und sich sonnen;* **Strand|ca|fé,** das: *am Strand gelegenes Café;* **Strand|di|stel,** die: *(bes. auf Dünen wachsende) blaugrüne, wie bereift aussehende Pflanze mit dornigen Blättern u. kugeligen Blütenköpfen mit blauen Blüten;* **stran|den** ⟨sw. V.; ist⟩ [1: spätmhd. stranden]: **1.** *auf Grund laufen u. festsitzen:* der Tanker ist vor der französischen Küste gestrandet; Ü Auf irgendeine Weise war Ujlacki in Brünn gestrandet (Härtling, Hubert 348); Schließlich strandet er als Stammgast im Café „Hawelka" (Neue Kronen Zeitung Magazin 19, 1984, 18). **2.** (geh.) *mit etw. keinen Erfolg haben u. damit scheitern:* in einem Beruf s.; die Regierung ist mit ihrer Politik gestrandet; Stephanie war die Witwe eines kläglich gestrandeten Vetters (Lederer, Bring 93); **Strand|flie|der,** der: *an Meeresstränden wachsende Pflanze mit ledrigen, in Rosetten stehenden Blättern u. blauvioletten Blüten; Meerlavendel;* **Strand|floh,** der: *in tropischen od. gemäßigt warmen Gewässern u. auf feuchten Stränden vorkommender kleiner Krebs, der sich tagsüber eingräbt;* **Strand|ge|rech|tig|keit,** die (Rechtsspr. früher): *Strandrecht;* **Strand|gras|te,** die: *an Meeresstränden wachsendes Gras mit aufsteigenden, bis zur Ähre beblätterten Halmen;* **Strand|gras,** das: *Dünengras;* **Strand|gras|nel|ke,** die: *an Meeresstränden wachsende Grasnelke mit klei-*

nen lila od. rosa Blüten; **Strand|gut**, das ⟨o. Pl.⟩: *vom Meer an den Strand gespülte Gegenstände (meist von gestrandeten Schiffen):* Ü *menschliches S.;* **Strand|hafer**, der: *(zu den Süßgräsern gehörendes) weißlichgrünes Gras mit steifen Stengeln, seitlich eingerollten Blättern u. gelben Ähren, das häufig zur Befestigung von Dünen angepflanzt wird;* **Strand|hau|bit|ze**, die: in der Wendung *voll/betrunken/blau o. ä. wie eine S. sein* (ugs.; *völlig betrunken sein*); **Strand|haupt|mann**, der: *Leiter eines Strandamtes;* **Strand|hei|de**, die: *Strandgrasnelke;* **Strand|ho|tel**, das: *am Strand gelegenes Hotel;* **Strand|igel**, der: *kleiner, flacher Seeigel mit kurzen, dunkelgrünen Stacheln; Strandseeigel;* **Strand|kie|fer**, die: *im Mittelmeergebiet u. am Atlantik wachsende Kiefer mit kegelförmiger Krone;* **Strand|kleid**, das: vgl. Strandanzug; **Strand|kom|bi|na|ti|on**, die: vgl. Strandanzug; **Strand|korb**, der: *nach oben u. allen Seiten geschlossene u. nur nach vorn offene, mit einem bankartigen Teil versehene Sitzgelegenheit aus Korbgeflecht, die am Strand aufgestellt wird u. in die man sich zum Schutz gegen Wind od. Sonne hineinsetzen kann;* **Strand|krabbe**, die: *(in der Gezeitenzone auf sandigem Boden lebende) Krabbe;* **Strand|läufer**, der: **1.** *(in vielen Arten an Meeresstränden vorkommende) kurzbeinige Schnepfe mit oberseits grauem od. braunem, unterseits weißlichem Gefieder.* **2. a)** *jmd., der am Strand spazierengeht;* **b)** *jmd., der am Strand lebt, sich dort durchschlägt, dort seine Geschäfte betreibt;* **Strand|läu|fe|rin**, die: w. Form zu ↑Strandläufer (2); **Strand|le|ben**, das: *das Treiben im Sommer am Badestrand;* **Strand|li|nie**, die (Geogr.): *Linie, die die seewärtige Begrenzung des Strandes bildet;* **Strand|nel|ke**, die: **a)** *Strandflieder;* **b)** *Strandgrasnelke;* **Strand|pro|me|nade**, die: *am Strand entlangführende Promenade* (1); **Strand|raub**, der: *Raub von Strandgut;* **Strand|räu|ber**, der: *jmd., der Strandgut raubt;* **Strand|räu|be|rin**, die: w. Form zu ↑Strandräuber; **Strand|recht**, das (Rechtsspr.): *gesetzliche Regelung über die Bergung gestrandeter Schiffe u. die Sicherstellung von Strandgut;* **Strand|schne|cke**[1], die: *(vor allem in der Gezeitenzone der nördlichen Meere lebende) Schnecke mit dickwandigem, kugel- bis kegelförmigem Gehäuse;* **Strandsee**, der: *im Küstengebiet liegender See, der durch eine völlige Abschnürung eines Haffs vom offenen Meer entstanden ist;* **Strand|see|igel**, der: *Strandigel;* **Strandse|geln**, das; -s (Sport): *Segeln auf dem Meeresstrand mit einem pferdeähnlichen Fahrzeug mit drei od. vier Rädern;* **Strandung**, die; -, -en: *das Stranden;* **Strand|vogt**, der: *dem Strandhauptmann zur Unterstützung zugeteilter Beamter eines Strandamtes;* **Strand|wa|che**, die: *Wache am Strand bei drohender Sturmflut;* **Strand|wäch|ter**, der: **a)** *jmd., der den Strand bewacht hält;* **b)** *Gehilfe des Strandvogts;* **Strand|wäch|te|rin**, die: w. Form zu ↑Strandwächter.

Strang, der; -[e]s, Stränge [mhd., ahd. stranc, eigtl. = der Zusammengedrehte]: **1. a)** *Seil, Strick:* die Glocke wird noch mit einem S. geläutet; jmdn. zum Tode durch den S. (geh.: *zum Tode durch Erhängen*) verurteilen; diese Tat verdient den S. (geh.; *den Tod durch Erhängen*); **b)** *Leine (als Teil des Geschirrs von Zugtieren) an der das Tier den Wagen zieht:* die Pferde legten sich mächtig in die Stränge *(begannen kräftig zu ziehen);* die Pferde rissen galoppierend an den Strängen (Musil, Mann 1553); ** wenn alle Stränge reißen* (ugs.; *im Notfall, wenn es keine andere Möglichkeit gibt*): Verlassen Sie sich darauf, sie werden gefunden werden. Und wenn alle Stränge reißen, suche ich mich selbst darum (Kirst, 08/15, 192); *an einem/am gleichen/an demselben S. ziehen (das gleiche Ziel verfolgen);* *über die Stränge schlagen/hauen* (ugs.; *die Grenze des Üblichen u. Erlaubten auf übermütige, forsche, unbekümmerte Weise überschreiten;* urspr. vom Ausschlagen eines unruhigen Pferdes über den Zugstrang hinaus): Einerseits schlug sie über die Stränge, war rotzfrech und ließ kaum mit sich reden (Christiane, Zoo 156). **2. a)** *Bündel von [ineinander verschlungenen] Fäden o. ä.; Docke* (1): einen S. Wolle kaufen; für diese Stickerei braucht man 4 Stränge Garn; **b)** *in der Art eines Strangs* (1 a) *Zusammengedrehtes, Zusammengepreßtes o. ä.:* verschiedene Stränge der Muskeln, Sehnen, Nerven waren durch die Verletzung zerstört; Die DNS muß zunächst in kleinere, handhabbare Stränge unterteilt werden (natur 2, 1991, 46); ... streifte er seine Mütze ... ab und zeigte einen S. von grauweißem Zopf, das lange, enggeflochtene Haar einer alten Frau (A. Zweig, Grischa 50); ... zu einem halbfesten Hefeteig ... Daraus dreht man je zwei dünne Stränge, die ineinandergeflochten ... werden (Horn, Gäste 245); **c)** (Elektrot.) *Teil der Wicklung einer elektrischen Maschine.* **3.** *etw., was sich linienartig in gewisser Länge über etw. hin erstreckt (z. B. Schienen, eine Rohrleitung):* in diesem Tunnel liegt ein S. der Untergrundbahn; neben einem Schienenstück, dessen Stränge im seichten Wasser eines Tümpels endeten (Ransmayr, Welt 228); ein toter S. *(ein nicht befahrenes Gleis);* Ü *der wichtigste S. des Dramas, des Romans; die Handlung des Films besteht aus mehreren Strängen;* Eine Umfrage wird in zwei oder mehr Stränge geteilt (Noelle, Umfragen 264); **Strang|dach|zie|gel**, der (Bauw.): *durch Strangpressen hergestellter Dachziegel;* **Stran|ge**, die; -, -n (schweiz.): ↑Strang (2a): eine S. Wolle; **strän|gen** ⟨sw. V.; hat⟩ (veraltend): *ein Zugtier anspannen.* **Strange|ness** ['streɪndʒnɪs], die - [engl. strangeness, eigtl. = Fremdartigkeit, Seltsamkeit, zu: strange = fremd, seltsam] (Physik): *Quantenzahl zur Klassifizierung von Elementarteilchen.* **strang|för|mig** ⟨Adj.⟩: *in der Form eines Strangs;* **Strang|gieß|an|la|ge**, die (Hüttenw.): *Stranggußanlage;* **Strang|guß**, der (Hüttenw.): *Gießverfahren, bei dem das erhitzte Metall in eine wassergekühlte Kokille gegossen u. das bereits erstarrte Metall durch Walzen fortlaufend aus der Kokille herausgezogen wird;* **Strang|guß|an|la|ge**, die (Hüttenw.): *Anlage für den Strangguß;* **Strang|pres|sen**, das; -s: **a)** (Hüttenw.) *Verfahren zur Formung von Metall, bei dem ein erwärmter Metallblock in eine Presse gegeben u. zu Stangen gepreßt wird;* **b)** *Extrudieren;* **Strang|span|nung**, die (Elektrot.): *Phasenspannung.* **Stran|gu|la|ti|on**, die; -, -en [lat. strangulatio, zu: strangulare, ↑strangulieren]: **1.** *das Strangulieren, Stranguliertwerden:* Erst die Feinobduktion ... ergab Anhaltspunkte, daß der Tod nicht durch S. eingetreten war (Prodöhl, Tod 88). **2.** (Med.) *Abschnürung, Abklemmung von Abschnitten des Darms;* **stran|gu|lie|ren** ⟨sw. V.; hat⟩ [lat. strangulare < griech. straggaláein, verw. mit ↑Strang]: *durch Zuschnüren, Zudrücken der Luftröhre töten; erdrosseln:* jmdn. s.; das Kind hätte sich an den Gitterstäben fast stranguliert; die Frau war mit einem Kabel stranguliert worden; Ü *daß Rom als erste Stadt im eigenen Verkehr ersticken, sich selbst s. werde mit den blechernen Schlangen* (NZZ 31.8.87, 5); **Stran|gu|lie|rung**, die; -, -en: *Strangulation* (1, 2); **Strang|lurie** [ʃt..., st...], die; -, -en [griech. straggouría, zu: strágx (Gen.: straggós) = ausgepreßter Tropfen u. oûron = Harn] (Med.): *schmerzhafter, häufiger Harndrang.* **Stran|ze**, die; -, -n [zu landsch. stranzen, Nebenf. von ↑strunzen] (landsch., bes. südd.): *Schlampe.*

Stra|paz|an|zug, der (österr.): *Strapazieranzug;* **Stra|pa|ze**, die; -, -n [ital. strapazzo, zu: strapazzare, ↑strapazieren]: *große [körperliche], über einige Zeit sich erstreckende Anstrengung:* die Reise war eine große, einzige S.; da ihm in der letzten Nacht alle Energien aus dem schmächtigen Körper gezogen hatten (Kirst, 08/15, 825); es ist eine S. *(es ist anstrengend),* ihm zuhören zu müssen; aushalten, auf sich nehmen, überstehen; Er werde ... wohl nicht weiter mehr imstande sein, die -n des Krieges zu ertragen (Hacks, Stücke 265); keine S. scheuen; man kann ihr diese S. nicht zumuten; Sein Körper vertrug keine -n (Kirst, 08/15, 800); Der alte Lattersch fühlte sich so harten -n ... nicht mehr gewachsen (Klepper, Kahn 77); sich von den -n erholen; **stra|paz|fä|hig** ⟨Adj.⟩ (österr.): *strapazierfähig:* Gepolsterte Armlehnen, die mit eleganten, -em Skai überzogen sind (Vorarlberger Nachr. 23. 11. 68, 3); **Stra|paz|fä|hig|keit**, die ⟨o. Pl.⟩ (österr.): *Strapazierfähigkeit;* **Stra|paz|ho|se**, die (österr.): *Strapazierhose;* **Stra|pa|zier|an|zug**, der: vgl. Strapazierhose; **stra|pa|zier|bar** ⟨Adj.⟩: *sich strapazieren* (1, 2) *lassend:* ein -er Stoff; **Stra|pa|zier|bar|keit**, die; -: *das Strapazierbarsein:* ... aus einem feinfädigen Oberstoff, der weltweit auf seine S. hin getestet wurde (Saarbr. Zeitung 14. 3. 80, 16); **stra|pa|zie|ren** ⟨sw. V.; hat⟩ [ital. strapazzare = überanstrengen, H. u.]: **1.** *stark beanspruchen, (bei der Benutzung) nicht schonen, abnutzen:* seine Kleider, seine Schuhe [stark] s.; bei dieser Rallye werden die Autos sehr strapaziert; Die ... Wohnhäuser wurden durch eine übermäßige Beanspruchung im Verlaufe des Jahres aufs äußerste strapaziert (NZZ 23. 10. 86, 36); die tägliche Rasur strapa-

strapazierfähig 3278

ziert die Haut; *Der Schneidersitz strapaziert seine Oberschenkel* (Degener, Heimsuchung 163); *die immer stärker anwachsenden Touristenströme strapazieren die Süßwasservorräte übermäßig* (natur 4, 1991, 59); Ü *man solle sich davor hüten, große Worte zu s. (heranzuziehen), wenn ...* (W. Brandt, Begegnungen 568); *strapazierte (immer wieder verwendete) Parolen; diese Ausrede ist schon zu oft strapaziert (benutzt) worden.* **2. a)** *auf anstrengende Weise in Anspruch nehmen:* *die Kinder strapazieren die Mutter, die Nerven der Mutter; diese Reise würde ihn zu sehr s.; nach der Arbeit sieht sie strapaziert aus;* Ü *jmds. Geduld s.* (ugs.; *auf eine harte Probe stellen);* **b)** ⟨s. + sich⟩ *sich [körperlich] anstrengen, nicht schonen:* *ich habe mich so strapaziert, daß ich krank geworden bin;* **stra|pa|zier|fähig** ⟨Adj.⟩: *so beschaffen, daß man es strapazieren kann; starke Beanspruchung vertragend:* *-es Material; -e Hosen, Schuhe;* **Stra|pa|zier|fä|hig|keit,** die ⟨o. Pl.⟩: *das Strapazierfähigsein;* **Stra|pa|zier|ho|se,** die: *Hose, die man strapazieren kann;* **Stra|pa|zier|schuh,** der ⟨meist Pl.⟩: vgl. Strapazierhose, **Stra|pa|zie|rung,** die; -, -en: *das Strapazieren;* **stra|pa|zi|ös** ⟨Adj.; -er, -este⟩ [geb. mit französierender Endung]: *mit Strapazen verbunden; anstrengend, beschwerlich:* *eine -e Wanderung, Arbeit; sie hat einen -en Alltag; nasse Straßen sind besonders für Zweiradfahrer s. und gefährlich* (NBI 35, 1983, 33); *Die beiden sind wirklich liebenswerte Menschen. Aber wie alle lieben Menschen etwas s.* (anstrengend, Streß verursachend; Danella, Hotel 366); **Stra|paz|schuh,** der ⟨meist Pl.⟩ (österr.): Strapazierschuh.
Strap|pa|tu|ra, die; - [ital. strappatura, eigtl. = das Reißen; Riß; zu: strappare = reißen]: *Werg des italienischen Hanfes.*
Straps [ſt..., st...; engl.: stræps], der; -es, -e [engl. straps, Pl. von: strap = Riemen, Gurt, Nebenf. von: strop = (Streich)riemen, verw. mit ↑¹Stropp]: **a)** *Strumpfhalter:* *Darunter trugen wir schwarze Strumpfhalter mit -en* (Christiane, Zoo 133); **b)** *[schmaler] Hüftgürtel mit Strapsen* (a).
Stras|bourg [stras'buːr]: frz. Form von ↑Straßburg.
stras|ci|nan|do [straʃiˈnando] ⟨Adv.⟩ [ital., zu: strascinare = schleppen, schleifen] (Musik): *schleppend, zögernd.*
Straß, der; - u. Strasses, Strasse [nach dem frz. Juwelier G. F. Stras (1700-1773)]: **a)** ⟨o. Pl.⟩ *aus bleihaltigem Glas mit starker Lichtbrechung hergestelltes, glitzerndes Material bes. für Nachbildungen von Edelsteinen:* *Schmuck, Knöpfe aus S.;* **b)** *aus Straß ⟨a⟩ hergestellte Nachbildung eines Edelsteins:* *eine Bluse mit Strassen besticken.*
straß|ab ⟨Adv.⟩: vgl. straßauf; **straß|auf** ⟨Adv.⟩: in der Verbindung **s., straßab/s. und straßab** (geh.; *überall in den Straßen, durch viele Straßen):* *ich bin s., straßab gelaufen, um dich zu finden.*
Straß|burg: frz. Stadt am Rhein; **¹Straß|bur|ger,** der; -s, - ⟨Ew.⟩; **²Straß|bur|ger** ⟨indekl. Adj.⟩; **Straß|bur|ge|rin,** die; -, -nen: w. Form zu ↑¹Straßburger; **straß|bur|gisch** ⟨Adj.⟩.
Sträß|chen, das; -s, -: Vkl. zu ↑Straße; **Stra|ße,** die; -, -n [mhd. strâze, ahd. strâ3(3)a < spätlat. strata (via) = gepflaster(er Weg), zu lat. stratum, 2. Part. von: sternere = ausbreiten; bedecken; ebnen]: **1.** *(bes. in Städten, Ortschaften gewöhnlich aus Fahrbahn u. zwei Gehsteigen bestehender) befestigter Verkehrsweg für Fahrzeuge u. (bes. in Städten, Ortschaften) Fußgänger:* *eine schmale, breite, enge, belebte, ruhige, stille, laute, vereiste, holprige, gepflasterte, kurvenreiche, gut ausgebaute, überfüllte, verstopfte, wenig befahrene, verkehrsreiche, regennasse S.; eine S. erster, zweiter Ordnung; die S. vom Bahnhof zum Hotel, von Köln nach Bonn; die S. ist glatt, ansteigend, abschüssig, schwarz von Menschen, menschenleer; Wenn die Eisenbahn nicht verkehrte, waren die -n erst recht nicht befahrbar* (Hildesheimer, Legenden 134); *die S. wurde nach einer Ehrenbürgerin benannt; diese S. kreuzt eine andere; die S. führt über den Paß, zum Rathaus, nach Köln, zum Strand; die S. schlängelt sich durch das Tal; die S. biegt links ab; die S. überqueren, sperren, fegen, kehren; die S. entlanggehen; Nachmittags ... rückten sie dann ab durch die -n, die die Reichswehr ihnen freigab* (Feuchtwanger, Erfolg 673); *links der S. standen Bäume; auf die S. laufen, treten; durch die -n bummeln, schlendern, gehen; in einer ruhigen, lauten S. wohnen; das Hotel liegt, ist in der Berliner S.; bei Rot über die S. gehen; er notierte S. und Hausnummer (die Anschrift); das Haus liegt dicht an der S.; auf offener S. (vor den Augen aller, die sich auf einer Straße befinden, in aller Öffentlichkeit); Damals durfte ein junges Mädchen überhaupt nicht allein auf die S.* (nach draußen; Reich-Ranicki, Th. Mann 240); *bei Dunkelheit trauten sie sich nicht mehr auf die S.* (nach draußen); *das Fenster, Zimmer geht auf die, zur S. (liegt zur Straßenseite); wir haben den ganzen Tag über ihn lustig; Setzt du dich ans Steuer eines Landrovers, läuft die ganze S. zusammen* (B. Vesper, Reise 413). **3.** *Meerenge:* *die S. von Gibraltar;* **Stra|ßen|ab|schnitt,** der: *Teilstück einer Straße;* **Stra|ßen|an|zug,** der: *in der Öffentlichkeit zu tragender Herrenanzug für den Alltag;* **Stra|ßen|ar|bei|ten** ⟨Pl.⟩: *[Ausbesserungs]arbeiten an einer Straße, an Straßen:* *die Durchfahrt ist wegen S. gesperrt;* **Stra|ßen|ar|bei|ter,** der: *jmd., der Straßenarbeiten durchführt;* **Stra|ßen|ar|bei|te|rin,** die: w. Form zu ↑Straßenarbeiter; **Stra|ßen|bahn,** die: *schienengebundenes, mit elektrischer Energie betriebenes Verkehrsmittel für den Stadtverkehr:* *die S. nehmen; Die eingefleischte Sparsamkeit erlaubte es ihr nur bei ganz entlegenen Strecken, die S. ... zu benutzen* (Werfel, Himmel 121); *auf die S. warten; wenn ich sah, daß sie in die gleiche S. stiegen* (Frisch, Nun singen 155); *mit der S. fahren;* **Stra|ßen|bahn|de|pot,** das: *Depot* (4); *Sammelstelle für Straßenbahnen;* **Stra|ßen|bah|ner,** der; -s, - (ugs.): *Straßenbahnfahrer (1) od. Straßenbahnschaffner;* **Stra|ßen|bah|ne|rin,** die; -, -nen (ugs.): w. Form zu ↑Straßenbahner; **Stra|ßen|bahn|fah|rer,** der: **1.** *Führer einer Straßenbahn.* **2.** *jmd., der die Straßenbahn benutzt;* **Stra|ßen|bahn|fah|re|rin,** die: w. Form zu ↑Straßenbahnfahrer; **Stra|ßen|bahn|hal|te|stel|le,** die: *Haltestelle für Straßenbahnen;* **Stra|ßen|bahn|schaff|ner,** der (früher): *Schaffner bei der Straßenbahn;* **Stra|ßen|bahn|schaff|ne|rin,** die (früher): w. Form zu ↑Straßenbahnschaffnerin; **Stra|ßen|bahn|wa|gen,** der: *Wagen der Straßenbahn.* **Stra|ßen|ban|kett,** das: ²Bankett; **Stra|ßen|bau,** der ⟨o. Pl.⟩: *das Bauen von Stra-*

zustande kommen (Fraenkel, Staat 225); *den Ausdruck hast du wohl auf der S. (von Leuten, die sich draußen herumtreiben u. sich derb ausdrücken) gelernt;* Jugendliche von der S. holen *(dafür sorgen, daß sie sich nicht mehr draußen herumtreiben);* Ü *auf der S. des Glücks, des Erfolgs; da sei es denn nötig, die lange S. der Geduld zu gehen, den Dornenweg in die Welt hinein* (Thieß, Legende 118); * **mit jmdm., etw. die S. pflastern können** (ugs.; *in viel zu großer Zahl, überreichlich vorhanden sein);* **jmdn. auf die S. setzen/werfen** (ugs.: **1.** *jmdn. [nach dessen Meinung unberechtigterweise] aus seiner Stellung entlassen.* **2.** *jmdm. [nach dessen Meinung unberechtigterweise] seine Wohnung, sein Zimmer kündigen);* **auf der S. liegen/sitzen/stehen** (ugs.: **1.** *ohne Stellung, arbeitslos sein:* *wenn der Buchner zumachen muß, dann liegen wir auf der S.!* [Kühn, Zeit 21]; *Tausend Lehrer werden bald auf der S. stehen* [Welt 2. 2. 78, 17]. **2.** *ohne Wohnung sein, keine Bleibe mehr haben);* **auf die S. gehen** (ugs.: **1.** *demonstrieren:* *für seine Überzeugungen auf die S. gehen; Auf die S. gehen wir höchstens noch für Frieden und Umwelt* [Brückenbauer 11. 9. 85, 12]. **2.** *als Straßenmädchen der Prostitution nachgehen);* **jmdn. auf die S. schicken** (ugs.: *als Straßenmädchen der Prostitution nachgehen lassen).* **2.** ⟨o. Pl.⟩ *Menschen, die in einer Straße wohnen:* *die ganze S. macht sich*

ßen: er ist Ingenieur für S.; beim, im S. arbeiten; **Stra|ßen|bau|amt,** das: *für den Straßenbau zuständiges Amt;* **Stra|ßen|bau|er,** der; -s, -: *jmd., der beim Straßenbau arbeitet;* **Stra|ßen|bau|e|rin,** die; -, -nen: w. Form zu ↑Straßenbauer; **Stra|ßen|be|gleit|grün, Stra|ßen|be|gren|zungs|grün,** das ⟨o. Pl.⟩ (Amtsspr.): *Grünstreifen (als seitliche Begrenzung einer Straße):* Prof. U. Ruge ... habe 1971 15 Gramm ... Streusalz pro Quadratmeter als unbedenklich für Bäume und Straßenbegleitgrün bezeichnet (Hann. Allgemeine 4. 7. 79, 17); **Stra|ßen|be|kannt|schaft,** die: *jmd., den man auf der Straße kennengelernt hat;* **Stra|ßen|be|lag,** der: *Material (z. B. Teer, Schotter) als Bestandteil der Oberfläche einer Straße;* **Stra|ßen|be|leuch|tung,** die: *Beleuchtung einer Straße:* Die S. war schon eingeschaltet, und der Himmel erschien sehr blau (Handke, Brief 19); **Stra|ßen|be|nut|zungs|ge|bühr,** die: *Straßenzoll;* **Stra|ßen|bild,** das: *Bild (2), das die Straße bietet, wie es sich in gewohnter, charakteristischer Weise darstellt:* Das S. Mittweidas hatte sich geändert (Loest, Pistole 47); etw. belebt das, paßt nicht in das S.; Uniformen, besonders ... schwarze und braune, die mehr und mehr zum S. gehörten (Grass, Hundejahre 225); **Stra|ßen|bord,** das (schweiz.): *Straßenrand:* als das mit Möbeln beladene Fahrzeug wegen eines Fahrfehlers über das rechte S. hinausgeriet (NZZ 21. 12. 86, 7); **Stra|ßen|bö|schung,** die: *Böschung seitlich einer Straße;* **Stra|ßen|ca|fé,** das: *Café an einer Straße, in der Fußgängerzone, bei dem man als Gast auch draußen sitzen kann;* **Stra|ßen|damm,** der: *Damm, auf dem eine Straße verläuft;* **Stra|ßen|decke**[1], die: vgl. *Straßenbelag;* **Stra|ßen|dorf,** das: *Dorf, dessen Häuser alle an einer Straße liegen;* **Stra|ßen|dreck,** der (ugs.): *Straßenschmutz;* **Stra|ßen|ecke**[1], die: *von zwei sich schneidenden Straßen [u. zwei einen Winkel formenden Häuserzeilen] gebildete Ecke:* an der S. warten, stehen; das gibt es an jeder S.! (ugs. emotional verstärkend); **Stra|ßen|fah|rer,** der (Radrennen): *Radfahrer, der Straßenrennen fährt;* **Stra|ßen|fah|re|rin,** die (Radrennen): w. Form zu ↑Straßenfahrer; **Stra|ßen|fe|ger,** der: **a)** (regional) *jmd., der beruflich die Straßen u. Plätze einer Stadt sauberhält;* **b)** (ugs. scherzh.) bes. spannender Fernsehfilm (bes. Krimi), der von so vielen Menschen gesehen wird, daß kaum noch jmd. auf der Straße zu sehen ist; **Stra|ßen|fe|ge|rin,** die; -, -nen (regional): w. Form zu ↑Straßenfeger (a); **Stra|ßen|fer|ti|ger,** der; -s, - (Technik): *größere Anlage, die aus mehreren Maschinen zur Herstellung einer Straßendecke besteht;* **Stra|ßen|fest,** das: *auf Straßen u. Plätzen gefeiertes Fest;* **Stra|ßen|front,** die: *Front* (1 a); **Stra|ßen|füh|rung,** die: *(durch Planung festgelegter) Verlauf einer Straße;* **Stra|ßen|glät|te,** die: *(bes. durch Eis, Schnee, Reif) auf der Straße entstandene Glätte:* Vorsicht, S.!; erhöhte Gefahr von S.; **Stra|ßen|gra|ben,** der: *entlang der Straße verlaufender Graben:* in den S. fahren; das Auto landete im S.; **Stra|ßen|han|del,** der: *auf öffentlichen Straßen u. Plätzen stattfindender Handel;* **Stra|ßen|händ|ler,** der: *jmd., der Straßenhandel treibt;* **Stra|ßen|händ|le|rin,** die: w. Form zu ↑Straßenhändler; **Stra|ßen|jun|ge,** der (oft abwertend): *sich viel auf der Straße aufhaltender Junge; Gassenjunge:* Die -ns in unserem Viertel hatten zwei Fußballmannschaften: eine christliche und eine jüdische (Hilsenrath, Nazi 28); **Stra|ßen|kampf,** der ⟨oft Pl.⟩: *auf Straßen u. Plätzen ausgetragener Kampf:* bei Straßenkämpfen zwischen der Polizei und den Demonstranten gab es mehrere Verletzte; **Stra|ßen|kar|ne|val,** der: *Karnevalstreiben auf den Straßen;* **Stra|ßen|kar|te,** die: *Landkarte, die über [Land]straßen u. Autobahnen orientiert;* **Stra|ßen|keh|rer,** der; -s, - (regional): *Straßenfeger* (a); **Stra|ßen|keh|re|rin,** die; -, -nen (regional): w. Form zu ↑Straßenkehrer; **Stra|ßen|kind,** das: **1.** ⟨meist Pl.⟩ *(bes. in der 3. Welt) auf den Straßen einer Großstadt lebendes Kind, das kein Zuhause hat u. sich von Betteln, Diebstählen, kleineren Dienstleistungen u. a. ernährt:* Die nach Hunderttausenden zählenden elternlosen ... -er, die Streuner und Ausreißer (MM 29. 8. 89, 3). **2.** (oft abwertend) vgl. *Straßenjunge;* **Stra|ßen|kleid,** das: vgl. *Straßenanzug;* **Stra|ßen|kot,** der (veraltend): *Straßendreck;* **Stra|ßen|köl|ter,** der (abwertend): *Hund, der auf der Straße umherstreunt;* **Stra|ßen|kreu|zer,** der: *besonders großer, breiter Personenkraftwagen:* ein amerikanischer S.; **Stra|ßen|kreu|zung,** die: *Kreuzung zweier od. mehrerer Straßen;* **Stra|ßen|kri|mi|na|li|tät,** die: *Gesamtheit der Straftaten, die in der Öffentlichkeit (d. h. in einem jedermann zugänglichen Bereich) begangen werden;* **Stra|ßen|kunst,** die: *auf öffentlichen Straßen u. Plätzen von Pflastermalern, Straßenmusikanten, Artisten o. ä. dargebotene Kunst;* **Stra|ßen|künst|ler,** der: *jmd., der Straßenkunst betreibt;* **Stra|ßen|künst|le|rin,** die: w. Form zu ↑Straßenkünstler; **Stra|ßen|la|ge,** die: *Fahreigenschaften eines Kraftfahrzeugs, bes. in Kurven u. auf schlechter Strecke;* **Stra|ßen|lam|pe,** die: *(an einem Pfahl, einer Hauswand o. ä. fest angebrachte) Lampe zur Beleuchtung der Straße bei Dunkelheit;* **Stra|ßen|lärm,** der: *durch den Straßenverkehr verursachter Lärm;* **Stra|ßen|la|ter|ne,** die: *Laterne zur Beleuchtung der Straße bei Dunkelheit;* **Stra|ßen|leuch|te,** die: vgl. *Straßenlampe;* **Stra|ßen|mäd|chen,** das (ugs., oft abwertend): *junge Frau, die der Straßenprostitution nachgeht;* **Stra|ßen|ma|ler,** der (seltener): *Pflastermaler;* **Stra|ßen|ma|le|rin,** die (seltener): *Pflastermalerin;* **Stra|ßen|mei|ster,** der: *Vorsteher einer Straßenmeisterei;* **Stra|ßen|mei|ste|rei,** die: *Dienststelle, die für die Erhaltung, Erneuerung der Straßen zuständig ist;* **Stra|ßen|mei|ste|rin,** die: w. Form zu ↑Straßenmeister; **Stra|ßen|mu|si|kant,** der: *jmd., der auf der Straße musiziert [um dadurch Geld zu verdienen]:* direkt vor der Petrikirche stand ein S., ... der gleichzeitig fünf Instrumente spielte (Kempowski, Zeit 106); **Stra|ßen|mu|si|kan|tin,** die: w. Form zu ↑Straßenmusikant; **Stra|ßen|na|me,** der: *Name einer Straße in einer Stadt od. Ortschaft;* **Stra|ßen|netz,** das: *Gesamtheit der Straßen eines Gebietes;* **Stra|ßen|ni|veau,** das: *Niveau* (1), *auf dem eine Straße verläuft;* **Stra|ßen|pas|sant,** der: *Passant* (1); **Stra|ßen|pas|san|tin,** die: w. Form zu ↑Straßenpassant; **Stra|ßen|pfla|ster,** das: *Pflaster einer Straße;* **Stra|ßen|pro|sti|tu|ti|on,** die: *Form der Prostitution, bei der Prostituierte sich auf der Straße anbieten;* **Stra|ßen|rand,** der: *Rand einer Straße:* am S. halten, stehen; **Stra|ßen|raub,** der: *Raub auf offener Straße;* **Stra|ßen|räu|ber,** der: *jmd., der Straßenraub verübt;* **Stra|ßen|räub|le|rin,** die: w. Form zu ↑Straßenräuber; **Stra|ßen|rei|ni|gung,** die: **1.** *das Reinigen öffentlicher Straßen u. Plätze, bes. in Städten u. Ortschaften.* **2.** *für die Straßenreinigung* (1) *zuständige Dienststelle:* bei der S. arbeiten; **Stra|ßen|ren|nen,** das, (bes. Radsport): *auf der Straße stattfindendes [Rad]rennen;* **Stra|ßen|rol|ler,** der: *schwerer Tieflader zur Beförderung bes. von Eisenbahnwaggons auf der Straße;* **Stra|ßen|samm|lung,** die: *auf der Straße durchgeführte Sammlung* (1); **Stra|ßen|sän|ger,** der: vgl. *Straßenmusikant;* **Stra|ßen|sän|ge|rin,** die: w. Form zu ↑Straßensänger; **Stra|ßen|schild,** das: **a)** *[an Straßenecken angebrachtes] Schild mit dem Namen der Straße;* **b)** (ugs.) *Wegweiser [mit Entfernungsangabe];* **c)** (ugs.) *Verkehrszeichen;* **Stra|ßen|schlacht,** die: *auf Straßen u. Plätzen ausgetragener, heftiger, längere Zeit anhaltender Kampf:* Die nordirische Stadt Londonderry war am Wochenende Schauplatz der heftigsten S. seit dem Beginn der von der katholischen Minderheit getragenen Bürgerrechtsbewegung (MM 21. 4. 69, 11); **Stra|ßen|schlucht,** die: *von einer Straße mit lückenlos aneinandergereihten Hochhäusern o. ä. gebildeter Einschnitt; Häuserschlucht:* Der Taxifahrer, der da Nacht für Nacht durch die -en fährt (Spiegel 41, 1976, 212); **Stra|ßen|schmutz,** der: *auf der Straße befindlicher, von der Straße stammender Schmutz;* **Stra|ßen|schuh,** der: *zum Gehen auf der Straße geeigneter Schuh;* **Stra|ßen|sei|te,** die: **a)** *eine der beiden Seiten einer Straße:* Er stand auf der anderen S. und studierte eine Plakatsäule (Dorpat, Ellenbogenspiele 163); **b)** *zur Straße gelegene Seite eines Gebäudes:* Ihre Tochter braucht Ruhe, die S. war zu laut für sie (v. d. Grün, Glatteis 270); das Zimmer liegt auf der S.; das Fenster ging zur S.; **Stra|ßen|si|gnal,** das (schweiz.): *Verkehrszeichen;* **Stra|ßen|sper|re,** die: *auf der Straße aufgestelltes Hindernis:* eine S. errichten; **Stra|ßen|sper|rung,** die: *das Sperren, Gesperrtsein einer Straße;* **Stra|ßen|staub,** der: vgl. *Straßenschmutz:* an den Schuhen haben; Köhler ... kratzte mit dem Fuß einen Strich in den S. (Kühn, Zeit 25); **Stra|ßen|strich,** der (salopp): *Strich* (3 g): Sie arbeitet seit 25 Jahren als Prostituierte auf dem S. (Schwarzer, Unterschied 85); Dann kannst du deine Mädchen wieder auf den S. schicken (Prodöhl, Tod 58); **Stra|ßen|thea|ter,** das: **a)** ⟨o. Pl.⟩ *(oft politisch engagiertes) auf Straßen u. Plätzen aufge-*

Straßentunnel

führtes Theater; **b)** *Truppe, die Straßentheater* (a) *macht;* **Stra|ßen|tun|nel,** der: *Tunnel, in dem eine Straße verläuft:* der S. am Gotthard ist geöffnet; **Stra|ßen|überfüh|rung,** die: vgl. Überführung (3); **Stra|ßen|un|ter|füh|rung,** die: vgl. Unterführung (1); **Stra|ßen|ver|bin|dung,** die: vgl. Verkehrsverbindung; **Straßenver|hält|nis|se** ⟨Pl.⟩: *die Straße betreffende Verhältnisse* (4): da er trotz der riskanten S. mit dem Wagen fahren wollte (Rolf Schneider, November 7); **Straßenver|kauf,** der: **1.** vgl. Straßenhandel. **2.** *Verkauf über die Straße;* **Stra|ßen|ver|käu|fer,** der: *jmd., der Straßenverkauf* (1) *betreibt;* **Stra|ßen|ver|käu|fe|rin,** die: w. Form zu ↑Straßenverkäufer; **Stra|ßen|ver|kehr,** der: *Verkehr auf den Straßen:* auf den S. achten; Kinder lernen singend und spielend, wie sie sicher durch den S. kommen (Haus 2, 1980, 54); im S. Rücksicht nehmen!; **Stra|ßen|ver|kehrs|ge|fähr|dung,** die (Rechtsspr.): *Beeinträchtigung der Sicherheit des Straßenverkehrs;* **Stra|ßen|ver|kehrs|ord|nung,** die: *Gesamtheit der Verordnungen, die das Verhalten der Verkehrsteilnehmer auf öffentlichen Straßen regeln;* Abk.: StVO; **Straßen|ver|kehrs|recht,** das ⟨o. Pl.⟩: *Gesamtheit der Vorschriften, die die Benutzung der öffentlichen Straßen, Wege u. Plätze durch Fahrzeuge u. Fußgänger regeln;* **Stra|ßen|ver|kehrs-Zu|lassungs-Ord|nung,** die (Amtsspr.): *Gesamtheit der Vorschriften über die Zulassung von Personen u. Fahrzeugen zum Straßenverkehr;* Abk.: StVZO; **Stra|ßen|ver|zeich|nis,** das: *[in einem Stadtplan enthaltenes] Verzeichnis aller Straßen u. Plätze einer Stadt od. Ortschaft;* **Stra|Ben|wal|ze,** die: *im Straßenbau verwendete Baumaschine zum Walzen der Straßendecke;* **Stra|ßen|wär|ter,** der: *Angestellter einer Straßenmeisterei;* **Stra|ßenwär|te|rin,** die: w. Form zu ↑Straßenwärter; **stra|ßen|wei|se** ⟨Adv.⟩: *nach Straßen [geordnet], Straße für Straße:* die Müllabfuhr erfolgt s.; **Stra|ßen|wi|scher,** der (schweiz.): *Straßenfeger* (a); **Stra|ßenwi|sche|rin,** die; -, -nen (schweiz.): w. Form zu ↑Straßenwischer; **Stra|ßen|zei|le,** die: *entlang einer Straße gelegene Häuserzeile;* **Stra|ßen|zoll,** der: *für die Benutzung einer Straße (z. B. Paßstraße) zu entrichtende Gebühr;* Maut (a); **Stra|ßen|zug,** der: *Straße mit Häuserreihen:* In vielen Städten sind alte Häuser und sogar ganze Straßenzüge im Rahmen der Sanierung von der Spitzhacke bedroht (Hörzu 8, 1973, 73); Bertie konnte ..., als die Maschine Helsinki überflog und zur Landung tiefer und tiefer ging, mit dem Fernglas sogar einzelne breite Straßenzüge ... erkennen (Simmel, Stoff 526); **Stra|ßen|zu|stand,** der: *Zustand der Straßen im Hinblick auf ihre Befahrbarkeit (z. B. bei winterlicher Witterung);* **Stra|ßen|zu|stands|be|richt,** der: vgl. Wetterbericht; **Stra|ße-Schie|ne-Verkehr,** der (Verkehrsw.): *kombinierter Transport von Gütern od. Personen mit Kraftfahrzeugen u. mit der Eisenbahn;* **Sträß|lein,** das; -s, -: Vkl. zu ↑Straße.
Stra|ta: Pl. von ↑Stratum.
Stra|ta|gem, das; -s, -e [ital. stratagemma < lat. strategema < griech. stratḗgēma] (bildungsspr.): *Stratagem;* **Stra|te|ge** [ʃt..., st...], der; -n, -n [frz. stratège < griech. stratēgós, zu: stratós = Heer u. ágein = führen]: *jmd., der nach einer bestimmten Strategie, strategisch vorgeht;* **Stra|te|gem,** das; -s, -e [frz. stratagème < griech. stratḗgēma] (bildungsspr.): **a)** *Kriegslist;* **b)** *Kunstgriff, Trick, geschickt erdachte Maßnahme;* **Stra|te|gie,** die; -, -n [frz. stratégie < griech. stratēgía]: *genauer Plan des eigenen Vorgehens, der dazu dient, ein militärisches, politisches, psychologisches o. ä. Ziel zu erreichen, u. in dem man diejenigen Faktoren, die in die eigene Aktion hineinspielen könnten, von vornherein einzukalkulieren versucht:* die richtige, falsche S. anwenden; Gegenwärtig hat die imperialistische S. in Afrika einen noch schärferen und bösartigeren Kurs eingeschlagen (Bauern-Echo 12. 7. 78, 5); Der dieses Buch geschrieben hat, entwarf in ihm ... eine S. des Überlebens (Zorn, Mars 21); Acht Außenminister ... sind in Delhi zusammengekommen, um eine S. auszuarbeiten, mit der das westlichen Industrieländer zur Wiederaufnahme des Nord-Süd-Dialoges gebracht werden können (NZZ 1./2. 5. 83, 10); sich auf eine bestimmte S. einigen; Unter diesem Titel spricht heute Herr Dr. Wiehe ... über -n zur Lärmbekämpfung (NNN 13. 11. 86, o. S.); etw. führt zu einer neuen S.; **Stra|te|gie|dis|kus|si|on,** die: *Diskussion über die zu wählende Strategie;* **Stra|te|gin,** die; -, -nen: w. Form zu ↑Stratege; **stra|te|gisch** ⟨Adj.⟩ [frz. stratégique < griech. stratēgikós]: *die Strategie betreffend, auf ihr beruhend:* -e Fragen, Probleme; Unsere -e Doktrin ist ausgesprochen auf Verteidigung ausgerichtet (Saarbr. Zeitung 9. 10. 79, 2); In dem neuen Vortrag wurde von beiden Seiten bis ins kleinste Detail die -e Balance zwischen der UdSSR und den USA überprüft (BNN 30. 12. 85, 1); Unter -en Gesichtspunkten wäre es für die SPD gewiß von ... Vorteil, wenn ... (natur 3, 1991, 37); eine s. wichtige Brücke; s. handeln; -e Waffen (Milit.; *Waffen von größerer Sprengkraft u. Reichweite);* -e Güter (Wirtsch.; *für militärische, industrielle u. zivile Bedürfnisse notwendige Güter, die in dem betreffenden Land nicht [in ausreichendem Maße] vorhanden sind);* ... mit der Ausarbeitung eines rohstoffpolitischen Regulierungskonzeptes für das zu den -en *(für militärische, industrielle u. zivile Zwecke nötigen)* Metallen zählende Wolfram (NZZ 22. 12. 83, 13); -e Unternehmensplanung (Wirtsch.; *Bestimmung langfristig gültiger Grundsatzentscheidungen eines Unternehmens*).
Stra|ti: Pl. von ↑Stratus; **Stra|ti|fi|ka|ti|on,** die; -, -en: **1.** (bes. Geol.) *Schichtung (von Gesteinen).* **2.** (Landw.) *das Stratifizieren* (2); **Stra|ti|fi|ka|ti|ons|gram|ma|tik,** die ⟨o. Pl.⟩ (Sprachw.): *grammatische Theorie, die die Sprache als ein System hierarchisch geordneter, in wechselseitiger Beziehung stehender Ebenen versteht;* **stra|ti|fi|zie|ren** ⟨sw. V.; hat⟩ [zu lat. stratum = Decke, subst. 2. Part. von: sternere (↑Straße) u. facere (in Zus. -ficere) = machen, bewirken]: **1.** (Geol.) *(Gesteine) in die Schichtenfolge einordnen, ihre Schichtenfolge feststellen.* **2.** (Landw.) *(langsam keimendes Saatgut) in feuchtem Sand od. Wasser schichten, um es schneller zum Keimen zu bringen;* **Stra|ti|gra|phie,** die; - [↑graphie]: **1.** *Beschreibung der Aufeinanderfolge von Gesteinsschichten als Teilgebiet der Geologie.* **2.** *Beschreibung der Kulturschichten bei der Ausgrabung als Teilgebiet der Archäologie.* **3.** (Med.) *Tomographie;* **stra|ti|gra|phisch** ⟨Adj.⟩: *die Stratigraphie betreffend, zu ihr gehörend;* **Stra|to-, Stra|to-** [ʃtrato-, st..., auch: ʃtrato-, st...]; zu lat. stratum, ↑Straße] ⟨Best. in Zus. mit der Bed.⟩: *[schichtweise] ausgebreitet (z. B. Stratosphäre);* **Stra|to|ku|mu|lus,** der; -, ...li (Met.): *tief hängendes, aus Wölkchen od. Wolken in einer od. mehreren Schichten bestehendes Wolkenfeld;* Abk.: Sc; **Strato|pau|se,** die; - [zu griech. paũsis = Ende] (Met.): *atmosphärische Schicht zwischen Stratosphäre u. Mesosphäre;* **Strato|sphä|re,** die; - (Met.): *die mittlere Schicht der Erdatmosphäre (etwa zwischen 11 u. 50 km Höhe);* **Stra|to|sphä|ren|flug,** der: *Flug in die, durch die Stratosphäre;* **stra|to|sphä|risch** ⟨Adj.⟩: *zur Stratosphäre gehörend, in ihr befindlich, vorgehend:* Um eines der drängendsten Probleme, die Zerstörung der -en Ozonschicht, angehen zu können, ... (Welt 31. 8. 89, 21); **Stra|to|zo|no|se,** die; - [zu griech. koinós = gemeinsam] (Ökologie): *spezifische Lebensgemeinschaft eines Stratums* (4); **Stra|tum,** das; -s, ...ta [lat. stratum, ↑stratifizieren]: **1.** (Sprachw.) *Ebene in der Stratifikationsgrammatik (z. B. Syntax).* **2.** (Anat.) *flach ausgebreitete Schicht von Zellen.* **3.** (Soziol.) *soziale Schicht.* **4.** (Ökologie) *einzelne Schicht eines vertikal geschichteten Lebensraumes mit einer für sie spezifischen Lebensgemeinschaft* (b); **Stra|tus,** der; -, ...ti [zu lat. stratum, ↑stratifizieren] (Met.): *tief hängende, ungegliederte Wolkenschicht; Schichtwolke;* **Stra|tus|wol|ke,** die: *Stratus.*
Strau|be, die; -, -n [spätmhd. strübe, eigtl. = Backwerk mit rauher Oberfläche] (bayr., österr.): *aus Hefe- od. Brandteig hergestelltes Schmalzgebäck mit unregelmäßiger, teils gezackter Oberfläche:* kaum waren die Besucher in Halle 5 angelangt, wurden Würstle serviert und ofenfrische -n geboten (Augsburger Allgemeine 29./30. 4. 78, 48); **sträu|ben** ⟨sw. V.; hat⟩ [mhd. strūben, ahd. strūbēn = rauh machen, zu mhd. strūp = emporstarrend, rauh]: **1.** *(von Fell, Gefieder o. ä.)* **a)** *machen, daß sich etw. [senkrecht, nach allen Seiten] aufstellt:* die Federn s.; der Hund sträubt das Fell; **b)** ⟨s. + sich⟩ *sich aufrichten:* das Fell, das Gefieder sträubt sich; der Katze sträubt sich das Fell; vor Angst, vor Entsetzen sträubten sich ihm die Haare; Geschichten, bei denen sich mir die Haare sträubten *(bei denen ich ganz entsetzt war;* Kirst, 08/15, 276). **2.** ⟨s. + sich⟩ *sich [einer Sache] widersetzen, sich [gegen etw.] wehren:* Nach der Vorstellung wäre sie gern noch in ein Restaurant gegangen, doch Norbert hatte sich gesträubt (Bastian, Brut 142);

sich lange, heftig s.; sich mit allen Mitteln, mit Händen und Füßen gegen etw. s.; ich sträubte mich, auf ihren Vorschlag einzugehen; Warum sträuben sich eigentlich die Unternehmer, die Arbeitnehmer durch Mitbestimmung immer weiter zu korrumpieren? (Gruhl, Planet 206); Ü die Feder sträubt sich, diese schrecklichen Vorgänge zu beschreiben; da sträubt sich bei ihr alles, jetzt noch aufzubrechen, nach Haus zu fahren und sich zur Mutter in die stickige Wohnung zu setzen (Strauß, Niemand 17); **straubig** 〈Adj.〉 [zu ↑sträuben] (landsch.): struppig.

Strau|bin|ger: ↑Bruder (4).
Strauch, der; -[e]s, Sträucher [mhd. (md.) strūch, H. u., viell. verw. mit ↑starren u. eigtl. wohl = Emporstarrendes]: *Pflanze mit mehreren an der Wurzel beginnenden, holzigen Zweigen; Busch:* dürre, belaubte, dornige, blühende Sträucher; einen S. pflanzen, [be]schneiden, abernten; Die Insel war klein, mit Sträuchern bewachsen (Simmel, Stoff 675); **strauch|ar|tig** 〈Adj.〉: *einem Strauch ähnlich;* **Strauch|be|sen,** der: *Reisigbesen;* **Strauch|dieb,** der (veraltet abwertend, noch als Schimpfwort gebr.): *herumstreifender, sich in Gebüschen versteckt haltender Dieb:* du siehst ja aus wie ein S. (ugs.; *abgerissen, zerlumpt*); wir wurden als Betrüger und -e beschimpft; **strau|cheln** 〈sw. V.; ist〉 [spätmhd. (md.) strūcheln, wahrsch. Intensivbildung zu mhd. strūchen, ahd. strūchōn = anstoßen, stolpern, viell. eigtl. = über einen Strauch, die Wurzeln eines Strauchs fallen]: **1.** (geh.) *im Gehen mit dem Fuß unabsichtlich an etw. anstoßen u. in Gefahr kommen zu fallen:* das Pferd strauchelte; Einer der Männer hielt ihn am Ellbogen fest, als wäre Ludwig betrunken und man befürchte, daß er strauchle (H. Lenz, Tintenfisch 137); seine Füße drohten zu s.; er strauchelte [vom Gehsteig] auf die Fahrbahn; Er durchquerte die schmale Heide eines Hochtales, strauchelte durch den alten Bruchharsch im Schatten der Felswände (Ransmayr, Welt 14); 〈subst.:〉 Darüber kam ich wiederholt ins Straucheln, bis ich schließlich ein zweites Mal niederbrach (Stern, Mann 414); Ü weil auch er ... zu stammeln, zu stottern begonnen hatte, seine Zunge strauchelte über ein Wort (Mayröcker, Herzzerreißende 161). **2. a)** *scheitern, sein Ziel nicht erreichen:* als Wissenschaftler ist er gestrauchelt; die Mannschaft ist gegen einen Außenseiter gestrauchelt; Zwei Favoriten strauchelten dagegen deutlich (Freie Presse 29. 8. 89, 5); Die rechtsradikale NPD strauchelte an der Fünfprozenthürde (W. Brandt, Begegnungen 294); gestrauchelte Schriftsteller; **b)** *auf die schiefe Bahn geraten:* in der Großstadt s.; Da ... mein Mann im Alter von 82 Jahren für solche jungen Menschen, welche einmal gestrauchelt sind, kein Verständnis hat (Klee, Pennbrüder 14); 〈subst. 2. Part.:〉 die Gesellschaft muß auch den Gestrauchelten helfen.

Strau|chen, der; -s, - [spätmhd. strūche, H. u.] (bayr., österr. mundartl.): *Schnupfen.*

Strauch|ge|hölz, das: *Gehölz* (1) *aus Sträuchern; Buschholz* (a); **strau|chig** 〈Adj.〉: **1.** *mit Sträuchern bestanden:* ein -er Abhang. **2.** *in Form eines Strauches [wachsend]:* ein -es Gewächs; **Strauch|lein,** das; -s, -: Vkl. zu ↑Strauch; **Strauch|rit|ter,** der (vgl. Strauchdieb) (veraltet abwertend, noch als Schimpfwort gebr.): *auf einem Pferd umherstreifender Gauner;* **Strauch|werk,** das: **a)** *Gesträuch* (a); **b)** *von Sträuchern abgeschlagene Zweige, Äste; Gesträuch* (b).

¹**Strauß,** der; -es, Sträuße [ursp. = Federbusch (bei Vögeln u. auf Helmen), wahrsch. eigtl. = Hervorstehendes, verw. mit ↑strotzen]: *zusammengebundene od. -gestellte abgeschnittene od. gepflückte Blumen, Zweige o. ä.:* ein frischer, verwelkter, duftender, bunter, schöner S.; einen S. [Veilchen] pflücken, zusammenstellen, in eine Vase stellen; jmdm. einen S. weißen Flieder/(geh.:) weißen Flieders schicken, überreichen; Blumen zu Sträußen binden; Ü ... trat Naso in dieser Nacht vor einen S. schimmernder Mikrophone (Ransmayr, Welt 60); wobei nach Auffassung der Mehrheit in ganzer S. von Argumenten gegen eine Annahme spricht (NZZ 29. 8. 86, 26).

²**Strauß,** der; -es, -e [mhd. strūʒ(e), ahd. strūʒ < spätlat. struthio < griech. strouthíōn, für: stroúthos (mégas) = (großer) Vogel, ²Strauß, H. u.]: *(in den Steppen Afrikas u. Vorderasiens lebender) großer, flugunfähiger Laufvogel mit langem, nacktem Hals, kräftigem Rumpf, hohen Beinen u. schwarzweißem bis graubraunem Gefieder:* er steckt den Kopf in den Sand wie der Vogel S. *(verschließt seine Augen vor etw. Unangenehmem).*

³**Strauß,** der; -es, Sträuße [mhd. strūʒ, verw. mit: striuʒen = sträuben, spreizen]: **1.** (veraltet) *Kampf.* **2.** (veraltend) *Auseinandersetzung, Streit, Kontroverse:* sie hatten sich schon manchen harten S. geliefert; ich habe noch einen S. mit ... auszufechten; Petersen erhob sich, frisch, munter und zuversichtlich, in tapferer Attitüde, streitbar und bereit, den S. zu wagen (Th. Mann, Buddenbrooks 498).

Sträuß|chen, das; -s, -: Vkl. zu ↑¹,³Strauß.
Sträu|ße: Pl. von ↑¹,³Strauß.
strau|ßen|ähn|lich 〈Adj.〉: *einem ²Strauß ähnlich;* **Strau|ßen|ei,** das: *Ei eines ²Straußes;* **Strau|ßen|farm,** die: *Farm, auf der (zur Gewinnung von Straußenfedern) ²Straußen gehalten, gezüchtet werden;* **Strau|ßen|fe|der,** die: (z. B. zur Dekoration von Hüten, zur Herstellung von Federboas verwendete) *Schwungfeder des ²Straußes;* **Strau|ßen|le|der,** das: *aus der Haut von ²Straußen hergestelltes Leder;* **Strau|ßen|vo|gel,** der: *Straußvogel;* **Strau|ßen|farn,** der [die Sporenblätter erinnern an Straußenfedern]: *zu den Farnen gehörende Pflanze mit gefiederten Blättern;* **Strauß|gras,** das: *den Schwanzfedern eines ²Straußes verglichen: (v. a. im gemäßigten Bereich der Nordhalbkugel u. in den Gebirgen der Tropen wachsendes) Gras mit flachen od. borstigen Blättern u. einblüti-*

gen Ähren; **Strauß|vo|gel,** der (Zool.): *zu den ²Straußen gehörender Vogel.*
Strauß|wirt|schaft, die [nach dem zur Kennzeichnung des Ausschanks über der Eingangstür hängenden ¹Strauß] (landsch., bes. südd.): *vorübergehend betriebener Ausschank, in dem eigener [neuer] Wein ausgeschenkt wird.*
stra|wan|zen usw.: ↑strabanzen usw.
Straz|za ['ʃt..., auch: 'st...], die; -, ...zzen [ital. (venetisch) strazza, verw. mit: stracciare, ↑Strazze] (Fachspr.): *Abfall bei der Herstellung von Seide;* **Straz|ze,** die; -, -n [wohl verkürzt aus ital. stracciafoglio, zu: stracciare = zerreißen] (Kaufmannsspr. veraltend): *Kladde.*
strea|ken ['stri:kn̩] 〈sw. V.; hat〉 [engl. to streak = blitzen, zu: streak = Blitz(strahl)] (veraltend): *blitzen* (5); **Strea|ker** ['stri:kɐ], der; -s, - [engl. streaker] (veraltend): *Blitzer;* **Strea|ke|rin** ['stri:...], die; -, -nen (veraltend): w. Form zu ↑Streaker.
Strea|mer ['stri:mɐ], der; -s, - [engl. streamer, zu: to stream = strömen]: **1.** (beim Angeln für Lachs verwendeter) *größerer, mit Federn versehener Haken, der einer Fliege ähnlich sieht.* **2.** (Datenverarb.) *peripheres* (3) *Gerät eines Datenverarbeitungssystems zur Sicherung von Daten bes. bei Festplatten;* **Stream of conscious|ness** ['stri:m əv 'kɔnʃəsnɪs], der; - - - [engl. = Bewußtseinsstrom, zu: stream = Strom u. consciousness = Bewußtsein] (Literaturw.): *Erzähltechnik, bei der an die Stelle eines äußeren, in sich geschlossenen Geschehens eine assoziative Folge von Vorstellungen, Gedanken o. ä. einer Romanfigur tritt.*
Streb, der; -[e]s, -e (Bergbau): *Abschnitt des Abbaus beim Strebbau;* **Streb|bau,** der; 〈o. Pl.〉 (Bergbau): *Abbauverfahren (bes. bei flach gelagerten Flözen), bei dem der Abbau in Streifen quer zur Längsrichtung des Flözes geschieht;* **Stre|be,** die; -, -n [zu ↑streben]: *schräg nach oben verlaufende Stütze in Gestalt eines Balkens, Pfostens, einer Stange o. ä.:* starke, dicke, dünne -n; die Wand mußte mit -n gestützt werden; **Stre|be|bal|ken,** der: *als Strebe dienender Balken;* **Stre|be|bo|gen,** der (Archit.): *Bogen* (2) *im Strebewerk;* **stre|ben** 〈sw. V.〉 [mhd. streben, ahd. streben, viell. (angestrengt) bewegen, kämpfen, älter auch: steif sein, sich strecken, viell. verw. mit ↑starren]: **1.** *sich energisch, zielbewußt, unbeirrt zügig irgendwohin, zu einem bestimmten Ziel bewegen* 〈ist〉: zur Tür, ins Freie, nach vorne s.; Wir umringten einen beleibten Spießer, der vom Hofbräuhaus nach Hause strebte (K. Mann, Wendepunkt 88); Sie sah dem Mann hinterher, der ... zum Ausgang strebte (Johnson, Ansichten 54); der Fluß strebt zum *(geh.; fließt ins)* Meer; die Pflanzen streben *(geh.; strecken sich)* nach dem Licht, zum Licht; Ü zum Himmel strebende *(geh.; in den Himmel ragende)* Türme; die Partei strebt mit aller Energie zur/an die Macht *(geh.; möchte an die Macht kommen).* **2.** *sich sehr, mit aller Kraft, unbeirrt um etw. bemühen; danach trachten, etw. Bestimmtes zu erreichen* 〈hat〉: nach Reichtum, Ehre, Macht, Geld, Erfolg, Glück s.;

Strebepfeiler

Auch dort, wo Staatskirchen noch bestehen wie in England und den skandinavischen Staaten, strebt die Kirche nach Selbständigkeit (Fraenkel, Staat 155); er strebte stets *(war stets bestrebt),* sich zu vervollkommnen; schon längst strebte ich danach, nach Berlin zu kommen (Niekisch, Leben 112); ⟨subst.:⟩ des Menschen Streben nach Vollkommenheit ist auf allen Gebieten zu beobachten (L. Frank, Wagen 26); sein Streben geht dahin, ist darauf gerichtet, die Zustände zu verbessern; **Stre|be|pfei|ler,** der (Archit.): vgl. Strebebogen; **Stre|ber,** der; -s, - (abwertend): *jmd., der sich ehrgeizig u. in egoistischer Weise um sein Fortkommen in Schule od. Beruf bemüht:* ein unangenehmer, unsympathischer S.; Von Anfang an war ich fleißig, aber kein S. (Grass, Hundejahre 268); er gilt in seiner Klasse, in seiner Schule als S.; **Stre|be|rei,** die; - (abwertend): *Verhalten eines Strebers; Strebertum;* **stre|ber|haft** ⟨Adj., -er, -este⟩ (abwertend selten): *ehrgeizig u. egoistisch um das Fortkommen in Schule od. Beruf bemüht; die unangenehmen Eigenschaften eines Strebers aufweisend:* ein -er Schüler; **Stre|be|rin,** die; -, -nen (abwertend): w. Form zu ↑Streber; **stre|be|risch** ⟨Adj.⟩ (abwertend selten): *streberhaft:* ein -er Yuppie; **Stre|ber|na|tur,** die (abwertend): *jmd., der seinem ganzen Wesen u. Verhalten nach ein Streber ist:* er ist eine unsympathische S.; **Stre|ber|tum,** das; -s (abwertend): *streberisches Wesen, Verhalten;* **Stre|be|werk,** das (Archit.): *Gesamtheit der aus Bogen (2) u. Pfeilern (1) bestehenden Konstruktion, die bei gewölbten Bauten die vom Gewölbe aus wirkenden Kräfte ableitet u. auf die Fundamente übertragt;* **streb|sam** ⟨Adj.⟩: *eifrig bemüht, sein Fortkommen in Schule od. Beruf mit Fleiß u. Zielstrebigkeit zu fördern:* -e Schüler; sie ist eine -e junge Frau, die weiß, was sie will; er ist eifrig und s.; **Streb|sam|keit,** die; -: *das Strebsamsein, strebsames Verhalten;* **Strebung,** die; -, -en [zu ↑streben (2)] ⟨meist Pl.⟩ (geh.): *das Streben (2):* politische, kulturelle -en; unterdrückte -en kommen zum Durchbruch (Heiliger, Angst 115); sie kannte seine geheimen -en; daß der Sadismus eine Triebmischung von rein libidinösen und rein destruktiven -en ist (Freud, Abriß 17).

Streck|bank, die ⟨Pl. ...bänke⟩: *Folterbank;* **streck|bar** ⟨Adj.⟩: *sich strecken lassend; geeignet, gestreckt zu werden;* **Streck|bar|keit,** die; -: *das Streckbarsein;* **Streck|bett,** das (Med.): *der Geradestellung einer verkrümmten Wirbelsäule dienendes Bett, in dem ein Patient durch Vorrichtungen, die einen Zug ausüben, gestreckt wird;* **Strecke**[1], die; -, -n [zu ↑strecken; mhd. in: zilstrecke = Strecke Wegs]: **1. a)** *Stück, Abschnitt eines [zurückzulegenden] Weges von bestimmter od. unbestimmter Entfernung:* eine lange, weite, kurze, kleine S.; es ist eine ziemliche, ordentliche, beträchtliche, ungeheure S. bis dorthin; die Wanderer mußten noch eine schwierige S., eine S. von 20 km bewältigen; eine S. zurücklegen; jmdn. eine S. [Weges] begleiten; die S. bis zur Grenze schaffen wir in einer Stunde; der Pilot fliegt diese S. *(Route)* öfter; das Land war über weite -n [hin] *(war weithin, zu großen Teilen)* überschwemmt; Ü das Buch war über einige -n *(in einigen Passagen)* ziemlich langweilig; * **auf der S. bleiben** (ugs.): 1. *nicht mehr weiterkönnen, aufgeben müssen, scheitern:* bei dem scharfen Konkurrenzkampf ist er auf der S. geblieben. 2. *verlorengehen, vereitelt werden, zunichte werden:* alle Reformprogramme sind auf der S. geblieben; Solide pädagogische Fähigkeiten ... blieben auf der S. [Freie Presse 14. 2. 90, 3]; wohl aus dem Bereich des Sports u. eigtl. = bei einem [Lauf]wettbewerb nicht das Ziel erreichen); **b)** *Abschnitt, Teil einer Eisenbahnlinie, einer Gleisanlage zwischen zwei Stationen:* die S. Saarbrücken–Paris, zwischen Saarbrücken und Paris; die S. ist noch nicht fertig; diese S. fährt er öfter; eine S. ausbauen; die S. *(die Gleise eines bestimmten Abschnitts)* kontrollieren, begehen, abgehen; Der neue ICE-Superzug der Bahn war erst wenige Stunden auf der S., da ... (natur 7, 1991, 3); auf der S. *(an den Gleisanlagen)* arbeiten; der Zug hielt auf freier/offener S. *(außerhalb eines Bahnhofs);* **c)** (Sport) *für einen Wettkampf festgelegte Entfernung, genau abgemessener Weg, den ein Sportler bei einem Rennen o. ä. zurücklegen muß:* lange -n liegen ihm nicht; er läuft, schwimmt nur die kurzen -n; viele Zuschauer säumten die S., waren an der S.; auf die S. gehen *(starten);* die Läufer sind noch auf der S. *(unterwegs);* über die S. gehen *(an einem Rennen teilnehmen).* **2.** (Geom.) *durch zwei Punkte begrenzte gerade Linie:* Eine S. ist durch ihre zwei Endpunkte eindeutig bestimmt (Mathematik I, 429); die S. auf der Geraden abtragen. **3.** (Bergbau) *(der Zu- u. Abfuhr von Materialien dienender) horizontaler Grubenbau:* von dem Schacht gehen mehrere -n aus; eine S. vorantreiben, ausbauen. **4.** (Jägerspr.) *Gesamtheit des bei einer Jagd erlegten [nach der Jagd geordnet auf der Erde niedergelegten] Wildes:* eine ansehnliche S.; eine S. von fünfzig Hasen; seine S. betrug nur wenige Fasanen; Die im Jahre 1986 erzielte S. ... kann sich durchaus sehen lassen (Jagd 5, 1987, 152); * **etw.** (ein Tier) **zur S. bringen** (Jägerspr.): *[ein Tier] erlegen, auf der Jagd töten):* einen Rehbock zur S. bringen; **jmdn. zur S. bringen** (1. *jmdn. [nach langer Verfolgung] überwältigen, verhaften, töten:* die Polizei hat die Bankräuber zur S. gebracht. 2. *jmdn. zu Fall bringen, erledigen:* Menschen wie Daphne sind unschwer zur S. zu bringen [A. Kolb, Daphne 184]; Er machte zufällig damit Karriere, daß er möglichst viele Opfer zur S. brachte [Müthel, Baum 63]); **strecken**[1] ⟨sw. V.; hat⟩ [mhd. strecken, ahd. strecchen, eigtl. = gerade, strack machen, zu ↑strack]: **1. a)** *(einen Körperteil) in eine gerade, ausgestreckte Haltung bringen; ausstrecken, ausgestreckt halten:* die Arme, Beine, den Körper, die Knie s.; die Schüler strecken den Finger (landsch.; *halten den ausgestreckten Zeigefinger hoch, um sich zu melden);* wir müssen das gebrochene Bein s. *(in einen Streckverband legen);* ⟨2. Part.:⟩ in gestrecktem Galopp *(in raschem Galopp mit gestreckten, weit ausgreifenden Beinen des Pferdes)* davonreiten; Ü ein gestreckter (Math.; *180° aufweisender)* Winkel; **b)** *(sich, einen Körperteil) dehnend ausstrecken, recken:* sich dehnen und s.; er streckte seine Glieder auf dem weichen Sofa; sie reckte und streckte sich, ehe sie sich erhob; man braucht sich nicht zu s., um an die Zimmerdecke zu greifen (Frisch, Montauk 80); sie gähnte und streckte die Beine; der Hund streckte sich behaglich in der Sonne; sie mußten die Hälse s., um etwas zu sehen; der Torwart mußte sich gewaltig s. *(mußte einen Hechtsprung machen),* um den Schuß über die Latte zu lenken; Ü der Weg dahin streckt sich doch ziemlich, erheblich (fam.; *ist weiter als erwartet);* es wurde Abend, und die Schatten streckten sich (dichter.; *wurden länger);* **c)** *(einen Körperteil) ausgestreckt in eine bestimmte Richtung halten, irgendwohin recken:* den Kopf aus dem Fenster, durch den Türspalt, in die Höhe, nach vorn s.; die Füße unter den Tisch s., von sich s.; Kahn streckte die ... Beine aus dem Bett (Sebastian, Krankenhaus 76); Er lag still auf einem Bett irgendwo, den Spitzbart steif in die Luft gestreckt (Schnabel, Marmor 13); Er ... tastete mit nach hinten gestreckten Händen nach seinem Schreibtisch (Sebastian, Krankenhaus 195); **d)** ⟨s. + sich⟩ *sich irgendwo der Länge nach hinstrecken, ausgestreckt hinlegen:* sich behaglich aufs Sofa, ins Gras s.; sie streckte sich unter die Decke und schlief ein; **e)** ⟨s. + sich⟩ (seltener) *sich räumlich erstrecken; eine bestimmte Ausdehnung haben:* der Wald streckt sich mehrere Kilometer in die Länge; Dort drüben streckte sich das Schlachtfeld von Großräschen, weiter hinten das von Lützen (Loest, Pistole 246); **f)** ⟨s. + sich⟩ (fam.) *größer werden, wachsen:* die Kinder haben sich in letzter Zeit mächtig gestreckt. **2.** *durch entsprechende Behandlung, Bearbeitung größer, länger, breiter, weiter machen:* Eisenblech durch Hämmern, Walzen s.; sie hat die Schuhe s. lassen; das Muster des Kleides streckt sie, ihre Figur *(läßt sie, ihre Figur schlanker u. größer erscheinen).* **3. a)** *durch Verdünnen, Vermischen mit Zusätzen in der Menge vermehren, ergiebiger machen:* die Suppe, Soße ein wenig [mit Wasser] s.; Wir mischen Eichel- und Erbsmehl unter, um unseren Brotteig zu s. (Grass, Butt 370); mit Mehl gestrecktes Haschisch; Reinen Stoff kriegste ja sowieso nicht mehr oder nur sehr schwer, ist alles gestreckt (Eppendorfer, St. Pauli 240); **b)** *durch Rationieren, Einteilen in kleinere Portionen länger ausreichen lassen:* wir müssen Holz und Kohle bis zum Frühjahr ein wenig s.; die Vorräte lassen sich nicht mehr lange s.; Wie immer es gelingen mag, die Mineralölversorgung zu s. (auto touring 2, 1979, 3); Ü Jüngst streckte Nissan gar die Inspektionsintervalle für alle Datsun-Autos auf 20 000 Kilometer (Capital 2, 1980, 125). **4.** (Jägerspr.) *erlegen:* einen Vierzehnender s.; Ebenso wie darauf geachtet wird, daß Unfallwild von dem normal gestreckten Wild getrennt zu lagern ist

(Jagd 3, 1987, 89); **Strecken|ab|schnitt**[1], der: *Abschnitt einer Strecke* (1); **Strecken|ar|bei|ter**[1], der: *Arbeiter, der beim Bau, bei der Unterhaltung, Reparatur von Gleisanlagen mit Gleisarbeiten beschäftigt ist;* Form zu ↑Streckenarbeiter; **Strecken|auf|se|her**[1], der: *Streckenwärter;* **Strecken|auf|se|he|rin**[1], die: w. Form zu ↑Streckenaufseher; **Strecken|be|ge|hung**[1], die: *das Begehen* (1 b) *einer Strecke* (1 b); **Strecken|block**[1], der ⟨Pl. -s⟩ (Eisenb.): *Block* (2); **Strecken|fahrt**[1], die: *Fahrt über eine [festgelegte] längere Strecke:* der Wagen ist weniger für den Stadtverkehr als für -en geeignet; **Strecken|fern|spre|cher**[1], der: *Fernsprecher im Bereich von Gleisanlagen (an entsprechenden Punkten außerhalb der Bahnhöfe);* **Strecken|flug**[1], der (Segelfliegen): *Flug über eine möglichst weite Strecke od. eine weite Strecke mit bestimmtem Ziel;* **Strecken|füh|rung**[1], die: *Verlauf einer Renn-, Bahn-, Flugstrecke;* **Strecken|netz**[1], das: vgl. Straßennetz; **Strecken|ord|ner**[1], der (Sport): *an einer Rennstrecke eingesetzter Ordner;* **Strecken|ord|ne|rin**[1], die (Sport): w. Form zu ↑Streckenordner; **Strecken|po|sten**[1], der (Sport): *an einer Rennstrecke eingesetzter Posten* (1 b); *Streckenordner;* **Strecken|pro|fil**[1], das (Sport): *graphische Darstellung einer Strecke* (1 c); **Strecken|re|kord**[1], der: *für eine bestimmte Strecke* (1 c) *geltender Rekord;* **Strecken|spre|cher**[1], der: *jmd., der bei einer sportlichen Veranstaltung auf einer Rennstrecke die Ansage* (2 a) *macht;* **Strecken|spre|che|rin**[1], die: w. Form zu ↑Streckensprecher; **Strecken|strich**[1], der (Druckw.): *bes. bei der Angabe von Strecken* (1 b) *in Fahrplänen verwendeter [etwas kürzerer], meist ohne Spatium gesetzter Gedankenstrich;* **Strecken|tau|chen**[1], das; -s (Schwimmen): *Wettbewerb im Tauchen, bei dem die unter Wasser zurückgelegte Strecke gemessen wird;* **Strecken|über|la|stung**[1], die: *zu starke Beanspruchung einer Strecke;* **Strecken|wär|ter**[1], der: *Angestellter der Eisenbahn, der die Gleisanlagen überwacht;* **Strecken|wär|te|rin**[1], die: w. Form zu ↑Streckenwärter; **strecken|wei|se**[1] ⟨Adv.⟩: *über einige, bestimmte Strecken* (1 a) *hin; an einzelnen, bestimmten Stellen:* die Straße ist s. in einem sehr schlechten Zustand; wohin wir uns nur auf Fahrzeugen mit Raupenketten vorarbeiten können, weil man s. glatt im Schlamm versinken würde (Kinski, Erdbeermund 267); ⟨mit Verbalsubstantiven auch attr.:⟩ Streckenweise Versteppung bezeichnet schon eher die Art, in der diese Landschaft verkommt (Frischmuth, Herrin 26); Ü das Buch war s. *(in einigen Passagen)* langweilig; die Mannschaft spielte s. *(zeitweise, in einigen Abschnitten)* einen hervorragenden Fußball; Leider war das Wetter s. *(zeitweise)* so unfreundlich, daß ... (Saarbr. Zeitung 5./6. 6. 80, 19); **Strecker**[1], der; -s, - (Anat.): *Streckmuskel;* **Strecker|spin|ne**[1], die: *(in vielen Arten vorkommende) Spinne mit langgestrecktem Hinterleib, die radförmige Netze webt;* **Streck|gren|ze**, die (Technik): *(bei der Prüfung von Werkstoffen) Grenze, bis zu der ein Material Belastungen durch Zug ausgesetzt werden kann, ohne daß es sich verformt;* **Streck|hang**, der (Turnen): *Hang* (3) *mit gestreckten Armen:* ein S. am Reck, an den Ringen; **Streck|me|tall**, das [das Blech wird nach dem Einstanzen von Einschnitten gestreckt (2)] (Technik, Bauw.): *Gitter (aus Stahlblech), das bes. als Unterlage für Putz, Armierung von Beton o. ä. verwendet wird;* **Streck|mit|tel**, das: *Substanz, Mittel zum Strecken* (3 a) *bestimmter Speisen;* **Streck|mus|kel**, der (Anat.): *Muskel, der dazu bient, ein Glied o. ä. zu strecken; Strecker; Extensor;* **Streck|pha|se**, die: *Streckung* (2); **Streck|pro|be**, die (Technik): *Prüfung von Werkstoffen, bei der ein Material bis zur Streckgrenze einem Zug ausgesetzt wird;* **Streck|sitz**, der (Turnen): *das Sitzen mit gestreckten Beinen;* **Streck|tau**, das (Seew.): *bei schwerem Seegang über das Deck eines Schiffes gespanntes Tau zum Festhalten;* **Streckung**, die; -, -en: 1. *das Strecken.* 2. (Med.) *Phase beschleunigten Wachstums bei Kindern;* **Streck|ver|band**, der (Med.): *Verband, der durch Schienen o. ä. eine Streckung bewirkt u. so eine Verkürzung der Knochen bei der Heilung verhindert;* **Streck|win|kel**, der (Math.): *Supplementwinkel.*

Street|ball ['striːtbɔːl], der; -s [zu engl. street = Straße u. (basket)ball = (Basket)ball]: *auf Plätzen, Höfen o. ä. gespielte Variante des Basketballs mit drei Spielern in einer Mannschaft:* Die Basketball-Schrumpfversion S. (drei gegen drei, Spiel mit einem Korb) hat in diesem Sommer eine gigantische Success-Story hinter sich (Focus 36, 1993, 130); S. kommt aus den USA und wird dort in jedem Hinterhof gespielt (IWZ 25, 1993, 7); **Street|bal|ler** ['striːtbɔːlɐ], der; -s, -: *jmd., der Streetball spielt;* **Street|bal|le|rin**, die; -, -nen: w. Form zu ↑Streetballer; **Street-Band** ['striːt 'bænd], die; -, -s [engl. street band, zu ↑[3]Band]: *Marching Band;* **Street-cry** ['striːt 'kraɪ], der; - - [engl. street cry, eigtl. = Straßenruf, zu: cry = Schrei, Ruf; in den Gesang gingen die Rufe der Straßenverkäufer ein, die ihre Ware anpreisen]: *afroamerikanische Gesangsform, die den Einfluß auf den Blues hatte;* **Street|gang** ['striːtɡɛŋ], die; -, -s [engl. street gang, ↑[3]Gang]: *Bande meist jugendlicher Krimineller, die Passanten auf [einsamen] Straßen angreifen u. ausrauben;* **Street|work** ['striːtwɜːk], die; - [zu engl. work = Arbeit]: *Sozialarbeit, bei der Drogenabhängigen, gefährdeten od. straffällig gewordenen Jugendlichen u. a. innerhalb ihres Wohnbereichs od. Milieus von Streetworkern geholfen bzw. Beratung angeboten wird;* **Street|wor|ker** ['striːtwɜːkɐ], der; -s, - [engl. street worker, zu: worker = Arbeiter(in)]: *Sozialarbeiter, der Streetwork betreibt;* **Street|wor|ke|rin**, die; -, -nen: w. Form zu ↑Streetworker.

Streh|ler, der; -s, - [zu landsch. strehlen, Nebenf. von ↑strählen; nach den kammartigen Schneidezähnen] (Technik): *Werkzeug zum Herstellen von Gewinden.*

Streich, der; -[e]s, -e [mhd. streich, zu ↑streichen in dessen veralteter Bed. "schlagen"]: 1. (geh.) *Schlag, Hieb:* ein leichter S.; einen S. gegen jmdn. führen; Nun griffen wir zum Schwert, und Menelaos führte einen S. gegen meinen Helm (Hagelstange, Spielball 122); jmdm. den tödlichen S. versetzen; ... die linke Backe hinzuhalten, wenn wir einen S. auf die rechte empfangen haben (Musil, Mann 1 169); Spr jedes Ding braucht seine Zeit *(jedes Ding braucht seine Zeit);* * **auf einen S.** (veraltend; *gleichzeitig, auf einmal;* zu Streich in der alten Bed. "Schlag; [Fecht]hieb"); **[mit etw.] zu S. kommen** (veraltend, noch landsch.: *mit etw. zurechtkommen, Erfolg haben;* zu Streich in der alten Bed. "Schlag", hier im Sinne von "Zuschlag" bei einer Versteigerung). 2. *meist aus Übermut, Mutwillen, Spaß ausgeführte Handlung, mit der andere geneckt, getäuscht, hereingelegt o. ä. werden:* ein übermütiger, lustiger, dummer, schlimmer S.; tolle Streiche; einen S. ausführen, verüben, vollführen; einen S. aushecken; ein Junge, der einen pfiffigen S. anstiftet (A. Zweig, Grischa 101); sie ist immer zu irgendwelchen albernen, verrückten -en aufgelegt; * **jmdm. einen S. spielen** (1. *jmdn. mit einem Streich 2 necken, hereinlegen:* die Kinder haben dem Lehrer einen S. gespielt. 2. *jmdm. übel mitspielen, ihn täuschen, narren, im Stich lassen:* meine Gesundheit, mein Gedächtnis, das Schicksal hat mir einen S. gespielt; Der Regisseurin ... spielten drei Tage vor der Sendung die Nerven einen S. [Hörzu 16, 1976, 8]); **Streich|blech**, das: 1. *Blech hinter der Pflugschar.* ◆ 2. *flacher, länglicher Gegenstand aus Blech, mit dem das überschüssige Getreide vom Hohlmaß abgestrichen wird:* in seiner Rechten hielt er ein silbernes gehenkeltes Gemäß und ein S. in der Linken (Goethe, Dichtung u. Wahrheit 5); **Streich|bür|ste**, die: *Bürste zum Auftragen u. Verteilen von Farben o. ä. (als Handwerkszeug des Malers);* **Strei|che**, die; -, -n (früher): *Flanke einer Festungsanlage;* **Strei|chel|ein|heit**, die ⟨meist Pl.⟩ (Psych. Jargon, auch ugs. scherzh.): *gewisses Maß freundlicher Zuwendung in Form von Lob, Zärtlichkeit o. ä., das jmd. braucht, jmdm. zuteil wird:* seine -en bekommen; ein Kind, das seine -en entbehren mußte – gewiß ein besonders tragischer Fall (Hörzu 10, 1976, 22); Fischmänner allein wissen um das tiefinnere Verlangen einer Eva nach -en (Hörzu 47, 1975, 111); **strei|cheln** ⟨sw. V.; hat⟩ [frühnhd. Weiterbildung aus dem sw. V. mhd. streicheln, ahd. streihhōn = streicheln, zu ↑streichen]: *mit sanften, gleitenden Bewegungen der Hand sanft, liebkosend berühren; leicht, sanft über etw. streichen, hinfahren:* jmdn. zärtlich, liebevoll, hastsam streicheln; Ich streichle leise meinen Bauch (Imog, Wurliblume 25); er streichelte ihr Haar, ihr das Haar, ihr übers Haar; sie streichelte das Fell des Hundes, ihm am Kopf; willst du den Hund s.?; er fuhr streichelnd über ihre Wange; Ü ein leichter Wind streichelte ihren Körper; ein feiner Sprühregen ... streichelte ihre erhitzten Gesichter (Ott, Haie 139); **Strei|chel|wie|se**, die: *Wiese, auf der sich Tiere zum Streicheln*

Streichelzoo

[für Kinder] befinden; **Strei|chel|zoo,** *der: Tiergarten od. Gehege, in dem Kinder Tiere, die sie sonst nur aus der Ferne sehen, beobachten u. auch streicheln können;* **Strei|che|ma|cher,** *der: jmd., der gerne Streiche (2) macht;* **Strei|che|ma|che|rin,** *die: w. Form zu* ↑*Streichemacher;* **strei|chen** ⟨st. V.⟩ [mhd. strīchen, ahd. strīhhan, verw. mit ↑ Strahl]: **1.** ⟨hat⟩ **a)** *mit einer gleitenden Bewegung [leicht, ebnend, glättend] über etw. hinfahren (3), hinstreichen:* jmdm. freundlich, zärtlich, liebevoll über die Haare, über den Kopf, das Gesicht s.; sie strich mehrmals mit der Hand über die Decke; er strich sich nachdenklich über den Bart/(auch:) strich sich den Bart; er streicht die Geige (veraltend; *er spielt auf der Geige*); Die Geiger strichen (salopp; *spielten auf Streichinstrumenten*) den Kammerton (Wellershoff, Körper 262); ⟨nur im 2. Part.:⟩ ein gestrichener *(bis zum Rand gefüllter, aber nicht gehäufter)* Eßlöffel Mehl; das Maß sollte gestrichen voll *(genau bis zum Rand gefüllt)* sein; der Aschenbecher ist mal wieder gestrichen (ugs.; *übermäßig*) voll; Ü Der Strahl von Schwester Noras Taschenlampe strich über die Ziegelmauer (Sebastian, Krankenhaus 86); ◆ wie eine Katze schnurret, wenn man sich mit ihr anläßt, ihr den Balg streicht (*streichelt*; Gotthelf, Spinne 94); **b)** *mit einer streichenden* (1 a) *Bewegung irgendwohin befördern:* mit einer raschen Bewegung strich sie die Krümel zur Seite, vom Tisch; ich strich ihr das Haar, eine Strähne aus der Stirn; mit einem Spachtel Kitt in die Fugen s.; Er nahm ihr das Brettchen mit den würflig geschnittenen Zwiebeln ab und strich sie mit dem Küchenmesser in die Sauce (M. L. Fischer, Kein Vogel 32); die gekochten Tomaten durch ein Sieb s. (Kochk.; *durchschlagen, passieren*). **2.** ⟨hat⟩ **a)** *mit streichenden* (1 a) *Bewegungen (meist mit Hilfe eines Gerätes) in dünner Schicht über etw. verteilen, irgendwo auftragen:* Butter, Marmelade [dick] aufs Brot s.; er strich mit dem Spachtel Salbe auf die Wunde; **b)** *durch Streichen* (2 a) *mit einem Brotaufstrich versehen; bestreichen:* ein Brötchen mit Leberwurst, Honig, Marmelade s.; die Mutter streicht den Kindern die Brote; **c)** *mit Hilfe eines Pinsels o. ä. mit einem Anstrich* (1 b) *versehen; anstreichen:* die Decke, die Wände s.; sie hat die Türen, die Gartenmöbel mit Ölfarbe gestrichen; Das Fenster mußte gestrichen werden (H. Gerlach, Demission 270); ein grün, mit grüner Ölfarbe gestrichener Zaun; Vorsicht, frisch gestrichen! **3.** *(etw. Geschriebenes, Gedrucktes, Aufgezeichnetes) durch einen od. mehrere Striche ungültig machen, tilgen; ausstreichen* ⟨hat⟩: einen Satz [aus einem Manuskript, in einem Text] s.; er hat einige Passagen der Rede, einige Szenen des Theaterstückes gestrichen; du kannst ihn, seinen Namen aus der Liste s.; Nichtzutreffendes bitte s.!; Es versteht sich, daß ich kein Wort gestrichen habe (Reich-Ranicki, Th. Mann 266); Ü du mußt diese Angelegenheit aus deinem Gedächtnis s. (*mußt sie vergessen, darfst nicht mehr daran denken*); Kann ich zehn Jahre aus meinem Leben s.? (*sie als nicht dagewesen betrachten?*; Seidel, Sterne 143); der Auftrag wurde gestrichen *(zurückgezogen);* daß ihm ein Kredit erst zugesagt und dann auf unerklärliche Weise wieder gestrichen worden sei (H. Weber, Einzug 78); Zuschüsse, Subventionen s. *(nicht länger gewähren, abschaffen);* dem Häftling sind alle Vergünstigungen gestrichen worden *(werden ihm nicht länger gewährt);* deinen Urlaub, diese Pläne kannst du s. (ugs.; *aufgeben, fallenlassen*); Der Computerhersteller ... soll innerhalb von zwei Jahren 40 000 Stellen s. *(abschaffen, abbauen;* Tages Anzeiger 26. 11. 91, 5). **4.** ⟨ist⟩ **a)** *ohne erkennbares Ziel, ohne eine bestimmte Richtung einzuhalten, irgendwo umhergehen; sich irgendwo umherbewegen:* durch Wälder und Felder s.; abends streicht er durch die Straßen, um ihr Haus; wenn er mit den Kindern durch die Gegend strich (Harig, Ordnung 19); die Katze streicht *(bewegt sich mit leichten, gleitenden Bewegungen)* mir um die Beine; **b)** (bes. Jägerspr.) *in ruhigem Flug [in geringer Höhe] fliegen, irgendwo umherfliegen:* ein paar Enten, Wasservögel streichen aus dem Schilf; Ein Flugzeug strich über die Wolken (Loest, Pistole 78); **c)** *irgendwo gleichmäßig, nicht sehr heftig wehen:* ein leichter Wind streicht durch die Kronen der Bäume, über die Felder, um die Mauern; Kühl streicht Morgenluft über meine Schultern (Lentz, Muckefuck 21); War der kühle Wind, der bei einem Morgenbad über das spiegelglatte Meer strich, schuld? (Gregor-Dellin, Traumbuch 101). **5.** ⟨in den Vergangenheitsformen ungebr.⟩ **a)** (Geol.) *(von schräg verlaufenden Schichten) in bestimmten Winkel eine gedachte horizontale Linie schneiden;* **b)** (Geogr.) *(von Gebirgen) in eine bestimmte Richtung verlaufen, sich erstrecken:* das Gebirge streicht nach Norden, entlang der Küste. **6.** (Rudern) *(das Ruder) entgegen der Fahrtrichtung bewegen od. stemmen, um zu bremsen od. rückwärts zu fahren* ⟨hat⟩: sie haben beide an den Riemen gestrichen. **7.** (Seemannsspr. veraltet) *herunterlassen, einziehen, einholen* ⟨hat⟩: die Segel, die Stenge s. **8.** (landsch.) *melken* (1) ⟨hat⟩. ◆ **9.** *verprügeln, züchtigen; schlagen* ⟨hat⟩: Wenn die Burschen schwimmen und ich seh' einen nackten Buckel, gleich fallen sie mir zu Dutzenden ein, die ich habe mit Ruten s. sehn (Goethe, Egmont II); die Mutter ... nahm mich und strich mich eine lange Zeit mit der Rute (Rosegger, Waldbauernbub 178); **Strei|chen,** *das;* -s ⟨Pl. selten⟩: *Fehler beim Gehen eines Pferdes, bei dem ein Huf die Innenseite des anderen Fußes streift;* **Strei|cher,** *der;* -s, - (Musik): *jmd., der im Orchester ein Streichinstrument spielt;* **Strei|che|rei,** *die;* -, -en ⟨Pl. selten⟩ (abwertend): *[dauerndes] Streichen* (2 c, 3); **Strei|che|rin,** *die;* -, -nen (Musik): w. Form zu ↑Streicher; **streich|fä|hig** ⟨Adj.⟩: *so beschaffen, so weich, geschmeidig, daß ein Streichen* (2) *leicht möglich ist:* ein -er Käse; diese Butter bleibt auch gekühlt s.; **Streich|fä|hig|keit,** *die;* ⟨o. Pl.⟩: *das Streichfähigsein;* **streich|fer|tig** ⟨Adj.⟩: *gebrauchsfertig zum Streichen* (2): -e Farben; **Streich|flä|che,** *die: Reibfläche;* **Streich|form,** *die: Form, in die man eine plastische Masse (z. B. Ton) hineinstreicht (um sie zu brennen o. ä.);* **Streich|garn,** *das:* **1.** *weiches Garn, dessen rauhe Oberfläche dadurch entsteht, daß es aus ungleichmäßig kurzen Fasern besteht u. nur schwach gedreht ist.* **2.** *lockeres, weiches Gewebe aus Streichgarn* (1); **Streich|garn|stoff,** *der: Streichgarn* (2); **Streich|holz,** *das: kleines Stäbchen aus Holz, Pappe o. ä., dessen eines Ende einen Kopf aus einer leichtentzündlichen Masse trägt, der durch Reiben an einer rauhen Fläche zum Brennen gebracht wird:* ein S. anreißen, anzünden, ausblasen; ein brennendes S. an die Zigarre halten; Das S. flammte auf (Rehn, Nichts 22); als der Mann an der Bar das abgebrannte S. wegschnippte (Schnabel, Marmor 123); Er zog ein Päckchen Zigaretten hervor und kramte in seinen Taschen nach Streichhölzern (Remarque, Triomphe 6); **Streich|holz|län|ge,** *die: Länge eines Streichholzes:* beim Haareschneiden ... Haupthaar auf S. (Borkowski, Wer 91); **Streich|holz|schach|tel,** *die: kleine Schachtel mit einer od. zwei Reibflächen, in der Streichhölzer verpackt u. aufbewahrt werden;* **Streich|in|stru|ment,** *das: Saiteninstrument, dessen Saiten durch Streichen mit einem Bogen* (5) *zum Tönen gebracht werden (z. B. Geige);* **Streich|kä|se,** *der: streichfähiger, als Brotaufstrich verwendeter Käse;* **Streich|kon|zert,** *das:* vgl. *Klavierkonzert;* **Streich|le|der,** *das* (veraltend): *Leder zum Abziehen, Schärfen von Klingen;* **Streich|li|nie,** *die* (Geol.): *(die Fallinie* 1 *im rechten Winkel schneidende) gedachte horizontale Linie auf einer geneigten Fläche;* **Streich|mas|sa|ge,** *die: Massage, bei der das Gewebe durch Streichen mit den Händen behandelt wird;* **Streich|mett|wurst,** *die: streichfähige Mettwurst;* **Streich|mu|sik,** *die: Musik, die auf Streichinstrumenten gespielt wird;* **Streich|or|che|ster,** *das: Orchester, in dem nur Streicher spielen;* **Streich|quar|tett,** *das:* **a)** *mit zwei Geigen, einer Bratsche u. einem Cello besetztes Quartett* (1 a); **b)** *Komposition für ein Streichquartett* (a); **Streich|quin|tett,** *das:* **a)** *mit zwei Geigen, einer Bratsche u. einem Cello sowie einer weiteren Bratsche od. einem weiteren Cello besetztes Quintett* (b); **b)** *Komposition für ein Streichquintett* (a); **Streich|rie|men,** *der* (veraltend): *Lederriemen zum Abziehen, Schärfen von Klingen:* das Zischen des Messers auf dem S. (Brinkmann, Zeit 24); Sophie wusch sich die Hände im Bad und blickte schuldbewußt auf Sellmanns S. neben dem Rasierspiegel (Bieler, Mädchenkrieg 250); **Streich|trio,** *das:* **a)** *meist mit einer Geige, einer Bratsche u. einem Cello besetztes Trio* (2); **b)** *Komposition für ein Streichtrio* (a); **Strei|chung,** *die;* -, -en: **a)** *das Streichen* (3); *Kürzung:* einige -en in einem Text, im Drehbuch vornehmen; eine S. rückgängig machen; Ü Die Schüler hatten sich für die ersatzlose S. *(Abschaffung)* des §218 eingesetzt (MM 30. 10. 75, 33); die S. von Subventionen fordern; **b)** *gestrichene Stelle in einem Text:* -en

kenntlich machen; **Streich|wol|le,** die: *aus Wolle hergestelltes Streichgarn;* **Streich|wurst,** die: *streichfähige, als Brotaufstrich verwendete Wurst (z. B. Streichmett-, Teewurst);* **Streich|zi|ther,** die: *im 19. Jh. beliebte Zither mit einem herzförmigen ²Korpus (2) u. einem in der Mitte angeordneten Griffbrett mit ¹Bünden (3), über das drei bis vier Saiten aus Draht gespannt sind.* **Streif,** der; -[e]s, -e *[mhd. strīfe, verw. mit ↑streifen]:* **1.** (geh.) *Streifen (1 a):* ein heller, silberner S. am Himmel; die offene See war noch fern, ein schwarzer S. unter dem Horizont (Schnabel, Marmor 47); Der Mützenrand hatte sich als ein blutroter S. auf der Stirn des Hauptmanns abgezeichnet (Gaiser, Jagd 129). ♦ **2.** *Streife (1, 2):* ... wenn wir Mannschaft nötig habe zum S. (Hebel, Schatzkästlein 58); **Streifband,** das ⟨Pl. ...bänder⟩ (Postw., Bankw.): *zum Versand od. zur Aufbewahrung um eine Drucksache, gebündelte Geldscheine o. ä. herumgelegter breiter Papierstreifen;* **Streif|band|de|pot,** das (Bankw.): *Depot (1 b), in dem Wertpapiere einzelner Besitzer gesondert (u. meist in Streifbändern) als individuelles Eigentum aufbewahrt werden;* **Streif|band|zeitung,** die (Postw.): *Zeitung, die zum Versand an den Empfänger mit einem Streifband versehen ist;* **Streif|chen,** das; -s, -: Vkl. zu ↑Streifen (1); **Strei|fe,** die; -, -n *[zu ↑streifen]:* **1.** *kleine Gruppe von Personen, kleine Einheit bei Polizei od. Militär, die Gänge od. Fahrten zur Kontrolle, Erkundung o. ä. durchführt; Patrouille (2):* eine S. des Bundesgrenzschutzes; Ich schlage vor, die -n im Stadtpark weiterhin in der jetzigen Stärke zu belassen (Bastian, Brut 69); er wurde von einer S. festgenommen. **2.** *von einer Streife (1) zur Kontrolle, Erkundung o. ä. durchgeführter Gang, durchgeführte Fahrt; Patrouille (1):* eine S. machen, durchführen; Im Niemandsland radelten wir auf Feldwegen (Lentz, Muckefuck 291); sie sind, müssen, gehen auf S. **3.** (landsch. veraltend) *Streifzug, Wanderung ohne festes Ziel;* **strei|fen** ⟨sw. V.⟩ */vgl. gestreift/ [mhd. strīfen, verw. mit ↑Strahl]:* **1.** *[mit gleitender Bewegung] leicht, nicht sehr heftig berühren* ⟨hat⟩: jmdn. am Arm, an der Schulter s.; sie streifte [mit ihrem Kleid] die Wand; mit dem Wagen einen Baum, das Garagentor s.; glücklicherweise hat ihn der Schuß nur gestreift *(oberflächlich verletzt);* Ü ein Windhauch streifte sie, ihre Wangen (geh.); *fuhr über sie, ihre Wangen hin);* Der Lichtschein ... streifte noch den Maulbeerbaum (Ransmayr, Welt 46); wenn die Straße einen Abgrund streift (Fels, Kanakenfauna 85); sie streifte mich mit einem Blick *(sah mich kurz an);* Ihr Blick streifte den Buchrücken (Kunze, Jahre 52); Rom haben wir auf dieser Reise nur gestreift *(haben wir nur flüchtig gesehen, besucht, sind daran vorbeigefahren);* Sie fühlten beide, als ob es hart ans Komische streifte *(ans Komische grenzte, fast komisch war;* Musil, Mann 1364). **2.** *nur oberflächlich, nebenbei behandeln; kurz erwähnen* ⟨hat⟩: eine Frage, ein Problem s.; sie hat das Thema in ihrer Rede einige Male kurz gestreift; Im Gespräch mit Kennedy wurde die Problematik ... nur gestreift (W. Brandt, Begegnungen 87). **3.** ⟨hat⟩ **a)** *mit einer streifenden (1), leicht gleitenden Bewegung irgendwohin bringen, über etw. ziehen, von etw. wegziehen, abstreifen:* den Ring auf den Finger, vom Finger s.; den Ärmel in die Höhe, nach oben s.; ich habe mir die Kapuze über den Kopf gestreift; sich das Kleid, den Pullover über den Kopf s. *(ziehen);* Vater ... hatte eine Hose über das Nachthemd gestreift (Harig, Weh dem 121); sich die Strümpfe von den Beinen s.; **b)** *mit einer streifenden (1), leicht gleitenden Bewegung von etw. ablösen, entfernen:* die Beeren von den Rispen, die trockenen Blätter von einem Zweig s.; Er streifte schweigend die Asche von der Zigarre (A. Zweig, Claudia 23). **4.** ⟨ist⟩ **a)** *ohne erkennbares Ziel, ohne eine bestimmte Richtung einzuhalten, wandern, ziehen; irgendwo umherwandern, -ziehen; irgendwo meist kleinere Streifzüge machen:* durch die Wälder, die Gegend, die Straßen s.; Katzen, die durch das Colosseum streifen (Gregor-Dellin, Traumbuch 153); Ü May ißt gemächlich, seine Gedanken streifen, verweilen (Loest, Pistole 19); **b)** (selten) *auf Streife (2) sein:* als er die uniformierten Verfolger vor seinem Haus s. sah (Lenz, Brot 57); streifende Polizisten, Soldaten; **Strei|fen,** der; -s, - *[mhd. strīfe, verw. mit ↑Strahl;* **2.** gek. aus *↑Filmstreifen]:* **1. a)** *farblich von seiner Umgebung abgehobener langer, schmaler Abschnitt einer Fläche:* ein silberner, heller S. am Himmel, Horizont; das Kleid hat breite, schmale, feine S.; er hat den weißen S. auf der Fahrbahn überfahren; * **in den S. passen** (ugs.; *zu jmdm., etw. passen, mit seiner Umgebung, Umwelt harmonieren;* wohl nach der Vorstellung der Abstimmung verschieden gemusterter Stoffe aufeinander): die neue Mitarbeiterin paßt in den S.; **jmdm. [nicht] in den S., [nicht] in jmds. S. passen** (↑Kram 2); **b)** *langer, schmaler abgegrenzter Teil, Abschnitt von etw.:* ein schmaler, langer, fruchtbarer S. Land/ (geh.:) Landes; nur durch ein Oberfenster in dem flachen Dach fiel ein S. Lichts in den riesigen Raum (Führmann, Judenauto 32); **c)** *langes, schmales, bandartiges Stück von etw.:* schmale, lange, bunte S. Stoff; ein S. Papier; Fleisch in S. schneiden; * **sich für jmdn. in S. schneiden lassen** (ugs.; ↑Stück 1 a). **2.** (ugs.) *Film (3 a):* ein alter, amüsanter, anspruchsvoller S.; diesen S. kann man sich durchaus ansehen; Er ging ins Kino, um sich abzulenken, doch der S. interessierte ihn nicht (Borell, Verdammt 113); **Streifen|beam|te,** der: *Polizeibeamter, der Dienst als Streife (1) versieht:* Die junge Dame ... wird von einem -n angehalten (rallye racing 10, 1979, 112); **Streifen|beam|tin,** die: w. Form zu ↑Streifenbeamte, **Streifen|bildung,** die: *Bildung (3) von Streifen;* **Streifen|da|mast,** der: *Streifensatin;* **Streifen|dienst,** der: **a)** *Dienst, den eine Streife (1) versieht:* S. haben; er wurde zum S. abkommandiert; **b)** *Gruppe von Personen, die den Streifendienst (a) versieht;* **strei|fen|för|mig** ⟨Adj.⟩: *die Form eines Streifens besitzend;* **Streifen|füh|rer,** der: *Führer einer Streife (1);* **Streifen|füh|re|rin,** die: w. Form zu ↑Streifenführer; **Streifen|gang,** der: *Streife (2): Der Polizist hat vielleicht auf seinem S. etwas gesehen (Brand [Übers.], Gangster 36);* **Streifen|krank|heit,** die: *Krankheit des Getreides, bes. der Gerste u. des Hafers, bei der die Blätter braune Streifen bekommen;* **Streifen|mu|ster,** das: *aus Streifen (1 a) bestehendes Muster:* ein Kleid mit S.; **Streifen|po|li|zist,** der: *Streifenbeamter;* **Streifen|po|li|zi|stin,** die: w. Form zu ↑Streifenpolizist; **Streifen|ritt,** der: *von einer Streife (1) zur Kontrolle, Erkundung o. ä. durchgeführter Ritt;* **Streifen|rost,** der: *Gelbrost;* **Streifen|sa|tin,** der: *Baumwollgewebe für Bettwäsche mit einem Streifenmuster;* **Streifen|wa|gen,** der: *Wagen für die Durchführung von Streifen (2):* die S., die durch die Straßen patrouillieren (Rechy [Übers.], Nacht 123); Ein S. liefert Matern ... bei den Eltern Sawatzki ab (Grass, Hundejahre 554); **streifen|wei|se** ⟨Adv.⟩: *in Streifen (1);* **Strei|fe|rei,** die; -, -en: *[dauerndes] Streifen (4 a);* **strei|fig** ⟨Adj.⟩ *[dafür mhd. strīfeht, ahd. strīphat]: [unregelmäßige] Streifen (1) aufweisend; in, mit Streifen:* -e Wolken, Schatten; der Stoff war, wurde nach der Wäsche s. *(hat Streifen bekommen);* ... sah es überdeutlich das Grau der Wolken, die bleiche Farbe der s. fallenden Regentropfen (Jahnn, Geschichten 164); **Streif|jagd,** die (Jagdw.): *Treibjagd, bei der Schützen u. Treiber in einer Reihe vorangehen;* **Streiflicht,** das ⟨Pl. -er⟩: **1.** (selten) *Licht, das [als schmaler Streifen] nur kurz irgendwo sichtbar wird, irgendwo auftrifft, über etw. hinhuscht:* die -er vorüberfahrender Autos wurden an der Mauer sichtbar. **2.** *kurze, erhellende Darlegung:* ein -er auf etw. werfen, fallen lassen *(etw. kurz charakterisieren);* seine Fähigkeit, mit wenigen Impressionen und -ern Lokalkolorit und Zeitatmosphäre anzudeuten (Reich-Ranicki, Th. Mann 197); **Streifling,** der; -s, -e: *Apfel mit rötlichen Streifen;* ♦ **Streif|par|tie,** die: *Streife (1):* ... daß dieser Marsch nicht ganz sicher sei, wegen -n, welche vom Argonner Wald herunter zu befürchten waren (Goethe, Kampagne in Frankreich 1792, 1. Oktober); **Streif|schuß,** der: **a)** *Schuß, bei dem das Geschoß den Körper oberflächlich verwundet;* **b)** *durch einen Streifschuß (a) verursachte Verletzung:* einen S. bekommen, haben; der Arzt untersuchte den S.; **Streif|zug,** der: **1.** *meist zu einem bestimmten Zweck, aber ohne festes Ziel unternommene Wanderung, Fahrt o. ä., bei der ein Gebiet durchstreift, etw. erkundet wird; Erkundungszug:* einen S., Streifzüge durch die Gegend machen, unternehmen; Die Bande war oben von einer ihrer nächtlichen Streifzüge zurückgekehrt (Plievier, Stalingrad 171). **2.** *kursorische, hier u. da Schwerpunkte setzende Darlegung, Erörterung:* literarische, historische Streifzüge; Unser S. ... durch die Methoden der alten und modernen Histologie ... (Medizin II, 73).

Streik, der; -[e]s, -s, selten: -e *[engl. strike, zu: to strike, ↑streiken]: gemeinsame, meist gewerkschaftlich organisierte Ar-*

Streikaktion

beitsniederlegung von Arbeitnehmern zur Durchsetzung bestimmter wirtschaftlicher, sozialer, arbeitsmäßiger Forderungen (als Maßnahme eines Arbeitskampfs); Ausstand (1): *ein langer, gut organisierter S.; ein spontaner, wilder (nicht von der Gewerkschaft ausgehender, rechtlich unzulässiger) Streik; ein S. für höhere Löhne, gegen die Beschlüsse der Arbeitgeber; der S. der Metallarbeiter verschärft sich, lähmt die Wirtschaft, flaut ab, ist beendet, ist zusammengebrochen, war erfolgreich; An diesem Mittwoch brach ein wilder S. los unter den ungebärdigen Arbeitern* (Reinig, Schiffe 92); *einen S. ausrufen, organisieren, durchführen, beschließen, unterstützen, fortsetzen, durchhalten,* [mit Gewalt] *niederschlagen, -werfen, abblasen; Am selben Tag noch schlossen sich die Hafenarbeiter dem S. an* (Bredel, Väter 271); *das Recht auf S.; etw. durch S. erzwingen; einen Betrieb durch S. stillegen; für, gegen* [den] *S. stimmen; im S. stehen; in* [den] *S. treten; mit S. drohen; zum S. aufrufen;* Ü *der S. (die Weigerung, Patienten zu versorgen) der Ärzte; die Gefangenen wollen ihren S. fortsetzen, beenden, abbrechen;* **Streik|ak|ti|on,** die ⟨meist Pl.⟩: *Aktion* (1) *bei einem Streik: Wegen der seit fünf Wochen laufenden -en der Fluglotsen waren die Flughäfen von Paris ... blockiert* (Saarbr. Zeitung 3. 12. 79, 1); **Streik|an|dro|hung,** die: *Streikdrohung;* **Streik|auf|ruf,** der: *Aufruf zum Streik;* **Streik|aus|bruch,** der: *Ausbruch eines Streiks;* **Streik|be|reit|schaft,** die ⟨o. Pl.⟩: *Bereitschaft zum Streiken* (1); **Streik|be|we|gung,** die: *sich in Streikaktionen bemerkbar machende Bewegung* (3 a): *die S. wächst an;* **Streik|bre|cher,** der: *jmd., der während eines Streiks in dem bestreikten Betrieb arbeitet;* **Streik|bre|che|rin,** die; -, -nen: w. Form zu ↑ Streikbrecher; **Streik|bruch,** der: *das Brechen eines Streiks;* **streik|brü|chig** ⟨Adj.⟩: *an einem Streik nicht* [weiter] *teilnehmend;* **Streik|dro|hung,** die: *Androhung eines Streiks:* mit Hilfe von -en *Forderungen durchsetzen;* **strei|ken** ⟨sw. V.; hat⟩ [engl. to strike, eigtl. = streichen, schlagen; abbrechen; die Bed. „streiken" wohl aus: to strike work = die Arbeit streichen (= beiseite legen), vgl. engl. to strike sail = die Segel streichen (= einholen)]: **1.** *einen Streik durchführen, sich im Streik befinden:* wochenlang s.; *die Arbeiter wollen s.; Die Kollegen streiken, wollen mehr fressen, weniger arbeiten* (Hacks, Stücke 350); *sie streiken für höhere Löhne, gegen die Beschlüsse der Arbeitgeber;* ⟨subst. 1. Part.:⟩ *die Streikenden wurden ausgesperrt.* **2.** (ugs.) **a)** *bei etw. nicht mehr mitmachen, sich nicht mehr beteiligen; etw. aufgeben:* wenn das hier so weitergeht, streike ich; **b)** *plötzlich versagen, nicht mehr funktionieren: die Batterie, der Motor, der Wagen streikte; Wenn die Pumpe streikte, kam der Schlosser* (Loest, Pistole 248); *bei dem hohen Wellengang streikte ihr Magen (wurde es ihr schlecht, mußte sie sich übergeben);* **Streik|fonds,** der: *Streikkasse;* **Streik|front,** die: *Front* (3) *der Streikenden: die S. zerbrach* (Strittmatter, Wundertäter

53); *die S. aufbrechen;* **Streik|geld,** das: *während eines Streiks von Gewerkschaften an ihre streikenden Mitglieder als Ersatz für den Ausfall des Lohns gezahltes Geld;* **Streik|kas|se,** die: *von den Gewerkschaften für die Unterstützung eines Streiks, die Zahlung des Streikgeldes angelegte Kasse;* **Streik|ko|mi|tee,** das: *von den Gewerkschaften gebildetes Komitee zur Vorbereitung u. Durchführung eines Streiks;* **Streik|lei|tung,** die: vgl. Streikkomitee; **Streik|lo|kal,** das: *Lokal od. Versammlungsort, in dem sich die Streikenden treffen, ihre Versammlungen abhalten o. ä.;* **Streik|po|sten,** der: **1.** *vor einem bestreikten Betrieb bes. gegen Streikbrecher aufgestellter Posten* (1 b): *S. zogen auf, waren vor den Fabriktoren aufgestellt.* **2.** *Posten* (1 a) *eines Streikpostens: S. beziehen;* **Streik|recht,** das: *Recht zu streiken* (1); *rechtlich festgelegter Anspruch auf Streik;* **Streik|wel|le,** die: *Welle von Streiks.*

Streit, der; -[e]s, -e ⟨Pl. selten⟩ [mhd., ahd. strīt, wohl eigtl. = Widerstreben, Aufruhr u. viell. verw. mit ↑ starren]: **1.** *heftiges Sichauseinandersetzen, Zanken* [mit einem persönlichen Gegner] *in oft erregten Erörterungen, hitzigen Wortwechseln, oft auch in Handgreiflichkeiten: ein erbitterter, heftiger, ernsthafter, furchtbarer, langer, alter S.; ein wissenschaftlicher, gelehrter S.; der S. der Konfessionen; ein S. der Meinungen; Der Anlaß ihres Abgangs ist ein nichtiger S. mit der Schwiegertochter* (Schreiber, Krise 39); *es war ein S. um Nichtigkeiten, um Worte; Der endlose S. über Formen und Inhalte wird immer sinnloser und ermüdender* (Böll, Erzählungen 400); *ein S. unter den Kindern; ein S. zwischen zwei Parteien, den Eheleuten; bei ihnen herrscht meist* [Zank und] *S., gibt es immer wieder S.; ein S. entsteht, bricht aus; der Streit war bis aufs äußerste entbrannt* (Buber, Gog 227); *Und daran hatte sich in dem ... Ausschuß ... ein S. entzündet* (Musil, Mann 535); *die beiden haben, bekommen ert S.* [miteinander]; *es gab einen fürchterlichen S.; einen S. anzetteln, anfachen, anfangen, austragen; er sucht immer S. (ist immer zum Streiten aufgelegt); den S. schlichten, beilegen, beenden, begraben; sie sind wieder einmal in S. geraten, liegen in S., leben in S. miteinander, sind im S. auseinandergegangen;* *** ein S. um des Kaisers Bart** (*ein Streit um Nichtigkeiten;* ↑ Kaiser 2). **2.** (veraltet) *Waffengang, Kampf:* zum S. rüsten; **Streit|axt,** die [spätmhd. strītax] (früher): *als Hieb- od. Wurfwaffe verwendete Axt: eine prähistorische S.; der Tomahawk ist die S. der Indianer;* ***die S. begraben** (↑ Kriegsbeil); **streit|bar** ⟨Adj.⟩ [2: mhd. strītbære] (geh.): **1.** [ständig] *bereit, den Willen besitzend, sich mit jmdm. um etw. zu streiten, sich mit etw. kritisch, aktiv auseinanderzusetzen, für od. um etw. zu kämpfen, sich für jmdn., etw. einzusetzen; kämpferisch:* ein -er Mensch, Charakter; eine -e Politikerin; Dies schlug Ernst Reuter vor, mein -er Vorgänger im Amt des Bürgermeisters (W. Brandt, Begegnungen 26); *er ist, gilt als sehr s.; Streitbar pochte er auf sein Recht, hart-*

näckig überprüfte er die Abrechnungen, stets nach Fehlern und Irrtümern ausspähend (Reich-Ranicki, Th. Mann 15). **2.** (veraltend) *zum Kampf bereit; kriegerisch, tapfer:* -e Völkerstämme; Nehmt -e Ritter und Knechte (Hacks, Stücke 20); **Streit|bar|keit,** die; -: *das Streitbarsein;* **strei|ten** ⟨st. V.; hat⟩ [mhd. strīten, ahd. strītan]: **1.** *mit jmdm. Streit* (1) *haben, in Streit geraten, sein; sich mit jmdm. in oft erregten Erörterungen, hitzigen Wortwechseln, oft auch in Handgreiflichkeiten heftig auseinandersetzen; sich zanken:* müßt ihr immer s.?; *er will immer gleich s.; die Kinder haben wieder gestritten; die streitenden Parteien* (Gegner) *in einem Prozeß;* ⟨subst. 1. Part.:⟩ *er versuchte vergebens, die Streitenden zu trennen;* ⟨häufig s. + sich:⟩ *sich mit seinem Bruder, seinen Kollegen s.; du streitest dich den ganzen Tag um nichts, wegen jeder Kleinigkeit; sich um ein Erbteil s.; die beiden stritten sich erbittert wegen des Mädchens; zwei Strafgefangene ... Beide waren Bäcker. Beide stritten sich den lieben, langen Tag* (Bieler, Bonifaz 193); Ü *Freude und Zorn stritten sich um sein Herz* (Fallada, Hoppelpoppel 29). **2.** *heftig über etw. diskutieren u. dabei die unterschiedlichen, entgegengesetzten Meinungen gegeneinander durchsetzen wollen: über die Gleichberechtigung, über wissenschaftliche Fragen s.; In einigen Tagen wird ein erster Programmentwurf vorliegen. Über diesen Entwurf wollen wir s.* (Freie Presse 30. 12. 89, 6); *Ich ... ließ mich verweisen auf Platon und Aristoteles, Straton und die Stoiker, die miteinander und gegeneinander um den Ort des hegemonikon gestritten hatten* (Stern, Mann 278); *sie stritten* [miteinander] *darüber, ob die Sache vertretbar sei; darüber kann man/läßt sich s. (kann man verschiedener Meinung sein);* ⟨auch s. + sich:⟩ *sie stritten sich über die Auslegung einer Bibelstelle; Manchmal stritten sich über den Zweck eines kleinen grauen Hauses* (Ott, Haie 206); *Um Grundsätze und Ideen streiten sich ja die Menschen seit alters* (Grzimek, Serengeti 190). **3. a)** (geh.) *kämpfen* (4): *für Recht und Freiheit, für eine Idee, für seinen Glauben s.; gegen* [die] *Unterdrückung, gegen* [das] *Unrecht s.; Er selber wird ... über den um die Macht streitenden Parteien stehen* (Dönhoff, Ära 20); **b)** (veraltet) *eine kriegerische Auseinandersetzung, einen Kampf* (1) *führen:* Schulter an Schulter, mit der Waffe in der Hand, gegen eine große Übermacht s.; **Strei|ter,** der; -s, - [mhd. strīter, ahd. strītare]: **a)** (geh.) *Kämpfer* (4): *ein S. für die Freiheit, gegen soziale Mißstände;* **b)** (veraltet) *jmd., der in einer kriegerischen Auseinandersetzung, in einem Kampf streitet* (3 b): *tapfere, verwegene S.;* **Strei|te|rei,** die; -, -en (abwertend): [dauerndes] *Streiten* (1, 2); **Strei|te|rin,** die; -, -nen: w. Form zu ↑ Streiter; **Streit|fall,** der: *strittiges, nicht gelöstes Problem, umstrittene Frage: einen S. lösen, schlichten; im S. (wenn ein Streitfall auftritt, im Falle eines Konflikts) entscheidet ein neutrales Gremium;* **Streit|fra|ge,** die: *Streitfall:* Es schwebt Ihnen vielleicht die alte, langweilig gewordene S. vor, ob der Mensch Herr seiner selbst sei oder nicht (Musil, Mann 473); **Streit|ge|dicht,** das (Literaturw.): *(bes. in der Antike u. im MA. beliebtes) Gedicht, in dem meist in Dialogform eine umstrittene Frage entschieden wird od. Vorzüge, Schwächen, Fehler von Personen, Gegenständen usw. aufgezeigt u. gegeneinander abgewogen werden;* **Streit|ge|gen|stand,** der: **1.** *Gegenstand* (2 b) *eines Streites, einer Auseinandersetzung, einer Diskussion:* dieser Punkt seiner Rede wurde zum S. **2.** (Rechtsspr.) *Gegenstand* (2 b) *eines Rechtsstreits im Zivilprozeß;* **Streit|ge|spräch,** der: **1.** *längeres, kontrovers geführtes Gespräch; Diskussion um ein strittiges Thema; Disput:* ein öffentliches, wissenschaftliches, religiöses S.; zu einem politischen S. einladen; Geplant sind ein S. zwischen Finanzminister Matthöfer und Gerhard Stoltenberg über Staatsverschuldung ... (Spiegel 18, 1980, 271). **2.** (Literatur.) *Streitgedicht;* **Streit|hahn,** der (ugs., oft scherzh.), **Streit|ham|mel,** der (fam., oft scherzh.), **Streit|han|sel,** der (südd., österr. ugs.): *Kampfhahn* (2): Die Meinungsverschiedenheiten der Männer arteten ... in eine handfeste Schlägerei aus, in deren Verlauf beide Streithähne verletzt wurden (MM 14. 8. 1970, 4); **strei|tig** ⟨Adj.⟩ [mhd. strītec, ahd. strītig = kampflustig; starrsinnig]: **1.** *(seltener) strittig, umstritten:* eine Lösung der zahlreichen ... -en Einzelfragen (Börsenblatt 22, 1973, 1727); * *jmdm. jmdn., etw. s. machen (jmdm. das Anrecht auf jmdn., etw. bestreiten, jmdn., etw. für sich beanspruchen):* plötzlich kommen ... andere Katzen und machen den kranken Tieren das Futter s. (Fels, Kanakenfauna 98); Das ist ein Rekord, den ihm so schnell keiner s. machen kann (Freie Presse 18. 5. 88, 6). **2.** (Rechtsspr.) *sich widersprechend, umstritten u. daher die Entscheidung eines Gerichts nötig machend; Gegenstand eines Rechtsstreites seiend:* -e Tatsachen, Ansprüche; eine -e Verhandlung (Verhandlung mit streitigem Gegenstand); „Ein -es Scheidungsverfahren", fanden drei Richter, „bringt für die Parteien regelmäßig schon so viele Belastungen mit sich" (Spiegel 3, 1977, 45); **Strei|tig|keit,** die; -, -en ⟨meist Pl.⟩: *[dauerndes] Streiten* (1, 2); *heftige Auseinandersetzung;* **Streit|kol|ben,** der: *aus der Keule entwickelte, bes. im späten Mittelalter hergestellte Schlagwaffe;* **Streit|kraft,** die ⟨meist Pl.⟩: *Gesamtheit der militärischen Organe eines Landes, mehrerer zusammengehörender, verbündeter Länder; Truppen:* feindliche, siegreiche, überlegene Streitkräfte; die nationalen Streitkräfte; die Streitkräfte Europas; der Oberbefehl über die Streitkräfte; jetzt hat de Gaulle auch noch abgelehnt, sich an einer integrierten nuklearen S. zu beteiligen (Dönhoff, Ära 129); **Streit|kul|tur,** die ⟨o. Pl.⟩: *Kultur* (2 a) *des Streitens, der verbalen Auseinandersetzung:* Von politischer S. kann ... keine Rede ... sein (Allgemeine Zeitung 25. 5. 91, 2); **Streit|lust,** die ⟨o. Pl.⟩: *[ständige] Bereitschaft, sich mit jmdm. zu streiten;* **streit|lu|stig** ⟨Adj.⟩: *[ständig] bereit, sich mit jmdm. zu streiten, einen Streit zu beginnen:* sie blickte ihn s. an; **Streit|macht,** die ⟨o. Pl.⟩ (veraltend): *zur Verfügung stehende, kampfbereite Truppe[n];* **Streit|ob|jekt,** das: vgl. Streitgegenstand (1); **Streit|punkt,** der: vgl. Streitgegenstand (1); **Streit|roß,** das (veraltet): *Schlachtroß;* **Streit|sa|che,** die: **1.** vgl. Streitfall: in die S. der beiden wollte sie sich nicht einmischen. **2.** (Rechtsspr.) *Rechtsstreit;* **Streit|schrift,** die: *Schrift, in der engagiert, oft polemisch wissenschaftliche, religiöse, politische od. ähnliche Fragen erörtert werden; Pamphlet;* **Streit|sucht,** die ⟨o. Pl.⟩: *stark ausgeprägte Neigung, mit jmdm. Streit anzufangen;* **streit|süch|tig** ⟨Adj.⟩: *[ständig] auf Streit aus[seiend];* **Streit|teil,** der (österr.): *Partei* (2); **Streit|ver|kün|dung,** die (Rechtsspr.): *von einer der Parteien in einem Prozeß veranlaßte Benachrichtigung eines Dritten, daß er in den Prozeß einbezogen werden soll;* **Streit|wa|gen,** der: *(in Altertum u. MA. im Kampf, auf der Jagd u. bei Wettkämpfen verwendeter) mit Pferden bespannter, hinten offener, zwei- od. vierrädriger Wagen, den der Lenker stehend lenkte; Kriegswagen:* Hektor dirigierte von seinem S. aus den Aufmarsch (Hagelstange, Spielball 119); **Streit|wert,** der (Rechtsspr.): *in einer Geldsumme ausgedrückter Wert des Streitgegenstandes* (2), *nach dem sich die Zulässigkeit von Rechtsmitteln, die Gebühren für Anwalt u. Gericht u. a. bemessen.*

Stre|lit|ze, der; -n, -n [russ. strelec = Schütze]: *Angehöriger einer Leibwache des Zaren im 17. Jh.*

Stre|mel, der; -s, - [mniederd. stremel, Vkl. von mhd. strām = Streifen, Strick, verw. mit ↑ Strieme(n)] (nordd.): *langes, schmales zusammenhängendes Stück, langer Streifen:* ein S. Leinwand; Ü in ganzer S. (ugs.; *eine ganze Menge, recht viel*); seinen S. wegarbeiten (ugs.; *zügig, flott arbeiten*); Man kann so seinen S. immer weiter denken (ugs.; *kann seine Gedanken immerfort weiterspinnen;* Fallada, Mann 234).

strem|men ⟨sw. V.; hat⟩ [zu ↑ stramm] (landsch.): **1.** *zu eng, zu straff sein, zu stramm sitzen u. daher beengen:* der Rock stremmt zu sehr; die Jacke stremmt an den Ärmeln. **2.** ⟨s. + sich⟩ *sich anstrengen:* er mußte sich s., um auf die Mauer zu kommen.

streng ⟨Adj.⟩ [mhd. strenge, ahd. strengi = stark, tapfer, tatkräftig, verw. mit ↑ Strang u. eigtl. wohl = fest gedreht, straff]: **1. a)** *nicht durch Nachsichtigkeit, Nachgiebigkeit, Milde, Freundlichkeit gekennzeichnet, sondern eine gewisse Härte, Unerbittlichkeit zeigend; unnachsichtig auf Ordnung u. Disziplin bedacht:* ein -er Lehrer, Vater, Richter; -e Strafen, Maßnahmen, Vorschriften; -e Grundsätze; Der Tagesablauf wird von der Uhr diktiert und in Verkehrsregeln eingezwängt, die jeden viel intensiver lenken als die früheren -en Konventionen der Gesellschaft (Gruhl, Planet 288); eine -e Erziehung, Leitung, Prüfung, Kontrolle; ein -er Verweis, Tadel; er steht unter -er *(verschärfter)* Bewachung, Aufsicht; er sah sie mit -em Blick, -er Miene an; sie ist sehr s. [mit den Kindern, zu den Schülern]; sie sieht s. aus, wirkt sehr s.; er urteilt sehr s., zensiert zu s.; jmdn. s. zurechtweisen, tadeln; etw. wird s., aufs/auf das -ste bestraft; jmdn. s. ansehen; **b)** *(bes. südd., schweiz.) anstrengend, mühevoll, beschwerlich, hart:* eine -e Arbeit, Tätigkeit; es war eine -e Woche, Zeit; der Dienst war ziemlich s.; er mußte ziemlich s. arbeiten. **2. a)** *keine Einschränkung, Abweichung, Ausnahme duldend; ein höchstes Maß an Unbedingtheit, Konsequenz, Exaktheit verlangend; sehr korrekt, genau, exakt; unbedingt, strikt:* eine -e Ordnung; Der Bestand der Tiere hatte 1950 einen Tiefpunkt erreicht, ist aber durch -en Schutz wieder auf 1950 gestiegen (natur 9, 1991, 56); es wurde -ste Pünktlichkeit gefordert; er hatte die -e Weisung, niemanden einzulassen; -ste Diskretion, Verschwiegenheit ist Voraussetzung; Bisher hatten sie über das Projekt -stes Stillschweigen bewahrt (Danella, Hotel 119); -e Sitten, Traditionen; der Arzt verordnete ihr -e Bettruhe, eine -e Diät; er ist ein -er *(strenggläubiger)* Katholik; im -en Sinne *(strenggenommen, eigentlich)* sind wir alle schuld daran; die Anweisungen müssen s. befolgt werden; bei etw. ganz s. verfahren; sich s. an die Regeln, Vorschriften halten; Rauchen ist hier s. verboten; die beiden Bereiche sind s. voneinander zu trennen; er ging s. methodisch, wissenschaftlich vor; s. national gesinnte Deutsche bildeten die Hilfspolizei (Loest, Pistole 47); **b)** *in der Ausführung, Gestaltung, Linienführung, Bearbeitung ein bestimmtes Prinzip genau, konsequent, schnörkellos befolgend:* der -e Stil; der -e Aufbau einer Fuge, eines Dramas; die Akropolis der Zapoteken, eine weite und umfängliche Tempelstätte in (Geometrie (Frisch, Montauk 104); ein hoher, -er Kragen; Gisela ging in einem -en *(schnörkellosen, nicht verspielten)* schwarzen Kleid (Kronauer, Bogenschütze); der -e Schnitt eines Kostüms; eine immer frische Schürze mit breiten, über dem Rükken gekreuzten Bändern und einer -en Schleife (Kronauer, Bogenschütze 7); ein s. geschnittenes Kleid. **3.** *keine Anmut, Lieblichkeit aufweisend; nicht weich, zart, sondern von einer gewissen Härte, Verschlossenheit zeugend; herb:* ein -es Gesicht; -e Züge; diese Frisur macht ihr Gesicht zu s. **4.** *durchdringend auf den Geschmacks- od. Geruchssinn wirkend; herb u. etwas bitter:* der -e Geschmack des Käses; würziges Fladenbrot zu der -en Milch der Ziege (Stern, Mann 83); der -e Pferdegeruch stand ... in der Luft (Schnurre, Bart 105); das Fleisch ist ein wenig s. im Geschmack; s. riechen. **5.** *durch sehr niedrige Temperaturen gekennzeichnet; rauh:* ein -er Winter; -er *(starker)* Frost; Die Kälte der letzten Tage war nicht s. genug gewesen (Bieler, Mädchenkrieg 183); **Stren|ge,** die; - [mhd. strenge, ahd. strengī]: **1. strenge** (1 a) *Haltung, Einstellung, Beschaffenheit; das Strengsein; Härte, Unerbittlichkeit:* große, eiserne, unnachsichtige, äußerste, übertriebene S.; die S. einer S., eines Blicks; S. walten lassen, üben; sie dachte nicht einmal

strengen

daran, auch auf den Knaben die pädagogische S. anzuwenden, die ihr den Mädchen gegenüber geboten erschien (Th. Mann, Tod 26); er hat die Kinder mit übergroßer S. erzogen; Wildes Quartiermachen wird nach den Kriegsgesetzen bestraft, und zwar mit der gebotenen S. (Kirst, 08/15, 654); mit drakonischer S. gegen jmdn. vorgehen; *katonische S. (↑katonisch). **2. a)** *strenge* (2a) *Art, Genauigkeit, Exaktheit, Striktheit:* die S. ihrer Lebensführung; Reservate, in denen Gesetze von äußerster S. die wilden Tiere in ihren verschiedenen Lebensweisen sorglich beschützen (Kessel [Übers.], Patricia 8); **b)** *strenge* (2b) *Gestaltung, Ausführung; straffe, schnörkellose Linienführung:* die klassische S. eines Bauwerks; die keusche Herbheit einer Kunst von metaphysischer S. (Thieß, Reich 398). **3.** *strenges* (3) *Aussehen, Herbheit:* die S. ihrer Züge, ihres Mundes; Ihr Gesicht war runder ..., die S. schien gemildert (Böll, Adam 67). **4.** *strenge* (4) *Art (des Geschmacks, Geruchs):* die S. kann durch Hinzufügen von Sahne gemildert werden; ein Geruch von beißender S. **5.** *strenge* (5) *Art, Beschaffenheit, Schärfe, Rauheit (der Witterung):* die S. des Frosts nahm noch zu; der Winter kam noch einmal mit großer S.; **stren|gen** ⟨sw. V.; hat⟩ [mhd., ahd. strengen = stark machen, bedrängen, zu ↑streng] (veraltet, noch landsch.): *straff anziehen, zusammenschnüren, einengen;* **streng|ge|nom|men** ⟨Adv.⟩: *genaugenommen, im Grunde genommen, eigentlich:* s. dürfte er am Spiel gar nicht teilnehmen; Obwohl wir, s., von diesem Gesetz nicht unmittelbar betroffen waren, ... (Leonhard, Revolution 68); obwohl Aue, als kreisfreie Stadt, s. postalisches Ausland wäre (Heym, Schwarzenberg 192); Der Sammler ... vereint das s. Unvereinbare ... aus durchaus unterschiedlichen Kulturen (Fest, Im Gegenlicht 294); **streng|gläu|big** ⟨Adj.⟩: *streng nach den Grundsätzen des Glaubens lebend, ausgerichtet; die religiösen Vorschriften genau beachtend; sehr fromm; orthodox* (1): ein -er Christ, Moslem; wenn sie aus einer -en Familie käme (Kemelman [Übers.], Dienstag 102); **Streng|gläu|big|keit,** die: *das Strenggläubigsein;* **streng|neh|men** ⟨st. V.; hat⟩ (seltener): *genau nehmen, ernst nehmen:* du brauchst dies nicht so strengzunehmen; **streng|stens** ⟨Adv.⟩: *sehr streng* (2a), *ohne jede Einschränkung, Ausnahme:* sich s. an die Regeln halten; Rauchen ist s. verboten; Das Betreten der Baustelle ist Unberechtigten s. untersagt (Frisch, Gantenbein 401).
Stre|nui|tät, die; - [lat. strenuitas, zu: strenuus = betriebsam, tüchtig, munter] (veraltet): *Tapferkeit; Unternehmungsgeist.*
stren|zen ⟨sw. V.; hat⟩ [15.Jh., wohl landsch. Nebenf. von ↑¹strunzen] (südd. ugs.): **a)** *stehlen;* **b)** *prahlen, großtun.*
stre|pi|to|so, stre|pi|tuo|so ⟨Adv.⟩ [ital. strepitoso, zu: strepito < lat. strepitus = Lärm] (Musik): *lärmend, geräuschvoll.*
Strep|to|ki|na|se, die; -, -n [zu griech. streptós (↑Streptokokke) u. kineīn = bewegen] (Med.): *von Streptokokken gebil-*

detes Enzym, das Fibrin auflöst; **Strep|to|kok|ke,** die; -, -n, **Strep|to|kok|kus** [ʃt..., st...], der; -, ...kken ⟨meist Pl.⟩ [zu griech. streptós = gedreht, geflochten u. ↑Kokke]: *kugelförmige Bakterie, die sich mit anderen ihrer Art in Ketten anordnet u. als Eitererreger für verschiedene Krankheiten verantwortlich ist;* **Strep|to|ly|sin,** das; -s, -e [zu griech. lýein = (auf)lösen] (Med.): *von Streptokokken gebildetes Gift, das die Blutkörperchen u. den Blutfarbstoff auflöst;* **Strep|to|my|cin,** (eingedeutscht:) **Strep|to|my|zin,** das; -s [zu nlat. Streptomyces = Gattung bestimmter Bakterien] (Med.): *bes. gegen Tuberkulose wirksames Antibiotikum;* **Strep|to|tri|cho|se,** die; -, -n [↑Trichose] (Med.): *Pilzerkrankung der Lunge durch eine Infektion mit Fadenpilzen.*
Stre|sel|mann, der; -s [nach dem dt. Politiker G. Stresemann (1878–1929)]: *Gesellschaftsanzug, der aus einem dunklen, einfarbigen, ein- od. zweireihigen Sakko, grauer Weste u. schwarz u. grau gestreifter Hose ohne Umschlag besteht:* Eine Brillantnadel blitzte auf dem Samtkleid meiner Mutter, mein Vater trug den S. (B. Vesper, Reise 442).
Streß [ʃt..., auch: st...], der; Stresses, Stresse ⟨Pl. selten⟩ [1936 gepr. von dem österr.-kanad. Biochemiker H. Selye (1907–1982) mit engl. stress = Druck, Anspannung, gek. aus distress = Sorge, Kummer, dies über gleichbed. afrz. destresse letztlich zu lat. distringere = beanspruchen, einengen]: *erhöhte Beanspruchung, Belastung physischer u./od. psychischer Art (die bestimmte Reaktionen hervorruft u. zu Schädigungen der Gesundheit führen kann):* körperlicher, seelischer S.; der S. eines Arbeitstages, beim Autofahren; der S. des Lebens in der Großstadt; S. erzeugen; jmdm. s. ersparen; vorzeitiger Tod ... infolge S. (MM 26. 3. 66, 3); angesichts des vermehrten Stresses, welchem das Betriebspersonal ... ausgesetzt ist (NZZ 9. 12. 82, 28); im S. sein, stehen; unter S. stehen; **stres|sen** ⟨sw. V.; hat⟩ (ugs.): *als Streß auf jmdn. wirken; körperlich, seelisch überbeanspruchen:* diese Arbeit hat ihn zu sehr gestreßt; Da siehste, wie dies Thema mich streßt (Schnurre, Ich 24); ⟨oft im 2. Part.:⟩ Ganze Familien sind schon zu Tode gekommen, weil der Fahrer erschöpft, nicht ausgeschlafen, zu sehr gestreßt war (Hörzu 48, 1980, 121); Wie sie total gestreßt von der Arbeit kam und sich auf den Haushalt stürzte (Christiane, Zoo 54); von Lärm und Abgasen gestreßte Großstädter; **Streß|fak|tor,** der: *Stressor;* **Streß|for|scher,** der: *jmd., der sich wissenschaftlich mit dem Phänomen des Stresses beschäftigt;* **Streß|for|sche|rin,** die: *w. Form zu ↑Streßforscher;* **stres|sig** ⟨Adj.⟩ (ugs.): *starken Streß bewirkend; aufreibend, anstrengend:* eine -e Woche; die Fahrt war sehr s.; diese Frau ist wirklich s.; In zwölf Tagen um die Welt: zu kurz, zu schnell, zu s. – aber faszinierend (Zeit 18. 1. 74, 45); **Stres|sor,** der; -s, ...oren [engl. stressor]: *Mittel od. Faktor, der Streß bewirkt od. auslöst:* ... spielen Reizüberflutung sowie plötzlich sehr starke Reize eine bedeutende Rolle als

-en (Mensch im Verkehr 22); Die sozialen Belastungen, die auf das Individuum einwirken ..., werden -en genannt (Gesundheit' Journal 9, 1984, 5); **Streß|re|ak|ti|on,** die: *durch Streß ausgelöste Reaktion;* **Streß|si|tua|ti|on,** die: *Situation, die für jmdn. Streß bedeutet:* die S. eines Examens; eine S. meistern; in eine S. geraten; daß die Zigarette in -en die Aggression dämpft (Gute Fahrt 3, 1974, 15).
Stretch [strɛtʃ], der; -[e]s, -es ['strɛtʃɪs; zu engl. to stretch = dehnen]: *aus sehr elastischem Kräuselgarn hergestellter, durch entsprechendes Ausrüsten* (2) *elastisch gemachtes Gewebe;* **Stretch|garn,** das: *spezielles, sehr elastisches Garn, das zur Herstellung von Stretch dient;* **Stretch|ge|we|be,** das: *Stretch;* **Stret|ching** ['strɛtʃɪŋ], das; -s: *Form der Gymnastik, die aus Dehnungsübungen besteht.*
Stret|ta ['st...], die; -, -s [ital. stretta, zu: stretto < lat. strictus, ↑strikt] (Musik): **a)** *brillanter, auf Effekt angelegter, oft auch im Tempo beschleunigter Abschluß eines Musikstückes, bes. einer Opernarie;* **b)** *den Höhepunkt darstellende Verarbeitung der Themen in einer Fuge;* **stret|to** ['st...] ⟨Adv.⟩ [ital. stretto, ↑Stretta] (Musik): *eilig, lebhaft, gedrängt.*
Streu, die; -, -en ⟨Pl. selten⟩ [mhd. strewe, ströu(we), zu ↑streuen]: *Stroh, auch Laub o. ä., das in einer dickeren Schicht verteilt als Belag auf dem Boden für das Vieh im Stall od. auch notdürftige Schlafstätte für Menschen dient:* den Kühen frische S. geben; ich bekam eine Mahlzeit von einem Knecht, der seine S. mit mir zu teilen hatte (Hagelstange, Spielball 104); auf S. schlafen; **Streu|blu|men** ⟨Pl.⟩: *Muster von scheinbar unregelmäßig verstreuten kleineren Blumen, bes. auf Tapeten, Stoffen u. Keramiken o.ä.;* **Streu|blu|men|mu|ster,** das: *Streublumen;* **Streu|brei|te,** die (Statistik): *Bereich, Umfang, Raum, den eine Streuung* (3c) *einnimmt:* Jede Entwicklung vollzieht sich bei Kindern gleichen Alters in einer großen S. (Berliner Zeitung 30./31. 10. 76, 14); **Streu|büch|se,** die: *kleineres, geschlossenes Gefäß, dessen Deckel od. obere Fläche mit Löchern zum Ausstreuen eines pulvrigen od. feinkörnigen Inhalts versehen ist;* **Streu|do|se,** die: *Streubüchse;* **Streue,** die; -, -n ⟨Pl. selten⟩ (schweiz.): *Streu;* **streu|en** ⟨sw. V.; hat⟩ [mhd. struwen, strouwen, ahd. strewen, strouwen, eigtl. = übereinander-, nebeneinanderbreiten; aufschichten]: **1. a)** *[mit leichtem Schwung] werfen od. fallen lassen u. dabei mehr od. weniger gleichmäßig über eine Fläche verteilen:* Laub, Torf s.; Mist auf den Acker s.; Sand, Asche [auf das Glatteis] s.; die Kinder streuten Blumen auf den Weg des Brautpaares; sie streute noch etwas Salz auf, über die Kartoffeln; Dann streute er reichlich Puder auf den Ort seiner Tätigkeit (Sommer, Und keiner 257); er hat den Vögeln/für die Vögel Futter gestreut *(hat es ihnen hingestreut);* Ü Mathäus ... streute, wo er ging und stand, Wohlwollen um sich (Fries, Weg 130); Die Bauverwaltung ist bemüht, ihre Aufträge an freiberuflich Tätige zu s. (Bayernkurier 19. 5. 84, 23); fast ein Zehntel aller verkauften Exemplare geht,

weit gestreut *(über ein weites Gebiet verstreut),* ins Ausland (Enzensberger, Einzelheiten I, 76); **b)** *auf Straßen, Wegen o. ä. ein Streugut gegen Glatteis, Schneeglätte verteilen:* die Straßen [mit Salz] s.; wenn es friert, müssen wir den Bürgersteig s.; *(auch o. Akk.-Obj.:)* die Hausbesitzer sind verpflichtet zu s. **2.** *die Fähigkeit, Eigenschaft haben, etw. [in bestimmter Weise] zu streuen* (1 a), *herausrinnen zu lassen:* das Salzfaß streut gut, streut nicht mehr; Vorsicht, die Tüte streut *(hat ein Loch u. läßt den Inhalt herausrinnen).* **3.** (Schießen) *die Eigenschaft haben, sich zerplatzend, explodierend in einem weiten Umkreis zu verteilen:* diese Geschosse streuen stark, nur wenig; (Jägerspr.:) die Flinte streut *(die Schrotkörner bleiben nicht sehr nah zusammen).* **4. a)** *bewirken, daß ein Geschoß vom eigentlichen Ziel abweicht; ungenau treffen:* die Waffe streut stark; **b)** (Fachspr.) *(von Licht-, Röntgenstrahlen, von Teilchen wie Ionen, von magnetischen Induktionsströmen u. a.) von der eigentlichen Richtung, von der geraden Linie nach verschiedenen Seiten abweichen;* **c)** (Statistik) *von einem errechneten Mittelwert, einem angenommenen Durchschnittswert abweichen:* die Meßwerte sollten nicht zu sehr s. **5.** (Med.) *die Ausbreitung eines krankhaften Prozesses in Teile des Körpers bzw. im ganzen Organismus verursachen, bewirken:* der Krankheitsherd streut. **6.** (ugs.) *(Informationen, Behauptungen o. ä.) aus einer bestimmten Absicht heraus verbreiten:* Gerüchte [unter die Leute] s.; Ihre Gehilfen vom amerikanischen Geheimdienst streuten unterdes die neuesten Erkenntnisse (Spiegel 51, 1980, 20); die Geschäftsleitung ließ s., das Unternehmen stehe kurz vor dem Konkurs; Technische Hilfe aus der bayrischen Luft- und Raumfahrtindustrie wäre willkommen, streuten Sowjetdiplomaten diskret (Spiegel 1, 1988, 25); **Streu|er,** der; -s, -: *Streubüchse;* **Streu|fahr|zeug,** das: vgl. Streuwagen; **Streu|feld,** das: *Feld mit magnetischer Streuung;* **Streu|feu|er,** das (Milit.): *nicht auf ein festes Ziel gerichtetes Feuer* (4), *durch das ein größerer Abschnitt unter Beschuß gehalten wird;* **Streu|frucht,** die (Bot.): *Springfrucht;* **Streu|gut,** das ⟨o. Pl.⟩: *Material (Sand, Salz) zum Streuen* (1 b) *von Straßen u. Wegen;* **Streu|ko|lon|ne,** die: *Kolonne* (1 a) *zum Streuen von Straßen u. Wegen bei Glatteis od. Schneeglätte;* **Streu|licht,** das ⟨o. Pl.⟩ (Optik): *Licht, das (bes. durch kleine Teilchen wie Staubpartikel o. ä.) aus seiner ursprünglichen Richtung abgelenkt wird:* Bei verchromten Gehäusen, besonders bei Gegenlichtaufnahmen, besteht die Gefahr, daß S. auf Umwegen in das Objektiv gerät (Foto-Magazin 8, 1967, 75); **Streu|mit|tel,** das: vgl. Streusalz; **Streu|mu|ster,** das: *Muster vor scheinbar unregelmäßig verstreuten kleineren Elementen (z. B. Blumen);* **streu|nen** ⟨sw. V.; ist/selten: hat⟩ [mhd. striunen = neugierig, argwöhnisch nach etw. suchen, H. u.] *(oft abwertend) ohne erkennbares Ziel irgendwo herumlaufen, -ziehen, bald hier, bald dort auftauchen; sich herumtreiben:* die jungen Leute sind abends durch die Straßen, durch die Stadt gestreunt; Drei Tage aß er sich satt, fuhr weiter an die Küste ..., schwamm ein einziges Mal und streunte wieder landeinwärts (Loest, Pistole 73); er ist/(selten:) hat den ganzen Tag gestreunt; der Hund streunt [über die Felder]; streunende Katzen; Ü Ich streune durchs Leben (Rinser, Mitte 46); **Streu|ner,** der; -s, - (oft abwertend): *jmd., der [herum]streunt, oft nicht seßhaft ist, keinen festen Wohnsitz hat, von Ort zu Ort zieht:* „Bis vor acht oder neun Monaten ... war ich nirgends lange genug, um zu heiraten." – „Aha, ein S." (Kemelman [Übers.], Mittwoch 41); **Streu|ne|rin,** die; -, -nen (oft abwertend): w. Form zu ↑Streuner.

Streu|obst|wie|se, die: *mit Obstbäumen bestandene Wiese;* **Streu|pflicht,** die ⟨o. Pl.⟩: *Pflicht (einer Gemeinde, eines Hausbesitzers), im Winter bei Glätte zu streuen* (1 b); **Streu|salz,** das: *in bestimmter Weise präpariertes, zum Streuen* (1 b) *bestimmtes Salz;* **Streu|sand,** der: **1.** vgl. Streusalz. **2.** (früher) *feiner Sand, der zum Trocknen der Tinte auf ein Schriftstück gestreut wurde;* **Streu|sand|büch|se,** die (früher): *Büchse für den Streusand* (2); **Streu|sel,** der od. das; -s, - ⟨meist Pl.⟩ [urspr. u. noch mundartl. identisch mit ↑Streu]: *aus Butter, Zucker u. etwas Mehl zubereitetes Klümpchen od. Bröckchen zum Bestreuen von Kuchen:* ein Apfelkuchen mit -n; **Streu|sel|ku|chen,** der: *mit Streuseln bedeckter Hefekuchen:* Der inspirierte Doktor ... bewirtete mich, nach gutbürgerlichem Brauch, mit Kaffee und S. (K. Mann, Wendepunkt 224); **Streu|sied|lung,** die: *Siedlung aus nicht sehr dicht u. regellos beieinanderliegenden Wohnstätten, verstreut liegenden Einzelgehöften;* **Streu|ung,** die; -, -en: **1.** *in einer gewissen Proportionalität, Gleichmäßigkeit erfolgende Verteilung, Verbreitung:* eine breite S. der Werbung. **2.** *das Streuen* (3). **3. a)** *das Abweichen vom eigentlichen Ziel:* die S. einer Waffe; **b)** (Fachspr.) *das Streuen* (4 b), *das Abweichen von der geraden Linie:* die S. des Lichts; **c)** (Statistik) *das Abweichen von einem Mittelwert:* die S. der Werte; Auch bei den Dauerversuchen gab es eine starke S. der Ergebnisse (ADAC-Motorwelt 5, 1986, 68). **4.** (Med.) *das Streuen* (5); **Streu|ungs|ko|ef|fi|zi|ent,** der (Statistik): *relatives Streuungsmaß, das die Größe der Streuung im Verhältnis zum Mittelwert angibt;* **Streuungs|maß,** das (Statistik): *Maßzahl für die Streuung der Merkmale [um einen Mittelwert];* **Streu|wa|gen,** der: *Wagen zum Streuen* (1 b) *von Straßen;* **Streu|wie|se,** die (Landw.): *einmal im Jahr gemähte, durch Artenreichtum gekennzeichnete, feuchte Wiese, deren Gräser u. Kräuter als Einstreu verwendet werden;* **Streu|zucker¹,** der: *weißer, körniger Zucker.*

Stria ['ʃt..., 'st...], die; -, Striae [...ɛ; lat. stria = Riefe, Vertiefung; Streifen] (Med.): *Streifen (z. B. Dehnungsstreifen in der Haut).*

strich: ↑streichen; **Strich,** der; -[e]s, -e [mhd., ahd. strich, ablautend zu ↑streichen; 9: wohl übertr. von (8)]: **1. a)** *mit einem Schreibgerät o. ä. gezogene, meist gerade verlaufende, nicht allzu lange Linie:* ein dünner, dicker, breiter, langer, kurzer, waagerechter, senkrechter, gerader S.; einen S. mit dem Lineal ziehen; Köhler ... kratzte mit dem Fuß einen S. in den Straßenstaub (Kühn, Zeit 25); sie macht beim Lesen oft -e an den Rand; sie hat die Skizze S. für S. nachgezeichnet; etw. in schnellen großen -en *(schnell u. skizzenhaft)* zeichnen; die Fehler waren mit dicken roten -en unterstrichen; Ihre Augen, dunkel, ... waren mit feinem S. untermalt (Strauß, Niemand 157); mit einem einzigen S. quer über die Seite machte sie alles ungültig; ihre Lippen wurden zu einem schmalen S. *(sie preßte die Lippen so aufeinander, daß sie nur noch als schmale Linie sichtbar waren);* Ü er ist nur noch ein S. (ugs.; *ist sehr dünn geworden);* in wenigen -en, in einigen groben -en *(mit wenigen, andeutenden Worten)* umriß er seine Pläne; *** keinen S. |tun/machen u. a.]** (ugs.; *überhaupt nichts [tun, machen]):* Ich habe ... praktisch keinen S. für mein Studium getan (Wohngruppe 76); Immer arbeitet er nur gesoviel für die Schule, wie von ihm verlangt wird, keinen S. mehr (Eltern 2, 1980, 102); **jmdm. einen S. durch die Rechnung/**(auch:)**durch etw. machen** (ugs.; *jmdm. ein Vorhaben unmöglich machen, es durchkreuzen, zunichte machen);* **einen [dicken] S. unter etw. machen/ziehen** *(etw. als beendet, erledigt betrachten):* Ich ... möchte einen dicken S. unter diese Bekanntschaft ziehen (Hörzu 2, 1979, 89); **noch auf dem S. gehen können** *(noch nicht so betrunken sein, daß man nicht mehr geradeaus gehen kann);* **unter dem S.** *(als Ergebnis nach Berücksichtigung aller positiven u. negativen Punkte, aller Vor- u. Nachteile):* nach dem Strich einer zusammenzählenden Zahlen: die Verhandlungen haben unter dem S. nicht allzuviel erbracht; **unter dem S. sein** (ugs.; *sehr schlecht, von geringem Niveau sein;* viell. nach dem Bild eines Eichstrichs); **unter dem S. stehen** (Jargon; *im Unterhaltungsteil, im Feuilleton einer Zeitung stehen);* **b)** *(verschiedenen Zwecken dienendes) Zeichen in Form eines kleinen geraden Striches* (1 a): die -e auf der Skala eines Thermometers, einer Waage; der Kompaß hat 32 -e; der S. steht für einen langen Ton; das Morsealphabet setzt sich aus Punkten und -en zusammen; *** jmdn. auf dem S. haben** (ugs.; ↑Kieker 2; **2;** wohl nach dem Zielstrich beim Zielfernrohren). **2.** ⟨o. Pl.⟩ *Art u. Weise der Führung, Handhabung des Zeichenstiftes, Pinsels o. ä. beim Zeichnen, Malen o. ä.:* Auch der frische und lockere S. seiner Zeichnungen ist ... (Brückenbauer 11. 9. 85, 15); eine mit feinem, elegantem S. hingeworfene Skizze; „Herzlichen Dank für die kritische Partnerschaft", schrieb er mit schwarzer Tinte und flottem S. (Hamburger Abendblatt 24. 5. 85, 5). **3.** ⟨meist Pl.⟩ *durch Anstreichen, Weglassen bestimmter Stellen, Passagen in einem Text erreichte Kürzung; Streichung:* er hat im Drehbuch einige -e vorgenommen; der Text wurde nach ein paar geringfügigen -en und Änderungen gutgeheißen. **4. a)** *das Streichen* (1 a) *[über etw. hin]:* einige -e mit der

Strichätzung

Bürste; Abends hörte man Herrn Kampf hinter der Wohnungstür mit müdem S. die Stiefel wichsen (Sommer, Und keiner 31); während ich mit schon geübten -en mein Messer über Wangen, Lippe und Kinn führte (Th. Mann, Krull 162); **b)** ⟨o. Pl.⟩ *Bogenführung:* der kräftige, weiche, zarte, klare, saubere S. des Geigers, der Cellistin. **5.** ⟨o. Pl.⟩ *Richtung, in der die Haare bei Haustieren, od. Tieren liegen, die Fasern bestimmter Gewebe verlaufen:* die Haare, das Fell, den Samt gegen den S., mit dem S. bürsten; Ü Man muß sein Buch darum auch gegen den S. *(ganz anders als bisher, entgegen den gängigen Gepflogenheiten)* lesen (Spiegel 34, 1981, 134); * **jmdm. gegen/**(auch:) **wider den S. gehen** (ugs.; *jmdm. zuwider sein, nicht passen, mißfallen*): Schreien solle ja doch endlich mal sein, wenn mir etwas gegen den S. ginge (Gabel, Fix 40); Dennoch ging es ihm gegen den S., seiner Stellung für rein familiäre Zwecke geltend zu machen (Kemelman [Übers.], Dienstag 55); **nach S. und Faden** (ugs.; *gehörig, gründlich;* aus der Webersprache, eigtl. = bei der Prüfung eines Gesellenstücks den gewebten Faden u. den Strich prüfen): er hat ihn nach S. und Faden betrogen, ausgefragt, verprügelt; Ich schenkte ihnen meinen ganzen Tabak, erntete aber keinen Dank, sondern wurde nach S. und Faden bestohlen (Kempowski, Zeit 320). **6.** (selten) *streifenartiger, schmaler Teil eines bestimmten Gebietes:* ein sumpfiger, bewaldeter S.; ein S. fruchtbaren Landes; ♦ Ich ... mußte manchmal, um über einen S., wo die Sonne manchmal schien, zu kommen, stundenlang darauf warten, daß mir keines Menschen Auge den Durchgang verbot (Chamisso, Schlemihl 69). **7.** (südd., schweiz.) *langgestreckte Zitze bei Haustieren, die gemolken werden:* ... mit geschlossenen Fingern in immer neu ansetzenden Bewegungen an ihnen entlangglitt wie an den -en eines Euters (Steimann, Aperwind 28). **8.** ⟨Pl. selten⟩ (bes. Jägerspr.) **a)** *ruhiger Flug [in geringer Höhe]:* der S. der Schwalben, Stare, Schnepfen; **b)** *größere Anzahl, Schwarm dahinfliegender Vögel einer Art:* ein S. Enten zog vorbei. **9.** (salopp) **a)** ⟨o. Pl.⟩ *Prostitution, bei der sich Frauen, junge Männer auf der Straße [in bestimmten Gegenden] um bezahlten sexuellen Verkehr mit Männern bemühen:* der S. hat es kaputtgemacht; sie blieb von den Unbequemlichkeiten des konventionellen -s verschont (Dürrenmatt, Meteor 66); daß er sich seinen Unterhalt auf dem S. *(durch Prostitution)* verdiente (Ossowski, Bewährung 72); * **auf den S. gehen** (salopp; *der Prostitution auf der Straße nachgehen*); **jmdn. auf den S. schicken** (salopp; *jmdn. veranlassen, zwingen, der Prostitution auf der Straße nachzugehen*): Luden schicken ihre Freundin auf den S. (Chotjewitz, Friede 123); **b)** *Straße, Gegend, in der sich Frauen, junge Männer aufhalten, um sich Männern zur Prostitution anzubieten:* im Bahnhofsviertel ist der S.; **Strich|ätzung**, die (Druckw.): *(nach einer Strichzeichnung hergestellte) Druckplatte für den Hochdruck, bei der die freien Zwischenräume durch Ätzen vertieft werden u. keine Halbtöne (2) liefern;* **Strich|code:** ↑Strichkode; **Strich|ein|tei|lung**, die: *Skala, Einteilung mit Strichen* (1 b); **Stri|chel|chen**, das; -s, -: Vkl. zu ↑Strich (1); **stri|cheln** ⟨sw. V.; hat⟩: **1.** *mit kleinen, voneinander abgesetzten Strichen zeichnen, darstellen:* die Umrisse von etw. s.; Noch im Schlaf strichelte sie Vor- und Auflösungszeichen, zog Balken und Hilfslinien (Bieler, Mädchenkrieg 518); eine gestrichelte Linie. **2.** *mit kleinen, voneinander abgesetzten od. längeren, durchgezogenen, parallel verlaufenden Strichen bedecken, schraffieren:* eine Fläche, ein Dreieck s.; ein gestricheltes Quadrat; **stri|chen** ⟨sw. V.; hat⟩ (salopp, seltener): *auf den Strich* (9 a) *gehen:* Früher strichte sie auf der Schönhauser Allee (Fallada, Jeder 18); ⟨subst.:⟩ Das Strichen ... ist zum Geldverdienen, mehr ein Job (Frings, Liebesdinge 225); **Stri|cher**, der; -s, - (salopp, oft abwertend): *Strichjunge:* ... gehörte er jener Kategorie an, die im Polizeijargon als „Stricher" bezeichnet wird? (MM 26. 1. 66, 4); **Stri|che|rin**, die; -, -nen (salopp, oft abwertend): w. Form zu ↑Stricher: In dem Laden bekam man Broschüren und Bücher über kleine -nen und Fixerinnen (Christiane, Zoo 277); **Strich|jun|ge**, der (salopp, oft abwertend): *Junge, junger Mann, der der Prostitution mit Männern auf der Straße nachgeht;* **Strich|kode, Strichcode**, der: *Verschlüsselung der Angaben über Hersteller, Warenart u. a. in Form unterschiedlich dicker, parallel angeordneter Striche, die mit einem Scanner gelesen wird, der über einen Computer einer Registrierkasse den auszuweisenden Preis übermittelt;* EAN-Code; **Strich|lein**, das; -s, -: Vkl. zu ↑Strich (1); **strich|lie|ren** ⟨sw. V.; hat⟩ (österr.): stricheln; **Strich|li|ste**, die: *Aufzeichnung* (2 a), *bei der mit Hilfe von kurzen Strichen die Anzahl, die Häufigkeit des Auftretens von etw. festgehalten wird:* eine -e führen; **Strich|mäd|chen**, das (salopp, oft abwertend): *junge Frau, die der Straßenprostitution nachgeht;* **Strich|männ|chen**, das: *mit einfachen Strichen schematisch dargestellte kleine Figur eines Menschen;* **Strich|punkt**, der: *Semikolon;* **Strich|re|gen**, der (Met.): *strichweise niedergehender, nur kurz andauernder Regen;* **Strich|vo|gel**, der: *Vogel, der nach der Brutzeit, meist in Schwärmen in weitem Umkreis umherschweift;* **strich|wei|se** ⟨Adv.⟩ (bes. Met.): *in einzelnen, oft nur schmalen Gebietsteilen:* s. regnen; morgens s. Nebel; ⟨mit Verbalsubstantiven auch attr.:⟩ eine nur s. Abkühlung; **Strich|zeich|nung**, die: *nur mit [einfachen] Strichen u. Linien ohne Halbtöne* (2) *gefertigte Zeichnung.* ¹**Strick**, der; -[e]s, -e [mhd., ahd. stric = Schlinge, Fessel, H. u.]: **1.** *aus Hanf, Kokosfasern o. ä. geflochtenes, gedrehtes, meist dickeres Seil, dicke Schnur, bes. zum Anbinden, Festbinden von etw.:* ein kurzer, langer, dicker, starker, hanfener S.; der S. reißt, löst sich, hält; einen S. um etw. binden, schlingen; er führte die Ziege an einem S.; das Pferd war mit einem S. an den Baum gebunden; * **wenn alle -e reißen** (ugs.; ↑Strang 1 b); **jmdm. aus etw. einen S. drehen** (*eine Verfehlung, eine unvorsichtige, unbedachte Äußerung o. ä. eines anderen dazu benutzen, ihn in Fall zu bringen;* bezogen auf die Todesstrafe durch Hängen): Die Toleranz der Gefängnisleitung hörte dort auf, wo sie befürchten mußte, man könnte ihr aus ihrer liberalen Haltung in der Presse einen S. drehen (Ziegler, Konsequenz 64); Aus dem Aufenthalt im Frauenhaus kann ihr der Ehemann keinen S. drehen (Emma, 3, 1977, 13); **den S. nicht wert sein** (veraltend; *ganz u. gar unwürdig, verkommen, verdorben sein;* eigtl. = [von einem Verbrecher] noch nicht einmal soviel wert sein wie der Strick, mit dem er gehängt wird); **den, einen S. nehmen/**(geh.:) **zum S. greifen** (*sich erhängen*): „Und was haben Sie ihr gesagt?" fragte ich. – „Sie soll sich 'nen S. nehmen" war seine Antwort (Christiane, Zoo 248); **an einem/am gleichen/an demselben S. ziehen** (↑Strang 1 b). **2.** (fam., wohlwollend) *durchtriebener Bursche, Kerl; Galgenstrick* (b): so ein S.!; er ist ein ganz gerissener S.; ²**Strick**, das; -[e]s ⟨meist o. Art.⟩ [zu ↑stricken] (bes. Mode): *Gestrick; gestricktes Teil an einem Kleidungsstück, gestrickter Stoff:* S. mit Fransen, lustige Gamaschen und Strümpfe (Hörzu 42, 1976, 129); ein Pullover aus/in rustikalem S.; **Strick|ap|pa|rat**, der: vgl. Strickmaschine; **Strick|ar|beit**, die: *Handarbeit, die mit Stricknadeln ausgeführt wird; etw. Gestricktes;* **Strick|beu|tel**, der: *Beutel, in dem in Arbeit befindliche Strickarbeiten, Wolle o. ä. aufbewahrt werden;* **Strick|bünd|chen**, das: *gestricktes Bündchen;* **stricken**¹ ⟨sw. V.; hat⟩ [mhd. stricken, ahd. stricken, zu ↑¹Strick]: **a)** *einen Faden mit Stricknadeln od. einer Strickmaschine zu einer Art (einem Gewebe ähnelnden) Geflecht von Maschen verschlingen:* sie strickt gerne, viel zum Zeitvertreib; er kann, lernt s.; Meine Schwiegermutter strickt, immer strickt sie mit vorgeschobenem Kinn (Schwaiger, Wie kommt 71); sie strickt zwei links, zwei rechts, glatt rechts, glatt links; an einem Pullover s.; Ü wo er dem Maler Modell gesessen und nebenbei an der Regierungserklärung gestrickt (scherzh.; gearbeitet) hatte (Spiegel 51, 1976, 26); **b)** *strickend* (a) *anfertigen, herstellen:* Strümpfe, einen Pullover s.; eine gestrickte Strampelhose; Ü Die Geschichte ... ist nach dem klassischen Muster amerikanischer Kinos ... gestrickt *(aufgebaut, gearbeitet, geschrieben;* tip 13, 1983, 34); **Stricker**¹, der; -s, -: *jmd., der an einer Strickmaschine arbeitet, Strickwaren herstellt* (Berufsbez.); **Strickerei**¹, die; -, -en: **1.** *Strickarbeit.* **2.** ⟨o. Pl.⟩ (oft abwertend) *dauerndes Stricken.* **3.** *Betrieb, in dem maschinell Strickwaren hergestellt werden;* **Stricke|rin**¹, die; -, -nen: **1.** w. Form zu Stricker. **2.** *weibl. Person, die stricken kann, gerade strickt;* **Strick|garn**, das: *Garn zum Stricken;* **Strick|jacke**¹, die: *gestrickte Jacke;* **Strick|kleid**, das: vgl. Strickjacke; **Strick|kra|wat|te**, die: *Krawatte aus Strickstoff;* **Strick|lei|ter**, die: *aus ¹Stricken* (1) *gefertigte Leiter mit Sprossen aus Holz od. Kunststoff, mit deren Hilfe bes. das Hinauf- u. Herabklettern an Schiffs- od. Häuserwänden bewerkstelligt wird: eine S. herunterlassen; Er stellte sich eine halsbrecherische Befreiung Antonias vor, über -n und mit einer Pistole (Becker, Tage 131); **Strick|lei|ter|ner|ven|sy|stem**, das (Zool.): Zentralnervensystem bei Ringelwürmern u. Gliederfüßern mit hintereinander angeordneten Ganglien; **Strick|ma|schi|ne**, die: Maschine zum Herstellen von Strickwaren; **Strick|mo|de**, die: gestrickte Kleidungsstücke betreffende Mode; **Strick|mu|ster**, das: a) unterschiedliche Kombination verschiedener gestrickter Maschen zu einem bestimmten Muster: ein Pullover mit einem einfachen S.; b) Vorlage für ein Strickmuster (a): eine Mütze nach einem S. stricken; Ü hier geht alles nach dem gleichen S. (scherzh.; wird alles nach ein u. derselben Methode erledigt); Das gehört unbedingt zum S. (scherzh.; zum Aufbau, zur Konstruktion) erfolgreicher Arztromane (MM 27. 5. 82, 16); **Strick|na|del**, die: lange, relativ dicke Nadel zum Stricken; ◆ **Strick|rei|ter**, der [wohl weil die Strickreiter ihre Gefangenen mit Stricken an das Pferd binden]: berittener Häscher; berittener Landpolizist: ... kamen die S. ... und holten den Zundelheiner und den Zundelfrieder in den Turm und in das Zuchthaus (Hebel, Schatzkästlein 28); **Strick|stoff**, der ⟨meist Pl.⟩ (Fachspr.): vgl. Strickwaren; **Strickstrumpf**, der: Strumpf, an dem jmd. gerade strickt; **Strick|wa|ren** ⟨Pl.⟩: als Handarbeit od. mit der Strickmaschine gestrickte Kleidungsstücke o. ä.; **Strick|we|ste**, die: vgl. Strickjacke; **Strick|zeug**, das: 1. Handarbeit, an der jmd. strickt, an der gerade gestrickt wird: Wenn in jenem Winter die jungen Mädchen abends mit dem S. bei der Plättfrau ... zusammengesessen hatten (G. Vesper, Laterna 41). 2. alles, was zum Stricken benötigt wird. **stric|te** ⟨Adv.⟩ [lat., Adv. von: strictus, ↑strikt]: lat. Form von ↑strikt[e]; **stric|tis|si|me** ⟨Adv.⟩ [lat., Adv. von: strictissimus, Sup. von: strictus, ↑strikt] (veraltet): aufs genaueste. **Stride piano** ['straɪd pɪ'ænoʊ], das; - -[s], - -s [engl. stride piano, zu: to stride = schreiten u. piano = Klavier] (im Jazz) Technik des Klavierspielens, bei der die linke Hand regelmäßig zwischen Baßton u. Akkord abwechselt. **Stri|dor** [ʃt..., st...], der; -s, -s [lat. stridor = das Pfeifen] (Med.): pfeifendes Geräusch beim Atmen durch Verengung der oberen Luftwege; **Stri|du|la|ti|on**, die; - [zu lat. stridulus = zischend; schwirrend; klirrend] (Zool.): Erzeugung von Lauten bei Insekten durch Gegeneinanderstreichen von Kanten, Leisten u. a.; **Stri|du|la|ti|ons|or|gan**, das (Zool.): Organ von Insekten zur Erzeugung von Zirptönen (z. B. bei Grillen). **Strie|gel**, der; -s, - [a: mhd. striegel, ahd. strigil < lat. strigilis = Schabeisen]: a) mit Zacken, Zähnen besetztes Gerät, harte Bürste zum Reinigen, Pflegen des Fells bestimmter Haustiere, bes. der Pferde: das Fell, das Pferd gründlich mit dem S. bearbeiten, putzen; b) (in der Antike) Gerät zum Abschaben der Kruste aus Öl, Staub u. Schweiß nach dem Sport; **strie|geln** ⟨sw. V.; hat⟩ [1: mhd. strigelen]: 1. mit ei-

nem Striegel (a) behandeln, reinigen: die Pferde s.; wenn die Tiere getränkt, gestriegelt und gebürstet vor den geschlossenen Toren unruhig stampften (B. Vesper, Reise 119); Ü ich striegelte (kämmte, bürstete) mir die Haare; ordentlich gestriegelte (gekämmte) Kinder. **2.** (ugs.) [in kleinlicher, böswilliger Weise] hart herannehmen; schikanieren: es macht ihm Spaß, seine Untergebenen zu s. **Strie|me**, die; -, -n (seltener): Striemen; **Strie|men**, der; -s, - [mhd. strieme, eigtl. = Streifen, Strich, zu ↑Strahl]: sich durch dunklere Färbung abhebender, oft blutunterlaufener, angeschwollener Streifen in der Haut, der meist durch Schläge (mit einer Peitsche, Rute o. ä.) entsteht: der Mann hat breite, dicke, bereits vernarbte, blutige S. auf dem Rücken; von der Mütze einen roten S. auf der Stirn haben; Ü grünes Wasser ... durchbrochen von schwärzlichen S. (Streifen, Bändern; Böll, Und sagte 79); **strie|mig** ⟨Adj.⟩: Striemen aufweisend, mit Striemen bedeckt: der -e Rücken; Sein -es Genick trug er unter den Nackenhaaren versteckt (Fels, Unding 21); die Haut war s. verfärbt (wies in Striemen verlaufende Verfärbungen auf). **Strie|zel**, der; -s, - [1: mhd. strützel, wohl verw. mit ↑'Strauß; 2: H. u., urspr. viell. übertr. von (1)] (landsch.): **1.** [kleineres] längliches, meist geflochtenes Hefegebäck. **2.** frecher Bursche, Lausbub, Schlingel. **strie|zen** ⟨sw. V.; hat⟩ [aus dem Ostmd., H. u.] (landsch.): **1.** striegeln (2). **2.** mopsen (2): der Junge hat die Bonbons gestriezt. **stri|gil|liert** [ʃt..., st...] ⟨Adj.⟩ [zu lat. strigilis = Auskehlung, Kannelierung an den Säulen, eigtl. = Schabeisen]: S-förmig gerieftelt (von den Wänden altchristlicher Sarkophage). **Strike** [straɪk], der; -s, -s [engl. strike, eigtl. = Schlag, Treffer, ↑Streik]: **1.** (Bowling) das Abräumen (1 a) mit dem ersten Wurf. **2.** (Baseball) ordnungsgemäß geworfener Ball, der entweder nicht angenommen, verfehlt od. außerhalb des Feldes geschlagen wird. **strikt** [ʃt..., st...] ⟨Adj.; -er, -este⟩ [lat. strictus = zusammengeschnürt; straff, eng; streng, adj. 2. Part. von: stringere = (zusammen)schnüren]: keine Einschränkung, Abweichung, Ausnahme duldend; peinlich, genau; sehr streng (2 a): ein -er Befehl; eine -e Weisung, Bestimmung, Anordnung; eine -e Geheimhaltung; ein -es Verbot; -en Gehorsam, -e Einhaltung der Gebote fordern; das -e (genaue) Gegenteil; Wir sichern Ihnen -e Vertraulichkeit zu (Südd. Zeitung 1. 3. 86, 76); die -e Bindung der Richter an das Grundgesetz (NZZ 22. 12. 83, 4); Ich bin da -er (absoluter, unbedingter) Pragmatiker (profil 23, 1984, 23); etw. s. befolgen; ein Verbot s. beachten; eine s. gehandhabte Nachweispflicht (natur 4, 1991, 39); Doch mied Helene s. das Zimmer, wo er seine Jagdwaffen aufbewahrte (Zwerenz, Quadriga 65); **strik|te** ⟨Adv.⟩ (seltener): ohne Einschränkung, Abweichung, Ausnahme; aufs genaueste, strengstens: etw. s. verbieten, untersagen; sich s. an eine Weisung halten; Allfällige Sperrvermerke werden s. beachtet (NZZ

25. 12. 83, 20); Daß dieses Schwarzenberg, s. gesehen (genaugenommen), nicht sein Geschäftsbereich ist (Heym, Schwarzenberg 97); **Strik|ti|on**, die; -, -en [spätlat. strictio, zu lat. strictus, ↑strikt] (selten): Zusammenziehung, -schnürung, Verengung; **Strik|tur**, die; -, -en [lat. strictura = die Zusammenpressung, zu: strictum, 2. Part. von: stringere, ↑strikt] (Med.): hochgradige Verengung eines Körperkanals (z. B. der Harnröhre); **string.** = stringendo; **strin|gen|do** [strɪn'dʒɛndo; ital. stringendo, zu: stringere = drücken, drängen < lat. stringere, ↑strikt] (Musik): allmählich schneller werdend; drängend; Abk.: string.; **Strin|gen|do**, das; -s, -s u. ...di (Musik): schneller werdendes Tempo; **strin|gent** [ʃt..., st...] ⟨Adj.; -er, -este⟩ [zu lat. stringens (Gen.: stringentis), 1. Part. von: stringere, ↑strikt] (bildungsspr.): auf Grund der Folgerichtigkeit sehr einleuchtend, überzeugend; logisch zwingend, schlüssig: eine -e Beweisführung; ein -er Schluß; etw. s. nachweisen; **Strin|genz**, die; - (bildungsspr.): das Stringentsein, logische Richtigkeit, Schlüssigkeit: ein Aufklärer und Pädagoge von bissiger S. (Sloterdijk, Kritik 869); Hingegen wird die Frage ... mit aller S. gestellt und beantwortet ... werden müssen (NZZ 26. 8. 86, 13); **Strin|ger** ['ʃtrɪŋɐ, engl.: 'strɪŋə], der; -s, - [engl. stringer, zu: to string = (an)spannen < lat. stringere, ↑strikt]: (im Flugzeug- u. Schiffbau) der horizontalen Versteifung dienende Stahlplatte; **strin|gie|ren** [ʃt..., st...] ⟨sw. V.; hat⟩ [1: ital. stringere, ↑stringendo; 2: lat. stringere, ↑strikt]: **1.** (Fechten) die Klinge des Gegners mit der eigenen Waffe abdrängen, auffangen. **2.** (selten) zusammenziehen, -schnüren, verengen; **String|re|gal** ['ʃt..., 'st...], das [zu engl. string = Schnur, Draht]: Regal, bei dem die einzelnen Bretter in ein an der Wand befestigtes Gestell aus Metall eingelegt sind; **Stringwand** ['ʃt..., 'st...], die: Stringwände: meist eine ganze Wand ausfüllende Kombination aus Stringregalen mit Hängeschränken. **Strip** [ʃt..., st...], der; -s, -s [1: engl. strip; 2: engl. strip = Streifen]: **1.** Kurzf. von ↑Striptease. **2.** als einzelner Streifen gebrauchsfertig verpacktes Wundpflaster; **Strip|film**, der (Druckw.): in der Reproduktionstechnik verwendeter spezieller Film, dessen fotografische Schicht sich als feines Häutchen von der Unterlage abziehen u. mit anderen Teilen eines Films montieren läßt; **Strip|lo|kal**, das (ugs.): Kurzf. von ↑Stripteaselokal. **¹Strip|pe**, die; -, -n [aus dem Niederd., niederd. Form von mhd. strupfe = Lederschlinge, wohl < lat. struppus, stroppus < griech. strόphos = Seil, zu: stréphein, ↑Strophe]: **1.** (landsch.) Schnur, Bindfaden, Kordel: ein Stück S.; Ü Ich wollte, ich wäre allein im Urlaub, nicht so verdammt an der S. (ugs.; nicht in so einengender Begleitung; Loest, Pistole 210). **2.** (ugs.) Leitungsdraht; Fernsprech-, Telefonleitung: -n ziehen; an der S. hängen [eifrig, ausgiebig telefonieren]; wer war denn an der S.? (wer war am Telefon, hat angerufen?); jmdn. an

Strippe

der S. haben *(jmdn. als Gesprächspartner am Telefon haben, mit ihm telefonieren);* jmdn. an die S. bekommen, kriegen *(jmdn. als Gesprächspartner ans Telefon bekommen);* sich an die S. hängen *(feifrig, ausgiebig] zu telefonieren beginnen).* ²**Strip|pe,** die; -, -n (Jargon veraltet): Verdienstmöglichkeit durch Strippen (3): eine S. haben; **strip|pen** ['ʃt..., 'st...] (sw. V.; hat) [1: zu ↑ Strip; 2: engl. to strip = ablösen, abziehen, verw. mit ↑ streifen; 3: md., mniederd. Nebenf. von ↑ streifen]: **1.** (ugs.) *Striptease vorführen; als Stripteasetänzer[in] arbeiten:* sie strippt in einem miesen Lokal; Wenn der Junge strippt, da kocht der ganze Saal (Borell, Romeo 153); wenn's der Ria von Maternus in ihrer feinen Pinte zu fein wurde, kam sie zu uns und strippte auf dem Tisch (Zwerenz, Quadriga 222). **2.** (Druckw.) *durch entsprechendes Verarbeiten der von einem Stripfilm abgezogenen fotografischen Schicht montieren:* Zeilen s. **3.** (Jargon) *[als Student] sich durch nebenberufliches Musizieren auf einer Veranstaltung, im Café usw. zusätzlich etwas verdienen:* ich strippe; er strippt *(zieht strippend)* durch Frankreich.
Strip|pen|zie|her, der; -s, - [zu ↑¹Strippe] (ugs. scherzh.): **1.** *Elektriker.* **2.** *Drahtzieher* (2).
Strip|per, der; -s, - [engl. stripper, eigtl. = Abstreifer, zu: to strip, ↑strippen]: **1.** (ugs.) *Stripteasetänzer:* Wenn er den Damen die speziellen Reize und Fähigkeiten seines -s anpries, blieb kein Auge trocken (Borell, Romeo 152). **2.** (Med.) *Instrument zum Entfernen eines Blutpfropfs od. einer krankhaft veränderten Vene.* **3.** (Hüttenw.) *spezieller Kran zum Abstreifen der Gußformen von gegossenen Blöcken;* **Strip|pe|rei,** die; -, -en (ugs., oft abwertend): *das Strippen* (1): Ihrem Image ... bekommt das dekorative Sterben jedenfalls besser als die S. von einst (Hörzu 12, 1976, 27); **Strip|pe|rin,** die; -, -nen (ugs.): *Stripteasetänzerin:* Die älteste Pariser Music-Hall ... wird von ihren -en ... bestreikt (Welt 5./6. 5. 79, 1); **Stripping** ['ʃt..., 'st...], das; -[s], -s (Med.): *ausschälende* (3) *Operation mit speziellen Instrumenten (z. B. Entfernung eines Blutpfropfs);* **Strip|schup|pen,** der, (ugs.): *Stripteaselokal:* als Barmann in einem S. bringen ihn die Damen aus der Fassung (ran 3, 1980, 37); **Strip|tease** ['ʃtripti:s, 'st...], der, auch: das; - [engl. strip-tease, aus: to strip = sich ausziehen u. to tease = necken, reizen]: *(in Nachtlokalen, Varietés o. ä.) Vorführung von erotisch stimulierenden Tänzen, kleinen Szenen o. ä., bei denen sich die Akteure nach u. nach entkleiden:* einen S. hinlegen; Ü Formulare, vorgedruckte Fragen, S. (scherzh.; *Entblößung*) der Seele (Hörzu 50, 1977, 38); **Strip|tease|lo|kal,** das: *Nachtlokal, in dem Striptease vorgeführt wird;* **Strip|tease|tän|zer,** der: vgl. Stripteasetänzerin; **Strip|tease|tän|ze|rin,** die: *weibliche Person, die Striptease vorführt;* **Strip|tea|seu|se** [...'zø:zə], die; -, -n [frz. strip-teaseuse; zu: strip-tease < engl. strip-tease, ↑Striptease] (ugs., oft scherzh.): *Stripteuse;* **Strip|tease|vorfüh|rung,** die: *Vorführung eines Strip-*

tease; **Strip|teu|se** [...'tø:zə], die; -, -n [scherzh. französierende Bildung] (ugs., oft scherzh.): *Stripteasetänzerin.*
stri|scian|do [strɪ'ʃando] ital. strisciando, zu: strisciare = kriechen, schleichen, schleifen] (Musik): *chromatisch gleitend, schleifend;* **Stri|scian|do,** das; -s, -s u. ...di (Musik): *chromatisch gleitendes Spiel.*

stritt: ↑ streiten; **Stritt,** der; -[e]s [zu ↑ streiten] (bayr.): *Streit;* **strit|tig** (Adj.) [zu ↑ Stritt]: *noch nicht geklärt, noch nicht entschieden; verschieden deutbar; umstritten:* eine -e Frage, Angelegenheit; ein -es Problem, Thema; einige -e Fälle, Punkte sind noch zu klären; Zinnemann ..., dessen Ruf in den letzten zehn Jahren s. geworden ist (Augsburger Allgemeine 11./ 12. 2. 78, 20); die Sache ist [noch] s.
Striz|zi, der; -s, -s [H. u.] (bes. südd., österr., auch schweiz.): **1.** *Zuhälter:* Ich will nicht, daß es Schwierigkeiten gibt, weder mit den anderen Huren noch mit irgendwelchen -s (Sobota, Minus-Mann 326). **2.** *leichtsinniger, leichtfertiger, durchtriebener Bursche, Kerl; Strolch:* vielleicht wird irgendeinen S. oder Generalvertreter sie heiraten (Gregor-Dellin, Traumbuch 123).
Stro|be, die; -, -n [nach dem nlat. bot. Namen Pinus strobus]: *Weymouthskiefer.*
Stro|bel, der; -s, - (landsch.): *struppiger Haarschopf;* **stro|be|lig,** stroblig (Adj.) [spätmhd. strobelecht, zu mhd. strobelen, ↑strobeln] (landsch.): *strubbelig;* **Strobel|kopf,** der, (landsch.): *Strubbelkopf;* **stro|beln** (sw. V.; hat) [mhd. strobelen, = struppig sein, machen, ahd. in: arstropolōn, istrobalōn = sich sträuben, verw. mit ↑ sträuben; vgl. strubbelig] (landsch.): **a)** *struppig sein:* ich strob[e]le; **b)** *struppig machen:* jmdn. s.; **strob|lig:** ↑strobelig.
Stro|bo|light ['strɔbəlaɪt], das; -s [engl. strobolight, gek. aus: stroboscopic light]: *Stroboskoplicht;* **Stro|bo|skop** [ʃt..., st...], das; -s, -e [zu griech. stróbos = das Im-Kreise-Drehen u. skopeīn = betrachten]: **1.** (Physik, Technik) *Gerät, mit dem (durch ganz kurze Blitze von hoher, genau einstimmender Frequenz) die Frequenz einer periodischen Bewegung, z. B. die Drehzahl eines Motors, gemessen werden kann.* **2.** (früher) *mit Schlitzen versehener zylindrischer Apparat, in dessen Innerem sich auf einer koaxialen Fläche eine Folge von Bildern befindet, die bei gegenläufiger Drehung von Behälter u. Fläche durch die Schlitze einen Bewegungsablauf zeigen;* **stro|bo|sko|pisch** (Adj.): *das Stroboskop betreffend; durch das Stroboskop [bewirkt]:* -e Bilder, Effekte; -es Licht; **Stro|bo|skop|licht,** das: *mit einem Stroboskop erzeugtes, mit hoher Frequenz gleichmäßig aufblitzendes Licht.*
Stro|ga|noff, das; -s, -s (Kochk.): *Bœuf Stroganoff.*
Stroh, das; -[e]s [mhd. strō, ahd. strao, strō, zu ↑streuen u. eigtl. = Aus-, Hingestreutes]: *trockene Halme von ausgedroschenem Getreide:* frisches, trockenes, feuchtes, angefaultes S.; ein Bund, ein Ballen S.; S. ausbreiten, aufschütten, binden, flechten; S. wird auf dem Feld verbrannt statt zu Mist verarbeitet (Gruhl, Planet 82); auf S., im S. schlafen;

das Dach ist mit S. gedeckt; das Haus brannte wie S. *(lichterloh);* etw. brennt wie nasses S. *(schlecht);* das Essen schmeckt wie S. (ugs.; *ist trocken od. Würze);* Spr viel S. - wenig Korn; *** S. im Kopf haben** (ugs.; *dumm sein);* **leeres S. dreschen** (ugs.; *viel Unnötiges, Belangloses reden):* bei der Diskussion wurde viel leeres S. gedroschen; **Stroh|bal|len,** der: *Ballen Stroh;* **Stroh|be|sen,** der: *aus [Reis]stroh gebundener Besen;* **Stroh|binder,** der: *Maschine, mit der das Stroh nach dem Dreschen (mit kleinen Dreschmaschinen) in Ballen gebunden wird;* **stroh|blond** (Adj.): vgl. hellblond; **Stroh|blu|me,** die: **1.** *Immortelle.* **2.** *(zu den Korbblütlern gehörende) Pflanze meist mit großem Körbchen u. zahlreichen kleinen, pergamentenen Blütenblättern in leuchtenden Farben, die als Trockenblume Verwendung findet;* **Stroh|bund,** das (Pl. -e): vgl. Strohballen; **Stroh|bün|del,** das: vgl. Strohballen; **Stroh|dach,** das: *mit Stroh gedecktes Dach;* **stroh|dumm** (Adj.) (emotional verstärkend): *sehr dumm:* Fast scheint es so, wenn die Gangster zwar s. dargestellt werden, die Polizei aber noch dreimal so dümmer und korrupter (Spiegel 18, 1975, 156); **stro|hen** (Adj.) (seltener), **stro|hern** (Adj.) (seltener) [für mhd. strœwin]: **a)** *aus Stroh:* in -er Pantoffel; eine Orange, umsteckt von krausem und strohenem Grün (Musch, Sommer 122); **b)** *[trocken] wie Stroh:* die Apfelsine ist s.; **stroh|far|ben, stroh|far|big** (Adj.): *gelblich wie Stroh;* **Stroh|feim,** der, **Stroh|fei|me,** die, **Stroh|fei|men,** der: vgl. ²Feim; **Stroh|feu|er,** das: *von leicht brennbarem Stroh genährtes, stark, hell u. hoch aufflackerndes Feuer, das schnell verlischt:* das kleine S. brannte rasch herunter; Ü das S. der ersten Begeisterung; während das Interesse an texanischen Bankaktien nach einem ersten S. ... eher am Abflauen war (NZZ 19. 12. 86, 15); **Stroh|fut|ter,** das: *Stroh als Futter für Tiere;* **stroh|ge|deckt** (Adj.): *mit Stroh gedeckt:* -e Häuser; **Stroh|ge|flecht,** das: *Geflecht aus Stroh;* **stroh|gelb** (Adj.): *strohfarben;* **Stroh|ge|we|be,** das: *Strohstoff;* **Stroh|ge|wicht,** das (Boxen): **1.** (o. Pl.) *unterste Körpergewichtsklasse.* **2.** *Sportler der Körpergewichtsklasse Strohgewicht;* **Stroh|halm,** der: **a)** *trockener Getreidehalm ohne Körner:* der Sturm hat die Bäume wie -e geknickt; *** sich [wie ein Ertrinkender] an einen S. klammern** *(in der kleinsten sich bietenden Möglichkeit doch noch Hoffnungsschimmer sehen);* **nach dem rettenden S. greifen** *(eine letzte, wenn auch wenig aussichtsreiche Chance, die aus einer schwierigen, bedrückenden Lage heraushelfen könnte, wahrnehmen, ausnutzen);* **über einen S. stolpern** (ugs.; *an einer im Vergleich zum ganzen Vorhaben geringfügigen Kleinigkeit scheitern);* **b)** *Trinkhalm;* **Stroh|hau|fen,** der: *Haufen Stroh;* **Stroh|hut,** der: ¹*Hut* (1) *aus einem Strohgeflecht;* **Stroh|hüt|te,** die: *Hütte aus Stroh;* **stro|hig** (Adj.): **a)** *wie Stroh [aussehend, wirkend]:* Die angefetteten Haare hingen ihm ungescheitelt herab, -e Zotteln (Fels, Sünden 46); **b)** *wie Stroh [beschaffen], hart, trocken u. ohne Ge-*

schmack: -er Schiffszwieback; s. schmecken; **Stroh|kof|fer,** der: *Koffer aus einem Strohgeflecht;* **Stroh|kopf,** der (ugs. abwertend): *dummer Mensch, Dummkopf;* **Stroh|korb,** der: vgl. Strohkoffer; **Stroh|la|ger,** das: *Lager (2 a) aus Stroh;* ◆ **stroh|lum|pen** ⟨Adj.⟩: *aus Stroh u. Lumpen [bestehend]:* als so ein Schelmenfabrikant (= der Inquisitor) ... sich endlich einen -en Vogelscheu zusammenkünstelt, um wenigstens seinen Inquisiten in effigie hängen zu können (Goethe, Egmont IV); **Stroh|mann,** der ⟨Pl. ...männer⟩ [2: LÜ von frz. homme de paille]: **1.** *Strohpuppe.* **2.** *jmd., der von einem andern vorgeschickt wird, um in dessen Auftrag u. Interesse ein Geschäft zu machen, einen Vertrag abzuschließen o. ä.:* er solle endlich zugeben, daß der Fux das Grundstück im Lungau besitze und er nur der S. wäre (Erfolg 11/12, 1983, 21); den S. abgeben, machen; er ließ die Aktien durch Strohmänner aufkaufen. **3.** (Kartenspiel) *Ersatz für einen fehlenden Spieler.* ◆ **4.** *Strohkopf:* Schafft mir diese Strohmänner vom Halse (Goethe, Werther I, 30. Julius); **Stroh|mat|te,** die: *aus einem Geflecht aus Stroh bestehende Matte;* **Stroh|mie|te,** die: vgl. ²Miete; **Stroh|pres|se,** die: *Maschine, mit der Stroh zusammengepreßt u. zu festen Ballen geformt wird;* **Stroh|pup|pe,** die: *aus Stroh gefertigte Figur;* **Stroh|sack,** der: *mit Stroh gefüllter Sack als einfache Matratze:* sie schliefen auf Strohsäcken; in den langen Kasernennächten, in denen er wütend in den S. geboxt hatte (Kühn, Zeit 185); ***[ach, du] heiliger/gerechter S.!** (salopp; *Ausruf der Verwunderung, der unangenehmen Überraschung, des Erschreckens*); **Stroh|schober,** der: vgl. Heuschober; **Stroh|schuh,** der: *Schuh aus Strohgeflecht;* **Stroh|schüt|te,** die: *[als behelfsmäßiges Lager] aufgeschüttetes Stroh;* **Stroh|seil,** das: *aus Stroh gedrehtes Seil;* **Stroh|stern,** der: *aus sternförmig gelegten Strohhalmen gebastelter Weihnachts[baum]schmuck;* **Stroh|stoff,** der: *für Dekorationen verwendetes Gewebe, das [gebleichtes od. gefärbtes] Stroh enthält;* **Stroh|tri|ste,** die (südd., österr., schweiz.): vgl. Triste; **stroh|trocken¹** ⟨Adj.⟩ (emotional): **a)** *zu wenig od. keine Feuchtigkeit enthaltend; sehr trocken:* -e Apfelsinen; die Blumen sind s.; **b)** *sehr trocken (3 a), nüchtern:* wenn ein Schreiben an ein Amt zu verfassen war, dann war er; er beherrschte die -e Sprache (Kühn, Zeit 140); **stroh|um|floch|ten, stroh|um|hüllt** ⟨Adj.⟩: *mit einem Geflecht, einer Hülle aus Stroh umgeben:* eine -e Flasche; **Stroh|wein,** der: *Süßwein aus reifen Trauben, die nach der Ernte (auf Strohmatten od. Horden) fast zu Rosinen getrocknet werden:* ◆ bei Gerhardi ist ein S. angekommen – ein Wein – ach! (Iffland, Die Hagestolzen I, 7); **Stroh|wisch,** der: *Bündel, kleiner Besen aus Stroh;* **Stroh|wit|we,** die [wohl eigtl. = *Frau, die nachts allein auf dem Strohsack liegen muß*] (ugs. scherzh.): *Ehefrau, die vorübergehend für eine gewisse Zeit ohne ihren Mann ist;* **Stroh|wit|wer,** der (ugs. scherzh.): vgl. Strohwitwe.

Strolch, der; -[e]s, -e [urspr. oberdeutsch, H. u.]: **1.** (abwertend) *jmd., der verwahrlost aussieht, betrügerisch handelt, durchtrieben, gewalttätig ist:* Eines Mittags hatte sie ihn in Gesellschaft zweier betrunkener -e getroffen (Bieler, Mädchenkrieg 433); sie wurde von zwei -en angefallen. **2.** (fam. scherzh.) *wilder kleiner Junge, Schlingel:* komm her, du S.!; **strol|chen** ⟨sw. V.; ist⟩: *untätig, ziellos herumstreifen:* durch die Straßen s.; Wir strolchten durch das nasse Gras vor an den Hang (Loest, Pistole 186); **Strol|chen|fahrt,** die (schweiz.): *Fahrt mit einem unentwendeten Fahrzeug:* Die Sechzehnjährigen, die heutzutage ihren Vätern nachts den Wagen aus der Garage klauen und damit eine S. unternehmen (Ziegler, Liebe 37).

Strom, der; -[e]s, Ströme [mhd. strōm, stroum, ahd. stroum, eigtl. = *der Fließende;* 3: *nach der Vorstellung einer Strömung*]: **1. a)** *großer (meist ins Meer mündender) Fluß:* ein breiter, langer, mächtiger, reißender S.; der Strom fließt ins Meer; einen S. regulieren, befahren; das Ufer des -s; die Stadt am S.; Schiffe auf dem S.; das Unwetter hat die Bäche in reißende Ströme verwandelt; Ü der S. der Zeit, der Ereignisse; Ströme des Glücks erfaßten ihn; der S. der Rede versiegte; Er käme schließlich dahin, daß der S. des Geschriebenen nicht von den stillen, ihm Halt gebenden festen Ufern der Wahrheit seine Wirkung bezöge (Stern, Mann 111); aus dem S. des Vergessens/der Vergessenheit trinken (dichter.); *das Vergangene völlig vergessen*); **b)** *strömende, in größeren Mengen fließende, aus etw. herauskommende Flüssigkeit:* ein S. von Blut, von Schweiß, von Tränen; ein S. von Wasser ergoß sich über den Fußboden; Ü Licht schoß in mächtigen Strömen herein (Zwerenz, Kopf 260); ***in Strömen** (*in großen Mengen, sehr reichlich u. heftig*): es regnet in Strömen; bei dem Fest flossen Wein und Sekt in Strömen; **c)** *größere, sich langsam in einer Richtung fortbewegende Menge:* ein S. von Menschen, von Fahrzeugen; Ströme von Auswanderern; der S. der Besucher wälzt sich durch die Hallen; Dazu müssen wir sichern, daß der zu erwartende S. von Bussen ... herausgehalten werden kann (Freie Presse 30. 12. 89, 1); sie schlossen sich dem S. der Flüchtlinge an. **2.** *Strömung:* der S. trieb ihn vom Ufer ab; er schwimmt mit dem S., versucht, gegen den S. anzuschwimmen; ***mit dem S. schwimmen** (*sich [immer] der herrschenden Meinung anschließen, sich anpassen*); **gegen/wider den S. schwimmen** (*sich der herrschenden Meinung widersetzen, sich nicht anpassen*); nach Sir. 4,31). **3.** *fließende Elektrizität, in einer (gleichbleibenden od. periodisch wechselnden) Richtung sich bewegende elektrische Ladung:* elektrischer S.; ein S. von zwölf Ampere; galvanischer S.; starker, schwacher S.; der S. (*Stromkreis*) ist geschlossen; heute geht es elektrisch. Damals war der S. noch eine Seltenheit in unserer Gegend (Wimschneider, Herbstmilch 122); S. aus Kernkraftwerken wird teurer (CCI 11, 1986, 36); die Batterie gibt nur noch wenig S. ab; S. aus der Leitung nehmen; den S. einschalten; man hat ihm den S. gesperrt; dies Gerät verbraucht viel S.; Wasserkraft in S. verwandeln; mit S. heizen; das Gehäuse des Geräts stand unter S.; Ü Frauen 89 stehen permanent unter S. (*leben ständig in Anspannung, sind pausenlos im Einsatz*): Sie machen tagsüber Karriere, sind nachts sexy und anschmiegsam (MM 29. 5. 89, 21). **4.** ⟨o. Pl.⟩ (salopp) *Geld:* Als Lehrling hab' ich mehr S. gehabt als unser Abteilungsleiter (Fichte, Wolli 398); Wenn du kein' S. hast, bis du eben irgendwie der letzte Arsch (Stern 41, 1980, 141).

Stro|ma, das; -s, -ta [griech. strōma = *Streu; Lager; Decke*]: **1.** (Med.) *Gerüst aus Bindegewebe in drüsigen Organen u. Geschwülsten, Stützgerüst eines Organs.* **2.** (Bot.) **a)** *bei einigen Schlauchpilzen dichtes, mehrere Fruchtkörper umschließendes Geflecht;* **b)** *Grundmasse der Chloroplasten.*

strom|ab ⟨Adv.⟩: vgl. flußab; **Strom|ab|le|ser,** der: *Angestellter, der von den Zählern den Verbrauch an Strom (3) abliest [u. das Geld dafür kassiert];* **Strom|ab|le|se|rin,** die: w. Form zu ↑Stromableser; **Strom|ab|nah|me,** die: *Stromentnahme;* **Strom|ab|neh|mer,** der: **1.** *Stromverbraucher (1).* **2.** (Technik) *(bei elektrischen Bahnen, Obussen) der Stromentnahme (aus einer Oberleitung od. einer Stromschiene) dienende Vorrichtung;* **Strom|ab|neh|me|rin,** die: w. Form zu ↑Stromabnehmer (1); **Strom|ab|schal|tung,** die: *Abschaltung des elektrischen Stroms (in einem bestimmten Bereich):* in einem Ortsteil Suebenheim (MM 25. 6. 80, 21); **strom|ab|wärts** ⟨Adv.⟩: *stromab;* **strom|an** ⟨Adv.⟩: *stromauf.*

Stro|ma|tik, die; - [zu griech. strōma, ↑Stroma]: *Kunst des Teppichwebens.*

strom|auf ⟨Adv.⟩: vgl. flußauf; **strom|auf|wärts** ⟨Adv.⟩: *stromauf;* **Strom|aus|fall,** der: *Ausfall der Stromversorgung:* Die Gondeln fuhren nicht: (Geiser, Wüstenfahrt 122); bei S. schaltet sich ein Notaggregat ein; **Strom|bett,** das: vgl. Flußbett.

¹Strom|bo|li [ˈst...]; -s: *eine der Liparischen Inseln;* **²Strom|bo|li,** der; -: *Vulkan auf ¹Stromboli.*

Strom|ein|spa|rung, die: vgl. Energieeinsparung; **strö|men** ⟨sw. V.; ist⟩ [zu ↑Strom]: **a)** *breit, gleichmäßig [aber mit großer Gewalt] dahinfließen:* am Ufer der Isar, die hier schon breit und gewichtig strömt (A. Kolb, Schaukel 127); Ü strömte dem Jaakob die plappernd und bettelnd angstgetriebene Rede (Th. Mann, Joseph 139); **b)** *(von Flüssigkeiten od. Luft) sich von einem Ausgangspunkt her od. in eine bestimmte Richtung [fort-, hinunter]bewegen:* Wasser strömt aus der Leitung, ins Becken; die Flut strömte über den Deich; Regen strömt ihm ins Gesicht; Trockengegenden, die mit keinen anderen als den in kurzen und meist heftigen Regenzeiten vom Himmel strömenden Niederschlagsmengen rechnen können (natur 8, 1991, 45); Blut strömt aus der Wunde, durch die Adern, zum Herzen; aus der defekten Leitung ist Gas geströmt; ... strömt mir dieser Geruch in

die Nase (Harig, Weh dem 86); bei, in strömendem *(starkem)* Regen; Ü aus ihren Augen strömte Liebe (A. Zweig, Claudia 134); **c)** *(von Menschen) sich in Massen in eine bestimmte Richtung fortbewegen:* Leute strömten auf die Straße, aus der Stadt, durch die Straßen, ins Theater, nach Hause, zum Sportplatz; Menschen strömen durch die Eingangstüren (Wellershoff, Körper 262); Scharenweise kamen die Leute aus den Massenquartieren zu ihm geströmt (Hilsenrath, Nacht 302); das Publikum strömt *(kommt in Scharen);* **Strom|ent|nah|me,** die: *Entnahme von Strom* (3).
Stro|mer, der; -s, - [mhd. (Gaunerspr.) strömer, wohl zu: strömen = stürmend einherziehen]: **1.** (ugs. abwertend) *Landstreicher:* ich bin ... kein Stadtstreicher, Streuner, S., Pennbruder ... viel mehr. 'n ganz Schlimmer. Berber (Degener, Heimsuchung 35); Ü na, du kleiner S. (fam.; *Herumtreiber),* wo warst du denn schon wieder? **2.** ⟨meist Pl.⟩ (Jargon) *Stromerzeuger, jmd., der mit der Stromerzeugung befaßt ist:* Die S. ... versprechen, stillgelegte Atomanlagen möglichst durch Kohle- und Gaskraftwerke zu ersetzen (MM 5./6. 12. 92, 2); **stro|mern** ⟨sw. V.⟩ (ugs.): **a)** *streifend umherziehen, ziellos wandern* ⟨ist⟩: s. gehen; sie stromern durch die Gegend; Hielt es ihn nicht mehr am Schreibtisch, stromerte er durch die labyrinthischen Korridore des Verlagshauses (Härtling, Hubert 258); **b)** (abwertend) *sich herumtreiben* (2) ⟨hat⟩: statt zu arbeiten, hat er wieder gestromert.
Strom|er|zeu|ger, der: **1.** *Anlage od. Unternehmen zur Stromerzeugung.* **2.** *Stromproduzent:* Preussen Elektra ... Dem zweitgrößten bundesdeutschen S., Besitzer und Betreiber ... eines Kraftwerks mit 750 Mitarbeitern ..., wird ... mangelnde Sicherheit vorgeworfen (Sonntag Aktuell 5. 6. 88, 2); **Strom|er|zeu|ge|rin,** die: w. Form zu ↑Stromerzeuger (2); **Strom|er|zeu|gung,** die: *Erzeugung von elektrischem Strom:* Auch die Umwelt würde von einer dezentralen S. ... profitieren (Spiegel 44, 1992, 159); **strom|füh|rend** ⟨Adj.⟩: *unter Strom stehend;* **Strom|ge|biet,** das: *Gebiet längs eines Stroms;* **Strom|ge|win|nung,** die: *Stromerzeugung;* **Strom|ka|bel,** das: *Kabel, in dem elektrischer Strom weitergeleitet wird;* **Strom|ki|lo|me|ter,** der: *Maß für die Strecke, die das Wasser eines Stromes von der Quelle an zurücklegt:* Schiffszusammenstoß bei S. 334; **Strom|ko|sten** ⟨Pl.⟩: *Kosten für elektrischen Strom;* **Strom|kreis,** der: *geschlossener, mit einer Stromquelle verbundener Kreis von elektrischen Leitern, in dem Strom fließt;* **Strom|lei|tung,** die: vgl. Leitung (3 b); **Strom|lei|tungs|mast,** der: vgl. Leitungsmast.
Ström|ling, der; -s, -e [zu veraltet Strom (↑gestromt), nach dem Längsstreifen auf dem Rücken]: *kleinerer Hering der Ostsee.*
Strom|li|nie, die (bes. Physik): *Linie, die den Verlauf einer Strömung anzeigt:* Die S. (Stromlinienform) ... war das Grundmuster des klassischen Industriedesigns (Spiegel 14, 1976, 212); **Strom|li|ni|en|form,** die (bes. Physik, Technik): *(längliche, nach vorn etwas zugespitzte) Gestalt eines Fahrzeugs o. ä., die der Strömung so angepaßt ist, daß sich der Widerstand der Luft od. des Wassers bei der Fortbewegung verringert:* die S. spielt auch in der Architektur eine nicht unbedeutende Rolle; **strom|li|ni|en|för|mig** ⟨Adj.⟩: *Stromlinienform aufweisend:* ein -es Fahrzeug; Ü ein -er (abwertend; *allzu glatter, angepaßter, opportunistischer*) Mensch, Typ, Charakter; Nach Armeedienst und Studium begann seine künstlerische Karriere s. (leicht abwertend) *in glatten Bahnen, ohne Widerstände;* Spiegel 1, 1985, 124); **Strom|li|ni|en|ka|ros|se|rie,** die: *stromlinienförmige Karosserie;* **Strom|li|ni|en|wa|gen,** der: vgl. Stromlinienkarosserie; **strom|los** ⟨Adj.⟩: *nicht stromführend, ohne elektrischen Strom:* -e Leitungen; **Strom|men|ge,** die: *Menge an elektrischem Strom;* **Strom|mes|ser,** der: *Instrument zum Messen der Stromstärke;* **Strom|netz,** das: vgl. Netz (2 a); **Strom|preis,** der: vgl. Stromkosten; **Strom|pro|du|zent,** der: *Strom produzierendes Unternehmen der Stromwirtschaft;* **Strom|pro|du|zen|tin,** die: w. Form zu ↑Stromproduzent; **Strom|quel|le,** die: *Ausgangspunkt einer elektrischen Spannung:* als S. dient er ein Akku; **Strom|rech|nung,** die: *Rechnung für Verbrauch an elektrischem Strom;* **Strom|reg|ler,** der: *elektrische Schaltung, die in einem Stromkreis die gewünschte Stromstärke konstant hält;* **Strom|re|gu|lie|rung,** die: vgl. Flußregulierung; **Strom|rich|ter,** der (Elektrot.): *Gerät zur Umwandlung von Gleichstrom in Wechselstrom u. umgekehrt od. zur Veränderung der Spannung;* **Strom|schie|ne,** die: **1.** (Elektrot., Verkehrsw.) *unter Spannung stehende Schiene, aus der ein elektrisches Schienenfahrzeug den Strom abnimmt; Kontaktschiene.* **2.** (Elektrot.) *Sammelschiene;* **Strom|schlag,** der: *Schlag* (3 b); **Strom|schnel|le,** die [vgl. Schnelle (2)]: *Strecke, auf der ein Fluß plötzlich schneller, reißend fließt;* ¹*Katarakt* (1): gefährliche -n; **Strom|span|nung,** die: *Spannung* (2); **strom|spa|rend** ⟨Adj.⟩: *wenig Strom verbrauchend:* eine -e Leuchtstofflampe; **Strom|spei|cher,** der: *Gerät, Anlage zur Speicherung von elektrischem Strom;* **Strom|sper|re,** die: *[befristete] Stromabschaltung für ein größeres Gebiet:* von acht bis zehn Uhr ist S.; wir hatten S.; Jedenfalls tagt das Komitee wegen der nächtlichen S. schon bei Kerzenlicht (Bieler, Bär 133); **Strom|spu|le,** die: *Spule* (2); **Strom|stär|ke,** die: *Menge des in einer bestimmten Zeit durch einen Leiter fließenden Stromes;* **Strom|stoß,** der: *als kurzer Stoß auftretender elektrischer Strom; Impuls* (2 a); **Strom|ta|rif,** der: *Strompreis;* **Strom|ufer,** das: *Ufer eines Stromes* (1 a); **Strö|mung,** die; -, -en: **1.** *das Strömen; strömende, fließende Bewegung (von Wasser od. Luft), Strom* (2): eine warme, kalte, schwache, starke, reißende S.; gefährliche -en; die -en der Luft; eine S. erfaßte ihn, riß ihn um; das Wasser hat hier tückische -en; gegen die S., mit der S. schwimmen; in eine S. geraten; das Boot wurde von der S. abgetrieben. **2.** *geistige Bewegung, Richtung, Tendenz:* politische, geistige, literarische -en; nostalgische -en in der Mode; eine revolutionäre S. vertreten; Nie hat er einem Schriftsteller oder einer S. zum Erfolg verholfen (Reich-Ranicki, Th. Mann 80); Wir versuchten für die intellektuellen Anregungen und -en der Zeit offen zu bleiben (W. Brandt, Begegnungen 71); **Strö|mungs|ener|gie,** die: *in einem strömenden flüssigen od. gasförmigen Medium* (3) *enthaltene Energie;* **Strö|mungs|ge|schwin|dig|keit,** die: *Geschwindigkeit einer Strömung* (1); **strö|mungs|gün|stig** ⟨Kfz-T.⟩: *dem Luftstrom möglichst wenig Widerstand bietend:* eine -e Karosserie; **Strö|mungs|leh|re,** die ⟨o. Pl.⟩ (Physik): *Lehre von der Bewegung u. vom Verhalten flüssiger u. gasförmiger Stoffe;* **Strö|mungs|rich|tung,** die: *Richtung, in die sich eine Strömung* (1) *bewegt;* **Strö|mungs|sinn,** der: *Fähigkeit von Tieren, Wasser- od. Luftströmungen wahrzunehmen u. sich in ihnen zu orientieren;* **Strö|mungs|wi|der|stand,** der: *Widerstandskraft, die der Bewegung eines Körpers in einer Flüssigkeit od. einem Gas entgegenwirkt;* **Strom|un|ter|bre|cher,** der: *Vorrichtung zum Unterbrechen eines Stromkreises;* **Strom|ver|brauch,** der: **1.** *das Verbrauchen von elektrischem Strom:* den S. einschränken. **2.** *Menge des verbrauchten elektrischen Stroms:* ein hoher monatlicher S.; **Strom|ver|brau|cher,** der: **1.** *jmd., der Strom verbraucht:* die privaten S. **2.** *Gerät o. ä., das Strom verbraucht:* zu viele gleichzeitig eingeschaltete S. überlasten die Leitung; **Strom|ver|brau|che|rin,** die: w. Form zu ↑Stromverbraucher (1); **Strom|ver|sor|gung,** die: *Elektrizitätsversorgung;* **Strom|wand|ler,** der (Elektrot.): **Strom|wär|me,** die (Physik): *beim Fließen von elektrischem Strom durch einen Leiter entstehende Wärme;* **strom|wei|se** ⟨Adv.⟩ (seltener): *in Strömen;* **Strom|wen|der,** der (Elektrot.): *Kollektor* (1), *Kommutator;* **Strom|wirt|schaft,** die: vgl. Energiewirtschaft; **Strom|zäh|ler,** der: *Gerät, das die Menge des verbrauchten Stromes mißt u. anzeigt;* **Strom|zu|fuhr,** die: *Zufuhr von Strom* (3): jmdm. die S. sperren; Als der Besitzer schließlich die S. unterband, hatte der Automat 55 Portionen verteilt (Morgen 29. 6. 77, 2).

Stron|tia|nit [ʃt..., st...; auch: ...'nɪt], der; -s, -e [nach dem Dorf Strontian in Schottland]: *farbloses, auch graues, gelbliches od. grünliches Mineral aus einer Kohlenstoffverbindung des Strontiums;* **Stron|ti|um** [ˈʃt..., ˈst...], das; -s [engl. strontium, zu ↑Strontianit; das Element wurde erstmals aus Strontianit gewonnen]: *silberweißes, sehr reaktionsfähiges Leichtmetall (chemischer Grundstoff);* Zeichen: Sr

Stroph|an|thin [ʃt..., st...], das; -s, -e: *(als Herzmittel verwendeter) hochwirksamer Extrakt aus den Samen des Strophanthus;* **Stroph|an|thus,** der; -, - [zu griech. strophḗ (↑Strophe) u. ánthos = Blüte, nach den gedrehten Fortsätzen der Blätter mancher Arten]: *(in den Tropen vorkommende) meist kletternde Pflanze mit farbigen Blüten, von deren Blättern oft lange*

Fortsätze herabhängen; **Stro|phe** ['ʃt...], die; -, -n [lat. stropha < griech. strophḗ, eigtl. = das Drehen, die Wendung; urspr. (in der griech. Tragödie) = die schnelle Tanzwendung des Chors in der Orchestra u. das dazu vorgetragene Chorlied, zu: stréphein = drehen, wenden]: *aus mehreren rhythmisch gegliederten [u. gereimten] Verszeilen bestehender [in gleicher Form sich wiederholender] Abschnitt eines Liedes, Gedichtes od. Versepos: kurze, lange, vielzeilige, kunstvoll gebaute -n; die erste und die letzte S.; wir singen S. 1, 4 und 5/die -n 1, 4 und 5; ein Gedicht mit vier -n;* **Stro|phen|en|de,** der: *Anfang einer Strophe;* **Stro|phen|bau,** der ⟨o. Pl.⟩: *Bau (2 a) einer Strophe;* **Stro|phen|en|de,** das: *Ende einer Strophe;* **Stro|phen|form,** die: **1.** vgl. Strophenbau. **2.** *strophische Form;* **Strophen|ge|dicht,** das: *strophisches Gedicht;* **Stro|phen|lied,** das (Musik): *Lied, in dem alle Strophen nach der gleichen Melodie gesungen werden: Es ist ein reimloses, metrisch in dreihebigen Vierzeilern gehaltenes Gedicht. Orff komponierte es als S.* (Melos 3, 1984, 77); **-stro|phig:** *in Zusb., z. B. dreistrophig, mehrstrophig (aus drei, mehreren Strophen [bestehend]);* **Stro|phik,** die; -: ⟨*Kunst des Strophenbaus;* **stro|phisch** ⟨Adj.⟩: **1.** *in Strophen [abgefaßt].* **2.** *(von einer [Lied]strophe) mit der gleichen Melodie zu singen;* **Strophoi|de,** die; -, -n [zu griech. -oeidḗs = gestaltet, ähnlich, zu: eĩdos = Aussehen, Form] (Math.): *ebene Kurve dritter Ordnung.*
¹**Stropp,** der; -[e]s, -s [mniederd. strop(p), niederd. Form von mhd. strupf, ↑Strippe]: **a)** (Seemannsspr.) *kurzes Stück Tau mit Schlinge[n] od. Haken am Ende;* **b)** (landsch., bes. rhein.) *Aufhänger* (1).
²**Stropp,** der; -[e]s, -s [auch: Strupp, verw. mit ↑strubbelig, struppig] (landsch. fam. scherzh.): *kleines Kind, bes. Junge.*
¹**Stros|se,** die; -, -n [spätmhd. strosse, H. u.] (Bergbau): *Stufe, Absatz, der (bes. im Tagebau) das gleichzeitige Abtragen von mehreren in verschiedener Höhe gelegenen Stellen an ermöglicht.*
²**Stros|se,** die; -, -n [mhd. stroʒʒe, verw. mit ↑strotzen u. bezogen auf die Festigkeit u. Prallheit der Luftröhre] (westmd.): *Kehle, Gurgel.*
strot|ten ⟨sw. V.; hat⟩ [im 15.Jh. = (be)rauben; plündern; spätmhd. ströden, strüten, zu mhd. struot, strūt = Gebüsch, Dickicht] (bes. ostösterr. ugs.): **1.** *in Abfällen herumsuchen;* **Strot|ter,** der; -s, - (bes. ostösterr. ugs.): **a)** *jmd., der in Abfällen herumsucht;* **b)** *Land-, Stadtstreicher;* **Strot|te|rin,** die; -, -nen (bes. ostösterr. ugs.): w. Form zu ↑Strotter.
strot|zen ⟨sw. V.; hat⟩ [mhd. strotzen, stroʒʒen, eigtl. = steif emporragen, von etw. starren, zu ↑starren]: **a)** *übervoll, prall gefüllt sein (mit etw.), vor innerer Fülle fast platzen: er strotzt von/vor Gesundheit, Energie; Künstler können von Phantasie s.* (Pilgrim, Mensch 90); *Dürr strotzte vor Selbstbewußtsein* (*war äußerst selbstbewußt;* Tagespost 7. 12. 82, 19); **b)** *besonders viel von etw. haben: du strotzt/strotzest* (*starrst*) *vor Dreck!; das Diktat strotzt* (*wimmelt*) *von/vor Feh-*lern; *Es wird vielfach übersehen, daß auch ausgesprochene Kindersendungen von erstaunlich variationsreichen Gewalttaten strotzen* (Ostschweiz 31. 7. 84, 4); *Stehend, selbstbewußt, herrschsüchtig in seiner strotzenden* (*blühenden, kraftstrotzenden*) *Jugend* (Kronauer, Bogenschütze 115); *strotzende Wiesen* (*fruchtbare Wiesen mit üppiger Vegetation*); *strotzende* (landsch.; *dicke*) *Lebkuchen.*
strub ⟨Adj.; strüber, strübste⟩ [verw. mit ↑strubbelig, struppig] (schweiz. mundartl.): **1.** *struppig:* ein *-er Straßenköter.* **2.** *schwierig:* in *-en Verhältnissen, wie sie jetzt herrschen* (NZZ 23. 10. 86, 36); **Strub|bel|bart,** der (ugs.): vgl. Strubbelkopf (1 a); **strub|bel|ig, strubblig** ⟨Adj.⟩ [spätmhd. strubbelich, strobelecht, zu ↑strobeln]: *(von Haaren) zerzaust, wirr; struppig:* -e *Haare, ein -er Kopf; ein -es Fell; s. aussehen;* **Strub|bel|kopf,** der; -[e]s, ...köpfe (ugs.) **a)** *zerzaustes, wirres Haar;* **b)** *jmd., der einen Strubbelkopf (1 a) hat.* **2.** *graubrauner, mit groben Schuppen besetzter Röhrenpilz mit beringtem Stiel;* **strubb|lig:** ↑strubbelig.
Struck [ʃtrʊk, engl.: strʌk], der, österr. auch: der; -[s] [H. u.]: *dem Chord ähnliches Doppelgewebe.*
Stru|del, der; -s, - [spätmhd. strudel, strodel, zu ahd. stredan, ↑strudeln; 2: nach dem spiraligen Muster der aus der Teigrolle geschnittenen Stücke]: **1.** *Stelle in einem Gewässer, wo das Wasser eine schnelle Drehbewegung macht u. dabei meist zu einem Mittelpunkt hin nach unten zieht, so daß an der Oberfläche eine trichterförmige Vertiefung entsteht; Wasserwirbel: ein gefährlicher, tückischer S.; ein S. zog den Schwimmer in die Tiefe; in einen S. geraten; von einem S. erfaßt werden; Ich drehte das Steuer nach links, kam im freien Wasser in den S., wollte in den zweiten Gang schalten, soff aber gleich ab* (Bieler, Bonifaz 142); *Ü in den S. der Ereignisse hineingerissen werden; er stürzte sich in den S. der Vergnügungen; obwohl dieser Satz wie ein Zitat aus einer Oper geklungen hatte, stürzte er mich in einen S. wilder Empfindungen* (Hartung, Piroschka 13). **2.** *(bes. südd., österr.) Speise aus einem sehr dünn auseinandergezogenen Teig, der mit Apfelstückchen u. Rosinen od. einer anderen Füllung belegt, zusammengerollt u. gebacken od. gekocht wird;* **Stru|de|lei,** die; -, -en ⟨o. Pl.⟩: **1.** *dauerndes Strudeln* (c). **2.** *zu schnell u. nachlässig, ohne Sorgfalt ausgeführte Arbeit;* **Strudel|kopf,** der (veraltet): *Wirrkopf;* **Strudel|loch,** das: *Kolk* (a); **stru|deln** ⟨sw. V.⟩ [spätmhd. strudeln, strodeln = sieden, brodeln, zu ahd. stredan = wallen, (leidenschaftlich) glühen]: **a)** *Strudel bilden, in wirbelnder Bewegung sein* ⟨hat⟩: *Ich stehe auf einer kleinen Brücke. Unter mir strudelt und gurgelt das braune Wasser der Hörsel* (Berger, Augenblick 89); *die wendende Schiffsschraube;* **b)** (selten) *sich in wirbelnder Bewegung irgendwohin bewegen* ⟨ist⟩: *die Kinder strudeln ins Zimmer;* **c)** (landsch. ugs.) *(bei einer bestimmten Arbeit) zu schnell u. dadurch unsorgfältig sein* ⟨hat⟩: *er strudelt immer bei* den Hausaufgaben; **Stru|del|topf,** der: *Kolk* (a); **Stru|del|wurm,** der: *(in vielen Arten im Meer u. im Süßwasser verbreiter) Plattwurm, dessen Körper dicht mit Wimpern bedeckt ist, mit deren Hilfe er sich schwimmend fortbewegt;* **Strud|ler,** der; -s, -: **1.** ⟨meist Pl.⟩ (Zool.) *meist festsitzendes Wassertier, das seine Nahrung durch Bewegungen der Wimpern* (2) *od. Gliedmaßen in seinen Körper strudelt.* **2.** (landsch. ugs.) *jmd., der strudelt* (c); **Strud|le|rin,** die; -, -nen (landsch. ugs.): *w. Form zu* ↑*Strudler* (2).
struk|tiv [ʃt..., st...] ⟨Adj.⟩ (Kunstwiss., Bauw.): *zur Konstruktion, zum Aufbau gehörend, ihn sichtbar machend:* -e *Bauglieder;* **Struk|to|gramm,** das; -s, -e [zu ↑Struktur u. ↑-gramm] (Datenverarb.): *graphische Darstellung für Programme* (4); **Struk|tur** [ʃt..., st...], die; -, -en [lat. structura = Zusammenfügung, Ordnung; Bau, zu: structum, 2. Part. von: struere = aufbauen, aneinanderfügen]: **1.** *Anordnung der Teile eines Ganzen zueinander, gegliederter Aufbau, innere Gliederung: eine komplizierte S.; die S. eines Atoms, eines Kristalls; erbte -en von Zellen; Ein Netz leitfähiger -en durchzieht den ganzen Körper wie ein feinverästelter Kabelbaum den ganzen Körper* (natur 2, 1991, 87); *die politische, gesellschaftliche, wirtschaftliche S. eines Landes; die S. sichtbar machen; etw. in seiner S. verändern; Besonders unverständlich ist die Frage, warum sich die Natur in ihren innersten -en so kompliziert verhält* (Zeit 1. 8. 75, 39). **2.** *Gefüge, das aus Teilen besteht, die wechselseitig voneinander abhängen, in sich strukturiertes Ganzes: die S. der deutschen Sprache; massive -en wie eine Behörde, eine Fabrik, eine Bank* (Fraenkel, Staat 38); *geologische -en* (*Bauformen, Gebilde*). **3.** (Textilind.) *reliefartig gestaltete Oberfläche von Stoffen;* **struktu|ral** ⟨Adj.⟩ (bes. Sprachw.): *sich auf die Struktur von etw. beziehend, in bezug auf die Struktur:* -e *Sprachbeschreibung;* **Struk|tu|ra|lis|mus,** der; - [frz. structuralisme]: **1.** (Sprachw.) *wissenschaftliche Richtung, die Sprache als ein geschlossenes Zeichensystem versteht u. die Struktur dieses Systems erfassen will.* **2.** *Forschungsmethode in der Völkerkunde, die Beziehung zwischen der Struktur der Sprache u. der Kultur einer Gesellschaft herstellt u. die alle jetzt sichtbaren Strukturen auf geschichtslose Grundstrukturen zurückführt.* **3.** *Wissenschaftstheorie, die von einer synchronen Betrachtungsweise ausgeht u. die allen zugrundeliegenden, unwandelbaren Grundstrukturen erforschen will;* **Struk|tu|ra|list,** der; -en, -en: *Vertreter des Strukturalismus;* **Struk|tura|li|stin,** die; -, -nen: w. Form zu ↑Strukturalist; **struk|tu|ra|li|stisch** ⟨Adj.⟩: *den Strukturalismus betreffend, vom Strukturalismus ausgehend:* -e *Sprachbetrachtung;* **Struk|tur|ana|ly|se,** die (Fachspr.): *Analyse der Struktur* (1, 2), *der einzelnen Strukturelemente von etw.* (z. B. *in der Chemie, Wirtschafts-, Literaturwissenschaft*); **Struk|tur|än|de|rung,** die: *Änderung der Struktur* (1, 2) *von etw.;* **Struktur|baum,** der (Sprachw.): *Stemma* (2) *der Abhängigkeiten im Aufbau eines Sat-*

strukturbestimmend

zes od. einer Zusammensetzung; **struk|tur|be|stim|mend** ⟨Adj.⟩: *von der Art, daß es die Struktur (1, 2) von etw. entscheidend beeinflußt;* **Struk|tur|bo|den,** der (Geol.): *Polygonboden;* **Struk|tur|ele|ment,** das: *einzelnes Element, Glied einer komplexen Struktur (1, 2);* **struk|tu|rell** ⟨Adj.⟩ [frz. structurel]: a) *eine bestimmte Struktur aufweisend, von der Struktur her:* -e Unterschiede; b) *strukturell:* die -e Grammatik; **Struk|tur|far|be,** die (Zool.): *durch eine bes. strukturierte Oberfläche hervorgerufener, oft metallisch glänzender changierender Farbeffekt;* **Struk|tur|for|mel,** die (Chemie): *formelhafte graphische Darstellung vom Aufbau einer Verbindung, bei der die Verbindung der einzelnen Atome durch gemeinsame Elektronenpaare jeweils mit (einem od. mehreren) Strichen gekennzeichnet wird;* **Struk|tur|for|schung,** die: vgl. Strukturanalyse; **Struk|tur|ge|schich|te,** die ⟨o. Pl.⟩: *Forschungsrichtung in der Geschichtswissenschaft, die die dauerhaften u. sich nur allmählich wandelnden Erscheinungen in der Geschichte untersucht;* **Struk|tur|ge|we|be,** das (Textilind.): *Gewebe mit Struktur (3);* **struk|tu|rie|ren** ⟨sw. V.; hat⟩: a) *mit einer bestimmten Struktur (1) versehen, einer bestimmten Struktur entsprechend aufbauen, organisieren, gliedern:* die Wirtschaft völlig neu s.; er versuchte, seine Rede anders zu s.; die Beendigung des die Welt seit über 40 Jahren strukturierenden, nuklear bewehrten Gegensatzes von Ost und West (Kursbuch 100, 1990, 173); ⟨meist im 2. Part.:⟩ ein strukturiertes Ganzes; unterschiedlich strukturierte Gruppen; Die Industriestaaten sind so empfindlich strukturiert, wie es die allerkomplizierteste Maschine nicht schlimmer sein kann (Gruhl, Planet 263); b) ⟨s. + sich⟩ *sich gliedern, mit einer bestimmten Struktur (1) versehen sein:* Massengesellschaft, die sich durch solche Gruppen strukturiert (Fraenkel, Staat 256); Wie strukturiert sich wohl sein Publikum, wollten wir wissen (Blick auf Hoechst 7, 1984, 5); **struk|tu|riert** ⟨Adj.⟩ (Textilind.): *mit einer bestimmten Struktur (3) versehen:* [stark, grob] -es Gewebe; **Struk|tu|riert|heit,** die; -: *das Stukturiertsein;* **Struk|tu|rie|rung,** die; -, -en: a) *das Strukturieren;* b) *das Vorhandensein einer Struktur;* **Struk|tur|kri|se,** die (Wirtsch.): *Krise, die durch einen lange andauernden Rückgang der Nachfrage u. damit der Produktion u. der Arbeitsmöglichkeiten in einer Branche ausgelöst wird;* **Struk|tur|plan,** der (Wirtsch., Politik, Kultur): *Plan für Veränderungen der Struktur u. eine Umorganisation auf einem größeren Gebiet;* **Struk|tur|po|li|tik,** die: *wirtschaftspolitische Maßnahmen des Staates, die der Verbesserung der wirtschaftlichen Struktur dienen sollen;* **struk|tur|po|li|tisch** ⟨Adj.⟩: *die Strukturpolitik betreffend, auf ihr beruhend:* Die Notwendigkeit, unsere Volkswirtschaft ... zu modernisieren, wurde erkannt; -e Reformen waren dazu erforderlich (W. Brandt, Begegnungen 307); **Struk|tur|pro|gramm,** das: *Programm zu einer Strukturreform;* **Struk|tur|re|form,** die: *Reform der wirtschaftlichen, gesellschaftlichen o. ä. Struktur* (1); **struk|tur|schwach** ⟨Adj.⟩ (Wirtsch.): *wenig Arbeitsmöglichkeiten bietend, industriell nicht entwickelt:* -e Gebiete; der Fremdenverkehr, der gerade in den -en Räumen mit großer Mühe aufgebaut wurde (Rhein. Merkur 18. 5. 84, 25); die Subventionen für -e Industrien (Presse 30. 3. 84, 20); **Struk|tur|stoff,** der: *Strukturgewebe;* **Struk|tur|ta|pe|te,** die: *Tapete mit Struktur* (3); **Struk|tur|ver|bes|se|rung,** die: vgl. Strukturreform; **Struk|tur|wan|del,** der: *Wandel, Änderung, Umgestaltung der wirtschaftlichen, gesellschaftlichen o. ä. Struktur* (1): Das Tempo des -s im Einzelhandel sei ungebrochen (FAZ 15. 1. 85, 14); letzten Endes geht es ... um einen gewaltfreien S. der menschlichen Gesellschaft (Kelly, Um Hoffnung 178).

strul|len ⟨sw. V.; hat⟩ [mniederd. strullen, zu ↑strudeln] (bes. nordd., md. salopp): *[in wichtigem Strahl, geräuschvoll] urinieren:* der Gaul bewegt die Muskeln, stellt die Beine breit auseinander und strullt, daß es nur so prasselt gegen das Straßenpflaster (Imog, Wurlibleme 11); Sie ... hockt sich ... auf den Bürgersteig und strullt in den Rinnstein (Kinski, Erdbeermund 272).

Stru|ma ['st..., 'ʃt...], die; -, ...mae [...mɛ; lat. struma = Anschwellung der Lymphknoten, zu: struere (↑Struktur) in der Bed. „(auf)häufen"] (Med.): **1.** *Kropf* (1). **2.** (veraltend) *krankhafte Vergrößerung von Eierstock, Vorsteherdrüse, Nebenniere od. Hypophyse;* **Strum|ek|to|mie,** die; -, -n [↑Ektomie] (Med.): *operative Entfernung eines Kropfs;* **Stru|mi|tis,** die; -, ...itiden (Med.): *Entzündung in einem Kropf;* **stru|mös** ⟨Adj.⟩ [spätlat. strumosus] (Med.): *kropfartig vergrößert:* -es Gewebe.

Strumpf, der; -[e]s, Strümpfe [mhd. strumpf, eigtl. = (Baum)stumpf, Rumpf(stück), viell. im Sinne von „Steifes, Festes" (↑starren); die heutige Bed. entstand im 16.Jh., als die urspr. als Ganzes gearbeitete Bekleidung der unteren Körperhälfte (Hose) in (Knie)hose u. Strumpf (= Reststück, Stumpf der Hose) aufgeteilt wurde]: **1.** *gewirkter od. gestrickter Teil der Kleidung, der den Fuß u. das [ganze] Bein bedeckt:* kurze, lange, dicke, dünne, nahtlose, wollene Strümpfe; Strümpfe aus Perlon; ein S. mit Naht; Strümpfe stricken, stopfen; die Strümpfe anziehen, ausziehen; sie trägt keine Strümpfe; Er setzte sich auf den Boden, um in die Strümpfe zu schlüpfen (Simmel, Stoff 16); er kam auf Strümpfen *(ohne Schuhe)* ins Zimmer; ein Loch, eine Laufmasche im S. haben; er geht am liebsten ohne Strümpfe; die paar Pfennige für die Zuteilung auf Marken ... die hatten die Frauen immer noch im S. *(zu Hause, im Sparstrumpf;* Heym, Schwarzenberg 197); ***** *jmds.* **Strümpfe ziehen Wasser** (ugs.; *die Strümpfe rutschen herunter u. bilden dadurch Falten; wohl nach der Vorstellung, daß die Strümpfe sich mit Wasser vollgesogen haben u. nicht mehr am Bein halten);* **dicke/doppelte/wollene Strümpfe anhaben** (ugs. veraltend; *nicht hören [wollen]):* nun geht schon, ihr habt wohl dicke Strümpfe an!; **sich auf die Strümpfe machen** (ugs.; ↑Socke). **2.** *kurz für* ↑Glühstrumpf. ◆ **3.** ***mit S. und Stiel** (↑Stumpf): Daß er mit S. und Stiel sie zu vertilgen sich vorgesetzt (Lessing, Nathan I, 3); **Strumpf|band,** das ⟨Pl. ...bänder⟩: **1.** *breiteres, zum Festhalten ringförmig um einen [Knie]strumpf zu legendes Gummiband.* **2.** *Strumpfhalter;* **Strumpf|band|gür|tel,** der: *Strumpfhaltergürtel;* **Strümpf|chen,** das; -s, -: Vkl. zu ↑Strumpf (1); **Strumpf|fa|brik,** die: *Fabrik, in der Strümpfe* (1) *hergestellt werden;* **Strumpf|fe|ti|schis|mus,** der: vgl. Schuhfetischismus; **Strumpf|fe|ti|schist,** der: vgl. Schuhfetischist; **Strumpf|fe|ti|schi|stin,** die: w. Form zu ↑Strumpffetischist; **Strumpf|hal|ter,** der: *paarweise für jedes Bein an einem Hüfthalter o. ä. angebrachtes [breites] Gummiband mit kleiner Schließe zum Befestigen der Strümpfe;* **Strumpf|hal|ter|gür|tel,** der: *Hüftgürtel;* **Strumpf|ho|se,** die: *Teil der Kleidung (bes. für Frauen u. Kinder), der wie ein Strumpf angezogen wird, aber bis hinauf zur Hüfte reicht;* **Strumpf|mas|ke,** die: *zur Tarnung [bei Raubüberfällen] über den Kopf u. vor das Gesicht gezogener Strumpf;* **Strumpf|naht,** die: *an der hinteren Seite eines Damenstrumpfes verlaufende Naht;* **Strumpf|socke[1],** die: *bis zur Wade reichende Socke;* **Strumpf|soh|le,** die: *Sohle* (1a) *eines Strumpfes;* **Strumpf|wa|ren** ⟨Pl.⟩: *alle Arten von Strümpfen, die als Ware verkauft werden;* **Strumpf|wir|ker,** der: *Facharbeiter in einer Strumpfwirkerei;* **Strumpf|wir|ke|rei,** die: **1.** ⟨o. Pl.⟩ *das Wirken von Strümpfen auf der Wirkmaschine.* **2.** *Strumpffabrik;* **Strumpf|wir|ke|rin,** die: w. Form zu ↑Strumpfwirker; **Strumpf|wirk|ma|schi|ne,** die: *Wirkmaschine zur Herstellung von Strümpfen;* **Strumpf|wol|le,** die: *Wolle zum Herstellen wollener Strümpfe.*

Strunk, der; -[e]s, Strünke [spätmhd. (md.) strunk, viell. eigtl. = der Gestutzte, Verstümmelte, zu ↑starren]: **1. a)** *der stiel-, stengelähnliche kurze, dicke, fleischige od. holzige Teil bestimmter Pflanzen [der als Rest übriggeblieben ist, wenn der verzehrbare Teil (z. B. bei Kohl, Salat) entfernt ist]:* den S. herausschneiden; der Kohl war bis auf die Strünke abgefressen; **b)** *dürrer Stamm od. Stumpf eines abgestorbenen Baumes; Baumstrunk:* das Feuer hatte nur kahle Strünke zurückgelassen. **2.** (veraltend) *jmd., den man auf scherzhaft-wohlwollende Weise kritisiert:* du bist ein S.!; **Strünk|chen,** das; -s, -: Vkl. zu ↑Strunk (1).

Strun|ze, die; -, -n [zu ↑¹strunzen] (landsch. veraltend): *Schlampe;* **¹strun|zen** ⟨sw. V.; hat⟩ [urspr. = umherschweifen, H. u.] (bes. [süd]westd.): *prahlen:* mußt du immer s.?; wir ... strunzten mit dem Fahrtenmesser, prahlten mit den falschen Achselstücken (Harig, Weh dem 227); ⟨subst.:⟩ Er neige nicht zum Strunzen und Angeben ... (MM 28. 8. 74, 15). **²strun|zen** ⟨sw. V.; hat⟩ [wohl lautm.] (bes. westmd. salopp): *urinieren.*

Strup|fe, die; -, -n [mhd. strupfe, ↑Strippe] (südd., österr. veraltet): *Schnur, Strippe; Schuhlasche;* **strup|fen** ⟨sw. V.; hat⟩ [mhd. strupfen] (südd., schweiz. mund-

artl.): *[ab]streifen: die Strümpfe [von den Beinen] s.*
♦ **Strupp**, der od. das; -[e]s [wohl rückgeb. aus ↑Gestrüpp]: *Gestrüpp: ... hat den S. weggeschlagen, hat Gräben gemacht, hat Steine ausgegraben* (Rosegger, Waldbauernbub 79); **strup|pig** ⟨Adj.⟩ [aus dem Niederd. < mniederd. strubbich, verw. mit ↑sträuben]: *(von Haaren, vom Fell) borstig, zerzaust in alle Richtungen stehend:* -e Haare; ein -er Bart; ein -er Hund *(ein Hund mit struppigem Fell);* s. aussehen; Ü *-es (wirres) Gebüsch*; *sie legten auf schmalen Rodungen Kartoffelacker und -e (nicht sehr gepflegte, üppige) Gärten an* (Ransmayr, Welt 125); *Ihre Zahnbürste war s. (die Borsten standen nicht mehr aufrecht, waren niedergebogen;* H. Lenz, Tintenfisch 47); **Strup|pig|keit**, die; -: *struppiges Aussehen*.
Stru|sa, die; -, ...sen [ital. strusa]: *Abfall von Seide beim Abhaspeln u. Schlagen der Kokons.*
struw|wel|lig ⟨Adj.⟩ (landsch.): *strubbelig*; **Struw|wel|kopf**, der (landsch.): *Strubbelkopf (1)*; **Struw|wel|pel|ter**, der (älter auch): *Struwwelpeter*, bes. bekannt geworden durch die Titelgestalt des 1845 erschienenen Kinderbuches von H. Hoffmann] (ugs.): *Kind mit strubbeligem Haar.*
Strych|nin [ʃt..., st...], das; -s [frz. strychnine, zu lat. strychnos < griech. strýchnos = ein Pflanzenname]: *farbloses, in Wasser schwerlösliche Kristalle bildendes, giftiges Alkaloid aus den Samen eines indischen Baumes.*
Stu|art|hau|be [ʃtjuət..., auch: ˈʃtuːart..., ˈst...], die [nach der schottischen Königin Maria Stuart (1542–1587)]: *(in der zweiten Hälfte des 16.Jh.s getragene) Haube, die mit einer schnabelförmigen Spitze in die Stirn reicht;* **Stu|art|kra|gen**, der: *steifer, breiter, nach hinten hochstehender [Spitzen]kragen:* so ein hübsches Kleid hat sie gehabt, mit weißen Manschetten (Maron, Überläuferin 54).
Stub|ben, der; -s, - [mniederd. stubbe, eigtl. = Gestutzter, verw. mit ↑Stumpf]: **1.** (nordd.) *[Baum]stumpf:* Neben dem Waldweg ragten die S. aus dem Schnee (Bieler, Bär 122). **2.** (bes. berlin. salopp) *[älterer] grobschlächtiger Mann:* das ist aber ein mieser S., aber der sitzt jeden Tag weiter in der Kneipe (Fichte, Wolli 76).
¹**Stüb|chen**, das; -s, - [spätmhd. stübechīn, H. u.; vgl. mhd. stübelīn = Packfaß]: *früheres Flüssigkeitsmaß unterschiedlicher Größe.*
²**Stüb|chen**, das; -s, -: Vkl. zu ↑Stube (1);
Stu|be, die; -, -n [mhd. stube, ahd. stuba = heizbarer (Bade)raum, H. u.; wahrsch. urspr. Bez. für einen heizbaren Baderaum od. den darin befindlichen Ofen (dieser Baderaum befand sich urspr. außerhalb des Hauses u. wurde später in das Haus einbezogen), dann übergegangen auf die heizbare Wohnstube]: **1.** (landsch., sonst veraltend) *Zimmer, Wohnraum:* eine kleine, große, helle, geräumige, niedrige, wohnliche, altertümliche S.; in die S. treten; Wenn es abends draußen ... zu kalt und zu dunkel war, saßen wir still am warmen Feuer

unseren vier Buchstaben (Wilhelm, Unter 19); Fein du auch mal rauskommst von zu Hause und nicht immer in der S. *(zu Hause)* bei Deiner Mutter sitzt (Chotjewitz, Friede 126); R *[nur immer] rein in die gute S.!* (ugs. scherzh.; Aufforderung zum Eintreten); * **gute S.** (1. veraltend; *nur bei besonderen Anlässen benutztes u. dafür eingerichtetes Zimmer:* Großmutters gute S. 2. scherzh.; *schöner, gepflegter, als vorzeigbar geltender Teil eines Ortes o.ä.:* diese beiden Luxusliner auf der Elbe vor Hamburgs „guter S." Blankenese [Hamburger Abendblatt 20. 7. 77, 1]). **2. a)** *größerer gemeinschaftlicher Wohn- u. Schlafraum für eine Gruppe von Soldaten, Touristen, Schülern eines Internats o.ä.:* **b)** *Bewohner, Mannschaft einer Stube (2 a):* S. acht ist zum Dienst angetreten; Dieter hatte für unsere S. eine ganze Kiste mit guten Sachen „abgezweigt" (Borkowski, Wer 102); **Stu|ben|äl|te|ste**, die u. die: *jmd., der darauf zu achten hat, daß Ordnung, Sauberkeit usw. in einer Stube (2a) herrschen;* **Stu|ben|ar|rest**, der (ugs.): *(als Strafe ausgesprochenes) Verbot (für ein Kind, bes. einen Schüler), sein Zimmer od. die Wohnung zu verlassen u. [zum Spielen] nach draußen zu gehen:* S. haben, bekommen; Dann hat er mich mit anderen Maßnahmen bestraft, mit S. (Wilhelm, Unter 65); **Stu|ben|be|sen**, der: *[feiner] Besen bes. aus Roßhaar;* **Stu|ben|decke**¹, die: *Zimmerdecke;* **Stu|ben|dienst**, der: **a)** *Ordnungsdienst für eine Stube (2a):* wer hat heute S.?; Zehn Tage machst du S., daß du dir merkst, wann du die Schnauze zu halten hast (Sobota, Minus-Mann 360); **b)** *die mit dem Stubendienst (a) beauftragte[n] Person[en]:* Jetzt erst durften sie von den -en in die Stuben gebracht werden (Spiegel 6, 1979, 44); **Stu|ben|ecke**¹, die: *Zimmerecke;* **Stu|ben|far|be**, die (selten): *sehr blasse Gesichtsfarbe [wie bei jmdm., der selten an die frische Luft kommt];* **Stu|ben|flie|ge**, die: *vor allem in Wohnräumen vorkommende Fliege;* **Stu|ben|frau**, die: vgl. Stubenmädchen; **Stu|ben|ge|lehr|sam|keit**, die (veraltend abwertend): *weltfremde, nur aus Büchern gewonnene Gelehrsamkeit;* **Stu|ben|ge|lehr|te**, der (veraltend abwertend): *Wissenschaftler, der ohne Verbindung zum Leben u. zur Praxis arbeitet;* **Stu|ben|ge|nos|se**, der: *Stubenkamerad;* **Stu|ben|ge|nos|sin**, die: w. Form zu ↑Stubengenosse; **Stu|ben|ho|cker**¹, der (ugs. abwertend): *jmd., der kaum aus dem Zimmer, aus der Wohnung geht u. sich lieber zu Hause beschäftigt;* **Stu|ben|ho|cke|rei**¹, die; -, - (ugs. abwertend): *Verhalten, Lebensweise eines Stubenhockers;* **Stu|ben|ho|cke|rin**¹, die (ugs. abwertend): w. Form zu ↑Stubenhocker; **Stu|ben|ka|me|rad**, der: *jmd., der zur gleichen Stube (2a) gehört;* **Stu|ben|ka|me|ra|din**, die: w. Form zu ↑Stubenkamerad; **Stu|ben|kü|ken**, das (Kochk.): *sechs bis acht Wochen altes, gemästetes Küken;* **Stu|ben|luft**, die: *Zimmerluft;* **Stu|ben|mäd|chen**, das (veraltend): **a)** *Hausangestellte, die die Zimmer sauberzuhalten hat;* **b)** *Zimmermädchen im Hotel;* **stu|ben|rein** ⟨Adj.⟩: **a)** *(von Hunden u. Kat-*

zen*) so zur Sauberkeit erzogen, daß die Notdurft nur im Freien verrichtet wird:* das Tier ist s.; **b)** (scherzh.) *nicht unanständig, nicht anstößig, moralisch sauber:* der Witz ist s.; is'n bißchen schwer, das nu immer ganz s. zu erzählen (Erné, Fahrgäste 109); **Stu|ben|tür**, die: *Zimmertür;* **Stu|ben|vo|gel**, der (seltener): *Vogel, der im Käfig gehalten wird;* **Stu|ben|wa|gen**, der: *nur für das Zimmer bestimmter Korbwagen, in dem Säuglinge in den ersten Monaten schlafen.*
¹**Stü|ber**, der; -s, - [wahrsch. zu ↑stieben in der übertr. Bed. „sich schnell bewegen"] (selten): *Nasenstüber.*
♦ ²**Stü|ber**, der; -s, - [niederl. stuiver, H. u.]: *(bis zum ersten Viertel des 19.Jh.s geprägte) rheinisch-westfälische Münze von geringem Wert:* Aber in Seldwyla ließ er nicht einen S. zurück, sei es aus Undank oder aus Rache (Keller, Kleider 58).
Stüb|lein, das; -s, -: Stübchen.
Stuc|co|lu|stro, der; - [zu ital. stucco (↑Stuck) u. lustro = blank, glänzend, eigtl. = blanker Stuck] (Kunstwiss.): *Technik der Wandverkleidung, bei der mehrere zur Oberfläche hin feiner werdende Schichten von Kalkmörtel auf die Wand aufgetragen werden u. die obere Schicht geglättet u. zum Glänzen gebracht wird;* **Stuck**, der; -[e]s [ital. stucco, aus dem Langob., verw. mit ahd. stucki (↑Stück) in der Bed. „Rinde", feste, überkleidende Decke"]: **a)** *Gemisch aus Gips, Kalk, Sand u. Wasser zur Formung von Plastiken u. Ornamenten:* Formen aus S.; die Decke in S. gearbeitet; **b)** *Verzierung od. Plastik aus Stuck (a):* Altbauwohnungen ... mit wahnsinnig hohen Decken und S. (Christiane, Zoo 224).
Stück, das; -[e]s, -e (als Maßangabe auch: Stück) [mhd. stücke, ahd. stucki, urspr. = Abgeschlagenes, (Bruch)stück, zu ↑stoßen]: **1. a)** *abgetrennter od. abzutrennender Teil eines Ganzen:* ein kleines, rundes, quadratisches, dickes, schmales, unregelmäßiges S.; ein S. Bindfaden, Draht, Stoff, Papier; einzelne -e bröckeln ab; Es müsse ja ein großes S. aus dem Magen herausgeschnitten werden (Hackethal, Schneide 119); aus vielen kleinen -en wieder ein Ganzes machen; er mußte die -e *(Teile)* mühsam zusammensuchen; der Kleinste hat mal wieder das größte S. erwischt; Papier in -e reißen; vor Wut hat er alles in -e geschlagen; die Scheibe zerbrach in tausend -e; wir müssen die Scherben S. für S. einsammeln; * **nur ein S. Papier sein** *(zwar schriftlich festgelegt, aber keineswegs gesichert sein, daß man sich auch daran hält);* **sich** ⟨Dativ⟩ **von jmdm., etw. ein S. abschneiden [können]** (↑¹Scheibe 2); **sich für jmdn. in -e reißen lassen** (ugs.; *alles für jmdn. tun, sich immer u. überall für ihn einsetzen, aufopfern);* **in vielen, in allen -en** *(in vieler, in jeder Hinsicht):* warum liebt Tonio den Hans? Weil er schön war und weil in allem -en ein eigenes Widerspiel und Gegenteil erschien" (Reich-Ranicki, Th. Mann 95); ♦ ⟨Pl. auch -en:⟩ Er siegelte die zerrissenen -en ein (Kleist, Marquise 282); Weg! Sie zerren mir da Garnierung in -en (Schiller, Fiesco I, 4); **b)** *einzelner, eine Einheit bil-*

Stuckarbeit

dender Teil eines Ganzen: den Kuchen in -e schneiden; ein [halbes] S. Torte, zwei S./-e Kuchen essen; aus einem Text ein S. *(einen Absatz, Abschnitt)* vorlesen; er kann ganze -e *(Passagen)* aus dem „Faust" auswendig; jmdn. ein S., (geh.:) ein S. Weg[e]s *(eine gewisse Strecke eines Weges)* begleiten; Vielleicht wollen sie ... ins Grüne gucken oder ein S. spazierengehen (Danella, Hotel 108); Ü ein hartes S. *(viel)* Arbeit; wir sind [mit der Arbeit] ein gutes S. vorangekommen; Wir sind dem Abgrund ein gut S. nähergerückt (Dönhoff, Ära 78); ein S. Wahrheit, Hoffnung; ein S. deutscher Kultur- und Sittengeschichte (Reich-Ranicki, Th. Mann 239); das hat ein schönes S. *(ziemlich viel)* Geld gekostet; Die wohl teilweise künstlich geschürten, ein S. weit *(zum Teil, in gewisser Hinsicht)* aber auch sehr verständlichen Atomängste der Bevölkerung (Baselland. Zeitung 21. 3. 85, 3); ** im/am S.* (landsch.; *nicht in Einzelteile zerlegt, nicht aufgeschnitten o.ä.):* Kleinere Beutetiere müssen am S. verschlungen werden (natur 7, 1991, 20); Käse am S. kaufen; **an/in einem S.** (ugs.; *ununterbrochen, ohne aufzuhören, ohne Unterbrechung*): Sechs Folgen werden jetzt erst mal an einem S. gedreht (Spiegel 22, 1978, 224); es gießt in einem S. **2.** *bestimmte Menge eines Stoffes, Materials o.ä., die [in handelsüblicher Form, Abmessung] ein in sich begrenztes Ganzes bildet:* ein S. Seife, Butter; zwei S., -e Zucker; ein S. *(eine begrenzte Fläche)* Land kaufen; hast du mal ein S. *(ein Blatt, einen Bogen)* Papier für mich? **3. a)** *einzelner Gegenstand, einzelnes Tier, einzelne Pflanze o.ä. aus einer größeren Menge von Gleichartigem, aus einer Gattung:* drei S. Gepäck; zwanzig S. Vieh; Bei Schwarzwild stand die Gesundhaltung der Bestände im Vordergrund, es wurden vorrangig schwache -e (Jägerspr.; *Tiere*) erlegt (Jagd 5, 1987, 133); bitte fünf S. von den rosa Rosen!; es sind nur noch drei S. da; daß wir ... 1985 weitere 2 000 S. Musikinstrumente zusätzlich produzieren (Freie Presse 14. 12. 84, 4); die Eier kosten das S. 25 Pfennig/25 Pfennig das S.; Die Verkäuferin behauptet bei jedem S. *(Kleidungsstück)*, das ich ausprobiere, daß das sie selbst auch trägt (Schwaiger, Wie kommt 99); die Bilder wurden S. für S. numeriert; diese Arbeit wird nach S. bezahlt; die Produktion von Waschmaschinen wurde um 50 000 S. erhöht; ⟨vorangestellt vor ungenauen Mengenangaben Pl. -er:⟩ es sind noch -er dreißig (ugs.; *etwa dreißig Stück*) am Lager; ** kein S.* (ugs.; *kein bißchen, keine Spur; nichts dergleichen*): Bist du damit nicht zu weit gegangen? – Kein S.; daran ist kein S. wahr; ♦ „... hat Er Leute in Bereitschaft? So etwa fünf oder sechs ...?" – „... es ginge wohl! ... ein -er fünfe könnten schon gemißt werden." (Storm, Söhne 41); **b)** *in seiner Besonderheit auffallendes Exemplar von etw.:* dieser Ring, Schrank ist ein seltenes, besonders schönes S.; die ältesten -e stammen aus der Barockzeit; paß auf, daß das gute S. (leicht spött.; in bezug auf etw., was von einem anderen bes. geschätzt wird) nicht zerbricht!; Ü

du bist [u. bleibst] unser bestes S. (ugs. scherzh.; *für uns der beste, von uns am meisten geliebte Mensch*); ** große -e auf jmdn. halten* (ugs.; *jmdn. sehr schätzen, von jmds. Fähigkeiten überzeugt sein; nach der Vorstellung eines hohen Wetteinsatzes in Form großer, wertvoller Münzen*): Auf seine Frau hält er große -e: „Marina ist alles für mich ..." (Hörzu 24, 1975, 18). **4.** ⟨Pl. selten⟩ *Tat, Streich:* da hat er sich aber ein S. geleistet!; ** ein starkes* o.ä. *S. sein* (ugs.; *unerhört, eine Unverschämtheit sein; viell. bezogen auf eine zu große Portion, die sich jmd. beim Essen nimmt*): Als Udo mir diesen Brief schrieb, habe ich im ersten Moment gedacht: Das ist ein starkes S. ... Der spinnt (Hörzu 41, 1977, 18); **ein S. aus dem Tollhaus** (*ein unglaubliches, groteskes, irrwitziges Geschehen, Vorkommnis*): Ein S. aus dem Tollhaus. Die konnten ja überhaupt nicht zielen, das Gewehr ja gar nicht halten (Kempowski, Tadellöser 473); Steuerreform ... Ein S. aus dem Tollhaus (Spiegel 22, 1976, 52). **5.** (ugs. abwertend) *jmd., der [vom Sprecher] im Hinblick auf seine Art, seinen Charakter abgelehnt, abgewertet wird:* sie ist ein raffiniertes, mieses, faules S.; du verdammtes S.!; hier hast du dein freches S. von Sohn (Danella, Hotel 167); ** S. Malheur* (emotional; *unmoralischer, verwahrloster Mensch*). **6. a)** *Theaterstück, Schauspiel:* ein modernes, klassisches, lustiges, langweiliges, unterhaltsames S.; ein S. schreiben, inszenieren; das Theater hat sein neues S. angenommen, abgelehnt; Er las das Textbuch ... Keine Sekunde dachte er mehr daran, dieses schöne S. zurückzugeben (H. Weber, Einzug 255); wer spielt in dem S. die Hauptrolle?; **b)** *Musikstück:* ein S. für Cello und Klavier; er spielt drei -e von Chopin; das S. muß ich erst üben. **7.** ** aus freien -en (freiwillig; unaufgefordert;* älter: *von freien Stücken, H. u.):* er hat aus freien -en; Glaub ja nicht, daß ich aus freien -en so viel gearbeitet habe (Innerhofer, Schattseite 196). ♦ **8.** *Geschütz, Kanone:* Deswegen nun ist die Lunte, ... richtete die -e dahin, wo ich es nützlich glaubte, erlegte viele Feinde (Goethe, Benvenuto Cellini I, 1, 7); Nun bricht der ganze Jubel aus. -e werden auf dem Platz gelöst (*abgefeuert;* C. F. Meyer, Page 140). ♦ **9.** kurz für ↑Stückarbeit, ↑Stücklohn: „... Soviel haben sie bei dem Alten verdient? ..." – „Ich hab' es vom S. ..." (Keller, Der grüne Heinrich IV, 5).

Stuck|ar|beit, die: *plastische Verzierung aus Stuck* (a); *Stukkatur.*
Stück|ar|beit, die ⟨o. Pl.⟩: **1.** *Arbeit nach Stückzahlen, Akkordarbeit.* **2.** (ugs.) *ungenügende, unvollständige Arbeit; Flickwerk;* **Stück|ar|bei|ter,** der: *Akkordarbeiter;* **Stück|ar|bei|te|rin,** die: w. Form zu ↑Stückarbeiter.
Stück|decke[1], die: *mit Stuck* (b) *verzierte Decke eines Raumes.*
stückeln[1] ⟨sw. V.; hat⟩ [spätmhd. stückeln]: *aus kleinen Stücken zusammensetzen:* der Stoff reicht nicht, ich muß s.; Das große Kragenrevers schneiden wir aus einem Stück. Es ist nicht gestückelt

(Herrenjournal 3, 1966, 32); **stücke|los[1]** ⟨Adj.⟩ (Bankw.): *nicht in Stückelung* (2); **Stücke|lung[1],** Stücklung, die; -, -en: **1.** *das Stückeln.* **2.** (Bankw.) *Aufteilung von Geld, Wertpapieren u.ä. in Stücke von verschiedenem [Nenn]wert:* Die Notenbank hat 1968 neue Banknoten verschiedener -en ... von den Druckereien übernommen und dem Zahlungsverkehr zugeführt (MM 15. 4. 69, 10). **3.** (Münztechnik früher) *das Ausschneiden der Ronden* (2) *aus dem Zain* (2).
stucken[1] ⟨sw. V.; hat⟩ [eigtl. = nachdenklich werden, wohl Nebenf. von ↑stocken] (österr. ugs.): *büffeln:* Die Fahrschüler sind ... nicht gewillt, für etwas zu s. (Wochenpresse 13, 1984, 62).
stücken[1] ⟨sw. V.; hat⟩/vgl. gestückt/[mhd. stücken]: *stückeln;* **Stücker[1]:** ↑Stück (3 a).
stücke|rig ⟨Adj.⟩ [zu ↑stuckern] (nordd.): *so beschaffen, daß es stuckert; holprig:* ein -er Weg; das Pflaster ist s.; **stuckern[1]** ⟨sw. V.⟩ [Intensivbildung zu (m)niederd. stüken, ↑stauchen] (nordd.): **1.** *[über Unebenheiten fahren u. dabei in unangenehmer Weise] ein Rütteln, Schütteln verursachen; holpern* ⟨hat⟩: beide Wagen stoßen und stuckern auf kurzen Unebenheiten (auto 14, 1968, 21). **2.** *stuckernd* (1) *fahren* ⟨ist⟩: Wir stuckern (= in der Pferdekutsche) über die Schlaglöcher der Chaussee (Zeller, Amen 59).
Stücke|schrei|ber[1], der: *jmd., der Theaterstücke o.ä. verfaßt:* Der marxistisch geschulte S. in der Brecht-Tradition (Vaterland 27. 3. 85, 15); **Stücke|schrei|be|rin[1],** die: w. Form zu ↑Stückeschreiber.
Stück|faß, das: *früheres deutsches Weinmaß (von der Größe eines Fasses mit etwa 10–12 hl Rauminhalt);* **Stück|gewicht,** das: *Gewicht eines Stücks* (2).
Stück|gips, der: *für Stuck besonders geeigneter, sehr trockener Gips.*
Stück|gut, das: *als Einzelstück zu beförderndes Gut* (3); **Stück|gut|ab|fer|ti|gung,** die: w. Güterabfertigung.
stuckie|ren[1] ⟨sw. V.; hat⟩ [zu ↑Stuck]: *mit Stuck verkleiden, ausschmücken:* Wände, Decken s.; Als er daheim an den stukkierten Zitronen einer Barockvolute einen ... Studienkollegen entdeckte (Bieler, Mädchenkrieg 233).
stückig[1] ⟨Adj.⟩ [spätmhd. stückeht, stukkig] (Fachspr.): *aus [größeren] Stücken bestehend, in groben Stücken [vorkommend od. hergestellt]:* -e Erze, Kohlen; **Stück|kauf,** der: *Spezieskauf;* **Stück|koh|le,** die: *Kohle in Form von größeren Stücken;* **Stück|ko|sten** ⟨Pl.⟩ (Wirtsch.): *die für ein Stück od. eine Einheit berechneten durchschnittlichen Herstellungskosten;* **Stück|kurs,** der (Börsenw.): *in der Landeswährung angegebener Kurs für ein Wertpapier in der kleinstmöglichen Stückelung ohne Rücksicht auf seinen Nennwert;* **Stück|li|ste,** die (Wirtsch.): *Liste aller zur Fertigung eines Erzeugnisses (z. B. einer Maschine, eines Autos) benötigten Einzelteile;* **Stück|lohn,** der (Wirtsch.): *nach der Menge der gefertigten Stücke od. der erbrachten zählbaren Leistungen berechneter Lohn; Akkordlohn:* im S. arbeiten; **Stück|lung:** ↑Stückelung.
Stück|mar|mor, der: *(bes. im Barock u.*

Rokkoko) Imitation des Marmors aus gefärbtem, mit feiner Äderung bemaltem Stuck (a).
Stück|maß, das: *Maßeinheit für Stückware* (z. B. Dutzend); **Stück|no|tie|rung,** die (Börsenw.): *Notierung im Stückkurs.*
Stück|or|na|ment, das: *Ornament aus Stuck;* **Stück|pla|stik,** die: *Plastik aus Stuck.*
Stück|preis, der: *Preis für ein Einzelstück* (a); **Stück|rech|nung,** die (Wirtsch.): *Berechnung nach Stückkosten u. Erlös;* **Stück|schuld,** die (Rechtsspr.): *Speziesschuld.*
stuck|ver|ziert ⟨Adj.⟩: *mit Stuck verziert;* **Stuck|ver|zie|rung,** die: *Stuckornament.*
Stück|wa|re, die ⟨Pl. selten⟩: *nach Stück (2) verkaufte Ware;* **stück|wei|se** ⟨Adv.⟩: *in einzelnen Stücken, Stück für Stück:* ein Roman war von einzelnen Schülern s. gelesen worden, jetzt setzten sie ihre Kenntnisfetzen zusammen (Loest, Pistole 228); **Stück|werk,** das: *meist in der Verbindung* S. sein/bleiben *(recht unvollkommen u. daher unbefriedigend sein, bleiben):* Auch in der Liebe muß die große Umwälzung kommen. Sonst bleibt alles nur S. am Menschen und am Staat (Bieler, Bonifaz 143); **Stück|zahl,** die (Wirtsch.): *Anzahl der zu produzierenden od. produzierten Stücke einer Ware innerhalb einer bestimmten Zeit:* bei der Auto Union mit ihren kleineren -en entspricht sie (= die Produktion) etwa einer Arbeit von zwei Monaten (auto 6, 1965, 11); Ü Die S. des zu erlegenden Wildes ist meist beschränkt (Mantel, Wald 77); **Stückzin|sen** ⟨Pl.⟩ (Bankw.): *beim Verkauf eines festverzinslichen Wertpapiers vom letzten Zinstag bis zum Verkaufstag zu berechnende Zinsen.*
stud. = studiosus; vgl. Student (a); **Student,** der; -en, -en [mhd. studente = Lernender, Schüler < mlat. studens (Gen.: studentis), 1. Part. von lat. studere, ↑ studieren]: a) *jmd., der an einer Hochschule studiert; Studierender:* er ist im dritten Semester, an der Musikhochschule; Er ist S. der Theologie und kurz vor dem Examen (Strittmatter, Wundertäter 161); ein ewiger S. (ugs.; *Student, der nach vielen Semestern immer noch kein Examen gemacht hat*); Abk.: stud. (z. B. stud. med.); b) (österr., sonst veraltet) *Schüler einer höheren Schule;* **Stu|den|ten|austausch,** der: vgl. Schüleraustausch; **Studen|ten|aus|weis,** der: *von einer Hochschule ausgestellter Ausweis, der besagt, daß der od. die Betreffende Student ist;* **Stu|den|ten|be|we|gung,** die: *von Studenten ausgehende u. getragene Protestbewegung:* die S. der 60er Jahre; **Stu|denten|blu|me,** die *[nach dem Vergleich der Blütenköpfe mit den früher üblichen bunten Studentenmützen]:* a) *Tagetes;* b) *Calendula;* **Stu|den|ten|bu|de,** die (ugs.): *von einem Studenten bewohntes möbliertes Zimmer;* **Stu|den|ten|ehe,** die: *Ehe, bei der die Eheleute noch studieren:* das ernste Problem der S. ..., deren Schwierigkeiten auch unter den günstigsten gesellschaftlichen Bedingungen unserer Republik an die Eheleute besondere Anforderungen stellen (Neues D. 13. 6. 64, Beilage 3); **Stu|den|ten|fut|ter,** das: *Mischung aus Nüssen, Mandeln u. Rosinen zum Knabbern;* **Stu|den|ten|gemein|de,** die: *Zusammenschluß evangelischer od. katholischer Studenten einer Hochschule unter Leitung eines Studentenpfarrers;* **Stu|den|ten|heim,** das: *Studentenwohnheim;* **Stu|den|ten|lied,** das: *aus studentischen Traditionen überliefertes u. gemeinschaftlich gesungenes Lied;* **Stu|den|ten|lo|kal,** das: *Lokal, in dem bes. Studenten verkehren;* **Stu|den|tenmüt|ze,** die (veraltend): *von Verbindungsstudenten getragene Mütze in den Farben ihrer Verbindung;* **Stu|den|ten|op|po|siti|on,** die: *Studentenbewegung;* **Stu|denten|par|la|ment,** das: *innerhalb einer studentischen Selbstverwaltung gewählte Vertretung der Studenten;* **Stu|den|ten|pfarrer,** der: *mit der seelsorgerischen Arbeit an u. mit Studenten in einer Studentengemeinde beauftragter Pfarrer;* **Stu|denten|pfar|re|rin,** die: w. Form zu ↑ Studentenpfarrer; **Stu|den|ten|pres|se,** die: *Gesamtheit der vom Rektor od. Präsidenten einer Hochschule, von studentischen Vereinigungen, Verbindungen u./od. Selbstverwaltungsgremien herausgegebenen Zeitungen, Zeitschriften, Flugblätter o. ä.;* **Stu|den|ten|re|vol|te,** die: *Revolte, in der Studenten gegen bestimmte Verhältnisse aufbegehren;* **Stu|den|ten|schaft,** die; -, -en ⟨Pl. selten⟩: *Gesamtheit der immatrikulierten Studenten;* **Stu|den|ten|sprache,** die (Sprachw.): *Sondersprache der [Verbindungs]studenten;* **Stu|den|ten|unru|hen** ⟨Pl.⟩: vgl. Studentenbewegung; **Stu|den|ten|ver|bin|dung,** die: *Bund von Studenten, in dem überlieferte Bräuche u. Ziele weitergeführt werden u. dem auch die ehemals Aktiven weiter angehören; Korporation* (2); **Stu|den|ten|ver|tre|ter,** der: *Mitglied einer Studentenvertretung;* **Stu|den|ten|ver|tre|te|rin,** die: w. Form zu ↑ Studentenvertreter; **Stu|den|ten|vertre|tung,** die: *Studentenparlament;* **Studen|ten|werk,** das: *Einrichtung an Hochschulen zur sozialen Betreuung der Studenten;* **Stu|den|ten|wohn|heim,** das: *Wohnheim für Studenten;* **Stu|den|tenzeit,** die: *Zeitdauer, während der jmd. studiert:* in, aus alten -en; **Studen|ti|ka** ⟨Pl.⟩ (veraltend): *Werke über das Wesen u. die Geschichte des studentischen Lebens, der Ausbildung der Studenten o. ä.;* **Stu|den|tin,** die; -, -nen: w. Form zu ↑ Student; **stu|den|tisch** ⟨Adj.⟩: a) *Studenten betreffend, zu Studenten gehörend:* -es Brauchtum; In Hörsaal, Seminarraum, Mensa ... trat sie s. burschikos auf (Erné, Kellerkneipe 86); b) *von, durch, mit Studenten:* die -e Protestbewegung; Bevorzugtes Ziel der Polizei sind -e Wohngemeinschaften (Chotjewitz, Friede 275); **Stu|di,** der; -s, -s [↑ -i] (Jargon): *Student;* **Stu|die,** die; -, -n [rückgeb. aus ↑ Studium, Pl. von ↑ Studium]: 1. *Entwurf, skizzenhafte Vorarbeit zu einem größeren Werk bes. der Kunst:* der Maler hat zuerst verschiedene -n einzelner Figuren angefertigt. 2. *wissenschaftliche Untersuchung über eine Einzelfrage:* In einer tiefgreifenden S. über Obrigkeit und Widerstand ... ist ... Borch zu der Folgerung gekommen, daß ... (Rothfels, Opposition 60); Ü Aus dieser Konzeption entwickelt er (= der Regisseur) eine fesselnde psychologische S., die vor allem die Gestalt des Herodes stark in den Vordergrund rückt (Welt 15. 12. 62, 17). 3. (Schach) *kunstvolle Form des Endspiels* (b) *ohne Beschränkung der Zahl der Züge* (5); **Stu|di|en:** Pl. von ↑ Studium, Studie; **Stu|di|en|ab|bre|cher,** der; -s, -: *Student, der ohne Examen sein Studium aufgibt;* **Stu|di|en|ab|bre|che|rin,** die: w. Form zu ↑ Studienabbrecher; **Stu|di|enab|schluß,** der: *Abschluß eines Studiums durch ein Examen;* **Stu|di|en|an|fän|ger,** der: *jmd., der sein Studium beginnt;* **Studi|en|an|fän|ge|rin,** die: w. Form zu ↑ Studienanfänger; **Stu|di|en|an|stalt,** die (früher): *höhere Mädchenschule;* **Studi|en|as|ses|sor,** der: *Lehrer an einer weiterführenden Schule nach der zweiten Staatsprüfung, aber vor der endgültigen Anstellung u. Ernennung zum Studienrat;* **Stu|di|en|as|ses|so|rin,** die: w. Form zu ↑ Studienassessor; **Stu|di|en|auf|ent|halt,** der: *längerer Aufenthalt an einem Ort, bes. im Ausland, um dort zu studieren, seine Kenntnisse (in einem bestimmten Bereich) zu vervollkommnen;* **Stu|di|en|aus|ga|be,** die: *preiswerte Ausgabe eines Buches zu Studienzwecken;* **Stu|di|en|be|ra|ter,** der: *jmd., der in der Studienberatung tätig ist;* **Stu|di|en|be|ra|te|rin,** die: w. Form zu ↑ Studienberater; **Stu|di|en|be|ra|tung,** die: *(an Hochschulen eingerichtete) Beratung, die Studierende über die Studiengänge orientiert u. ihnen bei der Lösung fachlicher od. persönlicher Probleme während des Studiums behilflich ist;* **Stu|dien|be|wer|ber,** der: *Bewerber um einen Studienplatz;* **Stu|di|en|be|wer|be|rin,** die: w. Form zu ↑ Studienbewerber; **Studi|en|brief,** der: *für das Fernstudium herausgegebene, jeweils einen Abschnitt Lehrstoff mit entsprechenden Aufgaben u. Tests enthaltende Unterrichtseinheit; Lehrbrief* (2); **Stu|di|en|buch,** das: *Heft [mit Formblättern], das dem Nachweis der Immatrikulation* (1) *dient u. in das die besuchten Vorlesungen, Seminare o. ä. eingetragen werden;* **Stu|di|en|dar|le|hen,** das: *Darlehen zur Finanzierung eines Studiums;* **Stu|di|en|di|rek|tor,** der: 1. *Beförderungsstufe für einen Oberstudienrat [als Stellvertreter des Direktors].* 2. (ehem. DDR) *Ehrentitel für einen Lehrer;* **Stu|dien|di|rek|to|rin,** die: w. Form zu ↑ Studiendirektor; **Stu|di|en|ein|gangs|test,** der: *Test zur Auswahl der für ein Studienfach geeigneten Bewerber;* **Stu|di|en|fach,** das: *Fachgebiet, auf dem ein Studium durchgeführt wird od. wurde;* **Stu|di|enfahrt,** die: vgl. Studienreise; **Stu|di|enför|de|rung,** die: vgl. Ausbildungsförderung; **Stu|di|en|freund,** der: *Freund aus der Zeit des Studiums;* **Stu|di|en|freundin,** die: w. Form zu ↑ Studienfreund; **Stu|di|en|gang,** der: *der [vorgeschriebene] Abfolge von Vorlesungen, Übungen, Praktika im Verlauf eines Studiums bis zum Examen;* **Stu|di|en|ge|nos|se,** der: *jmd., mit dem jmd. zusammen studiert; Kommilitone;* **Stu|di|en|ge|nos|sin,** die: w. Form zu ↑ Studiengenosse; **Stu|di|engrup|pe,** die: *Gruppe, die gemeinsam etw. erforscht, studiert;* **stu|di|en|hal|ber** ⟨Adv.⟩: *um sich einen Einblick zu verschaf-*

Studienjahr

fen, um sich ein Urteil bilden zu können: Es soll hier ja fabelhafte Buden geben ... Ich war in einigen. Studienhalber, natürlich (Remarque, Triomphe 326); **Stu|di|en|jahr,** das: *Zeitraum von einem Jahr während eines Studiums;* **Stu|di|en|ka|me|rad,** der: vgl. Studiengenosse; **Stu|di|en|ka|me|ra|din,** die: w. Form zu ↑Studienkamerad; **Stu|di|en|kol|leg,** das: *Vorbereitungskurs an einer Hochschule, bes. für ausländische Studenten;* **Stu|di|en|kol|le|ge,** der: *Kommilitone;* **Stu|di|en|kol|le|gin,** die: w. Form zu ↑Studienkollege; **Stu|di|en|ob|jekt,** das: *etw., woran man etw. studieren kann;* **Stu|di|en|ord|nung,** die: *vom Staat od. einer Hochschule erlassene Bestimmungen über die Abfolge eines Studiums bis zur Prüfung;* **Stu|di|en|plan,** der: *Plan, wie ein Studium angelegt u. durchgeführt werden soll;* **Stu|di|en|platz,** der: *Platz (4) für ein Universitätsstudium:* keinen S. bekommen; **Stu|di|en|platz|ver|ga|be,** die: *Vergabe der Studienplätze durch die Zentralstelle für die Vergabe von Studienplätzen;* **Stu|di|en|pro|fes|sor,** der: 1. *Gymnasiallehrer, der Studienreferendare in Fachdidaktik ausbildet.* 2. (früher) *Titel für Lehrer an einer höheren Schule;* **Stu|di|en|pro|fes|so|rin,** die: w. Form zu ↑Studienprofessor; **Stu|di|en|rat,** der: 1. *beamteter Lehrer an einer höheren Schule.* 2. (ehem. DDR) *Ehrentitel für einen Lehrer;* **Stu|di|en|rä|tin,** die: w. Form zu ↑Studienrat; **Stu|di|en|re|fe|ren|dar,** der: *Anwärter auf das höhere Lehramt nach der ersten Staatsprüfung;* **Stu|di|en|re|fe|ren|da|rin,** die: w. Form zu ↑Studienreferendar; **Stu|di|en|re|form,** die: *Reform der Studiengänge, Studienziele, Studien- u. Prüfungsordnungen;* **Stu|di|en|rei|se,** die: vgl. Studienaufenthalt; **Stu|di|en|rich|tung,** die: vgl. Studienfach; **Stu|di|en|zeit,** die: *Zeit, Jahre des Studiums (1);* **Stu|di|en|ziel,** das: *Ziel eines Studiums;* **Stu|di|en|zweck,** der: *auf das Studium (1, 2 a) ausgerichteter Zweck, zu dem man etw. Bestimmtes tut:* zu -en in London sein; **stu|die|ren** ⟨sw. V.; hat⟩ /vgl. studiert/ [mhd. studi(e)ren < mlat. studiare < lat. studere = sich wissenschaftlich betätigen, etw. eifrig betreiben]: **1. a)** *eine Hochschule besuchen:* sein Sohn studiert; seine Kinder s. lassen; mit einem Stipendium s.; er studiert jetzt im achten Semester, hat zehn Semester studiert; (ugs.:) auf Lehrer, auf die Staatsprüfung *(mit dem Ziel, Lehrer zu werden/die Staatsprüfung zu machen)* s.; **b)** *an einer Hochschule Wissen, Kenntnisse auf einem bestimmten Fachgebiet erwerben:* Jura s.; sie studiert Gesang bei Prof. N.; ⟨auch o. Akk.-Obj.:⟩ er studiert an der Technischen Hochschule Darmstadt; **c)** (österr., sonst veraltet) *eine höhere Schule besuchen.* **2. a)** *genau untersuchen, beobachten, erforschen:* eine Frage, ein Problem s.; die Verhältnisse an Ort und Stelle s.; die Sitten fremder Völker s.; er studierte das Mienenspiel seines Gegenübers; In seinem letzten Titelkampf ... saß Scacchia mit seinem Manager ... am Ring, um Blanchard zu s. (NZZ 26. 10. 86, 42); Man sieht, wie er die Beine des Pferdes studiert, offenbar sind sie unverletzt ge-

blieben (Frischmuth, Herrin 115); Daß sie (= die Weinraute) (an der sich übrigens ... die Kreishörigkeit von Blatt- und Blütenformen schönstens s. läßt) nach dem Salbei gleich an zweiter Stelle der Reichenauer Kräuterliste steht (Stern, Mann 386); **b)** *genau, prüfend durchlesen, durchsehen:* die Akten s.; der Polizist studierte seinen Ausweis; Nach der Lektüre über den Massenmord überfliege ich ... die literarische Seite ... studiere den Immobilienmarkt (Hilsenrath, Nazi 195); (ugs.:) die Speisekarte s.; **c)** *einüben, einstudieren:* eine Rolle für das Theater s.; die Artisten studieren eine neue Nummer; die Gesangspartie hatte er trefflich studiert (Thieß, Legende 14); **Stu|die|ren|de,** der u. die; -n, -n ⟨Dekl. ↑Abgeordnete⟩: *Student[in];* **Stu|dier|fä|hig|keit,** die ⟨o. Pl.⟩: *Fähigkeit, ein Hochschulstudium mit Erfolg zu absolvieren;* **Stu|dier|lam|pe,** die (früher): *Tischlampe, die dem Studieren diente;* **Stu|dier|stu|be,** die (veraltend): *Studierzimmer;* **stu|diert** ⟨Adj.⟩ (ugs.): *an einer Hochschule wissenschaftlich ausgebildet:* er hat drei -e Kinder; **Stu|dier|te,** der u. die; -n, -n ⟨Dekl. ↑Abgeordnete⟩ (ugs.): *jmd., der studiert hat:* Da merkte man den ... -n (Kühn, Zeit 112); **Stu|dier|zeit,** die: vgl. Lernzeit; **Stu|dier|zim|mer,** das (veraltend): *Arbeitszimmer eines Wissenschaftlers;* **Stu|di|ker,** der; -s, - (ugs. scherzh., veraltend): *Student:* Ulrich, S. und im Nebenberuf Taxifahrer (Bild und Funk 36, 1966, 49); **Stu|dio,** das; -s, -s [ital. studio, eigtl. = Studium, Studie < (m)lat. studium, ↑Studium]: **1.** *Künstlerwerkstatt, Atelier* (z. B. eines Malers). **2.** *Produktionsstätte für Rundfunk-, Fernsehsendungen, Kinofilme, Schallplatten:* Die fahrbaren -s für das Farbfernsehen werden zu den teuersten Spezialfahrzeugen gehören (Foto-Magazin 8, 1967, 8). **3.** *kleines [Zimmer]theater od. Kino, in dem bes. experimentelle Stücke, Filme od. Inszenierungen gebracht werden.* **4.** *Übungsraum für Tänzer.* **5.** *abgeschlossene Einzimmerwohnung:* -s mit allen modernen Einrichtungen ab 120 Mark (MM 24. 8. 68, Beilage 3); **Stu|dio|auf|füh|rung,** die: *experimentelle, oft avantgardistische Aufführung in einem Studio (3);* **Stu|dio|büh|ne,** die: vgl. Studio (3); **Stu|dio|film,** der: *in einem Studio 2 ohne großen Aufwand) mit [avantgardistischen] künstlerischen Ambitionen gedrehter experimenteller Film;* **Stu|dio|lo,** das; -, ...li [ital. studiolo, Vkl. von: studio, ↑Studio]: **1.** *ital. Bez. für Studier-, Arbeitszimmer.* **2.** *(seit dem 16. Jh.) Raum in städtischen Palästen in Italien, in dem Luxusgegenstände, Handschriften, Bilder o. ä. aufbewahrt werden;* **stu|dio|mä|ßig** ⟨Adj.⟩: *technisch so hervorragend wie im Studio (2):* 2-Kanal-Stereo-Mischpult mit eingeb. Trans.-Vorverstärker zum -en Einblenden von Sprache u. Musik (Funkschau 21, 1971, 2168); **Stu|dio|meis|ter,** der (Ferns.): *für die Sicherheit der Aufbauten bei Fernsehsendungen verantwortlicher Handwerker (Berufsbez.);* **Stu|dio|meis|te|rin,** die (Ferns.): w. Form zu ↑Studiomeister; **Stu|dio|mu|si|ker,** der: *Musiker (a) im Bereich der Unterhaltungsmusik, der selbst nicht öffent-*

lich auftritt, sondern für Plattenaufnahmen anderer Künstler engagiert wird; **Stu|dio|mu|si|ke|rin,** die: w. Form zu ↑Studiomusiker; **Stu|dio|qua|li|tät,** die: *hohe technische Vollkommenheit, wie sie nur im Studio (2) erreicht wird:* Eine 4-Weg-Box in S. (Funkschau 20, 1971, 2113); **Stu|dio|sus,** der; -, ...si [zu lat. studiosus = eifrig, wißbegierig] (ugs. scherzh.): *Student;* **Stu|di|um,** das; -s, ...ien [spätmhd. studium < (m)lat. studium = eifriges Streben, wissenschaftliche Betätigung]: **1.** ⟨o. Pl.⟩ *das Studieren (1); akademische Ausbildung an einer Hochschule:* ein langes S.; das medizinische S.; das S. der Theologie; dieses S. dauert mindestens acht Semester; das S. [an einer Universität] aufnehmen, [mit dem Staatsexamen] abschließen, beenden; er hat sein S. erfolgreich absolviert; „Aber du willst ja das S. aufgeben", sagte er ... Von einem Studenten erwartet man schließlich nur, daß er sein S. zu Ende bringt (Nossack, Begegnung 106); Er ... warf sich mit „neugeordneter Gedankenkraft" auf das S. der Chemie (Strittmatter, Wundertäter 304); er ist noch im S., geht nach dem S. ein Jahr ins Ausland; mit dem S. beginnen; sich um eine Zulassung zum S. bewerben. **2. a)** *eingehende [wissenschaftliche] Beschäftigung mit etw.:* umfangreiche Studien; Das S. der Leiche bleibt insonderheit für die Anatomie nach wie vor entscheidend (Medizin II, 17); Leonardo, der ... in der Anatomie und Bibliothek praktische und gelehrte Studien trieb (Goldschmit, Genius 30); Ulrich ... gab ihr dadurch ... von neuem Gelegenheit, vergleichende Studien (Beobachtungen) über Schweigen anzustellen (Musil, Mann 815); sich dem S. *(der Erforschung)* antiker Münzen widmen; dabei kann man so seine Studien machen *(aufschlußreiche Beobachtungen anstellen);* **b)** ⟨o. Pl.⟩ *kritische Prüfung [eines Textes], kritisches Durchlesen:* Allerdings verlangt die Buchmalerei wie keine andere Gattung das S. der Originale (Bild. Kunst III, 64); beim S. der Akten; (ugs.:) in der Zeitung vertieft sein; **c)** ⟨o. Pl.⟩ *Einstudierung (1):* für das S. dieser Rolle braucht man einige Zeit; **Stu|di|um ge|ne|ra|le,** das; - - [mlat. studium generale, eigtl. = allgemeines Studium]: **1.** *(im Mittelalter) mit Privilegien (z. B. Promotionsrecht, Gerichtsbarkeit) ausgestattete, allen Nationen zugängliche Hochschule.* **2.** *Vorlesungen u. Seminare allgemeinbildender Art für Studenten aller Fakultäten.*

Stu|fa|ta, die; -, -s [ital. stufato, subst. 2. Part. von: stufare = schmoren, aus dem Vlat.]: *ital. Bez. für geschmortes Rindfleisch.*

Stu|fe, die; -, -n [1 a: mhd. stuofe, ahd. stuof(f)a, eigtl. wohl = Trift, Spur, verw. mit ↑Stapfe u. ↑Staffel]: **1. a)** *einzelne Trittfläche einer Treppe bzw. Treppenleiter:* die unterste, oberste S.; -n aus Stein; die Treppe hat hohe -n; die -n knarren; die -n *(die Treppe)* hinuntersteigen; drei -n auf einmal nehmen; die -n zum Altar, zum Thron hinaufschreiten; Er stieg die ausgetretenen -n hoch (Plievier, Stalingrad 13); Vorsicht, S.!, Achtung, S.! (warnende Hinweise); Ü Sie hätten ohne weiteres eine höhere S. ihrer Kunst erklimmen können (Kusenberg, Mal 40); **b)** *aus festem Untergrund (Fels, Eis o. ä.) herausgearbeiteter Halt für die Füße:* -n in den Gletscher schlagen; Er nimmt das Beil aus dem Rangen und schlägt -n (Trenker, Helden 15). **2. a)** *Niveau* (3); *Stadium der Entwicklung o. ä.; Rangstufe:* der Soldat ... nahm in der sozialen Rangordnung die höchste S. ein (Fraenkel, Staat 195); Auf hoher S. bewegte sich die Tätigkeit der Jugendorganisation (Niekisch, Leben 132); daß internationale Organisationen auf bestimmten -n der Entwicklung (= der Arbeiterbewegung) eine unbedingte Notwendigkeit seien (Leonhard, Revolution 208); ... die (= primitive Buschmänner) – kulturgeschichtlich gesehen – noch beinahe auf der S. von Steinzeitmenschen standen (Thielicke, Ich glaube 202); * *auf einer S. [mit jmdm., etw.]/auf der gleichen S. [wie jmd., etw.] stehen (den gleichen [geistigen, menschlichen] Rang haben; gleichwertig sein); jmdn., etw. auf eine S. [mit jmdm., etw.]/auf die gleiche S. [wie jmd., etw.] stellen (jmdn., etw. als im Rang gleichwertig beurteilen, darstellen, im Niveau, im Rang einander gleichstellen);* **sich mit jmdm. auf eine/auf die gleiche S. stellen** *(sich jmdm. gleichstellen);* **b)** *Grad* (1 a), *Ausmaß von etw.:* die höchste S. des Glücks; Damit hebt das Grausen an, die irdische Hölle, die tiefste S. der Erniedrigung (Thieß, Reich 474); Es gibt viele -n des Verlassens und Verlassenwerdens (Remarque, Obelisk 159); **c)** (seltener) *Abstufung* (2), *Schattierung:* Farbtöne in vielen -n. **3.** (Technik) **a)** *(bei mehrstufigen Maschinen, Apparaten o. ä.) einzelne, auf einem bestimmten Niveau verlaufende Phase des Arbeitens:* die verschiedenen -n eines Schalters; Das Monstrum (= der Wecker) ... klingelte jetzt mit hohem Ton. Das war die zweite S. (Kirst, 08/15, 218); **b)** *(bei mehrstufigen Raketen) Teil der Rakete mit einer bestimmten Antriebskraft; Raketenstufe:* die erste S. absprengen. **4.** (Geol.) *nächstfolgende Untergliederung einer Abteilung* (2 d). **5.** (Mineral.) *Gruppe von frei stehenden u. gut kristallisierten Mineralien.* **6.** kurz für ↑ Vegetationsstufe: eine alpine S. **7.** (Geogr.) *stärker geneigter Bereich einer Bodenfläche, der flachere Teile voneinander trennt.* **8.** (Musik) *bestimmte Stelle, die ein Ton innerhalb einer Tonleiter einnimmt:* ist der Ton c die erste S. **9.** (Schneiderei) *waagerecht abgenähte Falte an einem Kleidungsstück;* **stufen** ⟨sw. V.; hat⟩: **1.** *stufen-, treppenartig aufgliedern, anlegen, ausbilden* o. Ä.: einen Hang, Steingarten s.; ⟨meist im 2. Part.:⟩ gestufte Giebel; Die Schießscharte mit ihrer nach innen enger gestuften Öffnung (Harig, Weh dem 120). **2.** *nach dem Grad, dem Wert, der Bedeutung o. ä. staffeln* (2 a), *abstufen:* ... wobei größere Gruppen sich ... darauf beschränken müßten, ihre Mitglieder nach Kategorien zu s. (Hofstätter, Gruppendynamik 124); Die Preise aber müßten sehr vorsichtig gestuft werden (Brecht, Groschen 131); **Stu|fen|ab|itur,** das: *Form des Abiturs, bei der eine od. mehrere Fächer vor dem eigentlichen Abitur geprüft u. damit abgeschlossen werden;* **stu|fenar|tig** ⟨Adj.⟩: *in der Art von Stufen* (1); *[ähnlich] wie Stufen;* **Stu|fen|aus|bildung,** die: *Form der beruflichen Ausbildung, bei der in der ersten Stufe Grundkenntnisse u. -fertigkeiten vermittelt werden, in der zweiten Stufe die Ausbildung für mehrere Fachrichtungen gemeinsam fortgeführt wird u. in der dritten Stufe eine spezielle Fachausbildung für einen Beruf erfolgt;* **Stu|fen|bar|ren,** der (Turnen): ¹*Barren* (2) *mit verschieden hohen* ¹*Holmen* (1 a); **Stu|fen|be|zeich|nung,** die (Musik): *Symbolisierung der Akkorde auf den einzelnen Stufen der Tonleiter durch römische Ziffern;* **Stu|fen|boot,** das [nach dem stufenförmigen Absatz im Kiel; vgl. Gleitboot; **Stu|fen|brei|te,** die: *Breite einer Treppenstufe;* **Stu|fen|dach,** das: *Dach aus mehreren stufenartig angeordneten kleineren Dächern* (z. B. bei einer Pagode); **Stu|fen|dreh|schal|ter,** der (Elektrot.): *Schalter* (1) *für ein stufenweises Schalten von mehr als zwei Stufen;* **Stu|fen|fol|ge,** die: **a)** *hierarchisch geordnete Aufeinanderfolge von Rangstufen;* **b)** *Aufeinanderfolge einer in einzelnen Stufen* (2 a) *verlaufenden Entwicklung;* **stu|fenför|mig** ⟨Adj.⟩: *von der Form einer Stufe* (1); **Stu|fen|füh|rer|schein,** der: *stufenweise zu erwerbender Führerschein für ein Motorrad;* **Stu|fen|gang,** der: *[längerer] ¹Gang* (7 c), *der über einzelne Stufen* (1 a) *führt;* **Stu|fen|ge|bet,** das (kath. Kirche früher): *vom Priester u. dem Meßdiener zu Beginn der ¹Messe* (1) *an den Altarstufen abwechselnd gesprochenes Gebet;* **Stu|fen|gie|bel,** der (Archit.): *gestufter Giebel;* **Stu|fen|heck,** das: *stufenförmig abfallendes Heck bei einem Pkw;* **Stu|fen|leh|rer,** der: *nicht für einen bestimmten Schultyp, sondern für eine bestimmte Schulstufe ausgebildeter Fachlehrer (in einigen Bundesländern);* **Stu|fen|leh|re|rin,** die: w. Form zu ↑ Stufenlehrer; **Stu|fen|lei|ter,** die: *stufenartig aufgebaute Hierarchie* (a): niemand steht auf der gesellschaftlichen S. so niedrig, daß an und andere fände, die zum Glück noch tiefer postiert sind (Werfel, Bernadette 42); Anders kommen Sie auf der akademischen S. nicht nach oben (Sebastian, Krankenhaus 53); **stu|fen|los** ⟨Adj.⟩ (Technik): *ohne Stufen* (3 a); **Stu|fen|plan,** der: *Plan für eine Entwicklung o. Ä. in einzelnen Stufen* (2 a); **Stu|fen|por|tal,** das (Archit., Kunstwiss.): *Portal mit zurückgestuftem Gewände* (1); **Stu|fen|py|ra|mi|de,** die (Kunstwiss.): *Pyramide mit gestuften Flächen;* **Stu|fen|ra|ke|te,** die: *Mehrstufenrakete;* **Stu|fen|rock,** der: *Damenrock aus waagerecht aneinandergesetzten Stoffbahnen;* **Stu|fen|saat,** die (Landw.): *gedibbelte Saat;* **Stu|fen|schnitt,** der: *stufiger* (2) *Haarschnitt;* **Stu|fen|schu|le,** die: *nach Schulstufen gegliederte Schule;* **stu|fen|wei|se** ⟨Adv.⟩: *allmählich; [methodisch] in einzelnen aufeinanderfolgenden Stufen; graduell* (2): etw. s. ausbauen ⟨mit Verbalsubstantiven auch attr.:⟩ -r Abbau von Zöllen.

Stuf|fer ['stʌfə], der; -s, - [engl. stuffer, zu to stuff = (aus)stopfen]: *kleiner Prospekt, der Postsendungen beigefügt wird.*

stu|fig ⟨Adj.⟩: **1.** (Geogr.) *Stufen* (7) *aufweisend:* ein -es Gelände; diese Landschaft ist s. [gegliedert]. **2.** *stufenartig; gestuft:* ein -er Haarschnitt; Die Windruhe im Walde gefördert durch ... den Bestandsaufbau oder künstlichen Unterbau (Mantel, Wald 33); das Haar s. schneiden; **Stu|fung,** die; -, -en: **1.** *das Stufen.* **2.** *das Gestuftsein.*

Stuhl, der; -[e]s, Stühle [mhd. stuol, ahd. stuol, eigtl. = Gestell, verw. mit ↑ stehen; 4: spätmhd., aus der mhd. Wendung „ze stuole gān = zum Nachtstuhl gehen", vgl. Stuhlgang]: **1.** *mit vier Beinen, einer Rückenlehne u. gelegentlich Armlehnen versehenes Sitzmöbel für eine Person:* ein harter, gepolsterter, bequemer, wackliger S.; ein S. mit hoher Lehne, mit Armlehnen; Stühle stehen um den Tisch; Stühle aufstellen; Wenn das alles getan ist, rückt man noch der Stühle zurecht (Horn, Gäste 156); der letzte Ober stellt die Stühle auf den Tisch (Schnabel, Marmor 129); er würde sein Arbeitspult, seinen S. im Refektorium wieder einnehmen (Hesse, Narziß 92); jmdm. einen/keinen S. anbieten *(ihn [nicht] zum Sitzen auffordern);* sich auf einen S. setzen; auf dem S. sitzen; unruhig auf dem S. hin und her rutschen; er setzte sich in einen bequemen S. (Musil, Mann 616); vom S. aufstehen, aufspringen; Ü als er aus dem Urlaub zurückkehrte, war sein S. *(sein Arbeitsplatz)* anderweitig besetzt; * **elektrischer S.** *(einem Stuhl ähnliche Vorrichtung, auf der sitzend ein zum Tode Verurteilter durch Starkstrom hingerichtet wird;* LÜ von engl. electric chair); **heißer S.** (Jugendspr.; *[schweres] Motorrad, Moped* o. Ä.); **jmdm. den S. vor die Tür setzen** (1. *jmdn. aus seinem Haus weisen.* 2. *jmdm. [in spektakulärer Form] kündigen;* nach altem Rechtsbrauch ist der Stuhl Symbol für Eigentumsrecht und Herrschaft); **[fast] vom S. fallen** (ugs.; *sehr überrascht, entsetzt o. ä. sein über etw.*); **jmdn. [nicht] vom S. reißen/hauen** (ugs.; *jmdn. [nicht] sehr erstaunen, begeistern*); **mit etw. zu S./-e kommen** (ugs.; ↑ Pott 1 b); **sich zwischen zwei Stühle setzen** *(sich zwei Möglichkeiten o. ä. gleichermaßen verscherzen);* **zwischen zwei Stühlen sitzen** *(in der unangenehmen Lage sein, sich zwei Möglichkeiten o. ä. gleichermaßen verscherzt zu haben).* **2.** kurz für ↑ Behandlungsstuhl: der gynäkologische S., Helferin für Assistenz am S. ... gesucht (MM 13./14. 12. 80, 63); auf dem S. sitzen, liegen. **3.** (kath. Kirche) *nur in bestimmten Fügungen:* der Apostolische, Heilige, Päpstliche, Römische, S. der S. Petri (Bez. für *das Amt des Papstes, den Papst als Träger des Amtes u. die päpstlichen Behörden*); der bischöfliche S. (Bischofssitz). **4. a)** kurz für ↑ Stuhlgang: keinen S. haben; **b)** *Kot* (1) *vom Menschen:* der Gebissene hustet, erbricht, Blut geht mit Urin und S. ab (Grzimek, Serengeti 187); den S. untersuchen lassen; **Stuhl|bein,** das: *einzelnes Bein eines Stuhls* (1); **Stühl|chen,** das; -s, -: Vkl. zu ↑ Stuhl (1); **Stuhl|drang,** der ⟨o. Pl.⟩ (Med.): *Drang zur Stuhlentleerung;* **Stuhl|ent|lee|rung,**

Stühlerücken

die (Med.): *das Ausscheiden von Stuhl (4 b); Defäkation;* **Stüh|le|rücken¹,** das; -s: *das hörbare Rücken, zurückschieben der Stühle bes. beim Aufstehen bzw. beim allgemeinen Aufbruch:* Er dachte darüber nach ... ohne auf die Geräusche ringsum, Sprachfetzen, Gläserklirren, S., im mindesten zu achten (Erné, Kellerkneipe 73); Ü ... wird der Wechsel von einem ... Regierungspräsidenten zu einem großen S. *(einem Wechsel in den Positionen)* unter den über 1 100 Mitarbeitern führen (Rheinpfalz 1. 8. 91, 18); **stuhl|för|dernd** ⟨Adj.⟩: *den Abgang von Stuhl (4 b) fördernd;* **Stuhl|gang,** der ⟨o. Pl.⟩ [spätmhd. stuolganc, eigtl. = Gang zum (Nacht)stuhl, vgl. Stuhl (4)]: **a)** *Stuhlentleerung:* [keinen, regelmäßig] S. haben; **b)** *Stuhl (4 b):* harter, weicher S.; **Stuhl|in|kon|ti|nenz,** die (Med.): *Unvermögen, Stuhl (4 b) zurückzuhalten;* **Stuhl|kan|te,** die: *vordere Kante des Stuhlsitzes* (1): auf der S. sitzen; **Stuhl|kis|sen,** das: *flaches, quadratisches Kissen, das man auf den Stuhlsitz* (1) *legt;* **Stuhl|leh|ne,** die: **a)** *Rückenlehne am Stuhl* (1); **b)** (seltener) *Armlehne am Stuhl* (1); **Stuhl|rei|he,** die: vgl. Sitzreihe; **Stuhl|schlit|ten,** der (früher): *Schlitten mit Armstuhl;* **Stuhl|sitz,** der: **1.** *Teil des Stuhls* (1), *auf dem man sitzt.* **2.** (Reiten) *fehlerhafter Sitz des Reiters mit hochgezogenen Knien;* **Stuhl|träg|heit,** die: *Darmträgheit;* **Stuhl|un|ter|su|chung,** die: *Untersuchung des Stuhls (4 b) zu diagnostischen Zwecken;* **Stuhl|ver|hal|tung,** die (Med.): *krankhaftes Zurückbleiben des Stuhls (4 b) im Darm;* **Stuhl|ver|stop|fung,** die: *erschwerte od. verminderte Stuhlentleerung; Obstipation;* **Stuhl|wa|re,** die (Textilind.): *Rohgewebe, das unveredelt, wie es vom Webstuhl kommt, verkauft wird;* **Stuhl|zäpf|chen,** das: *Suppositorium;* **Stuhl|zwang,** der ⟨o. Pl.⟩ (Med.): *andauernder schmerzhafter Stuhldrang.* **Stu|ka** [ˈʃtuːka, ˈʃtʊka], der; -s, -s: kurz für ↑Sturzkampfflugzeug.
stu|ken ⟨sw. V.; hat⟩ [(m)niederd. stüken, ↑stauchen] (bes. nordd.): **a)** *in eine Flüssigkeit tauchen:* den Pinsel in die Farbe s.; ⟨subst.:⟩ Pinsel reinigt man am besten durch Stuken in Nitroverdünnung (BM 5. 9. 76, 64); **b)** *stoßen:* jmdn. mit der Nase auf den Tisch s.; er stukt mit der Faust in den Rücken, daß man noch nach Stunden Schmerzen hat (Borkowski, Wer 26); Hertha stukt eine Flasche auf den Tisch (Köhler, Hartmut 45); Ü einen Schüler auf einen Fehler s. *(aufmerksam machen).*
Stuk|ka|teur [...ˈtøːɐ̯], der; -s, -e [frz. stucateur ‹ ital. stuccatore, ↑Stukkator]: **a)** *Handwerker, der Stuckarbeiten ausführt;* **b)** (selten) *Stukkator;* **Stuk|ka|teu|rin** [...ˈtøːrɪn], die; -, -nen: w. Form zu ↑Stukkateur; **Stuk|ka|tor,** der; -s, ...oren [ital. stuccatore, zu: stucco, ↑Stuck]: *Künstler, der Plastiken aus Stuck herstellt;* **Stuk|ka|tur,** die; -, -en: *Stuckarbeit.*
Stul|le, die; -, -n [wohl ‹ südniederl., ostfries. stul = Brocken, Klumpen u. eigtl. = dickes Stück od. viell. Nebenf. von ↑Stolle(n)] (nordd., bes. berlin.): *[bestrichene, belegte] Scheibe Brot:* Die können sich ihren Kaffee ganz gut alleine kochen und ihre -n selbst schmieren (Fallada, Mann 78); Dann machte er sich stehend eine S. (Spiegel 49, 1979, 265); **Stul|len|büch|se,** die (nordd., bes. berlin.): *Büchse* (1 a) *für belegte Brote;* **Stul|len|pa|ket,** das (nordd., bes. berlin.): *zusammengepackte belegte Brote;* **Stul|len|pa|pier,** das (nordd., bes. berlin.): *Butterbrotpapier.*

Stulp|är|mel usw.: ↑Stulpenärmel usw.; **Stul|pe,** die; -, -n [aus dem Niederd., wohl rückgeb. aus ↑stülpen]: *breiter, sich nach oben trichterförmig erweiternder Aufschlag an Ärmeln, Handschuhen u. Stiefeln;* der Kutscher mit gelben -n an den Stiefeln! (Dwinger, Erde 14); Sophie, in einem weißen Leinenkleid mit dunkelblauen, gepunkteten -n und Paspeln (Bieler, Mädchenkrieg 72); **stül|pen** ⟨sw. V.; hat⟩ [wahrsch. aus dem Niederd. < mniederd. stulpen = umstürzen, verw. mit ↑stellen]: **a)** *etw. (was in der Form dem zu bedeckenden Gegenstand entspricht) auf, über etw. decken:* den Kaffeewärmer über die Kanne s.; Ich stülpe den Blechdeckel auf die Schreibmaschine (Remarque, Obelisk 7); Doch nun hob er den Halter jäh. Er stülpte die Kappe darauf (Sebastian, Krankenhaus 63); Ü So war der Traum des Seins nur lose über die Materie gestülpt (Musil, Mann 25); **b)** *(bes. in bezug auf eine Kopfbedeckung) rasch, nachlässig aufsetzen, über den Kopf ziehen:* [sich] eine Mütze auf den Kopf s.; Sein Helm ist weggepurzelt. Ich fische ihn heran und will ihn auf seinen Schädel s. (Remarque, Westen 48); Wir faßten das Bettuch, ... stülpten es ihm von hinten über den Kopf (Remarque, Westen 39); **c)** *das Innere von etw. nach außen, etw. von innen nach außen kehren:* die Taschen nach außen s.; die Lippen [verdrossen] nach vorn s.; der nach außen gestülpte Magen eines Seesternes (Jahnn, Geschichten 133); **d)** *durch Umdrehen, Umstülpen des Behältnisses o. ä. (den Inhalt) an eine bestimmte Stelle bringen:* Arlecq stülpt alles Hartgeld aus seiner Jackentasche in die hohle Hand, dann auf die Kunststoffplatte der Bar (Fries, Weg 31); Ich öffnete die tägliche Büchse, stülpte das widerliche Zeug (= Katzenfutter) auf einen Teller draußen im Garten (Frisch, Stiller 71); **Stul|pen|är|mel,** der: *Ärmel mit Stulpen;* **Stul|pen|hand|schuh,** der: vgl. Stulpenärmel; **Stul|pen|stie|fel,** der: vgl. Stulpenärmel; **Stülp|na|se,** die; -, -n [zu ↑stülpen]: *aufgeworfene Nase eines Menschen.*
stumm ⟨Adj.⟩ [mhd., ahd. stum, eigtl. = (sprachlich) gehemmt, zu ↑stemmen in dessen urspr. Bed. „hemmen"]: **1.** *ohne die Fähigkeit, [Sprach]laute hervorzubringen:* ein -es Kind; von Geburt an s. sein; sich s. stellen *(sich aus einem bestimmten Grund absichtlich nicht zu etw. äußern);* er war s. vor Schreck, Zorn *(konnte vor Schreck, Zorn nichts sagen);* Spr besser s. als dumm *(es ist besser zu schweigen, als etwas Dummes zu sagen);* Ü zerbombte Städte, -e Zeugen des Krieges. **2. a)** *schweigsam; sich nicht durch Sprache, durch Laute äußernd:* ein -er Zuhörer; alle waren, blieben s. *(sprachen nicht);* warum bist du so s.? *(sprichst du so wenig?);* Seine Worte hatten Krämer s. gemacht *(betroffen schweigen lassen),* er sah finster vor sich hin (Apitz, Wölfe 54); in Bonn wird s. ... durchgehalten, was einmal vor vielen Jahren im Hinblick auf die Wiedervereinigung als Doktrin festgelegt wurde (Dönhoff, Ära 55); Ü das Radio blieb s. *(funktionierte nicht mehr):* ein -er Laut (Sprachw.; *Buchstabe, der nicht gesprochen wird* [z. B. das stumme „h" im Französischen]; *** jmdn. s. machen** (salopp; *jmdn. umbringen*); **b)** *nicht von Sprechen begleitet; wortlos:* eine -e Klage, Geste; ein -er Schmerz, Gruß; in -er Eile ... hatte er seine Sachen in die Koffer geworfen und war davon (Th. Mann, Zauberberg 607); Seit den -en Zwiesprachen mit ihm (= meinem kleinen Sohn) war ich irre geworden und anders belehrt (Bachmann, Erzählungen 116); -e Rolle (Theater; *Rolle, bei der der Schauspieler nichts zu sprechen hat*); -e Person (Theater; *Schauspieler, der nur agiert, ohne zu sprechen*); -e Lektion (Fechten; *Fechttraining ohne mündliche Anweisungen des Übungsleiters*); sie sahen sich s. *(schweigend)* an; s. [und starr] dasitzen. **3.** (Med.) **a)** *ohne erkennbare Symptome verlaufend:* eine -e Infektion; **b)** *selbst nicht erkrankend:* Der Goldhamster ist -er Träger der Erreger (Tier 11, 1971, 24). **4.** (Kartographie) *(von Landkarten) ohne jede Beschriftung:* eine -e Karte, **Stum|me,** der u. die; -n, -n ⟨Dekl. ↑Abgeordnete⟩: *jmd., der stumm* (1) *ist.*
Stum|mel, der; -s, - [mhd. stumbel, stumbal = verstümmelt, verw. mit ↑Stumpf]: *übriggebliebenes kurzes Stück (von einem kleineren länglichen Gegenstand):* die Kerzen sind bis auf kurze S. heruntergebrannt; mit dem S. eines Bleistifts schreiben; der Aschenbecher ist voller S. *(Zigarettenstummel);* Ü daß er seine freundlichen Grüße abkürzen und aus 21 freundlichen Buchstaben drei S. (= MfG) machen muß (BM 19. 2. 78, 3); *** den S. quälen** (ugs. scherzh.; ↑Kippe); **Stum|mel|bein,** das (Zool.): ↑*Stummelfuß;* **Stüm|mel|chen, Stüm|mel|chen,** das; -s, -: Vkl. zu ↑Stummel; **Stum|mel|flü|gel,** der ⟨meist Pl.⟩: *gestutzter Flügel eines Vogels;* **Stum|mel|fuß,** der ⟨meist Pl.⟩ (Zool.): *verkürzter, wenig od. gar nicht gegliederter Anhang (vor allem bei wirbellosen Tieren) mit der Funktion von Extremität;* **Stum|mel|fü|ßer,** der ⟨meist Pl.⟩ (Zool.): *zum Stamm der Gliedertiere gehörendes Tier von der Gestalt eines Wurms;* **stüm|meln** ⟨sw. V.; hat⟩ /vgl. gestümmelt/: **1.** (selten) *verstümmeln.* **2.** (landsch.) *(Bäume) stark zurückschneiden;* **Stum|mel|pfei|fe,** die: *kurze Tabakspfeife;* **Stum|mel|ru|te,** die: vgl. Stummelschwanz, **Stum|mel|schwanz,** der: *(bes. bei einem Hund) kurzer [gestutzter] Schwanz;* **Stum|mel|zahn,** der: vgl. Zahnstummel.
Stumm|film, der (früher): *Spielfilm ohne Ton (bei dem lediglich eingeblendete Zwischentexte den Gang der Handlung kurz zusammenfassen);* **Stumm|film|zeit,** die; -: *am Anfang der Filmgeschichte stehende Zeit des Stummfilms;* **Stumm|heit,** die; -: *das Stummsein* (1, 2).
Stump, der; -s, -e (landsch. veraltend),

Stum|pe, der; -n, -n (landsch.): [Baum]stumpf; **Stum|pen**, der; -s, - [mhd. stumpe, Nebenf. von ↑Stumpf]: **1.** (landsch.) [Baum]stumpf: Bleibt der Kohl ... stehen, treiben aus den ... S. frische, junge Triebe (natur 9, 1991, 70). **2.** stumpf abgeschnittene, kurze Zigarre: S. rauchen. **3.** grob vorgeformter Filz o.ä., der zu einem Hut verarbeitet wird. **4.** (landsch.) kleiner Junge, Mann: die Richtungen ..., die ich als kleiner S. an der ... Hand meiner Friedhofgroßmutter erwandern werde (Burger, Brenner 79); **Stüm|per**, der; -s, - [aus dem Niederd., Md. < mnieder. stumper, stümper, zu stump = Stumpf, urspr. = schwächlicher, armseliger Mensch] (abwertend): Nichtskönner: hier waren S. am Werk; Die Weimarer Propagandisten seien allesamt S. (Niekisch, Leben 202); Nur -n ist die Kunst heilig (Dürrenmatt, Meteor 46); **Stüm|pe|rei**, die; -, -en (abwertend): **1.** ⟨o. Pl.⟩ stümperhaftes Arbeiten. **2.** einzelne stümperhafte Arbeit, Leistung; **stüm|per|haft** ⟨Adj.; -er, -este⟩ (abwertend): ohne Könnerschaft; unvollkommen, schlecht: eine -e Arbeit; etw. ist sehr s. [ausgeführt]; **Stüm|pe|rin**, die; -, -nen (abwertend): w. Form zu ↑Stümper; **stüm|per|mä|ßig** ⟨Adj.⟩ (abwertend, seltener): stümperhaft; **stüm|pern** ⟨sw. V.; hat⟩ (abwertend): stümperhaft arbeiten.

stumpf ⟨Adj.⟩ [mhd. stumpf, spätahd. stumph, urspr. = verkürzt, verstümmelt, verw. mit ↑Stumpf; 5: nach lat. angulus obtusus = stumpfer Winkel]: **1. a)** (von Schneidwerkzeugen o.ä.) nicht [mehr] gut schneidend; nicht scharf (1 a): ein -es Messer; das Werkzeug ist s. [geworden]; Das Fell war so zäh, daß wir fast alle Küchenmesser s. machten (Schnurre, Bart 35); **b)** (von einem länglichen Gegenstand o.ä.) nicht in eine Spitze auslaufend; nicht [mehr] spitz: eine -e Nadel; die Farbstifte sind s. geworden. **2.** an einem Ende abgestumpft, ohne Spitze (1 b): ein -er Kegel; eine -e Pyramide; Ihre Nase war s. (an der Spitze ein wenig abgeflacht; Th. Mann, Krull 135). **3.** (in bezug auf die Oberfläche) nicht leicht rauh; nicht glatt u. ohne Glanz: -es Metall; die Oberfläche des Holzes ist s.; der Schnee ist s. (naß, klebrig; ohne die erwünschte Glätte); ihr Haar war von der Sonne ganz s. (glanzlos) geworden. **4.** (bes. von Farben) matt, glanzlos: ein -es Rot; in der -en Schwärze der Nadelwälder (Th. Mann, Zauberberg 18); Beginnt die Farbe s. zu werden, müssen Sie ihr mit einem Lackreiniger zu Leibe rücken (DM 49, 1965, 43). **5.** (Geom.) (von Winkeln) zwischen 90° u. 180° betragend: ein -er Winkel; der Winkel ist s. **6.** (Med.) (von Verletzungen) keine blutende Wunde hinterlassend: eine -e Verletzung; ein -es Trauma; Ich muß diese Verwachsungen s. lösen (Sebastian, Krankenhaus 127). **7.** (Verslehre) (vom Reim) männlich (4 b): ein -er Reim; die Reime des Gedichts sind, enden s. **8. a)** ohne geistige Aktivität und Lebendigkeit; ohne Empfindungsfähigkeit: ein ganz -er Mensch; Er war s. vor Eitelkeit (Strittmatter, Wundertäter 335); s. dahinleben; **b)** abgestumpft u. teilnahmslos, fast leblos: dem -en Auge entgeht nichts leichter als das Außergewöhnliche (Langgässer, Siegel 93); Hinrichsen ... fixierte sein Opfer mit dem -en Blick einer Riesenschlange (Kirst, 08/15, 855); nachdem ... das Volk sich gewöhnt hatte, zwischen -er (keine Reaktion mehr zulassender) Verzweiflung und krankhafter Vergnügungssucht hin und her zu pendeln (Thieß, Reich 362); gegen Schmerzen/ gegenüber Schmerzen völlig s. werden; s. vor sich hin starren; **Stumpf**, der; -[e]s, Stümpfe [mhd. stumpf(e), ahd. stumph, eigtl. = verstümmelter Rest (eines Baumes od. Körperteils)]: nach Abtrennung, Abnutzung, Verbrauch o.ä. von etw. (seiner Form nach Langgestrecktem) verbliebenes kurzes Stück: der S. einer Kerze; seine Zähne waren nur noch Stümpfe; Auf einem Feld aus dem Schnee ragende Stümpfe abgehackter Bäume (Plievier, Stalingrad 335); Voran fährt auf einem kleinen Rollwagen der S. eines Körpers mit einem Kopf (Remarque, Obelisk 218); er hatte keine Prothese an und hieb mit dem S. auf den Tisch (Küpper, Simplicius 66); *** mit S. und Stiel** (ganz u. gar, bis zum letzten Rest); **Stümpf|chen**, das; -s, -: Vkl. zu ↑Stumpf; **stumpf|en** ⟨sw. V.; hat⟩ [zu ↑stumpf] (selten): stumpf machen: ♦ Auch so willst du den Stachel des Verlusts nur s. (abmildern; Lessing, Nathan II, 1); **Stumpf|heit**, die; - [mhd. stump(f)heit]: das Stumpfsein; **Stumpf|näs|chen**, das; Vkl. zu ↑Stumpfnase; **Stumpf|na|se**, die: Nase ohne ausgeprägte Spitze; **stumpf|na|sig** ⟨Adj.⟩: mit Stumpfnase; **Stumpf|schmerz**, der (Med.): Phantomschmerz; **Stumpf|sinn**, der ⟨o. Pl.⟩ [rückgeb. aus ↑stumpfsinnig]: **1.** Teilnahmslosigkeit, Dumpfheit u. geistige Trägheit: in S. verfallen, versinken. **2.** Stupidität (1 b): in S. einer Arbeit. **3.** (selten) Unsinn (2): er redet lauter S. **stumpf|sin|nig** ⟨Adj.⟩: **1.** in Stumpfsinn (1) versunken; teilnahmslos: ein -es Leben; s. vor sich hin starren. **2.** stupid (b): eine -e Arbeit. **3.** (selten) unsinnig (1): ... halte ich es für geradezu s., ... Schulthess ins Gefängnis zu sperren (Ziegler, Kein Recht 284); **Stumpf|sin|nig|keit**, die; -; das Stumpfsinnigsein; **stumpf|win|ke|lig, stumpf|wink|lig** ⟨Adj.⟩ (Geom.): einen stumpfen Winkel bildend.

Stünd|chen, das; -s, - (fam.): ungefähr eine Stunde (1) (die sich jmd. Zeit nimmt für etw., jmdn.): sie wollte auf ein S., für ein S. kommen; *** jmds. letztes S. ist gekommen/hat geschlagen** (↑Stündlein); **Stun|de**, die; -, -n [mhd. stunde, stunt = Zeit(abschnitt, -punkt); Gelegenheit; Frist, ahd. stunta = Zeit(punkt), wahrsch. ablautende Bildung zu ↑Stand u. eigtl. = das Stehen, Aufenthalt, Rast, Pause]: **1.** Zeitraum von sechzig Minuten; der vierundzwanzigste Teil eines Tages (Abk.: Std.; Zeichen: st, h [Astron.: ʰ]): eine halbe, viertel, ganze, volle, gute, knappe S.; anderthalb -n; eine S. früher, später; eine S. vor Tagesanbruch; es ist noch keine S. vergangen; die -n dehnten sich endlos; eine S. Zeit haben; Von der letzten Autobusstation waren es zwei -n zu Fuß (Schnabel, Marmor 111); er wohnt drei -n (Weg-, Autostunden o.ä.) von hier entfernt; wir mußten eine geschlagene (ugs.; ganze) S., über eine S. warten; er hat -n und -n und Tage (sehr lange) dazu gebraucht; Die Standuhr schlug ... die fünfte S. (dichter.; schlug fünf Uhr; B. Frank, Tage 15); sie zählten die -n bis zur Rückkehr (sahen ihr mit Ungeduld entgegen); er hat eine S. [lang] telefoniert; die Bahn verkehrt jede S., alle [halbe] S. ([halb]stündlich); um diese S. muß es passiert sein; er kauft, für eine S. [zu Besuch]; sie bekommt 25 Mark für die S., in der S., pro S. (pro Arbeitsstunde); er fuhr 100 km in der S., pro S.; sie werden in einer dreiviertel S., in drei viertel -n eintreffen; er ist vor einer S. heimgekommen; von S. zu S. (zunehmend im Ablauf der Stunden) wurden sie unruhiger; von einer S. zur anderen hatte sich das Wetter geändert; R besser eine S. zu früh als eine Minute zu spät; *** jmds. letzte S. hat geschlagen/ist gekommen** (↑Stündlein); **wissen, was die S. geschlagen hat** (wissen, wie die Lage wirklich ist); **ein Mann o.ä. der ersten S.** (jmd., der von Anbeginn bei etw. dabei war, mitgewirkt hat). **2.** (geh.) **a)** Zeit, Zeitspanne von kürzerer Dauer. Bestimmtes geschieht: eine beschauliche, glückliche, gemütliche S.; die abendlichen, morgendlichen -n; -n der Verzagtheit, der Schwäche; sie haben schöne -n miteinander verlebt; Sie fanden jeden Tag ihre verschwiegene S. (Hesse, Narziß 151); in -n der Not; in guten und bösen -n zusammenstehen; etw. in einer stillen S. durch den Kopf gehen lassen; *** jmds. schwere S.** (dichter.; die Zeit von jmds. Niederkunft); **die blaue S.** (dichter.; die Zeit der Dämmerung); **die S. des Pan** (dichter.; die sommerliche, heiße Mittagszeit); **b)** Augenblick; Zeitpunkt: O Himmel! Die S. des Essens ist versäumt (H. Mann, Stadt 253); die S. der Bewährung, der Rache ist gekommen; die Gunst der S. (den günstigen Augenblick) nutzen; etw. ist das Gebot der S. (geh.; ist in diesem Augenblick zu tun geboten); seine [große] S. (der Augenblick, in dem er seine Fähigkeiten o.ä. zeigen konnte) war gekommen; er kam noch zu später, vorgerückter S. (geh.; spät am Abend); wir treffen uns zur gewohnten S. (geh.; zur gewohnten Zeit); zur S. (geh.; im gegenwärtigen Augenblick) haben wir keinerlei Nachrichten über sein Ergehen; *** die S. der Wahrheit** (der Augenblick, wo sich etw. beweisen, sich jmd., etw. bewähren muß); **die S. Null** (durch ein einschneidendes [historisches] Ereignis bedingter Zeitpunkt, an dem aus dem Nichts od. unter ganz neuen Voraussetzungen etw. völlig neu beginnt); **die S. X** (der erwartete, noch unbekannte Zeitpunkt, an dem etw. Entscheidendes geschehen wird); **in zwölfter S.** (im allerletzten Augenblick); **von Stund an** (geh. veraltend; von diesem Augenblick an). **3. a)** Schulstunde, Unterrichtsstunde (in der Schule): wie viele -n habt ihr morgen?; die letzte S. fällt heute aus; nach der S. blieben die Schüler in der Klasse; Was machst du in der Schulpause? ... Wenn mir Zeit bleibt, bereite ich mich auf die S. vor (Woche/Dabei 39, 1993, 11); **b)** (ugs.) als Privat-, Nachhilfestunde o.ä. erteilter Unterricht: die S. ko-

stünde

stet 30 Mark; die S. dauert 45 Min.; -n [in Englisch, Physik] erteilen, nehmen, geben. **stün|de:** ↑stehen. **stun|den** ⟨sw. V.; hat⟩: *prolongieren:* jmdm. die fällige Rate s.; **Stun|den|abstand,** der ⟨o. Pl.⟩: *zeitlicher Abstand von einer Stunde:* Sowohl in Nord-Süd- wie in Ost-West-Richtung soll ... je ein Zugpaar im S. verkehren (MM 21.2.79, 10); **Stun|den|blu|me,** die: *Eibischart, deren Blüten nur einige Stunden geöffnet sind;* **Stun|den|bo|den,** der: *schwerer Tonboden, der nur kurzfristig bearbeitet werden kann;* **Stun|den|buch,** das: *Horarium;* **Stun|den|de|pu|tat,** das: *Anzahl der von einer Lehrkraft zu gebenden Unterrichtsstunden;* **Stun|den|frau,** die (landsch.): *Putzfrau;* **Stun|den|ge|bet,** das: ¹*Hora* (b); **Stun|den|geld,** das (ugs.): *Honorar für Unterrichtsstunden;* **Stun|den|geschwin|dig|keit,** die: *Geschwindigkeit, die (von einem Fahrzeug) durchschnittlich in einer Stunde erreicht wird;* **Stun|den|glas,** das (veraltet): *Sanduhr;* **Stun|den|halt,** der (schweiz.): *[stündliche] Marschpause;* **Stun|den|hil|fe,** die: vgl. Stundenfrau; **Stun|den|ho|tel,** das (verhüll.): *Hotel, in dem Paare stundenweise ein Zimmer mieten, um geschlechtlich verkehren zu können;* **Stun|den|ki|lo|me|ter,** der ⟨meist Pl.⟩ (ugs.): *(als Maß für die Geschwindigkeit von Verkehrsmitteln) Kilometer pro Stunde:* er fuhr mit fast 200 -n; Abk.: km/h; **Stun|den|kreis,** der (Astron.): *Nord- u. Südpol verbindender Halbkreis, der senkrecht auf dem Himmelsäquator steht;* **stun|den|lang** ⟨Adj.⟩: a) *einige, mehrere Stunden lang; einige, mehrere Stunden dauernd:* -e Wanderungen; sich s. mit etw. beschäftigen; b) (emotional übertreibend) *[in ärgerlicher Weise] sehr lang, übermäßig lang:* s. telefonieren; ich kann nicht s. auf dich warten!; **Stun|den|lei|stung,** die: vgl. Stundengeschwindigkeit; **Stun|den|lohn,** der: *Lohn, der nach Arbeitsstunden bemessen wird;* **Stun|den|mit|tel,** das ⟨Pl. selten⟩: vgl. Stundengeschwindigkeit; **Stun|den|plan,** der: a) *festgelegte Abfolge von Schul-, Arbeitsstunden o. ä.;* b) *nach Wochentagen u. Stunden (1) in Kästchen unterteiltes Blatt Papier [in Form eines Vordrucks], auf der den Stundenplan (a) eingetragen wird;* **Stun|den|schlag,** der: *das Schlagen einer [Turm]uhr, das eine bestimmte Stunde anzeigt:* die Stundenschläge zählen; mit dem -e begann, bei fortspielender Musik, aus dem großen Mitteltor die Prozession der Akteure sich hervorzubewegen (Th. Mann, Krull 430); **Stun|den|takt,** der ⟨o. Pl.⟩: vgl. Minutentakt: die Züge verkehren im S.; **Stun|den|ver|dienst,** der: *Verdienst in einer Arbeitsstunde;* **stun|den|wei|se** ⟨Adv.⟩: *(nur) für einzelne Stunden (1), nicht dauernd:* s. arbeiten; ⟨mit Verbalsubstantiven auch attr.:⟩ s. Platzbelegung möglich (Augsburger Allgemeine 29.4.78, 39); **stun|den|weit** ⟨Adj.⟩: *über eine Entfernung von einigen Wegstunden:* -e Spaziergänge; sie mußten s. laufen; ◆ Drum stank auch die Luft so noch Schwefel s. (Schiller, Räuber II, 3); **Stun|den|zahl,** die: *Anzahl der Unterrichts-, Arbeitsstun-*

den o. ä.; **Stun|den|zei|ger,** der: *kleinerer der beiden Zeiger der Uhr, der die Stunden anzeigt;* **Stun|den|zir|kel,** der (Astron.): *Stundenkreis;* **-stün|dig:** in Zusb., z. B. achtstündig, einstündig *(acht Stunden, eine Stunde dauernd);* ◆ **Stün|di|gung,** die; -, -en: *Stundung:* sie wäre sogar gerne zärtlich geworden, um S. zu erhalten (Gotthelf, Spinne 44); **Stun|dis|mus,** der; - [zu ↑Stunde; nach den Erweckung dienenden „Stunden" des Pfarrers Johann Bornekämper (1796-1857), aus denen sich die Bewegung entwickelte]: *Erweckungsbewegung südrussischer Bauern in der zweiten Hälfte des 19. Jh.s;* **Stun|dist,** der; -en, -en: *Anhänger des Stundismus;* **Stun|di|stin,** die; -, -nen: w. Form zu ↑Stundist; **Stünd|lein,** das; -s, -: Vkl. zu ↑Stunde (1): *letztes S.* (veraltend, noch scherzh.; *Sterbestunde):* als wir im Keller saßen und auf unser letztes S. warteten (Plenzdorf, Legende 9); siets auf das letzte S. gefaßt (Ossowski, Liebe ist 252); Lange bevor ihre Stunde kam, die dann beinahe ihr S. geworden wäre (Th. Mann, Joseph 344); **jmds. letztes S. hat geschlagen/ist gekommen** (veraltend, noch scherzh.; *jmds. Tod, Ende steht bevor, naht):* Wenn das letzte S. schlägt, sind wir alle verloren (Dürrenmatt, Meteor 12); **stünd|lich** ⟨Adj.⟩ [spätmhd. stundelich]: a) *jede Stunde (1), alle Stunde:* ein -er Wechsel; ein Medikament s. einnehmen; der Zug verkehrt s.; fährt s.; b) *in der allernächsten Zeit; jeden Augenblick:* s. mit Hilfe rechnen; sein Tod kann s. eintreten; c) *ständig, dauernd; immerzu; zu jeder Stunde* (1): Die Frage, die mich s. quält, kann nur der Priester mir beantworten (Hochhuth, Stellvertreter 68); die Lage veränderte sich s. *(von Stunde zu Stunde);* **-stündlich** [zu ↑stündlich (a)]: in Zusb., z. B. achtstündlich *(sich alle acht Stunden wiederholend);* **Stun|dung,** die; -, -en: *das Stunden; Prolongation;* **Stun|dungs|an|trag,** der: *Antrag auf Stundung;* **Stun|dungs|frist,** die: *Frist für eine Stundung.* **Stunk,** der; -s [urspr. berlin., obersächs., zu ↑stinken] (ugs. abwertend): *Streit; Ärger:* S. anfangen; mit jmdm. S. haben; mach jetzt keinen S., hat doch keinen Zweck, deine Sturheit (v. d. Grün, Glatteis 295); wenn er dann doch mal zum Tanz kam, gab es fast immer S. (Kant, Impressum 436). **Stunt** [stʌnt], der; -s, -s [engl. stunt = Kunststück, Trick, H. u.]: *gefährliches, akrobatisches Kunststück [als Szene eines Films]:* einen S. einüben, vollführen; Einige -s mußte ich einfach selbst machen (IWZ 18, 1992, 4); Feuerszenen gehören zu den spektakulärsten -s (MM 17.1.90, 3); **Stunt|frau,** die: *Stuntwoman;* **Stunt|girl,** das [aus ↑Stunt u. ↑Girl]: *Stuntwoman;* **Stunt|man** [...mən], der; -s, ...men [...mən]; engl. stunt man, aus ↑Stunt u. engl. man = Mann] (Film): *Mann, der sich auf Stunts spezialisiert hat u. in entsprechenden Filmszenen an Stelle des eigentlichen Darstellers eingesetzt wird;* **Stunt|wo|man** [...wʊmən], die; -, ...women [...wɪmɪn]; engl. stunt woman, aus ↑Stunt u. engl. woman = Frau]: *Frau, die sich auf Stunts spezialisiert hat*

u. an Stelle der eigentlichen Darstellerin eingesetzt wird.
Stu|pa [ˈʃtuːpa, ˈst...], der; -s, -s [sanskr. stupah]: *buddhistischer Kultbau (in Indien); Tope.*
stu|pend [ʃt..., st...] ⟨Adj.; -er, -este⟩ [spätlat. stupendus, zu lat. stupere, ↑stupid] (bildungsspr.): *(bes. auf Grund seines Ausmaßes o. ä.) erstaunlich; verblüffend:* -e Kenntnisse; seine Virtuosität ist s.; Aber wenn er (=der Schauspieler) hinkte, war auch das s. gekonnt (Spiegel 20, 1966, 118).
Stupf, der; -[e]s, -e [spätmhd. stupf(e), ahd. stupf = Stachel, Stich] (südd., schweiz. mundartl.): *Stups;* **stup|fen** ⟨sw. V.; hat⟩ [mhd. stupfen, ahd. in: undirstupfen] (südd., österr. ugs., schweiz. mundartl.): *stupsen:* Aldo Contratto stupfte das Leder über die Linie zum beruhigenden Pausenvorsprung (Vaterland 15.10.68, 19); **Stup|fer,** der; -s, - (südd., österr. ugs., schweiz. mundartl.): *Stups:* eine ... Bürgersfrau empört sich, deren kleines Mädchen ... nicht ganz ohne S. (= zwischen den Tanzenden) davonkommt (FAZ 28.10.61, 53).
stu|pid, stu|pi|de [ʃt..., st...] ⟨Adj.; stupider, stupideste⟩ [frz. stupide < lat. stupidus, zu: stupere = betäubt, erstarrt sein; verblüfft, überrascht sein] (bildungsspr. abwertend): a) *dumm, beschränkt; geistlos; ohne geistige Beweglichkeit od. geistige Interessen:* ein stupider Mensch; Er hat nach einem anderen Prinzip als seine, gefühllose Umwelt gelebt (Hörzu 38, 1973, 91); Ich fand es stupide, mit einundzwanzig zu heiraten (B. Frank, Tage 68); s. in den Tag dösen; b) *langweilig, monoton, stumpfsinnig:* eine stupide Arbeit; Jede andere Tätigkeit ... wäre genauso stupide (Chotjewitz, Friede 166); der Kritiker fand die Aufführung stupide; **Stu|pi|di|tät** [ʃt..., st...], die; -, -en [lat. stupiditas, zu: stupidus, ↑stupid] (bildungsspr. abwertend): 1. ⟨o. Pl.⟩ a) *Beschränktheit; Geistlosigkeit:* die S. dieses Menschen; b) *Langeweile, Monotonie; Stumpfsinn:* die S. der Arbeit. 2. *von Geistlosigkeit, Dummheit zeugende Äußerung, Handlung, Verhaltensweise o. ä.:* oft ... stoßen wir ... auf Schlampereien ..., -en (Deschner, Talente 53); **Stu|por** [auch: ˈst...], der; -s [lat. stupor = das Staunen, Betroffenheit, zu: stupere, ↑stupid] (Med.): *völlige körperliche u. geistige Starrheit, Regungslosigkeit:* Schließlich stand Heinrich ... wie im S., das Gesicht von der Farbe des Holzasche (Stern, Mann 201).
Stupp, die; - [mhd. stuppe, ahd. stuppi = Staub] (österr.): *Puder;* **stup|pen** ⟨sw. V.; hat⟩ (österr.): *[ein]pudern.*
stu|prie|ren [ˈʃt..., ˈst...] ⟨sw. V.; hat⟩ [lat. stuprare, zu: stuprum, ↑Stuprum] (veraltet): *vergewaltigen;* **Stu|prum** [ˈʃt..., ˈst...], das; -s, ...pra [lat. stuprum] (veraltet): *Vergewaltigung.*
Stups, der; -es, -e [zu ↑stupsen] (ugs.): *Schubs:* Ich gebe der feurigen Maria (=Hündin) einen kleinen S. (Keun, Mädchen 130); **stup|sen** ⟨sw. V.; hat⟩ [niederd., md. Form von ↑stupfen] (ugs.): *schubsen:* jmdn. mit dem Ellenbogen s.; Die Schafe ... nahmen ihn in die Mitte,

stupsten ihn kameradschaftlich (Lenz, Suleyken 21); In stetem Dauerlauf jagt er dahin, ... während das Seitengewehr ihn in die linke Kniekehle stupst (A. Zweig, Grischa 502); **Stup|ser,** der; -s, - ⟨ugs.⟩: *Stups;* **Stup|se|rei,** die; -, -en ⟨ugs. abwertend⟩: *Schubserei;* **Stups|näs|chen,** das; Vkl. zu ↑Stupsnase; **Stups|na|se,** die: *kleine, leicht aufwärtsgebogene Nase;* **stups|na|sig** ⟨Adj.⟩: *mit Stupsnase.*
stur ⟨Adj.⟩ [aus dem Niederd. < mniederd. stūr, eigtl. = standfest; dick, breit, zu ↑stehen] ⟨ugs. emotional abwertend⟩: **a)** *nicht imstande, nicht willens, sich auf jmdn., etw. einzustellen, etw. anderes; eigensinnig an seinen Vorstellungen o. ä. festhaltend:* ein -er Beamter; er ist ein -er Bock; furchtbar s./s. wie ein Panzer sein *(sich jedem Einwand o. ä. gegenüber sperren);* s. an etw. festhalten, auf etw. bestehen; er bleibt s. [bei seiner Meinung]; Während die Einsicht bei den Sportlern zaghaft wächst, stellt sich die Industrie s. (natur 3, 1991, 99); auf s. schalten (ugs.; *auf keinen Einwand, keine Bitte o. ä. eingehen);* **b)** *ohne von etw. abzuweichen:* s. geradeaus gehen; s. nach Vorschrift arbeiten; Zwar solle in der Regel, daß bei Alkohol am Steuer eine bedingte Strafe beim zweiten Mal innert zehn Jahren nicht in Frage komme, nicht s. angewendet werden (Basler Zeitung 27. 7. 84, 19); **c)** *(seltener) stupide (b):* Sport war militärisch ... Diese -en Bewegungen (Kempowski, Immer 186); damit das (= Althochdeutsch und Mittelhochdeutsch) nicht ganz so s. war (Kempowski, Immer 80).
stür|be: ↑sterben.
stur Heil ⟨Adv.⟩ ⟨ugs. abwertend⟩: *unbeirrbar, mit großer Sturheit:* s. H. geradeaus gehen; **Stur|heit,** die; - ⟨ugs. abwertend⟩: *das Stursein.*
sturm ⟨Adj.⟩ [mhd. sturm = stürmisch] (südwestd., schweiz. mundartl.): **a)** *schwindlig:* mir ist, wird s. im Kopf; **b)** *verworren;* **Sturm,** der; -[e]s, Stürme [mhd., ahd. sturm, wahrsch. zu ↑stören u. eigtl. = Verwirrung, Unruhe, Tumult]: **1.** *sehr heftiger, starker Wind:* ein heftiger, furchtbarer S.; ... als das Wetter sich plötzlich änderte; ... ein heulender S. losbrach (Musil, Mann 1522); ein S. kommt auf; der S. wütet, tobt, wühlt das Meer auf, hat viele Bäume entwurzelt, Dächer abgedeckt, hat sich gelegt, läßt nach, flaut ab, ist vorüber, fegt über das Land; der S. erreichte Orkanstärke; eisige Stürme heulten, pfiffen um das Haus; bei/in S. und Regen draußen sein; die Schiffe kämpfen gegen den, mit dem S.; die Fischer waren in einen S. geraten, suchten vor dem S. Schutz im Hafen; Ü ein S. der Begeisterung, des Protests brach los; schon 1778 hat jener soziale S. in Frankreich begonnen, der selbst über die Klostermauern schlägt (St. Zweig, Fouché 7); schon manchen S. erlebt, überstanden haben; im S. der Gefühle erschauern; er war erprobt in den Stürmen des Lebens; *** ein S. im Wasserglas** *(große Aufregung um eine ganz nichtige Sache;* nach frz. tempête dans un verre d'eau, einem Ausspruch des frz. Staatstheoretikers Montesquieu [1689-1755]). **2.** *heftiger, schnell vorgetragener Angriff mit dem Ziel, den Gegner zu überrumpeln, seine Verteidigung zu durchbrechen:* dabei hat er ... den berühmten S. auf Belgrad geleitet (Bergengruen, Rittmeisterin 339); eine Festung im S. nehmen; den Befehl zum S. geben; zum S. blasen; Ü beim Ausverkauf setzte ein S. *(Ansturm)* auf die Geschäfte ein; eine Frau, das Herz einer Frau im S. erobern; im S. hat er die Zuhörer für sich eingenommen *(die Herzen waren ihm zugeflogen);* *** S. läuten/klingeln/schellen** *(mehrmals hintereinander laut klingeln b;* urspr. = die Sturmglocke läuten); **gegen etw. S. laufen** *(gegen etw. Geplantes heftig protestieren, ankämpfen).* **3. a)** (Sport) *Gesamtheit der Stürmer:* der S. der Nationalelf; Im Generalangriff der zweiten Halbzeit versagte dann der S., der planlos und hektisch angriff und sich ... um die besten Chancen brachte (Welt 10. 5. 65, 17); im S. spielen; **b)** *Angriffsspiel vor dem gegnerischen Tor:* im S. zu drucklos spielen; auf S. *(offensiv)* spielen. **4.** ⟨o. Pl.⟩ (österr.) *in Gärung befindlicher Most, der getrunken wird:* Nach der Weinlese erhält man in Wien den aus Trauben gepreßten süßlichen „Most" und etwas später den schon gärenden und in seinem Alkoholgehalt oft unterschätzten „Sturm" (Polyglott Wien, 89); ... weil die Lehrlinge seit Tagen nur S. trinken (Zenker, Froschfest 198). **5.** ⟨ns.⟩ *Gliederung, Einheit nationalsozialistischer Organisationen:* ... in Kassel wohin sie im Juli zogen, da dort der „Standort" des -s war, den Vater befehligte (Härtling, Hubert 19); Klaus Mähnert, der SA-Mann, ist gesprächiger: „Mensch, du kommst in meinen S.!" (Bieler, Bär 42); **Sturm|ab|tei|lung,** die ⟨ns.⟩: *uniformierte u. bewaffnete politische Kampftruppe als Gliederung der NSDAP; Abk.: SA;* **Sturm|an|griff,** der: *Sturm (2);* **Sturm|ball,** der (Seew.): *(bei Windstärke 6–7) als Warnsignal für Schiffe aufgezogener schwarzer Ball;* **Sturm|band,** das ⟨Pl. ...bänder⟩: **1.** *Kinnriemen.* **2.** *Band am Hut, das unterm Kinn gebunden wird;* **Sturm|bann,** der ⟨ns.⟩: *Gliederung, Einheit der SS;* **Sturm|bann|füh|rer,** der ⟨ns.⟩: *Führer eines Sturmbannes;* **sturm|be|reit** ⟨Adj.⟩: *bereit zum Sturm (2);* **sturm|be|wegt** ⟨Adj.⟩ (geh.): vgl. sturmgepeitscht; **Sturm|bö,** die: *sehr heftige Bö;* **Sturm|bock,** der: *Mauerbrecher;* **Sturm|bo|le,** die: *seltener für* ↑Sturmbö; **Sturm|boot,** das (Milit.): *flaches Boot mit starkem Außenbordmotor (zum schnellen Übersetzen über Flüsse u. Seen);* **Sturm|bruch,** der: vgl. Windbruch; **Sturm|deich,** der: *Binnendeich bes. zum Schutz von Kögen;* **stür|men** ⟨sw. V.⟩ [mhd. stürmen, ahd. sturmen, zu ↑Sturm]: **1. a)** ⟨unpers.⟩ *(vom Wind) mit großer Heftigkeit, mit Sturmstärke wehen* ⟨hat⟩: es stürmte heftig, die ganze Nacht; Ü Es stürmte stark in Bunyan: Depressionen, Anfechtungen, Todesängste wechselten mit Befreiungen und Seligkeitsgefühlen in bunter Reihenfolge ab (Nigg, Wiederkehr 33); **b)** *(vom Wind) heftig, mit Sturmstärke irgendwohin wehen* ⟨ist⟩: der Wind stürmt über die Felder; ein Orkan stürmt ums Haus. **2.** *ohne sich von etw. aufhalten zu lassen, sich wild rennend, laufend von einem Ort weg- od. zu ihm hingegeben* ⟨ist⟩: aus dem Haus, auf den Schulhof, zum Ausgang s.; der Chef stürmte ins Büro. **3.** ⟨hat⟩ (bes. Milit.) **a)** *etw. im Sturm (2) nehmen:* eine Stadt, Festung, Stellung s.; Ü die Kassen s. *(in großer Zahl zu ihnen drängen);* die Zuschauer stürmten die Bühne; ... wurde das Lokal von einem halben Dutzend betrunkener wie musikalischer französischer Soldaten gestürmt (Baldwin [Übers.], Welt 236); **b)** *einen Sturmangriff führen:* die Infanterie hat gestürmt; stürmende Einheiten. **4.** ⟨hat⟩ (Sport) **a)** *als Stürmer, im Sturm (3) spielen:* am linken Flügel, für den HSV s.; **b)** *offensiv, auf Angriff spielen:* pausenlos s.; **Stür|mer,** der; -s, - [mhd. sturmære = Kämpfer; 2: zu landsch. veraltet Sturm = Hutrand]: **1.** (Sport) *im Angriffsspiel spielender Spieler mit der besonderen Aufgabe, Tore zu erzielen:* s. spielen. **2.** (Studentenspr.) *(von Verbindungsstudenten getragene) Studentenmütze von der Form eines nach vorn geneigten Kegelstumpfs.* **3.** *Federweißer.* **4.** (veraltet) *draufgängerischer Mensch;* **Stür|me|rei,** die; -, -en (oft abwertend): *[dauerndes] Stürmen (3, 4);* **Stür|me|rin,** die: w. Form zu ↑Stürmer (1); **sturm|er|probt** ⟨Adj.⟩ (geh.): vgl. kampferprobt; **Stür|mer und Drän|ger,** der; -s - -s, - - - (Literaturw.): *Dichter des Sturm und Drangs;* **Stur|mes|brau|sen,** das (geh.): *das Brausen des Sturms;* **Stur|mes|ei|le,** die (dichter., selten): vgl. Windeseile; **Stur|mes|stär|ke,** die (geh., selten): vgl. Orkanstärke; **Sturm|fah|ne,** die (früher): *Fahne, die der kämpfenden Truppe vorangetragen wurde;* **Sturm|flut,** die: **1.** *(oft schwere Schäden verursachendes) durch auflandigen Sturm bewirktes, außergewöhnlich hohes Ansteigen des Wassers an Meeresküsten u. in Flußmündungen.* **2.** (Fachspr.) *erheblich über der mittleren Hochwasser (1) liegende Flut (1);* **Sturm|fock,** die (Seemannsspr.): vgl. Sturmsegel; **sturm|frei** ⟨Adj.⟩ [1: aus der Studentenspr., übertr. von (2)]: **1.** (scherzh.) *die Möglichkeit bietend, ungehinderten Damen- bzw. Herrenbesuch zu empfangen:* eine -e Bude; Mein Zimmer ist nicht s. Meine Vermieterin ist ein Drachen (Remarque, Obelisk 116). **2.** (Milit. veraltet) *(von einer Stellung o. ä.) uneinnehmbar;* **Sturm|füh|rer,** der ⟨ns.⟩: *Führer eines SA-Sturms;* **Sturm|ge|brau|sen,** das (dichter.): *Sturmesbrausen;* **Sturm|ge|läut, Sturm|ge|läu|te,** das (geh.): *das Läuten der Sturmglocke;* **Sturm|ge|päck,** das (Milit.): *aus bestimmten Ausrüstungsgegenständen, einer eisernen Ration u. ä. bestehendes Gepäck, das bei bestimmten Einsätzen mitgeführt wird;* **sturm|ge|peitscht** ⟨Adj.⟩ (geh.): *vom Sturm gepeitscht:* die -e See; **Sturm|ge|schütz,** das (Milit. früher): *schweres, auf einem gepanzerten Fahrzeug montiertes Geschütz der Infanterie;* **Sturm|glocke[1],** die (früher): *Glocke, die bei Gefahr, Aufruhr, Feuer o. ä. geläutet wurde;* **Sturm|hau|be,** die (früher): *Helm, der vom Fußvolk getragen wurde;* **Sturm|holz,** das ⟨o. Pl.⟩ (Forstw.): *Holz von Bäumen, die bei einem Sturm umge-*

stürzt sind; **Sturm|hut,** der: *Eisenhut* (1); **stür|misch** ⟨Adj.⟩ [mhd. stürmische (Adv.)]: **1. a)** *mit Sturm* (1), *stark windig:* -es Wetter; die Überfahrt war sehr s. *(dabei herrschte stürmisches Wetter);* Ü es waren -e *(ereignisreiche, turbulente)* Tage; **b)** *von Sturm* (1) *bewegt; sehr unruhig:* das -e Meer; die See war sehr s. **2. a)** *ungestüm, leidenschaftlich:* ein -er Liebhaber; eine -e Begrüßung; wie ... beim Eingang zum Konvent eine -e Volksmenge sie ... empfängt als Tyrannentöter (St. Zweig, Fouché 74); nicht so s.! (oft als scherzh. Abwehr); jmdn. s. umarmen; ... und dann fuhr Karl Schranz, s. bejubelt, eine neue Bestzeit mit 70,04 (Olymp. Spiele 1964, 16); **b)** *vehement; mit Verve, mit Schärfe; mit einer ungezügelten Gefühlsäußerung:* ein -er Protest; -er *(sehr großer, frenetischer)* Beifall; die Debatte war, verlief sehr s.; Herr Belfontaine lachte s. heraus (Langgässer, Siegel 179). **3.** *mit großer Schnelligkeit ablaufend, sich vollziehend; rasant* (1 c): eine -e Entwicklung; der Aufschwung war, vollzog sich sehr s.; **Sturm|la|ter|ne,** die: *in der Hand getragene, gegen Sturm geschützte Laterne* (1 a); **Sturm|lauf,** der [urspr. zu ↑Sturm (2)]: **1.** *Ansturm auf etw.:* ... begannen die Herthaner zur zweiten Hälfte einen S. auf das Tor der Gäste (Kicker 6, 1992, 45); Die Sitze auf den meisten Loks würden „Verwaltungsbeamte" ... zu Sturmläufen bei ihren Vorgesetzten veranlassen (Saarbr. Zeitung 1. 12. 79, 34). **2.** *rascher Lauf:* im S. durchquerten sie das Gelände; Ü Im S. des Fortschritts (Gruhl, Planet 219); **Sturm|läu|ten,** das; -s (früher): *das Läuten der Sturmglocke;* **Sturm|lei|ter,** die: **1.** (früher) *Leiter, deren man sich beim Erstürmen von Festungsmauern o. ä. bediente.* **2.** (Seemannsspr.) *Jakobsleiter* (2); **Sturm|möwe,** die: *(an der Küste lebende) Möwe mit hellgrauer Oberseite, schwarzweißen Flügelspitzen und grünlichgelber Färbung von Schnabel u. Beinen;* **Sturm|nacht,** die (geh.): *stürmische Nacht;* **Sturm|pan|zer,** der (Milit.): *stark gepanzertes, mit Steilfeuerwaffen ausgerüstetes Fahrzeug;* **sturm|reif** ⟨Adj.⟩ (Milit.): *reif für die Erstürmung:* eine -e Festung; die Stadt s. schießen; **Sturm|rei|he,** die (Sport): *Gesamtheit der Spieler einer Mannschaft, die in vorderster Linie spielen;* **Sturm|riemen,** der: *Sturmband* (1); **Sturm|schaden,** der ⟨meist Pl.⟩: *Schaden, der durch Einwirkung von Sturm* (1) *entstanden ist;* **Sturm|schritt,** der: *in der Fügung* im S. *(mit großen Schritten; schnell, eilig;* zu ↑Sturm 2); **sturm|schwach** ⟨Adj.⟩ (Sport): *(von einer Mannschaft) nur über einen schwachen Sturm* (3) *verfügend:* eine -e Mannschaft; Köln spielte s.; **Sturm|schwal|be,** die: *schwärzlicher od. braunschwarzer Sturmvogel in der Größe eines Sperlings od. einer Amsel;* **Sturm|se|gel,** das: *kleines, bei Sturm gesetztes Segel;* **Sturm|si|gnal,** das: *Sturmwarnungszeichen;* **Sturm|spit|ze,** die (bes. Fußball): *weit vorgeschobener, in vorderster Position spielender Stürmer* (1); **Sturm|stär|ke,** die: *Windstärke, die einem Sturm entspricht;* **Sturm|tau|cher,** der: *braun- bis graugefärbter, nach Fischen im Meer tauchender Sturmvogel;* **Sturm|ti|de,** die (Seew.): *durch Wind beeinflußte Tide* (a); **Sturm|tief,** das (Met.): *Tiefdruckgebiet mit sehr niedrigem Luftdruck u. hohen Windgeschwindigkeiten;* **Sturm und Drang,** der; - - -[e]s u. - - - [nach dem neuen Titel des Dramas „Wirrwarr" des dt. Dramatikers F. M. Klinger (1752–1831)] (Literaturw.): *gegen die einseitig verstandesmäßige Haltung der Aufklärung revoltierende, ganz von Gefühlsüberschwang, Naturgefühl* (1) *u. Freiheitsgefühl gekennzeichnete literarische Strömung in Deutschland von etwa 1767 bis 1785;* **Sturm-und-Drang-Dichter,** der: *Dichter des Sturm und Drangs;* **Sturm-und-Drang-Pe|ri|ode,** die, **Sturm-und-Drang-Zeit,** die ⟨o. Pl.⟩ (Literaturw.): *Zeit, Periode des Sturm und Drangs:* Ü in seiner S. (scherzh.; *in der Zeit seines jugendlichen Überschwangs*); **Sturm|ver|si|che|rung,** die: *Schadensicherung, bei der der Versicherer für den Schaden haftet, der an u. in Gebäuden durch einen Sturm* (1) *entsteht;* **Sturm|vogel,** der (Zool.): *auf dem offenen Meer lebender, gewandt fliegender u. segelnder Vogel* (z. B. *Albatros*); **Sturm|war|nung,** die (Seew.): *(der Schiffahrt gegebene) Warnung vor Sturm;* **Sturm|warnungs|stel|le,** die (Seew.): *Stelle, die Sturmwarnungszeichen setzt;* **Sturm|war|nungs|zei|chen,** das (Seew.): *optisches Zeichen, das die Schiffahrt auf einen heranziehenden Sturm aufmerksam machen soll;* **Sturm|wet|ter,** das: *Wetter mit starken Stürmen;* **Sturm|wind,** der (dichter.): *Sturm* (1); **Sturm|wurf,** der (Forstw.): *Sturmschaden, bei dem Bäume mit der Wurzelballen aus dem Boden gerissen werden;* **Sturm|zei|chen,** das: **1.** *Sturmwarnungszeichen.* **2.** (geh.) *Fanal:* Er sah, daß Jörg schmale Lippen bekam, das war ein S. (*kündigte einen Zornausbruch an;* Kranz, Märchenhochzeit 43); **sturm|zer|fetzt** ⟨Adj.⟩: *vom Sturm zerfetzt:* -e Fahnentücher; **sturm|zer|zaust** ⟨Adj.⟩: *vom Sturm zerzaust:* -e Bäume.

Sturz, der; -es, Stürze u. -e [mhd., ahd. sturz, zu ↑Sturz 6: eigtl. = Emporragendes, -starrendes, verw. mit ↑²Sterz]: **1.** ⟨Pl. Stürze⟩ **a)** *das Stürzen* (1 a): ein S. aus dem Fenster, in die Tiefe; bei einem S. vom Pferd her sich verletzt; Ü jeder Schritt, schien mir, bedeutete S. in den Tod (Frisch, Stiller 188); ein S. *(schnelles, starkes Sinken* 2c) *der Kurse;* ein S. *(plötzliches Absinken) der Temperatur;* **b)** *das Hinstürzen aus aufrechter Haltung:* ein S. auf dem Eis, mit dem Fahrrad; bei der Abfahrt gab es schwere Stürze; er hat sich S. gebaut, gefahren (ugs.; *ist [mit Skiern, mit einem Motorrad o. ä.] schwer gestürzt*); mit blitzschnell vorgestreckten Händen, die den S. abfangen sollten (Lenz, Brot 151). **2.** ⟨Pl. Stürze⟩ *[durch Mißtrauensvotum] erzwungenes Abtreten einer Regierung, eines Regierenden, Ministers o. ä.:* den S. der Regierung, eines Ministers vorbereiten, herbeiführen; den S. *(die Abschaffung)* der Monarchie erzwingen; etw. führt zum S. eines Regimes. **3.** ⟨Pl. Stürze⟩ (Kfz-T.) *kurz für* ↑Achssturz: *ein negativer (oben nach innen geneigter), positiver (oben nach außen geneigter)* S. **4.** (Bauw.) ⟨Pl. -e u. Stürze⟩ *[waagrechter] oberer Abschluß einer Maueröffnung in Form eines Trägers aus Holz, Stein od. Stahl:* ein bogenförmiger S.; einen S. einbauen. **5.** ⟨Pl. Stürze⟩ (südd., österr., schweiz.) *kurz für* ↑Glassturz: einen S. über etw. stülpen. **6.** ⟨Pl. -e u. Stürze⟩ (westmd.) *Baumstumpf;* **Sturz|acker¹,** der (veraltend): *umgepflügtes Feld:* ... setzte sich Asch ab, lenkte auf das freie Feld und begann sich hier mit fauchendem Motor durch den S. vorwärtszumahlen (Kirst, 08/15, 833); **Sturz|bach,** der: *Gießbach:* Ü es regnete in Sturzbächen *(sehr heftig);* Man überfiel ihn mit einem S. *(einer großen Menge)* von Fragen (Fussenegger, Zeit 102); **Sturz|bad,** das (veraltet): *Guß* (2 a); **Sturz|be|cher,** der: *(bes. im 16. Jh. üblicher) trichterförmiger Trinkbecher ohne Fuß, der umgestürzt aufgestellt wurde;* **sturz|be|sof|fen** (derb), **sturz|be|trun|ken** ⟨Adj.⟩ (ugs.): *völlig betrunken u. nicht mehr in der Lage, [aufrecht] zu gehen;* **Sturz|bett,** das (Wasserbau): *Tosbecken;* **Sturz|bom|ber,** der: *Sturzkampfflugzeug;* **Sturz|bü|gel,** der: **1.** (Motorsport) *an [leistungsstarken] Motorrädern seitlich angebrachter Stahlbügel bes. zum Schutz des Motors bei einem Sturz.* **2.** (Reiten früher) *Steigbügel, der beim Sturz des Reiters öffnete u. den Fuß freigab;* **Stür|ze,** die; -, -n [mhd. stürze]: **1.** (landsch.) *Deckel eines Gefäßes, bes. eines Topfs.* **2.** (Musik) *Schalltrichter von Blechblasinstrumenten;* **Stur|zel, Stür|zel,** der; -s, - [2: Vkl. von ↑Sturz (6)] (landsch.): **1.** *Stürze* (1). **2.** *stumpfes Ende; [Baum]stumpf;* **stür|zen** ⟨sw. V.⟩ /vgl. gestürzt/ [mhd. stürzen, sturzen, ahd. sturzen = umstoßen; fallen, ablautend verw. mit mhd. sterzen = steif emporragen u. mit ↑²Sterz, zu ↑starren u. eigtl. = auf den Kopf stellen, gestellt werden]: **1.** ⟨ist⟩ **a)** *aus mehr od. weniger großer Höhe jäh in die Tiefe fallen:* aus dem Fenster, in die Tiefe s.; er ist vom Dach, Baugerüst gestürzt *(heruntergestürzt);* Ü ... daß er in den Schoß der Welt stürzte, in die Verlorenheit, in den Tod vielleicht, in die Finsternis (Schnabel, Marmor 51); Täglich, wenn er sie wiedersah, ... stürzte er in Verwirrung (Musil, Mann 510); die Temperatur stürzte *(sank plötzlich)* um 20° auf 10° unter Null; die Preise stürzen *(fallen rapide innerhalb kurzer Zeit);* die Kurse sind gestürzt *(sind innerhalb kurzer Zeit stark zurückgegangen);* **b)** *mit Wucht zu Boden fallen:* schwer, unglücklich, nach hinten s.; er ist auf der Straße, beim Rollschuhlaufen, mit dem Fahrrad gestürzt; das Pferd stürzte; **c)** (geh.) *zusammenbrechen:* Prasselnd und donnernd stürzen die Mauern der Präfektur (Thieß, Reich 524). **2.** ⟨ist⟩ **a)** *unvermittelt, ungestüm, mit großen Sätzen auf eine Stelle zu-, von ihr wegeilen:* an die Tür, aus dem Zimmer, ins Haus s.; ... kam die Reinmachefrau ins Zimmer gestürzt und berichtete, daß ... (Niekisch, Leben 82); jmdn., sich in die Arme s. *(jmdn., einander ungestüm umarmen);* Von einer bösen Ahnung bewegt, stürzte ich nach vorn, um ein Warnsignal zu geben, aber schon krachten die Schüsse (Niekisch,

Leben 51); **b)** *(von Wasser o. ä.)* mit Vehemenz hervorbrechen, heraus-, herabfließen: das Wasser stürzt über die Felsen zu Tal; Regen stürzte vom Himmel; er hatte mich unter sich gebracht und mir ins Gesicht geschlagen, daß sofort Blut aus Nase und Mund stürzte (Fallada, Trinker 121); Tränen stürzten ihr aus den Augen (geh.; *sie begann heftig zu weinen*); **c)** (geh.) *steil abfallen* (4): die Felsen stürzen steil ins Meer. **3.** ⟨s. + sich⟩ *wild, ungestüm über jmdn. herfallen, jmdn. angreifen, anfallen* ⟨hat⟩: der Löwe stürzt sich auf das Zebra; er stürzte sich auf die Passantin *(griff sie tätlich an);* Ü die Kinder stürzten sich auf die Süßigkeiten *(machten sich gierig darüber her);* Fotografen hatten sich auf ihn gestürzt *(hatten versucht, ihn zu fotografieren);* Gleichgültige aber stürzen sich auf das erste beste Weib, das sich ihnen anbietet (Kirst, 08/15, 401); Die Unteroffiziere ... stürzen sich in ihre Klamotten (Kirst, 08/15, 492). **4.** *[in zerstörerischer, (selbst)mörderischer o. ä. Absicht] aus einer gewissen Höhe hinunterstürzen* ⟨hat⟩: jmdn., sich in die Tiefe, von der Brücke, aus dem Fenster s.; Ü seine Maßlosigkeit hat ihn ins Verderben, ins Unglück gestürzt; das Land in einen Bürgerkrieg s. **5.** ⟨s. + sich⟩ *sich mit Leidenschaft, Eifer o. ä. einer Sache verschreiben* ⟨hat⟩: sich in die Arbeit s.; sich ins Vergnügen, ins Nachtleben s. *(intensiv daran teilnehmen);* Wir stürzten uns in Reisevorbereitungen (K. Mann, Wendepunkt 243); Mit Feuereifer stürzte er sich in die Politik (Niekisch, Leben 98). **6.** ⟨hat⟩ *(ein Gefäß) umkippen, umdrehen (so daß der Inhalt sich herauslöst od. herausfällt):* die Kuchenform, den Topf s.; [bitte] nicht s.! *(Aufschrift auf Transportkisten mit zerbrechlichem Inhalt);* die Kasse s. (veraltend; *die Tagesabrechnung machen);* **b)** *durch Stürzen* (6 a) *aus einer Form* (3) *herauslösen:* den Kuchen s.; Der Pudding wird ... gekocht, dann gestürzt (Horn, Gäste 177). **7. a)** *[gewaltsam] aus dem Amt entfernen, aus der Regierungsgewalt entfernen* ⟨hat⟩: einen Minister s.; er (= der Reichskanzler) war vom Präsidenten mit Zustimmung des Reichstags zu ernennen, der ihn mit qualifizierter Mehrheit s. (Rothfels, Opposition 130); eine Regierung, die Republik s.; weil sie die bestehende, ja jede Ordnung s. *(gewaltsam beseitigen)* wollten (Mehnert, Sowjetunion 85); **b)** (selten) *aus bestimmtem Anlaß gestürzt* (7 a) *werden* ⟨ist⟩: darüber wird der Minister vermutlich s.; Und er sieht nur eine Rettung für sich: wenn die Regierung stürzt (St. Zweig, Fouché 76). **8.** (landsch.) *ein abgeerntetes Feld umpflügen* ⟨hat⟩; **Sturz|entlee|rung,** die (Med.): *sehr schnell verlaufende Entleerung* (z. B. des Darms); **Sturz|flug,** der: *fast senkrecht nach unten gehender Flug:* im S. stießen die Möwen hinunter; der Pilot setzte zum S. an; Ü Nach dem ... unaufhaltsamen S. der Schwankungsreserven ... (Saarbr. Zeitung 5. 12. 79, 5); **Sturz|flut,** die: *herabstürzende Wassermassen:* Charles ... blickte in den Garten hinaus, der hinter einer S. von Regen fast wegzuschwim-

men schien (Langgässer, Siegel 339); Ü Noch vor ... Monaten hätte dieses Ereignis eine S. von Diskussionen, Aufregung, Gesprächen und Vermutungen hervorgerufen (Leonhard, Revolution 39); **Sturzge|burt,** die (Med.): *extrem schnell verlaufende Geburt* (1 a); **Sturz|glas,** das (österr.): *Glassturz;* **Sturz|gut,** das: *Ladegut, das unverpackt in den Laderaum geschüttet werden kann* (z. B. Kohle); **Sturz|hang,** der (Turnen): *Hang an Barren, Reck, Ringen o. ä., bei dem der Kopf unten u. der Körper in der Hüfte gewinkelt ist;* **Sturz|helm,** der: *(von Motorradfahrern u. a. getragene) über Ohren u. Nacken reichende, gepolsterte, helmartige Kopfbedeckung aus Kunststoff od. Leichtmetall, die bei einem Sturz den Kopf schützen soll;* **Sturz|kampf|flug|zeug,** das (Milit.): *Kampfflugzeug, das in steilem Sturzflug auf sein Ziel zufliegen kann;* Kurzwort: ↑ Stuka; **Sturz|kap|pe,** die: *(bes. im Pferdesport u. im Radsport übliche) helmartige Kopfbedeckung mit dicker Polsterung;* ♦ **Sturz|kar|re,** die: *(in landsch. Sprachgebrauch) Schubkarre:* unablässig fuhren die -n von dem Vorlande an die Deichlinie (Storm, Schimmelreiter 94); **Sturz|regen,** der: *heftig fallender Regen;* **Sturzsee,** die: *Brecher* (1); **Sturz|trunk,** der ⟨o. Pl.⟩ (Rechtsspr.): *das Trinken von mehreren Gläsern eines stark alkoholhaltigen Getränks kurz nacheinander;* **Sturz|verlet|zung,** die: *Verletzung bei einem Sturz;* **Sturz|wel|le,** die: *vgl. Sturzsee.*

Stuß, der; Stusses [jidd. stuß < hebr. šetût = Unsinn, Torheit; 2: mundartl. Nebenf. von gleichbed. ↑Stoß]: **1.** (ugs. abwertend) *in ärgerlicher Weise] unsinnige Äußerung, Handlung:* so ein S.!; In dem FDP-Beschluß steht zu viel S. drin (Spiegel 39, 1987, 55); S. reden, verzapfen; Oswald, ich warne dich. Du machst S. (Hacks, Stücke 307). ♦ **2.** *(in landsch. Sprachgebrauch) Streit, Zwist, Hader:* Wir haben einen S. miteinander gehabt, aber da ist es ja wieder gut S. (Mörike, Hutzelmännlein 158).

Stut|buch, das: *Register, in dem männliche u. weibliche Zuchtpferde mit ihren Stammbäumen, Merkmalen o. ä. aufgeführt sind;* **Stu|te,** die; -, -n [mhd., ahd. stuot, ursprüngl. = Herde von (Zucht)pferden, wahrsch. in ↑ stehen u. eigtl. = Stand, zusammenstehende Herde od. Standort (einer Herde); seit Anfang des 15. Jh.s zur Bez. des einzelnen weiblichen Zuchtpferdes (die Herden bestanden überwiegend aus weiblichen Tieren)]: **a)** *weibliches Pferd;* **b)** *(von Eseln, Kamelen, Zebras) weibliches Tier.*

Stu|ten, der; -s, - [mniederd. stute(n), zu: stüt = dicker Teil des Oberschenkels, nach der Form] (landsch.): **a)** *Rosinen-, Korinthenbrot;* **b)** *Gebäckstück aus Hefeteig;* **Stu|ten|bäcker¹,** der (nordd. veraltet): *Konditor.*

Stu|ten|brot, das: *Hippomanes;* **Stu|tenfoh|len,** das: *Stutfohlen;* **Stu|ten|füllen,** das: *Stutfohlen;* **Stu|ten|milch,** die: *Milch von Stuten* (a); **Stu|ten|zucht,** die: *Zucht* (1) *von Stuten* (a); **Stu|te|rei,** die; -, -en (veraltet): *Gestüt;* ♦ Herr Konrad baute bei dessen Garten eine S. – daher nachmals die Stadt Stuttgarten hieß

(Mörike, Hutzelmännlein 165); **Stut|fohlen,** das: *weibliches Fohlen* (1).
Stutt|gart: *Stadt am Neckar; Landeshauptstadt von Baden-Württemberg;* ¹**Stutt|gar|ter,** der; -s, - : Ew; ²**Stutt|garter** ⟨indekl. Adj.⟩; **Stutt|gar|te|rin,** die; -, -nen: w. Form zu ¹Stuttgarter.
Stutz, der; -es, -e u. Stütze [vgl. Stutzen]: **1.** (landsch.) *plötzlicher, heftiger Stoß:* * auf den S. (landsch.; *plötzlich, unversehens*). **2.** (landsch.) **a)** *etw., was gestutzt, gekürzt ist; kurzer Gegenstand;* **b)** *Stutzen* (1). **3.** (landsch.) *Wandbrett.* **4.** (schweiz.) *abschüssige Stelle, steiler Abhang.*
Stütz, der; -es, -e [zu ↑stützen (2 a); von dem dt. Erzieher F. L. Jahn (1778–1852) in die Turnerspr. eingef.] (Geräteturnen): *Grundhaltung, bei der der Körper entweder mit gestreckten od. mit gebeugten Armen auf dem Gerät aufgestützt wird:* ein Sprung in den S.; **Stütz|ap|pa|rat,** der: **1.** (Anat.) *Knochengerüst [u. Muskulatur] des menschlichen Körpers.* **2.** vgl. Stützkorsett; **Stütz|bal|ken,** der: *Balken mit stützender Funktion.*
Stutz|bart, der: *gestutzter [Voll]bart.*
Stütz|blatt, das (Bot.): *Blatt, aus dessen Achsel* (2) *ein Seitentrieb od. eine Blüte entspringt;* **Stüt|ze,** die; -, -n [mhd. stütze, zu ↑stützen]: **1.** (Bauw.) *senkrecht stehender, tragender Bauteil,* z. B. Pfosten, Säule: -n aus Holz, Stahlbeton. **2.** *Gegenstand, Vorrichtung verschiedener Art, die der Aufgabe hat, etw. zu stützen:* Sitze mit -n für Kopf u. Füße; unter die Wäscheleinen -n *(Wäschestützen)* stellen; die Apfelbäume brauchen ein Stock darin steht meistens ihm nach seinem Unfall als S. **3.** *jmd., der für einen anderen Halt, Hilfe, Beistand bedeutet:* an jmdm. eine [treue, wertvolle] S. haben; für jmdn. eine S. sein; ... war es (= das Parlament) nicht mehr fähig, Brüning je noch als S. zu dienen (Niekisch, Leben 196); * **die -n der Gesellschaft** (meist iron.; *die einflußreichen Persönlichkeiten innerhalb eines Staats- od. Gemeinwesens;* nach dem gleichnamigen Schauspiel von H. Ibsen). **4.** (veraltend) *Haushaltshilfe.* **5.** (salopp) *Arbeitslosengeld:* seine S. abholen; er lebt jetzt auf S.
¹**stut|zen** ⟨sw. V.; hat⟩ [spätmhd. stutzen = zurückschrecken, eigtl. = anstoßen, gehemmt werden; Intensivbildung zu mhd. stözen, ↑stoßen]: **1.** *plötzlich verwundert, irritiert aufmerken u. in einer Tätigkeit o. ä. innehalten:* einen Augenblick lang s.; er stutzte *(hielt inne, um zu überlegen),* dann trat er ins Zimmer; Der ... Polizeibeamte stutzte sofort, als er den Namen des Beschuldigten hörte (Prodöhl, Tod 134); **2. a)** (bes. Jägerspr.) *(bes. vom Schalenwild) plötzlich stehenbleiben u. sichern;* **b)** (landsch.) *scheuen* (2): das Pferd stutzte bei dem Geräusch, vor der Bahngleisen; ²**stut|zen** ⟨sw. V.; hat⟩ [wohl zu ↑Stutzen]: **a)** *kürzer schneiden [u. in eine bestimmte Form bringen]; beschneiden* (1 a): Bäume s.; dann führen die braunen Sandwege an französisch gestutzten Hecken entlang (A. Kolb, Schaukel 26); **b)** *kupieren* (1 a): einem Pferd, einem Hund den Schwanz s.; einem Boxer die Ohren s.; Hühner mit gestutzten Flügeln; **c)** (scherzh.) *(bes. in be-*

zug auf Kopf- u. Barthaar) kürzer, kurz schneiden: jmdm., sich den Bart, die Haare s.; Das Haar, das hätte gestutzt werden müssen, stieß auf den Kragen der Bluse auf (Gaiser, Jagd 196); der Friseur hat ihn mächtig gestutzt *(hat ihm die Haare sehr kurz geschnitten);* **Stutzen,** der; -s, - [mhd. stutz(e), stotze, mit verschiedenen Bedeutungen zu ↑stoßen]: **1.** *Jagdgewehr mit kurzem Lauf.* **2.** (Technik) *kurzes Rohrstück, das an ein anderes angesetzt od. angeschraubt wird.* **3.** (Technik) *größere Schraubzwinge.* **4.** ⟨meist Pl.⟩ **a)** *kurzer Wadenstrumpf* (2); **b)** *(von Fußballspielern getragener) bis zum Knie reichender Strumpf [mit Steg].*
stut|zen ⟨sw. V.; hat⟩ [mhd. in: be-, uf-, understützen, ahd. in: er-, untarstuzzen, zu einem Subst. mit der Bed. „Stütze, Pfosten" u. eigtl. = Stützen unter etw. setzen, von unten halten]: **1.** *durch eine Stütze* (1, 2) *Halt geben; von der Seite od. von unten her abstützen, unterstützen (um etw. in seiner Lage zu halten):* eine Mauer, einen Ast s.; das Gewölbe wird von Säulen gestützt; der Verletzte wurde von zwei Personen gestützt *(sie faßten ihn beim Gehen unter);* Ü ein Regime s.; Lobbyismus: Verbände stützen die Parteien, Parteien nützen den Verbänden (Dönhoff, Ära 35). **2. a)** ⟨s. + sich⟩ *etw., jmdn. als Stütze* (2) *brauchen, benutzen; sich aufstützen:* sich auf jmdn., auf einen Stock s.; sich [mit den Händen, den Ellenbogen] auf den Tisch s.; sich auf den Ellenbogen s.; Ü er kann sich auf reiche Erfahrungen s.; Überall, wo das Christentum sich auf die Masse stützte, herrschten Verbrechen und Terror (Thieß, Reich 331); **b)** *etw. auf etw. aufstützen; etw. abstützen:* die Hände in die Seiten s.; den Kopf in die Hände s.; er stützte ... die Faust unter sein Kinn (Hausmann, Abel 163); das Kinn auf die gefalteten Hände gestützt (Ott, Haie 315); Ü Gestützt auf seine Erkenntnis ..., zeigt er ihr jederzeit, daß ... (Frisch, Gantenbein 367); Luhmanns Annahme ... dürfte sich mit Indikatoren aus dem Erfahrungsbereich der politischen Planung kaum s. lassen (Habermas, Spätkapitalismus 189); Briefe von seiner und der Jesuiten Hand ... stützten die Anklage (Schneider, Erdbeben 126). **3.** ⟨s. + sich⟩ *auf etw. beruhen; etw. zur Grundlage haben:* das Urteil stützt sich auf Indizien; etw. stützt sich auf Fakten, auf bloße Vermutungen; Denn wo stützte sich eine Lehre noch auf „sinnliche Wahrnehmungen" ...? (Thieß, Reich 148). **4. a)** (Bankw., Börsenw.) *durch bestimmte Maßnahmen (z. B. Stützungskäufe) einen Wertverlust von etw. verhindern:* eine Währung s.; Die Börse hatte sich in den Kopf gesetzt, daß der Kurs der Volksaktie auf dieser Basis gestützt werden müsse (Welt 23. 8. 65, 9); **b)** (ehem. DDR Wirtsch.) *durch bestimmte Maßnahmen (z. B. Zuschüsse) die Preise von Konsumgütern niedrig halten:* staatlich gestützte Preise; **stütz|en|frei** ⟨Adj.⟩ (Bauw.): *ohne Stützen:* Spedition sucht ... eine ebenerdige, möglichst -e Lagerhalle (Saarbr. Zeitung 8. 12. 79, 10); **Stüt|zen|kon|struk|ti|on,** die (Bauw.): *Konstruktion mit Stützen;* **Stüt|zen|wech|sel,** der (Kunstwiss.): *Wechsel von Pfeiler u. Säule (bes. im Mittelschiff der romanischen Basilika.*
Stut|zer, der; -s, - [1: zu ↑¹stutzen in der veralteten Bed. „(in modischer Kleidung) umherstolzieren", eigtl. wohl = steif aufgerichtet umhergehen; 2: zu ↑²stutzen]: **1.** (veraltend abwertend) *geckenhaft wirkender, eitler, auf modische Kleidung Wert legender Mann:* ein Polizeioffizier ..., ein eleganter S., mit weißen Handschuhen (Roth, Beichte 62); Bei Richter saßen Messebesucher ... und fremde S., Russen, Polen und Franzosen (Jacob, Kaffee 146). **2.** *knielanger, zweireihiger Herrenmantel.* **3.** (schweiz.) *Stutzen* (1); **stut|zer|haft** ⟨Adj.; -er, -este⟩: *wie ein Stutzer* (1): *ein -er Aufzug;* sich s. kleiden; **Stut|zer|haf|tig|keit,** die; -: *stutzerhaftes Benehmen:* meine grünschnäbelige S. (= als Modegeck; v. Rezzori, Blumen 228); *stutzerhaft;* **Stut|zer|tum,** das; -s: *das Stutzerhaftsein; stutzerhaftes Wesen:* Albert reinigt sich die Nägel mit dem Messer. Wir sind erstaunt über dieses S. (Remarque, Westen 66); **Stütz|flü|gel,** der: *kurzgebauter Flügel* (5).
Stütz|frucht, die (Landw.): *Pflanze mit kräftiger Wuchsform, die zur Stützung einer schwächlicheren Art zusammen mit dieser gepflanzt bzw. eingesät wird;* **Stützge|we|be,** das (Anat.): *Gewebe, das die Funktion hat, dem Organismus Festigkeit zu geben;* **Stütz|griff,** der (Turnen): *Griff, mit dem die Hilfestellung* (1 b) *den Übenden am Oberarm faßt, um ihn zu stützen;* **stut|zig** ⟨Adj.⟩ [zu ↑¹stutzen]: **1.** in den Verbindungen **s. werden** (¹*stutzen* 1; *mißtrauisch werden):* Diese ... wurden dann s., weil ihre Zahl sich immer verringerte (H. Mann, Unrat 132); **jmdn. s. machen** *(jmdm. befremdlich erscheinen; jmdn. Verdacht schöpfen lassen):* Die Handschrift eines Umschlags machte sie s. (Feuchtwanger, Erfolg 112). ♦ **2.** *befremdet, erstaunt:* nachdem der Schloßherr seinem Gaste, der das zerstörte Gebäude einigermaßen s. anblickte, zuvor eröffnet hatte ... (Immermann, Münchhausen 119); **stüt|zig** ⟨Adj.⟩ (südd., österr. mundartl.): **1.** *stutzig.* **2.** *widerspenstig;* **Stützkä|fer,** der: *(in vielen Arten vorkommender) glänzendschwarzer Käfer mit einem meist flachen u. hart gepanzerten Körper, kurzen Fühlern u. hinten abgestutzten Flügeldecken.*
Stütz|keh|re, die (Turnen): *aus dem Stütz heraus geführter Schwung mit einer Kehre zurück in den Stütz;* **Stütz|kor|sett,** das: *orthopädisches Korsett zur Stützung bes. der Wirbelsäule od. Hüfte;* **Stütz|kurs,** der: *für schwache Schüler eingerichteter Kurs* (3 a); **Stütz|mau|er,** die: *Mauer, die einen von der Seite einwirkenden Druck von Erdmassen aufnehmen soll.*
Stutz|pe|rücke¹, die: *kurze Perücke für Männer im 18. Jh.*
Stütz|pfei|ler, der: *Pfeiler mit stützender Funktion;* **Stütz|pfos|ten,** der: vgl. *Stützbalken;* **Stütz|punkt,** der: **1.** *als Ausgangspunkt für bestimmte [strategisch, taktisch wichtige] Unternehmungen dienender, entsprechend ausgebauter Ort; Basis* (4): militärische -e; einen S. beziehen, errichten. **2.** *Punkt, an dem eine Last auf etw. aufruht;* **Stütz|rad,** das: *[kleines] Rad, das eine stützende Funktion hat (z. B. ein Kinderfahrrad gegen Umkippen absichert);* **Stütz|sprung,** der (Turnen): *Sprung über ein Gerät, bei dem sich der Turner auf dem Gerät abstützt;* **Stützstan|ge,** die: vgl. *Stützbalken;* **Stützstrumpf,** der: *Strumpf aus elastischem Gewebe, der die Gefahr drohender Blutstauungen in den Beinen verringern u. den Rücktransport des Blutes ins Herz fördern soll.*
Stütz|uhr, die [zu ↑²stutzen]: *(auf die Kommode o. ä. zu stellende) kleine Standuhr mit Gehäuse.*
Stüt|zung, die; -, -en: *das Stützen;* **Stützungs|kauf,** der ⟨meist Pl.⟩ (Bankw., Börsenw.): *umfangreicher Ankauf von Devisen (durch die Zentralbank) in der Absicht, deren Kurs zu stützen* (4 a): Stützungskäufe vornehmen; **Stütz|ver|band,** der (Med.): *Verband, der stützende* (1) *Funktion hat.*
St. Vin|cent und die Gre|na|di|nen; - -s und der Grenadinen: Inselstaat im Bereich der Westindischen Inseln.
StVO = Straßenverkehrsordnung.
StVZO = Straßenverkehrs-Zulassungs-Ordnung.
Sty|gal [st..., auch: ʃt...], das; -s [zu griech. Stýx (Gen.: Stygós) = Fluß in der Unterwelt] (Ökologie): *vom Grundwasser durchströmte Hohlräume in Sanden, Kiesen, Schottern u. Klüften des Erdbodens als Lebensraum von Stygobionten;* **sty|gisch** ['st..., auch: 'ʃt...] ⟨Adj.⟩ (dichter., bildungsspr. selten): *schauerlich, unheimlich;* **Sty|go|bi|ont** [st..., auch: 'ʃt...], der; -en, -en [zu griech. bíon (Gen.: bioûntos), 1. Part. von: bioûn = leben] (Ökologie): *im Stygal lebender Organismus.*
sty|len ['stailn] ⟨sw. V.; hat⟩ [engl. to style, zu: style < mengl. stile < afrz. style < lat. stilus, ↑Stil] (Jargon): **1.** *das Styling von etw. entwerfen, gestalten:* eine neue Karosserie s.; ⟨meist im 2. Part.⟩ allzu gestylte Gebrauchsgegenstände. **2.** *zurechtmachen* (2): ... hatte ich ... mein Make-up ins Hotel mitgenommen, um mich dem Ereignis entsprechend zu s. (Heller, Mann 193); das Model war perfekt gestylt; **Style ray|on|nant** [stilrɛjɔˈnɑ̃], der; - - [frz., eigtl. = strahlender Stil, aus: style (< lat. stilus = Stil) u. rayonnant, adj. 1. Part. von: rayonner = strahlen, zu: rayon = Strahl] (Kunstwiss.): *Stilrichtung der französischen Gotik, die durch ein reiches Maßwerk gekennzeichnet ist;* **Sty|li:** Pl. von ↑Stylus; **Styling** ['stailɪŋ], das; -s, -s [engl. styling = das Gestalten, zu: to style, ↑stylen]: *Formgebung, Design, Gestaltung:* den Möbeln ein modernes S. geben; der „Buckel-Opel", dessen durchaus schönes S. durch die Heckpartie vollkommen verdorben wird (Hobby 14, 1968, 9); **Sty|list,** der; -en, -en [engl. stylist, zu: style, ↑stylen]: *jmd., der das Styling entwirft (Berufsbez.);* **Sty|li|stin,** die; -, -nen: w. Form zu ↑Stylist.
Sty|lit [st..., ʃt...], der; -en, -en [spätgriech. stylítēs = zu einer Säule gehörig, zu griech. stýlos = Säule] (christl. Rel.): *frühchristlicher Säulenheiliger;* **Styl|lo|bat** [st..., ʃt...], der; -en, -en [griech. stylo-

bátēs]: *oberste Stufe des griechischen Tempels, auf der die Säulen stehen.*
Styl|lo|gra|phie [ʃt..., ʃt...], die; - [zu lat. stilus (↑Stil) u. ↑-graphie]: *Herstellung von Druckplatten aus Kupfer.*
Styl|lo|lith [st..., ʃt...; auch: ...'lɪt], der; -s u. -en, -e[n] [zu griech. stỹlos = Säule; Griffel (1) u. ↑-lith] (Geol.): *zylindrische, seitlich längsgeriefte Verzahnung von Kalksteinschichten.*
Styl|lus [st..., ʃt...], der; -, Styli [gräzisierte Form von lat. stilus, ↑Stil]: **1.** (Bot.): *Griffel (2).* **2.** (Biol.) *griffelartiges Rudiment (2) von Gliedmaßen am Hinterleib mancher Insekten.* **3.** (Med.) *Arzneimittel in der Form von Stäbchen zum Einführen od. Ätzen.*
Stym|phal|li|de [st..., ʃt...], der; -n, -n ⟨meist Pl.⟩ [griech. Stymphalídes] (griech. Myth.): *vogelartiges Ungeheuer.*
Styp|sis [st..., ʃt...], die; - [griech. stýpsis = das Zusammenziehen; das Dichtmachen] (Med.): *Blutstillung;* **Styp|ti|kum**, das; -s, -ka [zu griech. styptikós = zusammenziehend, verdichtend] (Med.): **1.** *blutstillendes Mittel.* **2.** *Mittel gegen Durchfall.*
Sty|rax ['st..., 'ʃt...], Storax ['st..., auch: 'ʃt...], der; -[es], -e [lat. styrax (spätlat. storax) < griech. stýrax]: **1.** *Styraxbaum.* **2.** ⟨o. Pl.⟩ *(früher aus dem Styraxbaum gewonnener) aromatisch riechender Balsam, der für Heilzwecke sowie in der Parfümindustrie verwendet wird;* **Sty|rax|baum**, der: *(in vielen Arten in den Tropen u. Subtropen heimischer) [immergrüner] Strauch od. Baum mit weißen, in Trauben od. Rispen stehenden Blüten;* **Sty|rol** [ʃt..., st...], das; -s [zu ↑Styrax u. ↑Alkohol] (Chemie): *zu den Kohlenwasserstoffen gehörende, farblose, benzolartig riechende Flüssigkeit, die zur Herstellung von Kunststoffen verwendet wird;* **Sty|ro|por** [ʃt..., st...] ⓦ, das; -s [zu ↑Styrol u. ↑porös]: *weißer, sehr leichter, aus kleinen zusammengepreßten Kügelchen bestehender, schaumstoffartiger Kunststoff (als Dämmstoff u. Verpackungsmaterial).*
Styx [ʃt..., st...], der; - (griech. Myth.): *Fluß der Unterwelt.*
SU = Sowjetunion.
s. u. = sieh[e] unten!
Sua|da, (selten auch:), **Sua|de**, die; -, ...den [zu lat. suadus = zu-, überredend, zu: suadere = überreden, zu: suavis = süß] (bildungsspr., oft abwertend): **1.** *wortreiche Rede, ununterbrochener Redefluß, Redeschwall:* ich sprach wunderhübsch, und nicht ungnädig ward meine Suade aufgenommen (Th. Mann, Krull 369); In einer langen Suada suchte er zu beweisen, daß ... (Niekisch, Leben 203). **2.** ⟨o. Pl.⟩ *Beredsamkeit, Überredungskunst:* ... muß schließlich auch der Korrespondenz abträglich sein, die stets eine bemerkenswerte Suada absorbiert hatte (Spiegel 18, 1975, 151).
¹Sua|he|li, Swahili, der; -[s], -[s] u. die; -, -[s]: *Afrikaner[in] mit ²Suaheli als Muttersprache;* **²Sua|he|li**, Swahili, das; -, -[s]: *zu den Bantusprachen gehörende, in weiten Teilen Ostafrikas gesprochene Sprache.*
Sua|so|rie, die; -, -n [lat. suasoria, subst. Fem. von: suasorius, ↑suasorisch]: *(in der altrömischen Rhetorik) Schulübung, bei der meist aus Geschichte od. Sage bekannte Entscheidungen berühmter Persönlichkeiten mit Gründen u. Gegengründen erörtert werden;* **sua|so|risch** ⟨Adj.⟩ [lat. suasorius, zu: suadere = raten, zu: suavis, ↑suave] (bildungsspr.): *zum Überreden geeignet, der Überredung dienend.*
sua spon|te [lat.] (bildungsspr.): *aus eigenem Antrieb, freiwillig.*
sua|ve ⟨Adv.⟩ [ital. suave < lat. suavis = süß] (Musik): *lieblich, sanft.*
¹Sub, das; -s, -s (Skat): *Supra.*
²Sub [zap, engl.: sʌb], der; -s, -s [Kurzf. von engl. subculture = Subkultur, aus: sub- (< lat. sub = unter) u. culture = Kultur] (Jargon): **1.** *Lokalität, Wirkungsbereich, Treffpunkt o. ä. einer subkulturellen Gruppe:* abends ... kochte er für sich oder Freunde ..., ging ins Kino oder in den S. Aber nur in den diskreten (Don 5, 1979, 15). **2.** *Angehöriger einer subkulturellen Gruppe:* „Freaks", „Spontis", „Krieger", „Ökos" und all die anderen -s waren gebeten, Freunde und Musik mitzubringen (Spiegel 27, 1980, 92); **³Sub**, die; - (Jargon): *kurz für ↑Subkultur:* zur Hamburger S. gehören.
sub-, Sub- [lat. sub = unter(halb)]: *bedeutet in Bildungen mit Substantiven, Adjektiven und Verben unter, sich unterhalb befindend, niedriger als ...* (in räumlicher und hierarchischer Hinsicht): Subdirigent; subimperialistisch; subdifferenzieren.
Sub|aci|di|tät, die; - [zu lat. sub = unter(halb) u. zu lat. acidus = scharf, sauer] (Med.): *verminderter Säuregehalt des Magensafts.*
sub|ae|risch ⟨Adj.⟩ [zu lat. sub = unter(halb) u. ↑aerisch] (Geol.): *in freier Luft entstanden od. auftretend.*
sub|akut ⟨Adj.⟩ [zu lat. sub = unter(halb) u. ↑akut] (Med.): *(von krankhaften Prozessen) nicht sehr heftig verlaufend.*
sub|al|pin, (seltener:) **sub|al|pi|nisch** ⟨Adj.⟩ [zu lat. sub = unter(halb) u. ↑alpin] (Geogr.): *zum Bereich zwischen der oberen Grenze des Bergwalds u. der Baumgrenze gehörend.*
sub|al|tern ⟨Adj.⟩ [spätlat. subalternus = untergeordnet, aus lat. sub = unter(halb) u. alternus, ↑Alternative]: **1. a)** *nur einen untergeordneten Rang einnehmend, nur beschränkte Entscheidungsbefugnisse habend:* ein -er Beamter; ♦ daß er ... eins der -en (niedrigeren) Ämter übernehmen ... wollte (Goethe, Dichtung u. Wahrheit 2); **b)** (bildungsspr. abwertend) *geistig unselbständig, auf einem niedrigen geistigen Niveau stehend:* selbst die -en Geister wußten sich überzeugt, daß sie unendlich erhaben seien (= über die Hölle) seien (Thielicke, Ich glaube 162); Denn so gedankloses Niveau ist s. und eine Sprache debil (Deschner, Talente 46). **2.** (bildungsspr. abwertend) *in beflissener Weise unterwürfig, untertänig, devot:* Doch in diesem Lachen war nicht der geringste Versuch, sich anbiedern zu wollen. Keine sogenannte -e Lache! (Kirst, 08/15, 292); **Sub|al|ter|na|ti|on**, die; - (Logik): *Unterordnung eines Begriffs unter einen anderen von weiterem Umfang od. eines Urteils (3) unter ein allgemeines;* **Sub|al|tern|be|am|te**, der: *subalterner* (1 a) *Beamter;* **Sub|al|tern|be|am|tin**, die: w. Form zu ↑Subalternbeamte; **Sub|al|ter|ne**, der u. die; -n, -n ⟨Dekl. ↑Abgeordnete⟩: *jmd., der subaltern* (1 a) *ist;* **sub|al|ter|nie|ren** ⟨sw. V.; hat⟩ (Logik): *ein besonderes Urteil* (3) *unter ein allgemeines unterordnen;* **Sub|al|ter|ni|tät**, die; -: *das Subalternsein.*
sub|ant|ark|tisch ⟨Adj.⟩ [zu lat. sub = unter(halb) u. ↑antarktisch] (Geogr.): *subpolar (auf der Südhalbkugel).*
sub|aqual ⟨Adj.⟩ [zu lat. sub = unter u. aqua = Wasser] (Med.): *unter Wasser befindlich, sich unter Wasser vollziehend:* ein -es Darmbad; **sub|aqua|tisch** ⟨Adj.⟩ (Geol.): *(von geol. Vorgängen) unter Wasser erfolgt:* eine -e Faltung.
sub|ark|tisch ⟨Adj.⟩ [zu lat. sub = unter(halb) u. ↑arktisch] (Geogr.): *subpolar (auf der Nordhalbkugel).*
Sub|ar|ren|da|tor, der; -s, ...oren [zu lat. sub = unter u. mlat. arrendator = Pächter] (veraltet): *jmd., der etw. von jmdm. pachtet, der selbst Pächter ist;* **sub|ar|ren|die|ren** ⟨sw. V.; hat⟩ [zu lat. sub = unter u. mlat. arrendare = (ver)pachten] (veraltet): *etw. von jmdm. pachten, der selbst Pächter ist.*
Sub|at|lan|ti|kum, das; -s [zu lat. sub = unter(halb) u. ↑Atlantikum] (Geol.): *jüngste Stufe des Alluviums;* **sub|at|lan|tisch** ⟨Adj.⟩ [↑atlantisch] (Geol.): *das Subatlantikum betreffend.*
sub|ato|mar ⟨Adj.⟩ [zu lat. sub = unter(halb) u. ↑atomar] (Physik): **a)** *kleiner als ein Atom* (a); **b)** *Elementarteilchen u. Atomkerne betreffend.*
Sub|bo|re|al, das; -s [zu lat. sub = unter(halb) u. ↑Boreal] (Geol.): *zweitjüngste Stufe des Alluviums.*
Sub|bot|nik, der; -[s], -s [russ. subbotnik, zu: subbota = Sonnabend; die Arbeit wurde urspr. nur sonnabends geleistet] (ehem. DDR): *in einem besonderen Einsatz freiwillig u. unentgeltlich geleistete Arbeit:* Um die Arbeitsleistung in Mitteldeutschland zu steigern, wird das Sowjetzonenregime jetzt sog. -s einführen (FAZ 99, 1961, 1); Und so starteten wir im April 1974 unseren 1. S. zur Verschönerung des Dorfes (Neues Leben 10, 1975, 61); **Sub|bot|nik|schicht**, die (ehem. DDR): *Schicht im Rahmen des Subbotniks.*
sub|der|mal ⟨Adj.⟩ [zu lat. sub = unter u. ↑dermal]: *subkutan.*
Sub|dia|kon, der; -s, -e [zu lat. sub = unter(halb) u. ↑Diakon] (kath. Kirche früher): *Geistlicher, der unter einem Diakon steht;* **Sub|dia|ko|nat**, das, auch: der; -[e]s, -e [↑Diakonat] (kath. Kirche früher): *Stand u. Würde des Subdiakons.*
Sub|di|vi|si|on, die; -, -en [zu lat. sub = unter u. ↑Division] (Philos.): *Unterteilung.*
Sub|do|mi|nant|ak|kord, der; -[e]s, -e, **Sub|do|mi|nant|drei|klang**, der; -[e]s, ...klänge (Musik): *Subdominante* (b); **Sub|do|mi|nan|te**, die; -, -n [zu lat. sub = unter u. ↑Dominante] (Musik): **a)** *vierte Stufe* (8) *einer diatonischen Tonleiter;* **b)** *auf einer Subdominante* (a) *aufgebauter Dreiklang.*
sub|du|ral ⟨Adj.⟩ [zu lat. sub = unter u.

↑dural] (Med.): *unter der harten Hirnhaut gelegen (z. B. von Abszessen).*

Su|be|rin, das; -s, -e [zu lat. suber = Kork] (Bot.): *hochmolekulare Substanz, die als Stoffwechselprodukt der höheren Pflanzen in den Zellwänden des korkbildenden Gewebes abgelagert wird u. dieses gegen Flüssigkeiten u. Gase undurchlässig macht.*

sub|fe|bril ⟨Adj.⟩ [zu lat. sub = unter(halb) u. ↑febril] (Med.): *(von der Temperatur) leicht erhöht, aber noch nicht fieberhaft.*

sub|fos|sil ⟨Adj.⟩ [zu lat. sub = unter(halb) u. ↑fossil] (Biol.): *in geschichtlicher Zeit ausgestorben:* -e Arten.

sub|gla|zi|al ⟨Adj.⟩ [zu lat. sub = unter u. ↑glazial] (Geol.): *unter dem Gletscher[eis] befindlich, vor sich gehend.*

sub ha|sta [lat. sub hasta (vendere) = unter der Lanze (versteigern); die aufgesteckte Lanze galt als Symbol der Amtsgewalt] (Amtsspr. veraltet): *unter dem Hammer:* ♦ Ü Es hat den Griechen nichts geholfen, die besten Dichter, Bildhauer und Maler zu sein ...: die eisernen Männer Roms klopften an, stellten die griechische Bildung s. h., spielten Würfel auf den Gemälden (Raabe, Chronik 169); **Sub|ha|sta|ti|on**, die; -, -en [spätlat. subhastatio, zu: subhastare, ↑subhastieren] (Amtsspr. veraltet): *öffentliche Versteigerung; Zwangsversteigerung:* ... eines Gutshofes, den der Vater des Hochzeiters bei einer S. ... ersteigert hatte (Horst Biernath, Fröhliche Wiederkehr in: MM 11. 1. 74, 33); **sub|ha|stie|ren** ⟨sw. V.; hat⟩ [spätlat. subhastare, zu lat. sub = unter u. hasta = Lanze, ↑sub hasta] (Amtsspr. veraltet): *öffentlich versteigern.*

Sub|ima|go, die; -, ...gines [...ne:s; zu lat. sub = unter u. ↑Imago] (Zool.): *Entwicklungsstadium der geflügelten, aber noch nicht geschlechtsreifen Eintagsfliege.*

Su|bi|tan|ei, das; -[e]s, -er [zu lat. subitaneus = plötzlich, zu: subitus = plötzlich; dringend, eilig, zu: subire = unter etw. gehen; sich heranschleichen; überfallen, erfassen, aus: sub = unter u. ire = gehen] (Zool.): *von einigen niederen Tieren (z. B. Wasserflöhen, Blattläusen) in der wärmeren Jahreszeit abgelegtes, dünnschaliges, dotterarmes, sich schnell entwickelndes Ei;* **su|bi|to** ⟨Adv.⟩ [ital. subito < lat. subito, Adv. von: subitus, ↑Subitanei]: **1.** (Musik): *schnell, sofort anschließend.* **2.** (ugs.) *schnell, sofort:* verschwinde, aber s.!

Sub|jekt, das; -[e]s, -e [2: spätlat. subiectum, eigtl. = das (einer Aussage od. Erörterung) Zugrundeliegende, subst. 2. Part. von lat. subicere = darunterwerfen, unter etw. legen, zu: sub = unter u. iacere = werfen]: **1.** (Philos.) *mit Bewußtsein ausgestattetes, denkendes, erkennendes, handelndes Wesen; Ich:* daß der Beobachter selbst ein S. ist, das dem Objekt seiner Beobachtung zu ähnlich ist (Lorenz, Verhalten I, 126); Sozialisationsprozesse bilden die Systemmitglieder zu sprach- und handlungsfähigen -en heran (Habermas, Spätkapitalismus 20). **2.** (Sprachw.) *Satzglied, in dem dasjenige (z. B. eine Person, ein Sachverhalt) genannt ist, worüber im Prädikat eine Aussage gemacht wird; Satzgegenstand:* grammatisches, logisches S.; das S. steht im Nominativ. **3.** (abwertend) *verachtenswerter Mensch:* ein übles, verkommenes S.; kriminelle -e; wenn anders er nicht vor seinem Retter ... als ein trauriges S. dastehen sollte (Seidel, Sterne 69). **4.** (Musik) *Thema einer kontrapunktischen Komposition, bes. einer Fuge;* **Sub|jek|ti|on**, die; -, -en [lat. subiectio, eigtl. = das Hinstellen, zu: subicere, ↑Subjekt] (Rhet.): *Aufwerfen einer Frage, die man anschließend selbst beantwortet;* **sub|jek|tiv** ⟨Adj.⟩ [1: spätlat. subiectivus, zu lat. subiectus = unter etw. liegend; untergeben, adj. 2. Part. von: subicere, ↑Subjekt; 2: zu Subjekt (1)] (bildungsspr.): **1.** *zu einem Subjekt (1) gehörend, von einem Subjekt ausgehend, abhängig:* das -e Bewußtsein; zu einem -en Ausdrucksmittel wurde die Lithographie ... im Kreis der französischen Romantiker (Bild. Kunst III, 89); er ist sich s. keiner Schuld bewußt. **2.** *von persönlichen Gefühlen, Interessen, von Vorurteilen bestimmt; voreingenommen, befangen, unsachlich:* ein allzu -es Urteil; Subjektiv ist man in Fragen, als man heute so und morgen anders denkt (Musil, Mann 1 211); etw. [zu] s. beurteilen; **sub|jek|ti|vie|ren** ⟨sw. V.; hat⟩ (bildungsspr.): *dem persönlichen, subjektiven (1) Bewußtsein gemäß betrachten, beurteilen, interpretieren:* Der ehemalige SS-Obersturmbannführer ... verfiel ... in die Rolle des Mannes, der die „Wahrheit" von seinem jeweiligen Standort subjektiviert (FAZ 29. 7. 61, 52); **Sub|jek|ti|vie|rung**, die; -, -en (bildungsspr.): *das Subjektivieren;* **Sub|jek|ti|vis|mus**, der; -, ...men: **1.** ⟨o. Pl.⟩ (Philos.) *philosophische Anschauung, nach der es keine objektive Erkenntnis gibt, sondern alle Erkenntnisse in Wahrheit Schöpfungen des subjektiven Bewußtseins sind:* daß der ... S. ein Produkt der Kulturverhältnisse ist (Gehlen, Zeitalter 58). **2.** (bildungsspr.) *subjektivistische (2) Haltung; Ichbezogenheit:* gerade hier drohen Subjektivismen und vor allem Deutungen, die nicht aus dem Sprachlichen, sondern von außen her veranlaßt sind (Seidler, Stilistik 71); **Sub|jek|ti|vist**, der; -en, -en: **1.** (Philos.) *Vertreter des Subjektivismus (1).* **2.** (bildungsspr.) *jmd., der subjektivistisch (2) ist, denkt;* **Sub|jek|ti|vi|stin**, die; -, -nen: w. Form zu ↑Subjektivist; **sub|jek|ti|vi|stisch** ⟨Adj.⟩: **1.** (Philos.) *zum Subjektivismus (1) gehörend, ihn betreffend, von ihm geprägt.* **2.** (bildungsspr.) *ichbezogen:* eine sehr -e Sicht; er betrachtet die Dinge zu s.; **Sub|jek|ti|vi|tät**, die; - (bildungsspr.): **1.** (bes. Philos.) *subjektives (1) Wesen (einer Sache), das Subjektivsein:* die S. jeder Wahrnehmung. **2.** (bildungsspr.) *subjektive (2) Haltung; das Subjektivsein:* jmdm. S. vorwerfen; **Sub|jekt|satz**, der (Sprachw.): *Subjekt (2) in Form eines Gliedsatzes;* **Sub|jekts|ge|ni|tiv**, der (Sprachw.): *Genitivus subiectivus;* **Sub|jekt|steu|er**, die (Steuerw.): *Personensteuer.*

Sub|junk|ti|on, die; -, -en [lat. subiunctio = Anfügung, zu: subiunctum, 2. Part. von: subiungere = hinzufügen, verbinden] (Sprachw.): **1.** *objektsprachliche Verknüpfung von Aussagen zu einer neuen Aussage derselben Grundstufe mit der logischen Partikel der Bedingung „wenn – dann".* **2.** *Hypotaxe.* **3.** *Konjunktion (1);* **Sub|junk|tiv** [auch: – – '–], der; -s, -e [spätlat. subiunctivus] (Sprachw. selten): *Konjunktiv.*

Sub|ka|te|go|rie, die; -, -n [zu lat. sub = unter u. ↑Kategorie] (bes. Sprachw.): *Unterordnung, Untergruppe einer Kategorie;* **sub|ka|te|go|ri|sie|ren** ⟨sw. V.; hat⟩ (Fachspr., bes. Sprachw.): *in Subkategorien einteilen;* **Sub|ka|te|go|ri|sie|rung**, die; -, -en (Fachspr., bes. Sprachw.): *das Subkategorisieren;* **Sub|ka|te|go|ri|sie|rungs|re|gel**, die (Sprachw.): *Regel zur Subkategorisierung.*

sub|klas|si|fi|zie|ren ⟨sw. V.; hat⟩ [zu lat. sub = unter u. ↑klassifizieren] (Fachspr., bes. Sprachw.): *subkategorisieren.*

sub|kon|szi|ent ⟨Adj.⟩ [zu lat. sub = unter u. conscients (Gen.: conscientis), 1. Part. von: conscire = sich [eines Unrechts] bewußt sein] (Psych.): *unterbewußt.*

Sub|kon|ti|nent, der; -[e]s, -e [zu lat. sub = unter u. ↑Kontinent] (Geogr.): *größerer Teil eines Kontinents, der auf Grund seiner Größe u. Gestalt eine gewisse Eigenständigkeit hat:* der indische S.; **sub|kon|ti|nen|tal** ⟨Adj.⟩: **1.** *den Subkontinent betreffend, zu ihm gehörend.* **2.** (Bot.) *(von Pflanzen) im Randbereich des kontinentalen Einflusses wachsend.*

sub|kor|ti|kal ⟨Adj.⟩ [zu lat. sub = unter u. ↑Kortex] (Med., Biol.): *unter der (Hirn)rinde gelegen.*

sub|kru|stal ⟨Adj.⟩ [zu lat. sub = unter(halb) u. crusta, ↑Kruste] (Geol.): *(von Gesteinen) unterhalb der Erdkruste entstanden, befindlich.*

Sub|kul|tur, die; -, -en [zu lat. sub = unter u. ↑Kultur] (Soziol.): *innerhalb eines Kulturbereichs, einer Gesellschaft bestehende, von einer bestimmten gesellschaftlichen, ethnischen o. ä. Gruppe getragene Kultur mit eigenen Normen u. Werten:* Käuze der Berliner S. (Spiegel 52, 1968, 148); **sub|kul|tu|rell** ⟨Adj.⟩: *zu einer Subkultur gehörend, sie betreffend.*

sub|ku|tan ⟨Adj.⟩ [a: spätlat. subcutaneus, zu lat. sub = unter(halb) u. cutis = Haut] : **a)** (Anat.) *unter der Haut befindlich:* -es Gewebe; **b)** (Med.) *unter die Haut [appliziert]:* eine -e Injektion; [ein Mittel] s. spritzen.

sub|lim ⟨Adj.⟩ [lat. sublimis = in die Höhe gehoben; erhaben, zu: sub = unter(halb) u. limen = Schwelle] (bildungsspr.): **1.** *nur mit großer Feinsinnigkeit wahrnehmbar, verständlich; nur einem sehr feinen Verständnis, Empfinden zugänglich:* daß -er Witz und rascher Geist höher in der Publikumsgunst stehen (Stern, Mann 147); Für die Ratsmitglieder mochte das Ganze vielleicht eine -e Unterhaltung gewesen sein, Rokoko der Politik (NJW 19, 1984, 1096); Der „Bürger" ... bewundert ... die „reine Schönheit der Kunst", all jene -en Produkte moralischer Fragwürdigkeit, leidvollen Dienstes, stolz verborgener Qual (K. Mann, Wendepunkt 11); weil man ... angeregt wird: zu lächeln, innezuhalten im -en Genuß und nachzudenken (Welt 14. 7. 62, Literatur); **b)** *von Feinsinnigkeit, einem feinen Verständnis,*

Empfinden zeugend: eine -e Interpretation; **Sub|li|mat,** das; -[e]s, -e [zu lat. sublimatum, 2. Part. von: sublimare, ↑sublimieren] (Chemie): **a)** *bei einer Sublimation (1) in den gasförmigen Aggregatzustand sich niederschlagende feste Substanz;* **b)** (veraltet) *Quecksilberchlorid;* **Sub|li|ma|ti|on,** die; -, -en: **1.** (Chemie) *das Sublimieren* (2 a). **2.** (bildungsspr., Psych.) *Sublimierung* (1); ◆ **Sub|li|mat|pil|le,** die [zu ↑Sublimat (b)]: *in Pillenform als Mittel gegen Syphilis verwendetes Quecksilberchlorid:* (hier als Schimpfwort:) Du Kuppelpelz, du runzliche S., du wurmstichige Sündenapfel! ... Du Hurenbett, in jeder Runzel deines Leibes nistet Unzucht (Büchner, Dantons Tod I, 2); **sub|li|mie|ren** ⟨sw. V.⟩ [lat. sublimare = erhöhen, zu: sublimis, ↑sublim]: **1.** ⟨hat⟩ **a)** *(bildungsspr.) auf eine höhere Ebene erheben, ins Erhabene steigern; verfeinern, veredeln:* die einfache Tatsächlichkeit der holländischen Landschaft, durch Betonung des Atmosphärischen zu stimmungsvoller Raumpoesie sublimiert (Bild. Kunst III, 85); ⟨auch s. + sich:⟩ Die „Kulturkrise", zu welcher der Mannheim Terror und Grauen eilends sich sublimieren (Adorno, Prismen 29); **b)** *(bildungsspr., Psych.) (einen Trieb) in künstlerische, kulturelle Leistung o. ä. umsetzen:* seine Begierden s.; Er (= Sport) ... sublimiert ... den Aggressionstrieb des Menschen (Augsburger Allgemeine 10. 6. 78, 24). **2.** (Chemie) **a)** *vom festen unmittelbar in den gasförmigen Aggregatzustand übergehen (od. umgekehrt)* ⟨ist⟩: das Eis sublimiert; ⟨auch s. + sich; hat:⟩ das Eis sublimiert sich; **b)** *etw. vom festen unmittelbar in den gasförmigen Aggregatzustand überführen (od. umgekehrt)* ⟨hat⟩: einen Stoff s.; **Sub|li|mie|rung,** die; -, -en: **1.** (bildungsspr., Psych.) *das Sublimieren* (1). **2.** (Chemie) *das Sublimieren* (2); **sub|li|mi|nal** ⟨Adj.⟩ [engl. subliminal, zu lat. sub = unter u. limen = Schwelle] (Psych.): *unterschwellig;* **Sub|li|mi|tät,** die; - [lat. sublimitas = Erhabenheit, zu: sublimis, ↑sublim] (bildungsspr.): *das Sublimsein, sublime Art.*
sub|lin|gu|al ⟨Adj.⟩ [zu lat. sub = unter u. ↑lingual] (Med.): *unter der Zunge liegend.*
Sub|lo|ka|ti|on, die; -, -en [zu lat. sub = unter u. ↑Lokation] (veraltet): *Untermiete.*
sub|lu|na|risch ⟨Adj.⟩ [zu lat. sub = unter u. ↑lunarisch] (bildungsspr. veraltet): *irdisch.*
Sub|lu|xa|ti|on, die; -, -en [zu lat. sub = unter u. ↑Luxation] (Med.): *nicht vollständige Luxation.*
sub|ma|rin ⟨Adj.⟩ [zu lat. sub = unter u. ↑marin] (Fachspr.): *unterseeisch.*
sub|me|di|ter|ran ⟨Adj.⟩ [zu lat. sub = unter u. ↑mediterran] (Bot.): *(von Pflanzen) in den nördlichen Gebieten des Mittelmeerraumes wachsend.*
sub|men|tal ⟨Adj.⟩ [zu lat. sub = unter u. ↑Mentum] (Anat.): *unter dem Kinn gelegen.*
Sub|mer|genz, die; - [zu lat. submergere, ↑submers] (Geol.): *Submersion* (1); **sub|mers** ⟨Adj.⟩ [zu lat. submersum, 2. Part. von: submergere = untertauchen, aus: sub = unter(halb) u. mergere = (ein)tau-

chen] (Biol.): *(von Wasserpflanzen) unter der Wasseroberfläche befindlich, lebend;* **Sub|mer|si|on,** die; -, -en [spätlat. submersio = das Untertauchen, zu lat. submersum, ↑submers]: **1.** (Geol.) *Untertauchen des Festlandes unter den Meeresspiegel.* **2.** (veraltet) *Überschwemmung.* **3.** (Theol.) *Hineintauchen des Täuflings ins Wasser;* **Sub|mer|si|ons|tau|fe,** die (Theol.): *Taufe durch Submersion (z. B. im Urchristentum).*
Sub|mi|kro|nen ⟨Pl.⟩ [zu lat. sub = unter u. griech. mikrós = klein] (Fachspr.): *unter dem Ultramikroskop gerade noch erkennbare Teilchen;* **sub|mi|kro|sko|pisch** ⟨Adj.⟩ (Fachspr.): *unter einem optischen Mikroskop nicht mehr erkennbar:* Wir nennen die Mikroskopie im Dunkelfeld, wodurch sowohl submikroskopische wie auch „submikroskopische" Teilchen im Gewebe erfaßt werden können ... (Medizin II, 65).
Sub|mi|ni|stra|ti|on, die; -, -en [lat. subministratio, zu: subministrare, ↑subministrieren] (veraltet): *das Subministrieren;* **sub|mi|ni|strie|ren** ⟨sw. V.; hat⟩ [lat. subministrare, aus: sub = unter(halb) u. ministrare, ↑Ministrant] (veraltet): *(einer Sache, jmdm.) Vorschub leisten.*
sub|miß ⟨Adj.⟩ ...sser, ...sseste [lat. submissus, eigtl. = gesenkt, adj. 2. Part. von: submittere = (sich) senken, aus: sub = unter(halb) u. mittere = schicken, senden] (bildungsspr. veraltet): *unterwürfig, untertänig, ergeben:* Die Klugheit empfahl uns ... submisseste Ergebenheit (Genet [Übers.], Tagebuch 174); **Sub|mis|si|on,** die; -, -en [1: unter Einfluß von gleichbed. frz. soumission zu lat. submittere, ↑submiß; 2: (spät)lat. submissio, zu lat. submittere, ↑submiß]: **1.** (Wirtsch.) **a)** *öffentliche Ausschreibung eines zu vergebenden Auftrags;* **b)** *Vergabe eines öffentlich ausgeschriebenen Auftrags [an denjenigen, der das günstigste Angebot macht];* **c)** *(ehem. DDR) Kaufhandlung;* **d)** *(ehem. DDR) Musterausstellung der Herstellerbetriebe zur Entgegennahme von Aufträgen des Handels.* **2.** (bildungsspr. veraltet) **a)** *Untertänigkeit;* **b)** *das Sichunterwerfen;* **Sub|mis|si|ons|kar|tell,** das (Wirtsch.): *Kartell von Firmen, die sich verpflichtet haben, bei Bewerbungen um öffentlich ausgeschriebene Aufträge bestimmte Konditionen einzuhalten;* **Sub|mis|si|ons|ver|fah|ren,** das (Wirtsch.): *Verfahren der Submission* (1); **Sub|mis|si|ons|weg,** der: meist in Verbindungen wie **auf dem/im S.** (Wirtsch.; *durch Submission* 1; *auf dem Wege der Submission);* **Sub|mit|tent,** der; -en, -en [zu lat. submittens (Gen.: submittentis), 1. Part. von: submittere, ↑submiß] (Wirtsch.): *jmd., der sich um einen [öffentlich ausgeschriebenen] Auftrag bewirbt;* **Sub|mit|ten|tin,** die; -, -nen (Wirtsch.): *w. Form zu* ↑Submittent; **sub|mit|tie|ren** ⟨sw. V.; hat⟩ [lat. submittere, ↑submiß] (Wirtsch.): *sich auf eine Submission* (2 a) *hin bewerben.*
sub|mu|kös ⟨Adj.⟩ [zu lat. sub = unter u. mucosus = schleimig] (Med.): *unter der Schleimhaut gelegen.*
sub|ni|val ⟨Adj.⟩ [zu lat. sub = unter(halb) u. ↑nival] (Geogr.): *unmittelbar unterhalb*

der Schneegrenze gelegen, vorkommend: -es Klima.
Sub|nor|ma|le [auch: '- - - -], die; -n, -n [zu lat. sub = unter u. ↑Normale] (Math.): *Projektion einer Normalen auf die Abszissenachse.*
sub|op|ti|mal ⟨Adj.⟩ [engl. suboptimal]: *weniger gut, nicht optimal:* diese ... Betriebe ... folgen der wirtschaftlich -en Logik einzelner Parteizentralen (NZZ 3. 5. 83, 9).
sub|or|bi|tal ⟨Adj.⟩ [engl. suborbital] (Raumf.): *nicht in eine Umlaufbahn gelangend.*
Sub|or|di|na|tia|ner, der; -s, - [zu ↑Subordination]: *Vertreter einer frühchristlichen Theologie, die das gleichzeitige Festhalten an der Göttlichkeit Christi u. am Monotheismus durch Unterordnung des Sohnes unter den Vater zu vereinbaren suchte;* **Sub|or|di|na|ti|on,** die; -, -en [2, 3: mlat. subordinatio, aus lat. sub = unter u. ordinatio, ↑Ordination]: **1.** (Sprachw.) *Hypotaxe.* **2.** (bildungsspr.) *das Unterordnen (einer Sache unter eine andere):* die S. der Teile unter das Ganze (Lorenz, Verhalten I, 280). **3.** (veraltend) **a)** *Unterordnung, das Sichunterordnen; [unterwürfiger] Gehorsam, bes. gegenüber einem militärischen Vorgesetzten:* sei es durch S. des einen unter den Willen des andern (Stern, Mann 170); weil du einen Hang zur S. hast (Hacks, Stücke 170); **b)** *untergeordnete, abhängige Stellung;* **sub|or|di|na|ti|ons|wid|rig** ⟨Adj.⟩ (veraltend): *der Subordination* (3 a) *zuwiderlaufend:* -es Verhalten; **sub|or|di|na|tiv** ⟨Adj.⟩ (Sprachw.): *die Subordination* (1) *betreffend; untergeordnet;* **sub|or|di|nie|ren** ⟨sw. V.; hat⟩ [mlat. subordinare, aus lat. sub = unter u. ordinare, ↑ordinieren]: **1.** (Sprachw.) *(einen Satz) unterordnend* (2) *bilden* ⟨meist in 1. od. 2. Part.⟩: ein subordinierter Satz; subordinierende *(unterordnende)* Konjunktion. **2.** (veraltend, noch bildungsspr.) *unterordnen* (3 a).
Sub|oxyd, (chem. Fachspr.:) **Suboxid,** das; -[e]s, -e [zu lat. sub = unter u. ↑Oxyd] (Chemie): *Oxyd mit vermindertem Sauerstoffgehalt.*
sub|pe|ri|ostal ⟨Adj.⟩ [zu lat. sub = unter(halb) u. ↑periostal] (Med.): *unter der Knochenhaut gelegen (z. B. von Hämatomen).*
sub|phre|nisch ⟨Adj.⟩ [zu lat. sub = unter(halb) u. griech. phrēn = Zwerchfell] (Med.): *hypophrenisch.*
sub|po|lar ⟨Adj.⟩ [zu lat. sub = unter u. ↑polar] (Geogr.): *in der Subpolarzone gelegen, vorkommend, an die Polarzone grenzend:* -es Klima; **Sub|po|lar|zo|ne,** die: *zwischen der gemäßigten Zone u. der Polarzone gelegene Klimazone.*
Sub|pri|or, der; -s, ...oren [zu lat. sub = unter(halb) u. ↑Prior]: *Stellvertreter eines Priors.*
Sub|pro|le|ta|ri|at, das; -[e]s, -e [zu lat. sub = unter u. ↑Proletariat] (Soziol.): *Teil des Proletariats, dessen Arbeitskraft nicht verwertbar ist.*
Sub|rep|ti|on, die; -, -en [lat. subreptio = Erschleichung, zu: subrepere = herzuschleichen, aus: sub = unter u. repere = kriechen, schleichen]: **1.** (Rechtsspr. veraltet) *unrechtmäßige Erlangung*

eines [rechtlichen] Erfolges durch Entstellung od. Verschleierung des wahren Sachverhalts. **2.** (Logik) *das Erhalten eines [bewußt fehlerhaften] Schlusses* (2 b) *durch Stützung auf Voraussetzungen, die nicht auf Tatsachen beruhen.*

sub|re|zent ⟨Adj.⟩ [zu lat. sub = unter u. ↑rezent] (Geol.): *zeitlich unmittelbar vor der erdgeschichtlichen Gegenwart liegend.*

sub|ro|gie|ren ⟨sw. V.; hat⟩ [lat. subrogare = jmdn. an die Stelle eines anderen durchs Volk wählen lassen, aus: sub = unter u. rogare = fragen; ersuchen, bitten] (veraltet): **1.** *[einen Wahlkandidaten an Stelle eines anderen] unterschieben.* **2.** (Rechtsspr.) *ein Recht an einen anderen abtreten.*

sub ro|sa [lat., eigtl. = unter der Rose (= ma. Symbol der Verschwiegenheit bes. an Beichtstühlen)] (bildungsspr.): *unter dem Siegel der Verschwiegenheit:*
♦ die scharfsinnigen Deduktionen seiner Klage- und Replikrezesse, welche – ganz s. r. – denn doch über den Horizont des ehrenwerten Magistrats hinausgingen (Storm, Söhne 56).

Sub|ro|si|on, die; -, -en [zu lat. sub = unter(halb) u. rosum, 2. Part. von rodere = (be)nagen] (Geol.): *Auflösung von Salzod. Gipsschichten durch das Grundwasser.*

sub|se|kul|tiv ⟨Adj.⟩ [zu lat. subsequi, ↑subsequent] (veraltet): *nachfolgend:* in den -en Kapiteln.

Sub|se|mi|to|ni|um, das; -s [zu lat. sub = unter u. ↑Semitonium] (Musik): *Leitton der Tonleiter.*

sub|se|quent ⟨Adj.⟩ [zu lat. subsequi (2. Part.: subsecutum) = unmittelbar folgen] (Geol.): *(von Flüssen) den weicheren Schichten folgend.*

sub|si|di|är ⟨Adj.⟩ [frz. subsidiaire < lat. subsidiarius = als Aushilfe dienend, zu: subsidium, ↑Subsidium] (bildungsspr., Fachspr.): **a)** *unterstützend, Hilfe leistend:* Die -e Mitfinanzierung durch den Bund (NZZ 22. 12. 83, 19); die Jugendämter selber sollten ... nur unterstützend („subsidiär") tätig werden (Spiegel 3, 1974, 39); **b)** *behelfsmäßig, als Behelf dienend:* daß für bestimmte Streitigkeiten eine -e Zuständigkeit des BVerfG besteht, wenn kein Landesverfassungsgericht zuständig ist (Fraenkel, Staat 339); **sub|si|dia|risch** ⟨Adj.⟩ (bildungsspr. veraltend): *subsidiär;* **Sub|si|dia|ris|mus**, der; - (Politik, Soziol.): **a)** *das Gelten des Subsidiaritätsprinzips (in einer sozialen Ordnung);* **b)** *das Streben nach, das Eintreten für Subsidiarismus* (a); **Sub|si|dia|ri|tät**, die; -: **1.** (Politik, Soziol.) *gesellschaftspolitisches Prinzip, nach dem übergeordnete gesellschaftliche Einheiten (bes. der Staat) nur solche Aufgaben an sich ziehen dürfen, zu deren Wahrnehmung untergeordnete Einheiten (bes. die Familie) nicht in der Lage sind.* **2.** (Rechtsspr.) *das Subsidiärsein einer Rechtsnorm;* **Sub|si|dia|ri|täts|prin|zip**, das ⟨o. Pl.⟩ (Politik, Soziol.): *Subsidiarität* (1); **Sub|si|di|en**: Pl. von ↑Subsidium; **Sub|si|di|en|preis** ⟨Pl.⟩ (Politik veraltet): vgl. Subsidium (1); **Sub|si|di|en|ver|trag**, der (Politik veraltet): *Vertrag über Subsidien* (1); **Sub|si|di|um**, das; -s, ...ien [lat. subsidium = Hilfe, Beistand u. subsidia (Pl.) = Hilfsmittel]: **1.** ⟨Pl.⟩ (Politik veraltet) *einem kriegführenden Staat von einem Verbündeten zur Verfügung gestellte Hilfsgelder (od. materielle Hilfen):* Er zog England, das bis dahin nur Subsidien gezahlt hatte, auch als Waffengenossen auf seine Seite (Goldschmit, Genius 217). **2.** (veraltet) *Beistand, Unterstützung.*

sub si|gil|lo [con|fes|sio|nis] [kirchenlat. = unter dem Siegel (der Beichte)]: (bildungsspr.) *unter dem Siegel der Verschwiegenheit.*

Sub|si|stenz, die; -, -en ⟨Pl. selten⟩ [spätlat. subsistentia = Bestand, zu lat. subsistere, ↑subsistieren]: **1.** ⟨o. Pl.⟩ (Philos.) *(in der Scholastik) das Bestehen durch sich selbst, das Substanzsein.* **2.** (bildungsspr. veraltet) **a)** *Lebensunterhalt, materielle Lebensgrundlage;* **b)** ⟨o. Pl.⟩ *materielle Existenz;* **sub|si|stenz|los** ⟨Adj.⟩ (bildungsspr. veraltet): *keine ausreichende Existenzgrundlage habend;* **Sub|si|stenz|mit|tel**, das (bildungsspr. veraltet): **1.** ⟨Pl.⟩ *Existenzmittel.* **2.** ⟨meist Pl.⟩ *Lebensmittel;* **Sub|si|stenz|wirt|schaft**, die ⟨o. Pl.⟩ (Wirtsch.): *Wirtschaftsform, die darin besteht, daß eine kleine wirtschaftliche Einheit (z. B. ein Bauernhof) alle für den eigenen Verbrauch benötigten Güter selbst produziert u. deshalb vom Markt unabhängig ist;* **sub|si|stenz|wirt|schaft|lich** ⟨Adj.⟩ (Wirtsch.): *die Subsistenzwirtschaft betreffend;* **sub|si|stie|ren** ⟨sw. V.; hat⟩ [lat. subsistere = stillstehen, standhalten]: **1.** (Philos.) *für sich, unabhängig von anderem bestehen.* **2.** (bildungsspr. veraltet) *seinen Lebensunterhalt haben.*

Sub|skri|bent, der; -en, -en [zu lat. subscribens (Gen.: subscribentis), 1. Part. von: subscribere, ↑subskribieren] (Buchw.): *jmd., der etw. subskribiert;* **Sub|skri|ben|tin**, die; -, -nen: w. Form zu ↑Subskribent; **sub|skri|bie|ren** ⟨sw. V.; hat⟩ [lat. subscribere = unterschreiben, aus: sub = unter u. scribere (2. Part.: scriptum) = schreiben] (Buchw.): *sich verpflichten, ein noch nicht [vollständig] erschienenes Druckerzeugnis zu einem späteren Zeitpunkt abzunehmen:* ein Lexikon s.; wer auf die Bände subskribierte, wurde Mitglied des Vereins (Börsenblatt 59, 1965, 1499); **Sub|skrip|ti|on**, die; -, -en [lat. subscriptio = Unterschrift, zu: subscribere, ↑subskribieren]: **1.** (Buchw.) *das Subskribieren;* etw. durch S. bestellen, kaufen. **2.** *am Schluß einer antiken Handschrift stehende Angaben über Inhalt, Verfasser usw.* **3.** (Börsenw.) *schriftliche Verpflichtung, eine Anzahl emittierter Wertpapiere zu kaufen;* **Sub|skrip|ti|ons|ein|la|dung**, die: *Angebot, ein Buch zu subskribieren;* **Sub|skrip|ti|ons|frist**, die: *Frist, innerhalb deren man ein Buch subskribieren kann;* **Sub|skrip|ti|ons|li|ste**, die: *Liste der Subskribenten;* **Sub|skrip|ti|ons|preis**, der: *[ermäßigter] Preis, zu dem ein Buch bei Subskription abgegeben wird.*

sub|so|nisch ⟨Adj.⟩ [wohl nach engl. subsonic, zu lat. sub = unter u. sonus = Schall, Ton]: *mit einer Geschwindigkeit unterhalb der Schallgeschwindigkeit fliegend.*

sub spe|cie aeter|ni|ta|tis [zʊp 'spe:tsiɛ...; lat.] (bildungsspr.): *unter dem Gesichtspunkt der Ewigkeit;* **Sub|spe|zi|es**, die; -, - [zu lat. sub = unter u. ↑Spezies] (Biol.): *Unterart.*

Sub|stan|dard, der; -s [engl. substandard = unter dem ¹Standard (1)]: **a)** (bes. österr.) *unterdurchschnittliche Qualität;* **b)** (Sprachw.) *Sprachebene unterhalb der Hochsprache;* **Sub|stan|dard|woh|nung**, die (bes. österr.): *Wohnung ohne eigene Toilette u. ohne fließendes Wasser.*

sub|stan|ti|al ⟨Adj.⟩ [spätlat. substantialis = wesentlich, zu lat. substantia, ↑Substanz]: *substantiell;* **Sub|stan|tia|lis|mus**, der; -: *philosophische Lehre, nach der die Seele eine Substanz, ein dinghaftes Wesen ist;* **Sub|stan|tia|li|tät**, die; -: **1.** (Philos.) *das Substanzsein, substantielles Wesen.* **2.** (bildungsspr.) *das Substantiellsein;* **sub|stan|ti|ell** ⟨Adj.⟩ [frz. substantiel < spätlat. substantialis, ↑substantial]: **1.** (bildungsspr.) *die Substanz* (1) *betreffend, stofflich, materiell.* **2.** *die Substanz* (2) *betreffend, zu ihr gehörend, sie [mit] ausmachend:* ein -er Gewinn, Zuwachs; eine -e Reduzierung der strategischen Nuklearwaffen (Augsburger Allgemeine 27. 5. 78, 13). **3.** (bildungsspr.) *die Substanz* (3) *einer Sache betreffend; wesentlich:* all diese ... -en Verbesserungen treiben die Baukosten ... in die Höhe (Tages Anzeiger 12. 11. 91, 4). **4.** (veraltend) *nahrhaft, gehaltvoll:* eine -e Mahlzeit; Ü anders kommt mir keine -e Nahrung in den Geist (Stern, Mann 147). **5.** (Philos.) *wesenhaft;* **sub|stan|ti|ie|ren** ⟨sw. V.; hat⟩ (bildungsspr.): *mit Substanz* (3) *erfüllen, [durch Tatsachen] belegen, begründen; fundieren:* Zuerst handelt es sich nun um Gerüchte, die nicht näher substantiiert werden (Riess, Cäsar 213); **Sub|stan|tiv** [auch: - - '-], das; -s, -e [spätlat. (nomen) substantivum, eigtl. = Wort, das für sich allein (be)steht, zu lat. substantia, ↑Substanz] (Sprachw.): *Wort, das ein Ding, ein Lebewesen, einen Begriff, einen Sachverhalt o. ä. bezeichnet; Nomen* (1)*, Haupt-, Ding-, Nennwort:* ein S. deklinieren; **sub|stan|ti|vie|ren** ⟨sw. V.; hat⟩ (Sprachw.): *zu einem Substantiv machen, als Substantiv gebrauchen:* ein Adjektiv s.; ⟨oft im 2. Part.:⟩ ein substantiviertes Verb; **Sub|stan|ti|vie|rung**, die; -, -en (Sprachw.): **1.** ⟨o. Pl.⟩ *das Substantivieren.* **2.** *substantivisch gebrauchtes Wort (einer anderen Wortart);* **sub|stan|ti|visch** [auch: - -'- -] ⟨Adj.⟩ (Sprachw.): *als Substantiv, wie ein Substantiv [gebraucht], durch ein Substantiv [ausgedrückt]; wortwörtlich; nominal* (1 b)*:* eine -e Ableitung; eine verbale Konstruktion s. übersetzen; -er Stil *(Nominalstil);* **Sub|stan|ti|vi|tis**, die; - [vgl. Rederitis] (scherzh. abwertend): *Hauptwörterei;* **Sub|stan|ti|vum**, das; -s, ...va (Sprachw.): *Substantiv;* **Sub|stanz**, die; -, -en [mhd. substancie < lat. substantia = Bestand, Wesenheit, Inbegriff, zu: substare = unter etw. vorhanden sein, aus: sub = unter u. stare = stehen]: **1.** *Stoff, Materie:* eine flüssige, gasförmige, chemische S. **2.** ⟨o. Pl.⟩ *das [als Grundstock] Vorhandene, [fester] Bestand:* da man in diesem Gebiet der historischen S., etwa dem Verlauf der ehemaligen Stadtmauer und dem längst verschwundenen Stadttor nicht genügend Rechnung getragen habe (Saarbr. Zeitung 10. 10. 79, 13); die Erhaltung der baulichen S. *(der Bausubstanz);* die Firma lebt von der S. *(vom Vermögen, Kapital);* * **etw. geht [jmdm.] an die S.** (ugs.; *etw. zehrt an jmds. körperlichen od. seelischen Kräften).* 3. ⟨o. Pl.⟩ (bildungsspr.) *das den Wert, Gehalt Ausmachende; das Wesentliche, der Kern:* die geistige S. einer Nation; Franz Meyers, dessen ... Humor eine ... Fassade bildet, hinter der sich ... politische S., große Sachkenntnis ... verbergen (Welt 20. 3. 65, 3); Sie (= diese Augen) schienen mich auf meine menschliche S. hin abzutasten (Sieburg, Blick 155); in die S. eingreifende Veränderungen. 4. (Philos.) **a)** *für sich Seiendes, unabhängig (von anderem) Seiendes;* **b)** *das eigentliche Wesen der Dinge;* **Sub|stanz|be|griff,** der (Philos.): *Begriff der Substanz (4);* **sub|stanz|los** ⟨Adj.; -er, -este⟩ (bildungsspr.): *keine od. zu wenig Substanz (3) habend;* **Substanz|lo|sig|keit,** die; - (bildungsspr.): *das Substanzlos sein;* **Sub|stanz|steu|er,** die: *Steuer, deren Bemessungsgrundlage nicht das laufende Einkommen bzw. der laufende Ertrag ist, sondern direkt ein Teil des Vermögens (z. B. Grundsteuer);* **Sub|stanz|ver|lust,** der (bildungsspr.): *Verlust an Substanz* (2, 3); **Sub|stanz|wert,** der (Wirtsch.): *durch die Bewertung des Vermögens u. der Schulden ermittelter Wert eines Unternehmens, der angibt, welcher Betrag aufgewendet werden müßte, um ein vergleichbares Unternehmen mit gleicher Leistungsfähigkeit zu errichten.* **Sub|sti|tu|ent,** der; -en, -en [zu lat. substituens (Gen.: substituentis), 1. Part. von: ↑substituieren] (Chemie): *ein od. mehrere Atome, die in einem Molekül an die Stelle eines od. mehrerer anderer Atome treten können, ohne daß sich dadurch die Struktur des Moleküls grundlegend verändert;* **sub|sti|tu|ier|bar** ⟨Adj.⟩ (bildungsspr.; Fachspr.): *geeignet, substituiert zu werden;* **Sub|sti|tu|ier|bar|keit,** die; - (bildungsspr.): *das Substituierbarsein;* **sub|sti|tu|ie|ren** ⟨sw. V.; hat⟩ [lat. substituere, zu: sub = unter u. statuere = stellen]: (bildungsspr.; Fachspr.) *an die Stelle von jmdm., etw. setzen, gegen etw. austauschen, ersetzen:* Phosphate in Waschmitteln s.; ein Substantiv durch ein Personalpronomen s.; Primärenergieträger lassen sich aber auch durch neue technische Lösungswege s. (Saarbr. Zeitung 29. 12. 79, 5). ◆ 2. *(in der Rechtsspr.) als* ²*Substituten (1) zuordnen, beigeben:* Doktor Lanbek, leiblicher Sohn des berühmten Landschaftskonsulenten Lanbek, welchem er als Aktuarius substituirt ist (Hauff, Jud Süß 386); **Sub|sti|tu|ie|rung,** die; -, -en (bildungsspr.; Fachspr.): *das Substituieren;* ¹**Sub|sti|tut,** das; -[e]s, -e [zu lat. substitutum, 2. Part. von: substituere, ↑substituieren] (bildungsspr.): *etw., was als Ersatz dient; Surrogat;* ²**Sub|sti|tut,** der; -en, -en [lat. substitutus = Stellvertreter]: **1.** *Assistent od. Vertreter eines Abteilungsleiters im Einzelhandel* (Berufsbez.). **2. a)** (bildungsspr. veraltend) *Stellvertreter, Ersatzmann;* **b)** (Rechtsspr.) *[Unter]bevollmächtigter;* **Sub|sti|tu|tin,** die; -, -nen: w.

Form zu ↑²Substitut; **Sub|sti|tu|ti|on,** die; -, -en [lat. substitutio, zu: substituere, ↑substituieren] (bildungsspr.; Fachspr.): *das Substituieren;* **Sub|sti|tu|tio|na|li|tät,** die; - (Wirtsch.): *vollständige od. teilweise Ersetzbarkeit eines Wirtschaftsguts durch ein anderes;* **Sub|sti|tu|ti|ons|pro|be,** die (Sprachw.): *Substitution einer sprachlichen Einheit durch eine andere u. Untersuchung der dadurch bewirkten Veränderungen;* **Sub|sti|tu|ti|ons|the|ra|pie,** die (Med.): *medikamentöser Ersatz eines dem Körper fehlenden lebensnotwendigen Stoffes;* z. B. von Insulin bei Zuckerkrankheit). **Sub|strat,** das; -[e]s, -e [mlat. substratum = Unterlage, subst. 2. Part. von lat. substernere = unterlegen]: **1.** (bildungsspr.; Fachspr.) *das einer Sache Zugrundeliegende; [materielle] Grundlage; Basis:* Mit der Anlage von Wasserkraftwerken zur Erzeugung von elektrischem Strom ... emanzipierte man sich ... von organischen -en für die Kraftgewinnung (Gehlen, Zeitalter 10). **2.** (Philos.) *Substanz (4b) als Träger von Eigenschaften.* **3.** (Biol.) *Nährboden bes. für Mikroorganismen:* Diese Zellkulturen bilden dann ein ausgezeichnetes S. zur Züchtung der Viren (Medizin II, 135). **4.** (Sprachw.) **a)** *Sprache eines [besiegten] Volkes im Hinblick auf den Niederschlag, den sie in der übernommenen. aufgezwungenen Sprache [des Siegervolkes] gefunden hat;* **b)** *aus einer Substratsprache stammendes Sprachgut einer Sprache.* **5.** (Biochemie) *bei einer Fermentation abgebaute Substanz;* **Sub|strat|lö|sung,** die (Biol.): *Nährlösung;* **Sub|strat|spra|che,** die (Sprachw.): *Substrat (4a);* **Sub|strat|theo|rie,** die (Sprachw.): *Theorie, nach der sprachliche, bes. lautliche u. lexikalische Veränderungen auf Sprachaustausch bzw. Sprachübertragung zurückzuführen sind.* **Sub|struk|ti|on,** die; -, -en [lat. substructio, zu: substruere = unterbauen]: *Unterbau, Grundbau.* **sub|su|mie|ren** ⟨sw. V.; hat⟩ [aus lat. sub = unter u. sumere (2. Part.: sumptum) = nehmen] **1.** (bildungsspr.) *einem Oberbegriff unterordnen, unter einer Kategorie einordnen; unter einem Thema zusammenfassen:* einen Begriff einem anderen s.; etw. unter eine/unter einer Überschrift s.; daß die Redaktion ... die ... Werke Richard Grellings ... unter den Begriff „Unsittliche Literatur" subsumiert (Tucholsky, Werke II, 41); Die dem Staat subsumierten Privatleute (Fraenkel, Staat 222). **2.** (Rechtsspr.) *einen konkreten Sachverhalt unter eine Rechtsnorm unterordnen;* **Sub|su|mie|rung,** die; -, -en (bildungsspr.): *das Subsumieren;* **Sub|sump|ti|on,** die; -, -en (bildungsspr.) **1.** (bildungsspr.) *das Subsumieren (1):* eine „paradoxe und daher unerwartete S. eines Gegenstandes unter einen ihm übrigens heterogenen Begriff" (Gehlen, Zeitalter 96); Die Aufarbeitung des ... Datenmaterials darf sich also nicht auf die S. jeder Nachricht unter einen Begriff der Theorie beschränken. **2.** (Rechtsspr.) *Unterordnung eines Sachverhalts unter den Tatbestand (2) ei-*

ner Rechtsnorm; **sub|sum|tiv** ⟨Adj.⟩ (bildungsspr.): *subsumierend.* **Sub|sy|stem,** das; -s, -e [zu lat. sub = unter u. ↑System] (Fachspr., bes. Sprachw., Soziol.): *Bereich innerhalb eines Systems, der selbst Merkmale eines Systems aufweist.* **Sub|tan|gen|te** [auch: '- - - -], die; -, -n [zu lat. sub = unter u. ↑Tangente] (Math.): *Projektion einer Tangente auf die Abszissenachse.* **Sub|teen** [ˈsʌbtiːn], der; -s, -s [engl.-amerik. sub-teen = Schulkind, eigtl. = unterhalb des Teen(ager)alters] (bes. Werbespr.): *Junge od. Mädchen im Alter von etwa 10 bis 12 Jahren.* **sub|tem|po|ral** ⟨Adj.⟩ [zu lat. sub = unter(halb) u. ↑temporal] (Med.): *unter der Schläfe liegend.* **sub|ter|ran** ⟨Adj.⟩ [lat. subterraneus, zu: sub = unter(halb) u. terra = Erde] (Fachspr.): *unterirdisch:* ein -er See; das -e Wasser ist etwa 52 Grad warm (MM 18. 11. 72, 35). **sub|til** ⟨Adj.⟩ [mhd. subtil < afrz. subtil < lat. subtilis, zu: subtilis, ↑subtil] (bildungsspr.): **a)** *mit viel Feingefühl, mit großer Sorgfalt, Genauigkeit vorgehend od. ausgeführt; in die Feinheiten gehend, nuanciert, differenziert:* Der Konflikt gewinnt Profil in der -en Beschreibung und Analyse von Personen und Ereignissen (Welt 14. 12. 63, Geist. Welt 3); die ... Unterscheidung von „echten" und „falschen" Rücksichten wird ... durch eine weitere -e Unterscheidung kompliziert (Enzensberger, Einzelheiten I, 37); an die Stelle der Folter sind -ere (feiner ausgeklügelte, verfeinerte) Methoden getreten; **b)** *fein strukturiert [u. daher schwer zu durchschauen, zu verstehen]; schwierig, kompliziert:* ein -es Problem, System, dessen, deren Geist sehr s. ... ist (Jacob, Kaffee 72); **Sub|ti|li|tät,** die; -, -en [lat. subtilitas, zu: subtilis, ↑subtil] (bildungsspr.): **1.** ⟨o. Pl.⟩ *das Subtilsein.* **2.** *etw. Subtiles, Feinheit (2).* ◆ **3.** *Spitzfindigkeit:* Wollt Ihr denn ihr ohnedem schon überspanntes Hirn durch solcherlei -en ganz zersprengen (Lessing, Nathan I, 2). **Sub|tra|hend,** der; -en, -en [mlat. (numerus) subtrahendus, Gerundivum von lat. subtrahere, ↑subtrahieren] (Math.): *Zahl, die von einer anderen subtrahiert werden soll;* **sub|tra|hie|ren** ⟨sw. V.; hat⟩ [lat. subtrahere = unter etw. hervorziehen, entziehen, wegnehmen, aus: sub = unter u. trahere (2. Part.: tractum) = ziehen, schleppen] (Math.): *abziehen (14):* 7 von 18 s.; **Sub|trak|ti|on,** die; -, -en [spätlat. subtractio = das Sichentziehen, Abweichen, zu: subtrahere, ↑subtrahieren] (Math.): *das Subtrahieren:* Gleichungen durch S. umformen; **Sub|trak|ti|ons|auf|ga|be,** die: *Aufgabe (2 d) der Subtraktion;* **Sub|trak|ti|ons|ver|fah|ren,** das ⟨o. Pl.⟩: *subtraktives Verfahren:* im S. *(durch Subtraktion);* **sub|trak|tiv** ⟨Adj.⟩: *auf Subtraktion beruhend, durch sie entstanden:* ein -es Verfahren, -e Farbmischung (Fachspr.; *Farbmischung durch Absorption von Licht bestimmter Wellenlängen durch Pigmente).* **Sub|tro|pen** ⟨Pl.⟩ [zu lat. sub = unter u. ↑²Tropen] (Geogr.): *zwischen den Tropen*

subtropisch

u. der gemäßigten Zone gelegene Klimazone; **sub|tro|pisch** [auch: -'- -] ⟨Adj.⟩ (Geogr.): *die Subtropen betreffend, für sie kennzeichnend:* Der tropische oder -e Regenwald (Mantel, Wald 25); Die -e Flora, die vor der Eiszeit weitgehend das mitteleuropäische Pflanzenbild beherrschte (Mantel, Wald 28).
sub|un|gu|al ⟨Adj.⟩ [zu lat. sub = unter u. unguis = (Finger-, Zehen)nagel] (Med.): *unter dem Nagel (3) befindlich.*
Sub|un|ter|neh|men, das [zu lat. sub = unter u. ↑Unternehmen] (Wirtsch.): *von einem Subunternehmer betriebenes Unternehmen:* eine Firma als S. beschäftigen; **Sub|un|ter|neh|mer,** der (Wirtsch.): *Unternehmer, der von einem anderen Unternehmer od. Unternehmen, die einen Auftrag übernommen hat, damit betraut wird, einen Teil dieses Auftrags auf dessen Rechnung auszuführen;* **Sub|un|ter|neh|me|rin,** die (Wirtsch.): w. Form zu ↑Subunternehmer.
Sub|urb ['sʌbə:b], die; -, -s [engl. suburb, ↑Suburbia]: anglo-amerik. Bez. für *Vorstadt;* **Sub|ur|ba|ni|sa|ti|on** [zʊp|ʊr...], die; - [engl. suburbanization]: *Ausdehnung der Großstädte durch Angliederung von Vororten u. Trabantenstädten;* **Sub|ur|bia** [sə'bə:bɪə], die; - [engl. suburbia = (Bewohner der) Vorstädte < lat. suburbia, Pl. von: suburbium, aus: sub = nahe bei u. urbs = Stadt] (bes. Soziol.): *Gesamtheit der um die großen Industriestädte wachsenden Trabanten- u. Schlafstädte (in bezug auf ihr Bild u. die für sie typischen Lebensformen);* **sub|ur|bi|ka|risch** [zʊp|ʊr...] ⟨Adj.⟩ [spätlat. suburbicarius] (kath. Kirche): *vor, um Rom gelegen:* -e Bistümer; **Sub|ur|bi|um,** das; -s, ...ien [lat. suburbium, ↑Suburbia]: *Vorstadt (bes. einer mittelalterlichen Stadt).*
sub utra|que spe|cie [- - ...tsiə; lat.]: *in beiderlei Gestalt (als Brot u. Wein, in bezug auf das Abendmahl).*
sub|ve|nie|ren ⟨sw. V.; hat⟩ [lat. subvenire, aus: sub = unter u. venire = kommen] (veraltet): *zu Hilfe kommen, unterstützen;* **Sub|ven|ti|on,** die; -, -en ⟨meist Pl.⟩ [lat. subventio = Hilfeleistung, zu lat. subvenire, ↑subvenieren] (Wirtsch.): *zweckgebundener, von der öffentlichen Hand gewährter Zuschuß zur Unterstützung bestimmter Wirtschaftszweige, einzelner Unternehmen:* hohe -en erhalten; ... werden wir die S. von Zeitungen in der bisherigen Höhe ... nicht aufrechterhalten können (Freie Presse 3. 1. 90, 3); Mit den gekürzten -en läßt sich immerhin die Reitbahn renovieren (Bieler, Bär 233); **sub|ven|tio|nie|ren** ⟨sw. V.; hat⟩ (Wirtsch.): *durch Subventionen unterstützen, fördern:* Sie (= die moderne Oper) wird fast so hoch subventioniert wie die Landwirtschaft (Herrenjournal 3, 1966, 2); Das jährliche Defizit der staatlich subventionierten Bühne (MM 16. 10. 69, 38); **Sub|ven|tio|nie|rung,** die; -, -en: *das Subventionieren;* **Sub|ven|ti|ons|bei|gren,** das (Wirtsch.): *Antrag auf Subventionen.*
Sub|ver|si|on, die; -, -en [spätlat. subversio, zu lat. subversum, 2. Part. von: subvertere = (um)stürzen, aus: sub = unter u. vertere = (um)kehren, -wenden, -drehen] (bildungsspr.): *meist im verborgenen betriebene, auf die Untergrabung, den Umsturz der bestehenden staatlichen Ordnung zielende Tätigkeit:* ... „Subversion" gegen das Militärregime von General ... Pinochet betrieben zu haben (Basler Zeitung 2. 10. 85, 5); **sub|ver|siv** ⟨Adj.⟩ [engl. subversive < lat. subversum, ↑Subversion] (bildungsspr.): *Subversion betreibend; umstürzlerisch:* -e Elemente, Pläne; sich betätigen; Ü Volkstheater, wie es sein soll, mitreißend, s., spontan (MM 14. 5. 80, 56); So kann er nur nach Feierabend ... s. wirken (= für die Schallplattenabteilung eines pazifistischen „Plänen-Verlags"; Spiegel 1, 1966, 74).

sub vo|ce [lat., zu: sub = unter u. vox = Wort, Bezeichnung] (bildungsspr.): *unter [dem Stichwort, dem Thema];* Abk.: s. v.
Sub|vul|kan, der; -s, -e [zu lat. sub = unter u. ↑Vulkan] (Geol.): *in die äußeren Teile der Erdkruste eingedrungene magmatische Masse.*
Sub|way ['sʌbweɪ], die; -, -s [engl. subway, aus: sub = unter u. way = Weg]: **1.** *anglo-amerik. Bez. für Untergrundbahn.* **2.** ⟨auch: der; -s, -s⟩ *Straßenunterführung.*
Sub|woo|fer ['sʌbwʊfə], der; -s, - [engl. subwoofer, aus: sub = unter u. woofer = Tieftonlautsprecher] (Elektronik): *(in Verbindung mit zwei kleineren Satellitenboxen zur stereophonen Wiedergabe verwendete) große Lautsprecherbox für die tiefen Frequenzen beider Kanäle.*
♦ **Suc|ceß** [syk'sɛs], der; -esses, -e [frz. succès < lat. successus = Erfolg, glücklicher Fortgang, eigtl. = das Herangehen, zu: succedere, ↑sukzedieren]: *Erfolg:* Vorsichtig und bedingter waren die wohlwollenden Stimmen anderer, die ... einen allgemeinen und raschen S. kaum hofften (Mörike, Mozart 223).
Suc|co|tash ['sʌkətæʃ], das; - [engl. succotash, aus dem Algonkin (nordamerik. Indianerspr.)]: *indianisches Gericht aus grünen Maiskörnern u. grünen Bohnen.*
Suc|cus: ↑Sucus.
Such|ak|ti|on, die: *[großangelegte] organisierte Suche:* eine polizeiliche S.; **Such|an|trag,** der: *Antrag an einen Suchdienst, Nachforschungen über eine vermißte Person anzustellen;* **Such|an|zei|ge,** die: **1.** *Anzeige bei der Polizei, durch die diese veranlaßt wird, jmdn., etw. zu suchen.* **2.** *Anzeige in einer Zeitung, durch die jmd. mitteilt, daß er etw. sucht;* **Such|ar|beit,** die: *[organisierte] mühevolle Suche;* **Such|au|to|ma|tik,** die (Elektronik): **1.** *Sendersuchlauf.* **2.** *(an Bandgeräten) Automatik zum Auffinden bestimmter Stellen von Tonbandaufnahmen;* **Such|baum,** der (Datenverarb.): *Baum (3) mit einer hierarchischen Struktur, in den Daten leicht u. schnell eingeordnet u. in dem leicht u. schnell wiedergefunden werden können;* **Such|bild,** das: *Vexierbild (a);* **Such|boh|rung,** die: *Bohrung, die der Suche bes. nach Bodenschätzen dient;* **Such|dienst,** der: *Organisation, die sich mit Nachforschungen über den Verbleib vermißter Personen befaßt:* der S. des Roten Kreuzes; **Su|che,** die; -, -n [mhd. suoche, ahd. in: hūssuacha = Durchsuchung]: **1.** *Vorgang, Tätigkeit des Suchens:* eine vergebliche S.; Bisher sind alle -n der ... Polizei in den Armenvierteln Roms ... nach dem verschwundenen Priester erfolglos gewesen (MM 6. 5. 66, 34); eine S. beginnen, ergebnislos abbrechen; die S. nach den Verschütteten aufgeben; warten Sie nicht, nehmen Sie sofort die S. auf! (Bastian, Brut 177); etw. nach langer S. wiederfinden; auf der S. nach einem Job, einer Frau, dem Sinn des Lebens sein *(einen Job, eine Frau, den Sinn des Lebens suchen);* auf die S. gehen, sich auf die S. [nach jmdm., etw.] machen *(aufbrechen, um jmdn., etw. zu suchen);* ... und begab sich auf die S. nach seinem Sohn (Fallada, Hoppelpoppel 26); jmdn. auf die S. [nach jmdm., etw.] schicken *(jmdn. ausschicken, jmdn., etw. zu suchen).* **2.** (Jägerspr.) *Jagd (bes. auf Niederwild), bei der das Wild von Hunden gesucht u. aufgescheucht wird;* **su|chen** ⟨sw. V.; hat⟩ /vgl. gesucht/ [mhd. suochen, ahd. suohhen, eigtl. = suchend nachgehen, nachspüren, urspr. wohl auf der Jagdhund bezogen]: **1. a)** *sich bemühen, etw. Verlorenes, Verstecktes, jmdn., etw., von dem man nicht weiß, wo der od. das Betreffende [geblieben] ist, zu finden:* jmdn., etw./ nach jmdm., etw. s.; jmdn., etw. fieberhaft, krampfhaft, verzweifelt, überall s.; sie sucht ihre Brille, ihre Schlüssel; eine Stelle in einem Buch, einen Ort auf einer Landkarte s.; ... erinnerte sie sich, daß Kurt über eine Gasrechnung gebrummt hatte, und sie suchte auf dem Schreibtisch und in den Schubladen danach – erfolglos übrigens (Baum, Paris 55); im Wald Pilze, Beeren s. *(sammeln);* wir haben dich schon überall gesucht!; jmdn. polizeilich, steckbrieflich s.; die Polizei sucht noch nach dem Täter, nach Spuren; solche Leute muß man schon s. (ugs.; *solche Leute sind äußerst selten);* ⟨auch o. Obj.:⟩ ich habe überall, stundenlang [vergeblich] gesucht; da kannst du lange s. (ugs.; *dein Suchen ist zwecklos);* sich suchend umsehen; mit suchendem Blick; such, such! (Aufforderung an einen Hund, eine Spur aufzunehmen); R wer sucht, der findet (nach Matth. 7, 7); Ü Sein Auge suchte sehnsüchtig einen Schimmer der Spiaggia (Edschmid, Liebesengel 119); seine Hand suchte in der Dunkeln nach dem Lichtschalter *(tastete danach);* er verließ die Heimat, um sein Glück in der Fremde zu s.; * **seinesgleichen s.** *(nicht zu übertreffen, einzigartig sein):* seine Einsatzbereitschaft sucht ihresgleichen; seine Insektensammlung sucht ihresgleichen (Niekisch, Leben 190); * **Suchen spielen** (landsch.; *Verstecken spielen);* **b)** *sich bemühen, etw. Bestimmtes, was man braucht, zu erlangen, erwerben:* einen Job, eine neue Wohnung s.; er sucht eine Frau *(möchte gern heiraten u. versucht, eine zu ihm passende Frau kennenzulernen);* die Polizei sucht Zeugen; Am holländischen Devisenmarkt wurde Inlandswährung stark gesucht *(war sie sehr gefragt;* Welt 14. 8. 65, 8); (in Anzeigen:) Verkäuferin gesucht; Bungalow [zu kaufen, zu mieten] gesucht; R da haben sich zwei gesucht und gefunden (ugs.; *die beiden passen gut zueinander);* Ü der angestaute Ärger sucht sich ein Ventil; **c)** *bemüht sein, durch Überlegen, Nachdenken etw. herauszufinden, zu entdecken, zu*

erkennen: einen Ausweg s.; nach dem Fehler in der Rechnung, nach Gründen s.; nach dem Sinn des Lebens, nach der Wahrheit s.; *Er hatte das Bedürfnis, rastlos nach einer Brücke, einem Zusammenhange, einem Vergleich zu s. – zwischen sich und dem, was wortlos vor seinem Geiste stand* (Musil, Törleß 69); *er sucht nach Worten (strengt sich an, die passenden Worte zu finden); er sucht (vermutet, argwöhnt) hinter allem etwas Schlechtes; die Gründe dafür sind in seiner Vergangenheit zu s. (liegen in seiner Vergangenheit).* **2. a)** *bemüht, bestrebt sein, eine bestimmte Absicht zu erreichen; sich die Realisierung, Erfüllung von etw. wünschen* (oft verblaßt): seinen Vorteil s.; [jmds./bei jmdm.] Schutz, Rat s.; Ruhe, Vergessen s.; jmds. Gesellschaft, Nähe s.; *Wer Abenteuer in Paris sucht, wird enttäuscht sein* (K. Mann, Wendepunkt 142); *er sucht das Gespräch mit der Jugend; Streit s.; sein Recht s.; was sucht denn der Kerl hier?* (ugs.; *was will er hier, warum ist er hier?*); * **irgendwo nichts zu s. haben** (ugs.; *irgendwo nicht hingehören, nicht sein dürfen*): *du hast hier überhaupt nichts zu s.;* **b)** *auf etw. zu-, irgendwohin streben:* Pflanzen suchen stets das Licht; *die Küken suchen die Wärme der Henne.* **3.** ⟨mit Inf. + zu⟩ (geh.) *versuchen, trachten, bemüht sein:* jmdm. zu helfen s.; etw. zu vergessen s.; *Ich suchte mich zu konzentrieren* (Jens, Mann 131); *Silvi wimmerte und suchte sich mit abgebrochenen Worten zu rechtfertigen* (R. Walser, Gehülfe 79); **Sucher,** der; -s, - [1: mhd. suochære, ahd. suochari]: **1.** (selten) *jmd., der sucht.* **2.** (Fot.) *optische Einrichtung an Kameras, mit deren Hilfe der vom Objektiv erfaßte Bildausschnitt erkennbar gemacht wird:* Sind wir genau im Bild? Sie müssen uns im S. sehn (Kaiser, Villa 238); **Sucherbild,** das: *im Sucher (2) sichtbares Bild;* **Sucherei,** die; -, -en ⟨Pl. selten⟩ (ugs., oft abwertend): *[dauerndes] Suchen* (1): ich habe die S. satt; **Sucherkamera,** die (Fot.): *Kamera, bei der man das zu fotografierende Objekt in einem Sucher (2) sieht;* **Suchfrage,** die (Datenverarb.): *an eine Datenverarbeitungsanlage gegebener Auftrag, eine Information zu suchen;* **Suchhund,** der: *Spürhund;* **Suchkind,** das: *vom Suchdienst des Roten Kreuzes o. ä. registriertes Kind, das in den Kriegswirren von seinen Eltern getrennt wurde;* **Suchkommando,** das: vgl. Suchtrupp; **Suchlauf,** der (Ferns., Rundfunkt.): *Sendersuchlauf;* **Suchliste,** die: *(von einem Suchdienst erstellte) Liste vermißter Personen;* **Suchmannschaft,** die: vgl. Suchtrupp; **Suchmeldung,** die: *Meldung (2) über eine gesuchte Person.*
Sucholwei, Sucholwej, der; -[s], -s [russ. suhovej, zu: suhoj = trocken u. vejat' = wehen]: *heißer, trockener Südostwind in der südrussischen Steppe.*
Suchscheinwerfer, der: *beweglich montierter, starker Scheinwerfer, mit dessen Hilfe man im Dunkeln nach etw. in der Umgebung sucht.*
Sucht, die; -, Süchte und Suchten [mhd., ahd. suht = Krankheit, ablautende Bildung zu ↑siechen]: **1.** *krankhafte Abhängigkeit von einem bestimmten Genuß- od. Rauschmittel o. ä.:* die kleinen Süchte, die kleinen Gefühle (Ott, Haie 320); die S. nach Alkohol; eine S. bekämpfen; Das Wissen der Psychiatrie von der Psychopathologie der Suchten (Bodamer, Mann 151); an einer S. leiden; jmdn. von einer S. heilen; *das Tablettenschlucken ist bei ihr zur S. geworden.* **2.** *übersteigertes Verlangen nach etw., einem bestimmten Tun; Manie:* seine S. nach Vergnügungen; eine krankhafte S., von sich reden zu machen (Winckler, Bomberg 144); ihn trieb die S. nach Geld. **3.** (veraltet) *Krankheit:* die fallende S. *(Epilepsie);* **Suchtgefahr,** die: *Gefahr, daß eine Sucht (1) entsteht;* **suchtgefährdet** ⟨Adj.⟩: *gefährdet, süchtig (1) zu werden;* **süchtig** ⟨Adj.⟩ [mhd. sühtec, ahd. suhtig = krank]: **1.** *an einer Sucht (1) leidend:* Der Mann ... hatte ... versucht, seiner -en Freundin ... „Stoff" hineinzuschmuggeln (BM 4. 5. 74, 6); s. [nach etw.] sein, werden; von etw. s. werden. **2.** *ein übersteigertes Verlangen, eine Sucht (2) habend; versessen; begierig:* weil sie in Lilos fast -er Lernbegier eine eine ... Voraussetzung des neuen Menschenbildes erkannte (Kant, Impressum 217); ein nach Sensationen -es Publikum; *Übrigens war sie s. nach Aufrichtigkeit* (Chr. Wolf, Nachdenken 219); **-süchtig:** *drückt in Bildungen mit Substantiven – seltener mit Verben (Verbstämmen) – aus, daß die beschriebene Person einen übermäßig starken Hang zu etw. hat, auf etw. versessen, nach etw. begierig ist:* fernseh-, fortschritts-, profitsüchtig; **Süchtige,** der u. die; -n, -n ⟨Dekl. ↑Abgeordnete⟩: *jmd., der süchtig (1) ist;* **Süchtigkeit,** die; -: *das Süchtigsein;* **Suchtklinik,** die: *Klinik für Suchtkranke;* **suchtkrank** ⟨Adj.⟩: *an einer Sucht (1) leidend;* **Suchtkranke,** der u. die: *jmd., der suchtkrank ist;* **Suchtmittel,** das: *Arznei-, Rauschmittel, das süchtig (1) macht;* **Suchtmittelbekämpfung,** die: vgl. Rauschgiftbekämpfung.
Suchtrupp, der: *Gruppe von Personen, die eine Suchaktion durchführen.*
Suchtverhalten, das (Fachspr.): *durch eine Sucht bedingtes Verhalten, das jmd. zeigt:* das S. Alkoholabhängiger.
Suchung, die; -, -en [spätmhd. suochunge = Suche] (selten): *Haussuchung; Durchsuchung.*
suckeln¹ ⟨sw. V.; hat⟩ [Intensivbildung zu ↑saugen] (landsch.): **a)** *in rasch aufeinanderfolgenden, kurzen Zügen saugen:* das Kind suckelt an seiner Flasche; **b)** *suckelnd (a) trinken:* mit dem Schulspeisungskakao, den ich als Sproß einer kinderreichen Familie durfte (Spiegel 5, 1979, 20).
¹Sucre ['sukre]: *Hauptstadt von Bolivien.*
²Sucre, der; -, - [span. sucre, nach dem südamerik. General u. Politiker A.J. de Sucre y de Alcalá (1795–1830), dem ersten Präsidenten Boliviens]: *Währungseinheit in Ecuador* (1 Sucre = 100 Centavos).
Sulcus, der; -, ...ci [...tsi], (Fachspr.:) Succus ['zʊ...], der; -, Succi ['zʊktsi] [lat. suc(c)us, zu: sugere = saugen] (Pharm.): *zu Heilzwecken verwendeter Pflanzensaft.*
Sud, der; -[e]s, -e [mhd. sut, ablautende Bildung zu ↑sieden]: **a)** *Flüssigkeit, in der etw. gekocht wurde:* den S. abgießen; den Braten aus dem S. *(Bratensud)* nehmen; **b)** (meist Fachspr.): *Flüssigkeit, in der etw. ausgekocht wurde:* Der einfachste S. gegen Halsschmerzen braucht ... mindestens zwölf verschiedene Heilkräuter (MM 25. 11. 71, 33); **c)** *im Sudhaus erhitzte Bierwürze.*
Süd, der; -[e]s, -e [mhd. süd = Süd(wind), zu mniederl. suut = im, nach Süden (seit dem 15. Jh. in der Form süd unter Anlehnung an die niederl. mundartl. ü-Aussprache), H. u., viell. eigtl. = nach oben (= in der Richtung der aufsteigenden Sonnenbahn)]: **1.** ⟨o. Pl.; unflekt.; o. Art.⟩ **a)** (bes. Seemannsspr.; Met.) *Süden (1)* (gewöhnlich in Verbindung mit Präp.): der Wind kommt aus/von S.; **b)** (nachgestellte nähere Bestimmung bei geographischen Namen o. ä.) *als Bez. des südlichen Teils od. zur Kennzeichnung der südlichen Lage, Richtung:* Frankfurt-S.; Fabriktor S.; Abk.: S **2.** ⟨Pl. selten⟩ (Seemannsspr., dichter.) *Südwind:* es wehte ein warmer S.; **Südafrika,** -s: **1.** *südlicher Teil Afrikas.* **2.** *Republik im Süden Afrikas;* **Südafrikaner,** der; Ew.; **Südafrikanerin,** die: w. Form zu ↑Südafrikaner; **südafrikanisch** ⟨Adj.⟩.
Sudamen, das; -s, ...mina [zu lat. sudare = schwitzen] (Med.): *Schweißbläschen.*
Südamerika, -s: *südlicher Teil Amerikas;* **Südamerikaner,** der; Ew.; **Südamerikanerin,** die: w. Form zu ↑Südamerikaner; **südamerikanisch** ⟨Adj.⟩.
Sudan, der; -[s]: *Staat in Mittelafrika.*
Sudaner, der; -s, -: Ew.; **Sudanerin,** die; -, -nen: w. Form zu ↑Sudaner; **Sudanese,** der; -n, -n: Ew.; **Sudanesin,** die; -, -nen: w. Form zu ↑Sudanese; **sudanesisch, sudanisch** ⟨Adj.⟩.
Südasien, -s: *südlicher Teil Asiens.*
Sudation, die; - [lat. sudatio, zu: sudare = schwitzen] (Med.): *das Schwitzen;* **Sudatorium,** das; -s, ...ien [lat. sudatorium] (Med.): *Schwitzbad.*
Süddakota, -s: *Bundesstaat der USA.*
Sudden death ['sʌdn 'dɛθ], der; -, - - [engl. sudden death = plötzlicher Tod] (bes. Eishockey): *in einem zusätzlichen Spielabschnitt herbeigeführte Entscheidung, durch ein Spiel bei unentschiedenem Stand dadurch zum Abschluß gebracht wird, daß die Mannschaft, die den ersten Treffer erzielt, das Spiel gewonnen hat.*
süddeutsch ⟨Adj.⟩: **a)** *zu Süddeutschland gehörend, aus Süddeutschland stammend:* die -e Bevölkerung, Landschaft; -e Mundarten; **b)** *für Süddeutschland, die Süddeutschen charakteristisch:* mit -em Akzent sprechen; **Süddeutschland,** -s: *südlicher Teil Deutschlands.*
Sudel, der; -s, - [zu mniederl. sudde = Sumpf]: **1.** (schweiz.) *Kladde (2).* **2.** (landsch.) **a)** ⟨o. Pl.⟩ *Schmutz;* **b)** *Pfütze;* **Sudelarbeit,** die; -, -en (ugs. abwertend): *Pfuscharbeit;* **Sudelbuch,** das (landsch.): vgl. Sudelheft; **Sudelei,** die; -, -en (ugs. abwertend): **1.** *das Sudeln (1); Gesudel.* **2.** *liederlich ausgeführte Arbeit; Schlamperei;* **Sudeller:** ↑Sudler; **Sudel-**

heft, das (landsch.): *Kladde* (1 a); **su|de-lig,** sudlig (Adj.) (ugs. abwertend): *nachlässig, liederlich [ausgeführt], gesudelt* (2): *eine -e Arbeit; s. schreiben;* **Su|del|koch,** der (landsch. abwertend): *schlechter, bei der Zubereitung von Speisen nicht reinlicher Koch;* **Su|del|kö|chin,** die (landsch. abwertend): w. Form zu ↑Sudelkoch; **su|deln** ⟨sw. V.; hat⟩ [in dem Verb sind zwei gleichlautende frnhd. Verben zusammengefallen; das erste ist verw. mit ↑sieden u. bedeutete „sieden, kochen", das zweite gehört zu ↑Sudel u. bedeutete „beschmutzen, im Schmutz wühlen"] (ugs. abwertend): **1.** *mit etw. Flüssigem, Breiigem, Nassem so umgehen, daß Schmutz entsteht, Dinge beschmutzt werden:* das Kind hat beim Essen gesudelt. **2. a)** *nachlässig u. unsauber schreiben; schmieren* (3 a); **b)** *nachlässig u. liederlich arbeiten; pfuschen* (1 a); **Su|del|wet|ter,** das ⟨o. Pl.⟩ (landsch. abwertend): *unfreundliches, nasses Wetter.*
Su|den, der; -s [spätmhd. süden (vom Mniederl. lautl. beeinflußt), mhd. sūden, sunden, ahd. sundan]: **1.** ⟨meist o. Art.⟩ *dem Norden entgegengesetzte Himmelsrichtung, in der die Sonne am Mittag ihren höchsten Stand erreicht* (gewöhnlich in Verbindung mit einer Präp.): der Wind kommt von S.; Abk.: S **2. a)** *gegen Süden* (1), *im Süden gelegener Bereich, Teil (eines Landes, Gebiets o. ä.):* im S. Frankreichs; **b)** *das Gebiet der südlichen Länder; südlicher Bereich der Erde, bes. Südeuropa:* der sonnige S.; ... in der Vorstellung befangen, der S. sei schmeichlerisch süß und weich und die Härte im Norden zu suchen (Th. Mann, Krull 333); wir fahren in den Ferien in den S.
Su|de|ten ⟨nur mit Art.; Pl.⟩: *Gebirge in Mitteleuropa;* **su|de|ten|deutsch** ⟨Adj.⟩; **Su|de|ten|deutsche,** der u. die: Ew. zu ↑Sudetenland; **Su|de|ten|land,** das; -[e]s: *ehemaliges deutsches Siedlungsgebiet in der Tschechischen Republik;* **su|de|tisch** ⟨Adj.⟩: zu ↑Sudeten.
Süd|fen|ster, das: *an der Südseite eines Gebäudes gelegenes Fenster;* **Süd|flan|ke,** die: *vgl. Südseite;* **Süd|flü|gel,** der: *vgl. Nordflügel;* **Süd|frucht,** die ⟨meist Pl.⟩: *aus den Tropen od. Subtropen importierte Frucht* (1 a): Apfelsinen, Bananen und andere Südfrüchte; **Süd|früch|ten|händ|ler,** der (österr.): *jmd., der Südfrüchte verkauft;* **Süd|früch|ten|händ|le|rin,** die (österr.): w. Form zu ↑Südfrüchtenhändler; **Süd|früch|ten|hand|lung,** die (österr.): *Geschäft, in dem Südfrüchte verkauft werden;* **Süd|gren|ze,** die: *Grenze im Süden;* **Süd|halb|ku|gel,** die: *südliche Halbkugel;* **Süd|hang,** der: *südlicher Hang.*
Sud|haus, das [zu ↑Sud]: *Gebäude[teil] einer Brauerei, in dem die Bierwürze bereitet wird.*
Süd|ka|ro|li|na; -s: *Bundesstaat der USA;* **Süd-Ko|rea,** (meist:) **Süd|ko|rea;** -s: *Staat im südlichen Teil der Halbinsel Korea;* **Süd|ko|rea|ner,** der: Ew. zu ↑Südkoreaner; **süd|ko|rea|nisch** ⟨Adj.⟩; **Süd|kü|ste,** die: *südliche* (1) *Küste eines Landes, Kontinents;* **Süd|land,** das ⟨Pl. ...länder; meist Pl.⟩: *südliches, am Mittelmeer liegendes Land; Gebiet im Süden;* **Süd|län|der,** der; -s, -: *jmd., der aus einem südlichen, am Mittelmeer liegenden Land stammt;* **Süd|län|de|rin,** die; -, -nen: w. Form zu ↑Südländer; **süd|län|disch** ⟨Adj.⟩: *zu den südlichen Ländern gehörend, von dort stammend, für sie charakteristisch;* **südl. Br.** = südlicher Breite.
Sud|ler, Sudeler, der; -s, - (ugs. abwertend): *jmd., der sudelt;* **Sud|le|rin,** die; -, -nen (ugs. abwertend): w. Form zu ↑Sudler.
süd|lich [mniederd. sutlich, mniederl. zuydelik]: **I.** ⟨Adj.⟩ **1.** *im Süden* (1) *gelegen:* die südlichste Stadt Europas; das -e Afrika *(der südliche Teil Afrikas);* das ist schon sehr weit s.; ⟨in Verbindung mit „von":⟩ s. von Sizilien. **2. a)** *nach Süden* (1) *gerichtet, dem Süden zugewandt:* in -er Richtung; **b)** *aus Süden* (1) *kommend:* -e Winde. **3. a)** *zum Süden* (2 b) *gehörend, aus ihm stammend:* die -en Länder, Völker: ein -es Klima; **b)** *für den Süden* (2 b), *seine Bewohner charakteristisch:* sein -es Temperament. **II.** ⟨Präp. mit Gen.⟩ *südlich von; weiter im, gegen Süden [gelegen] als:* s. des Flusses; s. Kölns (selten; *südlich von Köln);* **Süd|licht,** das ⟨Pl. -er⟩: *im Süden auftretendes Polarlicht.*
sud|lig: ↑sudelig.
Su|dor, der; -s [lat. sudor] (Med.): *Schweiß;* **Su|do|ra|ti|on,** die; - (Med.): *Sudation;* **Su|do|ri|fe|rum,** das; -s, ...ra [zu lat. ferre = tragen, bringen] (Med.): *schweißtreibendes Mittel.*
Süd|ost, der; **1.** ⟨o. Pl.; unflekt.; o. Art.⟩ **a)** (bes. Seemannsspr., Met.) *Südosten* (1) (gewöhnlich in Verbindung mit einer Präp.); **b)** (als nachgestellte nähere Bestimmung bes. bei geographischen Namen) vgl. Süd (1 b); Abk.: SO **2.** ⟨Pl. selten⟩ (Seemannsspr.; dichter.) *Südostwind;* **Süd|os|ten,** der; **1.** ⟨meist o. Art.⟩ *Richtung zwischen Süden u. Osten* (gewöhnlich in Verbindung mit einer Präp.); Abk.: SO **2.** vgl. Süden (2 a); **süd-öst|lich: I.** ⟨Adj.⟩ vgl. südlich (I 1, 2). **II.** ⟨Präp. mit Gen.⟩ vgl. südlich (II); **Süd|ost|wind,** der: vgl. Südwind.
Sud|pfan|ne, die [zu ↑Sud]: *flache Wanne o. ä. zum Erhitzen von Flüssigkeiten (z. B. beim Salzsieden).*
Süd|pol, der: **1.** *südlicher Pol eines Planeten (bes. der Erde) u. der Himmelskugel.* **2.** *Pol eines Magneten, der das natürliche Bestreben hat, sich nach Süden auszurichten;* **Süd|po|lar|ge|biet,** das: vgl. Nordpolargebiet; **Süd|pol|ar|meer,** das: vgl. Nordpolarmeer; **Süd|pol|ex|pe|di|ti|on,** die: *Expedition zum Südpol;* **Süd|punkt,** der (Geogr.): *in exakt südlicher Richtung liegender (gedachter) Punkt am Horizont;* **Süd|see,** die; -: *Pazifischer Ozean, bes. sein südlicher Teil;* **Süd|see|in|su|la|ner,** der: *Bewohner einer Südseeinsel;* **Süd|see|in|su|la|ne|rin,** die: w. Form zu ↑Südseeinsulaner; **Süd|sei|te,** die: *nach Süden zu gelegene Seite eines Gebäudes o. ä.;* **süd|sei|tig** ⟨Adj.⟩: *an, auf der Südseite [gelegen, befindlich];* **Süd|spit|ze,** die: *südliche Spitze (bes. einer Insel);* **Süd|staa|ten** ⟨Pl.⟩: *Bundesstaaten im Süden der USA;* **Süd|staat|ler,** der; -s, -: Ew.; **Süd|staat|le|rin,** die; -, -nen: w. Form zu ↑Südstaatler; **Süd|süd|ost,** der;

1. ⟨o. Pl.; unflekt.; o. Art.⟩ (Seemannsspr., Met.): *Südsüdosten* (gewöhnlich in Verbindung mit einer Präp.); Abk.: SSO **2.** ⟨Pl. selten⟩ (Seemannsspr.) *von Südsüdosten wehender Wind;* **Süd|süd|os|ten,** der ⟨meist o. Art.⟩: *Richtung zwischen Süden u. Südosten* (gewöhnlich in Verbindung mit einer Präp.); Abk.: SSO; **Süd-süd|west,** der: **1.** ⟨o. Pl.; unflekt.; o. Art.⟩ (Seemannsspr., Met.): *Südsüdwesten* (gewöhnlich in Verbindung mit einer Präp.); Abk.: SSW **2.** ⟨Pl. selten⟩ (Seemannsspr.) *von Südsüdwesten wehender Wind;* **Süd|süd|we|sten,** der ⟨meist o. Art.⟩: *Richtung zwischen Süden u. Südwesten* (gewöhnlich in Verbindung mit einer Präp.); Abk.: SSW; **Süd|teil,** der: *südlicher Teil eines Gebäudes, Gewässers, Landes, einer Stadt o. ä.;* **Süd|ti|rol,** -s: **1.** *südlich des Brenners gelegener Teil Tirols, Gebiet der Provinz Bozen.* **2.** (hist.) *seit 1919 zu Italien gehörender Teil des österreichischen Kronlandes Tirol;* **Süd|ufer,** das: *südliches Ufer;* **Süd|vi|et|nam,** -s: *südlicher Teil Vietnams;* **Süd|wand,** die: *nach Süden gelegene Wand eines Gebäudes, Berges;* **süd|wärts** ⟨Adv.⟩ [↑-wärts]: **a)** *in südliche[r] Richtung, nach Süden:* s. fahren, blicken; **b)** (selten) *im Süden:* s. zog ein Gewitter auf; **Süd-wein,** der: *aus südlichen Ländern stammender Wein;* **Süd|west,** der: **1.** ⟨o. Pl.; unflekt.; o. Art.⟩ **a)** (bes. Seemannsspr., Met.) *Südwesten* (1) (gewöhnlich in Verbindung mit einer Präp.); Abk.: SW; **b)** (als nachgestellte nähere Bestimmung bes. bei geographischen Namen) vgl. Süd (1 b). **2.** ⟨Pl. selten⟩ (Seemannsspr.; dichter.) *Südwestwind;* **Süd|west|afri|ka;** -s: *früherer Name von* ↑Namibia; **Süd|we|sten,** der: **1.** ⟨meist o. Art.⟩ *Richtung zwischen Süden u. Westen* (gewöhnlich in Verbindung mit einer Präp.); Abk.: SW **2.** vgl. Süden (2 a); **Süd|we|ster,** der; -s, -: *von Seeleuten getragener Hut aus wasserabweisendem Material mit breiter Krempe, die hinten bis über den Nacken reicht u. vorne hochgeschlagen wird;* **süd-west|lich: I.** ⟨Adj.⟩ vgl. südlich (I 1, 2). **II.** ⟨Präp. mit Gen.⟩ vgl. südlich (II); **Süd-west|wind,** der: vgl. Südwind; **Süd|wind,** der: *von Süden wehender Wind.*
Su|es: *ägyptische Stadt;* **Su|es|ka|nal,** der; -s: *Kanal zwischen Mittelmeer u. dem Golf von Sues.*
Sue|ve usw.: ↑Swebe usw.
Sue|vit, der; -s, -e [zu Suevia, dem nlat. Namen für Schwaben] (Geol.): *beim Einschlag eines Meteoriten entstandene Breccie.*
Su|ez usw.: ↑Sues usw.
Suf|fet, der; -en, -en [lat. sufes (Gen.: sufetis), aus dem Semit., vgl. hebr. šōfēṭ = Richter]: *höchster Beamter in punischen Städten u. Kolonien.*
Suff, der; -[e]s [zu ↑saufen, urspr. = guter Schluck, Zug] (salopp): **1.** *Betrunkenheit:* ... nur noch im S. die Welt ertragen zu können (elan 1, 1980, 17); weil er im S. gestohlen hatte (Grass, Hundejahre 283). **2. a)** *Trunksucht:* dem S. verfallen, sich dem S. ergeben; **b)** *das Trinken von Alkohol in großen Mengen:* der S. ruiniert den Menschen, macht den Menschen kaputt; zu viele Zigaretten, zuviel S. (Simmel,

Stoff 32); **Süffel**, der; -s, - (landsch. ugs. scherzh.): *Trinker;* **süffeln** ⟨sw. V.; hat⟩ (ugs.): **a)** *(bes. ein alkoholisches Getränk) genüßlich trinken:* Wir ... süffeln unseren Wein lieber in kleinen Pinten (Hörzu 52, 1973, 85); **b)** *trinken* (3 a): Reinhold süffelt täglich immer ein paar Schnäpschen (Döblin, Alexanderplatz 253).

suf|fi|cit [lat., 3. Pers. Sg. Präs. von: sufficere = ausreichen, genügen] (veraltet): *es ist genug.*

süf|fig ⟨Adj.⟩ (ugs.): *(bes. von Wein) angenehm schmeckend u. gut trinkbar:* -es Bier; ein -er Wein.

suf|fi|gie|ren ⟨sw. V.; hat⟩ [lat. suffigere, eigtl. = unten anheften, zu: sub = unten u. figere = anheften] (Sprachw.): *mit einem Suffix versehen;* **Suf|fi|gie|rung**, die; -, -en (Sprachw.): *das Suffigieren.*

Süf|fig|keit, die; -: *das Süffigsein.*

Suf|fi|men|tum, das; -s, ...ta [lat. suffimentum, zu: suffire = räuchern] (Med.): *Räuchermittel.*

◆ **Suf|fi|sance** [zyfi'sãːs]: ↑ Süffisance: Du hättest sie hören sollen ... mit welcher S. sie von „kleinen Verhältnissen" sprach (Fontane, Jenny Treibel 85); **Süf|fi|sance** [...'zãːs], die; - [frz. suffisance, zu: suffisant, ↑süffisant] (bildungsspr.): *Süffisanz;* **süf|fi|sant** ⟨Adj.; -er, -este⟩ [frz. suffisant, eigtl. = (sich selbst) genügend, 1. Part. von: suffire = genügen < lat. sufficere] (bildungsspr. abwertend): *ein Gefühl von [geistiger] Überlegenheit genüßlich zur Schau tragend, selbstgefällig, spöttisch-überheblich:* mit -er Miene; Als sie ihm einige Zeit darauf mitteilte, daß Frank sie heiraten wollte, war er geneigt, die -e Bemerkung zu machen, daß man ihren Aufenthalt in Davos kaum als erfolglos bezeichnen könnte (Danella, Hotel 239); s. lächeln; Süffisant meinte ich, ich begriff gar nicht, warum er sich so aufrege (Niekisch, Leben 294); **Süf|fi|sanz**, die; -: *süffisantes Wesen, süffisante Art.*

Suf|fit|te: ↑ Soffitte.

Suf|fix, das; -es, -e [zu lat. suffixum, subst. 2. Part. von: suffigere, ↑suffigieren] (Sprachw.): *an ein Wort, einen Wortstamm angehängte Ableitungssilbe; Nachsilbe* (z. B. -ung, -heit, -chen); **suf|fi|xal** ⟨Adj.⟩ (Sprachw.): *mit Hilfe eines Suffixes gebildet:* -e Ableitungen; **suf|fi|xo|id** ⟨Adj.⟩ (Sprachw.): *einem Suffix ähnlich;* **Suf|fi|xo|id**, das; -[e]s, -e [zu griech. -oeidēs = ähnlich, zu: eĩdos = Aussehen, Form] (Sprachw.): *Wortbildungsmittel, das sich aus einem selbständigen Lexem zu einer Art Suffix entwickelt hat u. sich vom selbständigen Lexem durch Reihenbildung u. Entkonkretisierung unterscheidet* (z. B. *-papst* in „Literaturpapst").

suf|fi|zi|ent ⟨Adj.⟩ [lat. sufficiens (Gen.: sufficientis), adj. 1. Part. von: sufficere, ↑süffisant]: **1.** (bildungsspr. selten) *ausreichend.* **2.** (Med.) *(von der Funktion, Leistungsfähigkeit eines Organs) ausreichend;* **Suf|fi|zi|enz**, die; -, -en [spätlat. sufficientia, zu lat. sufficere, ↑süffisant]: **1.** ⟨Pl. selten⟩ (bildungsspr.) *Zulänglichkeit, Können.* **2.** (Med.) *ausreichende Funktionstüchtigkeit, Leistungsfähigkeit (eines Organs).*

Süff|ler, der; -s, - [zu ↑süffeln] (landsch.): *jmd., der gern w. viel trinkt;* **Süff|le|rin**, die; -, -nen (landsch.): w. Form zu ↑Süffler; **Süff|ling**, der; -s, -e (landsch. selten): *Süffler.*

suf|fo|ca|to ⟨Adv.⟩ [ital. suffocato, zu: suffocare = ersticken < lat. suffocare, zu: sub = unter u. faux = Kehle] (Musik): *gedämpft;* **Suf|fo|ka|ti|on**, die; -, -en [lat. suffocatio, zu: suffocare, ↑suffocato] (Med.): *Erstickung.*

Suf|fra|gan, der; -s, -e [mlat. suffraganeus, zu spätlat. suffragium = Hilfe < lat. suffragium, ↑Suffragium] (kath. Kirche): *einem Erzbischof unterstellter, einer Diözese vorstehender Bischof;* **Suf|fra|gan|bis|tum**, das (kath. Kirche): *Bistum, das zu einer Kirchenprovinz gehört;* **Suf|fra|get|te**, die; -, -n [(frz. suffragette <) engl. suffragette, zu: suffrage = (Wahl)stimme < lat. suffragium, ↑Suffragan]: **a)** *radikale Frauenrechtlerin in Großbritannien vor 1914;* **b)** (veraltend abwertend) *Frauenrechtlerin;* **Suf|fra|gi|um**, das, -s, ...ien [lat. suffragium]: **1. a)** *politisches Stimmrecht;* **b)** *Abstimmung.* **2.** *Gebet zu den Heiligen um ihre Fürbitte.*

Suf|fu|si|on, die; -, -en [lat. suffusio, zu: suffundere = unter etw. gießen, unterlaufen lassen, zu: sub = unter u. fundere = gießen, fließen lassen] (Med.): *größerer, flächiger, unscharf begrenzter Bluterguß.*

Su|fi, der; -[s], -s [zu arab. ṣūfi, zu: ṣūf = grober Wollstoff, nach der Kleidung]: *Anhänger, Vertreter des Sufismus;* **Su|fis|mus**, der; -: *Mystik des Islams;* **Su|fist**, der; -en, -en: *Sufi;* **su|fi|stisch** ⟨Adj.⟩: *den Sufismus betreffend.*

sug|ge|rie|ren ⟨sw. V.; hat⟩ [lat. suggerere = von unten herantragen; eingeben, einflüstern; zu: sub = unter u. gerere = tragen, bringen; zur Schau tragen] (bildungsspr.): **1.** *jmdm. etw. [ohne daß dies dem Betroffenen bewußt wird] einreden od. auf andere Weise eingeben [um dadurch die Meinung, das Verhalten o. ä. des Betreffenden zu beeinflussen]; einflüstern* (2): Erich wußte den Mann zu nehmen ... Suggerierte ihm geschickt ein paar Ideen, so daß sie der Führer für seine eigenen hielt (Feuchtwanger, Erfolg 558); Er schuf den Leuten Bequemlichkeit, die man nicht erst auf dem Umwege über Gefühl und Geographie sich künstlich zu s. hatte: er stellte Spiegel in sein Café, kristalline Lüster und Marmortische (Jacob, Kaffee 90). **2.** *darauf abzielen, einen bestimmten [den Tatsachen nicht entsprechenden] Eindruck entstehen zu lassen:* Die Begriffe kognitive Leistung und Information ... suggerieren ... eine vorschnelle Kontinuität mit tierischen Intelligenzleistungen (Habermas, Spätkapitalismus 20); **sug|ge|sti|bel** ⟨Adj.; ...bler, -ste⟩ [frz. suggestible, zu: suggestion, ↑Suggestion] (bildungsspr.): *durch Suggestion [leicht] beeinflußbar:* ... konnte er die suggestible und nun so hassende Frau Maag dazu bringen, jetzt plötzlich gegen den einst Geliebten auszusagen (Mostar, Unschuldig 177); **Sug|ge|sti|bi|li|tät**, die; - (bildungsspr.): *das Suggestibelsein;* **Sug|ge|sti|on**, die; -, -en [(frz. suggestion <) (spät)lat. suggestio = Eingebung, Einflüsterung, zu lat. suggerere, ↑suggerieren] (bildungsspr.): **1. a)** ⟨o. Pl.⟩ *geistig-seelische Beeinflussung eines Menschen [mit dem Ziel, den Betreffenden zu einem bestimmten Verhalten zu veranlassen]:* jmds. Meinung durch S. manipulieren; **b)** *etw., was jmdm. suggeriert wird:* ein großer Teil des deutschen Volkes sei unter die S. des preußischen Gedankens und der preußischen Institutionen geraten (Niekisch, Leben 153). **2.** ⟨o. Pl.⟩ *suggestive (b) Wirkung, Kraft:* Der Reiz dieses Zeitspiels lag in der unheimlichen S., die am gegenwärtigsten machte, was gar nicht gegenwärtig war: das Opfer Orpheus (Hagelstange, Spielball 233); **Sug|ge|sti|ons|be|hand|lung**, die: *Suggestionstherapie;* **Sug|ge|sti|ons|kraft**, die (bildungsspr.): *suggestive Kraft;* **Sug|ge|sti|ons|the|ra|pie**, die: *Behandlung körperlicher od. seelischer Störungen durch suggestive Beeinflussung;* **sug|ge|stiv** ⟨Adj.⟩ [wohl nach engl. suggestive, frz. suggestif] (bildungsspr.): **a)** *darauf abzielend, jmdm. etw. zu suggerieren; auf Suggestion* (1 a) *beruhend:* die -e Wirkung der Werbung; eine -e Frage (*Suggestivfrage*); Womit er s. unterstellt, daß ... (Dönhoff, Ära 58); **b)** *eine starke psychische, emotionale Wirkung ausübend; einen anderen Menschen [stark] beeinflussend:* Plastisch umfing mich sein sonores und voluminöses Organ mit seinem -en und hypnotischen Reiz (Benn, Leben 39); dank der ... Diszipliniertheit des Hamburger Rundfunkchors und des NDR-Sinfonieorchesters unter der klaren und -en Leitung des polnischen Dirigenten (Welt 20. 2. 65, 17); s. *(beschwörend)* sprechen; **Sug|ge|stiv|fra|ge**, die (bildungsspr.): *Frage, die so gestellt ist, daß eine bestimmte Antwort besonders naheliegt;* **Sug|ge|sti|vi|tät**, die; -: *Beeinflußbarkeit;* **Sug|ge|stiv|kraft**, die (bildungsspr.): *suggestive Kraft;* **Sug|ge|stiv|wer|bung**, die (Fachspr.): *Werbung, die ein eigentlich nicht vorhandenes Bedürfnis suggeriert, um so Kaufanreize zu schaffen;* vgl. Suggestivkraft; **Sug|ge|sto|pä|die**, die; - [zu griech. paideia = Erziehung, Unterricht]: *Lernmethode für Fremdsprachen, die es ermöglichen soll, auf kreativ-spielerische Weise (z. B. durch Malen, Verkleiden, Sketche) möglichst viel innerhalb kürzester Zeit zu lernen.*

Su|gil|la|ti|on, die; -, -en [lat. sugillatio, zu: sugillare = braun u. blau schlagen] (Med.): *starker, flächiger Bluterguß.*

Suhl: Stadt am Südwestrand des Thüringer Waldes.

Suh|le, die; -, -n [rückgeb. aus ↑suhlen] (bes. Jägerspr.): *kleiner Tümpel, schlammige, morastige Stelle im Boden (wo sich Tiere suhlen);* **suh|len**, sich ⟨sw. V.; hat⟩ [spätmhd. süln, suln, ahd. sullen, verw. mit ↑¹Soll] (bes. Jägerspr.): *(vom Rot- u. Schwarzwild) sich in einer Suhle wälzen:* In den Schonungen raschelte und knackte es ..., vielleicht suhlte sich in der Nähe ein Rudel Wildschweine (Rolf Schneider, November 45); Ü er suhlt sich im Sexual- und Fäkaljargon (MM 6. 6. 73, 38).

sühn|bar ⟨Adj.⟩: *so beschaffen, daß es gesühnt werden kann;* **Süh|ne,** die; -, -n ⟨Pl. selten⟩ [mhd. süene, suone, ahd. suona, H. u., viell. eigtl. = Beschwichtigung, Beruhigung] (geh.): *etw., was jmd. auf sich nimmt, was jmd. tut, um ein begangenes Unrecht, eine Schuld zu sühnen* (a); *Buße:* S. [für etw.] leisten; jmdm. eine S. auferlegen; [von jmdm.] S. verlangen, erhalten; Der erzürnte Vater ... überzog die Stadt mit Krieg, bezwang sie und forderte furchtbare S. (Ceram, Götter 82); Ich kann an einer Schuld, die ihre vorschriftsmäßige S. findet, keine rechte Tragik entdecken! (Goetz, Prätorius 71); **Süh|ne|al|tar,** der: *Altar, auf dem ein Sühneopfer dargebracht wird;* **Süh|ne|geld,** das (veraltet): *als Schadenersatz gezahltes Geld;* **Süh|ne|kreuz,** das: *zum Andenken an Ermordete od. durch Unglücksfälle zu Tode Gekommene errichtetes Steinkreuz;* **Süh|ne|maß|nah|me,** die: *Maßnahme zur Sühnung eines Unrechts;* **süh|nen** ⟨sw. V.; hat⟩ [mhd. süenen, ahd. suonan, viell. eigtl. = beschwichtigen, still machen] (geh.): **a)** *eine Schuld abbüßen, für ein begangenes Unrecht eine Strafe, Buße auf sich nehmen:* eine Schuld, ein Verbrechen s.; er hat seine Tat/für seine Tat mit dem Leben, mit dem Tode gesühnt; **b)** (selten) *ein begangenes Unrecht bestrafen, um es den Schuldigen sühnen* (a) *zu lassen:* Die Gerichte haben jetzt den größten Teil der NS-Verbrechen gesühnt (Spiegel 35, 1978, 32); Majestätsbeleidigungen wurden noch mit Festungshaft gesühnt (Remarque, Obelisk 263); **Süh|ne|op|fer,** das ⟨Rel.⟩: *Sühnopfer;* **Süh|ne|ter|min,** der (Rechtsspr.): *Termin für den Sühneversuch;* **Süh|ne|tod,** der (geh.): *Tod, durch den jmd. ein Unrecht, eine Sünde sühnt* (a); **Süh|ne|ver|fah|ren,** das (Rechtsspr.): *dem gerichtlichen Verfahren vorausgehendes Verfahren, in dem versucht wird, eine gütliche Einigung zwischen den Parteien herbeizuführen;* **Süh|ne|ver|such,** der (Rechtsspr.): *förmlicher Versuch des Gerichts o. ä. zur gütlichen Beilegung eines Prozesses;* **Sühn|op|fer,** das ⟨Rel.⟩: *als Sühne für eine begangene Sünde dargebrachtes Opfer;* **Süh|nung,** die; -, -en ⟨Pl. selten⟩ (geh.): *das Sühnen.*

sui ge|ne|ris ⟨als nachgestelltes Attribut⟩ [lat. = seiner eigenen Art] (bildungsspr.): *nur durch sich selbst eine Klasse bildend; einzig, besonders, [von] eigener Art.*

Suit|case ['sju:tkeɪs], das od. der; -, -u. -s [engl. suitcase, aus: suit = Anzug, Kostüm u. case = Koffer]: engl. Bez. für *kleiner Handkoffer:* ein kleines S. in der Hand (Quick 17, 1958, 56); **Sui|te** ['sviːt(ə), auch: 'sui̯tə], die; -, -n [frz. suite, eigtl. = Folge, zu: suivre < lat. sequi = folgen]: **1.** ²*Flucht* (2) *von [luxuriösen] Räumen, bes. Zimmerflucht in einem Hotel:* eine S. bewohnen, mieten; Alfred Knopf ... hatte wirklich eine sehr schöne S. für uns im Plaza Savoy Hotel reserviert (Katia Mann, Memoiren 116). **2.** (Musik) *aus einer Folge von in sich geschlossenen, nur lose verbundenen Sätzen (oft Tänzen) bestehende Komposition:* Ü Handlung gibt es in diesem Stück kaum. Es ist eine S. von rauhen oder milderen Stimmungsbildern (MM 25. 4. 74, 39). **3.** (veraltet) *Gefolge einer hochgestellten Persönlichkeit:* Auf dem Ring in Neiße ... hielt ... die S. der Prinzen, Generäle und fremdländischen Gäste und erwartete den König (B. Frank, Tage 83). **4.** (veraltet) *lustiger Streich;* **Sui|tier** [sviˈtie:, suiˈtie:], der; -s, -s [französierende Bildung zu ↑Suite in studentenspr. Bed. „Posse, Streich"] (veraltet): **a)** *lustiger Bursche, Possenreißer;* **b)** *Schürzenjäger.*

Sui|zid, der od. das; -[e]s, -e [zu lat. sui = seiner u. -cidere = töten, eigtl. = das Töten seiner selbst] (bildungsspr.): *Selbstmord:* Weder das Alte noch das Neue Testament verbietet irgendwo ausdrücklich den S. (Kristall 24, 1959, 23); **sui|zi|dal** ⟨Adj.⟩ (bildungsspr., Fachspr.): **a)** *den Suizid betreffend, zum Suizid neigend:* er hat die gleichen -en Neigungen wie der Vater (Dierichs, Männer 65); daß Studienunterbrechung und häufiger Studienfachwechsel symptomatisch für s. gefährdete Studenten sind (MM 24. 10. 75, 31); **b)** (selten) *durch Suizid [erfolgt]:* -e Todesfälle; **Sui|zi|da|li|tät,** die; - ⟨Fachspr.⟩: *Neigung zum Suizid;* **Sui|zi|dant,** der; -en, -en (bildungsspr., Fachspr.): *Suizident;* **Sui|zi|dan|tin,** die; -, -nen (bildungsspr., Fachspr.): w. Form zu ↑Suizidant; **sui|zi|där** ⟨Adj.⟩ (bildungsspr., Fachspr.) *suizidal;* **Sui|zi|dent,** der; -en, -en (bildungsspr., Fachspr.): *jmd., der Selbstmord begeht od. einen Selbstmordversuch unternimmt;* **Sui|zi|den|tin,** die; -, -nen (bildungsspr., Fachspr.): w. Form zu ↑Suizident; **sui|zid|ge|fähr|det** ⟨Adj.⟩: *selbstmordgefährdet;* **Sui|zi|do|lo|gie,** die; - [↑-logie] *Teilgebiet der Psychiatrie, auf dem man sich mit der Erforschung u. der Verhütung des Suizids befaßt.*

Su|jet [zyˈʒeː, frz.: syˈʒɛ], das; -s, -s [frz. sujet < spätlat. subiectum, ↑Subjekt] (bildungsspr.): *Gegenstand, Motiv* (3), *Thema einer [künstlerischen] Gestaltung:* von allen Fronten blieb unter den Linden nur die Russische Botschaft stehen, kein S. für den Hofmaler (Koeppen, Rußland 187); daß ein Regisseur von Genie jedes S. aufgreifen kann (Welt 22. 2. 64, 14); in spricht ... stille Liebe zu einem ganz alltäglichen S. aus Ernst Ludwig Kirchners „Stadthaus in Potsdam" (Welt 19. 7. 65, 10).

Suk, Souk, der; -[s], -s [arab. sūq]: *Basar* (1).

Suk|ka|de, die; -, -n [aus dem Roman., vgl. ital. zuccata = kandierter Kürbis, zu: zucca = Kürbis]: *kandierte Schale von Zitrusfrüchten.*

Suk|koth ⟨Pl.⟩ [hebr.sukôt, eigtl. = Hütten]: *Laubhüttenfest.*

Suk|ku|bus, der; -, ...kuben [mlat. succubus, geb. nach lat. incubus (↑Inkubus) zu spätlat. succuba = Beischläferin] (*im ma. Volksglauben*) *weiblicher Dämon, der einen Mann im Schlaf heimsucht u. mit dem Schlafenden geschlechtlich verkehrt.*

suk|ku|lent ⟨Adj.⟩; -er, -este⟩ [1: spätlat. succulentus, zu lat. succus, zu: sugere = saugen]: **1.** (Bot.) *(von pflanzlichen Organen) saftreich u. fleischig.* **2.** (Anat.) *(von Geweben) flüssigkeitsreich;* **Suk|ku|len|te,** die; -, -n ⟨meist Pl.⟩ (Bot.): *Fettpflanze;* **Suk|ku|lenz,** die; - (Bot., Anat.): *sukkulente Beschaffenheit.*

Suk|kurs, der; -es, -e [a: mlat. succursus, zu lat. succurrere = helfen] (bes. Milit. veraltet): **a)** *Hilfe, Unterstützung, Verstärkung;* **b)** *Gruppe von Personen, Einheit, die als Verstärkung, zur Unterstützung eingesetzt ist:* ◆ Bin hinauf bis nach Temeswar gekommen mit den Bagagewagen, ... zog mit dem S. vor Mantua (Schiller, Wallensteins Lager 5); **Suk|kur|sa|le,** die; -, -n (veraltet): *Filiale einer Firma.*

Suk|ti|on, die; -, -en [zu lat. sugere (2. Part.: suctum) = (aus)saugen] (Med.): *das Ansaugen; Aussaugen (z. B. von Körperflüssigkeit mittels einer Punktionsnadel).*

suk|ze|dan ⟨Adj.⟩ [lat. succedaneus = an des anderen Stelle tretend, zu: succedere, ↑sukzedieren] (Med.): *nachfolgend, aufeinanderfolgend;* **suk|ze|die|ren** ⟨sw. V.; hat⟩ [lat. succedere, eigtl. = von unten nachrücken, zu: sub = unter u. cedere = einhergehen; vonstatten gehen] (veraltet): *nachfolgen, in jmds. Rechte eintreten:* ◆ Der Fürst konnte seine Tochter nicht auffinden und war also ohne Sukzession. – Hier sukzediere ich (Cl. Brentano, Musikanten 3); **Suk|zeß,** der; ...zesses, ...zesse [frz. succès < lat. successus = Fortgang, Gelingen, Erfolg, subst. 2. Part. von succedere, ↑sukzedieren] (veraltet): *Erfolg;* **Suk|zes|si|on,** die; -, -en [lat. successio = Nachfolge, zu: successum, 2. Part. von: succedere, ↑sukzedieren]: **1.** *Erbfolge* (a, b). **2.** * *apostolische S.* ⟨kath. Rel.; *die nach katholischer Lehre die Fortführung der Nachfolge der Apostel darstellende Amtsnachfolge der Priester⟩.* **3.** (Ökologie) *zeitliche Aufeinanderfolge der an einem Standort einander ablösenden Pflanzen- u./od. Tiergesellschaften.* **4.** *Übernahme der Rechte u. Pflichten eines Staates durch einen anderen;* **Suk|zes|si|ons|krieg,** der: *Erbfolgekrieg;* **Suk|zes|si|ons|staat,** der ⟨meist Pl.⟩: *Nachfolgerstaat;* **suk|zes|siv** ⟨Adj.⟩ [spätlat. successivus = nachfolgend, zu lat. successum, ↑sukzedieren] (bildungsspr.): *allmählich, nach u. nach, schrittweise [eintretend, erfolgend]:* ein -er Aufwärtstrend (NZZ 23. 10. 86, 40); Die -e Rückkehr pflanzlichen Lebens auf das verwüstete Eiland (NZZ 24. 8. 83, 33); der -e Abbau unrentabler Dienste (Tages Anzeiger 12. 11. 91, 3); Der Anteil der Bundesrepublik an der mitteldeutschen Stahlversorgung hat sich in den letzten Jahren s. verringert (Welt 14. 2. 69, 12); **suk|zes|si|ve** ⟨Adv.⟩ [mlat. successive] (bildungsspr.): *allmählich, nach u. nach:* Von nun an änderte sich s. der Währungsbegriff: er wurde identisch mit dem des ... Geldes (Rittershausen, Wirtschaft 260); **Suk|zes|sor,** der; -s, ...oren [lat. successor, zu: succedere, ↑sukzedieren] (veraltet): *[Rechts]nachfolger.*

Suk|zi|nit [auch: ...'nɪt], der; -s, -e [zu gleichbed. lat. succinum]: *Bernstein.*

sul [zʊl], ital. sul, aus: su = auf u. il = der] (Musik): *auf der, auf dem (z. B.* sul A *= auf der A-Saite).*

Sul|la, die; -, -s [aus dem Anord.] (Zool.): *Tölpel* (2).

Sul|fat, das; -[e]s, -e [zu ↑ Sulfur] (Chemie): *Salz der Schwefelsäure;* **Sul|fid,** das; -[e]s, -e (Chemie): *salzartige Verbindung des Schwefelwasserstoffs;* **sul|fi|disch** ⟨Adj.⟩ (Chemie): *Schwefel enthaltend;* **Sul|fid|mi|ne|ral,** das (Chemie): *als Mineral vorkommende, sauerstofffreie Verbindung eines Metalls bes. mit Schwefel;* **Sul|fit** [auch: ...'fɪt], das; -s, -e (Chemie): *Salz der schwefligen Säure.*
Sülf|mei|ster, der [1: mniederd. sülfmēster, wohl zu mniederd. sūlf = selbst, eigtl. wohl = jmd., der „selbst" Salz sieden darf; 2: zu niederd. sülfern = sudeln (2 b)]: 1. (veraltet) *Besitzer, Aufseher einer Saline.* 2. (nordd. veraltend) *jmd., der nachlässig, liederlich arbeitet; Pfuscher.*
Sul|fon|amid, das; -[e]s, -e ⟨meist Pl.⟩ [aus: Sulfon(säure) = organische Schwefelverbindung u. ↑ Ammoniak] (Pharm.): *antibakteriell wirksames (chemotherapeutisches) Arzneimittel;* **sul|fo|nie|ren** ⟨sw. V.; hat⟩ (Chemie): *bei verschiedenen Verbindungen eine Reaktion mit einer Schwefelverbindung herbeiführen;* **Sul|fo|nie|rung,** die; -, -en (Chemie): *chemische Reaktion zur Einführung einer bestimmten Schwefelverbindung in organische Moleküle;* **Sul|fur,** das; -s [lat. sulfur]: lat. Bez. für ↑ Schwefel (chem. Zeichen: S); **sul|fu|rie|ren** ⟨sw. V.; hat⟩ (Chemie): *sulfonieren;* **Sul|fu|rie|rung,** die; -, -en (Chemie): *das Sulfurieren.*
Sul|ky ['zʊlki, engl.: 'sʌlkɪ], das; -s, -s [engl. sulky, H. u.] (Pferdesport): *bei Trabrennen verwendetes zweirädriges Gefährt.*
Süll, der od. das; -[e]s, -e [mniederd. sille, sulle, verw. mit ↑ Schwelle]: **a)** (nordd.; Seemannsspr.) *[hohe] Türschwelle;* **b)** (Seemannsspr.) *Einfassung einer Luke an Deck eines Schiffes (als Schutz gegen das Eindringen von Wasser);* **c)** *Süllbord.*
sul|la ta|stie|ra [ital. = auf dem Griffbrett] (Musik): *nahe am Griffbrett (von Saiteninstrumenten) zu spielen.*
Süll|bord, das, **Süll|rand,** der [zu ↑ Süll] (Seemannsspr.): *Einfassung des Cockpits eines Bootes (als Schutz gegen das Eindringen von Wasser).*
sul pon|ti|cel|lo [- ...'tʃɛlo; ital. = auf dem Steg (4)] (Musik): *nahe am Steg (4) [den Geigenbogen ansetzen].*
Sul|tan, der; -s, -e [arab. sulṭān = Herrscher, urspr. = Herrschaft; schon mhd. soldān (= über lat. soldano ↑ Sultan): **1. a)** ⟨o. Pl.⟩ *Titel islamischer Herrscher;* **b)** *Träger des Titels Sultan (a).* **2.** *türkischer Teppich aus stark glänzender Wolle;* **Sul|ta|nat,** das; -[e]s, -e: **1.** *Herrschaftsgebiet eines Sultans.* **2.** *Herrschaft eines Sultans;* **Sul|ta|nin,** die; -, -nen: *Frau eines Sultans;* **Sul|ta|ni|ne,** die; -, -n [eigtl. wohl = „fürstliche" Rosine, nach der Größe]: *große, helle, kernlose Rosine.*
Sul|va|nit [auch: ...'nɪt], der; -s, -e [zu ↑ Sulfur u. ↑ Vanadium] (Mineral.): *kubisches, weißes bis bronzegelbes, aber rasch dunkel anlaufendes Mineral.*
Sulz, die; -, -en (südd., österr., schweiz.): *Sülze (1);* **Sul|ze,** die; -, -n (südd., österr., schweiz.): *Sülze (1).* **2.** (Jägerspr.) *Sülze (2);* **Sül|ze,** die; -, -n [mhd. (md.) sülze, sulz(e), ahd. sulza, sulcia = Salzwasser, Gallert, zu ↑ Salz]: **1. a)** *aus kleinen Stückchen Fleisch, Fisch o. ä. in Aspik bestehende Speise:* eine Scheibe S.; *S. im Kopf haben* (landsch. ugs.; ↑ Stroh); ** S. aus jmdm. S. machen* (ugs.; ↑ Hackfleisch); **b)** *Aspik:* Hering in S. **2.** (Jägerspr.) *Salzlecke;* **sül|zen** ⟨sw. V.; hat⟩ (südd., österr., schweiz.): *sülzen (1);* **sül|zen** ⟨sw. V.; hat⟩ [1: spätmhd. sülzen]: **1. a)** *zu Sülze (1 a) verarbeiten:* gesülzter Schweinskopf; **b)** *zu Sülze (1 b) erstarren:* etw. s. lassen. **2.** (ugs.) *quatschen* (1, 2); **Sülz|ge|richt,** das: *Sülze (1 a);* **sul|zig** ⟨Adj.⟩: **a)** (selten) *gallertig, gallertartig:* Und diese -e Masse verstopft als erstes den Kraftstofffilter (ADAC-Motorwelt 11, 1985, 56); **b)** *(von Schnee) angeschmolzen u. breiig:* Bürstenstreifen, deren Hartplastikborsten „leicht -em Frühlingsschnee" entsprechen sollen (ADAC-Motorwelt 1, 1972, 42); **Sülz|knie,** das; -s, - (landsch.): *Wackelknie;* **Sülz|kopf,** der, **Sülz|kopp,** der; -s, ...köppe (ugs.): *Quatschkopf;* **Sülz|ko|tel|ett,** das: *Kotelett in Sülze (1 b);* **Sülz|schnee,** der: *breiiger Altschnee;* **Sülz|wurst,** die: *in einen Darm gefüllte Sülze (1 a).*
Su|mach, der; -s, -e [mhd. sumach < arab. summāq]: *(im Mittelmeergebiet, in Nordamerika u. z. T. in Asien in mehreren Arten vorkommender) Baum od. Strauch mit kleinen, trockenen Steinfrüchten u. [gefiederten] Blättern, die zusammen mit den jungen Trieben zum Gerben von Saffianleder verwendet werden; Rhus;* **Su|mach|ge|wächs,** das ⟨meist Pl.⟩ (Bot.): *in den Tropen u. Subtropen verbreitete Pflanzenfamilie, deren verschiedene Arten Obst, Gewürze, Harz, Gerbstoffe od. Holz liefern.*
Su|mak, der; -[s], -s [nach der Stadt Schemacha im östlichen Kaukasus]: *Wirkteppich mit glatter Oberfläche u. langen Wollfäden an der Unterseite.*
Su|ma|tra [auch: 'zu:...]; -s: *zweitgrößte der Großen Sundainseln.*
Su|mer, -s: *das alte Mittel- u. Südbabylonien;* **Su|me|rer,** der; -s, -: Ew.; **Su|me|re|rin,** die; -, -nen: w. Form zu ↑ Sumerer; **su|me|risch** ⟨Adj.⟩; **Su|me|risch,** das; -[s] u. -s, die Best. Art. -): **Su|me|ri|sche,** das; -n: *die Sprache der Sumerer;* **Su|me|ro|lo|gie,** die; - [↑ -logie]: *Wissenschaft von den Sumerern, bes. von der sumerischen Sprache u. Literatur.*
summ ⟨Interj.⟩: lautm. für das Geräusch fliegender Insekten, bes. Bienen.
Sum|ma, die; -, Summen [lat. summa, eigtl. = oberste Zahl (als Ergebnis einer von unten nach oben ausgeführten Addition), zu: summus = oberster, höchster]: **1.** (veraltet) *Summe* (1); Abk.: Sa. **2.** (MA.) *auf der scholastischen Methode aufbauende, systematische Gesamtdarstellung eines Wissensstoffes (bes. der Theologie u. der Philosophie);* **sum|ma cum lau|de** [lat. = mit höchstem Lob]: *mit Auszeichnung (bestes Prädikat bei der Doktorprüfung);* **Sum|mand,** der; -en, -en [lat. (numerus) summandus, Gerundivum von: summare, ↑ summieren] (Math.): *Zahl, die hinzuzuzählen ist, addiert wird;* **sum|ma|risch** ⟨Adj.⟩ [mlat. summarius]: *mehreres gerafft zusammenfassend [u. dabei wichtige Einzelheiten außer acht lassend]:* ein -er Überblick; Die großen Blätter unserer Stadt ließen sich nur zu einer -en Notiz herab (Erné, Fahrgäste 313); Einwände s. abtun; Er ist s. verfahren und hat mir zur Übersicht über mehrere ... Gegenstände auf einmal Vortrag gehalten (Th. Mann, Hoheit 99); **Sum|ma|ri|um,** das; -s, ...ien [1: lat. summarium, zu: summa, ↑ Summa]: **1.** (veraltet) **a)** *kurze Inhaltsangabe (einer Schrift o. ä.);* **b)** *Inbegriff.* **2.** (Sprachw., Literaturw.) *Sammlung mittelalterlicher Glossen* (2); **Sum|ma|ry** ['sʌməri], das; -s, -s u. ...ries [engl. summary < lat. summarium, ↑ Summarium]: *Zusammenfassung eines Artikels, Buches o. ä.;* **sum|ma sum|ma|rum** [lat. = Summe der Summen]: *alles zusammengerechnet; alles in allem; insgesamt:* ... hat er sich im ... Bezirk Wannsee ein ... Okal-Fertighaus ... für s. s. 480 000 Mark hingestellt (Spiegel 9, 1975, 26); **Sum|ma|ti|on,** die; -, -en: **1.** (Math.) *Bildung einer Summe* (1). **2.** (Fachspr.) *durch Summieren* (2) *entstandene Anhäufung von etw., was in bestimmter Weise wirkt;* **sum|ma|tiv** ⟨Adj.⟩ (Fachspr.): **a)** *das Zusammenzählen betreffend;* **b)** *durch Summation erfolgend;* **Sümm|chen,** das; -s, - [Vkl. von ↑ Summe (2)] (ugs.): *Summe (2) von gewisser Höhe; ins Gewicht fallende, nicht unbedeutende Summe:* das kostet ein hübsches S.; **Sum|me,** die; -, -n [mhd. summe < lat. summa, ↑ Summa]: **1.** (bes. Math.) *Ergebnis einer Addition:* die S. von 20 und 4 ist, beträgt 24; der Wald als S. von Bäumen (Mantel, Wald 7); eine S. errechnen, herausbekommen; die Zahlenreihe ergibt folgende S. *(Endzahl);* ... wird die Arbeitslosenrate drastisch ansteigen, vor allem in der Industrie, wo heuer in S. österr.; *insgesamt*) 35 000 Arbeitsplätze verlorengehen (Neue Kronen Zeitung 2. 10. 93, 3); Ü eine vorläufige S. *(Bestandsaufnahme) unseres Wissens;* Er zieht die S. seiner politischen Tätigkeit (Sieburg, Robespierre 242). **2.** *Geldbetrag in bestimmter Höhe:* eine kleine, größere, erhebliche, stattliche S.; eine S. von 40 Mark; das ist eine runde S.; die volle S. zahlen; der Bau hat immense -n verschlungen; Freilich konnte ich diese unermeßlich hohe S. nicht aufbringen (Roth, Beichte 145); In dieser S. sind die Zuschüsse an die Verbände nicht enthalten (Fraenkel, Staat 382). **3.** (selten) *Summa* (2); **¹sum|men** ⟨sw. V.; hat⟩ (veraltet): **1.** summieren (1 a). **2.** ⟨s. + sich⟩ *summieren* (1 b).
²sum|men ⟨sw. V.⟩ [spätmhd. summen, lautm.]: **1. a)** *einen leisen, etwas dumpfen, gleichmäßig vibrierenden Ton von sich geben, vernehmen lassen* ⟨hat⟩: die Bienen summen; die Kamera, der Ventilator summt; Über dem See summte die Stadt mit ihrem Verkehr (Frisch, Stiller 336); ⟨auch unpers.:⟩ es summt im Hörer; ⟨subst.:⟩ das Summen der Insekten, des Motors; **b)** *summend (1 a) irgendwohin fliegen:* ein Mückenschwarm summt um die Lampe. **2.** *(Töne, eine Melodie) mit geschlossenen Lippen summend (1 a) singen* ⟨hat⟩: ein Lied, eine Melodie, einen Ton s.; ⟨auch o. Akk.-Obj.:⟩ er summte leise vor sich hin.
Sum|men|aus|druck, der (Math.): *Be-*

Summenbilanz

zeichnung für eine Summe od. für den Grenzwert einer Summe mit unendlich vielen Gliedern; **Sum|men|bi|lanz,** die (Wirtsch.): *Zusammenstellung der Soll- u. Habensummen aller Konten der Buchführung in der Übersicht des Betriebsabschlusses;* **Sum|men|ver|si|che|rung,** die: *Versicherung, bei der nach Eintritt des Versicherungsfalles eine vertraglich vereinbarte Summe ohne Rücksicht auf die Höhe des Schadens od. Bedarfs fällig wird (z. B. Lebensversicherung);* **Summ|epi|sko|pat,** der od. das; -[e]s, -e [zu lat. summus (↑ Summa) u. ↑ Episkopat]: *in den deutschen evangelischen Kirchen bis 1918 oberste Kirchengewalt der Landesfürsten.*
Sum|mer, der; -s, - [zu ↑ ²summen (1 a)]: *Vorrichtung, die einen Summton erzeugt:* Vergeblich drückt und zieht Giovanna an der Tür (= Haustür), als der S. ertönt (Chotjewitz, Friede 226); **Sum|mer|zeichen,** das: *Signal eines Summers.*
sum|mie|ren ⟨sw. V.; hat⟩ [mhd. summieren < mlat. summare < spätlat. summare = auf den Höhepunkt bringen, zu lat. summus, ↑ Summa]: **1. a)** *zu einer Summe zusammenzählen:* Beträge s.; **b)** *zusammenfassen, vereinigen:* Fakten s.; Es ist eindeutig, summierte sie *(stellte sie zusammenfassend fest;* Bieler, Mädchenkrieg 219). **2.** ⟨s. + sich⟩ *mit der Zeit immer mehr werden, anwachsen, indem etw. zu etw. Vorhandenem hinzukommt, u. sich dabei in bestimmter Weise auswirken:* die Ausgaben summieren sich; Bei dieser Art von Kuren handelt es sich stets um viele Monate, die sich oft zu Jahren summieren (Th. Mann, Zauberberg IV); wenn einer lange krankfeiern muß, dann summiert sich das (= die Krankenzuwendung des Betriebes) schon (v. d. Grün, Glatteis 77); **Sum|mie|rung,** die; -, -en: *das Summieren;* **Sum|mist,** der; -en, -en [mlat. summista]: *scholastischer Schriftsteller, der sich der Publikationsform der Summa* (2) *bedient.*
Summ|ton, der; -[e]s, ...töne: *²summender* (1 a) *Ton.*
Sum|mum bo|num, das; - - [lat.] (Philos.): *höchstes Gut; höchster Wert;* **Summum jus sum|ma in|ju|ria** [lat. = höchstes Recht (kann) größtes Unrecht (sein), nach Cicero]: *die buchstabengetreue Auslegung eines Gesetzes kann im Einzelfall zu größter Ungerechtigkeit führen;* **Summus Epi|sco|pus,** der; - - [(kirchen)lat.; ↑ Summa, ↑ Episkopus]: **1.** (kath. Kirche) *oberster Bischof, Papst.* **2.** (ev. Kirche früher) *Landesherr als Oberhaupt einer evangelischen Landeskirche in Deutschland.*
Su|mo, das; - [jap. sumō]: *japanische Form des Ringkampfs.*
Sum|per, der; -s, - [zu österr. mundartl. sumpern = langsam arbeiten] (österr. ugs.): *Banause.*
Sumpf, der; -[e]s, Sümpfe [mhd. sumpf, ablautend verw. mit ↑ Schwamm]: *ständig feuchtes Gelände [mit stehendem Wasser] bes. in Flußniederungen u. an Seeufern:* Sümpfe entwässern, trockenlegen, austrocknen; Ü ein S. von Korruption; ... er werde verrückt, wenn er so weiterlebe, im Giftschoß der Familie, im S. eines Erwerbslebens (Kesten, Geduld 59); daß er nicht ebenso wie Harry Parsons längst im

S. von Brooklyn versunken *(in Brooklyn als einem Ort, Bereich moralischen Verfalls verkommen)* ist (Bild und Funk 19, 1966, 49); **Sumpf|bi|ber,** der: ¹*Nutria;* **Sumpf|blü|te,** die (ugs. abwertend): *Auswuchs, negative Erscheinung an einem Ort, in einem Bereich moralischen Verfalls;* **Sumpf|bo|den,** der: *sumpfiger Boden;* **Sumpf|dot|ter|blu|me,** die: *(bes. auf sumpfigen Wiesen wachsende) Pflanze mit dickem, hohlem Stengel, herz- bis nierenförmigen, dunkelgrünen, glänzenden Blättern u. glänzend dottergelben Blüten;* **Sumpf|ei|sen|erz,** das: *Raseneisenerz;* **sumpf|en** ⟨sw. V.; hat⟩ [2: aus der Studentenspr.]: **1.** (veraltet) *sumpfig werden; versumpfen.* **2.** (salopp) *bis spät in die Nacht hinein zechen u. sich vergnügen:* nächtelang s.; Der arische Herrenmensch möchte wahrscheinlich s. gehen (= in Paris) und kennt sich nicht aus (Remarque, Triomphe 281). **3.** (Fachspr.) ¹*Ton vor der Bearbeitung in Wasser legen;* **sümp|fen** ⟨sw. V.; hat⟩ (Bergbau): *entwässern* (1 a); **Sumpf|erz,** das: *Raseneisenerz;* **Sumpf|farn,** der: *am Rand von Mooren u. in Erlenbrüchen wachsender Farn mit gefiederten Wedeln;* **Sumpf|fieber,** das: *Malaria;* **Sumpf|gas,** das: *bei Fäulnis bes. in Sümpfen entstehendes Gas mit hohem Gehalt an Methan;* **Sumpf|gebiet,** das: *sumpfiges Gebiet;* **Sumpf|gegend,** die: vgl. Sumpfgebiet; **Sumpfhirsch,** der: *Hirsch in Sumpfgebieten Südamerikas mit sehr langen, weit spreizbaren Hufen;* **Sumpf|huhn,** das: **1.** *(in Sumpfgebieten lebende) Ralle mit schwarzbrauner, oft weiß getüpfelter Oberseite u. heller, schwarz u. weiß gestreifter Unterseite.* **2.** (salopp scherzh.): *jmd., der sumpft* (2); **sump|fig** ⟨Adj.⟩: *(in der Art eines Sumpfes) ständig von Wasser durchtränkt:* eine -e Stelle, Wiese; ... spürte ich schon das Prickeln, mit dem das -e Wasser *(das Wasser des Sumpfes)* an den Beinhaaren trocknete (Bieler, Bonifaz 137); Ü daß sich -e Bezirke des Unvermutbaren vor mir ausdehnen könnten (Jahnn, Geschichten 169); **Sumpf|kres|se,** die: *(zu den Kreuzblütlern gehörendes) auf feuchten Wiesen wachsendes Kraut mit fiederteiligen od. einfachen Blättern u. gelben Blüten;* **Sumpf|land,** das ⟨o. Pl.⟩: vgl. Sumpfgebiet; **Sumpf|loch,** das: *sumpfiges Erdloch;* **Sumpf|mei|se,** die: *in Laubwäldern Europas u. Ostasiens lebende Meise mit glänzend schwarzem Kopf u. schwarzem Kehlfleck;* **Sumpf|ohr|eule,** die: *bes. in Sumpfgebieten vorkommender brauner, dunkel längsgestreifter Eulenvogel;* **Sumpf|ot|ter,** der: *Nerz* (1); **Sumpf|pflan|ze,** die: *auf sumpfigem Boden wachsende Pflanze (deren Wurzeln sich meist ständig im Wasser befinden);* **Sumpf|rohr|sän|ger,** der: *bes. in Gebüschen am Rand von Sümpfen vorkommender, auf der Oberseite brauner, auf der Unterseite gelblichweißer Singvogel;* **Sumpf|schildkrö|te,** die: *an stehenden od. langsam fließenden Gewässern lebende Schildkröte mit ovalem, dunkelfarbenem, gelb geflecktem od. gezeichnetem Panzer;* **Sumpf|wald,** der: *Wald, dessen Boden unter Wasser steht, jedoch regelmäßig od. alle paar Jahre trockenfällt* (1); **Sumpf|was|ser,**

das ⟨Pl. ...wasser⟩: *Wasser eines Sumpfes;* **Sumpf|wie|se,** die: vgl. Sumpfgebiet; **Sumpf|wurz,** die: *auf Sumpfwiesen vorkommende Orchidee, deren Blüten mit rötlichbraunen Hüllblättern u. weißer, rot geäderter Lippe in lockerer, nach einer Seite gewendeter Traube stehen;* **Sumpf|zypres|se,** die: *(in den Sümpfen des südlichen Nordamerika heimischer) sehr hoher Nadelbaum mit kegelförmiger Krone u. Luftwurzeln am Fuß des Stammes.*
sump|tu|ös ⟨Adj.⟩ [lat. sumptuosus, zu: sumptus = das Nehmen; Aufwand, Verschwendung, zu: sumere (2. Part.: sumptum) = an sich nehmen] (veraltet): *verschwenderisch.*
Sums, der; -es (ugs.): *Gesums:* [(k)einen] großen S., viel, wenig S. um etw. machen; **sum|sen** ⟨sw. V.⟩ (veraltet, noch landsch.): **1.** ²*summen* (1 a, 2) ⟨hat⟩. **2.** ²*summen* (1 b) ⟨ist⟩.
Sun Belt ['sʌn 'bɛlt], der; - -s [engl.-amerik. sunbelt, eigtl. = Sonnengürtel]: *klimatisch begünstigte südliche Gebiete der USA.*
Sund, der; -[e]s, -e [mniederd. sund, H. u.]: *Meerenge.*
Sun|da|in|seln ⟨nur mit Art.; Pl.⟩: *südostasiatische Inselgruppe: die Großen, die Kleinen S.*
Sün|de, die; -, -n [mhd. sünde, sunde, ahd. sunt(e)a, H. u.]: **a)** *Übertretung eines göttlichen Gebots:* eine schwere, läßliche S.; eine S. begehen; seine -n beichten, bekennen, bereuen; jmdm. seine -n vergeben; Aber die ärgern -n des Hochmuts, des Zorns, des Unglaubens ... hat er auf sich geladen (Bergengruen, Rittmeisterin 136); R die[se] S. vergibt der Küster (landsch. scherzh.; *das ist keine schwere Verfehlung);* * eine S. wider den [Heiligen] Geist *(ein gravierender Verstoß gegen elementare inhaltliche Grundsätze;* nach Mark. 3, 29); faul wie die S. (emotional; *sehr faul);* etw. wie die S. fliehen/meiden (emotional; *sich ängstlich von etw. zurückhalten);* eine S. wert sein (scherzh.; *äußerst begehrenswert sein, so daß die Sünde, sich dadurch verführen zu lassen, als gerechtfertigt gilt);* **b)** ⟨o. Pl.⟩ *Zustand, in dem sich jmd. durch die Sünde* (a) *od. durch die Erbsünde befindet:* es gebe ein Prinzip bei Gott, das ... die Welt in S. geraten läßt (Buber, Gog 37); die beiden leben in S. (veraltet; *leben unverheiratet zusammen);* **c)** *Handlung der Unvernunft, die nicht zu verantworten ist; Verfehlung gegen bestimmte [moralische] Normen:* architektonische -n; ... zeigen sich derzeit die -n einer lange Zeit einseitig auf akademische Laufbahn ausgerichteten Bildungspolitik (Saarbr. Zeitung 4. 10. 79, 4); es wäre eine [wahre] S. *(Dummheit),* wenn ...; es ist eine S. [und Schande] *(es ist empörend),* wie ...; es ist doch keine S. *(es ist doch nicht so schlimm),* daß ...; sie hat ihm seine -n *(Fehltritte)* verziehen; **Sün|den|ba|bel,** das (abwertend): *Ort, Stätte moralischer Verworfenheit, wüster Ausschweifung, des Lasters:* dies darf auch ohne die falsche Vorstellung vom großstädtischen „Sündenbabel" gesagt werden (Bausinger, Deutsch 127); **Sün|den|be|kennt|nis,** das: *Bekenntnis seiner Sünden* (a): das S.

beim Abendmahl; Ü Für Widerruf, Bekehrungen und -se sind die Mächtigen immer sehr dankbar (Sommerauer, Sonntag 90); **Sün|den|bock,** der [urspr. = der mit den Sünden des jüdischen Volkes beladene u. in die Wüste gejagte Bock (nach 3. Mos. 16, 21 f.)] (ugs.): *jmd., auf den man seine Schuld abwälzt, dem man die Schuld an etw. zuschiebt:* einen S. brauchen, gefunden haben; Es wäre unsinnig, nach einzelnen Sündenböcken zu suchen. Die ganze Mannschaft war ... beteiligt (Welt 13. 5. 65, 6); jmdn. zum S. für etw. machen; **Sün|den|fall,** der ⟨o. Pl.⟩ [mhd. sunden val = sündiges Vergehen; seit dem 17. Jh. für den „Fall" Adams u. Evas] (christl. Rel.): *das Sündigwerden des Menschen, sein Abfall von Gott durch die Sünde Adams u. Evas* (1. Mos. 2, 8-3, 24): der S. und die Vertreibung aus dem Paradies; Ü als er (= der Mensch) in Europa den zweiten S. beging und sich die Umwelt technisch unterwarf (Gruhl, Planet 291); **sün|den|frei** ⟨Adj.⟩: *frei von Sünde* (a, b); **Sün|den|geld,** das ⟨o. Pl.⟩ (ugs.): *Heidengeld;* **Sün|den|kon|to,** das (ugs. scherzh.): vgl. Sündenregister; **Sün|den|last,** die ⟨o. Pl.⟩: *auf jmdm. lastende, von ihm als Last empfundene Sünden;* **Sün|den|lohn,** der ⟨o. Pl.⟩ (geh.): **1.** *Strafe für jmds. Sünden.* **2.** *Geld, das jmd. (z. B. ein Mörder) für sein verwerfliches Tun erhält;* **sün|den|los:** ↑ sündlos; **Sün|den|lo|sig|keit:** ↑ Sündlosigkeit; **Sün|den|pfuhl,** der (abwertend): vgl. Sündenbabel; **Sün|den|re|gi|ster,** das: **a)** (ugs. scherzh.) *Anzahl von Sünden* (c), *die jmd. begangen hat:* sein S. ist ziemlich lang *(er hat sich ziemlich viel zuschulden kommen lassen);* **b)** (kath. Kirche früher) *Verzeichnis einzelner Sünden für die Beichte;* **sün|den|rein** ⟨Adj.⟩ (geh.): vgl. sündenfrei; **Sün|den|schuld,** die ⟨o. Pl.⟩: vgl. Sündenlast; **Sün|den|stra|fe,** die: *Sündenlohn* (1); **Sün|den|ver|ge|bung,** die ⟨Pl. selten⟩: *Vergebung der Sünden* (a); **Sün|der,** der; -s, - [mhd. sündære, ahd. sundāri]: *jmd., der eine Sünde* (a) *begangen hat, der sündigt* (a): wir sind allzumal S., wir sind alle [arme] S. *(sündige Menschen;* nach Röm. 3, 23); doch stellte nicht die Lehre allen reuigen u. -n Vergebung in Aussicht? (Thieß, Reich 326); wie geht's, alter S.? (ugs. scherzh.; vertrauliche Begrüßung eines Freundes); wie er (= der Ameisenlöwe) ... gleich einem ertappten S. *(Missetäter)* auf seinen kurzen Füßen ... davonlief (Wiechert, Jeromin-Kinder 913); **Sün|de|rin,** die; -, -nen [mhd. sündærinne, sünderinne]: w. Form zu ↑ Sünder; **Sün|der|mie|ne,** die; -, -n (selten): *schuldbewußter Gesichtsausdruck;* **Sünd|flut,** die: [spätmhd. sündvluot, volkst. Umdeutung:] ↑ Sintflut; **sünd|haft** ⟨Adj.⟩; -er, -este⟩ [1: mhd. sündehaft, ahd. sunt(a)haft]: **1. a)** (geh.) *mit Sünde behaftet, voller Sünde* (a) *bedeutend:* ein -es Leben; -e Gedanken; s. handeln; **b)** *eine Sünde* (c) *bedeutend:* weil ich den -en Fehler begangen hatte, davon (= den Nürnberger Gesetzen) nichts zu wissen (Kempowski, Immer 147); dem Geld so um sich zu werfen ist s. (scherzh.; *unverzeihlich).* **2.** (ugs.) **a)** *überaus hoch:* das ist ein -er Preis; **b)** *überaus viel:* für -es Geld mieteten wir uns einen Wagen; **c)** ⟨intensivierend bei Adj.⟩ *sehr, überaus:* s. faul, schön sein; Dienstleistungen werden bei uns so s. teuer wie in Amerika (DM 1, 1966, 6); **Sünd|haf|tig|keit,** die; -: *das Sündhaftsein* (1 a); **sün|dig** ⟨Adj.⟩ [mhd. sündec, ahd. suntig]: **a)** *gegen göttliche Gebote verstoßend:* die -e Welt; -er Hochmut; sich als -er Mensch *(sich im Zustand der Sünde* b) *fühlen;* **b)** *gegen Sitte u. Moral verstoßend; verworfen, lasterhaft:* Es zählte zu den berüchtigten Unterweltsherbergen der -sten Meile der westlichen Welt, wie sich dort der Reeperbahnsünder nannte (Prodöhl, Tod 95); diese Straßen entlang zu bummeln, mit deren Namen sich mir die Vorstellung von -em Hochbetrieb und großer Welt verband: Friedrichstraße, Unter den Linden (K. Mann, Wendepunkt 114); **sün|di|gen** ⟨sw. V.; hat⟩ [mhd. sundigen, weitergeb. aus: sünden, sunden unter Einfluß von ↑ sündig]: **a)** *gegen göttliche Gebote verstoßen:* ich habe gesündigt; (bibl.:) an Gott, gegen Gott s.; in Gedanken, mit Worten s.; Die sündigte (geh., veraltend; *verkehrte in Sünde* b) Ruben mit Bilha, der Kebse, und ward verflucht (Th. Mann, Joseph 389); **b)** *gegen bestehende [Verhaltens]normen verstoßen; etw. tun, was man eigentlich nicht tun dürfte:* gegen die Natur, auf dem Gebiet des Städtebaus s.; Sündigen wir *(essen wir entgegen unserer Absicht),* ist der Hungerkur im Eimer. Lehnen wir sie ab, dann guckt er uns an ... (Hörzu 14, 1974, 28); **sünd|lich** ⟨Adj.⟩ (landsch. veraltend): *sündig:* ◆ Euch rettet's nur noch, wenn Ihr Eure Ehe für eine -e erklärt (Hebbel, Agnes Bernauer V, 2); **sünd|los,** sündenlos ⟨Adj.⟩: *ohne Sünde* (a); **Sünd|lo|sig|keit,** Sündenlosigkeit, die: *das Sündlossein;* **sünd|teu|er** ⟨Adj.⟩ (österr. ugs.): *sündhaft teuer.*
Sunn [sʌn], der; -s [engl. sunn < Hindi san < sanskr. śaṇa]: *dem Hanf ähnliche Pflanzenfaser.*
Sun|na, die; - [arab. sunna\ʰ, eigtl. = Brauch; Satzung]: *Gesamtheit der überlieferten Aussprüche, Verhaltens- u. Handlungsweisen des Propheten Mohammed als Richtschnur mohammedanischer Lebensweise;* **Sun|nit,** der; -en, -en: *Anhänger der orthodoxen Hauptrichtung des Islams, die sich auf die Sunna stützt;* **Sun|ni|tin,** die; -, -nen: w. Form zu ↑ Sunnit; **sun|ni|tisch** ⟨Adj.⟩: *die Sunna, die Sunniten betreffend.*
¹**Suo|mi;** -s: finnischer Name für ↑ Finnland; ²**Suo|mi,** das; -s: *die finnische Sprache.*
Suo|ve|tau|ri|lia ⟨Pl.⟩ [lat. suovetaurilia, zu: sus = Schwein, ovis = Schaf u. taurus = Stier]: *altrömisches Sühneopfer, bei dem je ein Schwein, ein Schaf u. ein Stier geschlachtet wird.*
su|per ⟨indekl. Adj.⟩ [lat. super = oben, (dar)über; über - hinaus] (ugs.): *großartig, hervorragend:* eine s. Schau; seine Freundin ist, tanzt s.; *das Restaurant ist s.;* ... natürlich auch 'ne Menge getrunken, der Fendant war s. (Zinn, Sohn 26); Für alle Töchter und Söhne, die das Leben s. finden und Freude an junger, frecher Mode haben (MM 16. 10. 68, 16); ¹**Su|per,** der; -s, -: Kurzf. von ↑ Superheterodynempfänger; ²**Su|per,** das; -s ⟨meist o. Art.⟩: Kurzf. von ↑ Superbenzin; **su|per-, Su|per-** (ugs. emotional verstärkend): **1.** drückt in Bildungen mit Adjektiven eine Verstärkung aus / *sehr, äußerst:* superbequem, -geheim, -weich. **2.** drückt in Bildungen mit Substantiven aus, daß jmd. oder etw. als ausgezeichnet, hervorragend angesehen wird: Superauto, -hotel, -wetter. **3.** drückt in Bildungen mit Substantiven einen besonders hohen Grad, ein besonders hohes Ausmaß von etw. aus: Supergage, -stuß, -talent; **Super-8-Film** [zupɐˈlaxt-], der: *(8 mm breiter) Schmalfilm;* **Su|per-8-Ka|me|ra,** die: *Kamera für Super-8-Filme;* **Su|per|aci|di|tät,** die; - [aus lat. super = über u. ↑ Acidität] (Med.): *übermäßig hoher Säuregehalt des Magensaftes.*
Su|per|ädi|fi|kat, das; -[e]s, -e [zu lat. superaedificare (2. Part.: superaedificatum) = darauf, darüber bauen]: *Bauwerk, das auf fremdem Grund u. Boden errichtet wurde, d. h. nicht im Besitz des Grundeigentümers ist.*
su|per|ar|bi|trie|ren ⟨sw. V.; hat⟩ [zu lat. super = von oben (herab) u. ↑ arbitrieren] (Milit. österr. veraltet): *für untauglich erklären;* **Su|per|ar|bi|tri|um,** das; -s, ...ien [Arbitrium] (österr. Amtsspr.): *Überprüfung; endgültige Entscheidung.*
su|perb, sü|perb ⟨Adj.⟩ [frz. superbe < lat. superbus] (bildungsspr.): *ausgezeichnet, vorzüglich:* Und in jener akustisch superben Hallenkirche ... singt, unterstützt von der Hauptorgel und der Echoorgel, ein dicker Knabe ein schlankes Credo (Grass, Hundejahre 465); Überhaupt grassieren die superbsten Sottisen (Deschner, Talente 53); das Diner war superb, schmeckte superb.
Su|per|ben|zin, das; -s, -e *Benzin von hoher Klopffestigkeit, mit hoher Oktanzahl;* **Su|per|cup,** der; -s, -s (Fußball): **1.** *Pokalwettbewerb zwischen den Europapokalgewinnern der Landesmeister u. der Pokalsieger.* **2.** *Siegestrophäe beim Supercup* (1); **Su|per|ding,** das; -[e]s, -er (salopp emotional verstärkend): *etw. (Erzeugnis, Hervorbringung o. ä.), was durch seine Größe, aufwendige Konstruktion o. ä. außergewöhnlich ist, viel zu bieten hat o. ä.*
Su|per|do|mi|nanz, die; -, - [zu lat. super = oben, (dar)über; über - hinaus u. ↑ Dominanz] (Genetik): *Dominanz* (1), *bei der die heterozygoten Individuen eine stärkere Ausbildung der Merkmale aufweisen als die homozygoten.*
Su|per|ego [suːˈpɐːɪɪɡoʊ, ...ˈeɡoʊ], das; -s, -s [engl. superego, aus: super (< lat. super = über) u. ego = ich (< lat. ego)] (Psych.): engl. Bez. für *Über-Ich.*
Su|per|ero|ga|ti|on, die; -, -en [lat. supererogatio, zu: supererogare = darüber auszahlen, Geld ausgeben] (veraltet): *Übergebühr, Über-, Mehrleistung.*
Su|per|ex|li|bris, das; - [zu lat. super = oben, (dar)über; über - hinaus u. ↑ Exlibris]: *Supralibros.*
su|per|fein ⟨Adj.⟩ (ugs. emotional verstärkend): *sehr, überaus fein.*
Su|per|fe|kun|da|ti|on, die; -, -en [zu lat. super = (dar)über, über - hinaus u. ↑ Fe-

Superfetation

kundation] (Biol.): *Befruchtung von zwei Eiern aus dem gleichen Zyklus durch verschiedene Väter.*
Su|per|fe|ta|ti|on, die; -, -en [zu lat. super = (dar)über, über – hinaus u. ↑Fetus] (Biol.): *Befruchtung von zwei (od. mehr) Eiern aus zwei aufeinanderfolgenden Zyklen, wodurch zu einer bereits bestehenden Schwangerschaft eine neue hinzutritt.*
su|per|fi|zi|a|risch ⟨Adj.⟩ [lat. superficiarius = auf erpachtetem Grunde stehend, zu: superficies, ↑Superfizies] (veraltet): *baurechtlich;* **su|per|fi|zi|ell** ⟨Adj.⟩ [spätlat. superficialis, zu lat. superficies, ↑Superfizies] (Fachspr.; bildungsspr.): *an der Oberfläche liegend, oberflächlich;* **Su|per|fi|zi|es**, die; -, - [...tsie:s; lat. superficies = Erbpacht, eigtl. = (Ober)fläche; Gebäude, zu: super = oben, (dar)über u. facies = äußere Beschaffenheit, Aussehen] (Rechtsspr. veraltet): *Baurecht.*
Su|per|frau, die; -, -en (ugs. emotional verstärkend): vgl. Supermann (a): *Wir sollten endlich aufhören, -en zu sein, die für alles Sorge tragen* (Spiegel 27, 1985, 115).
Su|per-G [...dʒi:], der; -[s], -[s] [engl., wohl kurz für: supergiant = riesengroß, Riesen-]: *Superriesenslalom.*
Su|per-GAU, der; -s, -s (ugs. emotional verstärkend): *allergrößter GAU: der S. von Tschernobyl; Ü Der S. für die kindliche Seele ... ist der sexuelle Mißbrauch durch Personen des innigsten Vertrauens* (MM 2./3. 3. 91, 15).
Su|per|hau|fen, der; -s, - (Astron.): *durch Zusammenballung von Galaxien entstandene Ansammlung von Materie im Weltall.*
Su|per|het [...hɛt], der; -s, -s: Kurzf. von ↑Superheterodynempfänger; **Su|per|he|te|ro|dyn|emp|fän|ger**, der; -s, - [nach engl. superheterodyne receiver, aus lat. super = über u. engl. heterodyne = Überlagerungs-]: *Überlagerungsempfänger.*
Su|per|hit, der; -[s], -s (ugs. emotional verstärkend): *überaus publikumswirksamer Hit.*
su|pe|rie|ren ⟨sw. V.; hat⟩ [zu lat. super = von oben her]: **1.** (Kybernetik): *aus vorhandenen Zeichen ein Superzeichen bilden.* **2.** (veraltet) *überschreiten, übertreffen;* **Su|pe|rie|rung**, die; -, -en (Kybernetik): *das Superieren.*
Su|per|in|fek|ti|on, die; -, -en [aus lat. super = über – hinaus u. ↑Infektion] (Med.): *wiederholte Infektion mit dem gleichen Krankheitserreger.*
Su|per|in|ten|dent [auch: 'zu:...], der; -en, -en [kirchenlat. superintendens (Gen.: superintendentis), subst. 1. Part. von: superintendere = die Aufsicht haben, zu lat. intendere, ↑intendieren]: *(in einigen evangelischen Landeskirchen) geistlicher Amtsträger, der einem Dekanat (1) vorsteht;* **Su|per|in|ten|den|tur**, die; -, -en: **a)** *Amt eines Superintendenten;* **b)** *Amtssitz eines Superintendenten.*
Su|per|in|vo|lu|ti|on, die; -, -en [aus lat. super = über – hinaus u. ↑Involution] (Med.): *abnorm starke Rückbildung eines Organs; Hyperinvolution* (z. B. im Alter).
Su|per|io|nen|lei|ter, der; -s - (Physik): *Festkörper, der eine besonders hohe Leit-*

fähigkeit, die auf der Bewegung von Ionen beruht, besitzt.
su|pe|ri|or ⟨Adj.⟩ [lat. superior, Komp. von: superus = ober ...] (bildungsspr.): *überlegen: Selbstbewußte, geistig -e Männer stört es offenbar nicht, zu ihren Frauen „aufzuschauen"* (MM 17. 7. 71, 45); **Su|pe|ri|or**, der; -s, ...oren [lat. superior = der Obere] (kath. Kirche): *Vorsteher eines Klosters od. Ordens;* **Su|pe|rio|rin**, die; -, -nen (kath. Kirche): w. Form zu ↑Superior; **Su|pe|rio|ri|tät**, die; - [mlat. superioritas, zu (m)lat. superior, ↑superior] (bildungsspr.): *Überlegenheit.*
Su|per|kar|go, der; -s, -s [aus lat. super = über u. ↑Kargo] (Seemannsspr., Kaufmannsspr.): *Person, die ermächtigt ist, eine Schiffs- od. Luftfracht zu begleiten u. zu kontrollieren.*
su|per|klug ⟨Adj.⟩ (iron.): *sich für besonders klug haltend.*
su|per|kru|stal ⟨Adj.⟩ [zu lat. super = oben, (dar)über u. lat. crusta, ↑Kruste] (Geol.): *(von Gesteinen) an der Erdoberfläche gebildet.*
su|per|la|tiv ⟨Adj.⟩ [spätlat. superlativus, zu lat. superlatum, 2. Part. von: superferre = darüberzeugen,-bringen, aus: super = oben, (dar)über u. ferre = tragen, bringen]: **a)** (bildungsspr. selten) *überragend: Eine ... schlechthin -e darstellerische Leistung* (MM 6. 2. 71, 69); **b)** (Rhet.) *übertreibend, übertrieben, hyperbolisch (2);* **Su|per|la|tiv**, der; -s, -e [1: spätlat. (gradus) superlativus]: **1.** (Sprachw.) *zweite Steigerungsstufe in der Komparation (2), Höchststufe* (z. B. *schönste, am besten*). **2.** (bildungsspr.) **a)** ⟨meist Pl.⟩ *etw., was zum Besten gehört u. nicht zu überbieten ist: eine Veranstaltung, ein Fest, ein Land der -e;* **b)** *Ausdruck höchsten Wertes, Lobes: von jmdm., etw. in -en sprechen;* **su|per|la|ti|visch** ⟨Adj.⟩: **1.** (Sprachw.) *den Superlativ (1) betreffend.* **2.** (bildungsspr.) **a)** *überragend; in Superlativen (2 a): Es gibt aber Lebensläufe, die sich s. abspielen* (Ceram, Götter 57); **b)** *übertrieben, superlativ (b): -e Bezichtigungen;* **Su|per|la|ti|vis|mus**, der; -, ...men (Rhet.): **a)** ⟨o. Pl.⟩ *übermäßige Verwendung von Superlativen (1, 2 b);* **b)** *superlativischer (2 b) Ausdruck, Übertreibung;* **su|per|la|ti|vi|stisch** ⟨Adj.⟩ (bildungsspr. abwertend): *zu Übertreibungen neigend, übersteigert: Der -e Stil des revolutionären Pathos* (Muttersprache 3, 1968, 67 [Zeitschrift]).
Su|per|lear|ning ['sju:pələ:nıŋ], das; -s [zu ↑super-, Super- u. engl. learning = das Lernen]: *Lernmethode für Fremdsprachen, die darin besteht, durch gezielte Entspannungsübungen eine bessere Aufnahmefähigkeit zu erreichen.*
Su|per|le|gie|rung, die; -, -en [zu lat. super = oben, (dar)über; über – hinaus u. ↑Legierung]: *Legierung auf der Basis von Eisen, Kobalt, Nickel, Chrom, Wolfram od. Niob, die eine hohe Warmfestigkeit u. Kriechbeständigkeit aufweist.*
su|per|leicht ⟨Adj.⟩ (ugs. emotional verstärkend): *sehr, überaus leicht* (1 a, 2 a); **Su|per|leicht|ge|wicht**, das (Schwerathletik): **a)** ⟨o. Pl.⟩ *Körpergewichtsklasse im Judo u. im Boxen;* **b)** *Sportler der Körpergewichtsklasse Superleichtgewicht* (1 a);

Su|per|macht, die; -, ...mächte (ugs. emotional verstärkend): *dominierende Großmacht;* **Su|per|mann**, der; -[e]s, ...männer (ugs. emotional verstärkend): **a)** *Mann, der große Leistungen vollbringt: Die vielfältigen Aufgaben eines Polizeibeamten erfordern zwar keinen S., aber einen charakterfesten Menschen* (Welt 25. 7. 79, 1); **b)** *besonders männlich wirkender Mann: Die absonderlichsten Typen unter den Homosexuellen sind ... die ledertragenden Supermänner* (Praunheim, Sex 194); **Su|per|mar|ket** ['s(j)u:pə mɑ:kıt], der; -s, -s (veraltet), **Su|per|markt**, der; -[e]s, ...märkte [engl. supermarket, aus: super- = sehr, überaus u. market = Markt]: *großer Selbstbedienungsladen od. entsprechende Abteilung in einem Kaufhaus bes. für Lebensmittel, die in umfangreichem Sortiment [u. zu niedrigen Preisen] angeboten werden:* ... *demnächst in einem Ort mit rund 30 000 Einwohnern einen Supermarkt mit 460 Quadratmeter Verkaufsfläche zu eröffnen* (FAZ 119, 1958, 9); **su|per|mo|dern** ⟨Adj.⟩ (ugs. emotional verstärkend): *überaus modern, dem neuesten Stand, Trend entsprechend: im -en FIFA-Haus am Sonnenberg* (Saarbr. Zeitung 10. 10. 79, 6).
Su|per|na|tu|ra|lis|mus usw.: ↑Supranaturalismus usw.
Su|per|no|va, die; -, ...vä (Astron.): *besonders lichtstarke Nova.*
Su|per|nu|me|rar, der; -s, -e [zu lat. supernumerarius = überzählig, zu: super = (dar)über, über – hinaus u. numerus (↑Numerus), eigtl. = Überzähliger] (veraltet): *Beamtenanwärter; über die gewöhnliche Zahl [von Beamten] Angestellter;* **Su|per|nu|me|ra|ri|at**, das; -[e]s, -e (veraltet): *Stand eines Supernumerars; Zeit der Anwartschaft auf eine Beamtenstelle;* **Su|per|nu|me|ra|ri|us**, der; -, ...ien (veraltet): *Supernumerar.*
Su|per|nym, das; -s, -e [zu lat. super = oben, (dar)über u. griech. ónyma = Name] (Sprachw.): *Hyperonym;* **Su|per|ny|mie**, die; -, -n (Sprachw.): *Hyperonymie.*
Su|per|oxyd, (chem. Fachspr.:) **Super|oxid**, das; -[e]s, -e [zu lat. super = oben, (dar)über u. ↑Oxyd] (Chemie): *Peroxyd.*
Su|per|pel|li|ce|um, das; -s, ...cea [mlat. superpelliceum, zu lat. super = oben, (dar)über u. pellis = Fell, Pelz]: *(früher über dem Pelzrock getragener) weißer Chorrock des katholischen Priesters.*
Su|per|phos|phat, das; -[e]s, -e [zu lat. super = oben, (dar)über u. ↑Phosphat]: *phosphathaltiger Kunstdünger.*
Su|per|pla|sti|zi|tät, die; - [zu lat. super = oben, (dar)über u. ↑Plastizität]: *extrem hohe Plastizität* (2).
su|per|po|nie|ren ⟨sw. V.; hat⟩ [lat. superponere = daraufsetzen] (Fachspr., bes. Med.): *über[einander]lagern;* **su|per|po|niert** ⟨Adj.⟩ (Bot.): *(von [Blüten]blättern) übereinanderstehend;* **Su|per|po|si|ti|on**, die; -, -en [spätlat. superpositio, zu lat. superponere, ↑superponieren] (Physik): *Überlagerung [von Kräften od. Schwingungen];* **Su|per|po|si|ti|ons|au|ge**, das (Biol.): *besondere Form des Facettenauges;* **Su|per|po|si|ti|ons|prin|zip**, das

(Physik): *Prinzip, daß sich bestimmte physikalische Größen gleicher Art am gleichen Ort überlagern können.*
Su|per|preis, der; -es, -e (ugs. emotional verstärkend): *besonders günstiger Preis* (1).
Su|per|re|vi|si|on, die [zu lat. super = über u. ↑Revision] (Wirtsch.): *Nachprüfung.*
Su|per|rie|sen|sla|lom, der (Ski): *(zu den alpinen Wettbewerben gehörender) Riesenslalom, der dem Abfahrtslauf angenähert ist; Super-G.*
su|per|schlank (ugs. emotional verstärkend): *sehr, überaus schlank:* Jahrelang wurden pummelige Leserinnen mit dem Bild der -en Twiggy neurotisiert (Spiegel 42, 1983, 285); **su|per|schlau** ⟨Adj.⟩ (iron.): vgl. superklug; **su|per|schnell** ⟨Adj.⟩ (ugs. emotional verstärkend): *sehr, überaus schnell;* **Su|per|schwer|ge|wicht,** das (Schwerathletik): **a)** ⟨o. Pl.⟩ *Körpergewichtsklasse im Amateurboxen, im Gewichtheben u. im Ringen;* **b)** *Sportler der Körpergewichtsklasse Superschwergewicht* (1).
Su|per|se|kre|ti|on, die; -, -en [zu lat. super = (dar)über, hinaus u. ↑Sekretion] (Med.): *vermehrte Absonderung von Drüsensekret; Hypersekretion.*
su|per|so|nisch ⟨Adj.⟩ [engl. supersonic, zu lat. super = über u. sonus = Schall, Ton]: *über der Schallgeschwindigkeit; schneller als der Schall.*
Su|per|star, der; -s, -s (ugs. emotional verstärkend): *überragender ²Star* (1 a).
Su|per|sti|ti|on, die; - [lat. superstitio] (veraltet): *Aberglaube;* **su|per|sti|ti|ös** ⟨Adj.⟩ [lat. superstitiosus, zu: superstitio, ↑Superstition] (veraltet): *abergläubisch.*
Su|per|strat, das; -[e]s, -e [frz. superstrat, zu lat. super = über u. frz. substrat = Substrat] (Sprachw.): *Sprache eines Eroberervolkes im Hinblick auf den Niederschlag, den sie in der Sprache der Besiegten gefunden hat.*
Su|per|tan|ker, der; -s, - (ugs. emotional verstärkend): *besonders großer Tanker.*
Su|per|vi|si|on [engl.: 'sju:pə'vıʒən], die; - [engl. supervision < mlat. supervisio = Aufsicht, zu: supervisum, ↑Supervisor]: **a)** *Beratung eines Arbeitsteams, einer Organisation zur Erhöhung der Effektivität:* Dr. ..., ehemalige Ausbilderin für Kindergärtnerinnen ..., hat die S. für die städtischen Kindergärten übernommen (MM 16. 12. 74, 16); **b)** *Beratung u. Beaufsichtigung von Psychotherapeuten;* **Su|per|vi|sor** [engl.: 'sju:pəvaızə], der; -s, -s [engl. supervisor < mlat. supervisor = Beobachter, zu: supervisum, 2. Part. von: supervidere = beobachten, kontrollieren]: **1.** (Wirtsch.) *Person, die innerhalb eines Betriebes Aufseher- u. Kontrollfunktionen wahrnimmt:* Wir bieten einem S. mit ... Erfahrungen in der Biskuit- und Konditoreibranche ... eine Stelle in Kumasi, Westafrika (FAZ 15. 7. 61, 19). **2.** (EDV) *Kontroll- u. Überwachungsgerät bei elektronischen Rechenanlagen.*
Su|per|zei|chen, das; -s, - [zu lat. super = (dar)über u. ↑Zeichen] (Kybernetik): *Zeichen, das selbst wieder aus elementaren Zeichen besteht.*
Su|pin, das; -s, -e (Sprachw.): *Supinum;* **Su|pi|na|ti|on,** die; -, -en [zu lat. supinare (2. Part.: supinatum) = (von unten) nach oben kehren, rückwärts beugen] (Med.): *Auswärtsdrehung der Hand od. des Fußes;* **Su|pi|num,** das; -s, ...na [spätlat. (verbum) supinum, eigtl. = (an das Verb) zurückgelehntes Wort, zu lat supinare = zurücklehnen] (Sprachw.): *(bes. im Lateinischen) Verbform zur Bezeichnung einer Absicht od. eines Bezuges.*
Süpp|chen, das; -s, -: Vkl. zu ↑Suppe: ***sein S. am Feuer kochen** (ugs.: sich auf Kosten anderer Vorteile verschaffen);* **sein eigenes S. kochen** (ugs.: *in einer Gemeinschaft nur für sich leben, seine eigenen Ziele verfolgen);* **Sup|pe,** die; -, -n [mhd. suppe, soppe, urspr. = flüssige Speise mit Einlage od. eingetunkte Schnitte, unter Einfluß von (a)frz. soupe = Fleischbrühe mit Brot als Einlage (aus dem Germ.), verw. mit ↑saufen od. unmittelbar zu mhd. sufen, ↑saufen; vgl. mhd. supfen, mnieded. suppen = schlürfen, trinken, Intensivbildungen zu ↑saufen]: *warme od. kalte flüssige Speise [mit Einlage], die vor dem Hauptgericht od. als selbständiges Gericht serviert wird:* eine warme, klare, legierte, dicke, dünne S.; eine S. mit Einlage; eine S. kochen; die S. auftun; Dann hatte er eilig den Kopf wieder gesenkt und die S. gelöffelt (Schaper, Kirche 46); da muß ich das ganze Rattengift auf einmal in ihre S. getan haben (Baum, Paris 31); ein Teller, Schlag S.; Fettaugen auf der S.; Ü draußen ist eine furchtbare S. (ugs.: *starker Nebel*); mir läuft die S. (ugs.: *der Schweiß*) am Körper herunter; ***die S. auslöffeln [die man sich/die jmd. jmdm. eingebrockt hat]** (ugs.: die Folgen eines Tuns tragen);* **jmdm./sich eine schöne S. einbrocken** (ugs.; *jmdn./sich in eine unangenehme Lage bringen);* **jmdm. die S. versalzen** (ugs.: *jmds. Pläne durchkreuzen; jmdm. die Freude an etw. verderben);* **S. haben** (landsch. salopp; *Glück haben);* H. u.); **jmdm. in die S. spucken** (salopp; *eine Sache verderben);* **jmdm. in die S. fallen** (salopp; *jmdn. besuchen, während er beim Essen ist).*
Sup|pe|da|ne|um, das; -s, ...nea [spätlat. suppedaneum = Fußschemel]. **1.** (bild. Kunst) *stützendes Brett unter den Füßen des gekreuzigten Christus an Kruzifixen.* **2.** *oberste Stufe des Altars* (1).
sup|pen ⟨sw. V.; hat⟩ [eigtl. = triefen, tröpfeln, urspr. lautm. nach dem Geräusch, das nasse, klebrige Masse von sich gibt, wenn man in sie tritt] (landsch.): *Flüssigkeit absondern:* Wunde suppt; Er (= der Arm) fängt an zu s. und wird sülzig und farbig (Rehn, Nichts 5); In suppenden (*durchnäßten*) Schuhen laufen sie hintereinander (Grass, Hundejahre 486).
Sup|pen|ein|la|ge, die: *Einlage* (3); **Sup|pen|ex|trakt,** der: *kochfertiger Extrakt zur Herstellung einer Suppe;* **Suppenfleisch,** das: *Rindfleisch zum Kochen, das zur Herstellung einer Suppe verwendet wird;* **Sup|pen|ge|mü|se,** das: *für Suppen verwendetes Gemüse* (z. B. Mohrrüben, Sellerie); **Sup|pen|ge|würz,** das: *Mischung aus getrockneten Küchenkräutern zum Würzen von Suppen;* **Sup|pen|grün,** das: *aus Mohrrüben, Sellerie, Porree u. Petersilie bestehendes, frisches Suppengemüse, das in einer Suppe mitgekocht wird;* **Sup|pen|huhn,** das: vgl. Suppenfleisch; **Sup|pen|kas|per,** der [nach der Gestalt des Suppenkaspar aus dem ↑Struwwelpeter] (ugs.): *jmd., bes. Kind, das keine Suppe od. das allgemein wenig ißt;* **Sup|pen|kel|le,** die: *Kelle* (1), *mit der die Suppe auf den Teller o. ä. geschöpft wird;* **Sup|pen|kno|chen,** der: vgl. Suppenfleisch; **Sup|pen|kraut,** das (landsch.): Suppengrün; **Sup|pen|kü|che,** die: *öffentliche, karitative Einrichtung, die warme Mahlzeiten für Bedürftige anbietet;* **Sup|pen|löf|fel,** der: *Eßlöffel für die Suppe;* **Sup|pen|nu|del,** die ⟨meist Pl.⟩: *bes. als Suppeneinlage verwendete Nudel;* **Sup|pen|schild|krö|te,** die: *sehr große Schildkröte, deren Fleisch zur Herstellung von Schildkrötensuppe verwendet wird;* **Sup|pen|schöp|fer,** der: vgl. Suppenkelle; **Sup|pen|schüs|sel,** die: *Schüssel, in der Suppe aufgetragen wird;* **Sup|pen|spar|gel,** der: *zur Suppe verwendeter Spargel mit dünnen u. gebrochenen Stangen;* **Sup|pen|tas|se,** die: *meist an beiden Seiten mit einem Henkel versehene Tasse für Suppe;* **Sup|pen|tel|ler,** der: *tiefer Teller für Suppe;* **Sup|pen|ter|ri|ne,** die: vgl. Suppenschüssel; **Sup|pen|wür|fel,** der: *zu einem Würfel gepreßte, kochfertige Mischung, die, mit [heißem] Wasser zubereitet, eine Suppe ergibt;* **Sup|pen|wür|ze,** die: *flüssige Mischung aus Gewürzen, Kräutern u. a. zur Herstellung von Suppen.*
Sup|per ['zʌpɐ], das; -[s], - [engl. supper < (a)frz. souper, ↑Souper]: engl. Bez. für *Abendessen.*
sup|pig ⟨Adj.⟩: **a)** *flüssig wie Suppe:* -er Pudding; **b)** *schlammig, morastig:* der Schatz, der aus -em Schlammbrunnen geborgen worden war (Ceram, Götter 420).
Sup|ple|ant, der; -en, -en [frz. suppléant, zu: suppléer < lat. supplere = ergänzen] (schweiz.): *Ersatzmann [in einer Behörde];* **Sup|ple|an|tin,** die; -, -nen (schweiz.): w. Form zu ↑Suppleant; **Sup|ple|ment,** das; -[e]s, -e [lat. supplementum = Ergänzung, zu: supplere, ↑Suppleant]: **1.** *Ergänzungsband; Beiheft.* **2.** kurz für ↑Supplementwinkel; **sup|ple|men|tär** ⟨Adj.⟩: *ergänzend;* **Sup|ple|ment|band,** der ⟨Pl. ...bände⟩ (Buchw.): *Ergänzungsband;* **Sup|ple|ment|lie|fe|rung,** die: vgl. Supplementband; **Sup|ple|ment|win|kel,** der (Math.): *Winkel, der einen gegebenen Winkel zu 180° ergänzt;* **Sup|plent,** der; -en, -en [zu lat. supplens (Gen.: supplentis), 1. Part. von: supplere, ↑Suppleant] (österr. veraltet): *Aushilfslehrer;* **Sup|ple|tion,** die; - [spätlat. suppletio = Ergänzung, zu lat. supplere, ↑Suppleant] (Sprachw.): *Suppletivismus;* **Sup|ple|tiv|form,** die; -, -en (Sprachw.): *grammatische Form eines Wortes, die den Suppletivismus vervollständigt;* **Sup|ple|ti|vis|mus,** der; - [zu spätlat. suppletivus = ergänzend] (Sprachw.): *ergänzender Zusammenschluß von Formen od. Wörtern verschiedenen Stammes zu einem Paradigma* (2) (z. B. bin, war, gewesen); **Sup|ple|tiv|we-**

sen, das; - (Sprachw.): *Suppletivismus;* **sup|ple|to|risch** ⟨Adj.⟩ (veraltet): *ergänzend, nachträglich; stellvertretend;* **sup|plie|ren** ⟨sw. V.; hat⟩ [zu lat. supplere, ↑Suppleant] (veraltet): **a)** *ergänzen, hinzufügen:* ♦ Wenn man die Höhe der Felsenwände erstiegen hat ..., findet man zwei Gipfel durch ein Halbrund verbunden ... die Kunst hat nachgeholfen und daraus den amphitheatralischen Halbzirkel für Zuschauer gebildet; Mauern und andere Angebäude von Ziegelsteinen sich anschließend, supplierten die nötigen Gänge und Hallen (Goethe, Italien. Reise 7. 5. 1787 [Sizilien]); **b)** *vertreten.*
Sup|plik, die; -, -en [frz. supplique (geb. nach réplique, ↑Replik), zu lat. supplicare, ↑Supplikant] (kath. Kirchenrecht): *Bittschrift an den Papst zur Erlangung eines Benefiziums* (3); **Sup|pli|kant,** der; -en, -en [zu lat. supplicans (Gen.: supplicantis), 1. Part. von: supplicare = bitten, flehen] (veraltet): *Bittsteller;* **Sup|pli|kan|tin,** die; -, -nen (veraltet): w. Form zu ↑Supplikant: ♦ Die schöne S. ist Preises genug (Schiller, Kabale III, 6); **Sup|pli|ka|ti|on,** die; -, -en [lat. supplicatio = öffentliche Demütigung vor Gott, zu: supplicare, ↑Supplikant] (veraltet): *Bittgesuch, Bitte;* **sup|pli|zie|ren** ⟨sw. V.; hat⟩ (veraltet): *ein Bittgesuch einreichen.*
sup|po|nie|ren ⟨sw. V.; hat⟩ [lat. supponere = unterlegen, unterstellen, zu: sub = unter u. ponere = setzen, stellen, legen] (bildungsspr.): *voraussetzen, unterstellen, annehmen;* Indem man überhaupt etwas wie eine eigenständige Logik der Kultur ... supponiere (Adorno, Prismen 19); die supponierten Folgen eines schweren Reaktorenfalls.
Sup|port, der; -[e]s, -e [frz. support, zu: supporter < kirchenlat. supportare = unterstützen] (Technik): *verstellbarer Schlitten* (4) *an Werkzeugmaschinen, der das Werkstück od. das Werkzeug trägt;* **Sup|port|dreh|bank,** die (Technik): *Drehbank mit Support.*
Sup|po|si|ta: Pl. von ↑Suppositum; **Sup|po|si|ti|on,** die; -, -en [lat. suppositio = Unterlegung, Unterstellung, zu: supponere, ↑supponieren]: **1.** (bildungsspr.) *Voraussetzung, Annahme.* **2.** (Philos.) *Verwendung ein u. desselben Wortes zur Bezeichnung von Verschiedenem;* **Sup|po|si|to|rium,** das; -s, ...ien [spätlat. suppositorium = das Untergesetzte] (Med.): *Zäpfchen* (2); **Sup|po|si|tum,** das; -s, ...ta [mlat. suppositum, zu lat. suppositus, 2. Part. von: supponere, ↑supponieren] (bildungsspr.): *Annahme.*
Sup|pres|si|on, die; -, -en [lat. suppressio, zu: supressum, 2. Part. von: supprimere, ↑supprimieren] (Fachspr.): *Unterdrückung, Zurückdrängung;* **sup|pres|siv** ⟨Adj.⟩ (Fachspr.; bildungsspr.): *unterdrückend, hemmend;* **Sup|pres|sor,** der; -s, ...oren (Biol.): *Gen, das die Mutationswirkung eines anderen, nicht alleln Gens kompensiert od. unterdrückt;* **sup|pri|mie|ren** ⟨sw. V.; hat⟩ [lat. supprimere, zu: sub = unter u. premere = drücken] (Fachspr.; bildungsspr.): *unterdrücken, hemmen, zurückdrängen.*
Sup|pu|ra|ti|on, die; -, -en [lat. suppuratio, zu: suppurare = eitern] (Med.): *Eite-*

rung; **sup|pu|ra|tiv** ⟨Adj.⟩ (Med.): *eiternd, eitrig.*
Su|pra, das; -s, -s [lat. supra = darüber] (Skat): *Erwiderung auf ein Re; Sub.*
Su|pra|ex|li|bris [...bri:s], das; -, - [zu lat. supra = darüber u. ↑Exlibris]: *Supralibros.*
Su|pra|flui|di|tät, die; - [zu lat. supra = (dar)über u. lat. fluidus, ↑fluid] (Chemie): *Eigenschaft des flüssigen Heliums, bei einer bestimmten Temperatur die Viskosität sprunghaft auf sehr kleine Werte sinken zu lassen.*
su|pra|lei|tend ⟨Adj.⟩ [zu lat. supra = über; oberhalb] (Elektrot.): *völlig widerstandslos Strom leitend:* Durch eine Spule aus -em Draht kann praktisch verlustlos und unbegrenzt ein hoher elektrischer Strom fließen (J + T 12, 1973, 1054); **Su|pra|lei|ter,** der; (Elektrot.): *elektrischer Leiter, der in der Nähe des absoluten Nullpunktes völlig widerstandslos Strom leitet;* **Su|pra|leit|fä|hig|keit,** die; **Su|pra|lei|tung,** die; - (Elektrot.): *unbegrenzte elektrische Leitfähigkeit bestimmter Metalle bei einer Temperatur nahe dem absoluten Nullpunkt.*
Su|pra|li|bros [...bro:s], das; -, - [zu lat. supra = oben (darauf), auf der oberen Seite u. liber (Gen.: libri) = Buch]: *auf der Vorderseite des Bucheinbandes eingeprägtes Exlibris in Form von Wappen o. ä.*
Su|pra|mid ⓌⓏ, das; -[e]s [Kunstwort]: *Kunststoff mit eiweißähnlicher Struktur (als Knochenersatz u. chirurgisches Nähmaterial).*
su|pra|na|tio|nal ⟨Adj.⟩ [aus lat. supra = über - hinaus u. ↑national]: *überstaatlich, übernational:* ... Hoheitsbefugnisse auf eine -e Behörde zu übertragen (Bundestag 189, 1968, 10259); **Su|pra|na|tio|na|li|tät,** die; -: *Überstaatlichkeit.*
su|pra|na|tu|ral ⟨Adj.⟩ [zu lat. supra = über - hinaus u. naturalis = natürlich] (Philos.): *übernatürlich;* **Su|pra|na|tu|ra|lis|mus,** der; -: **1.** (Philos.) *Glaube an das Übernatürliche, an ein die erfahrbaren Dinge bestimmendes übernatürliches Prinzip.* **2.** (ev. Theol.) *dem Rationalismus entgegengesetzte Richtung in der evangelischen Theologie des 18./19. Jh.s;* **su|pra|na|tu|ra|li|stisch** ⟨Adj.⟩: *den Supranaturalismus betreffend.*
su|pra|or|bi|tal ⟨Adj.⟩ [zu lat. supra = über, oberhalb u. ↑Orbita] (Med.): *über der Augenhöhle liegend.*
Su|pra|por|te: ↑Sopraporte.
su|pra|re|nal ⟨Adj.⟩ [zu lat. supra = über, oberhalb u. ↑renal] (Med.): **1.** *über der Niere gelegen.* **2.** *die Nebenniere betreffend;* **Su|pra|re|nin** Ⓦ, das; -s (Med.): *synthetisches Adrenalin.*
su|pra|seg|men|tal ⟨Adj.⟩ [aus lat. supra = über - hinaus u. ↑segmental] (Sprachw.): *nicht von der Segmentierung* (3) *erfaßbar (z. B. der Akzent).*
su|pra|ster|nal ⟨Adj.⟩ [zu lat. supra = über, oberhalb u. ↑sternal] (Med.): *oberhalb des Brustbeins gelegen.*
Su|pra|strom, der; -[e]s (Elektrot.): *in einem Supraleiter dauernd fließender elektrischer Strom.*
su|pra|va|gi|nal ⟨Adj.⟩ [zu lat. supra = über, oberhalb u. ↑vaginal] (Med.): *oberhalb der Scheide* (2) *gelegen.*

Su|pre|ma: Pl. von ↑Supremum; **Su|pre|mat,** der od. das; -[e]s, -e [zu lat. supremus = der oberste, Sup. von: superus = obere ...] (bildungsspr.): *Oberhoheit, Vorrang[stellung];* **Su|pre|mat|eid:** ↑Suprematseid; **Su|pre|ma|tie,** die; -, -n (bildungsspr.): *das Übergeordnetsein über eine andere Macht o. ä.; Vorrang;* **Su|pre|ma|tis|mus,** der; - (bild. Kunst): *(von dem russischen Maler K. Malewitsch [1878-1935] begründete) Richtung des Konstruktivismus* (1); **Su|pre|ma|tist,** der; -en, -en (bild. Kunst): *Vertreter des Suprematismus;* **Su|pre|ma|ti|stin,** die; -, -nen (bild. Kunst): w. Form zu ↑Suprematist; **Su|pre|mats|ak|te,** die ⟨o. Pl.⟩ [engl. Act of Supremacy, zu: act = Gesetz u. supremacy = Souveränität, Überlegenheit] (hist.): *englisches Parlamentsgesetz von 1534, das eine von Rom unabhängige englische Nationalkirche begründete;* **Su|pre|mats|eid,** der; (früher): *Eid der englischen Beamten u. Geistlichen, mit dem sie den Supremat des englischen Königs anerkannten;* **Su|preme Court** [sju-'pri:m 'kɔt], der; - -s, - -s [engl., aus: supreme = höchst... u. court = Gericht]: *oberster Gerichtshof (bzw. oberste Instanz) in einigen Staaten mit angloamerikanischem Recht;* **Su|pre|mum,** das; -s, ...ma [lat. supremum = das oberste] (Math.): *kleinste obere Schranke (in der Mengenlehre); obere Grenze.*
Sur, die; -, -en [zu ↑sauer] (österr.): *Pökel.*
Su|rah, der; -[s], -s [vermutlich entstellt aus dem Namen der ind. Stadt Surat]: *Seidengewebe für Tücher, Schals, ²Futter* (1) *o. ä.*
Sur|cot [syr'ko], der; -[s], -s [frz. surcot, zu: sur = auf, über u. cotte = Überwurf]: *ärmelloser Überwurf des späten Mittelalters.*
Sur|di|tas, die; - [zu lat. surditas, zu: surdus = taub] (Med.): *Taubheit;* **Sur|do|mu|ti|tas,** die; - [geb. aus ↑Surditas u. ↑Mutitas] (Med.): *Taubstummheit.*
Su|re, die; -, -n [arab. sūraʰ]: *Kapitel des Korans.*
Surf|board ['sə:fbɔ:d], das; -s, -s [engl. surfboard, zu: to surf (↑surfen) u. board = Brett]: *Surfbrett;* **Surf|brett** ['sə:f...], das; -[e]s, -er: *flaches, stromlinienförmiges Brett aus Holz od. Kunststoff, das beim Surfing verwendet wird;* **sur|fen** ['sə:fn] ⟨sw. V.⟩ [engl. to surf, zu: surf = Brandung, H. u.]: **1.** *Surfing betreiben* ⟨hat/ist⟩. **2. a)** *Windsurfing betreiben* ⟨hat/ist⟩: sie lernt s.; **b)** *surfend* (2 a) *irgendwohin gelangen* ⟨ist⟩: über den See s.; **Sur|fer** ['sə:fɐ], der; -s, - [engl. surfer]: **1.** *jmd., der Surfing* (1) *betreibt.* **2.** *Windsurfer;* **Sur|fe|rin,** die; -, -nen: w. Form zu ↑Surfer; **Sur|fing** ['sə:fɪŋ], das; -s [engl. surfing, zu: to surf, ↑surfen]: **1.** *Wassersport, bei dem man sich, auf einem Surfbrett stehend, von den Brandungswellen ans Ufer tragen läßt.* **2.** *Windsurfing.*
Surf|fleisch, das [zu ↑Sur] (österr.): *Pökelfleisch.*
Surf|ri|ding ['sə:fraɪdɪŋ], das; -s [engl. surfriding, zu: surf = Brandung u. to ride = reiten, eigtl. = das Wellenreiten]: *Surfing* (1).
Su|ri|kat|te, die; -, -n [H. u.]: *südafrikanische Schleichkatze.*
Su|ri|mo|no, das; -s, -s [jap. surimono =

Drucksache, eigtl. = das Gedruckte]: *als private Glückwunschkarte verwendeter japanischer Holzschnitt.* **Su|ri|nam,** der; -s: Fluß in ¹Suriname; **¹Su|ri|na|me** [syri...]; -s: Staat im Nordosten Südamerikas; **²Su|ri|na|me** [syri...], der; -s: Suriname; **Su|ri|na|mer,** der; -s, -: Ew.; **Su|ri|na|me|rin,** die; -, -nen: w. Form zu ↑Surinamer; **su|ri|na|misch** ⟨Adj.⟩.
sur|jek|tiv ⟨Adj.⟩ [frz. surjectiv, zu lat. super = auf, über u. iactare = werfen] (Math.): *bei einer Projektion in eine Menge (2) alle Elemente dieser Menge als Bildpunkte aufweisend.*
Sur|plus ['sə:pləs], das; -, - [engl. surplus < mengl. surplus < afrz. sourplus < mlat. superplus = Rest] (Wirtsch.): *Überschuß, Gewinn.*
Sur|prise-Par|ty [sə'praız...], die; -, -s u. ...ties [engl. surprise party, aus: surprise = Überraschung u. party, ↑Party]: *Party, mit der man jmdn. überrascht u. die ohne sein Wissen arrangiert wurde.*
Sur|ra, die; - [aus dem Marathi]: *fieberhafte, meist tödlich verlaufende Erkrankung bestimmter Säugetiere in Afrika u. Asien.*
Sur|re, die; -, -n [arab. ṣurraʰ = Beutel, Geldbörse] (früher): *alljährlich vom türkischen Sultan mit der Pilgerkarawane nach Mekka gesandtes Geldgeschenk.*
sur|re|al [auch: zyr...] ⟨Adj.⟩ (bildungsspr.): *traumhaft-unwirklich:* In seiner ersten größeren Prosaarbeit wird die -e Szenerie zum eigentlichen Grundstoff (Börsenblatt 94, 1966, 7159); **Sur|rea|lis|mus,** der; - [frz. surréalisme, aus: sur (< lat. super) = über u. réalisme = Realismus]: *(nach dem 1. Weltkrieg in Paris entstandene) Richtung moderner Kunst u. Literatur, die das Unbewußte, Träume, Visionen u. ä. als Ausgangsbasis künstlerischer Produktion ansieht;* **Sur|rea|list,** der; -en, -en [frz. surréaliste]: *Vertreter des Surrealismus;* **Sur|rea|li|stin,** die; -, -nen: w. Form zu ↑Surrealist; **sur|rea|li|stisch** ⟨Adj.⟩: *den Surrealismus betreffend, dafür typisch.*
sur|ren ⟨sw. V.⟩ [lautm.]: **a)** *ein dunkel tönendes, mit schneller Bewegung verbundenes Geräusch von sich geben, vernehmen lassen* ⟨hat⟩: der Ventilator surrt; die Maschinen, die Rädchen surrten; Das Telephon klickte. Das Freizeichen surrte (Remarque, Triomphe 364) ⟨auch unpers.:⟩ es surrte in der Leitung; ⟨subst.:⟩ das Surren der Kameras; **b)** *sich surrend* ⟨a⟩ *irgendwohin bewegen, fahren o. ä.* ⟨ist⟩: Fliegen, Käfer surren über das Gras; der Lift surrte nach oben; als ob eine Schar kleiner Vögel durch die Luft surrte (Plievier, Stalingrad 188).
Sur|ro|gat, das; -[e]s, -e [zu lat. surrogatum, 2. Part. von: surrogare = jmdn. an die Stelle eines anderen wählen lassen, zu: sub = unter u. rogare = bitten, also eigtl. = als einen von unten Nachfolgenden bitten]: **1.** (Fachspr.) *Stoff, Mittel o. ä. als behelfsmäßiger, nicht vollwertiger Ersatz; Ersatzmittel:* Ü (bildungsspr.): *um sich vor der Durchschnittlichkeit des abendländischen Alltags durch die Flucht ins S.* (= Sport, Tabak und Alkohol) *zu retten und zu berauschen* (Augsburger Allgemeine 27. 5. 78, 7). **2.** (Rechtsspr.) *Ersatz für einen Gegenstand, Wert;* **Sur|ro|ga|ti|on,** die; - [lat. subrogatio = Wahl an die Stelle eines anderen, Nachwahl, zu: surrogare, subrogare, ↑ Surrogat] (Rechtsspr.): *Austausch eines Gegenstands, Wertes gegen einen anderen, der den gleichen Rechtsverhältnissen unterliegt.*
sur|sum cor|da [lat. = empor, aufwärts die Herzen!]: *Ruf zu Beginn der Präfation in der lateinischen* ¹*Messe* (1).
Sur|tax ['sɜ:tæks], die; -, -es [...ksız; engl. surtax < frz. surtaxe, ↑ Surtaxe]; **Sur|taxe** [zyr'taks], die; -, -n [...sn; frz. surtaxe, aus: sur (< lat. super) = auf, über u. taxe, ↑Taxe] (Steuerw.): *zusätzliche Steuer (bei Überschreitung einer bestimmten Einkommensgrenze).*
Sur|tout [syr'tu], der; -[s], -s [frz. surtout, aus: sur (< lat. super) = über u. tout = alles, eigtl. = der über allem (getragen wird)]: *(im 18. Jh. getragener) weiter, mit großem, oft doppeltem Kragen versehener Herrenmantel.*
Sur|vey ['sɜ:veɪ], der; -[s], -s [engl. survey, eigtl. = Überblick, zu: to survey = überblicken, -schauen < afrz. surveier, aus sur (< lat. super) = über u. veier (= frz. voir) < lat. videre = sehen]: **1.** *(in der Markt- u. Meinungsforschung) Erhebung, Ermittlung, Befragung.* **2.** (Wirtsch.) *Gutachten eines Sachverständigen im Warenhandel;* **Sur|vey|or,** der; -s, -s [engl. surveyor] (Wirtsch.): *Sachverständiger u. Gutachter im Warenhandel.*
Sur|vi|vals [sə'vaɪvəlz] ⟨Pl.⟩ [engl. survivals ⟨Pl.⟩, zu: survive < (m)frz. survivre < lat. supervivere = überleben] (Völkerk., Volksk.): *[unverstandene] Reste untergegangener Kulturformen in heutigen Bräuchen u. Vorstellungen des Volksglaubens;* **Sur|vi|val|trai|ning,** [sə'vaɪv...], das [engl. survival training, aus: survival = Überleben, Überlebens- u. ↑ Training]: *Überlebenstraining.*
Su|se, die; -, -n [Kurzf. des w. Vorn. Susanne, vgl. Heulsuse] (ugs. abwertend): *weibliche Person, die auf nichts achtet u. sich alles gefallen läßt.*
Su|ser, der; -s, - (landsch.): *Sauser.*
Su|shi ['zu:ʃi], das; -s, -s [jap.]: *aus rohem Fisch [Fleisch, Krustentieren, Gemüse, Pilzen u. a.] auf einer Unterlage aus Reis bestehendes Gericht.*
Su|si|ne, die; -, -n [ital. susina, nach dem Namen der pers. Stadt Susa]: *gelbe od. rote italienische Pflaume.*
Sus|lik, der; -s, -s [russ. suslik = Ziesel]: *geringwertiges, v. a. als Mantelfutter verwendetes Fell bestimmter osteuropäischer Zieselarten.*
su|spekt ⟨Adj.; -er, -este⟩ [lat. suspectus, adj. 2. Part. von: suspicere = (be)argwöhnen, zu: sub = unten u. spicere, specere = sehen, also eigtl. = von unten ansehen] (bildungsspr.): *von einer Art, daß sich bei jmdm. Zweifel hinsichtlich der Qualität, Nützlichkeit, Echtheit o. ä. einstellen; verdächtig, fragwürdig, zweifelhaft:* ein -es Unternehmen; [Zwar ist einem Mittelständler das Wort „Mode" selbst ein -er Begriff (Spiegel 38, 1976, 208); Er war mir äußerst s. (Erné, Kellerkneipe 234).

sus|pen|die|ren ⟨sw. V.; hat⟩ [spätmhd. suspendieren < lat. suspendere = aufhängen; in der Schwebe lassen; beseitigen, zu: sub = unter u. pendere = hängen]: **1. a)** *[einstweilen] des Dienstes entheben; aus einer Stellung entlassen:* einen Beamten vom Dienst s.; **b)** *von einer Verpflichtung befreien:* jmdn. vom Wehrdienst s.; Vom Turnen und Schwimmen war er suspendiert, weil er sich kränklich ausweisen konnte (Grass, Katz 8). **2.** *zeitweilig aufheben:* die diplomatischen Beziehungen zu einem Land s.; ... wurden durch die ... erlassene Verordnung ... die Grundrechte der Verfassung suspendiert (Fraenkel, Staat 335). **3.** (Chemie) *Teilchen eines festen Stoffes in einer Flüssigkeit so fein verteilen, daß sie schweben.* **4.** (Med.) ⟨Glieder⟩ *aufhängen, hochhängen, hochlagern;* **Sus|pen|die|rung,** die; -, -en: *das Suspendieren* (1, 2); **Sus|pen|si|on,** die; -, -en [spätmhd. suspension < (spät)lat. suspensio = Unterbrechung, zu lat. suspendere, ↑suspendieren]: **1.** *das Suspendieren* (1, 2). **2.** (Chemie) *feinste Verteilung sehr kleiner Teilchen eines festen Stoffes in einer Flüssigkeit, so daß sie darin schweben.* **3.** (Med.) *(von Körperteilen) das Anheben, Aufhängen, Hochlagern;* **Sus|pen|si|ons|strom,** der (Geol.): *an den Hängen von Meeres- u. Seebecken sich rasch abwärtsbewegender Strom aus Wasser u. festen Bestandteilen;* **sus|pen|siv** ⟨Adj.⟩: *(von Sachen) etw. suspendierend* (2); *suspendierender Wirkung:* ein -es Veto[recht]; **Sus|pen|siv|ef|fekt,** der (Rechtsspr.): *aufschiebende Wirkung durch Einlegen eines Rechtsbehelfs;* **Sus|pen|so|ri|um,** das; -s, ...ien [zu lat. suspensum, 2. Part. von: suspendere, ↑suspendieren]: **1.** (Med.) *beutelförmige Tragevorrichtung für erschlaffte, zu schwer herabhängende Glieder (z. B. die weibliche Brust).* **2.** (Sport) *beutelförmiger Schutz für die männlichen Geschlechtsteile.*

süß ⟨Adj.; -er, -este⟩ [mhd. süeʒe, ahd. suoʒi; urspr. wohl den Geschmack süßer Fruchtsäfte bezeichnend; vgl. lat. suavis = lieblich, angenehm]: **1. a)** *in der Geschmacksrichtung von Zucker od. Honig liegend. meist angenehm schmeckend; nicht sauer, bitter:* -e Trauben; -er Wein; -e *(nicht gesäuerte)* Milch; er ißt gern -e Sachen *(Süßigkeiten, Kuchen o. ä.);* der Pudding war, schmeckte widerlich s.; sie fand die Marmelade ein bißchen [zu], reichlich s.; ⟨subst.:⟩ sie essen gern Süßes; **b)** *in seinem Geruch süßem Geschmack entsprechend:* die Blüten haben einen -en Duft; Er kam in ein kleines Zimmer, das duftete stark nach Pelz und nach -em Parfüm (Hesse, Narziß 321). **2. a)** (geh.) *zart, lieblich klingend u. eine angenehme Empfindung hervorrufend:* eine -e Kantilene; Was ist Fis-Dur? - Eine Tonart. Die -este von allen (Remarque, Obelisk 37); **b)** (emotional) *[hübsch u.] Entzücken hervorrufend:* ein -es Gesicht; die Kleine mit dem -en Po (Hörzu 39, 1992, 51); ein -es Kind; In Jeans und Stiefeln sah er auch wirklich zu s. aus (Freizeitmagazin 10, 1978, 2); ⟨subst.:⟩ na, mein Süßer?; Du darfst aber jetzt nur an uns denken, Süße *(Liebste;* Molsner, Harakiri 39); **c)** (oft geh.) *eine so ange-*

Süß

nehme Empfindung auslösend, daß man sich der betreffenden Sache gern ergibt: ein -er Schmerz; -es Nichtstun; Fürs Vaterland zu sterben scheint auch heute nicht mehr s. und ehrenvoll zu sein (Ott, Haie 343; nach lat. dulce et decorum est pro patria mori; Horaz, Oden III 2, 13); träum s.! **3.** *[übertrieben] freundlich, liebenswürdig:* ein -es Lächeln; jmdn. mit -en Reden einlullen; „Wie reden wir sie an? Professor oder Doktor?" ... „Oder David?" fragte Lilian s. (Kemelmann [Übers.], Dienstag 37); **Süß,** das; -es: **1.** (veraltet) *süße Masse, süßer Stoff.* **2.** (Druckerspr. landsch.) *geleistete, aber noch nicht bezahlte Arbeit;* **Sü|ße,** die; - [mhd. süeʒe, ahd. suoʒī]: *das Süßsein; süße (1–3) Art;* **sü|ßen** ⟨sw. V.; hat⟩ [mhd. süeʒen, ahd. suoʒen = angenehm machen]: *süß* (1a) *machen; [etw.]* mit Zucker, Honig s.; Süßstoff süßt stärker als Zucker; **Süß|ge|wäs|ser,** das (Fachspr.): *Süßwasser enthaltendes Gewässer;* **Süß|gras,** das ⟨meist Pl.⟩: *Gras* (1); **Süß|holz,** das ⟨o. Pl.⟩ [spätmhd. süeʒholz]: *süß schmeckende Wurzeln eines Süßholzstrauches, die bes. zur Gewinnung von Lakritze dienen:* *S. raspeln (ugs.; jmdm. in auffallender Weise schmeicheln, schöntun; unter Anlehnung an ↑süß 3 bezogen auf das früher übliche Gewinnen von Süßstoffen durch Zerreiben von Süßholz);* **Süß|holz|ge|ras|pel,** das; -s (ugs.): *das Süßholzraspeln;* **Süß|holz|rasp|ler,** der; -s, - (ugs.): *jmd., der in auffallender Weise jmdm. schmeichelt, schöntut;* **Süß|holz|rasp|le|rin,** die; -, -nen (ugs.): w. Form zu ↑Süßholzraspler; **Süß|holz|saft,** der: *eingedickter Saft aus Süßholz zur Gewinnung von Lakritze;* **Süß|holz|strauch,** der: *(in mehreren Arten bes. im Mittelmeergebiet u. in Asien verbreitete, zu den Schmetterlingsblütlern gehörende) kraut- od. strauchartige Pflanze mit gefiederten Blättern u. weißen, gelben, blauen od. violetten Blüten;* **Sü|ßig|keit,** die; -, -en [mhd. süeʒecheit = Süße, zu: süeʒec = süß]: **1.** ⟨meist Pl.⟩ *etw. Süßes in Form von Schokolade, Praline, Bonbon o. ä.:* -en essen, knabbern; Agathe beschäftigte ihre Finger mit einer eingewickelten S. (Musil, Mann 1027). **2.** ⟨Pl. selten⟩ (geh.) *das Süßsein; süße (2, 3) Art;* **Süß|kar|tof|fel,** die: *Batate* (b); **Süß|kir|sche,** die: **1.** *größere, dunkelrote bis gelbe, süß schmeckende Kirsche.* **2.** *Kirschbaum mit Süßkirschen als Früchten;* **Süß|klee,** der: *zu den Schmetterlingsblütlern gehörende, in vielen Arten bes. im Mittelmeergebiet u. in Zentralasien als Staude od. strauchartig wachsende [Futter]pflanze mit purpurfarbenen, weißen od. gelben Blüten;* **süß|lich** ⟨Adj.⟩ [mhd. süeʒlich, ahd. suoʒlih = süß, freundlich]: **1.** *[auf unangenehme Weise] leicht süß* (1): ein -er [Bei]geschmack, Geruch; der Fette, der ... eine abenteuerliche Krawatte trug und betäubend nach einem -en Parfüm duftete (Simmel, Stoff 65); die erfrorenen Kartoffeln schmecken s. **2.** (abwertend) *weichlich-gefühlvoll u. ins Kitschige abgleitend:* ein -es Gedicht; Der Idylliker Hesse, der für meinen Geschmack fast niemals s. gewesen ist (Tucholsky, Werke II, 344). **3.** (abwertend) *übertrieben u. ge-*

heuchelt freundlich, liebenswürdig: ein -es Lächeln; mit -er Miene; **Süß|lich|keit,** die; -: *das Süßlichsein; süßliche (1–3) Art;* **Süß|ling,** der; -s, -e (veraltet abwertend): *süßlicher (3) Mensch;* **Süß|maul,** das (ugs.): *jmd., der gern Süßes ißt;* **Süß|most,** der; -[e]s, -e: *Most* (2); **Süß|mo|ster,** der; -s, -: *jmd., der Süßmost o. ä. herstellt* (Berufsbez.); **Süß|mo|ste|rin,** die; -, -nen: w. Form zu ↑Süßmoster; **Süß|rahm,** der: *ungesäuerter Rahm;* **Süß|rahm|but|ter,** die: *Butter aus Süßrahm;* **Süß|re|ser|ve,** die: *Zusatz von unvergorenem Traubenmost zur Geschmacksverbesserung des Weins;* **süß-sau|er** ⟨Adj.⟩: **1.** *sauersüß* (1): eine süß-saure Soße; sie essen die Bohnensuppe meist s. [zubereitet]. **2.** (ugs.) *sauersüß* (2): Auf Fragen nach Kriegsgründen zum 1. Weltkrieg machte er ein süß-saures Gesicht (Kempowski, Immer 126); Nowottny ... lächelt s. „Warten ist unsere Haupttätigkeit" (= als Korrespondent in Bonn; Hörzu 43, 1972, 132); **Süß|spei|se,** die: *süße Speise [als Nachtisch];* **Süß|stoff,** der: *synthetische od. natürliche Verbindung, die ohne entsprechenden Nährwert stärker als Zucker süßt (z. B. Saccharin);* **Süß|ver|fah|ren,** das (Technik): *Verfahren, bei dem aus Benzin od. anderen Erdölprodukten unangenehm riechende u. korrosiv wirkende schwefelhaltige Verbindungen entfernt od. in andere Verbindungen überführt werden;* **Süß|wa|ren** ⟨Pl.⟩: *Nahrungs- u. Genußmittel, die einen hohen Gehalt an Zucker haben;* **Süß|wa|ren|geschäft,** das: *Spezialgeschäft für Süßwaren;* **Süß|wa|ren|in|du|strie,** die: *Industriezweig, der Süßwaren herstellt;* **Süß|was|ser,** das ⟨Pl. ...wasser⟩: *Wasser von Flüssen, Binnenseen im Unterschied zum salzigen Meerwasser;* **Süß|was|ser|fisch,** der: *in Süßwasser lebender Fisch;* **Süß|was|ser|ma|tro|se,** der (ugs. scherzh.): *Binnenschiffer;* **Süß|was|ser|po|lyp,** der: *in Süßwasser einzeln lebendes Nesseltier, das sich vorwiegend durch Knospung fortpflanzt;* **Süß|was|ser|schwamm,** der: *in Süßwasser lebender Schwamm, der meist krustenförmige Kolonien auf Wasserpflanzen od. Steinen in Flüssen u. Seen bildet;* **Süß|weich|sel,** die: *bes. in Südosteuropa angepflanzte Sauerkirsche;* **Süß|wein,** der: *Wein, dessen Geschmack durch die Süße bestimmt wird.*

Sust, die; -, -en [zu lat. substare = (darin) vorhanden sein] (schweiz. veraltet): *öffentliches Lager-, Rasthaus.*

Sustain [sәs'teɪn], das; -s, -s [engl. sustain, zu: to sustain = einen Ton halten, über das Afrz. < lat. sustenēre, ↑Sustentation] (Musik): *Zeit des Abfallens des Tons bis zu einer bestimmten Tonhöhe beim Synthesizer;* **Su|sten|ta|ti|on,** die; -, -en [lat. sustentatio, eigtl. = das Hinhalten, zu: sustentare, Intensivbildung zu sustenīre = stützen] (veraltet): *Unterstützung, Versorgung.*

sus|zep|ti|bel ⟨Adj.; ...bler, -ste⟩ [spätlat. susceptibilis = fähig (etw. aufzunehmen)] (bildungsspr. veraltet): *empfindlich, reizbar;* **Sus|zep|ti|bi|li|tät,** die; -: **1.** (bildungsspr. veraltet) *Empfindlichkeit, Reizbarkeit.* **2.** (Physik) **a)** * **|di|elek|tri|sche S.** *(Verhältnis zwischen dielektrischer Po-*

larisation u. elektrischer Feldstärke); **b)** * **magnetische S.** *(Verhältnis zwischen Magnetisierung u. magnetischer Feldstärke);* **Sus|zep|ti|on,** die; -, -en [lat. susceptio = Aufnahme, zu: suscipere, ↑suszipieren]: **1.** (veraltet) *An-, Übernahme.* **2.** (Bot.) *Aufnahme eines Reizes* (1) *(z. B. durch Absorption des Lichts beim Phototropismus);* **sus|zi|pie|ren** ⟨sw. V.; hat⟩ [lat. suscipere = aufnehmen, zu: sus = aufwärts, empor u. capere = nehmen, fassen]: **1.** (veraltet) *an-, übernehmen.* **2.** (Bot.) *(von Pflanzen) einen Reiz aufnehmen.*

Su|ta|ne: ↑Soutane; **Su|ta|nel|le:** ↑Soutanelle.

Su|tasch: ↑Soutache.

Su|tra, das; -, -s ⟨meist Pl.⟩ [sanskr. sūtra]: *knapp u. einprägsam formulierter Lehrsatz der indischen Literatur.*

Süt|ter|lin|schrift, die; - [nach dem dt. Graphiker L. Sütterlin (1865–1917)]: *deutsche Schreibschrift (die von 1935 bis 1941 an deutschen Schulen verwendet wurde).*

Su|tur, die; -, -en [lat. sutura = Naht]: **1.** (Anat.) *starre Verbindung zwischen Knochen in Form einer sehr dünnen Schicht faseriger Bindegewebes.* **2.** (Med.) *Naht* (1 b). **3.** (Geol.) *zackige Naht in Kalksteinen, die durch Lösung unter Druck entsteht.*

su|um cui|que [lat.] (bildungsspr.): *jedem das Seine!*

¹Su|va: Hauptstadt von ¹Fidschi.

SUVA, **²Su|va** = Schweizerische Unfallversicherungsanstalt.

su|ze|rän ⟨Adj.⟩ [frz. suzerain, geb. nach: souverain (↑souverän) zu älter: sus = darüber < lat. susum = nach oben] (selten): *(von einem Staat) die Oberhoheit über einen anderen Staat ausübend;* **Su|ze|rän,** der; -s, -e [frz. suzerain] (Völkerr. früher): *Staat, der die Suzeränität über einen anderen Staat ausübt;* **Su|ze|rä|ni|tät,** die; - [frz. suzeraineté, zu: suzerain, ↑suzerän] (Völkerr. früher): *Oberhoheit über einen anderen Staat.*

s. v. = sotto voce; salva venia; sub voce.

SV = Sportverein.

sva. = soviel als.

SVD = Societas Verbi Divini.

sve|glia|to [sveʎ'ja:to] ⟨Adv.⟩ [ital. svegliato, zu: svegliare = wecken] (Musik): *munter, frisch.*

SVP = Schweizerische Volkspartei.

s. v. v. = sit venia verbo.

svw. = soviel wie.

SW = Südwest[en].

Swa|hi|li: ¹,²Suaheli.

Swa|mi, der; -s, -s [Hindi svāmī]: *hinduistischer Mönch, Lehrer.*

Swamps [swɔmps] ⟨Pl.⟩ [engl. swamp = Sumpf, aus dem Niederd.]: **1.** *nasse, poröse, nach Entwässerung fruchtbare Böden.* **2.** *Sumpfwälder an der Atlantikküste der südöstlichen USA.*

Swan|boy ['svɔnbɔy], das; -s [engl. swanboy, eigtl. = Schwanenjunges] (Textilind.): *auf beiden Seiten stark gerauhter Baumwollflanell in Köper- od. Leinwandbindung;* **Swan|skin** ['svɔnskin], der; - [engl. swanskin, eigtl. = Federkleid des Schwans] (Textilind.): *Swanboy.*

Swap [swɔp], der; -s, -s [zu engl. to swap =

(aus)tauschen] (Bankw., Börsenw.): **1.** *Austausch bestimmter Rechte, Pflichten o. ä.* **2.** *Differenz zwischen dem Kassakurs u. dem Terminkurs;* **Swap|ge|schäft** ['svɔp...], *das; -[e]s, -e* [engl. swap, zu: to swap, ↑Swap] (Bankw., Börsenw.): *[von den Zentralbanken] meist zum Zweck der Kurssicherung vorgenommener Austausch von Währungen in einer Verbindung von Kassageschäft* (1) *u. Termingeschäft.*
SWAPO, *die; -* [Abk. für engl. South West African People's Organization]: *Befreiungsbewegung in Namibia.*
Swap|per ['svɔpɐ], *der; -s, -* [engl. swapper, zu: to swap, ↑Swap] (Jargon): *jmd., der Partnertausch betreibt;* **Swap|pe|rin** ['svɔ...], *die; -, -nen* (Jargon): *w. Form zu* ↑Swapper.
Swa|ra|bhak|ti, *das, auch: die; -* [sanskr. svarabhakti] (Sprachw.): *Sproßvokal.*
Swa|si, *der u. die; -, -:* Ew. zu ↑Swasiland; **Swa|si|land:** *Monarchie im südlichen Afrika;* **swa|si|län|disch** ⟨Adj.⟩.
Swa|sti|ka, *die; -, ...ken, auch: der; -[s], -s* [sanskr. svastika]: *altindisches Glückssymbol in Form eines Sonnenrades, Hakenkreuzes.*
Swea|ter ['svɛ:tɐ], *der; -s, -* [engl. sweater, eigtl. = Schwitzer, zu: to sweat = schwitzen (lassen, machen)]: **1.** *(veraltend) Pullover.* **2.** *Vermittler zwischen Arbeitgeber u. Arbeiter im Sweatingsystem;* **Swea|ting|sy|stem** ['svɛ:tɪŋ...], *das; -s, -e* [engl. sweating system, eigtl. = Schwitzsystem]: *Arbeitsverhältnis, bei dem zwischen Unternehmer u. Arbeiter ein Vermittler tritt, der die Aufträge in möglichst niedrigen Lohnsätzen an die Arbeiter vergibt;* **Sweat|shirt** ['svɛtʃə:t], *das; -s, -s* [engl. sweatshirt, zu: shirt, ↑Shirt]: *weit geschnittener Sportpullover (meist aus Baumwolle).*
Swe|be, *der; -n, -n: Angehöriger einer Gruppe westgermanischer Völker;* **Swe|ben|kno|ten,** *der: nach den Sweben benannte Haartracht germanischer Stämme, bei der das lange Haar des Mannes über der rechten Schläfe zu einem Knoten zusammengebunden ist;* **Swe|bin,** *die; -, -nen:* w. Form zu ↑Swebe; **swe|bisch** ⟨Adj.⟩.
Swe|den|bor|gia|ner, *der; -s, -: Anhänger des schwed. Naturforschers u. Theosophen Emanuel Swedenborg (1688-1772);* **Swe|den|bor|gia|ne|rin,** *die; -, -nen:* w. Form zu ↑Swedenborgianer.
Sweep|stake ['swi:psteɪk], *das od. der; -s, -s* [engl. sweepstake, aus: to sweep = einstreichen (2) u. stake = Wetteinsatz]: **1.** *zu Werbezwecken durchgeführte Verlosung, bei der die Gewinnlose vor der Verlosung festgelegt werden.* **2.** *Wettbewerb [im Pferderennsport], bei dem die ausgesetzte Prämie aus den Eintrittsgeldern besteht.*
Sweet [swi:t], *der; -* [engl. sweet = süß; sentimental; verw. mit ↑süß]: *dem Jazz nachgebildete Unterhaltungsmusik;* **Sweet|heart** ['swi:tha:t], *das; -s, -s* [engl. sweetheart, aus: sweet = lieblich u. heart = Herz]: engl. Bez. für *Liebste, Liebster;* weil „die Aufgeklärtheit der schwarzen s-s mich dazu gebracht hat, meine Attitüden neu zu überdenken" (Wolfe [Übers.], Radical 10).
Swer|tia, *die; -, ...iae* [...i̯ɛ; nach dem niederl. Botaniker Emanuel Sweerts (1552-1612)] (Bot.): *blaues Lungenkraut.*
SWF = Südwestfunk.
Swim|ming|pool, Swim|ming-pool ['swɪmɪŋpu:l], *der; -s, -s* [engl. swimmingpool, zu: to swim = schwimmen u. pool = Teich, Pfütze]: *(auf einem Privatgrundstück befindliches) Schwimmbecken innerhalb od. außerhalb eines Gebäudes:* ...war das Hotel von der versprochenen Erstklassigkeit sehr weit entfernt. Sauna und Swimmingpool waren noch nicht gebaut (Gute Fahrt 4, 1974, 39).
¹Swing, *der; -[s], -s* [engl. swing, eigtl. = das Schwingen, zu: to swing = schwingen]: **1.** ⟨o. Pl.⟩ **a)** *rhythmische Qualität des Jazz, die durch die Spannung zwischen dem Grundrhythmus u. den melodisch-rhythmischen Akzenten sowie durch Überlagerungen verschiedener Rhythmen entsteht;* **b)** *(bes. 1930-1945) Jazzstil, bei dem die afroamerikanischen Elemente hinter europäischen Klangvorstellungen zurücktreten;* **2.** *kurz für* ↑Swingfox; **²Swing,** *der; -[s]* [engl. swing, eigtl. = das Schwingen, ↑¹Swing] (Wirtsch.): *(bei zweiseitigen Handelsverträgen) Betrag, bis zu dem ein Land, das mit der Lieferung im Verzug ist, vom Handelspartner Kredit erhält;* **Swing-by** [...'baɪ], *das; -s, -s* [engl. swing-by, eigtl. = das Vorüberschwingen (Raumf.): *Fly-by* (a); **swin|gen** ⟨sw. V.; hat⟩ [engl. to swing]: **1. a)** *in der Art des* ¹Swing (1 a) *ein Musikstück spielen, Musik machen;* **b)** *zur Musik des* ¹Swing (1 b) *tanzen.* **2.** (Jargon verhüll.) *Gruppensex betreiben;* **Swin|ger,** *der; -s, -* [engl. swinger = jmd., der hin und her schwingt]: **1.** (Mode) *Kurzmantel in schwingender Weite.* **2.** (Jargon verhüll.): *jmd., der swingt* (2); **Swing|fox,** *der; -[es], -e: aus dem Foxtrott entwickelter Gesellschaftstanz;* **swin|ging** ⟨indekl. Adj.⟩ [engl. swinging]: *schwungvoll, aufregend (meist in Verbindung mit Städtenamen, z. B.* Swinging London); **Swin|ging,** *das; -s* [engl. swinging = das Hin-und-her-Schwingen] (Jargon verhüll.): *Gruppensex.*
Swiss|air [...ɛ:ɐ̯], *die; -:* Luftfahrtgesellschaft der Schweiz.
swit|chen ['swɪtʃn̩] ⟨sw. V.; hat⟩ [engl. to switch = umschalten, umleiten]: **1.** (Wirtsch.) *ein Switchgeschäft tätigen.* **2.** (ugs.) *mit Hilfe der Fernbedienung von einem zum anderen Fernsehkanal schalten;* **Switch|ge|schäft** ['swɪtʃ...], *das; -[e]s, -e* [engl. switch = Umleitung (von Kapital)] (Wirtsch.): *über ein Drittland abgewickeltes Außenhandelsgeschäft.*
SWV = Südschleswigscher Wählerverband.
Sy|ba|rit, *der; -en, -en* [lat. Sybarita < griech. Sybarítēs = Einwohner der antiken Stadt Sybaris; die Sybariten waren als Schlemmer verrufen] (bildungsspr. veraltet): *Schlemmer;* **sy|ba|ri|tisch** ⟨Adj.⟩ (bildungsspr. veraltet): *genußsüchtig, schwelgerisch;* **Sy|ba|ri|tis|mus,** *der; -:* (bildungsspr. veraltet): *Genußsucht, Schlemmerei, Schwelgerei.*
Syd|ney ['sɪdnɪ]: *Stadt in Australien.*
Sye|nit [auch: ...'nɪt], *der; -s, -e* [lat. lapis Syenites = bei Assuan (lat. = Syene) gebrochener Granit]: *mittel- bis grobkörniges Tiefengestein.*
Sy|ko|mo|re, *die; -, -n* [lat. sycomorus < griech. sykómoros, zu: sỹkon = Feige u. móron = Maulbeere, eigtl. = Maulbeerfeigenbaum]: *(in Ostafrika beheimateter) Feigenbaum mit eßbaren Früchten u. festem Holz;* **Sy|ko|mo|ren|holz,** *das: Holz der Sykomore;* **Sy|ko|phant,** *der; -en, -en* [2: lat. sycophanta <) griech. sykophántēs, zu: phainein = (an)zeigen, urspr. = Feigenanzeiger, Anzeiger desjenigen, der im alten Athen das Verbot der Feigenausfuhr übertreten hatte]: **1.** *gewerbsmäßiger Ankläger im alten Athen.* **2.** (bildungsspr. veraltet) *Verräter, Verleumder;* **Sy|ko|phan|tin,** *die; -, -nen* (bildungsspr. veraltet): w. Form zu ↑Sykophant (2); **sy|ko|phan|tisch** ⟨Adj.⟩ [griech. sykophantikós] (bildungsspr. veraltet): *anklägerisch, verleumderisch;* **Sy|ko|se,** *die; -, -n* [zu griech. sỹkon = Feige, übertr. = Warze]: **1.** (Med.) *Bartflechte* **2.** (veraltet) *Saccharin;* **Sy|ko|sis,** *die; -, ...ko|sen* (Med.): *Sykose* (1).
Syl|la|bar, *das; -s, -e* **Syl|la|ba|ri|um,** *das; -s, ...ien* [zu griech. syllabḗ, ↑syllabisch] (bildungsspr. veraltet): *Abc-Buch;* **¹Fibel** (1); **syl|la|bie|ren** ⟨sw. V.; hat⟩ [zu griech. syllabḗ, ↑syllabisch] (bildungsspr. veraltet): *buchstabieren, in Silben [aus]sprechen;* **syl|la|bisch** ⟨Adj.⟩ [spätlat. syllabicus < griech. syllabikós, zu: syllabḗ = Silbe]: **1.** (bildungsspr.) *silbenweise.* **2.** (Musik) *silbenweise komponiert, so daß jeder Silbe des Textes eine Note zugehörig ist;* **Syl|la|bus,** *der; -, - u. ...bi* [1: spätlat. syllabus < griech. sýllabos]: **1.** (bildungsspr.) *Zusammenfassung, Verzeichnis.* **2.** (kath. Kirche früher) *päpstliche Auflistung kirchlich verurteilter religiöser, philosophischer u. politischer Lehren;* **Syl|lep|se, Syl|lep|sis,** *die; -, ...epsen* [spätlat. syllepsis < griech. sýllēpsis = das Zusammennehmen] (Rhet.): *Ellipse* (2), *bei der im Satzteil einem in Person, Numerus od. Genus verschiedenen Satzteilen zugeordnet wird (z. B.* ich gehe meinen Weg, ihr den eurigen); **syl|lep|tisch** ⟨Adj.⟩ [griech. sylleptikós]: *in der Form einer Syllepse.*
Syl|lo|gis|mus, *der; -, ...men* [lat. syllogismus < griech. syllogismós, eigtl. = das Zusammenrechnen] (Philos.): *aus zwei Prämissen gezogener logischer Schluß vom Allgemeinen auf das Besondere;* **Syl|lo|gi|stik,** *die; -* (Philos.): *Lehre von den Syllogismen;* **syl|lo|gi|stisch** ⟨Adj.⟩ [lat. syllogisticus < griech. syllogistikós] (Philos.): *den Syllogismus, die Syllogistik betreffend.*
¹Syl|phe, *der; -n, -n, selten auch: die; -, -n* [Elementargeist im System des Paracelsus (1493 bis 1541)]: *Luftgeist (z. B.* Ariel); **²Syl|phe,** *die; -, -n* (bildungsspr.): *ätherisch zartes weibliches Wesen;* **Syl|phi|de,** *die; -, -n:* **1.** *weiblicher Luftgeist.* **2.** (bildungsspr.) *zartes, anmutiges Mädchen;* **syl|phi|den|haft** ⟨Adj.; -er, -este⟩ (bildungsspr.): *zart, anmutig.*
Syl|va|nit [auch: ...'nɪt], *der; -s, -e* [nach Transsylvania, dem lat. Namen für Siebenbürgen] (Geol.): *stahlgraues, silberweißes od. gelbes, metallisch glänzendes Mineral.*

Syl|vin, das, auch: der; -s, -e [nach dem niederl. Arzt F. Deleboe, genannt Sylvius (1614–1672)] (Geol.): *zu den Kalisalzen gehörendes Mineral;* **Syl|vi|nit** [auch: ...'nɪt], das; -s, -e: *Sylvin u. Steinsalz enthaltendes Salzgestein.*

Sym|bi|ont, der; -en, -en [zu griech. symbiōn (Gen.: symbioūntos), 1. Part. von: symbioūn = zusammenleben] (Biol.): *Lebewesen, das mit Lebewesen anderer Art in Symbiose lebt;* **sym|bi|on|tisch** 〈Adj.〉 (Biol.): ↑ symbiotisch; **Sym|bi|o|se,** die; -, -n [griech. symbíōsis = das Zusammenleben] (Biol.): *das Zusammenleben von Lebewesen verschiedener Art zu gegenseitigem Nutzen:* in S. leben; Ü in einer ... tausendjährigen S. zwischen Staat, Volk und römischer Kirche (Spiegel 18, 1966, 134); **sym|bi|o|tisch** 〈Adj.〉 (Biol.): *eine Symbiose darstellend.*

Sym|ble|pha|ron, das; -s [zu griech. sýn = zusammen u. blépharon = Augenlid] (Med.): *Verwachsung der Augenlider mit dem Augapfel.*

Sym|bol, das; -s, -e [lat. symbolum < griech. sýmbolon = (Kenn)zeichen, eigtl. = Zusammengefügtes; nach dem zwischen verschiedenen Personen vereinbarten Erkennungszeichen, bestehend aus Bruchstücken (z. B. eines Ringes), die zusammengefügt ein Ganzes ergeben, zu: symbállein = zusammenwerfen; zusammenfügen, zu: sýn = zusammen u. bállein = werfen]: **1.** *Sinnbild:* ein religiöses, christliches S.; In der Spätantike, als der Kaiser ... S. göttlicher Allmacht war (Thieß, Reich 562); die Taube als S. des Friedens. **2.** (Fachspr.) *Formelzeichen; Zeichen:* ein mathematisches, chemisches, logisches S.; alle höheren Zahlen ... können also durch die Symbole 0 und 1 ausgedrückt werden (Wieser, Organismen 90). **3.** *(in der Antike) durch Boten überbrachtes Erkennungszeichen zwischen Freunden, Vertragspartnern o. ä.* **4.** *christliches Tauf- od. Glaubensbekenntnis;* **Sym|bol|cha|rak|ter,** der 〈o. Pl.〉: *symbolhafte Bedeutung: etw. bekommt* S.; **Sym|bol|fi|gur,** die: *Figur* (5a), *Person, die ein Symbol darstellt:* Nelson Mandela, die S. des schwarzen Widerstandes/für schwarzen Widerstand; **Sym|bol|ge|halt,** der: *symbolhafter Gehalt:* Im Dom ... schwangen die Glocken; ihr Ton, der zum Gebet rief, ... wurde zu hohem S. für die europäische Kultur (Marek, Notizen 13); **sym|bol|haft** 〈Adj.〉, -er, -este): *in der Art eines Symbols [wirkend]:* das -e Tier (= Werder Bremens Maskottchen; Welt 18. 5. 65, 6); daß der Grundstein s. für eine neue Ära in der ... Zusammenarbeit zwischen Deutschland und Togo ist (Welt 24. 11. 62, 4); **Sym|bol|haf|tig|keit,** die; -, -en 〈Pl. selten〉: *das Wirken in der Art eines Symbols;* **Sym|bo|lik,** die; -: **1. a)** *symbolische Bedeutung, symbolischer Gehalt:* Brave S. des Lieblingsschnapses, sentimental verschmiert in eine alberne Abschiedsszene (Remarque, Triomphe 284); die Mystiker ..., die in der S. der Pilgerschaft die Lebensgeschichte jeder aufsteigenden Seele gesehen haben (Nigg, Wiederkehr 22); Diese Gestik ist für Frau Fischold von tiefer S., mit dem Ring ist jede Bindung an Inge dahin (Noack, Prozesse 144); **b)** *symbolische Darstellung:* Die meisten der Statuen waren ... plump in ihrer S. (Hagelstange, Spielball 211). **2. a)** *Verwendung von Symbolen:* die S. der Rose in der Kunst; **b)** *Wissenschaft von den Symbolen u. ihrer Verwendung.* **3.** *Lehre von den christlichen Bekenntnissen;* **Sym|bo|li|sa|ti|on,** die; -, -en (Psych.): *Ersetzung von Objekten, auf die sich verbotene Strebungen beziehen, durch Symbole als Abwehrmechanismus des Ich;* **sym|bo|lisch** 〈Adj.〉 [spätlat. symbolicus < griech. symbolikós]: **a)** *als Symbol für etw. anderes stehend; im Symbol darstellend:* eine -e Geste, Handlung; **b)** *sich des Symbols bedienend:* eine -e Bedeutung; er ... begann seine Kenntnisse von ... -er Ausdrucksweise ... zu entwickeln (Musil, Mann 1194); **sym|bo|li|sie|ren** 〈sw. V.; hat〉 [frz. symboliser < mlat. symbolizare = in Einklang bringen]: **a)** *symbolisch darstellen:* Terracotta- und Marmortafeln künden vergessene Namen. Ein vom Fisch ausgespiener Jonas symbolisiert die Unsterblichkeit (Koeppen, Rußland 198); **b)** 〈s. + sich〉 *sich symbolisch darstellen* (5 a): Und Frieden symbolisiert sich für ihn darin, nicht mehr Anzüge von Toten tragen zu müssen (Remarque, Obelisk 291); **Sym|bo|li|sie|rung,** die; -, -en: *das Symbolisieren;* **Sym|bo|lis|mus,** der; - [1: frz. symbolisme, zu: symbole = Symbol < lat. symbolum, ↑ Symbol]. **1.** *(von Frankreich Ende des 19. Jh.s ausgehende) Kunstrichtung, die in Abkehr von Realismus u. Naturalismus den künstlerischen Inhalt in Symbolen wiederzugeben versucht.* **2.** (Fachspr. selten) *System von Formelzeichen;* **Sym|bo|list,** der; -en, -en [frz. symboliste, zu: symbolisme, ↑ Symbolismus]: *Vertreter des Symbolismus* (1); **Sym|bo|li|stin,** die; -, -nen: w. Form zu ↑ Symbolist; **sym|bo|li|stisch** 〈Adj.〉: *den Symbolismus* (1) *betreffend;* **Sym|bol|kraft,** die 〈o. Pl.〉: *Kraft, als Symbol zu wirken:* ... stößt man auf die S. historischer Erinnerungen (Welt 30. 7. 62, 3); **sym|bol|kräf|tig** 〈Adj.〉: *Symbolkraft besitzend:* eine -e Handlung; **Sym|bol|kun|de,** die 〈o. Pl.〉: *Ikonologie;* **Sym|bo|lo|fi|de|is|mus,** der; - [zu ↑ Symbol u. ↑ Fideismus] (Theol.): *(in Frankreich Ende des 19. Jh.s entwickelte) Lehre, die den symbolischen Charakter der Glaubensvorstellung betont;* **Sym|bol|spra|che,** die: *Assembler* (1); **sym|bol|träch|tig** 〈Adj.〉: *beladen mit Symbolik;* **Sym|bol|träch|tig|keit,** die: *das Symbolträchtigsein;* **Sym|bo|lum,** das; -s, ...la [lat. symbolum, ↑ Symbol]: lat. Form von ↑ Symbol.

Sym|ma|chie, die; -, -n [griech. symmachía = Kampfgenossenschaft, zu: sýn = mit, zusammen u. máchē = Kampf]: *Bundesgenossenschaft der altgriechischen Stadtstaaten.*

Sym|me|trie, die; -, -n [lat. symmetria < griech. symmetría = Ebenmaß, zu: sýmmetros = gleichmäßig, zu: sýn = zusammen u. métron = Maß]: **1.** *Eigenschaft eines ebenen od. räumlichen Gebildes, beiderseits einer [gedachten] Achse ein Spiegelbild zu ergeben; spiegelbildliche Gleichheit:* die S. zweier geometrischer Figuren; die S. eines Gesichts; Ü Der Bundeswirtschaftsminister hat vor Jahren den Begriff der sozialen S. geprägt (Bundestag 189, 1968, 10243). **2.** (Musik, Literaturw.) *wechselseitige Entsprechung von Teilen in bezug auf die Größe, die Form od. die Anordnung;* **Sym|me|trie|ach|se,** die (bes. Geom.): *[gedachte] Linie durch die Mitte eines Körpers, Achse einer räumlichen Drehung od. einer Spiegelung in einer Ebene;* **Sym|me|trie|bre|chung,** die (Physik): *Verletzung einer Symmetrie von physikalischen Zuständen od. Naturgesetzen;* **Sym|me|trie|ebe|ne,** die (bes. Geom.): *[gedachte] Ebene, zu deren beiden Seiten sich alle Erscheinungen spiegelbildlich gleichen;* **sym|me|trisch** 〈Adj.〉: **1.** *auf beiden Seiten einer [gedachten] Achse ein Spiegelbild ergebend:* eine -e geometrische Figur; Ü Der Gegensatz zwischen Gelingen und Versagen und andere Gegensätze der ursprünglich so -en Führung des Lebens (Musil, Mann 1257). **2.** (Musik, Literaturw.) *wechselseitige Entsprechungen in bezug auf die Form, Größe od. Anordnung von Teilen aufweisend.* **3.** (Med.) *auf beiden Körperseiten gleichmäßig auftretend.*

Sym|path|ek|to|mie, die; -, -n [zu ↑ Sympathikus u. ↑ Ektomie] (Med.): *operative Entfernung eines Teils des Sympathikus;* **sym|pa|the|tisch** 〈Adj.〉 [mlat. sympatheticus < spätgriech. sympathētikós = mitempfindend, zu griech. sympátheia, ↑ Sympathie]: **1.** (bildungsspr.) *eine geheimnisvolle Wirkung ausübend:* durch eine -e Ahnung ihrer Seele alarmiert (Fussenegger, Haus 285). **2.** (veraltet) *Sympathie empfindend, mit Sympathie beruhend:* -er Dativ (Sprachw.; *Dativ des Zuwendens, Mitfühlens, z. B. dem Freund die Hand schütteln*); ◆ ein geheimer -er Zug hatte mich hier so oft gehalten (Goethe, Werther I, 10. September); ein Mangel ...; daß sein Herz nicht s. schlägt (ebd. II, 29. Julius); **Sym|pa|thie,** die; -, -n [lat. sympathia < griech. sympátheia = Mitleiden, Mitgefühl, zu: sympathḗs = mitleidend, mitfühlend, zu: sýn = mit, zusammen u. páthos = Leid, Schmerz]: **1.** *auf Grund gewisser Übereinstimmung, Affinität positive gefühlsmäßige Einstellung zu jmdm., einer Sache:* S. für jmdn. empfinden; wenig, große S. für jmdn. haben; Die wohlwollende S., die Caesar dem Brutus entgegenbrachte, hat dieser sich durchaus nicht mit Charakterlosigkeit erkauft (Goldschmit, Genius 45); dieser Plan hat meine volle S. (Zustimmung); bei aller S. (*bei allem Wohlwollen*), so geht das nicht. **2.** (Naturphilos.) *Verbundenheit aller Teile des Ganzen, so daß, wenn ein Teil betroffen ist, auch alle anderen Teile betroffen sind.* **3.** *(im Volksglauben) Vorstellung von einer geheimen gegenseitigen Einwirkung aller Wesen u. Dinge aufeinander;* **Sym|pa|thie|be|kun|dung,** die: *das Bekunden von Sympathie (für jmdn., eine Sache);* **Sym|pa|thie|bo|nus,** der: *Vorteil, Vorsprung auf Grund der Sympathie, die jmdm. entgegengebracht wird;* **Sym|pa|thie|er|klä|rung,** die: vgl. Sympathiebekundung: eine S. für jmdn. abgeben; **Sym|pa|thie|kund|ge|bung,** die: vgl. Sympathiestreik; ◆ **Sym|pa|thie|mit-**

tel, das [zu ↑Sympathie in der älteren Bed. „auf den geheimnisvollen Wirkungszusammenhängen von Gegenständen u. Erscheinungen der Natur beruhendes (Wunder)heilmittel"]: *(in der Volksmedizin angewendetes) [Natur]heilmittel mit geheimnisvoller Wirkkraft:* Was aber das Zahnweh für ein Elend ist! ... Alles haben wir schon angewendet: heiße Tücher aufgelegt, ... die Füße ins Ofenloch gesteckt und sonst allerhand S. angewendet (Rosegger, Waldbauernbub 161); **Sym|pa|thie|streik,** der: *Streik zur Unterstützung anderer Streikender;* **Sympa|thie|trä|ger,** der: *jmd., der bei anderen Sympathie erweckt;* **Sym|pa|thie|trä|gerin,** die; -, -nen: w. Form zu ↑Sympathieträger; **Sym|pa|thi|ko|ly|ti|kum,** das; -s, ...ka [zu ↑Sympathikus u. griech. lýein = (auf)lösen] (Med.): *Arzneimittel, das die Reizung sympathischer (3) Nerven hemmt od. aufhebt;* **Sym|pa|thi|ko|mi|me|tikum,** das; -s, ...ka [zu griech. mimeísthai = nachahmen] (Med.): *Arzneimittel, das im Organismus die gleichen Erscheinungen hervorruft wie bei der Erregung des Sympathikus (z. B. Adrenalin);* **Sympa|thi|ko|to|nie,** die; -, -n [zu griech. tónos = das (An)spannen] (Med.): *erhöhte Erregbarkeit des sympathischen (3) Nervensystems;* **Sym|pa|thi|ko|to|ni|kum,** das; -s, ...ka (Med.): *Arzneimittel, das das sympathische (3) Nervensystem anregt;* **Sym|pa|thi|kus,** der; - [nlat. (nervus) sympathicus, ↑sympathisch (3)] (Anat., Physiol.): *Teil des vegetativen Nervensystems, der bes. die Eingeweide versorgt;* **Sym|pa|thi|sant,** der; -en, -en [zu ↑sympathisieren]: *jmd., der mit einer [extremen] politischen od. gesellschaftlichen Gruppe (seltener einer Einzelperson), Anschauung sympathisiert, sie unterstützt:* Ich wohne bei -en des SDS, die allen sozialen Bereichen angehören, vom Arbeiter bis zum Beamten (Spiegel 25, 1968, 32); **Sym|pa|thi|san|ten|tum,** das; -s: *Gesamtheit der Sympathisanten;* **Sym|pa|thi|san|tin,** die; -, -nen: w. Form zu ↑Sympathisant; **sym|pa|thisch** ⟨Adj.⟩ [frz. sympathique; 3: mlat., eigtl. = gleichzeitig betroffen]: **1.** *Sympathie erweckend:* ein -er Mensch; eine - e Stimme; er ist mir s.; das allein schon machte ihn [uns] s.; jmdn. s. finden; s. aussehen; Ü Plastik ist kein so warmes und -es *(angenehmes)* Material wie Holz (DM 49, 1965, 79); seine Rede war s. *(angenehm)* kurz; die Sache ist mir nicht s. *(sagt mir nicht zu, ist mir nicht geheuer).* **2.** (veraltet) *mitfühlend; auf Grund innerer Verbundenheit gleichgestimmt:* weil wir s. teilnehmen an der Gewissensunruhe (Th. Mann, Zauberberg 289). **3.** (Physiol.) *zum vegetativen Nervensystem gehörend; den Sympathikus betreffend:* das -e Nervensystem; **sym|pa|thi|sie|ren** ⟨sw. V.; hat⟩: *die Anschauungen einer Gruppe, einer Einzelperson teilen, ihnen zuneigen, sie unterstützen:* Die Autofahrer und große Teile der Bevölkerung sympathisierten anfangs mit der friedlich verlaufenden Aktion (MM 5. 7. 69, 8); In diesen Tagen ... mußte man ... die mit der Partei sympathisierenden Arbeiter schützen (Leonhard, Revolution 191); **Sym|pa|tho|ly|ti-**

kum, das; -s, ...ka (Med.): *Sympathikolytikum.* **Sym|pe|ta|llen** ⟨Pl.⟩ [zu griech. sýn = zusammen u. pétalon = Blatt] (Bot.): *Blütenpflanzen mit verwachsenen Kronblättern.* **Sym|phi|llie,** die; -, -n [griech. symphilía, zu: symphileīn = zugleich lieben, sich gegenseitig lieben] (Biol.): *Form der Symbiose, bei der die eine Tierart sich pflegen u. füttern läßt u. dafür ein begehrtes Exsudat (2) ausscheidet.* **Sym|pho|nie** usw.: ↑Sinfonie usw. **Sym|pho|rie,** die; -, **Sym|pho|ris|mus,** der; - [zu griech. symphérein = zusammentragen] (Biol.): *Form einer Gemeinschaft von Tieren, bei der die eine Tierart die andere als Transportmittel benutzt, ohne sie zu schädigen.* **sym|phro|ni|stisch** ⟨Adj.⟩ [zu griech. sýmphrōn = gleichgesinnt, zu: sýn = zusammen u. phroneīn = denken, empfinden] (veraltet): *sachlich übereinstimmend.* **Sym|phy|se,** die; -, -n [griech. sýmphysis = das Zusammenwachsen] (Med.): **a)** *Verwachsung zweier Knochenstücke;* **b)** *Knochenfuge, bes. Schambeinfuge;* **symphy|tisch** ⟨Adj.⟩ (Med.): *zusammengewachsen.* **Sym|pi,** der; -s, -s [↑-i] (Jargon): *Sympathisant:* ... haben italienische -s längst die RAF-Thesen übernommen (Spiegel 46, 1977, 52). **Sym|plast,** der; -en, -en [zu griech. sýn = zusammen u. plássein, ↑plastisch] (Biol.): *durch die Plasmodesmen zusammenhängendes Protoplasma aller Zellen einer Pflanze.* **Sym|plo|ke,** die; -, ...plokén [griech. symploké = Verflechtung, Verbindung] (Rhet.): *Wiederholung der gleichen Wörter am Anfang u. am Ende zweier od. mehrerer aufeinanderfolgender Verse od. Sätze.* **sym|po|di|al** ⟨Adj.⟩ [zu griech. sýn = mit, zusammen u. poús (Gen.: podós) = Fuß] (Bot.): *(von der Verzweigung eines Pflanzensprosses) keine einheitliche Hauptachse ausbildend;* **Sym|po|di|um,** das; -s, ...ien (Bot.): *Form der Verzweigung des Pflanzensprosses, bei der die Hauptachse verkümmert.* **Sym|po|si|on** [auch: ...'po:...], das; -s, ...ien [(1: beeinflußt von engl. symposium < spätlat. symposium < griech. sympósion, eigtl. = gemeinsames Trinken, zu: sympínein = gemeinsam trinken, zu: sýn = zusammen u. pínein = trinken]: **1.** *Zusammenkunft von Wissenschaftlern, Fachleuten, bei der bestimmte fachbezogene Themen (in Vorträgen u. Diskussionen) erörtert werden:* ein internationales S.; Zwei Symposien, die während des Kongresses tagten (MM 22. 8. 66, 10). **2.** *(im antiken Griechenland) Trinkgelage, bei dem das [philosophische] Gespräch im Vordergrund stand.* **3.** *Sammelband mit Beiträgen verschiedener Autoren zu einem Thema:* Ein S., herausgegeben von Gerhard Schürenberg (Hildesheimer, Tynset 89); **Sym|po|si|um** [auch: ...'po:...], das; -s, ...ien: lat. Form von ↑Symposion. **Sym|ptom,** das; -s, -e [spätlat. symptoma < griech. sýmptōma (Gen.: symptṓmatos) = vorübergehende Eigentümlichkeit, zufallsbedingter Umstand, zu: sym-

píptein = zusammenfallen, -treffen, sich zufällig ereignen, zu: sýn = zusammen u. píptein = fallen]: **a)** (Med.) *Anzeichen einer Krankheit; für eine bestimmte Krankheit charakteristische Erscheinung:* klinische -e; ein S. für Gelbsucht; die -e von Diphtherie; **b)** (bildungsspr.) *Anzeichen einer [negativen] Entwicklung; Kennzeichen:* ... an unserem gegenwärtigen Zustand die -e spätzeitlicher Auflösung sichtbar zu machen (Bild. Kunst III, 7); **Sym|pto|ma|tik,** die; - (Med.): **1.** *Gesamtheit von Symptomen:* die typische S. einer Krankheit. **2.** *Symptomatologie;* **sym|pto|ma|tisch** ⟨Adj.⟩ [griech. symptōmatikós = zufällig]. **1.** (bildungsspr.) *bezeichnend für etw.:* ein -er Fall; die Wiederentdeckung des Manierismus war s. für die moderne Lyrik; Symptomatisch mußte es schon erscheinen, daß ... das ... Schlagwort ... sorgsam gemieden ... wurde (Welt 25. 1. 66, 7). **2.** (Med.) *die Symptome betreffend; nur auf die Symptome, nicht auf die Krankheitsursache einwirkend:* eine -e Behandlung; **Sym|pto|ma|to|lo|gie,** die; - [↑-logie] (Med.): *Lehre von den Symptomen (a); Semiologie (2), Semiotik (2);* **sym|pto|ma|tologisch** ⟨Adj.⟩ (Med.): *die Symptomatologie betreffend;* **Sym|pto|men|kom|plex,** der; -es, -e (Med.): *Zusammentreffen mehrerer charakteristischer Symptome (a);* **symptom|los** ⟨Adj.⟩ (Med.): *ohne ein Symptom (a), ohne Symptome (a) hervorzurufen: die Krankheit bleibt zunächst s.;* Ein ... Gallenstein kann ein Leben lang s. bleiben (Welt 29. 4. 86, 8). **syn-, Syn-** [griech. sýn = zusammen, mit]: drückt in Bildungen mit Substantiven, Adjektiven und Verben ein Miteinander, ein Zusammenwirken aus: *Synorganisation; synoptisch; synchronisieren.* **syn|ago|gal** ⟨Adj.⟩: *den jüdischen Gottesdienst od. die Synagoge betreffend;* **Syn|ago|ge,** die; -, -n [mhd. sinagōge < kirchenlat. synagoga < griech. synagōgḗ = Versammlung, zu: synágein = zusammenführen, aus: sýn = zusammen u. ágein = führen]: **1. a)** *Gebäude, Raum, in dem sich die jüdische Gemeinde zu Gebet u. Belehrung versammelt;* **b)** *versammelnde jüdische Gemeinde.* **2.** ⟨o. Pl.⟩ *(bild. Kunst) zusammen mit der Ecclesia (2) dargestellte weibliche Figur (mit einer Binde über den Augen u. einem zerbrochenen Stab in der Hand) als Allegorie des Alten Testamentes.* **Syn|al|gie,** die; -, -n [zu griech. sýn = zugleich, zusammen u. álgos = Schmerz] (Med.): *das Mitempfinden von Schmerzen in einem nicht erkrankten Körperteil.* **Syn|al|la|ge,** die; -, ...agen, **Syn|al|lag|ma,** das; -...men [griech. synallagḗ = Austausch, (Handels)verkehr] (Rechtsspr.): *gegenseitiger, zweiseitig verpflichtender Vertrag;* **syn|al|lag|ma|tisch** ⟨Adj.⟩ [spätgriech. synallagmatikós = den Vertrag, die Übereinkunft betreffend] (Rechtsspr.): *gegenseitig:* -er Vertrag (Synallage). **Syn|alö|phe,** die; - [spätlat. synaliphe < griech. synaloiphḗ (antike Metrik): *Verschmelzung zweier Silben durch Elision od. Krasis.* **Syn|an|drie,** die; - [zu griech. sýn = zu-

synandrisch

sammen u. anḗr (Gen.: andrós) = Mann] (Bot.): *Verwachsung von Staubblättern bei bestimmten Pflanzen;* **syn|an|drisch** ⟨Adj.⟩ (Bot.): *mit verwachsenen Staubblättern;* **Syn|an|dri|um**, das; -s, ...ien (Bot.): *Einheit der miteinander verwachsenen Staubblätter (z. B. bei Glockenblumen u. Korbblütlern).*

Syn|an|thie, die; -, -n [zu griech. sýn = zusammen u. ánthos = Blüte] (Bot.): *durch seitliche Verwachsung von Blüten od. Pflanzen auftretende Mißbildung.*

Syn|an|thro|pie, die; - [zu griech. sýn = zusammen u. ánthrōpos = Mensch] (Biol.): *allmähliche Anpassung wildlebender Pflanzen u. Tiere an den menschlichen Lebensraum.*

Syn|aphie, die; -, -n [lat. synaphia < griech. synápheia = Verbindung, Gemeinschaft] (Metrik): *rhythmisch fortlaufende Verbindung von Versen;* **synaphisch** ⟨Adj.⟩ (Metrik): *die Synaphie betreffend, Synaphie aufweisend;* **Syn|ap|se**, die; -, -n [griech. sýnapsis = Verbindung] (Biol., Med.): *der Übertragung von Reizen dienende Verbindung zwischen einer Nerven- od. Sinneszelle u. einer anderen Nervenzelle od. einem Muskel;* **Syn|ap|sis**, die; - [griech. sýnapsis, ↑Synapse] (Biol.): *Paarung der sich entsprechenden Chromosomen während der ersten Phase der Reduktionsteilung;* **Syn|ap|te**, die; -, -n [mgriech. synaptḗ, zu: synaptós = verbunden]: *Wechselgebet im orthodoxen Gottesdienst.*

Syn|äre|se, Syn|äre|sis, die; -, ...resen [griech. synaíresis] (Sprachw.): *Zusammenziehung zweier verschiedenen Silben angehörender Vokale zu einer Silbe (z. B. „gehen" zu „gehn").*

Syn|ar|thro|se, die; -, -n [zu griech. sýn = zusammen u. árthron = Glied, Gelenk] (Med.): *Junktur (2).*

Syn|äs|the|sie, die; -, -n [griech. synaísthēsis = Mitempfindung]: **a)** (Med.) *Reizempfindung eines Sinnesorgans bei Reizung eines andern (wie etwa das Auftreten von Farbempfindungen beim Hören bestimmter Töne);* **b)** (Literaturw.) *(bes. in der Dichtung der Romantik u. des Symbolismus) sprachlich ausgedrückte Verschmelzung mehrerer Sinneseindrücke (z. B. schreiendes Rot);* **syn|äs|the|tisch** ⟨Adj.⟩: **a)** *die Synästhesie betreffend;* **b)** *durch einen nichtspezifischen Reiz erzeugt:* -e *Sinneswahrnehmungen.*

Syn|axa|ri|on, das; -s, ...ien [mgriech. synaxárion, zu: sýnaxis, ↑Synaxis]: *(in der griechisch-orthodoxen Kirche) liturgisches Buch mit Heiligengeschichten in kalendarischer Folge;* **Syn|axis**, die; -, ...xen [mgriech. sýnaxis, zu griech. synagein, ↑Synagoge]: *Gottesdienst in der griechisch-orthodoxen Kirche.*

Syn|cho|ro|lo|gie, die; - [zu griech. sýn = zusammen u. ↑Chorologie]: *Teilgebiet der Pflanzensoziologie, das die geographische Verbreitung der Pflanzengesellschaften untersucht.*

syn|chron ⟨Adj.⟩ [zu griech. sýn = zusammen, zugleich u. chrónos = Zeit]: **1.** (Fachspr.) *gleichzeitig; mit gleicher Geschwindigkeit [ab]laufend:* Ich ... arbeitete in fliegender Hast: ... Alle Bewegungen s., fließender Ablauf, ohne die geringste Stockung, absolutes Können (Kempowski, Uns 59); eine ... normale Zeituhr mit einem Sekundenzeiger, der mit der Minutenanzeige s. läuft (Frankenberg, Fahren 117); Synchron mit diesem Signal werden der Schalter ... und der ... Ablenkgenerator ... gesteuert (Elektronik 11, 1971, 389). **2.** (Sprachw.) **a)** *als sprachliche Gegebenheit in einem bestimmten Zeitraum geltend, anzutreffen:* In beiden Fällen kommt es auf die Erforschung des -en Sprachzustandes ... an (Deutsch als Fremdsprache 6, 1975, 376); **b)** *synchronisch* (a): *eine* -e *Sprachbetrachtung;* **Syn|chron|ge|trie|be**, das (Technik): *synchronisiertes (2) Getriebe* (1); **Syn|chro|nie**, die; - [frz. synchronie, zu: synchrone = synchron] (Sprachw.): **a)** *Zustand einer Sprache in einem bestimmten Zeitraum (im Gegensatz zu ihrer geschichtlichen Entwicklung);* **b)** *Beschreibung sprachlicher Phänomene, eines sprachlichen Zustandes innerhalb eines bestimmten Zeitraums;* **Syn|chro|ni|sa|ti|on**, die; -, -en (engl. synchronization): *Synchronisierung;* **syn|chro|nisch** ⟨Adj.⟩ [a: frz. synchronique] (Sprachw.): **a)** *die Synchronie betreffend:* die -e *Sprachwissenschaft;* -e *Wörterbücher;* Da die moderne Linguistik weitgehend s. ausgerichtet ist (Braun, Tendenzen 23); **b)** *synchron* (2 a): -e *Funktionszusammenhänge;* **syn|chro|ni|sie|ren** (sw. V.; hat) [vgl. engl. synchronize, frz. synchroniser]: **1.** (bes. Film) **a)** *Bild u. Ton in zeitliche Übereinstimmung bringen;* **b)** *zu den Bildern eines fremdsprachigen Films, Fernsehspiels die entsprechenden Worte der eigenen Sprache sprechen, die so aufgenommen werden, daß die Lippenbewegungen der Schauspieler (im Film) in etwa mit den gesprochenen Worten übereinstimmen:* einen Film s.; *die synchronisierte Fassung eines Films.* **2.** (Technik) *den Gleichlauf zwischen zwei Vorgängen, Maschinen od. Geräte[teile]n herstellen:* ... sollen Uhren ... mit Hilfe von realen Lichtsignalen synchronisiert werden (Natur 55). **3.** *zeitlich aufeinander abstimmen:* die Arbeit von zwei Teams s.; **Syn|chro|ni|sie|rung**, die; -, -en: *das Synchronisieren;* **Syn|chro|nis|mus**, der; -, ...men: **1.** ⟨o. Pl.⟩ (Technik) *Gleichlauf.* **2.** *(für die geschichtliche Datierung wichtiges) zeitliches Zusammentreffen von Ereignissen.* **3.** (Film, Ferns.) *zeitliches Übereinstimmen von Bild, Sprechton u. Musik;* **syn|chro|ni|stisch** ⟨Adj.⟩: **1.** (Technik) *den Synchronismus* (1) *betreffend.* **2.** *Gleichzeitiges zusammenstellend;* **Syn|chro|ni|zi|tät**, die; -, -en: **1.** ⟨o. Pl.⟩ *das Synchronsein.* **2.** (Film, Ferns.) *Synchronismus.* **3.** (Psych.) *(nach C. G. Jung) Gleichzeitigkeit, zeitliches Zusammentreffen von psychischen u. physischen Vorgängen, das kausal nicht erklärbar ist (z. B. bei der Telepathie);* **Syn|chron|ma|schi|ne**, die: *elektrische Maschine zum Erzeugen von Wechselstrom, bei der sich der Läufer* (4) *synchron zum magnetischen Drehfeld bewegt u. bei der die Drehzahl u. die Frequenz des Wechselstroms einander proportional sind;* **Syn|chron|mo|tor**, der: *als Motor arbeitende Synchronmaschine;* **Syn|chron|op|se**, die; -, -n [zu griech. ópsis = das Sehen]: *Gegenüberstellung von Ereignissen (die zur gleichen Zeit, aber in verschiedenen Bereichen od. Ländern eintraten) in tabellarischer Form;* **syn|chron|op|tisch** ⟨Adj.⟩: *die Synchronopse betreffend;* **Syn|chro|no|skop**, das; -s, -e [zu griech. skopeīn = betrachten, (be)schauen]: *elektrisches Meßgerät zur Bestimmung des Synchronismus* (1) *zweier Drehstromsysteme;* **Syn|chron|sa|tel|lit**, der (Fachspr.): *Satellit, dessen Winkelgeschwindigkeit beim Erdumlauf gleich der Rotationsgeschwindigkeit der Erde ist, so daß er immer über demselben Punkt der Erdoberfläche steht;* **Syn|chron|schwim|men**, das: *von Mädchen od. Frauen als Solo, im Duett od. in Gruppen betriebenes Kunstschwimmen, bei dem eine Harmonie von Bewegungsrhythmus u. Rhythmus der Musik angestrebt wird;* **Syn|chron|spre|cher**, der: *Sprecher, der einen fremdsprachigen Film synchronisiert;* **Syn|chron|spre|che|rin**, die: w. Form zu ↑Synchronsprecher; **Syn|chron|uhr**, die: *von einem kleinen Synchronmotor angetriebene Uhr;* **Syn|chron|ver|schluß**, der (Fot.): *Kameraverschluß, der einen elektrischen Kontakt zur Auslösung eines Blitzlichtes schließt;* **Syn|chro|tron**, das; -s, -e, auch: -s [engl. synchrotron, aus: synchro- (gek. aus: synchronous = synchron) u. subst. -tron, ↑Isotron] (Kernphysik): *Beschleuniger für geladene Elementarteilchen, der diese auf der gleichen Kreisbahn beschleunigt;* **Syn|chro|tron|strah|lung**, die (Kernphysik): *elektromagnetische Strahlung, die von energiereichen geladenen Elementarteilchen ausgestrahlt wird, wenn sie auf der gleichen Kreisbahn beschleunigt werden;* **Synchro|zy|klo|tron**, der [engl. synchrocyclotron, aus synchro- (↑Synchrotron) u. cyclotron, ↑Zyklotron] (Kernphysik): *Zyklotron, in dem eine Synchronisation von Beschleunigungs- u. Umlauffrequenz der beschleunigten Teilchen erfolgt.*

Syn|co|pa|ted mu|sic ['sɪŋkəpeɪtɪd 'mju:zɪk], die; - [engl., aus: syncopated = synkopiert u. music = Musik]: *Jazzmusik.*

Syn|dak|ty|lie, die; -, -n [zu griech. sýn = zusammen u. dáktylos = Finger] (Med.): *Verwachsung der Finger od. Zehen.*

Syn|de|re|sis, Synteresis, die; - [griech. syntḗrēsis = Bewachung, Bewahrung] (kath. Theol.): *Gewissen als Bewahrung des göttlichen Funkens im Menschen.*

Syn|des|mo|lo|gie, die; - [zu ↑Syndesmose u. ↑-logie] (Med.): **1.** *Teilgebiet der Anatomie, das sich mit den Bändern* (2 g) *befaßt.* **2.** *Gesamtheit der Bänder* (2 g), *die Knochen miteinander verbinden od. Eingeweide halten;* **syn|des|mo|lo|gisch** ⟨Adj.⟩ (Med.): *die Syndesmologie* (1) *betreffend;* **Syn|des|mo|se**, die; -, -n [zu griech. sýndesmos = Verbindung, Band] (Med.): *feste Verbindung zwischen Knochen durch Bänder* (2 g).

Syn|det, das; -s, -s ⟨meist Pl.⟩ [geb. aus engl. **syn**thetic **det**ergents = synthetische Detergenzien]: **1.** ⟨Pl.⟩ (Fachspr.) *synthetische Tenside.* **2.** (Kosmetik) *kurz für* ↑Syndetseife: Das Gesicht wird mit einem S. (einer Kunstseife) gewaschen (Hörzu 15, 1988, 115).

Syn|de|ti|kon Ⓦ, das; -s [zu griech. syndetikós = zum Zusammenbinden geeignet]: *dickflüssiger Klebstoff;* **syn|de|tisch** ⟨Adj.⟩ [griech. sýndetos = zusammengebunden] (Sprachw.): *durch eine Konjunktion verbunden.*
Syn|det|sei|fe, die (Kosmetik): *Seife für besonders empfindliche Haut, die auf der Basis von synthetischen Tensiden hergestellt ist.*
Syn|di|ka|lis|mus, der; - [frz. syndicalisme, zu: syndic < lat. syndicus, ↑ Syndikus]: *gegen Ende des 19. Jh.s in der Arbeiterbewegung entstandene Richtung, die in den gewerkschaftlichen Zusammenschlüssen der Lohnarbeiter u. nicht in einer politischen Partei den Träger revolutionärer Bestrebungen sah;* **Syn|di|ka|list,** der; -en, -en [frz. syndicaliste]: *Anhänger des Syndikalismus;* **Syn|di|ka|li|stin,** die; -, -nen: w. Form zu ↑Syndikalist; **syn|di|ka|li|stisch** ⟨Adj.⟩: *den Syndikalismus betreffend;* **Syn|di|kat,** das; -[e]s, -e [1: wohl frz. syndicat, zu: syndic, ↑Syndikalismus; 2: engl. syndicate; 3: mlat. syndicatus]: **1.** (Wirtsch.) *Kartell, bei dem die Mitglieder ihre Erzeugnisse über eine gemeinsame Verkaufsorganisation absetzen müssen.* **2.** *als geschäftliches Unternehmen getarnter Zusammenschluß von Verbrechern.* **3.** *Amt eines Syndikus;* **Syn|di|kus,** der; -, -se, auch: ...izi [lat. syndicus = Rechtsbevollmächtigter einer Stadt od. Gemeinde < griech. sýndikos = Sachverwalter, Anwalt, zu: sýn = zusammen u. díkē = Weise, Sitte; Recht; Rechtssache] (Rechtsspr.): *ständiger Rechtsbeistand eines großen Unternehmens, eines Verbandes, einer Handelskammer;* **syn|di|zie|ren** ⟨sw. V.; hat⟩ (Wirtsch.): *in einem Syndikat (1) zusammenfassen;* **Syn|di|zie|rung,** die; -, -en (Wirtsch.): *das Syndizieren.*
Syn|drom, das; -s, -e [griech. syndromḗ = das Zusammenlaufen, Zusammenkommen, aus: sýn = zusammen u. dromḗ = Lauf] (Med.): *Krankheitsbild, das aus einem Symptomenkomplex besteht: an einem S. leiden;* Ü *Was ich hinter Ihrem Verhalten damals wie heute wittere, ist das alte deutschnationale S. aus obrigkeitlichem Denken, Eintreten für Zucht und Ordnung, nationalem Ehrgeiz und politischer Kompromißlosigkeit* (Augsburger Allgemeine 27./28. 5. 78, 2).
Syn|echie, die; -, -n [griech. synécheia = Verbindung] (Med.): *Verwachsung, Verklebung (bes. von Regenbogenhaut u. Augenlinse bzw. Hornhaut);* **Syn|echo|lo|gie,** die; - [zu griech. synécheia (↑ Synechie) u. ↑-logie] (Philos.): *Lehre von Raum, Zeit u. Materie als etw. Stetigem, Zusammenhängendem.*
Syn|ech|trie, die [zu griech. sýn = zusammen, zugleich u. echtrós = feindlich] (Biol.): *Form des Zusammenlebens bestimmter Insektenarten, bei der die einen in den Nestern der staatenbildenden anderen Insekten von der Brut der Wirtstiere od. von diesen selbst leben u. deshalb verfolgt werden.*
Syn|edri|on, das; -s, ...ien [griech. synédrion, zu: sýn = zusammen u. hédra = Stuhl, Sessel; Sitz]: **1.** *altgriechische Ratsbehörde.* **2.** ↑ Synedrium; **Syn|edri|um,** das; -s, ...ien [spätlat. synedrium]: *der Hohe Rat der Juden in griechischer u. römischer Zeit.*
Syn|ek|do|che, die; -, ...ochen [lat. synekdoche < griech. synekdochḗ, eigtl. = das Mitverstehen] (Rhet.): *das Ersetzen eines Begriffs durch einen engeren od. weiteren (z. B. „Kiel" für „Schiff");* **syn|ek|do|chisch** ⟨Adj.⟩ (Rhet.): *die Synekdoche betreffend.*
Syn|ek|tik, die; - [engl. synectics, wohl zu griech. synektikós = zusammenfassend]: *dem Brainstorming ähnliche Methode zur Lösung von Problemen;* **syn|ek|tisch** ⟨Adj.⟩: *die Synektik betreffend, darauf beruhend:* das Ergebnis -en Denkens ist übrigens die bekannte pfiffige Werbeaussage der Bundesbahn: Alle reden vom Wetter – wir nicht (Südd. Zeitung 17. 3. 88, Beilage Erziehung).
Syn|ephe|be, der; -n, -n [lat. Synephebi (Pl.) < griech. synéphēboi, zu: synéphēbos = mit od. zugleich im Jugendalter, zu: sýn = zusammen (mit) u. éphēbos, ↑ Ephebe] (veraltet): *Jugendfreund (1).*
Syn|er|get, der; -en, -en ⟨meist Pl.⟩ [griech. synergétēs = Mitarbeiter, zu: synergeĩn, ↑ Synergie]: *Synergist;* **Syn|er|ge|tik,** die; - [zu ↑synergetisch]: *interdisziplinäres Forschungsgebiet zur Beschreibung komplexer Systeme, die aus vielen miteinander kooperierenden Untersystemen bestehen;* **syn|er|ge|tisch** ⟨Adj.⟩ griech. synergētikós, zu: synergétēs, ↑Synerget] (Fachspr.): *zusammen, mitwirkend;* **Syn|er|gi|den** ⟨Pl.⟩ (Bot.): *zwei Zellen der pflanzlichen Samenanlage;* **Syn|er|gie,** die; - [griech. synergía = Mitarbeit, zu: synergeĩn = zusammenarbeiten]: **1.** (Psych.) *Energie, die für den Zusammenhalt u. die gemeinsame Erfüllung von Aufgaben zur Verfügung steht.* **2.** (Chemie, Pharm., Physiol.) *Synergismus (1);* **Syn|er|gie|ef|fekt,** der ⟨meist Pl.⟩: *positive Wirkung, die sich aus dem Zusammenschluß od. der Zusammenarbeit zweier Unternehmen o. ä. ergibt:* Die Forschungseinrichtungen des Landes eröffneten den Unternehmen die besten Möglichkeiten, -e zu nutzen (MM 17. 12. 87, 7); **Syn|er|gis|mus,** der; -: **1.** (Chemie, Pharm., Physiol.) *Zusammenwirken von Substanzen od. Faktoren, die sich fördern.* **2.** (christl. Theol.) *Heilslehre, nach der der Mensch neben der Gnade Gottes ursächlich am eigenen Heil mitwirken kann;* **Syn|er|gist,** der; -en, -en ⟨meist Pl.⟩: **1.** (Med.) *gleichsinnig zusammenwirkendes Organ.* **2.** ⟨Pl.⟩ (Med.) *Arzneimittel, die sich in additiver od. potenzierender Weise ergänzen.* **3.** *Anhänger des Synergismus (2);* **Syn|er|gi|stin,** die; -, -nen: w. Form zu ↑ Synergist (3); **syn|er|gi|stisch** ⟨Adj.⟩: *den Synergismus betreffend.*
Syn|esis [auch: 'zyn...], die; -, ...esen [griech. sýnesis = Verstand] (Sprachw.): *Constructio ad sensum.*
syn|ge|ne|tisch ⟨Adj.⟩ [aus griech. sýn = zugleich, zusammen u. ↑genetisch]: **1.** (Biol.) *gleichzeitig entstanden.* **2.** (Geol.) *(von Lagerstätten) gleichzeitig mit dem Gestein entstanden;* **Syn|ge|nit** [auch: ...'nit], der; -s, -e [zu griech. syggenḗs = mitgeboren; verwandt; wegen der großen Ähnlichkeit mit dem Polyhalit]: *in Salzlagerstätten vorkommendes, meist in dünntafeligen Kristallen auftretendes Mineral.*
Syn|hy|per|onym [auch: – – –'–], das; -s, -e [zu griech. sýn = zusammen u. ↑ Hyperonym] (Sprachw.): *Kohyperonym;* **Syn|hyp|onym** [auch: – –'–], das; -s, -e [zu griech. sýn = zusammen u. ↑ Hyponym] (Sprachw.): *Kohyponym.*
Syn|ize|se, Syn|ize|sis, die; -, ...zesen [spätlat. synizesis < griech. synízēsis, eigtl. = das Zusammenfallen (antike Metrik)]: *Verschmelzung zweier meist im Wortinnern nebeneinanderliegender, zu verschiedenen Silben gehörender Vokale zu einer diphthongischen Silbe.*
syn|karp ⟨Adj.⟩ (Bot.): *(von Fruchtknoten) durch Zusammenwachsen der Fruchtblätter entstanden;* **Syn|kar|pie,** die; - [zu griech. sýn = zusammen u. karpós = Frucht] (Bot.): *Zusammenwachsen der Fruchtblätter zu einem Fruchtknoten.*
Syn|ka|ry|on, das; -s, ...rya u. ...ryen [aus griech. sýn = zusammen u. káryon = Nuß; Kern] (Biol.): *durch die Vereinigung zweier Kerne entstandener diploider Zellkern.*
Syn|ka|ta|the|sis, die; - [griech. sygkatáthesis = Zustimmung, Beifall]: *(in der stoischen Philosophie) Anerkennung eines über die Wahrnehmung hinausgehenden Urteils.*
Syn|ka|te|go|re|ma, das; -s, ...remata [griech. sygkatēgórēma = das, was mit andern von einer Sache od. Person ausgesagt wird] (Logik): *unselbständiges, nur in Verbindung mit anderen Worten sinnvolles Wort od. Zeichen.*
Syn|ki|ne|se, die; -, -n [griech. sygkínēsis] (Med.): *unwillkürliche Mitbewegung (von Muskeln).*
syn|kli|nal ⟨Adj.⟩ [zu griech. sygklínein = mitneigen] (Geol.): *(von Lagerstätten) muldenförmig;* **Syn|kli|na|le, Syn|kli|ne,** die; -, -n (Geol.): *Mulde.*
Syn|ko|pe, die; -, ...open [spätlat. syncope < griech. sygkopḗ, zu: sygkóptein = zusammenschlagen]: **1.** [zyn'ko:pə] (Musik) *rhythmische Verschiebung durch Bindung eines unbetonten Wertes an den folgenden betonten.* **2.** ['zynkope] a) (Sprachw.) *Ausfall eines unbetonten Vokals zwischen zwei Konsonanten im Wortinnern* (z. B. ew'ger); **b)** (Verslehre) *Ausfall einer Senkung im Vers.* **3.** ['zynkope] (Med.) *plötzliche, kurzzeitige Ohnmacht infolge einer Störung der Gehirndurchblutung;* **syn|ko|pie|ren** ⟨sw. V.; hat⟩: **1.** (Musik) *durch eine Synkope (1), durch Synkopen rhythmisch verschieben:* Ein falscher Schlag Arlecqs auf die Flügeldecke synkopierte ... Paaschs schwere Blockakkorde (Fries, Weg 40). **2. a)** (Sprachw.) *einen unbetonten Vokal zwischen zwei Konsonanten ausfallen lassen;* **b)** (Verslehre) *eine Senkung im Vers ausfallen lassen;* **syn|ko|pisch** ⟨Adj.⟩: **1.** (Musik) *in Synkope (1) ablaufend; eine Synkope, Synkopen aufweisend.* **2.** (Sprachw., Verslehre) *die Synkope (2) betreffend.*
Syn|ko|ty|lie, die; - [zu griech. sýn = zusammen u. kotýlē = Höhlung; Napf] (Bot.): *Einkeimblätt[e]rigkeit infolge Verwachsung von zwei Keimblättern.*
Syn|kre|tis|mus, der; - [spätgriech. syg-

Synkretist

krētismós = Vereinigung zweier Streitender gegen einen Dritten]: **1.** (bildungsspr.) *Vermischung verschiedener Religionen, philosophischer Lehren o. ä.* **2.** (Sprachw.) *Kasussynkretismus;* **Syn|kretist,** der; -en, -en (bildungsspr.): *Vertreter des Synkretismus* (1); **Syn|kre|ti|stin,** die; -, -nen (bildungsspr.): w. Form zu ↑ Synkretist; **syn|kre|ti|stisch** ⟨Adj.⟩: *den Synkretismus* (1) *betreffend.*
Syn|kri|se, Syn|kri|sis, die; -, ...krisen [griech. sýgkrisis] (Philos.): *Vergleich; Zusammensetzung, Mischung;* **syn|kritisch** ⟨Adj.⟩ (Philos.): *vergleichend; zusammensetzend, verbindend.*
Syn|od, der; -[e]s, -e [russ. sinod < griech. sýnodos, ↑ Synode]: *(bis 1917) oberstes Organ der russisch-orthodoxen Kirche: der Heilige S.;* **syn|odal** ⟨Adj.⟩ [spätlat. synodalis, zu lat. synodus, ↑ Synode]: *die Synode betreffend;* **Syn|oda|le,** der u. die; -n, -n ⟨Dekl. ↑ Abgeordnete⟩: *Mitglied einer Synode;* **Syn|odal|ver|fassung,** die: *Verfassung der evangelischen Landeskirchen, bei der die rechtliche Gewalt von der Synode* (1) *ausgeht;* **Synodal|ver|samm|lung,** die: *Synode;* **Synode,** die; -, -n [lat. synodus < griech. sýnodos = gemeinsamer Weg; Zusammenkunft, aus: sýn = zusammen u. hodós = Weg]: **1.** (ev. Kirche) *aus Beauftragten (Geistlichen u. Laien) der Gemeinden bestehende Versammlung, die Fragen der Lehre u. kirchlichen Ordnung regelt u. [unter bischöflicher Leitung] Trägerin kirchlicher Selbstverwaltung ist.* **2.** (kath. Kirche) *beratende, beschließende u. gesetzgebende Versammlung von Bischöfen in einem Konzil [unter Vorsitz des Papstes];* **syn|odisch** ⟨Adj.⟩ [1: spätlat. synodicus]: **1.** (selten) *synodal.* **2.** (Astron.) *auf die Stellung von Sonne u. Erde zueinander bezogen.*
Syn|ökie: ↑ Synözie.
syn|onym ⟨Adj.⟩ [spätlat. synonymos < griech. synōnymos] (Sprachw.): *mit einem anderen Wort od. einer Reihe von Wörtern von gleicher od. ähnlicher Bedeutung, so daß beide in einem bestimmten Zusammenhang austauschbar sind; sinnverwandt:* -e Redewendungen; *einen Ausdruck mit einem andern s. gebrauchen;* Ü Herberger und der Fußball sind nicht nur s., sondern auch wesensgleich (Spiegel 31, 1966, 69); **Syn|onym,** das; -s, -e, auch: Synonyma [lat. (verbum) synonymum < griech. (rhēma) synōnymon, zu: sýn = zusammen u. ónoma (ónyma) = Name, Begriff] (Sprachw.): *synonymes Wort:* „Antlitz" und „Visage" sind -e von „Gesicht"; Ü Der politische Terror, der neuerdings zu einem S. für Argentinien geworden ist (*mit dem Argentinien neuerdings gleichgesetzt werden kann;* Welt 11. 11. 74, 3); **Syn|ony|menwör|ter|buch:** ↑ Synonymwörterbuch; **Syn|ony|mie,** die; - [spätlat. synonymia < griech. synōnymía] (Sprachw.): *inhaltliche Übereinstimmung von verschiedenen Wörtern od. Konstruktionen in derselben Sprache;* **Syn|ony|mik,** die; -, -en: **1.** ⟨o. Pl.⟩ *Teilgebiet der Sprachwissenschaft, das sich mit der Synonymie befaßt.* **2.** *Synonymwörterbuch.* **3.** ⟨o. Pl.⟩ (selten) *Synonymie;* **syn|ony|misch** ⟨Adj.⟩

(Sprachw.): **1.** *die Synonymie betreffend:* die -e Konkurrenz zwischen -bar und -lich. **2.** (veraltend) *synonym;* **Syn|onymwör|ter|buch,** das: *Wörterbuch, in dem Synonyme in Gruppen zusammengestellt sind.*
Syn|oph|rys, die; - [aus griech. sýn = zusammen u. ophrýs = Augenbraue] (Med.): *das Zusammenwachsen der Augenbrauen.*
Syn|op|se, Syn|op|sis [auch: -'- -], die; -, Synopsen [spätlat. synopsis = Entwurf, Verzeichnis < griech. sýnopsis = Übersicht, Überblick]: **1.** (Fachspr.) **a)** *vergleichende Gegenüberstellung von Texten;* **b)** *Anordnung der Texte der Synoptiker in parallelen Spalten.* **2.** (bildungsspr.) *Zusammenschau:* so bleibt als Ergebnis der Arbeit der vergleichenden Anatomen und der Genetiker eine großartige Synopsis alles Lebendigen (Medizin II, 34); **Syn|op|tik,** die; - (Met.): *für eine Wettervorhersage notwendige großräumige Wetterbeobachtung;* **Syn|op|ti|ker,** der; -s, - ⟨meist Pl.⟩: *einer der drei Evangelisten (Matthäus, Markus, Lukas), deren Texte beim Vergleich weitgehend übereinstimmen;* **syn|op|tisch** ⟨Adj.⟩: **1.** (Fachspr.) *in einer Synopse* (1) *angeordnet.* **2.** (bildungsspr.) *von, in der Art einer Synopse* (2). **3.** *von den Synoptikern stammend:* die -en Evangelien.
Syn|or|ga|ni|sa|ti|on, die; -, -en [aus griech. sýn = zusammen u. ↑ Organisation] (Biol.): *aus verschiedenen Teilen, die allein nicht funktionsfähig sind, zusammengesetztes, funktionstüchtiges Gefüge.*
syn|oro|gen ⟨Adj.⟩ [aus griech. sýn = zusammen u. ↑ orogen] (Geol.): *(von geologischen Vorgängen u. Ablagerungen) während der Orogenese ablaufend od. entstanden.*
Syn|osto|se, die; -, -n [zu griech. sýn = zusammen u. ostéon = Knochen] (Med.): *Synarthrose.*
Syn|ovia, die; - [zu griech. sýn = zusammen u. lat. ovum = Ei] (Med.): *Gelenkschmiere;* **Syn|ovia|lom,** das; -s, -e (Med.): *bösartige Geschwulst am Gelenk;* **Syn|ovi|tis,** die; -, ...itiden (Med.): *Gelenkentzündung.*
Syn|özie, Synökie, die; -, -n [zu griech. synoikoūn = zusammen wohnen]: **1.** (Zool.) *das Zusammenleben zweier od. mehrerer Arten von Organismen, ohne daß die Gemeinschaft der Wirtstieren nutzt od. schadet.* **2.** (Bot.) *Monözie;* **syn|özisch** ⟨Adj.⟩ (Zool., Bot.): *die Synözie betreffend.*
Syn|se|man|ti|kon, das; -s, ...ka ⟨meist Pl.⟩ [zu griech. sýn = zusammen u. sēmantikós, ↑ Semantik] (Sprachw.): *inhaltsarmes Wort, das seine eigentliche Bedeutung erst durch den umgebenden Text erhält* (z. B. dieser); **syn|se|man|tisch** ⟨Adj.⟩ (Sprachw.): *das Synsemantikon betreffend.*
Syn|tag|ma, das; -s, ...men u. -ta [griech. sýntagma = Zusammengestelltes, zu: syntássein, ↑ Syntax]: **1.** (Sprachw.) *Verknüpfung von Wörtern zu Wortgruppen, Wortverbindungen* (z. B. von „in" u. „Eile" zu „in Eile"). **2.** (veraltet) *Sammlung von Schriften, Aufsätzen, Bemerkungen verwandten Inhalts;* **syn|tag|ma-**

tisch ⟨Adj.⟩ (Sprachw.): *die Beziehung, die zwischen ein Syntagma bildenden Einheiten besteht, betreffend;* **Syn|tak|tik,** die; - (Sprachw.): *Teilgebiet der Semiologie* (1), *das sich mit der Untersuchung der formalen Beziehungen zwischen den Zeichen einer Sprache befaßt;* **Syn|tak|tikum,** das; -s, ...ka (Sprachw.): *Syntagma* (1); **syn|tak|tisch** ⟨Adj.⟩ (Sprachw.): *die Syntax* (a, b) *betreffend;* **Syn|tax,** die; -, -en [lat. syntaxis < griech. sýntaxis, eigtl. = Zusammenstellung, aus: sýn = zusammen u. táxis = Ordnung] (Sprachw.): **a)** *in einer Sprache übliche Verbindung von Wörtern zu Wortgruppen u. Sätzen; korrekte Verknüpfung sprachlicher Einheiten im Satz:* Der Sänger studierte ... die neuenglische S. bei Mrs. Collingwood (Fries, Weg 54); die S. *(syntaktische Verwendung)* einer Partikel; Ü als die ... Regisseure ... die S. der Montage durch die der bewegten Kamera zu ersetzen begannen (Gregor, Film 248); ... diese ... Formensprachen in einer originalen plastischen Grammatik und S. zu einem eigenen (= Zadkines) ... Stil zu vereinigen (Welt 14. 7. 65, 5); **b)** *Lehre vom Bau des Satzes als Teilgebiet der Grammatik; Satzlehre;* **c)** *wissenschaftliche Darstellung der Syntax* (b).
Syn|te|re|sis: ↑ Synderesis.
Syn|te|xis, die; -, ...xen [griech. sýntēxis = das Zusammenschmelzen] (Geol.): *Aufnahme u. Einschmelzung von fremdem Nebengestein durch ein Magma.*
Syn|the|se, die; -, -n [spätlat. synthesis < griech. sýnthesis, zu: syntithénai = zusammensetzen, -stellen, -fügen, aus: sýn = zusammen u. tithénai = setzen, stellen, legen]: **1. a)** (Philos.) *Vereinigung verschiedener [gegensätzlicher] geistiger Elemente, von These* (2) *u. Antithese* (1) *zu einem neuen [höheren] Ganzen:* Eine S. beider Auffassungen wird von Guardi und den beiden Canalettos erreicht (Bild. Kunst III, 37); die Versuche der Sozialisten in Burma, eine S. von Marxismus und Buddhismus zu schaffen (Fraenkel, Staat 309); **b)** (Philos.) *Verfahren, von elementaren zu komplexen Begriffen zu gelangen.* **2.** (Chemie) *Aufbau einer Substanz aus einfachen Stoffen;* **Syn|these|fa|ser,** die: *Chemiefaser* (z. B. Nylon); **Syn|the|se|gas,** das: *zur Synthese* (2) *bes. von Kohlenwasserstoffen, Alkoholen verwendetes Gasgemisch;* **Syn|the|sekau|tschuk,** der (Chemie): *synthetisch hergestellter Kautschuk;* **Syn|the|se|öl,** das (Chemie): *synthetisch hergestelltes Grundöl für Schmierstoffe o. ä.;* **Syn|the|se|pro|dukt,** das: *Produkt aus Kunststoff;* **Syn|the|se|te|le|skop,** das (Optik): *Spiegelteleskop, das an die Stelle eines einzigen großen Hauptspiegels mehrere separate Spiegel mit jeweils eigenem Brennpunkt hat;* **Syn|the|sis,** die; -, ...thesen (selten): *Synthese* (1); **Syn|the|si|zer** ['zynθəsaizə, engl. 'sınθısaızə], der; -s, - [engl. synthesizer, zu: to synthesize = synthetisch zusammensetzen]: *elektronisches Musikinstrument, das aus einer Kombination aufeinander abgestimmter elektronischer Bauelemente (zur Erzeugung von Klängen u. Geräuschen) besteht;* **Syn|the|ta:** Pl. von ↑ Syntheton; **Syn|the-**

tics ⟨Pl.⟩ [engl. synthetics, zu: synthetic = synthetisch (2)]: **a)** *auf chemischem Wege gewonnene Textilfasern; Gewebe aus Kunstfasern;* **b)** *Textilien aus Synthetics* (a); **Syn|the|tik,** *das;* -s ⟨meist o. Art.⟩: *[Gewebe aus] Kunstfaser, Chemiefaser;* **Syn|the|tiks:** eindeutschend für ↑ Synthetics; **syn|the|tisch** ⟨Adj.⟩ [zu ↑ Synthese (1), nach griech. synthetikós = zum Zusammenstellen geeignet, zu: sýnthetos = zusammengesetzt, zu: syntithénai (↑ Synthese); 2: zu ↑ Synthese (2)]: **1.** (bildungsspr.) *auf Synthese (1) beruhend; zu einer Einheit zusammenfügend, verknüpfend; zusammensetzend:* eine -e Methode; -e Geometrie (Geometrie, die auf Grundbegriffen [wie Punkt u. Gerade] aufbaut, ohne dabei Koordinaten u. algebraische Methoden zu verwenden); -e Sprachen (Sprachen, bei denen syntaktische Beziehungen am Wort selbst u. nicht durch selbständige Wörter ausgedrückt werden); -es Urteil (Philos.; Urteil, das die Erkenntnis erweitert u. etw. hinzufügt, was nicht bereits in dem Begriff des betreffenden Gegenstandes enthalten ist).* **2.** (Chemie) *die Synthese (2) betreffend:* -e Fasern, Edelsteine; *Zum Teil sind diese Verbindungen rein -er Natur, zum anderen Naturprodukte (Medizin II, 114);* einen Stoff s. herstellen; die Bonbons schmecken s. *(künstlich);* Ü Es war ein -es Lachen (Rolf Schneider, November 200); **syn|the|ti|sie|ren** ⟨sw. V.; hat⟩ (Chemie): *durch Synthese (2) herstellen:* Unter Ausnutzung der bakterieneigenen Fermente ... wird auch phagenspezifisches Eiweiß synthetisiert (Medizin II, 134); *Nachdem einige ccm der flüssigen Substanz synthetisiert waren (Natur 38);* **Syn|the|ton,** *das;* -s, ...ta [zu griech. sýnthetos = zusammengesetzt, ↑ synthetisch] (Sprachw.): *aus einer Wortgruppe zusammengezogenes Wort (z. B. „kopfstehen" aus „auf dem Kopf stehen");* **Syn|thi,** *der;* -s, -s [↑ -i] (Jargon): *Synthesizer.*
Syn|tro|pie, *die;* -, -n [zu griech. sýn = zugleich, zusammen u. trépein = drehen, wenden, richten] (Med.): *gemeinsames Auftreten zweier verschiedener Krankheiten.*
Syn|urie, *die;* -, -n [zu griech. sýn = zugleich, zusammen u. oûron = Harn] (Med.): *Ausscheidung von Fremdstoffen durch den Harn.*
Syn|usie, *die;* -, -n [griech. synousía = das Zusammensein] (Biol.): *Gesamtheit von Organismen (bes. Pflanzen) verschiedener Artzugehörigkeit, wie sie innerhalb eines bestimmten Lebensraumes vorkommt.*
Syn|zy|ti|um, *das;* -s, ...ien [zu griech. sýn = zusammen u. kýtos = Höhlung, Wölbung] (Biol.): *durch Verschmelzung mehrerer Zellen entstandene mehrkernige Plasmamasse.*
Syph, *die* u. *der;* -s (salopp): Kurzf. von ↑ Syphilis: Der S. ist wohl ganz weg (Fichte, Versuch 140); *Wenn ich eine S. ... hatte, konnten mir die schönsten Knaben vors Rohr laufen, da bin ich nicht rangegangen (Spiegel 34, 1985, 160);* **Sy|phi|lid,** *der;* -[e]s, -e (Med.): *syphilitischer Hautausschlag;* **Sy|phi|lis,** *die;* - [nach dem Titel eines lat. Lehrgedichts des 16. Jh.s, in dem die Geschichte eines geschlechtskranken Hirten namens Syphilus erzählt wird]: *chronisch verlaufende Geschlechtskrankheit, die mit Schädigungen der Haut, der inneren Organe, Knochen, des Gehirns u. Rückenmarks einhergeht; Lues;* **sy|phi|lis|krank** ⟨Adj.⟩: *an Syphilis leidend;* **Sy|phi|li|ti|ker,** *der;* -s, -: *jmd., der an Syphilis leidet;* **Sy|phi|li|ti|ke|rin,** *die;* -, -nen: w. Form zu ↑ Syphilitiker; **sy|phi|li|tisch** ⟨Adj.⟩: *die Syphilis betreffend;* **Sy|phi|lo|id,** *das;* -[e]s, -e [zu griech. -oeidēs = gestaltet, ähnlich, zu: eîdos = Aussehen, Gestalt] (Med.): *abgeschwächte Form der Syphilis;* **Sy|phi|lom,** *das;* -s, -e (Med.): *syphilitische Geschwulst;* **Sy|phi|lo|se,** *die;* -, -n (Med.): *syphilitische Erkrankung.*
Sy|ra|kus: Stadt auf Sizilien; **Sy|ra|ku|ser,** *der;* -s, -: Ew.; **Sy|ra|ku|se|rin,** *die;* -, -nen: w. Form zu ↑ Syrakuser; **sy|ra|ku|sisch** ⟨Adj.⟩.
Sy|rer, Syrier, *der;* -s, -: Ew. zu ↑ Syrien; **Sy|re|rin,** *die;* -, -nen: w. Form zu ↑ Syrer; **Sy|ri|en,** *-s:* Staat im Vorderen Orient; **Sy|ri|er:** ↑ Syrer; **Sy|ri|e|rin** [...riə...]: ↑ Syrerin.
Sy|rin|ge, *die;* -, -n [mlat. syringa < griech. sỹrigx (↑ Syrinx 1), weil aus den Ästen Flöten geschnitzt wurden] (Bot.): *Flieder;* **Sy|rin|gi|tis,** *die;* -, ...itiden (Med.): *Entzündung der Ohrtrompete;* **Sy|rin|go|mye|lie,** *die;* -, -n [zu griech. myelós = Mark] (Med.): *Erkrankung des Rückenmarks mit der Bildung von Höhlen im grauen Mark;* **Sy|rinx,** *die;* -, ...ingen [lat. syrinx < griech. sỹrigx (Gen.: sýriggos), eigtl. = Rohr, Röhre]: **1.** *Panflöte.* **2.** *(bei [Sing]vögeln) Töne erzeugendes Organ an der Gabelung der Luftröhre in die beiden Hauptbronchien.*
sy|risch ⟨Adj.⟩: zu ↑ Syrien.
Sy|ro|lo|ge, *der;* -n, -n [↑ -loge]: *Wissenschaftler auf dem Gebiet der Syrologie;* **Sy|ro|lo|gie,** *die;* - [↑ -logie]: *Wissenschaft von den Sprachen, der Geschichte u. den Altertümern Syriens;* **Sy|ro|lo|gin,** *die;* -, -nen: w. Form zu ↑ Syrologe; **sy|ro|lo|gisch** ⟨Adj.⟩: *die Syrologie betreffend.*
Sy|ro|sem, *der* od. *das;* -[s] [russ. syrozëm, zu: syroj = roh u. zemlja = Erde] (Geol.): *Rohboden der gemäßigten Zonen.*
Syr|te, *die;* -, -n [griech. sýrtis] (veraltet): *Untiefe.*
sy|stal|tisch ⟨Adj.⟩ [spätlat. systalticus < griech. systaltikós] (Med.): *zusammenziehend.*
Sy|stem, *das;* -s, -e [spätlat. systema < griech. sýstēma = aus mehreren Teilen zusammengesetztes u. gegliedertes Ganzes, zu: synistánai = zusammenstellen; verknüpfen, zu: sýn = zusammen u. histánai = (hin)stellen, aufstellen]: **1.** *wissenschaftliches Schema, Lehrgebäude:* ein philosophisches S.; Erkenntnisse in ein S. bringen. **2.** *Prinzip, nach dem etw. gegliedert, geordnet wird:* ein ausgeklügeltes S.; -e sozialer Sicherung (Hörzu 48, 1977, 114); *dahinter steckt S. (dahinter verbirgt sich, wohldurchdacht, eine bestimmte Absicht);* ein S. haben; S. in etw. bringen *(etw. nach einem Ordnungsprinzip einrichten, ablaufen o. ä. lassen);* nach einem S. vorgehen; Sie verhörten ... nach keinem erkennbaren S. (Loest, Pistole 110); *gebundenes S. (Archit., Kunstwiss.; Aufteilung des Grundrisses romanischer Kirchen nach dem durch die Vierung gebildeten Quadrat als Maßeinheit).* **3.** *Form der staatlichen, wirtschaftlichen, gesellschaftlichen Organisation; Regierungsform, Regime:* ein faschistisches, parlamentarisches S.; marktwirtschaftliche -e (Gruhl, Planet 68); *das bestehende gesellschaftliche S. (die bestehende Gesellschaftsordnung); Was ist, wenn er sich mit dem S. überwirft? (Augsburger Allgemeine 29. 4. 78, 34).* **4.** (Naturw., bes. Physik, Biol.) *Gesamtheit von Objekten, die sich in einem ganzheitlichen Zusammenhang befinden u. durch die Wechselbeziehungen untereinander gegenüber ihrer Umgebung abzugrenzen sind:* [an]organische -e; ein geschlossenes ökologisches S. **5.** *Einheit aus technischen Anlagen, Bauelementen, die eine gemeinsame Funktion haben:* technische -e; ein S. von Kanälen; ein S. (einheitliches Gefüge) *von außenliegenden Strebebögen und Pfeilern trägt das Dach.* **6. a)** (Sprachw.) *Menge von Elementen, zwischen denen bestimmte Beziehungen bestehen: semiotische, sprachliche -e;* -e von Lauten und Zeichen; **b)** *in festgelegter Weise zusammengeordnete Linien o. ä. zur Eintragung u. Festlegung von etw.:* das geometrische S. der Koordinaten; das S. von Notenlinien; **c)** (bes. Logik) *Menge von Zeichen, die nach bestimmten Regeln zu verwenden sind:* das S. der Notenschrift, des Alphabets. **7. a)** (Biol.) *nach dem Grad verwandtschaftlicher Zusammengehörigkeit gegliederte Zusammenfassung von Tieren, Pflanzen;* **b)** *periodisches S. (Chemie; Periodensystem);* **Sy|stem|ab|sturz,** *der* (Datenverarb.): *Absturz (3);* **Sy|stem|ana|ly|se,** *die* (Fachspr.): *Analyse von Systemen (3);* **Sy|stem|ana|ly|ti|ker,** *der;* -s, -: *jmd., der mit den Methoden der betriebswirtschaftlichen Systemanalyse u. a. Arbeitsabläufe in Betrieben untersucht u. den Einsatz von Datenverarbeitungsanlagen organisiert (Berufsbez.);* **Sy|stem|ana|ly|ti|ke|rin,** *die;* w. Form zu ↑ Systemanalytiker; **Sy|ste|ma|tik,** *die;* -, -en: **1.** (bildungsspr.) *planmäßige, einheitliche Darstellung, Gestaltung nach bestimmten Ordnungsprinzipien:* über ihre (= der natürlichen Waldgesellschaften) Einteilung ist noch keine allgemein anerkannte S. gefunden (Mantel, Wald 26). **2.** ⟨o. Pl.⟩ (Biol.) *Wissenschaft von der Vielfalt der Organismen mit ihrer Erfassung in einem System* (7a): *Begründer der S. ist C. von Linné;* **Sy|ste|ma|ti|ker,** *der;* -s, -: **1.** *jmd., der systematisch vorgeht.* **2.** *Wissenschaftler auf dem Gebiet der Systematik* (2); **sy|ste|ma|tisch** ⟨Adj.⟩ [spätlat. systematicus < griech. systēmatikós = zusammenfassend; ein System bildend, zu: sýstēma, ↑ System]: **1.** *nach einem System (2) vorgehend, einem System folgend; planmäßig u. konsequent:* die ... Methoden reichen von der -en Beeinflussung der öffentlichen Meinung bis zum Versuch der ... Bestechung (Fraenkel, Staat 281); *ist diese Vorbereitung s. betrieben worden? (Kirst, 08/15, 374);* ich übte nicht s. (Kempowski, Tadellöser 136);

Sie haben ihn s. erledigt; sie haben ihm das Rückgrat geknickt, wie man ein Stück Holz über das Knie bricht (Kirst, 08/15, 217). **2.** (Fachspr.) *einem bestimmten System entsprechend:* ein -er Katalog; wir finden ganz ähnliche ... Verhaltensweisen bei ... Tierformen, die einander s. *(in der Systematik 7a) ganz fernsehen* (Lorenz, Verhalten I, 214); **sy|ste|ma|ti|sie|ren** ⟨sw. V.; hat⟩: *in ein System bringen, in einem System darstellen:* die Flexion s.; Montesquieu hat das ... Verfassungsrecht Englands systematisiert (Fraenkel, Staat 119); **Sy|ste|ma|ti|sie|rung,** die; -, -en: *das Systematisieren;* **Sy|stem|bau|wei|se,** die: *Bauweise, bei der vorgefertigte Bauteile eines kompletten Programms am Bestimmungsort zusammengefügt werden;* **sy|stem|be|dingt** ⟨Adj.⟩: *durch das betreffende System (3, 5) bedingt:* die -en Effizienzverluste von Planwirtschaften ... bleiben (Zeit 6. 6. 75, 23); Wer diese anfängliche Durststrecke (= die vom Camper so ärgerlich empfundene lange Aufheizzeit) als s. hinnimmt, wird später dafür ... durch eine dem Menschen dienende Betriebsweise entschädigt (Caravan 1, 1980, 16); **Sy|stem|be|dingt|heit,** die: *das Systembedingtsein;* **Sy|stem|cha|rak|ter,** der: *das Charakteristische eines Systems:* Jedes höhere natürliche System hat neue, sog. -e, die für all seine Glieder eben als Glieder dieses Systems gelten (Thienemann, Umwelt 17); **sy|stem|ei|gen** ⟨Adj.⟩: *systemimmanent;* **sy|stem|er|hal|tend** ⟨Adj.⟩: *durch sein Vorhandensein das betreffende System (3) erhaltend;* **Sy|stem|er|kran|kung,** die (Med.): *Erkrankung eines ganzen Systems (4) des Organismus;* **sy|stem|feind|lich** ⟨Adj.⟩: *nicht systemkonform;* **Sy|stem|for|schung,** die: *Erforschung des Aufbaus u. der Funktionen von Systemen (3, 4, 5);* **sy|stem|fremd** ⟨Adj.⟩: *sich mit dem betreffenden System (1, 3) nicht, kaum vereinen lassend;* **sy|stem|im|ma|nent** ⟨Adj.⟩: *einem System (1, 3) innewohnend, in den Rahmen eines Systems (1, 3) gehörend;* **sy|ste|misch** ⟨Adj.⟩ (Biol., Med.): *den gesamten Organismus betreffend:* -e Insektizide, Mittel (Biol.; *Pflanzenschutzmittel, die von der Pflanze über die Blätter od. die Wurzeln mit dem Saftstrom aufgenommen werden u. einen wirksamen Schutz gegen Viren u. Insekten bieten, ohne die Pflanze selbst zu schädigen);* **Sy|stem|ka|me|ra,** die: *(künstlerischen od. wissenschaftlichen Zwecken dienender) fotografischer Apparat, dessen Ausrüstung nach dem Baukastenprinzip ausgewechselt werden kann;* **sy|stem|kon|form** ⟨Adj.⟩: *mit einem bestehenden politischen System (3) im Einklang;* **Sy|stem|krank|heit,** die (Med.): *Systemerkrankung;* **Sy|stem|kri|tik,** die: *Kritik an der wirtschaftlichen, sozialen od. politischen Ordnung eines Systems (3);* **Sy|stem|kri|ti|ker,** der: *jmd., der Systemkritik vorbringt;* **Sy|stem|kri|ti|ke|rin,** die: w. Form zu ↑Systemkritiker; **sy|stem|kri|tisch** ⟨Adj.⟩: *Systemkritik übend:* der Schriftsteller ..., der jahrelang -e Äußerungen abgegeben hatte (MM 14. 2. 74, 3); wie ... bei der Mehrheit der Professoren, auch den -en (Spiegel 43,

1977, 223); **Sy|stem|leh|re,** die (veraltend): *Systematik (2);* **sy|stem|los** ⟨Adj.; -er, -este⟩: *kein System (2) erkennen lassend;* **Sy|stem|lo|sig|keit,** die; -: *systemlose Art;* **sy|ste|mo|id** ⟨Adj.⟩ [zu griech. -oeidḗs = ähnlich, zu: eĩdos = Aussehen, Form] (Fachspr.): *einem System ähnlich;* **Sy|ste|mo|id,** das; -[e]s, -e (Fachspr.): *systemoides Gebilde;* **Sy|stem|soft|ware,** die: *Gesamtheit der Programme einer Datenverarbeitungsanlage, die vom Hersteller mitgeliefert werden u. die Anlage betriebsbereit machen;* **sy|stem|spe|zi|fisch** ⟨Adj.⟩: *für ein bestimmtes System spezifisch;* **Sy|stem|spie|ler,** der: *jmd., der an einer Systemwette teilnimmt, der nach festen Regeln, mit immer gleicher Zahlenkombination o. ä. spielt;* **Sy|stem|spie|le|rin,** die: w. Form zu ↑Systemspieler; **Sy|stem|theo|re|ti|ker,** der: *Spezialist für Systemtheorie;* **Sy|stem|theo|re|ti|ke|rin,** die: w. Form zu ↑Systemtheoretiker; **sy|stem|theo|re|tisch** ⟨Adj.⟩: *die Systemtheorie betreffend;* **Sy|stem|theo|rie,** die: *formale Theorie der Beziehungen zwischen den Elementen eines Systems (4), des Zusammenhangs zwischen Struktur u. Funktionsweise von gekoppelten Systemen als Teilgebiet der Kybernetik;* **Sy|stem|trans|for|ma|ti|on,** die (Politik, Wirtsch.): *grundlegende Veränderung eines politischen u. wirtschaftlichen Systems;* **Sy|stem|über|win|dung,** die: *Systemveränderung;* **Sy|stem|ver|än|de|rer,** der (oft abwertend): *jmd., der Systemveränderung betreibt;* **Sy|stem|ver|än|de|rin,** die; -, -nen (oft abwertend): w. Form zu ↑Systemveränderer; **Sy|stem|ver|än|de|rung,** die: *[revolutionäre] Veränderung eines Systems (3);* **Sy|stem|wet|te,** die: *(im Lotto) Wette nach einem bestimmten System (2);* **Sy|stem|zeit,** die ⟨o. Pl.⟩ (bes. ns. abwertend): *Zeit des parlamentarischen Systems (3) während der Weimarer Republik;* **Sy|stem|zu|sam|men|bruch,** der (Datenverarb.): *Systemabsturz;* **Sy|stem|zwang,** der: *einschneidende Beschränkung in der Handlungsfreiheit, die durch das Eingebundensein in ein System (2, 3) verursacht ist.*
Sy|sto|le [auch: ...'to:lə], die; -, ...olen [griech. systolḗ = Zusammenziehung, Kürzung]: **1.** (Med.) *mit der Diastole rhythmisch abwechselnde Zusammenziehung des Herzmuskels.* **2.** (antike Metrik) *Kürzung eines langen Vokals od. eines Diphthongs;* **sy|sto|lisch** ⟨Adj.⟩ (Med.): *die Systole (1) betreffend:* -er Blutdruck (Blutdruck im Augenblick der Zusammenziehung des Herzmuskels).
Sy|zy|gie, die; -, -n [2: griech. syzygía, eigtl. = Gespann]: **1.** (Astron.) *Stellung von Sonne, Mond u. Erde in annähernd gerader Linie (d.h. die Zeit um Vollmond od. Neumond).* **2.** (antike Metrik) *Dipodie;* **Sy|zy|gi|um,** das; -s, ...ien (Astron.): *Syzygie* (1).
s.Z. = *seinerzeit.*
Szcze|cin ['ʃtʃɛtʃi:n]: poln. Name von ↑Stettin.
Sze|ge|di|ner Gu|lasch ['sɛgɛdi:n...-], das; auch: der; - -[e]s [nach der ung. Stadt Szeged, dt. Szegedin] (Kochk.): *aus fettem Schweinefleisch u. Sauerkraut bestehendes, scharf gewürztes ungarisches Gericht.*

Sze|nar, das; -s, -e (Fachspr.): **1.** *Szenarium* (1). **2.** *Szenario* (1, 3); **Sze|na|ri|en|tech|nik:** ↑Szenariotechnik; **Sze|na|rio,** das; -s, -s [ital. scenario < spätlat. scaenarium, ↑Szenarium]: **1.** (Film) *szenisch gegliederter Entwurf eines Films [als Entwicklungsstufe zwischen Exposé u. Drehbuch].* **2.** (Theater) *Szenarium* (1). **3.** (Fachspr.) *(in der öffentlichen u. industriellen Planung) hypothetische Aufeinanderfolge von Ereignissen, die zur Beachtung kausaler Zusammenhänge konstruiert wird:* Die neue Hochgeschwindigkeitsstrecke Hannover–Würzburg ist für ein S. von 400 Millionen Tonnen im Jahr Güterverkehrsaufkommen ... geplant worden (Bundesbahn 5, 1991, 516). **4.** *Szenerie* (2), *Bild, Ambiente:* der Politiker entwarf ein düsteres S. der wirtschaftlichen Entwicklung; **Sze|na|rio|tech|nik,** Szenarientechnik, die (Kybernetik, Wirtsch.): *(von Herman Kahn entwickelte) Methode zur Gewinnung von Vorhersagen [langfristiger Entwicklungen], bei der das Szenario (3) verwendet werden;* **Sze|na|rist,** der; -en, -en: *jmd., der ein Szenario entwirft;* **Sze|na|ri|stin,** die; -, -nen: w. Form zu ↑Szenarist; **Sze|na|ri|um,** das; -s, ...ien [spätlat. scaenarium = Ort, wo die Bühne errichtet wird, zu: scaenarius = zur Bühne gehörig, zu lat. scaena, ↑Szene]: **1.** (Theater) *für die Regie u. das technische Personal erstellte Übersicht mit Angaben über Szenenfolge, auftretende Personen, Requisiten, Verwandlungen des Bühnenbildes o. ä.* **2.** (Film) *Szenario* (1). **3.** (Fachspr.) *Szenario* (3). **4.** (bildungsspr.) *Schauplatz:* Auf diesem S. befindet er sich in Wahrheit gar nicht, nicht auf dieser ... Terrasse (Wohmann, Absicht 386); **Sze|ne,** die; -, -n [(frz. scène <] lat. scaena, scena < griech. skēnḗ, eigtl. = Zelt; Hütte; 4: nach engl. scene, ↑Scene]: **1.** *kleinere Einheit eines Aktes (2), Hörspiels, Films, die an einem speziellen Ort spielt u. durch das Auf- od. Abtreten einer od. mehrerer Personen begrenzt ist:* eine gestellte S.; erster Akt, dritte S.; die S. spielt im Kerker, ist abgedreht, aufgenommen; eine S. proben, wiederholen, drehen; Und er begann ihnen die S. vorzuspielen, und zwar so, daß ihnen das Herz im Leibe stockte (Brecht, Geschichten 62). **2.** *Schauplatz einer Szene* (1); *Ort der Handlung:* die S. stellte ein Hotelzimmer dar; es gab Beifall auf offener S. *(Szenenbeifall);* Ü dann betrat der Parteivorsitzende die S. *(erschien der Parteivorsitzende);* ** die S. beherrschen (dominieren, in den Vordergrund treten, in einem Kreis die Aufmerksamkeit auf sich ziehen):* Sie beherrschte die S., glitzerte und triumphierte (K. Mann, Wendepunkt 65); **in S. gehen** *(zur Aufführung gelangen);* **etw. in S. setzen** (1: *etw. inszenieren, aufführen.* 2. *etw. arrangieren:* ein Programm Punkt für Punkt, einen Staatsstreich in S. setzen); **sich in S. setzen** *(die eigene Person herausstellen, effektvoll zur Geltung bringen).* **3. a)** *auffallender Vorgang, Vorfall, der sich zwischen Personen [vor andern] abspielt:* eine rührende, traurige S.; Beispiellose -n spielten sich in der letzten Stunde der Schiffstragödie ab (Menzel, Herren 67); Es kam zu einer bewegten S. zwischen den beiden Männern (Thieß, Reich 595); **b)** *[theatralische] Auseinandersetzung; heftige Vorwürfe, die jmdm. gemacht werden:* Trotzdem gab es jeden Tag wüste -n (Rinser, Mitte 156); *jmdm. -n/eine S. machen;* Er kann -n nicht ausstehen (Baldwin [Übers.], Welt 445). **4.** ⟨Pl. selten⟩ *charakteristischer Bereich für bestimmte Aktivitäten:* die literarische S.; die Bonner [politische] S.; Das Gericht bescheinigte ihm noch, daß er „keine führende Position" in der S. habe (Spiegel 8, 1976, 44); er kennt sich in der S. *(Scene)* aus; Dort bekam er ersten Kontakt zur „linken S." (Quick 27, 1976, 26); *jmd., der zur Szene* (4) *gehört,* mit der Bed. *charakteristischer Bereich für etw. od. jmdn.,* z. B. Bücher-, Entführungs-, Jazz-, Sexszene; **Sze̲|ne|gän|ger,** der; -s, -: *jmd., der zur Szene* (4) *gehört;* **Sze̲|ne|gän|ge|rin,** die; -, -nen: w. Form zu ↑Szenegänger; **Sze̲|ne|jar|gon,** der: *Jargon* (a), *der in der Szene* (4) *gesprochen wird;* **Sze̲|nen|ap|plaus,** der: *Applaus, den ein Darsteller auf der Bühne als unmittelbare Reaktion auf eine besondere Leistung erhält;* **Sze̲|nen|bei|fall,** der: *Szenenapplaus;* **Sze̲|nen|fol|ge,** die: *Folge von Szenen* (1, 3 a), *Darstellungen;* **Sze̲|nen|wech|sel,** der (Theater): *Wechsel der Szene* (2) *[mit Veränderung der Kulissen];* **Sze̲|ne|rie,** die; -, -n [zu ↑Szene]: **1.** (Theater) *Bühnendekoration, -bild einer Szene* (1, 2): die S. einer Gelehrtenstube. **2.** *Schauplatz eines Geschehens, einer Handlung; Rahmen, in dem sich etw. abspielt:* die -n des Romans; sie waren überwältigt von dieser S. *(landschaftlichen Kulisse);* **sze̲|nisch** ⟨Adj.⟩: **a)** *die Szene* (1) *betreffend; in der Art einer Szene [dargestellt]:* Eine Sammlung -er Stücke (Börsenblatt 1, 1966, 50); **b)** *die Szene* (2), *die Inszenierung betreffend:* Über die Premiere von ... „Rheingold", die ... unter der -en und musikalischen Leitung ... von Karajans ... stattfand, liegen ... die ... Kritiken vor (Vorarlberger Nachr. 27. 11. 68, 7); eine s. einfallsreiche Aufführung; **Sze|no|graph,** der; -en, -en [griech. skēnográphos = Theatermaler]: *jmd., der Dekorationen u. Bauten für Filme entwirft* (Berufsbez.); **Sze|no|gra|phie,** die; - [griech. skēnographía = Kulissenmalerei]: *Entwurf u. Herstellung der Dekoration u. der Bauten für Filme;* **Sze|no|gra|phin,** die; -, -nen: w. Form zu ↑Szenograph; **sze|no|gra|phisch** ⟨Adj.⟩: *die Szenographie betreffend:* die -e Leitung wurde einem Spezialisten für Horrorfilme übertragen; **Sze|no|test,** der; -[e]s, -e u. -s [zu ↑Szene u. ↑Test; älter „Sceno-Test"] (Psych.): *Test für Kinder, bei dem mit Puppen, Tieren u. Bausteinen Szenen* (3 a) *darzustellen sind, wodurch (unbewußte) kindliche Konflikte zum Ausdruck gelangen sollen.*

Sze̲p|ter, das; -s, - (veraltend): ↑Zepter.

szi|en|ti|fisch [stsiɛ...] ⟨Adj.⟩ [spätlat. scientificus, zu lat. scientia = Wissen(schaft), zu: scire = wissen] (Fachspr.): *wissenschaftlich;* **Szi|en|ti|fi̲s|mus,** der; - (Fachspr.): *Szientismus;* **Szi|en|ti̲s|mus,** der; - [zu lat. scientia, ↑szientifisch]: **1.** (Fachspr.) *Wissenschaftstheorie, nach der die Methoden der exakten [Natur]wissenschaften auf die Geistes- u. Sozialwissenschaften übertragen werden sollen; auf strenger Wissenschaftlichkeit gründende Haltung.* **2.** *Lehre der Christian Science, nach der Sünde, Tod u. Krankheit Einbildungen sind, die durch das Gebet zu Gott geistig überwunden werden können;* **Szi|en|ti̲st,** der; -en, -en: *Vertreter des Szientismus;* **Szi|en|ti̲s|tin,** die; -, -nen: w. Form zu ↑Szientist; **szi|en|ti̲s|tisch** ⟨Adj.⟩: *den Szientismus, die Szientisten betreffend.*

Szi̲l|la: ↑Scilla.

Szin|ti|gra̲mm, das; -s, -e [zu lat. scintillare (↑szintillieren) u. ↑-gramm] (Med.): *durch die Einwirkung der Strahlung radioaktiver Stoffe auf eine fluoreszierende Schicht erzeugtes Bild;* **Szin|ti|graph,** der; -en, -en [↑-graph] (Med.): *Gerät zur Herstellung von Szintigrammen;* **Szin|ti|gra|phie,** die; -, -n [↑-graphie] (Med.): *Untersuchung u. Darstellung innerer Organe mit Hilfe von Szintigrammen;* **Szin|til|la|ti|o̲n,** die; -, -en [lat. scintillatio = das Funkeln, zu: scintillare, ↑szintillieren]: **1.** (Astron.) *das Glitzern der Sterne.* **2.** (Physik) *das Entstehen von Lichtblitzen beim Auftreffen radioaktiver Strahlen auf fluoreszierende Stoffe;* **Szin|til|la|ti|o̲ns|zäh|ler,** der (Physik): *Gerät zur Zählung u. Energiemessung energiereicher Elementarteilchen u. Photonen* (bes. Gammaquanten); **Szin|til|la̲|tor,** der; -s, ...oren (Physik): *in Szintillationszählern verwendeter Leuchtstoff, in dem die energiereichen Elementarteilchen u. Photonen Szintillationen* (2) *hervorrufen;* **szin|til|lie̲|ren** ⟨sw. V.; hat⟩ [lat. scintillare, zu: scintilla = Funke] (Astron., Physik): *funkeln, leuchten, flimmern.*

Szi̲r|rhus, der; - [griech. skirrhos = Verhärtung, verhärtetes Geschwür] (Med.): *harte Krebsgeschwulst.*

Szi̲s|si|on, die; -, -en [spätlat. scissio, zu lat. scissum, 2. Part. von: scindere = spalten] (veraltet): *Spaltung, [Ab]trennung;* **Szi̲s|sur,** die; -, -en [lat. scissura, zu: scissum, ↑Szission] (veraltet): *Spalte, Riß.*

Szo̲n|di-Test [s...], der; -[e]s, -s, auch: -e [nach dem Arzt u. Psychotherapeuten Leopold Szondi (1893–1986)]: *psychologischer Test, bei dem die Probanden Fotografien von Psychopathen nach ihrem Sympathiewert sortieren.*

SZR = Sonderziehungsrecht.

Szy̲l|la, (eindeutschend für lat.:) Scylla ['stsyla], (griech.:) Skylla: in der Wendung **zwischen S. und Charybdis** (bildungsspr.; *in einer Situation, in der nur zwischen zwei Übeln zu wählen ist;* nach dem sechsköpfigen Seeungeheuer der griechischen Mythologie, das in einem Felsenriff in der Straße von Messina gegenüber der Charybdis, einem gefährlichen Meeresstrudel, auf vorbeifahrende Seeleute lauerte).

T

t, T [te:; ↑a, A], das; -, - [mhd., ahd. t]: *zwanzigster Buchstabe im Alphabet; ein Konsonant:* ein kleines t, ein großes T schreiben.

t = Tonne.

τ, T: ↑³Tau.

ϑ, Θ: ↑Theta.

T = Tesla; Tritium.

Ta = Tantal.

Tab, der; -[e]s, -e od. [tæb], der; -s, -s [engl. tab, H. u.] (Bürow.): *der Kenntlichmachung bestimmter Merkmale dienender, vorspringender Teil am oberen Rand einer Karteikarte.*

◆ **Ta|bal|gie** [...'ʒi:], die; -, -n [frz. tabagie = Ort, an dem man zusammenkommt, um Tabak zu rauchen, eigtl. = Festessen, Gelage, aus dem Algonkin (nordamerik. Indianerspr.), später angelehnt an: tabac, ↑Tabak]: *kleines Lokal, in dem Tabak geraucht u. Alkohol getrunken werden kann:* Wie wär's, wenn wir ihm des Abends, wenn er aus der T. kömmt, aufpaßten und ihn brav durch-

Tabak

prügelten? (Lessing, Minna I, 12); **Tabak** [auch: 'tabak, bes. österr.: ta'bak], der; -s, (Sorten:) -e [span. tabaco, viell. aus einer Indianerspr. der Karibik]: **1. a)** *(zu den Nachtschattengewächsen gehörende) nikotinhaltige Pflanze mit großen, behaarten Blättern u. in Trauben od. Rispen stehenden weißen, gelben od. rosa, oft stark duftenden Blüten:* T. anbauen, pflanzen, ernten, brechen; **b)** *Tabakblätter:* T. fermentieren, beizen. **2. a)** *aus getrockneten u. durch Fermentierung geschmacklich veredelten Blättern der Tabakpflanze hergestelltes Produkt zum Rauchen* (2 a): ein leichter, milder, starker T.; [eine Pfeife] T. rauchen; ***starker T.** (↑Tobak): Dieses Zurechtstutzen der neuen Verordnung ... wurde als allzu starker T. empfunden (NZZ 3. 2. 83, 30); **b)** kurz für ↑Kautabak: T. kauen; **c)** kurz für ↑Schnupftabak: Er hielt beim Mähen alle paar Meter an und schnupfte aus einer silbernen Dose T. (Lentz, Muckefuck 195). **3.** ⟨o. Art.; o. Pl.⟩ *herbe Duftnote der ätherischen Öle des Tabaks;* **Ta|bak|asche**, die ⟨o. Pl.⟩: *Asche von Tabak:* Er ... hustete, warf dabei T. auf den ... Badezimmerfußboden (H. Weber, Einzug 76); **Ta|bak|bau**, der ⟨o. Pl.⟩: *Anbau von Tabak* (1 a); **Ta|bak|beu|tel**, der: ↑Tabaksbeutel; **Ta|bak|blatt**, das: *Blatt der Tabakpflanze:* Massig ... saß er am Tisch und häkselte Tabakblätter (Kempowski, Uns 323); **ta|bak|braun** ⟨Adj.⟩: *gelbbraun wie Tabakblätter:* über der Lehne des Stuhls hing ein Brusthemd, ... der Kragenrand t. verschwitzt (Steinmann, Aperwind 13); **Ta|bak|brü|he**, die (Fachspr.): *aus Tabak* (1 a) *ausgezogener flüssiger Extrakt, der u. a. als Schädlingsbekämpfungsmittel dient;* **Ta|bak|büch|se**, Tabaksbüchse, die: *Büchse zum Aufbewahren von Tabak* (2 a); **Ta|bak|do|se**: ↑Tabaksdose; **Ta|bak|fa|brik**, die: *Fabrik, in der Tabak* 2a) *hergestellt u. verarbeitet wird:* sie arbeitet in einer T.; **Ta|bak|fa|den**, der ⟨meist Pl.⟩: *einzelnes längliches Teilchen eines zerschnittenen Tabakblattes;* **ta|bak|far|ben** ⟨Adj.⟩: vgl. tabakbraun; **Ta|bak|ge|ruch**, der: *Geruch nach Tabak* (2 a); **Ta|bak|ge|schäft**, das: *Geschäft in dem Rauchwaren verkauft werden;* **Ta|bak|han|del**, der: **a)** ¹*Handel* (2 a) *mit Tabak;* **b)** *Tabakgeschäft:* sie hat in der Innenstadt einen kleinen T.; **Ta|bak|in|du|strie**, die: *Tabakwaren erzeugende Industrie;* **Ta|bak|kä|fer**, der: *an trockenen pflanzlichen Stoffen, bes. Tabakwaren, als Schädling auftretender, braunschwarzer od.* braunroter Käfer; **Ta|bak|krü|mel**, der: *einzelner Krümel von geschnittenem Tabak;* **Ta|bak|la|den**, der: *Tabakgeschäft;* **Ta|bak|lun|ge**, die (Med.): *durch Einatmen von Staub bei der Verarbeitung von Tabak verursachte Staublunge;* **Ta|bak|ma|nu|fak|tur**, die (veraltend): *Tabakfabrik;* **Ta|bak|mei|ster**, der: *(in der Tabakindustrie) Fachmann, der für die Tabakmischungen, ihr Aroma verantwortlich ist:* Die großen Fabriken halten sich ... T. Es sind dies zumeist Griechen, die mit der Pflanze aufgewachsen sind (Bürger, Brenner 214); **Ta|bak|mei|ste|rin**, die: w. Form zu ↑Tabakmeister; **Ta|bak|mo|no|pol**, das: *Monopol des Staates in bezug auf Herstellung u. Vertrieb von Tabakwaren;* **Ta|bak|mo|sa|ik|krank|heit**, die (Bot., Landw.): *Viruskrankheit des Tabaks mit mosaikartiger Verfärbung der Blätter;* **Ta|bak|mo|sa|ik|vi|rus**, das, außerhalb der Fachspr. auch: der: *die Tabakmosaikkrankheit hervorrufendes Virus;* **Ta|bak|o|se**, die; -, -n (Med.): *Ablagerung von Tabakstaub in der Lunge;* **Ta|bak|pfei|fe**: ↑Tabakspfeife; **Ta|bak|pflan|ze**, die: *Tabak* (1 a); **Ta|bak|pflan|zer**, der: *jmd., der Tabak* (1 a) *anbaut;* **Ta|bak|pflan|ze|rin**, die: w. Form zu ↑Tabakpflanzer; **Ta|bak|pflan|zung**, die: vgl. Tabakbau; **Ta|bak|plan|ta|ge**, die: vgl. Tabakbau; **Ta|bak|rauch**: ↑Tabaksrauch; **Ta|bak|rau|cher**, der: *Raucher von Tabak* (2 a); **Ta|bak|rau|che|rin**, die: w. Form zu ↑Tabakraucher; **Ta|bak|re|gie**, die ⟨o. Pl.⟩ (österr. veraltet, noch ugs.): *staatliche Tabakfabriken;* **Ta|baks|beu|tel**, Tabakbeutel, der: *kleiner Beutel für Pfeifentabak;* **Ta|baks|büch|se**: ↑Tabakbüchse; **Ta|bak|schnup|fen**, das; -s: *das Schnupfen von Schnupftabak;* **Ta|bak|schnup|fer**, der: *jmd., der Tabak* (2 c) *schnupft;* **Ta|bak|schnup|fe|rin**, die; -, -nen: w. Form zu ↑Tabakschnupfer; **Ta|baks|do|se**, Tabakdose, die: vgl. Tabaksbeutel; **Ta|baks|kol|le|gi|um**, das: *fast täglich zusammenkommende Abendgesellschaft König Friedrich Wilhelms I. von Preußen;* **Ta|baks|pfei|fe**, Tabakpfeife, die: *Pfeife* (2); **Ta|baks|rauch**, Tabakrauch, der: *Rauch von Tabak* (2 a); **Ta|bak|steu|er**, die: *Verbrauchssteuer auf Tabakwaren;* **Ta|bak|strauch**, der: *Tabak* (1 a); **Ta|bak|tra|fik**, die, (österr.): *Verkaufsstelle für Tabakwaren;* **Ta|bak|tra|fi|kant**, der (österr.): *Besitzer einer Tabaktrafik;* **Ta|bak|tra|fi|kan|tin**, (österr.): w. Form zu ↑Tabaktrafikant; **ta|bak|ver|ar|bei|tend** ⟨Adj.⟩: *Tabak[e] verarbeitend:* die -e Industrie; **Ta|bak|ver|ar|bei|tung**, die: *Verarbeitung von Tabak;* **Ta|bak|wa|re**, die ⟨meist Pl.⟩: *aus Tabak* (1 b) *hergestelltes Produkt.*

Ta|bas|co ⓦ, der; -s, **Ta|bas|co|so|ße**, die; - [nach dem mex. Bundesstaat Tabasco]: *aus roten Chilis hergestellte, sehr scharfe Würzsoße.*

Ta|ba|tie|re, die; -, -n [frz. tabatière (älter: taquière), zu: tabac < span. tabaco, ↑Tabak]: **1.** (veraltet) *Schnupftabaksdose.* **2.** (österr.) **a)** *Tabaksdose;* **b)** *Zigarettenetui.*

ta|bel|la|risch ⟨Adj.⟩ [zu lat. tabellarius = zu den (Stimm)tafeln o. ä. gehörend, zu: tabella, ↑Tabelle]: *in Tabellenform:* eine -e Übersicht; **ta|bel|la|ri|sie|ren** ⟨sw. V.; hat⟩ (Fachspr.): *in Tabellenform bringen:* Ergebnisse t.; **Ta|bel|la|ri|sie|rung**, die; -, -en: *das Tabellarisieren;* **Ta|bel|la|ri|um**, das; -s, ...ria: *aus Tabellen* (1) *bestehende Zusammenstellung, Übersicht, bes. als Anhang eines Buches;* **Ta|bel|le**, die; -, -n [lat. tabella = Stimm-, Merk-, Rechentafel, Vkl. von: tabula, ↑Tafel]: **1.** *listenförmige Zusammenstellung, Übersicht;* *[Zahlen]tafel:* eine chronologische T.; die T. mit statistischen Daten; An den Wänden ... schilderten große -n ... Die Völkerstämme des besetzten Gebietes (A. Zweig, Grischa 204). **2.** (Sport) *Tabelle* (1), *die die Rangfolge von Mannschaften, Sportlern (einer Spielrunde, eines Wettbewerbs) entsprechend den von ihnen erzielten Ergebnissen wiedergibt:* Doch über die reinen Fakten, wie sie die T. enthüllt, hinaus, gibt es noch eine Menge zu sagen nach den ersten neun Spieltagen (Kicker 82, 1981, 18); die T. anführen; an der Spitze, im ersten Drittel, am Ende der T. stehen; der Verein belegt einen guten Platz in der T.; **Ta|bel|len|en|de**, das (Sport): *Ende der Tabelle* (2): am T. stehen; **Ta|bel|len|er|ste**, der u. die (Sport): *Tabellenführer;* **Ta|bel|len|form**, die: *Form (einer schriftlichen Darstellung), die einer Tabelle* (1) *ähnlich ist:* in T.; **ta|bel|len|för|mig** ⟨Adj.⟩: *in der Form einer Tabelle* (1); **Ta|bel|len|füh|rer**, der (Sport): *Verein, Mannschaft an der Spitze der Tabelle* (2); **Ta|bel|len|füh|re|rin**, die: w. Form zu ↑Tabellenführer; **Ta|bel|len|füh|rung**, die (Sport): *Führung in der Tabelle* (2); **Ta|bel|len|kal|ku|la|ti|on**, die (Datenverarb., Wirtsch.): *mit Hilfe eines speziellen Programms* (4) *erfolgende Kalkulation* (1), *bei der die Daten tabellarisch auf dem Bildschirm angeordnet sind u. jede Änderung eines Parameters zur automatischen Anpassung aller davon abhängigen Werte führt;* **Ta|bel|len|letz|te**, der u. die (Sport): vgl. Tabellenerste; **Ta|bel|len|platz**, der (Sport): *Platz in der Tabelle* (2): Sie bejubelten ihren Sieg und den damit verbundenen Sprung auf den zweiten T. (Kicker 6, 1982, 36); **Ta|bel|len|spit|ze**, die (Sport): vgl. Tabellenführung; **Ta|bel|len|stand**, der ⟨o. Pl.⟩ (Sport): *Stand der Tabelle* (2); **ta|bel|lie|ren** ⟨sw. V.; hat⟩ (Fachspr.): *Angaben auf maschinellem Wege in Tabellenform darstellen:* tabellierte Werte; **Ta|bel|lie|rer**, der; -s, -: *jmd., der eine Tabelliermaschine bedient* (Berufsbez.); **Ta|bel|lie|re|rin**, die; -, -nen: w. Form zu ↑Tabellierer; **Ta|bel|lier|ma|schi|ne**, die (Datenverarb.): *Lochkartenmaschine, die Tabellen* (1) *ausdruckt.*

Ta|ber|na|kel, das, auch (bes. kath. Kirche): der; -s, - [mhd. tabernakel < mlat. tabernaculum = „Sakramentshäuschen" < lat. tabernaculum = Zelt, Hütte, Vkl. von: taberna, ↑Taverne]: **1.** (kath. Kirche) *kunstvoll gestalteter Schrein in der Kirche (bes. auf dem Altar), worin die geweihten Hostien aufbewahrt werden.* **2.** (Archit.) *Baldachin* (3); **Ta|ber|ne**, die; -, -n [mhd. tabern(e)] (veraltet): *Taverne.*

Ta|bes [...es], die; - [lat. tabes, zu: tabere = schmelzen, schwinden, abnehmen] (Med.): **1.** *Rückenmarksschwindsucht.* **2.** (veraltet) *Schwindsucht, Auszehrung;* **Ta|bes|zenz**, die; -, -en [zu lat. tabescere = allmählich vergehen, schwinden, zu: tabere, ↑Tabes] (Med.): *Abzehrung, Auszehrung;* **Ta|be|ti|ker**, der; -s, - (Med.): *Tabiker;* **Ta|be|ti|ke|rin**, die; -, -nen (Med.): w. Form zu ↑Tabetiker; **ta|be|tisch** ⟨Adj.⟩ (Med.): *tabisch;* **Ta|bi|ker**, der; -s, - (Med.): *jmd., der an Tabes* (1) *leidet;* **Ta|bi|ke|rin**, die; -, -nen (Med.): w. Form zu ↑Tabiker; **ta|bisch** ⟨Adj.⟩ (Med.): **a)** *die Tabes betreffend;* **b)** *an Tabes leidend.*

Ta|b|la, der; -, - [sanskr.]: *asymmetrisches Paar kleiner, mit den bloßen Händen ge-*

schlagener Kesselpauken in Indien, Pakistan u. Bangladesch.
Ta|blar, das; -s, -e [frz. (mundartl.) tablar < vlat. tabularium = Bretterstell, zu lat. tabula, ↑ Tafel] (schweiz.): *Regalbrett: auf dem obersten T. eines Gestelles ... reihten sich Musikinstrumente in kleinem Format* (Grass, Blechtrommel 276); **Ta|bleau** [ta'blo:], das; -s, -s [frz. tableau, zu: table = Tisch; Tafel, Brett < lat. tabula, ↑ Tafel]: **1. a)** (Theater) *wirkungsvoll gruppiertes Bild auf der Bühne;* **b)** (veraltet) *Gemälde: daß ich ihm ... Modell stand für ein großes T. aus der griechischen Sagenkunde* (Th. Mann, Krull 29); *Tableau!* (ugs. veraltet; eigtl. = was für ein Bild!; Ausdruck des Erstaunens, der Verblüffung). **2.** (bes. Literaturw.) *breit ausgeführte, personenreiche Schilderung: ... daß die Nibelungen-Oper tatsächlich als zeitkritisches T. gedacht ist* (Spiegel 28, 1976, 115). **3.** (österr.) **a)** *[tabellarische] Übersicht, Tabelle;* **b)** *Mieterverzeichnis im Flur eines Mietshauses.* **4.** (Druckw.) *Zusammenstellung von im gleichen Maßstab angefertigten Vorlagen für eine Gesamtaufnahme in der Reproduktionstechnik;* **Ta|bleau éco|no|mique** [tablœkɔnɔ'mik], das; - -, -x -s [tablozekɔnɔ'mik; frz. Tableau économique, aus: tableau (↑ Tableau) u. économique = wirtschaftlich < lat. oeconomicus, ↑ ökonomisch]: *bildliche Darstellung des volkswirtschaftlichen Kreislaufs (nach dem französischen Nationalökonomen Quesnay [1694–1774]);* **Ta|ble d'hôte** [tablə'do:t], die; - - [frz. table d'hôte, aus: table (↑ Tableau) u. hôte = Gast] (veraltet): *gemeinsame Tafel für alle Gäste in einem Gasthaus, Hotel o. ä.: an der T. d'hôte sitzen, speisen; Gegessen wurde an der T. d'hôte* (Kempowski, Tadellöser 78); **Ta|ble|top** ['teɪbltɔp], das; -s, -s [engl. tabletop, eigtl. = Tischplatte]: *Anordnung verschiedener Gegenstände, die stillebenähnlich fotografiert od. als Trickfilm aufgenommen werden;* **Ta|blett,** das; -[e]s, -s, auch: -e [frz. tablette, Vkl. von: table, ↑ Tableau]: *Brett mit erhöhtem Rand zum Servieren; Servierbrett:* ein volles T. in der Hand mit dampfendem Kaffee, Toast und Marmelade; das T. absetzen, heraustragen; etw. auf einem T. servieren; * *jmdm. etw. auf einem silbernen T. servieren/anbieten o. ä.* (jmdm. etw. so präsentieren, daß er nur noch zuzugreifen braucht, sich nicht mehr selbst darum bemühen muß): *Wir Deutsche warten gern ... darauf, daß uns auf einem silbernen T. das offeriert wird, worum andere jahrelang ... ringen* (Dönhoff, Ära 46); **nicht aufs T. kommen** (ugs.; *nicht in Frage kommen*); **Ta|blet|te,** die; -, -n [frz. tablette, identisch mit: tablette, ↑ Tablett]: *bes. Arzneimittel von der Form eines kleinen runden mehr od. weniger flachen Scheibchens (zum Einnehmen):* -n gegen Kopfschmerzen; jmdm. -n verschreiben; -n [ein]nehmen, schlucken, in Wasser auflösen; Kraftczek handelte die kleinen gelben -n, die ihn vor Malaria schützen sollten, gegen Rosinen ein (Strittmatter, Wundertäter 485); **ta|blet|ten|ab|hän|gig** ⟨Adj.⟩: vgl. drogenabhängig; **Ta|blet|ten|ab|hän|gi|ge,** der u. die: vgl. Drogen-

abhängige; **Ta|blet|ten|form,** die ⟨o. Pl.⟩: *Form (eines Gegenstandes), die der von Tabletten ähnlich ist:* ein Arzneimittel in T.; **Ta|blet|ten|kur,** die: *Kur mit Tabletten;* **Ta|blet|ten|miß|brauch,** der: *Mißbrauch* (1 b) *von Tabletten;* **Ta|blet|ten|röhr|chen,** das: *kleiner, röhrenförmiger Behälter für Tabletten;* **Ta|blet|ten|schach|tel,** die: *[kleinere] Schachtel für Tabletten;* **Ta|blet|ten|sucht,** die: *Sucht nach Tabletten;* **ta|blet|ten|süch|tig** ⟨Adj.⟩: *süchtig nach Tabletten;* **Ta|blet|ten|süch|ti|ge,** der u. die: vgl. Drogensüchtige; **ta|blet|tie|ren** ⟨sw. V.; hat⟩ (Fachspr.): *in Tablettenform bringen;* **ta|blie|ren** ⟨sw. V.; hat⟩ [zu frz. tabier = ¹Esse; Feuerung (1 b), zu: table, ↑ Tableau]: *für Konserven od. Bonbons bestimmten siedenden Zucker umrühren;* **Ta|bli|num,** das; -s, ...na [lat. tablinum, zu: tabula, ↑ Tafel]: *getäfelter Hauptraum des altrömischen Hauses.*

Ta|bo|pa|ra|ly|se, die; -, -n [zu ↑ Tabes u. ↑ Paralyse] (Med.): *mit fortschreitender Paralyse verbundene Rückenmarksschwindsucht;* **Ta|bo|pho|bie,** die; -, -n [↑ Phobie] (Med.): *krankhafte Angst, an Rückenmarksschwindsucht zu erkranken bzw. erkrankt zu sein.*
¹**Ta|bor,** der; -[s]: *Berg in Israel.*
²**Ta|bor,** der; -en, -en [nach der von den Hussiten gegründeten Siedlung Tabor in Südböhmen]: *Angehöriger einer radikalen Gruppierung der Hussiten.*
Ta|bor|licht, das; -[e]s [nach der Verklärung Jesu auf dem Berg Tabor, Matth. 17, 2]: *Gott umgebendes, unerschaffenes Licht in der Mystik der orthodoxen Kirche.*
◆ **Ta|bou|ret** [tabu're:]: ↑ Taburett: *Die meisten stehn, auf -s sitzen* (Heine, Romanzero [Marie Antoinette]).
Tä|bris [auch: tɛ'bri:s], der; -, - [nach der iran. Stadt Täbris]: *kurzgeschorener Teppich aus Wolle, Seide, oft mit blumenmustertem Medaillon.*
ta|bu ⟨indekl. Adj.⟩ [engl. taboo, tabu < Tonga (polynes. Sprache) tabu, tapu, wohl = geheiligt]: *einem Tabu* (2) *unterliegend: dieses Thema ist t.; daß ... ganz offen über alle möglichen Dinge gesprochen wird, die früher t. waren* (Schreiber, Krise 96); *Privates ist t., nicht für die Öffentlichkeit bestimmt* (Erfolg 11/12, 1983, 36); Ü *an unserer Schule ... farbige Halstücher oder Socken waren natürlich t.* (ugs.; *waren nicht erlaubt, waren verpönt); Mishima* [Übers.], Maske 36); *Vaters Arbeitszimmer war für die Kinder t.* (ugs.; *sie durften es nicht betreten*); **Ta|bu,** das; -s, -s: **1.** (Völkerk.) *Verbot, bestimmte Handlungen auszuführen, bes. geheiligte Personen od. Gegenstände zu berühren, anzublicken, zu nennen, bestimmte Speisen zu genießen:* etw. ist mit [einem] T. belegt, durch [ein] T. geschützt. **2.** (bildungsspr.) *ungeschriebenes Gesetz, das auf Grund bestimmter Anschauungen innerhalb einer Gesellschaft verbietet, bestimmte Dinge zu tun: ein gesellschaftliches T.; ein T. errichten, aufrichten, verletzen, brechen; Ab 1954 lockerte der westdeutsche Film die -s, mit denen er zuvor jedes zeitgeschichtliche Thema belegt hatte* (Gregor, Film 172); *an ein T.*

rühren; Manipulationen an der Keimbahn des Menschen ... galten unter Humangenetikern bislang als T. (als etwas, woran man nicht rührt; natur 2, 1991, 47); *gegen ein T. verstoßen; die ... Abordnung ... brach auch gleich mit einem T. ...: Israelis, Palästinenser und Jordanier schüttelten sich die Hände* (Tages Anzeiger 5. 11. 91, 1); **Ta|bu|be|reich,** der: *tabuisierter Bereich;* **ta|bui|e|ren** usw.: ↑ tabuisieren usw.; **ta|bui|sie|ren** ⟨sw. V.; hat⟩ (Fachspr.; bildungsspr.): *zum Tabu* (2) *machen: tabuisierte Themen, Bereiche;* **Ta|bui|sie|rung,** die; -, -en (Fachspr.; bildungsspr.): *das Tabuisieren;* **ta|bu|i|stisch** ⟨Adj.⟩: *das Tabu betreffend; in der Art eines Tabus.*
Ta|bu|la gra|tu|la|to|ria, die; - -, ...lae ...iae [...lɛ ...riɛ; lat., zu: tabula (↑ Tafel) u. gratulatorius = glückwünschend] (bildungsspr.): *Liste der Gratulanten (in Fest-, Jubiläumsschriften o. ä.);* **Ta|bu|la ra|sa** in der Verbindung **[mit etw.] t. r. machen** ([mit etw.] *unnachsichtig aufräumen, rücksichtslos Ordnung, Klarheit schaffen;* nach frz. faire table rase); **Ta|bu|la ra|sa,** die; - - [⟨unter engl. u. frz. Einfluß <⟩ mlat. tabula rasa = abgeschabte (u. wieder beschreibbare) Schreibtafel, aus lat. tabula (↑ Tafel) u. rasa, w. 2. Part. von: radere, ↑ rasieren]: **1.** (Philos.) *ursprünglicher Zustand der Seele (vor ihrem Geprägtwerden durch Eindrücke, Erfahrungen).* **2.** (bildungsspr.) *etw., was durch nichts [mehr] vorgeprägt ist, [einen Neubeginn ermöglicht];* **Ta|bu|la|ri|um,** das; -s, ...rien [lat. tabularium, zu: tabularius = zu schriftlichen Urkunden gehörig, zu: tabula, ↑ Tafel]: *(im antiken Rom) Gebäude zur Aufbewahrung von Urkunden;* **Ta|bu|la|ten** ⟨Pl.⟩ [zu spätlat. tabulatum, 2. Part. von: tabulare = mit Brettern belegen, beschlagen, zu: tabula, ↑ Tafel]: *ausgestorbene Korallen, die aus vielen aneinanderliegenden Röhren bestehende Kolonien bildeten;* **Ta|bu|la|tor,** der; -s, ...oren [engl. tabulator, zu: to tabulate = in Tabellenform anlegen < spätlat. tabulare, ↑ Tabulaten] (Technik, Bürow.): *Vorrichtung an Schreib-, Rechen-, Buchungsmaschinen für das Weiterrücken des Wagens auf vorher eingestellte Stellen beim Schreiben von Tabellen o. ä.;* **Ta|bu|la|tur,** die; -, -en [zu lat. tabula, ↑ Tafel] (Musik): **1.** *satzungsmäßig festgelegte Regeln der Meistersinger.* **2.** *(vom 14. bis 18. Jh.) Notierungsweise für mehrstimmige geistliche solistische Instrumente;* **Ta|bu|lett,** das; -[e]s, -e [mlat. tabuleta = Tischchen, Vkl. von lat. tabula, ↑ Tafel] (veraltet): *(auf dem Rücken getragener) leichter Bretterkasten mit Fächern.*
Ta|bu|rett, das; -[e]s, -e [frz. tabouret, zu afrz. tabour = Trommel, nach der Form] (schweiz., sonst veraltet): *niedriger Sitz ohne Lehne: Joakim ... saß mit Joseph in der Nähe des Eingangs auf Polstern an einem niedrigen T.* (Th. Mann, Joseph 472).
Ta|bu|schran|ke, die: *durch ein Tabu* (2) *errichtete Schranke;* **Ta|bu|the|ma,** das: *tabuisiertes Thema;* **Ta|bu|ver|let|zung,** die: *Verletzung eines Tabus;* **Ta|bu|wort,** das (Sprachw., Psych.): *Wort, Name, der ein Tabu* (1) *berührt, den man deshalb*

Tabuzone

meidet u. durch einen anderen ersetzt (z. B. „der Leibhaftige" an Stelle von „Teufel"); **Ta|bu|zo̱ne**, die: *Tabubereich*.

ta̱|cet [...tsɛt; lat. = es schweigt] (Musik): Hinweis, daß Instrument od. Stimme zu pausieren hat.

Ta|cha|nun, der; -, -im [hebr. taḥănûn(îm = das Flehen; Bitte (um Erbarmen)]: *Gebet des jüdischen Gottesdienstes*.

Ta̱|chelles [jidd. tachles = Ziel, Zweck < hebr. taḵlit̲]: in der Wendung **T. reden** (ugs.; *jmdm. unverblümt die Meinung sagen*; urspr. = Zweckmäßiges reden; zur Sache kommen): Ich sollte man keine Menkenke machen, sagte Lander zu mir, sonst würde er T. mit mir reden (Kempowski, Uns 260).

Ta|chi̱|na, die; -, ...nen [zu griech. tachinós = schnell] (Zool.): *Raupenfliege, deren Larven in Raupen u. Puppen von Schmetterlingen schmarotzen*.

ta|chi|nie̱|ren ⟨sw. V.; hat⟩ [H. u.] (österr. ugs.): *[während der Arbeitszeit] untätig sein, faulenzen;* **Ta|chi|nie̱|rer**, der; -s, - (österr. ugs.): *Faulenzer;* **Ta|chi|nie̱|rerin**, die; -, -nen (österr. ugs.): w. Form zu ↑Tachinierer; **Ta|chi|no̱|se**, die; - [geb. mit der bei Krankheitsbezeichnungen häufigen Endung -ose]: in der Fügung **chronische T.** (österr. ugs. scherzh.; *chronische Faulheit*).

Ta|chis|mus [taˈʃɪsmʊs], der; - [frz. tachisme, zu: tache = (Farb)fleck, wohl über das Vlat. < got. taikn(s) = Zeichen]: *Richtung der abstrakten Malerei, die Empfindungen durch spontanes Auftragen von Farbe auf die Leinwand auszudrücken sucht;* **Ta|chi̱st**, der; -en, -en [frz. tachiste, zu: tache, ↑Tachismus]: *Vertreter des Tachismus;* **Ta|chi̱|stin**, die; -, -nen: w. Form zu ↑Tachist; **ta|chi̱|stisch** ⟨Adj.⟩: *den Tachismus betreffend*.

Ta|chi|sto̱|skop, das; -s, -e [zu griech. táxistos, Sup. von: tachýs (↑tachy-, Tachy-) u. skopeîn = betrachten] (Psych.): *Apparat zur Darbietung verschiedener optischer Reize bei psychologischen Tests zur Prüfung der Aufmerksamkeit;* **Ta̱|cho**, der; -s, -s (ugs.): Kurzf. von ↑Tachometer (1); **ta̱|cho-, Ta̱|cho-** (vgl. auch: tachy-, Tachy-) [griech. táchos = Geschwindigkeit] ⟨Best. in Zus. mit der Bed.⟩: *schnell; Geschwindigkeits-* (z. B. **Ta|cho|gra̱ph**, der; -en, -en [↑-graph]: *Fahrtschreiber;* **Ta|cho|me̱|ter**, der, auch: das; -s, - [engl. tachometer, geb. von dem brit. Ingenieur B. Donkin (1768–1855), zu griech. taxýs = schnell, táchos = Geschwindigkeit u. métron, ↑-meter (1)]: **1.** *Meßgerät, das die Fahrgeschwindigkeit eines Fahrzeugs anzeigt; Geschwindigkeitsmesser.* **2.** *Drehzahlmesser;* **Ta|cho|me̱|ter|na̱|del**, die: *Nadel (5) eines Tachometers:* die T. zeigt 100 Stundenkilometer [an]; **Ta|cho|me̱|ter|stand**, der: *(auf dem Tachometer erscheinender) Kilometerstand:* ein T. von 11000 km; **Ta|cho|me̱|ter|we̱l|le**, die: *Antriebswelle eines Tachometers;* **Ta|cho|na̱|del**, die: *Nadel (5) des Tachometers (1):* Obwohl der Schneeregen die verschneite Autobahn in ... Matsch verwandelt, zeigt die T. nie weniger als 200 an (Kinski, Erdbeermund 258); **Ta|cho|sta̱nd**, der (ugs.): *Ta-*chometerstand; **Ta̱|cho|we̱l|le**, die (ugs.): *Tachometerwelle*.

Ta̱ch|tel: ↑Dachtel.

ta̱|chy-, Ta̱|chy- (vgl. auch: tacho-, Tacho-) [griech. tachýs = schnell] ⟨Best. in Zus. mit der Bed.⟩: *schnell; Geschwindigkeits-* (z. B. **Ta|chy|graph**, der; -en, -en [1: ↑-graph; 2: spätgriech. tachygráphos]: **1.** (selten) *Tachograph.* **2.** *Schreiber, der die Tachygraphie beherrscht;* **Ta|chy|gra|phi̱e**, die; -, -n [zu spätgriech. tachygrapheîn = schnell schreiben]: *Kurzschriftsystem des griechischen Altertums;* **ta|chy|gra̱|phisch** ⟨Adj.⟩: *die Tachygraphie betreffend;* **Ta|chy|kar|di̱e**, die; -, -n [zu griech. kardía = Herz] (Med.): *stark beschleunigter Herzschlag; Herzjagen;* **Ta|chy|me̱|ter**, das; -s, - [↑-meter (1)] (Geodäsie): *Instrument für die Geländeaufnahme, mit dem sowohl Winkel als auch Strecken vermessen werden;* **Ta|chy|me|tri̱e**, die; - [↑-metrie] (Geodäsie): *Geländeaufnahme mit Hilfe des Tachymeters;* **Ta|chy̱|lon**, das; -s, ...yonen [engl. tachyon, zu: tachy- (< griech. tachýs, ↑tachy-, Tachy-) u. ↑Ion] (Kernphysik): *hypothetisches Elementarteilchen, das Überlichtgeschwindigkeit besitzen soll;* **Ta|chy|phal|gi̱e**, die; - [zu griech. phageîn = essen] (Med.): *hastiges Essen;* **Ta|chy|phy|la̱|xie**, die; -, -n [zu griech. phýlaxis = Bewachung, Beschützung] (Med.): *nachlassende, durch Steigerung der Dosis nicht ausgleichbares Reagieren des Organismus auf wiederholt verabreichte Arzneimittel;* **Ta|chy|pno̱e**, die; - [zu griech. pnoē = das Wehen, Hauchen; Atem] (Med.): *beschleunigte Atmung; Kurzatmigkeit;* **ta|chy|sei̱s|misch** ⟨Adj.⟩ [↑seismisch] (Geol.): *schnell bebend*.

ta̱cken[1] ⟨sw. V.; hat⟩ [lautm.]: *kurze, harte, [schnell u.] regelmäßig aufeinanderfolgende Geräusche von sich geben:* ein Maschinengewehr tackt; Die Freundin ... kommt mit ihren hochhackigen Schuhen, die laut dem Steinboden tacken (Frischmuth, Herrin 47).

Ta̱cker[1], der; -s, - [engl. tacker, zu: to tack = anheften] (Fachspr.): *Gerät, mit dem etw. geheftet werden kann;* **ta̱ckern**[1] ⟨sw. V.; hat⟩ (ugs.): *mit dem Tacker heften*.

Ta̱ck|ling [ˈtæklɪŋ], das; -s, -s [engl. tackling = das Angreifen] (Fußball): kurz für ↑Sliding-tackling: ein faires, erfolgreiches T.; sich nicht auf ein T. einlassen; Im Zweikampf mit den gefährlichsten Waliser Stürmer ... setzt hier Willi Schulz zu einem T. an (MM 27. 3. 69, 15).

Ta̱cks [tɛks] (österr.): ↑Täcks; **Tä̱cks**, Täks, der; -es, -e [engl. tacks (Pl.), verw. mit to tack, ↑Tacker] (Handw.): *kleiner keilförmiger Nagel, der bei der Schuhherstellung od. -reparatur verwendet wird*.

Ta̱c|tus, der; - [lat. tactus, eigtl. = Berührung, zu: tangere (2. Part.: tactum) = berühren] (Med.): *Tastsinn*.

Ta̱|del, der; -s, - [1: unter Einfluß von ↑tadeln; 2: mhd., mniederd. tadel = Fehler, Mangel, Gebrechen, H. u.]: **1. a)** *in scharfer Weise vorgebrachte mißbilligende Äußerung, die sich auf jmds. Tun, Verhalten bezieht:* ein scharfer, schwerer T.; einen T. aussprechen, [einen] T. verdienen; ihn trifft kein T. *(er hat keine Schuld):* einen T. erhalten; jmdm. einen T. erteilen; die Worte enthielten einen versteckten T.; etw. gibt zu T. Anlaß; * **öffentlicher T.** (ehem. DDR Rechtsspr.; *gerichtliche Strafe, durch die jmd. wegen eines Vergehens öffentlich getadelt wird*): jmdn. zu einem öffentlichen T. verurteilen; **b)** (früher) *Eintragung ins Klassenbuch, mit der ein Tadel (1 a) vom Lehrer [für das Zeugnis] festgehalten wurde;* einen T. eintragen; wenn man ... ungezogen war, schreibt sie (= die Lehrerin) einen T. ins Klassenbuch (Keun, Mädchen 98). **2.** (geh.) *Makel* (meist in Verbindung mit einer Verneinung o. ä.): an ihm, seinem Leben war kein T.; seine Kleidung ist ohne T.; Kolja sei ein glühender Patriot gewesen, ein Soldat ohne T. (Heym, Schwarzenberg 133); **Ta̱|del|lei**, die; -, -en (abwertend): *dauerndes Tadeln;* **ta̱|del|frei**, *tadelsfrei* ⟨Adj.⟩: *ohne Tadel (2) seiend:* ein -er Ruf; **ta̱|del|haft** ⟨Adj.; -er, -este⟩ (veraltend): *tadelnswert;* **ta̱|del|los** ⟨Adj.; -er, -este⟩ (emotional): *in bewundernswerter Weise gut, einwandfrei:* -e Kleidung; ein -es Verhalten; er antwortete in einem tadellosen Französisch; sich t. benehmen; etw. ist t. in Schuß; Paul, jeden zweiten Tag in einem anderen Anzug, der immer t. saß (Plenzdorf, Legende 20); t.! (ugs.; *großartig!*); **ta̱|deln** ⟨sw. V.; hat⟩ [spätmhd. tadelen = verunglimpfen, zu ↑Tadel (2)]: *in scharfer Weise jmdm. sein Mißfallen o. ä. über ihn selbst, sein Verhalten, Tun o. ä. zum Ausdruck bringen:* jmdn. [wegen seines Verhaltens, für sein Verhalten] streng, scharf t.; jmds. Arbeit t.; ⟨auch ohne Akk.-Obj.:⟩ ich tadle nicht gern; tadelnde Worte; **ta̱|delns|wert** ⟨Adj.⟩: *Tadel verdienend:* ein -es Verhalten; **ta̱|delns|wür|dig** ⟨Adj.⟩: *tadelnswert:* ein -es Verhalten; so war ... seines Wesens Hochmut und -e Menschenverachtung gedeutet (Th. Mann, Hoheit 81); **Ta̱|dels|an|trag**, der (Parl.): *Antrag, durch den bestimmte Maßnahmen der Regierung od. einzelner Minister getadelt werden können;* **ta̱|dels|frei**: ↑tadelfrei; **Ta̱|del|sucht**, die ⟨o. Pl.⟩ (abwertend): *Hang zu tadeln;* **ta̱|del|süch|tig** ⟨Adj.⟩ (geh. abwertend): *von Tadelsucht erfüllt:* Sie nahm sich vor, nicht zu t. zu lesen, aber auch nicht wie ein gutmeinender Freund (Becker, Amanda 211); **Ta̱|dels|vo|tum**, das: vgl. Tadelsantrag; **Ta̱d|ler**, der; -s, - (selten): *Tadelnder;* **Ta̱d|le|rin**, die; -, -nen (selten): w. Form zu ↑Tadler.

Ta|dschi̱|ke, der; -n, -n: *Angehöriger eines iranischen Volkes in Mittelasien;* **Ta|dschi̱|kin**, die; -, -nen: w. Form zu ↑Tadschike; **ta|dschi̱|kisch** ⟨Adj.⟩; **Ta|dschi̱|ki|stan**, -s: *Staat im Südosten Mittelasiens*.

Taelkwon̲|do [tɛ...], das; - [korean. taekwondo, aus: tae = Fuß(technik), kwon = Hand(technik) u. do = hervorragender Weg]: *koreanische Abart des Karate*.

Tael [tɛːl, teːl], das; -s, -s ⟨aber: 5 Tael⟩ [port. tael < malai. ta(h)il]: *frühere chinesische Münze u. Gewichtseinheit für Edelmetall*.

Tae|nia [ˈtɛː...], die; -, ...nien [lat. taenia =

Band, Binde < griech. tainia]: **1.** *(in der altgriechischen Architektur) Leiste am Architrav der dorischen Säule.* **2.** *(in der altgriechischen Plastik) Kopfbinde siegreicher Athleten.*
Taf. = Tafel (2 b); **Ta̱fel,** die; -, -n [mhd. tavel(e), ahd. taval, über das Roman. (vgl. ital. tavola) < lat. tabula = Brett, (Schreib)tafel; 3 a: nach den (im MA.) auf Gestelle gelegten Tischplatten]: **1. a)** *[größere] Platte, die zum Beschriften, Bemalen od. zur Anbringung von Mitteilungen dient* (z. B. Gedenk-, Hinweis-, Schiefer-, Wandtafel): *eine hölzerne, steinerne T.; Rauchen war streng verboten, wie eine T. besagte* (Simmel, Stoff 360); *-n mit Hinweiszeichen; der Lehrer schreibt etw. an die T.;* **b)** (schweiz.) *Verkehrsschild;* **c)** *kurz für* ↑ Schalttafel; **d)** *[kleineres] plattenförmiges Stück: eine T. Schokolade; die -n der Wandverkleidung; Leim in -n;* **e)** (Geol.) *Teil der Erdkruste aus ungefalteten, überwiegend flach liegenden Schichten;* **f)** *(bild. Kunst) kurz für* ↑ Tafelbild. **2. a)** *Tabelle: eine T. der natürlichen Logarithmen;* **b)** (Druckw.) *ganzseitige Illustration, Übersicht o. ä.* (bes. in einem Buch): *dieses Tier ist auf T. 18 abgebildet.* **3.** (geh.) **a)** *großer, für eine festliche Mahlzeit gedeckter Tisch:* eine festlich geschmückte T.; *die T.* [ab]decken; *Am oberen Ende der T. wurde eine Flasche Romané Conti 1921 getrunken* (Remarque, Triomphe 414); *an jmds.* ⟨*bei jmdm.*⟩ *speisen; sich an die T. niederlassen, von der T. erheben;* **b)** ⟨o. Pl.⟩ *das Speisen [an der Tafel]; [festliche] Mahlzeit:* vor, während, nach der T.; [jmdn.] *zur* ⟨*zu Tisch*⟩ *bitten; Am Tag der Enthüllung war er bei den Patres zur T. geladen* (Hesse, Narziß 391); * *die T. aufheben (die gemeinsame Mahlzeit beenden zu. vom/von Tisch aufstehen];* urspr. = nach dem Essen die Tischplatte[n] aufheben u. wegtragen [wie es im MA. üblich war]): *Die T. wird von der Hausfrau aufgehoben* (Horn, Gäste 61); **c)** ⟨o. Pl.⟩ *(erlesenes) Essen, (feine) Küche* (3 b): *er legt großen Wert auf eine feine T.;* **d)** (selten) *Tafelrunde* (1): *die prächtig angeregte T.* (Winkler, Bomberg 48); **Ta̱fel|ap|fel,** der: vgl. Tafelobst; **ta̱fel|ar|tig** ⟨Adj.⟩: *in der Art, Form einer Tafel* (1, 2); **Ta̱fel|auf|satz,** der: *Gegenstand, der bes. als Tischschmuck auf die festliche Tafel* (3 a) *gestellt wird;* **Ta̱fel|berg,** der (Geol.): *Berg von vorwiegend flacher Gesteinsschichtung, dessen oberer Teil ein Plateau* (2) *bildet;* **Ta̱fel|be|steck,** das: *wertvolleres Eßbesteck;* **Ta̱fel|bild,** das (bild. Kunst): *auf eine [Holz]tafel, auf versteifte Leinwand o. ä. gemaltes Bild;* **Ta̱fel|birne,** die: vgl. Tafelobst; **Ta̱fel|but|ter,** die (früher): vgl. Tafelöl; **Tä̱fel|chen,** das; -s, -: Vkl. zu ↑ Tafel (1 a, d); **Ta̱fel|lei,** die; -, -en (abwertend): *dauerndes Tafeln;* **Ta̱fel|en|te,** die: *Tauchente, deren Männchen grauweißes Gefieder hat, einen braunen Kopf u. eine schwarze Brust u. deren Weibchen unscheinbar graubraun befiedert ist;* **ta̱fel|fer|tig** ⟨Adj.⟩: *(von konservierten Gerichten o. ä.) fertig zubereitet [u. vor dem Verzehr nur noch zu erwärmen];* **ta̱fel|för|mig** ⟨Adj.⟩: *von der Form einer*

Tafel (1 a, e); **Ta̱fel|freu|den** ⟨Pl.⟩ (geh.): *Freuden des Tafelns;* **Ta̱fel|ge|bir|ge,** das (Geol.): vgl. Tafelberg; **Ta̱fel|ge|rät,** das: vgl. Tafelgeschirr; **Ta̱fel|ge|schäft,** das (Bankw.): *Kauf od. Verkauf von Wertpapieren gegen Bargeld am Bankschalter;* **Ta̱fel|ge|schirr,** das: *wertvolleres, zum Decken einer Tafel* (3 a) *benötigtes Geschirr;* **Ta̱fel|glas,** das: *weder poliertes noch geschliffenes Flachglas von begrenzter Dicke;* **Ta̱fel|kla|vier,** das (Musik): (im 18./19. Jh. gebräuchliches) *annähernd tischförmiges Klavier mit horizontalen, parallel zur Tastatur liegenden Saiten;* **Ta̱fel|kul|tur,** die ⟨o. Pl.⟩: *Eßkultur,* **Ta̱fel|land,** das ⟨Pl. ...länder⟩ (Geol.): vgl. Tafelberg; **Ta̱fel|lap|pen,** der: vgl. Tafelschwamm; **Ta̱fel|leim,** der: *getrockneter Knochenleim in Tafeln* (1 d); **Ta̱fel|leuch|ter,** der: *Leuchter für die festlich gedeckte Tafel* (3 a); **Ta̱fel|lied,** das: *gemeinsam von einer Tafelrunde gesungenes Lied, Trinklied;* **Ta̱fel|öl,** das: vgl. Tafelbild; **Ta̱fel|ma|ri|ne,** die (früher): vgl. Tafelöl; **Ta̱fel|mu|sik,** die (früher): *während einer festlichen Mahlzeit gespielte Musik;* **ta̱feln** ⟨sw. V.; hat⟩ [mhd. tavelen] (geh.): *genußvoll, ausgedehnt essen u. trinken:* man tafelt – bei Kerzenbeleuchtung, natürlich! – mit Erzbischöfen, Lords und Ölmagnaten (K. Mann, Wendepunkt 288); **tä̱feln** ⟨sw. V.; hat⟩ [mhd. tevelen, ahd. tavalōn] (Wände, Decken) *mit [Holz]tafeln verkleiden:* Sie bauten Bunker ..., *Offiziersbaracken mit Birkenholz* (Strittmatter 425); *ein getäfelter Raum;* **Ta̱fel|obst,** das (Kaufmannsspr.): *Obst einer für den unmittelbaren Verzehr geeigneten Sorte;* **Ta̱fel|öl,** das: *Speiseöl guter Qualität;* **Ta̱fel|run|de,** die [1: mhd. tavelrunde < afrz. table ronde = Tafelrunde des Königs Artus, zu: runde Tafel; 2. Bestandteil heute angelehnt an ↑ Runde (1 a)] (geh.): **1.** *zum Essen u. Trinken um die Tafel* (3 a) *versammelte Runde: eine fröhliche T.; Die ... Herzlichkeit ihres Lächelns belebt jede T.* (K. Mann, Wendepunkt 351). **2.** *geselliges Beisammensein einer Tafelrunde* (1): *bei einer T. ... gibt es keine Tischordnung* (Horn, Gäste 51); *zu einer T. einladen;* **Ta̱fel|salz,** das: *Speisesalz;* **Ta̱fel|sche|re,** die (Technik): *Vorrichtung (Blechschere) zum Schneiden von Blech in Tafeln;* **Ta̱fel|schie|fer,** der: *zur Herstellung von Schreibtafeln geeigneter, dunkel gefärbter Tonschiefer;* **Ta̱fel|schwamm,** der: *Schwamm zum Säubern der [Wand]tafel;* **Ta̱fel|ser|vice,** das: vgl. Tafelgeschirr; **Ta̱fel|sil|ber,** das: *Tafelbesteck aus Silber;* **Ta̱fel|spitz,** der (österr.): *Rindfleisch von der Hüfte, das gekocht wird;* **Ta̱fel|trau|be,** die ⟨meist Pl.⟩ (Kaufmannsspr.): vgl. Tafelobst; **Ta̱fel|tuch,** das ⟨Pl. ...tücher⟩: *großes Tischtuch für eine festliche Tafel* (3 a); **Tä̱fe|lung,** die; -, -en: **1.** *das Täfeln.* **2.** *Wand-, Deckenverkleidung aus Holz;* **Ta̱fel|waa|ge,** die (Technik): **1.** *gleicharmige Waage, die zwei tafelförmige Platten (für die Gewichte bzw. die zu wiegenden Gegenstände) trägt.* **2.** *Waage mit großer tafelförmiger Platte zum Wiegen großer Lasten;* **Ta̱fel|wa|gen,** der: *Wagen mit offe-*

ner, tafelförmiger Ladefläche ohne feste Seitenwände; Rollwagen; **Ta̱fel|was|ser,** das ⟨Pl. ...wässer⟩: *Mineralwasser in Flaschen;* **Ta̱fel|wein,** der: **1.** *Tischwein.* **2.** (Weinbau) *deutscher Wein der untersten Güteklasse;* **Ta̱fel|werk,** das: **1.** *Täfelung* (2). **2.** *überwiegend aus Tafeln* (2 b) *bestehendes Buch;* ◆ **Ta̱fel|zeug,** das ⟨o. Pl.⟩: *Tafeltücher:* Die Seldwyler fanden zuerst ihre natürliche Heiterkeit wieder, und zwar durch die Bewunderung des reichen -es (Keller, Dietegen 92); **Tä̱fer,** das; -s, - (schweiz.): *Täfelung* (2): *Das alte senfgelbe T. in der Stube, die alte hölzerne Stubendecke* (M. Walser, Seelenarbeit 93); **Ta̱ferl|klas|se,** die; -, -n [Taferl = südd., österr. Vkl. von: (Schiefer)tafel] (österr. scherzh.): *erste Volksschulklasse;* **Ta̱ferl|kläß|ler,** der; -s, - (österr. scherzh.): *Schüler der Taferlklasse; Schulanfänger;* **Ta̱ferl|kläß|le|rin,** die; -, -nen (österr. scherzh.): w. Form zu ↑ Taferlklaßler; **tä̱fern** ⟨sw. V.; hat⟩ (schweiz.): *täfeln:* Der Sonnenglast im hell getäferten Kronenstübli (Burger, Blankenburg 47).
◆ **Ta̱ferner,** der; -s, - [15. Jh., zu: Taferne = Schenke, Wirtshaus, mhd. taverne < ital. taverna, ↑ Taverne]: *Gastwirt:* der Kirchenwirt, der die Standplätze zu vergeben hatte ... Der T. tat ein süßes Lächeln ... dann schlug er ihr den gegenüberliegenden Platz vor (Rosegger, Waldbauernbub 137).
Tä̱fe|lung, die; -, -en (schweiz.): *Täfelung* (2).
taff ⟨Adj.; -er, -[e]ste⟩ [jidd. toff < hebr. tôv = gut] (salopp): *robust, hart:* ein -er Typ: ... zog sich die -e Staatssekretärin zum Damenkränzchen zurück (Welt 22. 3. 80, 4).
◆ **Ta̱f|fet:** ↑ Taft: *eine Büchse aus durchbrochenem und mit rotem T. unterlegten Elfenbein* (Keller, Kammacher 216); ◆ **Ta̱f|fet|kleid:** ↑ Taftkleid: *Kätter Ambach trat herein in flottem -e* (Keller, Liebesbriefe 49).
Tä̱f|lung, die (seltener): ↑ Täfelung.
Taf|sir: ↑ Tefsir.
Taft, der; -[e]s, -e [älter: Taffet < ital. taffettà < pers. tāftah, eigtl. = Gewebtes, zu: tāftan = drehen, winden, weben]: *steifer (vielfach zum Abfüttern von Kleidungsstücken verwendeter) Stoff aus Seide od. Kunstseide:* das Kleid ist ganz auf T. gearbeitet (Schneiderei); *mit Taft gefüttert*); **Ta̱ft|bin|dung,** die (Textilind.): *Leinwandbindung bei [Kunst]seidengeweben o. ä.;* **Ta̱ft|blu|se,** die: vgl. Taftkleid; **taf|ten** ⟨Adj.⟩ (selten): *aus Taft;* **Ta̱ft|kleid,** das: *[festliches] Kleid aus Taft;* **Ta̱ft|rock,** der: vgl. Taftkleid.
¹**Tag,** der; -[e]s, -e [mhd. tac, ahd. tag, wahrsch. zu einem Verb mit der Bed. „brennen" u. eigtl. = (Tages)zeit, wo die Sonne brennt]: **1.** *Zeitraum etwa zwischen Sonnenaufgang u. Sonnenuntergang, zwischen Beginn der Morgendämmerung u. Einbruch der Dunkelheit:* ein trüber, regnerischer T.; die -e werden kürzer, länger, nehmen ab; *der T. bricht an, graut, erwacht* (geh.; *die Morgendämmerung tritt ein); der T. neigt sich, sinkt* (geh.; *die Abenddämmerung tritt ein*); *es wird, ist T.; wir müssen fertig werden, solange es*

Tag

noch T. *(hell)* ist; er redet viel, wenn der T. lang ist (ugs.; *auf seine Worte kann man nicht viel geben*); T. und Nacht *(ständig);* ein Unterschied wie T. und Nacht *(ein krasser Unterschied);* des -[e]s (geh.; *tags* 1); am -e; bei Tag[e] *(bei Tageslicht)* sieht der Stoff ganz anders aus; wir kamen noch bei T. nach Hause; bis in den T. hinein schlafen; [drei Stunden] vor T. (geh.; *vor Tagesanbruch);* ℝ es ist noch nicht aller -e Abend *(es kann sich noch vielerlei ändern);* jetzt wird's T.! *(jetzt verstehe ich!);* Spr man soll den T. nicht vor dem Abend loben *(man soll erst den Ausgang von etw. abwarten, bevor man urteilt);* *guten T.!/(ugs.:) T.! (Grußformel): [zu] jmdm. guten T. sagen; jmdm. [einen] guten T. wünschen; **[bei] jmdm. guten T. sagen** (ugs.; *bei jmdm. einen kurzen Besuch machen); etw.* **an den T. legen** *(überraschend erkennen lassen, zeigen):* er legte einen verdächtigen Eifer an den T.; **etw. an den T. bringen/ziehen** *(aufdecken, enthüllen);* **an den T. kommen** *(bekanntwerden, sich herausstellen);* **bei -e besehen** *(genauer betrachtet);* **unter -s** *(während des Tages, tagsüber);* **über, unter Tag[e]** (Bergmannsspr.; *über, unter der Erdoberfläche):* über -e arbeiten; ♦ sechsmal des -es *(am Tag;* Mörike, Hutzelmännlein 124). **2. a)** Zeitraum von Mitternacht bis Mitternacht, Zeitraum von 24 Stunden, in dem sich die Erde einmal ganz um ihre Achse dreht: ein schöner, ereignisreicher T.; der neue T.; ein halber T.; ein freier *(arbeitsfreier)* T.; ein schwarzer T. *(Unglückstag);* heute war ein rabenschwarzer T. für sie; die sieben -e der Woche; der T. der Abreise naht; der T. X *(noch unbestimmter Tag, an dem etw. Entscheidendes geschehen wird, durchgeführt werden soll);* heute ist sein [großer] T. *(ein bedeutender Tag für ihn);* der T. hat 24 Stunden; der T. jährt sich heute zum zweitenmal; T. und Stunde *(Datum u. Uhrzeit)* des Treffens stehen fest; der Herr Amtsvorsteher hatte einen leutseligen T. (Kühn, Zeit 96); sie hat heute ihren/einen guten, schlechten T. *(sie ist heute gut, schlecht gestimmt);* welchen T. *(welches Datum)* haben wir heute?; sich ein paar schöne -e machen *(sich ein paar Tage lang etw. gönnen);* wir verbrachten den T. am Meer, einige -e in den Bergen; der Brief muß, kann jeden T. *(in Kürze)* ankommen; ich erwarte die Sendung jeden T.; wievielmal des -es (veraltet; *am Tage)*?; alle/(md.:) aller acht -e; dreimal am T. *(dreimal täglich);* früh, spät am Tag[e]; am T. vorher; auf/für ein paar -e verreisen; auf den T. [genau]; T. für T. *(täglich);* T. für T. war ich unterwegs, um mir ... genaue Unterlagen ... zu besorgen (Jens, Mann 70); in den T. hinein reden *(viel Unüberlegtes reden);* in guten und bösen -en zusammenhalten; in den nächsten -en; heute in, vor drei -en; In den -en vor Weihnachten 1875 beunruhigte ... etwas den Schlaf des Holzhoftaglöhners (Kühn, Zeit 55); heute über acht -e *(in acht Tagen);* den T. über, über T. *(tagsüber);* sie denken, planen nicht über den T. hinaus *(denken, planen nicht über den gegenwärtigen Augenblick hinaus);* einen T. um den anderen *(jeden zweiten Tag);* es ging von T. zu T. *(stetig)* aufwärts; von einem T. auf den anderen *(plötzlich);* jmdn. von einem T. auf den andern *(fortlaufend)* vertrösten; Ü tun, was der T. *(die tägliche Pflicht)* fordert; etw. ist nur für den T. geschrieben *(ein schriftstellerisches Erzeugnis ist nur von aktueller Bedeutung);* jmdm. den T. *(die Zeit)* stehlen; sich ⟨Dativ⟩ einen guten, faulen T. machen (ugs.; *es sich gutgehen lassen, faulenzen);* keinen guten T. bei jmdm. haben (geh.; *es nicht gut bei jmdm. haben);* er faulenzt den lieben langen T. *(während des ganzen Tages);* ℝ morgen ist auch noch ein T. *(es hat noch Zeit, hat keine Eile);* heute ist nicht mein T.! *(heute geht alles schief, klappt nichts!);* * **der Jüngste T.** (Rel.; *der Tag des Jüngsten Gerichts;* eigtl. = allerletzter Tag); **acht -e** *(eine Woche);* **der T. des Herrn** (geh. veraltend; *Sonntag):* der Stadtposaunenchor ..., der jeden Samstag von den Münstertürmen den T. des Herrn ankündet (Basler Zeitung 2. 10. 85, 38); **T. der offenen Tür** *(Tag, an dem Betriebe, Verwaltungsstellen usw. vom Bürger besichtigt werden können);* **eines -es** *(an irgendeinem Tage, irgendwann einmal);* **eines schönen -es** *(künftig irgendwann einmal);* **dieser -e** (1. *in den nächsten Tagen.* 2. *in den letzten Tagen, neulich);* **auf meine, deine** usw. **alten -e** *(in meinem, deinem* usw. *Alter noch):* Schauspieler Paul Dahlke ... hat auf seine alten -e ein neues Hobby entdeckt (Hörzu 27, 1976, 20); **in den T. hinein leben** *(sorglos dahinleben);* **b) Ehren-, Gedenktag:** der T. des Kindes; T. der Deutschen Einheit (Bundesrepublik Deutschland seit 1990; 3. Oktober); T. der Republik *(Nationalfeiertag der ehem. DDR;* Jahrestag der Gründung der DDR am 7. Oktober 1949); **c)** ⟨Pl.⟩ (geh.) *Zeit, die jmd. durchlebt, erlebt:* die -e der Jugend; es kommen auch wieder bessere -e *(Zeiten);* er hat schon bessere -e gesehen *(früher ging es ihm besser);* seine -e *(sein Leben)* in Muße verbringen; seine -e beschließen (geh.; *sterben);* Erinnerungen aus fernen -en *(aus ferner Vergangenheit);* noch bis in unsere -e *(bis in unsere Gegenwart);* er treibt noch Sport wie in seinen jungen -en *(wie in seiner Jugend);* * **jmds. -e sind gezählt** *(jmd. wird nicht mehr lange leben);* **jmds. -e als etw./irgendwo sind gezählt** *(jmd. wird etw./irgendwo nicht mehr lange sein, bleiben können):* seine -e als Kanzler, in der Firma sind gezählt; **die -e von etw. sind gezählt** *(etw. wird nicht mehr lange andauern, existieren);* **d)** ⟨Pl.⟩ (ugs. verhüll.) *[Tage der] Menstruation:* sie hat ihre -e; Ihre -e bekommt sie *(hat sie zum ersten Mal)* mit 13 (Schwarzer, Unterschied 74); ♦ **e) Gerichtstag:** es sollen kaiserliche Kommissarien ernannt und ein T. ausgesetzt werden, wo die Sache dann verglichen werden mag (Goethe, Götz I).

²**Tag** [tæg], der; -, -s [engl. tag, eigtl. = Anhänger, Zettel, Anhängsel] (Musik): *angehängter kurzer Schlußteil bei Jazzstücken.*

tag|ak|tiv ⟨Adj.⟩ (Zool.): *(von bestimmten Tieren) während des Tages die zum Leben notwendigen Aktivitäten entwickelnd u. nachtsüber schlafend;* **tag|aus** ⟨Adv.⟩: in der Fügung **t., tagein** *(jeden Tag; alle Tage hindurch);* **Tag|bau,** der (südd., österr., schweiz.): *Tagebau;* **Tag|blatt,** das (südd., österr., schweiz.): *Tageblatt;* **Tag|blind|heit,** die: *Nachtsichtigkeit;* **Tag|chen** [Vkl. zu ↑Tag] (landsch.): *guten Tag!;* **Tag|dieb,** der (südd., österr., schweiz.): *Tagedieb:* ♦ Wie die -e ihre Pflicht bestehlen! (Schiller, Tell I, 3); **Tag|die|bin,** die (südd., österr., schweiz.): w. Form zu ↑Tagdieb; **Tagdienst,** der: *Dienst* (1 a) *während des Tages;* **Ta|ge|ar|beit,** die (veraltet): *Arbeit des Tagelöhners;* **Ta|ge|bau,** der ⟨Pl. -e⟩ (Bergbau): **1.** ⟨o. Pl.⟩ *Bergbau über Tage:* Kohle im T. abbauen. **2.** *Anlage für den Tagebau* (1): Gabler hatte -e immer nur vom Zug aus gesehen, ... Moloche, die Felder und Dörfer fraßen (Loest, Pistole 243); **Ta|ge|blatt,** das (veraltet): *Tageszeitung* (noch in Namen von Tageszeitungen); **Ta|ge|buch,** das: **1.** *Buch, Heft für tägliche Eintragungen persönlicher Erlebnisse u. Gedanken:* ein T. führen; Mein T. berichtet unter dem Datum des 13. April: ... (K. Mann, Wendepunkt 60). **2.** *Buch, Heft für laufende Eintragungen dienstlicher Vorgänge.* **3.** (Buchf.) *Buch, Heft für laufende Eintragungen von Buchungen zur späteren Übertragung ins Hauptbuch;* **Ta|ge|buch|auf|zeich|nung,** die: *Aufzeichnung in einem Tagebuch* (1); **Ta|ge|buch|ein|trag,** der: **a)** *Tagebuchaufzeichnung;* **b)** *Eintrag ins Tagebuch* (2, 3); **Ta|ge|buch|no|tiz,** die: *Tagebuchaufzeichnung;* **Ta|ge|buch|num|mer,** die: *Nummer, unter der ein Vorgang ins Tagebuch* (2, 3) *eingetragen wird;* **Ta|ge|buch|schrei|ber,** der: *jmd., der Tagebuch* (1) *führt;* **Ta|ge|buch|schrei|be|rin,** die: w. Form zu ↑Tagebuchschreiber; **Ta|gedieb,** der [eigtl. = wer dem lieben Gott den Tag stiehlt] (abwertend): *Nichtstuer, Müßiggänger:* Leben auf ander Leuts Kosten ... -e (Chotjewitz, Friede 113); **Ta|ge|die|bin,** die (abwertend): w. Form zu ↑Tagedieb; **Ta|ge|geld,** das: **1. a)** *Pauschbetrag, der für Verpflegungskosten bei Dienstreisen abgerechnet werden kann;* **b)** ⟨Pl.⟩ *Aufwandsentschädigung, Diäten.* **2.** *[von der Krankenversicherung bei Krankenhausaufenthalt gezahlte] Vergütung für einen Tag;* **tag|ein** ⟨Adv.⟩: ↑tagaus: Es ist immer die alte Geschichte, tagaus, t. (Ruark, Honigsauger 86); **ta|ge|lang** ⟨Adj.⟩: *mehrere Tage dauernd:* ein -er Kampf; t. warten müssen; Manche ... betranken sich schon am Morgen ... kehrten t. nicht in ihre Häuser zurück (Ransmayr, Welt 203); **Ta|gelied,** das [eigtl. = Lied, das der Wächter bei Tagesanbruch singt] (Literaturw.): *Lied der mittelhochdeutschen Lyrik, das den morgendlichen Abschied zweier Liebenden zum Gegenstand hat;* **Ta|ge|lohn,** der: *(bes. in der Land- u. Forstwirtschaft) nach Arbeitstagen berechneter [u. täglich ausbezahlter] Lohn:* im T. *(als Tagelöhner)* stehen, arbeiten; **Ta|ge|löh|ner,** der; -s, -: *[Landjarbeiter im Tagelohn;* **Ta|ge|löh|ne|rin,** die; -, -nen: w. Form zu ↑Tagelöhner: Ich bin auch oft T. gewesen und habe von dem Geld ... Wäsche gekauft (Wimschneider, Herbstmilch 71); **ta|ge|löh|nern** ⟨sw. V.; hat⟩: *als Tagelöh-*

ner arbeiten; **Ta|ges|marsch,** der: *Tagesmarsch;* **ta|gen** ⟨sw. V.; hat⟩ [1: mhd. tagen = Gericht halten; (vor Gericht) verhandeln, zu: tac (↑Tag) = Verhandlung(stag); 2: mhd. tagen, ahd. tagēn]: **1.** *eine Tagung, Sitzung abhalten:* das Gericht tagt; ein Kongreß, das Parlament tagt; Der Familienrat hatte im Frühling getagt (Th. Mann, Hoheit 135); daß ich Mitglied des Werdenbrücker Dichterklubs geworden bin, der ... einmal in der Woche in der Altdeutschen Stube tagt (zusammenkommt; Remarque, Obelisk 27); Ü wir haben noch bis in den frühen Morgen hinein getagt *(waren fröhlich beisammen).* **2.** ⟨unpers.⟩ (geh.) *dämmern* (1 a): es fängt schon an zu t.; Es ging erst auf vier Uhr, noch lange würde es heute t. (A. Kolb, Schaukel 20); R jetzt tagt mir's, tagt es bei mir! *(jetzt verstehe ich!);* **Ta|ge|rei|se,** die (früher): **1.** *einen Tag dauernde Reise (bes. mit Pferd u. Wagen):* nach Wien sind es 10 -n. **2.** *Strecke, die man in einer Tagereise* (1) *zurücklegt:* der Ort liegt 3 -n entfernt; **Ta|ges|ab|lauf,** der: *Ablauf eines Tages:* ein geregelter T.; Der T. wird von der Uhr diktiert und in Verkehrsregeln eingezwängt (Gruhl, Planet 288); **Ta|ges|ak|tu|a|li|tät,** die: vgl. Tagesereignis; **Ta|ges|an|bruch,** der: *Anbruch des Tages:* bei, vor T.; **Ta|ges|an|zug,** der: *üblicherweise am Tag getragener Anzug; Straßenanzug;* **Ta|ges|ar|beit,** die: **1.** *Arbeit eines Tages:* das ist eine T. **2.** *tägliche Arbeit, Aufgabe:* die T. erledigen; **Ta|ges|aus|flug,** der: *sich über einen Tag erstreckender Ausflug;* **Ta|ges|aus|zug,** der (Bankw.): *Kontoauszug, der den jeweiligen Kontostand an einem bestimmten Tag angibt;* **Ta|ges|be|darf,** der: *täglicher Bedarf;* **Ta|ges|be|fehl,** der (Milit.): *aus besonderem Anlaß ausgegebene Weisung;* **Ta|ges|be|richt,** der: *Bericht über die Ereignisse des Tages;* **Ta|ges|cre|me,** die: *Gesichtscreme für den Tag;* **Ta|ges|decke¹,** die: *Zierdecke, am Tage über das Bett gebreitet wird;* **Ta|ges|dienst,** der: *am Tag zu versehender Dienst (bes. im Unterschied zum Nachtdienst);* **Ta|ges|ein|nah|me,** die: *Einnahme* (1) *eines Tages;* **Ta|ges|ein|tei|lung,** die: *zeitliche Einteilung des Tages für einzelne Vorhaben o. ä.:* eine vernünftige T.; **Ta|ges|en|de,** das: *Ende des Tages:* bei, vor, bis zum T.; **Ta|ges|er|eig|nis,** das: *Ereignis des Tages;* **Ta|ges|fahrt,** die: *Fahrt, die einen Tag dauert u. zum Ausgangspunkt wieder zurückführt;* **Ta|ges|form,** die (Sport): *Kondition, in der sich eine Mannschaft, ein Wettkampfteilnehmer (an einem bestimmten Tag) befindet:* die T. entscheidet über den Sieg; **Ta|ges|geld,** das (Bankw.): *Geld der Zentralbank, das eine Bank einer anderen zur Überbrückung von kurzfristigen Liquiditätsengpässen leihweise zur Verfügung stellt u. das am nächsten Tag zurückgezahlt werden muß;* **Ta|ges|ge|richt,** das: ²*Gericht, das auf der Tageskarte eines Restaurants steht:* als T. gibt es heute ...; **Ta|ges|ge|schäft,** das: **1.** *tägliche Arbeit:* das T. ist bestimmt von einem festen Ablauf. **2.** (Wirtsch.) *Barod. Kreditgeschäft, bei der der Gegenstand des Geschäfts sofort zu liefern ist;* **Ta|ges|ge|sche|hen,** das: *Geschehen des*

Tages; aktuelles Geschehen: ein Bericht vom T.; **Ta|ges|ge|spräch,** das: *hauptsächliches Gesprächsthema eines bestimmten Tages:* dieses Ereignis war [das] T.; **Ta|ges|ge|stirn,** das ⟨o. Pl.⟩ (geh.): *Sonne* (1 a); **Ta|ges|grau|en,** das; -s [zu ↑¹grauen (1)] (geh.): *Morgendämmerung:* bei T.; **Ta|ges|hälf|te,** die: *Hälfte eines Tages; der Vormittag bzw. Nachmittag:* in der zweiten T.; **Ta|ges|heim,** das: *Heim, in dem Kinder tagsüber untergebracht werden können;* **ta|ges|hell** (seltener): ↑ taghell; **Ta|ges|hel|le,** die; -: *Helligkeit des Tages:* sie (= eine Papierrose) leuchtete jetzt, da die T. abnahm, sehr stark (Chr. Wolf, Himmel 103); **Ta|ges|ka|len|der,** der: *Kalender zum Abreißen od. Umblättern mit einem Blatt für jeden einzelnen Tag;* **Ta|ges|kar|te,** die: **1.** *für den jeweiligen Tag geltende Speisekarte mit Gerichten, die schon zubereitet, für diesen Tag vorbereitet sind.* **2.** *Fahr- od. Eintrittskarte, die einen Tag lang gültig ist;* **Ta|ges|kas|se,** die: **1.** *tagsüber zu bestimmten Zeiten geöffnete Kasse.* **2.** vgl. Tageseinnahme: die T. abrechnen; **Ta|ges|kauf,** der (Wirtsch.): *Tagesgeschäft;* **Ta|ges|kind,** das, (ugs.): *von einer Tagesmutter od. einer Kindertagesstätte ganztägig betreutes Kind;* **Ta|ges|ki|no,** das: *Aktualitätenkino;* **Ta|ges|kleid,** das: vgl. Tagesanzug; **Ta|ges|kli|nik,** die: *psychiatrische Klinik, in der die Patienten nur am Tag verweilen, tagsüber behandelt werden;* **ta|ges|kli|nisch** ⟨Adj.⟩: *die Tagesklinik betreffend, zu ihr gehörend;* **Ta|ges|krip|pe,** die: vgl. Tagesheim; **Ta|ges|kurs,** der (Börsenw.): *für die Abrechnung bei Wertpapier[ver]käufen o.ä. gültiger Kurs des Tages:* Devisen zum T. kaufen; **Ta|ges|lärm,** der: *am Tage üblicher Straßenlärm:* Die Geräusche draußen waren jetzt zu jenem allgemeinen ... T. geworden (Rolf Schneider, November 38); **Ta|ges|lauf,** der: vgl. Tagesablauf; **Ta|ges|lei|stung,** die: *Leistung, die an einem Tag erbracht wird, zu erbringen ist;* **Ta|ges|licht,** das ⟨o. Pl.⟩: *Licht, Helligkeit des Tages:* Das späte T. lag glanzlos über den Straßen (H. Gerlach, Demission 177); helles, künstliches T.; durch das Kellerfenster fällt T.; das Zimmer hat kein T.; noch bei T. *(bevor es Abend wird)* zurückkehren; *das T. scheuen* (↑ Licht 1 b); *etw. ans T.* **bringen/ziehen/zerren/holen** (↑ Licht 1 b): daß sich ein Mensch wie Sie um die Kontrolle drücken möchte, weil diese Ihre Schwächen ans T. bringt (Innerhofer, Schattseite 230); *ans T.* **kommen** (↑ Licht 1 b); **Ta|ges|licht|pro|jek|tor,** der: *Overheadprojektor;* **Ta|ges|lo|sung,** die: **1.** *Losung für den Tag:* die T. bekanntgeben. **2.** (österr.) *Tageseinnahme;* **Ta|ges|marsch,** der: **1.** vgl. Tagesfahrt. **2.** *Strecke, die jmd. an einem Tag marschiert:* drei Tagesmärsche von hier; **Ta|ges|mie|te,** die: *Miete für einen Tag;* **Ta|ges|mit|te,** die: *Mitte des Tages;* **Ta|ges|mit|tel,** das (Met.): *Mittelwert eines Tages:* die Temperatur betrug am T. 19 Grad; **Ta|ges|mo|de,** die: *zu einer bestimmten Zeit herrschende, schnell vorübergehende Mode;* **Ta|ges|mut|ter,** die ⟨Pl. ...mütter⟩: *Frau, die kleinere Kinder von vor allem berufstätigen Müttern tags-*

über, meist zusammen mit ihren eigenen, in ihrer Wohnung gegen Bezahlung betreut; ♦ **Ta|ges|öff|nung,** die: *(in der alten Bergmannsspr.) Pinge:* er beschrieb die große T. mit den schwarzbraunen Wänden (E. T. A. Hoffmann, Bergwerke 11); **Ta|ges|ord|nung,** die [LÜ von frz. ordre du jour, dieses LÜ von engl. order of the day]: *Programm* (1 b) *einer Sitzung:* etw. auf die T. setzen, von der T. absetzen; etw. steht auf der T.; zur T. **übergehen** *(die Beratung beginnen);* zur T.! *(Mahnung, beim Thema der Tagesordnung zu bleiben);* ***an der T. sein*** *(häufig vorkommen; in bezug auf etw., was als negativ empfunden wird):* Raubüberfälle waren an der T.; *über etw. zur T. übergehen* (*über etw. hinweggehen, etw. nicht weiter beachten*); **Ta|ges|ord|nungs|punkt,** der: *einzelner Punkt* (4 a) *einer Tagesordnung;* **Ta|ges|pen|sum,** das: *an einem Tag zu erledigendes Pensum:* ein großes T.; ein T. erledigen, schaffen; **Ta|ges|plan,** der: *für den jeweiligen Tag aufgestellter Arbeitsplan;* **Ta|ges|po|li|tik,** die: *Politik, die auf die aktuellen, rasch wechselnden Fragen des Tages bezogen ist;* **ta|ges|po|li|tisch** ⟨Adj.⟩: *die Tagespolitik betreffend, zu ihr gehörend:* -e Erwägungen, Entscheidungen; **Ta|ges|preis,** der (Wirtsch.): *Marktpreis des Tages;* **Ta|ges|pres|se,** die ⟨o. Pl.⟩: *Tageszeitungen eines bestimmten Tages:* die T. lesen; **Ta|ges|pro|duk|ti|on,** die: vgl. Tagesleistung: An diesem ... Arbeitstag ... wird kaum die Hälfte der normalen T. erreicht (Chotjewitz, Friede 261); **Ta|ges|pro|gramm,** das: vgl. Tagesplan; **Ta|ges|ra|ti|on,** die: *Ration für einen Tag:* Für seine Kinder hatte Gustl einige -en Butter aufgespart (Kühn, Zeit 315); **Ta|ges|raum,** der: *(in Kliniken, Heimen o. ä.) Aufenthaltsraum;* **Ta|ges|rei|se,** die: vgl. Tagereise; **Ta|ges|rhyth|mus,** der: *Gliederung des Tages in bestimmte Aktivitäten;* **Ta|ges|rück|fahr|kar|te,** die: *nur am Tag des Lösens* (7) *gültige Rückfahrkarte;* **Ta|ges|satz,** der: **1.** (Rechtsspr.) *nach dem täglichen Nettoeinkommen u. den übrigen wirtschaftlichen Verhältnissen ermittelte Einheit, in der Geldstrafen festgesetzt werden:* der Täter wurde zu zehn Tagessätzen verurteilt. **2.** *festgesetzte tägliche Kosten für Unterbringung u. Behandlung eines Patienten im Krankenhaus o. ä.;* **Ta|ges|schu|le,** die: *Ganztagsschule;* **Ta|ges|stät|te,** die: vgl. Tagesheim; **Ta|ges|stun|de,** die: *einzelne Stunde während des Tages:* zu jeder [beliebigen] T.; **Ta|ges|sup|pe,** die: vgl. Tagesgericht; **Ta|ges|tem|pe|ra|tur,** die (Met.): *Temperatur am Tage;* **Ta|ges|tour,** die: vgl. Tagesfahrt; **Ta|ges|um|satz,** der: vgl. Tageseinnahme; **Ta|ges|ver|pfle|gung,** die: vgl. Tagesration; **Ta|ges|wa|che,** die: **1.** *Wachdienst während des Tages:* T. haben. **2.** *jmd., der Tageswache* (1) *hält;* **Ta|ges|wan|de|rung,** die: vgl. Tagesfahrt; **Ta|ges|wert,** der (Wirtsch.): *Tagespreis;* **Ta|ges|zeit,** die: *bestimmte Zeit am Tage:* zu dieser T. ist wenig Betrieb; zu allen -en; * *jmdm.* ***die T. [ent]bieten*** *(veraltend; jmdn. grüßen):* Stanislaus traf die Köchin ... bot ihr höflich die T. (Strittmatter, Wundertäter 169); **zu jeder Tageszeit/Tages- und**

tageszeitlich

Nachtzeit *(immer, zeitlich ohne Einschränkung)*; **ta|ges|zeit|lich** ⟨Adj.⟩: *die Tageszeiten betreffend, zu ihnen gehörend*: -e Schwankungen, Unterschiede; **Ta|ges|zei|tung**, die: *Zeitung, die jeden [Wochen]tag erscheint*; **Ta|ges|ziel**, das: vgl. Tagesplan; **Ta|ges|zug**, der: *während des Tages verkehrender Zug* (1). **Ta|ge|tes**, die; -, - [spätlat. tagetes; nach Tages, einem schönen Jüngling]: *(zu den Korbblütlern gehörende) Pflanze mit gelben bis braunen, oft gefüllten Blüten u. strengem Duft; Studentenblume.* **Ta|ge|wäh|le|rei**, die; - [nach M. Luthers Übersetzung „Tagewähler" in 5. Mos. 18, 10] (Volksk.): *das Auswählen von Tagen, an denen bestimmte Handlungen ausgeführt od. unterlassen werden;* **ta|ge|weise** ⟨Adv.⟩: *an einzelnen Tagen*: t. aushelfen; Sie ging t. auf das Gut des Grafen Arnim zur Arbeit (Strittmatter, Wundertäter 27); **ta|ge|weit** ⟨Adj.⟩ (selten): *Tage in Anspruch nehmend*: im Pferdewagen waren achtzig Kilometer Entfernung ... eine -e Reise (v. Rezzori, Blumen 215); **Ta|ge|werk**, das [2: mhd. tagewerc, ahd. tagawerch]: **1.** ⟨o. Pl.⟩ (früher, noch geh.) *tägliche Arbeit, Aufgabe*: sein T. vollbracht haben; seinem T. nachgehen; wir stellten uns an unseren Sägebock und begannen unser T. (Fallada, Trinker 115). **2.** (früher) *Arbeit eines Tages*: jedes T. einzeln bezahlen. **3.** (früher) *Feldmaß, das meist einem Morgen od. Joch entsprach*; **Tag|fahrt**, die (Bergmannsspr.): *Ausfahrt aus dem Schacht;* **Tag|fal|ter**, der: *bei Tage fliegender Falter;* **Tag|ge|bäu|de**, das (Bergmannsspr.): *zu einer Bergwerksanlage gehörendes, über Tage liegendes Gebäude;* **Tag|geld** (südd., österr., schweiz.): ↑Tagegeld; **tag|gleich** ⟨Adj.⟩ (bes. Bankw.): *am gleichen Tag*: daß bei Buchungen ... -e Wertstellung erfolge (Rheinpfalz, 1. 4. 89, 5); etw. t. anrechnen, abbuchen; **tag|hell** ⟨Adj.⟩: **1.** *völlig hell durch das Tageslicht*: es war schon t. **2.** *hell wie am Tage*: das Gelände ist nachts t. erleuchtet; Plötzlich wurde es t. im Zimmer: Ein greller ... Blitz hatte ... eingeschlagen (Kemelman [Übers.], Mittwoch 52); **Tag|hel|le**, die; -: *Tageshelle*, **-tägig**: in Zusb., z. B. achttägig *(acht Tage dauernd)*; mehrtägig *(mehrere Tage dauernd)*. **Ta|glia|ta** [tal'ja:ta], die; -, -s [ital. tagliata, zu: tagliare = abschneiden, -biegen < spätlat. taliare, ↑Teller] (Fechten): *Stoß, bei dem das Handgelenk abgewinkelt wird, um die gegnerische Deckung zu umgehen;* **Ta|glia|tel|le** [talja...] ⟨Pl.⟩ [ital. tagliatelle (Pl.), eigtl. = (Ab)geschnittene]: *dünne, italienische Bandnudeln.* **täg|lich** ⟨Adj.⟩ [mhd. tagelich, ahd. tagalīh]: *jeden Tag (vor sich gehend, wiederkehrend)*: die -e Arbeit; der -e Bedarf, Gebrauch; unser -es Brot gib uns heute (Bitte aus dem Vaterunser); (kath. Rel.:) die Täglichen Gebete; t. Sport treiben; sie werden versorgt mit t. frischem Gemüse; t. acht Stunden arbeiten; die Tabletten sind dreimal t. zu nehmen; **-es Geld** (Bankw.; *zwischen den Banken od. am Geldmarkt gehandeltes Leihgeld, das täglich kündbar ist*); **-täglich**: in Zus., z. B. achttäglich *(alle acht Tage wiederkehrend, stattfindend)*; **Tag|li|ste**, die (schweiz.): *Tagesordnung*; **Tag|lohn** usw.: (südd., österr., schweiz.): ↑Tagelohn usw.

Tag|ma, das; -[s], -ta [griech. tágma = Angeordnetes, zu: tássein = ordnen, stellen]: **1.** (Sprachw.) *kleinste Einheit sprachlicher Substanz in der Tagmemik.* **2.** (Zool.) *Körperabschnitt bei Gliedertieren, der aus einer Gruppe von Segmenten besteht, die zusammen bestimmte Funktionen erfüllen;* **Tag|mem**, das; -s, -e [engl. tagmeme, zu griech. tágma, ↑Tagma] (Sprachw.): *kleinste, bedeutungstragende Einheit der grammatischen Form (aus einem od. mehreren Taxemen besteht);* **Tag|me|mik**, die; - [engl. tagmemics] (Sprachw.): *Sprach- u. Grammatiktheorie, die sprachliches u. nichtsprachliches Verhalten zu integrieren sucht.* **Tag|pfau|en|au|ge**, das: *Tagfalter mit je einem blauen, blau, gelb u. schwarz gezeichneten runden Fleck auf den rotbraunen Flügeln;* **Tag|por|tier**, der: *Portier, der tagsüber den Dienst versieht;* **Tag|raum** (südd., österr., schweiz.): ↑Tagesraum; **Tag|rei|se** (österr.): *Tagereise;* **tags** ⟨Adv.⟩ [mhd. tages, ahd. dages, erstarrter Gen. Sg. von ↑Tag]: **1.** *am Tage, tagsüber*: er arbeitet t. im Garten; Die Woche zuvor gingen t. und nachts Gewitter über die Schüttinsel (Bieler, Mädchenkrieg 385). **2.** *t. zuvor/davor (am vorhergehenden Tag);* **t. darauf** *(am darauffolgenden Tag);* **Tag|sat|zung**, die: **1.** (österr. Amtsspr.): *behördlich bestimmter Termin.* **2.** (schweiz. früher) *Tagung der Ständevertreter;* **Tag|sat|zungs|er|streckung**[1], die (österr. Amtsspr.): *Verschiebung eines [Gerichts]termins;* **Tag|schicht**, die: **1.** *Schichtarbeit während des Tages.* **2.** *Gesamtheit der in der Tagschicht* (1) *Arbeitenden eines Betriebes;* **Tag|schmet|ter|ling**, der: *Tagfalter;* **Tag|sei|te**, die: *der Sonne zugewandte Seite der Erde*: die T. der Erde; Ü sie lebt auf der T. *(der hellen, freundlichen Seite)* des Lebens; **tags|über** ⟨Adv.⟩: *den [ganzen] Tag über, während des Tages*: t. ist niemand zu Hause; Manche ... hielten nun die Fensterläden ihrer Häuser auch t. geschlossen (Ransmayr, Welt 246); **tag|täg|lich** ⟨Adj.⟩: *jeden Tag ohne Ausnahme*: die -e Erfahrung, Arbeit; diese Stadt sieht nicht t. vor die brennenden Fragen ... gestellt (Dönhoff, Ära 67); es war t. dasselbe; **Tag|traum**, der: *Wachtraum*: er ... hing ... irgendwelchen -n nach, war schweigsam und glücklich (Mayröcker, Herzzerreißende 102); Der Kommissar kehrte aus seinen -n in die rauhe Wirklichkeit zurück (Zwerenz, Quadriga 51); **Tag|träu|mer**, der: *jmd., der Tagträumen nachhängt;* **Tag|träu|me|rei**, die; -, -en: *das Tagträumen;* **Tag|träu|me|rin**, die: w. Form zu ↑Tagträumer. **Ta|guan**, der; -s, -e [aus einer indones. Spr. der Philippinen]: *indisches Flughörnchen.* **Tag|und|nacht|glei|che**, die; -, -n: *Äquinoktium;* **Ta|gung**, die; -, -en [zu mhd. tagen, ↑tagen (1)]: *dem Gedanken-, Informationsaustausch o. ä. dienende, ein- od. mehrtägige Zusammenkunft der Mitglieder von Institutionen, Fachverbänden usw.; Kongreß* (1): eine T. veranstalten; eine T. der Ärzte, über ein Thema, zu einem Thema; eine T. veranstalten, abhalten; an einer T. teilnehmen; auf einer T. sprechen; **Ta|gungs|bü|ro**, das: *Büro, das die organisatorische Arbeit während einer Tagung übernimmt;* **Ta|gungs|ge|bäu|de**, das: vgl. Tagungsort; **Ta|gungs|map|pe**, die: *Mappe* (1), *die Unterlagen für eine bestimmte Tagung enthält;* **Ta|gungs|ort**, der ⟨Pl. -e⟩: *Gebäude bzw. Stadt, in der eine Tagung stattfindet;* **Ta|gungs|pro|gramm**, das: *Programm der Tagung;* **Ta|gungs|teil|neh|mer**, der: *jmd., der an einer Tagung teilnimmt;* **Ta|gungs|teil|neh|me|rin**, die: w. Form zu ↑Tagungsteilnehmer; **Tag|wa|che**, die (österr., schweiz.): **1.** *Zeit, zu der die Soldaten geweckt werden.* **2.** *Weckruf der Soldaten;* **Tag|wacht** (schweiz., österr. selten): ↑Tagwache; **tag|wei|se** (bes. südd., österr., schweiz.): ↑tageweise; **Tag|werk** (bes. südd., österr.): ↑Tagewerk; ◆ **tag|wer|ken** ⟨sw. V.; hat⟩: *im Tagelohn arbeiten*: Der ... mag wohl am Turm zu Babel schon getagwerkt haben (Storm, Söhne 29); ◆ **Tag|wer|ker**, der: *Taglöhner*: da kamen schon Holzknechte und T. in ihrem Sonntagsstaat daher (Rosegger, Waldbauernbub 137).

Ta|hi|ti; -s: *größte der Gesellschaftsinseln.* **Tahr**, Thar, der; -s, -s [aus dem Nepali]: *indische Halbziege.* **Tai**: ↑[1,2]Thai. **Tai chi** [- 'tʃi:], das; - -[s] [chin. tàijí, aus: tài = äußerst, extrem u. jí = Grenze; 2: kurz für chin. tàijí quán, zu: quán = Faust, eigtl. = die Faust des höchsten Letzten]: **1.** *(in der chinesischen Philosophie) Urgrund des Seins, aus dem alles entsteht.* **2.** *(aus einer chinesischen Technik der Selbstverteidigung hervorgegangene) Abfolge von Übungen mit langsamen, fließenden Bewegungen von meditativem Charakter.* **Tai|fun**, der; -s, -e [engl. typhoon (unter Einfluß von älter engl. typhon = Wirbelwind) < chin. (kantonesisch) tai fung, eigtl. = großer Wind]: *tropischer Wirbelsturm (bes. in Ostasien).* **Tai|ga**, die; - [russ. tajga]: *großes, von Sümpfen durchzogenes Waldgebiet (bes. in Sibirien).* **Tai-ki**, das; -: ↑Tai chi (1). **Tail-gate** ['teɪlgeɪt], der; -[s] [engl. tailgate, eigtl. = Heckklappe; bei Umzügen saß der Posaunist einer Band auf der Ladeklappe des Wagens, damit er ungehindert den Zug seines Instruments betätigen konnte]: *bes. durch Glissandi gekennzeichneter Posaunenstil im New-Orleans-Jazz.* **Tail|le** ['taljə, österr.: 'tailjə], die; -, -n [frz. taille = (Körper)schnitt, Wuchs, zu: tailler = (zer)schneiden < spätlat. taliare, ↑Teller; 4: frz. taille; diese Mittellage „trennt" die höheren von den tiefen Lagen; 5, 6: frz. taille, eigtl. = Zuteilung]: **1.** *oberhalb der Hüfte schmaler werdende Stelle des menschlichen Körpers; Gürtellinie* (a): eine schlanke T.; der Gürtel betont die T.; auf T. *(in der Taille eng anliegend)* sitzen, gearbeitet sein; das Kleid wird in der T. von einem Gürtel zusam-

mengehalten; jmdn. um die T. fassen; als sie dicht vor ihm stand ..., nahm er sie ... um die T. und begann zerstreut zu tanzen (Baum, Paris 31); Frauen mit T. 63 *(mit 63 cm Taillenweite).* **2.** *mehr od. weniger eng anliegender, die Taille bedeckender Teil von Kleidungsstücken:* ein Kleid in der T. enger machen; Sie trägt einen langen Rock ... mit hoher T. (Nossack, Begegnung 398). **3.** (veraltet) *Mieder* (2); ** per* T. (bes. berlin.; *ohne Mantel):* per T. gehen. **4.** (Musik) *(vom 16. bis 18. Jh.) Tenorlage in der französischen Vokal- u. Instrumentalmusik.* **5.** (Kartenspiel) *(bes. beim Pharo) das Aufdecken der Karten, um Gewinn od. Verlust des Wettbetrages zu ermitteln.* **6.** *(von 1439 bis 1789) in Frankreich eine nach Vermögen u. Einkommen der nicht privilegierten Stände erhobene Steuer;* **tail|len|be|tont** ⟨Adj.⟩ (Mode): *mit betonter Taille:* eine -e Jacke; **tail|len|eng** ⟨Adj.⟩ (Mode): *mit enganliegender Taille:* ein -es Kleid; **Taillen|hö|he**, die (Schneiderei): *Sitz der Taille* (2) *vom Boden aus gesehen:* in, bis zur T.; **tail|len|kurz** ⟨Adj.⟩ (Schneiderei): *nur bis zur Taille reichend:* eine -e Bluse; **tail|len|los** ⟨Adj.⟩ (Mode): *nicht auf Taille gearbeitet:* eine -e Jacke; **Tail|len|umfang**, der: *Taillenweite;* **Tail|len|wei|te**, die (Schneiderei): *Weite (eines Kleidungsstücks) in der Taille* (2); ¹**Tail|leur** [taˈjøːɐ̯], der; -s, -s [frz. tailleur, zu: tailler, ↑ Taille] (veraltet): *Maßschneider;* ²**Tail|leur**, das; -s, -s [frz. (costume) tailleur] (schweiz. Schneiderei): *tailliertes Kostüm, Jackenkleid;* **tail|lie|ren** [taˈjiːrən] ⟨sw. V.; hat⟩ [frz. tailler, ↑ Taille]: **1.** *auf Taille arbeiten:* ein tailliertes Kleid. **2.** (Kartenspiel) *die Karten aufdecken;* **-taillig** [-taljɪç]: in Zusb., z. B. eng-, kurztaillig *(mit enger, kurzer Taille* 1).
tai|lor|made [ˈteɪləmeɪd] ⟨Adj.⟩ [engl. tailormade, aus: tailor = Schneider (< [a]frz. tailleur, ↑¹Tailleur) u. made = hergestellt] (veraltend): *maßgeschneidert;* **Tai|lor|made**, das; -, -s [engl. tailormade] (veraltend): *maßgeschneidertes Kleid, Kostüm.*
¹**Tai|pan**, der; -s, -s [aus der Spr. der Ureinwohner Australiens.]: *in Australien u. Neuguinea vorkommende, braun bis schwarz gefärbte, bis 4 m lange Giftschlange.*
²**Tai|pan**, der; -s, -e [chin.]: *Leiter eines ausländischen Unternehmens in China.*
Tai|peh [auch taɪˈpeː]: *Hauptstadt Taiwans;* **Tai|wan**; -s: *Inselstaat in Ostasien;* **Tai|wa|ner**, der; -s, -: Ew.; **Tai|wa|ne|rin**, die; -, -nen: w. Form zu ↑ Taiwaner; **tai|wa|nisch** ⟨Adj.⟩.
Ta|ka|ma|hak, der; -[s] [älter span. tacamahaca (span. tacamaca), aus dem Aztek.]: *Harz eines tropischen Baumes.*
Take [teːk, engl.: teɪk], der od. das; -s, -s [engl. take, zu: to take = ein-, aufnehmen]: **1.** (Film, Ferns.) **a)** *Einstellung* (3); **b)** *(für die Synchronisation zu verwendender) zur wiederholten Abspielung zusammengeklebter Filmstreifen:* -s drehen. **2.** (Jargon) *Zug aus einer Haschisch- od. Marihuanazigarette.*
Ta|kel, das; -s, - [mniederd. takel = (Schiffs)ausrüstung, H. u.] (Seemannsspr.): **1.** *schwere Talje.* **2.** *Takelage;* **Ta-** **ke|la|ge** [...ˈlaːʒə], die; -, -n [mit französierender Endung zu ↑ Takel]: *Gesamtheit der Vorrichtungen, die die Segel eines Schiffes tragen (bes. Masten, Spieren, Taue); Takel-, Segelwerk;* **Ta|ke|ler**: ↑ Takler; **ta|keln** ⟨sw. V.; hat⟩ (Seemannsspr.): *(ein Schiff) mit Takelage versehen:* Ein schnell gehendes Schiff. Als Ketsch getakelt (Brot und Salz 105); **Ta|ke|lung**, Taklung, die; -, -en (Seemannsspr.): **1.** *das [Auf]takeln.* **2.** *[Art der] Tagelage;* **Ta|kel|werk**, das; -[e]s: *Takelage;* **Ta|kel|zeug**, des; -[e]s (selten): *Takelage.*
Take-off [ˈteɪkɔf], das od. der; -s, -s [engl. take-off, zu: to take off = wegbringen]: *Start (einer Rakete, eines Flugzeugs):* der T. glückte; fertig zum T. sein; Ü Europas erster ... Großraumjet hat Schwierigkeiten mit dem T. Schon heute sind mehr Flugzeuge produziert als verkauft (Spiegel 20, 1977, 5); Um 19 Uhr war das „Take-off" der Pop-Nacht ... angekündigt (MM 28. 9. 71, 5); das T. einer Show; **Take-over** [ˈteɪkoʊvə], das od. der; -s, -s [engl. take-over, zu: to take over = übernehmen] (Wirtsch.): *Kauf, Übernahme eines Unternehmens bzw. Übernahme der Leitung* (1 a) *eines erworbenen Unternehmens.*
Ta|kin, der; -s, -s [tib.]: *südostasiatisches rinderähnliches Horntier mit massigem Körper, kurzen, stark zurückgebogenen Hörnern, kräftigen Beinen u. kurzem, dichtem, goldgelbem bis graubraunem Fell.*
Tak|ler, Takeler, der; -s, -: *für die Takelung zuständiger Handwerker;* **Tak|lung**: ↑ Takelung.
Täks: ↑ Täcks.
Takt, der; -[e]s, -e [1: eigtl. = Taktschlag, (stoßende) Berührung < lat. tactus = Berührung; Gefühl, zu: tactum, 2. Part. von: tangere, ↑ tangieren; 4: frz. tact < lat. tactus]: **1.** ⟨o. Pl.⟩ *Einteilung eines musikalischen, bes. eines rhythmischen Ablaufs in gleiche Einheiten mit jeweils einem Hauptakzent am Anfang u. festliegender Untergliederung:* der T. eines Walzers; den T. angeben, wechseln, [ein]halten, schlagen, klopfen; aus dem T. kommen; im T. bleiben, singen; Ü jmdn. aus dem T. bringen *(aus dem Konzept bringen, stören, verwirren);* aus dem T. kommen *(gestört, verwirrt werden);* er war aus der T. und wußte nicht weiter. Sollte er ... weitermachen oder nur rekapitulieren ...? (Kemelman [Übers.], Dienstag 43); ** den T. angeben (zu bestimmen haben);* nach T. **und Noten** (ugs. veraltend; *regelrecht, gründlich, sehr).* **2. a)** *betont beginnende, je nach Taktart in zwei od. mehr Teile gleicher Zeitdauer untergliederte Einheit des Taktes* (1): ein halber, ganzer T. [Pause]; ein paar -e eines Liedes singen; mitten im T. abbrechen; Ü ein paar -e (ugs.; *ein wenig*) ausruhen; dazu möchte ich auch ein paar -e (ugs.; *etwas; einige Worte, Sätze*) sagen; mit dem muß ich mal ein paar -e reden (ugs.; *ein ernstes Wort reden, ihn zur Rechenschaft ziehen*); Jule war ein paar -e (ugs.; *ein wenig*) älter als ich (Lindenberg, El Panico 49); **b)** (Verslehre) *Abstand von Hebung* (4) *zu Hebung bei akzentuierenden Versen.* **3. a)** ⟨o. Pl.⟩ *rhythmisch gegliederter Ablauf von Bewe-* *gungsphasen:* der T. der Hämmer; im T., gegen den T. rudern; im T. *(Bewegungsrhythmus)* bleiben, aus dem T. kommen; **b)** (Technik) *Hub* (2); **c)** (EDV) *kleinste Phase im Rhythmus synchronisierter Vorgänge;* **d)** (Technik) *Produktions-, Arbeitsabschnitt bei der automatischen Fertigung bzw. bei der Fertigung im Fließarbeit;* **e)** *gleichmäßiger Rhythmus, in dem etw. abläuft, in den etw. zeitlich gegliedert ist:* Schnelligkeit und dichter T. sind die wichtigsten Trümpfe des IC-Systems (Blickpunkt 4, 1983, 8). **4.** ⟨o. Pl.⟩ *Feingefühl (im Umgang mit anderen Menschen):* [viel, wenig, keinen] T. haben; die Ausführung dieses Plans fordert, verlangt T.; ... weil diese ganze Angelegenheit ... doch eher eine Sache der Frau, des Herzens und des weiblichen -es sei (Musil, Mann 1501); es an T. fehlen lassen; er ist ein Mensch ohne T.; etw. mit großem, feinem T. behandeln; **Takt|art**, die (Musik): *Art des Taktes* (1), *Metrums;* **Takt|be|zeich|nung**, die (Musik): *Angabe des Taktes* (1) *am Anfang eines Musikstücks;* **tak|ten** ⟨sw. V.; hat⟩ (Technik): **a)** *Fließarbeiten* (3) *[be]arbeiten:* Opas Fließband ist tot, die neuen Bänder takten anders (ADAC-Motorwelt 3, 1974, 122); **b)** *in Takten* (3 b) *arbeiten lassen, laufen lassen;* **Takt|fahr|plan**, der (Eisenb.): *Fahrplan über in regelmäßigem zeitlichem Takt* (3 e) *verkehrende Züge;* **Takt|feh|ler**, der: *Verstoß gegen den Takt* (4); **Takt|fer|ti|gung**, die (Technik): *Fertigung im Fließarbeit, die im Taktverfahren abläuft;* **takt|fest** ⟨Adj.⟩: **1. a)** *den Takt* (1) *genau einhaltend, sicher im Takt:* t. sein, singen; **b)** *in festem, gleichbleibendem Takt* (2 a) *marschieren.* **2.** (selten) *sicher (in Können u. Wissen):* auf einem Gebiet t. sein; **Takt|ge|fühl**, das ⟨o. Pl.⟩: *[Gefühl] für Takt* (4): T., kein T. haben; ein Mensch ohne T.; ¹**tak|tie|ren** ⟨sw. V.; hat⟩: *den Takt* (1) *schlagen, angeben:* Yvonne versuchte sich an der ... zweistimmigen Intervention, und der Meister korrigierte sie ... taktierte mit den Händen (Kuby, Sieg 370).
²**tak|tie|ren** ⟨sw. V.; hat⟩ [zu ↑ Taktik]: *taktisch vorgehen, sich taktisch klug verhalten:* geschickt, klug t.; Er taktierte und finassierte, gab zu bedenken und ließ durchblicken (Muschg, Gegenzauber 72); ⟨subst.:⟩ Das Taktieren in der Frage der Präsidentschaft hatte des Kanzlers Ansehen gemindert (W. Brandt, Begegnungen 42); **Tak|tie|re|rei**, die; -, -en (ugs.): *das ²Taktieren:* ihre ewige T. hat mich angekotzt. Laß dich scheiden, hab' ich immer gesagt (Schädlich, Nähe 50); **-taktig**: in Zusb., z. B. achttaktig, mehrtaktig *(aus acht, mehreren Takten bestehend);* **Tak|tik**, die; -, -en [frz. tactique < griech. taktikḗ (téchnē), = die Kunst der Anordnung u. Aufstellung, zu: taktikós = zum (An)ordnen gehörig; geschickt, zu: tássein, táttein = anordnen, aufstellen]: *auf Grund von Überlegungen im Hinblick auf Zweckmäßigkeit u. Erfolg festgelegtes Vorgehen:* eine wirksame, verfehlte T.; die T. des Hinhaltens; eine T. verfolgen, einschlagen, entwickeln, aufgeben; seine T. ändern; nach einer bestimmten T. vorgehen; ** **die T. der verbrannten Erde** (Mi-*

lit.; *Taktik der völligen Zerstörung eines Gebietes bes. beim Rückzug*); **Tak|ti|ker,** der; -s, -: *jmd., der taktisch klug vorgeht;* **Tak|ti|ke|rin,** die; -, -nen: w. Form zu ↑Taktiker.

tak|til ⟨Adj.⟩ [lat. tactilis = berührbar, zu: tactum, ↑Takt] (Biol.): *den Tastsinn betreffend, mit Hilfe des Tastsinns [erfolgend]:* -e Reize.

tak|tisch ⟨Adj.⟩: *die Taktik betreffend, auf [einer] Taktik beruhend; klug, berechnend, planvoll:* -e Überlegungen; ein -er Fehler; -e Manöver; -e Anweisungen; ein -es Konzept; ein -er Zug, zu dem ich mich gezwungen fühlte (Leonhard, Revolution 188); prinzipiell bin ich auf deiner Seite, aber aus -en Gründen muß ich dagegen sein (v. d. Grün, Glatteis 223); etw. ist t. klug, taktisch, t. vorgehen; -e Waffen (Milit.; *Waffen von geringerer Sprengkraft u. Reichweite*); -e Zeichen (Milit.; *Zeichen [auf Karten usw.], die auf militärische Einrichtungen, Anlagen o. ä. hinweisen*).

takt|los ⟨Adj.; -er, -este⟩: *ohne Takt* (4); *verletzend; indiskret; indezent:* ein -er Mensch; eine -e Frage; es war t. [von dir], darauf anzuspielen; Sogleich bereute Kilian diesen Satz, er war t. Cornelius gegenüber (Danella, Hotel 234); sich t. verhalten; **Takt|lo|sig|keit,** die; -, -en: **1.** ⟨o. Pl.⟩ *taktlose Art, Verhaltensweise:* er ist bekannt für seine T. **2.** *taktlose Handlung, Äußerung; Indiskretion* (2): grobe -en begehen; sich eine T. zuschulden kommen lassen; **Takt|maß,** das (Musik): *Metrum* (2 a); **takt|mä|ßig** ⟨Adj.⟩: *im gleichen, festen Takt* (3); **Takt|mes|ser,** der; **Takt|schritt,** der (Milit. schweiz.): *Stechschritt, Paradeschritt;* **Takt|stock,** der: *dünner, kurzer Stock, mit dem der Dirigent den Takt* (1) *angibt:* den T. heben, führen; den T. schwingen (scherzh.; *dirigieren*); **Takt|straße,** die (Technik): *Fließband u. zugehörige Arbeitsplätze für Taktfertigung;* **Takt|strich,** der (Musik): *einen Takt* (2 a) *begrenzender senkrechter Strich in der Notenschrift;* **Takt|teil,** der (Musik): *Teil des Taktes* (2 a): betonter, unbetonter T.; **Takt|verfah|ren,** das (Technik): *Verfahren der Fließarbeit, bei dem die einzelnen Arbeitsvorgänge in geregeltem Zeittakt aufeinanderfolgen bzw. sich wiederholen;* **Takt|verkehr,** der (Eisenb.): *Zugverkehr in regelmäßigem zeitlichem Takt* (3 e); **takt|voll** ⟨Adj.⟩: *Takt* (4) *zeigend, mit Takt[gefühl]:* eine wenig -e Bemerkung; Wer Helmcke wirklich war, wurde ... t. verschwiegen (Prodöhl, Tod 23); sich t. benehmen; t. über etw. hinweggehen; **Takt|wech|sel,** der (Musik): *Wechsel des Taktes* (1) *innerhalb eines Musikstücks;* **takt|wi|drig** ⟨Adj.⟩ (Musik): *dem Takt* (1) *zuwiderlaufend;* **Takt|zeit,** die (Technik): *Zeitspanne eines Arbeitstaktes* (2).

Ta|kyr, der; -s, -e ⟨meist Pl.⟩ [aus einer Turksprache]: *Salztonebene in der Turkmenenwüste.*

Tal, das; -[e]s, Täler, (dichter.:) -e [mhd., ahd. tal, eigtl. = Biegung, Vertiefung, Senke]: **1.** *(in der Regel durch einen Wasserlauf hervorgerufener) tiefer Einschnitt in der Erdoberfläche von mehr od. weniger großer Längenausdehnung:* ein enges, tiefes T.; das T. verengt sich, öffnet sich; Sie erreichten durch das sich mehr und mehr verengende T. ... La Cachette (Kuby, Sieg 200); über Berg und T.; das Vieh ins T./zu T. treiben; Geröllbrocken, so wie der Berg sie in seinen Bächen zu T. gerollt hatte (Böll, Tagebuch 42); Bullock war völlig erschöpft, die drei Träger gingen bergkrank zu Tal (*vom Berg herunter ins Tal;* Trenker, Helden 276); Der Schleppzug befand sich auf Bergfahrt, der Holländer fuhr zu T. (*flußabwärts;* MM 23. 9. 65, 5); Ü die Wirtschaft befindet sich in einem T. (*hat schlechte Konjunktur);* einer von denen, die im finsteren T. ... wandern (geh.; *denen es schlecht geht;* Ott, Haie 130); *T. der Tränen (geh.; *die Welt mit ihrem Leiden*): Zu dir rufen wir, elende Kinder Evas ... in diesem T. der Tränen (Langgässer, Siegel 284). **2.** ⟨o. Pl.⟩ *Gesamtheit der Bewohner eines Tales* (1): das ganze Tal war da; Wenn es eine Hochzeit gab, stand das T. kopf (Faller, Frauen 8); **tal|ab, tal|abwärts** ⟨Adv.⟩: *das Tal hinunter, abwärts:* wir fahren jetzt t.

Tal|al|gie, die; -, -n [zu lat. talus (↑Talar) u. griech. álgos = Schmerz] (Med.): *Schmerz in der Ferse.*

Ta|lar, der; -s, -e [ital. talare < lat. talaris (vestis) = knöchellanges (Gewand), zu: talus = Knöchel]: *Amtstracht von Geistlichen, Richtern u. (bei bes. Anlässen) Hochschullehrern in Form eines langen, weiten Obergewandes mit weiten Ärmeln.*

Tal|aue, die: *bes. aus Wiesen bestehender Teil der Talsohle;* **tal|auf, tal|auf|wärts** ⟨Adv.⟩: *aus dem Tal hinaus:* t. tut sich die weite Ebene auf; **Tal|aus|gang,** der: *Ausgang, Ende eines Tales.*

Ta|la|yots, der; -s, -s [katal. talaiot, aus dem Arab.]: *meist runder, turmartiger Steinbau aus der späten Bronze- u. der frühen Eisenzeit auf den Balearen.*

Tal|becken[1]*,* das: vgl. Becken (2 b); **Tal|bo|den,** der: *Boden* (5) *eines Tales.*

Tal|bo|ty|pie, die; - [nach dem brit. Mathematiker u. Photochemiker W. H. F. Talbot (1800–1877) u. zu ↑Type] (Fot.): *erstes fotografisches Verfahren, das die Vervielfältigung u. Vergrößerung fotografischer Bilder erlaubt.*

Tal|brücke[1]*,* die: *Straßen- od. Bahnbrücke, die über ein Tal hinwegführt;* **Täl|chen,** das; -s, -: Vkl. zu ↑Tal (1); **tal|ein, tal|ein|wärts** ⟨Adv.⟩: *in das Tal hinein:* sie fuhren 3 Kilometer t.; das Haus liegt weiter t. (*weiter oben im Tal);* **Tal|en|ge,** die: *Verengung eines Tales, Schlucht.*

Ta|lent, das; -[e]s, -e [1: frühnhd. = (anvertrautes) materielles Gut, dann: (angeborene) Fähigkeit, identisch mit (2); 2: lat. talentum < griech. tálanton = (einem bestimmten Gewicht entsprechende) Geldsumme, eigtl. = Waage; Gewogenes]: **1. a)** *Begabung, die jmdn. zu ungewöhnlichen bzw. über den Durchschnitt hinausragenden Leistungen auf einem bestimmten, bes. auf künstlerischem Gebiet, befähigt:* er hat ein T. zur Schauspielerei; musikalisches, pädagogisches T.; T. für Sprachen haben, besitzen; außergewöhnliche -e entwickeln; Sie ... zeigt ... bewundernswerte gastgeberische -e (Rinser, Mitte 13); Wenn ich T. dazu hätte, würde ich noch eifersüchtig werden (Fallada, Mann 129); ein T. verkümmern lassen; Herr Prießmann ... besaß das T. (*die Gabe), das Richtige ... dann zu tun, wenn es von ihm erwartet wurde (Roehler, Würde 88); Die Deutschen haben kein T. zu Epikureern (*sie haben keine Gabe dafür;* Spiegel 15, 1977, 113); (iron.:) mit seltenem T. versteht er es, alle Leute vor den Kopf zu stoßen; ein seinem T. in der/zur Mathematik ist es nicht weit her; er war ein Mann von T. (*er hatte Talent, Begabung);* nicht ohne T. (*recht talentiert)* sein; ein Musiker von überragendem T.; R nun steh' ich, nun stehen wir da mit unserem T. (ugs.; *bin ich, sind wir ratlos*); **b)** *jmd., der Talent* (1 a) *hat:* er, sie ist ein aufstrebendes, vielversprechendes T.; junge -e fördern; neue -e entdecken; Früher hatten sich die musischen -e des Städtchens ... zuweilen an ... ein Orchesterprogramm gewagt (Kuby, Sieg 125). **2.** *altgriechische Gewichts- u. Münzeinheit;* **Ta|lent|för|de|rung,** die: *Förderung von Talenten;* **ta|len|tiert** ⟨Adj.; -er, -este⟩: *Talent* (1 a) *besitzend, begabt:* ein -er Nachwuchsspieler; für Mathematik ist er wenig t.; **Ta|len|tiert|heit,** die; -: *das Talentiertsein;* **ta|lent|los** ⟨Adj.; -er, -este⟩: *ohne Talent* (1 a); **Ta|lent|lo|sig|keit,** die; -: *das Talentlossein;* **Ta|lent|pro|be,** die: *erstes Auftreten od. frühes Werk eines jungen Künstlers, mit dem er sein Talent* (1 a) *beweisen kann:* eine T. geben; **Ta|lent|schau,** die: vgl. Talentschuppen; **Ta|lent|schmie|de,** die (Jargon): *Ausbildungsstätte für begabten Nachwuchs (bes. in der Musik u. im Sport):* Turek begann seine sportliche Karriere in der T. des Fußballvereins (Westd. Zeitung 12. 5. 84); **Ta|lent|schup|pen,** der [nach dem Namen einer früheren Fernsehsendung] (Jargon): vgl. Talentschmiede; **Ta|lent|su|che,** die: *Suche nach Talenten* (1 b): auf T. gehen; **ta|lent|voll** ⟨Adj.⟩: *mit Talent* (1 a).

ta|le qua|le [lat. = so wie]: *so, wie es ist* (Bez. für die Qualität einer Ware).

Ta|ler, der; -s, - [im 16. Jh. geb. aus „Joachimstaler", nach St. Joachimsthal in Böhmen (heute Jáchymov, Tschechische Republik)]: **a)** *Silbermünze in Deutschland bis in die Mitte des 18. Jh.s; Reichstaler;* **b)** *Silbermünze im Wert von drei Reichsmark.*

Tä|ler: Pl. von ↑Tal.

ta|ler|groß ⟨Adj.⟩: *etwa von, in der Größe eines Talers:* die Sonne fällt in -en Scheiben über Wiesen und Bäume (Böll, Tagebuch 114); **Ta|ler|stück,** das: *einzelner Taler.*

Tal|fahrt, die: **a)** (Schiffahrt) *stromabwärts gehende Fahrt;* **b)** *abwärts führende Fahrt auf einer Straße o. ä.:* eine gefährliche T.; Ü die T. (*der Kursverfall*) des Dollars; die T. der Poesie; die T. von etw. wird gestoppt, setzt sich weiter fort, hält an; zu Wochenbeginn blieben die Wertpapierbörsen auf T. (Welt 26. 10. 76, 1).

Talg, der; -[e]s, (Sorten:) -e [aus dem Niederd. < mniederd. talch, viell. eigtl. = das Festgewordene]: **1.** *(aus dem Fettgewebe bes. der Nieren von Rindern od. Schafen gewonnenes) festes, gelbliches*

Fett. **2.** *Fett, das von den Drüsen der Haarbälge abgesondert wird;* **talg|ar|tig** ⟨Adj.⟩: *in seiner Konsistenz o. ä. dem Talg ähnlich;* **Talg|baum,** der: *Baum, aus dessen Früchten man talgähnliche Fette gewinnen kann;* **Talg|drü|se,** die: *in den oberen Teil der Haarbälge mündende Drüse (bei Menschen u. Säugetieren), die Talg absondert u. dadurch Haut u. Haare geschmeidig erhält;* **tal|gen** ⟨sw. V.; hat⟩: [mniederd. talgen]: **1.** *mit Talg bestreichen, schmieren:* das Leder muß getalgt werden. **2.** (nordostd., Kartenspiel) *schmieren* (7): Jan talgte was er konnte, kam sogar ans Spiel mit Pique Zehn (Grass, Blechtrommel 290); **tal|gig** ⟨Adj.⟩: **a)** *von Talg [herrührend]:* -e Flecken auf dem Tischtuch; Mit dem Kerzenstummel leuchtete er ... vertropfte Wachs, hinterließ -e Spuren (Fels, Sünden 116); **b)** *wie Talg;* **Talg|ker|ze,** die: *Talglicht;* **Talg|licht,** das ⟨Pl. -er⟩: *Kerze aus Talg:* **jmdm. geht ein T. auf* (↑ Licht 2 b).

Tal|grund, der: *Talboden:* ... weil die Hitze das Gras der Almen versengte und Herde um Herde in den Schatten der Talgründe zwang (Ransmayr, Welt 182).

Ta|li|on, die; -, -en [lat. talio] (Rechtsspr.): *Vergeltung von Gleichem mit Gleichem;* **Ta|li|ons|leh|re,** die ⟨o. Pl.⟩ (Rechtsspr.): *Rechtslehre, wonach die Vergeltung der Tat entsprechen müsse.*

Ta|li|pes, der; -, Talipedes u. ...pedes [zu lat. talus (↑ Talar) u. pes (Gen.: pedis) = Fuß] (Med.): *Klumpfuß;* **Ta|li|po|ma|nus,** die; -, - [zu lat. manus = Hand] (Med.): *Klumphand.*

Ta|lisch, der; -, - [nach dem Volk der Talyschen]: *Orientteppich mit farbiger Musterung auf elfenbeinfarbenem Grund.*

Ta|lis|man, der; -s, -e [span. talismán, ital. talismano < arab. ṭilasm = Zauberbild < mgriech. télesma = geweihter Gegenstand, zu griech. teleĩn = vollenden, vollbringen; weihen, zu: télos = Ende, Ziel]: *kleiner Gegenstand, Erinnerungsstück, dem jmd. eine zauberkräftige, glückbringende Wirkung zuschreibt:* man ... schenkt sich Ringe ... und trägt Bilder und Locken als T. am Herzen (Musil, Mann 1157).

Tal|je, die; -, -n [mniederd. tallige, (m)niederl. talie < ital. taglia < lat. talea, ↑ Teller] (Seemannsspr.): *Flaschenzug;* **tal|jen** ⟨sw. V.; hat⟩ (Seemannsspr.): *hochwinden:* er taljet den Anker, hat den Anker getaljet; **Tal|jen|reep,** das (Seemannsspr.): *über die Talje laufendes starkes Tau.*

¹**Talk** [tɔ:k], der; -[e]s [frz. talc < span. talque < arab. ṭalq]: *mattweiß, gelblich bis braun schimmerndes, sich fettig anfühlendes, weiches Mineral (das sich leicht zu Pulver zermahlen läßt).*

²**Talk** [tɔ:k], der; -s, -s [engl. talk, zu: to talk, ↑ talken] (Jargon): *Plauderei, Unterhaltung, [öffentliches] Gespräch:* Innenminister ... im T. mit der Kabarettdame (Hörzu 49, 1981, 69); Der späte Nachmittag ... ist exakt die Zeit zum T. mit einem Offizier (Degenhardt, Zündschnüre 49).

talk|ar|tig ⟨Adj.⟩: *in der Art von* ¹*Talk.*

tal|ken ['tɔ:kŋ] ⟨sw. V.; hat⟩ [engl. to talk = reden, sprechen] (Jargon): **1.** *eine Talk-Show durchführen.* **2.** *sich unterhalten, Konversation machen:* Erika Berger ... Sie talkt mit zwei Gästen (Hörzu 48, 1991, 109); **Tal|ker** ['tɔ:kɐ], der; -s, - [engl. talker = Sprecher, zu: to talk, ↑ talken]: **1.** (Datenverarb.) *Gerät, das Daten sendet.* **2.** (Jargon) *Talkmaster.*

Talk|er|de, die; - [↑ ¹Talk]: *Magnesia.*

Talk|kes|sel, der: *Kessel* (3).

Talk|ma|ster ['tɔ:k...], der; -s, - [geb. nach ↑ Showmaster]: *jmd., der eine Talk-Show leitet;* **Talk|ma|ste|rin,** die; -, -nen: w. Form zu ↑ Talkmaster.

Tal|ko|se, die; -, -n [zu ↑ Talkum] (Med.): *durch beständiges Einatmen von Talkum hervorgerufene Staublunge;* **Talk|pu|der,** der: *Talkum.*

♦ **Talk|krüm|me,** die: *[Weg]biegung im Tal:* In den -n gingen jetzt an den Berghängen die Lichter der Laternen hin (Stifter, Bergkristall 49).

Talk|run|de ['tɔ:k...], die: *Runde von zu einem* ²*Talk vereinten Personen:* an einer T. teilnehmen.

Talk|schie|fer, der (Geol.): *mit* ¹*Talk durchsetzter Schiefer.*

Talk-Show ['tɔ:k...]; die; -, -s [engl. talk show, aus: talk (↑ ²Talk) u. show, ↑ Show] (Ferns.): *Unterhaltungssendung, in der ein Gesprächsleiter [bekannte] Personen durch Fragen zu Äußerungen über private, berufliche u. allgemein interessierende Dinge anregt:* eine T. mit mehreren Teilnehmern; eine T. moderieren.

Tal|kum, das; -s: *pulverisierter weißer* ¹*Talk, der u. a. zur Herstellung von Pudern verwendet wird;* **tal|ku|mie|ren** ⟨sw. V.; hat⟩: *mit Talkum versehen, einpudern:* Lederhandschuhe t.; **Tal|kum|pu|der,** der, auch: das: *Talkum.*

Tal|la|ge, die: *Lage* (1 a) *in einem Tal:* Schnee bis in die -n hinein.

Tal|lin: *Hauptstadt von Estland;* **Tal|linn:** *estnische Schreibung von* ↑ Tallin.

Tal|lis (selten), **Tal|lit[h],** der; -, - [hebr. ṭallīt] (jüd. Rel.): *Gebetsmantel:* großer T. (viereckiges Tuch mit Troddeln an den vier Enden, das bes. beim Morgengebet umgelegt wird); kleiner T. (kleines, mit einer Öffnung für den Kopf versehenes Tuch mit Troddeln an den vier Enden, das von orthodoxen Juden unter der Oberbekleidung getragen wird).

Tall|öl, das; -s [schwed. tallolja = Fichtenöl]: *aus Harz- u. Fettsäuren bestehendes Nebenprodukt bei der Zellstoffherstellung.*

Tal|ly|mann [...li...], der; -[e]s, Tallyleute [engl. tallyman, aus: tally = Warenposten u. man = Mann] (Kaufmannsspr.): *Kontrolleur, der die Stückgutzahlen von Frachtgütern beim Be- u. Entladen von Schiffen überprüft.*

tal|mi ⟨Adj.⟩ (österr. ugs.): ↑ talmin; **Tal|mi,** das; -s [gek. aus älter Talmigold, H. u.]: **1.** *etw.* (Schmuck o. ä.), *was keinen besonderen Wert hat, nicht echt ist:* Was er für Kleinodien hält, gilt anderen als Tinnef; wo er Pretiosen sieht, sprechen die anderen von T. (Kant, Impressum 247). **2.** (Fachspr.) *vergoldeter Tombak;* **Tal|mi|glanz,** der: *unechter Glanz;* **Tal|mi|gold,** das: *goldfarbene Metallegierung;* **tal|min** ⟨Adj.⟩ (selten): *aus Talmi* (1); *unecht;* **Tal|mi|schmuck,** der: *unechter Schmuck;* **Tal|mi|wa|re,** die: *wertlose Ware.*

Tal|mud [...u:t], der; -[e]s, -e [hebr. talmûd, eigtl. = Lehre]: ⟨o. Pl.⟩ *Sammlung der Gesetze u. religiösen Überlieferungen des Judentums nach der Babylonischen Gefangenschaft:* Den alten Männern ... mit ihrem T. geschärften und geformten Gedanken (A. Zweig, Grischa 83). **2.** *Exemplar des Talmuds* (1); **tal|mu|disch** ⟨Adj.⟩: *den Talmud betreffend; im Sinne des Talmuds;* **Tal|mu|dis|mus,** der; -: *aus dem Talmud geschöpfte Lehre u. Weltanschauung;* **Tal|mu|dist,** der; -en, -en: *Erforscher u. Kenner des Talmuds:* Der Rabbi ... sprach jetzt im singenden Tonfall der -en (Kemelman [Übers.], Freitag 17); **tal|mu|di|stisch** ⟨Adj.⟩: **a)** *den Talmudismus betreffend;* **b)** (abwertend) *am Wortlaut klebend:* das ist allzu t. ausgelegt.

Tal|mul|de, die (Geogr.): *flaches, muldenförmiges Tal;* **Tal|nie|de|rung,** die: *Niederung; flaches Tal.*

Ta|lon [ta'lõ:, österr.: ta'lo:n], der; -s [frz. talon, eigtl. Rest < vlat. talo < lat. talus, ↑ Talar]: **1. a)** (Börsenw.) *Teil eines Wertpapiers, mit dem ein neuer Schein für die Dividende bezogen werden kann;* **b)** *Kontrollabschnitt (einer Eintrittskarte, Wertmarke o. ä.).* **2.** (Spiele) **a)** *Kartenrest* (beim Geben); **b)** *Stoß von [verdeckten] Karten im Glücksspiel; Kartenstock;* **c)** *noch nicht verteilte, verdeckt liegende Steine, von denen sich die Spieler der Reihe nach bedienen.* **3.** (Musik) *Frosch* (3).

Tal|schaft, die; -, -en: **1.** (schweiz., westösterr.): *Gesamtheit der Bewohner eines Tales.* **2.** (Geogr.) (in den Alpen u. a. Hochgebirgen) *Tal in seiner Gesamtheit (mit seinen Nebentälern);* **Tal|schi:** ↑ Talski; **Tal|schlucht,** die: *enges, tiefes Tal;* **Tal|schluß,** der: *oberes Ende eines Tales;* **Tal|sei|te,** die: *die talabwärts gerichtete Seite (einer am Hang verlaufenden Straße o. ä.):* Vom Hotel aus war auf der anderen T. ein Berg mit einer Sprungschanze zu erkennen (Rolf Schneider, November 128); **tal|sei|tig** ⟨Adj.⟩: *an der Talseite [liegend], zur Talseite [gerichtet];* **Tal|sen|ke,** die (Geogr.): vgl. Talmulde: in einer kleinen, abgelegenen T., zu seiten eines eilig dahinsprudelnden Baches (Heym, Schwarzenberg 46); **Tal|ski,** der: *der bei der Fahrt am Hang talseitig geführte, belastete Ski;* **Tal|soh|le,** die (Geogr.): *Talboden:* Jenseits einer breiten T. zeigten sich waldige Berge (Doderer, Wasserfälle 9); *die Höhe der Brücke ist 50 m über der T.;* Ü *die Wirtschaft befindet sich in einer T.* (auf einem Tiefstand); **Tal|sper|re,** die: *Anlage, die aus einem ein Gebirgstal absperrenden Staudamm, dem dahinter aufgestauten See u. einem Kraftwerk besteht;* **Tal|sta|ti|on,** die: *unterer Haltepunkt einer Bergbahn;* **Tal|über|füh|rung,** die: vgl. Talbrücke; **Tal|ung,** die; -, -en (Geogr.): *einem Tal ähnliches Gelände, das nicht durch ein fließendes Gewässer geschaffen ist* (B. Senke, Graben); **tal|wärts** ⟨Adv.⟩ [↑ -wärts]: *in Richtung zum Tal:* im Frühsommer, wenn es bergwärts, und im Herbst, wenn es wieder t. geht (= in bezug auf Viehherden) Stern, Mann 273); **Tal|weg,** der: *Weg in einem Tal.*

Ta|ma|rak, das; -s, -s [H. u.]: *Holz einer nordamerikanischen Lärche.*

Ta|ma|rin|de, die; -, -n [mlat. tamarinda < arab. tamr hindī, eigtl. = indische Dattel]: **1.** *tropischer Baum mit paarig gefiederten, immergrünen Blättern, gelblichen Blüten u. eßbaren Früchten.* **2.** *Frucht der Tamarinde;* **Ta|ma|rin|den|baum**, der: *Tamarinde* (1).

Ta|ma|ris|ke, die; -, -n [vlat. tamariscus < lat. tamarix]: *(als Strauch wachsende) Pflanze mit kleinen, schuppenartigen Blättern u. rosafarbenen, in Trauben stehenden Blüten.*

Tam|bour ['tambuːɐ̯, auch: -'-], der; -s, -e u. (schweiz.:) -en [frz. tambour = Trommel < afrz. tabour, tambor < pers. tabīr, Nasalierung im Roman. wohl unter Einfluß von arab. ṭanbūr, ↑Tanbur]: **1.** (veraltend) *Trommler (bes. beim Militär).* **2.** (Archit.) *[mit Fenstern versehener] zylindrischer Bauteil, auf dem die Kuppel eines Bauwerks aufsitzt.* **3.** (Spinnerei) *mit stählernen Zähnen besetzte Trommel an einer Karde* (2). **4.** (Papierherstellung) *Trommel zum Aufrollen von Papier;* **¹Tam|bou|rin** [tābūrɛ̃], das; -s, -s [frz. tambourin, zu: tambour, ↑Tambour]: *bes. in der Provence gespielte längliche, zylindrische Trommel, die mit zwei Fellen bespannt ist;* **²Tam|bou|rin**, der; -s, -s [nach dem Begleitinstrument, dem ¹Tambourin]: *provenzalischer Tanz im lebhaften ²/₄-Takt;* **Tam|bour|ma|jor**, der: *Leiter eines Spielmannszuges;* **Tam|bour|ma|jo|ret|te**, die: *Majorette;* **Tam|bur**, der; -s, -e [frz. tambour (à broder), ↑Tambour]: **1.** (Handarb.) *trommelartiger Stickrahmen, in den der Stoff zum Tamburieren (1) fest eingespannt wird.* **2.** ↑Tanbur; **tam|bu|rie|ren** ⟨sw. V.; hat⟩: **1.** *mit Tamburierstichen stikken.* **2.** (Fachspr.) *bei der Herstellung einer Perücke Haare so zwischen Tüll u. Gaze einknoten, daß der Strich des Scheitels herausgearbeitet wird;* **Tam|bu|rier|na|del**, die (Handarb.): *zum Tamburieren* (1) *verwendete Nadel;* **Tam|bu|rier|stich**, der (Handarb.): *Kettenstich, der mit einer entsprechenden Nadel auf den straff gespannten Stoff gehäkelt wird;* **Tam|bu|rier|sticke|rei¹**, die (Handarb.): **1.** ⟨o. Pl.⟩ *das Sticken mit Tamburierstichen.* **2.** *mit Tamburierstichen gestickte Handarbeit;* **Tam|bu|rin** [auch: '---], das; -s, -e [frz. tambourin, ↑¹Tambourin]: **1.** *Schellentrommel.* **2.** *leichtes trommelartiges, mit der Hand zu schlagendes, unten offenes Gerät, mit dem z. B. bei gymnastischen Übungen der Takt geschlagen wird.* **3.** *Tambur* (1); **Tam|bu|riz|za**, die; -, -s [serbokroat. tamburica]: *einer Mandoline ähnliches Saiteninstrument der Serben u. Kroaten.*

Ta|mil, das; -[s]: *Sprache der Tamilen;* **Ta|mi|le**, der; -n, -n: *Angehöriger eines vorderindischen Volkes;* **Ta|mi|lin**, die; -, -nen: w. Form zu ↑Tamile; **ta|mi|lisch** ⟨Adj.⟩.

Tamp, der; -s, -e (selten): *Tampen;* **Tam|pen**, der; -s, - [niederl. tamp] (Seemannsspr.): **a)** *Endstück eines Taus, einer Leine:* der T. ist durchgescheuert; ***am T.*** *(am Ende einer Reihe o. ä., hinten);* **b)** *[kurzes] Stück Tau:* Glaubst du nicht, daß so'n kurzer T. besser ist als das lange Tau?

(Hausmann, Abel 8); den T. befestigen, kappen.

Tam|pi|ko|fa|ser, die; -, -n [nach der mex. Stadt Tampico]: *Agavenfaser.*

Tam|pon [auch: tam'poːn, tã'põː], der; -s, -s [frz. tampon < mfrz. ta(m)pon = Pflock, Stöpsel, Zapfen, aus dem Germ.]: **1. a)** (Med.) *Bausch aus Watte, Mull o. ä. bes. zum Aufsaugen, Abtupfen von Flüssigkeiten, zum Verbinden od. Ausstopfen von Wunden u. Stillen einer Blutung;* **b)** *Tampon* (a) *von länglicher Form, der von Frauen während der Menstruation benutzt wird:* -s in vier Größen (Hörzu 13, 1973, 42); Die Binden trugen jedoch so auf, vor allem, wenn ich Jeans trug, daß ich bald auf -s umstieg (Amendt, Sexbuch 30). **2.** (bild. Kunst) *mit Stoff, Filz o. ä. bespanntes Gerät, mit dem gestochene Platten für den Druck eingeschwärzt werden:* Mit einem T. wird sodann die Farbe in die Furchen gerieben (Bild. Kunst III, 81); **Tam|po|na|de**, die; -, -n [zu ↑Tampon] (Med.): *das Ausstopfen [einer Wunde] mit Tampons* (1 a); **Tam|po|na|ge** [...'naːʒə], die; -, -n [zu ↑Tampon] (Technik): *Abdichtung eines Bohrlochs;* **tam|po|nie|ren** ⟨sw. V.; hat⟩ [frz. tamponner, zu: tampon, ↑Tampon] (Med.): *mit Tampons* (1 a) *ausstopfen:* eine Wunde t.

Tam|tam [auch: '- -], das; -s, -s [1: frz. tam-tam, aus dem Kreol. über das Engl. < Hindi ṭamṭam, lautm.]: **1.** *asiatisches, mit einem Klöppel geschlagenes Becken; Gong:* Ich tanzte ... beim Klang des -s (Genet [Übers.], Totenfest 232). **2.** ⟨o. Pl.⟩ (ugs. abwertend) *laute Betriebsamkeit, mit der auf etw. aufmerksam gemacht werden soll:* großes, viel T. [um jmdn., etw.] machen, veranstalten; ich kann ... Roger irgendwo in aller Stille heiraten, ohne das ganze T. (Kemelman [Übers.], Dienstag 7).

Ta|mu|le usw.: ↑Tamile usw.

tan = Tangens.

Ta|na|gra|fi|gur, die [nach dem griech. Ort Tanagra] (Kunstwiss.): *aus der Zeit des Hellenismus stammende kleine Figur aus Terrakotta.*

Ta|na|na|ri|vo: *früherer Name von* ↑Antananarivo.

Tan|bur [auch: -'-], Tambur, der; -s, -e u. -s [arab. ṭanbūr, wohl aus dem Pers.] (Musik): *arabische Laute mit kleinem Resonanzkörper u. langem Hals, drei bis vier Stahlsaiten u. vielen Bünden.*

Tand, der; -[e]s [mhd. tant = leeres Geschwätz, Possen, H. u., viell. über die roman. Kaufmannsspr. (vgl. span. tanto = Kaufpreis, Spielgeld) zu lat. tantum = so viel] (veraltend): *wertloses Zeug:* ein Kiosk, der billigen T. anbietet; Sie ... weiß ihre Seele schon im Jenseits zu Hause. Dort wird sie dann allen T. ablegen, den sie hier noch mit sich trägt (Hildesheimer, Legenden 166) ·

tan|da|ra|dei [mhd. tandaradei, lautm. für den Vogelschlag] ⟨Interj.⟩ (veraltet): *Ausruf der Freude.*

Tän|de|lei, die; -, -en: **a)** *das Tändeln* (a); **b)** (veraltend) *das Tändeln* (b); **Tän|de|ler**: ↑Tändler; **Tän|de|le|rin**, die; -, -nen: w. Form zu ↑Tändler; **Tän|del|markt** (österr.), **Tän|del|markt**, der (landsch.): *Trödelmarkt, Flohmarkt:* die Middlesex-

Street, die am Sonntag der Tandelmarkt mit lautem Gewoge erfüllt (Kisch, Reporter 12); **tän|deln** ⟨sw. V.; hat⟩ [Iterativbildung zu spätmhd. tenten = Possen treiben, zu ↑Tand]: **a)** *etw. mehr in spielerisch-leichter als in ernsthafter Weise tun, ausführen:* Elvira tändelt am Klavichord (Frisch, Cruz 29); (Fußball:) mit dem Ball t., statt zu schießen; **b)** (veraltend) *schäkern, flirten:* Unten im Hof ... stand der Polizist Daniel und tändelte mit der Langhaarigen (Hilsenrath, Nacht 421); **Tän|del|schür|ze**, die: *(bes. von Serviererinnen getragene) kleine weiße Zierschürze ohne Latz.*

Tan|dem [...ɛm], das; -s, -s [engl. tandem < lat. tandem = auf die Dauer, schließlich; mlat. = der Länge nach (hintereinander)]: **1.** *Fahrrad für zwei Personen mit zwei hintereinander angeordneten Sitzen u. Tretlagern:* [auf, mit einem] T. fahren; Ü die beiden Stürmer bilden ein eingespieltes T. *(zwei Spieler, deren Stärke im Zusammenwirken liegt);* das T. Schmidt - Müller; daß es ... eine ... Zinssenkung geben wird, ... im T. *(gleichzeitig)* mit anderen Ländern (NZZ 26. 8. 86, 8). **2.** *Wagen mit zwei hintereinander eingespannten Pferden.* **3.** (Technik) *Vorrichtung, Gerät od. Maschine mit zwei hintereinander angeordneten gleichartigen Bauteilen od. Antrieben;* **Tan|dem|ach|se**, die (Kfz-T.): *(bei größeren Anhängern, bes. Wohnwagen) zwei in geringem Abstand, symmetrisch zum Schwerpunkt des Wagens angebrachte, nicht lenkbare Achsen;* **Tan|dem|dampf|ma|schi|ne**, die: *Dampfmaschine mit hintereinandergeordneten Zylindern;* **Tan|dem|fahr|zeug**, das (Kfz-T.): *Fahrzeug, das eine Tandemachse besitzt;* **Tan|dem|fall|schirm|sprin|gen**, das: *Fallschirmspringen, bei dem ein geübter Fallschirmspringer eine andere Person, die durch Gurt mit ihm verbunden ist, mitnimmt.*

Tand|ler, der; -s, - (österr. ugs.): **1.** *Trödler* (2): ... einen Sommermantel ..., den er bei einem T. für abgelegte Kleidung ... erstanden hatte (Kühn, Zeit 53). **2.** *jmd., der tändelt* (b); **Tänd|ler**, der; -s, - (landsch.): *Trödler* (2); **Tänd|le|rin**, die; -, -nen (landsch.): w. Form zu ↑Tändler.

Tan|dschur, der; -[s] [tib. bsTan-'gyur = Übersetzung der Lehre]: *Sammlung von Schriften des Lamaismus.*

tang = Tangens.

Tang, der; -[e]s, -e [dän., norw. tang, schwed. tång, wahrsch. = dichte Masse]: *Seetang:* Vielgestaltig ... ist das Tierleben zwischen den -en und Algen in der Uferzone (Thienemann, Umwelt 86).

Tan|ga, der; -s, -s [portug. tanga < Tupi (südamerik. Indianerspr.) tanga = Lendenschurz]: *modischer Minibikini;* **Tan|ga|hös|chen**, das: *Tangaslip.*

Tan|ga|re, die; -, -n ⟨meist Pl.⟩ [port. tangará < Tupi (südamerik. Indianerspr.) tangará]: *in Nord- u. Südamerika heimischer, buntgefiederter Singvogel.*

Tan|ga|nji|ka; -s: *Teilstaat der Vereinigten Republik Tansania.*

Tan|ga|slip, der: *Minislip.*

Tan|ge|lo, die; -, -s [zusgez. aus Tangerine u. Pomelo]: *kernlose, dünnschalige, apfel-*

sinengroße Frucht einer Kreuzung zwischen Grapefruit- u. Mandarinenbaum.
Tan|gens [...gɛns], der; -, - [zu lat. tangens, ↑Tangente] (Math.): *im rechtwinkligen Dreieck das Verhältnis von Gegenkathete zu Ankathete:* Zeichen: tan, tang, tg; **Tan|gens|satz,** der ⟨o. Pl.⟩ (Math.): *Lehrsatz der ebenen Trigonometrie, der besagt, daß der Quotient aus Summe u. Differenz zweier Dreiecksseiten gleich dem Quotienten aus dem Tangens der halbierten Summe u. der halbierten Differenz der den Seiten gegenüberliegenden Winkel ist;* **Tan|gen|te,** die; -, -n [1: nlat. linea tangens, aus lat. linea (↑Linie) u. tangens, 1. Part. von: tangere, ↑tangieren]: **1.** (Math.) *Gerade, die eine Kurve in einem Punkt berührt:* eine T. ziehen. **2.** *Autostraße, die am Rande eines Ortes vorbeiführt.* **3.** *dreieckiges Messingplättchen, das beim Klavichord von unten an die Saiten schlägt;* **Tan|gen|ten|bus|sol|le,** die: *älteres Meßgerät für die Stromstärke, die durch Abweichen der Magnetnadel im horizontalen Magnetfeld der Erde bestimmt wird;* **Tan|gen|ten|flä|che,** die (Math.): *von den Tangenten* (1) *einer Raumkurve gebildete Fläche;* **Tan|gen|ten|flü|gel,** der (Musik): *Flügel* (5)*, dessen Saiten durch Tangenten* (3) *angeschlagen werden;* **Tan|gen|ten|kla|vier,** das: vgl. Tangentenflügel; **Tan|gen|ten|vek|tor,** der (Math.): *als Vektor dargestellte Tangente;* **Tan|gen|ten|vier|eck,** das: *aus vier an einen Kreis gelegten Tangenten* (1) *gebildetes Viereck;* **tan|gen|ti|al** ⟨Adj.⟩ (Math.): *eine gekrümmte Fläche od. Linie berührend:* eine -e Fläche; **Tan|gen|ti|al|ebe|ne,** die (Math.): *Ebene, die eine gekrümmte Fläche in einem Punkt berührt;* **Tan|gen|ti|al|schnitt,** der: *Sehnenschnitt.*
Tan|ger: marokkanische Hafenstadt; **Tan|ge|ri|ne,** die; -, -n [nach der marokkanischen Stadt ↑Tanger]: *kleine, kernlose, mandarinenähnliche Zitrusfrucht.*
tan|gie|ren ⟨sw. V.; hat⟩ [lat. tangere = berühren]: **1.** (bildungsspr.) *jmdn. in bestimmter Weise [innerlich] berühren, im Denken od. Handeln beeinflussen:* das tangiert mich, meine Interessen nicht; das Projekt wird von den Sparmaßnahmen nicht tangiert *(nicht betroffen, beeinträchtigt);* Die Räumung Österreichs tangiert nicht die lebenswichtigen Interessen der Großmächte (Augstein, Spiegelungen 59). **2.** (Math.) *(von Geraden od. Kurven) eine gekrümmte Linie od. Fläche in einem Punkt berühren:* der Kreis wird von der Geraden im Punkt P tangiert. **3.** (Druckw.) *ein regelmäßiges Muster auf eine Flachdruckplatte aufbringen;* **Tan|gier|ma|nier,** die; -, - (Druckw.): *Druckverfahren, bei dem regelmäßige Muster durch einfärbbare Zelluloidfolien auf Druckplatten aufgebracht werden.*
Tan|go, der; -s, -s [span. tango, H. u.]: *aus Südamerika stammender Gesellschaftstanz in langsamem* 2/4*- od.* 4/8*-Takt mit synkopiertem Rhythmus;* **Tan|go|jüng|ling,** der (ugs. abwertend): *weichlich wirkender, gestylter junger Mann.*
Tan|go|re|zep|to|ren ⟨Pl.⟩ [zu lat. tangere, ↑tangieren] (Med.): *auf mechanische Reize reagierende Sinnesorgane.*
Tank, der; -s, -s, seltener: -e [engl. tank, H.

u.; 2: urspr. Deckname für die ersten engl. Panzerwagen]: **1.** *größerer Behälter zum Aufbewahren od. Mitführen von Flüssigkeiten:* -s für Wasser; der T. ist voll, leer, faßt 70 Liter Benzin; den T. füllen. **2.** (veraltend) *Panzer* (4): Vor dem Tor ... sah Sellmann die ersten russischen -s (Bieler, Mädchenkrieg 461).
¹**Tan|ka,** das; -, - [jap.] (Dichtk.): *japanische Gedichtform aus einer dreizeiligen Ober- u. einer zweizeiligen Unterstrophe mit zusammen 31 Silben.*
²**Tan|ka,** das; -, - [Hindi]: **1.** *alte indische Gewichtseinheit.* **2.** *indische Münze.*
Tank|an|griff, der (Milit.): *Panzerangriff;* **Tank|deckel**¹**,** der: *Tankverschluß;* **tan|ken** ⟨sw. V.; hat⟩ [engl. to tank]: **a)** *(Treibstoff als Vorratsmenge) in einen Tank* (1) *aufnehmen:* Benzin t.; er tankte dreißig Liter [Super]; ⟨auch ohne Akk.-Obj.:⟩ hast du schon getankt?; Ü frische Luft, Sonne, Schlaf t.; die Hälfte der Einheit fuhr in Urlaub, tankte Kraft für die neue Aufgabe (Freie Presse 24. 6. 89, 5); der hat reichlich getankt! (salopp; *Alkohol getrunken!*); **b)** (seltener) *auftanken* [b]: ein Flugzeug t.; **Tan|ker,** der; -s, - [engl. tanker]: *mit großen Tanks* (1) *ausgerüstetes Schiff für den Transport von Erdöl:* ein riesiger, schwerfälliger T.; **Tan|ker|flot|te,** die: *Flotte von Tankern (im Besitz eines Reeders, einer Reederei);* **Tank|fahr|zeug,** das: *Fahrzeug mit großem Tank zum Transport von flüssigen Stoffen [bes. Benzin, Heizöl];* **Tank|flug|zeug,** das: *mit zusätzlichen Tanks* (1) *ausgerüstetes Flugzeug zur Luftbetankung;* **Tank|fül|lung,** die: *Flüssigkeitsmenge, die einen Tank* (1) *füllt;* **Tank|in|halt,** der: **a)** *Rauminhalt eines Tanks* (1); **b)** *die [noch] im Tank befindliche Menge an Treibstoff o. ä.;* **Tank|la|ger,** der: *Vorratsstelle für Benzin, Öl o. ä.;* **Tank|last|wa|gen,** der: *Tankwagen;* **Tank|last|zug,** der: *großer Tankwagen;* **Tank|leich|ter,** der: *Leichter* (b); **Tank|re|ak|tor,** der: *Forschungszwecken dienender, leistungsstarker Kernreaktor, bei dem sich der Reaktorkern in einem unter erhöhtem Druck stehenden Wassertank befindet;* **Tank|säu|le,** die: *Zapfsäule;* **Tank|schiff,** das: *Tanker;* **Tank|schloß,** das: *abschließbarer Tankverschluß;* **Tank|stel|le,** die: *Verkaufsanlage mit Zapfsäulen, wo man Fahrzeuge mit Treibstoff u. Öl versorgen kann:* eine freie (nicht einem Mineralölkonzern gehörende) T.; Ü Wo Frauen sich Männern entziehen ... als emotionale T. *(als Trösterin)*, als williges Sexualobjekt (Wilhelm, Unter 148); **Tank|stopp,** der (ugs.): *das Anhalten zum Zweck des Auftankens:* einen T. machen; ohne T. bis ans Ziel kommen; **Tank|stut|zen,** der: *Stutzen* (2) *an einem Tank* (1); **Tank|uhr,** die: vgl. Benzinuhr; **Tank|ver|schluß,** der: *Verschluß für den Benzintank des Autos;* **Tank|wa|gen,** der: *Tankfahrzeug;* **Tank|wart,** der: *Angestellter od. Pächter einer Tankstelle* (Berufsbez.); **Tank|war|ter,** der; -, - (selten): w. Form zu ↑Tankwärter; **Tank|wär|te|rin,** die; -, -nen (selten): w. Form zu ↑Tankwart; **Tank|zug,** der: *Tanklastzug.*
Tann, der; -[e]s, -e [mhd. tan(n) = Wald] (dichter.): *[Tannen]wald:* im finstern T.

Tan|na|it, der; -s, -en ⟨meist Pl.⟩ [aram. tannaʾim = Lehrer]: *in der Mischna u. Tosefta zitierter jüdischer Schriftgelehrter.*
Tan|na|se, die; -, -n [zu ↑Tannin] (Biochemie): *bes. in Schimmelpilzen vorkommendes, Tannin spaltendes Enzym.*
Tann|ast, der (schweiz.): ↑Tannenast.
Tan|nat, das; -[e]s, -e (Chemie): *Salz des Tannins.*
Tänn|chen, das; -s, -: Vkl. zu ↑Tanne (1 a);
Tan|ne, die; -, -n [mhd. tanne, ahd. tanna, wohl eigtl. = Bogen (aus Tannenholz)]: **1. a)** *hoher, immergrüner Nadelbaum mit vorne abgestumpften, oberseits dunkelgrünen, unterseits zwei weiße Streifen aufweisenden Nadeln u. aufrecht stehenden Zapfen:* eine schön gewachsene T.; sie ist schlank wie eine T. *(sehr schlank);* **b)** (ugs.) *Tannenbaum* (b). **2.** *weiches, gelblich-weißes bis hellrötliches, harzfreies Holz der Tanne* (1 a): „... was kostet das Holz?" „Es ist T." (Bieler, Bonifaz 15); der Fußboden ist aus T.; **Tan|nen|baum,** der: älter für ↑Tannenbaum; ¹**tan|nen** ⟨Adj.⟩ [mhd. tennen, tennīn]: *aus Tannenholz bestehend:* Jack schoß ihm den Keller und kam mit einem Bündel -er Scheiter zurück (Muschg, Gegenzauber 270).
²**tan|nen** ⟨sw. V.; hat⟩: *tannieren.*
Tan|nen|ast, der: *Ast einer Tanne* (1 a);
Tan|nen|baum, der: **a)** (ugs.) *Tanne* (1 a);
b) *Weihnachtsbaum:* einen T. schmücken; der T. brennt *(die Kerzen sind angezündet);* Ü daß ... die Moskitos Bomberziele mit Leuchtmarkierungen abstecken, den Tannenbäumen, wie die vom Himmel rieselnden Kaskaden genannt wurden (Jargon; Lentz, Muckefuck 225);
Tan|nen|dickicht¹**,** das: vgl. Dickicht;
Tan|nen|grün, das ⟨o. Pl.⟩: *abgeschnittene Tannenzweige (zum Abdecken von Beeten o. ä., als Zimmerschmuck);* **Tan|nen|hä|her,** der: *(in Nadelwäldern lebender) dunkelbraun u. weißgefleckter Häher mit breiten, schwarzen Flügeln u. schwarzem Schwanz;* **Tan|nen|harz,** das: *von Tannen* (1 a) *stammendes Harz;* **Tan|nen|holz,** das: *Holz der Tanne* (1 a); **Tan|nen|ho|nig,** der: *Honig aus den Sekreten bestimmter auf Tannen lebender Insekten;* **Tan|nen|laus,** die: *sehr kleine, ausschließlich auf Nadelbäumen lebende Blattlaus;* **Tan|nen|mei|se,** die: *(in Nadelwäldern lebende) Meise mit schwarzer Vorderbrust, schwarzem Kopf u. weißem Nackenfleck;* **Tan|nen|na|del,** die: *Nadel* (6) *der Tanne:* -n und ausgetrocknete Zweige knacken unter seinen Schuhen (Ossowski, Flatter 18); **Tan|nen|pfeil,** der: *Kiefernschwärmer;* **Tan|nen|reis,** das (geh.): *Tannenzweig;* **Tan|nen|rei|sig,** das: *Reisig von Tannen* (1 a); **Tan|nen|ster|ben,** das; -s: *durch Verschmutzung der Luft u. an Trieben u. Nadeln saugende Schädlinge verursachtes, periodisch auftretendes Absterben von Weißtannen;* **Tan|nen|wald,** der: *Wald, der hauptsächlich aus Tannen od. Fichten besteht;* **Tan|nen|zap|fen,** der: vgl. Fichtenzapfen; **Tan|nen|zweig,** der: *[abgeschnittener] Zweig einer Tanne od. Fichte;* **Tän|nicht,** das; -[e]s, -e (veraltet): *kleiner Tannenwald, Dickicht von Tannen.*
tan|nie|ren ⟨sw. V.; hat⟩ [frz. tanner, zu: tan, ↑Tannin]: *mit Tannin behandeln, bei-*

zen; **Tan|nin**, das; -s, (Sorten:) -e [frz. tan(n)in, zu: tan = Gerberlohe, wohl aus dem Kelt.]: *aus Holz, Rinden, Blättern, bes. aber aus ²Gallen (2) verschiedener Pflanzen gewonnene Gerbsäure;* **Tan|nin|bei|ze**, die: *Beize aus Tannin.*
Tänn|ling, der; -s, -e: *junge Tanne;* **Tann|zap|fen**, der (landsch., bes. schweiz.): ↑Tannenzapfen.
Tan|rek, der; -s, -s [madagassisch]: *auf Madagaskar heimischer Igel.*
Tan|sa|nia [auch: ...'ni:a]; -s: Staat in Afrika; **Tan|sa|ni|er**, der; -s, -: Ew.; **Tan|sa|nie|rin**, die; -, -nen: w. Form zu ↑Tansanier; **tan|sa|nisch** ⟨Adj.⟩; **Tan|sa|nit** [auch: ...'nıt], der; -s, -e [nach dem Fundort in Tansania]: *saphir- bis amethystblauer Edelstein.*
Tan|se, die; -, -n [ablautend zu schweiz. mundartl. dinsen = auf der Schulter (weg)tragen, mhd. dinsen, ahd. dinsan = ziehen, schleppen] (schweiz.): *auf dem Rücken zu tragende Bütte aus Holz od. Metall, für Trauben, Milch, Wasser o. ä.*
Tan|tal, das; -s [nach dem griech. Sagenkönig Tantalus, ↑Tantalusqualen]: *grauglänzendes, sehr dehnbares Schwermetall, das u. a. für die Herstellung chirurgischer Instrumente u. chemischer Geräte verwendet wird (chemischer Grundstoff);* Zeichen: Ta; **Tan|ta|lat**, das; -[e]s, -e (Chemie): *Salz des Tantals;* **tan|ta|lat|hal|tig** ⟨Adj.⟩; *Tantalat enthaltend;* **Tan|ta|lit** [auch: ...'lɪt]: *Tantal enthaltendes schwarzes bis bräunliches Mineral;* **Tan|tal|lam|pe**, die (früher): *Lampe mit einem dünnen Glühfaden aus Tantal;* **Tan|ta|lus|qua|len** ⟨Pl.⟩ [nach dem griech. Sagenkönig Tantalus, der zur Strafe für seine Freveltaten in der Unterwelt bis zum Kinn im Wasser stehen mußte, jedoch seinen Durst nicht daran stillen konnte, da es vor ihm zurückwich, wenn er davon trinken wollte; auch von den über seinem Kopf wachsenden Früchten konnte er nicht essen, da der Wind sie wegblies, sobald er nach ihnen greifen wollte] (bildungsspr.): *Qualen, die dadurch entstehen, daß etwas Ersehntes zwar in greifbarer Nähe, aber doch nicht zu erlangen ist:* T. ausstehen, leiden.
Tant|chen, das; -s, -: Kosef. zu ↑Tante (1); **Tan|te**, die; -, -n [frz. (urspr. Kinderspr.) tante < afrz. ante < lat. amita = Vatersschwester, Tante]: **1.** *Schwester od. Schwägerin der Mutter od. des Vaters:* T. Anna; das Haus der T./(landsch. ugs.:) -s Haus; Wir warten auf -s Anruf; -s Besuche sind immer etwas Besonderes (Schädlich, Nähe 134); R dann nicht, liebe T. [dann geh'n wir zum Onkel] (ugs. scherzh.: *dann verzichte ich eben darauf, dann lassen wir es eben*): Krause antwortet nich ... Dann nich, liebe T. (Schnurre, Fall 26); Meine T., deine T. (ein Kartenspiel); **T. Ju** (scherzh.): *dreimotoriges Flugzeug der Junkers-Flugzeugwerke aus dem Jahr 1931; Ju 52).* **2. a)** (Kinderspr.) *[dem Kind bekannte] weibliche Erwachsene:* sag der T. guten Tag!; ***T. Meier** (verhüll.; *Toilette*); **b)** (ugs. abwertend) *Frau (von der sich der Sprecher distanziert):* eine komische T.; Er sagte, ich sei eine ... doofe alte T. (Danella, Hotel 101); Zwei Tage vor deinem Prozeß war

so 'ne T. vom Jugendamt bei meinen Eltern (Ziegler, Kein Recht 230). **3.** (salopp, meist abwertend) *Tunte* (2): *die Subkultur mit Nachtleben ..., Strichjungen und besonders effeminierten Homosexuellen – „Tanten" geheißen* (Hohmann, Engel 302); **-tan|te** [zu Tante 2 b], die; -, -n (ugs. abwertend): vgl. -onkel; **Tan|te-Em|ma-La|den**, der; -s, Tante-Emma-Läden: *kleines Einzelhandelsgeschäft alten Stils;* **tan|ten|haft** ⟨Adj.; -er, -este⟩ (abwertend): *betulich.*
Tan|tes: ↑Dantes; **Tan|tie|me** [tã...], die; -, -n [frz. tantième, zu: tant = so(undso) viel < lat. tantus = so viel]: **a)** *Gewinnbeteiligung an einem Unternehmen:* T. beziehen; **b)** ⟨meist Pl.⟩ *an einen Autor, Musiker u. a. gezahlte Vergütung für Aufführung od. Wiedergabe seines musikalischen od. literarischen Werkes;* **tant mieux** [tã'mjø; frz.] (veraltet): *desto besser;* **tan|to** ⟨Adv.⟩ [ital. tanto < lat. tantus, ↑Tantieme] (Musik): *viel, sehr.*
Tan|tra, das; -[s] [sanskr. tantra = Gewebe; System; Lehre]: **1.** *Lehrsystem des Tantrismus.* **2.** *Schriften des Tantrismus;* **Tan|tri|ker**, der; -s, -: *Anhänger des Tantra;* **tan|trisch** ⟨Adj.⟩: *das Tantra betreffend;* **Tan|tris|mus**, der; -: *religiöse Strömung in Indien seit dem 1. Jh. n. Chr., die mit magisch-mystischen Mitteln Befreiung vom Irdischen sucht.*
Tan|tum er|go, das; - - [nach den lat. Anfangsworten der fünften Strophe „tantum ergo (sacramentum) = ein so großes (Sakrament)"]: *fünfte Strophe des Pange lingua, die mit der folgenden Strophe vor der Erteilung des eucharistischen Segens zu singen ist.*
Tan|ya, die; -, -s [ung. tanya]: *Einzelgehöft in der Pußta.*
Tanz, der; -es, Tänze [mhd. tanz, mniederd. dans, danz, wohl über das Mniederl. < (a)frz. danse, zu: danser, ↑tanzen]: **1.** *[geordnete] Abfolge von Körperbewegungen, die nach einem durch Musik od. eine andere akustische Äußerung (wie Schlagen, Stampfen o. ä.) hervorgebrachten Rhythmus ausgeführt wird:* alte, moderne, kultische Tänze; ein langsamer, schreitender, meditativer, wilder, ekstatischer T.; lateinamerikanische Tänze; Tänze einstudieren; Tänze aus den Alpen; er hat keinen T. ausgelassen *(immer getanzt);* ein Tänzchen wagen (scherzh.: *sich aufschwingen, zu tanzen*); beim nächsten T. ist Damenwahl; willst du mir die Ehre eines -es erweisen? (Baum, Paris 31); darf ich [Sie] um den nächsten T. bitten?; jmdn. zum T. auffordern *(durch eine Verbeugung o. ä. zu erkennen geben, daß man mit ihm tanzen möchte);* die Musik spielt zum T. auf; Ü der T. der Schneeflocken, der Mücken über dem Wasser; ***ein T. auf dem Vulkan** *(ausgelassene Lustigkeit in gefahrvoller Zeit, Situation;* nach frz. Nous dansons sur un volcan, einem Ausspruch des frz. Gesandten Graf Narcisse Achille Salvandy (1795–1856) auf einem Fest, das der Herzog von Orléans am 31. 5. 1883 zu Ehren des Königs von Neapel gab, der als eine Vorahnung der Revolution von 1880 gedeutet wird); **der T. ums Goldene Kalb** *(das Streben, die Gier nach Geld u. Besitz;*

↑Kalb 1 a); **jmdm. den T. lange machen** (landsch.; *jmdn. lange auf etw. warten lassen*). **2. a)** *Musikstück, zu dem getanzt werden kann;* **b)** *Instrumentalstück in der Art eines Tanzes:* Tänze von Schubert. **3.** ⟨o. Pl.⟩ *Veranstaltung, auf der getanzt wird:* jeden Samstag ist um 8 Uhr T.; Wenn die Mädchen zum -e gehen wollten, so müßten sie sich nachts aus dem Hause schleichen (Salomon, Boche 91); jmdn. zum T. einladen. **4.** (ugs.) *heftige, durch Verbissenheit gekennzeichnete Auseinandersetzung, in die jmd. einen anderen aus Verärgerung o. ä. verwickelt:* nun geht der T. noch einmal von vorne los; der werd' ich ja einen T. machen (Bredel, Väter 7); wenn ich zu spät komme, gibt es wieder einen T.; ***einen T. aufführen** (ugs.; *sich heftig, wegen etw., was gar nicht so schwerwiegend ist, erregen, aufregen*); **Tanz|abend**, der: *Abendveranstaltung, bei der getanzt wird;* **tanz|bar** ⟨Adj.⟩: *(in bezug auf Musik) sich zum Tanzen eignend:* -e Musik; die Stücke sind [nicht] t.; **Tanz|bar**, die: *Bar* (1), *in der auch getanzt wird;* **Tanz|bär**, der: *dressierter Bär, der [auf Jahrmärkten] tänzerische Bewegungen ausführt;* **Tanz|baum**, der: *an einer zentralen Stelle in einem Dorf gewachsener Baum, dessen Wuchs in die Weise beeinflußt wurde, daß seine unteren Äste waagerecht zum Stamm wachsen u. eine einheitliche Ebene bilden, auf der zu festlichen Gelegenheiten Bretter für einen Tanzboden angebracht werden können;* **Tanz|bein**, das: *in der Wendung* **das T. schwingen** (ugs. scherzh.; *[ausgelassen, ausdauernd] tanzen*); **Tanz|be|lu|sti|gung**, die; **Tanz|bo|den**, der: *Fläche in einem Raum bzw. im Freien als niedriges, eigens aufgeschlagenes Podest, auf der getanzt werden kann:* sich auf dem T. *(beim Tanz)* kennenlernen; auf den T. gehen *(tanzen gehen);* Diese Raufereien wurden ... auf dem T. ausgetragen (Wimschneider, Herbstmilch 33); **Tanz|ca|fé**, das: *Café, in dem eine Tanzkapelle spielt;* **Tänz|chen**, das; -s, -: Vkl. zu ↑Tanz (1, 4); **Tanz|die|le**, die: *Lokal, in dem getanzt wird;* **tän|zeln** ⟨sw. V.⟩: **a)** *sich mit leichten, federnden o. hüpfenden Schritten bewegen* ⟨hat⟩: das Pferd tänzelte nervös; sie entschwand tänzelnd; **b)** *sich tänzelnd fortbewegen* ⟨ist⟩: sie tänzelte aus dem Zimmer; Unter der Straßenlaterne sieht man eine Frau aussteigen und in das Haus t. (Kempowski, Zeit 272); **tan|zen** ⟨sw. V.⟩ [mhd. tanzen, mniederd. dansen < (a)frz. danser, viell. aus dem Germ. u. eigtl. = sich hin u. her bewegen]: **1.** ⟨hat⟩ **a)** *einen Tanz* (1), *Tänze ausführen:* gut t.; t. *(zum Tanzen)* gehen; er kann nicht t.; mit jmdm. t.; sie tanzen gerne zusammen; nach den Klängen einer Zigeunerkapelle t.; die jungen Massaimänner tanzen vor den Mädchen (Grzimek, Serengeti 241); Ü Im Sommer, bevor die Sonne richtig unterging, tanzten draußen die Mücken (Wimschneider, Herbstmilch 33); das Schiff tanzt auf den Wellen; die Buchstaben tanzten *(verschwammen)* vor seinen Augen; er schlug auf den Tisch, daß die Gläser tanzten *(hochhüpften);* Wie irre tanzen die Leuchtzeiger auf den Skalen (Lentz,

Muckefuck 241); *bizarre Schatten tanzten auf dem Pflaster im Schein der Straßenlampen* (Simmel, Stoff 163); *Weiße Gischtköpfe tanzten auf den Wellenkämmen* (Ott, Haie 126); **b)** ⟨t. + sich⟩ *durch Tanzen in einen bestimmten Zustand geraten* ⟨hat⟩: sich in Ekstase t.; sie haben sich heiß, müde getanzt. **2.** *tanzend* (1 a) *ausführen, darstellen* ⟨hat⟩: Walzer, Tango, einen Schuhplattler t.; Ballett t.; sie tanzt klassische Rollen ⟨mit einem Subst. des gleichen Stammes als Objekt:⟩ einen Tanz t.; eine getanzte Oper; ein getanztes *(durch Tanz dargestelltes)* Märchen. **3.** *sich tanzend od. mit hüpfenden Schritten fortbewegen* ⟨ist⟩: durch den Saal t.; vor Freude ist er von einem Bein auf das andere getanzt; **Tän|zer,** der; -s, - [mhd. tenzer, tanzer]: **1. a)** *jmd., der tanzt:* er ist ein guter T.; die Fläche reicht nicht aus für so viele T. *(Tanzende);* **b)** *Tanzpartner:* sie hatte viele T. **2.** *jmd., der den künstlerischen Tanz ausübt, Balletttänzer* (Berufsbez.): er ist T. beim Bolschoitheater; **Tan|ze|rei,** die; -, -en: **1.** (ugs.) *kleines Tanzfest:* zu einer T. gehen, eingeladen sein. **2.** (oft abwertend) *[dauerndes] Tanzen:* von der T. vibrierte der Boden; **Tän|ze|rin,** die; -, -nen [mhd. tenzerinne]: w. Form zu ↑ Tänzer; **tän|ze|risch** ⟨Adj.⟩: **a)** *in der Art des Tanzes:* -e Bewegungen; **b)** *in bezug auf den Tanz:* die Aufführung war t. hervorragend; **Tanz|fest,** das: *Tanzvergnügen;* **Tanz|fi|gur,** die: *Figur* (6); **Tanz|flä|che,** die: *zum Tanzen vorgesehene Fläche (in einem Raum);* **Tanz|flie|ge,** die: *(in vielen Arten vorkommende) Fliege mit oft stilettartigem Rüssel u. meist langen Beinen, die gerne nur aus Weibchen od. nur aus Männchen bestehende Schwärme bildet, die im Zickzack hin- u. herfliegen, tanzen;* **tanz|freu|dig** ⟨Adj.⟩: *gerne tanzend:* er ist nicht sehr t.; **Tanz|gar|de,** die: vgl. Garde (3); **Tanz|gast|stät|te,** die (selten): *Tanzlokal;* **Tanz|girl,** das: *Girl* (2); **Tanz|grup|pe,** die: *Gruppe von Personen, die Tänze vorführt;* **Tanz|gür|tel,** der: *Straps* (b); ♦ **Tanz|haus,** das: *Haus für öffentliche Tanzveranstaltungen:* Heute abend auf dem T. ... das versteht sich! (Hebbel, Agnes Bernauer I, 13); **Tanz|ka|pel|le,** die: ²*Kapelle* (2); **Tanz|kar|te,** die: (früher) *auf Tanzveranstaltungen an jede Dame ausgegebene Karte, auf die sich die Tänzer im voraus für bestimmte Tänze mit der Dame eintragen konnten;* **Tanz|känz|chen,** das: vgl. Kränzchen (2); **Tanz|kunst,** die: **1.** ⟨o. Pl.⟩ *Ausdruckstanz, Ballett als Kunstgattung:* die T. der Mary Wigman ... läßt sich nur im Lande ihres Ursprungs begreifen (K. Mann, Wendepunkt 90). **2.** *tänzerisches Können:* seine Tanzkünste sind kläglich; **Tanz|kurs, Tanz|kur|sus,** der: **a)** *Lehrgang für das Tanzen;* **b)** *Gesamtheit der Teilnehmer eines Tanzkurses* (a); **Tanz|leh|rer,** der: *Lehrer, der Tanzunterricht erteilt;* **Tanz|leh|re|rin,** die: w. Form zu ↑Tanzlehrer; **Tanz|lied,** das: *Lied, das beim [Volks]tanzen gesungen wird;* **Tanz|lin|de,** die: vgl. Tanzbaum; **Tanz|lo|kal,** das: vgl. Tanzbar; **tanz|lu|stig** ⟨Adj.⟩: *gern tanzend;* **Tanz|ma|rie|chen,** das; -s, - [vgl. Funkenmariechen]: *zu einer Karnevalsgesellschaft gehörendes jun-*ges *Mädchen, das mit anderen zusammen tanzt;* **Tanz|mas|ke,** die: *Maske, die bei kultischen Tänzen getragen wird;* **Tanz|maus,** die: *Maus, die sich durch krankhafte Veränderung in den Gleichgewichtsorganen ständig gleichsam tanzend im Kreis bewegt:* Ich könnte ... bis in die Straße laufen, wo der Laden mit den Tanzmäusen ist (Keun, Mädchen 78); **Tanz|mei|ster,** der: **a)** (früher) *jmd., der [höfische] Gesellschafts- u. Gruppentänze organisiert u. anführt;* **b)** (veraltet) *Tanzlehrer;* **Tanz|mu|sik,** die: *Musik, nach der getanzt* (2 a) *wird;* **Tanz|or|che|ster,** das: *Orchester, das Tanzmusik spielt;* **Tanz|paar,** das: *miteinander tanzendes Paar;* **Tanz|part|ner,** der: *Partner beim Tanz;* **Tanz|part|ne|rin,** die: w. Form zu ↑Tanzpartner; **Tanz|plat|te,** die: *Schallplatte mit Tanzmusik;* **Tanz|platz,** der (veraltend): *Tanzfläche im Freien;* **Tanz|saal,** der: *Saal, in dem getanzt wird;* **Tanz|schrift,** die; -: *aus Buchstaben u. speziellen Zeichen bestehende Schrift, mit der eine Choreographie* (b) *aufgezeichnet, schriftlich fixiert wird;* **Tanz|schritt,** der: *zu dem jeweiligen Tanz gehörender, charakteristischer Schritt; Pas;* **Tanz|schuh,** der: **a)** *Damenschuh zum Tanzen;* **b)** *Schuh für künstlerischen Tanz, bes. Ballett;* **Tanz|schu|le,** die: *private Einrichtung, in der Gesellschaftstanz gelehrt wird;* **Tanz|schü|ler,** der: *Besucher einer Tanzschule;* **Tanz|schü|le|rin,** die: w. Form zu ↑ Tanzschüler; **Tanz|sport,** der: *als Sport betriebener Gesellschaftstanz;* **Tanz|stun|de,** die: **a)** *Unterrichtskurs in einer Tanzschule:* -n nehmen; in die T. gehen; **b)** *einzelne Unterrichtsstunde im Gesellschaftstanz, Kunsttanz;* **Tanz|stun|den|ball,** der: *für eine Gruppe von Tanzschülern veranstalteter Ball;* **Tanz|stun|den|zeit,** die: *Zeit, in der jmd. in der Tanzstunde* (a) *ist:* ein Freund aus der T.; **Tanz|tee,** der: *nachmittägliche Tanzveranstaltung;* **Tanz|thea|ter,** das: *modernes choreographisches Theater* (2), *im Unterschied zum klassischen Ballett;* **Tanz|the|ra|pie,** die: *Therapie, die den Tanz, die tänzerische Bewegung als therapeutisches Mittel einsetzt;* **Tanz|tur|nier,** das: *Wettbewerb im Tanzsport;* **Tanz|un|ter|richt,** der: vgl. Tanzstunde; **Tanz|ver|an|stal|tung,** die: *Tanz* (3); **Tanz|ver|gnü|gen,** das: vgl. Tanzerei (1); **Tanz|wa|gen,** der: *Eisenbahnwagen für Gesellschaftsfahrten, in dem getanzt wird;* **Tanz|wei|se,** die: *Melodie, nach der getanzt wird:* während Schwimmwesten verteilt und Rettungsboote ausgeschwungen werden, beginnt die Schiffskapelle -n zu spielen (Menzel, Herren 66).

Tao ['ta:o, tau], das; - [chin. tao = Weg, Einsicht]: *das vollkommene Sein in der chinesischen Philosophie;* **Tao|is|mus,** der; -: *Richtung der chinesischen Philosophie, als deren Begründer Laotse gilt;* **Tao|ist,** der; -en, -en: *Anhänger des Taoismus;* **Tao|istin,** die; -, -nen: w. Form zu ↑ Taoist; **tao|istisch** ⟨Adj.⟩: *den Taoismus betreffend;* **Tao-te|king,** das; - [chin]: *heilige Schrift des Taoismus.*

Ta|pa, die; -, -s [polynes.]: *in Ozeanien, bes. in Polynesien, hergestellter Stoff aus Bast.*

Tape [te:p, teɪp], das, auch: der; -, -s [engl. tape = Lochstreifen, Magnetband]: **1.** (veraltend) *Tonband.* **2.** *Kassette* (3). **3.** (Technik) *Lochstreifen, Magnetband;* **Tape|deck,** das: *[in eine Stereoanlage eingebautes] Kassettendeck.*

Ta|pei|no|sis, die; - [griech. tapeinōsis = Erniedrigung] (Rhet., Stilk.): *Gebrauch eines leichteren, abschwächenden od. erniedrigenden Ausdrucks.*

Ta|per|greis, der; -es, -e [zu ↑ tapern] (ugs. abwertend): *Tattergreis;* **ta|pe|rig; ta|prig** ⟨Adj.⟩ (landsch., bes. nordd.): *tatterig;* **ta|pern** ⟨sw. V.; ist⟩ [zu mniederd. tapen = tappen] (nordd.): *sich unbeholfen, unsicher fortbewegen:* Da stand sein kleiner Sohn mitten auf der Straße ... und taperte mit seinen Beinen hin und her, jeden Augenblick im Begriff zu fallen (Fallada, Mann 227).

Ta|pet, das [urspr. (Decke auf einem) Konferenztisch < lat. tapetum, ↑Tapete]: nur in den Wendungen **aufs T. kommen** (ugs.; *zur Sprache kommen;* eigtl. = auf den Konferenztisch gelegt werden): Griechenland, Spanien kamen aufs T. (A. Kolb, Daphne 93); **etw. aufs T. bringen** (ugs.; *etw. zur Sprache bringen;* nach frz. mettre sur le tapis); **Ta|pe|te,** die; -, -n [mlat. tapeta = Wandverkleidung < (v)lat. tap(p)eta, Neutr. Pl. von: tap(p)etum, ↑Teppich]: **1.** *meist mit Mustern bedrucktes, zu Rollen gewickeltes Papier o. ä., das in Bahnen auf Wände geklebt wird, um einem Raum ein schöneres Aussehen zu geben:* eine geblümte, abwaschbare, vergilbte T.; 2 Rollen T., -n; *** die T., -n wechseln** (ugs.: 1. *umziehen.* 2. *den Arbeitsplatz wechseln.* 3. *Urlaub machen:* Zuerst hat ein Urlaub im Jahr gelangt ..., jetzt muß ich schon nach einem Vierteljahr die T. wechseln [Saarbr. Zeitung 12./13. 7. 80, I]). ♦ **2.** *frei hängender Wandbehang, Gobelin:* da raschelte es hinter der T. (C. F. Meyer, Amulett 41); Sie sollen sich hinter der T. verstecken (Schiller, Fiesco IV, 11); **Ta|pe|ten|bahn,** die: *Bahn* (4) *einer Tapete;* **Ta|pe|ten|druck,** der ⟨o. Pl.⟩: *das Drucken von Tapeten;* **Ta|pe|ten|drucker**[1], der: *Facharbeiter für den Tapetendruck* (Berufsbez.); **Ta|pe|ten|drucke|rin**[1], die: w. Form zu ↑Tapetendrucker; **Ta|pe|ten|fun|der,** die (berlin.): *Wanze;* **Ta|pe|ten|klei|ster,** der: *Klebstoff, mit dem Tapeten geklebt werden;* **Ta|pe|ten|lei|ste,** die: *Leiste* (1), *die den oberen Abschluß einer Tapete bildet;* **Ta|pe|ten|mot|te,** die: *Motte, deren Raupe Wollwaren, Pelze u. Federn durch Fraß beschädigt;* **Ta|pe|ten|mu|ster,** das: *Muster* (3), *mit dem eine Tapete bedruckt ist;* **Ta|pe|ten|rol|le,** die: *zu einer Rolle zusammengerollte Tapete;* **Ta|pe|ten|tür,** die: *Tür, die in einer Wandfläche liegt u. mit der gleichen Tapete tapeziert ist wie die Wand:* Plötzlich öffnete sich die Wand - vielmehr: - eine T. in der Wand (Jahnn, Nacht 31); **Ta|pe|ten|wech|sel,** der (ugs.: *(vorübergehende od. dauernde) Veränderung der gewohnten Umgebung (durch Umzug, Urlaub, Wechsel der Arbeitsstelle o. ä.):* er hat einen T. dringend nötig; Auch ein verregneter Sommer stoppte die Reisewelle nicht. Mehr Bun-

desbürger ... machten ... „Tapetenwechsel" (MM 10. 2. 78, 18); **Ta|pe|tum**, das; -s [lat. tapetum = Teppich, ↑ Teppich]: **1.** (Bot.) *ein- bis mehrschichtiges Gewebe aus plasmareichen Zellen an der Innenwand der Sporangien der Farnpflanzen od. der Pollensäcke der Samenpflanzen, das zur Nährstoffversorgung der Sporen bzw. Pollenkörner dient.* **2.** (Zool.) *lichtreflektierende Struktur in den Augen von Gliederfüßern u.* einigen Wirbeltieren; **Ta|pe|zier**, der; -s, -e (südd.): ↑ Tapezierer; **Ta|pezier|ar|beit**, die: *Arbeit des Tapezierers;* **Ta|pe|zier|bür|ste**, die: *breite Bürste mit langen, weichen Borsten, die beim Tapezieren verwendet wird;* **ta|pe|zie|ren** ⟨sw. V.; hat⟩ [ital. tappezzare]: **1.** *(Wände) mit Tapeten bekleben, verkleiden:* ein Zimmer neu t.; ein dunkel tapezierter Raum; Ü die Wand war mit Fotos tapeziert; die meisten Kioske sind geradezu bunt tapeziert mit einem halben Dutzend Oppositionsblättern (Basler Zeitung 9. 10. 85, 7). **2.** (österr.) *(Polstermöbel) mit Stoff beziehen;* **Ta|pe|zie|rer**, der; -s, -: *Handwerker, der Tapeziererarbeiten durchführt;* **Tape|zie|re|rin**, die; -, -nen: w. Form zu ↑ Tapezierer; **Ta|pe|zie|rer|werk|statt**, die: *Werkstatt eines Tapezierers;* **Ta|pezier|na|gel**, der: *dünner, spitzer Stahlstift zum Befestigen von Rahmen, Leisten, Wandverkleidungen u. ä.;* **Ta|pe|ziertisch**, der: *zusammenlegbarer Tisch mit einer langen Platte zum Auflegen u.* Bestreichen der einzelnen Tapetenbahnen; **Ta|pe|zie|rung**, die; -, -en: **a)** *das Tapezieren;* **b)** *fertig angebrachte Tapeten; Verkleidung mit Tapeten:* die Wanddekoration ... diese ... Stukkaturfelder, die ich immer der bürgerlichen T. ... vorzog (Th. Mann, Krull 324).
Tap|fe, die; -, -n, **Tap|fen**, der; -s, - (meist Pl.) [gek. aus ↑ Fußtapfe]: *Fußstapfe[n]:* Ü Es bereitete Stanislaus Vergnügen, in den -n der alten Gelehrten zu wandeln (Strittmatter, Wundertäter 264).
tap|fer ⟨Adj.⟩ [mhd. tapfer = fest, gedrungen; schwer, (ge)wichtig; ansehnlich; streitbar, ahd. tapfar = schwer, gewichtig, H. u.]: **1. a)** *sich furchtlos u. zum Widerstand bereit mit Gefahren u. Schwierigkeiten auseinandersetzend:* ein -er Kämpfer, Soldat; Tapfer war er nur mit dem Maul (Ott, Haie 244); t./-en Widerstand leisten; sich t. verteidigen; **b)** *beherrscht, Schmerzen u. seelische Regungen, Gefühle nicht sichtbar werden lassend; ohne zu klagen,* ohne Angst unterdrückend (bezieht sich oft auf das Verhalten von Kindern): beim Zahnarzt war der kleine Sohn sehr t.; sie haben sich t. gehalten *(waren standhaft);* „Ich habe ein bißchen Angst vor dem Fliegen", sagte Evelyn, denn hier kam es ja nicht darauf an, sich t. zu erweisen (Baum, Paris 152); t. unterdrückte er die Tränen. **2.** (ugs. veraltend) *tüchtig* (3 b): t. essen und trinken; Er ließen den Abend vorher t. gezecht zu haben (R. Walser, Gehülfe 90); es ist genug Kuchen da, greift nur t. zu!; **Tap|fer|keit**, die; - spätmhd. tapfer(ig)keit = (Ge)wichtigkeit]: **a)** *unerschrockenes, mutiges Verhalten im Augenblick der Gefahr:* T. beweisen; seine T. vor dem Feind; **b)** *das Tapfersein* (1 b): er hat sein Leiden mit beispielloser T. ertragen; **Tap|ferkeits|me|dail|le**, die: *militärische Auszeichnung für Tapferkeit vor dem Feind:* alle Leute ... werfen ihre Führerbilder ... und Nahkampfspangen und -n ... ins Wasser (Zeller, Amen 291).
Ta|pho|pho|bie, die; -, -n [zu griech. táphos = Leichenbestattung; Grab (zu: tháptein = bestatten, begraben) u. ↑ Phobie] (Med., Psych.): *krankhafte Angst, lebendig begraben zu werden;* **Ta|phro|gene|se**, die; -, -n [zu griech. táphros = Graben (zu: tháptein, ↑ Taphophobie) u. ↑ Genese] (Geol.): *Bildung von Gräben* (3).
Ta|pio|ka, die; -, **Ta|pio|ka|stär|ke**, die; - [Tupi (südamerik. Indianerspr.) tipioc(a), eigtl. = Rückstand]: *Stärkemehl aus den Knollen des Manioks.*
Ta|pir ['ta:pi:ɐ̯, österr.: ta'pi:ɐ̯], der; -s, -e [frz. tapir < Tupi (südamerik. Indianerspr.) tapira]: *plumpes Säugetier in den tropischen Wäldern Amerikas u. Asiens mit kurzem, dichtem Fell u. einem kurzen Rüssel.*
Ta|pis|se|rie, die; -, -n [frz. tapisserie, zu: tapis = Teppich]: **1. a)** *Wandteppich:* Cotta ... saß in seinem Korbstuhl und folgte den mäandrischen Windungen der Flußläufe auf den n. (Ransmayr, Welt 191); **b)** *Stickerei auf gitterartigem Grund.* **2.** (veraltet) *Handarbeitsgeschäft;* **Ta|pisse|rie|ge|schäft**, das (veraltet): *Tapisserie* (2); **Ta|pis|se|rie|wa|ren** ⟨Pl.⟩ (veraltet): *in einem Tapisseriegeschäft angebotene Waren;* **Ta|pis|se|ri|stin**, die; -, -nen: *in der Herstellung feiner Handarbeiten, bes. Stickereien, handgeknüpfter Teppiche u. ä. ausgebildete Frau* (Berufsbez.).
Ta|po|te|ment [tapota'mã:], das; -s, -s [frz. tapotement, zu: tapoter = leicht klopfen]: *Massage in Form von Klopfen u. Klatschen mit den Händen.*
tapp ⟨Interj.⟩: *lautm. für das Geräusch auftretender [nackter] Füße:* die Kleine war aus dem Bett geklettert, und t., t. kam sie den Flur entlang.
¹Tapp, der; -[e]s, -e [zu ↑ tappen] (nordd.): *leichter Schlag, Stoß;* **²Tapp**, das; -s [wohl zu ↑ tappen (c) im Sinne von „ins Ungewisse greifen"] (landsch.): *dem Tarock ähnliches Kartenspiel;* ◆ **Tap|pe**, die; -, -n [mhd. tāpe, ↑ tappen]: *Fußabdruck:* so daß hinter jedem neuen Tritte eine starke T. auf dem Boden blieb (Stifter, Granit 17); **tap|pen** ⟨sw. V.⟩ [zu frühnhd. tappe, mhd. tāpe = Tatze, Pfote, H. u.]: **a)** *sich mit leisen, dumpf klingenden Tritten [unsicher u. tastend] vorwärts bewegen* ⟨ist⟩: auf bloßen Füßen durchs Zimmer t.; in der Dunkelheit war er in eine Pfütze getappt; Ü in eine Falle t.; Du bist ein Unglückshuhn, du hast ein unglaubliches Talent, in die schlimmsten Geschichten zu t. (Fallada, Jeder 117); Da stimmt doch etwas nicht. Man tappt völlig im Leeren (Nossack, Begegnung 287); **b)** *(von Füßen, Schritten) ein dumpfes Geräusch verursachen* ⟨hat/ist⟩: seine Schritte tappten auf den Fliesen; er ging mit tappenden Schritten; **c)** (veraltend) *unsicher tastend nach etw. greifen* ⟨hat⟩: nach dem Schalter t.; * **im dunkeln/im finstern t.** (↑ dunkel 1 a, finster 1); **d)** (landsch.) *treten* (3 b).

Tap|pert, der; -s, - [mhd. taphart, daphart < mlat. tabardum < frz. tabard, H. u.]: *meist von Männern getragener, mantelartiger Überwurf des 14. u. 15. Jh.s.*
tap|pig ⟨Adj.⟩ (landsch.): *täppisch;* **täppisch** ⟨Adj.⟩ [mhd. tæpisch] (meist abwertend): *ungeschickt, unbeholfen; linkisch:* ein -er Bursche; -e Bewegungen; wie kann man nur so t. sein!; t. nach etwas greifen.
tap|prig, taprig ⟨Adj.⟩ (landsch.): *taperig;* **Tapp|ta|rock**, das (österr. nur so) od. der; -s, -s: ²*Tapp;* **tap|rig**: ↑ tapprig: der war schon so t., der Hitler, der konnte nicht mal mehr ins Klo basteten (Heym, Schwarzenberg 159); **Taps**, der; -es, -e: **1.** (ugs. abwertend) *ungeschickter Mensch:* du T.! **2.** (landsch.) ¹*Tapp;* **tapsen** ⟨sw. V.; hat/ist⟩ (ugs.): *tappen* (a, b); **tap|sig** ⟨Adj.⟩ (ugs.): *plump u. schwerfällig [u. dabei drollig wirkend]:* ein -es Bärchen; t. gehen; Tierkinder lagen ... im frischen Gras und tasten t. ihre ersten Schritte (Grzimek, Serengeti 316); Ü verlangte wegzugehen, t. schlug er Einladungen zum ... Bleiben aus (Johnson, Ansichten 89); **Tap|sig|keit**, die; -, -en: **a)** ⟨o. Pl.⟩ *das Tapsigsein:* diese unförmige Frau ..., als sie ... in ihrer T. Wein über das neue Kleid schüttete (Kronauer, Bogenschütze 187); **b)** *tapsige Handlung.*
Tar, der; -s, - [pers. tār, eigtl. = Saite]: *mit dem Plektron gezupfte Laute im Iran u. im Kaukasus.*
Ta|ra, die; -, ...ren [ital. tara, eigtl. = Abzug für Verpackung < arab. ṭarḥ = Abzug, zu: ṭaraḥa = entfernen, beseitigen] (Kaufmannsspr.): **1.** *Gewicht der Verpackung einer Ware.* **2.** *Verpackung einer Ware;* Abk.: T, Ta
Ta|ran|tas, der; -, - [russ. tarantas]: *alter, ungefederter russischer Reisewagen, der nur auf einem Gestell aus Stangen ruht.*
Ta|ran|tel, die; -, -n [ital. tarantola, wohl nach der Stadt Taranto = Tarent, weil dort die Spinne bes. häufig vorkommt]: *(im Mittelmeergebiet heimische) in Erdlöchern lebende, große giftige Spinne, deren Biß schmerzhaft ist:* * **wie von der/einer T. gestochen/gebissen** (ugs.; *in plötzlicher Erregung sich wild gebärdend, wie besessen*): Lehrer Hvizd sprang auf, wie von der T. gestochen (Werfel, Himmel 119); **Ta|ran|tel|la**, die -, -s u. ...llen [ital. tarantella, wohl nach Taranto, ↑ Tarantel]: *mit Kastagnetten u. Schellentrommel getanzter süditalienischer [Volks]tanz in schnellem, sich steigerndem ³/₈- od. ⁶/₈-Takt.*
Tar|busch, der; -[e]s, -e [frz. tarbouch < arab. ṭarbūš, aus dem Türk. u. Pers.]: *Fes.*
tar|dan|do [ital. tardando, zu: tardare < lat. tardāre = zögern] usw.: ↑ ritardando usw.
Tar|de|noi|si|en [tardənoa'ziɛ̃:], das; -[s] [nach dem frz. Fundort La Fère-en-Tardenois]: *aus der mittleren Steinzeit stammende Kultur mit Mikrolithen* (2) *in geometrischen Formen u. Hockergräbern.*
tar|div ⟨Adj.⟩ [zu lat. tardus = langsam] (Med.): *(von Krankheiten od. Krankheitssymptomen) sich nur zögernd, langsam entwickelnd;* **tar|do** ⟨Adv.⟩ [ital. tardo < lat. tardus] (Musik): *langsam.*
Ta|ren: Pl. von ↑ Tara.
Ta|rent: italienische Hafenstadt; **Ta|ren-**

ter, der; -s, -: Ew.; Ta|ren|te|rin, die; -, -nen: w. Form zu ↑Tarenter; Ta|ren|ti|ner, der; -s, -: Tarenter; Ta|ren|ti|ne|rin, die; -, -nen: w. Form zu ↑ Tarentiner; ta|ren|ti|nisch ⟨Adj.⟩.

Tar|get ['taːgɪt], das; -s, -s [engl. target, eigtl. = Zielscheibe] (Physik): *Substanz, auf die energiereiche Strahlung geschickt wird, um in ihr Kernreaktionen zu erzielen;* Tar|get-Zel|le, die ⟨meist Pl.⟩ (Med.): *rotes Blutkörperchen, das in der Mitte eine Hämoglobinanhäufung aufweist.*

Tar|gi, der; -[s], Tuareg: *Angehöriger eines berberischen Volksstammes.*

Tar|gum, das, auch: der; -s, -e u. Targumim [hebr. targūm = Übersetzung]: *Übersetzung des Alten Testaments vom Hebräischen ins Aramäische.*

Tar|hon|ya, die; - [ung. tarhonya]: *ungarische Speise aus Nudeln, die häufig als Beilage serviert werden.*

ta|rie|ren ⟨sw. V.; hat⟩ [ital. tarare, zu: tara, ↑Tara]: 1. (Wirtsch.) *die Tara (einer verpackten Ware) bestimmen.* 2. (Physik) *das Gewicht auf einer Waage durch Gegengewichte ausgleichen;* Ta|rier|waa|ge, die: *Feinwaage, deren Nullpunkt vor jedem Wiegen genau eingestellt wird.*

Ta|rif, der; -s, -e [frz. tarif < ital. tariffa < arab. taʿrīf = Bekanntmachung, zu: 'arafa = wissen]: 1. a) *festgesetzter Preis, Gebühr für etw.* (z. B. für die Inanspruchnahme von Dienstleistungen): *die -e der Bahn, der Post; für Großkunden gilt ein besonderer, verbilligter T.;* b) *Verzeichnis der Tarife (1 a): ein Auszug aus dem amtlichen T.* 2. *ausgehandelte u. vertraglich festgelegte Höhe von Löhnen, Gehältern: die Gewerkschaft hat die -e gekündigt; neue -e aushandeln; nach, über T. bezahlt werden; Unter T. kann er ja nicht zahlen. Und der Berliner T. wird schon nicht schlecht sein* (Fallada, Mann 101); Ta|rif|ab|schluß, der: *Abschluß eines Tarifs (2);* Ta|rif|an|ge|stell|te, der u. die: *jmd., der unter einen bestimmten Tarif (2) fällt;* ta|rif|fär ⟨Adj.⟩ [frz. tarifaire, zu: tarif, ↑Tarif] (selten): *tariflich;* ta|ri|fa|risch ⟨Adj.⟩ (selten): *tariflich;* Ta|rif|aus|ein|an|der|set|zung, die: *Auseinandersetzung (2 a) zwischen den Tarifparteien um neue Tarife (2);* Ta|rif|au|to|no|mie, die: *Recht der Sozialpartner, ohne staatliche Einmischung Tarifverträge auszuhandeln u. zu kündigen: ein Eingriff in die T.;* Ta|rif|be|reich, der: *Bereich, für den ein Tarif (2) Gültigkeit hat;* Ta|rif|be|zirk, der: vgl. Tarifbereich; Ta|rif|ein|heit, die: *Gültigkeit nur eines einzigen Tarifvertrages für alle Arbeitsverhältnisse eines Betriebes;* Ta|rif|ent|fer|nung, die (Eisenb.): *der Berechnung des Tarifs (1 a) zugrunde gelegte Entfernung;* Ta|rif|er|hö|hung, die: *Erhöhung von Tarifen (1 a):* -en für Strom und Gas; Ta|ri|feur [...'føːɐ], der; -s, -e: *jmd., der Preise festlegt;* Ta|ri|feu|rin, die; -, -nen: w. Form zu ↑Tarifeur; ta|rif|fä|hig ⟨Adj.⟩: *berechtigt, Tarifverhandlungen zu führen;* Ta|rif|fä|hig|keit, die ⟨o. Pl.⟩: *das Tariffähigsein;* Ta|rif|ge|biet, das: *Tarifbereich;* ta|rif|ge|recht ⟨Adj.⟩: *dem Tarif (2) gemäß, entsprechend:* eine -e Entlohnung; Ta|rif|grup|pe, die: vgl. Lohngruppe; Ta|rif|ho-

heit, die: *[staatliches] Recht zur Festlegung von Gebühren u. Tarifen (1 a);* ta|ri|fie|ren ⟨sw. V.; hat⟩: *die Höhe einer Leistung tariflich festlegen, in einen Tarif einordnen:* Zahnersatzleistungen t.; Ta|ri|fie|rung, die: *das Tarifieren;* ta|ri|fisch ⟨Adj.⟩ (selten): *tariflich;* Ta|rif|kom|mis|sion, die: *vom jeweiligen Tarifpartner zur Verhandlung u. zum Abschluß eines [neuen] Tarifvertrages bevollmächtigtes Gremium;* Ta|rif|kon|flikt, der: *die Tarife (2) betreffender Konflikt zwischen Tarifpartnern;* ta|rif|lich ⟨Adj.⟩: *den Tarifvertrag] betreffend:* -e Bestimmungen; die -e Eingruppierung von Mitarbeitern; Ta|rif|lohn, der: *dem Tarif (2) entsprechender Lohn;* ta|rif|los ⟨Adj.⟩: *keinen geltenden Tarif (2) habend:* ein -er Zustand; ta|rif|mä|ßig ⟨Adv.⟩: *in bezug auf den Tarif;* Ta|rif|ord|nung, die: *in Tarifverträgen festgehaltene Rahmenbedingungen;* Ta|rif|par|tei, die: *einer der beiden jeweiligen Tarifpartner;* Ta|rif|part|ner, der ⟨meist Pl.⟩: *Arbeitgeber bzw. Arbeitnehmer mit ihren jeweiligen Verbänden u. Interessenvertretungen;* Ta|rif|part|ne|rin, die: w. Form zu ↑Tarifpartner; ta|rif|po|li|tisch ⟨Adj.⟩: *die Tarifpolitik betreffend;* Ta|rif|recht, das ⟨o. Pl.⟩: *für Abschluß u. Einhaltung von Tarifverträgen zuständige Rechtsbestimmungen;* ta|rif|recht|lich ⟨Adj.⟩: *das Tarifrecht betreffend, darauf beruhend;* Ta|rif|re|gi|ster, das: *beim Bundesminister für Arbeit u. in der Regel auch bei den Arbeitsministern der Länder geführtes Register, in dem Abschluß, Änderung od. Aufhebung aller sich auf das gesamte Bundesgebiet bzw. das jeweilige Land erstreckenden Tarifverträge verzeichnet bzw.;* Ta|rif|ren|te, die: *vorgezogene Rente, die ein Arbeitnehmer vor Erreichen der gesetzlichen Altersgrenze in Anspruch nehmen kann;* Ta|rif|run|de, die (Jargon): *Gesamtheit der (meist einmal im Jahr stattfindenden) Tarifverhandlungen in allen Branchen;* Ta|rif|satz, der: a) *Gebührensatz;* b) *für eine bestimmte Tarifgruppe geltender Tarif;* Ta|rif|strei|tig|keit, die ⟨meist Pl.⟩: *Streit um Tarife unter den Tarifpartnern;* Ta|rif|sy|stem, das: *System, nach dem Preise od. Löhne gestaffelt sind;* Ta|rif|ver|ein|ba|rung, die: *Vereinbarung über die Höhe der Tarife (2);* Ta|rif|ver|hand|lung, die ⟨meist Pl.⟩: *Tarife betreffende Verhandlung der Tarifpartner:* -en aufnehmen; die -en ergebnislos abbrechen; Ta|rif|ver|trag, der: *Vertrag zwischen Arbeitgeber u. Gewerkschaft über Löhne u. Gehälter sowie über Arbeitsbedingungen;* ta|rif|ver|trag|lich ⟨Adj.⟩: *einen Tarifvertrag betreffend:* -e Regelungen; etw. t. festlegen, absichern.

Tar|la|tan, der; -s, -e [frz. tarlatane, H. u.]: *stark appretiertes, lockeres Gewebe aus Baumwolle od. Zellwolle für Theater- u. Faschingskostüme.*

Tarn|an|strich, der (Milit.): *Anstrich, der zur Tarnung dienen soll;* Tarn|an|zug, der (Milit.): *Kampfanzug in Tarnfarben;* Tarn|be|zeich|nung, die: vgl. Tarnname; tar|nen ⟨sw. V.; hat⟩ [mhd. tarnen, ahd. tarnan, zu: tarni = heimlich, verborgen]: *jmdn., etw. vor dem Erkannt-, Gesehenwerden schützen, indem man ihn, es ver-

hüllt od. auf andere Weise der Umgebung angleicht:* eine Stellung, Abschußrampen t.; sich mit etw., gegen etw. t.; Vor dem Schiebetor ... wartete, wie gegen Tieffliegerangriffe getarnt, ein Dreiradauto (Grass, Blechtrommel 544); der Spitzel hat sich als Reporter getarnt; ein gut getarnte Radarfalle; Ü die Opposition mußte sich t.; seine gespannte Aufregung tarnte er mit gleichmütigem Gesicht und zwangloser Gangart (Kühn, Zeit 284); Tarn|far|be, die: *Farbe, die eine Tarnung bewirken soll:* Gebäude, Fahrzeuge des Militärs sind mit T. gestrichen; daß die Streifen der afrikanischen Tigerpferde ganz gewiß keine T. wären (Grzimek, Serengeti 203); Ü Außer in Marsrot wird der neue Golf nur in tristen -n angeboten (ADAC-Motorwelt 11, 1983, 138); tarn|far|ben ⟨Adj.⟩: *mit einer Tarnfarbe versehen:* -e Zelte, Fahrzeuge, Kampfzüge; Ein Oberst in einem -en Opel (Lentz, Muckefuck 290); Tarn|fär|bung, die (Zool.): *Schutzfärbung;* Tarn|fir|ma, die: vgl. Tarnorganisation; Tarn|kap|pe, die [mhd. tarnkappe = Tarnmantel, zu: kappe, ↑Kappe] (Myth.): *Kappe, die den Träger unsichtbar macht; Nebelkappe:* im Kampf mit Brünhild trug Siegfried die T. des Zwergenkönigs Alberich; Ü in dieser Situation wäre er gern unsichtbar gewesen); Tarn|kap|pen|bom|ber, der (Milit. Jargon): *Bombenflugzeug, das mit Hilfe der sogen. Tarnkappentechnik gegen Ortung geschützt ist bzw. deren Ortung erschwert ist;* Tarn|kap|pen|tech|nik, die: *Technik, mit deren Hilfe die Ortung militärischer Objekte erschwert od. verhindert werden soll;* Tarn|ma|nö|ver, das: *Handlung, mit der eine andere verdeckt od. etw. vorgetäuscht werden soll;* Tarn|man|tel, der: vgl. Tarnanzug; Tarn|na|me, der: *Name, mit dem jmd. od. etw. unter Eingeweihten bezeichnet wird, so daß andere nicht wissen können, von wem oder wovon die Rede ist;* Tarn|netz, das (Milit.): *zur Tarnung von etw. verwendetes Netz:* Geschütze mit -en abdecken; Der Westwallbunker ... war dicht verhängt mit -en (Harig, Weh dem 123); Tarn|or|ga|ni|sa|ti|on, die: *Organisation (Partei, Verein o. ä.) mit vorgeschobenen Zielen, durch die anderweitige [illegale] Aktivitäten verdeckt werden sollen;* Tar|nung, die; -, -en: a) ⟨o. Pl.⟩ *das Tarnen:* Zweige dienten zur T.; b) *etw., was dem Tarnen dient:* unter einer T. liegen.

Ta|ro, der; -s [span. taro < Maori (neuseeländische Eingeborenenspr.) taro]: *stärkehaltige Knolle einer zu den Aronstäben gehörenden Pflanze, die als wichtiges Nahrungsmittel in Südostasien u. im tropischen Afrika kultiviert wird.*

Ta|rock, das (österr. nur so) od. der; -s, -s [ital. tarocco, H. u.]: a) *in verschiedenen Formen gespieltes, altüberliefertes Kartenspiel zu dritt:* T. spielen; b) ⟨nur: der⟩ *eine der 21 zum alten Tarockspiel gehörenden Sonderkarten:* sie hat den höchsten T. in der Hand; ta|rocken[1], ta|rockie|ren[1] ⟨sw. V.; hat⟩: *Tarock spielen;* Ta|rock|par|tie, die: vgl. Skatpartie; Ta|rock|spiel, das: 1. ⟨o. Pl.⟩ *das Tarock* a). 2. *das Tarockspielen:* Ich setze mich allein in eine ... Kneipe ... Mir gegenüber einige

Kleinbürger beim T. (Ziegler, Labyrinth 109).

Tá|ro|ga|tó, das; -s, -s [ung. tárogató]: *ungarisches Holzblasinstrument.*

Ta|rot [ta'ro:], das od. der; -s, -s [engl. tarot, frz. tarot < ital. tarocco, ↑Tarock]: *dem Tarock verwandtes Kartenspiel, dessen Karten bes. spekulativen symbolischen Deutungen dienen.*

Tar|pan, der; -s, -e [russ. tarpan, aus dem Kirg.]: *ausgestorbenes europäisches Wildpferd.*

Tar|pau|lin [ta:'pɔ:lɪn, 'ta:pəlɪn], **Tar|pauling** [ta:'pɔ:lɪŋ], der; -[s] [engl. tarpaulin, älter: tarpauling, tarpawling, H. u.]: *festes u. grobes Jutegewebe für Säcke.*

Tar|pun, der; -s, -e [H. u.]: *dem Hering ähnlicher Knochenfisch.*

Tar|ra|go|na, der; -s, -s [nach der gleichnamigen span. Stadt]: *dunkler Süßwein aus Tarragona.*

tar|sal ⟨Adj.⟩ [zu ↑Tarsus] (Med.): **1.** *zur Fußwurzel gehörend.* **2.** *zu einem Knorpel des Augenlids gehörend;* **Tars|al|gie**, die; -, -n [zu griech. álgos = Schmerz] (Med.): *Schmerz in der Fußwurzel;* **Tars|ek|to|mie**, die; -, -n [↑Ektomie] (Med.): *operative Entfernung von Fußwurzelknochen;* **Tar|si|tis**, die; -, ...itiden (Med.): *Entzündung des Knorpels am oberen u. unteren Augenlid;* **Tar|sus**, der; -, ...sen [griech. tarsós = breite Fläche; Fußwurzel]: **1. a)** (Anat.) *Fußwurzel;* **b)** (Zool.) *aus mehreren Gliedern bestehender unterer Abschnitt der Extremitäten bei Gliederfüßern.* **2.** (Med.) *schalenförmiger Knorpel am oberen u. unteren Augenlid.*

¹Tar|tan ['tartan, engl.: 'tɑ:tən], der; -[s], -s [engl. tartan]: **1.** *Plaid in buntem Karomuster.* **2.** *karierter Umhang der Bergschotten.*

²Tar|tan ⓦ ['tartan], der; -s [Kunstwort]: *(aus Kunstharzen hergestellter) wetterfester Belag für Laufbahnen;* **Tar|tan|bahn**, die: *Laufbahn aus ²Tartan.*

Tar|ta|ne, die; -, -n [ital. tartana, aus dem Provenz.]: *(auf dem Mittelmeer gebräuchliches) ungedecktes, meist einmastiges Fischerboot.*

tar|ta|re|isch ⟨Adj.⟩ [lat. Tartareus] (bildungsspr.): *zum ¹Tartarus gehörend, unterweltlich;* **Tar|ta|ros**, **¹Tar|ta|rus**, der; - [griech. Tártaros, lat. Tartarus]: *Unterwelt in der griechischen Sage.*

²Tar|ta|rus, der; - [mlat. tartarum, viell. aus dem Arab.] (Chemie, Pharm.): *Weinstein.*

Tar|tel|let|te, die; -, -n [frz. tartelette, Vkl. von: tarte = Torte] (veraltet): *Tortelette.*

Tar|trat, das; -[e]s, -e [frz. tartrate, zu: tartre < mlat. tartarum ↑²Tartarus] (Chemie): *Salz der Weinsäure.*

Tart|sche, die; -, -n [mhd. tar(t)sche < (a)frz. targe, aus dem Germ.]: *(im späteren MA.) unregelmäßig rechteckig geformter Schild mit Wölbung u. gemaltem Wappen.*

Tar|tüff, der; -s, -e [frz. tartuf(f)e, nach der Hauptperson eines Lustspiels des frz. Dichters J.-B. Molière (1622–1673)] (bildungsspr.): *Heuchler;* **Tar|tüf|fe|rie**, die; -, -n [frz. tartuf(f)erie] (bildungsspr.): *Heuchelei: aus seinem Beruf kannte er die Misere, T. um einen Begriff von*

Ehe, dem keine Realität entspricht (Frisch, Stiller 246).

Tar|zan, der; -s, -e [nach der gleichnamigen Hauptfigur der Abenteuerromane des amerikanischen Schriftstellers E. R. Burroughs (1875–1950)]: *muskulöser, schöner Mann:* weil selbst olympisches Gold nicht reichen würde, die ... Pläne des T. aus Germany zu finanzieren (Hörzu 43, 1975, 8).

Täsch|chen, das; -s, -: Vkl. zu ↑Tasche; **Ta|sche**, die; -, -n [mhd. tasche, ahd. tasca, H. u.]: **1.** *etw., was meist aus flexiblem Material hergestellt ist, meist einen od. zwei Henkel od. einen Tragegriff hat u. zum Unterbringen von Dingen bestimmt ist, die jmd. bei sich tragen möchte:* eine lederne T.; eine T. aus Leder, zum Umhängen, für die Einkäufe, für Bücher; die T. tragen, umhängen; Der Mann ... setzte sich auf einen Ziegelhaufen, holte sein Brot aus der T. (Schnabel, Marmor 69). **2. a)** *ein-, aufgenähter Teil in einem Kleidungsstück (zum Hineinstecken von kleineren Gegenständen):* eine aufgenähte, aufgesetzte, große, tiefe T.; die -n sind ausgebeult, die T. hat ein Loch; die -n ausleeren, umstülpen, umkehren, auf-, zuknöpfen; Er drehte die leeren -n mit den Tabakskrümeln nach außen (Langgässer, Siegel 514); sich die -n vollstopfen; ein Taschentuch, ein Messer aus der T. holen, ziehen; die Hände aus den -n nehmen, in die -n stecken; [sich] etw. in die T. stecken; ein Loch in der T. haben; ich habe noch genau 30 Pfennig in der T. *(bei mir);* Er ... kramte in seinen -n nach Streichhölzern (Remarque, Triomphe 6); Der Kommodore ... ging, die Hände in beiden -n, im Zimmer herum (Gaiser, Jagd 62); Sie ließ den Rosenkranz ... in ihre T. gleiten (Langgässer, Siegel 265); R faß mal einen nackten Mann in die T., einem nackten Mann, kann man nicht in die T. fassen (ugs. scherzh.; *von jmdm., der nichts besitzt, kann man kein Geld bekommen);* * *jmdm. die -n leeren* (ugs.; *jmdm. [auf hinterhältige Weise] sein Geld abnehmen);* **sich** ⟨Dativ⟩ **die eigenen -n füllen** (ugs.; *sich bereichern*); **jmdm. die -n füllen** (ugs.; *jmdm. zu unrechtmäßigem Profit verhelfen*); **jmdm. auf der T. liegen** (ugs.; *sich von jmdm. unterhalten lassen*): ich wollte möglichst wenig irgendwelchen Leuten auf der T. liegen (Eppendorfer, Ledermann 14); **etw. aus eigener/der eigenen T. bezahlen** *(etw. selbst bezahlen);* **jmdm. etw. aus der T. ziehen** (ugs.; *jmdm. etw., bes. Geld [auf hinterhältige Weise] abnehmen*); **[für etw. tief] in die T. greifen [müssen]** (ugs.; *für etw. viel zahlen [müssen]*): zum Jahresbeginn müssen Biertrinker demnächst ... tiefer in die T. greifen (Nordschweiz 29. 3. 85, 36); **etw. in die eigene T. stecken** (ugs.; *sich einen Geldbetrag durch Unterschlagung o. ä. aneignen*); **in die eigene T. arbeiten, wirtschaften** (ugs.; *auf betrügerische Weise Profit machen*); **jmdm. in die/in jmds. T. arbeiten, wirtschaften** (ugs.; *in betrügerischer Weise materielle Güter zukommen lassen*); **in jmds. T./-n wandern, fließen** (ugs.; *jmdm. als Profit zufließen*); **jmdn. in die T. stecken** (ugs.; *jmdm. weit überlegen*

sein): mit seiner Vitalität steckt er alle in die T.; **sich selbst in die/sich in die eigene T. lügen** (ugs.; *sich etw. vormachen*); **etw. [schon] in der T. haben** (ugs.; 1. *etw. sicher bekommen werden:* das Abitur hat er jetzt schon in der T.; Wenn wir in einer Mannschaft spielten, hatten wir den Sieg so gut wie in der T. (Wilhelm, Unter 23). 2. *im Besitz von etw. sein:* ich habe den Vertrag in der T.); **jmdn. in der T. haben** (ugs.; *jmdn. in der Gewalt haben, ihm vorschreiben, was er tun soll*): Er wußte, er hatte mich in der T., ... wann immer er wollte (Denneny [Übers.], Lovers 52); **b)** *etw., was sich als Fach auf od. in etw. befindet, in das kleinere Gegenstände gesteckt werden können:* der Rucksack hat außen zwei -n; eine T. im Kofferdeckel. **3.** *Hohlraum, in den etw. gesteckt werden kann:* ein Kalbsschnitzel an einer Seite aufschneiden und die so entstandene T. mit Schinken und Käse füllen. **4.** (Kochk.) *Teigtasche.* **5.** (Jägerspr.) *Schnalle* (3); **6.** (Zahnmed.) *Zahnfleischtasche:* durch die Entzündung bilden sich am Zahnfleisch -n.; **Tä|schel|kraut**, das; -[e]s: *Pfennigkraut* (1); **Ta|schel|zie|her**, der; -s, - (österr.): *Taschendieb;* **Ta|schel|zie|he|rin**, die; -, -nen (österr.): w. Form zu ↑Taschelzieher; **Ta|schen|aus|ga|be**, die: *kleine, handliche Ausgabe eines Buches;* **Ta|schen|bil|lard**, das (salopp scherzh.): *das Herumspielen an den eigenen (männlichen) Genitalien mit der in der Hosentasche steckenden Hand;* **Ta|schen|buch**, das: **1.** *broschiertes, gelumbecktes Buch in einem handlichen Format.* **2.** *Notizbuch, das in der Tasche mitgeführt werden kann;* **Ta|schen|buch|la|den**, der: *auf Taschenbücher* (1) *spezialisierte Buchhandlung;* **Ta|schen|buch|rei|he**, die: *ein gemeinsames Thema behandelnde Folge von Taschenbüchern;* **Ta|schen|dieb**, der: *Dieb, der andere bestiehlt, indem er ihnen Wertgegenstände, das Portemonnaie u. a. aus der Tasche entwendet:* Die Liebe verschwand wie ein T. in der Menge (Strauß, Niemand 68); **Ta|schen|die|bin**, die: w. Form zu ↑Taschendieb; **Ta|schen|dieb|stahl**, der: *Diebstahl von Wertgegenständen, Portemonnaies u. a. aus Taschen;* **Ta|schen|fahr|plan**, der: *Fahrplan im Taschenformat;* **Ta|schen|fei|tel**, das (südd., österr. ugs.): *Taschenmesser;* **Ta|schen|feu|er|zeug**, das: *kleines Feuerzeug, das man in der Tasche mitführt;* **Ta|schen|fla|sche**, die: *kleine [flache] Flasche, die in der Tasche mitgeführt werden kann (bes. für Spirituosen);* **Ta|schen|for|mat**, das: *kleines, handliches Format von etw.:* ein Wörterbuch im T.; Ü (ugs. scherzh.): ein Casanova im T.; **Ta|schen|fut|ter**, das (Textilind.): *Futterstoff zur Herstellung von [Hosen-, Jacken]taschen;* **Ta|schen|geld**, das: *kleinerer Geldbetrag, der jmdm., der selbst kein eigenes Geld hat (bes. einem Kind) regelmäßig gegeben wird:* das Kind bekommt 10 Mark T.; Ü was er dabei verdient, ist nur ein T. (ugs.; *ist nur wenig*); **Ta|schen|geld|ent|zug**, der: *Entzug des Taschengeldes (aus pädagogischen Gründen):* die Mutter drohte den Kindern mit T.; **Ta|schen|ge|rät**, das: *Gerät in Taschenformat;* **Ta|schen|in|halt**, der: *Inhalt einer*

Tasche; **Ta|schen|ka|len|der,** der: vgl. Taschenfahrplan; **Ta|schen|kamm,** der: vgl. Taschenfahrplan; **Ta|schen|klap|pe,** die [2: nach der Form]: **1.** *Patte.* **2.** (Anat.) *Semilunarklappe;* **Ta|schen|krebs,** der: *große, meist rotbraune Krabbe mit glattem Panzer u.* **kräftigen Scheren;** **Ta|schen|lam|pe,** die: *handliche, von einer Batterie gespeiste Lampe, die jmd. bei sich führen kann;* **Ta|schen|le|xi|kon,** das: *Lexikon im Taschenformat;* **Ta|schen|mes|ser,** das [mhd. taschemeʒʒer]: *Messer, dessen Klinge sich in eine dafür vorgesehene Vertiefung im Griff klappen läßt, so daß es in der Tasche mitgeführt werden kann;* **Ta|schen|packung**[1]**,** die: *kleinere, zum Mitführen in der Tasche geeignete Packung einer Ware;* **Ta|schen|pat|te,** die (Fachspr.): *Patte;* **Ta|schen|pfän|dung,** die: *Pfändung von in Kleidungsstücken des Schuldners vorgefundenen Sachen durch den Gerichtsvollzieher;* **Ta|schen|rechner,** der: *kleiner elektronischer Rechner, der in der Tasche mitgeführt werden kann:* ein elektronischer T.; Er rechnete mit dem T. (M. Walser, Seelenarbeit 38); **Ta|schen|schirm,** der: *zusammenschiebbarer Regenschirm, der gut in einer Handtasche, Aktentasche o. ä. untergebracht werden kann;* **Ta|schen|spie|gel,** der: vgl. Taschenfahrplan; **Ta|schen|spie|gelchen,** das: *kleiner Taschenspiegel:* Die schöne Frau spiegelte ihr ... Lächeln .. in ihrem fleißig zu Rate gezogenen T. (Werfel, Himmel 51); **Ta|schen|spie|ler,** der (veraltend): *jmd., der Taschenspielerkunststücke vorführt;* **Ta|schen|spie|le|rei,** die: *Taschenspielerkunststück;* **Ta|schen|spie|le|rin,** die: w. Form zu ↑Taschenspieler; **Ta|schen|spie|ler|kunststück,** das: *große Fingerfertigkeit erfordernder Zaubertrick, bei dem jmd. wie durch Magie Gegenstände auftauchen u. verschwinden läßt;* **Ta|schen|spie|lertrick,** der (abwertend): *Trick, durch den jmd. getäuscht, jmdm. etw. vorgespiegelt werden soll:* er hat sich mit allerlei -s das Geld ergaunert; er hat mit -s die Menschen getäuscht; **Ta|schen|trä|ger,** der (Sport, Politik Jargon): vgl. Wasserträger; **Ta|schen|trä|ge|rin,** die (Sport, Politik Jargon): w. Form zu ↑Taschenträger; **Ta|schen|tuch,** das ⟨Pl. ...tücher⟩: *kleines viereckiges Tuch, das in der Tasche mitgeführt wird zum Naseputzen o. ä.:* ein sauberes, weißes, zerknülltes T.; Wenn man ihm ... begegnete, ein zusammengeknotetes T. auf dem sonnenempfindlichen Kopf (Schnurre, Bart 136); **Ta|schenuhr,** die: *kleine Uhr, die [an einer Kette befestigt] in der Tasche (2), bes. der Westentasche, getragen wird;* **Ta|schen|wör|ter|buch,** das: vgl. Taschenfahrplan; **Ta|scherl,** das; -s, -n (österr. Kochk.): *mit Marmelade o. ä. gefüllte Teigtasche.*

Ta|schi-La|ma, der; -[s], -s [tib.]: *zweites kirchliches Oberhaupt des tibetischen Priesterstaates.*

Tasch|kent: Hauptstadt von Usbekistan.

Tasch|ner, der; -s, - [spätmhd. tasch(e)ner] (österr., südd.): *Täschner;* **Täsch|ner,** der; -s, -: *jmd., der Lederwaren wie Handtaschen, Brieftaschen, Aktentaschen u. a. herstellt* (Berufsbez.); **Täsch|ne|rei,** die; -, -en: vgl. Sattlerei;

Täsch|ne|rin, die; -, -nen (österr., südd.): w. Form zu ↑Taschner; **Täsch|ne|rin,** die; -, -nen: w. Form zu ↑Täschner; **Täsch|ner|wa|re,** die ⟨meist Pl.⟩: *Lederware.*

Task, der; -[e]s, -s u. -e [engl. task = Aufgabe < mengl. taske < afrz. tasche, über das Vlat. < mlat. taxa, ↑Taxe]: **1.** *Höchstleistung, vielfache Darstellung der gleichen Idee in Schachaufgaben.* **2.** ⟨Pl. -s⟩ (Datenverarb.) *in sich geschlossene Aufgabe, dargestellt durch einen Teil eines Programms (auch Systemprogramms) od. ein ganzes Programm, der bzw. das nebenläufig zu anderen abgearbeitet werden kann.* **Task force** [- fɔrs], die; - -, - -s [- fɔrsɪs; engl. task force, zu: force = Kolonne, Trupp, Einheit]: *für eine begrenzte Zeit gebildete Arbeitsgruppe mit umfassenden Entscheidungskompetenzen zur Lösung komplexer Probleme.*

Tas|ma|ni|en, -s: *australische Inselgruppe;* **Tas|ma|ni|er,** der; -s, -: Ew.; **Tas|ma|nie|rin,** die; -, -nen: w. Form zu ↑Tasmanier; **tas|ma|nisch** ⟨Adj.⟩.

TASS, die; - [Abk. für russ. Telegrafnoe Agenstvo Sovetskogo Sojuza]: *Nachrichtenagentur der ehem. UdSSR.*

Täß|chen, das; -s, -: Vkl. zu ↑Tasse; **Tas|se,** die; -, -n [frz. tasse < arab. tās(a^h) < pers. tašt = Becken, Untertasse]: **1. a)** *kleines Trinkgefäß von unterschiedlicher Form mit einem Henkel an der Seite:* ein Sonntagnachmittag, geblümte -n auf dem Kaffeetisch (Plievier, Stalingrad 72); eine T. aus Porzellan; eine T. *(eine Tasse füllende Menge)* Tee trinken; in einem Zug austrinken; eine T. starker Kaffee/(geh.:) starken Kaffees wird dich wieder aufmöbeln, trink deine T. aus!; die Kanne faßt sechs -n; eine T. *(einer Tasse entsprechende Menge)* Grieß, eine T. voll Grieß; nehmen Sie noch ein Täßchen? *(darf ich Ihnen noch einmal einschenken?);* Auf einem ... Tisch war der Tee bereitet. Die Dame schenkte die -n ein *(goß sie voll Tee;* Kuby, Sieg 405); aus einer T. trinken; Milch in die T. gießen; jmdn. zu einer T. Tee einladen; R hoch die -n! (ugs.; *laßt uns trinken, anstoßen!*); * **trübe T.** (ugs. abwertend; *langweiliger, temperament-, schwungloser Mensch);* **b)** *Tasse (1 a) mit dazugehöriger Untertasse:* diese T. kostet [komplett] 15 Mark; * **nicht alle -n im Schrank**/(auch:) **Spind haben** (ugs.; *nicht recht bei Verstand sein*): Wahrscheinlich wirst Du sagen, ich hätte nicht alle -n im Schrank (Ruark [Übers.], Honigsauger 518). **2.** (österr.) *Tablett.*

Tas|sel, die; -, -n [mhd. tassel < afrz. tassel, über das Vlat. < lat. taxillus = kleiner Klotz, kleines Stäbchen]: *(im Mittelalter) scheiben- od. rosettenförmige Spange an der Halsöffnung des Mantels, die zur Befestigung einer Schnur od. eines Bandes dient;* **Tas|sel|man|tel,** der: *weiter, umhangartiger Mantel des 13./14. Jh.s, der über der Brust durch ein beidseitig an Tasseln befestigtes Band zusammengehalten wird.*

tas|sen|fer|tig ⟨Adj.⟩: *(von Instantgetränken, -suppen o. ä.) so vorbereitet, daß es nach Übergießen mit heißem Wasser sofort getrunken, verzehrt werden kann;* **Tas-**

sen|kopf, der (landsch., bes. nordd.): *Tasse ohne Untertasse;* **Tas|sen|rand,** der: *oberer Rand der Tasse* (1 a).

Ta|sta|tur, die; -, -en [älter ital. tastatura, zu: tasto, ↑Taste]: **a)** *Klaviatur* (1); [1]*Manual* (1), *auch Pedal* (5 a) *einer Orgel;* **b)** *größere Anzahl in bestimmter Weise (meist in mehreren übereinanderliegenden Reihen) angeordneten Tasten* (2); **c)** (Datenverarb.) *Gerät mit in Feldern angeordneten Tasten zur Eingabe von Daten od. zum Auslösen bestimmter Funktionen;* **Tast|bal|len,** der (Med.): *hügelartige, an Mechanorezeptoren reiche Hauterhebung am Handteller, an der Fußsohle u. den Endgliedern der Finger u. Zehen;* **tast|bar** ⟨Adj.⟩ (bes. Med.): *palpabel:* eine -e Verhärtung; **Ta|ste,** die; -, -n [ital. tasto, eigtl. = das (Werkzeug zum) Tasten, zu: tastare, über das Vlat. < lat. taxare, ↑taxieren]: **1. a)** *länglicher, rechteckiger Teil an bestimmten Musikinstrumenten, der beim Spielen mit einem Finger niedergedrückt wird, um einen bestimmten Ton hervorzubringen:* eine T. anschlagen, greifen; Stefan wünschte sich, er würde einen Akkord anschlagen ... Aber die Hand legte sich nur auf die -n, ohne sie niederzudrücken (Kuby, Sieg 409); er haut in die / haut, hämmert auf die -n; * [**mächtig** o. ä.] **in die -n greifen** *(mit viel Schwung, Temperament Klavier o. ä. spielen):* Er erhält ... den ... Auftrag, den Lobgesang ... anzustimmen, den führt ihn ... durch, indem er nicht nur die Stimme erhebt, sondern wirklich rauschend in die -n greift (Thieß, Reich 464); **b)** *(zu einem Pedal 5 a gehörender) Fußhebel; Fußtaste, Pedal* (5 b). **2.** *einem Druckknopf* (2) *ähnlicher, oft viereckiger Teil bestimmter Geräte, Maschinen, der bei der Benutzung, bei der Bedienung des jeweiligen Geräts mit dem Finger niedergedrückt wird:* die -n eines Telefons, eines Taschenrechners drücken; auf einer Schreibmaschine eine T. anschlagen; **Tast|emp|fin|dung,** die: *Wahrnehmung durch den Tastsinn;* **tasten** ⟨sw. V.; hat⟩ [mhd. tasten, aus dem Roman. (vgl. ital. tastare, ↑Taste)]: **1. a)** *(bes. mit den ausgestreckten Händen) vorsichtig fühlende, suchende Bewegungen ausführen, um Berührung mit etw. zu finden:* der Blinde tastete mit einem Stock; ... er nahm Gabler ... den Mantel vom Haken und tastete ... über seine Taschen: Portemonnaie, Schlüsselbund (Loest, Pistole 244); sie bewegte sich tastend zur Tür; Ü Sein Blick tastete über Dabrowskis Gesicht (Konsalik, Promenadendeck 457); ein erster tastender Versuch; tastende *(vorfühlende)* Fragen; **b)** *tastend* (1 a) *nach etw. suchen:* nach dem Lichtschalter t.; seine rechte Hand tastete nach der Brieftasche; **c)** *tastend* (1 a) *wahrnehmen, feststellen:* man kann die Geschwulst [mit den Fingern] t. **2.** ⟨t. + sich⟩ *sich tastend* (1 a) *irgendwohin bewegen:* Pinneberg tastet sich im Finstern auf die Veranda (Fallada, Mann 221); er t. sich über den dunklen Flur. **3.** (bes. Fachspr.) **a)** *eine mit einer Tastatur (b) ausgestattete Maschine bedienen;* **b)** *(einen Text, Daten o. ä.) mit Hilfe einer Tastatur (b), einer Taste (2) übertragen, übermitteln, eingeben o. ä.:*

Tastendruck

einen Funkspruch t.; eine Telefonnummer t.; ein Manuskript [auf der Setzmaschine] t.; **Ta̱|sten|druck,** der ‹o. Pl.›: vgl. Knopfdruck; **Ta̱|sten|fern|spre|cher,** der: vgl. Tastentelefon; **Ta̱|sten|in|stru‐ ment,** das: *Musikinstrument mit Tasten* (1 a); **Ta̱|sten|künst|ler,** der (scherzh.): *Pianist;* **Ta̱|sten|künst|le|rin,** die (scherzh.): w. Form zu ↑ Tastenkünstler; **Ta̱|sten|lö|we,** der (ugs. scherzh.): *Klaviervirtuose;* **Ta̱|sten|satz,** der (Elektrot.): *Anzahl zusammengehörender u. zu‐ sammenhängender Tasten* (2); **Ta̱|sten‐ scho̱|ner,** der: *langes, schmales Tuch, das zum Schutz gegen Staub über die Klavia‐ tur eines Klaviers o. ä. gelegt wird;* **Ta̱‐ sten|te|le|fon,** das: *Telefonapparat mit Tastatur* (b); **Ta̱|ster,** der; -s, -: **1.** (Zool.) *(bei Borstenwürmern u. Gliedertieren) am Kopf befindliches Tastwerkzeug.* **2.** (Tech‐ nik) *(an bestimmten Maschinen) Vorrich‐ tung, mit der etw. abgetastet wird.* **3.** (Technik) *mit einer Tastatur* (b) *zu bedie‐ nende Maschine (z. B. Setzmaschine).* **4.** (Fachspr.) *jmd., der einen Taster* (3) *be‐ dient.* **5.** *tastenartiger Druckknopf, Druck‐ taste o. ä.:* der T. eines Morsegeräts. **6.** (Technik) *einem Zirkel ähnliches Werk‐ zeug zum Messen bes. von Außen- u. In‐ nendurchmessern.* **7.** (Technik) *Meßfüh‐ ler;* **Ta̱|ster|mot|te,** die: *kleiner Schmet‐ terling mit schmalen Flügeln u. meist lan‐ gen, dichtbehaarten, nach vorn gerichteten Tastern* (1), *dessen Raupen* ¹*Minen* (4) *in Früchte u. Samen fressen;* **Ta̱st|haar,** das: **a)** (Zool.) *(bei Säugetieren) als Tastsinnes‐ organ fungierendes langes, steifes Haar;* **b)** (Bot.) *(bei bestimmten Pflanzen) Haar* (3), *das dazu dient, Berührungen zu regi‐ strieren;* **Ta̱|stie|ra,** die; -, -s u. ...re [ital. tastiera, zu: tasto, ↑Taste]: **1.** *Tastatur* (a). **2.** *Griffbrett der Streichinstrumente;* **Ta̱st|kör|per|chen,** das (Physiol.): *(bei den höheren Wirbeltieren u. beim Men‐ schen) sehr kleines Tastsinnesorgan, das aus einer Gruppe besonders ausgebildeter Zellen der Haut u. einer fein verästelten Nervenfaser besteht;* **Ta̱st|or|gan,** das: vgl. Tastsinn; **ta̱|sto so̱|lo** [ital., eigtl. = die Taste allein] (Musik): *allein zu spielen* (Anweisung, die Baßstimme beim General‐ baßspiel allein, d. h. ohne Akkorde zu spielen); Abk.: t. s.; **Ta̱st|pol|ster,** das (Med.): *Tastballen;* **Ta̱st|raum,** der (Fachspr.): vgl. Sehraum; **Ta̱st|sinn,** der ‹o. Pl.›: *Fähigkeit von Lebewesen, mit Hilfe bestimmter Organe Berührungen wahrzunehmen;* **Ta̱st|sin|nes|or|gan,** das: *dem Tasten dienendes Sinnesorgan;* **Ta̱st|ver|such,** der: *vorsichtig tastender Versuch, mit dem jmd. an etw. herangeht;* **Ta̱st|wahl,** die ‹o. Pl.› (Fernspr.): *das Wählen von Telefonnummern durch Tastendruck;* **Ta̱st|wahl|ap|pa|rat,** der (Fernspr.): *Tastentelefon;* **Ta̱st|werk‐ zeug,** das: vgl. Tastorgan; **Ta̱st|zir|kel,** der (Technik): *Taster* (6).

tat: ↑tun; **Tat,** die; -, -en [mhd., ahd. tāt, zu ↑tun]: **a)** *etw., was jmd. tut, getan hat; Handlung:* eine edle, selbstlose, kluge, böse T.; große, kühne, feige, ruchlose, verbrecherische -en; das ist die T. eines Wahnsinnigen; eine T. der Verzweif‐ lung; eine T. ausführen; er ließ seiner Drohung die T. folgen; eine gute T. voll‐ bringen; etw. durch -en beweisen; einen Entschluß in die T. umsetzen; „Was ma‐ chen Sie denn da?" rief er, als gelte es, je‐ manden von einer unüberlegten T. abzu‐ halten (Hildesheimer, Legenden 135); er hatte keinen Mut zu dieser T.; ... hatte Rolf, ein Mann der T. *(ein tatkräftiger Mann),* das Grundstück bereits gekauft (Frisch, Stiller 247); er steht zu seiner T.; R das ist eine T.! (ugs.; *diese Handlung ist sehr zu begrüßen, zu loben*); **b)** *Vergehen, Straftat o. ä.:* der Angeklagte hat die, seine T. gestanden, bereut; die Mary Swayer sei ... ermordet worden und der Kaufmann Macheath sei der T. hinrei‐ chend verdächtig (Brecht, Groschen 257); * **jmdn. auf frischer T. ertappen** o. ä. *(jmdn. bei der Ausführung einer verbote‐ nen Handlung ertappen).* **2.** * **in der T.** *(tatsächlich):* das ist in der T. schwierig; in der T., du hast recht!; **in T. und Wahr‐ heit** (geh. veraltend; *wirklich, tatsäch‐ lich*).

Tat|ab|lauf, der: vgl. Tathergang.

¹**Ta̱|tar,** der; -en, -en: Angehöriger eines Mischvolkes in Südrußland, der Ukraine u. Westsibirien; ²**Ta̱|tar,** das; -s, -[s], **Ta̱‐ tar|beef|steak,** das [nach den Tataren, die auf Kriegszügen angeblich das Fleisch für ihre Mahlzeiten unter dem Sattel weich ritten]: *mageres Hackfleisch vom Rind, das (mit Zwiebeln, Pfeffer u. Salz vermischt) roh gegessen wird;* **Ta̱|ta‐ rei,** die; -, -: *innerasiatische Heimat der* ¹*Ta‐ taren zwischen Kaspischem Meer u. Mon‐ golei;* **Ta̱|ta|ren|mel|dung, Ta̱|ta|ren‐ nach|richt,** die [nach der von einem tata‐ rischen Reiter in osman. Diensten 1854 nach Bukarest gebrachten Falschmel‐ dung von der Einnahme Sewastopols, die nachhaltig das Geschehen in der Poli‐ tik u. an der Börse beeinflußte] (veral‐ tend): *nicht sehr glaubhafte [Schrek‐ kens]nachricht:* Die ... Tatarenmeldung stand ... in dem portugiesischen Wochen‐ blatt (Spiegel 17, 1985, 47); **Ta̱|ta|ren|so‐ ße,** die [frz. sauce tartare, H. u.] (Kochk.): *kalte Soße aus mit Öl verrühr‐ tem Eigelb, Gurkenstückchen u. Gewür‐ zen;* **Ta̱|ta|rin,** die; -, -nen: w. Form zu ↑¹Tatar; **ta̱|ta|risch** ‹Adj.›: *die* ¹*Tataren betreffend;* **Ta̱|ta|risch,** das; -[s] u. ‹nur mit best. Art.:› **Ta̱|ta|ri|sche,** das; -n: *die Sprache der* ¹*Tataren.*

ta|tau|ie|ren ‹sw. V.; hat› [zu polynes. ta‐ tau, ↑tätowieren] (Völkerk.): *tätowieren.*

Tat|be|ge|hung, die; -, -en (Rechtsspr.): *Ausführung einer Straftat:* Die insbeson‐ dere falle auf, daß die T. (= im Bereich der organisierten Kriminalität) zunehmend „hochaggressiv ..." verlaufe (Welt 23. 4. 93, 1); **Tat|be|richt,** der: *Bericht vom Her‐ gang einer Tat;* **Tat|be|stand,** der: **1.** *Ge‐ samtheit der unter einem bestimmten Ge‐ sichtspunkt bedeutsamen Tatsachen, Ge‐ gebenheiten; Sachverhalt, Faktum:* Der nackte T. ... ist folgender: Ein vierzehn‐ jähriges Mädchen ... behauptet von sich, übersinnliche Erscheinungen zu haben (Werfel, Bernadette 135); einen T. fest‐ stellen, aufnehmen, verschleiern; an die‐ sem T. ist nichts zu ändern. **2.** (Rechts‐ spr.) *(gesetzlich festgelegte) Merkmale für eine bestimmte Handlung od. für einen be‐ stimmten Sachverhalt:* der T. der vorsätz‐ lichen Tötung, des § 218; mit dieser Äu‐ ßerung ist der T. der Beleidigung erfüllt; **tat|be|stand|lich** ‹Adj.› (Rechtsspr.): *den Tatbestand* (2) *betreffend;* **Tat|be|tei|li‐ gung,** die (Rechtsspr.): *Beteiligung an ei‐ ner Straftat;* **Ta̱t|be|weis,** der (Rechts‐ spr.): *Beweis für eine Straftat:* Den an‐ treten; **tä̱|te:** ↑tun; **Tat|ein|heit,** die ‹o. Pl.› (Rechtsspr.): *Verletzung mehrerer Strafgesetze durch eine Handlung; Ideal‐ konkurrenz:* es liegt T. vor; Mord in T. mit versuchtem Raub; **Ta̱|ten|drang,** der ‹o. Pl.›: *Drang, sich zu betätigen, etw. zu leisten:* er war voller T.; Dieser Trunk (= Arrak) hatte auf den Seemann große Wirkung, er erfüllte ihn mit T. (Kusen‐ berg, Mal 55); **Ta̱|ten|durst,** der (geh.): *Tatendrang:* er brennt [innerlich] vor T.; **ta̱|ten|du̱r|stig** ‹Adj.› (geh.): *voller Taten‐ durst;* **ta̱|ten|froh** ‹Adj.› (selten) *Freude am Tätigsein habend; aktiv* (1 a): er ist noch genauso quecksilbrig und t. wie frü‐ her (Fallada, Herr 255); **ta̱|ten|los** ‹Adj.›: *nicht handelnd, in ein Geschehen nicht ein‐ greifend:* t. zusehen, herumstehen: Ta‐ tenlos *(ohnmächtig)* muß sie zusehen, wie es die Schwiegertochter im Haus ... treibt (Grass, Hundejahre 22); **Ta̱|ten|lo̱|sig‐ keit,** die; -: *das Sich-tatenlos-Verhalten;* **Ta̱|ten|lust,** die; vgl. Tatendrang; **ta̱|ten‐ lu̱|stig** ‹Adj.› (selten): vgl. tatenfroh: die Herren ... drehen sich um nach ihr, wenn sie t. die Pension verläßt (Kempowski, Zeit 247); **Ta̱|ten|ruhm,** der (geh.): *durch große, heldenhafte o. ä. Taten erworbener Ruhm:* daß Piroth in den großen Saal von Walhalla eingezogen war, wo er der Toten T. ... genießen durfte (Harig, Weh dem 162); **Tä̱|ter,** der; -s, - [mhd. tǣter) -tæter, eigtl. zu ↑Tat, heute zu ↑tun ge‐ stellt]: *jmd., der eine Tat* (1 c) *begeht, be‐ gangen hat:* wer ist der T.?; die T. wur‐ den geschnappt; er kam nicht als T. in Frage; die Polizei hat von den -n noch keine Spur; **-tä̱|ter,** der; -s, -: *kennzeich‐ net in Bildungen mit Substantiven - sel‐ tener mit Adjektiven oder Adverbien - eine männliche Person, die eine Straftat begangen hat, wobei Täter oder Tat nä‐ her charakterisiert werden:* Individual-, In‐ telligenz-, Mehrfach-, Nachahmungs‐ täter; **Tä̱|ter|be|schrei|bung,** die: *Perso‐ nenbeschreibung eines Täters;* **Tä̱|ter|bild,** das: *Vorstellung, die vom Typ eines be‐ stimmten Täters herrscht:* Das klassische T. vom chancenlosen, milieugeschädig‐ ten Kleinkriminellen (Volksblatt 23. 6. 87, 10); **Tä̱|ter|grup|pe,** die: *Täter‐ kreis;* **Tä̱|te|rin,** die; -, -nen: w. Form zu ↑Täter; **Tä̱|ter|kreis,** der: *Kreis von Per‐ sonen, die möglicherweise an einer Straf‐ tat beteiligt waren;* **Tä̱|ter|schaft,** die; -, -en: **1.** ‹o. Pl.› *das Tätersein:* seine T. ist erwiesen; es gibt keine klaren Anhalts‐ punkte für eine T. des Angeklagten. **2.** (schweiz.) *Gesamtheit der an einer Straf‐ tat beteiligten Täter:* Bislang unbekannte T. verübte ... drei Einbruchdiebstähle (Solothurner Zeitung 31. 7. 84, 20); **Tat‐ fahr|zeug,** das: vgl. Tatwaffe; **Tat|form,** die (Sprachw.): ¹*Aktiv;* **ta̱t|froh** ‹Adj.› (veraltend): *tatenfroh;* **Tat|ge|sche|hen,** das: vgl. Tathergang; ♦ **Tat|hand|lung,** die: *Tätlichkeit:* Haben sie ihm nicht fei‐ erlich zugesagt, keine -en mehr zu unternehmen wie bei Weinsberg? (Goethe, Götz V, 9); **Tat|her|gang,** der: *Hergang einer Tat* (1 c): den T. rekonstruieren; **tätig** ⟨Adj.⟩ [frühnhd.; mhd. -tætec, ahd. -tātig nur in Zus.]: **1. a)** *beschäftigt, beruflich arbeitend:* als Lehrer t. sein; er ist bei der Gemeinde, für eine ausländische Firma t.; ⟨auch attr.:⟩ der in unserer Firma -e Ingenieur; **b)** *sich betätigend:* Mutter ist wohl noch in der Küche t.; Ü der Vulkan ist noch t. *(in Tätigkeit, nicht erloschen);* **|in einer Sache| t. werden* (bes. Amtsspr.; *in Aktion treten; eingreifen*): die Staatsanwaltschaft ist in dieser Sache t. geworden; Verfassungsgerichte werden nicht von Amts wegen t. (Fraenkel, Staat 340). **2.** *rührig, aktiv* (1 a): ein -er Mensch; unentwegt t. sein; heute war ich sehr t. (scherzh.; *habe ich viel geschafft).* **3.** *in Taten, Handlungen sich zeigend, wirksam werdend; tatkräftig:* -e Mithilfe, Unterstützung, Anteilnahme, -e Nächstenliebe; -e Reue (↑Reue); Erst jetzt entdecke ich bei mir so etwas wie eine -e Erinnerung (Handke, Brief 77); **tä|ti|gen** ⟨sw. V.; hat⟩ (Kaufmannsspr., Papierdt.): *(etw., was als Auftrag o. ä. zu erledigen ist, in entsprechender Form) ausführen, vollziehen:* einen Kauf, Abschluß t.; eine Bestellung, Buchung t.; ein Geschäft t.; Einkäufe t.; Er war oft unterwegs, tätigte Geschäfte für Boy Landry (Perrin, Frauen 19); **Tä|tig|keit,** die; -, -en: **1. a)** *das Tätigsein, das Sichbeschäftigen mit etw.:* eine berufliche T.; seine ärztliche, verlegerische T. aufgeben, beginnen, beenden; eine anstrengende T. ausüben; die Firma entfaltet auch im Ausland eine rege T. *(wird dort geschäftlich aktiv);* das gehört zu den -en *(Aufgaben)* einer Hausfrau; kannst du deine T. einen Augenblick unterbrechen?; bei dieser T. muß man sich sehr konzentrieren; **b)** *Gesamtheit derjenigen Verrichtungen, mit denen jmd. in Ausübung seines Berufs zu tun hat; Arbeit:* eine interessante, gutbezahlte T.; die aufreibende T. eines Organisators; eine T. ausüben; sich eine neue T. suchen; seine T. aufnehmen; nach zweijähriger T. als Lehrer, im Ausland, für die Partei; er ist mit seiner derzeitigen T. zufrieden. **2.** ⟨o. Pl.⟩ *das In-Betrieb-Sein, In-Funktion-Sein:* die T. des Herzens; die Maschine ist in, außer T.; eine Anlage in, außer T. setzen; der Vulkan ist in T. getreten *(ausgebrochen);* das Notstromaggregat tritt automatisch in T.; **-tä|tig|keit,** die; -, -en: **1.** bezeichnet in Bildungen mit Substantiven - seltener mit Verben (Verbstämmen) - ein Tätigsein, eine Aktivität in bezug auf etw. oder auf einem bestimmten Gebiet: Atem-, Bau-, Spionagetätigkeit. **2.** bezeichnet in Bildungen mit Substantiven ein Tätigsein, eine Aktivität von jmdm., etw.: Partisanen-, Vulkantätigkeit; **Tä|tig|keits|be|reich,** der: *Bereich (b), in dem jmd. tätig ist; Ressort* (a); **Tä|tig|keits|be|richt,** der: *Bericht über die Arbeit einer Organisation, eines Gremiums o. ä. während eines bestimmten Zeitraums;* **Tä|tig|keits|be|schrei|bung,** die: *Beschreibung u. Aufzählung der Tätigkeitsmerkmale für eine bestimmte berufliche Tätigkeit;* **Tä|tig|keits|drang,** der: *Betätigungsdrang;*

Tä|tig|keits|feld, das: vgl. Tätigkeitsbereich; **Tä|tig|keits|form,** die (Sprachw.): ¹*Aktiv;* **Tä|tig|keits|ge|biet,** das: vgl. Tätigkeitsbereich; **Tä|tig|keits|merk|mal,** das ⟨meist Pl.⟩: *für eine bestimmte berufliche Tätigkeit charakteristisches Merkmal;* **Tä|tig|keits|pro|fil,** das: vgl. Tätigkeitsbeschreibung; **Tä|tig|keits|verb,** das (Sprachw.): *Handlungsverb;* **Tä|tig|keits|wort,** das (Sprachw.): *Verb;* **Tä|ti|gung,** die; ⟨Pl. selten⟩ (Kaufmannsspr., Papierdt.): *das Tätigen;* **Tat|kraft,** die: *zum Handeln erforderliche Energie u. Einsatzbereitschaft:* T. entfalten; etw. mit großer T. vorantreiben; **tat|kräf|tig** ⟨Adj.⟩: **a)** *Tatkraft besitzend, erkennen lassend:* ein -er Mensch; **b)** *voller Tatkraft, mit Tatkraft:* eine -e Mithilfe; sich t. für etw. einsetzen; **tät|lich** ⟨Adj.⟩ [vgl. mniederd. dātlik]: *körperliche Gewalt einsetzend; handgreiflich:* -e Auseinandersetzungen; -en Widerstand leisten; t. werden; jmdn. t. angreifen; ... sind drei Steinträger ... gegen ihre Maurer t. geworden (Kühn, Zeit 172); **Tät|lich|keit,** die; -, -en ⟨meist Pl.⟩: *tätliche Auseinandersetzung:* es kam zu -en; **Tat|mehr|heit,** die ⟨o. Pl.⟩ (Rechtsspr.): *Verletzung mehrerer Strafgesetze durch verschiedene Handlungen:* Diebstahl in T. mit Hehlerei; **Tat|mensch,** der: *jmd., der zu raschem, entschlossenem Handeln neigt;* **Tat|mo|tiv,** das: *Motiv für eine Tat* (1 c): irgendwo muß man beginnen, nach dem T. zu suchen (Ossowski, Bewährung 16); **Tat|ort,** der ⟨Pl. -e⟩: *Ort, an dem sich eine Tat* (1 c) *zugetragen hat:* den T. sichern; etw. am T. zurücklassen. **tä|to|wie|ren** ⟨sw. V.; hat⟩ [engl. to tattoo, frz. tatouer, zu tahit. tatau = (eintätowiertes) Zeichen]: **a)** *durch Einbringen von Farbstoffen in die eingeritzte Haut eine farbige Musterung, bildliche Darstellung o. ä. schaffen, die nicht wieder verschwindet;* **b)** *mit einer Tätowierung versehen:* jmdn., jmds. Hand t.; ist [an den Unterarmen] t. lassen; Um seine Männlichkeit zu betonen, hatte Willi sich t. lassen (Hilsenrath, Nazi 78); tätowierte Arme; **c)** *durch Tätowieren* (1 a) *hervorbringen, entstehen lassen:* jmdm. eine Rose auf den Arm t.; Ravic betrachtete den Arm des Kellners, auf den eine nackte Frau tätowiert war (Remarque, Triomphe 8); **Tä|to|wie|rer,** der; -s, -: *jmd., der das Tätowieren [gewerbsmäßig] ausübt;* **Tä|to|wie|re|rin,** die; -, -nen: w. Form zu ↑Tätowierer; **Tä|to|wie|rung,** die; -, -en: **1.** *das Tätowieren.* **2.** *durch Tätowieren entstandenes Bild o. ä.*
Ta|tra, die; -: *Gebirgskette der Karpaten:* die Hohe, die Niedere T.
Tat|rich|ter, der (Rechtsspr.): *Richter, der sich mit den Tatsachen eines vorliegenden Falles auseinandersetzt;* **Tat|rich|te|rin,** die; -, -nen: w. Form zu ↑Tatrichter; **tat|rich|ter|lich** ⟨Adj.⟩ (Rechtsspr.): *den Tatrichter, die Arbeit des Tatrichters betreffend;* **Tat|sa|che,** die [nach engl. matter of fact]: *wirklicher, gegebener Umstand; Faktum:* eine bedauernswerte, unbestreitbare, unleugbare, unabänderliche, traurige, bedauerliche T.; Die Schlacht fand statt, sie ist eine historische T. (Th. Mann, Tod u. a. Erzählun-

gen 214); es ist [eine] T., daß ...; T.! (ugs.; *wirklich!, das ist wahr!);* Der ... russische Meister Wladimir Woloschin ... riß kurz vor dem Ziel ... aus der Vorhut aus und ließ den 16. russischen Etappensieg seit 1971 T. werden (NZZ 26. 8. 83, 39); die -n verdrehen, entstellen, verfälschen; daß es ... recht und billig gewesen wäre, dieser T. Rechnung zu tragen, indem man jenen Staaten einen stärkeren Anteil im Apparat der UN einräumt (Dönhoff, Ära 177); das entspricht [nicht] den -n *(der Wahrheit);* sich auf den Boden der -n stellen; jmdn. auf den Boden der -n zurückholen *(gegen jmds. Illusionen angehen);* eine Vorspiegelung, Vortäuschung falscher -n; auf -n beruhen; Dann gab mir ein Brief so klaren Aufschluß, daß mir nichts anderes übrigblieb, als mich mit der T. abzufinden (Niekisch, Leben 290); **nackte -n* (1. *unbeschönigte Fakten.* 2. scherzh.; *ein nackter Körper[teil]);* *vollendete -n schaffen (indem man einen anderen übergeht od. ihm zuvorkommt, Umstände herbeiführen, die der andere nicht rückgängig machen kann);* **den -n ins Auge sehen** *(Schwierigkeiten o. ä. nicht ignorieren, sondern sie sehen u. in die Überlegungen usw. mit einbeziehen);* **jmdn. vor die vollendete T./vor vollendete -n stellen** *(jmdn. mit einem eigenmächtig geschaffenen Sachverhalt konfrontieren);* **vor vollendeten -n stehen** *(sich mit einem Sachverhalt konfrontiert sehen, den ein anderer eigenmächtig geschaffen hat);* **Tat|sa|chen|be|haup|tung,** die (Rechtsspr.): *etw., was als Tatsache dargestellt, behauptet wird;* **Tat|sa|chen|be|richt,** der: *den Tatsachen entsprechender Bericht über ein Geschehen;* **Tat|sa|chen|ent|schei|dung,** die (Sport): *von einem Schieds- od. Kampfrichter gefällte Entscheidung über bestimmte Vorgänge, bes. Regelverstöße, während eines Spiels;* **Tat|sa|chen|ma|te|ri|al,** das: *Material, das auf Tatsachen beruht;* **Tat|sa|chen|ro|man,** der (Literatur.): *Roman, der auf wirklichen Geschehnissen beruht, in dem wirkliche Personen u. Zustände dargestellt werden;* **Tat|sa|chen|sinn,** der ⟨o. Pl.⟩ (selten): *Realitätssinn;* **Tat|sa|chen|wis|sen,** das: *Faktenwissen;* **tat|säch|lich** [auch: -'- -]: **I.** ⟨Adj.⟩ *als Tatsache vorhanden; wirklich, real faktisch:* vermeintliche und -e Vorzüge; die -en Umstände; der -e *(wahre)* Grund ist ein ganz anderer; sein -er (ugs.; *richtiger)* Name ist Karl. **II.** ⟨Adv.⟩ bekräftigt die Richtigkeit einer Aussage, die Wahrheit einer Behauptung; bestätigt eine Vermutung, Erwartung; *wirklich; in der Tat:* so etwas gibt es t.; ist das t.; t.? *(ist das wirklich wahr?);* „Man fühlt sich besser in einem neuen Anzug", erwiderte ich. ... „Tatsächlich?" „Tatsächlich." (Remarque, Obelisk 319); t! Er hat es geschafft; er ist es t.; da habe ich mich doch t. geirrt; **Tat|säch|lich|keit** [auch: -'- - -], die; -: *tatsächliche, reale Beschaffenheit, Existenz.*
Tätsch, der; -[e]s, -e [eigtl. = Breitgedrücktes] (landsch.): **a)** *Brei;* **b)** *Stück Backwerk (bes. Pfannkuchen);* **Tat|sche,** die; -, -n [1: Nebenf. von Tatze, beeinflußt von ↑tatschen; 2: zu ↑tatschen] (landsch.): **1.** *Hand.* **2.** *leichter Schlag;*

tätscheln

Berührung mit der Hand; **tät|scheln** ⟨sw. V.; hat⟩ [weitergebildet aus mhd. tetschen = klatschen, patschen, lautm.]: *(als eine Art Liebkosung) wiederholt mit der Hand [auf jmds. bloße Haut] leicht schlagen*: jmds. Hand t.; er tätschelte die Kellnerin; dem Pferd den Hals t.; Herr v. Haller hatte ... schon am ersten Abend ... drei Stewardessen den Po getätschelt (Konsalik, Promenadendeck 55); **tatschen** ⟨sw. V.; hat⟩ [auch: tätschen; mhd. tetschen, ↑tätscheln] (ugs. abwertend): *in plumper Art u. Weise irgendwohin fassen* (2): an die Scheiben, auf den Käse t.; Prokurist ..., der einer ... Angestellten mehrmals täglich an den Busen getatscht hatte (Spiegel 47, 1990, 111); **tät|schen** ⟨sw. V.; hat⟩ [mhd. tetschen] (landsch.): *tatschen*.

Tatsch|kerl, das; -s, -n (österr.): 1. *Tascherl*. 2. *leichter Schlag, Klaps*.
Tat|tedl: ↑Thaddädl.
Tat|ter|greis, der [1. Bestandteil zu ↑tattern] (ugs. abwertend): *zittriger, seniler alter Mann*: Verflogen war ... das Gefühl von Verzagtheit ..., das ihn wie einen senilen T. gequält hatte (Süskind, Parfum 261); **Tat|ter|grei|sin**, die (ugs. abwertend): w. Form zu ↑Tattergreis; **Tat|terich**, der; -s [aus der Studentenspr., urspr. = das Zittern der Hände nach starkem Alkoholgenuß] (ugs.): *[krankhaftes] Zittern der Finger, Hände*: den T. haben, kriegen; Gottschalk ... wackelte mit dem Kopf, als hätte er den T. (Bieler, Bär 277); **tat|te|rig**, tattrig ⟨Adj.⟩ (ugs.): **a)** *zitterig*: mit -en Fingern; **b)** *auf Grund hohen Alters zitterig u. unsicher*: ein -er Greis; **Tat|te|rig|keit**, Tattrigkeit, die; - (ugs.): *das Tatterigsein*; **tat|tern** ⟨sw. V.; hat⟩ [urspr. = schwatzen, stottern, wohl lautm.] (ugs.): *(bes. mit den Fingern, auch am ganzen Körper) zittern*: ihre Hand tatterte, als sie das Glas hob.
Tat|ter|sall ['tatɐzal, engl.: 'tætəsɔ:l], der; -s, -s [nach engl. Tattersall's (horse market) = Londoner Pferdebörse u. Reitschule des engl. Stallmeisters R. Tattersall (1724–1795)]: **a)** *kommerzielles Unternehmen, das Reitpferde vermietet, Reitturniere durchführt u. ä.*; **b)** *Reitbahn, -halle*.
¹Tat|too [tɛ'tu:], das; -[s], -s [engl. tattoo, älter: tap-too < niederl. taptoe, eigtl. = „Zapfen zu!"; vgl. Zapfenstreich]: engl. Bez. für *Zapfenstreich*: Vor zehn Jahren fand in Berlin das erste große „Tattoo" statt: eine Veranstaltung der britischen Streitkräfte (Hörzu 31, 1976, 34).
²Tat|too [tɛ'tu:], der. od. das; -s, -s [engl. tattoo < tahit. tatau, ↑tätowieren]: *Tätowierung*: Seemann von Beruf ... -s auf den kräftigen Oberarmen (Eppendorfer, St. Pauli 104).
tatt|rig usw.: ↑tatterig usw.
tat twam asi [sanskr. = das bist du]: *Formel der brahmanischen Religion, die besagt, daß das Weltall u. die Einzelseele eins sind, aus dem gleichen Stoff sind*.
Tat|um|stand, der (meist Pl.): *in Zusammenhang mit einer Straftat stehender Umstand*.
ta|tü|ta|ta ⟨Interj.⟩: lautm. für den Klang eines Martin-Horns o. ä.; **Ta|tü|ta|ta**, das; -s, -s (ugs.): *Klang des Martin-Horns o. ä.*: ein Streifenwagen mit Blaulicht und T. raste durch die Straße.

Tat|ver|dacht, der: *Verdacht auf jmds. Täterschaft*: unter T. stehen; **tat|ver|dächtig** ⟨Adj.⟩: *unter Tatverdacht stehend*; **Tat|ver|däch|ti|ge**, der u. die; -n, -n: jmd., *der einer Tat verdächtig wird*; **Tat|ver|lauf**, der: *Verlauf einer Tat* (1 c); **Tat|waffe**, die: *Waffe, mit der eine Straftat begangen wurde*.

Tätz|chen, das; -s, -: Vkl. zu ↑Tatze (1, 2); **Tat|ze**, die; -, -n [mhd. tatze, H. u.; viell. Lallwort der Kinderspr. od. lautm.]: 1. *Fuß, Pfote eines größeren Raubtieres (bes. eines Bären)*: der Bär, der Tiger hob seine T., ein Hieb mit der T. tötete das Opfer. 2. (salopp, oft abwertend) *[große, kräftige] Hand*: nimm deine T. da weg!; Dann nahm er die ... Hand Anna Carusos in seine kräftige, behaarte T., hob sie ... an seine Lippen und küßte sie (Thieß, Legende 103). 3. (landsch.) *Schlag [mit einem Stock] auf die Hand (als Strafe)*: Die Strafe folgte ... mit scharfem Stöckchen. Sieben -n täglich auf jede Hand (Meckel, Suchbild 41); Die Sprößlinge angesehener Eltern wurden von ihm auf Ohrfeigen, -n und Hosenspannern verschont (Fels, Sünden 118).
Tat|zeit, die: vgl. Tatort.
Tat|zel|wurm, Tazzelwurm, der ⟨o. Pl.⟩ [wohl zu bayr., österr. Tatzel = Tatze] (Volksk.): *(im Volksglauben einiger Alpengebiete) Drache, Lindwurm*.
Tat|zeu|ge, der: *Zeuge einer Straftat*; **Tat|zeu|gin**, die: w. Form zu ↑Tatzeuge.
Tätz|lein, das; -s, -: Vkl. zu ↑Tatze (1, 2).
¹Tau, der; -[e]s [mhd., ahd. tou, verw. mit ↑Dunst]: *Feuchtigkeit der Luft, die sich im allgemeinen in den frühen Morgenstunden in Form von Tröpfchen auf dem Boden, an Pflanzen u. a. niederschlägt*: ein T. funkelt auf dem Gras; es ist T. gefallen; T. liegt auf den Wiesen; er sah auf das Waldgras vor seinen Füßen. Den blinkenden T. an den Halmen sah er (Strittmatter, Wundertäter 9); *T. treten (vgl. Tautreten); **vor T. und Tag** (dichter.; in aller Frühe): Wenn morgens vor T. und Tag, Punkt 5 Uhr 30 ... der Wecker klingelt (Spiegel 13, 1981, 236).
²Tau, das; -[e]s, -e [aus dem Niederd. < mniederd. tou(we) = Werkzeug, (Schiffs)gerät, Tau, zu: touwen (mhd., ahd. zouwen) = ausrüsten, bereiten, zustande bringen, also urspr. = Werkzeug, mit dem etw. gemacht wird]: *starkes Seil (bes. zum Festmachen von Schiffen o. ä.)*: ein kräftiges, dickes, starkes T.; ein T. auswerfen, kappen; am T. (Turnen; Klettertau) klettern.
³Tau, das; -[s], -s [griech. taũ]: *neunzehnter Buchstabe des griechischen Alphabets* (T, τ).
taub ⟨Adj.⟩ [mhd. toup, ahd. toub, urspr. = empfindungslos, stumpf(sinnig), eigtl. = benebelt, verwirrt, betäubt, verw. mit ↑Dunst]: 1. *ohne die Fähigkeit, etw. akustisch wahrnehmen zu können*; gehörlos: ein -es Kind; [auf einem Ohr] t. sein; sein linkes Ohr ist t.; bist du denn t.? (ugs.; *hörst du denn nichts?*); Ü er stellt sich t. (geht nicht auf etw. ein); er war t. für, gegen alle Bitten (ging nicht auf sie ein); Er war t. für alles, was ich ... vor-brachte an Widerspruch (Frisch, Stiller 500); sein Abscheu gegen den satten Bürger, der ... t. gegen das Elend der Armen seinen Weg geht (Thieß, Reich 57). 2. (in bezug auf Körperteile) *ohne Empfindung; wie abgestorben*: vor Kälte -e Finger; ein -es Gefühl in den Armen; meine Füße wurden [mir], waren t.; ... seine Fingerspitzen ... Seit einigen Tagen fühlten sie sich t. an (Kronauer, Bogenschütze 162). 3. *einen bestimmten für die jeweilige Sache eigentlich charakteristischen Bestandteil, eine bestimmte eigentlich charakteristische Eigenschaft nicht habend*: eine -e (keinen Kern enthaltende) Nuß; eine -e (keine Körner enthaltende) Ähre; ein -es (unbefruchtetes) Vogelei; -es (Bergmannsspr.; kein Erz enthaltendes) Gestein; der Pfeffer ist, schmeckt t. (hat kein Aroma); der Kürbis blüht t. (ohne Fruchtansatz); Wir standen zwischen unreifen Nüssen. Einige waren zertreten oder t. (Grass, Hundejahre 328); **taub|blind** ⟨Adj.⟩: *taub u. blind zugleich*; **Taub|blin|de**, der u. die: jmd., der weder hören noch sehen kann; **Taub|blind|heit**, die: *das Taubblindsein*.
Täub|chen, das; -s, -: Vkl. zu ↑¹Taube; **¹Tau|be**, die; -, -n [mhd. tūbe, ahd. tūba, H. u., viell. lautm. od. zu ↑Dunst u. eigtl. = die Dunkle (nach dem Gefieder)]: 1. a) *mittelgroßer Vogel mit gedrungenem Körper, kleinem Kopf, kurzem, leicht gekrümmtem Schnabel u. niedrigen Beinen (der auch gezüchtet u. als Haustier gehalten wird)*: die -n girren, gurren, rucksen, schnäbeln [sich]; -n züchten, halten; sie ist sanft wie eine T. (sehr sanftmütig, friedfertig); R die gebratenen -n fliegen einem nicht ins Maul (ugs., *einem fällt einem nichts ohne Arbeit, ohne Mühe zu*); b) (Jägerspr.) *weibliche Taube* (1 a). 2. *Vertreter eines gemäßigten politischen Kurses im Unterschied zum Falken* (2).
²Tau|be, der u. die; -n, -n ⟨Dekl. ↑Abgeordnete⟩: *jmd., der taub* (1) *ist*.
tau|ben|blau ⟨Adj.⟩: *blaß graublau*; **Tau|ben|dreck**, der (ugs.): *Taubenkot*; **Tau|ben|ei**, das: *Ei einer Taube*; **tau|ben|eigroß** ⟨Adj.⟩: *etwa von der Größe eines Taubeneis*; -e Hagelkörner.
tau|be|netzt ⟨Adj⟩ (geh.): *feucht von ¹Tau*.
tau|ben|grau ⟨Adj.⟩: *blaß blaugrau*; **Tau|ben|haus**, das: *Taubenschlag*; **Tau|ben|ko|bel**, der (südd., österr.): *Taubenschlag*; **Tau|ben|kot**, der: *Kot von Tauben*; **Tau|ben|mist**, der: *Taubenkot*; **Tau|ben|nest**, das: *Nest von Tauben*; **Tau|ben|post**, die: *Beförderung von Nachrichten durch Brieftauben*; **Tau|ben|ras|se**, die: *Rasse von Tauben*; **Tau|ben|schie|ßen**, das: *als Sport betriebenes Schießen auf Tauben*; **Tau|ben|schlag**, der: *(oft auf einem hohen Pfahl stehendes) kleines Häuschen, Verschlag, in dem Tauben gehalten werden*: * **irgendwo geht es [zu] wie im T.** (ugs.; *irgendwo herrscht ein ständiges Kommen u. Gehen*): bei uns, hier geht es ja zu wie im T.; **Tau|ben|schwänz|chen**, das: *graubrauner Schmetterling mit einem vogelschwanzähnlichen, fächerartig ausbreitbaren, dunklen Haarbüschel am Hinterleib*; **Tau|ben|sport**, der: *von Taubenzüchtern betriebene Wettbewerbe, bei denen Brieftauben Kurz-, Mittel- u. Langstreckenflüge zurücklegen müssen*; **Tau-**

ben|stö|ßer, der (selten): Wanderfalke; **Tau|ben|vo|gel,** der: (in vielen Arten vorkommende) Vogel mit großem Kropf, relativ kleinem Kopf u. nackter od. fehlender Bürzeldrüse; **Tau|ben|züch|ter,** der: jmd., der Tauben züchtet; **Tau|ben|züch|te|rin,** die: w. Form zu ↑Taubenzüchter; **Tau|ber** [mhd. tüber], **Täu|ber,** der; -s, -, **Tau|be|rich, Täu|be|rich,** der; -s, -e [geb. nach ↑Enterich]: männliche Taube. **Taub|heit,** die, -: das Taubsein. **Täu|bin,** die; -, -nen: weibliche Taube; **Täub|lein,** das; -s, -: Vkl. zu ↑¹Taube. **Täub|ling,** der; -s, -e [viell. zu ↑¹Taube (nach der graublauen Farbe mancher Arten) od. zu ↑taub (3)]: Blätterpilz mit trockenem, mürbem, leicht brechendem Fleisch u. oft lebhaft gefärbtem Hut. **Taub|nes|sel,** die, [mhd. toupneʒʒel, 1. Bestandteil zu ↑taub (3)]: (zu den Lippenblütlern gehörende) Pflanze mit weißen, gelben od. roten Blüten u. Blättern, die denen der Brennessel ähnlich sind, aber keine brennenden Hautreizungen verursachen; **taub|stumm** ⟨Adj.⟩: auf Grund angeborener Taubheit unfähig, artikuliert zu sprechen; **Taub|stum|me,** der u. die: jmd., der taubstumm ist; **Taub|stum|men|an|stalt,** die: Einrichtung für die Betreuung von Taubstummen; **Taub|stum|men|leh|rer,** der: Lehrer, der Taubstumme unterrichtet; **Taub|stum|men|leh|re|rin,** die: w. Form zu ↑Taubstummenlehrer; **Taub|stum|men|schu|le,** die: vgl. Taubstummenanstalt; **Taub|stum|men|spra|che,** die: Zeichensprache, mit der sich Taubstumme verständigen; **Taub|stum|men|un|ter|richt,** der: Unterricht für Menschen, die taubstumm sind; **Taub|stumm|heit,** die: das Taubstummsein.
Tauch|boot, das: Unterseeboot, das nur für kurze Zeit getaucht bleiben kann; **tauchen** ⟨sw. V.⟩ [mhd. tuchen, ahd. in- tūhhan, H. u.]: **1. a)** sich unter die Wasseroberfläche bewegen [u. sich dort aufhalten od. fortbewegen] ⟨hat, auch: ist⟩: die Ente taucht; wir haben sie mehrmals getaucht; er kann zwei Minuten [lang] t.; fünf Meter tief t.; das U-Boot taucht, hat mehrere Stunden getaucht; **b)** sich in etw. eintauchend hinein- od. aus ein. auftauchend hinaufbegeben ⟨ist⟩: sie tauchte (begab sich) in die eisigen Fluten; die Sonne taucht ins Meer, unter den Horizont; **c)** tauchend (1 a) nach etw. suchen, etw. zu erreichen, zu finden suchen ⟨hat, auch: ist⟩: er taucht nach Schwämmen; aus dem Wasser t.; an die Oberfläche t.; Ü im Dunkel t.; Der Junge kaufte sich Zigaretten ... Dann tauchte er in den Strom der Pendler (Fels, Sünden 81); eine Insel taucht aus dem Meer (geh.; wird allmählich erkennbar). **2. a)** in Wasser, in eine Flüssigkeit hineinstecken, hineinhalten, senken ⟨hat⟩: den Pinsel in die Farbe, die Hand ins Wasser t.; einen Keks in den Kaffee t.; Karel band sich eine riesige Serviette um den Hals ... und tauchte den Löffel ... in die Suppe (Simmel, Stoff 21); Ü der Raum war in gleißendes Licht getaucht (geh.; mit von gleißendem Licht erfüllt); Als die Oktobersonne ... emporstieg und die Leblosigkeit der Steinwüste ... in ein unerbittliches Licht tauchte (Ransmayr, Welt 233); **b)** unter Gewaltanwendung ganz od. teilweise unter Wasser bringen ⟨hat⟩: sie haben das Mädchen ins, unter Wasser getaucht; wir haben ihn getaucht (ugs.; mit dem Kopf unter Wasser gedrückt); **Tauch|en|te,** die: (auf Flüssen u. Seen lebende) Ente, die bei der Nahrungssuche u. bei der Flucht taucht; **Tau|cher,** der; -s, - [2: mhd. tūcher, ahd. tūhhāri]: **1.** jmd., der taucht (1). **2.** Wasservogel, der sehr gut tauchen kann; **Tau|cher|an|zug,** der: wasserdichter, den gesamten Körper umschließender Anzug mit dazugehörendem Helm zum Tauchen in größere Tiefen od. über einen längeren Zeitraum; **Tau|cher|aus|rü|stung,** die: Ausrüstung für einen Taucher; **Tau|cher|bril|le,** die: eng am Gesicht anliegende Schutzbrille für Taucher; **Tau|cher|glocke**[1], die: unten offene Stahlkonstruktion, in deren großem, mit Druckluft wasserfrei gehaltenem Innenraum Arbeiten unter Wasser ausgeführt werden können; **Tau|cher|helm,** der: zur Taucherausrüstung gehörender Helm; **Tau|che|rin,** die; -, -nen: w. Form zu ↑Taucher (1); **Tau|cher|kam|mer,** die: Unterwasserstützpunkt, zu dem Taucher bei Beendigung eines Tauchgangs zurückkehren können; **Tau|cher|krank|heit,** die: Caissonkrankheit; **Tau|cher|ku|gel,** die: Tauchkugel; **Tau|cher|mas|ke,** die: Taucherbrille; **Tau|cher|uhr,** die: [Armbanduhr, die wasserdicht ist; **tauch|fähig** ⟨Adj.⟩: in der Lage zu tauchen; **Tauch|fahrt,** die ⟨o. Pl.⟩: das Fahren (eines U-Bootes) unter Wasser; **Tauch|gang,** der: Aktion des Tauchens u. Wiederauftauchens (eines Tauchers): ein T. auf 1000 m Tiefe; **Tauch|ge|rät,** das: Gerät, das es einem Menschen ermöglicht, sich längere Zeit unter Wasser aufzuhalten; **tauch|klar** ⟨Adj.⟩ (Seemannsspr.): (von U-Booten) bereit, fertig zum Tauchen; **Tauch|ku|gel,** die: von einem Schiff aus an einem Kabel herablaßbares kugelförmiges Tauchgerät für große Tiefen; **Tauch|lackie|ren**[1], das; -s (Technik): Lackieren durch Eintauchen des zu lackierenden Gegenstandes in den Lack; **Tauch|ma|nö|ver,** das: im Tauchen bestehendes Manöver eines Unterseebootes; **Tauch|pan|zer,** der: panzerartiger Taucheranzug zum Tauchen in große Tiefen; **Tauch|ret|ter,** der: Rettungsgerät, mit dessen Hilfe man sich aus einem getauchten Unterseeboot befreien kann; **Tauch|sie|der,** der: elektrisches Gerät zum schnellen Erhitzen von Wasser, dessen spiralförmiger Teil in das zu erhitzende Wasser getaucht wird; **Tauch|sport,** der: vgl. Schwimmsport; **Tauch|sta|ti|on,** die: Platz, Posten, den ein Besatzungsmitglied eines U-Boots beim Tauchen einnimmt: *auf T. gehen (ugs.; sich irgendwohin zurückziehen, wo man für sich allein ist u. von anderen nicht so leicht erreicht werden kann): wenn es privat wird, geht er auf T., ist er in sich gekehrt, verschlossen (Dierichs, Männer 74); **Tauch|tank,** der: (bei Unterseebooten) Raum, der zum Tauchen geflutet u. zum Auftauchen geleert wird; **Tauch|tie|fe,** die: **1.** Tiefe, in der, bis zu der jmd., etw. taucht. **2.** (Schiffahrt) Tiefgang; **Tauch|ver|fah|ren,** das (Technik): Verfahren, mit dessen Hilfe etw. mit einer Schutzschicht, mit einem Überzug versehen wird.
¹tau|en ⟨sw. V.; hat; unpers.⟩ [mhd. touwen, ahd. touwōn (seltener): (von Luftfeuchtigkeit) sich als ¹Tau niederschlagen: es hat [stark] getaut.
²tau|en ⟨sw. V.⟩ [mhd. touwen, ahd. douwen, eigtl. = schmelzen, sich auflösen, dahingehen, bereits im Mhd. angelehnt an ↑¹Tau]: **1. a)** ⟨unpers.⟩ als Tauwetter gegenwärtig sein ⟨hat⟩: seit gestern taut es; **b)** (von Gefrorenem) durch den Einfluß von Wärme schmelzen, weich werden ⟨ist⟩: der Schnee ist getaut; das Eis ist von den Scheiben getaut (weggetaut); **c)** ⟨unpers.⟩ als Tauwasser herabfließen, -tropfen ⟨hat⟩: es taut von den Dächern. **2.** zum Tauen (1 b) bringen ⟨hat⟩: die Sonne hat den Schnee getaut.
³tau|en ⟨sw. V.; hat⟩ [zu ↑²Tau] (nordd.): mit einem ²Tau o.ä. schleppen: der Schlepper taut das Schiff aus dem Hafen; **Tau|en|de,** das: **1.** Ende, letztes Stück eines ²Taus. **2.** (landsch.) Stück ²Tau; **Tau|er,** der; -s, - (Fachspr.): Kettenschiff; **Taue|rei,** die; - (Fachspr.): Kettenschiffahrt.
Tau|ern ⟨nur mit Art.; Pl.⟩: Gruppe der Ostalpen.
Tauf|akt, der: Akt des Taufens (1, 2a); **Tauf|becken**[1], das: Taufstein; **Tauf|be|kennt|nis,** das: bei der Taufe (1 b) gesprochenes Glaubensbekenntnis; **Tauf|brun|nen,** der (veraltet): Taufstein; **Tauf|buch,** das: Taufregister; **Tau|fe,** die; -, -n [mhd. toufe, ahd. toufi(n)]: **1. a)** ⟨o. Pl.⟩ (christl. Rel.) Sakrament, durch das man in die Gemeinschaft der Christen aufgenommen wird: die T. spenden, empfangen; das Sakrament der T.; **b)** (christl. Rel.) Ritual, bei dem ein Geistlicher die Taufe (1 a) spendet, indem er den Kopf des Täuflings mit [geweihtem] Wasser besprengt od. den Täufling in Wasser untertaucht: eine T. vornehmen; an jmdm. die T. vollziehen; der Pastor hat heute zwei T.; Unser Hausbesitzer ist von Beruf Glockengießer, da hat er natürlich die Kirchen zu Kunden ... Deshalb müssen wir schon entgegenkommen, meinen Enkel zur T. bringen (Kühn, Zeit 230); *jmdn. über die T. halten/aus der T. heben (bei jmds. Taufe als Pate fungieren [u. das Kind über das Taufbecken halten]); etw. aus der T. heben (ugs.; etw. gründen, begründen, ins Leben rufen): eine neue Partei aus der T. heben; Vor 10 Jahren wurde das Zweite Deutsche Fernsehen aus der T. gehoben (Hörzu 13, 1973, 24). **2.** feierliche Namensgebung, bes. Schiffstaufe: ich war gestern bei der T. der „Bremen"; **tau|fen** ⟨sw. V.; hat⟩ [mhd. toufen, ahd. toufan, zu ↑tief u. eigtl. = tief machen (= tief [ins Wasser] ein-, untertauchen]: **1.** an jmdm. die Taufe (1 b) vollziehen: jmdn. t.; sie sind evangelisch getauft; er ist [nicht] getauft; sich [katholisch] t. lassen; ein getaufter (zum Christentum konvertierter) Jude; Ü der Wirt hat den Wein getauft (ugs. scherzh.; mit Wasser gestreckt); bei dem Regen sind wir ganz schön getauft worden (ugs. scherzh.; naß geworden); vgl. get. **2. a)** einem Täufling im Rahmen seiner Taufe (1 b) einen Namen geben: der

Täufer 3358

Pfarrer taufte das Kind auf den Namen Manfred; er wurde nach seinem Großvater [Otto] getauft; Ich hab' eine Muhme, die hat zwei Söhne t. lassen nach dem Herzog, beide auf den Namen Ernst (Hacks, Stücke 22); **b)** *jmdm., einem Tier, einer Sache einen Namen geben; nennen:* seinen Hund „Waldi" t.; wie willst du dein Boot t.?; **c)** *einer Sache in einem feierlichen Akt einen Namen geben:* eine Glocke t.; das Schiff wurde auf den Namen „Bremen" getauft; **Täu|fer,** der; -s, - [1: mhd. toufære, ahd. toufāri]: **1.** *jmd., der jmdn. tauft* (1). **2.** *Wiedertäufer;* **Täu|fe|rin,** die; -, -nen: w. Form zu ↑Täufer; **Tauf|for|mel,** die: *bei der Taufe (vom Taufenden) gesprochene Formel;* **Tauf|ge|lübde,** das: vgl. Taufbekenntnis; **Tauf|geschenk,** das: *Geschenk für ein Kind aus Anlaß seiner Taufe;* **Tauf|ge|sinn|te,** der u. die; -n, -n ⟨Dekl. ↑Abgeordnete⟩ (selten): *Mennonit[in];* **Tauf|ka|pel|le,** die: ¹*Kapelle* (2) *für Taufen* (1 b); **Tauf|ker|ze,** die: *bei der Taufe* (1 b) *vom Täufling od. von den Paten getragene Kerze;* **Tauf|kirche,** die: *(in frühchristlicher Zeit üblicher) zur Durchführung von Taufen* (1 b) *[neben einer Kirche] errichteter sakraler Bau; Baptisterium* (2); **Tauf|kis|sen,** das: *Steckkissen, in dem ein Säugling bei der Taufe* (1 b) *getragen wird;* **Tauf|kleid,** das: *häufig reich verziertes, weißes Kleidchen mit einer schleppenartigen Verlängerung, das dem Säugling zur Taufe angezogen wird.*

Tau|flie|ge, die [nach dem nlat. zool. Namen Drosophilidae, zu griech. drósos = Tau, Feuchte u. phileīn = lieben]: *kleine Fliege, die sich besonders in der Nähe faulender Früchte aufhält.*

Täuf|ling, der; -s, -e: *jmd., der getauft wird;* **Tauf|ma|tri|kel,** die (österr. Amtsspr.): *Taufregister;* **Tauf|na|me,** der: *Name, auf den man getauft worden ist;* **Tauf|pa|te,** der: ¹*Pate* (1); **Tauf|pa|tin,** die: w. Form zu ↑Taufpate; **Tauf|re|gister,** das: *von der Kirchengemeinde geführtes Buch für urkundliche Eintragungen über vollzogene Taufen* (1 b).

tau|frisch ⟨Adj.⟩: **a)** *noch feucht von morgendlichem Tau:* -e Wiesen; **b)** *sehr frisch, ganz frisch:* ein Strauß -er Blumen; Ü das Hemd ist noch t.; sie ist nicht mehr ganz t. *(ist schon älter, sieht nicht mehr ganz jung aus).*

Tauf|ri|tu|al, das: *bei einer Taufe* (1) *vollzogenes Ritual;* **Tauf|ri|tus,** der: vgl. Taufritual; **Tauf|schal|le,** die: vgl. Taufschale; **Tauf|schein,** der: *Urkunde, in der jmds. Taufe* (1 b) *bescheinigt wird:* Laut T. war ich Mitglied der römisch-katholischen Kirche (Innerhofer, Schattseite 23); **Tauf|schein|christ,** der (abwertend): *jmd., der zwar getauft, im übrigen aber unkirchlich ist;* **Tauf|schein|chri|stin,** die (abwertend): w. Form zu ↑Taufscheinchrist; **Tauf|stein,** der: *(in einer Kirche aufgestelltes) oft in Stein gehauenes od. in Stein eingelassenes, meist auf einem hohen Fuß o. ä. ruhendes Becken für das zum Taufen verwendete Wasser; Baptisterium* (1); ♦ **Tauf|tuch,** das ⟨Pl. ...tücher⟩: *Tuch, Decke, die man über den Säugling breitet, wenn er zur Taufe getragen wird:* die Hebamme legte das schöne, weiße T. mit den schwarzen Quasten in den Ecken über das Kind (Gotthelf, Spinne 13); **Taufver|spre|chen,** das: *Taufbekenntnis;* **Tauf|was|ser,** das ⟨o. Pl.⟩: *zum Taufen* (1) *verwendetes Wasser;* ♦ **Tauf|zet|tel,** der: *Taufschein:* Sie hatte den Brief in einer kleinen lackierten Lade liegen, wo sie auch ... ihren T., ihren Konfirmationsschein ... bewahrte (Keller, Kammacher 216); **Tauf|zeu|ge,** der; vgl. Pate (1); **Tauf|zeu|gin,** die: w. Form zu ↑Taufzeuge; **Tauf|zeug|nis,** das: *Taufschein.*

tau|gen ⟨sw. V.; hat⟩ [mhd. tougen, tugen, zu flektiertem ahd. toug = es taugt, nützt]: **a)** *sich für einen bestimmten Zweck, eine bestimmte Aufgabe eignen; geeignet, brauchbar sein* (meist verneint): das Messer taugt nicht zum Brotschneiden; er taugt nicht zu schwerer, für schwere Arbeit; Hier wird das Phosphat mit Kalk aus dem Abwasser ausgefällt. Es entsteht Calciumphosphat, das als Dünger taugt (natur 8, 1991, 81); Die alten Straßen taugten nicht für unsre schweren Baufahrzeuge (Berger, Augenblick 68); Ich taugte nicht zum Krankenpfleger (Remarque, Obelisk 254); das Buch taugt nicht für Kinder/(geh., veraltend:) taugt Kindern nicht; **b)** *eine (bestimmte) Güte, einen (bestimmten) Wert, Nutzen haben* (meist verneint): das Messer taugt nichts, nicht viel, wenig; ich weiß nicht, ob der Film etwas taugt; Alle zu weich, alle die Strammins, möchten am liebsten mit aller Welt Freundschaft halten, so was taugt nichts (Fallada, Herr 128); in der Schule taugt er nichts; **Tauge|nichts,** der; -[es], -e ⟨älter: tögenichts, mniederd. döge-, dögenicht(s)⟩ (veraltend abwertend): *nichtsnutziger Mensch:* der strahlende Held und Erbe war zugleich ein leichtsinniger T. (K. Mann, Wendepunkt 32); **taug|lich** ⟨Adj.⟩: **a)** *(zu etw.) taugend; geeignet, brauchbar:* ein nicht -es Objekt; er ist zu schwerer Arbeit, für diese Aufgabe nicht t.; er ist als Pilot nicht t.; **b)** *wehrdiensttauglich:* er ist [beschränkt; voll] t.; jmdn. t. schreiben; ... als ich ... zum Dienste t. befunden, als gemeiner Rekrut in die Kaserne einzurücken hatte (Th. Mann, Krull 86); **Tauglich|keit,** die; -: *das Tauglichsein.*

tau|ig ⟨Adj.⟩ (geh.): *feucht von Tau:* -e Wiesen; Ein Herr kam herangeschlendert, blieb, die grauen Wildlederhandschuhe über dem -en Brückengeländer gefaltet, dicht neben mir stehen (Schnurre, Schattenfotograf 10).

Tau|kreuz, das [zu ↑³Tau]: *T-förmiges Kreuz des heiligen Einsiedlers Antonius.*

Tau|mel, der; -s [rückgeb. aus ↑taumeln]: **a)** *Schwindel[gefühl], Gefühl des Taumelns, Schwankens:* Ich hab' einen sitzen, dachte er und fühlte, wie ein angenehmer T. ihn durchflutete (Ott, Haie 180); ein [leichter] T. befiel, überkam ihn; ich bin noch wie im T. *(noch ganz benommen);* **b)** *rauschhafter Gemütszustand, innere Erregung, Begeisterung, Überschwang, Rausch* (2): ein T. der Freude ergriff die Menschen; er geriet in einen (wahren) T. des Glücks; er liebte Christine ..., wenn auch ohne Rausch und T. (Bieler, Mädchenkrieg 97); **taume|lig, taumlig** ⟨Adj.⟩: **1. a)** *benommen:* mir ist, wird ganz t.; **b)** *von einem Taumel* (b) *erfaßt:* ihm wurde ganz t. vor Glück. **2.** *taumelnd, schwankend:* in -em Flug dahingleiten; Sie ging schnell, aber sonderbar taumelig (Remarque, Triomphe 5); **Tau|mel|kä|fer,** der: *im Wasser lebender, länglich-ovaler Käfer mit kurzen, flossenartig verbreiterten Mittel- u. Hinterbeinen, der gern in Scharen auf der Wasseroberfläche von Bächen u. Flüssen schwimmt, wobei er sich sehr schnell im Kreis od. im Zickzack bewegt;* **Tau|mel|lolch,** der: *hoch wachsendes, zu den Lolchen gehörendes Gras, dessen Früchte giftig sind;* **taumeln** ⟨sw. V.⟩ [mhd. tümeln, ahd. tūmilōn, Iterativbildung zu mhd. tūmen, ahd. tūmōn = sich im Kreise drehen, schwanken, verw. mit ↑Dunst]: **a)** *[auf unsicheren Beinen stehend] wie benommen hin u. her schwanken [u. zu fallen drohen]* ⟨ist/hat⟩: vor Müdigkeit, Schwäche t.; das Flugzeug begann zu t.; **b)** *taumelnd [irgendwohin] gehen, fallen, fliegen o. ä.* ⟨ist⟩: hin und her, gegen die Wand t.; Er glitt und taumelte gegen den Eisenzaun (Gaiser, Schlußball 199); Schneeflocken taumelten vom Himmel (Kirst, 08/15, 537); **taum|lig:** ↑taumelig.

tau|naß ⟨Adj.⟩: *naß von Tau:* taunasse Wiesen.

Tau|nus, der; -: *Teil des Rheinischen Schiefergebirges.*

Tau|on, das; -s, ...onen [zu ↑³Tau] (Physik): *instabiles, mit einer Elementarladung negativ geladenes Elementarteilchen aus der Gruppe der* ²*Leptonen.*

taupe [to:p] ⟨indekl. Adj.⟩ [zu frz. taupe < lat. talpa = Maulwurf]: *von einem einen Rotschimmer aufweisenden, dunklen Grau.*

Tau|punkt, der (Physik): *Temperatur, bei der in einem Gemisch aus Gas u. Dampf das Gas mit der vorhandenen Menge des Dampfes gerade gesättigt ist:* unter, über dem T. liegen.

Tau|ro|bo|li|um, das; -s, ...ien [lat. taurobolium < griech. taurobólion, zu: taūros = Stier u. bállein = werfen]: *Stieropfer und damit verbundene Bluttaufe in antiken Mysterien;* **Tau|ro|ma|chie,** die; -, -n [span. tauromaquia, zu griech. taūros = Stier u. máchesthai = kämpfen]: **1.** ⟨o. Pl.⟩ *Technik des Stierkampfs.* **2.** *Stierkampf.*

Tau|rus, der; -: *Gebirge in Kleinasien.*

Tau|salz, das; -es, -e [zu ↑²tauen]: *Streusalz.*

Tausch, der; -[e]s, -e ⟨Pl. selten⟩ [rückgeb. aus ↑tauschen]: *Vorgang des Tauschens; Tauschgeschäft:* ein guter, schlechter T.; einen T. machen; etw. durch T. erwerben; zum T. anbieten; etw. [für etw.] in T. geben *(etw. als Tauschobjekt [für etw.] weggeben);* Sie hatten den Leuten ... hübsche Gegenstände aus Glasfluß verhandelt und ... allerlei balsamische Schwitzereien ... dafür in T. genommen (Th. Mann, Joseph 587); etw. im T. für etw. erhalten; **Tausch|an|zei|ge,** die: *[Zeitungs]anzeige, in der etw. zum Tausch angeboten wird;* **tau|schen** ⟨sw. V.; hat⟩ [mhd. tūschen = (be)lügen, anführen, Nebenf. von: tiuschen (↑täuschen), eigtl. = in betrügerischer Absicht aufschwatzen]: **a)** *jmdm. eine Sache od. Per-*

son überlassen u. dafür als Gegenleistung etw., jmdn. anderes von ihm erhalten: Briefmarken t.; ... weil ich niemals ... Zigarettenbildchen tauschte (Grass, Katz 57); sie tauschten die Partner; seine Wohnung gegen eine größere t.; Die Massai ... tauschten ihr Vieh gegen Feldfrüchte bei den Ackerbauern ringsum (Grzimek, Serengeti 261); tausche Fernseher gegen Klappbett; die Plätze t.; er hat das Zimmer mit ihm getauscht; ⟨auch o. Akk.-Obj.:⟩ wollen wir t. *(einen Tausch machen)?;* Ü sie tauschten Blicke *(sahen sich kurz u. in einer Weise an, die eine bestimmte Gemütshaltung, Einstellung zu etw. ausdrückte);* ich tauschte einen schnellen Blick mit ihm; sie tauschten Zärtlichkeiten *(liebkosten sich);* da winkten seinerseits Männer einander mit Schnupftüchern zu und tauschten Umarmungen auf offenem Markt (Th. Mann, Hoheit 243); einen Händedruck t.; **b)** *jmdn. (im Hinblick auf etw.) einen Tausch vornehmen:* sie tauschten mit den Plätzen; **c)** *jmdn. [für eine bestimmte Zeit, zu einer bestimmten Zeit] an seine Stelle treten lassen, sich vertreten lassen u. dafür seinerseits [zu einer anderen Zeit] den anderen vertreten:* sie hat mit einer Kollegin getauscht; ich möchte mit niemandem t. *(ich fühle mich in meiner Lage völlig wohl);* er ist in einer sehr schwierigen Lage; ich möchte mit ihm nicht t. *(ich möchte nicht an seiner Stelle sein);* **täuschen** ⟨sw. V.; hat⟩ [mhd. tuschen = unwahr reden, anführen, aus dem Niederd. (vgl. mniederd. tüschen = anführen, betrügen), H. u.]: **1. a)** *jmdm. absichtlich einen falschen Eindruck vermitteln; jmdn. irreführen:* jmdn. mit einer Behauptung, durch ein Verhalten t.; Manfred versuchte nicht, sie zu t. *(sie hinters Licht zu führen;* Chr. Wolf, Himmel 177); Ich glaube, du hast dich durch die Perücke t. lassen (Brand, Gangster 63); laß dich [von ihm] nicht t.!; ich sehe mich in meinen Erwartungen getäuscht *(meine Erwartungen haben sich nicht erfüllt);* wenn mich mein Gedächtnis nicht täuscht, ... *(wenn ich mich richtig erinnere, ...);* wenn ich mich nicht alles täuscht, ... *(wenn ich mich nicht sehr irre, ...);* ⟨auch ohne Akk.:⟩ der Schüler hat versucht zu t. *(wollte unerlaubterweise abschreiben o. ä.);* Ü Silberstreifen u. ... die die Bomber abwarfen, um den Radar zu t. (Degenhardt, Zündschnüre 51); **b)** *einen falschen Eindruck entstehen lassen:* das Neonlicht täuscht; das Haus ist nicht sehr hoch, das täuscht [nur]; **c)** (bes. Sport) *einen Gegner zu einer bestimmten Reaktion, Bewegung verleiten, die man aus eigenem Vorteil ausnutzen kann:* er täuschte geschickt. **2.** ⟨t. + sich⟩ *sich irren:* wenn ich mich nicht täusche, hat es eben geklingelt; ich meine, ihn erkannt zu haben; ich kann mich natürlich t.; in dieser Hoffnung täuscht er sich *(diese seine Hoffnung wird sich nicht erfüllen);* ich habe mich in ihm getäuscht; ich gebe mich nicht selbst t.; Der Tag, an dem die Franzosen die Verhandlungen ... scheitern ließen, ist - darüber sollte man sich nicht t. - ein schwarzer Tag (Dönhoff, Ära 126); Ich sollte mich sehr t., wenn Sie nicht mit mir ... überein-

stimmten (Th. Mann, Krull 256); **täuschend** ⟨Adj.⟩: *eine Verwechslung (mit etw. sehr Ähnlichem) nahelegend; zum Verwechseln:* eine -e Ähnlichkeit; sie sind sich t. ähnlich; **Täu|scher,** der; -s, - [mhd. tiuschære]: **1.** *jmd., der andere täuscht, irreführt:* moralische T., die ihr Wissen ... benutzen, um andere zu beherrschen (Sloterdijk, Kritik 357). ◆ **2.** kurz für ↑ Roßtäuscher (1): Der T., hochvergnügt, die Ware (= das Pferd) loszuschlagen, schlägt hurtig ein (Schiller, Pegasus im Joche); **Tau|sche|rei,** die; -, -en (ugs.): *[dauerndes] Tauschen;* **Täu|sche|rei,** die; -, -en (ugs. abwertend): *[dauerndes] Täuschen* (1 a, c); **Täu|sche|rin,** die; -, -nen: w. Form zu ↑ Täuscher; **Tausch|ge|schäft,** das: *Geschäft, das darin besteht, daß etw. gegen etw. anderes getauscht wird;* **Tausch|ge|sell|schaft,** die (Soziol.): *Gesellschaft mit einer Tauschwirtschaft;* **Tausch|han|del,** der: **1.** *Tauschgeschäft.* **2.** ⟨o. Pl.⟩ (Wirtsch.): *im Tausch von Waren bestehender Handel.* **Tau|schier|ar|beit,** die (Kunsthandwerk): **a)** *durch Tauschieren geschaffene Verzierung;* **b)** *durch Tauschierarbeiten (a) verzierter Gegenstand;* **tau|schie|ren** ⟨sw. V.; hat⟩ [zu mfrz. tauchie < älter ital. tausia < arab. taušiyya[h] = Verzierung] (Kunsthandwerk): **a)** *mit Einlegearbeiten aus edlerem Metall, bes. Gold od. Silber, versehen:* eine tauschierte Rüstung; **b)** *durch Tauschieren (a) entstehen lassen, irgendwo anbringen:* ein Ornament [in einen Gegenstand] t.; **Tau|schie|rer,** der; -s, - (Kunsthandwerk): *jmd., der sich auf das Tauschieren versteht;* **Tau|schie|re|rin,** die; -, -nen: w. Form zu ↑ Tauschierer; **Tau|schie|rung,** die; -, -en: **a)** ⟨o. Pl.⟩ *das Tauschieren, Kunst des Tauschierens;* **b)** *Tauschierarbeit* (a). **Tausch|mit|tel,** das: *Mittel (z. B. Geld), das zum Erwerb von Gütern auf dem Wege des Tausches dient;* **Tausch|ob|jekt,** das: *etw., was getauscht wird;* **Tausch|partner,** der: *Partner bei einem Tauschgeschäft;* **Tausch|part|ne|rin,** die: w. Form zu ↑ Tauschpartner; **Täu|schung,** die; -, -en: **1.** *das Täuschen* (1): eine plumpe, raffinierte, arglistige, versuchte T.; auf eine T. hereinfallen. **2.** *das Sichtäuschen, Getäuschtsein:* einer T. erliegen; Weil er einfach zu viel erlebt hat, um noch mit den romantischen T. anheimfallen zu können, daß die Liebe ... imstande sei, die Realität zu überwinden (Schreiber, Krise 223); gib dich daher keiner T. hin *(mach dir, was das betrifft, nichts vor);* er gibt sich der T. hin *(glaubt irrtümlich),* daß ...; eine optische T. *(optische Wahrnehmung, die mit der Wirklichkeit nicht übereinstimmt);* *eine fromme T. (↑Betrug);* **Täu|schungs|ab|sicht,** die: *Absicht, jmdn. zu täuschen;* **Täu|schungsma|nö|ver,** das: *Manöver* (3), *mit dem jmd. getäuscht werden soll; Finte* (1): plumpes T.; **Täu|schungs|ver|such,** der: *Versuch, jmdn. zu täuschen;* **Tausch|verfah|ren,** das: *Tausch:* etw. im T. erwerben; **Tausch|ver|kehr,** der: vgl. Tauschhandel (2): es entwickelte sich ein reger T.; **Tausch|ver|trag,** der: vgl. Kaufvertrag; **Tausch|wa|re,** die: *Tauschobjekt;* **Tausch|weg,** der ⟨o. Pl.⟩: *Tausch als*

Art u. Weise, etw. zu erwerben: etw. auf dem, im -e erwerben; Auf dem -e besorgte er sich ein Stück Friedensseife (Lentz, Muckefuck 208); **tausch|wei|se** ⟨Adv.⟩ (selten): vgl. leihweise; **Tauschwert,** der: *Wert, den etw. als Tauschobjekt hat:* Nach dem Handel ..., der bewies, daß selbst ... Eisen ... noch einen T. besaß (Ransmayr, Welt 210); **Tausch|wirt|schaft,** die: vgl. Tauschhandel (2).

tau|send ⟨Kardinalz.⟩ [mhd. tūsunt, ahd. dūsunt, wahrsch. verdunkelte Zus. u. eigtl. = vielhundert, 2. Bestandteil zu ↑hundert, 1. Bestandteil zu einem Wort mit der Bed. „schwellen"] (in Ziffern: 1 000): **a)** t. Personen; die paar t., einige t. Mark; t. und aber t. Ameisen; ich wette t. zu/gegen eins (ugs.: *ich bin ganz sicher,* daß ...; **b)** (ugs. emotional) *unübersehbar viele, sehr viele, ungezählte:* t. Ausreden, Wünsche haben; Atomkraft, Jugendkriminalität ... - die Angst unserer Zeit hat t. Namen *(ist vielfältig;* Hörzu 25, 1980, 24); ich muß t. Sachen erledigen; T. Ängste ausstehen *(sehr große Angst haben);* Grußformeln (in Briefen): t. Grüße; t. Küsse; Dankesformel: t. Dank; vgl. hundert; **¹Tau|send,** die; -, -en: *Zahl 1 000;* **²Tau|send,** das; -s, -e u. -: **1.** ⟨nicht in Verbindung mit Kardinalzahlen; Pl.: -⟩ *Einheit von tausend gleichartigen Dingen, Lebewesen, von tausend Stück:* ein volles, halbes T.; dies ist das fünfte T. In der Auflage; einige T. Zigarren; eine Packung mit einem T. Büroklammern; vom T. *(Promille);* Abk.: v. T.; Zeichen: ‰); Abk.: Tsd. **2.** ⟨Pl.⟩ *eine unbestimmte große Anzahl:* einige T./-e standen vor den Toren; -e Zuschauer waren begeistert; den Tod -er Kinder verursachen; -e von Mark; die Kosten gehen in die -e (ugs.: *betragen mehrere tausend Mark);* zu -en sterben; vgl. ¹Hundert; **³Tausend:** nur in der Verbindung **ei der T.** (veraltend; ↑¹Daus); **Tau|send|blatt,** das: *unter Wasser wachsende Pflanze mit quirlig angeordneten, gefiederten Blättern u. unscheinbaren Blüten;* **tau|send|ein** ⟨Zahladj.⟩ (in Ziffern: 1 001): ¹ein (I); **tau|sendeins** ⟨Kardinalz.⟩ (in Ziffern: 1 001): vgl. ¹eins (I); **Tau|sen|der,** der; -s, -: **1.** (ugs.) *Tausendmarkschein:* das kostet einen T. *(tausend Mark).* **2.** (Math.) vgl. Hunderter (2). **3.** vgl. Achttausender; **tau|sender|lei** ⟨best. Gattungsz.; indekl.⟩ [↑-lei] (ugs.): vgl. hunderterlei: In den Parfümerien ... vor dem Hintergrund bereitwilliger Spiegel und t. immer anders geformter Fläschchen (Kronauer, Bogenschütze 47); **Tau|sen|der|stel|le,** die (Math.): *Tausenderstelle;* **tau|send|fach** ⟨Vervielfältigungsz.⟩ (mit Ziffern: 1 000fach): **a)** vgl. achtfach; **b)** (ugs.) *(in bezug auf ein Tun o. ä.) sehr viele Male, auf mehrfache Art u. Weise [vorgenommen]; Reisende ... fotografierten das t. Abgebildete (Fest, Im Gegenlicht 380);* **Tau|send|fa|che,** das; -n (mit Ziffern: 1 000fache): vgl. Achtfache; **tau|send|fäl|tig** ⟨Adj.⟩ (geh.): *tausendfach:* Die -en Gerüche ... quollen wie aus tausend ... Eiterbeulen (Süskind, Parfum 317); **Tau|send|fuß,** der, **Tau|send|fü|ßer,** der; -s, -, **Tau|send|füß|ler,** der; -s, -

[LÜ von lat. millepeda < griech. chiliópous]: *(zu den Gliederfüßern gehörendes) Tier mit einem in viele Segmente gegliederten Körper u. sehr vielen Beinen;* **Tau|send|gul|den|kraut** (selten), **Tausend|gül|den|kraut,** das [eigtl. spätmhd. fälschliche LÜ des lat. Pflanzennamens centaurium (= Kraut des Zentauren), der als aus lat. centum = hundert u. aurum = Gold zusammengesetzt verstanden wurde]: *Pflanze mit vierkantigem Stengel, kleinen, länglichen, in einer Rosette angeordneten Blättern u. in einer Doldenrispe stehenden, kleinen, hellroten Blüten;* **Tau|send|jahr|fei|er,** die (in Ziffern: 1 000-Jahr-Feier); vgl. Hundertjahrfeier; **tau|send|jäh|rig** ⟨Adj.⟩ (in Ziffern: 1 000jährig): vgl. hundertjährig: eine -e Linde; die deutsche Frau humpelt in den Ruinen des -en Reiches herum (Hilsenrath, Nazi 167); **tau|send|köp|fig** ⟨Adj.⟩: *aus einer sehr großen Anzahl von Personen bestehend:* eine -e Menschenmenge; **Tau|send|künst|ler,** der [eigtl. = jmd., der tausend Künste kann] (ugs. scherzh.): *jmd., der vielseitig begabt, bes. handwerklich sehr geschickt ist;* **Tau|send|künst|lerin,** die (ugs. scherzh.): w. Form zu ↑Tausendkünstler; **tau|send|mal** ⟨Wiederholungsz., Adv.⟩: **a)** vgl. achtmal; **b)** (ugs.) vgl. hundertmal (b): Verzeihen Sie t., Herr Wachtmeister (Danella, Hotel 92); **tau|send|ma|lig** ⟨Adj.⟩ (in Ziffern: 1 000malig): vgl. achtmalig; **Tau|sendmark|schein,** der (in Ziffern: 1 000-Mark-Schein): *Geldschein mit dem Wert von tausend Mark;* **tau|send|pro|zen|tig** ⟨Adj.⟩ [Verstärkung zu ↑hundertprozentig] (ugs.): vgl. hundertfünfzigprozentig; **tau|send|sacker|ment**¹ ⟨Interj.⟩ (veraltet): sapperlot; **Tau|send|sa|sa, Tausend|sas|sa,** der; -s, -[s] [eigtl. Substantivierung des verstärkten alten Interjektion sa!, ↑heisa] (emotional): *vielseitig begabter Mensch, den man Bewunderung zollt:* er hat das Türschloß wieder reparieren können, der T.; **Tau|send|schön,** das; -s, -e, **Tau|send|schön|chen,** das; -s, - [eigtl. = über alle Maßen schöne Blume]: *(zu den Korbblütlern gehörende) kleine, im frühen Frühjahr blühende Pflanze, meist mit gefüllten weißen od. roten Blüten;* **tau|send|sei|tig** ⟨Adj.⟩ (in Ziffern: 1 000seitig): *mit tausend Seiten* (6 a,b); **tau|sendst...** ⟨Ordinalz. zu ↑tausend⟩ (in Ziffern: 1000.): vgl. sechst...; **tau|send|stel** ⟨Bruchz.⟩ (in Ziffern: 1/1000): vgl. achtel; ¹**Tau|send|stel,** das, schweiz. meist: der; -s, -: vgl. Achtel (a); ²**Tausend|stel,** die; -, - (ugs.): kurz für ↑Tausendstelsekunde: Blende 4 bei einer T.; **Tau|send|stel|se|kun|de,** die: *der tausendste Teil einer Sekunde:* mit einer T. fotografieren; **tau|send|stens** ⟨Adv.⟩ (in Ziffern: 1 000.): vgl. achtens; **tau|sendstim|mig** ⟨Adj.⟩: *mit tausend* (b) *Stimmen [gerufen, gesungen o. ä.]:* ein -er Jubelruf; **tau|send|und|ein** ⟨Zahladj.⟩ (in Ziffern: 1 001): *tausendein:* ein Betrag von -er Mark; ein Märchen aus Tausendundeiner Nacht; **tau|send|und|eins** ⟨Kardinalz.⟩ (in Ziffern: 1 001): *tausendeins.*
Tau|ta|zis|mus, der; -, ...men [zu griech. tautó, ↑tauto-, Tauto-] (Rhet., Stilk.): *Häufung gleichklingender [Anfangs]laute in aufeinanderfolgenden Wörtern;* **tau|to-, Tau|to-** [griech. tautó, zusgez. aus: tò autó = dasselbe, zu: autós, ↑auto-, Auto-] ⟨Best. in Zus. mit der Bed.⟩: *dasselbe, das gleiche* (z. B. Tautologie); **Tauto|gramm,** das; -s, -e [zu griech. grámma = Buchstabe] (Literaturw.): *Gedicht, das in allen Wörtern od. Zeilen mit demselben Anfangsbuchstaben beginnt;* **Tau|to|lo|gie,** die; -, -n [lat. tautologia < griech. tautología, eigtl. = das Dasselbesagen, zu: tautó (↑tauto-, Tauto-) u. lógos, ↑Logos]: **1.** (Rhet., Stilk.) **a)** *Fügung, die einen Sachverhalt doppelt wiedergibt* (z. B. weißer Schimmel; nackt und bloß); **b)** (seltener) *Pleonasmus.* **2.** (Logik) *(auf Grund formallogischer Gründe) wahre Aussage;* **tau|to|lo|gisch** ⟨Adj.⟩ (Rhet., Stilk.): *eine Tautologie darstellend, durch eine Tautologie ausgedrückt;* **tau|to|mer** ⟨Adj.⟩ [zu griech. méros = (An)teil] (Chemie): *durch Tautomerie gekennzeichnet;* **Tau|to|me|rie,** die; - (Chemie): *(bei bestimmten organischen Verbindungen) Eigenschaft, in zwei verschiedenen, ineinander umwandelbaren, im Gleichgewicht zueinander stehenden molekularen Strukturen mit verschiedenen chemischen u. physikalischen Eigenschaften zu existieren.*
Tau|tre|ten, das; -s: *Barfußgehen in taunassem Gras (zur Anregung des Kreislaufs);* **Tau|trop|fen,** der: *Tropfen von Tau;* **Tau|was|ser,** das ⟨Pl. -⟩: *Schmelzwasser.*
Tau|werk, das ⟨o. Pl.⟩: **1.** *Tau (als Material, im Hinblick auf seine Beschaffenheit):* geflochtenes T.; altes, verbrauchtes ... T. wurde wieder in seine Grundbestandteile zerlegt (Fallada, Trinker 33). **2.** (Seemannsspr.) *Gut* (4 b): stehendes, laufendes T.
Tau|wet|ter, das ⟨o. Pl.⟩: *(auf Frost folgende) wärmere Witterung, bei der Schnee u. Eis schmelzen:* gestern war bei uns T.; Ü ein T. *(eine entspannte Atmosphäre)* in den Beziehungen der Staaten; **Tau|wetter|pe|ri|ode,** die: *Periode mit Tauwetter:* nach einer T. setzte wieder Frost ein; Ü eine politische, ideologische T.; **Tauwind,** der: *milder Wind bei Tauwetter;* **Tau|wurm,** der (Zool.): *Regenwurm.*
Tau|zie|hen, das; -s: *Spiel, bei dem zwei Mannschaften an den beiden Enden eines Taus ziehen, wobei es gilt, die gegnerische Mannschaft auf die eigene Seite herüberzuziehen:* ein Wettkampf im T.; Ü ein T. *(Hin und Her)* um die Besetzung des höchsten Staatsamtes.
Ta|ver|ne, die; -, -n [ital. taverna < lat. taberna]: *italienisches Wirtshaus.*
Ta|xa: Pl. von ↑Taxon.
Ta|xa|me|ter, das od. der; -s, - [1: zu mlat. taxa (↑Taxe) u. ↑-meter (1)]: **1.** *Fahrpreisanzeiger.* **2.** (veraltet) *Taxi;* **Ta|xa|me|teruhr,** die: *Taxameter* (1); **Tax|amt,** das: *Amt, das Taxierungen vornimmt, Preise, Werte festsetzt;* **Ta|xa|ti|on,** die; -, -en [lat. taxatio, zu: taxare, ↑taxieren] (Wirtsch.): *das Taxieren* (1 b); **ta|xa|tiv** ⟨Adj.⟩ (österr.): *vollständig, erschöpfend:* eine Angebotspalette ..., in der t. ... folgende Dienstleistungen aufgezählt sind: ... (Erfolg 11./12., 1983, 63); **Ta|xa|tor,** der; -s, ...oren [mlat. taxator] (Wirtsch.): *als Schätzer tätiger Sachverständiger; Schätzer;* **Ta|xa|to|rin,** die; -, -nen (Wirtsch.): w. Form zu ↑Taxator.
Tax|baum, der (selten): *Taxus.*
Ta|xe, die; -, -n [mlat. taxa = Schätzpreis; Steuer, zu lat. taxare, ↑taxieren]: **1.** *Gebühr, [amtlich] festgesetzter Preis.* **2.** *[durch einen Taxator] geschätzter, ermittelter Preis, Wert; Taxpreis.* **3.** *Taxi:* die Leute ... fuhren mit Leidenschaft T., Privatautos hatten damals die wenigsten (Lentz, Muckefuck 69).
Ta|xem, das; -s, -e [engl. taxeme, zu griech. táxis, ↑¹Taxis] (Sprachw.): *grammatisches Merkmal, das allein od. mit anderen Taxemen Tagmeme bildet.*
ta|xen ⟨sw. V.; hat⟩: *taxieren* (1).
Ta|xen: Pl. von ↑²Taxis; **Ta|xes:** Pl. von ↑¹Taxis.
tax|frei ⟨Adj.⟩ [zu ↑Taxe]: vgl. gebührenfrei; **Tax|ge|bühr,** die: *Taxe* (1); **Taxgren|ze,** die (schweiz.): *Zahlgrenze.*
Ta|xi, das, schweiz. auch: der; -s, -s [frz. taxi, gek. aus: taximètre, unter Einfluß von ↑taxe = Gebühr, zu griech. táxis (↑¹Taxis) u. frz. -mètre < griech. métron = Maß]: *(von einem Berufsfahrer gelenktes) Auto, mit dem man sich (bes. innerhalb einer Stadt) befördern lassen kann:* ein T. rufen, bestellen, nehmen; T. fahren (1. *als Taxifahrer tätig sein.* 2. *als Fahrgast mit einem Taxi fahren);* ich ... steige in meinen T. (Frisch, Homo 146); **Ta|xi|chauf|feur,** der (veraltend): *Taxifahrer;* **Ta|xi|chauf|feu|rin,** die (veraltend): w. Form zu ↑Taxichauffeur.
Ta|xi|der|mie, die; - [zu griech. táxis (↑¹Taxis) u. derma = Haut, Fell] (Fachspr.): *Präparation von Tieren;* **Ta|xi|dermist,** der; -en, -en (Fachspr.): *jmd., der Tiere präpariert* (1 a); **Ta|xi|der|mi|stin,** die; -, -nen (Fachspr.): w. Form zu ↑Taxidermist; **Ta|xie,** die; -, -n [vgl. frz. taxie] (Biol.): ²*Taxis.*
ta|xier|bar ⟨Adj.⟩: *sich taxieren lassend;* **ta|xie|ren** ⟨sw. V.; hat⟩ [frz. taxer < lat. taxare = prüfend betasten, (ab)schätzen, Iterativbildung zu: tangere, ↑tangieren]: **1. a)** (ugs.) *schätzen* (1 a): den Wert, die Größe von etw. t.; die Entfernung auf 200 Meter, zu kurz, falsch t.; ich taxiere ihn *(sein Alter)* auf etwa 45; **b)** *(als Sachverständiger) den [Zeit-, Markt]wert von etw. ermitteln, bestimmen; schätzen* (1 b): ein Grundstück, ein Haus t.; t. lassen; das Gemälde wurde auf 7 000 Mark taxiert. **2.** (ugs.) *prüfend, kritisch betrachten, um sich ein Urteil zu bilden:* etw. mit Kennerblick t.; Die ... Tennismeisterin war prachtvoll gewachsen ... Frank taxierte sie mit einem Blick, und sie taxierte ihn mit einem Blick, und dann lachten sie (Baum, Paris 7). **3.** (bildungsspr.) *einschätzen:* er hat die Situation richtig taxiert; **Ta|xie|rer,** der; -s, - (selten): *Taxator;* **Ta|xie|re|rin,** die; -, -nen (selten): w. Form zu ↑Taxierer; **Ta|xie|rung,** die; -, -en: *das Taxieren.*
Ta|xi|fah|rer, der: *(berufsmäßiger) Fahrer eines Taxis;* **Ta|xi|fah|re|rin,** die: w. Form zu ↑Taxifahrer; **Ta|xi|fahrt,** die: *Fahrt mit einem Taxi;* **Ta|xi|girl,** das [amerik. taxigirl, eigtl. = Frau, die wie ein Taxi gemietet wird]: *in einer Tanzbar o. ä. angestellte Tanzpartnerin, die für jeden Tanz

von ihrem Partner bezahlt wird; **Ta|xi|ruf|säu|le**, die: *Rufsäule, über die man ein Taxi rufen kann.*
¹Ta|xis, die; -, Taxes [...kse:s; griech. táxis = das (An)ordnen, zu: táttein = ordnen, regeln] (Med.): *Reposition eines Knochen- od. Eingeweidebruchs;* **²Ta|xis**, die; -, Taxen (Biol.): *durch einen äußeren Reiz ausgelöste Bewegung (eines Organismus).*
³Ta|xis: Pl. von ↑ Taxi; **Ta|xi|stand**, der: *Standplatz von Taxis;* **Ta|xi|stand|platz**, der: *Standplatz von Taxis;* **Ta|xi|un|ter|neh|men**, das: *Unternehmen, das Taxis unterhält;* **Ta|xi|un|ter|neh|mer**, der: *Inhaber eines Taxiunternehmens;* **Ta|xi|un|ter|neh|me|rin**, die: w. Form zu ↑ Taxiunternehmer; **Ta|xi|way** ['tæksɪweɪ], der; -s, -s [engl. taxiway, zu: to taxi = rollen u. way = Weg]: *Piste, die zur od. von der Start-und-Lande-Bahn führt;* **Ta|xi|zen|tra|le**, die: *Zentrale von Taxiunternehmen, von der aus die einzelnen Wagen eingesetzt werden.*
Tax|kurs, der; -es, -e [zu ↑ Taxe] (Wirtsch.): *geschätzter Kurs (4) von Wertpapieren.*
Tax|ler, der; -s, - (bes. österr. ugs.): *Taxifahrer;* **Tax|le|rin**, die; -, -nen (bes. österr. ugs.): w. Form zu ↑ Taxler.
Ta|xon, das; -s, Taxa [zu griech. táxis, ↑ ¹Taxis] (Biol.): *Gruppe von Lebewesen (z. B. Stamm, Art) als Einheit innerhalb der biologischen Systematik;* **ta|xo|nom** ⟨Adj.⟩: *taxonomisch;* **Ta|xo|no|mie**, die; - [zu griech. táxis (↑ ¹Taxis) u. nomos = Gesetz]: **1.** (Bot., Zool.) *Zweig der Systematik, der sich mit dem praktischen Vorgehen bei der Klassifizierung der Lebewesen in systematische Kategorien befaßt.* **2.** (Sprachw.) *Richtung der strukturalistischen Sprachwissenschaft, die den Aufbau des Sprachsystems auf dem Wege der Segmentierung u. der Klassifikation sprachlicher Einheiten zu beschreiben sucht;* **ta|xo|no|misch** ⟨Adj.⟩: *die Taxonomie (1, 2) betreffend.*
Tax|preis, der: vgl. Taxwert.
Ta|xus, der; -, - [lat. taxus]: *Eibe;* **Ta|xus|hecke¹**, die: *Hecke aus Taxus.*
Tax|wert, der: *Schätzwert.*
Tay|lo|ris|mus [telo...], der; -, **Tay|lor|sy|stem** ['te:lə(r)...], das ⟨o. Pl.⟩ [engl. Taylor system, nach dem amerik. Ingenieur F. W. Taylor (1856–1915)]: *System der wissenschaftlichen Betriebsführung mit dem Ziel, einen möglichst wirtschaftlichen Betriebsablauf zu erzielen.*
Ta|zęt|te, die; -, -n [ital. tazzetta, eigtl. = Vkl. von: tazza = Tasse, nach der Form der Blüten]: *(in Südeuropa heimische) Narzisse mit zahlreichen, doldenähnlich angeordneten, weißen Blüten.*
Taz|zel|wurm: ↑ Tatzelwurm.
Tb = Terbium.
Tb, Tbc, die; -: kurz für ↑ Tuberkulose; **Tbc-krank, Tb-krank** ⟨Adj.⟩: *an Tuberkulose leidend;* **Tbc-Kranke, Tb-Kranke**, der u. die: *jmd., der an Tuberkulose leidet.*
T-bone-Steak ['ti:boʊn...], das; -s, -s [engl. T-bone steak, eigtl. = Steak mit T-förmigem Knochen]: *Steak aus dem Rippenstück des Rinds.*
Tc = Technetium.
Te = Tellur.

Tea [ti:], der, auch: das; -s [engl. tea, eigtl. = Tee] (Jargon): *Haschisch:* T. rauchen.
Teach-in [ti:tʃ'ɪn], das; -[s], -s [engl. teach-in, zu: to teach = lehren, geb. nach ↑ Go-in u. a.] (Jargon): *(bes. an Hochschulen) [demonstrative] Zusammenkunft zu einer politischen Diskussion, bei der bestimmte Mißstände o. ä. aufgedeckt werden sollen.*
Teak [ti:k], das; -s [engl. teak < port. teca < Malayalam tekka]: kurz für ↑ Teakholz; **Teak|baum**, der: *(in den Tropen wachsender) hoher Baum mit großen, elliptischen Blättern, weißen, in Rispen stehenden Blüten u. hartem, gelb bis dunkel goldbraunem Holz;* **teaken** ⟨Adj.⟩ (selten): *aus Teakholz;* **Teak|holz**, das: *Holz des Teakbaums.*
Team [ti:m], das; -s, -s [engl. team < aengl. tēam = Nachkommenschaft, Familie; Gespann]: **1.** *Gruppe von Personen, die gemeinsam an einer Aufgabe arbeiten:* ein bewährtes, unschlagbares, junges T.; ein T. von Fachleuten, von Ärzten; zu einem T. bilden, vereinigt werden, gehören; Vier Autoren – zwei Männer, zwei Frauen – wurden zu einem T. vereinigt (Simmel, Stoff 663). **2.** *Mannschaft* (1): *das englische T.;* -s aus Südamerika: Doch mit der Zeit machte sich auch objektive Freude an dem schönen Spiel bemerkbar, das beide -s auf dem Rasen servierten (Walter, Spiele 82); es spielt in unserem T.; **Team|ar|beit**, die ⟨o. Pl.⟩: *Teamwork;* **Team|chef**, der (Sport Jargon): *Betreuer, Trainer einer Mannschaft* (1 a); **Team|che|fin**, die (Sport Jargon): w. Form zu ↑ Teamchef; **Tea|mer** ['ti:mɐ], der; -s, - [engl.-amerik. teamer, zu: to team = in Team führen] (Jargon): *jmd., der eine [gewerkschaftliche] Schulung durchführt;* **Tea|mer|grup|pe**, die (Jargon): *[gewerkschaftlicher] Schulungslehrgang;* **team|fä|hig** ⟨Adj.⟩: *in der Lage, in einem Team* (1) *zu arbeiten:* ein Einbrötler wie er ist nicht t.; **Team|fä|hig|keit**, die ⟨o. Pl.⟩: *Fähigkeit, in einem Team* (1) *zu arbeiten:* Als ... Voraussetzung erwarten wir von Ihnen T. (Südd. Zeitung 1. 3. 86, 68); **Team|geist**, der ⟨o. Pl.⟩: *Zusammengehörigkeitsgefühl, partnerschaftliches, kameradschaftliches Verhalten innerhalb der Gruppe, eines Teams;* **Team|ma|na|ger**, der: vgl. Teamchef; **Team|ma|na|ge|rin**, die: w. Form zu ↑ Teammanager; **Team|ster** ['ti:mstɐ], der; -s, - [engl. teamster, zu: to team = einen Lastzug fahren]: engl. Bez. für *Lastkraftwagenfahrer;* **Team|tea|ching** [...ti:tʃɪŋ], das; -[s], -s [engl. team-teaching, zu: teaching = das Unterrichten]: *Unterrichtsform, bei der zwei od. mehrere Lehrer Unterrichtsstunden einer Schulstufe gemeinsam planen, durchführen u. auswerten;* **Team|work** [...wə:k], das; -s [engl. team-work, zu: work = Arbeit]: *Gemeinschaftsarbeit* (a): echtes T.; Die moderne Forschung funktioniert ... nur noch ... im T. (Springer, Was 243).
Tea-Room ['ti:ru:m], der; -s, -s [engl. tea-room, aus: tea = Tee u. room = Raum]: **1.** *kleines (nur tagsüber geöffnetes) Lokal, das in erster Linie Tee u. einen kleinen Imbiß anbietet;* Teestube. **2.** (schweiz.) *Café,*

in dem keine alkoholischen Getränke serviert werden.
Tea|ser ['ti:zə], der; -s, - [engl. teaser, zu: to tease = necken, reizen]: *etw., was zu Werbezwecken eingesetzt wird u. durch seine ungewöhnliche, originelle Aufmachung o. ä. Neugier erweckt.*
Tech|ne|ti|um, das; -s [zu griech. technētós = künstlich gemacht, zu: téchnē, ↑ Technik]: *radioaktives, silbergraues Schwermetall, das nur künstlich herstellbar ist (chemischer Grundstoff);* Zeichen: Tc
Tech|ni|co|lor ⓦ, das; -s [amerik. Technicolor, zu: technical = technisch u. color = Farbe] (Film früher): *Verfahren zum Entwickeln eines Farbfilms, bei dem drei Schwarzweißfilme belichtet, eingefärbt u. anschließend auf einen einzigen Streifen umgedruckt wurden;* **Tech|ni|co|lor|ver|fah|ren**, das: vgl. Technicolor.
tech|ni|fi|zie|ren ⟨sw. V.; hat⟩ [zu ↑ Technik u. lat. facere = machen]: *Errungenschaften der Technik auf etw. anwenden;* **Tech|ni|fi|zie|rung**, die; -, -en: *das Technifizieren;* **Tech|nik**, die; -, -en [nlat. technica = Kunstwesen < griech. technikós, zu lat. technicus < griech. technikós = kunstvoll, kunstgemäß; sachverständig, fachmännisch, zu: téchnē = Handwerk, Kunst(werk, -fertigkeit); Wissenschaft]: **1.** ⟨o. Pl.⟩ *alle Maßnahmen, Einrichtungen u. Verfahren, die dazu dienen, die Erkenntnisse der Naturwissenschaften für den Menschen praktisch nutzbar zu machen:* die moderne T.; ein Wunder der T.; auf dem neuesten Stand der T.; im Zeitalter der T. **2.** *besondere, in bestimmter Weise festgelegte Art, Methode des Vorgehens, der Ausführung von etw.:* künstlerische -en; T. des Speerwerfens; die virtuose, brillante, saubere T. des Pianisten; eine bestimmte T. erlernen, beherrschen; eine ausgefeilte T. besitzen; Er war gekommen, weil er wußte, daß es dort einige -en der Duftgewinnung besser zu lernen gab (Süskind, Parfum 211); Ohne die -en der Simulation ... hätte die Hälfte der Menschheit nicht überlebt (Meckel, Suchbild 49); sich verschiedener -en bedienen. **3.** ⟨o. Pl.⟩ *technische Ausrüstung, Einrichtung für die Produktion:* eine Werkstatt mit modernster T. **4.** ⟨o. Pl.⟩ *technische Beschaffenheit eines Geräts, einer Maschine o. ä.:* mit der T. einer Maschine vertraut sein. **5.** ⟨o. Pl.⟩ *Stab von Technikern:* Das Nationaltheater wird ... bestreikt. Der Ausstand der T. ist ... bis Dienstag ... befristet (MM 11. 2. 74, 13). **6.** (österr.) *technische Hochschule.* **7.** ⟨o. Pl.⟩ *Gesamtheit technischer Geräte, Maschinen; technische Einrichtung:* Demnächst rückt ... die LPG mit ihrer schweren T. an (NNN 9. 11. 85, 3); Heute stehe ich an der modernsten T., die unser Betrieb hat (Freie Presse 30. 4. 88, 3); **Tech|ni|ka, Tech|ni|ken**: Pl. von ↑ Technikum; **Tech|ni|ker**, der; -s, - [älter: Technikus < lat. technicus < griech. technikós = in der Kunst Erfahrener; Lehrer]: **1.** *Fachmann auf dem Gebiet der Technik.* **2.** *jmd., der Technik* (2) *auf einem bestimmten Gebiet beherrscht:* dieser Stürmer ist ein vollendeter T.; Für besonders aktive

Wettkampfführung wurde Mark Bullmann als bester T. geehrt (Freie Presse 23. 11. 87, 6); **Techｌnikｌkeｌrin,** die; -, -nen: w. Form zu ↑Techniker; **techｌnikｌfeindlich** ⟨Adj.⟩: *der Technik (1) gegenüber nicht aufgeschlossen:* Die Jugend ist nicht t. (Höhler, Horizont 234); **Techｌnikｌfeindｌlichｌkeit,** die ⟨o. Pl.⟩: *technikfeindliche Einstellung, Haltung:* Es gilt ... eine nicht zu übersehende T. bei der Jugend zu überwinden (Nordschweiz 27. 3. 85, 10); **Techｌnikｌfolｌgenｌabｌschätｌzung,** die ⟨o. Pl.⟩: *interdisziplinäre Forschungsrichtung, die Chancen u. Risiken sowie die gesellschaftlichen Folgen technischer Neuerungen untersucht;* **Techｌnikｌkriｌtik,** die ⟨o. Pl.⟩: *Kritik an der modernen Technik (1) u. ihren Folgen:* Die zunehmende Umweltzerstörung und die damit verbundene T. hat ... die Diskussion ... erneut aufleben lassen (Frankfurter Rundschau 12. 3. 91, 13); **techｌnikｌkriｌtisch** ⟨Adj.⟩: *die Technikkritik betreffend, zu ihr gehörend:* eine -e Haltung ... insbesondere Auswüchsen der Technik gegenüber (Tages Anzeiger 28. 7. 84, 29); **Techｌniｌkum,** das; -s, ...ka, auch: ...ken: *technische Fachschule;* **techｌnisch** ⟨Adj.⟩ [nlat. technicus, ↑Technik]: **1.** *die Technik (1) betreffend, zu ihr gehörend:* -e Berufe; -e Hochschulen; Den t. *(im Hinblick auf die Technik 1) entwickelten Ländern der Erde eröffnete sich* ... eine ... *riesige Zahl -er Möglichkeiten* (Gruhl, Planet 255); die ... alte Elbebrücke ... ein -es Denkmal allererersten Ranges (NNN 26. 9. 87, 5). **2.** *die Technik (2) betreffend:* -es Können; die Übung wurde t. einwandfrei ausgeführt; die Premiere mußte aus -en *(die Planung, Organisation betreffenden)* Gründen verschoben werden; **-technisch:** kennzeichnet in Bildungen mit Substantiven - seltener mit Verben (Verbstämmen) - die Zugehörigkeit zu diesen/*etw. betreffend, in bezug auf etw.:* abfall-, angebots-, lerntechnisch; **techｌniｌsieｌren** ⟨sw. V.; hat⟩: *mit technischen Geräten ausrüsten:* ⟨oft im 2. Part.:⟩ technisierte *(von der Technik beherrschte, geprägte)* Produktionsformen; **Techｌniｌsieｌrung,** die; -, -en: *das Technisieren, Technisiertwerden;* **Techｌniｌzisｌmus,** der; -, ...men: **1.** *technischer Fachausdruck, technische Ausdrucksweise.* **2.** ⟨o. Pl.⟩ *Auffassung, die den Wert der Technik verabsolutiert u. den technischen Fortschritt als Grundlage u. Voraussetzung jedes menschlichen Fortschritts betrachtet;* **Techｌno** ['tɛkno], das od. der; -[s] [engl. techno, zu: techno, kurz für: technological = technisch (die Musik wird synthetisch erzeugt)]: *elektronische, von bes. schnellem Rhythmus bestimmte Tanzmusik (bes. in Diskotheken):* Wie nie zuvor haben die Kinder von Benetton und Coca-Cola bei T. die Chance, sich selbst zu inszenieren (Spiegel 45, 1993, 213); **techｌnoｌid** ⟨Adj.⟩ [zu griech. -eidḗs = ähnlich; gestaltet, zu: eîdos = Aussehen, Gestalt]: *durch die Technik (1) bedingt, verursacht;* **Techｌnoｌkrat,** der; -en, -en [engl. technocrat]: **1.** *Vertreter, Anhänger der Technokratie.* **2.** *jmd., der auf technokratische (2) Weise handelt, entscheidet:* daß die -n von Brüssel ... nicht zu ver-nünftige Vorschriften fabrizierten (W. Brandt, Begegnungen 318); **Techｌnoｌkraｌtie,** die; - [engl. technocracy, zu griech. téchnē (↑Technik) u. engl. -cracy = -herrschaft, zu griech. krateîn = herrschen]: *Form der Beherrschung der Produktions- u. anderer Abläufe mit Hilfe der Technik u. Verwaltung.* **Techｌnoｌkraｌtin,** die; -, -nen: w. Form zu ↑Technokrat; **techｌnoｌkraｌtisch** ⟨Adj.⟩ [engl. technocratic]: **1.** *die Technokratie betreffend.* **2.** (abwertend) *allein von Gesichtspunkten der Technik u. Verwaltung bestimmt u. auf das Funktionieren gerichtet;* **Techｌnoｌlekt,** der; -[e]s, -e [zu ↑Technik, Analogiebildung zu ↑Dialekt] (Sprachw.): *Fachsprache;* **Techｌnoｌloｌge,** der; -n, -n [↑-loge]: *Fachmann, Wissenschaftler auf dem Gebiet der Technologie;* **Techｌnoｌloｌgie,** die; -, -n [älter = Lehre von den Fachwörtern; Systematik der Fachwörter < nlat. technologia < spätgriech. technología = einer Kunst gemäße Abhandlung, zu griech. téchnē (↑Technik) u. lógos, ↑Logos]: **1.** *Wissenschaft von der Umwandlung von Roh- u. Werkstoffen in fertige Produkte u. Gebrauchsartikel, indem naturwissenschaftliche u. technische Erkenntnisse angewendet werden:* Die T. entstand Ende des 18. Jahrhunderts als neue Wissenschaft (Klein, Bildung 160); Horst Ehmke ..., der für das neugeschaffene Ressort Forschung und T. zuständig ist (Hörzu 7, 1973, 63). **2.** *Gesamtheit der zur Gewinnung od. Bearbeitung von Stoffen nötigen Prozesse u. Arbeitsgänge; Produktionstechnik:* moderne, neue -n einführen, anwenden; Hinzu kamen steigende Anforderungen in bezug auf Bandbreite, Schreibgeschwindigkeit, Darstellungsmöglichkeiten u. m., die in der herkömmlichen T. nicht mehr zu realisieren waren (Elektronik 11, 1971, 379). **3.** *technisches Wissen; Gesamtheit der technischen Kenntnisse, Fähigkeiten u. Möglichkeiten;* **Techｌnoｌloｌgieｌförｌdeｌrung,** die: vgl. Technologiepolitik; **Techｌnoｌloｌgieｌpark,** der: *Gelände, auf dem bestimmte Firmen (auf privatwirtschaftlicher Basis) moderne Technologien entwickeln;* **Techｌnoｌloｌgieｌpoｌliｌtik,** die: *Gesamtheit aller staatlichen Maßnahmen, die darauf gerichtet sind, die Umsetzung von technischen Erfindungen in marktfähige Produkte zu unterstützen;* **techｌnoｌloｌgieｌpoｌliｌtisch** ⟨Adj.⟩: *die Technologiepolitik betreffend, darauf beruhend;* **Techｌnoｌloｌgieｌtransｌfer,** der (Fachspr.): *Weitergabe von wissenschaftlichen u. technischen Kenntnissen u. Verfahren;* **Techｌnoｌloｌgieｌzenｌtrum,** das: vgl. Technologiepark; **Techｌnoｌloｌgin,** die; -, -nen: w. Form zu ↑Technologe; **techｌnoｌloｌgisch** ⟨Adj.⟩: *die Technologie betreffend, zu ihr gehörend, auf ihr beruhend:* die -e Entwicklung; Die Fortschritte der Wissenschaften und der Organisationsmethoden haben die -e und daher auch die kommerzielle Überalterung der mechanischen Ausrüstung stark beschleunigt (Zeit 20. 11. 64, 39); **techｌnoｌmorph** ⟨Adj.⟩ [zu griech. morphḗ = Gestalt] (Philos.): *von den Kräften der Technik geformt;* **Techｌnoｌpäｌgniｌon,** das; -s, ...ien [griech. tech-nopaígnion, eigtl. = Spiel der Kunst, künstliche Spielerei, zu: paízein = spielen, scherzen] (Literaturw.): *Figurengedicht.*

Techｌtelｌmechｌtel, das; -s, - [H. u.]: *Flirt* (b): ein T. mit jmdm. haben; Glauben Sie, daß es zwischen seiner Mutter oder Großmutter ein T. mit einem russischen oder polnischen Soldaten gegeben haben könnte? (Kemelman [Übers.], Dienstag 64); Ü An der Saar benimmt sich die FDP beim T. mit der CDU wie eine Jungfer, die überlegt, ob sie dem Werben des Freiers nicht doch ein bißchen nachgeben soll (Zeit 19. 9. 75, 1).

Teckel¹, der; -s, - [niederd.] (Fachspr.): *Dackel.*

TED, der; -s [Kurzwort aus: Teledialog]: *Computer, der telefonische Stimmabgaben, bes. bei Fernsehsendungen, registriert u. hochrechnet.*

Ted, der; -[s], -s: kurz für ↑Teddy-Boy; **Tedｌdy** [...di], der; -s, -s [Kosef. des engl. m. Vorn. Theodore; nach dem Spitznamen des amerik. Präsidenten Theodore Roosevelt (1858–1919)]: **1.** kurz für ↑Teddybär. **2.** (Jargon) kurz für ↑Teddy-Boy: In Hamburg bekämpfen sich immer brutaler -s und Punks (Spiegel 52, 1979, 84). **3.** kurz für ↑Teddyfutter, ↑Teddymantel; **Tedｌdyｌbär,** der [engl. teddy bear]: *einem ¹Bären nachgebildetes Stofftier für Kinder;* **Tedｌdy-Boy,** der [engl. teddy boy, urspr. = aufsässiger junger Mann, der sich nach der Mode der Regierungszeit Edwards VII. (1901–1910) kleidet; Teddy = Kosef. des engl. m. Vorn. Edward]: *Jugendlicher, der sich in Kleidung u. Lebensstil an den 50er Jahren orientiert:* Popper, Punker und -s bestimmen in vielen Großstädten das Straßenbild (MM 28. 5. 80, 14); **Tedｌdyｌfutｌter,** das: ²*Futter aus Plüsch o. ä.;* **Tedｌdyｌmanｌtel,** der: vgl. Teddyfutter.

Teｌdeｌum, das; -s, -s [nach den lat. Anfangsworten des Hymnus „Te deum (laudamus) = Dich, Gott (loben wir)"]: **1.** ⟨o. Pl.⟩ (kath. Kirche) *Hymnus der lateinischen Liturgie.* **2.** (Musik) *als Motette, Kantate od. Oratorium komponierte Bearbeitung des Tedeums* (1).

TEE, der; -[s], -[s] [Kurzwort aus Trans-Europ-Expreß] (früher): *exklusiver, nur die erste Wagenklasse führender Reisezug, der zwischen bedeutenden europäischen Städten verkehrte.*

¹Tee, der; -s, (Sorten:) -s [älter: Thee (< niederl. thee) < malai. te(h) < chin. (Dialekt von Fukien) t'e]: **1.** *Teestrauch:* T. anbauen, [an]pflanzen. **2. a)** *getrocknete [u. fermentierte] junge Blätter u. Blattknospen des Teestrauchs:* schwarzer, aromatisierter, grüner, chinesischer, indischer T.; ein Päckchen, eine Dose T.; **b)** *anregendes, im allgemeinen heiß getrunkenes Getränk von meist goldbrauner bis dunkelbrauner Farbe aus mit kochendem Wasser übergossenem Tee* (2 a): starker, dünner T.; T. mit Rum, mit Zitrone; der T. muß ziehen; T. kochen, aufbrühen, einen T. machen *(kochen);* er trinkt lieber T. als Kaffee; ein Glas T.; zwei T. *(Tassen, Gläser Tee)* bitte; Peter schlürfte ... den heißen T. ein (Hausmann, Abel 13); Er nahm seinen T. (geh.; *trank sei-*

nen Tee) auf der Terrasse (Th. Mann, Tod 25); R *abwarten und* T. *trinken* (ugs.; *warten wir erst einmal ab!).* **3. a)** *getrocknete Blätter, Früchte u./od. Blüten von Heilpflanzen;* **b)** *aromatisch schmeckendes Getränk mit heilender od. [schmerz]lindernder Wirkung aus mit kochendem Wasser übergossenem od. in Wasser angesetztem Tee* (3 a): *ein* T. *aus Lindenblüten.* **4.** *gesellige Zusammenkunft [am Nachmittag], bei der Tee [u. Gebäck] gereicht wird:* einen T. *geben;* jmdn. zum T. *einladen, bitten; in London traf er sich ... mit G. B. Shaw zum* T. (K. Mann, Wendepunkt 167).
²**Tee** [ti:], das; -s, -s [engl. tee, eigtl. = T; 1: viell. nach der Form; 2: nach der T-förmigen Markierung für die Stelle] (Golf): **1.** *kleiner Stift aus Holz od. Kunststoff, der in den Boden gedrückt u. von dem aus der Golfball geschlagen wird.* **2.** *kleine Fläche, von der aus der Ball geschlagen wird.*
Tee|bäcke|rei¹, die (österr.): *Teegebäck;* **Tee|beu|tel,** der: *kleiner Beutel (aus wasserbeständigem Material), in den eine portionierte, zum Aufbrühen bestimmte Menge Tee* (2 a, 3 a) *abgepackt ist:* einen T. *in die Kanne, ins Glas hängen;* **Tee|blatt,** das ⟨meist Pl.⟩: *[getrocknetes] Blatt des Teestrauchs:* Teeblätter *hatten im Ausguß verstopft* (Ossowski, Liebe ist 170); **Tee|brett,** das: *kleines Tablett;* **Tee|büch|se,** die: *Büchse zum Aufbewahren von Tee* (2 a): *Für die ... Ausgabe wollte sie in die blecherne* T. *greifen, in der das Spargeld verwahrt wurde* (Kühn, Zeit 164); **Tee|but|ter,** die (österr.): *Markenbutter;* **Tee-Ei,** das: *eiförmiger, mit vielen feinen Löchern versehener Behälter [aus Metall], in den man Teeblätter füllt, um Tee aufzubrühen;* **Tee-Ern|te,** die: vgl. *Kaffee-Ernte;* **tee|far|ben** ⟨Adj.⟩ (selten): *von warmer goldbrauner Farbe;* **Tee|fil|ter,** der: vgl. *Kaffeefilter;* **Tee|gebäck,** das: *Gebäck, das man zum Tee ißt;* **Tee|ge|schirr,** das: vgl. *Teegeschirr;* **Tee|ge|sell|schaft,** die: *Tee* (4); **Tee|glas,** das ⟨Pl. ...gläser⟩: ¹*Glas, aus dem man Tee trinkt;* **Tee|hau|be,** die: vgl. *Kaffeewärmer;* **Tee|haus,** das: vgl. *Kaffeehaus;* **Tee|kan|ne,** die: *bauchige Kanne* (1 a), *in der Tee zubereitet u. serviert wird;* **Tee|kes|sel,** der: **1.** *Wasserkessel bes. für die Bereitung von Tee.* **2.** *Gesellschaftsspiel, bei dem gleichlautende Wörter* (z. B. ¹*Ball u.* ²*Ball) erraten werden müssen.* **3.** (veraltet) *ungeschickte, dumme Person; Tölpel;* **Tee|kü|che,** die: *kleine Küche, in der man Tee, Kaffee, einen Imbiß o. ä. bereiten kann;* **Tee|licht,** das ⟨Pl. -er u. -e⟩: *kleine Kerze für ein Stövchen* (1); **Tee|löf|fel,** der: *(in der Größe zur Teeod. Kaffeetasse passender) kleinerer Löffel* (1 a); **tee|löf|fel|wei|se** ⟨Adv.⟩: vgl. *löffelweise;* **Tee|ma|schi|ne,** die: *Samowar;* **Tee|müt|ze,** die: vgl. *Kaffeewärmer.*
Teen [ti:n], der; -s, -s ⟨meist Pl.⟩ [engl. teens (Pl.)], **Teen|ager** ['ti:nɛɪdʒə], der; -s, - [engl. teenager, zu: -teen = -zehn (in: thirteen usw.) u. age = Alter]: *Jugendliche[r] im Alter etwa zwischen 13 u. 19 Jahren:* kichernde, verwöhnte T.; *Die beiden* T. *schwärmen, so wie zu allen Zeiten junge Mädchen von der Liebe ge-*

schwärmt haben (Quick 19, 1958, 65); *Weißt du, wie ich das finde, wenn eine Endfünfzigerin sich wie ein* T. *aufführt?* (Schnurre, Ich 61); *Was für allgemeine Mode gilt, gilt auch für die der „Teens" und „Twens"* (Welt 27. 1. 62, 1); **Tee|ner** ['ti:nə], **Tee|nie, Tee|ny** ['ti:ni], der; -s, -s [zu ↑Teen unter Einfluß von engl. teeny = winzig] (Jargon): *jüngerer Teen: Das Erziehungsmagazin stellt „Spielräume" für Kinder und Teenies vor* (Spiegel 7, 1982, 207).
Tee|pflücker¹, der: *Arbeiter in einer Teeplantage, der mit der Tee-Ernte beschäftigt ist;* **Tee|pflücke|rin¹,** die; -, -nen: w. Form zu ↑Teepflücker; **Tee|pilz:** der: *Kombucha;* **Tee|plan|ta|ge,** die: *Plantage, auf der Tee* (1) *angebaut wird;* **Tee|pup|pe,** die (veraltend): *Puppe mit einem Kopf u. Händen aus Porzellan u. weitem Reifrock, die zur Zierde auf dem Sofa sitzt, deren eigentlicher Zweck aber der eines Teewärmers ist:* Diese T. *aus dem Jahr 1910 ... ist schon ein paar hundert Mark wert* (Hörzu 11, 1979, 119).
Teer, der; -[e]s, ⟨Arten:⟩ -e [aus dem Niederd. < mniederd. ter(e), eigtl. = *der zum Baum Gehörende,* zu einem idg. Wort mit der Bedeutung „Baum; Eiche", das als 2. Bestandteil auch in den Baumnamen ↑Flieder, ↑Holunder, ↑Rüster, ↑Wacholder vorkommt]: *(durch Schwelung, Verkokung od. Vergasung organischer Substanzen, z. B. Kohle, Holz, entstehender) zähflüssiger, brauner bis tiefschwarzer, stechend riechender Stoff:* T. *kochen; Ein Hauch von* T., *von Salz, von Seewind kam herein* (Zuckmayer, Herr 152); **Teer|dach,** das: *mit Teerpappe belegtes Dach;* **Teer|dach|pap|pe,** die: *Teerpappe;* **Teer|decke¹,** die: *Straßenbelag mit Teer als Bindemittel;* **tee|ren** ⟨sw. V.; hat⟩: **1.** *mit Teer [be]streichen:* Planken t.; *eine geteerte Straße:* geteerte Planken; ** jmdn.* t. *und federn* (früher: *[als entehrende Strafe] jmds. Kopf od. ganzen Körper mit Teer bestreichen u. mit Federn bestreuen u. ihn dann der Öffentlichkeit preisgeben);* **2.** *(eine Straße) mit einer Teerdecke versehen;* **Teer|far|be,** die: *aus Teerfarbstoff hergestellte Farbe;* **Teer|farb|stoff,** der: *aus bestimmten Bestandteilen des Steinkohlenteers hergestellter künstlicher Farbstoff;* **Teer|faß,** das: *Faß, in dem Teer aufbewahrt wird;* **Teer|flecken¹,** der: *durch Teer verursachter Flecken;* **teer|ge|tränkt** ⟨Adj.⟩: *mit Teer getränkt:* -e *Dachpappe;* **teer|hal|tig** ⟨Adj.⟩: *Teer enthaltend;* **teer|rig** ⟨Adj.⟩: **1.** *teerhaltig; mit Teer getränkt:* Wind ..., *in dem sich Meergeruch, Waldgeruch und ein wenig vom -en Geruch der Kähne mischten* (Süskind, Parfum 165); *ein Isolierband.* **2.** *dem Teer ähnlich: eine -e Masse;* **Teer|jacke¹,** die [wohl in Anlehnung an das gleichbed. engl. Jack tar (eigtl. = Hans Teer)] (scherzh.): *Matrose;* **Teer|krebs,** der: *durch jahrelangen Kontakt mit Teer, Kohle, Ruß u. Pech hervorgerufene Krebserkrankung der Haut, des Kehlkopfs, der Lunge od. der Harnblase;* **Teer|öl,** das: *bei der Destillation von Steinkohlenteer gewonnenes Öl, das zum Konservieren von Holz verwendet wird.*

Tee|ro|se, die: *Rose mit weißen, rosa od. gelben Blüten mit starkem, an Tee erinnerndem Duft.*
Teer|pap|pe, die: *teergetränkte Dachpappe;* **Teer|prä|pa|rat,** das: *(bei Hautkrankheiten u. Juckreiz angewendetes) teerhaltiges Arzneimittel;* **Teer|sal|be,** die: vgl. *Teerpräparat;* **Teer|sei|fe,** die: *teerhaltige Seife, die antiseptisch, austrocknend u. gegen Juckreiz stillend wirkt;* **Teer|straße,** die: *geteerte Straße;* **Teer|stuhl,** der (Med.): *Meläna;* **Tee|rung,** die; -, -en: *das Teeren;* **Teer|zy|ste,** die (Med.): *blutgefüllte Zyste am Eierstock.*
Tee|sa|men|öl, das: *fettes Öl, das in Japan, China u. Indien aus den Samen verschiedener Teestraucharten gewonnen u. als Speiseöl verwendet wird;* **Tee|scha|le,** die: *Teetasse;* **Tee|ser|vice,** das: vgl. *Kaffeeservice;* **Tee|sieb,** das: vgl. *Kaffeesieb;* **Tee|steu|er,** die: *Steuer, die auf* ¹*Tee* (2 a) *erhoben wird;* **Tee|strauch,** der: *(in den Tropen beheimatete) als Strauch wachsende Pflanze mit weißen Blüten u. immergrünen, ledrigen Blättern, aus denen* ¹*Tee* (2 a) *hergestellt wird. Koffein gewonnen wird;* **Tee|stu|be,** die: *Tea-Room;* **Tee|stun|de,** die: *gemütliches Beisammensein am [späten] Nachmittag bei einer Tasse Tee;* **Tee|tas|se,** die: *flache, weite Tasse, aus der man Tee trinkt;* **Tee|tisch,** der: vgl. *Kaffeetisch;* **Tee|trin|ker,** der: vgl. *Kaffeetrinker;* **Tee|trin|ke|rin,** die; w. Form zu ↑Teetrinker; **Tee|wa|gen,** der: *Servierwagen;* **Tee|wär|mer,** der: vgl. *Kaffeewärmer;* **Tee|was|ser,** das ⟨o. Pl.⟩: vgl. *Kaffeewasser;* **Tee|wurst,** die: *geräucherte feine Mettwurst;* **Tee|ze|re|mo|nie,** die: *(bes. in China u. Japan) Zeremonie des Zubereitens u. Trinkens von Tee.*
Tef, Teff, der; -[s] [afrik.]: *nordafrikanische Getreidepflanze.*
Te|fil|la, die; - [hebr. téfillā]: *jüdisches Gebet[buch];* **Te|fil|lin** ⟨Pl.⟩ [hebr. tefillîn] (jüd. Rel.): *beim jüdischen Morgengebet an Kopf u. Arm angelegte Lederriemen mit zwei Kapseln, die auf Pergament geschriebene Bibelstellen enthalten:* Er ... *zieht die Gebetsriemen an. Es ist jeden Morgen dieselbe Routine ...* T. *legen ... und dabei das Morgengebet herunterleiern* (Hilsenrath, Nacht 167).
Tef|lon ⓡ [auch: tɛf'lo:n], das; -s [Kunstwort]: *Kunststoff, der gegen Hitze u. andere chemische Einwirkungen beständig ist u. bes. zum Beschichten von Pfannen o. ä. verwendet wird;* **tef|lon|be|schich|tet** ⟨Adj.⟩: *mit einer Schicht aus Teflon ausgekleidet;* **Tef|lon|pfan|ne,** die: *teflonbeschichtete Bratpfanne.*
Tef|sir, der; -s, -s [türk. tefsir < arab. tafsīr]: **1.** ⟨o. Pl.⟩ *Wissenschaft von der Auslegung des Korans.* **2.** *Kommentar zum Koran; Koranauslegung.*
Te|gel, der; -s [österr. mundartl. Tegel = Ton < lat. tegula, ↑Ziegel]: *kalkreiches Gestein aus Ton u. Mergel.*
Teg|men, das; -s, ...mina [lat. tegmen = Decke, zu: tegere = (be)decken] (Zool.): *Flügeldecke;* **Teg|ment,** das; -[e]s, -e [lat. tegmentum = Bedeckung, zu: tegere, ↑Tegmen] (Bot.): *die Knospe bedeckendes, schuppenförmiges, meist braun gefärbtes Blatt.*

Tegucigalpa

Te|gu|ci|gal|pa [...si...]: Hauptstadt von Honduras.
Te|he|ran [auch: ...'ra:n]: Hauptstadt von Iran.
Teich, der; -[e]s, -e [mhd. tīch, aus dem Ostniederd., urspr. identisch mit ↑Deich]: *kleineres stehendes Gewässer; kleiner See:* einen T. anlegen, mit Fischen besetzen, im Herbst ablassen; Das Schilf an den -en lispelte (Jahnn, Geschichten 106); Ü Henri guckte ins Tintenfaß, in den kleinen, schwarzen, unergründlichen T. (Penzoldt, Erzählungen 57); *** der große T.** (ugs. scherzh.; *der Atlantik*): über den großen T. *(nach Amerika)* fahren; wir bleiben noch ein paar Wochen hier, dann gehen wir über den großen T. (Bieler, Bonifaz 132); **Teich|frosch**, der: *Wasserfrosch;* **Teich|huhn**, das: *Ralle;* **Teich|karp|fen**, der: *Karpfen;* **Teich|kol|ben**, der: *Rohrkolben;* **Teich|läu|fer**, der: vgl. *Wasserläufer;* **Teich|molch**, der: *in Tümpeln u. Wassergräben lebender, braun bis olivgrün gefärbter Molch mit runden braunen Flecken;* **Teich|mu|schel**, die: *bes. im Schlamm von Teichen lebende Muschel mit langen, ovalen, bräunlichgrünen Schalen.*
Teich|op|sie, die; -, -n [zu griech. teĩchos = Mauer, Wall u. ópsis = das Sehen] (Med.): *das Zackensehen bei Augenflimmern;* **Tei|cho|sko|pie**, die; - [griech. teichoskopía = Mauerschau, nach der Bez. für die Episode der Ilias (3, 121 bis 244), in der Helena von der Mauer Trojas aus Priamos die Helden der Achäer zeigt, zu: skopeĩn = schauen] (Literaturw.): *Kunstgriff im Drama, schwer darstellbare Vorgänge o. ä. dem Zuschauer dadurch zu vergegenwärtigen, daß sie ein Schauspieler schildert, als sähe er sie außerhalb der Bühne vor sich gehen; Mauerschau.*
Teich|rohr, das: *Schilf;* **Teich|rohr|sän|ger**, der: *Rohrsänger mit brauner Oberseite u. weißlicher Unterseite, der bes. im Schilfrohr nistet;* **Teich|ro|se**, die: *in Teichen u. Tümpeln wachsende Wasserpflanze, deren herzförmige Blätter auf dem Wasser schwimmen u. deren kleine, kugelige, gelbe Blüten auf langen Stengeln über die Wasseroberfläche hinausragen; Mummel;* **Teich|schild|krö|te**, die: *Sumpfschildkröte;* **Teich|wirt**, der (Fachspr.): *Besitzer von Fischteichen;* **Teich|wir|tin**, die (Fachspr.): w. Form zu ↑Teichwirt; **Teich|wirt|schaft**, die (Fachspr.): *Wirtschaftszweig, der Fischwirtschaft u. Fischzucht in Teichen betreibt.*
teig ⟨Adj.⟩ [mhd. teic, aus dem präd. verwendeten Subst. Teig] (landsch.): *überreif; [von Fäulnis befallen u.] weich;* **Teig**, der; -[e]s, -e [mhd. teic, ahd. teig, eigtl. = Geknetetes]: *(aus Mehl u. Wasser, Milch u./od. anderen Zutaten bereitete) weiche, zähe [knetbare] Masse, aus der Brot, Kuchen o. ä. hergestellt wird:* T. ansetzen, gehen lassen; T. rühren, kneten; Nun walkte sie den T. mit einer Rolle dünn (Simmel, Affäre 73); den T. ausrollen, zu Brezeln formen; **teig|ar|tig** ⟨Adj.⟩: *wie Teig beschaffen; pastos* (1); **Teig|druck**, der ⟨Pl. -e⟩: **1.** ⟨o. Pl.⟩ *bei Bucheinbänden des 15. u. 16. Jh.s verwendetes Reproduktionsverfahren, bei dem ein Metall- od Holzstempel mit der Musterung in eine teigar-

tige Masse eingedrückt wird, die auf das vorher mit Leim überzogene Papier aufgetragen ist.* **2.** *im Teigdruck* (1) *hergestellter* ²*Druck* (1 b); **Teig|far|be**, die (selten): *Pastellfarbe* (1); **Teig|fla|den**, der: *Fladen* (2); **Teig|git|ter**, das: *über eine [Obst]torte gitterartig gelegte Streifen aus Kuchenteig;* **teig|gig** ⟨Adj.⟩: **1.** *nicht richtig durchgebacken, nicht ganz ausgebacken:* der Kuchen ist innen t. **2. a)** *in Aussehen u. Beschaffenheit wie Teig:* eine -e Masse; **b)** *blaß u. schwammig:* -e Haut; die unfertigen und -en Gesichter, die im nördlichen Europa so häufig sind (Fest, Im Gegenlicht 372). **3.** *voller Teig:* ihre vom Teigkneten -en Hände; **Teig|knet|ma|schi|ne**, die: *Maschine zum Kneten von Teig;* **Teig|ma|schi|ne**, die: *Maschine zum Rühren bzw. zum Kneten von Teig;* **Teig|mas|se**, die: *Teig:* die T. eine Stunde lang kühlstellen; **Teig|men|ge**, die: *bestimmte Menge von Teig;* **Teig|misch|ma|schi|ne**, die: *Maschine zum Mischen von Teig;* **Teig|räd|chen**, das: *kleines, mit einem Stiel verbundenes Rädchen, mit dessen Hilfe ausgerollter Teig geschnitten werden kann;* **Teig|rol|le**, die: **1.** *aus Teig geformte Rolle* (1 a). **2.** *Nudelholz;* **Teig|rühr|ma|schi|ne**, die: *Maschine zum Rühren von Teig;* **Teig|schüs|sel**, die: *Schüssel, in der Teig gerührt, geknetet wird;* **Teig|sprit|ze**, die: vgl. *Dressiersack;* **Teig|ta|sche**, die: *zwei kleine Vierecke aus Teig, die an den Rändern zusammengeklebt u. mit einer Füllung versehen sind;* **Teig|wa|re**, die ⟨meist Pl.⟩: *Nahrungsmittel von verschiedener Form aus Mehl od. Grieß u. Eiern (z. B. Nudeln) als Beilage* (3) *od. als Einlage* (3).
Teil [mhd., ahd. teil, H. u.]: **1.** ⟨der; -[e]s, -e⟩ **a)** *etw., was mit anderem zusammen ein Ganzes bildet, ausmacht:* der obere, untere, vordere T. von etw.; der hintere T. des Hauses; der erste T. des Romans; das Werk besteht aus acht -en, zerfällt in acht -e; der fünfte T. von fünfzig ist zehn; Konkurrenz ... von einer Seite, mit der keiner gerechnet hatte: aus dem anderen T. Deutschlands (= aus der DDR; Hörzu 8, 1977, 26); *** die edlen -e** (scherzh.; *die männlichen Geschlechtsteile*); **b)** *zu einem größeren Ganzen gehörende Menge, Masse o. ä.; Teilbereich:* weite -e des Landes sind verwüstet; ein wesentlicher T. seiner Rede, der größte T. der Arbeit steht noch aus; der fünfte T. von etw.; ein T. Äpfel lag/lagen auf der Erde; ein T. der amerikanischen Presse spielt mit Gedanken, die ... (Dönhoff, Ära 187); einen großen T. des Tages verbrachten sie am Strand; ich habe das Buch zum großen, zum größten T. gelesen; das war zum T. *(teils)* Mißgeschick, zum T. *(teils)* eigene Schuld; es waren zum T. *(teilweise)* sehr schöne Verse. **2.** ⟨der od. das; -[e]s, -e⟩ **a)** *etw., was jmd. von einem Ganzen hat; Anteil:* seinen gebührenden T., sein gebührendes T. bekommen; jmdm. sein[en] T. geben; die Geschwister erbten zu gleichen -en; wir sind zu gleichen -en am Geschäft beteiligt; ich für mein[en] T. *(was mich betrifft;)* Arlecq für sein T. tat sich um in der Welt (Fries, Weg 198); eine innere Stimme hatte mir früh verkündigt, daß ...

Freundschaft und ... Gemeinschaft mein T. nicht seien *(nicht meine Sache seien;* Th. Mann, Krull 128); * **sein[en] T.** [schon noch] **bekommen, kriegen** (↑Fett 1); **sein[en] T. abhaben, bekommen haben, weghaben** (1. *keinen Anspruch mehr haben.* 2. *[gesundheitlichen] Schaden davongetragen haben.* 3. ↑Fett 1); **jmdm. sein[en] T. geben** *(jmdm. unerschrocken die Wahrheit sagen; sagen, was man denkt);* **das bessere/**(selten:) **den besseren T. erwählt, gewählt haben** *(richtig entschieden haben [u. es deshalb besser haben als andere];* nach Luk. 10, 42); **sein[en] T. zu tragen haben** *(sich mit Widrigkeiten des Lebens, des Schicksals auseinandersetzen müssen);* **sich** ⟨Dativ⟩ **sein T. denken** *(sich seine eigenen Gedanken zu etw. machen, ohne sie jedoch als Kritik laut werden zu lassen);* **b)** *etw., was jmd. zu einem Ganzen beiträgt; Beitrag:* ich will gern mein[en] T. dazu beisteuern; sein[en] T. [zu etw.] tun; jeder muß zu seinem T. mithelfen. **3.** ⟨der; -[e]s, -e⟩ **a)** *Person od. Gruppe von Personen, die in bestimmter Beziehung zu einer anderen Person od. Gruppe von Personen steht:* sie war immer der gebende T. dieser Partnerschaft; diese Auseinandersetzung ist für alle -e peinlich; ich habe Ihnen da von einem Konflikt ... gesprochen, einem für beide -e sehr schmerzlichen (Th. Mann, Krull 278); **b)** (Rechtsspr.) *Partei* (2): der klagende, schuldige T.; vor einem Urteil muß man beide -e hören. **4.** ⟨das; -[e]s, -e⟩ *[einzelnes kleines] Stück, das zwar auch zu einem Ganzen gehört, dem aber eine gewisse Selbständigkeit zukommt:* ein wesentliches T. des Bausatzes fehlt; ein defektes T. ersetzen; er prüft jedes T. sorgfältig; -e des Motors ausbauen; etw. in seine -e *(Einzelteile)* zerlegen; * **ein gut T.** *(ein nicht geringes Maß):* Der Mensch ist ... zu einem gut T. vorbestimmt (Zwerenz, Kopf 201); dazu gehört ein gut T. Dreistigkeit. **5.** (bes. Jugendspr.) *Ding, Sache:* das ist ein ganz tolles T.; **Teil|ab|schnitt**, der: vgl. *Bauabschnitt* (2): der erste T. der neuen Autobahn ist fertig; **Teil|ak|zept**, das (Bankw.): *nur auf einen Teil der Summe eines Wechsels bezogenes Akzept* (a); **Teil|an|sicht**, die: *Ansicht, die nur einen Teil von etw. zeigt;* **Teil|as|pekt**, der: *Aspekt, der nur einen Teil von etw. berücksichtigt;* **Teil|auf|la|ge**, die: *Auflage eines Buches für einen bestimmten Zweck als Teil einer Gesamtauflage* (z. B. verbesserte, erweiterte Auflage); **Teil|au|to|ma|ti|sie|rung**, die: *teilweise Automatisierung;* **Teil|bad**, das: *Bad der Unterarme od. Unterschenkel, bei dem durch ein allmähliches Ansteigen der Wassertemperatur die Durchblutung der gebadeten Gliedmaßen gefördert wird;* **teil|bar** ⟨Adj.⟩: *sich teilen lassend;* **Teil|bar|keit**, die; -: *das Teilbarsein;* **Teil|be|griff**, der: *Begriff als Teil eines umfassenden Begriffs;* **Teil|be|reich**, der: vgl. *Teilbegriff;* **Teil|be|trag**, der: *einzelner Betrag als Teil eines Gesamtbetrages;* **Teil|chen**, das; -s, -: **1.** Vkl. zu ↑Teil (4). **2.** *sehr kleiner Körper (einer Materie, eines Stoffs o. ä.);* ²*Partikel.* **3.** (landsch.) *einzelnes Gebäckstück:* ein paar T. zum Kaffee holen; **Teil|chen|be|schleu|ni|ger**, der (Kerntechnik): *Vorrichtung zur Beschleu-*

nigung von Elementarteilchen; Akzelerator; **Teil|chen|strah|lung,** die (Physik): Korpuskularstrahlung; **Teil|ei|gen|tum,** das (Rechtsspr.): (bei Wohnungseigentum) Sondereigentum an nicht zu Wohnzwecken dienenden Räumen eines Gebäudes; **tei|len** ⟨sw. V.; hat⟩ [mhd., ahd. teilen]: **1. a)** ein Ganzes in Teile zerlegen: ein Land t.; etw. in viele, in gleiche Teile t.; ein geteiltes Land; eine geteilte Stadt; Über dem Gerede von der Wiedervereinigung haben viele vergessen, daß Deutschland geteilt ist (Dönhoff, Ära 88); **b)** eine Zahl mit Hilfe einer anderen in gleich große Teile zerlegen; dividieren. **2. a)** (unter bestimmten Personen) aufteilen: die Beute t.; wir teilten den Gewinn unter uns; wir haben redlich, brüderlich geteilt; **b)** etw., was man besitzt, zu einem Teil einem anderen überlassen: du teilst [dir] die Kirschen mit deinem Bruder; wir teilten uns die Reste; er hat die letzte Zigarette mit ihm geteilt; mit niemandem t. wollen; ⟨auch o. Akk.-Obj.:⟩ er teilt nicht gern; Ü jmds. Ansicht t. (der gleichen Ansicht sein); jmds. Meinung, Standpunkt, Unmut nicht t. können; Daß auf diese Weise die Probleme gelöst werden könnten, diesen Optimismus ... vermochten die Kantonalvorstandsmitglieder nicht zu t. (Vaterland 27. 3. 85, 34). **3.** ein Ganzes in zwei Teile zerteilen: der Vorhang teilt das Zimmer; das Schiff teilt (geh.; durchschneidet) die Wellen. **4. a)** gemeinsam (mit einem anderen) nutzen, benutzen, gebrauchen: das Zimmer, das Bett mit jmdm. t.; **b)** gemeinschaftlich mit anderen von etw. betroffen werden; an einer Sache im gleichen Maße wie ein anderer teilhaben: jmds. Schicksal, Los t.; jmds. Trauer, Freude t. (innerlich mitempfindend daran teilnehmen); Er bestand darauf, das Schicksal seiner Freunde (= die Verbannung) zu t. (Benrath, Konstanze 126). **5.** ⟨t. + sich⟩ (geh.) zu gleichen Teilen sich an etw. beteiligen, an etw. teilhaben: wir teilen uns in den Gewinn; wir teilen uns zu mehreren in den Besitz des Grundstücks. **6.** ⟨t. + sich⟩ nach verschiedenen Richtungen auseinandergehen: Der Vorhang teilte sich, und auf der winzigen Bühne stand ein schlankes ... Mädchen (Bieler, Bonifaz 147); nach der Biegung teilt sich der Weg; Ü in diesem Punkt teilen sich die Ansichten; geteilter Meinung sein; **Teiler,** der; -s, - (Math.): Divisor; **Teil|erfolg,** der: auf einen bestimmten Bereich beschränkter Erfolg; **tei|ler|fremd** ⟨Adj.⟩ (Math.): außer der eigenen Einheit keinen gemeinsamen Teiler besitzend: -e Zahlen; **Teil|er|geb|nis,** das; vgl. Teilerfolg; **Teil|er|trag,** der: vgl. Teilbetrag; **Teil|er|zu|rich|ter,** der: jmd., der Einzelteile von Apparaten u. Maschinen prüft u. zusammenpaßt (Berufsbez.); **Teil|er|zu|rich|te|rin,** die: w. Form zu ↑Teilezurichter; **Teil|fa|bri|kat,** das: vgl. Halbfabrikat; **Teil|fach|ar|bei|ter,** der (ehem. DDR): angelernter Arbeiter (ohne abgeschlossene Ausbildung); **Teil|fach|ar|bei|te|rin,** die (ehem. DDR): w. Form zu ↑Teilfacharbeiter; **Teil|fin|ster|nis,** die: partielle Verdunkelung eines Himmelskörpers; **Teil|for|de|rung,** die: einen Teil eines ganzen Komplexes umfassende Forderung; **Teil|fra|ge,** die: Frage (2), die Teil eines größeren Fragenkomplexes ist; **Teil|ge|biet,** das: Fachrichtung innerhalb eines größeren Faches in der Wissenschaft; **Teil|ge|ständ|nis,** das: Geständnis, mit dem jmd. nur einen Teil einer Schuld o. ä. gesteht; **Teil|ha|be,** die: das Teilhaben: T. an etw.; **teil|ha|ben** ⟨unr. V.; hat⟩ [mhd. teil haben, ahd. teil haben]: beteiligt sein; teilnehmen; partizipieren: an den Freuden der anderen t.; Man merkt es dem Ort an, daß er wenig an der allgemeinen wirtschaftlichen Entwicklung teilhat (Berger, Augenblick 14); **Teil|ha|ber,** der; -s, -: jmd., der mit einem Geschäftsanteil an einer Personengesellschaft beteiligt ist; Sozius (1); Kompagnon; Partner (2): er hat einen T. in seinem Unternehmen; Er habe auch einen Schönheitssalon, als stiller T. (als Teilhaber, der nicht aktiv mitarbeitet; Wiechert, Jeromin-Kinder 171); Ü ein Gefährte des Einsamen, Leidenden, Sterbenden. Unter ihnen taucht er (= Christus) auf ..., ein T. ihrer Geschicke (Thielicke, Ich glaube 143); **Teil|ha|ber|be|trieb,** der (Datenverarb.): Betriebsweise eines Datenverarbeitungssystems, bei der die Benutzer an den angeschlossenen Terminals gleichzeitig Zugriff auf bestimmte Programme (4) haben, die Software aber nicht verändern können; **Teil|ha|be|rin,** die; -, -nen: w. Form zu ↑Teilhaber; **Teil|ha|ber|schaft,** die; -: Eigenschaft des Teilhaberseins: der Geist des Bosch-Betriebs, in dem man ... den Arbeitern das Bewußtsein verantwortlicher T. zu geben bemüht war (Rothfels, Opposition 108); **Teil|ha|ber|ver|si|che|rung,** die (Wirtsch.): Versicherung, durch die eine Firma bei Ausscheiden eines Teilhabers in die Lage versetzt wird, ihm seinen Anteil auszuzahlen; **teil|haft** ⟨Adj.⟩ (selten): teilhaftig; **teil|haf|tig** ⟨Adj.⟩ [mhd. teilhaft(ic)]: in der Verbindung einer Sache t. werden/sein (geh., veraltend): in den Besitz od. Genuß einer Sache gelangen, gelangt sein): einer Ehre t. werden; **Teil|kas|ko,** die; - (ugs.): kurz für ↑ Teilkaskoversicherung; **teil|kas|ko|ver|si|chern** ⟨sw. V., hat; meist nur im Inf. u. 2. Part. gebr.⟩: ein Kraftfahrzeug gegen Diebstahl u. Schäden durch Brand, Naturgewalten o. ä. versichern: Der Wagen ist teilkaskoversichert; **Teil|kas|ko|ver|si|che|rung,** die: Kraftfahrzeugversicherung, durch die ein Fahrzeug teilkaskoversichert ist; **Teil|kla|ge,** die (Rechtsspr.): Klage, mit der nur ein Teil eines Anspruchs gerichtlich geltend gemacht wird; **Teil|ko|sten|rech|nung,** die (Wirtsch.): Kostenrechnung, bei der nur variable Kosten od. Teile der Fixkosten auf den Kostenträger verrechnet werden; **Teil|kraft,** die: innerhalb eines Ganzen wirkende, für sich betrachtete Kraft (2); Komponente (2); **Teil|lei|stung,** die (Wirtsch.): das Erfüllen eines Teils einer Verbindlichkeit (z. B. Abschlagszahlung); **Teil|lö|sung,** die: Lösung eines Teils eines Problems; **Teil|me|cha|ni|sie|rung,** die: vgl. Teilautomatisierung; **Teil|men|ge,** die (Math.): eine bestimmte Menge (2), die in einer anderen Menge (2) als Teil enthalten ist; **teil|mö|bliert** ⟨Adj.⟩: nicht vollständig möbliert; **Teil|nah|me,** die; -, -: **1.** das Teilnehmen (1), Mitmachen: die T. am Kurs ist freiwillig; dieser Stiller ..., der ... sich politisch wegen seiner T. am Spanienkrieg verdächtig gemacht hat (Bodamer, Mann 167). **2. a)** innere [geistige] Beteiligung; Interesse; Anteilnahme: ohne innere T.; Ich rede mit ihnen, was sie angeht, ich zeige T. für alles (Nossack, Begegnung 104); er half überall mit und war voll glühender T. (Hesse, Narziß 377); **b)** (geh.) durch eine innere Regung angesichts des Schmerzes, der Not anderer hervorgerufenes Mitgefühl: jmds. T. erwecken; aufrichtige, herzliche T. (das Beileid) aussprechen; **Teil|nah|me|be|din|gung,** die: Bedingung, unter der man an etw. Bestimmten teilnehmen kann; **teil|nah|me|be|rech|tigt** ⟨Adj.⟩: zur Teilnahme berechtigt; **Teil|nah|me|be|rech|tig|te,** der u. die; -n, -n ⟨Dekl. ↑ Abgeordnete⟩: jmd., der zur Teilnahme (1) berechtigt ist; **Teil|nah|me|kar|te,** die: Karte (1), mit der jmd. an einem bestimmten Preisausschreiben teilnehmen kann; **teil|nahms|los** ⟨Adj.; -er, -este⟩: innere Abwesenheit verratend: ein -es Gesicht; mit -en Augen; t. verfolgte sie das Konzert; **Teil|nahms|lo|sig|keit,** die; -: das Teilnahmslossein: die Weihnachtsvorbereitungen reißen die Menschen vorübergehend aus ihrer dumpfen T. (Dönhoff, Ostpreußen 110); **teil|nahms|voll** ⟨Adj.⟩: Teilnahme (2) zeigend; **teil|neh|men** ⟨st. V.; hat⟩ [mhd. teil nemen, ahd. teil neman]: **1.** bei etw. dabeisein; sich an etw. beteiligen: am Unterricht, am Gottesdienst t.; an einem Betriebsausflug, an einer Demonstration, an einem Wettbewerb, an den Wettkämpfen t.; er hat am Krieg teilgenommen; an einem Seminar, Lehrgang, Kongreß t.; sie nahm nicht daran, schwieg; Hesse, Narziß 127); An der Lösung dieses Problems ließ er seine Stubenkameraden und der Nachbarstube t. (mitwirken; Ott, Haie 223). **2.** Anteil nehmen, teilhaben: an jmds. Glück, Freude, Ängsten, Leid t.; ich danke Ihnen dafür, daß Sie an meinem Leben t. (Geissler, Nacht 17); Rastlos an der Welt t. und nichts für sich zurücklegen (Musil, Mann 1174); ⟨häufig im 1. Part.:⟩ sie ist ein teilnehmender (mitfühlender) Mensch; teilnehmende Worte; sich teilnehmend nach jmdm. erkundigen; **Teil|neh|mer,** der: jmd., der an etw. teilnimmt (1); **Teil|neh|mer|be|trieb,** der (Datenverarb.): Betriebsweise eines Datenverarbeitungssystems, bei der die Benutzer an den angeschlossenen Terminals nicht nur Zugriff auf bestimmte Programme (4) haben, sondern die Software auch verändern od. neue Software entwickeln u./od. eingeben können; **Teil|neh|mer|feld,** das (Sport): Gesamtheit aller an einem Wettbewerb teilnehmenden Sportler; **Teil|neh|me|rin,** die; -, -nen: w. Form zu ↑ Teilnehmer; **Teil|neh|mer|kreis,** der: Gesamtheit aller an einer Sache teilnehmenden Personen; **Teil|neh|mer|land,** das ⟨Pl. ...länder⟩: Land, das (mit einer Abordnung o. ä.) an einer internationalen Veranstaltung teilnimmt; **Teil|neh|mer|li|ste,** die: Liste, in der Teilnehmer aufgeführt sind; **Teil|neh|mer|sy|stem,** das

Teilnehmerzahl

(Datenverarb.): *Datenverarbeitungssystem, das im Teilnehmerbetrieb arbeitet;* **Teil|neh|mer|zahl,** die: *Zahl der Teilnehmenden;* ♦ **Teil|neh|mung,** die; -: *Anteilnahme:* weil er von ihnen Uneigennutz, T. an seinem Schicksal hoffen kann (Goethe, Egmont IV); **Teil|pacht,** die: *alte Form der landwirtschaftlichen Pacht, bei der der Grundeigentümer das Inventar ganz od. teilweise zur Verfügung stellt, die Leitung u. die Aufsicht über die Bewirtschaftung behält u. die Hälfte des Ertrages erhält;* **Teil|packung**[1], die (Med.): *der Heilung dienende Packung (2) für eine Körperregion;* **Teil|pro|blem,** das; vgl. Teilfrage; **Teil|pro|the|se,** die (Zahnmed.): *herausnehmbare Prothese, durch die der fehlende Teil des Gebisses ersetzt wird;* **Teil|punk|te** ⟨Pl.⟩ (Math.): *bei der Division verwendetes mathematisches Zeichen in Form eines Doppelpunktes;* **Teil|ren|te,** die: **1.** *(Form der) Altersrente, bei der der Empfänger nur einen Teil der vollen Rente bezieht u. dafür noch mit einer verringerten Stundenzahl weiter in seinem Beruf arbeitet.* **2.** *(in der Unfallversicherung) Teil der vollen Rente, die jmd. wegen einer durch Unfall bedingten Minderung seiner Erwerbsfähigkeit bekommt;* **teils** ⟨Adv.⟩ [urspr. adv. Gen.]: *zum Teil:* es war t. sehr langweilig; Unfallopfer mit t. lebensgefährlichen Verletzungen; * t. ..., t. ... *(je zu einem Teil):* wir hatten im Urlaub t. Regen, t. Sonnenschein; **t.,** t. (ugs.; *mäßig; nicht übermäßig gut*): „Wie geht es dir?" – „Teils, t."; „Wie war's im Urlaub?" fragt er. „Schön, was?" „Teils, t.", sage ich (Remarque, Westen 142); **Teil|satz,** der (Sprachw.): *Satz* (3) *als Teil eines Satzgefüges od. einer Satzverbindung;* **Teil|schuld|ver|schrei|bung,** die (Rechtsspr., Wirtsch.): *einzelnes Stück einer Schuldverschreibung, das dem Gläubiger ein Anrecht auf einen bestimmten Teil der Anleihe verbrieft;* **Teil|sieg,** der; vgl. Teilerfolg; **Teil|span|nung,** die (Elektrot.): *Teil der an einem Schaltelement anliegenden Spannung;* **teil|sta|tio|när** ⟨Adj.⟩: vgl. tagesklinisch; **Teil|strecke|te,** die: *Teil einer Strecke* (1, 2); **Teil|streit|kraft,** die: *Teil der gesamten Streitkräfte* (z. B. Marine); **Teil|strich,** der: *einzelner Strich einer Maßeinteilung;* **Teil|stück,** das: *einzelnes Stück, das Teil von einem Ganzen ist;* **Teil|ton,** der ⟨meist Pl.⟩: *(der harmonischen Schwingung entsprechender) Ton, der mit ganz bestimmten anderen zusammen einen Klang bildet* (z. B. Oberton); **Teil|ung,** die; -, -en [mhd. teilunge, ahd. teilunga]: **a)** *das Teilen:* eine T. der Gewalten (Gewaltenteilung); **b)** *das Geteiltsein:* die deutsche T.; die T. Berlins in vier Sektoren; **Teil|lungs|an|ord|nung,** die (Rechtsspr.): *im Testament getroffene Anordnung des Erblassers darüber, welcher Erbe bei der Teilung des Nachlasses bestimmte Gegenstände erhalten soll;* **Teil|lungs|ar|ti|kel,** der (Sprachw.): *Artikel* (4) *in generalisierender Funktion, der keine bestimmten Mengen angibt* (z. B. sie waren voll *des* süßen Weins); **Teil|lungs|kla|ge,** die (Rechtsspr.): *Klage auf Teilung des gemeinschaftlichen Besitzes;* **Teil|lungs|mas|se,** die (Rechtsspr.): *Betrag, der nach der Zwangsversteigerung für die Verteilung an die Konkursgläubiger zur Verfügung steht;* **Teil|lungs|zei|chen,** das: **a)** *Trennungsstrich;* **b)** *Divisionszeichen;* **Teil|ur|teil,** das: (Rechtsspr.): *Endurteil, in dem über einen Teil eines Streitgegenstandes entschieden wird;* **teil|wei|se** ⟨Adv.⟩: *zum Teil:* t. zerstört werden; ganz oder t.; t. (da u. dort) kam das blanke Eis durch; wie t. *(bereits in einigen Zeitungsausgaben od. Nachrichtensendungen)* berichtet; Ich gehe durch den Tortunnel, der t. in das anstehende Schiefergestein gehauen ist (Berger, Augenblick 82); sie sind t. gefahren u. t. zu Fuß gelaufen; ⟨mit Verbalsubstantiven auch attr.:⟩ Herold wertete ... die Fahndungsaktion als -n Erfolg (MM 23. 8. 78, 2); **Teil|wert,** der (Wirtsch.): *Wert eines einzelnen Gegenstandes* (z. B. einer Maschine) *im Rahmen eines gesamten Kaufpreises für einen ganzen Betrieb;* **Teil|zah|lung,** die (Wirtsch.): *Zahlung in Raten:* etw. auf T. kaufen; **Teil|zah|lungs|bank,** die ⟨Pl. -en⟩: *Kreditbank;* **Teil|zah|lungs|kre|dit,** der: *Kredit, der in festgesetzten Raten zurückgezahlt wird;* **Teil|zah|lungs|preis,** der (Wirtsch.): *(bei Abzahlungskäufen) Preis, der aus dem Gesamtbetrag von Anzahlung u. allen vom Käufer zu entrichtenden Raten einschließlich Zinsen u. sonstiger Kosten besteht;* **Teil|zeit|ar|beit,** die: *Teilzeitbeschäftigung;* **teil|zeit|be|schäf|tigt** ⟨Adj.⟩: *nur stundenweise beschäftigt; Teilzeitarbeit verrichtend;* **Teil|zeit|be|schäf|tig|te,** der u. die: *jmd., der eine Teilzeitbeschäftigung hat;* **Teil|zeit|be|schäf|ti|gung,** die: *Beschäftigung* (1 b), *die keinen vollen Arbeitstag bzw. nicht alle Tage der Woche umfaßt;* **Teil|zeit|job,** der (ugs.): *Teilzeitbeschäftigung;* **Teil|zeit|kraft;** die: *Teilzeitbeschäftigte[r];* **Teil|zeit|schu|le,** die: *Schule, deren Unterricht nur einen Teil der Ausbildungszeit beansprucht* (z. B. Berufsschule). **Teil|zeit|stel|le,** die: vgl. Teilzeitbeschäftigung; **Teil|zie|her,** der; -s, - (Zool.): *Vogelart, bei der nur ein Teil der Individuen nach Süden zieht* (z. B. Star, Ringeltaube).

Te|in: ↑ Thein.

Tei|no|che|mie, die; - [zu griech. teinein = (an)spannen]: *Teilgebiet der physikalischen Chemie, auf dem man sich mit der Erzeugung von mechanischer Energie durch chemische Prozesse befaßt;* **tei|no|che|misch** ⟨Adj.⟩: *die Teinochemie betreffend:* -e Prozesse.

Teint [tɛ̃:], auch: tɛŋ], der; -s, -s [frz. teint, eigtl. = Färbung, Tönung, subst. 2. Part. von: teindre < lat. tingere, ↑ Tinte]: **a)** *Gesichtsfarbe, Hauttönung:* ein blasser, dunkler T.; Fast alle hatten ... dunkle Augen, einen gelbbraunen T. ... wie wir uns ... bei Mongolen vorgestellt hatten (Leonhard, Revolution 113); ihr T. ist blaß; **b)** *[Beschaffenheit der] Gesichtshaut:* einen unreinen T. haben.

T-Ei|sen, das: *Profilstahl in Form eines T.*

Tei|ste, die; -, -n [norw.]: *(zu den Alken gehörender) meist schwarz gefiederter Seevogel.*

Tek|no|ny|mie, die; - [zu griech. téknon = Kind u. ónyma = Name] (Völkerk.): *Brauch, die Eltern eines Neugeborenen statt mit ihren Eigennamen mit dem Namen des Kindes zu bezeichnen* (z. B. Vater des/der ... od. Mutter des/der ...).

tek|tie|ren ⟨sw. V.; hat⟩ [zu ↑ Tektur] (Druckw.): *eine fehlerhafte Stelle in einem Druckerzeugnis durch Überkleben unkenntlich machen.*

tek|tisch ⟨Adj.⟩ [zu griech. tēktós = geschmolzen] (Mineral.): *die Ausscheidung von Kristallen aus Schmelzen betreffend;* **Tek|tit** [auch: ...'tɪt], der; -s, -e (Mineral.): *in kleinen rundlichen Gebilden mit genarbter od. gerillter Oberfläche vorkommendes glasartiges Gestein von grünlicher od. bräunlicher Färbung.*

Tek|to|gen, die; -, -e [zu ↑ Tektonik u. ↑ -gen] (Geol.): *Teil der Erdkruste, der tektonisch* (2) *einheitlich bewegt wurde;* **Tek|to|ge|ne|se,** die; - (Geol.): *Entstehung geomorphologischer Erscheinungsformen durch die Gesamtheit der tektonischen* (2) *Vorgänge, die das Gefüge der Erdkruste formen;* **Tek|to|nik,** die; - [zu griech. tektonikós = die Baukunst betreffend, zu: téktōn = Baumeister]: **1.** (Geol.) *Teilgebiet der Geologie, das sich mit dem Bau der Erdkruste u. ihren inneren Bewegungen befaßt.* **2.** (Archit.) **a)** *harmonisches Zusammenfügen von Bauelementen zu einem einheitlichen Ganzen;* **b)** *Lehre vom kunstgerechten Aufbau.* **3.** (Literatur.) *strenger, kunstvoller innerer Aufbau einer Dichtung;* **tek|to|nisch** ⟨Adj.⟩: **1.** *die Tektonik betreffend.* **2.** (Geol.) *durch Bewegung der Erdkruste hervorgerufen, auf sie bezogen:* -e Beben; **Tek|to|nit** [auch: ...'nɪt], das; -s, -e (Geol.): *durch tektonische* (2) *Bewegungen in seinem Gefüge deformiertes Gestein;* **Tek|to|no|sphä|re,** die; - (Geol.): *Tiefenzone der Erde, in der sich die tektonischen* (2) *Vorgänge abspielen.*

Tek|tur, die; -, -en [spätlat. tectura = Übertünchung] (Druckw.): *Deckblatt* (3 a).

[1]**-tel,** das; -s, -s [gek. aus ↑ Hotel] (auch scherzh.): *bezeichnet ein für Übernachtungen vorgesehenes Gebäude oder Räumlichkeiten, die für jmdn. bestimmt oder durch etw. sehr allgemein charakterisiert sind:* Babytel, Botel, Motel.

[2]**-tel** [entstanden aus ↑ Teil, vgl. mhd. drittteil = Drittel]: *bildet mit Zahlwörtern die entsprechenden Bruchzahlen:* **a)** neuntel, viertel, ⟨mit Fugen-s:⟩ hundertstel; **b)** das; -s, -s, -: das Neuntel.

Te|la, die; -, Telen [lat. tela] (Med.): *[Binde]gewebe.*

Te|la|mon [auch: ...'mo:n], der od. das; -s, ...onen [griech. telamṓn]: **1.** (Archit.) *Atlant.* **2.** (Milit. veraltet) *Leibgurt für Waffen.*

Tel|an|thro|pus, der; -, ...pi [zu griech. télos = Ende u. ánthrōpos = Mensch, eigtl. = „Endmensch"] (Anthrop.): *südafrikanischer Frühmensch des Pleistozäns.*

Te|la|ri|büh|ne, die ⟨o. Pl.⟩ [zu italien. telario = dreieckiges Prisma]: *Bühne der Renaissancezeit, auf der links u. rechts drehbare u. perspektivisch bemalte dreieckige, mit Leinwand bespannte Prismen* (2) *aufgestellt waren.*

Tel Aviv-Jaf|fa [tɛlaˈviːf...]: *Stadt in Israel.*

Tel|le, das; -[s], -[s] ⟨Pl. selten⟩ (Jargon): *kurz für ↑ Teleobjektiv;* **tele-, Tele-** [griech. tēle (Adv.) = fern, weit, unklare

Bildung zu: télos = Ende; Ziel, Zweck]: **1.** ⟨Best. in Zus. mit der Bed.⟩: *fern, weit, in der/die Ferne (z. B. Teleobjektiv, telegrafieren).* **2.** steht in Bildungen mit Substantiven für *Fernsehen:* Telekolleg, Teleshow; **Te|le|an|gi|ek|ta|sie**, die; -, -n [zu griech. télos = Ende, Ziel, angeĩon = (Blut)gefäß u. ↑Ektasie] (Med.): *bleibende, in verschiedenen Formen auf der Haut sichtbare Erweiterung der Kapillaren; Feuermal;* **Te|le|ar|beit**, die; - [zu ↑tele-, Tele- (1)]: *(Form der) Heimarbeit* (a), *bei der der Arbeitnehmer über ein elektronisches Kommunikationsnetz mit dem jeweiligen Arbeitgeber verbunden ist;* **Te|le|ar|beits|platz**, der; -[e]s, ...plätze: vgl. Telearbeit; **Te|le|ban|king**, das; -[s] (Bankw.): *Abwicklung von Bankgeschäften über Post od.* Telekommunikation; **Te|le|box**, die; -, -en: *Telekommunikationsdienst der Deutschen Bundespost, bei dem Nachrichten vom Absender in Datenbanken der Post eingespeichert u. vom Empfänger abgerufen werden können;* **Te|le|brief**, der; -[e]s, -e: *Brief, der über Fernsprechkabel od. [Satelliten]funk übermittelt wird;* **Te|le|cu|rie|the|ra|pie** [...ky-'ri:...], die; -, -n [zu ↑Curie] (Med.): *Fernbestrahlung des Körpers mit radioaktiven Stoffen;* **Te|le|fax**, das; -, -[e] [zu ↑Faksimile, das x steht wohl in Anlehnung an ↑Telex]: **1.** *Fernkopie:* es liegen mehrere -e vor. **2.a)** *Fernkopierer:* etw. per T. übermitteln; **b)** ⟨o. Pl.⟩ *in Verbindung mit dem öffentlichen Telefonnetz funktionierende Einrichtung, die das Fernkopieren ermöglicht;* **te|le|fa|xen** ⟨sw. V.; hat⟩: *fernkopieren* (a,b); **Te|le|fax|num|mer**, die: vgl. Telefonnummer; **Te|le|fon** [auch: 'te:ləfo:n], das; -s, -e [zu griech. tēle (Adv.) = fern, weit, unklare Bildung zu: télos = Ende; Ziel, Zweck u. phōnḗ = Stimme]: **1.** *Apparat (mit Handapparat u. Wählscheibe od. Drucktasten), der über eine Drahtleitung od. drahtlos Telefonate möglich macht; Fernsprecher:* das T. läutet, schrillt, klingelt; als er die Tür abschließen wollte, rasselte das T. (Sebastian, Krankenhaus 177); T. *(ein Anruf)* für dich; ein schnurloses, tragbares, mobiles T. *(Telefonapparat auch mit einer kleinen Antenne ausgerüsteter Hörer 2 in einem gewissen Umkreis entfernt vom Anschluß 1 b ohne Schnur verwendet werden kann);* das T. umstellen, abstellen, aushängen; ans T. gehen; jmdn. ans T. rufen; am T. gewünscht, verlangt werden; Dann ging ich zu Bertie zurück. Der hing noch immer am T. (Simmel, Stoff 322); sich ans T. hängen (ugs.; *telefonieren);* Frau Klatt redet schrill ins T. (Richartz, Büroroman 60). **2.** *Telefonanschluß:* ich habe mir T. legen lassen. **3.** (selten) *Handapparat* (1); **Te|le|fon|ak|ti|on**, die: *über Telefon laufende Aktion* (1); **Te|le|fon|an|ruf**, der: *Anruf* (2); **Te|le|fon|an|schluß**, der: *Fernsprechanschluß;* **Te|le|fon|ap|pa|rat**, der: *Telefon* (1); **Te|le|fo|nat**, das; -[e]s, -e: *Anruf* (2); *Telefongespräch:* ein T. führen, erwarten; ein T. nach Berlin, mit einem Freund; **Te|le|fon|ban|king**, das: *Erledigung persönlicher Bankangelegenheiten per Telefon;* **Te|le|fon|buch**, das: *amtliches Verzeichnis der Fernsprechteilnehmer eines be-* stimmten Bezirkes; **Te|le|fon|dienst**, der ⟨o. Pl.⟩: *Tätigkeit, die darin besteht, Anrufe* (2) *anzunehmen u. weiterzuleiten od. zu beantworten;* **Te|le|fon|draht**, der: vgl. Telefonleitung; **Te|le|fon|ga|bel**, die: *Gabel* (3b); **Te|le|fon|ge|bühr**, die (meist Pl.): *Gebühr, die für die Inanspruchnahme eines Telefonanschlusses zu entrichten ist;* **Te|le|fon|ge|spräch**, das: *Gespräch, das man mit jmdm. über Telefon führt;* **Te|le|fon|han|del**, der: **1.** (Börsenw.) *Handel mit Wertpapieren zwischen Banken außerhalb der Börsen.* **2.** (Wirtsch.) *Telefonverkauf;* **Te|le|fon|häus|chen**, das: *Telefonzelle;* **Te|le|fon|hö|rer**, der: *Handapparat* (1): zum T. greifen *(telefonieren);* **Te|le|fo|nie**, die; -: **1.** *Sprechfunk.* **2.** *Fernmeldewesen;* **te|le|fo|nie|ren** ⟨sw. V.; hat⟩: **1.** *(mit jmdm.) mit Hilfe eines Telefons* (1) *sprechen:* mit jmdm., nach England t.; er telefonierte nach einem Taxi *(rief ein Taxi über Telefon).* **2.** (bes. schweiz.) *anrufen* (3): Telefonieren Sie uns doch einfach (Nordschweiz 27. 3. 85, 5); **Te|le|fo|nie|re|rei**, die; -, -en (abwertend): *[dauerndes]* Telefonieren; **te|le|fo|nisch** ⟨Adj.⟩: **1.** *per Telefon; fernmündlich:* eine -e Zusage, Anfrage, Mitteilung; etw. t. beantworten. **2.** *das Telefon betreffend, auf ihm beruhend;* **Te|le|fo|nist**, der; -en, -en: *jmd., dessen Aufgabe es ist, ein Telefon zu bedienen, telefonische Gespräche zu vermitteln;* **Te|le|fo|ni|stin**, die; -, -nen: w. Form zu ↑Telefonist; **Te|le|fo|ni|tis**, die; - [vgl. Rederitis] (ugs. scherzh.): *Neigung, häufig zu telefonieren;* **Te|le|fon|ka|bel**, das: *Kabel für die Telefonleitung;* **Te|le|fon|kabi|ne**, die: *Fernsprechkabine;* **Te|le|fon|kar|te**, die: *mit einer bestimmten Anzahl von Gebühreneinheiten gespeicherte kleine Karte, die an Stelle von Münzen zum Telefonieren in öffentlichen Telefonzellen verwendet wird;* **Te|le|fon|kon|tak|ter**, der: *jmd., der in der Marktforschung Interviews mit bestimmten Personen führt;* **Te|le|fon|kon|tak|te|rin**, die: w. Form zu ↑Telefonkontakter; **Te|le|fon|kun|de**, der: *(aus der Sicht der Telekom) jmd., der einen Telefonanschluß besitzt;* **Te|le|fon|kun|din**, die: w. Form zu ↑Telefonkunde; **Te|le|fon|lei|tung**, die: *Leitung, über die Telefongespräche geführt werden;* **Te|le|fon|mast**, der: vgl. Fernmeldemast; **Te|le|fon|mu|schel**, die (selten): *Hör- u. Sprechmuschel eines Telefons;* **Te|le|fon|netz**, das: vgl. Netz (2a); **Te|le|fon|num|mer**, die: *Nummer, unter der ein Fernsprechteilnehmer telefonisch erreicht werden kann;* **Te|le|fon|rech|nung**, die: vgl. Telefongebühr; **Te|le|fon|rund|spruch**, der; -[e]s, (schweiz.): *Drahtfunk;* **Te|le|fon|schnur**, die: *Kabel, das das Telefon* (1) *mit der Steckdose verbindet;* **Te|le|fon|seel|sor|ge**, die: *überkonfessionelle Einrichtung, die Menschen, die Hilfe, Rat od. Zuspruch suchen, die Möglichkeit gibt, anonym ein seelsorgerliches Gespräch zu führen;* **Te|le|fon|sex**, der (ugs.): *auf sexuelle Stimulation zielender telefonischer Kontakt, den jmd. gegen Bezahlung mit einer meist weiblichen Person herstellt;* **Te|le|fon|stim|me**, die: *im Telefon in bestimmten Weise klingende Stimme:* er, sie hat eine angenehme T.; **Te|le|fon|ter|ror**, der: *durch [nächtliche]* anonyme Anrufe mit Drohungen o.ä. ausgeübter Terror; **Te|le|fon|tisch|chen**, das: *kleiner Tisch, auf dem das Telefon plaziert wird;* **Te|le|fon|über|wa|chung**, die: *(bei begründetem Verdacht auf staatsgefährdende Handlungen einer Person) Überwachung des Telefon-, Fernschreib-, Funkverkehrs der verdächtigen Person;* **Te|le|fon|ver|bin|dung**, die: *Verbindung durch Telefon;* **Te|le|fon|ver|kauf**, der (Wirtsch.): *Form des Verkaufs, bei man sich durch telefonische Kontakte um Geschäftsabschlüsse bemüht;* **Te|le|fon|ver|kehr**, der (Wirtsch.): *Telefonhandel* (1); **Te|le|fon|ver|zeich|nis**, das: vgl. Telefonbuch; **Te|le|fon|zel|le**, die: *Kabine* (2b), *in der ein Telefon installiert ist;* **Te|le|fon|zen|tra|le**, die: *Stelle, von der aus Telefongespräche vermittelt werden;* **Te|le|fo|to**, das: kurz für ↑Telefotografie; **Te|le|fo|to|gra|fie**, die: *mit einem Teleobjektiv aufgenommene Fotografie;* **te|le|gen** ⟨Adj.⟩ [engl. telegenic, geb. nach photogenic (↑fotogen), zu: tele(vision) = Fernsehen]: vgl. fotogen; **Te|le|ge|ni|tät**, die; - [zu das Telegensein; **Te|le|go|nie**, die; - [zu tele-, Tele- (1) u. griech. gonḗ = das Entstehen; Erzeugung] (Biol.): *(wissenschaftlich nicht haltbare) Annahme, daß ein rassereines Weibchen nach einmaliger Begattung durch ein rassefremdes Männchen keine rassereinen Nachkommen mehr hervorbringen kann;* **Te|le|graf**, der; -en, -en [frz. télégraphe, zu griech. tēle (↑tele-, Tele- 1) u. gráphein = schreiben]: *mechanische Vorrichtung zur schnellen Übermittlung von Nachrichten mit Signalen eines vereinbarten Alphabets;* **Te|le|gra|fen|al|pha|bet**, das: *Gesamtheit der zum Telegrafieren verwendeten Kodes u. Zeichen;* **Te|le|gra|fen|amt**, das: *Dienststelle der Post für das Telegrafenwesen;* **Te|le|gra|fen|ap|pa|rat**, der: *einer Schreibmaschine ähnlicher Telegraf (z. B. Fernschreiber);* **Te|le|gra|fen|be|am|te**, der: *Postbeamter, der auf dem Fernmeldeamt Dienst tut;* **Te|le|gra|fen|be|am|tin**, die: w. Form zu ↑Telegrafenbeamte; **Te|le|gra|fen|brief**, der: *Brief, der nachrichtentechnisch über Fernsprechkabel od. [Satelliten]funk übermittelt wird;* **Te|le|gra|fen|bü|ro**, das: (früher): *gewerbliches Unternehmen zur telegrafischen Übermittlung öffentlich wichtiger Nachrichten;* **Te|le|gra|fen|dienst**, der: *für Telegramme, Fernschreiben o.ä. zuständiger Bereich der Post;* **Te|le|gra|fen|draht**, der: vgl. Telegrafenleitung; **Te|le|gra|fen|lei|tung**, die: *elektrische Leitung für telegrafische Nachrichtenübermittlung;* **Te|le|gra|fen|mast**, der: *Mast, über den die Telegrafendrähte laufen;* **Te|le|gra|fen|netz**, das: *Netz der telegrafischen Verbindungen;* **Te|le|gra|fen|stan|ge**, die: vgl. Telegrafenmast; **Te|le|gra|fen|ver|kehr**, der: vgl. Fernmeldeverkehr; **Te|le|gra|fen|we|sen**, das ⟨o. Pl.⟩: vgl. Nachrichtenwesen; **Te|le|gra|fie**, die; - [frz. télégraphie, zu: télégraphe, ↑Telegraf]: *Übermittlung von Nachrichten mit Hilfe eines Telegrafen;* **te|le|gra|fie|ren** ⟨sw. V.; hat⟩ [frz. télégraphier, zu: télégraphie, ↑Telegrafie]: *eine Nachricht telegrafisch übermitteln:* er hat [ihr] telegrafiert, daß er gut angekommen ist; **te|le|gra|fisch** ⟨Adj.⟩

Telegrafist

[frz. télégraphique, zu: télégraphe, ↑Telegraf]: *auf drahtlosem Wege; durch ein Telegramm [übermittelt]:* eine -e Mitteilung; Geld t. anweisen; **Te|le|gra|fist**, der; -en, -en [frz. télégraphiste, zu: télégraphe, ↑Telegraf]: *jmd., der an einem Telegrafenapparat Nachrichten empfängt od. übermittelt* (Berufsbez.); **Te|le|gra|fi|stin**, die; -, -nen: w. Form zu ↑Telegrafist; **Te|le|gramm**, das; -s, -e [frz. télégramme, engl. telegram, zu griech. tēle (↑tele-, Tele- 1) u. gráphein = schreiben]: **1.** *per Telegraf übermittelte Nachricht:* ein T. aufgeben, schicken. **2.** *Formular, auf dem der Text eines Telegramms (1) ausgedruckt ist;* **Te|le|gramm|adres|se**, die: *Drahtanschrift;* **Te|le|gramm|bo|te**, der: *Postbote, der Telegramme zum Empfänger bringt;* **Te|le|gramm|bo|tin**, die: w. Form zu ↑Telegrammbote; **Te|le|gramm|for|mu|lar**, das: *Formular, auf das der Text des Telegramms geschrieben wird;* **Te|le|gramm|ge|bühr**, die: *(nach der Anzahl der Silben berechnete) Gebühr für ein Telegramm;* **Te|le|gramm|stil**, der ⟨o. Pl.⟩: *knappe, nur stichwortartig formulierende Ausdrucksweise:* im T.; **Te|le|gramm|wech|sel**, der; vgl. Briefwechsel; **Te|le|gramm|zu|stel|lung**, die; vgl. Briefzustellung; **Te|le|graph** usw.: ↑Telegraf usw.; **Te|le|ka|me|ra**, die [zu ↑tele-, Tele- (1)]: *Kamera mit Teleobjektiv;* **Te|le|kar|te**, die; -, -n: *zur Teilnahme an bestimmten Telekommunikationsdiensten dienende Kunststoffkarte.*
Te|le|kie, die; -, -n [nach dem ung. Forscher Samuel Graf Teleki v. Szék (1845–1916)] (Bot.): *Ochsenauge (3).*
Te|le|ki|ne|se, die; - [zu ↑tele-, Tele- (1) u. griech. kínēsis = Bewegung] (Parapsych.): *das Bewegtwerden von Gegenständen durch okkulte Kräfte;* **te|le|ki|ne|tisch** ⟨Adj.⟩: *die Telekinese betreffend, auf ihr beruhend;* **Te|le|kol|leg**, das; -s, -s u. -ien [zu ↑tele-, Tele- (2) u. ↑Kolleg]: *Vorlesungsreihe im Fernsehen als Fernstudium mit einem Schlußkolloquium als staatlich anerkannter Prüfung am Ende jedes Semesters;* **Te|le|kom**, der ⟨o. Pl.⟩ [Kurzf. von ↑Telekommunikation]: *Unternehmen der Deutschen Bundespost, das mit der Telekommunikation befaßt ist;* **Te|le|kom|mu|ni|ka|ti|on**, die; - [zu ↑tele-, Tele- (1)]: *Kommunikation (1), Austausch von Informationen u. Nachrichten mit Hilfe der Nachrichtentechnik, bes. der neuen elektronischen Medien;* **Te|le|kom|mu|ni|ka|ti|ons|dienst**, der: *der Telekommunikation dienende Einrichtung (z. B. Fernsprechansage-, Fernsprechauskunftsdienst);* **Te|le|kom|mu|ni|ka|ti|ons|netz**, das: *Gesamtheit der Vermittlungs- u. Übertragungseinrichtungen, die die Telekommunikation ermöglichen;* **Te|le|kon|nek|ti|on**, die; -, -en [zu ↑tele-, Tele- (1) u. engl. connection = Verbindung < lat. con(n)exio, zu: con(n)exum, 2. Part. von: con(n)ectere, ↑Konnex] (Met.): *Zusammenhang zwischen Wettervorgängen in zwei weit voneinander entfernten Gebieten;* **Te|le|kon|ver|ter**, der; -s, - [zu ↑tele-, Tele- (1) u. Konverter (2)] (Fot.): *Konverter (2);* **Te|le|ko|pie|ren** ⟨sw. V.; hat⟩: *mit einem Telekopierer fotokopieren;* **Te|le|ko|pie|rer**, der; -s, - [zu ↑tele-, Tele- (1)]: *Gerät, das zu fotokopierendes Material aufnimmt u. per Telefonleitung an ein anderes Gerät weiterleitet, das in kurzer Zeit eine Fotokopie der Vorlage liefert;* **Te|le|ko|pier|ge|rät**, das: *Telekopierer;* **Te|le|kra|tie**, die; -, -n [zu ↑tele-, Tele- (2) u. ↑-kratie] (bildungsspr., oft abwertend od. scherzh.): *Vorherrschaft, übermäßiger Einfluß des Fernsehens:* Man führt, im Zeitalter der T., auch geistig ein Leben aus zweiter Hand (Szene 6, 1983, 38); **te|le|kra|tisch** ⟨Adj.⟩ (bildungsspr., oft abwertend od. scherzh.): *die Telekratie betreffend, auf ihr beruhend.*
Te|le|mark, der; -s, -s [nach der gleichnamigen norweg. Landschaft] (Ski früher): *Schwung quer zum Hang.*
Te|le|mar|ke|ting, das; -[s] [zu ↑tele-, Tele- (1) u. ↑Marketing] (Wirtsch.): *Angebot von Waren u. Dienstleistungen z. B. über Telefon.*
Te|le|mark|schwung, der (Ski früher): *Telemark.*
Te|le|ma|tik, die; - [Kurzwort aus ↑Telekommunikation u. ↑Informatik]: *Forschungsbereich, in dem man sich mit der wechselseitigen Beeinflussung u. Verflechtung verschiedener nachrichtentechnischer Disziplinen befaßt;* **Te|le|me|ter**, das; -s, - [zu griech. tēle (↑tele-, Tele- 1) u. ↑-meter (1)] (selten): *Entfernungsmesser;* **Te|le|me|trie**, die; - [↑-metrie] (Technik) *automatische Übertragung von Meßwerten über eine größere Entfernung.* **2.** *Messung von Entfernungen mit Hilfe des Telemeters;* **te|le|me|trisch** ⟨Adj.⟩: *die Telemetrie betreffend, auf ihr beruhend;* **Te|len|ze|pha|lon**, das; -s, ...la [zu griech. télos = Ende, Ziel u. egképhalos = Gehirn] (Med.): **a)** *die beiden Großhirnhälften;* **b)** *vorderer Abschnitt des ersten Hirnbläschens beim Embryo;* **Te|le|ob|jek|tiv**, das; -s, -e [zu ↑tele-, Tele- (1) u. ↑Objektiv] (Fot.): *Objektiv, mit dem man Detailaufnahmen od. Großaufnahmen von relativ weit entfernten Objekten machen kann;* **Te|leo|lo|gie**, die; - [zu griech. télos = Ende; Ziel, Zweck u. ↑-logie] (Philos.): *Auffassung, nach der Ereignisse od. Entwicklungen durch bestimmte Zwecke od. ideale Endzustände im voraus bestimmt sind u. sich darauf zubewegen;* **te|leo|lo|gisch** ⟨Adj.⟩: *die Teleologie betreffend, auf ihr beruhend;* **Te|leo|no|mie**, die; -, -n [zu griech. nómos = Gesetz]: *von einem umfassenden Zweck regierte u. regulierte Eigenschaft, Charakteristikum;* **te|leo|no|misch** ⟨Adj.⟩: *die Teleonomie betreffend;* **Te|leo|sau|rus**, der; -, ...rier [zu griech. saŭros = Eidechse]: *ausgestorbene Riesenechse;* **Te|le|os|ti|er**, der; -s, - ⟨meist Pl.⟩ [zu griech. ostéon = Knochen] (Zool.): *Knochenfisch;* **Te|le|path**, der; -en, -en (Parapsych.): *jmd., der für Telepathie empfänglich ist;* **Te|le|pa|thie**, die; - [engl. telepathy, zu ↑tele-, Tele- (1) u. griech. páthos, ↑Pathos] (Parapsych.): *Fähigkeit, Gedanken, Gefühle o. ä. einer anderen Person ohne Vermittlung der Sinne unmittelbar wahrzunehmen; Gedankenlesen (2);* **Te|le|pa|thin**, die; -, -nen (Parapsych.): w. Form zu ↑Telepath; **te|le|pa|thisch** ⟨Adj.⟩ [wohl nach engl. telepathic] (Parapsych.): *die Telepathie betreffend; auf dem Wege der Telepathie;* **Te|le|phon** usw.: ↑Telefon usw.; **Te|le|pho|to|gra|phie**: ↑Telefotografie; **Te|le|plas|ma**, das; -s, ...men (Parapsych.): *angeblich von Medien abgesonderter Stoff;* **Te|le|play|er** [...plɛɪə] ⓌⓏ, der; -s, - [engl. (↑tele-, Tele-) u. player = Gerät zum Abspielen]: *Gerät zum Abspielen von aufgezeichneten u. gespeicherten Fernsehsendungen;* **Te|le|pro|ces|sing** ['tɛlɪprouse-sɪŋ], das; -[s] [engl. teleprocessing, zu: tele- (↑Teleplayer) u. to process = verarbeiten] (Datenverarb.): *Form der Datenverarbeitung, bei der die Eingabe, Verarbeitung u. Ausgabe von Daten an verschiedenen Orten u. über beliebige Entfernungen hinweg erfolgen können;* **Te|le|promp|ter** ⓌⓏ, der; -s, - [engl. teleprompter, aus: tele- (↑Teleplayer) u. prompter = Souffleur] (Jargon): *Vorrichtung, die es bes. dem Moderator od. Ansager im Fernsehen ermöglicht, seinen vorzutragenden Text von einem Monitor abzulesen, ohne daß er den Blick senken muß;* **Te|le|ser|vice**, der; - [↑²Service]: vgl. Teleshopping; **Te|le|shop|ping**, das; -s [engl. teleshopping, zu: shopping, ↑Shopping]: *Einkauf, bei dem der Käufer die Waren am Bildschirm sieht u. sie telefonisch od. über Btx bestellt.*
Te|le|sil|lei|on, das; -[s], ...lleia [nach der altgriech. Dichterin Telesilla (antike Metrik): *Glykoneus, dessen Anfang um eine Silbe verkürzt ist.*
Te|le|sko|mat ⓌⓏ, der; -en, -en [Kunstwort aus ↑Teleskopie u. ↑Automat]: *bei der Teleskopie (2) eingesetztes Zusatzgerät zum Fernsehapparat, durch das ermittelt wird, wer welches Programm eingeschaltet hat;* **Te|le|skop**, das; -s, -e [nlat. telescopium, zu griech. tēlēskópos = weit schauend, zu: tēle (↑tele-, Tele- 1) u. ↑-skopein = beobachten, betrachten): *(bes. zur Beobachtung der Gestirne verwendetes) optisches, mit stark vergrößernden Linsen u./od. Spiegeln ausgestattetes Gerät; Fernrohr;* **Te|le|skop|an|ten|ne**, die: *Antenne aus dünnen Metallrohren, die man ineinanderschieben kann;* **Te|le|skop|au|ge**, das ⟨meist Pl.⟩: *stark hervortretendes Auge bei bestimmten Fischen;* **Te|le|skop|fisch**, der: **1.** *Zuchtform des Goldfischs mit Teleskopaugen.* **2.** *(in der Tiefsee lebender) kleiner Fisch mit Teleskopaugen u. weit nach hinten gerückter Rücken- u. Afterflosse;* **Te|le|sko|pie**, die; -: **1.** (Parapsych.) *Wahrnehmung in der Ferne befindlicher, verborgener Gegenstände.* **2.** ⓌⓏ *Bestimmung der Einschaltquoten von Fernsehsendungen mit Hilfe eines Teleskomaten;* **te|le|sko|pisch** ⟨Adj.⟩: **1. a)** *zu einem Teleskop gehörend;* **b)** *mit Hilfe des Teleskops.* **2.** *die Teleskopie betreffend;* **Te|le|skop|mast**, der: *Mast, der eingefahren (6) werden kann;* **Te|le|skop|schie|ne**, die: vgl. Teleskopantenne; **Te|le|skop|stoß|dämp|fer**, der (Kfz-T.): vgl. Teleskopantenne; **Te|le|spiel**, das [zu ↑tele-, Tele- (2) u. ↑Spiel]: **1.** *Spiel, das mit Hilfe eines an ein Fernsehgerät anzuschließenden Zusatzgeräts gespielt wird, wobei*

der Bildschirm als Spielfeld od. -brett dient u. der Spieler den Spielablauf von Hand steuert. **2.** *Gerät, mit dem man Telespiele* (1) *spielt;* **Te̱|le|spot,** der (selten): *Fernsehspot.*

Te̱|le|ste̱|ri|on, das; -s, ...ien [griech. telestḗrion]: *(in der Antike) Halle zur Feier von Mysterien* (2).

Te̱|le|sti|chon, das; -s, ...chen u. ...cha [zu griech. télos = Ende; Ziel, Zweck u. stíchos = Vers]: **a)** *Gedicht, dessen Endbuchstaben, -silben od. -wörter der Verszeilen od. Strophen ein Wort od. einen Satz ergeben;* **b)** *die Endbuchstaben, -silben od. -wörter der Verszeilen od. Strophen, die ein Wort od. einen Satz ergeben.*

Te̱|le|test, der; -s, -s [engl. teletest, aus: tele- (↑ Teleplayer, ↑ Television) u. test, ↑ Test]: *Befragung von Fernsehzuschauern zur Ermittlung der Beliebtheit einer bestimmten Sendung;* **Te̱|le|text,** der; -[e]s [engl. teletext, aus: tele- (↑ Teleplayer) u. text = Text]: *System zur elektronischen Übermittlung von Texten u. ihrer Darstellung auf dem Bildschirm eines Fernsehgeräts;* **Te̱|le|type|set|ter** ⓦ [...taip...], der; -s, - [engl. teletypesetter, aus: tele- (↑ Teleplayer) u. typesetter = Setzmaschine] (Druckw.): *Setzmaschine* (1), *die den Gießvorgang durch ein Lochband steuert.*

Te̱|leu|to|spo̱|re, die; -, -n ⟨meist Pl.⟩ [zu griech. teleutḗ = Vollendung, Ende u. ↑ Spore] (Bot.): *Spore der Rostpilze, die vor ihrer Weiterentwicklung ein Ruhestadium durchmacht.*

Te̱|le|vi|si|o̱n [engl. Ausspr.: 'tɛlɪvɪʒən], die; - [engl. television, aus: tele- (↑ Teleplayer) u. vision < (a)frz. vision < lat. visio, ↑ Vision]; *Fernsehen;* Abk.: TV; **te|le|vi|sio̱|nie̱|ren** ⟨sw. V.; hat⟩ (schweiz.): *eine Fernsehsendung übertragen;* **Te̱|lex,** das; österr. u. schweiz.: der; -, -[e] [Kurzwort aus engl. teleprinter exchange = Fernschreiber-Austausch]: **1.** *Fernschreiben.* **2. a)** *Fernschreiber;* **b)** ⟨o. Pl.⟩ *Fernschreibnetz;* **te|le|xen** ⟨sw. V.; hat⟩: *[als] ein Fernschreiben übermitteln;* **Te̱|le|xo|gra̱mm,** das; -s, -e [Kunstwort aus ↑ Telex u. ↑ Telegramm]: *an einen ausländischen Telexteilnehmer gerichtetes Fernschreiben;* **Te̱|lex|ver|kehr,** der; ⟨o. Pl.⟩: vgl. Postverkehr (b).

Te̱l|ler, der; -s, - [mhd. tel[l]er, telier, aus dem Roman., im Sinne von „Vorlegeteller zum Zerteilen des Fleisches" zu spätlat. taliare = spalten, schneiden, zerlegen, zu lat. talea = abgeschnittenes Stück]: **1.** *Teil des Geschirrs* (1 a) *von runder (flacher od. tieferer) Form, von dem Speisen gegessen werden:* ein tiefer, flacher, vorgewärmter, leerer T.; ein T. aus Porzellan; vier T. [voll] Suppe *(vier mit Suppe gefüllte Teller)*; ein T. dicke Reissuppe/dicker Reissuppe; er hat zwei T. (*zweimal einen Teller voll*) Spaghetti gegessen; T. auf den Tisch stellen, setzen; seinen T. leeressen; Weihnachten ... besteht aus einem bunten T. *(einem Teller mit Gebäck, Süßigkeiten u. Früchten o. ä.)*, gemeinsamen Singen (Hohmann, Engel 17); hier war alles Land flach wie ein T. (Schröder, Wanderer 76). **2.** *kleine, runde, durchbrochene Scheibe (aus Kunststoff), die den Skistock wenige Zentimeter über seinem unteren Ende umgibt.* **3.** ⟨meist Pl.⟩ (Jägerspr.) *Ohr des Schwarzwildes.* **4.** *runder, flacher Teil eines Plattenspielers, auf den die Schallplatte aufgelegt wird;* **Te̱l|ler|brett,** das: *Wandbrett, auf dem Teller aufgestellt werden;* **Te̱l|ler|ei|sen,** das, (Jagdw.): *aus zwei Bügeln u. einer tellerförmigen Platte bestehendes Fangeisen;* **Te̱l|ler|fleisch,** das (bes. österr.): *gekochtes u. in Stücke geschnittenes Rind- od. Schweinefleisch, das in der Suppe serviert wird;* **te̱l|ler|för|mig** ⟨Adj.⟩: *von der Form eines flachen Tellers* (1); **Te̱l|ler|ge|richt,** das: *(in Gaststätten) einfaches Gericht, das auf einem Teller serviert wird;* **te̱l|ler|groß** ⟨Adj.⟩: *von der Größe eines flachen Tellers:* Ein Hüne von Gestalt, mit -en Pranken (Eppendorfer, St. Pauli 210); **Te̱l|ler|kap|pe,** die: *runde, flache Kappe (die zu bestimmten Uniformen gehört);* **Te̱l|ler|mi|ne,** die: *tellerförmige* ¹Mine (2); **Te̱l|ler|müt|ze,** die: vgl. Tellerkappe; **te̱l|lern** ⟨sw. V.; hat⟩ (Schwimmen): *den [gestreckten] Körper durch leichte Handbewegungen im Wasser bewegen od. in Ruhelage halten;* **Te̱l|ler|rand,** der: *Rand des Tellers* (1): * **über den T. blicken, schauen** o. ä. *(etw. von einer höheren Warte aus betrachten; über seinen eingeschränkten Gesichtskreis hinausblicken, um etw. richtig einzuschätzen):* Fachidioten ... Leute, die oft nicht über den T. ihres Wissensgebietes blicken (Hörzu 23, 1993, 14); **Te̱l|ler|rock,** der: *sehr weiter Rock;* **te̱l|ler|rund** ⟨Adj.⟩: *rund wie ein Teller;* **Te̱l|ler|samm|lung,** die: *Sammlung besonders wertvoller od. schöner Teller;* **Te̱l|ler|tuch,** das ⟨Pl. ...tücher⟩: **1.** (landsch.) vgl. Geschirrtuch. ♦ **2.** *(nach altem Volksglauben) Tischtuch, das sich selbst mit allen Gerichten, die man von ihm verlangt, deckt:* ... überlasse ich ihm die Wahl unter allen Kleinodien, die ich in der Tasche bei mir führe: die echte Springwurzel, die Alraunwurzel, Wechselpfennige, Raubtaler, das T. von Rolands Knappen (Chamisso, Schlemihl 23); **Te̱l|ler|wä|scher,** der: *jmd., der in einem Lokal* (1) *gegen Bezahlung Geschirr spült:* Ein ... Mann, der in einem Café als T. arbeitete (MM 8.1.75,10); Amerika ... Dort wurden T. berühmte Persönlichkeiten (Fels, Sünden 31); seine Karriere glich einem Aufstieg vom T. zum Millionär *(von einem armen zu einem reichen, vermögenden Mann);* **Te̱l|ler|wä|sche|rin,** die: w. Form zu ↑ Tellerwäscher.

Tel|lur, das; -s [zu lat. tellus (Gen.: telluris) = Erde, so benannt wegen der Verwandtschaft mit dem Element ↑ Selen]: *silberweiß od. braunschwarz vorkommendes Halbmetall (chemischer Grundstoff);* Zeichen: Te; **Tel|lu|rat,** das; -[e]s, -e (Chemie): *Salz der Tellursäure;* **tel|lu|rig** ⟨Adj.⟩ (Chemie): *Tellur enthaltend;* **tel|lu|risch** ⟨Adj.⟩ (Geol.): *die Erde betreffend, zu ihr gehörend:* -e Kräfte; **Tel|lu|rit** [auch: ...'rɪt], das; -s, -e (Chemie): *Salz der tellurigen Säure;* **Tel|lu|ri|um,** das; -s, ...ien (Astron.): *Gerät, mit dem die Bewegungen von Mond u. Erde um die Sonne im Modell dargestellt werden.*

Te̱l|lo|den|dron, das; -s, ...ren ⟨meist Pl.⟩ [zu griech. télos = Ende, Ziel u. déndron = Baum] (Med.): *feinste Endverzweigungen der Fortsätze von Nervenzellen;* **tel|lo|le|zi|thal** ⟨Adj.⟩ [zu griech. lékithos = Dotter] (Zool.): *(von Eizellen z. B. der Amphibien) eine Anhäufung des Dotters an einem Pol des Eies aufweisend;* **Te̱|lom,** das; -s, -e [zu griech. télos = Ende, Ziel] (Biol.): *Grundorgan fossiler Pflanzen;* **Te̱|lo|mer,** das; -s, -e [zu griech. méros = Teil]: **1.** (Biochemie) *Endabschnitt eines Chromosoms.* **2.** (Chemie) *Produkt der Telomerisation;* **Te̱|lo|me|ri|sa|ti|o̱n,** die; -, -en [Analogiebildung zu ↑ Polymerisation] (Chemie): *Polymerisation, bei der relativ kurze Molekülketten entstehen;* **Te̱|lo|pha̱|se,** die; -, -n [↑ Phase] (Biol.): *Endstadium der Kernteilung;* **Te̱|los** [auch: 'te:...], das; - [griech. télos] (Philos.): *Ziel, [End]zweck.*

tel|quel, tel quel [tɛl'kɛl; frz. tel quel = so – wie]: **1.** (Kaufmannsspr.) *ohne Gewähr für die Beschaffenheit; so, wie die Ware ausfällt: der Käufer verpflichtet sich, die Ware t./t. q. anzunehmen.* **2.** (selten) *ohne Änderung.*

Tel|son, das; -s, ...sa [griech. télson = Ende, Nebenf. von: télos, ↑ Telos] (Zool.): *Endglied des Hinterleibs bei Gliederfüßern (z. B. bei Krebsen).*

Tel|tow|er Rüb|chen [...toɐ̯ -], das; -s, - ⟨meist Pl.⟩ [nach der Landschaft Teltow (Brandenburg)]: *kleine weiße Rübe.*

Te̱|ma con va|ri|a|zio̱|ni, das; - - - [ital.] (Musik): *Thema mit Variationen.*

Te̱m|be, die; -, -n [Suaheli tembe]: *viereckiges Haus in Ostafrika mit einem Flachdach, das mit Erde bedeckt ist, u. Wänden, die mit Lehm verputzt sind.*

Te̱m|me|nos, das; -, ...ne [griech. témenos]: *abgegrenzter heiliger [Tempel]bezirk im altgriechischen Kult.*

Te̱m|mo|ku, das; - [jap.]: *chinesische Töpfereien der Sungzeit (10.–13. Jh.) mit schwarzer od. brauner Glasur u. ihre japanischen Nachbildungen.*

Temp, der; -s, -s [Kurzf. von ↑ Temperatur] (Met.): *Kennwort verschlüsselter meteorologischer Meldungen einer Landstation.*

Te̱m|pel, der; -s, - [mhd. tempel, ahd. tempal < lat. templum, eigtl. = vom Augur mit dem Stab am Himmel u. auf der Erde zur Beobachtung u. Deutung des Vogelflugs abgegrenzter Beobachtungsbezirk, H. u.]: **1.** *[geweihtes] Gebäude als Kultstätte einer nichtchristlichen Glaubensgemeinschaft:* ein heidnischer, indischer, antiker T.; ein Tempel des Zeus *(dem Zeus geweiht);* Ü Das Arbeitsamt ... war in mehrgeschossiges Gebäude, ein neuzeitlicher T. aus grauen Sandsteinquadern (Fels, Sünden 69); * **jmdn. zum T. hinausjagen, hinauswerfen** (ugs.; *jmdn. voller Unmut, empört aus dem Haus, Zimmer o. ä. weisen*). **2.** *einem Tempel od. Pavillon ähnliches Gebäude, meist mit Säulen, die das Dach tragen;* vgl. Kirchenbau (1, 2); **Te̱m|pel|bau,** der ⟨Pl. ...bauten⟩: vgl. Kirchenbau (1, 2); **Te̱m|pel|block,** der ⟨Pl. ...blöcke⟩: *(bes. in asiatischen Tempeln verwendetes) Schlaginstrument aus mehreren an einer längeren Stange befestigten hohlen Holzkugeln, die mit Schlegeln (1 b) angeschlagen werden;* **Te̱m|pel|die̱|ner,** der: vgl. Kirchendiener; **Te̱m|pel|die̱|ne|rin,** die: w. Form zu ↑ Tempeldiener; **Te̱m|pel|ge|sell|schaft,** die ⟨o. Pl.⟩: *christliche Gemeinschaft, deren Ziel der*

Tempelherr

Aufbau eines eschatologischen Gottesreiches u. die Überwindung des biblischen Babylon ist; **Tem|pel|herr**, der: *Templer;* **tem|peln** ⟨sw. V.; hat⟩: *Tempeln spielen;* **Tem|peln,** das; -s [bei dem Spiel wird auf die Tischplatte eine Skizze von der Form eines Tempels gemalt, in deren Felder die Spieler ihre Einsätze machen]: *Glücksspiel;* **Tem|pel|or|den**, der: *Templerorden;* **Tem|pel|pro|sti|tu|ti|on,** die (Völkerk.): *Prostitution, bei der die Frau als Stellvertreterin einer Gottheit erscheint od. sich einer durch den Priester vertretenen Gottheit hingibt;* **Tem|pel|raub,** der: *Raub von Kunstschätzen o. ä. aus einem Tempel;* **Tem|pel|räu|ber,** der: *jmd., der einen Tempelraub begeht;* **Tem|pel|rit|ter,** der: *Templer;* **Tem|pel|schän|der,** der: *jmd., der eine Tempelschändung begeht;* **Tem|pel|schän|dung,** die: vgl. Kirchenschändung; **Tem|pel|schatz,** der: *in einem Tempel aufbewahrter Schatz* (1); **Tem|pel|schild|krö|te,** die: *in Südostasien vorkommende Sumpfschildkröte, die bes. in Thailand als heiliges Tier verehrt u. in Tempelteichen gehalten wird;* **Tem|pel|tanz,** der: *Tanz* (1) *als kultische Handlung im Tempel* (1); **Tem|pel|tän|ze|rin,** die: *Tänzerin od. Priesterin, die den Tempeltanz ausführt.*

Tem|pe|ra, die; -, -s [ital. tempera, zu: temperare = mischen < lat. temperare, ↑temperieren]: 1. kurz für ↑Temperafarbe. 2. (selten) kurz für ↑Temperamalerei; **Tem|pe|ra|far|be,** die: *aus anorganischen Pigmenten, einer Emulsion aus bestimmten Ölen u. einem Bindemittel hergestellte Farbe, die auf Papier einen matten u. deckenden Effekt hervorruft;* **Tem|pe|ra|ma|le|rei,** die: 1. ⟨o. Pl.⟩ *Technik des Malens mit Temperafarben.* 2. *mit Temperafarben gemaltes Bild;* **Tem|pe|ra|ment,** das; -[e]s, -e [lat. temperamentum = richtiges Verhältnis gemischter Dinge, gehörige Mischung; rechtes Maß, zu: temperare, ↑temperieren]: 1. *die für ein Individuum spezifische, relativ konstante Weise des Fühlens, Erlebens, Handelns u. Reagierens:* ein sanguinisches, cholerisches, melancholisches, phlegmatisches T.; er hat ein aufbrausendes, kühles, ausgeglichenes T.; Er war ein philosophisches T. (Frisch, Montauk 30). 2. ⟨o. Pl.⟩ *lebhafte, leicht erregbare Wesensart; Schwung; Feuer:* das T. geht oft mit mir durch; sie hat [kein, wenig] T.; Ü Ein ... Wagen ... bequem für die ganze Familie mit dem T. eines Sportwagens (auto 6, 1965, 60); **Tem|pe|ra|ment|bol|zen,** Temperamentsbolzen, der (ugs.): *Temperamentbündel:* er/sie ist ein T.; **Tem|pe|ra|ment|bün|del,** das: *jmd. mit viel Temperament;* **tem|pe|ra|ment|los** ⟨Adj.; -er, -este⟩: *ohne Temperament* (2): **Tem|pe|ra|ment|lo|sig|keit,** die; -: *das Temperamentlossein;* **Tem|pe|ra|ments|sa|che** (selten): ↑Temperamentssache; **Tem|pe|ra|ments|aus|bruch,** der: *Ausbruch* (3) *des Temperaments* (2); **Tem|pe|ra|ments|bol|zen:** ↑Temperamentbolzen: Brenda Jackson ... Der quicke, vor Optimismus überquellende T. (BM 21. 2. 75, 16); **Tem|pe|ra|ments|sa|che,** Temperamentssache, die: *in der Verbindung* etw./ das ist T. *(etw./das hängt vom Tempera-*

ment ab); **tem|pe|ra|ment|voll** ⟨Adj.⟩: *[sehr] lebhaft, lebendig; voller Temperament* (2): ein -er Mensch; ... war es dieser ... überaus -en Frau nicht gegeben, in Frieden mit sich selber zu leben (Reich-Ranicki, Th. Mann 190); t. sein, reagieren; Ü ein -es *(schnelles, spritziges)* Fahrzeug; Polo und Golf ... t. im Fahren (Saarbr. Zeitung 12./13. 7. 80, III); **Tem|pe|ran|ti|um,** das; -s, ...ia [zu lat. temperans (Gen.: temperantis), 1. Part. von: temperare, ↑temperieren] (Med.): *Beruhigungsmittel;* **Tem|pe|ra|tur,** die; -, -en [lat. temperatura = gehörige Mischung, Beschaffenheit, zu: temperare, ↑temperieren]: 1. *Wärmegrad eines Stoffes; in Zahlen, Graden gemessene Wärme von etw., bes. der Luft:* mittlere, gleichbleibende, ansteigende, sinkende -en; die höchste, die niedrigste T.; eine angenehme, unerträgliche T.; die T. des Wassers, der Luft; der Wein hat die richtige T.; die T. im Schmelzofen, des flüssigen Glases beträgt ... Grad; die T. steigt, fällt, sinkt [unter Null, unter den Nullpunkt], geht zurück; -en bis zu 40 °C; die T. messen, kontrollieren. 2. (Med.) *ein wenig über dem Normalen liegende Körpertemperatur:* T., erhöhte T. *(leichtes Fieber)* haben. 3. (Musik) *Einteilung der Oktave in zwölf gleiche Halbtöne;* **Tem|pe|ra|tur|ab|fall,** der: *das [schnelle] Abfallen, Sinken der Temperatur* (1); **tem|pe|ra|tur|ab|hän|gig** ⟨Adj.⟩: *(im Hinblick auf [optimales] Funktionieren o. ä.) stark von der Temperatur* (1) *abhängend;* **Tem|pe|ra|tur|ab|hän|gig|keit,** die ⟨o. Pl.⟩: *das Abhängigsein von der Temperatur* (1); **Tem|pe|ra|tur|ab|nah|me,** die: *das Abnehmen der Temperatur* (1); **Tem|pe|ra|tur|an|stieg,** der: *das Ansteigen der Temperatur* (1); **Tem|pe|ra|tur|aus|gleich,** der: *Ausgleich zwischen unterschiedlichen Temperaturen* (1); **tem|pe|ra|tur|be|stän|dig** ⟨Adj.⟩: *widerstandsfähig, unempfindlich gegenüber der Einwirkung bestimmter Temperaturen* (1) *od. gegenüber Temperaturschwankungen;* **Tem|pe|ra|tur|dif|fe|renz,** die: *Temperaturunterschied;* **tem|pe|ra|tur|emp|find|lich** ⟨Adj.⟩: *empfindlich gegenüber bestimmten Temperaturen;* **Tem|pe|ra|tur|er|hö|hung,** die: vgl. Temperaturanstieg; **Tem|pe|ra|tur|ge|fäl|le,** das: *Gefälle* (2) *der Temperatur* (1); **Tem|pe|ra|tur|ko|ef|fi|zi|ent,** der (Physik): *Konstante, die in der Darstellung einer von der Temperatur* (1) *abhängigen Größe auftritt;* **Tem|pe|ra|tur|kur|ve,** die: *graphische Darstellung der über einen bestimmten Zeitraum gemessenen Temperaturen* (1, 2); **Tem|pe|ra|tur|mes|ser,** der: *Temperaturmeßgerät;* **Tem|pe|ra|tur|meß|ge|rät,** das: *Gerät zum Messen der Temperatur* (1); **Tem|pe|ra|tur|mit|tel,** das: *durchschnittlicher Wert der über einen bestimmten Zeitraum gemessenen Temperaturen* (1); **Tem|pe|ra|tur|reg|ler,** der: *Vorrichtung, die das Einhalten einer bestimmten Temperatur* (1) *bewirkt; Thermostat;* **Tem|pe|ra|tur|re|gu|la|ti|on,** die (Biol.): *das Konstanthalten der Körpertemperatur unter wechselnden Umweltbedingungen bei lebenden Organismen;* **Tem|pe|ra|tur|rück|gang,** der: vgl. Temperaturanstieg; **Tem|pe|ra|tur|schrei-**

ber, der: *Thermograph;* **Tem|pe|ra|tur|schwan|kung,** die ⟨meist Pl.⟩: vgl. Temperaturanstieg; **Tem|pe|ra|tur|sinn,** der: *Fähigkeit, Unterschiede od. Änderungen in der Temperatur der Umgebung wahrzunehmen;* **Tem|pe|ra|tur|ska|la,** die (Physik): *Skala zur Angabe der Temperatur u. Temperaturunterschiede;* **Tem|pe|ra|tur|spit|ze,** die: *Maximum der über einen bestimmten Zeitraum gemessenen Temperaturen* (1); **Tem|pe|ra|tur|steu|er|vor|rich|tung,** die: vgl. Temperaturregler; **Tem|pe|ra|tur|sturz,** der: *plötzlicher starker Temperaturrückgang;* **Tem|pe|ra|tur|un|ter|schied,** der ⟨häufig Pl.⟩: *Unterschied in der Temperatur* (1); **Tem|pe|ra|tur|wech|sel,** der: vgl. Temperaturanstieg; **Tem|pe|ra|tur|zu|nah|me,** die: *das Zunehmen der Temperatur* (1); **Tem|pe|renz,** die; - [engl. temperance < lat. temperantia, zu: temperans (Gen.: temperantis), adj. 1. Part. von: temperare, ↑temperieren] (bildungsspr.): *Enthaltsamkeit, Mäßigkeit im Alkoholgenuß;* **Tem|pe|renz|ge|sell|schaft,** die: *Temperenzverein;* **Tem|pe|renz|ler,** der; -s, -: *Mitglied des Temperenzvereins;* **Tem|pe|renz|le|rin,** die; -, -nen: w. Form zu ↑Temperenzler; **Tem|pe|renz|ver|ein,** der: *Verein der Gegner des Alkoholmißbrauchs;* **Tem|per|guß,** der: *getempertes u. dadurch leichter zu schmiedendes Gußeisen;* **tem|pe|rie|ren** ⟨sw. V.; hat⟩ [lat. temperare = sich mäßigen; in das gehörige Maß setzen, in das richtige (Mischungs)verhältnis bringen]: 1. *auf eine mäßig warme, auf den Bedarf gut abgestimmte Temperatur bringen:* Sie bestellen eine Flasche Gruaud ..., die Hans Castorp noch einmal fortschickte, um sie besser t. zu lassen (Th. Mann, Zauberberg 26); ein auf 20° temperierter Raum; das Badewasser ist gut temperiert; ein schlecht temperierter Wein. 2. (geh.) *(auf Leidenschaften o. ä.) mäßigend einwirken:* seine Gefühle t. 3. (Musik) *(die Oktave) in zwölf gleiche Halbtonschritte einteilen:* temperierte Stimmung (*Temperatur* 3); **Tem|pe|rie|rung,** die; -, -en: *das Temperieren;* **Tem|per|koh|le,** die ⟨o. Pl.⟩: *beim Tempern ausflockender Kohlenstoff;* **tem|pern** ⟨sw. V.; hat⟩ [engl. to temper < lat. temperare, ↑temperieren] (Hüttenw.): *glühfrischen;* **Tem|per|stahl,** der: *Temperguß.*

Tem|pest [...ıst], die; -, -s [engl. tempest, eigtl. = Sturm < lat. tempestas] (Segeln): *(internationalen Wettkampfbestimmungen entsprechendes) von zwei Personen zu segelndes Boot mit Kiel für den Rennsegelsport* (Kennzeichen: T); **Tem|pest|boot,** das: *Tempest;* **tem|pe|sto|so** ⟨Adv.⟩ [ital. tempestoso < spätlat. tempestuosus, zu lat. tempestas, ↑Tempest] (Musik): *heftig, stürmisch.*

Tem|pi: Pl. von ↑Tempo; **tem|pie|ren** ⟨sw. V.; hat⟩ [zu ↑Tempo] (Milit. veraltet): *(bei bestimmten Geschossen) den Zeitzünder entsprechend der Flugzeit der Geschosse einstellen;* **Tem|pi pas|sa|ti** [ital. = vergangene Zeiten] (bildungsspr.): *das liegt leider, zum Glück schon viele Jahre zurück.*

Tem|plei|se, der; -n, -n [mhd. temp(e)leis(e) für afrz. templier, ↑Templer]: *Gralsritter der mittelalterlichen Parzi-*

valsage; **Tem|pler,** der; -s, - [(a)frz. templier, zu: temple < lat. templum, ↑ Tempel] (hist.): Angehöriger eines geistlichen Ritterordens im Mittelalter, der zum Schutz der Jerusalempilger verpflichtet war; *Tempelherr;* **Tem|p|ler|or|den,** der ⟨o. Pl.⟩ (hist.): *Orden der Templer.*
tem|po [ital. tempo = Zeit(maß, -raum) < lat. tempus, ↑ Tempus] (Musik): in bestimmten Fügungen: t. di marcia [- di 'martʃa] *(im Marschtempo);* t. giusto [- 'dʒʊsto] *(in angemessener Bewegung);* t. primo *(im früheren, anfänglichen Tempo);* t. rubato (↑ rubato); **Tem|po,** das; -s, -s u. Tempi [ital. tempo, ↑ Tempus]: **1.** ⟨Pl. -s⟩ *Geschwindigkeit, mit der etw..., bes. eine Handlung, eine Bewegung abläuft:* ein zügiges T., ein bestimmtes T. vorlegen; das erlaubte T., T. 100 fahren, das T. erhöhen; er nahm die Kurve in/mit hohem T.; ein T. draufhaben (ugs.; *schnell fahren, arbeiten o. ä.);* T. [T.]! (ugs.; *los, beeilt euch!, beeile dich!);* Klaus Mann war nicht mehr zu bremsen. Er produzierte ... in beängstigendem T. (Reich-Ranicki, Th. Mann 207); mit überhöhtem T., mit T. 100 fahren; Ü Das T. der technischen Revolution (Gruhl, Planet 58). **2.** ⟨Pl. meist Tempi⟩ (Musik) *für den Vortrag geeignetes, den Besonderheiten eines Werkes angemessenes) musikalisches Zeitmaß:* der Dirigent nahm die Tempi zu rasch, fiel aus dem T. **3.** (Fechten) *(bei der Parade) Hieb in den gegnerischen Angriff, um einem Treffer zuvorzukommen.* **4.** *zeitlicher Vorteil eines Zuges im Schach.* **5.** ⟨Pl. -s⟩ (ugs.): kurz für ↑ Tempotaschentuch; **Tem|po|ak|ti|on,** die (Fechten): *Tempo* (3); **Tem|po|be|gren|zung,** die: *Tempolimit;* **Tem|po|hieb,** der (Fechten): *Tempo* (3); **Tem|po|li|mit,** das (Verkehrsw.): *Geschwindigkeitsbeschränkung;* **Tem|po|ma|cher,** der (Leichtathletik): *Schrittmacher* (3): Ü Technik und Wissenschaft sind die T. des Kulturwandels, den wir heutzutage erleben (Höhler, Sieger 155); **Tem|po|ma|che|rin,** die (Leichtathletik): w. Form zu ↑ *Tempomacher;* **Tem|po|mat** [zu ↑ Tempo u. ↑ Automat], der; -[e]s, -e u. -en, -en (Kfz-T.): *automatischer Regler der Fahrgeschwindigkeit bei Kraftfahrzeugen, der die Geschwindigkeit auf einem bestimmten Wert hält bzw. nach oben begrenzt;* **Tem|po|ra:** Pl. von ↑ Tempus; ¹**tem|po|ral** ⟨Adj.⟩ [lat. temporalis, zu ↑ Tempus] **1.** (Sprachw.) *zeitlich:* eine -e Konjunktion (z. B. nachdem). **2.** (veraltet) *weltlich;* ²**tem|po|ral** ⟨Adj.⟩ [spätlat. temporalis, zu: lat. tempora, Pl. von: tempus = Schläfe (wahrsch. im Sinne von „Spannung durch die schlagende Arterie" identisch mit tempus (↑ Tempus) in dessen Grundbed. „Spannung"] (Med.): *zu den Schläfen gehörend;* **Tem|po|ral|ad|verb,** das (Sprachw.): *Adverb der Zeit* (z. B. heute, neulich); **Tem|po|ral|be|stim|mung,** die: *Adverbialbestimmung der Zeit;* **Tem|po|ra|li|en** ⟨Pl.⟩ [mlat. temporalia, zu lat. temporalis, ↑ ¹temporal] (MA.): *mit der Verwaltung eines kirchlichen Amtes verbundene weltliche Rechte u. Einkünfte der Geistlichen;* **Tem|po|ral|satz,** der: *Adverbialsatz der Zeit;* **Tem|po|ral|va|ri|a|ti|on,** die; - (Zool.): *jahreszeitlich bedingter*

Wechsel im Aussehen der Tiere; **tem|po|ra mu|tan|tur** [lat. = die Zeiten ändern sich] (bildungsspr.): *alles wandelt, ändert sich;* **tem|po|rär** ⟨Adj.⟩ [frz. temporaire < lat. temporarius, zu: tempus, ↑ Tempus] (bildungsspr.): *zeitweilig [auftretend]; vorübergehend:* eine -e Arbeit, Aushilfe; ein -er Einsatz; jmdn. t. einstellen; **Tem|po|reich** ⟨Adj.⟩ (bes. Sport): *mit Tempo gespielt:* eine -e Partie, Begegnung; Ü der Veränderungsdruck dieser -en Zeit (Höhler, Sieger 90); **tem|po|rell** ⟨Adj.⟩ [frz. temporel < lat. temporalis, ↑ ¹temporal] (bildungsspr. veraltet): **a)** *zeitlich, vergänglich;* **b)** *irdisch, weltlich;* **tem|po|ri|sie|ren** ⟨sw. V.; hat⟩ [frz. temporiser < mlat. temporizare = zögern, verweilen] (bildungsspr. veraltet): *hinhalten* (2); **Tem|po|sün|der,** der: *jmd., der eine Geschwindigkeitsbeschränkung nicht einhält;* **Tem|po|sün|de|rin,** die: w. Form zu ↑ Temposünder; **Tem|po|ta|schen|tuch,** das [Tempo ⓌⓏ] (ugs.): *Papiertaschentuch;* **Tem|po|ver|lust,** der: *Verlust an Geschwindigkeit, Tempo;* **Tem|po|wech|sel,** der: *Wechsel der Geschwindigkeit, des Tempos;* **Tem|pus,** das; -, Tempora [lat. tempus = Zeit, urspr. viell. = (Zeit)spanne u. zu einem Verb mit der Bed. „spannen, dehnen"] (Sprachw.): *Zeitform.*
Te|mu|lenz, die; - [lat. temulentia = Trunkenheit, zu: temulentus = berauscht] (Med.): *das Taumeln, Trunkenheit, bes. infolge einer Vergiftung.*
ten. = tenuto.
Te|nail|le [tə'na:jə, te'naljə], die; -, -n [frz. tenaille, eigtl. = Zange, über das Vlat. < lat. tenaculum, ↑ Tenakel] (früher): *Festungswerk, dessen Linien abwechselnd ein- u. ausspringende Winkel bilden;* **Te|na|kel,** das; -s, - [lat. tenaculum = Halter (1 a), zu: tenere, ↑ ²Tenor]: **1.** (Druckw.) *Vorrichtung zum Halten des Manuskripts für den Schriftsetzer.* **2.** (veraltet) *Rahmen zum Befestigen eines Filterauftucks.*
Ten|al|gie, die; -, -n [zu griech. ténōn = straffes Band; Sehne u. álgos = Schmerz] (Med.): *Schmerz im Bereich einer Sehne.*
Te|na|zi|tät, die; - [lat. tenacitas = das Festhalten, zu: tenax = festhaltend, zu: tenere, ↑ ²Tenor]: **1.** (Fachspr.) *Zähigkeit; Zug-, Reißfestigkeit.* **2.** (Med.) *Widerstandsfähigkeit eines Mikroorganismus (z. B. eines Virus) gegenüber äußeren Einflüssen.*
Ten|denz, die; -, -en [wohl unter Einfluß von älter engl. tendence, frz. tendance, zu lat. tendere = spannen, (sich aus)strekken]: **1. a)** *sich abzeichnende, jmdm. od. einer Sache innewohnende Entwicklung, Entwicklungslinie:* eine T. zeichnet sich ab, hält an, setzt sich fort, kehrt sich um, ist rückläufig; es herrscht die T., die T. geht dahin, ...; die Preise haben eine steigende T.; die T. (Grundstimmung) an der Börse ist fallend, steigend, lustlos; 130 000 Scheidungen - T.: steigend! (Hörzu 7, 1989, 32); **b)** ⟨meist Pl.⟩ *Strömung* (2), *Richtung:* neue -en in der Musik. **2. a)** *Hang, Neigung:* er hat die T., alles negativ zu beurteilen; seine Ansichten haben eine T. zum Dogmatismus; Eine deutlich erkennbare T. zur Aner-

kennung der ... weltwirtschaftlichen Solidarität (Fraenkel, Staat 136); **b)** (oft abwertend) *Darstellungsweise, mit der ein bestimmtes (meist politisches) Ziel erreicht werden soll:* diese Zeitung hat, verfolgt eine T.; ein Roman mit T.; **Ten|denz|be|trieb,** der: *Betrieb, der bestimmten ideellen (z. B. politischen, pädagogischen, religiösen) Zielsetzungen dient;* **Ten|denz|dich|tung,** die (oft abwertend): *Dichtung, die eine Tendenz* (2 b) *verfolgt;* **ten|den|zi|ell** ⟨Adj.⟩: *einer allgemeinen Entwicklung, Tendenz entsprechend, sich auf sie beziehend:* etw. nimmt t. zu, ab; **ten|den|zi|ös** ⟨Adj.; -er, -este⟩ [frz. tendancieux, zu: tendance, ↑ Tendenz] (abwertend): *von einer weltanschaulichen, politischen Tendenz beeinflußt u. daher nicht objektiv:* -e Presseberichte; die Sendung ist mir zu t.; der Autor schreibt t.; etw. t. verfälschen; **Ten|denz|li|te|ra|tur,** die (oft abwertend): *vgl. Tendenzdichtung;* **Ten|denz|ro|man,** der (oft abwertend): *vgl. Tendenzdichtung;* **Ten|denz|schutz,** der: *Bestimmung des Betriebsverfassungsgesetzes, die für Tendenzbetriebe bestimmte Rechte des Betriebsrats einschränkt;* **Ten|denz|stück,** das (oft abwertend): *vgl. Tendenzdichtung;* **Ten|denz|un|ter|neh|men,** das: *vgl. Tendenzbetrieb;* **Ten|denz|wen|de,** die: *Wende, Umkehr in der Tendenz* (1 a): eine T. herbeiführen; eine T. am Arbeitsmarkt, in der Politik, zum Besseren.
Ten|der, der; -s, - [engl. tender, gek. aus: attender = Pfleger, zu: to attend = pflegen, aufwarten, über das Afrz. < lat. attendere = hinspannen, hinstrecken; aufmerksam beachten, zu: tendere, ↑ Tendenz]: **1.** *Anhänger der Dampflokomotive, in dem Brennmaterial u. Wasser mitgeführt wird; Kohlenwagen* (2). **2.** (Seew.) *ein od. mehrere andere Schiffe begleitendes Schiff, das Brennmaterial, Wasser, Proviant o. ä. transportiert:* die T. der Atlantis pendelten von Schiff zum Landesteg hin und her, den ganzen Tag (Konsalik, Promenadendeck 435).
ten|die|ren ⟨sw. V.; hat⟩ [rückgeb. aus ↑ Tendenz] (bildungsspr.): *zu etw. hinneigen, auf etw. gerichtet sein:* die Partei tendiert nach links, rechts; er tendiert dazu, den Vertrag abzuschließen; Er war stolz und anmaßend und tendierte *(neigte)* zu spitzen ... Bemerkungen (Kemelman [Übers.], Dienstag 203); die Entwicklung tendiert dahin, daß ...; gegen null, nach oben, nach unten t.; über 50 Jahre alt ... dessen Chancen auf einen neuen Arbeitsplatz tendieren immer mehr nach null (Hörzu 23, 1988, 32); die Aktien tendieren schwächer, uneinheitlich (Börsenw.; *entwickeln sich im Kurs schwächer, uneinheitlich).*
Ten|di|ni|tis, die; -, ...itiden [zu ↑ Tendo] (Med.): *Sehnenentzündung;* **Ten|do,** der; -s, ...dines [...ne:s; zu lat. tendere, ↑ Tendenz] (Anat.): *Sehne* (1); **Ten|do|va|gi|ni|tis,** die; -, ...itiden [↑ Vaginitis] (Med.): *Sehnenscheidenentzündung.*
Ten|dre ['tãːdrə], das; -s, -s [zu frz. tendre = zart, zärtlich, liebevoll < lat. tener] (veraltet): *zärtliche Neigung, Vorliebe;* **Ten|dresse** [tãˈdrɛs], die; -, -n [...sn̩, frz. tendresse, zu: tendre, ↑ Tendre]

(veraltet): **1.** Zärtlichkeit, zärtliche Liebe. **2.** Vorliebe.

Te|ne|ber|leuch|ter, der; -s, - [zu lat. tenebrae (Pl.) = Finsternis]: spätmittelalterlicher Leuchter, dessen Kerzen nur in der Karwoche angezündet werden; **Te|ne|bris|mo, Te|ne|bris|mus,** der; - [span. tenebrismo, zu: tenebroso = finster, dunkel, zu: tiniebla, älter: tiniebra = Dunkelheit < lat. tenebrae, ↑ Teneberleuchte] (Kunstwiss.): Helldunkelmalerei in der spanischen Malerei des 17. Jh.s.

te|ne|ra|men|te ⟨Adv.⟩ [ital., zu lat. tener = zart] (Musik): zart, zärtlich.

Te|ne|rif|fa; -s: eine der Kanarischen Inseln; **Te|ne|rif|fa|ar|beit,** die, **Te|ne|rif|fa|spit|ze,** die: aus kleinen, meist runden Motiven bestehende Spitze, die aus gespannten, mit Stopfstichen durchwirkten Fäden besteht.

Te|nes|mus, der; - [zu griech. teinesmós = gespannter, harter Leib, Hartleibigkeit] (Med.): andauernder schmerzhafter Stuhl- od. Harndrang.

Tenn, das; -s, -e (schweiz.): Tenne.

Ten|nan|tit [auch ...'tɪt], der; -s, -e [nach dem brit. Chemiker S. Tennant (1761–1815)]: graues bis schwarzes kubisches Mineral.

Ten|ne, die; -, -n [mhd. tenne, ahd. tenni, H. u.]: festgestampfter od. gepflasterter Platz [in der Scheune] bes. zum Dreschen (1).

¹Ten|nes|see [...'si:, auch: 'tɛnəsi], der; -[s]: linker Nebenfluß des Ohio; **²Tennes|see;** -s: Bundesstaat der USA.

Ten|nis, das; - [engl. tennis < mengl. tenes, tenetz, zu (a)frz. tenez! = nehmt, haltet (den Ball)!, Imperativ Pl. von: tenir = halten < lat. tenere, wohl Zuruf des Aufschlägers an seinen Mitspieler]: Ballspiel, bei dem ein kleiner Ball von zwei Spielern (od. Paaren von Spielern) nach bestimmten Regeln mit Schlägern über ein Netz hin- u. zurückgeschlagen wird: die ... Franzosen, die grandioses T. spielten (Riess, Cäsar 375); **Ten|nis|arm,** der: vgl. Tennisellbogen; **Ten|nis|ball,** der: kleiner, fester, mit weißem, gelbem od. rosa Filz überzogener Ball, der beim Tennis verwendet wird; **Ten|nis|cen|ter,** das: Tennisplatz (2); **Ten|nis|crack,** der (Jargon): Crack (1) im Tennis; **Ten|nis|dreß,** der: beim Tennis getragener Dreß; **Ten|nis|ell|bo|gen, Ten|nis|el|len|bo|gen,** der (Med.): (durch Überanstrengung des Arms [beim Tennisspielen] auftretende) Entzündung bestimmter Teile des Ellbogengelenks; Epikondylitis; **Ten|nis|hemd,** das: vgl. Tennishose; **Ten|nis|ho|se,** die: [kurze] weiße, beim Tennisspielen getragene Hose; **Ten|nis|kleid,** das: vgl. Tennisdreß; **Ten|nis|klei|dung,** die: vgl. Tennisdreß; **Ten|nis|klub,** der: vgl. Sportklub; **Ten|nis|ma|schi|ne,** die: dem Training ohne Partner dienendes Gerät (im Tennis), das in bestimmten Abständen Bälle wirft; **Ten|nis|match,** das: Match im Tennis; **Ten|nis|mei|ster|schaft,** die: Meisterschaft im Tennis; **Ten|nis|part|ner,** der: Partner (1 d) beim Tennis; **Ten|nis|part|ne|rin,** die: w. Form zu ↑Tennispartner; **Ten|nis|platz,** der: **1.** Spielfeld für das Tennisspiel. **2.** Anlage mit mehreren Spielfeldern für das Tennisspiel; **Ten-**

nis|pro|fi, der: Profi im Tennis; **Ten|nis|schlä|ger,** der: (zum Tennisspiel benutzter) Schläger (3) in Form eines meist ovalen Holzrahmens mit in der Art eines Gitters gespannten Saiten u. langem Griff; **Ten|nis|schuh,** der: (beim Tennis getragener) flexibler, meist weißer Sportschuh; **Ten|nis|spiel,** das: vgl. Skatspiel (1–3); **Ten|nis|spie|len,** das; -s: das Ausüben der Sportart Tennis; **Ten|nis|spie|ler,** der: jmd., der Tennis spielt; **Ten|nis|spie|le|rin,** die: w. Form zu ↑Tennisspieler; **Ten|nis|star,** der: ²Star (1 b) im Tennis; **Ten|nis|tur|nier,** das: Turnier im Tennis; **Ten|nis|wand,** die: Wand (1 b), an der man ohne Mitspieler (im Tennis) trainieren kann; **Ten|nis|zir|kus,** der: vgl. Skizirkus (2).

Ten|no, der; -s, -s [jap. tennō, eigtl. = himmlischer (Herrscher)]: **a)** ⟨o. Pl.⟩ Titel des japanischen Herrschers; **b)** Träger des Titels Tenno (a).

¹Te|nor, der; -s, Tenöre, österr. auch: -e [ital. tenore, eigtl. = (die Melodie) haltende (Hauptstimme) < lat. tenor, ↑²Tenor] (Musik): **1.** hohe Männersingstimme: er hat einen strahlenden, hohen, hellen T., singt T. **2.** ⟨o. Pl.⟩ solistische Tenorpartie in einem Musikstück: den T. singen. **3.** Sänger mit Tenorstimme: er ist ein berühmter, lyrischer T. **4.** ⟨o. Pl.⟩ die Sänger mit Tenorstimme in einem [gemischten] Chor: der erste, zweite T.; der T. setzte ein; **²Te|nor,** der; -s [lat. tenor = ununterbrochener Lauf; Fortgang; Ton(höhe) einer Silbe; Zusammenhang, Sinn, Inhalt, zu: tenere = (gespannt) halten]: **1. a)** grundlegender Gehalt, Sinn (einer Äußerung o. ä.); grundsätzliche Einstellung: alle seine Äußerungen hatten den gleichen T.; Reden ... mit dem T., daß die Erde das Mehrfache der heutigen Bevölkerung tragen könne (Gruhl, Planet 181); **b)** (Rechtsspr.) Wortlaut eines gerichtlichen Urteils: den T. des Urteils verlesen. **2.** (Musik) **a)** zusammen mit der Finalis die Tonart bestimmender, bei der Rezitation hervortretender Ton einer kirchentonalen Melodie; **b)** in der mehrstimmigen Musik des 13.–16. Jh.s die den Cantus firmus tragende Stimme; **Te|no|ra,** die; -, -s [span. tenora] (Musik): katalanische Schalmei in Tenorlage mit stark näselndem Klang; **te|no|ral** ⟨Adj.⟩ (Musik): die Tenorlage betreffend; **Te|nor|ba|ri|ton,** der: **1.** Bariton (3) mit tenoraler Stimmlage. **2.** Baritonstimme mit tenoraler Stimmlage; **Te|nor|baß,** der: Tuba (1 a); **Te|nor|buf|fo,** der: Buffo mit Tenorstimme; **Te|no|re, Te|nö|re:** Pl. von ↑Tenor; **Te|nor|horn,** das: Blechblasinstrument in Tenorlage; **Te|no|rist,** der; -en, -en [zu ↑¹Tenor]: Tenorsänger.

Te|no|rit [auch: ...'rɪt], der; -s, -e [nach dem ital. Botaniker M. Tenore (1780–1861)]: in dünnen Täfelchen od. erdigen Massen auftretendes, schwarzes Mineral.

Te|nor|la|ge, die: Stimmlage des ¹Tenors (1); **Te|nor|lied,** das: Liedform des 15. u. 16. Jh.s, bei der die Melodie vom ¹Tenor (3) gesungen wird; **Te|nor|par|tie,** die: für den ¹Tenor (1) geschriebener Teil eines Musikwerks; **Te|nor|sän|ger,** der: Sänger mit einer Tenorstimme; **Te|nor|schlüs|sel,** der: auf der 4. Linie des Notensystems

liegender C-Schlüssel; **Te|nor|stim|me,** die: **1.** hohe Männersingstimme. **2.** Noten für den ¹Tenor (1).

Te|no|tom, das; -s, -e [zu griech. ténōn = straffes Band; Sehne u. tomós = schneidend] (Med.): spitzes, gekrümmtes Messer für Sehnenschnitte; **Te|no|to|mie,** die; - [zu griech. tomē = das Schneiden; Schnitt] (Med.): operative Durchschneidung von Sehnen (1).

Ten|sid, das; -[e]s, -e ⟨meist Pl.⟩ [zu lat. tensum, 2. Part. von: tendere, ↑ Tendenz] (Chemie): in Wasch- u. Reinigungsmitteln enthaltene Substanz; **Ten|si|on,** die; -, -en [lat. tensio = Spannung, zu: tendere, ↑ Tendenz] (Physik): Spannung (bei Gasen u. Dämpfen); **Ten|sor,** der; -s, ...oren [zu lat. tensum, ↑ Tensid] (Math.): Größe in der Vektorrechnung.

Ten|ta|kel, der od. das; -s, - ⟨meist Pl.⟩ [zu lat. tentare, Nebenf. von: temptare = (prüfend) betasten]: **1.** Fangarm. **2.** (Bot.) haarähnliches, ein klebriges Sekret absonderndes Gebilde auf der Blattoberfläche fleischfressender Pflanzen; **Ten|ta|ku|lit** [auch: ...'lɪt], der; -en, -en [Die Tiere besaßen vermutlich Tentakel (1)]: fossile Flügelschnecke mit konischem, in einer einfachen Spitze auslaufendem Gehäuse; **Ten|ta|men,** das; -s, ...mina [lat. tentamen, Nebenf. von: temptamen = Versuch]: **1.** (bes. beim Medizinstudium) Vorprüfung. **2.** (Med.) Versuch; **ten|ta|tiv** ⟨Adj.⟩ [frz. tentatif, engl. tentative] (bildungsspr.): versuchs-, probeweise; **ten|tie|ren** ⟨sw. V.; hat⟩ [frz. tenter < lat. tentare, ↑ Tentakel]: **1.** (veraltet, noch landsch.) **a)** untersuchen, prüfen; **b)** versuchen, unternehmen. **2.** (österr. ugs.) beabsichtigen.

Te|nü, Te|nue [tə'ny], das; -s, -s [frz. tenue, eigtl. subst. 2. Part. von: tenir = sich halten (2 b)] (schweiz.): vorgeschriebene Art der Kleidung, Uniform, Anzug: Man erwartet von ihnen (= den Angehörigen der Polizei), daß sie stets in tadellosem Tenue auftreten (NZZ 10. 8. 84, 5); **Te|nue|vor|schrift,** die (schweiz.): Kleidervorschrift.

te|nu|is ⟨Adj.⟩ [lat. tenuis] (Med.): dünn, zart; **Te|nu|is,** die; -, Tenues [...e:s] (Sprachw.): stimmloser Verschlußlaut (k, p, t).

te|nu|to ⟨Adv.⟩ [ital. tenuto, 2. Part. von: tenere = halten < lat. tenere] (Musik): ausgehalten, getragen.

Ten|zo|ne, die; -, -n [ital. tenzone, eigtl. = (Wett)streit, älter tencione (dafür [a]provenz. tenso), älter ein vlat. Subst. mit der Bed. „Kampf" wohl zu lat. tentum, 2. Part. von: tendere = spannen; sich anstrengen] (Literaturw.): Streitgedicht, Streitgesang der provenzalischen Troubadoure.

Teo|cal|li, der; -[s], -s [amerik.-span. teocali < Nahuatl (mittelamerik. Indianerspr.) teokalli, zu: teotl = Gott u. kalli = Haus]: pyramidenförmiger aztekischer Kultbau mit Tempel.

Te|pa|che [te'patʃə], der; - [amerik.-span. tepache < Nahuatl (mittelamerik. Indianerspr.) tepiatl, zu: tepitl = Art Getreide u. atl = Wasser]: Pulque.

Te|pa|len ⟨Pl.⟩ [frz. tépale (Sg.)] (Bot.): gleichartige Kelch- u. Blütenblätter des Perigons.

Te|phi|gramm, das; -s, -e [geb. aus T (Formelzeichen für: Temperatur), φ (↑ Phi; Formelzeichen für: Entropie) u. ↑-gramm]: *graphische Aufzeichnung meteorologischer Meßergebnisse.*
Te|phrit [auch: ...'rɪt], der; -s, -e [zu griech. tephrós = aschenfarbig] (Geol.): *dunkles, feinkörniges bis dichtes, basaltähnliches, vulkanisches Gestein;* **Te|phro|chro|no|lo|gie,** die; - [zu griech. téphra = Asche] (Geol.): *Gliederung u. Datierung geologischer Ablagerungen mit Hilfe durch den Wind verbreiteter vulkanischer Aschen, deren Herkunft u. Alter bekannt sind;* **Te|phro|lit** [auch: ...'lɪt], der; -s, -e: *bräunlich- bis rötlich-graues Mineral.*
Te|pi|da|ri|um, das; -s, ...ien [lat. tepidarium]: **1.** *(in römischen Thermen) temperierter Aufenthaltsraum.* **2.** *(veraltet) Gewächshaus.*
Tepp, der; -en, -en (landsch., bes. südd., österr.): *Depp;* **tep|pert** ⟨Adj.⟩ (österr.; schweiz.): *deppert* „Soll ich den Chauffeur spielen? Bin doch nicht t." (Frischmuth, Herrin 54).
Tep|pich, der; -s, -e [mhd. tep[p]ich, ahd. tep[p]ih, um 800 das Roman. (vgl. afrz. tapiz) < lat. tap(p)etum, tapete, tapes < griech. tápēs, tápis, viell. aus dem Pers.]: **1.** *geknüpfter, gewebter od. gewirkter rechteckiger od. runder Fußbodenbelag:* ein echter, alter, wertvoller, persischer, chinesischer T.; der T. ist abgetreten; für den Staatsbesuch wurde ein roter T. ausgerollt; einen T. knüpfen; Konradus begann -e zu weben; schöne kirchliche -e ... für die Altäre (Strittmatter, Wundertäter 212); den T. klopfen, saugen, zusammenrollen; ein Zimmer mit [schweren, dicken] -en auslegen; das Märchen vom fliegenden T.; Das Öl breitete sich aus wie einer roter T. (Ott, Haie 263); Ü ein T. aus Moos; Ein T. aus schütterem Gras deckt die Gräser (Koeppen, Rußland 175); *** auf dem T. bleiben** (ugs.; *sachlich, im angemessenen Rahmen bleiben*); **etw. unter den T. kehren** (ugs.; *etw. vertuschen, nicht offen austragen*): Die ungelösten Konflikte werden unter den T. gekehrt (Spiegel 11, 1978, 138). **2.** (bes. südd.) *[Woll]decke;* **Tep|pich|bo|den,** der: *den Boden eines Raumes von Wand zu Wand bedeckender textiler Fußbodenbelag;* **Tep|pich|bür|ste,** die: *Bürste zum Reinigen von Teppichen;* **Tep|pich|flie|se,** die: *viereckige, aus textilem Fußbodenbelag zugeschnittene Platte zum Auslegen eines Raumes;* **Tep|pich|händ|ler,** der: *jmd., der mit Teppichen handelt:* Ü er ist ein T. (ugs. scherzh.; *er feilscht gern*); **Tep|pich|händ|le|rin,** die: w. Form zu ↑ Teppichhändler; **Tep|pich|kä|fer,** der: *schwarzer Speckkäfer mit weißen u. rötlichen Flecken, dessen Larve als Schädling an Teppichen u. Wollsachen auftritt;* **Tep|pich|keh|rer,** der; -s, -: *flacher, einen offenen Kasten mit langem Stiel u. beim Schieben sich drehenden, walzenförmigen Bürsten zum Reinigen von Teppichen;* **Tep|pich|kehr|ma|schi|ne,** die: *elektrisch angetriebener Teppichkehrer;* **Tep|pich|klop|fer,** der: *zum Ausklopfen von Teppichen dienendes, meist aus geflochtenem Rohr (1 a) bestehendes Haushaltsgerät in Form einer durchbrochenen Fläche mit Handgriff;*

Tep|pich|knüp|fer, der: *jmd., der Teppiche knüpft;* **Tep|pich|knüp|fe|rin,** die; -, -nen: w. Form zu ↑ Teppichknüpfer; **Tep|pich|mu|ster,** das: *Musterung eines Teppichs;* **Tep|pich|schaum,** der: *Reinigungsmittel für Teppiche in Form von Schaum;* **Tep|pich|stab,** der: *dünner Metallstab, mit dem ein Teppich, bes. ein Treppenläufer am Boden befestigt wird, um ein Verrutschen zu verhindern;* **Tep|pich|stan|ge,** die: *waagerecht befestigte Stange, über die Teppiche zum Klopfen gelegt werden;* **Tep|pich|we|ber,** der: *[Hand]weber, der Teppiche webt;* **Tep|pich|we|be|rin,** die: w. Form zu ↑ Teppichweber; **Tep|pich|wir|ker,** der: *jmd., der Teppiche wirkt (6 b);* **Tep|pich|wir|ke|rin,** die; -, -nen: w. Form zu ↑ Teppichwirker.
Te|qui|la [te'ki:la], der; -[s] [nach der mex. Stadt Tequila]: *mexikanischer Branntwein aus Pulque.*
Te|ra- [zu griech. téras (Gen.: tératos) = Mißgeburt; ungewöhnlich großes (Tier)] ⟨Best. von Zus. mit der Bed.⟩: *das 10¹²fache einer [physikalischen] Einheit:* T: **Te|ra|me|ter,** der; -, -: *eine Billion Meter;* **te|ra|tog|en** ⟨Adj.⟩ [zu griech. téras (Gen.: tératos) = Mißgeburt u. ↑-gen] (Med., Pharm.): *(bes. von Medikamenten) Mißbildungen bewirkend;* **Te|ra|to|lo|gie,** die; - [↑-logie] (Med., Biol.): *Lehre von den Mißbildungen der Lebewesen;* **te|ra|to|lo|gisch** ⟨Adj.⟩ (Med., Biol.): *die Teratologie betreffend;* **Te|ra|tom,** das; -s, -e (Med.): *angeborene, aus verschiedenen Arten von Gewebe bestehende Geschwulst.*
Ter|bi|um, das; -s [nach dem schwedischen Ort Ytterby] (Chemie): *metallisches Element aus der Gruppe der Lanthanoide (chemischer Grundstoff);* Zeichen: Tb
Te|re|bin|the, die; -, -n [lat. terebinthus < griech. terébinthos]: *Terpentinpistazie.*
Te|re|bra|tel, die; -, -n [zu lat. terebratum, 2. Part. von: terebrare = (durch)bohren] (Zool.): *fossiler Armfüßer.*
Te|renz|büh|ne, die; -, -n [nach dem röm. Komödiendichter Terenz (185 [um 195?]–159 v. Chr.)]: *Bühne des humanistischen Dramas mit einer freien Vorderbühne u. durch Pfeiler od. Säulen getrennten Vorhängen, die Eingänge zu Häusern andeuten, im Hintergrund.*
Ter|gal ⓦ, das; -s [Kunstwort]: **1.** *synthetische Textilfaser aus Polyester.* **2.** *Gewebe aus Tergal (1).*
Term, der; -s, -e [frz. terme, eigtl. = Grenze, Begrenzung < (m)lat. terminus, ↑ Termin]: **1.** (Math., Logik) *[Reihe von] Zeichen in einer formalisierten Theorie, mit der od. dem einer der Theorie betrachteten Objekte dargestellt wird.* **2.** (Physik) *Zahlenwert der Energie eines mikrophysikalischen Systems (eines Atoms, Moleküls od. Ions).* **3.** (Sprachw. selten) *Terminus;* **Ter|me,** der; -n, -n [frz. terme, ↑ Term] (veraltet): *Grenzstein;* **Ter|min,** der; -s, -e [mhd. termin < mlat. terminus = Zahlungsfrist, Termin; inhaltlich abgegrenzter Begriff < lat. terminus = Ziel, Ende, eigtl. = Grenzzeichen, Grenze]: **1.** *(für etw. Bestimmtes) festgelegter Zeitpunkt; Tag, bis zu dem od. an dem etw. geschehen muß:* der festgesetzte T. rückte heran; der letzte, äußerste T. für die Zahlung ist der 1. Dezember; der T. paßt mir nicht; einen T. festsetzen, vereinbaren, bestimmen, einhalten, überschreiten, versäumen; einen T. [beim Arzt] haben (*beim Arzt angemeldet sein*); für die nächste Woche haben wir noch, haben wir keine -e mehr frei; sich einen T. geben lassen; an einen T. gebunden sein; er hat in der nächsten Zeit viele -e; etw. auf einen späteren T. verschieben; von T. zu T. hasten; *** zu T. stehen** (*anstehen, demnächst fällig sein*). **2.** (Rechtsspr.) *vom Gericht festgesetzter Zeitpunkt bes. für eine Gerichtsverhandlung:* heute ist T. in Sachen ...; [einen] T. haben; einen gerichtlichen T. anberaumen, aufheben, wahrnehmen, versäumen, vertagen, verlegen; etw. im ersten T. verhandeln; **ter|mi|nal** ⟨Adj.⟩ [lat. terminalis, ↑ Terminal]: **1.** (Fachspr.) *am Ende stehend; auf das Ende zugehend:* das -e Stadium einer Krankheit. **2.** (veraltet) *die Grenze, das Ende betreffend;* **Ter|mi|nal** ['tø:ɐ̯mɪnəl, 'tœr..., engl.: 'tə:mɪnl], engl. terminal (station), zu: terminal = das Ende bildend, End- < lat. terminalis = zur Grenze gehörend, Grenz-, zu: terminus, ↑ Termin]: **1.** ⟨der, auch: das; -s, -s⟩ **a)** *Halle auf einem Flughafen, in der die Fluggäste abgefertigt werden:* Noch im Bau, aber trotzdem schon teilweise in Betrieb ist das neue T. des Flughafens Frankfurt (MM 21. 11. 70, 12); ... steigende Flugpreise haben dafür gesorgt, daß die Zahl der Passagiere in Westberlin wieder unter die Fünf-Millionen-Grenze und damit unter die Kapazität des neuen -s gesunken ist (Spiegel 42, 1974, 179); **b)** *Anlage zum Be- und Entladen von Tankschiffen od. in Bahnhöfen od. in Häfen:* Die Pipeline kostet mit dem T. am Roten Meer mindestens 2 Mio. \$ (NZZ 4. 4. 84, 17). **2.** ⟨das; -s, -s⟩ (Datenverarb.) *Vorrichtung für die Ein- u. Ausgabe von Daten an einer Datenverarbeitungsanlage:* Krapp hatte sein Tonband, die Erinnerung, Walther sein T., die Information (Strauß, Niemand 127); Hier zeichnet sich namentlich bei Systemen, die mit einer Vielzahl angeschlossener -s arbeiten, ein Wandel ab (Saarbr. Zeitung 5. 10. 79, 1); Im „START"-System hat der Reisebüromitarbeiter vom selben T. aus Zugriff zu den Angeboten der Deutschen Bundesbahn (Blickpunkt 4, 1983, 3); **Ter|min|än|de|rung,** die: *Änderung eines Termins;* **Ter|min|an|ga|be,** die: *Angabe eines Termins;* **Ter|mi|nant,** der; -en, -en [zu ↑ terminieren (3)]: *Bettelmönch;* **Ter|min|ar|beit,** die: *Arbeit, die zu einem bestimmten Termin fertiggestellt sein muß;* **Ter|mi|na|ti|on,** die; -, -en [lat. terminatio, zu: terminare, ↑ terminativ (seltener): *Begrenzung, Beendigung, Terminierung;* **ter|mi|na|tiv** ⟨Adj.⟩ [zu lat. terminatum, 2. Part. von: terminare = beendigen] (Sprachw.): *perfektiv;* **Ter|mi|na|tor,** der; -s, ...oren spätlat. terminator = Abgrenzer, zu: lat. terminare = abgrenzen] (Astron.): *Grenzlinie zwischen dem beleuchteten u. dem unbeleuchteten Teil des Mondes od. eines Planeten;* **Ter|min|bör|se,** die (Börsenw.): *Markt der Terminge-*

Termindruck 3374

schäfte an der Börse; **Ter|min|druck,** der ⟨o. Pl.⟩: vgl. Zeitdruck; ♦ **Ter|mi|nei,** die; -, -en [spätmhd. (md.) termine < mlat. terminia, zu lat. terminus, ↑Termin]: *abgegrenztes Gebiet, abgegrenzter Bereich, Bezirk:* Du magst versprechen, nicht aus deiner T. zu gehen (Goethe, Götz IV); **Ter|min|ein|la|ge,** die (Bankw.): *Einlage (bei einer Bank o. ä.) mit fester Laufzeit od. Kündigungsfrist;* **Ter|mi|ner,** der; -s, -: *Angestellter eines Industriebetriebes, der für die Ermittlung der Liefertermine u. damit für die zeitliche Steuerung des Produktionsablaufs verantwortlich ist;* **Ter|mi|nerin,** die; -, -nen: w. Form zu ↑Terminer; **ter|min|ge|bun|den** ⟨Adj.⟩: *(im Hinblick auf die Fertigstellung o. ä.) an einen festen Termin gebunden:* -e Arbeiten; **Termin|geld,** das (Bankw.): *Termineinlage;* **termin|ge|mäß** ⟨Adj.⟩: *gemäß einem Termin:* -e Fertigstellung; eine Arbeit t. einreichen; **ter|min|ge|nau** ⟨Adj.⟩: vgl. termingemäß; **ter|min|ge|recht** ⟨Adj.⟩: vgl. termingemäß; **Ter|min|ge|schäft,** das (Börsenw.): *Börsengeschäft, das zum Tageskurs abgeschlossen wird, dessen Erfüllung jedoch zu einem vereinbarten späteren Termin erfolgt;* **Ter|mi|ni:** Pl. von ↑Terminus; **ter|mi|nie|ren** ⟨sw. V.; hat⟩ [zu ↑Termin; schon mhd. terminieren = begrenzen < lat. terminare; 3: spätmhd. terminieren = in einer Terminei Almosen sammeln]: **1.** *befristen:* den Prozeß auf 20 Verhandlungstage t. **2.** *zeitlich festsetzen:* eine Veranstaltung fest, auf den 10. Januar t. **3.** *(von Bettelmönchen) innerhalb eines zugewiesenen Gebiets Almosen sammeln;* **Ter|mi|nie|rer,** der; -s, - [spätmhd. terminierer] (veraltet): *Terminant;* **Ter|mi|nie|rung,** die; -, -en: *das Terminieren;* **Ter|mi|nis|mus,** der; -: **1.** (Philos.) *den rein begrifflichen Charakter des Denkens betonende Variante des Nominalismus (1).* **2.** (Theol.) *Richtung des Pietismus, die die Frist Gottes zur Bekehrung des Sünders für zeitlich begrenzt hielt;* **Ter|mi|ni tech|ni|ci:** Pl. von ↑Terminus technicus; **Ter|min|ka|len|der,** der: *Kalender (1) zum Notieren von Terminen:* etw. in seinem T. notieren; er hat einen vollen T. *(ist überaus eingespannt);* **Ter|min|kon|trol|le,** die: *Überwachung der Einhaltung von Terminen;* **Ter|minkurs,** der (Börsenw.): *Börsenkurs für Termingeschäfte;* **ter|min|lich** ⟨Adj.⟩: *den Termin betreffend:* etw. t. festlegen, vereinbaren, einplanen; **Ter|min|markt,** der (Börsenw.): *Markt der Wertpapiere, die nur im Termingeschäft gehandelt werden;* **Ter|min|not,** die ⟨o. Pl.⟩: vgl. Zeitnot; **Ter|mi|nol|lo|ge,** der; -n, -n [↑-loge]: *[wissenschaftlich ausgebildeter] Fachmann, der fachsprachliche Begriffe definiert u. Terminologien erstellt;* **Ter|mi|no|lo|gie,** die; -, -n [zu ↑Terminus u. ↑-logie]: **a)** *Gesamtheit der in einem Fachgebiet üblichen Fachwörter u. -ausdrücke; Nomenklatur (a);* **b)** *Wissenschaft vom Aufbau eines Fachwortschatzes;* **Ter|mi|no|lo|gin,** die; -, -nen: w. Form zu ↑Terminologe; **termi|no|lo|gisch** ⟨Adj.⟩: *die Terminologie betreffend;* **Ter|min|plan,** der: *Plan über einzuhaltende Termine;* **Ter|min|pla|nung,** die: *Planung von Terminen;* **Ter|min|schwie|rig|kei|ten** ⟨Pl.⟩: *Schwierig-*

keiten bei der Einhaltung von Terminen: T. haben; **Ter|min|treue,** die (ehem. DDR): *termingerechte Erfüllung eines* ²*Planes (1 b);* **Ter|min|über|schrei|tung,** die: *Überschreitung eines gesetzten Termins;* **Ter|mi|nus,** der; -, Termini [mlat. terminus < lat. terminus, ↑Termin]: **1.** *festgelegte Bezeichnung, Fachausdruck.* **2.** (Logik) *Prädikator im Syllogismus;* **Ter|mi|nus ad quem,** der; - - - [lat.] (Rechtsspr., Philos.): *Zeitpunkt, bis zu dem etw. gilt od. ausgeführt sein muß;* **Ter|mi|nus an|te quem,** der; - - - [lat.] (Rechtsspr., Philos.): *Terminus ad quem;* **Ter|mi|nus a quo,** der; - - - [lat.] (Rechtsspr., Philos.): *Zeitpunkt, von dem an etw. beginnt, ausgeführt wird;* **Ter|mi|nus post quem,** der; - - - [lat.] (Rechtsspr., Philos.): *Terminus a quo;* **Ter|mi|nus tech|ni|cus,** der; - -, Termini technici [nlat.]: *Fachausdruck;* **Ter|min|ver|le|gung,** die: *Verlegung eines Termins;* **Ter|min|ver|schiebung,** die: *Verschiebung eines Termins;* **Ter|min|ver|zö|ge|rung,** die: *Verzögerung eines Termins;* **Ter|min|ver|zug,** der: *Verzug bei einem Termin.*

Ter|mi|te, die; -, -n [zu spätlat. termes (Gen.: termitis) = Holzwurm]: *den Schaben ähnliches staatenbildendes Insekt bes. der Tropen u. Subtropen;* **Ter|mi|ten|hügel,** der: *kegelförmiger Bau der Termiten;* **Ter|mi|ten|säu|le,** die: vgl. Termitenhügel; **Ter|mi|ten|staat,** der: *Staat (2) von Termiten.*

Ter|mon, das; -s, -e [Kunstwort aus determinieren u. Hormon] (Biol.): *hormonähnlicher, geschlechtsbestimmender Stoff bei bestimmten niederen Pflanzen u. Tieren.*

Terms of pay|ment [tə:mz əv 'peɪmənt] ⟨Pl.⟩ [engl. terms of payment = Zahlungsbedingungen, zu: terms (Pl.) = Bedingungen u. payment = (Be)zahlung] (Wirtsch.): *Zahlungsgewohnheiten im internationalen Handel;* **Terms of trade** [tə:mz əv 'treɪd] ⟨Pl.⟩ [engl. terms of trade, zu: trade = Handel] (Wirtsch.): *Verhältnis zwischen dem Preis, den man für Importe bezahlen muß, u. dem Preis, den man für Exporte erhält.*

ter|när ⟨Adj.⟩ [frz. ternaire < spätlat. ternarius, zu lat. terni = je drei] (bes. Chemie): *dreifach; aus drei Stoffen bestehend:* -e Verbindung *(aus drei Grundstoffen aufgebaute chemische Verbindung);* **Ter|ne,** die; -, -n [ital. terna = Dreizahl, zu lat. terni, ↑ternär]: *Reihe von drei gesetzten od. gewonnenen Nummern in der alten Zahlenlotterie;* **Ter|ni|on,** die; -, -en [lat. ternio (Gen.: ternionis) = die Zahl drei] (veraltet): *Verbindung von drei Dingen;* **Ter|no,** der; -s, -s [ital. terno] (österr.): *Terne.*

Terp, die; -, -en [niederl. terp < fries. terp < afries. therp]: *künstlich aufgeschütteter Hügel an der Nordseeküste, der [in vorgeschichtlicher Zeit] eine Siedlung angelegt wurde.*

Ter|pen, das; -s, -e [gek. aus ↑Terpentin] (Chemie): *als Hauptbestandteil ätherischer Öle vorkommende organische Verbindung;* **ter|pen|frei** ⟨Adj.⟩: *frei von Terpen;* **Ter|pen|tin,** das, österr. meist: der; -s, -e [spätlat. (resina) ter(e)bint(h)ina < lat. terebinthina < griech. terebinthinos = zur Tere-

binthe gehörend]: **a)** *Harz verschiedener Nadelbäume* (z. B. der Kiefer); **b)** (ugs.) *Terpentinöl;* **Ter|pen|tin|öl,** das: *Öl aus Terpentin (a), das als Lösungsmittel für Harze u. Lacke dient;* **Ter|pen|tin|pi|sta|zie,** die: *(im Mittelmeergebiet heimische) Pistazie (1), aus deren Rinde Terpentin (a) gewonnen wird; Terebinthe.*

Ter|psi|cho|re [...ç...]: *Muse des Tanzes u. des Chorgesangs.*

Ter|ra, die; - [lat. terra, eigtl. = die Trokkene] (Geogr.): *Erde, Land;* **Ter|ra di Sie|na,** die; - - - [ital. terra di Siena]: *Sienaerde;* **Ter|rain** [tɛˈrɛ̃], das; -s, -s [frz. terrain < lat. terrenum = Erde, Acker, zu: terrenus = aus Erde bestehend, zu: terra, ↑Terra]: **1. a)** *Gelände:* das T. erkunden; Ü das T. für Verhandlungen vorbereiten *(die Voraussetzungen dafür schaffen);* an T. gewinnen, verlieren; ... kommt es darauf an, bis zu den ... Landtagswahlen T. zurückzugewinnen (MM 7. 5. 75, 2); mit diesem Thema begibt er sich auf ein gefährliches T.; * das T. son**dieren** (bildungsspr.; *vorsichtig Nachforschungen anstellen, in einer Sache vorfühlen);* **b)** *Baugelände, Grundstück.* **2.** (Geogr.) *Erdoberfläche (im Hinblick auf ihre Formung):* das T. fiel ... gegen die Pregelniederung ab (Dönhoff, Ostpreußen 25); **Ter|ra in|co|gni|ta,** die; - - [lat.] (bildungsspr.): *unbekanntes, unerforschtes Gebiet:* Bislang war für die Mediziner des Bewegungsvorgang ..., was für die Geographen der weiße Fleck auf der Landkarte ist: T. i. (Spiegel 5, 1978, 172); **Ter|rain|kur,** die (Med.): *planmäßig aufgebautes körperliches Training in Form von Spaziergängen über zunehmend längere u. steiler ansteigende Strecken zur Behandlung von Herz- u. Kreislauferkrankungen;* **Ter|ra|kot|ta,** die; -, ...tten (österr. nur so); **Ter|ra|kot|te,** die; -, -n [ital. terracotta, aus: terra = Erde < lat. terra u. cotto = gebrannt, 2. Part von: cuocere < lat. coquere, ↑kochen]: **1.** ⟨o. Pl.⟩ *ohne Glasur gebrannter* ¹*Ton, der beim Brennen eine weiße, gelbe, braune od. rote Färbung annimmt.* **2.** *antikes Gefäß od. Plastik aus Terrakotta (1);* **Terra|ma|re,** die; -, -n ⟨meist Pl.⟩ [ital. terramara]: *bronzezeitliche Siedlung in der Poebene;* **Ter|ra|my|cyn** ⓦ, das; -s [engl. Terramycin, zu lat. terra = Erde u. griech. mýkēs = Pilz] (Med., Pharm.): *aus dem Strahlenpilz gewonnenes Antibiotikum;* **Ter|ra|ri|en|kun|de,** die ⟨o. Pl.⟩: *Lehre von der Haltung u. Zucht von Tieren im Terrarium;* **Ter|ra|ri|um,** das; -s, ...ien [geb. nach ↑Aquarium zu lat. terra, ↑Terra]: **1.** *[Glas]behälter zur Haltung, Zucht u. Beobachtung von Lurchen u. Kriechtieren.* **2.** *Gebäude [in einem zoologischen Garten], in dem Lurche u. Kriechtiere gehalten werden;* **Ter|ra ros|sa,** die; - -, Terre rosse [zu ital. terra = Erde u. rosso = rot]: *roter Tonboden, der durch die Verwitterung von Kalkstein in warmen Gegenden entstanden ist;* **Ter|ra si|gil|la|ta,** die; - - [lat., eigtl. = gesiegelte Erde; nach dem aufgepreßten Herstellersiegel]: *Geschirr der römischen Kaiserzeit aus rotem Ton, das mit figürlichen Verzierungen u. dem Fabrikstempel versehen ist;* **Ter|ras|se,** die; -, -n [frz. terrasse,

eigtl. = Erdaufhäufung, über das Aprovenz. zu lat. terra, ↑Terra]: **1.** *größere [überdachte] Fläche an einem Haus für den Aufenthalt im Freien:* eine glasgedeckte, sonnige T.; auf der T. frühstücken; am späten Nachmittag – die Stunde, da die Eltern meist nach dem Tee noch etwas auf der T. saßen (K. Mann, Wendepunkt 44). **2.** *stufenartiger Absatz* (4), *das Gefälle eines Hanges unterbrechende ebene Fläche:* -n für den Weinbau anlegen; **ter|ras|sen|ar|tig** ⟨Adj.⟩: *in der Art von Terrassen* (2); **Ter|ras|sen|dach,** das: *Dach über einer Terrasse* (1); **Ter|ras|sen|dy|na|mik,** die (Musik): *übergangsloser Wechsel der Stärkegrade* (z. B. von piano zu forte); **Ter|ras|sen|feld|bau,** der: *Anbau von Nutzpflanzen an Hängen, die in Terrassen* (2) *angelegt sind;* **ter|ras|sen|för|mig** ⟨Adj.⟩: *die Form von Terrassen* (2) *aufweisend:* -e Weinberge; Sie ... lebte in einer t. angelegten Bungalowsiedlung (Handke, Frau 7); **Ter|ras|sen|gar|ten,** der: *in Terrassen* (2) *angelegter Garten;* **Ter|ras|sen|haus,** das: *[an einem Hang gebautes] Haus, bei dem jedes Stockwerk gegenüber dem darunterliegenden um einige Meter zurückgesetzt ist, so daß jede Wohnung eine eigene Terrasse* (1) *hat;* **Ter|ras|sen|trep|pe,** die: *zu einer Terrasse* (1) *gehörende Treppe;* **Ter|ras|sen|tür,** die: *zu einer Terrasse* (1) *gehörende Tür;* **ter|ras|sie|ren** ⟨sw. V.; hat⟩ [frz. terrasser]: *einen Hang terrassenförmig anlegen:* terrassierte Gärten; **Ter|ras|sie|rung,** die; -, -en: **a)** *das Terrassieren;* **b)** *das Terrassiertsein;* **Ter|raz|zo,** der; -[s], ...zzi [ital. terrazzo, eigtl. = Terrasse]: *aus Zement u. verschieden getönten Steinchen hergestellter Werkstoff, der für Fußböden, Spülsteine usw. verwendet wird;* **Ter|raz|zo|fuß|bo|den,** der: *Fußboden aus Terrazzo;* **ter|re|strisch** ⟨Adj.⟩ [1: lat. terrestris, zu: terra, ↑Terra]: **1.** (bildungsspr., Fachspr.) *die Erde betreffend; zur Erde gehörend:* -e Frequenzen, Strahlung, -er Rundfunk *(im Unterschied zum Satellitenrundfunk);* dieser Fernsehsender kann über Kabel und auch t. *(über Antenne)* empfangen werden; die Linien und Farben einer Landschaft, sei sie t. oder aquatisch (Stern, Mann 150). **2. a)** (Geol.) *(von Ablagerungen u. geologischen Vorgängen) auf dem Festland gebildet, geschehend:* ein -es Beben *(Erdbeben);* **b)** (Biol.) *auf dem Land lebend, auftretend:* -e Tiere.
◆ **Ter|reur** [tɛ'rœ:r], die; - [frz. terreur < lat. terror, ↑Terror]: *Phase während der Französischen Revolution 1793/94, während der sich der von den Jakobinern geführte Nationalkonvent zur Schreckensherrschaft als politisches Prinzip bekannte:* Legendre ... Ich glaube, ... er ist ganz aus der T. herausgekommen, die Kinder zupfen ihn auf der Gasse am Rock (Büchner, Dantons Tod I, 5); **ter|ri|bel** ⟨Adj.⟩; ...bler, -ste⟩ [frz. terrible < lat. terribilis; zu: terrere, ↑Terror] (veraltet): *schrecklich* (1, 2): terrible Zustände; **Terrible simplificateur** [tɛrîbləsɛ̃plifika'tœ:r], der; - -, -s -s [tɛribləsɛ̃plifikatœːr]; aus frz. terrible (↑terribel) u. simplificateur = jmd., der vereinfacht] (bildungsspr.): *jmd., der wichtige Fragen, proble-*

matische Fälle o. ä. auf unzulässige Weise vereinfacht.
Ter|ri|er, der; -s, - [engl. terrier (dog), eigtl. = Erdhund, < afrz. (chien) terrier, zu spätlat. terrarius = den Erdboden betreffend, zu lat. terra, ↑Terra]: *nach der Eignung als Jagdhund für die Jagd auf Wild, das in Bauen lebt] in vielen Rassen gezüchteter, kleiner bis mittelgroßer, meist stichelhaariger Hund;* **ter|ri|gen** ⟨Adj.⟩ [zu lat. terra (↑Terra) u. ↑-gen] (Biol.): *vom Festland stammend;* **ter|ri|kol** ⟨Adj.⟩ [zu lat. colere = bewohnen] (Biol.): *(von Tieren) auf od. im Erdboden lebend;* **Ter|ri|ne,** die; -, -n [frz. terrine, eigtl. = irden(e Schüssel) < afrz. terin, über das Vlat. < lat. terrenus = irden, zu: terra, ↑Terra]: *große, runde od. ovale, nach unten [in einem Fuß] schmal zulaufende Schüssel [mit Deckel]:* eine T. mit Suppe; dann gab es das Schlachtessen, die chromwandigen -n voller Wellfleisch (B. Vesper, Reise 301).
Ter|ri|ti|on, die; - [lat. territio = das (Er)schrecken, zu: terrere, ↑Terror]: *in Rechtsprozessen des Mittelalters angewandte Bedrohung eines Angeschuldigten mit der Folter durch Vorzeigen der Folterwerkzeuge, um ein Geständnis zu erzwingen.*
ter|ri|to|ri|al ⟨Adj.⟩ [(frz. territorial <) spätlat. territorialis, zu lat. territorium, ↑Territorium]: **1.** *ein Territorium* (2) *betreffend; zu ihm gehörend:* die -e Integrität eines Staates, -e Ansprüche, Forderungen; Zu letzterem hatte ich in dem Ausmaß, in dem ich die Kastelle zur Sicherung seines fragilen -en Macht brauchte, weder Geld noch Zeit (Stern, Mann 233). **2.** (ehem. DDR) *das Territorium* (3) *betreffend:* Bewährt haben sich die im Rahmen der Rationalisierung gebildeten Werkfahrgemeinschaften (NNN 27. 6. 84, 5); **Ter|ri|to|ri|al|ar|mee,** die (Milit.): *(bes. in England u. Frankreich) örtliche [aus Freiwilligen bestehende] Truppe zur Unterstützung des aktiven Heeres im Kriegsfall; Landwehr, Miliz* (1 b); **Ter|ri|to|ri|al|dienst,** der (schweiz.): *Territorialarmee;* **Ter|ri|to|ri|al|ge|walt,** die ⟨o. Pl.⟩: *Gewalt* (1), *Oberhoheit über ein Territorium* (2); **Ter|ri|to|ri|al|ge|wäs|ser,** das: *Hoheitsgewässer;* **Ter|ri|to|ri|al|heer,** das (Milit.): *größtenteils aus Reservisten bestehender, im Falle einer Mobilmachung die Verteidigung des eigenen Territoriums übernehmender Teil des Heeres;* **Ter|ri|to|ri|al|ho|heit,** die ⟨o. Pl.⟩: *Territorialgewalt;* **Ter|ri|to|ri|a|li|tät,** die; -: *Zugehörigkeit zu einem Territorium* (2); **Ter|ri|to|ri|a|li|täts|prin|zip,** das ⟨o. Pl.⟩: **1.** (Rechtsspr.): *Grundsatz, nach dem bei Geltung u. Anwendung des Rechts das Hoheitsgebiet eines Staates ausschlaggebend ist.* **2.** (kath. Kirche) *Organisationsprinzip, nach dem die in einem bestimmten Gebiet wohnenden Katholiken unter einem Bischof zu einer Gemeinschaft zusammengeschlossen werden;* **Ter|ri|to|ri|al|kom|man|do,** das (Milit.): *Kommando* (3 b) *des Territorialheeres;* **Ter|ri|to|ri|al|staat,** der (hist.): *(in der Zeit des Feudalismus) der kaiserlichen Zentralgewalt nicht unterworfener Staat (Fürstentum);* **Ter|ri|to|ri|al|struk|tur,** die ⟨o. Pl.⟩

(ehem. DDR): *Aufgliederung des Landes in Bezirke, Kreise o. ä., die von örtlichen Volksvertretungen geleitet werden;* **Ter|ri|to|ri|al|sy|stem,** das ⟨o. Pl.⟩ (hist.): *(in der Zeit des Absolutismus) Abhängigkeit der Kirche vom Staat;* **Ter|ri|to|ri|al|ver|tei|di|gung,** die (Milit.): *vom Territorialheer der Bundeswehr unter nationalem Kommando wahrzunehmende militärische Aufgabe, die darin besteht, das reibungslose Operieren der Verbände der NATO auf dem Territorium der Bundesrepublik Deutschland zu gewährleisten u. die Zivilverteidigung zu unterstützen;* **Ter|ri|to|ri|um,** das; -s, ...ien [lat. territorium = zu einer Stadt gehörendes Ackerland, Stadtgebiet, zu: terra, ↑Terra]: **1.** *Gebiet, Land, Bezirk; Grund u. Boden:* die Hunde lassen niemanden auf das T. ihres Herrn. **2.** *Hoheitsgebiet eines Staates, Herrschaftsbereich:* hier betritt man Schweizer T.; fremdes T. verletzen; man befindet sich auf ausländischem, deutschem T. **3.** (ehem. DDR) *kleinere Einheit der regionalen Verwaltung:* zur weiteren Verbesserung und Erweiterung des Wochenend- und Naherholungsverkehrs im T. der Stadt Rostock (NNN 12. 6. 85, 4).
Ter|ror, der; -s [(frz. terreur <) lat. terror = Schrecken (bereitendes Geschehen), zu: terrere = in Schrecken setzen]: **1.** *[systematische] Verbreitung von Angst u. Schrecken durch Gewaltaktionen (bes. zur Erreichung politischer Ziele):* blutiger T.; unter den Bedingungen des braunen -s (Schwamborn, Schwulenbuch 168); unter dem T. leiden. **2.** *Zwang; Druck [durch Gewaltanwendung]:* Sexualität mit Liebe identifizieren zu wollen, wie es die christliche Ideologie tut, ist T. sowohl gegen das Geschlecht wie gegen die Person (Pilgrim, Mensch 156); die Geheimpolizei übte T. aus; Ihr Leben ist beherrscht von dem T. der Norm (Schwarzer, Unterschied 49). **3.** *große Angst:* T. verbreiten. **4.** (ugs.) **a)** *Zank u. Streit:* bei denen zu Hause ist, herrscht immer T.; **b)** *großes Aufheben um Geringfügigkeiten:* ... mal ein bißchen später als zehn Uhr nach Hause kam, dann war da T. (Schreiber, Krise 182); wegen jeder Kleinigkeit T. machen; **Ter|ror|akt,** der: vgl. Terroranschlag; **Ter|ror|ak|ti|on,** die: *vgl. Terroranschlag;* **Ter|ror|an|schlag,** der: *terroristischer Anschlag* (2): 23 Tote ... hat es bei 1487 Terroranschlägen gegeben, die Neofaschisten ... in Italien im ersten Halbjahr 1970 verübten (Freiheit 11. 7. 78, 4); **Ter|ror|ban|de,** die: ¹*Bande* (1), *die Terrorakte verübt;* **Ter|ror|grup|pe,** die: *vgl. Terrorbande;* **Ter|ror|herr|schaft,** die: *Terror verbreitende Herrschaft* (1); **ter|ro|ri|sie|ren** ⟨sw. V.; hat⟩ [frz. terroriser, zu: terreur, ↑Terror]: **1.** *durch Gewaltaktionen in Angst u. Schrecken halten, durch Terror* (1) *einschüchtern, unterdrücken:* das Land [durch Überfälle] t.; Die Neonazis terrorisierten jeden, der sich ihnen in den Weg stellte (elan 1, 1980, 28). **2.** (abwertend) *mit hartnäckiger Aufdringlichkeit belästigen,*

Terrorisierung

unter Druck setzen: mit seinem ewigen Nörgeln terrorisiert er mich; Die despotische Vermieterin schnüffelt hemmungslos im Haus herum und terrorisiert das Mädchen im Kommandoton (Spiegel 18, 1977, 24); Also terrorisiert man wunderschöne Wohnquartiere mit unerträglichem Lärm um des Profites willen (Basler Zeitung 9. 10. 85, 45); die Urlauber wurden von Mücken terrorisiert; **Ter|ro|ri|sie|rung**, die; -, -en: *das Terrorisieren, Terrorisiertwerden;* **Ter|ro|ris|mus**, der; - [frz. terrorisme, zu: terreur, ↑Terror]: **1.** *Einstellung u. Verhaltensweise, die darauf abzielt, [politische] Ziele durch Terror* (1) *durchzusetzen:* die Ursachen des T. **2.** *Gesamtheit der Personen, die Terrorakte verüben:* der internationale T. **3.** (seltener) *Schreckensherrschaft;* **Ter|ro|rist**, der; -en, -en [frz. terroriste, zu: terreur, ↑Terror]: *Anhänger des Terrorismus* (1); *jmd., der Terrorakte verübt:* linke, rechte -en; des einen T. ist meist der anderen Freiheitskämpfer (Spiegel 45, 1977, 164); **Ter|ro|ri|sten|ban|de**, die: *Terrorbande;* **Ter|ro|ri|sten|sze|ne**, die: *Terrorszene;* **Ter|ro|ri|stin**, die; -, -nen: w. Form zu ↑Terrorist; **ter|ro|ri|stisch** ⟨Adj.⟩: *sich des Terrors bedienend; Terror ausübend, verbreitend:* -e Gruppen, Kreise, Vereinigungen, Anschläge; die Verantwortung für neun -e Morde (Jeversches Wochenblatt 30. 11. 84, 23); Individuelle Freiheit wird t., wenn sie mehr beinhalten soll, als alle anderen an Freiheit erreichen können (Chotjewitz, Frieden 215); **Ter|ror|ju|stiz**, die: *bes. gegen politisch mißliebige Personen willkürlich verfahrende, zu unverhältnismäßig hohen Strafen verurteilende Justiz* (2); **Ter|ror|maß|nah|me**, die: *terroristische Maßnahme:* Die chilenische Junta hat diese -n ... mit allen unmenschlichen Folgen ... gegen die chilenische Bevölkerung übernommen (Horizont 12, 1977, 10); **Ter|ror|me|tho|de**, die: *terroristische Methode;* **Ter|ror|or|ga|ni|sa|ti|on**, die: vgl. Terrorbande; **Ter|ror|pro|zeß**, der: *Prozeß, der den Verfahrensweisen einer Terrorjustiz entspricht;* **Ter|ror|re|gime**, das: vgl. Terrorherrschaft; **Ter|ror|sze|ne**, die: *Bereich derer, die Terrorakte planen u. ausführen;* **Ter|ror|ur|teil**, das: vgl. Terrorprozeß; **Ter|ror|wel|le**, die: *gehäuftes Vorkommen von Terrorakten.*

Ter|tia, die; -, ...ien [1: nlat. tertia (classis) = dritte Klasse; zu lat. tertius = dritter; vgl. Prima (a); 2: eigtl. = dritte Schriftgröße]: **1. a)** (veraltend) *vierte u. fünfte Klasse eines Gymnasiums;* **b)** (österr.) *dritte Klasse eines Gymnasiums.* **2.** ⟨o. Pl.⟩ (Druckw.) *Schriftgrad von 16 Punkt;* **Ter|ti|al**, das; -s, -e [zu lat. tertius (↑Tertia), geb. nach ↑Quartal] (veraltend): *ein drittel Jahr;* **ter|ti|an** ⟨Adj.⟩ [zu lat. tertianus, ↑Tertiana] (Med.): **a)** *dreitägig (z. B. von Fieberanfällen);* **b)** *alle drei Tage auftretend (z. B. von Fieberanfällen);* **Ter|ti|a|na**, die; -, ...nen [lat. tertiana = dreitägiges Fieber, zu: tertianus = zum dritten (Tag) gehörend] (Med.): *Form der Malaria, bei der im Abstand von etwa drei Tagen Fieberanfälle auftreten;* **Ter|ti|a|na|fie|ber**, das (Med.): *Tertiana;* **Ter|ti|a|ner**, der; -s, -: *Schüler einer Tertia* (1); **Ter|ti|a|ne|rin**, die; -, -nen: w. Form zu ↑Tertianer; **ter|ti|är** ⟨Adj.⟩ [1: frz. tertiaire < lat. tertiarius = das Drittel enthaltend, zu: tertius, ↑Tertia; 2: zu ↑Tertiär]: **1.** (bildungsspr.) **a)** *die dritte Stelle in einer Reihe einnehmend:* Die Sekundarstufe II baut auf der Sekundarstufe I auf und umfaßt sowohl die bisherige Oberstufe der Gymnasien als auch die verschiedenen Zweige der Berufsbildung, mit Ausnahme der Universitätsbildung, die nach diesem Schema im -en Bereich des gesamten Bildungssystems angesiedelt ist (MM 9. 1. 75, 18); **b)** *drittrangig:* die Ärzte ... finden ihre Identität darin, daß sie ihre Leistungen nicht anders als irgendwelche -en Dienste ansehen (Spiegel 38, 1978, 239). **2.** (Geol.) *das Tertiär betreffend.* **3.** (Chemie) *(von chemischen Verbindungen) jeweils drei gleichartige Atome durch drei bestimmte andere ersetzend od. mit drei bestimmten anderen verbindend:* -e Salze; **Ter|ti|är**, das; -s [eigtl. = die dritte (Formation), nach der älteren Zählung des Paläozoikums als Primär] (Geol.): *ältere Formation des Känozoikums;* **Ter|ti|är|be|reich**, der: *Bildungseinrichtungen, die an die Sekundarstufe II anschließen u. deren Abschluß voraussetzen (z. B. Universitäten, Fachhochschulen);* **Ter|ti|a|ri|er**, der; -s, - [mlat. tertiarius, zu lat. tertius, ↑Tertia; entsprechend der bei großen Orden (1) üblichen Einteilung in „Erster, Zweiter" u. „Dritter Orden"] (kath. Kirche): *Angehöriger eines Tertiarierordens;* **Ter|ti|a|ri|e|rin**, die; -, -nen: w. Form zu ↑Tertiarier; **Ter|ti|a|ri|er|or|den**, der: *Ordensgemeinschaft von Männern u. Frauen, die zwar nach einer anerkannten Regel, jedoch nicht im Kloster leben;* ♦ **Ter|tie**, die; -, -n [nlat. pars minuta tertia = dritter verminderter Teil; vgl. Sekunde, Minute]: *sechzigster Teil einer Sekunde:* der Schmerz hat ein feineres Zeitmaß, er zerlegt eine T. (Büchner, Dantons Tod III, 5); **Ter|ti|o|ge|ni|tur**, die; -, -en [zu lat. tertio = drittens (zu: tertius, ↑Tertia) u. genitura = Geburt] (Rechtsspr. früher): *Besitz[recht], Anspruch des Drittgeborenen u. seiner Linie (in Fürstenhäusern);* **Ter|ti|um com|pa|ra|tio|nis**, das; - -, ...ia - - [lat. = das dritte der Vergleichung] (bildungsspr.): *das Gemeinsame, in dem zwei verschiedene Gegenstände od. Sachverhalte übereinstimmen;* **ter|ti|um non da|tur** [lat.] (Logik): *ein Drittes wird nicht gegeben (Grundsatz vom ausgeschlossenen Dritten);* ♦ **Ter|ti|us**, der; -, ...tii [lat. tertius, ↑Tertia]: *(nach der Rangordnung) dritter Lehrer an einer Schule:* eine Dorfschule ... als Lehrer der unteren Klasse sind darin angestellt die Schulmeisterin, ... ihr Sohn als T. (Jean Paul, Wutz 21); **Ter|ti|us gau|dens** [- ...dɛns], der; - - [lat.] (bildungsspr.): *der lachende Dritte.*

Te|ry|len ⓌⓏ, das; -s [engl. terylene, Kunstwort]: *synthetische Faser aus Polyester.*

Terz, die; -, -en [1: zu lat. tertia (vox) = die dritte (Stimme); 2: eigtl. = dritte Fechtbewegung, zu lat. tertius = dritter; 3: (kirchen)lat. tertia (hora) = die 3. Stunde]: **1.** (Musik) **a)** *dritter Ton einer diatonischen Tonleiter;* **b)** *Intervall von drei diatonischen Tonstufen:* die beiden singen ihre Lieder fast nur in -en. **2.** (Fechten) *Klingenlage, bei der die Spitze der Klinge, vom Fechter aus gesehen, nach rechts oben zeigt u. in Höhe des Ohrs des Gegners steht.* **3.** (kath. Kirche) *Hora* (a) *des Stundengebets (um 9 Uhr);* **Ter|zel**, der; -s, - [ital. terziolo < mlat. tertiolus, zu lat. tertius (↑Tertia), angeblich soll das dritte Junge im Falkennest ein Männchen sein] (Jägerspr.): *männlicher Falke;* **Ter|ze|rol**, das; -s, -e [ital. terzuolo, ↑Terzel; zur Bedeutungsentwicklung vgl. Muskete]: *kleine Pistole mit einem od. zwei Läufen:* Einmal hat er Verfolger mit einem ungeladenen T. bedroht, einmal hat er sich von seinem Wächter losgerissen (Loest, Pistole 8); **Ter|ze|ro|ne**, der; -n, -n [span. tercerón, zu: tercero = dritt... < lat. tertiarius = das Drittel enthaltend, zu: tertius (↑Terz); der Nachkomme stammt zu einem Drittel von einem Schwarzen ab]: *Nachkomme eines Weißen u. einer Mulattin;* **Ter|zett**, das; -[e]s, -e [ital. terzetto, zu: terzo < lat. tertius = dritter]: **1.** (Musik) **a)** *Komposition für drei Singstimmen [mit Instrumentalbegleitung]:* ein T. singen; **b)** *dreistimmiger musikalischer Vortrag:* ihre Stimmen erklangen im T.; [im] T. *(dreistimmig)* singen; **c)** *drei gemeinsam singende Solisten.* **2.** (oft iron.) *Gruppe von drei Personen, die häufig gemeinsam in Erscheinung treten od. gemeinsam eine Handlung durchführen:* ein berüchtigtes T.; Sebastians enthusiastischer Einladung, den Mann doch in ein sexuelles T. einzubringen, hat sie freilich nicht folgen können (Schreiber, Krise 168). **3.** (Dichtk.) *eine der beiden dreizeiligen Strophen des Sonetts;* **Ter|zi|ar**, der; -s, -en = Tertiarier; **Ter|zi|a|rin**, die; -, -nen: w. Form zu ↑Terziar; **Ter|zi|ne**, die; -, -n [ital. terzina, zu: terzo, ↑Terzett] (Dichtk.): *Strophe aus drei elfsilbigen jambischen Versen, von denen sich der erste u. dritte reimen, während auch der zweite mit dem ersten o. dritten der folgenden Strophe reimt;* **Terz|quart|ak|kord**, der (Musik): *zweite Umkehrung des Septimenakkords mit der Quint als Baßton u. der darüberliegenden Terz u. Quart.*

Te|sa|film Ⓦ, der; -[e]s [Kunstwort]: *durchsichtiges Klebeband.*

Te|sching, der; -s, -e u. -s [H. u.]: *leichtes kleinkalibriges Gewehr.*

Tes|la, das; -, - [nach dem amerik. Physiker kroat. Herkunft N. Tesla (1856–1943)]: *gesetzliche Einheit der magnetischen Induktion;* Zeichen: T; **Tes|la|strom**, der ⟨o. Pl.⟩ (Elektrot., Med.): *Hochfrequenzstrom von sehr hoher Spannung, aber geringer Stromstärke.*

Tes|sar Ⓦ, das; -s, -e: *lichtstarkes Objektiv.*

tes|sel|la|risch ⟨Adj.⟩ [lat. tessellarius = zum Würfel gehörig, zu: tessella = Würfelchen, Mosaiksteinchen, Vkl. von: tessera, ↑Tessera] (Kunstwiss.): 'gewürfelt; **tes|sel|lie|ren** ⟨sw. V.⟩ (hat): *eine Mosaikarbeit anfertigen;* **Tes|se|ra**, die; -, ...rae [...rɛ; lat. tessera, eigtl. = Viereck, Würfel]: *(in der Antike) münzähnliches Gebilde, das als Ausweis, Eintrittskarte od. Spielmarke dient.*

Tes|sin, das; -s: *Kanton der Schweiz;*

¹**Tes|si|ner**, der; -s, -: Ew.; ²**Tes|si|ner** ⟨indekl. Adj.⟩; **Tes|si|ne|rin**, die; -, -nen: w. Form zu ↑Tessiner; **tes|si|nisch** ⟨Adj.⟩.

Test, der; -[e]s, -s, auch: -e [engl. test, eigtl. = ³Kapelle < afrz. test (> mhd. gleichbed. test) = Topf (für alchimistische Versuche) < lat. testum, zu: testa = Platte, Deckel; (Ton)schale, Scherbe]: *nach einer genau durchdachten Methode vorgenommener Versuch, Prüfung zur Feststellung der Eignung, der Eigenschaften, der Leistung o. ä. einer Person od. Sache:* ein wissenschaftlicher, psychologischer T.; Klinische -e überwiegend positiv, aber Sicherheitsmängel (MM 31. 5. 75, 44); das Pokalspiel war ein harter T. *(eine schwere Prüfung)* für die Mannschaft; -s haben es bestätigt: Wer gegen Temperaturstreß abgehärtet ist, dessen Herz verkraftet mehr Belastungen (Hörzu 11, 1980, 146); einen T. aus-, erarbeiten; Werkstoffe genauen -s unterziehen; Schon in der Vorschule fängt es mit -s an (IWZ 40, 1978, 3).

Te|sta|ment, das; -[e]s, -e [mhd. testament = Vertrag, Bündnis; Urkunde; Testament (2) < lat. testamentum, zu: testari, ↑testieren; 2: kirchenlat. testamentum, für entspr. griech. diathēke, dies für hebr. berīt]: **1.** *letztwillige schriftliche Erklärung, in der jmd. die Verteilung seines Vermögens nach seinem Tode festlegt:* ein handgeschriebenes, [un]gültiges T.; sein T. machen, aufsetzen, ändern; der Anwalt eröffnete das T. der Verstorbenen; ein T. anfechten; daß die Gärtnersleute buchstabengetreu das T. erfüllten, dass sie verpflichtete, das Haus zu lassen, wie es war (Hollander, Akazien 89); etw. in seinem T. verfügen; jmdn. in seinem T. bedenken; Friedrich der Große, der ... in seinem T. bestimmte, wenn er in Gefangenschaft gerate, sei er nicht mehr Preußens König (Dönhoff, Ära 218); Ü das politische T. *(Vermächtnis)* des großen Staatsmannes; *** sein T. machen können** (ugs.; *sich auf Übles gefaßt machen müssen*). **2.** (christl. Rel.) *Vertrag, Bund Gottes mit den Menschen:* das Alte und das Neue Testament; **te|sta|men|ta|risch** ⟨Adj.⟩: *durch ein Testament (1) festgelegt; letztwillig:* ein -es Vermächtnis; etw. t. verfügen; Ein gewisser Jakob Oehninger errichtete t. eine Stiftung (Tages Anzeiger 26. 11. 91, 10); **Te|sta|ments|er|öff|nung**, die (Rechtsspr.): *das Eröffnen (2 b) des Testaments nach dem Tod des Erblassers;* **Te|sta|ments|er|rich|tung**, die (Rechtsspr.): *das Errichten (2 b) eines Testaments;* **Te|sta|ments|voll|strecker¹**, der (Rechtsspr.): *vom Erblasser testamentarisch eingesetzte Person, die für die Erfüllung der im Testament festgelegten Bestimmungen zu sorgen hat;* **Te|sta|ments|voll|stre|cke|rin¹**, die (Rechtsspr.): w. Form zu ↑Testamentsvollstrecker; **Te|sta|ments|voll|stre|ckung¹**, die (Rechtsspr.): *das Vollstrecken (1) eines Testaments;* **Te|stat**, das; -[e]s, -e [zu lat. testatum = bezeugt, 2. Part. von: testari, ↑testieren]: **1.** *Bescheinigung, Beglaubigung.* **2.** (Hochschulw. früher) *vom Dozenten durch Unterschrift im Studienbuch gegebene Bestätigung über den Besuch einer Vorlesung, eines Seminars o. ä.* **3.** (Fachspr.) *Bestätigung (in Form einer angehefteten Karte o. ä.), daß ein Produkt getestet worden ist;* **Te|sta|tor**, der; -s, ...oren [lat. testator, zu: testari, testieren]: **1.** (Rechtsspr.) *Person, die ein Testament errichtet hat:* So lasen denn die beiden Bergsteiger, wieviel Geld der T. wem vermachte (NZZ 19. 8. 83, 7). **2.** *jmd., der ein Testat ausstellt;* **Te|sta|to|rin**, die; -, -nen: w. Form zu ↑ Testator.

Te|sta|zee, die; -, -n ⟨meist Pl.⟩ [zu lat. testa = Schale (1 d)] (Biol.): *schalentragende Amöbe.*

Test|bat|te|rie, die (Psych.): *unter bestimmten Gesichtspunkten zusammengestellte Kombination unterschiedlicher Tests;* **Test|bild**, das (Fernseh.): *außerhalb des Programms ausgestrahltes Bild (meist einer geometrischen Figur), an dem die Qualität des Empfangs festgestellt werden kann:* Am 12. Juli wird von Hamburg aus das erste T. gesendet (Hörzu 11, 1977, 158); **Test|bo|gen**, der: *Bogen (6), auf dem Testfragen aufgelistet sind:* Testbögen auswerten; **te|sten** ⟨sw. V.; hat⟩ [engl. to test, zu: test, ↑Test] *einem T. unterziehen:* Bewerber schriftlich [auf ihre Intelligenz] t.; einen Werkstoff [auf seine Festigkeit] t.; Je nach der vorgebrachten Beanstandung ... wird ... der Motor auf optimale Einstellung und Verschleiß getestet (ADAC-Motorwelt 10, 1986, 120); Sie können selbst t. *(ausprobieren),* ob diese Stühle geeignet sind; Auch der an der Leiste operierte Schotte ... soll morgen im Freundschaftsspiel ... getestet *(seine Leistungsfähigkeit soll überprüft)* werden (Hamburger Abendblatt 27. 8. 85, 13); Auch war den Kindern im Hallenbad die Gelegenheit gegeben, sich im Schwimmen über 50 m Freistil zu t. *(ihre Leistung auf dieser Disziplin zu prüfen;* Saarbr. Zeitung 6./7. 10. 79, 22); **Te|ster**, der; -s, -: *jmd., der jmdn. od. etw. testet;* **Test|er|geb|nis**, das: *Ergebnis (b) eines Tests:* -se auswerten; **Te|ste|rin**, die; -, -nen: w. Form zu ↑Tester; **Test|es|ser**, der: *jmd., der als Tester in einem Restaurant o. ä. Mahlzeiten einnimmt:* wegen einer harschen Restaurantkritik ist Tosa denveris ... verurteilter A. (Spiegel 14, 1986, 256), **Test|es|se|rin**, die: w. Form zu ↑Testesser; **Test|fah|rer**, der: *Berufsfahrer, der neue Kraftfahrzeuge auf ihre Fahreigenschaften prüft;* **Test|fah|re|rin**, die: w. Form zu ↑Testfahrer; **Test|fahrt**, die: vgl. Testflug; **Test|fall**, der: *erstmals eintretender ¹Fall (2 b), der als Beispiel, Probe für gleichartige Fälle gewertet wird; Präzedenzfall;* **Test|flug**, der: *Flug, bei dem ein Flugzeug erprobt wird; Erprobungsflug;* **Test|fra|ge**, die: *Frage, mit der jmd. getestet werden soll;* **Test|ge|län|de**, das: *Gelände, das für bestimmte Tests verwendet wird, auf dem bestimmte Tests durchgeführt werden:* ein T. für Atomwaffen.

te|stie|ren ⟨sw. V.; hat⟩ [lat. testari = bezeugen, Zeuge sein, zu: testis = Zeuge]: **1. a)** (Hochschulw. früher) *ein Testat (2) für etw. geben:* eine Vorlesung im Studienbuch t. lassen; **b)** (bildungsspr.) *attestieren (1):* jmdm. seine Leistungen t. **2.** (Rechtsspr.) *ein Testament errichten;* **Te|stie|rer**, der; -s, -: *jmd., der testiert (1 a, 2);* **Te|stie|re|rin**, die; -, -nen: w. Form zu ↑ Testierer; **te|stier|fä|hig** ⟨Adj.⟩ (Rechtsspr.): *rechtlich in der Lage, ein Testament zu errichten;* **Te|stier|fä|hig|keit**, die; - (Rechtsspr.): *das Testierfähigsein;* **Te|stie|rung**, die; -, -en: *das Testieren (1 a, 2);* **Te|sti|fi|ka|ti|on**, die; -, -en [lat. testificatio, zu: testificari = bezeugen, zum Zeugen anrufen, zu: testis = Zeuge u. facere = machen, tun] (Rechtsspr. veraltet): *Bezeugung, Bekräftigung durch Zeugen; Beweis.*

Te|sti|kel, der; -s, - [lat. testiculus, Vkl. von: testis = Hode] (Med.): *Hode;* **Te|sti|kel|hor|mon**, das (Med.): *männliches Keimdrüsenhormon.*

Te|sti|mo|ni|al [tɛstɪˈmoʊnjəl], das; -s, -s [engl. testimonial = Zeugnis, Referenz, zu spätlat. testimonialis = zum Zeugnis dienend, zu lat. testimonium, ↑Testimonium]: *zu Werbezwecken (in einer Anzeige, einem Prospekt o. ä.) verwendetes Empfehlungsschreiben eines zufriedenen Kunden, bes. eines Prominenten;* **Te|sti|mo|ni|um**, das; -s, ...ien u. ...ia [lat. testimonium, zu: testis = Zeuge] (Rechtsspr. veraltet): *Zeugnis:* ◆ Ich kann Euch von jeder Spitzbubenzunft ein T. aufweisen, von der untersten bis zur höchsten (Schiller, Fiesco I, 9); **Te|sti|mo|ni|um|pau|per|ta|tis**, das; - -, ...ia - [lat. = Armenrechtszeugnis, zu: testimonium = Zeugnis (zu: testis = Zeuge) u. paupertas = Armut] (bildungsspr. selten): *Armutszeugnis.*

Te|stis, der; -, Testes [...te:s; lat. testis, eigtl. = Zeuge] (Anat.): *Hoden.*

Test|lauf, der (Technik): *Probelauf:* Beim T. ... können ... die besonders verschleißanfälligen Teile ... identifiziert werden (Welt 12. 5. 89, 21); Ü Der Bonner SPD-Führung ist eine rot-grüne Kooperation ... nur recht, auch als T. (Spiegel 4, 1984, 94); **Test|me|tho|de**, die: *bei einem Test angewandte Methode.*

Te|sto, der; -, Testi [ital. testo = Text < lat. textus] (Musik): *im Oratorium (1) die Handlung zunächst psalmodierend, später rezitativisch berichtender Erzähler.*

Test|ob|jekt, das: **1.** *etw., woran etw. getestet wird:* als T. dienen. **2.** *etw., was getestet wird.*

Te|sto|ne, der; -, ...ni [ital. testone, eigtl. = großer Kopf, zu: testa = Kopf < spätlat. testa] (Münzk.): *italienische Silbermünze der Renaissancezeit.*

Te|sto|ste|ron, der; -s [zu lat. testis, ↑Testikel u. ↑Steroide] (Med.): *männliches Keimdrüsenhormon.*

Test|per|son, die: *jmd., an dem od. mit dem etw. getestet wird;* **Test|pi|lot**, der: *¹Pilot, der Testflüge durchführt;* **Test|pi|lo|tin**, die: w. Form zu ↑Testpilot; **Test|rei|he**, die: *Reihe von Tests;* **Test|schlä|fer**, der: vgl. Testperson: Mit Hilfe von Traumlabors und -n wurde herausgefunden, wie Zivildienst 2, 1986, 36); **Test|se|rie**, die: **1.** vgl. Testreihe. **2.** *Serie eines Produkts, an der die Qualität dieses Produkts getestet wird;* **Test|spiel**, das (Sport): *Spiel, in dem eine Mannschaft, die Leistung der Spieler getestet wird;* **Test|stopp**, der: *Stopp von Atomtests;* **Test|stopp|ab|kom|men**, das: *Abkommen über einen Teststopp:* Weiter un-

Teststoppvertrag

terstützten wir die Ratifikation des -s, das Amerikaner und Russen ... auf den Weg gebracht hatten (W. Brandt, Begegnungen 124); **Test|stopp|ver|trag,** der: vgl. Teststoppabkommen; **Test|strecke**[1]**,** die: *Strecke, auf der Kraftfahrzeuge o. ä. getestet werden;* **Test|strei|fen,** der: *mit chemischen Reagenzien präparierter Papier- od. Kunststoffstreifen zum Nachweis bestimmter Stoffe in Lösungen.* **Te|stu|do,** die; -, ...dines [...e:s; lat. testudo, eigtl. = Schildkröte; 1: nach dem Panzer der Schildkröte; 2: nach der gewölbten Form; 3: der Verband mit der Musterung des Schildkrötenpanzers]: **1.** *(im Altertum) bei Belagerungen verwendetes Schutzdach.* **2.** (Musik) **a)** *(bei den Römern) Lyra* (1); **b)** *(vom 15. bis 17. Jh.) Laute.* **3.** (Med.) *Verband zur Ruhigstellung des gebeugten Knie- od. Ellbogengelenks.* **Te|stung,** die; -, -en: *das Testen, Getestetwerden;* **Test|ver|bot,** das: *Verbot, etw. [an jmdm. od. etw.] zu testen;* **Test|ver|fah|ren,** das: **1.** vgl. Testmethode. **2.** *in einem Test, in Tests bestehendes Verfahren;* **Test|wahl,** die: *Wahl* (2 a), *die, bes. im Hinblick auf kommende Wahlen, in ihrem Ergebnis einen bestimmten Trend erkennen läßt.* **Te|ta|nie,** die; -, -n [zu ↑ Tetanus] (Med.): *(bes. durch Absinken des Kalziumspiegels hervorgerufener) krampfartiger Anfall;* **te|ta|ni|form** ⟨Adj.⟩ [zu ↑ Tetanus u. lat. forma = Gestalt, Form] (Med.): *starrkrampfartig, -ähnlich;* **te|ta|nisch** ⟨Adj.⟩ (Med.): **a)** *die Tetanie betreffend;* **b)** *den Tetanus betreffend;* **Te|ta|nus** [auch: 'tε...], der; - [lat. tetanus = Halsstarre < griech. tétanos = krankhafte Verzerrung, Starre (von Körperteilen), eigtl. = Spannung, zu: teínein = spannen, ausdehnen] (Med.): *nach Infektion einer Wunde auftretende Krankheit, die sich durch Muskelkrämpfe, Fieber u. a. äußert;* *[Wund]starrkrampf;* **Te|ta|nus|ba|zil|lus,** der: *Erreger des Tetanus;* **Te|ta|nus|impf|stoff,** *Tetanusserum;* **Te|ta|nus|imp|fung,** die, **Te|ta|nus|schutz|imp|fung,** die: *Schutzimpfung gegen Tetanus;* **Te|ta|nus|se|rum,** das: *bei der Tetanusschutzimpfung verwendetes Serum;* **Te|ta|nus|sprit|ze,** die: *Injektion* (1) *eines Tetanusserums.* **Tet|ar|to|ed|rie,** die; - [zu griech. tétartos = der vierte u. hédra = Fläche, Basis] (Mineral.): *Ausbildung nur eines Viertels der Flächen bei Kristallen.* **Te|te** ['tε:tə, 'tɛ:tə], die; -, -n [frz. tête, eigtl. = Kopf < spätlat. testa = Hirnschale (lat. = irdenes Gefäß, ↑ Test)] (Milit. veraltet): *Anfang, Spitze einer marschierenden Kolonne;* **tête-à-tête** [tɛta'tɛ:t] ⟨Adv.⟩ [frz. (en) tête à tête, eigtl. = Kopf an Kopf, ↑ Tete] (veraltet): *unter vier Augen; vertraulich;* **Tête-à-tête,** das; -, -s [frz. tête-à-tête]: **a)** (veraltend, noch scherzh.) *zärtliches Beisammensein; Schäferstündchen* ein T. haben; Der „heiße Abend" schrumpfte zu einem T. im Kinobüro (Spiegel 5, 1980, 182); **b)** (veraltet) *Gespräch unter vier Augen:* Einmal wöchentlich trifft Sinowatz zu einem T. mit ÖGB-Präses Anton Benya zusammen (Wochenpresse 43, 1983, 12).

Te|thys, die; -, **Te|thys|meer,** das ⟨o. Pl.⟩ [nach der Titanin Tethys, der Mutter der Gewässer in der griech. Sage] (Geol.): *während des Mesozoikums sich vom Mittelmeerraum bis Südostasien erstreckendes Meer.*
tetr-, Tetr-: ↑ tetra-, ↑ Tetra-; **Te|tra,** der; -s, -s: **1.** ⟨o. Pl.⟩ (Chemie) kurz für ↑ Tetrachlorkohlenstoff. **2.** (Zool.) kurz für ↑ Tetragonopterus; **te|tra-, Te|tra-,** (vor Vokalen auch:) tetr-, Tetr- [griech. tetra- = vier-, zu: téttares = vier] ⟨Best. von Zus. mit der Bed.⟩: *vier* (z. B. Tetrachord, tetragonal); **Te|tra|chlor|äthy|len,** das; -s (Chemie): *Perchloräthylen;* **Te|tra|chlor|koh|len|stoff,** der; -[e]s [die Kohlenstoffatome sind durch vier Chloratome ersetzt] (Chemie): *farblose, nicht brennbare, hochgiftige Verbindung des Methans, die vorwiegend als Lösungsmittel verwendet wird;* **Te|tra|chord,** der od. das; -[e]s, -e [lat. tetrachordon < griech. tetráchordon = Folge von vier Tönen, zu: tetráchordos = viersaitig, zu: chordé = Saite] (Musik): *Anordnung von vier aufeinanderfolgenden Tönen im Rahmen einer Quarte;* **Te|tra|de,** die; -, -n [zu griech. tetradeîon = Vierzahl] (Fachspr.): *aus vier Einheiten bestehendes Ganzes;* **Te|tra|dy|mit** [auch: ...'mɪt], der; -s, -e [zu griech. tetrádymos = vierfach]: *meist in blättrigen Aggregaten vorkommendes, blaues Mineral;* **Te|tra|eder,** das; -s, - [zu griech. hédra = Fläche] (Geom.): *von vier gleichseitigen Dreiecken begrenzter Körper; dreiseitige Pyramide;* **Te|tra|edrit** [auch: ...'drɪt], der; -s, -e (Mineral.): *grauschwarzes Fahlerz;* **Te|tra|evan|ge|li|on,** das; -s, ...ien [mgriech. tetraeuaggélion, ↑ Evangelium]: *meist reich verziertes liturgisches Buch der orthodoxen Kirche, das den Text der vier Evangelien für die gottesdienstlichen Lesungen enthält;* **Te|tra|gon,** das; -s, -e [spätlat. tetragonum < griech. tetrágonon, zu: gōnía = Winkel, Ecke] (Math.): *Viereck;* **te|tra|go|nal** ⟨Adj.⟩ [spätlat. tetragonalis] (Math.): *viereckig;* **Te|tra|go|no|pte|rus,** der; -, ...ri [zu griech. pterón = Flügel] (Zool.): *farbenprächtiger Aquarienfisch;* **Te|tra|gramm,** das; -s, -e, **Te|tra|gram|ma|ton,** das; -s, -ta [zu griech. tetragrámmatos = von vier Buchstaben, zu: grámma = Buchstabe]: *die vier hebräischen Konsonanten J – H – W – H des Gottesnamen Jahwe als Sinnbild Gottes [zur Abwehr von Bösem];* **Te|tra|kis|he|xa|eder,** das; -s, - [zu griech. tetrákis = viermal (4 × 6)]: *von 24 gleichschenkligen Dreiecken begrenzter Körper, bes. als Kristallform;* **Te|tra|ktys,** die; - [griech. tetraktýs]: *(bei den Pythagoreern heilige) Zahl Vier;* **Te|tra|lem|ma,** das; -s, -ta [↑ Lemma] (Logik): *vierteilige Annahme;* **Te|tra|lin** ⓦ, das; -s [gek. aus: Tetrahydronaphthalin] (Chemie): *als Lösungsmittel verwendetes, teilweise hydriertes Naphthalin;* **Te|tra|lo|gie,** die; -, -n [griech. tetralogía, zu: lógos, ↑ Logos]: *Folge von vier selbständigen, aber thematisch zusammengehörenden Werken (bes. der Literatur u. Musik);* **te|tra|mer** ⟨Adj.⟩ [zu griech. méros = Teil] (Bot.): *(von Wirteln)* **2)** *viergliederig;* **Te|tra|me|ter,** der; -s, - [spätlat. tetrameter < griech. tetrámetron, zu: métron, ↑ Meter] (Verslehre): *aus vier Versfüßen bestehender antiker Vers;* **Te|tra|morph,** der; -s, -en [zu griech. tetrámorphos = viergestaltig, zu: morphḗ = Gestalt]: *Darstellung eines Engels mit vier verschiedenen Köpfen od. Flügeln als Sinnbild der vier Evangelisten in der frühchristlichen Kunst;* **te|tra|pe|ta|lisch** ⟨Adj.⟩ [zu griech. pétalon = Blatt] (Bot.): *vier Kronblätter aufweisend;* **Te|tra|ple|gie,** die; - [zu griech. plēgē = Schlag, Hieb, Stoß] (Med.): *gleichzeitige Lähmung aller vier Gliedmaßen;* **Te|tra|po|de,** der; -n, -n [zu griech. tetrápodos = vierfüßig, zu poús (Gen.: podós) = Fuß]: **1.** (Zool.) *Vierfüßer.* **2.** *vierfüßiges klotzartiges Gebilde, das mit anderen zusammen aufgestellt od. aufgeschichtet werden wird u. dadurch als Sperre, Wellenbrecher o. ä. dient;* **Te|tra|po|die,** die; - [griech. tetrapodía = Vierfüßigkeit] (Verslehre): *(in der griechischen Metrik) Verbindung von vier Versfüßen zu einem Verstakt;* **Te|trarch,** der; -en, -en [lat. tetrarches < griech. tetrárchēs, zu: árchein = Führer sein, herrschen]: *(im Altertum) Herrscher über den vierten Teil eines Landes;* **Te|trar|chie,** die; -, -n [lat. tetrarchia < griech. tetrarchía] (hist.): *durch Vierteilung eines Territoriums entstandenes [Herrschafts]gebiet eines Tetrarchen;* **Te|tro|de,** die; -, -n [zu griech. tetra- (↑ tetra-, Tetra-) u. ↑ Elektrode] (Elektrot.): *vierpolige Elektronenröhre;* **Te|tryl,** das; -s [zu griech. hýlē = Stoff, nach den vier Stickstoffdioxyden] (Chemie): *giftige kristalline Substanz, die als Sprengstoff verwendet wird.*
Teu|chel, der; -s, - [mhd. tiuchel, H. u.] (südd., österr., schweiz.): *Wasserleitungsrohr aus Holz.*
teu|er ⟨Adj.; teurer, -ste⟩ [mhd. tiure, ahd. tiuri, H. u.]: **1.** *einen hohen Preis habend, viel Geld kostend:* ein teurer Mantel; ein teures Auto; ein teures Brautbukett hätten sich ... nicht einmal eingesessene Bürger geleistet (Kühn, Zeit 77); der teure *(hohe Honorare fordernde)* Anwalt, der ihr durch die Filmgesellschaft besorgt worden war (Danella, Hotel 130); ein teures Geschäft *(Geschäft, in dem die Preise hoch sind);* eine teure *(ugs.; hohe)* Miete; seine Ausbildung hat teures (ugs.; *viel)* Geld gekostet; teurer *(wertvoller)* Schmuck; die Schloßallee ist eine teure Adresse *(dort ist das Wohnen sehr kostspielig);* Die Richter entschieden, daß der Fahrer ... für den teuren *(hohe Kosten verursachenden)* Unfall nicht hafte (ADAC-Motorwelt 5, 1986, 188); das Auto ist t. im Unterhalt *(verursacht hohe Kosten);* eine so weite Reise – das wird ziemlich t. werden; Ü daß er sich so mit seinem Chef angelegt hat, das kann t. werden für ihn (ugs.; *kann üble Folgen für ihn haben);* er hat seinen Leichtsinn t. bezahlt *(sein Leichtsinn hat schlimme Folgen für ihn gehabt);* er wird sein Leben so t. wie möglich verkaufen *(wird sich bis aufs äußerste verteidigen);* ein teurer, t. *(mit hohen eigenen Verlusten)* erkaufter Sieg; ***jmdm./***⟨auch:⟩ **jmdm. t. zu stehen kommen** *(üble Folgen für jmdn. haben):* Der

US-Besuch Papst Johannes Pauls II. ... kam die katholische Kirche der USA teuer zu stehen (Spiegel 13, 1988, 157). **2.** (geh.) *jmds. Wertschätzung besitzend; hochgeschätzt:* mein teurer Freund; Mitglieder der Partei- und Staatsführung der UdSSR trugen den Sarg des teuren Toten zur letzten Ruhestätte (NNN 16. 11. 82, 1); sein Auto ist ihm lieb und t.; ⟨subst.:⟩ meine Teure, Teuerste (scherzh. Anrede; *meine Liebe*); **Teue|rung,** die; -, -en [spätmhd. tiurung, urspr. = Preis]: *das Teurerwerden; Preisanstieg:* Mieten heizen die T. an (Tages Anzeiger 3. 12. 91, 6); die Schweiz wies mit 4,3 Prozent die geringste T. auf (Bund 9. 8. 80, 9); **Teue|rungs|ra|te,** die: *Rate der Teuerung in einem bestimmten Zeitraum;* **Teue|rungs|wel|le,** die: *innerhalb eines kurzen Zeitraums auftretende Reihe von Teuerungen;* **Teue|rungs|zu|la|ge,** die: *wegen des Anstiegs der Lebenshaltungskosten gezahlte Zulage zum Lohn od. Gehalt;* **Teue|rungs|zu|schlag,** der: vgl. Teuerungszulage.

Teu|fe, die; -, -n [spätmhd. teuf(te), zu ↑tief] (Bergbau) *Tiefe:* ein Schacht von 100 m T.

Teu|fel, der; -s, - [mhd. tiuvel, tievel, ahd. tiufal, wahrsch. über das Got. < kirchenlat. diabolus, ↑Diabolus]: **a)** ⟨o. Pl.⟩ *Widersacher Gottes, dessen Reich die Hölle ist; Gestalt, die das Böse verkörpert; Satan:* der leibhaftige T.; da hat der T. seine Hand im Spiel *(diese Sache wirft unerwartete Probleme auf);* den T. austreiben, verjagen, bannen; Faust verkaufte, verschrieb seine Seele dem T., schloß einen Pakt mit dem T.; des -s Großmutter; die Hörner, der Pferdefuß des -s; ℞ der T. steckt im Detail *(bei der Durchführung einer Sache bereiten Kleinigkeiten oft die meisten Probleme);* das/es müßte doch mit dem T. zugehen, wenn ... *(ugs.; es ist ganz unwahrscheinlich, daß ...);* wenn man vom T. spricht, ist er nicht weit, (landsch. scherzh. auch:) wenn man den T. nennt, kommt er gerennt *(Ausruf, der das Erstaunen darüber ausdrückt, daß jemand gerade dann erscheint, wenn man von ihm spricht od. gesprochen hat);* Ü der Kerl ist ein T. *[in Menschengestalt] (ist höchst böse, grausam);* der Kleine ist ein richtiger T. *(ugs.; ist sehr wild, macht [böse] Streiche);* der Bursche ist der reinste T. *(ugs.; ist tollkühn, wild o. ä.);* ein armer T. *(ein bedauernswerter, unglücklicher Mensch; jmd., der völlig mittellos ist);* * **der T. ist los** (ugs.; *es gibt Streit, Aufregung, Lärm o. ä.;* nach Offenb. 20, 2 ff.); **jmdn. reitet der T.** (ugs.; *jmd. treibt Unfug, stellt mutwillig etw. an;* nach altem Volksglauben setzt sich der Teufel denen, die er in seine Gewalt bekommen will, auf den Rücken u. reitet auf ihnen): da hatte ich in einen Schneeball, warum, das weiß ich nicht, was für ein Teufel mich da geritten hat, so einen Stein da reingebacken (Fichte, Wolli 147); **hole/hol' dich** usw. **der T./der T. soll dich** usw. **holen** (salopp; *Ausrufe der Verwünschung);* **in jmdn. ist [wohl] der T. gefahren** (ugs.; *1. jmd. nimmt sich viel heraus, ist frech. 2. jmd. ist sehr leichtsinnig);* **T. auch!/T., T.!** (salopp; *Ausrufe der Bewunderung, des Staunens);* **pfui T.!** (ugs.; *Ausruf der Abscheu);* **[das] weiß der T.** (salopp; ↑Kukkuck 1); **etw. fürchten/scheuen** o. ä. **wie der T. das Weihwasser** (ugs.; *etw. sehr scheuen);* **hinter etw. hersein wie der T. hinter der armen Seele** (ugs.; *gierig auf etw. sein, etw. unbedingt haben wollen);* **kein T.** (salopp; *kein Mensch, niemand):* wenn der gegen irgendeinen dann kein T. kennt (Fichte, Wolli 35); **den T.** (salopp; *gar nicht[s]; nicht im geringsten):* Ich werd' den T. tun, meine Kandidaten in irgendeiner Weise bei ihrer Auswahl zu beschwätzen (Hörzu 7, 1985, 6); er kümmert sich den T. um mich; **den T. an die Wand malen** (ugs.; *ein Unglück daraufbeschwören, daß man darüber spricht;* nach einer bei der Teufelsbeschwörung üblichen Praktik); **den T. im Leib haben** (ugs.; *wild u. unbeherrscht, sehr temperamentvoll sein;* in früheren Zeiten nahm man als Ursache von Krankheiten an, daß der Teufel in den Leib des Menschen gefahren sei; bes. bei Tobsucht o. ä. galt der Teufel als vom Teufel besessen); **sich** ⟨Dativ⟩ **den T. auf den Hals laden** (ugs.; *sich in große Schwierigkeiten bringen);* **des -s sein** (ugs.; *etw. völlig Unvernünftiges tun, im Sinn haben;* eigtl. = dem Teufel gehören [= vom Teufel besessen sein]); **des -s Gebet-/Gesangbuch** (ugs. scherzh.; *Spielkarten);* **auf T. komm raus** (ugs.; *aus Leibeskräften; so stark, heftig, schnell o. ä. wie möglich; um jeden Preis):* Geplant wird auf T. komm raus. Das letzte Wort haben die Stadtväter (MM 29. 6. 77, 18); **in -s Küche kommen** (ugs.; *in eine äußerst schwierige Lage geraten;* im MA stellte man sich die Hölle als eine Art Hexenküche, als eine Küche des Teufels vor, wo die Sünder über dem Feuer gebraten werden, also eigtl. = in die Hölle kommen); **jmdn. in -s Küche bringen** (ugs.; *jmdn. in eine schwierige Lage bringen);* **vom T. besessen sein** (ugs.; *etw. Unvernünftiges, Schlechtes o. ä. tun; sich sehr wild gebärden);* **wie der T.** (ugs.; *außerordentlich stark, intensiv, heftig, schnell o. ä.):* er ist gerannt, gefahren wie der T.; Zu allem geht er auch noch in die Schule, lernt wie der T. und ist Agnes ... ein rechter Dorn im Auge (Ossowski, Flatter 38); **zum T. gehen/sich zum T. scheren** (salopp; ↑Henker); **zum/beim T. sein** (salopp; *verloren, defekt o. ä. sein):* der Motor ist zum/beim T. *;* **jmdn. zum T. wünschen** (salopp; *jmdn. weit fort wünschen);* **jmdn. zum T. jagen/schicken** (salopp; *jmdn. davonjagen);* **T. noch mal!; [den] T. auch!; Tod und T.!; in des -s/drei -s Namen!; zum T. [mit dir]!** *(Flüche);* **b)** *Dämon, böser Geist der Hölle:* Ich träumte von bocksbeinigen -n (Führmann, Judenauto 27); **Teu|fe|lei,** die; -, -en (abwertend): **a)** ⟨o. Pl.⟩ *höchst bösartige Gesinnung, Absicht:* er tat das nur aus reiner T.; **b)** *sehr bösartige, niederträchtige Handlung;* vgl. Teufelstat; **Teu|fe|lin,** die; -, -nen [b: mhd. tiuvelin(ne)]: **a)** (ugs.) *sehr temperamentvolle Frau;* **b)** (abwertend) *sehr böse, grausame Frau;* ◆ **teu|fel|mä|ßig** ⟨Adj.⟩ [mhd. tiuvelmæʒic]: *wie ein Teufel, teuflisch (1): da ist er dir in seinem Element und haust t.,* als wenn jede Faser an ihm eine Furie wäre (Schiller, Räuber II, 3); **Teu|fels|ab|biß,** der [nach dem wie abgebissen aussehenden Ende des Wurzelstocks]: *auf Wiesen u. in der Heide wachsende Karde mit lanzettlichen Blättern u. blauen Blütenköpfen;* **Teu|fels|an|be|ter,** der: *jmd., der den Teufel anbetet, Teufelsanbetung betreibt;* **Teu|fels|an|be|te|rin,** die: w. Form zu ↑Teufelsanbeter; **Teu|fels|an|be|tung,** die: *Anbetung* (a) *des Teufels;* **Teu|fels|aus|trei|ber,** der; -s, -: *jmd., der den Teufel austreibt* (2 b); *Exorzist;* **Teu|fels|aus|trei|bung,** die (Rel.): *Exorzismus;* **Teu|fels|be|schwö|rung,** die: *Beschwörung* (2) *des Teufels;* **Teu|fels|bra|ten,** der (ugs.): **a)** (scherzh. wohlwollend) *jmd., der etw. Tollkühnes o. ä. getan hat;* **b)** (abwertend) *Tunichtgut; boshafter, durchtriebener Mensch;* **Teu|fels|brut,** die ⟨o. Pl.⟩ (Schimpfwort): *Höllenbrut;* **Teu|fels|ei,** das [vgl. Teufelskralle] (volkst.): *Pilz (bes. Stinkmorchel) während des frühen Stadiums, in dem sein Fruchtkörper einem Ei ähnelt;* **Teu|fels|fah|rer,** der (ugs.): *wilder, waghalsiger Fahrer* (a); **Teu|fels|fah|re|rin,** die, (ugs.): w. Form zu ↑Teufelsfahrer; **Teu|fels|frat|ze,** die: *Fratze* (1 a), *wie sie dem Teufel zugeschrieben wird;* **Teu|fels|gei|ger,** der (ugs.): *wild, leidenschaftlich, virtuos spielender Geiger;* **Teu|fels|gei|ge|rin,** die (ugs.): w. Form zu ↑Teufelsgeiger; **Teu|fels|glau|be,** der: *Glaube an die Existenz des Teufels;* **Teu|fels|kerl,** der (ugs.): *Mann, den man wegen seiner Tollkühnheit, seines Draufgängertums bewundert;* **Teu|fels|kral|le,** die [nach dem wie Krallen gekrümmten Blüten; in diesem wie in anderen Pflanzen- u. Tiernamen steht „Teufels-" oft zur Bez. der bizarren, unheimlich wirkenden Gestalt (die im Volksglauben eine Rolle spielte)]: *(in mehreren Arten vorkommende) Pflanze mit kleinen, am Stengel sitzenden Blättern u. blauen, weißen od. gelben, krallenartig gebogenen Blüten in Köpfchen od. Ähren;* **Teu|fels|kreis,** der: *ausweglos scheinende Lage, die durch eine nicht endende Folge unangenehmer, einander bedingender Geschehnisse, Faktoren herbeigeführt wird; Circulus vitiosus* (2): den T. durchbrechen; ... das Abkommen von Taif ... das den T. von Gewalt und Tod beenden soll (Freie Presse 3. 1. 90, 4); Er schildert ... seine Verzweiflung, besonders in den ersten acht Monaten, als es ihm nicht gelingen wollte, aus dem T. auszubrechen (Weber, Tote 314); in einen T. geraten; **Teu|fels|kunst,** die: *Schwarze Magie;* **Teu|fels|mes|se,** die (vgl. der* ¹Messe* (1) nachgebildete orgiastische Feier zu Ehren des Teufels od. einer Hexe; schwarze Messe; **Teu|fels|na|del,** die [vgl. Teufelskralle]: *an Tümpeln vorkommende blaugrüne Libelle* (1); **Teu|fels|ro|chen,** der [vgl. Teufelskralle]: *bes. in tropischen u. subtropischen Meeren vorkommender großer Rochen;* **Teu|fels|weib,** das: *Teufelin;* **Teu|fels|werk,** das (veraltend): *vermeintliches Werk des Teufels;* **Teu|fels|zeug,** das (ugs. abwertend): *für gefährlich gehaltene Sache:* dieser Schnaps ist vielleicht ein T.; Kampfstoffe ... das T., das ausreicht, die ganze

Teufelszwirn

Bundesbevölkerung zu vernichten (Spiegel 52, 1989, 3); **Teu|fels|zwirn**, der: 1. *Bocksdorn.* 2. *Kleeseide.*
teu|fen ⟨sw. V.; hat⟩ [zu ↑Teufe] (Bergbau): *abteufen.*
teuf|lisch ⟨Adj.⟩ [mhd. tiuvelisch]: 1. *äußerst bösartig u. grausam; den Schaden, das Leid eines anderen bewußt, boshaft herbeiführend u. sich daran freuend; diabolisch; satanisch:* ein -er Plan; eine -e Fratze; ein -es Spiel; etw. macht jmdm. -en Spaß; Vielleicht reagierte die mit Hand- und Fußfesseln ausgestattete -e Anlage tatsächlich auf ein lautes Geräusch (Saarbr. Zeitung 5. 12. 79, 14); t. grinsen. 2. (ugs.) a) *sehr groß, stark, mächtig:* eine -e Ähnlichkeit; ein -er Durst; **b)** ⟨intensivierend bei Adj. u. Verben⟩ *sehr, überaus:* es ist t. kalt; Sie haben ja oft genug in den Spiegel gesehen, um zu wissen, daß sie t. schön ist (Erné, Fahrgäste 190); man muß t. aufpassen.
Teu|fung, die; -, -en (Bergbau): *das Teufen.*
Teu|to|ne, der; -n, -n [lat. Teutoni (Pl.) = zusammenfassende Bez. aller germ. Stämme, eigtl. = Volk im Norden Germaniens] (abwertend, auch scherzh.): *jmd., der in seinem Verhalten, Aussehen als typisch deutsch empfunden wird:* das herkömmliche Bild, das sich viele Briten vom monokelbewehrten, dickbäuchigen, schmißverzierten -n machen (Spiegel 50, 1976, 168); **Teu|to|nen|grill**, der (ugs. scherzh.): *Strand in einem südlichen Urlaubsland, an dem sich massenhaft deutsche Touristen sonnen:* wenn sich die Bundesbürger an die -s in aller Welt begeben, um sich von der Sonne bräunen zu lassen (Clipper 6, 1982, 3); **Teu|to|nin**, die; -, -nen (abwertend, auch scherzh.): w. Form zu ↑Teutone; **teu|to|nisch** ⟨Adj.⟩ [lat. Teutonicus = germanisch] (abwertend, auch scherzh.): *[typisch] deutsch:* -e Überheblichkeit, Arroganz, Provinzialität, Engstirnigkeit; Was, ich soll mich als -er Herrenmensch aufgeführt haben? (Schweizer Illustrierte 30, 1982, 14); **Teu|to|nis|mus**, der; - (meist abwertend): *[typisch] deutsches Wesen, Verhalten.*

tex = Tex; **Tex**, das; -, - [zu ↑textil]: *Maßeinheit für das Gewicht textiler Garne von je 1 000 m Länge.*
Te|xa|ner, der; -s, -: Ew.; **Te|xa|ne|rin**, die; -, -nen: w. Form zu ↑Texaner; **te|xa|nisch** ⟨Adj.⟩; **Te|xas**; Texas': *Bundesstaat der USA;* **Te|xas|fie|ber**, das; -s [engl. Texas fever; *die Krankheit tritt bes. in Texas u. Mexiko auf*]: *in warmen Ländern seuchenhaft auftretende malariaartige Erkrankung der Rinder;* **Te|xas|seu|che**, die ⟨o. Pl.⟩: *Texasfieber.*
Te|xo|print|ver|fah|ren, das ⟨o. Pl.⟩ [Kunstwort, zu lat. texere (↑¹Text) u. engl. print = ²Druck] (Druckw.): *fotografisches Verfahren zur Herstellung von Diapositiven als Druckvorlage für den Offset- u. Tiefdruck;* **¹Text**, der; -[e]s, -e [spätmhd. text < spätlat. textus = Inhalt, Text, eigtl. = Gewebe der Rede < lat. textus = Gewebe, zu: textum, 2. Part. von: texere = weben, flechten; kunstvoll zusammenfügen]: 1. a) *[schriftlich fixierte] im Wortlaut festgelegte, inhaltlich zusammenhängende Folge von Aussagen:* ein literarischer T.; der T. lautet wörtlich: ...; (Sprachw.:) der T. ist die an höchster Stelle stehende sprachliche Einheit; einen T. entwerfen, abfassen, kommentieren, interpretieren, korrigieren, verändern, verfälschen, auswendig lernen, übersetzen; den vollen T. *(Wortlaut)* einer Rede abdrucken, nachlesen; der Schauspieler blieb in seinem T. *(Rollentext)* stecken; ein Kunstband mit vielen Abbildungen und wenig T. *(kleinem Textteil);* *[im Folgenden bedeutete „Text" urspr. „Text der Bibel"] **jmdm. den T. lesen** (ugs. veraltend; ↑Levit 2); **aus dem T. kommen** (ugs.; *den Faden verlieren);* **jmdn. aus dem T. bringen** (ugs.; *jmdn. verwirren, so daß er nicht weiterweiß);* **weiter im T.!** (ugs.; *fahr[t], fahren Sie fort!);* ♦ **tief in [den] T. kommen** *(sich weitschweifig auslassen):* bei diesem Anlaß kam er sehr tief in T. (Goethe, Werther I, 12. August); **b)** *Stück Text* (1 a), *Auszug aus einem Buch o. ä.:* der Lehrer teilte die zu lesenden -e aus; schlagt euren T. auf! 2. *zu einem Musikstück gehörende Worte:* er kannte den T. des Liedes von früher. 3. *(als Grundlage einer Predigt dienende) Bibelstelle:* über einen T. predigen. 4. *Unterschrift zu einer Illustration, Abbildung;* **²Text**, die; - [eigtl. = Schrift für besondere Texte] (Druckw.): *Schriftgrad von 20 Punkt;* **Text|ab|bil|dung**, die (Druckw.): *Abbildung, die nur einen Teil einer Seite einnimmt u. von Text umgeben ist;* **Text|ab|druck**, der; ¹*Abdruck* (1) *eines Textes;* **Text|ana|ly|se**, die (bes. Sprachw.): *Analyse* (1) *eines Textes;* **Text|auf|ga|be**, die (Math.): *in einen Text eingekleidete Aufgabe* (2 d); **Text|aus|ga|be**, die (Fachspr.): *Ausgabe* (4 a), *die nur den Text (ohne Anmerkungen, Kommentar od. textkritischen Anhang) enthält;* **Text|au|to|mat**, der: *Automat* (2) *für die Produktion von Texten;* **Text|band**, der ⟨Pl. ...bände⟩: vgl. Textteil; **Text|bau|stein**, der: *in vorausformulierter Text, der einem Textautomaten eingegeben wird;* **Text|buch**, das: *Buch, das den Text eines musikalischen Werks enthält; Libretto;* **Text|dich|ter**, der: *Dichter des Textes zu einem Musikstück od. Musikwerk;* **Text|dich|te|rin**, die; w. Form zu ↑Textdichter; **Text|tem**, das; -s, -e (Sprachw.): *dem zu formulierenden Text zugrundeliegende, noch nicht realisierte sprachliche Struktur;* **tex|ten** ⟨sw. V.; hat⟩: *Werbe- od. Schlagertexte verfassen:* Sie stellten eine beeindruckende Rockband auf die Bühne, können t. und singen (Furche 6. 6. 84, 13); **Tex|ter**, der; -s, -: *jmd., der [berufsmäßig] textet:* Komponist, T. und Arrangeur von „Amore mio" singt in der italienischen Version mit irrer Stimme (Freizeitmagazin 26, 1978, 39); **Text|er|fas|ser**, der (Fachspr.): *jmd., der mit der Texterfassung beschäftigt ist;* **Text|er|fas|se|rin**, die; -, -nen (Fachspr.): w. Form zu ↑Texterfasser; **Text|er|fas|sung**, die (Fachspr.): *das [maschinelle] Erfassen von Texten [bei der Textprogrammierung];* **Tex|te|rin**, die; -, -nen: w. Form zu ↑Texter: Sie ist ihre eigene T., Produzentin und Verlegerin (Courage 2, 1978, 45); **Text|fas|sung**, die: *Fassung* (2 b) *eines Textes;*

text|ge|mäß ⟨Adj.⟩: *dem Text entsprechend;* **Text|ge|schich|te**, die (Fachspr.): *Geschichte der Entstehung eines Textes bis zur endgültigen Fassung;* **Text|ge|stalt**, die: vgl. Textfassung; **Text|ge|stal|tung**, die: vgl. Textfassung; **Text|hand|buch**, das: *(in der Textverarbeitung) Zusammenstellung von Textprogrammen;* **text|tie|ren** ⟨sw. V.; hat⟩ (selten): *(eine Abbildung) mit einer Bildunterschrift versehen;* **Text|tie|rung**, die; -, -en: a) *das Textieren;* b) *Bildunterschrift;* **tex|til** ⟨Adj.⟩ [frz. textile < lat. textilis = gewebt, gewirkt, zu: textum, ↑¹Text]: 1. *aus verspinnbarem Material [hergestellt]; gewebt, gewirkt:* -es Material; Absatzmärkte für billige -e Erzeugnisse (Schweizer Maschinenbau 16. 8. 83, 65). 2. *die Textilindustrie, die Textiltechnik betreffend:* -e Herstellungsverfahren, -es Arbeiten, Gestalten; In Ausführung und Gestaltung der Kostüme finden wir wahre Kunstwerke -en Könnens (NZZ 25. 12. 83, 19); **Tex|til**, das; -s: 1. (seltener) *Kleidungsstück:* Damit ist der Aufstieg dieses -s (= Hose) aus der unteren Region des menschlichen Daseins gesichert (Augsburger Allgemeine 10./11. 6. 78, 6). 2. ⟨meist ohne Art.⟩ *textiles Material, Textilien;* **Tex|til|ab|tei|lung**, die: *Abteilung eines Geschäfts, Warenhauses, in der Textilien* (2) *verkauft werden;* **Tex|til|ar|bei|ter**, der: *Arbeiter in der Textilindustrie;* **Tex|til|ar|bei|te|rin**, die; w. Form zu ↑Textilarbeiter; **Tex|til|be|trieb**, der: *Betrieb der Textilindustrie;* **Tex|til|che|mie**, die: *Teilgebiet der Chemie, das sich mit der Gewinnung, Herstellung u. Verarbeitung textiler Rohstoffe befaßt;* **Tex|til|che|mi|ker**, der: *auf Textilchemie spezialisierter Chemiker;* ↑Textilchemiker; **Tex|til|che|mi|ke|rin**, die: w. Form zu ↑Textilchemiker; **tex|til|che|misch** ⟨Adj.⟩: *die Textilchemie betreffend, zu ihr gehörend, mit ihrer Hilfe erfolgend;* **Tex|til|druck**, der ⟨o. Pl.⟩: *Stoffdruck;* **Tex|til|er|zeug|nis**, das: *Erzeugnis der Textilindustrie;* **Tex|til|fa|brik**, die: *Fabrik der Textilindustrie;* **Tex|til|fa|bri|kant**, der: *Fabrikant einer Textilfabrik;* **Tex|til|fa|bri|kan|tin**, die: w. Form zu Textilfabrikant; **Tex|til|fa|ser**, die: *textile Faser;* **tex|til|frei** ⟨Adj.⟩ (ugs. scherzh.): *ohne Bekleidung, nackt:* -er Strand *(Nacktbadestrand);* daran erkannte man den Profi, der auch sonst t. sonnenbadete (Konsalik, Promenadendeck 262); **Tex|til|ge|schäft**, das (ugs.): *Textilwarengeschäft;* **Tex|til|ge|wer|be**, das: vgl. Textilindustrie; **Tex|til|groß|han|del**, der: vgl. Textilindustrie; **Tex|til|li|en** ⟨Pl.⟩: 1. (Textilind.) *aus verspinnbaren Fasern hergestellte Gebilde, wie Garne, Gewebe, Gewirke, Gestricke o. ä.* 2. *aus Textilien* (1) *hergestellte Waren, wie Bekleidung, Stoffe, Wäsche o. ä.;* **Tex|til|in|du|strie**, die: *Industriezweig, der Waren aus textilen Materialien herstellt;* **Tex|til|in|ge|nieur**, der: *für die Fabrikation von Textilerzeugnissen ausgebildeter Ingenieur (Berufsbez.);* **Tex|til|in|ge|nieu|rin**, die; w. Form zu ↑Textilingenieur; **Tex|til|kenn|zeich|nung**, die: *Angabe [auf einem Etikett] an Textilien über die Art des Stoffes u. seine Zusammensetzung;* **Tex|til|kom|bi|nat**, das (ehem. DDR): *Kombinat, das* verschiedene Betriebe der Textilindustrie zusammenfaßt; **Tex|til|kunst,** die ⟨o. Pl.⟩: Kunstgewerbe, das sich mit der künstlerischen Gestaltung von Textilien befaßt; **Tex|til|la|bo|rant,** der: vgl. Textilingenieur; **Tex|til|la|bo|ran|tin,** die: w. Form zu ↑Textillaborant; **Tex|til|la|den,** der (ugs.): Textilwarengeschäft; **Tex|til|ma|schi|nen|füh|rer,** der: Facharbeiter in der Textilindustrie, der (mechanische) Webstühle bedient (Berufsbez.); **Tex|til|ma|schi|nen|füh|re|rin,** die: w. Form zu ↑Textilmaschinenführer; **Tex|til|me|cha|ni|ker,** der: vgl. Textilingenieur (Berufsbez.); **Tex|til|me|cha|ni|ke|rin,** die: w. Form zu ↑Textilmechaniker; **Tex|til|pflan|ze,** die: Faserpflanze, deren Fasern zur Herstellung textiler Materialien verwendet werden; **Tex|til|prü|fung,** die: Prüfung von Textilien auf Farb-, Waschechtheit, Reißfestigkeit o. ä.; **Tex|til|strand,** der (ugs. scherzh.): Strand, an dem (im Gegensatz zum Nacktbadestrand) Badeanzüge od. -hosen getragen werden; **Tex|til|tech|nik,** die: 1. ⟨o. Pl.⟩ technische Einrichtungen zur Herstellung von Textilien (1). 2. Verfahren zur Herstellung von Textilien (1); **Tex|til|tech|ni|ker,** der: vgl. Textilingenieur (Berufsbez.); **Tex|til|tech|ni|ke|rin,** die: w. Form zu ↑Textiltechniker; **tex|til|tech|nisch** ⟨Adj.⟩: die Textiltechnik betreffend, zu ihr gehörend; **tex|til|ver|ar|bei|tend** ⟨Adj.⟩: Textilien (1) verarbeitend: die -e Industrie; **Tex|til|ver|ede|lung,** die: Textilveredlung, (Textilind.): Gesamtheit aller Verfahren (wie Färben, Appretieren o. ä.), durch die Textilerzeugnisse im Hinblick auf Gebrauch, Schönheit o. ä. verbessert werden; **Tex|til|ver|ed|ler,** der; -s, -: Fachmann auf dem Gebiet der Textilveredelung; **Tex|til|ver|ed|le|rin,** die; -, -nen: w. Form zu Textilveredler; **Tex|til|ver|ed|lung:** ↑Textilveredelung; **Tex|til|wa|ren** ⟨Pl.⟩: Textilien; **Tex|til|wa|ren|ge|schäft,** das, **Tex|til|wa|ren|la|den,** der: Geschäft, Laden für Textilwaren; **Tex|tin|ter|pre|ta|ti|on,** die (bes. Sprachw.): vgl. Textanalyse; **Text|ko|hä|renz,** die (↑Kohärenz) (Sprachw.): syntaktisch-semantische Verknüpfung von Sätzen zu einer Einheit, durch die ein Text konstituiert wird; semantischer Sinnzusammenhang eines Textes; **Text|ko|hä|si|on,** die (↑Kohäsion) (Sprachw.): textlicher Zusammenhang durch Verknüpfung mit sprachlichen Mitteln, durch formale Mittel der Grammatik; **Text|kon|sti|tu|ti|on,** die (Sprachw.): formaler Aufbau eines Textes; Verkettung von Sätzen durch Elemente, die die syntaktischen u. semantischen Zusammenhänge erkennen lassen; **Text|kri|tik,** die ⟨Pl. selten⟩ (Fachspr.): philologisches Verfahren zur möglichst wortgetreuen Erschließung eines nicht erhaltenen ursprünglichen Textes mit Hilfe später überlieferter Fassungen; **text|kri|tisch** ⟨Adj.⟩: mit den Methoden der Textkritik *[erstellt]*; **text|lich** ⟨Adj.⟩: hinsichtlich des Textes: die -e Gestaltung eines Kunstbandes; eine übersichtlich geordnete und gestaltete, auf -e Erläuterungen verzichtende Schau (NZZ 26. 10. 86, 33); „Gigi" ... bleibt t. und musikalisch flau (Augsburger Allgemeine 3./4. 6. 78, 24); **Text|lin|gu|is|tik,** die: Zweig der Linguistik, der sich mit den über den einzelnen Satz hinausgehenden Regularitäten, mit dem Aufbau u. Zusammenhang von Texten u. den verschiedenen Textsorten befaßt; **text|lin|gu|is|tisch** ⟨Adj.⟩: die Textlinguistik betreffend, auf ihr beruhend; **Tex|to|lo|gie,** die; - [↑-logie] (bes. ehem. DDR Literaturw.): Wissenschaft, die die Entstehungs- u. Wirkungsgeschichte eines Textes in Verbindung mit der künstlerischen u. ideologischen Entwicklung des Autors erforscht; **tex|to|lo|gisch** ⟨Adj.⟩ (bes. ehem. DDR Literaturw.): die Textologie betreffend; **Text|pas|sa|ge,** die: Passage (2) eines Textes; **Text|pho|rik,** die; - [zu griech. phoreĩn = tragen] (Sprachw.): System von Verweisen sprachlicher Elemente aufeinander innerhalb eines Textes; **Text|prag|ma|tik,** die; - (Sprachw.): Leistung u. Wirkung eines Textes im sprachlichen Kontakt; **Text|pro|duk|ti|on,** die (bes. Sprachw.): das Herstellen, Verfassen eines Textes; **Text|pro|gramm,** das: (in der Textverarbeitung) Zusammenstellung von Textbausteinen zu einem Programm für einen Textautomaten; **Text|pro|gram|mie|rung,** die: (in der Textverarbeitung) das Erfassen bestimmter sich wiederholender Texte u. das Erstellen einzelner Textbausteine hieraus; **Text|re|fe|renz,** die (Sprachw.): Textphorik; **Text|re|zep|ti|on,** die (bes. Sprachw.): Rezeption (2) eines Textes; **Text|schrift,** die (Druckw.): Brotschrift; **Text|sor|te,** die (Sprachw.): in bestimmten Situationen wiederkehrender, mit Hilfe sprachwissenschaftlicher Kriterien von anderen Texten unterschiedener Typus von Texten (z. B. Gespräch, Reklame); **Text|stel|le,** die: Stelle (2 a) in einem Text: eine schwierige T. erklären; **Text|teil,** der: Teil einer wissenschaftlichen Arbeit, eines schriftstellerischen Werkes o. ä., der nur aus dem fortlaufenden Text (ohne Anmerkungen, Register usw.) besteht; **tex|tu|ell** ⟨Adj.⟩ (bes. Sprachw.): einen Text, seinen inneren Zusammenhang betreffend: -e Verarbeitung; **Tex|tur,** die; -, -en [lat. textura = Gewebe, zu: texere, ↑¹Text]: 1. (bildungsspr.) *[innerer]* Aufbau, Zusammenhang: die dramaturgische T. des Stücks. 2. (Geol.) räumliche Anordnung u. Verteilung der Teile, aus denen sich das Gemenge eines Gesteins zusammensetzt. 3. (Chemie, Technik) gesetzmäßige Anordnung der Kristallite in Faserstoffen u. technischen Werkstücken. 4. (Bot.) Struktur, Gefüge der pflanzlichen Zellwand. 5. (Technik) strukturelle Veränderung des Gefüges von Stoffen bei Kaltverformung; **Tex|tur|fa|den,** der (Textilind.): texturierter, synthetischer Faden; **Tex|tur|garn,** das (Textilind.): Texturfaden; **tex|tu|rie|ren** ⟨sw. V.; hat⟩ (Textilind.): (synthetischen Geweben) ein Höchstmaß an textilen Eigenschaften verleihen: texturierte Garne, Gewebe; **Tex|tur|sei|de,** die (Textilind.): vgl. Texturfaden; **Text|ver|ar|bei|tung,** die (Bürow., Datenverarb.): Verfahren zur Rationalisierung des Formulierens, Diktierens, Schreibens, Vervielfältigens o. ä. von Texten; **Text|ver|ar|bei|tungs|ge|rät,** das (Bürow., Datenverarb.): Gerät (wie Schreibautomat, Computer o. ä.), das zur Textverarbeitung dient; **Text|ver|ar|bei|tungs|sy|stem,** das (Bürow., Datenverarb.): Textverarbeitungsgerät, mit dem in Verbindung mit geeigneter Software die Textverarbeitung elektronisch erfolgt; **Text|ver|gleich,** der: Vergleich von Texten unter bestimmten Gesichtspunkten; **Text|ver|weis,** der (Sprachw.): Textphorik; **Text|wort,** das ⟨Pl. -e⟩: Textstelle der Bibel.

Te|zett, (auch:) Tz [auch: te'tsɛt]: in der Wendung **bis zum/bis ins [letzte] T.** (ugs.; bis ins kleinste Detail, ganz genau; vollständig; tz wurde früher in Alphabeten nach dem Z [als Verdoppelung] aufgeführt; also eigtl. verstärktes „von A bis Z"): etw. bis ins [letzte] T. besprechen.

T-för|mig ⟨Adj.⟩: in der Form eines lateinischen T.

tg = Tangens

TGL = Technische Normen, Gütevorschriften und Lieferbedingungen (ehem. DDR).

Th = Thorium

TH = technische Hochschule.

Thad|dädl, Tattedl, der; -s, -[n] [eigtl. mundartl. Vkl. des m. Vorn. Thaddäus; nach einer komischen Figur der altwienerischen Posse] (österr. ugs. abwertend): willensschwacher, energieloser, einfältiger Mensch.

¹Thai, der; -[s], -[s] u. die; -, -[s]; Ew.; **²Thai,** das; -: zu den Thaisprachen gehörende Sprache (bes. in Thailand); **Thai|land;** -s: Staat in Hinterindien; **Thai|län|der,** der; -s, -: Ew.; **Thai|län|de|rin,** die; -, -nen: w. Form zu ↑Thailänder; **thai|län|disch** ⟨Adj.⟩; **Thai|mäd|chen,** das: thailändisches Mädchen (1 b): Ins Bordell verschleppte T. (Spiegel 27, 1985, 104); **Thai|spra|che,** die: Sprache einer südostasiatischen Sprachengruppe, z. B. das Thai, das Laotische.

Tha|la|mus, der; -, ...mi [griech. thálamos = Kammer] (Anat.): Hauptteil des Zwischenhirns.

Thal|as|sä|mie, die; -, -n [zu griech. thálassa = Meer u. haĩma = Blut] (Med.): bes. im Mittelmeerraum auftretende, erbliche, hämolytische Anämie; **thal|las|so|gen** ⟨Adj.⟩ [↑-gen] (Geogr., Geol.): durch das Meer entstanden; **Tha|las|so|gra|phie,** die; - [↑-graphie]: Meereskunde; **thal|las|so|krat, thal|las|so|kra|tisch** ⟨Adj.⟩ [zu griech. krateĩn = herrschen] (Geogr., Geol.): vom Meer beherrscht (von Zeiten der Erdgeschichte, in denen die Meere Festland eroberten); **Tha|las|so|me|ter,** das; -s, - [↑-meter (1)] (Geogr., Geol.): Gerät zur Messung der Meerestiefe od. von Ebbe u. Flut; **thal|as|so|phob** ⟨Adj.⟩ (Med., Psych.): an Thalassophobie leidend; **Thal|as|so|pho|bie,** die; -, -n [↑Phobie] (Med., Psych.): krankhafte Angst vor größeren Wasserflächen; **Tha|las|so|the|ra|pie,** die; -, -n (Med.): die Heilwirkung von Seebädern u. Meeresluft nutzende Therapie; **Tha|lat|ta, Tha|lat|ta** [griech. (attisch) thálatta, thálatta = das Meer, das Meer, Jubelruf der 401 v. Chr. im Zug der Zehntausend teilgenommen hatten, beim Anblick des Schwarzen Meeres (Xenophon, Anabasis 4, 7)] (bildungsspr.): es ist geschafft; wir sind am Ziel; **Tha|lat|to|kra|tie,** die; - [zu griech. (at-

tisch) thálatta = Meer u. ↑-kratie] (Geogr., Geol.): *Vorherrschaft der Meere; Zeit, in der große Teile des Festlandes vom Meer überflutet waren.*
Thallia: *Muse der heiteren Dichtkunst.*
Thal|li|do|mid, das; -s [Kunstwort] (Pharm.): *(nicht mehr verwendeter) Wirkstoff in Schlaf- u. Beruhigungsmitteln.*
Thal|li: Pl. von ↑ Thallus; **Thal|li|um,** das; -s [zu griech. thallós = Sproß, grüner Zweig (nach den grünen Linie im Spektrum)]: *bläulichweiß glänzendes, sehr weiches Schwermetall (chemischer Grundstoff);* Zeichen: Tl; **Thal|li|um|ver|bindung,** die (Chemie): *chemische Verbindung des Thalliums;* **Thal|li|um|ver|giftung,** die: *durch Thalliumverbindungen hervorgerufene Vergiftung:* Der junge Mann war am vergangenen Montag an T. gestorben, nachdem er ein mit dem Schwermetall versetztes Getränk zu sich genommen hatte (MM 12./13. 2. 83, 17); **Thal|lo|phyt,** der; -en, -en ⟨meist Pl.⟩ [zu griech. thallós (↑ Thallus) u. phytón = Gewächs]: *Lagerpflanze;* **Thal|lus,** der; -, Thalli [griech. thallós = Sprößling] (Biol.): *ungegliederter Körper der Thallophyten.*
Tha|na|tis|mus, der; - [zu griech. thánatos = Tod]: *Lehre von der Sterblichkeit der Seele;* **Tha|na|to|ge|ne|se,** die; - [↑ Genese]: *Teilgebiet der Medizin, das sich mit den Entstehungsursachen des Todes befaßt;* **Tha|na|tol|o|ge,** der; -n, -n [↑ -loge]: *Forscher, Wissenschaftler auf dem Gebiet der Thanatologie;* **Tha|na|to|lo|gie,** die; - [↑ -logie]: *Forschungsrichtung, die sich mit den Problemen des Sterbens u. des Todes befaßt;* **Tha|na|to|lo|gin,** die; -, -nen: w. Form zu ↑ Thanatologe; **tha|na|to|lo|gisch** ⟨Adj.⟩: *die Thanatologie betreffend;* **Tha|na|to|ma|nie,** die; - [↑ Manie]: *Neigung zum Selbstmord;* **tha|na|to|phob** ⟨Adj.⟩ (Med., Psych.): *an Thanatophobie leidend;* **Tha|na|to|pho|bie,** die; -, -n [↑ Phobie] (Med., Psych.): *krankhafte Angst vor dem Tod;* **Tha|na|tos,** der; - [griech. thánatos]: *der Tod in der griechischen Mythologie:* Es geht ... um den letzten Dinge, um „Eros und T." (Spiegel 16, 1984, 237).
Thanks|gi|ving Day ['θæŋksgıvıŋ 'deı], der; - -, - - [engl., aus: thanksgiving = Dankbarkeit u. day = Tag]: *Erntedanktag in den USA.*
Thar|ge|li|en ⟨Pl.⟩ [griech. thargélia]: *altgriechisches Sühnefest für Apollo zum Schutz der kommenden Ernte.*
Thau|ma|tin, das; -s [zu griech. thaumatós = wunderbar]: *natürlicher Süßstoff;* **Thau|ma|to|lo|gie,** die; - [zu griech. thaũma = wunder u. ↑-logie] (Theol. veraltet): *Lehre von den Wundern;* **Thaumat|urg,** der; -en, -en [griech. thaumatourgós = Gaukler, Taschenspieler]: *Wundertäter (Beiname mancher griechischer Heiliger).*
Thea|ter, das; -s, - [älter: Theatrum, eingedeutscht nach frz. théâtre < lat. theatrum < griech. théatron, zu: théa = das Anschauen, die Schau; Schauspiel]: **1. a)** *zur Aufführung von Bühnenwerken bestimmtes Gebäude:* ein kleines, modernes T.; das T. *(der Zuschauerraum)* war leer, gut besetzt; Das riesige T. füllte sich

rasch bis auf den letzten Sitz (Th. Mann, Krull 429); ein neues T. bauen; sie trafen sich vor dem T.; R demnächst in diesem T. (ugs.; in bezug auf ein Vorhaben, erwartetes Ereignis o. ä.; nach dem bei der Programmvorschau im Kino früher üblichen Text); **b)** *Theater* (1 a) *als kulturelle Institution:* beim T. abonniert sein; am, beim T. sein (ugs.; *bes. als Schauspieler[in] am Theater tätig sein);* sie will zum T. gehen (ugs.; *will Schauspielerin werden);* **c)** ⟨o. Pl.⟩ *Aufführung im Theater* (1 a); *Vorstellung:* das T. beginnt um 20 Uhr, ist ausverkauft; sie waren schon lange nicht mehr im T.; nach dem T. gehen wir in ein Restaurant; die Kinder spielen T. *(führen etw. auf);* wir gehen heute ins T.; * **T. spielen** (ugs.; *etw., bes. ein Leiden o. ä., nur vortäuschen);* **jmdm. T. vormachen** (ugs.; *jmdm. gegenüber etw. aufbauschend darstellen, um besonderen Eindruck zu machen o. ä.);* **d)** ⟨o. Pl.⟩ *Theaterpublikum:* das ganze T. lachte; **e)** *Ensemble, Mitglieder eines Theaters* (1 b): das Zürcher T. geht auf Tournee. **2.** ⟨o. Pl.⟩ *darstellende Kunst [eines bestimmten Volkes, einer bestimmten Epoche, Richtung] mit allen Erscheinungen:* das antike T.; absurdes T. (Literaturw.; *Form des Dramas, die durch absurde Handlungen u. absurde Dialoge die Situation des Menschen in einer sinnentleerten Welt, die Verkümmerung der zwischenmenschlichen Kommunikation enthüllen will);* episches T. (Literaturw.; *[im Sinne der marxistischen Kunsttheorie des sozialistischen Realismus von Bertolt Brecht theoretisch begründete u. ausgebildete] demonstrierend erzählende Form des Dramas, deren Ziel es ist, mit Hilfe des Verfremdungseffekts den Zuschauer zum rationalen Betrachter des Vorgangs auf der Bühne zu machen u. zu kritischer Stellungnahme zu zwingen);* das Gastensemble zeigte vorzügliches T.; Ich habe jetzt drei Versuche hinter mir, T. zu machen *(Regie zu führen, zu inszenieren),* alle sind schiefgegangen (Praunheim, Sex 62). **3.** ⟨o. Pl.⟩ (ugs. abwertend) *Unruhe, Verwirrung, Aufregung, als unecht od. übertrieben empfundenes Tun:* es gab viel T. in, wegen dieser Sache; so ein T.!; das ist [doch alles] nur T.!; das reine T.! *(unnötige Aufregung);* Er war ziemlich müde. Soviel gibt es immer ein T., bis er ins Bett geht (Danella, Hotel 173); ein furchtbares T. um/wegen etw. machen, aufführen; Hört doch endlich auf mit dem T., man kommt ja nicht mehr zur Ruhe! (Hilsenrath, Nacht 58); Da waren wahrscheinlich alle überrascht, weil das ohne weiteres T. vor sich gegangen ist (Wimschneider, Herbstmilch 94); Von mir aus kannst du dich auch hier vollaufen lassen, aber wenn du T. *(Randale)* machst, werf ich dich raus (Gabel, Fix 111); na, das wird T. *(Krach 2)* geben; **Thea|ter|abend,** der: *Abend* (2) *mit einer Theatervorstellung;* **Thea|ter|abon|ne|ment,** das: *Abonnement für eine bestimmte Anzahl von Aufführungen bei einem Theater während einer Spielzeit;* **Thea|ter|agent,** der: *Agent* (2 b), *der Schauspielern, Regisseuren o. ä. Engagements vermittelt;* **Thea|ter|agentin,** die: w. Form zu ↑ Theateragent;

Thea|ter|agen|tur, die: vgl. Theateragent; **Thea|ter|an|recht,** das: *Theaterabonnement;* **Thea|ter|auf|füh|rung,** die: *Aufführung eines Bühnenstückes;* **Thea|ter|bau,** der, ⟨Pl. -ten⟩: *Theater* (1 a); **Thea|ter|be|gei|ste|rung,** die: *Begeisterung für das Theater;* **thea|ter|be|ses|sen** ⟨Adj.⟩: *besessen* (b) *vom Theater;* **Thea|ter|be|such,** der: *Besuch einer Theateraufführung;* **Thea|ter|be|su|cher,** der: *Besucher einer Theateraufführung;* **Thea|ter|be|su|che|rin,** die: w. Form zu ↑ Theaterbesucher; **Thea|ter|bil|lett,** das (schweiz., sonst veraltend): vgl. Billett (1 b); **Thea|ter|bil|let|teur,** der (österr.): vgl. Billetteur; **Thea|ter|büh|ne,** die: vgl. Bühne (1 a); **Thea|ter|de|ko|ra|ti|on,** die: *Bühnendekoration;* **Thea|ter|dich|ter,** der: *(im 18. u. 19. Jh.) an einem Theater festangestellter Dramatiker;* **Thea|ter|di|rek|tor,** der (veraltend): *Direktor* (1 b) *eines Theaters* (1 b); *Intendant;* **Thea|ter|di|rek|to|rin,** die (veraltend): w. Form zu ↑ Theaterdirektor; **Thea|ter|don|ner,** der (spött.): *großartige Ankündigung von etw., was sich in Wirklichkeit aber als ohne große Wirkung, Bedeutung erweist:* es war alles nur T.; Sein Mut ist ein Mythos. Bei seinen Gefechten mit den Bischöfen gibt es viel T. (Spiegel 11, 1978, 5); **Thea|ter|en|sem|ble,** das: *Ensemble* (1 a) *eines Theaters* (1 b); **Thea|ter|er|folg,** der: *Stück, das bei der Aufführung bes. positive Aufnahme erfährt;* **Thea|ter|fe|ri|en** ⟨Pl.⟩: *Spielpause am Theater;* **Thea|ter|foy|er,** das: vgl. Foyer; **Thea|ter|fri|seur,** der: *Friseur an einem Theater (Berufsbez.);* **Thea|ter|fri|seu|rin,** die: w. Form zu ↑ Theaterfriseur; **Thea|ter|fri|seu|se,** die: w. Form zu ↑ Theaterfriseur; **Thea|ter|gar|de|ro|be,** die: *Garderobe* (3, 4); **Thea|ter|ge|mein|de,** die: vgl. Theatering; **Thea|ter|ge|schich|te,** die; **1.** ⟨o. Pl.⟩ **a)** *geschichtliche Entwicklung des Theaters* (1 b, 2); **b)** *Teilgebiet der Theaterwissenschaft, das sich mit der Theatergeschichte* (a) *befaßt.* **2.** *Darstellung, die die Theatergeschichte* (a) *zum Thema hat;* **thea|ter|ge|schicht|lich** ⟨Adj.⟩: *die Theatergeschichte betreffend, zu ihr gehörend;* **Thea|ter|glas,** das: *Opernglas;* **Thea|ter|kar|te,** die: *Eintrittskarte für eine Theatervorstellung;* **Thea|ter|kas|se,** die: *Kasse* (4 c) *in einem Theater* (1 a); **Thea|ter|kri|tik,** die: **a)** ⟨o. Pl.⟩ *kritische publizistische Auseinandersetzung mit aufgeführten Bühnenwerken, bes. im Hinblick auf die Art, Angemessenheit, Qualität ihrer Aufführungen;* **b)** *einzelne kritische Besprechung eines Bühnenwerks u. seiner Aufführung;* **Thea|ter|kri|ti|ker,** der: *Kritiker* (2), *der sich vorwiegend mit Theateraufführungen befaßt;* **Thea|ter|kri|ti|ke|rin,** die: w. Form zu ↑ Theaterkritiker; **Thea|ter|lo|ge,** die: vgl. Loge (1 a); **Thea|ter|ma|cher,** der (Jargon): vgl. Filmemacher; **Thea|ter|ma|che|rin,** die (Jargon): w. Form zu ↑ Theatermacher; **Thea|ter|mann,** der ⟨Pl. ...leute⟩ (Jargon): *erfahrener Fachmann auf dem Gebiet des Theaters* (1 b), *der Schauspielkunst u. der dramatischen Dichtung;* **Thea|ter|ma|schi|ne|rie,** die: *Maschinerie* (1 b); **Thea|ter|pla|sti|ker,** der: *Kascheur;* **Thea|ter|pla|sti|ke|rin,** die: w. Form zu ↑ Theaterplastiker; **Thea-**

ter|pre|mie|re, die: vgl. Premiere; **Thea- ter|pro|be,** die: *Probe (3) für eine Theateraufführung;* **Thea|ter|pro|gramm,** das: *Programm (2), das über eine Theateraufführung informiert;* **Thea|ter|pu|bli- kum,** das: **a)** *Publikum, das [öfter] ins Theater geht, [regelmäßig] Theateraufführungen besucht: ein anspruchsvolles T.;* **b)** *Publikum einer Theateraufführung;* **Thea|ter|raum,** der: *in Bühnen-, Orchester- u. Zuschauerraum gegliederter Saal im Theater (1 a);* **Thea|ter|re|gie,** die: vgl. Regie (1); **Thea|ter|re|gis|seur,** der: *Regisseur an einem Theater;* **Thea|ter|re- gis|seu|rin,** die: w. Form zu ↑Theaterregisseur; **Thea|ter|ring,** der: *Organisation zum regelmäßigen [verbilligten] Besuch von Theatervorstellungen;* **Thea|ter|saal,** der: *Saal, in dem Theateraufführungen stattfinden;* **Thea|ter|sai|son,** die: *Spielzeit (1 a);* **Thea|ter|schaf|fen|de,** der u. die; -n, -n ⟨Dekl. ↑Abgeordnete⟩: *Bühnenschaffende;* **Thea|ter|schu|le,** die; ⟨o. Pl.⟩: *Ausbildungsstätte für den künstlerischen Nachwuchs am Theater (1 b);* **Thea|ter- skan|dal,** der: *Skandal anläßlich einer Theateraufführung;* **Thea|ter|stück,** das: *für das Theater geschriebenes dramatisches Werk;* **Thea|ter|tech|nik,** die: *Bühnentechnik;* **Thea|ter|tech|ni|ker,** der: *Techniker, Fachmann auf dem Gebiet der Theatertechnik;* **Thea|ter|tech|ni|ke|rin,** die: w. Form zu ↑Theatertechniker; **Thea|ter|vor|stel|lung,** die: vgl. Theateraufführung; **Thea|ter|welt,** die ⟨o. Pl.⟩: *Gesamtheit der am Theater (1 b) künstlerisch Tätigen im Hinblick auf ihre Rolle in der Gesellschaft;* **Thea|ter|we|sen,** das ⟨o. Pl.⟩: *alles, was mit dem Theater zusammenhängt einschl. Organisation u. Verwaltung;* **Thea|ter|wis|sen|schaft,** die: *Wissenschaft vom Theater u. der Theatergeschichte* (a); **Thea|ter|wis|sen|schaft- ler,** der: *Wissenschaftler auf dem Gebiet der Theaterwissenschaft;* **Thea|ter|wis- sen|schaft|le|rin,** die: w. Form zu ↑Theaterwissenschaftler; **thea|ter|wis|sen- schaft|lich** ⟨Adj.⟩: *die Theaterwissenschaft betreffend, zu ihr gehörend;* **Thea- ter|zeit|schrift,** die: *Zeitschrift, die über das Theater, Theateraufführungen o.ä. berichtet;* **Thea|ter|zet|tel,** der (veraltet): *Theaterprogramm.*

Thea|ti|ner, der; -s, - [nach Teate, dem lat. Namen der ital. Stadt Chieti, von der der Gründer Bischof war]: *Angehöriger eines italienischen Ordens;* Abk.: OTheat; **Thea|ti|ne|rin,** die; -, -nen: w. Form zu ↑Theatiner.

Thea|tra|lik, die; - (bildungsspr.): *theatralische (2) Art, theatralisches Wesen: Kultobjekte einer Jugend, die T., Heroenanbetung und kollektive Rauschzustände zu missen scheint* (Spiegel 44, 1976, 236); **Thea|tra|li|ker,** der; -s, - (bildungsspr.): **1.** (veraltet) *Dramatiker.* **2.** (selten) *jmd., der theatralisch (2) ist;* **Thea|tra|li|ke|rin,** die; -, -nen: w. Form zu ↑Theatraliker; **thea|tra|lisch** ⟨Adj.⟩ [lat. theatralis, zu: theatrum, ↑Theater] (bildungsspr.): **1.** *das Theater (1 b, 2), die Schauspielkunst betreffend:* Baierls Komödie ... gilt heute als die t. reizvollste sozialistische Komödie (NNN 16. 10. 84, 3); ♦ *er erfuhr, daß ein alter -er (als Schauspieler beim Thea-* *ter auftretender) Freund ... vorbeireise* (Goethe, Wanderjahre II, 3). **2.** *in seinem Gehaben, seinen Äußerungen gespreizt-feierlich, pathetisch:* -e Gebärden; *der nur zu Beginn energisch, dann aber nur noch t. leitende sowjetische Schiedsrichter* (Saarbr. Zeitung 5. 10. 79, 9); **thea|tra|li- sie|ren** ⟨sw. V.; hat⟩ (bildungsspr.): *dramatisieren (1): ich glaube, du theatralisierst diese zarte Reaktion* (Fichte, Wolli 470); **Thea|trum mun|di,** das; - - [lat., eigtl. = Welttheater, zu: mundus = Welt]: **1.** *Titel von umfangreichen historischen Werken im 17. u. 18.Jh.* **2.** (früher) *Puppentheater, in dem die Figuren mit Hilfe von Laufschienen bewegt werden.*

Thé dan|sant [tedã'sã], der; - -, -s -s [tedã'sã; frz. thé dansant = Tanztee] (veraltet): *kleiner [Haus]ball;* **The|in,** Tein, das; -s [frz. théine, zu: thé = Tee]: *in den Blättern des Teestrauches enthaltenes Koffein.*

The|is|mus, der; - [zu griech. theós = Gott] (Philos., Rel.): *Glaube an einen persönlichen Gott als Schöpfer u. Lenker der Welt;* **The|ist,** der; -en, -en: *Anhänger, Vertreter des Theismus;* **The|istin,** die; -, -nen: w. Form zu ↑Theist; **the|istisch** ⟨Adj.⟩: **a)** *den Theismus betreffend, auf ihm beruhend;* **b)** *dem Theismus anhängend.*

-thek, die; -, -en [zu griech. théke = Behältnis, geb. nach ↑Bibliothek u.a.]: *bezeichnet in Bildungen mit Substantivableitungen eine Zusammenstellung, Sammlung von [zum Verleih bestimmten] Dingen oder die diese enthaltenden Räumlichkeiten:* Arthothek; Diathek; **The|ka,** die; -, ...ken [lat. theca, ↑Theke] (Bot.): *zwei Pollensäckchen enthaltendes Fach des Staubblattes;* **The|ke,** die; -, -n [lat. theca = Hülle, Büchse < griech. théke = Abstellplatz, Kiste, zu: tithénai = setzen, stellen, legen]: **a)** *in einem Lokal o.ä. mit einer Art Tischplatte versehener, langer, höherer, kastenförmiger Einrichtungsgegenstand, an dem die Getränke ausgeschenkt werden; Schanktisch:* an der T. standen mehrere Gäste; *ein dicker Wirt stand hinter der T.;* **b)** *mit einer Art Tischplatte [u. einem gläsernen Aufsatz für Waren] versehener, langer, höherer, kastenförmiger Einrichtungsgegenstand in Geschäften o.ä., an dem Kunden, Gäste bedient werden:* sie reichte ihm das Kuchen, die Brötchen über die T.; * *unter der T.* (↑Ladentisch); **The|ken|auf|stel- ler,** der (Werbespr.): *Aufsteller für den Ladentisch;* **The|ken|dis|play,** das (Werbespr.): *Thekenaufsteller.*

Thel|al|gie, die; -, -n [zu griech. thēlé = Mutterbrust; Brustwarze u. álgos = Schmerz] (Med.): *Schmerzen in der Brustwarze.*

The|le|ma, das; -s, Thelemata [griech. thélēma] (Philos.): *Wille;* **The|le|ma|tis- mus,** der; -, **The|le|ma|to|lo|gie,** die; - [↑-logie]: *Lehre von der Willenskraft;* **the- le|ma|to|lo|gisch** ⟨Adj.⟩: *die Thelematologie betreffend;* **Thel|is|mus,** der; -: *Thelematismus;* **the|li|stisch** ⟨Adj.⟩: *den Thelismus betreffend, willensmäßig.*

The|li|tis, die; -, ...itiden [zu griech. thēlé = Mutterbrust; Brustwarze] (Med.): *Entzündung der Brustwarzen.*

Thel|ly|to|kie, die; -, -n [zu griech. thē- los = weiblich u. tókos = Geburt; Nachkommenschaft] (Med.): *Erzeugung ausschließlich weiblicher Nachkommen;* **thel|ly|to|kisch** ⟨Adj.⟩ (Med.): *nur weibliche Nachkommen habend.*

The|ma, das; -s, ...men u. (bildungsspr. veraltend:) -ta [lat. thema < griech. théma = Satz, abzuhandelnder Gegenstand, eigtl. = das (Auf)gesetzte, zu: tithénai = setzen, stellen, legen]: **1.** *Gegenstand einer wissenschaftlichen Untersuchung, künstlerischen Darstellung, eines Gesprächs o.ä.:* ein interessantes, reizvolles, aktuelles, unerschöpfliches, politisches, literarisches T.; *dieses T. ist ein heikles, leidiges T.; dieses T. ist tabu, ist erschöpft; Daß Wissenschaft wie Technik dem Menschen diene, ist das beliebte T. aller Festreden* (Gruhl, Planet 262); *Der Jungfrauenraub durch Fabelwesen ist im Spätmittelalter ein gängiges T.* (NZZ 14. 3. 85, 35); *das ist für uns kein T. (steht nicht [mehr] zur Diskussion); das neue Verfahren wurde für ihn erst im T. (wurde aktuell), wenn es in den Handel kam* (Danella, Hotel 240); *ein T. berühren, [eingehend] behandeln, aufgreifen, anschneiden, fallenlassen; Ich dachte, du wärst froh, daß wir das T. beendet haben* (Danella, Hotel 280); *das T. wechseln; im Aufsatz das T. verfehlen; vom T. abkommen, abschweifen; das gehört nicht zum T.; zum eigentlichen T. zurückkommen; Ich machte die Wissenschaft zu meinem literarischen T.* (Stern, Mann 57); * *T.* **[Nummer] eins** (ugs.; **1.** *Erotik, Sexualität:* Sexfilm von 1987, der das T. Nummer 1 einfallslos variiert [Hörzu 30, 1992, 87]. **2.** *wichtigstes, am meisten erörtertes T.: Thema: Musik ist für mich T. Nummer eins* [Szene 8, 1985, 32]). **2.** (Musik) *Melodie, die den musikalischen Grundgedanken einer Komposition od. eines Teils derselben bildet: das T. einer Fuge.* **3.** (Sprachw.) *Teil des Satzes, der das bereits Bekannte od. als bekannt Vorausgesetzte enthält u. in einem gegebenen Text folglich die geringste Information enthält;* **The|ma-Rhe|ma-Glie|de|rung,** die; -, -en (Sprachw.): *Gliederung eines Satzes in Thema (3) u. Rhema;* **The|ma- tik,** die; -, -en ⟨Pl. selten⟩: **1.** *Thema (1), bes. im Hinblick auf seine Komplexität, die Vielfältigkeit seiner Aspekte:* Dr. Jovy *entzog sich vorsichtig einer weiteren Erörterung dieser T.* (Prodöhl, Tod 20). **2.** (Musik) *Art od. Kunst der Einführung u. Ausführung, Verarbeitung eines Themas (2);* **the|ma|tisch** ⟨Adj.⟩: **1.** *ein Thema (1) betreffend, ihm entsprechend: etw. nach -en Gesichtspunkten ordnen; der Film ist t. sehr aktuell, interessant.* **2.** (Musik) *ein Thema (2) aufweisend, betreffend, ihm entsprechend:* eine Fülle -er Einfälle; -es Verzeichnis/-er Katalog *(Verzeichnis der sämtlichen Kompositionen mit Angabe der jeweils ersten Takte in Notenschrift).* **3.** (Sprachw.) *mit Themavokal gebildet;* **the|ma|ti|sie|ren** ⟨sw. V.; hat⟩: **1.** (bildungsspr.) *zum Thema (1) von etw. machen, über etw. diskutieren:* die Angst, Probleme t.; *Er hat diese Skrupel im Film selbst thematisiert* (Spiegel 44, 1984, 236); *Zunächst steht allen Gruppen die Möglichkeit offen, ihre politi-*

schen Interessen und Forderungen zu t. (NZZ 27. 8. 84, 35). **2.** (Sprachw.) *mit einem Themavokal versehen;* **The|ma|ti|sierung,** die; -, -en: *das Thematisieren;* **The|ma|vo|kal,** der [zu griech. théma = Stammform (1)] (Sprachw.): *Vokal, der bei der Bildung von Verbformen zwischen Stammform (1) u. Endung eingeschoben wird* (z. B. red-*e*-t); **The|ma|wech|sel,** der: *Wechsel des Themas (1) in einem Gespräch o. ä.;* **The|men:** Pl. von ↑Thema; **The|men|be|reich,** der: *Bereich, zu dem bestimmte Themen gehören;* **The|men|ka|ta|log,** der: *Verzeichnis, Aufstellung von Themen* (1): *die Aufnahme neuer Probleme in den politischen T.* (Kelly, Um Hoffnung 21); **The|men|kom|plex,** der: vgl. Themenkreis; **The|men|kreis,** der: *Gruppe zusammengehörender Themen* (1); **The|men|li|ste,** die; -: vgl. Themenkatalog; **The|men|plan,** der: *aus verschiedenen Themen[kreisen] bestehender, verschiedene Themen[kreise] umfassender Arbeitsplan;* **The|men|stel|lung,** die: *bestimmte Art, in der ein Thema* (1) *gestellt, formuliert ist;* **The|men|wahl,** die: *Wahl* (1) *eines Themas* (1); **The|men|wech|sel,** der: *Themawechsel.*
Them|se, die; -: englischer Fluß.
The|nar, das; -s, ...na̱re [zu griech. thénar = flache Hand, Handfläche] (Med.): *Daumenballen.*
theo-, Theo- [griech. theós = Gott] ⟨Best. in Zus. mit der Bed.⟩: *Gottes-, Götter-; göttlich* (z. B. theologisch, Theologie); **Theo|bro|min,** das; -s [zu nlat. Theobroma = Kakaobaum, zu griech. theós = Gott u. brõma = Speise, also eigtl. = Götterspeise, weil das Schokoladengetränk urspr. nur den „von Gottes Gnaden" Mächtigen vorbehalten war] (Chemie, Pharm.): *(leicht anregend wirkendes) Alkaloid der Kakaobohnen;* **Theo|di|zee,** die; -, ...een [frz. théodicée (Leibniz 1710), zu griech. theós = Gott u. díkē = Gerechtigkeit] (Philos.): *Rechtfertigung Gottes hinsichtlich des von ihm in der Welt zugelassenen Übels u. Bösen, das mit dem Glauben an seine Allmacht, Weisheit u. Güte in Einklang zu bringen gesucht wird.*
Theo|do|lit, der; -[e]s, -e [engl. theodolite, H. u.] (Vermessungsw.): *geodätisches Instrument zur Vermessung von horizontalen u. Höhenwinkeln: Das menschliche Auge kann getäuscht werden – nicht aber der T.* (Brückenbauer 11. 9. 85, 13).
Theo|gno|sie, Theo|gno|sis spätgriech. theognōsía, zu griech. theós (↑theo-, Theo-) u. gnõsis = Erkenntnis], die; - (Philos.): *Gotteserkenntnis;* **Theo|go|nie,** die; -, -n [lat. theogonia < griech. theogonía, zu griech. gonḗ = Abstammung] (griech. Philos.): *mythische Lehre od. Vorstellung von der Entstehung, Abstammung der Götter;* **Theo|krat,** der; -en, -en (bildungsspr.): *Vertreter, Anhänger der Theokratie;* **Theo|kra|tie,** die; -, -n [spätgriech. theokratía, zu griech. krátos = Stärke; Gewalt; Herrschaft] (bildungsspr.): *Herrschaftsform, bei der die Staatsgewalt allein religiös legitimiert u. von einer als Gott bzw. Stellvertreter Gottes auf Erden angesehenen Einzelperson od. von der Priesterschaft ausgeübt wird;* **theo|kra|tisch** ⟨Adj.⟩ (bildungsspr.): *die Theokratie betreffend; in der Art einer Theokratie;* **Theo|la|trie,** die; -, -n [↑Latrie] (veraltet): *Gottesverehrung, Gottesdienst;* **Theo|lo|ge,** der; -n, -n [lat. theologus < griech. theológos = Gottesgelehrter, eigtl. = von Gott Redender, zu: lógos, ↑Logos]: *jmd., der Theologie studiert, studiert hat u. auf diesem Gebiet beruflich, wissenschaftlich tätig ist;* **Theo|lo|gie,** die; -, -n [spätlat. theologia < griech. theológos, ↑Theologe]: *wissenschaftliche Lehre von einer als wahr vorausgesetzten [christlichen] Religion, ihrer Offenbarung, Überlieferung u. Geschichte; Glaubenslehre:* katholische, evangelische, islamische, jüdische T. studieren; historische, systematische, praktische T. (Disziplinen der christlichen Theologie); **Theo|lo|gie|pro|fes|sor,** der: *Professor der Theologie;* **Theo|lo|gie|pro|fes|so|rin,** die: w. Form zu ↑Theologieprofessor; **Theo|lo|gie|stu|dent,** der: *Student der Theologie;* **Theo|lo|gie|stu|den|tin,** die: w. Form zu ↑Theologiestudent; **Theo|lo|gie|stu|di|um,** das: *Studium der Theologie;* **Theo|lo|gin,** die; -, -nen: w. Form zu ↑Theologe; **theo|lo|gisch** ⟨Adj.⟩: *die Theologie betreffend, zu ihr gehörend, auf ihr beruhend:* -e Fragen, Probleme erörtern; ein -es Studium; die -e Fakultät; **theo|lo|gi|sie|ren** ⟨sw. V.; hat⟩: *etw. unter theologischem Aspekt erörtern;* **Theo|lo|gi|sie|rung,** die; -, -en: *das Theologisieren, Theologisiertwerden:* Je jünger die Palästinenser, desto religiöser ihr Selbstverständnis. Die T. des Politischen scheint angesagt – jedenfalls für die Zukunft (Kursbuch 100, 1990, 182); **Theo|lo|gu|me|non,** das; -s, ...mena [griech. theologoúmena = Untersuchungen über Gott u. göttliche Dinge, zu: theologeĩn = von Gott u. göttlichen Dingen reden u. darüber Untersuchungen anstellen, zu: theológos, ↑Theologe]: *(nicht zur eigentlichen Glaubenslehre gehörender) theologischer Satz;* **Theo|ma|nie,** die; -, -n [griech. theomanía, zu: manía = Wahnsinn] (veraltet): *religiöser Wahn[sinn];* **Theo|man|tie,** die; -, -n [griech. theomantía, zu: manteía = das Weissagen]: *Weissagung durch göttliche Eingebung;* **theo|morph, theo|mor|phisch** ⟨Adj.⟩ [griech. theómorphos, zu: morphḗ = Gestalt]: *in göttlicher Gestalt [auftretend, erscheinend];* **theo|nom** ⟨Adj.⟩ (Theol.): *unter Gottes Gesetz stehend;* **Theo|no|mie,** die; - [zu griech. nómos = Gesetz] (Theol.): *Bindung des sittlichen Handelns an den Willen Gottes;* **Theo|pha|nie,** die; -, -n [spätgriech. theopháneia, zu griech. phaínesthai = erscheinen] (Rel.): *zeitlich begrenztes, den Sinnen wahrnehmbares Erscheinen Gottes;* **theo|phor, theo|pho|risch** ⟨Adj.⟩ [griech. theophóros, eigtl. = Gott tragend, zu: phorós = tragend]: *Gott[esnamen] tragend:* -e Namen (*Personen- od. Ortsnamen, die auf Götternamen beruhen; z. B. Dionysos* (*zu Dionysos*); theophorische Prozession (*kath. Kirche; feierliche Prozession mit dem Allerheiligsten*); **Theo|phyl|lin,** das; -s [zu ↑Theobromin u. griech. phýllon = Blatt; das Alkaloid ist ein Isomer des Theobromins]: *(leicht anregend wirkendes) in Teeblättern enthaltenes Alkaloid;* **Theo|pneu|stie,** die; -, -n [zu griech. theópneustos = von Gott angehaucht, zu: pneĩn = atmen, hauchen]: *Eingebung Gottes.*
The|or|be, die; -, -n [frz. t(h)éorbe < ital. teorba, H. u.] (Musik): (*bes. als Generalbaßinstrument im Barock) tiefe Laute mit zwei Hälsen u. doppeltem Wirbelkasten.*
Theo|rem, das; -s, -e [lat. theorema < griech. theṓrēma, eigtl. = das Angeschaute, zu: theōreĩn, ↑Theorie] (bildungsspr.): *aus Axiomen einer wissenschaftlichen Theorie gewonnener Satz* (2); *Lehrsatz;* **Theo|re|ti|ker,** der; -s, -: **1.** *jmd., bes. ein Wissenschaftler, der die theoretischen Grundlagen für etw. erarbeitet, der sich mit der Theorie eines [Fach]gebietes auseinandersetzt.* **2.** *jmd., der sich nur abstrakt mit etw. beschäftigt u. dem der Sinn für die praktische Ausführung fehlt:* Doch verleitet mich die gelegentliche Überlegenheit des Praktikers über den T. nicht zum Hochmut (Stern, Mann 59); **Theo|re|ti|ke|rin,** die; -, -nen: w. Form zu ↑Theoretiker; **theo|re|tisch** ⟨Adj.⟩ [spätlat. theoreticus < griech. theōrētikós = beschauend, untersuchend, zu: theōreĩn, ↑Theorie]: **1.** *die Theorie von etw. betreffend:* -e Kenntnisse; ein großes -es Wissen besitzen; -er Unterricht; -e Chemie, Physik; Wie es sich für eine programmatische Erzählung schickt, ist zuerst dieses -e Kapitel entstanden (Reich-Ranicki, Th. Mann 97); etw. t. begründen. **2.** *[nur] gedanklich, die Wirklichkeit nicht [genügend] berücksichtigend:* -e Fälle, Möglichkeiten; Dies ist keine -e Frage, sondern eine Entscheidung über Tod und Leben (Gruhl, Planet 23); was du sagst, ist t. richtig, aber in der Praxis kaum durchzuführen; das ist mir alles zu t.; nehmen wir rein t. an, es hätte sich alles so abgespielt, wie er sagte; **theo|re|ti|sie|ren** ⟨sw. V.; hat⟩ (bildungsspr.): *theoretische Überlegungen anstellen:* Sie sollten nicht so viel t., ... stürzen Sie sich erst mal in die praktische Arbeit (Ziegler, Konsequenz 202); **Theo|rie,** die; -, -n [spätlat. theoria < griech. theōría = das Zuschauen; Betrachtung, Untersuchung, zu: theōrós = Zuschauer (zu: théā = das Anschauen; Schau) u. horãn = sehen]: **1. a)** *System wissenschaftlich begründeter Aussagen zur Erklärung bestimmter Tatsachen od. Erscheinungen u. der ihnen zugrundeliegenden Gesetzlichkeiten:* eine unbeweisbare, kühne T.; die zahlreichen -n über die Entstehung der Erde; nach jenem aufregenden Jahrhundert, das so viele politische und soziale -n ersonnen hatte (Dönhoff, Ära 48); ... müssen zunächst die Fundamente gelegt werden, auf denen neue -n aufbauen können (Gruhl, Planet 23); eine T. entwickeln, vertreten, ausbauen, beweisen; Die europäischen Gelehrten haben die scharfsinnigsten und geistreichsten -n aufgestellt (Bamm, Weltlaterne 99); **b)** *Lehre über die allgemeinen Begriffe, Gesetze, Prinzipien eines bestimmten Bereichs der Wissenschaft, Kunst, Technik:* die T. des Romans; am Konservato-

rium T. *(Musiktheorie)* lehren. **2. a)** ⟨o. Pl.⟩ *rein begriffliche, abstrakte [nicht praxisorientierte od. -bezogene] Betrachtung[sweise], Erfassung von etw.:* die T. in die Praxis umsetzen, mit der Praxis verbinden; das ist alles reine T.; Von der beliebten T., es gebe ein gutes und ein böses Deutschland, will er also nichts wissen (Reich-Ranicki, Th. Mann 90); * **graue T. sein** (bildungsspr.; *nicht der Wirklichkeit entsprechen, sich in der Praxis nicht durchführen lassen;* nach Goethes „Faust", wo es in der Schülerszene heißt: „Grau, teurer Freund, ist alle Theorie"); **b)** ⟨meist Pl.⟩ *wirklichkeitsfremde Vorstellung; bloße Vermutung:* sich in -n versteigen; **Theo|ri|en|streit,** der: *aus unterschiedlichen Positionen in bezug auf bestimmte Theorien erwachsende heftige Auseinandersetzung:* Im T. über die Ablehnung von im Beweissicherungsverfahren tätig gewordenen Sachverständigen zeichnet sich eine Wende ... ab (NJW 18, 1984, 1019).
Theo|soph, der; -en, -en [mlat. theosophus < spätgriech. theósophos = in göttlichen Dingen erfahren, zu: theós = Gott u. sophós = klug]: *Verehrer, Anhänger der Theosophie;* **Theo|so|phie,** die; -, -n [spätgriech. theosophía]: *religiöse Lehre, nach der eine höhere Einsicht in den Sinn aller Dinge nur in der mystischen Schau Gottes gewonnen werden kann;* **Theo|so|phin,** die; -, -nen: w. Form zu ↑Theosoph; **theo|so|phisch** ⟨Adj.⟩: *die Theosophie betreffend;* **Theo|xe|ni|en** ⟨Pl.⟩ [griech. theoxénia, zu: xénion, ↑Xenion]: *kultische Mahlzeiten mit der Bewirtung von Göttern im altgriechischen Kult;* **theo|zen|trisch** ⟨Adj.⟩: *(von einer Religion od. Weltanschauung) Gott in den Mittelpunkt stellend.*
The|ra|lith [auch: ...'lıt], der; -s, -e [nach der griech. Insel Thera (ngriech. Thira) u. zu ↑-lith]: *dunkles Tiefengestein.*
The|ra|peut, der; -en, -en [griech. therapeutés = Diener, Pfleger, zu: therapeúein, ↑Therapie] (Med., Psych.): *Arzt im Hinblick auf seine Aufgabe, gegen Krankheiten bestimmte Therapien anzuwenden;* **The|ra|peu|tik,** die; - (Med.): *Lehre von der Behandlung der Krankheiten;* **The|ra|peu|ti|kum,** das; -s, ...ka (Med., Psych.): *Heilmittel;* **The|ra|peu|tin,** die; -, -nen: w. Form zu ↑Therapeut; **the|ra|peu|tisch** ⟨Adj.⟩: **a)** *die Therapie betreffend, zu einer Therapie gehörend:* -e Mittel, Maßnahmen; die -e Anwendung eines Wirkstoffes; Aber schulterklopfend dan Rat zu geben, man möge doch mal den Partner wechseln, ist -es Fehlverhalten (Schreiber, Krise 78); t. angewandte Antibiotika; **b)** *für eine Therapie zusammengestellt u. sich ihr unterziehend:* -e Gruppen; **The|ra|pie,** die; -, -n [griech. therapeía, eigtl. = das Dienen; Dienst, zu: therapeúein = dienen] (Med., Psych.): *Heilbehandlung:* eine gezielte, erfolgreiche, medikamentöse T.; die beste T. bei Migräne ist ...; eine T. anwenden; er ist bei einem Psychiater in T.; Nach den Erfahrungen ... prägen etwa 50 Prozent der Patienten eine deutliche Besserung unter der T. (Welt 5. 9. 89, 25); zu einer T. greifen; Ü Himmel, Meer und weite Felder, das wäre genau die richtige T. (Danella, Hotel 135); **The|ra|pie|grup|pe,** die (Med., Psych.): *Gruppe von Patienten, die sich einer Gruppentherapie unterziehen;* **The|ra|pie|platz,** der: *Platz (4) für die Teilnahme an einer Therapie:* für die Süchtigen stehen zu wenig Therapieplätze zur Verfügung; **the|ra|pie|ren** ⟨sw. V.; hat⟩ (Med., Psych.): *einer Therapie unterziehen:* Patienten sollen nicht nur medizinisch, sondern auch politisch therapiert werden (MM 16. 8. 73, 2); Wir therapieren nur Fälle, die zu uns kommen, weil sie unter Leidensdruck stehen (Spiegel 5, 1975, 112); **the|ra|pie|re|sistent** ⟨Adj.⟩: *auf keine mögliche Therapie ansprechend:* -e Krankheiten, Symptome; **The|ra|pie|rung,** die; -, -en: *das Therapieren, Therapiertwerden.*
The|ri|ak, der; -s [(m)lat. theriaca < griech. thēriakḗ, eigtl. = Arznei gegen den Biß giftiger Tiere, zu: thēríon = wildes Tier]: *(im MA.) bes. bei Vergiftungen angewandtes Allheilmittel;* **the|rio|morph** ⟨Adj.⟩ [zu griech. morphḗ = Gestalt, Form] (Rel.): *(von Göttern) die Gestalt von Tieren habend;* **the|rio|phor** ⟨Adj.⟩ [zu griech. phorós = tragend]: *Tiernamen tragend.*
therm-, Therm-: ↑thermo-, Thermo-; **therm|ak|tin** ⟨Adj.⟩ [zu ↑thermo-, Thermo- u. griech. aktís = Strahl, ↑Actinium] (Physik): *auf in glühenden Festkörpern ablaufenden) atomaren Prozessen beruhend, bei denen die aus Wärmeenergie entstandene Strahlung aus dem einen Körper ausgesandt u. von einem anderen Körper wieder in reine Wärmeenergie umgewandelt wird;* **ther|mal** ⟨Adj.⟩ [(engl., frz. thermal) zu griech. thérmē, ↑Therme] (selten): **1.** *durch Wärme bewirkt, die Wärme betreffend.* **2.** *auf warme Quellen bezogen, mit Hilfe warmer Quellen;* **Ther|mal|bad,** das: **1.** *Heilbad (1) mit Thermalquelle.* **2.** *Heilbad (2) in Wasser von einer Thermalquelle.* **3.** *Thermalschwimmbad;* **Ther|mal|quel|le,** die: *warme Heilquelle;* **Ther|mal|salz,** das: *aus einer Thermalquelle gewonnenes Salz;* **Ther|mal|schwimm|bad,** das: *von einer Thermalquelle gespeistes Frei- od. Hallenbad;* **Ther|mal|was|ser,** das ⟨Pl. ...wässer⟩: *Wasser von einer Thermalquelle;* **Therm|an|äs|the|sie,** die; - [zu ↑thermo-, Thermo- u. ↑Anästhesie] (Med.): *Verlust der Temperaturempfindlichkeit;* **Ther|me,** die; -, -n [lat. thermae (Pl.) < griech. thérmai = heiße Quellen, Pl. von: thérmē = Wärme, zu: thermós = warm]: **1.** *Thermalquelle.* **2.** ⟨nur Pl.⟩ *Badeanlagen der römischen Antike;* **Ther|mi|dor,** der; -[s], -s [frz. thermidor, eigtl. = Hitzemonat]: *(im Kalender der Französischen Revolution) elfter Monat des Jahres (19. 7.–17. 8.);* **Ther|mik,** die; - (Met.): *durch starke Erwärmung des Bodens u. der darüberliegenden Luftschichten hervorgerufener Aufwind:* dem Flugzeug fehlte die richtige T.; Die Spinnengewebe in den Winkeln, ..., die in der T. (in der aufsteigenden warmen Luft) des Kohlenfeuers schwach zittern (Stern, Mann 119); *die Thermik nutzender Segelflug;* **Therm|io|nen** ⟨Pl.⟩ (Chemie): *aus glühenden Metallen austretende Ionen;* **therm|io|nisch** ⟨Adj.⟩ (Chemie): *die Thermionen betreffend;* **ther|misch** ⟨Adj.⟩ (Fachspr.): *die Wärme betreffend, durch Wärme verursacht, auf ihr beruhend:* -e Energie; Geplant ist die Verdoppelung der -en Leistung des Forschungsreaktors (Volksblatt 16. 6. 84, 10); **Ther|mi|stor,** der; -s, ...oren [engl. thermistor, zusgez. aus **ther**mal **resistor**] (Elektrot.): *wegen seines stark temperaturabhängigen Widerstands zu Meß- u. Regelzwecken verwendetes elektronisches Bauelement;* **Ther|mit** Ⓦ [auch: ...'mıt], das; -s, -e [zu griech. thérmē = Wärme od. thermós = warm]: *sehr große Hitze entwickelnde Mischung aus pulverisiertem Aluminium u. einem Metalloxyd;* **Ther|mit|schwei|ßen,** das; -s: *Verfahren zum Schweißen metallischer Werkstoffe, wobei die Verschmelzung durch die unter starker Hitzeentwicklung vor sich gehende Umsetzung von Thermit zu Aluminiumoxyd u. flüssigem Metall bewirkt wird;* **ther|mo-, Thermo-,** (vor Vokalen auch:) **therm-, Therm-** [zu griech. thermós = warm, heiß od. thérmē, ↑Therme] ⟨Best. in Zus. mit der Bed.⟩: *Wärme, Wärmeenergie; Temperatur* (z. B. thermoelektrisch, Thermometer, thermaktin, Thermionen); **Ther|mo|an|al|ly|se,** die; -, -n (Chemie): *analytisches Verfahren zur Feststellung der spezifischen physikalischen u. chemischen Eigenschaften eines Stoffes bei unterschiedlichen Temperaturen;* **Ther|mo|ba|ro|graph,** der; -en, -en (Met.): *Barothermograph;* **Ther|mo|be|häl|ter,** der; -s, -: vgl. Thermosflasche; **Ther|mo|che|mie,** die; -: *Untersuchung des Einflusses von Wärme auf chemische Prozesse als Teilgebiet der physikalischen Chemie;* **ther|mo|che|misch** ⟨Adj.⟩: *die Thermochemie betreffend;* **Ther|mo|chro|mie,** die; - [zu griech. chrōma = Farbe] (Chemie): *Änderung der Farbe eines Stoffes bei Temperaturwechsel;* **Ther|mo|druck,** der; -[e]s, -e (Datenverarb.): *Verfahren zum Herstellen von farbigen Ausdrucken aus dem Datenbestand eines Computersystems;* **Ther|mo|dy|na|mik,** die; -: *Untersuchung des Verhaltens physikalischer Systeme bei Temperaturänderungen, bes. beim Zu- und Abführen von Wärme;* **ther|mo|dy|na|misch** ⟨Adj.⟩: *die Thermodynamik betreffend;* **Ther|mo|ef|fekt,** der; -[e]s (Physik): *das Auftreten einer elektrischen Spannung od. (bei geschlossenem Stromkreis) eines elektrischen Stromes beim Erwärmen der Berührungsstelle zweier verschiedener metallischer [Halb]leiter eines Stromkreises;* **Ther|mo|elek|tri|ka** ⟨Pl.⟩: *Stoffe mit besonders günstigen thermoelektrischen Eigenschaften (z. B. große Thermokraft);* **ther|mo|elek|trisch** ⟨Adj.⟩: *die Thermoelektrizität betreffend, auf ihr beruhend, durch sie betrieben bewirkt;* **Ther|mo|elek|tri|zi|tät,** die; -: *Gesamtheit der Erscheinungen in elektrisch leitenden Stoffen, bei denen Temperaturunterschiede elektrische Spannungen bzw. Ströme hervorrufen u. umgekehrt;* **Ther|mo|ele|ment,** das; -[e]s, -e [Temperaturmeß]gerät, das aus zwei ¹Leitern (2) verschiedener Werkstoffe besteht, die an ihren Enden zusammengelötet sind; **Ther|mo|fen|ster,** das; -s, -: *Fenster mit Isolier-*

glas; **ther|mo|fi|xie|ren** ⟨sw. V.; hat⟩ (Textilind.): *(synthetische Fasern) dem Einfluß von Wärme aussetzen, um spätere Formbeständigkeit zu erreichen;* **Thermo|gal|va|no|me|ter,** *das; -s, -: nach den Gesetzen der Thermoelektrizität arbeitendes Galvanometer;* **Ther|mo|gramm,** *das; -s, -e* [↑ -gramm]: **1.** *bei der Thermographie entstehende Aufnahme.* **2.** (Met.) *Aufzeichnung eines Thermographen;* **Thermo|graph,** *der; -en, -en* [↑ -graph] (Met.): *Gerät zur selbsttätigen Aufzeichnung des Verlaufs der Temperatur innerhalb eines bestimmten Zeitraums; Temperaturschreiber;* **Ther|mo|gra|phie,** *die; -, -n* [↑ -graphie]: **1.** *Verfahren zur fotografischen Aufnahme von Objekten mittels ihrer an verschiedenen Stellen unterschiedlichen Wärmestrahlung: Die Einführung der T. in die Medizin erfolgte ... 1953* (MM 5./6. 4. 80, 31). **2.** *Kopierverfahren, bei denen mit wärmeempfindlichen Materialien u. Wärmestrahlung gearbeitet wird;* **ther|mo|ha|lin** ⟨Adj.⟩ [zu griech. háls (Gen.: halós) = Salz] (Fachspr.): *die Temperatur u. den Salzgehalt von Meerwasser betreffend;* **Ther|mo|ho|se,** *die; -, -n;* vgl. Thermomantel; **Ther|mo|hy|gro|graph,** *der; -en, -en* (Met.): *Verbindung eines Thermographen mit einem Hygrographen;* **Thermo|kau|stik,** *die; -* [↑ Kaustik] (Med.): *das Verschorfen von Geweben mit Hilfe eines Thermokauters;* **Ther|mo|kau|ter,** *der; -s, -* [↑ Kauter] (Med.): *elektrisch beheiztes od. gekühltes chirurgisches Instrument zur Durchführung von Operationen od. zur Verschorfung von Gewebe;* **Ther|mo|kraft,** *die; -* (Physik): *durch den Thermoeffekt auftretende elektromotorische Kraft;* **thermo|la|bil** ⟨Adj.⟩ [↑ labil] (Physik): *nicht wärmebeständig;* **Ther|mo|lu|mi|neszenz,** *die; -* (Physik): *beim Erwärmen bestimmter Stoffe auftretendes u. verstärktes Aufleuchten [in einer charakteristischen Farbe];* **Ther|mo|ly|se,** *die; -* [↑ Lyse] (Chemie): *durch Erhitzen bewirkte Spaltung chemischer Verbindungen; thermische Dissoziation;* **Ther|moman|tel,** *der; -s, ...mäntel: in besonderer Weise gefütterter, meist mit einem Vlies* (2), *einer Art Wattierung versehener, warmer, aber relativ leichter Mantel;* **Thermo|me|ta|mor|pho|se,** *die; -* (Geol.): *Gesteinsumwandlung, die durch eine Erhöhung der Temperatur im Gestein verursacht wird;* **Ther|mo|me|ter,** *das, österr., schweiz. auch: der; -s, -* [↑ -meter (1)]: **1.** *Gerät zum Messen der Temperatur: das T. zeigt 5 Grad über Null; das T. (die Quecksilbersäule) fällt, klettert [auf 10 Grad]; Er ging endlich los, nachdem er noch mal nach dem T. geguckt hatte* (H. Gerlach, Demission 230). **2.** (Gaunerspr.) *Flasche Branntwein: Er entkorkt ein T., setzt an und säuft* (Lynen, Kentaurenfähre 196); **Ther|mo|me|trie,** *die; -, -n* [↑ -metrie] (Fachspr.): *[Lehre von der] Messung der Temperatur;* **Ther|mo|morpho|se,** *die; -, -n* ⟨meist Pl.⟩ [↑ Morphose] (Biol.): *temperaturabhängige Änderung der Gestalt bei bestimmten Pflanzen u. Tieren;* **Ther|mo|na|stie,** *die; -* [↑ Nastie] (Bot.): *durch Temperaturänderung hervorgerufene Veränderung der Lage pflanzlicher Organe;* **ther|mo|nu|kle|ar** ⟨Adj.⟩

[↑ nuklear] (Physik): *auf Kernfusion beruhend, sie betreffend;* **Ther|mo|nu|kle|arwaf|fe,** *die: atomare Waffe, bei der die Kernverschmelzung durch Temperaturanstieg ausgelöst wird;* **ther|mo|oxy|diert** ⟨Adj.⟩ [zu ↑ oxydieren] (Chemie): *durch Wärme in eine Sauerstoffverbindung überführt;* **Ther|mo|pane** ⓦ [...'peɪn], *das; -* [zu engl. pane = Fensterscheibe]: *aus zwei od. mehreren Scheiben bestehendes Fensterglas* (a), *das wegen eines Vakuums zwischen den Scheiben isolierende Wirkung hat;* **Ther|mo|pane|fen|ster,** *das: Fenster mit Thermopane;* **Ther|mo|pause,** *die; -* [zu griech. paũsis = Ende] (Met.): *obere Grenze der Thermosphäre;* **Ther|mo|pe|ri|odis|mus,** *der; -, ...men* [zu ↑ Periode]: *meist mit einem Lichtwechsel einhergehender Temperaturwechsel (tagsüber warm, nachts kühl), der eine optimale Entwicklung der Pflanzen bewirkt;* **ther|mo|phil** ⟨Adj.⟩ [zu griech. phileĩn = lieben] (Biol.): *(bes. von Mikroorganismen) warme Temperaturen bevorzugend;* **Ther|mo|phi|lie,** *die; -* (Biol.): *Bevorzugung warmer Lebensräume;* **Ther|mophor,** *der; -s, -e* [zu griech. phorós = tragend]: **1.** (Med.) *zur örtlichen Anwendung von Wärme geeignete Vorrichtung* (z. B. Wärmflasche). **2.** (Physik) *Gerät zur Übertragung genau bestimmter Wärmemengen.* **3.** *isolierendes Gefäß aus Metall;* **Ther|mo|plast,** *der; -[e]s, -e* (Chemie): *thermoplastischer Kunststoff;* **ther|mopla|stisch** ⟨Adj.⟩ [↑ plastisch] (Chemie): *bei höheren Temperaturen ohne chemische Veränderung erweichbar u. verformbar: -e Kunststoffe; eine Außenhaut aus -em Gummi* (ADAC-Motorwelt 10, 1984, 23); **Ther|mo|re|gu|la|ti|on,** *die; -, -en* (Biol.): *Temperaturregulation;* **Thermo|re|zep|tor,** *der; -s, ...oren* (Biol.): *Rezeptor* (1), *der Temperaturänderungen registriert;* **Ther|mos|fla|sche,** *die; -, -n* [Thermos ⓦ]: *doppelwandiges [flaschenähnliches] Gefäß zum Warm- bzw. Kühlhalten von Speisen u. Getränken: Sie ... tranken heißen Kaffee aus der T.* (Handke, Frau 105); **Ther|mos|ge|fäß,** *das; -es, -e* [Thermos ⓦ]: vgl. Thermosflasche; **Ther|mo|skop,** *das; -s, -e* [zu griech. skopeĩn = betrachten]: *Instrument, das Temperaturunterschiede, aber keine Meßwerte anzeigt;* **Ther|mo|sphäre,** *die; -* (Met.): *oberhalb der Mesosphäre gelegene Schicht der Erdatmosphäre, in der die Temperatur mit der Höhe stark ansteigt;* **ther|mo|sta|bil** ⟨Adj.⟩ [↑ stabil] (Physik): *wärmebeständig;* **Ther|mo|stabi|li|tät,** *die; -* (Physik): *Wärmebeständigkeit;* **Ther|mo|stat,** *der; -[e]s u. -en, -e[n]* [zu griech. statós = stehend, gestellt]: *[automatischer] Temperaturregler;* **Ther|mo|strom,** *der; - [e]s* (Physik): *von der Thermokraft hervorgerufener elektrischer Strom;* **Ther|mo|ta|xis,** *die; -, ...xen* [↑ ²Taxis] (Biol.): *durch Temperaturunterschiede ausgelöste Bewegung freibeweglicher Organismen;* **Ther|mo|the|ra|pie,** *die; -, -n* (Med.): *Heilbehandlung durch Anwendung von Wärme;* **Ther|mo|tro|pis|mus,** *der; -, ...men* [↑ Tropismus] (Biol.): *durch Temperaturunterschiede ausgelöste Bewegung von Teilen festgewachsener Pflanzen od. festsitzender Tiere.*

The|ro|phyt, *der; -en, -en* [zu griech. théros = Sommer u. phytón = Pflanze] (Bot.): *einjährige Pflanze.*

the|sau|rie|ren ⟨sw. V.; hat⟩ [zu ↑ Thesaurus]: **1.** (Wirtsch.) *(Geld, Wertsachen, Edelmetalle) anhäufen, horten:* Tatsächlich werden die Gewinne nicht an die Mitgliedsländer ausgeschüttet, sondern thesauriert (Enzensberger, Mittelmaß 147). **2.** (Sprachw.) *einen Thesaurus* (3) *zusammenstellen, als Thesaurus anlegen: thesaurierende Wörterbücher;* **The|sau|rie|rung,** *die; -, -en: das Thesaurieren;* **The|sau|ris|mo|se,** *die; -, -n* (Med.): *Krankheit, die auf einer vermehrten Speicherung von Stoffwechselprodukten in Organen od. Zellen beruht;* **The|sau|rus,** *der; -, ...ren u. ...ri* [1: lat. thesaurus < griech. thēsaurós]: **1.** *(in der Antike) Gebäude in einem Heiligtum* (a) *zur Aufbewahrung kostbarer Weihegaben; Schatzhaus.* **2.** *Titel wissenschaftlicher Sammelwerke, bes. großer Wörterbücher der alten Sprachen.* **3.** *alphabetisch u. systematisch geordnete Sammlung von Wörtern eines bestimmten [Fach]bereichs.*

The|se, *die; -, -n* [lat. thesis < griech. thésis, eigtl. das Setzen, Stellen, zu: tithénai = setzen, stellen]: **1.** (bildungsspr.) *behauptend aufgestellter Satz* (2), *der als Ausgangspunkt für die weitere Argumentation dient: eine kühne, überzeugende, fragwürdige, wissenschaftliche, politische T.; Luthers -n gegen den Ablaß; Läßt sich nach diesem Ergebnis noch die T. von der vertauschten Ladung aufrechterhalten?* (Welt 14. 11. 64, 16); *eine T. aufstellen, entwickeln, formulieren, vertreten, verfechten, widerlegen, das erhärtet seine T.; und wieder verbreite Washington die T. einer libyschen Bedrohung* (NZZ 30. 8. 86, 3). **2.** (Philos.) *(in der dialektischen Argumentation) Behauptung, der eine Antithese* (1) *gegenübergestellt wird: in der Dialektik schlägt die T. in die Antithese um und führt zur Synthese;* **the|sen|haft** ⟨Adj.⟩: *in der Art einer These* (1): *etw. t. zusammenfassen;* **The|sen|pa|pier,** *das: Papier* (2), *in dem Thesen zu einem bestimmten Thema aufgelistet sind: In einem T. ... werden drastische Maßnahmen ... vorgeschlagen* (Spiegel 9, 1988, 69); **The|sen|ro|man,** *der* [nach frz. roman à thèse] (Literaturw.): *Roman, in dem eine bestimmte [gesellschafts]politische These vertreten wird;* **The|sen|stück,** *das* (Literaturw.): *stark tendenziöse Form des Sittenstücks, in dessen Mittelpunkt die Diskussion ideologischer Thesen steht;* **The|sis** [auch: 'tɛzɪs], *die; -, Thesen* [griech. thésis = Auftreten des Fußes]: **1.** (Verslehre) **a)** *betonter Taktteil im altgriechischen Vers;* **b)** *unbetonter Taktteil in der neueren Metrik.* **2.** (Musik) *abwärts geführter Schlag beim ¹Taktieren;* **Thes|mo|pho|ri|en** ⟨Pl.⟩ [griech. thesmophória, zu: thesmophóros = gesetzgebend, zu: thesmós = Satzung, Gesetz, Sitte u. phérein = tragen, bringen]: *altgriechisches, von Frauen gefeiertes Fest zu Ehren der Göttin Demeter, das im Herbst anläßlich der Aussaat begangen wurde.*

Thes|pis|kar|ren, *der; -s, -* [nach dem Tragödiendichter Thespis (6. Jh. v. Chr.), dem Begründer der altgriech. Tragödie] (bildungsspr. scherzh.): *Wanderbühne.* **Thes|sa|li|en**, -s: Landschaft auf der Balkanhalbinsel; **Thes|sa|li|er**, der; -s, -: Ew.; **Thes|sa|lie|rin**, die; -, -nen: w. Form zu ↑Thessalier; **thes|sa|lisch** ⟨Adj.⟩; **Thes|sa|lo|ni|cher**, der; -s, -: Ew.; **Thes|sa|lo|ni|che|rin**, die; -, -nen: w. Form zu ↑ Thessalonicher; **Thes|sa|lo|ni|ki**: griechische Form von: Saloniki; **thes|sa|lo|nisch** ⟨Adj.⟩.

The|ta, das; -[s], -s [griech. thēta, aus dem Semit.]: *achter Buchstabe des griechischen Alphabets* (Θ, ϑ).

The|tik, die; - [zu griech. thetikós = wissenschaftlich festsetzend] (Philos.): *Wissenschaft von den Thesen od. dogmatischen Lehren;* **the|tisch** ⟨Adj.⟩ (Philos.): *in der Art einer These [formuliert]; behauptend.*

The|urg, der; -en, -en [spätlat. theurgus < spätgriech. theourgós, zu: theourgía, ↑ Theurgie] (Philos., Völkerk.): *jmd., der der Theurgie mächtig ist;* **The|ur|gie**, die; - [spätlat. theurgia < spätgriech. theourgía, zu: theós = Gott u. érgon = Tat] (Philos., Völkerk.): *(vermeintliche) Beeinflussung von Gottheiten durch den Menschen.*

Thi-: ↑Thio-; **Thi|amin**, das; -s, -e [zu ↑Thio- u. ↑Amin; Vitamin B₁ geht bei der Oxydation in einen schwefelgelben Farbstoff über]: *chem. Bez. für Vitamin B₁;* **Thi|ami|na|se**, die; -, -n (Biochemie): *Enzym, das Vitamin B₁ spaltet.*

Thig|mo|ta|xis, die; -, ...xen [zu griech. thígma = Berührung u. táxis, ↑ Taxis] (Biol.): *durch einen Berührungsreiz ausgelöste Bewegung bei Tieren u. niederen pflanzlichen Organismen;* **Thig|mo|tro|pis|mus**, der; -, ...men (Bot.): *Haptotropismus.*

Thing, das; -[e]s, -e [nhd. historisierend für ↑²Ding]: *bei den Germanen Volks-, Heeres- u. Gerichtsversammlung, auf der alle Rechtsangelegenheiten eines Stammes behandelt wurden:* ein T. einberufen, abhalten; **Thing|platz**, der, **Thing|stät|te**, die; -, -n: *Platz für die Thinge:* eine Waldlichtung ... Die Herren vom Heimat- und Geschichtsverein behaupten, es handle sich um einen germanischen Thingplatz (Chotjewitz, Friede 153).

Thio-, (vor Vokalen auch:) **Thi-** [griech. theĩon] (Chemie) ⟨Best. in Zus. mit der Bed.⟩: *Schwefel* (z. B. Thioplast, Thiamin); **Thio|äther**, der; -s, - (Chemie): *meist flüssige, farblose od. gelbe, in der chemischen Struktur den Äther entsprechende organische Schwefelverbindung von unangenehmem Geruch;* **Thio|harn|stoff**, der; -[e]s (Chemie): *in farblosen, wasserlöslichen Kristallen vorliegende, vom Harnstoff abgeleitete Schwefelverbindung, die meist zur Herstellung von Kunststoffen u. Arzneimitteln verwendet wird;* **Thio|kol** ⓦ, das; -s [Kunstwort]: *thermoplastischer, kautschukähnlicher Kunststoff;* **Thio|nal|farb|stoff**, der; -[e]s, -e (Chemie): *Schwefelfarbstoff;* **Thio|phen**, das; -s [zum 2. Bestandteil vgl. Phenol] (Chemie): *farblose, flüssige heterozyklische Schwefelverbindung, die bei der Herstellung von Arzneimitteln, Schädlingsbekämpfungsmitteln u. a. verwendet wird;* **Thio|plast**, der; -[e]s, -e [↑²Plastik] (Chemie): *kautschukähnlicher schwefelhaltiger Kunststoff, der u. a. zur Herstellung von Dichtungen usw. verwendet wird;* **Thio|salz**, das; -es, -e (Chemie): *Salz einer Thiosäure;* **Thio|säu|re**, die; -, -n (Chemie): *Sauerstoffsäure, bei der die Sauerstoffatome durch zweiwertige Schwefelatome ersetzt sind;* **Thio|sul|fat**, das; -[e]s, -e (Chemie): *Salz der Thioschwefelsäure.*

thi|xo|trop ⟨Adj.⟩ (Chemie): *(von kolloidalen Mischungen) die Eigenschaft der Thixotropie besitzend;* **Thi|xo|tro|pie**, die; - [zu griech. thíxis = Berührung u. trópos = (Hin)wendung] (Chemie): *Eigenschaft bestimmter steifer kolloidaler Mischungen, sich bei mechanischer Einwirkung (z. B. Rühren) zu verflüssigen.*

Thol|ly|se, die; -, -n [zu griech. tholós = Schmutz, Schlamm u. ↑ Lyse]: *Verwitterung am Boden von Binnengewässern.*

Tho|los, die, auch: der; -, ...loi u. ...len [griech. thólos]: *altgriechischer [kultischer] Rundbau mit umlaufender Säulenhalle.*

Tho|mas [nach dem Apostel Thomas, vgl. Joh. 20, 24–29]: in der Fügung **ein ungläubiger T.** *(jmd., der nicht bereit ist, etw. zu glauben, wovon er sich nicht selbst überzeugt hat).*

Tho|mas|bir|ne, die [nach dem brit. Metallurgen S. G. Thomas (1850–1885)] (Technik): *mit gebranntem Dolomit (2) ausgekleideter Konverter (1), der beim Thomasverfahren benutzt wird;* **Tho|mas|mehl**, das: *fein zermahlene, als Düngemittel verwendete Thomasschlacke;* **Tho|mas|schlacke**¹, die: *beim Thomasverfahren anfallende phosphathaltige Schlacke;* **Tho|mas|stahl**, der: *nach dem Thomasverfahren hergestellter Flußstahl;* **Tho|mas|ver|fah|ren**, das ⟨o. Pl.⟩: *Verfahren zur Stahlerzeugung in einer Thomasbirne.*

Tho|mis|mus, der; -: *(bes. bis zum Ende des 19. Jh.s) theologisch-philosophische Richtung im Anschluß an die Lehre des Philosophen Thomas von Aquin (1225 bis 1274), die die Grundlage der kirchlichen Lehramtes in der kath. Kirche bildet;* **Tho|mist**, der; -en, -en: *Vertreter, Anhänger des Thomismus* (↑ Thomist); **Tho|mi|stin**, die; -, -nen: w. Form zu ↑Thomist; **tho|mi|stisch** ⟨Adj.⟩: *den Thomismus betreffend.*

Thon, der; -s, -s [frz. thon < lat. thunnus] (schweiz.): *Thunfisch.*

Tho|net|stuhl, der; -[e]s, ...stühle [nach dem dt. Industriellen M. Thonet (1796–1871), dem Erfinder eines speziellen Verfahrens zum Biegen von Holz (zuerst angewandt an Stühlen)]: *aus gebogenem Holz in einer bestimmten Technik hergestellter Stuhl.*

Thor: ↑ Thorium.

Tho|ra [auch, österr. nur: 'to:ra], die; - [hebr. tôrā] (jüd. Rel.): *die fünf Bücher Mosis; mosaisches Gesetz:* die anderen Juden, die den Geist der T. vergessen haben (Hilsenrath, Nazi 251).

tho|ra|kal ⟨Adj.⟩ (Med.): *den Thorax (1) betreffend, an ihm gelegen;* **Tho|ra|ko|pla|stik**, die; -, -en [zu ↑¹Plastik] (Med.): *operative Entfernung von Rippen bei Lungenerkrankungen;* **Tho|ra|ko|skop**, das; -s, -e [zu griech. skopeĩn = betrachten] (Med.): *Instrument zur Ausleuchtung der Brusthöhle;* **Tho|ra|ko|sko|pie**, die; -, -n (Med.): *Untersuchung der Brusthöhle u. Vornahme von Operationen mit Hilfe des Thorakoskops;* **Tho|ra|ko|to|mie**, die; -, -n [zu griech. tomḗ = das Schneiden; Schnitt] (Med.): *operative Öffnung der Brusthöhle;* **Tho|ra|ko|zen|te|se**, die; -, -n [zu griech. kénteĩn = stechen] (Med.): *Punktion des Brustfellraumes.*

Tho|ral|le|sung, die: *(im Lauf eines Jahres abschnittsweise erfolgende) Lesung der Thora im jüdischen Gottesdienst;* **Tho|ra|rol|le**, die: *[Pergament]rolle mit dem Text der Thora;* **Tho|ra|schrein**, der: *zur Aufbewahrung der Thorarolle dienender Schrein in der Synagoge.*

Tho|rax, der; -[es], -e, Fachspr. ...aces [...tse:s]; lat. thorax < griech. thórax ⟨Gen.⟩ thórakos): *Brust(panzer)* (Anat.): 1. *Brustkorb.* 2. *(bei Gliederfüßern) mittleres, zwischen Kopf u. Hinterleib liegendes Segment* (3).

Tho|ri|um, Thor, der; -s [nach Thor, einem Gott der nord. Sage]: *radioaktives, weiches, silberglänzendes Schwermetall (chemischer Grundstoff);* Zeichen: Th; **Tho|ron**, das; -s [zu ↑Thorium] (veraltet): *radioaktives Isotop des Radons;* Zeichen: Tn

Thra|ker, der; -s, -: Ew.; **Thra|ke|rin**, die; -, -nen: w. Form zu ↑ Thraker; **Thra|ki|en**, -s: Landschaft auf der Balkanhalbinsel; **thra|kisch** ⟨Adj.⟩; **Thra|zi|er** usw.: ↑ Thraker.

Thre|ni ⟨Pl.⟩ [lat. threni, Pl. von: threnus < griech. thrēnos, ↑ Threnos]: *Klagelieder des Jeremias;* **Thren|odie**, die; -, -n [griech. thrēnōdía], **Thre|nos**, der; -, ...noi [griech. thrēnos]: *rituelle Totenklage im Griechenland der Antike; Klagelied, Trauergesang [als literarische Gattung].*

Thrill [θrɪl], der; -s, -s [engl. thrill, zu: to thrill, ↑ Thriller]: *Nervenkitzel:* wenn sie ... die Bronx von Berlin durchqueren mußten, dann hatte das einen besonderen T. (Spiegel 8, 1991, 222); **Thril|ler** [ˈθrɪlə], der; -s, - [engl. thriller, zu: thrill = zittern machen; packen, fesseln, eigtl. = durchbohren, durchstoßen]: *Film, auch Roman od. Theaterstück, der Spannung u. Nervenkitzel erzeugt:* ein psychologischer, politischer T.; einen T. schreiben, lesen; sich einen T. ansehen; Ü Überhaupt ist Joachims Vita sexualis ... das genaue Gegenteil eines (Schreiber, Krise 171); das Tennisspiel wurde zu einem wahren T.

Thrips, der; -, -e [griech. thríps = Holzwurm] (Zool.): *artenreiches, bes. an Nutzpflanzen als Schädling auftretendes Insekt mit blasenartigen Haftorganen an den Füßen:* Eine mikroskopische Untersuchung ... bestätigte seine erste Vermutung: es handelt sich wirklich um -e, genauer um Getreidethripse (MM 8. 8. 79, 15).

Throm|ba|sthe|nie, die; -, ...ien [zu ↑ Thrombozyt u. ↑ Asthenie] (Med.): *gestörte Funktion der Thrombozyten;* **Thromb|ek|to|mie**, die; -, -n [zu ↑Thrombus u. ↑ Ektomie] (Med.): *operative Entfernung eines Blutpfropfs aus einem Blutgefäß;* **Throm|ben**: Pl. von ↑Thrombus; **Throm|bin**, das; -s [zu griech. thrómbos, ↑ Thrombose] (Med.): *Enzym, das die Blutgerin-*

nung bewirkt; **Throm|bo|ar|te|ri|i|tis**, die; -, ...iitiden [↑Arteriitis] (Med.): *Entzündung einer Arterie bei Embolie od. Thrombose;* **Throm|bo|gen**, das; -s [↑-gen] (Med.): *Faktor für die Blutgerinnung;* **Throm|bo|ly|se**, die; -, -n [↑Lyse] (Med.): *meist medikamentöse Auflösung eines Thrombus;* **Throm|bo|ly|ti|kum**, das; -s, ...ka [zu griech. lýein, ↑Lyse] (Med.): *Fibrinolytikum;* **Throm|bo|pe|nie**, die; -, -n [zu griech. pénēs = arm] (Med.): *Mangel an Blutplättchen;* **Throm|bo|phle|bi|tis**, die; -, ...itiden [↑Phlebitis] (Med.): *Venenentzündung mit Ausbildung einer Thrombose;* **Throm|bo|se**, die; -, -n [griech. thrómbōsis, eigtl. = das Gerinnen(machen), zu: thrómbos = Klumpen, Blutpfropf] (Med.): *völliger od. teilweiser Verschluß eines Blutgefäßes durch Blutgerinnsel;* **Throm|bo|se|nei|gung**, die: *das Anfälligsein für Thrombosen;* **throm|bo|tisch** ⟨Adj.⟩ (Med.): *die Thrombose betreffend; auf einer Thrombose beruhend;* **Throm|bo|zyt**, der; -en, -en [zu griech. kýtos = Wölbung] (Med.): *Blutplättchen;* **Throm|bo|zyt|hä|mie**, die; -, -n [zu griech. haīma = Blut] (Med.): *anhaltende krankhafte Vermehrung der Thrombozyten;* **Throm|bo|zy|to|ly|se**, die; -, -n [↑Lyse] (Med.): *Zerfall od. Auflösung der Blutplättchen;* **Throm|bo|zy|to|pe|nie**, die; -, -n (Med.): *Thrombopenie;* **Throm|bo|zy|to|se**, die; - (Med.): *vorübergehende krankhafte Vermehrung der Thrombozyten (z. B. nach starken Blutungen);* **Throm|bus**, der; -, ...ben [nlat., zu griech. thrómbos, ↑Thrombose] (Med.): *zu einer Thrombose führendes Blutgerinnsel.*
Thron, der; -[e]s, -e [mhd. t(h)rōn < afrz. tron < lat. thronus < griech. thrónos]: **1. a)** *[erhöht aufgestellter] meist reichverzierter Sessel eines Monarchen für feierliche Anlässe:* ein prächtiger, goldener T.; den T. besteigen *(die monarchische Herrschaft antreten);* jmdn. auf den T. erheben *(jmdn. zum Herrscher machen, erklären);* jmdm. auf den T. folgen *(jmds. Thronfolge antreten);* jmdn. vom T. stoßen *(als Monarchen entmachten);* * **jmdn., etw. auf den T. heben, setzen** *(jmdm., einer Sache eine erstrangige Stellung, Bedeutung zuerkennen):* Er ist gewillt, Vernunft und Menschlichkeit auf den T. der Welt zu setzen (Reich-Ranicki, Th. Mann 138); **jmds. T. wackelt** (ugs.; *jmds. einflußreiche, führende Stellung ist bedroht);* **jmdn., etw. vom T. stoßen** *(jmdm., einer Sache die Vorrangstellung [gewaltsam] nehmen):* die Vernunft vom T. stoßen; **b)** *monarchische Herrschaft, Regierung:* auf den T. verzichten; ... stellte Talleyrand ... das sog. Legitimätsprinzip auf, um dem Rechtsanspruch des Hauses Bourbon auf den französischen T. größeren Nachdruck zu verleihen (Fraenkel, Staat 181); das Bündnis von T. und Altar (hist.; *von Herrscherhaus u. Kirche).* **2.** (fam. scherzh.) *Nachttopf; Toilette[nsitz]:* das Baby sitzt schon allein auf dem T.; ... dann erwische mich Montezumas Rache. So stark erwischte mich (ich, daß ich vier Wochen lang nicht mehr vom T. kam *(ständig die Toilette aufsuchen mußte;* Heim, Traumschiff 87); **Thron|an|wär|ter**, der: *Anwärter auf die monarchische*

Herrschaft; **Thron|an|wär|te|rin**, die: w. Form zu ↑Thronanwärter; **Thron|be|stei|gung**, die: *Antritt der monarchischen Herrschaft;* **Thrön|chen**, das; -, - (fam. scherzh.): Vkl. zu ↑Thron (2); **thro|nen** ⟨sw. V.; hat⟩ [zu ↑Thron]: *auf erhöhtem od. exponiertem Platz sitzen u. dadurch herausragen, die Szene beherrschen:* er thronte am oberen Ende der Tafel; Zu diesem Abwehrrepertoire gehört auch, daß der Sozial- oder Zuarbeiter hinter seinem Schreibtisch thront, während der Bittsteller vor ihm zu stehen hat (Klee, Pennbrüder 115); Ü ... daß die Frauenbewegung so lange Sisiphosarbeit leisten wird, als auf dem Gipfel weiterhin die männliche Ignoranz thront (Dierichs, Männer 9); Auf dem großen Kühlschrank ... thronen die Pokale (Szene 6, 1983, 27); **Thron|ent|sa|gung**, die (geh.): *Thronverzicht;* **Thron|er|be**, der: *gesetzmäßiger Erbe der Rechte eines Herrschers; Kronerbe;* **Thron|er|bin**, die: w. Form zu ↑Thronerbe; **Thron|er|he|bung**, die: *feierliche Einsetzung eines Herrschers; Krönung; Inthronisation;* **Thron|fol|ge**, die ⟨o. Pl.⟩: *Nachfolge in der monarchischen Herrschaft:* die T. antreten; **Thron|fol|ger**, der; -s, -: *jmd., der die Thronfolge antritt;* **Thron|fol|ge|rin**, die; -, -nen: w. Form zu ↑Thronfolger; **Thron|him|mel**, der: *Baldachin (1) [über einem Thron];* **Thron|le|hen**, das (hist.): *vom Kaiser persönlich an einen Fürsten verliehenes Lehen;* **Thron|prä|ten|dent**, der: *jmd., der Anspruch auf einen Thron (1b) erhebt; Kronprätendent;* **Thron|prä|ten|den|tin**, die: w. Form zu ↑Thronprätendent; **Thron|räu|ber**, der: *Usurpator;* **Thron|räu|be|rin**, die: w. Form zu ↑Thronräuber; **Thron|re|de**, die: *Rede, mit der ein konstitutioneller Monarch die Sitzungsperiode des Parlaments eröffnet;* **Thron|saal**, der: *Saal, in dem der Thron (1a) steht;* **Thron|ses|sel**, der: *Thron (1a);* **Thron|va|kanz**, die: *Zeitraum, während dessen ein Thron (1b) unbesetzt ist;* **Thron|ver|zicht**, der: *Verzicht eines Monarchen auf den Thron (1b);* **Thron|wech|sel**, der: *Wechsel des Herrschers in einer Monarchie.*
Thu|ja, (österr. auch:) **Thuje**, die; -, ...jen [griech. thyía] (Bot.): *Lebensbaum (1);* **Thu|ja|öl**, das: *aus den Blättern der Thuja gewonnenes ätherisches Öl;* **Thu|je**: ↑Thuja.
Thu|li|um, das; -s [nach der sagenhaften Insel Thule] (Chemie): *(zu den Lanthanoiden gehörendes) silberweißes Schwermetall (chemischer Grundstoff);* Zeichen: Tm
Thun|fisch, der; -[e]s, -e [lat. thunnus, thynnus < griech. thýnnos]: *(bes. im Atlantik u. Mittelmeer lebender) großer Fisch mit blauschwarzem Rücken, silbriggrauen Seiten, weißlichem Bauch u. mondsichelförmiger Schwanzflosse;* **Thun|fisch|sa|lat**, der: *aus zerkleinertem Fleisch von Thunfisch, kleingehackten, hartgekochten Eiern, Mayonnaise [kleinen Erbsen], Zitrone u. anderen Gewürzen zubereiteter Salat.*
Thur|gau, der; -s: Schweizer Kanton; ¹**Thur|gau|er**, der; -s, -: Ew.; ²**Thur|gau|er** ⟨indekl. Adj.⟩; **Thur|gaue|rin**, die; -,

-nen: w. Form zu ↑¹Thurgauer; **thur|gau|isch** ⟨Adj.⟩.
Thü|rin|gen, -s: Bundesland der Bundesrepublik Deutschland; ¹**Thü|rin|ger**, der; -s, -: Ew.; ²**Thü|rin|ger** ⟨indekl. Adj.⟩: T. Bratwurst; **Thü|rin|ge|rin**, die; -, -nen: w. Form zu ↑Thüringer; **thü|rin|gisch** ⟨Adj.⟩; vgl. badisch; **Thu|rin|git** [auch: ...'git], der; -s, -e [nach Thuringia, dem nlat. Namen Thüringens]: *zu den ²Chloriten gehörendes, oliv- bis schwärzlichgrünes Mineral.*
Thus|nel|da, Tusnelda, die; - [aus der Soldatenspr.; nach Thusnelda, der Gattin des Etruskerfürsten Arminius, die 15 n. Chr. den Römern ausgeliefert wurde u. dann die Geliebte des Germanicus, später auch seiner Generäle sowie verschiedener Vertreter der gehobenen Gesellschaftsschicht war] (salopp abwertend): *weibliche Person [als zu einem Mann gehörende Partnerin].*
THW = Technisches Hilfswerk.
Thyl|le, die; -, -n [zu griech. thyllís = Sack, Beutel] (Bot.): *im Kernholz mancher Laubbäume auftretende sackartige Ausstülpung einer Parenchymzelle in den Hohlraum einer Trachee (2).*
Thy|mi|an, der; -s, -e [mhd. thimean, tymian, spätahd. timiam, unter Einfluß von lat. thymiama = Räucherwerk, zu lat. thymum < griech. thýmon = Thymian, zu: thýein = ein Rauch-, Brandopfer darbringen, urspr. = rauchen; räuchern; nach dem starken Duft]: **a)** *in kleinen Sträuchern wachsende Pflanze mit würzig duftenden, kleinen, dunkelgrünen, auf der Unterseite silbrigweißen Blättern u. meist hellroten bis violetten Blüten, die als Gewürz u. zu Heilzwecken verwendet wird;* **b)** ⟨o. Pl.⟩ *Gewürz aus getrockneten u. kleingeschnittenen od. pulverisierten Blättern des Thymians* (a); **Thy|mi|an|kamp|fer**, der: *Thymol;* **Thy|mi|an|öl**, das: *aus verschiedenen Arten des Thymians* (a) *gewonnenes, farbloses bis rostbraunes ätherisches Öl, das in Arzneimitteln u. Kosmetika verwendet wird;* **Thy|mi|an|säu|re**, die: *Thymol.*
Thy|mi|tis, die; -, ...itiden [zu ↑Thymus] (Med.): *Entzündung der Thymusdrüse;* **thy|mo|gen** ⟨Adj.⟩ [1: zu ↑Thymus u. ↑-gen; 2: zu griech. thymós = Gemüt(swallung) u. ↑-gen] (Med.): **1.** *von der Thymusdrüse ausgehend (von krankhaften Veränderungen).* **2.** *vom Gemüt ausgehend (von krankhaften Verstimmungen).*
Thy|mol, das; -s [zu ↑Thymian u. ↑Alkohol]: *stark antiseptisch wirkender Bestandteil der ätherischen Öle des Thymians.*
Thy|mo|lep|ti|kum, das; -s, ... ka ⟨meist Pl.⟩ [zu griech. thymós = Gemüt(swallung) u. ↑Analeptikum] (Med.): *zur Behandlung bes. von Depressionen verwendetes Arzneimittel;* **Thy|mom**, das; -s, -e [zu ↑Thymus] (Med.): *von der Thymusdrüse ausgehende Geschwulst;* **Thy|mo|path**, der; -en, -en [zu griech. thymós = Gemüt(-sucht) (1)] (Med.): *Gemütskranker;* **Thy|mo|pa|thie**, die; -, -n [↑-pathie (1)] (Med.): *Gemütskrankheit;* **Thy|mo|pa|thin**, die; -, -nen (Med.): w. Form zu ↑Thymopath; **thy|mo|pa|thisch**

⟨Adj.⟩ (Med.): *die Thymopathie betreffend; an einer Gemütskrankheit leidend;* **Thy|mo|psy|che,** die; - [↑ Psyche] (Psych.): *gemüthafte Seite des Seelenlebens;* **Thy|mo|se,** die; -, -n (Psych.): *durch Empfindsamkeit, Gereiztheit, Verträumtheit o. ä. charakterisierter, außergewöhnlicher Gemütszustand der Jugendlichen während der Pubertät;* **Thy|mus,** der; -, ...mi [griech. thýmos = Brustdrüse neugeborener Kälber] (Anat.): *hinter dem Brustbein gelegenes drüsenartiges Gebilde, das sich nach der Geschlechtsreife zurückbildet;* **Thy|mus|drü|se,** die: *Thymus.*
Thy|ra|tron, das; -s, ...one, auch: -s [zu griech. thýra = Tür (der Strom wird zunächst in beiden Richtungen gesperrt) u. ↑Elektron] (Elektrot.): *als Gleichrichter wirkende, gasgefüllte Röhre für elektronische Geräte.*
thy|reo|gen ⟨Adj.⟩ [zu ↑Thyreoidea u. ↑ -gen] (Med.): *von der Schilddrüse ausgehend, durch ihre Tätigkeit bedingt (bes. von Krankheiten);* **Thy|reo|idea,** die; - [nlat., zu griech. thyreoeidés = wie ein großer Schild, zu: thyreós = Türstein; türförmiger Schild u. -eidés = gestaltet, ähnlich, zu: eîdos = Aussehen, Form] (Med.): *Schilddrüse;* **Thy|reo|id|ek|to|mie,** die; -, -n [↑ Ektomie] (Med.): *operative Entfernung der Schilddrüse;* **Thy|reo|idi|tis,** die; -, ...itiden (Med.): *Entzündung der Schilddrüse;* **thy|reo|priv** ⟨Adj.⟩ [zu lat. privus = einer Sache beraubt; ohne] (Med.): *schilddrüsenlos; nach Verlust od. Ausfall der Schilddrüse auftretend (z. B. von Krankheitserscheinungen);* **Thy|reo|sta|ti|kum,** das; -s, ...ka [zu griech. stásis = das Stehen; Stillstand] (Med.): *Stoff, der die Hormonbildung der Schilddrüse hemmt;* **Thy|reo|to|mie,** die; -, -n [zu griech. tomē = das Schneiden; Schnitt] (Med.): *operative Spaltung des Schildknorpels;* **Thy|reo|to|xi|ko|se,** die; -, -n [↑ Toxikose] (Med.): *krankhafte Überfunktion der Schilddrüse;* **thy|reo|to|xisch** ⟨Adj.⟩ (Med.): *durch eine Überfunktion der Schilddrüse bedingt;* **thy|reo|trop** ⟨Adj.⟩ [zu griech. tropḗ = (Hin)wendung] (Med.): *die Schilddrüsentätigkeit steuernd.*
Thy|ri|stor, der; -s, ...oren [zu griech. thýra = Tür u. ↑Transistor] (Elektrot.): *steuerbares elektronisches Bauelement auf Siliciumbasis;* **Thy|ri|stor|schal|tung,** die (Elektrot.): *Schaltung mit Hilfe eines Thyristors.*
Thyr|oxin, das; -s [zu ↑Thyreoidea u. griech. oxýs = scharf, sauer] (Med.): *wichtigster Bestandteil des Schilddrüsenhormons.*
Thyr|sos, der; -, ...soi, **Thyr|sos|stab,** der [griech. thýrsos] (Myth.): *mit Efeu u. Weinlaub umwundener, von einem Pinienzapfen gekrönter Stab des Dionysos u. der Mänaden;* **Thyr|sus,** der; -, ...si, **Thyr|sus|stab,** der [lat. thyrsus < griech. thýrsos] (Myth.): *Thyrsus.*
Ti = Titan.
Tia|ma, das; -[s] [afrik.]: *grob strukturiertes, hellrötlich bis rotbraunes Holz, das für Möbel u. Furniere verwendet wird.*
Tia|ra, die; -, ...ren [(m)lat. tiara = (Bischofs)mütze, Tiara (1) < griech. tiára]:

1. *kegelförmige, mit goldener Spitze od. mit einem Diademreif versehene Kopfbedeckung altpersischer u. assyrischer Könige.* 2. *(heute nicht mehr getragene) hohe, aus drei übereinander gesetzten Kronen bestehende Kopfbedeckung des Papstes als Zeichen seiner weltlichen Macht.*
Ti|ber, der; -s: *italienischer Fluß.*
¹Ti|bet [...ɛt], der; -s, -e [1: nach ²Tibet; 2: nach (1), wegen der größeren Qualität ind.): 1. *Mohair.* 2. *Reißwolle aus neuen Stoffen;* **²Ti|bet,** -s: 1. *autonome Region in der Volksrepublik China.* 2. *Hochland in Zentralasien;* **Ti|be|ta|ner,** der; -s, -: Ew.; **Ti|be|ta|ne|rin,** die; -, -nen: w. Form zu ↑Tibetaner; **ti|be|ta|nisch** ⟨Adj.⟩; **Ti|be|ter** [auch: 'ti:...], der; -s, -: Ew.; **Ti|be|te|rin** [auch: 'ti...], die; -, -nen: w. Form zu ↑Tibeter; **ti|be|tisch** [auch: 'ti:...] ⟨Adj.⟩; **Ti|be|tisch,** das; -[s] u. ⟨nur mit best. Art.:⟩ **Ti|be|ti|sche,** das; -n: *die tibetische Sprache;* **ti|be|to|bir|ma|nisch** ⟨Adj.⟩ (Sprachw.): *die Sprache einer zu den sinotibetischen Sprachen gehörenden Sprachgruppe betreffend, deren Sprecher vor allem in Tibet, dem früheren Birma u. in Nepal leben;* **ti|be|to|chi|ne|sisch** ⟨Adj.⟩ (Sprachw.): *sinotibetisch.*
Ti|bia, die; -, ...ae [...iɛ: lat. tibia, eigtl. = ausgehöhlter Stab; 2: wohl nach der Form]: 1. (Anat.): *Schienbein.* 2. *altrömisches Musikinstrument in der Art einer Schalmei.*
Tic, der; -s, -s [frz. tic, wohl laut- u. bewegungsnachahmend] (Med.): *in kurzen Abständen wiederkehrende, unwillkürliche, nervöse Muskelzuckung (bes. im Gesicht);* **tick** ⟨Interj.⟩: lautm.: t. *machen* (1 a) *Geräusch:* t. machen; **Tick,** der; -[e]s, -s [1: eindeutschend für ↑Tic; wohl beeinflußt von älter, noch landsch. tik-ken = ¹tippen]: 1. (ugs.): *lächerlich od. befremdend wirkende Eigenheit, Angewohnheit; sonderbare Einbildung, in der jmd. lebt:* mein T., immer zu früh auf dem Bahnsteig zu sein (Wohmann, Absicht 184); einen kleinen T. haben; Das waren Burschen, gestandene Mannsbilder, ohne T., ohne Allüren (Alpinismus 2, 1980, 19). 2. *Tic.* 3. (ugs.) *Nuance* (2): er ist einen T. besser als du; Alles klingt einen T. zu künstlich, wie oft bei ihr (Freizeitmagazin 10, 1978, 45); **ti|cken¹** ⟨sw. V.; hat⟩ [1: lautm. zu ↑tick; 2: wohl zu (1); 2: viell. unter Einfluß von ↑tickern nach engl. to tick (off) = abhaken; 4: wohl zu älter, noch landsch. Tick (zu ↑tick) = tickenlike (1 a) Schlag, kurze Berührung; 5: wohl übertr. von (4)]: 1. a) *in [schneller] gleichmäßiger Aufeinanderfolge einen kurzen, hellen [metallisch klingenden] Ton hören lassen:* die Uhr tickt; der Holzwurm tickt im Gebälk; Wenn sie tickende Ventilgeräusche hören, werden sie nervös (NNN 2.9. 86, 25); Ü zwischen Flensburg und Passau ticken hochgiftige Ökozeitbomben (Wiener 1, 1989, 85); b) *ein tickendes* (1 a) *Geräusch verursachen:* Er tickte mit dem Bleistift (Seghers, Transit 47). 2. (ugs.) *denken od. handeln:* etwas langsam t.; Frauen ticken anders als Männer; Wenn er überhaupt jemals versteht, wie Bankiers t., dann jedenfalls zu spät (Spiegel 3, 1986, 127); du tickst

wohl/bei dir tickt es wohl nicht [ganz] richtig *(du bist wohl nicht recht bei Verstand);* Bei dir tickt's doch nicht mehr *(du bist doch nicht mehr bei Verstand;* Heim, Traumschiff 327). 3. (salopp) *begreifen, verstehen:* hast du das endlich getickt? 4. (selten) *¹tippen:* ... schritt er die Reihe ab und tickte jedem an die Brust (Kempowski, Tadellöser 203). 5. (Jargon) *zusammenschlagen [u. berauben]:* Die Gruppe hatte sich ... vorgenommen, „Exis" (bürgerliche Nichtrocker) zu „tikken" (Zeit 7.2. 75, 55); Zwei Jungs haben eine etwa vierzigjährige Frau weggeschubst ... die hab' ich vielleicht getickt, die zwei (Fichte, Wolli 356); **Ticker¹,** der; -s, - [1: engl. ticker, zu: to tick = ticken (1); 2: zu ticken (1); 3: zu ↑Tick (2); 4: zu ↑ticken (4)]: 1. (Jargon) *vollautomatischer Fernschreiber zum Empfang von [Börsen]nachrichten:* Eine halbe Stunde später läuft alles über den T. (Spiegel 39, 1984, 35). 2. (Med. Jargon) *Gerät zur Überwachung der Pulsfrequenz:* Mit T. hätte ich den Herzstillstand sofort bemerkt (Hackethal, Schneide 42). 3. *jmd., der an einem Tick* (2) *leidet.* 4. (Jargon) *jmd., der jmdn. zusammenschlägt [u. beraubt]:* Karsten ... 15 Jahre, T., heterosexuell (Schmidt, Strichjungengespräche 16); **ti|ckern¹** ⟨sw. V.; hat⟩ (Jargon): **a)** *durch den Ticker* (1) *übermitteln:* Dpa hat die Meldung nach Südamerika getickert; **b)** *durch den Ticker* (1) *übermittelt werden:* Kaum war die Nachricht über den Fernschreiber getickert, stiegen an Londons Börse die Aktienkurse (Spiegel 30, 1981, 105).
Ticket¹, das; -s, -s [engl. ticket, eigtl. = Zettel < afrz. e(s)tiquet(te) = frz. étiquette, ↑¹Etikette]: 1. a) *Fahrschein (bes. für eine Flug- od. Schiffsreise):* Ich bestellte die -s. Einen Hin- und Rückflug für mich (Christiane, Zoo 314); **b)** (seltener) *Eintrittskarte:* Auch für das Open-air-Konzert ... sind alle 24 000 -s weg (Hörzu 7, 1981, 91). 2. (selten) *Partei-, Wahlprogramm.*
Tick-fe|ver ['tɪkfiːvɐ], das; - [engl. tick fever, aus: tick = Zecke u. fever = Fieber] (Med.): *bes. in den USA auftretende, durch Zecken übertragene Infektionskrankheit.*
tick|tack ⟨Interj.⟩: lautm. für das Ticken (1 a) (bes. einer Uhr); **Tick|tack,** die; -, -s (Kinderspr.): *Uhr.*
Ti|de, die; -, -n [mniederd. tide, getīde = (Flut)zeit, zu: tide = Zeit] (nordd., bes. Seemannsspr.): **a)** *Steigen u. Fallen des Wassers im Ablauf der Gezeiten;* **b)** ⟨Pl.⟩ *Gezeiten* (a); **Ti|de|ge|biet,** das (Seemannsspr., Fachspr.): *Gebiet, das der unmittelbaren Einwirkung der Tiden unterliegt* (z. B. Watt); **Ti|de|ha|fen,** der: *Hafen, dessen Wasserstand von Ebbe u. Flut abhängt;* **Ti|de|hoch|was|ser,** das: *Hochwasser* (1); **Ti|de|hub, Ti|den|hub,** der: *Unterschied des Wasserstandes zwischen Tidehochwasser u. Tideniedrigwasser;* **Ti|de|kraft|werk,** das: *Gezeitenkraftwerk;* **Ti|de|nied|rig|was|ser,** das: *Niedrigwasser* (b); **Ti|den|ka|len|der,** der: *Gezeitentafel;* **Ti|de|strö|mung,** die: *durch die Tide bewirkte Strömung.*
Tie-Break ['taɪbreɪk], der od. das; -s, -s

tief

[aus engl. tie = unentschiedenes Spiel u. break, ↑ Break (1 b)] (bes. Tennis): besondere Zählweise, durch die ein Spiel, Satz o.ä. bei unentschiedenem Stand schneller zum Abschluß gebracht wird: Bei 6:6 mußte dann der T. entscheiden (MM 6./7. 7. 85, 13).
tief ⟨Adj.⟩ [mhd. tief, ahd. tiuf, urspr. = eingesunken, hohl]: **1. a)** *von beträchtlicher Ausdehnung senkrecht nach unten; weit nach unten reichend:* ein -t. in Abgrund; -e Spalten, Risse im Gestein; -e Wurzeln; -er Schnee *(Schnee, der so hoch liegt, daß man darin einsinkt);* das Wasser, der Brunnen, Fluß, See ist [sehr] t.; t. graben, bohren; t. in Schnee, Schlamm einsinken; die alte, t. zwischen angekohlten Ästen und weißer Asche verborgene Glut (Ransmayr, Welt 239); Ü t. in Gedanken [versunken] sein; er steckt t. in Schulden; er ist t. gefallen, gesunken *(moralisch verkommen);* **b)** ⟨in Verbindung mit Maßangaben nachgestellt⟩ *eine bestimmte Ausdehnung nach unten aufweisend; in einer bestimmten Weite, Ausdehnung nach unten reichend:* eine fünf Meter -e Grube; sie malte sich aus, wie sie da einige Klafter t. in die Erde hineinfalle (Alexander, Jungfrau 226); **c)** *sich in geringer Entfernung vom [Erd]boden befindend;* niedrig (1 b): -e Wolken; das Flugzeug fliegt t.; die Sonne steht schon t.; **d)** *[weit] nach unten (zum [Erd]boden, zur unteren Begrenzung von etw. hin) gehend, reichend:* eine -e Verbeugung machen; sich t. ducken, über ein Buch beugen; ... damit er sich beim Sammeln der Lumpen, Flaschen und Knochen nicht so t. zu bücken brauchte (Sommer, Und keiner 42); die Mütze t. in die Stirn ziehen; ein t. ausgeschnittenes Kleid; **e)** *in niedriger Lage [befindlich]:* das Haus liegt -er als die Straße; eine Etage -er *(weiter unten)* befinden sich Ladenräume; t. wohnt eine Treppe -er (Schädlich, Nähe 29); t. *(weit)* unten in einem Tal; **f)** *auf einer Skala, innerhalb einer Werte-, Rangordnung im unteren Bereich sich befindend; niedrig:* -e Temperaturen; Länder ohne Kernkraft ... hätten -ere Strompreise als die Bundesrepublik (NZZ 5. 9. 86, 13); das Barometer steht t. *(zeigt niedrigen Luftdruck an);* die Kosten sind zu t. veranschlagt; **g)** *(von Geschirr o. ä.) nicht flach, sondern [zur Mitte hin] vertieft:* ein -er Teller; eine -e Schüssel. **2. a)** *von beträchtlicher Ausdehnung nach hinten; von der vorderen Grenze eines Raumes, Geländes [relativ] weit in den Hintergrund reichend:* ein -er Schrank; ein sehr langes, aber auch -es Gebäude; ein -er Wald; die Bühne ist sehr t.; **b)** ⟨in Verbindung mit Maßangaben nachgestellt⟩ *eine bestimmte Ausdehnung nach hinten aufweisend:* ein 30 cm -es Regal; die Bühne ist nach dem Umbau 5 Meter -er. **3. a)** *von beträchtlicher Ausdehnung nach innen; [relativ] weit ins Innere von etw. [reichend, gerichtet]:* eine -e Wunde; Viele von euch glauben sicher, daß Gesichtsmassagen nur ... gut für -e Falten sind (Freizeitmagazin 26, 1978, 42); sich t. in den Finger schneiden; die Höhle erstreckt sich t. in den Berg hinein; der Feind drang t. ins Land ein; t. *(kräftig)* [ein-, aus]atmen;

* **bei jmdm. nicht t. gehen** *(jmdn. nur wenig beeindrucken, berühren);* **b)** ⟨in Verbindung mit Maßangaben nachgestellt⟩ *eine bestimmte Ausdehnung nach innen aufweisend:* eine 10 cm -e Stichwunde; die Höhle schien zunächst nur wenige Meter t. zu sein; **c)** *weit innen, im Innern von etw. [befindlich]:* im -en, -sten Afrika; von ihrer t. im Gebirge gelegenen Stadt (Ransmayr, Welt 228); ... den Campingplatz am Mühlenteich ..., t. versteckt im Wald (Freizeitmagazin 12, 1978, 11); seine Augen liegen t. [in den Höhlen]. **4. a)** *zeitlich weit vorgeschritten; weit (in einen bestimmten Zeitraum hineinreichend); spät:* bis t. in die Nacht, den Herbst [hinein]; Echo ... schlief bis t. in den November unter freiem Himmel (Ransmayr, Welt 101); **b)** *zeitlich auf dem Höhepunkt stehend; (in bezug auf einen bestimmten Zeitraum) mitten (darin):* im -en Winter; Es ist t. in der Nacht (Jens, Mann 69). **5. a)** *(als solches) intensiv vorhanden, gegeben:* -e Stille, Ruhe; -er Schlaf; -e Freude, Sehnsucht; in -er Bewußtlosigkeit liegen; ein -er Glaube sprach aus seinen Worten; er wollte und konnte auch nie verheimlichen, wie t. und grausam die Leiden waren (Reich-Ranicki, Th. Mann 217); **b)** ⟨intensivierend bei Adj. u. Verben⟩ *sehr, zuinnerst:* jmdn. t. beeindrucken, beschämen; etw. t. bedauern; Durch die Errichtung der Macht der Arbeiterklasse ... erhielt ihre Arbeit einen t. humanistischen Sinn (Sonntag 7. 11. 76, 3); er ist t. religiös; sie waren t., aufs -ste empört. **6.** *nicht oberflächlich, vordergründig, sondern zum Wesentlichen vordringend:* eine -e Einsicht; Das schließt nicht aus, daß jene ... sich ... den Anschein eines grüblerischen, -en Geistes zu geben versuchen (Stern, Mann 149); was ist der -ere *(eigentliche)* Sinn dieser Maßnahmen? **7. a)** *im Farbton sehr intensiv; kräftig, voll, dunkel:* ein -es Blau; Gegen den wolkenbedeckten Nachthimmel stand ... das -ere Schwarz der Zypressen (Fest, Im Gegenlicht 329); das Grün (= des Buschwerkes) leuchtete t. (Doderer, Abenteuer 99); **b)** *(von der Stimme, von Tönen) dunkel klingend:* eine -e Stimme; spiel das Lied bitte eine Terz -er; die Frau in langen Hosen ... sagte kehlig t.: „Rennen Sie doch nicht weg..." (Erné, Fahrgäste 292); **Tief,** das; -s, -s: **1.** (Met.) *Tiefdruckgebiet; Depression* (3): ein ausgedehntes T.; Über Sizilien hängt ein riesiges T. ... fest (Grzimek, Serengeti 25); das T. rückt näher, zieht vorbei, zieht ab; Was fängt man mit einem Wetterbericht an, ... in dem sich -s abschwächen, überlagert, verdrängt werden? Hörzu 44, 1979, 10); Ü seelische -s *(Depressionen* 1); die schweizerische Wirtschaft befindet sich in einem T. (Chemische Rundschau 21. 8. 92, 2); Ralph Gebstedt hätte ich mir gern im Wettkampf angesehen, nachdem er mir ... zugeteilt wurde, um ihn aus einem T. herauszuführen (Freie Presse 15. 2. 90, 6). **2.** (Seemannsspr.) *[Fahr]rinne im Wattenmeer, meist zwischen Sandbänken;* **Tief|an|griff,** der: *Angriff* (a) *im Tiefflug;* **Tief|aus|läu|fer,** der: (Met.): *Ausläufer eines Tiefdruckgebiets;* **Tief|bau,** der: **1. a)** ⟨o. Pl.⟩ *Teilgebiet des Bauwesens, das*

die Planung u. Errichtung von Bauten umfaßt, die an od. unter der Erdoberfläche liegen (z. B. Straßenbau, Kanalisation); **b)** (Fachspr.) ⟨Pl. -ten⟩ *Bau an od. unter der Erdoberfläche.* **2.** ⟨Pl. -e⟩ *Untertagebau;* **Tief|bau|amt,** das: *Bauamt im Tiefbau* (1 a); **Tief|bau|er,** der ⟨ugs.⟩: a) *Tiefbauingenieur;* **b)** *jmd., der als Arbeiter im Tiefbau* (1 a) *arbeitet;* **Tief|bau|in|ge|nieur,** der: *im Tiefbau* (1 a) *tätiger Ingenieur;* **Tief|bau|in|ge|nieu|rin,** die: w. Form zu ↑Tiefbauingenieur; **tief|be|lei|digt**[1] ⟨Adj.⟩: *sehr, äußerst beleidigt;* **tief|be|trof|fen**[1] ⟨Adj.⟩: *sehr, äußerst betroffen;* **tief|be|trübt**[1] ⟨Adj.⟩: *sehr, äußerst betrübt;* **tief|be|wegt**[1] ⟨Adj.⟩: *innerlich sehr, äußerst bewegt:* er sprach mit -er Stimme; **tief|blau** ⟨Adj.⟩: *von tiefem* (7 a) *Blau;* **tief|blickend** ⟨Adj.⟩: tiefer blickend, am tiefsten blickend, auch: tiefstblickend: *tief* (6) *in das Wesentliche der Dinge blickend;* **tief|boh|ren** (sw. V.; hat) (Fachspr.): *(zur Exploration u. Förderung von Erdöl u. Erdgas) Bohrlöcher bis in große Tiefe bohren;* **Tief|boh|rung,** die: *das Tiefbohren;* **tief|braun** ⟨Adj.⟩: vgl. tiefblau: Auf der -en Brust hatte er nur ein paar goldblonde Haare (M. Walser, Pferd 19); **Tief|bun|ker,** der: *bombensicherer unterirdischer Bunker;* **Tief|decker**[1], der (Flugw.): *Flugzeug, dessen Tragflächen an der Unterseite des Rumpfes angebracht sind;* **tief|drin|gend** ⟨Adj.⟩: tiefer dringend, am tiefsten dringend): vgl. tiefblickend; [1]**Tief|druck,** der ⟨o. Pl.⟩ (Met.): *niedriger Luftdruck;* [2]**Tief|druck,** der: **a)** ⟨o. Pl.⟩ *Druckverfahren, bei dem die in die Druckform gravierten, gestochenen o. ä. u. druckenden Teile der Druckform tiefer liegen als die nichtdruckenden;* **b)** ⟨Pl. -e⟩ *im Tiefdruckverfahren hergestelltes Erzeugnis;* **Tief|druck|form,** die: *Druckform zur Herstellung von* [2]*Tiefdruck* (b); **Tief|druck|ge|biet,** das (Met.): *Gebiet mit niedrigem Luftdruck; Tief* (1); **Tief|druck|rin|ne,** die (Met.): *langgestrecktes Gebiet mit niedrigem Luftdruck;* **Tief|druck|ver|fah|ren,** das: *Tiefdruck* (a); **Tief|druck|zy|lin|der,** der (Druckw.): *zylinderförmige Tiefdruckform;* **tief|dun|kel** ⟨Adj.⟩: vgl. tiefblau: Das tiefdunkle Wasser des Blaubachs (Harig, Weh dem 87); **Tie|fe,** die; -, -n [mhd. tiefe, ahd. tiufi]: **1.** *Ausdehnung senkrecht nach unten; [große] Entfernung unter der Erdoberfläche od. dem Meeresspiegel:* eine schwindelerregende T.; der Brunnen hat eine T. von zehn Metern; aus der T. des Wassers emportauchen; in den -n des Meeres; in die T. blicken, stürzen; Philomena ... mußte wohl durch einen dieser schwarz aufklaffenden Risse am Grund der Schlucht in unerreichbare -n hinabgestützt sein (Ransmayr, Welt 275); den Sarg in die T. *(in das Grab)* lassen; in einer T. von 30 Metern; Ü das Jahr verläuft gleichmäßig, ohne sonderliche Höhen und -n (Chotjewitz, Friede 79). **2. a)** *Ausdehnung nach hinten, innen:* die T. der Bühne, des Schrankes, der Fächer; die T. einer Wunde; **b)** *[weit] hinten gelegener Teil, Bereich eines Raumes, Geländes; Inneres* (1): aus der T. des Parks drang leise Musik; In den -n der Zimmer wurde mit Geschirr geklappert (⌐ Sünden 33); Ü die verborgensten -n des menschlichen Herzens. 3. ⟨o. Pl.⟩ *Tiefgründigkeit, wesentlicher, geistiger Gehalt:* die philosophische T. seiner Gedanken. 4. ⟨o. Pl.⟩ *(von Gefühlen, Empfindungen) das Tiefsein* (5); *großes Ausmaß, Heftigkeit:* die T. ihres Schmerzes, ihrer Liebe; Aus der unerschütterlichen Festigkeit und unbezweifelbaren T. seiner Neigung ist zu schließen, daß Theodora sehr früh auf ihn einen starken Eindruck gemacht hat (Thieß, Reich 477). 5. ⟨o. Pl.⟩ *(von Farben) sehr dunkle Tönung:* die T. des Blaus. 6. ⟨o. Pl.⟩ *(von der Stimme, von Tönen) tiefer* (7 b) *Klang:* **Tie|fe|be|ne,** die (Geogr.): *Tiefland mit sehr geringen Höhenunterschieden;* **tief|emp|fun|den**[1] ⟨Adj.; tiefer, am tiefsten empfunden, tiefstempfunden⟩: *stark empfunden, gefühlt:* jmdm. sein -es Beileid aussprechen; **Tie|fen|be|strah|lung,** die (Med.): *(im Unterschied zur Oberflächenbehandlung) Strahlenbehandlung von tiefer liegenden Krankheitsherden (z. B. einer Krebsgeschwulst);* **Tie|fen|ero|si|on,** die (Geol.): *nach unten, in die Tiefe* (1 a) *wirkende Erosion:* Fast jeder Bach wurde so zum Wildbach, der sich in seinem Oberlauf gierig in den Untergrund einfraß, intensiv T. betrieb (Weltwoche 10. 9. 87, 33); **Tie|fen|ge|stein,** das (Geol.): *Intrusivgestein; plutonisches Gestein;* **Tie|fen|in|ter|view,** das (bes. Soziol.): *intensives Interview, bei dem der Interviewer versucht, in die tieferen Schichten der Persönlichkeit des Befragten einzudringen:* Nach mehreren hundert Fallstudien und -s mit Jugendlichen und deren Eltern (Woche 18. 3. 93, 35); **Tie|fen|li|nie,** die: *(auf geographischen o. ä. Karten eingezeichnete) Verbindungslinie zwischen benachbarten Punkten, die in gleicher Tiefe unter einer Bezugsfläche liegen;* **Tie|fen|mes|sung,** die: *Messung der Tiefe von etw., bes. von Gewässern;* **Tie|fen|per|son,** die (Psych.): *Teil der Persönlichkeit, der von den der unmittelbaren Lebenserhaltung, dem Trieb u. Gefühlsleben dienenden Hirnzentren gesteuert wird;* **Tie|fen|psy|cho|lo|ge,** der: *Wissenschaftler auf dem Gebiet der Tiefenpsychologie;* **Tie|fen|psy|cho|lo|gie,** die: *Forschungsrichtung der Psychologie u. Psychiatrie, die die Bedeutung des Vor- u. Unbewußten für das Seelenleben u. Verhalten des Menschen zu erkennen sucht;* **Tie|fen|psy|cho|lo|gin,** die: w. Form zu ↑ Tiefenpsychologe; **tie|fen|psy|cho|lo|gisch** ⟨Adj.⟩: *die Tiefenpsychologie betreffend;* **Tie|fen|rausch,** der (Med.): *beim Tieftauchen auftretende, einem Alkoholrausch ähnliche Erscheinung, die zu Bewußtlosigkeit u. Tod führen kann;* **Tie|fen|ru|der,** das (Schiffbau): *beidseitig am Bug u. Heck eines Unterseeboots angebrachtes Ruder, das zur Erleichterung des [Auf]tauchens u. zur Stabilisierung der Fahrt unter Wasser dient;* **tie|fen|scharf** ⟨Adj.⟩ (Optik, Fot.): *Tiefenschärfe besitzend; mit Tiefenschärfe:* ein -es Bild; **Tie|fen|schär|fe,** die (Fot.): *Schärfentiefe;* **Tie|fen|se|hen,** das; -s (Med.): *Fähigkeit, die Entfernung der Gegenstände im Raum richtig einzuschätzen; räumliches Sehen;* **Tie|fen|seh|test,** der: *Sehtest zur Feststellung des Tiefensehens:* T. für Autofahrer; **Tie|fen-**

strö|mung, die (Geogr.): *Wasserströmung in den größeren Tiefen der Ozeane (die für den Austausch polarer u. tropischer Wassermassen sorgt);* **Tie|fen|struk|tur,** die (Sprachw.): *auf Grund unterschiedlicher syntaktischer Beziehungen einzelner sprachlicher Bestandteile eine von mehreren Möglichkeiten der Bedeutung, die sich hinter der Oberflächenstruktur verbirgt;* **Tie|fen|stu|fe,** die (Geol.): *(in Metern angegebener) Richtwert für die Zunahme der Erdwärme beim Eindringen in die Erdkruste in Richtung Erdmittelpunkt:* geothermische T.; **Tie|fen|the|ra|pie,** die (Med.): *Tiefenbestrahlung;* **Tie|fen|win|kel,** der (Math.): *von einer Horizontale u. einem [schräg] abwärts laufenden Strahl gebildeter Winkel;* **tie|fen|wirk|sam** ⟨Adj.⟩: *Tiefenwirkung* (1) *besitzend, mit Tiefenwirkung:* ein -es Sonnenöl; **Tie|fen|wir|kung,** die: **1.** *sich nicht nur an der Oberfläche, sondern gezielt in den tieferen Schichten von etw. (z. B. der Haut) entfaltende Wirkung:* die T. eines Kosmetikums. **2.** *Effekt räumlicher Tiefe* (2 a) *die T. eines Gemäldes;* **tie|fen|zo|ne,** die (Geol.): *Bereich in bestimmter Tiefe* (1 b) *unter der Erdoberfläche;* **tief|ernst** ⟨Adj.⟩: *sehr, äußerst ernst* (1); **tief|er|schüt|tert**[1] ⟨Adj.⟩: vgl. *tiefbewegt;* **tief|flie|ger,** der: *Flugzeug, das im Tiefflug fliegt [um Ziele auf dem Boden anzugreifen]:* Er war auf dem Feld von -n überrascht worden (B. Vesper, Reise 55); **Tief|flie|ger|an|griff,** der: *Angriff durch Tiefflieger;* **Tief|flug,** der: *Flug eines Flugzeuges in geringer Höhe;* **Tief|gang,** der; -[e]s (Schiffbau): *senkrechter Abstand von der Wasserlinie bis zur unteren Kante des Kiels eines Schiffes:* das Schiff hat nur geringen T.; Ü [keinen] geistigen T. haben; Unterhaltung muß T. auf die Bühne bringen (Augsburger Allgemeine 14. 2. 78, 16); **Tief|ga|ra|ge,** die: *unterirdische Garage;* **tief|ge|frie|ren** ⟨st. V.; hat⟩: *[zur Konservierung] bei tiefer Temperatur haltbar einfrieren:* Lebensmittel t.; tiefgefrorenes Fleisch; bis heute hält sich das Gerücht, daß er seinen Körper nach dem Tod t. ließ (natur 2, 1991, 48); **tief|ge|fros|tet**[1] ⟨Adj.⟩: *tiefgekühlt, tiefgefroren:* Es gab Hirsch, sibirischen Hirsch, t. (H. Weber, Einzug 306); **tief|ge|fühlt**[1] ⟨Adj.⟩: vgl. *tiefempfunden;* **tief|ge|hend** ⟨Adj.; tiefer gehend, am tiefsten gehend, tiefstgehend⟩: *tiefgreifend:* eine -e Umgestaltung der Gesellschaft; **tief|ge|kränkt**[1] ⟨Adj.⟩: *tiefbeleidigt;* **tief|ge|kühlt**[1]: ↑ *tiefkühlen;* **Tief|ge|schoß,** das: *Kellergeschoß;* **tief|grei|fend** ⟨Adj., tiefer, am tiefsten greifend, tiefstgreifend⟩: *den Kern, die [geistige] Grundlage, Basis von etw. betreffend [u. deshalb von entscheidender, einschneidender Bedeutung]:* ein -er Wandel, Streit; Wie t. sich eine solche Trennung und das Gefühl des Verlustes auf den Schlaf auswirken können (Dunkell, Körpersprache 135); **tief|grün** ⟨Adj.⟩: vgl. *tiefblau;* **tief|grün|dig** ⟨Adj.⟩: **1.** *von Gedankentiefe zeugend; zum Wesen von etw. vordringend, es erfassend:* -e Betrachtungen; Am nächsten runden Tisch soll ... -er ... beraten werden (Freie Presse 14. 2. 90, 6). **2.** (Landw.) *(in bezug auf den Boden) nicht*

Tiefschnee

von verhärteten Schichten, Gestein o. ä. durchsetzt, so daß die Wurzeln tief in die Erde dringen können: ein -er Boden; Zur Vorbeugung ... ist für einen -en, nährstoffreichen Standort ... zu sorgen (NNN 19. 9. 86, 25); **Tief|grün|dig|keit,** die: *das Tiefgründigsein;* **Tief|hal|te,** die; -, -n (Turnen): *Haltung, bei der ein Arm od. beide Arme senkrecht nach unten gestreckt sind;* **tief|hän|gend** ⟨Adj.; tiefer, am tiefsten hängend⟩: *weit nach unten hängend:* -e Zweige; **tief|in|ner...** ⟨Adj.; o. Komp., Sup.: tiefinnerst⟩ (geh.): *tief im geistigseelischen Bereich, im Inneren eines Menschen vorhanden, wirksam:* ein -es Bedürfnis; **tief|in|ner|lich** ⟨Adj.⟩ (geh.) vgl. *tiefinner...;* **tief|küh|len** ⟨sw. V.; hat⟩: *tiefgefrieren:* zubereitete Gerichte heiß einfüllen, t. (Hörzu 51, 1975, 101); tiefgekühlte Fertiggerichte; **Tief|kühl|fach,** das: *Gefrierfach;* **Tief|kühl|ket|te,** die: *Gefrierkette;* **Tief|kühl|kost,** die: *durch Tiefkühlung konservierte Nahrungsmittel;* **Tief|kühl|schrank,** der: *Gefrierschrank;* **Tief|kühl|tru|he,** die: *Gefriertruhe;* **Tief|küh|lung,** die: *das Tiefgefrieren;* **Tief|la|de|an|hän|ger,** der: *Anhänger für Schwertransporte mit tiefliegender Ladefläche;* **Tief|la|der,** der: *Tieflader;* **Tief|la|de|wa|gen,** der: *Tieflader;* **Tief|land,** das ⟨Pl. ...länder, auch: -e⟩: *in geringer Höhe (unter 200 m) über dem Meeresspiegel gelegenes Flachland;* **Tief|land|bucht,** die (Geogr.): *buchtartig in das benachbarte Gebirgsland eingreifender Teil eines Tieflands;* **tief|lie|gend** ⟨Adj.; tiefer, am tiefsten liegend, tiefstliegend⟩: *tief* (1 c, e, f, 3 c) *liegend;* **Tief|ofen,** der (Technik): *großer Ofen, in dem die aus dem Stahlwerk kommenden, im Innern noch heißen Blöcke eine gleichmäßige, zu ihrer Weiterverarbeitung im Walzwerk geeignete Temperatur annehmen sollen;* **Tief|par|ter|re,** das: *eine halbe Treppe unter dem normalen Niveau des Parterres liegendes Geschoß in einem Wohnhaus;* **Tief|paß,** der (Elektrot.): *Filter* (4), *der nur tiefe Frequenzen durchläßt u. die hohen unterdrückt;* **tief|pflü|gen** ⟨sw. V.; hat⟩ (Landw.): *rigolen;* **Tief|pum|pe,** die (Technik): *Pumpe zur Förderung von Erdöl aus Bohrungen;* **Tief|punkt,** der: *tiefster Punkt, negativster od. bes. negativer Abschnitt einer Entwicklung, eines Ablaufs o. ä.:* die Stimmung hatte ihren T. erreicht; einen seelischen T. haben (sehr deprimiert sein); Manchmal denke ich ..., ich habe nichts mehr zu erwarten. Ich bin am T. (Klee, Pennbrüder 55); **tief|rei|chend** ⟨Adj.⟩: *tiefer, am tiefsten reichend, tiefstreichend:* vgl. *tiefgreifend;* **tief|re|li|gi|ös** ⟨Adj.⟩: *von tiefer Religiosität [erfüllt, zeugend];* **tief|rot** ⟨Adj.⟩: vgl. *tiefblau;* **Tief|schlaf,** der: *bes. tiefer Schlaf; Stadium des tiefsten Schlafes;* **Tief|schlag,** der (Boxen): *(verbotener) Schlag, der unterhalb der Gürtellinie auftrifft:* eine Verwarnung wegen T.; Ü Die Ablehnung ... war ein T. (harter, schwerer Schlag 5), der den Rest seiner Illusion zerstörte (Meckel, Suchbild 160); **Tief|schlag|schutz,** der (bes. Boxen): *Tiefschutz;* **Tief|schnee,** der: *tiefer [pulvriger] Schnee:* Die Frau torkelt in den T. neben der Absperrung und setzt sich hin (Jelinek, Lust 189); **tief|schür|fend** ⟨Adj.; tiefer, am tiefsten schürfend, tiefstschürfend⟩: *tief in ein Problem, Thema eindringend:* eine -e Untersuchung; -e Gedanken; eine -e Unterhaltung; **Tief|schutz**, der (bes. Boxen): *aus hartem Material bestehender Schutz für Unterleib u. Geschlechtsteile;* **tief|schwarz** ⟨Adj.⟩: vgl. tiefblau; **Tief|see**, die (Geogr.): *Bereich des Weltmeeres, der tiefer als 1000 m unter dem Meeresspiegel liegt;* **Tief|see|berg|bau**, der: *Abbau von Erzvorkommen auf dem Meeresboden;* **Tief|see|bohrung**, die: *von speziellen Schiffen aus durchgeführte Bohrung zur Erforschung des Untergrundes von Meeren;* **Tief|seefisch**, der: *in der Tiefsee lebender Fisch;* **Tief|see|for|scher**, der: *Erforscher der Tiefsee;* **Tief|see|for|sche|rin**, die: w. Form zu ↑Tiefseeforscher; **Tief|see|forschung**, die ⟨o. Pl.⟩: *Teilgebiet der Meereskunde, das sich mit der Erforschung der Tiefsee befaßt;* **Tief|see|gra|ben**, der (Geogr.): *langgestreckte, rinnenartige Einsenkung im Meeresboden der Tiefsee;* **Tief|see|se|di|ment**, das: *Meeresablagerung auf dem Boden der Tiefsee;* **Tief|see|tau|cher**, der: *Taucher, der in der Tiefsee taucht;* **Tief|see|tau|che|rin**, die: w. Form zu ↑Tiefseetaucher; **Tief|seetauch|ge|rät**, das: *Gerät zum Tauchen in der Tiefsee;* **Tief|sinn**, der [rückgeb. aus ↑tiefsinnig] ⟨o. Pl.⟩: **a)** *Neigung, tief in das Wesen der Dinge einzudringen; grüblerisches Nachdenken:* in T. verfallen *(schwermütig werden);* **b)** *tiefere, hintergründige Bedeutung;* **tief|sin|nig** ⟨Adj.⟩ [urspr. = scharfsinnig, schlau]: **1.** *Tiefsinn (b) habend, davon zeugend:* -e Betrachtungen anstellen. **2.** (veraltend) *trübsinnig, gemütskrank, schwermütig:* sie ist nach dem Tod ihres Kindes t. geworden; **Tief|sin|nig|keit**, die: *das Tiefsinnigsein;* **Tief|stand**, der ⟨o. Pl.⟩: *[bes.] tiefer (1f) Stand (innerhalb einer Entwicklung):* einen wirtschaftlichen T. erreichen; eine Kulturschande, an der sich der T. der Zivilisation messen ließ (Sonntag 16. 10. 88, 2); **Tiefst|an|ge|bot**, das: *Angebot zum Tiefstpreis;* **Tief|sta|pe|lei**, die; -, -en: **a)** ⟨o. Pl.⟩ *das Tiefstapeln;* **b)** *tiefstapelnde Äußerung o. ä.;* **tief|sta|peln** ⟨sw. V.; hat⟩: *den Wert, die Fähigkeiten, Leistungen o. ä. bes. der eigenen Person bewußt als geringer hinstellen, als sie in Wirklichkeit sind; untertreiben:* Wenn er tiefstapelt, dann ist er am Renntag stets für eine Überraschung gut (Kieler Nachrichten 30. 8. 84, 14); **Tief|stap|ler**, der: *jmd., der tiefstapelt;* **Tief|stap|le|rin**, die; -, -nen: w. Form zu ↑Tiefstapler; **Tiefstart**, der (Leichtathletik): *bei Kurzstreckenläufen Start aus hockender od. kauernder Stellung heraus;* **tief|ste|hend** ⟨Adj.⟩ tiefer stehend, am tiefsten stehend, tiefststehend): *(in bezug auf eine Wert-, Rangordnung) auf niedriger Stufe stehend:* ein moralisch -er Mensch; **Tiefst|kurs**, der (Bank-, Börsenw.): *niedrigster notierter Stand eines Kurses (4);* **Tiefst|no|tie|rung**, die (Bank-, Börsenw.): vgl. Tiefstkurs; **Tiefst|preis**, der: *[denkbar] niedrigster Preis:* etw. zum T., zu -en verkaufen; **Tief|strah|ler**, der: *(für Straßen, große Hallen, Fußballplätze o. ä.) starke Lampe für direkte Beleuchtung von oben;* **Tiefst|tem|pe|ra|tur**, die: *tiefst[möglich]e Temperatur:* die nächtliche T. lag bei minus 3 Grad; **Tiefst|wert**, der: vgl. Tiefsttemperatur; **tief|tau|chen** ⟨sw. V.; hat; meist nur im Inf. u. Part. gebr.⟩ (Sport): *unter eine bestimmte Wassertiefe, in eine größere Tiefe (1 b) tauchen;* **Tief|tau|cher**, der: *Taucher, der das Tieftauchen betreibt;* **Tief|tau|che|rin**, die: w. Form zu ↑Tieftaucher; **Tief|tem|pe|ra|tur|phy|sik**, die: *Forschungsgebiet der Physik, auf dem die Untersuchungen der physikalischen Eigenschaften von Stoffen bei Temperaturen nahe dem absoluten Nullpunkt durchgeführt werden;* **Tief|tem|pe|ra|tur|technik**, die ⟨o. Pl.⟩: *Kryotechnik;* **Tief|ton**, der ⟨Pl. ...töne⟩ (Sprachw.): *Ton, Laut[folge] mit niedriger Tonhöhe;* **tief|trau|rig** ⟨Adj.⟩ (oft emotional): *sehr, überaus traurig;* **tief|ver|schneit**[1] ⟨Adj.⟩: *mit viel Schnee bedeckt:* ein -er Wald; **Tief|wurz|ler**, der; -s, - (Bot.): *Pflanze, deren Wurzeln tief in den Boden eindringen (z. B. Luzerne);* **tief|zie|hen** ⟨unr. V.; hat⟩ (Technik): *(Blech) in einem bestimmten Verfahren in einen Hohlkörper umformen.*

Tie|gel, der; -s, - [mhd. tegel, tigel, ahd. tegel = irdener Topf, H. u., viell. zu ↑Teig u. eigtl. = aus Ton geformtes Gefäß]: *oft feuerfestes, meist flacheres rundes Gefäß zum Erhitzen, Schmelzen, auch zum Aufbewahren bestimmter Stoffe:* ein irdener, metallener T.; Honigwaben, voll mit Honig. Die habe ich in einen T. gegeben und langsam warm gemacht (Wimschneider, Herbstmilch 33).

Tier, das; -[e]s, -e [mhd. tier, ahd. tior, urspr. Bez. für das wildlebende Tier im Gegensatz zum Haustier, wahrsch. eigtl. = atmendes Wesen]: **1.** *mit Sinnes- u. Atmungsorganen ausgestattetes, sich von anderen tierischen od. pflanzlichen Organismen ernährendes, in der Regel frei bewegliches Lebewesen, das nicht mit der Fähigkeit zu logischem Denken u. zum Sprechen befähigt ist:* große, kleine, wilde, zahme, gezähmte, einheimische, exotische -e; ein männliches, weibliches, verschnittenes, kastriertes T.; ein munteres, zutrauliches, anhängliches Tierchen; ein nützliches, schädliches, jagdbares T.; die niederen, die höheren -e; auch diese winzigen Organismen sind -e; das T. will nicht fressen, ist verendet; er benahm sich wie ein [wildes] T.; -e pflegen, füttern, züchten, dressieren, abrichten, zur Schau stellen, vorführen; -e beobachten; ich wehre mich dagegen, in einer Wohnung ohne Garten ein T. zu halten (Schwaiger, Wie kommt 75); Die nächste Stufe der lebendigen Welt wird von den pflanzenfressenden -en gebildet (Gruhl, Planet 32); R jedem Tierchen sein Pläsierchen (ugs. scherzh.; *jeder muß leben, handeln, wie er es für richtig hält*); Spr quäle nie ein T. zum Scherz, denn es fühlt wie du den Schmerz; Ü er ist ein T. *(er ist ein roher, brutaler, triebhafter Mensch);* sie ist ein gutes T. (salopp; *sie ist gutmütig u. ein bißchen beschränkt);* das T. *(die Roheit, Triebhaftigkeit)* brach in ihm durch; wenn sie ihm das antut, wird er ein T. *(wird er gewalttätig);* * *ein hohes/großes T.* (ugs.; *eine Person von großem Ansehen, hohem Rang):* Sein Vater war im Militär ein hohes T. (Ziegler, Kein Recht 55). **2.** (Jägerspr.) *weibliches Tier beim Rot-, Dam- u. Elchwild;* **Tier|ana|to|mie**, die: *Zootomie;* **Tier|art**, die (Zool.): *(in der zoologischen Systematik) Kategorie von Tieren, die in ihren hauptsächlichsten Merkmalen übereinstimmen u. sich untereinander fortpflanzen können;* **Tier|arzt**, der: *Arzt, der auf die Behandlung von kranken Tieren, auf die Bekämpfung von Tierseuchen, auch auf die Untersuchung u. Überwachung bei der Herstellung, Lagerung o. ä. von Fleisch u. anderen tierischen Produkten spezialisiert ist; Veterinär;* **Tier|ärz|tin**, die: w. Form zu ↑Tierarzt; **tier|ärzt|lich** ⟨Adj.⟩: vgl. ärztlich; **Tier|asyl**, das: vgl. Tierheim; **Tier|bän|di|ger**, der: *Dompteur;* **Tier|bän|di|ge|rin**, die: w. Form zu ↑Tierbändiger; **Tier|bau**, der ⟨Pl. -e⟩: *Bau (5a);* **Tier|bild**, das: *Bild, auf dem ein od. mehrere Tiere dargestellt sind;* **Tier|buch**, das: *Buch, bei dem ein od. mehrere Tiere im Mittelpunkt stehen;* **Tier|dar|stel|lung**, die: *Darstellung von Tieren in der bildenden Kunst;* **Tier|dich|tung**, die: vgl. Tierbuch; **Tier|epos**, das: vgl. Tierbuch; **Tier|er|zäh|lung**, die: vgl. Tierbuch; **Tier|ex|pe|ri|ment**, das: *Tierversuch;* **Tier|fa|bel**, die: vgl. Fabel; **Tier|fähr|te**, die: *Fährte;* **Tier|fal|le**, die (selten): *Falle (1);* **Tier|fa|mi|lie**, die: vgl. Familie (2); **Tier|fang**, der ⟨o. Pl.⟩: *Fang (1 a) von Tieren;* **Tier|fän|ger**, der: *jmd., der wildlebende Tiere, bes. Großwild, für zoologische Gärten o. ä. einfängt* (Berufsbez.); **Tier|fän|ge|rin**, die: w. Form zu ↑Tierfänger; **Tier|film**, der: vgl. Tierbuch; **Tier|fil|mer**, der: *jmd., der Tierfilme dreht;* **Tier|fil|me|rin**, die: w. Form zu ↑Tierfilmer; **Tier|form**, die: *Tierart in ihrer speziellen Ausprägung, Erscheinungsform;* **Tier|freund**, der: *jmd., der gerne mit Tieren umgeht;* **Tier|freun|din**, die: w. Form zu ↑Tierfreund; **Tier|gar|ten**, der: *[meist kleinerer] Zoo;* **Tier|gärt|ner**, der: *Fachmann auf dem Gebiet der Tierhaltung in zoologischen Gärten;* **Tier|gärt|ne|rin**, die: w. Form zu ↑Tiergärtner; **Tier|gat|tung**, die (Zool.): *Gattung (2);* **Tier|ge|he|ge**, das: *Gehege (2);* **Tier|geo|gra|phie**, die: *Geozoologie;* **tier|geo|gra|phisch** ⟨Adj.⟩: *die Tiergeographie betreffend;* **Tier|ge|schich|te**, die: vgl. Tierbuch; **Tier|ge|sell|schaft**, die (Biol.): *mehrere Tiere einer od. verschiedener Arten, die zu einem Verband zusammengeschlossen sind;* **Tier|ge|stalt**, die: *Gestalt eines Tieres:* eine Gottheit in T.; **Tier|haar**, das: *Haar eines Tieres;* **tier|haft** ⟨Adj.; -er, -este⟩ (seltener): *einem Tier ähnlich, in der Art eines Tieres; animalisch (b);* **Tier|hal|ter**, der: *jmd., der ein od. mehrere Haustiere hält;* **Tier|hal|te|rin**, die: w. Form zu ↑Tierhalter; **Tier|hal|tung**, die ⟨o. Pl.⟩: *das Halten eines od. mehrerer Haustiere;* **Tier|hand|lung**, die: *Geschäft, in dem meist kleinere Tiere verkauft werden;* **Tier|haut**, die: *Haut (1b);* **Tier|heil|kun|de**, die: *Tiermedizin;* **Tier|heim**, das: **a)** *Einrichtung zur Unterbringung kleinerer [herrenloser] Haustiere, bes. von Hunden u. Katzen;* **b)** *Gebäude, in dem ein Tierheim (a) untergebracht ist;* **tie|risch** ⟨Adj.⟩. [für mhd. tierlich]: **1. a)** *ein Tier, Tiere betreffend; einem Tier, Tieren eigen; für Tiere charakteristisch:* -e Organismen, Parasiten, Schädlinge; der -e Formenreichtum; die Erforschung -en Verhaltens; **b)** *von einem Tier, von Tieren stammend, herrührend; animalisch* (a): -e Eiweiße; -es Fett; -e Produkte; -er Dünger. **2.** (oft abwertend) *nicht dem Wesen, den Vorstellungen von einem Menschen entsprechend; dumpf, triebhaft; roh, grausam:* -e Gier; -es Verlangen; -e Grausamkeit; -er Haß; ein -es Verbrechen; sein Benehmen war t.; Ü das ist ja wirklich t. (salopp; *unverschämt, frech*); hier geht es immer so t. ernst (ugs.; *humorlos, stumpfsinnig*) zu. **3.** (salopp) **a)** *sehr groß, sehr stark; mächtig:* -en Durst, Hunger haben; Ich hatte -e Angst um sie (Eppendorfer, St. Pauli 214); es war eine -e Freude, sie wiederzusehen; die Kameradschaft ist t. im Klub (Spiegel 48, 1982, 81); **b)** ⟨intensivierend bei Adj. u. Verben⟩ *sehr, ungeheuer, in starkem Maße:* Nervte t., der Typ (Eppendorfer, St. Pauli 61); eine Clique ..., in der t. gekifft wurde (Christiane, Zoo 90); ein t. guter Moderator (Hörzu 41, 1985, 13); hier ist es t. kalt; **Tier|ka|daver,** der: *Kadaver* (1); **Tier|kal|len|der,** der: *Wandkalender mit Tierbildern;* **Tier|kampf,** der: *im antiken Rom in der Zirkus u. im Amphitheater als Schau dargebotener Kampf zwischen Tieren od. zwischen Tieren u. Menschen;* **Tier|kind,** das: ²*Junge* (1); **Tier|kli|nik,** die: vgl. Tierheim; **Tier|koh|le,** die: vgl. Knochenkohle; **Tier|kolo|nie,** die (Zool.): *Kolonie* (4) *tierischer Individuen;* **Tier|kör|per,** der: *Körper eines Tieres;* **Tier|kör|per|be|sei|ti|gungs|an|stalt,** die (Amtsspr.): *Betrieb, Anlage zur Lagerung, Behandlung, Verwertung von verendeten od. nicht zum Genuß verwertbaren getöteten Tieren u. deren Produkten od. Abfällen; Abdeckerei* (2); **Tierkreis,** der ⟨o. Pl.⟩ [für älter: Tierzirkel, LÜ von lat. zodiacus < griech. zōdiakós (kýklos), zu: zṓdion = Sternbild des Tierkreises, eigtl. = kleines Gebilde, Vkl. von: zōon = Lebewesen, Tier] (Astron., Astrol.): *die Sphäre des Himmels umspannende Zone von zwölf Sternbildern entlang der Ekliptik, die von der Sonne auf ihrer scheinbaren Bahn einmal jährlich durchlaufen wird; Zodiakus;* **Tier|kreis|stein,** der: *Edelstein, der einem bestimmten Tierkreiszeichen zugeordnet wird u. während des Zeitraums, in dem die Sonne in diesem Zeichen steht, eine besondere Wirkung entfalten soll;* **Tier|kreis|stern|bild,** das (Astron., Astrol.): *im Tierkreis liegendes Sternbild; Himmels-, Sternzeichen;* **Tierkreis|zei|chen,** das (Astron., Astrol.): **1.** Tierkreissternbild. **2.** *Abschnitt der Ekliptik, der den Namen eines der zwölf Tierkreissternbilder trägt;* **Tier|kult,** der: *bestimmten Tieren geltender Kult; Zoolatrie;* **Tier|kun|de,** die: *Zoologie;* **Tier|laus,** die: *Laus, die im Fell von Säugetieren od. im Federkleid von Vögeln lebt;* **Tier|laut,** der: *Laut, den ein Tier (in einer für seine Art charakteristischen Weise) hervorbringt;* **Tier|leh|rer,** der: *Dresseur;* **Tier|leh|re|rin,** die: w. Form zu ↑ Tierlehrer; **tier|lich** ⟨Adj.⟩ (selten): *tierisch* (1); **tier|lieb** ⟨Adj.⟩: *sich gerne mit Tieren befassend, gerne mit ihnen umgehend:* eine -e Nachbarin versorgt unsere Katzen; In unserer Familie waren alle wahnsinnig t. (Christiane, Zoo 17); **Tier|lie|be,** die ⟨o. Pl.⟩: *ausgeprägte Neigung, sich mit Tieren zu befassen, mit ihnen umzugehen; besondere Zuneigung zu Tieren;* **tier|liebend** ⟨Adj.⟩: tierlieb; **Tier|ma|ler,** der: *Maler, der vorzugsweise Tiere darstellt;* **Tier|ma|le|rin,** die: w. Form zu ↑ Tiermaler; **Tier|mär|chen,** das: vgl. Tierbuch; **Tier|me|di|zin,** die ⟨o. Pl.⟩: *Wissenschaft vom gesunden u. kranken Organismus der Tiere, von Krankheiten der Tiere, ihrer Verhütung u. Heilung; Tierheilkunde, Veterinärmedizin;* **tier|me|di|zi|nisch** ⟨Adj.⟩: *die Tiermedizin betreffend, darauf beruhend;* **Tier|öko|lo|gie,** die: *Lehre von den Wechselbeziehungen zwischen Tieren u. ihrer Umwelt;* **tier|öko|lo|gisch** ⟨Adj.⟩: *die Tierökologie betreffend;* **Tier|park,** der: *oft großflächig angelegter zoologischer Garten;* **Tier|pfle|ger,** der: *jmd., der mit Pflege, Aufzucht o. ä. von Tieren beschäftigt ist* (Berufsbez.); **Tier|pflege|rin,** die: w. Form zu ↑ Tierpfleger; **Tier|phy|sio|lo|gie,** die: *Teilgebiet der Zoologie, das sich mit den Lebensvorgängen u. Lebensäußerungen der Tiere befaßt;* **tier|phy|sio|lo|gisch** ⟨Adj.⟩: *die Tierphysiologie betreffend;* **Tier|prä|pa|ra|tor,** der: *jmd., der Tiere präpariert* (1 a), *Präparate* (2) *von Tieren herstellt;* **Tier|prä|pa|ra|to|rin,** die: w. Form zu ↑ Tierpräparator; **Tier|psy|cho|lo|gie,** die (veraltend): *Teilgebiet der Zoologie, das sich mit der vergleichenden Untersuchung tierischen Verhaltens befaßt;* **tier|psy|cho|lo|gisch** ⟨Adj.⟩: *die Tierpsychologie betreffend;* **Tier|quäl|ler,** der: *jmd., der Tierquälerei betreibt:* Die Polizei hat die Ermittlungen nach dem T. aufgenommen (MM 18. 6. 75, 15); **Tier|quä|le|rei,** die: *unnötiges Quälen, rohes Mißhandeln von Tieren:* T. ist strafbar; **Tier|quäl|le|rin,** die: w. Form zu ↑ Tierquäler.

Tier|ra ca|li|en|te, die; - - [span., eigtl. = heißes Land, aus: tierra = Land u. caliente = heiß] (Geogr.): *unterste der drei klimatischen Höhenstufen in den tropischen Gebirgsländern Mittel- u. Südamerikas;* **Tier|ra fria,** die; - - [span., eigtl. = kaltes Land, zu: frio = kalt, frostig] (Geogr.): *oberste klimatische Höhenstufe in den tropischen Gebirgsländern Mittel- u. Südamerikas;* **Tier|ra tem|pla|da,** die; - - [span., eigtl. = gemäßigtes Land, zu: templado = mild, gemäßigt] (Geogr.): *mittlere klimatische Höhenstufe in den tropischen Gebirgsländern Mittel- u. Südamerikas.*

tier|reich ⟨Adj.⟩: *viele Tiere, eine Vielfalt von Tieren, Tierarten aufweisend:* eine -e Gegend, Wildnis; **Tier|reich,** das ⟨o. Pl.⟩: *Bereich, Gesamtheit der Tiere in ihrer Verschiedenartigkeit:* im T. sind die Männchen schöner als die Weibchen (Hörzu 43, 1992, 3); **Tier|schau,** die: *häufig von einem Zirkus veranstaltete Schau, Ausstellung lebender, bes. exotischer Tiere:* ... von einer T. Voller Stolz zeigten die Bauern die leistungsstarken Rinder, Schweine, Pferde und Schafe (NNN 25. 9. 89, 1); **Tier|schutz,** der: *Gesamtheit der gesetzlichen Maßnahmen zum Schutz von Tieren vor Quälerei, Aussetzung, Tötung ohne einsichtigen Grund o. ä.;* **Tier|schüt|zer,** der: *jmd., der sich beim Tierschutz engagiert, betätigt;* **Tier|schüt|ze|rin,** die: w. Form zu ↑ Tierschützer; **Tier|schutz|gebiet,** das: *Reservat* (1) *für bestimmte Tiere;* **Tier|schutz|ge|setz,** das: *Gesetz, das die mit dem Tierschutz zusammenhängenden Rechtsfragen regelt;* **Tier|schutz|ver|ein,** der: *Verein, der sich dem Tierschutz widmet;* **Tier|se|rum,** das: bes. *vom Pferd, Rind od. Hammel gewonnenes Immunserum.*

Tiers-état [tjɛrze'ta], der; - [frz. le tiers État, eigtl. = der dritte Stand]: *Bürgertum, das bis zur Französischen Revolution nach Adel u. Geistlichkeit an dritter Stelle in der ständischen Gliederung stand.*

Tier|seu|che, die: *bei Haustieren u. wildlebenden Tieren auftretende Seuche;* **Tierso|zie|tät,** die (Biol.): *Tiergesellschaft;* **Tier|so|zio|lo|gie,** die: *Teilgebiet der Zoologie, der Verhaltensforschung, das sich mit den Formen des sozialen Zusammenlebens der Tiere befaßt;* **tier|so|zio|lo|gisch** ⟨Adj.⟩: *die Tiersoziologie betreffend, darauf beruhend;* **Tier|spra|che,** die: *als eine Art Sprache gedeutete Lautäußerungen von Tieren;* **Tier|staat,** der: vgl. Insektenstaat; **Tier|stim|me,** die: vgl. Tierlaut; **Tier|stim|men|imi|ta|tor,** der: *Imitator, der sich auf Tierstimmen spezialisiert hat;* **Tier|stim|men|imi|ta|to|rin,** die: w. Form zu ↑ Tierstimmenimitator; **Tier|stock,** der (Zool.): *Tierkolonie, bei der durch Knospung* (2) *u. ausbleibende Ablösung der neu gebildeten Individuen ein Gebilde aus vielen einzelnen Tieren entsteht (bei Schwämmen u.a.);* **Tierstück,** das (bild. Kunst): *Tierbild;* **Tierver|such,** der: *wissenschaftliches Experiment an, mit lebenden Tieren;* **Tier|wan|de|rung,** die: *durch Umwelteinflüsse (z. B. Kälte, Trockenheit, Nahrungsmangel) od. den Fortpflanzungstrieb ausgelöster, meist periodischer Standortwechsel von Tieren;* **Tier|wär|ter,** der: *Tierpfleger;* **Tier|wär|te|rin,** die: w. Form zu ↑ Tierwärter; **Tier|welt,** die ⟨o. Pl.⟩: *Gesamtheit der Tiere (bes. im Hinblick auf ihr Vorkommen in einem bestimmten Bereich); Fauna;* **Tier|wirt,** der: *jmd., der in der Landwirtschaft bes. für Fütterung u. artgerechte Haltung von Nutztieren zuständig ist* (Berufsbez.); **Tier|wir|tin,** die: w. Form zu ↑ Tierwirt; **Tier|zucht,** die ⟨o. Pl.⟩: *das Züchten von Tieren bes. unter wirtschaftlichem Aspekt;* **Tier|züch|ter,** der: *jmd., der Tierzucht betreibt* (Berufsbez.); **Tier|züch|te|rin,** die: w. Form zu ↑ Tierzüchter.

Tif|fa|ny|lam|pe, die; -, -n ['tɪfənɪ...; nach dem Namen des amerik. Malers u. Kunsthandwerkers L. C. Tiffany (1848–1933), einem wichtigen Vertreters des Jugendstils bes. auf dem Gebiet der Glaskunst]: *Lampe mit einem aus bunten Glasstücken in bestimmter Technik zusammengefügten Schirm.*

Ti|fo|so, der; -, ...si ⟨meist Pl.⟩ [ital. tifoso, zu: tifo = Sportleidenschaft, eigtl. = Typhus]: *italienische Bez. für Fan.*

tif|teln ⟨sw. V.; hat⟩: *tüfteln.*

Ti|ger, der; -s, - [verdeutlicht mhd. tigertier, ahd. tigiritior < lat. tigris <

griech. tigris]: **1.** *(in Asien heimisches, zu den Großkatzen gehörendes) sehr kräftiges, einzeln lebendes Raubtier von blaß rötlichgelber bis rotbrauner Färbung mit schwarzen Querstreifen.* **2.** *(ugs.) Katze mit Tigerfärbung; getigerte Katze:* Peter war ein T., zwischen dunkelbraunen Streifen seines Pelzes leuchtete die helle Bronze auf (Harig, Weh dem 107); **Ti̱|ger|au|ge**, das [nach der Färbung]: *goldgelbes bis goldbraunes, an den Bruchstellen seidigen Glanz aufweisendes Mineral* (Schmuckstein); **Ti̱|ger|fär|bung**, die: *der Zeichnung u. Farbe eines Tigerfells ähnliche Färbung;* **Ti̱|ger|fell**, das: *Fell eines Tigers;* **Ti̱|ger|hai**, der: *(bes. in flachen Küstengewässern der tropischen u. subtropischen Meere lebender) Hai mit auffallend gefleckter Haut;* **Ti̱|ge|rin**, die: -, -nen: w. Form zu ↑Tiger; **Ti̱|ger|kat|ze**, die: *(in Süd- u. Mittelamerika heimisches, zu den Kleinkatzen gehörendes) Raubtier mit gelbem, meist schwarz gefleckten Fell;* **Ti̱|ger|land**, das ⟨Pl. ...länder⟩ [wohl nach der wirtschaftlichen Kraft, Dynamik dieser Länder]: *Schwellenland in Ost- u. Südostasien;* **Ti̱|ger|li|lie**, die: *Lilie mit orangeroten, dunkel gefleckten großen Blüten;* **ti̱|gern** ⟨sw. V.⟩ /vgl. getigert/: **1.** (selten) *mit einer an ein Tigerfell erinnernden Musterung versehen* ⟨hat⟩. **2.** (ugs.) *irgendwohin, zu einem oft weiter entfernten Ziel gehen, marschieren* ⟨ist⟩: durch die Straßen t.; Die kenn' ich schon von früher, als wir zusammen zur Grundschule tigerten (Degener, Heimsuchung 109); **Ti̱|gerpferd**, das: *Tigerschimmel;* **Ti̱|ger|schim̱mel**, der: *bes. im Zirkus sehr beliebtes Pferd mit faustgroßen, runden bis ovalen farbigen Flecken auf dem weißen Fell;* **Ti̱gon**, der; -s, - [engl. tigon, zusgez. aus: ti̱ger = Tiger u. lion = Löwe] (Zool.): *Bastard aus der Kreuzung eines Tigermännchens mit einem Löwenweibchen.*
Ti̱|gris, der; -: *Strom in Vorderasien.*
ti̱|gro|id ⟨Adj.⟩ [zu lat. tigris (↑Tiger) u. griech. -oeidēs = ähnlich, zu: eĩdos = Aussehen, Form] (Zool.): *wie ein Tiger gestreift.*
Ti̱|ki, der; -[s], -s [Maori tiki = Bild(nis)]: **a)** *(in Polynesien) einen Gott od. Ahnen darstellende [monumentale] Figur aus Stein;* **b)** *(in Neuseeland) einen Gott od. Ahnen darstellender Anhänger aus Nephrit.*
Til|bu|ry ['tɪlbərɪ], der; -s, -s [engl. tilbury, nach dem gleichnamigen Londoner Wagenbauer aus dem frühen 19. Jh.]: *in Nordamerika früher häufig verwendeter, leichter zweirädriger u. zweisitziger Wagen mit aufklappbarem Verdeck.*
Tiḻ|de, die; -, -n [span. tilde < katal. titlla, title < lat. titulus, ↑Titel]: **1.** *diakritisches Zeichen in Gestalt einer kleinen liegenden Schlangenlinie, das im Spanischen über einem u. die Palatalisierung, im Portugiesischen über einem Vokal die Nasalierung angibt* (z. B. span. ñ [nj] in Señor, port. ã [ã] in São Paulo). **2.** *(in Wörterbüchern) Zeichen in Form einer kleinen liegenden Schlangenlinie auf der Mitte der Zeile, das die Wiederholung eines Wortes od. eines Teiles davon angibt.*
ti̱lg|bar ⟨Adj.⟩: *sich tilgen lassend; geeignet, getilgt zu werden;* **ti̱l|gen** ⟨sw. V.; hat⟩ [mhd. tīl(i)gen, ahd. tīligōn < angelsächs. dīlegian < lat. delere = vernichten; (Geschriebenes) auslöschen]: **1.** (geh.) *als fehlerhaft, nicht mehr gültig, als unerwünscht o. ä. gänzlich beseitigen; auslöschen, ausmerzen:* eine Aktennotiz t.; die Spuren seiner Tat t.; sie zwang sich zu erneuter Niederschrift, sie mußte auch diese Wörter wieder t. (Rolf Schneider, November 31); Ü jmdn. aus der Erinnerung t.; Monika ... ließ den Zettel mit dem falschen Gerechne in ihrer Tasche verschwinden und hoffte, ... sie könnte ihn für immer aus ihrem Gedächtnis t. (Loest, Pistole 227). **2.** (Wirtsch., Bankw.) *durch Zurückzahlen beseitigen, ausgleichen, aufheben:* ein Darlehen [durch monatliche Ratenzahlungen nach und nach] t.; Ü eine Schmach t.; Reue tilgt alle Schuld (Hacks, Stücke 57); **Ti̱l|gung**, die; -, -en: **1.** (geh.) *das Tilgen (1), Getilgtwerden; gänzliche Beseitigung; Ausmerzung:* die T. aller Spuren, der Druckfehler. **2.** (Wirtsch., Bankw.) *das Tilgen (2), Getilgtwerden; Beseitigung durch Zurückzahlen:* die T. der Schulden, einer Hypothek; **Ti̱l|gungs|an|lei|he**, die (Wirtsch., Bankw.): *Anleihe, die nach einem festen Plan zurückzuzahlen ist;* **Ti̱l|gungs|fonds**, der (Wirtsch., Bankw.): *rechtlich selbständiger Fonds zur Tilgung öffentlicher Schulden;* **Ti̱l|gungs|ka|pi|tal**, das (Wirtsch., Bankw.): *durch Aufnahme einer Tilgungsanleihe beschafftes Kapital;* **Ti̱l|gungs|ra̱te**, die (Wirtsch., Bankw.): *Summe, die innerhalb eines bestimmten Zeitraums zur Tilgung einer langfristigen Schuld gezahlt werden muß;* **Ti̱l|gungs|sum̱|me**, die (Bankw.): vgl. Tilgungsrate.
Tiḻ|land|sie, die; -, -n [nach dem finn. Botaniker E. Tillands (1640–1693)]: *zu den Ananasgewächsen gehörende, meist als Epiphyt lebende [Zier]pflanze ohne od. mit nur schwach entwickelten Wurzeln.*
Tiḻ|lit [auch: ...'lɪt], der; -s, -e [engl. tillite] (Geol.): *verfestigter Geschiebelehm.*
Tiḻ|si|ter, der; -s, -, **Tiḻ|si|ter Kä̱|se**, der; - -s, - - [nach der Stadt Tilsit im ehemaligen Ostpreußen, heute: Sowjetsk]: *hellgelber Schnittkäse mit kleinen Löchern u. mit kräftigem Geschmack.*
ti̱l|ten ⟨sw. V.; hat⟩ [engl. to tilt = kippen, neigen] (ugs.): *(beim Flippern) den Spielautomaten regelwidrig schütteln od. kippen, um den Lauf der Kugel zu beeinflussen:* Wir haben geflippert. Bei Holger lief die Kugel nicht, und er hat dann jedesmal absichtlich getiltet (Stern 44, 1980, 138).
Tim|ar|chie, die; -, -n [griech. timarchía, zu: timḗ (↑Timokratie) u. árcheīn = herrschen]: *(nach Plato) auf Ehrsucht, Ruhm u. Reichtum der Regierungsschicht beruhende Herrschaft im Staat.*
Tim|ba̱l|le, die; -, -n [frz. timbale, eigtl. = Auflaufform, urspr. = kleine Trommel < span. timbal, ↑Timbales] (Kochk.): *mit Aspik überzogene, meist becherförmige Pastete* (c); **Tim|ba̱l|les** ⟨Pl.⟩ [span. timbales, Pl. von: timbal = kleine Trommel, Nebenf. von: atabal < arab. tabla, zu: ṭabala = trommeln]: *zwei gleiche, auf einem Ständer befestigte Trommeln (bes. bei [südamerikanischen] Tanzorchestern).*
Tim̱|ber, der od. das; - [engl. timber]: *englisches Zählmaß für Rauchwaren (40 Stück).*
Tim̱|bre ['tɛ̃:brə, auch: 'tɛ̃:bʀ], das; -s, -s [frz. timbre = Klang, Schall, älter = eine Art Trommel < mgriech. týmbanon < griech. týmpanon, ↑Tympanon] (bes. Musik): *charakteristische Klangfarbe eines Instruments, einer Stimme, bes. einer Gesangsstimme:* ein dunkles, samtenes, rauhes T.; Englisch singt Jana, mit einem heiseren, sehnsüchtigen T. in der Stimme (Heim, Traumschiff 55); sein T. ist unverwechselbar; **tim|brie̱|ren** [tɛ̃...] ⟨sw. V.; hat⟩ (Musik): *mit einer bestimmten Klangfarbe versehen; einer Sache ein bestimmtes Timbre verleihen:* sie versuchte, ihre Stimme heller zu t.; Es blitzten die Hörner also in allen Lagen, und es fanden sich ... weich gesetzte, wunderbar warm timbrierte Klänge ein (Orchester 7/8, 1984, 659).
ti̱|men ['taɪmən] ⟨sw. V.; hat⟩ [engl. to time, zu: time = Zeit]: **1.** (seltener) *die Zeit von etw. [mit der Stoppuhr] messen; stoppen, abstoppen:* den gesamten Ablauf von etw. t. **2.** *für etw. den geeigneten, passenden Zeitpunkt bestimmen, benutzen u. dadurch einen gut koordinierten Ablauf herbeiführen:* die Termine waren gut, genau, exakt, schlecht getimet; die Aktionen müssen in Zukunft besser getimet werden; (Sport:) einen Schlag, Ball genau t.; eine gut getimte Flanke. **Time-out** ['taɪm'aʊt], das; -[s], -s [engl. time-out, zu: out = aus] (Basketball, Volleyball): *Auszeit.*
Time-sha̱|ring ['taɪmʃɛəɾɪŋ], das; -s, -s [engl. time-sharing, eigtl. = Zeitzuteilung, zu: to share = teilen, beteiligen]: **1.** *Eigentum an einer Ferienwohnung o. ä., das für eine festgelegte Zeit des Jahres gilt.* **2.** *(Datenverarb.) Verfahren zur koordinierten, gleichzeitigen Benutzung von Großrechenanlagen mit vielen Benutzern.*
ti̱|mid, ti̱|mi̱|de ⟨Adj.⟩ [frz. timide < lat. timidus] (bildungsspr.): *schüchtern; ängstlich;* **ti̱|mi|di|tät**, die; - [frz. timidité < lat. timiditas, zu: timidus, ↑timid] (bildungsspr.): *Schüchternheit, Furchtsamkeit.*
Ti̱|ming ['taɪmɪŋ], das; -s, -s [engl. timing, zu: to time, ↑timen]: *das Timen, Aufeinanderabstimmen der Abläufe:* ein genaues, exaktes, schlechtes T.; Gutes T. ist denn auch ein Hauptvorteil, den man sich vom Einsatz automatischer Steuerung im U-Bahn-Verkehr erhofft (Welt 10. 6. 77, 17); (Sport:) das T. seiner Pässe, Bälle ist hervorragend; Gravierende Planungsschnitzer offenbarten sich schon im T. der Erpressung (Spiegel 18, 1975, 32).
Ti̱|mo|kra|tie̱, die; -, -n [griech. timokratía, zu: timḗ = Wertschätzung (des Vermögens) u. krateīn = herrschen] (bildungsspr.): **1.** ⟨o. Pl.⟩ *Staatsform, in der die Staatsbürgerrechte nach dem Vermögen od. Einkommen abgestuft werden (um die Herrschaft der Besitzenden zu sichern).* **2.** *Staat, Gemeinwesen, in dem eine Timokratie (1) besteht;* **ti̱|mo|kra̱|tisch** ⟨Adj.⟩ [griech. timokratikós] (bildungsspr.): *die Timokratie (1) betreffend, auf ihr beruhend, für sie kennzeichnend.*
ti̱|mo|nisch ⟨Adj.⟩ [nach der Gestalt des legendären Athener Misanthropen Timon

(bildungsspr. veraltet): *menschenfeindlich.*

Ti|mo|thee|gras, Ti|mo|the|us|gras, Ti|mo|thy|gras, das ⟨o. Pl.⟩ [engl. timothy (grass), H. u.]: *zu den Lieschgräsern gehörendes Gras, das als wertvolles Futtergras gilt.*

Tim|pa|no, der; -s, ...ni [ital. timpano < lat. tympanum, ↑Tympanum]: *italienische Bez. für Pauke.*

Tin|gel|ei, die; - (Jargon, oft abwertend): *[dauerndes] Tingeln:* er hatte die T. satt und suchte sich ein festes Engagement; Bis ein ziemlich schwerer Unfall mit dem Band-LKW die T. abrupt stoppte (Freizeitmagazin 12, 1978, 9); **tin|geln** ⟨sw. V.⟩ [rückgeb. aus ↑Tingeltangel] (Jargon): **a)** *als Akteur im Schaugeschäft abwechselnd an verschiedenen Orten bei Veranstaltungen unterschiedlicher Art auftreten* ⟨hat⟩: in Diskotheken t.; Schließlich hat er lange genug als einer unter Tausenden in einer Band getingelt (Freizeitmagazin 12, 1978, 9); **b)** *tingelnd* (a) *umherziehen, -reisen* ⟨ist⟩: er tingelte durch Kasinos und Kneipen; Später tingelte sie allein mit ihrer Gitarre auf der Folkswelle durch die Berliner Schuppen (Courage 2, 1978, 44); **Tin|gel|tan|gel** [österr.: - - - ' - -], das (österr. nur so), auch: der; -s, - [urspr. berlin. für Café chantant (frz. veraltet = Café mit Musik-, Gesangsdarbietungen); lautm. für die hier gespielte Musik] (veraltend abwertend): **1.** *als niveaulos, billig empfundene Unterhaltungs-, Tanzmusik:* das T. der Musikautomaten. **2.** *Lokal, in dem verschiedenerlei Unterhaltung ohne besonderes Niveau geboten wird:* sie arbeitet als Tänzerin in einem T. **3.** *Unterhaltung, wie sie in einem Tingeltangel* (2) *geboten wird:* hätte man das deutsche T. ... als exotische Attraktion präsentieren sollen? (K. Mann, Wendepunkt 320).

tin|gie|ren ⟨sw. V.; hat⟩ [lat tingere, ↑Tinte] (Chemie selten): *färben, eintauchen;* **tingiert** ⟨Adj.⟩: **1.** (Chemie selten) *gefärbt.* **2.** *(von Münzen) dünn versilbert;* **Tink|ti|on,** die; -, -en [spätlat. tinctio = das Eintauchen] (Chemie selten): *Färbung;* **Tinktur,** die; -, -en [lat. tinctura = Färbung, zu: tinctum, ↑Tinte]: **1.** *dünnflüssiger, meist alkoholischer Auszug aus pflanzlichen od. tierischen Stoffen:* So wirksam sich seine Arzneien und -en auch erwiesen, in seinem Innersten blieb er doch davon überzeugt, daß den Lebenden nicht mehr zu helfen war (Ransmayr, Welt 265). **2.** (veraltet) *Färbung.*

Tin|nef, der; -s [jidd. tinnef = Schmutz, Kot < hebr. ṭinnûf] (ugs. abwertend): **1.** *wertloses Zeug, Kram, Plunder:* es gibt da nur T. zu kaufen; Was er für Kleinodien hält, gilt andern als T. (Kant, Impressum 247). **2.** *Unsinn:* red keinen T.!; Das war Freiheit, alles andere war T. aus der Sonntagsbeilage (Bieler, Mädchenkrieg 132).

Tin|ni|tus, der; -, - [lat. tinnitus = das Klingeln, Geklingel] (Med.): *(bes. bei Erkrankungen des Innenohrs) subjektiv wahrgenommenes Rauschen, Klingeln od. Pfeifen in den Ohren:* Hörsturz ... Die Folge bei Günther: chronische Geräusche im Ohr, also T. (lat.: Geklingel) (Sonntag Aktuell 20. 2. 94, 14).

Tin|te, die; -, -n [mhd. tin(c)te, ahd. tincta < mlat. tincta (aqua) = gefärbt(e Flüssigkeit); Tinktur, zu lat. tinctum, 2. Part. von: tingere = färben]: **1.** *intensiv gefärbte Flüssigkeit zum Schreiben, Zeichnen:* blaue, rote T.; sympathetische Tinte (Geheimtinte); diese T. ist unsichtbar, wird erst beim Erwärmen des Papiers sichtbar; die T. fließt gut, kleckst, trocknet rasch ab, ist eingetrocknet; die T. *(das mit Tinte Geschriebene)* muß erst trocknen; er mußte bei der Korrektur viel rote T. verbrauchen *(vieles rot anstreichen, korrigieren);* mit T. schreiben, Ü über dieses Thema ist schon viel [überflüssige] T. verspritzt, verschwendet worden *(ist schon viel Überflüssiges geschrieben worden);* ***klar wie dicke T. sein** (↑Kloßbrühe); [in den folgenden Wendungen steht „Tinte" für undurchsichtige, dunkle Flüssigkeit]: **in der T. sitzen** (ugs.; *in einer sehr mißlichen, ausweglosen Situation sein*): Ich sitze jetzt tief in der T. mit meiner Verantwortung (Spiegel 16, 1977, 31); **in die T. geraten** (ugs.; *in eine sehr mißliche, ausweglose Situation geraten*). **2.** (geh.) *Färbung, Farbe:* man ... hatte die Augen durch die Bäume im Himmel, am Schirm vorbei in den grauen -n des Himmels (Muschg, Sommer 270); **tin|ten|blau** ⟨Adj.⟩: *tiefblau, dunkelblau:* das -e, sich kräuselnde Wasser des Hafens (Michelsen, Verhältnisse 46); **Tin|ten|faß,** das: *kleines, Tinte enthaltendes Gefäß, das bes. beim Schreiben mit Feder u. Tinte benutzt wird;* **Tin|ten|fisch,** der: *Kopffüßer;* **Tin|ten|fleck,** der: *durch Tinte hervorgerufener Fleck;* **Tin|ten|gum|mi,** der: *Radiergummi zum Radieren von Tinte;* **Tin|ten|kil|ler,** der (Schülerspr.): *Tintenlöscher* (2); **Tin|ten|klecks,** der: *[durch tropfende Tinte hervorgerufener, großer] Tintenfleck (bes. auf Papier);* **Tin|ten|kleck|ser,** der (ugs. abwertend): *Schreiberling;* **Tin|ten|ku|li,** der: *Kugelschreiber, an der Stelle einer Mine mit Farbe ein Röhrchen mit Tinte besitzt;* **Tin|ten|lö|scher,** der: **1.** *Löschwiege:* Der hinter ihm wartende Awalonangestellte drückte einen T. auf die Liste und legte die feuchten Zahlen trocken (Prodöhl, Tod 23). **2.** *einem Kugelschreiber ähnliches Gerät, mit dessen Spitze etw. mit blauer Tinte Geschriebenes nachgezeichnet u. so gelöscht werden kann;* **Tin|ten|pilz,** der: *größerer Tintling mit weißen, später rosa u. schließlich schwarzen Lamellen, die nach der Sporenreife tintenartig zerfließen;* **tin|ten|schwarz** ⟨Adj.⟩: *tiefschwarz;* **Tin|ten|sprit|zer,** der: vgl. *Tintenfleck;* **Tin|ten|stift,** der: *Kopierstift;* **Tin|ten|strahl|drucker¹,** der [LÜ von engl. ink-jet printer]: *Drucker* (2), *bei dem die Schriftzeichen mit Hilfe eines [durch kleine Düsen gepreßten od. aufgeladenen u. elektrostatisch abgelenkten] Strahls einer farbigen tintenähnlichen Flüssigkeit erzeugt werden; Farbstrahldrucker;* **Tin|ten|tod,** der (Schülerspr.): *Tintenlöscher* (2): ich habe nichts dagegen, wenn ein Kind einen Klecks mit dem T. auslöscht (Eltern 2, 1980, 100); **Tin|ten|wi|scher,** der (früher): *kleines Bündel an einem Ende zusammengehefteter Läppchen, bes. aus weichem Leder, zum Reinigen der Schreibfe-*

der; **tin|tig** ⟨Adj.⟩: **1.** *mit Tinte beschmiert, voller Tinte:* du hast -e Finger. **2.** *die Farbe dunkler Tinte aufweisend, wie dunkle Tinte wirkend:* Dann war das der -e Fluß ... er sah von der Brücke aus im helleren Bett die -en im Grunde (Steimann, Aperwind 17); **Tint|ling,** der; -s, -e: *weißer, grauer bis brauner Blätterpilz mit schwarzbraunen Sporen, dessen faltig zerfurchter Hut manchmal im Alter zu einer dunklen Masse zerfließt;* **Tin|to|me|ter,** das; -s, - [zu ital. tinto = gefärbt < lat. tinctum (↑Tinte) u. ↑-meter (1)]: *Kolorimeter.*

Ti|or|ba, die; -, ...ben [ital. tiorba]: *Theorbe.*

Tip, der; -s, -s [engl. tip = Anstoß, Andeutung; (Gewinn)hinweis, wohl zu: to tip = leicht berühren, anstoßen]: **1.** (ugs.) *nützlicher Hinweis, guter Rat, der jmdm. bei etw. hilft; Fingerzeig, Wink:* ein nützlicher, brauchbarer, hervorragender, wertvoller T.; jmdm. einen guten T., ein paar -s geben; einen T. befolgen, verwerten; er hatte einen sicheren T. für die Börse; Den T. mit dem Frauenhaus hat sie von einer Sozialarbeiterin (Emma 3, 1977, 7); Psychologin nennt -s gegen „Blackout" (MM 2./3. 1. 88, 22); Hohe Belohnung für -s zu Terroristen (MM 18. 12. 86, 1); durch einen T. aus der Unterwelt kam die Polizei auf die richtige Spur. **2.** *(bei Toto, Lotto, in Wettbüros o. ä.) schriftlich festgehaltene Vorhersage von Siegern bei sportlichen Wettkämpfen, von Zahlen bei Ziehungen, die bei Richtigkeit einen Gewinn bringt:* wie sieht dein T. aus?; seinen T. (ugs.; *Tippschein*) abgeben. **3.** engl. Bez. für *Trinkgeld.*

Ti|pi, das; -s, -s [Dakota (nordamerik. Indianerspr.) tipi]: *(bei den Prärieindianern Nordamerikas) kegelförmiges, mit Rinde, Matten, Fellen gedecktes od. mit Stoff bespanntes Zelt.*

Ti|pi|ta|ka, das; - [Pali Tipiṭaka, eigtl. = Dreikorb]: *älteste, aus drei Teilen bestehende heilige Schrift des Buddhismus.*

Tip|pel, der; -s, - [1: zu ↑¹tippen]: **1.** (nordd.) *Tüpfel.* **2.** (österr. ugs.) *Dippel* (2); **Tip|pel|bru|der,** der [zu ↑tippeln] (meist scherzh.): *Landstreicher:* er verzieht sich nach Australien und wird zum T., für den nichts außer der Flasche Schnaps zählt (Oxmox 9, 1984, 45); **Tip|pe|lei,** die; -, -en (ugs., meist abwertend): *[dauerndes] Tippeln:* jeden Morgen die T. zum Bahnhof!; **tip|pe|lig, tipplig** ⟨Adj.⟩ (landsch.): *kleinlich;* **tip|peln** ⟨sw. V.; ist⟩ [urspr. Gaunerspr., zu ↑¹tippen] (ugs.): **1.** *[einen weiten, lästigen Weg] zu Fuß gehen, wandern:* die letzte Bahn war weg, und wir mußten t.; Als dann alles zu Ende war, ist das junge Fräulein Goltz ... von Ludwigsfelde bei Berlin nach Flensburg getippelt (Hörzu 44, 1977, 44). **2.** (seltener) *trippeln:* Elli wird verlegen, lacht, reißt sich los, breitet die Arme aus, ... tippelt mit den Füßen (Ossowski, Flatter 145); **¹tip|pen** ⟨sw. V.; hat⟩ [1: aus dem Md., Niederd., urspr. wohl lautm., vermischt mit niederd. tippen = tupfen; 3: unter Einfluß von (1) nach engl. to typewrite, zu: typewriter = Schreibmaschine]: **1.** *etw. mit dem Finger-, Fußspitze, einem dün-*

tippen

nen Gegenstand irgendwo leicht u. kurz berühren, leicht anstoßen: an, gegen die Scheibe t.; er tippte grüßend an seine Mütze; Sie tippten an die Krempe, wenn Donath grüßte, doch Gespräche vermieden sie (Bieler, Bär 200); er tippte sich an die Stirn; sie hat ihm/(auch:) ihn auf die Schulter getippt; er tippte kurz aufs Gaspedal; Ü im Gespräch an etw. t. *(vorsichtig auf etw. zu sprechen kommen);* daran ist nicht zu t. (ugs.; *das ist einwandfrei).* **2.** (landsch.) *Tippen spielen.* **3.** (ugs.) **a)** *maschineschreiben:* ich kann nur mit zwei Fingern t.; In der Nacht saß sie aufgerichtet an der Schreibmaschine und tippte schnell (Handke, Frau 108); **b)** *auf der Schreibmaschine schreibend verfertigen:* ein Manuskript t.; Erika Fürstenau tippte die dringend benötigten Versuchsprotokolle (H. Weber, Einzug 276); ein sauber, ordentlich getippter Text, Brief.
²**tip|pen** ⟨sw. V.; hat⟩ [zu ↑Tip, wohl nach engl. to tip = einen (Gewinn)hinweis geben]: **1.** (ugs.) *für etw. eine Voraussage machen; etw. für sehr wahrscheinlich halten:* du hast richtig, gut, falsch getippt; Er taxiert den Mann ab. Rentner, tippt er (Schnurre, Fall 21); auf jmds. Sieg t.; ich tippe darauf, daß sie kommt; „Sie tippen also auf eine Kreislaufstörung?" – „Ich tippe auf gar nichts ..." (Heim, Traumschiff 34). **2. a)** *im Toto od. Lotto wetten, Tips* (2) *abgeben:* er tippt jede Woche; **b)** *in einem Tip* (2) *vorhersagen:* sechs Richtige t.; der höchste „Zwölfer" wurde am 12. Jänner ... mit 1 002 010 S getippt (Presse 16. 2. 79, 13).
Tip|pen, das; -s [zu ↑¹tippen; wer das Spiel aufnehmen will, „tippt" mit dem Finger auf den Tisch] (landsch.): *dem Mauscheln ähnliches Kartenspiel.*
Tip|per, der; -s, -: *jmd., der* ²*tippt* (2 a);
Tip|pe|rin, die; -, -nen: w. Form zu ↑Tipper.
Tipp|feh|ler, der: *Fehler, der beim Maschineschreiben entsteht;* **Tipp|fräu|lein,** das (ugs. veraltend): *weibliche Person, die [berufsmäßig] Schreibarbeiten auf der Schreibmaschine ausführt:* die Mücken schwärmten um die Hälse der Bauschüler und die Busen der -s (Bieler, Mädchenkrieg 10).
Tipp|ge|mein|schaft, die: *Gruppe von Personen, die bei Toto od. Lotto gemeinsame Tips* (2) *abgeben:* Was für ein Gewese! Scheidung. Spielen aber weiter in derselben T. (Strauß, Niemand 82).
tipp|lig: ↑tippelig.
Tipp|mäd|chen, das (ugs. veraltend): *Tippfräulein:* Neben mir im Aufzug stand eins von unseren jungen T. (Saarbr. Zeitung 5. 10. 79, 10); **Tipp|mam|sell,** die (ugs. veraltend): *Tippfräulein.*
Tipp|schein, der: *vorgedruckter Schein, in den die Tips* (2) *eingetragen werden.*
Tipp|se, die; -, -n [zu ↑¹tippen (3)] (ugs. abwertend): *Maschinenschreiberin; Schreibkraft; Sekretärin:* die T. im Vorzimmer wird ihn abzuwimmeln.
tipp, tapp ⟨Interj.⟩: *lautm. für das Geräusch leichter, kleiner Schritte.*
tipp|topp ⟨Adj.⟩ [engl. tiptop, eigtl. = Höhepunkt, „Spitze der Spitze", verstärkende Zus. aus: tip = Spitze u. top, ↑top] (ugs.): *sehr gut, tadellos, ausgezeichnet:*

Ein -es Mädchen, wenn du mich fragst (Bastian, Brut 172); sie ist immer t. gekleidet; Die aufgeregten Nachbarn, deren Gärten t. in Ordnung sind (MM 13. 6. 85, 21).
Tipp|zet|tel, der: *Tippschein.*
Tip|ster, der; -s, -s [engl. tipster, zu: tip, ↑Tip]: *jmd., der gewerbsmäßig Tips bes. für Pferdewetten gibt.*
Ti|ra|de, die; -, -n [frz. tirade, eigtl. = länger anhaltendes Ziehen, zu: tirer = ziehen, abziehen (5) od. < ital. tirata = Tirade, zu: tirare = ziehen]: **1.** (bildungsspr. abwertend) *wortreiche, geschwätzige [nichtssagende] Äußerung; Wortschwall:* Allerdings scheint er die wütenden -n gegen den Bruder bald bedauert zu haben (Reich-Ranicki, Th. Mann 159); sich in langen, endlosen, leeren, gehässigen -n ergehen. **2.** (Musik) *Lauf von schnell aufeinanderfolgenden Tönen als Verzierung zwischen zwei Tönen einer Melodie;* **Ti|rail|leur** [tira(l)'jøːɐ̯], der; -s, -e [frz. tirailleur, zu: tirailler, ↑tiraillieren] (Milit. früher): *Angehöriger einer in gelockerter Linie kämpfenden Truppe;* **ti|rail|lie|ren** [tira(l)'jiːrən] ⟨sw. V.; hat⟩ [frz. tirailler, eigtl. = vereinzelt Schüsse abgeben, zu: tirer, ↑Tirade] (Milit. früher): *in gelockerter Linie kämpfen.*
Ti|ra|mi|su, das; -s, -s [ital. tirami su, eigtl. = zieh mich hoch (im Sinne von „mach mich munter", wohl in Anspielung auf den Kaffee u. den Alkohol): *aus einer Art Sahnequark, in etwas Alkoholischem u. Kaffee getränkten Biskuits u. a. hergestellte schaumige, gekühlt servierte Süßspeise.*
Ti|ra|na: *Hauptstadt von Albanien.*
Ti|raß, der; ...sses, ...sse [frz. tirasse, zu aprovenz. tirassar = zu Boden ziehen] (Jägerspr.): *Deckgarn, -netz zum Fangen von Feldhühnern;* **ti|ras|sie|ren** ⟨sw. V.; hat⟩ [frz. tirasser, zu: tirasse, ↑Tiraß] (Jägerspr.): *mit dem Tiraß fangen.*
Ti|ret [ti'reː], der. od. das; -s, -s [frz. tiret, zu: tirer, ↑Tirade] (veraltet): *Bindestrich.*
ti|ri|li ⟨Interj.⟩: *lautm. für das hohe Singen, Zwitschern von Vögeln;* **Ti|ri|li,** das; -s: *das Tirilieren:* das T. der Lerchen; **ti|ri|lie|ren** ⟨sw. V.; hat⟩: *(von Vögeln, bes. Lerchen) in hohen Tönen singen, zwitschern:* eine Lerche tiriliert.
ti|ro ⟨Interj.⟩ [frz. tire haut! = schieß hoch!, zu: tirer (↑Tirade) u. haut = hoch] (Jägerspr.): *Zuruf bei Treibjagden, auf vorbeistreichendes Federwild zu schießen.*
Ti|ro, der; -s, ...onen [lat. tiro, viell. < griech. teírōn] (veraltet): **1.** *Anfänger.* **2.** *Rekrut;* **Ti|ro|ci|ni|um,** das; -s [-ʃ] [2: lat. tirocinium, zu: tiro, ↑Tiro] (veraltet): **1. a)** *Probestück;* **b)** *Lehrbuch für Anfänger.* **2.** *erster Kriegsdienst, Feldzug eines Soldaten.*
Ti|rol: -s: *österreichisches Bundesland;* ¹**Ti|ro|ler,** der; -s, -: Ew.⟩; ²**Ti|ro|ler** ⟨indekl. Adj.⟩; **Ti|ro|ler|hut,** der: *Trachtenhut, wie er in Tirol getragen wird;* **Ti|ro|le|rin,** die; -, -nen: w. Form zu ↑¹Tiroler; **ti|ro|le|risch** ⟨Adj.⟩ (bes. österr.); **Ti|ro|li|en|ne,** (Fachspr.:) *Tyrolienne* [tiro'liɛn], die; -, -n [...nən; frz. tyrolienne, zu: Tyrol = frz. Schreibung für Tirol]: *einem*

Ländler ähnlicher Rundtanz im ³/₄-Takt; **ti|ro|lisch** ⟨Adj.⟩.
Ti|ro|ni|sche No|ten ⟨Pl.⟩ [lat. notae Tironianae, nach M. Tullius Tiro (1. Jh. v. Chr.), dem Sklaven u. Sekretär Ciceros]: *altrömisches Kurzschriftsystem.*
Tirs, der; - [aus dem Arab.] (Geol.): *dunkler, in feuchtem Zustand fast schwarzer, fruchtbarer Boden in tropischen u. subtropischen Gebieten.*
Tisch, der; -[e]s, -e [mhd. tisch, ahd. tisc = Tisch; Schüssel < lat. discus = Wurfscheibe; flache Schüssel, Platte < griech. dískos = Wurfscheibe (↑Diskus); der Bedeutungswandel von „flache Schüssel" zu „Tisch" erklärt sich daraus, daß in alter Zeit zu den Mahlzeiten jede einzelne Person ihren eigenen Eßtisch, der zugleich Eßschüssel war, vorgesetzt bekam (für germ. Verhältnisse von dem röm. Historiker Tacitus überliefert)]: **1. a)** *Möbelstück, das aus einer waagerecht auf einer Stütze, in der Regel auf vier Beinen, ruhenden Platte besteht, die an gegessen, gearbeitet, auf die etw. gestellt, gelegt werden kann:* ein großer, kleiner, viereckiger, runder, ovaler, niedriger, schmaler, schwerer, eichener, ausziehbarer, fahrbarer T.; ein gedeckter T.; der T. war reich gedeckt *(es gab reichlich u. gut zu essen);* der T. wackelt; ein T. im Lokal war noch frei; Nach einer Stunde war der T. abgeräumt (Johnson, Achim 337); den T. ausziehen, decken, abdecken, abwischen; ein paar -e zusammenrücken; jmdn. einen T. [im Restaurant] reservieren; der Ober wies ihnen einen T. an; am T. sitzen, arbeiten; sich [miteinander] an einen T. setzen; ein paar Stühle an den T. rücken; etw. auf den T. stellen, legen; Was auf den T. kommt, wird gegessen (Zenker, Froschfest 193); die Ellenbogen auf den T. stützen; das Essen steht auf dem T.; wir saßen alle um einen großen T.; er versuchte, seine langen Beine unter dem T. unterzubringen; die Teller vom T. nehmen; vom T. aufstehen; Haugk nahm die Füße vom T. ab, wohin er sie nach der Begrüßung wieder gelegt hatte (H. Gerlach, Demission 14); *** [mit etw.] reinen T. machen** (ugs.; *klare Verhältnisse schaffen;* wohl bezogen auf den Schreib- oder Arbeitstisch, auf dem bei Arbeitsschluß noch keine Rechnungen, Schriftstücke usw. od. Werkzeuge liegen sollen): Deshalb sei es an der Zeit, reinen T. zu machen und auch die Freudenmädchen prinzipiell unter den Schutz ... des Grundgesetzes zu stellen (Spiegel 14, 1976, 86); **am runden T.** *(in kollegialem, freundschaftlichem Kreis; unter gleichberechtigten Partnern);* sie saßen am runden T.; **am grünen T./vom grünen T. aus** *(ganz theoretisch, bürokratisch; ohne Kenntnis der wirklichen Sachlage;* die Beratungstische der Behörden waren früher häufig grün bezogen): eine solche Entscheidung darf auf keinen Fall am grünen T., vom grünen T. aus gefällt werden; **jmdn. an einen T. bringen** *(zwei od. mehrere Parteien zu Verhandlungen zusammenführen):* schließlich gelang es doch, die beiden Streithähne an einen T. zu bringen; **sich mit jmdm. an einen T. setzen** *(mit jmdm. Verhandlungen führen, reden);* **etw. auf**

den Tisch [des Hauses] legen (etw. [offiziell] zur Kenntnis bringen, vorlegen; wohl eigtl. = dem Parlament [= dem Hohen Haus] etw. vortragen): ... wenn beide Vorstände ein gemeinsames Konzept auf den T. des Hauses legen würden (Spiegel 44, 1991, 162); Vom sowjetischen Chefdelegierten ... auf den T. gelegt: der neue sowjetische Abrüstungsvorschlag (Basler Zeitung 2. 10. 85, 5); **bar auf den T. des Hauses** (ugs.; *in bar*): Mit je 50 000 Mark bar auf den T. des Hauses wollte eine Fertighausbaufirma ... Reklame machen (Hörzu 8, 1972, 30); **auf den T. hauen/ schlagen** (ugs.; *sich anderen gegenüber energisch einsetzen, durchsetzen*): Hier kann man nicht mehr taktieren, hier muß man auf den T. hauen (v. d. Grün, Glatteis 138); **jmdn. über den T. ziehen** (ugs.; *jmdn. übervorteilen, hereinlegen*): Dennoch wird nun allenthalben gefragt, wer nun wen von beiden über den T. zieht, welche Partei den größeren Vorteil hat (Rheinpfalz 13. 4. 91, 2); **unter den T. fallen** (ugs.; *nicht berücksichtigt, getan werden; nicht stattfinden*): das Projekt ist unter den T. gefallen; **unter den T. fallen lassen** (ugs.; *nicht berücksichtigen, beachten, durchführen; nicht stattfinden lassen*); **jmdn. unter den T. trinken/**(salopp:)**saufen** (ugs.; *sich beim gemeinsamen Trinken mit jmdm. als derjenige erweisen, der trinkfester ist*): Wie Hubert damals den Zweizentnermann unter den T. soff (Härtling, Hubert 322); **von T. und Bett getrennt sein, leben** (*nicht mehr in ehelicher Gemeinschaft leben*); **vom T. sein** (ugs.; *erledigt, bewerkstelligt sein*): Das Energieproblem ist nicht vom T. (CCI 4, 1985, 40); **vom T. müssen** (ugs.; *erledigt werden müssen*): die Sache muß heute noch vom T.; **etw. vom T. bringen** (ugs.; *etw. erledigen, bewerkstelligen*): Wir lieben dabei, dieses Reizthema vom T. zu bringen (W. Brandt, Begegnungen 180); **etw. vom T. wischen/fegen** (ugs.; *etw. als unwichtig abtun, als unangenehm beiseite schieben*): Anderl wischte diesen Einwand leicht vom T. (Kühn, Zeit 232); Der unüberhörbare Spott, mit dem sie seine Sorge um Katharina vom T. fegte (Ossowski, Liebe ist 156); **zum T. des Herrn gehen** (geh.; *am Abendmahl teilnehmen, zur Kommunion gehen*); **b)** *Personen, die an einem Tisch (1 a) sitzen*: der ganze T. brach in Gelächter aus; Ein T. spielt Karten. Einer redet, wie immer von alten Zeiten (Richartz, Büroroman 55). **2.** ⟨o. Art.⟩ *in Verbindung mit bestimmten Präp.*⟩ *Mahlzeit, Essen*: sie sind, sitzen bei T.; nach T. pflegt er zu ruhen; vor T. noch einen Spaziergang machen; darf ich zu T. bitten?; bitte, zu T.!; sich zu T. setzen; ... welch seltene Gunst es sei, vom Meister zu T. geladen zu werden (Hesse, Narziß 233); ♦ *Über* (in landsch. Sprachgebrauch; *bei*) T. war Lenz wieder in guter Stimmung (Büchner, Lenz 89); **T̲i̲sch|bein**, das: *Bein eines Tisches;* **T̲i̲sch|besen,** der: *kleinere [einem Besen ähnliche] Bürste zum Entfernen der Krümel vom Tisch;* **T̲i̲sch|com|pu|ter,** der: *Heimcomputer; Personalcomputer;* **T̲i̲sch|da|me,** die: *Dame (1 a), die bei einem Essen an der rechten Seite eines bestimmten Herrn sitzt;* **T̲i̲sch|decke¹,** die: *Decke (1), mit der ein Tisch zum Schutz, zur Zierde o. ä. bedeckt wird;* **T̲i̲sch|de|ko|ra|ti|on,** die: *Dekoration (3) eines zum Essen gedeckten Tisches;* **T̲i̲sch|ecke¹,** die: *Ecke (1 a) einer Tischplatte;* **t̲i̲|schen** ⟨sw. V.; hat⟩ [zu ↑Tisch] (veraltet, noch schweiz.): *den Tisch für das Essen vorbereiten, decken:* ♦ Löwen und Leoparde füttern ihre Jungen, Raben tischen ihren Kleinen auf dem Aas (Schiller, Räuber I, 2); **T̲i̲sch|en|de,** das: *Ende (2 a) eines Tischs:* am oberen, unteren T. sitzen; ♦ **T̲i̲|scher,** der; -s, -: (bes. in landsch. Sprachgebrauch) *Tischler:* Gute eichene Bretter ... zu besitzen, war deswegen meines Vaters große Sorgfalt, indem er wohl wußte, daß die leichtsinnigern Künstler sich gerade in dieser wichtigen Sache auf den T. verließen (Goethe, Dichtung u. Wahrheit 4); **T̲i̲sch|fern|spre|cher,** der: *Tischtelefon;* **t̲i̲sch|fer|tig** ⟨Adj.⟩: *zum Servieren bearbeitet od. vorbereitet:* ein -es Gericht; **T̲i̲sch|feu|er|zeug,** das: *großes, meist schweres Feuerzeug, das seinen Platz auf einem Tisch hat;* **T̲i̲sch|fuß|ball,** der; ⟨o. Pl.⟩: *Spiel, bei dem es gilt, mit kleinen Figuren eine Kugel auf einem dem Fußballplatz nachgebildeten Spielfeld so zu treffen, daß sie ins Tor des Gegners rollt, geschleudert wird;* **T̲i̲sch|gast,** der (seltener): *zum Essen eingeladener Gast;* **T̲i̲sch|ge|bet,** das: *vor od. nach dem Essen gesprochenes Gebet;* **T̲i̲sch|ge|rät,** das: *Fernsehgerät mit einem Gestell od. dazugehörigen Fuß (im Unterschied zum Standgerät);* **T̲i̲sch|ge|sell|schaft,** die: *Gruppe von Personen, die [zum Essen] um einen Tisch versammelt sind;* **T̲i̲sch|ge|spräch,** das: *Gespräch, das beim Essen geführt wird;* **T̲i̲sch|glocke¹,** die: *kleine Glocke mit einem Stiel, die ihren Platz auf einem Tisch hat u. mit der jmd. herbeigerufen wird, mit man sich Gehör verschafft o. ä.;* **T̲i̲sch|grill,** der: *kleinerer Grill (1), der auf einem Eßtisch gestellt u. dort bedient werden kann;* **T̲i̲sch|herr,** der: *vgl. Tischdame;* **T̲i̲sch|kan|te,** die: *Kante einer Tischplatte;* **T̲i̲sch|kar|te,** die: *mit dem Namen einer (bes. bei einem festlichen, offiziellen Essen anwesenden) Person versehene kleine Karte, die an den Platz des gedeckten Tisches gelegt wird, an dem die betreffende Person sitzen sollte;* **T̲i̲sch|ka|sten,** der (landsch.): *Tischschublade;* **T̲i̲sch|klam|mer,** die: *Tischtuchklammer;* **T̲i̲sch|kul|tur,** die: *vgl. Eßkultur;* **T̲i̲sch|lam|pe,** die: *kleinere Lampe, die auf den Tisch gestellt wird;* **T̲i̲sch|läu|fer,** der: *schmale, lange Tischdecke, die die Tischplatte nicht ganz bedeckt;* **T̲i̲sch|lein|deck|dich,** das; - [nach dem Grimmschen Märchen „Tischchen, deck dich!", in dem ein Tischlergeselle nach abgeschlossener Lehrzeit von seinem Meister mit einem Tisch belohnt wird, der sich auf Geheiß mit den köstlichsten Speisen u. Getränken deckt] (meist scherzh.): *Möglichkeit, gut u. sorglos leben zu können, ohne eigenes Bemühen gut versorgt zu werden:* Das Mietshaus ist ein [richtiges, wahres] T. für ihn; **T̲i̲sch|ler,** der; -s, - [spätmhd. tischler, tischer, eigtl. = Tischmacher]: *Handwerker, der Holz (u. auch Kunststoff)* verarbeitet, bestimmte Gegenstände, bes. Möbel, daraus herstellt od. bearbeitet, einbaut o. ä.; *Schreiner* (Berufsbez.): er ist T., lernt T. *(den Tischlerberuf);* er will T. werden; das Regal haben wir uns vom T. anfertigen lassen; **T̲i̲sch|ler|ar|beit,** die: *Arbeit (1 a, 4 a) eines Tischlers;* **T̲i̲sch|le|rei,** die; -, -en: **1.** *Werkstatt eines Tischlers.* **2.** ⟨o. Pl.⟩ **a)** *das Tischlern:* die T. macht ihm keinen Spaß; **b)** *Handwerk des Tischlers:* die T. erlernen; **T̲i̲sch|ler|ge|sel|le,** der: *Geselle im Tischlerhandwerk;* **T̲i̲sch|ler|hand|werk,** das: *Handwerk des Tischlers;* **T̲i̲sch|le|rin,** die; -, -nen: w. Form zu ↑Tischler; **T̲i̲sch|ler|lehr|ling,** der: *Lehrling im Tischlerhandwerk;* **t̲i̲sch|lern** ⟨sw. V.; hat⟩ (ugs.): **a)** *[gelegentlich u. ohne eigentliche Ausbildung] Tischlerarbeiten verrichten:* er tischlert gelegentlich; Ich möchte t., malen, Boot fahren (MM 24. 10. 80, 48); **b)** *durch Tischlern (a) herstellen, anfertigen:* Regale t.; Die Männer sitzen ... zwischen Bücherregalen, die der Doktor selber getischlert hat (Bieler, Bär 254); **T̲i̲sch|ler|plat|te,** die: *Sperrholzplatte mit mindestens je einer Lage Furnier auf jeder Seite u. einer mittleren Schicht aus aneinandergeleimten Holzleisten;* **T̲i̲sch|ler|werk|statt,** die: *Werkstatt eines Tischlers;* **T̲i̲sch|ma|nie|ren** ⟨Pl.⟩: *Manieren bei Tisch (2);* **T̲i̲sch|mes|ser,** das (veraltend): *zum Eßbesteck gehörendes Messer;* **T̲i̲sch|nach|bar,** der: *jmd., der an einem Tisch, bes. beim Essen, unmittelbar neben einem andern sitzt;* **T̲i̲sch|nach|ba|rin,** die: w. Form zu ↑Tischnachbar; **T̲i̲sch|ord|nung,** die: *Sitzordnung an einem Tisch;* **T̲i̲sch|plat|te,** die: *Platte eines Tischs:* eine polierte T.; **T̲i̲sch|rand,** der: *Rand einer Tischplatte;* **T̲i̲sch|rech|ner,** der: *kleiner Rechner (2), der seinen Platz auf einem Tisch hat;* **T̲i̲sch|re|de,** die: *Rede, die bei einem festlichen Essen gehalten wird;* **T̲i̲sch|red|ner,** der: *jmd., der eine Tischrede hält;* **T̲i̲sch|red|ne|rin,** die: w. Form zu ↑Tischredner.

T̲i̲sch|ri, der; - [hebr. Tišrī]: *erster, 30 Tage zählender Monat des jüdischen Kalenders (September/Oktober).*

T̲i̲sch|rücken¹, das; -s: *in spiritistischen Sitzungen angeblich auftretendes Phänomen, bei dem sich ein Tisch auf eine Frage als Art Antwort eines ²Geistes (3) bewegt;* **T̲i̲sch|run|de,** die: *vgl. Tischgesellschaft;* **T̲i̲sch|schmuck,** der: *vgl. Tischdekoration;* **T̲i̲sch|schub|la|de,** die: *Schublade in einem Tisch;* **T̲i̲sch|se|ge|n,** der (veraltend): *Tischgebet;* **T̲i̲sch|sit|te,** die: **1.** ⟨Pl.⟩ *Tischmanieren:* gute, schlechte -n; seine -n lassen zu wünschen übrig. **2.** *in bestimmten Bereichen, Gemeinschaften übliche Sitte (1) beim Essen:* fremde -n; eine orientalische T.; **T̲i̲sch|te|le|fon,** das: *auf den Tischen eines Nacht-, Tanzlokals o. ä. stehendes Telefon, mit dessen Hilfe Kontakt zu Personen an anderen Tischen aufgenommen werden kann;* **T̲i̲sch|ten|nis,** das: *dem Tennis ähnliches Spiel, bei dem ein Ball aus Zelluloid auf einer auf einem Gestell ruhenden, durch ein Netz in zwei Hälften geteilten Platte von einem Spieler mit Hilfe eines Schlägers möglichst so gespielt wird, daß er für den gegnerischen Spieler schwer zurückzuschlagen ist;*

Tisch|ten|nis|ball, der: *kleiner Ball aus Zelluloid für das Tischtennisspiel;* **Tisch|ten|nis|match**, das: *Match im Tischtennis;* **Tisch|ten|nis|netz**, das: *Netz (1 f) für das Tischtennisspiel;* **Tisch|ten|nis|plat|te**, die: *Platte für das Tischtennisspiel;* **Tisch|ten|nis|schlä|ger**, der: *Schläger aus Holz für das Tischtennisspiel, dessen Blatt (5) auf beiden Seiten einen Belag aus Gummi od. Kunststoff hat;* **Tisch|ten|nis|spiel**, das: *Tischtennis;* **Tisch|ten|nis|spie|ler**, der: *jmd., der Tischtennis spielt;* **Tisch|ten|nis|spie|le|rin**, die: w. Form zu ↑Tischtennisspieler; **Tisch|tuch**, das 〈Pl. ...tücher〉: *bes. bei den Mahlzeiten verwendete Tischdecke:* ein weißes T.; **das T. [zwischen sich u. einem andern, zwischen uns, zwischen zwei Personen usw.] zerschneiden (eine Beziehung, Verbindung, Freundschaft o. ä. endgültig beenden):* sie hat das T. zwischen sich und ihrer Mutter, in ihrem Elternhaus zerschnitten; Thomas Mann ... scheut sich ..., das T. zu zerschneiden und mich von Deutschland auf immer auszuschließen (Reich-Ranicki, Th. Mann 45); **Tisch|tuch|klammer**, die: *Klammer, mit der das Tischtuch an der Tischplatte befestigt wird;* **Tisch|vor|la|ge**, die: *Handout;* **Tisch|wä|sche**, die: *bes. bei den Mahlzeiten verwendete Tischdecken u. Servietten aus Stoff;* **Tisch|wein**, der: *leichter, eher herber Wein, der bes. geeignet ist, bei den Mahlzeiten getrunken zu werden; Tafelwein (1);* **Tisch|zeit**, die: *Zeit, in der die Mittagsmahlzeit eingenommen wird:* wir haben in der Firma eine halbe Stunde T.; **Tisch|zeug**, das (veraltend): *Gesamtheit der beim Decken eines Tisches verwendeten Gegenstände (wie Tischwäsche, Bestecke u. a.);* **Tisch|zucht**, die (Literaturw.): *lehrhafte, meist dichterisch gestaltete Schrift des Mittelalters, die Anweisungen für das rechte Verhalten bes. bei Tisch enthält.*

Tis|sue ['tɪʃu:], das; -[s] 〈engl. tissue < mengl. tissu < (a)frz. tissu = Gewebe, subst. 2. Part. von afrz. tistre < lat. texere = weben〉: *Tissue-Papier;* **Tissue-Pa|pier**, das: *sehr weiches u. leichtes, gazeartiges, gekrepptes Papier aus Zellstoff od. Holzschliff, das für Servietten, Taschentücher o. ä. verwendet wird.*

Tit. = Titel.

¹**Ti|tan**, (auch:) Titane, der; ...nen, ...nen [lat. Titan(us) < griech. Titán]: **1.** *Angehöriger eines Geschlechts riesenhafter Götter der griechischen Mythologie, die von Zeus gestürzt wurden.* **2.** (bildungsspr.) *jmd., der durch außergewöhnlich große Leistungen, durch Machtfülle o. ä. beeindruckt:* die -en der Musik; Brummer, der Boß. Brummer, der T. (Simmel, Affäre 57); ²**Ti|tan**, das; -s [aus älterem Titanium, zu ↑¹Titan]: *silberweißes, hartes Leichtmetall, das sich an der Luft mit einer fest haftenden Oxydschicht überzieht (chemischer Grundstoff);* Zeichen: Ti; **Ti|ta|ne**: ↑¹Titan; **Ti|ta|nen|erz**, das: *Ilmenit;* **ti|ta|nen|haft** 〈Adj.〉: -er, -este〉 (bildungsspr.): *titanisch (2);* **Ti|tan|erz**, das: *²Titan enthaltendes Erz;* **ti|tan|hal|tig** 〈Adj.〉 ²Titan enthaltend: -es Erz; **Ti|ta|ni|de**, der; -n, -n: *Abkömmling der* ¹*Titanen (1) in der griechischen Mythologie;* **ti|ta|nisch** 〈Adj.〉: **1.** (selten) **a)** *die ¹Titanen (1) betreffend, zu ihnen gehörend;* **b)** *von den ¹Titanen (1) stammend, herrührend.* **2.** (bildungsspr.) *von, in der Art eines ¹Titanen (2); gewaltig:* eine -e Tat, Leistung; Die -e Komposition aus Stein, Beton, Glas und Stahl repräsentiert New York (K. Mann, Wendepunkt 308); **Ti|ta|nit** [auch: ...'nɪt], der; -s, -e: **1.** *grünlbes od. schwarzbraunes titanhaltiges Mineral in meist keilförmigen Kristallen; Sphen.* **2.** Ⓦ *Hartmetall aus Karbiden (1) des ²Titans u. des Molybdäns;* **Ti|ta|no|ma|chie**, die: - [griech. titanomachía] (griech. Myth.): *Kampf der ¹Titanen (1) gegen Zeus;* **Ti|tan-Ra|ke|te**, die: *amerikanische ballistische Rakete für Weltraumunternehmen u. militärische Zwecke.*

Ti|tel [auch: 'tɪtl̩], der; -s, - [mhd. tit(e)l, ahd. titul(o) < lat. titulus]: **1. a)** *jmds. Rang, Stand, Amt, Würde kennzeichnende Bezeichnung, die als Zusatz vor den Namen gestellt werden kann:* einen akademischen, diplomatischen T., den T. Direktor tragen; den T. eines Professors haben; einen T. erwerben, erlangen; daß die meisten der Schauspieler ... den T. von Hofräten oder Professoren führten (Musil, Mann 1320); Darin forderte ich ihn auf, den als Regent getragenen T. eines Königs von Jerusalem nach Erhalt dieses Schreibens niederzulegen (Stern, Mann 37); jmdm. einen T. verleihen, aberkennen; sich einen [falschen, hochtrabenden] T. beilegen; sich einen T. anmaßen; jmdn. mit seinem T. anreden, ohne T. ansprechen; er wurde im Lauf der Jahre mit zahlreichen -n ausgestattet; er machte keinen Gebrauch von seinem T.; **b)** *im sportlichen Wettkampf errungene Bezeichnung eines bestimmten Ranges, einer bestimmten Würde:* der erste Bundesligaspieler, der als Trainer einen nationalen T. schaffte (Kicker 6, 1982, 18); den T. eines Weltmeisters haben, tragen, halten, abgeben müssen, verlieren; sie hat sich mit dieser Übung den T. im Bodenturnen gesichert, geholt; er hat in dieser Disziplin sämtliche T. errungen; Einige der bekanntesten Großmeister geben dem sowjetischen Schachmeister ... kaum noch eine Chance, seinen T. gegen Bobby Fischer zu verteidigen (MM 21. 8. 72, 15); das Meisterpaar kann sich nun mit dem erneut gewonnenen T. aus dem aktiven Sport zurückziehen. **2. a)** *kennzeichnender Name eines Buches, einer Schrift, eines Kunstwerks o. ä.:* ein kurzer, prägnanter, treffender, langer, langatmiger, irreführender, einprägsamer, reißerischer T.; der T. eines Romans, eines Films, eines Musikstücks, einer Zeitschrift, eines Schlagers; das Buch hat, trägt einen vielversprechenden T.; welchen T. soll sein neuestes Werk haben, bekommen?; die T. verschiedener Veröffentlichungen im Katalog nachsehen, registrieren, anführen; Viereck hatte den T. der längst eingegangenen ältesten Zeitung Münchens dem verkrachten Herausgeber abgehandelt (Kühn, Zeit 111); das Fernsehspiel wird jetzt unter einem anderen T. gezeigt; **b)** *unter einem bestimmten Titel (2 a) bes. als Buch, Schallplatte o. ä. veröffentlichtes Werk:* diese beiden T. sind vergriffen; der letzte T. des Sängers wurde ein riesiger Erfolg; Gern höre ich auch Musik, neben modernen -n auch die von Louis Armstrong (Freie Presse 24. 10. 88, 6); **c)** *kurz für* ↑Titelblatt (a): den T. künstlerisch gestalten. **3.** (Rechtsspr.) *Abschnitt eines Gesetzes- od. Vertragswerks:* Die ... Unterscheidung zwischen Innehabung ... und Ausübung ... staatlicher Hoheitsgewalt fand ihre klassische Formulierung in T. III Art. 2 Abs. 2 der franz. Verfassung von 1791 (Fraenkel, Staat 294). **4.** (Wirtsch.) *in einem Haushalt (3) Anzahl von Ausgaben, Beträgen, die unter einem bestimmten Gesichtspunkt zu einer Gruppe zusammengefaßt sind:* für diesen T. des Etats sind mehrere Millionen Mark angesetzt. ♦ **5.** *Rechtsanspruch, Rechtstitel:* Möchtet Ihr so glücklich sein, als Ihr sie (= Götz' Schwester Maria) lieb behaltet! - Amen! Ich begehre kein Glück als unter diesem T. (Goethe, Götz I); ich zeig' ihm rasch den blutgeschriebnen T. (Goethe, Faust II, 11613); **Ti|tel|an|wär|ter**, der: *Anwärter auf einen Titel (1 b);* **Ti|tel|an|wär|te|rin**, die: w. Form zu ↑Titelanwärter; **Ti|tel|as|pi|rant**, der: *Titelanwärter;* **Ti|tel|as|pi|ran|tin**, die: w. Form zu ↑Titelaspirant; **Ti|tel|auf|la|ge**, die: *Titelausgabe;* **Ti|tel|aus|ga|be**, die (Buchw.): *unveränderte Ausgabe eines Buches mit geändertem Titel (2 a);* **Ti|tel|be|wer|ber**, der: *Titelanwärter;* **Ti|tel|be|wer|be|rin**, die: w. Form zu ↑Titelbewerber; **Ti|tel|bild**, das: **a)** *Frontispiz (2 a);* **b)** *Abbildung auf dem Titelblatt von Zeitschriften;* **Ti|tel|blatt**, das: **a)** (Buchw.) *erstes od. zweites Blatt eines Buches, das die bibliographischen Angaben, wie Titel (2 a), Name des Verfassers, Auflage, Verlag, Erscheinungsort o. ä., enthält;* **b)** *Titelseite (a);* **Ti|tel|bo|gen**, der (Buchw.): *Bogen (7) vor dem eigentlichen Text mit der Titelei;* **Ti|tel|ei**, die; -, -en (Buchw.): *dem eigentlichen Text eines Druckwerks vorangehende Seiten, die Titelblatt, Vorwort, Inhaltsverzeichnis o. ä. enthalten u. oft mit gesonderten Seitenzahlen versehen sind;* **Ti|tel|fa|vo|rit**, der: *Titelanwärter;* **Ti|tel|fa|vo|ri|tin**, die: w. Form zu ↑Titelfavorit; **Ti|tel|fi|gur**, die: vgl. Titelgestalt; **Ti|tel|fo|to**, das: vgl. Titelbild (2); **Ti|tel|ge|schich|te**, die: *größerer Beitrag in einer Zeitschrift o. ä., auf den die Titelseite, meist mit einem entsprechenden Bild, Bezug nimmt;* **Ti|tel|ge|stalt**, die: *Gestalt eines literarischen o. ä. Werkes, deren Name auch den Titel des Werkes bildet;* **Ti|tel|ge|winn**, der: *das Erringen eines Titels (1 b):* Mit diesem erneuten T. auf Landesebene hatte Allroundspieler Günther einen besonderen Grund zur Freude (Saarbr. Zeitung 14. 3. 80, 21); **Ti|tel|hal|ter**, der: *Inhaber eines bestimmten Titels (1 b):* der T. tritt bei der diesjährigen Europameisterschaft nicht mehr an; T. Sowjetunion, die Tschechoslowakei und Kanada können noch Weltmeister werden (NZZ 3. 5. 83, 31); **Ti|tel|hal|te|rin**, die: w. Form zu ↑Titelhalter; **Ti|tel|held**, der: vgl. Titelgestalt; **Ti|tel|hel|din**, die: w. Form zu ↑Titelheld; **Ti|tel|kampf**, der:

sportlicher Wettkampf, bei dem es um einen Titel (1 b) *geht;* **Ti|tel|ka|ta|log,** der (Buchw.): *alphabetischer Katalog in Bibliotheken, in dem die Bücher nicht unter den Namen der Verfasser, sondern unter ihrem Titel verzeichnet sind;* **Ti|tel|kir|che,** die (kath. Kirche): *Kirche in der Stadt Rom, die einem Kardinal zugewiesen ist;* **ti|tel|los** ⟨Adj.⟩: *ohne Titel* (1, 2 a); **Ti|tel|me|lo|die,** die: *Melodie, die zu Beginn einer Fernseh-, Rundfunksendung, eines Films erklingt [u. den gleichen Titel trägt wie diese];* **Ti|tel|mu|sik,** die: vgl. Titelmelodie; **ti|teln** [auch: 'tɪtl̩n] ⟨sw. V.; hat⟩ [spätmhd. titelen]: **a)** (seltener) *betiteln* (1 a); **b)** (Zeitungsw.) *zum Titel* (2 a), *zur Titelzeile einer Schrift, eines Artikels in einer Zeitung od. Zeitschrift machen:* „Niemand ist mehr sicher vor Aids", *titelte das US-Magazin* „Life" (Spiegel 33, 1985, 144); **Ti|tel|part,** der; **Ti|tel|par|tie,** die: vgl. Titelrolle; **Ti|tel|rol|le,** die: *Rolle der Titelgestalt in einem Schauspiel, Film o. ä.;* **Ti|tel|schrift,** die (Druckw.): *der Hervorhebung dienende Schrift;* **Ti|tel|schutz,** der ⟨o. Pl.⟩ (Rechtsspr.): *rechtlicher Schutz des Titels einer literarischen od. wissenschaftlichen Publikation od. eines Kunstwerks;* **Ti|tel|sei|te,** die: **a)** *erste, äußere Seite einer Zeitung, Zeitschrift, die den Titel* (2 a) *enthält:* die Zeitungen brachten die Meldungen auf die T.; **b)** *Titelblatt* (a); **Ti|tel|song,** der: vgl. Titelmelodie; **Ti|tel|sto|ry,** die: vgl. Titelgeschichte; **Ti|tel|sucht,** die ⟨o. Pl.⟩: *Begierde nach einem Titel* (1 a); **ti|tel|süch|tig** ⟨Adj.⟩: *begierig auf einen Titel* (1 a); **Ti|tel|trä|ger,** der: *jmd., der einen Titel* (1) *innehat, besitzt;* **Ti|tel|trä|ge|rin,** die: w. Form zu ↑ Titelträger; **Ti|tel|un|we|sen,** das: *übertriebene Verleihung u. Wertschätzung von Titeln* (1 a); **Ti|tel|ver|lust,** der (Sport): *Verlust eines Titels* (1 b); **Ti|tel|ver|tei|di|ger,** der: *Sportler, der seinen Titel* (1 b) *in einem Wettkampf verteidigt;* **Ti|tel|ver|tei|di|ge|rin,** die: w. Form zu ↑ Titelverteidiger; **Ti|tel|we|sen,** das: vgl. Titelunwesen; **Ti|tel|zei|le,** die: *den Titel* (2 a) *enthaltende, gedruckte Zeile.*

Ti|ter, der; -s, - [frz. titre, eigtl. = Angabe eines (Mischungs)verhältnisses < afrz. titre, title < lat. titulus, ↑ Titel]: **1.** (Chemie) *Gehalt an aufgelöster Substanz in einer Lösung.* **2.** (Textilind.) *Maß für die Feinheit von Fäden.*

Ti|thon, das; -s [nach dem unsterblichen Greis Tithonos in der griech. Sage] (Geol.): *Übergang zwischen* ²*Jura u. Kreide* (3).

Ti|ti|ca|ca|see, der; -s: *See in Südamerika.*

Tit|lo|nym, das; -s [zu ↑ Titel u. griech. ónyma = Name]: *Deckname, der aus dem Verweis auf einen anderen Buchtitel des gleichen Autors* (z. B. *vom Verfasser des ...*) *od. aus einer Berufsangabe besteht.*

Ti|to|is|mus, der; -: *(von dem Staatspräsidenten J. Tito [1892–1980] entwickelter) Nationalkommunismus im ehem. Jugoslawien;* **Ti|to|ist,** der; -en, -en: *Vertreter des Titoismus;* **Ti|to|is|tin,** die; -, -nen: w. Form zu ↑ Titoist.

Ti|tra|ti|on, die; -, -en [zu ↑ titrieren] (Chemie): *Ausführung einer Maßanalyse, Bestimmung des Titers* (1); **Ti|tre,** die; -, -s [frz. titre, ↑ Titer] (veraltet): *Titer;* **Ti|trier|ana|ly|se,** die; -, -n (Chemie): *Maßanalyse;* **ti|trie|ren** ⟨sw. V.; hat⟩ [frz. titrer, zu: titre, ↑ Titer] (Chemie): *den Titer* (1) *bestimmen;* **Ti|tri|me|trie,** die; - [↑-metrie] (Chemie): *Maßanalyse.*

tit|schen ⟨sw. V.; hat⟩ [ablautende Nebenf. von ↑ tatschen] (ostmd.): *eintauchen, -tunken.*

Tit|te, die; -, -n [aus dem Niederd. < mniederd. titte, niederd. Form von mhd. ↑ Zitze] (derb): *weibliche Brust:* Ich hab' mit der einen Hand ihre -n gestreichelt (Kemelman [Übers.], Dienstag, 78); Dieser Mistkerl von Bulle ging mir dabei auch noch an die -n (Christiane, Zoo 286); die kochende Äbtissin Margarete Rusch hat mit ihren zwei allerdings enormen -n den reichen Patrizier Eberhard Ferber im Bett erstickt (Grass, Butt 12); * **wie T. mit Ei schmecken** (derb; *ausgezeichnet schmecken*).

Ti|tu|lar, der; -s, -e [zu lat. titulus, ↑ Titel] (bildungsspr.): **1.** *jmd., der den Titel eines Amtes innehat, ohne es auszuüben.* **2.** (veraltet) *Titelträger;* **Ti|tu|lar|bi|schof,** der (kath. Kirche): *Bischof, der die Weihe eines Bischofs hat, aber keine Diözese leitet;* **Ti|tu|la|tur,** die; -, -en: *das Betiteln* (b), *Betitelung; Ehrenbezeichnung;* **ti|tu|lie|ren** ⟨sw. V.; hat⟩ [spätlat. titulare, zu lat. titulus, ↑ Titel]: **1.** (veraltend) *mit dem Titel* (1 a) *anreden:* die Schüler mußten ihn ordnungsgemäß, mußten ihn [als/mit] Herr Doktor t.; Ich lege Wert darauf, daß ich ... mit meiner Berufsbezeichnung, somit als Schriftstellerin und nicht als Organisatorin ..., tituliert werde (Wochenpresse 43, 1983, 4). **2.** *mit einem meist negativen Begriff als jmdn., etw. bezeichnen:* sie hat ihn [als/mit] „Flasche" tituliert; „Die [Herren Herumläufer", wie der Komiker Burian die Passanten dieses Korsos tituliert hatte (Bieler, Mädchenkrieg 101). **3.** (selten) *betiteln* (a); **Ti|tu|lie|rung,** die; -, -en; **Ti|tu|lie|ren ...;** lat.] (bildungsspr.): *mit vollständigem Titel* (1 a) *u. Namen;* **Ti|tu|lus** [auch: 'tit...], der; -, ...li [m]lat. titulus, ↑ Titel]: *(meist in Versform gehaltene) mittelalterliche Bildunterschrift.*

Ti|tus|kopf [auch: 'tit...], der [H. u.] (früher): *Damenfrisur mit kurzen, kleinen Löckchen.*

Ti|vo|li [auch: 'tɪv...], das; -[s], -s [nach der gleichnamigen ital. Stadt bei Rom (Badeort)]: **1.** *Vergnügungsstätte, Gartentheater.* **2.** *italienisches Kugelspiel.*

ti|zi|an ⟨indekl. Adj.⟩ [nach dem ital. Maler Tizian (um 1477–1576)]: **a)** kurz für ↑ tizianblond; **b)** kurz für ↑ tizianrot; **ti|zi|an|blond** ⟨Adj.⟩: *rotblond;* **ti|zi|an|rot** ⟨Adj.⟩: *(bes. vom Haar) ein leuchtendes goldenes bis braunes Rot aufweisend.*

tja [tja(:)] ⟨Interj.⟩ (ugs.): *drückt eine zögernde Haltung, mit ihren aufkommende Bedenken, auch Verlegenheit od. Resignation aus:* t., nun ist es zu spät; Tja, und da fing ich zu kiffen an (Kraushaar, Lippen 158).

Tjä|le, die; -, - [schwed. tjäle] (Geol.): *ständig gefrorener Boden in sehr kalten Gegenden der Erde.*

Tjalk, die; -, -en [niederl. tjalk] (früher): *ein- oder anderthalbmastiges niederländisches Segelschiff mit breitem Bug u. flachem Boden.*

Tjost, die; -, -en od. der; -[e]s, -e [mhd. tjost(e), tjust(e) < afrz. jouste, zu: joster, ↑ tjostieren]: *(im MA.) beim ritterlichen Turnier mit scharfen Waffen geführter Zweikampf zu Pferde;* **tjo|stie|ren** ⟨sw. V.; hat⟩ [mhd. tjostieren < afrz. joster = mit Lanzen kämpfen, eigtl. = nebeneinanderlegen, zu lat. iuxta = unmittelbar nebeneinander]: *einen Tjost austragen.*

tkm = Tonnenkilometer.
Tl = Thallium.
TL = ²Lira.
Tm = Thulium.

Tme|sis, die; -, Tmesen [lat. tmesis < griech. tmēsis, eigtl. = das Schneiden, zu: témnein = schneiden, zerteilen] (Sprachw.): *Trennung zusammengehörender Teile eines zusammengesetzten Wortes, wobei häufig andere Wörter, Satzteile dazwischengeschoben werden* (z. B. ugs., bes. nordd.: *da hast du kein Recht zu,* für: *dazu hast du kein Recht*).

TNT = Trinitrotoluol.

To, die; -, -s, **Tö,** die; -, -s (ugs. verhüll.): *Toilette* (3): die To aufsuchen; Wir haschen auf der Tö (MM 7. 8. 70, 3).

Toast [to:st], der; -[e]s, -e u. -s [engl. toast, zu: to toast, ↑ toasten; 2: nach dem früheren engl. Brauch, vor einem Trinkspruch ein Stück Toast in das Glas zu tauchen]: **1. a)** *geröstetes Weißbrot in Scheiben:* eine Scheibe T.; Spiegeleier auf T.; **b)** *einzelne Scheibe geröstetes Weißbrot:* -s mit Butter bestreichen; in einen T. beißen; **c)** *zum Toasten geeignetes, dafür vorgesehenes Weißbrot [in Scheiben]; Toastbrot:* ein Paket T. kaufen. **2.** *Trinkspruch:* Sie sah deutlich vor sich das Gesicht Martins, wie er mit spitzbübischem Ernst dem mühsamen T. zuhörte, den der Bürgermeister auf ihn ausbrachte (Feuchtwanger, Erfolg 92); **Toast|brot,** das: **a)** *Toast* (1 c); **b)** *Toast* (1 b); **toas|ten** ⟨sw. V.; hat⟩ [engl. to toast < afrz. toster = rösten < spätlat. tostare, zu lat. tostum, 2. Part. von: torrere = dörren, trocknen]: **1.** (bes. *von Weißbrot) in Scheiben rösten* (1 a): soll ich noch eine Scheibe t.? **2.** *einen Trinkspruch (auf jmdn., etw.) ausbringen;* **Toas|ter,** der; -s, - [engl. toaster, zu: to toast, ↑ toasten]: *Röster* (1); **Toast|rös|ter,** der: *Röster* (1); **Toast|schei|be,** die: *Toast* (1 b): Das Mädchen bestreiche -n (Sobota, Minus-Mann 190).

To|ba|go: vgl. Trinidad.

To|bak, der; -[e]s, -e (veraltet): *Tabak* (2 a); * **starker T.** (ugs., oft scherzh.; *etw., was von jmdm. als unerhört, als Zumutung, Unverschämtheit empfunden wird*): Die Ente des Jahres aber, die „Diario 16" publiziert, war selbst in Spanien starker T. (Kicker 6, 1982, 21).

To|bel, der (österr. nur so) od. das; -s, - [mhd. tobel, wohl eigtl. = Senke] (Geogr.; südd., österr., schweiz.): *enge Schlucht, bes. im Wald:* durch die Anschaffung einer Seilwinde wird Holzen in den -n erleichtert (Vaterland 27. 3. 85, 33).

to|ben ⟨sw. V.⟩ [mhd. toben, ahd. tobōn, tobēn, zu ↑ taub u. eigtl. = taub, dumm, von Sinnen sein]: **1.** *sich wild, wie wahnsinnig gebärden; rasen, wüten* ⟨hat⟩: vor

Toberei

Empörung, Wut, Zorn, Schmerz, Eifersucht t.; als er das erfuhr, hat er getobt wie ein Wilder, wie ein Berserker; Die Zuhörer im Dom tobten vor Begeisterung (Weser-Kurier 20. 5. 85, 12), Ü Cotta spürte sein Herz t. (Ransmayr, Welt 16). **2. a)** *wild u. ausgelassen, laut u. fröhlich lärmend, schreiend irgendwo umherlaufen; herumtollen* ⟨hat⟩: die Kinder haben den ganzen Nachmittag am Strand, im Garten getobt; hört endlich auf zu t.!; Von der Aufbruchstimmung angesteckt, fangen die Hunde zu t. an, sie springen und kläffen (Frischmuth, Herrin 48); **b)** *sich tobend* (2 a) *irgendwohin bewegen* ⟨ist⟩: die Kinder tobten durch die Straßen. **3. a)** *in wilder Bewegung, entfesselt [u. von zerstörerischer Wirkung] sein* ⟨hat⟩: das Meer, ein Gewitter tobt; der Kampf hat bis in die Nacht hinein getobt; Ü die Verzweiflung tobte in ihm; Ganze Bibliotheken wurden über diesen Sachverhalt geschrieben – und die Diskussion tobt heute wie eh und je (Gruhl, Planet 68); **b)** *sich tobend* (3 a) *irgendwohin bewegen* ⟨ist⟩: der Krieg tobte durchs Land; Schneeböen toben gegen die Zelte (Trenker, Helden 240); über die östlichen Stadtteile ... tobte der Hagel besonders schwer (Basler Zeitung 27. 7. 84, 3); **To|be|rei,** die; -, -en (abwertend): *[dauerndes] Toben* (1, 2).

Tol|bog|gan, der; -s, -s [engl. (kanad.) toboggan]: *aus mehreren zusammengebundenen, vorne hochgebogenen, meist mit Fell überzogenen Brettern bestehender, kufenloser Schlitten der kanadischen Indianer u. Eskimos.*

Tob|sucht, die ⟨o. Pl.⟩ [mhd. tobesuht]: *ungezügelte, sich wild u. ziellos austobende Wut, Zustand höchster Erregung, der sich in unbeherrschter, oft zielloser Aggressivität u. Zerstörungswut äußert:* in einem Anfall von T. zerschlug er das Mobiliar; **tob|süch|tig** ⟨Adj.⟩ [mhd. tobesühtic]: *an Tobsucht leidend, zur Tobsucht neigend, von Tobsucht erfüllt:* ein -er Mensch, Kranker; Solveig kreischte t., warf sich auf den Boden und haute mit ihren Fäusten gegen die Beine meiner Mutter (Heller, Mann 45); **Tob|suchts|an|fall,** der: *Anfall von Tobsucht:* einen T. erleiden, bekommen.

Toc|ca|ta: ↑ Tokkata.

to|cha|risch ⟨Adj.⟩: *das Tocharisch betreffend, zu ihm gehörend;* **To|cha|risch,** das; -[s] [nach dem Volk der Tocharer]: *ausgestorbene indogermanische Sprache (von der Texte aus dem 6. u. 7. Jh. n. Chr. erhalten sind).*

Toch|ter, die; -, Töchter [mhd., ahd. tohter]: **1.** *weibliche Person im Hinblick auf ihre leibliche Abstammung von den Eltern; unmittelbarer weiblicher Nachkomme:* die kleine, erwachsene, jüngste, einzige T.; eine legitime, natürliche (veraltet: *nichteheliche*) T.; seine T. ist heiratsfähig; Mutter und T. sehen sich sehr ähnlich; sie ist ganz die T. ihres Vaters (*ist, sieht ihm sehr ähnlich*); die T. des Hauses (*die erwachsene Tochter der Familie*); sie haben eine T. bekommen; Ihre Frau T.!; Ihr, Ihres Fräulein T.! ; Ü die große T. (*berühmte Einwohnerin*) unserer Stadt; sie als getreue T. (*als getreues Mitglied*) der Kirche (Stern, Mann 146); sich unter den Töchtern des Landes (scherzh.; *den Mädchen in der Gegend*) umsehen; eine T. der Freude (geh. verhüll.; *eine Prostituierte;* LÜ von frz. fille de joie); sie ist eine echte T. Evas (scherzh.; *eine als typisch weiblich empfundene Frau*); von der Aussperrung seien nicht nur höhere Töchter (veraltet, noch scherzh.; *Mädchen aus gutbürgerlichem Hause*) ... betroffen (Spiegel 20/21, 1976, 86). **2.** ⟨o. Pl.⟩ (veraltend) *Anrede an eine jüngere weibliche Person:* nun, meine T.? **3.** (schweiz. veraltend) *erwachsene, unverheiratete weibliche Person, Mädchen, Fräulein, bes. als Angestellte in einer Gaststätte od. einem privaten Haushalt:* Französischkurse für Töchter aus der deutschsprachigen Schweiz (NZZ 23. 12. 83, o. S.). **4.** (Jargon) *kurz für* ↑ Tochtergesellschaft: Obendrein hat die deutsche T. des US-Autogiganten ... für derzeit kränkelnden Mutter ... 900 Millionen Dollar als Darlehen zur Verfügung gestellt (Saarbr. Zeitung 27. 6. 80, 4); **Toch|ter|be|trieb,** der: vgl. Tochtergesellschaft; **Töch|ter|chen,** das; -s, -: Vkl. zu Tochter (1); **Toch|ter|fir|ma,** die: vgl. Tochtergesellschaft; **Toch|ter|ge|ne|ra|ti|on,** die (Genetik): *Filialgeneration;* **Toch|ter|ge|schwulst,** die: *Metastase;* **Toch|ter|ge|sell|schaft,** die (Wirtsch.): *Kapitalgesellschaft, die [innerhalb eines Konzerns] von einer Muttergesellschaft abhängt;* **Töch|ter|heim,** das (veraltet): *Pensionat;* **Toch|ter|kind,** das (veraltet, noch landsch.): *Enkelkind, das das Kind der Tochter ist;* **Toch|ter|kir|che,** die: *Filialkirche;* **töch|ter|lich** ⟨Adj.⟩: **1.** *die Tochter betreffend, ihr zugehörend, von ihr stammend:* das -e Erbe; die -en Warnungen; Sie wickelte die -e Hose in festes Packpapier (Strittmatter, Der Laden 738). **2.** *einer Tochter entsprechend, gemäß; wie eine Tochter:* -e Liebe; es waren mehr als die -e Gefühle, die ihm entgegenbrachte (Danella, Hotel 259); **Toch|ter|mann,** der ⟨Pl. ...männer⟩ (veraltet, noch landsch.): *Schwiegersohn:* Großvater lief ... in einer Uniform herum. Nur Otto, seines Bruders T., kam anders daher (Harig, Weh dem 45); **Töch|ter|schu|le,** die (veraltet): *Lyzeum* (1); **Toch|ter|spra|che,** die: *Sprache, die sich aus einer anderen Sprache entwickelt hat, von einer anderen Sprache abstammt;* **Toch|ter|un|ter|neh|men,** das: vgl. Tochtergesellschaft; **Toch|ter|zel|le,** die (Biol.): *durch Teilung einer Zelle entstandene neue Zelle.*

Tod, der; -[e]s, -e ⟨Pl. selten⟩ [mhd. tōd, ahd. tōt, zu ↑tot]: **1.** *Aufhören, Ende des Lebens; Augenblick des Aufhörens aller Lebensfunktionen eines Lebewesens:* ein sanfter, schmerzloser, plötzlicher T.; der klinische T. war bereits eingetreten; ein langer, qualvoller T. (*eine lange, qualvolle Zeitspanne bis zum Eintritt des Todes*): der T. am Galgen, auf dem Schafott, durch den Strang, den T. ist durch Ersticken, Erfrieren, Entkräftung eingetreten; der T. kam, nahte schnell, trat um 18 Uhr ein; dieser Verlust war sein T. (*führte dazu, daß er starb*); der T. schreckte ihn nicht; Solche -e gehen zumeist still vor sich (Wochenpresse 46, 1983, 19); auf den Schlachtfeldern wurden Millionen -e gestorben (dichter.; *kamen Millionen Menschen ums Leben*); einen schweren, leichten T. haben; der Arzt konnte nur noch den T. feststellen; das spricht dagegen, daß Luis den T. gesucht hat (*sterben wollte*); Gregor-Dellin, Traumbuch 152); einen ruhigen, stillen T., den T. eines Gerechten sterben; den T. fürchten, nicht scheuen, herbeiwünschen, ersehnen; jmds. T. betrauern, wollen, wünschen; jmdm. den T. wünschen; Kinder, kommt rein, ihr holt euch noch den T. (emotional übertreibend; *ihr werdet euch auf den Tod krank;* Kempowski, Tadellöser 114); ... hat der Mann die Frau erschossen und dann sich selbst den T. gegeben (*sich selbst erschossen, umgebracht;* MM 21./22. 8. 71, 11); sich dem -e weihen; dem T. nahe sein; die Stunde des -es nahe fühlen; die Schrecken, die Bitterkeit des -es; eines natürlichen, gewaltsamen -es sterben; angesichts des -es waren alle still geworden; auch die geeignetsten Arten verfallen dem -e, wenn ihnen durch äußere Umstände die Lebensbedingungen entzogen werden (Gruhl, Planet 38); jmdm. die Treue halten bis in den/bis zum T.; jmdn. in den T. treiben; sie folgte ihrem Mann in den T.; freiwillig in den T. gehen (geh.; *Selbstmord begehen*); für seine Überzeugung in den T. gehen (geh.; *sein Leben opfern*); er hat seinen Leichtsinn mit dem T./-e bezahlen müssen; man sollte täglich mit dem T. rechnen; Ich bin im Krieg fünf Jahre lang als Soldat mit dem T. konfrontiert worden (Schreiber, Krise 90); das Leben nach dem T./-e; er über ihren T. hinweg lieben; jmdn. über den T. hinaus lieben; jmdn. vom T./-e erretten; ein Tier zu -e schinden (*so schinden, daß es stirbt*); er ist zu -e erkrankt (*so sehr erkrankt, daß er dabei sterben könnte*); er hat sich zu -e gestürzt (*ist so unglücklich gestürzt, daß er dadurch zu Tode gekommen ist*); Wäre es nicht das beste, wenn wir uns gleich zu -e hungerten? (*so lange hungerten, bis wir tot sind*); Bieler, Mädchenkrieg 157); er wurde zum -e verurteilt; diese Krankheit führt zum T.; R umsonst ist [nur] der T. [*und der kostet das Leben*] (*es gibt nichts umsonst, für alles muß bezahlt werden*); Ü mangelndes Vertrauen ist der T. (*bedeutet das Ende*) jeder näheren menschlichen Beziehung; Im Krieg dann starb der Club einen stillen T. (Danella, Hotel 62); * **der Schwarze T.** (*die Pest*); **der Weiße T.** (*der Tod durch Lawinen, durch Erfrieren im Schnee*); **den T. finden** (geh.; *ums Leben kommen*); **tausend -e sterben** (emotional übertreibend; *voller Angst, Zweifel, Unruhe sein*); **des -es sein** (geh. veraltend; *sterben müssen*); **auf den T.** (geh.; *in einer Weise, die das Leben bedroht, die lebensgefährlich ist*): auf den T. krank, erkältet sein, daniederliegen; Er liegt auf den T. und brauchte die Pflege nötiger denn je (Chotjewitz, Friede 8); **auf/**(seltener:) **für den T.** (ugs. emotional übertreibend; *in äußerstem Maße, ganz u. gar, überhaupt*): er konnte ihn auf den/für den T. nicht ausstehen; ich durfte zu meinen Eltern nicht von Gott sprechen, denn das konnten sie auf den T. nicht leiden (Zorn, Mars 69); **mit T. abgehen** (veraltet; *sterben*): ... *demzufolge Heinrichs kleine Tochter Margarete ..., falls Heinrich ohne männliche Nachkommen mit dem T. abginge, seine Länder erben sollte* (Feuchtwanger, Herzogin 9); **zu -e kommen** (geh.; *den Tod finden*): *der Projektor war ... von panischen Faltern umschwärmt; wenn einer am heißen Glas zu -e kam, stieg eine Rauchlocke auf* (Ransmayr, Welt 26); **zu -e** (emotional übertreibend; *sehr, aufs äußerste, schrecklich*): *sich zu -e schämen, langweilen; er war zu -e erschrocken; Abgeschlagen schleppte er sich ins Ziel, ausgepumpt und zu -e enttäuscht* (Loest, Pistole 61); **etw. zu -e reiten** (*etw. bis zum Überdruß wiederholen; so oft behandeln o. ä., daß es seiner Wirkung beraubt wird*). **2.** (oft dichter. od. geh.) *in der Vorstellung als meist schaurige, düstere, grausame Gestalt gedachte Verkörperung des Todes* (1); *die Endlichkeit des Lebens versinnbildlichende Gestalt:* der grimmige, unerbittliche, grausame T. stand vor der Tür; der T. mit Stundenglas und Hippe; der T. als Sensenmann; der T. klopft an, ruft, winkt jmdm., lauert auf der Straße, hält reiche Ernte, schickte seine Boten, schloß ihm die Augen, nahm ihm die Feder, den Pinsel aus der Hand; er war blaß, bleich wie der T., sah aus wie der leibhaftige T.; Da weiß man, daß es kaum noch Minuten geht, bis der T. einen holt (Dürrenmatt, Meteor 10); den T. vor Augen sehen *(seinen Tod voraussehen);* dem T. entrinnen, entfliehen, entgehen, trotzen; er ist dem T. von der Schippe, Schaufel gesprungen (scherzh.; *ist einer tödlichen Gefahr entronnen, hat eine lebensgefährliche Krankheit überwunden*); er hat dem T. ins Auge gesehen *(war in Lebensgefahr);* eine Beute des -es sein; jmdn. den Klauen des -es entreißen; mit dem T./-e ringen *(lebensgefährlich erkrankt, dem Sterben nahe sein);* * T. und Teufel *(alles mögliche, alle möglichen Leute):* man kann mit Kindern über T. und Teufel reden. Es kommt nur aufs Wie an (Hörzu 11, 1976, 16); **T. und Teufel!** (Fluch); **weder T. noch Teufel/sich nicht vor T. und Teufel fürchten** *(sich vor nichts fürchten);* **tod-** (emotional verstärkend): drückt in Bildungen mit Adjektiven eine Verstärkung aus/*sehr*: todfroh, -hungrig; **tod|bang** ⟨Adj.⟩ (geh.): *sehr bang;* **tod|be|reit** ⟨Adj.⟩ (geh.): *zum Sterben (im Kampf) bereit;* ♦ **Tod|bett**, das [mhd. tōtbette]: Sterbebett: Woher weißt du, daß ich nicht böse Träume habe oder auf dem T. nicht werde blaß werden? (Schiller, Räuber III, 2); **tod|blaß** ⟨Adj.⟩: *totenblaß:* Es war eine solche Kümmernis zwischen ihr und dem todblassen Mann gewesen (Kronauer, Bogenschütze 108); **tod|bleich** ⟨Adj.⟩: *totenbleich;* **tod|brin|gend** ⟨Adj.⟩ (geh.): *den Tod herbeiführend:* -e Krankheiten, Gifte; die Industriefracht in dem Fluß (Szene 6, 1983, 14).

Tod|dy [...di], der; -[s], -s [engl. toddy < Hindi tārī = Palmensaft]: **1.** Palmwein. **2.** *grogartiges Getränk.*

tod|elend ⟨Adj.⟩ (emotional verstärkend): *sehr elend:* er fühlte sich t.; **tod|ernst** ⟨Adj.⟩ (emotional verstärkend): *sehr ernst, ganz ernst:* mit -er Miene; Immer sehen wir einen jungen Mann, der t. und ohne jeden Humor ist (Spiegel 16, 1979, 63); **To|des|ah|nung**, die: *Ahnung* (1) *des nahen Todes;* **To|des|angst**, die: **1.** *Angst vor dem [nahen] Tod:* Ich hatte alle Todesängste schon mehrmals durchgemacht und hatte keine Angst mehr vor dem Tod (Wimschneider, Herbstmilch 149). **2.** (emotional verstärkend) *sehr große Angst:* Todesängste ausstehen; **To|des|an|zei|ge**, die: *Anzeige* (2), *in der jmds. Tod mitgeteilt wird;* **To|des|art**, die: *Art u. Weise, in der jmd. zu Tode gekommen, gestorben ist:* eine grausame T.; **To|des|au|to|mat**, der (abwertend): *Selbstschußanlage (an der ehem. innerdeutschen Grenze);* **To|des|be|reit|schaft**, die: *Bereitschaft zu sterben;* **To|des|da|tum**, das: vgl. Todesjahr; **To|des|dro|hung**, die: *Drohung, jmdn. zu töten:* Keine solche Organisation kann auf die T. verzichten (Zwerenz, Quadriga 255); **To|des|en|gel**, der: *den Tod verkündender Engel; Engel des Todes;* **To|des|er|fah|rung**, die: *Erfahrung angesichts einer Todesgefahr; Todes von jmdm.;* **To|des|er|klä|rung**, die: *amtliches Schriftstück, durch das eine verschollene Person für tot erklärt wird;* **To|des|fall**, der: *Tod eines Menschen in einer Gemeinschaft, bes. innerhalb der Familie:* das Geschäft ist wegen -[e]s geschlossen; Aufschlüsreich ist die Aufschlüsselung der Todesfälle nach den Ursachen (Schreiber, Krise 151); **To|des|fol|ge**, die ⟨o. Pl.⟩ (Rechtsspr.): *Tod eines Menschen als Folge einer bestimmten Handlung:* Körperverletzung mit T.; **To|des|furcht**, die (geh.): vgl. Todesangst (1); **To|des|ge|fahr**, die (seltener): *Lebensgefahr;* **To|des|jahr**, das: *Jahr, in dem jmd. gestorben ist;* **To|des|kampf**, der: *das Ringen eines Sterbenden mit dem Tod; Agonie:* ein langer, schwerer T.; Als Turek nach fünftägigem T. starb, saß sein Schwiegersohn am Sterbebett (Express 12. 5. 84, 20); **To|des|kan|di|dat**, der: *jmd., dem der Tod nahe bevorsteht;* **To|des|kan|di|da|tin**, die: w. Form zu ↑Todeskandidat; **To|des|kom|man|do**, das: *Himmelfahrtskommando;* **To|des|kreuz**, das (Med. Jargon): *bei plötzlichem Sinken des Fiebers u. gleichzeitigem Ansteigen der Pulsfrequenz von den Linien der jeweiligen graphischen Darstellung der Fieberkurve gebildetes Kreuz;* **To|des|la|ger**, das: *[Konzentrations]lager, in dem Häftlinge in großer Zahl sterben od. getötet werden:* Die Parallele zu den Hitlerfaschisten und ihren -n liegt auf der Hand (horizont 13, 1978, 28); **To|des|mut**, der: *großer Mut in gefährlichen Situationen, bei denen auch das Leben auf dem Spiel stehen kann;* **to|des|mu|tig** ⟨Adj.⟩: *Todesmut beweisend; sehr mutig:* Wenn es abends draußen sogar für -e Rotznasen zu kalt und zu dunkel war (Wilhelm, Unter 19); **To|des|nach|richt**, die: *Nachricht vom Tode eines Menschen;* **To|des|nä|he**, die (geh.): *Nähe, Nahesein des Todes:* jene „unaussprechliche Heiterkeit" in T. (Strauß, Niemand 126); **To|des|not**, die (geh.): *äußerste Not* (1), *bei der Todesgefahr für jmdn. besteht:* in T., in Todesnöten sein; **To|des|op|fer**, das: *Mensch, der bei einem Unglück, einer Katastrophe o. ä. umgekommen ist:* der Verkehrsunfall forderte drei T.; **To|des|pein**, die (geh.): vgl. Todesnot; **To|des|qual**, die (geh.): vgl. Todesnot; **To|des|ra|te**, die: *Rate* (2), *statistisch ermittelte Anzahl von Todesfällen:* Die in allen Industrieländern überdurchschnittlich hohe T. innerhalb des ersten Jahres nach der Pensionierung (Augsburger Allgemeine 27./28. 5. 78, X); **To|des|schreck**, der: *sehr großer Schreck;* **To|des|schrei**, der: *vom Menschen in Todesnot ausgestoßener Schrei;* **To|des|schuß**, der: *[gezielter] Schuß, durch den jmd. getötet wird:* Wozu eine Regelung des Todesschusses durch Polizeibeamte? (Spiegel 50, 1977, 34); **To|des|schüt|ze**, der: *jmd., der einen Menschen erschossen hat;* **To|des|schwa|dron**, die: (bes. in Südamerika) *faschistische, meist paramilitärisch organisierte Gruppe, Einheit, die mit tödlichen, terroristischen Gewaltaktionen ihr Ziel verfolgt;* **To|des|sehn|sucht**, die: *Sehnsucht nach dem Tod, Wunsch zu sterben:* Ich habe viele Jahre vorher ja mal so eine irrsinnige T. gehabt. Eine regelrechte Sucht genau nach diesem Zustand des Totwerdens (Eppendorfer, Ledermann 183); **To|des|sitz**, der (salopp): *Beifahrersitz:* auf dem sogenannten T., eingezwängt zwischen dem Handschuhfach und dem Wagendach (Geiser, Wüstenfahrt 21); **To|des|spi|ra|le**, die (Eis-, Rollkunstlauf): *Figur im Paarlauf, bei der die Partnerin fast horizontal zum Boden auf einem Bein fahrend um die Achse des Partners gezogen wird;* **To|des|stoß**, der: *mit einer Stichwaffe ausgeführter Stoß, durch den der Tod eines [bereits dem Tode nahen] Menschen; Tieres herbeigeführt wird:* einem verletzten Tier den T. geben, versetzen; Ü diese Fehlkalkulation hat dem Unternehmen endgültig den T. gegeben; **To|des|stra|fe**, die: *Strafe, bei der eine Tat mit dem Tod geahndet wird:* damals stand auf Plündern noch die T.; etw. bei T. verbieten; **To|des|strei|fen**, der; vgl. Todeszone: Von seinen ersten Besuchen in der halben Stadt hinter dem T. war ihm kaum mehr als ein Geruch im Gedächtnis (Spiegel 38, 1983, 243); **To|des|stun|de**, die: *Stunde, die jmdn., der den Tod bringt, in der jmd. stirbt;* **To|des|tag**, der: vgl. Todesjahr; **To|des|trieb**, der (Psych.): *(nach Freud) auf die Vernichtung des Lebens gerichteter Trieb;* **To|des|ur|sa|che**, die: *Ursache für den Tod eines Menschen od. eines Tieres:* die T. feststellen; Das Ergebnis der professoralen Bemühungen um die Abklärung der T. (Hackethal, Schneide 50); **To|des|ur|teil**, das: *gerichtliches Urteil, mit dem über jmdn. die Todesstrafe verhängt wird:* die T. an jmdm. vollstrecken, vollziehen; Ü so werden ... für rund 17 bis 22 mittlere Unternehmen ... die -e gesprochen (NZZ 27. 8. 83, 10); **To|des|ver|ach|tung**, die: *Nichtachtung des Todes in einer gefährlichen Lage, Situation; Furchtlosigkeit bei Todesgefahr:* die T. der Krieger des indianischen Volkes; * **etw. mit T. tun** (scherzh.; *etw. mit großer Überwindung u.*

todeswürdig 3402

ohne sich dabei etw. anmerken zu lassen tun): Mit T. kippte er den Cognac hinunter (Danella, Hotel 118); **to|des|wür|dig** ⟨Adj.⟩ (geh.): *den Tod als Strafe verdienend:* Abtreibung, Unfruchtbarmachung und Sodomie waren längst zu -en Verhalten erklärt ... worden (Spiegel 43, 1984, 125); **To|des|zei|chen,** das (Med.): *sicheres Anzeichen für den eingetretenen Tod;* **To|des|zeit,** die: *Zeitpunkt, zu dem jmd. gestorben ist;* **To|des|zel|le,** die: *Gefängniszelle für Häftlinge, die zum Tode verurteilt sind:* Dafür hat er mir dann, als ich bereits in der T. saß, das Leben gerettet (Heym, Schwarzenberg 172); **To|des|zo|ne,** die: *Gebiet, Bezirk, in dessen Grenzen der unerlaubte Aufenthalt tödliche Gefahren bringt;* **tod|feind** ⟨indekl. Adj.⟩ [mhd. tōtvī(e)nt] (emotional verstärkend): *in höchstem Maße feindlich gesinnt:* sie waren sich/einander t.; **Tod|feind,** der [mhd. tōtvient] (emotional verstärkend): *haßerfüllter, unversöhnlicher Feind, Gegner:* jmds. T. sein; Das wünsche ich meinen -en nicht (Kronauer, Bogenschütze 284); **Tod|fein|din,** die (emotional verstärkend): w. Form zu ↑Todfeind; **Todfeind|schaft,** die (emotional verstärkend): *haßerfüllte, besonders erbitterte Feindschaft;* **tod|ge|weiht** ⟨Adj.⟩ (geh.): *dem Tod nicht mehr entgehen könnend:* -e Häftlinge; **tod|krank** ⟨Adj.⟩: *sehr schwer krank [u. dem Tode nahe]:* er ist ein -er Mann; **Tod|kran|ke,** der u. die: *todkranke Person;* **tod|lang|wei|lig** ⟨Adj.⟩ (emotional verstärkend): *sehr, äußerst langweilig:* ein -er Abend, Vortrag; Eine -e Inszenierung (Hamburger Rundschau 15. 5. 85, 10); **töd|lich** ⟨Adj.⟩ [mhd. tōtlich, ahd. tōdlih]: **1.** *den Tod verursachend, herbeiführend, zur Folge habend; mit dem Tod als Folge:* ein -er Unfall; eine -e Krankheit; ein -es Gift; Anklage wegen ... Besitzes einer -en Waffe (MM 22./23. 11. 80, 24); ein gutes Dutzend Freunde der t. Verunfallten (NZZ 9. 12. 82, 31); (bes. Rechtsspr.:) Körperverletzung mit -em Ausgang; eine -e *(lebensbedrohende)* Gefahr; der Biß der Schlange ist, wirkt t.; er ist t. verunglückt; Man nehme ... den t. giftigen Pantherpilz, der dem Waldchampignon zum Verwechseln ähnlich sieht (Hahn, Mann 7); Ü solche Äußerungen in seiner Gegenwart können t. sein (emotional übertreibend: *können gefährlich sein, sehr unangenehme, üble Folgen haben*); Größere Darlehensaufnahmen wären t. (MM 17. 3. 81, 17). **2.** (emotional übertreibend:) *a)* *sehr groß, stark, ausgeprägt:* -er Haß, Ernst; -e Langeweile; etw. mit -er *(absoluter)* Sicherheit erraten; *b)* ⟨intensivierend bei Verben u. Adj.⟩ *sehr, überaus, in höchstem Maße:* sich t. langweilen; Der Fuhrunternehmer begriff erst gar nicht, daß er den Kriminalbeamten mit den zwei Geldscheinen t. beleidigt haben könnte (Prodöhl, Tod 219); eine t. banale Geschichte (MM ...); **tod|matt** ⟨Adj.⟩ (emotional verstärkend): vgl. todmüde; **tod|mü|de** ⟨Adj.⟩ (emotional verstärkend): *sehr, äußerst müde:* sie sank t. ins Bett; **todschick** ⟨Adj.⟩ (ugs. emotional verstärkend): *sehr, außerordentlich schick:* eine -e Frau; Eines Morgens sah man das Fräulein Schadow mit einer neuen, -en Pelzjacke (Richartz, Büroroman 162); sie kleidet sich immer t.; **tod|si|cher** (ugs. emotional verstärkend): **I.** ⟨Adj.⟩ *ganz u. gar sicher (2, 5), völlig zuverlässig, gewiß, gesichert; ohne den geringsten Zweifel eintretend, bestehend:* ein -er Tip; eine -e Sache; er ... hatte für Sekunden die -e Erkenntnis, daß er damals die richtige Wahl getroffen hatte (H. Weber, Einzug 34); um für die nachfolgende Ermordung Helmckes ein -es Alibi zu haben (Prodöhl, Tod 84). **II.** ⟨Adv.⟩ *mit größter Wahrscheinlichkeit, Sicherheit; ganz ohne Zweifel:* er kommt t. **tod|ster|bens|krank** ⟨Adj.⟩ (ugs. emotional verstärkend): vgl. todkrank; **tod|still** ⟨Adj.⟩ (emotional verstärkend, seltener): *totenstill;* **Tod|sün|de,** die [mhd. tōtsünde] (kath. Kirche): *schwere, im Unterschied zur läßlichen Sünde den Verlust der übernatürlichen Gnade u. der ewigen Seligkeit bewirkende Sünde:* Es kam dann schon auf, ob der Kindersegen verhütet worden ist, und das war eine T. (Wimschneider, Herbstmilch 58); eine T. begehen; Ü es ist eine T., den köstlichen Wein hinunterzustürzen, als wäre es Wasser; **tod|trau|rig** ⟨Adj.⟩ (emotional verstärkend): *sehr, außerordentlich traurig:* ein -es Gesicht machen; t. blicken; **tod|unglück|lich** ⟨Adj.⟩ (emotional verstärkend): *sehr, äußerst unglücklich:* Wenn ich mir vorstelle, ich sollte jetzt in so einem kleinen Kaff wohnen, ich wäre t. (Eppendorfer, St. Pauli 89); **tod|wund** ⟨Adj.⟩ (geh.): *sehr schwer verletzt [u. dem Tode nahe]:* ein -es Reh.
Toe-loop ['tu:lu:p, 'to:lu:p, engl.: 'toʊlu:p], der; -[s], -s [engl. toe loop (jump), aus: toe = Schuhspitze, Zeh u. loop, ↑Looping] (Eis-, Rollkunstlauf): *vorwärts eingeleiteter Sprung, bei dem nach dem Anlauf mit der Zacke des Schlittschuhs ins Eis eingestochen u. nach einer Drehung in der Luft auf dem Fuß, mit dem abgesprungen wurde, gelandet wird.*
toff ⟨Adj.⟩ [rotwelsch tof(f), aus dem Jidd.] (ugs.): *gut [gekleidet].*
töff ⟨Interj.⟩ (Kinderspr.): lautm. für das Geräusch des Motors, einer Hupe o.ä.: t., t., da kommt ein Auto; **Töff,** das, auch: der; -s, -s (schweiz. mdal.): *Motorrad:* Motorradfahrer ... stolz und aufrecht auf den blanken, schweren -s (Geiser, Wüstenfahrt 141).
Tof|fee [...fi, auch: ...fe], das; -s, -s [engl. toffee, H. u.]: *weicher Sahnebonbon.*
Tof|fel, Töf|fel, der; -s, - [vgl. Stoffel] (landsch., oft wohlwollend): *dummer, ungeschickter Mensch:* Schreib sauber, du Toffel! (Bieler, Bär 387).
Töff|töff, das, -s, -s [↑töff] (Kinderspr.): **1.** *Auto:* Suche Autofahrer, die ihr T. gegen Entgelt mit einer Werbefolie verzieren wollen (Wiener 11, 1983, 156). **2.** *Motorrad, -roller.*
To|fu, der; -[s] [jap. tōfu, aus dem Chines.]: *aus Sojabohnen gewonnenes quarkähnliches Nahrungsmittel.*
To|ga, die; -, ...gen [lat. toga, eigtl. = Bedeckung]: *weites Obergewand der [vornehmen] Römer:* Deren Wolle mußte es sein, wenn es um den Stoff für Tunica und T. ging (Stern, Mann 272); **To|ga|ta,** die; -, ...ten [lat. togata, zu: togatus = mit einer Toga bekleidet, zu: toga, ↑Toga] (Literaturw.): *altrömische Komödie mit römischem Stoff u. Kostüm (im Gegensatz zur Palliata).*
To|go, -s: Staat in Westafrika; **To|go|er,** der; -s, -: Ew.; **To|goe|rin,** die; -, -nen: w. Form zu ↑Togoer; **to|go|isch** ⟨Adj.⟩; **Togo|le|se,** der; -n, -n: Ew.; **To|gol|le|sin,** die; -, -nen: w. Form zu ↑Togolese; **togo|le|sisch** ⟨Adj.⟩.
To|hu|wa|bo|hu, das; -[s], -s [hebr. tohû vohû = Wüste u. Öde, nach der Lutherschen Übersetzung des Anfangs der Genesis (1. Mos. 1,2)]: *völliges Durcheinander; Wirrwarr, Chaos:* Dein Arbeitstisch, das T. von schweren Wörterbüchern und beschriebenen Blättern (Frisch, Montauk 197); Das T. im Plenarsaal scheint ihn nur am Rande zu interessieren (Spiegel 49, 1983, 55).
Toile [toaːl], der; -s, -s [frz. toile < lat. tela = Tuch]: *feinfädiges [Kunst]seidengewebe in Leinwandbindung* (Blusen- u. Wäschestoff); **Toi|let|te** [toa...], die; -, -n [frz. toilette, eigtl. = Vkl. von: toile (↑Toile), urspr. = Tuch, worauf man das Waschzeug legt; 2 a: frz. cabinet de toilette]: **1. a)** ⟨o. Pl.⟩ (geh.) *das Sichankleiden, Sichfrisieren, Sichzurechtmachen:* Die T. findet an einer Waldquelle statt, ebenso die große Wäsche (Saarbr. Zeitung 11. 7. 80, III); die morgendliche T. beenden; T. machen *(sich ankleiden, frisieren, zurechtmachen);* Ephraim ... macht tief und schwer atmend zum zweitenmal T. (Amory, Matten 170); sie war gerade bei der T., als er eintrat; **b)** *Damenkleidung, bes. für festliche Anlässe:* man sah bei dem Ball viele kostbare, herrliche -n; Christine bat um Verzeihung, nicht früher an ihre T. für die Oper gedacht zu haben (Bieler, Mädchenkrieg 209); die Damen erschienen in großer T.; **c)** (veraltet) kurz für ↑Frisiertoilette. **2. a)** *meist kleinerer Raum mit einem Klosettbecken [u. Waschgelegenheit]:* die öffentliche T.; die neue Bestimmung ..., nach der jedes Wirtshaus zwei getrennte -n haben muß (Zenker, Froschfest 166); auf die, in die, zur T. gehen; Die Matschi hatte sich unterdessen auf der T. eingesperrt (Sommer, Und keiner 175); **b)** *Klosettbecken in einer Toilette* (2a): das ist ins Bad kommt, wenn ich mich rasiere, und sich auf die T. setzt (Schädlich, Nähe 46); etw. in die T. werfen; **Toi|let|te|ar|ti|kel,** der ⟨österr., sonst selten⟩: ↑Toilettenartikel usw.; **Toi|let|ten|ar|ti|kel,** der: *Artikel (3) für die Toilette* (1a), *für die Körperpflege;* **Toi|let|ten|becken[1],** das: *Klosettbecken, Toilette* (2b); **Toi|letten|fen|ster,** das: *Fenster einer Toilette* (2 a); **Toi|let|ten|frau,** die: *Frau, die öffentliche Toiletten* (2 a) *reinigt u. in Ordnung hält:* Alle Toiletten sollen modernisiert werden und Toilettenfrauen und -männer sind wieder gesucht (Welt 19. 4. 79, 1); **Toi|let|ten|gar|ni|tur,** die: *Garnitur* (1a) *von Gegenständen (wie Kamm, Bürste o.ä.) für eine Frisiertoilette;* **Toilet|ten|ge|gen|stand,** der: vgl. Toilettenartikel; **Toi|let|ten|häus|chen,** das: *im Freien, meist in der Nähe einer öffentli-*

chen Anlage aufgestellte Toilette (2 a) *für die Benutzung durch Teilnehmer an einer Veranstaltung o. ä.;* **Toi|let|ten|mann,** der ⟨Pl. ...männer⟩: vgl. Toilettenfrau; **Toi|let|ten|pa|pier,** das: *Papier zur Säuberung nach dem Stuhlgang (gewöhnlich in Form eines zu einer Rolle aufgewickelten Papierstreifens, dessen Perforierung das Abtrennen einzelner Stücke ermöglicht);* **Toi|let|ten|rau m,** der: *Toilette* (2 a); **Toi|let|ten|sa|chen** ⟨Pl.⟩: vgl. Toilettenartikel; **Toi|let|ten|schüs|sel,** die: *Toilettenbecken: Dort zerschlug er die T. und versuchte, mit einer scharfkantigen Porzellanscherbe auf einen Polizeibediensteten einzudringen* (MM 30. 11. 81, 19); **Toi|let|ten|sei|fe,** die: *Seife zum Reinigen des Körpers, für die Körperpflege;* **Toi|let|ten|spie|gel,** der: *großer Spiegel, bes. als Teil einer Frisiertoilette;* **Toi|let|ten|spruch,** der: *etw., meist Anzügliches, was jmd. an die Wand einer öffentlichen Toilette geschrieben hat:* tja, wer kennt ihn nicht, den T. Nummer 1: „Newton ist tot, Einstein ist tot, und ich fühl' mich auch nicht besonders ..." (Zivildienst 5, 1986, 28); **Toi|let|ten|ta|sche,** die: *Kulturbeutel;* **Toi|let|ten|tisch,** der: *Frisiertoilette:* im Ankleidezimmer vor dem dreigeteilten Spiegel des -es (Hartlaub, Muriel 21); **Toi|let|ten|tür,** die: *Tür einer Toilette* (2 a); **Toi|let|ten|wa|gen,** der: *meist von einer Zugmaschine gezogener großer Wagen, in dem Toiletten* (2 a) *installiert sind u. der bei Jahrmärkten, Großveranstaltungen im Freien o. ä. eingesetzt wird;* **Toi|let|ten|was|ser,** das ⟨Pl. ...wässer⟩: *Eau de toilette.*
Toise [tŏa:s], die; -, -n [...zn; frz. toise, über das Vlat. zu lat. tensum, ↑Tensid]: *altes französisches Längenmaß* (1,949 m).
toi, toi, toi ⟨Interj.⟩ [lautm. für dreimaliges Ausspucken] (ugs.): **1.** drückt aus, daß man jmdm. für ein Vorhaben, bes. für einen künstlerischen Auftritt, Glück, Erfolg wünscht; *Ü Gute Prüfung!; Das Licht im Zuschauerraum ging aus, hinter den Kulissen spuckte jedermann jedem rasch über die Schulter: Toi, t., t.!* (Ziegler, Labyrinth 103). **2.** (häufig zusammen mit „unberufen!" dieses verstärkend) drückt aus, daß man etw. nicht ¹*berufen* (4) *will: bisher bin ich, [unberufen] t., t., t., ohne jeden Verlust davongekommen.*
To|ka|dil|le [...'dɪljə], das; -s [span. tocadillo, zu: tocado = berührt, zu: tocar = schlagen, klopfen, lautm.]: *spanisches Brettspiel mit Würfeln.*
To|kai|er, Tokajer [to'kaiɐ, 'to:kaiɐ], der; -s, - [nach der ung. Stadt Tokaj]: *süßer, aus Ungarn stammender Dessertwein von hellbrauner Farbe;* **To|kai|er|wein,** der: *Tokaier;* **To|kai|jer:** ↑Tokaier, **To|kai|jer|wein,** der: *Tokaier.*
To|ken [toʊkn], das; -s, -s [engl. token = Zeichen, Marke] (Datenverarb.): *Folge zusammengehöriger Zeichen od. Folge von Bits.*
To|kio: Hauptstadt Japans; ¹**To|kio|er,** der; -s, -: Ew.; ²**To|kio|er** ⟨indekl. Adj.⟩; **To|kio|e|rin,** die; -, -nen: w. Form zu ↑¹Tokioer; ¹**To|kio|ter,** der; -s, -: Ew.; ²**To|kio|ter** ⟨indekl. Adj.⟩; **To|kio|te|rin,** die; -, -nen: w. Form zu ↑¹Tokioter.

Tok|ka|ta, (auch:) Toccata, die; -, ...ten [ital. toccata, eigtl. = das Schlagen (des Instrumentes), zu: toccare = (an)schlagen, lautm.] (Musik): *(ursprünglich nur präludierendes) [virtuoses] Musikstück [in freier Improvisation] für Tasteninstrumente, das häufig durch freien Wechsel zwischen Akkorden u. Läufen gekennzeichnet ist;* **tok|kie|ren** ⟨sw. V.; hat⟩ [ital. toccare, ↑Tokkata] (bild. Kunst): *in kurzen, nicht verriebenen Pinselstrichen malen.*
To|ko|go|nie, die; -, -n [zu griech. tókos = Geburt u. gonē = Zeugung] (Biol.): *geschlechtliche Fortpflanzung;* **To|ko|gramm,** das; -s, -e [↑-gramm] (Med.): *graphische Aufzeichnung des Wehenablaufs;* **To|ko|gra|phie,** die; -, -graphien] (Med.): *Verfahren zur fortlaufenden graphischen Aufzeichnung des Wehenablaufs;* **To|ko|lo|gie,** die; - [↑-logie] (Med.): *Lehre von der Geburt u. der Geburtshilfe;* **To|ko|ly|se,** die; -, -n [↑Lyse] (Med.): *medikamentöse Unterdrückung vorzeitiger od. abnorm starker Wehen.*
To|ko|no|ma, das; -s, -s [jap.]: *Nische mit erhöhtem Fußboden im japanischen Haus, die zum Ausstellen von Kunstgegenständen dient.*
To|kus, der; -, -se [jidd. toches < hebr. taḥat] (landsch.): *Hintern:* einem den T. verhauen.
To|la, das; -[s], -[s] [Hindi tolā < sanskr. tolaka]: *indisches Handelsgewicht bes. für Gold, Silber u. Edelsteine.*
Töl|le, die; -, -n [aus dem Niederd., H. u.] (bes. nordd. abwertend): *Hund:* so 'n etwas dummlichen kleinen Zuhälter mit seiner T. (Eppendorfer, St. Pauli 157).
Tol|le|do|ar|beit, die; -, -en [nach der span. Stadt Toledo] (Handarb.): *Durchbruchstickerei mit Glanzstickgarn auf dichtem, weißem Leinen.*
to|le|ra|bel ⟨Adj.; ...abler, -ste⟩ [lat. tolerabilis, zu: tolerare, ↑tolerieren] (bildungsspr.): *geeignet, toleriert, gebilligt zu werden; annehmbar, erträglich:* bei noch höheren Geschwindigkeiten kommt es zu nicht mehr tolerablen Temperaturen (BdW 8, 1987, 80); *dasjenige Ausmaß der Naturnutzung ..., das gerade noch t. erscheint* (Basler Zeitung 26. 7. 84, 27); **to|le|rant** ⟨Adj.; -er, -este⟩ [(frz. tolérant <) lat. tolerans (Gen.: tolerantis) = duldend, ausdauernd, adj. 1. Part. von: tolerare, ↑tolerieren]: **1.** *(in Fragen der religiösen, politischen o. a. Überzeugung, der Lebensführung anderer) bereit, eine andere Anschauung, Einstellung, andere Sitten, Gewohnheiten u. a. gelten zu lassen:* ein -er Vater, Mensch; eine -e Einstellung; t. sein gegen/gegenüber anderen; *Ihre Religion spielt keine Rolle. Wir Deutschen sind t. – jeder kann beten, wie er mag* (Hochhuth, Stellvertreter 138). **2.** (ugs. verhüll.) *in sexueller Hinsicht großzügig; den verschiedenen sexuellen Praktiken gegenüber aufgeschlossen* (bes. in Inseraten übliche Ausdrucksweise): Jg. Mann (25) s. -e Dame ... zw. Freizeitgestaltung (MM 26. 7. 74, 7); **Tol|le|ranz,** die; -, -en [1: lat. tolerantia, zu: tolerare, ↑tolerieren]: **1.** ⟨o. Pl.⟩ (bildungsspr.) *das Tolerantsein* (1); *Duldsamkeit:* T. gegen jmdn., Größen, Mengen o. ä.: ... ist be-

deutend schwieriger, als T. zu predigen (Ziegler, Kein Recht 161); ein Klima der T. und Liberalität (profil 17, 1979,12). **2.** (Med.) *begrenzte Widerstandsfähigkeit des Organismus gegenüber [schädlichen] äußeren Einwirkungen (bes. gegenüber Giftstoffen od. Strahlen).* **3.** (bes. Technik) *zulässige Differenz zwischen der angestrebten Norm u. den tatsächlichen Maßen, Größen, Mengen o. ä.:* maximale, enge -en; Die -en des Raumluftzustandes sollten möglichst groß sein (CCI 9, 1984, 46); **Tol|le|ranz|be|reich,** der (bes. Technik): *Bereich, innerhalb dessen eine Abweichung von der Norm noch zulässig ist;* **Tol|le|ranz|brei|te,** die (bes. Technik): vgl. Toleranzbereich; **Tol|le|ranz|do|sis,** die: *höchste (unter dem Aspekt der Verträglichkeit) zulässige Dosis;* **Tol|le|ranz|gren|ze,** die: *Grenze für die Toleranz;* **Tol|le|ranz|schwel|le,** die: vgl. Toleranzgrenze; **to|le|rier|bar** ⟨Adj.⟩: *tolerabel:* Die Qualität des Abflußwassers und die Geruchsimmissionen sind nicht länger t. (NZZ 21. 12. 86, 32); **tol|le|rie|ren** ⟨sw. V.; hat⟩ [lat. tolerare = (er)dulden]: **1.** (bildungsspr.) *dulden, zulassen, gelten lassen (obwohl es nicht den eigenen Vorstellungen o. ä. entspricht):* jmdn. t.; das Rauchen wird toleriert (Sobota, Minus-Mann 136); Dazu gehört, daß man die Meinung aller Beteiligten toleriert, Besserwisserei in Ton und Argumentation nicht aufkommen läßt (Hörzu 6, 1977, 102). **2.** (bes. Technik) *eine Toleranz* (3) *in bestimmten Grenzen zulassen;* **Tol|le|rie|rung,** die; -, -en: *das Tolerieren.*
toll ⟨Adj.⟩ [mhd. tol, dol, ahd. tol = dumm, töricht, eigtl. = getrübt, umnebelt, verwirrt, zu ↑Dunst]: **1.** (veraltet) *geistesgestört:* t. werden; *er schrie, benahm sich wie t.; bei dem Lärm kann man ja t. werden* (geh.; *der Lärm ist unerträglich*); Ü t. vor Ärger, Liebe sein; *sie war t. vor Schmerzen; die schneidende Verzweiflung macht ihn t.* (A. Zweig, Claudia 63); Bahram Tchobin ... hatte das sassanidische Reich der Vernichtung nahegebracht. Toll nach Macht (*krankhaft versessen auf Macht;* Jahnn, Geschichten 46). **2.** (veraltet) *tollwütig:* ein -er Hund. **3. a)** *ungewöhnlich, unglaublich:* eine -e Geschichte; ein -er Zufall; Auch wir wissen in unserer kleinen Ecke etwas von den -en Möglichkeiten, die der Versucher hier vor ihm aufreißt: alle Länder der Welt zu gewinnen (Thielicke, Ich glaube 37); Diese Lüge war so t., daß die Zeichen der Unwahrhaftigkeit sich wie von selbst auflösten (Jahnn, Geschichten 200); **b)** (ugs.) *großartig, prächtig:* eine -e Idee; ein -er Vorschlag; das ist eine -e Sache; eine -e Figur haben; eine -e Frau; ein -er Mann, Bursche, Draufgänger; eine -e Party; Tolle Autos sind eine Geldfrage. Kein Ersatz für Persönlichkeit (Spiegel 20, 1966, 125); In dem Film „Phantastische Reise" ... legte sie 1965 den Grundstein zu ihrer Karriere (Hörzu 49, 1970, 53); das Spiel, die Feier, der Film war t.; Reisen ist einfach t.; t. aussehen; t. eingerichtet sein; die Mannschaft hat t. gespielt; Entzückend, fand Sabeth, das sei kein Wort für ein

tolldreist

solches Relief; sie fand es t., geradezu irrsinnig, maximal, genial, terrific (Frisch, Homo 157); **c)** (ugs.) *sehr groß, stark:* eine -e Überraschung; eine -e Hitze; -en Hunger haben; im -sten Regen verließen sie das Schiff; im Kaufhaus herrschte -er Betrieb; **d)** (ugs.) ⟨intensivierend bei Verben u. Adj.⟩ *sehr:* sich t. freuen; wir haben t. geschwitzt; t. verliebt sein; sie sind im Urlaub t. braun geworden; die Tiere sind t. zutraulich; **e)** (ugs.) *schlimm:* ein -er Lärm; sie trieben -e Streiche; Das Gerenne wurde immer -er (Leonhard, Revolution 87); **f)** (ugs.) *ausgelassen u. wild:* ein -er Ritt; in -er Fahrt ging es bergab; die Kinder sind heute ganz t.; Sie stürzten. Sie hatten es zu t. getrieben und fielen hin (Th. Mann, Hoheit 71); **toll|dreist** ⟨Adj.⟩ (veraltend): *sehr dreist:* -e Geschichten; in einer -en Aktion verhalfen sie ihm zur Flucht.

Tol|le, die; -, -n [md., niederd. Nebenf. von mhd. tolde, ↑Dolde]: *Haartolle;* ◆ **Toll|ei|sen,** das: *Brennschere:* Das Auffallendste war wieder die Haube, deren Rüschen eben aus dem T. zu kommen schienen (Fontane, Jenny Treibel 145).

tol|len ⟨sw. V.⟩ [spätmhd. tollen, zu ↑toll]: **a)** *(von Kindern u. spielenden Hunden, Katzen) wild, ausgelassen spielend u. lärmend herumspringen* ⟨hat⟩: die Kinder tollen im Garten; **b)** *sich tollend* (a) *irgendwohin bewegen* ⟨ist⟩: durch die Wiesen t.; **Tol|le|rei,** die; -, -en (ugs.): *das Herumtollen;* **Toll|haus,** das (früher): *Haus, in dem geisteskranke Menschen von der Gesellschaft abgesondert lebten:* Doch auch so glich ... halb Frankreich einem T. (Spiegel 10, 1976, 108); hier geht es zu wie in einem T. (abwertend; *es herrscht ein furchtbarer Trubel, Lärm o.ä.);* **Toll|häus|ler,** der (früher): *Insasse eines Tollhauses;* **Toll|heit,** die; -, -en [mhd. tolheit]: **a)** ⟨o. Pl.⟩ *das Tollsein; Verrücktheit, Unsinnigkeit:* die T. seiner Einfälle; wie hätte ich überhaupt ... die T. aufbringen können, damit zu beginnen (Mayröcker, Herzzerreißende 112); **b)** *verrückte, überspannte, närrische Handlung:* ich habe genug von deinen -en!; **Tolli|tät,** die; -, -en [zu ↑toll u. ↑Majestät] (scherzh.): *Faschingsprinz, -prinzessin:* Bei der großen ... Gemeinschaftssitzung des MCC und des MCV werden die „Tollitäten" in der Prinzenloge thronen (Bild und Funk 7, 1966, 41); **Toll|kir|sche,** die [die in den Beeren enthaltenen Alkaloide bewirken Erregungs- u. Verwirrtheitszustände]: *(zu den Nachtschattengewächsen gehörende) als hohe Staude wachsende Pflanze mit eiförmigen Blättern, rötlich-violetten Blüten u. schwarzen, sehr giftigen Beeren als Früchten; Belladonna* (a); **Toll|kopf,** der (ugs. abwertend): *Wirrkopf;* **Toll|kraut,** das: **1.** *als größere Staude wachsendes Nachtschattengewächs mit elliptischen Blättern, bräunlich-violetten, hängenden Blüten u. sehr giftigem Wurzelstock.* **2.** (landsch.) *Tollkirsche;* **toll|kühn** ⟨Adj.⟩ (leicht abwertend): *von einem Wagemut [zeugend], der die Gefahr nicht achtet; sehr waghalsig:* ein -es Unternehmen; der -e Held der Geschichte; Ich war entschlossen und

ohne Scheu und wagte, was der Verstand als t. verworfen hätte (Jahnn, Geschichten 30); **Toll|kühn|heit,** die: **1.** ⟨o. Pl.⟩ *das Tollkühnsein:* ein Gefühl des Triumphes ..., wenn die Allmacht des Imperators gegenüber der T. eines Ungehorsamen ... im Nachteil blieb (Ransmayr, Welt 144). **2.** *tollkühne Tat, Handlung;* **Toll|wut,** die [zusger. aus älter: tolle Wut] (Med.): *(bei Haus- u. Wildtieren vorkommende) gefährliche, einen Zustand von Übererregtheit hervorrufende Viruskrankheit, die durch den Speichel kranker Tiere auch auf den Menschen übertragen werden kann;* **toll|wütig** ⟨Adj.⟩: *von Tollwut befallen:* ein -es Tier; **Toll|wut|vi|rus,** das, (außerhalb der Fachspr. auch:) der: *Tollwut verursachendes Virus.*

Toll|patsch, der; -[e]s, -e [älter: Tolbatz, wohl unter Einfluß von ↑toll u. ↑patschen < älter ung. talpas = breiter Fuß; breitfüßig; urspr. Scherzname für den ung. Infanteristen]: *sehr ungeschickter Mensch:* die dort drüben stehen da wie die -e und lachen sich eins (Heym, Schwarzenberg 263); Im Zwiespalt zwischen professioneller Neugier und dem Wunsch nach echtem Entgegenkommen ... wird dieser Journalist zum T. (Spiegel 44, 1984, 236); **toll|pat|schig** ⟨Adj.⟩: *ungeschickt, unbeholfen (in seinen Bewegungen, in seinem Verhalten o.ä.):* ein -er Mensch; das Land -er Liebhaber und reizloser Frauen (Pohrt, Endstation 10); sich t. anstellen; **Toll|pat|schig|keit,** die; -: *das Tolpatschigsein:* auf daß kein Greenhorn sich seiner anfänglichen T. zu genieren brauche (ADAC-Motorwelt 11, 1986, 84).

Tölpel, der; -s, - [1: frühnhd., älter auch: dörpel, törpel, H. u.; 2: nach den unbeholfen wirkenden Bewegungen des Vogels auf dem Land]: **1.** (abwertend) *ungeschickter, unbeholfener, einfältiger Mensch:* so ein T.! **2.** *(zu den Ruderfüßern gehörender) großer Meeresvogel mit schwarzweißem Gefieder;* **Töl|pe|lei,** die; -, -en (ugs. abwertend): *tölpelhaftes Verhalten;* **töl|pel|haft** ⟨Adj.⟩; -er, -este) (abwertend): *von, in der Art eines Tölpels* (1); **Töl|pel|haf|tig|keit,** die; - (abwertend): *das Tölpelhaftsein:* In diese Zeit fällt auch der in seiner T. eher rührende Versuch, den 18. März zum gesamtdeutschen Nationalfeiertag zu erklären (Pohrt, Endstation 111); **töl|peln** ⟨sw. V.; ist⟩ (selten): *wie ein Tölpel* (1) *irgendwohin stolpern:* durch das Zimmer t.; **töl|pisch** ⟨Adj.⟩ (selten, abwertend): *tölpelhaft.*

Tölt, der; -s [isländ. tölt] (Reiten): *Gangart zwischen Schritt u. Trab mit sehr rascher Fußfolge.*

Tol|te|ke, der; -n, -n: Angehöriger eines altmexikanischen Kulturvolkes; **Tol|te|kin,** die; -, -nen: w. Form zu ↑Tolteke; **tol|te|kisch** ⟨Adj.⟩.

To|lu|bal|sam, der ⟨o. Pl.⟩ [nach der Stadt Tolú in Kolumbien, dem früheren Hauptausfuhrhafen]: *(aus einem in Südamerika beheimateten Baum gewonnener) Balsam, der vor allem in der Parfümindustrie verwendet wird;* **To|lui|din,** das; -s (Chemie): *zur Herstellung verschiedener Farbstoffe verwendetes aromatisches Amin*

des Toluols; **To|lu|ol,** das; -s [zu ↑Tolubalsam u. ↑Alkohol; nach dem starken Geruch] (Chemie): *als Lösungsmittel für Lacke, Öle o.ä. verwendeter, farbloser, benzolartig riechender Kohlenwasserstoff.*

To|ma|hawk [...ha:k], der; -s, -s [engl. tomahawk < Algonkin (nordamerik. Indianerspr.) tomahak]: *Streitaxt der nordamerikanischen Indianer.*

To|ma|te, die; -, -n [frz. tomate < span. tomate < Nahuatl (mittelamerik. Indianerspr.) tomatl]: **a)** *(zu den Nachtschattengewächsen gehörende) als Gemüsepflanze angebaute Pflanze mit Fiederblättern, gelben, sternförmigen Blüten u. runden, [orange]roten, fleischigen Früchten;* **b)** *Frucht der Tomate* (a): reife -n; gefüllte, gedünstete -n essen; sie bewarfen den Redner mit faulen -n; „Heute abend mache ich euch Spaghetti con fegatini!" „Was?" „Spaghetti mit T. und Hühnerleber ..." (Ossowski, Flatter 115); rot werden wie eine T. (ugs. scherzh.; *heftig erröten*); **[eine] treulose T.* (ugs. scherzh.; *jmd., der einen anderen versetzt, im Stich läßt;* H. u.): Ach, jetzt lassen Sie mich also nicht im treulosen -n (Fels, Kanakenfauna 76); *-n auf den Augen haben* (salopp abwertend; *etw., jmdn. aus Unachtsamkeit übersehen*): Aus welchem Mustopf ich nun wieder käme und ob ich -n auf den Augen und Dreck in den Ohren hätte (Wilhelm, Unter 44); **To|ma|ten|ketch|up,** der od. das: vgl. *Ketchup;* **To|ma|ten|mark,** das: *eingedicktes Fruchtfleisch reifer Tomaten:* eine Dose, Tube T.; **To|ma|ten|pflan|ze,** die: *Tomate* (a); **to|ma|ten|rot** ⟨Adj.⟩: *orangerot wie reife Tomaten:* ein -er Pullover; Der Kopf vom Leo war fast t. vom Anhalten der Luft (Sommer, Und keiner 64); **To|ma|ten|saft,** der: *aus Tomaten hergestellter Saft;* **To|ma|ten|sa|lat,** der: *aus in Scheiben geschnittenen Tomaten mit gehackten Zwiebeln, Gewürzen, Speiseöl od. saurer Sahne o.ä. zubereiteter Salat;* **To|ma|ten|sau|ce, To|ma|ten|so|ße,** die: *aus Tomatenmark od. gekochten, passierten* (3) *Tomaten zubereitete Soße;* **To|ma|ten|sup|pe,** die: *aus gekochten, passierten* (3) *Tomaten zubereitete, hergestellte Suppe:* eine Büchse, ein Teller T.; **to|ma|tie|ren, to|ma|ti|sie|ren** ⟨sw. V.; hat⟩ (Kochk.): *mit Tomatenmark, -soße vermischen.*

Tom|bak, der; -s [niederl. tombak < malai. tombāga = Kupfer]: *Kupfer-Zink-Legierung (bes. als Goldimitation für Schmuck);* **tom|ba|ken** ⟨Adj.⟩: *aus Tombak [hergestellt u. daher unecht];* ◆ **Tom|bak|schnal|le,** die: *Schnalle* (1) *aus Tombak:* eine schwarze Sammetschärpe mit einer T. (Keller, Kammacher 233); **Tom|ba|sil,** das; -s [Kurzwort aus **Tombak** u. **Silicium**]: *siliciumhaltige Kupfer-Zink-Legierung.*

Tom|bo|la, die; -, -s u. ...len [ital. tombola, zu: tombolare = purzeln, nach dem „Purzeln" der Lose in der Lostrommel]: *Verlosung von [gestifteten] Gegenständen meist anläßlich eines Festes:* eine T. veranstalten; er hat bei einer T. den Hauptpreis gewonnen.

Tom|my [...mi], der; -s, -s [engl., kurz für: Tommy (= Thomas) Atkins = Bez. für „einfacher Soldat" (nach den früher auf

Formularen vorgedruckten Namen)]: Spitzname für den englischen Soldaten im 1. u. 2. Weltkrieg: Der zweite Blitzkrieg, hätten wa ooch geschafft, und nu ab Trumeau nach England. In 'nem Vierteljahr sind die -s erledigt (Fallada, Jeder 7).

To|mof|fel, die; -, -n [zusgez. aus **Tomate** u. **Kartoffel**]: *durch Kreuzung zwischen Kartoffel u. Tomate mit Hilfe der Gentechnik entwickelte Pflanze.*

To|mo|gra|phie, die; - [zu griech. tomé = Schnitt u. ↑-graphie]: vgl. Computertomographie; **to|mo|gra|phie|ren** (sw. V.; hat) (Med.): *einer Computertomographie unterziehen:* einen Patienten t.; **to|mo|gra|phisch** ⟨Adj.⟩: vgl. computertomographisch; **To|mo|mal|nie**, die; -, -n [↑Manie] (Med.): *krankhafte Sucht, zu operieren od. operiert zu werden.*

Tom-Tom, Tom|tom, das; -[s], -s [lautm.]: *ein- od. zweiseitig bespannte, zylindrische Trommel aus Holz.*

To|mus, der; -, Tomi [lat. tomus < griech. tómos, zu: témnein = schneiden] (veraltet): *Teil, Abschnitt, Band (eines Buches);* Abk.: Tom.

¹Ton, der; -[e]s, (Arten:) -e [Verdumpfung von frühnhd. tahen, than, mhd. tāhe, dāhe, ahd. dāha, eigtl. = (beim Austrocknen) Dichtwerdendes]: *bes. zur Herstellung von Töpferwaren verwendetes lockeres, feinkörniges Sediment von gelblicher bis grauer Farbe:* T. formen, brennen, bearbeiten; T. aus einer Grube gewinnen; Gefäße aus T.

²Ton, der; -[e]s, Töne [mhd. tōn, dōn = Lied; Laut, Ton, ahd. tonus < lat. tonus = das (An)spannen (der Saiten); Ton, Klang < griech. tónos, zu: teinein = (an)spannen, dehnen; 5: wohl nach frz. ton < lat. tonus]: **1. a)** *vom Gehör wahrgenommene gleichmäßige Schwingung der Luft, die (im Unterschied zum Klang) keine Obertöne aufweist:* ein hoher, tiefer, leiser, sirrender, langgezogener T.; von irgendwoher war ein T. zu hören; der T. verklingt; einen T., Töne hervorbringen; **b)** *(aus einer Reihe harmonischer Töne* ↑*zusammengesetzter) Klang* (1): ein klarer, runder, voller T.; Schmidts elegischer, geschmeidiger T., Eberweins ausdrucksvolle Kantilene und das präzise, musikalisch fundierte Spiel der versierten Pianistin (Orchester 5, 1983, 481); das Instrument hat einen edlen, samtenen, weichen T.; ein ganzer, halber T. (Musik; *Abstand eines Tones vom nächsten innerhalb einer Tonleiter*); er konnte die hohen Töne nicht lange genug halten; den T. (Musik; *die Tonstufe*) a auf dem Klavier anschlagen; [den Sängern] den T. *(die Tonhöhe)* angeben; Ṟ der T. macht die Musik *(es kommt auf die* ¹*Tonart 2 an, in der jmd. etwas sagt, vorbringt);* Ü man hört den falschen T., die falschen Töne in seinen Äußerungen *(man hört, daß das, was er sagt, nicht ehrlich gemeint ist);* * **den T. angeben** *(tonangebend sein):* In Dessau hatten die Sellmanns zu denen gehört, die den T. angaben (Bieler, Mädchenkrieg 29); **jmdn., etw. in den höchsten Tönen loben** *(jmdn., etw. überschwenglich loben):* Aber Frau Gleitze rede uns in den höchsten Tönen

von dem Ludwig und von Neuschwanstein (M. Walser, Seelenarbeit 209); **c)** (Rundf., Film, Ferns.) *Tonaufnahme:* den T. steuern, aussteuern; Die Stimme ist zu laut, der T. muß neu eingesteuert werden (Weber, Tote 300); einem Film T. unterlegen; T. ab!, T. läuft! *(Kommandos bei der Aufnahmearbeit);* T. ab – Bild läuft: Nachvertonung per Video kann der langweiligsten Party Schwung geben (Hörzu 39, 1981, 101). **2. a)** ⟨meist Sg.⟩ *Rede-, Sprech-, Schreibweise, Tonfall* (2): sein T., der T. seines Briefes ist arrogant; was ist das für ein T.? (Ausdruck der Entrüstung; bei ihnen herrscht ein ungezwungener, rauher T. *(Umgangston);* nicht den richtigen T. finden; einen ungehörigen, frechen, anmaßenden, überheblichen, polemischen T. anschlagen; einen barschen, schnoddrigen T. an sich haben; ich verbitte mir diesen T.!; sich einen anderen T. ausbitten; er wechselte plötzlich den T.; Sie redet beruhigend auf ihn ein, dem T. nach (Frischmuth, Herrin 65); etw. in einem freundlichen T. sagen; der T. vergreift; dann sagte Oberhofs Stimme im -e freudiger Überraschung (Seidel, Sterne 81); Erst einmal verhalten in T. und Themen auftreten, trotzdem aber mehr an Meldungen bringen als die anderen Zeitungen (Kühn, Zeit 109); ... werde ich das anders sagen, mit einem anderen T., unsicher vielleicht (Loest, Pistole 177); * **einen [furchtbaren o. ä.] T. am Leib haben** (ugs. abwertend; *in ungebührlicher Weise sprechen, sich äußern):* hat der aber/der hat vielleicht einen T. am Leib!; **einen anderen, schärferen o. ä. T. anschlagen** *(von nun an größere Strenge walten lassen);* **b)** (ugs.) *Wort; Äußerung:* keinen T. reden, von sich geben, verlauten lassen; er konnte vor Überraschung, Aufregung, Heiserkeit keinen T. heraus-, hervorbringen; er hätte nur ein T. zu sagen brauchen; Wieso, sag' ich, hätte ich einen T. sagen müssen? Du hast doch Augen im Kopf! (Schwarzer, Unterschied 104); ich möchte keinen T. mehr hören (ugs.: Aufforderung bes. an ein Kind, keine Widerrede mehr zu geben); Ṟ hast du/haste/hat der Mensch Töne? (salopp; Ausruf des Erstaunens; *hat man dafür noch Worte?);* * **große/dicke Töne reden, schwingen, spucken** (ugs. abwertend; *großspurig, angeberisch reden):* Eine Runde Beamter in Zivil. Sie sekkieren mich mit Fragen, drohen, spucken große Töne (Sobota, Minus-Mann 258); **der gute,** (seltener:) **feine T.** *(Regeln des Umgangs;* nach A. v. Knigge, ↑Knigge): den guten T. verletzen; etw. gehört zum guten T. **3.** *Betonung* (1), *Akzent* (1 a): bei diesem Wort liegt der T. auf der ersten Silbe; die zweite Silbe trägt den T.; Ü in seiner Ansprache legte er den T. auf die Einheit der Nation. **4.** (Literaturw.) *(in der Lyrik des MA. u. im Meistersang) sich gegenseitig bedingende Strophenform u. Melodie; Einheit von rhythmisch-metrischer Gestalt u. Melodie.* **5.** kurz für ↑Farbton: kräftige, warme, satte, leuchtende, matte Töne; Polstermöbel und Tapeten sind im T. aufeinander abgestimmt; Überraschend die vielen dunklen, ins Blaue spielenden

Töne (Fest, Im Gegenlicht 315); Das Meer ... hat vielerlei Blaus und ist dem Himmel in keinem T. ähnlich (Fels, Kanakenfauna 84); die Farbe ist einen T. (ugs.; *eine Nuance*) zu grell; * **T. in T.** *([in bezug auf zwei od. mehrere Farbtöne] nur in Nuancen voneinander abweichend u. einen harmonischen Zusammenklang darstellend):* die ganze Inneneinrichtung ist in T. gehalten; **Ton|ab|neh|mer**, der: *kurz für Tonabnehmersystem*; **Ton|ab|neh|mer|sy|stem**, das: *(beim Plattenspieler) am vorderen Ende des Tonarms befestigter Teil (in dem sich die Grammophonnadel befindet) mit der Aufgabe, die mechanischen Schwingungen in elektrische Wechselspannung umzuwandeln*; **To|na|dil|la** ⟨'...'dɪlja, die; -, -s [span. tonadilla, eigtl. = Liedchen, Vkl. von: tonada = (Sing)weise, Lied, zu: tono = Ton < lat. tonus, ↑²Ton] (Musik): *Zwischenspiel* (2) *von meist komisch-satirischem Charakter im spanischen Theater des 17./18. Jh.s*; **to|nal** ⟨Adj.⟩ [wohl frz. tonal, zu: ton < lat. tonus, ↑²Ton] (Musik): *auf die Tonika der Tonart bezogen, in der ein Musikstück steht.*

To|na|lis|mus, der; - [zu aztek. tonalli = Geist, Bestimmung, Schicksal]: *Vorstellung von der schicksalhaften Verbundenheit eines Menschen od. eines Gottes mit einem bestimmten Tier.*

To|na|lit [auch: ...'lɪt], der; -s, -e [nach dem Tonalepaß in den ital. Alpen]: *quarzreiches Tiefengestein.*

To|na|li|tät, die; - [wohl frz. tonalité, zu: tonal, ↑tonal] (Musik): **a)** *jegliche Beziehung zwischen Tönen, Klängen u. Akkorden;* **b)** *Bezogenheit von Tönen, Klängen u. Akkorden auf die Tonika der Tonart, in der ein Musikstück steht*; **ton|an|ge|bend** ⟨Adj.⟩: *als nachzuahmendes Vorbild geltend; eine maßgebliche Rolle spielend:* die -en Kreise; In der ersten Hälfte waren die Gäste in jeder Lage die -e Mannschaft (Saarbr. Zeitung 3. 12. 79, 21/23); t. sein; **Ton|arm**, der: *(beim Plattenspieler) schwenkbarer Arm* (2), *dessen vorderes Ende das Tonabnehmersystem trägt*; **¹Ton|art**, die: **1.** (Musik) *Stufenfolge von Tönen, die auf einen bestimmten Grundton bezogen ist u. gleichzeitig ein bestimmtes Tongeschlecht aufweist:* eine Sonate steht in der T. C-Dur, a-Moll; Ü das kann ich in jeder T. singen (ugs.; *das kenne ich schon auswendig*). **2.** *Art u. Weise, in der jmd. spricht, etw. äußert; Tonfall* (2): eine ungehörige, respektlose T.; Auch spielte eine in scharfer T. abgefaßte Mitteilung Breschnews eine Rolle (W. Brandt, Begegnungen 65); * **eine andere, schärfere o. ä. T. anschlagen** (↑²Ton 2 a).

²Ton|art, die: *bestimmte Art* ¹*Ton*; **ton|ar|tig** ⟨Adj.⟩: *so ähnlich wie* ¹*Ton.*

Ton|auf|nah|me, die: *Tonaufzeichnung*; **Ton|auf|nah|me|ge|rät**, das: *Gerät, das akustische Vorgänge auf Tonband, Tonspur od. Schallplatte aufzunehmen vermag*; **Ton|auf|nah|me|wa|gen**, der: (Rundf., Ferns.): *speziell für Tonaufnahmen eingerichtetes Fahrzeug*; **Ton|auf|zeich|nung**, die, (Rundf., Ferns.): *das Aufzeichnen* (2) *von akustischen Vorgängen mit Hilfe von Tonaufnahmegeräten*; **Ton|aus|blen|dung**, die, (Rundf., Ferns.):

Tonausfall

das Ausblenden (a) *des* ²*Tones* (1) *bei einer Sendung;* **Ton|aus|fall,** der (Rundf., Ferns.): *Ausfallen des* ²*Tones* (1) *bei einer Sendung;* **Ton|band,** das ⟨Pl. ...bänder⟩: **1.** *schmales, auf einer Spule aufgewickeltes, mit einer magnetisierbaren Schicht versehenes Kunststoffband, das zur magnetischen Speicherung bes. von Musik u. Sprache dient:* Die etwa 20 Leute ... wollen das T. abhören (Chotjewitz, Friede 194); etw. auf T. [auf]nehmen; [etw.] auf T. sprechen; Der Chorsatz ... erklingt die meiste Zeit von T. (Melos 1, 1984, 20). **2.** (ugs.) kurz für ↑Tonbandgerät: T. und Kassettengeräte ... sind in Wandschränke eingebaut (Kinski, Erdbeermund 377); **Ton|band|auf|nah|me,** die: *elektroakustische Tonaufnahme auf ein Tonband;* **Tonband|auf|zeich|nung,** die: vgl. Tonbandaufnahme; **Ton|band|ge|rät,** das: *Gerät zur magnetischen Aufzeichnung u. Wiedergabe bes. von Musik u. Sprache:* Da die Fragen stets die gleichen sind, habe ich mir schon oft ein kleines tragbares T. mit bereits eingespeicherten Antworten gewünscht (Perrin, Frauen 226); **Ton|bandkas|set|te,** die (selten): *Kassette* (3); **Ton|band|pro|to|koll,** das: *auf Tonband aufgenommenes Protokoll.*
Ton|bank, die ⟨Pl. ...bänke⟩ [niederl. toonbank, zu: tonen = zeigen, zur Schau stellen] (nordd.): *Schank-, Ladentisch.*
Ton|be|zeich|nung, die (Musik): *Bezeichnung der einzelnen* ²*Töne* (1 b) *eines Tonsystems* (z. B. durch Buchstaben); **Tonbild,** das: *Lichtbild, Dia mit gleichzeitig laufendem, synchronisiertem* ²*Ton* (1); **Ton|bild|schau,** die: *Vorführung von Tonbildern;* **Ton|blen|de,** die: *Regler für Klangfarbe u. Lautstärke (bes. bei Rundfunkgeräten).*
Ton|bo|den, der: *tonhaltiger Boden.*
Ton|buch|sta|be, der: *zur Tonbezeichnung verwendeter Buchstabe des Alphabets;* **Ton|dau|er,** die: *Zeitdauer, in der ein* ²*Ton* (1 b) *gehalten wird;* **Ton|dich|ter,** der (geh.): *Komponist;* **Ton|dich|te|rin,** die (geh.): w. Form zu ↑Tondichter; **Ton|dich|tung,** die (Musik): *zur Programmusik gehörende [Form der] Orchestermusik.*
Ton|do, das, Fachspr. auch: der; -s, -s u. ...di [ital. tondo (älter: ritondo), eigtl. = runde Scheibe, zu: lat. rotundus, ↑Rotunde] (Kunstwiss.): *(bes. in der Florentiner Kunst des 15./16. Jh.s) rundes Bild od. Relief.*
To|ne: Pl. von ↑¹Ton.
Tö|ne: Pl. von ↑²Ton.
Ton|ei|sen|stein, der (Mineral.): *ton- od. quarzhaltige Konkretion von Eisenspat in Steinkohlenflözen.*
To|nem, das; -s, -e [zu ↑²Ton; Analogiebildung zu ↑Phonem] (Sprachw.): *(in Tonsprachen) kleinster Tonunterschied mit bedeutungsunterscheidender Funktion;* **to|nen** ⟨sw. V.; hat⟩ (Fot.): *den Farbton eines Schwarzweißbildes nachträglich verändern;* **tö|nen** ⟨sw. V.; hat⟩ [1: mhd. doenen, toenen; 2: zu ↑²Ton (5)]: **1.** *als* ²*Ton* (1) *od. Schall hörbar sein:* hell, laut, dumpf t.; aus der Bar tönte Musik; Tönten Kirchenglocken über das Land? (Harig, Weh dem 234); Rufe tönten durch die Nacht; Die Luft tönte (dichter.; hallte wider) vom Gesang der Vögel; Ü nichts als tönende (abwertend; *leere, belanglose*) Worte. **2. a)** (ugs. abwertend) *prahlerisch, angeberisch reden:* er tönte mal wieder; von seinen Erfolgen t.; „Meine Mannschaft wird gewinnen", tönte *(verkündete großspurig)* der Trainer; Auch der linientreue Vorsitzende ... unterschrieb diese Erklärung, nachdem er getönt hatte, so etwas gebe es ... nicht (Spiegel 26, 1982, 31); **b)** (schweiz.) *klingen* (2): Ihr Lachen tönt ziemlich schrill (Frisch, Montauk 88); Erstaunlich versöhnlich tönte es von seiten der SP (NZZ 14. 3. 85, 34); so absurd es t. mag (Basler Zeitung 12. 5. 84, 35). **3.** *in der Färbung abschattieren, um Nuancen verändern; mit einer bestimmten Färbung versehen:* die Wände beige t.; Das Laub sieht gelb aus, es tönt die Landschaft (G. Vesper, Nördlich 57); sie hat ihr Haar [rötlich] getönt; getönte Brillengläser, Scheiben; **Tö|ner,** der; -s, - [engl. toner, zu: tone = Ton; Farbgebung, Schattierung < (a)frz. ton < lat. tonus, ↑²Ton] (Druckw.): *Farbpulver als Druckfarbe für Kopiergeräte, Drucker o. ä.*
Ton|er|de, die: **1.** (seltener) ¹*Ton.* **2.** (Chemie) *Oxyd des Aluminiums.* **3.** **essigsaure T.* (1. *weißes, teilweise in Wasser lösliches Pulver, das in der Farbenindustrie Verwendung findet.* 2. volkst.: *wäßrige Lösung der essigsauren Tonerde, die in der Medizin für Umschläge u. a. verwendet wird*); **tö|nern** ⟨Adj.⟩: *aus* ¹*Ton: schmiedeeiserne oder -e Nachbildungen kranker Glieder* (Ransmayr, Welt 209).
Ton|er|zeu|gung, die: *das Erzeugen, Hervorbringen eines* ²*Tons* (1 b); **Ton|fall,** der ⟨Pl. selten⟩: **1.** *Art des Sprechens im Hinblick auf Sprachmelodie, Intonation, die Eigenart des Klanges der Sprache eines Sprechenden:* er hat einen, spricht in einem schwäbischen T.; ihr Mann hatte doch „nur einen ganz leichten norddeutschen T." (Reich-Ranicki, Th. Mann 244); er sprach mit singendem T. **2.** ¹*Tonart* (2): möglicherweise ist es auch der gönnerhafte T., der ihm auf die Nerven geht (Härtling, Hubert 8); Im gleichen T. der Impertinenz wie Cyrus antwortete er (Amory [Übers.], Matten 161); ; **Ton|film,** der: *Spielfilm, bei dem (im Unterschied zum Stummfilm) auch der* ²*Ton* (1 b) *aufgezeichnet ist (u. synchron mit der Bildfolge abläuft);* 1929 begann auch in Deutschland der Siegeszug des -s (Hörzu 44, 1979, 20); **Ton|film|ge|rät,** das: *Filmprojektor für Tonfilme;* **Ton|fol|ge,** die: *Aufeinanderfolge von* ²*Tönen* (2): Von den beiden Solisten ... wird eminente Virtuosität sowohl in der T. als auch in der Tonfärbung erwartet (Orchester 7/8, 1984, 662); **Ton|fre|quenz,** die (Physik): *Frequenz von Schallschwingungen innerhalb der Hörbereichs.*
Ton|ga; -s: *Inselstaat im südlichen Pazifik;* ¹**Ton|ga|er,** der; -s, -: Ew.; ²**Ton|ga|er** ⟨indekl. Adj.⟩; **Ton|gae|rin,** die; -, -nen: w. Form zu ↑¹Tongaer; **Ton|ga|in|seln** ⟨Pl.⟩: *Inselgruppe im südlichen Pazifik;* **ton|ga|lisch** ⟨Adj.⟩: zu ↑Tonga; **Ton|ga|spra|che,** die ⟨o. Pl.⟩: *polynesische Sprache der* ¹*Tongaer.*
Ton|ge|bung, die: **1.** (Musik) *Intonation* (3). **2.** (Sprachw.) *Intonation* (5).

Ton|ge|fäß, das: *tönernes Gefäß:* das Wasser wurde in -en aufbewahrt.
Ton|ge|mäl|de, das (Musik): *Tondichtung:* Kein Wunder, daß ein derart farbiges T. ... lebhafte Zustimmung fand (Orchester 5, 1983, 476).
Ton|ge|schirr, das: *tönernes Geschirr.*
Ton|ge|schlecht, das (Musik): *nach Dur u. Moll unterschiedener Charakter einer* ¹*Tonart* (1).
Ton|gru|be, die: *Grube* (3 a), *in der* ¹*Ton gewonnen wird;* **Ton|gut,** das ⟨o. Pl.⟩: *keramische Erzeugnisse.*
Ton|hal|le, die (veraltet): *Gebäude mit einem Konzertsaal.*
ton|hal|tig, (österr.:) **ton|häl|tig** ⟨Adj.⟩: ¹*Ton enthaltend:* -e Erde.
Ton|hö|he, die: *Höhe eines* ²*Tons* (1 a); **Ton|holz|schnitt,** der (Graphik): *Helldunkelschnitt.*
To|ni: Pl. von ↑Tonus; **To|nic,** das; -[s], -s [engl. tonic (water), zu: tonic = stärkend, belebend < frz. tonique < griech. tonikós, ↑Tonikum]: **1.** *mit Kohlensäure u. Chinin versetztes, leicht bitter schmeckendes Wasser [zum Verdünnen von hochprozentigen alkoholischen Getränken].* **2.** *Gesichtswasser, Haarwasser;* **To|nic wa|ter** [-ˈwɔːtə], das; - -, - -: *Tonic.*
¹**to|nig** ⟨Adj.⟩: ¹*Ton enthaltend:* -e Erde.
²**to|nig** ⟨Adj.⟩ [zu ↑²Ton (5)] (selten): *(in bezug auf Farben) satt, leuchtend:* eine -e Farbe; Die -e Abstufung kräftiger Farben (Bund 9. 8. 80, 3); **-to|nig:** in Zusb., z. B. hochtonig, **-tö|nig:** in Zusb., z. B. eintönig; ¹**To|ni|ka,** die; -, ...ken [ital. (vocale) tonica, zu: tonico = betont, zu: tono < lat. tonus, ↑²Ton] (Musik): **a)** *Grundton einer Tonleiter;* **b)** *Grundton eines Musikstücks;* **c)** *Dreiklang auf der ersten Stufe;* Zeichen: T; ²**To|ni|ka:** Pl. von ↑Tonikum; **To|ni|ka-Do,** das; - [aus ↑¹Tonika u. ↑do] (Musik): *System (in der Musikerziehung), das die bei der Solmisation verwendeten Silben mit Handzeichen verbindet, die von den Schülern beim Singen der jeweiligen Töne gleichzeitig angedeutet werden;* **To|ni|ka|drei|klang,** der (Musik): ¹*Tonika* (c); **To|ni|kum,** das; -s, ...ka [nlat., zu griech. tonikós = gespannt; Spannkraft bewirkend, zu: tónos, ↑²Ton] (Pharm.): *kräftigendes Mittel;* **Ton|in|ge|nieur,** der (Rundf., Ferns., Film): *für die Tonaufnahmen u. ihre Wiedergabe verantwortlicher Techniker:* Abertausende nichtorganisierter Techniker – also Kameraleute, -e, Bühnen- und Maskenbildner, Photographen und so weiter (Spiegel 18, 1986, 248); **Ton|in|ge|nieu|rin,** die: w. Form zu ↑Toningenieur; ¹**to|nisch** ⟨Adj.⟩ (Musik): *die* ¹*Tonika* (c) *betreffend;* in *einer -en Dreiklang;* ²**to|nisch** ⟨Adj.⟩ (Med.): **a)** *den Tonus* (1) *betreffend;* **b)** *(von Muskeln) angespannt, sehr stark kontrahiert:* -e Krämpfe; **c)** *kräftigend; stärkend:* -e Medikamente; **to|ni|sie|ren** ⟨sw. V.; hat⟩ [zu griech. tónos, ↑²Ton] (Med.): *den Tonus* (1) *heben, kräftigen, stärken;* **To|ni|sie|rung,** die; -, -en (Med.): *das Tonisieren.*
Ton|ka|baum, der [Tupi (südamerik. Indianerspr.) tonka]: *(in Südamerika heimischer) Baum, dessen Samen einen bes. zum Aromatisieren von Tabak verwendeten Aromastoff enthalten.*

Ton|ka|bi|ne, die (bes. Film): *(schalldichte) Kabine im Filmatelier, in der der Tonmeister die Tonaufnahme kontrolliert u. steuert.*
Ton|ka|boh|ne, die ⟨meist Pl.⟩: *Same des Tonkabaumes.*
Ton|ka|me|ra, die: **1.** *(Film) Apparat, der Tonaufnahmen macht.* **2.** *Filmkamera, die gleichzeitig Tonaufnahmen machen kann;* **Ton|kon|ser|ve,** die (Rundf.): *Aufzeichnung einer Sendung auf Tonband od. Schallplatte:* Zweitens wird uns die Digitaltechnik die völlig störungsfreie T. bescheren (Hörzu 36, 1981, 20); **Ton|kopf,** der: *Tonabnehmer;* **ton|kräf|tig** ⟨Adj.⟩ (schweiz.): *eine intensive Farbe aufweisend.*
Ton|krug, der: vgl. Tongefäß.
Ton|kunst, die ⟨o. Pl.⟩ (geh., selten): *Musik (als Kunstgattung);* **Ton|,künst|ler,** der (geh.): *Komponist;* **Ton|künst|le|rin,** die (geh.): w. Form zu ↑Tonkünstler; **Ton|la|ge,** die (Musik): vgl. Tonhöhe: eine hohe, tiefe T.; In den tieferen -n herrscht der Rhythmus der Zupf- und Schlaginstrumente (Wellershoff, Körper 271); Ü Man sucht hier eine Weile nach seiner T., denn keiner von uns weiß, wie er reden soll (Bieler, Mädchenkrieg 395); **Ton|lei|ter,** die (Musik): *Abfolge von ²Tönen (1 b) im Abstand von Ganz- u. Halbtönen:* eine chromatische, diatonische T.; die -n üben, spielen; **Ton|loch,** das: *Griffloch;* **ton|los** ⟨Adj.⟩: *ohne Klang; Ausdruck:* mit -er Stimme sprechen; Ich bin schwerhörig geworden. Flüstern oder Raunen ist für mich eine -e Angelegenheit (Fels, Kanakenfauna 30); **Ton|lo|sig|keit,** die; -: *das Tonlossein;* **Ton|ma|le|rei,** die (Musik): *Wiedergabe von Vorgängen der Umwelt durch Tonfolgen, Klänge, Klangfiguren;* **ton|ma|lerisch** ⟨Adj.⟩: *die Tonmalerei betreffend, mit ihren Mitteln;* **Ton|mei|ster,** der (Rundf., Ferns., Film): *Toningenieur;* **Ton|mei|ste|rin,** die: w. Form zu ↑Tonmeister.
Ton|mi|ne|ral, das: *wasserhaltiges Silikat des Aluminiums.*
Ton|mi|scher, der (Film, Funk, Ferns.): **1.** *Mischpult.* **2.** *jmd., der am Mischpult arbeitet;* **Ton|mi|sche|rin,** die (Film, Funk, Ferns.): w. Form zu ↑Tonmischer (2); **Ton|mö|bel,** das (Fachspr.): *Musiktruhe.*
Ton|na|ge [tɔˈnaːʒə], die; -, -n [frz. tonnage, zu: tonne = Tonne < mlat. tunna, ↑Tonne] (Seew.): **1.** *in Bruttoregistertonnen angegebener Rauminhalt eines Schiffes:* ein Schiff mit einer T. von 20 000 Bruttoregistertonnen; Nur etwa 60 Prozent der T. würde ausreichen, um die Aufgaben zu erfüllen (Hamburger Abendblatt 23. 5. 85, 22). **2.** *gesamte Flotte (einer Reederei, eines Staates);*
Tönn|chen, das; -s, -: **1.** Vkl. zu ↑Tonne (1). **2.** (ugs. scherzh.) *kleiner dicker Mensch:* sie ist ein [richtiges kleines] T.;
Ton|ne, die; -, -n [1: mhd. tonne, tunne, ahd. tunna < mlat. tunna = Faß, wohl aus dem Kelt.]: **1.** *großer, aus Metall bestehender u. nur mit einem Spundloch versehener] zylindrischer Behälter zum Aufnehmen, Transportieren o. ä. bes. von flüssigen Stoffen:* eine T. mit Öl, Benzin, Teer; etw. in -n transportieren; die -n (Mülltonnen) entleeren; er ist dick wie eine T. (sehr dick). **2.** kurz für ↑Bruttoregistertonne. **3.** *Maßeinheit von tausend Kilogramm:* eine T. Kohlen; eine T. kanadischer Weizen/(geh.:) kanadischen Weizens; eine Maschine mit einem Gewicht von 5 -n; Abk.: t **4.** (früher) *Hohlmaß bes. für Wein u. Bier (100 bis 700 l).* **5.** (Seew.) *einer Tonne (1) ähnliches, schwimmend verankertes Seezeichen mit verschiedenen Funktionen:* eine Fahrrinne mit -n markieren. **6.** (ugs. scherzh.) *großer dicker Mensch:* er ist eine [richtige] T.; sie ist sehr dick, schon fast eine T.; ich war so dick geworden. Du, die Leute ... denken, ich bin eine T. (Fichte, Wolli 227). **7.** (Archit.) kurz für ↑Tonnengewölbe; **Ton|neau** [tɔˈnoː], der; -s, -s [frz. tonneau, zu: tonne, ↑Tonnage] (veraltet): **1.** *Schiffslast von 1000 kg.* **2.** *früheres französisches Hohlmaß (912 l);*
Ton|nen|dach, das (Archit.): *Dach, dessen Querschnitt einen Halbkreis darstellt;* **ton|nen|för|mig** ⟨Adj.⟩: *die Form einer Tonne (1) aufweisend, einer Tonne ähnlich:* eine alte Frau mit einem -en Leib (Springer, Was 85); **Ton|nen|ge|halt,** der ⟨Pl. -e⟩ (Seew.): *Größe eines Schiffes nach Bruttoregistertonnen;* **Ton|nen|ge|wölbe,** das (Archit.): *Gewölbe, dessen Querschnitt einen Halbkreis darstellt;* **Ton|nen|ki|lo|me|ter,** der (Transportwesen): *Einheit für die Berechnung von Transportkosten im Güterverkehr je Tonne u. Kilometer:* Das gesamte Transportangebot erreichte 2,68 Milliarden T. (NZZ 2. 2. 83, 20); Abk.: tkm; **Ton|nen|last,** die: *Last, die nach Tonnen (3) gemessen wird;* **Ton|nen|le|ger,** der (Seew.): *Schiff, das Tonnen (5) auslegt;* **ton|nen|schwer** ⟨Adj.⟩: vgl. zentnerschwer: Elefanten, Giraffen und Rhinozerosse (Prodöhl, Tod 202); Ü die ganze Sache lastet ihm t. (sehr schwer) auf der Seele; **ton|nen|weise** ⟨Adv.⟩: *in der Menge, im Gewicht von Tonnen (3):* Tonnenweise verfaulten in diesem Jahr Kirschen und Erdbeeren (Hamburger Abendblatt 24. 8. 85, 24); Man hätte Kaffee davon kochen können, tonnenweise – eimerweise – t. (ugs.; in großen Mengen; H. Gerlach, Demission 8); ⟨mit Verbalsubstantiven auch attr.:⟩ die -e Vernichtung von Lebensmitteln; **tonn|lä|gig** ⟨Adj.⟩ [die Tonne (= das Fördergefäß) muß in schräger Lage bewegt werden] (Bergmannsspr.): *(von einem Schacht) geneigt.*
To|no|gra|phie, die; - [zu ↑Tonus u. ↑-graphie] (Med.): *Messung u. Registrierung des Augeninnendrucks mit Hilfe des Tonometers;* **To|no|me|ter,** das; -s, - [↑-meter (1)] (Med.): *Instrument zur Messung des Augeninnendrucks;* **To|no|me|trie,** die; -, -n [↑-metrie] (Med.): *Messung des Augeninnendrucks mit Hilfe des Tonometers;* **To|no|plast,** der; -en, -en [zu griech. plastós = gebildet, geformt] (Bot.): *semipermeable Membran, die die Vakuole der Pflanzenzelle vom Zytoplasma trennt.*
Ton|pfei|fe, die: *Pfeife (2) aus weißem ¹Ton.*
Ton|phy|sio|lo|gie, die; -: *Lehre von den physikalischen Bedingungen des Hörvorgangs u. der ²Töne (1 a).*
Ton|pla|stik, die: *¹Plastik (1 a) aus ¹Ton.*

Ton|qua|li|tät, die: *akustische Qualität eines ²Tones (1 b), einer musikalischen Wiedergabe;* **Ton|satz,** der (Musik): **1.** *mehrstimmige musikalische Komposition.* **2.** ⟨o. Pl.⟩ *Harmonielehre u. Kontrapunkt (als Grundlage für den Komponieren);* **Ton|säu|le,** die: *mehrere übereinander angeordnete Lautsprecher auf einem Ständer, in einem Gehäuse.*
Ton|scher|be, die: *Scherbe eines Gegenstands aus ¹Ton;* **Ton|schicht,** die: *aus ¹Ton bestehende Bodenschicht;* **Tonschie|fer,** der (Geol.): *meist bläulichgraues, schiefriges Sedimentgestein.*
Ton|schnei|der, der (veraltend): *Cutter, Schnittmeister;* **Ton|schnei|de|rin,** die (veraltend): w. Form zu ↑Tonschneider; **Ton|schöp|fer,** der (geh.): *Komponist;* **Ton|schöp|fe|rin,** die (geh.): w. Form zu ↑Tonschöpfer; **Ton|schöp|fung,** die (geh.): *Komposition (1 b);* **Ton|set|zer,** der (veraltet): *Komponist:* das Heiligenbild die allzeit gottgefälligen -s mit dem unbefleckten Wesen (Spiegel 12, 1985, 5); **Ton|set|ze|rin,** die (veraltet): w. Form zu ↑Tonsetzer; **Ton|si|gnal,** das: *akustisches Signal;* **Ton|si|gnet,** das: *akustisches Signet (1 b) aus einer bestimmten Tonfolge, kurze Erkennungsmelodie.*
ton|sil|lär ⟨Adj.⟩ (Med.): *die Tonsillen betreffend;* **Ton|sil|le,** die; -, -n [lat. tonsillae (Pl.)] (Med.): *Gaumen-, Rachenmandel;* **Ton|sil|lek|to|mie,** die [↑Ektomie] (Med.): *operative Entfernung der Gaumenmandeln;* **Ton|sil|li|tis,** die; -, ...itiden (Med.): *Mandelentzündung;* **Ton|sil|lo|tom,** das; -s, -e [zu griech. tomós = schneidend] (Med.): *chirurgisches Instrument zum Abtragen der Gaumenmandeln;* **Ton|sil|lo|to|mie,** die; -, -n [zu griech. tomé = Schnitt] (Med.): *teilweises Abtragen der Gaumenmandeln.*
Ton|spra|che, die: **1.** (Sprachw.) *Sprache, bei der die unterschiedliche Intonation (5) zur Unterscheidung lexikalischer u. grammatischer Bedeutungen verwendet wird.* **2.** *Art u. Weise des musikalischen Ausdrucks, der Melodik (2):* auch die T. hat konventionelle Bahnen verlassen (Freie Presse 22. 6. 89, 3); In manchen Kompositionen manifestiert sich der Hang ... zu lyrischen Folklorismen, zuweilen in spätromantisch-epigonaler T. (Orchester 7/8, 1984, 638); **Ton|spur,** die (Film): *schmaler, die Tonaufzeichnung enthaltender Teil eines Films (2);* **Ton|stär|ke,** die: *Lautstärke (a) eines ²Tons (1);* **Ton|stö|rung,** die (Rundf., Film, Ferns.): *Störung bei der Wiedergabe des ²Tons (1);* **Ton|stück,** das (veraltend): *Musikstück:* In gepflegtem Brass-Band-Sound wurde das diesjährige Frühlingskonzert mit dem T. „Der Wind bläst südwärts" ... eröffnet (Vaterland 27. 3. 85, 34); **Ton|stu|dio,** das (bes. Rundf., Film, Ferns.): *Raum für die Tonaufnahme:* hinter seiner Tür ... er sich ausgepolstert hat wie bei einem T. (Loest, Pistole 172); **Ton|stu|fe,** die (Musik): *Stelle, die ein bestimmter ²Ton (1 b) innerhalb der Tonleiter einnimmt.*
Ton|sur, die; -, -en [mlat. tonsura < lat. tonsura = das ¹Scheren; Schur, zu: tonsum, 2. Part. von: tondere = scheren (1 a)] (kath. Kirche früher): *kreisrund kahlgeschorene Stelle auf dem Kopf von*

Geistlichen, bes. Mönchen; **ton|su|rie|ren** ⟨sw. V.; hat⟩: *bei jmdm. die Tonsur schneiden.*
Ton|sy|stem, *das* (Musik): *systematische Ordnung des Bestandes an* ²*Tönen* (1 b): *die Entdeckung und Organisation des Geräuschklanges und die damit verbundene Überwindung des temperierten -s* (Melos 1, 1984, 4).
Ton|ta|fel, *die* (Archäol.): *Tafel aus* ¹*Ton mit eingebrannten Schriftzeichen;* **Ton|tau|be,** *die* (früher): *Scheibe aus* ¹*Ton als Ziel beim Tontaubenschießen;* **Ton|tau|ben|schie|ßen,** *das* (früher): *Wurftaubenschießen.*
Ton|tech|ni|ker, *der: vor allem bei Rundfunk, Film od. Fernsehen tätiger Techniker, der für die Tonaufnahme u. -wiedergabe verantwortlich ist;* **Ton|tech|ni|ke|rin,** *die:* w. Form zu ↑ Tontechniker.
Ton|topf, *der: Topf* (2 a, b, d) *aus* ¹*Ton.*
Ton|trä|ger, *der* (Fachspr.): *Vorrichtung zur Aufnahme u. Speicherung akustischer Vorgänge (wie Schallplatte, CD, Kassette);* **Ton|um|fang,** *der:* 1. (Musik): *Bereich zwischen dem höchsten u. dem tiefsten* ²*Ton* (1), *der hervorgebracht werden kann.* 2. (Akustik) *Bereich der vom menschlichen Ohr wahrnehmbaren* ²*Töne* (1 a). 3. (Musik) *Bestand an* ²*Tönen* (1 b), *der in der Musik verwendet wird;* **To|nung,** *die;* -, -en: 1. *das Tonen.* 2. *das Getontsein;* **Tö|nung,** *die;* -, -en: 1. *das Tönen* (3). 2. *das Getöntsein;* **To|nus,** *der;* -, Toni [lat. tonus < griech. tónos, ↑ ²Ton]: 1. (Physiol.) *Muskeltonus.* 2. (Musik) *Ganzton.*
Ton|wa|re, *die* ⟨meist Pl.⟩: *Gegenstand, bes. Gefäß aus gebranntem* ¹*Ton.*
Ton|wert, *der* (Fot.): *Abstufung von Grau in einem Schwarzweißbild;* **Ton|wie|der|ga|be,** *die* (bes. Rundf., Ferns., Film): *Wiedergabe des* ²*Tons* (1 c), *einer Tonaufzeichnung.*
To|ny [engl.: 'toʊnɪ], *der;* -s, -s [amerik., nach den Spitznamen Tony der amerik. Schauspielerin u. Produzentin Antoinette Perry (1886–1946)]: *jährlich verliehener amerikanischer Preis* (2 a) *für herausragende, bemerkenswerte Theateraufführungen.*
Ton|zei|chen, *das: Note* (1 a).
Ton|zie|gel, *der: Dachziegel aus* ¹*Ton.*
Tool [tu:l], *das;* -s, -s [engl. tool = Werkzeug] (Datenverarb.): *Programm, das bestimmte zusätzliche Aufgaben innerhalb eines anderen Programms übernimmt.*
TOP, *der* ⟨in Verbindung mit Zahlen, o. Art. u. unflektiert⟩: *Tagesordnungspunkt: fünf Wortmeldungen zu TOP 2* [und 3].
top ⟨Adj.⟩ [engl. top = oberst..., höchst..., zu ↑ ¹Top] (ugs. emotional verstärkend): *von höchster Güte, hervorragend; auf dem aktuellsten Stand, hochmodern: seine Englischkenntnisse sind t.; er ist immer t. gekleidet; Ein t. vorbereitetes, wettkampferprobtes, selbstsicher und locker schwimmendes Schweizer Duett* (NZZ 10. 8. 84, 22); **¹Top,** *das;* -s, -s [engl. top = Oberteil] (Textilind.): *einem T-Shirt ähnliches, zu Röcken u. Hosen getragenes Oberteil [mit weitem Ausschnitt u. ohne Ärmel]: Knappe Shorts sowie -s, die zu viel offenbaren ..., sind nach Angaben des Sprechers tabu* (MM 19. 6. 89, 14); **²Top,** *der;* -s, -s [engl. top] (Golf): *Schlag, bei dem der Ball oberhalb seines Zentrums getroffen wird;* **¹top-,** **¹Top-** [zu ↑ top] (ugs. emotional verstärkend): 1. *drückt in Bildungen mit Adjektiven eine Verstärkung aus/sehr, in hohem Maße:* topaktuell, -modisch. 2. *drückt in Bildungen mit Substantiven aus, daß etw. als ausgezeichnet, hervorragend angesehen wird:* Topangebot, -lage, -modell, -veranstaltung. 3. *drückt in Bildungen mit Substantiven aus, daß jmd. oder etw. als besonders gut, höchstrangig, als [qualitativ] erstklassig angesehen wird:* Topathlet, -ausbildung, -favorit, -material, -model, -modell, -star.
²top-, **²Top-:** ↑ topo-, Topo-.
Top act ['tɔp ɛkt], *der;* - -s, - -s [engl., aus: top (↑ top) u. act = Akt, Nummer]: *Hauptattraktion;* **Top|agent,** *der* [↑ ¹top-, ¹Top-] (emotional verstärkend): *besonders wichtiger erstklassig arbeitender Agent* (1); **Top|agen|tin,** *die* (emotional verstärkend): w. Form zu ↑ Topagent; **top|ak|tu|ell** ⟨Adj.⟩ (emotional verstärkend): *hochaktuell:* -e Frisuren.
Top|al|gie, *die;* -, -n (Med.): *Topoalgie.*
To|pas [österr.: 'to:pas], *der;* -es, -e [mhd. topaze < lat. topazus < griech. tópazos]: *farbloses bzw. in vielen hellen Farben vorkommendes, durchsichtiges, glänzendes Mineral, das als Schmuckstein verwendet wird;* **to|pa|sen** ⟨Adj.⟩ (selten): *aus Topas; mit Topasen verziert: Der -e Briefbeschwerer lag in den Splittern der Vitrine* (Bieler, Mädchenkrieg 487); **to|pas|far|ben, to|pas|far|big** ⟨Adj.⟩: *von der Farbe des Topas;* **to|pas|gelb** ⟨Adj.⟩: *von ins Rötliche spielendem Goldgelb wie ein Topas;* **to|pa|sie|ren** ⟨sw. V.; hat⟩: *zu Topas brennen (von Quarz);* **To|pa|zo|lith** [auch: ...'lɪt], *das;* -s u. -en, -e[n] [↑ -lith]: *hellgelbes bis hellgrünes Mineral.*
To|pe, *die;* -, -n [Hindi tope]: *Stupa.*
Top|er|zeug|nis, *das* [↑ ¹top-, ¹Top-] (emotional verstärkend): *Erzeugnis von höchster Qualität.*
Topf, *der;* -[e]s, Töpfe [aus dem Ostmd., mhd. (md.) topf, H. u., viell. zu ↑ Tupf o. ä., eigtl. = trichterförmige Vertiefung]: 1. *aus feuerfestem Material bestehendes, [beidseitig] mit einem Henkel versehenes, zylindrisches Gefäß [mit Deckel], in dem Speisen gekocht werden; Kochtopf:* ein emaillierter, gußeiserner T.; ein T. aus Aluminium; der T. ist leer; ein T. [mit, voll] Suppe; einen T. Kartoffeln *(einen mit Kartoffeln gefüllten Topf)* aufsetzen; einen T. Kartoffeln *(Menge Kartoffeln, die in einen Topf geht)* schälen; einen T. auf den Herd stellen, aufs Feuer setzen, vom Herd nehmen; im T. rühren; Frau Schock dreht sich um und klappert mit den Töpfen (Ossowski, Flatter 45); R jeder T. findet seinen Deckel *(jeder, alles findet das ihm gemäße, zu ihm passende Gegenstück);* es/das ist noch nicht in dem T., wo's kocht (landsch.; *die Sache ist noch nicht so weit, sie ist sehr im Fluß); * **wie T. und Deckel zusammenpassen** (ugs.; *sehr gut zusammenpassen);* **seine Nase in alle Töpfe stecken** (ugs. abwertend; *sehr neugierig sein);* **jmdm. in die Töpfe gucken** (ugs.; *sich neugierig um jmds. Angelegen-* heiten kümmern); **alles in einen T. werfen** (ugs.; *alles, alle gleich [schlecht] beurteilen, ohne die bestehenden Unterschiede zu berücksichtigen).* 2. a) *offenes [bauchiges] Gefäß mit Henkel u. Tülle zur Aufnahme von Flüssigkeiten, bes. von Milch:* ein T. [mit, voll] Milch, Vanillesoße; **b)** *mehr od. weniger hohes, zylindrisches od. bauchiges Gefäß (bes. aus Keramik od. Porzellan) meist ohne Deckel für die Aufnahme von Nahrungsmitteln:* ein T. aus Steingut; ein irdener T. [mit] Schmalz; der T. ist zerbrochen, hat einen Sprung; Später schob er ihm einen T. Marmelade zu (Kronauer, Bogenschütze 153); er trinkt am liebsten aus einem großen T. (ugs.; *einem großen Trinkgefäß);* Ü Das Geld soll aus zwei Töpfen *(Geldquellen, Fonds o. ä.)* kommen (Hamburger Rundschau 15. 5. 85, 7); die Einkünfte gingen alle in den gemeinsamen, in den großen T. *(wurden Gemeinschaftseigentum);* **c)** kurz für ↑ Nachttopf: *das Baby an den T., aufs Töpfchen gewöhnen;* Frau Bartsch hatte den Jungen auf den T. gesetzt, und er mußte sein Geschäft machen (Föster, Nachruf 164); *auf dem T. sitzen;* er muß mal auf den T. (ugs. scherzh.; *auf die Toilette gehen);* **d)** *meist sich nach oben erweiterndes Gefäß mit kreisförmiger Grundfläche (bes. aus Ton) zum Einpflanzen, Halten von Topfpflanzen:* Geranien in Töpfe pflanzen; **Topf|blu|me,** *die: blühende Pflanze, die im Topf* (2 d) *gezogen wird;* **Topf|bra|ten,** *der* (landsch.): *Gericht aus Schweinefleisch u. Innereien vom Schwein;* **Töpf|chen,** *das;* -s, -: Vkl. zu ↑ Topf; **Topf|deckel¹,** *der: Deckel eines Topfs* (1); **Töp|fe-:** Pl. von ↑ Topf; **topf|eben** ⟨Adj.⟩ (landsch.): *(von einem Terrain o. ä.) ganz flach; völlig eben;* **topf|en** ⟨sw. V.; hat⟩ (Gärtnerei): *eintopfen.*
Topf|en, *der;* -s [spätmhd. topfe, H. u., vielleicht eigtl. = zu kleinen Klumpen (spätmhd. topf, ↑ Tupf) geronnene Milch] (bayr., österr.): ¹*Quark* (1); **Topf|en|knö|del,** *der* (österr.): *aus* ¹*Quark u. anderen Zutaten zubereiteter Kloß;* **Topf|en|pa|la|tschin|ke,** *die* (österr.): *mit* ¹*Quark* (1) *gefüllte Palatschinke;* **Topf|en|stru|del,** *der* (bayr., österr.): *Quarkstrudel;* **Topf|en|ta|scherl,** *das* (österr.): *Quarktasche.*
Töp|fer, *der;* -s, - [mhd. töpfer]: 1. *jmd., der Töpferwaren aus* ¹*Ton herstellt* (Berufsbez.). 2. *Ofensetzer;* **Töp|fe|rei,** *die;* -, -en: 1. *Betrieb od. Werkstatt eines Töpfers* (1). 2. ⟨o. Pl.⟩ **a)** *Töpferhandwerk:* die T. erlernen; **b)** *Gegenstand aus* ¹*Ton od. Keramik; Töpferware;* **Töp|fer|er|de,** *die; Töpferton;* **Töp|fer|hand|werk,** *das* ⟨o. Pl.⟩: *Handwerk des Töpfers* (1), *das* ↑ *Töpfern;* **Töp|fe|rin,** *die;* -, -nen: w. Form zu ↑ Töpfer; **Töp|fer|markt,** *der* (veraltet): *Topfmarkt;* **Töp|fer|mei|ster,** *der: Meister im Töpferhandwerk;* **Töp|fer|mei|ste|rin,** *die:* w. Form zu ↑ Töpfermeister; **¹töp|fern** ⟨Adj.⟩ (selten): *aus* ¹*Ton:* eine -e Blumenschale; **²töp|fern** ⟨sw. V.; hat⟩: **a)** *Gegenstände aus* ¹*Ton, Keramiken herstellen:* in der Freizeit töpfert er gern; Unter der Anleitung von professionellen Freizeithelfern konnte getöpfert, gemalt, emailliert und gebastelt werden (Hörzu 30, 1978, 87); **b)** *durch Töpfern* (a) *herstellen:* Krüge, Vasen t.; Damals ... töpferte

ich heimlich einen Mann lebensgroß (Grass, Butt 88); getöpferte Teller; **Töpfer|schei|be,** die: *horizontal sich drehende Scheibe, auf der der Töpfer seine Gefäße formt;* Drehscheibe (2); **Töp|ferton,** der ⟨Pl. -e⟩: [1]*Ton für die Töpferei: die Verwendung von hartgebrannten, aus T. geformten Urnen* (Grass, Unkenrufe 149); **Töp|fer|wa|re,** die ⟨meist Pl.⟩: *getöpferte Tonware: Es stellte sich heraus, daß auf seinem Werkstattgelände seit acht Jahrhunderten ... T. hergestellt worden war* (Augsburger Allgemeine 6./7. 5. 78, 22); **Töp|fer|werk|statt,** die: vgl. Töpferei (1); **Topf|flicker**[1], der: vgl. Kesselflicker; **topf|för|mig** ⟨Adj.⟩: *die Form eines Topfes (1, 2 b, d) aufweisend;* **Topfgucker**[1], der (scherzh.): **a)** *jmd., der neugierig in die Kochtöpfe guckt, um zu sehen, was es zu essen gibt;* **b)** *jmd., der sich neugierig um Angelegenheiten anderer kümmert;* **Topf|gucke|rin**[1], die (scherzh.): w. Form zu ↑Topfgucker; **Topf|hut,** die: *kleiner runder Damenhut mit schmaler Krempe.*

topfit ⟨Adj.⟩ [↑[1]top-, [1]Top-] (ugs. emotional verstärkend): *in bester körperlicher Verfassung, Form (2): Teilnehmen kann nur, wer t. ist* (Weltwoche 17. 5. 84, 75); die Mannschaft trat t. an.

Topf|krat|zer, der: *einem kleinen Schwamm ähnlicher Topfreiniger aus Stahlwolle od. Kunststoff;* **Topf|ku|chen,** der: *Napfkuchen;* **Topf|lap|pen,** der: *kleiner, meist quadratischer [aus mehreren Stofflagen bestehender] Lappen zum Anfassen heißer Kochtöpfe, Kuchenbleche o. ä.;* **Topf|markt,** der: *Markt* (1), *auf dem Gefäße aus Steingut verkauft werden.* **Topf|form,** die [↑[1]top-, [1]Top-] (ugs. emotional verstärkend, bes. Sport): *Bestform: eine Sauerstofftherapie ... ist der Grund für seine derzeitige T.* (Hamburger Morgenpost 21. 5. 85, 8).

Topf|pflan|ze, die: *Zierpflanze, die im Zimmer im Topf (2 d) gehalten wird;* **Topf|rei|ni|ger,** der: *zum Säubern von Kochtöpfen bestimmter Gegenstand;* **Topf|schla|gen,** das; -s: *Spiel, bei dem ein Kind mit verbundenen Augen einen auf dem Boden aufgestellten Kochtopf, unter dem eine kleine Belohnung versteckt ist, tastend finden u. mit einem Löffel o. ä. auf ihn schlagen muß;* **Topf|stein,** der: [*das Mineral wurde früher in den Alpenländern, heute noch in Brasilien, zu Töpfen verarbeitet*]: *Varietät des* [1]*Talks, die zur Herstellung von elektrischem Isoliermaterial u. zur Auskleidung von Öfen dient;* **Topf|stür|ze,** die (landsch.): vgl. Stürze; **Topf|wa|gen,** der: *Güterwagen mit topfartigen Behältern, die nicht fest mit dem Fahrgestell verbunden sind, zum Transport bestimmter Flüssigkeiten.*

top|ge|setzt [zu engl. top, ↑top] ⟨Adj.⟩ (Sport): *als Nummer eins gesetzt* (3 i): *Der -e Tschechoslowake bezwang ... den als Nummer zwei gesetzten Schweden* (NZZ 26. 2. 86, 40).

To|phus, der; -, Tophi [lat. tophus, tofus = Tuffstein] (Med.): *Knoten.*

To|pik, die; - [1, 2: spätlat. topice < griech. topikḗ (téchnē), zu: topikós, ↑topisch]: **1.** (Rhet.) *Lehre von den Topoi.* **2.** (Philos.) *Lehre von den Sätzen u. Schlüs-*

sen, mit denen argumentiert werden kann. **3.** (Anat.) *Lehre von der Lage der einzelnen Organe zueinander.* **4.** (Sprachw.) **a)** *Gliederung von Sätzen in Satzgegenstand u. Satzaussage;* **b)** *Gliederung von Äußerungen in bekannte u. unbekannte Informationen.* **5.** (Philos.) *(nach Kant) Stelle, die ein Begriff in der Sinnlichkeit od. im Verstand einnimmt;* **to|pi|kal** ⟨Adj.⟩ (bildungsspr.): *themen-, gegenstandsbezogen;* **to|pi|ka|li|sie|ren** ⟨sw. V.; hat⟩ (Sprachw.): *(ein Satzglied) durch eine bestimmte Anordnung im Satz hervorheben;* **To|pi|ka|li|sie|rung,** die; -, -en (Sprachw.): *das Topikalisieren, Topikalisiertwerden.*

To|pi|nam|bur, der; -s, -s u. -e od. die; -, -en [frz. topinambour, nach dem Namen eines brasilian. Indianerstammes; nach der falschen Meinung, die Pflanze stamme aus Südamerika]: **a)** *(zu den Sonnenblumen gehörende) Pflanze, deren unterirdische Ausläufer an ihren Enden der Kartoffel ähnliche Knollen bilden, die als Gemüse gegessen werden;* **b)** *Knolle der Topinambur* (a).

to|pisch ⟨Adj.⟩ [griech. topikós = einen Ort betreffend, zu: tópos, ↑Topos]: **1.** (Med.) *(von der Wirkung u. Anwendung bestimmter Medikamente) örtlich* (1), *äußerlich* (1 a). **2.** (bildungsspr. selten) *einen Topos behandelnd, ausdrückend, Topoi beinhaltend: ein -er Predigtstil.*

To|p|la|der, der [zu engl. top, ↑[1]Top]: **1.** *Waschmaschine, in die die Wäsche von oben eingefüllt wird.* **2.** *Kassetten- od. Videorecorder, dessen Kassettenfach u. Bedienelemente sich (im Unterschied zum Frontlader 3) auf der Oberseite des Gerätes befinden;* **Top|lei|stung,** die [↑[1]top-, [1]Top-] (ugs. emotional verstärkend): *Spitzenleistung: im Endspiel bot die Mannschaft eine T.;* **top|less** ⟨Adj.⟩ [engl., eigtl. = ohne Oberteil, aus: top (↑[1]Top) u. -less = ohne, -los]: *mit unbedecktem Busen, busenfrei; „oben ohne";* **Top|less|be|die|nung,** die: *Oben-ohne-Bedienung;* **Top|less|nacht|klub,** der: vgl. Oben-ohne-Lokal; **Top|ma|nage|ment,** das [zu engl. top, ↑top] (Wirtsch.): *oberste Leitung eines Großunternehmens o. ä.: Gewarnt wird auch vor der ... Illusion, als führe ein gerader Weg von erfolgreich absolviertem Studium bis hinauf ins T.* (Capital 2, 1980, 45); **Top|ma|na|ger,** der (Wirtsch.): *jmd., der zum Topmanagement gehört;* **Top|ma|na|ge|rin,** der (Wirtsch.): w. Form zu ↑Topmanager; **Top|mann|schaft,** die [↑[1]top-, [1]Top-] (emotional verstärkend): *Spitzenmannschaft: Wenn wir die Partie gegen diese T. auch noch glatt über die Runden bringen, sieht die Zukunft wieder rosiger aus* (Kicker 6, 1982, 47); **top|mo|disch** ⟨Adj.⟩ [↑[1]top-, [1]Top-] (ugs. emotional verstärkend): *modisch sehr aktuell: -e Kleidung.*

to|po-, To|po-, (vor Vokalen auch:) **top-, Top-** [griech. tópos] ⟨Best. in Zus. mit der Bed.⟩: *Ort, Stelle, Gegend, Gebäude* (z. B. topographisch, Topologie, Toponymik); **To|po|al|gie,** die; -, -n [zu griech. álgos = Schmerz] (Med.): *Schmerz an einer eng begrenzten Körperstelle ohne organische Ursache;* **to|po|gen** ⟨Adj.⟩ [↑-gen] (Fachspr.): *(von etw.) durch seine Lage be-* *dingt entstanden;* **To|po|graph,** der; -en, -en [griech. topográphos, zu: topographeín = einen Ort beschreiben, zu: tópos (↑Topos) u. gráphein = schreiben]: *Fachmann für topographische Vermessungen; Vermessungsingenieur;* **To|po|gra|phie,** die; -, -n [spätlat. topographia < griech. topographía]: **1.** (Geogr.) *Beschreibung u. Darstellung geographischer Örtlichkeiten: Frühe illustrierte Reiseberichte führen in die T. des Heiligen Landes ein* (Chic 9, 1984, 42). **2.** (Met.) *kartographische Darstellung der Atmosphäre.* **3.** (Anat.) *Beschreibung der Körperregionen u. der Lage der einzelnen Organe zueinander; topographische Anatomie;* **To|po|gra|phie|trup|pe,** die (Milit.): *(in der Bundeswehr) Truppengattung der Führungstruppen, deren Aufgabe bes. die Erarbeitung militärisch wichtiger geographischer Unterlagen (z. B. Karten) ist;* **To|po|gra|phin,** die; -, -nen: w. Form zu ↑Topograph; **to|po|gra|phisch** ⟨Adj.⟩: *die Topographie betreffend;* **To|poi:** Pl. von ↑Topos; **To|po|lo|gie,** die; - [↑-logie]: **1.** (Math.) *a) Lehre von der Anordnung geometrischer Gebilde im Raum;* **b)** *Lehre von den topologischen (1) Strukturen.* **2.** (Sprachw.) *Lehre von der Wortstellung im Satz;* **to|po|lo|gisch** ⟨Adj.⟩: (Math.) *die Topologie* (1) *betreffend, auf ihr beruhend:* -e Abbildungen, -e Struktur (Mengenlehre; *geordnetes Paar 2, das aus einer Menge 2 u. einem System von Teilmengen besteht, für die bestimmte Axiome gelten*); **To|po|no|ma|stik, To|po|ny|mie, To|po|ny|mik,** die; - [zu griech. ónyma = Name]: *Wissenschaft von den Ortsnamen;* **To|po|pho|bie,** die; - [↑Phobie] (Med.): *krankhaftes Bestreben, bestimmte Orte od. Plätze zu meiden;* **To|pos,** der; -, Topoi [griech. tópos, eigtl. = Ort, Stelle] (Literaturw.): *feste Wendung, stehende Rede od. Formel, feststehendes Bild o. ä.:* Schon trüben Abwässer die Bläue des Eis in den feststehender T. der Literatur war (Fest, Im Gegenlicht 291); Ü (bildungsspr.:) Ein moderner T. in der bundesdeutschen Gesellschaft ist die Warnung vor uns selbst. Sie gilt nach rückwärts wie für die Zukunft (Höhler, Horizont 265); **To|po|ta|xis,** die; -, ...xen [↑[2]Taxis] (Biol.): *gerichtete Bewegung freibeweglicher Organismen.*

topp ⟨Interj.⟩ [aus der niederd. Rechtsspr.; Bez. des (Hand)schlags (bei Rechtsgeschäften), H. u.] (veraltend): *Ausruf der Bekräftigung nach einer vorausgegangenen [mit einem Handschlag besiegelten] Abmachung o. ä.: einverstanden!:* t., die Wette gilt!; ♦ *t. machen (sich einigen):* Hat man's nur erst so weit in reinen, daß die Gemüter t. machen (Schiller, Kabale I, 1).

Topp, der; -s, -e[n] u. -s [mniederd. top = Spitze, niederd. Form von ↑Zopf]: **1.** (Seemannsspr.) *Spitze eines Mastes:* eine Flagge im T. führen; Das Schiff ist zur Feier des Bordfestes über die T. geflaggt *(ist ausgeflaggt 1;* Hartlaub, Muriel 147); * *vor T. und Takel (ohne jegliche Besegelung).* **2.** (scherzh.) *oberster Rang im Theater;* **Töp|pel,** der; -s [Vkl. von ↑Topp] (landsch.): *kleines [Feder]büschel [auf dem Kopf bestimmter Vögel];* **top-**

Toppflagge

pen ⟨sw. V.; hat⟩ [1: zu ↑Topp (1); 2, 3: engl. to top, zu: top, ↑¹Topp]: **1.** (Seemannsspr.) *eine Rah od. einen Baum zur Mastspitze ziehen, hochziehen.* **2.** (Chemie) *(bei der Destillation von Erdöl) die niedrig siedenden Bestandteile abdestillieren.* **3.** (Golf) *den Ball beim Schlagen oberhalb des Zentrums treffen;* **Topp|flag|ge,** die (Seew.): *Flagge am Topp;* **topp|la|stig** ⟨Adj.⟩ (Seew.): *zuviel Gewicht in der Takelage habend;* **Topp|la|stig|keit,** die; - (Seew.): *das Topplastigsein;* **Topp|la|ter|ne,** die (Seew.): *Positionslaterne am Topp;* **Topp|licht,** das ⟨Pl. -er⟩ (Seew.): *Positionslicht am Topp;* **Topp|nant,** die; -, -en [wohl niederl. toppenant, H.u.] (Seemannsspr.): *vom Spinnakerbaum über den Topp (1) geführte Leine, mit deren Hilfe der Spinnakerbaum in der Waagerechten gehalten wird.* **Topp|po|si|ti|on,** die [↑¹top-, ¹Top-] (ugs. verstärkend): *Spitzenposition:* In -en wird heute überproportional mehr verdient (Capital 2, 1980, 59). **Topp|se|gel,** das [zu ↑Topp] (Seew.): *oberstes Segel;* **Topps|gast,** der; -[e]s, -en (Seemannsspr.): *²Gast, der das Toppsegel bedient;* **Topp|ta|ke|lung,** die (Seew.): *Sluptakelung, bei der das Vorsegel bis in die Mastspitze reicht;* **Topp|zei|chen,** das (Seew.): *auf der Spitze eines Seezeichens angebrachtes (geometrisches) Zeichen.* **Topp|qua|li|tät,** die [↑¹top-, ¹Top-] (emotional verstärkend): *beste Qualität, Spitzenqualität;* **top-se|cret** ['tɔpsi:krɪt], ⟨Adj.⟩ [engl., aus: top (↑top) u. secret = geheim]: *streng geheim:* die Sache ist t.; Tut mir leid, meine Herren, keine Auskünfte, keinen Kommentar, alles t. (Prodöhl, Tod 49); **Top|spiel,** das [↑¹top-, ¹Top-] (Sport emotional verstärkend): *Spitzenspiel;* **Top|spin,** der; -s, -s [engl. top spin, eigtl. = Kreiseldrall, aus: top (↑top) u. spin = Drall, eigtl. = von oben gegebener Drall] (bes. Golf, Tennis, Tischtennis): **a)** *starke Drehung des Balles um seine horizontale Achse in Flugrichtung;* **b)** *Schlag, bei dem der Ball so angeschnitten od. überrissen wird, daß er einen Topspin (a) vollführt;* **Top|star,** der [↑¹top-, ¹Top-] (emotional verstärkend): *²Star (1) der Spitzenklasse:* Wochenlang feilschten die -s der westdeutschen Unternehmerlobby um die Spitzenpositionen (Spiegel 14, 1976, 34); der 1920 ... entdeckte Komiker wurde zum T. (Augsburger Allgemeine 22./23. 4. 78, XXIV); **Top ten,** die; -, - -s [engl. top ten, aus: top (↑top) u. ten = zehn] (Jargon): *die zehn Besten;* die ersten zehn Titel, Werke o.ä. einer Hitparade, Hitliste; aus zehn Titeln, Werken o.ä. bestehende Hitparade, Hitliste: sie spielten Titel aus den T. t. der deutschen Schlager; Wir haben uns auf jeden Fall auf eine Liste der T. t. der internationalen Leichtathletik geeinigt (Hamburger Abendblatt 23. 5. 85, 17); **Topp|zu|schlag,** der (Sport): *Zuschlag, den der Veranstalter bei einem Spitzenspiel bes. im Fußball erhebt.* **Toque** [tɔk], die; -, -s [frz. toque < span. toca]: **1.** (früher) *Barett mit steifem Kopf u. schmaler Krempe.* **2.** *enganliegende Kopfbedeckung für Damen ohne Krempe mit kunstvoll gefaltetem Kopf.*

¹Tor, das; -[e]s, -e [mhd., ahd. tor, zu ↑Tür]: **1. a)** *[große] Öffnung in einer Mauer, in einem Zaun o.ä., die durch ein Tor (1 b) verschlossen wird; breiter Eingang, breite Einfahrt:* die Stadtmauer hat zwei -e; aus dem T. treten; durch das T. fahren; vor verschlossenem T. stehen; **b)** *[ein- od. zweiflügelige] Vorrichtung aus Holz, Metall o.ä., die [in Angeln drehbar] ein Tor (1a) verschließt:* ein schmiedeeisernes, hölzernes, schweres T.; die -e der Schleuse; das T. der Garage öffnet sich automatisch; das T. öffnen, schließen, verriegeln, aufstoßen; ans T. klopfen; Ü Nur auf diese Weise werde sich der katholischen Kirche das T. zum bolschewistischen Osten öffnen (Niekisch, Leben 266); * **vor den -en ...** (geh.; *[in bezug auf ein Gebäude, eine Stadt] außerhalb; in unmittelbarer Nähe*): sie haben ein Haus vor den -en der Stadt; eine Menschenmenge wartete vor den -en des Gerichtsgebäudes; **c)** (meist in Verbindung mit Namen) *selbständiger Torbau mit Durchgang:* das Brandenburger T. **2.** ([Eis]hockey, Fußball, Handball u.a.) **a)** *durch zwei Pfosten u. eine sie verbindende Querlatte (2) markiertes Ziel, in das der Ball zu spielen ist:* das gegnerische T. berennen; das T. verfehlen; das T. hüten (*Torhüter sein*); am T. vorbeischießen; auf ein T. spielen (Jargon; *das Spiel so überlegen führen, daß der Gegner nicht dazu kommt, Angriffe zu starten*); aufs, ins T. schießen; der Ball landete im T.; wer steht im T. (*wer ist Torhüter*)?; er wollte den Ball ins T. tragen (Jargon; *wollte sich beim Vorgehen aufs Tor nicht vom Ball trennen, zögerte zu lange mit dem Torschuß*); übers T. köpfen, vors T. flanken; Er ist ewig anspielbar, ein ständiger Unruheherd, der zudem zum T. drängt (Kicker 6, 1982, 4). * **ins eigene T. schießen** (ugs.; *etw. tun, womit man sich selbst schadet*); **b)** *Treffer mit dem Ball in das Tor (2 a):* ein unnötiges, dummes T.; das goldene (*spielentscheidende*) T.; bisher sind zwei -e gefallen; ein T. schießen, erzielen, verhindern, einfangen; Wir ... haben gerade Stellungsspiel und Herauslaufen geübt - und kassieren dann zwei solche -e (Kicker 6, 1982, 37); ein Fußballtrainer, der zusehen muß, wie wie seinen Leuten zehn -e in die Maschen hauen (Loest, Pistole 196); mit 2 : 1 in siegen; T.! (*Ausruf bei einem gefallenen Tor*). **3.** (Ski) *durch zwei in den Schnee gesteckte Stangen markierter Durchgang, der bes. beim Slalom passiert werden muß:* eng gesteckte -e; -e abstecken, ausflaggen; „Ganz oben an der Linkskurve habe ich ein T. falsch angeschnitten", sprudelte sie noch atemlos heraus (Maegerlein, Piste 81). **4.** (Geogr.) *Felsen-, Gletschertor.*

²Tor, der; -en, -en [mhd. tōre, eigtl. = der Umnebelte, Verwirrte, zu ↑Dunst] (geh.): *jmd., der töricht, unklug handelt, weil er Menschen, Umstände nicht richtig einzuschätzen vermag; weltfremder Mensch:* ein gutmütiger, reiner, tumber T.; obschon kein T., war er doch auch nicht der Denkstärksten einer (Stern, Mann 227). **Tor|ab|stoß,** der (Fußball): *Abstoß* (2); **Tor|ab|wurf,** der (Ballspiele): *Abwurf* (2b).

To|ra|na, die; -, -s [sanskr.]: *Eingangstor zu Tempeln u. Stupas in Indien.* **Tor|aus,** das; - (Ballspiele): *Raum hinter den Torlinien des Spielfeldes;* **Tor|aus|li|nie,** die (Ballspiele): *Torlinie* (1); **Tor|bau,** der ⟨Pl. -ten⟩ (Archit.): *selbständiges Gebäude od. Teil eines größeren Komplexes, der von einem ¹Tor (1a) durchbrochen ist;* **Tor|bo|gen,** der: *Bogen (2) eines ¹Tores (1a);* **Tor|chan|ce,** die (Ballspiele): *Chance, ein ¹Tor (2b) zu erzielen:* Da hatten wir auswärts zum erstenmal einige 100%ige -n, nutzten sie aber nicht (Kicker 6, 1982, 47). **Tord|alk,** der; -[e]s od. -en, -e[n] [älter schwed. tord, 1. Bestandteil eigtl. = Schmutz, Kot]: *(zu den Alken gehörender) Seevogel mit schwarzer Oberseite, weißem Bauch u. schmalem, schwarzem Schnabel mit weißer Querbinde.* **tor|die|ren** ⟨sw. V.; hat⟩ [frz. tordre, über das Vlat. zu lat. tortum, 2. Part. von: torquere, ↑Tortur] (bes. Physik, Technik): *verdrehen (1); ²verwinden.* **Tor|dif|fe|renz,** die (Ballspiele): *Differenz zwischen der Zahl der eigenen u. der gegnerischen ¹Tore (2b);* **Tor|drang,** der (Ballspiele, bes. Fußball): *Elan u. Zielstrebigkeit beim Angreifen des gegnerischen ¹Tores (2a).* **To|re|a|dor,** der; -s u. -en, -e[n] [span. toreador, zu: torear = mit dem Stier kämpfen, zu: toro < lat. taurus = Stier]: *berittener Stierkämpfer.* **Tor|ecke¹,** die (Ballspiele): *Eck (2);* **Tor|ein|fahrt,** die: *von einem ¹Tor (1a) gebildete Einfahrt (2a).* **To|re|ra,** die; -, -s w. Form zu ↑Torero: Eine Blondine als T. 22jährige erobert Spaniens Stierkampfarenen (MM 15. 9. 93, 11). **Tor|er|folg,** der (Ballspiele): *erzieltes ¹Tor (2b):* Wie der T. zustande kam, ist dann erst von sekundärer Bedeutung (Kicker 6, 1982, 4). **To|re|ro,** der; -[s], -s [span. torero < lat. taurarius, zu: taurus, ↑Toreador]: *Stierkämpfer.* **To|res|schluß:** in der Fügung **[kurz] vor T.** (*im letzten Augenblick*): kurz vor T. kamen sie an. **To|reut,** der; -en, -en [lat. toreutēs < griech. toreutḗs, zu: toreúein = treiben (8a)]: *Künstler, der Metalle zisiliert od. treibt (8a);* **To|reu|tik,** die; - [lat. toreutice < griech. toreutikḗ (téchnē)]: *Kunst der Bearbeitung von Metall durch Treiben (8a), Ziselieren o.ä.* **Torf,** der; -[e]s, ⟨Arten:⟩ -e [aus dem Niederd. < mniederd. torf, zu einem Verb mit der Bed. „spalten, reißen" u. eigtl. = das Abgestochene, Losgelöste]: **1.** (*im Moor*) *durch Zersetzung von pflanzlichen Substanzen entstandener dunkelbrauner bis schwarzer Boden von faseriger Beschaffenheit, der getrocknet auch als Brennstoff verwendet wird:* T. stechen; den T. trocknen, pressen; T. auf die Beete streuen; Erde mit T. vermischen. **2.** ⟨o. Pl.⟩ *aus Torf (1) bestehender Moorboden; Moor:* die Pflanzenwelt des -s; im T. gibt es noch Schlangen; **torf|ar|tig** ⟨Adj.⟩: *ähnlich wie Torf (1), in der Art von Torf (1);* **Torf|bal|len,** der: *Ballen von getrocknetem u. gepreßtem Torf (1);* **Torf|bee|re,**

die: *Moltebeere;* **Torf|bo|den,** der: *Torf* (2); **Torf|bri|kett,** das: *Brikett* (a) *aus Torf* (1); **Torf|er|de,** die: *Torf* (1) *enthaltende Erde;* **Torf|feu|er,** das: *mit Torfstücken gespeistes Feuer;* **Torf|feue|rung,** die ⟨o. Pl.⟩: *Feuerung* (2) *mit Torf* (1); **Torf|ge|win|nung,** die: *Gewinnung von Torf* (1); **torf|hal|tig** ⟨Adj.⟩: *Torf* (1) *enthaltend;* **torf|ig** ⟨Adj.⟩: *aus Torf* (1) *bestehend; Torf* (1) *enthaltend:* -er *Boden;* Auch in Norddeutschland gibt es -e Wiesen (Hamburger Abendblatt 24. 8. 85, 75); **Torf|kopp,** der (salopp abwertend): *dummer, beschränkter Mensch, blöder Kerl:* wo sitzt der T., der wieder alles blockiert (Spiegel 37, 1984, 102); **Torf|lei|che,** die: *Moorleiche.*
Tor|flü|gel, der: *Flügel* (2 a) *eines Tores* (1 b): Ich glitt ihr nach aus dem Blickfeld, hinter den geschlossenen T. (Erné, Kellerkneipe 154).
Torf|moor, das: *Torfboden aufweisendes Moor;* **Torf|moos,** das ⟨Pl. -e⟩: *(bes. in Mooren vorkommendes) häufig rot od. braun gefärbtes Laubmoos;* **Torf|mull,** der: *getrockneter Torf* (1), *der (im Garten) zur Verbesserung des Bodens verwendet wird.*
Tor|frau, die (Ballspiele): *Spielerin, die im* ¹*Tor* (2 a) *steht, um den Ball abzuwehren.*
Torf|säch|chen, das: *Torfstich* (1): Im Moor ... finden die Arbeiter immer wieder beim T. solche Kadaver (Jonke, Schule 38); **Torf|ste|cher,** der: *jmd., der Torf* (1) *sticht;* **Torf|ste|che|rin,** die: w. Form zu ↑Torfstecher; **Torf|stich,** der: **1.** *Gewinnung von Torf* (1) *durch Abstechen* (2). **2.** *Stelle, an der Torf* (1) *gestochen wird:* Bis 1914 befand sich am östlichen Ufer es T. (Freie Presse 10. 11. 83, Lokalseite); **Torf|streu,** die: *Streu aus Torf* (1); **Torf|stück,** das: *Sode* (1 b).
tor|ge|fähr|lich ⟨Adj.⟩ (Sport): *häufig erfolgreich aufs* ¹*Tor* (2 a) *schießend, werfend:* ein -er Stürmer, Angriff; **Tor|ge|fähr|lich|keit,** die (Sport): *das Torgefährlichsein:* er fand zu alter T. zurück; **Tor|geld,** das (früher): *am Stadttor zu entrichtende Summe beim Passieren nach dem Schließen des Tores;* **Tor|ge|le|gen|heit,** die (Ballspiele): *Torchance:* Hernach dominierte der Gast und spielte -en reihenweise heraus (Saarbr. Zeitung 30. 3. 91, 19).
Tör|ge|le|fahrt, die; -, -en [zu ↑törggelen] (landsch., bes. südtirol.): *Törggelepartie;* **tör|ge|len** ⟨sw. V.; hat⟩ [zu ↑¹Torkel] (südtirol.): *(im Spätherbst) den neuen Wein trinken:* ⟨subst.:⟩ Auch im Oktober noch ist Schloß Prösels eine Reise wert! Dies nicht nur in Verbindung mit einer Wanderung ... sowie mit einer Einkehr ... zum „Törggelen" (Dolomiten 1. 10. 83, 8); **Törg|ge|le|par|tie,** die (landsch., bes. südtirol.): *Ausflugsfahrt zum Besuch von Lokalen, die neuen Wein ausschenken.*
Tor|git|ter, das: *Gitter* (1) *eines (aus Gittern bestehenden) Tores* (1 b); **Tor|hal|le,** die (Archit.): *Halle in einem Torbau.*
Tor|heit, die; -, -en [mhd. tōrheit, zu ↑²Tor] (geh.): **1.** ⟨o. Pl.⟩ *mangelnde Klugheit; Dummheit* (1), *Unvernunft:* eine unglaubliche, schreckliche T.; etw. zeugt von jmds. T. **2.** *törichte* (a) *Handlung:* eine große T. begehen; Machen Sie keine -en

(Benrath, Konstanze 118); jmdn. vor einer T. bewahren.
Tor|hö|he, die: *Höhe eines* ¹*Tores* (1 a, 2 a); **Tor|hü|ter,** der: **1.** (Ballspiele) *Torwart* (1). **2.** (früher) *Torwart* (2); **Tor|hü|te|rin,** die, (Ballspiele): w. Form zu ↑Torhüter (1): die Spielerin ..., die nach einer Karriere als T. zur Vorstopperin geworden war (Welt 25. 8. 86, 14).
To|ri: Pl. von ↑Torus.
tö|richt ⟨Adj.⟩ [mhd. tōreht, zu ↑²Tor] (abwertend): **a)** *unklug, unvernünftig:* ein -es Verhalten; es wäre sehr t., das zu tun; Kann es sein, daß ein Gott so t. ist, seiner eigenen wunderbaren Schöpfung sogleich den Keim der Zerstörung einzupflanzen? (Stern, Mann 55); **b)** *dümmlich; einfältig:* ein -er Mensch; ein -es Gesicht machen; er ist zu t., das einzusehen; t. lächeln, fragen; **c)** *unsinnig; ohne Sinn; vergeblich:* eine -e Hoffnung; all dies erschien ihm t. und absolut sinnlos; **d)** (seltener) *lächerlich; albern:* ich hatte die ganze Zeit über den steifen Bogen in meiner Hand behalten mit dem -en roten Bändchen in der oberen rechten Ecke (Seghers, Transit 213); **tö|rich|ter|wei|se** ⟨Adv.⟩ (abwertend): *was wirklich sehr töricht* (a) *ist, war:* ich habe mich t. nicht vorher informiert; die vierzig Elefanten, mit denen Hannibal t. über die Alpen zog (W. Schneider, Sieger 384).
To|ries: Pl. von ↑Tory.
♦ **tö|rig** ⟨Adj.⟩ [im 15. Jh. torig]: *töricht:* Und niemand hat Erwünschtes fest in Armen, der sich nicht nach Erwünschterem t. sehnte (Goethe, Faust I, 5373 f.); ⟨subst.:⟩ „Was machen Sie, Töriger?" flüsterte er mit zu (Cl. Brentano, Kasperl 371).
To|rii ['to:rii], das; -[s], -[s] [jap., eigtl. = Vogelsitz]: *Tor vor schintoistischen Heiligtümern, das aus zwei senkrechten Holzpfeilern besteht, die durch zwei Querbalken verbunden sind.*
Tö|ri, der; -s, - [mhd. tœrinne] (geh.): w. Form zu ↑²Tor.
To|ri|no: italienische Form von ↑Turin.
Tor|in|stinkt, der ⟨o. Pl.⟩ (Ballspiele, bes. Fußball): *Gespür eines Spielers für eine Torchance.*
to|risch ⟨Adj.⟩ [zu lat. torus = Wulst] (Fachspr.): *wulstförmig.*
tö|risch ⟨Adj.⟩ [mhd. tœrisch = in der Art eines ²Toren, töricht] (bayr., österr.): *taub; schwerhörig.*
Tor|jä|ger, der (Ballspiele): *Spieler, der viele* ¹*Tore* (2 b) *erzielt:* In einer Fußballmannschaft dominiert der T. (Kicker 6, 1982, 4); **Tor|jä|ge|rin,** die (Ballspiele Jargon): w. Form zu ↑Torjäger.
¹**Tor|kel,** der; -s, - od. die; -, -n [mhd. torkel, ahd. torcula < mlat. torcula, lat. torculum, zu: torquere, ↑Tortur] (landsch.): *Weinpresse, -kelter aus Holz:* Die „Krone" kann zudem noch einen eigenen T. vorweisen, und der kredenzte Wein stammt aus der Eigenkellerei (NZZ 25. 8. 83, 38); ²**Tor|kel,** der; -s, - od. die; -, -n [zu ↑torkeln] (landsch. ugs.): **1.** ⟨o. Pl.⟩ *Taumel; Schwindel; Rausch.* **2.** * **T. haben** (*unverdientes Glück haben*). **3.** *Tolpatsch;* **tor|ke|lig, torklig** ⟨Adj.⟩ (landsch. ugs.): *schwindlig u. daher unsicher auf den Bei-*

nen; **tor|keln** ⟨sw. V.⟩ [spätmhd. torkeln < mlat. torculare = keltern, zu: torcula (↑¹Torkel), also eigtl. = sich wie eine Kelter (ungleichmäßig) bewegen] (ugs.): **a)** *(bes. bei Trunkenheit od. auf Grund eines Schwächezustandes o. ä.) taumeln; schwankend gehen* ⟨ist/hat⟩: als er aufstand, torkelte er; Er sah plötzlich nichts mehr, torkelte und fühlte den zweiten Hieb (Bieler, Mädchenkrieg 301); **b)** *sich torkelnd* (a) *an einen bestimmten Ort, an eine bestimmte Stelle bewegen* ⟨ist⟩: Oft unterschätzte er die Geschwindigkeit des Autos, wenn er über die Straße torkelte (Fels, Sünden 33); **tork|lig:** ↑torkelig.
Tor|kreis, der (Handball): *Torraumlinie.*
Tor|kret ⓦ, der; -s [Kunstwort]: *Spritzbeton;* **tor|kre|tie|ren** ⟨sw. V.; hat⟩ (Bauw.): *mit Preßluft Torkret an die Wand spritzen.*
Törl, das; -s, - (österr.): ¹*Tor* (4); **Tor|lat|te,** die: *waagerechte obere Begrenzung des* ¹*Tores* (2 a); **Tor|lauf,** der (Ski selten): *Slalom;* **Tor|leu|te,** die: Pl. von ↑Tormann. **Tor|li|nie,** die (Ballspiele): **1.** *Begrenzungslinie an den Breitseiten eines Spielfeldes.* **2.** *zwischen den Pfosten des* ¹*Tores* (2 a) *markierte Linie;* **Tor|li|ni|en|aus,** das (Ballspiele): *Toraus;* **tor|los** ⟨Adj.⟩ (Ballspiele): *ohne* ¹*Tor* (2 b): eine -e erste Halbzeit; es blieb beim -en Unentschieden; **Tor|mann,** der ⟨Pl. ...män|ner, auch: ...leute⟩: *Torwart* (1).
¹**Tor|men|till,** der; -s [mlat. tormentilla]: *(als Strauch wachsendes) gelb blühendes Fingerkraut, das als Heilpflanze verwendet wird;* ²**Tor|men|till,** das; -s: *gerbstoffhaltiges Heilmittel aus der Wurzel des* ¹*Tormentills.*
Tor|mög|lich|keit, die (Ballspiele): *Torchance.*
Törn, der; -s, -s [engl. turn < afrz. torn, to(u)r, ↑Tour] (Seemannsspr.): **1.** *Fahrt mit einem Segelboot.* **2.** *Zeitspanne, Turnus für eine bestimmte, abwechselnd ausgeführte Arbeit an Bord* (z. B. Wachtörn). **3.** *(nicht beabsichtigte) Schlinge in einer Leine.* **4.** (Jargon) *Turn* (2): Wir kamen gemeinsam von unseren -s runter (Christiane, Zoo 69).
Tor|na|do, der; -s, -s [span. tornado, zu: tornar < lat. tornare = drehen]: **1.** *(in Nordamerika auftretender) heftiger Wirbelsturm.* **2.** (Segeln) *von zwei Personen zu segelndes Doppelrumpfboot für den Rennsegelsport* (Kennzeichen: τ).
tör|nen ⟨sw. V.; hat⟩ (Jargon): ²*turnen.*
Tor|netz, das (Ballspiele): *Netz* (1 a) *eines* ¹*Tores* (2 a).
Tor|ni|ster, der; -s, - [umgebildet aus älter ostmd. Tanister, aus dem Slaw.; vgl. poln., tschech. mundartl. tanistra < mgriech. tágistron = Futtersack)]: **a)** *auf dem Rücken getragener größerer Ranzen der Soldaten:* den T. packen; tornister; ihn auf den Rücken nehmen, schnallen; den T. ablegen; **b)** (landsch.) *Schulranzen:* dann läuft er im Trab nach Hause, mit dem T. klötert der Griffelkasten (Kempowski, Zeit 39).
To|ro, der; -s, -s [span. toro < lat. taurus]: span. Bez. für *Stier.*
To|ron|to: kanadische Stadt.
Tor|roß, der; -, ...ssen [russ. toros]: *Packeis.*
tor|pe|die|ren ⟨sw. V.; hat⟩: **1.** (Milit.) *(ein Schiff) mit Torpedos beschießen, versen-*

Torpedierung

ken: Der Aufzugskasten rumpelte, als würde er torpediert (Fels, Unding 36). **2.** (abwertend) *in gezielter Weise bekämpfen u. dadurch stören, verhindern:* Pläne, ein Vorhaben t.; Bisher haben die Sonntagssegler jeden Versuch torpediert, sie aus dem Wattenmeer hinauszukomplementieren (natur 3, 1991, 98); **Tor|pe|die|rung,** die; -, -en: *das Torpedieren;* **Tor|pe|do,** der; -s, -s [nach lat. torpedo = Zitterrochen (der seinen Gegner bei Berührung durch elektrische Schläge „lähmt"), eigtl. = Erstarrung, Lähmung, zu: torpere = betäubt, erstarrt sein]: *großes, zigarrenförmiges Geschoß (mit einer Sprengladung), das von Schiffen, bes. U-Booten, od. Flugzeugen gegen feindliche Schiffe abgeschossen wird u. sich mit eigenem Antrieb selbsttätig unter Wasser auf das Ziel zubewegt:* einen T. abfeuern, abschießen; der Tanker wurde durch einen T. versenkt; **Tor|pe|do|boot,** das (früher): *kleines, schnelles, mit Torpedos ausgerüstetes Kriegsschiff;* **Tor|pe|do|boot[s]|zer|stö|rer,** der (früher): *gegen Torpedoboote eingesetzter Zerstörer;* **Tor|pe|do|fisch,** der: *Zitterrochen.*
Tor|pfei|ler, der: *Pfeiler* (1) *eines* ¹*Tores* (1 a, 2 a); **Tor|pfo|sten,** der: *Pfosten eines* ¹*Tores* (2 a).
tor|pid ⟨Adj.⟩ [lat. torpidus, zu: torpere, ↑Torpedo]: **1.** (Med., Zool.) *regungslos, starr, schlaff.* **2.** (Med.) **a)** *stumpf[sinnig], benommen;* **b)** *unbeeinflußbar (z. B. vom Verlauf einer Krankheit),* die; -: **1.** (Med., Zool.) *Regungslosigkeit, Erstarrung (z. B. bei Vögeln infolge großer Kälte).* **2.** (Med.) **a)** *Stumpfheit, Stumpfsinnigkeit, Benommenheit;* **b)** *Unbeeinflußbarkeit (z. B. vom Verlauf einer Krankheit);* **Tor|por,** der; -s [lat. torpor, zu: torpere, ↑Torpedo] (Med.): *Torpidität* (1, 2 a).
Tor|po|sten, der: *Posten* (1 b), *der ein* ¹*Tor* (1 a) *bewacht.*
Tor|ques, der; -, - [lat. torques, eigtl. = das Gedrehte, Gekrümmte, zu: torquere, ↑Tortur]: *aus einem Ring aus Gold, Bronze od. Eisen bestehender Halsschmuck der Kelten;* **tor|quie|ren** ⟨sw. V.; hat⟩ [lat. torquere, ↑Tortur]: **1.** (veraltet) *quälen, foltern.* **2.** (Technik) *drehen, krümmen.*
Torr, das; -s, - [nach dem ital. Physiker E. Torricelli (1608–1647)] (Physik früher): *Einheit des Drucks (der 760. Teil einer physikalischen Atmosphäre).*
Tor|raum, der (Ballspiele): *abgegrenzter Raum vor dem* ¹*Tor* (2 a); **Tor|raum|li|nie,** die (Handball): *den Torraum begrenzende halbkreisförmige Linie;* **tor|reich** ⟨Adj.⟩ (Ballspiele): *durch viele erzielte Tore* (2 b) *gekennzeichnet:* -e Spiele, Begegnungen; Das -ste Finale gab es 1958 in Stockholm mit dem 5 : 2 (Freiheit 24. 6. 78, 6.); **tor|reif** ⟨Adj.⟩ (Ballspiele, bes. Fußball): *so geartet, daß ein* ¹*Tor* (2 b) *erzielt werden kann:* eine -e Situation; ein Spiel mit vielen -en Szenen.
Tor|ren|te, der; -, -n [ital. torrente, eigtl. = Wildbach, zu lat. torrens (Gen.: torrentis) = strömend, reißend] (Geogr.): *Wasserlauf mit breitem, oft tief eingeschnittenem Bett, der nur nach heftigen Niederschlägen Wasser führt;* **tor|ren|ti|kol** ⟨Adj.⟩ [zu lat. torrens (↑Torrente) u. co-

lere = bewohnen] (Biol.): *in fließenden Gewässern lebend.*
Tor|schluß (seltener): ↑Toresschluß; **Tor|schluß|pa|nik,** die ⟨Pl. selten⟩: *Angst, etw. Entscheidendes zu versäumen:* T. bekommen, haben; Im Jugendkult ... verrät sich die T. einer ganzen Zivilisation (Pohrt, Endstation 32); aus T. *(aus Furcht, keinen Partner/keine Partnerin mehr zu finden)* heiraten; **Tor|schuß,** der (Ballspiele): *Schuß aufs od.* ins ¹*Tor* (2 a): viele Traumtänzer, die nur im Mittelfeld glänzen wollen und einen satten T. nicht wagen (Kicker 82, 1981, 44); **Tor|schüt|ze,** der (Ballspiele): *Spieler, der ein* ¹*Tor* (2 b) *geschossen hat;* **Tor|schüt|zen|kö|nig,** der (Jargon): *Spieler, der die meisten Tore geschossen hat;* **Tor|schüt|zen|kö|ni|gin,** die (Jargon): w. Form zu ↑Torschützenkönig; **Tor|schüt|zin,** die (Ballspiele): w. Form zu ↑Torschütze: Dort war sie zur erfolgreichsten T. der deutschen Mannschaft geworden (Welt 25. 8. 86, 14).
Tor|se|lett, das; -s, -s [zu ↑Torso, geb. nach ↑Korselett]: *(zur Damenunterwäsche gehörendes) einem Unterhemd ähnliches Wäschestück mit Strapsen.*
Tor|si: Pl. von ↑Torso.
Tor|sio|graph, der; -en, -en [zu ↑Torsion u. ↑-graph] (Physik, Technik): *Gerät zur Messung u. Aufzeichnung der durch die Verdrehung rotierender Maschinenteile auftretenden Schwingungen;* **Tor|si|on,** die; -, -en [zu spätlat. torsum, Nebenf. des lat. 2. Part. tortum, ↑Tortur]: **1.** (Physik, Technik) *schraubenförmige Verdrehung langgestreckter elastischer Körper durch entgegengesetzt gerichtete Drehmomente; Verdrillung.* **2.** (Math.) *Verdrehung einer Raumkurve.* **3.** (Med.) *Drehung eines Organs;* **Tor|si|ons|bruch,** der (Med.): *Knochenbruch, der durch eine gewaltsame Drehbewegung verursacht wird (z. B. bei Skiunfällen);* **Tor|si|ons|ela|sti|zi|tät,** die (Physik, Technik): *der Torsion* (1) *entgegenwirkende Spannung in einem tordierten Körper;* **Tor|si|ons|fe|stig|keit,** die (Physik, Technik): *Widerstand eines Körpers gegen eine auf ihn einwirkende Torsion* (1); **Tor|si|ons|ka|sten,** der (Technik): *nach einem die Torsionselastizität erhöhenden Prinzip konstruiertes, geformtes Bauteil o. ä.;* **Tor|si|ons|mo|dul,** der (Physik, Technik): *Materialkonstante, die bei der Torsion* (1) *auftritt;* **Tor|si|ons|waa|ge,** die (Physik, Technik): *Vorrichtung zum Messen der aus der Torsion* (1) *eines elastischen Drahtes resultierenden Kraft.*
Tor|so, der; -s, -s od. ...si [ital. torso, eigtl. = Kohlstrunk; Fruchtkern < spätlat. tursus für lat. thyrsus = Stengel (eines Gewächses), Strunk < griech. thýrsos = Bacchusstab]: **1.** (Kunstwiss.) *(unvollständig erhaltene od. geplante) Statue mit fehlenden Gliedmaßen [u. fehlendem Kopf].* **2.** (bildungsspr.) *etw., was nur [noch] als Bruchstück, als unvollständiges Ganzes vorhanden ist:* der Roman blieb ein T.; Bis 1560 hatte die mittelalterliche Bautätigkeit gedauert, und doch war nur ein T. der Kathedrale entstanden (Saarbr. Zeitung 28. 12. 79, 15).
Tor|stan|ge, die: **1.** (Ballspiele) *Torpfo-*

sten. **2.** (Ski) *eine der Stangen, mit denen die Tore* (3) *bes. beim Slalom markiert werden;* **Tor|ste|her,** der (Ballspiele): *Torwart;* **Tor|ste|he|rin,** die (Ballspiele): w. Form zu ↑Torsteher.
Tort, der; -[e]s [frz. tort = Unrecht < spätlat. tortum, zu lat. tortus = gedreht, gewunden, adj. 2. Part. von: torquere, ↑Tortur] (veraltend): *Kränkung, Verdruß:* jmdm. einen T. antun, zufügen; Die Lehrersfrau Schwoch ... haßte natürlich sofort diesen Kienschäper und tat ihm alles zum T., was ihrem gehässigen Hirn nur einfiel (Fallada, Jeder 267); Ihre müßigen Gedanken hingen mit wahrer Leidenschaft an allem, was ihr zum T. geschah (A. Kolb, Daphne 126); den T. tue ich mir nicht an *(dieser Mühe unterziehe ich mich nicht).*
Tört|chen, das; -s, - [Vkl. zu ↑Torte (1)]: *kleines [rundes] Gebäckstück mit einer Füllung od. belegt mit Obst [das mit Guß* (3) *überzogen ist];* **Tor|te,** die; -, -n [ital. torta < spätlat. torta = rundes Brot, Brotgebäck, H. u.]: **1.** *feiner, meist aus mehreren Schichten bestehender, mit Creme o. ä. gefüllter od. mit Obst belegter u. in verschiedener Weise verzierter Kuchen von meist kreisrunder Form:* eine T. backen; die T. anschneiden; sie bestellte ein Stück T. und ein Kännchen Kaffee. **2.** (Jugendspr. veraltend) *Mädchen:* So 'ne Rockerkluft ... die sieht echt geil aus, find' ich. Da sind die -n scharf drauf (Degener, Heimsuchung 132); **Tor|te|lett,** das; -s, -s **Tor|te|let|te,** die; -, -n [französierende Bildungen zu ↑Torte]: *kleiner Tortenboden aus Mürbe-, auch Blätter- od. Hefeteig mit meist höherem Rand, der mit Obst belegt, mit Creme gefüllt od. auch mit pikanten Füllungen versehen werden kann;* **Tor|tel|li|no,** der; -s, ...ni ⟨meist Pl.⟩ [ital. tortellino, Vkl. zu: tortello = gefüllte Nudel, Pastetchen, Vkl. von: torta, ↑Torte]: *kleiner, mit Fleisch, Gemüse o. ä. gefüllter Ring aus Nudelteig;* **Tor|ten|bo|den,** der: *in flacher, runder Form (mit erhöhtem Rand) gebackener Mürbe- od. Biskuitteig, der mit Obst belegt wird;* **Tor|ten|guß,** der: *im Saft der betreffenden Früchte aufgelöstes Pulver, das nach dem Aufkochen zum Gelieren über eine Obsttorte gegossen wird;* **Tor|ten|he|ber,** der: *einer Kelle* (3) *ähnliches Küchengerät, das zum Abheben eines Tortenstücks von der Tortenplatte dient;* **Tor|ten|plat|te,** die: *flache, runde Platte, auf die eine Torte gelegt wird;* **Tor|ten|schach|tel,** die: *[quadratische] Pappschachtel, in der eine Torte transportiert werden kann;* **Tor|ten|schau|fel,** die: *Tortenheber;* **Tor|ten|spit|ze,** die: *Spitzenpapier;* **Tor|ten|sprit|ze,** die: *Spritze* (1 a) *zum Verzieren von Torten;* **Tor|ten|stück,** das: *Stück* (1 b) *einer Torte.*
Tor|ti|kol|lis, der; - [lat. tortus (↑Tort) u. collum = Hals] (Med.): *Schiefhals.*
Tor|til|la [tɔrˈtilja], die; -, -s [span. tortilla, Vkl. von: torta < spätlat. torta, ↑Torte]: **1.** *(in Lateinamerika) aus Maismehl hergestelltes Fladenbrot.* **2.** *(in Spanien) Omelette.*
Tört|lein, das; -s, - [Vkl. zu ↑Torte (1)]: *Törtchen.*
Tor|tur, die; -, -en [mlat. tortura = Folter

< lat. tortura = Krümmung; das Grimmen; Verrenkung, zu: tortum, 2. Part. von: torquere = (ver)drehen; martern]: **1. a)** *(früher) Folter* (1): *Der Thai war längst wieder bewußtlos, als der Kommandant – vom Mißlingen der bisherigen -en immer aufgebrachter – eine neue Foltermethode anordnete* (Wiener 10, 1983, 56); ◆ **b)** *Folter* (2): *Man wird dich auf die T. schrauben. Den ersten Grad stehst du aus* (Schiller, Fiesco II, 10). **2.** *Qual; Quälerei, Strapaze:* die Behandlung beim Zahnarzt war eine T.; der weite Weg wurde ihr zur T.; Ü *Alle Reifen überstanden die T. auf der Rolle ... ohne Mängel* (ADAC-Motorwelt 10, 1984, 17).
Tor|turm, der: *Turm über einem ¹Tor* (1 a).
To|rus, der; -, Tori [lat. torus = Wulst]: **1.** (Kunstwiss.) *wulstartiger Teil an der Basis der antiken Säule.* **2.** (Math.) *ringförmige Fläche, die durch die Drehung eines Kreises um eine in seiner Ebene liegende, den Kreis aber nicht treffende Gerade entsteht; Kreiswulst.* **3.** (Med.) *Wulst.*
Tor|ver|hält|nis, das: vgl. Tordifferenz; **Tor|wa|che**, die (früher): *Wache* (2) *an einem Stadttor;* **Tor|wäch|ter**, der: **1.** vgl. Torwache. **2.** (Ballspiele Jargon) *Torwart* (1): *Das ist eine höchst spezifische Form der Tragik, wie sie in der Fußball nur -n passieren kann* (BM 14. 6. 84, 15); **Tor|wäch|te|rin**, die (Ballspiele Jargon): w. Form zu Torwächter (2); **Tor|wart**, der: **1.** (Ballspiele) *Spieler, der im ¹Tor* (2 a) *steht, um den Ball abzuwehren.* **2.** (früher) *Torwache;* **Tor|wär|ter**, der (früher): *Torwächter* (1); **Tor|war|tin**, die (Ballspiele): w. Form zu ↑Torwart (1); **Tor|weg**, der: *Durchgang, Durchfahrt durch ein ¹Tor* (1 a) *(meist an Häusern).*
To|ry ['tɔri, engl. 'tɔːrɪ], der; -s, -s u. Tories ['tɔriːs, engl. 'tɔːrɪz; engl. Tory, aus dem Ir., eigtl. = Verfolger, Räuber (Bez. für irische Geächtete des 16. u. 17. Jh.s), zu: tóir = verfolgen]: **a)** *(früher) Angehöriger einer englischen Partei, aus der im 19. Jh. die Konservative Partei hervorging;* **b)** *Vertreter der konservativen Politik in Großbritannien:* Die Briten verlangen, ob Tories oder Labour, eine Revision des Gemeinsamen Marktes (Spiegel 20, 1979, 22); **To|rys|mus** [tɔˈrɪs...], der; - [engl. Toryism] *(früher): Richtung der konservativen Politik in England;* **to|ry|stisch** ⟨Adj.⟩: *den Torysmus betreffend.*
Tor|zahl, die (Ballspiele): *Anzahl von erzielten Toren;* **Tor|zo|ne**, die (Rugby): *Malfeld.*
Tos|becken¹, das [zu ↑tosen] (Wasserbau): *Anlage unterhalb von Wehren od. Staumauern, in die das Wasser in der Weise herabstürzt, daß es keine Schäden am Untergrund o. ä. anrichten kann; Sturzbett.*
To|sef|ta, die; - [hebr. tôseftā = Hinzufügung]: *(nicht in den Talmud aufgenommenes) Ergänzungswerk zur Mischna.*
to|sen ⟨sw. V.⟩ [mhd. dōsen, ahd. dōsōn, eigtl. = schwellen, anschwellend rauschen]: **1. a)** *in heftiger, wilder Bewegung sein u. dabei ein brausendes, dröhnendes Geräusch hervorbringen* ⟨hat⟩: *der Sturm, die Brandung, der Gießbach tost; Es bleibt doch immer ein wenig Urszene der Erde, wenn das Wetter tost* (Strauß, Niemand 190); ⟨subst.:⟩ *jedes andere Wort verschluckte das Tosen des Wassers oder der Wind* (Ransmayr, Welt 159); Ü *tosender Lärm, Beifall;* ⟨subst.:⟩ *Naso ... saß dort ... und hörte dem an- und abschwellenden Tosen der Begeisterung zu* (Ransmayr, Welt 46); **b)** *sich tosend* (1 a) *fortbewegen* ⟨ist⟩: *ein Frühjahrssturm ist durch das Tal getost.* **2.** (veraltet) *tollen, toben* ⟨hat⟩.
To|si|sche Schloß, das; -n Schlosses, -n Schlösser [nach dem österr.-ital. Schlosser Tosi] (österr.): *Sicherheitsschloß.*
Tos|ka|na, die; -: *mittelitalienische Region;* **¹Tos|ka|ner**, der; -s, -: Ew.; **²Tos|ka|ner** ⟨indekl. Adj.⟩; **Tos|ka|ne|rin**, die; -, -nen: w. Form zu ¹Toskaner; **tos|ka|nisch** ⟨Adj.⟩.
to|sto ⟨Adv.⟩ [ital. tosto < lat. tostum, 2. Part. von: torrere = dörren, sengen] (Musik): *hurtig, eilig.*
tot ⟨Adj.⟩ [mhd., ahd. tōt, zu ahd. touwen = sterben, eigtl. = betäubt, bewußtlos werden; hinschwinden, zu ↑ Dunst]: **1. a)** *in einem Zustand, in dem die Lebensfunktionen erloschen sind; nicht mehr lebend, ohne Leben:* -e Soldaten; ein -es Tier, Reh lag auf der Straße; sie hat ein -es Kind geboren; wenn du das tust, bist du ein -er Mann! (salopp: als übertreibende Drohung); sofort, auf der Stelle t. sein; sie lag [wie] t. im Bett; er konnte nur noch t. geborgen werden; t. umfallen, zusammenbrechen; klinisch t. sein; die Täter sollen gefaßt werden, t. oder lebendig; Der t. wie ein Stein. Den haben die Partisanen erschossen (Hilsenrath, Nazi 102); Es gibt nichts was ein -er könnte als ein -er Filmschauspieler (Spiegel 14, 1978, 108); R lieber t. als rot (abwertend; *es ist besser, tot zu sein, als in einer kommunistischen Gesellschaft zu leben*); Ü die Leitung [des Telefons] ist t. *(funktioniert nicht [mehr], ist unterbrochen);* Polizeiruf bleibt stundenweise t. *(nicht erreichbar [mehr], ist unterbrochen);* Inspektionen sind jedoch über Ausweichnummern erreichbar (Augsburger Allgemeine 11./12. 2. 78, 38); * **mehr t. als lebendig** [sein] *(am Ende seiner Kräfte, völlig erschöpft, übel zugerichtet [sein]):* Der Bus ist billiger, aber ... man kommt mehr t. an als lebendig (Singer [Übers.], Feinde 221); **halb t. vor Angst/Furcht/ Schrecken** ⟨o. ä.⟩ **sein** (ugs.; *vor Angst/Furcht/Schrecken o. ä. völlig gelähmt, nicht mehr [re]aktionsfähig sein*); **b)** *als Mensch, Lebewesen nicht mehr existierend; gestorben:* als t. gelten; den Vermißten für t. erklären [lassen]; die ganze Familie ist nun t.; Ü ihre Liebe war t.; für mich ist dieser Kerl t. *(ich beachte, kenne ihn nicht mehr);* * **t. und begraben** (ugs.; *längst in Vergessenheit geraten*); **c)** *organisch nicht mehr belebt, abgestorben:* ein -er Baum, Ast; -es Laub, Gewebe; Impfung mit -en Impfstoffen (Saarbr. Zeitung 12./13. 7. 80, 1); ein -es Gewässer; bestimmen, ... ob Körner noch keimfähig sind oder bereits t. (natur 4, 1991, 61); Ü eine -e *(nicht mehr gesprochene)* Sprache, -es *(nicht anwendbares, nicht produktiv nutzbares)* Wissen; **d)** *sich als Körper nicht aus sich heraus entwickeln könnend; anorganisch:* -e Materie, -e Natur; -es Gestein (1. *Fels.* 2. *Bergbau; Schichten ohne Kohle od. Erzgehalt*); Stefan sah nur -es militärgraues Metall, keinen Menschen (Rolf Schneider, November 167). **2. a)** *ohne [seine natürliche] Frische u. Lebendigkeit:* mit -en Augen ins Leere blicken; -e Augen haben (geh.; *erblindet sein*); ein -es Grau; -e Farben; die -en Fensterhöhlen einer Ruine; **b)** *ohne Anzeichen, Spuren von Leben, Bewegung; leb-, bewegungslos; ausgestorben, unbelebt:* ein leerstehendes Haus ..., das ihm in einer -en Gasse zugewiesen worden war (Ransmayr, Welt 253); die -en Fassaden der Via della Conciliazione (Fest, Im Gegenlicht 345); der Hochsommer ist eine -e *(stille)* Zeit in diesem Geschäft; die kleine Stadt ist abends einfach t.; t. und grau lag das Meer vor uns; die Gegend wirkt t.; Ü er war geistig t.; **c)** *(für den Verkehr o. ä.) nicht nutzbar, nicht genutzt:* ohne eigenen Zugang bleibt die hintere Kammer -er Raum; der -e Arm eines Flusses; ein -es Gleis; da hatten wir in Glinde auf der -en Autobahn einen über den Durst getrunken (Schmidt, Strichjungengespräche 119); die Strecke ist t. *(stillgelegt);* -es Kapital *(Kapital, das keinen Ertrag abwirft);* **d)** *nicht mehr brauchbar, erledigt, am Ende; ausgedient habend, nicht mehr zur Diskussion stehend:* Indem es zur kleinen Koalition kam, war diese Steuer politisch t. (profil 23, 1984, 10); Die Ergänzungsabgabe ist t., töter geht es nicht (Welt 19. 8. 81, 1); Das Auto wäre doch längst t., wenn es nicht optimal einsetzbar wäre (natur 9, 1991, 74).
to|tal ⟨Adj.⟩ [(frz. total <) mlat. totalis = gänzlich, zu lat. totus = ganz; gänzlich]: **1. a)** *so beschaffen, daß es in einem bestimmten Bereich, Gebiet, Zustand o. ä. ohne Ausnahme alles umfaßt; in vollem Umfang; vollständig:* ein -er Mißerfolg; der -e Krieg; eine -e Mondfinsternis; Ein Jahr nach dem Triumph (Rheinische Post 12. 5. 84, 6); Fernsehen auf alle Kanälen. Wem nützt die -e Information? (MM 25./26. 10. 75, 56); Er brach die Vernehmung wegen -er Erschöpfung der Zeugin ab (Prodöhl, Tod 115); -es *(den Zuschauer in das dramatische Geschehen auf der Bühne einbeziehendes)* Theater; **b)** ⟨ugs. intensivierend als Adj. u. Verben⟩: *völlig, ganz u. gar, durch u. durch:* t. übermüdet, pleite, verrückt sein; er machte alles t. verkehrt; etw. t. vergessen; Die Jungs waren und sind t. verunsichert (Kicker 6, 1982, 10); das ist t. (salopp: *außerordentlich, sehr*) gut. **2.** (bildungsspr. selten) *totalitär:* jeder -e Staat sei gefährlich, auch der -e Rechtsstaat (NJW 19, 1984, 1100). **3.** (schweiz.) *insgesamt, gesamt:* Totale Wohnfläche 120 m² (Bund 9. 8. 80, 40); mit einer Grundfläche von t. 19 m² (Tages Anzeiger 14. 10. 85, 49); Auf der französischen Seite wurden ... t. 95 Leute angehalten (Basler Zeitung 2. 10. 85, 25); **To|tal**, das; -s, -e [frz. total] (schweiz.): *Gesamtheit; Gesamtsumme:* ein Aufschlag von 5% des letztjährigen -s (NZZ 1. 12. 5. 83, 11); eine Zunahme um 0,2 Prozent in T. von 9 723 (NZZ 30. 1. 83, 21); **To|tal|ana|ly|se**, die (Wirtsch.): *Analyse, die bei der*

Totalansicht

Untersuchung wirtschaftlicher Zusammenhänge alle Größen u. bes. die gegenseitige Abhängigkeit aller Größen berücksichtigt; **To|tal|an|sicht,** die: *Gesamtansicht;* **To|tal|an|spruch,** der: *totaler (1) Anspruch (1);* **To|tal|aus|fall,** der: *totaler (1) Ausfall (2);* **To|tal|aus|ver|kauf,** der: *vollständiger Ausverkauf;* **To|ta|le,** die; -, -n (Film, Fot.): **a)** *Kameraeinstellung, die das Ganze einer Szene erfaßt: von der Großaufnahme in die T. gehen, fahren, überleiten, wechseln; Sowohl in den -n als auch in den Großaufnahmen waren die Bilder ... ausgezeichnet* (Hörzu 32, 1978, 90); **b)** *Gesamtansicht:* die T. der Hochhäuser; Durch die Fenster dieser Suite ... hat man den Westen und Osten in der T. (Spiegel 46, 1975, 222); **To|tal|ein|druck,** der: *Gesamteindruck;* **To|tal|er|he|bung,** die (Statistik): *Erhebung (5 b) bei der alle Elemente erforscht werden;* **To|ta|li|sa|tor,** der; -s, ...oren [1: lat.-nlat. aus frz. totalisateur = Zählwerk, Registriermaschine, zu: totaliser = alles addieren, zu: total, ↑total]: **1.** *staatliche Einrichtung zum Abschluß von Wetten auf Rennpferde;* Kurzwort: ↑Toto. **2.** (Met.) *Sammelgefäß für Niederschläge;* **to|ta|li|sie|ren** ⟨sw. V.; hat⟩ [zu ↑total, viell. nach frz. totaliser, ↑Totalisator]: **1.** (Bankw. veraltet) *zusammenzählen.* **2.** (bildungsspr. selten) *unter einem Gesamtaspekt betrachten, zusammenfassen:* Gegensätze, Probleme t.; **to|ta|li|tär** ⟨Adj.⟩ [geb. mit französierender Endung]: **a)** *(Politik abwertend) mit diktatorischen Methoden jegliche Demokratie unterdrückend, das gesamte politische, gesellschaftliche, kulturelle Leben [nach dem Führerprinzip] sich total unterwerfend, es mit Gewalt reglementierend:* ein -er Staat, -es Regime; Es gebe in allen Staaten ... immer gewisse lautstarke -e Gruppen (W. Brandt, Begegnungen 156); **b)** *(bildungsspr. selten) die Gesamtheit umfassend;* **To|ta|li|ta|ris|mus,** der; - *(Politik abwertend): totalitäres System; totalitäre Machtausübung:* weder in Frankreich noch in diesem Lande hat die freiheitlich-marktwirtschaftliche Ordnung Faschismus oder T. erzeugt (NZZ 30. 1. 83, 1); **to|ta|li|ta|ri|stisch** ⟨Adj.⟩ (bildungsspr., Politik): *einen Totalitätsanspruch (a) erhebend; totalitär:* eine -e Bewegung; **To|ta|li|tät,** die; -, -en [frz. totalité, zu: total, ↑total]: **1.** ⟨Pl. selten⟩ **a)** (Philos.) *universeller Zusammenhang aller Dinge u. Erscheinungen in Natur u. Gesellschaft: Innerhalb dieser Bereiche* (= Natur und Geschichte) *stellt er die T. der Schöpfung und deren Ordnung dar* (NJW 19, 1984, 1079); **b)** (bildungsspr.) *Ganzheit; Vollständigkeit:* Mit dieser Konzeption erreicht das Kollektiv um Schauspieldirektor Christoph Schroth eine bisher nicht gekannte T. von Formen (NNN 3. 3. 88, 3). **2.** ⟨Pl. selten⟩ (bildungsspr.) *totale Machtausübung; totaler Machtanspruch:* die T. des Staates, der Partei angreifen. **3.** (Astron.) *totale Sonnen-, Mondfinsternis;* **To|ta|li|täts|an|spruch,** der (bildungsspr.): **a)** *totaler Herrschafts-, Machtanspruch;* **b)** *Anspruch auf Totalität (1 b);* **To|ta|li|täts|zo|ne,** die (Astron., Geogr.): *Zone, in der gerade totale Sonnenfinsternis herrscht;* **to|ta|li|ter** ⟨Adv.⟩ [mlat. totaliter] (bildungsspr.): *ganz u. gar:* Diese Möglichkeit, das, was der Theologe die Schöpfung nennt, ... t. zu verneinen (Spiegel 44, 1978, 241); **To|tal|mo|bil|ma|chung,** die (Milit.): *totale* (1 a) *Mobilmachung;* **To|tal|ope|ra|ti|on,** die (Med.): *vollständige operative Entfernung eines Organs, bes. der Gebärmutter u. der Eierstöcke:* sich einer T. unterziehen; **To|tal|pro|the|se,** die (Zahnmed.): *vollständiger Zahnersatz für den zahnlosen Kiefer;* **To|tal|re|fle|xi|on,** die (Physik): *vollständige Reflexion von [Licht]wellen;* **To|tal|scha|den,** der: *(bes. von Kraftfahrzeugen) Schaden, der so groß ist, daß eine Reparatur nicht mehr möglich od. wirtschaftlich vertretbar ist:* an beiden Wagen entstand T.; sein Wagen hat T., Karwig .. kam zwar vor dem Schrecken davon, doch seinen T. ersetzt ihm keiner (ADAC-Motorwelt 8, 1982, 29); Ü das hat einen T. (salopp: *ist geistesgestört, völlig verrückt*); **To|tal|vi|si|on,** die (Film): *Cinemascope.*

tot|ar|bei|ten, sich ⟨sw. V.; hat⟩ (ugs. emotional): *sich bei einer Arbeit bis zur Erschöpfung verausgaben;* **tot|är|gern,** sich ⟨sw. V.; hat⟩ (ugs. emotional): *sich maßlos ärgern;* **tot|bei|ßen** ⟨st. V.; hat⟩ *durch Beißen* (2 a) *töten:* der Hund hat die Hühner totgebissen; **To|te,** der u. die; -n, -n ⟨Dekl. ↑Abgeordnete⟩ [mhd. tōte, ahd. tōto]: *jmd., der tot, gestorben ist:* die -n begraben; bei dem Unfall gab es zwei T. (Todesopfer); sie gedachten der -n, trauerten um die -n; wie ein -r (ugs.; *fest [und lange]*) schlafen; das ist ja ein Lärm, um T. aufzuwecken (das ist ein wüster Lärm); Dafür richtet Salzburg eine Trauerfeier für seinen großen -n aus (MM 18. 7. 89, 20); na, bist du von den -n auferstanden? (ugs. scherzh. zu jmdm., der wegen Krankheit, einer Reise o. ä. lange nicht hat sehen lassen; *lebst du noch?; gibt es dich noch/wieder?*); R die -n soll man ruhen lassen (man soll nichts Nachteiliges über sie sagen); **Tot|eis,** das (Geol.): *vom Gletscher abgetrennte u. von Sanden u. Kiesen überlagerte Eismasse, die an den Bewegungen des Gletschers nicht mehr teilnimmt.*

To|tem [...ɛm], das; -s, -s [engl. totem < Algonkin (nordamerik. Indianerspr.) ototeman] (Völkerk.): *(bei Naturvölkern) tierisches, pflanzliches Wesen oder Ding, das als Ahne od. Verwandter bes. eines Klans* (a) *gilt, als zaubermächtiger Helfer verehrt wird u. nicht getötet od. verletzt werden darf [u. in bildlicher Form o. ä. als Zeichen des Klans gilt].*

To|te Meer, das; -n -[e]s: *stark salzhaltiges Binnenmeer in Palästina.*

To|tem|fi|gur, die: *Figur* (2) *eines Totems;* **To|tem|glau|be,** der: *Totemismus;* **To|te|mis|mus,** der; - (Völkerk.): *Glaube an die übernatürliche Kraft eines Totems u. seine Verehrung;* **to|te|mi|stisch** ⟨Adj.⟩ (Völkerk.): *den Totemismus betreffend, zu ihm gehörend, auf ihm beruhend;* **To|tem|pfahl,** der: *(bei den Indianern Nordwestamerikas) hoher geschnitzter u. bemalter Pfahl mit Darstellungen des Totemtiers u. einer menschlichen Ahnenreihe;* **To|tem|tier,** das: **a)** *als Totem verehrtes Tier;* **b)** *Figur* (2) *eines Totemtiers* (a).

tö|ten ⟨sw. V.; hat⟩ [mhd. tœten, ahd. tōden, zu ↑tot, also eigtl. = tot machen]: **1. a)** *den Tod von jmdm., etw. herbeiführen, verursachen, verschulden:* jmdn. vorsätzlich, heimtückisch, durch Genickschuß, mit Gift t.; bei dem Unfall wurden drei Menschen getötet; „Warum töten wir Menschen, um zu zeigen, daß es falsch ist, Menschen zu t.?" (Spiegel 2, 1993, 136); ⟨auch ohne Akk.-Obj.:⟩ (bibl.:) du sollst nicht t.; ⟨subst.:⟩ Albert Einsteins Erkenntnis, Töten im Krieg sei „um nichts besser als gewöhnlicher Mord" (Spiegel 46, 1988, 64); **b)** ⟨t. + sich⟩ *Selbstmord begehen:* Er hatte ... sich selbst mit einem Schuß in den Bauch getötet (Grzimek, Serengeti 104). **2.** (ugs.) *bewirken, daß etw. zerstört, vernichtet wird:* Bakterien t.; den Nerv eines Zahns t.; die Kippe t. *(ausdrücken),* die Glut [der Zigarette] t. *(zum Verlöschen bringen);* Ü Gefühle t.; die Zeit t. *(totschlagen);* ein paar Flaschen Bier t. *(leer trinken);* der Schmerz tötete alle Empfänglichkeit für äußere Sinneseindrücke *(schaltete sie aus;* Süskind, Parfum 7); **To|ten|acker¹,** der (veraltet): *Friedhof;* **to|ten|ähn|lich** ⟨Adj.⟩: *ähnlich wie bei einem Toten:* er ... empfahl ihm für den Fall eines Falles ... die Nachahmung eines -en Zustandes (Giordano, Die Bertinis 198); in einen -en Schlaf fallen; **To|ten|amt,** das (kath. Kirche): *Totenmesse* (a); **To|ten|bah|re,** die [mhd. tōtenbāre]: *Bahre;* **To|ten|baum,** der. **1.** *Baumsarg mit mythologischen Schnitzereien aus der Zeit der Merowinger.* **2.** (schweiz. veraltet) *Sarg;* **To|ten|be|schwö|rung,** die: *Beschwörung von [Geistern der] Toten;* **To|ten|be|stat|tung,** die (geh.): *Bestattung;* **To|ten|bett,** das [mhd. tōt(en)bette]: *Sterbebett:* am T. des Vaters; jmdm. auf dem T. *(der im Sterben liegt)* ein Versprechen abnehmen; **to|ten|blaß** ⟨Adj.⟩ (emotional verstärkend): *leichenblaß;* **To|ten|bläs|se,** die: *Leichenblässe;* **to|ten|bleich** ⟨Adj.⟩ (emotional verstärkend): *totenblaß;* **To|ten|blu|me,** die ⟨meist Pl.⟩ (landsch.): *an Gräbern häufig gepflanzte Blume* (z. B. Aster); **To|ten|brett,** das (bes. bayr.): *mit Inschriften u. Malereien verziertes Brett, auf dem die Leiche vor dem Begräbnis gelegen hat u. das zum Gedächtnis des Verstorbenen an dem Grab od. am Ort des Todes aufgestellt wird:* * aufs T. kommen *(sterben);* **To|ten|buch,** das (Völkerk.): **a)** *mit Sprüchen beschriftete od. bemalte Papyrusrolle, die im alten Ägypten einem Verstorbenen mit ins Grab gegeben wurde;* **b)** *Text aus einer Sammlung buddhistischer Unterweisungen, den ein* ²*Lama einem gerade Verstorbenen vorliest, um seinen Geist auf die Erscheinungen zwischen Tod u. Wiedergeburt vorzubereiten;* **To|ten|eh|rung,** die: *Ehrung eines Toten, von Toten in offiziellem Rahmen:* Am Allerheiligentag, bei der T., da treffen wir uns alle Jahre am Grab unserer lieben Eltern (Wimschneider, Herbstmilch 143); **to|ten|fahl** ⟨Adj.⟩ (emotional verstärkend): *totenblaß;* **To|ten|fei|er,** die: *Feier zum ehrenden Gedenken eines, von Toten:* die Trauerglocken ... riefen die Trauergemeinde zur T.

(Hamburger Abendblatt 21. 5. 85, 16); **To|ten|fest,** das: **a)** (Rel.) in den verschiedensten Riten begangenes Fest zu Ehren der Toten; **b)** (ev. Kirche) Ewigkeitssonntag; **c)** (kath. Kirche) Allerseelen; **To|ten|flau|te,** die (Seemannsspr.): *völlige Windstille;* **To|ten|fleck,** der 〈meist Pl.〉 (Med.): *nach dem Tod eintretende Verfärbung der Haut;* **To|ten|frau,** die: *Leichenfrau;* **To|ten|ga|be,** die (Archäol.): *Grabbeigabe;* **To|ten|ge|dächt|nis,** das (Rel.): *Brauch, an bestimmten Tagen der Verstorbenen in der Liturgie zu gedenken;* **To|ten|ge|läut, To|ten|ge|läu|te,** das: *Geläut der Totenglocke;* **To|ten|ge|leit,** das (geh.): *Teilnahme an jmds. [feierlicher] Beerdigung;* **To|ten|ge|richt,** das (Rel.): **a)** *[göttliches] Gericht im Jenseits über einen Verstorbenen;* **b)** *[göttliches] Gericht am Weltende;* **To|ten|ge|spräch,** das 〈meist Pl.〉 (Literaturw.): *[satirische] Dichtung bes. in der Antike u. der frühen Aufklärung, durch die von Gesprächen im Totenreich Zeitkritik geübt wird;* **To|ten|glocke**[1]**,** die: *Glocke, die bei Beerdigungen geläutet wird;* **To|ten|grä|ber,** der: **1.** *Aaskäfer, der seine Eier in Gruben ablegt u. in diese kleine Tierkadaver zieht, die von den ausgeschlüpften Larven ausgefressen werden.* **2.** *jmd., der [auf einem Friedhof] Gräber aushebt: Die wissenschaftliche Analyse der Sargreste bestätigt voll und ganz die Ausführungen des -s* (Weber, Tote 102); Ü *umgekehrt werden die Hüter des Wachstums und der Produktion als die T. (Zerstörer, Vernichter) unserer Umwelt und der Natur dargestellt* (Heilbronner Stimme 12. 5. 84, 31); **To|ten|hal|le,** die: *Leichenhalle;* **To|ten|hemd,** das: *Sterbehemd;* **To|ten|kam|mer,** die: *Leichenkammer;* **To|ten|kla|ge,** die: **a)** *Klage um einen Toten;* **b)** (Literaturw.) *Gedicht, das Schmerz u. Trauer um einen Toten ausdrückt;* **To|ten|kopf,** der: **1.** *Schädel (1) eines Toten.* **2.** *Zeichen in Form eines stilisierten Totenkopfes (1): ein Schild, Etikett mit einem T. (als Hinweis, daß etw. lebensgefährlich [giftig] ist).* **3.** *Totenkopfschwärmer;* **To|ten|kopf|äff|chen,** das: *(in Mittel- u. Südamerika vorkommender) kleiner Kapuzineraffe mit auffallend weißem Gesicht;* **To|ten|kopf|schwär|mer,** der: *großer Schmetterling mit einer einem Totenkopf ähnlichen Zeichnung auf der Rücken;* **To|ten|kro|ne,** die (früher): *kranzähnliches Gebilde, das jung Verstorbenen, bes. Mädchen, die unverheiratet geblieben waren, auf den Sarg gelegt wird;* **To|ten|kult,** der (Völkerk.): *kultische Verehrung von Verstorbenen;* **To|ten|la|de,** die: **1.** (Med.) *durch Neubildung von Knochen entstehende Hülle, die bei chronischer Knochenmarkentzündung den abgestorbenen Knochen aufnimmt.* **2.** (veraltet, noch landsch.): *Sarg;* **To|ten|la|ge,** die (geh.): *Totenbett;* **To|ten|mahl,** das (geh.): [1]*Mahl (2) der Trauergäste zu Ehren eines Verstorbenen;* **To|ten|mas|ke,** die: *Abguß aus Gips, Wachs o. ä. vom Gesicht eines Toten;* **To|ten|mes|se,** die (kath. Kirche): **a)** *meist am Tage der Beisetzung gehaltene* [1]*Messe (1) für einen Verstorbenen; Toten-, Sterbeamt; Requiem (1);* **b)** [1]*Messe (1) für Verstorbene;*

To|ten|of|fi|zi|um, das (kath. Kirche): *Stundengebet, das bes. an Gedenktagen einzelner der. aller Toten verrichtet wird;* **To|ten|op|fer,** das (Völkerk.): *Opfer, das einem Verstorbenen dargebracht wird;* **To|ten|reich,** das (Myth.): *(in der Vorstellung alter Kulturvölker existierendes) Reich, in das die Verstorbenen eingehen;* **To|ten|schä|del,** der: *Totenkopf (1);* **To|ten|schau,** die: *Leichenschau;* **To|ten|schein,** der: *ärztliche Bescheinigung, durch die jmds. Tod offiziell bestätigt u. die Todesursache angegeben wird: Der Chefchirurg machte kurzerhand ein Kreuz auf dem T.* (Hackethal, Schneide 105); Ü *Einige wollten den Grünen ... schon den T. ausstellen* (natur 3, 1991, 36); **To|ten|schrein,** der (geh., veraltet): *Sarg;* **To|ten|sonn|tag,** der (ev. Kirche): *Ewigkeitssonntag;* **To|ten|stadt,** die (Völkerk.): *Nekropole;* **To|ten|star|re,** die: *Erstarrung der Muskulatur einige Stunden nach Eintreten des Todes; Leichenstarre;* **to|ten|still** 〈Adj.〉 (emotional verstärkend): *[in beklemmender Weise] so still, daß überhaupt kein Geräusch zu hören ist: Die Hühner krächzen nicht mehr, außerhalb der Musik ist es t.* (Fels, Kanakenfauna 71); **To|ten|stil|le,** die: *tiefe [beklemmende] Stille;* **To|ten|tanz,** der: **a)** (bild. Kunst) *[spätmittelalterliche] allegorische Darstellung eines Reigens, den der Tod (2) mit Menschen jeden Alters u. Standes tanzt;* **b)** (Musik) *meist mehrteilige Komposition, die den Dialog u. Tanz des Todes (2) mit den Menschen zum Thema hat;* **To|ten|tem|pel,** der (Völkerk.): *Tempel, der dem Totenkult geweiht ist;* **To|ten|trom|pe|te,** die: *schiefergrauer, in feuchtem Zustand schwarzer Pilz von der Form einer Trompete od. eines Trichters;* **To|ten|tuch,** das 〈Pl. ...tücher〉 (veraltend): *Leichentuch;* **To|ten|uhr,** die: *Klopfkäfer, dessen Klopfen im Volksglauben als Zeichen für einen bevorstehenden Todesfall gedeutet wird;* **To|ten|ver|eh|rung,** die (Völkerk.): *Totenkult; Manismus;* **To|ten|vo|gel,** der [der Ruf der Vögel galt als Vorbote des Todes] (volkst.): *Stein-, Waldkauz, Schleiereule;* **To|ten|wa|che,** die: *Wache am Bett od. Sarg eines Verstorbenen bis zu seiner Beerdigung:* die T. halten; **To|ten|wäl|scher,** der: *Leichenwälscher;* vgl. **To|ten|wäl|scher,** *in Form zu* ↑ *Totenwäscher;* **Tö|ter,** der; -s, - (selten): *jmd., der getötet hat;* **Tö|te|rin,** die; -, -nen: (selten): w. Form zu ↑ *Töter;* **Tot|er|klär|te,** der u. die; -n, -n 〈Dekl. ↑ Abgeordnete〉 (Rechtsspr. veraltet): *Vermißter, Verschollener, der für tot erklärt worden ist;* **tot|fah|ren** 〈st. V.; hat〉: *durch An-, Überfahren töten:* er hat ihn totgefahren; jeden Sonnabend fahren sich ein paar junge Leute tot (B. Vesper, Reise 377); **tot|fal|len,** sich 〈st. V.; hat〉 (veraltend): *sich zu Tode stürzen;* **tot|ge|bo|ren**[1] 〈Adj.〉: *bei der Geburt nicht mehr lebend:* ein -es Mädchen; **Tot|ge|bo|re|ne** 〈Pl.; Dekl. ↑ Abgeordnete〉 (Amtsspr., Statistik): *Totgeburten (b);* **Tot|ge|burt,** die: **a)** *Geburt eines toten Kindes, Tieres:* eine T. haben; **b)** *totgeborenes Kind, Junges;* **tot|ge|glaubt** 〈Adj.〉: *als verstorben geglaubt, angenommen:* die -en Bergleute; **Tot|ge|glaub|te,** der u. die; -n, -n 〈Dekl.

↑ Abgeordnete〉: *jmd., bes. ein Verschollener, der fälschlicherweise für tot gehalten wurde;* **tot|ge|hen** 〈unr. V.; ist〉 (bes. nordd.): *(von Tieren) verenden:* durch die Seuche sind viele seiner Tiere totgegangen; Ü (salopp:) Ist doch ganz verständlich, daß wir jetzt noch mehr zusammenhalten, seit da einer totgegangen ist (Spiegel 48, 1982, 99); Vor einem Jahr sind durch plötzlich auftretendes Gas im Hochofenbereich sechs Kollegen totgegangen (Wallraff, Ganz unten 91); **Tot|ge|sag|te,** der u. die; -n, -n 〈Dekl. ↑ Abgeordnete〉: *jmd., der totgesagt wurde;* **Tot|ge|wicht,** das (Technik): *Eigengewicht (2 a);* **tot|het|zen** 〈sw. V.; hat〉: **1.** *[bei einer Hetzjagd] zu Tode hetzen (1 a).* **2.** 〈t. + sich〉 (ugs. emotional) *abhetzen (2);* **Tot|holz,** das (Schiffbau): *Teil des unter Wasser liegenden Schiffskörpers, der nicht als Laderaum o. ä. genutzt werden kann.* **Toties-quoties-Ablaß,** der; ...lasses, ...lässe [zu lat. toties quoties = so oft wie] (kath. Kirche): *Ablaß, der so oft erlangt werden kann, wie die gestellten Bedingungen erfüllt werden.* **to|ti|po|tent** 〈Adj.〉 [zu lat. totus = ganz u. potens, ↑ potent] (Biol.): *(von Zellen) in der Differenzierung noch nicht festgelegt.* **tot|krie|gen** 〈sw. V.; hat〉 (ugs.): *es fertigbringen, daß etw. vernichtet wird, jmd. zugrunde geht:* mit deiner übertriebenen Gießerei wirst du die Pflanzen nicht mehr t.; * **nicht totzukriegen sein** (scherzh.; **1.** *soviel Energie, Elan haben, daß man auch bei großer Anstrengung nicht aufgibt, ermüdet o. ä.:* der Conférencier war einfach nicht totzukriegen); **2.** *sehr strapazierfähig, haltbar (b) sein:* der alte Pulli ist nicht totzukriegen); **tot|la|chen,** sich 〈sw. V.; hat〉 (ugs. emotional): *sehr lachen [müssen]:* seine Komik ist unnachahmlich, wir haben uns alle totgelacht; * **zum Totlachen sein** (sehr komisch, lustig, drollig sein); **Tot|la|ge,** die (Technik): *Stellung eines Mechanismus, der durch Richtungswechsel ganz kurz in Ruhestellung ist, die Geschwindigkeit Null hat;* **Tot|last,** die (Technik): *Eigengewicht (2 a) von Geräten, das die Lasten aufnehmen u. transportieren;* **tot|lau|fen,** sich 〈st. V.; hat〉 (ugs.): *(im Laufe der Zeit) an Wirkung, Kraft o. ä. verlieren u. schließlich aufhören:* die Verhandlungen liefen sich tot; *Auch darin läuft die zunächst spannend aufgerollte Handlung sich ... irgendwie tot* (Augsburger Allgemeine 6./7. 5. 78, 35); **tot|ma|chen** 〈sw. V.; hat〉 (ugs.): **1.** *[mutwillig, vorsätzlich] töten (1 a):* warum hast du den schönen Schmetterling totgemacht?; was gehen Sie der alte Wucherer an und die Frage an, wer ihn wirklich totgemacht hat (G. Vesper, Laterne 44); Ü *die Konkurrenz t.* **2.** 〈t. + sich〉 (emotional) *seine Gesundheit, Nerven ruinieren:* sich für jmdn., etw. t.; **tot|ma|lo|chen,** sich 〈sw. V.; hat〉 (salopp emotional): *sich totarbeiten;* **Tot|mann|brem|se,** die, **Totmannknopf,** der, **Totmannkurbel,** die [nach der bes. auf Lokomotiven üblichen Sicherheitsvorrichtung, die der Fahrzeugführer in bestimmten Abständen betätigen muß u. deren Nichtbetätigen (z. B. beim plötzlich eintretenden Tod

des Fahrzeugführers) zu einer Zwangsbremsung führt] (Technik): *Bremsvorrichtung, bes. bei Fahrzeugen mit Deichsel od. Fahrerstand, die selbsttätig bremst, sobald die Deichsel losgelassen od. der Fahrerstand verlassen wird.*
To|to, das, auch: der; -s, -s [geb. unter lautlicher Anlehnung an ↑Lotto]: **a)** Kurzwort für: Totalisator (1); **b)** kurz für ↑Sport-, Fußballtoto: im T. tippen; **To|to|an|nah|me|stel|le,** die: vgl. Lottoannahmestelle; **To|to|block,** der ⟨Pl. ...blöcke⟩: vgl. Lottoblock; **To|to|er|geb|nis,** das ⟨meist Pl.⟩: *Ergebnis im Toto;* **To|to|ge|winn,** der: *Gewinn im Toto;* **To|to|schein,** der: *Wettschein mit vorgedruckten Zahlenreihen, in denen man das vermutete Ergebnis bestimmter Fußballspiele ankreuzt;* **To|to|spiel,** das: vgl. Lottospiel; **To|to|zet|tel,** der: *Totoschein.*
Tot|punkt, der (Technik): *Stellung eines Mechanismus, bei der eines seiner Glieder durch Richtungswechsel kurzzeitig in Ruhe ist;* **tot|re|den** ⟨sw. V.; hat⟩ (ugs. emotional): *ununterbrochen auf jmdn. einreden:* er hatte soviel von der Reise zu erzählen, er hat mich einfach totgeredet; **Tot|rei|fe,** die (Landw.): *bestimmter Reifegrad von Getreide, der Verluste durch Ausfallen der Körner u. durch Bruch der Ähren bewirkt;* **tot|rei|ten** ⟨st. V.; hat⟩ (ugs.): *bis zum Überdruß behandeln, bereden, über etw. diskutieren:* ein Thema t.; **tot|sa|gen** ⟨sw. V.; hat⟩: *von jmdm. fälschlicherweise behaupten, daß er tot ist:* Für den durch Flüchtlinge bereits mehrfach totgesagten Khmer-Rouge-Chef ... (Spiegel 42, 1975, 146); Ü Amerikas Terrorszene, seit Jahren totgesagt, ist nach wie vor aktiv (profil 46, 1983, 46); **tot|sau|fen,** sich ⟨st. V.; hat⟩ (salopp emotional): *sich tottrinken:* der hat jeden Tag 'ne Flasche Korn oder Kümmel oder Aquavit hat der, bis er sich auch totgesoffen, 54 ist er gestorben (Fichte, Wolli 390); **tot|schie|ßen** ⟨st. V.; hat⟩ (ugs.): *mit einer Schußwaffe töten:* Weißt du, bei einem wirklichen Krieg werden viele Menschen totgeschossen (Kühn, Zeit 382); **Tot|schlag,** der ⟨o. Pl.⟩ (Rechtsspr.): *Tötung eines Menschen, für die das Gericht im Unterschied zum Mord keine niedrigen Beweggründe geltend macht:* T. im Affekt; daß sich die Schwester Friedel in Chemnitz zu einem T. an ihrem Mann hatte hinreißen lassen (Kühn, Zeit 365); **tot|schla|gen** ⟨st. V.; hat⟩: *durch einen Schlag, durch Schläge töten:* eine Ratte mit einem Stock t.; er hat ihn im Rausch totgeschlagen; schlagt ihn t.!; R dafür lasse ich mich [auf der Stelle] t. (ugs. emotional; *das ist ganz bestimmt so*); du kannst mich t./und wenn du mich totschlägst (ugs. emotional; *du kannst machen, was du willst, es hilft alles nichts*), ich weiß nichts davon; lieber/eher lasse ich mich t., als daß ich das tue (ugs. emotional; *nichts u. niemand kann mich dazu bringen, das zu tun*); Ü die Zeit, den Tag t. (ugs.; *sich langweilen u. versuchen, mit irgendeiner Beschäftigung die Zeit, den Tag vergehen zu lassen*); Mit Kartenspielen die Zeit t.! (Brot und Salz 400); sein Gewissen t. *(betäuben);* das knallige Rot schlägt die anderen Farben tot *(läßt sie nicht zur Geltung kommen);*

Tot|schlä|ger, der: **1.** (abwertend) *jmd., Verbrecher, der einen Totschlag, Totschläge begangen hat:* Mozl, ein in der Unterwelt bekannter T., winkt mich zu seinem Tisch (Sobota, Minus-Mann 103). **2.** *[mit Stoff, Leder o. ä. überzogene] stählerne Spirale od. an seinem oberen Ende mit einer Bleikugel versehener Stock als Mordwaffe;* **Tot|schlä|ge|rin,** die (abwertend): w. Form zu ↑Totschläger; **tot|schwei|gen** ⟨st. V.; hat⟩: *etw. nicht erwähnen, um den Eindruck zu erwecken, als ob es gar nicht existent sei; dafür sorgen, daß jmd., in der Öffentlichkeit nicht genannt, bekannt wird:* Als die Ergebnisse ... veröffentlicht wurden, konnte die Riege der Sportfunktionäre die Kritik nicht mehr t. (natur 3, 1991, 98); **Tot|schwei|ge|tak|tik,** die: *Taktik, durch Totschweigen bestimmte Ziele zu erreichen, Pläne zu verwirklichen, eigene Interessen zu wahren o. ä.;* **tot|sprit|zen,** sich ⟨sw. V.; hat⟩ (Jargon): *durch das Spritzen von Rauschgift zu Tode kommen:* Seit Jahresanfang haben sich in der Bundesrepublik ... weit über dreihundert Fixer totgespritzt (Spiegel 35, 1979, 86); **tot|ste|chen** ⟨st. V.; hat⟩ (ugs.): *durch einen Stich* (1 a), *durch Stiche töten;* **tot|stel|len,** sich ⟨sw. V.; hat⟩: *durch regungsloses Verharren vorgeben, tot zu sein:* der Käfer stellt sich tot; **Tot|stell|re|flex,** der: *reflektorisches Erstarren bei Gefahr;* **tot|stür|zen,** sich ⟨sw. V.; hat⟩: *sich zu Tode stürzen;* **tot|tram|peln** ⟨sw. V.; hat⟩ (ugs.): vgl. tottreten; **tot|tre|ten** ⟨st. V.; hat⟩: *durch [Darauf]treten töten;* **tot|trin|ken,** sich ⟨st. V.; hat⟩ (ugs.): *sich durch ständigen übermäßigen Alkoholkonsum zugrunde richten.*
To|tum, das; -s, Tota [lat. totum, zu: totus, ↑total] (bildungsspr.): *das Ganze; Gesamtbestand.*
Tö|tung, die; -, -en ⟨Pl. selten⟩: *das Töten* (1 a); **Tö|tungs|ab|sicht,** die (Rechtsspr.): *Absicht, jmdn. zu töten:* Für den Fall eines Urteils beantragte sie „Freispruch wegen nicht erwiesener T." (MM 22./23. 4. 78, 17); **Tö|tungs|de|likt,** das (Rechtsspr.): *Straftat, durch die ein Mensch zu Tode kommt;* **Tö|tungs|versuch,** der (Rechtsspr.): *Versuch, jmdn. zu töten;* **tot|wei|nen,** sich ⟨sw. V.; hat⟩ (ugs. emotional) *lange, heftig weinen;* **Tot|zeit,** die (Technik, Kybernetik): *Zeitspanne zwischen dem Einstellen einer Anlage, Maschine o. ä. u. der dadurch bewirkten Änderung.*
Touch [tatʃ], der; -s, -s [engl. touch, zu: to touch = berühren < afrz. touchier, ↑touchieren] (ugs.): *etw., was jmdm., einer Sache als leicht angedeutete Eigenschaft ein besonderes Fluidum gibt:* J. D. spricht von Landarbeiterinnen und Handwerkerinnen, warum aber nur von Großgrundbesitzern? Haftet diesem Begriff ein so negativer T. an, daß er männlich bleiben darf? (natur 7, 1991, 10); Manager mit romantischem T. (Spiegel 11, 1976, 26); Abgewandelte Pagenköpfe mit nostalgischem T., bei denen das Profil betont wird (Chic 9, 1984, 51); **touchant** [tuˈʃã, tʊ'...] ⟨Adj.⟩ [frz. touchant, adj. 1. Part. von: toucher, ↑touchieren] (bildungsspr. veraltet): *rührend, bewegend, ergreifend;* **Touch|bild|schirm,** der (Datenverarb.): *Bildschirm* (3 c), *der auf Antippen mit dem Finger bzw. mit einem Stift reagiert;* **tou|chie|ren** [tuˈʃiːrən, tʊ-'...] ⟨sw. V.; hat⟩ [frz. toucher = berühren, befühlen < afrz. touchier, urspr. lautm.]: **1.** (bes. Sport) *berühren* (1): ein Hindernis t.; Er touchierte die Leitplanke auf der Gegenfahrbahn (NZZ 30. 8. 86, 7); das Pferd touchierte das letzte Hindernis, aber die Stange blieb liegen; den Gegner mit der Klinge, die Billardkugel mit der Queue t. **2.** (Med.) *(von außen zugängliche Körperhöhlen) zu diagnostischen Zwecken austasten;* die Mundhöhle, das Rektum t. **3.** (Med.) *mit dem Ätzstift abätzen;* **Touch|screen,** der [engl. touch screen, zu: screen, ↑Screen] (Datenverarb.): *Touchbildschirm.*
Tou|pet [tuˈpeː], das; -s, -s [frz. toupet, zu afrz. to(u)p = Haarbüschel, aus dem Germ.]: **1.** (früher) *Haartracht, bei der das Haar über der Stirn toupiert war.* **2.** *(bes. für Herren) Haarteil, das als Ersatz für teilweise fehlendes eigenes Haar getragen wird:* Er legte seine T. ... behutsam auf das Nachtkästchen (Zenker, Froschfest 32). **3.** (schweiz.) *Unverfrorenheit, Dreistigkeit:* ich staune einfach, wie ihr es fertiggebracht habt, den Leuten eure Bären aufzubinden. Da gehört schon allerhand T. dazu (Muschg, Gegenzauber 268); **tou|pie|ren** ⟨sw. V.; hat⟩ [zu ↑Toupet]: *das Haar strähnenweise in Richtung des Haaransatzes in schnellen u. kurzen Bewegungen kämmen, um es fülliger erscheinen zu lassen:* Hatte sie zu lange auf dem Rücken gelegen, toupierte sie die Mähne, weil sie ihren Hinterkopf zu flach fand (Bieler, Bär 181).
Tour [tuːɐ̯], die; -, -en [frz. tour, eigtl. = Drehsinn; Drehung < ‹lat. tor(n) < lat. tornus, ↑Turnus]: **1.** *Ausflug* (1), *[Rund]fahrt:* eine schöne T. in die Berge, eine T. durch Europa; auf einer T. sein; Der Gesamtleiter der Wanderung ... lud bereits zur nächsten T. ... ein (Freie Presse 3. 1. 90, 5); * **auf T. sein, gehen** (ugs.; *[geschäftlich, dienstlich] unterwegs (b) sein, sich auf eine Fahrt, Tournee o. ä. begeben*): jetzt, da ich mit meiner neuen Band immer auf T. bin (Freizeitmagazin 26, 1978, 2). **2.** *bestimmte Strecke:* er macht, fährt heute die T. Frankfurt-Mannheim; er mußte die ganze T. zurück laufen; eine T. mit dem Bus fahren; grade ging der Polizist seine T., da hat ihm der Pole erzählt, daß ich ein Schwein geschlachtet hab' (Wimschneider, Herbstmilch 98). **3.** ⟨Pl. selten⟩ **a)** (ugs., oft abwertend) *Art u. Weise, mit Tricks, Täuschungsmanövern o. ä. etw. zu erreichen:* immer dieselbe T.!; die T. zieht bei mir nicht!; Lutz fand, der Leutnant machte das nicht schlecht. Das war die gütige, menschliche T. (Loest, Pistole 109); eine neue T. ausprobieren; etw. auf die sanfte, naive, gemütliche T. machen; Er ... läßt die Skilehrer seiner Alpenclubs in Schulungen auf die sanfte T. abfahren (natur 3, 1991, 99); nun wird es mit einer anderen T. versuchen; * **auf die dumme o. ä. T. reisen/reiten** *(etw. auf scheinbar naive, dummdreiste o. ä. Weise zu erreichen suchen);* **seine T. kriegen,** ha-

ben *(einen Anfall von schlechter Laune bekommen, haben);* **b)** (ugs.) *Vorhaben, Unternehmen [das nicht ganz korrekt, rechtmäßig ist]:* die T. ist schiefgegangen; jmdm. die T. vermasseln; Leider öffnet aber die schlechte Beweisbarkeit allen möglichen krummen -en Tür und Tor (Brückenbauer 11.9.85, 8); sich auf üble, nicht ganz saubere -en einlassen; für dich ist die T. gelaufen *(du hast Pech gehabt).* **4.** ⟨meist Pl.⟩ (Technik) *Umdrehung, Umlauf eines rotierenden Körpers, bes. einer Welle:* der Motor läuft auf vollen, höchsten -en; die Maschine kam schnell auf -en; der Drehzahlbereich liegt zwischen 5 500 und 7 500 -en *(Umdrehungen pro Minute);* eine Schallplatte mit 45 -en; * **in einer T.** (ugs.; *ohne Unterbrechung, andauernd, ständig*): mit den neuen Mietern gibt es in einer T. Ärger; Immerfort versuchte er, an mir herumzuerziehen, in einer T. behauptete er, das gäbe es nicht ..., daß sich der Mensch nicht ändere (Brot und Salz 416); **jmdn. auf -en bringen** (ugs.; 1. *erregen; in Schwung, Stimmung bringen.* 2. *jmdn. wütend machen):* vielleicht war es dieser Hinweis, der sie auf -en brachte. - Mit schriller, sich überschlagender Stimme zählte sie auf, was sie ... für ihn getan hatte [Augsburger Allgemeine 6./7. 5. 78, IV]); **auf -en kommen, sein** (ugs.; 1. *in Erregung, Stimmung, Schwung geraten, sein:* am frühen Morgen komme ich nie so recht auf -en. 2. *wütend werden, sein);* **auf vollen/höchsten -en laufen** (ugs.; *äußerst intensiv betrieben werden):* Der Polizeiapparat lief auf vollen -en, in Hamburg suchte man einen hellgrauen Volvo (Danella, Hotel 380); sicher können wir erst sein, wenn die Produktion auf vollen -en läuft. **5.** *in sich geschlossener Abschnitt einer Bewegung:* bei der dritten T. der Quadrille brach die Musik plötzlich ab; nach den vielen -en *(Runden)* auf dem Karussell wurde ihm schlecht; zwei -en *(Reihen)* links, zwei -en rechts stricken. **6.** (Reiten, bes. österr.) *einzelne Lektion* (1 d) *im Dressurreiten;* **Tour de force** [turdə'fɔrs], die; - - -, -s - - [turdə'fɔrs; frz. tour de force, zu: tour = Kraft, Stärke, Gewalt] (bildungsspr.): *Gewaltaktion, mit Mühe, Anstrengung verbundenes Handeln;* **Tour de France** [turdə'frã:s], die; - - -, -s - - [turdə'frã:s, frz.]: *alljährlich in Frankreich von berufsmäßigen Radfahrern ausgetragenes Straßenrennen, das über zahlreiche Etappen führt u. als schwerstes Straßenrennen der Welt gilt;* **Tour d'ho|ri|zon** [turdɔri'zõ], die, auch: der; - -, -s - [turdɔri'zõ; frz. tour d'horizon, zu: horizon = Horizont; Blickfeld, Gesichtskreis] (bildungsspr.): *informativer Überblick (über zur Diskussion stehende Themen):* Die „schwierige internationale Lage", so das Fazit seiner weltpolitischen T. d'h. ... gebe Anlaß, „nicht ins Feuer zu blasen" (Spiegel 6, 1980, 35); **tou|ren** ['tu:rən] ⟨sw. V.; hat⟩: **1.** (Jargon) *auf Tournee gehen, sein:* Zur Zeit tourt der bärtige Sänger und Musiker durch ausverkaufte Hallen und Freiluftarenen (Hörzu 37, 1984, 90); Eine Ausstellung mit täuschend echten Exponaten tourt durch Deutschland (natur 5,

1991, 45). **2.** (ugs.) *auf Tour* (1) *gehen, sein;* **Tou|ren|boot,** das: vgl. Tourenrad; **Tou|ren|rad,** das: *stabileres Fahrrad für längere Fahrten;* **Tou|ren|schrei|ber,** der (Technik): *Gyrometer;* **Tou|ren|ski,** der: *breiterer Ski für Skitouren;* **Tou|ren|wa|gen,** der (Motorsport): *(in beschränkter Serie hergestellter) Wagen für Rallyes;* **Tou|ren|zahl,** die (Technik): *Drehzahl;* **Tou|ren|zäh|ler,** der (Technik): *Drehzahlmesser.*
Tou|rill [tu...], das; -s, -s ⟨meist Pl.⟩ [H. u.] (Chemie): *Vorrichtung aus reihenförmig angeordneten, durch Rohre verbundenen Gefäßen zur Kondensation od. Absorption von Gasen.*
Tou|ris|mus [tu...], der; - [zu ↑Tourist]: *das Reisen, der Reiseverkehr [in organisierter Form] zum Kennenlernen fremder Orte u. Länder u. zur Erholung:* den T. fördern, bremsen; das Land hat durch den T. zwar gewonnen, aber auch viel verloren; zwei stilecht nachgebaute Spreewaldkähne ... Sie sehen nach Sonntagsfahrten und T. aus (Berger, Augenblick 60); **-tou|ris|mus,** der; -: *bezeichnet in Bildungen mit Substantiven, die jmdn., etw. als Gegenstand od. Ziel eines bestimmten Anlaß, Zweck nennen, ein Reisen, ein betriebsames Herumfahren:* Abfall-, Abtreibungs-, Polit-, Sextourismus; vgl. Fremdenindustrie; **Tou|ris|mus|in|du|strie,** die: vgl. Fremdenindustrie; **Tou|ris|mus|land,** das: *Land mit starkem Tourismus; Land, das von Tourismus geprägt, von ihm abhängig ist;* **Tou|rist,** der; -en, -en [wohl unter Einfluß von engl. tourist, zu ↑Tour]: **1.** *[Urlaubs]reisender; jmd., der reist, um fremde Orte u. Länder kennenzulernen:* den e in überschwemmen das Land, die Strände; er möchte nicht als T. erkannt werden; Daß Acatenango nicht als T. nach Paris fährt, davon ist Bocskai überzeugt (Garm.-Part. Tagblatt 1.10.86, o. S.). **2.** (veraltet) *Ausflügler, Wanderer, Bergsteiger;* **Tou|ri|sten|at|trak|ti|on,** die: *etw., was eine besondere Attraktion für Touristen darstellt;* **Tou|ri|sten|füh|rer,** der: vgl. Fremdenführer; **Tou|ri|sten|füh|re|rin,** die: w. Form zu ↑Touristenführer; **Tou|ri|sten|füh|rung,** die: *Führung* (2) *für Touristen;* **Tou|ri|sten|ho|tel,** das: *auf Touristen eingestelltes [einfaches] Hotel;* **Tou|ri|sten|klas|se,** die: *billigere Klasse* (7 a) *für Touristen mit geringerem Komfort;* **Tou|ri|sten|rei|se,** die: *Reise als Tourist, Gesellschaftsreise;* **Tou|ri|sten|rum|mel,** der (ugs. abwertend): *durch zahlreiches, übermäßiges Auftreten von Touristen verursachter* ²*Rummel* (1); **Tou|ri|sten|seel|sor|ge,** die: *Seelsorge für Touristen;* **Tou|ri|sten|strom,** der: *starker Andrang, Vielzahl reisender Touristen;* **Tou|ri|sten|zen|trum,** das: *touristisches Zentrum* (2); **Tou|ri|stik** [tu...], die; -: **1.** *organisierter Reise-, Fremdenverkehr; alles, was mit dem Tourismus zusammenhängt.* **2.** (veraltet) *das Wandern, Bergsteigen;* **Tou|ri|stik|bör|se,** die: *Messe, Ausstellung von Reiseveranstaltern o. ä.;* **Tou|ri|sti|ker,** der; -s, - (Jargon): *auf dem Gebiet des Tourismus ausgebildeter Fachmann;* **Tou|ri|sti|ke|rin,** die; -, -nen (Jargon): w. Form zu ↑Touristiker; **Tou|ri|stik|me|di|zin,** die: *Bereich der Medizin, auf dem man sich mit der

Vorbeugung u. Behandlung von Krankheiten befaßt, die in Verbindung mit dem Ferntourismus auftreten;* **Tou|ri|stin,** die; -, -nen: w. Form zu ↑Tourist; **tou|ri|stisch** ⟨Adj.⟩: *die Touristik, den Tourismus betreffend; für den Tourismus charakteristisch, zum Tourismus gehörend:* die Wasserfälle sind eine -e Attraktion; eine gut ausgebaute -e Infrastruktur.
Tour|nai|tep|pich [tur'nɛ...], der; -s, -e [nach der Stadt Tournai (Belgien)]: *auf der Jacquardmaschine hergestellter Teppich.*
Tour|nant [tʊr'nã:], der; -[s], -s [zu frz. tournant, 1. Part. von: tourner, ↑Tournee]: *Ersatzkraft im Hotelgewerbe;* **Tour|né** [tʊr'ne:], das; -s, -s [zu frz. tourné, 2. Part. von tourner, ↑Tournee] (Kartenspiel): *aufgedecktes Kartenblatt, dessen Farbe als Trumpffarbe gilt;* **Tour|ne|dos** [turnə'do:], das; - [...o(s)], - [...o:s; frz. tournedos, zu: tourner (↑Tournee) u. dos = Rücken] (Kochk.): *wie ein Steak zubereitete runde Lendenschnitte von der Filetspitze des Rinds;* **Tour|nee,** die; -, -s u. ...een [frz. tournée, subst. 2. w. Part. von: tourner = (um)drehen, sich wenden, rund formen < lat. tornare, ↑'turnen]: **1.** *Gastspielreise von Künstlern, Artisten:* eine T. starten, machen; der Konzertveranstalter hat für diesen Künstler schon mehrere -n organisiert; auf T. sein, gehen; daß sich alle namhaften deutschen Gruppen in den kommenden Wochen auf ausgedehnte -n wagen (Hörzu 4, 1979, 84). ◆ **2.** *Rundreise:* Die ganze T. hatte so ziemlich zwei Wochen gedauert (Fontane, Effi Briest 53); **Tour|nee|thea|ter,** das: *Theater* (1 b), *das Tourneen* (1) *veranstaltet;* **tour|nie|ren** ⟨sw. V.; hat⟩ [frz. tourner, ↑Tournee]: **1.** (Kochk.) *in der gewünschten Form ausstechen* (z. B. Butter). **2.** (Kartenspiel) *die Spielkarten wenden, aufdecken;* **Tour|ni|quet** [turni'ke:], das; -s, -s [frz. tourniquet = Drehkreuz, zu: tourner, ↑Tournee]: **1.** (Med.) *schlingenförmiges Instrument zum Abklemmen von Blutgefäßen.* **2.** *Drehkreuz an Wegen, Eingängen o. ä.* **3.** ⟨meist Pl.⟩ *korkenzieherförmiges Gebäckstück aus Blätterteig;* **Tour|nü|re:** ↑Turnüre.
tour-re|tour [tu:ɐ̯re'tu:ɐ̯; aus frz. tour (↑Tour) u. ↑retour] (österr. veraltet): *hin und zurück (bei der Bahn o. ä.).*
To|wa|risch|tsch, der; -[s], -s, auch: -i [russ. tovarišč]: *russische Bez. für Genosse.*
Tow|er ['tauə], der; -[s], - [engl. (control) tower < (a)frz. tour < lat. turris = Turm]: *turmartiges Gebäude auf Flugplätzen zur Überwachung des Flugverkehrs; Kontrollturm:* T. und Zentralgelände des Flughafens lagen im Scheinwerferlicht; Über Funk wurde Junginger vom T. *(vom Personal des Towers)* angewiesen, noch eine Warteschleife zu fliegen (MM 19. 2. 82, 10).
Tow|garn ['toʊ...], das; -[e]s [zu engl. tow = Werg]: *Gespinst (b) aus den Abfällen von Hanf od. Flachs.*
Town|ship ['taʊnʃip], die; -, -s [engl. township, zu: town = Stadt]: *von Farbigen bewohnte städtische Siedlung in Südafrika.*
Tox|al|bu|min, das; -s, -e [zu ↑Toxin u. ↑Albumin] (Biochemie): *eiweißartiges*

Toxämie

Phytotoxin; **Tox|ämie, Tox|hä|mie,** Toxikämie, die; -, -n [zu griech. toxikón (↑toxiko-, Toxiko-) u. haīma = Blut] (Med.): *Schädigung bzw. Zersetzung des Blutes durch Giftstoffe;* **to|xi-, To|xi-,** (vor Vokalen auch:) tox-, Tox- [gek. aus ↑toxiko-, Toxiko-] ⟨Best. in Zus. mit der Bed.⟩: *Gift* (z. B. toxigen, Toxikose, Toxalbumin); **To|xi|der|mie,** die; -, -n [zu griech. dérma = Haut] (Med.): *medikamentös bedingte Dermatose;* **To|xi|fe|rin,** das; -s [zu lat. ferre = tragen] (Chemie, Pharm.): *Alkaloid; stärkster Wirkstoff des Pfeilgifts Kurare;* **to|xi|gen,** toxogen ⟨Adj.⟩ [↑-gen] (Med.): **1.** *Giftstoffe erzeugend* (z. B. von Bakterien). **2.** *durch eine Vergiftung entstanden, verursacht;* **To|xi|ka:** Pl. von ↑Toxikum; **To|xi|kä|mie:** ↑Toxämie; **to|xi|ko-, To|xi|ko-,** (vor Vokalen auch:) toxik-, Toxik- [griech. toxikón (phármakon) = Pfeilgift, zu: tóxon = Bogen (4)] ⟨Best. in Zus. mit der Bed.⟩: *Gift* (z. B. toxikologisch, Toxikämie); **To|xi|ko|der|mie,** die; -, -n (Med.): *Toxidermie;* **To|xi|ko|lo|ge,** der; -n, -n [↑-loge]: *Wissenschaftler auf dem Gebiet der Toxikologie;* **To|xi|ko|lo|gie,** die; - [↑-logie]: *Lehre von den Giften u. ihren Einwirkungen auf den Organismus;* **To|xi|ko|lo|gin,** die; -, -nen: w. Form zu ↑Toxikologe; **to|xi|ko|lo|gisch** ⟨Adj.⟩: *die Toxikologie betreffend;* **To|xi|ko|ma|nie,** die; -, -n [↑Manie] (Med.): *krankhaft gesteigertes Verlangen nach bestimmten Medikamenten, bes. Betäubungsmitteln;* **To|xi|ko|se,** Toxonose, die; -, -n (Med.): *durch schädliche Substanzen, bes. durch Giftstoffe, hervorgerufene Krankheit;* **To|xi|kum,** das; -s, ...ka [lat. toxicum < griech. toxikón, ↑toxiko-, Toxiko-] (Med.): *Gif[tstoff];* **To|xin,** das; -s, -e (Med., Biol.): *von Bakterien, Pflanzen od. Tieren abgeschiedener od. beim Zerfall von Bakterien entstandener organischer Giftstoff;* **To|xin|ämie,** die; -, -n [zu griech. haīma = Blut] (Med.): *Vergiftung des Blutes durch Toxine;* **to|xisch** ⟨Adj.⟩ (Med.): **1.** *giftig:* glühende Asche und -e Stoffe dürfen nicht in Müllgefäße geschüttet werden (NNN 18. 10 84, 6). **2.** *durch Gift verursacht, auf einer Vergiftung beruhend:* -e Krankheiten, Schädigungen; **To|xi|zi|tät,** die; - (Med.): *Giftigkeit einer Substanz (bezogen auf ihre Wirkung auf den lebenden Organismus);* **to|xo|gen:** ↑toxigen; **To|xo|id,** das; -s, -e [zu griech. -oeidḗs = ähnlich, zu: eīdos = Aussehen, Form] (Med.): *entgiftetes Toxin mit immunisierender Wirkung;* **To|xo|no|se:** ↑Toxikose; **To|xo|pho|bie,** die; -, -n [↑Phobie] (Med.): *krankhafte Angst vor Vergiftungen;* **To|xo|plas|mo|se,** die; -, -n [zu: Toxoplasma = parasitäres Protozoon] (Med.): *Infektionskrankheit beim Menschen u. bei [Haus]tieren;* **To|xo|pro|te|in,** das; -s, -e (Med.): *giftiger Eiweißkörper.*

Toy [tɔy], das; -s, -s [engl. toy = Spielzeug]: *zur sexuellen Stimulation verwendeter Gegenstand.*

TP = Triangulationspunkt, trigonometrischer Punkt.

Trab, der; -[e]s [mhd. drap, rückgeb. aus: draben, ↑traben]: *mittelschnelle Gangart zwischen Schritt u. Galopp von Vierfüßern, bes. von Pferden:* in lockerem, leichtem, hartem, schärfstem T. reiten; das Pferd in T. setzen; in T. fallen; Ü er setzte sich in T. (ugs.; *begann zu laufen*); Wie auf ein unhörbares Kommando setzten sich die Tabakarbeiterinnen in T., den Demonstranten entgegen (Kühn, Zeit 257); mach ein bißchen T. dahinter! (ugs.; *beschleunige die Sache etwas!*); [nun aber] ein bißchen T.! (ugs.; *beeil dich*); * **jmdn. auf T. bringen** (ugs.; *jmdn. zu schnellerem Handeln bewegen, zu einer Tätigkeit antreiben*); **auf T. kommen** (ugs.; *rasch vorankommen*): Und ein Teil der Schwierigkeiten ... werden zumindest geringer, wenn die Konjunktur in den USA, Japan und Europa wieder auf T. kommt (Welt 15. 7. 75, 9); **auf T. sein** (ugs.; *in Eile sein; viel zu tun haben*); **jmdn. in T. halten** (ugs.; *jmdn. nicht zur Ruhe kommen lassen*): Sie glauben ja nicht, wie einen so ein Haus und so ein Garten in T. halten (Brot und Spiele 321).

Tra|ba|kel, der; -s, - [ital. trabaccolo] (früher): *zweimastiges Wasserfahrzeug im Adriatischen Meer.*

Tra|bant, der; -en, -en [spätmhd. (ostmd.) drabant = (hussitischer) Landsknecht, H. u., viell. < tschech. drabant]: **1. a)** (Astron.) *Satellit* (1): der Mond ist ein T. der Erde; **b)** (Raumf.) *Satellit* (2). **2.** (früher) *Leibwächter einer vornehmen Standesperson;* **b)** (früher) *ständiger Begleiter einer vornehmen Standesperson; Gefolgsmann; Diener:* Den Maskenzug eröffnen zwei -en zu Pferd (MM 10. 2. 70, 5); Könige sind sein Gefolge, Engel seine -en (Fussenegger, Zeit 23); **c)** (abwertend) *jmd., der von einer einflußreichen Person völlig abhängig, ihr bedingungslos ergeben ist:* Doch Schulz fand weder Zeit noch Gelegenheit dazu, seine -en zu rühmen (Kirst, 08/15, 516); Die Russen sind nicht dabei, die DDR, Kuba, außer Rumänien fehlen die freien -en der Sowjetunion (Blick 27. 7. 84). **3.** ⟨Pl.⟩ (ugs. scherzh.) *jmds. (kleine) Kinder:* wo habt ihr eure -en gelassen? **4.** (Elektronik) *zusätzlicher elektronischer Impuls zur Synchronisierung von Fernsehbildern;* **Tra|ban|ten|stadt,** die: *Satellitenstadt, Wohnstadt:* Trennung von Arbeits- und Wohnstätte: Die Folge waren Trabantenstädte und defizitäre öffentliche Nahverkehrsmittel (Blick auf Hoechst 8, 1984, 4).

Tra|be|kel, die; -, -n [lat. trabecula = kleiner Balken, Vkl. von: trabes = Balken] (Anat.): *bälkchen- od. strangartiges Bündel von Gewebs-, bes. Muskelfasern.*

tra|ben ⟨sw. V.⟩ [mhd. draben < mniederd., mniederl. draven, aus der aflām. Rittersprr., urspr. wohl lautm.]: **1.** *im Trab laufen, reiten* ⟨hat/ist⟩. **2.** (ugs.) *in oft beschleunigtem Tempo, meist zu einem bestimmten Ziel laufen; mit beschleunigten Schritten gehen* ⟨ist⟩: der Junge trabte zur Schule; eilig trabte sie hinter ihm her; Ede ... trabte im Bademantel an den Strand und schwamm weit hinaus (Lentz, Muckefuck 90); Ich ... bin jeden zweiten Samstag ins Niedersachsenstadion getrabt (Grossmann, Schwul 111); **Tra|ber,** der; -s, -: *für Trabrennen gezüchtetes Pferd;* **Tra|ber|bahn,** die: *Trabrennbahn;* **Tra|ber|ge|stüt,** das: *Gestüt, in dem Traber gezüchtet werden;* **Tra|ber|krank|heit,** die [nach dem bei der Krankheit auftretenden schleppenden Gang] (Tiermed.): *tödliche Viruskrankheit bes. bei Schafen;* **Tra|ber|pferd,** das: *Traber;* **Tra|ber|wa|gen,** der: *Sulky;* **Trab|renn|bahn,** die: *Rennbahn für Trabrennen;* **Trab|ren|nen,** das: *Pferderennen, bei dem die Pferde nur im Trab rennen dürfen u. bei dem der Jockey im Sulky sitzt.*

Tra|buk|ko, Tra|bu|ko, die; -, -s [span. trabuco, eigtl. = Steinschleuder; Donnerbüchse] (österr. veraltet): *Zigarre (einer bestimmten Sorte).*

Trace [treıs], das; -, -s ['treısəz; engl. trace, eigtl. = Spur] (Datenverarb.): **1.** *Aufzeichnung des Ablaufs eines Programms* (4). **2.** *Protokoll über den Ablauf eines Programms* (4); **Tra|cer** ['treısə], der; -s, - [engl. tracer, eigtl. = Aufspürer, zu: to trace = aufspüren] (Med., Physiol.): *radioaktive Substanz, die an eine Substanz gekoppelt wird, damit man deren Weg durch den Organismus verfolgen kann.*

Tra|chea [auch: 'traxea], die; -, ...gen [zu griech. tracheîa, w. Form von: trachýs = rauh, nach dem Aussehen] (Med.): *Luftröhre;* **tra|che|al** ⟨Adj.⟩ (Med.): *zur Luftröhre gehörend;* **Tra|che|al|ka|nü|le,** die (Med.): *Kanüle* (2), *die nach einer Tracheotomie in die Luftröhre eingesetzt wird;* **Tra|che|al|ste|no|se,** die [↑Stenose]: *Verengung der Luftröhre; Tracheostenose;* **Tra|che|al|tu|bus,** der: *Tubus* (3); **Tra|chee,** die; -, -n [zu ↑Trachea]: **1.** (Zool.) *Atmungsorgan der meisten Gliedertiere.* **2.** (Bot.) *Gefäß* (2 b); **Tra|che|en:** Pl. von ↑Trachea, Trachee; **Tra|chei|de,** die; -, -n [zu griech. -(o)eidḗs = ähnlich, zu: eīdos = Aussehen, Form] (Bot.): *dem Transport von Wasser u. der Festigung dienende, langgestreckte pflanzliche Zelle;* **Tra|chei|tis,** die; -, ...itiden (Med.): *Entzündung der Luftröhre;* **Tra|cheo|ma|la|zie,** die; - [↑Malazie] (Med.): *Erweichung der Luftröhrenknorpel;* **Tra|cheo|skop,** das; -s, -e [zu griech. skopeîn = betrachten] (Med.): *Endoskop zur Untersuchung der Luftröhre;* **Tra|cheo|sko|pie,** die; -, -n (Med.): *Untersuchung der Luftröhre mit dem Tracheoskop;* **tra|cheo|sko|pie|ren** ⟨sw. V.; hat⟩ (Med.): *eine Tracheoskopie durchführen;* **Tra|cheo|ste|no|se,** die; -, -n (Med.): *Trachealstenose;* **Tra|cheo|to|mie,** die; -, -n [zu griech. tomḗ = Schnitt] (Med.): *Luftröhrenschnitt;* **Tra|cheo|ze|le,** die; -, -n [zu griech. kḗlē = Geschwulst; Bruch] (Med.): *Vorwölbung der Luftröhrenschleimhaut;* **Tra|chom,** das; -s, -e [zu griech. trachýs (↑Trachea), nach den auftretenden Vernarbungen] (Med.): *Virusinfektion des Auges; ägyptische Augenkrankheit.*

Tracht, die; -, -en [mhd. traht(e), ahd. draht(a), zu ↑tragen, eigtl. = das Tragen, Getragenwerden; das, was getragen wird]: **1.** *für eine bestimmte Volksgruppe o. ä. od. bestimmte Berufsgruppe typische Kleidung:* bunte, bäuerliche, ländliche Tiroler -en; das Brautpaar hatte T. angelegt (Augsburger Allgemeine 22./23. 4. 78, 45); Dieser Mann ... trug nicht nur die T. der Patres von Mariabronn (Hesse, Narziß 346); Die Häuslerinnen, in schwarzer T., mit am Kinn gebundenen weißen Kopftüchern (Bieler, Mädchenkrieg 357); die T. *(allgemein übliche Kleidung)* jener Jahre, ... das windige Sackfähnchen und ein verbeulter Kübel auf dem Kopf, machen sie nicht flotter (Muschg, Gegenzauber 34). **2.** (Imkerspr.) *von den Bienen eingetragene Nahrung, bes. Nektar, Pollen, Honigtau:* eine Biene, die reichlich T. gefunden hat (Natur 78). **3.** (Landw.) *Stellung einer Fruchtart in der Anbaufolge [u. deren Ertrag].* **4.** (landsch. veraltend) *Traggestell für die Schultern zum Tragen von Körben u. Eimern.* **5.** (veraltet, noch landsch.) *Last (die jmd., etw. trägt):* eine T. Holz, Heu, Stroh; die Pflanzen am Draht aufgebastet und von der Wucht ihrer -en *(Früchte, die schwer an ihnen hängen)* niedergezogen (Gaiser, Jagd 120); * eine T. Prügel (ugs.; *Schläge;* zu „Tracht" in der älteren Bed. „aufgetragene Speise"; Prügel, die man jmdm. verabreichte, wurden früher oft mit Gerichten, die man jmdm. serviert, verglichen): eine T. Prügel/ (auch:) eine T. bekommen, kriegen; jmdm. eine [gehörige] T. Prügel verpassen. ♦ **6.** *Erscheinungsbild, Habitus:* Jetzt begann ein neues Leben für ihn. Er zog bei dem Pachter ein und ward zu dessen Familie gerechnet, und veränderte er auch seine T. Er war so gut, so dienstfertig (Tieck, Runenberg 37); **Tracht|bie|ne,** die (Imkerspr.): *[Honig]biene, die Tracht (2) einträgt.* **trach|ten** ⟨sw. V.; hat⟩ [mhd. trahten, ahd. trahtōn < lat. tractare, ↑traktieren] (geh.): *bemüht sein, etw. Bestimmtes zu erreichen, zu erlangen:* nach Ehre, Ruhm t.; einen Plan zu verhindern t.; ... daß die Bundesregierung die bilateralen Beziehungen zu verbessern trachte (W. Brandt, Begegnungen 254); das Fernsehen muß t., unseren Lebensgewohnheiten möglichst weitgehend entgegenzukommen (Presse 30. 3. 84, 3); danach t., etw. zu verändern; ⟨subst.:⟩ ... daß ihr Sinnen und Trachten nur aufs Geldverdienen ausgerichtet sei (Kempowski, Tadellöser 250); ♦ Die Frage scheint mir klein für einen, der ..., weit entfernt von allem Schein, nur in der Wesen Tiefe trachtet (Goethe, Faust I, 1327 ff.); wenn ihr bei der Großmutter gegessen habt, so müsset ihr gleich wieder umkehren und zu Hause t. (Stifter, Bergkristall 25); du trachte, wie du lebst und leibst, daß du nur immer derselbe bleibst (Goethe, Zahme Xenien II, 476 f.). **Trach|ten|an|zug,** der: *im Stil einer bestimmten Volkstracht nachempfundener Anzug;* **Trach|ten|fest,** das: *Fest, bei dem die Teilnehmer in Trachten erscheinen;* **Trach|ten|grup|pe,** die: *Gruppe, die bei bestimmten Veranstaltungen in Trachten Volkstänze o. ä. aufführt;* **Trach|ten|ho|se,** die; vgl. Trachtenanzug; **Trach|ten|hut,** der; vgl. Trachtenanzug; **Trach|ten|jacke**[1]**,** die; vgl. Trachtenanzug; **Trach|ten|ka|pel|le,** die: *in Tracht auftretende, Volksmusik spielende Kapelle;* **Trach|ten|kleid,** das; vgl. Trachtenanzug; **Trach|ten|ko|stüm,** das; vgl. Trachtenanzug; **Trach|ten|look,** der: *Mode, Moderichtung, bei der die Kleidung an bestimmten Trachten orientiert, ihnen nachempfunden ist, Anklänge an bestimmte Trachten aufweist;* **Trach|ten|ver|ein,** der: *Verein, bei dem die Pflege u. Bewahrung alter Volkstrachten u. des damit zusammenhängenden Brauchtums im Mittelpunkt stehen;* **trächtig** ⟨Adj.⟩ [mhd. trehtec, zu: tracht = Leibesfrucht (↑Tracht)]: **1.** *(von Säugetieren) ein Junges, Junge tragend:* eine -e Stute; Die Katze ist schon wieder t. (Frischmuth, Herrin 16). **2.** (geh.) *von etw. erfüllt, mit etw. angefüllt:* ein von, mit Gedanken -es Werk; **-träch|tig:** *drückt in Bildungen mit Substantiven aus, daß die beschriebene Person oder Sache in beträchtlichem Maße von etw. erfüllt ist oder etw. in sich trägt, birgt:* erfolgs-, profit-, kosten-, fehler-, skandalträchtig; **Trächtig|keit,** die; -: **1.** *das Trächtigsein* (1). **2.** (geh.) *das Trächtigsein* (2); **Trącht|ler,** der; -s, - (landsch.): *Teilnehmer an einem Trachtenfest;* **Trącht|le|rin,** die; -, -nen (landsch.): w. Form zu ↑Trachtler; **Trącht|pflan|ze,** die (Imkerspr.): *Pflanze, von der die Trachtbiene Nahrung holt:* die Honigbienen, ... denen durch die Einfalt der Agrikultur immer mehr -n geraubt wurden (natur 2, 1991, 54). **Tra|chyt** [auch: ...'xyt], der; -s, -e [zu griech. trachýs = rauh, nach der Beschaffenheit]: *graues od. rötliches, meist poröses vulkanisches Gestein.* **Track** [trɛk], der; -s, -s [engl. track, eigtl. = Spur, Bahn]: **1.** (Schiffahrt) *übliche Schiffsroute zwischen zwei Häfen.* **2.** *der Übertragung von Zugkräften dienendes Element (wie Seil, Kette, Riemen).* **3.** (Jargon) *Musikstück, Nummer (bes. auf einer CD od. LP):* als Elvis, Carl ..., Jerry Lee, Ray und wie sie alle hießen, ihre epochemachenden -s aufnahmen (tip 13, 1983, 76). **4.** (Datenverarb.) *Spur* (4 b); **Track|ball** ['trɛkbɔːl], der; -s, -s [engl. ball = Kugel] (Datenverarb.): *Rollkugel:* Ein T. ... ist vergleichbar mit einer Maus, die auf dem Rücken liegt. Für ihn benötigt man keine ebene Unterlage, weil nicht das Gerät, sondern die in ihm befindliche Kugel bewegt wird (FAZ 22. 3. 93, B 29). **Trade|mark** ['treɪdmaːk], die; -, -s [engl. trademark, eigtl. = Handelsmarke]: *englische Bez. für Warenzeichen.* **Tra|des|kan|tie,** die; -, -n [nach dem engl. Gärtner J. Tradescant, gest. 1638]: *(in zahlreichen Arten im tropischen u. gemäßigten Amerika vorkommende) Pflanze mit länglich-eiförmigen Blättern u. weißen, gelben od. violetten Blüten.* **Trade-Uni|on** ['treɪdjuːnjən], die; -, -s [engl. trade union, aus: trade = Genossenschaft u. union = Union]: *englische Bez. für Gewerkschaft;* **Tradeuni|o|nis|mus,** der; - [engl. trade-unionism]: *britische Gewerkschaftsbewegung;* **Tradeuni|o|nist,** der; -en, -en [engl. trade-unionist]: **1.** *Mitglied einer Trade-Union.* **2.** *Vertreter, Anhänger des Tradeunionismus;* **Trade|uni|o|ni|stin,** die; -, -nen: w. Form zu ↑Tradeunionist; **trade|uni|o|nistisch** ⟨Adj.⟩: *den Tradeunionismus betreffend.* **tra|die|ren** ⟨sw. V.; hat⟩ [lat. tradere (2. Part.: traditum, zu: trans = über - hin u. dare = geben] (bildungsspr.): *überliefern;* etw. *Überliefertes weiterführen, weitergeben:* Rechtsnormen t.; Behauptungen, die in ihrer Aussage gefährlich präfaschistische und faschistische Urteile tradieren (Hamburger Rundschau 15. 3. 84, 6); tradierte Vorstellungen, Sprachformen; Neben diesen Vorteilen des Gruppenwohnens, ... die das Emanzipationsstreben der Frau unterstützen und eine Befreiung von tradierten Geschlechterrollen ermöglichen, ... (Wohngruppe 12); **Tra|die|rung,** die; -, -en: *das Tradieren, Tradiertwerden.* **Tra|ding** ['treɪdɪŋ], das; -s [engl. trading, zu: to trade = Handel treiben]: **1.** (Wirtsch.) *Handel.* **2.** (Börsenw.) *das Ausnutzen kurzfristiger Kursschwankungen durch häufige Käufe u. Verkäufe von Wertpapieren;* **Tra|ding up** [treɪdɪŋ 'ʌp], das; - - [zu engl. to trade up = verstärkt teure Waren einkaufen u. verkaufen, um die Einzelhandelsgewinnspanne zu erhöhen, eigtl. = sich verbessern] (Wirtsch.): *Verbesserung des Leistungsangebots eines Handelsunternehmens (z. B. Erweiterung des Sortiments 1, umfangreichere Serviceleistungen), um neue Kunden zu gewinnen, höhere Preise durchzusetzen u. eine höhere Handelsspanne zu erzielen.* **Tra|di|ti|on,** die; -, -en [lat. traditio, zu: tradere, ↑tradieren]: **1. a)** *etwas, was im Hinblick auf Verhaltensweisen, Ideen, Kultur o. ä. in der Geschichte, von Generation zu Generation [innerhalb einer bestimmten Gruppe] entwickelt u. weitergegeben wurde [u. weiterhin Bestand hat]:* eine alte, bäuerliche T.; Eine andere T. *(ein anderer Brauch),* die dahingind und der ich nachtrauerte, war das winterliche Eismachen (Dönhoff, Ostpreußen 97); der Wunsch, der Weihnachtsbasar möge ... T. *(zur festen Einrichtung)* werden (Saarbr. Zeitung 19. 12. 79, 24); demokratische -en pflegen, fortsetzen; eine T. bewahren, hochhalten, fortsetzen; das Land hat eine große musikalische T.; Diese jährlichen Begegnungen haben nun schon T. *(gehören zum festen Bestand);* Augsburger Allgemeine 3./4. 6. 78, I); an der T. festhalten; mit der T. brechen; Mit diesen Worten stellte Mayer sich in der T. der stalinistischen Intellektuellenverfolgungen (Fest, Im Gegenlicht 303); Mein Mann und ich ... sind aus T. *(weil es so üblich ist)* ... zur Beerdigung gegangen (Kronauer, Bogenschütze 283); **b)** (selten) *das Tradieren:* die T. dieser Werte ist unsere Pflicht. **2.** *außerbiblische, von der katholischen Kirche als wahrheitsgemäß anerkannte Überlieferung von Glaubenslehren seit der Apostelzeit;* **tra|di|ti|o|nal** ⟨Adj.⟩ (bildungsspr. selten): *traditionell;* **Traditio|na|lis|mus,** der; - [frz. traditionalisme, zu: tradition < lat. traditio, ↑Tradition]: **1.** (bildungsspr.) *geistige Haltung, die bewußt an der Tradition festhält, sich ihr verbunden fühlt.* **2.** *philosophisch-theologische Richtung des frühen 19. Jh.s in Frankreich, die alle religiösen u. ethischen Begriffe auf die Überlieferung einer Uroffenbarung Gottes zurückführt u. der Vernunft Erkenntnisvermögen abspricht;* **Tra|di|ti|o|na|list,** der; -en, -en: *Vertreter, Anhänger des Traditionalismus;* **Tra|di|tio|na|li|stin,** die; -, -nen: w. Form zu ↑Traditionalist; **tra|di|tio|na|li|stisch**

⟨Adj.⟩: **1.** (bildungsspr.) *den Traditionalismus* (1) *[in übertriebener Weise] vertretend, auf ihm beruhend:* Anhänger des vom Papst suspendierten -en Erzbischofs (Augsburger Allgemeine 27./28. 5. 78, 23); ... seinen Triumph gegenüber der in einem veralteten Sinn -en Ballettkunst (NZZ 3. 5. 83, 25). **2.** *den Traditionalismus* (2) *betreffend;* **Tra|di|tio|nal Jazz** [trə'dɪʃənəl 'dʒæz], der; - - [engl.] (Musik): *traditioneller Jazz (die älteren Stilrichtungen bis etwa 1940);* **tra|di|tio|nell** ⟨Adj.⟩ [frz. traditionnel, zu: tradition, ↑ Traditionalismus]: *der, einer Tradition entsprechend, auf ihr beruhend; herkömmlich:* die -e Familienstruktur; daß weiterhin Facharbeiter in -en Berufen ausgebildet werden (NNN 18. 8. 84, o. S.); An der Traufseite der Bauernhäuser sehen wir die -en Vorlauben (Berger, Augenblick 54); Die Wiederbelebung der -en Medizin macht die Indianer unabhängig (natur 10, 1991, 59); Ein sehr großer Teil der Bevölkerung arbeitet t. in der metallverarbeitenden Industrie (Werftstimme 16. 8. 84, o. S.); etw. ist schon t. geworden; **Tra|di|ti|ons|be|weis**, der (kath. Theol.): *Beweis eines Dogmas o. ä. durch die Tradition;* **tra|di|ti|ons|be|wußt** ⟨Adj.⟩: *sich der Tradition, in der man steht, verbunden, verpflichtet fühlend:* ein -es Volk; **Tra|di|ti|ons|be|wußt|sein,** das: *traditionsbewußte Lebens-, Denkungsart;* **tra|di|ti|ons|ge|bun|den** ⟨Adj.⟩: *von der Tradition bestimmt, ihr verhaftet:* ein -es Denken; **tra|di|ti|ons|ge|mäß** ⟨Adj.⟩: *der Tradition, dem Brauch gemäß:* Zur fünften Weltumsegelung wird t. in der englischen Hafenstadt Portsmouth gestartet (NZZ 21. 12. 86, 34); **tra|di|ti|ons|reich** ⟨Adj.⟩: *reich an Traditionen;* **tra|di|ti|ons|ver|bun|den** ⟨Adj.⟩: vgl. traditionsbewußt; **Tra|di|ti|ons|ver|ein,** der: *Verein, der auf eine lange Tradition zurückblicken kann;* **Tra|di|ti|ons|zim|mer,** das (ehem. DDR): *Raum in Betrieben, Schulen o. ä., in dem das Andenken an Personen und Ereignisse bes. aus der kommunistischen Jugend- u. Arbeiterbewegung mit Bildern o. ä. gepflegt wird:* Mit viel Umsicht leitet sie das AG Junge Historiker. Für das von der AG geschaffene T. gab es beim Kreisausscheid das Prädikat „sehr gut" (DLZ 20. 3. 81, 5). **Tra|duk|ti|on,** die; -, -en [frz. traduction < lat. traductio = die Hinüberführung, zu: traducere = hinüberführen]: **1.** (bildungsspr.) *Übersetzung.* **2.** (Rhet.) *wiederholte Anwendung desselben Wortes in verschiedener Bedeutung;* **Tra|duk|ti|onym,** das; -s, -e [zu griech. ónyma = Name]: *Deckname, der aus der Übersetzung des Verfassernamens in eine fremde Sprache besteht (z. B. Agricola = Bauer);* **Tra|du|zia|nis|mus,** der; - [zu spätlat. traducianus = übertragend, vererbend, zu lat. tradux = Weinranke, zu: traducere, ↑ Traduktion]: *spätantike u. frühchristliche, später verurteilte Lehre, Anschauung, nach der die menschliche Seele aus der Zeugung als Ableger der väterlichen Seele entsteht.*

traf: ↑ treffen; **träf** ⟨Adj.⟩ (schweiz.): *treffend:* ein -er Ausdruck; Die -sten Bilder entstanden mitten im Bergvolk der „Länder" (Luzerner Tagblatt 31. 7. 84, 8); **trä|fe:** ↑ treffen.

Tra|fik, die; -, -en [(frz. trafic <) ital. traffico = Handel, Verkehr, H. u.] (österr.): *kurz für* ↑ Tabaktrafik: Wollte man im Kaffeehaus Zeitungen lesen, mußte man zuerst in die T. gehen, dort sich Zeitungen kaufen (Innerhofer, Schattseite 172); **Tra|fi|kant,** der; -en, -en [älter frz. trafiquant] (österr.): *Inhaber einer Trafik;* **Tra|fi|kan|tin,** die; -, -nen (österr.): w. Form zu ↑ Trafikant.

Tra|fo [auch: 'trafo], der; -[s], -s: Kurzwort für: Transformator; **Tra|fo|häus|chen,** das, **Tra|fo|sta|ti|on,** die: vgl. Transformatorenhäuschen.

Traft, die; -, -en [wohl poln. trawta] (nordostd. früher): *großes Floß (auf der Weichsel).*

träg: ↑ träge.

Trag|al|tar, der: *tragbarer Altar* (1) *in Form einer kleineren, meist quadratischen Steinplatte, in die ein Reliquiar eingelassen ist.*

Tra|gant, der; -[e]s, -e [mhd. dragant < spätlat. tragantum, tragacantha < griech. tragákantha]: **1.** *(zu den Schmetterlingsblütlern gehörende) Pflanze, meist mit gefiederten Blättern, deren Spitzen häufig zu Dornen umgebildet sind, u. Blüten verschiedener Farbe in Trauben, Ähren od. Köpfchen.* **2.** *aus verschiedenen Arten des Tragants* (1) *gewonnene, gallertartige quellbare Substanz, die bes. zur Herstellung von Klebstoffen verwendet wird.*

Trag|bah|re, die: *einem Feldbett ähnliches Gestell zum Transport von Kranken, Verletzten od. Toten:* Und als man Katja dann endlich auf einer T. in den Krankenwagen schob, fuhr er ... mit ihr davon (Erné, Kellerkneipe 211); **trag|bar** ⟨Adj.⟩: **1.** *so beschaffen, daß man es [gut, ohne große Mühe] tragen kann:* -e Radios, Fernseher; ein Jüngling mit -em Bandgerät strich um die Gruppe herum (Springer, Was 179). **2.** *(von Kleidung) gut zu tragen:* eine Kollektion von durchaus, sehr -en Kleidern und Mänteln; diese Mode ist nicht t. **3. a)** *so beschaffen, daß es für jmdn. keine [zu] große (finanzielle) Belastung bedeutet:* Durch unsere Aufwendungszuschüsse sind -e Belastungen auch für Sie möglich (Saarbr. Zeitung 12./13. 7. 80, 14); wirtschaftlich, finanziell [nicht mehr] t. sein; nach rein ökonomischen Kriterien müsse die Verschuldung als durchaus t. betrachtet werden (NZZ 30. 8. 86, 19); ⟨subst.:⟩ bei der Steuererhöhung bis an die Grenze des Tragbaren gehen; **b)** *(in verneinenden od. einschränkenden Texten) erträglich* (a): dieser Zustand ist kaum mehr t.; der Minister ist für die Partei nicht mehr t. *(sein Verhalten o. ä. kann von der Partei nicht mehr hingenommen werden);* **Trag|blatt,** das (Bot.): *Stützblatt;* **Tra|ge,** die; -, -n: *Tragbahre, -gestell.*

trä|ge, träg ⟨Adj.⟩ [mhd. træge, ahd. trâgi, ablautende Bildung zu aisl. tregr = unwillig, langsam]: **1.** *lustlos u. ohne Schwung; nur widerstrebend sich bewegend, aktiv werdend:* ein träger Mensch; Die „Rote Mühle" wird wieder geöffnet und will die träge Harburger Rockjugend ... aus der guten Stube locken (Oxmox 9, 1984, 30); das politisch träge Bürgertum; der Wein, die Hitze hat mich ganz t. gemacht; er war zu t. *(faul)*, um mitzuspielen; geistig t. sein; Ü mit trägen *(schwerfälligen, langsamen)* Bewegungen, Schritten; Sie blickt durch ihr Fenster auf ... den lehmfarbenen Fluß, der träg *(langsam)* durch den Ort zieht (Strauß, Niemand 15); die Lampe ... pendelte träge *(langsam)* ins Lot zurück (Ransmayr, Welt 44). **2.** (Physik) *im Zustand der Trägheit* (2): eine träge Masse.

Tra|ge|bü|gel, der: *Bügel* (6 b).

Tra|gé|die ly|ri|que [traʒedili'rik], die; - -, -s [traʒedili'rik; frz., aus: tragédie = Tragödie u. lyrique = lyrisch] (Musik): *in Frankreich gegen Ende des 17. Jh.s nach dem Vorbild der klassischen Tragödie entstandene Oper.*

Tra|ge|ei|gen|schaft, die: *Eigenschaft von Textilien im Hinblick auf ihre Tragbarkeit;* **Tra|ge|griff,** der: *Griff, an dem etw. getragen werden kann, der das Tragen von etw. erleichtert;* **Tra|ge|gurt,** Traggurt, der: *Gurt zum Tragen, Transportieren von jmdm., Kiepe;* **Tra|ge|kie|pe,** die (nordd., md.): **Kiepe; Tra|ge|kom|fort,** der (Werbespr.): *Komfort, den ein Kleidungsstück beim Tragen zeigt:* Unsere Produkte verbinden ... modisches Design mit ... T. (Südd. Zeitung 1. 3. 86, 78); **Tra|ge|korb,** Tragkorb, der: *[größerer] Korb zum Tragen, Transportieren von Lasten, bes. auf dem Rücken.*

Trag|ela|phen, der; -en, -en [1: griech. tragélaphos, zu: trágos = (Ziegen)bock u. élaphos = Hirsch]: **1.** *altgriechisches Fabeltier, das die Eigenschaften verschiedener Tiere in sich vereint.* **2.** (selten) *literarisches Werk, das nicht eindeutig einer bestimmten Gattung zugeordnet werden kann.*

tra|gen ⟨st. V.; hat⟩ [mhd. tragen, ahd. tragan, H. u.]: **1. a)** *jmdn., etw. mit seiner Körperkraft halten, stützen u. so fortbewegen, irgendwohin bringen:* ein Kind auf dem Arm, in den Armen t.; Wenn er aufs Klo muß, trägt ihn Frau Schock huckepack (Ossowski, Flatter 40); den Sack auf den Rücken, den Korb auf dem Kopf t.; von den Männern, die die Sensen auf den Schultern trugen, wie die Zinnsoldaten das Gewehr (Alexander, Jungfrau 53); einen Koffer, jmdm. die Tasche t.; ein Einkaufsnetz in der Hand, über der Schulter t.; das Gepäck an Bord t.; ein Paket zur Post t.; der Hund trug eine Ratte im Maul; Hrubesch mußte ... mit einer Gehirnerschütterung vom Platz getragen werden (Kicker 82, 1981, 18); die Sanitäter trugen den Verletzten [auf einer Trage] zum Krankenwagen; ⟨auch o. Akk.-Obj.:⟩ jmdm. t. helfen; wir hatten schwer zu t. *(waren schwer bepackt);* Ü Auf dem Boden, im Staub, den der Südwind durch die Tür trug *(hereinwehte;* Stern, Mann 119); das Pferd trägt den Reiter *(auf ihm sitzt der Reiter);* meine Beine, Knie tragen mich kaum noch *(ich kann kaum noch laufen);* das Auto wurde aus der Kurve getragen *(kam in der Kurve von der Fahrbahn ab);* ⟨auch o. Akk.-Obj.:⟩ laufen, so schnell die Füße tragen; * [schwer] an etw. zu t. haben *(etw. als Last, Bürde empfinden; schwer unter etw. lei-*

den)*:* Wir haben es zusammen getragen, liebes Herz, und wer weiß, wer schwerer daran zu t. hatte, denn zuletzt hat der immer Tätige es leichter als der nur Duldende (Reich-Ranicki, Th. Mann 244); **b)** ⟨t. + sich⟩ *sich in bestimmter Weise tragen (1 a) lassen:* der Koffer trägt sich leicht, gut; das Gepäck läßt sich am besten auf der Schulter t. **2. a)** *[das volle Gewicht von] etw. von unten stützen:* das Dach wird von [starken] Säulen getragen; tragende Balken, Konstruktionen; Ü die Regierung wird nicht vom Vertrauen des Volkes getragen; Verbindliche Erklärungen des Schauspieldirektoriums sind nur wirksam, wenn sie von mindestens zweien seiner Mitglieder getragen *(gestützt, bejaht, gutgeheißen)* werden (NJW 19, 1984, 1140); Treffpunkt in einem kleinen, kirchlich getragenen *(von der Kirche unterhaltenen)* Jugendheim (Woelk, Freigang 172); das Unternehmen trägt sich selbst *(braucht keine Zuschüsse);* Es ist sicher der Erwähnung wert, daß diese Fortbildungsveranstaltung sich selbst trägt, ohne finanzielle Zuwendung der pharmazeutischen Industrie auskommt (Nds. Ä. 22, 1985, 12); die tragende *(grundlegende)* Idee eines Werkes; Weder sind die mitgeteilten Gründe als tragende *(als die entscheidenden)* Gründe ausreichend, noch ... (NJW 19, 1984, 1139); eine tragende Rolle *(Hauptrolle)* spielen; **b)** *ein bestimmtes Gewicht, eine bestimmte Last aushalten [können]:* die Brücke trägt auch schwere Lastwagen; die Balken haben einige Tonnen zu t.; ⟨auch o. Akk.-Obj.:⟩ das Eis trägt schon; * **zum Tragen kommen** *(wirksam werden, Anwendung finden [von etw., was zur Anwendung bereitliegt]):* Hier kommt ein anderer wichtiger Gesichtspunkt zum Tragen (Nds. Ä. 22, 1985, 27); **c)** *(vom Wasser, von der Luft) jmdn., etw. tragend (2 a) [fort]bewegen, ohne daß jmd., etw. untergeht:* Salzwasser trägt; sich von den Wellen t. lassen; der warme Aufwind über der Heide trägt ihn (= den Bussard) stundenlang (Brot und Spiele 398); Ü Die Tanzenden gleiten dahin, von der Musik getragen (Remarque, Obelisk 56). **3. a)** *[in bestimmter Weise] etw. ertragen:* er trägt sein Leiden mit Geduld; mit Fassung t.; er hat ein schweres Los zu t.; Timon und Alceste – tragen sie nicht ein weitaus leichteres Schicksal als Phädra oder Medea? (Strauß, Niemand 205); **b)** *etw. auf sich nehmen, übernehmen [müssen]:* keine Verantwortung t. wollen; die Folgen t.; Sturmschäden ... trug die Versicherung (Grass, Butt 511); Die Beweislast tragen der Patient oder seine Angehörigen (Hackethal, Schneide 37); das Risiko trägst du!; So trägt er uns *(übernimmt er für uns)* ... 75% der Kosten (Delius, Siemens-Welt 54). **4. a)** *einen Körperteil in einer bestimmten Stellung halten:* dabei trug der Hund seinen Schwanz hoch; **b)** *den Kopf schief, aufrecht, gesenkt t.;* **b)** *einen Körperteil mit Hilfe von etw. stützend halten:* den Arm in einer Schlinge, Schiene t. **5. a)** *mit etw. Bestimmtem bekleidet sein; etw. angezogen, aufgesetzt o. ä. haben:* ein ausgeschnittenes Kleid, einen Mantel, eine Jacke, Jeans, einen Bikini t.; viele tragen den Anorak über dem Blauhemd (Kunze, Jahre 48); Der winzige Wirt, der auch einen Schurz um die Hüfte trug (Sommer, Und keiner 159); [eine] Tracht, Uniform t.; sie trägt Trauer, Schwarz; diese Farbe kann ich nicht t. *(sie steht mir nicht);* das trägt man [heute] nicht mehr *(das ist nicht mehr modern);* man trägt wieder kurz/lang *(kurze/ längere Röcke sind wieder modern);* getragene *(bereits gebrauchte)* Anzüge, Schuhe; **b)** *etw. als [Gebrauchs]gegenstand, Schmuck o. ä. an, auf einem Körperteil an sich haben:* eine Maske, Perücke t.; eine Brille, [einen] Bart t. *(Brillen-, Bartträger sein);* einen Ring [am Finger], eine Kette [um den Hals] t.; ich den Armreif nicht trage, den du mir geschenkt hast (Schwaiger, Wie kommt 79); eine Blume im Haar t.; **c)** ⟨t. + sich⟩ (seltener) *in bestimmter Weise gekleidet sein:* sich nach der letzten Mode t.; er ... trug sich wie ein Erwachsener, mit weißem Hemd und gemusterter Krawatte (Heym, Nachruf 26); **d)** *in bestimmter Weise frisiert sein:* sie trägt ihr Haar offen, lang, kurz, gelockt, in einem Knoten; einen Mittelscheitel t.; wer weiß mit Sicherheit, auf welcher Seite der Wastl – seinen Scheitel trägt (Sommer, Und keiner 277); **e)** ⟨t. + sich⟩ *eine bestimmte Trageeigenschaft haben:* der Stoff trägt sich sehr angenehm. **6.** *[für einen bestimmten Zweck] bei sich haben:* er trägt einen Revolver; immer einen Paß, ein Bild von den Kindern bei sich t. **7.** (geh.) ⟨auch o. Akk.-Obj.:⟩ *haben:* einen Titel, einen berühmten Namen t.; daß einer seiner Vorfahren den Spitznamen „Hagen, der Schlüsselträger" trug (Hilsenrath, Nazi 7); das Buch trägt den Titel ...; der Grabstein trägt keine Inschrift. **8.** *(Früchte o. ä.) hervorbringen:* der Acker trägt Roggen, Hafer, Weizen; Heute trägt der Wald nun noch Brennholz (profil 46, 1983, 50); ⟨auch o. Akk.-Obj.:⟩ der Baum trägt gut, wenig, noch nicht; Ü das Kapital trägt Zinsen. **9.** *(von weiblichen Säugetieren) trächtig sein:* die Kuh trägt [ein Kalb]; ein tragendes Muttertier; (selten von Frauen:) sie trägt schon das Kind im vierten oder fünften Monat *(ist schon im vierten oder fünften Monat schwanger),* da soll sie sich nicht aufregen (Kühn, Zeit 80). **10.** *eine bestimmte Reichweite haben:* das Gewehr trägt nicht so weit; eine tragende *(kräftige, eine größere Entfernung noch gut hörbare)* Stimme haben; Lenas Stimme trug nicht (Grass, Butt 25). **11.** (verblaßt in Verbindung mit Abstrakta) *drückt das Vorhandensein von etw. bei jmdm. aus:* Bedenken t. *(haben),* etw. zu tun; nach jmdm. Verlangen, an etw. die Schuld t.; für jmdn., etw./(schweiz. für jmdn., etw. *sorgen);* die Gedanken schwankten wie ägyptische Gaukler auf dem Hochseil und trugen *(bargen),* wie diese, die Gewißheit ihrer Gefährdung in sich (Stern, Mann 46). **12.** ⟨t. + sich⟩ *drückt aus, daß jmd. etw. in Erwägung zieht:* er trägt sich mit dem Plan, mit dem Gedanken, sein Haus zu verkaufen; Du kannst beruhigt sein, ich trage mich nicht mit Selbstmordgedanken (Danella, Hotel 265); **Trä**|**ger,** der; -s, - [spätmhd. treger, mhd. trager, ahd. tragari]: **1. a)** *jmd., der Lasten trägt:* für eine Expedition T. anwerben; **b)** kurz für ↑ Gepäckträger (1): auf dem kleinen Bahnhof rief sie vergebens nach einem T.; **c)** *jmd., der Kranke, Verletzte o. ä. transportiert:* eine Ambulanz mit zwei -n. **2. a)** (Bauw.) *tragendes Bauteil:* T. aus Stahl; einen T. [in die Decke] einziehen; etw. ruht auf -n; **b)** (bes. Technik) *etw., was etw. anderes trägt, hält, stützt, mit sich führt o. ä.:* Lubri ... ist kein herkömmliches Ölzusatz, sondern benutzt das Öl nur als T., um an die Kolbenringe ... zu gelangen (ADAC-Motorwelt 10, 1980, 47); das (= Fachgebiet) sich mit schwachen elektrischen Strömen als T. von Information befaßt (Schweizer Maschinenbau 16. 8. 83, 15). **3.** *etw., was in Form eines schmaleren Streifens paarweise an bestimmten Kleidungsstücken angebracht ist u. über die Schulter geführt wird, damit das Kleidungsstück nicht rutscht:* der linke T. des Kleides rutschte ihr immer wieder über die Schulter; ein Kleid mit -n. **4. a)** *jmd., der etw. innehat, etw. ausübt:* T. mehrerer Preise sein; er ist T. eines hohen Ordens, eines berühmten Namens; T. der Staatsgewalt sein; die versammelten T. der drei Gewalten im öffentlichen Leben der USA (Saarbr. Zeitung 8. 10. 79, 2); **b)** *jmd., etw. stützt, die treibende Kraft von etw. ist:* der T. einer Entwicklung sein; die Partei war der T. dieser Aktion; **c)** *Körperschaft, Einrichtung, die [offiziell] für etw. verantwortlich ist u. dafür aufkommen muß:* die T. der öffentlichen Fürsorge; Wenn Jugendliche keine Arbeit finden, versuchen auch freie T. zu helfen (MM 25. 6. 80, 20). **5.** (Technik) *Trägerwelle.* **6.** *jmd., etw., dem etw. Bestimmtes innewohnt u. durch den bzw. das es in Erscheinung tritt:* Die psychischen Erscheinungen und ihr T., der Mensch als Ich (Natur 86); Diesmal, Mönch, wirst du als T. von Hoffnung und Enttäuschung zugleich der gefallene Engel sein (Stern, Mann 226); **-trä**|**ger,** der; -s, -: **1.** *drückt in Bildungen mit Substantiven aus, daß eine Person etw. [bekommen] hat, mit etw. versehen ist:* Bart-, Preis-, Ritterkreuzträger. **2.** *drückt in Bildungen mit Substantiven aus, daß eine Person oder Sache etw. mit sich führt, transportiert, liefert:* Bomben-, Eiweiß-, Virus-, Wärmeträger. **3.** *drückt in Bildungen mit Substantiven aus, daß eine Person oder Sache etw. darstellt oder auslöst:* Angst-, Bedeutungs-, Hoffnungs-, Sympathieträger; **Trä**|**ger**|**flug**|**zeug,** das: *Flugzeug, das auf einem Flugzeugträger stationiert ist;* **Trä**|**ger**|**fre**|**quenz,** die (Funkt.): *Frequenz einer Trägerwelle;* **Trä**|**ger**|**in,** die; -, -nen: w. Form zu ↑ Träger (4, 6); **Trä**|**ger**|**kleid,** das: *Kleid mit Trägern (3);* **Trä**|**ger**|**ko**|**lon**|**ne,** die: *Kolonne von Austrägern;* **trä**|**ger**|**los** ⟨Adj.⟩: *ohne Träger (3):* die Schalen des -en BHs (Hahn, Mann 32); **Trä**|**ger**|**ma**|**te**|**ri**|**al,** das (bes. Technik): *als Träger (2 b) dienendes Material (1):* Mechanische Festigkeit und ausgezeichnete Isolationseigenschaften machen diese High-Tech-Produkte zum

Trägerrakete

idealen T. kleinster elektronischer Bauteile (FAZ 22. 3. 93, B 22); **Trä|ger|ra|ke|te**, die: *mehrstufige Rakete* (1 b); **Trä|ger|rock**, der: vgl. Trägerkleid; **Trä|ger|schaft**, die; -, -en: a) *Gesamtheit der Träger* (4 c): *die Anstalt wird unter einer erweiterten T. weitergeführt;* b) *Eigenschaft, Träger* (4 c) *zu sein;* **Trä|ger|schür|ze**, die: vgl. Trägerkleid; **Trä|ger|wel|le**, die (Funkt.): *elektromagnetische Welle, die man zur Übertragung von Nachrichten modulieren kann;* **Tra|ge|ta|sche**, Tragtasche, die: a) *[größere] mit Riemen od. Bügeln versehene [Einkaufs]tasche, die mit der Hand getragen wird;* b) *kurz für* ↑ Plastiktragetasche; **Tra|ge|tuch**, das ⟨Pl. ...tücher⟩: *Tuch* (1), *das um Hals u. Hüfte geschlungen wird, so daß ein Säugling od. Kleinkind darin getragen, befördert werden kann;* **Tra|ge|zeit**, Tragzeit, die: *Zeit der Trächtigkeit* (1); **trag|fä|hig** ⟨Adj.⟩: *so beschaffen, konstruiert o. ä., daß eine bestimmte Last getragen, eine bestimmte Belastung* (1) *ausgehalten werden kann:* -es Eis; *die Überdachung ist nicht t.;* Ü einen -en Kompromiß aushandeln; Die Nationale Aktion hat ein -es politisches Programm (Tages Anzeiger 14. 10. 85, 18); Weiter ist wichtig, eine -e Vertrauensbasis herzustellen (Nds. Ä. 22, 1985, 32); **Trag|fä|hig|keit**, die ⟨o. Pl.⟩: *tragfähige Beschaffenheit;* **Trag|flä|che**, die (Flugw.): *eine der beiden (dem dynamischen Auftrieb dienenden) rechteckigen od. trapezförmigen Flächen, die sich seitlich am Rumpf eines Flugzeugs befinden;* **Trag|flä|chen|boot**, das: *Motorboot, unter dessen Rumpf sich Flächen befinden, die den Tragflächen des Flugzeugs ähnlich sind u. den Rumpf des Motorboots mit zunehmender Geschwindigkeit über das Wasser heben; Gleitboot;* **Trag|flü|gel**, der: *Tragfläche;* **Trag|flü|gel|boot**, das: *Tragflächenboot;* **Trag|ge|rüst**, das: *tragendes Gerüst, tragende Konstruktion:* das T. eines Daches; **Trag|ge|stell**, das: *Gestell zum Tragen, Transportieren von jmdm., etw.;* **Trag|gurt:** ↑ Tragegurt.

Träg|heit, die; -, -en ⟨Pl. selten⟩ [1: mhd., ahd. trâcheit]: 1. ⟨o. Pl.⟩ *das Trägesein:* geistige T.; In Wirklichkeit beklagt er sich immer wieder – über „spezielle Unlust und allgemeine T.", über „Elendsgefühle und Müdigkeit" (Reich-Ranicki, Th. Mann 86); zur T. neigen. 2. (Physik) *Eigenschaft jeder Masse, ihren Bewegungszustand beizubehalten, solange keine äußere Kraft einwirkt, die diesen Zustand ändert; Beharrungsvermögen;* **Träg|heits|ge|setz**, das (Physik): *Gesetz* (2), *nach dem jeder Körper im Zustand der Ruhe od. in einer gleichförmigen Bewegung verharrt, solange keine äußere Kraft auf ihn einwirkt;* **Träg|heits|kraft**, die (Physik): *Kraft, die der Kraft während eines Beschleunigungsvorgangs auf Grund seiner Trägheit* (2) *der beschleunigenden Kraft entgegengesetzt;* **Träg|heits|mo|ment**, das (Physik): *Größe des Widerstands, den ein rotierender Körper einer Änderung seiner Geschwindigkeit entgegensetzt.*

Trag|him|mel, der (seltener): *Baldachin* (2); **Trag|holz**, das: *Fruchtholz.*

tra|gie|ren ⟨sw. V.; hat⟩ (Theater): *eine Bühnenrolle [tragisch] spielen;* **Tra|gik**, die; - [zu ↑ tragisch]: 1. *schweres, schicksalhaftes, von Trauer u. Mitempfinden begleitetes Leid:* darin lag die T. [seines Lebens, in seinem Leben, dieses Unfalls]; Er fühlt plötzlich die ungeheure T., die sich da durch die Schuld seines Schweigens zusammengeballt hat (Augsburger Allgemeine 11./12. 2. 78, IV); Es schien einer jener Fälle, deren menschliche T. durch die nüchterne Meldung verdeckt wird (Noack, Prozesse 43). 2. (Literaturw.) *das Tragische (in einer Tragödie): das Wesen der T.* ist seit Aristoteles Gegenstand theoretischer Erörterungen; **Tra|gi|ker**, der; -s, - [griech. tragikós] (veraltet): *Dichter von Tragödien, Trauerspielen;* **Tra|gi|ke|rin**, die; -, -nen (veraltet): w. Form zu ↑ Tragiker; **Tra|gi|ko|mik** [auch: 'tra:...], die; - (bildungsspr.): *Verbindung von Tragik u. Komik, deren Wirkung darin besteht, daß das Tragische komische Elemente u. das Komische tragische Elemente enthält;* **tra|gi|ko|misch** [auch: 'tra:...] ⟨Adj.⟩ (bildungsspr.): *die Tragikomik betreffend, auf ihr beruhend, Tragikomik ausdrückend;* **Tra|gi|ko|mö|die** [auch: 'tra:...], die; -, -n [lat. tragicomoedia, zu: tragicus (↑tragisch) u. comoedia, ↑ Komödie] (Literaturw.): *tragikomisches Drama;* **tra|gisch** ⟨Adj.⟩ [lat. tragicus < griech. tragikós, eigtl. = bocksartig, vgl. Tragödie]: 1. *auf verhängnisvolle Weise eintretend u. schicksalhaft in den Untergang führend u. daher menschliche Erschütterung auslösend:* ein -es Ereignis, Erlebnis; ein -er Unfall; auf -e Weise ums Leben kommen; der Film endet t.; Tragisch wird es dann, wenn auch den Retter die Kräfte verlassen und er mit dem Ertrinkenden untergeht (Rheinpfalz 7. 7. 84, 12); das ist alles nicht, halb so t. (ugs.; *schlimm*); nimm nicht alles gleich so t. (ugs.; *ernst*); Ü Was ist im 19. Jahrhundert geschehen, daß die Insel ihre Fruchtbarkeit verlor und zu einer der -en Landschaften Europas (geh.; *der Landschaften mit einem schlimmen, unseligen, traurigen Schicksal*) wurde? (Fest, Im Gegenlicht 85). 2. (Literaturw., Theater) *zur Tragödie gehörend, auf sie bezogen; Tragik ausdrückend:* eine -e Rolle spielen; die -e Heldin eines Dramas; ein -er Dichter.

Trag|joch, das: vgl. Traggestell; **Trag|kon|struk|ti|on**, die (Technik): *tragende Konstruktion;* **Trag|korb**: ↑ Tragekorb; **Trag|kraft**, die (bes. Technik, Bauw.): *Tragfähigkeit;* **Trag|last**, die: *Last* (1 a): Abteil für Reisende mit -en (Lentz, Mukkefuck 166); **Trag|luft|hal|le**, die (Bauw.): *Halle aus luftdichten Stoffen, die durch ständigen Überdruck der innen befindlichen Luft ohne sonstige Stützen steht;* **Trag|luft|zelt**, das: vgl. Traglufthalle.

Tra|gö|de, der; -n, -n [lat. tragoedus < griech. tragōdós] (Theater): *Schauspieler, der tragische Rollen spielt;* **Tra|gö|die**, die; -, -n [lat. tragoedia < griech. tragōdía = tragisches Drama, Trauerspiel, eigtl. = Bocksgesang, zu: trágos = Ziegenbock u. ōdē = Gesang; viell. nach dem mit Bocksfellen als Satyrn verkleideten Chorsängern in der griech. Tragödie]: 1. a) ⟨o. Pl.⟩ *dramatische Gattung, in der Tragik* (2) *dargestellt wird:* die antike, klassische T.; b) *Tragödie* (1 a) *als einzelnes Drama:* eine T. in/mit fünf Akten. 2. a) *tragisches Geschehen, schrecklicher Vorfall:* Eine T. spielte sich gestern im Zoologischen Garten vor den Augen der Besucher ab (Welt 17. 9. 66, 14); Zeuge einer T. werden; der Schrecken, mit dem er am Sturz des Dichters nicht bloß die T. eines gefeierten Mannes wahrgenommen hatte (Ransmayr, Welt 144); ein Werk ..., das doch wie kein anderes jene Mentalität aufzudecken und wirkungsvoll zu zeigen vermochte, die Deutschlands schrecklichste T. ermöglicht hat (Reich-Ranicki, Th. Mann 129); b) (ugs. emotional übertreibend) *etw., was als schlimm, katastrophal empfunden wird:* diese Niederlage ist keine T.; mach doch keine, nicht gleich eine T. daraus! *(nimm es nicht schwerer, als es ist!);* **Tra|gö|di|en|dar|stel|ler**, der: *Tragöde;* **Tra|gö|di|en|dar|stel|le|rin**, die: w. Form zu ↑ Tragödiendarsteller; **Tra|gö|di|en|dich|ter**, der: *Tragiker;* **Tra|gö|di|en|dich|te|rin**, die: w. Form zu ↑ Tragödiendichter; **Tra|gö|din**, die; -, -nen: w. Form zu ↑ Tragöde.

Trag|rie|men, der: *Riemen, mit dem eine Last [auf der Schulter] getragen wird;* **Trag|rol|le**, die (Technik): *Rolle an einem Förderband, die dessen Gurt trägt u. führt;* **Trag|schicht**, die (Straßenbau): *Schicht unter der Decke* (4) *einer Straße, Fahrbahn;* **Trag|schrau|ber**, der (Flugw.): *Drehflügelflugzeug;* **Trag|seil**, das (bes. Technik, Bauw.): *Seil, das die Last trägt (im Unterschied zum Zugseil);* **Trag|ses|sel**, der: *Sessel, der an Griffen getragen werden kann;* **trägst:** ↑ tragen; **Trag|stein**, der (selten): *Konsole* (1); **trägt:** ↑ tragen; **Trag|ta|sche:** ↑ Tragetasche; **Trag|tier**, das (selten): *Lasttier;* **Trag|wei|te**, die: 1. *Ausmaß, in dem sich etw. [ziemlich weitreichend] auswirkt:* Viele Fahrer von schweren Maschinen erkennen erst bei den Werkstattbesuchen die T. ihrer Kaufentscheidung (ADAC-Motorwelt 10, 1982, 47); sich der T. von etw. bewußt sein; etw. in seiner ganzen T. erkennen; ein Ereignis von großer T.; doch hat uns diese kurze Zeitspanne Probleme von beunruhigender, weltpolitischer T. schärfer erkennen lassen (Augsburger Allgemeine 6./7. 5. 78, 12). 2. *Schußweite einer Waffe.* 3. (Seew.) *Entfernung, aus der ein Leuchtfeuer oder die Lichter eines Schiffes bei normaler Sicht noch eindeutig zu erkennen sind;* **Trag|werk**, das: 1. (Flugw.) *Tragflügel, Querruder u. Landeklappen eines Flugzeugs.* 2. (Bauw.) *lastentragender Bauteil;* **Trag|zeit:** ↑ Tragezeit.

Trai|ler ['treɪlə], der; -s, - [engl. trailer, zu: to trail = ziehen, (nach)schleppen < mfrz. traill(i)er, über das Vlat. < lat. trahere, ↑traktieren]: 1. *Anhänger* (2) *(bes. zum Transport von Containern).* 2. (Film) a) *kurzer, aus einigen Szenen eines Films zusammengestellter Vorfilm als Werbung;* b) *nicht belichteter Filmstreifen am inneren Ende einer Filmrolle;* **Trai|ler|schiff**, das [nach engl. trailership]: *Frachtschiff zum Transport beladener Lastwagen;*

Trai̱l|le ['tra:j(ə), 'traljə], die; -, -n [...jən; frz. traille < lat. tragula = Wurfspieß; Ziehnetz, Schleppnetz, zu: trahere, ↑traktieren] (veraltet): **1.** *Fähre.* **2.** *Tau u. Rolle, an denen eine Fähre läuft.*
Train [trɛ̃:; österr.: trɛ:n, tre:n], der; -s, -s [frz. train, zu: traîner, ↑trainieren] (Milit. früher): *für den Nachschub sorgende Truppe; Troß:* Hinter der von den Lastern gesprungenen und weitermarschierenden Infanterie rückte der Troß der Roten Armee heran, und so schnieke die Tête, so schäbig der T. (Bieler, Bär 100); **Trainee** [treɪ'ni:], der; -s, -s [engl. trainee, zu: to train, ↑trainieren] (Wirtsch.): *jmd. (bes. Hochschulabsolvent), der innerhalb eines Unternehmens eine praktische Ausbildung in allen Abteilungen erhält u. dadurch für seine spätere Tätigkeit vorbereitet wird:* Zur Sicherstellung der weiteren Expansion suchen wir -s, die nach entsprechenden Ausbildungsstufen interessante Aufgaben innerhalb unseres Vertriebsbereiches übernehmen werden (Frankfurter Rundschau 16. 12. 78, 41); **Trai̱|ner** ['trɛ:nɐ, 'tre:nɐ], der; -s, - [engl. trainer, zu: to train, ↑trainieren]: **a)** *(Sport) jmd., der Sportler trainiert:* er ist jetzt T. bei einem anderen Verein; den T. entlassen, wechseln, abschießen; die Mannschaft sucht einen neuen T.; der Verein sollte einen anderen T. verpflichten; **b)** *(Pferdesport) jmd., der für Unterhalt u. Training von Pferden sorgt;* **Trai̱|ner|bank**, die ‹Pl. ...bänke›: ¹Bank (1) *am Rand eines Spielfelds, auf der der Trainer (a) u. die Auswechselspieler sitzen;* **Trai̱|ne|rin**, die; -, -nen: w. Form zu ↑Trainer; **Trai̱|ner|li̱|zenz**, die: *Lizenz für die Tätigkeit als Trainer (b);* **Trai̱|ner|schein**, der: vgl. Trainerlizenz; **Trai̱|ner|wech|sel**, der: *Wechsel (1 c) des Trainers:* Torwartwechsel ist also nur ein Thema geworden ... T. war schon immer eins (Kicker 82, 1981, 20); **trai̱|nie̱|ren** ‹sw. V.; hat› [engl. to train, eigtl. = erziehen, ziehen, (nach)schleppen < frz. traîner = (nach)ziehen, über das Vlat. < lat. trahere, ↑traktieren]: **a)** *durch systematisches Training auf etw., bes. auf einen Wettkampf vorbereiten, in gute Kondition bringen:* die Fußballmannschaft, die Skiläufer, die Junioren t.; natürlich werden die Pferde auch schon vor der Zustellung der offiziellen Bescheides trainiert (Frischmuth, Herrin 29); Die Delphine werden nicht aufs Töten trainiert *(werden nicht so trainiert, daß sie töten;* Spiegel 6, 1989, 157); einen trainierten Körper haben; auf etw. trainiert *(genau vorbereitet)* sein; **b)** *Training betreiben:* er trainiert hart, eisern [für die nächsten Spiele]; immer war was, ich wußte jetzt gar nicht mehr, wann wir mal nicht voll trainiert hätten (Loest, Pistole 191); Auch hier durfte man feststellen, daß in beiden Riegen tüchtig auf der Gerätemeisterschaft *(auf sie hin, für sie)* trainiert wurde (Nordschweiz 27. 3. 85, 8); **c)** *(bestimmte Übungen, Fertigkeiten) durch Training technisch vervollkommnen:* den doppelten Rittberger t.; Gerade wir (= geistig behinderte Menschen) seien jedoch darauf angewiesen, die mühsam erworbenen Fähigkeiten und Fertigkeiten zu t., damit diese nicht verlorengehen (NZZ 21. 8. 83, 23); ‹auch t. + sich:› sich im Rechnen t.; Ü sein Gedächtnis t.; Aber Selbstbewußtsein kann man nur schwer t., bei mir wächst es mit dem Erfolg (Kicker 82, 1981, 28); **d)** (ugs.) *einüben* (1 a): Rollschuhfahren t.; Vergessen wird von den besorgten Eltern sehr oft, daß der Weg zur Schule regelrecht trainiert werden muß (NNN 6. 9. 83, o. S.); **Trai̱|ning**, das; -s, -s [engl. training, zu: to train, ↑trainieren]: *planmäßige Durchführung eines Programms von vielfältigen Übungen zur Ausbildung von Können, Stärkung der Kondition u. Steigerung der Leistungsfähigkeit:* ein hartes, strenges, spezielles T.; Heute, Dienstag, folgen zwei -s auf dem Sportplatz (Solothurner Zeitung 31. 7. 84, 9); das T. abbrechen, aufnehmen, wieder mit dem T. beginnen; ich muß jetzt zum T.; Ü geistiges T.; autogenes T.; Auch wenn Sie branchenfremd sind, bereiten wir Sie durch ein umfassendes T. auf Ihre Tätigkeit vor (Augsburger Allgemeine 6./7. 5. 78, X); nicht mehr im T. sein *(nicht mehr in der Übung sein);* **Trai̱|ning on the Job** ['- ɔn θə '-], das; -s - -, -s - - [engl., zu ↑Job] (bes. Wirtsch.): *Gesamtheit der Methoden zur Ausbildung, zur Vermittlung u. Erprobung praktischer Kenntnisse u. Fähigkeiten direkt am Arbeitsplatz;* **Trai̱|nings|an|zug**, der: *aus langärmeligem Blouson u. langer, an den Knöcheln eng anliegender Hose bestehende Sportanzug zum Warmhalten des Körpers;* **Trai̱|nings|camp**, das (Sport): *Camp, in dem bestimmte Trainings durchgeführt werden;* **Trai̱|nings|dreß**, der: vgl. Trainingsanzug; **Trai̱|nings|ein|heit**, die (Sport): *kleinster Abschnitt der Phasen, Perioden, in die das gesamte Training eines Sportlers, einer Mannschaft aufgeteilt ist;* **Trai̱|nings|fleiß**, der: *Fleiß, eifriges Bemühen im Training:* der T. wurde belohnt, hat sich ausgezahlt; **Trai̱|nings|ho|se**, die: *zum Trainingsanzug gehörende Hose;* **Trai̱|nings|ja|cke**¹, die: vgl. Trainingshose; **Trai̱|nings|la|ger**, das ‹Pl. ...lager›: *Lager, in dem [Spitzen]sportler trainieren:* ins T. fahren; das T. beziehen u. in T.; **Trai̱|nings|me|tho|de**, die: vgl. Trainingsprogramm; **Trai̱|nings|mög|lich|keit**, die: **1.** *Möglichkeit, irgendwo zu trainieren:* keine T. haben. **2.** *mögliche Übung für das Training [in einer Sportart]:* neue -en testen; **Trai̱|nings|part|ner**, der: *Partner (1 a) beim Trainieren (a);* **Trai̱|nings|part|ne|rin**, die: w. Form zu ↑Trainingspartner; **Trai̱|nings|pen|sum**, das: *Pensum (a), das für ein bestimmtes Trainingsprogramm zu erfüllen ist;* **Trai̱|nings|plan**, der: vgl. Trainingsprogramm; **Trai̱|nings|pro|gramm**, das: *Programm* (3), *Plan* (1 a), *nach dem ein Training aufgebaut ist;* **Trai̱|nings|schnell|ste**, der u. die ‹Dekl. ↑Abgeordnete› (Sport): *jmd., der die beste Trainingszeit erreicht hat;* **Trai̱|nings|schuh**, der: *meist leichterer, beim Trainieren (a) getragener Schuh;* **Trai̱|nings|zeit**, die: *im Training gefahrene, gelaufene Zeit;* **Trai̱|nings|zen|trum**, das: vgl. Leistungszentrum. **Train|ko|lo̱n|ne**, die (Milit. früher): vgl. Nachschubkolonne.
Trait [trɛɪt], der; -[s], -s [engl. trait < lat. tractus = Zug, Bewegung, ↑Trakt] (Psych.): *relativ unveränderliche Charaktereigenschaft;* **Trai|té** [trɛ'te:], der; -s, -s [frz. traité, zu: traiter, ↑Traiteur] (veraltet): **1.** *[Staats]vertrag.* **2.** *Abhandlung, Traktat;* **Traiteur** [trɛ'tø:ɐ̯], der; -s, -e [frz. traiteur, zu: traiter = be-, verhandeln < lat. tractare, ↑traktieren]: **1.** (selten) *Leiter einer Großküche.* **2.** (schweiz.) *Hersteller, Verkäufer u. Lieferant von Fertiggerichten;* **Trai|teur|stand**, der (schweiz.): *Verkaufsstand eines Traiteurs* (2): die Spezialität unserer zukünftigen Traiteurverkäuferin ist das Präsentieren und Verkaufen unserer gluschtigen Waren am T. (Solothurner Zeitung 25. 3. 87, Anzeige).
Tra|jękt, der od. das; -[e]s, -e [2: lat. traiectus, zu: traiectum, 2. Part. von: traicere = hinüberbringen; durchqueren]: **1.** *[Eisenbahn]fährschiff.* **2.** (veraltet) *Überfahrt;* **Tra|jękt|o|rie**, die; -, -n [zu spätlat. traiector = der Durchdringer] (Math.): *Kurve, die sämtliche Kurven einer gegebenen Kurvenschar unter gleichbleibendem Winkel schneidet.*
Tra|kas|se|rie, die; -, -n [frz. tracasserie, zu: tracasser, ↑trakassieren] (bildungsspr. veraltet): *Quälerei, Stänkerei, Neckerei;* **tra|kas|sie|ren** ‹sw. V.; hat› [frz. tracasser, zu: traquer = treiben, hetzen, verfolgen] (bildungsspr. veraltet): *quälen, plagen, necken.*
Tra|keh̲|ner, der; -s, - [nach dem Ort Trakehnen im ehemaligen Ostpreußen]: *Pferd einer edlen Rasse des deutschen Warmbluts.*
Trakt, der; -[e]s, -e [lat. tractus = das (Sich)hin)ziehen; Ausdehnung; Lage; Gegend; zu: tractum, 2. Part. von: trahere, ↑traktieren]. **1. a)** *größerer, in die Breite sich ausdehnender Teil eines Gebäudes, auch Teil eines großen Schiffes:* der südliche T. des Schlosses; Christine ... erhielt dort ein Zimmer in der zweiten Etage des rückwärtigen -s (Bieler, Mädchenkrieg 277); hier (= im B-Deck) durfte kein Passagier hinein. „Nur für Mannschaft" stand an den Flurtüren zum verbotenen T. (Konsalik, Promenadendeck 213); **b)** *Gesamtheit der Bewohner, Insassen eines Trakts* (1 a): der südliche T. des Gefängnisses rebellierte. **2.** (Med.) *Ausdehnung in die Länge, Strecke, Strang.* **3.** *Landstrich;* **trak|ta̱|bel** ‹Adj.; ...bler, -ste› [lat. tractabilis, zu: tractare, ↑traktieren] (bildungsspr.): *leicht zu handhaben;* **Trak|ta|mẹnt**, das; -s, -e [mlat. tractamentum = (Art der) Behandlung, zu lat. tractare, ↑traktieren]: **1.** (landsch.) *Verpflegung, Bewirtung.* ◆ In meinem Gebiet soll's so weit kommen, daß Kartoffeln und Dünnbier ein T. für Festtage werden (Schiller, Räuber II, 2). **2.** (bildungsspr. veraltend) *Art, mit jmdm., einer Sache umzugehen; Behandlung[sweise].* **3.** (Milit. veraltend) *Sold;* **Trak|tạn|den|li|ste**, die; -, -n [zu ↑Traktandum] (schweiz.): *Tagesordnung:* die T. der ordentlichen Maiession des St. Galler Großen Rates weist nur wenige gewichtige Geschäfte auf (NZZ 30. 4. 83, 28); **Trak|tạn|dum**, das; -s, ...den [lat. tractandum = was behandelt werden soll, Gerundiv von: tractare, ↑traktieren]

Traktarianismus

(schweiz.): *Verhandlungsgegenstand:* An der Aescher Gemeindeversammlung ... stehen vorläufig folgende Traktanden zur Diskussion: Quartierplanung, Tramschlaufe ... (Basler Zeitung 20. 8. 86, 64); Unerledigtes T., das Budget 1984, war bereits Gegenstand einer ganztägigen Sitzung (NZZ 19. 8. 83, 23); **Trak|ta|ria|nis|mus**, der; - [engl. tractarianism, zu: tractarian = Anhänger des Traktarianismus, zu: tract = (Flug)schrift, Traktat < mengl. tracte < lat. tractatus, ↑Traktat; nach den „Tracts for the Times" (= zeitgemäße Abhandlungen), in denen die Bewegung ihre Anschauungen zu verbreiten suchte]: *dem Katholizismus freundlich gesinnte u. nach Ausgleich mit ihm strebende Bewegung in der englischen Staatskirche im 19. Jh.;* **Trak|tat**, das o. der; -[e]s, -e [lat. tractatus = Abhandlung, Erörterung, zu: tractare, ↑traktieren]: **1.** (bildungsspr.) **a)** (veraltend) *Abhandlung:* theologische, wissenschaftliche, politische -e; Dieser T. könnte mehr sein als ein Beitrag zur Psychologie (Zorn, Mars 15); **b)** *Flug-, Streit-, Schmähschrift.* **2.** (veraltet) *(Staats)vertrag;* **Trak|tät|chen**, das; -s, - (abwertend) *religiöse [Erbauungs]schrift;* **trak|tie|ren** (sw. V.; hat) [lat. tractare = herumzerren, bearbeiten, behandeln, Intensivbildung zu: trahere (2. Part.: tractum) = (nach)ziehen; beziehen (auf)]: **1.** *mit etw. Unangenehmem, als unangenehm Empfundenem auf jmdn., etw. einwirken:* jmdn. mit Vorwürfen t.; hat sie dich auch mit ihren Geschichten traktiert?; Jedenfalls hat er mich mit Schönschreibübungen bis zum Exzeß traktiert (Wilhelm, Unter 65); Nur gelegentlich, wenn mehrere aufeinanderfolgende Stöße das Fahrgestell traktierten (auto touring 2, 1979, 29); jmdn. mit dem Stock, mit Schlägen t. *(jmdn. schlagen, verprügeln).* **2.** (veraltend) *jmdm. etw. in reichlicher Menge anbieten:* jmdn. mit Süßigkeiten t.; Ihr habt mich mit Wodka traktiert (Zwerenz, Quadriga 265). ♦ **3.** *bewirten, freihalten:* Jetter, den Schuß handl' on Euch ab, teile den Gewinst, traktiere de Herren (Goethe, Egmont I); Der neckische Mann ... bewirtete ihn aufs beste und lud die Herrschaft ein, die er gleichfalls zu t. versprach (Goethe, Kampagne in Frankreich 1792, 10. Oktober). ♦ **4.** *verhandeln* (1 a): Sieht man doch, daß ich immer nur für mich gekuppelt habe, und da ist's nicht übel, gerade und ohne Umschweife zu t. (Goethe, Jery u. Bätely); man kann von einem jungen Mädchen nicht verlangen, daß es eine ernsthafte Sache mit ernsthaften Leuten traktiere (Lessing, Minna II, 2); **Trak|tie|rung**, die; -, -en: *das Traktieren, Traktiertwerden;* **Trak|ti|on**, die; -, -en [zu lat. tractum, ↑Trakt]: **1.** (Physik, Technik) *das Ziehen; Zug* (3), *Zugkraft:* T. ist wieder gefragt, und Allradautos sind die Renner der Saison (ADAC-Motorwelt 11, 1985, 8); mit sicheren Kurveneigenschaften und ausgezeichneter T. auf winterlichen Straßen (auto touring 2, 1979, 40). **2.** (Eisenb.) *Art des Antriebs von Zügen [durch Triebfahrzeuge];* **Trak|tor**, der; -s, ...oren [engl. tractor, zu lat. tractum,

↑Trakt]: **1.** *speziell zum Ziehen von angehängten Lasten, bes. von landwirtschaftlichen Maschinen, Geräten, dienendes Kraftfahrzeug.* **2.** (Datenverarb.) *Vorrichtung am Drücker* (2), *die zur Bewegung bzw. zur Positionierung von Endlospapier dient;* **Trak|to|ren|bau**, der ⟨o. Pl.⟩: *Industriezweig, der Traktoren* (1) *herstellt;* **Trak|tor|fah|rer**, der: *jmd., der [berufsmäßig] Traktor* (1) *fährt;* **Trak|tor|fah|re|rin**, die: *w.* Form zu ↑ Traktorfahrer; **Trak|to|rie**, die; -, -n (Math.): *Traktrix;* **Trak|to|rist**, der; -en, -en [russ. traktorist] (regional): *Traktorfahrer;* **Trak|to|ri|stin**, die; -, -nen (regional): *w.* Form zu ↑Traktorist; **Trak|trix**, die; -, Traktrizes [...e:s; nlat. tractrix = Schlepperin, nach der graphischen Darstellung; zu lat. tractum, ↑Trakt] (Math.): *ebene Kurve, deren Tangenten von einer festen Geraden immer im gleichen Abstand vom Berührungspunkt* (1) *geschnitten werden;* **Trak|tur**, die; -, -en [spätlat. tractura = das Ziehen] (Musik): *Vorrichtung bei der Orgel, die den Tastendruck von Manual od. Pedal weiterleitet;* **Trak|tus**, der; -, - [...tu:s; mlat. tractus < lat. tractus = der verhaltene Stil, eigtl. = das Ziehen]: (*in der* ¹*Messe* 1) *nach dem Graduale gesungener [Buß]psalm, der in der Fastenzeit u. beim Requiem an die Stelle des Hallelujas* (a) *tritt.*

Tral|je, die; -, -n [mniederd. trallie < mniederl. tralie < (a)frz. treille < spätlat. trichila = Laube aus Stengeln] (nordd.): *Gitterstab.*

tral|la, **tral|la|[la]|la** [trala(la)'la:, 'trala(la)la] ⟨Interj.⟩ [lautm.]: (oft am Anfang od. Ende eines Liedes stehend) als Ausdruck fröhlichen Singens ohne Worte: ⟨subst.:⟩ Keine Luftballons, kein Fähnchen, kein Trallala (Spiegel 42, 1977, 289); **träl|lern** ⟨sw. V.; hat⟩ [eigtl. = tralla singen]: **a)** *(ein Lied, eine Melodie) ohne Text, ohne genaue Artikulation der Wörter munter vor sich hin singen:* sie trällert vergnügt bei der Arbeit; Frau Holle trällerte vor sich hin, denn sie war in Geburtstagsstimmung (Hilsenrath, Nazi 76); **b)** *(trällernd* (a) *ertönen lassen:* ein kleines Lied t.; Kammersängerin Reilingen trällerte den Frühlingsstimmenwalzer von Strauß (Konsalik, Promenadendeck 278).

¹**Tram**, der; -[e]s, -e u. Träme [mhd. (md.) trām(e)] (österr.): *Tramen;* ²**Tram**, die; -, -s, (schweiz.:) das; -s, -s [engl. tram, Kurzf. von: tramway = Straßenbahn(linie), eigtl. = Schienenweg, aus: tram = (Holz)schiene; Schienenstrecke; Wagen (unterschiedlichster Art) < mniederd., mniederl. trame (dafür mhd. trām[e], drām[e] = (Quer)balken (die ältesten Schienen bestanden aus Holzbalken) u. way = Weg] (südd., österr. veraltend, schweiz.): *Straßenbahn:* Daß die verdammte T. nicht kam! (Borell, Verdammt 289); ... dem Reisenden, der zu einem verzweifelten Sprint ansetzt, um ja das T. zum Bahnhof noch zu erreichen (Bund 11. 10. 83, 25); **Tram|bahn**, die (südd.): *Straßenbahn:* Unter dem Fenster lärmt eine späte T. vorüber (Erné, Fahrgäste 64).

Trame [tra:m, frz.: tram], die; - [frz. trame

< lat. trama = Kette (3)]: *leicht gedrehte, als Schußfaden verwendete Naturseide.*

Träl|me: Pl. von ¹Tram; **Träl|mel**, der; -s, - [mhd. dremel = Balken, Riegel, Vkl. von: trām, ↑¹Tram] (landsch., bes. ostmd.): *dicker Klotz, Baumstumpf.*

Tra|me|lo|gö|die, die; -, -n [ital. tramelogedia, gekreuzt aus: tragedia = Tragödie u. melodramma = Melodram; gepr. von dem ital. Dichter V. Alfieri (1749–1803)]: **a)** ⟨o. Pl.⟩ *Kunstgattung zwischen Oper u. Tragödie;* **b)** *einzelnes Werk der Gattung Tramelogödie* (a).

Tra|men, der; -s, - [↑¹Tram] (südd.): *Balken.*

Tra|mi|ner, der; -s, - [nach dem Weinort Tramin in Südtirol]: **1.** *in Südtirol angebauter Rotwein, Tiroler Landwein (verschiedener Rebsorten).* **2. a)** ⟨o. Pl.⟩ *Rebsorte mit mittelgroßen, erst spät reifen Trauben;* **b)** *aus Traminer* (2 a) *hergestellter vollmundiger Weißwein von sehr geringer Säure.*

Tra|mon|ta|na, **Tra|mon|ta|ne**, die; -, ...nen [ital. tramontana, zu: tramontano = (von) jenseits der Berge < lat. transmontanus]: *kalter Nordwind in Italien.*

Tramp [trɛmp, älter: tramp], der; -s, -s [engl. tramp, zu: to tramp, ↑trampen]: **1.** *Landstreicher, umherziehender Gelegenheitsarbeiter, bes. in Nordamerika:* in der ... Stimmung, in der ein T. den ersten Blick auf die endlose Prärie wirft (Bieler, Mädchenkrieg 26). **2.** *Trampschiff.* **3.** *Fußwanderung;* **Tramp|damp|fer**, der: vgl. Trampschiff; **Tram|pel**, der od. das; -s, - [zu ↑trampeln] (ugs. abwertend): *(bes. auf ein Mädchen bezogen) ungeschickt-schwerfälliger Mensch:* so ein altes T.!; Ihre einzige Freundin war dieser T. von Celia, die bei den Hoskins in Stellung war (Kemelman [Übers.], Freitag 36); **Tram|pel|lo|ge**, die (ugs. scherzh.): *[Steh]platz auf der Galerie* (4 b) *im Theater od. im Zirkus;* **tram|peln** ⟨sw. V.⟩ [spätmhd. (md.) trampeln, Iterativbildung zu mniederd. trampen. = derb auftreten, wandern, nasalierte Nebenf. von ↑trappen]: **1.** *mehrmals mit den Füßen heftig aufstampfen* ⟨hat⟩: sie trampeln vor Ungeduld, vor Vergnügen, wegen der Kälte; Beifall t. *(durch Trampeln seinen Beifall zu erkennen geben);* trampelnde Hufe; Ü ⟨subst.:⟩ die Hinterachse kommt auf unebener Straße leicht ins Trampeln (Kfz-T. Jargon); *hat eine schlechte Straßenlage u. bewirkt die Empfindung, daß das Wagenheck nach der Seite hin wegspringt).* **2.** ⟨hat⟩ **a)** *durch Trampeln* (1) *in einen bestimmten Zustand bringen:* er wurde von der Menge zu Tode getrampelt; wir mußten uns erst regelrecht warm t.; **b)** *durch Trampeln* (1) *entfernen:* du mußt [dir] den Schnee, Schmutz von den Schuhen t.; **c)** *durch Trampeln* (1) *herstellen:* einen Pfad [durch den Schnee] t. **3.** (abwertend) *schwerfällig, ohne Rücksicht zu nehmen, irgendwo gehen, sich fortbewegen, irgendwohin treten* ⟨ist⟩: warum bist du durch, auf das frische Beet getrampelt?; ein beliebter Hüne ..., der mir mit seinen braunen Schaftstiefeln auf die Füße trampelte (B. Vesper, Reise 155); **Tram|pel|pfad**, der: *durch häufiges Dar-*

überlaufen entstandener schmaler Weg: Auf dem hellen Gestein ist ein erdbrauner T. zu erkennen (Chotjewitz, Friede 198); Ein T. schlängelt sich durch das Gebüsch zur Straße (Degener, Heimsuchung 56); Ü Terroristen haben keinen T. im Untergrund, der sich im Auge halten ließe (Spiegel 38, 1977, 26); **Tram|peltier**, das [1: nach dem plumpen Gang]: **1.** *(bes. in Innerasien heimisches) zweihöckriges Kamel.* **2.** (salopp abwertend) *unbeholfener, ungeschickter Mensch:* paß doch auf, du T.!; **tram|pen** ['trɛmpn̩, älter: 'tram...] ⟨sw. V.; ist⟩ [engl. to tramp, eigtl. = stampfen(d auftreten), verw. mit ↑trampeln]: **1.** *irgendwohin fahren, reisen, indem man (durch Winken o. ä.) Autos anhält u. sich mitnehmen läßt; per Anhalter fahren:* Sie trampt auf der Autobahn, da braucht man kein Geld (Ossowski, Liebe ist 277); Wenn er also demnächst wieder durch die Lande trampt, kann er seiner selbst sicherer sein (Saarbr. Zeitung 11. 7. 80, III); Sind mit 'ner Meute nach Frankfurt getrampt und haben uns tätowieren lassen (Degener, Heimsuchung 159). **2.** (veraltend) *als Tramp* (1) *umherziehen;* **Tram|per** ['trɛmpɐ], der; -s, -: *jmd., der trampt* (1); **Tram|pe|rin**, die; -, -nen: w. Form zu ↑Tramper; **Trạmp|fahrt**, die: *Trampschiffahrt;* **Trạm|po|lin** [...i:n, auch: - - '-], das; -s, -e [ital. trampolino, wohl zu: trampolo = Stelze, viell. verw. mit ↑trampeln]: *Gerät (für Sport od. Artistik) mit stark federndem, am einem Rahmen befestigtem Teil zur Ausführung von Sprüngen;* **Trạm|po|lin|sprin|gen**, das: *das Springen auf dem Trampolin:* er hat sich beim T. verletzt; **Trạm|po|lin|sprin|ger**, der: *jmd., der Trampolinsprünge macht, Trampolinspringen betreibt;* **Trạm|po|lin|sprin|ge|rin**, die: w. Form zu ↑Trampolinspringer; **Trạm|po|lin|sprung**, der: *Sprung auf dem Trampolin;* **Trạmp|schiff**, das: *[Fracht]schiff, das nach Bedarf u. nicht auf festen Routen verkehrt;* **Trạmp|schiffahrt¹**, die: *Fahrt mit einem Trampschiff.*
trạmp|sen ⟨sw. V.; ist/hat⟩ (landsch.): *trampeln.*
Tram|way ['tramvaɪ], die; -, -s [engl. tramway, ↑²Tram] (österr.): *Straßenbahn.*
Tran, der; -[e]s, (Arten:) -e [aus dem Niederd. < mniederd. trān, niederd. Entsprechung von mhd. tran (↑Träne) u. eigtl. = (durch Auslassen von Fischfett gewonnener) Tropfen; 2: wohl nach einer mundartl. Bed. „Tropfen Alkohol"]: **1.** *aus dem Speck von Walen u. Robben od. von bestimmten Seefischen gewonnenes Öl:* T. sieden. **2.** * **im T.** (ugs.): **1.** *[durch Alkohol, Drogen, Müdigkeit] benommen:* Die meisten waren noch im T., schauten gläsern (Fels, Sünden 81). **2.** *[bei einer zur Gewohnheit, Routine gewordenen Tätigkeit] zerstreut, geistesabwesend:* etw. im T. vergessen).
Tran|ce ['trɑ̃:s(ə), selten: trɑ̃:ns], die; -, -n [...sn̩; engl. trance < afrz. transe = das Hinübergehen (in den Tod), zu: transir = hinübergehen; verscheiden < lat. transire, ↑¹Transit]: *dem Schlaf ähnlicher Dämmerzustand, bes. in der Hypnose:* Die Sätze, die durch das leise Gemurmel der Essenden zischten, rissen mich aus der T. (B. Vesper, Reise 228); in T. fallen; jmdn. in T. versetzen; die Geschichte einer New Yorker Ehefrau ..., der suggeriert wird, in T. Gattenmord verübt zu haben (Spiegel 8, 1978, 208); **tran|ce|artig** ⟨Adj.⟩: *einer Trance ähnlich, wie in Trance:* Was Viktor in den nächsten fünf Minuten vernimmt, ... versetzt ihn ... in einen -en Zustand von Traum und Sehnsucht (Heim, Traumschiff 306); **Tran|ce|zu|stand**, der: *Trance.*
Tran|che ['trɑ̃:ʃ(ə)], die; -, -n [...ʃn̩; frz. tranche = tranche; trancher, ↑tranchieren]: **1.** (Kochk.) *fingerdicke Scheibe von Fleisch od. Fisch.* **2.** (Wirtsch.) *Teilbetrag einer Emission (von Wertpapieren, Briefmarken o. ä.):* Die erste T. hat eine Laufzeit von 10 Jahren (Handelsblatt 1. 8. 79, 1); die von ihm versprochene T. des Milliardengeschäfts ist inzwischen längst in der transatlantischen Großwetterlage untergegangen (Spiegel 47, 1983, 20); ◆ **Tranchee** [trɑ̃:'ʃe:], die; -, ...cheen [frz. tranchée, subst. 2. Part. Fem. von: trancher, ↑tranchieren]: *(in der milit. Fachspr.) Lauf-, Schützengraben:* Als man die neulich mißglückte Eröffnung der T. unter den Sachverständigen besprach, wollte sich finden, daß man viel zu weit von der Festung mit der Anlage (= dem Graben) geblieben sei (Goethe, Belagerung von Mainz, 18. Juni).
Trän|chen, das; -s, -: Vkl. zu ↑Träne.
Tran|cheur [trɑ̃:'ʃøːɐ̯], der; -s, -e [zu ↑tranchieren]: *jmd., der das Fleisch tranchiert;* **Tran|cheu|rin**, die; -, -nen: w. Form zu ↑Trancheur; **Tran|chier|be|steck**, das: *aus einer großen Gabel mit Griff u. zwei festen langen Zinken [u. einem aufklappbaren Bügel als Handschutz] sowie einem breiten, vorn zugespitzten, sehr scharfen Messer zum Tranchieren von Braten u. ä. bestehendes Besteck;* **Tran|chier|brett**, das: *großes ovales Holzbrett mit einer am Rande umlaufenden Rille zum Auffangen des Bratensaftes;* **tran|chie|ren** [trɑ̃:-'ʃiːrən, auch: tran...] ⟨sw. V.; hat⟩ [frz. trancher = ab-, zerschneiden, zerlegen, H. u.] (Kochk.): *(einen Braten, Wild, Geflügel) kunstgerecht zerteilen, [in Scheiben] aufschneiden:* die Gans fachgerecht t.; **Tran|chier|ga|bel**, die: vgl. Tranchierbesteck; **Tran|chier|mes|ser**, das: vgl. Tranchierbesteck.
Trä|ne, die; -, -n [mhd. trēne, eigtl. = umgelauteter, als Sg. aufgefaßter Pl. von: trān = Träne, Tropfen, zusge. aus: trahan, ahd. trahan, H. u.; vgl. Tran]: **1.** *(bei starker Gemütsbewegung od. durch äußeren Reiz) im Auge entstehende u. als Tropfen heraustretende klare Flüssigkeit:* eine heimliche, verstohlene T.; salzige -n; der Reue, der Scham, der Rührung, des Schmerzes; -n tropfen, rollen, perlen herab; jmdm. treten [die] -n in die Augen, stehen in den Augen; -n liefen ihr über die Wangen; bei ihr sitzen die -n locker *(sie weint leicht);* jmdm. kommen leicht [die] -n; während die Marktfrau ... sang ..., kamen mir die -n (Geiser, Fieber 72); Wissen Sie, wenn ich das Wort Geheimdienst höre, dann kommen mir fast die -n *(iron.: so kann ich das nur lächerlich finden).* Ich habe immer offen agiert (Spiegel 43, 1992, 148); -n vergießen; mit Mühe die -n zurückhalten; eine T. zerdrücken *(ein wenig vor Rührung weinen);* sich die -n abwischen *(das Weinen);* bittere -n weinen; die -n abwischen, abtrocknen; sie hat keine T. vergossen; der Rauch trieb ihnen -n in die Augen; -n in den Augen haben; wir haben -n gelacht *(sehr gelacht);* den -n freien Lauf lassen; als die Kinder hörten, daß sie zu Hause bleiben mußten, gab es -n *(weinten sie);* er war den -n nahe *(fing fast an zu weinen);* du brauchst dich deiner -n nicht zu schämen; dies verschlissene alte Stück ist keine T. wert *(es lohnt sich nicht, ihm nachzutrauern);* Im Unterricht ... mußte ich mich zusammennehmen, um nicht ständig in -n auszubrechen (Perrin, Frauen 24); sie ist in -n aufgelöst, schwimmt, zerfließt in -n *(weint sehr heftig);* mit den -n kämpfen *(dem Weinen nahe sein);* die Augen füllten sich mit -n; mit -n in den Augen rief er ...; der Brief war mit -n benetzt, war naß von -n; unter -n lächeln; ein Strom von -n; mit von -n erstickter Stimme; Richy sieht ihm nach, blind vor -n, die ihm vor Schmerzen oder vor Wut hinunterlaufen (Ossowski, Flatter 26); etw. rührt jmdn. zu -n; Ü ich vertrage keinen Alkohol, gib mir bitte nur eine T. [voll] *(ganz wenig);* * **jmdm., einer Sache keine T. nachweinen** *(jmdm., einer Sache nicht nachtrauern):* Nun ist er eben tot. Aber es weinte ihm auch keiner große -n nach (Fichte, Wolli 465); **mit einer T. im Knopfloch** (ugs. scherzh.; *gerührt).* **2.** (salopp abwertend) *unangenehmer [langweiliger] Mensch:* er ist eine ganz müde, trübe T.; seit einer halben Stunde warte ich schon, du bist vielleicht eine T.!; **trä|nen** ⟨sw. V.; hat⟩ [mhd. tranhen, trēnen]: *Tränen hervor-, heraustreten lassen, absondern:* ihre Augen begannen zu t.; vom langen Lesen tränen mir die Augen; ⟨subst.:⟩ Auch wenn ... der ... rasche Wechsel von grellem Licht und Dunkelheit die Augen zum Tränen brachte (Ransmayr, Welt 211); **Trä|nen|bein**, das (Anat.): *zur Augenhöhle gehörender kleiner, plättchenartiger Knochen bei Vögeln, Säugetieren u. beim Menschen;* **trä|nen|blind** ⟨Adj.⟩ (geh.): *durch die Tränen in den Augen kaum etwas sehen könnend:* Tränenblind kramte Helga den Schlüssel aus der Tasche (Danella, Hotel 471); **Trä|nen|drü|se**, die ⟨meist Pl.⟩: *(in den Augenwinkeln beim Menschen u. vielen Tieren liegende) Drüse, die die Tränenflüssigkeit absondert:* * **auf die -n drücken** (leicht abwertend; *mit etw. dadurch die Art der Darstellung Rührung u. Sentimentalität hervorrufen wollen):* er drückte mit seiner Rede, der Film drückte gewaltig auf die -n; **Trä|nen|drü|sen|ent|zün|dung**, die (Med.): *Entzündung der Tränendrüse; Dakryoadenitis;* **trä|nen|er|stickt** ⟨Adj.⟩ (geh.): *(von der Stimme) durch nur mit Mühe zurückgedrängtes Weinen stockend und nicht klar:* Eine Bürgerin brachte mit -er Stimme ihre Klage auf einen Nenner (Saarbr. Zeitung 10. 10. 79, 13); **trä|nen|feucht** ⟨Adj.⟩: *(von den Augen) feucht von Tränen;* **Trä|nen|fluß**, der ⟨Pl. selten⟩: *(über eine gewisse Zeit) unaufhaltsames Fließen der Tränen; heftiges Weinen:* ... schluchzte sie in ihr

Tränenflüssigkeit

Taschentuch, daß ihr Körper erzitterte und die Worte im T. erstickten (Prodöhl, Tod 115); **Trä|nen|flüs|sig|keit,** die: *von den Tränendrüsen abgesonderte Flüssigkeit;* **Trä|nen|flut,** die (geh.): *heftig u. anhaltend fließende Tränen;* **Trä|nen|gang,** der (Anat.): *;* **Trä|nen|nasengang;** **Trä|nengas,** das: *gasförmige chemische Substanz, die auf die Tränendrüsen wirkt u. sie zu starker Flüssigkeitsabsonderung reizt, so daß man nichts mehr sehen kann;* **Trä|nen|gas|pi|sto|le,** die: vgl. Gaspistole.; **Trä|nen|gru|be,** die (Jägerspr.): *Hautfalte unter dem Auge beim Hirsch;* **trä|nen|los** ⟨Adj.⟩: *ohne Tränen:* starr und mit -en Augen stand sie am Grab; manchmal spült es mich fort, das Fragen und das große -e Heulen (Sobota, Minus-Mann 77); **Trä|nen|na|sen|gang,** der (Anat.): *in den unteren Nasengang mündender Gang, der die Tränenflüssigkeit ableitet;* **trä|nen|naß** ⟨Adj.⟩: *naß von Tränen;* **trä|nen|reich** ⟨Adj.⟩: *mit vielen Tränen:* ein -er Abschied; **Trä|nen|reiz|stoff,** der: *leichtflüchtige, auf die Tränendrüsen wirkende u. zu starker Absonderung von Tränenflüssigkeit führende chemische Substanz, die in Form eines Aerosols u.a. als Kampfstoff (z. B. Tränengas, chemische Keule) eingesetzt wird;* **Trä|nensack,** der: **1.** *Sack* (3): Schatten und die ersten Anzeichen von Tränensäcken machten sich unter ihren Augen bemerkbar (Singer [Übers.], Feinde 117); Bei der Verschönerung geht es vor allem um Entfernung von Tränensäcken (MM 12./13. 5. 79, 49). **2.** (Anat.) *in einer Ausbuchtung des Tränenbeins gelegene, erweiterte obere Verlängerung des Tränenenganges;* **Trä|nen|sack|ent|zün|dung,** die (Med.): *Dakryozystitis;* **Trä|nenschlei|er,** der: *durch Tränen hervorgerufene Trübung vor dem Augen;* **trä|nen|selig** ⟨Adj.⟩ (leicht abwertend): *gefühlvoll u. sentimental in Tränen schwelgend, seinen Tränen rückhaltlos hingegeben:* in -er Stimmung sein; Sie nehmen ... Wodka, weil das weich wie t. werden läßt (Zwerenz, Quadriga 270); **Trä|nen|se|lig|keit,** die ⟨o. Pl.⟩ (leicht abwertend): *das Tränenseligsein, tränenselige Art;* **Trä|nenspur,** die: *sichtbare Reste, Anzeichen von Tränen:* Der Brief hat sogar -en (Büttner, Alf 75); -en im Gesicht; **Trä|nen|strom,** der: vgl. Tränenflut; **Trä|nen|tier,** das (salopp abwertend): **1.** *jmd., der leicht weint.* **2.** *unangenehmer [langweiliger] Mensch;* **Trä|nen|tül|te,** die (salopp abwertend): *Tränentier;* **trä|nen|überströmt** ⟨Adj.⟩: *von Tränen überströmt.* **Tran|fun|sel, Tran|fun|zel,** die (ugs. abwertend): **1.** *sehr schwache, trübe Lampe.* **2.** *[langweiliger] langsamer, [geistig] schwerfälliger Mensch;* **Tran|ge|ruch,** der: *unangenehmer Geruch, der von Tran ausgeht;* **tra|nig** ⟨Adj.⟩: **1. a)** *voller Tran;* **b)** *wie Tran:* das Öl schmeckt t. **2.** (ugs. abwertend) *langweilig; langsam:* ihre Single „I Still Love You", eine -e, tränennasse ... Ballade (tip 12, 1984, 172); sei nicht so t.!
trank: ↑trinken; **Trank,** der; -[e]s, Tränke ⟨Pl. selten⟩ [mhd. tranc, ahd. trank, zu ↑trinken] (geh.): *Getränk:* ein bitterer, köstlicher T.; man hatte ihm einen heilenden T. gebraut; bei Anbruch seiner letzten Stunde, die ein Arzt mit einem kontraindizierten T. kalkulierbar gemacht hatte (Stern, Mann 136); **trän|ke:** ↑trinken; **¹Trän|ke:** Pl. von ↑Trank; **²Trän|ke,** die; -, -n [mhd. trenke, ahd. trenka, zu ↑tränken]: *Stelle an einem Gewässer, wo Tiere trinken können, getränkt werden:* das Vieh zur T. treiben; **trän|ken** ⟨sw. V.; hat⟩ [mhd. trenken, ahd. trenkan, Veranlassungswort zu ↑trinken u. eigtl. = trinken machen]: **1.** *(Tieren) zu trinken geben:* die Pferde t.; Ü der Regen tränkt die Erde. **2.** *sich mit einer Flüssigkeit vollsaugen lassen:* einen Wattebausch in Alkohol t.; mit Öl getränktes Leder; Ü der Boden war von Blut getränkt; Er fühlte sich ausgehungert nach dieser von so viel süßer Todtraurigkeit getränkten Sprache (Rolf Schneider, November 202); **Tränk|lein,** das; -s, -: Vkl. zu ↑Trank; **Tränk|me|tall,** das; -s, -e (Metallbearb.): *durch Eintauchen eines gesinterten Metalls in ein anderes, verflüssigtes Metall entstehender metallischer Werkstoff;* **Trank|op|fer,** das: **a)** *das Opfern* (1) *eines Getränkes (bes. Wein);* **b)** *Getränk (bes. Wein) als Opfergabe;* **Trank|sa|me,** die; - [aus ↑Trank u. dem Kollektivsuffix -same (zu mhd. samen, ↑zusammen)] (schweiz.): *Getränk:* Ein kleinerer Schönheitsfehler vielleicht, daß Festmenü und T. vorwiegend von Serviertöchtern gereicht wurde (Basler Zeitung 12. 5. 84, 9); **Tränk|stoff,** der: *Substanz, mit der ein Werkstoff (z.B. Holz) zum Färben, Isolieren od. zur Erzielung bestimmter Eigenschaften getränkt wird;* **Tränk|ung,** die; -, -en: *das Tränken.* **Tran|lam|pe,** die: **1.** (früher) vgl. Petroleumlampe. **2.** (ugs. abwertend) *Tranfunzel.*
Tran|qui|li|zer ['træŋkwɪlaɪzɐ], der; -s, - ⟨meist Pl.⟩ [engl. tranquillizer, zu: to tranquillize = beruhigen, zu: tranquil < lat. tranquillus = ruhig] (Med., Psych.): *beruhigendes Medikament gegen Depressionen, Angst- u. Spannungszustände o.ä.:* Ärzte ... verschreiben T. gegen die Angst (Spiegel 46, 1976, 84); Ü die ... vielzitierte und -gelobte Freundschaft zu Frankreich ist diesmal kein T. (tip 13, 1983, 99); **tran|quil|la|men|te** ⟨Adv.⟩ [ital. tranquillamente, zu: tranquillo, ↑Tranquillo] (Musik): *ruhig;* **Tran|quil|li|tät,** die; - [lat. tranquillitas (Gen.: tranquillitatis), zu: tranquillus, ↑Tranquilizer] (bildungsspr.): *Ruhe, Gelassenheit;* **tran|quil|lo** ⟨Adv.⟩ [ital. tranquillo < lat. tranquillus, ↑Tranquilizer] (Musik): *ruhig, gelassen;* **Tran|quil|lo,** das; -s, -s u. ...lli (Musik): *ruhig zu spielendes Musikstück.*
trans-, Trans- [trans-; lat. trans-] ⟨Best. von Zus. mit der Bed.⟩: *hindurch, quer durch, hinüber, jenseits, über ... hinaus* (lokal, temporal u. übertr.; z. B. transportieren, Transaktion).
Trans|ak|ti|on, die; -, -en [spätlat. transactio = Vollendung, Abschluß, Übereinkunft, zu lat. transactum, 2. Part. von: transigere = (ein Geschäft) durchführen, zu: trans = hinüber, hindurch u. agere, ↑agieren]: **1.** *größere [riskante] finanzielle Unternehmung, über die üblichen Gepflogenheiten hinausgehendes Geldgeschäft (wie Fusion, Kapitalerhöhung, Verkauf von Anteilen).* **2.** (Psych.) *[wechselseitige] Beziehung.*
trans|al|pin, trans|al|pi|nisch ⟨Adj.⟩ [aus lat. trans = jenseits u. ↑alpin]: *[von Rom aus gesehen] jenseits der Alpen [gelegen].*
Trans|ami|na|se, die; -, -n [zu lat. trans = hinüber, hindurch u. ↑Amin] (Biochemie): *Enzym, das die Übertragung einer Aminogruppe von einer Substanz auf eine andere bewirkt;* **Trans|ami|nie|rung,** die; -, -en (Biochemie): *Übertragung von Aminogruppen durch Transaminasen.*
trans|at|lan|tisch ⟨Adj.⟩ [aus lat. trans = jenseits u. ↑atlantisch]: *jenseits des Atlantiks [gelegen], überseeisch.*
Trans|bai|ka|li|en; -s: *Landschaft östlich vom Baikalsee.*
Trans|cei|ver [trænsˈsiːvə], der; -s, - [engl. transceiver, zusgez. aus: **trans**mitter (↑Transmitter) u. re**ceiver,** ↑Receiver]: *Gerät, mit dem sowohl gesendet* (3) *als auch empfangen* (2) *werden kann.*
Tran|schier|be|steck usw. (österr.): ↑Tranchierbesteck usw.; **tran|schie|ren** (österr.): ↑tranchieren.
trans|der|mal ⟨Adj.⟩ [aus lat. trans = hinüber, hindurch u. ↑dermal] (Med.): *(von der Verabreichung von Medikamenten) durch ein auf die Haut aufgeklebtes Pflaster, aus dem der Wirkstoff gleichmäßig freigesetzt wird, erfolgend.*
Trans|duk|tor, der; -s, ...oren [zu lat. trans = hindurch u. ductum, 2. Part. von: ducere = führen] (Elektrot.): *magnetischer Verstärker in Form einer Drosselspule, deren Eisenkern durch einen in gesonderter Wicklung fließenden Gleichstrom vormagnetisiert ist.*
Tran|sept, der od. das; -[e]s, -e [mlat. transeptum] (Archit.): *Querhaus.*
trans|eunt ⟨Adj.⟩ [zu lat. transiens (Gen.: transeuntis), 1. Part. von: transire, ↑Transit] (Philos.): *über etw. hinausgehend, in einen anderen Bereich übergehend.*
Trans-Eu|rop-Ex|press, der (früher): *Fernschnellzug, der nur Wagen erster Klasse führt u. mit hoher Reisegeschwindigkeit vorwiegend wichtige Städte Westeuropas miteinander verbindet;* Abk.: TEE
Trans|fer, der; -s, -s [engl. transfer, eigtl. = Übertragung, Überführung, zu: to transfer, ↑transferieren]: **1.** (Wirtsch.) *Wertübertragung im zwischenstaatlichen Zahlungsverkehr; Zahlung in ein anderes Land in dessen Währung:* daß diese schweizerischen Lizenzausgaben den T. meiner deutschen Honorare gefährden würden (Reich-Ranicki, Th. Mann 16). **2.** *Überführung, Weitertransport im internationalen Reiseverkehr:* T. mit Sonderbus vom Flughafen zum Hotel (CCI 11, 1985, 53). **3.** (Berufssport, bes. Fußball) *mit der Zahlung einer Ablösesumme verbundener Wechsel eines Berufsspielers von einem Verein zum andern.* **4.** (bildungsspr. veraltend) *Übersiedlung, Umsiedlung in ein anderes Land:* Von diesem Verbot war besonders Katharina betroffen, weil sie ihren freiwilligen T. bereits im Januar beantragt hatte (Bieler, Mädchenkrieg 561). **5. a)** (Psych., Päd.) *Übertragung der im Zusammenhang mit einer bestimmten Aufgabe erlernten Vorgänge auf eine an-*

dere Aufgabe; **b)** (Sprachw.) *[positiver] Einfluß der Muttersprache auf das Erlernen einer Fremdsprache;* **c)** (Sprachw.) *Transferenz.* **6.** (Genetik): kurz für ↑ Gentransfer: *Für den T. zerlegen die Genetiker das zu übertragende Erbgut* (natur 2, 1991, 93). **7.** (bildungsspr.) *Übermittlung, Weitergabe:* der T. von Informationen, Daten, Know-how; *Fiebiger setzte sich auch dafür ein, den T. von Wissen in Europa zu verbessern* (Kieler Nachrichten 30. 8. 84, 9); **trans|fe|ra|bel** ⟨Adj.; ...bler, -ste⟩ [engl. transferable, zu: to transfer, ↑ transferieren] (Wirtsch.): *zum Umwechseln od. Übertragen in eine fremde Währung geeignet;* **Trans|fer|ab|kom|men,** das (Wirtsch.): *zwischenstaatliches Abkommen über die Abwicklung des internationalen Zahlungsverkehrs;* **Trans|fer|be|fehl,** der (Datenverarb.): *Transportbefehl;* **Trans|fe|renz,** die; -, -en (Sprachw.): **a)** ⟨o. Pl.⟩ *Vorgang u. Ergebnis der Übertragung einer bestimmten Erscheinung in einer Fremdsprache auf das System der Muttersprache;* **b)** *Übernahme fremdsprachiger Wörter, Wortverbindungen, Bedeutungen o. ä. in die Muttersprache;* **trans|fe|rie|ren** ⟨sw. V.; hat⟩ [engl. to transfer < lat. transferre = hinüberbringen, aus: trans = hinüber u. ferre = tragen, bringen]: **1.** (Wirtsch.) **a)** *einen Transfer (1) durchführen;* **b)** *Geld überweisen:* eine Summe auf ein Konto t. **2.** (Berufssport, bes. Fußball) *einen Berufsspieler von Verein zu Verein gegen eine Ablösesumme übernehmen od. abgeben:* Der 31jährige Stürmer ... wurde vom SC Sion zum Nationalliga-B-Verein CS Chénois transferiert (Basler Zeitung 9. 10. 85, 40). **3.** (österr. Amtsspr.) *versetzen* (1 b): Später werde ich in die Anstaltsbibliothek transferiert (Sobota, Minus-Mann 30); Ü die im Zeitraffer in die Moderne transferierte omanische Gesellschaft (FAZ 30. 10. 93, 7); **Trans|fe|rie|rung,** die; -, -en: *das Transferieren, Transferiertwerden;* **Trans|fer|klau|sel,** die (Wirtsch.): *Vereinbarung im internationalen Zahlungsverkehr über die Möglichkeit, bei Schwierigkeiten in der Zahlungsbilanz mit der Transferierung von Raten vorübergehend auszusetzen;* **Trans|fer|li|ste,** die (Berufssport, bes. Fußball): *Liste der für einen Transfer (3) zur Verfügung stehenden Spieler;* **Trans|fer|stra|ße,** die (Technik): *Fertigungsstraße, bei der Bearbeitung u. Weitertransport automatisch erfolgen;* **Trans|fer|sum|me,** die (Berufssport, bes. Fußball): *Ablösesumme.*
Trans|fi|gu|ra|ti|on, die; -, -en [lat. transfiguratio = Umwandlung, zu: transfigurare = verwandeln, umbilden]: **a)** ⟨o. Pl.⟩ (Rel.) *Verklärung Christi u. Verwandlung seiner Gestalt in die Daseinsweise himmlischer Wesen;* **b)** (bild. Kunst) *Darstellung der Transfiguration* (a).
trans|fi|nit ⟨Adj.⟩ [aus lat. trans = über – hinaus u. ↑ finit] (Math., Philos.): *unendlich* (1 b).
Trans|flu|xor, der; -s, ...oren [zu lat. transfluere (2. Part.: transfluxum = durchfließen, hinüberfließen] (Physik): *aus magnetisierbarem Material bestehendes elektronisches Bauelement.*
Trans|fo|ka|tor, der; -s, -oren [zu lat. trans = hinüber, hindurch; darüber hinaus u. ↑ Fokus] (Optik): *Gummilinse.*
Trans|for|ma|ti|on, die; -, -en [spätlat. transformatio, zu: lat. transformare, ↑ transformieren] (Fachspr.; bildungsspr.): *das Transformieren;* **trans|for|ma|ti|o|nell** ⟨Adj.⟩: *die Transformation betreffend;* **Trans|for|ma|ti|ons|gram|ma|tik,** die; - (Sprachw.): *Grammatiktheorie, die die Regeln zur Umwandlung von Sätzen andere mit gleichem semantischem Gehalt erforscht u. über die verschiedenen möglichen Oberflächenstrukturen zu einer Tiefenstruktur vorzudringen sucht;* **Trans|for|ma|ti|ons|re|gel,** die; -, -n (Sprachw.): *grammatische Regel, die angibt, wie aus einer gegebenen syntaktischen od. semantischen Struktur andere Strukturen abzuleiten sind;* **Trans|for|ma|tor,** der; -s, ...oren [nach frz. transformateur, zu: transformateur = umwandelnd, zu: transformer < lat. transformare, ↑ transformieren] *Gerät, elektrische Maschine, mit der die Spannung eines Stromes erhöht od. vermindert werden kann;* **Trans|for|ma|tor|an|la|ge** usw.: ↑ Transformatoranlage usw.; **Trans|for|ma|to|ren|an|la|ge,** die: vgl. Transformatorenhäuschen; **Trans|for|ma|to|ren|blech,** das: *in besonderen Verfahren hergestelltes Blech mit einem hohen Gehalt an Silizium für den Bau von Transformatoren;* **Trans|for|ma|to|ren|fa|brik,** die: *Transformatorenwerk;* **Trans|for|ma|to|ren|häus|chen,** das: *im Freien errichtete Anlage in Form eines [flachen] Häuschens, in der ein Transformator installiert ist;* **Trans|for|ma|to|ren|sta|ti|on,** die: *Umspannwerk;* **Trans|for|ma|to|ren|werk,** das: *Werk, in dem Transformatoren hergestellt werden; Transformatorenfabrik;* **trans|for|mie|ren** ⟨sw. V.; hat⟩ [1: lat. transformare, aus: trans = hinüber u. formare, ↑ formieren]: **1.** (Fachspr.; bildungsspr.) *umwandeln, umformen, umgestalten.* **2.** (Physik) *mit Hilfe eines Transformators elektrischen Strom umspannen;* **Trans|for|mie|rung,** die; -, -en (Fachspr.; bildungsspr.): *Transformation;* **Trans|for|mis|mus,** der; - (Biol.): *Deszendenztheorie.*
trans|fun|die|ren ⟨sw. V.; hat⟩ [lat. transfundere = hinübergießen, aus: trans = hinüber u. fundere = gießen, fließen lassen] (Med.): *(Blut) übertragen:* Ich hatte Blut der Gruppe Null transfundiert, das ja als Universalspenderblut gilt (Hackethal, Schneide 192); **Trans|fu|si|on,** die; -, -en [lat. transfusio = das Hinübergießen, zu: transfusum, 2. Part. von: transfundere, ↑ transfundieren] (Med.): *Bluttransfusion:* eine T. vornehmen.
trans|ga|lak|tisch ⟨Adj.⟩ [zu lat. trans = über – hinaus u. ↑ galaktisch] (Astron.): *jenseits der Milchstraße befindlich, über das Milchstraßensystem hinausgehend.*
trans|gen ⟨Adj.⟩ [zu lat. trans = hinüber, hindurch u. ↑ Gen] (Gentechnik): *(in bezug auf Pflanzen u. Tiere) ein zusätzliches, eingeschleustes Gen von einer anderen Art in sich tragend:* -e Pflanzen, Tiere, Bakterien; Der erste -e Weizen war geschaffen (Welt 25. 7. 92, 5).
trans|gre|di|ent ⟨Adj.⟩ [lat. transgrediens (Gen.: transgredientis), 1. Part. von: transgredi, ↑ transgredieren] (Philos.): *überschreitend, über etw. hinausgehend;* **trans|gre|die|ren** ⟨sw. V.; hat⟩ [lat. transgredi = hinübergehen, zu: trans = hinüber u. gradi = schreiten] (Geogr.): *(von Meeren) große Festlandsmassen überfluten;* **Trans|gres|si|on,** die; -, -en [lat. transgressio = das Hinübergehen, zu: transgressum, 2. Part. von: transgredi, ↑ transgredieren]: **1.** (Geogr.) *Vordringen des Meeres über größere Gebiete des Festlands (z. B. durch Ansteigen des Meeresspiegels).* **2.** (Biol.) *das Auftreten von Genotypen, die in ihrer Leistungsfähigkeit die Eltern- u. Tochterformen übertreffen.*
trans|hu|mant ⟨Adj.⟩ [frz. transhumant, 1. Part. von: transhumer, ↑ Transhumanz]: *mit Herden wandernd;* **Trans|hu|manz,** die; -, -en [frz. transhumance, zu: transhumer < span. trashumar = auf die Weide führen]: *Weidewirtschaft, bei der das Vieh oft über große Entfernungen zu den jeweils nutzbaren Weideflächen getrieben wird.*
Tran|si, der; -s, -s [↑ -i] (Jargon): *Transvestit:* Juan steht auf -s (Eppendorfer, St. Pauli 104).
tran|si|ent ⟨Adj.⟩: *die Transiente betreffend, auf ihr beruhend;* **Tran|si|en|te,** die; -, -n [engl. transient, zu: transient = kurzlebig, vergänglich < lat. transiens, ↑ transeunt]: **1.** (Elektrot.) *plötzliche Spannungs- u. Stromstärkeänderung bei elektromechanischen Schaltvorgängen durch das Auftreten von Wanderwellen entlang der Leitungen.* **2.** *(durch eine Betriebsstörung verursachte) vorübergehende Abweichung vom Normalbetrieb einer Kernkraftanlage.*
tran|si|gie|ren ⟨sw. V.; hat⟩ [lat. transigere, ↑ Transaktion] (Rechtsspr.): *verhandeln, einen Vergleich abschließen.*
Tran|si|stor, der; -s, ...oren [engl. transistor, Kurzwort aus **tran**sfer = Übertragung (zu lat. transferre, ↑ transferieren) u. res**istor** = elektrischer Widerstand (zu lat. resistere, ↑ resistieren), also eigtl. = Übertragungswiderstand]: **1.** (Elektronik) *als Verstärker, Gleichrichter, Schalter dienendes elektrisches Bauelement aus einem kristallinen Halbleiter mit mindestens drei Elektroden.* **2.** *kurz für* ↑ Transistorradio: Es hallt in den leeren weißen Zimmern; Musik aus dem T. (Frisch, Montauk 83); **Tran|si|stor|emp|fän|ger,** der: *Transistorradio;* **Tran|si|stor|ge|rät,** das (Technik): *Transistorradio;* **tran|si|sto|rie|ren, tran|si|sto|ri|sie|ren** ⟨sw. V.; hat⟩ (Technik): *(ein Gerät) mit Transistoren bestücken;* **Tran|si|stor|ra|dio,** das: *Rundfunkgerät mit Transistoren (statt Röhren);* **Tran|si|stor|zün|dung,** die (Kfz-T.): *Zündvorrichtung, bei der anstatt eines Unterbrechers ein Emitter in den primären Stromkreis der Zündspule geschaltet ist.*
¹**Tran|sit** [auch: ...'zıt, 'tranzıt], der; -s, -e [ital. transito < lat. transitus = Übergang, Durchgang, zu: transire = hinüberbergehen, aus: trans = hinüber u. ire = gehen] (bes. Wirtsch.): *Durchfuhr von Waren od. Durchreise von Personen durch ein Drittland:* diese Straße ist hauptsächlich für den T.;
²**Tran|sit,** das; -s, -s: kurz für ↑ Transit-

Transitabkommen

visum; **Tran|sit|ab|kom|men,** das: *zwischenstaatliches Abkommen über den Transitverkehr;* **Tran|sit|bahn|hof,** der: *Bahnhof für den Transitverkehr;* **Tran|sit|ge|schäft,** das: *Geschäft im Außenhandel, bei dem die Ware ihr Bestimmungsland nur im Transit durch ein Drittland erreichen kann;* **Tran|sit|gut,** das ⟨meist Pl.⟩: *Gut (3), das seinen Bestimmungsort im ¹Transit erreicht;* **Tran|sit|ha|fen,** der: vgl. Transitbahnhof; **Tran|sit|hal|le,** die: *Transitraum;* **Tran|sit|han|del,** der: *Handel zwischen zwei Ländern, wobei die Waren ein drittes Land transitieren müssen;* **tran|si|tie|ren** ⟨sw. V.; hat⟩ [zu ↑¹Transit] (Wirtsch.): *(von Waren od. Personen) durchfahren, durchlaufen, passieren:* die Sendung, der Atommüll muß mehrere Länder t.; **Tran|si|ti|on,** die; -, -en [lat. transitio, zu: transire, ↑¹Transit]: **1.** (Fachspr. selten) *das Hinübergehen; Übergang.* **2.** (bildungsspr. veraltet) *Übergehung;* **tran|si|tiv** ⟨Adj.⟩ [spätlat. transitivus, eigtl. = übergehend, zu lat. transire, ↑¹Transit] (Sprachw.): *(in bezug auf Verben) ein Akkusativobjekt nach sich ziehend u. ein persönliches Passiv bildend;* zielend: -e Verben; **Tran|si|tiv,** das; -s, -e (Sprachw.): *transitives Verb;* **tran|si|ti|vie|ren** ⟨sw. V.; hat⟩ (Sprachw.): *(ein intransitives Verb) transitiv machen* (z. B. einen guten Kampf kämpfen); **Tran|si|ti|vie|rung,** die (Sprachw.): *das Transitivieren;* **Tran|si|ti|vi|tät,** die; -: **1.** (Sprachw.) *das Transitivsein, transitive Beschaffenheit.* **2.** (Math.) *Eigenschaft bestimmter zweistelliger mathematischer Relationen;* **Tran|si|ti|vum,** das; -s, ...va: *Transitiv;* **Tran|sit|land,** das ⟨Pl. ...länder⟩: *Durchfuhrland;* **tran|si|to|risch** ⟨Adj.⟩ [(spät)lat. transitorius = vorübergehend, zu: transire, ↑¹Transit] (bes. Wirtsch.): *vorübergehend, nur kurz andauernd; später wegfallend:* -e Züge aufweisen; -e Aktiva, Passiva (Buchf.; *Aktiva, Passiva, die der nachfolgenden Rechnungsperiode zuzurechnen sind);* **Tran|si|to|ri|um,** das; -s, ...ien (Wirtsch.): *[für die Dauer eines Ausnahmezustands geltender] vorübergehender Haushaltsposten;* **Tran|sit|pau|scha|le,** die: *pauschal an ein Transitland gezahlte Gebühr für Benutzung der Straßen u. ä.;* **Tran|sit|raum,** der: *Aufenthaltsraum für Transitreisende auf einem Flughafen;* **Tran|sit|rei|sen|de,** der u. die: *Reisende[r] im Transitverkehr;* **Tran|si|tron,** das; -s, ...one u. -s [engl. transitron, 2. Bestandteil griech.-tron = Suffix zur Bez. eines Gerätes, Werkzeugs] (Elektrot.): *Schaltung zur Erzeugung von Kippschwingungen;* **Tran|sit|stra|ße,** die: vgl. Transitstrecke; **Tran|sit|strecke¹,** die: *Strecke für den Transitverkehr;* **Tran|sit|ver|bin|dung,** die: vgl. Transitstrecke; **Tran|sit|ver|bot,** das (bes. Wirtsch.): *Verbot des ¹Transits;* **Tran|sit|ver|kehr,** der: *Durchgangsverkehr von Personen, Waren durch das Hoheitsgebiet eines Staates;* **Tran|sit|vi|sum,** das: *Visum für Transitreisende;* **Tran|sit|wa|re,** die: *Ware als Gegenstand des Transithandels;* **Tran|sit|weg,** der: vgl. Transitstrecke; **Tran|sit|zoll,** der: *Zoll für Transitwaren.*
Trans|jor|da|ni|en; -s: *östlich des Jordans gelegener Teil Jordaniens.*

Trans|kau|ka|si|en; -s: *Teil Kaukasiens südlich des Großen Kaukasus;* **trans|kau|ka|sisch** ⟨Adj.⟩.
Trans|kei, ⟨meist mit Art.:⟩ die; -: *(formal unabhängige) Republik in Südafrika.*
trans|kon|ti|nen|tal ⟨Adj.⟩ [aus lat. trans = hinüber u. ↑kontinental]: *kontinental überquerend, sich über einen ganzen Kontinent erstreckend:* Am 8. Dezember 1982 startete der erste Normalspurzug von Adelaide aus zu einer -en Fahrt quer durch Australien (Blickpunkt 4, 1983, 5).
tran|skri|bie|ren ⟨sw. V.; hat⟩ [lat. transcribere = schriftlich übertragen, zu: trans = hinüber u. scribere = schreiben]: **1.** (Sprachw.) **a)** *in eine andere Schrift übertragen, bes. Wörter aus einer Sprache mit nichtlateinischer Schrift od. Buchstaben mit diakritischen Zeichen mit lautlich ungefähr entsprechenden Zeichen des lateinischen Alphabets wiedergeben;* **b)** *in eine phonetische Umschrift übertragen.* **2.** (Musik) *die Originalfassung eines Musikstücks für ein anderes od. für mehrere Instrumente umschreiben;* **Tran|skript,** das; -[e]s, -e: *transkribierter Text:* Das ganze Material stellt er uns zur Verfügung, die -e ... waren schon Grundlage dieses Buches (Föster, Nachruf 148); **Tran|skrip|ti|on,** die; -, -en [spätlat. transcriptio = Übertragung (2), zu lat. transcribere, ↑transkribieren]: *das Transkribieren.*
trans|kri|stal|lin ⟨Adj.⟩ [aus lat. trans = hinüber, hindurch u. ↑kristallin] (Gießereitechnik): *mit den bei der Transkristallisation entstehenden Kristallen behaftet;* **Trans|kri|stal|li|sa|ti|on,** die; -, -en (Gießereitechnik): *Bildung bestimmter Kristalle bei der Erstarrung einer Schmelze.*
trans|ku|tan ⟨Adj.⟩ [aus lat. trans = hinüber u. ↑kutan (Med.): *durch die Haut hindurch.*
Trans|la|teur [...'tø:ɐ̯], der; -s, -e [frz. translateur < lat. translator, zu: translatum, ↑Translation] (veraltet): *Übersetzer, Dolmetscher;* **Trans|la|tio im|pe|rii,** die; - - [lat. = Übertragung der Herrschaft; ↑Imperium]: *Übertragung der Vorherrschaft von einem Volk auf ein anderes;* **Trans|la|ti|on,** die; -, -en [1: lat. translatio = das Versetzen, die Übersetzung, zu: translatum, 2. Part. von transferre = hinüberbringen; 3: frz. translation < lat. translatio]: **1.** (Fachspr.; bildungsspr.) *Übertragung, Übersetzung.* **2.** (Physik) **a)** *geradlinig fortschreitende Bewegung eines Körpers, bei der alle seine Punkte parallele Bahnen in gleicher Richtung durchlaufen;* **b)** *Parallelverschiebung (z. B. von Kristallgittern).* **3.** (Sprachw.) *Überlagerung eines Wortes einer bestimmten Wortklasse in die syntaktische Position einer anderen.* **4.** (kath. Kirche) *Überführung der Reliquien eines Heiligen an einen anderen Ort;* **Trans|la|ti|ons|wis|sen|schaft,** die: *Wissenschaft von der Sprachmittlung;* **Trans|la|tiv** [auch: - - '-], der; -s, -e (Sprachw.): *eine bestimmte Richtung angebender Kasus in den finnougrischen Sprachen* (z. B. finn. taloksi = zum Haus [hin]); **Trans|la|tor,** der; -s, ...oren [lat. translator, ↑Translateur] (veraltet): *Übersetzer;* **Trans|la|to|rin,** die; -, -nen (veraltet): w.

Form zu ↑Translator; **trans|la|to|risch** ⟨Adj.⟩ (veraltet): *übertragend.*
Trans|li|te|ra|ti|on, die; -, -en [zu lat. trans = hinüber u. littera = Buchstabe] (Sprachw.): *buchstabengetreue Umsetzung eines nicht in lateinischen Buchstaben geschriebenen Wortes in lateinische Schrift [unter Verwendung diakritischer Zeichen];* **trans|li|te|rie|ren** ⟨sw. V.; hat⟩: *eine Transliteration vornehmen.*
Trans|lo|ka|ti|on, die; -, -en [aus lat. trans = hinüber u. ↑Lokation]: **1.** (veraltet) *Ortsveränderung.* **2.** (Biol.) *Verlagerung von Chromosomensegmenten innerhalb desselben Chromosoms od. von einem zu einem anderen, wodurch eine Mutation hervorgerufen wird;* **trans|lo|zie|ren** ⟨sw. V.; hat⟩ [↑lozieren]: **1.** (veraltet) *versetzen* (1 a, b). **2.** (Biol.) *(Chromosomen) verlagern.*
trans|lu|nar, trans|lu|na|risch ⟨Adj.⟩ [aus lat. trans = darüber hinaus, jenseits u. ↑lunar bzw. ↑lunarisch] (Astron., Raumf.): *jenseits des Mondes [gelegen], über den Mond, die Mondumlaufbahn hinausfliegend.*
trans|lu|zent ⟨Adj.; -er, -este⟩ [zu lat. translucens (Gen.: translucentis, 1. Part. von: translucere = durchscheinen] (Fachspr.; bildungsspr.): *durchscheinend, durchsichtig;* **Trans|lu|zenz,** die; -: *Lichtdurchlässigkeit;* **trans|lu|zid** ⟨Adj.; -er, -este⟩: *transluzent.*
trans|ma|rin, trans|ma|ri|nisch ⟨Adj.⟩ [lat. transmarinus] (veraltet): *überseeisch.*
Trans|mis|si|on, die; -, -en [(spät)lat. transmissio = Übersendung, Übertragung, zu: transmissum, 2. Part. von: transmittere, ↑transmittieren]: **1.** (Technik) *Vorrichtung zur Kraftübertragung von einem Antriebssystem auf mehrere Arbeitsmaschinen.* **2.** (Physik) *Durchgang von Strahlen (Licht) durch ein ¹Medium (3) ohne Änderung der Frequenz;* **Trans|mis|si|ons|rie|men,** der: *bei einer Transmission (1) verwendeter breiter Riemen:* der T. ist gerissen; Ü Sexualgenuss und Sexualneid werden zum T. für rassistisches Denken und Handeln mißbraucht (Frankfurter Rundschau 9. 7. 88, 10); **Trans|mis|si|ons|wel|le,** die: *Transmissionsriemen;* **Trans|mit|ter,** der; -s, - [engl. transmitter, eigtl. = Übermittler, zu: to transmit < lat. transmittere, ↑transmittieren]: **1.** (Meßtechnik) *Meßwandler.* **2.** (Med., Physiol.) *Stoff, Substanz zur Weitergabe, Übertragung von Erregungen im Nervensystem; Botenstoff;* **Trans|mit|ter|sub|stanz,** die (Med.): *Transmitter (2);* **trans|mit|tie|ren** ⟨sw. V.; hat⟩ [lat. transmittere, aus: trans = hinüber u. mittere = schicken, senden] (Fachspr.; bildungsspr.): *übertragen, -senden.*
trans|mon|tan ⟨Adj.⟩ [lat. transmontanus]: **1.** (Geogr.) *jenseits eines Gebirges, der Berge liegend.* **2.** (selten) *ultramontan.*
Trans|mu|ta|ti|on, die [spätlat. transmutatio = Veränderung, zu lat. transmutare, ↑transmutieren] (Chemie): *Elementumwandlung;* **trans|mu|tie|ren** ⟨sw. V.; hat⟩ [lat. transmutare, aus: trans = hinüber u. mutare, ↑mutieren] (Fachspr.; bildungsspr.): *um-, verwandeln.*
trans|na|tio|nal ⟨Adj.⟩ [aus lat. trans =

(hin)über u. ↑national] (Politik, Wirtsch.): *übernational, mehrere Nationen umfassend, übergreifend:* Wir Frauen innerhalb der -en ökologischen grünen Bewegung nehmen die Verantwortung auf uns (Kelly, Um Hoffnung 111); 80 Prozent der Agrarexporte der dritten Welt wickeln -e Konzerne ab (Frankfurter Rundschau 9. 9. 87, o. S.).

trans|neu|ro|nal ⟨Adj.⟩ [aus lat. trans = hindurch u. ↑neuronal] (Anat., Physiol.): *durch das Neuron verlaufend.*

trans|ob|jek|tiv ⟨Adj.⟩ [aus lat. trans = über – hinaus u. ↑objektiv] (Philos.): *über das Objekt, den Gegenstand hinausgehend.*

Trans|oze|an|damp|fer, der *Überseedampfer;* **Trans|oze|an|flug,** der: *Flug nach Übersee;* **trans|oze|a|nisch** ⟨Adj.⟩ [aus lat. trans = über – hinaus, jenseits u. ↑ozeanisch]: *jenseits des Ozeans [liegend]:* -e Kulturen: die Zukunft des -en Schnell- und Postkartenverkehrs (Harig, Weh dem 50).

Transp. = Transport.

trans|pa|da|nisch ⟨Adj.⟩ [lat. transpadanus, aus: trans = jenseits u. Padanus = am od. im ¹Po, zu: Padus = lat. Name des ¹Po]: *jenseits des ¹Po liegend (von Rom aus gesehen).*

trans|pa|rent ⟨Adj.⟩, -er, -este) [frz. transparent < mlat. transparens (Gen.: transparentis), 1. Part. von: transparere = durchscheinen, aus lat. trans = hindurch u. parere, ↑²parieren]: *durchsichtig, durchscheinend, Licht durchlassend:* -es Papier; -e Stoffe, Vorhänge, Farben; Betreten wir durch die -e Tür das helle Appartment (ADAC-Motorwelt 9, 1986, 75); Die Kurzhaarfrisuren wirken locker und vom Winde zerzaust, das Make-up t. und leicht (Nordschweiz 29. 3. 85, 27); Ü etw. t. machen *(machen, daß andere sehen können, was od. wie etw. getan wird);* Die Leistungen von Ärzten und Krankenhäusern müssen t. gemacht und kontrolliert werden (Hackethal, Schneide 219); das Fernsehen soll ja für das Publikum t. *(durchschaubar)* sein (Hörzu 39, 1975, 8); **Trans|pa|rent,** das; -[e]s, -e: 1. *Spruchband* (1): Cotta erinnerte sich an einen Spruch auf den -en des Protestes gegen die Unbarmherzigkeit römischer Justiz (Ransmayr, Welt 185). 2. *Bild aus Glas, durchscheinendem Papier, Stoff o. ä., das von hinten beleuchtet wird;* **Trans|pa|rent|ap|fel,** der: *Klarapfel;* **Trans|pa|rent|le|der,** das: *durchscheinende, bes. präparierte Tierhaut, die bes. für Bespannungen von Trommeln u. Pauken verwendet wird;* **Trans|pa|rent|pa|pier,** das: *durchscheinendes [buntes] Seiden- od. Pergamentpapier;* **Trans|pa|rent|sei|fe,** die: *Seife* (1), *die durch Zusatz von Glyzerin od. Äthylalkohol ein transparentes Aussehen hat;* **Trans|pa|renz,** die; -: 1. (bildungsspr.) *das Durchscheinen; Durchsichtigkeit, [Licht]durchlässigkeit:* Farben von leuchtender T.; Ü die T. *(das Durchschauber-, Nachprüfbarkeit)* bezüglich Vermögens- und Ertragslage der Unternehmen (Basler Zeitung 2. 10. 85, 9); die T. *(die Durchschaubarkeit, das Erkennen-, Nachvollziehenkönnen)* ist das Mittel, um aus einer Scheindemokratie eine echte Demokratie zu gestalten (Neue Kronen Zeitung 12. 5. 84, 8). 2. (Optik) *[Maß für die] Lichtdurchlässigkeit (als Kehrwert der Opazität* 1); **Trans|pa|renz|li|ste,** die: *dem Preisvergleich dienende Zusammenstellung der auf dem Markt befindlichen Arzneimittel.*

Trans|phra|stik, die; - [zu lat. trans = über – hinaus u. griech. phrastikós = zum Reden gehörend] (Sprachw.): *linguistische Methode, die über den isolierten Satz hinaus die Zusammenhänge zwischen Sätzen u. ihre gegenseitigen Verflechtungen untersucht;* **trans|phra|stisch** ⟨Adj.⟩ (Sprachw.): *die Transphrastik betreffend.*

Tran|spi|ra|ti|on, die; - [frz. transpiration, zu: transpirer, ↑transpirieren]: 1. (bildungsspr.) *Hautausdünstung, Absonderung von Schweiß:* der Tee soll die T. anregen. 2. (Bot.) *Abgabe von Wasserdampf durch die Spaltöffnungen der Pflanzen;* **tran|spi|rie|ren** ⟨sw. V.; hat⟩ [frz. transpirer < mlat. transpirare, zu lat. trans = hindurch u. spirare, ↑²Spiritus] (Fachspr., sonst geh., meist scherzh.): *schwitzen* (1 a): stark t.; sie transpirierte in den Achselhöhlen; Das Wasser, das du trinkst verläßt dich teils als Dampf, teils anderswie. Du transpirierst, gelehrt gesagt, wenn dich das Wasser durch die Haut verläßt (Strittmatter, Wundertäter 222).

Trans|plan|tat, das; -[e]s, -e [zu spätlat. transplantare, ↑transplantieren] (Med.): *transplantiertes od. zu transplantierendes Gewebe od. Organ:* Wege zur immunologischen Verträglichkeit des -s (NNN 21. 9. 87, 1); **Trans|plan|ta|ti|on,** die; -, -en: 1. (Med.) *das Transplantieren eines Gewebes od. eines Organs auf einen anderen Körperteil od. einen anderen Menschen:* eine T. vornehmen, durchführen; wenn die Angehörigen nichts dagegen haben, wird das Organ zur T. entnommen (Saarbr. Zeitung 21. 12. 79, III). 2. (Bot.) *Veredlung durch Aufpfropfen eines Edelreises;* **Trans|plan|ta|ti|ons|chir|ur|gie,** die ⟨o. Pl.⟩: *Teilbereich der Chirurgie* (1), *der sich mit Organtransplantationen befaßt:* vgl. Transplantationschirurgie; **Trans|plan|ta|ti|ons|me|di|zin,** die ⟨o. Pl.⟩: vgl. Transplantationschirurgie; **Trans|plan|teur** [...'tøːɐ̯], der; -s, -e: *Arzt, der eine Transplantation* (1) *durchführt;* Fou zu ↑Transplanteur; **Trans|plan|tie|ren** ⟨sw. V.; hat⟩ [spätlat. transplantare = verpflanzen, versetzen, zu lat. plantare, ↑Plantage] (Med.): *lebendes Gewebe, Organe operativ in einen lebenden Organismus einsetzen:* jmdm. eine fremde Niere, Haut von seinem Oberschenkel ins Gesicht t.; das einzige Krankenhaus der Bundesrepublik, in dem bisher Knochenmark transplantiert wurde (Badische Zeitung 12. 5. 84, 6); Ü Aus dem Schrottauto wurde die Fahrgestellnummer herausgeschweißt und auf das gestohlene Gegenstück transplantiert (ADAC-Motorwelt 7, 1985, 43).

Trans|pon|der, der; -s, - [engl. transponder, zusgez. aus: **trans**mitter (↑Transmitter) u. res**ponder** = Antwortgeber] (Nachrichtent.): *nachrichtentechnische Anlage, die von einer Sendestation ausgehende Funksignale aufnimmt, verstärkt u. [auf einer anderen Frequenz] wieder abstrahlt (z. B. in der Radartechnik).*

trans|po|nie|ren ⟨sw. V.; hat⟩ [lat. transponere = versetzen, umsetzen, aus: trans = hinüber u. ponere, ↑Position]: 1. (Musik) *ein Tonstück in eine andere Tonart übertragen:* die Arie mußte für ihre Stimme tiefer transponiert werden; transponierende Instrumente *([Blas]instrumente, deren Part in anderer Tonhöhe notiert wird, als er erklingt).* 2. (bildungsspr.) *(in einen anderen Bereich) übertragen; versetzen, verschieben:* Unsere Tour hat er ein bißchen in „Königliche Hoheit" geschildert, nur daß es dort vom ordinären Fahrrad aufs Pferd transponiert ist (Katja Mann, Memoiren 24). 3. (Sprachw.) *in eine andere Wortklasse überführen.*

Trans|port, der; -[e]s, -e [frz. transport, zu: transporter, ↑transportieren]: 1. *das Transportieren; Beförderung von Dingen od. Lebewesen:* ein schwieriger, teurer T.; der T. von Gütern auf der Straße, mit der Bahn, auf/mit Lastwagen, mit Containern, per Schiff, Flugzeug; der Verletzte hat den T. ins Krankenhaus überstanden; die Ware muß so verpackt sein, daß sie auf dem T., beim T. nicht beschädigt wird. 2. *für den Transport* (1) *zusammengestellte Menge von Waren, vorgesehene Anzahl von Tieren od. Personen:* ein T. Pferde, Autos, Soldaten; ein T. mit Lebensmitteln ist angekommen; heute noch geht ein neuer T., ein Sammeltransport mit Frauen und Kindern nach Auschwitz (Langgässer, Siegel 600); einen T. von Gefangenen zusammenstellen, überwachen; Viktor Lustig und Frau Eva Kulik waren trotz seiner Bemühungen einem Transport nach Theresienstadt zugeteilt worden (Bieler, Mädchenkrieg 416). 3. (veraltet) *Übertrag in der Buchhaltung.* ◆ das fatale Rechnen wollte mir nun erst gar nicht mehr von der Hand, und ich hatte, wenn der Sonnenschein durch das Laub am Kastanienbaum vor dem Fenster grüngolden auf die Ziffern fiel und so fix vom T. bis zum Latus und wieder hinauf und hinab addierte, gar seltsame Gedanken dabei (Eichendorff, Taugenichts 17); **trans|por|ta|bel** ⟨Adj.⟩ [frz. transportable, zu: transporter, ↑transportieren]: *sich leicht transportieren* (1 a), *an einen anderen Ort schaffen lassend:* ein transportables Fernsehgerät *(Portable);* die ganze Anlage ist t.; **Trans|port|agen|tur,** die: *Agentur für das Transportwesen;* **Trans|port|an|la|ge,** die: *Förderanlage;* **Trans|port|ar|bei|ter,** der: *beim Be- u. Entladen in einer Spedition o. ä. beschäftigter Arbeiter;* **Trans|port|ar|bei|te|rin,** die: w. Form zu ↑Transportarbeiter; **Trans|por|ta|ti|on,** die; -, -en [frz. transportation < lat. transportatio = Übersiedelung, zu: transportare, ↑transportieren] (selten): *Transportierung;* **Trans|port|au|to|ma|tik,** die (Fot.): *Einrichtung zum automatischen Filmtransport u. Spannen des Verschlusses bei Fotoapparaten;* **Trans|port|band,** das ⟨Pl. ...bänder⟩: *Förderband:* In der Großküche werden die auf Tabletts portionierten Speisen am Ende des -es in die Container der automatischen Warentransportanlage gela-

Transportbefehl

den (Gut wohnen 3, 1978, 160); **Trans\|port\|be\|fehl,** der (Datenverarb.): *Befehl* (1 b), *der bewirkt, daß der Inhalt eines Speicherplatzes in einen anderen Speicherplatz kopiert wird;* **Trans\|port\|be\|glei\|ter,** der: *jmd., der einen Transport* (2) *begleitet* (1 a); **Trans\|port\|be\|glei\|te\|rin,** die: w. Form zu ↑Transportbegleiter; **Trans\|port\|be\|häl\|ter,** der: *Container* (1); **Trans\|port\|be\|stim\|mung,** die ⟨meist Pl.⟩: *gesetzliche Bestimmung für das Transportwesen;* **Trans\|port\|be\|ton,** der: *Fertigbeton;* **Trans\|por\|ter,** der; -s, - [engl. transporter, zu: to transport < (m)frz. transporter, ↑transportieren]: *Auto, Schiff od. Flugzeug mit viel Laderaum für [Fern]transporte:* die Truppen, die Waren wurden in einen T. geladen; **Trans\|por\|teur** [...'tø:ɐ̯], der; -s, -e [frz. transporteur; zu: transporter, ↑transportieren]: **1.** *jmd., der etw. transportiert* (1). **2.** (Math. veraltend) *Winkelmesser.* **3.** *gezahnte Vorrichtung an der Nähmaschine, mit der der Stoff Stich für Stich weitergeschoben wird;* **Trans\|por\|teu\|rin,** die; -, -nen: w. Form zu ↑Transporteur (1); **trans\|port\|fä\|hig** ⟨Adj.⟩: *(von Kranken, Verletzten) in einem Zustand, der einen Transport* (1) *erlaubt;* **Trans\|port\|fä\|hig\|keit,** die: *das Transportfähigsein;* **Trans\|port\|fahr\|zeug,** das: vgl. Transporter; **Trans\|port\|flug\|zeug,** das: vgl. Transporter; **Trans\|port\|füh\|rer,** der: *jmd., der für einen Transport* (2) *verantwortlich ist;* **Trans\|port\|füh\|re\|rin,** die: w. Form zu ↑Transportführer; **Trans\|port\|ge\|bühr,** die: vgl. Transportkosten; **Trans\|port\|ge\|fähr\|dung,** die (Rechtsspr.): *strafbare fahrlässige od. mutwillige Handlung, durch die die Sicherheit des Verkehrs (auf der Straße od. Schiene, auf dem Wasser od. in der Luft) gefährdet wird;* **Trans\|port\|ge\|wer\|be,** das: *Gewerbe im Transportwesen;* **trans\|por\|tie\|ren** ⟨sw. V.; hat⟩ [frz. transporter < lat. transportare = hinüberschaffen, -bringen, aus: trans = hinüber u. portare = tragen, bringen]: **1. a)** *an einen anderen Ort bringen, befördern:* Güter auf Lastwagen, mit der Bahn, per Schiff, im Flugzeug t.; Mit dem Armeelastwagen wurden die Kinder an den Stadtrand transportiert (Kühn, Zeit 404); Die 25jährige Frau ... mußte mit einer offenen Kopfwunde ins Spital transportiert werden (NZZ 26. 10. 86, 9); Ü Nerven transportieren Impulse ins Gehirn; Wörter transportieren Bedeutungen *(vermitteln sie, geben sie weiter);* auch wenn er persönlich erscheint, transportiert er zunächst mal ein Image, das er dem Fernsehen verdankt (Spiegel 15, 1976, 26); daß man ... über die Unterhaltung unwahrscheinlich mehr t. kann als über todernste Fernsehspiele (MM 22./ 23. 11. 80, 51); **b)** (Technik) *mechanisch bewegen, weiterschieben:* ein kleines Zahnrad transportiert den Film im Apparat; ⟨auch o. Akk.-Obj.:⟩ die Maschine, die Kamera transportiert nicht richtig. **2.** (veraltet) *(in der Buchhaltung) übertragen;* **Trans\|por\|tie\|rung,** die; -, -en: *das Transportieren;* **Trans\|port\|ket\|te,** die: *lückenlos funktionierender [Weiter]transport;* **Trans\|port\|ki\|ste,** die: *Kiste für den Transport* (1) *von Gegenständen od. Tie-*

ren; **Trans\|port\|ko\|sten** ⟨Pl.⟩: *Kosten für einen Transport* (1); **Trans\|port\|ma\|schi\|ne,** der: *Transportflugzeug;* **Trans\|port\|mit\|tel,** das: *zum Transportieren* (1 a) *von Gütern u. Personen dienendes Kraft-, Schienen-, Luft- od. Wasserfahrzeug;* Transporter; **Trans\|port\|netz,** das: vgl. Transportkette; **Trans\|port\|schiff,** das: vgl. Transporter; **trans\|port\|un\|fä\|hig** ⟨Adj.⟩: *nicht transportfähig;* **Trans\|port\|un\|ter\|neh\|men,** das: *Spedition* (b); **Trans\|port\|un\|ter\|neh\|mer,** der: *Spediteur;* **Trans\|port\|un\|ter\|neh\|me\|rin,** die: w. Form zu ↑Transportunternehmer; **Trans\|port\|ver\|si\|che\|rung,** die: *Versicherung gegen Schäden od. Verlust während des Transports* (1); **Trans\|port\|we\|sen,** das ⟨o. Pl.⟩: *Einrichtungen u. Vorgänge, die den Transport* (1) *betreffen;* **Trans\|port\|zeit,** die: *Zeit, die für einen Transport* (1) *benötigt wird.*

Trans\|po\|si\|ti\|on, die; -, -en [zu lat. transpositum, 2. Part. von: transponere, ↑transponieren]: **1.** (Musik) *das Transponieren* (1). **2.** (Sprachw.) *das Transponieren* (3).

Trans\|pul\|ter [...'pjuːtɐ], der; -s, - [engl. transputer, zusgez. aus: **trans**mitter (↑Transmitter) u. com**puter,** ↑Computer]: *sehr leistungsfähiger Mikrocomputer mit vielen Prozessoren.*

Trans\|ra\|pid ⓦ, der; -[s] [Kunstwort aus lat. trans = hinüber u. ↑rapid]: *Magnetschwebebahn.*

Trans\|se\|xu\|a\|lis\|mus, der; - [zu lat. trans = hinüber u. ↑sexual] (Med., Psych.): *psychische Identifizierung eines Menschen mit dem Geschlecht, das seinem eigenen körperlichen Geschlecht entgegengesetzt ist, mit dem Wunsch nach Geschlechtsumwandlung;* **Trans\|se\|xu\|a\|li\|tät,** die: *Transsexualismus;* **trans\|se\|xu\|ell** ⟨Adj.⟩: *sich dem entgegengesetzten Geschlecht zugehörig fühlend u. Geschlechtsumwandlung durch eine Operation erstrebend od. erreicht habend:* Kinder ..., die von den Eltern aufgezogen wurden (Spiegel 26, 1978, 184); **Trans\|se\|xu\|el\|le,** der u. die; -n, -n ⟨Dekl. ↑Abgeordnete⟩: *jmd., der transsexuell ist,* empfindet: Es mag seltsam erscheinen, daß viele -e verheiratet u. Väter sind (Ch. Wolff [Übers.], Bisexualität 83).

trans\|si\|bi\|risch ⟨Adj.⟩ [aus lat. trans = hindurch u. ↑sibirisch]: *Sibirien durchquerend.*

Trans\|sil\|va\|ni\|en; -s: alter Name von ↑Siebenbürgen; **trans\|sil\|va\|nisch** ⟨Adj.⟩.

trans\|so\|nisch ⟨Adj.⟩ [zu lat. trans. = über – hinaus, jenseits u. sonus = Schall, Ton]: *oberhalb der Schallgeschwindigkeit gelegen.*

Trans\|sub\|stan\|ti\|a\|ti\|on, die; -, -en [mlat. transsubstantiatio = Wesensverwandlung, zu lat. trans = hinüber u. substantia, ↑Substanz] (kath. Kirche): *durch die Konsekration* (2) *im Meßopfer sich vollziehende Verwandlung von Brot u. Wein in Leib u. Blut Jesu Christi;* **Trans\|sub\|stan\|tia\|ti\|ons\|leh\|re,** die ⟨o. Pl.⟩ (kath. Kirche): *Lehre von der Transsubstantiation.*

Trans\|su\|dat, das; -[e]s, -e [zu lat. trans = über – hinaus u. sudare = (aus)schwitzen] (Med.): *(auf Grund von Stauungen) in Körperhöhlen abgesonderte eiweiß-*

arme, meist seröse Flüssigkeit; **Trans\|su\|da\|ti\|on,** die; -, -en (Med.): *nichtentzündliche Absonderung von Flüssigkeit in Körperhöhlen.*

Trans\|su\|mie\|rung, die; -, -en [zu spätlat. tran(s)sumere = herübernehmen, aus lat. trans = hinüber u. sumere = nehmen]: *das Einfügen einer Urkunde in vollem Wortlaut in eine neue Urkunde als Form der Bestätigung.*

Trans\|syl\|va\|ni\|en usw.: ↑Transsilvanien usw.

Trans\|uran, das ⟨meist Pl.⟩ [aus lat. trans = über – hinaus u. ↑Uran] (Chemie): *künstlich erzeugter, radioaktiver chemischer Grundstoff mit höherem Atomgewicht als Uran;* **trans\|ura\|nisch** ⟨Adj.⟩ (Chemie): *im periodischen System der Elemente hinter dem Uran stehend.*

Tran\|su\|se, die [↑Suse] (ugs. abwertend): vgl. Tranfunzel (2): Nach Zerbst gehört wieder 'n anständiger Landrat und keine T. (Bieler, Bär 347).

trans\|ver\|sal ⟨Adj.⟩ [mlat. transversalis, zu lat. transversus = querliegend, adj. 2. Part. von: transvertere = hinüberwenden, aus: trans = hinüber u. vertere = drehen, wenden] (Fachspr.): *quer verlaufend, schräg; senkrecht zur Hauptachse od. Richtung der Ausbreitung [stehend, schwingend];* **Trans\|ver\|sal\|bahn,** die: *Bahn, die quer durch ein Land, Gebiet verläuft;* **Trans\|ver\|sa\|le,** die; -, -n ⟨zwei-[n]⟩ (Geom.): *Gerade, die eine polygonale geometrische Figur, bes. die Seiten eines Dreiecks, schneidet; Treffgerade;* **Trans\|ver\|sal\|schwin\|gung,** die ⟨meist Pl.⟩ (Physik): *Schwingung, die senkrecht zu der Richtung verläuft, in der sich eine Welle ausbreitet;* **Trans\|ver\|sal\|wel\|le,** die (Physik): *Welle, bei der die Schwingungsrichtung der Teilchen senkrecht zur Richtung verläuft, in der sie sich ausbreitet.*

trans\|ve\|stie\|ren ⟨sw. V.; hat⟩ (Psych., Med.): *auf Grund einer vom normalen sexuellen Verhalten abweichenden Neigung die für das andere Geschlecht typische Kleidung anlegen:* ⟨subst.:⟩ so glatt die Mediziner dieses Problem gelöst haben mögen, so schwer tun sich die Sexualwissenschaftler immer noch mit dem Phänomen des Transvestierens (Spiegel 48, 1975, 172); **Trans\|ve\|stis\|mus,** Transvestitismus, der: [zu lat. trans = (hin)über u. vestis, ↑Weste] (Psych., Med.): *vom normalen sexuellen Verhalten abweichende Tendenz zur Bevorzugung von Kleidungsstücken, die für das andere Geschlecht typisch sind;* **Trans\|ve\|stit,** der; -en, -en: *Mann, der sich auf Grund seiner Veranlagung wie eine Frau kleidet:* Transvestiten sind Männer, die sich als Frauen anziehen und keineswegs alle homosexuell sind (Silverstein [Übers.], Freuden 217); **Trans\|ve\|sti\|ten\|bar,** die: *Bar* (1 a), *in der Transvestiten verkehren;* **Trans\|ve\|sti\|ten\|show,** die: *Show, bei der vorwiegend Transvestiten auftreten;* **trans\|ve\|sti\|tisch** ⟨Adj.⟩: *die Transvestiten, den Transvestismus betreffend;* **Trans\|ve\|sti\|tis\|mus:** ↑Transvestismus.

tran\|szen\|dent ⟨Adj.⟩ [zu lat. transcendens (Gen.: transcendentis), 1. Part. von: transcendere, ↑transzendieren]: **1.** (Philos.) *die Grenzen der Erfahrung u. der sinnlich erkennbaren Welt überschreitend; übersinnlich, übernatürlich:* Die Religion des Fortschritts hat allerdings den -en Heilslehren eines „voraus": Sie wird ihre totale Pleite noch auf dieser Erde erleben (Gruhl, Planet 218). **2.** (Math.) *über das Algebraische hinausgehend:* -e Funktionen, Gleichungen; **tran|szen|den|tal** ⟨Adj.⟩ [mlat. transcendentalis = übersinnlich] (Philos.): **a)** *transzendent* (1); **b)** *vor jeder subjektiven Erfahrung liegend u. die Erkenntnis der Gegenstände an sich erst ermöglichend;* **Tran|szen|den|ta|li|en** ⟨Pl.⟩: *(in der Scholastik) allem Sein als Seiendem an sich zukommende, alle Kategorien übersteigende Bestimmungen, die unmittelbar aus dem Wesen des Seins folgen;* **Tran|szen|den|ta|lis|mus,** der; - (Philos.): *System der Transzendentalphilosophie;* **Tran|szen|den|tal|phi|lo|so|phie,** die ⟨o. Pl.⟩ (Philos.): *(nach Kant) erkenntniskritische Wissenschaft von den transzendentalen* **(b)** *Bedingungen;* **Transzen|denz,** die; - [spätlat. transcendentia = das Überschreiten]: **a)** (bildungsspr.) *das jenseits der Erfahrung, des Gegenständlichen Liegende:* die T. Gottes; **b)** (Philos.) *das Überschreiten der Grenzen von Erfahrung u. Bewußtsein, des Dieseits;* **tran|szen|die|ren** ⟨sw. V.; hat⟩ [lat. transcendere = hinübergehen, -steigen; überschreiten, zu: trans = hinüber u. scandere = (be)steigen] (bildungsspr.): *die Grenzen eines Bereichs überschreiten:* daß er (= der Marxismus), ganz entgegen seinen eigenen Vorgaben, den Kapitalismus keineswegs transzendierte, sondern ihn lediglich radikalisiere (J. Fischer, Linke 107); **Tran|szen|die|rung,** die; -, -en: *das Transzendieren.*

Tran|tu|te (landsch. abwertend), **Tran|tüte,** die (ugs. abwertend): vgl. Tranfunzel (2): Ein Wunder eigentlich, ... daß solch eine Trantute wie der Otto, ... ein von der Mutter verpimpeltes Söhnchen, sich solch ein Prachtmädel einhandeln konnte (Fallada, Jeder 22).

Trap, der; -s, -s [engl. trap, eigtl. = Falle, H. u.] (Fachspr.): *Geruchsverschluß.*

Tra|pez, das; -es, -e [spätlat. trapezium < griech. trapézion, eigtl. = Tischchen, Vkl. von: trápeza = Tisch]: **1.** (Geom.) *Viereck mit zwei parallelen, aber ungleich langen Seiten.* **2.** *an zwei frei hängenden Seilen befestigte kurze Holzstange für turnerische, artistische Schwungübungen:* am, auf dem T. turnen; am T. hängen; von T. zu T. turnen; **Tra|pez|akt,** der: *w. Form zu* ↑Trapeznummer; **tra|pez|för|mig** ⟨Adj.⟩: *die Form eines Trapezes* (1) *aufweisend:* ein -er Ausschnitt im Kleid; **Tra|pez|ka|pi|tell,** das (Archit.): *[byzantinisches] Kapitell mit trapezförmigen Seitenflächen;* **Tra|pez|künst|ler,** der: *Artist, der Übungen am Trapez vorführt;* **Tra|pez|künst|le|rin,** die: *w. Form zu* ↑Trapezkünstler; **Tra|pez|mus|kel,** der (Anat.): *trapezförmiger Rückenmuskel beiderseits der Wirbelsäule;* **Trapez|num|mer,** die: *Trapezakt;* **Tra|pe|zo|eder,** das; -s, - [zu ↑Trapez u. griech. hédra = Fläche] (Geom.): *von [gleichschenkligen] Trapezen begrenzter Körper;* **Tra|pe|zo|id,** das; -[e]s, -e [zu griech. -oei-

dḗs = ähnlich, zu: eídos = Aussehen, Form] (Geom.): *Viereck, das keine zueinander parallelen Seiten hat.*

trapp ⟨Interj.⟩: *lautm. für das Geräusch trappelnder Schritte od. Pferdehufe od. den rhythmischen Gleichklang beim Marschieren.*

Trapp, der; -[e]s, -e [schwed. trapp, zu: trappa = Treppe] (Geol.): *großflächig in mehreren treppenartig verschobenen Lagen übereinanderliegender Basalt.*

¹**Trap|pe,** die; -, -n, ⟨Jägerspr. auch:⟩ der; -n, -n [mhd. trappe, H. u., viell. aus dem Slaw.]: *(in mehreren Arten vorkommender, dem Kranich verwandter) größerer brauner Vogel mit weißem Bauch, schwarz gebändertem Schwanz u. bartartigen Federn an der Unterseite des Halses:* Im Dorf befindet sich eine Außenstelle eines Instituts, das sich mit der Aufzucht künstlich ausgebrüteter -n befaßt (Frischmuth, Herrin 29).

²**Trap|pe,** die; -, -n [zu ↑trappen] (nordd.): *[schmutzige] Fußspur;* **trap|peln** ⟨sw. V.⟩ [zu ↑trappen]: **a)** *mit kleinen, schnellen u. hörbaren Schritten gehen* ⟨ist⟩: hinter ihm trappeln die Kinder; junge Männer in Anoraks ... Schnell trappeln sie durch die kleine nächtliche Bahnhofshalle (Berger, Augenblick 77); **b)** *in schnellem Wechsel kurz u. hörbar auf den Boden treten* ⟨hat⟩: man hörte Hufe t.; Die Zuschauer hatten vor lauter Heiterkeit geklatscht und getrappelt (Fels, Sünden 14); **trap|pen** ⟨sw. V.; ist⟩ [aus dem Niederd. < mniederd. trappen, urspr. lautm.]: *mit kurzen u. hörbaren Schritten gehen.*

Trap|pen|vo|gel, der: ¹*Trappe:* eine Art Hühnerhof, in dem die ausgewachsenen Trappenvögel umherspazieren (Frischmuth, Herrin 34).

Trap|per, der; -s, - [engl. trapper, eigtl. = Fallensteller, zu: trap, ↑Trap] (früher): *Pelztierjäger in Nordamerika.*

◆ **Trapp|gang,** der: *Gang* (8) *im Trapp:* und hat er von einem herrlichen -e gesprochen, als ob es gewiß, daß dort eine reiche Eisenader befindlich (E. T. A. Hoffmann, Bergwerke 29).

Trap|pist, der; -en, -en [frz. trappiste, nach der Abtei La Trappe in der Normandie]: *Angehöriger des Trappistenordens;* **Trap|pi|sten|kä|se,** der [der Käse wurde urspr. nur in La Trappe (↑Trappist) hergestellt]: *länglicher Schnittkäse mit vielen kleinen Löchern u. mildem Geschmack;* **Trap|pi|sten|klo|ster,** das: *Kloster des Trappistenordens;* **Trap|pi|sten|or|den,** der ⟨o. Pl.⟩: *(von reformerischen Zisterziensern gegründeter) zu strengster Askese u. absolutem Schweigegebot lebender Orden;* **Trap|pi|stin,** die; -, -nen: *Angehörige des weiblichen Zweiges des Trappistenordens;* **trap|pi|stisch** ⟨Adj.⟩: *die Trappisten, den Trappistenorden betreffend, dazu gehörend.*

Traps, der; -[es], -e [engl. traps, Pl. von: trap, ↑Trap] (Fachspr.): *[Schraube am] Trap;* **Trap|schie|ßen,** das [zu engl. trap (↑Trap) = Wurfmaschine beim Trapschießen]: **1.** ⟨o. Pl.⟩ *Wurftauben- od. Tontaubenschießen, bei dem die Schützen in einer Linie parallel vor den Wurfmaschinen stehen u. jeweils zwei Schüsse auf die in wechselnden Richtungen geworfenen

Tauben abgeben dürfen.* **2.** *Veranstaltung, Wettkampf des Trapschießens* (1).

trap|sen ⟨sw. V.; ist/hat⟩ [zu ↑trappen] (landsch. ugs.): *schwerfällig, stampfend gehen:* traps nicht so!; Wo bleibt die Magd? – Endlich der trapsende Schritt auf der Treppe (Fussenegger, Zeit 394).

tra|ra ⟨Interj.⟩ [lautm.]: *ein fröhliches Horn- od. Trompetensignal nachahmender Ausruf;* **Tra|ra,** das; -s: **a)** *Hornsignal;* **b)** (ugs. abwertend) *großes Aufsehen, Lärm, Umstände:* viel, großes T. [um etw.] machen; es gab wieder allerhand T.; Als die Kondomkampagne zu Beginn dieses Jahres mit großem T. losging (Spiegel 47, 1987, 253); Ohne großes T. soll ... der Bau der Schnellbahnstrecke ... in Angriff genommen werden (MM 12. 2. 76, 18).

tra|sci|nan|do [traʃi...] ⟨Adv.⟩ [ital. trascinando, zu: trascinare = schleppen] (Musik): *schleppend, zögernd;* **Tra|scinan|do,** das; -s, -s u. ...di (Musik): *schleppendes, zögerndes Spiel.*

Traß, der; Trasses, Trasse [niederl. tras, älter: terras < frz. ¹terrasse, ↑Terrasse] (Geol.): *vulkanischer* ¹*Tuff.*

Tras|sant, der; -en, -en [zu ↑Trassat] (Wirtsch.): *Aussteller einer Tratte;* **Trassan|tin,** die; -, -nen (Wirtsch.): *w. Form zu* ↑Trassant; **Tras|sat,** der; -en, -en [ital. trassato, zu: trarre (Perf.: trassi), ↑Tratte] (Wirtsch.): *zur Bezahlung eines Wechsels Verpflichteter;* **Tras|sa|tin,** die; -, -nen (Wirtsch.): *w. Form zu* ↑Trassat; **Tras|se,** die; -, -n [frz. tracé = Spur, Umriß, zu: tracer, ↑trassieren]: **a)** *geplante im Gelände abgesteckte Linienführung eines Verkehrsweges, einer Versorgungsleitung o. ä.:* eine T. führen; **b)** *Bahnkörper, Bahn-, Straßendamm:* Während seines Marsches entlang der bekannten gelben Steine und Pfosten markierten T. hat er auf alles zu achten (Saarbr. Zeitung 5. 12. 79, 26/28/35); **Tras|see,** das; -s, -s [frz. tracé, ↑Trasse] (schweiz.): *Trasse:* Die Personenwagen wurden dabei über das T. der Seetalbahn auf den Vorplatz einer Fabrik geschleudert (NZZ 27. 8. 83, 7); **Tras|sen|füh|rung,** die, **Tras|sen|ver|lauf,** der: *Verlauf einer Trasse:* Die Verwaltung legte den Ausschußmitgliedern die neue Variante der bisher geplanten möglichen Trassenführung vor (Rheinpfalz 22. 4. 89, 25); **trassie|ren** ⟨sw. V.; hat⟩ [1: frz. tracer = vorzeichnen, entwerfen < afrz. tracier = eine Spur ziehen, über das Vlat. zu lat. tractum, 2. Part. von: trahere, ↑traktieren; 2: zu ↑Tratte]: **1.** *eine Trasse zeichnen, im Gelände festlegen, abstecken, anlegen:* die neue Strecke t. **2.** (Wirtsch.) *einen Wechsel [auf jmdn.] ziehen od. ausstellen;* **Tras|sie|rung,** die; -, -en: *das Trassieren.*

trat: ↑treten.

trä|ta|bel ⟨Adj.; ...bler, -ste⟩ [frz. traitable < lat. tractabilis, ↑traktabel] (veraltet): *leicht zu behandeln, fügsam, umgänglich, nachgebend:* Herr Goebbels, sein Propagandamann, ist t., fast entgegenkommend (Hochhuth, Stellvertreter 18).

trä|te: ↑treten.

Trä|teur [...'tø:ɐ̯], der; -s, -e [frz. traiteur, ↑Traiteur] (veraltet): *Gastwirt;* **trä|tie|ren**

Tratsch 3432

⟨sw. V.; hat⟩ [frz. traiter, ↑Traiteur] (veraltet): *behandeln.*

Tratsch, der; -[e]s [zu ↑tratschen] (ugs. abwertend): *Klatsch* (2 a): *worüber die beiden auch sprachen, es unterschied sich kaum vom alltäglichen, leidenschaftslosen T.* (Ransmayr, Welt 115); *Wohl gibt es Leute, die ... stundenlang Telefongespräche führen und sie zu einem unendlichen T. ausweiten* (MM 25./26. 10. 75, 36); **Trat|sche,** die; -, -n (ugs. abwertend): *jmd., der tratscht;* **trạt|schen** ⟨sw. V.; hat⟩ [urspr. lautm.] (ugs. abwertend): *[gehässig] klatschen* (4 a): *ständig im Treppenhaus stehen und t.; Man ... tratschte über Standesamtnachrichten* (Fels, Sünden 9); *was da so alles über prominente Unionschristen getratscht wurde* (Spiegel 34, 1984, 70); ♦ **trätschen** ⟨sw. V.; hat⟩: *(in landsch. Sprachgebrauch) tratschen: und nun fügte sie noch dazu, was weiter würde geträtscht werden* (Goethe, Werther II, 16. März); *Willst du mir hier von einem andern t.* (Kleist, Krug 9); **Tratsche|rei,** die; -, -en (ugs. abwertend): *das Tratschen:* die T. wollte ein Ende nehmen.

Trạt|te, die; -, -n [ital. tratta, eigtl. = die Gezogene, 2. Part. von: trarre = ziehen < lat. trahere, ↑traktieren] (Bankw.): *gezogener Wechsel (auf Grund dessen der Bezogene am Fälligkeitstag die Wechselsumme dem Remittenten zu zahlen hat);* **Trat|to|ria,** die; -, ...ien [ital. trattoria, zu: trattore = Gastwirt, zu: trattare = verpflegen, beköstigen < lat. tractare, ↑traktieren]: *einfaches Speiselokal [in Italien]: Ihre Teigwaren- und Reisgerichte schmecken wie in einer echten T., wo noch la mamma in der Küche steht* (Schweizer Illustrierte 30, 1982, 4).

tratzen (österr.), **trätzen** ⟨sw. V.; hat⟩ [Nebenf. von ↑trotzen] (südd.): *necken.*

Trau|al|tar, der; *meist in den Wendungen* ***[mit jmdm.] vor den T. treten** (geh.; *sich [mit jmdm.] kirchlich trauen lassen*); **jmdn. zum T. führen** (geh. veraltet; *eine Frau heiraten*).

Träub|chen, das; -s, -: Vkl. zu ↑Traube (1, 2); **Trau|be,** die; -, -n [mhd. trūbe, ahd. thrūbo, H. u., vielt. eigtl. = Klumpen]: **1.** (Bot.) *Blütenstand, bei dem jede Blüte einzeln an einem kleinen, von der Hauptachse abgehenden Stiel hängt: die Trauben des Goldregens.* **2. a)** *traubig um den Stiel angeordnete Beeren, bes. des Weinstocks:* eine volle, dicke, schöne T.; die Johannisbeeren hingen in dichten, roten -n am Strauch; **b)** ⟨meist Pl.⟩ *kurz für* ↑*Weintraube:* grüne, blaue, süße, säuerliche -n; -n ernten; ein Kilo -n kaufen; *** jmdm. hängen die -n zu hoch/sind die -n zu sauer** (*jmd. tut so, als wollte er etw. eigentlich Begehrenswertes gar nicht haben, um nicht zugeben zu müssen, daß ihm die Sache zu mühsam ist od. seine Fähigkeiten dazu nicht ausreichen; nach einer Äsopischen Fabel*). **3.** *dichtgedrängte (auf einen bestimmten Punkt fixierte) Menge (bes. von Menschen):* eine T. summender Bienen; Aus dem Eingang ... quoll eine T. männlicher Angestellter (Springer, Was 135); sie hingen in -n an der Straßenbahn; Änne ... schwingt sich auf und reiht sich ein in die T. der Wartenden rechts neben dem Haltestellenschild (Degener, Heimsuchung 112); Ü Diese hageldichte Folge von gravierenden Momenten, von denen uns jeder einzelne wieder eine ganze T. von Entscheidungen abverlangt (M. Walser, Pferd 39); **Trau|ben|ern|te,** die: *Weinernte;* **trau|ben|för|mig** ⟨Adj.⟩: *von der Form einer Traube* (1, 2 a); **Trau|ben|ho|lun|der,** der: *in Gebirgsgegenden wachsende Art des Holunders mit gelblichweißen Blüten in dichten, aufrechten (wie Trauben 3 wirkenden) Rispen u. scharlachroten Früchten;* **Trau|ben|hya|zin|the,** die: *(zu den Zwiebelgewächsen gehörende) im Frühjahr blühende, kleine Pflanze mit blauen, in Trauben* (1) *stehenden Blüten u. bläulich-grünen, schmalen Blättern;* **Trau|ben|kamm,** der: *Kamm* (8); **Trau|ben|kir|sche,** die: *Baum od. Strauch mit duftenden, weißen Blüten in überhängenden Trauben* (3); *Ahlkirsche;* **Trau|ben|kur,** die: *Diätkur mit Weintrauben:* wenn im Etschland die Trauben reifen, ist Hochsaison für -en (MM 2. 9. 78, 8, Reisebeilage); **Trau|ben|le|se,** die: *das Ernten von Weintrauben;* **Trau|ben|mai|sche,** die: *Maische* (3); **Trau|ben|most,** der: *Most* (1 a); **Trau|ben|saft,** der: *aus Weintrauben hergestellter Saft;* **Trau|ben|säu|re,** die (Chemie): *in Weinbeeren enthaltene Form der Weinsäure;* **Trau|ben|sche|re,** die: *besondere Schere, mit der [bei Tisch] große Trauben* (2 a) *auseinandergeschnitten werden können;* **Trau|ben|wick|ler,** der: *Schmetterling, dessen Raupen Blüten u. Beeren der Weinreben anfressen;* **Trau|ben|zucker¹,** der: *natürlicher Zucker, der bes. in Pflanzensäften, Früchten u. im Honig vorkommt; Glucose; Stärkezucker;* **trau|big** ⟨Adj.⟩ (Bot.): *wie eine Traube* (1), *in Trauben:* t. angeordnete Blüten.

trau|en ⟨sw. V.; hat⟩ [mhd. trūwen, ahd. trū(w)ēn, eigtl. = fest werden, verw. mit ↑treu, urspr. = glauben, hoffen, zutrauen; 3: schon mhd., eigtl. = (dem Manne) anvertrauen]: **1.** *Vertrauen zu jmdm., etw. haben; jmdm., einer Sache Glauben schenken; nichts Böses hinter jmdm., etw. vermuten:* diesem Mann kann man t.; ich traue seinen Worten nicht [recht]; seinen Versprechungen ist nicht zu t.; Die politische Sphäre blieb ihm fremd, er traute ihr nicht (Reich-Ranicki, Th. Mann 60); Ich traue dem Wasser nicht. Ich putze mir sogar die Zähne mit Mineralwasser (Konsalik, Promenadendeck 322); Spr trau, schau, wem! (*man soll sich einen Menschen erst genau ansehen, ehe man ihm vertraut*). **2.** ⟨t. + sich⟩ **a)** *etw. zu tun wagen, sich getrauen (meist verneint od. fragend):* ich traue mich/(selten, landsch.:) mir nicht, auf den Baum zu klettern; Ob ich auch mal spielen dürfe, traute ich mich nicht zu fragen (Kempowski, Tadellöser 217); ⟨auch o. Inf.:⟩ du traust dich ja nicht (*hast keinen Mut!*); Die traut sich alles, aber auch alles. So leicht macht der keiner was vor (Bastian, Brut 44); **b)** *sich an eine Stelle od. von der Stelle wagen (meist verneint od. fragend):* traust du dich allein in die Stadt, aus dem Haus? Ich traue mich nicht in seine Nähe, mit meinem Schnupfen (Handke, Frau 110); Er ist doch ein feiner Kerl! Ich traue mich bloß nicht zu ihm (Bieler, Mädchenkrieg 518). **3.** *von Amts wegen in einer staatlichen od. kirchlichen Zeremonie ehelich verbinden:* der Standesbeamte, Pfarrer hat das Paar getraut; sich t. lassen; Zwei Frauen von Priester getraut (MM 14. 3. 83, 3).

Trau|er, die; - [mhd. trūre, zu ↑trauern]: **1. a)** *[tiefer] seelischer Schmerz über einen Verlust od. ein Unglück:* T. erfüllte ihn, überkam ihn; die T. über den Verlust war groß; T. um Opfer des Zugunglücks (MM 13. 9. 85, 17); T. um jmds. Tod empfinden; er hat T., ist in T. (*trauert um einen Toten*); er versetzt jmdn. in tiefste T.; voll/voller T. [über etw.] sein; (formelhaft in Todesanzeigen:) in stiller T.; in tiefer T.; **b)** *[offizielle] Zeit des Trauerns nach einem Todesfall:* bis zum Staatsbegräbnis wurden drei Tage T. angeordnet; er hat schon vor Ablauf der T. (*des Trauerjahres*) wieder geheiratet. **2.** *Trauerkleidung:* T. tragen; eine Dame in T.; **Trau|er|akt,** der: *offizielle Trauerfeier:* ... daß die Piatkowska beim ... T. unter breiter Hutkrempe geweint hat (Grass, Unkenrufe 136); **Trau|er|an|zei|ge,** die: *Todesanzeige;* **Trau|er|ar|beit,** die ⟨o. Pl.⟩ (Psychoanalyse): *(nach S. Freud) psychische Verarbeitung der Trauer* (1 a), *die jmd. über den Verlust einer Bezugsperson empfindet:* Erlebnisschmerzen werden wiederbelebt, T. muß geleistet werden (Pilgrim, Mann 23); Ü Das Stück, das als Protest wie als T. gedacht ist, läuft seit Anfang Juni vor ausverkauftem Haus (Spiegel 30, 1983, 139); **Trau|er|band,** das ⟨Pl. ...bänder⟩: *Trauerbinde;* **Trau|er|be|flag|gung,** die: *Beflaggung zum Zeichen der [Staats]trauer;* **Trau|er|bin|de,** die: *Trauerflor;* **Trau|er|bot|schaft,** die; vgl. Trauernachricht; **Trau|er|brief,** der: *Brief mit Trauerrand;* **Trau|er|fah|ne,** die: *Fahne mit Trauerflor;* **Trau|er|fall,** der: *Todesfall:* ein T. in der Familie; **Trau|er|fei|er,** die: *[kirchliche] Feier zur od. vor der Bestattung bzw. Einäscherung eines Verstorbenen;* **Trau|er|fei|er|lich|keit,** die ⟨meist Pl.⟩: vgl. Trauerfeier; **Trau|er|flor,** der: *schwarzes Band [aus feinem, florartigem Gewebe], das als Zeichen der Trauer am Ärmel, in einem Knopfloch od. um den Hut getragen od. an eine Fahne geknüpft wird;* **Trau|er|gast,** der ⟨meist Pl.⟩: *Teilnehmer an einer Trauerfeier [u. beim anschließenden Zusammensein mit der Familie];* **Trau|er|ge|fol|ge,** das: *Gefolge* (1 b); **Trau|er|ge|leit,** das: *Gesamtheit derjenigen, die in einem Trauerzug mitgehen;* **Trau|er|ge|mein|de,** die (geh.): *Gesamtheit der Teilnehmer an einer Trauerfeier;* **Trau|er|ge|sell|schaft,** die: *Gesamtheit der Trauergäste, die nach der Feier noch [im Trauerhaus] versammelten Familienangehörigen u. Freunde;* **Trau|er|got|tes|dienst,** der: vgl. Trauerfeier; **Trau|er|haus,** das: *Haus o. ä., in dem sich ein Trauerfall ereignet hat, die Angehörigen eines Verstorbenen in Trauer sind;* **Trau|er|hil|fe,** die: *seelischer Beistand u. Hilfe, die jmd. einem Hinterbliebenen angedeihen läßt;* **Trau|er|jahr,** das: *Zeitraum von einem Jahr nach dem Tod eines nahen Angehörigen:* Ein ganzes T. wird heute nur noch selten eingehalten (Hörzu 37, 1988, 128); **Trau|er|kar|te**, die: vgl. Trauerbrief; **Trau|er|klei|dung**, die: *schwarze Kleidung als Zeichen der Trauer;* **Trau|er|kloß**, der [urspr. Soldatenspr.] (ugs. scherzh.): *jmd., der langweilig, schwerfällig u. ohne Unternehmungslust ist:* Wenn ich euch so ansehe, dann glaube ich, daß ihr lauter Trauerklöße seid (Hörzu 42, 1979, 15); **Trau|er|kondukt**, der (bildungsspr. veraltend): *Kondukt, Trauerzug:* In Plotha ... stieß ich ... auf einen Schwertransporter, der ... nicht überholt werden durfte. Infolgedessen verlief der Rest der Reise wie ein T. (Gregor-Dellin, Traumbuch 131); **Trau|er|kund|ge|bung**, die: *Kundgebung anläßlich des Todes von Personen, der die Öffentlichkeit bewegt;* **Trau|er|man|tel**, der: *Tagschmetterling mit samtig braunschwarzen, gelb od. weiß geränderten Flügeln;* **Trau|er|marsch**, der (Musik): *(als Begleitmusik für einen Trauerzug gedachter) langsamer, getragener Marsch;* **Trau|er|mie|ne**, die (ugs.): *bekümmerter Gesichtsausdruck:* eine T. aufsetzen; **Trau|er|mu|sik**, die: *Musik für Trauerfeierlichkeiten;* **trau|ern** ⟨sw. V.; hat⟩ [mhd. trūren, ahd. trūrēn, wahrsch. eigtl. = den Kopf sinken lassen od. die Augen niederschlagen (als Zeichen der Trauer)]: **1.** *seelischen Schmerz empfinden, betrübt sein u. entsprechendes Verhalten zeigen:* um einen lieben Menschen, um jmds. Tod t.; Er konnte nicht nur über den Verlust seiner Frau, sondern auch über seine einsame Kindheit und die eigene Unfähigkeit, sich und andere zu lieben, t. (Dierichs, Männer 67); die trauernden Hinterbliebenen. **2.** *Trauerkleidung tragen:* sie hat lange getrauert; **Trau|er|nach|richt**, die: *Trauer auslösende Nachricht, bes. von einem Todesfall;* **Trau|er|pa|pier**, das: vgl. Trauerbrief; **Trau|er|rand**, der: *schwarzer Rand bei Trauerbriefen, -karten, -anzeigen:* sie bevorzugte bei Kondolenzbriefen Papier ohne T.; Ü seine Fingernägel haben Trauerränder (ugs. scherzh.; *sind unter dem Nagel schmutzig);* **Trau|er|re|de**, die: *Rede, die zur Würdigung des Verstorbenen bei Trauerfeier gehalten wird;* **Trau|er|schlei|er**, der: *von Frauen in Trauer (bes. Witwen) getragener Schleier;* **Trau|er|spiel**, das [für „Tragödie"]: **1.** *Theaterstück mit tragischem Ausgang.* **2.** (ugs.) *etw. Schlimmes, Beklagenswertes:* es ist ein T., daß man sich das gefallen lassen muß; Der Arbeitsmarkt bleibt ein T. (MM 4. 3. 83, 7); **Trau|er|tag**, der: *Tag der Trauer:* Als Fama die letzte Hoffnung aufgegeben hatte ..., schloß sie ihren Laden für sieben «l (Ransmayr, Welt 216); **trau|er|voll** ⟨Adj.⟩ (geh.): *sehr bekümmert, voll Traurigkeit:* eine -e Miene; **Trau|er|wei|de**, die: *Weide mit hängenden Zweigen;* **Trau|er|zeit**, die: *Zeit der Trauer (1 b);* **Trau|er|zir|ku|lar**, das; -[e]s, -e: *gedruckte Todesanzeige, die mit der Post verschickt wird;* **Trau|er|zug**, der: *Zug von Trauernden, die jmdm. das ihr Geleit geben:* Wir folgten dem T. und warfen jeder eine Handvoll Erde in die Grube (Erné, Fahrgäste 123).

Trauf, der; -s, -e [landsch. Form von ↑Traufe] (Forstw.): *Waldmantel;* **Trau|fe**, die; -, -n [mhd. trouf(e), ahd. trouf, zu ↑triefen, also eigtl. = die Triefende]: *Dachtraufe:* das Wasser pladderte in großen Fladen aus der T. (B. Vesper, Reise 273).

Trau|fel, die; -, -n [spätmhd. (westmd.) trufel, mniederd. truffel < mniederl. troffel, truweel < (m)frz. truelle < spätlat. truella] ([west]md.): *Kelle (3):* Wir benötigen Mitarbeiter, welche in der Lage sind, Spachtel- und Putzkunststoffarbeiten mit der T. qualifiziert auszuführen (MM 12./13. 2. 83, 49); Mit dem Spargelstechmesser ... sticht er den Spargel ... unter der Erdoberfläche ... Mit der T., einem Instrument, wie es normalerweise Gipser benutzen, schiebt er die Erde wieder zusammen und klopft sie fest (Frankfurter Rundschau 27. 5. 89, M 2).

träu|feln ⟨sw. V.⟩ [Iterativbildung zu ↑träufen]: **1.** *in etlichen kleinen Tropfen (auf, in etw.) fallen lassen* ⟨hat⟩: Benzin in das Feuerzeug t.; Medikament in die Augen t.; Bolda selbst trank heiße Milch, in die sie Honig träufelte (Böll, Haus 115); Ü ... als versuche hier jemand, in den Kraftpol deutschen Siegeswillens Verwirrung, Platzangst, Lähmung zu t. (A. Zweig, Grischa 320). **2.** (veraltend) *in zahlreichen kleineren Tropfen fallen, herausfließen, heraustreten* ⟨ist⟩: Ist dir schon nie ein Liter fremdes Blut über die Hände geträufelt ...? (Reinig, Schiffe 81); **träu|fen** ⟨sw. V.; hat/ist⟩ [mhd. tröufen, ahd. troufan, Veranlassungswort zu ↑triefen] (veraltet): *träufeln.*

Trau|for|mel, die: *vom Standesbeamten bzw. vom Geistlichen beim Vollziehen einer Trauung ausgesprochene Formel;* **Trau|ge|spräch**, das (ev. Kirche): *vorbereitendes Gespräch zwischen Brautleuten u. Pfarrer über Bedeutung u. Wesen der Ehe.*

trau|lich ⟨Adj.⟩ [wohl geb. nach vertraulich/vertraut in den unverwandten ↑traut]: **a)** *den Eindruck von Gemütlichkeit u. Geborgenheit erweckend; heimelig:* ein -es Zimmer; beim «n Schein der Lampe; **b)** (seltener) *vertraulich, vertraut:* in -er Runde; Ein französisches Restaurant, Zweiertisch neben Zweiertisch: kein Ort für «s Gespräch (Frisch, Montauk 204); wie ihn ja auch sonst alle, die ihn kannten ... einfach und t. „Balzli" nannten (Muschg, Gegenzauber 241); **Trau|lich|keit**, die; -: **a)** *das Traulichsein* (a); **b)** (seltener) *Vertrautheit.*

Traum, der; -[e]s, Träume [mhd., ahd. troum, verw. mit ↑trügen]: **1.** *im Schlaf auftretende Vorstellungen, Bilder, Ereignisse, Erlebnisse:* ein schöner, seltsamer T.; wilde, schreckliche Träume; es war [doch] nur ein T.; wenn Träume in Erfüllung gehen!; ihm schien, als quäle ihn kurz vor dem Erwachen ein böser T. (Müthel, Baum 196); Träume auslegen, deuten; In dieser Nacht hatte er einen furchtbaren T. (Th. Mann, Tod 59); aus einem T. gerissen werden, aufschrecken; er erwachte aus wirren Träumen; er redet im T.; das ist mir im T. erschienen; Als ich aus dem T. auffuhr, konnte man eine Lohe durch den Raum zu schlagen (Buber, Gog 86); Das Kind lebte noch im Reich der Träume; es ist mir wie ein T.; Spr Träume sind Schäume *(besagen nichts, sind belanglos);* * **nicht im T.** *(nicht im entferntesten):* nicht im T. hätte ich an eine solche Möglichkeit gedacht; Nicht im T. hatte sie mit einer solchen Wendung gerechnet (Bieler, Mädchenkrieg 136). **2. a)** *sehnlicher, unerfüllter Wunsch:* der T. vom Glück; Fliegen war schon immer sein T.; es ist sein T., Schauspieler zu werden; sein T. hat sich endlich erfüllt; das ist der T. meines Lebens *(mein sehnlichster Wunsch);* der T. [vom eigenen Haus] ist ausgeträumt, ist vorbei; aus [ist] der T.! (ugs.; *es besteht keine Hoffnung mehr, daß der Wunsch in Erfüllung geht);* Aus der T. von der Karriere zu viert (Hörzu 34, 1977, 13); Ihre beruflichen Träume können diese Jugendlichen damit an den Nagel hängen (ran 3, 1980, 10); das habe ich in meinen kühnsten Träumen nicht zu hoffen gewagt!; * **der amerikanische T.** *(das Ideal von einer wohlhabenden demokratischen Gesellschaft in Amerika als dem Land der unbegrenzten Möglichkeiten;* LÜ von engl. *the American dream);* **b)** (ugs.) *etw. traumhaft Schönes; Person, Sache, die wie die Erfüllung geheimer Wünsche erscheint:* das ist ein T. von einem Haus!; In einem roten Bademantel ... stand sie an der Reling, unübersehbar, ein T. von einer Frau (Konsalik, Promenadendeck 245); hat der Bursche eine Figur! Das ist ja ein T. von Figur! (Borell, Verdammt 91); dort kommt sein blonder T. *(ein hübsches, blondes Mädchen [von dem er schwärmt]);* die Braut in einem T. *(wunderschönen Kleid)* aus weißer Seide und Spitzen; **Traum-** ⟨Bildungen z. T. emotional⟩: drückt in Bildungen mit Substantiven aus, daß jmd. oder etw. so ideal ist, wie man es sich immer erträumt [hat]: Traumehe, -haus, -mann, -reise.

Trau|ma, das; -s, ...men u. -ta [griech. traũma (Gen.: traúmatos) = Wunde]: **1.** (Psych., Med.) *starke seelische Erschütterung, die [im Unterbewußtsein] noch lange wirksam ist:* Auch den neurotisierende Traumen in der Kindheit und Jugend erspart bleiben, hat also seine Lebensprobleme keineswegs gelöst (Schreiber, Krise 123); Zu tief sitzt noch das T. in der Bevölkerung, die den blutigen Machtkampf ... nicht vergessen hat (Volksblatt 5. 12. 84, 3); ein T. haben, erleiden; das Erlebnis führte bei ihm zu einem T./wurde zum T. für ihn. **2.** (Med.) *durch Gewalteinwirkung entstandene Verletzung des Organismus;* **Trau|ma|tin**, das; -s: *aus verwundeten Pflanzen isolierter Stoff, der eine verstärkte Zellteilung hervorruft;* **trau|ma|tisch** ⟨Adj.⟩ [griech. traumatikós = zur Wunde gehörend]: **1.** (Psych., Med.) *das Trauma* (1) *betreffend, darauf beruhend, dadurch entstanden:* -e Erlebnisse; es ist Golo Mann hoch anzurechnen, daß er seine -en Erfahrungen ohne Selbstmitleid berichtet (Reich-Ranicki, Th. Mann 229); sein Leiden ist t. bedingt. **2.** (Med.) *durch Gewalteinwirkung [entstanden]:* ... wo eine Verletzung der Lendenwirbelsäule ..., -er Schock und innere Verletzungen festgestellt wurden (Dolomiten 1. 10. 83, 12); **trau|ma|ti|sie|ren** ⟨sw. V.; hat⟩ (Med., Psych.): *[seelisch] verletzen;* **Trau|ma|ti|sie|rung**, die; -, -en (Med., Psych.): *das*

Traumatizin

Traumatisieren, Traumatisiertwerden, Traumatisiertsein; **Trau|ma|ti|zin**, das; -s (Med.): *Lösung von Guttapercha in Chloroform (zum Verschließen kleiner Wunden);* **Trau|ma|to|lo|ge**, der; -n, -n [↑-loge]: *Arzt mit Spezialkenntnissen, Wissenschaftler auf dem Gebiet der Traumatologie;* **Trau|ma|to|lo|gie**, die; - [↑-logie]: *Wissenschaft u. Lehre von der Wundbehandlung u. -versorgung;* **Trau|ma|to|lo|gin**, die; -, -nen: w. Form zu ↑Traumatologe; **trau|ma|to|lo|gisch** ⟨Adj.⟩: *die Traumatologie betreffend, darauf beruhend.*

Traum|aus|le|ger, der: *Traumdeuter;* **Traum|aus|le|ge|rin**, die; -, -nen: w. Form zu ↑Traumausleger; **Traum|be|ruf**, der (emotional): *in seiner Art als ideal empfundener Beruf, wie man ihn sich ersehnt, erträumt:* Fußballprofi ist kein T. mehr (Spiegel 3, 1986, 139); **Traum|bild**, das: **1.** *im Traum* (1) *erscheinendes Bild.* **2.** *Wunschbild, Phantasievorstellung;* **Traum|buch**, das: *Buch mit Traumdeutungen;* **Traum|deu|ter**, der: *jmd., der Träume zu erklären versucht;* **Traum|deu|te|rin**, die: w. Form zu ↑Traumdeuter; **Traum|deu|tung**, die: *Deutung von Träumen [in bezug auf ihre psychischen Hintergründe];* **Traum|dich|tung**, die: *Dichtung, die unwirkliche Zustände, Phantasiebilder, Traumgesichte wiedergibt.*
Trau|men: Pl. von ↑Trauma.
träu|men ⟨sw. V.; hat⟩ [mhd. tröumen, troumen, ahd. troumen, zu ↑Traum]: **1. a)** *einen bestimmten Traum* (1) *haben:* schlecht, unruhig t.; sie hat von ihrem Vater geträumt; [schlaf gut und] träum süß! (fam. Gutenachtgruß); **b)** *etw. Bestimmtes im Traum* (1) *erleben:* etwas Schreckliches t.; Meiner Erinnerung nach träumte ich zum erstenmal im Alter von acht Jahren eine Szene, die ... etwa in halbjährlichen Abständen mir im Schlaf erschien (Dierichs, Männer 120); er träumte/(geh.:) ihm träumte, er sei in einem fernen Land; Ihm träumte, daß ... ihr Oberkörper sich von ihrem Unterleib trennte (Singer [Übers.], Feinde 54); das hast du doch nur geträumt!; * *sich* ⟨Dativ⟩ **etw. nicht/nie t. lassen** *(an eine Möglichkeit überhaupt nicht denken):* Ein Fremder würde sich nicht t. lassen, mich so zu bezeichnen (Denneny [Übers.], Lovers 96). **2. a)** *seine Gedanken schweifen lassen; unaufmerksam, nicht bei der Sache sein u. sich statt dessen Phantasien hingeben:* in den Tag hinein t.; mit offenen Augen t.; träum nicht! *(paß auf!);* der Fahrer muß geträumt haben; ⟨subst.:⟩ Wer keinen Mut zum Träumen hat, hat keine Kraft zu kämpfen (Hörzu 3, 1982, 38); R du träumst wohl! (ugs.; in bezug auf eine für völlig abwegig gehaltene Äußerung von jmdm.; *das ist ja wohl absurd!);* Ü der Waldsee lag träumend da; **b)** *etw. wünschen, ersehnen, erhoffen:* er träumte von einer großen Karriere; nun war dem Schauspieler bereits gelungen, wovon der angehende Schriftsteller vorerst höchstens t. konnte (Reich-Ranicki, Th. Mann 195); **Träu|mer**, der; -s, - [mhd. troumære]: **1.** *Mensch, der gern träumt* (2 a), *seinen Gedanken nachhängt, in sich versponnen ist u. mit der Wirklichkeit nicht recht fertig wird:* ihr Geliebter, der sich als ein schüchterner T., als zarter und trauriger Poet erweist (Reich-Ranicki, Th. Mann 125). **2.** *jmd., der gerade träumt* (1 a), *Träumender:* die Glocke riß die T. aus dem Schlaf; **Träu|me|rei**, die; -, -en: *etw., was man sich erträumt, Wunsch-, Phantasievorstellung:* sich seinen -en hingeben; sie verlor sich in -en; Auf diese Weise wurde er passiv und verwirklichte seine Gedanken nur in -en (H. Gerlach, Demission, 158); **Traum|er|geb|nis**, das (emotional): *sehr positives, höchst erfreuliches Ergebnis* (a), *wie man es sich ersehnt, erträumt hat, aber nicht erwarten konnte:* T. für den nicht mit hohen Einschaltquoten verwöhnten dritten Kanal (MM 6./7. 3. 82, 61); **Träu|me|rin**, die; -, -nen: w. Form zu ↑Träumer; **träu|me|risch** ⟨Adj.⟩: *verträumt:* -e Augen; Jandell nickte dem alten Saufkumpan t. zu (Zwerenz, Quadriga 50); **Traum|fa|brik**, die [LÜ von engl. dream-factory] *(bes. in bezug auf Hollywood) Produktionsstätte für Filme, die durch Darstellung einer glänzenden Scheinwelt den Wunschträumen des Publikums entgegenzukommen sucht;* **Traum|frau**, die (ugs. emotional): vgl. Traumberuf; **Traum|ge|bil|de**, das: *Traumbild;* **Traum|ge|stalt**, das ⟨Pl. -e⟩ (geh.): *Traumbild;* **Traum|gren|ze**, die: *idealerweise erreichbar zu denkende Grenze für etw.:* ein Rekord, der bis an die T. von 8.50 m ging; **traum|haft** ⟨Adj.; -er, -este⟩: **a)** *wie in einem Traum:* -e Vorstellungen; mit -er Sicherheit; **b)** (ugs.) *überaus schön:* eine -e Landschaft; das Kleid ist t. [schön].
Trau|mi|net, der; -s, -s [mundartl. = „(ich) traue mich nicht"] (österr. ugs.): *Feigling.*
Traum|in|halt, der: *Inhalt* (2 a) *eines Traums* (1); **Traum|job** (ugs. emotional): *Traumberuf;* **Traum|land**, das ⟨o. Pl.⟩: *Welt der Phantasie:* in einem T. leben; **traum|los** ⟨Adj.⟩: *ohne zu träumen:* tief t. schlafen; **Traum|no|te**, die (emotional): *höchste erreichbare Punktzahl für eine Übung, einen Wettkampf, eine Kür o. ä.;* **Traum|paar**, das (emotional): *ideales Paar* (1 a): e ... gehören zur Traumfabrik Kino wie die Sterne zum Himmel (iwz 1, 1983, 8); **Traum|tän|zer**, der (abwertend): *wirklichkeitsfremder, kaum erreichbaren Idealen nachhängender Träumer;* **Traum|tän|ze|rei**, die; -, -en (abwertend): *Verhalten, Wahrnehmung, Äußerung eines Traumtänzers;* **Traum|tän|ze|rin**, die (abwertend): w. Form zu ↑Traumtänzer; **traum|tän|ze|risch** ⟨Adj.⟩ (abwertend): *Traumtänzereien betreffend, sich ihnen hingebend, sich wie ein Traumtänzer* **verloren** ⟨Adj.⟩: *in Gedanken versunken, vor sich hin träumend:* t. dasitzen; **traum|ver|sun|ken** ⟨Adj.⟩: *traumverloren;* **traum|wan|deln** usw.: ↑schlafwandeln usw.; **Traum|welt**, die: *nur in den eigenen Träumen existierende Welt:* er lebt in einer T.; **Traum|ziel**, das (emotional): *sehnlichst angestrebtes, erwünschtes Ziel* (3): Als persönliches T. gilt ihm nach wie vor, in der Stadt bis zur Jahrtausendwende dienen zu dürfen (Spiegel 6, 1986, 100).
traun ⟨Adv.⟩ [mhd. in triuwen, entriuwen = in Treue, in Wahrheit, eigtl. Dativ Pl. von: triuwe, ↑Treue] (veraltet): *fürwahr:* ◆ Der freut sich t. so läppisch (Goethe, Götz III); t., da müssen Herz und Kopf sich lange zanken, ob Menschenhaß, ob Schwermut siegen soll (Lessing, Nathan I, 1).
Trau|ner, der; -s, - [eigtl. = Schiff auf der Traun (Nebenfluß der Donau)] (österr.): *flaches Lastschiff.*
◆ **Trau|pfen|nig**, der: *(in landsch. Sprachgebrauch) Gebühr für die Trauung:* denn keimende Ehen – und um eine solche schien es ihr sich denn doch hier zu handeln – schon um des daneben keimenden -s für ihren Mann, den Pastor, pflegte sie nicht zu stören (Storm, Schimmelreiter 58); **Trau|re|de**, die: *vom Standesbeamten bzw. Geistlichen bei einer Trauung gehaltene Ansprache;* **Trau|re|gi|ster**, das: *standesamtliches Register, in dem die vollzogenen Trauungen eingetragen werden.*
trau|rig ⟨Adj.⟩ [mhd. trūrec, ahd. trūrac, zu ↑trauern]: **1.** *Trauer empfindend, ausdrückend, bekümmert, betrübt; in niedergedrückter Stimmung:* ein -es Kind; ein -es Gesicht machen; jmdn. mit großen, -en Augen anblicken; sie hat uns einen sehr -en Brief geschrieben; worüber bist du so t.?; er war t., weil niemand kam; sie ist, wirkt [sehr] t.; daß du fortgehst, macht mich sehr t.; jmdn. t. ansehen. **2. a)** *Trauer, Kummer, Betrübnis hervorrufend, verursachend; schmerzlich, beklagenswert:* eine -e Nachricht; ich erfülle die -e Pflicht, Ihnen mitzuteilen, daß ...; das ist ein sehr -er Fall, ein -es Kapitel; sie kamen zu der -en Erkenntnis, daß ...; Einen Christbaum hatten die alten Leute nicht für nötig gehalten, so war für mich eher ein -er Tag (Wimschneider, Herbstmilch 133); eine -e *(freudlose)* Jugend haben; [es ist] t., daß man nichts ändern kann; **b)** *kümmerlich, erbärmlich:* es ist nur noch ein -er Rest vorhanden; etw. ist in -em Zustand; in -en Verhältnissen leben; Jetzt war er bemitleidenswert geworden, eine -e Gestalt (Kronauer, Bogenschütze 408); Auch diese Zahl belege Berlins -e *(sehr bedauerliche)* Führungsstellung am Drogenmarkt (Saarbr. Zeitung 27. 12. 79, 17); die Flüchtlinge sind wirklich t. dran; **Trau|rig|keit**, die; -, -en [mhd. trūrecheit, ahd. trūragheit]: **a)** ⟨o. Pl.⟩ *das Traurigsein* (1): eine große T. erfüllte ihr Herz; jmdn. übekommt, befällt tiefe T.; **b)** *trauriges Ereignis:* Drei Männer zu begraben ... Reden wir nicht von solchen -en (Werfel, Himmel 91).
Trau|ring, der: *meist glatter, steinloser Ring als Zeichen des Ehestands; Ehering;* **Trau|schein**, der: *Urkunde über die vollzogene Trauung:* auch ist es richtig, daß eine wachsende Zahl junger Menschen ohne T. *(unverheiratet)* zusammenlebt (MM 9./10. 1. 82, 35).
traut ⟨Adj.; -er, -este⟩ [mhd., ahd. trūt, H. u.] (geh. veraltend, oft scherzh.): **a)** *anheimelnd, den Eindruck von Geborgenheit erweckend:* das -e Heim; der Traum vom Familienglück; **b)** *vertraut:* im -en Familienkreis, Freundeskreis; in -er Harmonie protestierten die beiden Spitzenverbände gegen eine geplante Verordnung (natur 3, 1991, 97); ein -er *(dichter. veraltend; lieber, geliebter)* Freund.

Trau|te, die; - [zu ↑trauen] (ugs.): *innere Bereitschaft zum Entschluß, etw. zu tun, was den Betreffenden Überwindung kostet:* er möchte etw. sagen, aber ihm fehlt die T.; keine/nicht die rechte T. [zu etw.] haben; Ohne T. wich eine komplette Frankfurter Diebes- und Hehlerbande ... der neuen Macht am Main (Spiegel 4, 1976, 52).

Trau|to|ni|um Ⓦ, das; -s, ...ien [unter Anlehnung an ↑Harmonium nach dem Erfinder F. Trautwein (1889–1956)]: *elektroakustisches Musikinstrument mit Lautsprecher u. kleinem Spieltisch, auf dem statt einer Klaviatur an verschiedenen Stellen niederzudrückende Drähte gespannt sind, die durch Schließung eines Stromkreises alle Töne u. Obertöne im Klang der verschiedensten Instrumente hervorbringen können.*

◆ **traut|sam** ⟨Adj.⟩ [von Rosegger geb.]: *traut:* die Ofenbank war mir der -ste Mittelpunkt des heimatlichen Nestes (Rosegger, Waldbauernbub 147).

Trau|ung, die; -, -en [zu ↑trauen (3); spätmhd. trüunge = Vertrauen: *[mit einer Feier verbundener] Akt des Trauens* (3): *eine kirchliche, standesamtliche T.; eine T. vollziehen;* Ein neues dänisches Gesetz erlaubt die T. von gleichgeschlechtlichen Partnern (MM 11. 10. 89, 17); **Trau|ze|re|mo|nie,** die: *Zeremonie der Trauung;* **Trau|zeu|ge,** der: *jmd., der bei einer Trauung als Zeuge anwesend ist;* wer sind eure -n?; Die Köchin und der Werkmeister fungierten auch als -n (Kühn, Zeit 76); **Trau|zeu|gin,** die: *w. Form zu* ↑Trauzeuge.

Tra|vée [tra've:], die; -, -n [...'ve:ən; frz. travée < lat. trab(e)s = Balken] (Archit.): *Joch* (7 a).

Tra|vel|ler ['trɛvələ], der; -s, -[s] [engl. traveller, zu: to travel = sich bewegen; reisen]: **1.** ⟨Pl. -s⟩ *Reisender.* **2.** (Seemannsspr.) *auf einem Stahlbügel od. einer Schiene gleitende Vorrichtung, durch die bes. die Schoten des Großsegels gezogen wird;* **Tra|vel|ler|scheck,** der [nach engl. traveller's cheque]: *Reisescheck.*

tra|vers ⟨Adj.⟩ [frz. en travers = quer < lat. transversus = querliegend, schief, adj. 2. Part. von: transvertere, ↑traversieren] (Textilind.): *quergestreift;* **Tra|vers** [tra'vɛːɐ̯], der; - [...ɛ:ɐ̯(s)] (Dressurreiten): *Seitengang, bei dem das äußere Hinterbein dem inneren Vorderbein folgt;* **Tra|ver|sa|le,** die; -, -n (Dressurreiten): *diagonale Vorwärtsbewegung, bei der im Körper des Pferdes weitgehend parallel zu den Begrenzungslinien der Bahn ausgerichtet bleibt;* **Tra|ver|se,** die; -, -n [frz. traverse, über das Vlat. zu lat. transversus, ↑travers]: **1.** (Archit., Technik) *Querbalken* (a), *quer verlaufender Träger.* **2.** (Wasserbau) *(in größerer Zahl) senkrecht zur Strömung in den Fluß gebaute Buhne, die eine Verlandung der eingeschlossenen Flächen beschleunigen soll.* **3.** (Technik) *quer verlaufendes Verbindungsstück zweier izonet od. parallel beweglicher Maschinenteile.* **4.** (Fechten) *Bewegung seitwärts, mit der ein Fechter dem gegnerischen Angriff ausweicht.* **5.** (Bergsteigen) *Quergang.* **6.** (Milit. früher) *Schulterwehr;* **Tra|vers|flö|te,** die; -, -n: *Quer-*

flöte; **tra|ver|sie|ren** ⟨sw. V.⟩ [frz. traverser = durchqueren, über das Vlat. < lat. transvertere = umwenden, aus: trans = hinüber u. vertere = drehen, wenden]: **1.** (bildungsspr. veraltet) *durchkreuzen; verhindern* ⟨hat⟩. **2.** (Dressurreiten) *die Reitbahn im Travers durchreiten* ⟨hat/ist⟩. **3.** (Fechten) *durch eine Traverse* (4) *dem gegnerischen Angriff ausweichen* ⟨hat/ist⟩. **4.** (Bergsteigen, Ski) *(eine Wand, einen Hang o. ä.) in horizontaler Richtung überqueren* ⟨hat/ist⟩: Ein ausländischer Skitourist, der ... das 4000 Meter hoch gelegene Plateau Rosa ob Zermatt traversierte, ist in einer Gletscherspalt gestürzt (NZZ 1./2. 5. 83, 7); **Tra|ver|sie|rung,** die; -, -en: *das Traversieren.*

Tra|ver|tin, der; -s, -e [ital. travertino, älter auch: tiburtino < lat. lapis Tiburtinus = Stein aus Tibur (heute Tivoli bei Rom)]: *Kalksinter, Kalktuff, der zur Verkleidung von Fassaden, als Bodenbelag o. ä. verwendet wird.*

Tra|ve|stie, die; -, -n [engl. travesty, eigtl. = Umkleidung, zu frz. travesti = verkleidet, adj. 2. Part. von: (se) travestir, ↑travestieren] (Literaturw.): **1. a)** ⟨o. Pl.⟩ *komisch-satirische literarische Gattung, die bekannte Stoffe der Dichtung ins Lächerliche zieht, indem sie sie in eine ihnen nicht angemessene Form überträgt;* **b)** *einzelnes Werk der Gattung Travestie* (1). **2.** ⟨o. Pl.⟩ *Gesamtheit dessen, was mit der Travestieshow, der weiblichen Kostümierung von Männern zusammenhängt;* **tra|ve|stie|ren** ⟨sw. V.; hat⟩ [frz. (se) travestir, eigtl. = (sich) verkleiden < ital. travestire, aus: tra- = hinüber u. vestire = (be)kleiden (< lat. vestire)]: **1.** (Literaturw.) *in die Form einer Travestie* (1 a) *bringen.* **2.** (bildungsspr.) *ins Lächerliche ziehen:* Da traten in der „Bébète-Show" als lustige Maskottchen travestierten Politiker auf (Scholl-Latour, Frankreich 291); **Tra|ve|stie|show,** die: *Show, bei der vorwiegend Männer in weiblicher Kostümierung, Verkleidung auftreten.*

Trawl [trɔːl], das; -s, -s [engl. trawl] (Fischereiw.): *Grund[schlepp]netz;* **Trawl|er** ['trɔːlə], der; -s, - [engl. trawler] (Fischereiw.): *Fangschiff mit einem Grund[schlepp]netz.*

Trax, der; -[es], -e [gek. aus amerik. Traxcavator Ⓦ, wohl geb. aus engl. track (Pl.: tracks) = Spur, Gleis bzw. tractor = Zugmaschine u. excavator = Exkavator (2)] (schweiz.): **a)** *fahrbarer Bagger;* **b)** *Schaufellader.*

Treat|ment ['triːtmənt], das; -s, -s [engl. treatment, eigtl. = Behandlung, zu: to treat = behandeln] (Film, Ferns.): *erste schriftliche Fixierung des Handlungsablaufs, der Schauplätze u. der Charaktere der Personen eines Films:* Der DFB hat jedoch die Mitarbeit an dem Film von der Vorlage eines ausführlichen -s abhängig gemacht (Augsburger Allgemeine 27./28. 5. 78, 28).

Tre|be, die; - [H. u., viell. zu ↑treife im Sinne von „verbotenes Tun"] (ugs.): *in den Wendungen* **auf [der] T. sein; sich auf [der] T. befinden** *(sich [als Ausreißer] herumtreiben):* Sie erzählte nur, daß es bei ihr zu Hause ziemlich streng zugehe, seit

sie auf T. gewesen war (Christiane, Zoo 129); **auf [die] T. gehen** *(aus einem Heim, aus der Familie davonlaufen u. sich über längere Zeit herumtreiben):* Kinder, die mit zehn, elf Jahren auf T. gehen, ... leiden alle unter Beziehungsarmut (Spiegel 15, 1993, 86); **Tre|be|gän|ger,** der; (ugs.): *jugendlicher Ausreißer (bes. in der Großstadt), der sich ohne festen Wohnsitz u. ohne Arbeit herumtreibt:* Statt des großen Polizeiknüppels soll den Alkoholikern, Strichjungen, Obdachlosen, jugendlichen Trebegängern ... eine Krücke an die Hand gegeben werden (Abend 72, 1978, 14); **Tre|be|gän|ge|rei,** die; - (ugs.): *Herumtreiberei von jugendlichen Ausreißern;* **Tre|be|gän|ge|rin,** die; -, -nen (ugs.): *w. Form zu* ↑Trebegänger; ¹**Tre|ber,** der; -s, - (ugs.): w. Form zu ↑¹Treber.

²**Tre|ber** ⟨Pl.⟩ [mhd. treber (Pl.), ahd. trebir (Pl.), zu ↑trübe] (Fachspr.): **a)** *bei der Bierherstellung anfallende Rückstände von Malz;* **b)** *(seltener) Trester.*

Tre|be|rin, die; -, -nen (ugs.): *w. Form zu* ↑¹Treber.

Tre|cen|tist [trɛtʃɛn...], der; -en, -en [ital. trecentista] (Kunstwiss.): *Künstler, Dichter des Trecento;* **Tre|cen|to** [trɛ'tʃɛnto], das; -[s] [ital. trecento = 14. Jahrhundert, kurz für: mille trecento = 1300] (Kunstwiss., Literaturw.): *italienische Frührenaissance (14. Jh.).*

Treck, der; -s, -s [mniederd. trek = (Kriegs)zug; Prozession, zu ↑trecken]: *Zug von Menschen, die sich mit ihrer auf Wagen, meist Fuhrwerke, geladenen Habe gemeinsam aus ihrer Heimat wegbegeben (bes. als Flüchtlinge, Siedler o. ä.):* In einer Nacht sind 8 000 weiße Siedler aus Angola über die Grenze nach Namibia geströmt. Ihr T. bestand aus 2400 Fahrzeugen (Welt 20. 8. 75,1); einen T. bilden, zusammenstellen; Das ist was am Ende des Zweiten Weltkrieges war, als die Leute auf den T. gegangen sind (Volksblatt 17. 6. 84, 3); **trecken**¹ ⟨sw. V.; hat/ist⟩ [mhd. trecken, mniederd. trecken, Intensivbildung zu mhd. trechen = ziehen, H. u.]: **1.** *mit einem Treck wegziehen:* Über den Globus hin trecken Millionenheere von Verfolgten und verzweifelten Flüchtlingen (Saarbr. Zeitung 12./13. 7. 80, 2). **2.** (landsch.) *ziehen:* treck fest, sonst rollt der Wagen zurück; **Trecker**¹, der; -s, - : *Traktor, Schlepper:* Auch Landwirte ... dürfen mit ihrem T. nur in Grepo-Begleitung zum Pflügen fahren (Spiegel 1/8, 1988, 38); **Treckerfahrer**¹, der; - : *Fahrer eines Treckers;* **Treckerfahrerin**¹, die: *w. Form zu* ↑Treckerfahrer.

Treck|fie|del, die; - (nordd.): *Ziehharmonika:* aus dem fernen Dorf klingt eine T.: Du, du liegst mir im Herzen (Kempowski, Zeit 251); ◆ **Treck|schui|te** [niederl.: ...sxyt̪ə]: ↑Treckschute: als sie wildfremd mit der T. zu Amsterdam ankam (Heine, Rabbi 488); die T. (veraltet): *Schleppkahn.*

Tre|de|zi|me, die; -, -n [zu lat. tredecim = dreizehn, zu: tres = drei u. decem = zehn] (Musik): *Intervall von dreizehn diatonischen Tonstufen.*

¹**Treff,** das; -s, -s [älter: Trefle < frz. trèfle, eigtl. = Kleeblatt < griech. tríphyllon]: *Kreuz* (6).

Treff

²**Treff**, der; -s, -s (ugs.): a) *Zusammenkunft, Treffen:* einen T. vereinbaren, mit jmdm. haben; das mit meinen geheimen -s mit Inge bekam niemand mit (Borkowski, Wer 98); b) *Ort, wo man sich [zu einer Zusammenkunft] trifft; Treffpunkt:* ihr T. ist ein Lokal in der Altstadt; es war, als sage man: am T. unter der Laterne (Heim, Traumschiff 263); ³**Treff**, der; -[e]s, -e [mhd. tref] (veraltet): **1.** *Schlag, Hiebe.* **2.** *Niederlage.*

Treff|as [auch: -'-], das [zu ↑¹Treff]: *Kreuzas;* **Treff|bu|be** [auch: -'- -], der: *Kreuzbube;* **Treff|da|me** [auch: -'- -], die: *Kreuzdame.*

tref|fen ⟨st. V.⟩ [mhd. treffen, ahd. tref(f)an, urspr. = schlagen, stoßen]: **1.** ⟨hat⟩ **a)** *(von einem Geschoß, einem Schuß, Schlag o.ä.) jmdn., etw. erreichen (u. verletzen, beschädigen o.ä.):* die Kugel, der Pfeil, der Stein hat ihn getroffen; der Schuß traf ihn am Kopf, in den Rücken; der Faustschlag traf ihn im Gesicht/ins Gesicht; von einer Kugel tödlich getroffen, sank er zu Boden; das Haus war von einer Brandbombe getroffen worden; ⟨auch o. Akk.-Obj.:⟩ der erste Schuß traf [nicht] *(war ein, kein Treffer);* Ü seltsame Klänge trafen sein Ohr; Aus ihren Augen, die sie daraufhin zum erstenmal voll auf mich richtete, traf mich ein Blick, den ich kannte (Stern, Mann 37); das Mondlicht war um das halbe Zimmer gekrochen und traf die beiden Köpfe (Erné, Fahrgäste 23); er fühlte sich von den Vorwürfen nicht getroffen *(bezog sie nicht auf sich);* jmdn. trifft keine Schuld *(jmd. ist für etw. nicht verantwortlich zu machen);* **b)** *(mit einem Schlag, Stoß, Wurf, Schuß) erreichen [u. verletzen, beschädigen o.ä.]:* ein Ziel, die Zielscheibe t.; Den Papierkorb traf er nicht, die Schnipsel fielen daneben (H. Gerlach, Demission 167); Er fand heraus, daß Bordeaux' Torjäger ... nicht weniger als fünfundzwanzigmal die Latte getroffen hatte (Kicker 82, 1981, 12); ins Tor t.; [beim ersten Schuß] ins Schwarze t.; der Jäger traf das Reh [in den Rücken]; ⟨auch o. Akk.-Obj.:⟩ er hat [gut, schlecht, nicht] getroffen. **2.** ⟨hat⟩ **a)** *jmdm., den man kennt, zufällig begegnen:* einen Kollegen zufällig, unterwegs, auf der Straße t.; was meinst du, wen ich getroffen habe?; Ü ihre Blicke hatten sich getroffen *(sie hatten sich auf einmal angesehen);* **b)** *mit jmdm. ein Treffen* (1) *haben, auf Grund einer Verabredung zusammenkommen:* er trifft seine Freunde jede Woche beim Training, zu einem gemeinsamen Mittagessen; die beiden treffen sich/(geh.:) einander häufig; Wir treffen uns an drei freien Abenden auf ein Bier (Hörzu 49, 1977, 17); ⟨t. + sich:⟩ ich treffe mich heute mit meinen Freunden. **3.** ⟨ist⟩ **a)** *jmdm. unvermutet begegnen, auf jmdn. stoßen* (3 a): am Bahnhof traf er auf einen alten Bekannten; Man traf hier selten auf Fußgänger (Kronauer, Bogenschütze 45); **b)** *etw. unvermutet vorfinden, antreffen; auf etw. stoßen* (3 b): auf merkwürdige Dinge t.; Mißstände dieser Art trifft man hier vielerorts; Ü auf Widerstand, Ablehnung, Schwierigkeiten t.; **c)** *auftreffen:* wie kommt es, daß die Brandungswellen auch dann senkrecht auf das Ufer treffen, wenn der Sturm parallel zu ihm weht? (Stern, Mann 49); Leise zischend traf der Champagner auf die Seide (Hahn, Mann 18). **4.** (Sport) *(bei einem Wettkampf) jmdn. als Gegner [zu erwarten] haben* ⟨ist⟩: in den Finalkämpfen trifft er auf einen kubanischen Boxer; die Mannschaft trifft morgen auf den Nordmeister. **5.** *(in bezug auf etw., wofür man Kenntnisse od. einen sicheren Instinkt o.ä. braucht) [heraus]finden, erkennen, erraten* ⟨hat⟩: den richtigen Ton [im Umgang mit jmdm.] t.; mit dem Geschenk hast du seinen Geschmack [nicht] getroffen; du hast genau das Richtige getroffen; Jeanne dachte darüber nach, ob sie mit diesen schlichten Worten der Wirklichkeit traf (H. Weber, Einzug 427); „Haßneid" trifft den Sachverhalt *(entspricht ihm)* genau (Reich-Ranicki, Th. Mann 162); auf dem Foto ist er [nicht] gut getroffen *(es zeigt ihn [nicht] so, wie man ihn kennt);* getroffen! (freudiger Ausruf der Bestätigung; *richtig [geraten]!).* **6.** *(im Innersten) verletzen, erschüttern* ⟨hat⟩: jmdn. tief, schwer t.; die Todesnachricht hat ihn furchtbar getroffen; „Vielleicht hat ihn eine schwere seelische Erschütterung getroffen?" mutmaßte die Großmutter (H. Weber, Einzug 150); Am schwersten mag ihn getroffen haben, daß sich auch die geliebte Schwester nicht mehr um ihn kümmern wollte (Reich-Ranicki, Th. Mann 220); jmdn. in seinem Stolz, bis ins Innerste t. **7.** *jmdm., einer Sache [bewußt, absichtlich] Schaden zufügen; schaden* ⟨hat⟩: mit dem Boykott versucht man die Wirtschaft des Landes zu t.; Die Mißernte hat die Bauern hart getroffen; ⟨unpers.:⟩ Weshalb mußte es immer dieselben t. *(warum mußten immer dieselben leiden, betroffen sein?),* die ohnehin Erniedrigten (Bastian, Brut 146). **8.** ⟨in Verbindung mit „es"⟩ *in bestimmter Weise vorfinden* ⟨hat⟩: es gut, schlecht t.; sie haben es im Urlaub mit dem Wetter bestens getroffen; Besser hätte es nicht t. können, er hatte ein großes helles Zimmer (Danella, Hotel 95); du triffst es heute gut *(die Gelegenheit ist günstig).* **9.** ⟨t. + sich; unpers.⟩ *sich in bestimmter Weise fügen* ⟨hat⟩: es trifft sich gut, ausgezeichnet, schlecht, daß ...; es hatte sich so getroffen, daß beide gerade weggegangen waren, als sie ankam; R wie es sich trifft! *(wie es so kommt, geschieht; wie es der Zufall will).* **10.** ⟨als Funktionsverb meist in Verbindung mit einem Verbalsubst.⟩ bringt zum Ausdruck, daß das im Subst. Genannte ausgeführt wird ⟨hat⟩: Anordnungen, Verfügungen, Vorbereitungen t.; eine Vereinbarung, Entscheidung t.; eine Wahl, Absprache t.; Eine Rektoratskommission traf die entsprechenden Abklärungen (NZZ 14. 3. 85, 31); Darüber gelte es zu diskutieren und dann geschickte Entscheide zu t. (Tages Anzeiger 3. 12. 91, 2); **Treff|fen,** das; -s, - [3: zu mhd. treffen = dem Feind begegnen]: **1.** *geplante [private od. offizielle] Begegnung, Zusammenkunft:* regelmäßige T.; ein T. der Schulkameraden, der Staatschefs; ein T. verabreden, vereinbaren, veranstalten; an einem T. teilnehmen; zu einem T. kommen; Anette schreibt gern Gedichte; Zum T. der jungen Talente trägt sie diese vor (Trommel 41, 1976, 3). **2.** (Sport) *Wettkampf:* ein faires, spannendes T.; das T. endete, ging unentschieden aus; die beiden Gegner versuchten natürlich, das T. so schnell wie möglich für sich zu entscheiden. **3.** (Milit. veraltet) *kleineres Gefecht:* das T. fand ein klägliches Ende; * **etw. ins T. führen** (geh.; *etw. als Argument für od. gegen etw. vorbringen):* Unsere Stärke ist die Masse. Ergo - muß man sie auch ins T. führen (Bredel, Väter 328); **tref|fend** ⟨Adj.⟩: *der Sache völlig angemessen, entsprechend; vollkommen passend, genau richtig:* ein -er Vergleich; ein -es Urteil; Was er zu politischen Angelegenheiten schrieb, ist meist so redlich wie oberflächlich, oft so t. wie banal (Reich-Ranicki, Th. Mann 139); etw. t. charakterisieren; **Tref|fer**, der; -s, -: **1. a)** *Schuß, Schlag, Wurf o.ä., der trifft:* auf 10 Schüsse 8 T. haben; Beim erneuten Schuß lagen sie alle drei wieder gleichauf. Jeder hatte einen T. vergeben (Konsalik, Promenadendeck 343); das Schiff bekam, erhielt einen T. *(wurde von einem Geschoß getroffen);* ... und zwei von diesen fünfen (= Flugzeugen) wiesen erhebliche T. *(Einschüsse)* auf (Gaiser, Jagd 191); **b)** *(Ballspiele) Tor:* ein T. fällt; einen T. erzielen; Schiedsrichter Meißner erkannte den T. an (Walter, Spiele 22); mit einem sehenswerten und plazierten T. brachte er seine Mannschaft in Front; **c)** (Boxen) *Schlag, mit dem der Gegner getroffen wird:* einen T. landen, markieren; Mit langen Geraden wurde der Westdeutsche immer wieder gekontert und mußte T. an Kopf und Körper einstecken (Welt 26. 5. 65, 22); **d)** (Fechten) *Berührung des Gegners mit der Waffe:* ein sauberer, ungültiger, gültiger T.; einen T. erhalten, verhindern, landen. **2.** *Gewinn (in einer Lotterie o.ä.):* auf viele Nieten kommt ein T.; einen T. machen; Später gewann er einen T. im Automaten und war erleichtert, daß er nun auch eine Bierrunde bestellen konnte (Ossowski, Bewährung 36); Ü einen T. haben (ugs.; *Glück haben);* Die 17jährige Oberschülerin ... hofft, nach zahlreichen zweiten Plätzen beim kommenden Jahreshöhepunkt einmal einen ganz großen T. (ugs.; *den Sieg davontragen)* zu können (sport echo 30. 11. 87, 3); **Tref|fer|an|zei|ge,** die (Fechten, Schießen): *Gerät, das einen Treffer* (1 a, d) *anzeigt;* **Tref|fer|flä|che,** die (Fechten): *Teil des Körpers, auf dem gültige Treffer* (1 d) *angebracht werden können;* **Tref|fer|in|dex,** der (Fechten): *Anzahl der erhaltenen Treffer* (1 d); **Tref|fer|quo|te,** die, **Tref|fer|zahl,** die: *Anzahl von erzielten Treffern;* **Treff|ge|nau|ig|keit,** die: vgl. Treffsicherheit; **Treff|ge|ra|de,** die (Geom.): *Transversale.*

Treff|kö|nig [auch: -'- -], der [zu ↑¹Treff]: *Kreuzkönig.*

treff|lich ⟨Adj.⟩ [für mhd. treffe(n)lich, zu ↑treffen] (veraltend): **a)** *durch große innere Vorzüge, durch menschliche Qualität ausgezeichnet (u. daher Anerkennung verdienend):* ein -er Mensch, Wissenschaftler; **b)** *sehr gut, ausgezeichnet; vorzüglich, vortrefflich:* ein -er Wein; er ist ein -er Beobachter; sich t. auf etw. verstehen; (oft noch iron. od. spött.:) Alle Mitwirkenden haben für ihr Agieren -e Erläuterungen parat. Strauß selbst die beste: „Hohe Verantwortlichkeit zugunsten deutscher Interessen" (MM 29. 10. 75, 2); ⟨subst.:⟩ er hat Treffliches geleistet; **Treff|lich|keit,** die; - (veraltend): *das Trefflichsein; Vortrefflichkeit;* **Treff|nis,** das; -ses, -se (schweiz.): *Anteil* (1 a); **Treff|punkt,** der: **1. a)** *Ort, an dem man sich (einer Abmachung, Vereinbarung folgend) trifft:* die Kneipe galt als T. der Unterwelt; einen T. vereinbaren; sie kam nicht zu dem T., den sie ausgemacht hatten; **b)** *Ort, der zu einer Art Zentrum geworden ist:* Paris, T. der Kunst. **2.** (Geom.) *Berührungs-, Schnittpunkt von Geraden;* **treff|si|cher** ⟨Adj.⟩: **a)** *ein Ziel sicher treffend:* ein -er Schütze, Spieler; Start und Einsatz der -en Rakete (Hamburger Abendblatt 23. 5. 85, 13); Ü eine -e Ausdrucksweise, Sprache *(eine Sprache, die einen Sachverhalt präzise wiedergibt);* **b)** *sicher in der Beurteilung, Einschätzung o. ä. von etw.:* ein -es Urteilsvermögen haben; Uns ist klar geworden, daß man, wenn man ins Detail geht, wesentlich bissiger und -er argumentieren kann (Oxmox 6, 1983, 19); **Treff|si|cher|heit,** die; ⟨o. Pl.⟩: *treffsichere Art.*

Treib|ach|se, die (Technik): *(bes. bei Lokomotiven) angetriebene Achse;* **Treib|anker,** der (Segeln): *bei schwerer See benutzte, ins Wasser gelassene, sackähnliche Vorrichtung, die als Widerstand im Wasser eine bremsende bzw. stabilisierende Wirkung ausüben soll;* **Treib|ar|beit,** die: **a)** ⟨o. Pl.⟩ *Technik des Treibens* (8 a) *von Metallblech zu [künstlerischen] Gegenständen, Gefäßen u. ä.;* **b)** *einzelner in der Technik der Treibarbeit* (a) *hergestellter [künstlerischer] Gegenstand;* **Treib|ball,** der: **1.** ⟨o. Pl.⟩ *Spiel zwischen zwei Parteien, bei dem jede Partei versucht, den Ball möglichst weit auf die gegnerische Seite zu werfen u. damit die Gegenpartei entsprechend weit von der Mittellinie wegzutreiben.* **2.** (Badminton) *Schlag, bei dem der Ball in Schulterhöhe sehr flach geschlagen wird;* **Treib|ball|spiel,** das: *Treibball;* **Treib|beet,** das: *Frühbeet;* **Treib|eis,** das: *auf dem Wasser treibende Eisschollen;* **trei|ben** ⟨st. V.⟩ [mhd. trīben, ahd. trīban, H. u.]: **1.** *jmdn., ein Tier, etw. (durch Antreiben, Vorsichtreiben o. ä.) dazu bringen, sich in eine bestimmte Richtung zu bewegen, an einen bestimmten Ort zu begeben* ⟨hat⟩: die Kühe auf die Weide t.; Gefangene in ein Lager t.; er ließ sich von der Strömung t.; ... verlor ... die Herrschaft über sein Motorrad, wonach er die rechtsseitige Böschung hinab gegen eine Bachmauer getrieben wurde (LNN 31. 7. 84, 13); der Wind treibt das Laub durch die Alleen *(weht es vor sich her);* Noch immer treibt der Wind mit Dünger vermischten Ackerstaub ... gegen die Stallwände (Frischmuth, Herrin 18); den Ball vor das Tor t. *(durch wiederholtes Anstoßen vor das Tor spielen);* Allein der Favorit retournierte selbst extrem in die Spielfeldecken getriebene *(mit Treibschlag gespielte)* Bälle glänzend (NZZ 13. 10. 84, 45); Wild, Hasen t. (Jägerspr.; *bei einer Treibjagd den Schützen zutreiben);* ⟨auch unpers.:⟩ am allerwenigsten trieb es ihn an den Tisch, wo seine Notizen lagen (H. Weber, Einzug 241); Ü er läßt sich zu sehr t. *(verhält sich zu passiv im Leben);* der ewige Streit in der Familie hat die Kinder aus dem Haus getrieben *(sie zum Verlassen des Elternhauses veranlaßt);* ihre Anschuldigungen trieben ihm das Blut, den Zorn, die Zornesröte ins Gesicht; der Schmerz trieb ihm die Tränen in die Augen; dem Manager aber treiben seine Extravaganzen oft die Schweißperlen auf die Stirn (Kicker 82, 1981, 39); der Boom hat die Preise in die Höhe, nach oben getrieben *(eine Preissteigerung zur Folge gehabt).* **2.** *jmdn. (durch sein Verhalten o. ä.) in einen extremen Seelenzustand versetzen, dazu bringen, etw. Bestimmtes (Unkontrolliertes) zu tun* ⟨hat⟩: jmdn. in den Tod, in den, [bis] zum Selbstmord, in den Wahnsinn, zur Raserei, zum Äußersten t.; alles wäre ideal, wenn nicht unsere Älteste, jetzt verirrt, uns zur Verzweiflung triebe (Hörzu 45, 1975, 123). **3.** *jmdn. ungeduldig, durch Drängen zu etw. veranlassen* ⟨hat⟩: jmdn. zur Eile, zum Aufbruch t.; er trieb die Männer zur schnellen Erledigung der Arbeit; muß mich immer zu dir t., damit du etwas tust? treib [ihn] nicht immer so!; ⟨auch unpers.:⟩ es trieb ihn, ihr zu danken; Eine Zeitlang trieb es ihn, kreuz und quer in der Stadt nach ihr zu suchen (Strauß, Niemand 102); Ü seine Eifersucht hatte ihn zu dieser Tat getrieben; Hoffnung hat ihn getrieben, sinnt May, nicht Hoffnung auf Ruhm und Geld, sondern auf Lohn aus der eigenen Brust (Loest, Pistole 22). **4.** *antreiben* (2) ⟨hat⟩: das Wasser treibt die Räder, die Maschine wird von Wasserkraft getrieben. **5. a)** *von einer Strömung [fort]bewegt werden* ⟨ist/hat⟩: etw. treibt auf dem Wasser; das Schiff treibt steuerlos auf dem Meer; Eisschollen trieben auf dem Fluß; Treibgut war/hatte auf dem Fluß getrieben; An ein Stück Treibholz geklammert, war er nach stundenlangem von thailändischen Fischern gerettet worden, nachdem er den ganzen Tag im Wasser getrieben war (Welt 10. 8. 79, 1); Nebelschwaden trieben in der Luft; treibende *(am Himmel dahinziehende)* Wolken; Ü er hat die Dinge zu lange t. lassen *(sich selbst überlassen);* **b)** *in eine bestimmte Richtung, zu einem Ziel zu bewegt werden* ⟨ist⟩: der Ballon treibt landeinwärts; Treibgut war ans Ufer getrieben; Ü man weiß nicht, wohin die Dinge sich noch entwickeln). **6.** (Jägerspr.) *(von männlichen Tieren in der Paarungszeit) das weibliche Tier verfolgen, vor sich hertreiben* ⟨hat⟩: die Böcke treiben die Ricken. **7.** ⟨hat⟩ **a)** *(durch Schläge mit einem Werkzeug o. ä.) in etw. eindringen lassen, hineintreiben, einschlagen:* einen Keil in den Baumstamm, Pflöcke in den Boden t.; die Wände waren Nägel getrieben, an denen unförmige Gummikittel hingen (Fels, Unding 175); **b)** *(von Hohlräumen bestimmter Art) durch Bohrung o. ä. irgendwo herstellen, schaffen:* einen Schacht [in die Erde] t.; einen Tunnel durch den Berg, in den Fels t.; Stollen sind in die Berghänge getrieben worden, waagrechte Schächte hin zum Kern der allerersten Gluten (Fels, Kanakefauna 86); **c)** *zum Zerkleinern o. ä. durch eine bestimmte Maschine, ein Gerät durchpressen* (1): etw. durch ein Sieb, durch den Fleischwolf t. **8.** ⟨hat⟩ **a)** *(zu Platten dünn ausgewalztes Metall) in kaltem Zustand mit dem Hammer und die Punze formen, gestalten:* Silber, Messing t.; eine Schale aus getriebenem Gold; **b)** *durch Treiben* (8 a) *herstellen:* ein Gefäß [aus, in Silber] t.; Zum weitgefächerten Thema Umwelt sind stark abstrahierte, vor allem aber sehr plastische Formen von Pflanzen und Bäumen sowie Tieren aus Kupfer und Aluminium getrieben (NNN 24. 3. 87, 3). **9.** (ugs.) *harntreibend, schweißtreibend sein, wirken* ⟨hat⟩: Bier, Lindenblütentee treibt; ein treibendes Medikament. **10.** ⟨hat⟩ **a)** *sich mit etw., was man zu erlernen o. ä. sucht, kontinuierlich befassen:* Französisch, Philosophie t.; sie treibt neuerdings wieder mit großem Eifer ihre Studien; **b)** (ugs.) *sich mit etw. beschäftigen; etw. machen, tun:* Unfug t.; Allerhand Jux wird getrieben in einer durch spaßhaften Gleichschritt verbundenen Gruppe (Richartz, Büroroman 77); Solange es ihn nicht trifft, kümmert es Herrn Biedermann wenig, daß Brandstifter in der Stadt ihr Unwesen treiben (Hörzu 37, 1976, 66); was habt ihr bei dem schlechten Wetter, den ganzen Tag getrieben?; In den letzten beiden Jahren hatte ich für nichts sonst Zeit, aber vorher hab' ich 'ne Menge anderes getrieben (Loest, Pistole 192); **c)** *sich mit etw. zum Zwecke des Erwerbs befassen:* Handel, ein Gewerbe, ein Handwerk t.; Ackerbau und Viehzucht t.; für alle, die keinen Schwarzhandel trieben, lohne es sich nicht (Härtling, Hubert 209); **d)** *in verblaßter Bed. in Verbindung mit Subst., drückt aus, daß etw. mit bestimmten Konsequenzen betrieben, verfolgt wird:* Spionage t. *(spionieren);* Verschwendung, Luxus, Aufwand t. *(verschwenderisch, luxuriös, aufwendig leben);* seinen Spott mit jmdm. t.; Mißbrauch mit etw. t.; Man durfte die Vertraulichkeit nicht zu weit t., sonst wurde die Schwester womöglich lästig (Danella, Hotel 83). **11.** ⟨in Verbindung mit „es"; hat⟩ **a)** (ugs. abwertend) *etw. in einem Kritik herausfordernden Übermaß tun:* es toll, zu bunt, zu arg t.; er hat es zu weit getrieben *(in seinem Verhalten den Bogen überspannt);* so kann er es nicht mehr t. *(man wird seine Machenschaften aufdecken);* Ü er wird's nicht mehr lange t. (salopp; *er wird bald sterben);* **b)** *mit jmdm. in einer Kritik herausfordernden Art umgehen:* sie haben es übel mit den Flüchtlingen getrieben; * **es [mit jmdm.] t.** (ugs. verhüll.; *[mit jmdm.] geschlechtlich verkehren):* mit der stämmigen Sennerin Friedi treibt er's auch (MM 9./10. 2. 91, 58). **12.** ⟨hat⟩ (seltener) *(bes. von Hefe od. entsprechend versetztem Teig) aufgehen* (4): die Hefe, der Hefeteig muß noch t.; das Backpulver treibt den Teig *(läßt ihn aufgehen).* **13.** ⟨hat⟩ **a)** *austreiben* (4 a), *ausschlagen* (9): die Bäume,

Sträucher beginnen zu t.; **b)** *austreiben* (4b): Sträucher und Bäume treiben Blüten; Die Wurzeln treiben jährlich Stengel, die über zehn und mehr Jahre geschnitten werden können (natur 3, 1991, 30). **14.** (Gartenbau) *im Treibhaus o. ä. unter besonderen Bedingungen züchten, heranziehen* ⟨hat⟩: Maiglöckchen, Flieder, Paprika in Gewächshäusern t.; im Frühbeet getriebener Salat; **Trei|ben,** das; -s, -: **1.** ⟨o. Pl.⟩ **a)** *[geschäftiges] Durcheinanderlaufen, gleichzeitiges Sichtummeln o. ä. (einer größeren Zahl von Menschen):* es herrschte ein lebhaftes, buntes T.; das ausgelassene T. der spielenden Kinder; Im nächsten Augenblick erhob sich ein ungemein geschäftiges T. (Kusenberg, Mal 93); sie stürzten sich in das närrische T. *(den Faschingstrubel);* **b)** *jmds. Tun, Handeln:* jmds. heimliches, schändliches, wüstes T.; ... wollte sie (= die Kirche) an diesem korrupten und volksfeindlichen T. keinen Anteil haben (Thieß, Reich 511); jmds. T. *(seinen Machenschaften)* ein Ende machen. **2.** (Jägerspr.) **a)** *Treibjagd:* ein T. veranstalten, das T. mußte abgeblasen werden; **b)** *Gelände, Bereich, in dem ein Treiben* (2 a) *stattfindet.* **3.** (Bergbau) *das Auf- u. Abwärtsbewegen von Fördergefäßen od. Körben im Schacht;* **Trei|ber,** der; -s, - [mhd. trīber, ahd. tripāri; 5: LÜ von engl. driver]: **1.** (Jägerspr.) *jmd., der (zusammen mit anderen) bei einer Treibjagd den Schützen das Wild zutreibt.* **2.** *jmd., der bes. Lasttiere führt, Vieh [auf die Weide] treibt; Viehtreiber:* T. brachten die Tiere zum Markt. **3.** (abwertend) *Antreiber:* „Sie brauchen keine Angst zu haben", sagte Ranek, „ich gehöre nicht zu den -n" (Hilsenrath, Nacht 21). **4.** (Segeln) *kleiner Besan (z. B. eines zweimastigen Jacht.* **5.** (Datenverarb.) *Programm* (4), *mit dem ein peripheres* (3) *Gerät gesteuert wird (z. B. Druckertreiber);* **Trei|be|rei,** die; -, -en: **1.** (Gartenbau) *das Treiben* (14) *von Pflanzen:* die T. von Maiglöckchen, Salat. **2.** (ugs. abwertend) *[dauerndes] Antreiben* (1 a, b), *Hetzen;* ↑ **Trei|be|rin,** die; -, -nen: w. Form zu ↑ *Treiber* (1-3); **Trei|ber|ket|te,** die; (Jägerspr.): *Kette* (2 a) *von Treibern* (1): Auf einer (= Treibjagd) von ihnen kam ... der Sohn des Dorfpfarrers, der in der T. gegangen ... war, durch einen Fehlschuß ums Leben (G. Vesper, Nördlich 117); **Trei|ber|stu|fe,** die; -, -n (Elektronik): *Teil eines Verstärkers, der die zur An- bzw. Aussteuerung der eigentlichen Verstärkerstufe benötigte Leistung aufbringt;* **Treib|fäu|stel,** der (Bergmannsspr.): *schwerer Hammer mit kurzem Stiel für die Arbeit des Bergmanns;* **Treib|gas,** das: **1.** *brennbares Gas, meist Flüssiggas, das als Kraftstoff zum Antrieb von Verbrennungsmotoren verwendet wird.* **2.** *in Spraydosen u. a. verwendetes, unter Druck stehendes Gas;* **Treib|ge|mü|se,** das (Gartenbau): *im Treibhaus od. auf dem Frühbeet gezogenes Gemüse;* **Treib|gut,** das ⟨o. Pl.⟩: *etw., was als herrenloses Gut auf dem Wasser, bes. auf dem Meer, treibt;* **Treib|haus,** das: *heizbares Gewächshaus, in dem Pflanzen gezüchtet bzw. unter bestimmten (im Freien nicht gegebenen) Bedingungen gehalten werden;* **Treib|haus|ef|fekt,** der ⟨o. Pl.⟩: *Einfluß der Erdatmosphäre auf den Wärmehaushalt der Erde, der der Wirkung des Daches eines Treibhauses ähnelt:* Die Umweltorganisation Greenpeace hat ... einen Aktionsplan vorgelegt, um die fortschreitende Erwärmung der Welt durch den T. aufzuhalten (Welt 1. 2. 90, 23); **Treib|haus|kul|tur,** die ⟨o. Pl.⟩: *Kultur* (3 b) *von Pflanzen im Treibhaus;* **Treib|haus|luft,** die ⟨o. Pl.⟩ (meist abwertend): *Luft von unangenehmer Feuchtigkeit u. Wärme;* **Treib|haus|pflan|ze,** die: *im Treibhaus gezüchtete od. gezogene Pflanze;* **Treib|holz,** das ⟨o. Pl.⟩: *auf dem Wasser treibendes Holz, bes. auf dem Meer treibende od. an den Strand angeschwemmte Trümmer aus Holz;* **Treib|jagd,** die (Jägerspr.): *Jagd, bei der das Wild durch Treiber* (1) *aufgescheucht u. den Schützen zugetrieben wird:* eine T. veranstalten; Ü (abwertend:) sie machten eine T. auf die versprengten Gegner; **Treib|la|dung,** die: *Mittel (z. B. Pulver), das durch seine Explosionskraft ein Geschoß in Bewegung setzt:* die Gerüche, die bisher um uns waren, wurden jäh zerstört durch den scharfen Pulvergeruch der -en (Lentz, Muckefuck 175); **Treib|mi|ne,** die: ¹*Mine* (2), *die dem Strömung überlassen wird;* **Treib|mit|tel,** das: **1.** (Chemie) *gasförmiger od. Gas entwickelnder Stoff, der bestimmten festen Stoffen (z. B. Schaumstoff, Beton) zugesetzt wird, um sie porös zu machen.* **2.** (Kochk.) *dem Teig beigegebener Stoff (z. B. Backpulver, Hefe), der ein Aufgehen* (4) *bewirkt.* **3.** (Chemie) *Treibgas* (2); **Treib|netz,** das (früher): *(von der Hochseefischerei verwendetes) Fangnetz, das (entsprechend beschwert) senkrecht im Wasser hängt u. mit dem Fangschiff in der Strömung treibt;* **Treib|öl,** das: *ölförmiger Kraftstoff für Dieselmotoren [auf Schiffen];* **Treib|pro|zeß,** der (Metallurgie): *Trennung des Edelmetalls (bes. Silber) vom unedlen durch Oxydation;* **Treib|rad,** das (Technik): *von einem Motor angetriebenes Rad eines Fahrzeugs, einer Maschine, das seinerseits eine [Fort]bewegung in Gang setzt bzw. hält;* **Treib|rie|gel|ver|schluß,** der (Fachspr.): *Basküle;* **Treib|rie|men,** der (Technik): *breiter Riemen aus Leder, Gummi od. Kunststoff, der (als Teil einer Transmission) die Drehbewegung überträgt;* **Treib|sand,** der: *Mahlsand;* **Treib|satz,** der (Technik): *Gemisch von chemischen Substanzen, das eine Rakete, Feuerwerkskörper o. ä. vorantreibende Energie entfaltet:* der Kanonier sieht aus wie eine geballte Ladung, den T. nicht gezündet (Spiegel 16, 1975, 34); **Treib|schlag,** der (Badminton, Golf, Tennis, Tischtennis): *harter Schlag, mit dem der Ball weit gespielt wird; Drive* (3); **Treib|stan|ge,** die (Technik): *Pleuelstange;* **Treib|stoff,** der: *Kraftstoff: fester, flüssiger, gasförmiger T.;* **Treib|stoff|preis,** der: vgl. *Benzinpreis;* **Treib|stoff|tank,** der: vgl. *Benzintank;* **Treib|stoff|ver|brauch,** der: vgl. *Benzinverbrauch;* **Treib|we|he,** die ⟨meist Pl.⟩ (Med.): *Preßwehe.*

Trei|del, der; -s, -n (früher): *Seil, Tau zum Treideln;* **Trei|de|lei,** die; - (früher): *das Treideln;* **Trei|de|ler,** *Treidler,* der; -s, - (früher): *jmd., der einen Kahn treidelt;* **trei|deln** ⟨sw. V.; hat⟩ [aus dem Niederd., zu mniederd. treilen, mniederl. treylen < mengl. to trailen (= engl. to trail, ↑Trailer)] (früher): *einen Lastkahn vom Treidelpfad aus (mit Menschenkraft bzw. mit Hilfe von Zugtieren) stromaufwärts ziehen, schleppen;* **Trei|del|pfad,** der: *schmaler, am Ufer eines Flusses od. Kanals entlangführender Weg, auf dem die Treideler gehen;* **Trei|del|weg,** der: *Treidelpfad;* **Treid|ler:** ↑ *Treideler.*

treife ⟨Adj.⟩ [jidd. tre(i)fe, trebe < hebr. ṭaref]: *den jüdischen Speisegesetzen nicht gemäß; nicht koscher* (1).

Treil|le ['trɛːjə, frz.: trɛj], die; -, -n [frz. treille = Spalier (1), Weinlaube < lat. trichila]: *Gitterwerk; (Treppen)geländer.*

Trek|king, das; -s, -s [engl. trekking = das Wandern, Trecken, zu: to trek < afrikaans (= niederl.) trekken, ↑trecken]: *[von einem Reiseunternehmen organisierte] mehrtägige Wanderung in einer kleineren Gruppe mit Führung durch oft unwegsames Gebiet im Hochgebirge.*

Tre|lon ⓦ, das; -s [Kunstwort]: *sehr widerstandsfähige Kunstfaser.*

Tre|ma, das; -s, -s od. -ta [griech. trēma (Gen.: trēmatos) = die Punkte, Löcher des Würfels, eigtl. = Öffnung, Durchbohrtes]: **1.** (Sprachw.) *diakritisches Zeichen in Form von zwei Punkten über dem einen von zwei nebeneinanderstehenden, getrennt zu sprechenden Vokalen.* **2.** (Med.) *Lücke zwischen den mittleren Schneidezähnen;* **Tre|ma|to|de,** die; -, -n ⟨meist Pl.⟩ [zu griech. -ṓdēs = gleich, ähnlich] (Zool.): *Saugwurm.*

trem|blie|ren [trãˈbliːrən] ⟨sw. V.; hat⟩ [frz. trembler = zittern, beben < vlat. tremulare, ↑tremolieren]: *eine gewellte Linie gravieren;* **tre|mo|lan|do** ⟨Adv.⟩ [ital. tremolando, zu: tremolare, ↑tremolieren] (Musik): *mit Tremolo* (1) *auszuführen;* Abk.: trem.; **tre|mo|lie|ren,** tremulieren ⟨sw. V.; hat⟩ [ital. tremolare, eigtl. = zittern, beben < vlat. tremulare, zu lat. tremulus, ↑Tremolo] (Musik): **1.** *mit Tremolo* (1) *spielen:* er ist außerdem ein Meister auf der Mundharmonika: Vollakkordig tremolierend bläst er das Händelsche Seht, er kommt mit Preis gekrönt (Kempowski, Zeit 332). **2.** *mit Tremolo* (2) *singen:* seine Stimme war schlecht, wenn er nicht so sehr t. würde. **Tre|mo|lit** [auch: ...'lɪt], der; -s, -e [nach dem Val Tremola in der Schweiz]: *weißes, graues od. hellgrünes Mineral.*

Tre|mo|llo, das; -s, -s od. ...li [ital. tremolo, zu lat. tremulus = zitternd, zu: tremere = zittern, beben] (Musik): **1.** (bei Tasten-, Streich- od. Blasinstrumenten) *rasche, in kurzen Abständen erfolgende Wiederholung eines Tones od. Intervalls:* den letzten Ton könnte man mit einem leichten T. ausklingen lassen. **2.** *(beim Gesang) das starke (als unnatürlich empfundene) Bebenlassen der Stimme:* sie sang mit einem unerträglichen T. **Tre|mor,** der; -s, ...ores [...eːs; lat. tremor = das Zittern] (Med.): *durch rhythmisches Zucken bestimmter Muskeln hervorgerufene rasche Bewegungen einzelner Körperteile.*

Trem|se, die; -, -n [mniederd. trem(e)se, H. u.] (landsch., bes. nordd.): *Kornblume.*

Tre|mu|lant, der; -en, -en [zu vlat. tremulare, ↑tremolieren]: *Mechanismus an der Orgel, mit dem das Beben der Töne bewirkt wird;* **tre|mu|lie|ren:** ↑ *tremolieren.*

Trench [trɛntʃ], der; -s, -s: kurz für ↑ Trenchcoat; **Trench|coat** ['trɛntʃkoʊt], der; -[s], -s ‹engl. trench coat, eigtl. = Schützengrabenmantel, aus: trench = (Schützen)graben u. coat, ↑Coat]: *zweireihiger [Regen]mantel (aus Gabardine, Popeline) mit* ¹*Koller* (2 b), *Schulterklappen u. Gürtel.*

Trend, der; -s, -s [engl. trend, zu: to trend = sich neigen, sich erstrecken, in einer bestimmten Richtung verlaufen]: *(über einen gewissen Zeitraum bereits zu beobachtende, statistisch erfaßbare) Entwicklung[stendenz]:* der neue, vorherrschende, modische T.; die Innenausstattung, die durchweg dem internationalen T. entspricht (NNN 1. 8. 86, o. S.); der T. geht hin zu Vereinfachungen, geht in eine andere Richtung; der T. hält an, setzt sich fort; Bei unseren Kunden ist ein starker T. auf Gasheizung festzustellen (Saarbr. Zeitung 14. 3. 80, 1); daß sich der T. zur Anlagenoptimierung ... abzeichnet (CCI 11, 1986, 34); weil ich bei dem T. zur Pillenmüdigkeit schon seit längerer Zeit in unserer Beratungsstelle registriere (Spiegel 8, 1977, 7); Allerdings werden die Kommunalwahlen einige -s verdeutlichen (MM 13. 1. 89, 2); die Umfragen bestätigen den T.: entweder verliert die Union rechts oder in der Mitte (Spiegel 6, 1989, 19); damit liegt er voll im T. (ugs.; *hat er genau das Richtige getroffen, entspricht er ganz dem Zeitgeschmack);* Erstes Frauenhotel liegt voll im T. (MM 7. 2. 89, 9); *** Genosse T.** (Jargon; *Trend als eine Art Genosse* 2 *u. Helfer bei politischen, wirtschaftlichen o. ä. Zielvorstellungen):* Daß der Genosse T. neuerdings mit mitwählt, führen Wahlanalytiker vor allem auf die Bonner Wende zurück (Spiegel 52, 1982, 21).

Tren|del, der; -s, - [mhd. trendel, zu ↑zehren u. eigtl. = abgespaltenes Stammstück als Scheibe, Rad] (landsch.): **1.** *Kreisel* (1 b). **2.** *jmd., der langsam ist, zum Trödeln neigt;* **tren|deln** ‹sw. V.; hat u. ist› [H. u., beeinflußt von spätmhd. trendelen = wirbeln, zu mhd. trendel, ↑ Trendel] (landsch.): *trödeln;* **Trend|ler,** der; -s, - (landsch.): *Trödler* (1); **Trend|le|rin,** die; -, -nen (landsch.): w. Form zu ↑ Trendler.

Trend|mel|dung, die: *[durch Funk od. Fernsehen verbreitete] Meldung* (2), *die einen Trend bes. bei gerade abgeschlossenen Wahlen* (2 a) *anzeigt;* **Trend|set|ter,** der; -[engl. trend-setter, 2. Bestandteil engl. setter = Anstifter] (Jargon): **a)** *jmd., der (weil man ihn als maßgebend erachtet o. ä.) etw. Bestimmtes allgemein in Mode bringt, der einen Trend auslöst:* wieder einmal sind die Amerikaner für die Deutschen die T. (Welt 16. 8. 85, 3); der Politiker wurde unfreiwillig zum T. in Sachen Mode; **b)** *Produkt, dessen Erscheinen auf dem Markt einen neuen Trend auslöst;* **Trend|set|te|rin,** die (Jargon): w. Form zu ↑ Trendsetter (a); **Trend|um|kehr,** die;

Trend|um|schwung, der: *Trendwende;* **Trend|wen|de,** die: *Wende im Trend:* Die steigenden Auftragseingänge ... könnten noch nicht als Beweis für eine T. angesehen werden (Augsburger Allgemeine 11./12. 2. 78, 12); **tren|dy** ‹Adj.› [engl. trendy, zu: trend, ↑Trend] (Jargon): *modisch; dem vorherrschenden Trend entsprechend:* Im radverliebten Amsterdam hat, wer t. sein will, seinen Drahtesel knallbunt bemalt (Wiener 11, 1993, 14); Nathan Moore ... trägt nur Designerklamotten und gibt sich gern t. (Bravo 42, 1988, 55).

trenn|bar ‹Adj.›: *sich [voneinander] trennen lassend;* **Trenn|bar|keit,** die; -: *das Trennbarsein;* **Trenn|di|ät,** die ‹o. Pl.›: *Diät [für eine Schlankheitskur], bei der an einzelnen, aufeinanderfolgenden Tagen alternierend nur eiweißhaltige bzw. nur kohlehydrathaltige Speisen gegessen werden dürfen;* **tren|nen** ‹sw. V.; hat› [mhd. trennen, ahd. in: en-, zatrennen, eigtl. = [ab]spalten]: **1. a)** *(durch Zerschneiden der verbindenden Teile) von etw. lösen; abtrennen* (1): das Futter aus der Jacke t., die Knöpfe vom Mantel, den Kragen vom Kleid t.; bei dem Unfall wurde ihm der Kopf vom Rumpf getrennt; **b)** *auftrennen* (1): ein Kleid, eine Naht t. **2. a)** *etw. Zusammengesetztes, Zusammenliegendes o. ä. in einzelne, in seine Bestandteile zerlegen:* ein Stoffgemisch t.; etw. chemisch, durch Kondensation t.; Fast 90 Prozent der Vaterstettener ... trennen mittlerweile ihre Abfälle *(bringen sie nach bestimmten Richtlinien für Abfallbeseitigung in verschiedenen Behältern unter;* natur 6, 1991, 65); **b)** *die Verbindung (eines Stoffes o. ä. mit einem anderen) auflösen; isolieren* (1 b): das Erz vom Gestein t.; das Eigelb vom Eiweiß t.; **c)** (Technik) *zerteilen:* das Material läßt sich nicht mit Spezialsägen t.; ‹subst.:› *Verfahren zum Trennen duroplastischer Kunststoffe.* **3. a)** *(Personen, Sachen) in eine räumliche Distanz voneinander bringen, auseinanderreißen, ihre Verbindung aufheben:* die beiden Waisen sollten nicht getrennt werden; der Krieg hatte die Familie getrennt; nichts konnte die Liebenden t.; die Grenze hat das Dorf in zwei ungleiche Teile getrennt; sie waren lange voneinander getrennt gewesen; **b)** *absondern, von [einem] anderen scheiden; isolieren* (1 a): das Kind von der Mutter, Mutter und Kind voneinander t.; die männlichen Tiere wurden von den weiblichen getrennt; die kranken Tiere müssen getrennt voneinander gehalten werden. **4.** ‹t. + sich› **a)** *von einer bestimmten Stelle an einen gemeinsamen Weg o. ä. nicht weiter fortsetzen; auseinandergehen:* sie trennten sich an der Straßenecke, vor der Haustür; nach zwei Stunden Diskussion trennte man sich; Ü die Mannschaften trennten sich 0:0 (Sport; *gingen mit dem Ergebnis 0:0 auseinander);* die Firma hat sich von diesem Mitarbeiter getrennt (verhüll.; *hat ihn entlassen);* Er möge sich nie im Berlin verbliebenen S. Fischer Verlag t. *(seine Bücher dort nicht mehr erscheinen lassen);* Reich-Ranicki, Th. Mann 184); **b)** *eine Gemeinschaft, Partnerschaft auflösen, aufgeben:* sich freundschaftlich, in Güte t.; das Paar hat sich getrennt; Deine Mutter und ich ..., wir haben beschlossen, uns zu t. (Rolf Schneider, November 130); die Teilhaber des Unternehmens haben sich getrennt *(ihr gemeinsames Unternehmen aufgelöst);* sie hat sich von ihrem Mann getrennt; getrennt *(nicht gemeinsam)* leben, schlafen, wohnen; getrennte Schlafzimmer, getrennte Kasse haben; Wir bezahlen ... überall getrennt *(jeder für sich;* Geiser, Wüstenfahrt 207); **c)** *etw. hergeben, weggeben, nicht länger behalten (obgleich es einem schwerfällt, sich davon zu trennen):* sich von Erinnerungsstücken nur ungern t., nicht können; sich von jeglichem Besitz t.; daß sich auch in Zukunft ... nur sehr wenig Veba-Aktionäre von ihren Aktien t. werden (Welt 24. 8. 65, 11); während Mick und Andy schon lange mit kurzen Haaren rumliefen, trennte sich auch Brian endlich von seinen langen Zotteln *(ließ sie sich abschneiden;* Freizeitmagazin 12, 1978, 19); er ist ein guter Spieler, aber er kann sich nicht vom Ball t. (Fußballjargon; *spielt zu spät ab, ist zu ballverliebt);* Ü sich von einem Gedanken, einer Vorstellung t.; sich von einem Anblick nicht t. können; ‹auch ohne Präp.-Obj.:› es war zu schön, ich konnte mich nicht t. (losreißen). **5.** *unterscheiden, auseinanderhalten:* Begriffe klar, sauber t.; man muß die Person von der Sache t.; etw. ist nicht streng [von etw.] zu t.; ... läßt sich die Erbpathologie von der Erbbiologie nicht scharf t. (Medizin II, 82); daß zwischen dem Zustand des Fühlens, seinen Ursachen und seinen Wirkungen deutlich getrennt werden könne (Musil, Mann 1255). **6.** *zwischen einzelnen Personen od. Gruppen eine Kluft bilden:* die verschiedene Herkunft trennte sie; uns trennen Welten *(wir sind auf unüberbrückbare Weise verschieden);* daß sie (= die Sarazenin und Anna) ... in Erscheinung und Wesensart weit mehr trennt als die Alpen (Stern, Mann 32); ‹subst. 1. Part.:› zwischen ihnen gibt es mehr Trennendes als Verbindendes. **7. a)** *eine Grenze [zu einem benachbarten Bereich] bilden, darstellen:* eine Stellwand trennt die beiden Bereiche des Raumes; ein Zaun, eine hohe Hecke trennte die Grundstücke; **b)** *sich zwischen verschiedenen Bereichen o. ä. befinden; etw. gegen etw. abgrenzen:* der Kanal trennt England vom Kontinent; nur ein Graben trennte die Besucher des Zoos von den Tieren; Als Cotta den letzten Anstieg überwand, der ihn noch von Trachilas Ruinen trennte (Ransmayr, Welt 233); Zweitausend Meter ... trennen uns vor dem großen grauen Gebäude (Plievier, Stalingrad 244); Ü nur noch wenige Tage trennen uns von den Ferien; es trennten ihn damals nur noch zwei Jahre vom eigenen Grab (Stern, Mann 239). **8.** *(eine telefonische od. Funkverbindung) unterbrechen:* die Verbindung wurde getrennt; wir waren eben kurz getrennt *(unsere Verbindung war eben kurz unterbrochen).* **9.** (Rundfunk., Funkw.) *eine bestimmte Trennschärfe besitzen:* das Rundfunkgerät trennt gut, scharf, nicht genügend. **10.** *nach den Regeln der Silbentrennung zerle-*

Trennfuge 3440

gen, abteilen: ein Wort t.; „st" darf nicht getrennt werden; (auch ohne Akk.-Obj.:) richtig, falsch t.; **Trenn|fu|ge,** die (Bauw.): ¹*Fuge* (1), *die die Ausdehnung der Baustoffe ermöglichen soll;* **Trenn|kana|li|sa|ti|on,** die: *Kanalanlage, in der Regenwasser u. Abwasser getrennt gesammelt u. abgeleitet werden;* **Trenn|komman|do,** das (Boxen): *Kommando, mit dem der Ringrichter der Boxenden auffordert, sich aus der Umklammerung zu lösen;* **Trenn|kost,** die: vgl. Trenndiät; **Trenn|li|nie,** die: *einer Trennung dienende Linie;* **Trenn|mes|ser,** das: *kleines scharfes Messer zum Trennen von Nähten;* **Trenn|punk|te** (Pl.): *Trema* (1); **trennscharf** (Adj.): 1. (Rundfunkt., Funkw.) *gute Trennschärfe besitzend; selektiv:* ein -er Empfänger. 2. (bes. Philos., Statistik) *exakt unterscheidend, abgrenzend;* **Trennschär|fe,** die (o. Pl.): 1. (Rundfunkt., Funkw.) *Eigenschaft eines Empfangsgeräts, der eingestellten Frequenz benachbarte (störende) Frequenzen zu unterdrükken.* 2. (bes. Philos., Statistik) *Exaktheit des Unterscheidens, Abgrenzens;* **Trennschei|be,** die: 1. *[dicke] Glasscheibe, die bestimmte Bereiche voneinander abtrennt:* Er schob die T. beseite und bat den Chauffeur: „Ein bißchen langsamer, Herr Schwarz" (Bieler, Mädchenkrieg 322); eine Kabine mit kugelsicherer T. 2. (Technik) *Schleifscheibe zum Trennen* (2c); **Trenn|nung,** die; -, -en: 1. *das Trennen* (2): die T. eines Stoffgemischs. 2. *das Trennen* (3), *Getrenntsein:* Ich erwähne diese frühe T. von meiner Mutter, weil es zum Verständnis ... wichtig ist (Stern, Mann 19). 3. *das Trennen* (4 b), *Getrenntsein:* die T. von Tisch und Bett (kath. Kirchenrecht; *Aufhebung, das Aufgehobensein der ehelichen Lebensgemeinschaft, wodurch jedoch die Ehe selbst nicht aufgehoben ist);* in T. *[von Ehepartnern] getrennt)* leben; Rational ist mit seiner Frau über T. so gut wie gar nicht zu reden (Schreiber, Krise 178). 4. *das Trennen* (5), *Getrenntsein:* eine saubere T. der Begriffe; Mit seiner T. zwischen Gesinnungsethik und Verantwortungsethik (Alt, Frieden 28). 5. *das Trennen* (8), *Getrenntsein:* die T. einer telefonischen Verbindung. 6. a) *das Trennen* (10): *Silbentrennung;* b) *Trennungszeichen:* bei den Stichwörtern müssen sämtliche -en nachgetragen werden; **Tren|nungs|angst,** die (Psych.): *(bes. bei Kindern) Angst vor dem Verlust einer Bezugsperson:* es gelingt ihm nicht, sich mit seinen Trennungsängsten und kindlichen Träumen genügend zu konfrontieren (Dierichs, Männer 215); **Tren|nungs|bei|hil|fe,** die; Trennungsentschädigung; **Tren|nungs|entschä|di|gung,** die: *Ausgleichszahlung für Mehrkosten, die einem Arbeitnehmer dadurch entstehen, daß er aus dienstlichen Gründen nicht bei seiner Familie wohnen kann;* **Tren|nungs|geld,** das: vgl. Trennungsentschädigung; **Tren|nungs|li|nie,** die: *Linie, die (bes. im abstrakten Sinne) etw. trennt, abgrenzt;* **Tren|nungsschmerz,** der (o. Pl.): *Schmerz über die Trennung von einem Menschen;* **Trennungs|schock,** der (Psych.): vgl. Trennungsangst: kleine Kinder, die bereits ei

nen ernsthaften T. durch Krankenhaus- oder Heimaufenthalte erlitten haben (Richter, Flüchten 55); **Tren|nungsstrich,** der: 1. (Sprachw.) *kurzer waagerechter Strich, der bei der Silbentrennung gesetzt wird.* 2. (seltener): vgl. Trennungslinie: Drittens bestand ich auf einem dikken T. gegenüber der Vergangenheit (W. Brandt, Begegnungen 186); * einen T. ziehen/machen *(den Abstand, die Grenze zwischen zwei Bereichen o. ä. deutlich herausstellen);* **Tren|nungs|stun|de,** die: vgl. Abschiedsstunde; **Tren|nungs|weh,** das (geh. veraltend): *Trennungsschmerz;* **Tren|nungs|zei|chen,** das (Sprachw.): vgl. Trennungsstrich (1); **Trenn|wand,** die: *Wand, die bestimmte Bereiche voneinander abtrennt, Innenräume abteilt:* eine T. einziehen, errichten: Sandner blickte verwirrt auf, als sie lachend die T. zwischen Küche und Kantinenraum herunterdonnern ließ (Springer, Was 37).
Tren|se, die; -, -n [älter niederl. trensse < span. trenza = Geflecht, Tresse]: **1. a)** *aus einem [in der Mitte mit einem Gelenk versehenen] schmalen Eisenteil bestehendes Gebiß* (3) *(am Pferdezaum), an dessen Enden sich je ein bzw. zwei Ringe bes. für die Befestigung der Zügel befinden;* **b)** *Trensenzaum:* einem Pferd die T. anlegen. 2. (landsch.) *Schnur; Litze;* **Trensen|ge|biß,** das: *Trense* (1 a); **Tren|senring,** der: *an den Enden der Trense* (1 a) *angebrachter Ring für die Befestigung bes. der Zügel;* **Tren|sen|zaum,** der: *Zaumzeug mit einer Trense* (1a); **Tren|sen|zügel,** der: vgl. Trensenzaum.
Trente-et-qua|rante [trãteka'rã:t], das; - [frz. trente-et-quarante, eigtl. = dreißig u. vierzig]: *Glücksspiel mit Karten;*
Trente-et-un [trãte'œ̃:], das; - [frz. trente et un, eigtl. = einunddreißig]: *Glücksspiel mit Karten.*
tren|teln: ↑ trendeln: ◆ soll ich Euch Bein' machen! Wie sie zaudern und trenteln, die Esel (Goethe, Götz V).
tren|zen (sw. V.; hat) [wohl lautm.] (Jägerspr.): *(vom Rothirsch in der Brunft) eine rasche Folge von abgebrochenen, nicht lauten Tönen von sich geben.*
Tre|pan, der; -s, -e [frz. trépan < mlat. trepanum < griech. trýpanon, eigtl. = Bohrer der Tischler, zu: trypãn = durchbohren] (Med.): *Gerät zur Durchbohrung der knöchernen Schädeldecke;* **Tre|pa|na|tion,** die; - [frz. trépanation, zu: trépaner, ↑ trepanieren] (Med.): *operative Öffnung der Schädelhöhle mit Hilfe des Trepans.*
Tre|pang, der; -s, -e od. -s [engl. trepang < malai. teripang: *(in China als Nahrungsmittel verwendete) getrocknete Seegurke;* **Tre|pang|sup|pe,** die (Kochk.): *aus Trepang zubereitete Suppe.*
tre|pa|nie|ren (sw. V.; hat) [frz. trépaner, zu: trépan, ↑ Trepan] (Med.): *den Schädel mit dem Trepan aufbohren.*
Tre|phi|ne, die; -, -n [engl. trephine, zu lat. tres fines = drei Enden, nach der Form] (Med.): *Instrument zur Entnahme kleiner Gewebsteilchen (z. B. aus Knochen od. der Hornhaut des Auges).*
trepp|ab (Adv.): *die Treppe hinunter, abwärts:* t. laufen, springen; nachdem er so freundlich wie zurückhaltend t. gewinkt hatte (Grass, Unkenrufe 129); **trepp|auf**

(Adv.): *die Treppe hinauf, aufwärts:* t. steigen; (oft in dem Wortpaar:) t., treppab; sie war den ganzen Tag t., treppab *(häufig Treppen laufend)* unterwegs; **Trepp|chen,** das; -s, -: 1. Vkl. zu ↑ Treppe. 2. (Sport Jargon) *Siegerpodest:* sie stand bereits zum zweitenmal ganz oben auf dem T. *(war zum zweitenmal Siegerin);* **Trep|pe,** die; -, -n [mhd. treppe, mniederd. treppe, eigtl. = Tritt, verw. mit ↑ trappen] *(aus Stufen gebildeter Aufgang* (2 a), *der unterschiedlich hoch liegende Ebenen innerhalb u. außerhalb von Gebäuden verbindet bzw. an Steigungen im Gelände angelegt ist):* eine breite, steile, steinerne, hölzerne T.; In den adeligen Landschlössern friere man im Winter; schmale, ausgetretene -n seien keine Seltenheit (Musil, Mann 278); eine T. aus Marmor; die alte T. knarrt; die T. führt, geht in den Keller; die T. ist frisch gebohnert; die T. hinaufgehen, hinuntergehen, herunterkommen, herunterfallen; möglichst die T., nicht den Fahrstuhl benutzen; sie kann nicht mehr gut -n steigen, laufen; bis zur Plattform des Turmes sind es mehrere -n, geht es mehrere -n hinauf; die T. aufwischen, reinigen, putzen; als wir alle drei die T. zum Dachboden hinaufstiegen (Hesse, Steppenwolf 7); sie macht (ugs.; *putzt, bohnert o. ä.)* gerade die T.; wir haben heute die T. (ugs.; *wir sind heute an der Reihe mit der Treppenreinigung);* sie wohnen eine T. *(ein Stockwerk)* höher, tiefer; Schmitt, drei -n (ugs.; *3. Stock);* Gemeinschaftsklo auf halber T. *(auf dem Treppenabsatz;* Spiegel 38, 1978, 265); Ü ein besserer Friseur ... der schneidet auch keine -n! *(keine unschönen Stufen;* Hilsenrath, Nazi 26); * **die T. hinauf-, rauffallen/ hochfallen** (ugs.; *[beruflich] unerwartetermaßen in eine bessere Position gelangen):* Denn wenn ich abgelöst werde, falle ich bestimmt die T. hinauf, werde Obermedizinalrat und brauche gar nichts mehr zu tun (Fallada, Jeder 345); Den Parteivorsitz? ... Da würde Schenk sein Veto einlegen, und selbst wenn er mitmachte, fiel dabei entweder Poche oder Liesegang die T. hoch (Bieler, Bär 172); **die T. hinunter-, runtergefallen sein** (ugs. scherzh.; *die Haare [schlecht, zu kurz] geschnitten bekommen haben).*
Trep|pel|weg, der; -[e]s, -e [zu ↑ trappeln] (bayr., österr.): *Treidelweg.*
trep|pen (sw. V.; hat) (selten) *abtreppen:* ein getreppter Giebel; **Trep|pen|ab|satz,** der: *ebene Fläche, die [an einer Biegung] die Stufenfolge einer Treppe unterbricht;* **Trep|pen|arm,** der (Bauw.): *Treppenlauf;* **trep|pen|ar|tig** (Adj.): *einer Treppe ähnelnd:* der -e Weg aber erinnerte hier unten an einen Pilgerpfad (Kronauer, Bogenschütze 265); **Trep|pen|auf|gang,** der: *Aufgang* (2a); **Trep|pen|be|leuchtung,** die: vgl. Straßenbeleuchtung; **Trep|pen|fen|ster,** das: *Fenster in einem Treppenhaus;* **Trep|pen|flur,** der: *Hausflur;* **trep|pen|för|mig** (Adj.): *die Form von Treppen aufweisend;* **Trep|pen|gelän|der,** das: *Geländer an einer Treppe;* **Trep|pen|gie|bel,** der (Archit.): *abgetreppter Giebel;* **Trep|pen|haus,** das: *abgeschlossener [mit Fenstern versehener]*

Teil eines Hauses, in dem sich die Treppe befindet: Ludwig wartete auf ihn im dämmerigen T. (H. Lenz, Tintenfisch 13); **Trep|pen|haus|be|leuch|tung,** die: *Treppenbeleuchtung;* **Trep|pen|haus|fenster,** das: *Treppenfenster;* **Trep|pen|lauf,** der (Bauw.): *zusammenhängende Folge von Stufen;* **Trep|pen|läu|fer,** der: *auf einer Treppe ausgelegter Läufer* (2); **Treppen|lei|ter,** die: *Stehleiter mit mehreren Stufen;* **Trep|pen|po|dest,** das, seltener: der (landsch.): *Treppenabsatz;* **Trep|penrei|ni|gung,** die ⟨Pl. selten⟩: *Reinigung einer Treppe, von Treppen;* **Trep|pen|rost,** der (Technik): *(in Feuerungsanlagen) treppenförmiger* ¹*Rost* (a); **Trep|penschacht,** der (selten): vgl. Treppenhaus; **Trep|pen|schritt,** der (Ski): *(beim Aufstieg) quer zum Hang ausgeführter Schritt mit den Skiern;* **Trep|pen|spin|del,** die (Bauw.): *Spindel* (3); **Trep|pen|stei|gen,** das; -s: *das Treppenhinaufgehen:* das T. fällt ihr sehr schwer; **Trep|pen|stu|fe,** die: *Stufe einer Treppe;* **Trep|pen|ter|rier,** der (ugs. scherzh.): *jmd., der berufsmäßig häufig Treppen steigen muß:* Die Befragten schätzten die Behandlung durch ihren Hausarzt, den „Treppenterrier" (Welt 21. 11. 78, 2); **Trep|pen|turm,** der (Archit.): *turmartiger selbständiger Bauteil an einem Gebäude, der eine [Wendel]treppe aufnimmt;* **Trep|pen|wan|ge,** die (Bauw.): *Teil der Treppe, der die Stufen trägt u. untereinander verbindet u. die seitliche Begrenzung der Treppe bildet;* **Treppen|witz,** der [LÜ von frz. esprit d'escalier; eigtl. = Einfall, den man erst beim Weggang (auf der Treppe) hat] (iron.): *Vorfall, der wie ein schlechter Scherz wirkt:* Die Historie liebt oft solche -e voll grausiger Logik (Fr. Wolf, Menetekel 37); ein T. der Weltgeschichte (nach dem Titel eines Buches von W. L. Herslet [1839–1898]); es ist ein T. der Religionsgeschichte, aus einem derartigen Sachverhalt eine zeitlos gültige sexualethische Regel abzuleiten (Wiedemann, Liebe 90). **Tre|sen,** der; -s, - [älter = Ladenkasse (unter der Theke), mniederd., mhd. tresen = Schatz(kammer), ahd. treso < lat. thesaurus, ↑Tresor] (bes. nordd.): **1.** *Theke* (a): Ich hocke in einer Kneipe, trinke mein Schlafbier und beobachte ein schäkerndes Trio am T. (Frings, Liebesdinge 219). **2.** *Ladentisch;* **Tre|sor,** der; -s, -e [frz. trésor < lat. thesaurus = Schatz(kammer) < griech. thēsaurós; schon mhd. tresor, trisor = Schatz(kammer) < (a)frz. trésor]: **1.** *Panzerschrank, in dem Geld, Wertgegenstände, Dokumente o. ä. aufbewahrt werden:* Schmuck in den T. legen, im T. aufbewahren; einen T. aufschweißen, knacken, aufbrechen; Ü noch heute horte ich in einigen versteckten -en meines Herzens blitzblanke Angst (Küpper, Simplicius 110). **2.** *Tresorraum einer Bank;* **Tre|sor|fach,** das; **Tre|sor|raum,** der: *bes. gesicherter Raum, Gewölbe einer Bank, in dem Tresore* (1) *aufgestellt sind;* **Tre|sorschlüs|sel,** der: *Schlüssel zu einem Tresor.*
Tres|pe, die; -, -n [mhd. tresp(e), H. u.]: *(in zahlreichen Arten vorkommendes) Gras mit vielblütigen, in Rispen wachsenden

Ährchen* (2); **tres|pig** ⟨Adj.⟩: *(bes. von ausgesätem Getreide) mit Trespen durchsetzt; voller Trespen.*
Tres|se, die; -, -n ⟨meist Pl.⟩ [frz. tresse, H. u.]: *als schmückender Besatz an Kleidungsstücken, Livreen od. zur Rangbezeichnung an Uniformen dienende, meist mit Metallfäden durchzogene, schmale, flache Borte:* eine mit -n besetzte Livree; * *die -n bekommen* (Soldatenspr. früher; *zum Unteroffizier befördert werden);* **die -n verlieren** (Soldatenspr. früher; *degradiert werden);* ♦ **Tres|sen|hut,** der: *(bes. während der Alamodezeit von Männern getragener) mit Tressen verzierter Hut:* Warum trägst du den T. und den Säbel? (Goethe, Jery u. Bätely); **Tres|sen|rock,** der (veraltet): *betreßter [Uniform]rock;* **Tres|sen|stern,** der (Milit. früher): vgl. Tressenwinkel; **Tres|sen|win|kel,** der (Milit. früher): *aus einer Tresse gefertigter Winkel* (5); **tres|sie|ren** ⟨sw. V.; hat⟩ [frz. tresser = flechten, zu: tresse, ↑Tresse]: *(beim Herstellen von Perücken) kurze Haare mit Fäden aneinanderknüpfen.*
Tre|ster, der; -s, - [mhd. trester, ahd. trestir, zu ↑trübe u. eigtl. = mit trübem Bodensatz Versehenes]: **1.** (landsch.) *Branntwein aus Trester* (2 b); *Obstwasser:* Sie trank von dem T. und hörte den dumpfen Saxophonchorus zu (Rolf Schneider, November 43). **2.** ⟨Pl.⟩ (Fachspr.) **a)** *bei der Kelterung von Trauben anfallende feste Rückstände;* **b)** *bei der Herstellung von Obst- u. Gemüsesäften verbleibende feste Rückstände;* **Tre|sterbrannt|wein,** der: *aus Trestern (bes. von Trauben) gewonnener Branntwein;* **Trester|schnaps,** der: *Tresterbranntwein;* **Tre|ster|wein,** der: *unter Verwendung von Wasser u. Zucker aus Trestern* (2 a) *hergestellter Wein.*
très vite [trɛ 'vit; frz.] (Musik): *sehr schnell.*
Tret|au|to, das: *Kinderauto, das durch Betätigen einer Tretkurbel fortbewegt wird;* **Tret|balg,** der: *(bei Harmonium od. Orgel) mit einem Fußhebel zu betätigender Blasebalg;* **Tret|boot,** das: *kleines Boot, das durch Betätigen einer Tretkurbel fortbewegt wird:* Auf halbem Weg zwischen der südspanischen Küste und Marokko hat ein ... Frachter einen deutschen Touristen „aufgelesen", der per T. von einem Kontinent zum andern reisen wollte (MM 13. 5. 75, 1); **Tret|ei|mer,** der: *Mülleimer, dessen Deckel sich durch Betätigen eines Fußhebels öffnen läßt;* **tre|ten** ⟨st. V.; mhd. treten, ahd. tretan, H. u.]: **1. einen Schritt, ein paar Schritte in eine bestimmte Richtung machen; sich mit einem Schritt, einigen Schritten an eine bestimmte Stelle begeben** ⟨ist⟩: treten Sie näher!; ans Fenster, an die Rampe t.; auf den Balkon, auf den Flur, aus dem Haus t.; Nachdem der Biwi reichen Beifall ... geerntet hatte, trat der Leo mit sicherem Tritt aufs Podium (Sommer, Und keiner 146); durch die Tür t.; hinter einen Pfeiler t.; ins Zimmer, ans Licht, in die Leere t. *(mit dem Fuß an eine Stelle geraten, wo es keinen Halt gibt);* nach vorn, nach hinten t.; neben jmdn. t.; über die Schwelle t.; unter das Vordach t.; von einem Fuß auf den anderen t. *(das Körper-

gewicht ständig verlagern);* vor die Tür t.; vor den Spiegel t.; langer schwingender Rock und nackte Füße in Sandalen, so als Lehrerin vor die Klasse t. ... (Loest, Pistole 220); er trat leise zu ihm; Treten Sie von der Bahnsteigkante (Maron, Überläuferin 183); zur Seite t. *(einen Schritt zur Seite tun [um Platz zu machen]);* er trat zwischen die Streithähne; Ü an jmds. Stelle t. *(jmds. Platz einnehmen);* er war in den Streit auf ihre Seite getreten *(hatte ihre Partei ergriffen);* in jmds. Bewußtsein t. *(jmdm. bewußt werden);* der Schweiß war ihm auf die Stirn getreten; Schlamm, ... der aus den ummauerten Nestern der Gärten und Felder trat und ans Meer hinabkroch (Ransmayr, Welt 213); die Sonne trat hinter die Wolken *(verschwand [vorübergehend] dahinter);* der Fluß ist über die Ufer getreten; ♦ Endlich trat er an mich *(trat zu mir)* und fragte mich leise ... (Rosegger, Waldbauernbub 207). **2. a)** *(unabsichtlich, durch ein Mißgeschick o.ä.) seinen Fuß auf, in etw. setzen* ⟨ist/seltener: hat⟩: er ist auf einen Regenwurm, auf seine Brille getreten; in eine Pfütze, in Kot t.; Schocker muß aufpassen, daß er nicht in Scheißhaufen tritt (Ossowski, Flatter 18); in, auf einen Nagel t.; ich bin/habe ihm auf den Fuß getreten; er war/hatte dem Hund auf den Schwanz getreten; ich bin/ habe mir in den Kleidersaum getreten; du bist/hast in etwas (verhüll. *; in Kot, an den Schuhen hängengeblieben ist)* getreten; **b)** *mit Absicht [trampelnd, stampfend] seinen Fuß auf, in etw. setzen* ⟨hat⟩: sie traten auf die brennenden Zweige; er trat voller Sadismus auf meine Finger. **3.** ⟨hat⟩ **a)** *jmdm., einer Sache einen Tritt* (3) *versetzen:* er hat den Hund getreten; bei der Schlägerei hat er einen Mann [mit dem Fuß, dem Stiefel] getreten; den Ball, das Leder t. (Fußball Jargon; *Fußball spielen);* Sie treten das Leder und klopfen Sprüche (Spiegel 3, 1980, 154); Wenn die anderen Jungen ... begeistert den Ball und gegnerische Schienbeine traten, verkroch er sich auf den Dachboden (Hohmann, Engel 37); ⟨auch o. Akk.-Obj.:⟩ das Pferd, der Esel tritt *(schlägt oft aus);* Ü man muß ihn immer t. (ugs.; *ihn drängen),* damit er etwas tut; Als ich aus der Army entlassen wurde, hab' ich mir geschworen, mich nie wieder von jemand g. *(schikanieren, quälen)* zu lassen; **b)** *jmdn., etw. mit einem Tritt* (3) *einer an einer bestimmten Stelle treffen; einen Tritt* (3) *in eine bestimmte Richtung ausführen:* jmdm./(seltener:) jmdn. in den Bauch t.; er hat ihm/(seltener:) ihn, gegen das Schienbein getreten; wenn das noch einmal passiert, trete ich dir in den Hintern (Spiegel 8, 1977, 105); Ich werde Sie in den Arsch t. (Spiegel 9, 1977, 41); Die Fotografin verlor die Fassung und trat ihm mehrmals vor (seltener: *gegen) die Beine* (Strauß, Niemand 169); er trat gegen die Tür; Ü man tritt nach unten t.; Ü abwertend; *die durch Vorgesetzte erzeugten Frustrationen an den Abhängigen abreagieren);* **c)** (bes. Fußball) *durch einen Tritt* (3) *an eine bestimmte Stelle gelangen lassen:* den Ball ins Tor, ins Aus t. **4.** *einen

Treter

mit dem Fuß, den Füßen zu bedienenden Mechanismus o. ä. durch [wiederholtes] Niederdrücken in Gang setzen bzw. halten ⟨hat⟩: *die Pedale t.; den Blasebalg der Orgel t.; die Bremse t.; die Kupplung t.;* ⟨mit Präp.-Obj.:⟩ *auf das Gas[pedal], auf die Kupplung t. (Gas geben, kuppeln);* Mario tritt aufs Gas, singt nicht, hört kein Radio und überholt, was es zu überholen gibt (Ossowski, Flatter 57); Ich trete voll auf die Bremse (Sobota, Minus-Mann 207); die Radfahrer traten kräftig in die Pedale. **5.** *durch Tritte* (1), *durch wiederholtes Betreten (in etw.) bahnen* ⟨hat⟩: einen Pfad [durch den Schnee, durch das hohe Gras] t.; Im späten Frühjahr, wenn er sein Gärtchen bepflanzt, ... Erbsenreisig gesteckt, Pfädchen getreten hatte (Harig, Weh dem 91); Sie treten eine Spur auf das Holz (Muschg, Sommer 242); **6.** (Fußball) *durch einen Schuß* (2 a) *ausführen* ⟨hat⟩: eine Ecke, einen Freistoß, einen Elfmeter t. **7.** ⟨hat⟩ **a)** *durch Darauftreten an eine bestimmte Stelle gelangen lassen:* den Grassamen in die Erde t.; sich einen Nagel in den Schuh, einen Dorn in den Fuß t.; **b)** *durch heftiges Auftreten (von etw.) entfernen:* sich den Lehm von den Schuhen t.; **c)** *durch Treten* (2) *in einen bestimmten Zustand versetzen, zu etw. Bestimmtem machen:* ihr tretet ja die Beete ganz platt!; ein zu Mus, zu Matsch getretener fauler Apfel; **d)** *durch Treten* (3 a) *durch einer bestimmten Sache) entstehen lassen, hervorbringen:* [jmdm.] eine Delle ins Auto t.; **e)** *(etw. an den Füßen od. Schuhen Haftendes) unabsichtlich irgendwohin befördern:* ihr tretet mir ja den ganzen Dreck in die Wohnung. **8.** ⟨verblaßt in Verbindung mit Subst.; drückt den Beginn einer Handlung o. ä. aus; ist:⟩ in jmds. Dienste, in den Staatsdienst t.; Ebenfalls sieben Absolventen ... traten bei privaten Fleischermeistern der Stadt neu in die Lehre (NNN 5. 9. 86, 6); in Verhandlungen t.; in Aktion t.; in den Hungerstreik t.; in Kontakt, in Verbindung, in den Ehestand, den Ruhestand t.; er ist im sein 50. Jahr getreten. **9.** (seltener) *eintreten* (5) ⟨ist⟩: das Raumschiff ist in seine Umlaufbahn getreten. **10.** *(von Geflügel u. größerem Federwild) begatten* ⟨hat⟩: der Hahn tritt die Henne; **Tre|ter,** der; -s, -: **1.** ⟨meist Pl.⟩ (ugs., öfter abwertend) *[flacher, bequemer, ausgetretener] Schuh:* Modebewußten Autofahrerinnen wird empfohlen, im Wagen immer solide „Treter" als Autozweitschuhe griffbereit zu haben (Augsburger Allgemeine 10/11. 6. 78, 1). **2.** (Fußball Jargon) *Fußballspieler, der besonders unfair spielt:* der gegnerische Verteidiger war ein übler T.; **Tre|te|rei,** die; -, -en (ugs.): *[dauerndes] Treten;* **Tre|te|rin,** die; -, -nen (Fußball Jargon): w. Form zu ↑ Treter (2); **Tret|he|bel,** der: *Fußhebel;* **Tret|kur|bel,** die: *mit dem Fuß, den Füßen zu betätigende Kurbel (z. B. am Fahrrad);* **Tret|la|ger,** das ⟨Pl. ...lager⟩ (Technik): *Lager* (5 a) *für die Tretkurbel;* **Tret|mi|ne,** die: *Mine, die dicht unter der Erdoberfläche verlegt wird u. beim Darauftreten, Darüberfahren o. ä. explodiert;* **Tret|müh|le,** die: **1.** (früher) *Tretwerk.* **2.** (ugs. abwertend) *gleichförmiger, ermüdender [Berufs]alltag:* aus der T. herauswollen; Das Ergebnis ist Ihr Gefühl der Unlust, der Unzufriedenheit mit dem Leben, das Gefühl in eine T. geraten zu sein, aus der es kein Entrinnen gibt (Hörzu 50, 1979, 143); **Tret|rad,** das: *Kraft übertragender Teil eines Tretwerks in Form eines einem Mühlrad ähnlichen Rades, das durch Menschen od. Tiere in ständiger Bewegung gehalten wird;* **Tret|rol|ler,** der: *Roller* (1), *der mit Hilfe eines Fußhebels fortbewegt wird;* **Tret|schalter,** der: *Fußschalter;* **Tret|schlit|ten,** der (früher): *Stuhlschlitten;* **Tret|werk,** das: *Vorrichtung, die mit Hilfe eines Tretrades Antriebskraft für einfache Maschinen erzeugt.*

treu ⟨Adj.; -er, -[e]ste⟩ [mhd. triuwe für älter mhd. getriuwe, ahd. gitriuwi, zu ↑ Teer in dessen eigtl. Bed. „Baum", also eigtl. = stark, fest wie ein Baum]: **1. a)** *zuverlässig, beständig in seiner Gesinnung [einem] anderen, einer Sache gegenüber:* ein -er Freund, Gefährte; eine -e Freundschaft verband sie; er hat ein -es Herz; sie ist eine -e Seele (fam.; ein Mensch von großer Verläßlichkeit u. Anhänglichkeit); (in Briefschlüssen:) Dein -er Sohn; in -em Gedenken, -er Liebe Dein[e] ...; er war t. bis in den Tod; t. zu jmdm. stehen; jmdm. t. lieben; jmdm. t. ergeben sein; Ü er ist immer sich selbst t. geblieben (hat seine Gesinnung, sein innerstes Wesen nicht verleugnet); seinem Glauben, seinen Grundsätzen t. sein/bleiben (sie nicht verleugnen); Auch jetzt bleibt Thomas Mann seiner antithetischen Konzeption t. (hält an ihr fest, erhält sie aufrecht; Reich-Ranicki, Th. Mann 97); das Glück, der Erfolg ist ihm t. geblieben (hat ihn bisher nicht verlassen); **b)** *(von einem [Ehe]partner) keine anderen sexuellen Beziehungen eingehend, den anderen nicht durch Ehebruch o. ä. betrügend:* ein -er Ehemann; er, sie ist nicht t., kann nicht t. sein (hat immer wieder andere Sexualpartner); jmdm., einander t. sein, bleiben; Wenn Angehörige des Muriastammes heiraten, sind sie einander sehr t. und betrachten die Ehe als sehr wichtige Einrichtung (Jaeggi, Fummeln 47); **c)** (ugs.) *unbeirrt, unerschütterlich an jmdm., einer Sache festhaltend; anhänglich:* ein -er Anhänger der Monarchie; er ist ein -er Kunde von uns (kauft immer hier); Ganz besonders imponierte, daß Shaun seine -esten Fans sogar in die Proben einlud (Freizeitmagazin 26, 1978, 7); **d)** *zuverlässig, beständig [an einer einmal eingegangenen Bindung festhaltend]:* ein -er Mitarbeiter, Diener, Verbündeter, Partner, Vasall; Die Besitzerin ... hat das Geschäft ... den drei -en Verkäuferinnen vermacht (Kronauer, Bogenschütze 348); jmdm. -e Dienste geleistet haben; er wurde geehrt für 25 Jahre -e/-er Mitarbeit; jmdm. t. dienen; Während mancher Jahre arbeitete er t. und zuverlässig als Hochbauzeichner im Angestelltenverhältnis (NZZ 29. 8. 86, 31); t. seine Pflicht erfüllen; t. zum Reich halten. **2.** (ugs.) *treuherzig; ein wenig naiv, von kindlichem Gemüt [zeugend]:* sie hat einen -en Blick, -e Augen; jmdn. t. ansehen; t. und brav, t. und bieder *(gläubig, ohne zu zögern)* tat er alles, was man von ihm verlangte; du bist ja t.! (ugs. veraltend; *naiv* 1 b). **3.** (geh.) *getreu* (2); **-treu: 1.** drückt in Bildungen mit Substantiven aus, daß die beschriebene Person oder Sache mit etw. übereinstimmt, etw. genau wiedergibt, einer Sache genau entspricht: längen-, text-, vertragstreu. **2.** drückt in Bildungen mit Substantiven aus, daß die beschriebene Person fest zu jmdm., etw. steht, jmdm., etw. treu ergeben ist: arafat-, moskautreu; NATO-treu. **3.** drückt in Bildungen mit Substantiven aus, daß die beschriebene Sache in etw. beständig, konstant ist: form-, mischungstreu; **treu|be|sorgt** ⟨Adj.⟩ (veraltend) *von großer Fürsorge geleitet, bestimmt:* zwei Knaben und ein Mädchen, denen sie eine -e Mutter war (Vaterland 27. 3. 85, 19); **Treubruch,** der; (hist.): *Felonie:* Ü er hat einen T. an seinen Freunden begangen (geh.; *hat sie, ihr Vertrauen getäuscht, sie verraten*); *landesverräterischer T.* (ehem. DDR Rechtsspr.; *Bruch der Treuepflicht gegenüber dem Staat*); **treu|brü|chig** ⟨Adj.⟩ (hist.): *der Felonie schuldig;* **treudeutsch** ⟨Adj.⟩ (ugs., meist abwertend): *typisch deutsch:* Ein Klassenkamerad hieß wie mein Bruder, t. und wohllautend in meinen Ohren, Hermann (Harig, Weh dem 111); **treu|doof** ⟨Adj.⟩ (ugs. abwertend): *treuherzig u. naiv, ein wenig dümmlich:* ein -er Gesichtsausdruck; **Treue,** die; - [mhd. triuwe, ahd. triuwa]: **1. a)** *das Treusein* (1 a): ewige, unwandelbare, unverbrüchliche T.; jmdm. T. schwören, geloben; jmdm., einander die T. halten, bewahren; er hat [dem Freund] die T. gebrochen (*ist [dem Freund] untreu geworden*); an jmds. T. glauben, zweifeln; er tat es aus T. zu den Freunden, zur Heimat; (in Briefschlüssen:) in alter T. Ihr, Dein[e] ...; in Treuen (veraltet; *treu*) zu jmdm. halten; Ü Es sind die Träume seiner Jugend, an die er sich mit Respekt und Wehmut erinnert und denen er auf rührende Weise die T. hält (Reich-Ranicki, Th. Mann 70); daß sie durch ihre konsequente und unerschütterliche T. zum Monophysitismus dem Kaisertum die besten und fruchtbarsten Provinzen ... erhalten hat (Thieß, Reich 556); * **meiner Treu!** (veraltet; Ausruf der Bewunderung); **Treu und Glauben** (Rechtsspr.; *Rechtsgrundsatz, nach dem der Rechtsprechende nicht starr einem Gesetz folgen darf, wenn das Ergebnis eines solchen Vorgehens gegen das Rechtsempfinden verstößt bzw. als unbillig empfunden wird*): so handeln, wie Treu und Glauben es erfordern; **auf/**(seltener:) **in Treu und Glauben** (ugs.; *im Vertrauen auf die Redlichkeit, Richtigkeit o. ä.*): jmdm. etw. auf Treu und Glauben überlassen; in Treu und Glauben handeln; **in guten Treuen** (schweiz.: **1.** *im guten Glauben, im Vertrauen auf die Richtigkeit:* in guten Treuen handeln. **2.** *mit gutem Gewissen, mit Recht:* Man kann in guten Treuen für und gegen einen Auslandeinsatz von Schweizer Rettungstruppen sein [NZZ 26. 1. 83, 7]); **b)** *das Treusein* (1 b): die eheliche T.; Die bürgerliche Ehe und T. kann sehr wohl einfach die bequemste aller Lösungen sein (Zorn, Mars 74); **c)**

das Treusein (1 c): er kann sich auf die T. seiner Fans verlassen; sie dankten ihrer Kundschaft für die T., die sie ihnen über viele Jahre bewiesen hatte; **d)** *das Treusein* (1 d): *jener simple Umstand, der es so häufig den Verlagen erschwert, manchen Autoren die T. zu halten – die Unverkäuflichkeit ihrer Bücher* (Reich-Ranicki, Th. Mann 118); in T. *(treulich)* zu jmdm. stehen, halten. **2.** *(in bezug auf die Vorlage, die Wiedergabe, die Dokumentation von etw.)* Genauigkeit, Zuverlässigkeit: die historische, sachliche, dokumentarische T. von etw. bemängeln; eine höchstmögliche T. der Tonwiedergabe anstreben; **Treue|be|kennt|nis,** das; vgl. Treuegelöbnis: ein T. ablegen; **Treue|er|klä|rung,** die; vgl. Treuegelöbnis; **Treue|ge|löb|nis,** das; *durch das sich jmd. zur Treue verpflichtet;* **Treu|eid,** der: **1.** *Eid, mit dem jmd. Treue schwört.* **2.** (hist.) *Lehnseid;* **Treue|pflicht,** (selten:) Treupflicht, die ⟨Pl. selten⟩ (Rechtsspr.): *Verpflichtung beider Parteien eines Arbeitsvertrags, die Interessen des Vertragspartners wahrzunehmen, im engeren Sinn die Verpflichtung des Arbeitnehmers, die Interessen des Arbeitgebers wahrzunehmen;* **Treue|prä|mie,** die: *zusätzliches Arbeitsentgelt, das einem Arbeitnehmer nach längerer Betriebszugehörigkeit gewährt wird;* **Treue|ra|batt,** der: *besonderer Rabatt, der treuen Kunden gewährt wird;* **treu|er|ge|ben**[1] ⟨Adj.⟩ (veraltend): *sehr ergeben* (bes. in Briefschlüssen in Verbindung mit einem Namen): Ihr -er [Freund] Hans Meyer; **Treue|schwur,** (seltener:) Treuschwur, der: vgl. Treueid (1); **Treue|ur|laub,** der (ehem. DDR): *zusätzlicher Urlaub, der einem Arbeitnehmer in bestimmten Betrieben für langjährige Zugehörigkeit gewährt wird;* **Treue|ver|spre|chen,** das; vgl. Treuegelöbnis.
Treu|ga Dei, die; - - [mlat. treuga dei] (hist.): *Gottesfriede.*
Treu|ge|ber der (Rechtsspr.): *jmd., der dem Treuhänder bestimmte Rechte überträgt;* **Treu|ge|be|rin,** die (Rechtsspr.): w. Form zu ↑Treugeber; **treu|ge|sinnt**[1] ⟨Adj.⟩: vgl. treu (1 a): ein -er Freund; -e Genossen; **Treu|hand,** die ⟨o. Pl.⟩ (Rechtsspr.): **1.** *Treuhandschaft.* **2.** kurz für ↑Treuhandanstalt; **Treu|hand|an|stalt,** die: *Bundesbehörde, die mit der Sanierung, Privatisierung durch Verkauf, Schließung von Betrieben, Immobilien u. ä. der ehemaligen DDR beauftragt ist;* **Treu|hän|der,** der; -s, - (Rechtsspr.): *jmd., der eine Treuhandschaft für einen anderen ausübt; Fiduziar:* jmdn. als T. einsetzen; **Treu|hän|der|de|pot,** das (Bankw.): *Depot von Effekten, die nicht dem Hinterleger, sondern einer dritten Person gehören;* **Treu|hän|de|rin,** die; -, -nen (Rechtsspr.): **1.** w. Form zu ↑Treuhänder. **2.** *Gesellschaft, die eine Treuhandschaft ausübt;* **treu|hän|de|risch** ⟨Adj.⟩: *in Treuhandschaft [erfolgend]; fiduziarisch:* etw. t. verwalten; **Treu|hand|ge|biet,** das (Völkerrecht): *Mandatsgebiet, das einem Staat mit dem Ziel der Hinführung zur Selbständigkeit verwaltet wird;* **Treu|hand|ge|schäft,** das (Rechtsspr.): *Ausübung einer Treuhandschaft;* **Treu|hand|ge|sell|schaft,** die (Rechtsspr.): *Kapital- od. Personalgesellschaft, die Treuhandschaften ausübt;* **Treu|hand|kon|to,** das (Bankw.): *von einem Treuhänder wegen eines Dritten unterhaltenes Konto;* **Treu|hand|schaft,** die; -, -en: *Ausübung od. Verwaltung fremder Rechte durch eine dazu bevollmächtigte Person;* **treu|her|zig** ⟨Adj.⟩: *von einer naiven Arglosigkeit, Offenheit, Gutgläubigkeit, Harmlosigkeit [zeugend]:* ein -er Mensch; einen jungen Schweizer Autor ..., der ein -es Buch über Japan verfaßt hatte (Muschg, Gegenzauber 258); Die buschigen Augenbrauen ... sind ebenso apart wie seine Kulleraugen t. (Spiegel 25, 1975, 16); jmdn. t. anschauen; **Treu|her|zig|keit,** die; -: *treuherziges Wesen;* **treu|lich** ⟨Adv.⟩ (veraltend): *getreulich* (2): eine -e Wiedergabe; etw. t. ausführen, aufbewahren; nach seinen wie immer t. erfüllten Arbeitsstunden (Muschg, Gegenzauber 241); **treu|los** ⟨Adj.; -er, -este⟩: **a)** *ohne Treue* (1 a), *ohne Verläßlichkeit:* -e Freunde; t. gegen jmdn. handeln; **b)** (seltener) *nicht treu* (1 b); *untreu* (b): ein -er Liebhaber, Ehemann; sie war t.; **Treu|lo|sig|keit,** die; -, -en: *treuloses Wesen;* **Treu|pflicht:** ↑Treuepflicht; **Treu|schwur:** ↑Treueschwur; **treu|sor|gend**[1] ⟨Adj.⟩ (fam.): *(um jmds. Wohlergehen) sehr besorgt:* Sein Leitbild ist der "pater familias", der -e Familienvater (Chotjewitz, Friede 9).
Tre|vi|ra (Wz), das; -[s] [Kunstwort]: *bes. für synthetische Gewebe verwendete Faser aus Polyester.*
Tri, das; - (Jargon): *(als Schnüffelstoff verwendetes) Trichloräth[yl]en;* **Tri|a|de,** die; -, -n [1: spätlat. trias (Gen.: triados) < griech. triás, zu: tría, Neutr. von: treīs = drei; 6: nach engl. triad, kurz für: Triad Society, LÜ der chin. Bez. mit der Bed. „Gesellschaft der dreifachen Einheit (= von Himmel, Erde u. Mensch)"]: **1.** (bildungsspr.) *Dreizahl, Dreiheit.* **2.** (Rel.) *Gruppe von drei Gottheiten.* **3.** (Verslehre) *Gruppe aus drei Strophen, die aus Strophe, Antistrophe u. Epode* (2) *zusammensetzt (bes. in der griechischen Tragödie).* **4.** (Math.) *Größe, die sich bei der dyadischen Multiplikation zweier Vektoren ergibt.* **5.** (Chemie) *Gruppe von drei bes. nahe verwandten Elementen, die in der historischen Entwicklung des Periodensystems der chemischen Elemente eine Rolle spielt.* **6.** *von Chinesen im Ausland getragene kriminelle, bes. im Rauschgifthandel tätige Geheimorganisation:* „Dabe" ... und „Dragon Heads" ..., angeblich ehrbare Hongkonger Kaufleute und Exmilitärs, stellen das Führungspersonal der sogenannten -n. Diese streng hierarchisch gegliederten Geheimbünde, deren Bezeichnung Tian, Di und Wei (Himmel, Erde, Menschen) symbolisiert, kontrollieren den Rauschgifthandel im Goldenen Dreieck zwischen Burma, Laos und Thailand (Spiegel 44, 1991, 114). **7.** ⟨o. Pl.⟩ (Wirtsch.) *Gruppe der drei wichtigsten Wirtschaftsregionen der Erde (Nordamerika, Europa, Japan);* **tri|a|disch** ⟨Adj.⟩: *die Triade betreffend.*
Tri|a|ge [tri'a:ʒə], die; -, -n [frz. triage, zu: trier, ↑Trieur]: **1.** (Kaufmannsspr.) *Ausschuß [bei Kaffeebohnen].* **2.** (Med.) *Einteilung der Verletzten (bei einer Katastrophe) nach der Schwere der Verletzungen:* ... Lehrgänge in Katastrophenmedizin um das Lernziel „Durchführung der T. bei Massenanfall von Schwerstverletzten" zu bereichern (DÄ 22. 11. 85, 8).
Tri|a|kis|do|de|ka|e|der, das; -s, - [zu griech. triákis dṓdeka = drei mal zwölf u. hédra = Fläche] (Math.): *Körper, der von 36 Flächen begrenzt wird; Sechsunddreißigflach;* **Tri|a|kis|ok|ta|e|der,** das; -s, - [zu griech. triákis oktṓ = drei mal acht u. hédra = Fläche] (Math.): *Körper, der von 24 Flächen begrenzt wird; Vierundzwanzigflach;* **¹Tri|al,** der; -s, -e [zu lat. tres, tria = drei; Analogiebildung zu ↑Dual] (Sprachw.): *Numerus* (1) *für drei Dinge od. Wesen.*
²Tri|al ['traɪəl], das; -s, -s [engl. trial, eigtl. = Probe, Versuch]: *Geschicklichkeitsprüfung für Motorradfahrer:* Beim T. geht es nicht um Geschwindigkeit (ADAC-Motorwelt 4, 1985, 142); **Tri|al-and-er|ror-Me|tho|de** ['traɪələnd-'erə...], die; - [engl. trial and error, eigtl. = Versuch u. Irrtum]: *(in der Kybernetik) Methode, den besten Weg zur Lösung eines Problems zu finden, indem man verschiedene Wege beschreitet u. so nach u. nach Fehler u. Fehlerquellen ausschaltet.*
Tri|a|lis|mus, der; -: [zu lat. tres, tria = drei]: **1.** (hist.) *Bestrebungen in Österreich, die habsburgische Monarchie nicht mehr in Österreich u. Ungarn, sondern in drei Teile zu gliedern.* **2.** *philosophische Lehre, nach der in der Welt das Prinzip von der Dreiteilung (z. B. Leib-Seele-Geist od. These-Antithese-Synthese) vorherrscht;* **tri|a|li|stisch** ⟨Adj.⟩: *den Trialismus betreffend.*
Tri|al|sport, der: *Geschicklichkeitsfahren mit Motorrädern als sportliche Disziplin.*
Tri|an|gel [auch: tri'aŋl], der, österr.: das; -s, - [lat. triangulum = Dreieck, zu: tres, tria = drei u. angulus = Winkel, Ecke]: **1.** *Schlaginstrument, das aus einem runden Stahlstab besteht, der zu einem an einer Seite offenen, gleichseitigen Dreieck gebogen ist, u. das – frei hängend – mit einem Metallstäbchen angeschlagen wird.* **2.** (landsch.) (bes. in Kleidungsstücken) *Riß in Form eines rechten Winkels; Dreiangel:* sich einen T. in die Bluse reißen; eine verwaschene Leinenhose mit zahllosen -n (Fels, Sünden 16); **tri|an|gu|lär** ⟨Adj.⟩ [spätlat. triangularis, zu lat. triangulum, ↑Triangel] (bildungsspr. selten): *dreieckig;* **Tri|an|gu|la|ti|on,** die; -, -en [zu mlat. triangulare = dreieckig machen]: **1.** (Geodäsie) *das Triangulieren.* **2.** (Archit.) *Verwendung des gleichseitigen, auch des spitzwinkligen Dreiecks als Grundlage für Maße u. Verhältnisse innerhalb eines Bauwerks (bes. in der Gotik).* **3.** *bestimmte Veredelungsart bei Gehölzen;* **Tri|an|gu|la|ti|ons|punkt,** der (Geodäsie): *durch Triangulation* (1) *bestimmter u. im Gelände markierter Punkt;* Abk.: TP; **Tri|an|gu|la|tur,** die; - (Archit.): *Triangulation* (2); **tri|an|gu|lie|ren** ⟨sw. V.; hat⟩ (Geodäsie): *(bei der Landvermessung) ein Netz von trigonometrischen Punkten herstellen;* **Tri|an|gu|lie|rung,** die; -, -en: *das Triangulieren.*
Tri|ar|chie, die; -, -n [griech. triarchía, zu:

tri- = drei- u. árchein = Führer sein, herrschen]: *Triumvirat.*

Tri|a|ri|er, der; -s, - ⟨meist Pl.⟩ [lat. triarius, zu: tria, Neutr. von: tres = drei]: *altgedienter schwerbewaffneter Soldat im alten Rom, der in der dritten u. letzten Schlachtreihe kämpfte;* **Tri|as,** die; -, - [1: spätlat. trias, ↑ Triade ; 2: nach der Dreiteilung in untere, mittlere u. obere Trias]: **1.** (bildungsspr., Fachspr.) *Dreizahl, Dreiheit.* **2.** ⟨o. Pl.⟩ (Geol.) *älteste Formation des Mesozoikums;* **Tri|as|for|ma|ti|on,** die ⟨o. Pl.⟩ (Geol.): *Trias* (2); **tri|as|sisch** ⟨Adj.⟩ (Geol.): *zur Trias (2) gehörend, die Trias (2) betreffend.*

Tri|ath|let, der; -en, -en (Sport): *jmd., der Triathlon betreibt;* **Tri|ath|le|tin,** die; -, -nen (Sport): w. Form zu ↑ Triathlet; **¹Tri|ath|lon,** das; -s [aus griech. tri- = drei- u. áthlon (↑ Athlet), geb. nach ↑ Biathlon] (Sport): **1.** *drei lange, an einem Tag in Folge zu absolvierende Strecken im Schwimmen, Radfahren u. Laufen umfassende sportliche Disziplin.* **2.** *Kombination aus Skilanglauf, Scheibenschießen u. Riesenslalom als wintersportliche Disziplin;* **²Tri|ath|lon,** der; -s, -s: *einzelner Wettkampf im* **¹***Triathlon.*

Tri|ba|de, die; -, -n [lat. tribas (Gen.: tribadis) < griech. tríbas] (Med., Sexualk.): *homosexuelle Frau;* **Tri|ba|die,** die; - (Med., Sexualk.): *Tribadismus;* **tri|ba|disch** ⟨Adj.⟩ (Med., Sexualk.): *zum Tribadismus gehörend, auf ihm beruhend;* **Tri|ba|dis|mus,** der; - (Med., Sexualk.): *Homosexualität unter Frauen.*

Tri|ba|lis|mus, der; - [zu lat. tribus, ↑ Tribus]: *stärkeres Orientiertsein des kulturellen, politischen u. gesellschaftlichen Bewußtseins auf den eigenen Stamm in afrikanischen Staaten:* Deshalb kämpft die Partei unerbittlich ... gegen die auf Spaltung unseres Volkes zielenden Faktoren, namentlich gegen T., Regionalismus und Rassismus (horizont 12, 1977, 25); **tri|ba|li|stisch** ⟨Adj.⟩: *den Tribalismus betreffend:* Ewiger Wettstreit zwischen humanistischer Öffnung und -er Enge (Scholl-Latour, Frankreich 448).

Tri|bo|che|mie, die; - [zu griech. tríbein = reiben]: *Teilgebiet der physikalischen Chemie, auf dem man sich mit dem Einfluß mechanischer Energie (z. B. Reibung, Stoß) auf das chemische Verhalten fester Stoffe beschäftigt;* **tri|bo|che|misch** ⟨Adj.⟩: *die Tribochemie betreffend;* **tri|bo|elek|trisch** ⟨Adj.⟩ (Physik): *die Triboelektrizität betreffend, darauf beruhend:* -e Aufladung; **Tri|bo|elek|tri|zi|tät,** die; - (Physik): *Reibungselektrizität;* **Tri|bo|lo|gie,** die; - [↑-logie]: *Wissenschaft von Reibung, Verschleiß u. Schmierung gegeneinander bewegter Körper;* **tri|bo|lo|gisch** ⟨Adj.⟩: *die Tribologie betreffend;* **Tri|bo|lu|mi|nes|zenz,** die; -, -en (Physik): *beim Zerbrechen von Kristallen auftretende schwache Leuchterscheinung;* **Tri|bo|me|ter,** das; -s, - [↑-meter (1)] (Physik, Technik): *Gerät zur Ermittlung des Reibungskoeffizienten.*

Tri|bon, der; -s, -e [griech. tríbōn]: *altgriechischer Mantel aus grobem Wollstoff.*

Tri|bo|tech|nik, die; -: *Teilbereich der Technik, der sich mit den technischen Aspekten der Tribologie befaßt.*

Tri|bra|chys, der; -, - [lat. tribrachys < griech. tríbrachys, eigtl. = dreifach kurz] (antike Verslehre): *Versfuß aus drei Kürzen.*

Tri|bu|la|ti|on, die; -, -en [(spät)lat. tribulatio, zu: tribulare, ↑ tribulieren] (veraltet): *Drangsal, Quälerei;* **tri|bu|lie|ren** ⟨sw. V.; hat⟩ [(spät)lat. tribulare] (landsch.): *[mit Bitten] plagen:* der Kleine tribuliert [seine Mutter] so lange, bis man seinen Wunsch erfüllt.

Tri|bun, der; -s od. -en, -e[n] [lat. tribunus, zu: tribus, ↑ Tribus]: **1.** *Volkstribun.* **2.** *zweithöchster Offizier einer altrömischen Legion;* **Tri|bu|nal,** das; -s, -e [frz. tribunal < lat. tribunal = Tribunal (1); schon mhd. tribunal = (erhöhter) Richterstuhl < lat. tribunal; 4: nach frz. le tribunal]: **1.** *(im antiken Rom) erhöhter Platz auf dem Forum Romanum, wo u. a. Recht gesprochen wurde.* **2.** (geh.) *[hohes] Gericht; [hoher] Gerichtshof:* vor ein T. kommen, gestellt werden; vor dem T. stehen. **3.** *Forum, das in einer öffentlichen Untersuchung gegen behauptete Rechtsverstöße von Staaten o. ä. protestiert:* ein T. abhalten: Die Regierung und die Sozialistische Arbeiterpartei ... weisen mit Recht darauf hin, daß das T. lediglich die Form des Gesetzes beanstandet (NZZ 14. 4. 85, 4). ♦ **4.** ⟨auch der:⟩ Ein innerer T., den Ihr nimmermehr durch skeptische Grübeleien bestechen könnt, wird ... Gericht über Euch halten (Schiller, Räuber V, 1); **Tri|bu|nat,** das; -[e]s, -e [lat. tribunatus, zu: tribunus, ↑ Tribun]: *Amt, Würde eines Tribuns* (1); **Tri|bü|ne,** die; -, -n [frz. tribune < ital. tribuna < lat. tribunal, ↑ Tribunal]: **1.** *Rednertribüne.* **2. a)** *großes [hölzernes] Gerüst od. fester, meist überdachter Bau [als Teil einer Arena o. ä.] mit ansteigenden Sitzreihen für Zuschauer, Zuhörer (von unter freiem Himmel stattfindenden Veranstaltungen):* Die -n fassen 6000 Zuschauer (Spiegel 6, 1966, 69); eine T. errichten; Militärkolonnen zogen an der T. vorbei; auf der T. sitzen; sie spielten vor vollen -n; **b)** *Gesamtheit der Zuschauer, Zuhörer auf einer Tribüne* (2a): die [ganze] T. pfiff, klatschte Beifall; **Tri|bü|nen|platz,** der: *Platz auf einer Tribüne;* **tri|bu|ni|zisch** ⟨Adj.⟩ [lat. tribunicius, zu: tribunus, ↑ Tribun]: *einen Tribunen betreffend:* -e Gewalt *(Machtbefugnis eines Tribuns);* **Tri|bus,** der; -, - [...bu:s; 1: lat. tribus, eigtl. = einer der drei ältesten Stämme des antiken Rom (1. Bestandteil zu: tri = drei-)]: **1.** *Wahlbezirk im antiken Rom.* **2.** (Bot., Zool. veraltend) *zwischen Gattung u. Familie stehende Kategorie;* **Tri|but,** der; -[e]s, -e [lat. tributum, eigtl. = dem Tribus (1) auferlegte Steuerleistung, zu: tributum, 2. Part. von: tribuere = zu-, einteilen, zuteilen, ↑ Tribus]: **1.** *Geld- od. Sachleistung, Abgabe, die bes. ein besiegtes Volk dem Sieger zu erbringen hat:* einen T. fordern, nehmen, zahlen, leisten, entrichten; jmdm. einen T. auferlegen; Ü die Eisenbahnstrecke forderte einen hohen T. [an Menschenleben] *(viele Opfer);* Hans fluchte über den Weg, er mußte ihn, zu einigen T. an das kostenlose Wohnen, jeden Samstag harken (Kronauer, Bogenschütze 56); * **einer Sache [seinen] T. zollen** *(etw. berücksichtigen, anerkennen; sich einer Sache beugen):* Auch Oleg Blochin mußte dem Alter T. zollen und ist langsamer geworden (Hamburger Morgenpost 28. 8. 85, 8); wer nun geglaubt hatte, daß die Kölner ihrem Tempo T. zollen würden, sah sich getäuscht (Kicker 82, 1981, 50); **tri|bu|tär** ⟨Adj.⟩ [frz. tributaire < lat. tributarius, zu: tributum, ↑ Tribut] (veraltet): *tributpflichtig;* **Tri|but|last,** die: vgl. Steuerlast; **Tri|but|lei|stung,** die: *Tribut:* Als -en für Rohstofflieferungen überhaupt mußte allein die DDR zwischen 1966 und 1975 um die fünf Milliarden Mark ... zahlen (Saarbr. Zeitung 27. 12. 79, 1); **tri|but|pflich|tig** ⟨Adj.⟩: *zur Zahlung von Tribut verpflichtet;* **Tri|but|ver|pflich|tung,** die: *Verpflichtung zur Zahlung von Tribut.*

Tri|ce|ra|tops, der; -, - [zu griech. treĩs, tría = drei u. kéras = Horn u. ṓps = Gesicht, Auge] (Paläont.): *großer, pflanzenfressender Dinosaurier der Kreidezeit mit einem kurzen Horn in der Mitte u. zwei langen, nach vorne gerichteten Hörnern an den Seiten des vorderen Kopfes.*

Trich|al|gie, die; -, -n [zu griech. thríx (Gen.: trichós) = Haar u. álgos = Schmerz] (Med.): *schmerzhafte Empfindung bei Berührung der Haare;* **Tri|chia|sis,** die; -, ...asen [griech. trichíasis] (Med.): *angeborene u. erworbene Fehlstellung der Wimpern nach innen, so daß sie auf der Hornhaut reiben;* **Tri|chi|ne,** die; -, -n [engl. trichina, eigtl. = Haarwurm, zu griech. tríchinos = aus Haaren bestehend, zu: thríx (Gen.: trichós) = Haar]: *parasitischer Fadenwurm, der sich im Muskelgewebe von Säugetieren einkapselt u. durch den Verzehr von trichinösem Fleisch auch auf den Menschen übertragen werden kann;* **tri|chi|nen|hal|tig** ⟨Adj.⟩: *trichinös;* **Tri|chi|nen|krank|heit,** die: *Trichinose;* **Tri|chi|nen|schau,** die: *Untersuchung des zum Verzehr bestimmten Fleisches auf Trichinen:* Für eine Schwarzschlachtung bekam man natürlich keinen Tierarzt zur T. (Lentz, Muckefuck 321); **Tri|chi|nen|schau|er,** der: *amtlich bestellter Fachmann (meist ein Tierarzt), der die Trichinenschau vornimmt;* **Tri|chi|nen|schau|e|rin,** die; -, -nen: w. Form zu ↑ Trichinenschauer; **tri|chi|nös** ⟨Adj.⟩: -er, -este): *von Trichinen befallen;* **Tri|chi|no|se,** die; -, -n (Med.): *durch Trichinen hervorgerufene Krankheit;* **Tri|chit,** der; -s u. -en, -e[n] (Geol.): *meist nur mit dem Mikroskop erkennbarer, nicht genau bestimmbarer, sehr kleiner Kristall in der Form eines Haares.*

Tri|chlor|äthen, Tri|chlor|äthy|len, das; -s [zu lat. tri- = drei-; das Derivat ist durch drei Chloratome substituiert]: *(bes. in der Metallindustrie als Reinigungsmittel verwendetes) farbloses, nicht brennbares Lösungsmittel (das bei Inhalation narkotisch wirkt).*

Tri|chom, das; -s, -e [zu griech. thríx (Gen.: trichós) = Haar] (Med.): *durch starke Verlausung bedingte Verfilzung der Haare;* **Tri|cho|mo|nas** [auch: tri-'ço:monas], die; -, ...aden ⟨meist Pl.⟩ [zu griech. monás, ↑ Monade] (Med., Biol.): *beim Menschen u. zahlreichen Tierarten im Darm u. an den Geschlechtsteilen*

Krankheiten hervorrufendes Geißeltierchen: Trichomonaden attackieren ... die Schleimhäute und entzünden sie (Spiegel 17, 1975, 73); **Tri|cho|mo|ni|a|se**, die; -, -n (Med.): *Erkrankung durch Trichomonaden;* **Tri|cho|my|ko|se**, die; -, -n [↑ Mykose] (Med.): *durch Pilze verursachte Erkrankung der Haare;* **Tri|cho|phy|tie**, die; -, -n [zu griech. phytón = Pflanze] (Med.): *Pilzflechte der Haut, der Haare u. der Nägel;* **Tri|cho|phy|to|se**, die; -, -n (Med.): *aus einer Trichophytie hervorgehende Allgemeinerkrankung des Körpers;* **Tri|cho|pti|lo|se**, die; -, -n [zu griech. ptílōsis = Befiederung] (Med.): *krankhafte Brüchigkeit der Haare mit Aufspaltung in Längsrichtung;* **Tri|cho|se**, die; -, -n (Med.): *abnorme Körperbehaarung;* **Tri|cho|spo|rie**, die; -, -n [zu griech. spóros = das Säen; Saat; Samen] (Med.): *Pilzkrankheit der Haare;* **Tri|cho|til|lo|ma|nie**, die; -, -n [zu griech. tíllein = rupfen, zupfen u. ↑ Manie] (Med.): *krankhafte Sucht, sich Kopf- u. Barthaare auszureißen;* ¹**Tri|cho|to|mie**, die; -, -n [zu griech. tomē̂ = das Schneiden; Schnitt] (veraltet): *Haarspalterei.*
²**Tri|cho|to|mie**, die; -, -n [spätgriech. trichotomía = Dreiteilung, zu griech. trícha = dreifach u. tomē̂ = Schnitt]: **1.** (Philos.) *Anschauung von der Dreigeteiltheit des Menschen in Leib, Seele u. Geist.* **2.** (Rechtsspr.) *Einteilung der Straftaten nach dem Grad ihrer Schwere in Übertretungen, Vergehen u. Verbrechen;* **tri|cho|to|misch** ⟨Adj.⟩ (bildungsspr.): *dreigeteilt:* Wieder ist Humboldts Auffassung von der korrelativen Beziehung zwischen Geist, Sprache und Wirklichkeit durch deren -e Definition aufgehoben (Deubzer, Methoden 19).
Trich|ter, der; -s, - [mhd. trahter, trehter, trihter, spätahd. trahtare, trahter, træhter < lat. traiectorium, eigtl. = Gerät zum Hinüberschütten, zu: traiectum, 2. Part. von: traicere = hinüberwerfen, hinüberbringen; hinüberschütten, -gießen, zu: trans = hinüber u. iacere = werfen, schleudern]: **1.** *(zum Abfüllen, Eingießen von Flüssigkeiten od. rieselnden Stoffen in Flaschen od. andere Gefäße mit enger Öffnung bestimmtes) Gerät von konischer Form, das an seinem unteren Ende in ein enges Rohr übergeht:* ein T. aus Glas; etw. durch einen T. gießen, mit einem T. einfüllen; * **der Nürnberger T.** *(Lernmethode, bei der sich der Lernende nicht anzustrengen braucht, bei der ihm der Lernstoff mehr od. weniger mechanisch eingetrichtert wird;* nach dem Titel des in Nürnberg erschienenen Buches „Poetischer Trichter, die Teutsche Dicht- u. Reimkunst ..., in sechs Stunden einzugießen" von G. Ph. Harsdörffer [1607 bis 1658]); **auf den [richtigen] T. kommen** (ugs.; *merken, erkennen, wie etw. funktioniert, wie etw. zu machen, anzufassen ist, was zu tun ist u.ä.*): Laß doch die Bullen Razzien machen ... Die haben doch keine Ahnung, die würden ja erst auf den T. kommen, wenn man ih abhaue (Prodöhl, Tod 59); **jmdn. auf den [richtigen] T. bringen** (ugs.; *jmdn. auf den Einfall, die Idee bringen, wie etw. auszuführen, ein Problem zu lösen ist*): Schönen Dank, Annemarie. Du hast mich auf 'n richtigen T. gebracht (Bieler, Bär 262). **2. a)** kurz für ↑ Schalltrichter: Zuletzt nahm sie die Hände als T. vor den Mund und rief (Bastian, Brut 47); **b)** *Schallbecher.* **3.** kurz für ↑ Granat-, Bombentrichter. **4.** (Geogr.) *Krater eines Vulkans;* **Trich|ter|brust**, die (Med.): *meist angeborene trichterförmige Einsenkung des Brustbeins u. der angrenzenden Rippenabschnitte;* **Trich|ter|feld**, das: *von Granat- od. Bombentrichtern bedecktes Gelände;* **trich|ter|för|mig** ⟨Adj.⟩: *in der Form einem Trichter ähnlich;* **Trich|ter|gram|mo|phon**, das (früher): *Grammophon mit Schalltrichter:* während ich in meiner Wohnung umsah und eine Platte auf das alte T. legte (Ziegler, Konsequenz 244); **Trich|ter|ling**, der; -s, -e: *(zu den Blätterpilzen gehörender) Pilz mit zuerst flachem, später trichterförmigem Hut;* **Trich|ter|mün|dung**, die (Geogr.): *trichterförmige Mündung (eines Flusses);* **trich|tern** ⟨sw. V.; hat⟩: **1.** (Hammerwerfen) *den Wurfhammer zu steil kreisen lassen.* **2.** (selten) *eintrichtern* (1).
Trich|uri|a|sis, die; - [zu ↑ Trichuris] (Med.): *Wurmerkrankung des Menschen;* **Trich|uris**, die; - [zu griech. thríx (Gen.: trichós) = Haar u. ourá = Schwanz] (Zool.): *Fadenwurm.*
Tri|ci|ni|um, das; -s, ...ia u. ...ien [spätlat. tricinium = Dreigesang, zu lat. tri- = drei u. canere = singen] (Musik): *(im 16./17. Jh.) dreistimmiger Satz für drei Instrumente od. für Singstimme mit Begleitung.*
Trick, der; -s, -s [engl. trick < frz. (norm.) trique] = Betrug, Kniff, zu: tricher = beim Spiel betrügen, (= frz. tricher) = beim Spiel betrügen, H. u., wohl aus dem Vlat.]: **a)** *listig ausgedachtes, geschicktes Vorgehen; [unerlaubter] Kunstgriff, Manöver, mit dem jmd. getäuscht, betrogen wird:* ein raffinierter, billiger, übler T.; Sie hörte Schritte, die sich die Treppe hinunter entfernten. Ein T., dachte sie. Einer ist stehengeblieben (Bieler, Mädchenkrieg 339); er kennt alle, jede Menge -s; sie ist auf einen gemeinen T. eines Gauners hereingefallen; müßte ich da nicht auch wütend sein, wenn man uns bei dem Mietvertrag mit einem schmutzigen T. reingelegt hat? (Kemelman [Übers.], Mittwoch 170); Mit den übelsten kriminellen -s wie Bilanzverschleierung, Wechsel- und Scheckreiterei und Investmentdomino bemäntelten Fielitz und Konsorten ihre Millionenbetrugsmanöver (Prodöhl, Tod 67); Ü (Sport, bes. Ballspiele): mit einem gekonnten T. hat er seinen Gegner ausgespielt; **b)** *oft einfache, aber wirksame Methode, Handhabung wie etw. zu Erleichterung einer Arbeit, Lösung einer Aufgabe o.ä.; Kniff, Finesse:* technische -s anwenden; es gibt einen ganz simplen T., wie man sich die Arbeit erleichtern kann; Ich halte nichts von medizinischen -s, um ein Kind erzwingen zu wollen (Hörzu 20, 1980, 117); ... helfen wir uns dabei mit einem T. es ist leichter macht, die einzelnen Körperteile in die Spürung zu bekommen (Siems, Coming out 71); * **T. siebzehn** (ugs.; *die genau richtige Methode, der passende Kunstgriff, Kniff,* H. u.): Wie hast du das bloß hingekriegt? - T. siebzehn!; **c)** *bei einer artistischen Vorführung ausgeführte, verblüffende Aktion; eingeübter, wirkungsvoller Kunstgriff eines Artisten:* der T. eines Zauberers, Akrobaten; sensationelle -s zeigen, vorführen; **Trick|auf|nah|me**, die: *mit bestimmten technischen Verfahren hergestellte Film- od. Tonaufnahme, mit der eine besondere, oft verblüffende Wirkung erzielt wird;* **Trick|be|trug**, der: *mit Hilfe eines Tricks (a) durchgeführter Betrug;* **Trick|be|trü|ger**, der: *jmd., der einen Trickbetrug begangen hat;* **Trick|be|trü|ge|rin**, die: w. Form zu ↑ Trickbetrüger; **Trick|dieb**, der: vgl. Trickbetrüger; **Trick|die|bin**, die: w. Form zu ↑ Trickdieb; **Trick|dieb|stahl**, der: *von einem Trickdieb begangener Diebstahl:* Trickdiebstahl an älterem Mann (MM 9./10. 1. 88, 17); **Trick|film**, der: vgl. Trickaufnahme; **Trick|ki|ste**, die (ugs.): *Gesamtheit der Tricks (a, b), über die jmd. verfügt:* Diese einfachen, aber wirkungsvollen Ideen stammen aus der ökologischen T. eines umweltbewußten Unternehmers (Rhein. Merkur 2. 2. 85, 39); der Europameister mußte [tief] in die T. greifen (sehr geschickt, trickreich spielen), um die gefährliche Situation zu überstehen; **trick|reich** ⟨Adj.⟩: *über vielerlei Tricks (a, b) verfügend, sie häufig anwendend; finessenreich:* ein -er Politiker, Unterhändler; er war der -ste Spieler auf dem Platz, war sehr t. in seinen Aktionen, spielte äußerst t.; Eine andere Unsitte hat er inzwischen t. abstellen können (ADAC-Motorwelt 7, 1979, 55); Durch tausend t. geöffnete Hintertüren verschaffte er sich Zugang zu ihrem Leben (Meckel, Suchbild 133); **trick|sen** ⟨sw. V.; hat⟩ (ugs., bes. Sport Jargon): **a)** *sich eines Tricks bedienen, mit allerlei Tricks arbeiten:* er kann gut t.; wenn man bei diesem Thema trickst, ... dann würde sich die absurde Frontstellung ... doch nur verstärken (Spiegel 16, 1977, 34); **b)** *mit Hilfe von Tricks, eines Tricks bewerkstelligen:* irgendwie werden wir das, die Sache schon t.; Vom Sachverhalt her ist ein anderes Urteil nicht möglich. Doch der Sachverhalt ist getrickst (NJW 19, 1984, 1060); **Trick|ser**, der; -s, -, (ugs.): *jmd., der [in einer bestimmten Weise] trickst, zu tricksen versteht;* **Trick|se|rei**, die; -, -en (ugs. abwertend): *[unschönes] Tricksen;* **Trick|se|rin**, die; -, -nen (ugs.): w. Form zu ↑ Trickser; ¹**Trick|ski**, der: *spezieller, besonders elastischer Ski zum Trickskilaufen;* ²**Trick|ski**, das; -s (ugs.): kurz für ↑ Trickskilaufen; **Trick|ski|fah|ren**, das; -s: *Trickskilaufen;* **Trick|ski|lau|fen**, das; -s: *Sportart, bei der auf Trickskiern besonders kunstvolle, artistische Schwünge, Drehungen, Sprünge o.ä. ausgeführt werden;* **Trick|ster**, der; -s, - [engl. trickster = Schwindler, Betrüger] (Rel.): *mythologische Gestalt, die durch ein unberechenbares, betrügerisches, aber auch schelmisches Wesen charakterisiert ist u. oft als Widersacher eines gütigen Gottes auftritt:* der germanische Gott Loki verkörpert den Typus des -s.
Trick|track, das; -s, -s [frz. trictrac, urspr. lautm.]: ⁴*Puff.*

tricky¹ ⟨indekl. Adj.⟩ [engl. tricky, zu: trick, ↑Trick] (ugs.): *trickreich:* die Chefin ist ausgesprochen t.; Ohne Rücksicht auf Freunde und Familie bastelt Duddy ... t. an seiner Karriere (Spiegel 21, 1984, 128).

Tri|dent, der; -[e]s, -e [lat. tridens (Gen.: tridentis), eigtl. = drei Zähne habend, zu: tri- = drei- u. dens = Zahn] (bildungsspr.): *Dreizack.*

¹Tri|den|ti|ner, der; -s, -: Ew. zu ↑Trient;
²Tri|den|ti|ner ⟨indekl. Adj.⟩: zu ↑Trient;
Tri|den|ti|ne|rin, die; -, -nen: w. Form zu ↑¹Tridentiner; **tri|den|ti|nisch** ⟨Adj.⟩: zu ↑Trient: das Tridentinische Konzil *(Tridentinum);* **Tri|den|ti|num,** das; -s: das Konzil von Trient (1545–1563).

Tri|du|um, das; -s, ...duen [lat. triduum, zu: tri- = drei- u. dies = Tag] (bildungsspr.): *Zeitraum von drei Tagen.*

Tri|dy|mit [auch: ...'mɪt], der; -s, -e [zu griech. trídymos = dreifach] (Geol.): *Modifikation des Quarzes.*

trieb: ↑treiben; **Trieb,** der; -[e]s, -e [mhd. trip, zu: triben, ↑treiben u. eigtl. = das Treiben]: **1. a)** *(oft vom Instinkt gesteuerter) innerer Antrieb, der auf die Befriedigung starker, oft lebensnotwendiger Bedürfnisse zielt:* ein heftiger, unwiderstehlicher, unbezähmbarer, blinder, tierischer T.; ein edler, natürlicher, mütterlicher T.; dumpfe, sexuelle, verdrängte, sadistische -e; einen T. *(starken Hang)* zum Verbrechen haben; er spürte den T. in sich, sich schöpferisch zu betätigen; seine -e zügeln, bezähmen, beherrschen, verdrängen, befriedigen; Das einzige ist, daß er seinen T. abreagiert (Aberle, Stehkneipen 117); daß bereits die erste Krise in seiner Herrschaftszeit den ältesten T. des Menschen wiedererwecken konnte, den Wunsch zu töten (Stories 72 [Übers.], 7); seinen -en nachgeben, freien Lauf lassen; statt ein Gebet zu sprechen oder ein wenig zu schlafen, folgte ich einem spielerischen T. und nahm den nächsten Gegenstand in die Hände, der sich mir anbot (Hesse, Steppenwolf 75); Vielleicht bist du so ein kaputter Typ, der überall etwas Gutes tun will, nur weil er mit seinen -en nicht zurechtkommt (H. Weber, Einzug 312); er läßt sich ganz von seinen -en leiten, ist von seinen -en beherrscht, bestimmt; **b)** ⟨o. Pl.⟩ (veraltend) *Lust, Verlangen, etw. zu tun:* nicht den leisesten, keinen besonderen T. zu etw. haben; Na, vielleicht hat's wirklich geholfen, vielleicht hast du nun wirklich T. zur Arbeit (Fallada, Jeder 84). **2.** *junger, sich gerade bildender Teil einer Pflanze, der später Blätter entwickelt u. oft verholzt; junger Sproß* (1 a): ein kräftiger T.; die Pflanze hat junge, frische -e entwickelt; die -e an einem Obstbaum be-, zurückschneiden. **3.** (Technik) **a)** *Übertragung einer Kraft, eines Drehmoments;* **b)** *Vorrichtung zur Übertragung einer Kraft, eines Drehmoments.* **4.** (Technik) *Zahnrad mit einer nur geringen Anzahl von Zähnen;* **Trieb|ab|fuhr,** die (ugs.): vgl. Triebbefriedigung; **trieb|ar|tig** ⟨Adj.⟩: *einem Trieb ähnlich:* ein -er Hang; **trieb|be|dingt** ⟨Adj.⟩: *mit einem Trieb* (1 a) *zusammenhängend, durch etw. verursacht:* -e Verhaltensweisen; **Trieb|be-**

frie|di|gung, die: *Befriedigung eines Triebs* (1 a), *bes. des Geschlechtstriebs;* **trieb|dämp|fend** ⟨Adj.⟩: *einen Trieb* (1 a), *bes. den Geschlechtstrieb abschwächend, herabsetzend:* Er hatte über längere Zeit unter relativ hohen Dosen des -en Medikaments ... gestanden (Spiegel 22, 1976, 70); **Trieb|fahr|zeug,** das; vgl. Triebwagen; **Trieb|fe|der,** die: *Feder* (3), *die den Antrieb* (1) *von etw. bewirkt:* die T. eines Uhrwerks; Ü Haß war die eigentliche T. *(der eigentliche Beweggrund)* zu diesem Verbrechen; Die Neugier ... war T. *(die treibende Kraft)* für alles, was ich je getan habe (Hörzu 7, 1983, 21); **trieb|ge|stört** ⟨Adj.⟩: *zu sexuellem Fehlverhalten neigend;* **trieb|haft** ⟨Adj.; -er, -este⟩: *von einem Trieb* (1 a), *bes. dem Geschlechtstrieb, bestimmt, darauf beruhend; einem Trieb folgend [u. daher nicht vom Verstand kontrolliert]:* ein -er Mensch; -e Sinnlichkeit; -e Handlungen; er ist, handelt t.; mein ganzes Leben ist t. gewesen (Mayröcker, Herzzerreißende 133); **Trieb|haf|tig|keit,** die; -: *triebhaftes Wesen;* **Trieb|hand|lung,** die: *von einem Trieb* (1 a), *Instinkt ausgelöste, gesteuerte Handlung, Verhaltensweise;* **Trieb|kopf,** der (Eisenb.): *stromlinienförmig verkleidete elektrische Lok eines Hochgeschwindigkeitszugs;* **Trieb|kraft,** die: **1.** (seltener) *Kraft, die etw. (eine Maschine o. ä.) antreibt, in Bewegung setzt, hält.* **2. a)** *Fähigkeit, einen Teig aufgehen* (4) *zu lassen:* die T. von Hefe, Backpulver, Hirschhornsalz; **b)** (Bot.) *Fähigkeit, durch die Erde hindurch nach oben zu wachsen:* die T. des Saatguts. **3.** (bes. Soziol.) *Faktor, der als Ursache, Motiv o. ä. die Entstehung, Entwicklung von etw. vorantreibt:* Ehrgeiz, Eifersucht, Liebe war die T. seines Handelns; gesellschaftliche Triebkräfte; Eine profitdominierte kapitalistische Gesellschaft, deren erfolgreiche T. die expandierenden materiellen Bedürfnisse sind (Freie Presse 8. 12. 89, 3); **Trieb|le|ben,** das ⟨o. Pl.⟩: *Gesamtheit der Handlungen, Verhaltensweisen, Lebensäußerungen, die durch Triebe* (1 a), *bes. durch den Geschlechtstrieb, bedingt sind:* ein normales, ausgeprägtes T. haben; **trieb|mä|ßig** ⟨Adj.⟩: *auf den Trieb* (1 a) *bezogen;* **Trieb|mit|tel,** das (Kochk.): *Treibmittel;* **Trieb|mör|der,** der: vgl. Triebtäter; **Trieb|mör|de|rin,** die: w. Form zu ↑Triebmörder; **Trieb|rad,** das (Technik): *Treibrad;* **Trieb|sand,** der: *Mahlsand;* **Trieb|stoff,** der (schweiz.): *Treibstoff: Sprühdosen mit umweltfeindlichem T.* (NZZ 21. 12. 86, 31); **Trieb|tä|ter,** der: *jmd., der aus dem Drang zur Befriedigung eines Triebes* (1 a), *bes. des Geschlechtstriebs, eine Straftat begeht:* die Kriminalpolizei hofft, den offensichtlich krankhaften T. schon bald dingfest machen zu können (MM 10. 5. 77, 10); **Trieb|tä|te|rin,** die: w. Form zu ↑Triebtäter; **Trieb|ver|bre|chen,** das: *aus dem Drang zur Befriedigung eines Triebes* (1 a), *bes. des Geschlechtstriebs, als Triebhandlung begangenes Verbrechen;* **Trieb|ver|bre|cher,** der: vgl. Triebtäter; **Trieb|ver|bre|che|rin,** die: w. Form zu ↑Triebverbrecher; **Trieb|wa|gen,** der: *Schienenfahrzeug (der Eisenbahn, Straßenbahn,*

U-Bahn o. ä.) mit eigenem Antrieb durch Elektro- od. Dieselmotor; **Trieb|werk,** das: *Vorrichtung, Maschine, die die zum Antrieb (z. B. eines Flugzeugs) erforderliche Energie liefert:* Ein T. stand plötzlich still, und das Flugzeug begann zu sinken (Spiegel 50, 1984, 206); der Trend zu leistungsstarken und laufruhigen -en (Augsburger Allgemeine 11./12. 2. 78, VII); **Trieb|werk|scha|den,** der: *Schaden* (2) *am Triebwerk.*

Tri|eder|bin|okel, das; -s, - [zu griech. treîs, tría = drei, hédra = Fläche u. ↑Binokel] (Optik): *binokulares Fernrohr.*

Trief|au|ge, das: *[ständig] triefendes Auge:* der Beamte, ein verkniffener Jüngling mit Hühnerbrust und -n (Sobota, Minus-Mann 130); **trief|äu|gig** (ugs.): *mit Triefaugen:* Major Pembroke, von seiner Ordonanz aus dem Bett geholt, hängt t. am Telefon (Heym, Schwarzenberg 15).

Trie|fel, der; -s, - [zu landsch. triefeln = dumm reden] (landsch.): *langsamer, langweiliger Mensch; Träne* (2); **¹Tropf; trie|fe|lig,** trieflig ⟨Adj.⟩ (landsch.): *einfältig; lahm, langweilig:* ein -er Kerl.

trie|fen ⟨st. u. sw. V.; triefte/(geh.:) troff, getrieft/(selten:) getroffen⟩ [mhd. triefen, ahd. triufan, H. u.]: **1.** *in zahlreichen, großen Tropfen od. kleinen Rinnsalen* (b) *irgendwohin fließen* (ist): der Regen trieft; aus der Wunde troff Blut; das Regenwasser triefte vom Dach, von den Ästen; ihm ist der Schweiß von der Stirn getrieft; das Fett troff ins Feuer wie hernach von den Mundwinkeln (Brot und Salz 283); Ü „Kann der Herr Marquis heute nicht?" fragte er und ließ seinen Spott t. *(in boshafter Weise deutlich werden;* Konsalik, Promenadendeck 164). **2.** *tropfend naß sein; so naß sein, daß Wasser, Flüssigkeit in großer Menge heruntertropft, -rinnt, -fließt, austritt* ⟨hat⟩: wir, unsere Kleider trieften vom Regen; abends troffen ihm die Kleider von Wasser (Süskind, Parfum 42); sein Mantel hat von/vor Nässe getrieft; sein dunkles Haar, das von Nässe troff (Hohmann, Engel 166); die Wurst triefte von/vor Fett; er war so erkältet, daß seine Nase ständig triefte *(Schleim absonderte);* mit triefenden Kleidern, Haaren; ich stolperte mit meinem Schirm durch den triefenden Wald (Mayröcker, Herzzerreißende 120); wir waren triefend naß *(völlig, durch u. durch naß);* Ü seine Hände triefen von Blut (geh.: *er hat viele Menschen umgebracht);* seine Erzählungen triefen von/vor Edelmut, Sentimentalität, Moral (iron.: *sind übermäßig voll davon);* er trieft nur so von/vor Überheblichkeit, Sarkasmus, Boshaftigkeit (abwertend: *ist außerordentlich überheblich, sarkastisch, boshaft);* Herr Muzeniek ist ein unmöglicher, vor Neid und Bosheit triefender Kerl (Bastian, Brut 57).

trief|lig: ↑triefelig.

trief|naß ⟨Adj.⟩: *triefend naß, vor Nässe triefend:* die Wäsche war noch t.

¹Triel, der; -[e]s, -e [H. u., wohl lautm.]: *schnepfenähnlicher Vogel.*

²Triel, der; -[e]s, -e [mhd. triel, eigtl. = der Gespaltene; Spalte] (südd.): **1.** *Mund, Maul.* **2.** *Wamme;* **trie|len** ⟨sw. V.; hat⟩ (südd.): *sabbern;* **Trie|ller,** der; -s, -

(südd.): **1.** *jmd., der sabbert.* **2.** *Sabberlätzchen;* **Trie|le|rin,** die; -, -nen (südd.): w. Form zu ↑Trieler (1).

tri|en|nal ⟨Adj.⟩ [lat. triennalis, zu: triennium, ↑Triennium]: **a)** *drei Jahre dauernd;* **b)** *alle drei Jahre [stattfindend];* **Tri|en|na|le,** die; -, -n: *alle drei Jahre stattfindende Ausstellung, Schau, Veranstaltung bes. in der bildenden Kunst u. im Film;* **Tri|en|ni|um,** das; -s, ...ien [lat. triennium, zu: tres, tria = drei u. annus = Jahr] (bildungsspr.): *Zeitraum von drei Jahren.*

Tri|ent: *Stadt in Italien;* ¹**Tri|en|ter,** der; -s, -: Ew.; ²**Tri|en|ter** ⟨indekl. Adj.⟩; **Tri|en|te|rin,** die; -, -nen: w. Form zu ↑¹Trienter.

Trier: *Stadt an der Mosel.*

Trie|re, die; -, -n [lat. trieris (navis) < griech. triērēs, zu treĩs, tría = drei u. eréssein = rudern]: *(in der Antike) Kriegsschiff, bei dem die Ruderer in drei Reihen übereinandersaßen.*

¹**Trie|rer,** der; -s, -: Ew. zu ↑Trier; ²**Trie|rer** ⟨indekl. Adj.⟩: zu ↑Trier; **Trie|re|rin,** die; -, -nen: w. Form zu ↑¹Trierer; **trie|risch** ⟨Adj.⟩: zu ↑Trier.

Trie|sel, der; -s, - [rückgeb. aus ↑trieseln] (landsch., bes. berlin.) *Kreisel* (1): *die Kinder spielen T.;* **trie|seln** ⟨sw. V.; hat⟩ [mniederd. trieseln = rollen, kullern] (landsch., bes. berlin.): *kreiseln* (2).

Tri|est: *Stadt in Italien;* ¹**Trie|ster,** der; -s, -: Ew.; ²**Trie|ster** ⟨indekl. Adj.⟩; **Trie|ste|rin,** die; -, -nen: w. Form zu ↑¹Triester.

Tri|eur [triˈøːɐ̯], der; -s, -e [frz. trieur = Sortierer, zu: trier = (aus)sortieren]: *Maschine zum Trennen u. Sortieren von Getreidekörnern u. Sämereien.*

trie|zen ⟨sw. V.; hat⟩ [aus dem Niederd., mniederd. tritzen = an Seilen auf- u. niederziehen, zu: tritze = Winde, Rolle; früher wurde häufig auf Segelschiffen als Strafe für ein Vergehen der Verurteilte an einem unter den Armen durchgeschlungenen Seil an der Rahe hochgezogen] (ugs.): *jmdn. peinigen, mit etw. ärgern, quälen, ihm damit heftig zusetzen:* Rekruten t.; die Kinder haben die Mutter so lange getriezt, bis sie nachgab; Er ... strich den Bau einer geplanten Müllverbrennungsanlage und triezte die Industrie mit Umweltschutzauflagen (Spiegel 46, 1985, 60).

triff, triffst, trifft: ↑treffen.

Tri|fle [traɪfl], das; -s, -s [engl. trifle, eigtl. = Kleinigkeit]: *kuchenartige englische Süßspeise.*

Tri|fo|kal|bril|le, die; -, -n [aus lat. tri- = drei-, ↑fokal u. ↑Brille]: *Brille mit Trifokalgläsern;* **Tri|fo|kal|glas,** das; -es, ...gläser: *Brillenglas aus drei verschieden geschliffenen Teilen für drei Entfernungen.*

Tri|fo|li|um, das; -s, ...ien [1: lat. trifolium, eigtl. = „Dreiblatt", aus: tri- = drei- u. folium = Blatt]: **1.** (Bot.) *Klee.* **2.** (bildungsspr.) *Kleeblatt* (1).

Tri|fo|ri|um, das; -s, ...ien [mlat. triforium, zu lat. tri- = drei- u. foris = Tür, Öffnung] (Archit.): *(in romanischen u. bes. in gotischen Kirchen) Laufgang unter den Fenstern von Mittelschiff, Querschiff u. Chor, der sich in Bogen zum Inneren der Kirche hin öffnet.*

Trift, die; -, -en [mhd. trift, zu ↑treiben u. eigtl. = das Treiben]: **1.** *Drift.* **2.** (landsch.) **a)** *Hutung;* **b)** *vom Vieh benutzter Weg mit spärlicher Grasnarbe zwischen der Weide u. dem Stall, der Tränke od. dem Platz zum Melken;* **Trift|eis,** das: *Treibeis;* **trif|ten** ⟨sw. V.; hat⟩: *flößen* (1 a): die Stämme konnten auf der Traun und ihren Nebenflüssen zu Saline getriftet werden (Bayernkurier 19. 5. 84, 18); ¹**trif|tig** ⟨Adj.⟩ [mniederd. driftich] (Seemannsspr.): *herrenlos, hilflos im Meer treibend.*

²**trif|tig** ⟨Adj.⟩ [spätmhd. triftic, eigtl. = (zu)treffend, zu ↑treffen]: *sehr überzeugend, einleuchtend, schwerwiegend; zwingend, stichhaltig:* -e Gründe, Argumente, Motive; eine -e Entschuldigung; Trotzdem bestehe kein -er Anlaß zur Abkehr von der langjährigen Praxis (Tagesanzeiger 28. 7. 84, 5); etw. t. begründen; ◆ Da beweis' ich nun durch -e *(rechtlich bedeutsame)* Dokumente, Herodes, der Vierfürst, sei mein Großvater gewesen (Schiller, Räuber I, 2); -: *das Triftigsein.*

◆ **Trift|raum,** der [zu ↑Trift (2 a)]: ²*Weide; große Wiesenfläche:* was nur alles erdacht werden kann, um auf einem großen T. eine Menge Menschen verschiedentlichst und gleichmäßig zu beschäftigen und zu erlustigen (Goethe, Wanderj. I, 8).

Tri|ga, die; -, -s u. ...gen [lat. triga, zu: tri- = drei- u. iugum = Joch] (bildungsspr.): *Dreigespann.*

Tri|ge|mi|nus, der; -, ...ni (nlat. (Nervus) trigeminus = dreifacher Nerv) (Anat., Physiol.): *im Mittelhirn entspringender Hirnnerv, der sich in drei Äste gabelt [und u. a. die Gesichtshaut u. die Kaumuskeln versorgt];* **Tri|ge|mi|nus|neur|al|gie,** die (Med.): *mit äußerst heftigen Schmerzen verbundene Neuralgie im Bereich eines od. mehrerer Äste des Trigeminus.*

Trig|ger, der; -s, - [engl. trigger, älter: tricker < niederl. trekker = Abzug, Drücker, eigtl. = Zieher, zu: trekken = ziehen] (Elektrot.): **1.** *[elektronisches] Bauelement zum Auslösen eines [Schalt]vorgangs.* **2.** *einen [Schalt]vorgang auslösender Impuls;* **trig|gern** ⟨sw. V.; hat⟩ [engl. to trigger] (Elektrot.): *einen [Schalt]vorgang mittels eines Triggers auslösen;* **Trig|ger|punkt,** der (Med.): *tastbar verhärtete Stelle im Muskel- od. Unterhautgewebe, die auf Druck schmerzhaft reagiert.*

Tri|glott|te, die; -, -n [zu griech. tri- = drei- u. glõtta, glõssa = Zunge, Sprache]: *Werk, bes. Wörterbuch in drei Sprachen.*

Tri|glyph, der; -s, -e, **Tri|gly|phe,** die; -, -n [lat. triglyphus < griech. tríglyphos, eigtl. = Dreischlitz, zu: tri- = drei- u. glýphein = aushöhlen, schnitzen] (Archit.): *am Fries des dorischen Tempels mit Metopen abwechselndes dreiteiliges Feld.*

Tri|gon, das; -s, -e [lat. trigonium < griech. trígonon, eigtl. = Dreiwinkel, zu: tri- = drei- u. gōnía = Winkel, Ecke] (veraltet): *Dreieck;* **tri|go|nal** ⟨Adj.⟩ [spätlat. trigonalis, zu lat. trigonum, ↑Trigon] (Math.): *dreieckig;* **Tri|go|no|me|ter,** der; -s, - [↑-meter (2)] (Geodäsie): *mit der Triangulation (1) beschäftigter Vermesser;* **Tri|go|no|me|trie,** die; - [↑-metrie]: *Teilgebiet der Mathematik, das sich mit der Berechnung von Dreiecken unter Benutzung der trigonometrischen Funktionen befaßt;* **tri|go|no|me|trisch** ⟨Adj.⟩: *die Trigonometrie betreffend:* -e Berechnungen; -e Funktion *(Winkelfunktion als Hilfsmittel bei der Berechnung von Seiten u. Winkeln eines Dreiecks);* -er Punkt (Geodäsie; *Triangulationspunkt*).

Tri|ka|lya, der; - [sanskr. trikāya = drei Körper]: *Lehre von den drei Körpern Buddhas im Buddhismus.*

Tri|ke|ri|on, das; -s, ...rien [zu griech. trís (tri-) = dreimal u. kēríon = Wachslicht]: *zu den Insignien eines Bischofs in den Kirchen des Ostens gehörender, die Dreifaltigkeit versinnbildlichender dreiarmiger Leuchter.*

tri|klin, tri|kli|nisch ⟨Adj.⟩ [zu lat. tri- = drei- u. griech. klínein = neigen]: *eine Kristallform betreffend, bei der sich drei verschieden lange Achsen schiefwinklig schneiden;* **Tri|kli|ni|um,** das; -s, ...ien [lat. triclinium < griech. tríklinon]: **a)** *(im Rom der Antike) an drei Seiten von Polstern (für je drei Personen) umgebener Eßtisch;* **b)** *(im Rom der Antike) Speiseraum mit einem Triklinium a.*

Tri|ko|li|ne, die; - [Kunstwort]: *sehr feiner Popelin aus Baumwolle.*

Tri|ko|lon, das; -s, -s u. ...la [zu griech. tri- = drei- u. ↑Kolon] (Rhet.): *aus drei Kola (1) zusammengesetztes Satzgefüge.*

tri|ko|lor ⟨Adj.⟩ [spätlat. tricolor, zu lat. tri- = drei- u. color = Farbe] (selten): *dreifarbig;* **Tri|ko|lo|re,** die; -, -n [frz. (drapeau) tricolore]: *dreifarbige Fahne [Frankreichs].*

Tri|kom|po|si|tum, das; -s, ...ta [aus lat. tri- = drei- u. ↑Kompositum] (Sprachw.): *dreigliedrige Zusammensetzung (z. B. Einzimmerwohnung).*

¹**Tri|kot** [triˈkoː; auch: ˈtriko], der, -s, -s [frz. tricot, zu: tricoter = stricken, H. u.]: *auf einer Maschine gestricktes, gewirktes elastisches, dehnbares Gewebe:* Unterwäsche aus T.; ²**Tri|kot,** das; -s, -s [frz.]: *meist eng anliegendes Kleidungsstück, das sich am Körper dehnt u. bes. bei sportlichen Betätigungen getragen wird:* die Ballettänzer trugen schwarze -s; junge Mädchen in roten oder weißen -s (Schädlich, Nähe 14); das T. anziehen, wechseln; das gelbe T. (Radsport; *Trikot in gelber Farbe, das während eines Etappenrennens derjenige trägt, der die jeweils beste Gesamtleistung aufweist*); **Tri|ko|ta|ge** [...ˈtaːʒə], die; -, -n ⟨meist Pl.⟩ [frz. tricotage, zu: tricoter, ↑¹Trikot]: *auf der Maschine gestricktes, gewirktes Material; aus ¹Trikot gefertigte Ware:* ein Geschäft für Miederwaren und -n; **Tri|kot|hemd,** das: *aus ¹Trikot gefertigtes Hemd* (1): Der Hausmeister Herrlich kam im porösen T. (Sommer, Und keiner 5); **Tri|ko|tine** [...ˈtiːn], der; -, -s: *trikotartiger, gewebter Wollstoff;* **Tri|kot|wer|bung,** die: *Werbung auf den Trikots von Sportlern:* Der allgewaltige Deutsche Fußballbund ... ließ im gleichen Jahr 1974 T. zu (Handelsblatt 1. 8. 79, 17).

Tri|ku|spi|dal|klap|pe, die; -, -n [zu lat. tri- = drei- u. cuspis (Gen.: cuspidis) = Spitze] (Med.): *dreizipflige Herzklappe zwischen dem rechten Vorhof (1 a) u. der rechten Herzkammer.*

tri|la|te|ral ⟨Adj.⟩ [aus lat. tri = drei- u. ↑lateral] (Politik, Fachspr.): dreiseitig, von drei Seiten ausgehend, drei Seiten betreffend: -e Verträge; eine Realisierung der ... -en Zusammenarbeit zwischen Japan, den USA und Europa (NZZ 30. 1. 83, 11).
Tril|lem|ma, das; -s, -s u. ...ta [zu griech. tri- = drei-, geb. nach ↑Dilemma] (Philos.): logischer Schluß mit drei alternativ verbundenen Aussagen.
tril|lin|gu|isch ⟨Adj.⟩ [zu lat. tri- = drei- u. lingua = Sprache] (Fachspr., bildungsspr.): dreisprachig.
Tril|lith, der; -s u. -en, -e[n] [zu griech. trílithos = von, mit drei Steinen, aus: tri- = drei- u. líthos = Stein]: vorgeschichtliches Steindenkmal.
◆ **tril|len**: ↑drillen: trillt (drillt 5 b) um den saubern Kerl herum (Schiller, Bacchus im Triller); ◆ **¹Tril|ler**, der; -s, -: auf einem öffentlichen Platz aufgestellter drehbarer Holzkäfig, in dem jmd. als Strafe für eine als straf-, verabscheuungswürdig empfundene Tat stehen muß, um ihn so der allgemeinen Verachtung auszusetzen: soll dich nicht der T. treiben, laß die Narrenspossen bleiben (Schiller, Bacchus im Triller).
²Tril|ler, der; -s, - [ital. trillo, wohl lautm.]: rascher, mehrmaliger Wechsel zweier Töne (bes. eines Tones mit einem benachbarten Halb- od. Ganzton als musikalische Verzierung einer Melodie): einen T. spielen, singen, exakt ausführen, nur andeuten; die T. einer Nachtigall; * **einen T. haben** (salopp; nicht recht bei Verstand sein): Entschuldigen Sie, aber Sie haben in dieser Beziehung einfach einen kleinen, süßen T. (Hausmann, Abel 129); **tril|lern** ⟨sw. V.; hat⟩: **1. a)** mit Trillern, Trillern ähnlichen Tönen, tremolierend singen od. pfeifen: sie singt und trillert den ganzen Tag; **b)** trillernd (1 a) hervorbringen, ertönen lassen: sie trillerte und trällerte ein Lied nach dem andern; im Gebüsch trillerte eine Nachtigall ihr Lied. **2. a)** auf einer Trillerpfeife pfeifen: Er stieß die Tür auf, trillerte kurz und heftig auf seiner Pfeife und rief dann schneidig: ... (Kirst, 08/15, 65); **b)** trillernd (2 a) hervorbringen, ertönen lassen: ein Signal t. **3.** *****einen t.** (ugs.; ein alkoholisches Getränk trinken); **Tril|ler|pfei|fe**, die: Pfeife (1 d), mit der ein dem Triller ähnlicher Ton erzeugt wird: Er trägt nur T. und Gummiknüppel und ist eine legendäre Figur: der Londoner „Bobby" (Hörzu 33, 1976, 27).
Tril|li|ar|de, die; -, -n [zu lat. tri- = drei- u. ↑Milliarde]: tausend Trillionen (= 10^{21}); **Tril|li|on**, die; -, -en [frz. trillion, zu: tri- (< lat. tri-) = drei- u. million, ↑Million]: eine Million Billionen (= 10^{18}).
Tril|lo|bit [auch: ...'bɪt], der; -en, -en [zu griech. trílobos = dreilappig, aus: tri- = drei- u. lobós = Ohrläppchen; Hülse]: meerbewohnender fossiler Gliederfüßer.
Tril|lo|gie, die; -, -n [griech. trilogía, zu: tri- = drei- u. lógos, ↑Logos]: Folge von drei selbständigen, aber thematisch zusammengehörenden, eine innere Einheit bildenden Werken (bes. der Literatur, auch der Musik, des Films): Diese beiden Bücher sollen zusammen mit einem dritten ... eine Art T. bilden (Reich-Ranicki, Th. Mann 142).

Tri|ma|ran, der; -s, -e [eigtl. = Dreirumpfboot, zu lat. tri- = drei- u. ↑Katamaran]: Segelboot mit breitem mittlerem Rumpf u. zwei schmalen, wie Ausleger (3 b) gebauten seitlichen Rümpfen.
tri|mer ⟨Adj.⟩ [griech. trimerés, zu: tri- = drei- u. méros = Teil] (Fachspr.): dreiteilig: -e Fruchtknoten; **Tri|mer**, das; -s, -e (Chemie): aus drei gleichartigen Molekülen aufgebaute chemische Verbindung.
Tri|me|ster, das; -s, - [zu lat. trimestris = dreimonatig, zu: tri- = drei- u. mensis = Monat; vgl. Semester]: **1.** Zeitraum von drei Monaten. **2.** Drittel eines Schul- od. Studienjahres.
Tri|me|ter, der; -s, - [lat. trimeter, zu griech. trímetros = drei Takte enthaltend, zu tri- = drei- u. métron, ↑Meter]: (in der griech. Metrik) aus drei metrischen Einheiten bestehender Vers.
Trimm, der; -[e]s [engl. trim, zu: to trim, ↑trimmen] (Seemannsspr.): **1.** Lage eines Schiffes bezüglich Tiefgang u. Schwerpunkt. **2.** gepflegter Zustand eines Schiffes; **Trimm-dich-Pfad**, der [zu ↑trimmen (1)]: häufig durch einen Wald führender, meist als Rundstrecke angelegter Weg mit verschiedenartigen Geräten u. Anweisungen für Übungen, die der körperlichen Ertüchtigung dienen; **trim|men** ⟨sw. V.; hat⟩ [engl. to trim < aengl. trymman = in Ordnung bringen; fest machen, zu: trum = fest, stark]: **1.** durch sportliche Betätigung, körperliche Übungen leistungsfähig machen: er trimmt seine Schützlinge; sich täglich durch Waldläufe t.; Ü sie hat seinen Sohn für die Klassenarbeit getrimmt. **2.** (ugs.) [durch wiederholte Anstrengungen] zu einem bestimmten Aussehen, zu einer bestimmten Verhaltensweise, in einen bestimmten Zustand bringen, in bestimmte Weise zurechtmachen, bestimmte Eigenschaften geben: seine Kinder auf Höflichkeit, auf Ordnung t.; Eine Truppe, getrimmt auf Konterfußball (Presse 22. 11. 83, 6); sie trimmt sich auf jugendlich; das Lokal ist auf antik getrimmt; alles hinter den schmiedeeisernen Zäunen war auf Reinlichkeit getrimmt (Fels, Unding 100); Ein braves Familienauto ... sportlich zu t., ist sicher ungewöhnlich (ADAC-Motorwelt 1, 1983, 14); Motoren, die praktisch im Baukastensystem vom Serienaggregat zur Rennmaschine getrimmt werden können (ADAC-Motorwelt 7, 1982, 41). **3. a)** (einem Hund) durch Scheren od. Ausdünnen des Fells das für seine Rasse übliche, der Mode entsprechende Aussehen verleihen: einen Pudel t.; **b)** durch Bürsten des Felles von abgestorbenen Haaren befreien. **4. a)** (Seew., Flugw.) durch zweckmäßige Beladung, Verteilung des Ballasts (bei Flugzeugen auch durch zusätzliche Maßnahmen wie entsprechende Verstellung eines Trimmruders o. ä.) in die richtige Lage bringen [u. dadurch eine optimale Steuerung ermöglichen]: ein Schiff, Flugzeug t.; ein gut, schlecht getrimmtes Boot; das Ruder t. (so einstellen, daß eine optimale Fluglage entsteht); **b)** (Seew.) (die Ladung eines Schiffes) zweckmäßig an Bord verteilen, verstauen: die Fässer t.; die Ladung muß ordnungsgemäß getrimmt werden; Kohlen t. (das Schiff mit Kohlen beladen); **c)** (Seew. früher) Kohlen von den Bunkern zur Feuerung schaffen: Kohlen t. **5.** (Funkt., Elektronik) [mit Hilfe von Trimmern (2)] auf die gewünschte Frequenz einstellen, abgleichen (3): die Schwingkreise t. **6.** (Kerntechnik) bei Kernreaktoren kleine Abweichungen vom kritischen Zustand ausgleichen; **Trim|mer**, der; -s, -: **1.** (ugs.) jmd., der sich durch Trimmen (1) ertüchtigt, der sich trimmt. **2.** (Funkt., Elektronik) kleiner, verstellbarer Drehkondensator zum Trimmen (5), Abgleichen (3) von Schwingkreisen. **3.** (Seew. früher) kurz für ↑Kohletrimmer: Sie gaben ihm ein Heuer auf einem deutschen Schiff als T. (G. Roth, Winterreise 69); **Trim|me|rin**, die; -, -nen: (ugs.): w. Form zu ↑Trimmer (1); **Trimm|klap|pe**, die (Flugw.): vgl. Trimmvorrichtung; **Trimm|pfad**, der: Trimm-dich-Pfad; **Trimm|ru|der**, das (Flugw.): vgl. Trimmvorrichtung; **Trimm|tank**, der (Seew.): Wassertank, der zum Trimmen (4 a) eines Schiffes, bes. eines Unterseebootes dient; **Trimm|trab**, der: Dauerlauf, durch den sich jmd. trimmt (1); **Trim|mung**, die; -, -en: **1.** ⟨o. Pl.⟩ (Seew., Flugw.) **a)** das Trimmen (4 a, b); **b)** durch Trimmen (4 a, b) erreichte Lage. **2.** (Flugw.) Trimmvorrichtung; **Trimm|vor|rich|tung**, die (Flugw.): Vorrichtung zum Trimmen (4 a).
tri|morph ⟨Adj.⟩ [griech. trimorphos, zu: tri- = drei- u. morphḗ = Gestalt, Form] (Fachspr., bes. Mineral., Biol.): in dreierlei Gestalt, Form vorkommend: -e Pflanzen, Kristalle; **Tri|mor|phie**, die; - (Fachspr., bes. Mineral., Biol.): Trimorphismus; **tri|mor|phisch** ⟨Adj.⟩ (Fachspr., bes. Mineral., Biol.): trimorph; **Tri|mor|phis|mus**, der; - (Fachspr., bes. Mineral., Biol.): Auftreten, Vorkommen in dreierlei Gestalt, in drei Formen.
Tri|mur|ti, die; - [sanskr. trimūrti = (Darstellung) mit drei Gestalten]: göttliche Dreifaltigkeit des Hinduismus.
tri|nar ⟨Adj.⟩ [spätlat. trinarius, zu lat. trini, Pl. von: trinus = je drei; dreifach, zu: tres = drei] (Fachspr.): drei Einheiten, Glieder enthaltend; dreiteilig: -e Nomenklatur (Biol.): wissenschaftliche Benennung von Unterarten von Pflanzen u. Tieren durch den Namen der Gattung, der Art u. der Unterart); **Tri|na|ti|on**, die; -, -en (kath. Kirche): dreimaliges Lesen der ¹Messe (1) an einem Tag durch denselben Priester (z. B. an Allerseelen u. Weihnachten).
Tri|ne, die; -, -n [Kurzf. des w. Vorn. Katharina]: **1.** (ugs. abwertend) meist als träge, ungeschickt, unansehnlich o. ä. angesehene weibliche Person: sie ist eine dumme, liederliche, faule T. **2.** (salopp abwertend) Tunte: wenn man schwul sein wollte und männlich und nicht bekannt als T., mußte man entweder den Hetero spielen, oder die sogenannte Freundin haben, oder den Stricher (Praunheim, Armee 253).
Tri|ni|dad: Insel vor der Nordküste Südamerikas; **Tri|ni|dad und To|ba|go**, -s - -s: Staat im Karibischen Meer.
Tri|ni|ta|ri|er, der; -s, - [zu ↑Trinität]: **1.** Angehöriger eines katholischen Bettelordens. **2.** Anhänger der Lehre von der Trini-

tät; **tri|ni|ta|risch** ⟨Adj.⟩ (christl. Rel.): *die [Lehre von der] Trinität betreffend;* **Tri|ni|tät,** die; - [mlat. trinitas = Heilige Dreifaltigkeit < lat. trinitas (Gen.: trinitatis) = Dreizahl, zu: trinus, ↑trinär] (christl. Theol.): *Dreiheit der Personen (Vater, Sohn u. Heiliger Geist) in Gott; Dreieinigkeit, Dreifaltigkeit:* die christliche Lehre von der T. Gottes; Ü Gleichwohl sind beide Lebensäußerungen von größter Bestimmtheit, indem sie teilhaben an der einzigen T., an die ich glaube: an das Leben, an den Schlaf und an die Lust (Stern, Mann 168); **Tri|ni|ta|tis,** das; - ⟨meist o. Art.⟩, **Tri|ni|ta|tis|fest,** das; **Tri|ni|täts|sonn|tag; Tri|ni|täts|leh|re,** die; -: *Lehre von der Trinität.*
Tri|ni|tro|phe|nol, das; -s [zu lat. tri- = drei-, ↑Trinitrogenium u. ↑Phenol]: *Pikrinsäure;* **Tri|ni|tro|to|lu|ol,** das; -s [↑Toluol]: *stoßunempfindlicher Sprengstoff bes. für Geschosse; Trotyl;* Abk.: TNT
trink|bar ⟨Adj.⟩: *zum Trinken, als Getränk geeignet:* -es Wasser; die Milch hat einen Stich, ist aber noch t.; der Wein ist durchaus t. (ugs.; *schmeckt nicht schlecht*); ⟨subst.:⟩ hast du was Trinkbares (ugs.; *etw. zu trinken*) im Haus?; Die Besorgung von Trinkbarem *(alkoholischen Getränken),* der sie schnell nachging sonst, war ihr erspart (Schädlich, Nähe 21); **Trink|bar|keit,** die; -: *das Trinkbarsein;* **Trink|be|cher,** der; vgl. Trinkgefäß; **Trink|brannt|wein,** der: *für den Genuß bestimmter, zum Trinken geeigneter Branntwein;* **Trink|brauch,** der ⟨meist Pl.⟩: *Trinksitte;* **Trink|ei,** das: *frisches Hühnerei, das auch in rohem Zustand verzehrt werden kann;* **trin|ken** ⟨st. V.; hat⟩ [mhd. trinken, ahd. trinkan, H. u., viell. eigtl. = einen Zug tun]: **1. a)** *Flüssigkeit, ein Getränk zu sich nehmen:* langsam, genußvoll, schnell, hastig, gierig t.; er ißt und trinkt gerne; du sollst nicht kalt (ugs.; *nicht etw., was so kalt ist*) t.; aus der Flasche t.; in/mit kleinen Schlucken, in großen Zügen t.; ich habe mal [von dem Saft] t.; die Mutter gibt dem Kind [von der Milch] zu t.; einmal bin ich sogar betrunken gewesen, weil der Posten ... darauf bestand, daß ich von seinem Selbstgebrannten tränke (Kant, Aufenthalt 143); **b)** ⟨t. + sich⟩ *sich in bestimmter Weise trinken (2) lassen:* der Wein trinkt sich gut *(schmeckt gut);* ⟨unpers.:⟩ Aus dem Glas trinkt es sich so schlecht im Bett (Borchert, Geranien 16); **c)** *durch Trinken (1 a) in einen bestimmten Zustand bringen:* das Baby hat sich satt getrunken; du hast dein Glas noch nicht leer getrunken *(hast noch nicht ausgetrunken);* Janda ... trinkt die Flasche Ribiselwein leer *(trinkt, bis sie leer ist;* Zenker, Froschfest 177). **2.** *als Flüssigkeit, als Getränk zu sich nehmen; trinkend (1 a) verzehren:* Wasser, Milch, Tee, Kaffee, Bier, Wein t.; sie trinkt am liebsten Mineralwasser; Karl Kosemund saß am Mittagstisch und trank die Soße von einem Tomatensalat aus einer Schüssel (Sommer, Und keiner 273); Er trank den Kaffee im Stehen (Springer, Was 9); sie trinkt keinen Alkohol; ein Bier, eine Tasse Kaffee, einen Schluck Wasser, eine Flasche Bier, ein Glas Wein t.; trinkst du noch ein Glas?; diesen Wein muß man mit Verstand, mit Andacht t.; er trinkt keinen Tropfen *(überhaupt keinen Alkohol);* der Kognak läßt sich t., ist zu t., den Kognak kann man t. (ugs.; *der Kognak schmeckt gut*); Ü Der Adler ... lief 125 km/h und trank *(verbrauchte)* 12–131 (ADAC-Motorwelt 5, 1986, 21); die ausgedörrte Erde trank den Regen (dichter.; *saugte ihn auf*); die Schönheit, das Leben t. (dichter.; *voll in sich aufnehmen);* * **einen t.** (ugs.; *ein alkoholisches Getränk trinken*): er geht öfter einen t.; Nach achtzehn Jahren mußte man eine Basis finden. Vielleicht trank man einen zusammen (Loest, Pistole 137); **sich** ⟨Dativ⟩ **einen t.** (ugs.; ↑saufen 3 b). **3. a)** *Alkohol, ein alkoholisches Getränk zu sich nehmen:* in der Kneipe sitzen und t.; man merkte, daß sie getrunken hatten; sie haben bis Mitternacht getrunken; er hatte aus Angst vor der Prüfung getrunken und fiel prompt durch; **b)** *einen Schluck eines alkoholischen Getränks mit guten Wünschen für jmdn., etw. zu sich nehmen:* auf jmdn., jmds. Wohl, Glück, Gesundheit t.; laßt uns nun alle auf ein gutes Gelingen, auf eine glückliche Zukunft t.!; Wir müssen alle auf unser wiedererhaltenes Leben t. (Praunheim, Sex 165); **c)** ⟨t. + sich⟩ *sich durch den Genuß alkoholischer Getränke in einen bestimmten Zustand, in bestimmte Umstände bringen:* sich krank, arm, um den Verstand t.; es heißt, er habe sich aus künstlerischer Verzweiflung zu Tode getrunken (Szene 8, 1984, 56); **d)** *gewohnheitsmäßig alkoholische Getränke in zu großer Menge zu sich nehmen; alkoholsüchtig, Trinker sein:* aus Verzweiflung, aus Kummer t.; Pauline meckerte immer darüber, daß die Schwester trank. Dabei trank sie selber ganz gern *(sprach sie selbst gern dem Alkohol zu;* Danella, Hotel 80); er hat angefangen zu t.; er trinkt; ⟨subst.:⟩ er kann das Trinken nicht mehr lassen; **Trin|ker,** der; -s, - [mhd. trinker, ahd. trinkari]: *jmd., der gewohnheitsmäßig alkoholische Getränke in zu großer Menge zu sich nimmt, der alkoholsüchtig ist, Alkoholiker:* ein notorischer, chronischer, heimlicher, starker T.; zum T. werden; **Trin|ke|rei,** die; -en: **1.** ⟨Pl. selten⟩ (meist abwertend) *[dauerndes] Trinken (1 a).* **2.** (abwertend) *das Trinken (3 d), gewohnheitsmäßiger Alkoholgenuß, Trunksucht:* die T. hat ihn, seine Leber ruiniert; Ich trank immer mehr, so daß die ersten Folgeerscheinungen der T. sich bemerkbar machten (Jaekel, Ghetto 74). **3.** (ugs.) *Trinkgelage:* das Hotel, in dem der Rotary Club und der Lions Club und die American Legion ihre -en veranstalten (Heym, Nachruf 477); **Trin|ker|heil|an|stalt, Trin|ker|heil|stät|te,** die: *Heilanstalt zur Entwöhnung Alkoholsüchtiger;* **Trin|ker|herz,** das: *durch langfristigen übermäßigen Alkoholgenuß vergrößertes Herz mit einer Schädigung des Herzmuskels;* **Trin|ke|rin,** die; -, -nen: w. Form zu ↑Trinker; **trink|fer|tig** ⟨Adj.⟩: *so weit bearbeitet, vorbereitet, daß durch Hinzufügen von Wasser od. Milch ein Getränk bereitet wird:* -es Kakaopulver, Milchpulver; **trink|fest** ⟨Adj.⟩: *imstande, große Mengen von alkoholischen Getränken zu sich zu nehmen, ohne erkennbar betrunken zu werden:* Russische Filmkomödie um einen Wettstreit -er Weinbauern in Georgien (Hörzu 22, 1983, 47); **Trink|fe|stig|keit,** die: *das Trinkfestsein;* **Trink|fla|sche,** die: vgl. Trinkgefäß; **trink|freu|dig** ⟨Adj.⟩: *stets u. gern bereit, alkoholische Getränke zu sich zu nehmen:* keltische Lebensart mit ihren Priestern, den Druiden, mit -en u. sauflustigen Rotschöpfen (Saarbr. Zeitung 12./13. 7. 80, 5); **Trink|freu|dig|keit,** die: *das Trinkfreudigsein;* **Trink|ge|fäß,** das: *meist mit einem Henkel versehenes Gefäß, aus dem man trinken kann;* **Trink|ge|la|ge,** das (oft scherzh.): *geselliges Beisammensein, bei dem sehr viel Alkohol getrunken wird;* **Trink|geld,** das [das Geld war urspr. zum Vertrinken bestimmt]: *[kleinere] Geldsumme, die jmdm. für einen erwiesenen Dienst [über einen zu entrichtenden Preis hinaus] gegeben wird:* ein hohes, großes, reichliches, fürstliches, nobles, anständiges, geringes, kleines, mageres T.; ein gutes T., grundsätzlich kein T. geben; viele -er, keinen Pfennig T. bekommen; kein T. annehmen; jmdm. ein T. zustecken, in die Hand drücken; In den 60er Jahren wurde es üblich, daß Gaststättenbesucher reichliche -er gaben – man war schließlich wer (Kühn, Zeit 434); **Trink|ge|wohn|heit,** die ⟨meist Pl.⟩: *das Trinken (bes. von alkoholischen Getränken) betreffende Gewohnheit, Sitte eines Menschen, einer bestimmten Gruppe, eines Volkes:* die -en der Engländer; er hat seine -en geändert; **Trink|glas,** das ⟨Pl. ...gläser⟩: vgl. Trinkgefäß; **Trink|hal|le,** die: **1.** *in einem Heilbad, in der das Wasser von Heilquellen entnommen u. getrunken werden kann.* **2.** *Kiosk, an dem es vor allem Getränke zu kaufen gibt;* **Trink|halm,** der: *zurechtgeschnittener Strohhalm od. langes, dünnes Röhrchen aus Kunststoff, mit dessen Hilfe ein Getränk eingesaugt u. getrunken werden kann;* **Trink|horn,** das ⟨Pl. ...hörner⟩ (früher): *aus dem Horn von Rindern, Büffeln o. ä. gefertigtes od. in der Form einem Horn nachgebildetes Trinkgefäß;* **Trink|krug,** der: vgl. Trinkgefäß; **Trink|kum|pan,** der (ugs. seltener): *Saufkumpan;* **Trink|kum|pa|nin,** die (ugs. seltener): w. Form zu ↑Trinkkumpan; **Trink|kur,** die: *Kur, bei der eine bestimmte Menge einer Flüssigkeit, bes. Mineralwasser, regelmäßig getrunken wird:* Die Ärztin ahnt nicht, daß ich weder die Liegekur, noch die Diät und T. einhalte (Zeller, Amen 76); **Trink|lied,** das (veraltend): *Lied, das bes. bei einem geselligen Beisammensein gemeinsam gesungen wird u. dem Alkohol, meist dem Wein, besungen wird;* **Trink|milch,** die: *zum Trinken geeignete, ausreichend entkeimte Milch;* **Trink|röhr|chen,** das: *Trinkhalm;* **Trink|scha|le,** die: *schalenförmiges Trinkgefäß;* **Trink|scho|ko|la|de,** die: *Schokolade zum Herstellen von Getränken, bes. Kakao;* **Trink|sit|te,** die ⟨meist Pl.⟩: vgl. Trinkgewohnheit; **Trink|spruch,** der: *bei festlichen Gelegenheiten, oft bei einem Festessen, gehaltene kleine Rede, vorgebrachter Spruch o. ä., verbunden mit der Aufforderung, die Gläser zu erheben u. gemeinsam zu trin-

ken; **Toast** (2): einen T. auf jmdn., etw. halten, ausbringen; jmdn. in, mit einem T. würdigen, hochleben lassen; **Trink|was|ser**, das ⟨Pl. ...wässer⟩: *für den menschlichen Genuß geeignetes, [in Filteranlagen] ausreichend entkeimtes, gereinigtes Wasser;* **Trink|was|ser|auf|be|reitung**, die: *der Gewinnung von Trinkwasser dienende Aufbereitung von Wasser:* Aufgabe der T. ist es, gesundheitsgefährdende Stoffe aus dem Rohwasser zu eliminieren (DÄ 47, 1985, 23); **Trink|was|ser|qua|li|tät**, die ⟨o. Pl.⟩: *von Trinkwasser verlangte Qualität:* Das Wasser hat T., es ist klar (Fisch 2, 1980, 122); **Trink|was|ser|schutz|ge|biet**, das: *Wasserschutzgebiet;* **Trink|was|ser|ver|sor|gung**, die: *Versorgung mit Trinkwasser.*
Tri|nom, das; -s, -e [zu lat. tri- = drei-, geb. nach ↑Binom] (Math.): *aus drei durch Plus- od. Minuszeichen verbundenen Gliedern bestehender mathematischer Ausdruck;* **tri|no|misch** ⟨Adj.⟩ (Math.): *ein Trinom betreffend; dreigliedrig.*
Trio, das; -s, -s [ital. trio, zu: tri- < lat. tri- = drei-]: **1.** (Musik) **a)** *Komposition für drei solistische Instrumente, seltener auch für Singstimmen;* **b)** *in eine Komposition, bes. in Sätze wie Menuett od. Scherzo, eingeschobener Teil, der durch eine kleinere Besetzung, andere Tonart u. ruhigeres Tempo gekennzeichnet ist.* **2.** *Ensemble von drei Instrumental-, seltener auch Vokalsolisten.* **3.** (oft iron.) *Gruppe von drei Personen, die häufig gemeinsam in Erscheinung treten od. gemeinsam eine [strafbare] Handlung durchführen, zusammenarbeiten o.ä.:* Zu weiteren Maßnahmen, etwa einer Leibesvisitation, habe kein Anlaß bestanden, da das T. offensichtlich nicht bewaffnet gewesen sei (NZZ 10.8.84, 2); sie tauchen immer im T. *(zu dritt)* auf.
Tri|ode, die; -, -n [zu griech. tri- = drei-, geb. nach ↑Diode] (Elektrot.): *Röhre* (4 a) *mit drei Elektroden.*
Tri|odi|on, das; -s [zu griech. tri- = drei- u. ōdḗ, ↑Ode; in den zehn Wochen vor Ostern wurden im Gottesdienst statt der üblichen neun (bzw. acht) Oden nur drei gesungen] (orthodoxe Kirche): **1.** *liturgisches Buch mit den gottesdienstlichen Gebeten u. Gesängen für die zehn Wochen vor Ostern.* **2.** *Abschnitt des Kirchenjahres, in dem das Triodion* (1) *verwendet wird.*
Trio|le, die; -, -n [zu lat. tri- = drei-]: **1.** (Musik) *Folge von drei gleichen Noten, die zusammen die gleiche Zeitdauer haben wie zwei, seltener auch vier Noten gleicher Gestalt.* **2.** (bildungsspr.) *Triolismus;* **Trio|len|ver|kehr**, der (Rechtsspr.): vgl. Triolismus; **Trio|lett**, das; -[e]s, -e [frz. triolet] (Literaturw.): *achtzeilige Gedichtform mit zwei Reimen, wobei die erste Zeile als vierte u. die ersten beiden als letzte Zeilen wiederholt werden;* **Trio|lis|mus**, der; - (bildungsspr.): *Geschlechtsverkehr zwischen drei Partnern;* **Trio|list**, der; -en, -en (bildungsspr.): *jmd., der Geschlechtsverkehr mit zwei anderen Partnern ausübt;* **Trio|li|stin**, die; -, -nen (bildungsspr.): w. Form zu ↑Triolist; **trio|li|stisch** ⟨Adj.⟩ (bildungsspr.): *den Triolismus betreffend, zu ihm gehörend; Geschlechtsverkehr zu dritt ausübend.*

Trio|so|na|te, die; -, -n (Musik): *(bes. im Barock) Komposition für zwei gleichberechtigte hohe Soloinstrumente, wie Geige od. Flöte, u. ein Generalbaßinstrument.*
Trio|tar ⓌⓏ, das; -s, -e [Kunstwort]: *Fotoobjektiv mit langer Brennweite.*
Tri|özie, die; - [zu griech. tri- = drei- u. oikía = Haus] (Bot.): *Getrenntgeschlechtigkeit bei Samenpflanzen, bei der männliche, weibliche u. zwittrige Blüten auf drei verschiedene Individuen einer Art verteilt sind* (z. B. bei der Esche u. beim Spargel); **tri|özisch** ⟨Adj.⟩ (Bot.): *die Triözie betreffend.*
Trip, der; -s, -s [engl. trip, zu: to trip = trippeln]: **1.** (ugs.) *[kurzfristig, ohne große Vorbereitung unternommene] Reise, Fahrt; Ausflug:* einen kleinen, kurzen, längeren T. unternehmen; Der T. an die entlegenen Strände ... entpuppte sich als die gelungenste Flucht aus der harten Wirklichkeit (Kraushaar, Lippen 53); einen T. nach Venedig machen; (oft untertreibend:) er ist von seinem T. in die Staaten wieder zurück; Ein Teil ... rüstet sich nach Abschluß der Saison zum T. über den großen Teich (rallye racing 10, 1979, 64); Ü Energiepreise auf dem T. nach oben (Spiegel 32, 1979, 4). **2.** (Jargon) **a)** *mit Halluzinationen o.ä. verbundener Rauschzustand nach dem Genuß von Rauschgift, Drogen:* der T. war vorbei; auf dem T. *(im Rauschzustand)* sein; ich war in der fraglichen Zeit rauschgiftsüchtig und auf dem T. *(nahm Drogen;* Blanc, Tatort 220); **b)** *Dosis einer halluzinogenen Droge, bes. LSD, die einen Rauschzustand herbeiführt:* einen T. [ein]werfen, [ein]schmeißen (Jargon; nehmen); Sie war glücklich, hatte schon -s eingeworfen (B. Vesper, Reise 28); Sie kam dann in unser Zimmer und suchte die Fußleisten nach -s ab; Sie meinte, vielleicht hätte irgend jemand da mal -s versteckt (Christiane, Zoo 231). **3.** (Jargon, oft abwertend) *Phase, in der sich jmd. mit etw. Bestimmtem besonders intensiv beschäftigt, in der ihn eine Sache besonders stark interessiert, begeistert:* zur Zeit ist er auf seinem religiösen T.; Das Mäxchen ... ist jetzt auffem anarchistischen T. (Grass, Butt 184).
Tri|pal|mi|tin, das; -s [aus lat. tri- = drei- u. ↑Palmitin): *Bestandteil vieler pflanzlicher u. tierischer Fette.*
Tri|par|ti|ti|on, die; -, -en [zu lat. tripartitus = dreiteilig, zu: tri- = drei- u. partium, 2. Part. von: partiri = teilen] (Math. veraltet): *Trisektion.*
¹**Tri|pel**, der; -s [nach der Stadt Tripolis] (Geol.): *feingeschichtete Ablagerungen von Kieselgur.*
²**Tri|pel**, das; -s, - [frz. triple = dreifach < lat. triplus, zu: tri- = drei-, zum 2. Bestandteil vgl. doppelt] (Math.): *mathematische Größe aus drei Elementen;* ³**Tri|pel**, der; -s, - (veraltet): *dreifacher Einsatz;* **Tri|pel|al|li|anz**, die (Völkerr.): *Allianz dreier Staaten;* **Tri|pel|en|ten|te**, die (Völkerr.): vgl. Tripelallianz; **Tri|pel|fu|ge**, die (Musik): *Fuge mit drei selbständigen Themen;* **Tri|pel|kon|zert**, das (Musik): *Konzert für drei Soloinstrumente u. Orchester;* **Tri|pel|punkt**, der (Physik, Chemie): *Punkt im Zustandsdiagramm einer Sub-*

stanz, in dem ihr fester, flüssiger u. gasförmiger Aggregatzustand gleichzeitig nebeneinander bestehen; **Tri|pel|takt**, der (Musik): *dreiteiliger, ungerader Takt* (z. B. $^3/_4$-Takt).
Tri|phthong, der; -s, -e [zu griech. tri- = drei-, geb. nach ↑Diphthong] (Sprachw.): *aus drei nebeneinanderstehenden, eine Silbe bildenden Vokalen bestehender Laut, Dreilaut* (z. B. ital. miei = meine).
Tri|pi|ta|ka, das; - [sanskr. tripiṭaka = Dreikorb]: *aus drei Teilen bestehende heilige Schrift des Buddhismus.*
Tri|pla: Pl. von ↑Triplum; **Tri|plé** [...'ple:], das; -s, -s (Billard): *Zweibandenspiel;* **Tri|plet** [tri'ple:], das; -s, -s (Fachspr.): *Triplett* (3); **Tri|plett**, das; -s, -e u. -s [frz. triplet, zu: triple < lat. triplus, ↑²Tripel]: **1.** (Physik) *drei miteinander verbundene Serien eines Linienspektrums.* **2.** (Biol.): *drei aufeinanderfolgende Basen einer Nukleinsäure, die den Schlüssel für eine Aminosäure darstellen* **3.** (Optik) *aus drei Linsen bestehendes optisches System;* **Tri|plet|te**, die; -, -n [geb. nach ↑Dublette (3)]: *aus drei Teilen zusammengesetzter, geschliffener Schmuckstein;* **tri|plie|ren** ⟨sw. V.; hat⟩ [frz. tripler, zu: triple, ↑Triplett] (bildungsspr., Fachspr.): *verdreifachen;* **Tri|plik** [auch: ...lık], die; -, -en [zu lat. triplex, ↑Triplikat, geb. nach ↑Duplik] (Rechtsspr. veraltend): *Antwort eines Klägers auf eine Duplik;* **Tri|pli|kat**, das; -[e]s, -e [zu lat. triplicatum, 2. Part. von: triplicare = verdreifachen, zu: triplex = dreifach, aus: tri- = drei- u. -plex, ↑Duplik] (selten): *dritte Ausfertigung eines Schreibens, eines Schriftstücks;* **Tri|pli|ka|ti|on**, die; -, -en [lat. triplicatio, zu: triplicare, ↑Triplikat] (Rhet.): *dreimalige Wiederholung desselben Wortes, derselben Wortgruppe;* **Tri|plit** [auch: ...'plıt], der; -s, -e [zu lat. triplus, ↑²Tripel]: *fettig glänzendes, rötliches, braunes od. schwarzes Mineral;* **Tri|pli|zi|tät**, die; - [spätlat. triplicitas, zu: triplex, ↑Triplikat] (Fachspr., bildungsspr. selten): *dreifaches Vorkommen, Auftreten;* **tri|plo|id** ⟨Adj.⟩ [zu lat. triplus (↑²Tripel), geb. nach ↑diploid] (Biol.): *(von Zellkernen) einen dreifachen Chromosomensatz enthaltend;* **Tri|plum**, das; -s, Tripla [lat. triplum, zu: triplus, ↑²Tripel] (veraltet): *Dreifaches.*
Trip|ma|dam, die; -, -en [frz. tripe-madame, H. u.]: *(zu den Fetthennen gehörende) Pflanze mit graugrünen, fleischigen Blättern u. gelben od. weißen Blüten.*
Tri|po|den: Pl. von ↑Tripus; **Tri|po|die**, die; -, -n [griech. tripodía, zu: trípous, ↑Tripus]: *(in der griechischen Metrik) aus drei Versfüßen bestehender Takt in einem Vers.*
Tri|po|lis: Hauptstadt von Libyen.
Tri|po|ta|ge [tripo'ta:ʒə], die; -, -n [frz. tripotage, zu: tripoter = unsaubere Geschäfte machen, spekulieren, intrigieren] (veraltet): *Kniff, Ränke, bes. Geld-, Börsenschwindel.*
trip|peln ⟨sw. V.; ist⟩ [spätmhd. trippeln, lautm.]: **a)** *kleine, schnelle Schritte machen:* Das Mädchen trippelte auf der Stelle und schäkerte herum (Fels, Unding 30); trippelnde *(kleine, schnelle)* Schritte; **b)** *sich trippelnd* (a) *irgendwohin bewegen:* das Kind trippelte

durch das Zimmer; sie trippelte auf ihren hohen Absätzen über den Flur; **Trip|pel|gang,** der: *Gang* (1 a) *im Trippelschritt;* **Trip|pel|schritt,** der: *kleiner, schneller, leichter Schritt:* er lief mit geschäftigen -en durchs Zimmer; Weil er sich nur noch hastend bewegen konnte, mit unsicheren -n (Spiegel 47, 1987, 173).
Trip|per, der; -s, - [zu niederd. drippen = tropfen, also eigtl. = Tropfer (nach dem eitrigen Ausfluß aus der Harnröhre)]: *Gonorrhö:* [den, einen] T. haben; sich den T. holen; wie man analen und oralen T. erkennt (Silverstein, Freuden 104).
Trips|trill: wohl erfundener Ortsn., in den Fügungen: **in, aus nach T.** (ugs., meist scherzh.; ↑ Buxtehude).
Tri|ptik: ↑ Triptyk.
Trip|ton, das; -s [zu griech. triptós = zerrieben, zu: tríbein = reiben] (Ökologie): *im Wasser schwebender, feinster organischer Detritus* (2).
Tri|pty|chon, das; -s, ...chen u. ...cha [zu griech. tríptychos = dreifach, aus drei Schichten, Lagen übereinander bestehend, zu: trís = dreimal u. ptýx, ptýchē = Falte, Schicht, Lage od. ptýssein = mehrfach übereinanderlegen, falten] (Kunstwiss.): *aus einem mittleren Bild u. zwei beweglichen, meist halb so breiten Flügeln bestehende bildliche Darstellung, bes. gemalter od. geschnitzter dreiteiliger Flügelaltar;* **Trip|ptyk,** (auch:) Triptik, das; -s, -s [engl. triptique < frz. triptyque, zu griech. tríptychos, ↑ Triptychon]: *dreiteilige Bescheinigung zum Grenzübertritt von Wasserfahrzeugen u. Wohnanhängern.*
Tri|pus [...u:s], der; -, ...poden [griech. trípous, eigtl. = dreibeinig, -füßig, zu: tri- = drei- u. poús (Gen.: podós) = Fuß]: *altgriechisches dreifüßiges Gestell* (als *Weihegeschenk u. Siegespreis).*
Tri|re|me, die; -, -n [lat. triremis (navis), zu: drei- u. remus = Ruder]: *Triere.*
tri|scha̱cken[1] ⟨sw. V.; hat⟩ [zu tschech. držák = Stiel] (österr. ugs.): *verprügeln.*
Tri|sek|ti|on, die; - zu lat. tri- = drei- u. sectio, ↑ Sektion] (Math.): *Dreiteilung eines Winkels;* **Tri|sek|trix,** die; -, ...trizes [...tse:s] u. ...trixen (Math.): *zur Dreiteilung eines Winkels verwendete Kurve.*
Tri|set, das; -[s], -s [aus lat. tri- = drei- u. ↑ [1]Set]: **1.** *drei zusammengehörende Dinge.* **2.** *zwei Trauringe mit einem zusätzlichen Diamantring für die Braut.*
Tris|ha|gi̱on, das; -s, ...ien [mgriech. triságion, zu griech. triságios = dreimal heilig, zu: trís = dreimal u. hágios = heilig]: *dreimalige Anrufung Gottes* (bes. in der orthodoxen Liturgie).
Tris|kai|de|ka|pho|bi̱e, die; - [zu griech. triskaídeka = dreizehn u. ↑ Phobie]: *Angst vor der Zahl 13.*
Tris|mus, der; -, ...men [griech. trismós = das Schwirren, Knirschen] (Med.): *Krampf* (1) *der Kaumuskeln, Kiefersperre.*
trịst ⟨Adj.; -er, -este⟩ [mhd. triste < (a)frz. triste < lat. tristis] (bildungsspr.): *durch Öde, Leere, Trostlosigkeit, Eintönigkeit gekennzeichnet; trostlos; freudlos:* ein -er Anblick, eine -e Häuserfront, Gegend; dennoch ist das -e Industriegelände ein biologisches Wunderland (natur 2, 1991, 60); es war ein -er Regentag; ein -es Le-

ben, Dasein; Das ist oft eine -e Botschaft (tip 13, 1983, 79); Die übrigbleibenden Farben sind ausgesprochen t. (ADAC-Motorwelt 4, 1985, 42); hier sieht es aber t. aus.
Tri|ste, die; -, -n [spätmhd. triste, H. u.] (bayr., österr., schweiz.): *um eine hohe Stange aufgehäufetes Heu od. Stroh.*
Tri|stesse [...'tɛs], die; -, -n ⟨Pl. selten⟩ [...sn̩; frz. tristesse < lat. tristitia, zu: tristis, ↑ trist] (bildungsspr.): *Traurigkeit, Melancholie, Schwermut; Trostlosigkeit, Freudlosigkeit:* Cocteaus T. ist übermächtig gewesen (Hohmann, Engel 331); längst tust sich dort die T. einer Industrielandschaft an (natur 9, 1991, 23); über den Versuch dreier Familienväter, der ehelichen T. zu entfliehen (Spiegel 42, 1978, 288); **Trịst|heit,** die; -: *das Tristsein.*
tri|stich ⟨Adj.⟩ [griech. trístichos, ↑ Tristichon] (Bot.): *dreizeilig (von der Anordnung der Blätter);* **Tri|sti|chi̱a|sis,** die; - (Med.): *angeborene Anomalie des Augenlids mit drei Wimpernreihen;* **Tri|sti|chon,** das; -s, ...chen [zu griech. trístichos = aus drei Reihen, Zeilen, Versen bestehend, aus: tri- = drei- u. stíchos = Reihe, Ordnung, Glied] (Verslehre): *Gedicht, Vers, Strophe aus drei Zeilen.*
Tri|sti|en, die ⟨Pl.⟩ [zu lat. tristis, ↑ trist] (Literaturw.): *Trauergedichte* (bes. *des römischen Dichters Ovid über seine Verbannung).*
tri|syl|la|bisch ⟨Adj.⟩ (Sprachw.): *dreisilbig;* **Tri|syl|la|bum,** das; -s, ...ba [spätlat. trisyllabum, zu: trisyllabus = dreisilbig < griech. trisýllabos, zu: tri- = drei- u. syllabḗ = Silbe] (Sprachw.): *dreisilbiges Wort.*
Trit|ago|nịst, der; -en, -en [griech. tritagōnistḗs, zu: trítos = der dritte u. agōnistḗs, ↑ Agonist]: *(im altgriechischen Drama) dritter Schauspieler.*
Trit|an|opi̱e, die; -, -n [zu griech. trítos = der dritte (Blau ist die dritte Grundfarbe des Farbenspektrums) u. ↑ Anopie] (Med.): *Blaublindheit.*
Tri|te̱|ri|um, das; -s: *Tritium.*
Tri|the̱|is|mus, der; - [aus lat. tri- = drei- u. ↑ Theismus] (christl. Theol.): *Annahme dreier getrennter göttlicher Personen innerhalb der christlichen Trinität.*
Trith|emi|me̱|res, die; -, - [zu griech. tri- = drei-, geb. nach ↑ Hephth-, Penthemimeres] (antike Verslehre): *Einschnitt nach drei Halbfüßen, bes. im Hexameter.*
Tri|ti|um, das; -s [zu griech. trítos = dritter, nach der Massenzahl 3]: *radioaktives Isotop des Wasserstoffs; überschwerer Wasserstoff;* Zeichen: T od. ^3H.
Tri|tol, das; -s: *Kurzwort für Trinitrotoluol.*
[1]Tri|ton, das; -s, ...onen [zu griech. trítos = der dritte]: *Atomkern des Tritiums.*
[2]Tri|ton: *griechischer fischleibiger Meergott* (Sohn Poseidons); **[3]Tri|ton,** der; -, ...onen, ...onen (griechische Mythol.): *einer der Meergötter im Gefolge Poseidons.*
[4]Tri|ton, das; -s, -s [Kunstwort] (österr.): *Roller* (1).
Tri|tons|horn, das ⟨Pl. ...hörner⟩ [nach dem griech. Meeresgott Triton]: *(in wärmeren Regionen) im Meer lebende, große Schnecke mit schlankem, kegelförmigem Gehäuse; Trompetenschnecke.*

Tri|to|nus, der; - [zu griech. trítonos = mit drei Tönen, aus: tri- = drei- u. tónos, ↑ [2]Ton] (Musik): *Intervall von drei Ganztönen, übermäßige Quarte, verminderte Quinte.*
tritt: ↑ treten; **Tritt,** der; -[e]s, -e [mhd. trit, zu ↑ treten]: **1.** *(bes. beim Gehen) das einmalige Aufsetzen eines Fußes:* leichte, leise, schwere, kräftige -e; er hat einen falschen T. gemacht und sich dabei den Fuß verstaucht; die Dielen knarrten bei jedem T., unter seinen -en. **2.** ⟨o. Pl.⟩ **a)** *Art u. Weise, wie jmd. seine Schritte setzt:* einen leichten, federnden T. haben; Er ging schweren -es zu den Remisen (Brecht, Geschichten 82); man erkennt ihn an seinem T.; sie näherten sich mit festem T.; **b)** *Gehen, Laufen, Marschieren in einem bestimmten gleichmäßigen Rhythmus, mit bestimmter gleicher Schrittlänge:* den gleichen T. haben; er hatte den falschen T. *(marschierte nicht im gleichen Schritt mit den andern);* in der Kurve stolperte er und brachte die anderen Läufer aus dem T.; beim Marschieren aus dem T. geraten, kommen; im T. *(im Gleichschritt)* marschieren; ohne T., marsch! (militärisches Kommando); Ü Sie waren ausgezogen, ihre Olympiareife zu bestätigen und mit den Ausländern T. zu halten *(nicht hinter ihnen zurückzubleiben;* Presse 8. 6. 84, 6); durch den Feldverweis geriet, kam die Mannschaft aus dem T. *(verlor sie den Spielrhythmus);* * **T. fassen** (ugs.): **1.** bes. Soldatenspr.: *den Gleichschritt aufnehmen.* **2.** *[wieder] in den geregelten, feste Bahnen kommen; sich stabilisieren u. die gewohnte Leistung erbringen:* nach der Niederlage wird es schwer sein für diese kleine Partei, wieder T. zu fassen. **3.** *Fußtritt* (1 a): jmdm. einen kräftigen T. [in den Hintern] geben, versetzen; einen T. in den Bauch bekommen; Für Arthur Zwing war das wie ein T. in den Arsch (Kühn, Zeit 377); * **einen T. bekommen/ kriegen** (ugs.: *entlassen, fortgejagt werden).* **4. a)** *Trittbrett; Stufe:* den T. an einer Kutsche herunterklappen; Dann hält der Zug ... ich ... stolpere die -e hinunter (Remarque, Westen 113); **b)** *Stufe* (1 b): -e in den Gletscher schlagen. **5. a)** *einer kleinen Treppe ähnliches transportables Gestell mit zwei od. drei Stufen:* auf den T. steigen; **b)** *(veraltend) kleineres Podest, Podium, erhöhter Platz in einem Raum:* auf einem T. in der Fensternische stand ein Sessel. **6.** (Jägerspr.) **a)** *einzelner Abdruck des Fußes bes. von Hochwild;* **b)** ⟨meist Pl.⟩ *Fuß von Hühnern, Tauben, kleineren Vögeln;* **Trịtt|brett,** das: *vor der Tür eines Fahrzeugs angebrachte Stufe, Fläche, die das Ein- u. Aussteigen erleichtert:* Während der Zug anrollte, stieß der Junge die Tür auf, stieg auf das T. und sprang ab (Fels, Sünden 81); **Trịtt|brettfah|rer,** der (abwertend): *jmd., der an Unternehmungen anderer Anteil hat, davon zu profitieren versucht, ohne selbst etw. dafür zu tun:* mehrere T. wollten aus der Entführung Kapital schlagen; Im Meer der musikalischen T., die im Mozart-Jahr mit wenig Profil auf Profit hoffen, eine echte Perle zu fischen, ist Glückssache (Spiegel 29, 1991, 171); auch T. *(Streikbrecher)* kamen in den Genuß der er-

streikten Tarifverbesserungen; **Trittbrett|fah|re|rin**, die (abwertend): w. Form zu ↑Trittbrettfahrer; **tritt|fest** ⟨Adj.⟩: **1.** *so beschaffen, daß beim Betreten, Besteigen, Daraufstehen ein fester Stand gewährleistet ist:* ein -er Untergrund; die Leiter ist nicht t. **2.** *so beschaffen, daß sich etw., bes. die Oberfläche von etw., auch durch häufiges Darauftreten nicht schnell abnutzt:* ein besonders -er Teppichboden; Neu (= bei der Reinigung von Teppichen) ist die -e und schmutzabweisende Ausrüstung (Hamburger Abendblatt 30. 5. 79, 41); **Tritt|fläche**, die: *Fläche zum Darauftreten, zum Daraufsetzen des Fußes:* die T. einer Treppenstufe; **Tritt|hocker**[1], der: *Hocker, der zu einem Tritt (5) aufgeklappt werden kann;* **Tritt|lei|ter**, die: *kleinere Stehleiter mit meist breiteren, stufenartigen Sprossen;* **Tritt|scha|den**, der ⟨meist Pl.⟩: *durch vieles Begehen bes. von Weidevieh verursachte Zerstörung der Pflanzendecke eines Bereichs:* daß durch den hohen Viehbestand Trittschäden entstehen (Welt 2. 9. 86, 7); **Tritt|sche|mel**, der: *Schemel, auf den getreten werden kann;* **tritt|si|cher** ⟨Adj.⟩: vgl. trittfest (1); **Trittspur**, die: *Abdruck des Fußes von Menschen od. Tieren; Fußspur;* **trittst:** ↑treten.
Tri|tu|ra|ti|on, die; -, -en [zu lat. tritura = das Reiben] (Med.): *Verreibung eines festen Stoffes (bes. einer Droge) zu Pulver.*
Tri|umph, der; -[e]s, -e [lat. triumphus = feierlicher Einzug des Feldherrn; Siegeszug; Sieg]: **1. a)** *großer, mit großer Genugtuung, Freude erlebter Sieg, Erfolg:* ein beispielloser, riesiger, ungeheurer, unerhörter T.; die Persönlichkeit Hauptmanns überrage dessen literarische -e (Reich-Ranicki, Th. Mann 67); der T. eines Politikers, Schauspielers, Sportlers, einer Mannschaft; ein T. der Technik, der Wissenschaft; einen T. erringen, erleben; er genoß den T.; alle gönnten ihm den, seinen T.; die Sängerin feierte einen großen T., feierte -e (hatte sehr großen Erfolg) bei ihrem Gastspiel; Der Jubelchor nach dem T. war jedoch schnell verstummt (Kicker 82, 1981, 49); **b)** ⟨o. Pl.⟩ *große Genugtuung, Befriedigung, Freude über einen errungenen Erfolg, Sieg o. ä.:* der Abschluß dieses Unternehmens war für ihn ein großer T.; T. spiegelte sich, zeigte sich in seiner Miene, klang in seiner Stimme; die siegreiche Mannschaft wurde im T. *(mit großem Jubel, großer Begeisterung)* durch die Straßen geleitet. **2.** *Triumphzug;* **tri|um|phal** ⟨Adj.⟩ [lat. triumphalis, zu: triumphus, ↑Triumph]: **a)** *einen Triumph (1) darstellend, durch seine Großartigkeit begeisterte Anerkennung findend, auslösend:* der -e Erfolg einer Theateraufführung; So war eine der -sten Entdeckungen der Elementarteilchenphysik ... vorhergesagt worden (Zeit 1. 8. 75, 39); das Debüt des Bundestrainers war t.; **b)** *von begeistertem Jubel begleitet; mit großem Jubel, großer Begeisterung:* jmdm. einen -en Empfang bereiten; einen -en Einzug halten; die Sieger wurden t. gefeiert, empfangen; die Vision, daß Naso irgendwann begnadigt und t. nach Rom zurückkehren werde (Ransmayr, Welt 130); **tri|um|phant** ⟨Adj.⟩ [lat. triumphans (Gen.: triumphantis), 1. Part. von: triumphare, ↑triumphieren] (bildungsspr.): **a)** *triumphierend;* **b)** *siegreich;* **Tri|um|pha|tor**, der; -s, ...oren [lat. triumphator, zu: triumphare, ↑triumphieren]: **1.** *(in der römischen Antike) in einem Triumphzug einziehender siegreicher Feldherr.* **2.** *(bildungsspr.) jmd., der einen großen Sieg, große Erfolge errungen hat:* Solange Jassir Arafat großer T. war ... (Wochenpresse 48, 1983, 37); **Tri|umph|bo|gen**, der (Archit.): **1.** *(bes. in der Antike) meist aus Anlaß eines Sieges, zur Ehrung eines Feldherrn od. Kaisers errichtetes Bauwerk in Gestalt eines großen, freistehenden Tores mit einem od. mehreren bogenförmigen Durchgängen.* **2.** *(bes. in ma. Kirchen) Bogen (2) vor der Apsis od. dem Querschiff, der häufig mit einer Darstellung des Triumphes Christi od. der Kirche geschmückt ist;* **Tri|umph|ge|fühl**, das: *Gefühl (2) des Triumphs (1 b):* der berühmte Drehbuchschreiber ... gab sich ganz seinen -en hin (Zwerenz, Quadriga 204); **Tri|umph|ge|heul**, das: vgl. Triumphgeschrei; **Tri|umph|ge|schrei**, das: *großer, lauter Jubel über einen Triumph (1 a), Sieg, Erfolg;* **tri|um|phie|ren** ⟨sw. V.; hat⟩ [spätmhd. triumphieren < lat. triumphare, zu: triumphus, ↑Triumph]: **a)** *Triumph (1 b) empfinden:* endlich t. können; er hatte leider zu früh triumphiert; Ob sie denn aber nicht höre, wie der Gegner jetzt triumphiere (Rolf Schneider, November 147); heimlich triumphierte sie wegen seiner Schlappe, triumphierend lachen; etw. mit triumphierender Miene sagen; **b)** *einen vollständigen Sieg über jmdn., etw. erringen; sich gegenüber jmdm., einer Sache als siegreich, sehr erfolgreich erweisen:* über seine Gegner, Rivalen, Feinde t.; der Mensch hat über diese Krankheit triumphiert; Ü Auf stille Weise triumphiert hier die Kultur im Kampf gegen die Barbarei (Reich-Ranicki, Th. Mann 63); der Geist triumphiert über die Natur; **Tri|umph|kreuz**, das: *in einer Kirche unter dem Triumphbogen (2) angebrachtes, dem Langhaus zugewandtes monumentales Kruzifix;* **Tri|umph|pfor|te**, die: vgl. Triumphbogen (1); **Tri|umph|säu|le**, die: vgl. Triumphbogen; **Tri|umph|wa|gen**, der: *(in der römischen Antike) Wagen, bes. Quadriga, für den Triumphator;* **Tri|umph|zug**, der: *(in der römischen Antike) prunkvoller Festzug für einen siegreichen Feldherrn u. sein Heer:* der T. führte zum Kapitol; Ü die siegreichen Sportler wurden im T. *(begleitet von einer jubelnden Menge)* durch die Stadt gefahren.
Tri|um|vir, der; -s u. -n, -n [lat. triumvir (Pl. triumviri), zu: tres (Gen.: trium) = drei u. vir = Mann]: *(in der römischen Antike) Mitglied eines Triumvirats;* **Tri|um|vi|rat**, das; -[e]s, -e [lat. triumviratus, zu: triumvir, ↑Triumvir]: *(in der römischen Antike)* [1]*Bund (1 a) dreier Männer (als eine Art Kommission zur Erledigung bestimmter Staatsgeschäfte):* ein T. schließen, einsetzen; Ü Drese, Peymann und Wächter also heißt das nächste T. an den Bundestheatern (profil 26. 3. 84, 78).
tri|va|lent ⟨Adj.⟩ [zu lat. tri- = drei-, geb. nach ↑bivalent] (Fachspr.): *dreiwertig.*

tri|vi|al ⟨Adj.⟩ [frz. trivial < lat. trivialis = jedermann zugänglich, allgemein bekannt, zu: trivium, ↑Trivium] (bildungsspr.): **a)** *im Ideengehalt, gedanklich, künstlerisch recht unbedeutend, durchschnittlich; platt, abgedroschen:* -e Gedanken, Bemerkungen, Worte, Weisheiten, Thesen; ein -es Lied dieses Titels (Rolf Schneider, November 241); die äußerst produktive Schriftstellerin ..., die bereits mit 19 Jahren begann, Romane -ster und sensationellster Art zu schreiben (Augsburger Allgemeine 3./4. 6. 78, 36); etw. t. finden; **b)** *alltäglich, gewöhnlich; nichts Auffälliges aufweisend:* ein ganz -es Menü; das satte ... Behagen -en Eheglückes (K. Mann, Wendepunkt 17); eine Beamtenlaufbahn einzuschlagen erschien ihm allzu t.; **Tri|vi|al|au|tor**, der: w. Form zu ↑Trivialautor; **Tri|vi|al|au|to|rin**, die: w. Form zu ↑Trivialautor; **tri|via|li|sie|ren** ⟨sw. V.; hat⟩ (bildungsspr.): *(etw.) trivial machen, ins Triviale ziehen;* **Tri|vi|a|li|tät**, die; -, -en [frz. trivialité, zu: trivial, ↑trivial] (bildungsspr.): **1.** ⟨o. Pl.⟩ *das Trivialsein:* die T. seiner Gedanken, seines Lebens. **2.** *triviale Äußerung, Idee:* in diesem Text stehen nur -en; wenn eine T. durch eine noch schlimmere ergänzt wurde, lächelte doch der Gesprächspartner (Kronauer, Bogenschütze 128); **Tri|vi|al|kunst**, die: *anspruchslose, für breite Bevölkerungsschichten als Massenware produzierte Bilder, Ziergegenstände o. ä.;* **Tri|vi|al|li|te|ra|tur**, die: *nur der Unterhaltung dienende, anspruchslose, inhaltlich u. sprachlich oft minderwertige Literatur:* Nicht einer seiner Romane läßt sich von argen Geschmacksentgleisungen freisprechen, bisweilen geriet er auf die Ebene der T. (Reich-Ranicki, Th. Mann 214); **Tri|vi|al|mu|sik**, die: vgl. Trivialliteratur; **Tri|vi|al|na|me**, der: *volkstümliche Bezeichnung des wissenschaftlichen Namens einer Tier-, Pflanzenart, einer Chemikalie;* **Tri|vi|al|ro|man**, der: vgl. Trivialliteratur; **Tri|vi|al|schrift|stel|ler**, der: vgl. Trivialautor: Er wehrt sich energisch dagegen, als T. abgestempelt zu werden (Augsburger Allgemeine 6./7. 5. 78, I); **Tri|vi|al|schrift|stel|le|rin**, die: w. Form zu ↑Trivialschriftsteller; ♦ **Tri|vi|al|schu|le**, die [älter = Vorbereitungsanstalt für höhere Lateinschulen, LÜ von mlat. schola trivialis = Lehranstalt, in der (im Unterschied zur Universität) nur das Trivium gelehrt wird]: *Elementar-, Volksschule:* Sie haben sich durch, indem sie für die Advokaten schrieben, Kinder der geringern Klasse durch Hausunterricht etwas weiter brachten, als es in -n zu geschehen pflegt (Goethe, Dichtung u. Wahrheit 5); **Tri|vi|um**, das; -s [lat. trivium = Kreuzung dreier Wege, zu: tri- = drei- u. via = Weg, Straße]: *Gesamtheit der drei unteren Fächer (Grammatik, Rhetorik, Dialektik) im mittelalterlichen Universitätswesen.*
Tri|zeps, der; -[es], -e [zu lat. triceps = dreiköpfig, zu: tri- = drei- u. caput = Haupt, Kopf] (Anat.): *an einem Ende in drei Teile auslaufender Muskel.*
tri|zo|nal ⟨Adj.⟩: *die Trizone betreffend;* **Tri|zo|ne**, die [aus lat. tri- = drei- und ↑Zone]: *um die französische Besatzungs-*

zone in Deutschland 1949 erweiterte Bizone als Wirtschaftsgebiet; **Tri|zo|ne|si|en**; -s (scherzh.): *Trizone: Der Schwarzmarkt blüht wieder ... das deutsche Fernsehen huldigt den „Eingeborenen von T." (Spiegel 12/13, 1978, 209).*
tro|chä|isch ⟨Adj.⟩ [lat. trochaicus < griech. trochaïkós] (Verslehre): *aus Trochäen bestehend, nach der Art des Trochäus, in Trochäen:* -e Verse; **Tro|chä|us**, der; -,...äen [lat. trochaeus < griech. trochaĩos, eigtl. = schnell] (Verslehre): *Versfuß aus einer langen (betonten) u. einer kurzen (unbetonten) Silbe;* **Tro|chi|lus**, der; -, ...ilen [lat. trochilus < griech. tróchilos] (Archit.): *Hohlkehle in der Basis einer ionischen Säule;* **Tro|chit** [auch ...'xɪt], der; -s u. -en, -en [zu griech. trochós = Rad]: *versteinerter, einem Rädchen ähnlicher Teil des Stiels von Seelilien;* **Tro|chi|ten|kalk**, der ⟨o. Pl.⟩: *viele Trochiten enthaltender Kalkstein;* **Trochoi|de**, die; -, -n [zu griech. trochós (↑ Trochit) u. -eidés = gestaltet, ähnlich, zu: eĩdos = Aussehen, Form] (Math.): *spezielle zyklische Kurve, Sonderform der Zykloide;* **Tro|cho|pho|ra**, die; -, ...phoren [zu griech. phérein, phoreĩn = tragen] (Zool.): *Larve der Ringelwürmer;* **Tro|cho|ze|phallie**, die; -, -n [zu griech. kephalḗ = Kopf] (Med.): *abnorme Rundform des Schädels.*

trocken[1] ⟨Adj.⟩ [mhd. trucken, ahd. truckan, H. u.]: **1. a)** *nicht von Feuchtigkeit (bes. Wasser) durchdrungen od. von außen, an der Oberfläche damit benetzt, bedeckt; frei von Feuchtigkeit, Nässe:* -e Kleider, Wäsche, Schuhe; er soll das -e Geschirr in den Schrank stellen; -e Erde; -er Boden; -e Straßen; -e Luft; -e Kälte *(kalte Witterung mit geringer Luftfeuchtigkeit);* sie hörte alles -en Auges (geh.; *ohne weinen zu müssen, ohne Rührung)* an; -e Bohrungen (Jargon; *ergebnislose Bohrungen nach Erdöl);* Der -e *(ohne Mörtel, Putz o. ä. durchgeführte)* Innenausbau ist eine saubere, moderne Bauart (Westd. Zeitung 7. 7. 84, o. S.); die Farben, die Haare sind noch nicht t.; etw. t. *(in trockenem Zustand)* bügeln, reinigen; Die Brennstäbe werden in Stahl- und Betonbehältern in einer Lagerhalle t. verwahrt (Saarbr. Zeitung 5./6. 4. 80, 1); sich t. *(mit einem elektrischen Rasierapparat)* rasieren; wir sind noch t. *(bevor es regnete)* nach Hause gekommen; ⟨subst.:⟩ sie war froh, als sie wieder auf dem Trock[e]nen *(auf trockenem, festem Boden stand, an Land)* war; im Trock[e]nen *(an einem trockenen, vor dem Regen geschützten Platz);* Ü der Kellner war verärgert über die -en (Jargon abwertend; *ohne Trinkgeld zahlenden)* Gäste; **auf dem trock[e]nen sitzen/**⟨auch:⟩ **sein** (ugs.; 1. *nicht mehr weiterkommen; festsitzen u. keine Lösung finden.* 2. *bes. aus finanziellen Gründen in Verlegenheit, handlungsunfähig sein.* 3. scherzh.; *vor einem leeren Glas sitzen, nichts mehr zu trinken haben;* urspr. wohl bezogen auf ein Schiff, das auf Grund gelaufen ist od. bei Ebbe festliegt); **b)** *keine, nur geringe Niederschläge aufweisend; niederschlags-, regenarm:* -es Klima; -er Sommer, Herbst; es war im ganzen ein sehr -es Jahr; bei -em Wetter *(wenn es nicht regnet)* ist er immer draußen; im Sommer ist es heiß und t.; Frühjahr war zu t.; **c)** *die ursprünglich vorhandene [erwünschte] Feuchtigkeit verloren, abgegeben habend; ausgetrocknet:* -es Holz, Laub, Heu; -e Zweige; Oben ... ließen sie sich ... nieder und machten aus -em Reisig ein Feuer (Handke, Frau 104); er mag kein -es *(altbackenes, nicht mehr frisches)* Brot; seine Lippen waren t.; mir wurde t. im Munde, und ich schluckte ein paarmal (Harig, Weh dem 77); das Brot ist leider t. geworden; **d)** *einen geringen, nicht genügenden Gehalt an feuchter, bes. fettiger Substanz aufweisend:* eine -e Haut haben; ein Mittel gegen t. es Haar; das Fleisch dieser Tiere ist im allgemeinen ziemlich t.; der Braten ist fast zu t. geworden; **e)** *ohne Aufstrich, Belag, ohne Beilage, [flüssige] Zutat:* -es Brot den Hühnern verfüttern; er ißt lieber -en Kuchen als Obstkuchen; wir mußten die Kartoffeln, das Fleisch t. *(ohne Soße)* essen; **f)** (Jargon) *als Alkoholsüchtiger ohne Genuß jeglicher alkoholischer Getränke verzichtend:* -e Alkoholiker; Dies wurde von einem „trockenen" alkoholkranken Arbeitnehmer ... aufgegriffen (Saarbr. Zeitung 4. 12. 79, 23); er ist seit 20 Jahren t.; t. hat es geschafft, t. zu bleiben; Die so häufigen wie vergeblichen Versuche eines Alkoholikers, t. zu werden (Spiegel 38, 1980, 288); **g)** (ugs.) *(von einem Kleinkind) nicht mehr einnässend:* unsere Kleine ist noch nicht, war schon mit 2 Jahren t. **2.** *(von Weinen u. ä.) wenig unvergorenen Zucker enthaltend:* er bevorzugt -e Weine; der Sekt, Sherry ist mir zu t., ist extra t.; wobei Bunuel, einen -en Martini schlürfend, von seinen Träumen erzählt (Spiegel 35, 1977, 133). **3. a)** *sehr nüchtern, allzu sachlich, ohne Ausschmückung, Phantasie u. daher oft ziemlich langweilig;* -e Abhandlung, Arbeit; ein -er Bericht; ein -er Beruf; die -en Zahlen einer statistischen Erhebung; er ist ein ziemlich -er *(nüchterner u. langweiliger)* Mensch; Dieser -e Mensch spielt als Hobby Posaune (Bastian, Brut 42); reges Interesse an sonst eher als t. angesehenen Fächern wie Physik und Chemie (Saarbr. Zeitung 27. 6. 80, III); das Thema ist mir zu t.; er schreibt, spricht immer sehr t.; **b)** *sich schlicht, nüchtern auf die reine Information beschränkend, ohne Umschweife:* eine -e Antwort, Bemerkung, Äußerung; sein Ton, seine Ausdrucksweise ist immer ziemlich t.; Nein, sagt Herr de Bonsac, und er sagt es kurz und t. (Kempowski, Zeit 311); er hat es ihm ganz t. ins Gesicht gesagt; **c)** *in seiner Sachlichkeit, Ungerührtheit, Unverblümtheit erheiternd, witzig wirkend:* alle lachten über seine -en Bemerkungen, Einwürfe, Zwischenrufe; einen -en Humor haben. **4.** *dem Klang nach spröde, hart, scharf [u. kurz]:* das -e Knall eines Gewehrs; der Lauf einer Maschinenpistole ... Das -e Geräusch des Durchladens (Fest, Im Gegenlicht 119); ein -es Lachen, Husten; die Boxen bringen die Bässe schön t.; der Ton des Instruments klingt sehr t.; die Akustik in diesem Saal ist t. *(es gibt wenig Nachhall).* **5. a)** (Sport Jargon, bes. Boxen, Fußball) *in der Ausführung hart u. genau, dabei meist ohne große Vorbereitung durchgeführt u. für den Gegner überraschend:* er landete eine -e Rechte am Kinn des Gegners; ein -er Schuß aus 17 Metern; **b)** (Kfz-T. Jargon) *stramm, straff, nicht locker, weich:* eine -e Federung; eine spezielle, recht -e, aber nicht unkomfortable Fahrwerksabstimmung (ADAC-Motorwelt 11, 1984, 30);

Trocken|an|la|ge[1], die: *Anlage zum Trocknen;* **Trocken|bat|te|rie**[1], die (Elektrot.): *aus Trockenelementen gebildete Batterie;* **Trocken|bee|re**[1], die (Bot.): *Beerenfrucht mit bei der Reife eintrocknender Fruchtwand;* **Trocken|beer|en|aus|le|se**[1], die: **1.** *Beerenauslese (1) aus rosinenartig geschrumpften, edelfaulen, einzeln ausgelesenen Trauben.* **2.** *aus Trockenbeerenauslese (1) gewonnener, feinster Wein;* **Trocken|blu|me**[1], die: *(dekorativen Zwecken dienende) getrocknete Blume (z. B. Strohblume);* **Trocken|bo|den**[1], der: *Boden zum Trocknen der Wäsche;* **Trocken|bra|che**[1], die (Landw.): *(beim Dryfarming) Brache (2), während der das von Unkraut freigehaltene Land vor der Regenperiode tief aufgepflügt u. nach dem Regen geeggt wird, um so die Feuchtigkeit lange im Boden zu halten;* **Trocken|di|ät**[1], die: *Schrothkur;* **Trocken|dock**[1], das: *Dock (1), das nach Einfahrt des zu dockenden Schiffs mit einem Tor verschlossen u. leer gepumpt wird;* **Trocken|ei**[1], das: *Eipulver;* **Trocken|eis**[1], das: *Kühlmittel aus Kohlendioxyd, das durch starke Abkühlung in einen festen bzw. schneeartigen Zustand gebracht worden ist;* **Trockenele|ment**[1], das (Elektrot.): *galvanisches Element, bes. zur Herstellung kleinerer Batterien, bei dem der ursprünglich flüssige Elektrolyt durch Zusatz geeigneter Substanzen pastenartig verdickt worden ist;* **trocken|fal|len**[1] ⟨st. V.; ist⟩ (Fachspr.): **a)** *(von überfluteten Flächen, bes. vom Watt) durch Abfließen des Wassers zum Vorschein kommen:* das Watt fällt zweimal täglich trocken; daß der Verkehr von Luftkissenfahrzeugen auf trockengefallenen Watten ... verboten sein werde (Hamburger Abendblatt 24. 5. 85, 22); **b)** *(von schwimmenden Objekten) sich mit dem Absinken des Wasserspiegels auf eine trockenfallende Fläche senken:* die Boote im Tidehafen fallen bei Ebbe trocken; **Trocken|far|be**[1], die (Maltechnik): *Pastellfarbe;* **Trocken|fäu|le**[1], die: *Pflanzenkrankheit, bei der das pflanzliche Gewebe (bes. von Früchten, Wurzeln u. Knollen) verhärtet, morsch wird;* **Trocken|feld|bau**[1], der: *Dryfarming;* **Trocken|fleisch**[1], das: *getrocknetes Fleisch;* **Trocken|fut|ter**[1], das (Landw.): *getrocknetes, aus trockenen Bestandteilen bestehendes Futter im Unterschied zum Grünfutter;* **Trocken|füt|te|rung**[1], die (Landw.): *Fütterung mit Trockenfutter;* **Trocken|ge|biet**[1], das (Geogr.): *Gebiet der Erde (wie Wüste, Steppe, Savanne) mit wenig Regen u. starker Verdunstung;* **Trocken|ge|mü|se**[1], das: *Dörrgemüse;* **Trocken|ge|steck**[1], das: *Gesteck aus Trockenblumen;* **Trocken|ge|stell**[1], das:

Gestell, auf das etw. zum Trocknen gehängt wird; **Trocken|ge|wicht**[1], das (Kaufmannsspr.): *Gewicht einer Ware in trockenem Zustand, nach einem Vorgang des Trocknens;* **Trocken|gren|ze**[1], die ⟨o. Pl.⟩ (Geogr.): *Grenze zwischen den Trockengebieten u. den Gebieten, in denen Niederschlag vorherrscht;* **Trocken|hau|be**[1], die: *elektrisches Heißluftgerät zum Trocknen der Haare, bei dem ein glockenartiger, an eine Haube (1 a) erinnernder Teil, dem die Heißluft entströmt, über den Kopf gestülpt wird:* sie saß gerade unter der T.; **Trocken|he|fe**[1], die: *getrocknete Hefe, die beim Backen verwendet wird;* **Trocken|heit**[1], die; -, -en: 1. ⟨o. Pl.⟩ *das Trockensein, trockene Beschaffenheit, trockener Zustand.* 2. ⟨Pl. selten⟩: *Dürreperiode;* **Trocken|kam|mer**[1], die (Gießerei, Hüttenw.): *Kammer (4 b) zum Trocknen von Gußformen u. Kernen (4 b);* **Trocken|klo|sett**[1], das: *Klosett ohne Wasserspülung (bei dem nach der Benutzung ein chemischer Zusatz nachgeschüttet wird);* **Trocken|kurs**[1], der: *einen Skikurs vorbereitender, noch ohne Schnee [in einem Raum] abgehaltener Kurs;* **trocken|le|gen**[1] ⟨sw. V.; hat⟩: 1. *einem Baby die nassen Windeln entfernen u. durch frische ersetzen:* das Baby muß trockengelegt werden. 2. *durch Kanalisieren, Dränage, Dammbau o. ä. entwässern:* ein Moor t.; Überschwemmungsgebiete und Uferdschungel sind trockengelegt, abgeholzt und leer gejagt (natur 8, 1991, 17); Gegenwärtig sind wir dabei, das Gebäude zu sanieren und trockenzulegen *(ihm durch entsprechende Maßnahmen die Feuchtigkeit zu entziehen, das Wasser daraus zu entfernen;* Freie Presse 21. 8. 89, 3); Ü Noch vor dem Parteitag sei der ganze Sumpf von Machtmißbrauch trockenzulegen (Freie Presse 2. 12. 89, 1). 3. (Jargon) *einen Süchtigen, bes. einen Alkoholsüchtigen von seiner Sucht befreien:* Hitlers Marschall Hermann Göring bot vor dem Nürnberger Tribunal den Anblick eines trockengelegten Morphinisten (Spiegel 51, 1966, 72); **Trocken|le|gung**[1], die; -, -en: *das Trockenlegen;* **Trocken|maß**[1], das (veraltet): *Hohlmaß (b) für trockene Substanzen;* **Trocken|mas|se**[1], die: *Substanz einer gesamten Masse ohne den Anteil an Wasser:* der Fettgehalt von Käse wird auf die T. bezogen; 30% in der T. (Abk.: i.Tr.); **Trocken|milch**[1], die: *durch Entzug von Wasser haltbar gemachte Milch in Form eines weißen Pulvers; Milchpulver;* **Trocken|mit|tel**[1], das (Chemie): *Substanz, die leicht Wasser aufnimmt u. zum Trocknen von Gasen, Flüssigkeiten u. Feststoffen verwendet wird;* **Trocken|obst**[1], das: *Dörrobst, Backobst;* **Trocken|ofen**[1], der: vgl. Trockenanlage; **Trocken|pe|ri|ode**[1], die: Trockenzeit; **Trocken|pflan|ze**[1], die: *Xerophyt;* **Trocken|platz**[1], der: *zum Trocknen der Wäsche vorgesehener Platz im Freien;* **Trocken|pres|se**[1], die (Fot.): *elektrisch beheizte, gewölbte Metallplatte zum Trocknen der Fotografien nach dem Entwickeln u. Wässern;* **Trocken|ra|sie|rer**[1], der (ugs.): 1. *elektrischer Rasierapparat.* 2. *jmd., der sich mit einem elektrischen Rasierapparat rasiert;*

Trocken|ra|sur[1], die: *Rasur mit einem elektrischen Rasierapparat;* **Trocken|raum**[1], der: *zum Trocknen von Wäsche, Kleidern vorgesehener Raum;* **trocken|rei|ben**[1] ⟨st. V.; hat⟩: *durch Reiben mit einem Tuch o.ä. trocknen:* das Geschirr t.; du mußt dir die Haare t.; **Trocken|rei|ni|gung**[1], die: *chemische Reinigung mit organischen Lösungsmitteln;* **Trocken|scham|pon**[1], **Trocken|scham|pun**[1]: ↑Trockenshampoo[n]; **Trocken|schleu|der**[1], die: *Wäscheschleuder;* **trocken|schleu|dern**[1] ⟨sw. V.; hat⟩: *mit Hilfe einer Trockenschleuder trocknen:* die Wäsche wird trockengeschleudert; **Trocken|schwim|men**[1], das; -s: vgl. Trockenübung; **Trocken|sham|poo**[1], **Trocken|sham|poon**[1], das: *Shampoo in Pulverform;* **trocken|sit|zen**[1] ⟨unr. V.⟩ (ugs.): *nicht mit [alkoholischen] Getränken versorgt sein:* wenn wir hier noch länger t., gehen wir; **Trocken|ski|kurs**[1], der: *Trockenkurs;* **Trocken|spin|ne**[1], die: *Wäschespinne;* **Trocken|spi|ri|tus**[1], der: *weiße, feste Substanz in Form von Tabletten, kleinen Tafeln o.ä., die wie Spiritus brennt;* **Trocken|star|re**[1], die (Zool.): *(bei manchen Tieren wie Fröschen, Krokodilen o.ä.) Zustand der Starre, der bei großer Trockenheit, bes. während der Trockenzeit, eintritt;* **trocken|ste|hen**[1] ⟨unr. V.; hat⟩ (Landw.): *auf Grund des Trächtigseins keine Milch mehr geben;* **Trocken|stoff**[1], der: *Sikkativ;* **Trocken|sub|stanz**[1], die: *Trockenmasse;* **Trocken|tal**[1], das (Geogr.): *dauernd od. zeitweise wasserloses Tal;* **trocken|tup|fen**[1] ⟨sw. V.; hat⟩: *durch Abtupfen mit einem Tuch o.ä. trocknen:* Die Filets waschen, t., mit Zitronensaft beträufeln (Hörzu 8, 1976, 92); **Trocken|übung**[1], die (Sport): *das eigentliche Erlernen einer sportlichen Tätigkeit (wie Schwimmen, Skilaufen) vorbereitende Übung;* **Trocken|wald**[1], der (Geogr.): *Wald der Tropen u. Subtropen, dessen Bäume während der Trockenzeit das Laub abwerfen;* **Trocken|wä|sche**[1], die: *Wäsche in trockenem Zustand:* eine Waschmaschine für 5 kg T.; **trocken|wi|schen**[1] ⟨sw. V.; hat⟩: vgl. trockenreiben; **trocken|woh|nen**[1] ⟨sw. V.; hat⟩ (früher): *(einen Neubau o.ä.) bewohnen, bis das Mauerwerk trocken geworden ist:* das Haus ...; es ist noch unfertig, feucht, man wird es t. müssen (Heym, Nachruf 540); **Trocken|woh|ner**[1], der; -s, - (früher): *jmd. (ohne Mittel), der in einem Neubau feuchte Räume so lange bewohnt, bis das trocken u. für zahlende Mieter bewohnbar sind;* **Trocken|wol|le**[1], die: *Wolle, die so präpariert ist, daß sie Wasser abweist, nicht leicht feucht wird;* **Trocken|zeit**[1], die: *(in tropischen u. subtropischen Regionen) zwischen den Regenzeiten liegende Periode ohne od. mit nur geringen Niederschlägen;* **Trocken|zucke|rung**[1], die; -: *Chaptalisierung;* **Tröck|ne**, die; - (schweiz.): *anhaltende Trockenheit;* **trock|nen** ⟨sw. V.⟩ [aus mhd. truckenen, ahd. truckanēn = trocken werden u. mhd. trücke(ne)n, ahd. truckenen = trocken machen]: 1. *trocken (1 a, c) werden, nach u. nach seine Feuchtigkeit, Nässe verlieren* ⟨ist/(auch:) hat⟩: *etw. trocknet schnell, leicht, gut, nur langsam,*

schlecht; die Wäsche trocknet an der Luft, auf der Leine, im Wind; die aufgehängten Netze sind schon/haben schon getrocknet; er ließ sich [in der Sonne] t.; Sie ließ die Tränen, die sie noch am Nasenflügel kitzelten, einfach t. (Sommer, Und keiner 5); ⟨subst.:⟩ Er legt seine gewaschenen Socken zum Trocknen aufs Gras (Remarque, Westen 34). 2. ⟨hat⟩ **a)** *trocken (1 a) machen, werden lassen:* die Wäsche auf dem Balkon t.; die Haare mit einem Fön t.; der Wind hatte ihre Kleider schon wieder getrocknet; seine Stirn, seine Augen mit einem Taschentuch t.; sie trocknete dem Kind den Kopf; ich trockne mir die Hände an der Schürze; du kannst dich von der Sonne t. lassen; Sie findet es nicht selbstverständlich, daß er das Gespülte trocknet *(abtrocknet;* Frisch, Montauk 101); **b)** *trocknend (2 a) beseitigen, entfernen; wegwischen, abtupfen o. ä. u. dadurch beseitigen; etw. trocknen werden lassen:* sie versuchte rasch, den ausgelaufenen Wein, den Fleck zu t.; hast du dir die Tränen, den Schweiß getrocknet?; **c)** *einer Sache Feuchtigkeit, Wasser entziehen; sie haltbar zu machen; dörren:* Äpfel, Pflaumen, Pilze, Gemüse t.; das Fleisch wird an der Luft getrocknet; getrocknete Erbsen; Schnell krochen wir in einen Berg getrockneter Apfelschalen (Kempowski, Uns 42); **Trock|ner**, der; -s, -: 1. *(meist in öffentlichen Toiletten u.ä.) Gerät zum Trocknen der Hände mit Heißluft.* 2. *kurz für* ↑Wäschetrockner; ◆ **Trock|nis**, die; -: *Trockenheit:* Alles andere, was zur Sicherheit und T. des Gebäudes dienen konnte, ward beraten und ausgeführt (Goethe, Tag- und Jahreshefte 1818); **Trock|nung**, die; -: *das Trocknen (1, 2 a, c).*

Trod|del, die; -, -n [spätmhd. tradel, zu ahd. trādo = Franse, Quaste, H. u.]: *kleinere Quaste, die meist an einer Schnur o.ä. irgendwo herunterhängt:* die -n an einem Lampenschirm; eine Wollmütze mit einer T.; **Trod|del|blu|me**, die: *(in den Alpen heimische) Pflanze mit runden Rosettenblättern u. blauvioletten od. rosafarbenen, glockenförmigen, nickenden Blüten; Soldanella.*

Trö|del, der; -s [spätmhd. in: tredelmarkt, H. u.]: 1. (ugs., oft abwertend) *alte, als wertlos, unnütz angesehene Gegenstände (bes. Kleider, Möbel, Hausrat); alter, unnützer Kram:* den ganzen T. kannst du wegwerfen; Daneben hockten abgerissene junge Leute, wie man sie von gleichen T. auch in Mailand, Paris oder Berlin sehen kann (Fest, Im Gegenlicht 388). 2. *kurz für* ↑Trödelmarkt: In der Küche hängt ein rot besticktes Handtuch ..., das Helga auf dem T. gefunden hat ... (Enzensberger, Mittelmaß 19); **Trö|del|bu|de**, die (ugs.): vgl. Trödelladen; **Trö|de|lei**, die; -, -en (ugs. abwertend): *als lästig, störend, hinderlich empfundenes Trödeln (1);* **Trö|del|frit|ze**, der; -n, -n (ugs. abwertend): *männliche Person, die ständig trödelt (1);* **Trö|del|kram**, der: *Trödel (1);* **Trö|del|la|den**, der ⟨Pl. ...läden⟩ (ugs.): *Laden eines Trödlers (2);* **Trö|del|lie|se**, die [↑¹Liese] (ugs. abwertend): *weibliche Person, die ständig trödelt (1);* **Trö|del|markt**, der: *Floh-*

markt; **trö|deln** ⟨sw. V.⟩ [1: H. u.; 2: zu ↑Trödel]: **1. a)** (ugs., oft abwertend) *beim Arbeiten, Tätigsein, Gehen langsam sein, nicht zügig vorankommen, die Zeit verschwenden* ⟨hat⟩: *auf dem Nachhauseweg, bei der Arbeit t.; Junge, Kind, was trödelst du so?* (Bastian, Brut 175); **b)** (ugs.) *sich langsam, ohne festes Ziel irgendwohin bewegen, schlendern* ⟨ist⟩: *Sie sind durch die Straßen nach Hause getrödelt; Wenn Katharina ihn begleitete, trödelte sie durch die Wohnung* (Bieler, Mädchenkrieg 495). **2.** (seltener) *mit Trödel (1) handeln* ⟨hat⟩; **Trö|del|wa|re,** die ⟨meist Pl.⟩ (ugs., oft abwertend): *Trödel (1): Alle Möbel waren T., abgenutztes beschädigtes Zeug* (Rolf Schneider, November 111); **Tröd|ler,** der; -s, - [1: zu ↑trödeln (1 a); 2: zu ↑trödeln (2)]: **1.** (ugs. abwertend) *jmd., der [ständig] trödelt* (1 a). **2.** (ugs.) *jmd., der mit Trödel (1) handelt; Gebraucht-, Altwarenhändler:* Der Trödler Navrátil hatte seine „Antiquitäten" in einem Hinterhof der Ägidiusgasse gelagert (Bieler, Mädchenkrieg 353); **Tröd|le|rin,** die; -, -nen: w. Form zu ↑Trödler; **Tröd|ler|la|den,** der ⟨Pl. ...läden⟩ (ugs.): *Trödelladen.*
Tro|er, der; -s, -: Ew. zu ↑Troja; **Troe|rin,** die; -, -nen: w. Form zu ↑Troer.
troff, tröf|fe: ↑triefen.
trog: ↑trügen.
Trog, der; -[e]s, Tröge [mhd. troc, ahd. trog, zu ↑Teer in dessen eigtl. Bed. „Baum, Eiche" u. eigtl. = *hölzernes Gefäß;* (ausgehöhlter) Baumstamm]: **1.** *großes, längliches, offenes Gefäß, das je nach Verwendungszweck meist aus Holz od. Stein gefertigt ist:* ein großer, hölzerner T.; *der T. eines Brunnens;* den Teig in einem T. (Backtrog) kneten; den Schweinen das Futter in die Tröge schütten; Ü Den richtigen Riecher haben vor allem Energieversorgungsriesen, die um die vollen Tröge in der Abfallwirtschaft kämpfen (Speyerer Tagespost 30. 10. 93, SP7). **2.** (Geol.) *langgestrecktes, durch Senkung entstandenes Becken, das mit Sedimenten angefüllt ist.* **3.** (Met.) *Gebiet tiefen Luftdrucks innerhalb der Strömung auf der Rückseite eines sich abbauenden Tiefdruckgebiets.*
trö|ge: ↑trügen.
Tro|glo|bi|ont, der; -en, -en [zu griech. tróglē = *Höhle* u. bíōn (Gen.: bioūntos), 1. Part. von: bioūn = *leben*] (Zool.): *Höhlentier;* **Tro|glo|dyt,** der; -en, -en [lat. Troglodytae < griech. Trōglodýtai = *Höhlenbewohner* (Beiname eines Volkes in Nordostafrika)] (veraltet): *als Höhlenbewohner lebender Eiszeitmensch.*
Tro|gon, der; -s, -s u. ...onten [zu griech. trógōn, 1. Part. von: trógein = *nagen* u. eigtl. = *der Nagende* (wegen des kräftigen Schnabels)]: *(in [sub]tropischen Wäldern lebender) großer Vogel mit kurzem, kräftigem Schnabel u. oft farbenprächtigem Gefieder.*
Trog|tal, das [zu ↑Trog (2)] (Geogr.): *von Gletschern umgeformtes, wannenförmiges Tal.*
Troi|cart [troa'ka:ɐ̯], der; -s, -s: ↑Trokar.
Troi|er: ↑Troyer.
Troi|ka [auch: 'troːika], die; -, -s [russ. trojka, zu: troe = *drei*]: *russisches Dreige-*

spann: Ü an der Spitze des Staates stand eine T. (drei gemeinsam regierende Politiker); diese T. (= Wehner, Brandt, Schmidt), die den Parteikarren zur Regierungsmacht gezogen hat (FAZ 19. 2. 81, 10).
tro|isch ⟨Adj.⟩: zu ↑Troja; **Tro|ja:** *antike Stadt in Kleinasien;* **Tro|ja|ner,** der; -s, -: Ew.; **Tro|ja|ne|rin,** die; -, -nen: w. Form zu ↑Trojaner; **tro|ja|nisch** ⟨Adj.⟩.
Tro|kar, der; -s, -e u. -s, Troicart, der; -s, -s [frz. trocart, trois-quarts für: trois carres = *drei Kanten*] (Med.): *für Punktionen verwendetes chirurgisches Instrument, das aus einer kräftigen, an der Spitze dreikantigen Nadel u. einem Röhrchen besteht.*
tro|kie|ren ⟨sw. V.; hat⟩ [frz. troquer, urspr. wohl lautm.] (veraltet): *Waren austauschen.*
Tröl|bu|ße, die [zu ↑trölen] (schweiz.): *Buße für eine mutwillige, leichtfertige Verzögerung des Ablaufs eines gerichtlichen Verfahrens;* **trö|len** ⟨sw. V.; hat⟩ [eigtl. = *rollen, wälzen,* viell. verw. mit ↑trollen] (schweiz.): **a)** (ugs. abwertend veraltend) *trödeln* (1 a); **b)** (Rechtsspr. veraltend) *(bes. bei gerichtlichen Verfahren) mutwillige, leichtfertige Verzögerungen herbeiführen;* **Tröl|ler,** der; -s, - (schweiz.): *jmd., der trölt;* **Trö|le|rei,** die; -, -en (schweiz.): **a)** (ugs. abwertend) *[dauerndes] Trölen* (a); **b)** *[absichtliches] Trölen* (b); **Trö|le|rin,** die; -, -nen schweiz.): w. Form zu ↑Tröler.
Troll, der; -[e]s, -e [aus dem Skand. (vgl. schwed. troll), vermischt mit älter Troll, mhd. troll (wohl zu ↑trollen) = *grober, ungeschlachter Kerl:* (bes. in der nordischen Mythologie) *dämonisches Wesen, das männlich od. weiblich sein, die Gestalt eines Riesen od. eines Zwergs haben kann;* **Troll|blu|me,** die [wohl zu veraltet trollen = *rollen, wälzen,* nach den kugeligen Blüten]: (zu den Hahnenfußgewächsen gehörende) *Pflanze mit handförmig geteilten Blättern u. leuchtendgelben, kugeligen Blüten;* **trol|len** ⟨sw. V.⟩ [mhd. trollen, H. u.; vgl. veraltet trollen = *rollen, wälzen*]: **1.** (ugs.) **a)** ⟨t. + sich⟩ *sich meist mit langsamen Schritten [kleinlaut, beschämt, ein wenig unwillig o. ä.] entfernen, von jmdm. weggehen* ⟨hat⟩: troll dich!; der Junge trollte sich brav in sein Zimmer; Brian trollte sich widerwillig (Büttner, Alf 70); Der Polier verabredete noch den Papierkram, dann trollte er sich auch (Bieler, Bär 270); **b)** *gemächlich, gemütlich irgendwohin gehen, sich fortbewegen* ⟨ist⟩: nach Hause t.; sie sind durch die Straßen getrollt. **2.** (Jägerspr.) *(vom Schalenwild) sich trabend, in einer nicht allzu schnellen Gangart fortbewegen* ⟨ist⟩.
Trol|ley|bus ['trɔli...], der; ...busses, ...busse [engl. trolleybus, aus: trolley = *Kontaktrolle an der Oberleitung* u. bus = *Bus*] (bes. schweiz.): *Oberleitungsomnibus.*
Trol|lin|ger, der; -s, - [wohl entstellt aus „Tirolinger", nach der urspr. Herkunft aus Südtirol]: **1.** ⟨o. Pl.⟩ *spät reifende Rebsorte mit großen, rot- bis tiefblauen Beeren.* **2.** *leichter, herzhafter Rotwein aus Trollinger* (1).

Trom|ba, die; -, ...ben [ital. tromba, lautm.]: ital. Bez. für *Trompete;* **Trom|ba ma|ri|na,** die; -, - -, ...e ...ne [ital. tromba marina]: *dem Monochord verwandtes Streichinstrument des Mittelalters mit langgestrecktem, dreieckigem, keilförmigem Körper;* **Trom|be,** die; -, -n [frz. trombe < ital. tromba, eigtl. = *Trompete*] (Met.): *Wind-, Wasserhose;* **Trom|ben:** Pl. von ↑Tromba, ↑Trombe.
Trom|bi|di|o|se, die; -, -n [zu nlat. Trombidium = ältere Gattungsbez. für Laufmilben, H. u.] (Med.): *Trombikulose;* **Trom|bi|ku|lo|se,** die; -, -n [zu nlat. Trombicula, Vkl. von: Trombidium, ↑Trombidiose] (Med.): *durch bestimmte Milbenlarven hervorgerufene juckende Hautkrankheit.*
Trom|bo|ne, der; -, ...ni [ital. trombone, zu: tromba, ↑Tromba]: ital. Bez. für *Posaune.*
Trom|mel, die; -, -n [mhd. trumel, zu: tru(m)me = *Schlaginstrument,* lautm.]: **1.** *Schlaginstrument, bei dem über eine zylindrische Zarge aus Holz od. Metall an beiden Öffnungen ein [Kalb]fell gespannt ist u. auf dem mit Trommelstöcken ein dumpfer Ton unbestimmter Höhe erzeugt wird:* eine große, kleine T.; die -n dröhnen dumpf; die T. schlagen, rühren; * die T. für jmdn., etw. rühren (ugs.; *für jmdn., etw. eifrig Werbung treiben, Propaganda machen*); ◆ vor der T. heiraten (*[von einem Soldaten] sich im Felde trauen lassen;* diese Trauungen wurden vor einer als Altar dienenden Trommel vollzogen): Mit fünfzehn zu den Schweden durchgegangen, mit siebzehn ... eine Fünfzehnjährige vor der T. geheiratet (C. F. Meyer, Page 142). **2. a)** *zylindrischer Behälter [als Teil eines Geräts o. ä.] zur Aufnahme von etw.:* die T. eines Revolvers, einer Waschmaschinenwehrs; die T. einer Waschmaschine, einer Betonmischmaschine; Vielleicht kannst du gelegentlich die T. Wäsche waschen (Fels, Kanakenfauna 26); Lose aus einer T. nehmen; **b)** *zylindrischer Gegenstand zum Aufwickeln eines Kabels, Seils o. ä.;* **c)** kurz für ↑Bremstrommel; **Trom|mel|brem|se,** die (Kfz-T.): *Bremse, bei der die Bremsbacken gegen die Innenwand einer Trommel (2 c) gedrückt werden;* **Trom|mel|ei,** die; -, -en (oft abwertend): *[dauerndes] Trommeln;* **Trom|mel|fell,** das: **1.** *über eine Trommel (1) gespanntes [Kalb]fell.* **2.** *elastische Membrane (2), die das Mittelohr zum äußeren Gehörgang hin schließt u. die akustischen Schwingungen auf die Gehörknöchelchen überträgt:* ihm war das T. geplatzt; bei dem Lärm platzt einem ja das T.!; **Trom|mel|fell|per|fo|ra|ti|on,** die (Med.): *Riß im Trommelfell (z. B. als Folge des Durchbruchs von Eiter bei einer Mittelohrentzündung);* **Trom|mel|feu|er,** das (Milit.): *anhaltendes, starkes Artilleriefeuer [zur Vorbereitung eines Angriffs]:* Am Morgen des 13. Oktober 1918 war er auf einem Hügel südlich von Werwick in ein mehrstündiges T. der Engländer geraten (Spiegel 51, 1982, 68); unter T. liegen; Ü nachdem tagelang ein T. heftiger Kritik auf ihn niedergeprasselt war (NZZ 29. 4. 83, 5); Peking hat das T. gegen Moskau verschärft (Bild 2. 4. 64, 1); sie war dem T. der Fra-

trommelförmig 3456

gen von Journalisten ausgesetzt; **trom|mel|för|mig** ⟨Adj.⟩: *in der Form einer Trommel ähnlich;* **trom|meln** ⟨sw. V.; hat⟩ [spätmhd. trumelen]: **1. a)** *die Trommel (1) schlagen:* laut t.; Ü weil die Gewerkschaften für die 35-Stunden-Woche mit vollem Lohnausgleich trommeln (ugs.; *mit Eifer dafür Werbung, Propaganda machen;* Heilbronner Stimme 12. 5. 84, 1); **b)** *trommelnd* (1 a) *spielen:* einen Marsch t. **2. a)** *in kurzen [rhythmischen] Abständen [heftig] (an, auf, gegen etw.) schlagen, klopfen:* [mit den Fingern] auf den/(selten:) dem Tisch t.; er trommelt mit Fäusten gegen/(selten:) an die Tür, auf die Theke; Ü englische Artillerie, die ständig auf unsere Stellungen trommelte (*sie mit Trommelfeuer belegte;* Remarque, Westen 8); ⟨auch mit Akk.-Obj. statt Adverbialbestimmung:⟩ Wir ... trommelten mit Fäusten und Hacken das Brückendeck (Grass, Katz 103); **b)** *durch Trommeln* (1 a, 2 a) *erreichen, daß jmd. [aufwacht u.] herauskommt:* jmdn. aus dem Bett t.; Meine Mutter war Luftschutzwart für drei Häuser, sie mußte alle Leute aus dem Schlaf t. (Kempowski, Tadellöser 160); **c)** *etw. durch Trommeln* (2 a) *hören, vernehmen lassen:* den Rhythmus [auf die Tische] t.; Die Nachricht ... wurde auf den Heizungsröhren von Zelle zu Zelle getrommelt (*durch bestimmte Klopfzeichen weitergegeben;* Prodöhl, Tod 162); **d)** *mit einem Geräusch wie beim Trommeln* (1 a) *auftreffen:* der Regen trommelt auf das Verdeck des Wagens, auf das/(selten:) dem [Blech]dach, an das Fenster; wenn es regnete, trommelten die Tropfen hart auf das Zinkblech des äußeren Rahmens (H. Gerlach, Demission 23); **e)** *heftig klopfen* (2): sie spürte ihr Herz t.; ⟨auch unpers.:⟩ es trommelt in meinem Schädel. **3.** (Jägerspr.) *bei Gefahr mit den Vorderläufen auf den Boden schlagen:* der Hase trommelt; **Trom|mel|ofen,** der (Fachspr.): *metallurgischer Ofen mit drehbarem zylindrischem Innenraum;* **Trom|mel|re|vol|ver,** der: *Revolver* (1); **Trom|mel|schlag,** der: *Schlag auf eine Trommel* (1); **Trom|mel|schlä|ger,** der (selten): *Trommler;* **Trom|mel|schlä|ge|rin,** die (selten): w. Form zu ↑Trommelschläger; **Trom|mel|schle|gel,** der: *Trommelstock;* **Trom|mel|spra|che,** die: *(bei Naturvölkern) Nachrichtenübermittlung durch Trommelschläge, die in Tonhöhe u. Rhythmus unterschiedlich sind;* **Trom|mel|stock,** der: ¹*Stock zum Trommeln* (1); **Trom|mel|sucht,** die (Tiermed.): *Aufblähung* (2); **Trom|mel|wasch|ma|schi|ne,** die: *Waschmaschine, bei der die Wäsche in einer Trommel* (2 b) *gewaschen wird;* **Trom|mel|wir|bel,** der: *schnelle Aufeinanderfolge kurzer Trommelschläge:* Der Zapfenstreich ... endete mit Armeegebet und langem T. (Schädlich, Nähe 128); **Trom|mler,** der; -s, -: *jmd., der trommelt* (1 a): Ü Hitler war es anfänglich zufrieden, nur als der T. der berühmten Feldherrn zu gelten (Niekisch, Leben 177); **Tromm|le|rin,** die; -, -nen: w. Form zu ↑Trommler.

Trom|pe, die; -, -n [(a)frz. trompe (↑Trompete), eigtl. = Trompete (nach der Form)] (Archit.): *(in der Baukunst des Orients u. des europäischen MA.) Kehle* (3) *in Form eines nach unten geöffneten Trichters, mit der ein quadratischer Raum in einen achteckigen übergeführt wird.* **Trompe-l'œil** [trõp'lœj], das, auch: der; -[s] [frz., eigtl. = Augentäuschung] (bildende Kunst): **1.** *(bes. im Manierismus u. im Barock) Vortäuschung realer Gegenständlichkeit mit malerischen Mitteln.* **2.** *(in der Innenarchitektur der 1980er Jahre) Raumgestaltung mit Effekten des Trompe-l'œil* (1); **Trompe-l'œil-Ma|le|rei,** die: *Trompe-l'œil* (1). **Trom|pe|te,** die; -, -n [mhd. trum(p)et < mfrz. trompette, Vkl. von afrz. trompe = Trompete, wahrsch. aus dem Germ.]: *Blechblasinstrument mit kesselförmigem Mundstück* (1), *drei Ventilen* (2 a) *u. gerader, gebogener od. gewundener zylindrisch-konischer Röhre:* eine gestopfte T.; die -n schmetterten; T. blasen; Vor dem nächsten Versuch, die T. an die Lippen zu setzen, ... (Simmel, Stoff 29); auf der T. blasen; **trom|pe|ten** ⟨sw. V.; hat⟩ [spätmhd. trometen]: **1. a)** *Trompete blasen:* ein Straßenmusikant trompetete; **b)** *etw. auf der Trompete blasen:* einen Tusch, Marsch t. **2. a)** *Laute hervorbringen, die denen einer Trompete ähnlich sind:* die Elefanten trompeteten; sie trompetet (ugs. scherzh.; *schneuzt sich laut);* **b)** *lautstark äußern, schmetternd verkünden:* eine Nachricht, Neuigkeit [durch das ganze Quartier] t.; Der Syrer trompetete ein paar Worte ins Mikrofon (NNN 11. 11. 86, o. S.); „Ich will nur meine Ruhe! Immer dieses hochgestochene Gelaber", trompetet eine wildgewordene Brigitte Schmitz (Heim, Traumschiff 80); **Trom|pe|ten|baum,** der [nach der Form der Blüten]: *(in Nordamerika u. Ostasien heimischer) Baum mit sehr großen Blättern, kleinen, weißen, trichterförmigen Blüten in Rispen od. Trauben u. langen Schotenfrüchten;* **Trom|pe|ten|ge|schmet|ter,** das: *das Schmettern von Trompeten;* **Trom|pe|ten|schall,** der: *Schall einer od. mehrerer Trompeten;* **Trom|pe|ten|schne|cke**¹, die: *Tritonshorn;* **Trom|pe|ten|si|gnal,** das: *auf einer Trompete geblasenes Signal;* **Trom|pe|ten|so|lo,** das: *Solospiel der Trompete;* **Trom|pe|ten|stoß,** der: *kurzes, rasches Blasen in einer Trompete;* **Trom|pe|ten|tier|chen,** das: *trichterförmiges Wimpertierchen;* **Trom|pe|ter,** der; -s, - [spätmhd. trumpter]: *jmd., der [berufsmäßig] Trompete spielt;* **Trom|pe|te|rin,** die; -, -nen: w. Form zu ↑Trompeter: 1976 schon wurde die amerikanische T. zur Sensation der Schwetzinger Festspiele (MM 25. 2. 86, 28); ♦ **Trom|pe|ter|tisch,** der [urspr. = Tisch abseits der Festtafel für die Musiker]: *kleiner, abseits [einer Festtafel] stehender Tisch:* ein durchaus willkommener Gast, vorausgesetzt, daß er nichts dagegen hat, in der Küche sozusagen am T. Platz zu nehmen (Fontane, Jenny Treibel 71); **Trom|pe|ter|vo|gel,** der: *in Brasilien heimischer größerer Vogel, der dumpf trompetet* (2 a). **Trom|peu|se** [trõ'pø:zə], die; -, -n [frz. trompeuse = Betrügerin, zu: trompeur = trügerisch, zu: tromper = täuschen, betrügen]: *(um 1800 getragenes)* durch Polster hochgewölbtes, den Halsausschnitt bedeckendes Tuch; **trom|pie|ren** ⟨sw. V.; hat⟩ [frz. tromper] (landsch.): *täuschen.*

¹**Troo|stit** [tru:..., auch: ...'tɪt], der; -s, -e [nach dem amerik. Geologen G. Troost (1776–1850)]: *rosafarbenes, manganhaltiges Mineral.* ²**Troo|stit** [tro:..., auch: ...'tɪt], der; -s, -e [nach dem frz. Chemiker L. J. Troost (1825–1911)]: *beim Härten von Stahl durch schnelle Abkühlung entstandener, sehr feiner Perlit* (1).

Tro|pa|ri|on, das; -s, ...ien [mgriech. tropárion, Vkl. von griech. trópos, ↑Tropus]: *kurzer Gesang im orthodoxen Gottesdienst;* **Tro|pa|ri|um,** das; -s, ...ien [1: zu ↑²Tropen, geb. nach ↑Aquarium; 2: zu ↑Tropus]: **1.** *Anlage, Haus (in Zoos) mit tropischem Klima zur Haltung bestimmter Pflanzen u. Tiere.* **2.** *Buch der römisch-katholischen Kirche, das die Tropen* (2 b) *enthält;* **Tro|pe,** die; -, -n [griech. tropé, eigtl. = (Hin)wendung, Richtung, zu: trépein = wenden] (Stilk.): *bildlicher Ausdruck, Wort (Wortgruppe), das nicht im eigentlichen, sondern im übertragenen Sinne gebraucht wird* (z. B. Bacchus für Wein); ¹**Tro|pen:** Pl. von ↑Trope, ↑Tropus; ²**Tro|pen** ⟨Pl.⟩ [eigtl. = Wendekreise, griech. tropaí (hēliou) = Sonnenwende, Pl. von: tropḗ, ↑Trope]: *Gebiete beiderseits des Äquators (zwischen den Wendekreisen) mit ständig hohen Temperaturen:* in den feuchten, heißen T.; sie war lange in den T.; **Tro|pen|an|zug,** der: *leichter Anzug für heiße Klimazonen;* **Tro|pen|fie|ber,** das: *schwere Form der Malaria;* **Tro|pen|haus,** das: *Troparium* (1); **Tro|pen|helm,** der: *als Kopfbedeckung in heißen Ländern getragener flacher Helm aus Kork mit Stoffüberzug;* **Tro|pen|in|sti|tut,** das: *der Erforschung, Bekämpfung u. Heilung von Tropenkrankheiten dienendes Institut;* **Tro|pen|kli|ma,** das: *tropisches Klima;* **Tro|pen|kol|ler,** der: *starker Erregungszustand, der bei Bewohnern gemäßigter Zonen beim Aufenthalt in den* ²*Tropen auftreten kann;* **Tro|pen|kran|ken|haus,** das: *Krankenhaus, in dem Tropenkrankheiten behandelt werden;* **Tro|pen|krank|heit,** die: *speziell in den* ²*Tropen od. Subtropen auftretende Krankheit* (z. B. Malaria); **Tro|pen|me|di|zin,** die: *Teilgebiet der Medizin, das sich mit Erforschung u. Behandlung der Tropenkrankheiten befaßt;* **Tro|pen|pflan|ze,** die: *in den* ²*Tropen heimische Pflanze;* **tro|pen|taug|lich** ⟨Adj.⟩: *auf Grund seiner Konstitution fähig, in den* ²*Tropen zu leben u. zu arbeiten:* Zu dem Verdikt des AA-Gesundheitsdienstes, der Claudia Däuble wegen einer erblichen Schilddrüsenvergrößerung für nicht voll t. erklärt hatte, ... (Spiegel 43, 1983, 71); **Tro|pen|taug|lich|keit,** die: *das Tropentauglichsein.*

¹**Tropf,** der; -[e]s, Tröpfe [im 13. Jh. tropf(e), zu ↑triefen; nach der Vorstellung „nichtig, unbedeutend wie ein Tropfen"] (oft abwertend): *einfältiger [bedauernswerter] Mensch:* ein armer, aufgeblasener T.; du bist 'n sentimentaler wehleidiger T. (Ott, Haie 58); ²**Tropf,** der; -[e]s, -e [zu ↑tropfen] (Med.): *Vor-*

richtung, bei der aus einer Flasche o. ä. *Flüssigkeit, bes. eine Nährstofflösung, durch einen Schlauch [ständig] in die Vene des Patienten tropft:* einen T. anlegen; am T. hängen; Sieben Wochen lag Claudia im Krankenhaus, immer am T. (Hörzu 52, 1976, 14); Ü all jene rachitischen Staatengebilde vor allem in Afrika, die am T. ausländischer Hilfe hängen (Spiegel 5, 1991, 165); **tropf|bar** ⟨Adj.⟩: *(von Flüssigkeiten) fähig, Tropfen zu bilden; nicht zähflüssig;* **tropf|bar|flüs|sig** ⟨Adj.⟩: *tropfbar;* **Tröpf|chen,** das; -s, -: Vkl. zu ↑ Tropfen (1 a); **Tröpf|chen|in|fek|ti|on,** die (Med.): *Infektion, bei der Krankheitserreger (z. B. von Grippe) über feinste Speichel- od. Schleimtröpfchen beim Sprechen, Husten u. Niesen übertragen werden;* **Tröpf|chen|mo|dell,** das ⟨o. Pl.⟩ (Kernphysik): *anschauliches Kernmodell, in dem der Atomkern als Tröpfchen einer Flüssigkeit aus Protonen u. Neutronen behandelt wird;* **tröpf|chen|wei|se** ⟨Adv.⟩: **1.** *in kleinen Tropfen:* eine Medizin t. verabreichen; ⟨mit Verbalsubstantiven auch attr.:⟩ eine t. Verabreichung. **2.** (ugs.) *in kleinen, [zögernd] aufeinanderfolgenden Teilen; nach u. nach:* ein Manuskript t. abliefern; Sie trafen später t. in Yei ein (NZZ 21. 12. 86, 5); **tröp|feln** ⟨sw. V.⟩ [spätmhd. trepflen, Weiterbildung zu ↑ tropfen]: **1.** *in kleinen Tropfen schwach [u. langsam] niederfallen od. an etw. herabrinnen* ⟨ist⟩: Blut tröpfelt auf die Erde, aus der Wunde; blaue Lippen, über die schwarzes Blut tröpfelt (Hauptmann, Thiel 37); Regen tröpfelte von den verwelkenden Blättern der Bäume (Kosmos 2, 1965, 50); Ü Wort für Wort tröpfelte bedächtig (Winckler, Bomberg 10); Nachschub tröpfelte spärlicher (Loest, Pistole 59). **2.** *(irgendwohin) tröpfeln* (1) *lassen u. in od. auf etw. bringen* ⟨hat⟩: die Medizin auf den Löffel, auf ein Stück Zucker, in Wasser, in die Wunde t. **3.** ⟨unpers.⟩ (ugs.) *in vereinzelten kleinen Tropfen regnen* ⟨hat⟩: es tröpfelt schon, nur; **tropf|fen** ⟨sw. V.⟩ [mhd. tropfen, ahd. tropfōn, zu ↑ Tropfen]: **1.** *(von einer Flüssigkeit) in einzelnen Tropfen herabfallen od. auch an etw. herunterrollen* ⟨ist⟩: der Regen tropft vom Dach; Blut tropfte aus der Wunde; der Schweiß tropfte ihnen von der Stirn; Tränen tropften aus ihren Augen, auf den Brief; Die Hunde schnupperten, und ihr Geifer tropfte auf den Steinfußboden (Lentz, Muckefuck 180); ⟨unpers.:⟩ es tropft vom Dach, von den Bäumen, von der Decke. **2.** *einzelne Tropfen von sich geben, an sich herunterrollen lassen* ⟨hat⟩: der [undichte, nicht richtig zugedrehte] Wasserhahn tropft; die Kerze tropft; ihm tropft die Nase. **3.** *(irgendwohin) tropfen* (1) *lassen; träufeln* ⟨hat⟩: [jmdm., sich] eine Tinktur auf die Wunde, in die Augen t.; **Trop|fen,** der; -s, - [mhd. tropfe, ahd. tropfo, zu ↑ triefen]: **1. a)** *kleine Flüssigkeitsmenge von kugeliger od. länglichrunder Form:* ein großer, kleiner T.; ein T. Wasser, Öl, Blut; ... und trank den Becher leer. Ein T. blieb in seinen Bartstoppeln hängen und funkelte in der Sonne (Rehn, Nichts 6); wenn es regnete, trommelten die T. hart auf das Zinkblech (H. Gerlach, Demission 23);

dreimal täglich 15 T. von etw. einnehmen; Er ... träufelte zwei T. einer violetten Flüssigkeit in den Brei (Hildesheimer, Legenden 152); die ersten T. fallen *(es fängt an zu regnen);* es regnet dicke T.; der Schweiß stand ihm in feinen, dicken T. auf der Stirn; Spr steter T. höhlt den Stein *(durch ständige Wiederholung von etw. erreicht man schließlich [bei jmdm.] sein Ziel;* nach lat. gutta cavat lapidem); Ü ein bitterer T., ein T. Wermut in ihrer Freude; Auch hier ist, wie in jedem Mythos, ein T. Wahrheit (Thieß, Reich 478); **b)** *sehr kleine Menge einer Flüssigkeit:* ein paar T. Parfüm, Sonnenöl; einige T. bittere/(geh.:) bitterer Medizin; es ist kein T. Milch mehr im Hause; es ist noch kein T. Regen gefallen; er hat keinen T. Alkohol zu sich genommen; Wir waren betrunken und hatten nicht einen T. *(nicht einen Tropfen Alkohol)* getrunken (Salomon, Boche 45); ... sagte er zu Ravic und schenkte ein paar T. ein (Remarque, Triomphe 176); die Gläser bis auf den letzten T. *(völlig)* leeren; * **ein T. auf den heißen Stein sein** (ugs.; *angesichts des bestehenden Bedarfs viel zu wenig, eine zu vernachlässigend kleine u. daher wirkungslose Menge sein).* **2.** ⟨Pl.⟩ *Medizin, die in Tropfen* (1 a) *eingenommen wird:* jmdm. T. verschreiben; seine T. [ein]nehmen. **3.** * **ein guter/edler T.** *(emotional; guter Wein, Branntwein):* indem sie ihren Mann aufforderte, noch einen guten T. einzuschenken (Roehler, Würde 91); **Tropf|fen|fän|ger,** der: *an einem Gefäß, bes. an der Tülle einer [Kaffee]kanne, angebrachter kleiner Schwamm zum Auffangen restlicher Tropfen nach dem Ausschenken;* **Tropf|fen|form,** die ⟨o. Pl.⟩: *einem Tropfen (im Moment des Abfallens) eigene Form:* Klips in T.; **Tropf|fen|för|mig** ⟨Adj.⟩: *Tropfenform aufweisend;* **tropf|fen|wei|se** ⟨Adv.⟩: **1.** *in aufeinanderfolgenden Tropfen od. sehr kleinen Mengen einer Flüssigkeit:* ein Getränk t. einnehmen. **2.** (ugs.) *tröpfchenweise* (2): ein Geständnis t. ablegen; **Tröpf|fer|bad,** das (österr. ugs., bes. wiener.): *öffentliches Duschbad* (a), *Wannenbad* (2); **Tropf|fla|sche,** die: *Guttiole;* **Tropf|in|fu|si|on,** die (Med.): *über einen ²Tropf erfolgende Infusion;* **tropf|naß** ⟨Adj.⟩: *triefend naß:* tropfnasse Kleider; die Kinder waren t.; Wäsche t. *(ohne sie auszuwringen)* aufhängen; Sie hockte wie ein Häufchen Unglück auf der Erde, t. und mit einem von Schmutz starrenden Gesicht (Bernstorff, Leute 19); **Tropf|rein,** die (österr.): *Durchschlag;* **Tropf|röhr|chen,** das: *Pipette;* **Tropf|stein,** der: *Absonderung von Kalkstein aus tropfendem Wasser als Tropfstalagmit od. Stalaktit;* **Tropf|stein|höh|le,** die: *Höhle, in der sich Tropfstein gebildet hat;* **Tropf|teig,** der (österr.): *flüssiger Teig, der man (durch ein Sieb) als Einlage in eine kochende Suppe tropfen läßt;* **Tropf|teig|sup|pe,** die (österr.): *Suppe mit Tropfteig.* **Tro|phäe,** die; -, -n [(frz. trophée <) (spät)lat. trop(h)aeum < griech. trópaion = Siegeszeichen, zu: tropḗ = Wendung (des Feindes), Flucht (↑ Trope), wohl urspr. = Denkmal, das an der Stelle errichtet wurde, wo die

Feinde geschlagen worden waren u. die Flucht ergriffen hatten]: **1.** *erbeutete Fahne, Waffe o. ä. als Zeichen des Sieges über den Feind:* -n aus dem Dreißigjährigen Krieg; -n erbeuten. **2.** kurz für ↑ Jagdtrophäe: so begnügten sie sich damit, nur die Schwänze als -n abzuhacken (Grzimek, Serengeti 71). **3.** *aus einem bestimmten Gegenstand bestehender Preis für den Sieger in einem [sportlichen] Wettbewerb:* der Vereinsraum ..., an dessen verqualmten Tapeten sich die -n des Hafensportvereins befanden: Wimpel, Medaillen, ... (Lenz, Brot 29); sie hat die T. errungen; Den Königspokal, die höchste T. des nordischen Skilaufs, erhält ... derjenige, der ... (Welt 18. 1. 64, 15).

tro|phisch ⟨Adj.⟩ [zu griech. trophḗ = Nahrung, Ernährung] (Med.): *die Ernährung [der Gewebe] betreffend;* **Tro|pho|bi|ont,** der; -en, -en [zu griech. biōn (Gen.: bioúntos), 1. Part. von: bioūn = leben] (Biol.): *Lebewesen, das mit einem anderen Lebewesen in einer Trophobiose lebt;* **Tro|pho|bio|se,** die; -, -n [zu griech. bíos = Leben] (Biol.): *Beziehung zwischen zwei Lebewesen verschiedener Art, bei der eine Partner dem anderen Nahrung liefert u. dafür dessen Schutz od. andere Vorteile erhält;* **Tro|pho|blast,** der; -en, -en [zu griech. blastós = Keim, Trieb] (Med.): *nährende Hülle des Embryos;* **tro|pho|gen** ⟨Adj.⟩ [↑ -gen] (Ökologie): *Biomasse aufbauend:* -e Schicht/Zone *(obere lichtdurchlässige Schicht der Gewässer, in der von Pflanzen u. einigen Bakterien durch Photosynthese Biomasse aufgebaut wird);* **Tro|pho|lo|ge,** der; -n, -n [↑ -loge]: *Wissenschaftler auf dem Gebiet der Trophologie;* **Tro|pho|lo|gie,** die; - [↑ -logie]: *Ernährungswissenschaft;* **Tro|pho|lo|gin,** die; -, -nen: w. Form zu ↑ Trophologe; **tro|pho|lo|gisch** ⟨Adj.⟩: *die Trophologie betreffend;* **tro|pho|ly|tisch** ⟨Adj.⟩ [↑ lytisch (2)] (Ökologie): *organische Substanz abbauend:* -e Schicht/Zone *(lichtlose tiefe Schicht der Gewässer, in der organische Substanz abgebaut wird);* **Tro|pho|neu|ro|se,** die; -, -n (Med.): *Form der Neurose, die eine mangelhafte Ernährung des Gewebes u. damit Schwunderscheinungen an Organen zur Folge hat;* **Tro|pho|phyll,** das; -s, -e [zu griech. phýllon = Blatt] (Bot.): *(bei Farnpflanzen) nur der Assimilation* (1 a) *dienendes Blatt;* **tro|pho|trop** ⟨Adj.⟩ [zu griech. tropḗ = (Hin)wendung] (Biol., Med.): *auf den Ernährungszustand von Geweben od. Organen einwirkend.*

Tro|pi|cal [...ik]l, der; -s, -s [engl. tropical, eigtl. = tropisch]: *leichtes, poröses Kammgarngewebe in Leinwandbindung für leichte Sommeranzüge u. Damenkleidung;* **Tro|pi|ka,** die; - [nlat. Malaria tropica] (Med.): *besonders schwere Form der Malaria;* **Tro|pi|ka|ri|um,** das; -s, ...ien (Met.): *Troparium;* **Tro|pik|luft,** die ⟨o. Pl.⟩ (Met.): *aus subtropischen Gebieten stammende Luft;* **Tro|pik|vo|gel,** der: *an den Küsten tropischer Meere lebender Ruderfüßer;* **tro|pisch** ⟨Adj.⟩: **1.** *die ²Tropen betreffend, dazu gehörend, dafür charakteristisch:* der -e Regenwald, Urwald; Florida und Texas haben noch kleine -e Waldgebiete (Mantel, Wald 73); das -e Afrika, -e Pflanzen[arten]. **2.** *durch seine*

Tropismus

Art Vorstellungen von den ²Tropen weckend: -e Temperaturen; -es Sommerwetter; Es war eine t. warme Nacht Mitte August (K. Mann, Wendepunkt 160); Ü wuchs das Kaffeehausgewerbe t. (geh.; *üppig wuchernd;* Jacob, Kaffee 196); **Tropis|mus,** der; -, ...men [zu griech. tropē (↑ Trope), trópos = Wendung, Richtung] (Biol.): *durch äußere Reize verursachte Bewegung von Teilen festgewachsener Pflanzen od. festsitzender Tiere auf die Reizquelle hin od. von dort weg;* **Tro|po|pau|se** [auch: 'tro:po...], die; - [zu griech. paũsis = Ende] (Met.): *zwischen Troposphäre u. Stratosphäre liegende atmosphärische Schicht;* **Tro|po|phyt,** der; -en, -en [zu griech. phytón = Pflanze] (Bot.): *an Standorten mit stark wechselnder Temperatur u. Feuchtigkeit wachsende Pflanze mit entsprechend wechselndem äußerem Erscheinungsbild;* **Tro|po|sphä|re** [auch: 'tro:po...], die; - (Met.): *unterste Schicht der Atmosphäre, in der sich die Wettervorgänge abspielen;* **Tro|po|ta|xis,** die; -, ...xen [↑ ²Taxis] (Biol.): *Bewegung freibeweglicher Lebewesen, bei der die Reizquelle direkt angesteuert wird.*

trop|po: ↑ ma non troppo.

Tro|pus, der; -, Tropen [1: lat. tropus < griech. trópos = Wendung, Richtung; Art u. Weise; 2: mlat. tropus < spätlat. tropus = Gesang(sweise)]: **1.** *Trope.* **2.** (ma. Musik) **a)** *Kirchentonart;* **b)** *textliche [u. musikalische] Ausschmückung, Erweiterung liturgischer Gesänge.*

troß ⟨Interj.⟩ [zu landsch. veraltet trossen = trabend laufen, älter auch: sich wegscheren, sich packen, mhd. trossen = packen, aufladen < afrz. trousser, ↑ Troß] (landsch.): *schnell!;* **Troß,** der; Trosses, Trosse [spätmhd. trosse = Gepäck(stück) < (a)frz. trousse = Bündel, zu: trousser = aufladen (u. festschnüren), über das Vlat. < lat. torquere = winden, drehen, ↑ Tortur (Lasten wurden urspr. auf Tragtieren mit Seilen umwunden u. so gesichert)]: **1.** (Milit., bes. früher) *die Truppe mit Verpflegung u. Munition versorgender Wagenpark:* der T. lag in einem anderen Dorf; beim T. sein; Ü Die Bundesstraße 406 wird von den Radsportlern und ihrem T. ... benutzt (Saarbr. Zeitung 27. 6. 80, 17). **2.** *Gefolge* (a): die Königin mit ihrem T.; Ü viele marschierten im T. der Nationalsozialisten *(waren deren Mitläufer).* **3.** *Zug von gemeinsam sich irgendwohin begebenden Personen:* der Betriebsrat und ein T. von jungen Arbeitnehmern; dann setzt sich der T. der Demonstranten in Bewegung; Premierminister Chirac ist mit einem T. von knapp einem halben Dutzend Ministern zu einer Reise nach Neukaledonien ... aufgebrochen (NZZ 29. 8. 86, 3); **Troß|bu|be,** der (früher): *junger Troßknecht;* **Tros|se,** die; -, -n [aus dem Niederd. < mniederd. trosse, über das Mniederl. < (a)frz. trousse (↑ Troß) od. < frz. drosse = Ruder-, Steuertau (über das Roman. viell. < lat. tradux = Weinranke, ²Reis]: *starkes Tau aus Hanf, Draht o. ä., das bes. zum Befestigen des Schiffes am Kai u. zum Schleppen verwendet wird:* die -n loswerfen; Nun liegt das Schiff still und friedlich an seinen -n (Heim, Traumschiff 288); **Troß|knecht,** der (früher): *jmd., der die Wagen für einen Troß (1) packt;* **Troß|schiff,** das: *Hilfsschiff der Kriegsmarine.*

Trost, der; -[e]s [mhd., ahd. trōst, zu ↑ treu u. eigtl. = (innere) Festigkeit]: *etw., was jmdn. in seinem Leid, seiner Niedergeschlagenheit aufrichtet:* ein wahrer, rechter, süßer, geringer T.; die Kinder sind ihr ganzer, einziger T.; ihre Worte waren ihm ein T.; es war ihr ein gewisser T., zu wissen, daß ...; das ist ein schwacher, magerer T. (iron.; *das hilft mir hierbei gar nicht);* Der T., sich mit Antonie auszusprechen, war ihr so unerwartet versagt geblieben (A. Kolb, Daphne 137); ein T. *(nur gut),* daß es bald vorbei ist; jmdm. T. spenden; bei Gott, in etw. T. suchen, finden; Sie war froh, Fräulein Coax T. zusprechen und ihr bei den Besorgungen helfen zu können (Brecht, Groschen 305); aus etw. T. schöpfen; etw. gibt, bringt jmdm. T.; als T. *(Trostpflaster)* bekommst du eine Tafel Schokolade; des -es bedürfen; nach geistlichem T. *(nach Trost durch Gottes Wort)* verlangen; zum T. kann ich Ihnen sagen, daß ...; * **nicht [ganz/recht] bei T.**/(auch:) **-e sein** (ugs.; *nicht recht bei Verstand sein;* H. u.): Wenn ich alles erzählen würde, würde jeder ... denken, ich hät wär' nicht ganz bei T. (Singer [Übers.], Feinde 36); **trost|be|dürf|tig** ⟨Adj.⟩: *Trost benötigend;* **trost|brin|gend** ⟨Adj.⟩: *tröstend, jmdm. Trost bringend;* **trö|sten** ⟨sw. V.; hat⟩ [mhd. trœsten, ahd. trōsten, zu ↑ Trost]: **1. a)** *durch Teilnahme u. Zuspruch jmds. Leid lindern:* jmdn. [in seinem Leid, Kummer, Schmerz, Unglück] t.; jmdn. mit teilnehmenden Worten [über einen Verlust] t.; wir trösteten uns gegenseitig damit, daß ...; sie wollte sich nicht t. lassen *(war untröstlich);* Warum muß ich immer der Stärkere und der Gefaßtere sein, ich möchte doch auch einmal weinen und getröstet werden (Remarque, Westen 131); tröstende Worte; tröstend den Arm um jmdn. legen; **b)** *einen Trost für jmdn. bedeuten:* dieser Gedanke tröstete ihn; An ein Fortleben nach dem Tode, das die meisten Menschen so sehr tröstet ..., glauben die Massai nicht (Grzimek, Serengeti 286). **2.** ⟨t. + sich⟩ **a)** *sich über etw. Negatives mit etw. beruhigen:* sich mit dem Gedanken, damit t., daß ...; Er ... versuchte sich mit der Vorstellung jenes Triumphes zu t., der ihn in Rom erwarten würde (Ransmayr, Welt 146); **b)** *sich für einen Verlust o. ä. mit jmdm., etw. einen Ersatz schaffen:* über die Niederlage hatte er sich mit einem Kognak getröstet; sich mit einer anderen Frau t.; **Trö|ster,** der; -s, - [mhd. trœster, trœstære = Tröster; Helfer; Bürge; Heiliger Geist]: *jmd., der jmdn. tröstet:* er war ihr T. in schweren Stunden; Doktor Hegemann wurde zum Retter vieler Leben, zum T. vieler gramgebeugter Seelen (Weber, Tote 134); Ü die Arbeit, Musik, der Alkohol war oft sein T.; **Trö|ste|rin,** die; -, -nen [mhd. trœstærinne, trœsterinne]: w. Form zu ↑ Tröster: *der gebrochene Witwer tanzt auf drittklassigen Festivitäten, hautnah an seine diversen -nen geschmiegt* (Wochenpresse 13, 1984, 5); **tröst|lich** ⟨Adj.⟩ [mhd. træ-

stelich]: *trostbringend:* -e Worte; ein -er Brief; es ist t. *(beruhigend)* zu wissen, daß ...; Wie t. und menschenwürdig sei doch das Schicksal der Versteinerung gegen den ekelerregenden ... Prozeß des organischen Verfalls (Ransmayr, Welt 158); Auch empfand ich es als ... t., immer wieder feststellen zu können, daß viele Schwierigkeiten auch bei anderen vorlagen (Jaekel, Ghetto 92); das klingt t.; ⟨subst.:⟩ diese Vorstellung, dieser Gedanke hatte etwas Tröstliches für mich; **trost|los** ⟨Adj.; -er, -este⟩ [mhd. trōst(e)lōs, ahd. drōstolōs]: **a)** *in seinem Leid, seiner ausweglosen Lage o. ä. ohne einen Trost:* Ich denke an die ... Kranken (Remarque, Obelisk 310); mir war t. zumute; sich trost- und hilflos fühlen; **b)** *so schlecht, von solcher Art, daß es einen förmlich deprimiert:* -e Verhältnisse; -es Einerlei; In seiner -en Ehe hoffte er ... (Kronauer, Bogenschütze 195); angesichts der ... im Finanzamt aller Staatssen (ADAC-Motorwelt 7, 1982, 44); das Wetter war t.; das Leben im Lager war einfach t.; um seine Frau war es t. bestellt; **c)** *(von einer Landschaft, Örtlichkeit o. ä.) öde, ohne jeden Reiz, häßlich:* eine -e Gegend; -e Fassaden; Der Ring -er Vorstädte ist durchsetzt von kleinen und mittleren Betrieben (Fest, Im Gegenlicht 331); um in besonders -en Straßen des Stadtteils für das nötige Grün zu sorgen (Hamburger Rundschau 11. 8. 83, 7); einen -en Eindruck machen; dieser Anblick ist t.; **Trost|lo|sig|keit,** die; -: *das Trostlossein, trostloses Wesen, trostlose Art;* **Trost|pfla|ster,** das (scherzh.): *kleine Entschädigung für einen Verlust, eine Benachteiligung, einen Mißerfolg o. ä.:* Als T. für seine Niederlage darf Patterson 20 Prozent der Gesamteinnahmen ... einstreichen (MM 24. 11. 65, 17); **Trost|pfläs|ter|chen,** das (fam. scherzh.): *Trostpflaster;* **Trost|preis,** der: *(bei einem [Rate]wettbewerb) kleine Entschädigung für einen kleinen Preis gewonnen hat:* einen T. erhalten; **trostreich** ⟨Adj.⟩: *jmdm. Trost bringend; zu trösten vermögend:* -e Worte; die Antwort war nicht sehr t.; **Trost|spen|der,** der; (geh.): *Person od. Sache, die jmdm. Trost spendet;* **Trost|spen|de|rin,** die (geh.): w. Form zu ↑ Trostspender; **Trost|spruch,** der: der; vgl. Trostworte; **Trö|stung,** die; -, -en [mhd. trœstunge]: *Trost, der jmdm. von irgendwoher zuteil wird:* religiöse -en; diejenigen, die ... alle vorschnellen und vermeintlichen -en verschmähen (Thielicke, Ich glaube 39); gerade jetzt, wo seine Enttäuschung seelischer Hilfe bedürfte, treuer Aussprache, zärtlicher T. (St. Zweig, Fouché 163); er starb, versehen mit den -en der Kirche (kath., orthodoxe Kirche; *nach Empfang der Sterbesakramente);* **trost|voll** ⟨Adj.⟩: *Trost enthaltend:* es ist t., zu wissen, daß ...; **Trost|wort,** das ⟨Pl. -e⟩: *tröstendes Wort:* jmdm. ein paar -e sagen.

Trö|l|te, die; -, -n [zu ↑ tröten] (landsch.): **1.** *kleines trompetenartiges Blasinstrument, bes. für Kinder, mit dem einzelne laute Töne erzeugt werden können:* auf dem Jahrmarkt kaufte sie dem Kind eine T.; im Stadion ertönten immer wieder die -n

der Fans; Zuschauer, die nicht mit Trillerpfeife und T. aktiv beteiligt sind (Hörzu 10, 1980, 53). **2.** (scherzh.) *Megaphon;* **trö|ten** ⟨sw. V.; hat⟩ [lautm.] (landsch.): *blasen* (2 a).
Trott, der; -[e]s, -e [wohl aus dem Roman., vgl. ital. trotto, frz. trot = Trab, zu ital. trottare = traben bzw. frz. trotter = traben, viell. verw. mit ↑treten]: **1. a)** *langsame [schwerfällige] Gangart [von Pferden]:* die Pferdes gehen im T.; ◆ **b)** *Trab:* Nun geht's im schärfsten T., daß Roß und Reiter keichen (Wieland, Oberon 4, 34). **2.** (leicht abwertend) *immer gleicher, eintöniger Ablauf:* der alltägliche T.; es geht alles seinen gewohnten T.; Es war ganz gut, einfach mal rauszukommen aus dem täglichen T. (Hamburger Abendblatt 23. 5. 85, 17); in den alten T. verfallen, zurückfallen *(die alten Gewohnheiten annehmen);* **Trot|te,** die; -, -n [mhd. trot(t)e, ahd. trota, zu ↑treten; wohl geb. nach lat. calcatura, ↑Kelter] (südwestd., schweiz.): *[alte] Weinkelter;* **Trot|tel,** der; -s, - [zu ↑trotten, trotteln, wahrsch. eigtl. = Mensch mit täppischem Gang] (ugs. abwertend): *einfältiger, ungeschickter, willenloser Mensch, der nicht bemerkt, was um ihn herum vorgeht:* ein harmloser, alter T.; ich bin doch kein, nicht den T.!; jmdn. als T. behandeln; zugleich hielt er ihn für einen ausgemachten T., da Grenouille, wie er glaubte, nicht das geringste Kapital als seine Begabung schlug (Süskind, Parfum 229); **Trot|te|lei,** die; -, -en (ugs. abwertend): *[dauerndes] Trotteln;* **trot|tel|haft** ⟨Adj.; -er, -este⟩ (ugs. abwertend): *in der Art eines Trottels, an einen Trottel erinnernd:* Ich dachte aber nichts zu Ende, weil ich ... wieder -e Züge angenommen hatte (Innerhofer, Schattseite 58); sein Benehmen war t.; **trot|te|lig,** trottlig ⟨Adj.⟩ (ugs. abwertend): *sich [schon] wie ein Trottel verhaltend, trottelhaft:* ein -er Alter; Peter Falk als trotteliger Inspektor löst einen neuen Fall (Hörzu 52, 1982, 26); bist du denn schon so t.?; ... weil der Professor lieb und trottelig war und alle bestehen ließ (Kemelman [Übers.], Dienstag 103); **Trot|te|lig|keit,** Trottligkeit, die; - (ugs. abwertend): *das Trotteligsein;* **trot|teln** ⟨sw. V.; ist⟩ [zu ↑trotten] (ugs.): *mit kleinen, unregelmäßigen Schritten langsam u. unaufmerksam gehen:* das kleine Mädchen trottelte hinter den Erwachsenen; **trot|ten** ⟨sw. V.; ist⟩ [zu ↑Trott]: *langsam, schwerfällig, stumpfsinnig irgendwohin gehen, sich fortbewegen:* durch die Stadt, zur Schule, nach Hause t.; die Kühe trotten in den Stall; Draußen stopfte Jutta die Hände in die Taschen. Kröck trottete neben ihr (Loest, Pistole 238); Die Füße trotteten über die Straße (Plievier, Stalingrad 347); **Trot|teur** [...'tø:ɐ̯], der; -s, -s [1: frz. trotteur, eigtl. = der zum schnellen Gang Geeignete, zu: trotter = traben, trotten, wohl aus dem Germ.; 2: zu frz. trotter im Sinne von „flanieren"]: **1.** *eleganter, bequemer Laufschuh mit flachem od. mittlerem Absatz.* **2.** (veraltend) *kleiner Hut für Damen;* **trot|tie|ren** ⟨sw. V.; hat⟩ [frz. trotter, ↑Trotteur] (veraltet): *traben;* **Trot|ti|nett,** das; -s, -e [frz. trottinette, zu: trottiner = trippeln; zu: trotter, ↑Trotteur] (schweiz.): *Roller* (1); **trott|lig** usw.: ↑trottelig usw.; **Trot|toir** [...'toa:ɐ̯], das; -s, -e u. -s [frz. trottoir, zu: trotter, ↑Trotteur] (veraltend, noch landsch.): *Bürgersteig:* Das T. ist zu schmal für zwei (Hofmann, Fistelstimme 77); das Blut auf dem T. (Heym, Schwarzenberg 23); Die Puppen in den Auslagen und die Mädchen auf dem T. führten die Sommermodelle vor (Bieler, Mädchenkrieg 496); Den Gebäuden zu beiden Seiten der Allee sind breite -s vorgelagert (Schädlich, Nähe 165).
Tro|tyl, das; -s [Kunstwort]: *Trinitrotoluol.*
trotz ⟨Präp. mit Gen., seltener mit Dativ⟩ [aus formelhaften Wendungen wie „Trotz sei ...", „zu(m) Trotz"]: **1.** *obwohl die betreffende Sache od. Person dem erwähnten Vorgang, Tatbestand o. ä. entgegensteht, ihn eigentlich unmöglich machen sollte; ungeachtet; ohne Rücksicht auf:* t. aller Bemühungen; t. heftiger Schmerzen; t. Beweisen; sie traten die Reise t. dichten Nebels/t. dichtem Nebel an; t. Frosts und Schnees/t. Frost und Schnee; t. des Regens gingen wir spazieren; Trotz regnerischen Wetters (MM 28. 3. 89, 17); Ein Treffen des US-Präsidenten mit Konstantin Tschernenko ist, t. allen Bonner Drängens, nach Ansicht der Amerikaner nicht dringend (Spiegel 11, 1984, 24); t. allem/alledem blieben sie Freunde; t. der/den Strapazen ihrer Tournee waren die Akteure quicklebendig. ◆ **2. *t. einem** (besser, mehr als ein anderer; aus älter: jmdm., einer Sache zu Trotz = besser, mehr als jmd., etw.; vgl. auch älter trotzen = es gleichtun können, jmdm. gewachsen sein): Und Euren Cicero habt ihr studiert t. einem auf der Schul' in Amsterdam (Kleist, Krug 1); **Trotz,** der; -es [mhd. traz, (md.) trotz, H.u.] *hartnäckiger [eigensinniger] Widerstand gegen eine Autorität aus dem Gefühl, im Recht zu sein:* kindlicher, kindischer, unbändiger, harmloser T.; wogegen richtet sich ihr T.?; Die Empfindungen, die sie jetzt von ihrem Körper hatte, waren nicht unähnlich denen eines Kindes, dessen T. durch Prügel gebrochen worden ist (Musil, Mann 887); dem Kind den T. auszutreiben versuchen; jmdm. T. bieten; etw. aus T., mit stillem, geheimem, bewußtem T. tun; Da er mit pubertärem T. offenbar nichts erreichen kann (Reich-Ranicki, Th. Mann 227); in wütendem T. mit dem Fuß aufstampfen; Ü immer noch T.; * **jmdm., einer Sache zum T.** *(trotz, entgegen):* aller Bosheit des Tieres (= eines Pferdes) zum T. würde es zähmen (Kronauer, Bogenschütze 378); Die Verkehrsregelung ... hat sich aller Kritik zum T. bewährt (Saarbr. Zeitung 27. 6. 80, 17); Da bin ich lieber geblieben, unserer Kaderleiterin zum T. (H. Gerlach, Demission 222); **Trotz|al|ter,** das ⟨o. Pl.⟩: *Phase in der Entwicklung des Kindes, in der es den eigenen Willen erfährt u. durchzusetzen versucht, unter sein ist jetzt im T.* (B. Vesper, Reise 316); **trotz|dem** [II: entstanden aus: trotz dem, daß ...]. **I.** ['- -, auch: '-'-] ⟨Adv.⟩ *trotz dem betreffenden Umstand, Sachverhalt:* sie wußte, es war verboten war, aber sie tat es t.; es ging ihm schlecht, t. erledigte er seine Arbeit; T. beruhigte mich sofort und ließ mich t., auch als ich schon ganz ruhig war, immer noch weiter trösten (Rilke, Brigge 28). **II.** [-'-] ⟨Konj.⟩ (ugs.) *obwohl, obgleich:* Und Pinneberg lächelt mit, t. er jetzt ängstlich wird (Fallada, Mann 217); ich hab' die jungen Herrschaften auch gleich erkannt, t. es ein bißchen dunkel ist (Th. Mann, Hoheit 47); Trotzdem ihm die Höhe zu schaffen machte, erstieg er ... den Montblanc (NZZ 29. 8. 86, 11); **trot|zen** ⟨sw. V.; hat⟩ [mhd. tratzen, trutzen (↑Trotz]: **1.** (geh.) *in festem Vertrauen auf seine Kraft, sein Recht einer Person od. Sache, die eine Bedrohung darstellt, Widerstand leisten, der Herausforderung durch sie standhalten:* den Gefahren, den Stürmen, der Kälte, dem Hungertod, dem Schicksal t.; ich trotze der Gewalt (NJW 19, 1984, 1065); er wagte es, dem Chef zu t.; Ü diese Krankheit scheint jeder Behandlung zu t.; die Maschinenbauer MAN und Gutehoffnungshütte trotzen zum Beispiel der Börsenschwäche bemerkenswert gut (Sonntagsblatt 20. 5. 84, 15). **2. a)** *aus einem bestimmten Anlaß trotzig* (1) *sein:* das Kind trotzte; **b)** *trotzend* (2 a) *äußern, sagen:* sie trotzte nur ...: „Walter, das ist ihre Sache!" (Frisch, Homo 205); **c)** (landsch.) *jmdm. böse sein:* mit jmdm. t. **3.** (veraltend) *auf etw. pochen:* Hürlin ... trotzte darauf auf sein Eigentumsrecht (Hesse, Sonne 14); **Trotzer,** der; -s, - (Bot.): *zweijährige Pflanze, die im 2. Jahr keine Blüten bildet;* **Trotz|hal|tung;** *Trotz bietende, trotzige* (2) *Haltung;* **trot|zig** ⟨Adj.⟩ [mhd. tratzic, (md.) trotzic]: **1.** (bes. von Kindern) *hartnäckig bestrebt, seinen eigenen Willen durchzusetzen; sich dem Eingriff eines fremden Willens widersetzend od. ein entsprechendes Verhalten ausdrückend:* ein -es Kind; ein -es Gesicht machen; eine -e Antwort geben; t. schweigen; Er betrachtete seinen Sohn, der ... aufgesprungen war und nun dastand, ... t. den Blick seines Vaters erwidernd (Danella, Hotel 11). **2.** *Trotz bietend; trotzend* (1): ein -es Lachen; Der kleine Schuhladen machte, noch immer t. aushaltend, die ... Preisstürze mit (Kronauer, Bogenschütze 122).
Trotz|kis|mus, der; -: *von dem russischen Revolutionär u. Politiker L. D. Trotzki (1879–1940) u. seinen Anhängern vertretene Variante des Kommunismus mit der Forderung der unmittelbaren Verwirklichung der Weltrevolution;* **Trotz|kist,** lächelt; -en, -en: *Anhänger des Trotzkismus;* **Trotz|ki|stin,** die; -, -nen: w. Form zu ↑Trotzkist; **trotz|ki|stisch** ⟨Adj.⟩: *den Trotzkismus betreffend, zu ihm gehörend, ihm anhängend.*
Trotz|kopf, der; *jmd., der trotzig ist, bes. trotziges Kind:* ein kleiner T.; **Trotz|köpfchen,** das (fam. scherzh.): *Trotzkopf;* **trotz|köp|fig** ⟨Adj.⟩: *trotzig, sich wie ein Trotzkopf verhaltend:* ein -es Kind; **Trotz|pha|se,** die (Psych.): *Trotzalter;* **Trotz|re|ak|ti|on,** die: *aus Trotz heraus erfolgende Reaktion.*
Trou|ba|dour ['tru:badu:ɐ̯, auch: - - '-], der; -s, -e u. -s [frz. troubadour < apro-

Trouble

venz. trobador = Dichter, zu: trobar = dichten, eigtl. = finden, über das Vlat. zu lat. tropus, ↑Tropus]: *provenzalischer Dichter u. Sänger des 12. u. 13. Jh.s als Vertreter einer höfischen Liebeslyrik, in deren Mittelpunkt die Frauenverehrung stand:* Ü die jüngste Langspielplatte des bretonischen -s (bildungsspr. scherzh. od. iron.; *Chanson-, Schlagersängers*); Udo Jürgens, der ewig junge T. der Liebe (Hörzu 7, 1983, 65).

Trou|ble ['trʌbl], der; -s [engl. trouble, zu: to trouble < (a.)frz. troubler, ↑Trubel] (ugs.): *Ärger, Unannehmlichkeit[en]:* er hat T. mit seiner Frau; hier ist mal wieder ganz großer T.; es gibt T., wenn ich zu spät komme; Ich bekam T. mit unserem Rektor (Christiane, Zoo 328); **Trou|ble-shoo|ter** ['trʌblʃu:tə], der; -s, - [engl. trouble-shooter, zu: shooter = jmd., der schießt]: *jmd., der sich bemüht, Konflikte auszuräumen, Probleme aus der Welt zu schaffen:* Ein T. ist jemand, der Probleme auf ungewöhnliche Weise löst, ein Wild-westheld beispielsweise (MM 12. 3. 86, 4).

Trou|pier [tru'pi̯eː], der; -s, -s [frz. troupier, zu: troupe, ↑Truppe] (veraltend): *altgedienter, erfahrener Soldat:* Er ist bizarrer als andere Herrscher Afrikas, aber wie sie ein Kind der Kolonialzeit, ein T., gestrandet irgendwo zwischen Buschdorf und Kaserne (Spiegel 12, 1975, 102).

Trous|seau [tru'soː], der; -s, -s [frz. trousseau, zu: trousse = Satz (6)] (veraltet): *Aussteuer:* ein T. von ... ansehnlichen Dingen für die Vermählung (Kaschnitz, Wohin 196).

Trou|vail|le [tru'vaːjə], die; -, -n [frz. trouvaille, zu: trouver = finden] (bildungsspr. veraltet): *glücklicher Fund:* der neue Roman ist eine T. für Literaturkenner; Irmgard Keuns Exilromane sind -n (Spiegel 42, 1979, 5); Das Quartett in B-Dur des melodienseligen Gioacchino Antonio Rossini war ebenso eine T. wie das ... (MM 11. 11. 77, 36); **Trou|vère** [tru'vɛːr], der; -s, -s [frz. trouvère, zu: trouver (= finden) in der alten Bed. „Verse erfinden, dichten" (vgl. Troubadour)]: *nordfranzösischer Dichter u. Sänger des 12. u. 13. Jh.s.*

Troy|er, Troier, der; -s, - [mniederd. troye = Jacke, Wams; mhd. treie, troie, wohl nach dem Namen der frz. Stadt Troyes]: **a)** (Seemannsspr.) *wollenes Unterhemd od. Strickjacke der Matrosen;* **b)** *grobmaschiger dickerer Rollkragenpullover, dessen Rollkragen sich mittels Reißverschluß öffnen u. umlegen läßt.*

Troyes [trɔa], Stadt in Frankreich.

Troy|ge|wicht, das; -[e]s, -e [engl. troy weight, nach der frz. Stadt Troyes]: *in Großbritannien u. den USA verwendetes Gewicht für Edelmetalle u. Edelsteine.*

Trub, der; -[e]s [zu ↑trübe] (Fachspr.): *bei der Bier- u. Weinherstellung nach der Gärung im Filter od. in den Fässern auftretender Niederschlag;* **trü|be**: ↑trübe; **trü|be**, (seltener:) trüb ⟨Adj.; trüber, trübste⟩ [mhd. trüebe, ahd. truobi, wahrsch. rückgeb. aus mhd. trüeben, ahd. truoben (↑trüben) u. eigtl. wohl = aufgewühlt, aufgerührt]: **1. a)** *(bes. von etw. Flüssigem) [durch aufgerührte, schwebende od. abge-*

lagerte Teilchen] nicht durchsichtig, klar, sauber: eine trübe Flüssigkeit, Pfütze; Zwischen Fahrbahn und Fußweg rinnt in kleinen betonierten Betten milchig trübes Gebirgswasser (Berger, Augenblick 119); trübes Glas; trübe Fensterscheiben; er ... sammle Moos, Versteinerungen und trübe Smaragde (Ransmayr, Welt 187); der Kranke hat trübe *(glanzlose)* Augen; der Wein, der Saft, der Spiegel ist t.; das Wasser in der Vase ist trüb (Müller, Fuchs 84); die Suppe ist heute besonders trübe (Brot und Salz 110); *** im trüben fischen** (ugs.; *unklare Zustände zum eigenen Vorteil ausnutzen; wohl nach der früheren Gewohnheit der Fischer, den Schlamm am Ufer aufzuwühlen, um Fische aufzuscheuchen u. in ihre Netze zu treiben);* **b)** *nicht hell leuchtend, kein volles Licht verbreitend:* trübes Licht; ein trüber Lichtschein; eine trübe Funzel, Glühbirne; Die Straßen sind ... trübe beleuchtet (Remarque, Obelisk 288); Das Tageslicht fällt trüb, wie verschleiert in diese Enge (Fels, Kanakenfauna 83); Er ... knipste die nur trüb leuchtende Lampe an (Heym, Schwarzenberg 81); **c)** *nicht von der Sonne erhellt u. verhältnismäßig dunkel; [dunstig u.] nach Regen aussehend, verhangen, regnerisch:* trübes Wetter; ein trüber Himmel, Tag, Morgen; heute ist es t.; So wird es bei rund 20 Grad meist trübe bleiben (Tagesspiegel 13. 6. 84, 12); **d)** *(von Farben) nicht hell u. leuchtend:* ein trübes Gelb. **2. a)** *gedrückt, von traurigen od. düsteren Gedanken erfüllt od. auf eine entsprechende Verfassung hindeutend:* eine trübe Stimmung; Wie wir gehört haben, neigen Sie zur Zeit zu trüben Gedanken (Danella, Hotel 175); es waren trübe Stunden, Tage; er sprach mit trüber Stimme; t. blicken; De Jongh ... lächelte trüb (Konsalik, Promenadendeck 416); Ich bin trübe gestimmt (Kronauer, Bogenschütze 105); **b)** *von zweifelhafter Qualität u. unerfreulich:* trübe Erfahrungen; das ist eine trübe Sache; Rückfall in trübe Zeiten der Vergangenheit (ran 2, 1980, 10); Ein dicker Oberstleutnantarzt ... reißt zwei trübe Witzchen (Sobota, Minus-Mann 64); Vor acht Jahren hatte Felix Spring in Heidinghausen ein trübes Gastspiel gegeben (Wohmann, Irrgast 44); die Quellen, aus denen diese Nachricht stammt, sind t. *(fragwürdig);* Nun sind die Aussichten für einen Frieden ... noch viel trüber *(schlechter)* geworden (NZZ 12. 10. 85, 1); Um so trauriger, daß es mit der ... Steuerfreiheit trübe aussieht *(daß es um sie schlecht bestellt ist;* ADAC-Motorwelt 4, 1986, 5); **Trü|be**, die; -, -n: **1.** ⟨o. Pl.⟩ *trübe* (1, 2) *Beschaffenheit, Art.* **2.** (Fachspr.) *Aufschlämmung fester Stoffe in Wasser od. einer anderen Flüssigkeit.* **Tru|bel**, der; -s [frz. trouble = Verwirrung; Unruhe, zu: troubler = trüben; verwirren, beunruhigen, über das Vlat. zu lat. turba = Verwirrung; Lärm, Schar, Haufe]: *[mit Gewühl 2 verbundenes] lebhaftes geschäftiges od. lustiges Treiben in der Stadt herrschte [ein] großer, ungeheurer, hektischer T.;* sie wollten dem T. des Festtags entgehen; in dem T. waren die Kinder verlorengegangen; Professor

Kuckuck sah ich nicht mehr im T. des Bahnsteigs (Th. Mann, Krull 322); sie stürzten sich in den dicksten T., t. auf der Tanzfläche; für Elfriede würde es besser sein, ... von dem T. im Hotel verschont zu bleiben (Danella, Hotel 48); aus dem T. nicht herauskommen *(nicht zur Ruhe kommen);* Ü im T. der Ereignisse.

trü|ben ⟨sw. V.; hat⟩ [mhd. trüeben = trüb machen, ahd. truoben = verwirren, in Unruhe bringen, eigtl. = den Bodensatz aufrühren]: **1. a)** *trübe* (1 a) *machen u. verunreinigen:* der chemische Zusatz trübt die Flüssigkeit; der Tintenfisch trübt das Wasser; die Scheiben sind bis zur Undurchsichtigkeit getrübt; **b)** ⟨t. + sich⟩ *trübe* (1 a) *werden:* die Flüssigkeit, der Saft, das Wasser haben sich getrübt; seine Augen haben sich getrübt *(sind glanzlos geworden).* **2.** (selten) **a)** *trübe* (1 c), *dunkler machen:* der Himmel war von keiner Wolke getrübt; **b)** ⟨t. + sich⟩ *trübe* (1 c), *dunkler werden:* der Himmel trübte sich. **3. a)** *eine gute Gemütsverfassung, gute Beziehungen, einen guten Zustand o. ä. beeinträchtigen:* etw. trübt die gute Stimmung, jmds. Glück, Freude; Schon die Benutzung eines Feuerzeuges ... trübt seine Laune einen Atemzug lang (Frisch, Gantenbein 410); er wollte die Stunde nicht durch eine traurige Nachricht t. (Danella, Hotel 274); seit dem Zwischenfall war ihr gutes Verhältnis getrübt; Auch ein paar negative Schlagzeilen wegen angeblicher Steuerschulden ... können Udos Ruhm nicht t. (Freizeitmagazin 12, 1978, 22); **b)** ⟨t. + sich⟩ *durch etw. in seinem guten Zustand o. ä. beeinträchtigt werden, sich verschlechtern:* ihr gutes Einvernehmen trübte sich erst, als ...; Das Verhältnis zwischen den beiden hatte sich seit dem Ausbruch des Krieges wesentlich getrübt (K. Mann, Wendepunkt 56). **4. a)** *die Klarheit des Bewußtseins, des Urteils, einer Vorstellung o. ä. beeinträchtigen, jmdn. unsicher darin machen:* etw. trübt jmds. Blick [für etw.], Urteil; Seine vier Töchter waren es, die sein Urteilsvermögen trübten (Kemelman [Übers.], Dienstag 120); **b)** ⟨t. + sich⟩ *durch etw. unklar werden, sich verwirren:* sein Bewußtsein, seine Erinnerung, seine Wahrnehmung hatte sich getrübt; **trü|bel|tüm-pe|lig, trü|be|tümp|lig** ⟨Adj.⟩ [zu veraltet, noch landsch. Trübetümpel = trauriger, stiller Mensch, viell. zusgez. aus „trüber Tümpel" (landsch.): *trübsinnig, trübselig; trübe:* Peter Matic kriegt kaum Gelegenheit, die ... Rolle eines kleinen Würstchens und trübetümpeligen Charakters richtig an- oder auszulegen (Welt 23. 1. 76, 19); **Trüb|glas**, das ⟨o. Pl.⟩ (Fachspr.): *[durch Zusatz bestimmter Stoffe] undurchsichtig gemachtes Glas* (z. B. Milch-, Opalglas); **Trüb|heit**, die: *Trübopheit; das Trübsein;* **Trüb|nis**, die; -, -e ⟨Pl. selten⟩ [mhd. (md.) trubenisse] (dichter.): *Trübseligkeit, Öde:* Unter dem anderen Licht stand die T. der kahlen Industriestraße (Johnson, Mutmaßungen 14); **Trüb|sal**, die; -, -e [mhd. trüebesal, ahd. truobisal] (geh.): **1.** *Leiden, die jmdn. bedrücken:* viel, große T., viele -e erdulden müssen. **2.** ⟨o. Pl.⟩ *tiefe Betrübnis:* sich der

T. hingeben; jmdn. in seiner T. trösten; sie waren voller T.; *T. blasen (ugs.; betrübt sein u. seinem Kummer nachhängen, ohne etw. anderes tun zu können; viell. eigtl. = „Trauer blasen", d. h. Trauermusik blasen): So was gibt es gar nicht! Jetzt hier zu Haus hocken und T. blasen über einen solchen Schmarren (Fallada, Mann 199); **trüb|se|lig** ⟨Adj.⟩: **1.** *durch seine Beschaffenheit (z. B. Ärmlichkeit, Öde) von niederdrückender Wirkung auf das Gemüt:* eine -e Gegend, Baracke; Porto San Giorgio war ein -es, düsteres Fischernest in karger Steinlandschaft (Mostar, Unschuldig 84); -e *(triste)* Farben. **2.** *traurigen Gedanken nachhängend od. eine entsprechende Gemütsverfassung ausdrückend:* -e Gedanken; eine -e Stimmung; er machte ein -es Gesicht; t. in einer Ecke sitzen; Trübselig hockte Max ... vor seinem Kaffee (Ossowski, Liebe ist 342); **Trüb|se|lig|keit**, die; -: *trübselige Art;* ⟨o. Pl.⟩: *trübselige Gemütsverfassung; düstere, trübe Stimmung:* wieder wird sie verzweifeln, lange weinen, in T. verfallen (Fallada, Jeder 388); **trüb|sin|nig** ⟨Adj.⟩: *trübe gestimmt, niedergeschlagen, Trübsinn ausdrückend:* ein -er Mensch; sie hingen ihren Gedanken nach, die immer -er wurden (Loest, Pistole 94); t. dasitzen; Nach dem Höhenflug sah er t. in sein Glas wie ein Gescheiterter (Kronauer, Bogenschütze 60); **Trub|stoff**, der ⟨meist Pl.⟩ (Fachspr.): *Trub;* **Trü|bung**, die; -, -en: **1.** *das Getrübtsein, Verunreinigtsein:* eine leichte, starke T.; eine T. ist eingetreten, verschwindet wieder; eine T. der Augen, der Linse feststellen. **2. a)** *Beeinträchtigung eines guten Zustandes o. ä.:* eine T. ihrer Freundschaft; es war nicht die mindeste T. seiner ausgezeichneten Stimmung festzustellen (Kirst, 08/15, 135); **b)** *Beeinträchtigung des klaren Bewußtseins, Urteils o. ä.:* Die Faszination der Solidarität schafft -en des Bewußtseins (Zwerenz, Kopf 122). **3.** *Verringerung der Lichtdurchlässigkeit, bes. der Atmosphäre, durch Dunst:* eine T. der Luft.
◆ **Tru|che**, die; -, -n [mhd. truche, ahd. trucha]: im südd. Sprachgebrauch Nebenf. von ↑Truhe: ... sah er auf seiner leeren T. ein fremdes Männlein sitzen (Mörike, Hutzelmännlein 116).
Truch|seß, der; ...sesses u. (älter:) ...sessen, ...sesse [mhd. truh(t)sæʒe, ahd. truh(t)sāʒ(3)o, wohl zu: truht = Trupp, Schar u. sāʒo (↑Saß), also eigtl. = Vorsitzender einer Schar]: *(im MA.)* Vorsteher der Hofverwaltung, der u. a. mit der Aufsicht über die Tafel beauftragt war.
Truck [trʌk], der; -s, -s [engl. truck, H. u.]: *englische Bez. für Lastwagen:* Er passierte die drei olivgrünen -s, die neben dem Weg abgestellt waren (Cotton, Silver-Jet 13); **Trucker**[1] ['trʌkɐ], der; -s, - [engl. trucker, zu: truck = Lastkraftwagen]: *englische Bez. für Lastwagenfahrer:* Der amerikanische T. macht die weitesten Touren durch die aufregendste ... Landschaft der Welt (Welt 14. 1. 86, 18). **Truck|sy|stem** ['trʌk...], das ⟨o. Pl.⟩ [engl. truck system, zu: truck = Tausch, H. u.] (früher): *Entlohnung von Arbeitern durch Waren.*

tru|deln ⟨sw. V.⟩ [H. u.; 3: nach der „trudelnden" Bewegung des rollenden Würfels]: **1.** *langsam u. ungleichmäßig irgendwohin rollen; sich um sich selbst drehend fallen, sich nach unten bewegen* ⟨ist⟩: der Ball, die Kugel trudelt; die welken Blätter trudeln auf die Erde; matschige Flokken, die sanft wie Fallschirme trudelten (Küpper, Simplicius 129); ⟨subst.:⟩ das Flugzeug geriet ins Trudeln. **2.** (ugs. scherzh.) *langsam irgendwohin gehen, fahren* ⟨ist⟩: durch die Gegend t.; Er wechselte den Gang, bog hinter Trebnitz nach rechts und trudelte peu-à-peu nordwestwärts (Bieler, Bär 215). **3.** (landsch.) *würfeln* ⟨hat⟩: im Wirtshaus sitzen und t.
◆ **Tru|den|kreuz**, das; -es, -e [Trude = Nebenf. von ↑Drude]: *Drudenfuß:* Ein Blitz ... wäre etlichemale hin- und hergezuckt, hätte ein T. auf den Himmel geschrieben (Rosegger, Waldbauernbub 78).
Trüf|fel, die; -, -n, ugs. meist: der; -s, - [frz. truffle, Nebenf. von: truffe, über das Ital. od. Aprovenz. < vlat. tufera < lat. tuber, eigtl. = Höcker, Beule, Geschwulst, Wurzelknolle]: **1.** *(unter der Erde wachsender) knolliger Schlauchpilz mit rauher, dunkler Oberfläche, der als Speise- u. Gewürzpilz verwendet wird:* Leberwurst mit -n. **2.** *kugelförmige Praline aus schokoladenartiger, oft mit Rum aromatisierter u. in Kakaopulver gewälzter Masse;* **Trüf|fel|le|ber|pa|ste|te**, die: *Pastete mit Trüffeln (1);* **Trüf|fel|le|ber|wurst**, die: vgl. Trüffelleberpastete; **trüf|feln** ⟨sw. V.; hat⟩: *mit Trüffeln (1) würzen;* **Trüf|fel|pilz**, der: *Trüffel (1);* **Trüf|fel|schwein**, das: *Schwein, das für die Suche nach Trüffeln (1) abgerichtet ist;* **Trüf|fel|wurst**, die: vgl. Trüffelleberpastete.
trug: ↑tragen.
Trug, der; -[e]s [für mhd. trüge, ahd. trugī, zu ↑trügen] (geh.): **a)** *das Trügen; Betrug, Täuschung:* der ganze amtliche T. ..., mit welchem der Gemeindevorsteher und der Lehrer ihn von den Schloßbehörden abhielten und in die Schuldienerstellung zwängten, konnte aufgedeckt werden (Kafka, Schloß 151); *Lug und T.* (↑Lug); **b)** *von etw. ausgehende Täuschung; Vorspiegelung:* ein T. der Sinne, der Phantasie; **Trug|bild**, das [mhd. trugebilde = Teufelsbild, Gespenst, ahd. trugebilde = täuschendes Bild]: *auf einer Sinnestäuschung beruhende Erscheinung; Bild der Phantasie:* ein T. narrte ihn; ich habe mich gewiß nicht eingegeben (Hildesheimer, Tynset 257); **Trug|dol|de**, die (Bot.): *Blütenstand, dessen Blüten ungefähr in einer Ebene liegen, wobei die Blütenstiele im Unterschied zur Dolde aber nicht von einem einzigen Punkt ausgehen; Scheindolde, -blüte* (1).
trü|ge: ↑tragen.
trü|gen ⟨st. V.; hat⟩ [mhd. triegen, ahd. triugan, verw. mit ↑Traum]: *jmds. Erwartungen unerfüllt lassen; zu falschen Vorstellungen verleiten; täuschen, irreführen:* dieses Gefühl trog sie; meine Ahnungen, Hoffnungen hatten mich nicht getrogen; *(wenn ich mich richtig erinnere),* war vor zwei Jahren; ⟨häufig o. Akk.-Obj.:⟩ der [äußere] Schein trügt; das Erscheinungsbild trog; dieses Gefühl trog; ich hatte, wenn nicht alles trog, diese Operation noch vor mir (Loest, Pistole 123); Wenn der Eindruck nicht trügt, ... (Reich-Ranicki, Th. Mann 190); **trü|ge|risch** ⟨Adj.⟩ [zu veraltet Trüger = Betrüger]: **a)** *auf einer (möglicherweise verhängnisvollen) Fehleinschätzung der Lage beruhend:* ein -es Gefühl [der Sicherheit]; sich in einer *(nur scheinbar bestehenden)* Sicherheit wiegen; **b)** *geeignet, zu einer gefährlichen Fehleinschätzung der Lage zu verleiten:* -er Schein, Glanz; die augenblickliche Ruhe ist t.; das Eis ist t. *(trägt nicht);* **c)** *(veraltend) jmdn. täuschend, ihm etw. vorgaukelnd:* er spielt ein -es Spiel; eine überzeugende, aber durch und durch -e Geste der Beteuerung (Kronauer, Bogenschütze 187); seine Behauptungen erwiesen sich als t.; **Trug|ge|bil|de**, das: vgl. Trugbild; **trüg|lich** ⟨Adj.⟩ (selten): *trügerisch;* **Trug|schluß**, der [1: zu ↑Schluß (2); 2: zu ↑Schluß (4)]: **1. a)** *naheliegender, auf den ersten Blick richtig erscheinender falscher Schluß:* ein verhängnisvoller T.; daß teure Waren immer besser sind als billigere, ist ein T.; Speer war in seiner Mordswut einem fundamentalen psychologischen T. erlegen (Prodöhl, Tod 69); **b)** (Logik) *zur Täuschung o. Überlistung des Gesprächspartners angewandter Fehlschluß.* **2.** (Musik) *Form der Kadenz, bei der nach der Dominante nicht die zu erwartende Tonika, sondern ein anderer, meist mit der Tonika verwandter Akkord eintritt;* **Trug|schrift**, die: *Umschrift* (3) *auf antiken u. mittelalterlichen Münzen, die in der Buchstabenfolge keinen Sinn ergibt;* **Trug|wahr|neh|mung**, der: *Sinnestäuschung.*
Tru|he, die; -, -n [mhd. truhe, truche, ahd. truha, trucha, eigtl. = Gefäß, Gerät aus Holz, verw. mit ↑Trog, zu ↑Teer in dessen eigtl. Bed. „Baum, Eiche"]: *mit aufklappbarem Deckel versehenes kastenartiges Möbelstück, in dem Wäsche, Kleidung, Wertsachen o. ä. aufbewahrt werden:* eine eichene, geschnitzte, bemalte T.; die T. war mit Briefen angefüllt; eine T. mit Bett- u. Tischwäsche; Er ging viel über Land ..., da suchte er nach alten -n und Bauernschränken (Johnson, Mutmaßungen 6); **Tru|hen|deckel**[1], der: *Deckel einer Truhe.*
Tru|is|mus, der; - [engl. truism, zu: true = wahr] (bildungsspr.): *Binsenwahrheit, Gemeinplatz.*
Trul|la, die; -, -s, **Trul|le**, die; -, -n [wohl zu veraltet Troll, ↑Troll] (salopp abwertend): *[unordentliche] weibliche Person:* eine Frau ist vielleicht eine T.!; Warum mußt du mich denn so bloßstellen vor dieser Trulle? (Bieler, Bär 417).
Trul|lo, der; -s, Trulli [ital. trullo]: *rundes Wohnhaus mit konischem Dach in Apulien.*
Trum, der od. das; -[e]s, -e u. Trümer [Nebenf. von ↑[2]Trumm]: **1.** (Bergbau) **a)** *Teil einer Fördereinrichtung, -anlage;* **b)** *kleiner Gang.* **2.** (Maschinenbau) *frei laufender Teil des Förderbandes od. des Treibriemens.*
Tru|meau [try'mo:], der; -s, -s [frz. trumeau, eigtl. = Keule (2), wohl aus dem

Trumm

Germ.] (Archit. bes. des 18. Jh.): **1.** *Pfeiler zwischen zwei Fenstern.* **2.** *(zur Innendekoration eines Raumes gehörender) großer, schmaler Wandspiegel an einem Pfeiler zwischen zwei Fenstern.*

¹Trumm, der od. das; -[e]s, -e u. Trümmer: *Trum;* **²Trumm**, das; -[e]s, Trümmer [mhd., ahd. drum = Endstück, Splitter, H. u.] (landsch.): *großes Stück, Exemplar von etw.*: ein schweres T.; ein T. von [einem] Buch; Ohrwascheln wie Windmühlen und ein T. von Nase sind ja schließlich keine Schande (Südd. Zeitung 25. 2. 79, 22); ein T. von einem Mannsbild/(selten:) ein T. Mannsbild; Dann gibt er dir ein T. Wurst mit auf den Weg (Kühn, Zeit 344); ♦ „Magst ein T. Brot, Peter?" fragte der Steffel (Rosegger, Waldbauernbub 185); **Trüm|mer: 1.** ⟨Pl.⟩ [spätmhd. trümer, drümer, Pl. von: drum, ↑²Trumm]: *Bruchstück, Überreste eines zerstörten größeren Ganzen, bes. von etw. Gebautem:* rauchende, verstreut liegende T.; die T. eines Flugzeugs; Wahrscheinlich liegen die T. meines Autos noch immer im selben Chausseegraben (Seghers, Transit 153); die T. beseitigen, wegräumen; viele Tote wurden aus den -n geborgen; Sie befreiten den toten Michael Grzimek aus den -n der Maschine (Grzimek, Serengeti 339); die Stadt lag in -n *(war völlig zerstört),* war in T. gesunken (geh.; *war zerstört worden);* der Betrunkene hat alles in T. geschlagen *(entzweigeschlagen);* bei der Explosion sind alle Fensterscheiben in T. gegangen *(entzweigegangen);* etw. in T. legen *(völlig zerstören);* viele waren unter den -n begraben; Unter den -n eines Getreideelevators hatte er eine Nacht geschlafen (Plievier, Stalingrad 256); Ü er stand vor den -n seines Lebens; die T. unseres ersten literarischen Werkes zu Füßen (Lentz, Muckefuck 100). ♦ **2.** ⟨auch Fem. als Sg., dazu Pl. -n⟩: Wenig Lebendes durchklimmt bekümmert neunstandne Hügel, und jede T. deutet auf ein Grab (Goethe, Die natürliche Tochter V, 8); Wir tragen die -n ins Nichts hinüber (Goethe, Faust I, 1613 f.); **Trüm|mer|berg**, der: **a)** *Trümmerhaufen;* **b)** *eine größere Erhebung in der Landschaft darstellende Aufschüttung von Trümmern;* **Trüm|mer|bruch**, der (Med.): *Trümmerfraktur;* **Trüm|mer|feld**, das: *mit Trümmern bedeckte Fläche, bedecktes Gelände:* die Stadt war [nur noch] ein einziges T.; **Trüm|mer|flo|ra**, die (Bot.): *Pflanzenwelt auf Schutt- u. Trümmerfeldern;* **Trüm|mer|frak|tur**, die (Med.): *Knochenbruch, bei dem [zahlreiche] Knochensplitter entstehen;* **Trüm|mer|frau**, die: *Frau, die sich nach dem 2. Weltkrieg an der Beseitigung der Trümmer beteiligte:* Wir wissen von den Müttern im letzten Weltkrieg, die Kanonenfutter produzieren mußten und die später als die letzten Reste des Krieges aufgeräumt haben (Kelly, Um Hoffnung 123); **Trüm|mer|ge|stein**, das (Geol.): *klastisches Gestein; Gesteinstrümmer;* **Trüm|mer|grund|stück**, das: *Grundstück mit den Trümmern des früheren Hauses;* **trüm|mer|haft** ⟨Adj.; -er, -este⟩ (selten): vgl. bruchstückhaft: -e Erinnerungen; **Trüm|mer|hau|fen**, der: *Haufen von Trümmern;* **Trüm-mer|land|schaft**, die: vgl. Trümmerfeld: jetzt ist die Stadt selber zur T. geworden (Heym, Nachruf 355); **Trüm|mer|schutt**, der: *aus Trümmern bestehender Schutt;* **Trüm|mer|stät|te**, die: vgl. Trümmerfeld.

Trumpf, der; -[e]s, Trümpfe [urspr. volkst. Vereinfachung von ↑Triumph unter Einfluß von frz. triomphe in der Bed. „Trumpf"]: **1.** *eine der [wahlweise] höchsten Karten bei Kartenspielen, mit der anderen Karten gestochen werden können:* ein hoher, niedriger T.; was ist T.?; Pik ist T.; beim Grand sind die Buben T.; lauter T./Trümpfe haben; [einen] T. an-, ausspielen, ziehen, spielen, bedienen; seinen T. behalten; die Hand voller Trümpfe, nur noch T. auf/in der Hand haben; R T. ist die Seele des Spiels (das Ausspielen eines Trumpfes begleitende Floskel). **2.** *entscheidendes Argument od. Mittel, das jmd. einsetzt, um sich einen Vorteil zu verschaffen, um etw. anderes od. andere zu übertreffen:* daß die anderen auf ihn angewiesen waren, war sein einziger T.; alle Trümpfe waren auf seiten der Opposition; Als neuen T. in dieser Fahrzeugklasse darf man Toyotas Model F sehen (ADAC-Motorwelt 6, 1983, 26); Natürlich präsentierte das Zweiradkombinat noch einen anderen T. im Scheinwerferlicht (NNN 25. 9. 85, o. S.); * **T. sein** *([gerade] von größter Wichtigkeit sein, [zur Zeit] sehr geschätzt werden):* hier waren Kraft und Schnelligkeit T.; Individualismus ist T. (Tages Anzeiger 26. 11. 91, 12); Seit Elektronik im Büro T. ist, ... (Hamburger Abendblatt 21. 5. 85, Beilage S. 3); **wissen, zeigen** o. ä., **was T. ist** (ugs.; *wissen, zeigen o. ä., wie sich die Sache verhält, wie etw. zuzugehen hat);* **einen T. in der [Hinter]hand/im Ärmel haben** *(ein erfolgversprechendes Mittel in Reserve haben);* **einen T. aus dem Ärmel ziehen** *(ein erfolgversprechendes Mittel zum Einsatz bringen);* **alle Trümpfe in der Hand/in [den] Händen haben** *(die stärkere Position innehaben):* es sieht schlecht aus für den Angeklagten, der Staatsanwalt hat alle Trümpfe in der Hand; **jmdm. die Trümpfe aus den Händen nehmen** *(jmds. Vorteil zunichte machen);* **einen T./alle Trümpfe aus der Hand geben** *(auf einen Vorteil/alle Vorteile verzichten):* Die Machtbasis an Nahrung und Rohstoffen war immer wichtig ... Wer gibt solche lebenswichtigen Trümpfe ohne Not aus der Hand? (Gruhl, Planet 301); **einen T. ausspielen** *(ein erfolgversprechendes Mittel zum Einsatz bringen; auftrumpfend vorbringen);* **Trumpf|as** [auch: '–'–], das: *As der Trumpffarbe:* T. ausspielen; Ü Karl-Heinz Rummenigge, T. des Bundestrainers (Saarbrücker Zeitung 18. 12. 79, 7); **trump|fen** ⟨sw. V.; hat⟩: *Trumpf spielen;* **Trumpf|far|be**, die: *Farbe, die Trumpf ist;* **Trumpf|kar|te**, die: *Karte der Trumpffarbe;* **Trumpf|kö|nig**, der: vgl. Trumpfas.

Trunk, der; -[e]s, Trünke ⟨Pl. selten⟩ [mhd. trunc, ahd. trunk, zu ↑trinken] (geh.): **1. a)** (geh.) *etw., was man gerade trinkt; Getränk:* ein erfrischender, labender T.; Die Nachbarn beteten einen Rosenkranz, dann bekamen sie Brot, und ein T. wurde gereicht (Wimschneider, Herbst- milch 8); mein Magen drehte sich schon bei dem Gedanken an einen neuen T. um (Fallada, Herr 132); **b)** (veraltend) *Schluck, den man von etw. nimmt:* ein T. Wasser; **c)** (veraltet) *das Trinken:* man begab sich zu einem gemeinsamen T. (Kusenberg, Mal 56); dann gehen alle in unser Haus ... zu einem T. mit Leuten vom Dorf (Frisch, Montauk 121). **2.** *das Trinken* (3 d): er ist dem T. verfallen, hat sich dem T. ergeben; der andere, der sein Leben weder durch T. noch Huren verschlechtern will (Jahnn, Geschichten 153); Er soll vom -e ... geheilt werden (Winckler, Bomberg 121); **Trün|k|chen**, das; -s, -: Vkl. zu ↑Trunk; **Trun|kel|bee|re**, die: *Rauschbeere;* **trun|ken** ⟨Adj.⟩ [mhd. trunken, ahd. trunchan, trunkan, zu ↑trinken] (geh.): **1.** *sich durch die Wirkung alkoholischer Getränke in einem Rauschzustand befindend; berauscht, betrunken:* sie waren t. von/vom Wein; jmdn. [mit Schnaps] t. machen; ein jeder ist selbst dafür verantwortlich, daß er die Kontrolle über sich behält und – ob t. oder nicht – unsere Gesetze achtet (NNN 1. 3. 88, 6); als die Taufgesellschaft schon satt und t. mit Ellenbogen den langen Tisch belastete (Grass, Hundejahre 35). **2.** *in einen Rausch* (2) *versetzt od. einen entsprechenden Gemütszustand erkennen lassend:* -er Übermut; -e Freude; -e Tage; es waren -e Wochen (Gaiser, Jagd 45); t. von/vor Freude, Begeisterung, Glück; er war auch t. von Eifersucht! (Maass, Gouffé 149); von einer Idee t. sein; der Sieg, die Musik machte sie t.; Beethovens Neunte macht die späte Hörergemeinde t. (Fries, Weg 171); **Trun|ken|bold**, der; -[e]s, -e [mhd. trunkenbolt; zum 2. Bestandteil vgl. Witzbold] (abwertend): *Trinker, Alkoholiker:* sein Vater war ein T.; Er ist in der ganzen Gegend als T. bekannt (Döblin, Alexanderplatz 274); **Trun|ken|heit**, die; - [mhd. trunkenheit, ahd. drunkanheit]: **1.** *das Trunkensein* (1); *Betrunkenheit:* am Steuer; die T. kam sehr langsam, ... es bedurfte ... eines ziemlichen Quantums Aprikosenschnapses (Böll, Adam 26); er befand sich im Zustand völliger T. **2.** (geh.) *das Trunkensein* (2): eine leichte T. überkam sie; **Trun|ken|heits|fahrt**, die: *Fahrt eines unter Alkoholeinfluß stehenden Fahrers mit einem Kraftfahrzeug;* **Trünk|lein**, das; -s, - (fam.): Trunk (1); **Trunk|sucht**, die; -: *Sucht nach Alkoholgenuß; suchtartige Gewöhnung an Alkoholgenuß:* Die T. spielte bei der Armut eine große Rolle (Kempowski, Zeit 172); **trunk|süch|tig** ⟨Adj.⟩: *an Trunksucht leidend; der Trunksucht verfallen:* wenn die Spitze des Bundesamtes für Verfassungsschutz trotz aller Hinweise nichts gegen einen -en Abwehrchef unternimmt (Hamburger Abendblatt 24. 8. 85, 2).

Trupp, der; -s, -s [frz. troupe, ↑Truppe]: *kleine, meist in Bewegung befindliche Gruppe von Soldaten od. anderen zusammengehörigen Personen, die gemeinsam ein Vorhaben ausführen:* ein T. Emigranten; ein T. [berittener/(seltener:) berittene] Polizisten; ein T. Soldaten zog/(seltener:) zogen durch die Straßen; vor dem Eingang zu seinem Bunkerloch stand ein

T. Rotarmisten (Plievier, Stalingrad 328); Ein T. Studenten oder anderer junger Leute ... war dort zu der großen Menge gestoßen (Musil, Mann 627); Drüben im Arkadengang ... verschnauft ein T. ermatteter Nachzügler (Strauß, Niemand 66); sie marschierten in einzelnen -s; **Trüpp|chen,** das; -s, -: Vkl. zu ↑Trupp; **Trup|pe,** die; -, -n [frz. troupe, H. u., wohl aus dem Germ.]: **1. a)** *militärischer Verband:* eine motorisierte T.; reguläre, alliierte, eigene, feindliche, flüchtende, meuternde, geschlagene, stark dezimierte -n; die T. war angetreten; die bayrischen -n sollten neu vereidigt werden (Feuchtwanger, Erfolg 711); seine -n zusammenziehen, in Europa stationieren, abziehen, in Marsch setzen, an die Front werfen; Ihr zieht euere -n aus Deutschland und Frankreich zurück (Dönhoff, Ära 145); Am 17. September 1939 ... wurde der Einmarsch der sowjetischen -n in Polen bekanntgegeben (Leonhard, Revolution 53); * **von der schnellen T. sein** (ugs.; *etw. sehr, allzu schnell erledigen*); **b)** ⟨o. Pl.⟩ *an der Front kämpfende Streitkräfte:* eine schlecht ausgerüstete T.; die kämpfende T.; die Schlagkraft, die Moral der T. verbessern; er wußte, daß einzelne Gefangene einer angreifenden T. lästig sind (Hartung, Junitag 71); der Dienst bei der T.; Er müsse leider das Fest bei der T. verleben (Kempowski, Tadellöser 275); er wurde wegen Entfernung von der T. bestraft; daß der Frontabschnitt ... von italienischen und ungarischen -n übernommen wurde (Plievier, Stalingrad 6); Hans Sepp ... war nicht zum Dienst erschienen, obgleich er aus dem Spital wieder zur T. zurückversetzt worden war (Musil, Mann 1514). **2.** *Gruppe zusammen auftretender Schauspieler, Artisten, Sportler o. ä.:* die T. des Bundesministers; eine T. von Artisten; Trainer Buchmann kritisierte außerdem das zu lasche Deckungsverhalten seiner T. (Kicker 82, 1981, 51); daß ich am liebsten Rugby gespielt hätte, in einer T. drin und Kumpels rechts und links (Loest, Pistole 215); **Trup|pen|abbau,** der: *Reduzierung der Truppenstärke;* **Trup|pen|ab|zug,** der: *Abzug von Truppen;* **Trup|pen|amt,** das: *Kommandobehörde, die für die speziellen Belange der einzelnen Truppengattungen u. Waffengattungen zuständig ist;* **Trup|pen|arzt,** der: vgl. Militärarzt; **Trup|pen|ärz|tin,** die: w. Form zu ↑Truppenarzt; **Trup|pen|aus|he|bung,** die (veraltet): *das Ausheben* (5) *von Truppen;* **Trup|pen|ausweis,** der: *Dienstausweis des Soldaten;* **Trup|pen|be|treu|ung,** die: *kulturelle Betreuung einer Truppe* (1): Dirk solle versuchen, zu einem Musikkorps versetzt zu werden, da brauche er bloß T. zu machen und nicht an vorderster Front zu kämpfen (Zeller, Amen 152); im letzten Kriegsjahr hatte man sie auf Tournee zur T. in die besetzten Gebiete geschickt (Hartlaub, Muriel 36); **Trup|pen|bewegung,** die ⟨meist Pl.⟩: *Veränderung des Standorts von Truppen* (1); **Trup|pen|dienst,** der: *militärischer Dienst bei einer Truppe* (1); **trup|pen|dienst|lich** ⟨Adj.⟩: *den Truppendienst betreffend;* **Trup|penein|heit,** die: *Einheit* (3) *der Truppe;*

Trup|pen|füh|rer, der: *Führer einer Truppe;* **Trup|pen|füh|rung,** die: *Führung einer Truppe;* **Trup|pen|gat|tung,** die: *Zusammenfassung einzelner nach militärischem Auftrag, nach Ausrüstung u. Bewaffnung unterschiedener Truppen des Heeres;* **Trup|pen|ko|lon|ne,** die: *Kolonne von Truppen;* **Trup|pen|kon|tingent,** das: *von einem Land zur Verfügung gestellte Menge an Truppen* (1): Inzwischen sind auf Zypern 200 Mann des kanadischen -s eingetroffen (Welt 18. 3. 64, 1); **Trup|pen|kon|zen|tra|ti|on,** die: *Konzentration* (1) *von Truppen:* da erreichten uns Meldungen über beunruhigende -en in der DDR (W. Brandt, Begegnungen 36); **Trup|pen|kör|per,** der: *militärische Formation;* **Trup|pen|mas|sie|rung,** die: vgl. Truppenkonzentration: Außerdem seien an der Grenze zwischen beiden Ländern auf sowjetischer Seite -en in Stärke von fünf Divisionen beobachtet worden (Saarbr. Zeitung 28. 12. 79, 1); Man muß zum anderen daran denken, die Rüstungen und die -en in Europa zu reduzieren (W. Brandt, Begegnungen 433); **Trup|pen|pa|ra|de,** die: *Truppenschau;* **Trup|pen|re|du|zie|rung,** die: *Truppenabbau;* **Trup|pen|schau,** die: *öffentliche Vorführung von Truppen u. Ausrüstungsgegenständen; Parade* (1); **Trup|pen|stär|ke,** die: *zahlenmäßige Stärke einer Truppe:* die T. verringern; Die Vereinigten Staaten erwägen ... eine Verringerung ihrer T. (Welt 14. 4. 62, 5); **Trup|pen|teil,** der: *Einheit* (3): Bei den -en an der sowjetisch-finnischen Grenze müssen die Rotarmisten ihre Divisionsnummern von den Uniformen entfernen (Leonhard, Revolution 84); **Trup|pen|trans|port,** der: *Transport von Truppen, Soldaten;* **Trup|pen|trans|por|ter,** der: *Schiff, Flugzeug für Truppentransporte;* **Trup|pen|übung,** die: *militärische Übung, Manöver* (1) *von Truppen;* **Truppen|übungs|platz,** der: *Gelände mit Unterkünften u. Anlagen für die Gefechtsausbildung von Truppen;* **Trup|pen|un|terkunft,** die: *Unterkunft für Angehörige einer Truppe;* **Trup|pen|ver|band[s]|platz,** der: *Bataillon zugeordnete Sanitätsstelle, die im Krieg die erste ärztliche Versorgung von Verwundeten übernimmt;* **Trup|pen|ver|dün|nung,** die: *Truppenabbau:* die freiwillige T. der Israelis im Sinai (Zeit 6. 6. 75, 1); **Trup|pen|ver|pflegung,** die: *Verpflegung der Angehörigen einer Truppe;* **Trup|pen|ver|schie|bung,** die: *Truppenbewegung;* **trup|pen|wei|se** ⟨Adv.⟩: *in Trupps:* die Pioniere gingen t. vor; ⟨mit Verbalsubstantiven auch attr.:⟩ das t. Vorgehen.
Trü|sche, die; -, -n [H. u.]: *Aalquappe.*
Trust [trast, engl.: trʌst, selten: trʊst], der; -[e]s, -e u. -s [engl. trust, kurz für trust company, aus: trust = Treuhand u. company = Gesellschaft] (Wirtsch.): *Zusammenschluß mehrerer Unternehmen unter einer Dachgesellschaft, meist unter Aufgabe ihrer rechtlichen u. wirtschaftlichen Selbständigkeit, zum Zwecke der Monopolisierung;* **trust|ar|tig** ⟨Adj.⟩: *einem Trust ähnlich:* ein -er Zusammenschluß von Unternehmen; **Trust|bil|dung,** die: *Bildung eines Trusts, von Trusts;* **Tru|stee**

[tras'tiː], der; -s, -s [engl. trustee, zu: to trust = (ver)trauen]: engl. Bez. für Treuhänder; **trust|frei** ⟨Adj.⟩: *nicht an einen Trust gebunden.*
Trut|hahn, der; -[e]s, ...hähne [1. Bestandteil der Lockruf „trut"; vgl. Pute]: *männliches Truthuhn, Puter:* Traditionsgemäß gibt es zu Weihnachten entweder einen Karpfen, eine Gans oder einen T. (Horn, Gäste 148); **Trut|hen|ne,** die; -, -n: *weibliches Truthuhn, Pute* (1); **Trut|huhn,** das; -[e]s, ...hühner: **1.** *großer Hühnervogel mit rötlichviolettem, nacktem Kopf u. Hals mit Karunkeln, der wegen seines Fleisches als Haustier gehalten wird.* **2.** *Truthenne.*
◆ **trutz:** ↑trotz: Das Mädchen ist hübsch, und t. allen Teufeln muß ich sie brauchen (Schiller, Fiesco I, 5); **Trutz,** der; -es [mhd. (md.) trutz, Nebenf. von ↑Trotz] (veraltet): *Gegenwehr, Widerstand:* jmdm. T. bieten; ⟨meist in dem Wortpaar:⟩ zu Schutz und T.; **Trutz|burg,** die (früher): *Burg, die zur Belagerung einer gegnerischen Burg erbaut wurde:* ein fahrender Sänger, der ein Heldenepos in den Ruinen der einstigen T. vorträgt (Kantorowicz, Tagebuch I, 342); **trut|zen** ⟨sw. V.; hat⟩ [mhd. (md.) trutzen] (veraltet): *trotzen* (1); **trut|zig** ⟨Adj.⟩ [mhd. trutzig, Nebenf. von ↑trotzig] (veraltend, adj.): *den Eindruck von Gegenwehr, Widerstand erweckend:* eine -e Stadtmauer; Vor dem -en, über hundert Jahre stehenden Tegeler Ministeriumsgebäude (Prodöhl, Tod 83); ◆ **trutz|zig|lich** ⟨Adj.⟩: *drohend:* „... Ich werd' mich unterstehn, Euch das zu wehren." Dies sagend, ritt er t. von dannen (Schiller, Tell I, 2); **Trutz|waf|fe,** die (veraltet): *Angriffswaffe.*
Try|pa|no|so|ma, das; -s, ...men [zu griech. trýpanon = Bohrer u. sõma = Körper]: *als Krankheitserreger bei Menschen, Haustieren auftretendes Geißeltierchen;* **Try|pa|no|so|mi|a|sis,** die; -, ...iasen (Med.): *Schlafkrankheit.*
Tryp|sin, das; -s [wohl zu griech. thrýptein = zerbrechen u. ↑Pepsin] (Med.): *eiweißspaltendes Enzym der Bauchspeicheldrüse;* **Tryp|to|phan,** das; -s [zu griech. phaínesthai = erscheinen]: *in den meisten Eiweißstoffen enthaltene Aminosäure.*
Tsan|tsa, die; -, -s [aus einer südamerik. Indianerspr.] (Völkerk.): *Schrumpfkopf.*
Tsal|tsi|ki: ↑Zaziki.
Tschạd, ⟨meist mit Art.:⟩ der; -[s]: *Staat in Zentralafrika;* **Tschạ|der,** der; -s, -: Ew.; **Tschạ|de|rin,** die; -, -nen: w. Form zu ↑Tschader; **tschạ|disch** ⟨Adj.⟩.
Tschạ|dor [auch: ...'doːɐ̯], Tschadyr, der; -s, -s [pers. čādur]: *(von persischen Frauen getragener) langer, den Kopf u. teilweise das Gesicht u. den Körper bedeckender Schleier.*
Tschạd|see, der; -s: *See in Zentralafrika.*
Tschạ|dyr: ↑Tschador.
Tschạ|ko, der; -s, -s [ung. csákó = Husarenhelm]: *(früher) im Heer u. (nach 1918) von der Polizei getragene zylinder-, helmartige Kopfbedeckung.*
Tschạ|kra, das; -[s], -s [sanskr. cakra = Rad]: *kreisförmiges religiöses Symbol im Hinduismus.*
Tscha|ma|ra, die; -, -s u. ...ren [poln. cza-

Tschan

mar(k)a, tschech. čamara]: *(früher als Bestandteil der polnischen u. tschechischen Nationaltracht) mit Schnüren verzierte Jacke mit niedrigem Stehkragen u. kleinen Knöpfen.*

Tschan, das; -[s] [chin.]: *chinesische Richtung des Buddhismus.*

Tschan|du, das; -s [engl. chandoo < Hindi canḍū]: *zum Rauchen zubereitetes Opium.*

Tscha|no|ju, das; - [jap.]: *japanische Teezeremonie, die aus feierlichen Handlungen buddhistischer Priester beim Teetrinken hervorgegangen ist.*

Tschap|ka, die; -, -s [poln. czapka] (früher): *Kopfbedeckung der Ulanen, bei der auf einem runden Helm ein viereckiges Oberteil mit nach vorn weisender Spitze sitzt.*

Tschap|perl, das; -s, -n [H. u.] (österr. ugs.): *unbeholfener, tapsiger [junger] Mensch:* die meisten von uns Alten sind doch keine „Tschapperln", die verlernt haben, die einfachsten Dinge zu kapieren! (Woche Dabei 39, 1993, 15).

Tschar|dasch: ↑ Csárdás.

tschau: ↑ ciao.

Tschausch, der; -, - [türk. çavuş]: **1.** *(früher) türkischer Leibgardist, Polizist; Unteroffizier.* **2.** *in Serbien Spaßmacher bei einer Hochzeit.*

Tsche|che, der; -n, -n: *Angehöriger eines westslawischen Volkes;* **Tsche|chei,** die; -: *nichtamtliche Bez. für die historischen Gebiete Böhmen u. Mähren innerhalb der 1918 gegründeten Tschechoslowakei.*

Tsche|cherl, Tschocherl, das; -s, -n [zu gaunerspr. schächer = Wirt, zu ↑schachern] (österr. ugs.): *kleines Café.*

Tsche|chi|en: -s: kurz für: Tschechische Republik; **Tsche|chin,** die; -, -nen: w. Form zu ↑Tscheche; **tsche|chisch** ⟨Adj.⟩: vgl. Tscheche; **tsche|chisch,** das; -[s] u. ⟨nur mit best. Art.:⟩ **Tsche|chi|sche,** das; -n: *die tschechische Sprache;* **Tsche|chi|sche Re|pu|blik,** die; -n -: *Staat in Mitteleuropa;* **Tsche|cho|slo|wa|ke,** der; -n, -n: Ew. zu ↑Tschechoslowakei; **Tsche|cho|slo|wa|kei,** die; -: *ehem. Staat in Mitteleuropa;* **Tsche|cho|slo|wa|kin,** die; -, -nen: w. Form zu ↑Tschechoslowake; **tsche|cho|slo|wa|kisch** ⟨Adj.⟩.

Tsche|ka, die; - [russ. čeka]: *(von 1917 bis 1922) politische Polizei in der Sowjetunion;* **Tsche|kist,** der; -en, -en: **1.** *Angehöriger der Tscheka.* **2.** *(ehem. DDR) Mitarbeiter des Staatssicherheitsdienstes (als ehrenvolle Benennung bes. in Ansprachen o. ä.);* **Tsche|ki|stin,** die; -, -nen: w. Form zu ↑Tschekist; **tsche|ki|stisch** ⟨Adj.⟩: **1.** *die Tschekisten betreffend.* **2.** *(ehem. DDR) den Tschekisten (2) betreffend, von Tschekisten erbracht:* unter der Losung: „Höchste -e Leistung zum Wohle des Volkes ..." (Zeit 15. 2. 85, 8).

Tscher|kes|se, der; -n, -n: *Angehöriger einer Gruppe kaukasischer Volksstämme;* **Tscher|kes|sin,** die; -, -nen: w. Form zu ↑Tscherkesse; **tscher|kes|sisch** ⟨Adj.⟩; **Tscher|keß|ka,** die; -, -s u. ...ken [russ. tscherkeska, nach dem kaukas. Stamm der Tscherkessen]: *(früher als Bestandteil der Nationaltracht vieler kaukasischer Völker) langer, enganliegender Männerrock mit Gürtel u. Patronentaschen.*

Tscher|no|sem, Tscher|no|sjom, das; -s [russ. černozëm]: *Steppenschwarzerde.*

Tsche|ro|ke|se, der; -n, -n: *Angehöriger eines nordamerikanischen Indianerstamms;* **Tsche|ro|ke|sin,** die; -, -nen: w. Form zu ↑Tscherokese.

Tscher|per, der; -s, - ⟨auch: Schärper, wohl < frz. serpe = (Hau)messer⟩ (Bergmannsspr. veraltet): *kurzes Messer.*

Tscher|wo|nez, der; -, ...wonzen ⟨aber: 5 Tscherwonez⟩ [russ. červonec, zu: červonnyj = rot]: *frühere russische Währungseinheit.*

Tschet|nik, der; -s, -s [zu serbokroat. četa = Schar, Bande, Truppe; Kompanie (1)]: **a)** (hist.) *Angehöriger einer Truppe königstreuer serbischer Partisanen im zweiten Weltkrieg;* **b)** *Angehöriger einer politisch motivierten, bewaffneten serbischen Einheit:* Wenn die Volksarmee und die -s zum entscheidenden Schlag gegen die wichtigste Stadt Slawoniens ausholen, ... (Neue Kronen Zeitung 28. 8. 91, 2).

Tschi|buk, der; -s, -s [türk. çubuk]: *irdene, lange türkische Tabakspfeife mit kleinem, deckellosem Kopf.*

Tschick, der; -s, - [ital. cicca, eigtl. wohl = Kleinigkeit] (österr. ugs.): *Zigarette[nstummel].*

Tschif|tlik, das; -s, -s [türk. çif(t)lik]: *türkisches Landgut.*

Tschi|kosch [auch: ˈtʃikɔʃ]: ↑Csikós.

tschil|pen ⟨sw. V.; hat⟩ [lautm.]: *(vom Sperling) kurze, helle Laute von sich geben:* Der ... sah junge Disteln zwischen Steinen und Kies, tschilpende Spatzen, sonst nichts (Ossowski, Liebe ist 120).

Tschi|nel|le, die; -, -n ⟨meist Pl.⟩ [ital. cinelli, wohl eigtl. = kleines Becken] (veraltend, noch südd., österr.): *Schlaginstrument aus zwei tellerförmigen Messingscheiben, Becken [für Militärmusik].*

tsching ⟨Interj.⟩: lautm. für den Klang eines Beckens, **tsching|bum, tsching|de|ras|sa|bum, tsching|de|ras|sas|sa** ⟨Interj.⟩: lautm. für den Klang von Becken u. Trommel; ⟨subst.:⟩ dann der bayrische Defiliermarsch mit Tschingderassabum (MM 12. 5. 75, 10); Hochzeit mit Kranz und Schleier und Tschingderassassa (Prodöhl, Tod 143).

tschin|tschen ⟨sw. V.; hat⟩ [entstellt aus engl. to change = tauschen] (landsch. ugs.): *Tauschgeschäfte machen.*

Tschis|ma, der; -s, ...men [ung. csizma]: *niedriger, farbiger ungarischer Stiefel.*

Tschi|tra|ka, das; -[s], -s [Hindi]: *täglich erneuertes, aus Strichen u. Punkten bestehendes Zeichen der Sekte auf der Stirn od. auf dem Körper der Hindus; auf der Stirn getragener Punkt indischer Frauen.*

Tschoch, der; -s [zu ↑schachern] (österr. ugs.): *große Mühe;* **Tscho|cherl:** ↑Tschecherl.

Tschor|ten, der; -, - [tib. = Kultschrein]: *tibetische Form des Stupas.*

Tschu|mak, der; -s, -s [älter russ. čumak]: *ukrainischer Fuhrmann.*

tschüs [auch: tʃys; älter atschüs, Nebenf. von niederd. adjüs, wohl < span. adiós < lat. ad deum, ↑ade] (ugs.): *Abschiedsgruß bes. unter Verwandten u. guten Bekannten:* t., alter Junge!; Natürlich, wir machen's kurz. So kurz wie möglich. Tschüs dann, bis gleich (Molsner, Harakiri 140); t. sagen *(sich verabschieden);* wir wollen dir nur noch t. sagen *(uns bei dir verabschieden).*

Tschusch, der; -en, -en [H. u., wahrsch. aus dem Slaw.] (österr. ugs. abwertend): *Ausländer (bes. als Angehöriger eines südosteuropäischen od. orientalischen Volkes).*

Tsd. = ²Tausend (1).

Tset|se|flie|ge [ˈtsɛːtsɛ..., auch: ˈtsɛtsɛ...], die; -, -n [Bantu (afrik. Eingeborenenspr.) tsetse (lautm.)]: *(im tropischen Afrika heimische) Stechfliege, die durch ihren Stich Krankheiten, bes. die Schlafkrankheit, überträgt.*

T-Shirt [ˈtiːʃəːt], das; -s, -s [engl. T-shirt, wohl nach dem T-förmigen Schnitt]: *enganliegendes pulloverartiges [kurzärmliges] Oberteil aus Trikot:* Obenherum trägt sie dazu ein T. (Spiegel 29, 1973, 104).

Tsjao, der; -[s], -[s] ⟨aber: 10 Tsjao⟩ [chin.]: *chinesische Münze.*

Tsu|ba, das; -[s], ...ben [jap.]: *Stichblatt des japanischen Schwertes.*

Tsu|ga, die; -, -s u. ...gen [jap.]: *Hemlocktanne.*

Tsu|na|mi, der; -, -s [jap. tsunami, eigtl. = Hochwasser]: *durch Seebeben ausgelöste Flutwelle im Pazifik:* Riesenwellen, sogenannte -s, haben die Gestalt der Küsten stärker modelliert als bislang angenommen (Spiegel 44, 1992, 327).

T-Trä|ger, der (Bauw.): *T-förmiger Stahlträger.*

TU, die; -, -s: *technische Universität.*

Tua|reg ⟨Pl. v. ↑Targi⟩: *Gruppe berberischer Volksstämme.*

tua res agi|tur [lat.] (bildungsspr.): *es geht um deine Sache!*

Tu|ba, die; -, ...ben [lat. tuba, eigtl. = Röhre, Tube]: **1. a)** *tiefstes Blechblasinstrument mit oval gewundenem Rohr, nach oben gerichtetem Schalltrichter, meist vier Ventilen (2 a) u. seitlich hervorragendem Mundstück;* **b)** *altrömisches Blasinstrument (Vorläufer der Trompete).* **2.** (Anat.) *Tube (2).*

◆ **tu|ba|ken** ⟨sw. V.; hat⟩ [zu: Tubak, mundartl. Nebenf. von ↑Tabak]: *(bes. im schweiz. Sprachgebrauch) Tabak, Pfeife rauchen:* die heutigen Buben ...; was um der lieben Welt willen ist dann mit diesen? Tubaken, im Wirtshaus sitzen, ... das können sie (Gotthelf, Spinne 24).

Tu|bar|gra|vi|di|tät, die; -, -en [zu nlat. tubaris = die Tube (2) betreffend] (Med.): *Eileiter-, Tubenschwangerschaft.*

Tüb|bing, der; -s, -s [aus dem Niederd. zu (m)niederd. tubbe = Röhre] (Bergbau): *Segment eines gußeisernen Rings zum Ausbau wasserdichter Schächte.*

Tu|be, die; -, -n [engl. tube < frz. tube < lat. tubus = Röhre]: **1.** *aus biegsamem Metall od. elastischem Kunststoff gefertigter, kleiner, röhrenförmiger Behälter mit Schraubverschluß für pastenartige Stoffe, die zur Entnahme in gewünschter Menge herausgedrückt werden:* eine T. Zahnpasta, Hautcreme, Senf; eine T. aufschrauben, verschließen, zusammendrücken, zudrehen; Farbe aus der T. drücken; *** auf die T. drücken** (salopp): *etw., bes. die*

Geschwindigkeit, beschleunigen): in der zweiten Halbzeit drückte der Meister stärker auf die T.; *Oberpolizeidirektor Rupprecht ..., der nicht hinnehmen mag, daß gewarnte Autofahrer am Kontrollpunkt 50 fahren „und ein paar hundert Meter weiter wieder voll auf die T. drükken"* (Spiegel 42, 1974, 55). **2.** ⟨Anat.⟩ **a)** *röhrenförmige Verbindung zwischen der Paukenhöhle des Ohrs u. dem Rachen;* **b)** *Eileiter;* **tube|less** ['tju:blɪs] ⟨Adj.⟩: engl. Bez. für *schlauchlos* (auf Autoreifen); **Tuben:** Pl. von ↑Tuba, Tubus; **Tu|bendurch|bla|sung,** die (Med.): **1.** *Pertubation.* **2.** *Luftdusche;* **Tu|ben|ka|tarrh,** der: *Entzündung der Tube* (2 a); **Tu|benschwan|ger|schaft,** die (Med.): *Eileiterschwangerschaft; Tubargravidität;* **Tu|ben|ste|ri|li|sa|ti|on,** die: *Sterilisation durch Exzision od. Unterbindung der Tuben* (2 b).

Tu|ber, das; -s, -a [lat. tuber, ↑Trüffel] (Anat.): *Tuberkel* (2); **Tu|ber|kel,** der; -s, -, österr. auch: die; -, -n [lat. tuberculum = Höckerchen, Vkl. von: tuber, ↑Trüffel]: **1.** (Med.) *knötchenförmige Geschwulst, bes. bei Tuberkulose.* **2.** (Anat.) *kleiner Höcker, Vorsprung (bes. an Knochen);* **Tu|ber|kel|bak|te|rie,** die, **Tu|ber|kel|ba|zil|lus,** der (Med.): *Erreger der Tuberkulose;* **tu|ber|ku|lar** ⟨Adj.⟩ (Med.): *mit der Bildung von Tuberkeln einhergehend; knotig;* **Tu|ber|ku|lid,** das; -[e]s, -e (Med.): *gutartige Hauttuberkulose;* **Tu|ber|ku|lin,** das; -s, -e (Med.): *aus Zerfallsprodukten von Tuberkelbazillen gewonnene Substanz zum Nachweis von Tuberkulose;* **Tu|ber|ku|lom,** das; -s, -e (Med.): *Geschwulst aus tuberkulösem Gewebe;* **tu|ber|ku|lös,** (österr. auch:) *tuberkulos* ⟨Adj.⟩ [frz. tuberculeux, zu: tubercule = Tuberkel < lat. tuberculum, ↑Tuberkel] (Med.): **a)** *die Tuberkulose betreffend, damit zusammenhängend:* tuberkulöse Hirnhautentzündung; **b)** *an Tuberkulose leidend; schwindsüchtig;* **Tu|ber|ku|lo|se,** die; -, -n: *meist chronisch verlaufende Infektionskrankheit mit Tuberkeln in den befallenen Organen (z. B. Lunge, Knochen);* Abk.: Tb, Tbc: latente, verkapselte T.; offene T. *(Stadium der Lungentuberkulose mit bröckeligem [blutigem] Auswurf, so daß die Ansteckungsgefahr besonders groß ist);* Später stellte sich heraus, daß er an einer hochgradigen T. litt (Niekisch, Leben 132); Er starb an der T., der Todesgeißel dieses Totenhauses (Fallada, Trinker 177); **Tu|ber|ku|lo|se|bekämp|fung,** die: *Bekämpfung der Tuberkulose;* **tu|ber|ku|lo|se|frei** ⟨Adj.⟩: *frei von Tuberkulose;* **Tu|ber|ku|lo|se|für|sorge,** die: *staatliche Unterstützung für Tuberkulosekranke zur Förderung der Heilung u. zum Schutz der Umgebung der Kranken vor Ansteckung;* **Tu|ber|ku|lo|se|hil|fe,** die: *Tuberkulosefürsorge;* **tu|ber|ku|lo|se|krank** ⟨Adj.⟩: *an Tuberkulose erkrankt; leidend;* **Tu|ber|ku|lo|se|kran|ke,** der u. die: *jmd., der tuberkulosekrank ist;* **Tu|ber|ku|lo|se|schutz|impfung,** die: *Schutzimpfung gegen Tuberkulose;* **Tu|ber|ku|lo|sta|ti|kum,** das; -s, ...ka [zu griech. statikós = zum Stillstand bringend, hemmend] (Med.): *Arzneimittel zur Behandlung der Tuberkulose;* **tu-be|rös,** (fachspr. auch:) *tuberos* ⟨Adj.⟩ [lat. tuberosus = voller Höcker, Knoten, zu: tuber, ↑Trüffel] (Med.): *höckerig, knotenartig, geschwulstartig;* **Tu|be|ro|se,** die; -, -n [zu lat. tuberosus (↑tuberös), eigtl. = die Knollenreiche]: *(in Mexiko heimische, zu den Liliengewächsen gehörende) Pflanze mit weißen, in Trauben wachsenden, stark duftenden Blüten;* **Tu|be|ro|sen|öl,** das: *aus den Blüten der Tuberose gewonnenes, ätherisches Öl mit einem starken blumigen Geruch, das zur Herstellung von Parfum verwendet wird.*

Tü|bin|gen: *Stadt am Neckar;* **¹Tü|bin|ger,** der; -s, -: Ew.; **²Tü|bin|ger** ⟨indekl. Adj.⟩; **Tü|bin|ge|rin,** die; -, -nen: w. Form zu ↑¹Tübinger.

tu|bu|lär, tu|bu|lös ⟨Adj.⟩ [zu lat. tubula, Vkl. von, ↑Tuba] (Anat., Med.): *röhren-, schlauchförmig;* **Tu|bu|lus,** der; -, ...li [lat. tubulus = kleine Röhre, Vkl. von: tubus, ↑Tube] (Anat.): *kleiner, röhrenförmiger Kanal;* **Tu|bus,** der; -, -se [lat. tubus, ↑Tube]: **1.** (Optik) *Rohr an optischen Geräten, das die Linsen aufnimmt.* **2.** (Fachspr.) *Rohransatz an Glasgeräten.* **3.** (Med.) *Kanüle (2), die [für Narkosezwecke] in die Luftröhre eingeführt wird; Trachealtubus:* als ich ... zwei Todesfälle während der Intubation, also schon bei der Einführung des T., in nächster Nähe eintreten sah (Hackethal, Schneide 40). **4.** (veraltet) *Fernrohr.*

Tuch, das; -[e]s, Tücher u. -e [mhd., ahd. tuoch, H. u.]: **1.** ⟨Pl. Tücher⟩ *[viereckiges, gesäumtes] Stück Stoff o. ä. für bestimmte Zwecke:* ein wollenes, seidenes, gehäkeltes, buntes T.; flatternde, wehende Tücher; jmdm., sich ein T. um den Kopf binden; ein T. umnehmen, über die Schultern legen, über die Schultern nehmen; ein T. im Halsausschnitt, unter dem Mantel tragen; Thérèse kam mit einem Packen Bettwäsche, riesige Tücher aus feinstem Leinen (Kuby, Sieg 381); etw. in ein T. wickeln, einschlagen; Jetzt ging die Badezimmertür. In Tücher vermummt kam Abel auf den Armen seiner Mutter in die Küche (Fries, Weg 259); ein T. über den Patienten decken; etw. in einem T., mit einem Tuch abdecken; zum Zeichen der Kapitulation hängten sie weiße Tücher aus den Fenstern; Die beiden Assistenten deckten das Operationsfeld mit blauen Tüchern ab (Hackethal, Schneide 29); Der Torero reizt den Stier mit dem roten Tuch] *(mit der Muleta, einem an einem Stab befestigten scharlachroten Tuch);* **eine gewisse Sorte Ausbilder ist für ihn das rote T.** (Kirst, 08/15, 245). **2.** ⟨Pl. -e⟩ **a)** *Streichgarn- od. Kammgarngewebe in Tuch- od. Köperbindung mit einer filzartigen Oberfläche:* feines, leichtes, festes, glattes T.; ein Stück, 3 m, ein Ballen T.; T. weben, rauhen, walken, scheren; *die Kleidung ist entsprechend.* Auch wenn, mitunter, gutes T. und Bügelfalten auffallen (NZZ 13. 10. 84, 39); die jungen Nachwuchsaktionäre, die sich in ihren Jeans von den meist Krawatten und dunkles T. *(Anzüge aus dunklem Tuch)* tragenden „Profis" unterscheiden (Rheinpfalz 30. 4. 93, 23); sie trug einen Mantel aus englischem T.; * **buntes T.** (ugs. veraltend; *Soldaten;* früher waren Kragen u. Aufschläge von anderer Farbe als der Uniformrock): den Infanteristen war was sonst noch an buntem T. vorbeikam (Kühn, Zeit 14); **leichtes T.** (landsch. ugs. veraltend; *leichtsinniger Mensch);* **b)** (Seemannsspr.) kurz für ↑ Segeltuch; **Tuch|an|zug,** der: *Anzug aus Tuch* (2 a); **Tuch|art,** die: *Art des Tuches* (2 a); **tuch|ar|tig** ⟨Adj.⟩: *wie Tuch* (2 a); **Tuch|in|dung,** die (Textilind.): *Leinwandbindung;* **Tü|chel|chen,** das; -s, -: Vkl. zu ↑Tuch (1); **tu|chen** ⟨Adj.⟩: *aus Tuch* (2 a) *bestehend.*

Tu|chent, die; -, -en [H. u., viell. aus dem Slaw.] (österr.): *Federbett:* Janda zieht sich die T. über den Kopf (Zenker, Froschfest 75).

Tuch|fa|brik, die: *Textilfabrik bes. für Tuche, Wollstoffe;* **Tuch|fa|bri|kant,** der: *Fabrikant bes. von Tuchen, Wollstoffen; Besitzer einer Tuchfabrik;* **Tuch|fa|bri|kan|tin,** die; -, -nen: w. Form zu ↑Tuchfabrikant; **Tuch|füh|lung,** die ⟨o. Pl.⟩ [urspr. Soldatenspr.] (scherzh.): *enger Abstand zum Nebenmann, so daß man sich leicht berührt:* T. mit jmdm. haben; T. zu jmdm. halten; auf T. [mit jmdm.] sein, sitzen, wenn wir auf den Rummel zogen, um mit Mädchen auf T. zu kommen (Wilhelm, Unter 49); Er ließ sie so verrückt tanzen, wie sie wollte, ... mit der Zeit fing Paula an, auf T. zu gehen *(sich anzuschmiegen;* Plenzdorf, Legende 28); Ü keine T. *(keine Kontakte, Beziehungen zu andern)* mehr haben; die T. verlieren; über den norwegischen Arbeiterführer Tranmäl bekam er (= Brandt) T. zu sowjetischen Diplomaten (Spiegel 10, 1977, 46); wir bleiben auf T. *(in Verbindung);* wir kamen schnell auf T. *(kamen uns schnell näher);* die Bürger sollten mehr die Chance wahrnehmen, mit den Kommunalpolitikern auf T. zu gehen *(in engeren Kontakt zu kommen;* Saarbr. Zeitung 10. 10. 79, 13); Der Mannheimer ERC hielt ... bei drei Punkten Rückstand weiterhin T. *(Anschluß)* zu den Garmischern (Saarbr. Zeitung 18. 12. 79, 7); **Tuch|hal|le,** die: *Gewandhaus;* **Tuch|han|del,** der: *Handel mit Tuchen* (2 a); **Tuch|händ|ler,** der: *jmd., der Tuchhandel betreibt;* **Tuch|händ|le|rin,** die: w. Form zu ↑Tuchhändler; **Tüch|lein,** das; -s, -: Vkl. zu ↑ Tuch (1); **Tuch|ma|cher,** der (früher): *Handwerker, der Tuche* (2 a) *o. ä. herstellt; Facharbeiter der Textilindustrie* (Berufsbez.); **Tuch|ma|che|rin,** die (früher): w. Form zu ↑Tuchmacher; **Tuch|man|tel,** der: vgl. Tuchanzug; **Tuch|rock,** der: vgl. Tuchanzug; ♦ **Tuch|sche|rer,** der; -s, -: *Handwerker, der nach den Karden die langen, ungleichen Wollfasern vom Wollgewebe abschneidet:* Dieser Seldwyler, obgleich er ein T. war, ... (Keller, Liebesbriefe 54); **Tuch|sei|te,** die: *rechte Seite, Oberseite eines Tuchs* (2 a), *Wollstoffs.*

tüch|tig ⟨Adj.⟩ [mhd. tühtic, zu mhd., ahd. tuht = Tüchtigkeit, Tapferkeit, Gewalt, zu ↑taugen]: **1.** *seine Aufgabe mit Können u. Fleiß erfüllend:* ein -er [Mit]arbeiter;

-tüchtig

eine -e Frau, Kraft; er ist sehr t. [in seinem Fach]; die verdient ganz schönes Geld. Die ist nämlich t. (Danella, Hotel 39); Sie geht ihrem Mann überhaupt t. zur Hand (Sieburg, Robespierre 190); Die DDR - selbst ganz t. beim Aufbau ihrer Atomenergie - ... (Wochenpresse 25. 4. 79, 11); ⟨subst.:⟩ der Tüchtige schafft es; ℞ freie Bahn dem Tüchtigen! **2.** *als Leistung von guter Qualität; im Hinblick auf etw. sehr brauchbar:* das ist eine -e Arbeit, Leistung; Martin Griesemer besorgte die -e Übersetzung ins Deutsche (Orchester 7/8, 1984, 651); (iron.:) t., t.!; ⟨subst.:⟩ der Junge sollte etwas Tüchtiges lernen. **3.** (ugs.) **a)** *hinreichend in Menge, Ausmaß, Intensität:* ein -es Stück Arbeit; eine -e Tracht Prügel, Portion Optimismus; ein -er Schrecken fuhr ihm in die Glieder; Er nimmt noch einen -en Schluck (Heim, Traumschiff 389); Eine -e Abreibung hat noch keinen umgebracht (Fels, Sünden 37); sie ist ein -er Esser *(nimmt reichlich vom Essen);* daß es eines -en Ruckes mit der Hand bedürfte (Remarque, Obelisk 98); **b)** ⟨*intensivierend bei Verben u. Adj.*⟩ *so sehr, so viel, daß es hinreicht:* es ist t. kalt; t. essen, heizen, zu tun haben; er wurde t. ausgelacht; über Nacht hat es t. geschneit; Seit Jahren haben Simbabwe, Botswana, Namibia und Südafrika t. wachsende Elefantenbestände vorzuweisen (natur 3, 1991, 54); **-tüch|tig:** drückt in Bildungen mit Substantiven - seltener mit Verben (Verbstämmen) - aus, daß die beschriebene Person oder Sache für etw. gut geeignet ist, die für etw. erforderlichen Voraussetzungen besitzt: flug-, hochsee-, verkehrstüchtig; **Tüch|tig|keit,** die; - [mhd. tühtecheit]: **1.** *das Tüchtigsein (1):* sportliche T.; seine T. im Beruf. **2.** *gute Tauglichkeit in bestimmter Hinsicht:* körperliche T.

Tụcke[1], die; -, -n [wohl zu veraltet Tuck (mhd. tuc, ↑Tücke) = bösartiger Charakter]: **1.** (ugs. abwertend) *[erwachsene, ältere] weibliche Person, die man nicht leiden kann, die einem lästig ist:* hau ab, du blöde, alte T.!; Das ist 'ne ganz frustrierte T. (Schwarzer, Unterschied 58). **2.** (salopp abwertend) *Schwuchtel:* wenn irgendwelche exaltierten -n in Fußgängerzonen Flugblätter gegen die Schwulendiskriminierung verteilten (Hölscher, Keine 58); **Tụcke**[1], die; -, -n [mhd. tücke, tucke, eigtl. = Handlungsweise, Tun, entweder Pl. od. feminine Bildung von mhd. tuc = Schlag, Stoß, (arglistige) Handlung(sweise)]: **1.** ⟨o. Pl.⟩ *hinterhältig-heimtückische Boshaftigkeit:* jmds. T. fürchten; er ist, steckt voller T.; das er ihr aus T. Dinge in der Wohnung verstecke (Kronauer, Bogenschütze 42); Ü er fürchtete die T. des Schicksals; ***die T. des Objekts** (ärgerliche Schwierigkeit, die sich unvermutet beim Gebrauch des betreffenden Gegenstandes zeigt;* erstmals im Roman „Auch einer" von F. Th. Vischer [1807–1887]). **2.** ⟨meist Pl.⟩ *heimtückische Handlung.* Es gibt keine T., die sie nicht fähig wäre; er ist den -n seines Rivalen nicht gewachsen; Ü er war allen -n des Meeres ausgesetzt; das Wetter nützt alle ihm möglichen -n (Frischmuth, Herrin 68); ◆ * **jmdm. eine T. spielen** *(jmdm. übel mitspielen, jmdn. täuschen, narren):* Meine Einbildungskraft hatte mir eine T. gespielt (C. F. Meyer, Amulett 28). **3.** ⟨meist Pl.⟩ *nicht ohne weiteres erkennbare, verborgene Eigenschaft (einer Sache), die einen in ärgerliche, gefährliche Situationen bringen kann:* technische -n erschwerten das Vorwärtskommen (NNN 13. 11. 86, 3); der Motor hat [seine] -n; daß die Bahnverbindungen zwischen der Bundesstadt und dem Hauptort des Nachbarkantons nicht ohne -n sind (NZZ 25. 10. 86, 31).

tụckern[1] ⟨sw. V.⟩ [aus dem Niederd., urspr. wohl lautm.]: **1. a)** *gleichmäßig aufeinanderfolgende klopfende, stumpf-harte Laute von sich geben* ⟨hat⟩: der Motor tuckert; im Hafen tuckerten Schlepper, Schiffssirenen brummten (v. d. Grün, Glatteis 142); Zugmaschinen tuckerten vor den Flugzeugen vorsichtig (Gaiser, Jagd 33); ... der Hotelbar. Vorm Flaschenregal tuckert eine Espressomaschine (Fels, Kanakenfauna 90); ein tuckerndes Geräusch; ⟨subst.:⟩ Tiefe Stille ruht über der Bark, nur das Tuckern des Hilfsmotors stört ein wenig (FAZ 15. 7. 61, 51); **b)** *sich mit tuckerndem Geräusch (irgendwohin) fortbewegen* ⟨ist⟩: ein Lastkahn tuckerte gemächlich stromauf; ... an den Holzgasöfen der Lkws ..., in Richtung Front tuckerten (Küpper, Simplicius 103). **2.** (landsch.) *[schmerzhaft] pochen, klopfen, zucken:* der kranke Zahn tuckerte immer stärker.

tụckig[1] ⟨Adj.⟩ [zu ↑Tucke (2)] (salopp abwertend): *tuntig.*

tückisch[1] ⟨Adj.⟩ [spätmhd. tückisch, zu mhd. tuc, ↑Tücke]: **a)** *durch Tücke (1) gekennzeichnet, voller Tücke (1) steckend; von Tücke zeugend:* ein -er Mensch, Plan; „So, schreien willst du", sagte der Kerl und bekam einen -en Blick (Augsburger Allgemeine 22./23. 4. 78, XIX); ein Lächeln -er Unterwürfigkeit entblößte seine starken Zähne (Th. Mann, Tod 54); Die Schweinsäuglein hinter dem Kneifer blinzeln t. (Zwerenz, Kopf 95); **b)** *nicht gleich erkennbare, verborgene Gefahren in sich bergend, durch Unberechenbarkeit gefährlich:* eine -e Krankheit; ein -es Klima; der Torwart konnte den -en Aufsetzer gerade noch abwehren; er kannte jede -e Stelle des Fußbodens genau (Böll, Haus 204); die Kurve ist bei solchem Wetter besonders t.; Besonders in der Wintersaison – die Märzsonne sei besonders t. – klagten die Kunden vermehrt über – Ausschläge (Luzerner Tagblatt 31. 7. 84, 21); **c)** *eine unbestimmte Gefahr andeutend, andeutend, ausdrücken:* t. schillert das Wasser im Mondlicht (Simmel, Stoff 59).

tücksch ⟨Adj., -er, -[e]ste⟩ [landsch. Nebenf. von ↑tückisch] (nordd., ostmittelugs.): *verärgert, grollend, beleidigt-böse:* t. [auf jmdn.] sein; **tück|schen** ⟨sw. V.; hat⟩ [zu ↑tücksch] (nordd., ostmitteld. ugs.): **a)** *heimlich grollen (1):* hör auf zu t.!; Und sie schweigt, wir mucksch, sie tücksch (Fallada, Mann 197); **b)** *jmdm. böse sein:* mit jmdm. t.

tuck|tuck ⟨Interj.⟩ [lautm.]: Lockruf für Hühner.

tü|de|lig ⟨Adj.⟩ [zu landsch. tüdeln = zaudern, zögern] (nordd.): *(infolge höheren Alters) leicht einfältig u. unbeholfen:* Opa ist schon ein bißchen t.; 80 Jahre und kein bißchen t. (Hörzu 14, 1979, 61); **Tüder,** der; -s, - [mniederd. tud(d)er] (nordd.): *Seil zum Anbinden eines weidenden Tiers;* ein Schaf sprang ... vor uns zurück und fing dann an, wie irre im Kreise um seinen T. zu laufen (Fallada, Herr 102); **tü|dern** ⟨sw. V.; hat⟩ [1: zu ↑Tüder; 2: viell. sekundär vermischt mit (1)] (nord[ost]d.): **1. a)** *(ein Tier auf der Weide) anbinden, anpflocken:* Sonst war er immer der erste bei der Feldarbeit gewesen, und jetzt wollte er nicht mal die Kuh auf der Weide t. (Fallada, Jeder 403); **b)** *[unordentlich, nachlässig] binden* (3). **2.** *in Unordnung bringen.*

Tu|dor|bo|gen ['tju:dɐ..., auch: 'tu:dɔr..., ...do:ɐ̯...], der; -s, - u. (bes. südd., österr. u. schweiz.) ...bögen [nach dem engl. Königshaus der Tudors] (Archit.): *für den Tudorstil charakteristischer flacher Spitzbogen;* **Tu|dor|stil,** der; -[e]s (Archit.): *spätgotischer Baustil in England.*

Tue|rei, die; -, -en [zu ↑tun] (ugs. abwertend): *Ziererei.*

[1]Tuff, der; -s, (Arten:) -e [ital. tufo < lat. tofus] (Geol.): **1.** *lockeres, poröses, aus verfestigtem vulkanischem Material bestehendes Gestein:* im etruskischen Tempelbau, der ... aus Holz und Lehm, aus T. und Terrakotta sein eigenes farbenprächtiges, mit Schmuck überladenes Aussehen gewinnt (Bild. Kunst I, 30). **2.** *Sinter.*

[2]Tuff, der; -s, -s [frz. touffe, aus dem Germ.] (landsch.): *Strauß, Büschel (von Blumen o. ä.):* In diesen derben Tonkrug gehört ein großer T. bäuerlicher Gartenblumen (Petra 11, 1966, 134).

Tuffels[1], Tuffel|sen[1], der: *Felsen aus [1]Tuff;* **tuf|fig** ⟨Adj.⟩: *aus [1]Tuff bestehend;* **Tuffstein,** der [spätmhd. tuf(t)stein, spätahd. tufstein]: **1.** *[1]Tuff.* **2.** *Baustein aus [1]Tuff* (1).

Tüf|tel|ar|beit, die (ugs.): *tüftelige Arbeit;* **Tüf|te|lei,** die; -, -en (ugs.): **1.** ⟨o. Pl.⟩ *das Tüfteln.* **2.** *Tüftelarbeit;* **Tüf|te|ler:** ↑Tüftler; **Tüf|te|lrin,** die; -, -nen: w. Form zu ↑Tüftler; **tüf|te|lig, tüftlig** ⟨Adj.⟩ (ugs.): **1.** *viel Tüftelei, langes Tüfteln erfordernd, mit Tüftelei verbunden:* eine -e Arbeit. **2.** (oft abwertend) *einen [übermäßig] ausgeprägten Hang zum Tüfteln habend, zu übertriebener Sorgfalt, Genauigkeit neigend:* ein -er Mensch; **tüf|teln** ⟨sw. V.; hat⟩ [H. u.] (ugs.): *sich mit viel Geduld u. Ausdauer mit etw. Schwierigem, Knifflichem in seinen Einzelheiten beschäftigen:* er tüftelte so lange an der Maschine, bis sie wieder lief; Bereits seit 1978 tüfteln die Stuttgarter an diesem 2-Liter-Motor (ADAC-Motorwelt 11, 1983, 32); Im Verteidigungsministerium tüftelten die Organisatoren aufs neue am alten Entwurf (Spiegel 24, 1966, 26).

Tuf|ting|schlin|gen|wa|re ['taftɪŋ...], die ⟨o. Pl.⟩ [engl. tufting = das Anordnen in Büscheln, zu: to tuft = in Büscheln anordnen]; vgl. Tuftingteppich; **Tuf|tingtep|pich,** der: *im Tuftingverfahren hergestellter Teppich;* **Tuf|ting|ver|fah|ren,** das ⟨o. Pl.⟩: *Verfahren zur Herstellung von Teppichen u. Auslegware, bei dem der Flor erzeugt wird, indem kleine Schlingen*

in ein Grundgewebe eingenäht u. dann aufgeschnitten werden; **Tuf|ting|wa|re,** die ⟨o. Pl.⟩: vgl. Tuftingteppich.
Tüft|ler, Tüfteler, der; -s, - (ugs.): *jmd., der gern tüftelt:* Deshalb hat ein ortsansässiger Tüftler ein Gerät entwickelt, das mit „Schwimmer und Meßskala" den genauen Bierpegel ermittelt (BM 1. 10. 77, 20); **Tüft|le|rin,** die; -, -nen (ugs.): w. Form zu ↑ Tüftler; **tüft|lig:** ↑ tüftelig.
Tu|gend, die; -, -en [mhd. tugent, ahd. tugund, zu ↑ taugen u. eigtl. = Tauglichkeit, Kraft]: **1.** ⟨o. Pl.⟩ *Tugendhaftigkeit:* T. üben; niemand zweifelt an seiner T.; sie ist ein Ausbund an/von T.; sie führt ein Leben in T.; In Caen, in der sie die Jahre ihrer Jugend in einem Kloster verbrachte voller T. (Weiss, Marat 52). **2.** *sittlich wertvolle Eigenschaft (eines Menschen):* die T. der Gerechtigkeit, Aufrichtigkeit, Bescheidenheit; die christlichen, sozialistischen, seemännischen -en; weibliche, männliche, preußische, soldatische, militärische -en; du solltest wissen, daß Diskretion die erste T. (wichtigste Eigenschaft) eines Hotelangestellten ist (Remarque, Triomphe 59); Die große T. der Beichtväter war ihre Vergeßlichkeit (Bieler, Mädchenkrieg 517); jeder Mensch hat seine -en und seine Fehler; Er war fleißig, doch gehörten Sorgfalt, Geduld und Ausdauer zu seinen -en nicht (Reich-Ranicki, Th. Mann 116). **3.** ⟨o. Pl.⟩ (veraltet) **a)** *Keuschheit;* **b)** *Jungfräulichkeit* (1); **Tu|gend|bold,** der; -[e]s, -e [zum 2. Bestandteil vgl. Witzbold] (iron.): *jmd., der sich besonders tugendhaft gibt;* **tu|gend|haft** ⟨Adj.; -er, -este⟩ [mhd. tugenthaft = tüchtig, gewaltig; edel, fein gesittet]: *den geltenden sittlichen Normen gemäß lebend, sich verhaltend; sittlich einwandfrei; moralisch untadelig, vorbildlich:* mit -er *(Tugendhaftigkeit ausdrückender)* Miene zog Frau Bartels ab (Kronauer, Bogenschütze 150); „Ich spioniere nicht hinter meinen Gästen her", erklärte sie t. (Kemelman [Übers.], Dienstag 185); **Tu|gend|haf|tig|keit,** die; -: *das Tugendhaftsein;* **Tu|gend|held,** der: **a)** (ugs., oft iron.) *jmd., der sich durch besondere Tugendhaftigkeit, durch sittliche Vollkommenheit auszeichnet;* **b)** (abwertend) *Tugendbold;* **Tu|gend|hel|din,** die: w. Form zu ↑ Tugendheld; **Tu|gend|leh|re,** die (Philos. veraltet): *Ethik;* **tu|gend|los** ⟨Adj.⟩ [mhd. tugentlich] (veraltet): *tugendhaft;* **tu|gend|los** ⟨Adj.⟩ (veraltend) *sittenlos; zuchtlos; ohne Tugend* (1); **tu|gend|reich** ⟨Adj.⟩ (veraltend): *tugendhaft;* **Tu|gend|rich|ter,** der (oft abwertend): *Sittenrichter;* **Tu|gend|rich|te|rin,** die (oft abwertend): w. Form zu ↑ Tugendrichter; **Tu|gend|sam** ⟨Adj.⟩ [mhd. tugentsam] (veraltet): *tugendhaft;* **Tu|gend|sy|stem,** das (Philos.): *ethisches System von Tugenden* (2); **Tu|gend|übung,** die ⟨o. Pl.⟩ (bildungsspr.): *bewußtes tugendhaftes Handeln, Leben:* das Ziel des Wirkens im Staat liegt nicht mehr in der Eudämonie des Bürgers oder in christlicher T. (Fraenkel, Staat 265); **Tu|gend|wäch|ter,** der (oft abwertend): *jmd., der über die Tugend anderer wacht:* Die T. waren unerbittlich: Die unverhüllte Liebesszene ... mußte verfilmt wer-

den (Hörzu 27, 1988, 25); Ü Der Münchner Sender, der einst als der T. des deutschen Fernsehens galt (Hörzu 19, 1972, 8); **Tu|gend|wäch|te|rin,** die (oft abwertend): w. Form zu ↑ Tugendwächter.
Tugh, der; -s, -e [türk. tuğ]: *Roßschweif als militärisches Ehrenzeichen im Osmanischen Reich;* **Tugh|ra,** die; - [türk. tuğra]: *(im Osmanischen Reich) Namenszug des Sultans auf Staatsurkunden, Orden u. Münzen.*
Tu|gu|rio, der; -, -s ⟨meist Pl.⟩ [span. tugurio, eigtl. = Schäferhütte]: *Elendsviertel in den Großstädten der Anden, bes. Kolumbiens.*
Tu|is|mus, der; - [zu lat. tu = du] (veraltet): *Altruismus.*
Tu|kan [auch: tu'ka:n], der; -s, -e [span. tucán < Tupi u. Guaraní (südamerik. Indianersprachen) tuka(no)]: *(in Süd- u. Mittelamerika heimischer) größerer, in Baumhöhlen nistender Vogel mit farbenprächtigem Gefieder u. sehr großem, leuchtend farbigem Schnabel; Pfefferfresser.*
Tu|la|ar|beit, die [nach der russ. Stadt Tula] (Kunsthandwerk): *kleinere ornamentierte Silberarbeit mit Niello* (1).
Tu|lar|ämie, die; - [zum Namen der County Tulare (Kalifornien, USA), wo die Krankheit erstmals beobachtet wurde, u. zu griech. haĩma = Blut] (Med.): *Seuche bei wildlebenden Nagetieren, die auch auf den Menschen übertragen werden kann; Hasenpest.*
Tu|la|sil|ber, das: *Tulaarbeit.*
Tu|li|pan, der; -[e]s, -e, **Tu|li|pa|ne,** die; -, -n [wohl < ital. tulipano < frz. tulipan < türk. tülbent, tülbant, pers. tülband, ↑ Tulpe] (veraltet): *Tulpe.*
Tüll, der; -s, (Arten:) -e [frz. tulle, nach der frz. Stadt Tulle]: *bes. für Gardinen verwendetes, lockeres, netzartiges Gewebe (aus Baumwolle, Seide, Chemiefasern):* Dieser duftige T., dieses Samtbändchen um den Hals (Geissler, Wunschhütlein 33); Florentiner T. *(feiner, mit Rankenmustern bestickter Tüll);* **Tüll|är|mel,** der: *Ärmel aus Tüll;* **tüll|ar|tig** ⟨Adj.⟩: *wie Tüll:* ein -es Gewebe; **Tüll|blu|se,** die: *Bluse aus Tüll;* **Tüll|decke¹,** die: *Decke aus Tüll.*
Tüll|le, die; -, -n [mhd. tülle, ahd. tulli = röhrenförmige Verlängerung der Pfeilod. Speerspitze] (landsch.): **1.** *Schnabel* (3): die T. einer Kaffeekanne; Wie zwei Perlenketten leuchten lange Reihen von Gießkannen voll Öl auf, aus deren -n die Flammen lodern (Grzimek, Serengeti 33). **2.** *röhrenartiger Teil eines Werkzeugs o. ä., in den etw., z. B. ein Stiel, hineingesteckt wird.*
Tüll|gar|di|ne, die: *Gardine aus Tüll.*
tul|li ⟨indekl. Adj.⟩ [H. u.] (österr. ugs.): *sehr gut, ausgezeichnet.*
Tüll|schlei|er, der: vgl. Tüllgardine; **Tüll|vor|hang,** der: vgl. Tüllgardine.
Tul|pe, die; -, -n [älter: Tulipa(n) (↑ Tulipan), in der heutigen Form < niederl. tulp < türk. tülbent, tülbant, pers. tülband = Turban, nach dem turbanförmigen Blütenkelch]: **1.** *(zu den Liliengewächsen gehörende, in vielen Züchtungen existierende) im Frühjahr blühende Pflanze mit meist aufrecht auf einem ho-

hen Stengel sitzender, großer, kelchförmiger Blüte.* **2.** *[Bier]glas mit einem Stiel, das in der Form einer Tulpenblüte ähnelt:* Man kann Bier aus Gläsern ... trinken; ebenso verwendet man gedrungene Stielkelche und -n dafür (Horn, Gäste 82). **3.** (salopp) *sonderbarer Mensch:* er ist eine seltsame T.; du bist mir vielleicht eine T.!; **Tul|pen|baum,** der: *(zu den Magnoliengewächsen gehörender) Baum mit tulpenähnlichen, einzelstehenden Blüten u. großen, schildförmigen Blättern, der oft in Parkanlagen angepflanzt wird;* **Tul|pen|beet,** das: *Blumenbeet mit Tulpen;* **Tul|pen|blü|te,** die: **1.** *Blüte einer Tulpe* (1). **2.** *das Blühen der Tulpen* (1): wir fahren zur T. *(um die Tulpenblüte zu sehen)* nach Holland; **Tul|pen|feld,** das: vgl. Tulpenbeet; **Tul|pen|glas,** das: *Tulpe* (2); **Tul|pen|zucht,** die: *Zucht von Tulpen* (1); **Tul|pen|züch|ter,** der: *jmd., der Tulpenzucht betreibt;* **Tul|pen|züch|te|rin,** die: w. Form zu ↑ Tulpenzüchter; **Tul|pen|zwie|bel,** die: *Zwiebel* (1 a) *einer Tulpe.*
-tum, das; -s [mhd. -tuom, ahd. -tuom, zum Suffix erstarrtes Subst. mhd., ahd. tuom = Macht; Würde, Besitz; Urteil, zu ↑ tun]: **1.** bezeichnet in Bildungen mit Substantiven einen Zustand, eine Beschaffenheit, Eigenschaft oder ein Verhalten von jmdm.: Chaotentum, Erpressertum, Profitum. **2.** bezeichnet in Bildungen mit Substantiven eine Personengruppe: Bürgertum. **3.** bezeichnet in Bildungen mit Substantiven das Territorium von jmdm.: Scheichtum.
tumb ⟨Adj.; -er, -este⟩ [mhd. tump, ↑ dumm] (leicht spött.): *arglos-unbekümmert, einfältig-naiv:* er ist ein -er Tor; Welch ein, sittenreiner Parsifal! (Fallada, Herr 10); als er sich in der Redaktion mit seinen -en Kollegen anlegt (tip 12, 1984, 46); Angesichts der -en Unentschlossenheit Hamburger Sozialdemokraten (Szene 8, 1984, 27).
¹Tum|ba, die; -, Tumben [1: spätlat. tumba < griech. týmba]: **1.** *sarkophagähnliches Grabmal, dessen Deckplatte meist mit einem in Stein gehauenen Bildnis des Beigesetzten geschmückt ist.* **2.** (kath. Kirche) *Attrappe eines auf einer Totenbahre stehenden Sarges, die zur Totenmesse in der Kirche aufgestellt wird.*
²Tum|ba, die; -, -s [span. tumba, zu: retumbar = ertönen]: *Conga* (2).
tum|beln ['tambļn] ⟨sw. V.; hat⟩ [engl. to tumble, eigtl. = stürzen, fallen; durcheinanderbringen, schleudern]: *Wäsche im Tumbler trocknen.*
Tum|ben: Pl. von ↑ ¹Tumba.
Tumb|heit, die; - [mhd. tumbheit] (leicht spött.): *das Tumbsein:* Der Autor stellt hier den Bezug von ideologischer T. und latenter Neigung zur Gewalt dar (MM 29. 11. 73, 41).
Tumb|ler ['tamblɐ], der; -s, - [engl. tumbler, gek. aus: tumble-drier, aus: to tumble (↑ tumbeln) u. drier = Trockner, zu: to dry = trocknen]: *elektrischer Wäschetrockner:* Auf die Waschmaschine gestellt, nehmen die T. ... kaum Platz weg (MM 7./8. 2. 76, 47).
Tu|mes|zenz, die; - [zu lat. tumescere = (auf)schwellen, zu: tumere, ↑ Tumor] (Med.): *Schwellung, Anschwellung.*

Tummel

Tum|mel, der; -s, - [zu ↑tummeln (4)] (landsch.): *Rausch* (1); **tum|meln** ⟨sw. V.⟩ [mhd., ahd. tumelen, Nebenf. von ↑taumeln]: **1.** ⟨t. + sich⟩ *sich irgendwo lebhaft[-fröhlich], ausgelassen hin u. her bewegen* ⟨hat⟩: die Kinder tummeln sich im Garten, im Wasser; Werden Personenwagen präsentiert, tummeln sich bis zu zweihundert Presseleute (Sonntagsblatt 20. 5. 84, 17); Pfützen, über denen sich brummende Fliegen tummelten (Böll, Adam 10); Ü Sibylle ... tummelte sich in Pontresina (Frisch, Stiller 349); In meinem Kopf tummelten sich die Gedanken (Th. Mann, Krull 283). **2.** ⟨t. + sich⟩ (landsch.) *sich beeilen* (1) ⟨hat⟩: jetzt müssen wir uns aber t.!; „Muttchen, tummele dich ein bißchen. Oder ist das unter deiner Würde, Hoheit?" trieb Peter der alte Frau König an (Faller, Frauen 110). **3.** (veraltet) *(ein Pferd) im Kreis laufen lassen, um es zu bewegen* ⟨hat⟩. **4.** (landsch., sonst selten) *sich in taumeliger Bewegung irgendwohin bewegen* ⟨ist⟩: zwei Schmetterlinge tummeln über die Wiese; **Tum|mel|platz**, der [urspr. = Reitbahn, Kampfplatz]: *Ort, an dem Menschen einer bestimmten Kategorie sich besonders gern aufhalten, an dem sie sich wohl fühlen, sich frei entfalten, sich ihren Bedürfnissen entsprechend verhalten können:* ein mächtiger Rasen, T. der Kinder (Werfel, Himmel 14); Schwabing, das ... ein T. exzentrischer Originale war (K. Mann, Wendepunkt 12); ... war damals die italienische Westküste ein T. für Touristen (Enzensberger, Einzelheiten I, 189); Das Absperrgebiet ist zum T. für Motorräder geworden *(zum Platz, wo man sich trifft, um Motorrad zu fahren;* NZZ 21. 1. 83, 26); Ü so daß unser menschliches Leben kein bloßer T. von Zufällen wird (Thielicke, Ich glaube 69); daß evangelische Studentengemeinden zu Tummelplätzen der Linksradikalen werden (Welt 8. 9. 76, 1); **Tumm|ler**, der; -s, - [eigtl. = „Taumler"]: **1.** *(vom 16. bis 18. Jahrhundert beliebtes) becherartiges Trinkgefäß mit abgerundetem Boden, das sich (nach dem Prinzip des Stehaufmännchens) aus jeder Schräglage heraus von selbst in die senkrechte Lage bewegt.* **2.** *(auf Jahrmärkten o. ä. betriebenes) karussellartiges Gerät, das sich im Kreis dreht u. gleichzeitig eine Aufundabbewegung beschreibt u. in dem man mit dem Rücken nach außen u. gegen ein sicherndes Gitter gelehnt sitzt:* Oktoberfest in München. Rund geht's bei den Fahren im T. (MM 26. 9. 80, 18); **Tümm|ler**, der; -s, - [1: nach den lebhaften Bewegungen; 2: eigtl. = Taube mit taumelndem Flug]: **1.** *dem Delphin ähnliches, meist gesellig lebendes Meeressäugetier.* **2.** *in vielen Rassen vorkommende Haustaube, die besonders hoch u. lange fliegen kann.*

Tu|mor [ugs. auch: tu'mo:ɐ̯], der; -s, ...oren, ugs. auch: ...ore [lat. tumor = Schwellung, zu: tumere = geschwollen sein] (Med.): **1.** *Geschwulst:* gutartige, bösartige -en/(ugs. auch:) -e; Ultraschalluntersuchung, mit der frühe -en in Leber und Niere aufgespürt werden können (MM 3. 6. 91, 14). **2.** *krankhafte Anschwellung eines Organs od. eines Teils eines Organs;* **Tu|mor|ge|we|be**, das (Med.): vgl. Tumorzelle; **Tu|mor|marker**, der (Med.): *von Tumorzellen herrührende Substanz, an Hand deren Konzentration in Körperflüssigkeiten man die Ausdehnung u. den Grad der Bösartigkeit einer Geschwulst bestimmen kann;* **Tu|mor|ope|ra|ti|on**, die (Med.): *Operation eines Tumors;* **Tu|mor|the|ra|pie**, die (Med.): *Behandlung eines Tumors;* **Tu|mor|vi|rus**, das, außerhalb der Fachspr. auch: der ⟨meist Pl.⟩: *tumorerzeugendes Virus;* **Tu|mor|wachs|tum**, das (Med.): *Wachstum eines Tumors:* in einem Fall konnte das T. gestoppt werden (Welt 4. 12. 90, 29); **Tu|mor|zel|le**, die (Med.): *zu einem Tumor gehörende Körperzelle.*

Tüm|pel, der; -s, - [aus dem Md., älter nhd. Tümpfel, mhd. tümpfel, ahd. tumphilo, eigtl. = Vertiefung, zu ↑tief]: *Ansammlung von Wasser in einer kleineren Senke, Vertiefung im Boden:* ein kleiner T. schlammigen Wassers; In einem der fast ausgetrockneten T. findet er ein paar Blutegel (Zenker, Froschfest 111).

Tu|mu|li: Pl. von ↑Tumulus; **Tu|mult**, der; -[e]s, -e [lat. tumultus, verw. mit tumere, ↑Tumor]: *verwirrendes, lärmendes Durcheinander aufgeregter Menschen:* ein heftiger, riesiger, unglaublicher T. erhob sich, entstand; der T. hat sich etwas gelegt; Langsam verebbte der T. (v. d. Grün, Glatteis 88); Der T. steigerte sich (Müthel, Baum 98); es herrschte ein unbeschreiblicher T. (Kusenberg, Mal 14); Von einem Balkon aus beobachteten eine amerikanische Reporterin und ein irischer Junge den T. auf der Straße (Schreiber, Krise 148); seine Worte gingen im allgemeinen T. unter; bei der Demonstration kam es zu schweren -en; **tu|mult|ar|tig** ⟨Adj.⟩: *tumultuarisch:* -e Szenen; eine -e Versammlung; **Tu|mul|tu|ant**, der; -en, -en [zu lat. tumultuare = lärmen, zu: tumultus, ↑Tumult] (bildungsspr. selten): *Unruhestifter, Ruhestörer; Aufrührer;* **Tu|mul|tu|an|tin**, der; -, -nen (bildungsspr. selten): w. Form von ↑Tumultuant; **tu|mul|tu|a|risch** ⟨Adj.⟩ [lat. tumultuarius, zu: tumultus, ↑Tumult] (bildungsspr.): *mit Lärm, Erregung, Tumult verbunden, einhergehend:* -e Szenen im Parlament; auch in guten Zeiten machte sich die Filmindustrie die Attraktion und Faszination der Massenglücke zunutze (Zeit 7. 2. 75, 25); **tu|mul|tu|ie|ren** ⟨sw. V.; hat⟩ [lat. tumultuari, zu: tumultus, ↑Tumult]: *lärmen; einen Auflauf erregen:* ♦ ⟨subst.:⟩ Das war ein Jubilieren und Tumultuieren von den Unsrigen (Goethe, Götz V); **tu|mul|tu|ös** (seltener), **tu|mul|tu|ös** ⟨Adj.; -er, -este⟩ [frz. tumultueux < lat. tumultuosus, ↑tumultuoso] (bildungsspr.): *tumultuarisch:* -e Ereignisse; eine -e Verhandlung; das indische Parlament ist nach tumultuösen Sitzungen ... (FAZ 3. 6. 61, 54); **tu|mul|tu|o|so** ⟨Adv.⟩ [ital. tumultuoso < lat. tumultuosus, zu: tumultus, ↑Tumult] (Musik): *stürmisch, heftig, lärmend;* **Tu|mu|lus**, der; -, ...li [lat. tumulus = (Grab)hügel, zu: tumere, ↑Tumor] (Archäol.): *[vorgeschichtliches] Hügelgrab.*

tun ⟨unr. V.; hat⟩ [mhd., ahd. tuon, eigtl. = setzen, stellen, legen]: **I. 1. a)** *eine Handlung ausführen; sich mit etw. beschäftigen:* etw. ungern, gern, selbst, allein, auf eigene Verantwortung, von sich aus, unaufgefordert, freiwillig t.; so etwas tut er nicht, niemals; sie hat viel Gutes getan; sie hat genau das Richtige, Falsche getan *(sich richtig, falsch verhalten);* er tat, was/wie ihm beofohlen; wenn du nichts [Besseres] zu t. hast, komm doch mit!; ich habe anderes, Besseres, Wichtigeres zu t., als hier herumzusitzen; er tut nichts als meckern (ugs.; *meckert ständig);* ich möchte einmal gar nichts t. *(faulenzen);* was willst du nach dem Examen t.? *(was sind deine Pläne?);* ich weiß nicht, was ich t. soll *(wie ich mich verhalten soll; womit ich mich beschäftigen soll);* so etwas tut man nicht *(gehört sich nicht);* so tu doch etwas! *(greife ein!; handele!);* er hat sein möglichstes, Bestes getan *(sich nach Kräften bemüht);* man sollte das eine t. und das andere nicht lassen *(beides tun);* du kannst t. und lassen, was du willst *(niemand macht dir Vorschriften);* tu, was du willst! *(es ist mir gleichgültig, wie du handelst, dich verhältst);* er hat getan, was er konnte *(sich nach Kräften bemüht);* er hat alles [Erdenkliche] getan *(alle seine Möglichkeiten ausgeschöpft),* um das zu verhindern; was tust du hier? *(was willst du hier, warum bist du hier?);* was kann ich für dich t.? *(wie kann ich dir behilflich sein, was möchtest du?);* kann ich etwas für dich t. *(dir helfen)?;* du mußt etwas für deine Gesundheit, deine Haut, für dich t. *(etw. tun, was deiner Gesundheit, deiner Haut, dir guttut);* die Regierung sollte mehr für die Rentner t. *(stärker in ihrem Interesse handeln);* dagegen muß man etwas, kann man nichts t. *(dagegen muß man, kann man nicht angehen);* was wirst du mit dem Geld t.? *(wie wirst du es verwenden?);* du kannst damit t., was du willst *(darüber frei verfügen);* was tust du willst *(hast du vor)* mit dem Messer?; dafür, daß das auch in Zukunft so bleibt, müssen wir etwas t. *(uns einsetzen);* es hat sich so ergeben, ohne daß ich etwas dazu getan hätte *(ohne mein Dazutun);* er hatte nichts Eiligeres zu t., als es weiterzuerzählen *(erzähle es sofort weiter);* ⟨auch o. Akk.-Obj.:⟩ tu langsam! (landsch.; *nicht so schnell!);* was t.? *(was soll man in dieser Situation tun?);* R man tut, was man kann *(man bemüht sich nach Kräften);* ich will sehen, was ich t. laßt *(ich werde mein möglichstes tun);* was tut man nicht alles! *(man versucht, dem anderen einen Gefallen zu tun, obgleich es einem nicht leichtfällt);* Ü was tut denn die tote Fliege in meiner Suppe? *(sie gehört doch hier nicht hinein!);* **b)** *(etw. Bestimmtes) verrichten, erledigen, vollbringen:* er tut seine Arbeit, Pflicht; Längst nicht alle in seinem Jungzug taten so pflichtbewußt Dienst wie er (Loest, Pistole 48); ich habe noch etwas Wichtiges zu t.; wer hat das getan? *(wer ist der Schuldige?);* was hat er denn getan *(sich zuschulden kommen lassen)?;* der Tischler hat viel zu t. *(viele Aufträge);* er tut nichts, ich muß noch etwas t. [für die Schule] *(arbeiten);* tu's doch! *(mach deine Drohung doch wahr!);* du tust es ja doch nicht *(ich glaube dir nicht, daß du es wirklich* *tust);* nach getaner Arbeit; ⟨auch o. Akk.-Obj.:⟩ ich habe zu t. *(muß arbeiten);* ich hatte dort [geschäftlich] zu t. *(war dort, um etwas [Geschäftliches] zu erledigen);* Mutter hatte noch in der Küche zu t.; *** mit etw. ist es [nicht] getan** *(etw. genügt [nicht]):* mit ein paar netten Worten ist es nicht getan; es war gewißlich nicht damit getan, daß er, wie es Christa Wolf ausdrückte, „zwei Jahre später sagte: Donnerwetter, der Marx hat aber recht!" (Loest, Pistole 76); **es nicht unter etw. t.** (ugs.; ↑machen 1 c); **es t.** (ugs. verhüll.; *koitieren*): Sie hatte sich so häufig vorgestellt, ... mit dem Violinspieler es mitten in den Kohlen ihres Kellers zu t. (Alexander, Jungfrau 153); **c)** nimmt die Aussage eines vorher im Kontext gebrauchten Verbs auf: ich riet ihm zu verschwinden, was er auch schleunigst tat; ⟨unpers.:⟩ es sollte am nächsten Tag regnen, und das tat es dann auch; **d)** als Funktionsverb, bes. in Verbindung mit Verbalsubstantiven; *ausführen, machen:* einen Blick aus dem Fenster, einen Sprung, einen Schritt t.; eine Äußerung, einer Sache Erwähnung t.; „Tun wir doch eine Gang miteinander", sagte Fee und erhob sich (Muschg, Gegenzauber 270); ⟨unpers.:⟩ plötzlich tat es einen furchtbaren Knall; **e)** *hervor-, zustande bringen, bewirken:* ein Wunder t.; (verblaßt:) seine Wirkung t. *(wirken);* R was tut's? (ugs.; *na und?; was soll's?*); was tut das schon? (ugs.; *was macht das schon?*); das tut nichts *(das ist unerheblich, spielt keine Rolle);* **f)** *zuteil werden lassen; zufügen, antun; in einer bestimmten Weise an jmdm. handeln:* jmdm. [etw.] Gutes t.; bevor ich tun konnte, was du mir t. würdest, ein Gutes oder ein Böses (Stern, Mann 255); Niemand hätte ihr, der Tante, solche Pflege getan wie ich (Wimschneider, Herbstmilch 111); jmdm. einen Gefallen t.; du hast dir was an der Stirn getan *(dich verletzt);* er hat viel an ihm getan (ugs.; *hat ihm viel Gutes getan*); warum hast du mir das getan *(angetan)?*; er tut dir nichts *(fügt dir kein Leid zu);* ⟨auch o. Dativobj.:⟩ der Hund tut nichts *(beißt nicht).* **2. * es t.** (ugs.; 1. *den betreffenden Zweck erfüllen; genügen, ausreichen):* das billigere Papier tut es auch; Sahne wäre besser, aber Milch tut es auch; die Schuhe tun es noch einen Winter; Worte allein tun es nicht. 2. *funktionieren, gehen:* das Auto tut's noch einigermaßen, tut's nicht mehr so recht). **3.** (landsch. ugs.) *funktionieren, gehen:* das Radio tut es nicht [richtig]. **4.** (ugs.) *irgendwohin bringen, befördern, setzen, stellen, legen:* tu es an seinen Platz, in den Müll, in den Schrank; Der Seiler, dessen auch an Frosttagen barfuß war und seine grauen Füße nur zu besonderen Anlässen in Schuhe tat *(steckte;* Ransmayr, Welt 9); Salz an, in die Suppe t.; das Gäste tut sich auf die Bank; den Kleinen tun wir zur Oma *(geben wir in ihre Obhut);* sie taten (ugs.; *schickten*) die Tochter aufs Gymnasium, in den Ganztageskindergarten; sie tat (geh. veraltet; *legte*) sich zu ihm. **5.** *durch sein Verhalten einen Anschein erwecken; sich geben, sich stellen:* freundlich, vornehm, geheimnisvoll,

überrascht t.; Haugk tat beschäftigt (H. Gerlach, Demission 152); Christa hatte einen rosa Pullover an und einen Faltenrock und tat unheimlich erwachsen (Loest, Pistole 204); sie tat dümmer, als sie war; er tut [so], als ob/als wenn/ wie wenn er nichts wüßte, als wüßte er nichts, als sei nichts gewesen; Der Mörder ... hatte getan, als führte sein Weg zufällig an dem Mädchen vorbei (Bastian, Brut 170); er tut nur so [als ob] *(er gibt das nur vor, verstellt sich nur);* tu doch nicht so! *(verstell dich doch nicht so!).* **6.** ⟨t. + sich⟩ *sich ereignen, vorgehen, geschehen; im Gange sein; sich verändern:* in der Politik, im Lande tut sich etwas, einiges; Man muß immer von links Zunder geben, damit sich in Deutschland überhaupt etwas tut (B. Vesper, Reise 158); es tut sich immer noch nichts; Er ... griff zum Telefon ... Es dauerte ein paar Minuten, bis sich etwas tat (Ziegler, Konsequenz 26). **7. * es mit jmdm., etw. zu t. haben** *(jmdn., etw. von bestimmter Art vor sich haben):* wir haben es hier mit einem gefährlichen Verbrecher, Virus zu t.; Er hatte es mit einer etwas mickrigen Dame zu t., die gerade eine Zigarette rauchte (Fels, Sünden 70); Sie scheinen nicht zu wissen, mit wem Sie es zu t. haben *(wer ich bin;* als Zurechtweisung); Was glaubt ihr, mit wem ihr es zu t. habt? Mit einem Blödian womöglich? (Fels, Sünden 93); **[es] mit etw. zu t. haben** (ugs.; *an etw. leiden; mit etw. Schwierigkeiten haben):* er hat mit einer Grippe zu t.; er hat mit dem Herzen zu t.; **[es] mit jmdm., etw. zu t. bekommen/**(ugs.:) **kriegen** *(von jmdm. sonst kriegst du etw mit dir zu t.!;* **mit sich [selbst] zu t. haben** *(persönliche Probleme haben, die einen beschäftigen);* **[etwas] mit jmdm., jmdm. zu t. haben** *(sich mit jmdm., etw. umgehen, in Berührung kommen; sich mit etw., jmdm. befassen, auseinandersetzen müssen):* in seinem Beruf hat er viel mit Büchern zu t.; er hat noch le etwas] mit der Polizei zu t. gehabt; **mit etw. nichts zu t. haben** (1. *für etw. nicht zuständig, verantwortlich sein; mit etw. nicht befaßt sein: mit den Binden der Bücher haben wir nichts zu t.* 2. *nicht als [Mit]schuldiger für etw. [mit]verantwortlich sein:* er hat mit dem Mord nichts zu t.); **etwas mit etw. zu tun haben** (1. *mit etw. in [ursächlichem] Zusammenhang stehen:* das hat vielleicht etwas mit dem Wetter zu t.; Diese hektische und oft rüde Betriebsamkeit hat gewiß mit den körperlichen Leiden zu t., denen Erika Mann ... ausgesetzt war [Reich-Ranicki, Th. Mann 190]. 2. ugs.; *etw. Bestimmtes darstellen, sein; als etw. Bestimmtes bezeichnet werden können):* mit Kunst hat das wohl kaum etwas zu t.; So wie er aber dem Krieg einen Sinn erfunden hatte, mit der Wirklichkeit sehr wenig zu t. haben konnte [Reich-Ranicki, Th. Mann 223]); **mit jmdm., etw. nichts zu t. haben wollen** *(jmdn., etw. meiden; sich aus etw. heraushalten);* **es ist um jmdn., etw. getan** (ugs.; *w. V.);* **jmdm. ist [es] um jmdm., etw. zu t.** (geh.; *jmdm. geht es um jmdn., etw.):* es ist mir um dich, deine Gesundheit zu t. **II.** ⟨Hilfsverb⟩ 1. ⟨mit vorangestelltem, ugs.

auch nachgestelltem Infinitiv⟩ dient zur Betonung des Vollverbs: singen tut sie gerne; Befehlen tut die ein Junker namens ... (M. Walser, Seelenarbeit 195); (ugs.:) ich tu' bloß noch schnell die Blumen gießen; ich tue es nicht wegkriegen; (scherzh.:) t. tut keiner was. **2.** ⟨mit Infinitiv⟩ (landsch.) dient zur Umschreibung des Konjunktivs: das täte *(würde)* mich schon interessieren; Wenn bloß ein bißchen Luft gehen täte *(würde;* Fallada, Herr 95); Für das Geld tät' ich nach Amerika schwimmen (Spiegel 18, 1977, 119); **Tun,** das; -s: *jmds. Ausführung einer Handlung, Beschäftigung mit etw.:* ein sinnvolles T.; daß die Älteren unser nächtliches T. verabscheuten (Nossack, Begegnung 327); Mit ihrem kreativen T. können die Schüler auch ihr Ferienlager finanzieren (LNN 31. 7. 84, 12); ..., kann seine Soldaten auch im militärischen Alltag zu viel selbständigem T. heranziehen (NZZ 3. 2. 83, 25); *** jmds. T. und Treiben** (geh.; *das, was jmd. tut, treibt*): nach jmds. T. und Treiben fragen; **jmds. T. und Lassen** (geh.; *jmds. Handlungsweise*).

Tün|che, die; -, ⟨Arten:⟩ -n [frühnhd. tünche, mhd. tuniche, ahd. tunicha, rückgeb. aus ↑tünchen]: **1.** *weiße od. getönte Kalkfarbe, Kalkmilch od. Leimfarbe zum Streichen von Wänden:* Lagen unter der weißen T. Fresken? (Kempowski, Tadellöser 215). **2.** ⟨o. Pl.⟩ (abwertend) *etw., was das wahre Wesen verdeckt, verdecken soll:* seine Höflichkeit ist nur T.; Seine Ergebenheit dem Faschismus gegenüber paßte nicht zu seinem Charakter. Ich hielt sie für T. (Weber, Tote 255); **tünchen** ⟨sw. V.; hat⟩ [mhd. tünchen, ahd. tunihhön, eigtl. = be-, verkleiden, zu: tunihha < lat. tunica, ↑Tunika]: *mit Tünche (1) anstreichen:* eine Wand t.; Das Theater war hellgelb getüncht (H. Lenz, Tintenfisch 136); **Tüncher,** der; -s, - (landsch.): *Maler (2);* **Tün|che|rin,** die; -, -nen (landsch.): w. Form zu ↑Tüncher.

Tun|dra, die; -, ...ren [russ. tundra]: *baumlose Steppe nördlich der polaren Waldgrenze; Kältesteppe;* **Tun|dren|step|pe,** die: *Tundra.*

Tu|nell, das; -s, -e (südd., österr., schweiz.): ↑*Tunnel.*

tu|nen ['tju:nən] ⟨sw. V.; hat⟩ [engl. to tune] (Kfz-T.): *frisieren* (2 b): ein getunter Motor, Wagen; Er (= der Volvo) ist auf 83 DIN/PS getunt (volle 13 DIN/PS mehr) (Bund 9. 8. 80, 4); Ü ... die Herabwürdigung des menschlichen Körpers zur bloßen Maschine, die von computergesteuerten Schreibtischtrainern auf beliebige Art getunt und verformt werden kann (Spiegel 33, 1984, 7); **Tu|ner** ['tju:nɐ], der; -s, - [engl. tuner, zu: to tune, ↑tunen]: **1.** (Elektronik) *Gerät (meist als Teil einer Stereoanlage) zum Empfang von Hörfunksendungen.* **2.** (Elektronik) *Teil eines Rundfunk- od. Fernsehempfängers, mit dessen Hilfe das Gerät auf eine bestimmte Frequenz, einen bestimmten Kanal eingestellt wird.* **3.** (Kfz-T. Jargon) *Spezialist für Tuning.* **Tu|ne|rin** ['tju:nərɪn], die; -, -nen (Kfz-T. Jargon): w. Form zu ↑*Tuner (3).*

[1]**Tu|ne|ser:** ↑*Tunesier;* [2]**Tu|ne|ser** ⟨indekl.

Tuneserin

Adj.); **Tu|ne|se|rin**, die; -, -nen: w. Form zu ↑¹Tuneser; **Tu|ne|si|en**; -s: Staat in Nordafrika; **Tu|ne|si|er**, der; -s, -: Ew.; **Tu|ne|sie|rin**, die; -, -nen: w. Form zu ↑Tunesier; **tu|ne|sisch** ⟨Adj.⟩.

Tung|baum, der; -[e]s, ...bäume [chin. t'ung]: *in China heimischer Lackbaum, aus dessen Samen Holzöl gewonnen wird;* **Tung|öl**, das; -[e]s, (Sorten:) -e: *Holzöl.*

Tun|gu|se, der; -n, -n: Angehöriger eines sibir. Volksstammes; Ewenke; **Tun|gu|sin**, die; -, -nen: w. Form zu ↑Tunguse.

Tu|ni|ca, die; -, ...cae [...tsɛ; lat. tunica = Haut, Hülle, ↑Tunika]: **1.** (Med., Biol.) *dünne Gewebsschicht der Haut (z. B. Schleimhäute).* **2.** (Bot.) *äußere Schicht des Vegetationskegels der Pflanzen.*

Tu|nicht|gut, der; - u. -[e]s, -e [eigtl. = (ich) tu nicht gut]: *jmd., der Unfug treibt, Schlimmes anrichtet:* statt dessen bist du ein leichtfertiger Bummelant und ein arbeitsscheuer T. geworden (Wendtland, Eisprinzeßchen 12); ... meinen Großonkel Friedel, einen neurotischen T., der sich in der Welt herumtrieb (K. Mann, Wendepunkt 10).

Tu|ni|ka, die; -, ...ken [lat. tunica, aus dem Semit.]: **1.** *(im antiken Rom von Männern u. Frauen getragenes) [ärmelloses] [Unter]gewand.* **2.** *ärmelloses, vorne offenes Übergewand, das mit Gürtel über einem festlichen Kleid aus dem gleichen Stoff getragen wird:* ... trat sie bei mir ein, in einem wundervollen weißen Seidenkleid mit kurzer Schleppe, Spitzen und gestickter T., deren Taille ein schwarzes Sammetband gürtete (Th. Mann, Krull 200); **Tu|ni|ka|te**, die; -, -n ⟨meist Pl.⟩ [zu lat. tunicatus = mit einer Tunika bekleidet, zu: tunica, ↑Tunika]: *Manteltier.*

Tu|ning ['tju:nıŋ], das; -s [engl. tuning, zu: to tune, ↑tunen] (Kfz-T.): *das Tunen.* Nach übereinstimmendem Urteil des Kölner Werkes und des Experten Burkhardt lohnt sich ein T. bei folgenden V-Motoren (Hobby 15, 1968, 14).

Tu|nis: Hauptstadt von Tunesien; **¹Tu|niser**, der; -s, - : Ew.; **²Tu|ni|ser** ⟨indekl. Adj.⟩; **Tu|ni|se|rin**, die; -, -nen: w. Form zu ↑Tuniser; **tu|ni|sisch** ⟨Adj.⟩.

Tu|ni|zel|la, die; -, ...llen [mlat. tunicella, Vkl. von lat. tunica, ↑Tunika]: *liturgisches Gewand des katholischen Subdiakons.*

Tun|ke, die; -, -n [zu ↑tunken] (Kochk.): *[kalte] Soße:* Heringsfilets in pikanter T.; * **in der T. sitzen** (ugs. seltener; ↑Tinte 1); **tun|ken** ⟨sw. V.; hat⟩ [mhd. tunken, ahd. thunkōn, eigtl. = benetzen, anfeuchten] (landsch.): *eintauchen* (1): Dazu essen wir Kommißbrot, das wir in die Soße tunken (Remarque, Westen 73); Er tunkte ein Salzhörnchen in den Bierschaum (Bieler, Mädchenkrieg 472); ... tunkte eine alte Frau Wein mit Weißbrot aus ihrem Glas (*brachte sie Wein aus dem Glas heraus, indem sie Weißbrot eintauchte und wieder herausholte;* G. Roth, Winterreise 89).

tun|lich ⟨Adj.⟩ [zu ↑tun] (veraltend): **1.** *ratsam; angebracht:* ... überlegte er, ob ein Umweg ... nicht -er sei (Bieler, Mädchenkrieg 282); die Verfügung drastischer Sofortmaßnahmen ... sei nicht t. (NZZ 26. 1. 83, 26). **2.** *möglich* (1): etw. so rasch wie nur t. erledigen; man mußte versuchen,

diese Egalité wo irgend t. zu verankern (Heym, Schwarzenberg 139); **Tun|lich|keit**, die; - (selten, veraltend): *das Tunlichsein;* **tun|lichst** ⟨Adv.⟩: **1. a)** *möglichst* (1 b): Lärm soll t. vermieden werden; Das allgegenwärtige Grauen, das die Menschen t. verschleiern (Fels, Kanakenfauna 34); **b)** *möglichst* (2): man hoffte auf eine Beteiligung in t. großer Zahl; wenn die Gläser in ihre Richtung prosten, hebt sie auch ihres, vermeidet allerdings t. die Blicke des Herrn am Einzeltisch (Heim, Traumschiff 184). **2.** *auf jeden Fall, unbedingt:* Autofahrer sollten t. auf Alkohol verzichten.

Tun|nel, der; -s, -, seltener: -s [engl. tunnel < afrz. ton(n)el = Tonnengewölbe, Faß, zu: tonne < mlat. tunna, ↑Tonne]: **a)** *unterirdisches röhrenförmiges Bauwerk, bes. als Verkehrsweg durch einen Berg, unter einem Gewässer hindurch o. ä.:* einen T. bauen; der Zug fährt durch einen T.; Ü Eine der typischen Chausseen, die beiderseits von Linden und Kastanien bestanden sind und im Sommer einen tiefgrünen T. bilden (Grass, Unkenrufe 159); **b)** *unterirdischer Gang:* einen T. graben; **c)** (Rugby *(bei einem Gedränge 3) freier Raum zwischen den Spielern;* **tun|nel|ähn|lich** ⟨Adj.⟩: *einem Tunnel ähnlich;* **Tun|nel|bau**, der ⟨o. Pl.⟩: *das Bauen eines Tunnels* (a, b); **Tun|nel|bau|er**, der; -s, - (ugs.): *jmd., der einen Tunnel* (a, b) *baut;* **Tun|nel|bau|e|rin**, die; -, -nen (ugs.): w. Form zu ↑Tunnelbauer; **Tun|nel|bund**, der (Mode): ¹Bund (2), *durch den ein Gürtel gezogen werden kann;* **Tun|nel|gurt**, der, **Tun|nel|gür|tel**, der (Mode): *besonderer, zum Einziehen in einen Tunnelbund bestimmter Gürtel;* **tun|nel|lie|ren** ⟨sw. V.; hat⟩ (österr.): *(durch etw. hindurch) einen Tunnel bauen:* einen Berg t.; **Tun|nel|lie|rung**, die; -, -en (österr.): *das Tunnelieren; Tunnelbau;* **tun|neln** ⟨sw. V.; hat⟩ (Sport Jargon): *jmdn., bes. dem Tormann, den Ball zwischen den Beinen hindurchspielen:* er tunnelte den Torwart; **Tun|nel|ofen**, der (Technik): *langgestreckter Brennofen, durch den das zu brennende Gut auf Wagen langsam hindurchfährt;* **Tun|nel|röh|re**, die: *röhrenartiges Gebilde, das den Tunnel bildet;* **Tun|nel|soh|le**, die (Fachspr.): *Boden eines Tunnels;* **Tun|nel|wandung**, die: *Wandung eines Tunnels.*

Tun|te, die; -, -n [1: aus dem Niederd., urspr. wohl lautm. für das Sprechen eines Geisteskranken; 2: übertr. von (1)]: **1.** (ugs. abwertend) *Tante* (2 b): wenn es ... zu den komischen -n (= von der Frauenschaft) ging (Grass, Blechtrommel 178). **2.** (salopp, auch abwertend) *Homosexueller mit femininem Gebaren:* Gut auch, Schmidt endlich einmal nicht nur als aufgetakelte T. über die Bretter wakkeln zu sehen (Szene 8, 1985, 66); Pierre W., eine alte T. von 50 Lenzen, glatzköpfig und manieriert, trug Brillen mit Stahlbügeln (Genet [Übers.], Tagebuch 257); **tun|ten|haft** ⟨Adj.; -er, -este⟩: **1.** (ugs. abwertend) *tantenhaft.* **2.** (salopp, meist abwertend) *von, in der Art einer Tunte* (2); **tun|tig** ⟨Adj.⟩ (ugs. abwertend): **1.** *tuntenhaft* (1): -e Betulichkeit. **2.** (salopp, meist abwertend) *tuntenhaft* (2): Ein Schwu-

lenwitz abends beim Bier oder auch mal 'ne Bemerkung über 'nen -en Kellner (Schwamborn, Schwulenbuch 173); **Tun|wort**: ↑Tuwort.

Tu|pa|ma|ro, der; -s, -s [span. tupamaro, nach dem peruanischen Indianerführer Tupac Amaru II. (1743–1781)]: ²*Stadtguerilla einer uruguayischen* ¹*Guerilla* (b).

Tu|pe|lo|baum, der; -[e]s, ...bäume [Creek (nordamerik. Indianerspr.) ito opilwa = Sumpfbaum]: *in den Sumpfwäldern Nordamerikas wachsender Baum;* **Tu|pe|lo|holz**, das; -es: *Holz des Tupelobaumes.*

Tupf, der; -[e]s, -e [mhd. topfe, ahd. topho, eigtl. = (leichter) Stoß, Schlag, zu ↑stoßen, im Nhd. an ↑tupfen angelehnt] (südd., österr., schweiz.): *Tupfen;* **Tüpf|chen**, das; -s, -: Vkl. zu ↑Tupfen; **Tüp|fel**, das; od. der; -s, - [spätmhd. dippfel, Vkl. von ↑Tupf] (selten): *Tüpfelchen;* **Tüp|fel|chen**, das; -s, - [Vkl. von ↑Tüpfel]: *kleiner Tupfen:* du hast ein schwarzes T. auf der Backe; ein T. an etw. ändern; * **das T. auf dem i** *(die Zutat, die einer Sache noch die letzte Abrundung gibt);* **Tüp|fel|farn**, der [nach den als Tüpfel erscheinenden Sporenhäufchen]: *immergrüner Farn mit einfach gefiederten, derben, dunkelgrünen Blättern; Engelsüß;* **Tüp|fel|farn|ge|wächs**, das: *zu der größten Familie der Farne gehörende Pflanze mit meist einfach gefiederten, fiederteiligen od. ganzrandigen Blättern;* **tüp|fe|lig**, **tüpf|lig** ⟨Adj.⟩: **1.** (selten) *getupft, gesprenkelt.* **2.** (landsch.) *pingelig;* **tüp|feln** ⟨sw. V.; hat⟩: *mit Tupfen, Tüpfeln versehen:* etw. blau t. ⟨meist im 2. Part.:⟩ ein getüpfeltes Fell; **tup|fen** ⟨sw. V.; hat⟩ [1: mhd. nicht belegt, ahd. tupfan, zu ↑tief u. eigtl. = tief machen, eintauchen; schon früh beeinflußt von ↑stupfen; 2: zu ↑Tupf]: **1. a)** *leicht an, auf etw. stoßen,* ¹*tippen* (1): Mama tupfte jetzt ernstlich mit dem Tüchlein an ihren Augen (Fallada, Herr 148); jmdm. auf die Schulter t.; ich mußte ... es (= das Tau) vorsichtig durch die Hände laufen lassen, mit der Vorhang zu den weltbedeutenden Brettern tupfte (Erné, Fahrgäste 112); **b)** *tupfend* (1 a) *berühren:* er tupfte sich den Mund mit der Serviette, tupfte sich mit einem Taschentuch; **c)** *(etw.) tupfend* (1 a) *entfernen od. aufbringen:* sich [mit einem Tuch] den Schweiß von der Stirn t.; Madame tupfte vorsichtig mit dem Mundtuch den Burgunder von ihren rougierten Lippen (Langgässer, Siegel 510); er tupfte mit einem Wattebausch etwas Jod auf die Wunde. **2.** *mit Tupfen versehen:* einen Stoff t.; ⟨meist im 2. Part.:⟩ ein [blau] getüpfeltes Kleid; **Tup|fen**, der; -s, - [urspr. Pl. von ↑Tupf]: *kleiner farbiger, punktähnlicher Fleck; Punkt:* ein weißes Kleid mit roten Tupfen; **Tup|fer**, der; -s, -: **1.** (ugs.) *Tupfen:* eine Krawatte mit lustigen -n; Ü Blumen als bunte T. im Krankenhaus; Mit einem kräftigen T. Mannheimer Lokalkolorit wurde eine der beliebtesten Hörfunksendungen ... übertragen (MM 23. 4. 75, 13). **2.** *Stück locker gefalteter Verbandsmull zum Betupfen von Wunden (zur Blutstillung, Reinigung u. a.):* Im Waschbecken weichten blutverkrustete T. (Sebastian, Krankenhaus 92); **tüpf|lig**: ↑tüpfelig.

¹Tu|pi, der; -[s], -[s]: Angehöriger einer südamerikanischen Sprachfamilie im tropischen Waldgebiet; **²Tu|pi**, das; -: *Indianersprache in Südamerika.*

Tür, die; -, -en [mhd. tür, ahd. turi]: **1. a)** *Vorrichtung in Form einer in Scharnieren hängenden, meist rechteckigen Platte zum Verschließen eines Durchgangs, eines Einstiegs o. ä.:* die T. quietscht, klemmt, knarrt, schließt nicht richtig, ist geschlossen; Eine T. schlägt ins Schloß (Ziegler, Kein Recht 219); Die T. zur Küche fliegt auf (Ossowski, Flatter 14); eine T. [ab]schließen, aushängen, anlehnen; die T. hinter sich zumachen; Barabas hatte am Dienstag die gepolsterte T. seines Zimmers geöffnet (Maron, Überläuferin 12); sie wirft die T. ins Schloß und versperrt sich (Frischmuth, Herrin 67); er hörte, wie die T. ging *(geöffnet od. geschlossen wurde);* an die T. klopfen; ein Auto mit vier -en; einen Brief unter der T. durchschieben; er wohnt eine T. weiter *(nebenan);* R mach die T. von außen zu! (ugs.; *geh hinaus!);* [ach] du kriegst die T. nicht zu! (ugs.; *ach du meine Güte!);* Ü das wird dir so manche T. öffnen *(manche Möglichkeit eröffnen);* ihm stehen alle -en offen *(seine [beruflichen] Möglichkeiten sind sehr vielfältig);* er fand nur verschlossene -n *(er stieß überall auf Ablehnung; niemand unterstützte ihn);* wir dürfen die T. nicht zuschlagen/müssen die T. offenhalten *(wir müssen die Möglichkeit zu verhandeln, uns zu einigen, erhalten);* er fand überall offene -en *(er war überall willkommen, fand überall Unterstützung);* * jmdm. die T. einlaufen/einrennen (ugs.; ↑ Bude 2 b); jmdm. die T. vor der Nase zuschlagen (ugs.; 1. *im letzten Augenblick vor jmdm. die Tür zumachen.* 2. *jmdn. schroff zurückweisen);* **offene -en einrennen** (ugs.; *mit großem Engagement für etw. eintreten, was der dabei Angesprochene ohnehin befürwortet*): Da rennen Sie bei mir offene -en ein. Ich war der erste, der als Sozialminister in Rheinland-Pfalz ein Kindergartengesetz verabschiedet hat (Spiegel 42, 1984, 117); **einer Sache T. und Tor öffnen** *(einer Sache Vorschub leisten; etw. unbeschränkt ermöglichen):* dadurch wird dem Mißbrauch T. und Tor geöffnet; Solange das Stück nicht gespielt ist, sind allen Munkeleien und Spekulationen T. und Tor geöffnet (Spiegel 45, 1985, 298); **hinter verschlossenen -en** *(ohne die Anwesenheit von Außenstehenden, ohne Außenstehende zuzulassen; geheim):* sie verhandelten hinter verschlossenen -en; **mit der T. ins Haus fallen** (ugs.; *sein Anliegen ohne Umschweife, [allzu] unvermittelt vorbringen);* **vor verschlossener T. stehen** *(niemanden zu Hause antreffen);* **zwischen T. und Angel** (ugs.; *in Eile, ohne genügend Zeit für etw. zu haben; im Weggehen):* Da ich aber nicht gekommen bin, um mich hier zwischen T. und Angel von Ihnen verhören zu lassen (Borell, Lockruf 145); **b)** *als Eingang o. ä. dienende, meist rechteckige Öffnung in einer Wand [die mit einer Tür (1 a) verschlossen wird]; Türöffnung:* die T. geht ins Freie; eine T. zumauern; aus der T. treten; er steckte den Kopf durch die T.; der Schrank geht nicht durch die T.; sie stand in/unter der T.; Unnatürlich fette, aufgedunsene Malven blühten im Vorgarten. Seine Frau wartete in der T. (Loest, Pistole 250); er hatte den Fuß bereits in der T.; R da ist die T.! (ugs.; *geh hinaus!);* * **jmdm. die T. weisen** (geh.; *jmdn. mit Nachdruck auffordern, den Raum zu verlassen; jmdn. abweisen):* Mütter sind sogar allein mit ihrem Kind, weil sie einem Pascha die T. gewiesen haben (Wilhelm, Unter 158); **vor die T.** *(ins Freie, nach draußen):* vor die T. gehen; **jmdn. vor die T. setzen** (ugs.; 1. *jmdn. hinausweisen:* Nur daß die Mutter ... zu setzen Besoffenen resolut vor die T. zu setzen versteht [Frischmuth, Herrin 39]. 2. *jmdn. entlassen; jmdm. kündigen);* **vor seiner eigenen T. kehren** (ugs.; *statt andere zu kritisieren, sich um seine eigenen Angelegenheiten kümmern);* **vor der T. stehen** *(nach dem Kalender bald eintreten, gefeiert, begangen werden können):* Ostern steht vor der T. **2. a)** *einer Tür (1 a) ähnliche, meist jedoch kleinere Vorrichtung zum Verschließen einer Öffnung:* die T. eines Ofens, Vogelkäfigs, Schrankes; **b)** *mit einer Tür (2 a) verschließbare Öffnung:* sie griff durch die T. des Käfigs nach dem Goldhamster; **Tür|an|gel**, die: *Angel (2) zum Einhängen einer Tür.*

Tu|ras, der; -, -se [zu frz. tour = Umdrehung u. niederd. as = Achse] (Technik): *zum Umlenken od. zum Antrieb dienendes mehreckiges Führungselement für langgliedrige Ketten (z. B. beim Eimerkettenbagger).*

Tur|ba, die; -, Turbae [lat. turba = ¹Schar] (Musik): *Chor (1 a) in Passionen (2 c) u. ä.*

Tur|ban, der; -s, -e [älter Turband, Tulban(t) < türk. tülbent < pers. dulband]: **1.** *aus einer kleinen Kappe u./od. einem darüber in bestimmter Weise um den Kopf gewundenen langen, schmalen Tuch bestehende Kopfbedeckung (bes. der Moslems u. Hindus):* Auf dem Kopf trug er einen indischen T. (Strittmatter, Wundertäter 79). **2.** *um den Kopf drapierter Schal als modische Kopfbedeckung für Damen.*

Tur|ba|ti|on, die; -, -en [lat. turbatio, zu: turbare, ↑ turbieren] (veraltet): *Störung, Verwirrung, Beunruhigung;* **Tur|ba|tor**, der; -s, ...oren [lat. turbator, zu: turbare, ↑ turbieren] (veraltet): *Unruhestifter, Aufwiegler.*

Tür|be, die; -, -n [türk. türbe, aus dem Arab.]: *islamischer, bes. türkischer, turmförmiger Grabbau mit kegel- od. kuppelförmigem Dach.*

Tür|be|klei|dung, die (Fachspr.): *Holzverkleidung, die die Türöffnung seitlich u. oben umgibt.*

Tur|bel|la|rie, die; -, -n ⟨meist Pl.⟩ [zu lat. turbo, ↑ Turbine]: *Strudelwurm.*

Tür|be|schlag, der: *Beschlag an einer Tür.*

Tur|bi|di|me|trie, die; - [zu lat. turbidus = unruhig, stürmisch, zu: turba (↑ turbieren) u. ↑ -metrie] (Chemie): *Messung der Trübung von Flüssigkeiten od. Gasen mit Hilfe optischer Methoden;* **tur|bie|ren** ⟨sw. V.; hat⟩ [lat. turbare, zu: turba = Verwirrung, Tumult] (bildungsspr. veraltet): *beunruhigen, stören;* **tur|bi|nal** ⟨Adj.⟩ (Technik): *gewunden;* **Tur|bi|ne**, die; -, -n [frz. turbine, zu lat. turbo (Gen.: turbinis) = Wirbel; Kreisel, verw. mit lat. turba, ↑ turbulent] (Technik): *Kraftmaschine, die die Energie strömenden Gases, Dampfes od. Wassers mit Hilfe eines Schaufelrades in eine Rotationsbewegung umsetzt;* **Tur|bi|nen|an|trieb**, der: *Antrieb durch eine Turbine;* **Tur|bi|nen|bau|er**, der; -s, - (ugs.): *jmd., der Turbinen baut;* **Tur|bi|nen|bau|e|rin**, die; -, -nen (ugs.): w. Form zu ↑ Turbinenbauer; **Tur|bi|nen|boh|ren**, das; -s (Technik): *Bohren mit einem turbinengetriebenen Bohrer;* **Tur|bi|nen|damp|fer**, der; vgl. Turbinenschiff; **Tur|bi|nen|flug|zeug**, das; vgl. Turbinenschiff; **tur|bi|nen|ge|trie|ben** ⟨Adj.⟩ (Technik): *von einer Turbine angetrieben;* ein -er Generator; **Tur|bi|nen|haus**, das: *Gebäude, in dem sich die Turbinen (z. B. eines Wasserkraftwerks) befinden;* **Tur|bi|nen|schiff**, das: *Schiff mit Turbinenantrieb.*

Tür|blatt, das (Fachspr.): *Türflügel.*

Tur|bo, der; -s, -s (Kfz-W. Jargon): **1.** kurz für ↑ Turbolader, -motor: Der T. ist heute die wohl populärste und begehrteste technische Errungenschaft (ADAC-Motorwelt 11, 1983, 40); Ü den T. einschalten (ugs.; *sich mehr anstrengen, mehr leisten);* in der zweiten Halbzeit spielte die Mannschaft mit T. (ugs.; *schneller u. besser).* **2.** *Auto mit Turbomotor (1):* Start!; Arnoux kommt mit seinem T. schlecht weg (rallye racing 10, 1979, 8); **Tur|bo|dy|na|mo**, der; (Technik): *Turbogenerator;* **tur|bo|elek|trisch** ⟨Adj.⟩ (Technik): *mit von einem Turbogenerator geliefertem Strom arbeitend;* **Tur|bo|ge|ne|ra|tor**, der (Technik): *durch eine Turbine angetriebener Generator;* **Tur|bo|kom|pres|sor**, der (Technik): *Kreiselverdichter;* **Tur|bo|la|der**, der: *mit einer Abgasturbine arbeitende Vorrichtung zum Auflagen (3) eines Motors:* Mit dem T. läßt sich aus einem vorhandenen Motor eine leistungsfähigere Version zaubern (ADAC-Motorwelt 11, 1983, 1940); **Tur|bo|mo|tor**, der: **1.** *Motor mit einem Turbolader.* **2.** *mit einer Gasturbine arbeitendes Triebwerk (z. B. bei Hubschraubern);* **Tur|bo-Prop-Flug|zeug**, das: *Flugzeug mit Turbo-Prop-Triebwerk[en];* **Tur|bo-Prop-Ma|schi|ne**, die; vgl. Turbo-Prop-Flugzeug; **Turbo-Prop-Trieb|werk**, das (Technik): *Triebwerk (für Flugzeuge), bei dem der Vortriebskraft von einer Luftschraube u. zusätzlich von einer Schubdüse erzeugt wird;* **Tur|bo|ven|ti|la|tor**, der: *Kreisellüfter;* **tur|bu|lent** ⟨Adj.; -er, -este⟩ [lat. turbulentus = unruhig, stürmisch, zu: turba = Verwirrung, Lärm]: **1.** *durch großes Durcheinander, große [sich in Lärm äußernde] Lebhaftigkeit, allgemeine Erregung, Aufregung, Unruhe gekennzeichnet; sehr unruhig, ungeordnet:* ein -es Wochenende; -e Szenen spielten sich im Parlament, im Gerichtssaal ab; man ging zur weitaus farbigeren, bisweilen fast -en Diskussion um die Verkehrspolitik über (NZZ 26. 2. 86, 34); die Sitzung verlief äußerst T.; Turbulent ging es auch am Dienstag an den internationalen Devisenmärkten zu (Saarbr. Zeitung 3. 10. 79, 1). **2.** (Physik, Astron., Met.) *durch das Auftreten von Wirbeln gekennzeichnet, ungeordnet:* -e Strömungen; **Tur|bu|lenz**,

Turbulenztheorie

die; -, -en [lat. turbulentia, zu: turbulentus, ↑turbulent]: **1.** *sehr unruhiger Verlauf, turbulentes Geschehen:* die T. der letzten Wochen; die -en meistern; die Darstellung der innenpolitischen -en in den letzten Jahren der Regierungszeit Adenauers (NJW 19, 1984, 1097); in finanzielle *-en (Schwierigkeiten)* geraten; Daß es zu wirtschaftlichen -en kommt, wenn die Versorgung mit Rohstoffen gestört ist, ... (Saarbr. Zeitung 30. 11. 79, 38). **2.** (Physik, Astron., Met.) *turbulente (2) Strömung; Wirbel:* die T. des Wassers; an den Tragflächen bilden sich -en; Gestern ... brach teilweise die Sonne wieder durch. Durch die -en im Luftraum wurden allerdings die in großer Höhe befindlichen Schadstoffe nach unten gedrückt (MM 31. 10. 75, 18); Ü die Partei durchfliegt zur Zeit -en *(ist zur Zeit in Schwierigkeiten);* **Tur|bu|lenz|theo|rie**, die (Astron.): *kosmogonische Theorie, nach der die Sterne durch innerhalb interstellarer Materie auftretende Turbulenz entstanden sind.*
tur|ca: ↑alla turca.
Tür|drücker[1], der: **1.** *Türöffner.* **2.** *Klinke* (1): ich ... wollte mit zum Griff geformter Hand den T. fassen (Grass, Katz 119); **Tü|re**, die; -, -n (bes. landsch.): ↑Tür.
Turf [tɔrf, engl.: tə:f], der; -s [engl. turf = Rasen, verw. mit ↑Torf] (Pferdesport Jargon): *Pferderennbahn (als Schauplatz von Pferderennen als gesellschaftlichem Ereignis).*
Tür|fal|le, die (schweiz.): *Türklinke;* **Tür|fen|ster**, das: *in einer Tür* (1 a) *befindliches kleines Fenster;* **Tür|flü|gel**, der: *Flügel* (2 a) *einer Flügeltür;* **Tür|fül|lung**, die: *Füllung* (3) *einer Tür;* **Tür|fut|ter**, das (Fachspr.): ²*Futter* (2).
tur|ges|zent ⟨Adj.⟩ [zu lat. turgescere, ↑turgeszieren] (Biol., Med.): *(von Zellen u. Geweben) mit Flüssigkeit prall gefüllt u. dadurch gespannt;* **Tur|ges|zenz**, die; -, -en (Med., Biol.): *Anschwellen von Zellen u. Geweben durch vermehrten Flüssigkeitsgehalt;* **tur|ges|zie|ren** ⟨sw. V.; hat⟩ [lat. turgescere = anschwellen, zu: turgere, ↑Turgor] (Med., Biol.): *(von Zellen u. Geweben) durch vermehrten Flüssigkeitsgehalt anschwellen.*
Türgg: ↑Türk.
Tür|glocke[1], die (veraltend): *Türklingel.*
Tur|gor, der; -s [spätlat. turgor = das Geschwollensein, zu lat. turgere = angeschwollen sein]: **1.** (Med.) *Druck der in einem Gewebe enthaltenen Flüssigkeit.* **2.** (Bot.) *Druck der in den Zellen einer Pflanze enthaltenen Flüssigkeit auf die Zellwände.*
Tür|griff, der: *Klinke* (1); **Tür|he|ber**, der: *Vorrichtung, durch die eine Tür beim Öffnen automatisch leicht angehoben wird;* **Tür|hü|ter**, der (veraltet): *jmd., der vor einer Tür steht u. darüber wacht, daß kein Unerwünschter, Unbefugter o. ä. eintritt;* **Tür|hü|te|rin**, die (veraltet): w. Form zu ↑Türhüter; **-tü|rig:** in Zusb., z. B. viertürig *(mit vier Türen).*
Tu|ril|le, die; -, -n ⟨meist Pl.⟩ (Chemie): *Tourill.*
Tu|rin: italienische Stadt; ¹**Tu|ri|ner**, der; -s, -: Ew.; ²**Tu|ri|ner** ⟨indekl. Adj.⟩; **Tu|ri|ne|rin**, die; -, -nen: w. Form zu ↑¹Turiner.

Tu|ring-Ma|schi|ne ['tjuːrɪŋ...], die; -, -n [nach dem brit. Mathematiker A. M. Turing (1912-1954)]: *mathematisches Modell einer Rechenmaschine.*
tu|ri|nisch ⟨Adj.⟩: zu ↑Turin.
Tu|rio|ne, die; -, -n [lat. turio (Gen.: turionis) = junger Zweig, Trieb, Sproß] (Bot.): *Hibernakel.*
Türk, Türgg, der; -[e]s, -en [zu „Türke" im Sinne von „Angehöriger des Osmanischen Reiches", urspr. = eingedrillte Gefechtsübung, dann: staatliche Maßnahme, die in der österreichisch-ungarischen Monarchie unter Ausnutzung der Furcht vor den Türkeneinfällen (16./17. Jh.) getroffen wurde] (schweiz.): **1.** (Milit.) *Manöver.* **2. a)** *Reklame;* **b)** *politische Propaganda;* **Türk|baff**, der; -[s], -s [pers. = türkischer Knoten]: *rotgrundiger, kurz geschorener iranischer Teppich mit einem vielstrahligen Stern als Medaillon (2) im Fond (2 b);* **Tür|ke**, der; -n, -n [2: viell. zu ↑Türk]: **1.** Ew.: wir hatten Hunger und beschlossen, zum -n (ugs.; *in ein türkisches Restaurant)* zu gehen. **2. a)** (ugs.) *etw., was dazu dient, etwas nicht Vorhandenes, einen nicht existierenden Sachverhalt vorzuspiegeln:* man hatte den Verdacht, daß hier ein grandioser T. geplatzt sei; * *einen -n bauen* (veraltend:) *stellen (etw. in der Absicht, jmdn. zu täuschen, als wirklich, als echt hinstellen):* Die Schulbehörde sprach von regelmäßigen, jedoch vorher angemeldeten Besuchen der Fürsorge in dem Haus. „Die Eltern haben den Jungen immer frisch gewaschen vorgezeigt und damit möglicherweise einen T. gebaut." (MM 10. 5. 73, 13); **b)** (Ferns., Rundf. Jargon) *wie eine dokumentarische Aufnahme präsentierte, in Wahrheit aber nachgestellte Aufnahme:* die Szene war eine T.; **Tür|kei**, die; -: *Staat in Vorderasien u. Südosteuropa;* **tür|ken** ⟨sw. V.; hat⟩ (ugs.): *fingieren, fälschen:* ein Interview t.; Auf der Leinwand sah man Fassbinder, wie er kräftig Koks schnupfte – die Szene war nicht gürkt, der Stoff war echt (Spiegel 25, 1982, 197); gürkte Papiere zahlen; **Tür|ken**, der; -s [aus: Türkenkorn] (österr. ugs.): *Mais;* **Tür|ken|blut**, das: *aus Rotwein u. Schaumwein gemischtes Getränk;* **Tür|ken|brot**, das ⟨o. Pl.⟩: *aus karamelisierten (2) Erdnüssen bestehende Süßigkeit;* **Tür|ken|bund**, der ⟨Pl. ...bünde⟩: **1.** (veraltet) *Turban.* **2.** *Türkenbundlilie;* **Tür|ken|bund|li|lie**, die [zu ↑Türkenbund (1), die Blüte ähnelt einem Turban]: *Lilie mit hell purpurfarbenen, dunkel gefleckten Blüten;* **Tür|ken|kof|fer**, der (salopp scherzh.): *Plastiktragetasche;* **Tür|ken|mu|ster**, das: *Stoffmuster, bes. für Kleider, Krawatten, Schals o. ä., mit meist kleinen, klar gezeichneten orientalischen Motiven;* **Tür|ken|sä|bel**, der: *Säbel mit gekrümmter Klinge;* **Tür|ken|sat|tel**, der (Anat.): *sattelförmiger Teil des Keilbeins;* **Tür|ken|sitz**, der: *Schneidersitz:* zwei Vitrinen mit lautlos bellenden Porzellanhunden, lachenden, kleinen, falschen Chinesen im T. (Fischer, Wohnungen 7); **Tür|ken|sterz**, der [zu ↑Türken] (österr. Kochk.): *aus Mais bereiteter* ¹*Sterz;* **Tür|ken|tau|be**, die [nach dem urspr. Herkunftsland]: *der Lachtaube ähnliche, graubraune Taube mit einem schwarzen, weißgeränderten Band über dem Nacken.*
Tür|ket|te, die: *Sicherheitskette* (a).
Tur|key ['təːkɪ], der; -s, -s [engl. cold turkey, eigtl. = kalter Truthahn(aufschnitt), H. u.] (Jargon): *mit qualvollen Entziehungserscheinungen einhergehender Zustand, in den ein [Heroin]süchtiger gerät, wenn er seine Droge nicht bekommt:* Als der T. immer schlimmer wurde, zwang ich mich aus der Badewanne raus (Christiane, Zoo 202); auf [den] T. kommen; auf [dem] T. sein.
Tür|kin, die; -, -nen: w. Form zu ↑Türke (1); **tür|kis** ⟨indekl. Adj.⟩: *grünblau; blaugrün:* ein t. Tuch; ⟨nicht standardsprachl.:⟩ ein -es Kleid; ¹**Tür|kis**, der; -es, -e [mhd. turkis, turkoys < (m)frz. turquoise, zu afrz. turquois = türkisch, also eigtl. = türkischer (Edelstein), wohl nach den ersten Fundorten]: **1.** *sehr feinkörniges, undurchsichtiges, blaues, blaugrünes od. grünes Mineral:* hier wird T. gewonnen. **2.** *aus Türkis* (1) *bestehender Schmuckstein:* ein erbsengroßer T.; ²**Tür|kis**, das; -: *türkis Farbton:* ein helles T.; **tür|kis|blau** ⟨Adj.⟩: *grünblau:* Cotta kühlte ... die schmerzenden Füße im -en Wasser des Tümpels (Ransmayr, Welt 230); **Tür|kis|blau**, das: *türkisblauer Farbton;* **tür|kisch** ⟨Adj.⟩: zu ↑Türkei; **Tür|kisch**, das; -[s] u. ⟨nur mit best. Art.:⟩ ¹**Tür|ki|sche**, das; -n: *die türkische Sprache;* ²**Tür|ki|sche**, der; -n, -n ⟨Dekl. ↑Abgeordnete⟩ (österr.): *auf balkanische Art [im Kupferkännchen] zubereiteter Mokka:* ... tranken -n aus kleinen, runden Tassen (Hilsenrath, Nazi 325); **tür|kisch|rot** [„türkisch" in Zus. mit Farbadj. früher häufiger zur Bez. bes. leuchtender Farbtöne] ⟨Adj.⟩: *eine kräftige, leuchtendrote Farbe aufweisend;* **tür|kis|rot**, das; -: *türkis Farbton;* **tür|kis|far|ben, tür|kis|far|big** ⟨Adj.⟩: *türkis;* **tür|kis|grün** ⟨Adj.⟩: *blaugrün;* **Tür|kis|grün**, das: *türkisgrüner Farbton;* **tür|ki|sie|ren** ⟨sw. V.; hat⟩: *türkisch machen; der türkischen Sprache, den türkischen Verhältnissen angleichen;* **Tür|kis|ton**, der: *türkisfarbener Farbton.*
Tür|klin|gel, die: *elektrische Klingel, die außen an der Haustür betätigt wird (für Besucher);* **Tür|klin|ke**, die: *Klinke* (1); **Tür|klop|fer**, der: *aus einem massiven, an einer waagerechten Achse hängenden, oft kunstvoll gestalteten Metallstück bestehende Vorrichtung zum Anklopfen (bes. an schweren, alten Türen).*
Turk|me|ne, der; -n, -n: **1.** *Angehöriger eines Turkvolkes.* **2.** Ew. zu ↑Turkmenistan. **3.** *turkmenischer Orientteppich;* **Turk|me|ni|en**, -s: *Turkmenistan;* **Turk|me|nin**, die; -, -nen: w. Form zu ↑Turkmene (1, 2); **turk|me|nisch** ⟨Adj.⟩; **Turk|me|ni|stan**, -s: *Staat im Südwesten Mittelasiens.*
Tür|knauf, der: *Knauf einer Tür;* **Tür|knopf**, der: *Türknauf.*
Tur|ko, der; -s, -s [frz. turco < ital. turco, eigtl. = Türke] (hist.): *farbiger Fußsoldat des französischen (Kolonial)heeres;* **Tur|ko|lo|ge**, der; -n, -n [↑-loge]: *jmd., der sich mit Turkologie befaßt;* **Tur|ko|lo|gie**, die; - [↑-logie]: *Wissenschaft von Sprache, Literatur u. Kultur der Turkvölker;* Tur-

kollogin, die; -, -nen: w. Form zu ↑Turkologe; **turkollogisch** ⟨Adj.⟩: *die Turkologie betreffend;* **Turkslpralche, Türksprache,** die (Sprachw.): *von einem Turkvolk gesprochene Sprache* (z. B. das Türkische); **Turkstamm, Turkstamm,** der: vgl. Turkvolk; **Turkvolk, Turkvolk,** das: *Volk einer Gruppe in Südost- u. Osteuropa, in Mittel-, Nord- u. Kleinasien beheimateter Völker mit einander ähnlichen Sprachen.*

Türllaibung, (auch:) **Türlleibung,** die (Bauw., Archit.): *innere Mauerfläche an den Seiten einer Türöffnung.*

Turm, der; -[e]s, Türme [mhd. turn, turm, spätahd., torn, über das Afrz. < lat. turris]: **1. a)** *hoch aufragendes, auf verhältnismäßig kleiner Grundfläche stehendes Bauwerk, das oft Teil eines größeren Bauwerks ist:* der T. einer Kirche; ein frei stehender T.; zwischen dem Laub der Kastanien ragt der grüne T. der Margaretenkirche auf (Remarque, Westen 119); Der T. endete in einer großen Plattform, von der man essend und trinkend in die Gegend hinabsah (Schröder, Wanderer 114); einen T. besteigen; auf einen T. steigen; eine Kathedrale mit zwei gotischen Türmen; Ü auf ihrem Schreibtisch stapeln sich die Akten zu Türmen; Carnevale verfehlte ... knapp das Tor, danach wurde Torwart Müller zum T. in der Schlacht (Freie Presse 11. 11. 88, 4); * **elfenbeinerner T.** (bildungsspr.): ↑Elfenbeinturm; **T. des Schweigens** (↑Dakhma); **b)** (früher) *Schuldturm; Hungerturm; in einem Turm gelegenes Verlies, Gefängnis:* jmdn. in den T. werfen, stecken. **2.** *Schachfigur, die (beliebig weit) gerade zieht:* Übrigens mogelt er beim Schachspiel. Er hat mir einen T. geklaut und ich habe mir die Stirn abgestritten (Fallada, Herr 181). **3.** (Fachspr.) *frei stehende Felsnadel.* **4.** *Geschützturm:* der T. eines Panzers; Es waren zwei Panzer, sie standen hinter dem Bahndamm, und der vorderste drehte jetzt langsam seinen T. auf ihn zu (Böll, Adam 48). **5.** *turmartiger Aufbau eines Unterseebootes:* Er stand neben dem Kommandanten auf dem T. des Bootes (Menzel, Herren 98). **6.** kurz für ↑Sprungturm. **7.** (Technik) *senkrechter Teil eines Turmdrehkrans, in dem sich das Führerhaus befindet u. an dem der Ausleger befestigt ist.* **8.** kurz für ↑Stereoturm.

Turlmallin, der; -s, -e [(frz., engl. tourmaline <) singhal. turamalli]: **1.** *in verschiedenen Farben vorkommendes Mineral, das zur Herstellung von Schmuck u. in der Technik verwendet wird.* **2.** *Edelstein aus* Turmalin (1).

Turmbau, der ⟨Pl. -ten⟩: **1.** ⟨o. Pl.⟩ *Bauen eines Turms:* der T. zu Babel. **2.** *Turm* (1 a); **Turmblasen,** das; -s: *Veranstaltung, bei der auf einem [Kirch]turm postierte Bläser* (1) *spielen (an bestimmten Feiertagen od. zu ähnlichen Anlässen);* **Turmbläser,** der: *jmd., der das Turmblasen vornimmt;* **Turmbläserin,** die: w. Form zu ↑Turmbläser; **Türmchen,** das; -s, -: Vkl. zu ↑Turm (1 a); **Turmdach,** das: *Dach eines Turmes;* **Turmdrehkran,** der (Technik): *hoch aufragender fahrbarer Drehkran;* ¹**türmen** ⟨sw. V.; hat⟩

[mhd. türnen, turmen = mit einem Turm versehen]: **1.** *etw. an eine Stelle bringen u. so aufschichten, daß dabei ein hoher Stapel, Haufen o. ä. entsteht; auftürmen* (a): er türmte die Bücher auf den Tisch; den Boden müßte er aufgraben und in einer einzigen Nacht, müßte Steine und Mörtel gegen die Tür t. (Loest, Pistole 14); In Küstermanns Rücken türmte sie einen Kissenberg (Hahn, Mann 129); Die unbrauchbaren Salze werden auf Halden getürmt (natur 2, 1991, 55); Der ... Schlagrahm wird ... in eine Schale getürmt (Horn, Gäste 221); Äpfel, zu duftender Pyramide getürmt (Thieß, Legende 86). **2.** ⟨t. + sich⟩ **a)** *sich auftürmen:* auf dem Schreibtisch türmen sich die Akten [zu Bergen]; Rechnungen und Mahnbescheide türmen sich (Szene 8, 1985, 23); Die Konfirmation im Frühjahr 1940 verlief wie im Frieden, Geschenke türmten sich, nichts fehlte auf der Tafel (Loest, Pistole 56); **b)** (geh.) *aufragen:* vor uns türmt sich das Gebirge; in unserem Rücken türmten sich die Rocky Mountains (Loest, Pistole 185); Hinter dem rosenumrankten Holzhäuschen türmt sich eine Müllhalde (natur 9, 1991, 86). ♦ **3.** *turmhoch aufragen, sich auftürmen:* die stolze Stadt ... sie lag, so weit sie die Gefilde deckte, so hoch sie türmte, gehüllt in ... Dämmrung da (Klopstock, Messias 9, 54 ff.); ⟨häufig im 1. Part.:⟩ eine Mauer aus meinen eignen Werken baut sich auf, die mir den Umkehr türmend hemmt (Schiller, Wallensteins Tod I, 4).

²**türlmen** ⟨sw. V.; ist⟩ [H. u., wohl aus der Gaunerspr.] (salopp): *sich aus einer unangenehmen Situation durch eilige Flucht befreien:* die Jungen türmten, als der Besitzer kam; Du kannst natürlich auch schnurstracks in ein Geschäft gehen, einfach etwas grabschen und dann t. (Kinski, Erdbeermund 31); Maskierter Räuber türmte mit 30 000 Mark (MM 26./27. 11. 83, 18); aus dem Knast t.; Warum seid ihr ins Ausland getürmt? (Ziegler, Kein Recht 217); War Helmcke vielleicht nach Travemünde getürmt ...? (Prodöhl, Tod 54); über die Grenze t.

Türmer, der [mhd. türner, turner] (früher): *in einem Turm wohnender Turmwächter. w. Glöckner;* **Türmerin,** die; -, -nen (früher): w. Form zu ↑Türmer; **Turmfalke,** der: *Falke mit auf dem Rücken rotbraunem, beim Männchen dunkel geflecktem, beim Weibchen dunkel gestreiftem Gefieder, der bes. in Mauernischen von Gebäuden, Türmen nistet;* **Turmfenster,** das: *in einem Turm eingebautes Fenster;* **Turmfrisur,** die (seltener): *Hochfrisur:* Abends trägt sie ihre T., sie hält sich aufrecht, hat einen langen Hals (Hartlaub, Muriel 65); **Turmhahn,** der: *Wetterhahn auf einer Turmspitze;* **Turmhaube,** die: *oberster Teil, Dach, Helm eines Turms;* **Turmhaus,** das (Archit.): **1.** *Wohnturm.* **2.** *turmartiges Hochhaus;* ¹**Turmhelm,** der (Archit.): ¹*Helm* (3); **turmhoch** ⟨Adj.⟩ (emotional): *haushoch:* turmhohe Wellen; Turmhoher Abwasch in der Küche (Ossowski, Liebe ist 236); Ü Turmhoch ... siegt die Einheitspartei bei den Wahlen (Bieler, Bär 151);

Turmknauf, der (Archit.): *knaufartiger Teil einer Turmspitze;* **Turmknopf,** der (Archit.): *Turmknauf;* **Turmmusik,** die (Musik): **1.** ⟨o. Pl.⟩ *Musik, wie sie im MA. von Türmern od. Stadtpfeifern zu bestimmten Stunden von einem Turm herab auf einem Horn o. ä. gespielt wurde.* **2.** *als Turmmusik* (1) *geschriebene Komposition:* -en von Beethoven und Hindemith; **Turmschädel,** der (Med.): *abnorm hoher [spitz zulaufender] Schädel;* **Turmschaft,** der (Archit.): ¹*Schaft* (1 a) *eines Turms;* **Turmspitze,** die: *Spitze* (1 d) *eines Turms;* **Turmspringen,** das; ⟨o. Pl.⟩: *Disziplin des Schwimmsports, in der Sprünge von einem Sprungturm ausgeführt werden;* **Turmspringer,** der: *jmd., der das Turmspringen betreibt;* **Turmspringerin,** die: w. Form zu ↑Turmspringer; **Turmuhr,** die: *Uhr in einem Turm mit einem großen, außen angebrachten Zifferblatt (meist mit einem Schlagwerk):* die T. schlägt [vier]; Zu allem Überfluß schoben sich die Zeiger der T. langsam auf zwölf (Kirst, 08/15, 808); **Turmwächter,** der (früher): *Wächter auf einem Turm, der die Aufgabe hat, das Ausbrechen von Feuer, das Herannahen von Feinden o. ä. zu melden;* **Turmwagen,** der (Technik): *Arbeitswagen mit einer [hydraulisch hebbaren u. schwenkbaren] Arbeitsbühne auf dem Dach;* **Turmzimmer,** das: *Zimmer im Turm eines Schlosses o. ä.*

¹**Turn** [tɑ:n], der; -s, -s [engl. turn, zu: to turn = drehen (über das Afrz.) < lat. tornare, ↑turnen]: **1.** (Flugw. Jargon) *Kurve.* **2.** (Jargon) *bes. durch Haschisch, Marihuana bewirkter Rauschzustand:* einen T. haben; auf dem T. sein; auch im T. finde ich Bach sehr gut (Fichte, Wolli 196).

♦ ²**Turn:** ↑Turm: Euch in den Turn (*Turm* b) zu werfen (Goethe, Goetz IV).

Türlnachbar, der: *jmd., zu dessen Zimmer od. Wohnung die Flurtür nebenan führt:* im Studentenwohnheim waren wir -n; **Türlnachbarin,** die: w. Form zu ↑Türnachbar.

Turnanzug, der: *beim Turnen getragener Dreß.*

Turnaround [tə:nəˈraʊnd], der; -[s], -s [engl. turnaround, zu: to turn around = umdrehen, umkehren] (Wirtsch.): *Umschwung in der wirtschaftlichen Situation eines Unternehmens; bes. Überwindung einer Krise.*

Turnbeutel, der: *Beutel* (1 a) *für das Turnzeug;* ¹**turnen** ⟨sw. V.⟩ [mhd. nicht belegt, ahd. turnēn = drehen, wenden < lat. tornare = runden (1 a), drechseln, zu: tornus, ↑Turnus; als angeblich „urdeutsches" Wort von F. L. Jahn (1778–1852) in die Turnerspr. eingef.]: **1.** ⟨hat⟩ (Sport) **a)** *sich unter Benutzung besonderer Geräte (Barren, Reck, Pferd u.a.) sportlich betätigen:* sie kann gut t.; an Barren t.; wir turnen heute draußen (ugs.; *unser Turnunterricht findet heute im Freien statt*); **b)** *turnend ausführen:* eine Kür, einen Flickflack t.; Dabei fielen die Jungturner auf, wie sorgfältig sie ihre Übungen zu t. verstanden (Nordschweiz 27. 3. 85, 8). **2.** (ugs.) **a)** *sich mit gewandten, flinken Bewegungen kletternd, krabbelnd, hüpfend irgendwohin bewegen* ⟨ist⟩:

er ist geschickt über die gefällten Stämme geturnt; Sie hatten rund zwanzig Dachböden betreten, waren über Öldrucke geturnt (Muschg, Gegenzauber 122); was ist wohl gegen Typen einzuwenden, die in schnieken Uniformen durch die Gegend turnen ...? (laufen; Heim, Traumschiff 304); **b)** *herumturnen* (2) ⟨hat⟩. ²**tur|nen** ['tɐ:ɐ̯nən, tœrnn] ⟨sw. V.; hat⟩ [rückgeb. aus ↑²*anturnen*] (Jargon): **1.** *sich durch Drogen, bes. Haschisch o.ä. in einen Rauschzustand versetzen:* Du brauchst dich nicht zu verstecken, wenn du turnst (Gabel, Fix 100); auch geturnt, im Rausch, kann man wahnsinnig gut hören (Fichte, Wolli 196). **2.** *(von Drogen) eine berauschende Wirkung haben:* der Stoff turnt [nicht besonders]; Ein dünnes Zigarettchen, das nicht turnt (Hohmann, Engel 22); Ü die Musik turnt wahnsinnig. **Tur|nen**, das; -s: *Sportart, Unterrichtsfach Turnen* (1): er hat in/im T. eine Eins; **Tur|ner**, der; -s, -: *jmd., der turnt* (1a): die deutschen T. errangen mehrere Medaillen.
♦ **Tür|ner:** ↑Türmer: Der T. bläst 's Liedel (Goethe, Götz I).
Tur|ne|rei, die; -, -en (ugs., oft abwertend): **1.** ⟨o. Pl.⟩ *[dauerndes] Turnen.* **2.** *[waghalsige] Kletterei:* laß diese -en!; **Tur|ne|rin**, die; -, -nen: w. Form zu ↑*Turner*; **tur|ne|risch** ⟨Adj.⟩: *das ¹Turnen betreffend:* eine übarragende -e Leistung; **Tur|ner|kreuz**, das: *aus vier symmetrisch in der Form eines Kreuzes angeordneten großen F (den Anfangsbuchstaben von "frisch, fromm, fröhlich, frei", dem Wahlspruch der Turner) bestehendes Zeichen der Turner;* **Tur|ner|schaft**, die; -, -en: *Gesamtheit von Turnern;* **Tur|ner|spra|che**, die: *die Turnsprache;* **Turn|fest**, das: vgl. *Sportfest;* **Turn|gau**, der (landsch.: das): *Verband* (2), *zu dem sich die Turnvereine u. Turnabteilungen von Vereinen eines bestimmten Gebietes zusammengeschlossen haben;* **Turn|ge|rät**, das: vgl. *Sportgerät;* **Turn|hal|le**, die: *größeres Gebäude, das für den Turnunterricht, für Turnen, sportliche Betätigung errichtet u. dementsprechend ausgerüstet ist;* **Turn|hemd**, das: vgl. *Sporthemd* (1); **Turn|ho|se**, die: vgl. *Sporthose;* **tur|nier**, das; -s, -e [mhd. turnier, turnir, zu: turnieren < afrz. tourn(o)ier = Drehungen, Bewegungen machen; die Pferde bewegen, im Kreis laufen lassen; am Turnier teilnehmen, zu: torn = Drehung; Dreheisen < lat. tornus, ↑*Turnus*]: **1.** *(im MA.) festliche Veranstaltung, bei der Ritterkampfspiele durchgeführt wurden.* **2.** *[über einen längeren Zeitraum sich erstreckende sportliche] Veranstaltung, bei der in vielen einzelnen Wettkämpfen aus einer größeren Anzahl von Teilnehmern, Mannschaften ein Sieger ermittelt wird:* Vor ihm liegt der Worldcup, das schwerste T. für Amateure (Hörzu 19, 1973, 22); ein T. veranstalten, austragen, ausrichten; an einem T. teilnehmen; er ist beim T. um die Europameisterschaft [im Tennis, Schach] Zweiter geworden; **tur|nie|ren** ⟨sw. V.; hat⟩ [mhd. turnieren, ↑*Turnier*] (veraltet): *in einem Turnier* (1) *kämpfen;* **Tur|nier|pferd**, das: *bei Turnieren eingesetztes*

Reitpferd; **Tur|nier|platz**, der: *Anlage für Turniere im Pferdesport;* **Tur|nier|rei|ter**, der: *an Turnieren teilnehmender Reiter;* **Tur|nier|rei|te|rin**, die: w. Form zu ↑*Turnierreiter;* **Tur|nier|sieg**, der: *Sieg in einem Turnier;* **Tur|nier|sie|ger**, der: *jmd., der den Turniersieg errungen hat;* **Tur|nier|sie|ge|rin**, die: w. Form zu ↑*Turniersieger;* **Tur|nier|spie|ler**, der: *an Turnieren teilnehmender Spieler* (a): er ist in guter T. *(ein Spieler, dessen Fähigkeiten bes. bei Turnieren zur Wirkung kommen);* **Tur|nier|spie|le|rin**, die: w. Form zu ↑*Turnierspieler;* **Tur|nier|tanz**, der: ⟨o. Pl.⟩ *Tanzsport.* **2.** *für Tanzturniere zugelassener Tanz:* Rumba und Samba sind Turniertänze; **Tur|nier|tän|zer**, der: *an Turnieren teilnehmender Tänzer;* **Tur|nier|tän|ze|rin**, die: w. Form zu ↑*Turniertänzer;* **Tur|nier|teil|neh|mer**, der: *jmd., der an Turnieren teilnimmt;* **Tur|nier|teil|neh|me|rin**, die: w. Form zu ↑*Turnierteilnehmer.*
Tür|ni|sche, die: *vor einer Tür gelegene Nische.*
Turn|klei|der ⟨Pl.⟩, **Turn|klei|dung**, die: vgl. *Sportkleidung;* **Turn|leh|rer**, der: vgl. *Sportlehrer* (a); **Turn|leh|re|rin**, die: w. Form zu ↑*Turnlehrer;* **Turn|leib|chen**, das (österr.): *Turnhemd;* **Turn|mat|te**, die: *beim Turnen verwendete* ¹*Matte* (1 b).
Turn|over ['tɐ:noʊvɐ], der od. das; -s, -s [engl. turnover = das Umschlagen; Umwandlung, zu: to turn over = umdrehen, umschlagen] (Med.): *stoffwechselmäßige Umsetzung eines Stoffes im Körper.*
Turn|phi|lo|lo|ge, der (veraltend): vgl. *Sportphilologe;* **Turn|phi|lo|lo|gin**, die (veraltend): w. Form zu ↑*Turnphilologe.*
Turn|pike ['tɐ:npaɪk], der; -, -s [engl. turnpike, urspr. = Schlagbaum, zu: to turn = drehen u. pike = Spitze, Stachel]: *autobahnähnliche, gebührenpflichtige Schnellstraße in den USA.*
Turn|platz, der: *Platz im Freien zum Turnen [mit im Boden verankerten Geräten];* **Turn|rie|ge**, die: *Riege von Turnern, Turnerinnen;* **Turn|saal**, der (bes. österr.): *Turnhalle;* **Turn|sa|chen** ⟨Pl.⟩ (ugs.): *Sachen* (1), *bes. Kleidung, zum Turnen;* **Turn|schuh**, der: *absatzloser Schuh [aus flexiblem Material], der beim Ausüben bestimmter Sportarten getragen wird;* **Turn|schuh|ge|ne|ra|ti|on**, die ⟨o. Pl.⟩: *Generation von Jugendlichen (bes. der 80er Jahre), deren Unbekümmertheit in der Kleidung als ständig getragenem Schuhwerk zum Ausdruck kommt:* ... ist das Wort „Turnschuhgeneration" mittlerweile so gebräuchlich wie „Kindergarten" oder „Autobahn" (Hamburger Morgenpost 23. 5. 85, 3); **Turn|spiel**, das: *zum Turnen zählendes Ballspiel;* **Turn|spra|che**, die: *Fachsprache der Turner;* **Turn|stun|de**, die: vgl. *Sportstunde;* **Turn|übung**, die: *einzelne Übung im Turnen;* **Turn|un|ter|richt**, der: *Schulunterricht im Turnen;* **Tur|nü|re**, die; -, -n [frz. tournure, eigtl. = Drehung < spätlat. tornatura = Drechslerei, zu lat. tornare, ↑*turnen*]: **1.** ⟨o. Pl.⟩ *(bildungsspr. veraltet) Gewandtheit im Benehmen, Auftreten.* **2.** *(Mode früher) im Kleid verborgenes, das Gesäß stark betonendes großes Pol-*

ster; **Tur|nü|re|kleid**, das (Mode früher): *Kleid mit einer Turnüre;* **Tur|nus**, der; -, -se [mlat. turnus < griech. tórnos = Dreheisen < griech. tórnos]: **1.** *[im voraus] festgelegte Wiederkehr, Reihenfolge; regelmäßiger Wechsel, regelmäßige Abfolge von sich stets wiederholenden Ereignissen, Vorgängen:* ein starrer T.; einen T. unterbrechen; die Meisterschaften finden in einem T. von 4 Jahren statt; sie lösen sich im T. ab; er führt das Amt im T. mit seiner Kollegin; Im T. hat eine der drei Gesellschaften den Vorsitz (NZZ 29. 1. 83, 7). **2.** *Durchgang* (2 a): dies ist der letzte T. der Versuchsreihe. **3.** (österr.) *Schicht* (3): 523 Jungärzte absolvierten in den städtischen Anstalten ihren T. (Presse 8. 6. 84, 4); **tur|nus|ge|mäß** ⟨Adj.⟩: *einem gegebenen Turnus* (1) *gemäß:* er wird den Vorsitz t. am ersten Januar übernehmen; Der Vertreter des Gewerbeaufsichtsamtes erläuterte, die untere Wasserbehörde nehme t. Wasserproben aus der Rossel (Saarbr. Zeitung 4. 12. 79, 19); **tur|nus|mä|ßig** ⟨Adj.⟩: *sich in einem bestimmten Turnus* (1) *wiederholend:* Als ich am Freitag vor knapp zwei Wochen später zu den -en Konsultationen nach Paris fuhr, ... (W. Brandt, Begegnungen 160); diese Kongresse finden t. statt; **Turn|ver|ein**, der: *Verein von Turnern;* **Turn|wart**, der: vgl. *Sportwart;* **Turn|war|tin**, die: w. Form zu ↑*Turnwart;* **Turn|zeug**, das: *Turnsachen.*
Tür|öff|ner, der: *elektrische Anlage, mit deren Hilfe ein Haustürschloß von innen durch Knopfdruck zum Öffnen freigegeben wird:* Er hörte das Summen des -s (Wellershoff, Körper 24); **Tür|öff|nung**, die: vgl. *Fensteröffnung.*
Tu|ron, das; -s [nach (civitas) Turonum, dem lat. Namen der frz. Stadt Tours] (Geol.): *zweitälteste Stufe der oberen Kreide* (3); **tu|ro|nisch** ⟨Adj.⟩ (Geol.): *das Turon betreffend.*
Tür|pfos|ten, der: *einer der beiden Pfosten der Tür;* **Tür|rah|men**, der: vgl. *Fensterrahmen* (a); **Tür|rie|gel**, der: *Riegel einer [Haus-, Wohnungs]tür;* **Tür|rit|ze**, die: *Ritze zwischen Tür* (1 a) *u. Türpfosten:* es zieht durch die -n.
Tur|ri|ze|pha|lie, die; -, -n [zu lat. turris = Turm u. griech. kephalé = Kopf] (Med.): *Turmschädel.*
Tür|schild, das: *außen an einer Tür befestigtes (Namens-, Firmen)schild;* **Tür|schlie|ßer**, der: **1.** *jmd., der die Aufgabe hat, das Tür[en] eines Raumes zu schließen [u. zu öffnen]* (z. B. in Kino, Theater). **2.** *mechanische Vorrichtung, die bewirkt, daß eine Tür sich automatisch schließt:* Dies (= das Büro) hat einen T., der automatisch die Tür ins Schloß zieht (Kemelman [Übers.], Dienstag 122); **Tür|schlie|ße|rin**, die: w. Form zu ↑*Türschließer* (1); **Tür|schlitz**, der: vgl. *Fensterschlitz;* **Tür|schloß**, das: *Schloß einer Tür;* **Tür|schlüs|sel**, der: *Schlüssel einer Tür;* **Tür|schnal|le**, die (österr.): *Türklinke;* **Tür|schwel|le**, die: *Schwelle* (1); **Tür|spalt**, der: *Spalt zwischen einer ein wenig offenstehenden Tür u. dem Türpfosten:* durch den T. gucken; **Tür|spal|te**, die (selten): *Türspalt;* **Tür|spi|on**, der: *Spion* (2 a): Er ... stellte sich so, daß ihn durch den T.

niemand erblicken konnte (Zwerenz, Quadriga 249); **Tür|staf|fel,** der; -s, - u. die; -, -n (österr.): Türschwelle: Zu Mittag steht ein Fotograf vor der Eingangstür und will sich von Janda nicht vom T. drängen lassen (Zenker, Froschfest 170); **Tür|ste|her,** der: Türhüter; **Tür|ste|herin,** die: w. Form zu ↑Türsteher; **Türstock,** der ⟨Pl. ...stöcke⟩: 1. (südd., österr.) Türrahmen. 2. (Bergmannsspr.) senkrechtes, an der Wand eines Stollens stehendes starkes Holz, das eine Kappe (2 c) trägt; **Tür|sturz,** der ⟨Pl. -e u. ...stürze⟩ (Bauw.): Sturz (4) einer Tür; **Tür|sum|mer,** der (ugs.): Türöffner.
tur|teln ⟨sw. V.; hat⟩ [2: lautm.]: 1. (scherzh.) sich auffallend zärtlich-verliebt jmdm. gegenüber verhalten; beide turteln [miteinander]; ... pflegte Susanne mit ihrem Partner ... Händchen zu halten und zu t. (Hörzu 39, 1974, 10); ein turtelndes Pärchen. 2. (veraltet) gurren: auf dem Dach turtelte eine Taube; **Tur|tel|tau|be,** die [mhd. turteltūbe, ahd. turtul(a)tūba < lat. turtur, lautm.]: kleine Taube mit grauem, an Brust u. Hals rötlichem Gefieder u. einem großen, schwarzweiß gestreiften Fleck auf jeder Seite des Halses; im Park nisten in; sie sind verliebt wie die -n (sehr verliebt); Ü das sind die reinsten -n! (ugs. scherzh.; die beiden turteln 1 ständig).
Tür|ver|klei|dung, die: 1. Türbekleidung. 2. innere Verkleidung einer Tür (z. B. eines Autos); **Tür|vor|hang,** der: (an Stelle einer Tür 1 a) in einer Türöffnung hängender Vorhang; **Tür|vor|la|ge,** die (schweiz.): Türvorleger; **Tür|vor|le|ger,** der: vor einer (Haus-, Wohnungs)tür liegender Vorleger; Fußmatte; **Tür|zar|ge,** die (Bauw.): vgl. Fensterzarge.
Tur|zis|mus, der; -, ...men (Sprachw.): türkische Spracheigentümlichkeit in einer anderen Sprache.
TuS = Turn- und Sportverein.
¹Tusch, der; -[e]s, -e [wohl unter Einfluß von frz. touche = Anschlag (5) zu mundartl. tuschen = stoßen, schlagen, stoßartig dröhnen, lautm.]: von einer Kapelle [mit Blasinstrumenten] schmetternd gespielte, kurze, markante Folge von Tönen (z. B. zur Begleitung u. Unterstreichung eines Hochrufs): die Kapelle spielte einen kräftigen T., ehrte den Jubilar mit einem T.; einen Auftritt durch einen T. ankündigen; Die russischen und deutschen Majestäten ... empfing man mit dreifachem T. des Orchesters (Schädlich, Nähe 126).
²Tusch, der; -es, -e (österr. ugs.): Tusche; **Tu|sche,** die; -, -n [rückgeb. aus ↑¹tuschen]: 1. intensiv gefärbte Flüssigkeit mit Bindemitteln, die bes. zum Beschriften u. Zeichnen verwendet wird: Es würde bald ein besseres Schild dort hängen, dick, rosarot, mit schwarzer T. in Rundschrift bemalt (Böll, Adam 65). 2. (landsch.) Wasserfarbe. 3. kurz für ↑Wimperntusche: die Pantherfrauen stehen morgens nicht dreißig Minuten vorm Spiegel und unterstützen die Wirkung ihrer Augen mit ... Lidschatten, ... falschen Wimpern, T. (Wolfe [Übers.], Radical 10).
Tu|sche|lei, die; -, -en (oft abwertend): 1. ⟨o. Pl.⟩ [dauerndes] Tuscheln. 2. tuschelnde Äußerung; **tu|scheln** ⟨sw. V.; hat⟩ [zu ↑²tuschen] (oft abwertend): a) in flüsterndem Ton [u. darauf bedacht, daß das Gesagte kein Dritter mithört] zu jmdm. hingewendet sprechen: mit jmdm. t.; Er tuschelte mit dem Wachhabenden und gab ihm einen Zettel (Bieler, Bär 390); sie steckten die Köpfe zusammen und tuschelten; sie tuscheln hinter seinem Rücken (klatschen 4 a) [über sein Verhältnis mit der Nachbarin]; b) tuschelnd sagen: jmdm. etw. ins Ohr t.; Das war es also, was die Großen Geheimnisvolles zu t. hatten (H. Weber, Einzug 29).
¹tu|schen ⟨sw. V.; hat⟩ [frz. toucher, ↑touchieren]: 1. a) mit Tusche malen: eine Landschaft t.; daß Naphta ihn ins Chinesische hineinschicken wollte, wo ... man Generalfeldmarschall werde, ... wenn man alle vierzigtausend Wortzeichen t. könne (Th. Mann, Zauberberg 724); zart getuschte Wolken; b) mit Tusche ausgestalten: ein Aquarell mit getuschten Konturen. 2. mit Wimperntusche einstreichen: jmdm., sich die Wimpern t.; die Wimpern der riesigen schwarzen Augen waren getuscht (Simmel, Stoff 476).
²tu|schen ⟨sw. V.; hat⟩ [mhd. tuschen, wohl lautm.] (landsch.): a) (durch einen Befehl) zum Schweigen bringen; ◆ b) dämpfen, unterdrücken: Die Gegenwart des Amtmannes und seine Anstalten tuschten einen Auflauf (Goethe, Werther II, Der Herausgeber an den Leser); ◆ **tü|schen:** ↑²tuschen: Man stritt, man überwarf sich ... Die Frauen versuchten vergebens, das Feuer zu t. (Goethe, Dichtung u. Wahrheit 2).
Tusch|far|be, die (landsch.): Wasserfarbe. **tu|schie|ren** ⟨sw. V.; hat⟩ [1: zu ↑Tusche (1); 2: frz. toucher, ↑touchieren]: 1. (Fachspr.) (eine metallene Oberfläche) durch Abschaben der vorstehenden Stellen, die zuvor durch das Aufdrücken von Tusche o. ä. sichtbar gemacht wurden, glätten. 2. (veraltet) beleidigen.
Tusch|ka|sten, der (landsch.): Malkasten: Ü die ist ja der reinste T. (abwertend; viel zu stark geschminkt); **Tusch|ma|le|rei,** die: 1. ⟨o. Pl.⟩ (bes. in Ostasien verbreitete) Malerei mit schwarzer Tusche (1) (auf Seide od. Papier). 2. Werk der Tuschmalerei; **Tusch|zeich|nung,** die: 1. mit Tusche (1) ausgeführte Zeichnung. 2. (landsch.) mit Wasserfarben gemaltes Bild.
Tus|ku|lum, das; -s, ...la [nach der röm. Stadt (u. dem Landgut Ciceros bei) Tusculum] (bildungsspr. veraltet): ruhiger, behaglicher Landsitz.
Tus|nel|da: ↑Thusnelda.
Tus|sah|sei|de, die [zu engl. tussah < Hindi tasar]: meist unregelmäßige, knotige Seide von Tussahspinnern; **Tus|sahspin|ner,** der: großer asiatischer Schmetterling, aus dessen Kokons Seide gewonnen wird.
Tus|si, die; -, -s (salopp): Thusnelda: ihre Schwester ist eine ganz blöde T.; sie versucht er, eine andere T. anzugraben (ein anderes Mädchen anzusprechen; Hörzu 36, 1983, 94/III); In der Disco haben Illi und ich die ganze Zeit auf Makker und T. (dazugehörige Freundin) gemacht (Grossmann, Schwul 30).

tut ⟨Interj.⟩ (Kinderspr.): lautm. für den Klang eines Horns, einer Hupe o. ä.
Tu|tand, der; -en -en [zu lat. tutandus = der zu Schützende, zu: tutari = schützen, Intensivbildung zu: tueri, ↑Tutor] (Päd.): jmd., der von einem Tutor (1 b) betreut wird; **Tu|tan|din,** die; -, -nen (Päd.): w. Form zu ↑Tutand.
Tüt|chen, das; -s, -: Vkl. zu ↑Tüte (1 a); **Tu|te,** die; -, -n [eigtl. = Trichterförmiges, nicht umgelautete Form von ↑Tüte, angelehnt an ↑tuten] : 1. (ugs.): Tuthorn; Signalhorn: Wenn er Bescheid weiß, bläst er seine T. (Lentz, Muckefuck 186). 2. (landsch.) Tüte; **Tü|te,** die; -, -n [aus dem Niederd. < mniederd. tute = Trichterförmiges, H. u.; 4: unter Anlehnung an (1) zu niederd. tuter = Tüder(1): **a)** meist aus festerem Papier bestehendes, trichterförmiges od. rechteckiges Verpackungsmittel: eine spitze, eckige T.; eine Tüte [voll/mit] Kirschen, Bonbons, Zucker, Schrauben; In der Mittagspause holte er sich wie alle anderen seine T. Milch (Milchtüte mit Milch; Fels, Sünden 87); eine T. falten; * **angeben wie eine T. voll Mücken** (salopp; mächtig angeben); **-n kleben/drehen** (ugs.; als Häftling einsitzen; früher mußten die Häftlinge Tüten kleben); **nicht in die T. kommen** (ugs.; nicht in Frage kommen): Streik kommt jedenfalls nicht in die T. (Bieler, Bär 282); **b)** kurz für ↑Eistüte: Becher oder T.?; er verkaufte Zuckerwatte und Softeis, das zerrann, sowie es in eine T. kam (Singer [Übers.], Feinde 20); **c)** kurz für ↑Lohntüte: Nun fahre ich einen Gabelstapler, unfallfrei. Und ich hab' ein paar Mark mehr in der T. als vorher (Brot und Salz 238). 2. (Jargon) beutelartiges Meßgefäß, mit dem ein polizeilicher Alkoholtest bei einem Autofahrer durchgeführt wird: in die T. blasen (sich einem Alkoholtest unterziehen) müssen. 3. (salopp) Person, die man abschätzig od. verwundert betrachtet: verschwinde, du T.!; er ist eine lustige T.; hoffentlich haben die -n anständig gezittert in der Zeit, als ich eingesackt war (Degener, Heimsuchung 51). 4. * **aus der T. sein** (landsch.; ↑Häuschen).
Tu|tel, die; -, -en [lat. tutela, zu: tueri = schützen] (veraltend): Vormundschaft; **tu|te|la|risch** ⟨spätlat. tutelaris, zu lat. tutela, ↑Tutel⟩ ⟨Adj.⟩ (veraltet): vormundschaftlich.
tu|ten ⟨sw. V.; hat⟩ [aus dem Niederd. < mniederd. tuten, lautm.]: **a)** (von einem Horn, einer Hupe o. ä.) [mehrmals] einen gleichförmigen [langgezogenen], lauten, dunklen] Ton hören lassen: das Nebelhorn tutet; Die Sirene der Schokoladenfabrik tutete heftig (Böll, Und sagte 131); ⟨unpers.:⟩ Er wählte die Nummer. Es tutete (Borell, Romeo 326); **b)** (mit einem Horn, einer Hupe o. ä.) einen tutenden (a) Ton ertönen lassen: der Dampfer tutete [dreimal]; Der Bahnwärter hat schon getutet (Lentz, Muckefuck 223); Am Waldplatz tuteten die Fans schon wie die Verrückten (Loest, Pistole 203); * **von Tuten und Blasen keine Ahnung haben** (salopp; keine Kenntnisse auf einem bestimmten Gebiet haben; nichts von etw. verstehen): Ich habe das Gefühl, hier will sich wer diktun, der, von Tuten und Blasen keine

Ahnung hat (Hacks, Stücke 331); **Tü|tensup|pe**, die ⟨ugs.⟩: *in einer Tüte abgepackte Instantsuppe;* **tü|ten|wei|se** ⟨Adv.⟩: **a)** *in einer Tüte verpackt:* die Bonbons t. verkaufen; **b)** *in großer, in Tüten gemessener Menge:* sie wurden in Beschlag genommen, mit Informationen, Kostproben jeglicher Art und Prospekten t. überschüttet (Augsburger Allgemeine 29./30. 4. 78, 48).
tü|te|rig ⟨Adj.⟩ (nordd. ugs.): *tüdelig;* **tütern** ⟨sw. V.; hat⟩ (nordd. ugs.): *tüdern* (2).
Tut|horn, das ⟨Pl. ...hörner⟩ (Kinderspr.): *einer Trompete ähnliches Kinderspielzeug zum Tuten.*
Tu|tio|ris|mus, der; - [zu lat. tutior, Komp. von: tutus = sicher, zu: tueri, ↑Tutor] (Philos., Rel.): *Haltung, die zwischen zwei Möglichkeiten immer die sicherere wählt;* **Tu|tor**, der; -s, ...oren [(1: engl. tutor <) lat. tutor, zu: tueri = schützen]: **1.** (Päd.) **a)** *jmd., der Tutorien abhält;* **b)** *[Lehrer und] Ratgeber, Betreuer von Studenten, Schülern;* **c)** *Mentor* (b). **2.** (röm. Recht) *Erzieher, Vormund;* **Tu|to|rin**, die; -, -nen (Päd.): w. Form zu ↑Tutor (1); **Tu|to|rium**, das; -s, ...rien (Päd.): *meist in einer kleineren Gruppe abgehaltene [von einem älteren, graduierten Studenten geleitete, ein Seminar begleitende, ergänzende] Übung an einer Hochschule.*
tut|ta la for|za [ital. = die ganze Kraft] (Musik): *mit voller Kraft;* **tut|te cor|de**: ↑tutte le corde.
Tüt|tel, der; -s, - [spätmhd. tüttel, tit(t)el, eigtl. = Brust(spitze)] (veraltet, noch landsch.): *Pünktchen:* auf dem i fehlt noch der T.; **Tüt|tel|chen**, das; -s, - [Vkl. zu ↑Tüttel] (ugs.): *winzige Kleinigkeit:* kein T. preisgeben; jedes T. berechnen.
tut|te le cor|de [ital. = alle Saiten] (Musik): *(beim Klavier) ohne Verschiebung der Mechanik durch das Pedal.*
tüt|te|lig ⟨Adj.⟩ (zu ↑Tüttel] (landsch.): *zimperlich, empfindlich, verzärtelt.*
tut|ti [ital. tutti, Pl. von: tutto = all...] (Musik): *alle Stimmen, Instrumente zusammen;* **Tut|ti**, das; -[s], -[s] (Musik): **a)** *gleichzeitiges Erklingen aller Stimmen, Instrumente;* **b)** *tutti zu spielende Stelle, Partie;* **Tut|ti|frut|ti**, das; -[s], -[s] [ital. tutti frutti = alle Früchte]: **1.** *Süßspeise aus, mit verschiedenerlei Früchten.* **2.** (veraltet) *Allerlei;* **tut|ti quan|ti** [ital.] (bildungsspr.): *alle zusammen, ohne Ausnahme;* **Tut|ti|spie|ler**, der (Musik): *Tuttist;* **Tut|ti|spie|le|rin**, die (Musik): w. Form zu ↑Tuttispieler; **Tut|tist**, der; -en, -en (Musik): *bes. Streicher ohne solistische Aufgaben;* **Tut|ti|stin**, die; -, -nen (Musik): w. Form zu ↑Tuttist: wenn Frauen verpflichtet werden ... besonders als -nen (Orchester 446).
Tu|tu [ty'ty:], das; -[s], -s [frz. tutu, eigtl. Lallwort der Kinderspr.]: *von Balletttänzerinnen getragenes kurzes Röckchen.*
TÜV, der; -, -[s] [Kurzwort für: Technischer Überwachungs-Verein]: *Institution, die u. a. die (als Voraussetzung zur Zulassung für den öffentlichen Verkehr vorgeschriebenen) regelmäßigen technischen Überprüfungen von Kraftfahrzeugen vornimmt:* ein Auto beim T. vorführen; (ugs.:) einen Wagen durch den/über den

T. bringen/kriegen; Der hatte 'ne Maschine, wie sie nur selten durch den T. kommt (Degener, Heimsuchung 92).
Tu|va|lu, -s: *Inselstaat im Pazifik;* **Tu|va|lu|er**, der; -s, -: Ew.; **Tu|va|lu|e|rin**, die; -, -nen: w. Form zu ↑Tuvaluer; **tu|va|lu|isch** ⟨Adj.⟩.
TÜV-fäl|lig ⟨Adj.⟩: *fällig für die Überprüfung des TÜV:* ein -es Fahrzeug; T. sein; **TÜV-ge|prüft** ⟨Adj.⟩: *vom TÜV überprüft.*
Tu|wort, Tunwort, das ⟨Pl. ...wörter⟩ (im Schulgebrauch): *Verb.*
TV = Turnverein.
TV [te:'fau, auch: ti:'vi:] = Television; **TV-Se|rie** [te:'fau...], die: *Fernsehserie;* **TV-Star**, der: *durch das Fernsehen bekanntgewordener* ²Star (1).
♦ **twatsch** ⟨Adj.⟩ [mniederd. dwatsch, eigtl. = querköpfig, zu: dwer, ↑dwars]: *(im nordd. Sprachgebrauch) einfältig, töricht: der kleine Bucklichte, der immer so -e Einfälle hat* (Hebbel, Agnes Bernauer III, 6); Ein -es Kind. Ihr seht's. Gut, aber t. (Kleist, Krug 9).
Tweed [tvi:t, engl.: twi:d], der; -s, -s, -e [engl. tweed, wohl unter Einfluß des schottischen Flußnamens Tweed zu schott. tweel = Köperstoff; der Tweed fließt durch das Gebiet, wo der Stoff hergestellt wird] (Textilind.): *meist kleingemusterter od. melierter, aus grobem [noppigem] Garn locker gewebter Stoff (bes. für Mäntel u. Kostüme);* **Tweed||jackett¹**, das: *Jackett aus Tweed:* Er blickte auf die goldene Armbanduhr, die er zu seinem T. trug (Bieler, Mädchenkrieg 314); **Tweed|ko|stüm**, das: vgl. Tweedjackett.
Twen, der; -s, -s [zu engl. twenty = zwanzig]: *junger Mensch in den Zwanzigern:* 1 100 Besucher, meist dezente -s, ... hatten Parkett und Empore bevölkert (Augsburger Allgemeine 13./14. 5. 78, 45); Gabriele Susanne Kerner, 23, aus Hagen, Spitz- und Markenname Nena, ist Deutschlands populärster T. (Spiegel 13, 1984, 5).
Twen|ter, das; -s, - [mniederd. twenter, aus: twe(i) winter = zwei Winter (alt)] (nord[west]d.): *zweijähriges Schaf, Rind od. Pferd.*
Twe|te (mundartl. Nebenf. von:) **Twie|te**, die; -, -n [mniederd. twiete, eigtl. wohl = Einschnitt] (nordd.): *schmaler Durchgang, schmale Gasse:* Er schlenderte ... durch die alten Twieten und Gänge am Hafen (Bredel, Väter 64).
Twill, der; -s, -s u. -e [engl. twill, verw. mit ↑Zwillich] (Textilind.): **a)** (veraltend) *Gewebe aus Baumwolle od. Zellwolle (z. B. für Taschenfutter);* **b)** *Gewebe aus Seide od. Chemiefasern (bes. für leichte Kleider).*
♦ **Twing**, der; -[e]s, -e [mhd. twinc = Gerichtsbarkeit]: *rechtlicher Zwang, den der Herr einer Zwingburg ausüben kann,* zu: twingen, ↑zwingen]: *Zwingburg:* Das ist doch hart, daß wir die Steine selbst zu unserm T. und Kerker sollen fahren (Schiller, Tell I, 39; ♦ **Twing|hof**, der [mhd. twinchof]: *[befestigter] Herrenhof, dem Güter von Hörigen unterstellt sind:* seit Menschendenken war kein T. hier, und fest war keine Wohnung als das Grab (Schiller, Tell I, 4).
Twin|set, das; -[s], -s [engl. twinset, aus: twin = Zwilling u. set,

↑¹Set] (Mode): *Pullover u. Jacke aus gleichem Material u. in gleicher Farbe.*
¹Twist, der; -es, -e [engl. twist, zu: to twist = (zusammen)drehen; winden; verrenken]: *[Stopf]garn aus mehreren zusammengedrehten Baumwollfäden;* **²Twist**, der; -s, -s [engl. twist, eigtl. = Drehung; das Verrenken (der Glieder), zu: to twist, ↑¹Twist]: **1.** *Tanz im ⁴/₄-Takt, bei dem die Tänzer getrennt tanzen.* **2.** (Tennis) **a)** ⟨o. Pl.⟩ *Drall eines geschlagenen Balles;* **b)** *mit Twist (2a) gespielter Ball.* **3.** (Turnen) *Schraube* (3a); **twi|sten** ⟨sw. V.; hat⟩ [engl. to twist]: *Twist tanzen:* eine Bar, wo die wohlhabendere Jugend Weimars bei grusinischem Kognak (3 Mark) und sowjetischem Sekt (23 Mark) twistet (Zeit 17. 4. 64, 3).
Two-Beat ['tu:'bi:t], der; - [engl. two-beat, eigtl. = „Zweischlag"] (Jazz): *traditioneller od. archaischer Jazz, für den es kennzeichnend ist, daß jeweils zwei von vier Taktteilen betont werden;* **Two-Beat-Jazz**, der: *Two-Beat;* **Two|step** ['tu:stɛp], der; -s, -s [engl. two-step, eigtl. = Zweischritt]: *schneller Tanz im Dreivierteltakt.*
Ty|che, die; - [griech. týchē] (bildungsspr.): *Fügung, Schicksal;* **Ty|chis|mus**, der; - (Philos.): *philosophische Auffassung, nach der in der Welt nur der Zufall herrscht.*
Ty|coon [taɪ'ku:n], der; -s, -s [engl. tycoon < jap. taikun, eigtl. = großer Herrscher] (bildungsspr.): **1.** *Magnat* (1): Howard Hughes – das Ende der Legende vom erfolgreichen T., der geheimnisvoll aus dem Hintergrund sein Imperium lenkt (Spiegel 30, 1979, 144). **2.** *mächtiger Führer* (z. B. einer Partei).
Tyl|lom, das; -s, -e [griech. týlos] (Med.): *Schwiele;* **Tyl|lo|se**, **Tyl|lo|sis**, die; -, ...osen (Med.): *das Auftreten von Tylomen.*
Tym|pa|na: Pl. von ↑Tympanon, ↑Tympanum; **Tym|pa|nal|or|gan**, das; -s, -e [zu ↑Tympanum] (Zool.): *Gehörorgan der Insekten;* **Tym|pa|nie**, **Tym|pa|ni|tis**, die; - (Med., Zool.): *Ansammlung von Gasen in Hohlorganen;* **Tym|pa|no|me|trie**, die; -, -n [↑-metrie] (Med.): *Verfahren der Audiometrie;* **Tym|pa|non**, das; -s, ...na [griech. týmpanon, eigtl. = Handtrommel, nach der (halbrunden) Form]: **1.** (Archit.) *[mit Skulpturen, Reliefs geschmücktes] Giebelfeld (eines antiken Tempels):* Reliefs im T. des Hauptportals zeigen das Hostienwunder und die Enthauptung Oswalds (Curschmann, Oswald 198). **2.** (Musik) *Hackbrett* (2). **3.** *Tympanum* (3); **Tym|pa|non|re|lief**, das (Archit.): *Relief in einem Tympanon* (1); **Tym|pa|no|pla|stik**, die; -, -en (Med.): *Operation zur Beseitigung von Schalleitungsstörungen im Mittelohr;* **Tym|pa|num**, das; -s, ...na [1–3: lat. tympanum < griech. týmpanon]: **1.** (Archit.) *Tympanon* (1). **2.** *(in der Antike) Handtrommel, kleine Pauke.* **3.** *(in der Antike) Wasserrad mit Zellen, in denen beim Drehen des Rades Wasser nach oben befördert wird.* **4.** (Anat. veraltend) *Paukenhöhle.*
Tyn|dall|ef|fekt ['tɪndl...], der; -[e]s [nach dem ir. Physiker J. Tyndall (1820–1893)] (Physik): *Streuung u. Polarisation von Licht beim Durchgang durch ein trübes Medium;* **Tyn|dall|o|me|ter**, das; -s, -

[↑-meter (1)] (Physik): *Gerät zur Messung des Staubgehalts der Luft.*
Typ, der; -s, -en [lat. typus < griech. týpos = Gepräge, Schlag, zu: týptein = schlagen, hauen]: **1. a)** *durch bestimmte charakteristische Merkmale gekennzeichnete Kategorie, Art (von Dingen od. Personen);* Typus (1 a): er verkörpert den T. des bürgerlichen Intellektuellen; ... kann man vier -en der ... Reformation unterscheiden (Fraenkel, Staat 152); eine Partei neuen -s; Fehler dieses -s sind relativ selten; eine gewisse Ähnlichkeit im T. ist gegeben (Danella, Hotel 305); sie sind sich vom T. [her] sehr ähnlich; Jener Schwarze, der vom T. her an einen Ungarn erinnerte (Bastian, Brut 48); sadistische Schleifer vom T. Platzek (Welt 22. 2. 64, 1); sie gehört zu jenem T. [von] Frauen, der nicht so leicht aufgibt; er ist nicht der T., so etwas zu tun/der so etwas tut *(es ist nicht seine Art, so etwas zu tun);* Ich bin kein T. für den Strafraum, kein Reißer und kein Wühler (Kicker 82, 1981, 28); Ich ... nehme nicht an, daß er Selbstmord verübt hat ... Er ist nicht der T. dafür (Prodöhl, Tod 288); „... War sie mit einer ihrer Kolleginnen befreundet?" – „Dazu war sie nicht der T." (M. L. Fischer, Kein Vogel 235); Überhaupt ist er nicht der T. dazu (Kinski, Erdbeermund 24); sie ist genau mein T. (ugs.; *gehört zu jenem Typ Frauen, der auf mich besonders anziehend wirkt);* dein T. wird verlangt (salopp; *jmd. möchte dich sprechen);* dein T. ist hier nicht gefragt (salopp; *du bist hier unerwünscht);* **b)** *Individuum, das einem bestimmten Typ* (1 a), *Menschenschlag zuzuordnen ist;* Typus (1 b): er ist ein hagerer, cholerischer, ruhiger, stiller, ängstlicher, leptosomer, dunkler, blonder T.; Einer der jungen Bauern hat sie neulich zum Tanzen eingeladen. Ein feister T., der nicht einmal vom Traktor stieg (Frischmuth, Herrin 107); er ist ein ganz anderer T. als sein Bruder; die beiden sind ganz verschiedene -en; er gehört zu diesen starren, geradlinigen -en. Diese Art Menschen sieht alles nur schwarz und weiß (Kemelman [Übers.], Mittwoch 107). **2.** ⟨auch: -en, -en⟩ (ugs.) *[junge] männliche Person, zu der man in einer irgendwie persönlich gearteten Beziehung steht od. eine solche herstellt:* ein dufter, beknackter, netter, mieser T.; Dein T. *(Freund)* hat angerufen (M. L. Fischer, Kein Vogel 111); einen T./-en kennenlernen; Bis auf einen T. waren alle ... (Christiane, Zoo 331); Sie hatte sich in einen -en verknallt (Christiane, Zoo 234); Der T. an seinem Tisch schwieg eisern (Fels, Sünden 46); Er hat die -en auf den Ämtern an der Hand (Prodöhl, Tod 57); Die kleine Blonde, die mit dem T. in der Lederjacke dagewesen ist (Gabel, Fix 86). **3.** ⟨o. Pl.⟩ (bes. Philos.) ↑ Typus (2). **4.** (Technik) *Modell, Bauart:* der T. ist *(die Wagen des Typs sind)* serienmäßig mit Gürtelreifen ausgestattet; eine Maschine des -s/vom T. Boeing 707; ein Fertighaus älteren -s. **5.** (Literaturw.) ↑ Typus (3); **Ty|pe,** die; -, -n [nach frz. type rückgeb. aus: Typen (Pl.)]: **1.** (Druckw.) *Drucktype.* **2.** *einer Drucktype ähnliches, kleines Teil einer*

Schreibmaschine, das beim Drücken der entsprechenden Taste auf das Farbband u. das dahinter eingespannte Papier schlägt. **3.** (bes. österr.) *Typ* (4). **4.** (Fachspr.) *Mehltype.* **5.** (ugs.) *durch seine besondere, ungewöhnliche Art auffallender Mensch; eigenartiger, merkwürdiger, sonderbarer, origineller, schrulliger Mensch:* eine originelle, kauzige T.; das ist vielleicht eine [seltsame, ulkige] T.!; Nina Hagen ist aber nicht immer die komische, ausgeflippte T. (Wiener 11, 1983, 18); Ich hab' eine ziemlich verrückte T. getroffen (Heim, Traumschiff 346); **ty|pen** ⟨sw. V.; hat⟩ [zu ↑ Typ (4)] (Fachspr.): *(industrielle Artikel zum Zwecke der Rationalisierung) nur in bestimmten Ausführungen u. Größen herstellen:* getypte Maschinenteile; **Ty|pen|bau,** der ⟨Pl. -ten⟩ (Bauw.): *Gebäude aus Typenelementen;* **Ty|pen|be|zeich|nung,** die: *Bezeichnung für einen Typ* (4); **Ty|pen|druck,** der ⟨Pl. -e⟩ (Druckw.): **1.** ⟨o. Pl.⟩ *mit Drucktypen arbeitendes Druckverfahren.* **2.** *im Typendruck hergestelltes Erzeugnis;* **Ty|pen|element,** das (Bauw.): *getyptes Bauelement;* **ty|pen|ge|prüft,** typgeprüft ⟨Adj.⟩ (Technik): *ein Erzeugnis darstellend, dessen Typ* (4) *einer Typprüfung unterzogen worden ist:* das Gerät ist t.; **Ty|pen|haus,** das (Bauw.): vgl. Typenbau; **Ty|pen|he|bel,** der: *hebelartiges Teil einer Schreibmaschine, an dessen Ende eine Type* (2) *sitzt u. das beim Drücken der zugehörigen Taste bewegt wird;* **Ty|pen|ko|mö|die,** die (Literaturw.): *Komödie, deren komische Wirkung auf dem Handeln bestimmter stehender Typen* (1 b) *beruht;* **Ty|pen|leh|re,** die ⟨o. Pl.⟩ (bes. Psych.): *Typologie* (1): Er befaßte sich mit der T. Kretzschmars (Meckel, Suchbild 60); **Ty|pen|lust|spiel,** das (Literaturw.): vgl. Typenkomödie; **Ty|pen|mö|bel,** das ⟨meist Pl.⟩: *getyptes Möbel;* **Ty|pen|psy|cho|lo|gie,** die: *Richtung der Psychologie, die Menschen in psychologische Typen* (1 b) *einteilt;* **Ty|pen|rad,** das: *scheibenförmiges, typentragendes Teil einer elektrischen Schreibmaschine;* **Ty|pen|rei|ni|ger,** der: *knetgummiähnliche Masse od. pinselartiger Gegenstand zum Reinigen der Typen* (2) *einer Schreibmaschine;* **Ty|pen|satz,** der (Druckw.): *mit einer Typensetzmaschine hergestellter Satz;* **Ty|pen|schild:** ↑ Typschild; **Ty|pen|setz|ma|schi|ne,** die (Druckw.): *Setzmaschine für Einzelbuchstaben;* **Ty|pen|trä|ger,** der: *Teil einer Schreibmaschine, auf den eine od. mehrere Typen* (2) *sitzen;* **typ|ge|prüft:** ↑ typengeprüft.

Ty|phli|tis, die; -, ...tiden [zu griech. typhlós = blind] (Med.): *Blinddarmentzündung;* **Ty|phlon,** das; -s, ...la (Med.): *Blinddarm;* **Ty|phlo|to|mie,** die; -, -n [zu griech. tomé = Schnitt] (Med.): *operative Öffnung des Blinddarms.*

Ty|pho|id, das; -[e]s, -e [zu ↑ Typhus u. griech. -oeidés = ähnlich, gestaltet, zu: eîdos = Aussehen, Form] (Med.): *typhusähnliche Erkrankung;* **Ty|pho|ma|nie,** die; - [↑ Manie] (Med.): *beim Typhus auftretende Fieberdelirien.*

¹Ty|phon, das; -s, -e [zu ↑ ²Typhon]: *mit Druckluft betriebene Schiffssirene:* Wann tuten eigentlich die -e? (Hamburger

Abendblatt 12. 5. 84, 5); **²Ty|phon,** der; -s, ...one [lat. typhon < griech. typhōn, ↑ Taifun] (veraltet): *Wirbelwind, Wasserhose.*

ty|phös ⟨Adj.⟩ (Med.): **a)** *typhusartig;* **b)** *zum Typhus gehörend;* **Ty|phus,** der; - [griech. týphos = Rauch; Umnebelung, zu: týphein = dampfen; Qualm, Rauch machen]: *gefährliche, mit einem rotfleckigen Hautausschlag, Durchfällen, Darmgeschwüren, starken Bauchschmerzen u. schweren Bewußtseinsstörungen verbundene fieberhafte Infektionskrankheit, von der bes. Krumm- u. Grimmdarm betroffen werden;* **Ty|phus|bak|te|rie,** die: *zu den Salmonellen gehörende Bakterie, die Typhus auslöst;* **Ty|phus|epi|de|mie,** die: *als Epidemie auftretender Typhus;* **Ty|phus|er|kran|kung,** die: *Erkrankung an Typhus;* **Ty|phus|er|re|ger,** der: *Erreger von Typhus;* **Ty|phus|kran|ke,** der u. die: *jmd., der an Typhus erkrankt ist;* **Ty|phus|schutz|imp|fung,** die: *Schutzimpfung gegen Typhus.*

Ty|pik, die; -, -en [zu ↑ Typ]: **1.** (Psych.) *Wissenschaft von den psychologischen Typen; Typenlehre, Typenpsychologie.* **2.** (veraltet) *Typologie* (4); **Ty|pi|kon,** das; -s, ...ka [mgriech. typikón, zu griech. typikós, ↑ typisch] (orthodoxe Kirche): **1.** *Buch mit liturgischen Vorschriften u. Regeln.* **2.** *Sammlung der Regeln eines Klosters;* **Ty|pin,** die; -, -nen [Jargon scherzh.]: *w. Form zu ↑ Typ* (2): Lockere T. mit Geist und Humor sucht Pendant (Mannheimer Wochenblatt 45, 1986, 6); zwischen den beiden Personen, zwischen diesem Typ und dieser T. (Männerbilder 62); **ty|pisch** [spätlat. typicus < griech. typikós = figürlich, bildlich] ⟨Adj.⟩: **1. a)** *einen [bestimmten] Typ* (1 a) *verkörpernd, dessen charakteristische Merkmale in ausgeprägter Form aufweisend:* er ist ein -er/der -e Berliner; Karl-Heinz W., mittelständischer Unternehmer aus Bremerhaven, -er Selfmademan (Schreiber, Krise 9); ein -es Beispiel; Du bist das -e Produkt unserer Zeit (Danella, Hotel 93); Das Bundesfinanzministerium errechnete für -e 4-Arbeitnehmerhaushalte ... folgende Entlastungen: ... (Saarbr. Zeitung 5./6. 6. 80, 1); ein -er Fall von ...; dieser Fall ist für mich ...; **b)** *für einen bestimmten Typ* (1 a), *für etw., jmdn. Bestimmtes charakteristisch, kennzeichnend, bezeichnend:* -e Merkmale, Symptome, Eigenarten; Varikosis, Hämorrhoiden und chronische Obstipation sind -e Erkrankungen der sitzenden Lebensweise (Richartz, Büroroman 268); Der Rabbi war hager, blaß ... beim Gehen die -e gebeugte Haltung eines Gelehrten ein (Kemelman [Übers.], Mittwoch 7); -e Werke des Manierismus; eine t. deutsche Eigenart; t. Frau, Mann (ugs.; *typisch für die Frauen, Männer);* das war wieder mal t. Manfred (ugs.; *typisch für ihn);* [das war mal wieder t.! (ugs. abwertend; *es war nichts anderes [von ihm, ihr usw.] zu erwarten);* es hat ganz t. reagiert. **2.** (veraltet) *als Muster geltend;* **ty|pi|scher|wei|se** ⟨Adv.⟩: *wie es typisch ist:* sie hat es t. wieder vergessen; Die chronische Polyarthritis ... befällt t. die kleinen, später jedoch auch die großen Gelenke der Gliedmaßen

typisieren

(Heilbronner Stimme 12. 5. 84, 15); **ty|pi-sie|ren** ‹sw. V.; hat› (bildungsspr., Fachspr.): **1.** *nach Typen* (1 a) *einteilen; einem Typ zuordnen.* **2.** *(bei der Darstellung, Gestaltung bes. in Kunst u. Literatur) die typischen Züge, das Typische einer Person, Sache hervorheben; als Typus* (3) *darstellen, gestalten.* **3.** (österr., sonst veraltend) *typen;* **Ty|pi|sie|rung,** die; -, -en (bildungsspr., Fachspr.): *das Typisieren;* **Ty-pi|zi|tät,** die; -, -en (bildungsspr.): *charakteristische Eigenart, modellhafte Eigentümlichkeit;* **Typ|norm,** die (Technik): *Norm zur Stufung u. Typisierung industrieller Erzeugnisse nach Art, Form, Größe o. ä.;* **Typ|nor|mung,** die: *Aufstellung von Typnormen;* **Ty|po|ge|ne|se,** die; -, -n (Biol.): *Formbildung im Laufe der Stammesgeschichte;* **Ty|po|graph,** der; -en, -en [frz. typographe] (Druckw.): **1.** (veraltet) *Schriftsetzer.* **2.** ⓌZ *Setzmaschine, die ganze Zeilen setzt u. gießt;* **Ty-po|gra|phie,** die; -, -n [frz. typographie] (Druckw.): **1.** ‹o. Pl.› *Kunst der Gestaltung von Druckerzeugnissen nach ästhetischen Gesichtspunkten; Buchdruckerkunst.* **2.** *typographische Gestaltung (eines Druckerzeugnisses);* **Ty|po|gra|phin,** die; -, -nen (Druckw. veraltet): w. Form zu ↑ Typograph (1); **ty|po|gra|phisch** ‹Adj.› [frz. typographique] (Druckw.): *zur Typographie gehörend, die Typographie betreffend; hinsichtlich der Typographie;* **Ty-po|lo|gie,** die; -, -n [↑ -logie] (bes. Psych.) ‹o. Pl.› *Wissenschaft, Lehre von den [psychologischen] Typen* (1 b); *Typenlehre.* **2.** (bes. Psych.) *System von [psychologischen] Typen:* die -n beider Wissenschaftler unterscheiden sich erheblich voneinander. **3.** (bes. Psych.) *Gesamtheit typischer Merkmale:* Über die „T. des Bankräubers" gab Terrahe folgenden Exkurs: ... (Welt 27. 4. 77, 1). **4.** (Theol.) *Wissenschaft, Lehre von der Vorbildlichkeit alttestamentlicher Personen u. Ereignisse für das Neue Testament u. die christliche Kirche;* **ty|po|lo|gisch** ‹Adj.›: *die Typologie betreffend, zur Typologie gehörend;* **Ty-po|me|ter,** das; -s, - [↑ -meter (1)] (Druckw.): *einem Lineal ähnlicher Gegenstand zum Messen von Schriftgraden;* **Ty-po|skript,** das; -[e]s, -e: *maschinengeschriebenes Manuskript* (1); **Typ|prüfung,** die (Technik): *technische Prüfung eines Typs* (4) *anhand eines einzelnen Stücks des betreffenden Typs;* **Typ-schein,** der: *allgemeine Betriebserlaubnis für serienmäßig hergestellte Fahrzeuge;* **Typ|schild,** Typenschild, das ‹Pl. -er›: *an einem technischen Gerät o. ä. befestigtes Schild [aus Blech] mit Angaben über den Typ* (4); **Ty|pung,** die; -, -en (Fachspr.): *das Typen;* **Ty|pus,** der; -, Typen [lat. typus < griech. týpos, ↑ Typ]: **1.** (bildungsspr.) **a)** *Typ* (1 a): Es beruhigt mich, zu wissen, daß ich dem T. des Streuners und Sinnierers zugehöre (Strauß, Niemand 211); Das Hôtel, das Stadthaus für den wohlhabenden Pariser, bildet sich zu einem festen T. aus (Bild. Kunst III, 28); Deine Partei wandelt sich seit Januar zur „Partei neuen T." (Bieler, Bär 232); **b)** *Typ* (1 b): Sein groteskes Welttheater ist mit italienischen Typen bevölkert (Bild. Kunst III, 85). **2.** (bes. Philos.) *Urgestalt, Grundform, Urbild, das ähnlichen od. verwandten Dingen od. Individuen zugrunde liegt.* **3.** (Literaturw., bild. Kunst) *als klassischer Vertreter einer bestimmten Kategorie von Menschen gestaltete, stark stilisierte, keine individuellen Züge aufweisende Figur.*

Tyr|amin, das; -s, -e [zu griech. tyrós = Käse u. ↑ Amin] (Biochemie): *biogenes Amin, das als Gewebshormon u. a. blutdrucksteigernd wirkt u. in Käse, Räucherfleisch, Wurst u. a. enthalten ist.*

Tyr|ann, der; -en, -en [mhd. tyranne < lat. tyrannus < griech. týrannos]: **1. a)** *Gewaltherrscher, Despot:* der T. Stalin; Meine Umwelt sah darin ... je nach eigenem politischen Standort die Äußerungen eines Friedensfürsten oder eines -en (Stern, Mann 237); **b)** *(im antiken Griechenland) unumschränkt, ohne gesetzliche Bindungen herrschender Alleinherrscher; [grausamer] Gewaltherrscher:* der T. Peisistratos. **2.** (abwertend) *autoritäre Person, die ihre Stellung, Macht dazu mißbraucht, andere, bes. Abhängige, Untergebene, zu tyrannisieren, zu unterdrücken; Despot* (2): ihr Chef, ihr Mann ist ein T.; Er war bestimmt ein freundlicher Vater, ... aber in dem Moment, wo er sein Büro betrat, verwandelte er sich in einen -en (Remarque, Triomphe 189); unser Jüngster ist ein kleiner T. (scherzh.; *er tyrannisiert uns ständig*). **3.** ‹meist Pl.› in Nord- u. Südamerika lebender, *meist unscheinbar braun, grau u. grünlich befiederter Vogel;* **Tyr|an|nei,** die; -, -en [spätmhd. thiranney, mniederd. tirannie, unter Einfluß von afrz. tyrannie < lat. tyrannis < griech. tyrannís] ‹Pl. selten›: **a)** *Gewalt-, Willkür-, Schreckensherrschaft:* auf diesen Ort konzentrieren sich auch die Kräfte, die dem Staat Machtmißbrauch und T. vorwerfen (Chotjewitz, Friede 192); sich der T. nicht beugen; sie lehnten sich gegen die T. des Alleinherrschers auf; Ü die T. der Presse; **b)** (bildungsspr.) *tyrannisches, willkürliches Verhalten:* ... sagten die Wachtmeister und duldeten ihn und seine schamlose T. über die anderen Gefangenen weiter (Fallada, Trinker 135); die ganze Familie litt unter der T. des Vaters; **Tyr|an|nen|herr|schaft,** die: *Tyrannei* (a); **Ty|ran|nen|mord,** der: *Tötung, Ermordung eines Tyrannen;* **Ty-ran|nen|mör|der,** der: *jmd., der einen Tyrannenmord begangen hat;* **Ty|ran|nen-mör|de|rin,** die: w. Form zu ↑ Tyrannenmörder; **Ty|ran|nen|tum,** das; -s (selten): vgl. Königtum (1); **Ty|ran|nin,** die; -, -nen: w. Form zu ↑ Tyrann; **Ty|ran|nis,** die; - [griech. tyrannís]: **1.** *von einem Tyrannen* (1 b) *ausgeübte Herrschaft:* unter der T. des Peisistratos; Innerhalb der Staatsform der Polis gab es eine Vielzahl möglicher Verfassungsformen (T., Aristokratie, Oligarchie, Demokratie) (Fraenkel, Staat 258). **2.** (bildungsspr.) *Tyrannei* (a): Ich charakterisiere das Dritte Reich als T., als eine nur durch Terror zusammengehaltene Anarchie (Niekisch, Leben 296); **ty|ran|nisch** ‹Adj.› [lat. tyrannicus < griech. tyrannikós]: *herrschsüchtig, despotisch; rücksichtslos [u. grausam] die eigene Stärke, Macht einsetzend:* ein -er Herrscher, Ehemann, Vater, Vorgesetzter; **ty|ran|ni|sie-ren** ‹sw. V.; hat› [frz. tyranniser, zu: tyran = Tyrann < lat. tyrannus, ↑ Tyrann] (abwertend): *in tyrannischer Art u. Weise behandeln, rücksichtslos [be]herrschen, jmdm. seinen Willen aufzwingen:* seine Umgebung, seine Familie, seine Untergebenen t.; das Baby tyrannisiert die Eltern; Man wurde tyrannisiert insofern, als Schönberg zum Beispiel keinen Zigarettenrauch vertrug und die Frau ihren Gästen das Rauchen untersagen mußte (Katia Mann, Memoiren 133); **Ty|ran-no|sau|rus,** der; -, ...rier [zu griech. saũros, ↑ Saurier]: *riesiger, auf den Hinterbeinen sich fortbewegender fleischfressender Dinosaurier;* **Ty|ran|no|sau|rus rex,** der; - - [zu lat. rex, ↑ ¹Rex]: *zu den Tyrannosauriern gehörender Saurier.*

Ty|rol|li|enne [tiro'li̯ɛn]: ↑ Tirolienne.

Ty|rom, das; -s, -e [zu griech. tyrós = Käse] (Med.): *käsige Geschwulst der Lymphknoten;* **Ty|ro|sin,** das; -s (Biochemie): *in den meisten Eiweißstoffen enthaltene Aminosäure;* **Ty|ro|sis,** die; - (Med.): *Verkäsung* (2).

Tz: ↑ Tezett.

U

u, U [uː; ↑a, A], *das*; -, - [mhd., ahd. u]: *einundzwanzigster Buchstabe des Alphabets, fünfter (letzter) Laut der Vokalreihe a, e, i, o, u:* ein kleines u, ein großes U schreiben; **ü, Ü** [yː; ↑a, A], *das*; -, - [mhd. ü(e)]: *Umlaut aus u, U.*
U = Unterseeboot; Uran.
u., (in Firmen auch:) **&** = und.
u. a. = und and[e]re, und and[e]res, unter ander[e]m, unter ander[e]n.
u. ä. = und ähnliche[s].
u. a. m. = und and[e]re mehr, und and[e]res mehr.
u. [od. **U.**] **A. w. g.** = um [od. Um] Antwort wird gebeten.
U-Bahn, *die*; -, -en: kurz für ↑ Untergrundbahn: Ich fuhr mit der U. nach Ost-Berlin (Habe, Namen 257); **U-Bahn|hof,** *der: Bahnhof der U-Bahn;* **U-Bahn-Netz,** *das:* vgl. U-Bahn-Tunnel: Hinter der Tür begann das geheime U., das unter ganz Berlin ausgebaut war (Johnson, Ansichten 203); **U-Bahn-Schacht,** *der:* vgl. U-Bahn-Tunnel: wenn sie an der Theresienwiese aus dem U. steigen (Südd. Zeitung 25. 9. 85, 37); **U-Bahn-Sta|ti|on,** *die: U-Bahnhof;* **U-Bahn-Tun|nel,** *der: Tunnel, in dem die Züge der U-Bahn fahren;* **U-Bahn-Wa|gen,** *der: Wagen* (2) *der U-Bahn.*
übel ⟨Adj.; übler, -ste⟩ [mhd. übel, ubel, ahd. ubil, H. u., viell. verw. mit ↑auf u. eigtl. = über das Maß hinausgehend, überheblich] (geh.): **1.** *ein unangenehmes Gefühl hervorrufend; dem Empfinden sehr unangenehm, zuwider; mit Widerwillen wahrgenommen:* übler Fusel; ein übles Revolverblatt; in den Arbeiterbaracken herrschten -ste hygienische Verhältnisse (NZZ 23. 12. 83, 34); Geht ein übler Gestank von ihm aus? (Süskind, Parfum 14); ü. riechen, schmecken; nicht ü. (ugs.; *eigentlich recht gut*) sein, aussehen, schmecken. **2.** *nicht so, wie es dem Wunsch, der Absicht entsprochen hätte; sich zum Nachteil entwickelnd; mit Widrigkeiten, Beschwernissen verbunden:* übles Wetter; eine üble Situation; Wolfram und das Mädchen, die beide in noch üblerer körperlicher Verfassung waren als ich (Heym, Schwarzenberg 165); das kann ü. ausgehen; er steht ü. um uns; Wer etwas gegen ihn unternommen hätte ... Dem wäre es ü. bekommen (Brot und Salz 240); er hat es ü. vermerkt *(war ärgerlich, böse),* daß ...; er ist wirklich ü. dran *(befindet sich in einer mißlichen Lage).* **3.** *Unbehaglichkeit, Unwohlsein ausdrückend; nicht heiter u. angenehm:* eine üble Laune; sie ist ü. gelaunt; jmdm. ist ü. *(jmd. hat das Gefühl, sich übergeben zu müssen);* jmdm. wird ü. *(jmd. muß sich übergeben);* es kann einem ü. werden, wenn man das hört. **4. a)** *(in bezug auf sittlich-moralische Werte) schlecht; von der Art, daß man sich vor dem Betreffenden, davor in acht nehmen muß:* ein übler Bursche; sie steht in üblem Ruf; in üble Gesellschaft geraten [sein]; wo man Unschuldige mit den -sten Tricks, falschen Gutachten, bestochenen Zeugen und dergleichen mehr hinter Zuchthausgittern habe verschwinden lassen (Prodöhl, Tod 85); Ich bin durch und durch ü., verdorben und unerträglich gewesen (Strauß, Niemand 30); **b)** *dem Grad nach schlimm, arg:* bei der Prügelei wurde er ü. zugerichtet; jmdm. ü. mitspielen; Weil sich die Politiker untereinander ü. beschimpfen (Hamburger Morgenpost 24. 5. 85, 2). **Übel,** *das*; -s, - [mhd. übel, ahd. ubil]: **1.** *etw., was als übel, unangenehm, zuwider betrachtet wird, was übel ist:* prompt beginnt wieder das alljährliche Ü.: In den ersten Frühlingswochen haben sich die Autofahrer noch nicht recht auf die Motorradfahrer eingestellt (ADAC-Motorwelt 4, 1981, 33); einem Ü. entgegentreten; Marx übertrug seine Erkenntnisse über die Ü. des Kapitals auf jede Art von Eigentum (Gruhl, Planet 45); zu allem Ü. *(obendrein)* mußten wir, *was ohnehin schon übel war)* noch umsteigen; ** ein notwendiges Ü.* (*etw., wovon man genau weiß, daß es übel ist, was sich aber nicht umgehen läßt;* nach dem griech. Dichter Menander [342–293 v. Chr.]): Die politische Sphäre blieb ihm fremd, ... sie war für ihn nur ein notwendiges Ü., ärgerlich und störend (Reich-Ranicki, Th. Mann 60); *das kleinere Ü./von zwei -n (etw., was genauso übel ist wie etw. anderes, aber weniger unangenehme Folgen od. Nachteile mit sich bringt;* nach Plato, Protagoras 538 D): Sie ... habe aber erst ein Semester studiert, ehe sie vor die Wahl gestellt worden sei, Rüstungsarbeiterin oder Wehrmachtshelferin zu werden. Sie habe sich für das kleinere Ü. entschieden (Loest, Pistole 103). **2.** (meist geh.) *Leiden, Krankheit:* die Symptome eines alten -s; mit einem Ü. geschlagen sein. **3.** ⟨o. Pl.⟩ (geh., veraltend) *das Böse:* der Grund, die Wurzel allen -s; (Bitte des Vaterunsers:) erlöse uns von dem Ü.!; etw. ist von/vom Ü. (nach Matth. 5, 37); **Übel|be|fin|den,** *das* (selten): *Unwohlsein, Unpäßlichkeit;* **übel|be|leu|mdet**[1] ⟨Adj.⟩: *mit üblem, schlechtem Leumund:* eine -e Person; **übel|be|ra|ten**[1] ⟨Adj.⟩: *übler beraten, am übelsten beraten: nicht gut beraten, schlechtberaten:* ein -er Käufer;
◆ **übel|be|rüch|tigt** ⟨Adj.⟩: *übel beleumundet:* ... daß man in diesem Tale hundertmal lieber ein armes Taglöhnermädchen wollte als eines von -er Familie her (Gotthelf, Elsi 127); **übel|ge|launt**[1] ⟨Adj.; übler gelaunt, am übelsten gelaunt⟩: *schlechtgelaunt, nicht gutgelaunt:* der -e Chef; sie zeterte ü. mit uns herum; Den Spaghettiabend ... verlassen wir ü. und zeitig, da er damit endet, daß die Schweizer Volkslieder singen und die Kinder mit den Stühlen werfen (Gregor-Dellin, Traumbuch 108); **übel|ge|sinnt**[1] ⟨Adj.⟩: *unfreundlich, nicht freundlich gesinnt:* ein -er Nachbar; **Übel|keit,** *die*; -, -en: **1.** ⟨o. Pl.⟩ *Gefühl des Unwohlseins:* wenn er ans Essen dachte, fielen ihm die Früchte ein, widerlich rosa, und zeitig. steigerte sich ihm (Böll, Adam 60); Seine Kleidung erregte seiner Schwester körperliche Ü. (Brecht, Groschen 56); Sie bezwang die Ü., die in ihr aufkeimte (Cotton, Silver-Jet 108); Da erblicke ich meine blutige Hand und fühle jähe Ü. (Remarque, Westen 154); Die verwöhnte Teta ... kann sich einer leichten Ü. nicht erwehren (Werfel, Himmel 129); der Geruch frischer Wäsche zwang ihn, gegen beginnende Ü. anzukämpfen (Grass, Hundejahre 86). **2.** *Zustand, in dem jmdm. übel ist:* Sie hatte Ü. vorgetäuscht und das Klassenzimmer verlassen (Kunze, Jahre 45); **übel|lau|nig** ⟨Adj.⟩: *verärgert u. daher in besonders schlechter Laune:* „Warum klopfen Sie an, ...?" fragte der Rabbi ü. (Kemelman [Übers.], Mittwoch 30); **Übel|lau|nig|keit,** *die*; -, -en: *das Übellaunigsein;* **Übel|mann,** *der* ⟨Pl. ...männer⟩ (landsch.): *Gauner* (2): Und die Leute? Lauter Übelmänner! Einer habe ihm absichtlich den falschen Weg gezeigt (Kempowski, Tadellöser 276); **übel|neh|men** ⟨st. V.; hat⟩: *(wegen jmds. Benehmen, Verhalten) unwillig werden, gekränkt od. beleidigt sein u. es ihn fühlen lassen:* jmdm. etw. sehr, ernstlich, bitter, nicht [sonderlich] ü.; ich kann es ihm eigentlich gar nicht ü., daß er gegangen ist

(H. Weber, Einzug 241); Sie nehmen mir meinen Vorschlag doch hoffentlich nicht übel? (Geissler, Wunschhütlein 110); keiner nahm ihm was übel (Gaiser, Schlußball 203); Sie nahmen es jedem Soldaten persönlich übel, daß das Konvikt aufgelöst war (Kuby, Sieg 166); ⟨auch o. Dativobj.:⟩ Sartorik nahm die Formlosigkeit der Begrüßung nicht übel (Sebastian, Krankenhaus 28); nimm's nicht übel, Kamerad, daß ich dich abstechen wollte (Remarque, Obelisk 320); ⟨auch o. Dativ- u. Akkusativobj.:⟩ Wenn einer uns einen guten politischen Witz macht, dann sitzt halb Deutschland auf dem Sofa und nimmt übel (Tucholsky, Werke II, 75); **Übel|neh|me|rei**, die; -, -⟨Pl. selten⟩: *dauerndes Übelnehmen;* **übel|neh|me|risch** ⟨Adj.⟩: *leicht etw. übelnehmend;* **übel|rie|chend**[1] ⟨Adj.⟩: -er, -ste⟩: *schlecht u. unangenehm riechend:* eine -e Flüssigkeit; **Übel|sein**, das: *Unwohlsein, Unpäßlichkeit;* **Übel|stand**, der: *Übel* (1); *Kalamität* (1): Um diesem Ü. abzuhelfen, ... (NZZ 21. 1. 83, 5); **Übel|tat**, die [mhd. übeltāt, ahd. ubitāt] (geh.): *üble* (1) *[gesetzwidrige] Tat:* Der Vater ist dazu imstande, so eklatante -en zu ignorieren (K. Mann, Wendepunkt 24); **Übel|tä|ter**, der [mhd. übeltæter]: *jmd., der etw. Schlechtes, Verbotenes getan hat:* aber benommen haben sie sich, als vermuteten sie einen gefährlichen Ü. unter uns (Kant, Aufenthalt 148); So gelang es den beiden Übeltätern, die Geldbombe an sich zu reißen (MM 20. 12. 82, 15); **Übel|tä|te|rin**, die: w. Form zu ↑ Übeltäter; **übel|tun** ⟨unr. V.; hat⟩ (selten): *etw. Schlechtes, Verbotenes tun;* **übel|wol|len** ⟨unr. V.; hat⟩: *jmdm. übel* (1), *unfreundlich gesinnt sein:* er hat mir immer übelgewollt; es gibt Mächte überall, nicht nur in Rom und Berlin, die uns übelwollen, die unsere Niederlage wünschen und betreiben (K. Mann, Wendepunkt 344); in übelwollender Neugier; **Übel|wol|len**, das; -s: *üble* (1), *unfreundliche Gesinnung:* aus Neid und Ü.; Der Chef! Der ließ ihn nicht die Kartei, sorgfältig die Kartei zu überrechnen, aber eine falsche Auskunft konnte ihm sein Ü. einbringen (Kühn, Zeit 273).

¹**üben** ⟨sw. V.; hat⟩ /vgl. geübt/ [mhd. üeben, uoben = bebauen; pflegen; ins Werk setzen; beständig gebrauchen, ahd. uoben = Landbau treiben; die Gewohnheit haben, etw. Bestimmtes zu tun, pflegen; verehren, eigtl. = (Feldarbeit, gottesdienstliche Handlungen) verrichten]: **1.** *(in einem bestimmten Tätigkeitsbereich) sich für eine spezielle Aufgabe, Funktion intensiv ausbilden:* jeden Tag, mehrere Stunden, stundenlang ü.; du mußt noch viel ü.; der Turner übt *(trainiert)* am Barren. **2.** *etw. sehr oft [nach gewissen Regeln] wiederholen, um es dadurch zu lernen:* eine Szene, einen Handgriff ü.; weil ich für mein morgiges Examen mein Deutsch natürlich ü. muß (Hofmann, Fistelstimme 52); heute üben wir einparken/das Einparken; Wir haben uns im Training sehr viel Zeit für die Torhüter genommen, haben gerade Stellungsspiel und Herauslaufen geübt (Kicker 6, 1982, 37); mit einigen geübten Griffen. **3.** *durch systematische Tätigkeit eine Fähigkeit erwerben, zu voller Entfaltung bringen, besonders leistungsfähig machen:* durch Auswendiglernen das Gedächtnis ü.; die Augen ü.; Übe Deine Finger lieber im Nachschlagen deutscher Vokabeln (Stern, Mann 176); mit geübten Händen zupacken; das habe ich festgestellt mit dem geübten Blick des Friseurs (Hilsenrath, Nazi 258). **4.** ⟨ü. + sich⟩ *möglichst große Geschicklichkeit in etw. zu erwerben, sich in etw. geschickt zu machen, zu vervollkommnen suchen:* sich in Rechtschreibung, im Schießen ü.; Studenten der Zahnheilkunde üben sich an meinen Zähnen (Frisch, Montauk 174); Anfangs durften wir die Kühe hüten ... Wir übten uns als Cowboys (Fels, Kanakenfauna 8); Ü sich in Geduld, Nachsicht ü.; der Mensch muß sich in Zufriedenheit ü. (Kühn, Zeit 23). **5.** (geh.) **a)** *ausüben* (3): Einfluß auf jmdn. ü.; **b)** *ausführen* (3 c): die Legende ..., daß die Römer den Kaiserschnitt ... erfolgreich geübt hätten (Thorwald, Chirurgen 171). **6. a)** *(ein Musikinstrument) beherrschen lernen:* Geige ü.; sie übt [täglich zwei Stunden] Klavier; Ich hatte von der Oberin die Erlaubnis, nach der Messe Orgel zu ü., wenn ich wollte (Remarque, Obelisk 40); **b)** *auf einem Musikinstrument spielen lernen:* eine Sonate, eine Etüde ü.; sie übten [Werke von] Haydn und Mozart; die Kapelle übt einen Marsch. **7.** (verblaßt) **a)** *jmdm. gegenüber sich in seinem Verhalten, Urteilen einer bestimmten Tugend befleißigen:* Barmherzigkeit, Gnade, Großmut, Milde, Gerechtigkeit, Geduld, Nachsicht ü. *(geduldig, nachsichtig sein);* Man umzingelte sein Haus, zündete es an, holte ihn heraus, doch nicht, um an ihm christliche Milde zu ü., sondern um ihn im Triumph durch die Straßen zu schleppen (Thieß, Reich 323); **b)** *etw. durch ein entsprechendes Tun zur Ausführung kommen lassen:* Kritik, Rache, Vergeltung ü.; Danach sollte bei den Stichwahlen ... Wahlenthaltung geübt werden (Kühn, Zeit 153); Wir üben Solidarität (Brot und Salz 276); Verrat ü. (geh.; *etw., jmdn. verraten*).

²**üben** ⟨Adv.⟩ [zu ↑ über] (landsch.): *drüben.*
über [mhd. über ⟨Adv., Präp.⟩ ahd. ubar ⟨Adv.; ubiri⟩, zu ↑ auf]: **I.** ⟨Präp. mit Dativ u. Akk.⟩ /vgl. überm, übern, übers/ **1.** (räumlich) **a)** ⟨mit Dativ⟩ kennzeichnet die Lage in der Höhe u. in bestimmtem Abstand von der oberen Seite von jmdm., etw.: die Lampe hängt ü. dem Tisch; das Haus, ü. dem eine Fahne weht; sie wohnt ü. uns *(ein Stockwerk höher);* der Ort liegt fünfhundert Meter ü. dem Meer; **b)** ⟨mit Akk.⟩ kennzeichnet die Bewegung in Richtung einer höher als jmd., etw. gelegenen Stelle: das Bild ü. das Sofa hängen; **c)** ⟨mit Dativ⟩ drückt aus, daß sich etw. unmittelbar auf etw. anderem befindet, etw. umgibt, es ganz od. teilweise bedeckt, einhüllt o. ä.: sie trägt einen Mantel ü. dem Kleid; Nebel liegt ü. der Wiese; Der Blumenhügel ü. einem frischen Grab war fast ganz überschneit (Kronauer, Bogenschütze 124); Elektroleitungen, die ü. Putz liegen (Chotjewitz, Friede 232); **d)** ⟨mit Akk.⟩ drückt aus, daß etw. unmittelbar auf etw. anderem zu liegen kommt u. bedeckend, verdeckend wirkt: eine Decke ü. den Tisch breiten; du solltest doch einen Pullover über die Bluse ziehen; er legte die Jacke ü. den Stuhl, um die Schulter; **e)** ⟨mit Akk.⟩ kennzeichnet einen Ort od. eine Stelle, die von jmdm. od. etw. überquert wird: ü. die Straße, den Platz gehen; sie fuhr ü. die Brücke; ... sprang Maria auf und lief ü. den Strand bis an die See (Grass, Butt 693); sie entkamen ü. die Grenze; er schwamm ü. den See; er sprang ü. den Zaun; ein Flug ü. die Alpen; **f)** ⟨mit Akk.⟩ kennzeichnet einen Ort od. eine Stelle, über die sich etw. in unmittelbarer Berührung bewegt: seine Hand strich ü. ihr Haar; sie fuhr sich mit der Hand ü. die Stirn; der Wind strich ü. die Felder; Tränen liefen ihr ü. das Gesicht; Er streichelte ihr ü. die Wange (Brasch, Söhne 11); ein Schauer lief mir ü. den Rücken; **g)** ⟨mit Dativ⟩ kennzeichnet eine Lage auf der andern Seite von etw.: sie wohnen ü. der Straße; ü. den Bergen leben; **h)** ⟨mit Akk.⟩ kennzeichnet die Erstreckung, Ausdehnung von unten nach oben od. von oben nach unten, zu einem bestimmten höher- bzw. tiefergelegenen Punkt, der dabei überschritten wird: das Wasser reicht ü. die Stiefel; bis ü. die Knöchel im Schlamm versinken; der Rock reicht ü. das Knie *(er bedeckt das Knie);* der Sekt läuft ü. den Rand des Glases; die Sopranistin kommt nicht ü. das hohe C hinaus; **i)** ⟨mit Akk.⟩ bezeichnet eine Fortbewegung in horizontaler Richtung, wobei ein bestimmter Punkt, eine bestimmte Stelle überschritten wird, über sie hinausgegangen, -gefahren wird: unser Spaziergang führte uns ü. die Altstadt hinaus; **j)** ⟨mit Akk.⟩ drückt aus, daß ein bestimmter Ort, Bereich passiert wird, um irgendwohin zu gelangen: wir sind ü. die Dörfer gefahren; ü. Karlsruhe nach Stuttgart fahren; dieser Zug fährt nicht ü. Mannheim; Gefrees ü. Bayreuth (früher; Angabe bei Anschriften für die Beförderung durch die Post). **2.** (zeitlich) **a)** ⟨mit Akk.⟩ drückt eine Zeitdauer, eine zeitliche Erstreckung aus; *während:* er kommt ü. Mittag nach Hause; Erst haben wir die Wäsche ü. Nacht eingeweicht (Wimschneider, Herbstmilch 13); Beide servieren kalte und warme Mahlzeiten ü. Tag (NZZ 11. 4. 85, 37); Über Sekunden *(sekundenlang)* trat eine peinliche Stille ein (Bastian, Brut 21); Was hast du zuwege' gebracht ü. die Jahre? (Strauß, Niemand 193); Solche Bilder haben ü. die Jahrhunderte der Einbildungskraft viel (Fest, Im Gegenlicht 380); Über lange Jahre *(viele Jahre lang)* war der rüstige Pensionär zudem begeisterter Hobbysegler (Saarbr. Zeitung 10. 10. 79, 15); ich will ü. das Wochenende segeln; ü. den Winter in Italien sein; Wir verreisen ü. Pfingsten (Bieler, Mädchenkrieg 89); ◆ Über (in landsch. Sprachgebrauch; *bei*) Tisch war Lenz wieder in guter Stimmung (Büchner, Lenz 89); **b)** ⟨mit Akk.⟩ (landsch.) drückt den Ablauf einer Frist aus: heute ü. *(in)* drei Wochen; fragen Sie bitte ü. acht Tage *(in 8 Tagen)* wieder

nach; **c)** ⟨mit Dativ⟩ drückt aus, daß etw. während eines anderen Vorgangs erfolgt; *bei:* sie ist ü. der Arbeit, ü. den Büchern *(beim Lesen der Bücher)* eingeschlafen; manchmal schlief er während der Vorführung ü. solchen Sehnsüchten ein (Ransmayr, Welt 25); seine Mutter ist ü. *(während)* seiner langen Reise gestorben; **d)** ⟨mit Akk.⟩ drückt aus, daß ein bestimmter Zeitraum abgelaufen ist, daß eine bestimmte zeitliche Grenze überschritten ist: du solltest ü. dieses Alter hinaussein; er ist ü. die besten Jahre hinaus; es ist zwei Stunden ü. die Zeit; ... hat SPD-Chef Willy Brandt zu erkennen gegeben, daß er ü. 1986 hinaus Parteivorsitzender bleiben will (Hamburger Abendblatt 24. 5. 85, 1). **3. a)** ⟨mit Dativ⟩ zur Angabe einer Reihen- od. Rangfolge: der Major steht ü. dem Hauptmann; mit seiner Leistung ü. dem Durchschnitt liegen; was ihr Können anbelangt, so steht sie hoch ü. ihm; niemanden ü. sich anerkennen; er steht ü. mir (1. *er ist mir geistig überlegen.* 2. *er ist mein Vorgesetzter*); **b)** ⟨mit Dativ⟩ bezeichnet einen Wert o. ä., der überschritten wird: eine Temperatur ü. Null, über dem Gefrierpunkt; etw. liegt ü. dem Mittelwert; **c)** ⟨mit Akk.⟩ drückt die höchste Stufe einer Rangordnung o. ä. aus: Musik geht mir ü. alles; es geht doch nichts ü. ein gutes Essen; **d)** ⟨mit Akk.⟩ drückt ein Abhängigkeitsverhältnis aus: ü. jmdn. herrschen; ü. etw. verfügen; [keine] Macht ü. jmdn., etw. haben; er spielte sich zum Herrn ü. Leben und Tod auf. **4.** ⟨mit Akk.⟩ in Verbindung mit zwei gleichen Substantiven als Ausdruck einer Häufung des im Substantiv Genannten: Schulden ü. Schulden; Fehler ü. Fehler. **5.** ⟨mit Dativ⟩ drückt eine Folge von etw. aus; *infolge:* ü. dem Streit ging ihre Freundschaft in die Brüche; die Kinder sind ü. dem Lärm aufgewacht. **6.** ⟨mit Akk.⟩ drückt aus, daß das Ausmaß von etw. eine bestimmte Grenze überschreitet: etw. geht ü. jmds. Kraft, Verstand; er wurde ü. Gebühr gelobt. **7.** ⟨mit Akk.⟩ bezeichnet Inhalt od. Thema einer mündlichen od. schriftlichen Äußerung: ein Essay ü. Schiller; einen Bericht ü. eine Reise verfassen; Rolf erklärt mir alles Wissenswerte ü. den Hafen (Schwaiger, Wie kommt 33); mit konsequenter Handhabung der Vorschriften ü. die Wärmedämmung (NZZ 1. 2. 83, 18); erzähl nicht solchen Blödsinn über mich!; Maria redete jetzt Kleinigkeiten ü. die Töchter und ü. das angezahlte Auto (Grass, Butt 693). **8.** ⟨mit Akk.⟩ bezeichnet die Höhe eines Betrages, einen Wert; *in Höhe von, im Wert von:* eine Rechnung ü. 50 DM; einen Scheck ü. 300 DM ausstellen. **9.** ⟨mit Akk.⟩ bezeichnet das Mittel, die Mittelsperson o. ä. bei der Durchführung von etw.: eine Anfrage ü. Fernsprecher übermitteln; einen Aufruf ü. alle Sender bringen; Die Wärme wird in den Gebäuden der Abnehmer ü. einen Wärmetauscher abgegeben (Göttinger Tageblatt 30. 8. 85, 9); er bekam die Anschrift ü. einen Freund *(durch die Vermittlung eines Freundes),* die Telefonnummer ü. die Auskunft; Ich hatte weder ihre Adresse in München noch in Paris;

ich hatte ü. den Verlag geschrieben (Frisch, Montauk 90); Deshalb werden die Einkäufe in Kamerun meist ü. libanesische Unternehmen abgewickelt (natur 4, 1991, 39); Die meisten Privatanleger werden ... ihre Aufträge ü. Börsenmakler placieren (NZZ 23. 10. 86, 13); Dafür müssen die Konsumgüterhersteller eine Lizenzabgabe zahlen, die den Kunden ü. den Preis berechnet wird (Rheinpfalz 16. 8. 91, 2). **10.** ⟨mit Akk.⟩ (geh.) drückt bei Verwünschungen aus, daß ein Unheil auf jmdn. herabkommen möge: die Pest, Fluch ü. die Mörder! **11.** ⟨mit Akk.⟩ in Abhängigkeit von bestimmten Verben: ü. etw. weinen, lachen, sprechen, streiten; ü. jmdn. (landsch.; *nach jmdm.*) rufen; sich ü. etw. freuen, aufregen; sich ü. etw. einigen; ü. wen hat sie sich geärgert, daß sie so entsetzlich abgereist ist?; Es gab nun eben Sachen, ü. die man endlich einmal hätte reden müssen (M. Walser, Seelenarbeit 61); Wo wir auch sind, ü. was (ugs.; *worüber*) wir auch reden, immer landen die Gespräche bei meinem Mann (Schwarzer, Unterschied 21); Wenig später saß er konzentriert ü. einer Korrektur *(korrigierte konzentriert;* Kronauer, Bogenschütze 151); Carlo saß ruhig ü. seinen Spaghetti (Erné, Fahrgäste 127). **12.** ⟨mit Akk.⟩ kennzeichnet in Verbindung mit Kardinalzahlen das Überschreiten einer bestimmten Anzahl; *von mehr als:* Kinder ü. 10 Jahre; in Mengen ü. 100 Exemplare. **II.** ⟨Adv.⟩ **1. a)** bezeichnet das Überschreiten einer Quantität, Qualität, Intensität o. ä.; *mehr als:* der Stoff ist ü. einen Meter breit; ü. 10 Pfund schwer, ü. 18 Jahre [alt] sein; Gemeinden ü. 10 000 Einwohnern; die ü. Siebzigjährigen; ü. eine Woche [lang] dauern; Nach ü. zehnwöchigem Prozeß wurde Stonehouse ... verurteilt (Prodöhl, Tod 287); ü. 80 Gäste sind eingeladen; **b)** * **ü. und ü.** *(völlig; von oben bis unten):* er war ü. und ü. mit Schmutz bedeckt; nichts in dem und ü. weiß gestrichenen Raum entging einem (Kronauer, Bogenschütze 46); als wir auf den Monterosa stiegen, einem ü. und ü. verwucherten Pfad folgend (Fels, Kanakenfauna 96). **2.** drückt aus, daß etw. nach oben gerichtet, zu öffnen o. ä. wird: Segel ü.!; (milit. Kommando:) Gewehr ü.! **3.** ⟨mit vorangestelltem Akk.⟩ drückt eine zeitliche Erstreckung aus; *durch ... hindurch; während:* den ganzen Tag ü. fleißig lernen; diese Heimlichkeiten, auf die sich die restliche Zeit ü. freut (Kronauer, Bogenschütze 287). **4.** ⟨als abgetrennter Teil von Adverbien wie „darüber"⟩ (landsch.): da habe ich noch gar nicht ü. nachgedacht; Und da weinste ü. (B. Vesper, Reise 458); das andre, da kann man nicht ü. reden (Schmidt, Strichjungengespräche 231). **III.** ⟨Adj.⟩ (ugs.). **1.** *übrig:* vier Mark sind ü.; es ist noch Kaffee ü.; dafür habe ich immer was ü. **2. a)** *überlegen:* kräfteäßig ist er mir ü.; sie ist ihm geistig um einiges ü.; **b)** *zuviel, so daß jmd. der betreffenden Sache überdrüssig ist:* es, das ist mir jetzt ü., immer wieder darum

bitten; Fielitz schüttelte ungehalten den Kopf, als sei es ihm nun ü., immer wieder die gleichen Fragen beantworten zu müssen (Prodöhl, Tod 38).

über-: **1.** (verstärkend) drückt in Bildungen mit Adjektiven eine Verstärkung aus/*sehr, überaus:* überdeutlich, -glücklich. **2.** drückt in Bildungen mit Adjektiven aus, daß eine Eigenschaft über etw. hinausgeht: überindividuell, -national. **3.** drückt in Bildungen mit Adjektiven oder Verben aus, daß das übliche Maß überschritten wird, daß etw. zu sehr ausgeprägt ist, daß eine Person etw. zu viel, zu sehr tut: überehrgeizig, -elegant; überbuchen, -würzen. **4.** drückt in Bildungen mit Verben aus, daß eine Person einer Sache überdrüssig ist, sie nicht mehr mag, weil sie etw. zu oft, zu viel gemacht hat: überessen, -haben. **5.** drückt in Bildungen mit Verben ein Bedecken, ein Sicherstrecken aus: überfluten, -pudern. **6.** drückt in Bildungen mit Substantiven und einer Endung aus, daß eine Sache oben oder an der Oberseite mit etw. versehen wird: überdachen, -golden. **7.** drückt in Bildungen mit Verben ein Wechseln (von einer Stelle o. ä. auf eine andere) aus: übersiedeln, -springen.

Über-: **1.** kennzeichnet in Bildungen mit Substantiven ein Zuviel an etw.: Überkontrolle, -subventionierung. **2.** kennzeichnet in Bildungen mit Substantiven etw. Übergeordnetes: Überministerium. **3.** kennzeichnet in Bildungen mit Substantiven jmdn. oder etw. als über allem stehende, alles beherrschende [ideale] Figur oder Sache: Überdoktor, -film, -gitarrist, -mutter.

Über|ak|ti|vi|tät, die; -, -en: *übermäßige Aktivität* (1, 2): die Presse rügte die -en der Polizei.

über|all [auch: - - -´-] ⟨mhd. überal, ahd. ubaral⟩ ⟨Adv.⟩: **a)** *an jeder Stelle, an allen Orten; in jedem Bereich:* ich habe dich ü. gesucht; sich ü. auskennen; ü. auf Erden; die Camorra ... unterhalte auch Verbindungsstellen in Turin, Mailand und ü. (Fest, Im Gegenlicht 267); in dieser Großstadt, wo ü. gebaut wird (Richter, Flüchten 309); ü. und nirgends zu Hause sein; ü. *(bei allen Leuten)* beliebt; Seveso ist ü. *(die Möglichkeit, daß es zu einem Giftgasunglück wie dem in Seveso kommt, besteht überall);* Bosnien ist ü. *(Ereignisse, Verhältnisse wie in Bosnien geschehen, bestehen überall;* Spiegel 3, 1993, 138); **b)** *bei jeder Gelegenheit:* sie drängt sich ü. vor; ♦ **c)** *überhaupt:* wie dies in so kurzer Zeit möglich sei (Kleist, Kohlhaas 100); nur unter der Bedingung kann ich mich ü. damit befassen (Schiller, Piccolomini III, 2); **über|all|her** [auch: - - -´-, - - ´- -, - -´- -] ⟨Adv.⟩: *von allen Orten; aus allen Richtungen:* sie ... kauften von ü. Getreide zusammen (Fühmann, Judenauto 8); **über|all|hin** [auch: - - -´-, - - ´- -, - -´- -] ⟨Adv.⟩: *an alle Stellen; in alle Richtungen:* wenn die Jungvögel körperlich imstande sind, den Eltern ü. zu folgen (Lorenz, Verhalten I, 175).

über|al|tert ⟨Adj.⟩: **1.** *sich größtenteils aus alten Menschen zusammensetzend:* eine -e Bevölkerung; wie eine -e Führungs-

Überalterung

gruppe ihr Generationenproblem zu lösen meint (W. Brandt, Begegnungen 445); Heute ist die Landbevölkerung weitgehend ü. (NZZ 27. 8. 84, 15); Der Club (= Club of Rome) habe an Dynamik eingebüßt, weil er ü. sei und eine Verjüngungskur benötige (natur 9, 1991, 40). **2. a)** *nicht mehr dem gegenwärtigen Stand der [technischen] Entwicklung entsprechend; überholt:* ... um die doch sehr weitgehend -en Krankenhäuser auf das Niveau gestiegenen Anforderungen und Ansprüche zu heben (Bayernkurier 19. 5. 84, 10); Das Fahrzeug dieses Löschzuges ... ist ü. (Saarbr. Zeitung 8. 7. 80, 13); Da diese Waffen meist ü. sind, ... (Freie Presse 8. 12. 89, 2); **b)** *nicht mehr der gegenwärtigen Zeit entsprechend; überholt:* eine -e Pseudomoral; -es Recht könne oft nicht anders als durch solche Winkelzüge korrigiert werden (NJW 9. 5. 84, 1066); **Über|al|te|rung,** die; -, -en ⟨Pl. selten⟩: *das Überaltertsein.*

Über|an|ge|bot, das; -[e]s, -e: *Angebot, das [wesentlich] höher ist als die Nachfrage, das die Nachfrage [bei weitem] übersteigt:* Heidelbeeren sind derzeit überraschend billig. Die warme Witterung der letzten Tage hat nämlich zu einem Ü. geführt (Hamburger Morgenpost 5. 9. 84, 8); weil in Wien ein Ü. an Spitalsbetten bestehe (Presse 8. 6. 84, 4); Ü Für das Ü. an Mittelfeldspielern glaubt der Coach eine sehr gute Lösung gefunden zu haben (Ruhr-Nachr. 15. 8. 87, 7).

über|ängst|lich ⟨Adj.⟩: *übermäßig ängstlich:* Sie sollten bei Ihren Streifzügen durch den Wald schon aufmerksam sein, aber nicht ü. (Hörzu 35, 1984, 135); **Über|ängst|lich|keit,** die; -: *das Überängstlichsein.*

über|an|stren|gen ⟨sw. V.; hat⟩: *jmdn., sich eine zu große körperliche od. geistige Anstrengung zumuten (u. dadurch gesundheitlich schaden):* er hat sich, seine Kräfte, sein Herz überanstrengt; Teichmann hätte ihm gern gesagt, er möge sein Organ nicht ü. (Ott, Haie 191); du darfst das Kind nicht ü.; immer in Besorgnis, ihr Söhnchen könnte sich ü. (Riess, Cäsar 370); Auch die kühnste Phantasie meiner Leser würde ich ü. bei dem Versuch, ... (Becher, Prosa 5); **Über|an|stren|gung,** die; -, -en: **1.** *zu große Anstrengung:* -en meiden. **2.** *das [Sich]überanstrengen.*

über|ant|wor|ten ⟨sw. V.; hat⟩ (geh.): **1.** *jmdn., etw. in jmds. Obhut u. Verantwortung geben, jmdm. anvertrauen:* ein Kind Pflegeeltern ü.; Funde dem Museum ü.; daß der Rat des Bezirkes das ganze Gebiet ab sofort der hiesigen Jagdgesellschaft überantwortet habe (Freie Presse 24. 11. 89, 3). **2.** *jmdm., einer Sache ausliefern:* der Verbrecher wurde dem Gericht, der Gerechtigkeit überantwortet; Man überantwortete ihn daraufhin der Folter (Süskind, Parfum 290); **Über|ant|wor|tung,** die; -, -en ⟨Pl. selten⟩: *das Überantworten.*

Über|ar|beit, die; -: *Arbeit, die zusätzlich zu der festgelegten täglichen Arbeitszeit geleistet wird:* Liegt Ü. ... vor, so liegen die Monatsverdienste erheblich höher (Rittershausen, Wirtschaft 10); **über|ar|bei|ten** ⟨sw. V.; hat⟩ (ugs.): *länger als üblich arbeiten:* „O Gott, bist du endlich da? Ich hatte solche Angst!" – „Aber warum denn Angst? ... Überarbeiten habe ich müssen, das Vergnügen habe ich alle drei Tage." (Fallada, Mann 56); **über|ar|bei|ten** ⟨sw. V.; hat⟩: **1.** *durcharbeiten, bearbeiten u. dabei verbessern [u. ergänzen]; eine nahezu neue Fassung (von etw.) erarbeiten:* einen Text, ein Manuskript ü.; das Drama ist vom Autor noch einmal überarbeitet worden; Mit überarbeiteten Modellen, die nicht mehr so „amerikanisch" aussehen, ... möchte man jetzt an frühere Verkaufserfolge anknüpfen (Augsburger Allgemeine 22./23. 4. 78, XIII). **2.** ⟨ü. + sich⟩ *sich durch zuviel Arbeit überanstrengen:* er hat sich überarbeitet; ⟨oft im 2. Part.:⟩ er ist total überarbeitet; Ich bin unausstehlich, wenn ich überarbeitet bin, und man ist meistens überarbeitet (Frisch, Homo 91); Wie alle überarbeiteten Menschen konnte er Nichtstun und Alleinsein absolut nicht vertragen (Baum, Paris 52); **Über|ar|bei|tung,** die; -, -en: **1. a)** *das Überarbeiten* (1); **b)** *etw., was überarbeitet* (1) *wurde:* eine Ü. von ... **2.** ⟨o. Pl.⟩ (selten) *das Überarbeitetsein* (2).

Über|är|mel, der; -s, - (selten): *Ärmelschützer.*

über|äu|gig ⟨Adj.⟩ (veraltet): *schielend:* Sie war eine sehr liebliche, wenn auch -e und asthenische Erscheinung gewesen (Th. Mann, Zauberberg 186).

über|aus [auch: -ˈ-, ˈ--ˈ-] ⟨Adv.⟩ (geh.): *in ungewöhnlich hohem Grade, Maße:* er ist ü. geschickt; diese Leute seien scheu und ü. mißtrauisch gegenüber Fremden (Fest, Im Gegenlicht 14); mein jüngst vergangenes Leben, das mir in der Erinnerung so. glücklich erschien (Kaschnitz, Wohin 31); Was ihn so ü. irritierte, war ... (Kirst, 08/15, 194).

über|backen[1] ⟨unr. V.; überbäckt/überbackt, überbackte/(veraltend:) überbuk, hat überbacken⟩: *(eine bereits gekochte Speise o. ä.) bei großer Hitze kurz backen (so daß sie nur an der Oberfläche leicht braun wird):* einen Auflauf mit Käse ü.; an der Theke stehen nach Bier und überbackenen Brötchen Schlange (Freie Presse 11. 11. 89, 8).

Über|bau, der; -[e]s, -e u. -ten [3: mhd. überbū]: **1.** ⟨Pl. -e; selten⟩ (marx.) *die politischen, juristischen, religiösen, weltanschaulichen o. ä. Vorstellungen u. die ihnen entsprechenden Institutionen in dialektischer Wechselwirkung mit der materiellen Basis* (z. B. soziale u. wirtschaftliche Verhältnisse): darum rauben die Sowjets Kindern, um ihnen in Spezialschulen den geeigneten „ideologischen Ü." zu verpassen (Dönhoff, Ära 182); Im Unterschied zu den bürgerlichen Auffassungen habe Marx die Sprache als Teil des -s betrachtet, deren Entwicklung nur im Zusammenhang mit der Entwicklung der Gesellschaft zu verstehen sei (Leonhard, Revolution 73). **2.** ⟨Pl. ungebr.⟩ (Rechtsspr.) *das Überschreiten der Grenze beim Bebauen eines Grundstücks.* **3.** (Bauw.) **a)** *Teil eines Bau[werk]s, der über etw. hinausragt;* **b)** *auf Stützpfeilern liegender Teil (einer Brücke);* **über|bau|en** ⟨sw. V.; hat⟩: *über die Grenze [eines Grundstücks] bauen;* **über|bau|en** ⟨sw. V.; hat⟩: *(ein Dach [als Schutz], ein Bauwerk) über etw. errichten:* seine Großeltern ... hatten dort einen schönen Rebberg besessen, der inzwischen längst überbaut worden war (Ziegler, Liebe 44); **Über|bau|schrank,** der: *aus zwei übereinandergesetzten Teilen bestehender Schrank, bei dem der obere Teil zurückspringt u. das oben abschließende Gesims vorragt u. mit Säulen od. Pfeilern, die auf dem unteren Teil ruhen, getragen wird;* **über|baut** ⟨Adj.⟩ (Fachspr.): *(von Pferden) mit einer Kruppe, die höher als der Widerrist liegt;* **Über|bau|ung,** die; -, -en: **1.** *das Überbauen:* ... gibt es leider noch kein Gesetz, das die Ü. des Ufers verbieten würde (Kosmos 1, 1965, 9). **2.** *über etw. errichtetes Dach, Bauwerk o. ä.:* Leonardo da Vinci ... entwarf Kriegsmaschinen ..., eine Kuppel für den Mailänder Dom und eine Ü. ganz Mailands mit einer Fußgängeretage (W. Schneider, Sieger 206).

über|be|an|spru|chen ⟨sw. V.; hat⟩: *zu stark beanspruchen:* du solltest vermeiden, ihn überzubeanspruchen; Noch nie in der Geschichte der Menschheit wurden der Naturhaushalt und die ökologischen Lebensgrundlagen derartig überbeansprucht (Westd. Zeitung 11. 5. 84, 19); Schon heute sind etwa in den USA große Bodenflächen überbeansprucht (natur 9, 1991, 37); **Über|be|an|spru|chung,** die; -, -en: *das Überbeanspruchen.*

über|be|hal|ten ⟨st. V.; hat⟩ (landsch.): *übrigbehalten.*

Über|bein, das; -[e]s, -e [mhd. überbein, zu ↑Bein (5) u. eigtl. = obenliegender Knochen; man hielt die Geschwulst früher fälschlich für einen Knochenauswuchs]: *knotenförmige Geschwulst (bes. an Hand- u. Fußrücken); Ganglion* (2): Das Ü., am Handgelenk, das werde ihr bei der Gelegenheit auch gleich weggemacht (Kempowski, Tadellöser 300).

über|be|kom|men ⟨st. V.; hat⟩: **1.** (ugs.) *jmds., einer Sache überdrüssig werden:* ich habe dieses dumme Gerede überbekommen; Ich spielte die Platte noch so lange, bis ich sie auch selber überbekam (Schnurre, Bart 95); sich ü. **2.** *einen/eins, ein paar ü.* (ugs.; *einen Schlag, Schläge bekommen*).

über|be|las|ten ⟨sw. V.; hat⟩: *zu stark belasten* (1 a, 2 a); **Über|be|la|stung,** die; -, -en: *das Überbelasten.*

über|be|le|gen ⟨sw. V.; hat⟩: *(in einem Krankenhaus, Hotel o. ä.) zu viele Personen unterbringen:* man hat das Krankenhaus überbelegt; man müsse vermeiden, Heime überzubelegen; Im Polizeipräsidium waren nach der Einlieferung der Festgenommenen sämtliche Arrestzellen überbelegt (MM 20. 5. 75, 17); überbelegte Baracken; **Über|be|le|gung,** die; -, -en: *das Überbelegen, Überbelegtsein.*

über|be|lich|ten ⟨sw. V.; hat⟩ (Fot.): *zu lange belichten* (a): sie überbelichtet die Filme öfter; er muß vermeiden, die Filme überzubelichten; mit ... der verblichenen, unscharfen und überbelichteten Fotografie von Gary Cooper (Rocco [Übers.],

Schweine 139); **Über|be|lich|tung,** die; -, -en: *das Überbelichten, Überbelichtetwerden.*

über|be|schäf|tigt ⟨Adj.⟩: *durch zuviel Beschäftigung überfordert;* **Über|be|schäfti|gung,** die; -, -en ⟨Pl. ungebr.⟩ (Wirtsch.): *Beschäftigungsgrad, der über der möglichen volkswirtschaftlichen Kapazität liegt:* Die an Ü. heranreichende Vollbeschäftigung in der Bundesrepublik sei der große Erfolg der bisherigen Wirtschaftspolitik (MM 9. 11. 66, 1).

über|be|setzt ⟨Adj.⟩: *mit zu vielen Personen besetzt.*

Über|be|steue|rung, die; -, -en: *zu hohe Besteuerung:* Finanzpolitiker der CDU/CSU ... wollen sofort nach der Sommerpause einen Stufenplan zum Abbau der Ü. vorlegen (Welt 19. 7. 77, 1).

über|be|to|nen ⟨sw. V.; hat⟩: *zu stark betonen:* er überbetont diese Mängel, sollte vermeiden, sie überzubetonen; **Über|beto|nung,** die; -, -en: *das Überbetonen, Überbetontwerden.*

über|be|trieb|lich ⟨Adj.⟩: *über den [einzelnen] Betrieb hinausgehend:* -e Fortbildungskurse; Eine Lockerung des Ladenschlußgesetzes müßte mit -en Regelungen verbunden werden (Stadtblatt 11, 1984, 9); diese Einrichtung wird ü. genutzt.

Über|bett, das; -[e]s, -en (landsch.): *Deckbett, Federbett.*

über|be|völ|kert ⟨Adj.⟩: *übervölkert:* -e Landstriche; Für die BRD komme eine ökologische Studie zum Schluß, daß dieses Land gar um das Zehnfache ü. sei (NZZ 11. 4. 85, 23); **Über|be|völ|ke|rung,** die; - ⟨o. Pl.⟩: *Übervölkerung:* die Ü. der Erde; Die erzwungene Ü. in den Homelands, den Ghettos für Schwarze, hat die ohnehin schlechten Böden ausgelaugt (natur 8, 1991, 17).

über|be|wer|ten ⟨sw. V.; hat⟩: *zu hoch bewerten:* jmds. Leistungen ü.; man sollte vermeiden, solche Faktoren überzubewerten; man sollte immer vorsichtig sein und die Rolle einer einzelnen Person nicht ü. (Brot und Salz 193); sie überbewertete sicherlich ihre eigene wirklich geringe Erfahrung (Loest, Pistole 154); **Über|be|wer|tung,** die; -, -en: *das Überbewerten, Überbewertetwerden.*

über|be|zah|len ⟨sw. V.; hat⟩: *zu hoch bezahlen* (1 b): er wird überbezahlt; **Überbe|zah|lung,** die; -, -en: *das Überbezahlen, Überbezahltwerden.*

über|biet|bar ⟨Adj.⟩: *zum Überbieten geeignet; so beschaffen, daß es überboten werden kann:* ein kaum -es Beispiel für Intoleranz; Die Diktion seiner Epik ist von nicht -er Virtuosität (Reich-Ranicki, Th. Mann 34); Ein Vorgang aus Zufall und kaum -er Willkür (Fest, Im Gegenlicht 298); **über|bie|ten** ⟨st. V.; hat⟩: **1.** *mehr bieten (als ein anderer Interessent):* jmdn. beträchtlich, um einige hundert Mark [bei einer Auktion] ü. **2.** *übertreffen* (a); *besser sein als jmd. od. etw.; in noch größerem Ausmaß vorhanden sein:* er hat den Rekord [beim Kugelstoßen] um zwei Zentimeter überboten; Jedes Jahr wurden die Zahlen vom Vorjahr überboten (Dönhoff, Ära 52); ihre Frechheit wird nur noch von der Dummheit ihrer Re-dakteure überboten (Tucholsky, Werke II, 212); Die Formulierungen ... konnten an Schärfe kaum noch überboten werden (Niekisch, Leben 285); sie überboten einander, sich [gegenseitig] an Höflichkeit; Die Komsomolzen ... überboten sich an Eifer, Tatkraft und Einsatzbereitschaft (Leonhard, Revolution 55); diese Anmaßung ist kaum zu ü.; Schließlich will er den aufgebrachten Bruder mit einer kaum zu überbietenden Schmeichelei besänftigen (Reich-Ranicki, Th. Mann 160); **Über|bie|tung,** die; -, -en: *das Überbieten.*

über|bin|den ⟨st. V.⟩ (Musik): *gebunden spielen:* diese Töne müssen übergebunden werden; **über|bin|den** ⟨st. V.; hat⟩ (schweiz.): *[eine Verpflichtung] auferlegen:* jmdm. eine Aufgabe, Pflichten ü.; die Kosten des Verfahrens wurden den Klägern überbunden; ... drängt es sich auf, noch mehr das Risiko von Baukostenüberschreitungen einem Generalunternehmer zu ü. (NZZ 4. 4. 84, 29); ... haben die Chauffeure ... den Auftrag, Flüchtlinge auszuforschen; Daß ihnen obendrein militärische Schnüffelei überbunden ist, erscheint auch der Bundesanwaltschaft „naheliegend" (Weltwoche 26. 7. 84, 21).

Über|biß, der; ...bisses, ...bisse (ugs.): *das Überstehen der oberen Schneidezähne über die unteren bei normaler Stellung der Kiefer.*

über|bla|sen ⟨st. V.⟩ (Musik): *(bei Holz- u. Blechblasinstrumenten) durch stärkeres Blasen statt des Grundtons die höheren Teiltöne hervorbringen.*

über|blat|ten ⟨sw. V.; hat⟩ (Fachspr.): *(in bestimmter Art u. Weise) zwei Holzbalken od. -bohlen miteinander verbinden;* **Überblat|tung,** die; -, -en (Fachspr.): **a)** *das Überblatten;* **b)** *überblattete Stelle.*

über|blei|ben ⟨st. V.; ist⟩ (landsch.): *übrigbleiben:* von der Farbe ist nichts übergeblieben; viel wird bestimmt nicht ü. für ihn, und er hat Hunger wie ein Wolf (Fallada, Jeder 32); ... es blieb als letzte nur noch die Möglichkeit über (Musil, Mann 1126 f.); **Über|bleib|sel,** das; -s, - (ugs.): *[Über]rest; Relikt* (1): aber die häßlichen Ü. des „Berghof" stören das schöne Bild (K. Mann, Wendepunkt 430); die schäbigen Ü. vergangener Größe und vergangenen Glückes (Greiner, Trivialroman 15); Die Münzen im Wasser sind nicht nur Anerkennung für den Tierpark, sondern auch Ü. uralten Brunnenopfers (Berger, Augenblick 43); Solche Leute ... seien Ü. der Feudalzeit (Fest, Im Gegenlicht 25).

über|blen|den ⟨sw. V.; hat⟩: **1.** (Rundf., Ferns., Film) *Ton, Bild einer Einstellung allmählich abblenden mit gleichzeitigem Aufblenden eines neuen Bildes, Tons:* Ü ... das (= das Buch) ... auf verschiedenen Ebenen spielt, rückgreifend und überblendend das gleiche Thema durch das Erleben verschiedener Personen sich brechen läßt (Bodamer, Mann 165). **2.** (selten) *überstrahlen:* Morduy ..., der ... die ganze Nacht zu scheinen schien, wäre ihm (= dem Stern Sirius-Ninurtu) gleichgekommen an Pracht, hätte nicht der Mond seinen Glanz überblendet (Th. Mann, Joseph 60); **Über|blen|dung,** die; -, -en: *das Überblenden.*

Über|blick, der; -[e]s, -e: **1.** *Blick von einem erhöhten Standort, von dem aus man etw. übersehen kann:* von der Burgruine aus hat man einen guten Ü. über die Stadt; „Sie werden hier neben mir stehen" ... „Hier haben Sie den besten Ü." (Bieler, Bonifaz 39). **2.** *Übersicht* (1): ihm fehlt der Ü.; er hat völlig den Ü. verloren; ... wie der, welcher ... den Ü. über alles behält (Kafka, Erzählungen 264); daß sie sich ... einen genauen Ü. über die Geschäfte verschaffen wollte (Bieler, Mädchenkrieg 296); er besitzt ... einen sehr umfassenden Ü. über die bedeutendsten Romane der Weltliteratur (Greiner, Trivialroman 13). **3.** *Übersicht* (2): wie unser kurzer Ü. über das Verhältnis zwischen Russen und anderen Nationalitäten gezeigt hat, ... (Mehnert, Sowjetmensch 329); Einen guten Ü. über den Stand ... geben die Bücher von Schelsky und Dahrendorf (Fraenkel, Staat 114); die Geschichte des Deutschen Reiches im Ü.; **über|blicken**[1] ⟨sw. V.; hat⟩: **1. a)** *übersehen* (1): ein Gelände schlecht ü. können; Ich stand ziemlich hoch und konnte die Ebene hinter den Schlachtreihen gut ü. (Brecht, Geschichten 130); In dieser Höhe kann man jederseits fünfhundert Meter bequem ü. (Grzimek, Serengeti 131); Ü er überblickte sein Werk (Musil, Mann 392); wenn man von einem tausendvierhundert Jahre später liegenden Zeitpunkt aus die Dinge überblickt (Thieß, Reich 541); **b)** *(durch seine Lage) einen Blick auf etw. ermöglichen:* Es (= das Hotel) überblickt ... schöne Grünanlagen ... (NZZ 27. 1. 83, 37). **2.** *übersehen* (2): eine Situation, Lage rasch ü.; sie konnte alle die Geschäfte allein nicht mehr ü. (Brecht, Mensch 54); Man hat 1918 nicht in vollem Umfange das Ausmaß des deutschen Zusammenbruchs überblickt (Niekisch, Leben 234); Er ... überblicke noch nicht *(könne noch nicht absehen),* wann er zurück sei (Fest, Im Gegenlicht 138).

über|bor|den ⟨sw. V.⟩ [zu ↑³Bord]: **1.** *über die Ufer treten* ⟨ist⟩. **2. a)** *das normale [u. erträgliche] Maß hinausgehen* ⟨ist⟩: die Defizite überborden allmählich; Schon im Vorfeld des Wahlkampfs überborden Voreingenommenheit und Gehässigkeit ... (MM 5. 10. 72, 2); ⟨meist im 1. Part.:⟩ ein überbordendes Temperament, eine überbordende Phantasie haben; der überbordende Verkehr; aus einem überbordenden Gefühl von Dankbarkeit (Süskind, Parfum 143); Er geriet sofort in überbordende Begeisterung (H. W. Richter, Etablissement 33); **b)** *über gesetzte Grenzen hinausgehen* ⟨hat⟩: Allerdings geriet die Aufführung in der ungewohnten Umgebung streckenweise ... zu laut und überbordete hier und da den engen Rahmen des Zimmertheaters (MM 18. 2. 66, 26).

über|bra|ten ⟨st. V.; hat⟩: in der Wendung **jmdm. einen/eins, ein paar ü.** (ugs.; **1.** *„... euch brate ich was über",* zeterte der Rentner [Spiegel 1/2, 1975, 34]. **2.** *jmdn. derb zurechtweisen, scharf kritisieren* [u.

bloßstellen]: „Ist er ohnehin weit und breit", so Juso-Chef Schröder, „der einzige, der in der Lage ist, Albrecht aus dem Stand einen überzubraten" [Spiegel 4, 1979, 32]. **3.** *jmdm. eine [vernichtende] Niederlage beibringen:* der Regionalligaverein hat den Profis der Bundesliga eins übergebraten).

über|breit ⟨Adj.⟩: vgl. überlang: Runder Ärmelansatz und -e Achseln (Herrenjournal 3, 1966, 20); ... einen Spezialunterschriftenhalter mit -er Goldfeder ... (Prodöhl, Tod 23); die -en Rollstuhltüren (ADAC-Motorwelt 1, 1983, 68); **Über|breite,** die; -, -n: vgl. Überlänge (2): der Schwertransport hat Ü. und kann nicht überholt werden; Reifen mit Ü.

über|brem|sen ⟨sw. V.; hat⟩ (Fachspr.): *zu stark bremsen:* Wenn er (= der Motorradfahrer) dann überbremst ..., kommt es leicht zu einem bösen Sturz (ADAC-Motorwelt 4, 1981, 33).

über|bren|nen ⟨st. V.; hat⟩: in der Wendung **jmdm. einen/eins, ein paar ü.** (ugs.; *jmdm. einen Schlag, Schläge versetzen*): Du wirst ihn leicht erkennen. Brenn ihm eins über! (Strittmatter, Wundertäter 209).

über|brin|gen ⟨unr. V.; hat⟩ (geh.): *jmdm. etw. bringen, zustellen:* jmdm. einen Brief, eine Nachricht ü.; Der Kabinettssekretär überbringt den Befehl persönlich (St. Zweig, Fouché 156); Als Peachum im Auftrag der TSV Coax das für Hale bestimmte Geld überbrachte ... (Brecht, Groschen 167); jmds. Glückwünsche von jmdm. Glückwünsche ü. *(in jmds. Namen gratulieren);* **Über|brin|ger,** der; -s, -: *jmd., der etw. überbringt:* ... warum man gerade Sie zum Ü. dieser ... Botschaft erkoren hat (Habe, Namen 286); auf das Wohl des trefflichen -s von 250000 Talern (Fallada, Herr 233); **Über|brin|ge|rin,** die; -, -nen: w. Form zu ↑ Überbringer; **Über|brin|gung,** die; -, -en ⟨Pl. selten⟩: *das Überbringen.*

über|brück|bar ⟨Adj.⟩: *sich überbrücken lassend:* die Gegensätze sind nicht, kaum ü.; **über|brücken¹** ⟨sw. V.; hat⟩: **1.** *durch etw. eine schwierige Situation o. ä. überwinden:* ... die Frist zwischen der Antragstellung ... und der Bewilligung der Hilfe mit finanziellen Mitteln zu ü. ... (Saarbr. Zeitung 18. 12. 79, 11); ... wurde ... Bouillon oder Kaffee verteilt, um die Zeit zwischen Frühstück und Mittagessen zu ü. (Konsalik, Promenadendeck 420); ... um Unterschiede auszulöschen und Gegensätze zu ü. *(auszugleichen;* Hesse, Narziß 41); um das Schweigen zu ü., begann der Redner von den Vorzügen der Kleinbahn zu sprechen (Lenz, Suleyken 90). **2.** ⟨selten⟩ *eine Brücke über etw. bauen:* den Fluß, das Tal ü.; Ü eine Sicherung, das Zündschloß ü.; Kurzerhand überbrückte der junge Mann den Stromzähler (MM 7. 4. 78, 20); und welche Entfernungen müßten von den Trecks überbrückt *(überwunden)* werden? (Spiegel 48, 1965, 48); **Über|brücken;** die; -, -en: *das Überbrücken;* **Über|brücktwerden;** die; **Über|brückungs|bei|hil|fe¹,** die; -, -n: *finanzielle Hilfe zur Überbrückung bestimmter Notsituationen;* **Über|brückungs|geld¹,** das: *Überbrückungsbeihilfe;* **Über|brückungs-**

hil|fe¹, die: *Überbrückungsbeihilfe;* **Über|brückungs|kre|dit¹,** der (Bankw.): *Kredit, der einen vorübergehenden Mangel an finanziellen Mitteln überbrückt;* **Über|brückungs|maß|nah|me¹,** die: *Maßnahme zur Überbrückung einer Notsituation o. ä.:* ... hat sich die Kurzarbeit ... als wichtige Ü. bewährt (NZZ 30. 1. 83, 17).

über|bu|chen ⟨sw. V.; hat⟩: *Buchungen* (2) *über die vorhandene Kapazität hinaus vornehmen:* ein Hotel, einen Flug ü.; ⟨oft im 2. Part.:⟩ wir sind überbucht für die Festspiele (Danella, Hotel 253); Überbuchte Maschinen verärgern Passagiere (Spiegel 17, 1982, 62); **Über|bu|chung,** die; -, -en: *das Überbuchen,* **Überbuchtsein.**

über|bür|den ⟨sw. V.; hat⟩: **1.** (geh.) *überlasten, überanstrengen:* er fühlt sich mit diesem Amt, dieser Verantwortung überbürdet; so wird sie wieder auf den paar Schultern lasten, die jetzt schon durch die Arbeit am Sender ... überbürdet sind (Heym, Nachruf 338). **2.** (schweiz.) *aufbürden:* ... überbürdet man diese Aufgabe kurzerhand dem Fahrzeuglenker (Wochenpresse 46, 1983, 54); **Über|bürdung,** die; -, -en: **1.** (geh.) *Überlastung, Überanstrengung.* **2.** (schweiz.) *Aufbürdung:* ... habe die Ü. neuer Auf- und Ausgaben es verhindert, aus den roten Zahlen herauszukommen (NZZ 21. 1. 83, 19).

über|cha|rak|te|ri|sie|ren ⟨sw. V.; hat⟩: *überzeichnet charakterisieren; beim Charakterisieren überzeichnen* (2): der Dichter hat diese Romanfigur übercharakterisiert.

Über|dach, das; -[e]s, ...dächer: *[als Schutz] über etw. errichtetes Dach;* **über|da|chen** ⟨sw. V.; hat⟩: *ein Dach [als Schutz] über etw. errichten; mit einem Dach versehen:* Das Mittelschiff und das ... nördliche Seitenschiff wurden neu überdacht (Berger, Augenblick 22); ⟨meist im 2. Part.:⟩ eine überdachte Terrasse, Tribüne; ein überdachter Stellplatz; Ü Hände überdachen fernblickende Augen (Grass, Hundejahre 151); **Über|da|chung,** die; -, -en: **1.** *das Überdachen.* **2.** *Überdach:* eine provisorische Ü.

Über|dampf, der; -[e]s (Fachspr.): *für den Antrieb einer Maschine o. ä. nicht benötigter Dampf.*

über|dau|ern ⟨sw. V.; hat⟩: **a)** *(ohne zu vergehen, ohne zerstört zu werden) überstehen:* Aber die Menschen vergehen, und nur ihre Werke überdauern die Zeiten (Bamm, Weltlaterne 21); dieses Bauwerk hat alle Kriege überdauert; Wir liebten es, uns in den Armen zu liegen und ... Schwüre zu tun, die alle Ewigkeiten ü. sollten (Jahnn, Geschichten 22); seine Kaltblütigkeit überdauerte als Leidenschaft (St. Zweig, Fouché 12); Fischgeruch, der das Mittagessen überdauert hatte (Bastian, Brut 152); **b)** *lebend überstehen; überleben* (1): die Larven überdauern den Winter in der Erde; ... wird ihm ... sein Fachwissen als Chemiker behilflich sein, die Zeit der Bedrängnis zu ü. (Spiegel 1/2, 1966, 29); Polizeihauptwachtmeister Pulver ... hatte mehrere Regierungen überdauert; er war jeder treu, solange sie existierten (Kirst, Aufruhr 12); ⟨auch o. Akk.-Obj.:⟩ er hatte innen (= im

Lande) überdauert (Kantorowicz, Tagebuch I, 247).

Über|decke¹, die; -, -n: *Decke, die [als Schutz] über etw. gelegt wird;* **überdecken¹** ⟨sw. V.; hat⟩ (ugs.): *jmdm. [etw. als] eine Decke überlegen:* Dafür deckt der Feldwebel uns eine Zeltbahn über (Remarque, Westen 172); **über|decken¹** ⟨sw. V.; hat⟩: **1. a)** *bedecken* (2) *u. dadurch [weitgehend] den Blicken entziehen:* Rot sind die festen Salzkrusten, die ihn (= den See) überdecken (Grzimek, Serengeti 326); ⟨oft im 2. Part.:⟩ ihr Körper, von dem hellen weichen Mantel lose überdeckt *(verhüllt)* ... (Andersch, Rote 181); daß unter dem Strich, von Tintenspritzern überdeckt, ein Datum stand (Rinser, Mitte 50); die Bilder überdeckten einander (Schnabel, Marmor 34); Ü als ... der Geruch des Fichtenöls den Duft der Mimosen zu ü. begann (Baum, Paris 61); Vielleicht hat lediglich eine erste Schockwirkung Cooleys Schmerzempfinden überdeckt (Thorwald, Chirurgen 85); **b)** *bedecken* (1), *verdecken* (b): einen blauen Fleck mit Make-up ü.; Auch der Moskwa-Fluß wurde vollständig mit Holz überdeckt, um den Fliegern die Orientierungsmöglichkeit zu nehmen (Leonhard, Revolution 94); Ü Dabei scheinen jedoch ... die Schwächen ... mehr überdeckt als behoben worden zu sein (NZZ 30. 8. 86, 1). **2.** *überdachen:* ... soll das Autobahnstück ... überdeckt werden (Tages Anzeiger 5. 11. 91, 9); mit drei überdeckten Terrassen (Perrin, Frauen 17); **Über|deckung¹,** die; -, -en: **1.** *das Überdecken.* **2.** *Überdachung* (2).

über|deh|nen ⟨sw. V.; hat⟩: *zu stark dehnen:* eine Sehne, einen Muskel ü.; Ü Dennoch wirkt keine Szene überdehnt oder überflüssig (Spiegel 8, 1979, 204).

über|den|ken ⟨unr. V.; hat⟩: *über etw. [intensiv, prüfend] nachdenken:* er wollte die Sache, den Fall [noch einmal] ü.; ein Moment ..., wo es gilt, die Lage neu zu ü. (Dönhoff, Ära 169); Sie versprachen, ihre Planung ü. (Hörzu 16, 1976, 15); Ihre ... Zusage ... will die SPD wieder ü., nachdem ... (Wiesbadener Kurier 12. 5. 84, 2).

über|deut|lich ⟨Adj.⟩: **1.** *allzu deutlich:* Ich möchte ... eine solche fast -e Wundergeschichte behandeln (Thielicke, Ich glaube 77); das im Laufe der zwanziger Jahre deutlich, wenn nicht ü. werdende pädagogische Engagement Heinrichs (Reich-Ranicki, Th. Mann 176). **2.** *sehr, überaus deutlich:* Er ... sah alles in -er Schärfe (Rehn, Nichts 98); Ravic sah das alles ü., als präge es sich wie ein Relief hinter seinen Augen in Wachs (Remarque, Triomphe 317); plötzlich traten alle Gegenstände ü. hervor, glänzend in niederbrechenden Licht (Dürrenmatt, Grieche 24).

über|dies [auch: '- - -] ⟨Adv.⟩: *über dieses, über das alles hinaus; obendrein, außerdem:* ich habe kein Interesse, und ü. fehlt mir das Geld; Ich weiß, daß das eine verdammt billige Folgerung ist, und ü. ist sie noch falsch (Remarque, Obelisk 257).

über|di|men|sio|nal ⟨Adj.⟩: *übermäßig groß, riesig:* sie trägt mit Vorliebe -e Bril-

len; mit der Gewalt eines -en Staubsaugers (Natur 38); **über|di|men|sio|nie|ren** ⟨sw. V.; hat⟩ (bes. Fachspr., Technik): *so dimensionieren, auslegen, daß das angemessene, richtige, vernünftige Maß überschritten wird:* die Frage ist, in welchem Ausmaß sie (= die Medien) diesen Bedarf selbst erst schaffen und ihn eben deswegen überdimensionieren (Augsburger Allgemeine 27./28. 5. 78, VII); ⟨meist im 2. Part.:⟩ überdimensionierte touristische Projekte haben heute ... kaum noch Chancen (Basler Zeitung 27. 7. 84, 33); Mit 960 cm² auf 880 kg Leergewicht sind seine Bremsen überdimensioniert (Kosmos 1, 1965, 11); während Sie sich eingesperrt in Ihrer überdimensionierten, giftspeienden Limousine durch das ... Verkehrschaos quälen (natur 9, 1991, 10); Für den Präsidenten sind die Angriffe ... „teilweise überdimensioniert" (*überzogen;* NZZ 26. 10. 86, 26); **Über|di|men|sio|nie|rung**, die; -, -en: *das Überdimensionieren.*
über|do|sie|ren ⟨sw. V.; hat⟩: *zu hoch dosieren:* ein Medikament, eine Droge, ein Waschmittel, einen Wirkstoff, eine Zutat, einen Zuschlagstoff, ein Additiv ü.; ⟨auch o. Akk.-Obj.:⟩ er überdosiert oft; um nicht überzudosieren, sollte man ...; **Über|do|sie|rung**, die; -, -en: **1.** *das Überdosieren.* **2.** *zu hohe Dosierung* (2); *Überdosis;* **Über|do|sis**, die; -, ...dosen: *zu große Dosis:* sie hat eine Ü. Schlaftabletten geschluckt; der Fixer war an einer Ü. gestorben; Neben relativ harmlosen Mitteln ... nannte sie Copyrkal und Titretta, also, in Ü. genommen, äußerst gefährliche Schmerztabletten (Bastian, Brut 20); Die zur Zeit angewandte Messung der radioaktiven Strahlung kann ... nicht länger angewendet werden. Sie führt zu einer versteckten radioaktiven Ü., die schwere Erbschäden verursachen kann (Kelly, Um Hoffnung 146).
über|dre|hen ⟨sw. V.; hat⟩ /vgl. überdreht/: **1.** *[an] etw. so fest, zu stark drehen, so daß das Betreffende auf Grund der Überbeanspruchung nicht mehr zu gebrauchen ist:* eine Schraube ü.; Man kann jede Feder ü. Eine Sicherung dagegen gibt es nur bei automatischen Uhren (DM 49, 1965, 31). **2.** *einen Motor mit zu hoher Drehzahl laufen lassen:* Der Testfahrer Maysak ... räumte ein, den VW „im Anfang leicht überdreht" zu haben (Bild 10. 4. 64, 6). **3.** *bei einem Sprung den Körper zu stark drehen:* Er überdrehte einen Doppelsprünge (Maegerlein, Triumph 145). **4.** (Film) *den Film schneller als normal durch die Kamera laufen lassen;* **über|dreht** ⟨Adj.; -er, -este⟩ (ugs.): **1.** *durch starke [seelische] Belastung, Übermüdung unnatürlich wach, munter:* Ich bin so müde, und dabei so ü. – kennst du das? (Simmel, Stoff 585). **2.** *überspannt, verrückt:* Warum steht da nichts über Nenas Seitensprünge, warum nichts über ein -es Mädchen, das ...? (Szene 8, 1984, 15); eine total -e, typisch amerikanische Komödie, in der ... ein Gag den andern jagt (Oxmox 9, 1984, 44); **Über|dre|hung**, die; -, -en: *das Überdrehen.*
¹**Über|druck**, der; -[e]s, ...drücke (Physik): *Druck, der den normalen Atmosphärendruck übersteigt;* ²**Über|druck**, der;-[e]s, -e (Philat.): *(auf eine Briefmarke) nachträglich über das bereits vorhandene Bild o. ä. gedruckter anderer Wert, anderer Name o. ä.; Aufdruck* (1 b); **Über|druck|at|mo|sphä|re**, die; (früher): *Einheit, in der der Atmosphärenüberdruck gemessen wird;* **über|drucken**¹ ⟨sw. V.; hat⟩: *über etw. Gedrucktes nachträglich drucken;* **Über|druck|ka|bi|ne**, die: *Druckkabine;* **Über|druck|ven|til**, das: vgl. *Sicherheitsventil.*
Über|druß, der; ...drusses [mhd. überdrōȝ, zu: -drieȝen, ahd. -driuȝan, vgl. verdrießen]: *Widerwille, Abneigung gegen etw., womit man sich [ungewollt] sehr lange eingehend beschäftigt hat:* die monotone Arbeit bereitete ihm Ü.; Er fühlte Ü. aufkommen, als er an das Wohnungsamt dachte (Müthel, Baum 209); Er gab Zeichen eines grenzenlosen Überdrusses und äußerte sich ... wiederholt dahin, daß er „des Ganzen" ... sterbensmüde sei (Th. Mann, Hoheit 84); ... meldete er sich zur amerikanischen Armee, doch „mehr aus Ü. und Masochismus ..." (Reich-Ranicki, Th. Mann 220); sich aus Ü. am Leben selbst töten; Sie hatten bis zum Ü. über Verhütungsmittel gestritten (H. Weber, Einzug 146); Es war dieser Blick, den ich zum Ü. kannte (Innerhofer, Schattseite 221); **über|drüs|sig** ⟨Adj.⟩: *in der Verbindung* jmds., einer Sache/(seltener:) jmdn., etw. ü. sein, werden (geh.) *Widerwillen, Abneigung gegen jmdn., etw. empfinden, zu empfinden beginnen):* er ist ihrer Lügen, des Lebens ü.; Der Sorgen ü., wissen sie nur noch, was nützt und gefällt (Strauß, Niemand 69); Je mehr Masaniello auf seiner Macht bestand, desto -er wurde man seiner (Fest, Im Gegenlicht 241); Zuerst vermutete ich, daß sie einander herzlich ü. waren (Salomon, Boche 129).
über|dün|gen ⟨sw. V.; hat⟩: **1.** *zuviel düngen:* Mit Kompost aus eigenen Gartenabfällen kann ein Garten niemals überdüngt werden (natur 2, 1991, 82); In den überdüngten Böden werden die Nitrate durch Regenwasser aus der Ackerkrume ausgewaschen (DÄ 47, 1985, 23); das Gemüse war überdüngt. **2.** (Ökologie) *mit zu vielen Nährstoffen belasten; eutrophieren:* Tenside ... müssen biologisch abgebaut werden, damit sie nicht die Gewässer überdüngen (Hamburger Abendblatt 24. 5. 85, 2); Schuld tragen ... unsere jüngsten Vorfahren, die ... die Flüsse überdüngt haben (natur 2, 1991, 54); ⟨oft im 2. Part.:⟩ ein überdüngter See; **Über|dün|gung**, die; -, -en: **1.** *zu starkes Düngen, Gedüngtsein.* **2.** (Ökologie) *Eutrophierung:* Ammoniumverbindungen, die als Nährsalze zur Ü. von Gewässern führen können (Welt 18. 1. 90, 21).
über|durch|schnitt|lich ⟨Adj.⟩: *über dem Durchschnitt liegend:* ein -es Einkommen; -e Leistungen; seine Intelligenz ist ü.; Meine Kenntnisse sind ü. (Handke, Kaspar 95); es hat ü. viel geregnet; ein ü. ausgestattetes freistehendes EFH mit großem Grundstück (Heilbronner Stimme 12. 5. 84, 36).
über|eck ⟨Adv.⟩ [aus †über u. ↑Eck]: *quer vor eine Ecke von einer Wand zur anderen:* den Schreibtisch ü. stellen; Durch Elementmöbel konnte die Garderobe ü. eingebaut werden (Wohnfibel 42); die beiden saßen ü. (*so daß eine Ecke des Tischs, an dem sie saßen, zwischen ihnen lag)*; ◆ **über|ecke**¹: ↑übereck. Ü Es geht bunt alles ü. mir. Ist nicht auch heut Gerichtstag? (Kleist, Krug 3).
Über|ei|fer, der; -s: *allzu großer Eifer:* ... daß er so vielen Dienstjahren jeden Ü. grundsätzlich für schädlich hielt (Richartz, Büroroman 237); etw. aus Ü. tun; In diesem Buch sind dreizehn Justizmorde aufgezählt, deren jeder durch eine oder mehrere solcher Fehlerquellen zustande kam ...; der achte durch den Ü. eines Kriminalbeamten (Mostar, Unschuldig 10); Sollten Sie es in Ihrem Ü. vergessen haben, so ist es an der Zeit, daß ich Sie daran erinnere (Spoerl, Maulkorb 31); **über|ei|frig** ⟨Adj.⟩ (meist abwertend): *allzu eifrig:* er sei ü. wie ein Polizist; Das hätte jedoch als ein -es Mit-der-Tür-ins-Haus-Fallen erscheinen können (Th. Mann, Krull 326); Herr Joachim von Butzkow hatte im Dritten Reich ... zu verschiedenen Malen ... die Recht gebeugt (Simmel, Affäre 127); ⟨subst.:⟩ ... es war das Werk eines Übereifrigen, den Übereifrigen haben wir ... entfernt (v. d. Grün, Glatteis 212).
über|eig|nen ⟨sw. V.; hat⟩: *als Eigentum auf jmdn. übertragen:* ... oder sie übereigneten der LPG auch Pferde, Ochsen, Trecker und Maschinen (Bieler, Bär 266); ... die den Vogelschützern ihren Besitz ... testamentarisch übereignet hat (Flensburger Tageblatt, Ostern 1984, 16); **Über|eig|nung**, die; -, -en: *das Übereignen, Übereignetwerden.*
Über|ei|le, die; -: *zu große Eile:* Ü. kann auch schaden (Bredel, Prüfung 210); in seiner Ü. hat er das Wichtigste vergessen; **über|ei|len** ⟨sw. V.; hat⟩: **1. a)** *etw. zu rasch u. ohne die Folgen genügend bedacht zu haben, ausführen, vornehmen:* ich möchte nichts ü.; ⟨oft im 2. Part.:⟩ eine übereilte Tat, Flucht, Heirat; der Entschluß war wohl etwas übereilt; Mußtest du denn ... mit der übereilten Vergabe königlicher Privilegien an die ... Städte, die deutschen Fürsten in ihren ... Rechten beeinträchtigen? (Stern, Mann 198); über den bewaffneten Haufen ..., der ... sich nach kurzem Schußwechsel übereilt zurückzog (Heym, Schwarzenberg 256); **b)** ⟨ü. + sich⟩ *in einer Sache zu rasch u. ohne Überlegung vorgehen:* du solltest dich damit nicht ü. **2.** (Jägerspr.) *(vom jungen Hirsch) beim Ziehen die Hinterläufe vor die Vorderläufe setzen.* ◆ **3.** von jmdm., dem/der völlig unvorbereitet, überrascht ist u. deshalb nicht reagieren kann, etw. gegen dessen Willen erlangen: Nun fing er an, schwatzte allerlei verkehrtes Zeug, das darauf hinausging: Ihr hättet ihn übereilt, er sei Euch keine Pflicht schuldig und wolle nichts mit Euch zu tun haben (Goethe, Götz II); **Über|ei|lung**, die; -, -en: *das Übereilen;* Der Herr Marquis hat sich auf seine Schuldigkeit besonnen – ohne Ü. (Th. Mann, Krull 438).
über|ein|an|der ⟨Adv.⟩: **1.** *einer, eine, eines über dem, der anderen; einer über den anderen, eine über die andere, eines über das*

übereinanderlegen

andere: ü. angeordnet sein, wohnen, im Regal liegen; die Dosen ü. aufstellen; Massenkarambolage ... Vierundneunzig Autos ineinander und ü. (Konsalik, Promenadendeck 44); Sie trug zwei scharfe Zwicker ü. (Th. Mann, Hoheit 102). **2.** *über sich gegenseitig:* ü. reden, schimpfen, stolpern; sich ü. ärgern; zwischen den beiden Völkern, die so viel Unheil ü. und über die Welt gebracht hatten (Dönhoff, Ära 114); schon aus Angst werden wir ü. herfallen (Remarque, Westen 152); **über|ein|an|der|le|gen** ⟨sw. V.; hat⟩: *eines über das andere legen;* **über|ein|an|der|lie|gen** ⟨st. V.; hat⟩: *eines über dem anderen liegen;* **über|ein|an|der|schich|ten** ⟨sw. V.; hat⟩: vgl. übereinanderlegen: So schichtete sie alle Sachen paketartig übereinander (Kirst, 08/15, 76); ... waren braun glänzende Honigkuchen kreuzweise übereinandergeschichtet (Th. Mann, Krull 55); **über|ein|an|der|schla|gen** ⟨st. V.; hat⟩: *eines über das andere schlagen* (5 a): die Enden des Tuchs ü.; Papa schlug versonnen die Beine übereinander (Fallada, Herr 149); sie hatte die Beine übereinandergeschlagen, saß mit übereinandergeschlagenen Beinen da; **über|ein|an|der|set|zen** ⟨sw. V.; hat⟩: vgl. übereinanderlegen; **über|ein|an|der|sit|zen** ⟨unr. V.; hat⟩: vgl. übereinanderliegen; **über|ein|an|der|ste|hen** ⟨unr. V.; hat⟩: vgl. übereinanderliegen; **über|ein|an|der|stel|len** ⟨sw. V.; hat⟩: vgl. übereinanderlegen: Ich stellte die Fäuste übereinander und legte die Stirn darauf (Bieler, Bonifaz 180); **über|ein|an|der|wer|fen** ⟨st. V.; hat⟩: vgl. übereinanderlegen.

über|ein|fal|len ⟨st. V.; ist⟩ (selten): *in Übereinstimmung stehen:* Es bezeichnen die Namen der einzelnen Gefühle ja bloß Typen, denen der wirkliche Erlebnisse nahekommen, ohne daß sie aber mit ihnen ganz übereinfielen (Musil, Mann 1285).

über|ein|kom|men ⟨st. V.; ist⟩ (geh.): *sich mit jmdm. über etw. einigen:* Die Außenminister waren also übereingekommen, „äußerste Entschlossenheit" zu zeigen (Dönhoff, Ära 77); ... mit einem Extrabudget ..., über dessen Höhe und Einsatz ich mit der Direktion bereits übereingekommen bin (Bieler, Mädchenkrieg 46); Ich und die Meinen sind übereingekommen, daß ich diese Laufbahn antreten werde (Th. Mann, Krull 113); **Über|ein|kom|men**, das; -s, -: *Einigung, Abmachung hinsichtlich bestimmter Punkte, Bedingungen o. ä.:* ein Ü. treffen, erzielen; Wir haben ... das geheime Ü., uns gegenseitig den Teufel hervorzutreiben (Musil, Mann 1355); O'Daven sah keinen Grund, dieses stillschweigende Ü. zu verletzen (Weber, Tote 174); zu einem Ü. gelangen; **Über|ein|kunft**, die; -, ...künfte: *Übereinkommen:* Das ist nämlich stille Ü. zwischen uns beiden (Grzimek, Serengeti 164); so daß alle (= Menschen) ... doch gleich sind durch Ü. und Recht (Weiss, Marat 78); ... was sich nach gesellschaftlicher Ü. *(Konvention)* und Etikette in Dingen der Liebe schickt (Maass, Gouffé 313).

über|ein|stim|men ⟨sw. V.; hat⟩: **1.** *die gleiche Meinung mit jmdm. haben:* wir stimmen mit Ihnen [darin] überein, daß etwas unternommen werden muß; Ich weiß genau, was Sie damit sagen wollen. Wir stimmen in diesem Punkt voll mit Ihnen überein (Kirst, Aufruhr 94); Weil man in der Diagnose ü. muß, ehe man sich auf die Therapie „Disengagement" einigen kann (Dönhoff, Ära 142). **2.** *in seiner Art o. ä. einer Sache gleichen:* die Farbe der Vorhänge stimmt mit dem Ton der Tapeten überein; ihre Aussagen, Berichte, Aufzeichnungen stimmten überein; alle Wörter stimmen in Kasus und Numerus überein; Im Rundfunk wurden ... Kampflieder gespielt, die mit unseren Gefühlen gar nicht übereinstimmten *(in Einklang standen;* Leonhard, Revolution 89); daß Angebot und Nachfrage vielfach nicht übereinstimmen *(in einem Mißverhältnis stehen;* Saarbr. Zeitung 5./6. 6. 80, 4); übereinstimmende *(konforme)* Ansichten; etw. übereinstimmende *(gleichermaßen, in gleicher Weise)* feststellen; **Über|ein|stim|mung**, die; -, -en: **1.** *das Übereinstimmen* (1): keine Ü. erzielen; Wir glauben uns mit der Mehrheit aller Bürger in Ü., wenn wir ... sagen: ... (Freie Presse 30. 12. 89, 1); Natürlich kann der Entschluß nur in Ü. mit den Alliierten *(mit ihrem Einverständnis)* gefaßt werden (Dönhoff, Ära 68). **2.** *das Übereinstimmen* (2): daß Wahrhaftigkeit Ü. der Rede mit dem Gedanken ist (Wohmann, Absicht 379); Jetzt fielen ihm frappante -en zwischen einzelnen Gedichten von Goethe und denen von Semper auf (Kirst, Aufruhr 176); [mit etw.] in Ü. stehen; alle Deutungen ... waren verschiedener Parteien ... nützlich und brauchten deshalb weder bewiesen noch sonstwie mit den Tatsachen ... zur Ü. gebracht zu werden (Ransmayr, Welt 130).

über|ein|tref|fen ⟨st. V.; ist⟩ (selten): *übereinkommen.*

über|ein|zel|sprach|lich ⟨Adj.⟩ (Sprachw.): *nicht nur einer Einzelsprache eigentümlich; eine Universalie* (2) *seiend:* Ein Noem ist also die einzelsprachlich gebundene Entsprechung zu einem -en Begriff (Henne, Semantik 129).

über|emp|find|lich ⟨Adj.⟩: **1.** *übertrieben empfindlich; sensitiv:* Während jedoch Margaret Kampell ein -es Gewissen und ein tief ausgeprägtes sittliches Bewußtsein hat ... (NJW 19, 1984, 1081); Der Junge mag ü. sein, doch ganz aus der Luft gegriffen ist die düstere Selbsteinschätzung nicht (Reich-Ranicki, Th. Mann 225); Ihm gegenüber war sie oft ü., konnte seine Lautstärke nicht ertragen (Dierichs, Männer 194). **2.** (Med.) *allergisch:* gegen etw. ü. sein; ü. reagieren. **Über|emp|find|lich|keit**, die; -, -en: **1.** *das Überempfindlichsein;* überempfindliche Art. **2.** (Med.) *Allergie:* Menschen können eine Ü. ... gegen ... Gifte ..., auch gegen Medikamente erwerben (Medizin II, 200); ... sind bisher mindestens zwei Patienten an einer Ü. gegen Chymopain gestorben (Spiegel 1/2, 1981, 144).

über|em|pi|risch ⟨Adj.⟩: *metaphysisch.*

über|er|fül|len ⟨sw. V.; hat⟩ [LÜ von russ. perevypolnit']: *über das gesteckte Planziel hinaus produzieren:* für Arbeiter ..., die ihr Soll übererfüllen (MM 1. 6. 69, 18); ... arbeitet sie tüchtig ... und übererfüllt ihre Norm (Wochenpost 27. 6. 64, 24); ... wurden die Pläne in der Fleisch-, Milch- und Eierproduktion übererfüllt (Freiheit 21. 6. 78, 8); **Über|er|fül|lung**, die; -, -en: *das Übererfüllen, Übererfülltwerden:* ... für die gezielte Erfüllung und Ü. der Planziele dieses Jahres (Junge Welt 29. 6. 77, 2).

Über|er|näh|rung, die; -: *Nahrungsaufnahme, die den notwendigen Kalorienbedarf übersteigt:* Zu den Fehlernährungen gehört auch die Ü. (Medizin II, 279).

über|er|reg|bar ⟨Adj.⟩: *allzu leicht erregbar;* **Über|er|reg|bar|keit**, die; -: vgl. Überempfindlichkeit (1).

über|es|sen ⟨unr. V.; hat⟩: *so häufig u. so viel von etw. essen, daß man es nicht mehr mag:* ich habe mir Nougat, Kaviar übergegessen; **über|es|sen**, sich ⟨unr. V.; hat⟩: *mehr essen, als man vertragen kann:* durch ein Festmahl ..., bei dem sich feierlich und mit allen Begleiterscheinungen überißt (Musil, Mann 23); ich habe mich [an dem Marzipan, mit Spaghetti] übergessen.

über|fach|lich ⟨Adj.⟩: *nicht fachbezogen:* -e Aspekte; Allgemeine Ökologie ist uns -e, verbindende Naturwissenschaft (Thienemann, Umwelt 127); ... führt die ... Sportjugend ... ihren nächsten -en Lehrgang für Jugendleiter[innen] durch (Saarbr. Zeitung 10. 10. 79, 20).

über|fah|ren ⟨st. V.; selten⟩: **1.** *von einem Ufer aus ans andere befördern* ⟨hat⟩: der Fährmann hat uns übergefahren; ich ließ mich von einem Fischer auf die Insel ü. **2.** *von einem Ufer ans andere fahren* ⟨ist⟩: wir sind mit der Fähre übergefahren; **über|fah|ren** ⟨st. V.; hat⟩: **1.** *mit einem Fahrzeug über jmdn., ein Tier hinwegfahren u. ihn, es dabei [tödlich] verletzen:* jmdn., einen Fußgänger ü.; In einer Winternacht hatte der Schnellzug einen Rehbock überfahren (Hauptmann, Thiel 9); unsere Katze ist überfahren worden. **2.** *als Fahrer etw. übersehen; an etw. vorbeifahren, ohne es zu beachten:* eine rote Ampel, ein Haltesignal, ein Stoppschild ü.; Lokomotivführer, die im Suff Signale überfahren ..., sind nicht sehr beliebt (Erich Kästner, Schule 88). **3.** *über etw. hinfahren; darüberfahren:* eine Kreuzung ü.; eine durchgehende Linie darf nicht überfahren werden; daß mit dem rechten Vorderrad häufiger Randsteine und Fahrbahnunebenheiten überfahren werden (ADAC-Motorwelt 4, 1986, 53); ich überfahre *(kreuze)* die Bundesallee ... bei Rotlicht (Frisch, Montauk 166). **4.** (ugs.) *von jmdm., der unvorbereitet ist u. keine Zeit zum Überlegen od. zu Gegenmaßnahmen hat, etw. gegen dessen eigentliches Wollen erlangen:* Es gibt Menschen, die leicht ... zu ü. sind, weil es ihnen an der nötigen Übersicht und Geistesgegenwart fehlt (Kaschnitz, Wohin 16); laß dich von ihm nicht ü.; ich fühle mich überfahren. **5.** (Sport Jargon) *hoch, eindeutig besiegen:* ... als ... Hassel zu Hause von Biesingen mit 5:0 überfahren wurde (Saarbr. Zeitung 3. 12. 79, 22/24) **Überfahrt**, die; -, -en: *Fahrt mit dem Schiff von einem Ufer zum anderen:* eine lange, stür-

mische, angenehme Ü.; Die Ü. war scheußlich, ein richtiger Alptraum (K. Mann, Wendepunkt 409); **Über|fahrts|geld**, das: *Fahrgeld für eine Überfahrt.*
Über|fall, der; -[e]s, ...fälle: **1.** *plötzlicher, unvermuteter Angriff, bei dem jmd., etw. überfallen* (1) *wird:* ein dreister, nächtlicher, räuberischer Ü.; Ü. auf ein Liebespaar; der Ü. auf die Bank war gut vorbereitet; Hitlers Ü. auf die Sowjetunion ist ein Ereignis von so enormer Tragweite ... (K. Mann, Wendepunkt 78); Ü ... um auf ihre (= Großmutters) Überfälle (ugs. scherzh.; *überraschenden Besuche*) vorbereitet zu sein (Böll, Haus 75). **2.** *Teil eines Kleidungsstücks, das weit über einen Bund fällt:* Er trug einen knielangen Schurzrock ... mit dreieckigem Ü. (Th. Mann, Joseph 753). **3.** (Rechtsspr.) *das Fallen von Früchten auf das Nachbargrundstück, die dann als Eigentum des Nachbarn gelten;* **über|fall|ar|tig** ⟨Adj.⟩: *in der Art eines Überfalls* (1): ein -er Angriff; **über|fal|len** ⟨st. V.; ist⟩: **1.** (selten) *über etw. hinfallen.* **2.** (Jägerspr.) *(von Schalenwild) ein Hindernis überspringen;* **über|fal|len** ⟨st. V.; hat⟩: **1.** *unvermutet, plötzlich anfallen, angreifen, über jmdn., etw. herfallen:* jmdn. nachts, hinterrücks, auf der Straße ü.; eine Bank, einen Geldboten, eine Postkutsche, ein Land [ohne Kriegserklärung] ü.; sie ist im Park von einem Skin überfallen und beraubt, vergewaltigt worden; das Camp wurde von Partisanen überfallen; Ü die Kinder überfielen *(bestürmten)* mich mit tausenderlei Wünschen; er wurde von den Journalisten schon im Flughafen mit Fragen überfallen; Und es tut ihr leid, daß sie dich so überfällt *(unangemeldet besucht),* aber sie muß dich sprechen (Danella, Hotel 95). **2.** *(von Gedanken, Gefühls-, körperlichen Zuständen) jmdn. plötzlich u. mit großer Intensität ergreifen:* ein Schauder, ein gewaltiger Schreck, Heimweh überfiel uns; eine plötzliche Müdigkeit hat ihn überfallen; ... und ihn sollte auf einmal der große Hunger ü. ... (Zivildienst 2, 1986, 13); 1897 in Rom, Via Argentina 34, überfiel mich das Talent (Reich-Ranicki, Th. Mann 117). **3.** (Jägerspr.) *(vom Schalenwild) überspringen, springend kreuzen:* es (= das kranke Stück) ... scheute keine Hanglagen und überfiel auch im Wege befindliche Bachläufe (Jagd 5, 1987, 141); **Über|fall|ho|se**, die: *Kniebundhose, deren Überfall* (2) *im Bereich des Knies die Verschlüsse des Bundes bedeckt:* graue -n verdeckten die Schäfte schwarzer ... Knobelbecher (Grass, Katz 147); **über|fäl|lig** ⟨Adj.⟩ [**1**: eigtl. = über die Fälligkeit hinaus; **2**: eigtl. = überaus fällig]: **1.** *(bes. von Flugzeugen, Schiffen o. ä.) zur erwarteten, fälligen Zeit nicht eingetroffen; über den planmäßigen Zeitpunkt des Eintreffens hinaus ausbleibend:* die Maschine ist schon lange ü.; das Schiff ist seit gestern ü.; **längst fällig**: ein [längst] -er Besuch; Die deutlichen Worte, die Helmut Schmidt ... an die Adresse seiner Genossen richtete, waren ü. (Saarbr. Zeitung 5. 12. 79, 2); Und an Susanne mußte sie schreiben, das war schon ü. (Danella,

Hotel 255); der Wechsel ist ü. *(ist zum Zeitpunkt der Fälligkeit nicht eingelöst worden);* **Über|fall|kom|man|do**, (österr.:) Überfallkommando, das (ugs.): *alarmbereiter Einsatzdienst der Polizei;* **Über|fall|rohr**, das: ↑ Überlaufrohr; **Über|falls|kom|man|do**: ↑ Überfallkommando; **Über|fall|wa|gen**, der (ugs.): *Einsatzwagen eines Überfallkommandos;* **Über|fall|wehr**, das: *Wehr, an dem das [überschüssige] Wasser über die obere Fläche abfließt.*
Über|fa|mi|lie, die; -, -n (Biol.): *zwischen Ordnung* (6) u. *Familie* (2) *stehende Kategorie, die mehrere Familien* (2) *zusammenfaßt.*
Über|fang, der; -[e]s, ...fänge (Fachspr.): *Schicht aus farbigem Glas, die über ein meist farbloses Glas gezogen ist;* **über|fan|gen** ⟨st. V.; hat⟩ (Fachspr.): *mit einem Überfang versehen:* die Vase ist blau überfangen; **Über|fang|glas**, das ⟨Pl. ...gläser⟩ (Fachspr.): *Glas mit Überfang.*
über|fär|ben ⟨sw. V.; hat⟩: **1.** (Textilind.) *ein zweifarbig gemustertes Gewebe mit einer dritten Farbe färben* (u. damit eine Änderung der beiden vorhandenen Farben bewirken). **2.** (Fachspr.) *mit einer bestimmten Färbung versehen;* **Über|fär|bung**, die; -, -en: *das Überfärben, Überfärbtwerden.*
über|fein ⟨Adj.⟩: *allzu fein; im Übermaß fein; übersteigert fein;* **über|fei|nern** ⟨sw. V.; hat⟩: *im Übermaß verfeinern:* eine überfeinerte Kultur; **Über|fei|ne|rung**, die; -, -en ⟨Pl. ungebr.⟩: *allzu große Verfeinerung; überfeinerte Art:* ... möchte ich die geradezu erstaunliche Ü. des Gehörsinnes ansprechen (Th. Mann, Krull 124).
über|fet|tet ⟨Adj.⟩: *zu viel Fett enthaltend, zu fett:* -e Milchprodukte, Zuchtfische.
über|fir|nis|sen ⟨sw. V.; hat⟩: *mit Firnis überziehen.*
über|fi|schen ⟨sw. V.; hat⟩: **a)** *durch zu vieles Fischen [zu] stark reduzieren:* einen Fischbestand ü.; **b)** *durch zu vieles Fischen im Fischbestand [zu] stark reduzieren:* einen See ü.; überfischte Gewässer; Die Weltmeere sind überfischt (BM 21. 8. 77, 5); **Über|fi|schung**, die; -, -en: *das Überfischen, Überfischtwerden:* Als Hauptgrund nehmen Experten die Ü. der Nordsee an (MM 5. 10. 71, 12).
über|flackern¹ ⟨sw. V.; hat⟩ (selten): *mit flackerndem Licht bescheinen:* Das Feuer der Explosionen überflackerte den Friedhof (Remarque, Westen 52).
über|flan|ken ⟨sw. V.; hat⟩ (Turnen): *mit einer Flanke überspringen:* den Kasten, das Pferd ü.
Über|fleiß, der; -es: *allzu großer Fleiß;* **über|flei|ßig** ⟨Adj.⟩: *allzu fleißig.*
über|flie|gen ⟨st. V.; hat⟩: **1.** *über jmdn., etw. hinwegfliegen:* die Alpen in 10 000 m Höhe; den Südpol ü.; Sperrgebiete ..., die wir nicht ü. dürfen (Grzimek, Serengeti 25); der Wettersatellit überfliegt Europa zweimal täglich; Eine Düsenmaschine überflog das Haus (Simmel, Stoff 586); Charles A. Lindbergh überfliegt als erster den Nordatlantik (Freizeitmagazin 26, 1978, 28). **2.** *mit den Augen schnell über etw. hingehen u. dabei bestrebt sein, das Wesentliche zu erfassen:* einen Text

rasch ü.; ich habe den Leitartikel, den Vertragsentwurf, das Flugblatt, den Brief nur kurz überflogen; Er überflog die Überschriften und schob dann die Zeitung beiseite (Remarque, Triomphe 156); Jandell überflog die Namen über den Klingelknöpfen (Zwerenz, Quadriga 177); Sie überflog den Raum mit einem großen Blick (Th. Mann, Hoheit 145). **3.** *rasch u. fast unmerklich über das Gesicht o. ä. hinweggehen:* Eine seltsame Mischung aus Furcht und Neugier überflog seine groben Züge (Langgässer, Siegel 269); ... indem eine leichte Röte sein Gesicht überflog (Th. Mann, Buddenbrooks 484); ein Lächeln überflog ihr Gesicht; **Über|flie|ger**, der; -s, - [zu ↑ überfliegen in der veralteten Bed. „übertreffen, überwinden"]: *jmd., der begabter, intelligenter, tüchtiger ist als der Durchschnitt:* Wir wollen keine Ü., wir brauchen guten Durchschnitt (MM 10. 12. 87, 48); **Über|flie|ge|rin**, die; -, -nen: w. Form zu ↑ Überflieger.
über|flie|ßen ⟨st. V.; ist⟩ [mhd. übervlieʒen, ahd. ubarvlioʒan]: **1.** (geh.) **a)** *überlaufen* (1 a): das Wasser, das Benzin ist [aus dem Tank] übergeflossen; **b)** *überlaufen* (1 b): die Wanne, der Krug ist übergeflossen; Ü Mein Herz floß über von Mitleid für sie (Salomon, Boche 123); sie fließen von Legenden über (A. Zweig, Grischa 279). **2.** *in etw. einfließen [u. sich damit vermischen]:* die Farben fließen ineinander über; Ü das Cello ... fließt vibrierend in das Thema über (A. Zweig, Claudia 66); Und es war ihnen, als ob eine in den anderen überflösse (Jahnn, Geschichten 72); **über|flie|ßen** ⟨st. V.; hat⟩ (selten): *(von Flüssigkeiten) über etw. hinwegfließen:* in kleiner Bach überfloß den Weg; Sie sah von Blut und Wasser überflossenen Bakken (Hausmann, Abel 116).
Über|flug, der; -[e]s, ...flüge: *das Überfliegen* (1): Messungen ... ergaben bis zu 83 Phon Lärmstärke beim Ü. von Starfightern (MM 15. 2. 72, 10).
über|flü|geln ⟨sw. V.; hat⟩ [urspr. Soldatenspr., eigtl. = die eigenen Flügel (3 a) an den feindlichen vorbeischieben]: *andere [ohne große Anstrengungen] in ihren Leistungen übertreffen u. so den Vorrang vor ihnen bekommen:* Angst haben, überflügelt zu werden; sie hat die Konkurrenz, ihre Mitschülerinnen überflügelt; Schon nach kurzer Zeit hatte er seinen Lehrmeister ... auch in der Kunst der kalten Bedutung überflügelt (Süskind, Parfum 229); daß sie die Freiheitlichen an Stimmen überflügeln und auch die dritte Kraft etablieren (NZZ 5. 9. 86, 5); **Über|flü|ge|lung, Über|flüg|lung**, die; -, -en ⟨Pl. selten⟩: *das Überflügeln.*
Über|fluß, der; ...flusses [mhd. übervluʒ, LÜ von mlat. superfluitas od. lat. abundantia (↑ Abundanz), eigtl. = das Überquellen, -strömen]: *übergroße, über den eigentlichen Bedarf hinausgehende Menge:* ein Ü. an Nahrungsmitteln, Versorgungsgütern; denn wir stehen nur gegen den Luxus und den Ü. der Reichen, soweit er auf Ausbeutung der Armen beruht (Stern, Mann 223); etw. ist in/im Ü. vorhanden, steht in/im Ü. zur Verfü-

Überflußgesellschaft

gung; Uns fehlt, was dieses Volk im Ü. besitzt: Angriffslust (Bieler, Mädchenkrieg 397); im Ü. leben; zu allem Ü./zum Ü. *(obendrein, zu allem, was sowieso schon ausreichend gewesen wäre)* hatten wir dann auch noch eine Panne; dieser Naso ... habe doch gelegentlich und zu allem Ü. auch noch Huren beherbergt (Ransmayr, Welt 68); Spr *Ü.* bringt Überdruß; **Über|fluß|ge|sell|schaft**, die [Lehnübertragung von engl. affluent society] (abwertend): *Konsumgesellschaft:* ... die Ü. werde nur die Wahl haben zwischen einer neuen ... Askese ... und einer hemmungslosen Konsumabhängigkeit (Höhler, Horizont 173); **über|flüs|sig** ⟨Adj.⟩ [mhd. überv|üʒʒec = überströmend; überreichlich, LÜ von spätlat. superfluus]: *für einen Zweck nicht erforderlich u. ihm nicht dienlich, daher überzählig u. unnütz:* eine -e Anschaffung; -e Worte machen; -e Pfunde abspecken; Schnarrende, näselnde, sehr -e Musik drang aus einem kleinen Café heraus (Jahnn, Geschichten 74); Der Schriftsteller engagiert sich oder wird ü. (Dürrenmatt, Meteor 69); ... so wie der Wagen mit Rädern das ... Schleppen von Lasten ü. macht (Gehlen, Zeitalter 8); es ist ganz ü., daß du dir Sorgen machst; Da keine Märkte existieren, ist Geld ü. (Fraenkel, Staat 374); Der Oberst schien es für ü. zu halten, auf Greifers Bemerkungen zu antworten (Kirst, 08/15, 661); ich komme mir hier [einigermaßen, ziemlich, total] ü. vor; **über|flüs|si|ger|wei|se** ⟨Adv.⟩: *unnötigerweise:* der Kommentar, den er ü. dazu abgegeben hat; **Über|flüs|sig|keit**, die; -, -en: **1.** ⟨o. Pl.⟩ *das Überflüssigsein*. **2.** (selten) *etw. Überflüssiges:* ... alles zurücklassen: ... das sogenannte Vaterland und alle anderen -en und Karikaturen (Zwerenz, Kopf 201); daß es in einer vollendeten Welt keine Schönheit mehr geben könne, wie sie dort zur Ü. wird (Musil, Mann 367). **über|flu|ten** ⟨sw. V.; ist⟩ (selten): *über die Ufer treten:* der Fluß ist übergeflutet; **über|flu|ten** ⟨sw. V.; hat⟩: **1.** *in einer großen Welle über etw. hinwegströmen u. überschwemmen* (1): die See überflutete den Polder; das linke Ufer war in Sekundenschnelle überflutet; Ü die Folge war, daß Benzin den Vergaser überflutete (ADAC-Motorwelt 5, 1982, 44); ... löste sich die Lawine aus dem ... Hang oberhalb der Piste und überflutete diese (Eidenschink, Eis 135); die Tanzenden überflutet das Licht des theatralischen Sonnenuntergangs (Koeppen, Rußland 31); alle Korridore und Treppen waren von Masken, Tanz und Musik, Gelächter und Gejage überflutet (Hesse, Steppenwolf 189); kaum hatte sie es gesagt, überflutete sie das Gefühl, sich schämen zu müssen (Kirst, Aufruhr 108); dem ... von fremden Truppen überfluteten Frankreich (St. Zweig, Fouché 203); eine Welle der Gewalt überflutet das Land. **2.** *überschwemmen* (2): Nachdem der Pkw-Markt pausenlos mit Neuheiten überflutet wird ... (ADAC-Motorwelt 6, 1983, 16). **3.** (selten) *überflutet* (1) *werden:* schon bei mäßigen Gewitterregen überfluten die Keller (Saarbr. Zeitung 6./7. 10. 79, 34); **Über|flu|tung**, die; -, -en: *das Überfluten; Überflutetwerden.*

über|for|dern ⟨sw. V.; hat⟩: *zu hohe Anforderungen an jmdn., sich, etw. stellen:* ein Kind mit Schularbeiten ü.; die Spieler, Rekruten ü.; das Herz, den Kreislauf ü.; Den folgenreichsten Ereignissen und Entdeckungen unserer Zeit ist gemeinsam, daß sie die menschliche Vorstellungskraft überfordern (Hochhuth, Stellvertreter 178); ⟨oft im 2. Part.:⟩ sich überfordert fühlen; aber ihre Geduld war bei weitem überfordert (Frischmuth, Herrin 55); von seiner Mutter, die mit ihren 13 Kindern total überfordert ist (Petersen, Resonanz 147); Er mobilisierte die Nationalgarde zur Unterstützung der ... überforderten Feuerwehren (Weser-Kurier 20. 5. 85, 12); **Über|for|de|rung**, die; -, -en: *das Überfordern, Überfordertwerden:* Der permanente Wechsel zwischen Unterforderung in der Kaserne und plötzlicher ü. bei Übungen und Manövern (Spiegel 46, 1985, 114).

Über|for|mung, die; -, -en (Psych.): *Abwandlung der Verhaltensweisen, Tendenzen u.a. durch soziale od. kulturelle Angleichung.*

Über|fracht, die; -, -en: *Fracht mit Übergewicht;* **über|frach|ten** ⟨sw. V.; hat⟩ (veraltend): ¹*überladen:* ein Schiff, einen Wagen ü.; Ü Manche Szene haben die Autoren ... mit Symbolismen überfrachtet oder zum Klischee eingedickt (Spiegel 33, 1977, 118); Gut lesbar, also durchaus nicht literarisch überfrachtet, sind die „Gärten im März" überdies (Saarbr. Zeitung 3. 10. 79, II); **Über|frach|tung**, die; -, -en (veraltend): *das Überfrachten, Überfrachtetwerden:* die Ü. eines Schiffes; Ü der Grund, warum der theoretische Ü. der Gegenwartskunst gerade die Schwäche offenbart (Fest, Im Gegenlicht 162).

über|fra|gen ⟨sw. V.; hat⟩: *jmdm. eine Frage, Fragen stellen, die er nicht beantworten kann, auf die zu antworten sein Wissen nicht ausreicht:* Du überfragst mich, wenn du von mir wissen willst, wohin wir reisen (Th. Mann, Joseph 666); da bin ich leider [auch] überfragt; damit war er [sichtlich] überfragt.

über|frem|den ⟨sw. V.; hat⟩: *mit fremden Einflüssen durchsetzen; als fremder Einfluß in etw. beherrschend werden:* eine Kultur, ein Land ü.; ⟨meist im 2. Part.:⟩ eine überfremdete Sprache; **Über|fremdung**, die; -, -en: *das Überfremden; Überfremdetsein:* Schwarze Haut haben und kein Tourist sein, das heißt doch die Ü. zu weit treiben (Muschg, Gegenzauber 290); Nach diesem Ukas zum Schutz der Landessprache gegen Ü. soll unter anderem der Düsenjäger künftig nicht mehr „Jet", sondern „Avion a réaction" genannt werden (Welt 11. 11. 76, 1); ... hat der Bund Maßnahmen gegen die Ü. *(gegen die Anwesenheit zu vieler dauernd hier lebender Ausländer)* zu treffen (NZZ 12. 4. 85, 24); die Furcht vor einer „Großmächten", zumal vor deutscher Ü. (W. Brandt, Begegnungen 332).

über|fres|sen, sich ⟨st. V.; hat⟩: *zuviel fressen* (1 a): Tiere in freier Wildbahn überfressen sich nicht; (salopp, meist abwertend von Menschen:) Niemand, der lustvoll eine Sauce komponiert, ist gezwungen, sich daran zu ü. (natur 2, 1991, 104).

über|frie|ren ⟨st. V.; ist⟩: *an der Oberfläche leicht frieren* (2 b): die nasse Straße überfror, ist überfroren; Glätte durch überfrierende Nässe; Ein Abhang lag im Porzellanglanz überfrorenen Schnees (Carossa, Aufzeichnungen 63); **Über|frierung**, die; -, -en: *das Überfrieren:* Bei Temperaturen um den Gefrierpunkt muß man mit -en der Fahrbahn rechnen (Freie Presse 15. 2. 90, 8).

Über|frucht, die; -, ...früchte (Landw.): *Deckfrucht.*

Über|fuhr, die; -, -en (österr.): *Fähre:* mit der Ü. die Donau überqueren; * die Ü. versäumen/verpassen *(nicht rechtzeitig Maßnahmen treffen, etw. Bestimmtes so lange hinauszögern, bis es nicht mehr möglich ist):* Ich möchte nur nicht, daß du die Ü. versäumst (Frischmuth, Herrin 84).

über|füh|ren, ¹**über|füh|ren** ⟨sw. V.; hat⟩: **1.** *(mit Hilfe eines Transportmittels) von einem Ort an einen anderen bringen:* ... wurde der Fahrer schwer verletzt ins Spital nach Genf übergeführt (NZZ 3. 5. 83, 5); Die Leiche durfte nicht nach Wien übergeführt werden (Spiegel 15, 1980, 208); ... daß die sterbliche Hülle des Fürsten nach Moskau überführt worden ist (Schädlich, Nähe 180); Ich wurde ... ins Gefängnis von Gnomenau überführt (Ziegler, Labyrinth 123). **2.** *etw. von einem Zustand in einen anderen bringen:* eine Flüssigkeit wird in den gasförmigen Zustand überführt/übergeführt; die Stoffe ... in organische Verbindungen überführt ... werden (natur 4, 1991, 102); Ist der Kapitalismus gar in eine nachkapitalistische Gesellschaftsformation überführt worden ...? (Habermas, Spätkapitalismus 49); Zwei Figuren ... heißen ähnlich (zueinander), wenn sie vermöge einer Ähnlichkeitsabbildung ineinander übergeführt werden können (Mathematik I, 19); Das Staatseigentum muß in ... gesellschaftliches Eigentum der Betriebe übergeführt werden (Freie Presse 30. 12. 89, 6); die ... Genossenschaften müssen in neue Rechtsformen überführt werden (natur 10, 1991, 26); ²**über|füh|ren** ⟨sw. V.; hat⟩: **1.** *jmdm. eine Schuld, eine Verfehlung o.ä. nachweisen:* jmdn. eines Verbrechens, des Mordes, als Täter ü.; In ... Verwahrung hielt sie die schlüssigen Indizien ..., die den Eyrandt ü. sollten (Maass, Gouffé 321); Und er (= der Untersuchungsrichter) erklärt ... Linda für überführt (Mostar, Unschuldig 79); Unser ... Dozent ... wurde ... von Mangold überführt, daß er irgendeinen ... Satz falsch zitiert hatte (Chr. Wolf, Himmel 151); Ü Asketischer Neigungen werden sie mich niemals ü. (Th. Mann, Zauberberg 348). **2.** (selten) *über etw. hinwegführen:* 27 Brücken ... überführen den Nekkar ... (MM 9. 10. 70, 15); die Baustelle wird von einer Stahlhochstraße überführt; **Über|füh|rung**, die; -, -en: **1. a)** *das Transportieren von einem Ort an einen anderen:* die Kosten für die Ü. des Verletzten [in die Spezialklinik]; **b)** *das* ¹*Überführen* (2): Ein wichtiges Mittel ... ist die

Entprivatisierung (... Ü. in Gemeineigentum) von ... Unternehmen (Fraenkel, Staat 376). **2.** *das Erbringen des Nachweises von jmds. Schuld o. ä.:* die Indizien reichen zur Ü. des Verdächtigen nicht aus. **3.** *Brücke, die einen Verkehrsweg über etw. hinwegführt:* an der ersten Kreuzung nach der Ü. links abbiegen; **Über|füh|rungs|ko|sten** ⟨Pl.⟩: *Kosten für eine Überführung* (1): die Ü. übernimmt die Versicherung.

Über|fül|le, die; -: *allzu große Menge, Vielfalt:* die Ü. des Angebots wirkt erdrückend; Der Kaffee, in seiner Ü., war ja noch wertloser als die Bananen (Jacob, Kaffee 266); ... nicht ohne vorher noch, aus der Ü. seiner praktischen Erfahrungen schöpfend, bemerkt zu haben, daß ... (Kirst, 08/15, 391); ... die Augen geschlossen unter der Ü. des Glückes ... (St. Zweig, Fouché 178); **über|fül|len** ⟨sw. V.; hat⟩: *übermäßig, bemerkt es über das Normalmaß füllen:* Die Leichtverwundeten ... überfüllten die ... Sanitätseinrichtungen um ein Vielfaches ihrer Aufnahmefähigkeit (Plievier, Stalingrad 240); ⟨meist im 2. Part.:⟩ der Saal, der Zug, das Stadion war [restlos, total] überfüllt; Die Bücherschränke waren überfüllt (K. Mann, Wendepunkt 70); Alle Hotels sind mit Flüchtlingen ... überfüllt (Grzimek, Serengeti 29); ... war die Vorhalle ... von Studenten überfüllt (Leonhard, Revolution 86); überfüllte Schulen, Bäder, Busse; **Über|fül|lung,** die; -, -en ⟨Pl. selten⟩: *das Überfülltsein:* das Bad, Museum mußte zeitweise wegen Ü. geschlossen werden.

Über|funk|ti|on, die; -, -en (Med.): *[krankhaft] übersteigerte Tätigkeit eines Organs:* an einer Ü. der Schilddrüse leiden.

über|füt|tern ⟨sw. V.; hat⟩: **a)** *einem Tier zu viel Futter geben:* einen Hund ü.; ... die wegen der leichten Erreichbarkeit des Futters überfütterten Jungen (Lorenz, Verhalten I, 112); ... kann am „sinnlosen Überfüttern" der Schüler mit Lernstoff nur mit einer Durchforstung der Lehrpläne ... entgegengewirkt werden (MM 14./15. 6. 75, 32); **b)** (fam.) *jmdm. (meist einem Kind) mehr zu essen geben, als es zur Ernährung braucht;* **Über|füt|te|rung,** die; -, -en ⟨Pl. selten⟩: *das Überfüttern, das Überfüttertwerden.*

Über|ga|be, die; -, -n [mhd. übergābe]: **1.** *das Übergeben* (1 a): mit dem Nachmieter einen Termin für die Ü. der Schlüssel vereinbaren. **2.** *das Übergeben* (3): Professor Fetscher, den die SS noch bei der Ü. der Stadt erschossen hat ... (Kirsch, Pantherfrau 31); **Über|ga|be|ver|hand|lung,** die ⟨meist Pl.⟩: *Verhandlungen über eine Übergabe* (2); **Über|ga|be|ver|trag,** der (Rechtsspr.): *Vertrag, in dem vereinbart wird, daß einer der Erben zu Lebzeiten des bisherigen Eigentümers dessen Bauernhof übernimmt mit der Verpflichtung, den bisherigen Eigentümer zu unterhalten u. die anderen Erben abzufinden.*

Über|gang, der; -[e]s, ...gänge [mhd. übergang, ahd. ubarkanc]: **1. a)** *das Überqueren, Überschreiten, Hinübergehen:* der Ü. der Truppen über den Fluß; Beim Ü. über die Pyrenäen starb mir die Frau (Seghers, Transit 78); **b)** *Stelle, Einrichtung zum Überqueren, Passieren:* ein Ü. [über die Bahn] für Fußgänger; Punkt 8.20 befuhr der erste Kraftverkehrsbus den neuen Ü. (Grenzübergang) in Richtung Hof (Freie Presse 3. 1. 90, 1); Fritz wußte einen Ü. über den Fluß (Böll, Haus 112); Wer dem Fluchthorn ... einen Besuch abstatten möchte, wählt das Zahnjoch als Ü. (Alpinismus 2, 1980, 15). **2.** *Wechsel zu etw. anderem, Neuem, in ein anderes Stadium:* allmähliche, kontinuierliche, unvermittelte, abrupte Übergänge; der Ü. vom Wachen zum Schlafen; die ganze Perspektive, unter der wir bisher den Ü. zum Kommunismus gesehen haben (Bahro, Alternative 24); Er sucht einen Ü. (eine Überleitung zu einem anderen Thema; Fallada, Herr 91); Zur bayrischen Form zählt ... der Haufenhof ..., der einen Ü. (eine Zwischenstufe in der Entwicklung) zum Dreiseithof ... darstellt (Bild. Kunst III, 41); Man brauchte einen Papst des -s. Der Nachfolger stand schon bereit ... (Spiegel 52, 1965, 77); Alles deutet auf Ü. Wie es ist, bleibt es nicht (Chr. Wolf, Nachdenken 179); Ohne auf Übergänge bedacht zu sein ..., stürzte die Tagesglut ... in die Kühle der afrikanischen Nacht (Erh. Kästner, Zeltbuch 7); beim Ü. vom Handbetrieb auf maschinelle Fertigung gab es zunächst Schwierigkeiten; eine Farbkomposition mit zarten Übergängen *(Abstufungen);* daß die Seele nichts etwas ist, das in allmählichen Übergängen seine Farben wechselt (Musil, Törleß 128); ohne jeden Ü. *(ganz unvermittelt, abrupt).* **3.** ⟨o. Pl.⟩ **a)** *Übergangszeit* (1, 2); **b)** *Zwischenlösung:* dieses kleine Apartment ist für ihn nur ein Ü., dient ihm nur als Ü. **4.** *(bei der Bahn) zusätzliche, nachträglich gelöste Fahrkarte für die nächsthöhere Klasse:* einen Ü. [nach]lösen. **5.** *das Übergehen* (1): der Ü. des Eigentums auf den Staat; infolge -es des Geschäftes ... an die ... „Huber-Steiner Möbelfabrik AG" (Oltner Tagblatt 26. 7. 84, 9); **Über|gangs|bahn|hof,** der: *Grenzbahnhof;* **Über|gangs|bei|hil|fe,** die: *(bei der Entlassung aus der Bundeswehr nach mindestens zwei Jahren Wehrdienst) geleistete Zahlung an Soldaten;* **Über|gangs|be|stim|mung,** die: *vorläufige Bestimmung, die den Übergang von einem alten Rechtszustand in einen neuen regelt;* **Über|gangs|epo|che,** die: vgl. Übergangszeit (1); **Über|gangs|er|schei|nung,** die: *durch eine fortschreitende Entwicklung bedingte Erscheinungsform;* **Über|gangs|form,** die: vgl. Übergangserscheinung; **Über|gangs|geld,** das: *Geld, das die gesetzliche Unfallversicherung zahlt, wenn ein Arbeitnehmer durch einen Arbeitsunfall od. eine Berufskrankheit arbeitsunfähig geworden ist;* **Über|gangs|ge|sell|schaft,** die: **1.** *Gesellschaft im Übergang zu einer neuen Entwicklungsstufe.* **2.** (marx.) *Gesellschaft der Übergangsperiode* (2); **Über|gangs|heim,** das: *vorübergehende Unterkunft für jmdn., der resozialisiert wird;* **Über|gangs|laut,** der (Sprachw.): *(meist nicht wahrgenommene) Phase zwischen zwei aufeinanderfolgenden Artikulationsstellungen; Gleitlaut;* **über|gangs|los** ⟨Adj.⟩: *ohne Übergang* (2); **Über|gangs|lö|sung,** die: *vorläufige, provisorische Lösung (eines Problems), die alsbald durch eine dauerhaftere abgelöst werden soll;* **Über|gangs|man|tel,** der: *leichter Mantel für die Übergangszeit* (2); **Über|gangs|pe|ri|ode,** die: **1.** vgl. Übergangszeit (1). **2.** (marx.) *Stadium zwischen Kapitalismus u. Kommunismus, in dem sich die revolutionäre Umwandlung der Gesellschaftsordnung u. des menschlichen Bewußtseins vollzieht;* **Über|gangs|pha|se,** die: vgl. Übergangszeit (1); **Über|gangs|re|ge|lung,** die: vgl. Übergangsbestimmung; **Über|gangs|ri|tus,** der (Völkerk.): *Initiationsritus;* **Über|gangs|sta|di|um,** das: vgl. Übergangszeit (1); **Über|gangs|sta|ti|on,** die: *Übergangsbahnhof;* **Über|gangs|stel|le,** die: vgl. Übergang (1 b); **Über|gangs|stil,** der: *Stil einer Übergangsepoche;* **Über|gangs|stu|fe,** die: *Übergangsstadium;* **Über|gangs|ver|trag,** der: *als Übergangslösung dienender vorläufiger Vertrag;* **Über|gangs|vor|schrift,** die (Rechtsspr.): *Vorschrift, die beim Erlaß eines Gesetzes o. ä. den Übergang vom alten Recht zum neuen regelt;* **Über|gangs|zeit,** die: **1.** *Zeit zwischen zwei Entwicklungsphasen, Epochen o. ä.; Zeit des Übergangs zwischen zwei Ereignissen o. ä.* **2.** *Zeit zwischen Sommer u. Winter od. Winter u. Sommer.*

Über|gar|di|ne, die; -, -n: *über den Store zu ziehende Gardine:* die -n zuziehen.

über|ge|ben ⟨st. V.; hat⟩ [mhd. übergeben]: **1. a)** *dem zuständigen Empfänger etw. aushändigen u. ihn damit in den Besitz von etw. bringen:* jmdm. einen Brief, ein Päckchen, das Geld ü.; der Staffelstab an den nächsten Läufer ü.; dem Eigentümer die Schlüssel ü.; sie übergab das Telefongespräch an den zuständigen Herrn; ... die Unterzeichner hätten den Text einer ... Nachrichtenagentur übergeben *(zur Verfügung gestellt;* Rolf Schneider, November 144); Ü ... die Zukunft unseres Landes, ... die wir unseren Kindern in bewohnbarem Zustand ü. *(hinterlassen)* wollen (Freie Presse 30. 12. 89, 6); ... die Worte mit dem Papier den Flammen zu ü. (geh.; *zu verbrennen)* und so auszulöschen (Loest, Pistole 26); **b)** *jmdm. etw. zum Aufbewahren geben, anvertrauen:* ich habe meinen Wohnungsschlüssel für die Zeit meiner Abwesenheit einem Nachbarn übergeben; jmdm. etw. zu treuen Händen ü.; **c)** *etw. übereignen,* ¹*übertragen* (5 b): er hat sein Haus, das Geschäft seinem Sohn übergeben, mußte ... nach Marquette ..., um seine Praxis zu ü. und seine Sachen zu ordnen (Zuckmayer, Herr 116). **2. a)** *jmdn., etw. einer anderen Instanz o. ä. zur Bearbeitung des entsprechenden Falles überlassen:* der Dieb wurde der Polizei übergeben; ich werde die Angelegenheit meinem Anwalt ü.; Er hat ihn dem obersten Reichsgericht ... zur Aburteilung übergeben (Thieß, Reich 281); Die Sekretärin ... wurde der Obhut einer Schwester (Sebastian, Krankenhaus 29); Ü der Segler ... übergab sich den Strömungen der beiden Ozeane, die ihn trugen und trieben (Schneider, Erdbeben 47); **b)** *jmdm. eine Aufgabe übertragen, die Weiterführung einer bestimm-*

übergeben

ten Arbeit o. ä. *überlassen:* sein Amt ü.; jmdm./an jmdn. die Führung ü.; die Wache ü.; [Ruder] bei 280° ü.!; Tage darauf übergibt Jama seinem Nachfolger die Regentschaft (Schneider, Leiden 73). **3.** *auf Grund einer Kapitulation dem Gegner die Verfügungsgewalt über eine Stadt, Festung o. ä. übertragen:* die Stadt wurde nach schweren Kämpfen [an den Feind] übergeben; Vielleicht wird man auch nicht kämpfen. Das Land so ü. (Remarque, Triomphe 457). **4.** *etw. zur Nutzung freigeben:* eine Brücke, eine Straße dem Verkehr ü.; das neue Gemeindezentrum wurde gestern seiner Bestimmung übergeben. **5.** ⟨ü. + sich⟩ *sich erbrechen:* die Passagiere mußten sich mehrmals ü; Still und geräuschlos übergab sie sich in eine kleine Papiertüte (Baum, Paris 155); **über|ge|ben** ⟨st. V.; hat⟩ (ugs.): **1.** *über jmdn., etw. decken, breiten, legen:* als sie fror, gab er ihr die Stola über. **2.** * *jmdm. einen/eins ü.* (ugs.: *jmdm. einen Schlag, Hieb versetzen*).

Über|ge|bot, das; -[e]s, -e: *höheres Gebot* (5).

Über|ge|bühr, die; -, -en: *höhere Gebühr als üblich.*

über|ge|hen [mhd. übergān, übergēn, ahd. ubargān] ⟨unr. V.; ist⟩: **1.** *Besitz eines anderen werden:* das Grundstück wird in den Besitz der Gemeinde, in fremde Hände, vom Vater auf den Sohn ü.; 1803, als die Stadt an Baden überging (NJW 19, 1984, 1095); Die Kontrolle würde in einem solchen Falle ganz an die DDR übergehen (W. Brandt, Begegnungen 109); Mit dem Eigentum geht automatisch auch der Versicherungsvertrag auf den Käufer über (Zivildienst 2, 1986, 32). **2.** *mit etw. aufhören u. etw. anderes beginnen;* **überwechseln** (2b): zur Tagesordnung, zu einem anderen Punkt, Thema ü.; zum Angriff ü.; man geht zu Schnaps über (Chotjewitz, Friede 205); Aus diesem Grund gehen die Verkäufer denn auch immer mehr dazu über, ihre Telefongespräche auf Tonband aufzunehmen (Brückenbauer 11. 9. 85, 8). **3.** *überwechseln* (2 a); *überlaufen* (2): ins feindliche Lager, auf die andere Seite ü.; kalt lächelnd ... geht er geradeswegs zum bisherigen Gegner über und übernimmt all dessen Worte und Argumente (St. Zweig, Fouché 21). **4.** *allmählich in ein anderes Stadium kommen:* in Gärung, Fäulnis ü.; die Leiche war schon in Verwesung übergegangen; Bald würde der Schnee in Regen ü. (Kirst, 08/15, 597); der Sommer ging in den Herbst über (Fries, Weg 331); Sein Lächeln wurde härter und ging in ein Grinsen über (B. Frank, Tage 24). **5.** *sich ohne sichtbare Grenze vermischen:* das Meer schien in den Himmel überzugehen; die Ortschaften gehen eine in die andere über (Heym, Schwarzenberg 33); im Westen ging das Blau in ein zartes Rosarot über (Ott, Haie 237). **6.** (Seemannsspr.) *über etw. schlagen:* schwere Seen gingen über; er wurde von einem übergehenden Brecher über Bord gespült. **7.** (Seemannsspr.) *(von Ladung) auf eine Seite rutschen:* Schüttladung geht leicht über; die Ladung ging über und brachte das Schiff zum Kentern. **8.** (geh.) *über-*

fließen (1 a), *überlaufen* (1 a): die Sektflasche zu öffnen, daß kein Schaum, nichts übergeht; ... nach heftigem Gewitterregen, wenn der Weiher übergegangen wäre ... (Molo, Frieden 77); Ü Wir exportieren Milchprodukte ... erst, seit der ... Inlandmarkt überging (Neue Kronen Zeitung 12. 5. 84, 32); in einem kleinen ... Hause, das von Büchern überging (Fussenegger, Zeit 230); Bis sein Mund überging in Schmerz und Groll (Jahnn, Geschichten 31). **9.** (Jägerspr.) *(vom weiblichen Schalenwild)* kein Kalb od. Kitz haben; **über|ge|hen** ⟨unr. V.; hat⟩: **1. a)** *über etw. hinweggehen* (1); *etw. absichtlich nicht wahrnehmen:* er überging unsere Einwände, Bitten, Wünsche; die frechen Fragen, Antworten würde ich einfach ü.; Der Oberreichsanwalt überging die belanglosen Plädoyers mit Stillschweigen (Niekisch, Leben 335); **b)** *etw. auslassen, überspringen:* ein Kapitel, einige Seiten ü.; ich übergehe diesen Punkt zunächst; **c)** *(bestimmte Bedürfnisse) nicht beachten:* den Hunger, die Müdigkeit ü. **2. a)** *jmdn. nicht beachten:* sie überging ihn; **b)** *jmdn. nicht berücksichtigen:* jmdn. bei der Gehaltserhöhung, im Testament, bei der Beförderung ü.; er fühlt sich übergangen; Erst habe ich mich geärgert, weil man mich überging, aber auf Orden kommt es ja nicht an (Härtling, Hubert 134). **3.** (selten) *über etw. [hinweg]gehen:* da waren unsere Fußspuren, aber übergangen, übergangen (Kaschnitz, Wohin 65). **4.** (Jägerspr.) **a)** *über eine Fährte od. Spur gehen, ohne sie zu bemerken;* **b)** *an Niederwild vorbeigehen, ohne es zu sehen;* **Über|gehung,** die; -: *das Übergehen* (1, 2), *Übergangenwerden.*

über|ge|meind|lich ⟨Adj.⟩: vgl. überstaatlich.

über|ge|nau ⟨Adj.⟩ (oft abwertend): *allzu genau* (I).

über|ge|nug ⟨Adv.⟩ (oft abwertend): *mehr als genug:* Er scheint wirklich wieder ü. dem Whisky zugesprochen zu haben (Prodöhl, Tod 130); Auch so, fand er, war er ü. mit ihr zusammen (Becker, Tage 48); du hast schon genug und ü. an mir verdient (Fallada, Trinker 73); Nur keinen Krieg! Er hatte von dem ... Schützengrabendreck ü. (Marchwitza, Kumiaks 75).

Über|ge|nuß, der; ...genusses, ...genüsse (österr. Amtsspr.): *Überbezahlung.*

über|ge|ord|net ⟨Adj.⟩: *in seiner Bedeutung, Funktion wichtiger, umfassender als etw. anderes:* ein -es Problem; Fragen von -er Bedeutung; Dann hat der Arzt sein -es Ziel verfehlt: Er kann den Menschen nicht heilen (natur 8, 1991, 78).

Über|ge|päck, das; -[e]s (Flugw.): *Gepäck mit Übergewicht:* ich hatte [fünf Kilo] Ü.

über|ge|scheit ⟨Adj.⟩ (iron.): *überklug.*

Über|ge|wicht, das; -[e]s, -e: **1. a)** ⟨o. Pl.⟩ *(von Personen) über dem Normalgewicht liegendes* ¹*Gewicht* (1 a): Ü. verkürzt das Leben (MM 3. 3. 67, 11); [fünf Kilo] Ü. haben; das lästige Ü. abtrainieren; sie leiden ja alle etwas an Ü. und an zu wenig Bewegung (v. d. Grün, Glatteis 77); **b)** ⟨Pl. selten⟩ *(von Briefen, Paketen o. ä.)* ¹*Gewicht* (1 a), *das die für die Beförderung zulässige Grenze übersteigt:* der Brief hat

[zehn Gramm] Ü. **2.** * [das] Ü. bekommen/ kriegen (ugs.; *das Gleichgewicht verlieren u. überkippen, [hinunter]fallen*): lehn dich nicht zu weit raus, rüber, du kriegst gleich Ü.!; es war beim Abstieg, die großen Sätze, wenn der Körper Ü. bekam (Lenz, Brot 77). **3. a)** ⟨o. Pl.⟩ *Vormachtstellung, Vorherrschaft:* daß das eindeutige Ü. des Ostens allmählich geschwunden und eine Art balance of power eingetreten ist (Dönhoff, Ära); das militärische, wirtschaftliche Ü. [über jmdn., etw.] haben, gewinnen, behaupten; **b)** ⟨Pl. selten⟩ *größere Bedeutung; größeres* ¹*Gewicht* (3): im Lehrplan haben die naturwissenschaftlichen Fächer ein klares Ü.; **über|ge|wich|tig** ⟨Adj.⟩: *Übergewicht* (1 a) *habend:* -e Patienten; ü. sein; ⟨subst.:⟩ Übergewichtige können überflüssige „Pfunde" verlieren, ohne auf Süßes zu verzichten (Hörzu 22, 1977, 35); **Über|ge|wich|tig|keit,** die; -: *das Übergewichtigsein.*

über|gie|ßen ⟨st. V.; hat⟩: **1.** *Flüssigkeit über jmdn., etw. gießen:* soll ich noch etwas Soße ü.?; man hat mir einen Eimer Wasser übergossen. **2.** *verschütten:* sie zitterte und goß die Milch über. **3.** (selten) *umgießen* (1); **über|gie|ßen** ⟨st. V.; hat⟩: *über jmdn., sich, etw. eine Flüssigkeit gießen:* die Teeblätter mit kochendem Wasser ü.; die Gans mehrmals mit Salzwasser ü.; er übergoß sich mit Benzin und verbrannte sich; Ü der Platz war von Scheinwerferlicht übergossen (*hell erleuchtet*); er wurde mit Hohn und Spott übergossen; Auf einmal sagte Ertzum: ... (H. Mann, Unrat 105); **Über|gie|ßung,** die; -, -en: *das Übergießen, Übergossenwerden.*

über|gip|sen ⟨sw. V.; hat⟩: *mit Gips bedecken;* **Über|gip|sung,** die; -, -en: *das Übergipsen, Übergipstwerden.*

über|glän|zen ⟨sw. V.; hat⟩: **1.** (Kochk.) **a)** *glacieren;* **b)** *glasieren.* **2.** (dichter.) *mit Glanz* (a) *bedecken:* das Mondlicht überglänzte die Hügel.

über|gla|sen ⟨sw. V.; hat⟩: *mit Glas decken* (1 b); *mit einem Glasdach versehen:* den Balkon ü. [lassen]; die Halle ist überglast; ein überglaster Innenhof; **Über|gla|sung,** die; -, -en: **1.** *das Überglasen.* **2.** *etw., womit etw. überglast ist.*

über|glück|lich ⟨Adj.⟩: *sehr glücklich* (2): Daß Lucien mich liebt, macht mich ü. (Genet [Übers.], Tagebuch 245); ... er könne das Klavier bei mir ins Atelier stellen zum Üben. Darüber war er ü. (Eppendorfer, St. Pauli 191).

über|glü|hen ⟨sw. V.; hat⟩ (dichter.): vgl. überstrahlen (1 a): Eine tiefe Sonne überglühte nun alles (Widmer, Kongreß 195).

über|gol|den ⟨sw. V.; hat⟩: *mit einem leichten Überzug von Gold versehen:* eine Statue ü.; Ü die Abendsonne übergoldet die Dächer (dichter.: *läßt sie golden glänzen, leuchten*).

über|gra|sen ⟨sw. V.; hat⟩ (Fachspr.): *überweiden;* **Über|gra|sung,** die; -, -en (Fachspr.): *Überweidung.*

über|grät|schen ⟨sw. V.; hat⟩ (Turnen): *mit einer Grätsche überspringen:* den Kasten, das Pferd ü.

über|grei|fen ⟨st. V.; hat⟩ /vgl. übergreifend/: **1.** (bes. beim Klavierspielen, Gerä-

teturnen) mit der einen Hand über die andere greifen: er muß an dieser Stelle der Etüde ü. **2.** *sich auch auf etw. anderes ausdehnen; auch etw. od. (seltener) jmdn. anderes erfassen:* das Feuer, der Brand griff rasch auf die umliegenden Gebäude über; die Epidemie, der Streik hat auf andere Gebiete übergegriffen; ... die furchtbaren agrarischen Revolutionen, die dann im 5. Jahrhundert auch nach Spanien übergriffen ... (Thieß, Reich 318); ... ist deutlich geworden, wie stark die Probleme der Stadtjugend auch auf ländliche Gegenden übergegriffen haben (NZZ 27. 8. 83, 30); Hortenses echte Angst griff auf Zweiling über (Apitz, Wölfe 98). **3.** *unzulässigerweise in einen fremden Bereich eingreifen:* ... ohne ausreichende Vorkehrungen zu treffen, daß die Exekutive nicht in den Bereich der Justiz übergreife (Fraenkel, Staat 287); **über|grei|fen** ⟨sw. V.; hat⟩: **a)** (Fachspr.) *greifend [teilweise] übergreifen, umschließen:* die Zähne des Oberkiefers übergreifen die des Unterkiefers; Noch bevor die Gans das Objekt mit dem Schnabel übergreift ... (Lorenz, Verhalten I, 364); **b)** (selten) *erfassen, umfassen, sich auf etw. ausdehnen:* ein neuer sozialer Mythos ..., der die politischen Gruppierungen ... ü. soll (Kursbuch 88, 1987, 64); **über|greifend** ⟨Adj.⟩: *von übergeordneter Bedeutung, Wichtigkeit, Gültigkeit u. deshalb innerhalb eines bestimmten Bereichs alles andere bestimmend:* ... den Begriff der unteilbaren Souveränität als einer -en, unumschränkten Ordnungsmacht des Herrschers über die Beherrschten (Fraenkel, Staat 300); Neidig wird er künftig vom Stadtverband aus ü. mit den Jugendzentren befaßt sein (Saarbr. Zeitung 6./7. 10. 79, 23); **-über|grei|fend:** drückt in Bildungen mit Substantiven aus, daß die beschriebene Sache etw. erfaßt, umfaßt, sich von etw. auf etw. ausdehnt: behörden-, gruppen-, parteiübergreifend; **Über|griff,** der; -[e]s, -e: *unrechtmäßiger Eingriff in die Angelegenheiten, den Bereich o. ä. eines anderen:* ein feindlicher, militärischer Ü.; ein umfangreicher Grundrechtskatalog sollte jeden einzelnen Bürger Schutz gegen -e des Staates zu gewährleisten (Fraenkel, Staat 351). **über|groß** ⟨Adj.⟩: **a)** *übermäßig, ungewöhnlich groß* (1a): Konstantinische Formen erkennt man in ... den -en Augen (Bild. Kunst I, 206); Eine -e Flasche Wodka (Borkowski, Wer 49); **b)** *übermäßig, ungewöhnlich groß* (4): ... mit Rücksicht auf die -en Vorräte den Fischmarkt ... zu entlasten (NZZ 27. 1. 83, 26); ... wenn eine -e Zahl von Parteien besteht (Fraenkel, Staat 242); **c)** *übermäßig, ungewöhnlich groß* (5): eine -e Nervosität; Als die Sünde ü. geworden, ward auch die Gnade überwältigend (Hochhuth, Stellvertreter 157); **Über|grö|ße,** die; -, -n: *Größe (bes. in der Konfektion), die die durchschnittlichen Maße überschreitet.*
über|grü|nen ⟨sw. V.; hat⟩: *mit Grün* (2) *überdecken.*
über|ha|ben ⟨unr. V.; hat⟩ (ugs.): **1.** *(ein bestimmtes Kleidungsstück) [lose] über ein anderes angezogen haben:* ... hatte Herse Diemuts Mantel über (Gaiser, Schlußball 196). **2.** *einer Sache überdrüssig sein:* ich habe ihre Nörgelei, die Warterei, deine Freunde über; Ich hatte es wirklich über, ewig vor diesem Pedersen gewarnt zu werden (Fallada, Herr 36). **3.** (landsch.) *[als Rest] übrig haben:* er hatte nur noch ein paar Mark [vom Lohn] ü.; Ich hatte 'n paar Flugblätter über (Bottroper Protokolle 15).
Über|haft, die; - (Rechtsspr.): *unmittelbar nach Beendigung einer Untersuchungshaft od. Haftstrafe in Kraft tretende neue Haft für ein anderes Vergehen derselben Person:* Der Untersuchungsrichter hatte Ü. angeordnet (Prodöhl, Tod 80).
über|hal|ten ⟨st. V.; hat⟩ (Forstw.): *bei der Abholzung eines Waldgebietes stehenlassen:* eine Kiefer ü.; **über|hal|ten** ⟨st. V.; hat⟩ (österr. veraltet): *übervorteilen:* er ist beim Kauf des Hauses überhalten worden; **Über|häl|ter,** der; -s, - (Forstw.): *Baum, der bei der Abholzung übergehalten wird.*
über|hän|di|gen ⟨sw. V.; hat⟩ (veraltet): *aushändigen:* ... hatten wir ein weiteres Zusammentreffen verabredet, bei dem ihm meinen Barbesitz und er mir seinen Kreditbrief ... ü. sollte (Th. Mann, Krull 291); **Über|hand|nah|me,** die; - [zu veraltet „Überhandnehmen" für ↑ Überhand]: *das Überhandnehmen;* **über|hand|neh|men** ⟨st. V.; hat⟩: *(in bezug auf etw. Negatives) in übermächtiger Weise an Zahl, Stärke zunehmen; stark anwachsen, sich stark vermehren:* das Unkraut, die Ungeziefer, der Verkehrslärm nimmt allmählich überhand; die Überfälle haben überhandgenommen; Als aber ... die wirtschaftliche Not überhandnahm (Thieß, Reich 248); ... reicht es nicht aus, die überhandnehmenden Giftmüllabkipper zu bestrafen (Prodöhl, Tod 228). **Über|hang,** der; -[e]s, ...hänge [mhd. überhanc = Umhang; überhängende Zweige u. Früchte von Obstbäumen; Übergewicht]: **1. a)** (bes. Archit.) *etw., was über die eigene Grundfläche hinausragt; auskragender* (a) *Teil, bes. eines Fachwerkbaus;* **b)** ¹*überhängende* (b) *Felswand:* Ohne haben bezwingt er den Ü. (Trenker, Helden 159); Hier ist ebenfalls unter Überhängen Schutz zu suchen (Eidenschink, Fels 87); **c)** *etw., was* ¹*überhängt* (c); ¹*überhängende* (c) *Zweige o. ä.:* ü. abschneiden. **2.** *über ein bestimmtes Maß, die [augenblickliche] Nachfrage hinausgehende Menge von etw.:* Überhänge an Waren haben; An der Jahreswende 1965/66 war ein Ü. von 795 000 Wohnungen vorhanden (MM 30. 4. 66); ¹**über|hän|gen** ⟨st. V.; hat⟩: **a)** (bes. Archit.) *über die eigene Grundfläche hinausragen, auskragen* (a): das Obergeschoß des Fachwerkhauses hängt über; ⟨oft im 1. Part.:⟩ das überhängende Obergeschoß; **b)** *stärker als die Senkrechte, als in rechter Winkel geneigt sein;* ¹*hängen* (2b): die Felswand hängt über; ⟨oft im 1. Part.:⟩ eine überhängende Wand; Und dann steht Hockmair vor einem überhängenden Eiswulst (Trenker, Helden 224); **c)** *herabhängend über etw. hinausreichen; über ein Grundstück hinaus auf das angrenzende* ¹*hängen:* die Zweige des Baums hingen über (oft im 1. Part.:) ein überhängender Ast; ²**über|hän|gen** ⟨sw. V.; hat⟩: *über die Schulter[n]* ²*hängen;* *umhängen:* jmdm. einen Mantel ü.; hängte [mir] das Gewehr über; ... als die Mutter ihr die Schultasche überhängte (H. Weber, Einzug 162); ¹**über|hän|gen** ⟨sw. V.; hat⟩ (seltener): *auf etw. herunterhängen u. dadurch das Betreffende [teilweise] bedecken:* die Mauer war von Efeu überhangen; auf den Zotteln überhangenen Knien des Bruders (Th. Mann, Joseph 148); ²**über|hän|gen** ⟨sw. V.; hat⟩ (seltener): *mit etw., was man über etw.* ²*hängt, das Betreffende bedecken, verhängen:* sie überhängte den Käfig mit einem Tuch; ... daß er Stirn und Wangen mit einem Schleier habe ü. müssen (Th. Mann, Joseph 64); **Über|hang|man|dat,** das (Politik): *Direktmandat, das eine Partei über die ihr nach dem Verhältniswahlrecht zustehenden Parlamentssitze hinaus gewonnen hat;* **Über|hangs|recht,** das ⟨o. Pl.⟩ (Rechtsspr.): *Recht, den Überhang* (1c) *des benachbarten Grundstücks abzuschneiden, zu beseitigen.*
über|happs ⟨Adv.⟩ [mundartl. Entstellung von ↑*überhaupt* in der veralteten (landsch.) Bed. „Kleinigkeiten nicht beachtend, oberflächlich"] (österr. ugs.): **1.** *ungefähr; annäherungsweise.* **2.** *obenhin.*
über|hart ⟨Adj.⟩: *sehr, ungewöhnlich hart:* die Anwendung -er terroristischer Polizeimethoden (MM 30. 8. 67, 2); Die ü. spielenden Donawitzer hatten ... nicht viel zu bieten (Express 7. 10. 68, 16).
über|ha|sten ⟨sw. V.; hat⟩: **a)** *zu hastig ausführen:* eine Entscheidung ü.; Es galt, nichts zu ü., sondern einen Schritt vor den anderen zu setzen (Jens, Mann 18); nur nichts ü!; das Tempo ü. ⟨oft im 2. Part.:⟩ ein überhasteter Schritt; überhastet sprechen, urteilen; Es mag sein, daß Genscher damals wirklich überhastet handelte (Rhein. Merkur 2. 2. 85, 4); **b)** ⟨ü. + sich⟩ *(in seinem Handeln, Reden) sich keine Zeit zum Überlegen lassen; wegen zu großer Hast unüberlegt sein:* Obgleich sie zögernd sprach, hatte sie sich überhastet und endete verlegen (Musil, Mann 1146); Seine Worte überhasteten ⟨geh.⟩; ¹*überstürzten* sich des öfteren (Th. Mann, Zauberberg 26); **Über|ha|stung,** die; -, -en: *das [Sich]überhasten.*
über|häu|fen ⟨sw. V.; hat⟩: **a)** *jmdm. etw. im Übermaß zukommen, zuteil werden lassen:* jmdn. mit Geschenken, Ehren, Lob, Komplimenten, Wohltaten, guten Ratschlägen, Vorwürfen ü.; Er überhäufte Joseph mit Beleidigungen (R. Walser, Gehülfe 182); Ich weiß, du liebst es nicht, mit Verpflichtungen überhäuft zu werden (Th. Mann, Buddenbrooks 172); Aber während das Schicksal den genialen Engländer mit Ruhm und Ehren überhäufte ... (Menzel, Herren 120); mit Arbeit überhäuft sein; **b)** (selten) *etw. in so großer Anzahl irgendwo hinstellen, hinlegen, daß es die ganze Fläche bedeckt:* auf dem Schreibtisch mit Akten ü. **Über|häu|fung,** die; -: *das Überhäufen, Überhäuftwerden.*
über|haupt [spätmhd. über houbet = über das Haupt, die Häupter (der Tiere) hin, d. h. ohne (sie) zu zählen]: **I.** ⟨Adv.⟩

überheben

1. drückt eine Verallgemeinerung aus: *insgesamt [gesehen]:* ich habe ihn auch gestern nicht angetroffen, er ist ü. selten zu Hause; in Saarbrücken und ü. im Saarland (Saarbr. Zeitung 29./30. 12. 78, 17); Wenn das nicht 'ne Schande wäre. In seinen Jahren – und ü. (H. Mann, Unrat 98). **2.** verstärkend bei Verneinungen: *[ganz u.] gar:* das stimmt ü. nicht; das war ü. nicht vorgesehen, möglich; davon kann ü. keine Rede sein; Obwohl Labre ... es ü. nicht liebte, über sein väterliches Haus Auskunft zu geben ... (Nigg, Wiederkehr 92). **3.** ⟨in Kommas eingeschlossen⟩ **a)** (in Verbindung mit „und") *abgesehen davon, überdies:* der Tag war diesig, und ü., auf einen einzelnen kam es nicht an (Plievier, Stalingrad 207); **b)** *und schon gar; besonders:* man wird, ü. im Alter, nachlässiger; du solltest, ü. nachts, nicht alleine weggehen. **II.** ⟨Partikel; unbetont⟩ *eigentlich* (III): hast du denn ü. eine Ahnung, was du damit angerichtet hast?; wie ist das ü. passiert?; was willst du ü.?; Wo sind wir ü., Rudolf? (Remarque, Obelisk 76); Wie war es ü. möglich, daß ein solcher Stil sich ausbreiten konnte? (Dönhoff, Ära 57).

über|he|ben ⟨st. V.; hat⟩ (ugs.): *hinüberheben;* **über|he|ben** ⟨st. V.; hat⟩: **1.** (veraltend) *entheben* (1): das überhebt uns allen weiteren Nachdenkens; das überhebt dich nicht einer Antwort; so daß sie ... sich schließlich etwas Himmlisch-Unerreichbares einredeten, um sich des Erreichbaren zu ü. (Musil, Mann 1306); Da Joachim ein paar Semester studiert hatte, war er des Besuches der Kriegsschule überhoben (Th. Mann, Zauberberg 689). **2.** ⟨ü. + sich⟩ *anmaßend sein, sich überheblich zeigen:* Nicht, daß ich mir jetzt was einbilden will, mich ü. will (M. Walser, Eiche 81); ... bin ich nun mehr als ihr ... Dennoch will ich mich nicht ü. (Hacks, Stücke 296); Das Verhältnis zwischen Sara und Hagar, die sich schon einst ihrer Mutterschaft gegen die noch Unfruchtbare überhoben hatte (Th. Mann, Joseph 193). **3.** ⟨ü. + sich⟩ (landsch.) *sich verheben:* überheb dich [an der schweren Kiste] bloß nicht!; Ü Die Bundesrepublik könnte, ohne sich zu ü. *(übernehmen),* die Spareinlagen ... sogar im Verhältnis 1:1 umtauschen (Freie Presse 15. 2. 90, 4); **über|heb|lich** ⟨Adj.⟩: *sich selbst zu hoch einschätzend u. auf andere herabsehend od. eine solche Haltung erkennen lassend:* ein -er Mensch, Ton; Wenn du nur das -e Grinsen lassen könntest (H. Gerlach, Demission 113); Sie ... schürzte ihre Lippen in der ehemals geliebten kostbaren -en Art (Johnson, Mutmaßungen 92); Ein junger Mann mit guten Manieren, nicht ü., aber auch nicht liebedienerisch (Kirst, 08/15, 142); seine Kritik ist ü. zu sprechen; **Über|heb|lich|keit**, die; -, -en: **a)** ⟨o. Pl.⟩ *überhebliche Art:* Es war die gleiche freundliche Ü. in seinem Ton, die mich schon draußen geärgert hatte (Broch, Versucher 29); „Ich kenne aber meine Leute", sagte Ted Boernes ohne jede Ü. (Kirst, 08/15, 909); **b)** (selten) *überhebliches Verhalten, überhebliche Äußerung;* **Über|he|bung**, die; -, -en ⟨Pl. selten⟩ (veraltend) *Überheblichkeit:* als ein ... Mann ..., der seines Wertes ohne Ü. bewußt ist (Hesse, Sonne 7).

Über|he|ge, die; - (Forstw., Jagdw.): *übermäßige Hege des Wilds, die zu einer für Forst- u. Landwirtschaft abträglichen Vermehrung führt.*

über|hei|zen ⟨sw. V.; hat⟩: *zu stark heizen* (1 b): die Wohnung ü.; ⟨meist im 2. Part.:⟩ das Schwimmbad war überheizt (Danella, Hotel 429); bei ihm [zu Hause] ist es immer überheizt; ein überheizter Raum.

über|hell ⟨Adj.⟩: *äußerst, allzu hell:* Der Tag war sehr klar und fast ü. (Remarque, Triomphe 211).

über|hin ⟨Adv.⟩ (veraltend): *obenhin.*

über|hit|zen ⟨sw. V.; hat⟩: **a)** *über das Normalmaß erhitzen* (1): das Wasser ü.; **b)** ⟨ü. + sich⟩ *zu heiß werden:* sonst überhitzt sich der Motor (Grzimek, Serengeti 131); ⟨meist im 2. Part.:⟩ die Bremsen sind überhitzt; Ü überhitzte *(übermäßig erregte)* Gemüter; Der Staat ... müsse ... zur Dämpfung der überhitzten *(übersteigerten)* Konjunktur beitragen (FAZ 13. 5. 61, 7); **Über|hit|zer**, der; -s, - (Technik): *nebeneinanderliegende Stahlrohre als Teil eines Dampfkessels, die den zugeführten Dampf über die Siedetemperatur erhitzen;* **Über|hit|zung**, die; -, -en ⟨Pl. selten⟩: *das Überhitzen, Überhitztwerden.*

über|hö|hen ⟨sw. V.; hat⟩ /vgl. überhöht/: **1.** *[einen Teil von etw.] höher machen, bauen; erhöhen* (1): einen Damm ü.; [in einer Kurve] eine Straße, ein Gleis ü. (Bauw.; in einer Kurve den äußeren Rand der Fahrbahn, die äußere Schiene des Gleises höher legen); ⟨meist im 2. Part.:⟩ überhöhte Kurven. **2.** *übermäßig erhöhen* (3), *hochstilisieren, verklären:* Die bürgerliche Existenz wird heroisch überhöht (NJW 19, 1984, 1059); ⟨meist im 2. Part.:⟩ in die zum Mythos überhöhte Schweiz (NZZ 14. 4. 85, 23); **über|höht** ⟨Adj.⟩: *die normale Höhe übersteigend; zu stark erhöht* (2 a); *zu hoch* (I, 2): -e Preise, Mieten; mit -er Geschwindigkeit fahren; -e Rotwildbestände (natur 5, 1991, 57); Ü Zusammenarbeit an bestimmten Aufgaben ... entlastet ... die persönlichen Beziehungen von -en emotionalen Ansprüchen (Wohngruppe 12); **Über|hö|hung**, die; -, -en: **1.** *übermäßige Erhöhung* (2) *von etw.;* *das Überhöhen.* **3.** (Bauw.) *Maß, um das eine [tragende] Konstruktion beim Bau in der Mitte eine höhere Lage erhält als an den Enden.* **4.** (Geogr.) *(auf Reliefgloben o. ä.) Darstellung der Höhen u. Tiefen in einem Maßstab, der größer ist als der der horizontalen Größen.*

über|ho|len ⟨sw. V.; hat⟩ [urspr. Seemannsspr., nach engl. to overhaul]. **1.** *an das andere Ufer befördern:* Winkt einer, so springen die Ruderer und der Steuermann in die Barke und holen über! (Kisch, Reporter 101); hol über! (früher: Ruf nach dem Fährmann). **2.** (Seemannsspr.) *(von Schiffen) sich unter dem Druck des Windes zur Seite legen:* das Schiff hat [nach Backbord] übergeholt. **3.** (Seemannsspr.) *(Segel) auf die andere Seite holen* (5): hol über! (Kommandoruf); **über|ho|len** ⟨sw. V.; hat⟩: **1. a)** *durch größere Geschwindigkeit jmdn., etw. einholen u. an dem Betreffenden vorbeifahren, vorbeilaufen, ihn, es hinter sich lassen:* ein Auto, einen Radfahrer ü.; kurz vor dem Ziel wurde der doch noch überholt; ⟨auch ohne Akk.-Obj.:⟩ man darf nur links ü.; ⟨subst.:⟩ an Zebrastreifen ist das Überholen grundsätzlich verboten; zum Überholen ansetzen; Ü Die Wirklichkeit überholt die Science-fiction (Wiener 11, 1983, 116); **b)** *leistungsmäßig jmdm. gegenüber einen Vorsprung gewinnen:* er hat seine Mitschüler überholt; ... die sowjetischen Kräfte nicht nur im Wettrüsten mit Amerika zu messen, sondern die Vereinigten Staaten auch wirtschaftlich ... zu ü. (Dönhoff, Ära 228). **2.** *auf [technische] Mängel überprüfen u. reparieren, wieder völlig instand setzen:* einen Wagen, einen Motor, eine Maschine, ein Gerät [gründlich] ü.; die Anlage muß [total] überholt werden; ich muß die Uhr alle paar Jahre reinigen und ü. lassen; **Über|hol|ma|nö|ver**, das, (bes. Verkehrsw.): *im Überholen eines anderen Verkehrsteilnehmers bestehendes Manöver:* ein riskantes, mißlungenes Ü.; er konnte das Ü. gerade noch rechtzeitig abbrechen; Ruhig und sicher nutzte er Lücken für rasche Ü. (Springer, Was 166); **Über|hol|spur**, die (Verkehrsw.): *Fahrspur, die beim Überholen zu benutzen ist:* auf die Ü. wechseln, gehen; Ü Japanische Sportwagen drängen auf die Ü. – mit kraftvollen Motoren und vergleichsweise billig (Spiegel 21, 1982, 231); **überholt** ⟨Adj.⟩: *nicht mehr der gegenwärtigen Zeit, dem augenblicklichen Stand der Entwicklung entsprechend:* eine [technisch] längst -e Anlage; eine -e Technik; -e Ansichten, Bücher, Statistiken, Lehrmeinungen; Aus der Sicht der Lega gibt es keine Klassen, und die Begriffe links und rechts sind ü. (Tages Anzeiger 26. 11. 91, 3); Das Fernsehurteil von 1961 ist durch die technische Entwicklung ü. (Capital 2, 1980, 74); **Über|ho|lung**, die; -, -en: *das Überholen* (2): der Wagen muß zur Ü. in die Werkstatt; **über|ho|lungs|be|dürf|tig** ⟨Adj.⟩: *in einem Zustand, der eine Überholung erforderlich macht:* der Motor ist ü.; **Über|hol|ver|bot**, das, (bes. Verkehrsw.): *Verbot, ein anderes Kraftfahrzeug zu überholen:* ist hier immer noch Ü.?; an der Steige besteht, gilt ein Ü. für LKW; **Über|hol|ver|such**, der, (bes. Verkehrsw.): *Versuch zu überholen;* **Über|hol|vor|gang**, der (bes. Verkehrsw.): *Vorgang des Überholens.*

über|hö|ren ⟨sw. V.; hat⟩ (ugs.): *zu oft hören, anhören* (1 b) *u. deshalb kein Gefallen mehr daran finden:* ich habe mir diesen Song übergehört; **über|hö|ren** ⟨sw. V.; hat⟩ [mhd. überhœren = aufsagen lassen, lesen lassen, befragen; nicht hören; nicht befolgen]: **1. a)** *aus Mangel an Aufmerksamkeit nicht hören* (1 b): das Telefon, das Klingeln ü.; Er überhörte nicht *(er bemerkte durchaus)* die Hoffnung in ihrer Stimme, das Gegenteil zu vernehmen (A. Zweig, Claudia 107); **b)** *über etw. hinweggehen, als ob man es nicht gehört hätte; auf eine Äußerung o. ä. absichtlich nicht reagieren:* eine Anspielung, einen Vorwurf [geflissentlich] ü.; Dem Bruder Philibertes ... blieb nichts anderes übrig, als den Kommentar zu ü. (A. Kolb, Daphne 21); das möchte ich [lieber] überhört haben! (als Entgegnung auf eine als unangebracht empfundene Bemerkung, auf die man nicht eingehen will). **2.** (veraltet) *abhören* (1).

Über|Ich, das; -[s], -[s] ⟨Psych.⟩: *durch die Erziehung entwickelte normative Kontrollinstanz der Persönlichkeit.*

über|in|di|vi|du|ell ⟨Adj.⟩: *über das Individuum (1, 3) hinausgehend:* -e, artkennzeichnende Merkmale (Lorenz, Verhalten I, 147).

Über|in|ter|pre|ta|ti|on, die; -, -en: *das Überinterpretieren, Überinterpretiertwerden:* es fehlte hinsichtlich der religiösen Aspekte in Grass' Werk auch nicht an euphemistischen -en (MM 9. 2. 66, 25); **über|in|ter|pre|tie|ren** ⟨sw. V.; hat⟩: *bei der Interpretation von etw. mehr Bedeutung darin sehen, als tatsächlich darin enthalten ist:* ein Gedicht, eine Textstelle, eine Äußerung, ein Verhalten ü.; jmdn. *(dasjenige, was jmd. gesagt, geschrieben hat)* ü.; Sie ... suchen den Weg ins Parlament. – Nein, das ist überinterpretiert (Tages Anzeiger 14. 10. 85, 6); ⟨auch o. Akk.-Obj.:⟩ Rilla überinterpretiert in seinem Aufsatz erheblich, wenn er ... (Raddatz, Traditionen I, 216).

über|ir|disch ⟨Adj.⟩: **1.** *sich den irdischen Maßstäben entziehend, der Erde entrückt:* ein -s Wesen; sie war vor ihm -er Schönheit; Genau dieses Glück nun, das man ü. nennen darf (Th. Mann, Tod u. a. Erzählungen 155). **2.** *oberirdisch:* bei den Kernwaffentests in den 50er Jahren (Basler Zeitung 12. 5. 84, 5); ... wurde die Strecke (= eine U-Bahn-Strecke) nach dem Bahnhof Senefelderplatz wieder ü. weitergeführt (Freie Presse 11. 11. 83, 3).

über|jäh|rig ⟨Adj.⟩ (veraltet): *älter, schon länger bestehend als gewöhnlich:* ein -es Leiden; die Kuh ist ü. (Landw.; *kalbt erst im vierten Jahr*).

über|käm|men ⟨sw. V.; hat⟩ (ugs.): *flüchtig noch einmal kämmen* (1 a): [sich] das Haar ü.; ich muß mich noch schnell ü.

über|kan|di|delt ⟨Adj.⟩ [zu niederd. kandidel = heiter, lustig, wohl zu lat. candidus = heiter, ↑Kandidat] (ugs.): *in exaltierter od. leicht verrückter Weise überspannt:* eine [etwas, völlig] -e Person; Das Besitzbürgertum ... treibe mit seinem -en Luxus die Preise hoch (Spiegel 1/2, 1966, 23); sie ist leicht, ziemlich, ein bißchen ü.

Über|ka|pa|zi|tät, die; -, -en ⟨meist Pl.⟩ (Wirtsch.): *(auf längere Sicht nicht auszunutzende) zu große Kapazität* (2 b): -en abbauen.

Über|ka|pi|ta|li|sie|rung, die; -, -en (Wirtsch.): *bereits bei der Gründung zu hohe Bemessung des Nominalkapitals eines Unternehmens im Verhältnis zu dem von ihm erwirtschafteten Ertrag od. zu seinem realen Vermögenswert.*

über|kip|pen ⟨sw. V.; ist⟩: *auf einer Seite zu schwer werden u. über sie kippen, umfallen:* das Tablett kippte über; die Leiter ist nach vorne übergekippt; Ü seine Stimme kippte [vor Wut] über *(klang plötzlich sehr hoch u. schrill);* ein ... Lachen, das zu schrillen Staccati aufstieg, um ins Falsett überzukippen (Radecki, Tag 102).

Über|klas|se, die; -, -n (Biol., bes. Bot.): *zwischen [Unter]stamm u. Klasse (3) stehende, mehrere Klassen zusammenfassende Kategorie.*

über|kle|ben ⟨sw. V.; hat⟩: *etw. auf etw. kleben u. das Betreffende dadurch verdecken:* Plakate ü.; Als Teichmann die Uhr bekommen hatte, war ihre Rückseite mit einem Stück Leder überklebt gewesen (Ott, Haie 246).

Über|kleid, das; -[e]s, -er (veraltend): *Kleidungsstück, das über anderen Kleidungsstücken getragen wird;* **über|klei|den** ⟨sw. V.; hat⟩ (geh. veraltend): *überdecken, verkleiden* (2); **Über|klei|dung,** die; -, -en (geh. veraltend): **1.** *das Überkleiden.* **2.** *etw., was zum Überkleiden von etw. dient.*

über|klet|tern ⟨sw. V.; hat⟩: *über etw. klettern:* die Mauer, den Zaun ü.; Aller Augenblicke mußten sie leere und volle Wagen ü. (Marchwitza, Kumiaks 34); In den Kamin eingeklemmte Blöcke müssen ... überklettert werden (Eidenschink, Fels 43).

über|klug ⟨Adj.⟩ (iron.): *überaus klug sein wollend.*

über|knö|cheln ⟨sw. V.; hat⟩ (österr. ugs.): *sich den Fuß verstauchen, verrenken:* ich habe mir den Fuß überknöchelt.

über|ko|chen ⟨sw. V.; ist⟩: *so stark kochen* (3 a), *daß die betreffende Flüssigkeit über den Rand des Gefäßes fließt:* die Milch ist übergekocht; Ü Bei dieser Reminiszenz ... kochte der Landgerichtsrat über *(geriet er in große Wut).* Er knallte die Tür hinter sich zu ... (Baum, Paris 160); Jetzt kochte ich vor Wut bald über! (Fallada, Herr 38); **über|ko|chen** ⟨sw. V.; hat⟩ (landsch., bes. österr.): *noch einmal kurz zum Kochen* (3 a) *bringen; aufkochen* (2): die Marmelade muß [noch mal] übergekocht werden.

über|kom|men ⟨st. V.; ist⟩: **1.** (Seemannsspr.) *(von Seewasser) an Deck spülen, spritzen:* schwere Brecher kamen über, waren übergekommen. **2.** (landsch.) *(an einem [Reise]ziel) in bestimmter Weise ankommen:* komm gut über!; sie sind wohlbehalten übergekommen. **3.** (landsch.) **a)** *mit etw. herausrücken* (2 a): meine Mutter müßte mit dem Geld bald ü. (Stern 41, 1980, 146); **b)** *mit etw. herausrücken* (2 b): Babsi aber kam erst mal nicht damit über, woher sie so reichlich Dope und Geld hatte (Christiane, Zoo 129); **¹über|kom|men** ⟨st. V.; hat⟩ /vgl. ²überkommen/ [mhd. über komen, ahd. ubarqueman]: **1.** *(von Empfindungen, Gefühlen) plötzlich mit großer Intensität ergreifen:* Mitleid, Angst, Ekel, Zorn überkam ihn [bei diesem Anblick, als er das sah]; Verzweiflung überkam mich, Verzweiflung und Heimweh (Seghers, Transit 91); Unter dem tröstenden Gemurmel der alten Frau überkam Puglug der Schlaf *(schlief Puglug ein;* Baum, Bali 273); bei diesem Gedanken überkam es uns heiß, kalt *(schauderte uns).* **2.** (geh.) **a)** (veraltend) *als Erbanlage erhalten, erben* (2): Des Gefühlsmenschen weiche Unbeherrschtheit war das Erbe, das Joseph vom Vater überkommen hatte (Th. Mann, Joseph 84); **b)** *überliefern, vererben:* viele Zeugnisse dieser alten Kultur sind uns/auf uns überkommen; Schade, daß das gelungene ... Bild nicht überkommen ist *(nicht erhalten ist;* Grass, Butt 435); **²über|kom|men** ⟨Adj.⟩ [2. Part. von ↑¹überkommen (2 b)] (geh.): *schon seit langem bestehend, einer früheren Epoche entstammend, überliefert, hergebracht:* -e Bräuche; eine -e Tradition; Die -e Staatsorganisation bestand neben der faschistischen Partei fort (Fraenkel, Staat 85); ⟨subst.:⟩ von Heranwachsenden ..., die sich ... gegen Überkommenes wehren (Nds. Ä. 22, 1985, 27).

Über|kom|pen|sa|ti|on, die; -, -en (Fachspr.): *übersteigerte Kompensation;* **über|kom|pen|sa|to|risch** ⟨Adj.⟩ (Fachspr.): *in übersteigertem Maße kompensatorisch;* **über|kom|pen|sie|ren** ⟨sw. V.; hat⟩: **1.** (Fachspr.) *in übersteigertem Maße kompensieren* (1): seine Minderwertigkeitsgefühle mit betonter Männlichkeit ü.; Das Bedürfnis, ... Mängel zu ü., ist eine solche neurotische Folgeerscheinung (Spiegel 45, 1976, 113). **2.** (Wirtsch.) *mehr als kompensieren* (2): Die überseeischen Länder ... haben ... die Preisrückgänge ... durch den Absatz größerer Mengen kompensiert, gelegentlich überkompensiert (Welt 4. 8. 62, 9); **Über|kom|pen|sie|rung,** die; -, -en: *das Überkompensieren.*

über|kom|plett ⟨Adj.⟩: *mehr als komplett, besonders reichhaltig, üppig:* Seine (= des Autos) -e Ausstattung, seine Geräumigkeit, seine Sparsamkeit (auto touring 12, 1978, 36).

über|kon|fes|sio|nell ⟨Adj.⟩: *die Konfessionen (2) übergreifend, nicht von ihnen abhängend.*

Über|kopf|ball, der (Tennis): *über dem Kopf geschlagener Ball.*

über|kreu|zen ⟨sw. V.; hat⟩: **1.** *kreuzen* (2), *überqueren:* ... überkreuzte ich den Stephansplatz. Erst auf der Gorch-Fock-Wall gab ich Gas (Nossack, Begegnung 191). **2.** *kreuzen* (1): die Arme ü.; ⟨oft im 2. Part.:⟩ mit überkreuzten Beinen dasitzen. **3.** *kreuzen* (3), *überschneiden:* etw. überkreuzt etw.: die einzelnen Wedel (= Farnwedel) überkreuzten sich (Kronauer, Bogenschütze 274); zwei einander/sich überkreuzende Linien; Ü Bei Cicero, in dessen Werk sich Einflüsse der platonisch-aristotelischen Tradition mit denen hellenistischer Systeme ... überkreuzen (Fraenkel, Staat 263).

über|krie|gen ⟨sw. V.; hat⟩ (ugs.): **1.** *überbekommen* (1): ich kriege ihn, sein Gesülze langsam über. **2.** *einen/eins, ein paar ü. (einen Schlag, Schläge bekommen).*

über|kro|nen ⟨sw. V.; hat⟩ (Zahnmed.): *mit einer Zahnkrone versehen:* einen Zahn ü.; **Über|kro|nung,** die; -, -en (Zahnmed.): **1.** *das Überkronen, Überkrontwerden.* **2.** *Zahnkrone:* Erst dann wird die Ü. endgültig festzementiert (Spiegel 8, 1979, 208).

über|kru|sten ⟨sw. V.; hat⟩: **1.** (Kochk.) *gratinieren:* Man gießt die Eimasse über die Scheiben und überkrustet das Ramequin in der Röhre goldbraun (Horn, Gäste 174). **2.** *mit einer Kruste* (b) *bedecken:*

überkugeln

der Wagen war mit Eis überkrustet; rötlicher Backstein, schwarz überkrustet vom Qualm der Schokoladenfabrik (Böll, Und sagte 53); Ü Als dieses mit Menschen überkrustete Fahrzeug aufzuheulen begann (Plievier, Stalingrad 134).
über|ku|geln, sich ⟨sw. V.; hat⟩: *sich kugelnd* (2), *wälzend überschlagen:* die kleinen Bären überkugelten sich; Ü einer überkugelte sich *(geriet außer sich)* vor Freude, umarmte den Landrat und rief ... (Bieler, Bär 231).
über|küh|len ⟨sw. V.; hat⟩ (Kochk. österr.): *abkühlen lassen:* Krapfen, bevor man sie füllt, ü.
über|la|den ⟨st. V.; hat⟩ (selten): *umladen* (1); **¹über|la|den** ⟨st. V.; hat⟩ /vgl. ²überladen/: **1.** *zu sehr, zu schwer beladen:* einen Wagen, ein Schiff, ein Flugzeug ü.; ein müdes Eselchen vor einem ächzenden, überladenen Karren (Koeppen, Rußland 10); Ü sich den Magen ü. *(zuviel essen);* mit Arbeit überladen sein *(durch zuviel Arbeit überlastet sein);* ... wo die mit Schlamm überladenen *(allzu viel Schlamm mit sich führenden)* Flüsse die Bewässerungsanlagen verstopfen (NZZ 23. 12. 83, 23); ein ... Wortwechsel zwischen meinem armen Vater und dem jüdischen Bankier, dem Gatten jener mit Fett überladenen Frauensperson (Th. Mann, Krull 57); Seine Wohnung .. war überladen mit den Schätzen einer lebenslangen, besessenen Sammlertätigkeit (Fest, Im Gegenlicht 335); daß die Mittelschule ... ohnehin mit Stoff überladen ist (NZZ 31. 8. 86, 32). **2.** *übermäßig laden* (4): mit diesem Ladegerät kann man den Akku überladen ü.; **²über|la|den** ⟨Adj.⟩: *so überreich mit etw., bes. Schmuck, Zierat, versehen, daß es erdrückend wirkt, das einzelne gar nicht mehr zur Geltung kommt; barock* (a): eine -e Fassade; ein -er Stil; Das ganze Werk (= eine Büste) ist barock empfunden, ü. und theatralisch (Bild. Kunst I, 11); **Über|la|denheit,** die; -: *das Überladensein;* **Über|la|dung,** die; -, -en: *das ¹Überladen.*
über|la|gern ⟨sw. V.; hat⟩: **1.** *sich über etw. lagern* (2 c): von Sedimentschichten überlagertes Gestein. **2.** *in bestimmten Bereichen überschneiden; teilweise überdecken:* der Sender wird auf dieser Wellenlänge von einem anderen überlagert; diese Ereignisse haben sich überlagert; wie ein Trieb durch einen anderen überlagert werden kann (Lorenz, Verhalten I, 96); Es sind dies Fragen, ... die nicht ... durch Legenden überlagert werden dürfen (Rothfels, Opposition 7); in der sorbischen Geschichte überlagerten sich bis gestern nationales und soziales Unterdrücktsein (Berger, Augenblick 59); Elektronisch erzeugte Instrumentenanzeigen, die dem Fernsehbild überlagert *(zusätzlich auf dem Fernsehbild sichtbar gemacht)* werden (ADAC-Motorwelt 10, 1980, 10). **3.** *zu lange lagern* (3 a) *u. dadurch an Qualität verlieren:* ... kommt es nicht vor, daß Batterien bei uns überlagern (Volk 2. 7. 64, 7); ⟨meist im 2. Part.:⟩ überlagerte Medikamente; **Über|la|gerung,** die; -, -en: **a)** *das Überlagern, Überlagertwerden, Überlagertsein;* **b)** (Physik) *Interferenz* (1); **Über|la|ge|rungs|emp-**
fän|ger, der (Funkw.): *Rundfunkgerät, das auf Grund eines eingebauten Oszillators größere Trennschärfe hat; Superheterodynempfänger.*
Über|land|bahn [auch - - ' - -], die: **1.** *zwischen Städten u. Nachbarorten verkehrende Klein- od. Straßenbahn.* **2.** *(früher) transkontinentale Eisenbahn;* **Über|land|bus** [auch - -'-], der: *Bus, der über den Stadtbereich hinaus verkehrt u. bes. in ländlichen Gegenden eine Verbindung zwischen benachbarten Ortschaften herstellt;* **Über|land|fahrt** [auch - -'-], die: *Fahrt* (2 a) *über Land;* **Über|land|kraft|werk** [auch - -'- -], das: *Kraftwerk zur Versorgung eines größeren Gebiets;* **Über|land|lei|tung** [auch - -'- - -], die: *Leitung* (3 b) *eines Überlandkraftwerks;* vgl. Überlandfahrt; **Über|land|par|tie** [auch - -'- - -], die: vgl. Überlandfahrt; **Über|land|ver|kehr** [auch - -'- - -], der: *Verkehr zwischen benachbarten Ortschaften, bes. in ländlichen Gegenden;* **Über|land|werk** [auch - -'- -], das: *Überlandkraftwerk;* **Über|land|zen|tra|le** [auch - -'- - - -], die: *Überlandkraftwerk.*
über|lang ⟨Adj.⟩: *besonders, außergewöhnlich lang:* Die Vierfüßler mit ihren -en Beinen auf den Wandgemälden (Bild. Kunst I, 96); ein glühender Eisenofen mit einem -en, sich grotesk windenden Rohr (Dürrenmatt, Grieche 78); Plötzlich brach da nach -er Fron ein Mensch zusammen (Simmel, Stoff 234); **Über|län|ge** ⟨o. Pl.⟩; -, -n: **1.** vgl. Übergröße: modische Hosen in -n. **2.** *über das Normalmaß hinausgehende Länge* (1 a): die Ladung hat Ü. **3.** *die übliche Dauer überschreitende Länge* (3 a) *von etw.:* Die meisten der ... Produktionen haben Ü. Sie passen nicht in das Programmschema von ARD und ZDF (Hörzu 10, 1976, 8); ein Film mit Ü.
über|lap|pen ⟨sw. V.; hat⟩ [zu ↑ Lappen]: *in bestimmten [Flächen]bereichen teilweise überdecken, überlagern:* ein Teil überlappt den anderen; Die Tragflächenspitzen berührten sich dabei fast, oft überlappten sie sich (Hamburger Abendblatt 8. 7. 85, 14); Ü Die Klänge überlappen sich oft nur für Bruchteile der Zähleinheit, in der sie notiert sind (Melos 3, 1984, 22); ⟨auch o. Akk.-Obj.:⟩ Der Geschäftsschluß in London überlappt schließlich mit der Geschäftseröffnung in Nordamerika (NZZ 25. 10. 86, 15); die REHA 85, die diesmal zeitlich überlappend mit der MEDICA durchgeführt wurde (Zivildienst 2, 1986, 16); Die Traurigkeit ... ist ein meist die Anlässe überlappendes Gefühl (Kronauer, Bogenschütze 190); **Über|lap|pung,** die; -, -en: **1.** *das Überlappen, Überlapptwerden.* **2.** *überlappte Stelle o. ä.*
über|las|sen ⟨st. V.; hat⟩ (landsch.): *übriglassen:* Das Unterrichtsministerium läßt ihr doch kaum noch andere Aufgaben über ... (Musil, Mann 1248); **über|las|sen** ⟨st. V.; hat⟩: **1.** *auf [den Gebrauch, Nutzen von] etw., was einem gehört od. worauf man Anspruch hat, zugunsten einer anderen Person [vorübergehend] verzichten, ihr das Betreffende zur Verfügung stellen:* jmdm. etw. bereitwillig, nur ungern, leihweise, zur Erinnerung ü.;

Darum hatte sie mir das Schlüsselbund so kampflos überlassen (Fallada, Herr 215); Er mußte ... ihm die Stadt gleichsam als Pfand ü. (Thieß, Reich 359); der Kurzwarenreisende, der bereitwilligst seinen Fensterplatz der Schwangeren überließ (L. Frank, Wagen 15); er überließ ihnen während seines Urlaubs seine Wohnung; er hat mir sein Auto billig, für tausend Mark überlassen *(verkauft);* Eines davon (= von den Zimmern) hatte sie mir für ein mäßiges Monatsentgelt überlassen *(vermietet;* Th. Mann, Krull 264). **2.** *in jmds. Obhut geben:* sie überläßt die Kinder der Fürsorge der Großmutter; Ich ... überließ meinen Koffer einem Träger vom Grand-Hotel (Salomon, Boche 30); Du hast dich mir bloß ohne Mißtrauen zu ü. *(anzuvertrauen),* so wirst du die ganze Wahrheit erfahren (Musil, Mann 1127); jmdn. sich selbst ü. *(allein, ohne Aufsicht o. ä. lassen);* daß in jedem isolierten, also sich selbst überlassenen System die unwahrscheinliche Anordnung ... sich ... in eine wahrscheinlichere verwandelt (natur 8, 1991, 84); Ü wie ein Boot, das man der Strömung überließ (Thieß, Legende 129). **3.** *jmdn. etw. nach dessen eigenem Urteil tun, entscheiden lassen, sich selbst dabei nicht einmischen:* jmdm. eine Arbeit, eine Aufgabe, die Wahl, die Entscheidung ü.; Und überlassen Sie alles andere nur Gott (Remarque, Obelisk 62); Sie taten gut daran, mein Herr, die Sorge für das Ansehen meines Hauses mir selbst zu ü. (Th. Mann, Buddenbrooks 155); Der Krieg ist eine viel zu ernste Sache, als daß man sie den Generalen ü. könnte (Fraenkel, Staat 194); Er überläßt es seinem Pferdchen, den Weg zu finden (Plievier, Stalingrad 226); überlaß das gefälligst mir! *(misch dich hier nicht ein!);* er überließ nichts dem Zufall. **4. a)** *jmdn. einem bestimmten Zustand, in dem er Hilfe o. ä. braucht, preisgeben:* jmdn. dem Elend, seiner Verzweiflung ü.; Ü in einem Hause ..., das er ... dem Verfall überließ (Ransmayr, Welt 191); **b)** ⟨ü. + sich⟩ *sich von Empfindungen o. ä. ganz beherrschen lassen, sich ihnen hingeben:* sich [ganz] seinem Schmerz ü.; Dort saß Cotta ... und überließ sich dem Heimweh nach Rom (Ransmayr, Welt 171); Warum überließ er sich nicht all dem Glück? (Hausmann, Abel 163); ... durfte ich es sich wohl solchen Träumen ü. (Geissler, Wunschhütlein 15); **Über|las|sung,** die; -, -en: *das Überlassen* (1).
Über|last, die; -, -en: **1.** *zu große Last* (1), *zu schwere Ladung:* Ein Anhänger eines Lastzuges wurde wegen großer Ü. aus dem Verkehr gezogen (NZZ 26. 10. 86, 34). **2.** (Elektrot.) *über ein bestimmtes Maß hinausgehende Last* (3); **über|la|sten** ⟨sw. V.; hat⟩: **a)** *zu schwer belasten* (1 a): ein Fahrzeug, einen Aufzug, ein Regal, eine Decke, ein Dach ü.; **b)** *über die gegebenen Möglichkeiten hinaus beanspruchen u. dadurch in seiner Funktionsfähigkeit beeinträchtigen:* ein Telefonnetz, Straßennetz; sinkt er (= der Reifennendruck) unter den vorgeschriebenen Wert, wird der Reifen überlastet (NNN 3. 11. 87, 3); ⟨meist im 2. Part.:⟩ die Auto-

bahn ist total überlastet; c) *allzusehr belasten* (2): *das Herz, den Kreislauf ü.;* ⟨oft im 2. Part.:⟩ ... *er sei beruflich zur Zeit überlastet* (Prodöhl, Tod 66); *weil eine Verhaftung angesichts der überlasteten Justiz ohnehin keine Folgen hat* (NZZ 23. 12. 83, 7); **überlastig** ⟨Adj.⟩: *(bes. von Schiffen) zu sehr beladen;* **Über|la|stung,** die; -, -en: *das Überlasten, Überlastetwerden.*
Über|lauf, der; -[e]s, ...läufe: **1.** *Anlage, Vorrichtung zum Abfluß von überschüssigem Wasser:* der Ü. der Talsperre, der Badewanne, des Waschbeckens. **2.** (Fachspr.) *das Überschreiten eines Zahlenbereichs (z. B. der höchsten Ziffernstelle bei einem Taschenrechner);* **Überlauf|becken¹,** das: *Überlauf* (1); **Über|lauf|bla|se,** die (Med.): *infolge einer Harnverhaltung überfüllte Harnblase, die tröpfchenweise entleert wird;* **über|lau|fen** ⟨st. V.; ist⟩ [mhd. überloufen]: **1. a)** *über den Rand eines Gefäßes, Behältnisses fließen:* die Milch ist übergelaufen; das Benzin ist [aus dem Tank] übergelaufen; *Aus Granitschüsseln lief die klare Flut über* (Gaiser, Jagd 44); **b)** *so sehr mit Flüssigkeit gefüllt sein, daß diese überfließt* (1 a): die Wanne läuft gleich ü.!; der Eimer, der Tank, der Topf ist übergelaufen; Ü *Läuft dadurch das Punktekonto über ..., gerät ... der Führerschein in Gefahr* (ADAC-Motorwelt 9, 1986, 8); *Er lief über vor Betriebsamkeit und Sachkenntnis* (Ott, Haie 156). **2.** *auf die andere, gegnerische Seite überwechseln:* Hunderte von Soldaten sind [zu den Rebellen, zum Feind] übergelaufen; Ü *daß wir an dieser Stelle längst von der Bibel zu Kopernikus übergelaufen sind* (Thielicke, Ich glaube 244); **über|lau|fen** ⟨st. V.; hat⟩: **1.** *als unangenehme, bedrohliche Empfindung überkommen* (1): *ein Frösteln überlief ihn; Schauer des Todes und ein immerwährendes Zittern überlaufen mich* (Langgässer, Siegel 561); *Ganz plötzlich überlief Macheath eine heiße Welle des Mißtrauens* (Brecht, Groschen 210); es überläuft mich [eis]kalt *(es schaudert mich),* wenn ... **2.** (bes. Sport) **a)** *über jmdn., etw. hinaus laufen:* eine Markierung ü.; *der Staffelläufer überlief beim Wechsel seinen Kameraden;* **b)** *über etw. laufend hinwegsetzen:* er überlief die Hürden technisch perfekt; **c)** *laufend durchbrechen, umspielen:* *der spurtstarke Pisa-Stürmer Schachner überlief die Schweizer Abwehrlinie verschiedentlich* (NZZ 29. 8. 86, 45). **3.** *in so großer Anzahl aufsuchen, daß es für die betreffende Person [fast] zuviel ist, daß der dafür vorgesehene Raum [fast] nicht mehr ausreicht:* wir werden hier von Vertretern überlaufen; ⟨meist im 2. Part.:⟩ der Arzt, die Praxis ist furchtbar überlaufen; die Universitäten, die Sprachkurse sind stark überlaufen; *Es war eine sehr überlaufene Tagung* (H. W. Richter, Etablissement 262); ein schöner, nicht zu ~er Skiort. **4.** *in bezug auf Farben, Farbtöne: die Oberfläche von etw. leicht überziehen:* ⟨meist im 2. Part.:⟩ rötlich überlaufene Blüten; *Die Holzlatten des Bretterzaunes waren von einem feuchten, grünen Schimmer überlaufen*

(Klepper, Kahn 185). **5.** (Seemannsspr.) *über etw. hinwegfahren:* Der polnische Frachter ... soll die Jacht von hinten überlaufen haben (FAZ 19. 8. 61, 18). **6.** (schweiz.) *überlaufen* (1 b): *Wenn dieser (= der Stausee) noch nicht ..., überläuft er* (Weltwoche 10. 9. 87, 33); ... *und wie er blickte, liefen seine Augen voll und überliefen ein Mal, jedes genau ein Mal* (Muschg, Sommer 174); **Über|läu|fer,** der; -s, - [1: mhd. überloufer; 2: zu Jägerspr. überlaufen = (von Frischlingen) das erste Jahr überleben]: **1.** *Soldat, der zum Gegner überläuft* (2). **2.** (Jägerspr.) *Wildschwein im 2. Lebensjahr;* **Über|läu|fe|rin,** die; -, -nen: w. Form zu ↑ Überläufer (1); **Über|lauf|rohr,** das: *als Überlauf* (1) *dienendes Rohr:* das Ü. des Boilers. **über|laut** ⟨Adj.⟩: *übermäßig, zu ¹laut* (a, b): *-e Musik; sie hörte ihn ü. und wunderte sich, daß sie kein Megaphon bei sich hat* (Bastian, Brut 108); *Walter Matern ... lachte zuerst ü. und mußten verlegen* (Grass, Hundejahre 237).
über|le|ben ⟨sw. V.; hat⟩ [mhd. überleben]: **1.** *etw. (Schweres, Gefahrvolles) lebend überstehen:* eine Katastrophe, einen Unfall, den Krieg ü.; Er kam erst nach dem Krieg in die Staaten, nachdem er im Lager überlebt hatte (Danella, Hotel 132); der Patient wird die Nacht nicht ü.; *das überleb' ich nicht!* (emotional; *das ist mehr, als ich vertragen kann!);* du wirst's schon/wohl ü.! (oft iron.; *Ausdruck der Beschwichtigung)* ⟨auch o. Akk.-Obj.:⟩ in Gefangenschaft ü.; *Bakterien ohne Fremdgene sterben ... ab, nur die Genträger überleben* (natur 2, 1991, 93); *Nur die jeweils kräftigsten ... Organismen überleben, wie wir seit Charles Darwin wissen* (Gruhl, Planet 37); Ü *Nur im Verbund mit der Langstreckenbahn kann das Nahverkehrsmittel Auto ü.* (natur 5, 1991, 104); Sollen doch die Leute den Gürtel enger schnallen – Hauptsache, das System überlebt (Dönhoff, Ära 227); ⟨subst.:⟩ die Firma kämpft ums Überleben; dem Verein geht es nur ums Überleben (Sport; *um den Erhalt der Spielklasse).* **2.** *über jmds. Tod hinaus leben:* sie sollte ihren Mann [um fünf Jahre] ü.; *Er hat die Angewohnheit, die Attentäter zu ü.* (Erich Kästner, Schule 15); *Denn es wäre doch denkbar, daß diese seine Lehre ihn überlebte, genauso wie der pythagoreische Lehrsatz seinen Erfinder überlebte* (Thielicke, Ich glaube 213); *Der überlebende Teil* (Rechtsspr.; *der länger lebende Ehepartner).* **3.** ⟨ü. + sich⟩ *nicht mehr in die gegenwärtige Zeit passen; veraltet sein:* diese Mode wird sich bald ü.; sich die Form der bisherigen Kommunistischen Internationale überlebt habe (Leonhard, Revolution 206); *Vielleicht verstehe ich wirklich die Jungen nicht mehr. Hab mich überlebt* (Bredel, Väter 260); überlebte Vorstellungen; **Über|le|ben|de,** der u. die; -n, -n ⟨Dekl. ↑ Abgeordnete⟩: *jmd., der ein Unglück o. ä. überlebt* (1) *hat:* die -n der Katastrophe; die Rettungsmannschaften finden immer noch Ü.; **Über|le|bens|chan|ce,** die: *Möglichkeit[, etw.] zu überleben* (1); **über|le|bens|fä|hig** ⟨Adj.⟩: *fähig zu überleben, den Existenzkampf zu bestehen:* ...

mit möglichst wenig Energieaufwand möglichst viele -e Nachkommen zu hinterlassen (natur 10, 1991, 65); Ü *für eine neue, -e, grüne, gewaltfreie Republik* (Kelly, Um Hoffnung 205); **Über|le|bens|fra|ge,** die: *Frage, Angelegenheit, von der das Überleben abhängt:* die regelmäßige Versorgung mit dem Medikament ist für ihn eine Ü.; Ü *Für den Sportwagenhersteller Porsche ist die Verringerung des Kraftstoffverbrauchs eine Ü.* (Saarbr. Zeitung 5. 10. 79, 37).
über|le|bens|groß ⟨Adj.⟩: *die natürliche, wirkliche Größe übersteigend; größer als lebensgroß:* eine -e Büste, Statue; *Die Bewegungen dieser Hand, ihres und seines Körpers waren auf der schmucklosen Wand ü.* (Ossowski, Liebe ist 84); **Über|le|bens|grö|ße,** die: in der Fügung in Ü. *(in einer Größe, die die natürliche, wirkliche Größe übersteigt):* eine Plastik in Ü.
Über|le|bens|hil|fe, die: *Hilfe zur Sicherung des Überlebens:* Solche „Essenskunde" auf dem Stundenplan wäre Lebens- und Überlebenshilfe zugleich: denn jedes Pfund zuviel ... verkürzt die Lebenserwartung (Augsburger Allgemeine 11./12. 2. 78, I); **Über|le|bens|kampf,** der: *Kampf ums Überleben;* **Über|le|bens|ra|te,** die (bes. Med.): *Verhältnis der Zahl der Fälle, in denen ein Individuum überlebt, zur Zahl der statistisch berücksichtigten Individuen;* **Über|le|bens|ren|te,** die: *Witwen- u. Waisenrente;* **Über|le|bens|stra|te|gie,** die: *Strategie zur Sicherung des Überlebens;* **Über|le|bens|trai|ning,** das [nach engl. survival training]: *Training, systematische Ausbildung zur Erlernung von Fähigkeiten u. Fertigkeiten, um in Notsituationen zu überleben;* **Über|le|bens|zel|le,** die: *in Hochhäusern] feuerfeste Zelle als Schutz bei Bränden.*
über|le|gen ⟨sw. V.; hat⟩: **1.** *über jmdn., etw. legen:* ich habe ihr [noch] eine Decke übergelegt, damit sie nicht friert; Ü dünne Schleier legt sich die Fröstelnde (= die Erde im Herbst) über (Tucholsky, Werke II, 424). **2.** (ugs.) *jmdn. zur Bestrafung übers Knie legen u. ihn auf das Gesäß schlagen:* der Vater hat ihn ordentlich übergelegt. **3.** ⟨ü. + sich⟩ *sich über etw. beugen, auf seine Seite neigen:* er legte sich so weit ü., daß er beinahe vom Balkon gestürzt wäre; das Schiff hat sich [hart nach Steuerbord] übergelegt; **über|le|gen** ⟨sw. V.; hat⟩ /vgl. überlegt/ [mhd. überlegen = bedecken, belegen, überziehen; überrechnen, zusammenrechnen; die heutige Bed. wohl aus „(in Gedanken immer wieder) umdrehen"]: *sich in Gedanken mit etw. beschäftigen, um zu einem bestimmten Ergebnis, Entschluß zu kommen:* etw. gründlich, reiflich, genau ü.; das muß alles gut, in Ruhe überlegt sein; es ist, wäre zu ü. *(erwägen),* ob ...; ich muß mir die Sache noch einmal ü.; ich habe mir meine Worte genau überlegt *(ich bin mir durchaus bewußt, was ich damit sage);* er hat es sich anders überlegt *(hat seinen Entschluß geändert);* ich muß mir noch sehr ü. *(es ist sehr fraglich),* ob ich annehme; [lange] hin und her ü.; er überlegte kurz und sagte ...; Überlegen

überlegen

wir doch einmal ganz nüchtern ..., was sich hätte tun lassen (Nossack, Begegnung 411); Wichtig war ihm ..., Maßnahmen zu ü. *(ersinnen)* ..., die ein Bekanntwerden des Unglücks verhinderten (Prodöhl, Tod 125); ²**über|le|gen** ⟨Adj.⟩ [2. Part. von frühnhd. überliegen = überwinden, mhd. überligen = im Ringkampf oben zu liegen kommen; überlagern, besetzen]: **a)** *in bezug auf bestimmte Fähigkeiten, auf Stärke od. Anzahl andere weit übertreffend:* ein -er Geist, Kopf; ein -er *(klarer)* Sieg; jmdm. an Intelligenz, Kraft, Ausdauer [weit] ü. sein; sie waren uns kräftemäßig, zahlenmäßig ü.; sich [in etw.] ü. zeigen; die Mannschaft war [dem Gegner] haushoch ü., hat ü. *(mit einem klaren Sieg von)* ü Siegte Rom, weil es die -e zivilisatorische Idee verkörperte? (Fest, Im Gegenlicht 27); Für den TEE-Verkehr ... hatten unsere Bundesbahnen ... eigene, den damaligen Triebzügen der SNCF -e Fahrzeuge beschafft (NZZ 1. 2. 83, 15); **b)** *[in herablassender Weise] das Gefühl geistiger Überlegenheit zum Ausdruck bringend:* eine -e Miene aufsetzen; ü. lächeln; **Über|le|ge|ne,** der u. die; -n, -n ⟨Dekl. ↑ Abgeordnete⟩: *jmd., der jmdm. überlegen ist;* **Über|le|gen|heit,** die; -: *das Überlegensein* (a): geistige, körperliche Ü.; die wirtschaftliche, militärische Ü. eines Staates; die zahlenmäßige Ü. des Gegners fürchten; seine Ü. zeigen, nutzen, gegenüber jmdm. ausspielen; **Über|le|gen|heits|ge|fühl,** das: *Gefühl der Überlegenheit;* **über|le|gens|wert** ⟨Adj.⟩: *wert, überlegt, erwogen zu werden:* etw. ist ü.; **über|legt** ⟨Adj.⟩: *sorgfältig abwägend:* eine [sehr] -e Antwort; ü. handeln; die Begründung ist eine Spur zu ü., um ganz wahr sein zu können (Sloterdijk, Kritik 26); **Über|le|gung,** die; -, -en: **a)** ⟨o. Pl.⟩ *das ¹Überlegen:* das ist der Ü., einer [kurzen] Ü. wert; ohne, mit [wenig] Ü. handeln; der ruhiger, sorgfältiger Ü. wird man einsehen, daß ...; nach reiflicher Ü. stimmten die Delegierten für die Reform; **b)** ⟨meist Pl.⟩ *[formulierte] Folge von Gedanken, durch die man sich vor einer Entscheidung o. ä. über etw. klarzuwerden versucht:* -en anstellen; etw. in seine -en [mit] einbeziehen.

♦ **Über|leid,** das ⟨o. Pl.⟩ [mhd. überleit = höchstes Leid]: *Überdruß:* Als der Zundelfrieder bald alle listigen Diebsstreiche durchgemacht und fast ein Ü. daran bekommen hatte ... (Hebel, Schatzkästlein 54).

über|lei|ten ⟨sw. V.; hat⟩: *zu etw. Neuem hinführen, einen Übergang herstellen:* zu einem neuen Thema ü.; der Organist leitete von C-Dur nach F-Dur über; Eine Archaisierung ... des spätantiken Erbes leitet auch in den Kapitelformen zur Frühromantik über (Bild. Kunst III, 49); ... um den breiten Klang abzuwandeln und in eine Melodie überzuleiten (Hausmann, Abel 167); Ü ... einen neuentwickelten Kohlebadeofen ... in die Produktion überzuleiten *(mit seiner Produktion zu beginnen;* NNN 18. 10. 84, 5); **Über|lei|tung,** die; -, -en: **1.** *das Überleiten.* **2.** *etw., was der Überleitung* (1) *dient:* mit allen Bestandteilen einer ... derartigen Sendung: mit Moderationen, -en, Interviews (Saarbr. Zeitung 12./13. 7. 80, 29/31).

über|le|sen ⟨st. V.; hat⟩: **1.** *beim Lesen übersehen:* bei der Korrektur Fehler ü.; diese Einschränkung, Fußnote habe ich glatt überlesen. **2.** *[nur] rasch u. nicht sehr genau lesen, um den Inhalt des betreffenden Textes erst einmal ganz allgemein beurteilen zu können:* einen Brief [noch einmal, schnell] ü.

Über|licht|ge|schwin|dig|keit, die; -: *Geschwindigkeit, die höher ist als die Lichtgeschwindigkeit.*

über|lie|fern ⟨sw. V.; hat⟩: **1.** *(Informationen, Ideen, Erfahrungen, Bräuche, religiöse Inhalte o. ä.) einer späteren Generation weitergeben:* Poseidonius' Hypothese aber, die der Geograph Strabon überlieferte ... (Stern, Mann 43); Er meint ..., daß die Figur Peeperkorns der Nachwelt von der Persönlichkeit Hauptmanns ... mehr ü. wurde als die viele kritische Monographien (Reich-Ranicki, Th. Mann 67); ⟨oft im 2. Part.:⟩ überlieferte Bräuche, Sitten, Regeln; der Name des Künstlers ist nicht überliefert; Die folgenden Ereignisse sind unklar oder lückenhaft überliefert (Thieß, Reich 109); Von Cäsar ist uns die Äußerung überliefert, daß ... (Bamm, Weltlaterne 171); etw. ist mündlich, schriftlich überliefert. **2.** *(geh. veraltend) in jmds. Gewalt übergeben, ausliefern:* jmdn. der Justiz, der Gerechtigkeit, dem Gericht, dem Feind ü.; Die Beliebtheit Belisars war zu groß, um ihn dem Henker zu ü. *(hinrichten zu lassen;* Thieß, Reich 609); Ü ... ihrem dreijährigen Sohn habe jene Dame ... ein Bonbon geschenkt, das sie ... aber ... später der Mülltonne überliefert habe (SZ 22. 10. 85, 13); ♦ Korinna, von ein paar grimmigen schwedischen Pikenieren begleitet, welche sie dem Pagen, der im Vorzimmer ... saß, überlieferten (C. F. Meyer, Page 151). ♦ **3.** *aushändigen, übergeben:* ... und ging mit dem Pferdehändler nach dem Stalle, um ihm das Pferd zu ü. (Immermann, Münchhausen 164); **Über|lie|fe|rung,** die; -, -en: **1. a)** ⟨o. Pl.⟩ *das Überliefern* (1): *die mündliche, schriftliche Ü. von Mythen, Sagen, Märchen, historischen Tatsachen;* Die Ü. dieser Begebenheit stammt aus Schöndels eigenem Mund (Gog 178); **b)** *etw., dasjenige, was überliefert* (1) *worden ist:* damit eine bedeutende Ü. nicht verlorengehe (Gaiser, Jagd 95); die christliche, jüdische, religiöse, philosophische Ü.; Wenn man der volkstümlichen Ü. glauben will (Bergengruen, Rittmeisterin 83); Ich kann natürlich nicht wissen, wie es früher war; auf die Ü. ist kein Verlaß; jeder erzählt davon, wie es ihm paßt (Nossack, Begegnung 317); ... Zweifel in die -en der Bibel zu setzen (Stern, Mann 30); Nach glaubwürdigen -en hat an dem sechzehnten Jahrhundert ... begonnen (Musil, Mann 301). **2.** *überkommener Brauch; Tradition:* alte -en pflegen; an einer Ü. festhalten; All denen, die in Europas Rückkehr zu humanistischen und christlichen -en ein Hoffnungssymptom erblicken (Rothfels, Opposition 97).

Über|lie|ge|geld, das (Seemannsspr.): *für das Überliegen zu entrichtende Gebühr;* **über|lie|gen** ⟨st. V.; hat⟩ (Seemannsspr.): *(von Schiffen) über die vorgesehene, festgesetzte Zeit hinaus im Hafen liegen;* **Über|lie|ge|zeit,** die (Seemannsspr.): *Zeit, die ein Schiff überliegt.*

über|li|sten ⟨sw. V.; hat⟩: *sich durch List jmdm. gegenüber einen Vorteil verschaffen:* es gelang dem Dieb, die Verfolger zu ü.; die gegnerische Abwehr, den Torwart ü.; Ü Das ist der gemeinste Zünder, den es überhaupt gibt ..., mit drei Ausbausperren. Aber wir werden ihn ü. (Degenhardt, Zündschnüre 233); **Über|li|stung,** die; -, -en ⟨Pl. selten⟩: *das Überlisten, Überlistetwerden.*

überm ⟨Präp. + Art.⟩ (ugs.): *über dem.*

über|ma|chen ⟨sw. V.; hat⟩ (veraltend): **1.** *als Erbe überlassen; vermachen:* ... hat Bonnivard ... der Stadt Genf nicht nur seine Bücherei geschenkt ..., sondern ihr ... auch einen Teil seines Vermögens übermacht (Bergengruen, Rittmeisterin 83). **2.** *zukommen lassen, übersenden:* jmdm. eine Nachricht ü.

Über|macht, die; - [wohl rückgeb. aus ↑übermächtig]: *in Anzahl od. Stärke [weit] überlegene Macht:* die militärische Ü. eines Landes; die Ü. besitzen; jmdm. seine Ü. spüren lassen; darum bin ich schwächer als du, du hast eine Ü. (Hacks, Stücke 226); mit großer Ü. angreifen; vor der feindlichen Ü. zurückweichen; Daß die Österreicher und die Deutschen vor der gewaltigen Ü. Rußlands, Frankreichs, Englands erdrückt werden (Kaiser, Villa 28); in der Ü. sein *(die Übermacht haben);* Ü wenn uns die Vorstellung von Ü. gewinnen wollte, der Mensch höre auf, ein eigenes Leben zu haben (Goes, Hagar 164); **über|mäch|tig** ⟨Adj.⟩ [spätmhd. übermehtig]: **1.** *allzu mächtig* (1 a): ein -er Gegner; eine Konkurrenz; einen Ort, an dem ich sicher war vor dem -en Vater (Wilhelm, Unter 86); Seine (= Goethes) -e Gestalt hatte den Protest der Jüngeren geradezu herausgefordert (Reich-Ranicki, Th. Mann 29). **2.** *als Gefühl o. ä. so stark, daß man ganz davon beherrscht wird:* ein -es Verlangen, Rachegefühl; Freilich, manchmal wird er (= der Drang) ü. ... Dann habe ich ein Einsehen und gehe ... zu Bordell (Hacks, Stücke 286).

über|ma|len ⟨sw. V.; hat⟩ (ugs.): *über den Rand, die vorgezeichneten Umrisse von etw. malen:* er hat beim Ausmalen der Figuren ein paarmal übergemalt; **über|ma|len** ⟨sw. V.; hat⟩: *[nochmals] über etw. malen u. es dadurch verdecken:* die Wandgemälde, die Fresken wurden übermalt; der dir, an die ersten Buchstaben des Schiffsnamens zu ü. *(zu überstreichen)* (Ott, Haie 9); **Über|ma|lung,** die; -, -en: **1.** *das Übermalen.* **2.** *an einem Gemälde o. ä. später hinzugefügte Malerei:* -en entfernen.

über|man|gan|sau|er ⟨Adj.⟩: in Fügungen wie: übermangansaures Kali[um] (Chemie veraltet): *Kaliumpermanganat;* **Über|man|gan|säu|re,** die; -, -n (Chemie veraltet): *Permangansäure.*

über|man|nen ⟨sw. V.; hat⟩ [urspr. wohl = mit sehr vielen „Mannen" angreifen]: **1.** *(von Gefühlen, körperlichen Zuständen)* *mit solcher Intensität überkommen, daß man sich dagegen nicht wehren kann:* der Schmerz, der Schlaf, Verzweiflung übermannte ihn; Dann aber wird er von seiner Sehnsucht übermannt (Pohrt, Endstation 53); er las mir gern Gedichte vor, ich erinnere mich, wie es ihn dabei übermannte (Mayröcker, Herzzerreißende 94). **2.** (veraltet) *überwältigen* (1): *Ohne nennenswertes Blutvergießen wurden die spartanischen Wachen übermannt* (Hagelstange, Spielball 234).

über|manns|hoch ⟨Adj.⟩: *höher, als ein Mann groß ist:* eine übermannshohe Mauer; das Gebüsch war ü.; in dem engen hohen Seminarraum, an dessen Wänden die Bücher ü. standen (Johnson, Mutmaßungen 176).

Über|man|tel, der; -s, ...mäntel (veraltend): *Überwurf* (1).

über|mar|chen ⟨sw. V.; hat⟩ (schweiz., sonst veraltet) *eine festgesetzte Grenze überschreiten:* Einzelne Wirte übermarchen derart, daß die Wirteverbände um ihren guten Ruf besorgt sind: „Schon zwei Franken sind ein stolzer Preis. Und 2.50 Franken ist jenseits von gut und böse" (Blick 31. 7. 84, 3); **Über|mar|chung**, die; -, -en (schweiz., sonst veraltet): *das Übermarchen.*

Über|maß, das; -es, -e [mhd. ubermaʒ]: **1.** ⟨o. Pl.⟩ *über das Normale hinausgehendes* ¹*Maß* (3); *ungewöhnlich große [nicht mehr erträgliche od. zuträgliche] Menge, Intensität von etw.:* ein Ü. an Arbeit, Belastungen; ein Ü. an/von Leid, Freude, Vertrauen; etw. im Ü. haben, besitzen, genießen; er ist bis zum Ü. beschäftigt; Die zweite Februarhälfte hat mehreren Regionen der Sowjetunion Schnee im Ü. beschert (NNN 22. 2. 85, 2); ein Mädchen, das den ganzen Abend seine Stimme und seine Gesichtsmuskeln im Ü. strapazierte (Heim, Traumschiff 262). **2.** (Technik) *(bei Passungen) im Verhältnis zu einem Außenteil zu großes* ¹*Maß* (2), *zu großer Durchmesser des dazugehörenden Innenteils;* **über|mä|ßig** ⟨Adj.⟩ [mhd. übermæʒec]: **a)** *über das normale od. erträgliche, zuträgliche* ¹*Maß* (3) *hinausgehend:* eine -e Hitze, Kälte, Belastung; -er Alkoholgenuß; Die Luftreinhalteverordnung ... verlangt einen Maßnahmenplan für Gebiete, in denen ü. Immissionen auftreten (NZZ 29. 8. 86, 28); -e Intervalle (Musik; *um einen Halbton chromatisch erweiterte reine u. große Intervalle*); nicht ü. trinken; **b)** ⟨intensivierend bei Adj., Adv. u. Verben⟩ *über die Maßen, überaus:* ü. hohe Kosten; sich ü. anstrengen; Johanna, obwohl eine Pfarrersfrau, war nicht ü. fromm (Danella, Hotel 318); **Über|maß|ver|bot**, das; ⟨o. Pl.⟩ (Rechtsspr.): *Verbot für die öffentliche Verwaltung, solche Maßnahmen zu ergreifen, die zur Erreichung eines bestimmten Zwecks nicht unbedingt erforderlich sind u. zu dem angestrebten Ergebnis in keinem Verhältnis stehen.*

über|mä|sten ⟨sw. V.; hat⟩: *übermäßig* (a) *mästen.*

Über|mensch, der; -en, -en [rückgeb. aus ↑übermenschlich, urspr. = Mensch, der sich zu Höherem berufen fühlt; zum Schlagwort geworden durch Nietzsches

Zarathustra (1883–85)]: **1.** (Philos.) *dem gewöhnlichen Menschen weit überlegener [u. daher zum Herrschen bestimmter], die Grenzen der menschlichen Natur übersteigender, gottähnlicher Mensch.* **2.** (ugs.) *besonders, zu außerordentlichen Leistungen befähigter Mensch:* Carlton McHinley Lewis, Amerikas neuer Ü., der an den Olympischen Spielen nach vier Goldmedaillen greift (Weltwoche 26. 7. 84, 25); **über|mensch|lich** ⟨Adj.⟩: **1.** *über die Grenzen der menschlichen Natur hinausgehend:* eine [geradezu] -e Leistung. **2.** (veraltend) *übernatürlich, göttlich:* auf -e Hilfe hoffen.

Über|mi|kro|skop, das; -s, -e: **a)** *Elektronenmikroskop;* **b)** (seltener) *Ultramikroskop;* **Über|mi|kro|sko|pie**, die; -: *Mikroskopie mit Hilfe von Übermikroskopen.*

über|mit|teln ⟨sw. V.; hat⟩: *(mit Hilfe von etw.) zukommen, an jmdn. gelangen lassen; (als Mittler) überbringen:* jmdm. [seine] Grüße ü.; jmdm. eine Nachricht, eine Meldung, einen Text, Glückwünsche [telefonisch] ü.; Er funkte die Nordgruppe an ... und übermittelte nach dorthin die Funkunterlagen (Plievier, Stalingrad 323); **Über|mit|te|lung**, ⟨häufiger:⟩ **Über|mitt|lung**, die; -, -en ⟨Pl. selten⟩: *das Übermitteln, Übermitteltwerden.*

über|mö|gen ⟨unr. V.; hat⟩ [mhd. (md.) ubermügen, zu ↑mögen in der urspr. Bed. „können; bewältigen"] (veraltend): *überwinden; überwältigen:* Keiner hat den anderen übermocht (Th. Mann, Joseph 96); Ü Müdigkeit übermochte ihn; Die alte Magd wußte selbst nicht, was es war, ... ganzlich hatten Ausruf übermocht (hingerissen) hatte (Werfel, Himmel 199).

über|mor|gen ⟨Adv.⟩ [mhd. ubermorgen, ahd. ubar morgan]: *an dem auf morgen folgenden Tag:* wir treffen uns ü. [mittag], um acht Uhr].

über|mü|de ⟨Adj.⟩: *übermäßig müde;* **über|mü|den** ⟨sw. V.; hat⟩: *übermäßig ermüden:* wir dürfen die Kinder nicht ü.; ⟨meist im 2. Part.:⟩ ich war total übermüdet; Massen übermüdeter, hungriger und armseliger Flüchtlinge (Leonhard, Revolution 146); **Über|mü|dung**, die; -, -en ⟨Pl. selten⟩: *das Übermüdetsein:* Ihr Gesicht war schmal vor Ü. (Johnson, Mutmaßungen 134).

Über|mut, der; -[e]s [mhd. ubermuot, ahd. ubermuot]: **1.** *ausgelassene Fröhlichkeit, die sich in leichtsinnigem, mutwilligem Verhalten ausdrückt:* jmds. Ü. dämpfen; etw. aus purem, lauter Ü. tun; bei meinem unter dem Einfluß des Weines zunehmenden Ü. (Hauptmann, Schuß 35); er hat vor Ü. gesagt; die Kinder wußten vor Ü. nicht, was sie tun sollten; Er hob ihr, klirrend vor Ü., das verfettete Kinn in die Höhe (Langgässer, Siegel 345). **2.** (veraltend) *Selbstüberhebung zum Nachteil anderer:* Ihre Lüge, ihr Ü., ihr Größenwahn (Frisch, Nun singen 120); Spr Ü. tut selten gut; **über|mü|tig** ⟨Adj.⟩ [mhd. übermüetec, ahd. ubarmuotig]: **1.** *voller Übermut* (1); *von Übermut* (1) *zeugend:* -er Streich; So als habe es sich bei jenem Antrag um den -en Einfall von Kindern gehandelt, der Hafer sticht ... (Dönhoff, Ära 70); werdet ihr nicht ü.,

Kinder! **2.** (veraltend) *stolz, überheblich;* **Über|mü|tig|keit**, die; -, -en: **a)** ⟨o. Pl.⟩ *das Übermütigsein;* **b)** *übermütige Handlung, Äußerung o. ä.*

Über|mut|ter, die; -, ...mütter: vgl. Übervater: *irgendwann will sie sich an der Ü. Helene Weigel messen* (Spiegel 25, 1989, 178).

übern ⟨Präp. + Art.⟩ (ugs.): *über den.*

über|nächst... ⟨Adj.⟩: *dem, der nächsten* (2) *folgend:* -es Jahr.

über|näch|ten ⟨sw. V.; hat⟩: *(bes. auf Reisen) ruhend, schlafend (irgendwo) die Nacht verbringen:* im Hotel, in der Jugendherberge, bei Freunden, im Zelt, in einer Scheune, im Freien ü.; auf der Rückreise haben wir zweimal, in Lyon übernachtet; **über|näch|tig** ⟨Adj.⟩ (bes. österr., schweiz.): *übernächtigt:* Sie waren sehr blaß und wirkten irgendwie ü. (Bastian, Brut 107); **über|näch|ti|gen** ⟨sw. V.; hat⟩ (selten): *übernächtigen;* **Übernäch|tig|keit**, die; - (bes. österr., schweiz.): *das Übernächtigsein;* **über|näch|tigt** ⟨Adj.⟩: *durch allzulanges Wachsein angegriffen u. die Spuren der Übermüdung deutlich im Gesicht tragend:* einen -en Eindruck machen; wir waren alle völlig ü.; ü. aussehen; Blaß und ü. mit tiefen Ringen unter den Augen hockt er ... in einem Hinterzimmer (Spiegel 45, 1985, 34); **Über|näch|t|ler**, der; -s, - (schweiz.): **a)** *Landstreicher, der im Stall o. ä. übernachtet;* **b)** *jmd., der irgendwo als Gast übernachtet;* **Über|nächt|le|rin**, die; -, -nen (schweiz.): w. Form zu ↑Übernächtler: ♦ *Auf der Bäuerin Geheiß mußte das Weibervolk auf dem Vorstuhl sich zusammenziehen, und zuunterst auf demselben setzte sich die Ü.* (Gotthelf, Elsi 120); **Über|nach|tung**, die; -, -en: *das Übernachten:* die Zahl der -en in der Stadt ist im letzten Jahr zurückgegangen; ich habe dort für Ü. und Frühstück 50 Mark bezahlt; **Über|nach|tungs|ge|bühr**, die; -: *Gebühr, die für Übernachtung (z. B. in einer Jugendherberge) zu entrichten ist.*

Über|nah|me, die; -, -n: **1.** ⟨o. Pl.⟩ *das Übernehmen* (1–3) *von etw., jmdm.* **2.** *etw., was übernommen* (3) *worden ist:* wörtliche -n aus einem Werk; die Sendung ist eine Ü. vom WDR; Küstermann hatte sie nicht nur mit Marienliedern an der Orgel überhäuft, sondern auch seine eigenen Verse für sie mit sinnigen -n aus dem Gesangbuch gespickt (Hahn, Mann 133); **Über|nahme|kurs**, der; (Bankw., Börsenw.): *Kurs, zu dem eine Bank neu ausgegebene Effekten vom Aussteller übernimmt;* **Über|nahms|stel|le**, die; (österr.): *Annahmestelle.*

Über|na|me, der; -ns, -n [mhd. übername, LÜ von mlat. supernomen] (Sprachw.): *Beiname; Spitzname.*

über|na|tio|nal ⟨Adj.⟩: *über den einzelnen Staat hinausgehend, nicht national begrenzt:* eine -e Instanz; die Idee der -en Solidarität (Wochenpresse 13, 1984, 40).

über|na|tür|lich ⟨Adj.⟩: *über die Gesetze der Natur hinausgehend u. mit dem Verstand nicht zu erklären:* -e Erscheinungen; daß er bestimmte Fähigkeiten und Eigenheiten besaß, die sehr ungewöhnlich, um nicht zu sagen ü. waren (Süs-

übernehmen

kind, Parfum 36). **2.** *über das natürliche* (1 c) *Maß hinausgehend:* Statuen in -er Größe.

über|neh|men ⟨st. V.; hat⟩: **1.** (ugs.) *sich über die Schulter[n] hängen:* sie hat die Tasche übergenommen; Ravic nahm seinen Bademantel über (Remarque, Triomphe 443). **2.** (Seemannsspr.) **a)** *(Wasser) infolge hohen Seegangs an Deck bekommen:* das Schiff nahm haushohe Seen über; **b)** (seltener) *übernehmen* (2 b): Wir nahmen eine Spendenfracht über (Lenz, Spielverderber 170); **über|neh|men** ⟨st. V.; hat⟩: **1. a)** *etw., was einem übergeben wird, entgegennehmen:* das Staffelholz ü.; eine Warensendung ü.; **b)** *als Nachfolger in Besitz, Verwaltung nehmen, weiterführen:* er hat die Praxis, das Geschäft [seines Vaters] übernommen; er übernahm den Hof in eigene Bewirtschaftung; die Küche haben wir vom Vormieter übernommen; Das Mädchen, das er geheiratet hat, hat ein kleines Anwesen von ihren Eltern übernommen (Wimschneider, Herbstmilch 142); Als Mechelke Pleite machte und Gellert die Konkursmasse übernahm (Bieler, Bonifaz 152); **c)** *etw., was einem angetragen, übertragen wird, annehmen u. sich bereit erklären, die damit verbundenen Aufgaben zu erfüllen:* eine Aufgabe [freiwillig, nur ungern, notgedrungen] ü.; der Kopilot übernahm das Steuer; ein Amt, einen Auftrag, die Aufsicht [über etw.], den Vorsitz, die Führung, die Leitung, das Kommando, den Oberbefehl, eine Patenschaft, eine Vormundschaft, eine Vertretung, die Verteidigung des Angeklagten, die Titelrolle ü.; das Innenministerium ü. *(Innenminister werden);* Regierungsverantwortung ü. *(sich an der Regierung beteiligen);* er übernahm die Kosten für ihren Aufenthalt *(kam dafür auf);* Meine Frau übernahm das Geschirrwaschen (Frisch, Stiller 488); Die EBS-Verbrennungsanlage sollte auch den Abfall aus Wien ... und Kärnten ü. (Salzburger Nachr. 17. 2. 86, 2); ich übernehme es, die Eintrittskarten zu besorgen; der Boß hat den Schaden übernommen *(hat sich bereit erklärt, dafür aufzukommen;* Frisch, Montauk, 132); ⟨häufig verblaßt:⟩ die, keine Haftung für etw. ü. *(für etw. [nicht] haften);* die, keine Garantie, Gewähr für etw. ü. *(etw. [nicht] garantieren, gewährleisten);* die Bürgschaft für etw., jmdn. ü. *(für etw., jmdn. bürgen);* die Verantwortung für etw. ü. *(etw. verantworten);* die Verpflichtung zu etw. ü. *(sich zu etw. verpflichten).* **2. a)** *von einer anderen Stelle zu sich nehmen u. bei sich [in einer bestimmten Funktion] eingliedern, einstellen; als neues Mitglied aufnehmen:* die Mutterfirma übernahm die Angestellten der aufgelösten Tochterfirma; Deshalb wird er nur als angestellter Lehrer ... in den Schuldienst übernommen (NJW 19, 1984, 1130); **b)** (Seemannsspr.) *an Bord nehmen:* Passagiere, eine Ladung, Proviant ü.; noch in der gleichen Nacht übernahmen einige Boote Kohlen (Ott, Haie 124). **3.** *etw. von jmd. anderem verwenden:* Gedanken, Ideen, Methoden [von jmdm.] ü.; eine Textstelle wörtlich ü.; das deutsche Fernsehen hat diese Sendung vom britischen Fernsehen übernommen; Ich übernahm die Regeln ..., ohne viel über sie nachzudenken (Stern, Mann 86); Korrigieren Sie eine übernommene Meinung (Augsburger Allgemeine 10./11. 6. 78, 43); Zahlreiche andere Anatomen und Histologen haben diese Betrachtungsweise übernommen (Medizin II, 26); In Deutschland wird die Gotik allmählich von Frankreich übernommen (Bild. Kunst III, 22). **4.** ⟨ü. + sich⟩ *sich zuviel zumuten; sich überanstrengen:* sie hat sich beim Umzug, bei der Klettertour, beim Arbeiten übernommen; übernimm dich nur nicht!; er hat sich mit dem Hausbau finanziell übernommen *(seine Mittel überzogen).* **5. a)** (österr. ugs.) *übertölpeln;* **b)** (veraltend) *übermannen* (1); **Über|neh|mer**, der; -s, -: *jmd., der etw. übernimmt;* **Über|neh|me|rin**, die; -, -nen: w. Form zu ↑ Übernehmer.

über|ner|vös ⟨Adj.⟩: *übermäßig, allzu nervös.*

über|nut|zen ⟨sw. V.; hat⟩: *zu stark nutzen u. dadurch gefährden, schädigen:* den Wald, das Grundwasser, die Meere, die Fischbestände, die natürlichen Ressourcen ü.; Sie (= die Umwelt) wird hoffnungslos übernutzt (MM 3. 10. 73, 3); oft im 2. Part.:⟩ in unserem übervölkerten und -en Land (Pirsch 22. 9. 84, 1389); **Über|nut|zung**, die; -, -en: *das Übernutzen, Übernutztwerden:* der Mangel an Nahrung und Energie führte zur Ü. des Bodens und der Wälder (NZZ 23. 12. 83, 23).

über|ord|nen ⟨sw. V.; hat⟩ /vgl. übergeordnet/: **1.** *einer Sache den Vorrang geben u. etw. anderes dagegen zurückstellen:* den Beruf der Familie ü. **2. a)** *jmdn. als Weisungsbefugten, eine weisungsbefugte Institution o. ä. über jmdn., etw. stellen:* jmdn. jmdm. ü.; ⟨meist im 2. Part.:⟩ er ist ihm als Verkaufsleiter übergeordnet; sich an eine übergeordnete Instanz wenden; **b)** *etw. in ein allgemeines System als umfassendere Größe, Kategorie einordnen:* in der biologischen Systematik ist die Familie der Gattung übergeordnet; übergeordnete Begriffe; **Über|ord|nung**, die; -, -en: *das Überordnen, Übergeordnetsein.*

Über|or|ga|ni|sa|ti|on, die; -: *Übermaß an Organisation* (1, 2); **über|or|ga|ni|sie|ren** ⟨sw. V.; hat⟩: *übermäßig organisieren* (1) *u. dadurch komplizieren;* ⟨meist im 2. Part.:⟩ der Betrieb ist überorganisiert.

über|ört|lich ⟨Adj.⟩ (Amtsspr.): *nicht örtlich* (2) *begrenzt:* daß eine vernünftige ... Planung ... nicht mehr auf Gemeindeebene machbar sei, sondern ... auf einer -en Ebene (Saarbr. Zeitung 7. 7. 80, 4).

über|par|tei|lich ⟨Adj.⟩: *in seinen Ansichten über den Parteien* (1 a) *stehend, von ihnen unabhängig:* eine -e Zeitung; Wir bereiten uns auf die Aufnahme in den Bund deutscher Pfadfinder vor, dem wir uns anschließen wollen, weil er überkonfessionell und ü. ist (B. Vesper, Reise 510); **Über|par|tei|lich|keit**, die; -: *das Überparteilichsein.*

Über|pfän|dung, die; -, -en (Rechtsspr.): *Ausdehnung der Pfändung über den Betrag hinaus, zur Befriedigung des Gläubigers u. zur Deckung der Zwangsvollstreckungskosten nötig ist.*

Über|pflan|ze, die; -, -n (Bot.): *Epiphyt;* **über|pflan|zen** ⟨sw. V.; hat⟩ (ugs.): *überpflanzen* (1 b); **über|pflan|zen** ⟨sw. V.; hat⟩: **1. a)** (Med. selten) *transplantieren:* Noch nie in der Geschichte der Herztransplantation ist einem Neugeborenen ein fremdes Herz überpflanzt worden (Spiegel 45, 1984, 270); **b)** (veraltend) *verpflanzen* (1): zwischen den alten Zedern, die sein Vater schon in seiner Kindheit ... vom Gebirge hierher überpflanzt hatte (Fr. Wolf, Menetekel 18). **2.** (veraltend) *auf der ganzen Fläche bepflanzen:* ⟨meist im 2. Part.:⟩ mit Oleander überpflanzte Hänge; **Über|pflan|zung**, die; -, -en (Med. selten): *Transplantation.*

über|pin|seln ⟨sw. V.; hat⟩ (ugs.): *übermalen, überstreichen:* einen Flecken an der Tapete [mit etwas Wandfarbe] ü.

Über|plan|be|stand, der ⟨meist Pl.⟩ [nach russ. sverhplanovaja naličnost'] (Wirtsch.): *überplanmäßiger Bestand.*

über|pla|nen ⟨sw. V.; hat⟩ (selten): *mit einer Plane überdecken, abdecken.*

Über|plan|ge|winn, der (Wirtsch.): *überplanmäßiger Gewinn;* **über|plan|mä|ßig** ⟨Adj.⟩ (Wirtsch.): *über das geplante Maß, über den* ²*Plan* (1 b) *hinausgehend:* -e Ausgaben.

Über|preis, der; -es, -e: *überhöhter Preis:* -e verlangen, fordern, zahlen; Dort bieten Frachtfahrer Wagenladungen ausländischen Gerstensaftes zu schamlosen -en an (Frankfurter Rundschau 28. 6. 85, 24).

über|pri|vi|le|giert ⟨Adj.⟩: *übermäßig privilegiert.*

über|pro|bie|ren ⟨sw. V.; hat⟩ (landsch.): *zum Anprobieren überziehen:* probier den Mantel doch mal über!

Über|pro|duk|ti|on, die; -, -en (Wirtsch.): **a)** ⟨o. Pl.⟩ *das normale Maß übersteigende Produktion* (1 a): Die weltweite Ü. von Autos (natur 9, 1991, 74); Milchbauern müssen für Ü. büßen (MM 12. 12. 86, 8); **b)** *überschüssige Produktion* (1 b): der Betrieb ist auf seiner Ü. sitzengeblieben.

über|pro|por|tio|nal ⟨Adj.⟩: *(in Zahl, Ausmaß o. ä.) das richtige Maß überschreitend, unverhältnismäßig hoch, zahlreich o. ä.:* Die geistigen Gaben Reich-Ranickis genügten offenbar nicht, im Verhältnis zu ihnen -en Einfluß zu erklären (Spiegel 40, 1978, 252); Beamte sind im Bundestag ü. vertreten; zur Dämpfung der ü. steigenden Kosten im Gesundheitswesen (MM 15. 5. 75, 12).

über|prüf|bar ⟨Adj.⟩: *sich überprüfen lassend:* im Experiment -e Thesen; die Telefonrechnung ist praktisch nicht ü.; **Über|prüf|bar|keit**, die; -: *das Überprüfbarsein;* **über|prü|fen** ⟨sw. V.; hat⟩: **a)** *nochmals prüfen, ob etw. in Ordnung ist, funktioniert o. ä.:* eine Rechnung, ein Alibi, jmds. Papiere, jmds. Angaben ü.; eine These experimentell ü.; der Chefredakteur überprüfte ... die Richtigkeit seiner ... Behauptung (L. Frank, Wagen 27); eine Anlage auf [ihre] Funktionstüchtigkeit ü.; Außerdem wollen sie jeden einzelnen Studenten politisch ü. *(bei jedem einzelnen Studenten feststellen, ob er die gewünschte politische*

Einstellung hat; Müthel, Baum 38); *den Kassenbestand ü. (revidieren);* Bei einer ... Kontrolle überprüfte *(kontrollierte)* die Polizei ... 189 Fahrzeuge (MM 27./28. 9. 75, 25); *alle verdächtigen Personen (ihre Papiere, Personalien o. ä.)* sind von der Polizei überprüft worden; **b)** *noch einmal überdenken, durchdenken:* eine Entscheidung, seine Anschauungen ü.; er sollte das zum Anlaß nehmen, seine Position, Haltung, Methode, Politik, Theorie zu ü.; Jetzt aber ist es Zeit, das Bild der Welt ... zu revidieren und an alle Grundlinien der Politik zu ü. (Dönhoff, Ära 189); **Über|prü|fung,** die; -, -en: *das Überprüfen;* **Über|prü|fungs|kom|mis|si|on,** die: *Kommission, deren Aufgabe es ist, Überprüfungen vorzunehmen.*
über|pu|dern ⟨sw. V.; hat⟩ (ugs.): *noch einmal pudern* (1): sie puderte sich noch schnell die Nase über; **über|pu|dern** ⟨sw. V.; hat⟩: *mit Puder, einer pudrigen Schicht bedecken:* ⟨meist im 2. Part.:⟩ als er die von Kalkstaub überpuderten Gestalten ... erblickte (Plievier, Stalingrad 323).
über|pünkt|lich ⟨Adj.⟩: *sehr, allzu pünktlich:* er kam, war ü.
Über|qua|li|fi|ka|ti|on, die; -, -en ⟨Pl. selten⟩: *Qualifikation* (2 a), *die im Verhältnis zu den Anforderungen zu hoch ist;* **überqua|li|fi|ziert** ⟨Adj.⟩: *eine Überqualifikation aufweisend:* So mußte sich die 26jährige Yumiko Takahara anhören, sie sei erstens zu alt und zweitens ü. und daher nicht mehr formbar im Sinne des Unternehmens (Basler Zeitung 2. 10. 85, 5).
über|quel|len ⟨st. V.; ist⟩: **a)** *über den Rand eines Gefäßes, Behältnisses* ¹*quellen* (1 a): der Teig ist übergequollen; Sie (= die Truhe) ließ sich nicht mehr schließen, der Inhalt quoll über (Bergengruen, Rittmeisterin 124); **b)** *so voll sein, daß der Inhalt überquillt* (a); *übervoll sein:* Der Papierkorb quoll über (Sebastian, Krankenhaus 60); ⟨oft im 1. Part.:⟩ ein überquellender Briefkasten; nachdem ... der Gestank des überquellenden Friedhofs die Anwohner zu wahren Aufständen trieb (Süskind, Parfum 7); Die Fenster und Balkone der Rue Honoré ... quellen von Menschen über (Sieburg, Robespierre 273); Ü mit überquellender Dankbarkeit; Es waren große, dichtbewachsene Beete, überquellend von Duft (Rinser, Jan Lobel 26); Da beginnt der Chor ... schwermütig und überquellend *(mit großer Hingabe)* zu singen (Berger, Augenblick 109).
über|quer ⟨Adv.⟩ (österr., sonst veraltend): *über Kreuz; quer über etw.:* Holzscheite zum Trocknen ü. legen; ... ist mir aufgefallen, wie du das Strickzeug hälst. So ein wenig rheintalerisch ü. (Muschg, Gegenzauber 269); Der (= der Butt) gucke so bös ü. *(schieläugig.)* bringe bestimmt Unglück (Grass, Butt 49); * **ü. gehen** (ugs.; *fehlschlagen*); **mit jmdm. ü. kommen** (ugs.; *mit jmdm. uneins werden*): Konrad Birler ... war dann mit Wehner ü. gekommen (Zwerenz, Quadriga 79); **über|que|ren** ⟨sw. V.; hat⟩: **1.** *sich in Querrichtung über etw., eine Fläche hinwegbewegen:* die Straße, die Kreuzung, den Fluß, den Ozean ü.; Er schraubte sich über die Wolken, um das Gebirge si-

cher zu ü. (Grzimek, Serengeti 164); er überquerte den kleinen Platz mit unregelmäßigen Schritten (Langgässer, Siegel 21). **2.** *in seinem Verlauf schneiden:* Das Bett eines Wattflusses überquerte ihren Weg (Hausmann, Abel 153); Alle sahen den in die Luft hineingebauten, den Abgrund überquerenden Viadukt (L. Frank, Wagen 26); **Über|que|rung,** die; -, -en: *das Überqueren.*
über|ra|gen ⟨sw. V.; hat⟩: *in horizontaler Richtung über die Grundfläche von etw. hinausragen:* der Balken ragt [ein wenig] über; ein überragender *(vorspringender)* Giebel; **über|ra|gen** ⟨sw. V.; hat⟩ /vgl. überragend/: **1.** *durch seine Größe, Höhe [in bestimmtem Maß] über jmdn., etw. hinausragen:* er überragt seinen Vater um Hauptseslänge; einer jener mächtigen Räucherkamine, die alle Fliederbüsche und geduckten Fischerhäuser überragten (Grass, Hundejahre 30); auf einer weithin alles überragenden Bergspitze (Musil, Mann 227). **2.** *in auffallendem Maße, weit übertreffen:* jmdn. an Geist ü.; daß der Schöpfer der Psychoanalyse und Schöpfer der Massenpsychologie als Denker gewaltig überragt (Hofstätter, Gruppendynamik 19); Hingegen war er ein den Durchschnitt weit überragender Organisator (Brecht, Groschen 124); ⟨auch o. Akk.-Obj.:⟩ Im Spiel nach vorne überragte lediglich Bastrup (Sportjargon; *zeigte nur er eine überragende Leistung;* Kicker 6, 1982, 34); **über|ra|gend** ⟨Adj.⟩: *jmdn., etw. Vergleichbares an Bedeutung weit übertreffend:* eine -e Persönlichkeit, Leistung; ein -er Erfolg, Torwart, Musiker, Denker; bei etw. eine -e Rolle spielen; ... die Derendorfer, im Grunde keine -e Mannschaft, ... (Grass, Hundejahre 530); daß keine spektakulären Verluste oder -en Gewinne zu erwarten sind (NZZ 12. 10. 85, 4); ⟨intensivierend als Adj. u. Verben:⟩ von ü. großer Bedeutung sein; er spielt ü.
über|ra|schen ⟨sw. V.; hat⟩ /vgl. überraschend/ [zu ↑*rasch,* urspr. = plötzlich über jmdn. herfallen, (im Krieg) überfallen]: **1.** *anders als erwartet sein, unerwartet kommen, etw. Unerwartetes tun u. deshalb in Erstaunen versetzen:* seine Absage, die Nachricht, die Entscheidung hat mich überrascht; von etw. [un]angenehm, wenig, nicht weiter, nicht im geringsten überrascht sein; wir waren über den herzlichen Empfang überrascht; so zeigen; bei diesen Worten hob er überrascht den Kopf; Eines Tages überraschte mich der Klassensprecher mit der Frage, ob ... (Hofstätter, Gruppendynamik 114); Im März 1921 überraschte uns eine Sensation (Niekisch, Leben 95); Immerhin bist du hier in einem richtigen Namen abgestiegen. Was mich eigentlich überrascht hat (Fallada, Herr 230); ⟨auch o. Akk.-Obj.:⟩ So überrascht es nicht, daß die essayistische Prosa von Heinrich Mann kein nennenswertes Echo hatte (Reich-Ranicki, Th. Mann 140). **2.** *mit etw., womit der Betroffene gar nicht gerechnet hat, erfreuen:* jmdn. mit einem Geschenk ü.; sie überraschte mich mit ihrem Besuch; Manchmal überraschen mich meine Arbeiter

mit einem hübschen eigenen Einfall (Bieler, Bonifaz 169); R lassen wir uns ü. *(warten wir es ab);* ich lasse mich [gern] ü. (oft iron.; *wir werden es ja sehen*). **3.** *bei einem heimlichen, unerlaubten Tun für den Betroffenen völlig unerwartet antreffen:* die Einbrecher wurden [von der Polizei] überrascht; er überraschte die beiden bei einem Schäferstündchen. **4.** *jmdn. ganz unvorbereitet treffen, über ihn hereinbrechen:* vom Regen, von einem Gewitter überrascht werden; das Erdbeben überraschte die meisten Menschen im Schlaf; Während dieser Arbeit hatte die Dunkelheit sie überrascht (Schnabel, Marmor 101); ... der Rittmeister sei vom Tode überrascht worden (Bergengruen, Rittmeisterin 121); **über|raschend** ⟨Adj.⟩: *früher od. anders als erwartet u. deshalb jmdn. unvorbereitet treffend od. in Erstaunen setzend:* ein -er Angriff, Vorstoß; ein -er Erfolg, Wahlsieg; eine -e Leistung; Das Gespräch nahm eine Wendung, die für den Arzt ü. war (Plievier, Stalingrad 243); das Angebot kam [völlig] ü.; das ging ü. schnell; **über|ra|schen|der|wei|se** ⟨Adv.⟩: *zu jmds. Überraschung* (1); daß 1854 ... der preußische Kronprinz ... in Syrakus war. Überraschenderweise fühlte er sich hier an sein Zuhause erinnert (Fest, Im Gegenlicht 32); ♦ **über|rasch|lich** ⟨Adj.⟩: *überraschend:* zwei alte Damen, die ... mit ... -em Respekt behandelt wurden (Fontane, Jenny Treibel 21); **Über|raschung,** die; -, -en: **1.** ⟨o. Pl.⟩ *das Überraschtsein* (1): die Ü. war groß, als ...; etw. löst Ü. aus; Ich hatte große Mühe, meine Ü. zu verbergen (Nossack, Begegnung 171); ... daß nicht doch eine der Mannschaften an den noch jungen Fußballändern für eine Ü. sorgt (Kicker 6, 1982, 31); in der ersten Ü., vor/(seltener:) aus lauter Ü. konnte sie nicht antworten; zu meiner [großen, nicht geringen] Ü. mußte ich erleben, wie ...; zur allgemeinen Ü. konnte er sich durchsetzen. **2. a)** *etw., was jmdn. [in unangenehmer Weise] überrascht* (1): das war eine unangenehme, unerfreuliche, schlimme, böse, schöne Ü.; eine Ü. erleben; jmdm. eine Ü. bereiten; Das Innere (des Chalets) brachte keine -en mehr (Frisch, Stiller 469); bei einem zweijährigen Kinde muß man immer auf gefährliche -en gefaßt sein (Werfel, Bernadette 347); **b)** *etw. Schönes, womit man nicht gerechnet hat:* das ist aber eine Ü.!; sag ihm bitte nichts davon, es soll eine Ü. sein; Diese Ü. war ziemlich gründlich mißglückt (Feuchtwanger, Erfolg 704); für jmdn. eine kleine Ü. *(ein kleines Geschenk)* haben; **Über|ra|schungs|an|griff,** der: *unerwarteter, überraschender Angriff:* der Feind plante einen Ü.; **Über|ra|schungs|coup,** der: *unerwarteter, überraschender Coup;* **Über|ra|schungs|ef|fekt,** der: *auf einem Überraschungsmoment beruhender Effekt* (1) *einer Hdlg.:* Der Ü., den wir mit unserer Blitzaktion auslösen würden, wurde dadurch um so größer (Cotton, Silver-Jet 152); **Über|ra|schungs|er|folg,** der: *unerwarteter, überraschender Erfolg;* **Über|ra|schungs|gast,** der: *überraschend erscheinender Gast, bes. jmd., der als [na-

Überraschungsmannschaft

mentlich] nicht angekündigter Gast in einer Fernsehshow o. ä. mitwirkt: Ein Ü. nach dem anderen tritt aus der Kulisse (Hörzu 48, 1987, 8); Als die Gastgeberin ... den Ü., die Schauspielerin Shirley MacLaine, vorstellte (Spiegel 12, 1988, 158); **Über|ra̱|schungs|mann|schaft,** die (Sport Jargon): *Mannschaft, die durch ihr unerwartet gutes Spiel überrascht;* **Über|ra̱|schungs|mo̱|ment,** das: *in jmds. Überraschung* (1) *bestehendes* ²*Moment* (1): *das Ü. war ein entscheidender Vorteil;* **Über|ra̱|schungs|sieg,** der: *unerwarteter, überraschender Sieg;* **Über|ra̱|schungs|sie|ger,** der: *jmd., der einen Überraschungssieg errungen hat;* **Über|ra̱|schungs|sie|ge|rin,** die: w. Form zu ↑ Überraschungssieger.

über|rea|gie̱|ren ⟨sw. V.; hat⟩: *eine Überreaktion zeigen:* die Ministerin hat überreagiert; daß die ... Kubaner überreagierten und Gewalttaten begingen (MM 30. 4./1. 5. 88, 3); **Über|re|ak|ti̱|on,** die; -, -en: *unverhältnismäßige, unangemessen heftige Reaktion:* solange aber derartige Übergriffe ... als „-en einzelner bedrängter Beamter" beschönigt werden, ... (Spiegel 46, 1981, 10).

über|rẹch|nen ⟨sw. V.; hat⟩: 1. ¹*überschlagen* (2): im stillen überrechnete ich, was an Ausgaben bis zum nächsten Lohntag noch anstand (v. d. Grün, Irrlicht 13). 2. (seltener) *nachrechnen* (1), dazu: **Über|rẹch|nung,** die; -, -en: *das Überrechnen.*

über|re̱|den ⟨sw. V.; hat⟩ [mhd. überreden, eigtl. = mit Rede überwinden]: *durch [eindringliches Zu]reden dazu bringen, daß jmd. etw. tut, was er ursprünglich nicht wollte:* jmdn. zum Mitmachen, zum Kauf ü.; Deswegen soll sie Dorothea zu einem Spaziergang überredet ... haben (Grass, Blechtrommel 721); vielleicht würde sie sich ü. lassen, mit Glum angeln zu gehen (Böll, Haus 20); Arlecq überredete seine Mutter zu noch einem Likör (Fries, Weg 157); **Über|re̱|dung,** die; -, -en ⟨Pl. selten⟩: *das Überreden;* **Über|re̱|dungs|kraft,** die (selten): vgl. Überredungskunst; **Über|re̱|dungs|kunst,** die: *Kunst* (2), *jmdn. zu etw. zu überreden:* seine ganze Ü. aufbieten; seine Überredungskünste nützten nichts.

über|re|gio|na̱l ⟨Adj.⟩: vgl. überörtlich: -e Zeitungen, Veranstaltungen; Sie wollen ... ihre Stadtwerke aus der Abhängigkeit der ü. operierenden Stromkonzerne lösen (natur 10, 1991, 16).

über|reich ⟨Adj.⟩: *überaus reich* (2 a, b).

über|rei|chen ⟨sw. V.; hat⟩: *bes. auf förmliche od. feierliche Weise übergeben:* jmdm. ein Geschenk, einen Scheck, einen Blumenstrauß, eine Urkunde ü.; Hier überreichte mir die Sekretärin diskret einen geschlossenen Briefumschlag (Hildesheimer, Legenden 64).

über|reich|lich ⟨Adj.⟩: *überaus reichlich* (a): Die -e Nahrung ist ungenießbar (Strauß, Niemand 208); Jetzt gibt es Nachrichten aus Frankreich in -er Fülle (K. Mann, Wendepunkt 361); Freundschaft und Liebe, beides hatte er ü. bekommen (Danella, Hotel 210).

Über|rei|chung, die; -, -en: *[förmliche, feierliche] Übergabe.*

Über|reich|wei|te, die; -, -n (Nachrichtent.): *unter besonderen atmosphärischen Bedingungen vorkommende ungewöhnlich große Reichweite eines Funksenders:* ... ist dieser Frequenzbereich ... mit Richtfunklinien, häufig mit Ü., belegt (Funkschau 21, 1971, 2210).

über|reif ⟨Adj.⟩: *schon zu reif* (1): -es Obst; die Tomaten sind schon ü.; Ü ich bin eine alte Frau, reif für den Friedhof, ü. (Dürrenmatt, Meteor 62); Die Zeit für die Gleichstellung ... der Fachhochschulabsolventen ist also ü. (Augsburger Allgemeine 3./4. 6. 78, XXI); **Über|rei|fe,** die; -: *das Überreifsein.*

über|rei|ßen ⟨st. V.; hat⟩ /vgl. überrissen/ (Tennis, Tischtennis): *den Schläger beim Ausführen eines Schlages hochreißen in der Absicht, dem Ball einen bestimmten Drall zu geben:* einen Ball ü.; ein [leicht] überrissener Ball, Lob.

über|rei|ten ⟨st. V.; hat⟩ (selten): *über jmdn. reiten u. ihn dabei [tödlich] verletzen:* er hat ein Kind überritten.

über|rei|zen ⟨sw. V.; hat⟩: 1. *durch zu starke u. viele Reize* (1), *zu große Belastung übermäßig erregen, angreifen:* die Nerven, die Einbildungskraft ü.; ⟨meist im 2. Part.:⟩ in völlig überreiztem Zustand sein; Sie war aufs äußerste überreizt und überarbeitet und hatte gewiß die ganze Nacht durchwacht (Broch, Versucher 301). 2. (Kartenspiel, bes. Skat) a) ⟨ü. + sich⟩ *höher reizen* (4), *als es die Werte, die sich aus den eigenen Karten ergeben, zulassen:* ich habe mich [bei diesem Spiel] überreizt; b) *sich in bezug auf eine bestimmte Spielkarte überreizen* (a): er hat seine Karte überreizt; **Über|reizt|heit,** die; -: *überreizter Zustand;* **Über|rei|zung,** die; -, -en: a) *das Überreizen* (1); b) *Überreiztheit:* da man ihre nervöse Ü. als Folge körperlichen Herabgemenseins ansah (Musil, Mann 1548).

über|rẹn|nen ⟨unr. V.; hat⟩: 1. *in einem Sturmangriff besetzen [u. weiter vorrücken]:* die feindlichen Stellungen ü.; Die deutschen Truppen hatten ... den größten Teil der Ukraine überrannt (Leonhard, Revolution 129); Ü Der Vize-Europameister von 1980 wurde schon in der ersten Halbzeit praktisch überrannt (Volksblatt 17. 6. 84, 9). 2. (ugs.) *überfahren* (4): sich nicht ü. lassen; sich überrannt fühlen; Ich hatte ihn aber so sehr überrannt, er war in der Eile gar nicht fähig gewesen, alles aufzufassen (Fallada, Herr 115). 3. *so gegen jmdn. rennen, daß er zu Boden stürzt; umrennen:* Einmal überrannte sie mich fast, um den Ball zu fangen (Frisch, Homo 101).

Über|re|prä|sen|ta|ti|on, die; -, -en: *unangemessen starke Repräsentation* (1);
über|re|prä|sen|tiert ⟨Adj.⟩: *unverhältnismäßig stark vertreten:* Unter den rund 400 Mitgliedern sind Kommunisten ... „alles andere als ü." so stellen etwa fünf Prozent der Mitglieder (Spiegel 16, 1977, 28).

Über|rest, der; -[e]s, -e ⟨meist Pl.⟩: *etw., was [verstreut, wahllos od. ungeordnet] von einem ursprünglich Ganzen als Letztes zurückgeblieben ist:* ein trauriger, kläglicher Ü.; die e einer alten Festung; Es war noch waren nur noch -e des einstigen Division (Plievier, Stalingrad 253); Dorthin kann die Hausfrau zum Beispiel -e *(Reste)* von Speiseöl bringen (NZZ 1./2. 5. 83, 18); * **die sterblichen -e** (geh. verhüll.; *der Leichnam*): Zwar mag es vielen gleichgültig sein, wie ihre sterblichen -e behandelt werden und „zu Staub werden ..." (MM 6./7. 11. 65, 51).

über|rie|seln ⟨sw. V.; hat⟩ (geh.): *rieselnd über etw. fließen:* Ü ein Schauer überrieselte sie; trotzdem überrieselte es mich kalt, sooft ich dem Sprachreichtum solcher Irrer begegne (Broch, Versucher 317); **Über|rie|se|lung, Über|ries|lung,** die; -, -en (geh.): *das Überrieseln.*

über|ris|sen ⟨Adj.⟩ (schweiz.): *zu hoch angesetzt, übertrieben:* -e Forderungen; Der ... Beschaffungspreis sei offensichtlich weit ü. sein (Basler Zeitung 12. 5. 84, 67).

Über|rock, der; -[e]s, ...röcke (veraltet): 1. *Überzieher* (1): in einem zugeknöpften Mantel oder, wie Mama sagt, Ü. fühle mich, als müßte ich ersticken (Hofmann, Fistelstimme 90). 2. *Gehrock.*

Über|roll|bü|gel, der: *(bes. bei Sport- od. Rennwagen) über dem Sitz verlaufender Bügel aus Stahl, der dem Fahrer, falls sich der Wagen überschlägt, Schutz bieten soll;*
über|rol|len ⟨sw. V.; hat⟩: *jmdm., sich selbst (indem man es abrollt) ein Kondom über den Penis streifen:* ... daß ihre (= der Prostituierten) Kunden Kondome überrollen (Spiegel 9, 1991, 155); Dann zollt sie Janda einen Gummi ... über (Zenker, Froschfest 221); **über|rọl|len** ⟨sw. V.; hat⟩: 1. *mit Kampffahrzeugen überfahren* (3) *[u. erobern, bezwingen]:* den Gegner, feindliche Stellungen ü.; Ü die Opposition ließ sich nicht ü.; jahrtausendalte Kulturen werden von der Technik einfach überrollt (Oxmox 9, 1984, 43). 2. *über jmdn., etw. rollen* (b, d) *u. die betreffende Person, Sache umwerfen od. mitreißen:* sie, das Auto wurde von einem LKW, Zug, Panzer überrollt; die Lawine überrollte die Männer; ... plötzlich kein Boden ..., so daß ich schwimmen mußte, jetzt überrollt von Wogen, die mich untertauchten (Frisch, Gantenbein 384); Ü Die Menschen werden fortlaufend von unzähligen Entwicklungen überrollt, die niemand bedacht hat (Gruhl, Planet 349); **Über|rol|ler,** der; -s, - (Ringen): *Griff, bei dem man über die Schultern rollt, ohne daß es jedoch zu einer Schulterniederlage kommt.*

über|rụm|peln ⟨sw. V.; hat⟩ [zu ↑ ¹rumpeln, eigtl. = mit Getöse überfallen]: *mit etw. überraschen, so daß der Betreffende völlig unvorbereitet ist u. sich nicht wehren od. nicht ausweichen kann:* den Gegner ü.; ... überrumpelnd der Halblinke Naumann die unsichere Hertha-Abwehr zum zweitenmal (Welt 28. 4. 65, 8); jetzt galt es nur noch, die Flugzeugkidnapper zu ü. (Cotton, Silver-Jet 121); er hat sie mit seiner Frage überrumpelt; Eine irregeleitete Ballmutter ... überrumpelte ihn mit einer Einladung, der er sich ohne große Unhöflichkeit nicht entziehen konnte (A. Kolb, Daphne 13); laß dich von dem Vertreter, Versicherungsheini bloß nicht ü.!; **Über|rụm|pe|lung, Über|rụmp|lung,** die; -, -en: *das Überrumpeln.*

über|rụn|den ⟨sw. V.; hat⟩: 1. (Sport) *(bei*

Wettbewerben im Laufen od. Fahren auf einem Rundkurs) mit einer ganzen Runde Vorsprung überholen: Clark lag acht Runden lang an der Spitze dieses Feldes, dann drehte sich vor ihm ein kleinerer Wagen, den er gerade ü. wollte (Frankenberg, Fahrer 100). **2.** *durch bessere Leistungen, Ergebnisse o. ä. übertreffen:* seine Klassenkameraden ü.; die Firma hat die Konkurrenz längst überrundet; die Fortschrittspartei überrundet wieder die Sozialdemokraten (Saarbr. Zeitung 4. 12. 79, 9); **Über|run|dung,** die; -, -en: *das Überrunden; Überrundetwerden.*
übers ⟨Präp. + Art.⟩ (ugs.): *über das:* er legte ihn ü. Knie.
über|sä|en ⟨sw. V.; hat⟩ /vgl. übersät/: *(eine Fläche) mit etw. versehen, indem man es in großer Anzahl darüber verteilt:* Wollen sie die Republik mit einem dichten Netz von Windmühlen ü.? (Hamburger Rundschau 15. 5. 85, 11); Ü ... beugte sie sich über ihn ... und begann, ihn mit Küssen zu ü. (Ossowski, Liebe ist 164); **über|sät** ⟨Adj.⟩: *über die ganze Fläche hin dicht mit etw. [Gleichartigem] bedeckt:* in das goldene Wasser, auf dessen Grund man den mit Seesternen und Krebsen -en Sandteppich ... sehen konnte (Pasolini [Übers.], Amado 178); ... mußte er das alte hochbordige, von Wurmlöchern -e Buffet anschauen (M. Walser, Seelenarbeit 203); sein Gesicht war mit/von Pickeln ü.
über|satt ⟨Adj.⟩: *mehr als satt, allzu satt:* ... eines ... Risses zwischen Wohlstand und Armut in der Welt, ... zwischen -en Gesellschaften und nacktem Hunger (W. Brandt, Begegnungen 643); **über|sät|ti|gen** ⟨sw. V.; hat⟩ /vgl. übersättigt/: *über den Sättigungsgrad hinaus sättigen (3):* daß die Industriealen ... den Markt übersättigt haben (Freie Presse 10. 11. 89, Beilage, S. 2); eine übersättigte Chemie; *mehr gelösten Stoff enthaltende, als es der Löslichkeit entspricht)* Lösung; **über|sät|tigt** ⟨Adj.⟩: *von etw. so viel habend, daß man gar nicht mehr in der Lage ist, es zu schätzen od. zu genießen:* -e Wohlstandsbürger; die Zuschauer sind ja alle ü. mit Sensationen (Konsalik, Promenadendeck 129); **Über|sät|ti|gung,** die; -, -en: *das Übersättigtsein.* Ü. und Überdruß kehren um (Praunheim, Sex 125).
Über|satz, der; -es, ...sätze (Druckw.): *Anzahl der Zeilen, Seiten, um die ein Satz (3 b) den geplanten Umfang überschreitet.*
über|säu|ern ⟨sw. V.; hat⟩: *mit zuviel Säure (2) anreichern:* am „sauren Regen" ..., der die Böden übersäuert (ADAC-Motorwelt 9, 1983, 38); ⟨meist im 2. Part.:⟩ *einen übersäuerten Magen haben;* **Über|säue|rung,** die; -, -en ⟨Pl. selten⟩ (Med.): *krankhafte Steigerung des Säuregehaltes des Magensaftes; Hyperacidität; Superacidität.*
Über|schall|flug, der; -[e]s, ...flüge: *Flug (1, 2) mit Überschallgeschwindigkeit;* **Über|schall|flug|zeug,** das; -[e]s, -e: *mit Überschallgeschwindigkeit fliegendes Flugzeug;* **Über|schall|ge|schwin|dig|keit,** die; -: *Geschwindigkeit, die höher ist als die Schallgeschwindigkeit;* **Über|schall|knall,** der; -[e]s, -e: *lauter zweimaliger Knall, der zu hören ist, wenn ein Flugzeug mit Überschallgeschwindigkeit vorbeifliegt.*
Über|schar, die; -, -en [zu ↑¹Schar] (Bergmannsspr.): *zwischen Bergwerken liegendes, wegen geringer Ausmaße nicht zur Bebauung geeignetes Land.*
über|schat|ten ⟨sw. V.; hat⟩: *beschatten (1):* Eichen überschatten den Platz; Ü die traurige Nachricht überschattete das Fest *(dämpfte die Stimmung);* Durch einen tödlichen Unfall ... wurde ein internationaler Military-Wettbewerb ... überschattet (NNN 25. 9. 89, 5); **Über|schat|tung,** die; -, -en: *das Überschattetwerden.*
über|schät|zen ⟨sw. V.; hat⟩: *zu hoch einschätzen (1):* jmds., seine [eigenen] Kräfte ü.; ... überschätzten Augenzeugen die Geschwindigkeit des Pkw um 24 Prozent (ADAC-Motorwelt 2, 1983, 34); die Wirkung seiner Lehre ist kaum zu ü.; wenn du dich da mal nicht überschätzt!; Und dann noch dieser Hofmannsthal ..., den ich für maßlos überschätzt halte *(von dem ich glaube, daß er weit weniger bedeutend ist, als allgemein angenommen wird)!* (Reich-Ranicki, Th. Mann 268); **Über|schät|zung,** die; -, -en: *das Überschätzen.*
Über|schau, die; - (geh.): *Übersicht (2);* **über|schau|bar** ⟨Adj.⟩: **a)** *in seiner Anlage, seinem Aufbau so klar, daß man die betreffende Sache mit einem Blick erfassen kann; übersichtlich:* die Kontoauszüge -er gestalten; Ü Ihr Leben war immer so ordentlich gewesen, so ü. (Danella, Hotel 40); **b)** *in seinem Umfang so begrenzt, daß man sich eine konkrete Vorstellung von der betreffenden Sache machen kann:* eine [gerade noch] -e Menge, Anzahl; ein -er Zeitraum; Auch den Händlern wäre ein -eres Programm lieber gewesen (ADAC-Motorwelt 9, 1986, 42); das Risiko blieb ü.; **Über|schau|bar|keit,** die; -: *das Überschaubarsein;* **über|schau|en** ⟨sw. V.; hat⟩: *übersehen (1, 2).*
über|schäu|men ⟨sw. V.; ist⟩: **a)** *schäumend über den Rand eines Gefäßes fließen:* das Bier schäumt über; Ü Wenn es bei uns früher hoch herging, ich meine, wenn der Luxus überschäumte (Kronauer, Bogenschütze 70); **b)** *so voll sein, daß der Inhalt überschäumt:* das Glas schäumt über; Ü vor Lebensdrang, Temperament [geradezu] ü.; eine überschäumende *(unbändige)* Freude.
Über|schicht, die; -, -en: *zusätzliche Schicht (3 a).*
über|schie|ßen ⟨st. V.; ist⟩ /vgl. überschießend/ (landsch.): *[kochend] überlaufen (1 a):* die Milch ist übergeschossen;
über|schie|ßen ⟨st. V.; hat⟩: **1.** (bes. Jägerspr.) *über etw. hinwegschießen:* Wild ü.; ... sind ... die Positionen der ... UNO-Truppen in Libanon ... von den Rechtsmilizen in provokatorischer Weise überschossen worden (Junge Welt 25. 3. 78, 2). **2.** (Jägerspr.) *in einem bestimmten Gebiet mehr schießen (1 k), als der Wildbestand verträgt od. als vorgesehen war:* das Revier ist überschossen; **über|schie|ßend** ⟨Adj.⟩: *über ein bestimmtes Maß hinausgehend:* so daß sich keine Partei -e Reaktionen leisten kann (Blick auf Hoechst 8, 1983, 4).
◆ **über|schif|fen** ⟨sw. V.; hat⟩: *mit dem Schiff überqueren:* ... die Weser ... zu ü. (Kleist, Hermannsschlacht IV, 1).
über|schläch|tig ⟨Adj.⟩: *oberschlächtig:* ein -es Wasserrad.
über|schla|fen ⟨st. V.; hat⟩: *beschlafen (2):* kaufen Sie es nicht gleich, sondern später. Überschlafen Sie es erst noch mal (auto 7, 1965, 50).
Über|schlag, der; -[e]s, ...schläge: **1.** *schnelle Berechnung der ungefähren Größe einer Summe od. Anzahl:* einen Ü. der Ausgaben machen; Schätze, die nach unserem Ü. durchaus hinreichen, die „Soldanella" zu salvieren (Muschg, Gegenzauber 163). **2.** *ganze Drehung um die eigene Querachse:* einen Ü. am Barren, Schwebebalken machen; In etwa 50 Prozent der Lkw-Alleinunfälle werden es zum „Abkommen der Fahrbahn" mit anschließendem Ü. (Presse 7. 6. 84, 9). **3.** (Kunstfliegen) *Looping.* **4.** *elektrische Entladung zwischen zwei spannungsführenden Teilen in Form eines Funkens od. Lichtbogens;* **über|schla|gen** ⟨st. V.⟩: **1.** *[die Beine] übereinanderschlagen* ⟨hat⟩: die Beine ü.; ⟨oft im 2. Part.:⟩ mit übergeschlagenen Beinen dasitzen. **2.** *sich [schnell mit Heftigkeit] über etw. hinausbewegen* ⟨ist⟩: die Wellen schlugen über; Funken sind übergeschlagen *(übergesprungen);* Ü Jeder Streik in unseren Ländern ... schlägt über auf die Nachbarstaaten (Fries, Weg 283). **3.** *(von Gemütsbewegungen o. ä.) sich steigernd in ein Extrem übergehen* ⟨ist⟩: seine Begeisterung ist in Fanatismus übergeschlagen. **4.** (seltener) ¹**überschlagen** (4) ⟨ist⟩: ihre Stimme schlägt über; ⟨oft im 1. Part.:⟩ er ruderte mit den Armen und schrie mit überschlagender Stimme: ... (v. d. Grün, Glatteis 163); ¹**über|schla|gen** ⟨st. V.; hat⟩ [mhd. überslahen, ahd. ubirslahan, eigtl.: *wohl nach dem Umwenden u. Betrachten mehrerer (Buch)seiten;* vgl. ¹überlegen]: **1.** *in einer Reihenfolge auslassen:* beim Lesen ein paar Kapitel, Seiten ü.; eine Mahlzeit ü.; daß ich ... das Programm meiner Reise ändern, ein Schiff ü. müsse (Th. Mann, Krull 358). **2. a)** *(die ungefähre Größe einer Summe od. Zahl) schnell berechnen:* die Kosten, den Gewinn, die Zahl der Teilnehmer ü.; sie überschlug, wie die Reise kosten würde, ob das Geld dafür reichen würde; er überschlug den Schaden so auf gute zweihundert Taler (Winckler, Bomberg 79); Er muß doch ... was herausspringt (Gaiser, Schlußball 105); **b)** *sich nochmals vergegenwärtigen:* Simon sitzt indessen in der Schenke und überschlägt seinen Tag (Waggerl, Brot 70); ... um sich zu erinnern, die Eindrücke und Abenteuer so vieler Monate zu ü. und alles zu bedenken (Th. Mann, Zauberberg 537). **3.** ⟨ü. + sich⟩ *nach vorne od. hinten überkippen u. sich um die eigene Querachse drehen; sich beim Sturz ü.;* der Wagen überschlug sich zweimal, ehe er an einer Mauer zum Stehen kam; Der Lenker streifte einen Baum, die Maschine überschlug sich (Brasch, Söhne 57); die Wellen überschlugen sich; Ü der Verkäufer überschlug sich fast (ugs.; *war überaus beflissen),* sich vor Liebenswürdigkeit, Höflichkeit ü. (ugs.; *überaus liebenswür-*

überschlagen

dig, höflich sein). **4.** ⟨ü. + sich⟩ *(von der Stimme) plötzlich in eine sehr hohe, schrill klingende Tonlage umschlagen:* und meine Stimme, die sich sowieso leicht überschlägt, hat sich überschlagen (Hofmann, Fistelstimme 93). **5.** ⟨ü. + sich⟩ *so dicht aufeinanderfolgen, daß man [fast] den Überblick verliert:* die Ereignisse überschlugen sich; die Wehrmachtsberichte wurden farbiger, die Siegesmeldungen überschlugen sich (Kuby, Sieg 183); ²**über|schla|gen** ⟨Adj.⟩ [urspr. 2. Part. zu landsch. überschlagen = lau werden] (landsch.): *leicht erwärmt, nicht mehr kalt;* ²*verschlagen* (2); *lauwarm:* das Wasser soll nur ü. sein; **über|schlä|gig** ⟨Adj.⟩: *durch einen Überschlag* (1), *durch Überschlagen erfolgend:* Beim ü. en Rechnen ... (Mathematik I, 409); Für die -e Kostenermittlung (CCI 6, 1986, 47); die -en *(überschlägig berechneten)* Kosten; etw. ü. berechnen; **Über|schlag|la|ken,** das: *unter eine Steppdecke zu knöpfendes Laken, das am Kopfende ein Stück auf die Oberseite der Steppdecke umgeschlagen wird;* **über|schläg|lich** ⟨Adj.⟩: *überschlägig.*

über|schlie|ßen ⟨st. V.; hat⟩ (Druckw.): *das letzte Wort (eines Verses), das nicht mehr in die Zeile paßt, in den noch freien Raum der vorangehenden Zeile u. davor eine eckige Klammer setzen.*

über|schnap|pen ⟨sw. V.; hat; übertr. von (3)⟩: **1.** (ugs.) *nicht länger fähig sein, vernünftig zu denken u. zu handeln; den Verstand verlieren* ⟨ist⟩: und gleich darauf meinte ich, die Frauen schnappten über (Kant, Aufenthalt 27); übrigens war er bekanntlich total übergeschnappt: sein Größenwahn fiel allgemein peinlich auf (K. Mann, Wendepunkt 160); du bist wohl übergeschnappt! **2.** (ugs.) ¹*überschlagen* (4) ⟨ist⟩: Sie schrie so laut, daß ihre Stimme überschnappte (Bieler, Mädchenkrieg 508); Die überschnappende Stimme des Reporters ... (Fest, Im Gegenlicht 328). **3.** *über die Zuhaltung schnappen* (3 a) ⟨ist/hat⟩: der Riegel ist/hat übergeschnappt.

über|schnei|den ⟨unr. V.; hat⟩ /vgl. überschnitten/ [mhd. übersniden = übertreffen]: **1.** *teilweise überdecken:* die Flächen überschneiden sich/⟨geh.:⟩ einander; neben den einander überschneidenden Abdrücken vieler Schuhsohlen (Kronauer, Bogenschütze 353); der Kreis überschneidet das Dreieck; Ü die beiden Themenkreise überschneiden sich; die geistigen Konzepte widersprechen, überschneiden oder begegnen einander (Bild. Kunst III, 29); Ihre Gespräche ... überschneiden den Schwerhörigendialog (Brot und Salz 88); ... so untersuchen wir Gesetzmäßigkeiten, die von solchen gänzlich anderer Art überschnitten werden (Lorenz, Verhalten I, 130). **2.** ⟨ü. + sich⟩ *[teilweise] zur gleichen Zeit stattfinden:* die beiden Sendungen überschneiden sich; ... im Biologenkongreß, der ... sich zum Teil mit der Kunstwoche ü. würde (Danella, Hotel 238); **Über|schnei|dung,** die; -, -en: *das Sichüberschneiden.*

über|schnei|en ⟨sw. V.; hat⟩: *mit Schnee bedecken:* ⟨meist 2. Part.:⟩ Der Blumenhügel über einem frischen Grab war fast ganz überschneit (Kronauer, Bogenschütze 124).

über|schnell ⟨Adj.⟩: *übermäßig schnell.*

Über|schnitt, der; -[e]s, -e (bes. Golf, Tennis): *Topspin;* **über|schnit|ten** ⟨Adj.⟩ (Schneiderei): *(von Ärmeln) unterhalb der Schulter angesetzt:* -e Ärmel; die Ärmel sind ü.

über|schrei|ben ⟨st. V.; hat⟩: **1.** *mit einer Überschrift versehen:* Seine erste Komposition überschreibt er: Trauermarsch beim Tode des Geistes der Welt (Chotjewitz, Friede 47); das Kapitel ist [mit] „...." überschrieben. **2.** *jmdm. schriftlich, notariell als Eigentum übertragen:* er hat das Haus auf den Namen seiner Frau/auf seine Frau überschrieben; ... ließ er ihm den Hof beim Advokaten ü., für den Fall, daß auch er gehen mußte, wohin man nichts mitnehmen konnte (Kühn, Zeit 158). **3.** (Kaufmannsspr. veraltend) *durch Wechsel o. ä. anweisen:* die Forderung ist noch nicht überschrieben; **Über|schrei|bung,** die; -, -en: **1.** *das Überschreiben* (2). **2.** (Kaufmannsspr. veraltend) *das Überschreiben* (3).

über|schrei|en ⟨st. V.; hat⟩: **1.** *durch Schreien übertönen:* einen Redner ü.; Da überschrie eine Megaphonstimme den Lärm der Fahrzeuge (Kuby, Sieg 58); Ü in das große Zimmer, dessen eingeborener Moderduft von den Gerüchen des Bohnerwachses und der Politur überschrien wurde (Werfel, Himmel 92). **2.** ⟨ü. + sich⟩ *so laut schreien, daß einem [fast] die Stimme versagt:* sich im, vor Zorn ü.

über|schrei|ten ⟨st. V.; hat⟩ (mhd. überschrīten): **1.** *über etw. hinweg-, hinausgehen:* die Schwelle ü.; Schon er überschreitet siegreich den Tejo (Schneider, Leiden 8); daß er den Plan hatte, die Staatsgrenze illegal zu ü. (Brasch, Söhne 39); ⟨subst.:⟩ Überschreiten der Gleise verboten!; Ü er hat die Siebzig bereits überschritten *(ist über siebzig Jahre alt);* etw. überschreitet jmds. Fähigkeiten, jmds. Denkvermögen; Das Schöne ... darf eine gewisse Größe nicht ü. (Thieß, Reich 445); ... daß die Mitte des Jahres überschritten war (Maegerlein, Triumph 142); daß er den Höhepunkt seines Lebens längst überschritten hatte (Th. Mann, Buddenbrooks 416). **2.** *sich nicht an das Festgelegte halten, darüber hinausgehen:* seine Kompetenzen, Befugnisse, die vorgeschriebene Geschwindigkeit ü.; daß ... die zulässige Grenzwerte ... um 100 Prozent überschritten wurden, ohne daß ... die entsprechende Smogstufe ausgelöst wurde (Freie Presse 6. 12. 89, 5); **Über|schrei|tung,** die; -, -en: *das Überschreiten* (2), *Überschrittenwerden.*

Über|schrift, die; -, -en: *das, was zur Kennzeichnung des Inhalts über inem Text geschrieben steht:* eine kurze, lange, fettgedruckte Ü.; die Ü. des Aufsatzes, des Kapitels, des Gedichts lautet „....".

Über|schuh, der; -[e]s, -e: *wasserdichter Schuh aus Gummi o. ä., der zum Schutz (z. B. bei schlechtem Wetter) über den Schuh gezogen wird; Galosche* (a).

über|schul|det ⟨Adj.⟩: *übermäßig verschuldet, mit Schulden belastet:* die -en Länder der dritten Welt; ein -es Anwesen erben; das Haus ist ü., die Firma, der Staat ist [hoffnungslos] ü.; CDU mit sechs Millionen ü. Wirtschaftsprüfer stellt Konkursfrage (MM 13. 12. 78, 1); **Über|schul|dung,** die; -, -en: *das Überschuldetsein.*

Über|schuß, der; ...schusses, ...schüsse [urspr. Kaufmannsspr.; mhd. überschuʒ = über etw. Hinausragendes, bes. über die senkrechte Linie hinausragender Teil eines Gebäudes, zu: überschieʒen = über etw. hinwegschießen; überragen, demnach eigtl. = das Überschreiten eines erwarteten Maßes]: **1.** *Ertrag von etw. nach Abzug der Unkosten; Reingewinn; Plus* (1): hohe Überschüsse erzielen, haben; daß Überschußländer ihre Überschüsse horten (Gruhl, Planet 303). **2.** *über den eigentlichen Bedarf, über ein bestimmtes Maß hinausgehende Menge von etw.:* es besteht ein Ü. an Frauen; seinen Ü. an Temperament loswerden; Allein der Gedanke an Abschied erzeugt in ihm einen Ü. an Wärme und Zuwendung ... (Strauß, Niemand 96); **über|schüs|sig** ⟨Adj.⟩: *über den eigentlichen Bedarf hinausgehend:* -e Wärme; ... Hausbesitzer ... sollen ... die -e Energie ins öffentliche Netz einspeisen (natur 2, 1991, 67); er soll seine -en Kräfte lieber sinnvoll einsetzen; Der Gemeinderat erwägt, das -e Geld für die Aushebung eines Planschbeckens auszugeben (Frischmuth, Herrin 40); **Über|schuß|re|ser|ve,** die (Bankw.): *über die vorgeschriebene Mindestreserve hinausgehendes Guthaben der Kreditinstitute bei der Notenbank.*

über|schüt|ten ⟨sw. V.; hat⟩ (ugs.): **1.** *über jmdn. schütten* [u. *ihn damit schmutzig, naß o. ä. machen]:* jmdm. einen Eimer kaltes Wasser ü. **2.** *verschütten:* er hat seinen Kaffee übergeschüttet; **über|schüt|ten** ⟨sw. V.; hat⟩: *über jmdn., etw. schütten u. ihn, es so bedecken:* etw. mit Erde, Sand ü.; ... am Bahndamm ..., wo uns der Lehrter D-Zug mit einem glühenden Aschenregen überschüttete (Lentz, Muckefuck 104); Ü jmdn. mit Geschenken, Vorwürfen, Lob ü.; Duperret benutzt die Unruhe, Corday mit Liebkosungen zu ü. (Weiss, Marat 67); Die Kakeldütt ... überschüttete mich mit einem Regen von Scheltworten (Fallada, Herr 173); **Über|schüt|tung,** die; -, -en: *das Überschütten, Überschüttetwerden.*

Über|schwang, der; -[e]s, Überschwänge ⟨Pl. selten⟩ [mhd. überswanc = Überfließen; Verzückung, zu: überswingen = überwallen, überschäumen (vom Gemüt)]: **1.** *Übermaß an Gefühl, Begeisterung:* Und weil sie ihren Ü. nicht bändigen konnte, lud sie alle zu ihrer Ladenparty ein (Ossowski, Liebe ist 188); ... zog er zwischen allen Dingen Grenzen. Vermischungen und Verbrüderungen, Überflüssen wie Überschwängen mißtraute er (Canetti, Augenspiel 179); ... zur ... Begrüßung ..., die sich ohne Ü., wie zwischen Leuten von kühlen und spröden Sitten, vollzog (Th. Mann, Zauberberg 14); etw. in jugendlichem Ü. tun; im Ü. der Freude, der Begeisterung umarmten sie sich. **2.** (veraltend) *[überströmende] Fülle:* Altarnischen, ... Fresken ..., dies al-

les umrahmt vom Ü. sizilianischer Stukkaturen (Fest, Im Gegenlicht 87); **Über|schwän|ge|rung,** die; -, -en (Med.): *Nachempfängnis.* **über|schwap|pen** ⟨sw. V.; ist⟩ (ugs.): **a)** *überfließen:* Katharina ... kam mit den Weingläsern zurück, paßte auf, daß nichts überschwappte (Ossowski, Liebe ist 144); Ü wenn gegen Mittag ... die eben noch überschwappende Vitalität urplötzlich in Lethargie umschlägt (Fest, Im Gegenlicht 18); **b)** *mit etw. so angefüllt sein, daß der Inhalt überschwappt* (a): der Eimer schwappte über; Jack oder Jim nickte so ehrerbietig, daß der Venezianerkelch in seiner Hand überschwappte (Muschg, Gegenzauber 156). **über|schwem|men** ⟨sw. V.; hat⟩: **1.** *über etw. strömen u. es unter Wasser setzen:* der Fluß hat die Uferstraße überschwemmt; die Auen werden bei Hochwasser regelmäßig überschwemmt; Ü das Land wurde von Touristen überschwemmt; Sie (= die Erinnerung) überschwemmte mit einem Male sein Inneres (Apitz, Wölfe 34); Er überschwemmte es (= mein Gesicht) mit seinem röchelnden Atem (Jahnn, Geschichten 146); daß Sizilien ... von einer regelrechten „Mordwelle" überschwemmt werde sei (NZZ 27. 1. 83, 7). **2.** *in überreichlichem Maß mit etw. versehen:* der Markt wurde mit Billigprodukten überschwemmt; mit Informationen überschwemmt werden; Aus allen Richtungen überschwemmen visuelle und akustische Reize die Sinne des Besuchers (Szene 8, 1985, 76); Die ... Zellen können sich ... plötzlich ungehemmt vermehren und den Organismus ü. (Medizin II, 155); **Über|schwem|mung,** die; -, -en: *das Überschwemmen:* das Hochwasser des Flusses hat zu verheerenden -en geführt; die Ü. richtete große Schäden an; Ü du hast im Bad eine Ü. angerichtet (ugs.; *hast viel Wasser verspritzt);* die Ü. mit fremdgesetzten Reizen (Gehlen, Zeitalter 58); **Überschwem|mungs|ge|biet,** das: *Gebiet, das überschwemmt ist od. war;* **Überschwem|mungs|ka|ta|stro|phe,** die: vgl. Brandkatastrophe.
über|schweng|lich ⟨Adj.⟩ [mhd. überswenclich = übermäßig groß, übermächtig, zu ↑ Überschwang]: *von [übermäßig] heftigen Gefühlsäußerungen begleitet, auf exaltierte Weise [vorgebracht]:* -e Freude, Begeisterung; -es Lob; Jenes Jahr 1956 hatte im polnischen Volk große, -e Hoffnungen geweckt (Dönhoff, Ära 149); Das Verhältnis war immer friedlich, wenn auch nicht ü. (Freie Presse 25. 11. 88, Beilage, S. 4); ... waren wir eigentlich in allem Antipoden: ... er ü. und täglich von neuen Ideen und Idealen besessen, ... ich bedächtig (Jens, Mann 83); sich ü. bedanken; jmdn., etw. ü. feiern, loben; Sie gehorchte blind ..., weil sie ü. liebte (Werfel, Bernadette 195); **Überschweng|lich|keit,** die; -, -en: **1.** ⟨o. Pl.⟩ *überschwengliches Wesen, Verhalten.* **2.** *überschwengliche Handlung, Äußerung.*
über|schwer ⟨Adj.⟩: *übermäßig schwer:* der Anblick der -e Lasten bewegenden jungen Mädchen empörte mich (Koeppen, Rußland 107).

Über|schwung, der; -[e]s, ...schwünge (österr.): ¹*Koppel* (a).
Über|see ⟨o. Art.⟩ [aus: über See]: in den Fügungen **aus/für/in/nach/von Ü.** *(aus usw. Gebieten, die jenseits des Ozeans [bes. in Amerika] liegen):* ein Brief aus Ü.; für Ü. bestimmte Sendungen; Freunde in Ü. haben; daß sich der Verdächtige unmittelbar nach der Tat nach Ü. absetzte (NZZ 3. 5. 83, 5); von Ü. importierte Güter; **Über|see|brücke¹,** die: *Brücke* (3) *für den Überseeverkehr;* **Über|see|dampfer,** der: *im Überseeverkehr eingesetzter Dampfer;* **Über|see|ha|fen,** der: *Hafen für den Überseeverkehr;* **Über|see|handel,** der: *Handel nach u. von Übersee;* **über|see|isch** ⟨Adj.⟩: *aus, in, nach Übersee:* Eine Zigarette, noch dazu eine -e, kostet ein Vermögen (Bieler, Bonifaz 79); Die Kolonialmächte hatten ihre -en Gebiete ... in die Freiheit entlassen (Gruhl, Planet 315); Leicht -en Ansehens, dunkelhäuptig, mochten sie ... Argentinier, Brasilianer – ich rate nur – sein (Th. Mann, Krull 98); **Über|see|ter|ri|to|rium,** das: *unter französischer Hoheit stehendes Gebiet mit beschränkter Selbstverwaltung;* **Über|see|ver|kehr,** der: vgl. Überseehandel.
über|seh|bar ⟨Adj.⟩: **1.** *so beschaffen, daß man ungehindert darüber hinwegsehen kann:* ein gut -es Gelände; Vor uns lag der See, gut ü. in hellem Mondlicht (Lentz, Muckefuck 173). **2.** *so beschaffen, daß man sich [bald] ein Bild davon machen kann:* Die Anatomia comparata ... brachte einen kaum mehr -en Fundus von Beobachtungen ... zusammen (Medizin II, 34); Die Folgen der Katastrophe sind noch nicht ü.; **über|se|hen** ⟨st. V.; hat⟩ (ugs.): *etw. allzuoft sehen u. es deshalb nicht mehr sehen mögen:* ich habe mir das Bild übergesehen; die Tapete sieht man sich schnell über; Blauer Trenchcoat ist eigentlich ganz abgekommen (Fallada, Mann 94); **über|se|hen** ⟨st. V.; hat⟩: **1.** *frei, ungehindert über etw. hinwegsehen können:* von dieser Stelle kann man die ganze Bucht ü.; die Straße von der Jerusalem-Kirche bis zum Otto-Platz (Bieler, Bonifaz 112). **2.** *in seinen Zusammenhängen erfassen, verstehen:* die Folgen von etw., die Lage, seine Situation ü.; Niemand übersieht die Ereignisse besser, niemand weiß klarer die Weltlage darzustellen (St. Zweig, Fouché 189); ... Vierbein, dem es nicht auf Anhieb gegeben war, das Ausmaß dieser Tragödie zu ü. (Kirst, 08/15, 440); Noch läßt sich nicht ü., ob die Sowjets auch Entscheidendes zur Entspannung ü. (Dönhoff, Ära 208). **3. a)** *versehentlich nicht sehen:* einen Fehler, einen Hinweis, einen Wegweiser, ein Stoppschild ü.; der Defekt an der Bremse war bei der Inspektion übersehen worden; mit seinen roten Haaren ist er nicht zu ü.; ... und so zappelte ich mich wohl etwas ab und mühte mich ein wenig auffällig, um nicht völlig übersehen zu werden (Reich-Ranicki, Th. Mann 207); Ü Wir haben den Krieg verloren, Herr Schulz, haben Sie das übersehen? (Remarque, Obelisk 213); **b)** *absichtlich nicht sehen, bemer-*

ken: sie übersah seine obszöne Geste; und wenn Susanne über Nacht nicht da war, wurde es großzügig übersehen (Danella, Hotel 96); jmdn. geflissentlich, hochmütig ü. *(ignorieren);* Daß es aber auch in der Schweiz Komponistinnen gab und gibt, ist bis heute beharrlich übersehen worden (Brückenbauer 11. 9. 85, 14).
über|sen|den ⟨unr. V.; hat; übersandte/ (auch:) übersendete, übersandt/(auch:) übersendet⟩: *zusenden, schicken:* jmdm. eine Nachricht, ein Dokument ü.; wir übersenden Ihnen die Ware umgehend; als Anlage übersenden wir Ihnen die Unterlagen; **Über|sen|dung,** die; -, -en: *das Übersenden.*
über|sen|si|bel ⟨Adj.⟩: *überaus sensibel; hypersensibel:* Gleich vielen übersensiblen Naturen erlag er oft ganz seinen phantastischen Spinnereien (Ziegler, Labyrinth 131); Malaien sind stolz. Und ... auch ä. und ... von einer Verletzbarkeit, die ihresgleichen sucht (Heim, Traumschiff 195).
über|setz|bar ⟨Adj.⟩: *so beschaffen, daß man sie in eine andere Sprache übersetzen kann:* Self-actualization, ein kaum -es englisches Wort (Höhler, Horizont 133); dieses Wortspiel ist nicht ü.; **Über|setzbar|keit,** die; -: *das Übersetzbarsein;*
über|set|zen ⟨sw. V.⟩ [1 a: mhd. übersetzen, ahd. ubarsezzen]: **1. a)** *von einem Ufer ans andere befördern* ⟨hat⟩: jmdn. ans andere Ufer, auf die Insel ü.; der Fährmann hat uns übergesetzt; wir ließen uns von einem Fischer ü.; **b)** *von einem Ufer zu anderen fahren* ⟨hat/ist⟩: ... flogen wir nach Pula und setzten von dort mit dem Boot nach Brioni über (W. Brandt, Begegnungen 231); die Truppen setzten zum anderen Ufer / aufs Festland über. **2.** *über etw. (z. B. den Fuß, Finger) hinwegführen* ⟨hat⟩: bei diesem Tanz muß der Fuß übergesetzt werden; ⟨subst.:⟩ *das Übersetzen* ü (Musik; *beim Klavierspielen mit einem Finger über den Daumen greifen);* **über|set|zen** ⟨sw. V.; hat⟩ /vgl. übersetzt/ [17. Jh., wohl nach lat. traducere, transferre; mhd. übersetzen = übermäßig besetzen, überlasten; bedrängen]: **1.** *(schriftlich od. mündlich) in einer anderen Sprache [wortgetreu] wiedergeben:* einen Text wörtlich, Wort für Wort, frei, sinngemäß ü.; bei einem Interview [die Antworten aus dem/ vom Englischen ins Deutsche] ü.; kannst du mir diesen Brief ü.?; der Roman ist in viele Sprachen übersetzt worden; ⟨auch o. Akk.-Obj.:⟩ er kann gut ü. nicht ü.; Ü Ein Programm der Assemblersprache wird ... in die Maschinensprache zur Rechenanlage übersetzt (Mathematik II, 34); Ihre (= der Mücken) Gene können von einer Elefantenzelle gelesen und in Proteine übersetzt werden (8, 1991, 33). **2.** *(eine Sache in eine andere) umwandeln:* um laufende Teiche ... oder Fischbecken ..., die jenes eintönig sprudelnde Dauergeräusch verbreiten, das Liszt sinfonisch übersetzt ... hat (Fest, Im Gegenlicht 299); ⟨auch ü. + sich:⟩ Die Gewalt der Kriege übersetzte sich in einen Realismus, der die Tatsache des Krieges als „höhere Gewalt" anerkennt (Sloterdijk,

Übersetzer

Kritik 592); **Überlsetlzer,** der; -s, -: a) *jmd., der berufsmäßig Übersetzungen* (1 b) *anfertigt:* er will Ü. werden; **b)** *jmd., der einen Text übersetzt* (1) *hat:* wer ist der Ü. [des Buches]?; eine Anmerkung des -s; **Überlsetlzelrin,** die; -, -nen: w. Form zu ↑ Übersetzer; **überlsetzt** ⟨Adj.⟩: **a)** (landsch., bes. schweiz.:) *überhöht:* -e Preise, Gebühren; der Wagen sei gegen eine Leitplanke gerast, mit -er Geschwindigkeit natürlich (Ziegler, Liebe 39); die Mieten sind dort teilweise weit ü.; **b)** (Fachspr.) *zuviel von etw. aufweisend; überlastet:* daß gerade der PKW-Reifenmarkt durch Billigangebote aus dem Ausland stark ü. ist (Capital 2, 1980, 8); **c)** (Technik) *durch eine bestimmte Übersetzung* (2) *gekennzeichnet:* bei ... häufiger Nutzung des hervorragend -en 5. Ganges (ADAC-Motorwelt 10, 1985, 136); Das Motorrad des Weltmeisters war nicht optimal ü. (NZZ 26. 8. 86, 33); **Überlsetlzung,** die; -, -en: **1. a)** ⟨Pl. selten⟩ *das Übersetzen* (1): für die Ü. des Textes [aus dem/vom Spanischen ins Deutsche] hat er drei Stunden gebraucht; **b)** *übersetzter* (1) *Text:* eine wörtliche, wortgetreue Ü.; die Ü. ist nicht gut; eine Ü. von etw. machen, anfertigen, liefern; **c)** *übersetzte* (1) *Ausgabe:* einen Roman in der Ü. lesen; dieses Buch liegt in einer, in deutscher Ü. vor. **2.** (Technik) *Verhältnis der Drehzahlen zweier über ein Getriebe gekoppelter Wellen; Stufe der mechanischen Bewegungsübertragung:* eine andere Ü. wählen; er fuhr mit einer größeren Ü.; **Überlsetlzungslarlbeit,** die: *Arbeit, die bei der man etw. übersetzt:* -en übernehmen; sich mit -en finanziell über Wasser halten; **Überlsetlzungslbülro,** das: *Büro, in dem (gegen Bezahlung) Übersetzungen* (1 b) *angefertigt werden;* **Überlsetlzungsldeutsch,** das (abwertend): *sprachliche Form eines deutschsprachigen Textes, der man allzu deutlich anmerkt, daß es sich bei dem Text um eine Übersetzung* (1 b) *handelt;* **Überlsetlzungslfehller,** der: *Fehler beim Übersetzen* (1); **Überlsetlzungslmalschilne,** die: *elektronische Anlage zur Übersetzung* (1 a) *von Texten (von einer Sprache in eine andere);* **Überlsetlzungslverlhältlnis,** das (Technik): *Übersetzung* (2).

Überlsicht, die; -, -en: **1.** ⟨o. Pl.⟩ *[Fähigkeit zum] Verständnis bestimmter Zusammenhänge; Überblick:* jmdm. fehlt die Ü.; Seine Stärke im Zweikampf, sein Kopfballspiel und die Ü. (Kicker 6, 1982, 57); [eine] klare Ü. [über etw.] haben; ich muß mir zunächst die nötige Ü. über die Lage verschaffen; selbst die gutwilligsten Leser ermüden nach einiger Zeit und verlieren ... die Ü. (Reich-Ranicki, Th. Mann 144). **2.** *bestimmte Zusammenhänge wiedergebende, knappe [tabellenartige] Darstellung:* Die nachstehende Ü. mag den Leser über die in diesem Band vereinigten Sachartikel informieren (Bild. Kunst III, 7); Diese ganz kurze Ü. über den neuesten Stoff ... muß hier genügen (Medizin II, 24); in seiner Rede gab er eine Ü. über die anstehenden Fragen; **überlsichltig** ⟨Adj.⟩ (veraltet): *weitsichtig;* **Überlsichltiglkeit,** die; - (veraltet): *Weitsichtigkeit;* **überlsichtllich** ⟨Adj.⟩: **1.** *gut zu überblicken:* einigermaßen -es Gelände; Zum ... Rangieren des handlichen und -en Autos ... (ADAC-Motorwelt 2, 1987, 20); die Straßenkreuzung ist sehr ü. [angelegt]. **2.** *auf Grund seiner Anlage gut u. schnell lesbar, erfaßbar:* eine -e Darstellung; ein sehr schön -er Stadtplan; Sparsame, sachliche Linienführung, -er Bildaufbau ... (Bild. Kunst III, 79); das Buch ist sehr ü. [gestaltet, gegliedert]; **Überlsichtllichlkeit,** die; -: *das Übersichtlichsein;* **Überlsichtslkarlte,** die: *Landkarte mit kleinem Maßstab, die (unter Verzicht auf Details) ein großes Gebiet darstellt;* **Überlsichtsltalfel,** die: *Tafel* (1 a), *die einen Überblick über etw. Bestimmtes gibt.*

überlsieldeln, überlsieldeln ⟨sw. V.; ist⟩: *seinen [Wohn]sitz an einen anderen Ort verlegen:* er, die Firma wird [von Mainz] nach Köln ü.; Die Landesmesse für Kunst und Antiquitäten ... ist heuer nach Bozen übersiedelt *(verlegt worden);* Dolomiten 1. 10. 85, 8); ... weil er übersiedelt *(umzieht).* Nach Jahren geduldigen Wartens endlich in eine menschenwürdige Wohnung (Express 3. 10. 68, 4); Ü Als ... das Griensteidl seine Pforten schloß ..., siedelten die Schriftsteller in das „Café Central" über (Jacob, Kaffee 203); Der Donauturist übersiedelte *(verlagert sich)* von Wien nach Budapest (Presse 8. 6. 84, 9); Dann übersiedelt *(wechselt)* Rüsch auf den Posten eines Direktors der Nationalbank (Wochenpresse 13, 1984, 14); **Überlsieldellung, Überlsieldellung,** die; -, -en: ↑Übersiedlung.

überlsielden ⟨st. u. sw. V.; sott/(auch:) siedete über, ist übergesotten/(auch:) übergesiedet⟩: *überkochen.*

Überlsiedller, Überlsiedller, der; -s, -: *jmd., der irgendwohin übergesiedelt ist;* **Überlsiedllelrin, Überlsiedllelrin,** die; -, -nen: w. Form zu ↑ Übersiedler; **Überlsiedllung, Überlsiedllung,** die; -, -en: *das Übersiedeln.*

überlsinnllich ⟨Adj.⟩: *über das sinnlich Erfahrbare hinausgehend:* -e Kräfte besitzen; **Überlsinnllichlkeit,** die; -: *übersinnliche Art.*

Überlsoll, das; -[s], -[s]: *über das geforderte* ²Soll *(3) hinausgehende Leistung.*

überlsomlmern, (schweiz.:) **überlsömlmern** ⟨sw. V.; hat⟩: **1.** *irgendwo den Sommer verbringen:* das Vieh übersommert auf der Alp; Ü das Gras ist gelb und ausgetreten, als hätten Bahrtücher darauf übersommert (Burger, Blankenburg 45). **2.** (Kürschnerei) *(Pelze) fachgerecht den Sommer über aufbewahren:* die Pelze werden von einem Fachgeschäft übersommert.

überlsonnt ⟨Adj.⟩ (geh.): *von der Sonne beschienen.*

überlspanlnen ⟨sw. V.; hat⟩ /vgl. überspannt/: **1.** *in einem weiten Bogen über etw. hinwegführen, sich über etw. spannen:* eine Hängebrücke überspannt [in 50 m Höhe] den Fluß, das Tal; der Saal wird von einem Tonnengewölbe überspannt; Ü ... bekommt man ein Öl, das ... mehrere Viskositätsklassen überspannt (ADAC-Motorwelt 7, 1979, 24). **2. a)** *bespannen:* die Tischplatte mit Wachstuch ü.; **b)** *eng anliegend bedecken:* Ein ... Tuchrock ... überspannte eine ... Weste aus ... Samt (Norfolk [Übers.], Lemprière 203); ... deine rückwärtigen Reize, von geblümtem Gold überspannt (Th. Mann, Krull 130). **3.** *zu stark spannen:* eine Saite, eine Feder, einen Bogen ü.; so stürzte er auf den Verbannten zu, strauchelte im Geröll und spürte weder aufgeschlagene Knöchel noch eine zum Zerreißen überspannte Sehne (Ransmayr, Welt 239); Ü Es ist auch nicht die schwere Arbeit ..., welche die Kräfte überspannt und die Nerven wach hält (Werfel, Bernadette 359); sein Geist ist überspannt von Aufmerksamkeit (Th. Mann, Krull 94); **überlspannt** ⟨Adj.; -er, -este⟩: **a)** *über das Maß des Vernünftigen hinausgehend:* -e Ansichten, Ideen, Hoffnungen; -e *(zu hohe)* Forderungen; der oft -e Bewahrungswille ... noch ein anderes Motiv hat (Fest, Im Gegenlicht 342); **b)** *übermäßig erregt, lebhaft u. dabei verschroben; exaltiert* (2); *exzentrisch* (2): ein -es Wesen haben; er ist ein etwas -er Mensch; Vielleicht denken Sie, ich sei ü., weil ich zu lange ohne Arbeit bin? (Handke, Frau 113); ich finde sein Verhalten manchmal etwas ü.; **Überlspanntheit,** die; -, -en: **1.** ⟨o. Pl.⟩ *überspanntes Wesen.* **2.** *überspannte Handlung, Äußerung:* Er sprach auf der Heimfahrt ... kein Wort mit mir. Es liegt auf der Hand, daß ihm solcherlei -en nicht viele Freunde einbrachten (v. Rezzori, Blumen 173); **Überlspanlnung,** die; -, -en (Elektrot.): *zu hohe elektrische Spannung;* **Überlspanlnung,** die; -, -en: **1.** *zu starke Spannung (von Saiten, Federn o. ä.).* **2. a)** ⟨o. Pl.⟩ *das Überspannen* (1, 2); **b)** *Material, mit dem man etw. überspannt* (1, 2): die Ü. von einem Sessel entfernen; **Überlspanlnungslschutz,** der (Elektrot.): *Vorrichtung zum Schutz elektrischer Geräte u. ä. vor Überspannungen.*

überlspiellen ⟨sw. V.; hat⟩ /vgl. überspielt/: **1.** *etw. Negatives zu verdecken suchen, indem man schnell darüber hinweggeht, davon ablenkt, damit es anderen nicht bewußt wird:* eine peinliche Situation [mit Humor, geschickt] ü.; seine Nervosität, Ängstlichkeit, Verlegenheit ü.; ... sagte Frau Walk, wobei sie einige Schwierigkeiten bei der Artikulation überspielte (H. Weber, Einzug 173). **2. a)** *(einen Film od. eine akustische Aufnahme) zur Herstellung einer Kopie (auf ein Magnetband o. ä.) übertragen:* eine Platte [auf ein Tonband, auf eine Kassette] ü.; kann ich mir das Video, den Film, Aufnahme mal ü.?; **b)** *(ein Band, eine auf einem Band vorhandene Aufnahme) durch erneutes Bespielen des Bandes löschen:* den Film überspiele ich wieder, wenn ich ihn mir angesehen habe; weil das ... Endlostonband, das die Cockpitgespräche ... aufzeichnete, nach der Landung ... schon wieder überspielt war (Spiegel 47, 1975, 22); **c)** *(bes. einen Film od. eine akustische Aufnahme) per Funk, Telefon o. ä. an einen anderen Ort übermitteln:* Doch nachdem der WDR Tetzlaffs Tiraden vorab nach Berlin überspielt hatte, ... (Spiegel 26, 1974, 96); den folgenden Bericht, Film hat uns unser Korrespondent soeben aus Kairo überspielt; Die ... Daten

werden ... in die Firmenhauptverwaltung in Essen überspielt (natur 5, 1991, 87). **3.** (Sport) *ausspielen* (3): *die gesamte gegnerische Abwehr ü.;* Hervorzuheben ist besonders Weber, der kaum zu ü. war (NZZ 2. 9. 86, 37); Ü Mehr als einmal ist der Finanzminister mit Adenauers Hilfe überspielt worden (W. Brandt, Begegnungen 51); **über|spielt** ⟨Adj.; -er, -este⟩: **a)** (Sport) *durch allzu häufiges Spielen überanstrengt;* **b)** (österr.) *abgespielt:* ein altes -es Instrument; das Klavier ist ü.; **Über|spie|lung,** die; -, -en: **a)** *das Überspielen;* **b)** (Funkw., Ferns.) *überspielte Sendung, Aufnahme.*
über|spin|nen ⟨st. V.; hat⟩: *mit Spinnweben überziehen:* Ü ein Rokokoschlößchen ..., etwas verschnörkelt, mit schlanken Säulen, alles übersponnen vom Geäst wilden Weins (Dürrenmatt, Grieche 88).
über|spit|zen ⟨sw. V.; hat⟩: *auf die Spitze, zu weit treiben; übertreiben:* eine Forderung ü.; Nietzsche überspitzte seine Gedanken zu einem Aphorismus, der ... eine traurige Wahrheit resümiert (W. Schneider, Sieger 254); ⟨oft im 2. Part.:⟩ eine etwas überspitzte Formulierung; Um es überspitzt auszudrücken; Er hat fast nichts erlebt und fast alles beschrieben (Reich-Ranicki, Th. Mann 21); **Über|spitzt|heit,** die; -, -en: **1.** ⟨o. Pl.⟩ *überspitzte Art.* **2.** überspitzte *Darstellung, Äußerung;* **Über|spit|zung,** die; -, -en: *das Überspitzen.*
über|spö|nig ⟨Adj.⟩ [zu (m)niederd. spön (↑ Rotspon); übertr. von Holz, das sich wegen seiner Faserung („Späne") schlecht hobeln läßt] (nordd.): *überspannt* (b): Völlig ü. Beim Staubsaugen Nietzsche gelesen. Is es nun zu fassen? (Kempowski, Tadellöser 373); es hieß von ihm, er sei ü., weil er ein gelehrter Mann war, sich aber wie ein Bauer trug (Löns, Haide 34).
über|spre|chen ⟨st. V.; hat⟩ (Funkw., Ferns.): *in eine aufgenommene [fremdsprachige] Rede einen anderen Text od. eine [Übersetzung] hineinsprechen:* ... wurden seine ... Berichte doch häufig ... von deutschen Kommentatoren ... „übersprochen", so daß man ihn auch öfter nur undeutlich hören konnte (MM 30. 5. 69, 39); Ü sie übersprach ihn (= meinen Gedanken) ... mit den Geständnissen, die sie in meinem Arm ablegte (Th. Mann, Krull 206).
über|spren|keln ⟨sw. V.; hat⟩: *besprenkeln.*
über|sprin|gen ⟨st. V.; ist⟩: **1.** *sich schnell, wie mit einem Sprung an eine andere Stelle bewegen:* der [elektrische] Funke ist übergesprungen; Ü die Fröhlichkeit sprang auf alle über; da die Tollwut jederzeit aus Nachbarkreisen wieder nach Mainz-Bingen ü. kann (Allgemeine Zeitung 4. 6. 85, 15). **2.** *schnell, unvermittelt zu etw. anderem übergehen:* der Redner sprang auf ein anderes Thema über; ... ehe es (= das Gespräch) auf das Thema des Monats ... übersprang (Bieler, Mädchenkrieg 275); **über|sprin|gen** [mhd. überspringen, überspringan] ⟨st. V.; hat⟩: **1.** *mit Sprung überwinden:* einen Graben, einen Zaun, ein Hindernis ü.; sie hat im Hochsprung 1,80 m übersprungen; Ü Was sich

die beiden großen Rathausparteien SPD und CSU ... leisten, überspringt nun doch die Grenze des Erträglichen (Augsburger Allgemeine 3./4. 6. 78, 46). **2.** *(einen Teil von etw.) auslassen:* ein Kapitel, einige Seiten, den Sportteil ü.; die Germanen hätten, indem sie „gleich" zum Feudalismus gelangten, „die Sklaverei übersprungen" (Bahro, Alternative 73); Wahrscheinlich überspringen solche Erbanlagen manchmal ein paar Generationen (Augsburger Allgemeine 10./11. 6. 78, V); eine Klasse ü. *(wegen außergewöhnlicher schulischer Leistungen in die nächsthöhere Klasse versetzt werden);* **Über|sprin|gung,** die; -, -en: *das Überspringen.*
über|spru|deln ⟨sw. V.; ist⟩: *über den Rand des Gefäßes sprudeln:* das kochende Wasser, die Limonade ist übergesprudelt; Ü sein Temperament ist übersprudelt; vor/von Witz, Einfällen ü.; obgleich er sonst der Redelustigste von allen war, von Scherz und Spott übersprudelnd (Buber, Gog 31).
über|sprü|hen ⟨sw. V.; ist⟩: *von etw. ganz erfüllt sein u. dem temperamentvoll Ausdruck geben:* vor Begeisterung ü.; Sie ist vor Freude übergesprüht; **über|sprü|hen** ⟨sw. V.; hat⟩: **1.** *besprühen:* den Rasen mit Wasser ü.; sich die Frisur mit Haarfestiger ü.; die Pflanzen waren mit Pestiziden übersprüht worden. **2.** *sprühend überdecken:* alte Graffiti [mit neuen] ü.; übersprühte Parolen.
Über|sprung|be|we|gung, die; -, -en (Verhaltensf.): *Bewegung, die eine Übersprunghandlung darstellt;* **Über|sprung|hand|lung,** die; -, -en (Verhaltensf.): *(bei Mensch u. Tier) in Konfliktsituationen auftretende Handlung od. Verhaltensweise ohne sinnvollen Bezug zu der betreffenden Situation.*
über|spü|len ⟨sw. V.; hat⟩: *über etw. hinwegfließen, sich über etw. ergießen:* die Wellen überspülen die Steine am Strand, die Buhne, den Deich; der Fluß, das Hochwasser hat die Uferstraße überspült; Das Turmluk wurde von der See überspült (Ott, Haie 257); Ü ... wie sie ... die ... bunten Reklamelichtern überspülten Straßen betrachtete (Erné, Fahrgäste 240); in seinem schönen von Radiomusik überspülten ... Kinderzimmer (Kaschnitz, Wohin 80).
über|spur|ten ⟨sw. V.; hat⟩ (Sport): *spurtend überholen:* ... hörte ich Dohrns Ruf: „Komm mit, Bert!", sah ihn hervorstürmen und überlegen an Bert vorbeigehen – ah, wie überlegen er ihn überspurtete! (Lenz, Brot 151).
über|staat|lich ⟨Adj.⟩: *über den einzelnen Staat hinausgehend:* eine -e Organisation; Aufgaben ... von internationaler Bedeutung, die eine -e Zusammenarbeit erfordern (Fraenkel, Staat 175).
Über|stän|der, der; -s, - (Forstw.): *überalterter, nicht weiter wachsender Baum;* **über|stän|dig** ⟨Adj.⟩: **1.** (Landw.) *trotz ausreichender Reife, genügenden Wachstums o. ä. noch nicht gemäht, geschlagen, geschlachtet:* -es Getreide; ein -er Baum, -e Hammel; die Hühner waren ü., legten keine Eier mehr (Fussenegger, Haus 156). **2.** *(veraltet) längst überholt, veraltet:*

Laban handelte nach -em Brauch und beging schweren Fehler damit (Th. Mann, Joseph 474); eine Polemik ..., die sich gegen eine restlos -e Institution wendet (Thielicke, Ich glaube 295); So stehen sie (= alte Gebäude) da als ein großer Anspruch an die Nachwelt ..., niemals ü. (Brandstetter, Altenehrung 31). **3.** *(veraltend) übriggeblieben:* ein -er Rest.
über|stark ⟨Adj.⟩: *übermäßig stark.*
über|ste|chen ⟨st. V.; hat⟩ (Kartenspiel): *eine höhere Trumpfkarte ausspielen:* er hat übergestochen; **über|ste|chen** ⟨st. V.; hat⟩ (Kartenspiel): *gegenüber jmdm. durch Ausspielen einer höheren Trumpfkarte einen Vorteil erringen:* jmdn. ü.
über|ste|hen ⟨unr. V.; hat⟩: *über etw. hinausragen; vorspringen:* das oberste Geschoß steht [um] einen Meter über; der Rand hat übergestanden; ... mußte man über Gräben springen und achtgeben, daß man nicht mit der überstehenden Grasnarbe ... ins Wasser abrutschte (Kronauer, Bogenschütze 374); **über|ste|hen** ⟨unr. V.; hat⟩: *etw. Mühe-, Gefahrvolles hinter sich bringen:* eine Gefahr, eine Krise, eine Krankheit ü.; das Haus überstand den Krieg ohne größere Schäden (Weber, Tote 188); der Patient hat Operation gut, glücklich, lebend überstanden; das werden wir auch noch ü.; Wir hatten beide das Dritte Reich überstanden, ohne Konzessionen zu machen (H. W. Richter, Etablissement 44); das Schlimmste ist überstanden; nachdem die Anfangsschwierigkeiten überstanden waren, ...; das hätten wir, das wäre überstanden (Ausruf der Erleichterung); der Großvater hat es überstanden (verhüll.; *ist gestorben*).
über|steig|bar ⟨Adj.⟩: *so beschaffen, daß es überstiegen werden kann;* **über|stei|gen** ⟨st. V.; ist⟩: *hinübersteigen:* die Gangster sind vom Nachbarhaus [aus] auf das Dach der Bank übergestiegen; Ehlers sollte jetzt auf den Kutscherbock übersteigen (Hausmann, Abel 101); **über|stei|gen** ⟨st. V.; hat⟩: **1.** *durch Hinübersteigen überwinden:* einen Zaun, eine Mauer ü.; daß er ... einem Mann glich, der den Bergkette nach der anderen überstiegen hat, ohne sein Ziel zu sehen (Musil, Mann 47). **2.** *über etw. hinausgehen, größer sein als etw.:* jmds. Möglichkeiten ü.; das übersteigt unsere [finanziellen] Möglichkeiten; die Kosten übersteigen den Voranschlag [um etwa 100 000 Mark]; daß ihre Ausgaben für die kleine Wirtschaft den Etat überstiegen (Thieß, Legende 109); das übersteigt *(übertrifft)* unsere Erwartungen [bei weitem]; diese Frechheit übersteigt jedes Maß, alles bisher Dagewesene; **über|stei|gern** ⟨sw. V.; hat⟩: **1.** *über das normale Maß hinaus steigern:* seine Forderungen, die Preise ü.; daß sie ... die Weltanschauung des mittelständischen Bürgertums übernahmen und zugleich übersteigerten (Hofstätter, Gruppendynamik 140); ⟨oft im 2. Part.:⟩ ein übersteigertes Geltungsbedürfnis, Selbstbewußtsein haben; daß Patriotismus und preußisches Ehrgefühl in ihm so ungewöhnlich übersteigert waren (Erné, Fahrgäste 31). **2.** ⟨ü. + sich⟩ *sich übermäßig steigern:* er übersteigerte sich in seinem Zorn; Dieser

Übersteigerung

Nationalismus ... übersteigerte sich in der Ideologie von dem ... deutschen Führungsanspruch (Fraenkel, Staat 203; **Über|stei|ge|rung,** die; -, -en: *das Übersteigern;* **Über|stei|gung,** die; -, -en: *das Übersteigen.*
über|stęl|len ⟨sw. V.; hat⟩ (Amtsspr.): *(bes. einen Gefangenen) weisungsgemäß einer anderen Stelle übergeben:* die beiden festgenommenen GIs wurden der amerikanischen Militärpolizei überstellt; Schweiz überstellte Mehmet Cantas an Italien (MM 18. 2. 83, 20); Lara soll in die psychiatrische Klinik überstellt *(eingeliefert)* werden (Frischmuth, Herrin 135); **Über|stęl|lung,** die; -, -en: *das Überstellen.*
über|stem|peln ⟨sw. V.; hat⟩: *etw. durch Stempeln [absichtlich] unkenntlich machen.*
Über|sterb|lich|keit, die; -: *überhöhte Sterblichkeit.*
über|steu|ern ⟨sw. V.; hat⟩: **1.** (Elektrot.) *(einen Verstärker) mit zu hoher Spannung überlasten, so daß bei der Wiedergabe Verzerrungen im Klang auftreten:* du darfst das Tonband nicht ü.; Bei Popgruppen werden auch oft die Vorverstärker übersteuert (Funkschau 19, 1971, 1936); ⟨oft im 2. Part.:⟩ die Aufnahme ist übersteuert; eine übersteuerte E-Gitarre. **2.** (Kfz-W.) *(trotz normal eingeschlagener Vorderräder) mit zum Außenrand der Kurve strebendem Heck auf den Innenrand der Kurve zufahren:* der Wagen übersteuert leicht; **Über|steue|rung,** die; -, -en: *das Übersteuern.*
über|stim|men ⟨sw. V.; hat⟩: **1.** *in einer Abstimmung besiegen:* den Vorsitzenden ü.; du bist überstimmt (ugs.; *die meisten von uns sind nicht für das, wofür du bist*); dagegen habe eine überstimmte Minorität ... beim Rechtsausschuß Einspruch eingelegt (MM 30./31. 8. 69, 59). **2.** *mit Stimmenmehrheit ablehnen:* einen Antrag ü.; **Über|stim|mung,** die; -, -en: *das Überstimmen.*
über|strah|len ⟨sw. V.; hat⟩: **1. a)** (geh.) *Strahlen über etw. werfen:* die Sonne überstrahlt das Tal; Ü mit Freude überstrahlte ihr Gesicht; **b)** *durch seine größere Helligkeit etw. anderes weniger hell, unsichtbar machen:* Plötzlich stand im Norden eine Lichterscheinung, die den Tag überstrahlte (Gaiser, Jagd 89); Dann hat er (= Jupiter) sich dem Tagesgestirn so weit angenähert, daß er von der Morgendämmerung überstrahlt wird (Freie Presse 4. 11. 88, Beilage, S. 6); Die unbeleuchteten Pkw werden vom Licht der nachfolgenden Fahrzeuge überstrahlt und somit für andere Verkehrsteilnehmer nicht mehr wahrnehmbar (NNN 16. 10. 84, 6). **2.** *eine so starke Wirkung ausüben, daß etw. anderes daneben verblaßt:* ihr Charme überstrahlte alles; Obwohl in New York im letzten Jahr etliche Diskotheken eröffnet wurden, die durch raffiniertes Design glänzen, überstrahlt „Studio 54" sie in der Ausstattung alle (Spiegel 2, 1978, 131).
über|stra|pa|zie|ren ⟨sw. V.; hat⟩: *allzusehr strapazieren:* den Wagen, den Motor ü.; Das Herz war überstrapaziert worden (Loest, Pistole 62); wie ... diese ... überstrapazierte Frau schließlich den Ausbruch wagen kann (Richter, Flüchten 309); Ü ein Argument, jmds. Geduld ü.; Man sollte den Idealismus der Unternehmer nicht ü. (Kurier 22. 11. 83, 6).
über|strei|chen ⟨st. V.; hat⟩: **1.** *(auf der ganzen Oberfläche) bestreichen:* etw. grün, mit Lack ü.; die Flecken, die Graffiti [mit weißer Farbe] ü. **2.** (Fachspr.) *(einen bestimmten [Meß]bereich) umfassen, abdecken:* Sie (= die Lautsprecherbox) überstreicht einen Frequenzbereich von 35 Hz bis 20 kHz (Funkschau 19, 1971, 1945); von dem die gesamte Lagerhalle überstreichenden Decken-Portalkran (VDI nachrichten 18. 5. 84, 21); **über|strei|chen** ⟨st. V.; hat⟩: *eine Fläche ohne besonderes Verfahren streichen* (2 c): die Wände werden nicht neu tapeziert, sondern einfach übergestrichen.
über|strei|fen ⟨sw. V.; hat⟩: **a)** *über einen Körperteil streifen:* [jmdm., sich] einen Ring, ein Kondom ü.; **b)** *(ein Kleidungsstück) rasch, ohne besondere Sorgfalt anziehen:* ich streife [mir] noch schnell einen Pullover, Handschuhe über; ... streifte er die Jacke über und schnürte die Schuhe zu (Loest, Pistole 79); als er zum ersten Mal das Nationaltrikot ü. *(in der Nationalmannschaft spielen)* durfte (Kicker 82, 1981, 15).
über|streu|en ⟨sw. V.; hat⟩: *(auf der ganzen Oberfläche) bestreuen:* den Kuchen mit Zucker ü.; die Ölspur wurde sorgfältig mit Sägemehl überstreut.
über|strö|men ⟨sw. V.; ist⟩ (geh.): **1. a)** *über den Rand (eines Gefäßes) strömen:* das Wasser ist übergeströmt; Ü überströmende *(sehr große)* Herzlichkeit, Dankbarkeit; **b)** *überlaufen* (1 b): ein nach allen Richtungen sacht überströmendes Brunnenbecken (Musil, Mann 744); Ü vor Seligkeit, Glück ü.; Er ... strömte vor Freude über (Nigg, Wiederkehr 119). **2.** *auf jmdn. übergehen:* seine gute Laune ist auf alle übergeströmt; Die Erde ist von Kräften durchflossen, die durch meine Fußsohlen auf mich überströmen (Remarque, Westen 30); **über|strö|men** ⟨sw. V.; hat⟩: *eine Fläche strömend über etw. darauf ausbreiten:* der Fluß trat über die Ufer und überströmte die Wiesen; Tränen liefen aus ihren geschlossenen Augen und überströmten ihr Gesicht (Lederer, Bring 170); sein Körper war von Schweiß, Blut überströmt.
Über|strumpf, der; -[e]s, ...strümpfe (veraltend): *[den Fuß frei lassender] Strumpf zum Überziehen über einen anderen.*
über|stül|pen ⟨sw. V.; hat⟩: *eine Sache über eine andere, über jmdn. (bes. jmds. Kopf.) stülpen* (a): der Bruder ... stülpt sich den Mofa-Helm über (Amendt, Sexbuch 155); Ü der besondere Typ eines nationalistischen Imperialismus, der ... das Prinzip des Nationalstaats dem Bedürfnis nach übernationaler Expansionspolitik gleichsam überzustülpen sucht (Fraenkel, Staat 214).
über|stumpf ⟨Adj.⟩ (Geom.): *(von Winkeln) größer als 180° u. kleiner als 360°:* ein -er Winkel.
Über|stun|de, die; -, -n: *Stunde, die zusätzlich zu den festgelegten täglichen Arbeitsstunden gearbeitet wird:* bezahlte, unbezahlte -n; jetzt auf Weihnachten – gibt es bei uns auch Sonntagsarbeit und -n (Seghers, Transit 70); -n machen *(über die festgesetzte Zeit hinaus arbeiten);* Fabrikdirektoren und Abteilungsleiter erhielten das Recht, täglich -n anzuordnen, die mit anderthalbfacher Bezahlung des üblichen Lohnes vergütet werden sollten (Leonhard, Revolution 92); **Über|stun|den|geld,** das: *Geld, das für Überstunden bezahlt wird;* **Über|stun|den|zu|schlag,** der: vgl. Überstundengeld.
über|stür|zen ⟨sw. V.; hat⟩: **1. a)** *übereilt, in Hast u. ohne genügend Überlegung tun:* eine Entscheidung ü.; man soll nichts ü.; Nein, ich muß an einem anderen Ende anfangen, sonst überstürze ich die Pointe (Muschg, Gegenzauber 96); ⟨oft im 2. Part.:⟩ eine überstürzte Flucht; ich habe seit seiner überstürzten Abreise vor drei Wochen nichts mehr von ihm gehört; Alles sieht nach einem hastigen, überstürzten Zusammenpacken aus (Freie Presse 28. 11. 89, 2); überstürzt handeln, reagieren; ... und die Bereitschaft, alles auf einmal zu verändern, wenn es nur nicht wild, nicht überstürzt. Dazu war sie zu ängstlich (Strauß, Niemand 115); **b)** (selten) ⟨ü. + sich⟩ *sich übermäßig beeilen:* sich beim Essen, Sprechen ü. **2.** ⟨ü. + sich⟩ **a)** (veraltend) *sich überschlagen* (3): die Wogen überstürzten sich; **b)** *[allzu] rasch aufeinanderfolgen:* die Ereignisse, die Nachrichten überstürzten sich; Es ist unglaublich, wie blitzschnell die Gedanken in Todesangst sich überstürzen (Dönhoff, Ostpreußen 214); der ... sich nun überstürzende *(rapide sich beschleunigende)* Zerstörungsprozeß (Fest, Im Gegenlicht 399); er begann zu erzählen, und seine Worte überstürzten sich; **Über|stür|zer,** der; -s, - (Ringen): *Griff, bei dem der Gegner über den Kopf od. die Schulter gehoben u. so in eine neue Lage gebracht wird;* **Über|stür|zung,** die; -: *das Überstürzen.*
über|ta|keln ⟨sw. V.; hat⟩ (Seemannsspr.): *(im Verhältnis zur Größe des Schiffs u. zu den herrschenden Windverhältnissen) zu viele Segel setzen:* als Shelleys Felukke, hochbords und übertakelt, den Hafen von Livorno verließ (Merian, Riviera 49).
über|ta|rif|lich ⟨Adj.⟩: *über dem Tarif* (2) *liegend:* -e Leistungen, Zulagen; Als ü. entlohnter Hausmeister ... (Grass, Hundejahre 506).
♦ **über|tä|tig** ⟨Adj.⟩: *eifrig u. viel arbeitend, überaus beschäftigt:* Ein durch die Schuld der -en Hausfrau sich verspätendes Mittagessen machte mich nicht ungeduldig (Goethe, Wanderjahre II, 11).
über|täu|ben ⟨sw. V.; hat⟩: *durch seine starke Wirkung etw. anderes (bes. eine Empfindung) weniger wirksam machen:* das Kopfweh übertäubte selbst ihre Zahnschmerzen; aber die Eindrücke ... werden wohl ebenso wie die Spannungen bei den Grenzkontrollen ... übertäubt worden sein von der einen ... Spannung: Was wird werden? (Heym, Nachruf 493); Ü als dank Ausbleibens aller Ferngespräche ... ein leichter Leerlauf in der Schreibstube zu ü. *(überspielen)* war (A. Zweig, Grischa 391); **Über|täu|bung,** die; -, -en ⟨Pl. selten⟩: *das Übertäuben.*

über|tau|chen ⟨sw. V.; hat⟩ (österr.): *(ein kleineres Übel) ohne weiteres überstehen:* eine Grippe ü.; "Er ist robust", meinte Erich Hof, "er wird's ü." (Presse 7. 6. 84, 6).

über|tech|ni|siert ⟨Adj.⟩: *allzusehr technisiert:* eine -e Medizin; in der computergesteuerten, -en Massenwohlstandsgesellschaft (profil 17, 1979, 43).

über|teu|ern ⟨sw. V.; hat⟩: *übermäßig teuer machen:* Produkte ü.; ⟨meist im 2. Part.⟩ überteuerte Waren; ... sich ihren Profit durch Billigimporte, die dann überteuert verkauft werden, zu sichern (Hamburger Rundschau 15. 3. 84, 12); **Über|teue|rung**, die; -, -en: *das Überteuern, Überteuertsein.*

über|tip|pen ⟨sw. V.; hat⟩: *einen Tippfehler ausbessern, indem man den falschen Buchstaben o. ä. durch [mehrmaliges] Anschlagen einer anderen Taste unleserlich macht u.* den richtigen deutlich hervortreten *läßt:* aber die Worte „ein jüdischer Fascist" sind mit „m"- und „x"-Buchstaben übertippt (profil 17, 1979, 23).

über|ti|teln ⟨sw. V.; hat⟩: *betiteln* (a): „Ein Yankee in der Mark", so ist das Buch ... ironisch übertitelt (MM 3. 10. 70, 66).

über|töl|peln ⟨sw. V.; hat⟩ [wohl zu ↑ Tölpel u. eigtl. = zum Tölpel machen, viell. beeinflußt von der vom 16. bis 18.Jh. häufig verwendeten Redensart „über den Tölpel werfen" = anführen, übervorteilen]: *jmdn., der in einer bestimmten Situation nicht gut aufpaßt) in plumper, dummdreister Weise überlisten:* laß dich [von ihm] nicht ü.!; er hat versucht, mich zu ü.; zu spät bemerkte er, daß er übertölpelt worden war (Hilsenrath, Nazi 71); Ü Er hatte sich von seiner Angst ü. lassen, und nun saß er in der Klemme (H. Gerlach, Demission 138); **Über|töl|pe|lung, Über|tölp|lung**, die; -, -en: *das Übertölpeln, Übertölpeltwerden.*

über|tö|nen ⟨sw. V.; hat⟩: **a)** *lauter sein als jmd., ihn u. dadurch bewirken, daß die betreffende Person, Sache nicht gehört wird:* der Chor übertönte die Solistin; die Musik war laut genug und übertönte das Gespräch (Konsalik, Promenadendeck 133); Ü Ich aß die ... Sauce béarnaise nur zu den Kartoffeln, um mir den Fischgenuß nicht zu ü. (Saarbr. Zeitung 28. 12. 79, V); Am Tag wird er (= der Weihrauch) von anderen Gerüchen übertönt (Hildesheimer, Tynset 9); Tschanz gab lebhafter Auskunft als sonst ..., weil er seine sonderbare Erregung ü. wollte (Dürrenmatt, Richter 54); **b)** (selten) *übertäuben;* **Über|tö|nung**, die; -, -en: *das Übertönen.*

Über|topf, der; -[e]s, ...töpfe: *(als Schmuck dienender) Blumentopf aus Keramik, Porzellan o. ä., in den man eine in einen einfachen Blumentopf eingetopfte Pflanze stellt.*

über|tou|ren ⟨sw. V.; hat⟩ (Technik): *überdrehen* (2): Ein Drehzahlbegrenzer sorgt dafür, daß die Maschine ... nicht übertourt werden kann (Hamburger Abendblatt 12. 5. 84, 25); **über|tou|rig** ⟨Adj.⟩ (Technik): *zu hochtourig:* einen Wagen ü. fahren.

Über|trag, der; -[e]s, ...träge (bes. Buchf.): *Summe von Posten einer Rechnung o. ä., die auf die nächste Seite, in eine andere Unterlage (2) übernommen wird;* **über|trag|bar** ⟨Adj.⟩: **1.** *so beschaffen, daß es auf etw. übertragen (4) werden kann:* diese Methode ist [nicht ohne weiteres, auch] auf andere Gebiete ü. **2.** *von einem anderen zu benutzen:* eine -e Zeitkarte; dieser Ausweis, das Ticket ist nicht ü. **3.** *(von Krankheiten) sich [in einer bestimmten Weise] übertragen lassend, infektiös, ansteckend:* eine [durch Tröpfcheninfektion, leicht] -e Krankheit; es kann nicht ausgeschlossen werden, daß die Krankheit auch auf den Menschen ü. ist; **Über|trag|bar|keit**, die; -: *das Übertragbarsein;* ¹**über|tra|gen** ⟨st. V.; hat⟩ /vgl. übertragen (2)/: **1. a)** *als Übertragung (1) senden:* das Fußballspiel [live, direkt] aus dem Stadion ü.; das Konzert wird von allen Sendern übertragen; **b)** *überspielen* (2 a): eine Aufnahme auf eine Kassette ü. **2. a)** (geh.) *einen [literarischen] Text schriftlich so übersetzen, daß er auch in der Übersetzung eine gültige sprachliche Gestalt hat:* der Roman wurde vom/aus dem Spanischen ins Deutsche übertragen; **b)** *in eine andere Form bringen; umwandeln:* ein Stenogramm in Langschrift ü.; die Daten auf Lochkarten ü.; Von der „Aeneis" verfaßte er zunächst ein Prosaschema, das er, mal hier oder dort weiterfahrend, in Verse übertrug (Fest, Im Gegenlicht 255). **3.** *an anderer Stelle nochmals hinschreiben, zeichnen o. ä.:* einen Aufsatz ins Heft, in die Reinschrift ü.; die Zwischensumme auf die nächste Seite ü.; das Muster auf den Stoff ü.; Die ermittelten Anteile ... werden von Kuhlwein auf Kontenblätter übertragen (Richartz, Büroroman 27). **4.** *auf etw. anderes anwenden, so daß die betreffende Sache auch dort Geltung, Bedeutung hat:* man kann diese Maßstäbe nicht auf die dortige Situation ü.; Schimmelbusch übertrug seine Idee auf die Praxis (Thorwald, Chirurgen 235); Auf das Gebiet der Forstwissenschaft übertragen, heißt das ... (Mantel, Wald 88); ein Wort übertragen, in übertragener *(nicht wörtlich zu verstehender, sondern sinnbildlicher)* Bedeutung gebrauchen. **5. a)** (bes. Technik) *(Kräfte o. ä.) weitergeben, -leiten:* die Antriebswellen übertragen die Kraft des Motors auf die Räder; Sie [= die Säule] ... nimmt die ... durch waagerechte Steinbalken übertragene Last auf, sondern ... (Bild. Kunst III, 48); **b)** *(bes. ein Amt, eine Aufgabe) übergeben:* jmdm. die Leitung eines Projekts ü.; Die Briten hatten Tanganjika vom Völkerbund treuhänderisch zur Verwaltung übertragen bekommen (Grzimek, Serengeti 114); Der Gesetzgeber hat den ordentlichen Gerichten die Wahrnehmung von zusätzlichen Hoheitsfunktionen übertragen (Fraenkel, Staat 103). **6. a)** *eine Krankheit weitergeben; jmdn. anstecken:* diese Insekten übertragen die Krankheit [auf den Menschen]; **b)** ⟨ü. + sich⟩ *jmdn. befallen:* die Krankheit kann sich auf alle anfälligen Personen ü. **7. a)** ⟨ü. + sich⟩ *auf jmdn. einwirken u. ihn dadurch in der gleichen Weise beeinflussen:* Lothar, sei doch nicht so nervös, das überträgt sich auf die Kinder (Hochhuth, Stellvertreter 102); um ... sich in die erwartungsvolle und festliche Stimmung zu versetzen, die sich dann auch auf die Gäste überträgt (Horn, Gäste 14); **b)** *bei jmdm. wirksam werden lassen:* ... und er konnte seine Begeisterung sogar auf einen so nüchternen Menschen, wie ich es bin, ü. (Fallada, Herr 240). **8.** (Med.) *(ein Kind) zu lange austragen* (2): sie hat ihn um drei Wochen übertragen; ⟨meist im 2. Part.:⟩ Unter gräßlichen Qualen gebar Vlasta das übertragene Kind (Fussenegger, Haus 501); ²**über|tra|gen** ⟨Adj.⟩ (österr.): *abgetragen; gebraucht:* -e Kleidung; etw. ü. kaufen; **Über|tra|ger**, der; -: (Nachrichtent.): *Transformator;* **Über|trä|ger**, der; -s, - (Med.): *Lebewesen, das eine Krankheit überträgt:* die Tsetsefliege ist Ü. der Schlafkrankheit; viele Parasiten sind gleichzeitig Ü. gefährlicher Krankheiten; **Über|tra|gung**, die; -, -en: **1.** *Sendung* (3) *direkt von etw. des Geschehens:* hat die Ü. des Fußballspiels schon angefangen?; das Fernsehen bringt, sendet eine Ü. aus dem Konzertsaal. **2. a)** *Übersetzung* (1): die Ü. des Romans aus dem Russischen stammt von ...; Shakespeares Dramen in der Ü. von Schlegel und Tieck; **b)** *Umwandlung:* die Ü. des Prosatextes in Verse. **3.** *Anwendung:* die Ü. dieses Prinzips auf andere Bereiche. **4.** ⟨o. Pl.⟩ **a)** (bes. Technik) *das* ¹*Übertragen* (5 a): die Ü. der Kraft auf die Räder; **b)** *das* ¹*Übertragen* (5 b): die Ü. alter Ämter auf den Nachfolger. **5.** *das* ¹*Übertragen* (6 a), *Ansteckung, Infektion:* die Ü. dieser Krankheit erfolgt durch Insekten. **6.** (Med.) *zu lange andauernde Schwangerschaft;* **Über|tra|gungs|be|reich**, der, (Nachrichtent.): *Frequenzbereich, in dem eine Nachrichtenübertragung erfolgt;* **Über|tra|gungs|ka|nal**, der (Nachrichtent.): *Einrichtung (z. B. Leitung) od. Medium (z. B. Atmosphäre), das Signale von einem Sender zu einem Empfänger transportiert;* **Über|tra|gungs|sy|stem**, das (Nachrichtent.): *Gesamtheit der Einrichtungen u. Medien, die an der Übertragung von Nachrichten beteiligt sind;* **Über|tra|gungs|tech|nik**, die: **1.** *Technik der Übertragungssysteme.* **2.** *Nachrichtentechnik;* **Über|tra|gungs|ver|merk**, der, (Bankw.): *Giro* (2); **Über|tra|gungs|wa|gen**, der: *Wagen, in dem technische Einrichtungen zur Übertragung von Fernseh- und Rundfunksendungen eingebaut sind.*

über|trai|nie|ren ⟨sw. V.; hat⟩ (Sport): *im Training zu stark beanspruchen:* Wenn ich sehe, wie 13jährige Mädchen heute von Sportmanagern übertrainiert werden ... (Hörzu 1, 1979, 24); ⟨oft im 2. Part.:⟩ Opris jetzt in der Kurve, er macht einen übertrainierten Eindruck (Lenz, Brot 147); sie ist übertrainiert; **Über|trai|ning**, das; -s (Sport): *das Übertrainieren.*

über|tref|fen ⟨sw. V.; hat⟩ [mhd. übertreffen, ahd. ubartreffan]: **a)** *(auf einem bestimmten Gebiet, in bestimmter Hinsicht) besser sein als jmd.:* jmdn. in der Leistung, leistungsmäßig ü.; jmdn. an Ausdauer, Fleiß, Mut [weit, bei weitem, um vieles] ü.; im Sport ist er kaum zu ü.; Nicht an Geist oder Talent übertraf sie den ... Autor des „Mephisto", wohl aber an Kraft und Energie (Reich-Ranicki,

übertreiben

Th. Mann 181); er hat sich selbst übertroffen *(mehr geleistet, als man von ihm erwartet hat);* **b)** *bestimmte Eigenschaften in größerem Maße besitzen:* dieser Turm übertrifft alle anderen an Höhe; Die Grenzenlosigkeit Deiner Macht wird nur von der Grenzenlosigkeit Deiner Phantasie übertroffen (Stern, Mann 313); Nur die Sprachen rund ums Mittelmeer übertreffen das Bayrische in seiner Vielfalt an Schimpfworten (Kühn, Zeit 60); **c)** *über etw. hinausgehen:* das Ergebnis übertraf alle Erwartungen, die schlimmsten Befürchtungen; eine kaum zu übertreffende Anschaulichkeit der Darstellung (Reich-Ranicki, Th. Mann 68).
über|trei|ben ⟨st. V.; hat⟩ /vgl. übertrieben/ [mhd. übertrīben = zu weit treiben]: **a)** *in aufbauschender Weise darstellen:* furchtbar, maßlos ü.; er muß immer ü.; ich übertreibe nicht, wenn ich sage, daß ...; das ist übertrieben *(das ist eine Übertreibung* 2 a*);* Es ist alles gar nicht so schlimm da. Wird viel übertrieben (Remarque, Triomphe 230); Aber das Gerücht übertrieb (Frisch, Stiller 359); Die Zahlen sind später ohne Maß übertrieben worden (Th. Mann, Tod u. a. Erzählungen 199); Gewiß übertrieb er die Gefahr (Schaper, Kirche 188); **b)** *etw. (an sich Positives, Vernünftiges o. ä.) zu weit treiben, in übersteigertem Maße tun:* seine Ansprüche, die Sauberkeit, die Sparsamkeit ü.; übertreibt es nicht mit dem Training!; Doch wäre es auch unrichtig, wollte man diese Unabhängigkeit ü. (Freud, Unbehagen 171); der Wein, mit dem wir es abends übertrieben (Wohmann, Absicht 209); ⟨oft im 2. Part.:⟩ übertriebene Höflichkeit, Genauigkeit, Pünktlichkeit; solche aufwendigen Geschenke [zu machen] finde ich [etwas, reichlich] übertrieben; Einen „Othello" würde man in Hellas wie in Rom für schauderhaft übertrieben gehalten haben (Thieß, Reich 364); übertriebenes mißtrauisch, vorsichtig sein; Ein vierschrötiger, übertrieben *(allzu)* glitzernd gekleideter ... Matador (Th. Mann, Krull 436); R man kann alles ü.; **Über|trei|bung,** die; -, -en: **1. a)** *das Übertreiben* (a): man kann ohne Ü. sagen, daß ...; **b)** *das Übertreiben* (b). **2. a)** *übertreibende* (a) *Schilderung:* er neigt zu -en; Das konnte nicht wahr sein. Gewiß nahmen die Engländer in ihrer Ohnmacht Zuflucht zu wilden -en (Menzel, Herren 101); **b)** *Handlung, mit der man etw. übertreibt* (b): sich vor -en hüten.
über|tre|ten ⟨st. V.⟩: **1.** (Sport) *über eine Markierung treten* ⟨hat/ist⟩: Die Kampfrichter winken ab, übergetreten, und die stämmige Dame zieht einen Flunsch ... (Lenz, Brot 36). **2.** *über die Ufer treten* ⟨ist⟩: der Fluß ist nach den heftigen Regenfällen übergetreten. **3.** *irgendwohin gelangen* ⟨ist⟩: daß der ... Gallenfarbstoff ... nicht abfließen kann und in das Blut übertritt (Medizin II, 155). **4.** (bes. österr.) *in eine andere Phase, einen anderen Lebensabschnitt o. ä. eintreten* ⟨ist⟩: in den Ruhestand ü.; Im Kanton Luzern treten jedes Jahr 6 000 Sechstkläßler zu die Oberstufe über (Vaterland 27. 3. 85, 26); zu Ostern trat ich in den Kellner-

dienst über (Th. Mann, Krull 232). **5.** *sich einer anderen (weltanschaulichen) Gemeinschaft, einer anderen Anschauung, Konfession anschließen* ⟨ist⟩: zum Katholizismus, zum Islam ü.; Er ... war 1920 zur Kommunistischen Partei übergetreten (Leonhard, Revolution 160); **über|tre|ten** [mhd. übertreten = darniedertreten, überwinden; hinaustreten über; übertreffen; über die Schranken der Sitte treten] ⟨st. V.; hat⟩: **1.** ⟨ü. + sich⟩ *sich vertreten* (4): Er übertrat sich beim ... Spiel in Karl-Marx-Stadt den Fuß (LNN 31. 7. 84, 19). **2.** *gegen ein Gebot o. ä. verstoßen:* ein Gebot, eine Vorschrift ü.; daß Sie die Polizeistunde übertreten haben (Brecht, Groschen 244); Sündigen hieß das Gesetz Christi ü. (Thieß, Reich 429); **Über|tre|ter,** der; -s, -: *jmd., der ein Gesetz, eine Vorschrift übertritt;* **Über|tre|te|rin,** die; -, -nen: w. Form zu ↑Übertreter; **Über|tre|tung,** die; -, -en: **a)** *das Übertreten* (2): eine leichte, schwere Ü.; Ich war mir keiner Ü. der Vorschriften bewußt (Nossack, Begegnung 272); **b)** (Rechtsspr. früher, noch Rechtsspr. schweiz.) *Straftat minderer Schwere:* eine Ü. begehen; **Über|tre|tungs|fall,** der: in der Fügung **im Übertretungsfall[e]** (Amtsdt.; *im Falle der Übertretung* a).
über|trie|ben: ↑übertrieben; **Über|trie|ben|heit,** die; -, -en: **1.** ⟨o. Pl.⟩ *das Übertriebensein.* **2.** (selten) *Übertreibung* (2 b): Meine liebe Livia, du bemerk' an dir zum erstenmal im Leben mütterliche -en (Werfel, Himmel 64).
Über|tritt, der; -[e]s, -e [mhd. übertrit = Fehltritt; Vergehen; Lossagung, Abfall]: **1.** *das Übertreten* (5): An führender Stelle der Zeitung wurden nun ständig -e auf die Seite des Nationalkomitees gemeldet (Leonhard, Revolution 245); die Zahl der -e zu dieser Partei nimmt zu; ... doch hatten die Kopten nichts wissen wollen vom Ü. zum Islam (Konzelmann, Allah 96). **2.** *das Übertreten* (3): J. v. Gerlach ... hat eine ... Nebenwirkung, nämlich den Ü. von Farbe aus dem Blutgefäß ins Gewebe beobachtet (Medizin II, 61). **3.** (bes. österr.) *das Übertreten* (4): „Ü. in die Sekundarschule" (Bund 9. 8. 80, 32); beim Aufbau der Lustenauer Knabenhauptschule, die er von 1945 bis zu seinem Ü. in den Ruhestand im Jahre 1954 leitete (Vorarlberger Nachr. 23. 11. 68, 5).
über|trock|nen ⟨sw. V.; ist⟩ (landsch., bes. österr.): *an der Oberfläche trocknen:* die in Scheiben geschnittenen Kartoffeln ü. lassen.
über|trump|fen ⟨sw. V.; hat⟩: **1.** (Kartenspiel) *durch Ausspielen eines Trumpfs besiegen:* jmdn., jmds. Karte ü. **2.** *weit übertreffen:* jmds. Leistung ü.; weil Väter sich nicht gern von ihren Söhnen ü. lassen (Grzimek, Serengeti 21); Endlich war der stets bestens Informierte für einen gestoßen, der ihn übertrumpfte (Heym, Schwarzenberg 121); Die beiden Männer suchten sich in Gebärden äußerster Entschlossenheit zu ü. (Kronauer, Bogenschütze 14).
über|tun ⟨unr. V.; hat⟩ (ugs.): *umlegen, umhängen:* tu dir lieber noch eine Jacke über; Auf, tut ihm diesen Mantel über (Th. Mann, Joseph 594); **über|tun,** sich

⟨unr. V.; hat⟩ (selten): *sich übernehmen* (4): übertu dich nicht!
über|tün|chen ⟨sw. V.; hat⟩: *mit Tünche überstreichen:* daß ... der Fallsüchtige ... das Geschmiere am Schlachthaus mit Kalk übertünche (Ransmayr, Welt 201); Ü es gibt eine schöne Terminologie, um die eigne Einfallslosigkeit zu ü. (Tucholsky, Werke II, 370); **Über|tün|chung,** die; -, -en: *das Übertünchen, Übertünchtwerden.*
über|über|mor|gen ⟨Adv.⟩ (ugs.): *am Tag nach übermorgen:* er kommt ü.; wir bleiben noch bis ü.
Über|va|ter, der; -s, ...väter: *männliche Person, die großen Respekt genießt, die in einem bestimmten Bereich die beherrschende Figur ist, zu der man aufschaut:* er ist der Ü. der Partei; so, als kauerte sich seine Intelligenz zusammen unter der Autorität des -s Freud (Sloterdijk, Kritik 738).
über|ver|si|chern ⟨sw. V.; hat⟩: *(für jmdn., sich, etw.) eine Überversicherung* (2) *abschließen:* ⟨meist im 2. Part.:⟩ der Versicherte, der Hausrat war überversichert; **Über|ver|si|che|rung,** die; -, -en: **1.** ⟨o. Pl.⟩ *das [Sich]überversichern.* **2.** *Versicherung, deren Summe den Wert des Versicherten übersteigt.*
über|ver|sor|gen ⟨sw. V.; hat⟩: *im Übermaß versorgen:* ⟨meist im 2. Part.:⟩ Da ... viele Gartenböden mit Phosphor überversorgt sind (RNZ 5. 3. 88, Beilage Garten); die Region ist medizinisch, mit Zahnärzten überversorgt; **Über|ver|sor|gung,** die; -, -en: *das Überversorgen, Überversorgtsein:* Ungerechtigkeiten im System der Altersversorgung — etwa die Ü. der Arbeiter im öffentlichen Dienst (Spiegel 37, 1979, 22); In einem Land mit medizinischer Ü. (Tagesspiegel 13. 6. 84, 10).
über|völ|kern ⟨sw. V.; hat⟩ /vgl. übervölkert/: *in zu großer Anzahl bevölkern* (1 b): zu viele Touristen übervölkern die Insel im Sommer; **über|völ|kert** ⟨Adj.⟩: *zu dicht bewohnt, besiedelt:* Da die Schweiz ein -es Land sei, ... (NZZ 3. 5. 83, 17); die Region, der Erde ist ü.; Ü Sie (= die Baggerseen) erfreuen sich ... allgemeiner Beliebtheit, weil sie meist ... nicht ü. sind (Szene 8, 1983, 24); **Über|völ|ke|rung,** die; -, -en: *das Übervölkern, das Übervölkertsein:* wegen der unabsehbaren Folgen einer Ü. unserer Erde (NZZ 25. 12. 83, 31).
über|voll ⟨Adj.⟩: **a)** *übermäßig voll:* ein -es Glas; der Teller war ü.; **b)** *völlig überfüllt:* ein -er Bus; Das ganze Haus war ü., sogar in unserem Eheschlafzimmer haben sie noch auf Strohsäcken ... gelegen (Wimschneider, Herbstmilch 103).
über|vor|sich|tig ⟨Adj.⟩: *übertrieben vorsichtig.* ⟨subst.:⟩ Die Übervorsichtigen, die ihre halbe Bibliothek verbrannten (darunter auch erlaubte Bücher), wurden genauso verhaftet wie die anderen (Leonhard, Revolution 32).
über|vor|tei|len ⟨sw. V.; hat⟩: *sich auf Kosten eines anderen einen Vorteil verschaffen, indem man dessen Unwissenheit, Unaufmerksamkeit ausnutzt:* seine Kunden ü.; ... sie, beispielsweise beim Tausch von Briefmarken ..., zu ü. (Habe, Namen 34);

Über|vor|tei|lung, die; -, -en: *das Übervorteilen, Übervorteiltwerden.*
über|wach ⟨Adj.⟩: *hellwach u. angespannt;*
über|wa|chen ⟨sw. V.; hat⟩: **1.** *genau verfolgen, was jmd. (der verdächtig ist) tut; jmdn., etw. durch ständiges Beobachten kontrollieren* (1): *jmdn.* ständig, auf Schritt und Tritt, scharf ü.; einen Verdächtigen, einen Agenten ü.; vom Verfassungsschutz, von der Geheimpolizei überwacht werden; Dienstboten gab es auch, die Tag und Nacht überwacht wurden (Wimschneider, Herbstmilch 37); jmds. Wohnung, Telefon, Fernsprechverkehr ü. **2.** *beobachtend, kontrollierend für den richtigen Ablauf einer Sache sorgen; darauf achten, daß in einem bestimmten Bereich alles mit rechten Dingen zugeht:* die Ausführung einer Arbeit, eines Befehls ü.; der Supermarkt, die Schalterhalle wird mit Videokameras überwacht; die Gaststätten werden vom Wirtschaftskontrolldienst überwacht; die Polizei überwacht den Verkehr; zu Dr. Heidmann, der die Narkose überwachte (Sebastian, Krankenhaus 127); Die Witwe Amsel ... überwachte die Tischdecken (Grass, Hundejahre 32); Genauer als Druot es je vermocht hätte, mit seiner Nase nämlich, verfolgte und überwachte Grenouille die Wanderung der Düfte (Süskind, Parfum 226); **Über|wa|cher,** der; -s, - (Datenverarb.): *Programm* (4), *das den Ablauf von Programmen* (4) *protokolliert.*
über|wach|sen ⟨st. V.; hat⟩: **1.** *durch Wachsen die Oberfläche von etw. bedecken:* das Moos hat den Pfad überwachsen; ⟨meist im 2. Part.:⟩ die Grabplatte ist [mit, von Efeu] überwachsen; wo jetzt nur noch von Wermut und Ginster überwachsene Grundmauern zu sehen waren (Ransmayr, Welt 260). **2.** (selten) *durch Wachsen an Größe übertreffen:* das Gebüsch hat den Zaun überwachsen; ♦ einen tüchtigen Kerl, nur weil er uns um Hauptesläge überwachsen war *(intellektuell überlegen war),* zum Spuk und Nachtgespenst zu machen – das geht noch alle Tage (Storm, Schimmelreiter 144).
♦ **über|wacht** ⟨Adj.⟩: *übernächtigt:* was ganz Vortreffliches; stark, lieblich gesund. Das kann einen -en Magen wieder in Ordnung bringen (Lessing, Minna I, 2).
über|wäch|ten ⟨sw. V.; hat⟩: *mit Wächten bedecken.*
Über|wa|chung, die; -, -en: *das Überwachen, Überwachtwerden;* **Über|wachungs|dienst,** der: *Dienst* (1 a, b, 2) *zur Überwachung einer Person, Sache;* **Über|wa|chungs|staat,** der (abwertend): *Staat, der seine Bürger bis ins kleinste überwacht:* Statt dessen ist ... ein Ü. osteuropäischen Musters entstanden (Welt 9. 8. 86, 2); Die ... Diskussion der Orwellschen Schreck- und Warnbilder vom „Großen Bruder", vom totalen Ü. (Spiegel 1, 1984, 3); **Über|wa|chungs|stel|le,** die; vgl. Überwachungsdienst; **Über|wa|chungs|sy|stem,** das; vgl. Überwachungsdienst.
über|wal|len ⟨sw. V.; ist⟩: *beim Kochen Blasen werfend über den Rand des Gefä-*ßes laufen: das Wasser, die Milch ist übergewallt; Ü vor Glück, Zorn ü. (geh.; *Glück, Zorn besonders intensiv empfinden u. einen lebhaft Ausdruck verleihen*); er wurde ... zum Knaben, und zwar zu einem so schönen, witzigen ..., daß dem Jaakob die Seele überwallte, wenn er ihn nur sah (Th. Mann, Joseph 165); **über|wal|len** ⟨sw. V.; hat⟩ (selten): *wallend bedecken:* Ü ich sah den rötlichen Schein ihr Gesicht ü. (Fühmann, Judenauto 25).
über|wäl|ti|gen ⟨sw. V.; hat⟩ /vgl. überwältigend/ [zu ↑Gewalt]: **1.** *mit körperlicher Gewalt bezwingen u. wehrlos machen:* der Dieb wurde überwältigt und abgeführt. **2.** *mit solcher Intensität auf jmdn. einwirken, daß der Betreffende sich dieser Wirkung nicht entziehen kann:* Angst, Neugier, Freude überwältigte ihn; Das Heilige ist das Numinose, und wen es überwältigt, den macht es sprachlos in diesen Dingen (Stern, Mann 245); er wurde von Schlaf überwältigt *(übermannt);* ⟨oft im 2. Part.:⟩ sie war von dem Anblick so überwältigt, daß...; er war von dem Erlebnis ganz überwältigt; ... brach er, überwältigt von der Erkenntnis, daß seine Frau tot sei, ... zusammen (Goetz, Prätorius 20); daß ein Narses, falls er angreifen wollte, von Entzücken überwältigt, zurück verschieben würde (Thieß, Reich 618); **über|wäl|ti|gend** ⟨Adj.⟩: **1.** *in höchstem Maße beeindruckend, großartig [u. bewegend]:* ein -es Erlebnis; ein -er Anblick; von -er Schönheit sein; Fäulnisgeruch und bröckelnder Putz, dann wenige Schritte weiter die -e Pracht am „Riva degli Schiavoni" (Zivildienst 5, 1986, 24); in der noch immer masurischen Landschaft (Saarbr. Zeitung 10. 7. 80, 10); seine Leistungen sind nicht [gerade] ü. (oft spött.; *sind [kaum] mittelmäßig*); ü. schön; Der Begriff ... so u. originell wieder nicht (Reich-Ranicki, Th. Mann 163). **2.** *sehr groß:* die -e Mehrheit der Bevölkerung; mit -er Mehrheit gewählt werden; **Über|wäl|ti|gung,** die; -, -en: *das Überwältigen, Überwältigtwerden.*
über|wäl|zen ⟨sw. V.; hat⟩ (bes. Wirtsch.): *(Kosten o. ä.) an einen anderen weitergeben, ihm aufbürden:* eine Preiserhöhung, eine Steuer [auf die Verbraucher] ü.; ... hatten ... die Händler die Kosten ... in Form von höheren Katalogpreisen auf die Käufer überwälzt (NZZ 2. 9. 86, 9); die hohe Teuerung, von welcher 40% auf die Mieten überwälzt (*durch Mieterhöhungen auf die Mieter überwälzt)* werden darf (Tages Anzeiger 3. 12. 91, 6); **Über|wäl|zung,** die; -, -en (bes. Wirtsch.): *das Überwälzen, Überwälztwerden.*
Über|wär|mung, die; -, -en ⟨Pl. selten⟩ (Med.): *[zu therapeutischen Zwecken künstlich herbeigeführte] Hyperthermie:* ... über neue Sensationsmeldungen, wonach Krebs durch gezielte Ü. heilbar sei (Spiegel 23, 1977, 219); **Über|wärmungs|bad,** das (Med.): *heißes Bad, durch das eine Überwärmung bewirkt werden kann;* **Über|wär|me|the|ra|pie,** das (Med.): *in der gezielten Herbeiführung einer [lokalen] Überwärmung des Körpers bestehende Heilbehandlung.*
über|wech|seln ⟨sw. V.; ist⟩: **1.** *von einer*

Stelle zu einer anderen wechseln, sich an eine andere Stelle bewegen: von der linken auf die rechte Fahrspur ü.; bei der nächsten Brücke wechseln wir auf das andere Ufer über; Ein ehemaliger Wilkauer wollte mich überreden, in die BRD überzuwechseln *(überzusiedeln;* Freie Presse 31. 12. 87, 3); daß bestimmte Viren vom Menschen auf ein Tier überwechseln und umgekehrt (Welt 22. 10. 65, 9); Ü wenn sie von einem Kostümierung in die andere überwechselte (Kronauer, Bogenschütze 92); ... redete meinen Begleiter mit „Dottore" an, mich nannte er anfangs ebenso, wechselte dann aber zu „Capitano" über (Fest, Im Gegenteil 273). **2. a)** *sich einer anderen Gemeinschaft o. ä. anschließen:* zu einer anderen Partei, Firma, Konfession ü.; er ist ins feindliche Lager übergewechselt; Sie will ... auf die Realschule ü. (Augsburger Allgemeine 22./23. 4. 78, 48); **b)** *mit etw. anderem beginnen:* vom Chemie- zum Biologiestudium ü.; zu einem anderen Thema ü. **3.** (Jägerspr.) *(vom Hochwild) sich in ein anderes Revier bewegen.*
Über|weg, der: kurz für ↑Fußgängerüberweg: Mädchen ist Ü. von Lkw überfahren (MM 11. 9. 68, 5).
über|we|hen ⟨sw. V.; hat⟩ (geh.). *wehend über etw. hinweggehen:* da waren unsere Fußspuren, also überweht, übergangen (Kaschnitz, Wohin 65); Abel ... sah sonst nur Wasser, eine grenzenlose Fläche, überweht von Windstößen und Sonnenblicken (Hausmann, Abel 25).
über|wei|den ⟨sw. V.; hat⟩: *(Weiden, Weideland) zu stark abgrasen u. dadurch schädigen;* **Über|wei|dung,** die; -, -en ⟨Pl. selten⟩: *das Überweiden, Überweidetwerden:* Ü. der Trockensavannen, Abholzung der letzten Wälder ..., der Klimaeffekt – all das führt zur Erosion (natur 2, 1991, 26).
über|wei|sen ⟨st. V.; hat⟩ [mniederd. overwisen = (Geld) überweisen]: **1.** *einen Geldbetrag [von der eigenen Bank] auf jmds. Konto einzahlen [lassen]:* die Miete ü.; das Stipendium bekommt er auf sein Girokonto überwiesen; Bitte überweisen Sie Geldspenden auf das Postscheckkonto „Hilfe für die bedrohte Tierwelt" (Grzimek, Serengeti 344); die Bank hat das Geld überwiesen (hat den Überweisungsauftrag bearbeitet). **2.** *einen Patienten zur weiteren Behandlung mit einem Überweisungsschein zu einem anderen Arzt schicken:* sie wurde [vom Hausarzt] zu einem Facharzt überwiesen. **3.** *zur Erledigung, Bearbeitung o. ä. zuweisen:* eine Akte einer anderen zu einer anderen Behörde ü.; ... läßt er die Liste zusammenstreichen, bis nur vier Dutzend Namen übrigbleiben, und überweist Fouché das peinliche Geschäft, diese Todes- und Verbannungsurteile zu unterfertigen (St. Zweig, Fouché 212); **4. a)** (österr. selten, sonst veraltet) *überführen* (1): Wer in dieser Schreckenswoche des Trinkens überwiesen wurde, ... auf einen Esel gesetzt und mit Schlägen umhergetrieben (Jacob, Kaffee 32); ♦ ... daß es mir nicht schwer werden kann, Euch jeder Lüge, die Ihr waget, zu ü. (Hauff,

überweißen

Jud Süß 404); ♦ b) *belehren; überzeugen:* ... daß Ihr Euch niemals mit ihnen gezankt euch Mühe gegeben habt, sie eines Bessern zu ü. (Goethe, Brief des Pastors).
über|wei|ßen ⟨sw. V.; hat⟩: *mit weißer Farbe überstreichen.*
Über|wei|sung, die; -, -en: **1. a)** *das Überweisen* (1), *Überweisenlassen:* durch diesen neuen Service können Sie ihre -en künftig telefonisch tätigen; ich habe meine Bank mit der Ü. der Summe beauftragt; eine Rechnung per Ü. bezahlen; **b)** *überwiesener Geldbetrag:* die Ü. ist noch nicht [auf meinem Konto] eingegangen; ich habe die Ü. erhalten. **2. a)** *das Überweisen* (2); **b)** kurz für ↑ *Überweisungsschein:* haben Sie eine Ü.?; ... schreibt er ihr eine Ü. für das einzige Spital im Bezirk (Zenker, Froschfest 190);
Über|wei|sungs|auf|trag, der (Bankw.): *Auftrag eines Bankkunden an seine Bank, zu Lasten seines Kontos einen Geldbetrag zu überweisen:* einen Ü. erteilen, ausführen; **Über|wei|sungs|for|mu|lar,** das: *vorgedrucktes Formular für einen Überweisungsauftrag;* **Über|wei|sungs|schein,** der: *vom behandelnden Arzt ausgestellter Schein zur Überweisung des Patienten an einen Facharzt;* **Über|wei|sungs|ver|kehr,** der: *Giroverkehr.*
über|weit ⟨Adj.⟩: *übermäßig weit:* hagere Gestalten im Bausch -er Gewänder (Kaiser, Bürger 5); **Über|wei|te,** die; -, -n: vgl. *Übergröße.*
Über|welt, die; -, -en: *transzendenter Bereich außerhalb der sinnlich erfaßbaren Welt:* Er war noch in seiner Ü., bei den Wörtern und den Sätzen (Hofmann, Stechardin 98); **über|welt|lich** ⟨Adj.⟩: *über die Welt hinaus;* ⟨subst.:⟩ Dann ist das Numinose das Überweltliche (Stern, Mann 245).
über|wend|lich ⟨Adj.⟩ [zu ↑ ¹*winden*] (Handarb.): *so [gearbeitet], daß die Stiche über die [aneinandergelegten] Kante[n] des Stoffes hinweggehen:* eine -e Naht; ü. nähen; **über|wend|lings** ⟨Adv.⟩ (Handarb.): *mit überwendlichen Stichen:* ü. nähen.
über|wer|fen ⟨st. V.; hat⟩ [mhd. überwerfen, ahd. ubarwerfan]: *(ein Kleidungsstück) lose über die Schultern legen, mit einer schnellen Bewegung umhängen:* jmdm., sich eine Jacke ü.; Suzette ... warf jetzt einen Morgenrock über (Langgässer, Siegel 534); Ü ... der (= der Liebeserklärung) er das Schleiergewand einer fremden Sprache, der französischen ü. kann (Th. Mann, Zauberberg II); **über|wer|fen,** sich ⟨st. V.; hat⟩ [eigtl. = sich (im Spiel od. Kampf) am Boden rollen]: *mit jmdm. in Streit geraten [und daher den Kontakt zu ihm abbrechen]:* sie hatten sich wegen der Erbschaft überworfen; ... an seinen Bruder Heinrich ..., mit dem er sich damals unheilbar überworfen hatte (B. Frank, Tage 120); **Über|wer|fung,** die; -, -en: *das Sichüberwerfen.*
über|wer|ten ⟨sw. V.; hat⟩ (selten): *überbewerten;* **über|wer|tig** ⟨Adj.⟩: *zuviel Gewicht, Bedeutung habend:* -e Ideen (Psych.; *Ideen, von denen das Denken übermäßig beherrscht wird*); **Über|wer|tig|keit,** die; -: *das Überwertigsein;* **Über-**

wer|tung, die; -, -en (selten): *das Überwerten.*
Über|we|sen, das; -s, - (selten): *übermenschliches Wesen.*
über|wie|gen ⟨st. V.; hat⟩ (ugs. selten): *zuviel wiegen:* der Brief wiegt über; **über|wie|gen** ⟨st. V.; hat⟩ /vgl. überwiegend/: **1.** *die größte Bedeutung, das stärkste* ¹*Gewicht* (3) *haben u. daher das Bild, den Charakter von etw. bestimmen:* im Süden des Landes überwiegt das Laubholz; es überwog die Meinung, daß ...; Das erotisch-religiöse Element überwiegt, während das soziale fast völlig vernachlässigt bleibt (K. Mann, Wendepunkt 106); Marcellinos haßte sie, aber das Familiengefühl überwog auch bei ihm so weit, daß ... (Thieß, Legende 55); ⟨oft im 1. Part.:⟩ der überwiegende *(größere)* Teil der Bevölkerung; die überwiegende Mehrzahl der *(die bei weitem meisten)* Juden (Fraenkel, Staat 144). **2.** *stärker, einflußreicher, bedeutender sein als etw. anderes:* Mit angewidertem Interesse las Grenouille ..., und wenn der Widerwille das Interesse überwog, ... (Süskind, Parfum 166); da ihre Empfindsamkeit bedeutend ihre Vernunft überwog (Th. Mann, Krull 47); **über|wie|gend** [auch: '- - - -] ⟨Adv.⟩: *vor allem, hauptsächlich:* ein ü. von Deutschen bewohntes Gebiet; morgen soll es ü. heiter werden; eine ü. katholische Gegend; also verschlief er ü. die Nächte (Prödöhl, Tod 222).
über|wind|bar ⟨Adj.⟩: **1.** *sich überwinden* (1, 2b, 3, 4) *lassend.* **2.** *sich überwinden* (2a) *lassend:* -e Ängste; solche Probleme sind nicht immer leicht ü.
über|win|deln ⟨sw. V.; hat⟩ [zu ↑ ¹*winden*] (österr.): *den [ausgefransten] Rand eines Stücks Stoff mit die Kante umgreifenden Stichen einfassen:* einen Saum ü.
über|win|den ⟨st. V.; hat⟩ [mhd. überwinden, überwinnen, ahd. ubarwinnan, ubarwinnan, zu mhd. winnen, ahd. winnan = kämpfen, sich abmühen, erobern, volksetym. angelehnt an ↑ ¹*winden*]: **1.** (geh.) *besiegen:* er hat seinen Gegner nach hartem Kampf überwunden; der Stürmer überwand den gegnerischen Torhüter (Ballspiele Jargon; *erzielte gegen ihn ein Tor*); Ü ... sprechen die Götter aus dem Mund der Priester und verkünden, was zu tun sei, um eine Krankheit zu ü. (natur 5, 1991, 81). **2. a)** *durch eigene Anstrengung mit etw., was ein Hindernis darstellt, was Schwierigkeiten bietet, fertig werden; meistern:* einen hohen Zaun, eine Mauer, eine Barriere ü.; Hindernisse, Probleme ü.; mit einem Mountainbike kannst du praktisch jede Steigung ü.; die Bergsteiger hatten eine schwierige Wand zu ü.; der TGV überwindet die Distanz Lausanne-Paris in dreiviertel Stunden (NZZ 30. 8. 86, 28); Ü seinen Widerwillen, seine Angst, seine Schüchternheit, seine Bedenken, sein Mißtrauen ü.; De Jongh ... überwand seine Hemmungen und betrat das FKK-Deck (Konsalik, Promenadendeck 271); wenn sie, die Schamhaftigkeit überwindend, willig meiner Perversion nachgab (Stern, Mann 77); **b)** *im Laufe einer Entwicklung [indem man sie vorantreibt] hinter sich lassen:* ein überlebtes System, die Teilung des Landes, die

Apartheid, den Imperialismus, den Kapitalismus ü.; die Gotik, den Kubismus ü.; Diese Strategie ziele darauf ab, den Status quo ... schrittweise abzuwandeln und zu ü. (W. Brandt, Begegnungen 78); die Krise ist jetzt überwunden; nur übernehmen sie leider nicht die heutigen, sondern die gestrigen, die also dort längst überwundenen Standpunkte (Reich-Ranicki, Th. Mann 126). **3.** ⟨ü. + sich⟩ *etw. was einem widerstrebt, schwerfällt, schließlich doch tun:* sich [dazu] ü., etw. zu tun; zu einer Entschuldigung konnte er sich nicht ü.; Aus Liebe zu Giovanna überwindet er sich und fährt in das Bergdorf (Chotjewitz, Friede 190). **4.** *(mit einer seelischen Belastung, Erschütterung) o. ä. fertig werden; verarbeiten, verkraften:* er mußte erst einmal den Schock ü.; mein Vater ... hat ... den Tod unserer Mutter nie ganz überwunden (Wimschneider, Herbstmilch 120); Helmcke ... hatte überraschend schnell den ersten Schrecken überwunden (Prodöhl, Tod 34); Daß Klaus Mann sein Gründgens-Erlebnis vielleicht verdrängen, doch nicht ü. konnte (Reich-Ranicki, Th. Mann 195); **Über|win|der,** der; -s, -: *jmd., der jmdn., etw. überwindet, überwunden hat;* **Über|win|de|rin,** die; -, -nen: w. Form zu ↑ Überwinder; **über|wind|lich** ⟨Adj.⟩ (selten): *überwindbar;* **Über|win|dung,** die; - [mhd. überwindunge]: **1.** *das Sichüberwinden:* es kostet mich [einige, viel] Ü., das zu tun. **2.** *das Überwinden* (2b), *Überwundenwerden, Überwundensein:* Sie setzten das Werk fort, dem wir die Ü. des Mittelalters verdanken (Fraenkel, Staat 182); Die Auflösung und Ü. des geometrischen Stiles wurde vor allem in Attika ... betrieben (Bild. Kunst I, 22). **3.** *das Überwinden* (1, 2 a, 4), *Überwundenwerden, Überwundensein.*
über|win|tern ⟨sw. V.; hat⟩: **1. a)** *den Winter [in Sicherheit vor den mit ihm einhergehenden Bedrohungen u. Widrigkeiten] verbringen:* diese Vögel überwintern in Afrika; Sein Vorhaben, in Australien zu ü. mußte Kolbe aufgeben (Saarbr. Zeitung 22. 12. 79, 6); unsere Schildkröte überwintert im Keller *(hält dort ihren Winterschlaf);* 1976 nahm die DDR etwa zwei Kilometer östlich der sowjetischen Station ... ein eigenes Basislaboratorium in Betrieb. Dort arbeiten und überwintern jährlich fünf bis acht Polarforscher (Freie Presse 14. 12. 84, Beilage); Ü So überwintern Motorräder (Kronen-Zeitung 22. 11. 83, 35); hoch ist ... die Mauer, hinter der die Justiz die Diskussion um ihre Rolle unter Hitler überwintert *(überdauert, übersteht)* (Spiegel 48, 1965, 54); Leute wie Gross, die die sozialliberalen Zeiten in der selbstgeschaffenen ökologischen Nische überwintert hat, die sich konservative Intellektualismus nennt (Szene 6, 1983, 13). **2.** *(bes. Pflanzen) den Winter über, vor Frost geschützt, aufbewahren:* die Geranien müssen an einem kühlen, dunklen Ort überwintert werden; Ist es nun richtig, die Knollen bei 15 °C im trockenen Keller zu ü.? (MM 13. 12. 69, 43); **Über|win|te|rung,** die; -, -en: *das Überwintern.*

über|wöl|ben ⟨sw. V.; hat⟩: **1.** *sich über etw. wölben:* eine Kuppel überwölbte den Saal; Ü In die vom hohen Himmel überwölbte weiße Nacht (Plievier, Stalingrad 283). **2.** *mit einem Gewölbe versehen;* **Über|wöl|bung,** die; -, -en: **1.** *das Überwölben.* **2.** *Gewölbe.*
über|wu|chern ⟨sw. V.; hat⟩: *wuchernd bedecken:* das Gestrüpp hat das Beet völlig überwuchert; ⟨oft im 2. Part.:⟩ eine von Efeu [dicht] überwucherte Mauer; Der Garten ... ist überwuchert von roten, blauen und goldenen Blumen (Grzimek, Serengeti 50); Ü Der Gedanke überwucherte den Stein (Jahnn, Geschichten 58); das Geröll dieser Einstürze ist nicht mehr zu sehen, ihre Bruchstellen sind von Tropfstein überwuchert (Frisch, Stiller 192); **Über|wu|che|rung,** die; -, -en: *das Überwuchern.*
Über|wurf, der; -[e]s, ...würfe: **1.** *loser Umhang, Mantel; loses Gewand, das man über etw. trägt:* einen weißen Ü. tragen. **2.** (österr., schweiz.) *Decke, die als Zierde über Betten o.ä. gelegt wird.* **3.** (Ringen) *Griff, bei dem der Gegner ausgehoben (6) u. über die eigene Schulter od. den eigenen Kopf nach hinten zu Boden geworfen wird.*
über|wür|zen ⟨sw. V.; hat⟩: *zu stark würzen:* ⟨oft im 2. Part.:⟩ die Suppe ist versalzen und überwürzt; überwürzte Speisen.
Über|zahl, die; -: **a)** *Mehrzahl, Mehrheit:* die Ü. der Vorschläge war unbrauchbar; Der Mangel ... verwandelt einen im Laufe der Zeit in ihren Augen, in den Augen einer unerhörten Ü., zum Wunderlichen, zum Einsamen (Kronauer, Bogenschütze 243); in diesem Beruf sind Frauen in der Ü.; **b)** (selten) *allzu große Anzahl:* die Ü. der Arbeitslosen stellt ein gefährliches Potential dar; **über|zah|len** ⟨sw. V.; hat⟩: *zu hoch bezahlen; überbezahlen:* mit 10 DM so eine Ware überzahlen; Ü ... so sei der ewige Verlust mit der Verzweiflungswonne eines Augenblicks nicht überzahlt (Th. Mann, Zauberberg 591); **über|zäh|len** ⟨sw. V.; hat⟩: *[noch einmal, schnell] nachzählen:* er überzählte sein Geld; Er überzählte seine Visa und Papiere (*prüfte sie auf ihre Vollständigkeit;* Remarque, Triomphe 428); **über|zäh|lig** ⟨Adj.⟩: *eine bestimmte Anzahl (die für etw. gebraucht wird) übersteigend:* -e Exemplare; ... baute das -e (*nicht zu einem Paar gehörende*) Weibchen ... ein ... Nest ganz für sich allein (Lorenz, Verhalten I, 45).
über|zeich|nen ⟨sw. V.; hat⟩: **1.** (Börsenw.) *Anteile (eines Wertpapiers o.ä.) in einem das Angebot übersteigenden Maße vorbestellen:* die Anleihe ist um 20% überzeichnet worden. **2.** *in zu stark vereinfachender, zugespitzter Weise darstellen:* der Autor des Romans hat die Figur des Vaters [stark] überzeichnet; ⟨oft im 2. Part.:⟩ an den Wänden hingen Poster mit erotisch überzeichneten Fabelwesen, wie sie in Alpträumen vorkommen (Frischmuth, Herrin 35); **Über|zeich|nung,** die; -, -en: *das Überzeichnen.*
Über|zeit, die; -, -en (schweiz.): *Zeit, die zusätzlich zu den festgelegten täglichen Arbeitsstunden gearbeitet wird; Überstunden:* Die geleistete Ü. entsprach dem vollen Pensum einer zusätzlichen Schwester (NZZ 12. 10. 85, 27); **Über|zeit|ar|beit,** die; - (schweiz.): *in Überstunden geleistete Arbeit;* **über|zeit|lich** ⟨Adj.⟩: *für alle Zeit Geltung habend, nicht zeitgebunden:* ein Kunstwerk mit -er Aussage; Die Kunst ist Fiktion wie der Anspruch an sie, das ü. Ideologiefreie zu sein (Saarbr. Zeitung 3. 10. 79, 6).
über|zeu|gen ⟨sw. V.; hat⟩ /vgl. überzeugt/ [mhd. überziugen, urspr. = jmdn. vor Gericht durch Zeugen überführen]: **1. a)** *jmdn. durch einleuchtende Gründe, Beweise dazu bringen, etw. als wahr, richtig, notwendig anzuerkennen:* jmdn. von der Richtigkeit einer Handlungsweise ü.; er hat mich von seiner Unschuld überzeugt; wir konnten ihn nicht [davon] ü./er war nur schwer [davon] zu ü./er ließ sich nicht [davon] ü., daß ...; seine Ausführungen haben mich nicht überzeugt; Später gelang es Eutyches, den Kaiser von der Wahrheit zu ü. (Thieß, Reich 499); **b)** *in seinen Leistungen den Erwartungen voll u. ganz entsprechen:* im Rückspiel wußte die Mannschaft zu ü.; Ich weiß zu gut, daß ich wieder nicht ü. konnte, doch stecke ich heute nicht auf (MM 27. 2. 74, 8); ⟨oft im 1. Part.:⟩ überzeugende (*einleuchtende, glaubhafte*) Gründe, Argumente, Beweise; eine Aufgabe überzeugend (*voll u. ganz befriedigend*) lösen; eine Rolle überzeugend spielen, verkörpern; was er sagt, klingt [für mich] [recht, nicht ganz] überzeugend. **2.** ⟨ü. + sich⟩ *sich durch eigenes Nachprüfen vergewissern:* sich persönlich, mit eigenen Augen von etwas ü.; du kannst dich jederzeit [selbst] davon ü., daß es so ist; bitte überzeugen Sie sich selbst!; Das Mädchen überzeugte sich von der Qualität der Adern in seiner Armbeuge (Fries, Weg 232); ⟨oft im 2. Part.:⟩ [felsen]fest, hundertprozentig von etw. überzeugt sein; ich bin davon überzeugt, daß er recht hat, daß er schafft, daß er der Täter ist, daß er lügt; ... wie man ihn in seiner Harmlosigkeit duldet, ihn von dessen Harmlosigkeit man überzeugt (Ott, Haie 245); Er sei von meiner Unschuld überzeugt (Frisch, Stiller 26); ich bin von ihm, seinen Leistungen nicht überzeugt (*habe keine allzu gute Meinung von ihm, seinen Leistungen*); er ist sehr von sich selbst überzeugt (*ist allzu selbstbewußt, recht eingebildet*); **über|zeugt** ⟨Adj.⟩: *fest an etw. Bestimmtes glaubend:* er ist ein -er Marxist; **Über|zeugt|heit,** die; -: *das Überzeugtsein;* **Über|zeu|gung,** die; -, -en: **1.** ⟨o. Pl.⟩ (seltener) *das Überzeugen* (1): die Ü. der Zweifler gelang ihm. **2.** *feste, unerschütterliche [durch Nachprüfen eines Sachverhalts, durch Erfahrung gewonnene] Meinung; fester Glaube:* jmds. religiöse, weltanschauliche, politische Ü.; es war seine ehrliche Ü.; seine Ü. klar, fest vertreten; die Ü. gewinnen/haben, daß ...; der Ü. sein, daß ...; etw. aus [innerer] Ü., mit Ü. tun; für seine Ü. eintreten; meiner Ü. nach/nach meiner Ü. ist ein Mensch ohne ein ...; sich von seiner Ü. nicht abbringen lassen; zu der Ü. kommen/gelangen, daß ...; Abgeordnete ..., die sich offen zu ihrer Ü. bekannten (Dönhoff, Ära 28); Ich habe ihn also gelobt, immer wieder, schon gegen meine Ü. (Brot und Salz 381); **Über|zeu|gungs|ar|beit,** die; -: *Bemühungen, die darauf abzielen, andere (bes. im politischen Bereich) von etw. zu überzeugen:* ehe dieses Konzept mehrheitsfähig werden kann, ist noch viel Ü. zu leisten; **Über|zeu|gungs|kraft,** die; -: *Fähigkeit zu überzeugen:* seinen Argumenten fehlt es leider an Ü.; Alec Guinness spielt wieder mit unnachahmlicher Ü. den Chef des Geheimdienstes Ihrer Majestät (Wochenpresse 13, 1984, 50); **Über|zeu|gungs|tä|ter,** der (Rechtsspr.): *jmd., der eine Straftat begangen hat, weil er sich dazu aufgrund seiner religiösen, politischen o.ä. Überzeugung berechtigt od. verpflichtet fühlt:* Ü Ich bin froh, daß es noch solch ehrliche Ü. gibt (ugs.; *Menschen, die sich strikt nach ihren Überzeugungen verhalten*) wie Alt in der CDU gibt (Spiegel 13, 1983, 12); **Über|zeu|gungs|tä|te|rin,** die; -, -nen (Rechtsspr.): w. Form zu ↑ Überzeugungstäter.
über|zie|hen ⟨unr. V.; hat⟩: **1.** *ein Kleidungsstück über den Körper od. einen Körperteil ziehen;* [*über etw. anderes*] *anziehen:* ich zog [mir] eine warme Jacke über; Sie können den Rock, Mantel auch gerne mal ü. (*anprobieren*). **2.** ** jmdm. ei-nen/eins, ein paar ü.* (*jmdm. einen Schlag, Schläge versetzen*): "mit dem Griffstück der Knarre ein paar übergezogen" (Spiegel 52, 1977, 79); **über|zie|hen** ⟨unr. V.; hat⟩ [mhd. überziehen = über etw. ziehen; bedecken; überfallen; besetzen; gewinnen; 3 a: im Bankw. Lehnbedeutung nach engl. to overdraw]: **1. a)** *mit einer [dünnen] Schicht von etw. bedecken od. umhüllen, als [dünne] Schicht von etw. auf der Oberfläche von etw. vorhanden sein:* die Torte mit Guß ü.; etw. mit Lack, einer isolierenden Schicht, einem Schutzfilm ü.; die glitzernden Eisblumen, die ... in unerschöpflichem Musterreichtum ... das ... Fenster überziehen (Kinski, Erdbeermund 44); ⟨oft im 2. Part.:⟩ von/mit etw. überzogen sein; An jeder gelb überzogenen Fibel (Ransmayr, Welt 229); Ü daß ganz Wien mit Blumenmärkten überzogen wird (Kurier 12. 5. 84, 17); **b)** *beziehen* (1a): etw. mit Leder, Stoff ü.; die Betten müssen frisch überzogen werden; Wer überzieht die preiswert Polstergarnitur? (Augsburger Allgemeine 6./7. 5. 78, 31). **2. a)** *nach u. nach bedecken:* Jetzt begann kalter Schweiß Brahms Gesicht zu ü. (Kirst, 08/15, 800); **b)** ⟨ü. + sich⟩ *sich nach und nach bedecken:* der Himmel überzog sich mit Wolken. **3. a)** *von etw.* (*was einem zusteht*) *zu viel in Anspruch nehmen:* sein Konto [um 300 DM] ü. (*[300 DM] mehr abheben, als auf dem Konto gutgeschrieben ist*); den Etat ü.; Er hatte die Mittagspause überzogen (*nicht pünktlich beendet;* Fels, Unding 37); der Moderator hat die Sendezeit [um] 3 Minuten überzogen (*hat 3 Minuten zuviel Sendezeit in Anspruch genommen*); ⟨auch o. Akk.-Obj.:⟩ Frank Elstner verfolgt peinlich genau die Uhr, um nicht zu ü. (IWZ 15, 1984, 16); **b)** *übertreiben, zu weit treiben:* man soll seine Kritik nicht ü.; ⟨oft im 2. Part.:⟩ der Hirsch-Kommentar sei „nicht nur im Ton überzogen, son-

Überzieher

dern auch in der Sache unberechtigt" (Spiegel 22, 1981, 86); eine überzogene Reaktion; durch maßlos überzogene Lohnforderungen (Zeit 6. 6. 75, 17). **4.** (bes. Tennis, Tischtennis) *mit Topspin spielen:* der Spieler überzog die hohen Bälle. **5.** (Fliegerspr.) *zu steil hochziehen:* Beim Überwinden der Hochspannungsleitung überzog er die Maschine, worauf sie in ein Schneefeld prallte (LNN 31. 7. 84, 28). **6.** *(mit etw.) heimsuchen* (2): sie überzogen das Land mit Krieg; Es könne nicht hingenommen werden, daß ... insbesondere mittlere und kleine Firmen mit Ermittlungen überzogen wurden (MM 18. 1. 82, 1); Die Drohungen und Erpressungen, mit denen er mich überzog (Amendt, Sexbuch 199); jmdn. mit einer Klage, mit Klagen ü. (Rechtsspr.; *gegen jmdn. klagen):* **Über|zie|her,** der; -s, -: **1.** *[leichter] Herrenmantel.* **2.** (salopp) *Präservativ;* **Über|zie|hung,** die; -, -en: *das Überziehen, Überzogenwerden;* **Über|zie|hungs|kre|dit,** der (Bankw.): *Dispositionskredit.*

über|züch|tet ⟨Adj.⟩: *(von Tieren u. Pflanzen) durch einseitige od. übertriebene Züchtung bestimmte Mängel aufweisend, nicht mehr gesund u. widerstandsfähig:* -e Rassen, Sorten; Ü Warum nicht mehr mit Fremdservice arbeiten statt mit -en Eigendiensten? (Tages Anzeiger 10. 7. 82,7); der Motor ist völlig ü.; **Über|züch|tung,** die; -, -en: *das Überzüchtetsein.*

über|zuckern¹ ⟨sw. V.; hat⟩: *mit Zucker bestreuen.*

Über|zug, der; -[e]s, ...züge: **1.** *Schicht, mit der etw. überzogen* (1 a) *ist:* die Torte hat einen Ü. aus Schokolade, Zucker; Holz mit einem Ü. aus klarem Lack. **2.** *auswechselbare Hülle, Bezug:* Überzüge für die Polster nähen.

über|zwerch [mhd. übertwerch, über twerch, zu ↑zwerch] (landsch., bes. südd., österr.): **I.** ⟨Adv.⟩ *quer; über Kreuz:* die Beine ü. legen. **II.** ⟨Adj.⟩ **1.** *verschroben; mürrisch:* ein -er Kerl. **2.** (landsch.) *übermütig.*

ubi be|ne, ibi pa|tria [lat., Kehrreim eines Liedes von F. Hückstädt, den ein Ausspruch Ciceros (Gespräche in Tusculum 5, 37) zurückgeht] (bildungsspr.): *wo es mir gutgeht, da ist mein Vaterland.*

Ubi|ka|ti|on, die; -, -en [zu lat. ubi = wo(hin)] (österr. veraltet): *militärische Unterkunft; Kaserne;* **Ubi|quist,** der; -en, -en [zu lat. ubique = überall] (Biol.): *in verschiedenen Lebensräumen ohne erkennbare Bindung an bestimmte Lebensgemeinschaften auftretende Tier- od. Pflanzenart;* **ubi|qui|tär** ⟨Adj.⟩ (bes. Biol.): *überall verbreitet;* **Ubi|qui|tät,** die; -, -en: **1.** ⟨o. Pl.⟩ (bes. Biol.) *das Nichtgebundensein an einen Standort.* **2.** ⟨o. Pl.⟩ (bes. Theol.) *Allgegenwart.* **3.** (Wirtsch.) *überall (in jeder Menge) erhältliches Gut.*

üb|lich ⟨Adj.⟩ [zu ↑üben, eigtl. = was geübt wird]: *den allgemeinen Gewohnheiten, Gebräuchen entsprechend; in dieser Art immer wieder vorkommend:* die -en Ausreden, Entschuldigungen; Cornelius machte seine -e Abendrunde durch das Haus (Danella, Hotel 60); wir verfahren nach der -en Methode; etw. zu den -en (*regulären*) Preisen verkaufen; das ist hier so, ist längst nicht mehr, ist allgemein ü.; Draußen an einem Tisch aus Granit, wie sie im Tessin ü. sind (Frisch, Montauk 191); Mein Vater war immer viel auf Reisen, was damals im Gegensatz zu heute keineswegs ü. war (Dönhoff, Ostpreußen 31); er kam wie ü. *(wie man es von ihm gewohnt ist)* zu spät; **üb|li|cher|wei|se** ⟨Adv.⟩: *gewöhnlich:* Der standfeste „Whisky-Kipper" vom Rhein ... verkehrte in Kreisen, in denen ein Staatsanwalt ü. seine Kunden sucht und nicht seine Freunde (Prodöhl, Tod 170); ... bekam er den Milzbrand, eine gefürchtete Gerberkrankheit, die ü. tödlich verläuft (Süskind, Parfum 42); **Üb|lich|keit,** die; -, -en: **a)** ⟨o. Pl.⟩ *das Üblichsein;* **b)** *etw., was üblich ist.*

U-Bo|gen, der; -s, - u. (bes. südd., österr.:) U-Bögen: *U-Haken.*

U-Boot, (militär. Fachspr. auch:) Uboot, das; -[e]s, -e: kurz für ↑Unterseeboot; **U-Boot-Be|sat|zung,** die: *Besatzung eines U-Boots;* **U-Boot-Ha|fen,** der: *Hafen für U-Boote;* **U-Boot-Krieg,** der: *Krieg, bei dem der Einsatz von U-Booten eine herausragende Rolle spielt.*

üb|rig ⟨Adj.⟩ [mhd. überec, zu ↑über]: **1.** *als letzter, als Rest noch vorhanden; verbleibend, restlich:* die -en Sachen; Übriges *(für nicht lebensnotwendige Ausgaben verfügbares) Geld* war nie, auch Vater hatte kaum einmal etwas (Wimschneider, Herbstmilch 22); alle -en *(anderen)* Gäste sind bereits gegangen; von der Suppe ist noch etwas ü.; ich habe noch etwas Geld ü.; ein -es (seltener; *noch ein)* Mal; er, sie kann es auch nicht besser als die -en *(anderen);* das, alles -e *(andere, weitere)* erzähle ich dir später; * **ein -es tun** *(das tun, was als letzte, abschließende Maßnahme noch getan werden kann):* ist hier völlig ü. und rufe ihn an; **für jmdn. etw., nichts ü. haben** *(für jmdn. [keine] Sympathie empfinden):* Kafka habe ... für Heinrich Mann nichts ü. gehabt (Reich-Ranicki, Th. Mann 101); **für etw., nichts ü. haben** *(an etw. [kein] Interesse haben):* für Sport hat er nichts ü.; **im -en** *(abgesehen von diesem einen Fall; ansonsten, außer, zudem):* [und] im -en ist der Meinung, daß ... **2.** (selten) *überflüssig:* er ist hier völlig ü.; **üb|rig|be|hal|ten** ⟨st. V.; hat⟩: *als Rest von etw. behalten:* falls du [noch etwas] Farbe übrigbehältst, bewahre sie gut auf; **üb|rig|blei|ben** ⟨st. V.; ist⟩: *als Rest [zurück]bleiben, verbleiben:* von der Torte ist nichts, sind zwei Stücke übriggeblieben; von seiner anfänglichen Begeisterung ist nicht viel übriggeblieben; Von den ehemals 8 000 Arbeitsplätzen sollen nur noch knapp 2 000 ü. (anderen 2, 1991, 55); * **jmdm. bleibt nichts [anderes/weiter] ü. [als ...]** *(jmd. kann nichts anderes tun, hat keine andere Wahl [als ...]):* es bleibt ihm ja auch gar nichts anderes übrig [als es zu tun]; **üb|ri|gens** ⟨Adv.⟩ [zu ↑übrig, wohl geb. nach ↑erstens usw.]: *nebenbei bemerkt:* du könntest mir ü. einen Gefallen tun; ü., hast du davon schon gehört?; Dieser trockene Mensch spielte als Hobby Posaune, sehr schön ü. (Bastian, Brut 42); **üb|rig|las|sen** ⟨st. V.; hat⟩: *als Rest zurücklassen, nicht verbrauchen:* Zeit genug für die Geier, die nicht viel davon übrigließen (Grzimek, Serengeti 119); laßt mir etwas davon übrig! *(hebt mir etw. davon auf!);* [nichts, viel, sehr o. ä.] **zu wünschen ü.** *(den Erwartungen [voll u. ganz, überhaupt nicht] entsprechen):* seine Arbeitsleistung läßt zu wünschen übrig (Loest, Pistole 28); der Service ließ einiges, sehr, nichts zu wünschen übrig; Dieses war ein Befehl gewesen, der an Deutlichkeit nichts zu wünschen übriggelassen hatte (Kirst, 08/15, 106).

Übung, die; -, -en [mhd. üebunge, ahd. uobunga]: **1.** ⟨o. Pl.⟩ **a)** *das Üben:* das macht die Ü.; Dabei leistete mir eine lange spielerische Ü., die Handschrift meines Vaters nachzuahmen, vorzügliche Dienste (Th. Mann, Krull 42); das ist alles nur Ü. *(Übungssache);* das erfordert [viel] Ü.; etw. zur Ü. tun; Spr Ü. macht den Meister; **b)** *durch häufiges Wiederholen einer bestimmten Handlung erworbene Fertigkeit; praktische Erfahrung:* keine, nicht genügend Ü. haben; außer Ü. sein; in der Ü. sein, bleiben; ich muß wieder aktzeichnen, sonst komme ich aus der Ü. (Goldschmidt, Garten 18). **2. a)** *Material u. Anleitung zum Üben von im Unterricht Gelerntem, Übungsaufgabe, Übungsstück* (a): -en zur Rechtschreibung, zur Bruchrechnung; ein Lehrbuch, eine Grammatik mit -en; **b)** *Übungsstück* (b): -en für Flöte; eine Ü. immer wieder spielen, noch einmal wiederholen. **3.** (bes. Sport) *[zum Training häufig wiederholte] Folge bestimmter Bewegungen:* eine leichte, schwierige Ü. am Stufenbarren; eine gymnastische Ü. zur Entspannung der Wirbelsäule; eine Ü. am Reck turnen; er beendete seine Ü. mit einem doppelten Salto; während ich doch nach Träumerart körperlichen -en *(sportlicher Betätigung)* von jeher durchaus abhold gewesen war (Th. Mann, Krull 80). **4.** *als Probe für den Ernstfall durchgeführte Unternehmung:* an einer militärischen Ü. teilnehmen; die Feuerwehr rückt zu einer Ü. aus. **5.** *Lehrveranstaltung an der Hochschule, in der etw., bes. das Anwenden von Grundkenntnissen, von den Studenten geübt wird:* eine Ü. in Althochdeutsch, über Goethes Lyrik abhalten, ansetzen; an einer Ü. teilnehmen. **6.** (kath. Rel.) *der inneren Einkehr dienende Betrachtung, Meditation* (2) *als Teil der Exerzitien:* Mönch unterzieht sich den täglichen geistlichen -en. **7. a)** (landsch., bes. südd., österr., schweiz.) *Brauch, Sitte, Gewohnheit:* Er machte Miene aufzustehen, um in alter Ü. zwischen Schreibtisch hin und her zu gehen (Bieler, Mädchenkrieg 363); **b)** (bes. Rechtsspr.) *Art und Weise, etw. Bestimmtes regelmäßig zu handhaben, Gepflogenheit, Praxis* (1 b): tarifvertragliche Normen oder betriebliche -en müssen beim Abschluß einer Vereinbarung beachtet werden (NJW 18, 1984, XI); Das sind nach der tatsächlichen Ü. aller Presseorgane nur seltene Ausnahmefälle (NJW 19, 1984, 1133); Im Gegensatz zu der Ü. beider Häuser des Kongresses, jeweils ad hoc Vermittlungsausschüsse ... zu bilden, ... (Fraenkel, Staat 237). **8.** (bes. schweiz.) *Unternehmen* (1), *Unterfangen:* Vor einigen Tagen

nun schien die ganze Ü. plötzlich wieder in Frage gestellt (Basler Zeitung 12. 5. 84, 11); Die Schwierigkeiten und Kosten dieser Ü. wurden aber unterschätzt (NZZ 30. 4. 83, 15); **Übungs|ar|beit,** die: *[Klassen]arbeit, die der Einübung des Gelernten dient [u. nicht zensiert wird];* **Übungs|auf|ga|be,** die: *Aufgabe zur Einübung des Gelernten:* das Lateinbuch, Mathematikbuch enthält zahlreiche -n; **Übungs|be|hand|lung,** die (Med.): *Bewegungstherapie;* **Übungs|buch,** das: *Lehrbuch, das [nur] Übungen* (2a), *Übungsaufgaben, Übungsstücke* (a) *enthält;* **Übungs|fir|ma,** die: *(imaginäre) Firma für Ausbildungszwecke:* Selbst eine Pleite und Fusion können Übungsfirmen simulieren (MM 24. 9. 80, 21); **Übungsflug,** der (bes. Milit.): *der Übung, dem Training dienender Flug:* einen Ü. absolvieren; zu einem Ü. starten; **Übungs|ge|län|de,** das: *Gelände für militärische Übungen;* **Übungs|ge|rät,** das (Turnen): *Turngerät, an dem nur im Training geturnt wird;* **übungs|hal|ber** ⟨Adv.⟩: *zur Übung* (1 a); **Übungs|hang,** der (Skifahren): *nicht zu steiler Hang, an dem das Skifahren erlernt u. geübt wird;* **Übungs|kurs,** der: *Kurs, in dem erworbene Fertigkeiten geübt werden;* **Übungs|lei|ter,** der: *jmd., der in einer Organisation in leitender Funktion für den Bereich des Übens, für das Training o. ä. zuständig ist;* **Übungs|lei|te|rin,** die: w. Form zu ↑ Übungsleiter; **übungs|mä|ßig** ⟨Adj.⟩: *zur Übung* (1 a) *erfolgend;* **Übungs|mit|tel,** das: *im Unterricht, in der Vorschulerziehung u. im Kindergarten verwendetes Arbeitsmittel, mit dem bestimmte Fertigkeiten eingeübt werden;* **Übungs|mu|ni|ti|on,** die: *Munition, bes. Patronen* (1), *bei der das sonst übliche Geschoß durch eine entsprechende Nachbildung aus Kunststoff ersetzt ist;* Platzpatrone; **Übungs|platz,** der: 1. vgl. Übungsgelände. 2. *Sportplatz, der nur für das Training (u. nicht für Wettkämpfe) genutzt wird;* **Übungs|ritt,** der: *übungsmäßiger Ritt;* **Übungs|sa|che,** die, in der Wendung *etw. ist [reine] Ü. (etw. kann nur durch Übung 1 erlernt, beherrscht werden);* **Übungs|schie|ßen,** das: *[militärische] Übung, bei der das Schießen gelernt, geübt, trainiert wird;* **Übungs|stück,** das: a) *kurzer Text für Schüler zum Übersetzen u. Einüben im Sprachunterricht Gelernten;* b) (Musik) *kurzes Musikstück, an Hand dessen das Spielen auf einem Instrument geübt wird; Etüde;* **Übungs|teil,** der (Sport): *Teil einer Übung* (3); **Übungsthe|ra|pie,** die (Med.): *Bewegungstherapie;* **Übungs|zweck,** der: *in der Einübung einer bestimmten Fertigkeit bestehender Zweck:* für -e; zu -en.
Uchą, die; - [russ. ucha]: *russische Fischsuppe mit Graupen.*
Uchi-Ma|ta [ʊtʃi...], der; -s, -s [jap., aus: uchi = inner... u. mata = Oberschenkel] (Judo): *Wurf, bei dem das rechte Bein zwischen den Beinen des Gegners durchgeschwungen u. der Gegner über die rechte Hüfte geworfen wird.*
Ucht, Uch|te, die; -, ...ten [mniederd. uhte, asächs. uhta, H. u.] (nordd. veraltend): *Morgendämmerung.*
Ud, die; -, -s [arab. ʿūd, eigtl. = Holz]: *(in der arab. Musik) Laute mit 4 bis 7 Saitenpaaren.*
u. d. ä. = und dem ähnliche[s].
Udel, der; -s, - [H. u.] (landsch. ugs. abwertend): *Polizist.*
u. desgl. [m.] = und desgleichen [mehr]; **u. dgl. [m.]** = und dergleichen [mehr].
Udi|to|re, der; - u. -n, ...ri u. -n [ital. uditore, eigtl. = Zuhörer, < lat. auditor, zu: audire = hören]: *Auditor* (1).
u. d. M. = unter dem Meeresspiegel; **ü. d. M.** = über dem Meeresspiegel.
Udo|me|ter, das; -s, - [zu lat. udus = feucht, naß u. ↑-meter (1)] (Met.): *Regenmesser.*
UdSSR, die; - [Abk. für Union der Sozialistischen Sowjetrepubliken]: Abk. des amtlichen Namens der ehem. Sowjetunion.
u. E. = unseres Erachtens.
UEFA, die; - [Kurzwort für frz. Union Européenne de Football Association]: Europäischer Fußballverband.
U-Ei|sen, das; -s, -: *Eisenstück in der Form eines U.*
UFA ⓌⓏ, die; - [Kurzwort für Universum-Film-AG]: deutsches Filmunternehmen (Zusammenschluß der wichtigsten Filmproduzenten).
Ufer, das; -s, - [mhd. uover, mniederd. över, wahrsch. alte Komparativbildung zu ↑ ab u. eigtl. = weiter rückwärts gelegener Teil (vom Binnenland aus gesehen)]: *Bereich, in dem der Spiegel* (2 a) *eines Gewässers, bes. eines Binnengewässers, an einer gelegenen Land grenzt:* ein steiles, flaches, hohes, felsiges, sumpfiges, schilfbewachsenes U.; das gesamte U. des Sees befindet sich in Privatbesitz, ist bewaldet; das gegenüberliegende, jenseitige, diesseitige U. [des Flusses, des Sees]; das westliche, linke U. [des Rheins] ist französisch; Unser U. liegt nämlich hoch. Ziemlich hoch (Nossack, Begegnung 46); Gemauerte U., Boote auf ölhäutigem Wasser, kleine Schiffe, Wasserdunst (Strittmatter, Wundertäter 401); das U. befestigen; das [sichere] U. erreichen; ans U. schwimmen; wir ließen uns ans andere U. [des Flusses] rudern; er konnte sich an das U. einer kleinen Felseninsel retten; Die Maschine des Schleppers wurde überlaut, das Wasser schlug klatschend ans U. (Simmel, Affäre 417); die Stadt liegt an beiden -n der Donau; der Fluß ist über die U. getreten (hat das umliegende Land überflutet); Ü zu neuen -n (neuen Zielen, einem neuen Leben entgegen); ** vom anderen U. sein* (ugs.; *homosexuell sein);* **Ufer|bau,** der ⟨Pl. -ten⟩: *am Ufer [zu dessen Befestigung] errichtetes Bauwerk;* **Ufer|be|fe|sti|gung,** die: 1. *das Befestigen eines Ufers.* 2. *feste Anlage od. Bepflanzung, die das Ufer gegen Abspülungen durch das Wasser schützen soll;* **Ufer|bö|schung,** die: *Böschung an einem Ufer;* **Ufer|fil|trat,** das (Fachspr.): *aus einem Gewässer in den Boden der Uferregion gelangtes Wasser:* Trinkwasser aus U.; **Ufer|fil|tra|ti|on,** die (Fachspr.): *das Eindringen des Wassers oberirdischer Gewässer durch die Sohle* (3) *od. das Ufer in den Untergrund;* **Ufergeld,** das: *in Häfen behördlich festgesetzte Gebühr für die Benutzung des Ufers zum Be- u. Entladen;* **Ufer|land|schaft,** die: vgl. Flußlandschaft; **Ufer|läu|fer,** der: *kleiner, an Flußufern lebender, olivbrauner (an der Unterseite weißer) Schnepfenvogel;* **Ufer|li|nie,** die: *Begrenzungslinie eines Gewässers bei einem bestimmten Wasserstand;* **ufer|los** ⟨Adj.; -er, -este⟩ (emotional): *ohne Maß u. ohne Ende; grenzenlos [ausufernd]:* die -e Korruption der Mächtigen (Weltwoche 17. 9. 87, 13); daß sie (= die aufklärerische Forschung) ... einen noch -eren Empirismus hervorbringt (Sloterdijk, Kritik 568); da ja kein verantwortungsbewußter Finanzpolitiker u. anschwellende Ausgaben tolerieren kann (Süddt. Zeitung 1. 3. 86, 155); ⟨subst.:⟩ Wir würden ins Uferlose geraten, wollten wir aufzählen, was die blitzschnell dahinsausende Kugel alles anrichtete (Kusenberg, Mal 87); *** ins -e gehen** *(zu keinem Ende führen):* die Diskussion ging ins -e; **Ufer|lo|sig|keit,** die: *das Uferlossein;* **Ufer|pro|me|na|de,** die: vgl. Strandpromenade; **Ufer|re|gi|on,** die: *Region, Bereich am Ufer eines Gewässers;* **Ufer|schnep|fe,** die: *bes. an Ufern von Flüssen u. Seen lebender, auf rostbraunem Grund schwarz u. grau gezeichneter Schnepfenvogel;* **Ufer|schutz,** der: *Uferbefestigung* (2); **Ufer|schwal|be,** die: *kleine, erdbraune, an der Unterseite weiße Schwalbe, die in [steilen] Hängen [an Flußufern] nistet;* **Ufer|si|che|rung,** die: *Uferbefestigung* (2); **Ufer|stra|ße,** die: *am Ufer entlangführende Straße; Quai* (b); **Ufer|strei|fen,** der: *am Ufer sich entlangziehender Streifen Land;* **Ufer|weg,** der: *am Ufer entlangführender Weg;* **Ufer|zo|ne,** die: vgl. Uferregion.
uff ⟨Interj.⟩: *[abschließend-bekräftigende] Äußerung im Zusammenhang mit einer Anstrengung, Belastung u., das war schwer!;* Entertainment mit den holländischen Sänger, Violinvirtuosen, Tänzer, Pantomimen, Clown, Poeten, Parodisten und - u. Komiker (Spiegel 48, 1983, 256); Ü ⟨subst.:⟩ ein hörbares Uff! *(eine deutliche Erleichterung)* mischte sich in das Bedauern (Spiegel 44, 1982, 22).
u. ff. = und folgende [Seiten].
Uffz. = Unteroffizier.
UFO, Ufo, das; -[s], -s [Kurzwort aus engl. **u**nidentified **f**lying **o**bject]: *[für ein außerirdisches Raumfahrzeug gehaltenes] unbekanntes n. nicht identifiziertes Flugobjekt:* Das andere Ufo schwebte nur knapp 500 Meter ... entfernt dicht über dem Boden (MM 24. 5. 77, 14); er will ein U. gesehen, gesichtet, beobachtet haben; daß ihre unglaubliche Geschichte der von einwöchigen „Entführung" Fontaines durch ein UFO nur ein Ulk war (Saarbr. Zeitung 6. 12. 79, 15); **Ufo|lo|ge,** der; -n, -n: Anhänger der Ufologie; **Ufo|lo|gie,** die; - [engl. ufology]: *in den USA entstandene Heilslehre, nach der außerirdische Wesen auf die Erde kommen, um sie zu erretten;* **Ufo|lo|gin,** die; -, -nen: w. Form zu ↑ Ufologe.
U-för|mig ⟨Adj.⟩: *in der Form eines U:* ein -es Rohr; der Magnet ist U.
Ugan|da; -s: Staat in Afrika; **Ugan|der,** der; -s, -: Ew.; **Ugan|de|rin,** die; -, -nen: w. Form zu ↑ Ugander; **ugan|disch** ⟨Adj.⟩.

uh ⟨Interj.⟩: Ausruf des Widerwillens, Abscheus, Grauens: uh, wie kalt!
U-Haft, die; -: kurz für ↑Untersuchungshaft: in U. sitzen; jmdn. in U. nehmen.
U-Häk|chen, das; -s, -, **U-Ha|ken,** der; -s, -: *kleiner, nach oben offener Bogen, der in der [deutschen] Schreibschrift zur Unterscheidung vom n über das kleine u gesetzt wird.*
Uher|type [...taip], die; -, -s [nach E. Uher u. zu ↑Linotype] (Druckw.): *erste Lichtsetzmaschine.*
Uhr, die; -, -en [mhd. ūr(e), (h)ōre < mniederd. ūr(e) = Stunde < afrz. (h)ore < lat. hōra, ↑Hora]: **1.** *Instrument* (1), *mit dem die Zeit durch Zeiger auf einem Zifferblatt od. unmittelbar durch Ziffern angegeben wird:* eine mechanische, elektrische, automatische, wasserdichte, goldene, wertvolle, kostbare, genau gehende, quarzgesteuerte U.; die U. tickt, geht vor, ist stehengeblieben, zeigt halb zwölf, schlägt Mittag; Die U. im Glaskasten an der Wand hatte inzwischen mit unpersönlicher Sachlichkeit die Zeit abgependelt (Thieß, Legende 51); die U. aufziehen, [richtig] stellen; auf die U. sehen; auf, nach meiner U. ist es halb sieben; die Trappen werden nach der U. *(zu bestimmten Uhrzeiten)* gefüttert (Frischmuth, Herrin 38); Ü eine innere U. *(ein genaues Zeitgefühl)* haben: Bericht über die „innere biologische U.", die den Schlaf-Wach-Rhythmus des Menschen bestimmt (Hörzu 40, 1989, 98); * **jmds. U. ist abgelaufen** *(jmd. wird bald sterben, ist gerade gestorben);* **irgendwo gehen/ticken die -en anders** *(irgendwo gelten andere Maßstäbe, ist das [öffentliche] Leben anders geregelt):* Im Schwabenland gehen die -en jedoch anders (CCI 5, 1988, 49); Bayerns -en gehen anders (MM 16. 10. 86, 4); ... als ob hinter den Pyrenäen die -en noch immer anders tickten und erst jetzt auf europäische Verhältnisse einreguliert würden (Zeitmagazin 31, 1986, 5); **wissen, was die U. geschlagen hat** *(ugs.; wie die Lage wirklich ist);* **rund um die U.** (ugs.; *durchgehend im 24-Stunden-Betrieb, Tag und Nacht):* die Autobahnraststätten sind rund um die U. geöffnet; rund um die U. erreichbar sein; Mit acht Studenten, die in drei Schichten rund um die U. arbeiten ... (Hörzu 11, 1976, 49). **2.** *bestimmte Stunde der Uhrzeit:* ist U. mir zu früh; es ist genau/Punkt acht U.; wieviel U. ist es *(welche Uhrzeit haben wir)?;* es geschah gegen drei U. morgens, nachts, früh; der Zug fährt [um] elf U. sieben/11.07 U.; um wieviel U. *(zu welcher Uhrzeit)* seid ihr verabredet?; Sprechstunde von 16 bis 19 U.; Zeichen: ʰ; **Uhr|arm|band, Uhr|band,** das ⟨Pl. ...bänder⟩: *Armband, mit dem eine Armbanduhr am Handgelenk gehalten wird;* **Ühr|chen,** das; -s, -: Vkl. zu ↑Uhr (1); **Uh|ren|bau|er,** der; -s, -: *Uhrenfabrikant;* **Uh|ren|baue|rin,** die: w. Form zu ↑Uhrenbauer; **Uh|ren|fa|brik,** die: *Fabrik, in der Uhren hergestellt werden;* **Uh|ren|fa|bri|kant,** der: *Betreiber, Besitzer einer Uhrenfabrik;* **Uh|ren|fa|bri|kan|tin,** die: w. Form zu ↑Uhrenfabrikant; **Uh|ren|fa|bri|ka|ti|on,** die: *Herstellung von Uhren;* **Uh|ren|ge|häu|se,** das: *Uhrge-*
häuse; **Uh|ren|ge|schäft,** das: *Fachgeschäft für Uhren;* **Uh|ren|in|du|strie,** die: *Uhren herstellende Industrie;* **Uh|ren|ka|sten,** der: *Gehäuse einer Stand-, Wanduhr;* **Uh|ren|la|den,** der: *Uhrengeschäft;* **Uh|ren|ra|dio,** das: *Radio, das mit einer Uhr kombiniert ist, die als Wecker funktioniert u. zur eingestellten Zeit das Radio einschaltet;* **Uhr|fe|der,** die: *zu einem Uhrwerk gehörende Feder;* **Uhr|ge|häu|se,** das: *Gehäuse* (1) *einer Uhr;* **Uhr|glas,** das: *Glas über dem Zifferblatt einer Uhr;* **Uhr|glas|na|gel,** der (Med.): *Finger- od. Zehennagel mit einer übermäßigen, uhrglasartigen Wölbung;* **Uhr|ka|sten,** der: *kastenartiges Gehäuse* (1) *einer (Stand-, Wand)uhr;* **Uhr|ket|te,** die: *Kette zum Befestigen einer Taschenuhr an der Kleidung;* **Uhr|ma|cher,** der: *Handwerker, der Uhren verkauft u. repariert* (Berufsbez.); **Uhr|ma|che|rei,** die; -, -en: **1.** ⟨o. Pl.⟩ *Handwerk des Uhrmachers:* die U. erlernen. **2.** *Werkstatt des Uhrmachers;* **Uhr|ma|cher|hand|werk,** das: *Handwerk des Uhrmachers; Uhrmacherei;* **Uhr|ma|che|rin,** die: w. Form zu ↑Uhrmacher; **Uhr|ma|cher|mei|ster,** der: *Meister im Uhrmacherhandwerk;* **Uhr|ma|cher|mei|ste|rin,** die: w. Form zu ↑Uhrmachermeister; **Uhr|ma|cher|werk|statt,** die: *Werkstatt eines Uhrmachers;* **Uhr|pen|del,** das: *Pendel einer Uhr; Perpendikel;* **Uhr|schlüs|sel,** der: *Schlüssel zum Aufziehen einer mechanischen Uhr;* **Uhr|ta|sche,** die: *kleine Tasche (im Anzug, in der Weste) für eine Taschenuhr;* **Uhr|werk,** das: *Werk* (6) *der Uhr;* **Uhr|zei|ger,** der: *in der Mitte des Zifferblatts angebrachter u. um die sich drehender Zeiger einer Uhr, der die Stunden bzw. Minuten anzeigt;* **Uhr|zei|ger|rich|tung,** die (selten): *Uhrzeigersinn;* **Uhr|zei|ger|sinn,** der: *Richtung, in der die Zeiger einer Uhr umlaufen:* sich entgegen dem U. drehen; Auf einem Rennkurs, der im U. befahren wird, gilt im Prinzip: rechts fahren und links überholen (Frankenberg, Fahren 185); **Uhr|zeit,** die: *durch die Uhr angezeigte Zeit:* kannst du mir die genaue U. sagen?; jeden Tag zur gleichen U.; **Uhr|zeit|an|ga|be,** die: *Angabe einer Uhrzeit.*
Uhu, der; -s, -s [aus dem Ostmd., lautm.]: *(zu den Eulen gehörender) großer, in der Dämmerung jagender Vogel mit gelbbraunem, dunkelbraun gefleckktem Gefieder, großen, orangeroten Augen, dickem, rundem Kopf u. langen Federn an den Ohren.*
ui ⟨Interj.⟩: Ausruf staunender Bewunderung; **ui je** ⟨Interj.⟩ (österr.): *oje.*
Ukas, der; -ses, -se [russ. ukaz, zu: ukazat' = auf etw. hinweisen; befehlen] (scherzh.): *Anordnung, Erlaß:* ein U. der Regierung; ein ministerieller U.; einen U. erlassen, befolgen; Nach diesem U. zum Schutz der Landessprache gegen Überfremdung soll unter anderem der Düsenjäger künftig nicht mehr „Jet", sondern „Avion à réaction" genannt werden (Welt 11. 11. 76, 1).
Uke|lei, der; -s, -e u. -s [aus dem Slaw.]: *silberglänzender Karpfenfisch mit blaugrünem Rücken;* ²*Laube.*
UKG = Ultraschallkardiographie.
Ukrai|ne [auch: ...'krai...], die; -: *Staat im Südwesten Osteuropas;* **Ukrai|ner** [auch:
...'krai...], der; -s, -: Ew.; **Ukrai|ne|rin** [auch: ...'krai...], die; -, -nen: w. Form zu ↑Ukrainer; **ukrai|nisch** [auch: ...'krai...] ⟨Adj.⟩; **Ukrai|nisch** [auch: ...'krai...], das; -[s], u. ⟨nur mit best. Art.:⟩ **Ukrai|ni|sche** [auch: ...'krai...], das; -n: *Sprache der Ukrainer.*
Uku|le|le, die od. das; -, -n [hawaiisch ukulele, eigtl. = hüpfender Floh]: *kleine Gitarre mit 4 Stahlsaiten.*
UKW [uːkaːˈveː, auch: '– – –] ⟨o. Art.⟩: kurz für ↑Ultrakurzwelle: UKW einstellen; auf UKW senden; **UKW-Emp|fang,** der: *Rundfunkempfang auf Ultrakurzwelle;* **UKW-Emp|fän|ger,** der: *Rundfunkempfänger für Ultrakurzwelle;* **UKW-Sen|der,** der: vgl. UKW-Empfänger.
Ul, die; -, -en [mniederd. ule] (nordd.): **1.** *Eule* (1): Spr was dem einen sin Ul, ist dem andern sin Nachtigall *(was der eine überhaupt nicht mag, kann für den anderen höchst erstrebenswert sein).* **2.** *Eule* (3).
Ulan, der; -en, -en [poln. ułan < türk. oğlan = Knabe, Bursche] (früher): *leichter Lanzenreiter.*
Ulan Ba|tor: Hauptstadt der Mongolei.
Ulan|ka, die; -, -s [poln. ułanka]: *zweireihiger, kurzer Waffenrock der Ulanen.*
Ul|cus, das; -, ...cera: med. fachspr. für ↑Ulkus.
Ule|ma, der; -s, -s [arab. ulamā']: *islamischer Rechts- u. Religionsgelehrter.*
ul|len ⟨sw. V.; hat⟩ [zu ↑Ul (2)] (nordd.): *mit einem [Hand]besen reinigen, fegen;* **Ulen|flucht,** die [zu ↑²Flucht] (nordd.): **1.** ⟨o. Pl.⟩ (dichter.) *Dämmerung; Zeit, in der die Eulen fliegen.* **2.** *Dachöffnung im Haus (durch die die Eulen fliegen können).*
Uli|tis, die; -, ...itiden [zu griech. oūlon = Zahnfleisch] (Med.): *Zahnfleischentzündung.*
Ulk, der; -[e]s, seltener -es, -e ⟨Pl. selten⟩ [urspr. Studentenspr., aus dem Niederd. < mniederd. ulk = Lärm, Unruhe, Händel, lautm.]: *Spaß, lustiger Unfug; Jux:* einen U. machen; [seinen] U. mit jmdm. treiben; er hat es nur aus U. getan, gesagt.
Ülk, der; -[e]s, -e [niederd. Ülk, Ilk, mniederd. ilke, ülke] (nordd.): *Iltis.*
ul|ken ⟨sw. V.; hat⟩: *[mit jmdm.] Ulk machen:* mit jmdm. u.; du ulkst ja bloß!; **Ul|ke|rei,** die; -, -en: **a)** ⟨o. Pl.⟩ *das Ulken:* seine ewige U. geht mir langsam auf die Nerven; **b)** *Spaß, Ulk:* Insgeheim neidete sie den anderen, wie unbesorgt ihr Gelächter gewesen war, wie unbedenklich die eine über die Verhältnisse im Krankenhaus (Johnson, Ansichten 201); **ul|kig** ⟨Adj.⟩ (ugs.): **a)** *spaßig, komisch, lustig:* -e Zeichnungen, Verse, Geschichten; mit der Pappnase sah er wirklich u. aus; er kann so u. erzählen; **b)** *seltsam, absonderlich:* er ist ein -er Mensch, Vogel; ein -es Gefühl, Benehmen; Was er bloß heute wieder für 'nen -en Schlips umhatte! So 'ne Mischung aus Schnürsenkel und Stocklocke (Brot und Salz 383); Auf dem breiten Körper saß ein viel zu kleiner Kopf. Der Mann hatte keinen Hals. Eine -e Erscheinung (v. d. Grün, Irrlicht 20); es ist doch irgendwie u., daß er sich plötzlich überhaupt nicht mehr blicken läßt; **Ulk|na|me,** der: *Spitz-*

name; **Ulk|nu|del,** die (ugs.): *ulkige (a) Nudel (4).*

Ul|kus, das; -, Ulzera [lat. ulcus (Gen.: ulceris)] (Med.): *Geschwür, schlecht heilende Wunde in der Haut od. Schleimhaut;* **Ul|kus|krank|heit,** die (Med.): *chronisches Auftreten von Geschwüren im Bereich des Magens u. Zwölffingerdarms.*

Ul|ler, der; -s, - [nach Ull(r), dem german. Gott des Bogenschießens u. Skilaufens]: *Talisman [der Skifahrer].*

¹Ulm: Stadt an der Donau.

²Ulm, ¹Ul|me, die; -, ...men [landsch. Nebenf. von ↑ ¹Holm] (Bergmannsspr.): *Seitenwand eines Stollens.*

²Ul|me, die; -, -n [spätmhd. ulme, mhd. ulmboum, entlehnt aus od. urverw. mit lat. ulmus, eigtl. = die Rötliche, Bräunliche, nach der Farbe des Holzes]: **1.** *Laubbaum mit eiförmigen, gesägten Blättern u. büschelig angeordneten Blüten u. Früchten; Rüster (1).* **2.** *Holz der Ulme; Rüsternholz;* **Ul|men|blatt,** das: *Blatt der Ulme;* **Ul|men|ster|ben,** das; -s: *durch einen Schlauchpilz verursachte Krankheit der Ulme.*

¹Ul|mer, der; -s, -; Ew.; **²Ul|mer** ⟨indekl. Adj.⟩; **Ul|me|rin,** die; -, -nen: w. Form zu ↑ ¹Ulmer.

Ul|na, die; -, Ulnae [...nɛ; lat. ulna] (Anat.): *Elle (1);* **ul|nar** ⟨Adj.⟩ (Med.): *zur Elle (1) gehörig, auf sie bezüglich;* **Ul|naris,** der; -, ...res (Med.): *Nerv der Elle (1).*

Ulo|se, die; -, -n [zu griech. oulē = vernarbte Wunde] (Med.): *Narbenbildung.*

Ul|ster ['ʊlstɐ, engl.: 'ʌlstə], der; -s, - [engl. ulster, nach der früheren nordir. Provinz Ulster, wo der Stoff zuerst hergestellt u. Mäntel daraus gefertigt wurden]: **1.** *loser, zweireihiger Mantel aus Ulsterstoff [für Herren] mit Rückengürtel u. breiten* ¹*Revers.* **2.** *aus grobem Streichgarn hergestellter, gerauhter Stoff;* **Ul|ster|stoff,** der: *Ulster (2).*

ult. = ultimo; **Ul|ti|ma,** die; -, ...mä u. ...men [zu lat. ultimus = der äußerste, letzte] (Sprachw.): *letzte Silbe eines Wortes;* **Ul|ti|ma ra|tio,** die; - - [lat.; ↑ Ratio] (geh.): *letztes geeignetes Mittel, letztmöglicher Weg:* Weil sie wissen, daß sie von den Volksmassen hoffnungslos isoliert sind, ... sind Panzer ihre U. r. (Spiegel 28, 1976, 78); **ul|ti|ma|tiv** ⟨Adj.⟩ [1.: zu ↑ Ultimatum, 2.: zu lat. ultimus, ↑ Ultima]: **1.** *mit Nachdruck [fordernd]; in der Art eines Ultimatums [erfolgend]:* -e Forderungen; Chruschtschow zwar ließ seine -en Drohungen ... in Vergessenheit geraten (W. Brandt, Begegnungen 36); ... erhielt die „Freie Presse" einen Anruf, der u. zu einer Berichtigung des Artikels ... aufforderte (Freie Presse 14. 2. 80, 1). **2.** (bes. Werbespr.) *sich nicht mehr verbessern lassend, das höchste Stadium einer Entwicklung darstellend:* die -e Videoanlage; Topstars, Topstory und höchste Dramatik – das SZ-Magazin bastelt die -e Vorabendserie (SZ 3. 6. 94, 1); Perot ist der -e *(mit Abstand beste)* Computermann und Programmierer der Volksseele (Rheinpfalz 11. 6. 92, 3); **Ul|ti|ma|tum,** das; -s, ...ten (österr. nur so) u. -s [mlat. ultimatum, subst. 2. Part. von kirchenlat. ultimare = zu Ende gehen, zum Ende kommen, im letzten Stadium sein < lat. ultimare, zu: ultimus, ↑ Ultima] (bildungsspr.): *[auf diplomatischem Wege erfolgende] Aufforderung, eine schwebende Angelegenheit befriedigend zu lösen unter Androhung harter Gegenmaßnahmen, falls der andere nicht Folge leistet:* Auf sechs Monate ist das sowjetische U. befristet (Dönhoff, Ära 112); das U. *(die in dem Ultimatum gesetzte Frist)* läuft morgen ab; [jmdm.] ein U. stellen; ein U. ablehnen, erfüllen; USA stellen U. in Bagdad (MM 26.4. 91, 1); **ul|ti|mo** ⟨Adv.⟩: *am Letzten [des Monats]:* u. Mai; Abk.: ult.; **Ul|ti|mo,** der; -s, -s [ital. (a di) ultimo = am letzten (Tag) < lat. ultimo (mense Junio) = am letzten Tag (des Monats Juni), zu: ultimus, ↑ Ultima] (Kaufmannsspr.): *letzter Tag [des Monats]:* Zahlungsfrist bis [zum] U.; Theo Blech ... kassierte ... am U. die Miete nebst Wassergeld (Augsburger Allgemeine 6./7. 5. 78, IV); **Ul|ti|mo|geld,** das (Bankw.): *am Geldmarkt aufgenommenes Geld, das am Monatsende zur Rückzahlung fällig ist;* **Ul|ti|mo|ge|schäft,** das (Bankw.): *Börsengeschäft, das zum Ultimo abzuwickeln ist.*

Ul|tra, der; -s, -s [frz. ultra(-royaliste) < lat. ultra, ↑ ultra-, Ultra-] (Jargon): *Vertreter des äußersten Flügels einer Partei, [Rechts]extremist;* **ul|tra-, Ul|tra-** [lat. ultra = jenseits; über – hinaus, erstarrter Ablativ Fem. von: ulter = jenseitig, zu: uls = jenseits]: **1.** /drückt in Bildungen mit Adjektiven eine Verstärkung aus/ *in höchstem Maße, extrem, äußerst:* ultrakonservativ, -modern, -radikal. **2.** ⟨Best. in Zus. mit der Bed.⟩: *jenseits von ..., über – hinaus, hinausgehend über:* ultrarot; Ultraschall; **Ul|tra|fax,** das; -, -e [↑ Fax]: *Gerät zur drahtlosen Übertragung von Bildern in Originalgröße;* **Ul|tra|fiche** [...'fi:ʃ, auch: 'ʊltra...], das od. der; -s, -s [zu ↑ ²Fiche] (Dokumentation, Informationst.): *Mikrofilm mit stärkster Verkleinerung;* **Ul|tra|gift,** das: *besonders gefährliches Gift:* 1984 hatte der Spiegel Boehringer erstmals vorgeworfen, das Unternehmen habe die Gefahren des -es verheimlicht, die Arbeiter ungeschützt dem Dioxin ausgesetzt (Spiegel 48, 1992, 64); **ul|tra|hart** ⟨Adj.⟩ (Physik, Med.): *(von Strahlen) sehr kurzwellig u. energiereich mit der Fähigkeit tiefen Eindringens:* -e Strahlen; **Ul|tra|is|mo, Ul|tra|is|mus,** der; - [span. ultraismo]: *Bewegung in der spanischen u. lateinamerikanischen Dichtung um 1920, die die Lyrik von den traditionellen formalen u. rhetorischen Elementen zu befreien u. rein auf die Wirkung von Bildern u. Metaphern aufzubauen sucht;* **Ul|tra|ist,** der; -en, -en: *Vertreter des Ultraismos;* **Ul|tra|i|stin,** die; -, -nen: w. Form zu ↑ Ultraist; **Ul|tra|kurz|wel|le,** die; -, -n: **1. a)** (Physik, Funkt., Rundf.) *elektromagnetische Welle mit besonders kleiner Wellenlänge;* **b)** (Rundf.) *Wellenbereich im Radio, der Ultrakurzwellen (1 a) empfängt;* Abk.: UKW. **2.** kurz für ↑ Ultrakurzwellentherapie; **Ul|tra|kurz|wel|len|emp|fän|ger,** der: *UKW-Empfänger;* **Ul|tra|kurz|wel|len|sen|der,** der: *UKW-Sender;* **Ul|tra|kurz|wel|len|the|ra|pie,** die (Med.): *Therapie, bei der mit in tiefere Körperschichten eindringenden Ultrakurzwellen (1 a) bestrahlt wird;* **ul|tra-**

lang ⟨Adj.⟩: *sehr lang;* **Ul|tra|leicht|flug|zeug,** das: *meist sehr einfach konstruiertes, extrem leichtes, ein- od. zweisitziges, von einem kleinen Motor angetriebenes Luftfahrzeug;* **ul|tra|ma|rin** ⟨indekl. Adj.⟩: *tiefblau in leuchtendem, reinem Farbton;* **Ul|tra|ma|rin,** das; -s [zu mlat. ultramarinus = überseeisch, zu lat. marinus (↑ marin); der Stein, aus dem die Farbe urspr. gewonnen wurde, kam aus Übersee]: *leuchtendblaue Farbe;* **Ul|tra|mi|kro|skop,** das; -s, -e: *Mikroskop zur Betrachtung kleinster Teilchen;* **Ul|tra|mi|kro|sko|pie,** die; -: *Betrachtung kleinster Teilchen mit Hilfe von Ultramikroskopen;* **ul|tra|mon|tan** ⟨Adj.⟩ [mlat. ultramontanus = jenseits der Berge (= Alpen), zu lat. montanus, ↑ montan]: *streng päpstlich gesinnt;* **Ul|tra|mon|ta|ne,** der u. die; -n, -n ⟨Dekl. ↑ Abgeordnete⟩: *jmd., der streng päpstlich gesinnt ist;* **Ul|tra|mon|ta|nis|mus,** der; -: *auch auf das politische Denken einwirkende streng päpstliche Gesinnung;* **ul|tra|mun|dan** ⟨Adj.⟩ [lat. ultramundanus, zu: mundanus, ↑ mundan] (Philos.): *über die Welt hinausgehend, jenseitig;* **ul|tra pos|se ne|mo ob|li|ga|tur** [lat.]: *Unmögliches zu leisten, kann niemand verpflichtet werden (Grundsatz des röm. Rechts);* **ul|tra|rot** ⟨Adj.⟩ (Physik): *infrarot;* **Ul|tra|rot,** das; -s (Physik): *Infrarot;* **Ul|tra|rot|pho|to|me|trie,** die; -: **1.** (Astron.) *Messung der Helligkeit von Sternen unter Ausnutzung roter u. ultraroter Strahlung, die starke Nebel o. ä. durchdringen kann.* **2.** (Chemie) *photometrische Messung der Ultrarotabsorption chemischer Verbindungen;* **Ul|tra|schall,** der; -[e]s (Physik): **1.** *Schall, dessen Frequenz oberhalb der menschlichen Hörgrenze liegt.* **2.** (ugs.) kurz für ↑ Ultraschallbehandlung, Ultraschalluntersuchung: zum U. gehen; Er horcht eine Weile an Veras Bauch und will sie zum U. weiterschicken (Zenker, Froschfest 205); **Ul|tra|schall|be|hand|lung,** die (Med., Technik): *Einwirkenlassen von hochfrequentem Ultraschall (z. B. zur Abtötung erkrankter Zellbereiche); Beschallung;* **Ul|tra|schall|che|mie,** die; -: *Teilgebiet der Chemie, das dem man sich mit der chemischen Wirkung des Ultraschalls befaßt;* **Ul|tra|schall|dia|gno|se,** die (Med.): *aufgrund einer Ultraschalluntersuchung gestellte Diagnose;* **Ul|tra|schall|dia|gno|stik,** die (Med.): *Sonographie;* **Ul|tra|schall|in|ter|fe|ro|me|ter,** das (Physik): *Gerät zur Messung der Wellenlänge von Ultraschallwellen;* **Ul|tra|schall|kar|dio|gra|phie,** die; -, -n (Med.): *Echokardiographie;* Abk.: UKG; **Ul|tra|schall|prü|fung,** die (Technik): *Materialprüfung mit Hilfe von Ultraschall u. Echolot;* **Ul|tra|schall|schwei|ßung,** die (Technik): *Verfahren zum Verschweißen bes. von Kunststoffteilen mit Ultraschallwellen;* **Ul|tra|schall|the|ra|pie,** die (Med.): *Anwendung von Ultraschall zu Heilzwecken;* **Ul|tra|schall|un|ter|su|chung,** die (Med.): *Untersuchung mit Hilfe von Ultraschallwellen;* **Ul|tra|schall|wel|le,** die (Med.): *Welle (4 a) des Ultraschalls;* **Ul|tra|so|no|gra|phie,** die; -, -n (Med.): *Aufzeichnung von durch Ultraschall gewonnenen diagnostischen Ergebnissen;* **Ul|tra|so|no|skop,**

Ultrastrahlung

das; -s, -e [zu lat. sonus = Schall u. griech. skopeīn = betrachten] (Med.): *Ultraschallwellen ausstrahlendes Gerät, durch dessen Signale diagnostische Ergebnisse gewonnen werden;* **Ul|tra|strah|lung,** die; -, -en: *Höhenstrahlung;* **ul|tra|vio|lett** ⟨Adj.⟩ (Physik): *im Spektrum an Violett anschließend; zum Bereich des Ultravioletts gehörend;* **Ul|tra|vio|lett,** das; -s (Physik): *unsichtbare, im Spektrum an Violett anschließende Strahlen mit kurzer Wellenlänge, die chemisch u. biologisch stark wirksam sind;* Abk.: UV; **Ul|tra|vio|lett|strah|lung,** die (Physik): *UV-Strahlung;* **ul|tra|weich** ⟨Adj.⟩ (Physik): *(von Röntgenstrahlen) verhältnismäßig sehr energiearm u. nicht tief eindringend;* **Ul|tra|zen|tri|fu|ge,** die (Technik): *mit sehr hohen Drehzahlen laufende Zentrifuge für Laboruntersuchungen.*

Ulu, das; -, -s [aus dem Eskim.]: *von den Eskimos zur Bearbeitung von Fellen verwendetes Messer mit einer halbmondförmigen Klinge u. einem quergestellten Griff.*

Ul|ze|ra: Pl. von ↑ Ulkus; **Ul|ze|ra|ti|on,** die; -, -en (Med.): *Geschwürbildung;* **ul|ze|rie|ren** ⟨sw. V.; hat⟩ (Med.): *geschwürig werden:* ulzerierende Entzündungen; **ul|ze|rös** ⟨Adj.⟩ (Med.): *geschwürig.*

um [mhd. umbe, ahd. umbi, urspr. = um – herum, zu beiden Seiten]: **I.** ⟨Präp. mit Akk.⟩ **1.** (räumlich, oft in Korrelation mit „herum") **a)** bezeichnet eine [kreisförmige] Bewegung im Hinblick auf einen in der Mitte liegenden Bezugspunkt: um das Haus [herum]gehen; um die Sonne kreisen; um die Welt segeln, reisen; um ein Kap herumsegeln; um ein Hindernis herumfahren; sich um seine eigene Achse, um sich selbst drehen; um die Ecke biegen, fahren, kommen; um die Ecke ist gleich um die Ecke *(an einem Ort, den man gleich erreicht, wenn man um die Ecke geht);* Ü bei ihnen dreht sich alles um das Kind; **b)** drückt aus, daß etw. eine Lage hat od. erhält, aufgrund derem es eine Mitte, ein Inneres umschließt, umgibt: sie trug eine Kette um den Hals; er band dem Tier einen Strick um den Hals; sie saßen um den Kamin; sie setzten sich um einen Tisch; er hat schwarze Ringe um die Augen, eine Binde um den Arm; um den Platz herum stehen Bäume; die Gegend um den Kiel [herum]; der Zaun um den Garten; eine Mauer um etw. bauen; um die Burg läuft ein Graben; Die Menschen um mich herum schwatzten unaufhörlich (Seghers, Transit 283); Ü die Clique um seinen Bruder Klaus; Gegenwärtig montiert die Schicht um Joachim Scholz den zweiten Block (NNN 23. 2. 88, 1); **c)** ⟨um (betont) + sich⟩ bezeichnet ein von einem Mittelpunkt ausgehendes Tun od. Denken, einen nach allen Seiten ausstrahlenden Einfluß: er schlug wie um sich; die Seuche hat immer weiter um sich gegriffen; er wirft mit Schimpfworten nur so um sich. **2. a)** bezeichnet einen genauen Zeitpunkt: um sieben [Uhr] bin ich wieder da; der Zug geht um sechs Uhr neun; **b)** bezeichnet (oft in Korrelation mit „herum") einen ungefähren Zeitpunkt, Wert o. ä.: um Weihnachten, um die Mittagszeit [herum]; so um den 15. Mai [herum]; das Haus dürfte um eine Million [herum] wert sein; Der Münchner Zug geht erst um zwölf herum (Fallada, Jeder 193). **3. a)** drückt einen regelmäßigen Wechsel aus: einen Tag um den anderen *(jeden zweiten Tag);* **b)** ⟨Subst. + um + gleiches Subst.⟩ drückt eine kontinuierliche Folge aus: Tag um Tag verging, ohne daß er etwas unternahm; während Maske um Maske an ihm vorübertaumelte (Ransmayr, Welt 91); Schritt um Schritt geht es vorwärts; den Albatrossen ..., jenen riesigen Vögeln, die Tag um Tag über das Meer streichen (Heim, Traumschiff 360). **4.** bezeichnet [in Verbindung mit einem Komp.] einen Differenzbetrag o. ä.: einen Preis um die Hälfte, um zehn Mark reduzieren; den Rock um 5 cm kürzen; er ist um einen Kopf größer als ich; er hat sich um einen Meter verschätzt, um eine Minute verspätet; Die Christlich-Demokraten sackten um vier auf 39 Sitze zurück (Tages Anzeiger 3. 12. 91, 8). **5.** (landsch.) dient zur Angabe eines Kaufpreises, Gegenwertes: *für:* Auch in Augsburg kann man Blumentöpfe um etwa zwei Mark kaufen (Augsburger Allgemeine 13./14. 5. 78, 46); Helmut Marsoner hat es (= das Grundstück) 1975 um mehr als eine Million Schilling gekauft (profil 17, 1979, 27); ♦ Eh' will ich mit meiner Geig' auf den Bettel herumziehen und das Konzert um was Warmes geben (Schiller, Kabale I, 1). **6.** stellt in Abhängigkeit von bestimmten Wörtern eine Beziehung zu einem Objekt od. einem Attribut her: jmdn. um etw. beneiden, betrügen; er kämpft um sie; der Kampf um die Weltmeisterschaft; um Verständnis bitten; hier sind die Papiere und die Unterlagen, um die Sie mich gebeten hatten; um etw. losen, würfeln, wetten; jmdn. um seinen Lohn, Schlaf bringen; jmdn. um etw. betrügen; um jmdn. trauern, weinen, werben; mit der Bitte um Stellungnahme; die Sorge um die Kinder; das Wissen um diese Tat; Filmdrama um eine lesbische Beziehung (Hörzu 38, 1989, 85); der Skandal um die infizierten Blutkonserven; Geschichten um einen Zylinder (Hörzu 44, 1978, 117); ich bin eigentlich ganz froh um diese Verzögerung; um was (ugs.; *worum)* geht es denn?; ich weiß nicht, um was (ugs.; *worum)* er sich Sorgen macht; da kümmer' ich mich gar nich' um (nordd. ugs.; *darum kümmere ich mich gar nicht);* Er lief um Tinte und Papier (landsch.; *lief Tinte und Papier holen;* Süskind, Parfum 134); ♦ „... lassen Sie ihn rufen, haben Sie die Güte." „Ich geh' um ihn *(gehe ihn holen)*!", schrie Peter (Ebner-Eschenbach, Gemeindekind 96). **II.** ⟨Adv.⟩ **1.** *ungefähr, etwa:* das Gerät wird [so] um zweitausend Mark wert sein; (oft mit folgendem „die":) um die 100 Opfern war nicht mehr zu helfen; sie kam mit um die zwanzig Freunden. **2. *um und um** (landsch.; *ganz, rundherum, völlig):* die Sache ist um und um faul. **III.** ⟨Konj.⟩ **1.** ⟨um zu + Inf.⟩ **a)** leitet (manchmal weglaßbar) einen finalen Infinitiv od. Infinitivsatz ein: (zum Ausdruck einer Absicht, eines Zwecks:) er tut das nur, um mich zu ärgern; sie fuhr in die Stadt, um einzukaufen; ich lief, um den Bus nicht zu verpassen; sie trug eine Sonnenbrille, um nicht erkannt zu werden; daß wir gern ein wenig nachhelfen möchten ..., um so den erwarteten Prozeß zu beschleunigen (Dönhoff, Ära 138); (zum Ausdruck einer Eignung:) einen Wagen, um das Holz zu transportieren, habe ich leider nicht; ich kenne nur eine Methode, um das Problem zu lösen; Wir haben nichts anderes, um es Ihnen zu geben (Remarque, Obelisk 216); ⟨nach bestimmten Verben auch mit Bezug auf das Objekt des übergeordneten Satzes:⟩ ich habe sie zum Bäcker geschickt, um Brötchen zu holen; ⟨nicht standardspr. ohne Bezug auf das Subjekt des übergeordneten Satzes:⟩ Um eine Wahl unter Verwendung des Mehrheitswahlsystems durchzuführen, muß das Staatsgebiet in Wahlkreise eingeteilt werden (Fraenkel, Staat 356); er wird gelobt, um ihn zu motivieren; **b)** leitet (manchmal weglaßbar) einen konsekutiven Inf. od. Infinitivsatz ein: um gewählt zu werden, braucht er mindestens 287 Stimmen; er war [gerade noch] schnell genug, um es zu schaffen; ich war naiv genug, nicht so naiv, um es zu glauben; der Proviant reicht aus, um das Ziel zu erreichen *(ist so reichlich bemessen, daß das Ziel damit erreicht werden kann);* er ist reich genug, um es zu kaufen *(so reich, daß er es kaufen kann);* ich hatte nicht die nötige Zeit/nicht genug/zu wenig Zeit, um ihn zu besuchen *(nicht so viel Zeit, daß ich ihn hätte besuchen können);* das Kind ist, war noch zu klein, um das zu verstehen *(als daß es das verstehen könnte, hätte verstehen können);* er ist zu krank, um zu verreisen *(als daß er verreisen könnte, wollte, dürfte);* sie war glücklich, um in die Luft zu springen *(daß sie in die Luft hätte springen mögen);* es ist, um aus der Haut zu fahren *(zum Aus-der-Haut-Fahren);* **c)** leitet einen weiterführenden Inf. od. Infinitivsatz ein: das Licht wurde immer schwächer, um schließlich ganz zu erlöschen; er wachte kurz auf, um gleich wieder einzuschlafen; (nicht standardspr., wenn „um zu" als final mißdeutet werden kann:) er hat als Lyriker begonnen, um erst im Alter Romane zu schreiben; er ging morgens aus dem Haus, um zu stolpern und sich ein Bein zu brechen. **2.** ⟨um so + Komp.⟩ **a)** drückt [in Verbindung mit je + Komp.] eine proportionale Verstärkung aus: *desto:* je früher [wir es tun], um so besser [ist es]; je schneller der Wagen, um so größer die Gefahr; wenn du Schwierigkeiten machst, dauert es nur um so *(entsprechend)* länger; nach einer Pause wird es um so *(entsprechend)* besser gehen!; **b)** drückt eine Verstärkung aus [die als Folge des im mit „als" od. „weil" angeschlossenen Nebensatzes genannten Sachverhalts od. Geschehens anzusehen ist]: diese Klarstellung ist um so wichtiger, als/weil es bisher nur Gerüchte gab; du mußt früh ins Bett, um so mehr als du morgen einen schweren Tag hast; dazu hat er kein Recht, um so weniger als er selbst keine weiße Weste hat; um so besser *(das ist ja noch besser)*!

um|ackern[1] ⟨sw. V.; hat⟩: *umpflügen:* wir sahen einem Bauern zu, der mit einem Wasserbüffel sein Feld umackerte (Bamm, Weltlaterne 95); Ü Heide Nullmeyer ackerte für die ARD Bremen Ödland um. Denn auf dem Feld der Berufswahl ... ist es hierzulande zappenduster (Hörzu 19, 1973, 143).

um|adres|sie|ren ⟨sw. V.; hat⟩: *(eine Postsendung) mit einer anderen Adresse versehen:* die Post der Urlauber u.

um|än|dern ⟨sw. V.; hat⟩: *ändern, verändern:* ein Kleid, einen alten Anzug u.; sie mußte den Text u.; **Um|än|de|rung,** die; -, -en: *das Umändern.*

um|ar|bei|ten ⟨sw. V.; hat⟩: *in wesentlichen Merkmalen verändern, umgestalten (u. ihm dadurch ein anderes Aussehen o. ä. geben):* ein Kostüm [nach neuester Mode] u.; er arbeitete das Drama in ein Hörspiel um; ein Filmstoff aus der Bundesrepublik, der ... nun – auf amerikanische Verhältnisse umgearbeitet – doch noch einen Produzenten findet (Szene 6, 1983, 64); **Um|ar|bei|tung,** die; -, -en: **a)** *das Umarbeiten:* Sie beschäftigte sich ... mit der U. ihrer Garderobe für die Zeit nach dem Trauerjahr (Süskind, Parfum 230); **b)** *das Umgearbeitete:* das Hörspiel ist die U. eines Theaterstücks.

um|ar|men ⟨sw. V.; hat⟩: *die Arme um jmdn. legen, jmdn. mit den Armen umschließen [u. an sich drücken]:* jmdn. zärtlich, liebevoll u.; Ich lachte vor Freuden und umarmte ihn vor Entzücken (Th. Mann, Krull 85); sie umarmten sich [gegenseitig]/(geh.:) einander [leidenschaftlich, zum Abschied, beim Wiedersehen]; Gierig umarmten sie sich immer, im Gestrüpp versteckt, hitzig (Kühn, Zeit 212); als das Liebespaar auf dem Bahnsteig sich umarmte (Schnabel, Marmor 123); Ü mein Blick lief durch die illustrierten Blätter ..., die Welt umarmte mich unter Lobeserhebungen und Glückwünschen (Reich-Ranicki, Th. Mann 155); er war so glücklich, daß er am liebsten die ganze Welt umarmt hätte; **Um|ar|mung,** die; -, -en: *das [Sich]umarmen, Umarmtwerden, -sein:* sich aus der, jmds. U. lösen; Wir ruhten noch verbunden, noch in enger U. (Th. Mann, Krull 204); Ü Indem die Düsseldorfer FDP den Anstoß gab, die Gesamtpartei aus der tödlichen U. der CDU *(aus dem für sie existenzbedrohenden Bündnis mit der übermächtigen CDU)* zu lösen (Augstein, Spiegelungen 70).

Um|bau, der; -[e]s, -e u. -ten: **1. a)** *das Umbauen:* der U. stellte die Kellerräume in Luftschutzbunker (Leonhard, Revolution 94); Die Proben müßten jeweils um drei Uhr nachmittags beendet sein, wegen der -ten *(Umbauarbeiten)* für das abendliche Kabarett (Bieler, Mädchenkrieg 516); unser Geschäft bleibt wegen U./-s bis zum 10. Mai geschlossen; Ü Die Reform der Hochschulen, des Wirtschaftssystems (Dönhoff, Ära 159); der ökologische U. der Wirtschaft; **b)** *das Umgebaute:* ... könnte man die Neu- und Umbauten ... noch nutzbringend für diejenigen Institutionen, die nicht unbedingt umziehen müssen, verwerten (Dönhoff, Ära 70). **2.** *etw. um ein Bauwerk, Möbelstück o. ä. Herumgebautes, Umkleidung:* ein U. aus Holz, Kunststoff; **Um|bau|ar|beit,** die ⟨meist Pl.⟩: *dem Umbau dienende Arbeit;* **um|bau|en** ⟨sw. V.; hat⟩: *baulich, in seiner Struktur verändern:* ein Haus, ein Geschäft, ein Bürogebäude, einen Bahnhof u.; die Bühne u. *(Kulissen u. Versatzstücke umstellen);* daß das Wrack inzwischen ... zu einem Truppentransporter umgebaut worden sei (Radecki, Tag 21); das Schiff soll zu einem schwimmenden Hotel umgebaut werden; ⟨auch o. Akk.-Obj.:⟩ wir bauen um; Ü die Verwaltung, eine Organisation, das Wirtschaftssystem, die Gesellschaftsordnung u.; Für Fred Sinowatz wär's ... in ... Anlaß, seine Regierungsmannschaft endlich umbauen *(seine Regierung umbilden)* zu können (Basta 6, 1984, 4); Guy baute das Stück um, eine Art afrikanisches Musical zu zimmern (Perrin, Frauen 62); daß sie (= die Salatpflanzen) den Pflanzennährstoff Nitrat verstärkt speichern, statt ihn zu Eiweiß umzubauen (Chemie; *daraus Eiweiß zu bilden;* natur 3, 1991, 83); **um|bau|en** ⟨sw. V.; hat⟩: *mit Bauwerken, Mauern, Versatzstücken o. ä. umgeben, einfassen:* einen Platz mit Wohnhäusern u.; Klein steht der Mensch vor einer Architektur, mit der er sich umbaute (Koeppen, Rußland 176); von da sah sie ... die dörflich umbaute Hauptstraße (Johnson, Ansichten 107); 20 000 m³ umbauter (Fachspr.; *von Wänden, Decken u. a. eines Gebäudes umschlossener)* Raum.

um|be|hal|ten ⟨st. V.; hat⟩ (ugs.): *umgelegt behalten:* den Schal, die Schürze u.

Um|bel|li|fe|re, die; -, -n [zu spätlat. umbella = Sonnenschirm (nlat. bot. Fachspr. = Dolde) u. lat. ferre = tragen] (Bot.): *Doldengewächs.*

um|be|nen|nen ⟨unr. V.; hat⟩: *anders benennen:* eine Firma, eine Straße u.; Er benutzt ein Pseudonym ... und benennt die Personen ... um (NJW 19, 1984, 1098); das ehemalige Leningrad ist wieder in St. Petersburg umbenannt worden; Die Miliz wird in Polizei umbenannt (Freie Presse 30. 12. 89, 5); ⟨u. + sich:⟩ Alvaro Cunhal, dessen Kommunistische Partei sich in „Allianz der Volkseinheit" umbenannte (Saarbr. Zeitung 30. 11. 79, 3); **Um|be|nen|nung,** die; -, -en: *das Umbenennen:* Hat doch damals die U. in Karl-Marx-Stadt schon genug Geld gekostet, heute wäre die Rückbenennung nicht billiger (Freie Presse 30. 12. 89, 4).

Um|ber, der; -s, -n [2: lat. umbra (↑Umbra), viell. nach der dunklen Färbung]: **1.** ⟨o. Pl.⟩ *Umbra* (2). **2.** *(im Mittelmeer heimischer) großer, dem Barsch ähnlicher Fisch von bunter Färbung, der trommelnde Laute hervorbringt.*

um|be|schrei|ben ⟨st. V.; hat⟩ (Geom.): *(ein Vieleck) so um einen Kreis herum zeichnen, daß alle Seiten den Kreis berühren; (einen Kreis) als Umkreis eines Vielecks zeichnen:* jedem Dreieck läßt sich ein Kreis u.; wir beschreiben dem Kreis k ein Quadrat um; ⟨meist im 2. Part.:⟩ ein umbeschriebener Kreis; Für den Flächeninhalt des umbeschriebenen n-Ecks gilt ... (Mathematik I, 395).

um|be|set|zen ⟨sw. V.; hat⟩: *einer anderen als der ursprünglich vorgesehenen Person zuteilen, an jmd. anders vergeben:* eine Rolle u.; Ämter, Posten u.; ⟨subst.:⟩ Und wenn man schon beim Umbesetzen ist, dann kennen die Ämterstrategen kein Halten mehr (Dönhoff, Ära 41); **Um|be|set|zung,** die; -, -en: *das Umbesetzen:* das Schauspiel, das die U. der Herrschaftspositionen in der Demokratie bietet (Dönhoff, Ära 42); eine U. vornehmen.

um|be|sin|nen, sich ⟨st. V.; hat⟩: *sich anders besinnen, seine Meinung, Einstellung ändern;* **Um|be|sin|nung,** die; -, -en: *das Sichumbesinnen:* Albert Einstein hielt ein Überleben der Menschheit ohne fundamentale U. für unmöglich (Alt, Frieden 110).

um|be|stel|len ⟨sw. V.; hat⟩: **1.** *jmdn. od. etw. zu einer anderen Zeit od. an einen anderen Ort bestellen:* ich werde das Taxi [zu deiner Wohnung, auf 18 Uhr] u. **2.** *eine Bestellung (1 a) ändern:* Herr Ober, ich würde [den Wein] gerne noch einmal u.

um|bet|ten ⟨sw. V.; hat⟩: **1.** *in ein anderes Bett legen:* zwei Schwestern betteten den Schwerkranken um. **2.** *von einem Grab in ein anderes bringen:* jmdn., jmds. Gebeine [in einen Sarkophag] u.; In mühevoller und zumeist recht unappetitlicher Kleinarbeit werden die Toten umgebettet (FAZ 18. 11. 61, 17); **Um|bet|tung,** die; -, -en: *das Umbetten.*

um|bie|gen ⟨st. V.⟩: **1.** *nach einer Seite biegen* ⟨hat⟩: den Draht u.; Ü dieser demokratische Entscheid dürfe nicht im nachhinein relativiert oder gar ins Gegenteil umgebogen *(verkehrt)* werden (NZZ 14. 3. 85, 25); Damit ... war die ... aufklärerische Funktion des Ideologiebegriffs von Marx selbst zugleich ins Dogmatisch-Anti-Aufklärerische umgebogen *(gewendet);* Fraenkel, Staat 139). **2.** ⟨ist⟩ **a)** *in eine ganz andere Richtung gehen, fahren:* dort mußt du [scharf] nach links u.; **b)** *eine Biegung in eine ganz andere Richtung machen:* der Weg bog nach Süden um.

um|bil|den ⟨sw. V.; hat⟩: **a)** *in seiner Form od. Zusammensetzung [ver]ändern, umgestalten:* die Regierung, das Kabinett u.; Jeder Philosoph der Schule konnte sie (= die religiösen Lehren) nach seinem Geschmack u. (Thieß, Reich 173); Nitrat, das im Körper zu ... Nitrosaminen umgebildet wird (Hamburger Rundschau 15. 5. 85, 14); **b)** ⟨u. + sich⟩ *sich in seiner Form od. Zusammensetzung [ver]ändern:* die Laubblätter bilden sich teilweise zu Ranken um, **Um|bil|dung,** die; -, -en: *das [Sich]umbilden, Umgebildetwerden.*

Um|bi|li|cus, der; -, ...ci [lat. umbilicus, eigtl. = Nabel]: *Kopf des Stabes, um den in der Antike die Buchrolle aus Papyrus gewickelt wurde.*

um|bin|den ⟨st. V.; hat⟩: **1.** *durch Binden bewirken, daß sich etw. um etw., jmdn. befindet:* einem Kind ein Lätzchen u.; er band [sich] einen Schlips, einen Schal, eine Schürze, ein Beffchen um. **2.** *(ein Buch) anders einbinden, neu binden;* vgl. umwickeln; **um|bin|den** ⟨st. V.; hat⟩: *etw. mit etw. u.*

¹um|bla|sen ⟨st. V.; hat⟩: **a)** *durch Blasen umwerfen:* ein Kartenhaus u.; der Wind

umblasen

hat den Mast, den Radfahrer glatt umgeblasen; **b)** (ugs.) *umlegen* (4b): *Wenn Elvis jetzt hier wäre und jemand ihn anfaßte, würde ich den Kerl glatt u.* (Spiegel 37, 1977, 208); ²**um|bla|sen** ⟨st. V.; hat⟩: *um jmdn., etw. herum blasen, wehen:* ein kalter Wind umblies ihn; ⟨oft im 2. Part.:⟩ auf dem vom eisigen Ost umblasenen Gipfel.

Um|blatt, das; -[e]s, Umblätter: *den feinen Tabak einhüllendes, unter dem äußeren Deckblatt liegendes Blatt einer Zigarre;* **um|blät|tern** ⟨sw. V.; hat⟩: *(in einem Buch, Heft o. ä.) ein Blatt auf die andere Seite wenden:* die Seiten [eines Buches] u.; Johanna blätterte raschelnd die Seite um (Lederer, Liebe 15); ⟨auch o. Akk.-Obj.:⟩ kann ich u.?; könntest du mir [beim Klavierspielen] u.?; der Musiker habe so zu spielen, wie der Umblätterer oder die Umblätterin umblättert (Jonke, Schule 70).

Um|blick, der; -[e]s, -e: *das Umblicken:* Sie besah, wie ich durch einen raschen U. feststellte, gerade die Fahrpläne der Rügendampfer (Fallada, Herr 48); **umblicken¹,** sich ⟨sw. V.; hat⟩: **a)** *nach allen Seiten, in die Runde blicken, seine Umgebung in Augenschein nehmen:* sich nach allen Seiten u.; Jetzt erst blickte er sich im Bunker um (Plievier, Stalingrad 141); dann erschien ... der schlaflose alte Manasse und blickte sich suchend um (Langgässer, Siegel 208); träumerisch angemutet von der mich umgebenden Einsamkeit und Stille, blickte ich mich um (Th. Mann, Krull 54); **b)** *den Kopf drehen u. nach hinten, zur Seite blicken:* er ging weg, ohne sich noch einmal [nach uns] umzublicken; Dann kam ein Mann die Straße herab, blickte sich scheu immer wieder um ... (Simmel, Stoff 592); Neugierig blickten sie sich um nach der kleinen Gruppe (Th. Mann, Krull 347).

Um|bra, die; -, ...ren [lat. umbra = Schatten (roman. auch = braune Erdfarbe)]: **1.** (Astron.) *dunkler Kern eines Sonnenflecks.* **2.** ⟨o. Pl.⟩ **a)** *erdbraune Malerfarbe aus eisen- u. manganhaltigem Ton;* **b)** *erdbraune Farbe;* **Um|bra|braun,** das: *Umbra* (2b); **Um|bra|er|de,** die: *Ton, aus dem die Umbra* (2 a) *gewonnen wird;* **Um|bral|glas** ⓦ, das; -es, ...gläser: *getöntes Brillenglas, das ultraviolette u. ultrarote Strahlen nicht durchläßt.*

um|bran|den ⟨sw. V.; hat⟩ (geh.): *brandend umspülen:* ⟨meist im 2. Part.:⟩ als der Schoner an den umbrandeten, regenverhangenen Inseln ... vorüberstampfte (Ransmayr, Welt 148); Ü Wir sind Fremde. Das Gespräch umbrandet uns, wie ein Strom ein Hindernis umspült (Koeppen, Rußland 52); der Lärm des die alten Mauern umbrandenden Straßenverkehrs (Brandstetter, Altenehrung 46).

um|brau|sen ⟨sw. V.; hat⟩: *sich brausend um jmdn., etw. herum bewegen:* der Sturm umbrauste uns, den Turm; Es war einmal eine Welle, die liebte den Felsen irgendwo im Meer ... Sie umschäumte und umbrauste ihn (Remarque, Triomphe 177); Ü Grenzenloser Beifall umbraust die großartige Rede Robespierres (St. Zweig, Fouché 59).

um|bre|chen ⟨st. V.⟩: **1.** ⟨hat⟩ **a)** *knicken u. nieder-, umwerfen:* der Sturm bricht Bäume um; **b)** *[erstmals] umpflügen:* Aber nun wird Simon bald Land u., kann der Knabe neben dem Pflug hergehen und ... (Waggerl, Brot 73); der Mann, der die Erde umbrach, um das Korn zu säen (Wiechert, Jeromin-Kinder 520). **2.** *herunterbrechen, um-, niederfallen* ⟨ist⟩: die Baumkronen sind unter der Schneelast umgebrochen; Ü Und nun ... ist er völlig umgebrochen *(seelisch zusammengebrochen),* sitzt da, den Kopf in die Hände gestützt ... (Plievier, Stalingrad 306); **um|bre|chen** ⟨st. V.; hat⟩ (Druckw.): *(den Text eines Buches, einer Zeitung o. ä.) in Seiten, Spalten einteilen:* der Satz muß noch umbrochen werden; **Um|bre|cher,** der; -s, - (Druckw.): *Metteur;* **Um|bre|che|rin,** die; -, -nen (Druckw.): w. Form zu ↑ Umbrecher.

Um|bri|en; -s: Region in Mittelitalien.

um|brin|gen ⟨unr. V.; hat⟩ [mhd. umbebringen]: *gewaltsam ums Leben bringen, töten:* jmdn. mit Gift, auf bestialische Weise u.; er hat sich [selbst] umgebracht; Ich habe ... nicht gehört, daß jemand von einem Nashorn umgebracht worden wäre (Grzimek, Serengeti 53); In diesem Falle würde eine Penizillinpille großen Schaden anrichten, auch wenn sie den Patienten vielleicht nicht u. würde (Kemelman [Übers.], Mittwoch 109); Ü die Plackerei bringt einen halb um (Fels, Sünden 16); sich für jmdn. fast u. *(für jmdn. alles nur Mögliche tun);* das Material ist nicht umzubringen (ugs.; *ist sehr haltbar*); Sie brachte sich bald um vor Begeisterung (ugs.; *zeigte sich übertrieben begeistert;* Christiane, Zoo 235); R was mich nicht umbringt, macht mich nur stärker (nach Friedrich Nietzsches „Götzen-Dämmerung oder Wie man mit dem Hammer philosophiert" [1888]).

um|brisch ⟨Adj.⟩: zu ↑ Umbrien.

Um|bruch, der; -[e]s, Umbrüche: **1.** *grundlegende Änderung, Umwandlung, bes. im politischen Bereich:* politische, gesellschaftliche Umbrüche; Sollen die zerteilten Deutschen wirklich das letzte Volk sein, das den U. der Zeiten begreift? (Augstein, Spiegelungen 75); durch den U. werden auch die bisherigen landwirtschaftlichen Strukturen verändert (natur 10, 1991, 26); sich im U. befinden; im U. sein. **2.** ⟨o. Pl.⟩ (Druckw.) **a)** *das Umbrechen:* Der U. war beendet, und in der Nacht sollte mit dem Druck begonnen werden (Leonhard, Revolution 243); den U. machen, vornehmen; **b)** *umbrochener Satz* (3 b): den U. lesen. **3.** (Landw.) *das Umbrechen der Ackerkrume.* **4.** (Bergbau) *um einen Schacht herumgeführte Strecke;* **Um|bruch|kor|rek|tur,** die (Druckw.): *Korrektur des Umbruchs* (2 b); **Umbruch|re|vi|si|on,** die (Druckw.): *Revision* (2) *des Umbruchs* (2 b); **um|bruch|sicher** ⟨Adj.⟩ (Druckw. Jargon): *die Regeln, Grundsätze, nach denen Texte umbrochen werden, sicher beherrschend:* ein -er Redakteur.

um|bu|chen ⟨sw. V.; hat⟩: **1.** (Wirtsch.) *an einer anderen Stelle im Konto od. auf ein anderes Konto buchen:* einen Betrag u. **2.** *etw. anderes buchen, eine Buchung* (2) *ändern:* eine Reise u.; **Um|bu|chung,** die; -, -en: *das Umbuchen.*

um|da|tie|ren ⟨sw. V.; hat⟩: **1.** *neu, anders datieren* (2): neue Erkenntnisse haben die Archäologen veranlaßt, den Fund [um rund hundert Jahre, ins dritte Jahrhundert, auf 1070] umzudatieren. **2.** *mit einem anderen Datum versehen:* einen Brief u.; **Um|da|tie|rung,** die; -, -en: **1.** *das Umdatieren* (1): ... haben diese Beobachtungen ... zu einer radikalen U. der untersuchten Steine geführt (Rheinpfalz 11. 1. 88, 11). **2.** *das Umdatieren* (2): ... sollte eine entsprechende U. seines Versicherungsantrags beantragen (ADAC-Motorwelt 1, 1982, 52).

um|decken¹ ⟨sw. V.; hat⟩: *(einen gedeckten Tisch) anders decken:* den Tisch u.; ⟨auch o. Akk.-Obj.:⟩ dann muß ich noch einmal u.

um|de|ko|rie|ren ⟨sw. V.; hat⟩: *anders, neu dekorieren:* das Schaufenster, den Saal u.

um|den|ken ⟨unr. V.; hat⟩: **1.** *die Grundlage seines Denkens ändern; neue Überlegungen bei etw. einbeziehen:* wenn wir die globale Umweltkatastrophe noch verhindern wollen, müssen wir radikal u.; ⟨oft subst.:⟩ In der ... Verkehrspolitik wird ein Umdenken immer dringlicher (natur 4, 1991, 11); auch bei der Industrie hat erfreulicherweise ein Prozeß des Umdenkens eingesetzt; Kissinger will versuchen, Südafrika zum Umdenken in seiner Apartheidpolitik zu bewegen (MM 24. 6. 76, 1). **2.** *denkend, im Denken umgestalten, umbilden, umformen:* ... werden wir bereit sein müssen, Maßstäbe, die vor Jahren noch gültig waren, umzudenken (Meyer, Unterrichtsvorbereitung 8); Versuchen Sie, ... Ihr Leben umzudenken (Sommerauer, Sonntag 106); Ü Zeugungswütige Männer, die ihre Stinkmorcheln zu Geschlechtertürmen, Torpedos, Weltraumraketen umdachten (Grass, Butt 44); **Um|denk|pro|zeß, Um|denkungs|pro|zeß,** der: *Prozeß des Umdenkens:* bei den Politikern hat ein U. eingesetzt; einen U. in Gang setzen.

um|deu|ten ⟨sw. V.; hat⟩: *einer Sache eine andere Deutung geben:* ein Symbol, einen Mythos, einen Wortbestandteil volksetymologisch u.; ein heidnisches Fest im Sinne des Christentums u.; eine Niederlage in einen Erfolg u.; Die Professoren müßten diesen Mangel zu einer Tugend u. (Werfel, Bernadette 241); Jeder Mensch hat eine solche Methode, die Bilanz seiner Eindrücke zu seinen Gunsten umzudeuten (Musil, Mann 523); **Um|deu|tung,** die; -, -en: *das Umdeuten:* die rassendogmatische U. des christlichen Glaubens (Rothfels, Opposition 45).

um|dich|ten ⟨sw. V.; hat⟩: *(ein Gedicht, eine Dichtung) dichtend verändern:* Leo Fischel hatte einmal ... Schiller (= Schillers „Glocke") so umgedichtet: Wohltätig ist des Geldes Macht ... (Musil, Mann 1447); **Um|dich|tung,** die; -, -en: **1.** *das Umdichten.* **2.** *etw., was umgedichtet worden ist.*

um|di|ri|gie|ren ⟨sw. V.; hat⟩: *an einen andern Ort dirigieren* (2 b): die Fähre wurde nach Ostende umdirigiert; Während des Krimkrieges mußte er zwei Dampferladungen nach Memel u. (Ceram, Götter 46); Die Maschine war ... entführt und zunächst nach Bahrain umdirigiert worden (NZZ 10. 8. 84, 1).

um|dis|po|nie|ren ⟨sw. V.; hat⟩: *anders disponieren:* auf Grund seiner plötzlichen Erkrankung mußten wir kurzfristig u.

um|drän|gen ⟨sw. V.; hat⟩: *sich eng, dicht um jmdn., etw. drängen:* Aristokratische Damen und Herren umdrängten mich (Th. Mann, Krull 27); das Gebäude wurde von Menschen umdrängt.

um|dre|hen ⟨sw. V.⟩: **1.** ⟨hat⟩ **a)** *[eine halbe Umdrehung weit] um die eigene Achse drehen; herumdrehen:* den Schlüssel im Schloß u.; jmdm. den Arm u.; „... wir können das jetzt ausmachen", sagte er und drehte den Schalter um (Remarque, Triomphe 24); Man solle diesem und jenem das Genick u., wie einem Hinkel (Maass, Gouffé 265); ⟨auch u. + sich:⟩ er drehte sich um und ging hinaus; Ü eine Entwicklung u. *(eine neue, der ursprünglichen entgegengesetzte Richtung geben);* als der Tabellenachte ... eine 1:0-Führung Leipzigs noch in eine 2:1-Sieg umdrehte *(verwandelte;* Kronen-Zeitung 22. 11. 83, 62); Knollengesicht wird den Befehl auf seine Art ausdeuten, also glatt u. *(so deuten, als besagte er das Gegenteil;* Kirst, 08/15, 768); einen Spion u. *(für die andere Seite gewinnen);* vor der Abstimmung ... wollen die Friedensfreunde versuchen, noch ein paar Parlamentarier umzudrehen *(ins andere Lager zu ziehen;* Spiegel 46, 1983, 59); es gibt auch Frauen, die so eine Art Bekehrungsfimmel haben, weil sie denken, sie müßten einen Schwulen u. *(zu einem Heterosexuellen machen;* Amendt, Sexbuch 132); **b)** *andersherum drehen, auf eine andere, die entgegengesetzte Seite legen, stellen; herumdrehen:* die Tischdecke, die Matratze u.; ein Blatt, einen Stein, ein Geldstück u.; behutsam drehte sie den auf dem Rücken liegenden Käfer wieder um; er drehte den Zettel um und beschrieb auch die Rückseite; könntest du bitte mal die [Schall]platte, die [Musik]kassette u.?; Irene ... drehte die kleine Sanduhr um (Sebastian, Krankenhaus 133); sie versuchten, das Floß umzudrehen (Ott, Haie 175); die Buchseiten u. *(umblättern)* ⟨auch u. + sich:⟩ Er lag eine Weile bewegungslos, um Evelyn nicht zu stören, dann drehte er sich vorsichtig um (Baum, Paris 158); **c)** ⟨u. + sich⟩ *den Kopf wenden, um jmdn., etw. hinter, neben sich sehen zu können:* sich nach seinem Hintermann, einem hübschen Mädchen u.; sie ist eine Frau, nach der sich die Männer umdrehen; **d)** *das Innere nach außen kehren, umkrempeln* (2): die Taschen u.; die Jacke kann man auch u. *(es ist eine Wendejacke).* **2.** *umkehren* (1) ⟨hat/(auch:) ist⟩: das Boot, der Wagen dreht um, hat/ist umgedreht; sie mußten kurz vor dem Gipfel, dem Ziel u.; Der Chauffeur drehte um *(wendete)* und bog in die Avenue Carnot ein (Remarque, Triomphe 14); ... dreht er (= der Rehbock) um und verschwindet ins Unterholz (ADAC-Motorwelt 1, 1983, 31);

Um|dre|hung, die; -, -en: *Umkehrung,* Verkehrung ins Gegenteil; **Um|dre|hung,** die; -, -en: *einmalige Drehung um die eigene Achse:* eine ganze, halbe, viertel U.; der Motor *(die Kurbelwelle des Motors)* macht 4000 -en in der Minute; **Um|dre|hungs|ach|se,** die: *Rotationsachse;* **Um|dre|hungs|ge|schwin|dig|keit,** die: *Rotationsgeschwindigkeit;* **Um|dre|hungs|zahl,** die: vgl. Drehzahl: Sehr schnell fiel nach der Kehrtkurve die U. ... Da sah er ein, daß es aufs Wasser herunter mußte (Gaiser, Jagd 7).

Um|druck, der; -[e]s, -e: **1.** ⟨o. Pl.⟩ *graphische Technik, bei der auf einem Spezialpapier mit Hilfe von fetthaltiger Farbe ein Abzug gemacht od. eine Zeichnung aufgetragen wird, von der dann eine [neue] Platte aus Stein od. Metall hergestellt werden kann.* **2.** *im Umdruck* (1) *hergestellter Druck;* **um|drucken**[1] ⟨sw. V.; hat⟩: **1.** *im Umdruckverfahren drucken.* **2.** *anders, mit anderem Text drucken;* **Um|druck|ver|fah|ren,** das: *Umdruck* (1).

um|dü|stern, sich ⟨sw. V.; hat⟩ (geh.): *von allen Seiten düster werden:* der Himmel umdüsterte sich; Ü ... eines mürrischen und von Altersstarrsinn und Jugendhaß umdüsterten Steinalten (Brandstetter, Altenehrung 31).

um|ein|an|der ⟨Adv.⟩: *einer um den anderen:* u. herumtanzen; die Gestirne drehen sich um sich selbst und u.; sie kümmerten sich nicht u.; aus Sorge u.; Die Welt besteht aus konzentrischen u. geordneten Kreisen (Fries, Weg 132).

um|ent|schei|den, sich ⟨st. V.; hat⟩: *seine Entscheidung wieder ändern, sich neu entscheiden, zu einer anderen Entscheidung gelangen:* wenn es mich schon zu spät wäre, würde ich mich noch einmal u.; Also legte er sich die Theorie zurecht, habe sich umentschieden, sie wolle seine Angelegenheiten von nun an zu den ihren machen (Becker, Amanda 205).

um|er|zieh|bar ⟨Adj.⟩: *sich umerziehen lassend:* Ich blieb, was ich war: ein nicht mehr -er Realist (H. W. Richter, Establissement 206); **um|er|zie|hen** ⟨unr. V.; hat⟩: *zu einer anderen Einstellung, Haltung erziehen:* Dieses Volk also soll nun verwaltet und ... umerzogen werden von der Militärregierung (Heym, Nachruf 364); **Um|er|zie|hung,** die; -, -en: *das Umerziehen:* In Südvietnam hat ... nun die U. im Sinne Westens begonnen (MM 5. 5. 75, 1); im Kampf für die Vernichtung des Nazismus und Militarismus, für die U. des deutschen Volkes (Leonhard, Revolution 267).

um|eti|ket|tie|ren ⟨sw. V.; hat⟩: *mit einem anderen Etikett versehen:* Weinflaschen, Karteikästen, Aktenordner u.; Supermarktkette soll südafrikanischen Spargel umetikettiert haben (Frankfurter Rundschau 5. 11. 88, 20).

um|fä|cheln ⟨sw. V.; hat⟩ (dichter.): *sanft, fächelnd um jmdn. wehen:* der Wind umfächelte sie wie zärtlicher Atem (Seidel, Sterne 169).

um|fah|ren ⟨st. V.⟩: **1.** *fahrend anstoßen u. zu Boden werfen* ⟨hat⟩: ein Verkehrsschild u.; von einem Skiläufer umgefahren werden. **2.** (ugs. landsch.) *einen Umweg fahren* ⟨ist⟩: da bist du aber weit umgefahren; **um|fah|ren** ⟨st. V.; hat⟩: **a)** *um etw. herumfahren; fahrend ausweichen:* ein Hindernis, eine Halbinsel, ein Kap u.; wir haben die Innenstadt auf der Ringstraße umfahren; Ortskundige werden gebeten, die Unfallstelle, den Streckenabschnitt weiträumig zu u.; Ähnliches gilt für Staus, die nicht umfahren werden können und bereits von der Polizei abgesichert werden (ADAC-Motorwelt 10, 1986, 69); **b)** *fahrend umrunden:* er hat den ganzen See mit dem Rad umfahren; und würden wir wie Magalhães das volle Rund der Erde u. ... (Schneider, Erdbeben 37); Ü Er umfuhr mit dem Zeigefinger eine Falte auf der Wolldecke (Hausmann, Abel 67); **Um|fahrt,** die; -en (seltener): *Umweg;* **Um|fah|rung,** die; -, -en: **1.** *das Umfahren.* **2.** (österr., schweiz.) *Umgehungsstraße;* **Um|fah|rungs|stra|ße,** die (österr., schweiz.): *Umgehungsstraße.*

Um|fall, der; -[e]s, Umfälle (abwertend): *das Umfallen* (2): mit dem U. des wichtigsten Zeugen hatte niemand gerechnet; **um|fal|len** ⟨st. V.; ist⟩: **1. a)** *aus einer aufrechten, senkrechten Stellung heraus zur Seite fallen:* die Vase, das Fahrrad ist umgefallen; die Lampe fällt leicht um; er ist mit seinem Stuhl umgefallen; ein umgefallenes Verkehrsschild lag quer auf der Fahrbahn, **b)** *aus Schwäche hinfallen, zusammenbrechen:* ohnmächtig, tot u.; Jeden Tag fallen Leute an der Werkbank vor Hunger um (Kühn, Zeit 254); Und wenn du vor Erschöpfung umfällst ... (Fallada, Jeder 217); daß ich damit rechnen müsse, eines Tages auf der Straße umzufallen (Jens, Mann 153); sie fielen um wie die Fliegen; ⟨subst.:⟩ zum Umfallen müde sein; als sie geschuftet hatte zum Umfallen (Danella, Hotel 84). **2.** (abwertend) *seinen bisher vertretenen Standpunkt aufgeben, seine Meinung ändern:* wenn nur drei Liberale umfallen, kommt das Gesetz nicht durch; Die Zeugin ... fällt später in der Verhandlung um und weiß von nichts (Mostar, Unschuldig 79); Warum ist der Kanzler ... gegen den Rat seiner diplomatischen Experten ... umgefallen? (Dönhoff, Ära 215); **Um|fal|ler,** der; -s, - (ugs. abwertend): *jmd., der leicht umfällt* (2); **Um|fal|le|rin,** die; -, -nen (ugs. abwertend): w. Form zu ↑ Umfaller.

um|fäl|schen ⟨sw. V.; hat⟩: *(jmdn., etw.) als etw. erscheinen lassen, was die betreffende Person od. Sache in Wahrheit gar nicht ist:* „Das Lügen überlassen wir den Nazis", die ... den großen Liberalen Karl Schurz ... in einen deutschamerikanischen Goebbels umgefälscht haben (Heym, Nachruf 157); Auch hier sei ein militärisches Fiasko in einen Sieg umgefälscht worden (Ott, Haie 221).

Um|fang, der; -[e]s, Umfänge [mhd. umbevanc = Kreis; Umarmung, rückgeb. aus ↑ umfangen] (bes. Math.): **1. a)** *(bei Flächen) Länge der eine Fläche begrenzenden Linie od. (bei Körpern) Schnittlinie zwischen der Oberfläche des Körpers u. einer bestimmten den Körper schneidenden Ebene:* der U. eines Kreises mit dem Radius r beträgt 2πr; der U. eines Polygons ist die Summe seiner Seitenlängen; der U. der Erde ist am Äquator am größten,

umfangen

beträgt rund 40 000 Kilometer; den U. von etw. messen, berechnen; um die Hutgröße zu ermitteln, mißt man den waagrechten U. des Kopfes oberhalb der Ohren; der Stamm der alten Eiche hat einen U. von 10 m; die Kragenweite ergibt sich aus dem [am Halsansatz gemessenen] U. des Halses; **b)** *[räumliche] Ausdehnung, Ausmaß, Größe:* der relativ große, kleine, bescheidene U. des Grundstücks, des Gebäudes; der U. der Bibliothek wird auf etwa 200 000 Bände geschätzt; der U. des Schadens läßt sich noch nicht genau beziffern; der U. seines Wissens ist beachtlich; das Naturschutzgebiet hat einen erheblichen U., einen U. von etwa 1000 km^2; die beiden Texte haben etwa en gleichen U.; das Buch hat einen U. von 800 Seiten; ... war es ... das Streben der Gesetzgeber, den Kreis der Versicherten zu vergrößern, den U. und die Art der Leistungen zu erweitern (Fraenkel, Staat 314); ... nahm in der Armee ... die Insubordination einen bedrohlichen U. *(ein bedrohliches Ausmaß)* an (Brecht, Geschichten 129); ... und beantragte für ihn ... „ein intellektuelles und politisches Wiedergutmachungsverfahren großen -s" (Reich-Ranicki, Th. Mann 115); ein Bauch, Busen von beträchtlichem U.; ein Mann von großer gastronomischer Weitsicht und entsprechendem körperlichen U. *(entsprechender Leibesfülle;* Hildesheimer, Legenden 142). **2.** *gesamter Bereich, den etw. umfaßt, einschließt, auf den sich etw. erstreckt:* ihre Stimme hat einen erstaunlichen U., einen U. von drei Oktaven; neben der Bibel in ihrem vollen U. *(der ganzen Bibel)* stehen hier das Evangeliar ... und der Psalter (Bild. Kunst III, 65); die Kosten werden in vollem U. *(in voller Höhe, vollständig)* erstattet; er war in vollem Umfang[e] geständig *(hat alles gestanden);* Umschichtungen ... werden ... nur in geringem U. *(in geringem Maße)* vorgenommen (Fraenkel, Staat 376); er ist dem Bedeutenden nur in beschränktestem U. *(in äußerst geringem Maße)* zugänglich (Musil, Mann 1113); **um|fan|gen** ⟨st. V.; hat⟩ [älter: umfahen, mhd. umbevāhen, ahd. umbifāhan, zu ↑fangen in dessen alter Bed. „fassen"] (geh.): *mit den Armen umfassen, fest in die Arme schließen; umarmen:* Sie umfing ihn, hielt seinen Kopf ..., so fest es nötig war, bis Küstermann zur Ruhe kam (Hahn, Mann 72); sie hielt das Kind [mit beiden Armen] u.; Ü tiefe Stille, Dunkelheit umfing uns; Die kurze Brücke überspannte einen Wassergraben, der das Institutsgelände umfing (Springer, Was 22); Efeu umfing die Außenmauern (Ransmayr, Welt 248); **um|fäng|lich** ⟨Adj.⟩: *[ziemlich] umfangreich, groß:* eine -e [Gemälde]sammlung; Der -e Landauer des apostolischen Nuntius (A. Kolb, Daphne 46); Ein -es Instrumentarium insbesondere haushaltspolitischer Maßnahmen (Fraenkel, Staat 344); eine -e Analyse des Nibelungenliedes (K. Mann, Vulkan 86); ... war Cesar damals binnen kurzem in die Breite und Höhe gegangen, war -er, schwerer geworden (Giordano, Die Bertinis 211); **um|fang|mä-Big:** ↑umfangsmäßig; **um|fang|reich** ⟨Adj.⟩: *einen großen Umfang (2) habend; umfassend, groß:* -e Berechnungen, Nachforschungen, Investitionen, Texte; ein -er Katalog, Index; ein -es Programm; das Lexikon, die Literatur zu dem Thema, die Bibliothek ist sehr u.; ... ist das Musikinstrumentemuseum ... wieder geöffnet, nachdem es in den vergangenen zwei Jahren u. *(mit großem Aufwand)* rekonstruiert worden war (Freie Presse 17. 11. 88, 1); **Um|fangs|be|rech-nung,** die: *Berechnung des Umfangs:* bei handschriftlichen Manuskripten sind -en relativ schwierig; **um|fangs|mä|Big,** umfangmäßig ⟨Adj.⟩: *dem Umfang entsprechend, in bezug auf den Umfang;* **Um-fangs|win|kel,** der (Math.): *Winkel zwischen zwei auf dem Kreis sich schneidenden Sehnen eines Kreises.*

um|fär|ben ⟨sw. V.; hat⟩: *anders färben, mit einer neuen Farbe einfärben:* sich die Haare u. lassen; Und die Kerle tragen wahrhaftig die alten Uniformen, umgefärbt (Heym, Nachruf 430); **Um|fär-bung,** die; -, -en: *das Umfärben.*

um|fas|sen ⟨sw. V.; hat⟩: **1.** *anders fassen* (8); *mit einer anderen Fassung* (1 a) *versehen:* die Brillanten sollten umgefaßt werden. **2.** (landsch., bes. nordd.) *den Arm um jmdn., etw. legen:* er faßte sie zärtlich um; umgefaßt gehen; **um|fas|sen** ⟨sw. V.; hat⟩ /vgl. umfassend/: **1.** *mit Händen od. Armen umschließen:* jmdn., jmds. Taille, Arme u.; sich [gegenseitig]/(geh.:) einander u.; gern hätte ich die gestreckten und edlen Leiber mit meiner Hand umfaßt (Th. Mann, Krull 95); Gönnern hielt mit beiden Händen ... seinen Kopf umfaßt (Plievier, Stalingrad 200); Seine Hände umfaßten *(er umfaßte mit den Händen)* den Fuß des Gerüstes (Hausmann, Abel 121); Ü Er umfaßt mit einem Blick den Spirituskocher, der Glühwein und Georgs Pyjama (Remarque, Obelisk 145); und sein Blick ... umfaßte *(er betrachtete)* begeistert eine Gestalt nach der anderen (Th. Mann, Hoheit 70). **2. a)** *einfassen, umgeben:* den Garten mit einer Hecke u.; die Mauern umfaßten nur noch ein Schuttfeld (Plievier, Stalingrad 222); **b)** (Milit.) *von allen Seiten einkreisen, einschließen:* die feindlichen Truppenverbände u. **3. a)** *haben, bestehen aus:* das Werk umfaßt sechs Bände; Der Wissenschaftsrat umfaßt 39 Mitglieder (Fraenkel, Staat 179); Sie (= die Wohnstätte) umfaßte vier kleine Zimmer nebst einer noch kleineren Küche (Th. Mann, Krull 89); **b)** *einschließen, enthalten, zum Inhalt haben:* Dieser Gattungsname (= „Druckgraphik") umfaßt verschiedene drucktechnische Verfahren (Bild. Kunst III, 76); Gesetzgebung in diesem Sinn umfaßt auch die Rechtsetzung durch die Exekutive (Fraenkel, Staat 115); Für den 1986 erschienenen Band, der die Zeit vom 1. Januar 1944 bis April 1946 umfaßt, gilt das ganz besonders (Reich-Ranicki, Th. Mann 81); **um|fas-send** ⟨Adj.⟩: *vielseitig, reichhaltig, viele Teile enthaltend; nahezu vollständig:* eine -e Reform, -e Kenntnisse; Oskar Matzerath stellt die -e Frage: Was auf dieser Welt ... hätte die epische Breite eines Familienalbums? (Loest, Pistole 42); ein -es Geständnis ablegen; ... der die Neuausgabe ... mit einem soliden und -en Nachwort versehen hat (Reich-Ranicki, Th. Mann 132); jmdn. u. informieren; Die Verschmutzung der Ostsee ist so u., daß eine Sanierung kaum bezahlbar scheint (natur 10, 1991, 16); Die Wohnsiedlungen Rebhügel und Limmatstraße wurden u. renoviert (NZZ 30. 8. 83, 19); **Um|fas-sung,** die; -, -en: **a)** *das Umfassen;* **b)** *Einfassung* (2), *Umzäunung:* eine U. aus Buchsbaum; **Um|fas|sungs|gra|ben,** der: *Graben, der etw., bes. eine Festung, umgibt;* **Um|fas|sungs|mau|er,** die: *Mauer, die etw. umgibt.*

Um|feld, das; -[e]s, -er [1: gepr. von dem dt. Psychologen G. E. Müller (1850–1934)]: **1.** (bes. Psych., Soziol.) *auf jmdn., etw. unmittelbar einwirkende Umwelt:* das soziale U. eines Kriminellen; Virginia Satir hat bereits in den 60er Jahren begonnen, das persönliche U. des Patienten – die Familie – in ihre Psychotherapie einzubeziehen (Hörzu 27, 1984, 67). **2.** *Umgebung:* In die Sanierungsmaßnahmen schließen die Denkmalspfleger auch das U. mit ein (Augsburger Allgemeine 3./4. 5. 78, 24); Die meisten sind mit ihrer Wohnung zufrieden, auch mit dem U. (Szene 8, 1984, 22); daß weitere Untersuchungen des Deponiegutes und über das geologische U. gemacht werden müßten (NZZ 23. 10. 86, 30); Ü bei all diesen Entwicklungsprozessen sei das internationale U. zu beachten (Freie Presse 14. 2. 90, 3); Die gesamte kriminelle U. der Prostitution mit Drogenkonsum und Menschenhandel hineinzuleuchten (Spiegel 3, 1987, 168); ... sind ... die linken ... Hochschullehrer zwar vielleicht nicht ursächlich verantwortlich für den Terrorismus, aber doch in seinem U. anzusiedeln (Spiegel 45, 1977, 7).

Um|fi|nan|zie|rung, die; -, -en (Wirtsch.): *Umwandlung von kurzfristigen in langfristige Kredite, von Fremd- in Eigenkapital od. von Krediten in Wertpapiere.*

um|fir|mie|ren ⟨sw. V.; hat⟩: *(von Industrieunternehmen o. ä.) eine andere Form, einen anderen Namen annehmen:* in eine AG u.; ... mit der Commodity Trading Services GmbH (CTS) die später in Warentermin Service GmbH (WTS) umfirmierte (Capital 2, 1980, 211); **Um|fir|mie-rung,** die; -, -en: *das Umfirmieren.*

um|flat|tern ⟨sw. V.; hat⟩: **1.** *flatternd umfliegen* (a): Nachtfalter umflattern die Lampe. **2.** *flatternd umgeben:* ihre langen Haare umflatterten ihr Gesicht; ... säumen Dutzende Steinmale den Lawinenstrich, hockten, von Lumpen umflattert, auf Felskuppen (Ransmayr, Welt 237).

um|flech|ten ⟨sw. V.; hat⟩: *mit Flechtwerk umhüllen:* sie tranken Chianti aus großen [mit Stroh] umflochtenen Flaschen.

um|flie|gen ⟨st. V.; ist⟩: **1.** (landsch. ugs.) *einen Umweg fliegen:* wir mußten weit u. **2.** (ugs.) *umfallen* (1): die Vase ist umgeflogen; **um|flie|gen** ⟨st. V.; hat⟩: **a)** *fliegend umkreisen, umrunden:* Mücken umfliegen das Licht; Schwalben umflogen die Dächer (Remarque, Triomphe 401); die Astronauten sollen den Mond dreimal u.; **b)** *im Bogen an etw. vorbeifliegen:* ein Hindernis u.; auf ihrem Zug in den

Süden umfliegen die Vögel das Hochgebirge; Stadt- und Kreisverwaltung sollen sich ... dafür einsetzen, daß dichtbesiedeltes Gelände umflogen statt überflogen wird (Saarbr. Zeitung 11. 7. 80, 21/23).

um|flie|ßen ⟨st. V.; hat⟩: *um jmdn., etw. fließen; fließend umgeben:* in engem Bogen umfließt der Strom den Berg; Ü Lucile ... war, in einem lichten Nachtgewand, von weißer Seide umflossen (Zuckmayer, Herr 90).

um|flo|ren ⟨sw. V.; hat⟩ [zu ↑²Flor]: **1.** *mit einem Trauerflor versehen:* das Bild des Verstorbenen ist umflort. **2. a)** ⟨u. + sich⟩ *sich [wie] mit einem Schleier bedecken, umgeben:* ihr Blick umflorte sich *(wurde verschleiert u. trübe von Tränen);* **b)** *als Schleier, wie ein Schleier bedecken, umgeben:* ⟨meist im 2. Part.:⟩ ohne noch einmal nach den beiden vom Wasserstaub der Brandung umflorten Gestalten ... zu sehen (Ransmayr, Welt 170); mit von Trauer umflorter *(verdunkelter)* Stimme; Und die Augen, ... leider von Mißmut umflort *(mißmutig blickend;* Heim, Traumschiff 151).

um|flu|ten ⟨sw. V.; hat⟩ (geh.): *als große Wassermasse umgeben, umfließen;* **Um|flu|ter,** der; -s, -: *der Abführung von Hochwasser dienendes, natürliches od. künstliches zweites Gewässerbett zur Entlastung eines Wasserlaufs;* **Um|flut|ka|nal,** der; -s, ...kanäle: vgl. Umfluter.

um|for|ma|tie|ren ⟨sw. V.; hat⟩ (Datenverarb.): *neu, anders formatieren;* **um|for|men** ⟨sw. V.; hat⟩: *in eine andere Form bringen; in der Form verändern, umändern:* einen Roman, ein Gedicht, eine Gleichung u.; Gleichstrom in/zu Wechselstrom u.; Wärmeenergie in Elektrizität u.; der Schall wird vom Mikrophon in ein elektrisches Signal umgeformt; die Kolbenbewegung wird mit Hilfe einer Pleuelstange in eine Drehbewegung umgeformt; Nicht die Cola acuminata ... hat die Kulturwelt umgeformt, sondern Coffea arabica, der ... Kaffee (Jacob, Kaffee 23); ... das Parlament aus einer Ständevertretung ... allmählich in eine moderne Repräsentativversammlung umzuformen (Fraenkel, Staat 75); **Um|for|mer,** der; -s, - (Elektrot.): *Maschine, mit der elektrische Energie einer Form, Spannung od. Frequenz in eine andere umgeformt wird;* **um|for|mu|lie|ren** ⟨sw. V.; hat⟩: *neu, anders formulieren:* einen Text, einen Satz u.; Es gehe auch ganz besonders darum, ökologische Anliegen in konkrete Maßnahmen umzuformulieren (umzusetzen; NZZ 3. 5. 83, 18); **Um|for|mung,** die; -, -en: *das Umformen, Umgeformtwerden.*

Um|fra|ge, die; -, -n [spätmhd. umbfrage = reihum gerichtete Frage]: **a)** *[systematische] Befragung einer [größeren] Anzahl von Personen, z. B. nach ihrer Meinung zu einem bestimmten Problem:* eine repräsentative U.; die U. hat ergeben, daß mindestens dreißig Prozent der in der Stadt Beschäftigten Pendler sind; eine U. [zur/über die Atomkraft] machen, durchführen; ... daß die Umfragen, die er aus Anlaß von Geburtstagen und auch an anderen Jubiläen veranstaltete, zwar bei den Lesern sehr beliebt waren, ihm jedoch häufig Kummer bereiteten (Reich-Ranicki, Th. Mann 264); etw. durch eine U. ermitteln; **b)** *Rück-, Rundfrage bei einer Reihe von zuständigen od. betroffenen Stellen:* ... und eine dringliche U. des Präfekten Sallier bei den Polizeikommissariaten ... habe zu keinem Ergebnis geführt (Maass, Gouffé 18); **Um|fra|ge|er|geb|nis,** das: *Ergebnis einer Umfrage;* **um|fra|gen** ⟨sw. V.; hat; nur im Inf. u. 2. Part. gebr.⟩: *eine Umfrage machen.*

um|frie|den, (seltener:) **um|frie|di|gen** ⟨sw. V.; hat⟩ [vgl. einfried(ig)en] (geh.): *einfried[ig]en:* er umfriedete seine ganze Siedlung mit einem grünen Lattenzaun (Winckler, Bomberg 186); **Um|frie|di|gung,** (häufiger:) **Um|frie|dung,** die; -, -en: **1.** ⟨o. Pl.⟩ *das Umfried[ig]en.* **2.** *Mauer, Hecke o. ä., die etw. umfriedet.*

um|fri|sie|ren ⟨sw. V.; hat⟩ (ugs.): **1. a)** *frisieren* (2 a): eine Bilanz, eine Statistik, ein Protokoll [nachträglich] u.; **b)** (Kfz-T.) *frisieren* (2 b): Vor allem haben sie heiße Autos umfrisiert und ins Ausland geschafft (M. L. Fischer, Kein Vogel 308); **2.** *mit neuen Merkmalen ausstatten, umgestalten, modifizieren:* Die Schlagerproduzenten mußten ihre Produkte, ihre Sänger und Sängerinnen u. Jetzt war man jung, keß, sexy (Kraushaar, Lippen 215); Jährlich verlassen ... 2 600 fabrikneue, umfrisierte Autos sein Werk (Spiegel 19, 1966, 143).

um|fül|len ⟨sw. V.; hat⟩: *aus einem Gefäß od. Behälter in einen andern füllen;* **Um|füll|stut|zen,** der: *Stutzen* (2) *zum Umfüllen;* **Um|fül|lung,** die; -, -en: *das Umfüllen.*

um|funk|tio|nie|ren ⟨sw. V.; hat⟩: *[eigenmächtig, gegen den Willen eines andern] für einen anderen als den eigentlichen, ursprünglichen Zweck nutzen, zu etw. Andersartigem machen:* weil sie ... eine Folkloreveranstaltung ... gestört und in eine Diskussionsrunde hatten u. wollen (Spiegel 4, 1969, 63); Eilig wurden die Konferenzräume ... in Vorführstudios umfunktioniert (Hörzu 9, 1971, 18); Als ihn Klug unlängst zum Stürmer u. wollte, glückte das nicht (Kicker 6, 1982, 38); ⟨oft im 2. Part.:⟩ In den zum Rettungsboot umfunktionierten Mondlandefähre (Spiegel 17, 1970, 144); Zu Spielkasinos umfunktionierte ehemalige Kinos (NBI 35, 1983, 22); **Um|funk|tio|nie|rung,** die; -, -en: *das Umfunktionieren.*

Um|gang, der; -[e]s, Umgänge [2 a: mhd. umbeganc, ahd. umbigang]: **1.** ⟨o. Pl.⟩ **a)** *gesellschaftlicher Verkehr [mit jmdm.]; Beziehung, persönliche Verbindung:* Der U. mit Berühmtheiten gehörte ... zu den Selbstverständlichkeiten ihres Alltags (Reich-Ranicki, Th. Mann 239); Diese ... Fischer blieben lange Zeit der einzige U. des Einsiedlers *(die einzigen Menschen, mit denen er Umgang hatte;* Ransmayr, Welt 251); [nahen, freundschaftlichen, intimen, vertrauten] U. mit jmdm. haben, pflegen; ... war ihm nichts anderes übriggeblieben, als ihnen (= seinen Töchtern) den geschlechtlichen U. mit Edelmännern ihrer freien Wahl auch ohne kirchlichen Segen zu gestatten (Stern, Mann 228); guten, schlechten U. haben *(mit Menschen verkehren, die einen guten, schlechten Einfluß auf einen haben);* durch den [häufigen, regelmäßigen, täglichen] U., im U. mit Amerikanern hat er sehr gut Englisch gelernt; * *für jmdn. kein [guter]/nicht der richtige, der richtige o. ä.* **U. sein** (ugs.; *zu jmdm. gesellschaftlich o. ä. nicht passen, gut passen*): der, die ist doch kein U. für dich!; Susanne zum Beispiel wäre der richtige U. für sie (Danella, Hotel 188); **b)** *Umgehen* (3 a) *(mit jmdm., etw.):* der U. mit Büchern, mit Geld; als ich ... den U. mit der Sense *(die Handhabung der Sense)* lernte (NNN 27. 6. 85, 3); durch einen sparsamen U. mit Energie, Wasser die Umwelt entlasten; für verantwortungsvollen U. mit Wissenschaft und Technik unter Schonung der Ressourcen (Freie Presse 30. 12. 89, 6); er ist erfahren im U. mit Kindern, Tieren; und Jarmilas Erfolg im U. mit dem Kranken gab ihr recht (Bieler, Mädchenkrieg 214). **2. a)** (bild. Kunst, Archit.) *Rundgang* (2); **b)** *kirchlicher Umzug; Prozession um einen Altar, ein Feld o. ä. herum:* Priester und Gemeinde machten einen U./zogen im U. um die Kirche; **c)** (selten) *Rundgang* (1): Ein Schiffbauer, der schon in den Jahren des Beginns der Aktivistenbewegung ... auf der Neptunwerft war, lief uns bei unserem U. nicht über den Weg (NNN 12. 11. 83, 8); **um|gäng|lich** ⟨Adj.⟩: *(von einem Menschen, auch Tier) verträglich, freundlich, in der Gemeinschaft umgehen lassend, keine Schwierigkeiten bereitend; konziliant:* sie ist ein -er Mensch, hat eine -e Art; Konrad Weber war ... sehr u. und freute sich, wenn man ihn in der Küche besuchte (Danella, Hotel 251); Die Spannung ist von ihr gewichen, sie wird u., ja beinah leutselig (Frischmuth, Herrin 78); **Um|gäng|lich|keit,** die; -: *das Umgänglichsein;* **Um|gangs|form,** die ⟨meist Pl.⟩: *Art des Umgangs* (1 a) *mit anderen Menschen; Art, sich zu benehmen; Manier* (2): gute, gepflegte, schlechte -en besitzen; jmdm. [gute] -en beibringen; Der Mann hatte tadellose -en (Ott, Haie 289); die junge Tochter der Baronin ..., ein adrettes kleines Ding von eher barschen -en (K. Mann, Wendepunkt 128); **Um|gangs|recht,** das ⟨o. Pl.⟩ (Rechtsspr.): *Verkehrsrecht* (1); **Um|gangs|spra|che,** die: **1.** (Sprachw.) **a)** *Sprache, wie sie im täglichen Umgang mit anderen Menschen verwendet wird; zwischen Hochsprache u. Mundart stehende, von regionalen, soziologischen, gruppenspezifischen Gegebenheiten beeinflußte Sprachschicht:* man könnte ja auch ... noch viel weitere ... Kategorien aufstellen, wie es z. B. die U. tut, wenn sie von Selbsterhaltungstrieb u. spricht (Lorenz, Verhalten I, 326); **b)** *nachlässige, saloppe bis derbe Ausdrucksweise; Slang* (a): U. sprechen; (in Ausruf o. in der Fügung) in der U. steht nach „wegen" meist der Dativ. **2.** *Sprache, in der eine Gruppe miteinander umgeht, sich unterhält:* Dr. Sellmann brauchte das Tschechische nicht. In der Bank war Deutsch die U. (Bieler, Mädchenkrieg 27); **um|gangs|sprach|lich** ⟨Adj.⟩: *zur Umgangssprache gehörend, in der Umgangssprache;* **Um|gangs|ton,** der ⟨Pl. ...töne⟩: *Art, in der man miteinander um-*

geht, Sprechweise innerhalb einer Gruppe: im Betrieb herrscht ein herzlicher U.; er war ein ... höflicher Mann, dessen ... gebildete Sprechweise schnell ... die übrigen im Zimmer auch einen gepflegteren U. annehmen ließ (Kühn, Zeit 210).

um|gar|nen ⟨sw. V.; hat⟩ [eigtl. = mit Garnen (2) einschließen]: *durch Schmeichelei, Koketterie o. ä. für sich zu gewinnen suchen:* mit schönen Worten umgarnte sie ihren Chef; Ü Die Stimme schmeichelt und schmachtet, daß die Schwarte kracht, umgarnt den Zuhörer mit Zuckerwatte (Oxmox 8, 1984, 123); **Um|gar|nung,** die; -, -en: *das Umgarnen.*

um|gau|keln ⟨sw. V.; hat⟩ (geh.): *gaukelnd umgeben, umflattern:* Schmetterlinge umgaukeln uns.

ụm|ge|ben ⟨st. V.; hat⟩ (ugs.): *um jmdn., etw. herumlegen; umhängen:* gib dem Kind ein Cape um!; **um|ge|ben** ⟨st. V.; hat⟩ [mhd. umbegeben, ahd. umbigeban, eigtl. = etw. um etw. herumgeben, LÜ von lat. circumdare]: **a)** *auf allen Seiten (um jmdn., sich od. etw.) herumsein lassen:* Dann wurde die Manege mit Gittern umgeben, denn der Löwenkäfig rollte herein (Th. Mann, Krull 226); Auch umgab er sich mit Jüngern und Jüngerinnen, die zu seinen Füßen ... saßen und ihn mit „Meister" anredeten (Hildesheimer, Legenden 38); Ü jmdn. mit Liebe u.; sich mit einer Aura des Geheimnisvollen u.; jmdn. mit einer Gloriole u. *(jmdn. glorifizieren);* Hinter dem Gebirge wird es hell, die Wiesen umgeben sich mit Tag (Jelinek, Lust 174); Es gab ... junge Männer und blühende Mädchen, die mit dem Zauber der Anonymität umgeben waren (Jahnn, Geschichten 171); **b)** *sich von allen Seiten um jmdn., etw. herum befinden:* eine Hecke umgibt das Haus; der Weg ..., ... im Kontrast zur -en Vegetation ausschweifend mit Blumen gesäumt (Kronauer, Bogenschütze 224); Idyllische Provinz umgab mich (Th. Mann, Krull 181); Zwei Kinder im Alter von fünf und sieben umgaben sie *(waren um sie;* Strauß, Niemand 80); ⟨oft im 2. Part.:⟩ der von Fachwerkhäusern umgebene Marktplatz; Der See ... ist ringsum von hohen Bergen umgeben (Grzimek, Serengeti 329); er war von Feinden umgeben; ... sah er sich sehr bald von einer Schar Zerlumpter umgeben (Thieß, Reich 372); Er ... läßt sich, umgeben von seiner Frau und seinen Höflingen, ... bewundern (Sieburg, Robespierre 191); Ü tiefe Stille, Dunkelheit umgab mich; ein Hauch von Heimat und Vertrautheit umgab den Eintretenden (Zwerenz, Quadriga 50); Eine furchtbare Aura von Einsamkeit umgibt sie alle, die versteinten Alten im „Grauen Haus" (K. Mann, Wendepunkt 99).

Ụm|ge|bin|de, das; -s, - (Bauw. ostmd.): *das Dach tragende Konstruktion aus Pfosten u. Balken, innerhalb deren die nichttragenden Hauswände stehen.*

Um|ge|bung, die; -, -en: **a)** *Gesamtheit dessen, was jmdn., etw. umgibt, bes. Landschaft, Bauwerke, Straßen usw. im Umkreis um einen Ort, ein Haus o. ä.:* die unmittelbare, nächste, weitere U. der Stadt; Oder waren Grammophone, Zeitungsverkäufer und nackte Liebespaare eine angebrachte U. für solide Arbeit? (Edschmid, Liebesengel 124); die Stadt hat eine schöne, waldreiche, hügelige U.; für ein betriebsbereites Gebäude einschließlich U. *(des dazugehörigen Grundstücks;* NZZ 30. 1. 83, 24); ... tritt aus der U. mehr Wasser in die Zellen ein, als herausgepumpt werden kann (Medizin II, 153); in einer reizvollen, häßlichen U. wohnen; wo gibt es hier in der U. ein Schwimmbad?; Alle Tanklager in der U. sind leer (Kirst, 08/15, 647); **b)** *Kreis von Menschen, Bereich, Milieu* (1), *in dem jmd. lebt:* die Kleinkind braucht seine vertraute U.; er versuchte sich der neuen U. anzupassen; die Menschen seiner nächsten U.; aus der U. des Kanzlers war zu erfahren, daß ... ; Es scheint, daß er in seiner unmittelbaren U. ... nur Menschen geduldet hat, die ihm und seinem Werk nützlich sein konnten (Reich-Ranicki, Th. Mann 24).

Ụm|ge|gend, die; -, -en (ugs.): *Gegend um etw. herum.*

ụm|ge|hen ⟨unr. V.; ist⟩ /vgl. umgehend/: **1. a)** *im Umlauf sein, sich von einem zum andern ausbreiten:* ein Gerücht geht um; im Kindergarten gehen die Masern um; In den Häusern Sierichstraße 106–110 ... geht die Angst um. Die 62 Mietwohnungen werden zum Verkauf angeboten (Hamburger Abendblatt 30. 5. 79, 3); **b)** *als Gespenst umherschleichen, spuken:* der alte Graf beginnt wieder umzugehen; in dem alten Schloß geht ein Gespenst um. **2.** *sich in Gedanken (mit etw.) beschäftigen:* mit einem Plan, einem Gedanken u.; ... ging ich tagelang damit um, mich dem kleinen Erik anzuvertrauen (Rilke, Brigge 65). **3. a)** *in bestimmter Weise behandeln:* gut, vorsichtig, behutsam, hart, grob mit jmdm., etw. u.; verantwortungsvoll, sparsam, verschwenderisch mit den natürlichen Ressourcen u.; freundlich miteinander u.; er geht sehr nachlässig mit seinen Sachen um; mit Geld nicht u. können *(nicht haushalten können);* mit einem Werkzeug, einem Gerät u. können *(es benutzen, zu handhaben wissen);* So kann er nicht u. mit einem anderen Menschen! (Strauß, Niemand 12); Ich habe sie auf Händen getragen; die bequemste Art umzugehen mit einer Frau, und die schlimmste Art (Frisch, Montauk 94); Wo haben sie gelernt, mit Pferden umzugehen? (Loest, Pistole 8); Sie sollten mit einem guten Essen nicht so lieblos u., Herr Müller (Danella, Hotel 73); Ü Nein, ich habe wirklich alles falsch gemacht, ich verstand nicht mit der Liebe umzugehen (Danella, Hotel 155); **b)** (veraltend) *mit jmdm. Umgang* (1 a) *haben, verkehren:* niemand mochte mit ihm u.; sie gehen schon lange miteinander um; Wenn du mit dem Albert umgehst, geht es dir wie dem, der kommt alleweil ins Zuchthaus (Wimschneider, Herbstmilch 70); ich ... mußte fast täglich mit dem Regierungsrat Sinclair u. (Brot und Salz 50); Spr sage mir, mit wem du umgehst, und ich sage dir, wer du bist; **c)** *(mit etw., was einem zu schaffen macht)* [*in einer bestimmten Weise*] *zurechtkommen, fertig werden:* Der Suizidant kann ... mit seinen Aggressionen nicht angemessen u. (Nds. Ä. 22, 1985, 30); Meine Art zu versuchen, mit dieser Schuld umzugehen (Spiegel 39, 1988, 23); Wir kriegen uns zunächst in die Wolle, haben aber gelernt, damit umzugehen (Grossmann, Beziehungsweise 49). **4.** (ugs. landsch.) *einen Umweg machen;* **um|ge|hen** ⟨unr. V.; hat⟩ [mhd. umbegān, umbegēn, ahd. umbigān]: **a)** *um etw. im Bogen herumgehen, -fahren; od. verlaufen:* ein Hindernis u.; die Straße umgeht die Stadt in weitem Bogen; Dort stand sie unsicher und zögernd, ... die eiligen Passanten umgingen sie (Strauß, Niemand 21); Der Vorgipfel ... wird meistens besser auf der Südseite umgangen (Alpinismus 2, 1980, 9); **b)** *(etw. Unangenehmes) vermeiden:* die Anleger gehen ins Ausland, um den Kapitalertragssteuer zu u.; er hat den kritischen Punkt geschickt umgangen; Ich bemühte mich, diese Schwierigkeit zu u. (Stories 72 [Übers.], 58); Was gibt es für Möglichkeiten, den Wehrdienst ... zu u.? (tip 12, 1984, 88); das läßt sich nicht u.; **c)** *bei etw. so vorgehen, daß damit vermieden wird, etw. zu beachten, dem sonst entsprochen werden müßte:* Gesetze, Vorschriften u.; So umging Palheta das Ausfuhrverbot (Jacob, Kaffee 225); Wenn wir feststellen sollten, daß die Sanktionen anderer Länder über die Schweiz umgangen werden, werden wir eingreifen (NZZ 21. 12. 86, 26); **ụm|ge|hend** ⟨Adj.⟩ (bes. Papierdt.): *sofort, so schnell wie möglich, ohne jede Verzögerung erfolgend:* um -e Erledigung, Zahlung, Antwort wird gebeten; bitte informieren Sie mich u.; das Geld; Das Sozialamt empfiehlt R., u. wieder arbeiten zu gehen (Klee, Pennbrüder 118); ... alle Bürger, die durch das bisherige SED-Regime politisch verfolgt wurden, -st zu rehabilitieren (Freie Presse 15. 2. 90, 7); **Um|gehung,** die; -, -en: **1. a)** *das Umgehen* (a): Das Gebirge ... zwang ihn mit immer neuen Barrieren zu mühseligen -en (Ransmayr, Welt 226); **b)** *das Umgehen* (b): er hat ihm das Haus zur U. der Erbschaftssteuer schon zu Lebzeiten überschrieben; **c)** *das Umgehen* (c): Die ... vereinbarte Mitbestimmung ... läuft auf eine U. der §§ 88 III, 94 I HessPersVG hinaus (NJW 19, 1984, 1141). **2.** kurz für ↑ Umgehungsstraße: eine neue U. bauen; die U. benutzen, fahren; **Um|ge|hungs|ge|fäß,** das (Med.): *Kollateralgefäß;* **Um|ge|hungs|ge|schäft,** das (Rechtsspr.): *Rechtsgeschäft, bei dem bestimmte Rechtsfolgen umgangen werden;* **Um|ge|hungs|stra|ße,** die: [*Fernverkehrs*]*straße, die um einen Ort*[*skern*] *herumgeführt wird.*

ụm|ge|kehrt ⟨Adj.⟩ [eigtl. 2. Part. von ↑ umkehren (3)]: *entgegengesetzt, gegenteilig; gerade andersherum:* in -er Reihenfolge, Richtung; im -en Falle, Verhältnis, -em Vorzeichen; es, die Sache ist genau u.: nicht er hat sie verführt, sondern sie ihn; Heutzutage macht man es u., man baut nicht die Bahnhöfe wie Kathedralen, sondern die Kirchen wie Bahnhöfe (Grzimek, Serengeti 25); Je genauer man den Ort kennt, um so ungenauer kennt man den Impuls, und u. (Natur 59);

Nicht nur Knopf sei in Gefahr durch den Obelisken, sondern die Firma müsse u. auch Knopf dafür verantwortlich machen, wenn dem Obelisken etwas passiere (Remarque, Obelisk 275).

um|ge|stal|ten ⟨sw. V.; hat⟩: *anders gestalten:* einen Raum, ein Schaufenster, einen Platz u.; einen Hof zu einem Spielplatz u.; Die Rechtssysteme der Länder wurden nach sowjetischem Vorbild umgestaltet (Fraenkel, Staat 350); Sie werde die Erde u., ein neues Zeitalter ... heraufführen! (Menzel, Herren 117); **Um|ge|stal|tung**, die; -, en: *das Umgestalten, Umgestaltetwerden:* bei der sozialistischen U. unserer Landwirtschaft (Schweriner Volkszeitung 29. 4. 78, 1); Es handelte sich dabei ... um eine weitgehende U. der politischen und verfassungsrechtlichen Struktur des Landes (Fraenkel, Staat 299).

um|gie|ßen ⟨st. V.; hat⟩: **1.** *aus einem Gefäß in ein anderes gießen:* er goß den Wein in eine Karaffe um. **2.** *(Gegenstände aus Metall) schmelzen u. in eine andere Form gießen:* Lettern, eine Glocke u. **3.** (ugs.) *durch versehentliches Umstoßen eines Gefäßes dessen Inhalt verschütten:* wer hat die Milch umgegossen?

um|git|tern ⟨sw. V.; hat⟩: *mit einem Gitter umgeben, umfrieden;* ⟨meist im 2. Part.:⟩ ein umgitterter Platz; **Um|git|te|rung**, die; -, -en: **a)** *das Umgittern;* **b)** *Gitter, das etw. umgibt:* auf einer der Bänke außerhalb der U. der Tennisplätze (Th. Mann, Krull 406).

um|glän|zen ⟨sw. V.; hat⟩ (dichter.): *mit Glanz umgeben.*

um|gol|den ⟨sw. V.; hat⟩ (dichter.): *in goldenen Schein hüllen:* Die Sonne umgoldete, die Luft umblaute die schlummernde Hespera (A. Kolb, Schaukel 150).

um|gra|ben ⟨st. V.; hat⟩: *durch Graben die oberste Schicht des Erdbodens umwenden:* den Garten, ein Beet u.; ⟨auch o. Akk.-Obj.:⟩ er ist im Garten und gräbt um; **Um|gra|bung**, die; -, -en: *das Umgraben.*

um|grei|fen ⟨st. V.; hat⟩: **1.** *mit den Händen in einen anderen Griff wechseln:* am Lenkrad u.; er hatte bei der Riesenfelge zu spät umgegriffen. **2.** (selten) *weit ausgreifen, sich erstrecken:* Die Berge griffen um, als Vorgebirge, buschwaldig, in See tretend, zogen sie sich ... im Halbkreis bis dorthin, wo er saß, und weiter (Th. Mann, Zauberberg 678); **um|grei|fen** ⟨sw. V.; hat⟩: **1.** *mit den Händen umschließen, umfassen:* er umgriff die Stange mit beiden Händen; sie hielt die Stuhllehne umgriffen. **2.** *in sich begreifen; umfassen* (3): Sie (= diese Formel) umgreift humanistische Bildung und Naturwissenschaft (Heisenberg, Naturbild 45).

um|gren|zen ⟨sw. V.; hat⟩: *ringsum abgrenzen, umschließen:* eine Hecke umgrenzt das Grundstück; Ü ⟨oft im 2. Part.:⟩ ein klar umgrenztes Aufgabengebiet; Der Begriff des Faschismus ... ist politischer Gattungsbegriff und bezieht sich zugleich auf das historisch umgrenzte Erscheinungsform des italienischen Fascismo (Fraenkel, Staat 82); **Um|gren|zung**, die; -, -en: **a)** *das Umgrenzen;* Ü Was mich ... zur U. (Definition) eines neuen Begriffes ... veranlaßt, sind ... neue Beobachtungstatsachen (Lorenz, Verhalten I, 339); **b)** *etw. umschließende Grenzlinie:* sich innerhalb der U. aufhalten.

um|grün|den ⟨sw. V.; hat⟩ (Wirtsch.): *(ein Unternehmen) aus einer Rechtsform in eine andere überführen:* eine Kommanditgesellschaft in eine Aktiengesellschaft u.; **Um|grün|dung**, die; -, -en (Wirtsch.): *das Umgründen:* U. der Stadtwerke in Aktiengesellschaften schreitet fort (MM 8. 2. 74, 16).

um|grup|pie|ren ⟨sw. V.; hat⟩: *anders, neu gruppieren, ordnen:* Am „Weinlese"-Sonnabend hat Fräulein Speer ihr Schaufenster umzugruppieren (Klepper, Kahn 102); **Um|grup|pie|rung**, die; -, -en: *das Umgruppieren.*

um|gucken[1], sich ⟨sw. V.; hat⟩ (ugs.): **1. a)** *sich umsehen* (1 a), *umblicken* (a): sich neugierig, verwundert u.; sich im Laden ein bißchen u. (sich die angebotenen Waren ansehen); R du wirst dich noch u. (du wirst sehen, daß du dir Illusionen gemacht hast); **b)** *sich umsehen* (1 b): sich in der Welt u. **2.** *sich umsehen* (2), *umblicken* (b): er ging hinaus, ohne sich noch einmal [nach uns] umzugucken; guck dich jetzt bitte nicht um. **3.** *sich nach etw. umsehen* (3): sich nach einem Job, einer Wohnung, einem Mann u.

um|gür|ten ⟨sw. V.; hat⟩ (veraltend): *als Gürtel umlegen, mit einem Gürtel umschnallen:* er hat [dir] den Riemen umgegürtet; er gürtete sich das Schwert um; **um|gür|ten** ⟨sw. V.; hat⟩ (veraltend): *mit einem Gürtel, etw. Gürtelartigem versehen:* der Ritter wurde mit dem Schwert umgürtet; wie wenn man sich ... mit einem Riemen eng umgürtet (Musil, Mann 1347).

◆ **Um|guß**, der; Umgusses, Umgüsse: *das Umgießen:* Ü Die Republik ist zu einem Umgusse zeitig (reif für einen Umsturz; Schiller, Fiesco II, 18).

um|ha|ben ⟨unr. V.; hat⟩ (ugs.): *um den Körper od. einen Körperteil tragen:* einen Mantel, eine Uhr, eine Schürze u.; * nichts um- und nichts anhaben (ugs.) *nur sehr spärlich bekleidet sein*: die armen Kinder hatten nichts um und nichts an.

um|hacken[1] ⟨sw. V.; hat⟩: **a)** *durch Hacken fällen:* einen Baum u.; **b)** *mit der Hacke auflockern:* die Erde, die Beete u.

um|hä|keln ⟨sw. V.; hat⟩: *einen Rand um etw. häkeln:* ⟨meist im 2. Part.:⟩ das mit blauer Spitze umhäkelte Taschentuch (Kempowski, Tadellöser 280).

um|hal|sen ⟨sw. V.; hat⟩: *jmdm. um den Hals fallen:* das Kind umhalste seine Mutter; sie umhalsten sich/(geh.:) einander; **Um|hal|sung**, die; -, -en: *das Umhalsen.*

Um|hang, der; -[e]s, Umhänge [mhd., ahd. umbehanc = Vorhang, Decke, Teppich]: **1.** *[mantelartiges] ärmelloses Kleidungsstück zum Umhängen* (2); *Cape, Pelerine;* **Um|häng|beu|tel**, **Um|hän|ge|beu|tel**, der: *Beutel, der an einem Riemen o. ä. über der Schulter getragen wird;* **um|hän|gen** ⟨sw. V.; hat⟩: **1.** *in anderer Art od. an anderer Stelle aufhängen:* Bilder, die Wäsche u. **2.** *um den Hals od. über die Schulter hängen, umlegen:* jmdm., sich einen Mantel, eine Decke, eine Schürze u.; sie hängte sich ein Handtasche um; sie hatte sich ein schweres Kollier umgehängt; Ihre Maschinenpistolen hatten sie noch u. (Welt 19. 8. 86, 1); [1]**um|hän|gen** ⟨st. V.; hat⟩: *um jmdn., etw. herum angebracht sein, [herab]hängen:* Fahnen umhingen den Balkon; Als der rote schwere Kimono ihre Glieder umhing (A. Zweig, Grischa 137); [2]**um|hän|gen** ⟨sw. V.; hat⟩ (Wirtsch.): *ringsum behängen, umkleiden:* das Rednerpult war mit Fahnen umhängt; **Um|hän|ge|ta|sche**, Umhängtasche, die: *Tasche, die an einem Riemen o. ä. über der Schulter getragen wird;* **Um|häng|tuch**, Umhängetuch, Umhängtuch, das: *großes Tuch zum Umhängen* (2); **Um|häng|ta|sche**: ↑ Umhängetasche; **Um|häng|tuch**: ↑ Umhängetuch.

um|hau|en ⟨unr. V.⟩: **1. a)** ⟨haute/(geh.:) hieb um, hat umgehauen⟩ *mit der Axt o. ä. fällen:* er ließ den Baum u.; mit wenigen Schlägen hatte er die Birke umgehauen; **b)** ⟨haute um, hat umgehauen⟩ (ugs.) *mit einem kräftigen Schlag umwerfen, niederstrecken:* einen Angreifer u. **2.** (salopp) ⟨haute um, hat umgehauen/(landsch.) umgehaut⟩ **a)** *so in der Widerstandskraft o. ä. beeinträchtigen, daß man einer Sache nicht mehr standhalten kann:* drei Gläser Schnaps hauen ihn einfach um; diese Dosis haut den stärksten Mann um; die Hitze, der Gestank hätte mich fast, mich glatt umgehauen; **b)** *sehr beeindrucken, erstaunen, verblüffen, erschüttern, sprachlos machen:* ihn haut so schnell nichts um; das haut einen um!; die Brisanz der nackten Fakten hat uns doch umgehauen (Spiegel 28, 1976, 126); Das ist eine Frau, die einen völlig umhaut. Die hat eine Ausstrahlung, die macht einen einfach baff (Hörzu 2, 1976, 10); Er hat es (= das Trinkgeld) nicht genommen. Das hat mich umgehauen (Brot und Salz 306).

um|he|ben ⟨st. V.; hat⟩ (Druckw.): *einen Satzteil aus einer Kolumne herausnehmen u. in einer anderen unterbringen.*

um|he|gen ⟨sw. V.; hat⟩ (geh.): **1.** *liebevoll umsorgen u. betreuen:* sie umhegte die Kinder liebevoll. **2.** (veraltend) *einfrieden.*

um|her ⟨Adv.⟩: *ringsum, im Umkreis:* weit u. lagen Trümmer; als er gewahr wurde, daß alle Leute u. ihn beobachteten (Baldwin [Übers.], Welt 244); es sprudelte der Quell, ... er ... benetzte das Land u. (Th. Mann, Joseph 259); **um|her|blicken**[1] ⟨sw. V.; hat⟩: *um sich blicken, nach allen Seiten Ausschau halten:* fragend, suchend u.; Der Sheriff blickte unschlüssig umher (Thorwald, Chirurgen 20); er blickte auf dem Tisch umher und nickte gewichtig (Baldwin [Übers.], Welt 326); **um|her|bum|meln** ⟨sw. V.; hat⟩ (ugs.): *herumbummeln* (1); ⟨subst.:⟩ Die Tage wurden zu Wochen. Ihr unbestimmtes Umherbummeln in den Straßen wurde noch unbestimmter (Norfolk [Übers.], Lemprière 296); **um|her|fah|ren** ⟨st. V.⟩: **a)** *herumfahren* (2 a) ⟨ist⟩: Die Schwarzen ... fahren heute schon auf Fahrrädern und in Autos umher (benutzen Fahrräder und Autos) (Grzimek, Serengeti 245); **b)** *herumfahren* (2 b) ⟨hat⟩:

umherflanieren

ich ließ mich ein bißchen [in der Stadt, in der Gegend] u.; **um|her|fla|nie|ren** ⟨sw. V.; ist⟩: *herumflanieren;* **um|her|flat|tern** ⟨sw. V.; ist⟩: *herumflattern* (1); **um|her|flie|gen** ⟨st. V.⟩: **a)** *herumfliegen* (a) ⟨ist⟩: als sie flügge geworden waren und noch ungeschickt im Käfig umherflogen (Lorenz, Verhalten I, 202); **b)** *durch die Luft, durch den Raum fliegen* (11) ⟨ist⟩: hier hört man förmlich, wie ... die Fetzen umherfliegen (Thielicke, Ich glaube 49); Viel Staub flog dort ... umher (Schröder, Wanderer 17); **c)** *herumfliegen* (b) ⟨hat⟩: nachdem er ... die beiden Game Wardens und Hermann umhergeflogen ... hat (Grzimek, Serengeti 277); **um|her|ge|hen** ⟨unr. V.; ist⟩: *herumgehen* (1): Heute würden wir in der Landschaft unserer Jugend u. wie Reisende (Remarque, Westen 91); Der Onkel wurde wieder gesund und ging umher *(stand auf, war nicht bettlägerig;* Wimschneider, Herbstmilch 114); **um|her|gei|stern** ⟨sw. V.; ist⟩: *herumgeistern:* Ü Seitdem geistert in der Welt die Vorstellung umher, der Mensch sei ... (Gruhl, Planet 58); **um|her|gon|deln** ⟨sw. V.; ist⟩ (ugs.): *herumgondeln;* **um|her|ir|ren** ⟨sw. V.; ist⟩: *suchend hin und her laufen, ohne den richtigen Weg zu wissen:* in der Gegend u.; Für einen Herrscher aber ist es vollends unerträglich, als Flüchtling in der Welt umherzuirren (Thieß, Reich 543); **um|her|ja|gen** ⟨sw. V.⟩: **1.** *von einem Platz zum andern, von einer Tätigkeit zur andern treiben, hetzen* ⟨hat⟩. **2.** *hastig von einem Platz zum andern, von einer Tätigkeit zur andern eilen* ⟨ist⟩; **um|her|krab|beln** ⟨sw. V.; ist⟩ (ugs.): *herumkrabbeln* (1); **um|her|krie|chen** ⟨st. V.; ist⟩: *herumkriechen* (1); **um|her|kur|ven** ⟨sw. V.; ist⟩ (ugs.): *herumkurven:* Einen Kübelwagen ..., der zwischen den abgestellten Flugzeugen umherkurvte (Plievier, Stalingrad 151); **um|her|kut|schie|ren** ⟨sw. V.⟩ (ugs.): **1.** *herumkutschieren* (1) ⟨ist⟩. **2.** *herumkutschieren* (2) ⟨hat⟩; **um|her|lau|fen** ⟨st. V.; ist⟩: **1.** *hin u. her laufen, herumlaufen* (1): Polizeistreifen laufen umher. **2.** *herumlaufen* (4): barfuß u.; Es macht einen sehr ungünstigen Eindruck, so viele weiße Leute mit Nilpferdpeitschen u. zu sehen (Grzimek, Serengeti 108); **um|her|lie|gen** ⟨st. V.; hat, südd., österr. u. schweiz.: ist⟩: **a)** *herumliegen* (2 a): Matrosen liegen umher und singen das Lied, wovon soeben die Rede gewesen ist (Frisch, Cruz 37); **b)** *herumliegen* (2 b): Allerlei Romanhefte lagen verstreut umher (Baldwin [Übers.], Welt 328); weiche Felle lagen umher (Mann, Krull 138); **um|her|lun|gern** ⟨sw. V.; hat/ist⟩: *herumlungern* (1): Tagsüber machen wir Wettschießen auf Ratten und lungern umher (Remarque, Westen 77); **um|her|ra|sen** ⟨sw. V.; ist⟩ (ugs.): *herumrasen;* **um|her|rei|sen** ⟨sw. V.; ist⟩: *herumreisen:* Er reiste zunächst persönlich in den Schutzgebieten umher (Grzimek, Serengeti 108); **um|her|rei|ten** ⟨st. V.; ist⟩: *herumreiten* (1 a); **um|her|ren|nen** ⟨unr. V.; ist⟩ (ugs.): *herumrennen* (1); **um|her|rut|schen** ⟨sw. V.; ist⟩: *herumrutschen* (1); **um|her|schar|wen|zeln** ⟨sw. V.; ist⟩ (ugs. abwertend): *herumscharwenzeln* (1); **um|her|schau|en** ⟨sw. V.; hat⟩ (landsch.): *umherblicken:* Aber auf halbem Wege bleibt er stehen, schaut unschlüssig umher und kehrt wieder um (Waggerl, Brot 159); **um|her|schicken¹** ⟨sw. V.; hat⟩: *herumschicken;* **um|her|schlei|chen** ⟨st. V.; ist⟩: *herumschleichen* (1); **um|her|schlen|dern** ⟨sw. V.; ist⟩: *herumschlendern:* auf der Promenade u.; Ich schlendere wieder in der Gegend umher (Grzimek, Serengeti 278); **um|her|schlep|pen** ⟨sw. V.; hat⟩ (ugs.): *herumschleppen* (1); **um|her|schwei|fen** ⟨sw. V.; ist⟩: *schweifend umhergehen, -streifen:* Der Kommandeur ..., der ... irgendwo in der Ruinenwelt umherschweifte (Plievier, Stalingrad 287); Ü seine Augen im Zimmer u. lassen; **um|her|schwir|ren** ⟨sw. V.; ist⟩: *herumschwirren:* Ü seine Gedanken schwirrten wie Insekten umher (Thieß, Legende 114); **um|her|sit|zen** ⟨unr. V.; hat, südd., österr. u. schweiz.: ist⟩: *herumsitzen* (1): Einige saßen nackt umher, nur mit einem Tuch um die Lenden (Jahnn, Geschichten 185); **um|her|spä|hen** ⟨sw. V.; hat⟩: *spähend umherblicken:* Schließlich betrat er, ängstlich umherspähend, den Torweg (H. Mann, Unrat 17); **um|her|spa|zie|ren** ⟨sw. V.; ist⟩: *herumspazieren* (a); **um|her|sprin|gen** ⟨st. V.; ist⟩ (ugs.): *herumspringen;* **um|her|ste|hen** ⟨unr. V.; hat, südd., österr. u. schweiz.: ist⟩: *herumstehen* (1, 3): dann steht er umher und schaut (Frisch, Gantenbein 368); ... auf den Tisch u. wo Teller mit belegten Broten umherstanden (Sebastian, Krankenhaus 48); **um|her|stol|zie|ren** ⟨sw. V.; ist⟩: *herumstolzieren:* er stolzierte umher wie ein Gockel, wie der Hahn auf dem Mist; **um|her|strei|chen** ⟨st. V.; ist⟩: *herumstreichen* (1): Er hatte seine Spürhunde laufen, ... die Kundschafter ..., die in den Stadtbezirken umherstrichen (Zwerenz, Erde 9); **um|her|strei|fen** ⟨sw. V.; ist⟩: *herumstreifen:* ... streifte ich ziellos auf den Straßen und Plätzen umher (Jünger, Capriccios 35); **um|her|streu|en** ⟨sw. V.; hat⟩: *planlos verstreuen, ausstreuen:* Papierschnitzel u.; Ü ... hing die Laterne und streute ihr Licht umher (Hausmann, Abel 50); **um|her|streu|nen** ⟨sw. V.; ist⟩ (abwertend): *herumstreunen:* Der Beschuldigte streunt nach wie vor in seiner Wohngegend umher und nächtigt in Kellern oder bei den Zigeunern (Ossowski, Flatter 164); **um|her|strol|chen** ⟨sw. V.; ist⟩ (ugs. oft abwertend): *herumstrolchen;* **um|her|stro|mern** ⟨sw. V.; ist⟩ (ugs. oft abwertend): *herumstromern;* **um|her|tau|meln** ⟨sw. V.; ist⟩: *taumelnd umhergehen;* **um|her|to|ben** ⟨sw. V.; hat/ist⟩ (ugs.): *herumtoben;* **um|her|tol|len** ⟨sw. V.; ist⟩: *herumtollen;* **um|her|tor|keln** ⟨sw. V.; ist⟩: *torkelnd umhergehen:* er (= ein Affe) ... fletschte die Zähne und torkelte wie betrunken im Käfig umher (Schnurre, Bart 21); **um|her|tra|gen** ⟨st. V.; hat⟩: *herumtragen* (1); **um|her|trei|ben** ⟨st. V.⟩: **1.** *herumtreiben* (1) ⟨hat⟩. **2.** *irgendwo planlos hin u. her treiben, getrieben werden* ⟨ist⟩: ein Stück Holz treibt in den Wellen umher. **3.** ⟨u. + sich⟩ (abwertend) *sich herumtreiben* (2) ⟨hat⟩: sich in der Gegend u.; indem ich nämlich bei Schluß der Theater vor den Eingängen dieser Anstalten mich umhertrieb (Th. Mann, Krull 100); **um|her|tur|nen** ⟨sw. V.; ist⟩ (ugs.): *herumturnen* (2): auf dem Dach u.; **um|her|va|ga|bun|die|ren** ⟨sw. V.; ist⟩ (abwertend): *herumvagabundieren;* **um|her|wan|dern** ⟨sw. V.; ist⟩: *herumwandern* (1): in der Gegend, [ruhelos] im Zimmer u.; Ü Ljesjas Augen wanderten eifrig umher (Schaper, Kirche 190); **um|her|wir|beln** ⟨sw. V.⟩: **1.** *herumwirbeln* (1) ⟨hat⟩: er wurde umhergewirbelt wie ein Blatt im Herbststurm (Hausmann, Abel 113). **2.** *herumwirbeln* (2) ⟨ist⟩; **um|her|zie|hen** ⟨unr. V.; ist⟩: *herumziehen* (1 a): Das sind Personen, die ohne gesicherte wirtschaftliche Lebensgrundlage umherziehen (Klee, Pennbrüder 37); Wenn er nach der Schule nicht „Dienst" hatte ..., zog er in der Stadt umher (Johnson, Achim 93); ... ballen sie sich in großen Herden zusammen und ziehen auf den offenen Steppen umher (Grzimek, Serengeti 191).

um|hin|kom|men ⟨st. V.; ist⟩ [spätmhd. umbehin = um etw. herum] (seltener): *umhinkönnen* (gew. verneint): er kam nicht umhin, noch eine Weile mit mir zu plaudern (Frisch, Stiller 184); **um|hin|kön|nen** ⟨unr. V.; hat⟩: *es umgehen, vermeiden können (etw. Bestimmtes zu tun)* (gew. verneint): nicht, kaum, schwerlich u., etw. zu tun: Hans Castorp konnte ... selten umhin, sie (= die jungen Nadelbüschel der Lärchen) mit der Hand zu liebkosen (Th. Mann, Zauberberg 505); ich konnte nicht umhin, ich mußte lachen (Broch, Versucher 96); so wollte ich dich aufmerksam machen, daß du ... Tante Katharina führen mußt, – unmöglich kannst du umhin (Th. Mann, Hoheit 102).

um|hö|ren, sich ⟨sw. V.; hat⟩: *hier u. dort zuhörend u. nachfragend etw. Bestimmtes zu erkunden suchen:* hör dich doch mal nach einem guten Restaurant um!; ich werde mich mal [danach] u., was durchschnittlich dafür gezahlt wird; Ich habe mich schon überall umgehört, konnte aber leider die Adresse nicht erfahren (MM 27./28. 5. 67, 39).

um|hül|len ⟨sw. V.; hat⟩: *einhüllen, [wie] mit einer Hülle umgeben:* indem sie die Blüten ... mit Seidenpapier umhüllte (Langgässer, Siegel 505); Ü so daß Finsternis uns umhüllte (Th. Mann, Krull 210); und doch bleibt ... seine geschichtliche Rolle ... von einem gewissen Geheimnis umhüllt (Rothfels, Opposition 90); **Um|hül|lung,** die; -, -en: **1.** ⟨o. Pl.⟩ *das Umhüllen.* **2.** *Hülle, die etw. umgibt:* etw. aus seiner U. herausnehmen.

Umi|ak, der od. das; -s, -s [eskim. umiaq]: *offenes, von Frauen gerudertes Boot der Eskimos.*

U/min = Umdrehungen pro Minute.

Um|in|ter|pre|ta|ti|on, die; -, -en: *das Uminterpretieren:* Der Begriff der „falschen Welt" erfährt ganz allmählich eine U. ... (Greiner, Trivialroman 24); **um|in|ter|pre|tie|ren** ⟨sw. V.; hat⟩: *auf andere Art interpretieren:* Die Richter mußten passiven Widerstand in Gewalt u. (Spiegel 13, 1985, 182).

um|ju|beln ⟨sw. V.; hat⟩: *jubelnd feiern* (1 c): Denn es ist ja nie die Leistung allein, die umjubelt wird, sondern immer der Mensch, der sie vollbringt (Maegerlein, Piste 71); Cobb ... schoß ... die umjubelsten Bälle, wie Blitze an der Linie entlang (Kirchhoff, Laufrichtung 52). **um|kämp|fen** ⟨sw. V.; hat⟩: *heftig um etw. kämpfen:* die Stellungen u.; Die Kasatschihügel sind wochenlang umkämpft worden (Plievier, Stalingrad 77); ⟨meist im 2. Part.:⟩ ein heiß umkämpfter Sieg; Der Markt ... ist ... hart umkämpft (Bund 9. 8. 80, 18). **Um|kar|ton,** der; -s, -s (Gewerbespr.): *Verpackung aus Pappe, die etw. meist bereits Verpacktes vor Beschädigung schützen soll:* Braucht die Margarine einen U.? (neuform Kurier 9, 1989, 39). **Um|kehr,** die; -: *das Umkehren:* sie entschlossen sich zur U.; Ein Gewitter zwang sie zweihundertfünfzig Meter unter dem Gipfel zur U. (Trenker, Helden 49); Ü für eine U. *(dafür, daß man sein als falsch, als Irrweg erkanntes Verhalten von Grund auf ändert)* ist es noch nicht zu spät; sein Vater erhöhte die monatliche Überweisung, „trotz der etwas mißlichen Wirtschaftslage", wie er schrieb, „aber in Würdigung Deiner inneren U. *(inneren Wandlung)*" (Bieler, Mädchenkrieg 300); **um|kehr|bar** ⟨Adj.⟩ (auch Fachspr.): *sich umkehren* (3 a) *lassend:* mehr -e Entwicklung; Mit den vorhandenen Baukapazitäten ... ist dieser Verfallsprozeß nicht u. (Freie Presse 30. 11. 89, 3); (Logik:) dieser Satz, diese Aussage ist u.; (Math.:) Eine Abbildung ist genau dann u., wenn sie bijektiv ist (Mathematik I, 457); **um|keh|ren** ⟨sw. V.⟩ /vgl. umgekehrt/: **1.** *kehrtmachen u. zurückgehen, -fahren usw.* ⟨ist⟩: auf halbem Wege u.; Völlig entmutigt und erschöpft kehren die Geschlagenen um (Trenker, Helden 80); Darum bin ich hierhergefahren, und ich werde jetzt nicht unverrichteterdinge u. (Fallada, Herr 105); Ü Hätte ich keine Möglichkeit gehabt, umzukehren, Hilfe zu erfahren, wäre ich ... irgendwann dem Nichtseßhaften zugerechnet worden (Klee, Pennbrüder 127). **2.** ⟨hat⟩ (selten) **a)** *auf die andere Seite bzw. von unten nach oben kehren, drehen, wenden:* ein Blatt Papier, einen Tisch u.; ⟨oft im 2. Part.:⟩ ein umgekehrter *(auf dem Kopf stehender)* Pyramidenstumpf; auf dem Netzhaut entsteht ein umgekehrtes und seitenverkehrtes *(auf dem Kopf stehendes)* Bild des Objekts; **b)** ⟨u. + sich⟩ *sich umdrehen* (1 c), *umwenden* (2): ich kehrte mich noch einmal [nach ihm] um; Er ... ging hinaus. Plötzlich jedoch kehrte er sich auf dem Absatz um (Andres, Liebesschaukel 28); **c)** *auf die andere Seite bzw. von innen nach außen drehen:* die Jacke, die Strümpfe, die Hosentaschen u.; Ü das ganze Haus [nach etw.] u. *(gründlich durchsuchen)* ⟨auch u. + sich:⟩ Einen Augenblick schien sein Magen sich u. zu wollen *(wurde ihm flau, übel;* Th. Mann, Zauberberg 946). **3.** ⟨hat⟩ **a)** *ins Gegenteil verkehren:* ein Verhältnis u.; Dem neuen Management ... ist es gelungen, ... eine existenzbedrohende Abwärtsentwicklung umzukehren (Saarbr. Zeitung 11. 10. 79, III); **b)** ⟨u. + sich⟩ *sich ins Gegenteil verkehren:* die Entwicklung, die Tendenz, der Trend hat sich umgekehrt; anfangs ist zwar das Gewissen ... Ursache des Triebverzichts, aber später kehrt sich das Verhältnis um (Freud, Unbehagen 169); **Um|kehr|farb|film,** der (Fot.): *Farbfilm, der beim Entwickeln sofort ein Positiv liefert;* **Um|kehr|film,** der (Fot.): *Film, der beim Entwickeln sofort ein Positiv liefert;* **Um|kehr|funk|ti|on,** die (Math.): *inverse Funktion;* **Um|kehr|schluß,** der (Rechtsspr.): *(bei der Gesetzesauslegung) Schlußfolgerung, die darin besteht, daß ein Rechtssatz, der einen bestimmten abgegrenzten Tatbestand regelt, für die nichtgenannten Fälle nicht anwendbar ist:* Wird aber von der Zwangswirkung oder Nötigung allein auf das Vorliegen von Gewalt geschlossen, so bedeutet der U. im Ergebnis sich zur U. (Spiegel 13, 1985, 182); daraus folgt im U., daß ...; Ü „Derzeit" sei nichts aktuell. Womit der U. zulässig ist: Die Regierungsbildung steht bevor. Und zwar unmittelbar! (Basta 6, 1984, 4); **Um|keh|rung,** die; -, -en: **1.** *das [Sich]umkehren* (3): die U. der Reihenfolge, einer Aussage, einer Entwicklung, eines Trends. **2.** (Musik) **a)** *Veränderung eines Intervalls* (2) *durch Versetzen des oberen Tons in die untere od. des unteren Tons in die obere Oktave;* **b)** *Veränderung eines Akkords durch Versetzen des untersten Tons in die obere Oktave;* **c)** *Ergebnis der Umkehrung* (2 a, b). **um|kip|pen** ⟨sw. V.⟩: **1. a)** *das Übergewicht bekommen u. [zur Seite] kippen:* die Vase kippt leicht um; das Boot, die Leiter ist umgekippt; als das mit Möbeln beladene Fahrzeug ... schließlich auf die rechte Seite umgekippte (NZZ 21. 12. 86, 7); er ist mit dem Stuhl umgekippt; dann ließ er sich seitlich u., als sei er ohnmächtig geworden (Remarque, Funke 33); **b)** (ugs.) *ohnmächtig werden u. umfallen:* in der stickigen Luft sind einige umgekippt; einem Mädchen haben wir den Gürtel geklaut und dann um den Hals gelegt ... und dann zugezogen, bis sie umkippte (Degener, Heimsuchung 134); **c)** (ugs. abwertend) *sich stärkerem Einfluß beugen u. seine Meinung, Gesinnung, Haltung ändern; umfallen:* im Kreuzverhör ist der Zeuge umgekippt; wenn nur drei Abgeordnete umkippen, kann das Gesetz schon scheitern; Die Sozialdemokraten der großen kriegführenden Länder waren gleich zu Beginn glorreich umgekippt (Tucholsky, Werke II, 379); **d)** (ugs.) *plötzlich [ins Gegenteil] umschlagen:* die Stimmung im Saal kippte plötzlich um; daß ... die Konjunktur aus einem Boom in ein Tief umkippt (Saarbr. Zeitung 3. 12. 79, 13/15); jmds. Stimme kippt um *(schlägt in eine andere Stimmlage um);* **e)** (ugs.) *(vom Wein) durch zu lange Lagerung sauer, ungenießbar werden;* **f)** (Jargon) *(von Gewässern) biologisch absterben, nicht mehr die Voraussetzung für organisches Leben bieten:* das Meer, die See droht umzukippen; Fachleute erwarten, daß der Fluß ökologisch umkippt (Welt 8. 4. 86, 24); ⟨subst.:⟩ Heftig attackiert werden seit Jahren die stark phosphathaltigen Waschmittel, zum „Umkippen", zum Sauerstofftod von Gewässern, beigetragen (Spiegel 45, 1984, 125). **2.** ⟨hat⟩ *etw. zum Umkippen* (1 a) *bringen:* eine Kiste, einen Eimer u.; die Randalierer haben Autos umgekippt und in Brand gesetzt; paß auf, du kippst gleich dein Glas um. **um|klam|mern** ⟨sw. V.; hat⟩: *jmdn., etw. gewaltsam, krampfhaft umfassen:* jmdn., etw. [mit beiden Armen, mit Armen und Beinen] u.; Sie umklammerte den Hörer mit Händen (Simmel, Stoff 102); Seine Hand umklammerte das Geländer (Hausmann, Abel 43); Jemand hielt seinen rechten Arm umklammert (Ott, Haie 83); Ü Das Entsetzen umklammerte ihn mit immer stärkeren Armen (Dürrenmatt, Richter 139); **Um|klam|me|rung,** die; -, -en: *das Umklammern; umklammernder Griff:* Sie entwand sich ... meiner U. (Kinski, Erdbeermund 157); Ü Ich kenne den Wald, ... in dem sie (= die Partisanen) ... umherzogen, um sich tödlicher U. zu entziehen (Berger, Augenblick 113). **um|klapp|bar** ⟨Adj.⟩: *sich umklappen lassend:* eine -e Rücksitzlehne; **um|klap|pen** ⟨sw. V.⟩: **1.** *auf die andere Seite in eine andere Richtung klappen* ⟨hat⟩: die Rücklehne eines Autositzes u. **2.** (ugs.) *umkippen* (1 b) ⟨ist⟩. **Um|klei|de,** die; **Um|klei|de|ka|bi|ne,** die: *Kabine* (2 a) *zum Umkleiden;* **um|klei|den** ⟨sw. V.; hat⟩ (geh.): *umziehen* (2): jmdn. u.; ⟨meist u. + sich⟩ sich [zum Diner] u., Strümpfe, Haarbürsten und vieles andere lag umher, was zurückbleibt, wenn eine Frau sich eilig von Kopf bis Fuß für eine Gesellschaft umkleidet (Musil, Mann 579); ⟨subst.:⟩ jmdm. beim U. behilflich sein; **um|klei|den** ⟨sw. V.; hat⟩: *mit etw. Schützendem, Schmückendem o. ä. umgeben, ringsum verkleiden:* einen Kasten mit grünem Tuch u.; Einen messingnen Türknauf ... umkleidete Grenouille ... mit Rindertalg (Süskind, Parfüm 234); **Um|klei|de|raum,** der: *Raum* (1) *zum Umkleiden;* **Um|klei|dung,** die; -, -en ⟨Pl. selten⟩: (selten) *das Umkleiden;* **Um|klei|dung,** die; -, -en: **1.** ⟨Pl. selten⟩ *das Umkleiden.* **2.** *Umkleidendes:* die samtene U. war beschädigt. **um|knicken[1]** ⟨sw. V.⟩: **1.** ⟨hat⟩ **a)** *so umbiegen, daß ein Knick entsteht:* ein Blatt Papier u.; **b)** *zur Seite biegen, so daß ein Knick entsteht:* Grashalme u.; der Sturm hat den Baum umgeknickt. **2.** *zur Seite knicken* ⟨ist⟩: das Streichholz ist beim Anreißen umgeknickt; Bäume ... knickten um wie Halme (Plievier, Stalingrad 209). **3.** *mit dem Fuß zur Seite knicken* ⟨ist⟩: [mit dem Fuß] u.; ... war Großmutter ausgerutscht und umgeknickt (Danella, Hotel 88). **um|kom|men** ⟨st. V.; ist⟩ [mhd. umbekomen]: **1.** *durch einen Unfall, bei einem Unglück den Tod finden; ums Leben kommen:* im Krieg, bei einem Erdbeben u.; unzählige Seevögel kamen durch die, bei der Ölpest um; Einer wie Kurella, ... dessen Bruder im Lager umgekommen ist (Loest, Pistole 151). **2.** (ugs. emotional) *etw. kaum ertragen, aushalten können:* vor Hitze, Langeweile u.; im Dreck u.; Und ich will hier nicht vor Angst u., alle Tage, wenn ich dich unterwegs weiß

umkopieren

(Fallada, Jeder 232). **3.** *(von Lebensmitteln) nicht verbraucht werden u. verderben:* nichts u. lassen.

um|ko|pie|ren ⟨sw. V.; hat⟩ (Fot.): *von einem Negativ bzw. Positiv ein weiteres Negativ bzw. Positiv herstellen:* einen Film [auf ein anderes Material, Format] u.

um|kral|len ⟨sw. V.; hat⟩: *mit den Krallen, wie mit Krallen umfassen:* der Adler umkrallte seine Beute mit beiden Fängen; seine Finger umkrallten die Türklinke; Ü So verfiel er dem Laster der Faulheit. Es hatte ihn schon immer umkrallt gehabt (Jahnn, Geschichten 229).

um|kramp|fen ⟨sw. V.; hat⟩: *krampfhaft umfassen:* Otto Brasch umkrampfte die Tischkante (Loest, Pistole 164).

um|krän|zen ⟨sw. V.; hat⟩: *bekränzend umwinden:* die Tafel war mit Blumen umkränzt; Ü der See ist von Wäldern umkränzt; Einige geglückte Feldzüge umkränzten seinen Namen mit Ruhm (Thieß, Reich 110); **Um|krän|zung**, die; -, -en: **1.** ⟨Pl. selten⟩ *das Umkränzen.* **2.** *Umkränzendes.*

Um|kreis, der; -es, -e: **1.** ⟨o. Pl.⟩ *umgebendes Gebiet, [nähere] Umgebung:* die Menschen, die im U. der Stadt wohnen; die Explosion war 80 km im U./im U. von 80 km zu hören; im ganzen U. gibt es kein Schwimmbad; im weiten/weit im U. wachsen keine Bäume; obgleich er nie über den U. seiner Vaterstadt Königsberg hinausgekommen war (Friedell, Aufklärung 121); Ü Das gilt vor allem ... für die Schreibenden aus seinem nächsten U. (Reich-Ranicki, Th. Mann 255). **2.** (Geom.) *Kreis, der durch alle Ecken eines Vielecks geht:* den U. eines Dreiecks, eines regelmäßigen Sechsecks zeichnen; **um|krei|sen** ⟨sw. V.; hat⟩: *sich kreisförmig o. ä. um jmdn., etw. bewegen:* die Planeten umkreisen die Sonne; Die Möwen umkreisen das Boot (Ott, Haie 226); Er wartete, bis der Polizist ihm die Fahrbahn freigab, umkreiste den Platz Karls des Großen und hielt vor der Sparkasse (Böll, Haus 136); Er umkreiste sie stumm, blieb mal hinter, mal vor ihr stehen ... (Ossowski, Flatter 70); Ü seine Gedanken umkreisen das Thema; Und weil dieses Geheimnis so zart und unsagbar ist, darum reicht nur die Sprache der Bibel selbst aus, um es zu u. (Thielicke, Ich glaube 153); **Um|krei|sung**, die; -, -en: *das Umkreisen.*

um|krem|peln ⟨sw. V.; hat⟩: **1.** *aufkrempeln:* [jmdm., sich] die Hemdsärmel, die Hosenbeine u. **2.** *auf die andere Seite, von innen nach außen kehren:* Strümpfe, seine Hosentaschen u.; das ganze Haus [nach etw.] u. *(gründlich durchsuchen).* **3.** (ugs.) *von Grund auf ändern, umgestalten:* der neue Chef hat den ganzen Betrieb, hat hier erst mal alles umgekrempelt; An sich ist es wohl normal, daß eine Regierung nicht von einem Tag auf den anderen ihre Sicherheitspolitik umkrempelt (NZZ 3. 5. 83, 2); der Trainer hat die Mannschaft völlig umgekrempelt; Zur Zeit haben die Alternativbauern keine große Chance, ... die Landwirtschaft der Bundesrepublik umzukrempeln (Kelly, Um Hoffnung 133); Da geht es nicht darum, den Zuschauer um-

zukrempeln und aus ihm ... einen neuen und besseren Menschen zu machen (Saarbr. Zeitung 3. 12. 79, 28/30); **Um|krem|pe|lung, Um|kremp|lung**, die; -, -en: *das Umkrempeln.*

Um|lad, der; -s (schweiz.): *Verladung, Umladung;* **Um|la|de|bahn|hof**, der: *Bahnhof zum Umladen von Gütern; Umschlagbahnhof;* **um|la|den** ⟨st. V.; hat⟩: **1.** *von einem Behälter, Wagen o. ä. in einen anderen laden:* Güter [auf LKWs, Schiffe] u.; die Kohle wird im Hafen vom Schiff in Bahnwaggons umgeladen. **2.** *entladen u. mit etw. anderem laden:* einen LKW, einen Frachter u.; ⟨auch o. Akk.-Obj.:⟩ Es gibt viele japanische Kohlenfrachter, die auf Las Palmas u. (Kinski, Erdbeermund 288); **Um|la|dung**, die; -, -en: *das Umladen.*

Um|la|ge, die; -, -n: *umgelegter Betrag (je Person, Beteiligten usw.):* die U. beträgt 35 Mark pro Person.

um|la|gern ⟨sw. V.; hat⟩: *anders lagern (als vorher):* das Getreide [in trockene Räume] u.; einen Patienten, Verletzten vorsichtig u.; Die leichtverderblichen Waren wurden vor der Schließung in andere Verkaufsstellen umgelagert (Freie Presse 10. 11. 89, 8); **um|la|gern** ⟨sw. V.; hat⟩: *stehend od. gelagert in großer Zahl umgeben:* Reporter umlagerten den Star, den Präsidenten; Die Cité war von Neugierigen umlagert (Maass, Gouffé 154); **Um|la|ge|rung**, die; -, -en: *das Umlagern;* **Um|la|ge|rung**, die; -, -en: *das Umlagern.*

Um|land, das; -[e]s: *eine Stadt umgebendes, wirtschaftlich u. kulturell überwiegend auf sie ausgerichtetes Gebiet:* Die Ergebnisse beziehen sich direkt auf Frankfurt und sein U. (Saarbr. Zeitung 3. 10. 79, 11); die Industrie war vorausschauend in das U. verlagert worden (Danella, Hotel 119); die im U. [der Stadt] wohnenden Pendler; Aus der ganzen Stadt und aus dem U. kommen die Leute (Chotjewitz, Friede 40); **Um|land|ge|mein|de**, die: *im Umland einer [größeren] Stadt liegende [kleinere] Gemeinde.*

um|las|sen ⟨st. V.; hat⟩ (ugs.): *umgelegt, -gebunden, -gehängt lassen:* die Uhr, die Schürze, den Schal u.; Er hatte ja auch immer die Bauchbinde umgelassen beim Zigarrenrauchen (Kempowski, Uns 241).

um|lau|ern ⟨sw. V.; hat⟩: *von allen Seiten belauern:* „Ich hab's am Gesäß", warf er schließlich den fünfen hin, die ihn wie Hyänen umlauerten (Sebastian, Krankenhaus 67).

Um|lauf, der; -[e]s, Umläufe: **1. a)** ⟨o. Pl.⟩ *kreisende Bewegung, das Kreisen, Umlaufen* (3 a) *[um etw.]:* der U. *(Rotation* 1) der Erde um die Sonne; **b)** *einzelne Kreisbewegung beim Umlaufen:* die Erde braucht für einen U. [um die Sonne] ein Jahr. **2.** ⟨o. Pl.⟩ *Kreislauf, Zirkulation; das Umlaufen* (4): der U. des Blutes im Gefäßsystem. **3.** ⟨o. Pl.⟩ *das In-Gebrauch-Sein (von etw.) als Zahlungsmittel o. ä.:* kein U. von Bargeld; etw. aus dem U. ziehen; diese Münze ist seit zehn Jahren in/im U.; Falschgeld in U. bringen, geben, setzen; damals kamen die ersten Silbermünzen in U.; Ü ein Gerücht in U. bringen *(dafür*

sorgen, daß es weitergetragen wird); Zenaide Waldmann hing an ihrem Weihnachtstelephon und brachte Nachrichten in U. *(verbreitete Nachrichten;* A. Kolb, Daphne 92); ... ob sich der Angeklagte schuldig bekenne, in seinem Gleichnis unwahre Darstellungen vor Tatbeständen geliefert und in U. gebracht *(verbreitet)* zu haben (Brecht, Groschen 362); Die wildesten Gerüchte waren in U. gewesen *(hatten kursiert;* Perrin, Frauen 44); ein Wort kommt in U. *(in Gebrauch, wird populär);* Über Hans Bredow sind häßliche Geschichten in U. gekommen *(kursieren häßliche Geschichten;* Zwerenz, Quadriga 123). **4.** *(in einem Betrieb, einer Behörde) umlaufendes Schriftstück, Rundschreiben o. ä., das gelesen [abgezeichnet] u. weitergegeben wird.* **5.** *Fingerentzündung.* **6.** (Reitsport) *(erstes, zweites usw.) Zurücklegen des Parcours bei einem Wettbewerb im Springreiten.* **7.** (Wirtsch., Verkehrsw.) vgl. Umlaufzeit (2); **Um|lauf|bahn**, die (Astron., Raumf.): *Bahn eines umlaufenden Himmelskörpers, Satelliten o. ä.; Orbit:* die -en der Planeten; einen Satelliten in eine U. um die Erde schießen, bringen; **Um|lauf|berg**, der (Geol.): *Berg in der ehemaligen Schleife eines Flusses;* **um|lau|fen** ⟨st. V.⟩: **1.** vgl. umrennen (hat): jmdn., etw. u. **2.** (landsch.) *versehentlich einen Umweg machen* (ist). **3.** (ist) **a)** *sich um etw. drehen, um etw. kreisen:* Man läßt eine Antenne ... auf einer Kreisbahn u. (Funkschau 20, 1970, 2077); ein auf einer elliptischen Bahn umlaufender Himmelskörper; **b)** *sich um eine Achse drehen; rotieren:* ein umlaufendes Rad; **c)** *ringsherum verlaufen:* In halber Höhe umläuft die Halle eine Art Galerie (Heim, Traumschiff 208); ein umlaufender Balkon; **d)** (Met.) *(vom Wind) dauernd die Richtung wechseln:* umlaufende Winde. **4.** *sich im Kreislauf befinden, zirkulieren* ⟨ist⟩: das im Gefäßsystem umlaufende Blut. **5.** *im Umlauf* (3) *sein, immer weitergegeben, weitervermittelt werden; kursieren, zirkulieren* ⟨ist⟩: über ihn laufen allerlei Gerüchte um; Liebenswürdige Anekdoten liefen um und erhoben die Herzen (Th. Mann, Hoheit 80); **um|lau|fen** ⟨st. V.; hat⟩: *[im Kreis] um etw. [herum]laufen:* er hat den Platz umlaufen; der Mond umläuft die Erde in 28 Tagen. **Um|lau|fer**, der; -s, - (österr.): *Umlauf* (4); **Um|lauf|ge|schwin|dig|keit:** ↑Umlaufsgeschwindigkeit; **Um|lauf|küh|lung**, die (Technik): *Kühlung durch Wasser, das in einem Kreislauf umläuft;* **Um|lauf|ren|di|te**, die (Wirtsch.): *Rendite festverzinslicher, im Umlauf befindlicher Wertpapiere;* **Um|laufs|ge|schwin|dig|keit**, Umlaufgeschwindigkeit, die: *Geschwindigkeit, mit der etw. umläuft* (3); **Um|laufs|zeit:** ↑Umlaufzeit; **Um|lauf|ver|mö|gen**, das (Wirtsch.): *einem Unternehmen nur kurzfristig gehörender, für den Umsatz bestimmter Teil seines Vermögens;* **Um|lauf|zeit**, Umlaufszeit, die: **1.** *Zeit[dauer] des Umlaufs* (1, 2). **2.** (Wirtsch., Verkehrsw.) *Zeit, die ein Fahrzeug od. Schiff bis zur nächsten Bereitstellung unterwegs ist.*

Um|laut, der; -[e]s, -e (Sprachw.): **1.** ⟨o. Pl.⟩ *Veränderung eines Vokals, bes. der Wech-*

sel eines a, o, u, au zu ä, ö, ü, äu: der Plural wird oft mit U. [des Stammvokals] gebildet. **2.** *durch Umlauten entstehender Vokal (ä, ö, ü od. äu):* wie werden die -e beim Alphabetisieren behandelt?; standardsprachlich hat der Plural von „Lager" keinen U.; movierte Formen mit U.; **ụm|lau|ten** ⟨sw. V.; hat; meist im Passiv⟩ (Sprachw.): *zum Umlaut machen:* das a, der Stammvokal wird im Plural oft umgelautet; die umgelautete Pluralform ist fachsprachlich; **Ụm|lau|tung,** die; -, -en (Sprachw.): *das Umlauten.*
ụm|leg|bar ⟨Adj.⟩: *sich umlegen (3) lassend:* eine -e Rückbank; **Ụm|le|ge|ka|len|der,** (seltener:) Umlegkalender, der; -s, -: *Kalender, dessen Blätter sich umlegen (3) lassen;* **Ụm|le|ge|kra|gen,** (seltener:) Umlegkragen, der; -s, - (Schneiderei): *Kragen, der teilweise umgelegt (3) wird; Umschlagkragen;* **ụm|le|gen** ⟨sw. V.; hat⟩: **1.** *um den Hals, die Schultern, den Körper, einen Körperteil legen:* jmdm., sich einen Schal, eine Decke, einen Verband u.; Ein Zebra bekommt ein federleichtes, grellbuntes Nylonhalsband umgelegt (Grzimek, Serengeti 170); das Pelzchen, das sie zur Feier des Tages umgelegt hatte (Seghers, Transit 255). **2. a)** *der Länge nach auf den Boden, auf die Seite legen:* einen Mast u.; Bäume u. *(fällen);* der Regen hat das Getreide umgelegt *(niedergedrückt);* ... legte ein Automobilist ... bei der Kreuzung Schmiedhof den Inselschutzpfosten in der Straßenmitte um *(fuhr er ihn um;* Vaterland 1. 8. 84, 15); als Winterstürme rund 100 Millionen Festmeter Wald in Europa umlegten *(durch Windbruch zerstörten;* natur 3, 1991, 103); **b)** ⟨u. + sich⟩ *umknicken (2); niedergedrückt werden:* das Getreide hat sich umgelegt; ... hätten die Bäume sich wie Gräser unter den Streichen einer riesigen Sense umgelegt (Plievier, Stalingrad 16). **3.** *umklappen, auf die andere Seite klappen, legen:* einen Hebel u.; den Kragen, eine Stoffkante, ein Kalenderblatt u.; die Lehne der Rückbank läßt sich [nach vorn] u.; und jetzt, im vorletzten Augenblick, wurde das Ruder umgelegt (Geissler, Wunschhütlein 82). **4. a)** (ugs.) *zu Boden werfen:* Teichmann hatte ... Hinsch mit einem Schwinger umgelegt (Ott, Haie 65); **b)** (salopp) *kaltblütig umbringen, bes. erschießen:* und man würde mich u., wenn ich mich mit der Polizei in Verbindung setzen sollte (Prodöhl, Tod 93); Beim ersten Fronteinsatz legen wir den u.! (Borkowski, Wer 87); **c)** (derb) *(als Mann) zum Geschlechtsverkehr verleiten, verführen:* ein Mädchen u.; Da ließ ich mich von jedem, der mich herzte, u. (Fels, Sünden 32). **5. a)** *anders, an eine andere Stelle, in ein anderes Zimmer usw. legen:* einen Kranken u.; **b)** *anders, an eine andere Stelle, mit anderem Verlauf usw. legen:* ein Kabel u.; ein Telefongespräch u. *(auf einen anderen Apparat legen);* Am Wochenende legt der Nachfolger alle Telefonate auf sein Haus um (Wohmann, Absicht 61); **c)** *(Termine o. ä.) auf einen anderen Zeitpunkt legen:* einen Termin, eine Veranstaltung u. **6.** *anteilmäßig verteilen:* die Heizkosten werden nach einem bestimmten Schlüssel auf die Mietparteien umgelegt; Wenn ich das mal auf den Bierpreis u. würde, ... (Aberle, Stehkneipen 71); Ein Prinzip, das sich bewährt hat, kann man auch auf andere Schularten u. *(übertragen;* Saarbr. Zeitung 5. 10. 79, 30); Bauland u. (Fachspr.): *Bauland neu in Grundstücke aufteilen u. diese anteilsmäßig den Eigentümern der ursprünglichen Grundstücke zuteilen);* **ụm|le|gen** ⟨sw. V.; hat⟩: **1.** *mit etw., was zur Verzierung, Garnierung o. ä. außen herumgelegt wird, umgeben:* den Braten mit Pilzen u.; Sie ... blickten auf die lächerlichen Gärtchen ..., Spielereien von Kleinbürgern und Schrebergärtnern, die Beete mit weißen Steinen umlegt (Gaiser, Jagd 162). **2.** *umhüllen, einhüllen:* Den (= den Butt) soll sie ... mit feuchten Lattichblättern u. und in heißer Asche garen (Grass, Butt 32); **Ụm|leg|ka|len|der:** ↑Umlegekalender; **Ụm|leg|kra|gen:** ↑Umlegkragen; **Ụm|le|gung,** die; -, -en (Pl. selten): *das Umlegen.*
ụm|lei|ten ⟨sw. V.; hat⟩: *anders leiten, [streckenweise] einen anderen Weg leiten:* den Verkehr, einen Zug, einen Bach u.; die Anrufe werden automatisch zu einem anderen Apparat umgeleitet; Eine DC-8 ... ist ... auf dem Flug ... nach Miami entführt und nach Kuba umgeleitet worden (NZZ 3. 5. 83, 2); ... erkundigte er sich sachlich, ob seine Post heute noch umgeleitet werde (Frisch, Gantenbein 24); ... müßten die Mittel in andere Forschungsbereiche umgeleitet werden *(anderen Forschungsbereichen zugewiesen werden;* Tages-Anzeiger 26. 11. 91, 2); **Ụm|lei|tung,** die; -, -en: **1.** *das Umleiten:* Beispiele ... sind der Service 130 ... und die Weiterschaltung bei U. ankommender Anrufe (Hamburger Abendblatt 21. 5. 85, Beilage 5). **2.** *Strecke, über die der Verkehr umgeleitet wird:* die Strecke ist gesperrt, aber es gibt eine U.; eine U. fahren, einrichten; Wir fahren kreuz und quer durch Schwabing, endlose -en (B. Vesper, Reise 40); **Ụm|lei|tungs|schild,** das: *Hinweisschild für eine Umleitung.*
ụm|len|ken ⟨sw. V.; hat⟩: **1. a)** *in eine andere, bes. in die entgegengesetzte Richtung lenken* (1 a); *den Wagen u.;* **b)** *sein Fahrzeug umlenken* (1 a): der Fahrer lenkte um. **2.** *einen anderen Weg, in eine andere Richtung, an ein anderes Ziel lenken* (2 a): einen Seilzug [über eine Rolle] u.; der Lichtstrahl wird umgelenkt; seit sie die Lastwagen mit den aus ganz Europa herangeführten Hilfsgütern nach Schwabing umlenkten, indem sie einfach die Schilder verdrehten (Fest, Im Gegenlicht 246); Alle ... Telefongespräche wurden auf eine Abhörnummer umgelenkt (Prodöhl, Tod 184); Ü Investionsmittel u.; weil es Lafontaine ... gelungen war, das oft grün wählende junge Protestpotential auf seine Partei umzulenken (NZZ 11. 4. 85, 3); **Ụm|len|kung,** die; -, -en (Pl. selten): *das Umlenken.*
ụm|ler|nen ⟨sw. V.; hat⟩: **1.** *sich durch erneutes Lernen* (1) *umstellen:* bereit sein umzulernen; Wenn wir nicht im Abfall ersticken wollen, müssen wir u. (natur 6, 1991, 66). **2.** *etw. anderes, einen anderen Beruf, eine andere Methode o. ä. lernen* (2).

ụm|lie|gend ⟨Adj.⟩: *in der näheren Umgebung, im Umkreis von etw. liegend:* Neustadt und die -en Dörfer; Wir wurden alle auf die -en Kolchosen verteilt (Leonhard, Revolution 126).
Ụm|luft, die; - (Technik): **1.** *Luft klimatisierter Räume, die abgesaugt, aufbereitet u., mit Außenluft gemischt, zurückgeleitet wird.* **2.** *(in Umluftbacköfen, Mikrowellengeräten) Heißluft, die durch ein Gebläse ständig umgewälzt wird:* mit U. backen, braten, grillen; ein Heißluftherd, der ... die köstlichen Leckereien mit heißer U. bräunt (Jeversches Wochenblatt 30. 11. 84, 42); den Ofen, die Mikrowelle auf U. schalten *(das Heißluftgebläse einschalten);* **Ụm|luft|an|la|ge,** die (Technik): *mit Umluft* (1) *arbeitende Anlage;* **Ụm|luft|back|ofen,** der: *Backofen eines Umluftherds;* **Ụm|luft|heiz|ge|rät,** das: *Heizlüfter;* **Ụm|luft|herd,** der: *Herd mit einem Backofen, der mit Umluft* (2) *arbeitet; Heißluftherd.*
ụm|lü|gen ⟨st. V.; hat⟩: *in einer unwahrhaftigen Weise umdeuten, uminterpretieren:* Es kann keine Rede davon sein, daß in dieser Geschichte etwas unterdrückt oder umgelogen werden sollte (Spiegel 48, 1985, 14); ich log ... meine Mißerfolge in Erfolge um (Fallada, Trinker 7); Daß ich ... als ... Ausgebürgerter der norwegische Staatsangehörigkeit angenommen hatte, wurde in eine Entscheidung gegen das eigene Volk umgelogen (Spiegel 24, 1976, 161).
Ụm|ma, die; - [arab. umma^h = Volk, Gemeinschaft]: *(mit der Sendung Mohammeds zu einem abgegrenzte) Religionsgemeinschaft der Araber des Islams.*
ụm|ma|chen ⟨sw. V.; hat⟩ (ugs.): **1.** *umbinden, umlegen:* ich werde dem Hund ein Halsband u. **2.** *umhacken, -hauen, -schlagen:* Der Wald abgeholzt, ... die Obstbäume verkommen oder umgemacht (G. Vesper, Nördlich 81).
ụm|mạn|teln ⟨sw. V.; hat⟩ (bes. Fachspr.): *mit einem Mantel* (2) *umgeben:* daß sie Sumpfvögel mit ihren Federn ... mit einer fetten Lehmschicht ummantelte und so geschützt in Glut und heiße Asche bettete (Grass, Butt 38); ⟨meist im 2. Part.:⟩ ein mit Kunststoff ummanteltes Kabel; mit Aluminium ummantelter Stahl (Welt 15. 5. 86, 1); **Ụm|mạn|te|lung,** die; -, -en (bes. Fachspr.): **1.** *das Ummanteln.* **2.** *Mantel* (2).
um|mau|ern ⟨sw. V.; hat⟩: *mit einer Mauer umgeben;* ⟨meist im 2. Part.:⟩ betrat Sellmann den ummauerten Wildpark (Bieler, Mädchenkrieg 283); im ummauerten Hafenbecken (Ransmayr, Welt 245); Ü der kleine Mann an dem großen Schreibtisch, ummauert von Stößen von Büchern und Zeitschriften (Heym, Nachruf 741); **Ụm|mau|e|rung,** die; -, -en: **1.** *das Ummauern.* **2.** *Mauer, mit der etw. umgeben ist.*
ụm|mel|den ⟨sw. V.; hat⟩: *abmelden u. woanders anmelden, unter einem anderen Namen usw. melden:* bei jedem Wohnsitzwechsel muß man sich u.; ein Auto u.; **Ụm|mel|dung,** die; -, -en: *das Ummelden.*
ụm|mo|deln ⟨sw. V.; hat⟩: *ändern, umgestalten, umformen:* wie man das Haus am besten u. könnte für unsere fünfköpfige

Ummodelung

Familie (Wohnfibel 45); Ich kenne keine Mutter, die weniger versucht hätte, ihre Kinder nach ihrem Bild umzumodeln (Chr. Wolf, Nachdenken 206); Landwirte, die ... die rasch zum Schlafgemach umgemodelte Backstube gegen klingende Münze abtreten (Münchner Rundschau 16. 9. 83, 5); **Um|mo|de|lung, Um|mod|lung,** die; -, -en: *das Ummodeln.*
um|mün|zen ⟨sw. V.; hat⟩: **1.** *durch Umwandeln in etw. verwerten, auswerten:* wissenschaftliche Erkenntnisse in technische Neuerungen u.; es gelang der Mannschaft nicht, ihre Überlegenheit in Tore umzumünzen; ... um passives Unbehagen und resignative Angst in tätigen Protest umzumünzen (Zeit 16. 5. 86, 14); aber jede Spritze bringt Linderung, die ich ummünze in Hoffnung (Frisch, Gantenbein 227). **2.** (meist abwertend) *[verfälschend] in, zu etw. umdeuten:* eine Niederlage in einen Sieg/zu einem Sieg u.; **Um|mün|zung,** die; -, -en: *das Ummünzen.*
um|nach|ten ⟨sw. V.; hat⟩ [eigtl. = mit Nacht umgeben] (geh.): *(geistig) verdunkeln, trüben, verwirren:* der Wahnsinn hat seinen Verstand umnachtet ⟨meist im 2. Part.:⟩ sein Geist war umnachtet (Fallada, Herr 165); geistig umnachtet *(verwirrt, wahnsinnig)* sein; **Um|nach|tung,** die; -, -en (geh.): *das Umnachtetsein, geistige Verwirrung, Wahnsinn:* er hat es im Zustand geistiger U. getan.
um|nä|hen ⟨sw. V.; hat⟩: *umschlagen* (1) *u. festnähen:* eine Hose u. *(die Hosenbeine [kürzen u.] umnähen);* **um|nä|hen** ⟨sw. V.; hat⟩: *durch Nähen befestigen, einfassen:* eine umnähte Kante.
um|ne|beln ⟨sw. V.; hat⟩: **1.** (selten) *ringsum in Nebel hüllen:* Ü Umnebelt gaukelten die Gegenstände vor meinem Gesicht (v. d. Grün, Irrlicht 14). **2.** *(jmdm. den Blick, den Verstand) trüben:* Die Tragödie fing an, mich zu u. wie eine Droge (Kinski, Erdbeermund 168); ⟨meist im 2. Part.:⟩ [vom Alkohol] leicht umnebelt sein; einen etwas, leicht umnebelten Blick haben; **Um|ne|be|lung, Um|neb|lung,** die; -, -en: *das Umnebeln, das Umnebeltsein.*
um|neh|men ⟨st. V.; hat⟩ (ugs.): *sich etw. umlegen, umhängen:* einen Mantel, eine Stola u.; der Hausierer steht auf, nimmt den Bauchladen um (Erich Kästner, Schule 120).
um|nie|ten ⟨sw. V.; hat⟩ (salopp): **a)** *niederschießen:* daß die von der RAF dich vielleicht doch eines Tages umnieten (Spiegel 41, 1976, 74); **b)** *niederschlagen:* Der würde auch den Cassius Clay u.! (Spiegel 18, 1990, 99); **c)** *umfahren:* Da kam plötzlich ein Radfahrer von hinten und hat mich einfach umgenietet (Hörzu 33, 1982, 18); Wer ... eine Ampel umnietet ..., bekommt dafür vom Staat prompt die Rechnung (ADAC-Motorwelt 6, 1984, 67).
um|nu|me|rie|ren ⟨sw. V.; hat⟩: *anders, neu numerieren.*
um|nut|zen ⟨sw. V.; hat⟩ (Amtsspr.): *für einen anderen, neuen Zweck nutzen:* ein Gebäude u.; Anlagen umzunutzen und damit auch baulich zu verändern, das ist ... eine zunehmend breiter werdende Aufgabe (Spiegel 25, 1985, 128); **Um|nutzung,** die; -, -en (Amtsspr.): *das Umnutzen.*
um|ord|nen ⟨sw. V.; hat⟩: *anders, neu ordnen;* **Um|ord|nung,** die; -, -en: *das Umordnen.*
Um|or|ga|ni|sa|ti|on, die; -, -en: *Umorganisierung;* **um|or|ga|ni|sie|ren** ⟨sw. V.; hat⟩: *anders, neu organisieren:* das Schulwesen, die Verwaltung, die Produktion u.; Als sich Rogers 1981 daranmachte, Shape in eine, wie er sagte, „richtige Dienststelle" umzuorganisieren (Spiegel 3, 1984, 21); **Um|or|ga|ni|sie|rung,** die; -, -en: *das Umorganisieren.*
um|ori|en|tie|ren, sich ⟨sw. V.; hat⟩: *sich anders, neu orientieren:* sich beruflich, politisch, wirtschaftlich u.; Das Gros der Akademiker muß sich u. (Spiegel 20, 1985, 44); Der Gemeinderat hat sich ... zum umweltverträglichen Tourismus umorientiert (natur 7, 1991, 18); **Um|ori|en|tie|rung,** die; -, -en: *das Sichumorientieren:* durch die gegenwärtige U. unserer Medizin auf natürliche ... Betrachtungsweisen (Chic 1, 1984, 29); Merz begründete den Rücktritt mit ... „einer beruflichen U." (NZZ 28. 1. 83, 22).
umo|ri|sti|co ⟨Adv.⟩ [ital. umoristico, zu: umorismo = Humor] (Musik): *heiter, lustig, humorvoll.*
um|packen[1] ⟨sw. V.; hat⟩: **1.** *in etw. anderes packen:* seine Sachen aus der Tasche in den Koffer u. **2.** *anders, neu packen:* seine Sachen, den Koffer, das Auto u.; ⟨auch o. Akk.-Obj.:⟩ ich muß noch einmal [ganz] u.
um|pflan|zen ⟨sw. V.; hat⟩: *an einen anderen Ort pflanzen:* die Blumen [in größere Töpfe] u.; **um|pflan|zen** ⟨sw. V.; hat⟩: *mit etw., was ringsherum gepflanzt wird, umgeben:* der Rasen ist mit Blumen umpflanzt; **Um|pflan|zung, Um|pflan|zung,** die; -, -en: *das Umpflanzen, das Umpflanzen.*
um|pflü|gen ⟨sw. V.; hat⟩: *mit dem Pflug bearbeiten, umbrechen, überall umwenden:* den Acker u.; Ü der Boden war von Panzerketten umgepflügt; Die Mining Company pflügt das Land ... auf der Suche nach Uran um (natur 9, 1991, 87); Die neue Technologie würde die industriellen Strukturen u. (revolutionieren; Welt 7. 9. 91, 3).
Um|pire ['ʌmpaɪə], der; -, -s [engl. umpire < mengl. nompere < afrz. nonper, eigtl. = nicht gleichrangig] (Sport): *Schiedsrichter (bes. beim Polo).*
um|po|len ⟨sw. V.; hat⟩ (Physik, Elektrot.): *die Pole von etw. vertauschen;* Ü Sie redet sich ein, sie könnte Landert u. *(aus dem homosexuellen Landert einen heterosexuell empfindenden Menschen machen,* das ist natürlich Quatsch. Doktor Landert ist homosexuell (Ziegler, Liebe 169); Ich versuche auch nicht, jemanden zum Raucher umzupolen *(jemanden, der Nichtraucher ist, zum Raucher zu machen;* BM 16. 10. 76, 9); Denn die Italiener sind auf Wein eingestellt. „Deshalb können wir auch italienische Athleten nicht auf Bier u." *(zu Biertrinkern machen;* Spiegel 46, 1975, 177); **Um|po|lung,** die; -, -en: *das Umpolen.*
um|prä|gen ⟨sw. V.; hat⟩: **1.** *mit einer anderen Prägung versehen, die Prägung von etw. ändern:* Münzen u.; Ü etw. prägt jmds. Charakter um; Der Arbeiterstaat formt die Menschen nach seinen Notwendigkeiten; er prägt ein ganzes Volk um (Niekisch, Leben 224). **2.** (Verhaltensf.) *anders, neu prägen* (2 b): Im gleichen Alter ist die ... Jungdohle auch nicht mehr auf den Menschen umzuprägen (Lorenz, Verhalten I, 144); **Um|prägung,** die; -, -en: *das Umprägen.*
um|pro|gram|mie|ren ⟨sw. V.; hat⟩ (Datenverarb.): *anders, neu programmieren* (2): einen Computer, Videorecorder u.; **Um|pro|gram|mie|rung,** die; -, -en (Datenverarb.): *das Umprogrammieren.*
um|pum|pen ⟨sw. V.; hat⟩: vgl. *umfüllen:* die Ladung des Tanklastzugs u.; ... indem sie den Treibstoff in andere Kammern des Schiffes umpumpten (MM 28. 9. 73, 13).
um|pul|sten ⟨sw. V.; hat⟩ (ugs.): *umblasen:* Ü Also, wir haben ja kein Interesse, daß beim ersten Anflug von ein paar Millirem die Leute umgepustet werden (salopp; *krank u. arbeitsunfähig werden;* Wallraff, Ganz unten 230).
um|quar|tie|ren ⟨sw. V.; hat⟩: *jmdn. in einem anderen, neuen Quartier unterbringen:* Wollen Sie ein Lazarett u., bloß damit wir unsere Beine untern Tisch schieben können? (Bieler, Bär 105); Ü 500 Kühe mehr als ursprünglich vorgesehen wurden ... aus dem Stall ins Grüne umquartiert (Ostsee-Zeitung 12. 5. 82, 2); **Um|quar|tie|rung,** die; -, -en: *das Umquartieren.*
um|rah|men ⟨sw. V.; hat⟩: *mit einem anderen Rahmen* (1 a) *versehen:* das Bild muß umgerahmt werden; **um|rah|men** ⟨sw. V.; hat⟩: **1.** *wie mit einem Rahmen* (1 a) *umgeben:* ein Bart umrahmt sein Gesicht; ... Fichtenreisig ..., das oberhalb der Tür ein rotes Schild „Herzlich willkommen!" umrahmte (Geissler, Wunschhütlein 31); ⟨oft im 2. Part.:⟩ in einem batistenen Nachtgewande mit kurzen Ärmeln und einem von Spitzen umrahmten quellenden Décolleté (Th. Mann, Krull 201); Auf der linken Backe zogen sich, von roten Flecken umrahmt, zwei Schrammen hin (Hausmann, Abel 61). **2.** *einer Sache einen bestimmten Rahmen* (3 a) *geben:* Hätten die Spartaner nicht die offenbar unausrottbare Angewohnheit, alles musikalisch zu u. ... (Hagelstange, Spielball 224); ein Streichquartett umrahmte den Vortrag mit Kammermusik; **Um|rah|mung, Um|rah|mung,** die; -, -en: *das Umrahmen;* **Um|rah|mung,** die; -, -en: **1.** *das Umrahmen.* **2.** *Umrahmendes, Rahmen.*
um|ran|den ⟨sw. V.; hat⟩: *rundum mit einem Rand versehen:* eine Stelle rot, mit Rotstift u.; einen Brunnen mit Steinen u.; ... tiefe Gräben anlegen, die mit ... durch Stacheldraht verbundenen Pfählen umrandet und somit zu Fallgruben werden (FAZ 11. 10. 61, 3); ⟨oft im 2. Part.:⟩ mit Buchsbaum umrandete Beete; **um|rän|dert** ⟨Adj.⟩: *ringsum gerändert:* rot-e Augen; **Um|ran|dung,** die; -, -en: **1.** *das Umranden.* **2.** *Umrandendes, Rand:* Wir besaßen das einzige Sofa mit U. in der Siedlung (Lentz, Muckefuck 95).

um|ran|gie|ren ⟨sw. V.; hat⟩: **1.** *durch Rangieren anders [zusammen]stellen:* einen Zug u.; Der Schlafwagen, der mich durch Frankreich ... nach Holland befördern sollte, konnte umrangiert werden (K. Mann, Wendepunkt 270). **2.** *durch Rangieren das Gleis wechseln:* der Zug, die Lok muß u.

um|ran|ken ⟨sw. V.; hat⟩: *rankend umgeben; sich um etw. ranken:* Efeu umrankt das Fenster; Ü (geh.:) Sagen, Anekdoten umranken jmdn., etw.; ⟨oft im 2. Part.:⟩ der von vielen Legenden umrankte siegreiche Feldherr General von Hindenburg (Dönhoff, Ostpreußen 16).

Um|raum, der; -[e]s, Umräume (bes. Fachspr.): *umgebender Raum:* Die Spannung zwischen U. und Personen ist ... zugunsten der Architektur verschoben (Bild. Kunst 36); **um|räu|men** ⟨sw. V.; hat⟩: **1.** *an eine andere Stelle räumen:* die Möbel u.; die Bücher in ein anderes Regal u.; Im Kammerl ... war ein Kohlenhaufen, da drunter war of ein Ratz. Also machten wir ... die Türe zu ... und räumten den Kohlenhaufen um (Wimschneider, Herbstmilch 126). **2.** *durch Umräumen* (1) *umgestalten:* ein Zimmer u.; **Um|räumung**, die; -, -en: *das Umräumen.*

um|rech|nen ⟨sw. V.; hat⟩: *ausrechnen, wieviel etw. in einer anderen Einheit ergibt:* Dollars in Mark, Zoll in Zentimeter, Zentner in Kilogramm u.; ⟨oft im 2. Part.:⟩ Sie hinterließen ihrem Landsmann ... umgerechnet über eine Million Mark (Prodöhl, Tod 9); **Um|rech|nung**, die; -, -en: *das Umrechnen;* **Um|rechnungs|kurs**, der: *Kurs* (4), *zu dem eine Währung in eine andere umgerechnet wird.*

um|rei|sen ⟨sw. V.; hat⟩: vgl. umsegeln.

um|rei|ßen ⟨st. V.; hat⟩: **1.** *zu Boden reißen, durch heftige Bewegung umwerfen, zum Umfallen bringen:* der Sturm hat das Zelt, das Gerüst umgerissen; ... und ich lehne mich sofort weit über den Tisch, reiße fast den Whisky um ... (Hofmann, Fistelstimme 191); Er rannte ... die Treppen hinunter, riß um ein Haar Schwester Nora um (Sebastian, Krankenhaus 177). **2.** *durch Umwerfen o. ä. niederreißen, zerstören:* einen Mast, einen Zaun, eine Mauer u.; **um|rei|ßen** ⟨st. V.; hat⟩: *knapp, in großen Zügen u. dabei in seinen wesentlichen Punkten darstellen:* die Situation, den Sachverhalt, den Tatbestand mit ein paar Sätzen, mit wenigen Worten u.; ... möchte ich seine Persönlichkeit kurz u. (Hildesheimer, Legenden 19); Scheuermann umriß den Fall Mutsch und fand einen aufmerksamen Zuhörer (Kirst, Aufruhr 171); Die Bedeutung der Geißeln ist umrissen (Medizin II, 125); Der zentrale Konflikt der Erzählung ... ist damit bereits umrissen (Reich-Ranicki, Th. Mann 96); ⟨oft im 2. Part.:⟩ der ... sich ganz eindeutig bestimmten, fest umrissenen Ziel: Examen und höherem Lehramt, zuwendet (Jens, Mann 80); so drang ... Auflösendes in mein bisher so scharf umrissenes und so streng abgeschlossenes Leben (Hesse, Steppenwolf 142).

um|rei|ten ⟨st. V.⟩: **1.** *reitend umwerfen* ⟨hat⟩. ♦ **2.** *einen Umweg reiten* ⟨ist⟩: er wollte noch eine Meile u. nach dem Orte, wo ein Patchen von mir auf dem Edelhof diente (Cl. Brentano, Kasperl 352); **um|rei|ten** ⟨st. V.; hat⟩: *um etw. herumreiten* (1 b): das Feld u.; Derselbe, der, als ich weidete, mich friedlich und mit breitrandigem Saturnhaupt umritt (Reinig, Schiffe 78).

um|ren|nen ⟨unr. V.; hat⟩: *rennend anstoßen u. dadurch umwerfen:* jmdn., etw. u.; der Hund hat das Kind, den Papierkorb glatt umgerannt; ich ... rannte den auf mich wartenden Bebra beinahe um (Grass, Blechtrommel 401); Ü der neue Mann hatte das Auftreten, die Intelligenz und die Tatkraft, die alten Mauern umzurennen und sich die Unabhängigkeit zu erzwingen (Maass, Gouffé 339).

Um|rich|ter, der; -s, - (Elektrot.): *zum direkten Energieaustausch zwischen zwei verschiedenartigen Wechselstromnetzen verwendeter Stromrichter.*

um|rin|gen ⟨sw. V.; hat⟩ [mhd. umberingen, ahd. umbi(h)ringen, zu: mhd. umberinc, ahd. umbi(h)ring = Umkreis, zu ↑ Ring]: *(von Personen) in größerer Anzahl, dicht umstehen; umdrängen:* Die Frauen ... kamen auf die Straße und umringten das Fahrzeug (Jaeger, Freudenhaus 289); Das Haus und der Garten werden von Polizei umringt sein (Remarque, Triomphe 351); Er war von einer wundergierigen Menge umringt (Thieß, Reich 189).

Um|riß, der; Umrisses, Umrisse [zu ↑ Riß (3)]: *äußere, rings begrenzende Linie bzw. Gesamtheit von Linien, wodurch sich jmd., etw. [als Gestalt] von seiner Umgebung abhebt, auf einem Hintergrund abzeichnet:* der U. eines Hauses, eines Mannes; im Nebel wurden die Umrisse eines Schiffs sichtbar; etw. im U., in groben Umrissen zeichnen; Buddha tauften ihn seine Mitgymnasiasten wegen seiner körperlichen Umrisse *(Gestalt)* und seiner sanften, abgeklärten Art (NZZ 13. 10. 84, 41); Ü Er nimmt allmählich feste Umrisse *(feste Gestalt)* an; und er erzählte in kurzen Umrissen *(skizzenhaft)* den Verfall des Hauses (R. Walser, Gehülfe 158); **Um|riß|kar|te**, die (Geog.): *Karte, die im wesentlichen nur die Umrisse eines Gebiets zeigt;* **Um|riß|li|nie**, die ⟨meist Pl.⟩: *Linie des Umrisses, Kontur;* **Um|riß|zeich|nung**, die: *Zeichnung, die nur die Umrisse von etw. zeigt.*

Um|ritt, der; -[e]s, -e: *Umzug zu Pferd:* ... daß an jenem Kolomanskapelle jährlich ein U. stattfindet: Der Pfarrer des Dorfes, selbst zu Pferde, führt ihn an (Dwinger, Erde 203).

um|ru|beln ⟨sw. V.; hat⟩ (ugs.): *in eine andere Währung umwechseln:* ... von der Wirtschaftsstrafverordnung, die keinen ungeschoren ließ, der Ostmark in Westmark umrubelte (Bieler, Bär 339); Viele haben die harte Währung in einer der West-Berliner Wechselstuben „umgerubelt" und für die Deutsche Mark fünf DDR-Mark eingelöst (Eppelmann, Fremd 15).

um|rüh|ren ⟨sw. V.; hat⟩: *durch Rühren bewegen u. [durcheinander]mischen:* die Suppe [mit dem Kochlöffel] u.; die Farbe muß gut umgerührt werden; Sie schlug das erste Ei in die Pfanne, das zweite, das dritte und rührte sie rasch mit einer Holzgabel um (Langgässer, Siegel 53); Ü ... hat ... Dr. Helmut Schuster auf Vorstandsebene kräftig umgerührt (*die Positionen umbesetzt;* Neue Kronen Zeitung 12. 5. 84, 35).

um|run|den ⟨sw. V.; hat⟩: *rund um etw. herumgehen, -fahren usw.:* den See [zu Fuß, mit dem Auto] u.; So umrunden sie Arm in Arm den Platz (Ossowski, Flatter 138); Ein Mann galoppiert auf seinem Pferd hinter den Tieren her und umrundet sie (Berger, Augenblick 144); ... um ... mit einem bemannten Raumschiff den Mond zu u. (Spiegel 13, 1966, 118); Wenn ich den Nürburgring mit einem Volkswagen ... umrunde ... (Frankenberg, Fahren 15); **Um|run|dung**, die; -, -en: *das Umrunden.*

um|rü|sten ⟨sw. V.; hat⟩: **1. a)** *anders ausrüsten, bewaffnen als bisher:* eine Armee [auf andere Bewaffnung] u.; Die ... Königliche Dänische Leibgarde soll auf Fahrräder umgerüstet werden (NNN 24. 2. 88, 2); **b)** *seine Rüstung umstellen:* die Streitkräfte haben [auf neue Kampfflugzeuge] umgerüstet. **2.** (bes. Fachspr.) *umbauen u. anders ausrüsten:* etw. für einen anderen Zweck u.; ein Kraftwerk auf Gasbetrieb u.; Die Zapfsäulen ... werden derzeit auf vierstellige Zählwerke umgerüstet (MM 29. 10. 75, 1); Ich ... hatte ein Wohnmobil als Laborfahrzeug umgerüstet (ADAC-Motorwelt 9, 1982, 76); ⟨auch o. Akk.-Obj.:⟩ rechtzeitig auf Winterreifen u.; **Um|rü|stung**, die; -, -en: **1.** *das Umrüsten* (1). **2.** (bes. Fachspr.) *das Umrüsten* (2), *Umgerüstetwerden:* ... die schadstoffmindernde U. älterer Autos steuerlich zu begünstigen (Nordschwein 29. 3. 85, 1); Lohnt sich die ... U. des Wagens auf Autogas? (Hörzu 39, 1981, 92).

ums ⟨Präp. + Art.⟩: *um das:* u. Haus gehen; nicht auflösbar in festen Verbindungen: u. Leben kommen.

um|sä|beln ⟨sw. V.; hat⟩ (bes. Fußball Jargon): *einen gegnerischen Spieler grob unfair zu Fall bringen, indem man ihm mit dem Fuß die Beine wegzieht:* Hast du wirklich den Gegner umgesäbelt oder war es eine Schwalbe? (Hörzu 41, 1993, 8).

¹**um|sacken**¹ ⟨sw. V.; hat⟩ [zu ↑ ¹sacken]: *in andere Säcke umfüllen:* Mehl u.

²**um|sacken**¹ ⟨sw. V.; ist⟩ [zu ↑ ²sacken] (ugs.): *ohnmächtig umfallen:* Er fühlte sich so schwach, daß er Angst hatte, bei der geringsten Anstrengung umzusacken (Hilsenrath, Nacht 364).

um|sä|gen ⟨sw. V.; hat⟩: *mit Hilfe der Säge umlegen, fällen:* einen Baum, einen Mast u.

um|sat|teln ⟨sw. V.; hat⟩: **1.** *mit einem anderen Sattel versehen:* ein Pferd u. **2.** (ugs.) *eine andere Ausbildung beginnen, einen anderen Beruf ergreifen, die Disziplin, das Betätigungsfeld o. ä. wechseln:* er hat [auf Wirt] umgesattelt; er hat nach drei Semestern Chemie auf Jura umgesattelt; ... und ich war nun mal beim Ringen, und man konnte nicht dauernd u. (Loest, Pistole 186).

Um|satz, der; -es, Umsätze [mniederd. ummesat = Tausch, zu: ummesetten,

Umsatzanalyse

↑umsetzen (3 d)]: **1.** *Gesamtwert (innerhalb eines bestimmten Zeitraums) abgesetzter Waren, erbrachter Leistungen:* der U. steigt; sonst entsteht eine „Nachfragelücke", in der Umsätze und Preise sinken (Fraenkel, Staat 377); Werbung hebt den U.; die Kneipe hat, macht am Abend im Schnitt 3 000 Mark U., einen U. von 3 000 Mark; Die Ernte ist recht befriedigend ausgefallen, und wir haben einen sehr schönen U. erzielen können (Fallada, Trinker 203); U. machen (Jargon; *einen beträchtlichen Umsatz erzielen*); Statt guter Medizin müssen wir U. machen, für das Gespräch mit dem Patienten bleibt ... keine Zeit (Spiegel 10, 1982, 206); einen großen, guten U. an/(seltener:) von/in Seife haben *(beim Verkauf von Seife einen hohen, zufriedenstellenden Umsatz erzielen);* die Kellner sind am U. beteiligt. **2.** (Fachspr., bes. Med., Chemie) *Umsetzung (von Energie, von Stoffen);* **Um|satz·ana|ly|se,** die (Wirtsch.): *den Umsatz (1) betreffende Analyse;* **Um|satz|an|stieg,** der: *Anstieg des Umsatzes* (1); **Um|satz·be|tei|li|gung,** die: *Beteiligung am Umsatz* (1); **Um|satz|ein|bu|ße,** die ⟨meist Pl.⟩: *Einbuße beim Umsatz* (1); **Um|satz·mi|nus,** das: *Minus* (1) *beim Umsatz* (1): ein U. von 10%; **Um|satz|plan,** der (bes. ehem. DDR Wirtsch.): *den Umsatz* (1) *betreffender Plan;* **Um|satz|plus,** das: *Plus* (1) *beim Umsatz* (1): ein U. von 10%; **Um|satz|pro|vi|si|on,** die: **1.** (Wirtsch.) *vom Umsatz* (1) *berechnete Provision.* **2.** (Bankw.) *vom Umsatz eines Kontos bzw. als Teil der Kreditkosten berechnete Provision;* **Um|satz|rück·gang,** der: *Rückgang des Umsatzes* (1); **um|satz|schwach** ⟨Adj.⟩: *keine hohen Umsätze* (1) *erzielend, mit sich bringend:* -e Filialen werden geschlossen; **um|satz·stark** ⟨Adj.⟩: *hohe Umsätze* (1) *erzielend, mit sich bringend:* eine -e Gaststätte, Tankstelle, Handelskette; Die Besucherzahlen liegen jetzt etwa so hoch wie in den umsatzstärksten Wintermonaten Januar und Februar (Main-Echo 25. 6. 87, 18); **Um|satz|stei|ge·rung,** die: *Steigerung des Umsatzes* (1); **Um|satz|steu|er,** die: *auf den Umsatz* (1) *erhobene Steuer;* **Um|satz|ver|gü|tung,** die: vgl. Umsatzprovision.

um|säu|men ⟨sw. V.; hat⟩: *umschlagen, einschlagen u.* ¹*säumen* (1): den Stoffrand, ein Kleid u.; **um|säu|men** ⟨sw. V.; hat⟩: **1.** *rundum* ¹*säumen* (1), *mit einem Saum* (1) *umgeben.* **2.** (geh.) *rings, rundherum* ¹*säumen* (2), *als Saum* (2) *umgeben:* die Klöster, die, ein wenig tiefer liegend, die Stadt umsäumten (Schneider, Erdbeben 102); Endlose Reihen von Baracken und Speichern umsäumten die Kais (NNN 25. 9. 89, 3); ⟨meist im 2. Part.:⟩ von Hecken umsäumter Weg; ... und die Häuser waren von kleinen Gärten umsäumt (R. Walser, Gehülfe 82); Das Nies ist ein großer Kessel, von Bergen des Jura umsäumt (Niekisch, Leben 14).

um|schaf|fen ⟨st. V.; hat⟩ (geh.): *aus etw. durch Umgestaltung etw. Neues schaffen:* Sie möchten die Welt nach Ihrem Ebenbild u.! (Musil, Mann 470); **Um|schaf·fung,** die; -, -en (geh.): *das Umschaffen.*

um|schal|ten ⟨sw. V.; hat⟩: **1. a)** *durch Schalten* (1 a) *anders einstellen:* den Strom u.; die Kamera auf manuelles Fokussieren u.; das Netz auf Wechselstrom u.; ⟨auch o. Akk.-Obj.:⟩ auf Abblendlicht, auf Batteriebetrieb u.; mit dieser Taste schaltet man [auf Großbuchstaben] um; wir schalten ins Stadion um *(stellen eine Funk-, Fernsehverbindung zum Stadion her);* Ü ... müßten sie sofort ihre Geldpolitik u. – von hohen auf niedrige Zinsen (Capital 2, 1980, 10); **b)** *automatisch [um]geschaltet* (1 a) *werden:* die Ampel schaltet [auf Gelb] um; ⟨auch u. + sich:⟩ wenn der Strom ausfällt, schaltet sich das Gerät [automatisch] auf Akkubetrieb um. **2.** *schalten* (2 a): [vom 3., 5.] in den 4. Gang u.; rechtzeitig vor der Steigung auf das kleine Kettenblatt u. **3.** (ugs.) *sich umstellen, auf etw. anderes einstellen:* nach dem Urlaub wieder [auf Arbeit] u.; vergiß in Dover nicht, auf Linksverkehr umzuschalten!; wenn er nach Hause kommt, schaltet er sofort, automatisch auf Dialekt um; ⟨subst.:⟩ Der hat schon Feierabend. Braucht einen Pastis zum Umschalten (Hamburger Rundschau 11. 8. 83, 3); **Um|schal|ter,** der; -s, -: **1.** (Technik) *Schalter zum Umschalten* (1). **2.** *Schreibmaschinentaste zum Umschalten von Klein- auf Großbuchstaben* (1); **Um|schalt|he|bel,** der: *Hebel zum Umschalten* (1); **Um|schal|tung,** die; -, -en: *das Umschalten.*

Um|scha|lung, die; -, -en: *Verschalung* (2).

um|schat|ten ⟨sw. V.; hat⟩ (geh.): *mit Schatten umgeben:* Ü Nicht etwa ein Streit um Krötenumsetz- und Teichbauaktion umschattete die ... Jahreshauptversammlung ... Das „Amerika-Haus" spaltete die Ökologen (Communale 15. 12. 83, 2).

Um|schau, die; -: *das Sichumsehen; Rundblick:* Meine U. war nicht genau genug gewesen, die Gegenwart des Menschen früher wahrzunehmen (Th. Mann, Krull 158); wir laden zur freien U. in unseren Ausstellungsräumen ein; **[nach jmdm., nach etw.] U. halten (sich [nach jmdm., nach etw.] suchend umsehen);* **um|schau·en,** sich ⟨sw. V.; hat⟩ (bes. südd., österr., schweiz.): **1. a)** *umsehen* (1 a): sich neugierig, verwundert [im Zimmer] u.; **b)** *umsehen* (1b): Junge Leute sollen sich u. in der Welt (K. Mann, Wendepunkt 162) **2.** *umsehen* (2): sich [nach jmdm., etw.] u. **3.** *umsehen* (3): Aber ich werd' mich nach einem andern Posten u. (Lederer, Liebe 36).

um|schäumt ⟨Adj.⟩ (Fachspr.): *mit Schaum* (4) *umgeben:* die Lenkräder sind u. und haben eine ... Prallfläche (ADAC-Motorwelt 11, 1983, 28).

Um|schicht, die; -, -en (Bergmannsspr.): *Schichtwechsel;* **um|schich|ten** ⟨sw. V.; hat⟩: **1.** (bes. Finanzw.) *anders schichten als vorher, die Schichtung von etw. verändern:* den Etat u.; Die Fondsverwaltung überwacht laufend die Vermögenswerte und schichtet diese gegebenenfalls ... um (Augsburger Allgemeine 3./4. 6. 78, 15); als sich die Sparbuchbesitzer an den Schaltern drängten, um ihre Einlagen auf Wertpapiere umzuschichten (profil 17, 1979, 35). **2.** ⟨u. + sich⟩ *sich in Schich-*

tung, Aufbau, Verteilung verändern: die Bevölkerung schichtet sich um; denn die Vermögen schichten sich um, Güter werden verkauft (St. Zweig, Fouché); **um|schich|tig** ⟨Adj.⟩: *sich [in Schichten] ablösend, abwechselnd:* u. arbeiten; Jeweils zwei Schwestern beteten u. Tag und Nacht im kleinen Altarchor (Bieler, Mädchenkrieg 374); **Um|schich|tung,** die; -, -en: **1.** (bes. Finanzw.) *das Umschichten:* Allein -en im Haushalt ... setzen beträchtliche Mittel frei (Freie Presse 15. 2. 90, 4); Das ... neue Kreditwesengesetz hat eine U. von Spareinlagen verursacht (Wochenpresse 25. 4. 79, 15). **2.** *das Sichumschichten:* Die soziale U. des 20. Jh.s führt zur Auflösung des Logentheaters (Bild. Kunst III, 42); **Um|schich|tungs|pro|zeß,** der: *Prozeß* (1) *der Umschichtung.*

um|schif|fen ⟨sw. V.; hat⟩: *(zum weiteren Transport) auf ein anderes Schiff bringen:* Güter, Waren u.; die Passagiere wurden umgeschifft; **um|schif|fen** ⟨sw. V.; hat⟩: *mit dem Schiff umfahren* (a): eine Klippe u.; das Kap konnte wegen der starken Gegenströmung nicht umschifft werden; Ü Dieses Dilemma ... aufzuzeigen, es frontal anzugehen, scheint der Regierung jedoch offenbar nicht opportun, so daß sie es lieber ... umschifft (NZZ 31. 8. 87, 15); **Um|schif|fung,** die; -, -en: *das Umschiffen;* **Um|schif|fung,** die; -, -en: *das Umschiffen.*

Um|schlag, der; -[e]s, Umschläge [4: mhd. umbeslac; 5: mniederd. ummeslach = Tausch, Jahrmarkt]: **1. a)** *etw., womit etw., bes. ein Buch, eingeschlagen, eingebunden o. ä. ist:* ... zwei Hefte aus dem Jahr 1915: schwarz-weiß-roter U. mit großem Eisernen Kreuz (Dönhoff, Ära 119); **b)** *kurz für* ↑Briefumschlag: Sie hatte einen großen U. mitgebracht, der an sie adressiert und frankiert war (Brand [Übers.], Gangster 21). **2.** *[feuchtes] warmes od. kaltes Tuch, das zu Heilzwecken um einen Körperteil gelegt wird:* kalte, heiße Umschläge; Kättas Mutter machte mir Umschläge mit essigsaurer Tonerde (Andres, Liebesschaukel 26). **3.** *umgeschlagener Rand an Kleidungsstücken:* eine Hose mit U.; Ärmel mit breiten Umschlägen. **4.** ⟨o. Pl.⟩ *plötzliche, unvermittelte starke Veränderung, plötzliche Umkehrung, Verkehrung; das Umschlagen* (5): ein plötzlicher U. der Stimmung; ... bei jedem U. des Wetters knackende Dielen und Möbel (G. Vesper, Laterna 30); Unsere Graugänse ... zeigten ... einen bemerkenswerten ... U. ihres Verhaltens (Lorenz, Verhalten I, 364); ... hatte er bereits Mühe, das A ohne U. der Stimme zu halten (Thieß, Legende 109); es kann leicht zu einem U. ins Gegenteil kommen. **5.** ⟨o. Pl.⟩ (Wirtsch.) **a)** *Umladung von Gütern bzw. Überführung zwischen Lager u. Beförderungsmittel:* Männliche Schulabgänger ... bilden wir ... aus als Facharbeiter für U. und Lagerung (NNN 23. 9. 85, 5); **b)** *umgeschlagene* (6) *Menge:* Die 13 wichtigsten deutschen Seehäfen registrierten im Juli 10,7 Millionen Tonnen U. (Hamburger Abendblatt 5. 9. 84, 30); **c)** *Umsatz, Verwandlung, Nutzbarmachung von Werten, Mitteln.* **6.**

⟨o. Pl.⟩ (Handarb.) *das Umschlagen (7) des Fadens beim Stricken;* **Um|schlag|bahn|hof,** der: *Umladebahnhof;* **um|schla|gen** ⟨st. V.⟩ [mhd. umbeslahen = sich ändern, eigtl. = in andere Richtung schlagen]: **1.** *[den Rand von] etw. in eine andere Richtung, auf die andere Seite wenden* ⟨hat⟩: den Kragen, die Ärmel, den Teppich u.; die Seiten eines Buchs u. *(umwenden).* **2.** *durch einen Schlag od. Schläge zum Umschlagen (4), Umfallen bringen* ⟨hat⟩: Bäume u. **3.** *jmdm., sich etw. umlegen (1), umwerfen (3)* ⟨hat⟩: jmdm., sich ein Tuch, eine Decke u. **4.** (ist) **a)** *(in seiner ganzen Länge od. Breite) plötzlich auf die Seite schlagen, umkippen (1 a), umstürzen (1): das Boot, der Kran ist plötzlich umgeschlagen; Eine russische Kugel hat ihn mitten in die Stirn getroffen. Wie ein Baum ist er umgeschlagen und den Bahndamm hinuntergerollt* (Plievier, Stalingrad 259); **b)** *(vom Wind) plötzlich stark die Richtung ändern: der Wind ist [nach Westen] umgeschlagen.* **5.** *sich plötzlich, unvermittelt verkehren, stark ändern* ⟨ist⟩: *das Wetter schlug um; etw. schlägt ins, in sein Gegenteil um, die Stimmung ist [in allgemeiner Verzweiflung] umgeschlagen; ... schlägt die edle Begeisterung des Pöbels in Haß um* (Thieß, Reich 529); *offenbar ist hier ... ein Punkt erreicht, wo die Quantität in Qualität umschlägt* (Enzensberger, Einzelheiten I, 139); *ihre Stimme schlug um* (ging plötzlich in eine andere Stimmlage über); *der Wein ist umgeschlagen* (ist trüb geworden u. hat einen schlechten Geruch u. Geschmack angenommen). **6.** *(Güter, meist in größeren Mengen, regelmäßig) umladen* ⟨hat⟩: *Der Hafen Yokohama schlug 1985 elf Prozent mehr Container um als 1984* (NNN 3. 9. 86, 3). **7.** (Handarb.) *den Faden um die Nadel legen* ⟨hat⟩; **um|schla|gen** ⟨st. V.; hat⟩ (Druckw.): *(Druckbogen) wenden:* umschlagene Bogen; **Um|schlag|ent|wurf,** der: *Entwurf für den Umschlag (1 a): der U. stammt vom Autor selbst;* **Um|schla|ge|tuch, Umschlagtuch,** das; -[e]s, ...tücher: *großes Tuch, das um Kopf u. Schultern geschlagen wird;* **Um|schlag|ha|fen,** der: *Hafen für den Güterumschlag;* **Um|schlag|kra|gen,** der: *Umlegekragen;* **Um|schlag|man|schet|te,** die: *Manschette, die zur Hälfte umgeschlagen ist;* **Um|schlag|platz,** der: *Platz, Ort, an dem Güter umgeschlagen werden: die Stadt ist ein wichtiger U. [für den Osthandel];* **Um|schlag|sei|te,** die (Buchw., Druckw.): *eine der vier Seiten des Umschlags (1 a): die Anzeige ist auf der vierten U. aller wichtigen Illustrierten erschienen;* **Um|schlag|ti|tel,** der (Buchw.): *auf dem Schutzumschlag od. dem Buchrücken angebrachter Titel, der vom eigentlichen Buchtitel auf der Titelseite abweichen kann;* ↑Umschlagetuch; **Um|schlag|zeich|nung,** die: *Zeichnung auf dem Umschlag (1 a).*
um|schlei|chen ⟨st. V.; hat⟩: *im Kreis, im Bogen um jmdn., um etw. schleichen:* Große ... Hunde umschleichen den Park (Koeppen, Rußland 45); Zwischen den Arkaden hindurch ... umschlich und musterte ihn jemand (Frisch, Stiller 239); Der Boy in seinem langen Gewand umschleicht mich auf weicher Sohle (Bamm, Weltlaterne 84).
um|schlie|ßen ⟨st. V.; hat⟩: **1. a)** *umzingeln, einschließen:* die feindlichen Stellungen u.; auf dem Rollfeld von Pitomnik, dem Nabel des umschlossenen Stalingrad (Loest, Pistole 92); **b)** *umgeben [u. einschließen]; sich um jmdn., etw. schließen:* Man sah zunächst nichts weiter als eine hohe Mauer, die einen Park umschloß (Geissler, Wunschhütlein 23); daß sie ein ... Sommerfähnchen trug, das etwas gewagte Formen knapp umschloß (Kuby, Sieg 326). **2. a)** *mit den Armen, Händen usw. umfassen:* jmdn. [mit beiden Armen] fest u.; Mit der Faust die kleine Botschaft umschließend, die sie ... auf keinen Fall ungeöffnet und ungelesen lassen ... würde, ging Hortense ... wieder dem Hause zu (Langgässer, Siegel 410); **b)** *(von Armen, Händen usw.) umfassen:* jmds. Finger umschließen etw. ganz fest; Diese Rechte umschloß mit zärtlichem Druck die blanke Schulterkugel Suzettes (Langgässer, Siegel 384); Aber nehmen Sie seinen reizenden ... Frauenarm, wie er uns, wenn wir Glück haben, wohl umschließt ... (Th. Mann, Krull 311). **3.** *einschließen, in sich begreifen, zum Inhalt haben:* ... wieviel Sinn dieses Wort hier umschließt (Th. Mann, Krull 33); die „Freizügigkeit" ..., die ... das Recht zur Wohnsitznahme und freien wirtschaftlichen Betätigung umschließt (Fraenkel, Staat 129); Jede große politische Frage umschließt eine große Theologie (Langgässer, Siegel 331); **Um|schlie|ßung,** die; -, -en: *das Umschließen (1).*
um|schlin|gen ⟨st. V.; hat⟩: *jmdn., sich etw. um den Körper, einen Körperteil schlingen:* sich ein Halstuch u.; **um|schlin|gen** ⟨st. V.; hat⟩: **1.** *(mit den Armen) umfassen:* jmds. Nacken, Taille u.; Sie stammt vom ihn mit beiden Armen (Winckler, Bomberg 35); daß wir uns umschlingen, der eine Mensch den anderen (Th. Mann, Krull 409); ⟨oft im 2. Part.:⟩ Die beiden hielten sich [fest] umschlungen; in der Nacht ..., da Helga und Wolfgang umschlungen, im Keller ... den Tod erwarteten (Jens, Mann 92). **2.** *sich um etw. herumschlingen:* Kletterpflanzen umschlangen den Stamm der Pappel. **3.** *etw. mit etw. umwinden* (1): Das Rad war mit einem Tau umschlungen (Hausmann, Abel 133); Ich sah einer Spinne zu, ... wie sie den weißen Spinnstoff, mit dem sie die Fliege umschlang und lähmte, durch Speichel ... zum Verschwinden brachte (Stern, Mann 61); **Um|schlin|gung,** die; -, -en: *das Umschlingen (1, 2), Umschlungensein.*
Um|schluß, der; Umschlusses, Umschlüsse [zu: umschließen]: *Strafgefangenen, Untersuchungshäftlingen gewährter gegenseitiger Besuch bzw. zeitweiliger gemeinsamer Aufenthalt in einer Zelle:* jmdm. U. gewähren; Sechs Stunden am Tag können sie während des sogenannten „Umschlusses" zusammen verbringen (Welt 22. 4. 81, 2).
um|schmei|cheln ⟨sw. V.; hat⟩: **1.** *jmdm. schöntun, jmdn. schmeichelnd umwerben:* zahlreiche Verehrer umschmeichelten sie; ⟨oft im 2. Part.:⟩ Bei Aimée fühlte ich mich mehr als Frau, als ich es jemals gewesen war: verwöhnt, beseligt, umschmeichelt (Perrin, Frauen 250); Ü Der von der Werbung umschmeichelte „Postkunde" (DÄ 47, 1985, 73). **2.** *mit schmeichelnder Zärtlichkeit umgeben:* das Kind umschmeichelte die Mutter; Ü ein leichter Wind umschmeichelte ihr Gesicht; da die Geräusche im Zimmer als dumpfes Raunen mein Ohr umschmeichelten (Harig, Weh dem 146).
um|schmei|ßen ⟨st. V.; hat⟩ (ugs.): **1.** *umwerfen (1):* eine Vase, einen Stuhl u.; Paß auf, Hermann, daß du dich nicht umschmeißt! (Remarque, Obelisk 328). **2.** *umwerfen (4 a):* ihn schmeißt so leicht nichts um. **3. a)** *umstoßen (2 a):* Ich schmeiße nicht gern mein Programm um (Fallada, Jeder 242); **b)** *umstoßen (2 b):* das würde unseren ganzen Plan u.
um|schmel|zen ⟨st. V.; hat⟩: *durch Schmelzen umformen;* **Um|schmel|zung,** die; -, -en: *das Umschmelzen.*
um|schmin|ken ⟨sw. V.; hat⟩ (bes. Theater, Film): *anders, neu schminken:* jmdn., sich u.; Wenn er in die Maske sollte, um sich u. zu lassen, ... (Petersen, Resonanz 149).
Um|schmiß, der; ...isses, ...isse: **1.** (ugs.) *das Umwerfen (4 b).* **2.** (Theater, Ferns. Jargon) *das Umschmeißen (4).*
um|schnal|len ⟨sw. V.; hat⟩: *umlegen u. zuschnallen:* ich schnallte [mir] das Koppel um.
um|schnü|ren ⟨sw. V.; hat⟩: *mit einer Schnur o. ä. fest umwickeln [u. zuschnüren]:* ein Bündel u.; ein Paket mit einem Bindfaden u.; Er trug hohe Stiefel, die auch sie waren mit Bändern umschnürt (Wiechert, Jeromin-Kinder 779); Ü (geh.:) den Gegner u. (Milit.: *einschließen);* **Um|schnü|rung,** die; -, -en: **1.** *das Umschnürtwerden.* **2.** *etw., womit etw. umschnürt ist.*
um|schrei|ben ⟨sw. V.; hat⟩: **1.** *(Geschriebenes) umarbeiten:* einen Aufsatz, ein Drehbuch, eine Komposition u.; Ü die Bemühungen ..., vorhandene Programme und Algorithmen ... umzuschreiben (Datenverarb.); *abzuändern;* Südd. Zeitung 19. 10. 87, Beilage). **2.** *([Aus]geschriebenes) schriftlich ändern:* eine Rechnung u.; Sie können das Datum Ihrer Flugkarte u. lassen (Kessel [Übers.], Patricia 57). **3.** *transkribieren (1):* chinesische Schriftzeichen in lateinische Schrift u. **4.** *durch Änderung einer schriftlichen Eintragung übertragen:* Vermögen, Grundbesitz [auf jmdn.] auf jmds. Namen u. lassen; einen Betrag auf ein anderes Konto u.; **um|schrei|ben** ⟨st. V.; hat⟩ /vgl. umschrieben/: **1.** *um-, abgrenzend beschreiben, festlegen, bestimmen:* jmds. Aufgaben [genau, kurz] u.; ... bedarf die Verwaltung einer ... in einem Gesetz umschriebenen Ermächtigung, um Verordnungen erlassen zu können (Fraenkel, Staat 116). **2. a)** *anders, mit anderen, bes. mit mehr als den direkten Worten [verhüllend] ausdrücken od. beschreiben:* etw. gleichnishaft u.; man kann es nicht übersetzen, man muß es u.; eine

Umschreibung

Sache, einen Sachverhalt, eine Situation [schamhaft] u.; Er hat den kleinen Langenscheidt nicht zur Hand; Lynn umschreibt, was diese Vokabel heißt (Frisch, Montauk 59); **b)** (Sprachw.) *(eine einfache Wortform) durch einen bedeutungsgleichen komplexeren Ausdruck ersetzen:* bei den defektiven Verben muß man die fehlenden Formen u.; im Englischen wird das Verb in verneinten Sätzen meist mit „to do" umschrieben; die Österreicher umschreiben *(bilden)* das Perfekt von „stehen" mit [dem Hilfsverb] „sein". **3.** (bes. Geom.) *rund um etw. zeichnen, beschreiben:* ein Dreieck mit einem Kreis u.; **Um|schrei|bung,** die; -, -en: *das Umschreiben;* **Um|schrei|bung,** die; -, -en: **1.** *das Umschreiben.* **2.** *umschreibender Ausdruck, Satz.*
um|schrei|ten ⟨st. V.; hat⟩ (geh.): *schreitend umrunden:* jmdn., etw. u.
um|schrie|ben ⟨Adj.⟩ [2. Part. zu ↑umschreiben (1)] (Fachspr.): *deutlich abgegrenzt, umgrenzt, bestimmt:* Wir nennen die ... Prozesse, die eine bestimmte Keimregion für eine eng -e spätere Leistung festlegen, die Determination (Medizin II, 44); Innerhalb einer scharf -en Gruppe von Vögeln (Lorenz, Verhalten I, 273); ein -es (Med.) *lokalisiertes*) Ekzem; **Umschrift,** die; -, -en: **1.** (Sprachw.) **a)** *Lautschrift:* phonetische U.; **b)** *Transkription:* die U. eines russischen Namens; einen chinesischen Text in U. wiedergeben. **2.** *umgeschriebener, umgearbeiteter Text.* **3.** *kreisförmige Beschriftung entlang dem Rand, bes. bei Münzen.*
um|schub|sen ⟨sw. V.; hat⟩ (ugs.): *durch Schubsen umstoßen:* jmdn. u.; ... Gläser flogen durch die Gegend. Ein Tisch wurde umgeschubst ... (Kempowski, Uns 199).
um|schul|den ⟨sw. V.; hat⟩ (Finanzw.): **1.** *(Anleihen, Kredite o. ä.) umwandeln, bes. durch günstigere Kredite ablösen:* ... ist es ... überlegenswert, ihn (= einen Dispositionskredit) in einen Ratenkredit umzuschulden (Augsburger Allgemeine 27./28. 5. 78, IX); (auch o. Akk.-Obj.:) Private Eigenheimbauer wie Großunternehmer nutzen das niedrige Zinsniveau und schulden um (Spiegel 8, 1978, 6). **2.** *(einen Schuldner) durch Umschulden (1) von Anleihen, Krediten o. ä. in eine andere, bes. eine günstigere finanzielle Lage bringen:* jmdn. u.; **Um|schul|dung,** die; -, -en (Finanzw.): *das Umschulden.*
um|schu|len ⟨sw. V.; hat⟩: **1.** *in eine andere Schule schicken, einweisen:* wir alle wurden damals umgeschult: ich kam aufs Conradinum, ihr ... wurdet Schülerinnen der Helene-Lange-Schule (Grass, Hundejahre 268); ... wurde er ... auf das Gymnasium von Soundso umgeschult (Amendt, Sexbuch 224). **2. a)** *für eine andere, veränderte berufliche Tätigkeit ausbilden:* jmdn. zum Maurer u.; Nachdem der Vater den Wunsch geäußert hat, der Junge möge in die Industrie einsteigen, tut er also und läßt sich u. „auf Schlosser" (Noack, Prozesse 111); ... werden die Piloten ... auf den Tornado umgeschult (Rheinische Post 12. 5. 84, 27); Bernd Wehmeyer ... wurde von ihm zum Außenverteidiger umgeschult (Kicker 82,

1981, 23); **b)** *sich umschulen lassen:* Auch er glaubte, als Programmierer noch mehr Geld verdienen zu können. Darum schulte er um (DM 1, 1966, 39); ich habe auf Maurer umgeschult. **3.** (selten) *politisch umerziehen:* mit dem Ziel, die Kriegsgefangenen umzuschulen zu Antifaschisten zu machen (Leonhard, Revolution 129); **Um|schü|ler,** der; -s, -: *jmd., der umgeschult (1) wird od. worden ist;* **Um|schü|le|rin,** die; -, -nen: w. Form zu ↑Umschüler; **Um|schu|lung,** die; -, -en: *das Umschulen.*
um|schüt|ten ⟨sw. V.; hat⟩: **1.** *durch Umwerfen des Gefäßes verschütten:* die Milch u. **2.** *aus einem Gefäß in ein anderes schütten, umfüllen:* Milch, Salz [in ein anderes Gefäß] u.
um|schwär|men ⟨sw. V.; hat⟩: **1.** *im Schwarm, in Schwärmen um jmdn., etw. fliegen:* der Projektor war ... von panischen Faltern umschwärmt (Ransmayr, Welt 26); ein barockes Lusthaus, um fetten ... Tauben umschwärmt (Böll, Haus 170); Ü Die schwarzen Geldwechsler umschwärmten den Fremden (Koeppen, Rußland 181). **2.** *jmdn. schwärmerisch verehrend, bewundernd in großer Zahl umgeben:* sie war von vielen umschwärmt; ... wie man begehrenswert wird, bewundert und umschwärmt Mittelpunkt der Männerwelt (Praunheim, Sex 256).
um|schwe|ben ⟨sw. V.; hat⟩: *schwebend umrunden, umgeben:* Rauchschwaden umschwebten die Lampe; wir wurden von Glühwürmchen umschwebt; Ein würziger Duft von Korn umschwebte eine ... finstere Ahnung ihn gleich umschwebt ... (Th. Mann, Joseph 379).
Um|schweif, der; -[e]s, -e ⟨meist Pl.⟩ [mhd. umbesweif = Kreisbewegung, zu ↑Schweif]: *unnötiger Umstand, bes. überflüssige Redensart:* -e hassen; keine -e machen *(geradeheraus sagen, was man meint, will);* Der Kommissar stieß ohne -e *(direkt)* vor zum Kern seiner Fragen (Zwerenz, Quadriga 51); Schließlich hatte er genug von diesen nervenzerrüttenden Spiel und erklärte ohne -e *(unumwunden),* daß er sich leider außerstande sehe, irgend etwas für uns zu tun (K. Mann, Wendepunkt 168); da ... der Angeklagte ... ohne -e *(geradeheraus)* die ihm zur Last gelegten Morde gestand (Süskind, Parfum 290); Darauf ... eilte ich ohne weitere -e *(ohne zu zögern)* in die Rue Manot (Jens, Mann 16); **umschwei|fen** ⟨sw. V.⟩ [mhd. umbesweifen] (geh.): **1.** vgl. umstreichen (1); ⟨hat⟩. ♦ **2.** *umherschweifen, -streifen* ⟨ist⟩: Indem es finstrer wurde ... und das Geflügel der Nacht seine irre Wanderung mit umschweifendem Fluge begann (Tieck, Runenberg 27); **um|schwei|fig** ⟨Adj.⟩: *viel Umschweife machend:* O. W. redet lange und u. (Kinski, Erdbeermund 192).
um|schwen|ken ⟨sw. V.; ist⟩: **1.** *in eine andere, bes. in die entgegengesetzte Richtung schwenken (3):* die Kolonne schwenkte [nach Norden] um. **2.** (leicht abwertend) *seine Ansicht, Gesinnung, Haltung [plötzlich] wechseln:* Daß die SPD nun einfach wieder umschwenkt ..., halte ich für ausgeschlossen (natur 6, 1991, 38); weil Haughey ... nach anfänglicher Unterstützung Londons auf einen neutralen Kurs umschwenkte (NZZ 30. 1. 83, 1).
um|schwir|ren ⟨sw. V.; hat⟩: vgl. umfliegen (a): Mücken umschwirrten uns, die Lampe; Ü Die Mädchen umschwirren Dich *(suchen Deine Nähe, umwerben Dich)* wie schon lange nicht mehr (Freizeitmagazin 12, 1978, 26).
Um|schwung, der; -[e]s, Umschwünge: **1.** *einschneidende, grundlegende Veränderung, Wendung:* ein politischer, wirtschaftlicher U.; es trat ein [plötzlicher] U. der/in der allgemeinen Stimmung, öffentlichen Meinung ein; zu viele Umschwünge und Veränderungen hatten stattgefunden (Heym, Schwarzenberg 65); Schuhmacher war es auch, der den U. einleitete, als er ... einen Siebenmeter ... hielt (Augsburger Allgemeine 6./7. 5. 78, 24). **2.** (Turnen) *ganze Drehung um ein Gerät, durch deren Schwung der Körper in die Ausgangsstellung zurückgebracht wird:* einen U. [am Reck] machen, ausführen. **3.** (schweiz.) *zum Haus gehörendes umgebendes Land:* Die Ruine und mit ihr ein U. von 4 500 Quadratmetern Land (NZZ 24. 8. 83, 24); ein Haus mit viel, mit großem, mit schönem, mit 3 000 m² U.
um|se|geln ⟨sw. V.; hat⟩: **1. a)** *mit dem Segelschiff umfahren (a):* eine Untiefe u.; Zu jenen, die mit der „Priwall" Kap Hoorn umsegelten, gehörte auch ... (NNN 12. 6. 85, 2); **b)** *mit dem Segelschiff umfahren (b):* eine Insel, einen Kontinent, die Welt u. **2.** *segelnd umfliegen:* ... umsegelten sie (= die Gänsegeier) eine Felsenzinne und ließen sich ... darauf nieder, warf er mit Steinen (Ransmayr, Welt 226); **Um|se|ge|lung, Um|seg|lung,** die; -, -en: *das Umsegeln.*
um|se|hen, sich ⟨st. V.; hat⟩: **1. a)** *nach allen Seiten, ringsumher sehen:* sich neugierig, verwundert [im Zimmer] u.; sich nach allen Seiten u.; Und indem sie sich scheu umsah: „Aber es wäre gut, man sähe uns nicht." (Hollander, Akazien 147); Sie können sich ruhig u. *(sich ruhig alles ansehen).* Sie brauchen nichts zu kaufen (Remarque, Obelisk 60); du darfst dich bei mir nicht u. *(es ist nicht aufgeräumt bei mir);* R du wirst dich noch u. (ugs.; *du wirst sehen, daß du dir Illusionen gemacht hast);* **b)** *überall, in vieler Hinsicht Eindrücke u. Erfahrungen sammeln:* sich in einer Stadt u.; sich in der Elektrobranche u.; Sehen Sie sich um in der Welt ...! (Th. Mann, Krull 421). **2.** *sich umdrehen, den Kopf wenden, um jmdn., etw. zu sehen, nach jmdn., etw. zu sehen:* indem sie sich wegging, sah sie sich immer wieder [nach uns, nach dem Haus] um; sie sah sich nach ihrem Hintermann, Verfolger um; man hätte sich auch auf den Elyseischen Feldern nach ihr umgesehen (Koeppen, Rußland 107); ⟨auch ohne „sich":⟩ wenn er bemerkte, daß jemand umsah ... (Fussenegger, Haus 392); ♦ hinter ihm drein kam es wie Flügelrauschen und hallendes Geschrei. Er sah nicht um (Storm, Schimmelreiter 16). **3.** *sich darum kümmern, jmdn., etw. irgendwo zu finden u. für sich zu erlangen:*

sich nach einer Stellung, einer Wohnung, einem Babysitter u.; Dann sah er sich nach einer Sitzgelegenheit um (Kirst, 08/15, 394); Zu seinem Mädchen verhielt er sich so eklig, daß es sich nach einem anderen umsah (Loest, Pistole 75); **Um|se|hen**, das: in der Fügung *im U. (im Nu).*
um|sein ⟨unr. V.; ist; nur im Inf. u. Part. zusammengeschrieben⟩ (ugs.): *zu Ende, vorbei sein:* die Pause ist, die fünf Minuten sind um; Hunderttausende sterben, weil ihre Zeit um ist (*sterben eines natürlichen Todes;* Jahnn, Geschichten 174); ... daß selbst Anhänger des FDP-Vorsitzenden glauben, seine Zeit sei um (*er werde demnächst abgelöst;* Spiegel 21, 1984, 7).
um|sei|tig ⟨Adj.⟩: *auf der Rückseite (des Blattes) [stehend]:* vergleiche den -en Text; die Maschine ist u. abgebildet; **um|seits** ⟨Adv.⟩ (Amtsdt.): *auf der Rückseite (des Blattes).*
um|setz|bar ⟨Adj.⟩: *sich umsetzen (1 a, 2, 3 a, c, d) lassend;* **um|set|zen** ⟨sw. V.; hat⟩ [1 a: mhd. umbesetzen; 3 d: mniederd. ummesetten = tauschen]: **1. a)** *an eine andere Stelle, auf einen anderen Platz setzen:* die Blumenkübel, die Bienenstöcke u.; einen Müllcontainer u.; die Goldfische [in einen anderen Teich] u.; einen Schüler u. *(ihm einen anderen Sitzplatz anweisen);* einen Beschäftigten u. *(ihm einen anderen Arbeitsplatz zuweisen);* ... ist beabsichtigt, die Bewohner in andere Wohnungen umzusetzen *(ihnen andere Wohnungen zuzuweisen)* und das Gebäude ganz abzureißen (Saarbr. Zeitung 10. 7. 80, 18); **b)** ⟨u. + sich⟩ *sich auf einen anderen Platz setzen;* **c)** (Eisenb.) *umrangieren:* einen Waggon, einen Zug [auf ein anderes Gleis] u.; **d)** (Gewichtheben) *das Gewicht vom Boden bis zur Brust heben u. dann die Arme unter die Hantelstange bringen:* die Hantel u.; ⟨auch o. Akk.-Obj.:⟩ mit Ausfall, mit Hocke u.; **e)** (Turnen) *(das Gerät greifende Hände) so mitdrehen, wie es die Verlagerung des Körperschwerpunktes erfordert:* beim Felgaufschwung muß man die Hände u. **2.** *umpflanzen:* eine Pflanze [in einen anderen Topf] u.; so einen großen Baum kann man nicht mehr u. **3. a)** *in einen anderen Zustand, in eine andere Form umwandeln, verwandeln:* Wasserkraft in Strom u.; Energie [in eine andere Form, in Arbeit] u.; Stärke wird in Zucker umgesetzt; Die Elektronenhüllen ... erzeugen ein elektrisches Signal, das ein Computer in dreidimensionale Bilder umsetzt (natur2, 1991, 49); **b)** ⟨u. + sich⟩ *umgesetzt (3 a) werden:* Bewegung setzt sich in Wärme um; **c)** *umwandeln, umgestalten [u. dadurch verdeutlichen, verwirklichen o. ä.]:* Prosa in Verse u.; Gefühle in Musik u.; Erkenntnisse in die Praxis u.; Wir haben schon Konzepte dafür und gehen daran, sie umzusetzen (Freie Presse 3. 1. 90, 3); ... unterschieden sie sich vor allem durch das Unvermögen, ihre Einsichten in Politik umzusetzen (Fest, Im Gegenlicht 359); das sind die Bestandteile der dürftigen Story, die filmisch recht brav umgesetzt wurde (zitty 13, 1984, 79); sein ganzes Geld in Bücher u. (ugs.; *für Bücher ausgeben*); **d)** *(einen bestimmten, dem Umsatz (1) entsprechenden Betrag) als Erlös für Waren od. Leistungen erzielen:* die Firma, die ... vergangenes Jahr neun Milliarden Dollar umsetzte (Spiegel 50, 1984, 112); Waren [im Wert von 3 Millionen Mark] u. *(absetzen);* **Um|set|zer**, der; -s, - (Nachrichtent.): *Vorrichtung zum Umsetzen (3 a) bes. einer Frequenz in eine andere;* **Um|set|zung**, die; -, -en: *das Umsetzen (1 a, 2, 3 a, c, d).*

Um|sicht, die; - [rückgeb. aus ↑umsichtig]: **1.** *kluges, zielbewußtes Beachten aller wichtigen Umstände; Besonnenheit:* [große] U. zeigen; Die Amerikaner ... zollten ihrer fliegerischen U. hohes Lob. Denn die Polen waren ... nicht auf der Landebahn, sondern auf dem Rasen des Flughafens niedergegangen (Tagespost 7. 12. 82, 22); mit U. handeln, vorgehen; Indem sie zwischen ihm und der Umwelt, zwischen seinem Werk und dem täglichen Leben mit Geist und Takt, mit U. und Souveränität vermittelte ... (Reich-Ranicki, Th. Mann 237); ihr Plan zeugte von einer wirklich bewundernswerten U. (Schnurre, Bart 47). ◆ **2.** *Rundblick, Aussicht:* Ich saß gerne auf dem Steine, weil man wenigstens dazumal eine große U. von demselben hatte (Stifter, Bergkristall 13); **um|sich|tig** ⟨Adj.⟩ [mhd. umbesihtic, LÜ von lat. circumspectus]: *Umsicht zeigend; mit Umsicht [handelnd]:* ein -er Mitarbeiter; Umsichtige Autofahrer stellen sich darauf ein (ADAC-Motorwelt 4, 1981, 32); sie war flink, sauber und u., man brauchte ihr nicht zu sagen, was zu tun war, sie war selbst (Danella, Hotel 249); u. handeln, vorgehen; **Um|sich|tig|keit**, die; -: *das Umsichtigsein.*
um|sie|deln ⟨sw. V.⟩: **1.** *anderswo ansiedeln, ansässig machen* ⟨hat⟩: Etwa einundvierzig tauchte bei uns ein ... Kerl auf, den sie mit seiner Familie aus dem Baltikum umgesiedelt hatten (Grass, Katz 40); ... alle Deutschen sollten für die Dauer des Krieges nach Kysil-orda umgesiedelt werden (Leonhard, Revolution 107); Bevor die Fluten steigen, sollen möglichst viele Tiere umgesiedelt werden (natur 7, 1991, 51). **2.** *umziehen, anderswohin ziehen* ⟨ist⟩: von Bonn nach Berlin u.; in ein anderes Land u.; ... sich .... zu erkundigen, wohin der Magistrat u. sollte, wenn er den Keller verlassen müßte (Bieler, Bär 104); Allenthalben siedelten große Fabriken aus den Großstädten in schwach überbaute Gebiete um (Bund 9. 8. 80, 13); **Um|sie|de|lung**, die: ↑Umsiedlung; **Um|sied|ler**, der; -s, -: *jmd., der umgesiedelt wird;* **Um|sied|le|rin**, die; -, -nen: w. Form zu ↑Umsiedler; **Um|sied|lung**, Umsiedelung, die; -, -en: *das Umsiedeln.*
um|sin|ken ⟨st. V.; ist⟩: *zu Boden, zur Seite sinken, langsam umfallen (1 b):* ohnmächtig u.
um so (österr. auch: umso): ↑um (III 2); **um so mehr** (österr. auch: umsomehr, umso mehr): ↑um (III 2 b).
um|sonst ⟨Adv.⟩ [mhd. umbe sus = für nichts, eigtl. = um, für ein So (mit wegwerfender Handbewegung, zu ↑sonst]: **1.** *ohne Gegenleistung, unentgeltlich:* etw. u./(landsch.:) für u. bekommen; jmdm. etw. u. geben, machen; etw. gibt es, etw ist u.; für u. zu arbeiten, wär' er nicht jeck genug (Keun, Mädchen 15). **2. a)** *ohne die erwartete od. erhoffte [nutzbringende] Wirkung; vergebens, vergeblich:* u. auf jmdn. warten; sich u. anstrengen, bemühen; alle Mahnungen, Versuche waren u.; die ganze Mühe, Arbeit war u.; Die lassen sich nichts sagen, meiner könnte heute noch lachen, aber da redet man u. (Müller, Niederungen 133); R das hast du nicht u. getan (ugs. verhüll.; *das zahle ich dir heim*)!; **b)** *ohne Zweck, grundlos:* ich habe u. davor gewarnt; Nicht u. haben wir dieses Gespräch ... hier aufgeführt (Th. Mann, Joseph 898); der wollte doch was, der war doch nicht u. hier im Park (Bastian, Brut 105).
um|sor|gen ⟨sw. V.; hat⟩: *mit Fürsorge umgeben;* jmdn. mit Hingabe, rührend u.; ... und Jadwiga Plock ... umsprang und umsorgte den Grauen (Lenz, Suleyken 111); Überall werden ... Fledermausstollen ebenso emsig umsorgt wie Froschtümpel (natur 6, 1991, 52).
um|sor|tie|ren ⟨sw. V.; hat⟩: *anders, neu sortieren:* Immer wieder umsortiert, bis sie (= die Postkarte) endlich auf dem Postamt in Hammerstein eintreffen würde (Drewitz, Eingeschlossen 136); Ü es waren immer wieder dieselben Leute, die, nur etwas umsortiert, die Ministerposten bekleideten (Welt 11. 11. 61, 3).
um so we|ni|ger (österr. auch: umsoweniger, umso weniger): ↑um (III 2 b).
um|span|nen ⟨sw. V.; hat⟩: **1.** *anders anspannen:* Pferde, Ochsen u. **2.** (Elektrot.) *(Strom mit Hilfe eines Transformators) auf eine andere Spannung bringen, transformieren:* Strom [von 220 Volt auf 9 Volt] u.; **um|span|nen** ⟨sw. V.; hat⟩: **1. a)** *(mit den Armen, Händen) umfassen:* einen Baumstamm [mit den Armen] u.; Da fühlte er, wie jemand seine Fußknöchel umspannte (Hausmann, Abel 57); **b)** *eng umschließen (u. dabei Spannung zeigen, Druck ausüben):* seine Hände umspannten ihre Handgelenke; Schneeketten müssen die Lauffläche des Reifens so u., daß... (Straßenverkehrsrecht, StVZO 164); Ü daß unsere Welt von einer Atmosphäre des Unheimlichen umspannt ist (Thielicke, Ich glaube 242). **2.** *umfassen, einschließen, umschließen:* diese Epoche, Entwicklung umspannt einen Zeitraum von über hundert Jahren; ⟨oft im 1. Part.:⟩ den ganzen Globus umspannendes Netzwerk; ... gingen fünf Lehrer mit drei Klassen ... an ein mehrere Fächer umspannendes Projekt (Saarbr. Zeitung 26. 9. 80, III); **Um|span|ner**, der; -s, -: *Transformator;* **Um|spann|sta|ti|on**, die; -, -en: vgl. Umspannwerk; **Um|span|nung**, die; -, -en: *das Umspannen;* **Um|span|nung**, die; -, -en: *das Umspannen;* **Um|spann|werk**, das: *Anlage zum Umspannen von Strom (3).*
um|spei|chern ⟨sw. V.; hat⟩ (Datenverarb.): *(gespeicherte Daten) auf ein anderes Speicherwerk bringen;* **Um|spei|che|rung**, die; -, -en (Datenverarb.): *das Umspeichern.*
um|spie|len ⟨sw. V.; hat⟩: **1.** *sich spielerisch leicht um etw., jmdn. bewegen:* die Wellen umspielen die Klippen; nach der neuen

umspinnen

Mode umspielt der Rock das Knie; ... zu dem schelmischen Lächeln ..., das seinen Mund umspielte (Jens, Mann 116); umspielt von überirdischem Lichte, steigt es (= Hellas) immer wieder empor (Thieß, Reich 30). **2.** (Musik) **a)** *paraphrasieren* (2); sie (= die Klagearie des Orpheus) wurde von zwei konzertierenden violini obligati umspielt (Andersch, Rote 19); **b)** *(beim Spielen) in mehrere Töne auflösen, verzieren o. ä.:* den Hauptton u. **3.** (Ballspiele) *mit dem Ball den Gegner geschickt umgehen* (a): den Libero, den Torwart u.; In der 65. Minute startete Conen in halblinker Position zu einem Alleingang, umspielte einen, zwei Ungarn (Walter, Spiele 76).
um|spin|nen ⟨st. V.; hat⟩: *mit einem Gespinst umgeben, durch [Ein]spinnen mit etw. umgeben:* ein Kabel, eine Saite u.; Ein ... dichtverzweigtes Wurzelgeflecht ... umspinnt Baumwurzeln (kosmos 3, 1965, 110); der mit rotem Weinlaub umsponnene Schornstein vor dem Fenster (Mayröcker, Herzzerreißende 140); Ü ... indem Sie ... die zarten Nebel zerreißen, mit denen das Gefühl den Reiz Ihrer Person mir Herz und Sinn umspinnt (Th. Mann, Krull 409); Es kam ihm auf das Geheimnis an, das Ort und Tätigkeit umspann (Wiechert, Jeromin-Kinder 16).
um|sprin|gen ⟨st. V.; ist⟩: **1.** *plötzlich, unvermittelt wechseln:* der Wind sprang [von Nord auf Nordost] um; die Ampel war schon [auf Rot] umgesprungen; die Tide springt um; Das Wetter sprang alle Tage um, heute seidenblau, morgen finsterschwarz (Kaschnitz, Wohin 177); die allgemeine Stimmung ... springt plötzlich in Kaisertreue und Begeisterung um (St. Zweig, Fouché 193). **2.** (abwertend) *mit jmdm., etw. willkürlich u. in unangemessener bzw. unwürdiger Weise umgehen, verfahren:* rüde, grob, übel mit jmdm. u.; es ist empörend, wie man mit uns umspringt; daß er mit sich nicht u. lassen wolle wie mit einem Lakaien (St. Zweig, Fouché 157); Ihr laßt mit euch u., als wärt ihr noch viel weniger als der allerletzte Dreck! (Fels, Unding 282); Der Kanzler ist in den letzten Jahren derart mit rechtsstaatlichen Grundsätzen umgesprungen, daß man ... (Augstein, Spiegelungen 8). **3.** (Skilaufen) *einen Umsprung* (1) *ausführen:* Manfred hatte inzwischen gelernt, die Pirouetten mit dem Standfuß zu wechseln, teilweise auch umzuspringen (Maegerlein, Triumph 76). **4.** (bes. Turnen) **a)** *aus dem Stand springen u. dabei eine Drehung [auf der Stelle] machen;* **b)** *einen Griffwechsel ausführen, wobei die Hände gleichzeitig das Gerät loslassen u. gleichzeitig wieder zufassen;* **um|sprin|gen** ⟨st. V.; hat⟩: *hüpfend, springend umkreisen:* die Hunde umspringen den Jäger; Ü ... und Jadwiga Plock ... umsprang und umsorgte den Besuch (Lenz, Suleyken 111).
um|sprit|zen ⟨sw. V.; hat⟩: *neu, in einer anderen Farbe spritzen* (6c): ein [gestohlenes] Auto u.; In die Originalfarben allerdings wurden die Vopo-Wagen erst auf westdeutschem Terrain umgespritzt (Hörzu 49, 1976, 18).
Um|sprung, der; -[e]s, Umsprünge: **1.** (Skilaufen) *Sprung u. Drehung in der Luft.* **2.** (Turnen) *das Umspringen* (4b).
um|spu|len ⟨sw. V.; hat⟩: *auf eine andere Spule spulen:* einen Faden, ein Tonband, einen Film [auf eine andere Spule] u.
um|spü|len ⟨sw. V.; hat⟩: *ringsum bespülen:* der Felsen wird von der Brandung, vom Meer umspült; Ü Warme Hochsommerluft umspült mich (Grzimek, Serengeti 204).
um|spu|ren ⟨sw. V.; hat⟩ (Eisenb.): *die Spurweite ändern:* an der Grenze nach Spanien wird der Zug umgespurt.
Um|stand, der; -[e]s, Umstände [mhd. umbestant, urspr. = das Herumstehen, die Herumstehenden, zu mhd. umbestēn, ahd. umbistēn, ↑umstehen]: **1.** *zu einem Sachverhalt, einer Situation, zu bestimmten Verhältnissen, zu einem Geschehen beitragende od. dafür mehr od. weniger wichtige Einzelheit, einzelne Tatsache:* ein wichtiger, wesentlicher U.; Schon der U., daß hier ein Trivialroman ... zu Meisterwerken der Weltliteratur in Beziehung gesetzt wird, zeigt ... (Reich-Ranicki, Th. Mann 126); wenn es die Umstände *(die Verhältnisse)* erlauben, kommen wir gern; Die äußeren Umstände Gouffés *(seine wirtschaftlichen Verhältnisse)* waren denkbar günstig (Maass, Gouffé 18); Obwohl sich die Umstände meines Lebens *(meine Lebensumstände)* gewandelt haben ... (Seghers, Transit 202); einem Angeklagten mildernde Umstände zubilligen; alle [näheren] Umstände [eines Vorfalls] schildern; dem Patienten geht es den Umständen entsprechend *(so gut, wie es in seinem Zustand möglich ist);* besonderer Umstände halber eine Ausnahme machen; unter diesen, solchen, den gegenwärtigen, den gegebenen Umständen ist das nicht möglich, bin ich nicht dazu bereit; Hier verstarben in kurz hintereinander unter etwas merkwürdigen Umständen (Prodöhl, Tod 9); das darf unter [gar] keinen Umständen *(auf keinen Fall)* passieren; er muß unter allen Umständen *(auf jeden Fall, unbedingt)* sofort zurückkommen; *unter Umständen (vielleicht, möglicherweise):* ... daß man auf die Ostgebiete unter Umständen verzichten müsse, wenn man dafür die Wiedervereinigung einhandeln könne (Dönhoff, Ära 156); **in anderen**/ (geh.:) **gesegneten Umständen sein** (verhüll.; *schwanger sein):* Ich hab's ihr noch nicht gesagt, ich kann's ihr nicht sagen ... Sie ist in anderen Umständen (Döblin, Alexanderplatz 55); **in andere Umstände kommen** (verhüll.; *schwanger werden).* **2.** (meist Pl.) *in überflüssiger Weise zeitraubende, die Ausführung von etw. [Wichtigerem] unnötig verzögernde Handlung, Verrichtung, Äußerung usw.; unnötige Mühe u. überflüssiger, zeitraubender Aufwand:* sie haßt Umstände; mach [dir] meinetwegen keine [großen] Umstände!; Man soll Blumen lieben, aber nicht zu viele Umstände mit ihnen machen (Remarque, Triomphe 122); nur keine Umstände!; bleib doch zum Essen, es macht [mir] wirklich überhaupt keine Umstände; ... statt all die Umstände auf sich zu nehmen, die es bedeutete, das Kind täglich in die Schule der Synagoge von Lynn zu bringen (Kemelman [Übers.], Mittwoch 160); etw. ist mit [sehr viel, zuviel] Umständen verbunden; was für ein U. *(wie umständlich)!;* ohne alle Umstände *(ohne lange zu zögern)* mit etw. beginnen; **um|stän|de|hal|ber** ⟨Adv.⟩: *wegen veränderter, wegen besonderer Umstände:* das Haus ist u. zu verkaufen; **um|ständ|lich** ⟨Adj.⟩: **1.** *mit Umständen* (2) *verbunden, vor sich gehend; Umstände machend:* -e Vorbereitungen; diese Methode ist [mir] zu u.; das Gerät ist sehr u. [in der Bedienung, zu bedienen]; Die Stichwahl ist in der politischen Praxis stets schwerfällig und u. (Fraenkel, Staat 356); statt u. mitzuschreiben, läßt er ein Tonband laufen. **2.** *in nicht nötiger Weise gründlich, genau u. daher mehr als sonst üblich Zeit dafür benötigend:* Lynn ist eine langsame und -e Köchin (Frisch, Montauk 70); in meiner ... ein wenig -en *(weitschweifigen)* und schwerfälligen ... Sprache (Jens, Mann 81); sie ist [in allem] sehr u.; er macht das viel zu u.; etw. u. erklären, beschreiben, formulieren, ausdrücken; Georg zündet sich u. eine Zigarre ... an (Remarque, Obelisk 91). ♦ **3.** *ausführlich, in allen Einzelheiten:* Während ihres letzten Aufenthalts bei Charlotten hatte sie mit dieser alles u. durchgesprochen (Goethe, Wahlverwandtschaften II, 7, 354); nach einer -en Schilderung des Frevels (Kleist, Kohlhaas 17); er ... bat sie, ihm -er ihre Geschichte zu erzählen (Novalis, Heinrich 57); **Um|ständ|lich|keit**, die; -: **1.** ⟨o. Pl.⟩ *das Umständlichsein.* **2.** *etwas Umständliches, von Umständlichkeit* (1) *zeugende Handlung, Äußerung;* **Um|stands|an|ga|be**, die (Sprachw.): *Adverbialbestimmung;* **Um|stands|ba|de|an|zug**, der: vgl. Umstandskleid; **Um|stands|be|stim|mung**, die (Sprachw.): *Adverbialbestimmung;* **Um|stands|er|gän|zung**, die (Sprachw.): *für die grammatische Vollständigkeit eines Satzes notwendige Umstandsangabe;* **Um|stands|für|wort**, das (Sprachw.): *Pronominaladverb;* **um|stands|hal|ber** ⟨Adv.⟩ (seltener): *umständehalber;* **Um|stands|ho|se**, die: vgl. Umstandskleid; **Um|stands|kas|ten**, der (ugs. abwertend): *umständlicher Mensch;* **Um|stands|kleid**, das: *besonders geschnittenes Kleid für eine Frau, die schwanger ist;* **Um|stands|klei|dung**, die: vgl. Umstandskleid; **Um|stands|krä|mer**, der (ugs. abwertend): *umständlicher Mensch;* **Um|stands|krä|me|rin**, die (ugs. abwertend): w. Form zu ↑Umstandskrämer; **Um|stands|satz**, der (Sprachw.): *Adverbialsatz;* **Um|stands|wort**, das ⟨Pl. ...wörter⟩ (Sprachw.): *Adverb;* **um|stands|wört|lich** ⟨Adj.⟩ (Sprachw. selten): *adverbial.*
um|ste|chen ⟨st. V.; hat⟩ (Landw.): *umgraben:* ein Beet u.; ⟨auch o. Akk.-Obj.:⟩ Jacques war gerne tätig, stach um und breitete den Kompost auf (Fussenegger, Zeit 113); **um|ste|chen** ⟨sw. V.; hat⟩ (landsch.): *umstecken* (2).
um|stecken[1] ⟨st. V.; hat⟩: **1.** *anders stecken:* einen Stecker, die Spielkarten u. **2.** *den Rand bes. eines Kleidungsstücks umschlagen u. mit Nadeln feststecken:* einen Saum u.; **um|stęcken**[1] ⟨sw. V.; hat⟩: *ringsum bestecken:* eine Orange, um-

steckt von krausem und strohenem Grün (Muschg, Sommer 122); Ü Bogdan ... sprang nach hinten zu Tantchen, umsteckte es mit Kissen (Lenz, Suleyken 47).
um|ste|hen ⟨unr. V.; ist⟩ (österr. ugs., bayr.): **1.** *verenden, umkommen:* ein umgestandenes Tier. **2.** *von einer Stelle wegtreten:* steh ein wenig um, damit ich den Boden kehren kann!; **um|ste|hen** ⟨unr. V.; hat⟩ [mhd. umbestēn, ahd. umbistēn]: *ringsum stehend umgeben:* Neugierige umstanden den Verletzten, den Unfallort; Schöne französische Fauteuils umstanden ... ein ovales Tischchen (Th. Mann, Krull 324); ⟨oft im 2. Part.:⟩ ein von Weiden umstandener Teich; Während Herr Persicke, von seiner Familie umstanden, sich in immer aufgeregterem Ausführungen erging ... (Fallada, Jeder 8); **um|ste|hend** ⟨Adj.⟩: **1.** *ringsum stehend:* die -en Leute; ⟨subst.:⟩ die Umstehenden lachten. **2.** *umseitig:* vergleiche dazu [die] -e Erklärung; u./im -en Text finden Sie nähere Angaben; die Abbildung wird u. erläutert.

Um|stei|ge|bahn|hof, der: *Bahnhof, auf dem regelmäßig viele Fahrgäste, Reisende umsteigen:* auf den überlaufenen Umsteigebahnhöfen der Stadtbahn (Johnson, Ansichten 207); **Um|stei|ge|fahr|schein**, Umsteigefahrschein, der: *Fahrschein, der zum Umsteigen berechtigt;* **Um|stei|ge|kar|te**, Umsteigkarte, die: vgl. Umsteigefahrschein; **um|stei|gen** ⟨st. V.; ist⟩: **1. a)** *aus einem Fahrzeug in ein anderes überwechseln:* in Köln müssen wir [in einen D-Zug, nach Aachen] u.; in einen Bus, in ein anderes Auto, in die Linie 8 u.; dort kann man von der Fernbahn direkt in die S-Bahn u.; **b)** (Skifahren) *die Richtung ändern durch Anheben u. Seitwärtsstellen eines Skis. Nachziehen des andern.* **2.** (ugs.) *von etw. zu etw. anderem, Neuem überwechseln (um es nunmehr zu besitzen, zu benutzen o. ä.):* auf einen anderen Wagen, eine andere Automarke u.; [vom Auto] auf öffentliche Verkehrsmittel, aufs Fahrrad u.; [von Haschisch] auf harte Drogen u.; tatsächlich mangelt es ... am Willen, auch tatsächlich auf Bioanbau umzusteigen (natur 2, 1991, 32); nach dem dritten Glas Wein stieg er auf Mineralwasser um; Umweltbewußte Bürger ... waren ... auf phosphatfreie Waschmittel umgestiegen (natur 10, 1991, 16); Immer mehr Sparer plündern ihre Konten und steigen auf kurzlaufende Rentenpapiere um (Welt 25. 10. 79, 1); Sie können diese Uniform ausziehen und in Zivil u. (Kirst 08/15, 788); **Um|stei|ger**, der, -s, -: **1.** (ugs.) *Umsteigefahrschein:* du brauchst einen U. **2.** (Jargon) *jmd., der seinen Beruf wechselt.* **3.** *jmd., der umsteigt* (1): durch lange Gänge hetzten die U. (Fries, Weg 210); **Um|stei|ge|rin**, die; -, -nen: w. Form zu ↑ Umsteiger (2, 3); **Um|stei|ge|sta|ti|on**, die: vgl. Umsteigebahnhof; **Um|steig|fahr|schein**: ↑ Umsteigefahrschein; **Um|steig|kar|te**: ↑ Umsteigekarte.

Um|stell|bahn|hof, der (Eisenb.): *Bahnhof, auf dem Güterwagen umgestellt bzw. anderen Zügen zugeteilt werden;* **um|stell|bar** ⟨Adj.⟩: *sich umstellen* (1, 2, 3 a) *lassend;* **um|stel|len** ⟨sw. V.; hat⟩: **1.** *anders, an eine andere Stelle, an einen anderen Platz stellen:* Bücher, Möbel u.; einen Waggon u.; Sätze in einem Text u.; O'Daven war gezwungen, Wörter umzustellen, um den Satzbau zu verändern (Weber, Tote 270); eine Fußballmannschaft u. (Sport; *die Aufstellung einer Fußballmannschaft ändern*). **2.** *anders stellen, einstellen; umschalten:* einen Hebel, die Weiche u.; die Uhr [auf Sommerzeit] u.; Die Tiefenruder wurden auf Handbetrieb umgestellt (Ott, Haie 267); ... das Telefon sei dann ins andere Zimmer umgestellt (Becker, Amanda 265). **3. a)** *auf etw. anderes einstellen; zu etw. anderem [mit etw., jmdm.] übergehen:* die Heizung [von Öl] auf Erdgas u.; die Ernährung [auf Rohkost] umgestellt; die Produktion auf Spielwaren u.; ein Feld auf Bioanbau u.; ... das ganze Rechnungswesen auf Computer umzustellen (Härtling, Hubert 295); Ich werde ihn u. auf harmlose Präparate (Danella, Hotel 478); ⟨auch o. Akk.-Obj.:⟩ wir haben auf Spielwaren, auf Selbstbedienung, auf Erdgas umgestellt; ⟨auch u. + sich:⟩ sich [auf einen anderen Lebensstil] u.; wie einer, der sich auf eine neue Sprache umzustellen versucht (K. Mann, Wendepunkt 385); **b)** *auf veränderte Verhältnisse einstellen, veränderten Verhältnissen anpassen:* sein Leben [auf die moderne Zeit] u.; ⟨oft u. + sich:⟩ sich auf ein anderes Klima u.; Die alten Leute ..., die sich nicht mehr auf die neuen Verhältnisse u. können (Borchert, Draußen 47); **um|stel|len** ⟨sw. V.; hat⟩: *sich rings um jmdn., etw. [herum]stellen, rings um jmdn., etw. herum in Stellung gehen, damit jmd., etw. nicht entweichen kann:* das Wild wurde umstellt; das Gebäude ist [von Scharfschützen] umstellt; Sofort läßt er das Haus ... von allen Seiten u. (St. Zweig, Fouché 175); Ü daß Totila ... bereits so turmhoch von Schwierigkeiten umstellt ist, daß er es für ratsam hält, Justinian den Frieden anzubieten (Thieß, Reich 617); **Um|stell|pro|be**, die; -, -n (Sprachw.): *Verschiebeprobe;* **Um|stel|lung**, die; -, -en: *das [Sich]umstellen;* **Um|stel|lung**, die; -, -en: *das Umstellen;* **Um|stel|lungs|pro|zeß**, der: *Prozeß* (2) *der Umstellung.*

um|stem|peln ⟨sw. V.; hat⟩: *anders, neu stempeln.*

um|steu|ern ⟨sw. V.; hat⟩: *den politischen o. ä. Kurs ändern, korrigieren:* in der Geldpolitik rechtzeitig u.; ⟨subst.:⟩ Die wachsende Zahl namhafter Umweltminister will beim ökologischen Umsteuern mehr Dampf machen (natur 7, 1991, 28); **Um|steue|rung**, die; -, -en: **1.** *das Umsteuern.* **2.** (Technik) **a)** *Umkehrung der Drehrichtung einer Maschine;* **b)** *Vorrichtung für die Umsteuerung* (2 a).

Um|stieg, der; -[e]s, -e: *das Überwechseln zu etw. anderem, Neuem:* der U. [von Haschisch] auf Heroin u. D. vom Automobil zum Radl leicht möglich ist (natur 3, 1991, 72).

um|stim|men ⟨sw. V.; hat⟩: **1.** *anders stimmen, die Stimmung (eines Musikinstrumentes) ändern:* ein Saiteninstrument u. **2.** (Med.) *die Bereitschaft des Körpers* bzw. *eines Organs zu bestimmten vegetativen Reaktionen ändern:* ein Organ durch Reiztherapie u. **3.** *jmdn. zu einer anderen Haltung veranlassen, bes. jmdn. dazu bewegen, seine Entscheidung zu ändern:* sie ließ sich nicht u.; Ziel der parlamentarischen Aussprache sei es nicht, die Mitglieder der anderen Parteien umzustimmen (Fraenkel, Staat 237); **Um|stim|mung**, die; -, -en: *das Umstimmen.*

um|sto|ßen ⟨st. V.; hat⟩: **1.** *durch einen Stoß umwerfen, zu Fall bringen:* jmdn., eine Vase u.; Stollenberg steht auf und stößt die Kerze um (Ott, Haie 130). **2. a)** *rückgängig machen, fallenlassen:* eine Entscheidung, ein Programm, ein Testament u.; Er stößt seine Dispositionen häufig um (Bergengruen, Rittmeisterin 301); Der ursprüngliche Plan mußte umgestoßen werden (Apitz, Wölfe 106); **b)** *zunichte machen:* dieses Ereignis stößt unsere Pläne um; Die wirkliche Entdeckung aber, die das jahrhundertelang vorherrschende Bild vom „monochromen" Künstler ... radikal umstößt, sind die Figuren in den Lünetten (Fest, Im Gegenlicht 349).

um|strah|len ⟨sw. V.; hat⟩ (dichter.): *umglänzen:* umstrahlte Marmorfiguren; Ü Im Terzettfinale sind Tenor, Baß und Sopran, glorios umstrahlt von der Flut des vollen Orchesters, endlich im Raum des Überwirklichen vereint (Thieß, Legende 75).

um|strei|chen ⟨st. V.; hat⟩: **1.** *herumstreichend umkreisen:* Es (= das Schulkind) hatte ... verstohlen das Altenteil umstrichen und den Hals gereckt, wenn es Roman sah (Giordano, Die Bertinis 361); Der Ermisch ahnt es und umstreicht mich wie ein Kater die Katze (Chr. Wolf, Himmel 89). **2.** *auf allen Seiten über jmdn., etw. hinstreichen* (2): weil sonst zu wenig Kühlluft den Motor umstreicht und sich überhitzt (Grzimek, Serengeti 58).

um|stri|cken[1] ⟨sw. V.; hat⟩: *anders, neu stricken:* der Pullover müßte wieder umgestrickt werden; Ü (ugs.:) ... das holländische Muster (= eine Fernsehshow) auf deutsche Verhältnisse umzustricken (Hörzu 1974, 84); **um|stri|cken**[1] ⟨sw. V.; hat⟩: **1.** (veraltet) *im umgehen, so daß er* (bzw. *es) sich verwickelt u. festgehalten wird:* Tang umstrickte den Taucher; Ü von Intrigen umstrickt sein; ⟨subst. 2. Part.:⟩ Und Fouché wäre nicht Fouché, wenn er, den Ring des schon gefährlich Umstrickte, durch derlei nachgiebige Netze nicht durchkäme (St. Zweig, Fouché 79). **2.** *umgarnen:* Zum Glück hatte Eugen seine Vorgesetzten umstrickt, korrumpiert und für sich eingenommen (Erné, Kellerkneipe 32); **Um|strickung**[1], die; -, -en: *das Umstricken.*

um|strit|ten ⟨Adj.⟩ [adj. 2. Part. zu veraltet *umstreiten* = *mit jmdm. streiten*]: *in seiner Gültigkeit, in seinem Wert den Streit der Meinungen unterliegend:* ein -es Theorie, Frage, Methode; ein Bauvorhaben, Gesetz; die zwischen Italien und Jugoslawien -en Nationalitätenverhältnisse (Dönhoff, Ära 80); der Autor war u.; Ihre (= besonderer Militärgerichte) sachliche Notwendigkeit ist je-

umströmen

doch u. *(wird jedoch von manch einem bestritten;* Fraenkel, Staat 370).
um|strö|men ⟨sw. V.; hat⟩: vgl. umfließen: *Die heiße Luft umströmt meinen Körper* (Grzimek, Serengeti 116).
um|struk|tu|rie|ren ⟨sw. V.; hat⟩: *anders, neu strukturieren:* die Verwaltung, das Gesundheitswesen, einen Betrieb, ein Buch u.; ... für Taiwans Bemühungen, seine Wirtschaft in Richtung Spitzentechnologie und kapitalintensive Branchen umzustrukturieren (NZZ 11. 4. 85, 17); **Um|struk|tu|rie|rung,** die; -, -en: *das Umstrukturieren;* eine U. der Wirtschaft, des Schulsystems, der Streitkräfte; ... haben wir im Rahmen einer U. des Haushalts den Anteil der ... wachstumsfördernden Ausgaben ... erhöht (Bundestag 188, 1968, 10169).
um|stu|fen ⟨sw. V.; hat⟩ (bes. Amtsspr.): *anders, neu einstufen:* ... dadurch, daß ihr Fahrzeug in eine andere Typklasse eingestuft wird (ADAC-Motorwelt 10, 1986, 137).
um|stül|pen ⟨sw. V.; hat⟩: **1.** *etw. (bes. einen Behälter o. ä.) auf den Kopf stellen, umdrehen, so daß die Öffnung unten ist:* einen Eimer u. **2. a)** *stülpen* (c): *seine Taschen u.;* die Ärmel u.; **b)** (u. + sich) *umgestülpt* (2 a) *werden:* der Schirm hat sich umgestülpt; Ü Er würde sich ... betrinken, bis sich sein Magen umstülpte *(bis ihm übel würde;* Rolf Schneider, November 248); ... stülpt sich (geh.): *verkehrt sich)* die überirdische Pracht des byzantinischen Kaisertums ... in ihr Gegenteil um: Proletarokratie (Thieß, Reich 494). **3.** *grundlegend ändern:* ein System, jmds. Leben u.; als Technik und internationale Konkurrenz den Markt umstülpten (Spiegel 15. 12. 65, 53); **Um|stül|pung,** die; -, -en: *das Umstülpen.*
Um|sturz, der; -es, Umstürze: *gewaltsame grundlegende Änderung der bisherigen politischen u. öffentlichen Ordnung dort revolutionäre Beseitigung der bestehenden Regierungsform:* ein politischer U.; der U. ist gescheitert; einen U. planen, vorbereiten, herbeiführen, vereiteln; Sie sind ... Aufrührer, Wegbereiter eines -es der Gesellschaft (Stern, Mann 220); an einem U. beteiligt sein; Auch Rousseau dachte keineswegs an gewaltsamen U. (Friedell, Aufklärung 210); Haben Sie am U. *(gewaltsamen Sturz)* der Regierung gearbeitet? (Kesten, Geduld 18); auf einen U. hinarbeiten; er gelangte durch einen U. an die Macht; Man hatte zum bewaffneten U. aufgefordert (Loest, Pistole 47); Ü diese Erfindung bedeutete einen U. *(eine Umwälzung)* in der Technik; ... diese Heimsuchung, die ... einen so plötzlichen U. der Rechts- und Anspruchsverhältnisse mit sich bringt (Th. Mann, Tod u. a. Erzählungen 207); **Um|sturz|be|we|gung,** die: *politische Bewegung, die einen Umsturz zum Ziel hat;* **um|stür|zen** ⟨sw. V.⟩ [1, 2: mhd. *ummstürzen*]: **1.** *zu Boden, zur Seite stürzen* ⟨ist⟩: der Kran, die Mauer ist umgestürzt; ich bin mit dem Stuhl umgestürzt; ⟨oft im 2. Part.:⟩ die Fahrbahn ist durch einen umgestürzten Baum, Lastwagen blockiert; Auf den ... Fliesen lagen die umgestürzte Eimer und die nasse ... Wäsche (Sebastian, Krankenhaus 91). **2.** *etw. [an]stoßen, so daß es umstürzt* (1); *zum Umstürzen* (1) *bringen* ⟨hat⟩: Tische und Bänke u.; Ü ein [politisches] System u. *(durch Umsturz abschaffen);* eine Regierung u. *(durch Umsturz beseitigen);* Es muß als eine geistige Großtat von geradezu umstürzender Gewalt angesehen werden ... (Thieß, Reich 77). **3.** ⟨hat⟩ **a)** *eine radikale, grundlegende [Ver]änderung von etw. bewirken:* etw. stürzt alle Pläne, alle bisher gültigen Theorien, Vorstellungen um; **b)** *rückgängig machen, umwerfen* (4 b): eine Entscheidung u.; aber ich habe die Torheit dieses Vorsatzes eingesehen und meinen ganzen Reiseplan umgestürzt (Th. Mann, Krull 381); Die Ortsplanung sollte nicht mehr umgestürzt werden (Nordschweiz 27. 3. 85, 7); Das Tribunal Supremo stürzte das Urteil des Militärtribunals um *(hob es auf;* NZZ 30. 4. 83, 1); **Um|stür|zler,** der; -s, - (oft abwertend): *jmd., der einen Umsturz herbeiführen will bzw. [mit] vorbereitet;* **Um|stürz|le|rin,** die; -, -nen (oft abwertend): w. Form zu ↑Umstürzler; **um|stürz|le|risch** ⟨Adj.⟩ (oft abwertend): *einen Umsturz bezweckend, vorbereitend:* -e Ideen, Bestrebungen; jmdm. -e Tätigkeit vorwerfen; **Um|stür|zung,** die; -, -en: *das Umstürzen;* **Um|sturz|ver|such,** der: *Versuch, einen politischen Umsturz herbeizuführen.*
um|tan|zen ⟨sw. V.; hat⟩: vgl. umspringen: zwei Pärchen faßten sich an der Hand und umtanzten Karin und Martin (v. d. Grün, Glatteis 126); Ü Von den Aufwinden getragen, umtanzten sie (= die Fregattvögel) elegant das Schiff (Konsalik, Promenadendeck 428).
um|tau|fen ⟨sw. V.; hat⟩: **1.** (ugs.) *umbenennen:* eine Straße, eine Schule, ein Schiff u.; Der Petroleumhafen wurde übrigens vor dem Ersten Weltkrieg nach der Kolonie Deutsch-Südwest-Afrika in „Südwesthafen" umgetauft (Hamburger Abendblatt 12. 5. 84, 5). **2.** *nach anderem (katholischem) Ritus taufen:* sich u. lassen.
Um|tausch, der; -[e]s, -e ⟨Pl. selten⟩: **1. a)** *das Umtauschen* (1 a): nach dieser Frist ist kein U. mehr möglich; reduzierte Artikel sind vom U. ausgeschlossen; **b)** *das Umtauschen* (1 b): der Verkäufer ist zum U. verpflichtet. **2.** *das Umtauschen* (2); **um|tau|schen** ⟨sw. V.; hat⟩: **1. a)** *etw., was jmds. Wünschen nicht entspricht, zurückgeben u. etw. anderes dafür erhalten:* seine Weihnachtsgeschenke u.; etw. in, gegen etw. u.; Er wolle sich in der Küche sein Essen gegen einen neuen Schlag u. (Ott, Haie 41); **b)** *etw., was jmds. Wünschen nicht entspricht, zurücknehmen u. etw. anderes dafür geben:* das Geschäft hat [mir] die Ware ohne weiteres umgetauscht; Was zerrissen ist, wird umgetauscht gegen gute Sachen (Remarque, Westen 143). **2. a)** *(Geld) hingeben, einzahlen u. dafür den Gegenwert in einer anderen Währung erhalten:* vor der Reise Geld u.; Dollars, tausend Mark in Peseten u.; Devisen in die Landeswährung u.; Am Bahnhof tauscht sie ihr Geld um und staunt, wie wenig Mark sie für ihre Lire erhält (Chotjewitz, Friede 225); **b)** *(Geld) entgegennehmen u. dafür den Gegenwert in einer bestimmten anderen Währung geben, auszahlen:* würden Sie [mir] 100 Mark in Peseten u.?; **Um|tausch|recht,** das: *Recht, eine Ware umzutauschen.*
um|tip|pen ⟨sw. V.; hat⟩ (ugs.): *neu ¹tippen* (3 b).
um|ti|teln ⟨sw. V.; hat⟩: *mit einem anderen Titel* (2 a) *versehen:* Die Reportage ... hatte „Sveriges Television" kurzerhand umgetitelt (Spiegel 37, 1981, 205).
um|to|ben ⟨sw. V.; hat⟩ (geh.): vgl. umtosen: Sie gibt sich die Erdkugel im Zeitalter des Kambrium, umtobt von Gewittern und niederströmendem warmem Regen (Thieß, Reich 471).
Um|topf, der; -[e]s, Umtöpfe: *Übertopf;* **um|top|fen** ⟨sw. V.; hat⟩: *(eine Topfpflanze) mit neuer Erde in einen andern [größeren] Topf setzen:* der Kaktus muß umgetopft werden.
um|to|sen ⟨sw. V.; hat⟩ (geh.): vgl. umbrausen: der Sturm umtost das Haus; Ü In besonderer Hochstimmung: Gustav Knuth ..., hier von Beifall umtost (Hörzu 11, 1976, 8); Die Stadt umtost ihn, ... und das Gelärme menschlicher Stimmen ... umfing ihn ... (Norfolk [Übers.], Lemprière 29).
um|trei|ben ⟨st. V.; hat⟩: **1.** *jmdn. mit Unruhe, unruhiger Sorge erfüllen, ihm keine Ruhe lassen, ihn stark beschäftigen:* Angst, die Sorge um die Zukunft, die Frage nach dem Sinn des Lebens, sein [schlechtes] Gewissen trieb ihn um; Soll es einem wohl Ruhe lassen, was wir getan haben, und einen nicht u.? (Th. Mann, Joseph 623); Die Erwachsenen ... waren von einer Gier nach Besitz und nach Sicherheiten umgetrieben ... (Gaiser, Schlußball 141). **2.** ⟨u. + sich⟩ (geh.) *umherstreifen, sich herumtreiben* (2): einer, der sich nutzlos in der Fremde umgetrieben hat (Musil, Mann 824). **3.** (selten) *kreisen, zirkulieren lassen:* die Erregung, der genossene Kaffee trieben mein Blut kräftig um (Gaiser, Jagd 25). **4.** (landsch.) *betreiben* (3): ... mußte Martha Windisch mit ihren beiden Söhnen den Laden allein u. (Härtling, Hubert 17); **Um|trieb,** der; -[e]s, -e: **1. a)** ⟨Pl.⟩ (abwertend) *meist gegen den Staat od. bestimmte Kreise gerichtete, geheime Aufwiegelungsversuche, umstürzlerische Aktivitäten:* politische, gefährliche, verbrecherische -e; Diesmal war es nicht die Camorra, von deren -en fast täglich zu lesen ist (Fest, Im Gegenlicht 271); er wurde wegen hochverräterischer -e verhaftet; **b)** (landsch.) *Aktivitäten einer Person, in einem bestimmten Bereich:* Die Gefühle eines für Lebzeiten von Sorge, Hunger und Obdachlosigkeit gesicherten Pensionärs im Busen, beharrte er mollig faul im Rasen, ... überschaute weithin den Schauplatz seiner früheren -e (Hesse, Sonne 17). **2. a)** (Forstw.) *Zeitspanne vom Pflanzen eines Baumbestandes bis zum Abholzen;* **b)** (Landw., Weinbau) *Dauer der Nutzung mehrjähriger Pflanzen od. eines Viehbestandes.* **3.** (Bergbau) *Grubengang, der an einem Schacht vorbei- od. um ihn herumgeführt wird.* **4.** ⟨meist Pl.⟩ (bes. schweiz.) *Umstand* (2): Ausziehen würde

man ja doch müssen. U. gäbe es ohnehin (Muschg, Gegenzauber 93); ... derjenige organische Abfall, der sich ohne große -e gesondert einsammeln ließe ... (NZZ 12. 10. 85, 31); ♦ Aber in finsterm Gemüte soll mancher gedacht haben, wie er später bekannte: gar viel Geld und -e wage er nicht eines ungetauften Kindes wegen (Gotthelf, Spinne 50); **um|trie|big** ⟨Adj.⟩ (landsch.): *betriebsam, rege, rührig:* da bot er ein weiteres Mal das Bild eines zupackenden, -en Menschen (Spiegel 14, 1980, 82); Der -e Außenminister ... macht sich gezielt unentbehrlich (Rhein. Merkur 2. 2. 85, 4); sie ist sehr u., **Um|trie|big|keit,** die; - (landsch.): *umtriebige Art:* daß seine ... Sonderstellung an der Spitze des Staates durch die U. des Premierministers Chirac nicht entschieden beeinträchtigt wurde (Scholl-Latour, Frankreich 197); **Um|triebs|zeit,** die (Forstw.): *Umtrieb (2 a).*

Um|trunk, der; -[e]s, Umtrünke ⟨Pl. selten⟩: *gemeinsames Trinken in einer Runde:* anschließend findet ein U. statt; einen U. veranstalten, halten; an seinem Geburtstag wird er seine Kollegen immer zu einem [kleinen] U. ein; ... hatte dieser Mann ... die aus einem U. geborene Idee, die geradezu absurde Wette einzugehen, daß ... (Ceram, Götter 243); ... wo eine Gruppe unverheirateter Kaufleute am Weihnachtsabend des Jahres 1514 nach vorangegangenem U. zwei Bäume auf den Marktplatz trug (Welt 21. 12. 65, 9).

um|tun ⟨unr. V.; hat⟩ (ugs.): **1.** *umlegen, umbinden:* jmdm., sich eine Decke, eine Schürze u.; Er tat nun wenigstens ein Sackleinen um (Th. Mann, Joseph 647); Der Vater kommt mit umgetaner Bartbinde (Strittmatter, Der Laden 608). **2.** ⟨u. + sich⟩ **a)** *zu einem bestimmten Zweck einen Ort, Bereich näher kennenzulernen versuchen:* sich in einer Stadt, in einer Branche, in der Welt u.; jedenfalls sei dem Kollegen H. zu empfehlen, daß er sich ... erst einmal in den Betrieben u. und unsere Menschen richtig kennenlernen möge (Heym, Nachruf 566); **b)** *sich um jmdn., etw. bemühen:* sich nach einer Arbeit, Wohnung u.; Der Verheiratete beschloß ..., sich nach einer geeigneten Ehefrau für den Bruder umzutun (Jahnn, Geschichten 76).

U-Mu|sik, die; -: *kurz für* ↑ *Unterhaltungsmusik:* So ist es erklärtes Ziel, das Vorurteil, U. sei Un-Musik, abbauen zu helfen (MM 3. 5. 78, 39).

Um|ver|packung[1], die; -, -en (Kaufmannsspr.): *zusätzliche äußere Verpackung, in der eine abgepackte Ware angeboten wird:* Ab April ... kann der Verbraucher ... die sogenannten -en – zum Beispiel den Pappkarton um die Thunfischdose – beim Handel zurücklassen (Welt 30. 12. 91, 19).

um|ver|tei|len ⟨sw. V.; hat⟩ (bes. Wirtsch.): *[durch eine Redistribution] anders, neu verteilen:* die Lasten, die Arbeit, das Eigentum u.; Es gibt kein Land der Welt, das einen so großen Teil seines Volkseinkommens für die soziale Sicherheit umverteilt wie die Bundesrepublik (MM 26. 2. 68, 2); Zur Entlastung der fünf ... am meisten betroffenen Kantone ... sollen ... 800 Asylanten auf 18 weniger betroffene Kantone umverteilt werden (Basler Zeitung 12. 5. 84, 67); **Um|ver|tei|lung,** die; -, -en (bes. Wirtsch.): *das Umverteilen:* eine U. der Arbeitszeit auf mehr Mitglieder der Gesellschaft (Spiegel 16, 1984, 34); eine U. der Steuerlast zugunsten der Monopole (Stamokap 52).

um|wach|sen ⟨st. V.; hat⟩: *ringsum wachsend umgeben:* Der Fels ... ist von Krüppeleichen dicht umwachsen (Harig, Weh dem 181).

um|wal|len ⟨sw. V.; hat⟩ (geh.): *wallend umgeben:* Die Füße und den langen Mantel vom Rauch aus dem Feuerloch umwallt, stand er da (Plievier, Stalingrad 121); ... sind ..., von schwarzen Schleiern umwallt, sogar Frauen zu sehen (FAZ 30. 10. 86, 7); Ü Auf dem Mehlboden umwallen mich Düfte von Roggenmehl, Kleie und Leinschrot (Strittmatter, Der Laden 70); **Um|wal|lung,** die; -, -en: **1.** *das Umwallen.* **2.** *Wall.*

Um|wälz|an|la|ge, die: *Anlage zum Umwälzen von Wasser o. ä.;* **um|wäl|zen** ⟨sw. V.; hat⟩: **1.** *auf die andere Seite wälzen:* einen Stein u.; Ü in ihm arbeitete das Sterben. Es wälzte gleichsam sein Inneres um wie ein Maulwurf (A. Zweig, Grischa 377); umwälzende *(eine grundlegende Veränderung bewirkende)* Ereignisse, Maßnahmen. **2.** *(Luft, Wasser o. ä.) in einem geschlossenen Raum in Bewegung versetzen u. für eine erneute Verwendung geeignet machen:* Meist wird bei Klimaanlagen zu 90 Prozent immer dieselbe Luft umgewälzt (Hörzu 11, 1985, 151); Das Wasser ... wird in 24 Stunden umgewälzt und gleichzeitig gereinigt (Caravan 1, 1980, 8). **3.** (selten) *überwälzen:* Müßten ... die Versicherungen ... ein Schmerzensgeld zahlen, würden sie das natürlich auf die Autofahrer u. (ADAC-Motorwelt 6, 1982, 50); **Um|wälz|pum|pe,** die: *vgl. Umwälzanlage;* **Um|wäl|zung,** die; -, -en: **1.** *grundlegende Veränderung bes. gesellschaftlicher o. ä. Verhältnisse:* soziale, historische Verhältnisse; eine geistige, technische, wirtschaftliche U.; es vollzog sich eine tiefgreifende U. [in der Gesellschaft]; die Klassenkämpfe ... können zu einer U. des politischen Systems ... führen (Habermas, Spätkapitalismus 35). **2.** *das Umwälzen (2).*

um|wan|del|bar ⟨Adj.⟩: *sich umwandeln lassend:* eine -e Strafe; **um|wan|deln** ⟨sw. V.; hat⟩: **a)** *zu etw. anderem machen, die Eigenschaften von etw. auch jmdm. verändern:* eine Scheune in einen Saal u.; Mietwohnungen in Eigentumswohnungen u.; mechanische Energie in Elektrizität u.; bei der Gärung wird der Zucker in Alkohol und Kohlensäure umgewandelt; einen Zeitvertrag in einen unbefristeten Vertrag u.; eine Firma, eine GmbH in eine Geldstrafe u.; diese Bewegungen versuchten, ... das politische wie soziale Gefüge grundlegend umzuwandeln (Fraenkel, Staat 204); Der Verein wandelte die vorläufige Beurlaubung des ... Nationalspielers in eine fristlose Entlassung um (Saarbr. Zeitung 28. 12. 79, 8); seit seiner Krankheit, durch dieses Ereignis ist er wie umgewandelt; **b)** ⟨u. + sich⟩ *sich in seiner Art völlig verändern:* beide hatten sich von Grund auf umgewandelt; **um|wan|deln** ⟨sw. V.; hat⟩ (geh.): *wandelnd umrunden:* einen Platz, einen Teich u.; ... des Kreuzganges von Belém ..., den wir umwandelten (Th. Mann, Krull 422); **Um|wan|de|lung;** ↑ *Umwandlung.*

um|wan|den ⟨sw. V.; hat⟩: *mit Wänden, Verschalungen umgeben.*

um|wan|dern ⟨sw. V.; hat⟩: *wandernd umrunden:* einen See, eine Insel u.; Das Gebiet, das sie u. wollen, ist ein abgeflachter, ins Meer vorkragender Felsbuckel (Wellershoff, Körper 129).

Um|wand|lung, (seltener:) **Um|wan|de|lung,** die; -, -en: *das Umwandeln;* **Um|wand|lungs|pro|zeß,** der: *Prozeß (2) der Umwandlung.*

Um|wan|dung, die; -, -en: **1.** *das Umwanden.* **2.** *Wand, Verschalung.*

um|we|ben ⟨st. V.; hat⟩ (geh.): *auf geheimnisvolle Weise, gleichsam wie ein Gewebe umgeben:* Keine Sage umwob sein Leben mit dem Farbenspiel des Geheimnisvollen (Thieß, Reich 150); Ah, welch unsterbliche Distinktion umwebt ... des badische Grenzland! (A. Kolb, Schaukel 161); ⟨meist in 2. Part.:⟩ eine von Legenden, von manchem Geheimnis umwobene Gestalt; Ja, so ein Bahnhof ... – umwoben von einem Hauch Nostalgie – hat noch Atmosphäre (LNN 31. 7. 84, 12).

um|wech|seln ⟨sw. V.; hat⟩: **a)** *wechseln (2 a);* **b)** *wechseln (2 b):* Hundertfünfzig Dollar seien wirklich kein Preis, aber er müsse alles in Schekels u. ... (Widmer, Kongreß 293); **Um|wech|se|lung,** (häufiger:) **Um|wechs|lung,** die; -, -en: *das Umwechseln.*

Um|weg, der; -[e]s, -e: *Weg, der nicht direkt an ein Ziel führt u. daher länger ist:* ein kleiner, weiter, großer U.; einen U. [über einen anderen Ort] machen, gehen, fahren; sie erreichten ihr Ziel auf -en; Ü er hat auf -en *(über Dritte)* davon erfahren; ... kam ich auf dem U. über die Durchführung unserer Weiterreise auf Krieg und Bundesgenossen zu sprechen (Hagelstange, Spielball 294); Er wollte ... ohne -e auf den Kern, auf das Zentralproblem vorstoßen (Kirst, 08/15, 253); der Erreger gelangt auf dem U. über einen Zwischenwirt in den menschlichen Organismus; die Dampfmaschine, die die Wärmeenergie über den U. Wasserdampf in mechanische Energie umgewandelt wird (Kosmos 3, 1965, 112); **um|we|gig** ⟨Adj.⟩ (veraltend): *auf Umwegen [verlaufend]:* u. ans Ziel gelangen; Ü Es war von ihr natürlich auf eine -e Art die Retourkutsche auf mein Angebot, ... sich festzuhalten an mir (Brinkmann, Zeit 149); ich mußte den dürftigen Dank dalassen mit Worten für sie bei der Hausfrau: So wird er sie u. erreichen (H. Kolb, Wilzenbach 17).

um|we|hen ⟨sw. V.; hat⟩: *durch Wehen umwerfen:* der Sturm hätte ihn beinah, hat die Bretterwand [glatt] umgeweht; **um|we|hen** ⟨sw. V.; hat⟩: **a)** *um jmdn., etw. wehen (1 a):* ein laues Lüftchen umwehte uns; **b)** *um jmdn., etw. wehen (1 c):* Blütenduft umwehte sie; Tiefgehender Nebel umwehte die Gruppe (Plievier, Stalingrad 345); Und wie sie nun ... sich auf

Umwelt

den Weg machten, vom Staub umweht ... (Wiechert, Jeromin-Kinder 12). **Um|welt,** die; -, -en ⟨Pl. selten⟩ [älter = umgebendes Land, Gegend (LÜ von dän. omverden), dann für ↑Milieu; a: im biolog. Sinn 1909 verwendet von dem dt. Biologen J. v. Uexküll (1864–1944)]: **a)** *auf ein Lebewesen einwirkende, seine Lebensbedingungen beeinflussende Umgebung:* die soziale, kulturelle, technische, geistige U.; eine gesunde, intakte U.; die U. des Menschen; die U. prägt den Menschen; die U. schützen, schonen, verschmutzen, zerstören, belasten; War ich auch ein verirrtes Tier, das seine U. nicht begriff, so war doch ... (Hesse, Steppenwolf 48); der U. schaden; Die lebenden Zellen eines Organismus sind aber den Einwirkungen der U. nicht direkt ausgesetzt (Medizin II, 142); das Tier ist körperlich angepaßt an die U. (Thienemann, Umwelt 101); daß im Cerberus-Werk ... radioaktiver Wasserstoff ... an die U. ... abgegeben worden war (NZZ 23. 12. 83, 25); die Schadstoffe gelangen in die U.; Mit wachsender Komplexität verschiebt das System der Weltgesellschaft seine Grenzen so weit in seine -en hinein, daß ... (Habermas, Spätkapitalismus 61); Der Mensch hat sich nicht mit seiner natürlichen U. zufriedengegeben, sondern eine spezifisch menschliche geschaffen (Kosmos 2, 1965, 57); **b)** *Menschen in jmds. Umgebung (mit denen jmd. Kontakt hat, in einer Wechselbeziehung steht):* Egal, was die U. über ihn und Sabine dachte (M. Walser, Pferd 12); ich brauchte die Sympathie und Anerkennung meiner U. (Fallada, Trinker 5); ... wird er stets jene Angst haben, von der U. mißverstanden und mißdeutet zu werden (Frisch, Stiller 482); **Um|welt|ab|ga|be,** die: *vom Staat aus umweltpolitischen Gründen erhobene Abgabe;* **Um|welt|ar|chäo|lo|gie,** die: *Forschungsbereich der Vor- u. Frühgeschichte, in dem man sich mit der Erschließung von Landschaft u. Umwelt der vorgeschichtlichen Epochen befaßt;* **Um|welt|auf|la|ge,** die: *Auflage (2 a), die die Haushalte u. Unternehmen zwingt, bestimmte Maßnahmen zum Schutz der Umwelt zu ergreifen;* **Um|welt|au|to,** das ⟨Jargon⟩: *Katalysatorauto:* Wählt man als U., gibt's Steuerbefreiung (ADAC-Motorwelt 11, 1984, 33); **um|welt|be|dingt** ⟨Adj.⟩: *durch die Umwelt (a) bedingt:* -e Schäden, Krankheiten; **Um|welt|be|din|gung,** die ⟨meist Pl.⟩: *durch die Umwelt (a) bestimmte Gegebenheit, Bedingung:* sich auf veränderte -en einstellen; **um|welt|be|la|stend** ⟨Adj.⟩: *die natürliche Umwelt belastend:* -e Stoffe, Produktionsprozesse, Anlagen; Bundesligaspiele sind zu -en Großveranstaltungen geworden (natur 3, 1991, 48); **Um|welt|be|la|stung,** die: vgl. Umweltverschmutzung: die U. durch Schwermetalle; die vom Straßenverkehr ausgehenden -en; **um|welt|be|wußt** ⟨Adj.⟩: *sich der vom Menschen ausgehenden Gefährdung der natürlichen Umwelt bewußt:* ein sehr -er Mensch; sie ist kein bißchen u.; sich u. verhalten; **Um|welt|be|wußt|sein,** das: *das Wissen um die vom Menschen ausgehende Gefährdung der natürlichen Um-*welt, *um die Bedeutung einer intakten Umwelt:* U. sollte also schon in der Schule geweckt werden (Saarbr. Zeitung 27. 6. 80, III); Und entgegen einem wachsenden U. wird auch weiterhin Überflüssiges produziert (Südd. Zeitung 27. 2. 85, 41); **Um|welt|che|mi|ka|lie,** die ⟨meist Pl.⟩: *chemischer Stoff, der durch Industrie, Landwirtschaft u. a. in die Umwelt (a) gelangt u. geeignet ist, Gefährdungen für Lebewesen u. die Umwelt heraufzubeschwören;* **Um|welt|de|likt,** das: *Verstoß gegen Gesetze u. Bestimmungen zum Schutz der Umwelt;* **Um|welt|ein|fluß,** der ⟨meist Pl.⟩: *von der Umwelt (a) ausgehender Einfluß (auf ein Lebewesen):* ... daß Kurzsichtigkeit eine Folge äußerer Umwelteinflüsse sei (Saarbr. Zeitung 6./7. 10. 79, 33); die Erkrankung ist auf Umwelteinflüsse zurückzuführen; **Um|welt|fak|tor,** der: *Faktor, der mit anderen zusammen die Umwelt (a) eines Lebewesens bildet u. bestimmt;* **um|welt|feind|lich** ⟨Adj.⟩: *die natürliche Umwelt beeinträchtigend:* eine [ausgesprochen] -e Produktionsweise; über den Verschleiß an Sprühdosen mit -em Treibstoff (NZZ 21. 12. 86, 31); Lassen Sie den Motor nicht im Stand warmlaufen. Das ist nicht nur ... u., sondern ... (ADAC-Motorwelt 11, 1986, 45); sich u. verhalten; **Um|welt|feind|lich|keit,** die: *das Umweltfeindlichsein;* **Um|welt|for|schung,** die ⟨o. Pl.⟩: **a)** (Biol.) Ökologie (1); **b)** (Soziol.) *Erforschung der durch die Tätigkeit des Menschen auftretenden Veränderungen der natürlichen Umwelt;* **Um|welt|fra|ge,** die: *die natürliche Umwelt, ihre Gefährdung, ihren Schutz betreffende Frage:* über -n diskutieren; **um|welt|freund|lich** ⟨Adj.⟩: *die natürliche Umwelt nicht [übermäßig] beeinträchtigend:* -e Waschmittel, Verpackungen, Verkehrsmittel; Anwohner fordern -eren Gießereibetrieb bei John Deere (MM 26. 3. 73, 15); u. produzieren, Strom herstellen; sich u. verhalten; **Um|welt|freund|lich|keit,** die: *das Umweltfreundlichsein;* **um|welt|ge|fähr|dend** ⟨Adj⟩: *die natürliche Umwelt gefährdend:* wegen des Verdachts der -en Abfallbeseitigung (Tagesspiegel 23. 6. 87, 12); **Um|welt|ge|fähr|dung,** die: *Gefährdung der natürlichen Umwelt:* die von der Atomwirtschaft ausgehende U.; **um|welt|ge|recht** ⟨Adj.⟩: *umweltverträglich:* bei der Wahl eines möglichst -en Automodells (Basler Zeitung 12. 5. 84, 57); Giftmüll u. entsorgen; **Um|welt|ge|setz,** das: *Umweltschutzgesetz;* **Um|welt|ge|setz|ge|bung,** die: *Umweltschutzgesetzgebung;* **Um|welt|ge|stal|tung,** die: *Gestaltung, bewußte Veränderung der Umwelt (a);* **Um|welt|gift,** das: vgl. Umweltchemikalie: ein gefährliches U.; Pestizidrückstände und andere -e in Lebensmitteln (Zeit 4. 1. 85, 48); **Um|welt|hy|gie|ne,** die: *Teilgebiet der Umweltmedizin, auf dem man sich mit Maßnahmen zur Vermeidung der Verunreinigung von Luft, Wasser, Boden, Pflanzen, Tieren u. Lebensmitteln durch Chemikalien, Abgase o. ä. befaßt;* **Um|welt|ka|ta|stro|phe,** die: *Katastrophe, die darin besteht, daß es zu Umweltschäden großen Ausmaßes kommt;* **Um|welt|krank|heit,** die: *durch die Einwirkung von Umweltgif-*ten *auf den menschlichen Organismus verursachte Erkrankung;* **Um|welt|kri|mi|na|li|tät,** die: *in Umweltdelikten bestehende Kriminalität;* **Um|welt|me|di|zin,** die: *Teilgebiet der Medizin, das sich mit den Auswirkungen der verseuchten Umwelt auf den Organismus befaßt;* **Um|welt|mi|ni|ster,** der: *Minister für Umweltfragen;* **Um|welt|mi|ni|ste|rin,** die: w. Form zu ↑Umweltminister; **Um|welt|mi|ni|ste|ri|um,** das: *Ministerium für Umweltfragen;* **um|welt|neu|tral** ⟨Adj.⟩: *die natürliche Umwelt nicht beeinträchtigend:* diese Energiequellen sind u.; **Um|welt|öko|no|mie,** die: *Teilgebiet der Wirtschaftswissenschaft, das sich um die Einbeziehung der Umweltqualität in die ökonomischen Unternehmungen bemüht;* **Um|welt|pa|pier,** das: *umweltfreundlich hergestelltes Papier;* **Um|welt|par|tei,** die: *politische Partei, die sich hauptsächlich für den Umweltschutz engagiert;* **Um|welt|po|li|tik,** die: *Umweltfragen betreffende, dem Umweltschutz dienende Politik;* **Um|welt|po|li|ti|ker,** der: *auf die Umweltpolitik spezialisierter Politiker;* **Um|welt|po|li|ti|ke|rin,** die: w. Form zu ↑Umweltpolitiker; **um|welt|po|li|tisch** ⟨Adj.⟩: *die Umweltpolitik betreffend, zu ihr gehörend;* **Um|welt|qua|li|tät,** die: *[vom Grad der Schädigung bestimmte] Beschaffenheit der natürlichen Umwelt:* Das Ziel einer Kontrolle und Verbesserung der U. soll z. B. durch die Unterstützung der Industrie ... erreicht werden (Nds. Ä. 22, 1985, 8); **Um|welt|reiz,** der: *von der Umwelt (a) ausgehender, auf ein Lebewesen wirkender Reiz;* **Um|welt|schä|den** ⟨Pl.⟩: *durch übermäßige Belastungen der natürlichen Umwelt verursachte Schäden:* auch Mountainbikefahrer richten ... beträchtliche U. an (natur 3, 1991, 10); **um|welt|schäd|lich** ⟨Adj.⟩: *sich auf die natürliche Umwelt schädlich auswirkend;* **Um|welt|schäd|lich|keit,** die: *das Umweltschädlichsein;* **um|welt|scho|nend** ⟨Adj.⟩: *die Umwelt schonend, nicht übermäßig belastend:* -e Verfahren, Produkte; Das neue System ... sei -er, da weniger Energie und Wasser verbraucht werde (Tages Anzeiger 10. 7. 82, 16); Mehr als ein Viertel aller Güter werden in Deutschland, u. und energiesparend, auf Flüssen transportiert (Rheinpfalz 24. 6. 87, 14); **Um|welt|schutz,** der [viell. nach engl. environmental protection]: *Schutz der natürlichen Umwelt:* Unter dem neuen Namen U. verlor in diesem Jahr der Naturschutz endgültig das Odium einer romantischen Liebenswürdigkeit (MM 31. 12. 70, 3); Die Reformer wollen den U. als Staatsziel in der Verfassung verankern (Spiegel 6, 1993, 29); sich für den U. einsetzen, engagieren; jeder von uns kann etwas zum U. beitragen; **Um|welt|schüt|zer,** der: *[organisierter] Anhänger des Umweltschutzes:* die U. fordern den Verzicht auf den sechsspurigen Ausbau der Autobahn; acht Prozent der Wähler gaben die -n *(der Umweltpartei)* ihre Stimme; trotz massiver Proteste der U. ist das Kernkraftwerk ans Netz gegangen; **Um|welt|schüt|ze|rin,** die: w. Form zu ↑Umweltschützer; **Um|welt|schutz|ge|setz,** das: *den Umweltschutz betreffendes, ihm* *dienendes Gesetz;* **Um|welt|schutz|ge|setz|ge|bung,** die: *den Umweltschutz betreffende, ihm dienende Gesetzgebung;* **Um|welt|schutz|ko|sten** ⟨Pl.⟩: *durch den Umweltschutz entstehende Kosten;* **Um|welt|schutz|maß|nah|me,** die ⟨meist Pl.⟩: *dem Umweltschutz dienende Maßnahme;* **Um|welt|schutz|pa|pier,** das: *Umweltpapier;* **Um|welt|skan|dal,** der: *Skandal, der darin besteht, daß jmd. schuldhaft beträchtliche Umweltschäden verursacht hat:* einen U. aufdecken; in einen U. verwickelt sein; **Um|welt|steu|er,** die: vgl. Umweltabgabe; **Um|welt|straf|recht,** das: *strafrechtliche Vorschriften, die dem Schutz der Umwelt dienen;* **Um|welt|sün|der,** der (ugs.): *jmd., der absichtlich die Umwelt verschmutzt, den Umweltschutz bewußt mißachtet;* **Um|welt|sün|de|rin,** die; -, -nen (ugs.): w. Form zu ↑ Umweltsünder; **Um|welt|tech|nik,** die ⟨o. Pl.⟩: *Gesamtheit der Bereiche der Technik, die der Erhaltung der Umwelt, dem Umweltschutz dienen;* **Um|welt|to|xi|ko|lo|gie,** die: *Teilgebiet der Toxikologie, auf dem man sich mit der schädigenden Wirkung von chemischen Stoffen auf Ökosysteme u. deren Rückwirkungen auf den Menschen befaßt;* **Um|welt|ver|schmut|zung,** die ⟨Pl. selten⟩: *Belastung, Schädigung der natürlichen Umwelt durch Schmutz, schädliche Stoffe o. ä.;* **um|welt|ver|träg|lich** ⟨Adj.⟩: *die natürliche Umwelt nicht belastend:* -e Verfahren; eine -e [landwirtschaftliche] Produktion; Ecotour .... bietet -e Reisen an (natur 3, 1991, 21); **Um|welt|ver|träg|lich|keit,** die: *das Umweltverträglichsein;* **Um|welt|zei|chen,** das: *Kennzeichnung, Zeichen, mit dem besonders umweltfreundliche u. -verträgliche Produkte versehen werden;* **Um|welt|zer|stö|rung,** die ⟨Pl. selten⟩: *Zerstörung der natürlichen Umwelt, bes. durch Raubbau u. Verschmutzung:* Im Blick auf eine Neuorientierung, wie sie die uns hier greifende U. erfordere ... (NZZ 14. 3. 85, 26).

um|wen|den ⟨unr. V.⟩: **1.** ⟨wendete/ wandte um, hat umgewendet/umgewandt⟩ **a)** *auf die andere Seite wenden:* einen Briefbogen u.; Sie ... wandte hastig die ersten Seiten um, voll ganz alter Photographien (A. Zweig, Claudia 74); den Braten u.; Jetzt hielt der eine und wendete mit dem Fuß etwas um (Hausmann, Abel 154); Ü in einer umsichtigen ... Art, die jedes Stück der Neuigkeiten allseits umwandte und prüfte (Johnson, Mutmaßungen 146); **b)** *in die andere [Fahrt]richtung lenken:* die Pferde, einen Wagen, den Kahn u.; **c)** (selten) *das Innere eines Kleidungsstücks o. ä. nach außen kehren; umdrehen:* die Strümpfe, die Bluse beim, vor dem Waschen u. **2.** ⟨u. + sich; wendete/wandte um, hat umgewendet/umgewandt⟩ *umdrehen* (1 c): sich kurz, hastig, eilig, schwerfällig u.; Sie gehen und wenden sich noch oft um (Remarque, Westen 106); Sie wandte sich auf der Ferse um (Musil, Mann 911); sich nach einem Mädchen u.; Ein paar Gesichter wandten sich um nach dem Geräusch (Gaiser, Jagd 150); Er wandte sich nach dem Verfolger um (Hesse, Narziß 143). **3.** ⟨wendete um, hat umgewendet⟩ *wenden u. in die andere Richtung fahren:* der Autofahrer, das Auto wendete um.

um|wer|ben ⟨st. V.; hat⟩: *sich um jmds. Gunst, bes. um die Liebe einer Frau bemühen:* er umwirbt sie beharrlich; ... der Kunde, der von des Kaufmanns Klugheit umworben ... werden mußte (Koeppen, Rußland 63); ⟨oft im 2. Part.:⟩ der von den Parteien umworbene Wähler; daß er (= der Erpel) die ... reizaussendenden Abzeichen dem Auge der umworbenen Ente voll zukehrt (Lorenz, Verhalten I, 351); So war denn seine finanzielle Situation ... ungleich schlechter als die des allseits umworbenen Autors der „Buddenbrooks" (Reich-Ranicki, Th. Mann 156).

um|wer|fen ⟨st. V.; hat⟩: **1.** *durch einen heftigen Stoß o. ä. bewirken, daß jmd., etw. umfällt:* eine Vase, einen Tisch, die Figuren auf dem Schachbrett u.; er wurde von der Brandung umgeworfen; Bronski warf ... sein Bierglas um (Grass, Blechtrommel 374); wir hörten ..., wie im Vorzimmer die Stühle umgeworfen wurden (Bieler, Bonifaz 93); Weite, weiße Steppe, Pferdekadaver, umgeworfene Kanonen ... (Plievier, Stalingrad 106). **2.** (veraltet) *umgraben; umpflügen:* Wer nun beginnen will, soll Land u. (Kaiser, Villa 155); Die Hälfte des Ackers war bereits umgeworfen (Hauptmann, Thiel 34). **3.** *jmdm. rasch, lose umhängen, umlegen:* jmdm., sich eine Decke u.; ich warf [mir] rasch einen Mantel um; als ... die Frau ... sich ihr Schultertuch greift, sie umwirft ... (Bobrowski, Mühle 243). **4.** (ugs.) **a)** *jmdn. aus der Fassung bringen:* Mein Schwiegervater brachte mir die Nachricht vom Tode meines Otto. Das hat mich irgendwie umgeworfen (Fallada, Jeder 74); Man sah, wie ihn diese Antwort innerlich umwarf (Niekisch, Leben 370); ihn wirft so leicht nichts um; dieser [eine] Schnaps wird dich nicht [gleich] u. (betrunken machen) ⟨häufig im 1. Part.:⟩ ein umwerfendes Erlebnis; etw. ist umwerfend *(verblüffender)* Komik; der Erfolg der neuen Band war umwerfend *(außergewöhnlich);* Geradezu umwerfend die Logik der Frauen! (Bastian, Brut 157); der Hauptdarsteller hat einfach umwerfend, hat umwerfend gespielt, war umwerfend komisch; Kein übles Mädchen ... Nicht umwerfend hübsch, aber was soll's? (Konsalik, Promenadendeck 9); **b)** *umstoßen* (2 a): Alle vordem gefaßten Beschlüsse werden umgeworfen (Thieß, Reich 543); Meine Überzeugung ist nicht umzuwerfen *(zu erschüttern;* Kirst, 08/15, 508); **c)** *umstoßen* (2 b): Aber kurze Zeit später sollten Ereignisse eintreten, die meine Pläne ernsten völlig umwarfen (Leonhard, Revolution 144).

um|wer|ten ⟨sw. V.; hat⟩: *anders bewerten, so daß ein neuer Wert entsteht:* Viele dieser Halbzwerge sind stets voller Minderwertigkeitsgefühle, die sie in Ehrgeiz und Arbeitsfanatismus umwerten (Fr. Wolf, Menetekel 11); der Riß der Epoche ..., der die Schwächen und Leidenschaften der Friedensmenschen und ihre Sehn sucht zu etwas Gutem und Wünschbarem umwertete (A. Zweig, Grischa 139); die Ausdrücke ..., die ..., ungebräuchlich oder umgewertet in der Sprache der Kommunisten beibehalten wurden (Eppler, Kavalleriepferde 54); **Um|wer|tung,** die; -, -en: *das Umwerten:* die Idole, nach denen man gejagt hatte, waren durch eine wunderliche U. aller Werte ihrer Wichtigkeit enthoben (Thieß, Reich 432).

um|wickeln[1] ⟨sw. V.; hat⟩: **1.** (selten) *neu, anders wickeln:* die Schnur muß umgewickelt werden; ich hab' ... das Baby umgewickelt und ihm was aus der Thermosflasche gegeben (Zenker, Froschfest 150). **2.** *(um etw., jmdn.) herumwickeln:* jmdm., sich einen Schal u.; Geübt wurde eine neue Kreppbinde umgewickelt, wie die Papiermanschette um einen Blumentopf (Apitz, Wölfe 66); Sie ... werfen uns Zeugstücke zu, die wir uns notdürftig umwickeln (Remarque, Westen 108); **um|wickeln**[1] ⟨sw. V.; hat⟩: *durch Darumbinden, -wickeln mit etw. versehen:* etw. mit einer Schnur, mit Draht, mit Isolierband u.; der Sanitäter hat ihren Kopf mit einer Binde umwickelt; die Hand war bis zu den Fingern umwickelt; Eine Schar müder und mit Fetzen und Binden umwickelter Männer (Plievier, Stalingrad 313); **Um|wicke|lung**[1], Umwicklung, die; -, -en: *das Umwickeln;* **Um|wick|lung**[1], Umwicklung, die; -, -en: **1.** *das Umwickeln.* **2.** *etw., womit etw. umwickelt ist;* **Um|wick|lung:** ↑ Umwickelung; **Um|wick|lung:** ↑ Umwicklung.

um|wid|men ⟨sw. V.; hat⟩: *einer anderen [öffentlichen] Nutzung, Bestimmung zuführen:* eine Fläche in Bauland, Gewerbegebiet u.; Haushaltsmittel u.; Für den Professor wurde keine neue Stelle geschaffen, sondern eine vorhandene umgewidmet (MM 16. 5. 80, 44); **Um|wid|mung,** die; -, -en (Amtsspr.): *das Umwidmen, Umgewidmetwerden:* daß die Bundesregierung über Möglichkeiten der U. von Mitteln nachdenkt (Spiegel 25, 1985, 27).

um|win|den ⟨st. V.; hat⟩: *um jmdn., etw. locker herumwickeln:* sie hatte sich ein Tuch umgewunden; Dann haben wir Masken aufgesetzt und die Laken umgewunden (Keun, Mädchen 90); **um|win|den** ⟨st. V.; hat⟩: **1.** *locker windend umwickeln:* Sollen wir den Eingang mit einer Girlande u.? (Kirst, 08/15, 187); ... mit einer Pferdedecke, die er mit einem Strick umwunden hatte (Plievier, Stalingrad 94). **2.** *sich um etw. winden:* von Efeu umwundene Baumstämme.

um|wit|tern ⟨sw. V.; hat⟩ (geh.): *auf eine geheimnisvolle, undeutliche Weise umgeben, um jmdn., etw. sein:* Geheimnisse, Gefahren umwitterten ihn; Er stand da, verzückt ... umwittert wie einer der Statuen ... als von der Fama beginnender Exklusivität, die sie umwitterte (Muschg, Gegenzauber 234); ⟨oft im 2. Part.:⟩ Damals war er noch ein halbes Kind, aber doch schon gezeichnet ..., schon umwittert vom Duft der Aura kreativer Begabung (K. Mann, Wendepunkt 316); Und sie sehen ... jene Duse, die noch ein letztes Mal vom Zauber der ersten Jugend umwittert schien (A. Kolb, Schaukel 22); die ... ehrwür-

umwogen

dige, von den Ahnungen der Jahrhunderte umwitterte alte Eiche (Mantel, Wald 15).

um|wo|gen ⟨sw. V.; hat⟩: *wogend umgeben:* die sturmgepeitschte See umwogte die Insel; Ü die von der Menge umwogte Rednertribüne.

um|woh|nend ⟨Adj.⟩: *in einer bestimmten Gegend, im Umkreis von etw. wohnend:* Was wäre eine solche Burg ohne die -en Bauern gewesen? (Berger, Augenblick 57); **Um|woh|ner**, der; -s, -: *Bewohner der nächsten Umgebung; Nachbar:* Sie ging kaum jemals auf die Straße ... Um so ehrfürchtiger wurde sie von den -n angesehen (v. Rezzori, Blumen 130); **Um|wohne|rin**, die; -, -nen: w. Form zu ↑ Umwohner.

um|wöl|ken ⟨sw. V.; hat⟩: 1. ⟨u. + sich⟩ *sich von allen Seiten bewölken:* der Himmel umwölkte sich; Ü sein Blick umwölkte *(verdüsterte)* sich; Seine Stirn war verdüstert, sein Herz umwölkt *(etwas betrübte, bedrückte ihn;* Lenz, Suleyken 136). 2. *wolkenartig umziehen, einhüllen:* Nebelschwaden umwölkten die Berge; Ü ... aus den von Bougainvilleablüten umwölkten Terrassen (Ransmayr, Welt 232); ... ist das Ziel, ... zur stärksten Partei aufzurücken noch kräftig umwölkt *(noch in weiter Ferne;* NZZ 14. 4. 85, 1); **Umwöl|kung**, die; -, -en: *das Umwölken, Umwölktsein.*

um|wu|chern ⟨sw. V.; hat⟩: *wuchernd umgeben:* Efeu umwucherte den Grabstein; ... an ... dem hohlen, vom verwilderten Bart umwucherten Gesicht (Plievier, Stalingrad 176); Ü ... und meine Dummheit ließ mich um die Schlechtigkeiten, die mich umwucherten, nicht erkennen (Kirst, 08/15, 930).

um|wüh|len ⟨sw. V.; hat⟩: *wühlend, bes. im Erdreich grabend, das Unterste zuoberst kehren:* die Erde u.; riesige Planierraupen wühlen im Sommer die Berge um, damit freie Pisten ... für die Schußfahrt entstehen (Gruhl, Planet 154); Ü Überall ... hatten die Schrecken des Krieges den Menschen umgewühlt bis auf die Gedärme (Thieß, Reich 156); **Um|wüh|lung**, die; -, -en: *das Umwühlen.*

um|zäu|nen ⟨sw. V.; hat⟩: *mit einem Zaun umgeben; einzäunen:* ein Grundstück u.; der Park ist umzäunt; **Um|zäu|nung**, die; -, -en: 1. *das Umzäunen.* 2. *Zaun:* Als der Zug die äußere U. des Beratungsplatzes erreicht hatte ... (Jens, Mann 57).

♦ **um|ze|chig** ⟨Adj.⟩ [zu: umzech ⟨Adv.⟩; 15. Jh.⟩ = *der Reihe nach, abwechselnd,* zu ↑ Zeche in der alten Bed. „reihum gehende Verpflichtung"]: *umschichtig, abwechselnd:* lassen Sie uns ausmachen, welcher von Ihnen sie heute zugehöre. Sie wissen wohl, Ihre Herrschaft über mich ist u. (Lessing, Freigeist II, 1).

um|zeich|nen ⟨sw. V.; hat⟩: *neu, anders zeichnen:* ein Bild, einen Plan, eine [Land]karte u.

um|zie|hen ⟨unr. V.⟩ [mhd. umbeziehen = *herumziehen; umzingeln, überfallen; belästigen*]: 1. a) *in eine andere Wohnung, Unterkunft ziehen; sein Quartier, seinen Sitz wechseln* ⟨ist⟩: sie ist [in eine größere Wohnung, in ein anderes Hotel, nach München] umgezogen; die Firma, das Institut zieht [in einen Neubau] um; die Regierung zieht in die neue Hauptstadt um; R dreimal umgezogen ist so gut wie einmal abgebrannt *(bei jedem Umzug werden Dinge beschädigt od. gehen verloren;* nach engl. Three removals are as bad as a fire, das sich schon bei Benjamin Franklin (1706–1790) im Vorwort seines „Poor Richard's Almanack" findet); Ü das warst wohl du, der mit ihrem Spielzeug in den Flur u..; b) *(im Rahmen eines Umzugs* 1) *irgendwohin transportieren* ⟨hat⟩: Sachen, einen Schrank, das Klavier u.; jmdn. u. (Jargon; *[als Spedition o. ä.] jmds. Umzug durchführen*). 2. *die Kleidung wechseln* ⟨hat⟩: sich nach der Arbeit, zum Essen, zum Sport u.; Es ist höchste Zeit, die Kinder mußten mit ihrem Spielzeug in den Flur u. ... um sich, der Jahreszeit angemessen, sommerlich umzuziehen (Langgässer, Siegel 531); in der Pause muß ich mich erst noch u. ♦ 3. *einen Umweg machen:* Führt uns den nächsten und besten Weg. – Wir müssen u. Die Wasser sind von den entsetzlichen Regen alle ausgetreten (Goethe, Götz V); **um|zie|hen** ⟨unr. V.; hat⟩: 1. *sich in die Länge erstreckend, rings umgeben:* Es ist ... mehr ein Pferch, von Draht umzogen (Gaiser, Jagd 137). 2. (selten) a) *überziehen:* schwarze Wolken umzogen den Himmel; b) ⟨u. + sich⟩ *sich bewölken:* der Himmel hat sich umzogen.

um|zin|geln ⟨sw. V.; hat⟩: *[in feindlicher Absicht] umstellen, so daß niemand entweichen kann:* der Feind hat die Festung umzingelt; die Polizei umzingelte das Gebäude; während die deutschen Truppen Leningrad umzingelten (Leonhard, Revolution 106); Im Nu bin ich von Marokkanern umzingelt (Kinski, Erdbeermund 93); Ü Umzingelt von den grellen Darstellungen auf den Wandbehängen seiner Kammer, überstand Cotta ... ein Fieber (Ransmayr, Welt 98); **Um|zin|gelung**, (selten:) **Um|zing|lung**, die; -, -en : *das Umzingeln, Umzingeltwerden.*

um|zir|ken ⟨sw. V.; hat⟩ [zu veraltet Umzirk(el) = Umkreis] (veraltend): *[in einem Kreis] einschließen:* Beim Abstecken des Terrains ... gab es so etwas wie ein optimales Feld, das man zu u. hoffen durfte (Muschg, Sommer 148).

Um|zug, der; -[e]s, Umzüge: 1. *das Umziehen* (1): der U. in eine neue Wohnung; der geplante U. [von Parlament und Regierung] von Bonn nach Berlin; wann ist der U., findet er U. statt?; diese Spedition übernimmt den U.; ich mach' Ihnen dann selber den U. ganz gratis (Fallada, Mann 128); jmdm. beim U. helfen; Das Konsulat ist wegen -s geschlossen (Seghers, Transit 78); Ein Einsiedlerkrebs müßte doch, um die ... Handlungen seines -es von einem Schneckenhaus in ein anderes ... zu vollziehen, mindestens so klug wie ein besserer Affe sein (Lorenz, Verhalten I, 103). 2. *aus bestimmtem Anlaß veranstalteter gemeinsamer Gang, Marsch einer Menschenmenge durch die Straßen:* ein festlicher U. der Trachtenvereine; einen U. machen, veranstalten; politische Umzüge verbieten; bei, in einem U. mitgehen, mitmarschieren; Selbst bei Umzügen und Demonstrationen wurden überlebensgroße Bilder des kleinen ... Hubert getragen (Leonhard, Revolution 139); **Um|züg|ler**, der; -s, - (ugs.): 1. *jmd., der umzieht.* 2. *Teilnehmer an einem Umzug* (2); **Um|züg|le|rin**, die; -, -nen (ugs.): w. Form zu ↑ Umzügler; **um|zugs|hal|ber** ⟨Adv.⟩: *wegen Umzugs;* **Um|zugs|ko|sten** ⟨Pl.⟩: *durch einen Umzug* (1) *verursachte Kosten:* die U. übernimmt der neue Arbeitgeber; **Um|zugs-tag**, der: *Tag, an dem ein Umzug* (1) *stattfindet:* am [ersten] U.; **Um|zugs|ter|min**, der: *für einen Umzug festgesetzter Termin:* der U. steht noch nicht fest.

um|zün|geln ⟨sw. V.; hat⟩: *züngelnd umgeben:* im stürzenden Berg eingeschlossen, umzüngelt vom Getier der Unterwelt, erdrückt von den Steinen, mußten sie ihr Leben hergeben (Broch, Versucher 73).

UN [u:'|ɛn] ⟨nur mit Art.; Pl.⟩ [Abk. für engl. United Nations]: *die Vereinten Nationen.*

un- [mhd., ahd. un-]: *verneint in Bildungen mit Adjektiven und Partizipien deren Bedeutung/nicht:* unaggressiv, unattraktiv, unfest, unverkrampft.

Un-: 1. *drückt in Bildungen mit Substantiven eine Verneinung aus:* Unruhe, Unvermögen. 2. *drückt in Bildungen mit Substantiven aus, daß eine Person oder Sache nicht [mehr] jmd., etw. ist, daß man die Person oder Sache nicht [mehr] als jmdn., etw. bezeichnen kann:* Unkünstler, Unleben, Untext. 3. *kennzeichnet in Bildungen mit Substantiven etw. als schlecht, schlimm, falsch, verkehrt:* Unding, Ungeist. 4. *drückt in Bildungen mit Mengenbezeichnungen eine (häufig emotionale) Verstärkung aus:* Unmenge, Unsumme.

un|ab|än|der|lich [auch: '- - - - -] ⟨Adj.⟩: *sich nicht ändern lassend:* -e Tatsachen; seine Entscheidung ist offenbar u.; Ich steck' nun mal u. drin in der ganzen Scheiße (Prodöhl, Tod 211); ⟨subst.:⟩ sich in das Unabänderliche fügen; **Un|ab|än|der|lich|keit** [auch: '- - - - -], die; -, -en: 1. ⟨o. Pl.⟩ *das Unabänderlichsein.* 2. *etw. Unabänderliches.*

un|ab|ding|bar [auch: '- - - -] ⟨Adj.⟩: a) *als Voraussetzung, Anspruch unerläßlich:* -e Rechte, Forderungen, Voraussetzungen; Die Flughafengesellschaft hält den Neubau ... für u. (Saarbr. Zeitung 11. 7. 80, 11); Unabdingbar aber braucht es (= das Neugeborene) mehr: Geborgenheit ... (NZZ 25. 12. 83, 1); b) (Rechtsspr.) *nicht abdingbar:* -e Vertragsteile. **Un|ab|ding|bar|keit** [auch: '- - - - -], die; -, -en: 1. ⟨o. Pl.⟩ *das Unabdingbarsein.* 2. *etw. Unabdingbares;* **un|ab|ding|lich** [auch: '- - - -] ⟨Adj.⟩: *unabdingbar* (a): ... hatte US-Botschafter Donald McHenry darauf bestanden, daß die Freilassung der Geiseln u. sei (Saarbr. Zeitung 3. 12. 79, 2).

un|ab|hän|gig ⟨Adj.⟩: 1. a) *(hinsichtlich seiner politischen, sozialen Stellung, seiner Handlungsfreiheit) nicht von jmdm., etw. abhängig* (1 b): eine -e Frau, Kontrollinstanz; -e Richter, Gutachter, Sachverständige, Wissenschaftler; eine -e *(überparteiliche)* Zeitung; finanziell, wirtschaftlich u. sein; vom Geld u. sein; sich von jmdm., etw. u. machen; die Justiz muß u. sein, bleiben; die Atomenergie sollte das Land u. vom Erdöl machen; daß sein Bruder von gesellschaftlichen Konventionen oder Vorurteilen ganz und gar u. war (Reich-Ranicki, Th. Mann 167); Er hatte u. sein wollen und war nur rücksichtslos gewesen (Remarque, Triomphe 139); **b)** *souverän, frei von der Befehlsgewalt eines anderen Staates; autonom:* es war ja schon damals klar, daß Österreich wieder ein -er Staat werden sollte (Leonhard, Revolution 159); das Land, die ehemalige Kolonie ist erst vor 10 Jahren u. geworden, ist seit 1960 u. **2. a)** *für sich bestehend; von jmdm., etw. losgelöst:* eine vom Motor -e Standheizung; die Tiere leben hier u. vom Menschen; Fahrräder müssen zwei voneinander -e Bremsen haben (Straßenverkehrsrecht, StVZO 196); **b)** *nicht von etw. beeinflußt, durch etw. bedingt, bestimmt:* zwei voneinander völlig -e Ereignisse; die ... Interessen der Bauernschaft an stabilen, von den Weltmarktschwankungen -en Preisen für landwirtschaftliche Erzeugnisse (Fraenkel, Staat 278); Es waren die Zoologen Charles Otis Whitman und Oskar Heinroth, die u. voneinander entdeckten, daß ... (Lorenz, Verhalten I, 9); Gobi nennen die Mongolen eine solche Wüstensteppe, u. von deren geographischer Lage (Berger, Augenblick 145); **Un|ab|hän|gig|keit,** die; -: **1. a)** *Eigenschaft, unabhängig* (1 a) *zu sein:* finanzielle, wirtschaftliche U.; die richterliche U., die U. der Justiz wahren; Sie war reich genug, um ihre letzten Jahre in U. zu verbringen (Werfel, Himmel 145); ... der wegen seiner ideologischen U. mit unseren Behörden immer wieder in Konflikt kommt (Hofmann, Fistelstimme 78); **b)** *Eigenschaft, unabhängig* (1 b) *zu sein:* die staatliche U.; die amerikanische U., die U. Algeriens; die U. anstreben, verlangen, bekommen, erlangen, haben; seit 1776 feiern die Amerikaner am 4. Juli ihre U.; das Land ist seit der U. Mitglied der UN. **2.** *Eigenschaft, unabhängig* (2) *zu sein;* **Un|ab|hän|gig|keits|be|dürf|nis,** das: *Bedürfnis nach [größerer] Unabhängigkeit;* **Un|ab|hän|gig|keits|er|klä|rung,** die: *Erklärung, in der die Bevölkerung eines Gebiets ihre staatliche Abhängigkeit von einem Land löst:* die amerikanische U.

un|ab|kömm|lich [auch: '- - - -] ⟨Adj.⟩: *nicht abkömmlich:* der Mitarbeiter ist zur Zeit, im Moment u.; Beneidenswert, Ihr Posten, Herr Donath. Kriegswichtig und u. (Bieler, Bär 72); ... von Leuten, die von den Chefs ihrer Firmen als u. für die Waffenproduktion reklamiert worden waren (Heym, Schwarzenberg 34); **Un|ab|kömm|lich|keit** [auch: '- - - - -], die; -: *das Unabkömmlichsein;* **Un|ab|kömm|lich|stel|lung,** die; -, -en (Amtsspr.): *Nichtheranziehung eines Wehrpflichtigen zum Wehrdienst, solange er für die von ihm ausgeübte Tätigkeit nicht entbehrt werden kann.*

un|ab|läs|sig [auch: - -'- -] ⟨Adj.⟩: *nicht von etw. ablassend; ohne Unterbrechung; unausgesetzt:* eine -e Wiederholung; Sie fühlte u. den Blick des Kaufmanns auf sich (Andersch, Rote 92); ... ohne ... Thea zu beachten, die ihn mit -em Argwohn verfolgte (Lenz, Brot 56); sie kramte u. in ihrer Tasche; er beobachtete mich, redete u.; Quilici hatte eine Kamera dabei und fand u. neue Motive (Fest, Im Gegenteil 234); nun wälzten sich u. Besucherströme hindurch (Loest, Pistole 150); Dabei liefen ihm u. Tränen über das ausgemergelte Gesicht (Stern, Mann 227); **Un|ab|läs|sig|keit** [auch: - - '- - -], die; -: *das Unablässigsein.*

un|ab|seh|bar [auch: '- - - -] ⟨Adj.⟩: **1.** *sich in seiner Auswirkung nicht vorauszusehen lassend:* Unter diesen Umständen müßte jede Katastrophe ... -e Folgen nach sich ziehen (Thieß, Reich 373); die Konsequenzen wären u. **2.** *sich [in seiner räumlichen Ausdehnung] nicht überblicken lassend:* -e Waldungen; Sie wittern einander aus -er Ferne (Th. Mann, Herr 50); **Un|ab|seh|bar|keit** [auch: '- - - - -], die; -: ⟨o. Pl.⟩ *das Unabsehbarsein.* **2.** *etw., was unabsehbar* (1) *ist;* ♦ **un|ab|seh|lich** ⟨Adj.⟩: *unabsehbar* (b): wie sie in dem aus dem -en Gewölbe des Universums herausgeschnittenen oder hineingebauten Klosett ihrer Stube so beschirmt waren (Jean Paul, Wutz 6).

un|ab|setz|bar [auch: '- - - -] ⟨Adj.⟩: *nicht absetzbar; nicht aus dem Amt zu entfernen:* der Papst ist u.; **Un|ab|setz|bar|keit** [auch: '- - - - -], die; -: *das Unabsetzbarsein.*

un|ab|sicht|lich ⟨Adj.⟩: *ohne Absicht geschehend:* eine -e Kränkung; „Und dem Wärter hast du einen Stoß versetzt." „Unabsichtlich, nur so beim Aufspringen." (Loest, Pistole 10); Er berührte den Schaukelstuhl wie u. (Handke, Kaspar 18); **Un|ab|sicht|lich|keit,** die; -, -en: **1.** ⟨o. Pl.⟩ *das Unabsichtlichsein.* **2.** *etw. unabsichtlich Getanes.*

un|ab|weis|bar [auch: '- - - -] ⟨Adj.⟩: **1.** *nicht zu leugnen, von der Hand zu weisen:* -e Bedürfnisse, Notwendigkeiten, Erfordernisse; Mit -er Logik folgert der ... Fürst der polnischen Kirche ... (Saarbr. Zeitung 29./30. 12. 79, 2); eine Einsicht ..., die naheliegend ist und u. (W. Schneider, Sieger 102). **2.** (Fachspr.) *(aufgrund bestimmter Zwänge) unumgänglich:* -e Mehrausgaben; Nach den Bestimmungen der Gemeindeordnung sind außerplanmäßige Ausgaben nur zulässig, wenn sie u. sind (Saarbr. Zeitung 8. 7. 80, 13); **un|ab|weis|lich** [auch: '- - - -] ⟨Adj.⟩: *unabweisbar* (1).

un|ab|wend|bar [auch: '- - - -] ⟨Adj.⟩: *sich nicht abwenden lassend; schicksalhaft über jmdn. hereinbrechend:* ein -es Schicksal; ein -es Ereignis (Rechtsspr.; *eine von der Haftung entbindende Unfallursache*); Einige nüchterne Realisten sind bereits überzeugt, daß die Katastrophe u. ist (Gruhl, Planet 14); **Un|ab|wend|bar|keit** [auch: '- - - - -], die; -, -en: **1.** ⟨o. Pl.⟩ *das Unabwendbarsein.* **2.** *etw. Unabwendbares.*

un|acht|sam ⟨Adj.⟩: *nicht auf das achtend, worauf man achten sollte:* ein -er Autofahrer; Wahrscheinlich ereignete sich die Explosion durch -en Umgang mit Sprengstoff (Westd. Zeitung 11. 5. 84, 2); jeder ist mal etwas u.; u. die Straße überqueren; **Un|acht|sam|keit,** die; -, -en: **1.** ⟨o. Pl.⟩ *das Unachtsamsein:* Möglich, daß man mich deswegen der U. zeihen könnte, doch ... (Nossack, Begegnung 141); er hat den Brief aus U. weggeworfen. **2.** *etw. aus Unachtsamkeit* (1) *Getanes:* eine kleine U. des Fahrers führte zu der Katastrophe; Zwei kleine U. in den Karl-Marx-Städter Reihen wurden sofort hart bestraft (Freie Presse 24. 11. 89, 4).

una cor|da [ital., eigtl. = eine Saite] (Musik): *mit (nur) einer od. zwei Saiten* (Anweisung für den Gebrauch des Pedals am Klavier, durch den die Hämmer so verschoben werden, daß sie statt drei nur zwei od. eine Saite anschlagen).

un|ähn|lich ⟨Adj.⟩: *nicht ähnlich:* er ist seinem Vater nicht u. (*ähnelt ihm*); Diesem war Bob vollends u. (Doderer, Wasserfälle 119); **Un|ähn|lich|keit,** die; -, -en: **1.** ⟨o. Pl.⟩ *das Unähnlichsein.* **2.** *etw. Unähnliches.*

un|an|bring|lich ⟨Adj.⟩ (Postw.): *unzustellbar u. auch nicht zurückzusenden:* -e Sendungen.

un|an|fecht|bar [auch: '- - - -] ⟨Adj.⟩: *nicht anfechtbar:* ein -er Vertrag; das Testament ist u.; **Un|an|fecht|bar|keit** [auch: '- - - - -], die; -: *das Unanfechtbarsein.*

un|an|ge|bracht ⟨Adj.⟩: *nicht angebracht:* eine -e Bemerkung, Frage; dein Spott, dein Sarkasmus ist u.; „Nun?" fragte Wolfram in einem Ton so brüsk, daß er ihn selber u. fand (Heym, Schwarzenberg 220).

un|an|ge|foch|ten ⟨Adj.⟩: *nicht von jmdm. angefochten, bestritten:* eine -e Machtstellung, Spitzenposition; der -e Marktführer; die -e Nummer eins; das Testament blieb u.; er gelangte u. (*unbehindert*) über die Grenze u. blieb u. Sieger (*niemand machte ihm diesen Rang streitig*); Die entsprechenden Beschlüsse wurden von den drei ursprünglich u. Gewählten ... selber angefochten (NZZ 9. 12. 82, 24).

un|an|ge|mel|det ⟨Adj.⟩: **1.** *ohne vorherige Ankündigung, nicht angemeldet:* -e Gäste, Besucher; ein -er Angemacht; es kam u.; Rolf Hasler bekommt ... Besuch. Unangemeldet und unerwartet tauchen zwei Verehrerinnen auf (Hörzu 2, 1974, 37). **2.** *nicht polizeilich, amtlich gemeldet:* Ich ließ ihn also in Gottes Namen u. „Nur diese eine Nacht", sagte ich. Er zahlte im voraus (Seghers, Transit 23); irgendwo u. leben, wohnen.

un|an|ge|mes|sen ⟨Adj.⟩: *nicht angemessen:* eine -e Behandlung, Forderung, Reaktion; Infolge -er (*überhöhter*) Geschwindigkeit ... kam ... ein LKW ... von der Fahrbahn ab (NNN 3. 11. 87, 6); Bei Gisela fand er den dicken Zopf u. Er stand ihr einfach nicht zu (Kronauer, Bogenschütze 113); Ich würde jede Bestrafung als u. empfinden (Schnurre, Ich 113); ein u. hoher Preis; **Un|an|ge|mes|sen|heit,** die; -: *das Unangemessensein.*

un|an|ge|nehm ⟨Adj.⟩: **a)** *als Eindruck, Erscheinung Unbehagen verursachend:* ein -es Gefühl; sie hat eine -e Stimme; ein -er (*unsympathischer*) Mensch; seine Beflissenheit war mir u.; Der Geruch ist mir

unangepaßt

nicht u. (Hildesheimer, Tynset 9); er ist schon mehrmals u. aufgefallen *(hat mit seinem Betragen Mißfallen erregt);* ein u. serviler Typ; Ich stach mit meinen alten Kleidern u. heraus (Klee, Pennbrüder 8); **b)** *als Erfahrung unerfreulich:* ein -er Auftrag; -e Erfahrungen mit jmdm. machen; ein -es Erlebnis, Wetter; eine -e Überraschung; ein sehr -er Infekt; in dem Fall wären die Folgen noch -er; das kann noch u. [für uns] werden; es ist mir sehr u. *(peinlich),* daß ich zu spät komme, aber ...; die Frage war ihm höchst u. *(unbequem, peinlich, fatal);* von dieser vertraulichen Frage u. berührt zu sein (Andres, Liebesschaukel 100); es war u. kalt; etw. u. zu spüren bekommen; **c)** * **u. werden [können]** *(aus Ärger böse werden [können]):* Eine Hausmeisterin aber konnte u. werden, das wußte der Wachtmeister (Sommer, Und keiner 132). **un|an|ge|paßt** ⟨Adj.⟩, -er, -este⟩ (bes. Soziol.): *nicht angepaßt:* sein Verhalten; Kampf zwischen ordnungsliebender Staatsmacht und -en Außenseitern (Spiegel 48, 1987, 24); Die angepaßte Meinung ist erlaubt, die -e gilt als standeswidrig? (Spiegel 22, 1981, 89); daß ... der -e Hauch, der eine solche Zeitung umgibt, sie anziehen würde (Becker, Amanda 95); mit -er Geschwindigkeit (Verkehrsw.; *für die gegebenen Verhältnisse zu schnell)* fahren; ⟨subst.:⟩ ... an der sozialen Ausschließung der Schwachen, Kranken, Unangepaßten ... (Richter, Flüchten 132); **Un|an|ge|paßt|heit,** die; - (bes. Soziol.): *das Unangepaßtsein.* **un|an|ge|se|hen** ⟨Präp. mit Gen. od. Akk.⟩ (Amtsspr. veraltet): *ohne Rücksicht auf:* u. der/die Umstände. **un|an|ge|strengt** ⟨Adj.⟩, -er, -este⟩: *locker, nicht verkrampft; mit einer bestimmten Leichtigkeit:* die -e Eleganz seines Regiestils (Spiegel 48, 1987, 245); Die einfachsten und -esten Kunstwerke sind oft diejenigen mit der nachhaltigsten Wirkung (natur 8, 1991, 87); zu den beiden Männern ..., die u. ihre ruhige Unterhaltung fortsetzen (Strauß, Niemand 20). **un|an|ge|ta|stet** ⟨Adj.⟩: **1.** *nicht angetastet* (2): seine Ersparnisse sollten u. bleiben; Die Indianer ließen den Nebelwald u. (natur 10, 1991, 50). **2.** *nicht angetastet* (3): die Privilegien des Adels blieben u.; Vom Staatenbund ..., einer rein völkerrechtlichen Verbindung, die die Souveränität der Mitgliedstaaten ... u. läßt ... (Fraenkel, Staat 62). **un|an|greif|bar** [auch: '----] ⟨Adj.⟩: *nicht angreifbar:* ein -es Urteil; ... vom meteoritenhaften, verwehenden Prunk des organischen Lebens und der -en Würde des Steins (Ransmayr, Welt 220); Naso war u., unverwundbar (Ransmayr, Welt 138); **Un|an|greif|bar|keit** [auch: '-----], die; -: *das Unangreifbarsein.* **un|anim** ⟨Adj.⟩ [frz. unanime < lat. unanimus, zu: unus = einer u. animus = Geist] (bildungsspr.): *einhellig, einmütig;* **Un|ani|mis|mus,** der; - [frz. unanimisme, zu: unanime, ↑unanim]: *literarische Richtung in Frankreich zu Beginn des 20. Jh.s, die das kollektive Dasein als beseelte Einheit begreift, aus der allein eine neue, der Gegenwart verpflichtete Literatur hervor-*

gehen kann; **Un|ani|mi|tät,** die; - [frz. unanimité < lat. unanimitas, zu: unanimus, ↑unanim] (bildungsspr.): *Einhelligkeit, Einmütigkeit.* **un|an|nehm|bar** [auch: '----] ⟨Adj.⟩: *nicht annehmbar* (a): -e Bedingungen stellen; eine solche Dreiheit ist für uns Muslime, die wir uns in allem auf die Vernunft berufen, u. (Stern, Mann 101); **Un|an|nehm|bar|keit** [auch: '-----], die; -: *das Unannehmbarsein;* **Un|an|nehm|lich|keit,** die; -, -en ⟨meist Pl.⟩: *unangenehme Sache, die jmdm. in Schwierigkeiten bringt, ihm Ärger verursacht:* mit etw. nur -en haben; -en bekommen, auf sich nehmen; jmdm. -en machen/bereiten; der Briefbote ..., der eine neue, sorgenvolle U. brieflich oder in Form eines Postzahlungsbegehrens daherbrachte (R. Walser, Gehülfe 144); Es gibt -en, aber man hat sie sich selbst zuzuschreiben; sie sind leicht zu vermeiden, wenn man sich nicht ... auflehnt (Nossack, Begegnung 272); daß man auch die entnervenden -en der Ehe mit geistiger Überlegenheit begegnen könne (Musil, Mann 882). **un|an|sehn|lich** ⟨Adj.⟩: *nicht ansehnlich* (2): alte, -e Möbel; ... weiß ich in einer Nebenstraße ein -es Kellerlokal, zu dem ein paar schmutzige Stufen hinunterführen (Koeppen, Rußland 189); Dort ... wohnt Wilhelm Dimke mit -er Frau und taubem Vater (Grass, Hundejahre 462); die Äpfel sind klein und ein bißchen u.; Sie (= die Spielkarten) waren schon grau und u. (H. Gerlach, Demission 129); Wo es noch Schnee gab, da war er u. und schwärzlich geworden (Broch, Versucher 34); **Un|an|sehn|lich|keit,** die; -: *das Unansehnlichsein.* **un|an|stän|dig** ⟨Adj.⟩: **1.** *nicht anständig* (1 a); *den geltenden Moralbegriffen nicht entsprechend, sittliche Normen verletzend:* ein -es Wort; -e *(obszöne* 1*)* Witze erzählen; Nachtlokale, Detektivfilme, -e Bücher, man liebte sie nicht um ihrer selbst willen, sondern weil sie verboten waren (K. Mann, Wendepunkt 88); Abdallah al-Abbas ... trug in der Moschee -e Verse vor (Stern, Mann 108); Der -e Versuch der Amnestie für Parteifinanziers und betroffene Politiker ist gescheitert (Vorwärts 17. 5. 84, 1); sich u. benehmen, aufführen; ⟨subst.:⟩ an, bei etw. nichts Unanständiges finden [können]; Ihr jungen Männer seid garstige, lasterhafte Buben, die auf das Unanständige aus sind (Th. Mann, Krull 379). **2.** ⟨intensivierend bei Adjektiven⟩ *überaus; über die Maßen:* u. dick sein; u. viel essen; **Un|an|stän|dig|keit,** die; -, -en: **1.** ⟨o. Pl.⟩ *unanständige Art.* **2.** *etw. Unanständiges:* Mit rohem, triumphierendem Lachen rief er eine grobe U. zu dem Fenster hinauf (Musil, Törleß 29); die -en, welche sie selbst begangen hatte (Musil, Mann 1550). **un|an|stö|ßig** ⟨Adj.⟩: *nicht anstößig:* Der Film ist nicht so schmuck, so u. ... wie Homosexualität nach verbreiteter Meinung nicht ist (profil 7, 1988, 71); **Un|an|stö|ßig|keit,** die; -: *das Unanstößigsein.* **un|an|tast|bar** [auch: '----] ⟨Adj.⟩: **1.** *sich [im Rahmen des Zulässigen] nicht an-*

tasten (3) *lassend:* ein -er Begriff; Art. I: „Die Würde des Menschen ist u. ..." (Fraenkel, Staat 128); Was bildet sich der Kerl ein? Daß er u. ist? Daß keiner nach ihm sucht? (Danella, Hotel 423). **2.** *nicht angetastet* (2) *werden dürfend:* der Notgroschen war u.; **Un|an|tast|bar|keit** [auch: '-----], die; -: *das Unantastbarsein.* **un|an|zwei|fel|bar** ⟨Adj.⟩: *sich nicht anzweifeln lassend:* allerdings hatten sie einen sicheren Stand in ihrer -en Identität (v. Rezzori, Blumen 188); Die Sache hat sich u. so zugetragen. **un|ap|pe|tit|lich** ⟨Adj.⟩: **1.** *nicht appetitlich* (a): u. angerichtetes Essen. **2. a)** *das hygienische, ästhetische Empfinden störend:* ein -es Waschbecken; Ihr Mann ... war'n ziemlich ekliger Kerl, schmuddelig und u.! (Kempowski, Zeit 136); **b)** *mit Widerwillen, Abscheu, Ekel erfüllend:* ein -er Witz; damit ist ... ihre ... kindische Auffassung der Liebe als eines -en Bubenlasters mit edlen und reifen Worten bestreiten konnte (Th. Mann, Krull 413); bei dem -en Harris, dessen Unterhosenanekdoten mir peinlich erscheinen (Tucholsky, Werke II, 387); Nach der -en Affäre vor den Nationalratswahlen 1983, als Fux zum geilen Bock umfunktioniert werden sollte (Wochenpresse 5. 6. 84, 11); etw. u. finden; **Un|ap|pe|tit|lich|keit,** die; -, -en: **1.** ⟨o. Pl.⟩ *das Unappetitlichsein.* **2.** *etw. Unappetitliches.* **¹Un|art,** die; -, -en: **a)** *schlechte Angewohnheit, die sich bes. im Umgang mit anderen unangenehm bemerkbar macht:* eine U. annehmen; diese U. mußt du dir abgewöhnen; Dort trieben sie ihm das Fressen der eigenen Losung aus: eine U. junger Hunde (Grass, Hundejahre 148); Aber ich greife schon wieder vor in U., die ich mir so selten wie irgend möglich gestatten sollte (K. Mann, Wendepunkt 284); Ü ... war der Wagen an den -en *(unerwünschten Eigenschaften)* seines kompakten, aber ruppigen V-4-Triebwerks gescheitert (ADAC-Motorwelt 5, 1986, 21); **b)** *unartiges Benehmen, unartige Handlung eines Kindes:* Erschrocken blickte sie auf, als habe sie eine U. begangen und fürchte, dafür bestraft zu werden (Müthel, Baum 19); **²Un|art,** der; -[e]s, -e (veraltet): *unartiges Kind;* **un|ar|tig** ⟨Adj.⟩ [zu ↑¹Unart] *nicht artig:* ein -er Junge; die Kinder waren heute sehr u.; **Un|ar|tig|keit,** die; -, -en: **1.** ⟨o. Pl.⟩ *das Unartigsein.* **2.** *unartige Handlung, Äußerung:* ... fand er es überflüssig, daß Sibylle jetzt noch die ... Abrechnung des Milchmanns und des Metzgers überprüfte, fand es eine U. ... und zeigte sich verstimmt (Frisch, Stiller 325). **un|ar|ti|ku|liert** ⟨Adj.⟩: **1.** *inartikuliert.* **2.** *in tierhafter Weise laut, wild, schrill:* -e Laute; Ziethen ist es, der u. schreit (Mostar, Unschuldig 56). **3.** (Sprachw. selten) *ohne Artikel [stehend]:* ein -es Substantiv. **Una Sanc|ta,** die; - - [lat. = eine heilige (Kirche)]: *die eine heilige katholische u. apostolische Kirche* (Selbstbezeichnung der röm.-kath. Kirche); **Una-Sanc|ta-Be|we|gung,** die; -: *katholische Form der ökumenischen Bewegung, die neben der interkonfessionellen Irenik auf die*

Herausarbeitung der dogmatischen, moralischen, institutionellen, sozialen u. konfessionellen Gemeinsamkeiten u. Gegensätze bedacht ist.
un|äs|the|tisch ⟨Adj.⟩: *nicht ästhetisch* (2), *abstoßend:* ein -er Anblick; u. aussehen; etw. u. finden.
un|at|trak|tiv ⟨Adj.⟩: *nicht attraktiv:* Diese entschlossene und keineswegs -e Frau (Springer, Was 147); Das Velo ist und bleibt u. – oder wir müssen die Kleidersitten im Rat noch weiter lockern (NZZ 29. 4. 83, 28).
Unau, das; -s, -s [frz. unau < Tupi (südamerik. Indianerspr.) unáu]: *südamerikanisches Faultier mit zweifingerigen Vordergliedmaßen.*
un|auf|dring|lich ⟨Adj.⟩: *nicht aufdringlich, dezent* (b): -e Eleganz; er hat eine angenehm -e Art; Das wirkte auf ihn wie eine -e Tafelmusik (Musil, Mann 333); das Parfüm hat einen -en Duft, ist u.; er wirkt u.; Un|auf|dring|lich|keit, die; -: *das Unaufdringlichsein.*
un|auf|fäl|lig ⟨Adj.⟩: **a)** *nicht auffällig:* eine -e Kleidung; ein -es Benehmen, Grau; u. aussehen, wirken; Jeder zweite Heroinkonsument ... bleibt sozial u. *(fällt nicht durch unangepaßtes Verhalten auf;* Zeit 18. 6. 93, 40); ⟨subst.:⟩ Überall ... sahen wir du Unauffälligen der Staatssicherheit (Eppelmann, Fremd 227); **b)** *so geschickt, daß es niemand bemerkt:* Crane ... hatte sie (= die Armbanduhr) der Leiche ... mit der -en Geschicklichkeit eines Taschendiebes vom Handgelenk gezogen (Prodöhl, Tod 251); ... begab sich der Gehülfe, so u. er konnte, in sein Turmzimmer hinauf (R. Walser, Gehülfe 182); u. verschwinden, jmdm. etw. zustecken; **c)** (Med.) *nicht auf eine Krankheit, einen Schaden hindeutend:* ein -er Befund; die die Dünndarmschleimhaut bei der kollagenen Kolitis morphologisch u. ist (DÄ 47, 1985, 46); Un|auf|fäl|lig|keit, die; -: *das Unauffälligsein.*
un|auf|find|bar [auch: ' – – – –] ⟨Adj.⟩: *sich nicht auffinden lassend:* ein -es Testament; An diesem Ort hatte sie mir von dem -en Mann erzählt (Seghers, Transit 212); das Kind, der Schlüssel, das Geld war, blieb u.
un|auf|ge|for|dert ⟨Adj.⟩: *durch keine Aufforderung veranlaßt, aus freien Stücken [erfolgend]:* die -e Rückgabe der Bücher; sich u. äußern.
un|auf|ge|klärt ⟨Adj.⟩: **a)** *ungeklärt, nicht aufgeklärt* (1 a): -e Kriminalfälle; das Verbrechen blieb u.; **b)** *nicht aufgeklärt* (2 a): ... kann der Wunderglaube ein Ausdruck dafür sein, daß ich u. bin (Thielicke, Ich glaube 71).
un|auf|ge|räumt ⟨Adj.⟩: *nicht aufgeräumt, in einem ungeordneten Zustand:* ein -es Zimmer.
un|auf|ge|regt ⟨Adj.⟩: *ruhig, gelassen; ohne Hektik:* ein -er Mensch; Nu laß doch, der is man eben so, hätte Wilzenbach ganz sicher gesagt in seiner -en Art (H. Kolb, Wilzenbach 23); Peter schien ganz ruhig, u. (H. W. Richter, Etablissement 265).
un|auf|halt|bar [auch: ' – – – –] ⟨Adj.⟩ (selten): *unaufhaltsam:* In der bestehenden weltwirtschaftlichen Verflechtung ist Mikroelektronik u. (Schweizer Maschinenbau 16. 8. 83, 41); un|auf|halt|sam [auch: ' – – – –] ⟨Adj.⟩: *sich nicht aufhalten* (1 a) *lassend:* ein -er Verfall, Niedergang; der -e Fortschritt; die Katastrophe schien u.; das Wasser stieg u.; weil ich spürte, daß alles u. seinen Lauf genommen hatte (Lenz, Brot 116); Träge und u. wie ein Zug Lemminge wälzte sich die Narrenhorde durch das Meer (Ransmayr, Welt 94); Un|auf|halt|sam|keit [auch: ' – – – –], die; -: *das Unaufhaltsamsein.*
un|auf|hör|lich [auch: ' – – – –] ⟨Adj.⟩: *nicht aufhörend, nicht endend, fortwährend:* in -er Bewegung sein; ein -es Kommen und Gehen (Leonhard, Revolution 234); u. klingelt das Telefon; Die Menschen, die noch herum schwatzten u. vor der „Montreal", die heute abfuhr (Seghers, Transit 283); ... flüsterte Procne u. auf sie ein (Ransmayr, Welt 283).
un|auf|lös|bar [auch: ' – – – –] ⟨Adj.⟩: **1.** *sich nicht auflösen* (1 a) *lassend:* ein -er Stoff. **2.** *sich nicht auflösen* (2 a), *aufknoten lassend:* ein -er Knoten. **3.** *unauflöslich* (1): Das Paradoxon ist u. (Alt, Frieden 65); Un|auf|lös|bar|keit [auch: ' – – – –], die; -: *das Unauflösbarsein;* un|auf|lös|lich [auch: ' – – – –] ⟨Adj.⟩: **1. a)** *sich nicht auflösen* (4 a) *lassend:* ein -er Widerspruch; **b)** *sich nicht auflösen* (3 a) *lassend:* -e Verträge; eine -e Lebensgemeinschaft; das Wichtigste ... ist die -e politische Verbindung zwischen Deutschland und Frankreich (Dönhoff, Ära 137); ... ist die Ehe ... nun in der Tat u. geworden (Stern, Mann 373). **2.** *unauflösbar* (1). **3.** *unauflösbar* (2); Un|auf|lös|lich|keit [auch: ' – – – –], die; -: *das Unauflöslichsein.*
un|auf|merk|sam ⟨Adj.⟩: **1.** *nicht aufmerksam* (1): ein -er Schüler, Verkehrsteilnehmer; im Unterricht u. sein; Obwohl er u. spielte, gewann er (Lenz, Brot 102). **2.** *nicht aufmerksam* (2), *nicht zuvorkommend:* das war u. von ihm; sich u. gegenüber jmdm. verhalten; Un|auf|merk|sam|keit, die; -, -en: **1.** ⟨o. Pl.⟩ *das Unaufmerksamsein.* **2. a)** *unaufmerksames* (1) *Verhalten, unaufmerksame* (1) *Handlung:* Jede kleinste U. hätte einen Fehltritt bedeuten können (Cotton, Silver-Jet 147); **b)** *unaufmerksames* (2) *Verhalten:* seine -en mir gegenüber häuften sich.
un|auf|rich|tig ⟨Adj.⟩: *nicht aufrichtig:* ein -er Charakter; eine -e Haltung; er ist u. [gegen seine/gegenüber seinen Eltern.] Es wäre u., wollte man dies verschweigen (Reich-Ranicki, Th. Mann 25); Un|auf|rich|tig|keit, die; -, -en: **a)** ⟨o. Pl.⟩ *unaufrichtige Art:* jmdm. seine U. vorwerfen; **b)** *unaufrichtige Handlung, Äußerung:* es kam zwischen ihnen immer wieder zu [kleinen] -en.
un|auf|schieb|bar [auch: ' – – – –] ⟨Adj.⟩: *sich nicht aufschieben* (2) *lassend:* eine -e Reise; der Besuch war [mittlerweile] u.; Rolf erinnerte sich an den bevorstehenden Umzug; aber die Freundin in Sankt Gallen war u. *(mußte sofort besucht werden;* Frisch, Stiller 270); Un|auf|schieb|bar|keit [auch: ' – – – –], die; -: *das Unaufschiebbarsein;* un|auf|schieb|lich [auch: ' – – – –] ⟨Adj.⟩ (selten): *unaufschiebbar:*

Die Nachricht lag wie ein äffender Spuk in der taghellen Fülle -er Arbeiten (Musil, Mann 948).
un|aus|bleib|lich [auch: ' – – – –] ⟨Adj.⟩: *mit Sicherheit eintretend* (7), *nicht ausbleibend* (a): die -en Folgen seines Leichtsinns; Mißverständnisse sind unter solchen Voraussetzungen u.; Unser Sieg ist u., Kameraden! (Fühmann, Judenauto 132); Immerhin schien es u., daß jetzt Nachforschungen ... einsetzen würden (Fallada, Herr 136).
un|aus|denk|bar [auch: ' – – – –] ⟨Adj.⟩: *nicht auszudenken; unvorstellbar:* die Folgen wären u.; ... und nun lag er da, zwischen Blumen und Kränzen, etwas unsagbar Fremdes ..., das fort war für ein -es Immer (Remarque, Obelisk 33); un|aus|denk|lich [auch: ' – – – –] ⟨Adj.⟩ (selten): *unausdenkbar.*
un|aus|führ|bar [auch: ' – – – –] ⟨Adj.⟩: *nicht ausführbar* (1): ein -er Plan; Un|aus|führ|bar|keit [auch: ' – – – –], die; -: *das Unausführbarsein.*
un|aus|ge|bil|det ⟨Adj.⟩: *nicht ausgebildet.*
un|aus|ge|füllt ⟨Adj.⟩: **1.** *nicht ausgefüllt* (2): ein -es Formular; einen Fragebogen u. zurückgeben. **2.** *nicht ausgefüllt* (3): ein -er Tag; mit ... vielen Stunden -er Zeit (Seghers, Transit 251). **3.** *nicht ausgefüllt* (5 a): ein -es Leben; sich u. fühlen; Er ist innerlich u. und würde in sich Vakuum und Langeweile erleben, wenn nicht ... (Natur 69); Un|aus|ge|füllt|sein, das; -s: *unausgefüllter Zustand.*
un|aus|ge|gli|chen ⟨Adj.⟩: **a)** *nicht ausgeglichen* (a): ein -er Mensch; einen -en Eindruck machen; u. sein, wirken; ⟨subst.:⟩ Klaus Mann, der Unreife und Unausgeglichene, der Haltlose (Reich-Ranicki, Th. Mann 211); **b)** *nicht ausgeglichen* (b): eine -e Bilanz; Un|aus|ge|gli|chen|heit, die; -: *das Unausgeglichensein.*
un|aus|ge|go|ren ⟨Adj.⟩ (abwertend): *noch nicht ausgereift u. noch unfertig wirkend:* ... bevor sie solche -en Sprüche von sich gibt (Saarbr. Zeitung 1. 12. 79, 34); ... wie u. die Vorstellungen innerhalb der Alternativen Liste Österreichs sind (NZZ 2. 2. 83, 4); Deshalb sind viele Planungen auch u., halbherzig (elan 1, 1980, 33).
un|aus|ge|schla|fen ⟨Adj.⟩: *nicht genug geschlafen habend:* u. aussehen; Er war u. und mürrisch (v. d. Grün, Glatteis 73); u. zur Schule kommen.
un|aus|ge|setzt ⟨Adj.⟩: *ständig, pausenlos, unaufhörlich:* -e Anfeindungen; u. reden; Er starrte u. auf das Röhrchen (Süskind, Parfum 127); es ging u. bergauf.
un|aus|ge|spro|chen ⟨Adj.⟩: *nicht ausgesprochen:* ein -es Einverständnis; in ihren Worten lag ein -er Vorwurf; Viktor zeigt eine Miene voll -er Solidarität (Heim, Traumschiff 152).
un|aus|lösch|bar [auch: ' – – – –] ⟨Adj.⟩ (geh.): *sich als Eindruck, Tatbestand o. ä. nicht wegwischen lassend:* -e Erlebnisse, Erinnerungen; das wäre ein -er Flecken auf meiner Ehre gewesen (Fallada, Herr 22); bis Hunderte von Wendungen und Versen u. in ihrem Gedächtnis bewahrt waren (Ransmayr, Welt 111).
un|aus|rott|bar [auch: ' – – – –] ⟨Adj.⟩: *nicht auszurotten:* ein -es Vorurteil; Das

unaussprechbar

Menschliche scheint ziemlich u. zu sein (Handke, Kaspar 71).
un|aus|sprech|bar [auch: '- - - -] ⟨Adj.⟩: **a)** *kaum auszusprechen* (1 a): er hat einen -en Namen; **b)** *sich [erlaubterweise] nicht aussprechen lassend:* vermutlich gab es ... einen -en Grund (v. Rezzori, Blumen 82); ... was Lästerung bedeutete, verboten war, gefährlich und u. (Giordano, Die Bertinis 297); **un|aus|sprech|lich** [auch: '- - - -] ⟨Adj.⟩: **a)** *sich nicht aussprechen* (3 a) *lassend:* ein -es Gefühl; **b)** *unsagbar, unbeschreiblich:* in -em Elend leben; eine -e Freude erfüllte ihn; sein Leid war u.; jmdn. u. lieben; ... und so u. ich ergötzt war, besaß ich doch ... (Th. Mann, Krull 36); **Un|aus|sprech|lich|e** [auch: '- - - -] ⟨Pl.⟩ [LÜ von frz. inexpressibles < engl. inexpressibles] (veraltend scherzh.): **1.** *Unterhose.* ◆ **2.** *Hosen* (1 a): ... hätte ... mir mit der Badine die Stiefel und die -n ausgeklopft (Fontane, Jenny Treibel 127).
un|aus|steh|lich [auch: '- - - -] ⟨Adj.⟩: *nicht auszustehen:* das ist [mir] u.; Krankhafte Eifersucht befällt ihn ... Er wird u. (Strauß, Niemand 102); schwätzende Männer waren Tuzzi u. (Musil, Mann 355); **Un|aus|steh|lich|keit** [auch: '- - - -], die; -: *das Unausstehlichsein.*
un|aus|tilg|bar [auch: '- - - -] ⟨Adj.⟩ (geh.): *unauslöschlich:* aber die Ziffern hafteten u. in ihrem Gedächtnis (Rolf Schneider, November 91).
un|aus|weich|lich [auch: '- - - -] ⟨Adj.⟩: *kein Ausweichen* (1 c) *zulassend:* eine -e Folge; -e Zwänge; Celia ... nähert sich mit -er Sicherheit einem hysterischen Zusammenbruch (Heim, Traumschiff 252); wenn das zutrifft, dann ist es u., daß ...; das Problem kam u. auf uns zu; **Un|aus|weich|lich|keit** [auch: '- - - - -], die; -, -en: **1.** ⟨o. Pl.⟩ *das Unausweichlichsein.* **2.** *etw. Unausweichliches:* Es ist nicht leicht, bei all den Unsicherheiten und -en zu warten und zu hoffen (Petersen, Resonanz 37).
un|au|to|ri|siert ⟨Adj.⟩: *nicht autorisiert:* die -e Herausgabe eines Buches; ... dem Unternehmen durch -e Weitergabe von Informationen zu schaden (Springer, Was 289); **un|au|to|ri|tär** ⟨Adj.⟩: *nicht autoritär* (1 b).
Un|band, der; -[e]s, -e u. ...bände [zu ↑ unbändig] (veraltet, noch landsch.): *ungebärdiges, wildes, sich nicht bändigen lassendes Kind:* Roderich war in den Windeln schon ein U. gewesen, immer nackt gestrampelt (Fussenegger, Haus 296); **un|bän|dig** ⟨Adj.⟩ [mhd. unbendec = (von Hunden) durch kein Band gebunden, zu: bendec, ↑bändigen]: **a)** *ungestüm, wild* (5 a): ein -es Kind; er hat ein -es Temperament; u. herumtoben, lärmen; **b)** *(von Gefühlen o. ä.) durch nichts gedämpft, abgemildert, sich ohne Beschränkung äußernd; nicht zu zügeln; heftig:* -e Wut, Sehnsucht, Neugier, Freude; -er Zorn, Haß, Hunger; ein -es Verlangen; ... was -e Heiterkeit hervorrief (Kirst, 08/15, 172); ... wuchert in diesen Gassen ein -er Lokalpatriotismus (Koeppen, Rußland 193); sich u. *(überaus)* freuen; er lachte u. *(laut u. herzlich);* unsere Gedanken waren aufs -ste *(aufs äußerste)* in Anspruch genommen (Bergengruen, Rittmeisterin 221); u. *(sehr)* viel Geld haben.

un|bar ⟨Adj.⟩: *bargeldlos:* -e Zahlung; Das Innerdeutsche Ministerium bezahlte dabei rund zwei Milliarden Mark an die devisenhungrige DDR, im Regelfall u., gegen Verrechnung (Spiegel 43, 1983, 29).
un|barm|her|zig ⟨Adj.⟩: *nicht barmherzig; mitleidlos, ohne Mitgefühl:* ein -er Mensch; jmdn. u. strafen; Ü ein -es Gesetz; Die Leiden eines Drogensüchtigen hat er in seinem letzten Roman ... mit -er Genauigkeit beschrieben (Reich-Ranicki, Th. Mann 213); die Uhr teilt u. weiter; ⟨subst.:⟩ Klaus Manns wunden Punkt (Reich-Ranicki, Th. Mann 216). **Un|barm|her|zig|keit**, die; -, -en: **1.** ⟨o. Pl.⟩ *das Unbarmherzigsein.* **2.** *unbarmherzige Handlung, Äußerung.*
un|be|ab|sich|tigt ⟨Adj.⟩: *nicht beabsichtigt:* ... erhielt Nationalvorstopper Karl-Heinz Förster nach einem -en Foul ... die rote Karte (Kicker 6, 1982, 35); das war nicht böse gemeint, aber es berührte, gewiß u., Klaus Manns wunden Punkt (Reich-Ranicki, Th. Mann 216).
un|be|ach|tet ⟨Adj.⟩: *von niemandem beachtet:* ein -es Dasein führen; dieser Gesichtspunkt blieb u. *(wurde nicht beachtet);* **un|be|acht|lich** ⟨Adj.⟩: *nicht beachtlich* (c): daß sich jemand eine solche nicht ganz -e Geschichte einfach so aus dem Ärmel schütteln konnte (H. W. Richter, Etablissement 162).
un|be|an|stan|det ⟨Adj.⟩: *nicht beanstandet; ohne Beanstandung:* einen Fehler, eine Sendung, einen Artikel u. lassen; u. die Qualitätskontrolle passieren; ... wie ein solches Vieh u. *(unbehelligt)* draußen in der Freiheit hat leben und sogar eine Ehe hat führen können ... (Fallada, Trinker 102).
un|be|ant|wort|bar [auch: '- - - - -] ⟨Adj.⟩: *sich nicht beantworten lassend:* Warum sie hinnahmen, was auch in ihrem Namen geschah ..., erscheint mir ... als eine Frage nach der menschlichen Natur schlechthin und somit als u. (Maron, Begreifungskraft 18/19); **un|be|ant|wor|tet** ⟨Adj.⟩: *nicht beantwortet:* -e Fragen; einen Brief u. lassen.
un|be|ar|bei|tet ⟨Adj.⟩: *[noch] nicht bearbeitet* (2, 4).
un|be|auf|sich|tigt ⟨Adj.⟩: *ohne Aufsicht* (1): die Kinder waren u.; du darfst den Hund nicht u. herumlaufen lassen.
un|be|baut ⟨Adj.⟩: *[noch] nicht bebaut.*
un|be|dacht ⟨Adj.; -er, -este⟩: *nicht bedacht* (1); *eine entsprechende Haltung erkennen lassend:* daß ... das Gefühl, u. bedroht zu sein, den Kreml zu abenteuerlichen und -en Schritten hinreißen könnte (Dönhoff, Ära 188); u. daherreden; etw. u. reformieren; **un|be|dach|ter|wei|se** ⟨Adv.⟩: *unbedacht, ohne Bedacht:* ich habe es ihm u. erzählt; **Un|be|dacht|heit**, die; -, -en: **1.** ⟨o. Pl.⟩ *das Unbedachtsein.* **2.** *unbedachte Handlung, Äußerung,* folgenschwere U.; **un|be|dacht|sam** ⟨Adj.⟩: *nicht bedachtsam;* **un|be|dacht|sa|mer|wei|se** ⟨Adv.⟩ (selten): *unbedachterweise;* **Un|be|dacht|sam|keit**, die; -, -en: **1.** ⟨o. Pl.⟩ *das Unbedachtsamsein.* **2.** *unbedachtsame Handlung, Äußerung:* Er überlegte, um keine -en zu äußern (Bredel, Väter 435); daß er jetzt auf eine U. geradezu lauert (FAZ 15. 9. 61, 5).

un|be|darft ⟨Adj.; -er, -este⟩ [aus dem Niederd. < mniederd. unbederve, unbedarve = untüchtig, Ggs. von: bederve = bieder, tüchtig, wohl beeinflußt von mniederd. bedarft, 2. Part. von: bedarven, Nebenf. von ↑bedürfen]: *naiv* (b): ein -er Mensch; der -e Bürger, Wähler; Die Experten können zahlreiche Tips geben, die auch der -este Laie kapiert (Kieler Nachrichten 30. 8. 84, 21); sie gibt sich, wirkt u.; er lächelte u. **Un|be|darft|heit**, die; -: *das Unbedarftsein.*
un|be|deckt ⟨Adj.⟩: *nicht mit etw. bedeckt.*
un|be|denk|lich ⟨Adj.⟩: **1.** *ohne Bedenken [zu haben]:* sich u. mit etw. sehen lassen können; er erfand u. Geschichten; ... so ist er nur zu geneigt, u. die letzterwähnte Annahme zu machen (Lorenz, Verhalten I, 324); „Ich schwöre", erwiderte ich u. (Remarque, Obelisk 77); wenn man auf Massen einwirken will, muß u. ..., demagogisch ... arbeiten (Tucholsky, Werke II, 127). **2.** *keine Bedenken auslösend:* eine -e Lektüre; ich halte diese Art von Gewaltdarstellung für nicht u.; diese Stoffe gelten als [ökologisch, gesundheitlich] u.; daß der ... Amtsarzt ... die Feuerbestattung für u. erklärt (Medizin II, 52); **Un|be|denk|lich|keit**, die; -: *das Unbedenklichsein;* **Un|be|denk|lich|keits|be|schei|ni|gung**, die: **1.** *Bescheid des Finanzamts über die steuerliche Unbedenklichkeit einer beabsichtigten Eigentumsübertragung (bei Grundstücken).* **2.** *Bescheinigung des Finanzamts über die Erfüllung der Steuerpflicht, die bei der Bewerbung um öffentliche Aufträge vorgelegt werden muß.*
un|be|deu|tend ⟨Adj.⟩: **1. a)** *ohne Bedeutung* (2 b), *Ansehen, Geltung:* ein -es Kunstwerk; als Dramatiker, als Minister war er völlig u.; Schmitz war klein und dick und sah u. aus (Böll, Adam 31); **b)** *ohne Bedeutung* (2 a); *nicht ins Gewicht fallend:* von einer zahlenmäßig -en ... Parteigruppe (Fraenkel, Staat 145); ein -es *(nebensächliches)* Ereignis; etw. für u. halten. **2.** *geringfügig:* eine -e Änderung; die Methode ist nur u. verbessert worden; **Un|be|deu|tend|heit**, die; - (selten): *das Unbedeutendsein.*
un|be|dingt [auch: - - '-]: **I.** ⟨Adj.⟩ **a)** *ohne jede Einschränkung, absolut* (2): -e Treue; -e Verschwiegenheit, Loyalität, -er Gehorsam; Es ist ein -es Gebot der Vorsicht und Wachsamkeit (Leonhard, Revolution 39); daß die Behauptung der ... Souveränität des Staates nicht mehr länger aufrechtzuerhalten sei (Fraenkel, Staat 254); So u., so naiv war mein Glaube an die ... Notwendigkeit dieser Verständigung, an die ... (K. Mann, Wendepunkt 189); Ich halte dies Geständnis für u. glaubhaft (Fallada, Jeder 237); jmdm. u. vertrauen [können]; Es war einer der schönsten Tage meines Lebens, vielleicht der u. schönste *(der schönste überhaupt;* Th. Mann, Krull 27); **b)** *nicht ¹bedingt* (a): -e (Physiol.) *angeborene)* Reflexe; **c)** (österr. u. schweiz. Rechtsspr.) *ohne Bewährungsfrist:* Nun wurde der Mediziner ... als Dealer zu einer -en Haftstrafe verurteilt (Neue Kronen Zeitung 31. 3. 92, 19); das Gericht verurteilte ihn zu sechs Monaten [Gefängnis] u. **II.**

⟨Adv.⟩ *unter allen Umständen, auf jeden Fall:* du mußt u. zum Arzt gehen; er wollte u. *(partout)* dabeisein; er wollte nicht länger bleiben als u. nötig; er hätte nicht u. so entscheiden müssen; Herr Belfontaine wollte Sie u. sprechen (Langgässer, Siegel 108); „... aber muß ich ihnen ... nicht theoretisch sehr dankbar sein ...?" – „Unbedingt, Marquis ..." (Th. Mann, Krull 279); ... sieh da: Fontana Sohn und Vater eine Front! ... Nicht u., Eminenz (Hochhuth, Stellvertreter 91); das hat nicht u. *(nicht mit Gewißheit)* etwas mit Bevorzugung zu tun; **Un|bedingt|heit** [auch: – – ' – –], die; -: *Absolutheit, Uneingeschränktheit:* die U., mit der diese Frau ihre Verantwortung ... wahrnimmt (Drewermann, Und legte 68); Als Ludwig vom Kreuzzug nicht zurückkommt, ist alles dahin, was der Maßlosigkeit und U. ihres religiösen Gefühls noch sanfte Zügel angelegt ... hat (Kaschnitz, Wohin 181).

un|be|ein|druckt ⟨Adj.⟩: *nicht von etw. beeindruckt:* das Ergebnis ließ ihn u.; Die Männer ... prüften ihrerseits Paaschs Gesicht, ließen u. von ihm ab ... (Fries, Weg 65).

un|be|ein|fluß|bar [auch: ' – – – – –] ⟨Adj.⟩: *nicht beeinflußbar:* bei der ihr so oft nachgesagten -en Trotzköpfigkeit (Maas, Gouffé 322); **Un|be|ein|fluß|barkeit** [auch: ' – – – – – –], die; -: *unbeeinflußbare Art;* **un|be|ein|flußt** ⟨Adj.⟩: *nicht von jmdm., etw. beeinflußt:* unberührter, durch Menschenwerk -er Waldboden (Mantel, Wald 105); Sie gewährleisten eine von der Regierung -e Formation gesellschaftlicher Gruppen (Fraenkel, Staat 130); Ich bearbeite meine Fälle ganz u. Es ist nicht üblich, daß jemand eingreift (Kemelman [Übers.], Dienstag 124); etw. bleibt von jmdm., etw. u.

un|be|en|det ⟨Adj.⟩: *nicht zu Ende geführt.*

un|be|fahr|bar [auch: ' – – – –] ⟨Adj.⟩: *nicht befahrbar:* die Straße ist zur Zeit u.; **un|be|fah|ren** ⟨Adj.⟩: **1.** *noch nicht von einem Fahrzeug befahren:* eine -e Straße, Meeresbucht. **2.** (Seemannsspr.) *nicht ²befahren* (1): der Matrose ist noch u.

un|be|fan|gen ⟨Adj.⟩: **1.** ²*befangen* (1), *sondern frei u. ungehemmt:* ein -es Kind; Nur zu der Künstlerin Fröhlich fand er kein -es Verhältnis (H. Mann, Unrat 39); Ironischerweise ist das Ziel der kritischen Anstrengung das -ste Sichgehenlassen (Sloterdijk, Kritik 27); Lutz bemühte sich um ein -es, gelangweiltes Gesicht (Loest, Pistole 98); Er ... ist ... gerührt: Über sie, über so viel -e Naivität (Heim, Traumschiff 177); u. erscheinen, wirken; u. lachen; er hob gelassen die Hand und sprach ... das Ungeheure fast u. aus (Langgässer, Siegel 145). **2.** *nicht in etw. befangen; unvoreingenommen:* der -e Leser; ein -er (Rechtsspr.; *unparteiischer*) Zeuge; einem Menschen u. gegenübertreten; Zum erstenmal ist er in der Lage, einem Menschen u. zu begegnen und seine Erwartungen an ihn zu projizieren (Chotjewitz, Friede 184); **Un|be|fan|gen|heit**, die; -: **1.** *unbefangene* (1) *Art:* Zuerst allerdings war seine U. gekünstelt gewesen (Hildesheimer, Legenden 86);

und gewann ihre U. zurück (Geissler, Wunschhütlein 115); Sybille hatte keinen Anlaß, sich seiner Frau nicht in aller U. vorzustellen (Frisch, Stiller 310). **2.** *unbefangene* (2) *Art:* an jmds. U. zweifeln.

un|be|fleckt ⟨Adj.⟩: **1.** (selten) *fleckenlos;* Sie ... sind in -es Weiß gekleidet (Hildesheimer, Tynset 261). **2.** (geh.) *sittlich makellos; rein:* seine Ehre u. erhalten; ... der (= der Kaplan) von der -en Jungfrau *(der Jungfrau Maria)* sprach (Böll, Haus 60).

un|be|frie|di|gend ⟨Adj.⟩: *nicht befriedigend:* ein sehr -es Ergebnis; ... Linden habe ... eine völlig -e Erklärung abgegeben (Leonhard, Revolution 188); seine Leistung war ziemlich u.; **un|be|frie|digt** ⟨Adj.⟩: *nicht befriedigt:* So bleibt Odysseus in den Armen der Göttin u. und unerfüllt (Bodamer, Mann 118); Je genauer ich die Texte ... studierte, desto -er war ich jedoch von dem, was andere Wissenschaftler ... sagten (Thiering [Übers.], Jesus 10); **Un|be|frie|digt|heit**, die; -: *das Unbefriedigtsein.*

un|be|fri|stet ⟨Adj.⟩: *nicht befristet:* ein -er Vertrag; Die Übernahme in ein -es Anstellungsverhältnis ... ist möglich (Saarbr. Zeitung 1. 12. 79, 53); etw. u. vermieten.

un|be|fruch|tet ⟨Adj.⟩: *nicht befruchtet:* ein -es Ei.

un|be|fugt ⟨Adj.⟩: **a)** *nicht zu etw. befugt:* -e Personen; ... wo keine -e Hand zerstörte, kein Dieb verborgene Schätze suchte ... (Ceram, Götter 36); ⟨subst.:⟩ Zutritt für Unbefugte verboten; Aber wie ließe sich gerne von Unbefugten dreinreden! (Musil, Mann 33); **b)** *ohne Befugnis erfolgend, herbeigeführt o. ä.:* -er Waffenbesitz; u. einen Raum betreten.

un|be|gabt ⟨Adj.; -er, -este⟩: *nicht begabt:* ein Zeichenschüler wie andere auch, nicht u., aber doch in keiner Weise mit überragendem Talent (Jens, Mann 82); Du bist zu u., um Arbeit zu finden (Schnurre, Bart 37); Die Deutschen seien völlig u. für die Kunst (Ott, Haie 244); dann war man für den Fakir hoffnungslos u. (Geissler, Wunschhütlein 41); **Un|be|gabt|heit**, die; -: *das Unbegabtsein.*

un|be|geh|bar [auch: ' – – – –] ⟨Adj.⟩: *nicht begehbar:* Der schmale, abschüssige Waldweg wird immer -er (Gregor-Dellin, Traumbuch 101); Ü ⟨subst.:⟩ ... den Fuß zu setzen auf das nie Begangene und scheinbar Unbegehbare (Drewermann, Und legte 65).

un|be|glau|bigt ⟨Adj.⟩: *nicht beglaubigt.*

un|be|gli|chen ⟨Adj.⟩: *noch nicht beglichen:* eine -e Rechnung.

un|be|greif|lich [auch: ' – – – –] ⟨Adj.⟩: *nicht zu begreifen, zu verstehen:* eine -e Sorglosigkeit; der Schmuck war auf -e Weise verschwunden; Wir standen reglos, versunken in das Bild dieser -en Hoheit (K. Mann, Wendepunkt 42); für Mario schien Tonis Entschluß damals u. (Hohmann, Engel 150); Es ist alles noch u.: ein Bett, ein Zug, nach Hause (Remarque, Westen 173); [es ist mir] u., wie/ daß so etwas passieren konnte; u. lethargisch sein; **un|be|greif|li|cher|wei|se** ⟨Adv.⟩: *ohne daß die betreffende Sache zu begreifen wäre:* u. ist ihm keiner der Umstehenden zu Hilfe gekommen; Frauen – trotz der Wärme ... u. mit wattierten Jakken ... bekleidet ... (Koeppen, Rußland 107); **Un|be|greif|lich|keit** [auch: ' – – – – –], die; -, -en: **1.** ⟨o. Pl.⟩ *das Unbegreiflichsein.* **2.** *unbegreifliche Handlung:* Es gehörte zu den -en der Anstaltsleitung, uns zwar das Rauchen zu erlauben, aber ... (Fallada, Trinker 147).

un|be|grenzt [auch: – – ' –] ⟨Adj.⟩: **1.** (selten) *ohne Grenze, nicht abgegrenzt.* **2.** *nicht begrenzt, nicht beschränkt:* auf -e Dauer; [nahezu, praktisch] -e Möglichkeiten; seit die Verstählung der Kupferplatte eine -e Anzahl von Abzügen ermöglicht (Bild. Kunst III, 83); Wohl bestimmt die Mehrheit den Verlauf der Politik, ihre Herrschaft ist aber nicht u. (Fraenkel, Staat 76); auch Konserven sind nicht u. haltbar; ich habe nicht u. Zeit; Unsere Gäste ... haben nicht u. Geld zur Verfügung (Hamburger Abendblatt 20. 3. 84, 1); **Un|be|grenzt|heit** [auch: – – ' – –], die; -: *das Unbegrenztsein.*

◆ **Un|be|griff**, der; -s: *Unverstand:* Es ist nichts, worum sie einander nicht bringen ... Und meist aus Albernheit, U. und Enge (Goethe, Werther II, 8. Februar).

un|be|gründ|bar ⟨Adj.⟩: *sich nicht begründen lassend:* eine -e, aber tief verwurzelte Aversion (Woelk, Freigang 53); Mein Widerwillen gegen dich ist so irrational und u., wie meine Zuneigung zu dir es war (Heidenreich, Kolonien 148); **un|be|grün|det** ⟨Adj.⟩: **a)** *nicht begründet:* -e Anträge werden nicht bearbeitet; **b)** *jeder Grundlage entbehrend, nicht zu begründen:* -er Verdacht; Die Meinungen und Emotionen schwanken zwischen defaitistischer Panik und -em Optimismus hin und her (Dönhoff, Ära 45); Meine Furcht war u. (Remarque, Westen 160).

un|be|haart ⟨Adj.⟩: *nicht behaart.*

Un|be|ha|gen, das; -s: *jmds. Wohlbehagen störendes, beeinträchtigendes, unangenehmes Verstimmung, Unruhe, Abneigung, Unwillen o. ä. hervorrufendes Gefühl:* ein körperliches, leichtes, tiefes, wachsendes U. befiel ihn; Wir kennen doch das Wort vom „U. am Staat" (Bundestag 189, 1968, 10243); ... dem weitverbreiteten, für jede Demokratie so gefährlichen U. an der Politik ... (Fraenkel, Staat 16); ein leises U. [ver]spüren, empfinden; er läßt einen Satz folgen, der ihm U. bereitet, weil er eine Heuchelei enthält (Loest, Pistole 30); etw. mit U. betrachten, verfolgen; Man kann sich leicht vorstellen, mit welchem U. Thomas Mann die erzählende Prosa seines Sohnes gelesen hat (Reich-Ranicki, Th. Mann 215); **un|be|hag|lich** ⟨Adj.⟩: **a)** *Unbehagen auslösend:* eine -e Atmosphäre; es war u. kühl; er, seine Stimme war mir u.; Unbehaglich steil senkt sich gleich neben uns der Hang in die Tiefe (Berger, Augenblick 86); **b)** *durch Unbehagen gekennzeichnet:* ein -es Gefühl; ihm war u. zumute; dem Jungen war es etwas u. vor der Schule; Bei der ganzen Vorstellungsprozedur wurde mir immer -er ... (H. W. Richter, Etablissement 17); sich [recht] u. fühlen; er schüttelte sich u. in der leichten Schwüle (Kronauer, Bogenschütze 191);

Ụn|be|hag|lich|keit, die; -, -en: **1.** ⟨o. Pl.⟩ *das Unbehaglichsein.* **2.** *etw. Unbehagliches* (b).
un|be|han|del|bar [auch: '- - - - -] ⟨Adj.⟩: *sich nicht behandeln* (4) *lassend:* ein -es Karzinom; **ụn|be|han|delt** ⟨Adj.⟩: **1.** *nicht behandelt* (2): -es Obst, Gemüse; Möbel aus -em Holz; Immer mehr Hersteller bieten chemisch -e Kleidung an (natur 5, 1991, 68); rohe, u. -e *(nicht erhitzte)* Milch. **2.** *nicht behandelt* (3): er hat die Entzündung zu lange u. gelassen. **3.** *nicht behandelt* (4): der Tagesordnungspunkt blieb u.
ụn|be|hau|en ⟨Adj.⟩: *nicht behauen:* eine Mauer aus -en Steinen.
ụn|be|haust ⟨Adj.⟩ (geh.): *kein Zuhause habend:* ein -er Mensch; ein -es Leben; Da viele von uns noch ziemlich u. lebten, wurde seine Wohnung schnell eine Art Asyl ... (H. W. Richter, Etablissement 210); ... kein Vaterland mehr u. haben, durch die Welt zu schweifen ... (K. Mann, Wendepunkt 271); ⟨subst.:⟩ Ein Flüchtling und Unbehauster ..., mit leeren Händen ... (Th. Mann, Joseph 232); Er war der ewig Unbehauste ..., die Wohnungen in New York, Paris ... besaß (Spiegel 2, 1993, 163); **Ụn|be|haust|heit**, die; -: *das Unbehaustsein:* die schmerzlichen Erfahrungen einer U. (Mayröcker, Herzzerreißende 51); Ü Wenn er (= Heidegger) von der U. des Menschen redet ... (Sloterdijk, Kritik 385).
un|be|hel|ligt [auch: '- - - -] ⟨Adj.⟩: *nicht von jmdm., etw. behelligt:* die Schmuggler konnten die Grenze u. passieren; ... und haltet den Kaiser mindestens so lange, daß ich noch u. zu meiner Burg komme (Hacks, Stücke 28); Unbehelligt von Bettlern ... schlenderten wir ... (Frisch, Stiller 91); eine blaue Winde, die sich u. um Cottas Lumpengirlanden zu ranken begann (Ransmayr, Welt 271); Die Gelbe Milbe saugt die Roten Milben aus, während sie ... die Blätter u. läßt (NZZ 27. 8. 85, 5).
un|be|herrsch|bar [auch: '- - - -] ⟨Adj.⟩: *nicht zu beherrschen, unter Kontrolle zu bringen, zu halten:* ein -er Zwang; das habituelle Schulterzucken, das, wie es scheint, u. ist (Th. Mann, Krull 124); **un|be|herrscht** ⟨Adj.; -er, -este⟩: *ohne Selbstbeherrschung:* eine -e Art haben; die häufig unkontrollierte Lust an der Karikatur, der oft -e Haß ... (Reich-Ranicki, Th. Mann 129); er ist [manchmal etwas] u.; u. brüllen; Wolfram ... bereute sofort, daß er so u. reagiert hatte (Heym, Schwarzenberg 119); **Ụn|be|herrscht|heit**, die; -, -en: **1.** ⟨o. Pl.⟩ *das Unbeherrschtsein.* **2.** *unbeherrschte Handlung, Äußerung:* daß man in einer Stimmung wie der seinen zu -en neigt (Becker, Tage 147).
un|be|hilf|lich ⟨Adj.⟩ (selten): *unbeholfen:* Die Trudel hatte die -e, völlig verängstigte Frau Rosenthal ... fast an die Frommske Wohnungstür gebracht (Fallada, Jeder 54); Man ... hatte ihn geradewegs und in -er Form zur Rede gestellt (Th. Mann, Hoheit 47); **Ụn|be|hilf|lich|keit**, die; - (selten): *Unbeholfenheit.*
ụn|be|hin|dert ⟨Adj.⟩: *ohne eine Behinderung:* Unbehindert regierte er ... unter den Augen der Polizei sein Unterweltreich (Prodöhl, Tod 68).
ụn|be|hol|fen ⟨Adj.⟩ [mhd. unbeholfen = nicht behilflich]: *aus Mangel an körperlicher od. geistiger Gewandtheit ungeschickt u. sich nicht recht zu helfen wissend:* Er war ein Meister in der Kunst, ... einen -er Trottel zu geben (Süskind, Parfum 231); daß die britische Regierung den Fall in so -er Weise verfolgte (NZZ 21. 12. 86, 4); Törleß wurde bei dieser -en Lüge rot (Musil, Törleß 105); seine Bewegungen sind u. und hölzern (Jens, Mann 9); er ist in Gelddingen sehr u.; ihr Stil wirkt u.; Er sprach ein paar Worte Deutsch zum Abschied, es klang u. zärtlich (Baum, Paris 152); ein etwas u. formulierter Brief; er zeichnet, malt recht u.; **Ụn|be|hol|fen|heit**, die; -: *das Unbeholfensein.*
un|be|irr|bar [auch: '- - - - -] ⟨Adj.⟩: *durch nichts zu beirren:* ein -er Glaube; mit -er Sicherheit, Entschlossenheit; u. seinen Weg gehen; „Und dann", fuhr ich u. fort „..." (Fallada, Herr 15); Ü Meter um Meter seines rohen Hauses überließ er der u. vorrückenden Natur (Ransmayr, Welt 219); **Un|be|irr|bar|keit** [auch: '- - - - -], die; -: *das Unbeirrbarsein:* Mit der schönen U. des Mannes, dem nichts vormachen kann, wiederholte er: ... (Broch, Versucher 212); **un|be|irrt** [auch: '- - -] ⟨Adj.⟩: *durch nichts beirrt, sich beirren lassend:* u. an einer Anschauung festhalten; u. seine Pflicht tun; Irenäus Eibl-Eibesfeldt ... verficht u. jenen Mythos ... (natur 6, 1991, 98); **Ụn|be|irrt|heit** [auch: '- - - -], die; -: *das Unbeirrtsein.*
ụn|be|kannt ⟨Adj.; -er, -este⟩: **a)** *jmdm. nicht, niemandem bekannt* (1 a); *von jmdm. nicht, von niemandem gekannt:* die -en Täter; in -er Umgebung; das Werk eines -en Meisters; mit -em Ziel verreisen; der eigentlich furchtbare Feind ist der -e (Th. Mann, Zauberberg 343); eine -e Größe (bes. Math.; *Unbekannte*); dieses Heilmittel war [den Ärzten] damals nicht u.; Empfänger u. (Vermerk auf unzustellbaren Postsendungen); wie sich dieser Vorfall abspielte, blieb weitgehend u.; ich bin hier u. (ugs.; *kenne mich hier nicht aus*); es ist mir nicht u. *(ich weiß sehr wohl),* daß ...; Angst ist ihm u. *(er hat nie Angst);* Die Idee der Repräsentation war der Antike u. *(sie gab es in der Antike nicht;* Fraenkel, Staat 294); er ist u. verzogen *(ist an einen unbekannten Ort verzogen);* ⟨subst.:⟩ Gewiß ist Pompidou in Bonn kein Unbekannter (MM 4. 9. 69, 2); ein ihm völlig Unbekannter wandte sich Belfontaine zu (Langgässer, Siegel 589); eine Unbekannte (Math.; *eine mathematische Größe, deren Wert man durch Lösen einer od. mehrerer Gleichungen erhält*); Anzeige gegen Unbekannt (Rechtsspr.; *gegen den, die unbekannten Täter*) erstatten; **b)** *nicht bekannt* (1 b), *angesehen, berühmt:* ein völlig -er Journalist; ein nicht ganz -er Autor; er ist noch eine -e Größe; ⟨subst.:⟩ der Komponist der Musik ist kein Unbekannter; **ụn|be|kann|ter|wei|se** ⟨Adv.⟩: *obwohl man den Betreffenden nicht persönlich kennt:* grüßen Sie Ihre Frau u. [von mir]; **Ụn|be|kannt|heit**, die; -: *das Unbekanntsein.*
ụn|be|klei|det ⟨Adj.⟩: *nicht bekleidet* (1 a): Ein nackter Soldat ... hat seinen Helm noch auf dem Kopf, sonst ist er u. (Remarque, Westen 147).
ụn|be|küm|mert [auch: - -'- -] ⟨Adj.⟩: **a)** *durch nichts bekümmert* (1): ein -er Mensch; u. plaudern; sie lachte u.; **b)** *sich nicht um etw. kümmernd, keinerlei Bedenken habend:* eine -e Art an sich haben; Griechische Gelehrte, u. um die Wirren der Welt, waren überallhin gezogen, wo ... (Thieß, Reich 152); ... gab er uns eine private Vorstellung, u. darüber, daß es spät war (Lenz, Brot 106); da sie sonst die Rücksichtslosigkeit und Kälte nicht hätten, keck und u. um das Einzelwohl und -wehe ... damit zu schalten (Th. Mann, Krull 19); **Ụn|be|küm|mert|heit** [auch: - -'- - -], die; -, -en: **1.** ⟨o. Pl.⟩ **a)** *unbekümmerte* (a) *Art:* die fröhliche U. dieses breitschultrigen Gassenjungen (Lederer, Bring 146); **b)** *unbekümmerte* (b) *Art:* ... einen Menschen aus den Fängen der Gerechtigkeit zu entlassen, der die U. besessen hatte *(der so unvorsichtig gewesen war),* selbst in sie hineinzurennen (Musil, Mann 161). **2.** *etw., was von jmds. unbekümmerter* (b) *Art zeugt.*
ụn|be|la|stet ⟨Adj.⟩: **1.** *nicht von etw. belastet* (2 b): er war, fühlte sich u. von Gewissensbissen. **2.** *keine Ausflucht sich geladen habend:* -e Parteigenossen; er ist politisch u. **3.** (Geldw.) *nicht belastet* (4): das Grundstück ist u.; ein Haus u. übernehmen. **4.** *durch keinerlei Schadstoffe belastet:* [weitgehend] -es Gemüse, Trinkwasser.
ụn|be|lebt ⟨Adj.; -er, -este⟩: **1.** *nicht belebt* (2), *anorganisch* (1 a): die -e Natur; Ein Stück -er Materie (Kempowski, Uns 230). **2.** *in keiner Weise belebt* (1): eine -e Gegend; sonst war die Straße ... u. (Gaiser, Jagd 72).
ụn|be|leckt ⟨Adj.; -er, -este⟩ (salopp): *keine Erfahrungen, Kenntnisse auf einem bestimmten Gebiet besitzend:* von der Zivilisation -e Völker; Um den von Sport im allgemeinen und Fußball im besonderen -en Leser ... nicht ... zu erschrecken ... (Augsburger Allgemeine 10./11. 6. 78, 24); Ein völliger Laie war sie, u. von der Schauspielerei (Bild 19. 6. 64, 4).
un|be|lehr|bar [auch: '- - - -] ⟨Adj.⟩: *sich nicht belehren* (2) *lassend:* ein -er Mensch; eine Formulierung, die man bislang so laut nur von -en Nationalisten hörte (Pohrt, Endstation 39); diese Fanatiker sind u.; **Un|be|lehr|bar|keit** [auch: '- - - - -], die; -: *das Unbelehrbarsein.*
ụn|be|leuch|tet ⟨Adj.⟩: *nicht beleuchtet:* eine -er Hausflur; eine -e Straße; der Wagen stand u. mitten auf der Straße.
ụn|be|lich|tet ⟨Adj.⟩ (Fot.): *nicht belichtet:* [noch] -es Material.
ụn|be|liebt ⟨Adj.; -er, -este⟩: *nicht beliebt* (a): Ein Eroberer, der einen -en König verjagt hat (Jahnn, Geschichten 30); der Lehrer ist [bei den Schülern] ziemlich u.; Der Bürgermeister, der sich bei seinen Landsleuten u. machen wollte, hielt sich versteckt (Kuby, Sieg 394); sich mit etw. [bei jmdm.] u. machen *(durch etw. jmds. Mißfallen erregen);* **Ụn|be|liebt|heit**, die; -: *das Unbeliebtsein.*

un|be|mannt ⟨Adj.⟩: **1.** *nicht bemannt* (1): *die -e Raumfahrt (die Raumfahrt mit nicht bemannten Raumflugkörpern); der Flugkörper, das Raumschiff ist u.* **2.** (ugs. scherzh.) *nicht bemannt* (2): *die an sich -en Frauen, die aus ihrer Verlegenheit ein Bekenntnis machten* (Hagelstange, Spielball 249); *ist deine Freundin noch immer u.?*

un|be|merkt ⟨Adj.⟩: *nicht, von niemandem bemerkt* (1 a): *u. gelangte er ins Zimmer; das Notsignal blieb u.; Marianne hatte es* (= das Bett) *schon, von ihm u., in Ordnung gebracht* (Kronauer, Bogenschütze 24).

un|be|mit|telt ⟨Adj.⟩: *nicht bemittelt:* ein *-er Flüchtling; Ich bin ja fast u.* (Hacks, Stücke 255); ⟨subst.:⟩ *Und so zwangen sie den Unbemittelten den letzten Spargroschen ab* (Weiss, Marat 40).

un|be|nom|men [auch: '----] ⟨Adj.⟩ [mhd. *unbenommen* = nicht versagt; zugestanden]: in der Verbindung **u. sein/bleiben** (jmdm. trotz, angesichts bestimmter Umstände freistehen; zu ↑benehmen 2): *dieses Recht bleibt Ihnen u.; es ist Ihnen u., Widerspruch einzulegen;* „Den Fall bearbeite ich, nicht Sie!" – „Bleibt Ihnen u." (Zwerenz, Quadriga 152).

un|be|nutz|bar, (regional:) **un|be|nütz|bar** [auch: '----] ⟨Adj.⟩: *nicht benutzbar:* die Toilette ist zur Zeit u.; *Am längsten ... war .... die Linie Courtemaîche – Boncourt ... wegen umgestürzter Bäume unbenützbar* (NZZ 23. 10. 86, 7); **un|be|nutzt**, (regional:) **un|be|nützt** ⟨Adj.⟩: *nicht benutzt* (a): *ein -er Raum; das Handtuch ist* [noch] *u.; das Klavier steht seit Jahren u. herum; die Referendumsfrist ist unbenützt (ungenutzt) abgelaufen* (Basler Zeitung 2. 10. 85, 8).

un|be|ob|ach|tet ⟨Adj.⟩: *von niemandem beobachtet* (1 a): *in einem -en Augenblick (in einem Augenblick, wo es niemand sah) entfloh er; Aber ich wäre ja auch nicht u., meine Eltern haben Beziehungen da und dort, ... und unvermeidlich würden sie erfahren ...* (Th. Mann, Krull 280); *sich* [bei etw.] *u. glauben, fühlen.*

un|be|quem ⟨Adj.⟩: **1.** *nicht bequem* (1): *eine -e Haltung; ... wo es* (= das Monstrum = der Blauwal) *... in -er Lage seine Jungen säugt* (Th. Mann, Krull 310); *der andere Stuhl ist noch -er; auf dem Sofa liegt, sitzt man sehr u.* **2.** *durch seine Art jmdm. Schwierigkeiten bereitend, ihn in seiner Ruhe od. ... in einem Vorhaben störend:* ein *-er Politiker, Schriftsteller, Zeitgenosse;* Als würden -e *Journalisten nicht landauf, landab kaltgestellt* (natur 3, 1991, 4); *eine -e Frage; jmdm. -e Wahrheiten sagen; ... beginnt nun wieder die Diffamierung der Intellektuellen. Einfach weil Kritik u. ist* (Dönhoff, Ära 62); *er ist* [ihnen] *u. geworden;* **Un|be|quem|lich|keit**, die; -, -en: **1.** *etw., was jmdm. vorübergehend Mühe verursacht, was Schwierigkeiten mit sich bringt:* Sie (= die Schüler) sollten aus einem Topf essen lernen und -en ertragen (Gaiser, Schlußball 38). **2.** ⟨o. Pl.⟩ *unbequeme* (1) *Art.*

un|be|ra|ten ⟨Adj.⟩ (geh.): *von niemandem Rat erhaltend, ratlos:* auch Feuerbach machte einen -en Eindruck (Hilbig, Ich 193); *... nachdem sie ihren Verbund plötzlich verloren hatten und völlig u. zurückblieben* (Strauß, Niemand 192).

un|be|re|chen|bar [auch: '-----] ⟨Adj.⟩: **1.** *sich nicht* [im voraus] *berechnen lassend:* ein -er Faktor der Wirtschaft. **2.** *in seinem Denken u. Empfinden sprunghaft u. dadurch zu unvorhersehbaren Handlungen neigend:* ein -er Mensch; *wir haben beide junge, etwas -e Pferde* (Dönhoff, Ostpreußen 78); *... ein Komondor neige dazu, im Alter scharf und u. zu werden* (Frischmuth, Herrin 109); *Der Kommandeur war einfach u.:* eine *Art Gewitterwolke über der Kaserne, von der niemand wußte, ob und wann sie sich entladen würde* (Kirst, 08/15, 122); Ü *weil auf dem -en Untergrund das Standbein beim Schuß ständig wegrutschte* (Kicker 6, 1992, 45); *dieser Gegner ist u.; sich u. verhalten;* die Mannschaft spielte völlig u.; **Un|be|re|chen|bar|keit** [auch: '------], die; -: *das Unberechenbarsein.*

un|be|rech|tigt ⟨Adj.⟩: **a)** *nicht berechtigt:* eine völlig, nicht ganz -e Kritik; Solche Zweifel wären ... wirklich u. (Dönhoff, Ära 183); **b)** *ohne Berechtigung* (a), *unbefugt:* -es Parken; **un|be|rech|tig|ter|wei|se** ⟨Adv.⟩: *ohne Berechtigung, ohne berechtigt zu sein.*

un|be|rück|sich|tigt [auch: '-----] ⟨Adj.⟩: *nicht berücksichtigt:* -e Umstände; etw. u. lassen; ein ... Querschnitt der Gesellschaft, in dem möglichst keine Schicht u. ... bleiben sollte (Reich-Ranicki, Th. Mann 127).

un|be|ru|fen [auch: --'-] ⟨Adj.⟩: **a)** *nicht* ²*berufen:* Nur solche Großen wissen wir zu würdigen, die ... etwas geleistet haben, was berufenen oder -en Historikern, Kunstrichtern ... als überliefernswert erschien (W. Schneider, Sieger 50); *so etwas hört man nur aus dem -en Mund der Berufspolitiker* (Enzensberger, Mittelmaß 256); **b)** *unbefugt:* der Brief ist in -e Hände gelangt; Sein Zorn, als er den ... -en Eindringling erblickte, kannte keine Grenzen (R. Walser, Gehülfe 181); **un|be|ru|fen** [auch: '----] ⟨Interj.⟩: *ohne etw.* ¹*berufen* (4) *zu wollen:* Ich ... hab' mich mal gründlich untersuchen lassen. Befund I a. Unberufen (Danella, Hotel 109); *Und das hat ja soweit immer noch Gott sei Dank, u., toi, toi, toi, geklappt* (Fallada, Mann 140).

Un|be|rühr|ba|re, der u. die; -n, -n ⟨Dekl. ↑Abgeordnete⟩: *Paria* (1): Eine U. war auch Lakschmi Prye Singh (Spiegel 37, 1981, 170); **un|be|rührt** ⟨Adj.⟩: **1. a)** *nicht berührt* (1) [*u. benutzt, beschädigt o. ä.]:* das Bett, das Gepäck war u.; das Gebäude war von Bomben u. geblieben; Der Schnee ... schimmerte u. im blauweißen Licht der Straßenlaterne (Hahn, Mann 71); *sein Essen u. lassen* (nichts davon zu sich nehmen); **b)** *als Landschaft im Naturzustand belassen:* -er Urwald; *kommen wir durch -e Landschaft* (Berger, Augenblick 133); **c)** *jungfräulich* (1): ein -es Mädchen; sie ist noch u.; *Bis heute wird gewünscht, daß Mädchen u. in die Ehe gehen* (Spiegel 27, 1985, 110).

2. *nicht von etw. berührt* (3): Denn wir können ... dieses Zeugnis nicht mit -er Objektivität durchdringen (Thielicke, Ich glaube 106); *von einem Ereignis, Erlebnis, von allem u. bleiben;* Unberührt [(*durch bestimmte andere Bestimmungen*) *nicht aufgehoben od. eingeschränkt*] *bleiben die bundesrechtlichen Vorschriften ...* (Straßenverkehrsrecht, StVG 234); Alle diese Unmutsäußerungen lassen den Ministerpräsidenten bislang völlig u. (Weltwoche 26. 7, 84, 5); **Un|be|rührt|heit**, die; -: *das Unberührtsein* (1 b, c, 2).

un|be|schä|det [auch: --'--]; eigtl. negiertes 2. Part. zu veraltet *beschaden* [einen Schaden 2. Part. bringen, beschädigen]: **I.** ⟨Präp. mit Gen.⟩ **1.** *ohne Rücksicht auf, ungeachtet, trotz:* u. aller Rückschläge sein Ziel verfolgen; u. seiner politischen Einstellung, u. der Tatsache, daß wir seine politische Einstellung ablehnen, sind wir gegen eine Strafversetzung. **2.** *ohne Schaden, ohne Nachteil für, im Einklang mit:* u. des Beschwerderechts/(auch:) des Beschwerderechts u. ist der Befehl in jedem Falle auszuführen. **II.** ⟨Adv.⟩ *ohne Schaden zu nehmen:* sie (= die Pflanze) hatte den Winter u. überdauert (Süskind, Parfum 241); *daß der Bundesnachrichtendienst die Affäre ziemlich u. übersteht* (Hamburger Abendblatt 27. 8. 85, 9); Sie zieht zwei große Fallschirme aus einem zylindrischen Behälter, die sich sofort entfalten und Pilot und Flugzeug u. zur Erde zurückkehren lassen (ADAC-Motorwelt 4, 1983, 60); **un|be|schä|digt** ⟨Adj.⟩: **a)** *nicht beschädigt:* daß unsere Drahtverhaue fest und fast u. sind (Remarque, Westen 152); **b)** *unversehrt:* daß die Eibe den Esel vergiftet, den an ihr fressenden Hirsch jedoch u. läßt (Stern, Mann 50).

un|be|schäf|tigt ⟨Adj.⟩: *ohne Beschäftigung* (1).

un|be|schalt ⟨Adj.⟩ [zu ↑Schale (1 d)] (Zool.): *nicht mit einem Gehäuse versehen.*

un|be|schei|den ⟨Adj.⟩: *in keiner Weise* ²*bescheiden* (1): es wäre keinem eingefallen, -e Wünsche vorzutragen (Leonhard, Revolution 131); *man sollte aber auch nicht* [zu] *u. sein;* (als Ausdruck der Höflichkeit:) ich hätte eine -e Frage; **Un|be|schei|den|heit**, die; -: *unbescheidene Art.*

un|be|schol|ten ⟨Adj.⟩ [mhd. *unbescholten,* eigtl. negiertes adj. 2. Part. zu: *beschelten,* ahd. *biscëltan* = schmähend herabsetzen]: *auf Grund eines einwandfreien Lebenswandels frei von öffentlichem, herabsetzendem Tadel; integer* (1): es waren alles gutbeleumdete und -e Leute; der bisher -e Angeklagte und -es (*unberührtes* 1 c *u. daher einen untadeligen Ruf genießendes*) *Mädchen;* Ich bin friedliebend und u. (Handke, Kaspar 68); **Un|be|schol|ten|heit**, die; -: *das Unbescholtensein;* **Un|be|schol|ten|heits|zeug|nis**, das: *Zeugnis über jmds. Unbescholtenheit.*

un|be|schrankt ⟨Adj.⟩: *nicht beschrankt:* ein -er Bahnübergang.

un|be|schränkt [auch: --'-] ⟨Adj.⟩: *nicht be-, eingeschränkt:* -e Kommandogewalt haben; ich war nicht gesonnen, auf Pas Liebschaften u. Rücksicht zu nehmen

Unbeschränktheit

(Muschg, Gegenzauber 285); **Un|be|schränkt|heit** [auch: - -'- -], die; -: *das Unbeschränktsein.*
un|be|schreib|lich [auch: '- - - -] ⟨Adj.⟩: **a)** *nicht zu beschreiben* (2): eine -e Empfindung, Stimmung; Es ist ein -es ... Blaugrau (Borchert, Geranien 40); es erging mir ganz u. (geh.; *auf eine nicht zu beschreibende Weise schlimm;* Th. Mann, Zauberberg 432); **b)** *in seiner Außerordentlichkeit nicht zu beschreiben* (2), *sehr groß, sehr stark:* ... was jedesmal ein -es Drunter und Drüber zur Folge hatte (Th. Mann, Krull 24); eine -e Angst erfaßte ihn; sie war u. *(überaus)* schön; sich u. *(über die Maßen)* freuen; Ich nahm mich u. zusammen (Rilke, Brigge 68); **Un|be|schreib|lich|keit** [auch: '- - - - -], die; -: *das Unbeschreiblichsein;* **un|be|schrie|ben** ⟨Adj.⟩: *nicht beschrieben* (1): -e Seiten.
♦ **un|be|schrie|en, un|be|schrien** ⟨Adj.⟩ [eigtl. = ohne, daß jmd. schreit, ruft]: *unbemerkt:* ... holte das Schwein und trug es unbeschrien fort (Hebel, Schatzkästlein 26); die andern (= Schuhe) aber nimm und stell sie unterwegs an eine Straße, u. unbeschrien, wo niemand zusieht (Mörike, Hutzelmännlein 117).
un|be|schützt ⟨Adj.⟩: *ohne Schutz* (1): Sie hatte ja niemand, eine Frau allein, u. (Gaiser, Schlußball 95).
un|be|schwert ⟨Adj.; -er, -este⟩: *sich frei von Sorgen fühlend, nicht von Sorgen bedrückt:* ein -es Gewissen; eine -e Kindheit; es ist Heinrich Manns menschlichstes Buch, u. *(von Unbeschwertheit zeugend)* und anmutig (Reich-Ranicki, Th. Mann 132); u. leben; Die Turnerschar ... zeigte u. ihr Können (Saarbr. Zeitung 28. 12. 79, 21); **Un|be|schwert|heit**, die; -: *das Unbeschwertsein.*
un|be|seelt ⟨Adj.⟩: *keine Seele besitzend:* ein -es Wesen.
un|be|se|hen [auch: '- - - -] ⟨Adj.⟩: *ohne etw. [genau] angesehen, geprüft zu haben:* die -e Hinnahme einer Entscheidung; das kannst du u. verwenden, kaufen; ... nahm der Fuhrunternehmer einen der Scheine und ließ ihn u. in der Hosentasche verschwinden (Prodöhl, Tod 219); ... von dem kleinen Haus ..., das ich ... noch von Deutschland aus u. gemietet ... habe (Hofmann, Fistelstimme 6); Das glaube ich, daß du froh wärst, die ... loszuwerden, u. *(ohne zu zögern)* glaube ich dir das! (Fallada, Jeder 16); Erfaßt werden auch Vermittlungstätigkeiten u. gemeinnütziger Organisationen, u. *(unabhängig davon),* ob ihre Dienste entgeltlich oder gratis sind (NZZ 25. 12. 83, 17).
un|be|setzt ⟨Adj.⟩: *[noch] nicht besetzt* (bes. 2, 3, 4).
un|be|sieg|bar [auch: '- - - -] ⟨Adj.⟩: *nicht zu besiegen* (a): eine -e Armee, Mannschaft; der Gegner glaubte sich u.; nur mit uns, mit der Kirche, nicht gegen sie, ist der Faschismus u. (Hochhuth, Stellvertreter 21); **Un|be|sieg|bar|keit** [auch: '- - - - -], die; -: *das Unbesiegbarsein;* **un|be|sieg|lich** [auch: '- - - -] ⟨Adj.⟩ (seltener): *unbesiegbar:* Dabei war er wie im Rausch und fühlte sich u. (Reinig, Schiffe 132); **Un|be|sieg|lich|keit** [auch: '- - - - -], die; - (seltener): *Unbe-*

siegbarkeit; **un|be|siegt** [auch: '- - -] ⟨Adj.⟩: *nicht besiegt* (a): die noch, bisher -e Mannnschaft; ... und diese Lüge hieß: im Felde u. (Ott, Haie 218); Ü Weitere zwei Jahre vergehen, das stolze Matterhorn bleibt u. (Trenker, Helden 58).
un|be|son|nen ⟨Adj.⟩: *nicht besonnen:* ein -er Entschluß; er war jung und u.; **Un|be|son|nen|heit**, die; -, -en: **1.** ⟨o. Pl.⟩ *unbesonnene Art:* ich verfluchte meine jugendliche U. und Pflichtvergessenheit (Fallada, Herr 36); etw. aus U. tun. **2.** *unbesonnene Handlung, Äußerung:* Der Fabrikant hatte sich ... zu -en hinreißen lassen (Feuchtwanger, Erfolg 331).
un|be|sorgt ⟨Adj.⟩: *sich wegen etw. keine Sorgen zu machen brauchend; ohne Sorge:* Seien Sie u., das werden wir regeln (Leonhard, Revolution 122); Da darfst du u. sein, das ist ein starkes Kind (Broch, Versucher 39); außerdem konnte er sich u. auf den Rücken legen, ohne gleich für betrunken u. gehalten zu werden (Becker, Tage 8).
un|be|spannt ⟨Adj.⟩: *nicht bespannt* (2): in einer -en Kutsche (Strittmatter, Der Laden 664).
un|be|spiel|bar [auch: '- - - -] ⟨Adj.⟩ (Sport): *nicht bespielbar* (2): der Platz ist in einem -en Zustand; der Rasen ist u.; **un|be|spielt** ⟨Adj.⟩: *nicht bespielt* (1): eine -e Kassette.
Un|be|stand, der; -[e]s (veraltet): *Unbeständigkeit:* ... der Schönheit kurzes Glück, holdseliger U., ewiger Augenblick! (Th. Mann, Krull 208); ♦ Betrachtungen über den U. aller irdischen Dinge (Hebel, Schatzkästlein 18); Dein Glück ist heute gut gelaunt, doch fürchte seinen U.! (Schiller, Ring des Polykrates); **un|be|stän|dig** ⟨Adj.⟩: **a)** *in seinem Wesen nicht gleichbleibend, oft seine Absichten, Meinungen ändernd:* ein -er Charakter, Liebhaber; er ist sehr u. [in seinen Gefühlen und Neigungen]; **b)** *wechselhaft:* wir hatten die letzten Wochen sehr -es Wetter; das Glück ist u.; **Un|be|stän|dig|keit**, die; -: *das Unbeständigsein:* ... eine Gemeinschaft ... sittlicher Persönlichkeiten ..., die ... wider die U. der niederen Natur kämpfe (Musil, Mann 1054).
un|be|stä|tigt [auch: - -'- -] ⟨Adj.⟩: *nicht bestätigt* (1 a): inoffiziell: nach [bisher] -en Meldungen ...
un|be|stech|lich [auch: '- - - -] ⟨Adj.⟩: **a)** *nicht bestechlich:* ein [absolut] -er Beamter; Unbestechlicher Wachhund ... zu verk. (Saarbr. Zeitung 12./13. 7. 80, 27/29); er erwies sich als, war u.; **b)** *keiner Beeinflussung erliegend; sich durch nichts täuschen lassend:* ein -er Kritiker; eine -e Wahrheitsliebe; dieser -e, eine protestantisch harte Gewissensmensch (St. Zweig, Fouché 22); sie war [in ihrem Urteil] u.; Ü Der Gipskopf sah dürftig aus im -en Tageslicht (Hahn, Mann 106); Eine Kamera ist u.; sie sieht mehr als unser träges Auge (Konsalik, Promenadendeck 154); **Un|be|stech|lich|keit** [auch: '- - - - -], die; -: *das Unbestechlichsein:* Bundesgerichtshof und Bundesverfassungsgericht ... arbeiten mit einer beispielhaften U. (Augstein, Spiegelungen 15).
un|be|stimm|bar [auch: '- - - -] ⟨Adj.⟩:

nicht genau zu bestimmen (3): eine -e Pflanze; eine Frau -en Alters; in einer -en, für den Verstand grundlosen Zuversicht (Seghers, Transit 265); Irgendwo, in einer -en Ferne und Höhe ... (Hesse, Steppenwolf 202); Das Universum ist unbestimmt u. bis zum nebensächlichsten Elektron (Stories 72 [Übers.], 68); **Un|be|stimm|bar|keit** [auch: '- - - - -], die; -: *das Unbestimmbarsein;* **un|be|stimmt** ⟨Adj.; -er, -este⟩: **a)** *nicht bestimmt* (I, 1 b): Er sah sie hilflos und mit -em Mißtrauen an (H. Mann, Unrat 68); Die ... Frontkommuniqués waren ... äußerst u. gehalten (Leonhard, Revolution 101); **b)** *sich [noch] nicht bestimmen, festlegen lassend:* in einer -en, fernen Zukunft (Fraenkel, Staat 166); ein junger Mann -en Alters: ... kam dann ein Mann zu mir auf -e Zeit zur Arbeit (Wimschneider, Herbstmilch 90); ... rammte der 50jährige Gendarm Alois Thaller mit seinem Pkw frontal den Bus und wurde -en Grades verletzt (Neue Kronen Zeitung 3. 8. 84, 9); ... so, daß es gewissermaßen u. blieb, ob ich nun eigentlich blond oder brünett ... sei (Th. Mann, Krull 17); **c)** (Sprachw.) *Unbestimmtheit ausdrückend:* -er Artikel; -es Zahlwort; -es Fürwort *(Indefinitpronomen);* **Un|be|stimmt|heit**, die; -, -en: **1.** ⟨o. Pl.⟩ *das Unbestimmtsein* (a, b). **2.** *etw. Unbestimmtes;* **Un|be|stimmt|heits|re|la|ti|on**, die; -, -en (Physik): *Unschärferelation.*
un|be|streit|bar [auch: '- - - -] ⟨Adj.⟩: *sich nicht bestreiten* (1 a) *lassend:* eine -e Tatsache; seine Fähigkeiten sind u.; es ist u., daß ...; es zeigte sich u. ein neuer Trend; ... hörte ich einen u. tüchtigen Manager ... allen Ernstes sagen ... (W. Brandt, Begegnungen 580); **un|be|strit|ten** [auch: - -'- -] ⟨Adj.⟩: **a)** *nicht von jmdm. bestritten* (1 a): eine -e Tatsache; u. ist, daß ...; ... so ist doch der Einfluß des Waldes auf das Festhalten ... der Niederschläge u. (Mantel, Wald 33); er ist u. einer unserer fähigsten Leute; ein u. hochgiftiger Stoff; **b)** *jmdm. von niemandem streitig gemacht:* -e Rechte; ... indem die -en Ansprüche der Kriegsopfer ... beschnitten werden (Bundestag 189, 1968, 10266); **c)** *nicht umstritten:* im Wohlfahrtsausschuß ist er -er *(unangefochtener)* Herr (Sieburg, Robespierre 17); ... ist das neue Schulgesetz in der öffentlichen Diskussion nicht u. (NZZ 29. 4. 83, 24); **un|be|strit|te|ner|ma|ßen** ⟨Adv.⟩ (bes. schweiz.): *unbestritten:* Auch wenn die Staatsaufgaben u. zugenommen haben (NZZ 24. 8. 83, 26).
un|be|strumpft ⟨Adj.⟩: *ohne Strümpfe [zu tragen]:* Schwarzblaue Krampfadern schienen ihre -en Beine zu spreizen (Fels, Sünden 29); nicht u. herumlaufen.
un|be|tei|ligt [auch: - -'- -] ⟨Adj.⟩: **1.** *innerlich nicht beteiligt, desinteressiert:* ein -er Zuschauer; ... sagte er in seiner sachlichen und ein wenig -en Art (Apitz, Wölfe 29); Schon ... vor zweitausend Jahren hatte ein Arzt nicht anders ausgesehen ..., derselbe aufmerksame, genaue, zugleich -e Blick ... (Seghers, Transit 85); Ist Christus nicht geradezu schauerlich abwesend u.? (Thielicke, Ich glaube 249); Arlecq gab sich u. (Fries, Weg 126); die

meisten blieben [merkwürdig] u.; u. dabeistehen. **2.** *sich nicht [als Mittäter] beteiligt habend:* er war an dem Mord u.; ⟨subst.:⟩ man hatte offensichtlich einen Unbeteiligten verhaftet; **Un|be|tei|ligt|heit** [auch: – –'– – –], die; -: *das Unbeteiligtsein.*

un|be|tont ⟨Adj.⟩: *nicht betont:* -e Silben.

un|be|trächt|lich [auch: – – –'– – –] ⟨Adj.⟩: *in keiner Weise beträchtlich:* für nicht -e Teile des Hörerpublikums (NZZ 14. 4. 85, 21); Die Summe, die Sie mir schulden, ist u. (Seghers, Transit 268); Nicht u. ist die Leistungskraft der einzelnen Baukombinate (NNN 28. 9. 87, 5); ... hatte sich der Kommissar nicht entschließen können, den Fall ... als u. anzusehen (Fallada, Jeder 211); **Un|be|trächt|lich|keit** [auch: – – –'– – –], die; -: *das Unbeträchtlichsein.*

un|be|tret|bar ⟨Adj.⟩: *nicht betretbar:* Über schwarzgrünen, -en Wäldern ... (Ransmayr, Welt 196); ein ... von ... einem -en Sumpfgürtel umgebenes Düwelsnest (Zeller, Amen 8); ja es (= das Bad) ist u., sogar in Straßenschuhen (Wohmann, Irrgast 47).

un|beug|bar [auch: '– – –] ⟨Adj.⟩ (Sprachw.): *indeklinabel;* **un|beug|sam** [auch: –'– – –] ⟨Adj.⟩: *sich keinem fremden Willen beugend; sich nicht durch jmdn. in seiner Haltung beeinflussen lassend:* ein -er Verfechter dieser Idee; er war ein Mann von -em Rechtssinn; An beiden Beinen gelähmt ..., aber geistig von -er Entschlossenheit ... (St. Zweig, Fouché 38); Inzwischen waren mit -er Zähigkeit die Zeichen der portugiesischen Hoheit ... aufgepflanzt worden (Schneider, Leiden 15); u. an etw. festhalten; **Un|beug|sam|keit** [auch: –'– – –], die; -: *unbeugsame Art:* Er mußte der preußischen U. die österreichische Verbindlichkeit entgegensetzen (Kirst, 08/15, 125).

un|be|wacht ⟨Adj.⟩: *nicht bewacht:* ein -er Parkplatz; Die beiden wurden ... an einem -en Strandabschnitt von der Strömung erfaßt und ertranken (MM 20./21. 8. 66, 11); in einem -en Augenblick (in einem Augenblick, wo es niemand sah) nahm er Geld aus der Kasse; sie ließen die Zöglinge u.

un|be|waff|net ⟨Adj.⟩: *nicht bewaffnet:* -e Zivilisten; der Einbrecher war u.; etw. mit -em Auge (veraltend scherzh.: *ohne Fernglas*) erkennen.

un|be|wäl|tigt [auch: – –'– –] ⟨Adj.⟩: *nicht bewältigt:* ein -es Problem; -e Konflikte; ... bis hin zu den Nationalisten mit der -en Vergangenheit (Dönhoff, Ära 201); Unbewältigte Konflikte ... führen ... zu Störungen in der Weiterentwicklung des Kindes (Heiliger, Angst 110); ⟨subst.:⟩ Doch spürte sie wohl, wieviel Unbewältigtes er in die neue Verbindung brachte (Strauß, Niemand 51).

un|be|weg|lich [auch: – – –'– –] ⟨Adj.⟩: **1. a)** *sich nicht ¹bewegend* (1 b): Die Häuser schwiegen, und die Luft war u. (Jahnn, Nacht 7); u. [da]stehen, [da]sitzen; **b)** *sich nicht ¹bewegen* (1 a) *lassend:* ein -es [Maschinen]teil; -e Sachen *(Immobilien);* das bei dem Unfall verletzte Gelenk blieb u. **2.** *(vom Gesichtsausdruck o. ä.) sich nicht verändernd:* sie sahen mit -em Blick an; Ihr strenges ... Gesicht ... war u., aber ihr Busen hob und senkte sich in Beschleunigung (Th. Mann, Krull 431). **3.** *nicht beweglich:* er ist [geistig] u.; Immer die Fischer, die ist u., alt mit fünfunddreißig ... (Loest, Pistole 172). **4.** *(von Feiertagen, Festen) an ein festes Datum gebunden:* Weihnachten gehört zu den -en Festen; **Un|be|weg|lich|keit** [auch: – –'– – –], die; -: *das Unbeweglichsein* (1-3); **un|be|wegt** ⟨Adj.; -er, -este⟩: **1.** *nicht ¹bewegt* (1 a): -es Wasser; u. [da]stehen; die See lag malerisch und u., und es war unheimlich still ringsum (Rehn, Nichts 64). **2.** *(vom Gesichtsausdruck o. ä.) unverändert:* mit -er Miene zusehen; Mein Vater saß mit -em Gesicht in seiner Bank (Wimschneider, Herbstmilch 44); Der eine von ihnen ... sah unter starken, kohlschwarzen Brauen u. vor sich hin (Langgässer, Siegel 137).

un|be|wehrt ⟨Adj.⟩: **1.** (veraltend) *nicht bewehrt* (1). **2.** (Bauw., Technik) *nicht bewehrt* (2).

un|be|weibt ⟨Adj.⟩ (ugs. scherzh.): *nicht beweibt; als Mann unverheiratet:* er ist immer noch u.; ein Trinker, u. seit seinem langjährigen Anstaltsaufenthalt (Fels, Kanakenfauna 54).

un|be|weis|bar [auch: '– – – –] ⟨Adj.⟩: *nicht beweisbar:* -e Annahmen, Behauptungen, Thesen; Amanda hat den Kopf voll von Vermutungen, die alle u. sind (Becker, Amanda 73); **un|be|wie|sen** ⟨Adj.⟩: **1.** *nicht bewiesen* (1): eine -e Hypothese; etw. für u. halten; Die Begründung ... ist ebenso naßforsch wie u. (Hamburger Abendblatt 30. 5. 79, 16). **2.** (selten) *seine Fähigkeiten noch nicht bewiesen habend:* der noch -e ... Anfänger (K. Mann, Wendepunkt 147).

un|be|wirt|schaf|tet [auch: '– – – – –] ⟨Adj.⟩: *nicht bewirtschaftet.*

un|be|wohn|bar [auch: '– – – –] ⟨Adj.⟩: *nicht bewohnbar:* Ein Zimmer ... war durch einen Hornissenschwarm u. geworden (Ransmayr, Welt 219); Kuwait ist praktisch u. Es brennen etwa 600 bis 900 Ölquellen (natur 5, 1991, 3); **un|be|wohnt** ⟨Adj.⟩: *nicht bewohnt:* eine -e Insel; das Haus ist seit Monaten u.

un|be|wußt ⟨Adj.⟩ [frühnhd. unbewist, mniederd. unbewust = unbekannt, nicht wissend]: **a)** *nicht bewußt* (1 c): -e seelische Vorgänge; das -e Denken, Handeln; ein -er Wunsch nach dem Verschlungenwerden (Graber, Psychologie 59); „Große Künstler schaffen u.", meinte er (Dürrenmatt, Grieche 11); **b)** *nicht ins Bewußtsein (des Betreffenden) tretend, (dem Betreffenden) nicht bewußt [werdend]:* -e Sehnsucht nach etw.; u. etw. tun; u. genau das Richtige getan; ♦ So war ich denn allein mit der kleinen Elise, die u. ihres Waisentums und des unbehüllflichen Pflegevaters auf Marthas Schoß tanzte (Raabe, Chronik 51); **c)** *nicht bewußt* (1 a): ein -er Versprecher; ... wie falsch berichtet wurde – bewußt oder u. – weiß nicht (Spiegel 18, 1977, 124); **Un|be|wußt|e,** das; -n (Psych.): *(in der Psychoanalyse) hypothetischer Bereich nicht bewußter* (1 c) *psychischer Prozesse, die bes. aus Verdrängtem bestehen; das Verhalten beeinflussen können:* Träume gehen vom -n aus; das kollektive U. (*das Unbewußte, das überindividuelle menschliche Erfahrungen enthält;* nach C. G. Jung); **Un|be|wußt|heit,** die; -, -en: **1.** ⟨o. Pl.⟩ *das Unbewußtsein:* ... als eine Nachlässigkeit, wie die Betagtheit sie sich entweder bewußt ... gestattet oder in ehrwürdiger U. mit sich bringt (Th. Mann, Zauberberg 39). **2.** *etw. Unbewußtes, etw. dem Bereich des Unbewußten Angehörendes:* ... um der Neigung zum Untertauchen in neuen -en ... zu begegnen (Sloterdijk, Kritik 155).

un|be|zahl|bar [auch: '– – – –] ⟨Adj.⟩: **1.** *so teuer, daß man es gar nicht bezahlen* (1 a) *kann:* diese Mieten sind [für die meisten] u. **2. a)** *so kostbar u. wertvoll, daß die betreffende Sache gar nicht mit Geld aufzuwiegen ist:* -e Kunstschätze; ein -er archäologischer Fund; Was Schmieding zwischen New York und Los Angeles an Facts sammelte, ist laut Unterhaltungschef Peter Gerlach „schlicht u." (Hörzu 47, 1974, 59); **b)** (ugs. scherzh.) *für jmdn. von unersetzlichem Wert:* er ist [mit seinem Humor] einfach u.!; meine alte Kamera ist u.; **Un|be|zahl|bar|keit** [auch: '– – – – –], die; -: *das Unbezahlbarsein;* **un|be|zahlt** ⟨Adj.⟩: **a)** *nicht bezahlt* (1): eine -e Ware; -e Überstunden; -er Urlaub *(zusätzlicher Urlaub, der vom Lohn abgezogen wird);* **b)** *nicht bezahlt* (3): -e Rechnungen.

un|be|zähm|bar [auch: '– – – –] ⟨Adj.⟩: *sich auf Grund seiner Intensität o. ä. nicht bezähmen lassend:* eine -e Neugier; ein -er Heißhunger; Selbst wenn die deutsche Friedensbewegung von dem -en Friedenswillen besessen wäre, den sie propagiert ... (Pohrt, Endstation 139); Seine Abneigung gegen Renegaten, Spätbekehrte und Übereifrige ist u. (Sieburg, Robespierre 131); **Un|be|zähm|bar|keit** [auch: '– – – – –], die; -: *das Unbezähmbarsein.*

un|be|zwei|fel|bar [auch: '– – – – –] ⟨Adj.⟩: *nicht zu bezweifeln:* eine -e Tatsache; die -e Wahrheit; es ist u., daß ...; Nur in einem Punkt hast du recht, u. recht (Erné, Kellerkneipe 127).

un|be|zwing|bar [auch: '– – – –], ⟨häufiger:⟩ **un|be|zwing|lich** [auch: '– – – –] ⟨Adj.⟩: **a)** *sich nicht bezwingen lassend:* die Festung schien u.; ... vor jenen ... Felsgebilden, den Vajolettürmen, von denen damals ... noch die ganze Bergsteigerwelt überzeugt war, daß sie für ewige Zeiten unbezwingbar seien (Trenker, Helden 92); **b)** *als Gefühl, Vorgang o. ä. in jmdm. nicht zu unterdrücken:* ... so befiel mich wohl eine unbezwingliche Trauer und Sehnsucht (Th. Mann, Krull 31); Ich fühlte schon eine unbezwingliche Lust (Kesten, Geduld 6).

Un|bil|den ⟨Pl.⟩ [älter Ungebild(e) ⟨Sg.⟩] (mhd. unbilde = Unrecht, ahd. unpilide = Unförmigkeit, eigtl. = was nicht zum Vorbild taugt, wohl zu mhd. unbil, ↑Unbill] (geh.): *sehr unangenehme Auswirkungen einer Sache:* Eine königliche Zeit nebst diversen anderen ... U. wurde dem italienischen Gemeinwesen gleich darauf vorausgesagt (Südd. Zeitung 22. 10. 85, 1); die U. des Wetters ertragen müssen; Betonplatten ... werden

Unbildung 3550

ins Meer gerissen. Trotzdem hält die Mole den U. stand (NNN 2. 10. 86, 3); Ein netter Kerl, dieser „Vater der Erwerbslosen" ..., der die U. einer Ehe floh (Lynen, Kentaurenfährte 345); **Un|bildung**, die; -: *Mangel an Bildung* (1 b): etw. verrät jmds. U.; etw. aus U. sagen; Schwester Fanny schaut verzweifelt ob der brüderlichen U. zur Decke ... (Fr. Wolf, Menetekel 21); das ist ein Zeichen von U.; **Un|bill**, die; -, (veraltet, noch österr. auch:) der od. das; -s [urspr. schweiz., subst. aus mhd. unbil = ungemäß; verw. mit ↑billig, ↑Bild] (geh.): *üble Behandlung; Unrecht; etw. Übles, was jmd. zu ertragen hat:* alle U. des Krieges; ... da kommt auf die Baubehörde ... schon neue U. zu: Auch beim Bau des neuen ... Landtages sind die Kosten ins Galoppieren geraten (Bremer Nachrichten 20. 5. 85, 3); U. von jmdm., vom Schicksal zu leiden haben; So wäre er wahrscheinlich allem U. zum Trotz doch für sein Lebetag in dem ersten Stockwerk sitzen geblieben, wenn ... (Fussenegger, Haus 64); ... wenn er nur sich rächen und für wirkliche oder eingebildete U. heimzahlen könnte (Maass, Gouffé 337); ... waren die Klöster die einzigen Stätten, in denen der Mensch, unbeirrt und unbedrängt von der U. einer mörderischen Gegenwart, sich in die Geheimnisse der Religion versenken ... konnte (Thieß, Reich 433); daß er ... einer gewissen U. wegen, die ihm widerfahren war, den Vorfall subjektiv übersteigerte (NZZ 9. 12. 82, 30); **un|bil|lig** ⟨Adj.⟩ [mhd. unbillich = unrecht, unschicklich, gewalttätig]: **a)** (Rechtsspr., sonst veraltend) *nicht billig* (3): -e Forderungen; Anderseits ist es u., von einem freiberuflich Tätigen ... größere Opfer zu verlangen als von einem Beamten (NZZ 25. 8. 83, 3); ♦ **b)** *nicht billig* (1), *überhöht*: Ich mußte ein Paar neue Stiefel anschaffen ... Ich wählte und handelte lange. Ich mußte auf ein Paar neue, die ich gern gehabt hätte, Verzicht leisten; mich schreckte die -e Forderung (Chamisso, Schlemihl 69); **Un|bil|lig|keit**, die; -, -en (Rechtsspr., sonst veraltend): **1.** ⟨o. Pl.⟩ *Eigenschaft, unbillig* (a) *zu sein.* **2.** *etwas, was unbillig* (a) *ist:* soweit ... die Leistung ... zur Vermeidung einer groben U. erforderlich ist (Straßenverkehrsrecht, PflversG 250).

un|blu|tig ⟨Adj.⟩: **1.** *ohne Blutvergießen erfolgend; ohne daß bei einer Auseinandersetzung Blut fließt:* ein -er Putsch; die Säuberung verlief u.; das Geiseldrama endete u.; Da gibt es heute glattere, kältere Methoden. So etwas wird heute im Geschäftsleben vom Schreibtisch aus u. erledigt (Spiegel 40, 1974, 49). **2.** (Med.) *ohne Schnitt ins Gewebe u. daher ohne Blutverlust:* ein -er Eingriff; Die -e Zertrümmerung von Nierensteinen durch Stoßwellen hat sich durchgesetzt (Spiegel 17, 1986, 229).

un|bot|mä|ßig ⟨Adj.⟩ (oft scherzh. od. iron.): *aufsässig, sich nicht so verhaltend, wie es [von der Obrigkeit] gefordert wird:* -e Untertanen; eine -e Kritik; Wer ... sich gar gegen die Polizei u. zeigt, wird ohne gerichtliche Untersuchung mit drei Monaten Haft rechnen müssen (MM 25. 8. 69, 2); **Un|bot|mä|ßig|keit**, die; -: *das Unbotmäßigsein:* die Faschisten haben ihm den Lehrstuhl weggenommen wegen U. (Johnson, Mutmaßungen 76).

un|brauch|bar ⟨Adj.⟩: *nicht brauchbar:* Die -en Salze werden auf Halden getürmt (natur 2, 1991, 55); Nie zuvor hatte ihre Arbeit zu einem derart -en Ergebnis geführt (Strauß, Niemand 160); Einen gewissen Wert haben die alten Texte in der Festigung der Moralgesetze, zur Deutung der Natur sind sie u. (Stern, Mann 30); **Un|brauch|bar|keit**, die; -: *das Unbrauchbarsein.*

un|brenn|bar [auch: '- - -] ⟨Adj.⟩: *nicht brennbar:* der Rauchfang ..., aus einem -en, sozusagen geselterten Holz! (Brandstetter, Altenehrung 37).

un|brü|der|lich ⟨Adj.⟩: *nicht brüderlich.*

un|bunt ⟨Adj.⟩: *nicht bunt* (1).

un|bür|ger|lich ⟨Adj.⟩: *nicht bürgerlich* (2 a): Liesbeth hatte bei der Werkleitung erfolgreich auf seinen ... -en Lebenswandel aufmerksam gemacht (Schnurre, Schattenfotograf 180).

un|bü|ro|kra|tisch ⟨Adj.⟩: *nicht bürokratisch:* -e Hilfe; ein -es Vorgehen; jmdm. u. helfen; jmdm. u. eine Genehmigung erteilen; nur hier geht es ähnlich u. und gleichwohl ebenso legal zu wie im schottischen Eheparadies (Hörzu 29, 1973, 8).

un|buß|fer|tig ⟨Adj.⟩ (christl. Rel.): *nicht bußfertig:* ein -er Mensch; u. sterben; Wollte Kleist bedeuten, daß Gnade dem versagt bleiben muß, der ihrer nicht würdig ist, wer u. auf seinem „Recht" beharrt (NJW 19, 1984, 1068); **Un|buß|fer|tig|keit**, die; -: *das Unbußfertigsein.*

un|cha|rak|te|ri|stisch ⟨Adj.⟩: *nicht charakteristisch.*

un|char|mant ⟨Adj.; -er, -este⟩: *nicht charmant:* wenn Sie pausenlos weinen, wirken Sie u. (Maron, Überläuferin 91).

un|christ|lich ⟨Adj.⟩: *nicht christlich* (b): -er Haß; jedenfalls hörte ich seine Schritte nicht mehr, dafür aber sein sich entfernendes -es Fluchen (Stern, Mann 91); sich u. verhalten; **Un|christ|lich|keit**, die; -: *das Unchristlichsein.*

Un|cle Sam [ˈʌŋkl 'sæm; engl., wohl nach der scherzh. Deutung von U. S. (= United States) als Abk. für: Uncle Sam = Onkel Sam(uel)] (scherzh.): *die amerikanische Regierung, der amerikanische Staat:* Ich bin davon überzeugt, daß U.S. dabei seine Ohr gehauen worden ist (MM 20. 5. 1975, 14); Als Presley U. S. Uniform endlich an den Nagel hängen konnte (Hörzu 43, 1970, 41).

un|cool ⟨Adj.⟩ (salopp, bes. Jugendspr.): *nicht cool.*

und ⟨Konj.⟩ [mhd. und(e), ahd. unta, unti, H. u.]: **1. a)** *verbindet nebenordnend einzelne Wörter, Satzteile u. Sätze; kennzeichnet eine Aufzählung, Aneihung, Beiordnung od. eine Anknüpfung:* du u. ich; gelbe, rote u. grüne Bälle; Auf diesen Postkarten waren nackte Mädchen abgebildet, alle zart u. weiß wie Marzipan (Lentz, Muckefuck 100); Äpfel u. Birnen; Männer u. Frauen; ein Hauch von Heimat u. Vertrautheit umgab den Eintretenden (Zwerenz, Quadriga 50); sie traf ihren Chef u. dessen Frau; essen u. trinken; von u. nach Berlin; Tag u. Nacht; Damen- u. Herrenfriseur; ihr geht zur Arbeit, u. wir bleiben zu Hause; ich nehme an, daß sie morgen kommen u. daß sie helfen wollen; Peter ... war vom Ortspastor zum Theologiestudium ausersehen u. in eine Pastorenschule geschickt worden (Kühn, Zeit 55); ⟨mit Inversion⟩ (veraltet:) wir haben uns sehr darüber gefreut, u. danken wir Dir herzlich; in formelhaften Verknüpfungen: ähnliches; u. [viele] andere [mehr]; u. dergleichen; u. so fort/weiter (Abk.: usf./usw.); u., u., u. (ugs. emotional; *und dergleichen mehr*); bei Additionen zwischen zwei Kardinalzahlen: drei u. *(plus)* vier ist sieben, **b)** *verbindet Wortpaare, die Unbestimmtheit ausdrücken:* aus dem u. dem/jenem Grund; um die u. die Zeit; er sagte, er sei der u. der; **c)** *verbindet Wortpaare u. gleiche Wörter u. drückt dadurch eine Steigerung, Verstärkung, Intensivierung, eine stetige Fortdauer aus:* sie kletterten hoch u. höher; das Geräusch kam näher u. näher; Das nimmt u. nimmt kein Ende (Spiegel 8, 1976, 38); es regnete u. regnete; diese Schwindler kassieren u. kassieren (M. Walser, Pferd 85); es fuhr kein Bus. Wir stehen u. stehen (Schädlich, Nähe 193); es dauert u. dauert (Spiegel 32, 1978, 71); es würd' ja auch Millionen u. Millionen kosten (Danella, Hotel 310). **2. a)** *verbindet einen Hauptsatz mit einem vorhergehenden; kennzeichnet ein zeitliches Verhältnis, leitet eine erläuternde, kommentierende, bestätigende o. ä. Aussage ein, schließt eine Folgerung od. einen Gegensatz, Widerspruch an:* sie rief u. alle kamen; die Arbeit war zu Ende, u. deshalb freute sie sich sehr; er hielt es für richtig, u. das war es auch; elliptisch, schließt eine Folgerung an: noch ein Wort, u. du fliegst raus!; elliptisch, verknüpft meist ironisch, zweifelnd, abwehrend o. ä. Gegensätzliches, unvereinbar Scheinendes: er u. hilfsbereit!; ich u. singen?; Ich kann nur krächzen (Becker, Tage 62); leitet einen ergänzenden, erläuternden o. ä. Satz ein, der durch einen Infinitiv mit „zu", seltener durch einen mit „daß" eingeleiteten Gliedsatz ersetzt werden kann: sei so gut u. hilf mir; tu mir den Gefallen u. halt den Mund!; **b)** *leitet einen Gliedsatz mit der einräumenden, seltener auch bedingenden Charakter hat:* du mußt es tun, u. fällt es dir noch so schwer; er fährt, u. will er nicht, so muß man ihn zwingen; **c)** *leitet, oft elliptisch, eine Gegenfrage ein, mit der eine ergänzende, erläuternde o. ä. Antwort gefordert od. durch die eine gegensätzliche Meinung kundgetan wird:* „Das muß alles noch weggebracht werden." – „Und warum?"; „Die Frauen wurden gerettet." – „Und die Kinder?"

Un|dank, der; -[e]s [mhd. undanc] (geh.): *undankbares, keinerlei Anerkennung zeigendes Verhalten:* das ist empörender, krasser U.; für seine Hilfe hat er nur U. geerntet; Spr U. ist der Welt Lohn *(man darf nie mit Dankbarkeit rechnen);* **un|dank|bar** ⟨Adj.⟩ [mhd. undancbære]: **1.** *nicht dankbar* (1): ein -er Mensch, Freund; sei nicht so u.!; es wäre u., ihnen

jetzt nicht auch beizustehen. **2.** *aufzuwendende Mühe, Kosten o. ä. nicht rechtfertigend, nicht befriedigend; nicht lohnend:* eine -e Aufgabe, Arbeit; ein -es Geschäft; Ich kam mir nun wie ein Laufbursche vor, eine -e Rolle (Hörzu 37, 1975, 26); Ich habe immer die -en *(viel Mühe erfordernden, aber doch nichts einbringenden)* Jobs gehabt (Kicker 6, 1982, 18); solche Ehrenämter sind immer u.; Algerien ist sicher ein -er *(unangenehmer, unersprießlicher)* Gegner (Kicker 6, 1982, 31); ein -er *(viel Mühe erfordernder, aber doch keinen Nutzen, keinen Lohn, keine Befriedigung bringender)* vierter Platz; **Un|dank|bar|keit,** die; - [mhd. undancbærkeit]: **1.** undankbare (1) Haltung, Empfindung; *das Undankbarsein.* **2.** undankbare (2) Beschaffenheit, Art.
un|da|tiert ⟨Adj.⟩: *ohne Datierung* (1 b).
Un|da|ti|on, die; - [spätlat. undatio = das Wellenschlagen, zu lat. undare = Wellen schlagen, zu: unda = Welle] (Geol.): *Hebung bzw. Senkung der Erdkruste bei der Epirogenese.*
un|de|fi|nier|bar [auch: '- - - - -] ⟨Adj.⟩: *sich nicht, nicht genau bestimmen, festlegen lassend; so beschaffen, daß eine genaue Bestimmung, Identifizierung nicht möglich ist:* -e Laute, Geräusche; eine -e Angst; ein -es Gefühl; so 'ne Art Buletten mit -em Inhalt (Danella, Hotel 37); gescheiteltes Haar von -er Farbe (Chr. Wolf, Himmel 170); die Farbe des Stoffes ist u.; der Kaffee war, schmeckte u. (abwertend; *nicht ganz einwandfrei*); **un|de|fi|niert** ⟨Adj.⟩: *nicht definiert; nicht erklärt, festgelegt:* -e Begriffe.
un|de|kli|nier|bar [auch: - - - '- -] ⟨Adj.⟩ (Sprachw.): *indeklinabel.*
un|de|mo|kra|tisch [auch: '- - - - -] ⟨Adj.⟩: **1.** *nicht demokratisch:* Mit der Türkei wird 1986 erstmals ein -es Land Mitglied der Europäischen Gemeinschaft (Vorwärts 17. 5. 84, 19); die (1956 vom Bundesverfassungsgericht ... als u. verbotene) KPD (Fraenkel, Staat 248). **2.** *nicht demokratisch* (2): eine -e Haltung, Entscheidung, Methode; u. vorgehen.
un|denk|bar ⟨Adj.⟩: *sich der Vorstellungskraft entziehend; jmds. Denken, Vorstellung von etw. nicht zugänglich:* man hielt es für u., daß so etwas geschehen könnte; Daß sich unsere sowjetischen Genossen irren, ist für mich völlig u. (Bieler, Bär 211); so etwas wäre früher u. gewesen; **un|denk|lich** ⟨Adj.⟩: *nur in den Fügungen* **seit, vor -er Zeit/-en Zeiten** (↑ Zeit 4).
Un|der|co|ver|agent ['ʌndəkʌvə...], der; -en, -en [engl. undercover agent, aus: undercover = geheim, Geheim-, eigtl. = unter der Decke, u. agent = (Geheim)agent] (Polizeiw. Jargon): *Polizist, der verdeckt ermittelt, der – mit einer Legende (4) versehen – Mitglied einer verdächtigen Organisation, Gruppe o. ä. wird, um sie zu observieren, auszuforschen;* **Un|der|co|ver|agen|tin,** die; -, -nen (Polizeiw. Jargon): w. Form zu ↑ Undercoveragent.
Un|der|dog ['ʌndədɔg], der; -s, -s [engl. underdog, aus: under = unter u. dog = Hund] (bildungsspr.): *[sozial] Benachteiligter, Schwächerer; jmd., der, einem anderen unterlegen ist:* Sebastian beschreibt sich, wenn er von seiner Vergangenheit erzählt, als einen geradezu klassischen U. (Schreiber, Krise 157); **Un|der|dog|ef|fekt,** der: *bes. bei Wahlen beobachtbarer Effekt, daß durch bestimmte Prognosen eine gegenläufige Wirkung hervorgerufen wird* (z. B. durch die Veröffentlichung der Ergebnisse von Wahlumfragen eine höhere Stimmenzahl für die als Verlierer prognostizierte Partei).
un|der|dressed ['ʌndə(r)drɛst] ⟨Adj.⟩ [engl. underdressed, zu: under = unter u. to dress = anziehen] (bildungsspr.): *[für einen bestimmten Anlaß] zu schlecht, nachlässig angezogen, gekleidet.*
Un|der|flow ['ʌndəfloʊ], der; -s, -s [engl. underflow = Unterströmung, eigtl. = das Darunterfließen] (Fachspr.): *(bei einer elektronischen Rechenanlage) das Auftreten eines Zahlenwertes, der kleiner als die vom Rechner darzustellende kleinste Zahl ist.*
Un|der|ground ['ʌndəɡraʊnd], der; -s [engl. underground, aus: under = unter u. ground = Boden, Grund] (bildungsspr.): **1.** Untergrund (4 a). **2.** *künstlerische Bewegung, Richtung, die gegen den etablierten Kulturbetrieb gerichtet ist.* **3.** *Undergroundmusik:* Winnes U. ging ihnen während der ersten Tage auf die Nerven, bis sie lernten, auch dieser Musik zuzuhören (Ossowski, Bewährung 123); **Un|der|ground|film,** der: vgl. Undergroundmusik; **Un|der|ground|li|te|ra|tur,** die: vgl. Undergroundmusik; **Un|der|ground|mu|sik,** die: *dem Underground (2) entstammende Musik.*
Un|der|state|ment [ʌndə'steɪtmənt], das; -s, -s [engl. understatement, aus: under = unter, unterhalb von u. statement = Behauptung, Aussage, Erklärung] (bildungsspr.): *[bewußte] Untertreibung:* Der Stil (vom ausschweifenden Selbstlob bis zum U.) sollte ... kenntlich gemacht werden (Delius, Siemens-Welt 105); Die Bemerkung des Stadtpräsidenten, das Theater habe eine bewegte Geschichte, ist ein U. (NZZ 29. 8. 86, 33).
Un|der|wri|ter ['ʌndəraɪtə], der; -s, - [engl. underwriter, eigtl. = Unterzeichner, zu: to underwrite = unterzeichnen] (Bankw.): *in Großbritannien Bank od. Makler, der bei einer Emission (1 a) einen bestimmten Teilbetrag übernimmt.*
un|deut|bar ⟨Adj.⟩: *nicht deutbar:* Ravics Gesicht war u. (Remarque, Triomphe 180); **un|deut|lich** ⟨Adj.⟩: **a)** *nicht deutlich (a); nicht gut wahrnehmbar, nicht scharf umrissen:* ein -es Foto; eine -e Schrift, Aussprache; Er klopfte noch einmal und hörte eine -e Stimme (Remarque, Triomphe 61); etw. nur u. erkennen; Er sah ihn sehr u. (Böll, Adam 9); **b)** *nicht exakt; ungenau, vage:* eine nur -e Erinnerung, Vorstellung; Ahnungen und Erfüllungen -er, aber drängender Wünsche (Frischmuth, Herrin Umschlag); **Un|deut|lich|keit,** die; -: *das Undeutlichsein.*
un|deutsch ⟨Adj.⟩: **a)** *nicht typisch deutsch:* eine -e Lässigkeit, Leichtigkeit an den Tag legen; **b)** (bes. ns.) *einer Vorstellung von Deutschtum (a) zuwiderlaufend:* -e Kunst, Literatur; Die gemein-

same völkisch-nationalistische Basis bringt Linke und Rechte dazu, einander -e Umtriebe vorzuwerfen (Pohrt, Endstation 127).
Un|de|zi|me, die; -, -n [zu lat. undecimus = der elfte, zu: undecim = elf, zu: unus = einer u. decem = zehn] (Musik): **a)** *elfter Ton einer diatonischen Tonleiter vom Grundton an* (Oktave plus Quarte); **b)** *Intervall von elf diatonischen Tonstufen.*
un|dia|lek|tisch ⟨Adj.⟩: **1.** (Philos.) *der Dialektik (2 a, b) nicht entsprechend, gemäß:* eine -e philosophische Methode, Denkweise. **2.** (bildungsspr.) *zu einseitig, starr, schematisch [vorgehend]:* -es Denken.
un|dicht ⟨Adj.⟩: *nicht dicht* (1 c): eine -e Leitung; ein -es Dach, Fenster; ein -er Verschluß; das Ventil, der Tank, die Kanne ist u.; Ü Eine Sonderkommission untersuchte West-Berlins Polizeinetz auf -e Stellen *(Personen, die vertrauliche od. geheime Informationen weitergeben;* Spiegel 16, 1966, 32); **Un|dicht|heit,** die; -, -en: **1.** ⟨o. Pl.⟩ *das Undichtsein.* **2.** *undichte Stelle:* Kanäle und Schächte, die bereits bei der Verlegung oder später im Betrieb ein U. aufweisen (Presse 30. 3. 84, 15); **Un|dich|tig|keit,** die; -, -en: **1.** ⟨o. Pl.⟩ *das Undichtsein:* Druckluftbremsen und hydraulische Bremsen von Kraftomnibussen müssen auch bei U. an einer Stelle mindestens zwei Räder bremsen können, die nicht auf derselben Seite liegen (Straßenverkehrsrecht, StVZO 164). **2.** *undichte Stelle:* stellt er eine U. fest, so muß er sofort ... (Saarbr. Zeitung 5. 12. 79, 26, 28, 30); -en im Heckbereich der Fließheckversion vermeiden jetzt eine bessere Verklebung der Rückscheibe (ADAC-Motorwelt 3, 1986, 51).
un|dif|fe|ren|ziert ⟨Adj.⟩ (bildungsspr.): **a)** *nicht differenziert:* eine -e Kritik; Mit seinen -en und nicht gerade klugen Worten hat Beckenbauer den Spielern geschadet (Spiegel 46, 1985, 242); sich sehr u. über etw. äußern; **b)** *im Hinblick auf Funktion, Form, Farbe o. ä. keine Einzelheiten, keine verschiedenartigen Abstufungen o. ä. aufweisend:* Einmal Muskelzelle - immer Muskelzelle; einen Weg zurück ins -e Frühstadium ... gebe es nicht (natur 7, 1991, 85); **Un|dif|fe|ren|ziert|heit,** die; -: *das Undifferenziertsein.*
Un|di|ne, die; -, -n [H. u.]: *weiblicher Wassergeist:* Vielleicht bin ich einmal eine U. mit einem Fischschwanz gewesen (Hartlaub, Muriel 122).
Un|ding, das [mhd. undinc = Übel, Unrecht]: **1.** *meist in der Wendung* **ein U. sein** *(unsinnig, völlig unangebracht, unpassend sein):* es ist ein U., die Kinder so spät noch allein weggehen zu lassen; Es ist einfach ein U., daß die letzten Gruppenspiele nicht am gleichen Tag stattfinden (MM 26./27. 6. 82, 13). **2.** (seltener) *[unförmiger, Angst einflößender] Gegenstand:* Ich war neugierig auf dieses seltsame „Unding" mit den zwei Rümpfen, das über den Wannsee zischt (BM 28. 10. 76, 17).
un|di|plo|ma|tisch ⟨Adj.⟩: *nicht* ¹*diplomatisch* (a).
un|dis|ku|ta|bel [auch: - - - '- -] ⟨Adj.;

undiszipliniert 3552

...bler, -ste) (bildungsspr. abwertend): *indiskutabel.*

un|dis|zi|pli|niert ⟨Adj.; -er, -este⟩ (bildungsspr.): **a)** *nicht diszipliniert* (a), *nicht an Disziplin* (1a) *gewöhnt:* eine -e Klasse; Die Generalstochter hatte sich durch einen -en Lebenswandel den Umgang mit den Spitzen der Dresdner Emigration verscherzt (Fries, Weg 24); **b)** *nicht diszipliniert* (b), *unbeherrscht:* ein -er Mensch; -es Verhalten; der Libero spielt zu u.; Ich will mich persönlich davon überzeugen, ob Ihre reichlich u. vorgetragene Forderung zu Recht besteht (Kirst, 08/15, 289); **Un|dis|zi|pli|niertheit,** die; -: *das Undiszipliniertsein.*

un|dog|ma|tisch ⟨Adj.⟩ (bildungsspr.): *nicht dogmatisch* (2): Dieses Volk hat eine erstaunliche Fähigkeit, aufmerksam zu beobachten, u. zu analysieren und immer wieder alles von neuem anzusehen (Dönhoff, Ära 146).

Un|do|graph, der; -en, -en [zu lat. unda = Welle u. ↑-graph] (Physik): *Gerät zur Aufnahme u. graphischen Darstellung von Schallwellen.*

un|dra|ma|tisch ⟨Adj.⟩: **1.** *nicht dem Wesen dramatischer Dichtkunst entsprechend:* ein -es Stück; die Lektüre des „Glasperlenspiels" beruhigt ihn: „Vieles doch breit und schwach, u., ..." (Reich-Ranicki, Th. Mann 83). **2.** *nicht aufregend, ohne besondere Höhepunkte verlaufend:* der -e Verlauf eines Ereignisses; das Finale war, verlief u.; Gar so schnell und u., wie es die knappen Zeitungsmeldungen zunächst darstellten, ging das Ende der Kunstmafia nicht vor sich (Prodöhl, Tod 188).

Un|du|la|ti|on, die; -, -en [zu spätlat. undula = kleine Welle, Vkl. von lat. unda = Welle]: **1.** (Physik) *Wellenbewegung, Schwingung.* **2.** (Geol.) *Verformung der Erdkruste bei der Orogenese;* **Un|du|la|ti|ons|theo|rie,** die; - (Physik): *Theorie, nach der das Licht eine Wellenbewegung in einem sehr feinen, elastischen* ¹*Medium ist;* **Un|du|la|tor,** der; -s, ...oren: *Instrument zur Aufzeichnung empfangener Morsezeichen bei langen Telegrafenkabeln;* **un|du|la|to|risch** ⟨Adj.⟩ (Physik): *wellenförmig.*

un|duld|sam ⟨Adj.⟩: *nicht duldsam, andere Haltungen, Meinungen o. ä. nicht gelten lassend; intolerant:* ein -er Mensch; „Es war ein Verrat", sagte Stiller mit -er Entschiedenheit (Frisch, Stiller 317); sich u. zeigen; **Un|duld|sam|keit,** die; -: *Intoleranz:* Lassen wir auch die Arroganz dieser Kirche, in der im Namen des großen Dulders U. predigt (Stern, Mann 30).

un|du|lie|ren ⟨sw. V.; hat⟩ [zu ↑Undulation] (Med., Biol.): *wellenförmig verlaufen, auf- u. absteigen* (z. B. von einer Fieberkurve): undulierende Membran (Biol.; *der Fortbewegung dienendes, wellenförmige Bewegungen ausführendes Organell verschiedener einzelliger Organismen).*

un|durch|dring|bar [auch: '- - - -] ⟨Adj.⟩ (seltener): *undurchdringlich* (1); **un|durch|dring|lich** [auch: '- - - -] ⟨Adj.⟩: **1.** *so dicht, fest geschlossen o. ä., daß ein Durchdringen, Eindringen, Durchkommen* (1) *nicht möglich ist:* ein -es Dickicht; eine -e Wildnis; -er *(sehr starker)* Nebel; eine -e *(sehr dunkle)* Nacht; vier von ihnen kamen hinter den -en Fenstern einer Kaserne zu Tode (Ransmayr, Welt 138); Ü ihr Geheimnis schien u. **2.** *innere Regungen, Absichten o. ä. nicht erkennen lassend, sehr verschlossen:* eine -e Miene; sein Gesicht war zu einer -en Maske erstarrt; Keine Stunde später fahre ich mit -em Gesicht ... in der Untergrundbahn (Becker, Irreführung 29); **Un|durch|dring|lich|keit** [auch: '- - - - -], die; -: *das Undurchdringlichsein.*

un|durch|führ|bar [auch: '- - - -] ⟨Adj.⟩: *nicht durchführbar:* -e Pläne; der Plan erwies sich als u.; wenn schon das Aufhören mit dem Rauchen als u. angesehen wird (Neue Kronen Zeitung 12. 5. 84, 24); **Un|durch|führ|bar|keit** [auch: '- - - - -], die; -: *das Undurchführbarsein.*

un|durch|läs|sig ⟨Adj.⟩: *nicht durchlässig:* ein [für Luft und Wasser] -es Gefäß; eine -e *(impermeable)* Membran; Dichter oder -er Boden hemmt das Wurzelwachstum nach unten (Mantel, Wald 22); die Wandung ist u.; **Un|durch|läs|sig|keit,** die; -: *das Undurchlässigsein.*

un|durch|schau|bar [auch: '- - - -] ⟨Adj.⟩: **1.** *nicht durchschaubar, sich nicht verstehen, begreifen lassend:* -e Pläne; Bis dahin nun sollte Helmcke zusehen, wie Fielitz weiter mit seiner Gertie Geschäfte -er Art vorbereitete (Prodöhl, Tod 77); die Zusammenhänge sind u. **2.** *in seinem eigentlichen Wesen, in seinen verborgenen Absichten nicht zu durchschauen* (a): ein -er Mensch; sie war, blieb u. für ihn; **Un|durch|schau|bar|keit** [auch: '- - - - -], die; -: *das Undurchschaubarsein.*

un|durch|sich|tig ⟨Adj.⟩: **1.** *nicht durchsichtig* (a): -es Glas; ein -er Vorhang; eine Bluse aus -em Stoff. **2.** *undurchschaubar* (2) *u. zu Zweifeln, Skepsis Anlaß gebend:* ein -er Bursche, Mensch; in -e Dinge, Geschäfte verwickelt sein; er spielte bei der Sache eine -e Rolle; Bei diesen -en Dopingbestimmungen war kein anderes Ergebnis zu erwarten (Saarbr. Zeitung 5./6. 6. 80, 6); **Un|durch|sich|tig|keit,** die; -: *das Undurchsichtigsein.*

Und-Zei|chen, das; -s, -: *Zeichen für das Wort „und"; Et-Zeichen* (&).

un|eben ⟨Adj.⟩: *nicht od. nicht ganz* ¹*eben* (2): -er Boden; ... waren ... Busse und Personenwagen auf dem -en Grundstück abgestellt (Flensburger Tageblatt, Ostern 84, 14); der Weg ist u.; * **nicht u.** (ugs.; *nicht übel, recht passabel*): der neue Lehrer, das neue Auto ist nicht u.; auch attr.: ein nicht -er Plan; „Amor und Psyche" ist ein nicht -es Parfum. Ein durchaus gelungenes Produkt (Süskind, Parfum 80); **un|eben|bür|tig** ⟨Adj.⟩ (früher): *nicht ebenbürtig* (1); **Un|eben|bür|tig|keit,** die; - (früher): *das Unebenbürtigsein;* **Un|eben|heit,** die; -, -en: **a)** ⟨o. Pl.⟩ *die Unebensein, unebene Beschaffenheit:* die U. des Bodens; **b)** *Stelle, an der etw. uneben ist:* die -en des Geländes; Ü Mit der Neuausgabe des Fahrplans haben die Verkehrsbetriebe auch jene -en ausgemerzt, die ... (Allgemeine Zeitung 4. 6. 85, 11).

un|echt ⟨Adj.⟩: **1. a)** *nur nachgemacht, imitiert; künstlich hergestellt; falsch* (1 a): -er Schmuck; -e Pelze, Haare; Teuer waren sie angezogen, die Damen. Echte und -e Brillanten funkelten (Jaeger, Freudenhaus 197); das Bild war, erwies sich als u.; **b)** *nicht echt* (1 c); *nur vorgetäuscht; nicht wirklich empfunden, gedacht o. ä.:* -e Freundlichkeit, Liebenswürdigkeit; die -en Töne in ihrer Rede waren nicht zu überhören; seine Freude, sein Mitgefühl war, wirkte u. **2.** (Math.) *einen Zähler aufweisend, der größer ist als der Nenner:* -e Brüche. **3.** (Chemie, Textilw.) *(von Farben) gegenüber bestimmten chemischen u. physikalischen Einflüssen nicht beständig:* -e Farben; das Blau ist u.; **Un|echt|heit,** die; -: *das Unechtsein.*

un|edel ⟨Adj.; ...dler, -ste⟩: **1.** (geh.) *nicht edel* (2), *nicht nobel* (1); *niedrig* (4): eine unedle Gesinnung, Handlung; u. denken; er hat sehr u. an ihr gehandelt. **2.** *(bes. von Metallen) häufig vorkommend, nicht sehr kostbar [u. gegen chemische Einflüsse bes. des Sauerstoffs nicht sehr widerstandsfähig]:* unedle Metalle, Steine; In Chemie hat der Lehrer mal gesagt, falsche Brillanten erkenne man am besten an der unedlen Fassung! (Kempowski, Immer 168).

un|ef|fek|tiv ⟨Adj.⟩: *ineffektiv:* Faktoren, die das Ernteergebnis ... negativ beeinflussen: mangelnde Kenntnis der Bauern, ... der Einsatz von Dünger und Schädlingsbekämpfungsmitteln (NNN 24. 9. 85, 2).

un|egal ⟨Adj.⟩ (landsch.): *uneben.*

un|ehe|lich ⟨Adj.⟩: **a)** *außerhalb einer Ehe geboren, nichtehelich, illegitim* (1 b): ein -es Kind; Großbritannien verzeichnet ... eine Steigerung von 52 auf 99 -e Geburten (MM 20./21. 9. 80, 49); der erste Sohn war u. [geboren]; **b)** *ein uneheliches* (a) *Kind besitzend:* eine -e Mutter; Der Willi war jetzt bereits zweifacher -er Vater (Sommer, Und keiner 12); **Un|ehe|lich|keit,** die; -: *das Unehelichsein.*

Un|eh|re, die; - (geh.): *Minderung, Verlust der Ehre* (1 a), *des Ansehens, der Wertschätzung:* etw. macht jmdm. U., gereicht jmdm. zur U.; Es war sicher die reine Lüge, daß er eine Pfarrerstochter in U. gestürzt haben sollte (Strittmatter, Wundertäter 173); **un|eh|ren|haft** ⟨Adj.; -er, -este⟩ (geh.): *nicht ehrenhaft:* -e Absichten, Taten; Lüge ist u. (Kühn, Zeit 376); In einem Lande, wo es durchaus nicht als u. gilt, sich bestimmten staatlichen Pflichten mehr oder weniger elegant zu entziehen (Zivildienst 2, 1986, 18); u. handeln; die beiden Soldaten wurden u. aus der Armee entlassen; **Un|eh|ren|haf|tig|keit,** die; -: *das Unehrenhaftsein;* **un|ehr|er|bie|tig** ⟨Adj.⟩ (geh.): *ohne Ehrerbietung, respektlos:* Der Barbier Nonoggi stieß den Alten u. beiseite (H. Mann, Stadt 333); **Un|ehr|er|bie|tig|keit,** die; - (geh.): *das Unehrerbietigsein;* **un|ehr|lich** ⟨Adj.⟩ [mhd. unērlīch = schimpflich]: **a)** *nicht ehrlich* (1 a); *nicht offen* (5 a); *unaufrichtig:* -er Charakter, Freund, -e Absichten; sie treibt ein -es Spiel mit ihm; **b)** *nicht ehrlich* (1 b); *nicht zuverlässig; betrügerisch:* ein -er Angestellter; sich etw. auf -e Weise aneignen; u. erworbenes

Geld; **Un|ehr|lich|keit,** die; -: *das Unehrlichsein.*

un|eid|lich ⟨Adj.⟩ (Rechtsspr.): *nicht eidlich:* eine -e Falschaussage; er habe ... in drei Fällen eine vorsätzliche falsche -e Aussage gemacht (MM 25. 9. 70, 16).

un|ei|gen|nüt|zig ⟨Adj.⟩: *selbstlos, nicht egoistisch, nicht eigennützig:* ein -er Freund; -e Hilfe; Im Gegensatz zu den übrigen Verschwörern habe er ein -es Konzept gehabt, die Wiederherstellung der Verfassung (Fest, Im Gegenlicht 321); die jungen Leute wollten u. helfen; Der Mann habe sich die letzten Tage sehr u. darum gekümmert (Bieler, Bär 24); **Un|ei|gen|nüt|zig|keit,** die; -: *das Uneigennützigsein.*

un|ei|gent|lich: I. ⟨Adj.⟩ (selten) *nicht wirklich; nicht tatsächlich:* Darauf läuft es wohl stets hinaus in dieser chimärisch -en, der Apokalypse verfallenen Welt (K. Mann, Wendepunkt 326). **II.** ⟨Adv.⟩ im Anschluß an ein vorausgegangenes „eigentlich" (I) (scherzh.) *wenn man es nicht so genau nimmt:* wir müßten eigentlich gehen, aber u. könnten wir doch noch ein wenig bleiben.

un|ein|bring|lich [auch: - -'- -] ⟨Adj.⟩ (Rechtsspr., Wirtsch.): *nicht zu erhalten, beschaffen, einzutreiben; endgültig verloren:* -e Schulden; ... im Zusammenhang mit dem Zusammenbruch der Banco Ambrosiano unter einer Last von knapp drei Milliarden Dollar -er Außenstände (Lindlau, Mob 185); Forderungen von fast einer halben Million Schilling blieben für immer u. (auto touring 2, 1979, 21).

un|ein|ge|denk: in der Verbindung **einer Sache u. sein/bleiben** (geh.; *einer Sache nicht eingedenk sein/bleiben*): Nein, u. des erstarrten Alten daheim war Joseph nicht (Th. Mann, Joseph 818); ⟨auch ohne „sein", „bleiben":⟩ daß er mir, u. der vormaligen Freundschaft, mit Kühle, ja mit Schroffheit begegnete (Bergengruen, Rittmeisterin 3).

un|ein|ge|la|den ⟨Adj.⟩: *nicht eingeladen:* sie erschien u. auf dem Fest.

un|ein|ge|schränkt [auch: - - -'-] ⟨Adj.⟩: *nicht eingeschränkt, ohne Einschränkung [geltend, wirksam, vorhanden]:* die -e Freiheit; -es Vertrauen, Lob; sonderbarerweise begegnet dem Buch, mit wem man auch spricht, -e Bewunderung (Fest, Im Gegenlicht 91); Vor diesem Hintergrund verdient die Energiepolitik der Bundesregierung ... -e Unterstützung (Saarbr. Zeitung 29./30. 12. 79, 5); dieser Aussage stimmen wir u. zu; Der „Postbenutzer" haftet hierfür u. selbst dann, wenn ... (DÄ 47, 1985, 74).

un|ein|ge|stan|den [auch: - - -'- -] ⟨Adj.⟩: *vor sich selbst nicht eingestanden:* eine -e Angst; Die Suche nach den eigenen Wurzeln schlägt um in die Suche nach den Wurzeln des eigenen Antisemitismus (Wochenpresse 46, 1983, 47); sie fürchtete u., er könnte sie betrügen.

un|ein|ge|weiht ⟨Adj.⟩: *in etw. nicht eingeweiht, eingeführt, mit etw. nicht vertraut gemacht:* für -e Benutzer ist die Handhabung unmöglich; es wird immer schwieriger, dem -en Publikum in England ... klarzumachen, warum Deutsche auf keinen Fall mit Deutschen reden wollen (Dönhoff, Ära 140); **Un|ein|ge|weih|te,** der u. die; -n, -n ⟨Dekl. ↑Abgeordnete⟩: *jmd., der uneingeweiht ist:* eine Menge Kleinigkeiten, die ein -r für überflüssig gehalten hätte (H. Gerlach, Demission 94).

un|ein|hol|bar [auch: '- - - -] ⟨Adj.⟩: **a)** *einen solchen Vorsprung besitzend, daß ein Einholen* (1 a) *nicht mehr möglich ist:* die ersten Läufer waren u. davongeeilt; **b)** *sich nicht mehr aufholen* (1 a)*, ausgleichen, wettmachen lassend:* ein -er Abstand, Vorsprung; der Verein liegt in dieser Saison u. an der Spitze; Die DDR führte vor den letzten beiden Wettkämpfen u. 12:6 (Neues D. 8. 11. 76, 7).

un|ei|nig ⟨Adj.⟩: *in seiner Meinung [u. Gesinnung] nicht übereinstimmend; nicht einträchtig:* -e Parteien; in diesem Punkt sind sie [sich] noch u.; ich bin [mir] mit ihm darin nach wie vor u. *(stimme mit ihm nicht überein);* **Un|ei|nig|keit,** die; -, -en: *das Uneinigsein; Streit, Streitigkeit:* Die Spaltung ... war veranlaßt durch U. in der Frage der Indemnitätsvorlage (Fraenkel, Staat 185).

un|ein|nehm|bar [auch: '- - - -] ⟨Adj.⟩: *sich nicht einnehmen* (4) *lassend:* eine -e Festung; nur deshalb konnten sie wieder in Paris einmarschieren ...; nur deshalb im Dezember den -en Westwall durchbrechen (Zeller, Amen 237); Gräben, Türme, Brücken und 80 000 Soldaten machten Osaka u. (Hörzu 39, 1982, 28); die Burg lag u. auf einem Berg; **Un|ein|nehm|bar|keit** [auch: '- - - - -], die; -: *das Uneinnehmbarsein.*

un|eins ⟨Adj.⟩ (seltener): *uneinig:* die Parteien waren, blieben u., schieden u. voneinander; Eroberer oder Anpasser? Die Experten sind u. (natur 2, 1991, 54); er war u. mit ihm, wie es weitergehen sollte; er ist mit sich selbst u. *(ist unentschlossen, schwankend).*

un|ein|sich|tig ⟨Adj.⟩: *nicht einsichtig* (1)*, unvernünftig, verstockt:* ein -es Kind; -e Eltern, Lehrer; der Angeklagte war, blieb u.; Wie u. die Mannsbilder doch sein konnten! (Kühn, Zeit 239); **Un|ein|sich|tig|keit,** die; -: *das Uneinsichtigsein.*

un|ei|tel ⟨Adj.⟩: *uneitler, -ste⟩: frei von Eitelkeit:* ein ganz uneitler Mensch.

un|ela|stisch ⟨Adj.⟩: *nicht elastisch.*

un|ele|gant ⟨Adj.; -er, -este⟩: *nicht elegant.*

un|eman|zi|piert ⟨Adj.; -er, -este⟩: *nicht emanzipiert:* Ich ... kann nicht emanzipierter Mensch unter -en Mitmenschen sein (Schwamborn, Schwulenbuch 23).

un|emp|fäng|lich ⟨Adj.⟩: *für etw. nicht empfänglich* (a)*, nicht zugänglich:* er ist u. für Schmeicheleien, Lob; Völlig u. für die Warnungen seiner Juristen zeigte sich Bundespostminister ... (taz 6. 12. 84, 4); **Un|emp|fäng|lich|keit,** die; -: *das Unempfänglichsein.*

un|emp|find|lich ⟨Adj.⟩: **1.** *nicht empfindlich* (2 a)*, wenig feinfühlig:* er ist u. gegen Beleidigungen; Im Persönlichen u. bis zur Dickhäutigkeit (Maass, Gouffé 93); daß Ronni diesem bildhübschen Mädchen gegenüber so merkwürdig u. war (Geissler, Wunschhütlein 53); Dieser Haß, den ihn u. gemacht habe für das Rechtswidrige seiner Tat (Chotjewitz, Friede 282). **2.** *nicht empfindlich* (3)*, nicht anfällig; widerstandsfähig, immun:* u. gegen Erkältungskrankheiten sein; Die wilden Tiere sind u. gegenüber tropischen Parasiten und Krankheiten (Grzimek, Serengeti 231). **3.** *nicht empfindlich* (4): *-e Tapeten;* **Un|emp|find|lich|keit,** die; -: *das Unempfindlichsein.*

un|end|lich ⟨Adj.⟩ [mhd. unendelich = endlos, unvollendet, unbegrenzt, ahd. unentilīh = unbegrenzt]: **1. a)** *ein sehr großes, unabsehbares, unbegrenzt scheinendes Ausmaß besitzend; endlos:* die -en Wälder des Nordens; das -e Meer; die -e Weite des Ozeans; das Erlebnis war in -e Ferne gerückt; eine -e Zeit war vergangen; In -en Zahlenkolonnen ist Schadstoff um Schadstoff ... aufgelistet (natur 4, 1991, 33); Ich wandte ihm mit dem Philosophen Leukipp von Milet, der den eleatischen Haarspaltereien über die -e Teilbarkeit der Materie ein Ende gesetzt hatte (Stern, Mann 32); Eine Provinzposse, die zur -en *(nicht enden wollenden, endlosen)* Geschichte wurde (Spiegel 34, 1992, 78); der Weg, die Zeit schien ihr u.; das Objektiv auf „unendlich" (Fot.; *auf eine nicht begrenzte Entfernung)* einstellen; ⟨subst.:⟩ der Weg schien ins Unendliche zu führen; *bis ins -e (unaufhörlich, endlos so weiter):* sie führten diese Gespräche bis ins -e; **b)** (Math.) *größer als jeder endliche, beliebig große Zahlenwert:* eine -e Zahl, Größe, Reihe; von eins bis u. die Größe ist, wird u.; ⟨subst.:⟩ Parallelen schneiden sich im Unendlichen; Zeichen: ∞. **2.** (emotional) **a)** *überaus groß, ungewöhnlich stark [ausgeprägt]:* -e Liebe, Güte, Geduld; etw. mit -er Behutsamkeit, Sorgfalt behandeln; Seine aufkommende Schroffheit jedoch war von der -en Gelassenheit des Jacobus ... erstickt (Kronauer, Bogenschütze 324); **b)** ⟨intensivierend bei Adj. u. Verben⟩ *in überaus großem Maße; sehr, außerordentlich:* u. weit, lange, langsam, groß, hoch; Frauen, denen Deutschland u. viel zu verdanken hat (Reich-Ranicki, Th. Mann 237); dieses Volk ist u. liebenswert; er war u. verliebt in ihn; sich u. freuen; **un|end|li|che|mal,** unendlichmal ⟨Wiederholungsz., Adv.⟩: **a)** (selten) *unendliche* (1 b) *Male*; **b)** (emotional) *sehr oft, sehr viel:* ich habe ihn u. gewarnt; er weiß u. mehr als du; **Un|end|lich|keit,** die; -: **1.** *das Unendlichsein, unendliches* (1) *Ausmaß, ausnehmende Beschaffenheit:* U. des Meeres. **2.** (geh.) *das Ohne-Ende-Sein von Raum u. Zeit; Ewigkeit* (1 a). **3.** (ugs.) *Ewigkeit* (2): es dauerte eine U., bis er zurückkam; **un|end|lich|mal:** ↑unendlichemal.

un|ent|behr|lich [auch: '- - - -] ⟨Adj.⟩: *auf keinen Fall zu entbehren* (1 b)*, unbedingt notwendig:* u. ist ein Werkzeug; Die stark holzverbrauchende Köhlerei als -e Grundlage der Metallerzeugung kam auf (Mantel, Wald 35); der Apparat ist mir, für mich, für meine Arbeit u.; Ich schwelge in neuen Eindrücken, die mich so manches vergessen lassen, was mir in früheren Zeiten u. schien (Th. Mann, Krull 288); er hält sich für u.; Konrad Adenauer ... erklärte, er sei als Bundes-

Unentbehrlichkeit

kanzler u. (Dönhoff, Ära 15); *sich u. machen *(sich in solch einer Weise in seinem Aufgabenbereich betätigen, daß man unbedingt gebraucht wird);* **Un|ent|behr|lich|keit** [auch: '- - - - -], die; -: *das Unentbehrlichsein.*

un|ent|deckt [auch: '- - -] ⟨Adj.⟩: **1.** *noch nicht entdeckt* (1), *noch unbekannt:* ein -er Krankheitserreger; Es gibt wohl kein Chaos, sondern lediglich bisher -e komplexe Ordnungen (Strauß, Niemand 141). **2.** *von niemandem entdeckt* (2), *bemerkt:* ein -es Talent; Auf ihrem rund zweistündigen Flug hatten die Rumänen mehr als 400 Kilometer zurückgelegt und waren von der ungarischen Luftüberwachung u. geblieben (Saarbr. Zeitung 5./6. 6. 80, 16); der Gesuchte lebte lange u. in einem Dorf.

un|ent|gelt|lich [auch: '- - - -] ⟨Adj.⟩: *ohne Entgelt; ohne Bezahlung:* eine -e Dienstleistung; der Transport ist, erfolgt u.; etw. u. tun, machen; sie arbeitete dort u.; An dieser schweren Arbeit, die an Sonntagen u. durchgeführt wurde, beteiligten sich zahlreiche Einwohner (NNN 18. 8. 84, o. S.); **Un|ent|gelt|lich|keit** [auch: '- - - - -], die; -: *das Unentgeltlichsein.*

un|ent|rinn|bar [auch: '- - - -] ⟨Adj.⟩ (geh.): *so geartet, daß ein Entrinnen, Umgehen, Vermeiden unmöglich ist; unvermeidlich:* das -e Schicksal; die u. bevorstehende Arbeit (Hesse, Sonne 27); Hier wird die Solidarität zwischen den Generationen in einer Weise gesprengt, die uns dem Fluch von Söhnen und Enkeln schon jetzt u. ausliefert (Heringer, Holzfeuer 209); **Un|ent|rinn|bar|keit** [auch: '- - - - -], die; - (geh.): *das Unentrinnbarsein.*

un|ent|schie|den ⟨Adj.⟩: **1. a)** *noch nicht entschieden* (1 a): eine -e Frage; die Sache, Angelegenheit ist noch u.; u. wohl, ob er hier, anstatt den Bergbauern zu spielen, nicht vielleicht doch den inneren Grafen hervorkehren sollte (Kronauer, Bogenschütze 179); **b)** (Sport) *mit gleicher Punktzahl für die beteiligten Gegner, ohne Sieger u.* Verlierer *endend:* ein -es Spiel; das Spiel steht u.; sie trennten sich u.; Wie konnte dieser Lauf nur u. enden? (Lenz, Brot 128). **2.** (seltener) *unentschlossen* (b): ein -er Mensch, Charakter; er hob u. die Schultern; **Un|ent|schie|den,** das; -s, - (Sport): *unentschiedener* (1 b) *Ausgang eines Spiels, Wettkampfs:* ein U. schaffen, erreichen; es gab bisher sieben Niederlagen und zwei U. (Welt 12. 5. 65, 17); Im Falle eines -s hätte Wales im nächsten Jahr nach Frankreich reisen können (NZZ 23. 12. 83, 37); **Un|ent|schie|den|heit,** die; -: *das Unentschiedensein.*

un|ent|schlos|sen ⟨Adj.⟩: **a)** *noch nicht zu einem Entschluß, einer Entscheidung gekommen:* sein -es Gesicht; sie machte einen -en Eindruck; er war, schien, wirkte u.; Patricia blieb u. an der Wegkreuzung stehen (Kessel [Übers.], Patricia 146); **b)** *nicht leicht, schnell Entschlüsse fassend; nicht entschlußfreudig:* ein -er Mensch, Charakter; **Un|ent|schlos|sen|heit,** die; -: *das Unentschlossensein.*

un|ent|schuld|bar [auch: '- - - -] ⟨Adj.⟩: *nicht entschuldbar, unverzeihlich:* ein -es Verhalten; Ein Befehl des Volkskommissariats ... bestimmte, daß eine Verspätung von zwanzig Minuten schon als „Progul", als -es Fernbleiben von der Arbeit, zu bezeichnen sei (Leonhard, Revolution 68).

un|ent|schul|digt ⟨Adj.⟩: *ohne Entschuldigung* (1, 2): -es Fernbleiben; Die schulischen Leistungen konnten nicht zensiert werden, da der Schüler 48 Stunden u. gefehlt hat! (Hornschuh, Ich bin 57).

un|ent|wegt [auch: '- - -] ⟨Adj.; -er, -este⟩ [urspr. schweiz., Verneinung von schweiz. entwegt = unruhig, 2. Part. von: entwegen = von der Stelle rücken (mhd. entwegen = auseinanderbewegen, scheiden, trennen)]: *stetig, beharrlich, unermüdlich; mit gleichmäßiger Ausdauer bei etw. bleibend, durchhaltend:* ein -er Kämpfer; Über 100 -e Tennisfans hatten sich trotz der Schlechtwetterlage eingefunden (Augsburger Allgemeine 27./28. 5. 78, 27); sein -er Einsatz; u. weiterarbeiten, an etw. festhalten; er sah sie u. *(ohne Unterbrechung)* an; das Telefon läutete u. *(ununterbrochen);* Er trällerte nun endlich auch den Schlager, der ihm seit dem Erwachen u. im Kopf herumging, laut heraus (Kronauer, Bogenschütze 143); es ist nur traurig, sie u. ächzen zu hören (Fels, Kanakenfauna 68); ⟨subst.:⟩ nur ein paar Unentwegte waren geblieben.

un|ent|wirr|bar [auch: '- - - -] ⟨Adj.⟩: **1.** *so verschlungen, durcheinander, daß ein Entwirren* (1) *unmöglich ist:* ein -es Knäuel, Geflecht; der bedeutendste Entfesselungskünstler aller Zeiten, ... der die scheinbar -en Ketten in kurzer Zeit nur so von sich abschüttelte (Kempowski, Zeit 105). **2.** *so verworren, daß ein Entwirren* (2) *unmöglich ist:* eine -e politische Lage; **Un|ent|wirr|bar|keit** [auch: '- - - - -], die; -: *das Unentwirrbarsein.*

un|er|ach|tet [auch: '- - - -] ⟨Präp. mit Gen.⟩ (veraltet): *ungeachtet:* die Behauptung, daß die politischen Parteien schlechthin, u. des jeweiligen Verhältnisses, in denen sie untereinander stehen, ... die maßgeblichen Träger oder Säulen des demokratischen ... Staatswesens seien (FAZ 20. 9. 61, 11); ♦ Ich wurde von meinem Meister hart gehalten, u. ich bald am besten arbeitete, ja wohl endlich den Meister übertraf (E. T. A. Hoffmann, Fräulein 47).

un|er|be|ten ⟨Adj.⟩: *nicht erbeten:* -er Zuspruch bewegt sie mit größerer Gewißheit als ätzende Kritik zur Einkehr (Pohrt, Endstation 41).

un|er|bitt|lich [auch: '- - - -] ⟨Adj.⟩ [spätmhd. unerbitlich]: **1.** *sich durch nichts erweichen, umstimmen lassend:* ein -er Kritiker, Richter, Lehrer; Sieben Jahre lang wurde Heinrich in Süditalien von dem -en Vater in Gefangenschaft gehalten (Fest, Im Gegenlicht 204); etw. mit -er Stimme, Miene fordern, befehlen; Erster Staatsanwalt Dr. Scheuten geht mit -er Strenge gegen die gefährlichste Einbrecherbande des Rheinlandes vor (Prodöhl, Tod 163); u. sein, vorgehen; u. *(rigoros)* durchgreifen. **2.** *in seinem Fortschreiten, Sichvollziehen, in seiner Härte, Gnadenlosigkeit durch nichts zu verhindern, aufzuhalten:* das -e Schicksal, Gesetz; ..., als brenne unaufhörlich eine -e Krankheit in ihm (Stories 72 [Übers.], 34); der Kampf war, tobte u.; **Un|er|bitt|lich|keit** [auch: '- - - - -], die; -: *das Unerbittlichsein.*

un|er|fah|ren ⟨Adj.⟩: *[noch] nicht* ²*erfahren; ohne Erfahrung:* ein -er Arzt, Richter; er ist noch u. auf seinem Gebiet; Die Frau war in den Menschen wie in der Liebe gleich u. (Strauß, Niemand 114); sie war kein -es Mädchen mehr *(hatte Lebenserfahrung);* **Un|er|fah|ren|heit,** die; -: *das Unerfahrensein.*

un|er|find|lich [auch: '- - - -] ⟨Adj.⟩ [spätmhd. unervindelich, zu mhd. ervinden, ahd. irfindan = herausfinden, gewahr werden, zu ↑finden] (geh.): *unerklärlich, nicht zu verstehen:* aus -en Gründen; es ist u., warum ...; Es sei u., wie er bei der angespannten Finanzlage der Staat dazu komme, ein eigenes Sprechtheater anzukündigen (Saarbr. Zeitung 3. 12. 79, 3); immer blieb u., wie einem so zuverlässigen Mann dieses Versehen unterlaufen konnte (Zwerenz, Quadriga 64); eine solche Haltung ist mir u.

un|er|forsch|lich [auch: '- - - -] ⟨Adj.⟩ (geh.): *(bes. im religiösen Bereich) unergründlich, mit dem Verstand nicht zu erfassen:* nach Gottes -em Ratschluß; Nur die Wege eines Gottes sind u., nicht die der Natur (Stern, Mann 32); **Un|er|forsch|lich|keit** [auch: '- - - - -], die; -: *das Unerforschlichsein.*

un|er|freu|lich ⟨Adj.⟩: *zu Unbehagen, Besorgnis, Ärger o. ä. Anlaß gebend; nicht erfreulich; unangenehm:* eine -e Nachricht, Meldung, Sache; Natürlich gibt es aber auch die verschiedensten Probleme mit den Kindern und Jugendlichen, die manchmal aus -en Verhältnissen kommen (NZZ 21. 12. 86, 23); dieser Zwischenfall ist für alle sehr u.; der Abend endete sehr u.

un|er|füll|bar [auch: '- - - -] ⟨Adj.⟩: *nicht erfüllbar:* -e Wünsche, Erwartungen; die Bedingungen sind u.; **Un|er|füll|bar|keit** [auch: '- - - - -], die; -: *das Unerfüllbarsein:* In ihrem Mienenspiel meinte er manchmal die Macht und die U. seiner eigenen Sehnsüchte wiederzuerkennen (Ransmayr, Welt 24); **un|er|füllt** ⟨Adj.⟩: **1.** *keine Erfüllung* (2) *gefunden habend:* -e Wünsche, Sehnsüchte; Oder erblicke ich nur mich selbst in seinem Werk, meine -en Hoffnungen (Jens, Mann 8); Dabei sprach er besonders eindringliche Kreise an, die durch ihren -en Ehrgeiz seit je ein labiles Element im Mittelstand darstellten (Fraenkel, Staat 195); seine Forderungen, seine Bitten blieben u. **2.** *keine Erfüllung* (1) *gefunden habend; ohne inneres Erfülltsein:* ein -es Leben; sie war, fühlte sich u.; **Un|er|füllt|heit,** die; -: *das Unerfülltsein.*

un|er|gie|big ⟨Adj.⟩: *nicht, nicht sehr ergiebig:* -er Boden; -e Lagerstätten; eine -e Arbeit; Die Kunst von Byzanz reicht mit ihrem Einfluß weit hinein in die architektonisch -e Zeit der Völkerwanderung (Bild. Kunst III, 17); das Thema ist ziemlich u.; Unergiebig waren die Antworten auf Fragen nach dem Grund (NZZ 30. 8.

86, 2); **Un|er|gie|big|keit,** die; -: *das Un-ergiebigsein.*
un|er|gründ|bar [auch: '- - - -] ⟨Adj.⟩: *nicht, nicht leicht ergründbar; unergründlich* (1): *die -en Antriebe, Motive zu einer Tat; die Tiefe seiner Gedanken ist fast u.;* **Un|er|gründ|bar|keit** [auch: '- - - - -], die; -: *das Unergründbarsein;* **un|er|gründ|lich** [auch: '- - - -] ⟨Adj.⟩: **1.** *sich nicht ergründen lassend, unerklärlich, undurchschaubar [u. daher rätselhaft, geheimnisvoll]:* -e *Motive, Zusammenhänge;* ein -es *Rätsel, Geheimnis;* ein -es *Lächeln;* ein -er *Blick; es wird u. bleiben, wie das geschehen konnte; der Himmel aber war, wie in allen diesen Nächten und Tagen des Spätherbstes, u. klar* (Schneider, Erdbeben 98). **2.** *(veraltend) so tief, daß ein (fester) Untergrund, Boden nicht erkennbar, spürbar ist: das -e Meer; sie versanken in einem -en Morast;* **Un|er|gründ|lich|keit** [auch: '- - - - -], die; -: *das Unergründlichsein.*
un|er|heb|lich ⟨Adj.⟩: *nicht erheblich, geringfügig, bedeutungslos:* -e *Unterschiede, Fortschritte;* in -en *Mengen; es entstand nur ein -er Schaden; noch heute wird in einigen Einrichtungen Alkohol an die Klienten verkauft und ein nicht -er Gewinn gemacht* (Klee, Pennbrüder 10); *die Verluste waren nicht u. (waren beträchtlich); es ist u., ob ...; Für seine innere Verfassung waren Worte wie Sieg oder Niederlage u.* (Bieler, Mädchenkrieg 422); **Un|er|heb|lich|keit,** die; -: *das Unerheblichsein.*
¹un|er|hört ⟨Adj.⟩ [spätmhd. unerhōrt; eigtl. = nicht gehört, beispiellos] (geh.): *nicht erhört, unerfüllt* (1): *eine -e Bitte; sein Flehen, seine Liebe blieb u.;* **²un|er|hört** ⟨Adj.; -er, -este⟩: **1.** *(oft emotional übertreibend)* **a)** *außerordentlich groß, ungeheuer:* eine -e *Summe;* ein -es *Tempo;* eine -e *Anstrengung;* eine -e *Pracht;* eine -e *Schlamperei; ich habe selbst auch einen -en Appetit* (Normann, Tagebuch 106); *Durch eine Propaganda von -er Wucht hatte sich die nationalsozialistische Bewegung ausgebreitet* (Niekisch, Leben 254); *Ich merkte an ihrem Zittern, ... an den -en Mühen, die sie auf sich nahm, um mich zu sehen, ...* (Strauß, Niemand 115); *seine Ausdauer ist u.;* **b)** *(intensivierend bei Adj. u. Verben) sehr, überaus, erstaunlich:* eine -e *interessante, spannende, schwierige Sache; Nach fast fünf Jahrzehnten einer u. dynamischen Entwicklung in Rußland ...* (Fraenkel, Staat 169); *ein -u. zäher, fleißiger Mensch; er hat u. [viel] gearbeitet; Das Gericht hat es u. schwer* (Noack, Prozesse 116); *Sawarow ist ein u. Fußballer der Extraklasse, antrittsschnell, dribbelstark, u. wendig* (Freie Presse 8. 12. 89, 4); *er muß u. gelitten haben; sie hat sich u. gefreut.* **2.** *(abwertend) unverschämt, schändlich, empörend, skandalös:* ein -es *Vorgehen;* eine -e *Beleidigung; Thies flüsterte seiner Geliebten -e, obszöne Worte ins Ohr* (Ransmayr, Welt 88); *ihr Verhalten war einfach u.; das ist ja wirklich u.!; er hat sich u. benommen; das Publikum, das hatte sich so u. aufgeführt* (Kronauer, Bogenschütze 126). **3.** (geh.) *sich durch seine Besonderheit auszeichnend; ungewöhnlich, einmalig:* ein -es *Ereignis, Wunder;* eine -e *Erfindung.*
un|er|kannt ⟨Adj.⟩: *nicht, von niemandem erkannt, identifiziert: u. bleiben, entkommen; In beiden Fällen entfernten sich die Unfallverursacher u.* (Saarbr. Zeitung 7. 7. 80, 7); **un|er|kenn|bar** [auch: '- - - -] ⟨Adj.⟩: *nicht erkennbar;* **Un|er|kenn|bar|keit** [auch: '- - - - -], die; -: *das Unerkennbarsein.*
un|er|klär|bar [auch: '- - - -] ⟨Adj.⟩ (seltener): *unerklärlich;* **Un|er|klär|bar|keit** [auch: '- - - - -], die; -: *das Unerklärbarsein;* **un|er|klär|lich** [auch: '- - - -] ⟨Adj.⟩: *sich nicht erklären lassend, unergründlich:* ein -es *Verhalten;* aus -en *Gründen;* eine -e *Angst befiel sie; ..., hatte er doch nie eine Seereise ausgeführt, weil er seit Kindertagen ein -es Grausen vor den Wellen empfand* (Schneider, Erdbeben 34); *es ist [mir], bleibt u., wie das geschehen konnte;* **Un|er|klär|lich|keit** [auch: '- - - - -], die; -: *das Unerklärlichsein.*
un|er|läß|lich [auch: '- - - -] ⟨Adj.⟩: *unbedingt nötig, erforderlich:* eine -e *Voraussetzung, Erfordernis, Bedingung; ..., daß die Verstärkung der Zusammenarbeit zwischen beiden Ländern einen -en Schritt auf dem Wege zu dem vereinten Europa bedeutet* (Dönhoff, Ära 128); *es ist u. für eine objektive Beurteilung, den Fall einer genaueren Untersuchung zu unterziehen; Die Fütterung im Winter ist in vielen Gegenden Mitteleuropas u.* (Mantel, Wald 127); *wir halten dies für u.*
un|er|laubt ⟨Adj.⟩: *ohne Erlaubnis [erfolgend, getan werdend o. ä.]; verboten; [rechtlich] nicht erlaubt:* eine -e *Handlung;* das -e *Betreten des Gebäudes;* -er *Waffenbesitz ist strafbar; Er wurde wegen Paßdiebstahls und -en Grenzübertritts angeklagt* (Bieler, Mädchenkrieg 391); *... den Neffen ... sei wegen -er Nebeneinkünfte gekündigt worden* (Hamburger Abendblatt 21. 5. 85, 3); *im Unterricht u. ferngeblieben; In der Nähe klebte ein Trupp Braunhemden ... u. Plakate* (G. Vesper, Laterna 18).
un|er|le|digt ⟨Adj.⟩: *noch nicht erledigt* (1 a), *bearbeitet:* -e *Post, Arbeit; vieles ist u. geblieben.*
un|er|meß|lich [auch: '- - - -] ⟨Adj.⟩ (geh.): **1. a)** *unendlich* (1 a), *unbegrenzt scheinend:* die -e *Weite der Wälder, des Meeres;* in -er *Ferne; Inmitten der -en Steinwüsten der Schwarzmeerküste ...* (Ransmayr, Welt 302); ⟨subst.:⟩ *das Unermeßliche des Raums;* **b)** *mengen-, zahlenmäßig nicht mehr überschaubar, von nicht mehr einschätzbarem Umfang:* -e *Schätze, Reichtümer, Güter; eine -e Menschenmenge umsäumte den Weg; Geradezu u. aber ist die Zahl gepflegter Campingplätze, die überall im Land zu finden sind* (ADAC-Motorwelt 1, 1982, 56); ***[bis] ins -e** (unaufhörlich, endlos so weiter): seine Ansprüche wuchsen ins -e.* **2.** *(emotional)* **a)** *unendlich* (2 a), *überaus groß:* -es *Elend;* -en *Schaden anrichten; etw. von -er Bedeutung;* in solcher *Sieg hätte außerdem ... einen -en Prestigegewinn für die Republik bedeutet* (Heym, Schwarzenberg 252); *Die Verkarstung weiter Teile des Mittelmeerraumes ist die direkte Folge eines -en Raubbaues in der Antike an der damals vorherrschenden Baum- und Pflanzenwelt* (Furche 6. 6. 84, 16); **b)** ⟨intensivierend bei Adj. u. Verben⟩ *sehr, außerordentlich: u. hoch, reich; das ist u. traurig; ..., daß die Entwicklung vielerorts nicht mehr reversibel oder nur durch u. großen technischen und finanziellen Aufwand umzukehren ist* (natur 2, 1991, 23); *Das erschwert zwar die Arbeit in den Weinbergen u.* (Rhein-Zeitung 21. 12. 84, 21); **Un|er|meß|lich|keit** [auch: '- - - - -], die; -: *das Unermeßlichsein.*
◆ **un|er|mü|det** ⟨Adj.⟩: *unermüdlich: suchet das Nützliche dann mit -em Fleiße* (Goethe, Hermann u. Dorothea 1, 91); **un|er|müd|lich** [auch: '- - - -] ⟨Adj.⟩: *große Ausdauer, Beharrlichkeit, keinerlei Ermüdung zeigend:* ein -er *Helfer, Kämpfer; wenn heute das Bild der Stadt New York mit ihren brausenden Hochhäusern und -en Menschenschwärmen anders aussieht ...* (Jacob, Kaffee 24); *mit -er Ausdauer, -em Einsatz;* einer *der wissenschaftlichen Mitarbeiter ... kam hereingerollt, klein, dick und geschäftig, von -er Energie beseelt* (Danella, Hotel 242); *er ist u. bei seiner Arbeit, in seiner Hilfsbereitschaft; u. arbeiten; Die Dame mahnte u. zur Eile* (Koeppen, Rußland 203); **Un|er|müd|lich|keit** [auch: '- - - - -], die; -: *das Unermüdlichsein.*
un|ernst ⟨Adj.⟩: *Ernsthaftigkeit vermissen lassend:* ein -er *Zuhörer; der fürstliche Prunkstil der Zeit, das -e Rokoko* (Berger, Augenblick 48); *er wirkte u. auf mich;* **Un|ernst,** der; -[e]s: *unernstes Verhalten.*
◆ **un|er|öffnet** ⟨Adj.⟩: *ungeöffnet: Noch hielt das Schreiben u. in der Hand* (C. F. Meyer, Amulett 62).
un|ero|tisch ⟨Adj.⟩: *in keiner Weise erotisch:* ⟨subst.:⟩ *mein schönstes Nachthemd aus schwarzer Seide ... Gebügelt sah es unmerklich sexy aus. Nur das C&A-Etikett störte – irgendwie haben C&A-Etiketten etwas Unerotisches* (Heller, Mann 212).
un|er|probt ⟨Adj.; -er, -este⟩: *nicht erprobt* (a): *Die Zeitschrift spricht vom Debüt des längst bestens bekannten Künstlers ... auf einem bislang -en Gebiet – dem Bühnenbild* (BZ am Abend 6. 3. 81, 4); *Meine Freundschaft mit dem Georg Binnet war u.* (Seghers, Transit 68).
un|er|quick|lich ⟨Adj.⟩ (geh.): *unerfreulich:* eine -e *Situation; Auch Wieland sollte unmittelbar nach seiner Wahl zum Kanzleiverwalter in jene -en Streitereien einbezogen werden* (NJW 19, 1984, 1095); *es endete alles sehr u.; der Disput mit dem Chauffeur geriet u.* (Bieler, Mädchenkrieg 130); **Un|er|quick|lich|keit,** die; -: *das Unerquicklichsein.*
un|er|reich|bar [auch: '- - - -] ⟨Adj.⟩: *nicht erreichbar; sich nicht erreichen* (1, 2, 3) *lassend;* **Un|er|reich|bar|keit** [auch: '- - - - -], die; -: *das Unerreichbarsein;* **un|er|reicht** [auch: '- - - -] ⟨Adj.⟩: *bisher von niemandem erreicht:* eine -e *Leistung; der Rekord ist u. geblieben; Im Tontaubenschießen war er u.* (Konsalik, Promenadendeck 241).
un|er|sätt|lich [auch: '- - - -] ⟨Adj.⟩: **1.**

Unersättlichkeit

(seltener) *einen nicht zu stillenden Hunger habend; nicht satt zu bekommen:* er aß mit der Gier eines -en Tieres. **2.** *sich durch nichts zufriedenstellen, befriedigen, stillen lassend:* ein -es Verlangen, Sehnen; eine -e Neugier; ein wildes, unbotmäßiges, statt von den Gesetzen von ihren -en Trieben beherrschtes Volk (Kafka, Schloß 219); er ist u. in seinem Wissensdurst; ihr Lerneifer ist u.; Damals schien der Bedarf an Wohnraum u. (NZZ 30. 8. 86, 42); **Un|er|sätt|lich|keit** [auch: '- - - - -], die; -: *das Unersättlichsein.*
un|er|schlos|sen ⟨Adj.⟩: **a)** *nicht erschlossen:* ein [für den Tourismus] -es Gebiet; -e Märkte; **b)** *noch nicht nutzbar gemacht:* -e Erdölvorkommen.
un|er|schöpf|lich [auch: '- - - -] ⟨Adj.⟩: **1.** *so umfangreich, daß ein vollständiger Verbrauch nicht möglich ist; sich nicht erschöpfen* (1 a) *lassend:* -e Vorräte, Reserven; wir scheinen immer noch eine -e Menge von Essenmarken zu haben (Remarque, Obelisk, 321); ihre finanziellen Mittel schienen u. zu sein; Er wünschte, die Bücherregale seien so u. *(umfangreich)* wie die der Washingtoner Kongreßbibliothek (Sebastian, Krankenhaus 98); Ü ihre Güte, Geduld war u. *(grenzenlos);* Die Einsamkeit ist hoch und tief, ist weit und u. (Strauß, Niemand 198); sie war u. im Erfinden von Ausreden. **2.** *sich nicht erschöpfen* (1 b) *lassend:* ein -es Thema; ihr Gesprächsstoff war u.; **Un|er|schöpf|lich|keit** [auch: '- - - -], die; -: *das Unerschöpflichsein.*
un|er|schrocken[1] ⟨Adj.⟩ [mhd. unerschrocken, zu ↑ [1]*erschrecken*]: *sich durch nichts erschrecken, abschrecken lassend:* ein -er Kämpfer für die Freiheit; ihr Auftreten war beeindruckend; u. für etw. eintreten; die Resignation eines Mannes ..., der viel gesehen, vielem sich u. widersetzt, aber auch viel verloren hatte (Fest, Im Gegenlicht 281); **Un|er|schrocken|heit**[1], die; -: *das Unerschrockensein.*
un|er|schüt|ter|lich [auch: '- - - - -] ⟨Adj.⟩: *sich durch nichts erschüttern* (1 b), *in Frage stellen lassend; von großer, gleichbleibender Festigkeit, Beständigkeit:* ein -er Optimismus, Glaube, -e Liebe; mit -em Gleichmut; Kroll ... sieht darin mit viel Stolz einen Beweis für das -e Rechtsbewußtsein unseres geliebten Vaterlandes (Remarque, Obelisk 349); damit verkörpert Gantenbein ein männliches Ideal: den -en Helden (Wilhelm, Unter 58); sein Vertrauen, sein Wille ist u.; sie ist u. in ihrem Vertrauen; u. an etw. festhalten; **Un|er|schüt|ter|lich|keit** [auch: '- - - - -], die; -: *das Unerschütterlichsein.*
un|er|schwing|lich [auch: '- - - -] ⟨Adj.⟩: *nicht erschwinglich:* -e Preise; Als genüge den Leuten das internationale Flair von Dingen, die u. extravagant und schön sind (Fest, Im Gegenlicht 363); Eine elektrische Eisenbahn ist für uns noch u. (Bieler, Bonifaz 183); u. teure Grundstücke.
un|er|setz|bar [auch: '- - - -] ⟨Adj.⟩ (seltener): *unersetzlich:* ... sind doch die Erfahrungen im anderen Deutschland nach meiner Ansicht u. (H. W. Richter, Etablissement 222); **un|er|setz|lich** [auch: '- - - -] ⟨Adj.⟩: *nicht ersetzbar:* -e Werte, Kunstschätze; ein -er *(durch nichts auszugleichender)* Schaden, Verlust; auch stellte sich heraus, daß ihre Mithilfe eigentlich u. war (Fallada, Trinker 10); er ist ein -er Mitarbeiter; er hält sich selbst für u.; **Un|er|setz|lich|keit** [auch: '- - - -], die; -: *das Unersetzlichsein.*
un|er|sprieß|lich [auch: - - -' - -] ⟨Adj.⟩ (geh.): *keinen Nutzen bringend [u. dabei recht unerfreulich]:* ein -es Gespräch; die Arbeit war ziemlich u.
un|er|träg|lich [auch: '- - - -] ⟨Adj.⟩: **1.** *kaum zu ertragen:* -e Schmerzen; Ich fühle eine fast -e Sehnsucht (Remarque, Obelisk 273); -er Lärm; Und das bei der -en Monsunhitze, die da draußen herrscht (Heim, Traumschiff 22); eine -e Lage, Situation, er ist ein -er Mensch, Kerl; Sie zieht den anderen vor, einen -en Hohlkopf und Aufschneider? (Strauß, Niemand 74); -e *(empörende, skandalöse)* Zustände; seine Launen sind u.; das Pathos wird immer simpler und die Vorliebe für hochherzig-feierliche Wendungen immer -er (Reich-Ranicki, Th. Mann 140); er ist heute wieder u.; Es ist mir u., so hilflos vor Ihnen zu stehen (Hochhuth, Stellvertreter 213); **b)** ⟨intensivierend bei Adj. u. Verben⟩ *sehr, überaus, in kaum erträglichem Maße:* es ist u. heiß; ein u. albernes Benehmen; Es war u. stickig und schwül in dem vertragenen Sälchen (Langgässer, Siegel 342); seine Hand schmerzte u.; **Un|er|träg|lich|keit** [auch: '- - - - -], die; -: *das Unerträglichsein.*
un|er|wähnt ⟨Adj.⟩: *nicht erwähnt, genannt:* noch -e Punkte; etw. u. lassen; Warum ihm die Gesellschaft Alfred Kerrs und Kurt Tucholskys mißfällt, bleibt im Tagebuch u. (Reich-Ranicki, Th. Mann 43); Nicht u. dürfen die anderen buchkünstlerischen Unternehmungen Maximilians bleiben (Bild. Kunst III, 59).
un|er|war|tet [auch: - - '- -] ⟨Adj.⟩: *von niemandem erwartet, unvorhergesehen, überraschend:* eine -e Nachricht; -er Besuch; Der Wirt ... schien erfreut über den -en Gast (Andersch, Sansibar 21); etw. nimmt eine -e Wende; sein plötzlicher Entschluß traf alle, kam allen u.; etw. völlig u. tun, sagen; die unfeine Sitte, den anderen im unrechten Augenblick und völlig u. auf den Oberschenkel zu schlagen (Grzimek, Serengeti 123); er sank plötzlich und u.; es geschah nicht ganz u. *(man hatte damit gerechnet);* ⟨subst.:⟩ plötzlich geschah etw. völlig Unerwartetes.
un|er|weis|bar [auch: - - '- -] ⟨Adj.⟩ (selten): *nicht erweisbar:* eine -e Behauptung; **un|er|weis|lich** [auch: - - '- -] ⟨Adj.⟩ (selten): *unerweisbar.*
un|er|wi|dert ⟨Adj.⟩: **1.** *ohne Antwort, Erwiderung* (1) *bleibend; unbeantwortet:* eine -e Frage; sie ließ seinen Brief u. **2.** *ohne entsprechende, in gleicher Weise erfolgende Reaktion, Erwiderung* (2) *bleibend:* ein -er Besuch; seine Liebe blieb u.
un|er|wünscht ⟨Adj.⟩: *nicht erwünscht, nicht willkommen; niemandem angenehm:* eine -e Unterbrechung, Störung; ein -er Besucher; Es tut mir leid, Monsieur, aber man betrachtet Sie alle als -e Ausländer (Brot und Salz 121); -e Nebenwirkungen eines Präparats; eine -e *(nicht beabsichtigte u. nicht gewollte)* Schwangerschaft; Nachlesbare und -em aussagefähige Umweltdaten waren bekanntlich u. in Honeckers Arbeiter- und Bauernstaat (natur 4, 1991, 31); ich glaube, ich bin hier u.; sein Besuch kam u.; **Un|er|wünscht|heit**, die; -: *das Unerwünschtsein.*
un|er|zieh|bar ⟨Adj.⟩: *nicht erziehbar, durch erzieherische Maßnahmen nicht beeinflußbar;* **Un|er|zieh|bar|keit**, die; -: *Eigenschaft, unerziehbar zu sein;* **un|er|zo|gen** ⟨Adj.⟩: **1.** *keine gute Erziehung besitzend:* ein -er Junge; ihre Kinder sind u. ◆ **2.** *noch nicht erwachsen, unmündig:* Oder wollen Sie, daß ich die -e Waise meines Freundes bestehlen soll? (Lessing, Minna I 6).
UNESCO, die; - [Abk. für engl. United Nations Educational, Scientific and Cultural Organization]: Organisation der Vereinten Nationen für Erziehung, Wissenschaft u. Kultur.
un|fach|män|nisch ⟨Adj.⟩: *nicht fachmännisch; laienhaft:* Er betete zu Gott, daß ... die schwache, -e Hilfe ausreichen möge, dies durchschnittliche Leben eines Matrosen zu erhalten (Jahnn, Geschichten 157); eine u. ausgeführte Arbeit.
un|fä|hig ⟨Adj.⟩: **1.** *den gestellten Aufgaben nicht gewachsen; nicht fähig* (1): ein -er Mitarbeiter; wir können sie nicht brauchen, sie ist völlig u. **2.** ** zu etw. u. sein (zu etw. nicht imstande sein):* er ist zu einer solchen Tat/(geh.:) einer solchen Tat u.; Frierend kauerten sie auf ihrem Floß, u. zu einer Geste des Schmerzes, u. zu einen klaren Gedanken zu fassen; Dabei ist man sich darüber klar, daß die deutsche Bauernschaft u. ist, auf den Weltmärkten zu konkurrieren (Fraenkel, Staat 278); ⟨auch attr.:⟩ ein zu solchen Aufgaben -er Mann; **Un|fä|hig|keit**, die; -: *das Unfähigsein.*
un|fair ⟨Adj.⟩: **a)** *nicht fair* (a): ein -er Kritiker; ein -es Verhalten; es ist u., so etwas hinter meinem Rücken zu tun; Deshalb ... ist es u., wenn man mir vorwirft, ich selber profitiere von der Aktion am meisten (Hörzu 44, 1973, 8); **b)** (Sport) *nicht fair* (b): ein -er Spieler, Sportler, Wettkampf; u. boxen; ... als Piller im Strafraum Hannovers besten Spieler Dierssen u. vom Ball trennte (Kicker 6, 1982, 45); **Un|fair|neß**, die; -: *das Unfairsein.*
Un|fall, der; -[e]s, Unfälle [spätmhd. unval = Unglück, Mißgeschick, zu ↑ [1]*Fall*]: **1.** *den normalen Ablauf von etw. plötzlich unterbrechender Vorfall, ungewolltes Ereignis, bei dem Menschen verletzt od. getötet werden od. Sachschaden entsteht:* ein schwerer, leichter, entsetzlicher, tragischer, selbstverschuldeter, bedauerlicher, kleiner U.; ein tödlichen U. erleiden *(bei einem Unfall ums Leben kommen);* ein U. mit Blechschaden, mit tödlichem Ausgang; ein U. im Betrieb, im Straßenverkehr, mit dem Auto; der U. ist glimpflich verlaufen, forderte drei Menschenleben; auf den vereisten Straßen

ereigneten sich mehrere Unfälle; einen U. haben, erleiden, verursachen, bauen, herbeiführen; einen U. melden; den U. aufnehmen; Unfälle verhüten; Durch die Ampel sollen Unfälle vermieden werden (Welt 14. 9. 65, 10); Opfer eines -s werden; bei einem U., durch einen U. ums Leben kommen; Bei Tod durch U. oder Berufskrankheit werden Hinterbliebenenrenten gezahlt (Fraenkel, Staat 316); in einen U. verwickelt werden. ♦ **2.** *Unglück, Mißgeschick:* Ich weiß, das ganze Land nimmt teil an meinem U. (Goethe, Götz I); Zu dieser leidigen Geschichte ... kam noch ein anderer U., der machte, daß meines Bleibens daheim nicht länger sein konnte (C. F. Meyer, Amulett 12); **Un|fall|arzt**, der: *Arzt, der bei Unfällen gerufen, aufgesucht wird;* **Un|fall|ärz|tin**, die: w. Form zu ↑ Unfallarzt; **Un|fall|au|to**, das: *Unfallwagen* (1); **Un|fall|be|tei|lig|te**, der u. die (bes. Versicherungsw.): *jmd., der an einem Unfall beteiligt ist;* **Un|fall|chir|ur|gie**, die: *auf die operative Behandlung von Verletzungen bei Unfällen spezialisiertes Teilgebiet der Chirurgie;* **Un|fäl|ler**, der; -s, - (bes. Psych.): *jmd., dessen Verhaltensweisen leicht zu Unfällen führen:* Zahlreichen „Unfällern" fehlten Disziplin, soziales Gefühl und charakterliche Stärke (FAZ 5. 8. 61, 18); **Un|fäl|le|rin**, die; -, -nen (bes. Psych.): w. Form zu ↑ Unfäller; **Un|fall|fah|rer**, der (bes. Versicherungsw.): *Fahrer eines Kraftfahrzeugs, der einen Verkehrsunfall verursacht hat;* **Un|fall|fah|re|rin**, die (bes. Versicherungsw.): w. Form zu ↑ Unfallfahrer; **Un|fall|flucht**, die (Rechtsspr.): *Fahrerflucht:* Autofahrer, die im angetrunkenen Zustand U. begangen haben, ... (Spiegel 2, 1984, 161); **un|fall|flüch|tig** ⟨Adj.⟩: *Unfallflucht begangen habend:* ein -er Fahrer; **Un|fall|fol|gen** ⟨Pl.⟩: *aus einem Unfall entstehende negative Folgen:* er starb an den U.; **Un|fall|for|schung**, die: *interdisziplinäre Erforschung der Unfallursachen u. -folgen;* **un|fall|frei** ⟨Adj.⟩: *ohne einen Verkehrsunfall verursacht zu haben:* ein -er Fahrer; er fährt schon zehn Jahre lang u.; **Un|fall|ge|fahr**, die: *Gefahr eines Unfalls:* bei diesem Wetter besteht erhöhte U.; -en in Haus und Garten; **Un|fall|ge|fah|ren|quel|le**, die: *Quelle, Ursache von Unfallgefahr:* ... das Haus zur U. Nummer 1 geworden (Saarbr. Zeitung 14. 3. 80, 31); **Un|fall|geg|ner**, der (Versicherungsw.): *Unfallbeteiligter, der Ansprüche gegen einen anderen Beteiligten erhebt od. gegen den von einem anderen Ansprüche erhoben werden;* **Un|fall|geg|ne|rin**, die (bes. Versicherungsw.): w. Form zu ↑ Unfallgegner; **Un|fall|ge|schä|dig|te**, der u. die (Versicherungsw.): *durch einen Unfall Geschädigter;* **Un|fall|häu|fig|keit**, die: *Häufigkeit des Auftretens von Unfällen;* **Un|fall|her|gang**, der: *Hergang eines Unfalls:* den U. schildern; Zur Ermittlung des -s bittet die Polizei eventuelle Zeugen, sich zu melden (Flensburger Tageblatt, Ostern 1984, 20); **Un|fall|hil|fe**, die: **1.** *Hilfeleistung bei einem Unfall:* eine schnelle U. muß gewährleistet sein. **2.** vgl. Unfallstation; **Un|fall|kli|nik**, die: vgl. Unfallkrankenhaus; **Un|fall|kran-ken|haus**, das: *chirurgisches Krankenhaus für Unfallverletzte;* **Un|fall|me|di|zin**, die: *Unfallchirurgie;* **Un|fall|op|fer**, das: *Opfer* (3) *eines Unfalls;* **Un|fall|ort**, der: vgl. Unfallstelle; **Un|fall|per|sön|lich|keit**, die (bes. Psych.): *Unfäller;* **Un|fall|quo|te**, die: *statistisch ermittelte Anzahl von Unfällen:* je automatisierter die Automobile werden, desto höher wird wahrscheinlich die U. (Frankenvorm, Fahren 195); **Un|fall|ra|te**, die: *Unfallquote:* In Ländern wie Kanada, Dänemark ... sei die U. beispielsweise höher als in der Bundesrepublik (Welt 6. 10. 65, 2); **Un|fall|ren|te**, die (Versicherungsw.): *Rente aus einer Unfallversicherung* (a); **Un|fall|scha|den**, der: *durch einen Unfall entstandener Schaden;* **Un|fall|schock**, der: *bei einem Unfall erlittener Schock:* unter U. stehen; **Un|fall|schutz**, der: *Gesamtheit der Maßnahmen zur Verhütung von Unfällen* (bes. im Rahmen des Arbeitsschutzes); **un|fall|si|cher** ⟨Adj.⟩: *Unfälle weitgehend ausschließend; gegen Unfallgefahr gesichert:* -e Maschinen; Es wird geprüft und erforscht, ... wie ein möglichst -es Auto von der Technik her beschaffen sein muß (Welt 7. 8. 75, VI); Der Skilanglauf zählt im allgemeinen zu den -sten Sportarten überhaupt (DÄ 47, 1985, 31); **Un|fall|sta|ti|on**, die: *medizinische Einrichtung, bes. Station in einem Krankenhaus, für die sofortige Behandlung von Unfallverletzten;* **Un|fall|sta|ti|stik**, die: *Statistik über Unfälle;* **Un|fall|stel|le**, die: *Stelle, an der sich ein Unfall ereignet hat:* die U. wurde sofort abgesperrt; ... fuhr ein Personenauto mit aufgeblendeten Scheinwerfern an der U. vorbei (Bieler, Mädchenkrieg 291); **Un|fall|tod**, der: *durch einen Unfall verursachter Tod unter U.;* **Un|fall|to|te**, der u. die ⟨meist Pl.⟩: (bes. in statistischen Angaben) *jmd., der bei einem Unfall ums Leben gekommen ist:* aus medizinischen Gründen kommen als geeignete Spender vor allem junge U. in Betracht (Spiegel 38, 1978, 30); **un|fall|träch|tig** ⟨Adj.⟩: *Unfälle begünstigend; die Gefahr von Unfällen in sich bergend:* Die ersten 7 Notruftelefone ... wurden an der -en Kreisstraße 114 ... aufgestellt (Zivildienst 10, 1986, 21); Aber warum dann erst das Verhalten mancher Verkehrsteilnehmer so u.? (NNN 26. 2. 85, 5); Insgesamt jedoch präsentieren sich Lastzüge auf der Autobahn als wenig u. (ADAC-Motorwelt 4, 1985, 19); Die vier Atomkraftwerke des Landes zählen zu den -sten der Welt (natur 2, 1991, 30); **Un|fall|ur|sa|che**, die: *Ursache eines Unfalls:* nach der U. forschen; **Un|fall|ver|hü|tung**, die: *Verhütung von Unfällen;* **Un|fall|ver|letz|te**, der u. die (Versicherungsw.): *jmd., der bei einem Unfall verletzt wurde;* **Un|fall|ver|si|che|rung**, die: **a)** *Versicherung von Personen gegen die Folgen eines Unfalls:* eine U. abschließen; **b)** *Unternehmen, das Unfallversicherungen* (a) *abschließt:* Die U. wollte nicht zahlen; **Un|fall|ver|ur|sa|cher**, der: *jmd., der einen Unfall verursacht:* Auch hier verstarb an der U. an der Unfallstelle (Freie Presse 22. 8. 89, 2); **Un|fall|ver|ur|sa|che|rin**, die: w. Form zu ↑ Unfallver-ursacher; **Un|fall|wa|gen**, der: **1.** *Auto, das in einen Unfall verwickelt worden ist, einen Unfall verursacht hat:* es gibt einen Hinweis, der es noch wahrscheinlicher macht, daß es sich bei der Person, die den U. gefahren hat, tatsächlich um Ihre Mutter handelt (M. L. Fischer, Kein Vogel 88); Wer sah den U.? Polizei bittet um Mitarbeit (MM 15. 4. 69, 7); Von seinem Ersparten kauft er sich zwei schrottreife U. (*Autos, die bei einem Unfall beschädigt wurden;* Chotjewitz, Friede 127). **2.** *besonders ausgerüsteter, bei Unfällen eingesetzter Rettungswagen, Krankenwagen;* **Un|fall|zeit**, die: *Zeitpunkt, zu dem ein Unfall geschehen ist;* **Un|fall|zeu|ge**, der: *Zeuge eines Unfalls;* **Un|fall|zeu|gin**, die: w. ↑ Unfallzeuge; **Un|fall|zif|fer**, die: *Unfallquote.*

un|faß|bar [auch: '- - -] ⟨Adj.⟩: **a)** *dem Verstand nicht zugänglich; nicht zu begreifen, zu verstehen:* ein -es Wunder; vergli-chen mit dem endlosen Kosmos und uns -en Begriff der Unendlichkeit (Simmel, Stoff 198); der Gedanke war ihm u.; es ist u., wie das geschehen konnte; es war für mich damals u., daß mein Mitschüler plötzlich nicht mehr wiederkam. Er war tot (Kempowski, Immer 68); **b)** *das normale Maß übersteigend, so daß man es nicht, kaum wiedergeben kann; unglaublich:* -e Armut, Grausamkeit, Roheit; Dann noch von einer freigewählten Nichtseßhaftigkeit zu sprechen und zu behaupten, sie wollen es ja nicht anders, ist ein -er Zynismus (Klee, Pennbrüder 89); das Glück wollte ihr u. scheinen; **un|faß|lich** [auch: '- - - -] ⟨Adj.⟩: *unfaßbar.*

un|fehl|bar [auch: '- - -] ⟨Adj.⟩: **1.** *keinen Fehler begehend; keinem Fehler, Irrtum unterworfen:* es gibt keine -en Menschen; die Kirche hat kein -es Lehramt; Statt dessen verfällt auch Watson in jene Selbstgerechtigkeit, die die Molekularbiologie zur fast -en Heilslehre stilisiert (natur 2, 1991, 47); einen -en (*untrüglichen*) Instinkt, Geschmack haben; er hält sich für u.; Aber der Arzt ist u.? (Kemelman [Übers.], Dienstag 115). **2.** *ganz gewiß, sicher; unweigerlich:* das ist der -e Weg in sein Verderben; er wird u. scheitern; In einem Zimmer ohne Vorhänge werden wir u. früher wach als in einem, aus dem die Dämmerung ausgesperrt ist (Dunkel, Körpersprache 25); Hätte sie nicht sofort hinter die riesige hölzerne Speisekarte eines Restaurants gestellt, sie wäre u. mit Christine zusammengestoßen (Bieler, Mädchenkrieg 59); **Un|fehl|bar|keit** [auch: '- - - -], die; -: *das Unfehlbarsein;* **Un|fehl|bar|keits|glau|be[n]** [auch: '- - - - - -], der (kath. Kirche): *Glaube an die Unfehlbarkeit des Papstes.*

un|fei|er|lich ⟨Adj.⟩: *nicht, wenig feierlich.*

un|fein ⟨Adj.⟩: *nicht fein* (4), *nicht vornehm, gepflegt, elegant; ordinär* (1 a): -e Manieren, ein -es Benehmen haben; lautes Schneuzen galt als u.; Das Parfum eines Konkurrenten heimlich nachzumachen und unter eigenem Namen zu verkaufen war schrecklich u. (Süskind, Parfum 67); **Un|fein|heit**, die; -: *das Unfeinsein.*

un|fern ⟨Präp. mit Gen. u. Adv.⟩ (seltener): *unweit:* u. der Schlachtfelder unseliger

unfertig 3558

Kriege (W. Brandt, Begegnungen 162); ♦ ⟨auch mit Dativ:⟩ im Bupsinger Forst, u. dem Lusthaus (Mörike, Hutzelmännlein 151); Ein maurisch Räuberschiff gewahrte man in einer Bucht, u. dem Kloster ankernd (Schiller, Braut v. Messina 1591 f.).
un|fer|tig ⟨Adj.⟩: **a)** *noch nicht fertiggestellt, noch nicht im endgültigen Zustand befindlich:* ein -es Manuskript; ein -er Aufsatz, Artikel; selbst also, wenn Mayworlds Thesen noch u. waren, sich noch im Stadium der Ausarbeitung befanden, ... (Weber, Tote 13); **b)** *noch nicht vollkommen, noch nicht ausgereift:* ein junger -er Künstler, Wissenschaftler; er ist, wirkt noch recht u.; Sie möchte ein Kind, und das erschreckt mich; ich bin zu u. dazu (Frisch, Montauk 167); **Un|fer|tigkeit,** die; -: *das Unfertigsein.*
un|fest ⟨Adj.; -er, -este⟩: *nicht fest.*
Un|flat, der; -[e]s [mhd. unvlāt, eigtl. = Unsauberkeit, zu mhd. vlāt, ahd. flāt = Sauberkeit, Schönheit, zu mhd. vlæjen, ahd. flāwen = spülen, waschen, säubern] (geh. veraltend): *widerlicher, ekelhafter Schmutz, Dreck:* ihm schauderte vor dem U. in dem Verlies; Ü (geh. abwertend:) die Presse schüttete U. auf ihn; **un|flä|tig** ⟨Adj.⟩ [mhd. unvlætic = schmutzig, unsauber] (geh. abwertend): **1.** *in höchst ungebührlicher Weise derb, grob, unanständig:* -e Worte, Reden, Lieder, Beschimpfungen; ... den Zustand der Straße, den er mit ein paar der -sten Ausdrücke im Jargon der amerikanischen Armee korrekt genug umriß (Heym, Schwarzenberg 278); ein -es Benehmen; ein -er Mensch; Aus der Clique wurde nie jemand laut oder u. (Christiane, Zoo 49); u. schimpfen; **Un|flä|tig|keit,** die; -, -en [spätmhd. unvlæticheit = Unsauberkeit]: **1.** ⟨o. Pl.⟩ *das Unflätigsein, unflätige Beschaffenheit.* **2.** *unflätige Handlung, Äußerung.*
un|flek|tiert ⟨Adj.⟩ (Sprachw.): *nicht flektiert, ungebeugt.*
un|fle|xi|bel ⟨Adj.; ...bler, -ste⟩: *nicht flexibel* (2): ein unflexibler Mensch; u. sein, reagieren.
un|flott ⟨Adj.⟩: *nur in der Fügung* **nicht u.** (ugs.): *beachtenswert gut, schön; nicht übel:* eine nicht -e Person; Mit freundlichem Blick auf den Schirm sollte man das Wetter am Wochenende angehen. Es wird nicht u. (BM 13. 8. 77, 9); das ist nicht u. ausgedacht.
un|folg|sam ⟨Adj.⟩: *nicht folgsam:* ein -es Kind; **Un|folg|sam|keit,** die; -: *das Unfolgsamsein.*
Un|form, die; -, -en (selten): *Mangel an Form* (1); *das Nichtgeformtsein:* Wenn Schwesterntracht gedacht war zu neutralisieren, durch U. vergessen zu machen (Kant, Impressum 282); **un|för|mig** ⟨Adj.⟩: *keine, nicht die richtige Form aufweisend; keine gefälligen Proportionen habend; plump, ungestalt:* eine -e Gestalt; er hat eine -e Nase, einen -en Kopf; -e Beine; ein -er Klumpen; Wir haben ... vom Zoo in Khartum zwei diese Riesenstörche ein -en Schnäbeln nach Frankfurt bekommen (Grzimek, Serengeti 44); Am anderen Ufer ... steht eine behäbige Gründerzeitvilla, etwas u. geworden durch etliche Erweiterungsbau-

ten (Strauß, Niemand 16); u. dick werden; der Fuß war u. angeschwollen; **Un|för|mig|keit,** die; -: *das Unförmigsein.*
un|förm|lich ⟨Adj.⟩: **1.** *nicht förmlich* (2), *nicht steif u. konventionell:* ein -es Verhalten; eine ganz -e Begrüßung; es ging ganz u. zu; etw. u. tun, sagen. **2.** (veraltet) *unförmig.*
un|fran|kiert ⟨Adj.⟩: *nicht frankiert.*
un|frau|lich ⟨Adj.⟩: *nicht fraulich:* eine -e Mode; Es ist nicht u., geschäftstüchtig zu sein (Hörzu 9, 1973, 97).
un|frei ⟨Adj.; -er, -[e]ste⟩: **1.** *nicht im Zustand der Freiheit* (1) *lebend; gesellschaftlich, politisch, wirtschaftlich o. ä. unterdrückt, abhängig:* ein -es Volk; ein -es Leben; sie lebte, fühlte sich als -er Mensch; die -en (hist.; hörigen, leibeigenen) Bauern; Rousseau sah der Überzeugung, ein Volk, das repräsentiert werde, sei u. (Fraenkel, Staat 75); in seinen Entscheidungen u. *(abhängig, gebunden) sein.* **2.** *an [moralischen] Normen allzu stark gebunden, von [sittlichen] Vorurteilen abhängig; innerlich, persönlich nicht frei* (1 c): seine -e Art, Haltung, Sprache irritierte sie; sie fühlte sich in diesem Kreise u.; Ich bin in. erzogen und mühe mich darum, ein wenig freier zu denken (Hörzu 38, 1974, 8). **3.** (Postw.) *nicht frankiert:* eine -e Sendung; das Paket u. schicken; **Un|freie,** der u. die (hist.): *Person aus dem Stande derer, die keine Rechtsfähigkeit u. keine politischen Rechte besaßen u. in der Verfügungsgewalt eines Herrn standen;* **Un|frei|heit,** die; -: *das Unfreisein;* **un|frei|wil|lig** ⟨Adj.⟩: **1.** *nicht freiwillig; gegen den eigenen Willen; gezwungen:* ein -er Aufenthalt; sie mußten das Land u. verlassen; Doch machten einige der u. in den Ruhestand komplimentierten Beamten geltend, daß ... (MM 31. 8./1. 9. 74, 43). **2.** *nicht beabsichtigt; aus Versehen geschehend:* -e Komik; ein -er Witz, Scherz; Sylvio Kroll mußte am Reck seine Übung u. unterbrechen (Freie Presse 21. 8. 89, 4); Matthias Roth richtete ... in der Stille hallende, dadurch u. feierliche Grüße an Gisela aus (Kronauer, Bogenschütze 71); sie hat u. im Bad genommen (scherzh.: *sie ist ins Wasser gefallen).*
un|freund|lich ⟨Adj.⟩: **1.** *nicht freundlich* (a), *nicht liebenswürdig, nicht entgegenkommend; ungefällig:* ein -er Mensch; -es Personal; ein -es Gesicht machen; eine -e Antwort; ein -er Akt, eine -e Handlung (Dipl., Völkerr.; *Handlung eines Staates, durch die ein anderer Staat gekränkt, verletzt wird);* eine -e Übernahme (Wirtsch.; *ein Kauf od. Teilerwerb eines Unternehmens, dessen Management dies ablehnt, sich dagegen ausspricht;* nach engl. *unfriendly take-over);* sei doch nicht so u. zu ihm/(seltener auch:) gegen ihn; jmdn. sehr u. behandeln; Döbbeling sieht ihn u. an (Remarque, Obelisk 108). **2.** *nicht freundlich* (b), *nicht ansprechend, unangenehm wirkend:* -es Wetter, Klima; eine -e Gegend; Es war der 8. November 1974, ein -er britischer Freitag, an dem die Nebelschwaden wie feuchte Bettücher zwischen den Häusern der City hingen (Prodöhl, Tod 258); der Sommer war u. und verregnet. **Un|freund|lich|keit,**

die; -, -en: **1.** ⟨o. Pl.⟩ *das Unfreundlichsein.* **2.** *unfreundliche* (1) *Handlung, Äußerung.*
Un|frie|de, der; -ns, (seltener:) **Un|frieden,** der; -s: *Zustand der Spannung, Uneinigkeit, Gereiztheit, der durch Unstimmigkeiten, Zerwürfnisse, Streitigkeiten hervorgerufen wird:* in diesem Hause, unter/zwischen ihnen herrscht U.; Hört auf, Unfrieden zu stiften (Hacks, Stücke 13); sie lebten in Unfrieden, gingen in Unfrieden auseinander; ♦ * **mit jmdm. zu U. werden** *(mit jmdm. in Streit geraten):* darüber wurdet Ihr mit seinem Kameraden zu Unfried (Goethe, Götz I); **un|fried|lich** ⟨Adj.⟩: *nicht friedlich* (1 a): ein -es Verhalten; sind die Menschen nicht von Natur aus gewalttätig und u.? (Alt, Frieden 108); Zwar verliefen von den ... Demonstrationen ... 229 u. (Spiegel 51, 1983, 36).
un|fri|siert ⟨Adj.⟩: **1.** *nicht frisiert* (1), *gekämmt:* ein -er Kopf; Sie wagte nicht, in den Spiegel zu sehen, weil sie sich schämte – ihr -es Haar, das altmodische Samtkleid (Bieler, Mädchenkrieg 499); sie war u., lief u. herum. **2.** (ugs.) **a)** *nicht frisiert* (2 a): eine -e Bilanz; der Bericht war u.; **b)** (Kfz-T.) *nicht frisiert* (2 b): ein -es Mofa.
un|froh ⟨Adj.; -er, -[e]ste⟩: *nicht froh; mißgestimmt:* „Ich bin Frieda", sagte sie u. (Schnurre, Bart 88).
un|fromm ⟨Adj.⟩: *nicht fromm, gottlos.*
un|frucht|bar ⟨Adj.⟩: **1.** *nicht [sehr] fruchtbar* (1 a), *nicht ertragreich:* -er Boden; das Land ist u.; ... schien auch das Meer wieder so fischarm und u. wie in den Zeiten der Kälte (Ransmayr, Welt 122). **2.** (Biol., Med.) *unfähig zur Zeugung, zur Fortpflanzung; steril* (2): eine -e Frau, ein -er Mann; die -en Tage der Frau *(Tage, an denen eine Empfängnis nicht möglich ist);* die Stute ist u. **3.** *nicht fruchtbar* (2), *keinen Nutzen bringend; zu keinen positiven Ergebnissen führend; unnütz:* eine -e Diskussion, -e Gedanken; ... führt eine solche Umschreibung des Begriffes der „naturgemäßen Waldwirtschaft" nicht nur zu nichts, sondern erweckt nur -e Polemiken (Mantel, Wald 103); man darf doch über dies -e Wühlen im bereits Geschehenen ... nicht die Gegenwart vergessen (Nossack, Begegnung 319); Vergleiche mit der Neuzeit sind darum u. *(führen zu nichts;* Thieß, Reich 419); **Un|frucht|bar|keit,** die; -: *das Unfruchtbarsein;* **Un|frucht|bar|ma|chung,** die; -, -en: *das Sterilisieren* (2).
Un|fug, der; -[e]s [mhd. unvuoc, zu ↑fügen]: **1.** *ungehöriges, andere belästigendes, störendes Benehmen, Treiben, durch das oft auch ein Schaden entsteht:* ein dummer U.; grober U. (Rechtsspr.; ↑grob 3 a); was soll dieser U.!, laß diesen U.!; Marika und Manfred waren häufig rodeln und trieben reichlich U. mit dem Hotelaufzug in einem feudalen Hotel (Maegerlein, Triumph 81); allerlei U. (Allotria, Possen 1) anstellen. **2.** *unsinniges, dummes Zeug; Unsinn:* das ist doch alles U.!; „Du hast eben keinen sportlichen Ehrgeiz!" „Rede keinen U.! Mir genügt mein beruflicher Ehrgeiz ..." (Wendtland, Eisprinzeßchen 4).
un|fun|diert ⟨Adj.; -er, -este⟩: *nicht fun-*

diert; unbegründet, keine beweiskräftigen Argumente aufweisend: ... weil man als Hausbesitzer -en, ungerechtfertigten Angriffen doch sehr ausgesetzt ist (NZZ 30. 4. 83, 9); ein u. vorgetragenes Urteil. **Ung.** = Unguentum.

un|gal|lant ⟨Adj.; -er, -este⟩ (bildungsspr. veraltend): *unhöflich gegenüber Damen:* -es Benehmen; „Höchst u., dieser Herr", sagte Susanne (Danella, Hotel 429).

un|gang|bar [auch: -ˈ--] ⟨Adj.⟩ (seltener): *nicht begehbar:* ein -er Weg; ... daß das ohnehin schwere Gelände noch schwerer und schließlich fast u. wurde (Muschg, Sommer 156).

un|gar ⟨Adj.⟩: **1.** *nicht* ¹*gar (1):* das Mittagessen kommt halb gar auf den Tisch, aber selbst die -en Kartoffeln erweisen sich ... (Strittmatter, Der Laden 721). **2.** (Landw.) *mangelnde Bodengare aufweisend.*

Un|gar, der; -n, -n: Ew. zu ↑Ungarn; **Un|ga|rin,** die; -, -nen: w. Form zu ↑Ungar; **un|ga|risch** ⟨Adj.⟩: zu ↑Ungarn; **Un|ga|risch,** das; -[s] u. (nur mit best. Art.:) **Un|ga|ri|sche,** das; -n: *die ungarische Sprache;* **un|gar|län|disch** ⟨Adj.⟩ (selten): *ungarisch;* **Un|garn;** -s: Staat im südöstlichen Mitteleuropa.

un|gast|lich ⟨Adj.⟩: **1.** *nicht gastlich, nicht gastfreundlich:* ein -es Haus; sich u. benehmen. **2.** *zum Verweilen wenig verlockend, wenig einladend:* ein kahler, -er Raum; Da ist ein einfacher Hocker, der zu u. erscheint (Degener, Heimsuchung 137); **Un|gast|lich|keit,** die; -: *das Ungastlichsein.*

un|ge|ach|tet [auch: -ˈ--ˈ-]: **I.** ⟨Präp. mit Gen.⟩ (geh.) *ohne Rücksicht auf, trotz:* u. wiederholter Mahnungen/(auch:) wiederholter Mahnungen u. unternahm er nichts; u. ihrer Verdienste wurde sie entlassen; Hatte er seine Meinung kundgetan, wurde diese u. unserer üblichen Skepsis meist akzeptiert (Dönhoff, Ostpreußen 54); u. der Tatsache/dessen, daß ... **II.** ⟨Konj.⟩ (veraltend) *obwohl:* Ich blieb in hoher Erregung neben ihm, u. ich wußte, daß ... (Molo, Frieden 59).

un|ge|ahn|det ⟨Adj.⟩: *nicht geahndet:* er sei fest entschlossen, nicht die allergeringste Verfehlung u. zu lassen (Kempowski, Uns 156).

un|ge|ahnt [auch: -ˈ-ˈ-] ⟨Adj.⟩: *in seiner Größe, Bedeutsamkeit, Wirksamkeit o. ä. sich nicht voraussehen lassend, die Erwartungen weit übersteigend:* -e Möglichkeiten, Schwierigkeiten, -e Kräfte; das Museum birgt die -e Zunahme der Bedeutung wirtschaftlicher Faktoren für die Kriegführung (Fraenkel, Staat 367); Die moderne Anästhesie hat ... die Möglichkeiten der Chirurgie in -er Weise erweitert (Medizin II, 13).

un|ge|bär|dig ⟨Adj.⟩ [zu mhd. ungebærde = übles Benehmen] (geh.): *sich nicht, kaum zügeln lassend; widersetzlich [u. wild]:* ein -es Kind, Pferd; Heide, das -e Mädchen, das nicht nur auf Skiern wild war wie ein Junge, ... (Maegerlein, Piste 76); er ist, verhält sich sehr u.; **Un|ge|bär|dig|keit,** die; -: *das Ungebärdigsein.*

un|ge|bel|ten ⟨Adj.⟩: **1.** *nicht aufgefordert,* unerwartet u. auch nicht erwünscht, nicht gern gesehen:* -e Gäste, Besucher; er hat u. die Telefonistin stöpselte u. in den Anschluß des Geschäftsführers (Bieler, Mädchenkrieg 350). ◆ **2.** *von sich aus, ohne gebeten worden zu sein:* ein gutes Bäuerlein ... auf einem Wagen ..., das hieß ihn u. bei ihm aufsitzen (Mörike, Hutzelmännlein 121).

un|ge|beugt ⟨Adj.⟩: **1.** *nicht gebeugt, nicht gekrümmt:* der -e Rücken; Äußerlich eine -e Gestalt, wenn sie dort am Zaun lehnt, ... (Strauß, Niemand 109). **2.** *durch Schicksalsschläge, Bedrängnisse, Unannehmlichkeiten o. ä. nicht entmutigt; unbeirrt, unerschütterlich:* er blieb trotz aller Schicksalsschläge u. **3.** (Sprachw.) *unflektiert.*

un|ge|bil|det ⟨Adj.⟩ (oft abwertend): *keinerlei Bildung (1) habend, erkennen lassend:* -e Menschen; sie hielten ihn für schrecklich u.; **Un|ge|bil|det|heit,** die; -: *das Ungebildetsein.*

un|ge|bleicht ⟨Adj.⟩: *nicht gebleicht:* -e Haare; ... mit der relativ gelungenen Einführungswerbung für -e Höschenwindeln (natur 8, 1991, 60); diese Stoffe sind u. (ekrü a).

un|ge|bo|ren ⟨Adj.⟩: *[noch] nicht geboren:* ein -es Kind; -es Leben schützen.

un|ge|brannt ⟨Adj.⟩: **a)** *[noch] nicht gebrannt, gehärtet:* -e Ziegel; -er Ton; **b)** *[noch] nicht gebrannt, geröstet:* -er Kaffee.

un|ge|bräuch|lich ⟨Adj.⟩: *nicht, nicht sehr gebräuchlich, nicht üblich:* ein -es Wort; eine -e Methode; dieses Verfahren ist ziemlich u.; Als das Schwimmen in offenen Gewässern noch u. war, ... (Augsburger Allgemeine 3./4. 6. 78, VI); **un|ge|braucht** ⟨Adj.⟩: *noch nicht gebraucht, unbenutzt:* -e Schneeketten; ein -es *(frisches, sauberes)* Taschentuch; Kinderwagen, völlig u. *(neuwertig),* zu verkaufen.

un|ge|bremst ⟨Adj.⟩: *ungehindert, uneingeschränkt, nicht gedrosselt:* Außerdem greift ein -er Landverbrauch immer mehr in den Haushalt des Bodens ... ein (DÄ 47, 1985, 23); einer jener jungen Herren im Werbefernsehen, die ... -en Optimismus im Blick – fröhlich verkünden, daß ... (BM 23. 5. 76, 3); Die Diskussion darum wird intensiver werden, wenn die Krankheit u. fortschreitet (Hamburger Rundschau 22. 8. 85, 7); Nimmt die Weltbevölkerung u. weiter zu, ... (natur 9, 1991, 37).

un|ge|bro|chen ⟨Adj.⟩: **1. a)** *gerade weiterverlaufend, nicht abgelenkt, nicht gebrochen:* ein -er Lichtstrahl; eine -e Linie; **b)** *nicht getrübt, nicht abgeschwächt; leuchtkräftig:* -e Farben; ein -es Blau. **2.** *nicht geschwächt, abgeschwächt; anhaltend:* mit -em Mut, -er Energie weiterarbeiten; Der Generalbundesanwalt ... verfolgt Personen, die im Alter seines verstorbenen Sohnes sind, mit -er Härte weiter (Pohrt, Endstation 29); Natürlich ist die Liebesverrücktheit ... ein Ausdruck des nach wie vor -en Männlichkeitswahns der Italiener (Fest, Im Gegenlicht 285); ... die Auskünfte, die -es Interesse an der russischen Sprache, Literatur und Kultur zum Ausdruck brachten (Saarbr. Zeitung 7. 7. 80, 5); ein -er *(trotz Schicksalsschlä-* gen, Krankheiten zuversichtlicher) Mann; ihre Kraft ist u.; Die Faszination des alten Inkareiches ist u. (Konsalik, Promenadendeck 346); Die Nachfrage sei u. (Salzburger Nachr. 17. 2. 86, 7); Die Sympathie ... für Otto Graf Lambsdorff ist vorerst u. (Rhein. Merkur 2. 2. 85, 4); Der Besucheransturm ... hält u. an (natur 5, 1991, 57).

Un|ge|bühr, die; - (geh.): *ungebührliches Verhalten; Ungehörigkeit:* sie schämte sich seiner U.; Der Advokat lachte keuchend dazwischen, ohne sich seiner U. bewußt zu sein (H. Mann, Stadt 79); er wurde wegen U. vor Gericht (Rechtsspr.: *Mißachtung des Gerichts)* bestraft; ◆ ** zu[r] U. (in schändlicher, verwerflicher Weise):* Gelüsten trug er nach verbotener Frucht; Baimgartens Weib ... wollt' er zu frecher U. mißbrauchen (Schiller, Tell I, 4); **un|ge|büh|rend** ⟨Adj.⟩ (veraltend): *ungebührlich;* **un|ge|bühr|lich** [auch: -ˈ--ˈ-] ⟨Adj.⟩ (geh.): **a)** *den gebührenden Anstand nicht wahrend, ungehörig:* ein -es Benehmen; ein -er Ton; Kielack verdankte seinen Abschied ... eher seiner -en Aufführung vor Gericht (H. Mann, Unrat 110); sich u. benehmen; **b)** *über ein zu rechtfertigendes, angemessenes Maß hinausgehend:* eine -e Forderung; ein u. hoher Preis; wir mußten u. lange warten; **Un|ge|bühr|lich|keit,** die; -, -en: **1.** ⟨o. Pl.⟩ *das Ungebührlichsein.* **2.** *ungebührliche Handlung, Äußerung.*

un|ge|bun|den ⟨Adj.⟩: **1. a)** *nicht mit einem [festen] Einband versehen:* -e Bücher; die Hefte sind noch u.; **b)** *nicht geknüpft, geschlungen:* ein -er Schal; ein -en Schuhen gehen; **c)** (Kochk.) *nicht sämig gemacht:* -e Suppen, Soßen; **d)** (Musik) *voneinander abgesetzt, nicht legato gespielt, gesungen:* -e Töne; diese Akkorde sind ganz u. zu spielen; **e)** (Literaturw.) *nicht gebunden (5 c), in Prosa:* in -er Rede. **2.** *durch keinerlei verpflichtende Bindungen (1 a) festgelegt; frei von Verpflichtungen:* er genoß sein freies, -es Leben; bin ich noch -e Frau? (Mayröcker, Herzzerreißende 154); politisch, wirtschaftlich u. sein; völlig u. leben; **Un|ge|bun|den|heit,** die; -: *das Ungebundensein (2 b).*

un|ge|deckt ⟨Adj.⟩: **1. a)** *[noch] nicht mit etw. Bedeckendem, einer Deckung (1) versehen:* auf dem -en Dach war der Richtkranz befestigt; **b)** *[noch] nicht für eine Mahlzeit gedeckt, hergerichtet:* die Frühstückstische waren noch u. **2. a)** *nicht geschützt, abgeschirmt, ohne Deckung (2 a, b), ohne Schutz:* in der vordersten, in -er Linie kämpfen; (Schach:) einen -en Turm schlagen; (Boxen:) er bekam einen Haken auf das -e Kinn; **b)** (Ballspiele) *nicht gedeckt, abgeschirmt, ohne Deckung (6 a), Bewachung:* ein -er Spieler; die Stürmerin kam frei und völlig u. zum Schuß. **3.** (Bankw.) *nicht durch einen entsprechenden Geldbetrag auf einem Konto gesichert:* ein -er Scheck; der Wechsel war u.

un|ge|dient ⟨Adj.⟩: *nicht gedient* -e Wehrpflichtige sollen ihre Wehrsteuer zahlen; ⟨subst.:⟩ **Un|ge|dien|te,** der; -n, -n ⟨Dekl. ↑Abgeordnete⟩: *ungedienter Mann.*

un|ge|druckt ⟨Adj.⟩: *[noch] nicht gedruckt, veröffentlicht:* -e Texte, Manuskripte, Noten; Wie viele Theaterstücke abge-

Ungeduld

setzt wurden, wie viele Bücher ... u. blieben ... (Heym, Nachruf 707).

Un|ge|duld, die; -: *Unfähigkeit, sich zu gedulden, etw. ruhig, gelassen, beherrscht abzuwarten, zu ertragen, durchzuführen, nachsichtig zu betrachten; Mangel an Geduld:* eine große, wachsende, innere U.; seine U. wuchs; U. befiel, ergriff ihn; seine U. zügeln, bezähmen; in großer U., mit U., voller U. auf jmdn. warten; Ich zweifle nicht, daß Monsieur Stürzli seit Stunden mit schmerzlicher U. Ihrem Besuch entgegensieht (Th. Mann, Krull 151); von U. erfüllt, getrieben sein; sie verging fast vor U.; **un|ge|dul|dig** ⟨Adj.⟩: *von Ungeduld erfüllt, voller Ungeduld; keine Geduld habend, zeigend, ohne Geduld:* ein -er Mensch; eine -e Lehrerin, Beamtin, -es Drängen, -e Fragen; Höfel machte -e Handbewegungen. „Weg damit! Verstecken! Schnell!" (Apitz, Wölfe 15); sei nicht so u.!; sie wird leicht u.; u. warten; u. etw. fordern, sagen; er lief u. hin und her; sie zählte schon u. die Tage bis zur Rückkehr; Er winkte u. ab, als Evelyn ihn störte, und las weiter (Baum, Paris 38).

un|ge|eig|net ⟨Adj.⟩: *einem bestimmten Zweck, bestimmten Anforderungen nicht genügend; sich für etw. nicht eignend:* ein [für diesen Zweck/zu diesem Zweck] -es Mittel, Werkzeug; Kurz zuvor hatten deutsche Fachleute den Wellenbereich unter $1/2$ Meter als u. für Funkmeßaufgaben bezeichnet (Menzel, Herren 97); Doch ich bitte zu bedenken, daß das Gehöft zur Verteidigung weitgehendst u. ist (Plievier, Stalingrad 193); er kam im -sten *(unpassendsten)* Augenblick; ein -er Bewerber; das Buch ist als Geschenk für ihn u.; sie ist für diesen Beruf, ist als Lehrerin, als Lehrerin u.

un|ge|fähr [auch: - -'-; älter: ohngefähr, frühnhd. ongefer, mhd. āne gevære = ohne Betrug(sabsicht); urspr. in der alten Rechtsspr. formelhafte Erklärung, daß bei der Angabe von Maßen u. Zahlen eine eventuelle Ungenauigkeit „ohne böse Absicht" geschehen sei; später Umdeutung der Präposition „ohne" zur Vorsilbe „un..." durch mundartl. Kürzung des langen ā in āne zu kurzem u od. o u. durch Anlehnung an das un- von gleichbed. mhd. ungeværliche]: **I.** ⟨Adv.⟩ **a)** *nicht genau [gerechnet]; soweit es sich erkennen, schätzen, angeben läßt; etwas mehr od. etwas weniger als; schätzungsweise; etwa; zirka:* u. drei Stunden, zehn Kilometer; ein Ast, u. armdick; sie verdient u. soviel wie er; u. in drei Wochen/in u. drei Wochen/in drei Wochen u. komme ich zurück; so u./u. so können wir es machen; wann u. will er kommen?; u. um acht Uhr; u. *(im großen u. ganzen)* Bescheid wissen; als floskelhafte Antwort in Verbindung mit „so": „Ist das ein Erbstück?" – „So u. *(so könnte man sagen)*"; „Haben Sie denn geträumt?" fragt sie. „So u.", weiche ich aus (Remarque, Westen 174); * **[wie] von u.** *[scheinbar] ganz zufällig; mit einer gewissen Beiläufigkeit):* etw. von u. sagen, erwähnen; dann begann er von u. zu sprechen (Muschg, Gegenzauber 239); sie kam langsam und wie von u. näher;

nicht von u. *(aus gutem Grund, nicht ohne Ursache, nicht zufällig):* sie ist nicht von u. entlassen worden; In diesem Jahr wird die Aktion der GEW nicht von u. zusammen mit dem Gemeindeunfall-Versicherungsverband durchgeführt (Saarbr. Zeitung 8. 7. 80, 17); es ist, kommt nicht von u., daß er immer die besten Arbeiten schreibt; ♦ **b)** *zufällig, von ungefähr:* da fiel es ihm in den Arm (Lessing, Nathan III, 2). **II.** ⟨Adj.⟩ *mehr od. weniger genau; nicht genau bestimmt, anzugeben:* eine -e Darstellung, Übersicht; nur die -en Umrisse waren zu erkennen; Allmählich ... gewann man ein -es Bild dessen, was vorgefallen war (Fest, Im Gegenlicht 212); wäre es nicht möglich, anhand dieser Bodenproben den -en Herkunftsort der Blume zu bestimmen? (Bastian, Brut 154); **Un|ge|fähr** [auch: - -'-], das; -s (geh. veraltend): *Schicksal, Geschick, Zufall:* Bei meinem raschen Wiedereinpakken jedoch wollte es das U., daß ... (Th. Mann, Krull 146); er wollte es nicht dem U. überlassen, ob er sie wiedersehen würde oder nicht.

un|ge|fähr|det [auch: - -'- -] ⟨Adj.⟩: *nicht gefährdet:* die Kinder können dort u. spielen; Von 1928 bis 1936 holte sie sich u.*(ohne ernsthaft von Konkurrentinnen bedrängt zu werden)* jede Goldmedaille (Olymp. Spiele 73).

un|ge|fah|ren ⟨Adj.⟩: *nicht gefahren, gebraucht, benutzt:* ein -er Wagen; -e Räder.

un|ge|fähr|lich ⟨Adj.⟩: *nicht gefährlich (a), nicht mit Gefahr verbunden:* ein ganz und gar, völlig, im ganzen -es Unternehmen; es ist nicht ganz u. *(ist ziemlich gefährlich),* in diesem Fluß zu baden; **Un|gefähr|lich|keit,** die; -: *das Ungefährlichsein.*

un|ge|fäl|lig ⟨Adj.⟩: *nicht gefällig (1), zu keiner Gefälligkeit bereit:* ein -er Mensch; Aber sie will auch nicht u. erscheinen, noch dazu wo sie beinahe Nachbarn sind (Frischmuth, Herrin 41); **Un|ge|fäl|ligkeit,** die; -: *das Ungefälligsein.*

un|ge|färbt ⟨Adj.⟩: *nicht gefärbt:* -e Wolle; Ü die -e *(nicht beschönigte)* Wahrheit nicht ertragen können.

un|ge|fe|stigt ⟨Adj.⟩: *[noch] nicht gefestigt (b), labil:* ein -er Charakter; er ist noch jung und u.

un|ge|fil|tert ⟨Adj.⟩: *nicht gefiltert, nicht durch einen Filter (1, 3) gegangen.*

un|ge|flü|gelt ⟨Adj.⟩ (bes. Biol.): *nicht geflügelt* (1): -e Insekten; -er Samen.

un|ge|formt ⟨Adj.⟩: *nicht geformt (1), keine bestimmte Form* (1 a) *aufweisend.*

un|ge|fragt ⟨Adj.⟩: **a)** *ohne gefragt worden zu sein, ganz von sich aus:* u. etw. sagen, erklären; u. dazwischenreden; Beim Abendessen erzählte Sophie u., wie sie mit ihrer Lehrerin an der Arie ... gearbeitet hatte (Bieler, Mädchenkrieg 281); **b)** *ohne vorher gefragt, sich erkundigt zu haben:* u. sein Jackett ablegen.

un|ge|freut ⟨Adj.; -er, -este⟩ (schweiz.): *unerfreulich, unangenehm:* eine -e Situation; Eine -e Sache sei das, sagte er, was er da schon für Zeit aufgewendet habe! (Tages Anzeiger Magazin 28. 7. 84, 18).

un|ge|früh|stückt ⟨Adj.⟩ (ugs. scherzh.): *ohne gefrühstückt zu haben:* wir waren

noch u., mußten u. aufbrechen; ♦ u. ging ich hin (Schiller, Turandot V, 1).

un|ge|fü|ge ⟨Adj.⟩ [mhd. ungevüege, ungevuoge = unartig, plump, ungefōgi = ungünstig; beschwerlich, riesig, ↑gefügig] (geh.): **a)** *unförmig, ungestalt, klobig, plump:* ein -r Klotz, Tisch; ein Miederwarengeschäft, vor allem mit Rheumawäsche und -n Büstenhaltern (Kronauer, Bogenschütze 46); er war ein -r Bursche; sie hing schwer und u. in unseren Armen (Salomon, Boche 82); **b)** *plump u. unbeholfen wirkend; schwerfällig:* eine u. Sprechweise; An der Tafel stand in der -n Kinderschrift ... das Aufsatzthema (Schnurre, Fall 45); das Keuchen setzte sekundenlang aus, und u. und bebend versuchten die verkrusteten Lippen, ein Wort zu bilden (Schnurre, Schattenfotograf 126); **un|ge|fü|gig** ⟨Adj.⟩ (selten): **1.** *ungefüge* (a): -e Holzschuhe. **2.** *nicht gefügig:* ein -er Zögling; **Un|ge|fü|gig|keit,** die; -: *das Ungefügigsein.*

un|ge|ges|sen ⟨Adj.⟩: **1.** *nicht gegessen, nicht verspeist:* -e Reste. **2.** (ugs. scherzh.) *ohne gegessen zu haben:* komm bitte u.!; ♦ Des Vaters Schwester täte es nicht, daß sie u. aus dem Hause ging (Gotthelf, Spinne 9).

un|ge|glie|dert ⟨Adj.⟩: *nicht, nur wenig gegliedert.*

♦ **un|ge|grün|det** ⟨Adj.⟩: *unbegründet:* ... daß die ganze fabelhafte Reise des Königs von Preußen ein bloßes -e Gerücht gewesen (Chamisso, Schlemihl 38).

un|ge|hal|ten ⟨Adj.⟩ [zu ↑gehalten (2)] (geh.): *ärgerlich* (1), *aufgebracht, verärgert:* er war sehr, äußerst, sichtlich u. über diese Störung, wegen dieser Angelegenheit; man merkt ihr an, daß sie langsam u. wird (Frischmuth, Herrin 47); u. auf etw. reagieren; **Un|ge|hal|ten|heit,** die; - (geh.): *das Ungehaltensein.*

un|ge|hei|ßen ⟨Adj.⟩ (geh.): *ohne geheißen worden zu sein, unaufgefordert:* etw. u. tun; Ich fahre u. den dicken Mistbhaufen vom Hof (Strittmatter, Der Laden 916).

un|ge|heizt ⟨Adj.⟩: *nicht geheizt:* -e Räume; ihr Zimmer war u.

un|ge|hemmt ⟨Adj.⟩: **1.** *durch nichts gehemmt:* eine -e Bewegung; Die Gefahr besteht in der -en Anwendung der Atomenergie (Stories 72 [Übers.], 16); etw. kann sich u. entwickeln; Müssen also erst zahllose Menschen an Hautkrebs erkranken, weil UV-Strahlen u. einfallen (natur 3, 1991, 93); Ü *-e (überschwengliche, überschwemmende) Freude; -e (zügellose) Leidenschaft, Wut.* **2.** *frei von inneren Hemmungen:* -e und gehemmte Menschen; er hat ganz u. darüber gesprochen.

un|ge|heu|er [auch: - -'- -] ⟨Adj.; ungeheurer, -ste⟩ [mhd. ungehiure, ahd. un(gi)hiuri = unheimlich, grauenhaft, schrecklich, zu ↑geheuer]: **a)** *außerordentlich groß, stark, umfangreich, intensiv, enorm; riesig, gewaltig:* eine ungeheure Menge, Weite, Größe, Höhe, Entfernung; ein ungeheures Vermögen; ungeheure Verluste, Opfer; ungeheure Kraft, Energie; eine ungeheure Leistung, Anstrengung; sie hat ungeheure Schmerzen; es war eine ungeheure Freude, Begeisterung; ein ungeheures Wissen; Der Mann aber hatte ... die Miene ungeheurer Kennerschaft aufgesetzt (Kronauer, Bogenschütze 117); Man schreibt so leicht etwas hin, das bei näherem Zusehen von ungeheurem Gewicht ist (Stern, Mann 160); Mir schien, daß der junge Aptaker ein ungeheures Risiko einging (Kemelman [Übers.], Mittwoch 198); der Aufprall, Druck war u.; Die Enttäuschung war u. gewesen (Danella, Hotel 237); Die Kosten dafür wären heute u. (Bund 9. 8. 80, 4); **b)** ⟨intensivierend bei Adj. u. Verben⟩ (oft emotional übertreibend) *außergewöhnlich, außerordentlich, überaus, sehr, im höchsten Grad, Maß:* u. groß, hoch, weit; u. wichtig; er ist u. stark, mächtig; der Schmuck soll u. wertvoll sein; du kommst dir wohl u. klug vor!; das ist u. übertrieben; Sie war sehr wachsam und klug und erfahren und u. neugierig (H. Gerlach, Demission 99); sich u. freuen; das wundert mich u. (Danella, Hotel 34); Die Lokaljugend stand damals u. auf Rhythm and Blues (Rheinische Post 12. 5. 84, 7); Striegel machte sich sofort u. an Reißbrett zu schaffen (H. Gerlach, Demission 19); er verdiente ja u. *(außerordentlich viel)* mit seinen vielen juristischen Tätigkeiten (Konsalik, Promenadendeck 160); * **ins -e** *(sehr, überaus, außerordentlich stark):* die Kosten stiegen ins -e; **Un|ge|heu|er,** das, -s, - [mhd. ungehiure]: **1.** *großes, scheußliches, furchterregendes Fabeltier:* ein siebenköpfiges, drachenartiges U.; sehr alte, sehr phantastische Heraldik, Schwäne, Störche, grimmige Löwen, doppelköpfige U. (Koeppen, Rußland 61); wie ein fauchendes, schwarzes U. kam die Dampflok auf uns zu; Im Jahre 1905 ging das Gerücht durch die Lande, daß in einem Nebenfluß des Rufiji ein U. lebte (Grzimek, Serengeti 107); Ü er ist ein wahres, richtiges U. *(Scheusal);* Er wird sich schon gewöhnen. Ich bin ja kein U. *(Unmensch;* Genet [Übers.], Totenfest 12). **2.** (emotional) *Monstrum* (2), *Ungetüm:* sie hatte ein U. von einem Hut auf dem Kopf; **un|ge|heu|er|lich** [auch: - -'- - -] ⟨Adj.⟩ [mhd. ungehiurlich]: *schrecklich, groß, seltsam:* **1.** (seltener) **a)** *ungeheuer* (a): eine -e Menge, Anstrengung; auch geringfügige Kritik empfand er sogleich als persönliche Beleidigung, wenn nicht als -e Kränkung (Reich-Ranicki, Th. Mann 56); Wir haben die -ste Überraschung unseres Lebens erlebt (Muschg, Gegenzauber 230); **b)** ⟨intensivierend bei Adj. u. Verben⟩ *ungeheuer* (b): u. groß, laut; sich u. freuen; Ihr Versuch, ... die Bevölkerung einer Stadt durch Aushungern politisch gefügig machen zu wollen, hat den Sowjets in der Welt u. geschadet (Hörzu 29, 1976, 96). **2.** (abwertend) ²*unerhört* (2), *empörend, skandalös:* eine -e Behauptung, Anschuldigung; De Gasperi habe ihm einmal einen Eilbrief geschickt, in dem -e Dinge standen (Fest, Im Gegenlicht 373); das ist ja u.!; Es war u., daß Erna jetzt ... ihm, ihrem Mann, Hörner aufsetzte (Konsalik, Promenadendeck 226); Wenn die Männer über den Hof liefen, schoben sie die Hände in die Hosentaschen, was den Jungen so u. erschien, als gingen Frauen ohne Kopftuch auf die Straße (Bieler, Bär 12); **Un|ge|heu|er|lich|keit** [auch: - -'- - -], die; -, -en (abwertend): **1.** ⟨o. Pl.⟩ *das Ungeheuerlichsein.* **2.** *ungeheuerliche Handlung, Äußerung.*

un|ge|hin|dert ⟨Adj.⟩: *durch nichts behindert, aufgehalten, gestört:* -e Bewegungen; wir konnten u. passieren; Er erklärte, jeder könne heute in der Sowjetunion u. in die Kirche gehen (Dönhoff, Ära 221); Doch sagte er, in seiner Gegenwart könne man u. über dergleichen reden (Fest, Im Gegenlicht 375).

un|ge|ho|belt [auch: - -'- -] ⟨Adj.⟩: **1.** *nicht mit einem Hobel bearbeitet, geglättet:* -e Bretter. **2. a)** *schwerfällig, unbeholfen:* eine -e Ausdrucksweise; man hatte damals in mondänen Kreisen ein Faible fürs Natürliche und für eine Art -en Charmes (Süskind, Parfum 205); er war ein bißchen linkisch und u.; **b)** (abwertend) *grob* (4 a), *rüde, unhöflich:* ein -er Kerl, Klotz; es scheint mir, daß die Tommies in etwas höflicheren, zivilisierteren Formen miteinander verkehren als unsere -en G.I.s (K. Mann, Wendepunkt 416); ein -es Benehmen.

un|ge|hö|rig ⟨Adj.⟩: *nicht den Regeln des Anstands, der guten Sitte entsprechend; die geltenden Umgangsformen verletzend:* ein -es Benehmen; etw. in -em Ton sagen; eine -e *(freche, vorlaute)* Antwort geben; ein solches Verhalten ist einfach u.; Es galt als u., anderen seine Gefühle zu zeigen (Grossmann, Liebe 131); sich u. aufführen; **Un|ge|hö|rig|keit,** die; -, -en: **1.** ⟨o. Pl.⟩ *das Ungehörigsein.* **2.** *ungehörige Handlung, Äußerung.*

un|ge|hor|sam ⟨Adj.⟩: *nicht gehorsam* (b): -e Kinder, Schüler; sei nicht so u.!; er ist seiner Mutter gegenüber u.; **Un|ge|hor|sam,** der; -s: *das Ungehorsamsein, Mangel an Gehorsam:* wegen -s bestraft werden.

un|ge|hört ⟨Adj.⟩: *von niemandem gehört:* sein Ruf blieb, verhallte u.

un|geil ⟨Adj.⟩: **1.** *in keiner Weise geil* (1); *unerotisch:* Nicht, daß der Sex mit Hanna schlecht war oder völlig u. (Siems, Coming out 195). **2.** (salopp, bes. Jugendspr.) *in keiner Weise geil* (3); *schlecht, unerfreulich:* Mein Unterleib tut weh, der Arm auch und die Leber. Es ist verdammt u. alles (Spiegel 37, 1981, 109).

Un|geist, der; -[e]s (geh. abwertend): *zerstörerisch, zersetzend wirkende, einer positiven Entwicklung schädliche Gesinnung, Ideologie:* der U. des Militarismus, des Faschismus; klassenfremde Elemente, Leute also, die ... das Proletariat infiltriert und mit ihrem U. erfüllt hätten (Heym, Nachruf 585); **un|gei|stig** ⟨Adj.⟩ (seltener): *nicht geistig* (1 b).

un|ge|kämmt ⟨Adj.⟩: *nicht gekämmt:* -e Haare; er war immer u., lief immer u. herum.

un|ge|klärt ⟨Adj.; -er, -este⟩: **1.** *nicht geklärt* (1 a), *unklar:* eine -e Frage; Diese -en Besitzverhältnisse sind mir demnach rätselhaft (Danella, Hotel 71); Die Rolle von Dr. Hans Kurt Landesmann ist die bisher -este (Erfolg 11/12, 1983, 33); die Ursachen blieben u. **2.** *nicht geklärt* (2 a): -e Abwässer; ..., während rund 85 Prozent aller Abwässer rund ums Mittelmeer u. eingeleitet werden (Welt 20. 7. 89, 21). **un|ge|kocht** ⟨Adj.⟩: *nicht gekocht* (c): das Wasser sollte man u. nicht trinken.

un|ge|krönt ⟨Adj.⟩: *[noch] nicht gekrönt, als Herrscher eingesetzt:* -e Häupter; gekrönte und -e Vertreter der Aristokratie; Ü der -e König *(der beste, erfolgreichste)* der Artisten; er war der -e König dieser Stadt *(hatte in der Stadt die größte Macht, den größten Einfluß).*

un|ge|kün|digt ⟨Adj.⟩: *nicht gekündigt* (c): ein -es Arbeitsverhältnis; sich in -er Stellung befinden.

un|ge|kün|stelt ⟨Adj.⟩: *nicht gekünstelt; sehr natürlich, echt [wirkend]:* ein -es Wesen, Benehmen; wir ... spüren, wie uns eine -e Ehrfurcht die Sinne schärft (Fels, Kanakenfauna 92); Die Begegnung mit dem Papst sei offen, herzlich und u. gewesen (NZZ 30. 7. 84, 31); sich u. benehmen.

un|ge|kürzt ⟨Adj.⟩: *nicht gekürzt:* die -e Ausgabe eines Romans; die -e Fassung eines Films; eine Rede u. abdrucken; ..., um sich den Schadenfreiheitsrabatt u. zu erhalten (ADAC-Motorwelt 12, 1986, 106).

un|ge|la|den ⟨Adj.⟩: *nicht eingeladen:* mit schräggehaltenem Dickkopf und baumelnder Pudelmütze ist er neugierig auf seinen -en Besuch (Grass, Hundejahre 253); mein Denken kreiste um den Mann, der da in den Saal getreten war, u., weil keiner ... gewußt hatte, daß er in Schwarzenberg war (Heym, Schwarzenberg 38).

Un|geld, das; -[e]s, -er [mhd. ungelt, eigtl. = zusätzliche Geldausgabe]: *(im MA.) Abgabe, Steuer auf Waren.*

un|ge|lebt ⟨Adj.⟩: **a)** *[noch] nicht gelebt habend:* die Angst davor, u. zu sterben; **b)** *nicht entfaltet, verwirklicht, [voll] zur Entfaltung gebracht:* Die meisten schämen sich, von ihrem -en Leben zu berichten (Spiegel 14, 1985, 77).

un|ge|le|gen ⟨Adj.⟩: *nicht gelegen* (2), *in jmds. Pläne, zu jmds. Absichten gar nicht passend:* -er Besuch; -e Gäste; er kam zu recht -er Stunde; die Einladung ist, kommt mir u.; komme ich u.? *(störe ich?);* Magst du mich eigentlich noch, oder bin ich u. reingeschneit? (Bieler, Bär 420); **Un|ge|le|gen|heit,** die; -, -en ⟨meist Pl.⟩: *Unannehmlichkeit, Mühe, Schwierigkeiten bereitender Umstand:* jmdm. große -en machen; das bereitet uns nur -en; wir können dadurch -en haben; man hatte es in seinem Leben schon ganz anderer Verbrechen beschuldigt, und waren ihm nennenswerte -en daraus erwachsen (Prodöhl, Tod 70); in -en *(Schwierigkeiten)* kommen, geraten.

un|ge|leh|rig ⟨Adj.⟩: *nicht gelehrig, nicht geschickt.*

un|ge|lehrt ⟨Adj.; -er, -este⟩ (veraltend): *nicht gelehrt* (a): ein -er Mann.

un|ge|lenk ⟨Adj.⟩ (geh.): *steif u. unbeholfen, ungeschickt (bes. in den Bewegungen), ungewandt:* ein -er Mensch; ... während Herbert ... seine schwere, -e Gestalt in den Regen stellte (Muschg, Gegenzauber 344); eine -e Schrift; Eine -e Freskomalerei zeigte den geblendeten Polyphem

ungelenkig

(Fest, Im Gegenlicht 60); sich u. bewegen, ausdrücken; Sein unruhiger, nach vorn drängender Schritt brachte den eher u. anmutenden Körper ständig in eine Lauerstellung (Gregor-Dellin, Traumbuch 103); Ich traf ihn eines Tages in Königsberg in einem Laden, wo er kurzsichtig und u. zwischen Pullovern und Zipfelmützen herumwühlte (Dönhoff, Ostpreußen 55); **un|ge|len|kig** ⟨Adj.⟩: *nicht gelenkig* (a); **Un|ge|len|kig|keit**, die; -: *das Ungelenkigsein.*

un|ge|lernt ⟨Adj.⟩: *für ein bestimmtes Handwerk, einen bestimmten Beruf nicht ausgebildet:* -e Arbeiter; ... erkundigen, welche Möglichkeiten es für -e Arbeitskräfte gäbe (Becker, Tage 82); **Un|ge|lern|te**, der u. die ⟨Dekl. ↑ Abgeordnete⟩: *ungelernte Arbeitskraft:* Die Frauen kommen fast immer als U. zu uns (Delius, Siemens-Welt 84); ... ärgerte er sich, daß nur wenig Interesse für die Lage der -n bei ihnen bestand (Kühn, Zeit 217).

un|ge|le|sen ⟨Adj.⟩: *[noch] nicht gelesen, ohne gelesen worden zu sein:* die Zeitung lag u. da.

un|ge|liebt ⟨Adj.⟩: **1.** *nicht geliebt:* sie hat den -en Mann verlassen. **2.** *von jmdm. nicht gemocht:* den -en Beruf aufgeben; was er je gelernt hat im -en Geräteturnen, das bei diesem Mann (Loest, Pistole 53).

un|ge|lo|gen ⟨Adv.⟩ (ugs.): *tatsächlich, wirklich, ohne Übertreibung:* u., so hat es sich zugetragen; ich habe u. 20 Stunden geschlafen; Annemarie ist die Schönste, u. (Bieler, Bär 152).

un|ge|löscht ⟨Adj.⟩ [zu ↑ ¹löschen (1 d)]: *nach dem Brennen nicht mit Wasser übergossen:* -er Kalk.

un|ge|löst ⟨Adj.⟩: *nicht gelöst* (3 a, 5 a).

un|ge|lüf|tet ⟨Adj.⟩: *nicht gelüftet:* die -en Stuben stanken nach muffigem Staub (Süskind, Parfum 5).

Un|ge|mach, das; -[e]s [mhd. ungemach, ahd. ungamah, vgl. Gemach] (geh.): *Unannehmlichkeit, Widerwärtigkeit, Ärger* (2), *Übel:* großes, schweres, bitteres U. erleiden, erfahren; jmdm. U. bereiten; ... trifft mich der Gedanke, was mir der angebrochene Tag alles an U. bringen wird (Mayröcker, Herzzerreißende 97); „Der ... übersteht auch einen Überschlag." Gegen solches U. schützen sich die Insassen durch enge Schalensitze und Sechspunktgurte (ADAC-Motorwelt 10, 1982, 80); (oft leicht spöttisch:) Tausende von kahlen Baggerseen warten darauf, in grüne Teichidylle ... oder zu Badeseen umgestaltet zu werden. Aber schon droht der Landschaft neues U.: Die CSU-Landtagsfraktion will durchsetzen, daß für die Genehmigung von Bauten ... die Landratsämter zuständig sein sollen (Augsburger Allgemeine 22./23. 4. 78, 2).

un|ge|macht ⟨Adj.⟩: *(von Betten) nicht gemacht, hergerichtet:* ich steige nicht gern in ein -es Bett.

un|ge|mäß ⟨Adj.⟩: *in der Verbindung* **jmdm., einer Sache u. sein** *(jmdm., einer Sache nicht gemäß II sein)*: die Behandlung war seinem diplomatischen Status u.

un|ge|mein [auch: - -'-] ⟨Adj.⟩: **a)** *außerordentlich groß, enorm; das gewöhnliche Maß, den gewöhnlichen Grad beträchtlich*

übersteigend: ein -es Vergnügen; eine -e Freude; er genießt -e Popularität; er hat -e Fortschritte gemacht; **b)** ⟨intensivierend bei Adj. u. Verben⟩ *sehr, äußerst, ganz besonders:* u. schwierig, wertvoll, wichtig; sie ist u. klug, hübsch, fleißig; Deine Argumente waren u. stark (H. Gerlach, Demission 154); Schätzen Sie auch dieses u. beruhigende Gefühl, ein bißchen Geld auf der Seite zu haben? (Basler Zeitung 2. 10. 85, 10); das freut mich u.; es stört mich u. (Konsalik, Promenadendeck 216); auf die Piste zum Tanz, das fetzt u. (Kraushaar, Lippen 182); Das allgegenwärtige Grauen ... betrifft mich u., es zieht mich an (Fels, Kanakenfauna 34).

un|ge|mes|sen [auch: - -'- -] ⟨Adj.⟩ (selten): *unermeßlich* (1 b): Zu seiner nächsten Nummer schritt der Artist auf den Händen hinaus und erwarb -en Beifall (H. Mann, Unrat 68); *** [bis] ins -e** (↑ unermeßlich 1 b).

un|ge|min|dert ⟨Adj.⟩: *nicht gemindert:* der Sturm tobte mit -er Stärke.

un|ge|mischt ⟨Adj.⟩: *nicht gemischt.*

un|ge|müt|lich ⟨Adj.⟩: **1. a)** *nicht gemütlich* (a), *behaglich:* ein -es Zimmer; eine -e Wohnung; die Kneipe ist furchtbar u.; dort ist es mir zu u.; ... wenn du die Erfahrung sammelst, daß es im Zelt bei Regen und Kälte höchst u. ist (Loest, Pistole 183); hinten wird ... ausreichend Kniefreiheit geboten ... Dennoch kann es auf längeren Strecken hinten u. werden (ADAC-Motorwelt 1, 1983, 18); hier ist es u. kalt *(so kalt, daß man sich unbehaglich fühlt);* **b)** *nicht gemütlich* (b), *gesellig:* eine -e Atmosphäre, Stimmung; er fand es auf dem Fest ziemlich u. **2.** *unerfreulich, unangenehm, mißlich:* in eine -e Lage geraten; Von solchen Problemen ließ er lieber seine Finger, sie waren ihm zu u. (Süskind, Parfum 19); *** u. werden** (ugs.; *sehr unfreundlich, grob werden; unwirsch, verärgert auf etw. reagieren*): wenn mir das jemand kaputtmachen will, da werd' ich aber u.! (Brot und Salz 322); Wir machen eine kleine Fahrt zur Polizei. Bißchen dalli, sonst wird's u. (Stories 72 [Übers.], 83); **Un|ge|müt|lich|keit**, die; -: *das Ungemütlichsein.*

un|ge|nannt ⟨Adj.⟩: *nicht namentlich genannt, anonym:* ein -er Helfer; heutzutage sollen ja -e „Geisterschreiber" so oft in Buchform bringen, was bedeutsame Leute erlebt oder geschaffen haben (Grzimek, Serengeti 7); der Spender blieb u.

un|ge|nau ⟨Adj.; -er, -[e]ste⟩: **a)** *nicht genau* (I a); *dem tatsächlichen Sachverhalt nur ungefähr entsprechend:* -e Messungen; eine -e Formulierung; Wenn sie nicht da ist, kann er sich an ihr Lachen nur u. erinnern (Frisch, Montauk 105); **b)** *nicht genau* (I b): er arbeitet bei u. **Un|ge|nau|ig|keit**, die; -, -en: **1.** ⟨o. Pl.⟩ *das Ungenausein* (a): die U. einer Messung, Übersetzung, eines Ausdrucks. **2.** *etw., was nicht genau* (I a) *dem Erwarteten, Angestrebten entspricht:* ihm sind ein paar -en unterlaufen.

♦ **un|ge|neckt** ⟨Adj.⟩ [zu ↑ necken in der alten Bed. „belästigen"]: *ungeschoren, unbehelligt:* Meine Güter hat der stolze

Herzog inne, die deinigen wird Götz nicht lange u. lassen (Goethe, Götz II).

un|ge|neh|migt ⟨Adj.⟩: *nicht genehmigt, erlaubt; ohne Genehmigung seiend:* Sie würden die -e Demo machen (Drewitz, Eingeschlossen 208); Beihilfe zum Betrieb eines -en Senders (NJW 19, 1984, VI); ein PKW, mit dem u. Personen gegen Bezahlung befördert wurden (Freie Presse 26. 11. 87, 3).

un|ge|niert [auch: - -'-] ⟨Adj.; -er, -este⟩ [zu ↑ genieren]: *sich frei, ungehemmt benehmend, keine Hemmungen zeigend:* -es Benehmen, Auftreten; etw. u. aussprechen; ... musterte er die Männer, die an ihren Liegestühlen vorbeigingen und u. auf die kaum bekleidete Sylvia blickten (Konsalik, Promenadendeck 111); „Na, Willie, mein Alter, was treibst du da", gesellte sich Alf u. dazu (Büttner, Alf 105); **Un|ge|niert|heit** [auch: - -'- -], die; -, -en: **1.** ⟨o. Pl.⟩ *ungeniertes Wesen, Benehmen.* **2.** (selten) *Handlung, Äußerung, an der sich jmds. Ungeniertheit* (1) *zeigt.*

un|ge|nieß|bar [auch: - -'- -] ⟨Adj.⟩: **1.** *nicht genießbar:* -e Beeren, Pilze; der Wein ist u. geworden; das Essen in der Kantine ist u. *(ist, schmeckt sehr schlecht).* **2.** (ugs., oft scherzh.) *unausstehlich:* der Chef ist heute u.; **Un|ge|nieß|bar|keit** [auch: - -'- - -], die; -: *das Ungenießbarsein.*

Un|ge|nü|gen, das; -s: **1.** (geh.) *ungenügende Beschaffenheit, Leistung; Unzulänglichkeit:* Ob Ted Kennedy in den klaren über das rednerische U. Mondales, diesem mit voller Absicht die Show stahl? (Weltwoche 26. 7. 84, 3); So ist jedes Buch narzistischer Ausdruck unseres -s (B. Vesper, Reise 472); ein chaotisches Leben ..., zerrissen zwischen höchstem Wollen, eigenem U. und fast totalem Mißerfolg (W. Schneider, Sieger 303). **2.** (bildungsspr.) *Unbehagen, Unzufriedenheit:* Danach besetzte uns Unruhe, U. kam auf (Grass, Butt 88); Dann spürt er, daß nur Gutes in ihm kommt und nie von Grund auf gut ist. U. bereitet allein ihr leibhaftiges Gegenüber (Strauß, Niemand 94); das steigert unsere Ansprüche und unser U. an der wirklichen Welt (Höhler, Glück 25); **un|ge|nü|gend** ⟨Adj.⟩: *deutliche Mängel aufweisend, nicht zureichend [u. daher den Erwartungen nicht entsprechend]:* eine -e Planung, Vorsorge, Ernährung; Die „Iphigenie", versicherte er (= Goethe), sei ein Produkt seiner -en Kenntnis der griechischen Dinge (Fest, Im Gegenlicht 58); Der ... Helikopter ist allerdings auf Grund seines -en Platzangebotes für einen Notarztbetrieb nicht geeignet (Ostschweiz 31. 7. 84, 12); die technische Sicherheit des Geräts ist u.; die Treppe war u. beleuchtet; eine Klassenarbeit mit der Note „ungenügend" zensieren.

un|ge|nutzt, (auch:) **un|ge|nützt** ⟨Adj.⟩: *nicht genutzt* (2): ... führte sie ihn in die Küche. In der Mitte war viel ungenutzter Platz (Kronauer, Bogenschütze 56); eine gute Gelegenheit u. [verstreichen] lassen; Zu anstößig ist die Vorstellung, daß jährlich elf Milliarden Kubikmeter Wasser ... völlig ungenutzt verdunsten und versickern (natur 3, 1991, 63).

un|ge|öff|net ⟨Adj.⟩: *nicht geöffnet; geschlossen:* wie ein fremdes Buch, welches er u. liegenließ (Rehn, Nichts 94); u. haltbar bis ...
un|ge|ord|net ⟨Adj.⟩: *nicht geordnet;* **Un|ge|ord|net|heit,** die; -: *das Ungeordnetsein.*
un|ge|paart ⟨Adj.⟩ (bes. Biol.): *azygisch* (1).
un|ge|pflegt ⟨Adj.; -er, -este⟩: *nicht gepflegt; vernachlässigt [u. daher unangenehm wirkend]:* ein -er Garten; Diese Loipen müssen regelmäßig gespurt werden, weil -e Loipen die Langläufer erfahrungsgemäß ins Gelände treiben (ADAC-Motorwelt 1, 1987, 69); ein -es Äußeres haben; Ich sah seine grünen Augen. Sie sah ich zuerst. Und dann erst seinen riesigen ... Vollbart (Jahnn, Geschichten 199); er, sein Haar wirkt u.; **Un|ge|pflegt|heit,** die; -: *das Ungepflegtsein, ungepflegter Zustand.*
un|ge|plant ⟨Adj.⟩: *nicht geplant; unvorhergesehen:* Beide Spielarten einer gelegentlichen Dominanz meiner Gefühle über den Verstand haben mir wiederholt zwar -en Nutzen, doch öfter voraussehbaren Schaden gebracht (Stern, Mann 235).
un|ge|prüft ⟨Adj.⟩: *nicht geprüft.*
un|ge|rächt ⟨Adj.⟩ (geh.): *nicht gerächt.*
un|ge|ra|de ⟨Adj.⟩: **1.** (Math.) *(von Zahlen) nicht ohne Rest durch zwei teilbar:* u. Zahlen; die -n Hausnummern sind auf der linken Straßenseite, die geraden auf der rechten; Der eine (= Fahrstuhl) hält in allen geraden, der andere in allen -n Stockwerken (Stockwerken mit ungerader Zahl; Reinig, Schiffe 112). **2.** ** nicht u.* (landsch.; *nicht übel; rechtschaffen* 1): dein Freund ist nicht u.
un|ge|ra|ten ⟨Adj.⟩: *(im Hinblick auf die Entwicklung eines Kindes) nicht so, wie es erwartet wurde; ungezogen:* Paulchen ... kaut an seinem Bubble-gum. Plötzlich stülpt sich eine Kaugummiblase vor seinem Mund aus, entsetzt blickt Sophie auf unser -es Kind (Schädlich, Nähe 137); sein Sohn ist u.
un|ge|rech|net: I. ⟨Adj.⟩ *nicht mitgerechnet, [mit]berücksichtigt:* die Schulden bleiben hierbei u.; der Preis beträgt 100 DM, das Porto u.; ... während die Kraftfahrzeugpreise ab 1952 um etwa 12 v. H. fielen u. (die Qualitätsverbesserungen, die man auf ebensoviel schätzen muß) (Rittershausen, Wirtschaft 121). **II.** ⟨Präp. mit Gen.⟩ *nicht mitgerechnet; abgesehen von:* u. der zusätzlichen Unkosten.
un|ge|recht ⟨Adj.; -er, -este⟩: *nicht gerecht, das Gerechtigkeitsgefühl verletzend; dem allgemeinen Empfinden von Gerechtigkeit nicht entsprechend:* ein -er Richter; eine -e Bevorzugung, Zensur; Es geschah nach einer Vorlesung in Marxismus-Leninismus über das Thema der gerechten und -en Kriege (Leonhard, Revolution 65); das Urteil, die Strafe ist u. *(unangemessen);* Die Satire muß übertreiben und ist ihrem tiefsten Wesen nach u. (Tucholsky, Werke II, 76); er war u. gegen Kinder/gegenüber seinen Kindern; es war u. von ihm, die Jungen so zu strafen; jmdn. u. behandeln; **un|ge|rech|ter|wei|se** ⟨Adv.⟩: *obwohl es ungerecht ist:* jmdn.

u. bestrafen; ... wie ein Kind, dem man u. das Spielzeug wegnimmt (H. Weber, Einzug 250); **un|ge|recht|fer|tigt** ⟨Adj.⟩: *nicht zu Recht bestehend; ohne Berechtigung:* eine -e Maßnahme; sein Verdacht erwies sich als u.; Der ADAC (und auch die Autoindustrie) fordern deshalb Steuerentlastungen, die den Staat daran hindern, sich auf Kosten der Autofahrer u. zu bereichern (ADAC-Motorwelt 9, 1983, 3); **Un|ge|rech|tig|keit,** die; -, -en: **1.** ⟨o. Pl.⟩ *das Ungerechtsein; ungerechtes Wesen, ungerechte Beschaffenheit; Unrecht:* so eine himmelschreiende U.!; die U. der sozialen Verhältnisse; ihre U. verärgerte ihn; Eine Liebe, die ... die entsetzliche U. der Welt mit dem Versprechen eines imaginären Himmels zu korrigieren glaubt (Remarque, Obelisk 81). **2.** *ungerechte Handlung, Äußerung:* Mit einer Marktwirtschaft sind soziale -en verbunden (Freie Presse 14. 2. 90, 1); Ich habe getan, ... als sei es nicht meine Sache, mich gegen Bevormundung und -en aufzulehnen (Becker, Tage 157).
un|ge|re|gelt ⟨Adj.⟩: **1.** *nicht einer bestimmten [zeitlichen] Ordnung unterworfen; unregelmäßig:* ein -es Leben führen; ein -er Katalysator (Kfz-T.; *Katalysator ohne elektronisch gesteuerte Lambdasonde).* **2.** (selten) *nicht erledigt:* -e Rechnungen.
♦ **un|ge|regt** ⟨Adj.⟩: *ohne Regung, unbewegt:* ... blieb innerst doch der Kern des Herzens u. (Goethe, Egmont V).
un|ge|reimt ⟨Adj.⟩: **1.** *keinen* ¹*Reim (a) bildend:* -e Verse. **2.** *keinen rechten Sinn ergebend; verworren:* -es Gerede; seine Worte klangen ziemlich u.; **Un|ge|reimt|heit,** die; -, -en: **1.** ⟨o. Pl.⟩ *ungereimte* (2) *Beschaffenheit:* die U. ihrer Vorschläge. **2.** *ungereimte* (2) *Äußerung, nicht stimmiger Zusammenhang; ungereimter [Wesens]zug; nicht stimmige Eigentümlichkeit:* sein Bericht strotzte von -en; so ist meine Kritik ... Ausdruck eines heftigen Unwillens über die vielen offen zutageliegenden -en der in den Naturwissenschaften dilettierenden Philosophen (Stern, Mann 157); Die Bundesregierung will die -en der Kfz-Steuer beseitigen (ADAC-Motorwelt 5, 1986, 13).
un|gern ⟨Adv.⟩: *nicht gern* (1), *widerwillig:* etw. u. tun; Ihr laßt euch u. die Butter vom Brot nehmen, was? (Bieler, Bär 376); Er empfängt Besucher stets höflich, aber sehr u. (Brot und Salz 34).
un|ge|ro|chen ⟨Adj.⟩ (veraltet, noch scherzh.): *ungerächt:* das darf nicht u. bleiben.
un|ge|ru|fen ⟨Adj.⟩: *nicht [herbei]gerufen; aus eigenem Antrieb:* -e Gäste; die Vorbedingung ... ist freilich, daß der dem u. und u. in die Stube tritt, nicht fremd erscheint (Heym, Nachruf 777).
♦ **un|ge|rügt** ⟨Adj.⟩ [zu ↑rügen in der alten Bed. „anklagen"]: *ohne Anzeige bei Gericht, ohne gerichtliche Verfolgung:* Drum fiel das Urteil so scheel aus. Du Hund! – Das müßt Ihr nicht u. lassen (Goethe, Götz II).
un|ge|rührt ⟨Adj.; -er, -este⟩: *keine innere Beteiligung zeigend, gleichgültig:* mit -er Miene; Die Mörderin saß in der Stube, strickte und war ganz u. (Wimschneider,

Herbstmilch 118); sie blieb u. von seinem Schmerz; völlig u. aß er weiter; **Un|ge|rührt|heit,** die; -: *das Ungerührtsein; ungerührtes Wesen:* Die Kupfersucher öffneten Gräber mit der gleichen U., mit der sie auch verschüttete Schafställe freilegten (Ransmayr, Welt 230).
un|ge|rupft ⟨Adj.⟩: *meist in der Wendung* **u. davonkommen** (ugs.; *etw. ohne Schaden überstehen):* der Kerl soll mir nicht u. davonkommen!
un|ge|sagt ⟨Adj.⟩: *nicht gesagt, unausgesprochen:* etw. u. lassen; Worüber verhandelt werden soll, blieb u. (NZZ 26. 8. 86, 2).
un|ge|sal|zen ⟨Adj.⟩: *nicht gesalzen:* eine -e Speise.
un|ge|sat|telt ⟨Adj.⟩: *nicht gesattelt:* ein -es Pferd.
un|ge|sät|tigt ⟨Adj.⟩: **1.** (geh.) *nicht gesättigt; noch hungrig:* u. das Lokal verlassen. **2.** (Chemie) *(von Lösungen u. ä.) nicht gesättigt:* -e Verbindungen (chemische Verbindungen, deren Moleküle das Bestreben haben, weitere Atome od. Atomgruppen anzulagern).
un|ge|säu|ert ⟨Adj.⟩: *ohne Sauerteig hergestellt:* -es Brot.
¹**un|ge|säumt** [auch: – – '–] ⟨Adj.⟩ [zu ↑³säumen] (veraltend): *unverzüglich:* Wir hörten, daß ... mit dem Straßenbau u. begonnen werden könne (Muschg, Gegenzauber 262); ♦ Und wenn Ihr seht, daß sie angreifen, so fallt u. in die Seiten (Goethe, Götz III).
²**un|ge|säumt** ⟨Adj.⟩: *nicht mit einem Saum* (1) *versehen.*
un|ge|schält ⟨Adj.⟩: *nicht geschält* (1 a); *[noch] nicht von der Schale, Rinde o. ä. befreit:* -er Reis; Er lehnt ... an einem runden Tisch, dessen Beine aus -en Birkenästen bestehen (Remarque, Westen 130).
un|ge|sche|hen ⟨Adj.⟩: *in der Wendung* **etw. u. machen** *(etw. Geschehenes rückgängig machen):* In der Schweiz kann ... das Volk ... einen bereits gefällten Übernahmeentscheid u. machen (Tages-Anzeiger 19. 11. 91, 2).
un|ge|scheut [auch: – – '–] ⟨Adj.⟩ (geh.): *ohne Scheu:* jmdm. u. seine Meinung sagen; man u. in Ägypten trank ..., das trank man u. und offen in Aleppo und in Damaskus, in Bagdad und in Teheran (Jacob, Kaffee 33).
un|ge|schicht|lich ⟨Adj.⟩: *nicht geschichtlich; ahistorisch:* eine -e Interpretation.
Un|ge|schick, das; -[e]s: *Ungeschicklichkeit:* das ist durch mein U. passiert; sein U. bei der Verhandlung ärgerte ihn; „Entschuldige", sagte er nochmals, mit einem U., das man künstlich nicht machen kann (Muschg, Gegenzauber 332); R U. läßt grüßen! *(das war sehr ungeschickt!);* **un|ge|schick|lich** ⟨Adj.⟩ (seltener): *ungeschickt;* **Un|ge|schick|lich|keit,** die; -, -en: **1.** ⟨o. Pl.⟩ *Mangel an Geschicklichkeit:* der Schaden ist durch seine U. entstanden. **2.** *ungeschickte Handlung, ungeschicktes Verhalten:* sich für eine U. entschuldigen; **un|ge|schickt** ⟨Adj.; -er, -este⟩: **1. a)** *nicht geschickt* (1 a), *linkisch, unbeholfen:* ein -es Mädchen; sie hat -e Hände; Vater ... machte eine so -e Verbeugung, daß er mit der Kerze fast den schwarzen Faden ange-

Ungeschicktheit 3564

sengt hätte (Schnurre, Bart 165); er ist [technisch, handwerklich] zu u., um das zu reparieren; Manche auch begriffen es nie – ihre Finger waren zu u., sie brachten es nicht fertig, eine Käsekruste abzuschneiden (Böll, Adam 21); sich u. anstellen; er ist bei den Verhandlungen sehr u. vorgegangen; Sie zeichnete nicht schwungvoll, eher zittrig und u. (Handke, Frau 131); **b)** *nicht, wenig gewandt:* eine -e Formulierung; sich u. ausdrücken. **2.** (landsch., bes. südd.) **a)** (seltener) *unpraktisch, wenig handlich:* eine -e Zange; **b)** *zu einem unpassenden Zeitpunkt, ungelegen:* sein Besuch kam [ihr] sehr u.; **Un|ge|schickt|heit,** die; -: *das Ungeschicktsein.*

un|ge|schlacht ⟨Adj.; -er, -este⟩ [mhd. ungeslaht = von anderem, niedrigem Geschlecht; unartig, böse; roh, ahd. ungislaht = entartet, Verneinung von mhd. geslaht, ahd. gislaht = wohlgeartet, fein, schön, zu mhd. slahte, ahd. slahta = Art, Geschlecht, Herkunft, zu mhd. slahen, slā(he)n, ahd. slahan (↑schlagen) in der Bed. „arten"] (abwertend): **1. a)** *von sehr großem, massigem, plumpem u. unförmigem [Körper]bau:* ein -er Mann, Kerl; er hat -e Hände; sollte er doch den -en Orang-Utan spielen! (Kronauer, Bogenschütze 158); seine Bewegungen waren u.; **b)** *von wuchtiger, unförmiger Größe; klobig:* ein -er Bau; ... stieg mir trotz der Kissen auf Karls -em Steinthron dessen Kälte in den Leib (Stern, Mann 95); etw. wirkt u. **2.** *grob u. unhöflich:* ein -es Benehmen; **Un|ge|schlacht|heit,** die; -, -en: *das Ungeschlachtsein.*

un|ge|schla|gen ⟨Adj.⟩: *in keinem [sportlichen] Wettkampf besiegt:* der seit Jahren -e Champion; die Mannschaft blieb u.; die bei der Billardvereinigung Völklingen ausgerichtete Landesmeisterschaft ... konnte Günther u. für sich entscheiden (Saarbr. Zeitung 14. 3. 80, 21).

un|ge|schlecht|lich ⟨Adj.⟩ (Biol.): *ohne Vereinigung von Geschlechtszellen, durch Zellteilung erfolgend:* -e Vermehrung.

un|ge|schlif|fen ⟨Adj.⟩: **1.** *nicht geschliffen:* ein -er Edelstein. **2.** (abwertend) *ohne gute Manieren, das rechte Taktgefühl im Umgang mit anderen vermissen lassend:* ein -er Kerl; ein -es Auftreten, Benehmen; -e *(grobe)* Manieren; **Un|ge|schlif|fen|heit,** die; -, -en: *das Ungeschliffensein.*

Un|ge|schmack, der; -[e]s (seltener): *Mangel an gutem Geschmack:* er stand in dem großen, mit altmodischem U. überladenen Saal (Feuchtwanger, Erfolg 656).

un|ge|schmä|lert [auch: - -'- -] ⟨Adj.⟩ (geh.): *in vollem Umfang; uneingeschränkt:* mein -er Dank gilt allen Helfern; ebenso verblieben ihm seine Bezüge in -er Höhe (NJW 19, 1984, 1095); Rasches Handeln ist geboten, wenn die Chance der Errichtung eines schweizerischen Satellitenrundfunks möglichst u. gewahrt bleiben soll (NZZ 14. 4. 85, 21).

un|ge|schmei|dig ⟨Adj.⟩ (bes. Technik): *nicht geschmeidig.*

un|ge|schminkt ⟨Adj.; -er, -este⟩: **1.** *nicht geschminkt:* ein -es Gesicht. **2.** *unverblümt, ohne Beschönigung:* -e Kritik; u. reden; jmdm. die -e Wahrheit, u. die Wahrheit sagen; Ungeschminkt formuliert, sind die Gorillas heute für die Einheimischen ... tot weniger wert als lebendig (natur 4, 1991, 52).

un|ge|schönt ⟨Adj.; -er, -este⟩: *nicht geschönt; unverfälscht, echt, authentisch:* Zwei US-Journalisten schrieben die erste -e Biographie über den Milliardär Howard Hughes (Spiegel 30, 1979, 144); etw. u. wiedergeben.

un|ge|scho|ren ⟨Adj.⟩: **1.** *nicht geschoren:* ein -es Lammfell. **2.** *von etw. Unangenehmem nicht betroffen, unbehelligt:* u. bleiben, davonkommen; Man wollte Sie beweisen, daß es vorteilhafter ist, Sie u. zu lassen (Bieler, Mädchenkrieg 346); sie gelangte u. *(ungehindert)* über die Grenze.

un|ge|schrie|ben ⟨Adj.⟩: *nicht geschrieben; nicht schriftlich niedergelegt, fixiert:* der ... Protest gegen den -en moralischen Kodex der wilhelminischen Gesellschaft (Reich-Ranicki, Th. Mann 120); dieser Artikel war ihm u. geblieben; -es Recht *(nicht schriftlich, nur mündlich überliefertes Recht);* * **ein -es Gesetz** *(etw., was sich eingebürgert hat u., ohne daß es schriftlich fixiert ist, als verbindlich, als Richtschnur gilt).*

un|ge|schult ⟨Adj.; -er, -este⟩: **1.** *nicht ausgebildet:* -es Personal. **2.** *nicht geübt:* Dort erklangen die weihnachtlichen Lieder, oft durcheinander und u. gesungen (Giordano, Die Bertinis 93).

un|ge|schützt ⟨Adj.; -er, -este⟩: *nicht geschützt:* wir lagen u. auf freiem Felde (Remarque, Westen 169); daß die Scheibenwaschanlage u. unterm Kotflügel sitzt, wird sich im Winter noch rächen (ADAC-Motorwelt 10, 1986, 45); etw. u. *(ohne sich abgesichert zu haben)* sagen; HIV-Virus durch -en *(ohne Verwendung von Kondomen ausgeübten)* Sex zugezogen (MM 27. 9. 89, 3); Außerdem ist anonymer Sex nicht mehr oder weniger gefährlich – wenn er u. *(ohne Verwendung von Kondomen)* vollzogen wird (Spiegel 52, 1991, 7).

un|ge|schwächt ⟨Adj.⟩: *keinerlei Anzeichen von Schwäche zeigend:* mit -er Tatkraft.

un|ge|se|hen ⟨Adj.⟩: *von niemandem gesehen, ohne gesehen zu werden:* u. ins Haus gelangen; Und da waren sie auch schon zur Stelle, kamen leise, u. angefahren (Fries, Weg 64).

un|ge|sel|lig ⟨Adj.⟩: **a)** *nicht gesellig (1 a):* ein -er Mensch; eine -e Art haben; er ist ausgesprochen u.; **b)** (Biol.) *nicht gesellig* (1 b): -e Arten, Vögel; Der Waldwasserläufer ist recht u. und tritt meist einzeln auf (Jagd 5, 1987, 145); **Un|ge|sel|lig|keit,** die; -: *das Ungeselligsein, ungeselliges Wesen.*

un|ge|setz|lich ⟨Adj.⟩: *vom Gesetz nicht erlaubt, gesetzwidrig; illegal:* eine -e Handlung, Methode; er hat sich auf -e Weise bereichert; er zahlte für die -e Beseitigung der Giftrückstände immer höhere Frachtpreise (Prodöhl, Tod 241); Das ist völlig u., was hier geschieht (Simmel, Stoff 68); **Un|ge|setz|lich|keit,** die; -, -en: **1.** ⟨o. Pl.⟩ *das Ungesetzlichsein.* **2.** *un-*

gesetzliche Handlung: es sind -en vorgekommen; Herr Vorsitzender, ich habe im Betrieb ... eine U. entdeckt (v. d. Grün, Glatteis 203).

un|ge|setzt ⟨Adj.⟩ (Sport): *nicht gesetzt; nicht in der Setzliste aufgeführt:* zwei -e Spielerinnen erreichten das Viertelfinale.

un|ge|si|chert ⟨Adj.⟩: *nicht gesichert.*

un|ge|sit|tet ⟨Adj.⟩: *nicht gesittet, nicht dem Anstand entsprechend:* ein -es Benehmen; sich u. verhalten.

un|ge|spitzt ⟨Adj.⟩: *nicht angespitzt:* -e Bleistifte; dich hau' ich u. in den [Erd]boden! (ugs.; als Drohung).

un|ge|spritzt ⟨Adj.⟩: *nicht mit Pflanzenschutzmittel o. ä. besprüht:* Der Ruf nach möglichst -em Obst und Gemüse wird immer lauter (Brückenbauer 11. 9. 85, 25).

un|ge|stalt ⟨Adj.⟩ [mhd. ungestalt, ahd. ungistalt, zu mhd. gestalt, ahd. gistalt, ↑Gestalt]: **1.** (geh.) *gestaltlos, formlos:* beim Wirtshaus lag eine riesige -e Laub- und Holzmasse, der mächtige Nußbaum, über dem Weg (Kaschnitz, Wohin 39). **2.** (veraltet) *mißgestaltet u. sehr häßlich:* ein -er Mensch; **Un|ge|stalt,** die; -, -en [mhd. ungestalt] (geh.): *mißgestaltete, häßliche Gestalt;* **un|ge|stal|tet** ⟨Adj.⟩: *nicht von Menschenhand gestaltet, ohne Gestalt:* -e Wildnis.

un|ge|stem|pelt ⟨Adj.⟩: *nicht gestempelt; ohne [Post]stempel:* eine -e Sondermarke; Ich hatte meinen -en Personalausweis fest in der Hand (Leonhard, Revolution 117).

un|ge|stielt ⟨Adj.⟩: *keinen Stiel (2) habend.*

un|ge|stillt ⟨Adj.⟩ (geh.): *nicht (durch Erlangen des Ersehnten, Erwünschten) befriedigt:* -e Neugier, Sehnsucht; seine Gier war noch u.

un|ge|stört ⟨Adj.; -er, -este⟩: *durch nichts, niemanden gestört; ohne Unterbrechung:* eine -e Entwicklung; in diesem Zimmer war er u.; er wollte endlich einmal u. arbeiten; ein kleines Bistro, wo wir uns u. unterhalten konnten (Ziegler, Konsequenz 114); **Un|ge|stört|heit,** die; -: *das Ungestörtsein.*

un|ge|straft ⟨Adj.⟩: *ohne Strafe; ohne daß einem daraus ein Nachteil erwächst:* u. davonkommen; Wer immer ... wieder erfährt, daß man nicht u. verallgemeinern darf, wird skeptisch werden (Natur 47).

un|ge|stüm ⟨Adj.⟩ [mhd. ungestüeme, ahd. ungistuomi, Verneinung von mhd. gestüeme = sanft, still, ruhig, zu: (ge)stemen = Einhalt tun, besänftigen, zu ↑stemmen] (geh.): **1.** *seinem Temperament, seiner Erregung ohne jede Zurückhaltung Ausdruck gebend; stürmisch, wild:* ein -er junger Mann; eine U. Umarmung, Liebkosung; Nach einer -en Fahrt durch den oberen Streckenteil stürzte sie einmal (Olymp. Spiele 19); Besonders in der ersten Halbzeit imponierte die Equipe mit einem -en Angriffswirbel (NZZ 27. 8. 86, 35); eine -e Phantasie; Ich empfand eine -e Sympathie für die Erwachsenen (Rilke, Brigge 68); sei nicht so u.!; jmdn. u. begrüßen, küssen, um etw. bitten; Oftmals wurde zwar noch zu u. geboxt (NNN 18. 3. 85, 4); Ungestüm unterbrach er die Stille (Andres, Liebesschaukel 131). **2.** (selten) *wild, heftig, unbändig:* ein -er Wind; das u. tosende Meer; **Un|ge|stüm,** das; -[e]s [mhd. ungestüeme = Ungestüm, Sturm, ahd. ungistuomi = Ausgelassenheit, Getöse] (geh.): **1.** *das Ungestümsein* (1); *ungestümes* (1) *Wesen, Verhalten:* jugendliches U.; Die etwas makabre Ausstellung stört die Liebespaare nicht; im Gegenteil, sie scheint sie zu besonderem U. anzufachen (Remarque, Obelisk 90). **2.** (selten) *das Ungestümsein* (2): das U. des Gewitters.

un|ge|sühnt ⟨Adj.⟩ (geh.): *nicht gesühnt:* ein -er Mord; das darf nicht u. bleiben.

un|ge|sund ⟨Adj.; ungesünder/(seltener:) -er, ungesündeste/(seltener:) -este⟩: **1.** *auf Krankheit hinweisend; kränklich:* sein Gesicht hat eine -e Farbe; die Haut des Mannes war von -em Gelb; Seine Erregung bescherte ihm einen -en Schweiß in den Handtellern (Fels, Sünden 71); u. aussehen. **2.** *der Gesundheit abträglich:* eine -e Lebensweise, Ernährung; ein -es Klima; trotz des -en Schuhwerks (Grass, Blechtrommel 321); Rauchen ist u.; er ernährt sich sehr u.; Wahrscheinlich leben Sie u. (Jahnn, Geschichten 206). **3.** *nicht gesund* (3): einen -en Ehrgeiz haben; Die Beteuerung ..., daß sein Kabinett keine Zwangsverstaatlichung im Schilde führe, sondern nur die Beseitigung -er Monopolstrukturen anstrebe, ... (NZZ 27. 8. 86, 15); diese Entwicklung der Wirtschaft ist u.

un|ge|süßt ⟨Adj.⟩: *nicht gesüßt:* -e Fruchtsäfte; den Tee u. trinken.

un|ge|tan ⟨Adj.⟩: *nicht getan, durch-, ausgeführt:* Könnte sie bloß sprechen, die kleine Bess, oder schreien! Ob solch ein Schrei mitsterben kann (Fr. Wolf, Menetekel 290); etw. u. lassen; ... weil alle Vorarbeiten noch u. waren (Ceram, Götter 28).

un|ge|tauft ⟨Adj.⟩: *nicht getauft; ohne Taufe:* auch die -en Schüler gingen mit zum Gottesdienst; Schon im 11. Jahrhundert pilgerten die Gläubigen der Umgebung zur wundertätigen Jungfrau, die sich -er Kinderseelen annahm (Harig, Ordnung 151).

un|ge|teilt ⟨Adj.⟩: **1.** *nicht in Teile getrennt, als Ganzes bestehend:* -er Besitz; das Grundstück ging u. in seinen Besitz über. **2.** *durch nichts beeinträchtigt; allgemein, ganz:* mit -er Freude; der Vortrag fand die -e Aufmerksamkeit des Publikums.

un|ge|tra|gen ⟨Adj.⟩: *(von Kleidungsstücken) nicht getragen; nicht durch Tragen abgenutzt:* ... zumal er mit juckenden Ekzemen auf frische Wäsche und -e Kleider reagierte (Grass, Hundejahre 87); ein verfärbtes Hemd, das ... seit Jahren u. im Schrank lag (Becker, Tage 86).

un|ge|treu ⟨Adj.; -er, -[e]ste⟩ (geh.): *nicht getreu* (1): ein -er Diener; Spätestens seit meinem Arbeitsgerichtsprozeß wisse alle ..., daß du eine -e *(die Treuepflicht verletzt habende)* Sekretärin bist (v. d. Grün, Glatteis 232); Gegen acht ... Regierungsräte ist jetzt Strafklage wegen Amtsmißbrauchs und -er *(gegen die Treuepflicht verstoßender)* Amtsführung eingereicht worden (Brückenbauer 11. 9. 85, 11).

un|ge|trübt ⟨Adj.; -er, -este⟩: *durch nichts beeinträchtigt:* -es Glück; sie verlebten -e Ferientage; Es ist ein -er Genuß, mit Halogenfernlicht über eine nächtliche Landstraße zu fahren (Augsburger Allgemeine 11./12. 2. 78, VII); seine Genugtuung über die anhaltend -e Freundschaft zwischen Iren und Deutschen (Rhein. Merkur 18. 5. 84, 8); sein Freude blieb nicht lange u.; **Un|ge|trübt|heit,** die; -: *das Ungetrübtsein.*

Un|ge|tüm, das; -[e]s, -e [verw. mit mhd., ahd. tuom = Macht, Herrschaft, Würde; (Zu)stand, Art, also eigtl. = was nicht in der richtigen Art ist, nicht seine rechte Stelle hat]: **a)** *etw., was jmdm. ungeheuer groß u. [auf abstoßende, unheimliche o. ä. Weise] unförmig vorkommt; Monstrum* (2): dieser Schrank ist ein [richtiges] U.; Wenn man lange kein Tankzug gefahren hat, wird man das Gefühl nicht los, nicht ein Auto, sondern ein schwerfälliges U. zu lenken (v. d. Grün, Glatteis 307); Sie saß auf einem der abgeschabten, ledernen -e, in demselben Sessel, in dem ich damals gesessen hatte (Lenz, Brot 159); sie trug ein U. von einem Hut; **b)** (veraltend) *sehr großes, furchterregendes Tier; Monster.*

un|ge|übt ⟨Adj.; -er, -este⟩: *durch mangelnde Übung eine bestimmte Fertigkeit nicht besitzend:* -e Hände; ein -er Läufer; ein -er Mensch schlägt mit der Faust in einer Geschwindigkeit von 6 m/sec zu (Grzimek, Serengeti 186); Der Fahrer es war ein Lastkraftwagen -er Offizier) benutzte die Fußbremse (Plievier, Stalingrad 147); er ist im Turnen u.; Aber u., wie er war in solchen Gedankengängen, ... (Th. Mann, Zauberberg 181); **Un|ge|übt|heit,** die; -: *das Ungeübtsein.*

un|ge|wandt ⟨Adj.; -er, -este⟩: *nicht gewandt* (2): Offenbar empfindet man also die Deutschen als schwer, würdevoll, u. (Dönhoff, Ära 193); **Un|ge|wandt|heit,** die; -: *das Ungewandtsein.*

un|ge|wa|schen ⟨Adj.⟩: *nicht gewaschen:* mit -en Händen; man soll kein -es Obst essen; Berge von -em Geschirr (Ziegler, Labyrinth 235); er erschien u. zum Frühstück.

un|ge|wiß ⟨Adj.; ungewisser, ungewisseste⟩: **1.** *fraglich, nicht feststehend; offen* (4a): eine ungewisse Zukunft, ein ungewisses Schicksal erwartete sie; in politisch ungewissen Zeiten muß man sich immer fragen, welche mögliche Entwicklungen denkbar seien (Tages Anzeiger 26. 11. 91, 11); Der Ausgang des Spiels ist noch u.; Seine Aussichten, den Prozeß zu gewinnen, sind ... höchst u. (profil 17, 1979, 6); ... daß sich die Situation in unserem Land stärker als erwartet nicht mehr so u. ist (Freie Presse 30. 12. 89, 1); Was Helmckes definitive Absicht war, blieb u. (Prodöhl, Tod 43); es ist noch u., ob ...; er ließ seine Absichten im ungewissen *(äußerte nichts Genaues darüber);* ⟨subst.:⟩ eine Fahrt ins Ungewisse. **2.** *unentschieden, noch keine Klarheit gewonnen habend:* sie wußte nicht, w./im ungewissen, was sie tun soll; sie waren sich über ihr weiteres Vorgehen noch im ungewissen; jmdn. über etw. im ungewissen lassen *(jmdm. nichts Genaues über eine Sache sagen).* **3.** (geh.) *so [beschaffen], daß nichts Deutliches zu erkennen, wahrzunehmen ist; unbestimmbar:* ein ungewisses Licht; Augen von ungewisser Farbe; eine stark geschminkte Dame ungewissen Alters ... blickte über das Deck (Konsalik, Promenadendeck 87); sie lächelte u.; **Un|ge|wiß|heit,** die; -, -en: *das Ungewißsein; Zustand, in dem etw. nicht feststeht:* eine lähmende, quälende U.; Er räumte aber ein, daß ihm über die weitere Entwicklung ... geringer seien (Saarbr. Zeitung 3. 10. 79, 4); sie konnte die U. nicht ertragen; in U. sein.

Un|ge|wit|ter, das; -s, - [mhd. ungewit(t)er, ahd. ungawitiri]: **1.** (veraltet) *Unwetter, Sturm mit heftigem Niederschlag, Donner u. Blitz:* ein U. zog auf. **2.** *Donnerwetter* (2).

un|ge|wöhn|lich ⟨Adj.⟩: **1.** *vom Üblichen, Gewohnten, Erwarteten abweichend; selten vorkommend:* ein -er Vorfall; er ist ein -er Mensch; An diesem Freitag ... war er allerdings als einer der -sten Verbrecher der BRD verhaftet worden (Prodöhl, Tod 161); diese Methode ist nicht u.; Ungewöhnlich seien in dieser Höhe Schneefälle um diese Jahreszeit (NZZ 26. 8. 86, 5); das Denkmal sieht u. aus; ⟨subst.:⟩ diese Methode ist nichts Ungewöhnliches. **2. a)** *das gewohnte Maß übersteigend, enorm:* -e Leistungen, Erfolge; sie ist eine -e Begabung; ein Mädchen von -er Schönheit: groß, schlank, blond (Gregor-Dellin, Traumbuch 124); **b)** ⟨intensivierend bei Adj. u. Verben⟩ *sehr, überaus, über alle Maßen:* eine u. schöne Frau; er ist u. vielseitig, reich, stark; er könne es nur damit erklären, daß sie ihn seit der Trennung u. haßte (Prodöhl, Tod 264); **Un|ge|wöhn|lich|keit,** die; -: *das Ungewöhnlichsein;* **un|ge|wohnt** ⟨Adj.; -er, -este⟩: *nicht gewohnt:* ein -er Anblick; er kam zu -er Stunde heim; etw. mit -er Schärfe sagen; auf -e Weise; Jenny schloß diesen Brief nicht ab, ohne darauf hinzuweisen, wie sehr das Klima ermüde (Grass, Hundejahre 380); Mit ganz -er Respektlosigkeit fährt sie das Orakel der Familie an (Werfel, Bernadette 209); Das Jagdgesetz war noch ganz neu und u. (Brot und Salz 414); die Arbeit, Umgebung ist ihr/für sie noch u.; es war ihr u., nichts zu tun zu haben (Gaiser, Jagd 183); „Und wie", fragte der Vater und richtete sich u. straff auf ... (Schnurre, Bart 86).

un|ge|wollt ⟨Adj.⟩: *nicht gewollt, nicht beabsichtigt; unerwünscht:* ein -er Scherz; Die -en Wirkungen der modernen Technologie gefährden das Leben (Augsburger Allgemeine 6./7. 5. 78, 12); Ich erlebte mit Freundinnen zweimal sogenannte -e Schwangerschaften (Pilgrim, Mann 88); jmdn. u. kränken; Wir jagen u. zwei Gepardenkinder auf (Grzimek, Serengeti 204).

un|ge|würzt ⟨Adj.⟩: *nicht gewürzt; nicht mit Gewürzen abgeschmeckt:* -e Speisen.

un|ge|zählt ⟨Adj.⟩: **1.** (seltener) *unzählig:* ich habe es ihm schon -e Male versichert; ... wobei Parteifreund Schomaker selbst mit Hand anlegte und -e Stunden darin investierte (NNN 14. 11. 86, o. S.); wegen -er, schwerer Verstöße; so wie der Geist ... Gegenstand -er Erklärungsversuche

ungezähmt 3566

durch die besten philosophischen Köpfe ist, ... (Stern, Mann 169); Ungezählte Zivilisten ... wurden getötet (natur 5, 1991, 3). **2.** *nicht nachgezählt; ohne nachgezählt zu haben:* er steckte das Geld u. ein.

un|ge|zähmt ⟨Adj.⟩: *[noch] nicht gezähmt:* ein -es Pferd; Ü -e Leidenschaften.

un|ge|zeich|net ⟨Adj.⟩: *nicht namentlich gekennzeichnet:* -e Flugblätter, Artikel; Lothar Bolz schrieb die Artikel über Deutschland, die meist u. erschienen (Leonhard, Revolution 237).

Un|ge|zie|fer, das; -s [mhd. ungezībere, zu ahd. zebar = Opfertier, H. u., eigtl. = zum Opfern ungeeignetes Tier]: *[schmarotzende] tierische Schädlinge* (z. B. Flöhe, Läuse, Wanzen, Milben, Motten, auch Ratten u. Mäuse): U. vernichten; das Haus war voller U.; ein Mittel gegen U.; ... ich für meine Person auf einem Sofa, das von beißendem sowohl wie stechendem U. wimmelte (Th. Mann, Krull 89); **Un|ge|zie|fer|be|kämp|fung**, die: *Bekämpfung von Ungeziefer*; **Un|ge|zie|fer|be|kämp|fungs|mit|tel**, das: *chemisches Mittel zur Ungezieferbekämpfung*; **Un|ge|zie|fer|ver|til|gungs|mit|tel**, das: vgl. Ungezieferbekämpfungsmittel.

un|ge|zielt ⟨Adj.⟩: **1.** *auf kein bestimmtes Ziel (2) gerichtet:* Ein -er Strahl erwischte einen Teil der Frauen (H. Gerlach, Demission 30). **2.** *nicht gezielt:* Demokratie besteht nicht darin, allgemeine -e Initiativen auszulösen (Kirsch, Pantherfrau 62); der rechte Terror, der im Gegensatz zum linken Terror u. zuschlägt (Lindlau, Mob 100).

un|ge|zie|mend ⟨Adj.⟩ (geh.): *ungehörig:* ein -es Verhalten.

un|ge|zo|gen ⟨Adj.⟩ [mhd. ungezogen, ahd. ungazogan]: *(meist von Kindern) auf Grund seiner ungehorsamen Art sich nicht so verhaltend wie von den Erwachsenen gewünscht, erwartet:* so ein -er Bengel!; eine -e *(freche, patzige)* Antwort; die Kinder sind sehr u.; das ist u. von ihr; sich u. benehmen; **Un|ge|zo|gen|heit**, die; -, -en: **1.** ⟨o. Pl.⟩ *ungezogene Art, ungezogenes Wesen.* **2.** *ungezogene Handlung, Äußerung.*

un|ge|zuckert[1] ⟨Adj.⟩: *nicht gezuckert:* -es Kompott.

un|ge|zü|gelt ⟨Adj.⟩: *jede Selbstbeherrschung vermissen lassend:* -er Haß; ein -es Temperament haben; Ungezügelte Kinderliebe über die Artgrenzen hinweg ist zwar eine Rarität (o. 1991, 64); Ü Der Erdölkonzern Shell hat eine Methode entwickelt, um den -en *(ungehemmten)* Fortpflanzungstrieb von Nordseemuscheln zu unterbinden (Volksblatt 16. 6. 84, 8).

un|ge|zwun|gen ⟨Adj.⟩: *(in seinem Verhalten) frei, natürlich o. ohne Hemmungen, nicht steif u. gekünstelt:* ein -es Benehmen; eine -e Unterhaltung; Becker ... bemühte sich angestrengt, u. zu erscheinen (Kemelman [Übers.], Freitag 37); er plauderte, lachte frei und u.; Fieltz hatte u. auf der gepolsterten Lehne des Klubsessels gehockt (Prodöhl, Tod 33); dort war er – tropfnaß und ohne Badehose! Aber er begrüßte mich so u., als sei alles in bester Ordnung (Stories 72, [Übers.], 82); **Un|ge|zwun|gen|heit**, die; -: *das Ungezwungensein.*

un|ghe|re|se [oŋge...] ⟨Adv.⟩ (Musik): ↑ all' ungherese.

un|gif|tig ⟨Adj.⟩: *nicht giftig* (1): Es handelte sich um Stoffe, die wiederum für Menschen ... u. waren, Insekten dagegen ... töten konnten (Natur 36); **Un|gif|tig|keit**, die; -: *das Ungiftigsein.*

Un|glau|be, der; **Un|glau|ben**, der; -s: **1.** *Zweifel an der Richtigkeit einer Behauptung, einer Einschätzung o. ä.:* Statt zu strahlen, drückte sein Gesicht Unglauben aus (Weber, Tote 34); jmds. Unglauben spüren; der Forscher stieß mit seinen Ergebnissen auf Unglauben; sie begegnete seinen Behauptungen mit Unglauben. **2.** *Zweifel an der Existenz, am Wirken Gottes, an der Lehre der [christlichen] Kirche:* der Unglaube ist eine Herausforderung an die Kirche; Christus hat in verschiedenen Situationen den Unglauben eines Jüngers nicht verhindern können (Sommerauer, Sonntag 77); **un|glaub|haft** ⟨Adj.; -er, -este⟩: **1.** *nicht glaubhaft:* eine -e Geschichte, Schilderung; seine Aussage war, klang u.; die Gestalt des Mörders in diesem Film war, wirkte u.; Die drei erklärten Couriols Angaben für völlig u. (Mostar, Unschuldig 27). **2.** (selten) *unglaublich* (2 b): u. schön sein; **un|gläu|big** ⟨Adj.⟩: **1.** *Zweifel [an der Richtigkeit von etw.] erkennen lassend:* ein -es Gesicht machen; er betrachtete sie mit -em Staunen; „Und da könnt' ich mich beteiligen, an dem Projekt?" Helmcke sagte das voll -er Ehrfurcht (Prodöhl, Tod 20); u. lächeln; Heinrich starrt ihn u. an. „Beweise!" faucht er dann (Remarque, Obelisk 343); „Unhörbarer Schall?" riefen mehrere von unserer kleinen Reisegesellschaft u. aus (Menzel, Herren 52). **2.** *nicht an Gott, an die kirchliche Lehre glaubend:* -e Menschen bekehren; **Un|gläu|bi|ge**, **Un|gläu|big|keit**, die; -: *die: unglaubiger* (2) *Mensch;* **Un|gläu|big|keit**, die; -: *das Ungläubigsein.*

un|glaub|lich [auch: '– – –] ⟨Adj.⟩: **1. a)** *unwahrscheinlich u. daher nicht, kaum glaubhaft:* eine -e Geschichte; er hat die -sten Dinge erlebt; ⟨subst.:⟩ das grenzt ans Unglaubliche; **b)** *besonders empörend, unerhört:* eine -e Zumutung, Frechheit; die Zustände im Lager sind u.; es ist u., was er sich erlaubt. **2.** (ugs.) **a)** *außerordentlich groß, enorm; ungemein* (a): eine -e Menge; ein -es Tempo; eine -e Geschwindigkeit; Als Schlußschwimmer legte er die 200-m-Strecke in der -en *(außerordentlich geringen)* Zeit von 1:47,21 zurück (NZZ 25. 8. 83, 28); er spürte eine -e Erleichterung (Böll, Adam 64); eine Spatzenmeute machte u. Krach (Loest, Pistole 228); Eine -e *(außerordentliche)* Frau und sehr ausdrucksvoll (Th. Mann, Krull 199); **b)** ⟨intensivierend bei Adj. u. Verben⟩ *sehr, überaus, über alle Maßen:* u. groß, schwer, dick sein; Mutter sieht immer noch u. jung aus (Andres, Liebesschaukel 179); es dauerte u. lange; Noch vor wenigen Wochen hätte ich mich u. über meine Abberufung nach Ufa gefreut (Leonhard, Revolution 144); **Un|glaub|lich|keit** [auch: '– – – –], die; -: *das Unglaublichsein;* **un-**

glaub|wür|dig ⟨Adj.⟩: *nicht glaubwürdig:* eine -e Geschichte; dieser Zeuge ist u.; seine Beteuerungen klingen u.; Seine Ausflüchte wurden immer -er (Weber, Tote 11); Die Opposition mache sich selbst u., wenn sie eindeutige gesetzliche Regelungen ... aus wahltaktischen Gründen anzweifle (MM 5./6. 8. 72, 1); **Un|glaub|wür|dig|keit**, die; -: *das Unglaubwürdigsein.*

un|gleich: **I.** ⟨Adj.⟩ **1.** *miteinander od. mit einem Vergleichsobjekt [in bestimmten Merkmalen] nicht übereinstimmend; unterschiedlich, verschieden, verschiedenartig:* -er Lohn; Schränke von -er Größe; sie sind ein -es Paar; zwei -e Socken; ein -er *(zum Vorteil einer Partei von unterschiedlichen Voraussetzungen ausgehender)* Kampf; -e Gegner; mit -en Mitteln kämpfen; Der Vorkäfig ist durch eine Gitterwand mit Türe in zwei -e Räume geteilt (Lorenz, Verhalten I, 14); Ungleichere Männer konnte man sich nicht vorstellen als den kühlen, introvertierten Wahlmonarchen aus dem Norden und den lebhaften ... Plebejersohn aus Marseille (Scholl-Latour, Frankreich 270); ... brach Ringrichter Davey Pearl den u. gewordenen Fight 55 Sekunden vor Ende der siebten Runde ab (Saarbr. Zeitung 9. 7. 80, 6); u. groß sein; Ich finde nicht, daß die Geschlechter bei uns, was Kochen und Saubermachen betrifft, u. behandelt werden (Wohngruppe 64). **2.** ⟨verstärkend vor dem Komparativ⟩ *viel, weitaus:* eine u. schwerere Aufgabe; die neue Straße ist u. besser als die alte; mit diebischer Freude stellte er fest, daß die von ihm bereitete Pomade u. feiner ... war als die gemeinsam mit Druot erzeugte (Süskind, Parfum 227); So ist dieser Brief u. mehr als die kritische Auseinandersetzung mit einem Roman (Reich-Ranicki, Th. Mann 159). ♦ **3.** *u. denken (Schlechtes denken):* wie er fürchtete, ich möchte über sein Verhältnis zu ihr u. denken (Goethe, Werther I, 30. Mai); daß der fremde Mann nicht u. von mir denke (Schiller, Wallensteins Tod IV, 9). **II.** ⟨Präp. mit Dativ⟩ (geh.): *im Unterschied zu einer anderen Person od. Sache:* er war, u. seinem Bruder, bei allen beliebt; Er hatte u. Ulbricht und dem vorherrschenden Klüngel den Kopf hingehalten (Kantorowicz, Tagebuch I, 262); Ungleich den Versagungen und Sanktionen in allen anderen Bereichen wird der Erziehungsprozeß der Sexualität ... (Schmidt, Strichjungengespräche 27); **un|gleich|ar|tig** ⟨Adj.⟩: *von ungleicher* (1) *Art; unterschiedlich;* **Un|gleich|ar|tig|keit**, die; -: *das Ungleichartigsein;* **Un|gleich|be|hand|lung**, die: *ungleiche* (1) *Behandlung:* Um die steuerliche U. von Einkünften aus Finanzanlagen ... zu beseitigen (MM 21. 8. 85, 1); auch dürfte die U. im Strafvollzug ist Unkonventionelles ... zu erwarten (Hamburger Rundschau 15. 3. 84, 14); **un|gleich|er|big** ⟨Adj.⟩ (Biol.): *heterozygot;* **Un|gleich|er|big|keit**, die; - (Biol.): *Heterozygotie;* **un|gleich|för|mig** ⟨Adj.⟩: *nicht gleichförmig;* **Un|gleich|för|mig|keit**, die; -: *das Ungleichförmigsein;* **un|gleich|ge|schlech|tig** ⟨Adj.⟩ (bes. Biol.): *verschiedenes Ge-*

schlecht habend: -e Zwillinge; **un|gleich-ge|schlecht|lich** ⟨Adj.⟩: **1.** *heterosexuell.* **2.** *ungleichgeschlechtig:* in den richtigen -en Paaren aber ist das Männchen dem Weibchen stets im Range übergeordnet (Lorenz, Verhalten I, 224); **Un|gleich|gewicht,** das; -[e]s, -e: *Fehlen der Ausgewogenheit, Stabilität:* ..., daß innerhalb der drei Jahre ... das U. bei SS-20 und Backfire schon so groß ist, daß ... (Spiegel 9, 1981, 27); Das U. im Handel ist die Folge eines -s im Wissen (Capital 2, 1980, 131); er wiederholte seine Warnung vor gefährlichen -en in der amerikanischen Wirtschaft (NZZ 12. 4. 85, 1); Gefordert wird, daß die soziale Sicherung auf die wirtschaftlichen Gegebenheiten Rücksicht nimmt, um ein U. von sozialem Aufwand und wirtschaftlicher Leistung zu verhindern (MM 10. 12. 81, 11); das U. zwischen der Produktion unserer Wälder und dem Holzverbrauch in der Schweiz (Basler Zeitung 12. 5. 84, 3); **un|gleich|ge|wich|tig** ⟨Adj.⟩: *ein Ungleichgewicht ergebend, darstellend:* eine zu -e Verteilung der Lasten; Doch verteilen sich diese über eine halbe Million Menschen zunehmend u. innerhalb des Kantonsgebiets (NZZ 30. 8. 86, 27); **Un|gleich|heit,** die; -, -en: **1.** ⟨o. Pl.⟩ *das Ungleichsein:* die U. der Geschwister. **2.** *etw. Ungleiches, Unterschied:* Schon hat Gromyko die militärische U. in Europa in Abrede gestellt (Saarbr. Zeitung 8./9. 12. 79, II); Die fundamentale U. zwischen Frauen und Männern wird auf diese Weise aber nicht beseitigt (Basler Zeitung 27. 7. 84, 7); **Un|gleich|heits|zeichen,** das ⟨Math.⟩: *Symbol für die Ungleichheit der Werte auf beiden Seiten [einer Gleichung];* (Zeichen: ≠; ≠); **un|gleich|mä|ßig** ⟨Adj.⟩: **1.** *nicht regelmäßig:* -e Atemzüge; der Puls schlägt u. **2.** *nicht gleichmäßig, nicht zu gleichen Teilen:* In den einzelnen Jahrzehnten war die Zahl der Einwanderer höchst u. (Jacob, Kaffee 234); der Besitz ist u. verteilt; **Un|gleich|mä|ßig|keit,** die; -, -en: **1.** ⟨o. Pl.⟩ *das Ungleichmäßigsein.* **2.** *etw. Ungleichmäßiges, ungleichmäßige Stelle o. ä.;* **un|gleich|na|mig** ⟨Adj.⟩ (Math., Physik): *nicht gleichnamig* (b, c); **Un|gleich|na|mig|keit,** die; -: *das Ungleichnamigsein;* **un|gleich|sei|tig** ⟨Adj.⟩ (Math.): *(von Flächen u. Körpern) ungleich lange Seiten aufweisend:* ein -es Dreieck; **Un|gleich|sei|tig|keit,** die; - (Math.): *das Ungleichseitigsein;* **un|gleich|stof|fig** ⟨Adj.⟩ (selten): *inhomogen;* **Un|gleich|stof|fig|keit,** die; - (selten): *Inhomogenität;* **Un|glei|chung,** die; -, -en (Math.): ¹*Ausdruck* (5), *in dem zwei ungleiche mathematische Größen zueinander in ein Verhältnis gesetzt werden;* **un|gleich|zei|tig** ⟨Adj.⟩: *nicht gleichzeitig [stattfindend];* **Un|gleich|zei|tig|keit,** die; -: *das Ungleichzeitigsein.*

Un|glimpf, der; -[e]s [mhd. ungelimpf, ahd. ungelimfe, zu ↑²Glimpf] (veraltet): *Schmach, Unrecht:* jmdm. U. zufügen; ◆ und niemand ist, der ihn vor U. schütze (Schiller, Tell I, 4); **un|glimpf|lich** ⟨Adj.⟩ (veraltet): *ungerecht, kränkend.*

Un|glück, das; -[e]s, -e [mhd. ung(e)lück(e)]: **1.** *plötzlich hereinbrechendes* ¹*Geschick, verhängnisvolles Ereignis, das einen od. viele Menschen trifft:* ein schweres U. ist geschehen, passiert, hat sich ereignet; die beiden -e haben fünf Todesopfer gefordert; Wenn Werners Sarg deswegen nicht fertig wird, so ist das kein U. (*ist das nicht so schlimm;* Remarque, Obelisk 263); ein U. gerade noch verhindern, verhüten können; ein U. verursachen, verschulden; „Gebt heraus, was ihr uns geraubt habt", schrien zwei, „sonst gibt es ein U.!" (Brecht, Geschichten 78); bei dem U. gab es viele Verletzte; Ich bin in meiner Jugend von fast allen kleinen -en verschont geblieben (Zorn, Mars 26). **2.** ⟨o. Pl.⟩ **a)** *Zustand des Geschädigtseins durch ein schlimmes, unheilvolles Ereignis; Elend, Verderben:* der Krieg brachte U. über das Land; Musik von Trommeln und Trompeten. Sie hat viel U. in die Welt gebracht (Remarque, Obelisk 229); * *jmdn. ins U. bringen/stoßen/stürzen* (geh.; *jmdn. in eine schlimme Lage bringen, ihm großen Schaden zufügen*): Du mit deiner Rechthaberei, du bringst uns noch alle ins U. (v. d. Grün, Glatteis 141); Haben Sie denn noch immer nicht genug von der ollen Sauferei? Hat Sie die nicht schon weit genug ins U. gestürzt? (Fallada, Trinker 95); *in sein U. rennen* (ugs.; *sich in eine schlimme Lage bringen, ohne es selbst zu merken*); **b)** *Pech, Mißgeschick:* U. im Beruf, in der Liebe, geschäftliches, finanzielles U. haben; der Familie widerfuhr, die Familie traf ein U. (*Schicksalsschlag*); das bringt U.; dann befahl er mir, zur Madonna von Loreto zu gehen. Ich werde gehen, sonst bringt es mir U. (H. Mann, Stadt 274); er hatte das U., den Termin zu versäumen; das U. wollte es, daß er Alkohol getrunken hatte und unglücklicherweise hatte er Alkohol getrunken; das U. gepachtet haben (*häufig von Mißgeschicken betroffen sein*); Trotz des hohen Brandschadens spricht man ... von Glück im U. (MM 30./31. 8. 69, 13); R ein U. kommt selten allein; U. im Spiel, Glück in der Liebe; * *zu allem U.* (*um die Sache noch schlimmer zu machen, obendrein*): zu allem U. stürzt unser Geländewagen auch noch um (Grzimek, Serengeti 158); Carla ... verwechselte zu allem U. bei einem Schwangerschaftstest die Bedeutung von positiv und negativ (Praunheim, Sex 140); **un|glück|brin|gend** ⟨Adj.⟩: *Unglück, Pech bringend;* **un|glück|lich** ⟨Adj.⟩: **1.** *nicht glücklich* (I 2), *traurig u. deprimiert, niedergeschlagen:* Für -e Menschen ist jedes Wetter falsch (Baum, Paris 55); einen -en Eindruck, ein -es Gesicht machen; ganz u. sein; Vielleicht ist er im Innersten u.? (Sebastian, Krankenhaus 53); sie ist u. darüber, daß ...; jmdn. sehr u. machen; u. aussehen, dreinschauen. **2.** *nicht vom Glück begünstigt; ungünstig, widrig:* ein -er Zufall; ein -er Zeitpunkt; ein -es Zusammentreffen verschiedener Ereignisse; eine -e (*nicht erwiderte*) Liebe; die Sache nahm einen -en Verlauf, Ausgang; ein erloschener Ort, kaum mehr als ein Durchgangslager, in das man durch -e Verkettungen und Fügungen des Schicksals geriet (Ransmayr, Welt 256); Nach den -en (*durch Glück des Gegners erfolgten*) Gegentor gaben die Bremer alle Vorsicht auf (Kicker 6, 1982, 35); Die Zufahrt ist so u. (*ungünstig*), daß der, der gar nicht ins Parkhaus will, ... stets blockiert wird (Rhein-Zeitung 21. 12. 84, 18); die Angelegenheit endete u.; Wir haben zwar in Celle u. (*durch Glück des Gegners u. nicht durch eigenes Unvermögen*) verloren, doch ... (Göttinger Tageblatt 30. 8. 85, 14); ⟨subst.:⟩ der Unglückliche mußte verdursten; die Unglückliche hat aber auch immer Pech. **3.** *ungeschickt [u. daher böse Folgen habend]:* er machte eine -e Bewegung, und alles fiel zu Boden; sie hatte eine -e Hand in der Auswahl ihrer Freunde (*zeigt nicht viel Menschenkenntnis*); Wenn einem Reh eine eben -en im Oberschenkelknochen zerschmettert wird, ... (Natur 77); er stürzte so u., daß er sich das Bein brach; **un|glück|li|cher|wei|se** ⟨Adv.⟩: *zu allem Unglück:* u. wurde ich noch krank; u. ist mir Ihr Familienname unbekannt geblieben (Th. Mann, Krull 268); **Un|glücks|bo|te,** der: *jmd., der eine schlechte Nachricht bringt;* **Un|glücks|bo|tin,** die: w. Form zu ↑ Unglücksbote; **Un|glücks|bot|schaft,** die: *[sehr] schlimme Botschaft;* **un|glück-se|lig** ⟨Adj.⟩: **1.** *vom Unglück verfolgt u. daher bedauernswert:* die -e Frau wußte sich keinen Rat mehr. **2.** *unglücklich* (2) *[verlaufend]; verhängnisvoll:* ein -er Zufall; er wollte die -e Zeit vergessen; er hat eine -e Vorliebe für Glücksspiele; Ein -er Sturz während der Dreharbeiten ... (Danella, Hotel 260); Viel von der „-en Verquickung öffentlichen und privaten Interessen" kam zur Sprache (Prodöhl, Tod 112); **un|glück|se|li|ger|wei|se** ⟨Adv.⟩: *zu allem Unglück;* **Un|glück|se|lig|keit,** die; -: *das Unglückseligsein;* **Un|glücks|fah|rer,** der: *[Auto]fahrer, der einen Unfall verursacht hat;* **Un|glücks|fah|re|rin,** die: w. Form zu ↑ Unglücksfahrer; **Un|glücks|fall,** der ⟨Pl. ...fälle⟩: **a)** *[schwerer] Unfall:* Zwei Unglücksfälle haben in der schottischen Stadt Glasgow elf Menschenleben gefordert (MM 29. 8. 72, 20); bei einem U. ums Leben kommen; **b)** *unglückliche* (2) *Begebenheit;* **Un|glücks|jahr,** das; *vgl.* Unglückstag (b); **Un|glücks|kind,** das (veraltet): *Unglücksmensch;* **Un|glücks|ma|schi|ne,** die: *Flugzeug, das einen Unfall gehabt hat, abgestürzt ist:* Trotz des Einsatzes von elf Hubschraubern ... konnte die U. bis zum Abend nicht gefunden werden (MM 29. 8. 72, 2); **Un|glücks|mensch,** der (ugs.): *jmd., der vom Pech verfolgt ist, dem alles mißlingt;* **Un|glücks|nach|richt,** die: *vgl.* Unglücksbotschaft; **Un|glücks-nacht,** die: *vgl.* Unglückstag (a); **Un|glücks|ort,** der ⟨Pl. -e⟩: *Ort, an dem ein Unglück geschehen ist;* **Un|glücks|ra|be,** der (ugs.): *Unglücksmensch:* er sitzt sogar ein weißes, neues Hemd — aber alles, was er damit erreicht hat, ist, daß sich Blut nur noch deutlicher darauf abzeichnet als auf einem anderen. Er ist ein U.! (Remarque, Obelisk 333); **un|glücks-schwan|ger** ⟨Adj.⟩ (geh.): *den Anlaß zu einem Unglück in sich bergend:* eine -e Situation; **Un|glücks|se|rie,** die: *Folge von mehreren Unglücken;* **Un|glücks|stät|te,**

Unglücksstelle

die (geh.): vgl. Unglücksort; **Un|glücks-stel|le**, die: vgl. Unglücksort; **Un-glücks|sträh|ne**, die: vgl. Unglücksserie; **Un|glücks|tag**, der: **a)** Tag, an dem ein Unglück geschehen ist; **b)** Tag, der für jmdn. unglücklich verlaufen ist; **Un-glücks|vo|gel**, der (ugs.): Unglücksmensch; **Un|glücks|wa|gen**, der: vgl. Unglücksmaschine; **Un|glücks|wurm**, der (ugs.): Unglücksmensch; **Un|glücks|zahl**, die: Zahl, von der geglaubt wird, daß sie Unglück bringt; **Un|glücks|zei|chen**, das: etw., von dem geglaubt wird, daß es ein Unglück ankündigt.

Un|gna|de, die; - [mhd. ung(e)nāde, ahd. ungināda]: in den Wendungen **[bei jmdm.] in U. fallen** (oft spött.; sich jmds. Unwillen zuziehen); **[bei jmdm.] in U. sein** (oft spött.; jmds. Gunst verloren haben u. [bei ihm] nicht gut angesehen sein); **sich ⟨Dat.⟩ jmds. U. zuziehen** (oft spött.; jmds. Gunst verlieren); **un|gnä|dig** ⟨Adj.⟩: **1.** seiner schlechten Laune durch Gereiztheit Luft machend; gereizt u. unfreundlich: jmdm. einen -en Blick zuwerfen; Gleich bei seinem Eintritt waren sich alle darüber klar, daß er sich heute in der -sten Stimmung befand (K. Mann, Mephisto 61); der Chef ist heute sehr u.; sie war u. darüber, daß ...; etw. u. aufnehmen; „Man soll uns damit in Ruhe lassen, wir wollen das nicht", brummte er u. (profil 17, 1979, 16). **2.** (geh.) erbarmungslos, verhängnisvoll: ein -es Schicksal ereilte ihn; **Un|gnä|dig|keit**, die; -: das Ungnädigsein (1).

un|grad (landsch.), **un|gra|de**: ↑ ungerade.
un|gram|ma|tisch ⟨Adj.⟩ (Sprachw.): nicht grammatisch (2); nicht den Regeln der Grammatik entsprechend [gebildet]: -e Ausdrücke; dieser Satz ist u., kann als u. bezeichnet werden.
Un|gras, das; -[e]s, Ungräser ⟨meist Pl.⟩ (Landw.): unerwünschte Grasart auf Kulturland (1).
un|gra|zi|ös ⟨Adj.; -er, -este⟩: nicht graziös: eine -e Bewegung, Haltung.
un|greif|bar [auch: -'- –] ⟨Adj.⟩: nicht greifbar (3b): Doch schien sie Maria heute auf -e Weise verändert (Hahn, Mann 158); **Un|greif|bar|keit** [auch: -'- – –], die; -: das Ungreifbarsein.
♦ **un|grisch** ⟨Adj.⟩: ungarisch: Ein jeder -e Schnurrbart vom Geniekorps ist willkommen (Mörike, Mozart 219).
♦ **Un|grund**, der; -[e]s, Ungründe: **a)** ⟨o. Pl.⟩ Grundlosigkeit, Unbegründetheit: dem die mißvergnügten Räte, auf sein Ansuchen, einen schriftlichen Schein über den U. derselben gaben (Kleist, Kohlhaas 8); **b)** fehlende Rechtsgrundlage; Nichtigkeit (3): ich habe mich verleiten lassen, ... im Glauben an meiner Gründe siegende Gewalt ein Ohr zu leihen jenen Klagepunkten und ihren U. darzutun (Schiller, Maria Stuart I, 7); **c)** Ungereimtheit, Unstimmigkeit: Aber ich fühlte so sehr den U. von dem, was ich sprach, daß ich von selbst aufhörte (Chamisso, Schlemihl 46).
Ungt. = Unguentum; **Un|gu|en|tum**, das; -s, ...ta [lat. unguentum, zu: ung(u)ere = salben, bestreichen]: (auf Rezepten) Salbe; Abk.: Ung., Ungt.
Un|gu|lat, der; -en, -en ⟨meist Pl.⟩ [zu lat.

ungulatus = mit Hufen versehen, zu: ungula = Huf] (Zool.): Huftier.
un|gül|tig ⟨Adj.⟩: nicht gültig (a); verfallen: -e Banknoten, Ausweispapiere; der Fahrschein ist u.; bei der Wahl gab es viele -e Stimmen; ohne Unterschrift ist die Scheckkarte u.; eine Ehe für u. erklären (annullieren); **Un|gül|tig|keit**, die; -: das Ungültigsein; **Un|gül|tig|keits|er|klä-rung**, die: Erklärung (2) der Ungültigkeit.
Un|gunst, die; -: **1.** (geh.) Unwillen: er hatte sich die U. des Beamten zugezogen; Ü die U. (das Ungünstigsein) des Schicksals, des Augenblicks, des Wetters. **2. * zu jmds. -en** (zu jmds. Nachteil): sich zu jmds. -en verrechnen; Der Rechtsstreit mit der Stadt war zu seinen -en entschieden (v. d. Grün, Glatteis 49); er verglich Evelyn und Pearl, und es fiel zu Pearls -en aus (Baum, Paris 136); **un-gün|stig** ⟨Adj.⟩: **a)** nicht günstig (a): -es Wetter, ein -er Zeitpunkt; -e Umstände; Als Ursachen von „Nichtseßhaftigkeit" werden angeboten: -e familiäre Verhältnisse, ... (Klee, Pennbrüder 57); Ich habe im ganzen keinen -en Eindruck (Fallada, Trinker 192); im -sten Falle; etw. ist für jmdn. u.; Insgesamt standen die Chancen nicht u. (Brand [Übers.], Gangster 71); **b)** (geh.) von Ungunst (1) erfüllt, nicht wohlwollend: jmdm. u. gesinnt sein; **Un-gün|stig|keit**, die; -: das Ungünstigsein.
un|gu|sti|ös ⟨Adj.; -er, -este⟩ (österr.): unappetitlich.
un|gut ⟨Adj.⟩: **1. a)** [von vagen Befürchtungen begleitet u. daher] unbehaglich: er hatte bei der Sache ein -es Gefühl; heute sorgen Umweltprobleme und die gerade erst erwachte Furcht vor neuen Weltkriegen für -e Ahnungen (natur 4, 1991, 13); -e Eindrücke, Erwartungen; Dennoch bleibt dies alles in allem eine -e Erinnerung (W. Brandt, Begegnungen 568); **b)** ungünstig; schlecht; negativ: ein -es Verhältnis; Bei einer Vorlesung in Königsberg ... sei er zwar in -er Verfassung gewesen, ... (Reich-Ranicki, Th. Mann 158); Ausgewogenheit und ... Genauigkeit, völliges Fehlen von Ressentiments oder anderen -en Emotionen zählen zu den herausragenden Kennzeichen britischer Zeithistoriker (Saarbr. Zeitung 28. 12. 79, I); ... muß die Welt an den -en Folgen der Partisankriege kranken (Enzensberger, Einzelheiten I, 55); es wird von vielen Beobachtern als -es Omen gewertet, ... (NZZ 23. 12. 83, 10); **c)** unangenehm: keine im etwas -er Beigeschmack; ..., sagte Rahner und lachte u. (v. d. Grün, Glatteis 206). **2. * nichts für u.** (es ist nicht böse gemeint): Nichts für u., wirklich, aber dieser Autor ... schien doch ein bißchen schwer von Begriff (Ruark [Übers.], Honigsauger 530).
un|halt|bar [auch: -'- –] ⟨Adj.⟩: **1. a)** in seiner derzeitigen Form, Beschaffenheit nicht mehr einleuchtend, gültig, gerechtfertigt: eine -e Theorie, Einstellung; Als im April 1917 die Vereinigten Staaten den Krieg erklärten, wurde die Neutralität Brasiliens u. (Jacob, Kaffee 252); **b)** seiner Mängel wegen dringend der Änderung, Abschaffung bedürfend; unerträglich: -e Zustände; Mein Verhalten ist lächerlich, ich weiß, meine Lage wird u.

(Frisch, Stiller 395); Die Situation, wirtschaftlich u., mußte über kurz oder lang zu einem Kriege mit Deutschland führen (Jacob, Kaffee 284); der Mann ist für uns u. (völlig untauglich u. daher nicht länger tragbar). **2. a)** (Milit.) nicht haltbar (2b): eine -e Festung; **b)** (Ballspiele) nicht haltbar (2d): ein -er Treffer; der Stürmer schoß u. ins lange Eck; ... landete das Leder u. im Netz (Kicker 6, 1982, 34); **Un-halt|bar|keit** [auch: -'- – –], die; -: das Unhaltbarsein; **un|hal|tig** ⟨Adj.⟩ (Bergmannsspr.): kein Erz usw. enthaltend: -es Gestein.
un|hand|lich ⟨Adj.⟩: (auf Grund von Größe, Form, Gewicht o. ä.) nicht leicht, nicht bequem zu handhaben; unpraktisch: ein -er Staubsauger; das Auto ist für den Stadtverkehr etwas u. (nicht wendig genug); Ü mittlerweile ist das Festivalprojekt zu einem recht -en Unternehmen geworden (Szene 8, 1985, 11); **Un|hand|lich|keit**, die; -: unhandliche Beschaffenheit.
un|har|mo|nisch ⟨Adj.⟩: **a)** nicht harmonisch (2): die Ehe ist sehr u.; **b)** in Farbe, Form o. ä. nicht zusammenstimmend.
Un|heil, das; -s [mhd. unheil, ahd. unheili] (geh.): etw. (bes. ein schlimmes, verhängnisvolles Geschehen), was einem od. vielen Menschen großes Leid, großen Schaden zufügt; Unglück: ein großes, schreckliches U.; Ein Mitarbeiter der Abteilung Wirtschaft im Rat des Kreises, der in der Zahl Dreizehn heraufziehendes U. sieht! (H. Weber, Einzug 235); jmdm. droht U.; das U. brach herein; dir soll kein U. geschehen; der Krieg brachte U. über das Land; U. anrichten, stiften, verhüten, abwenden, verhindern; sie hat das U. geahnt; Du warst in der glücklichen Situation, weder das U. des Krieges noch die Not der Nachkriegszeit zu erleiden (Danella, Hotel 13); ... um das von Fama vorausgesagte U. zu bannen (Ransmayr, Welt 113); **un|heil|ab|weh|rend** ⟨Adj.⟩ (geh.): ein Unheil abwehrend, vereitelnd: -e Zaubersprüche.
un|heil|bar [auch: '- – –] ⟨Adj.⟩: nicht heilbar: ein -es Leiden; -e Krankheiten; wieder stützte er u. Verwundete den Kopf in die Hände (Schneider, Erdbeben 130); u. krank sein; Ü eine -e (unverbesserliche) Pessimistin; Eduard ist fett, schmutzig und u. gealtert (Remarque, Obelisk 120); **Un|heil|bar|keit** [auch: '- – – –], die; -: das Unheilbarsein.
un|heil|brin|gend ⟨Adj.⟩ (geh.): unheilvoll, Unheil anrichtend; **un|heil|dro|hend** ⟨Adj.⟩ (geh.): sehr bedrohlich: trotzdem bleibt ihm kein anderer Weg, als sich dem -en Element, der See, dem Leben, anzuvertrauen (Erné, Kellerkneipe 280); die Flut stieg u.; **un|hei|lig** ⟨Adj.⟩ (veraltend): nicht heilig (1c); nicht gerade fromm, christlich: ein -es Leben führen; (scherzh.:) Hier sei eine -e (unglückselige) Allianz von grünen und konservativen Vorstellungen entstanden (Blick auf Hoechst 8, 1983, 2); **un|heil|kün|dend** ⟨Adj.⟩ (geh.): Unheil in sich Bergendes; **Un-heils|bo|te**, der (geh.): jmd., der eine schlechte Nachricht überbringt; **Un|heils-bo|tin**, die (geh.): w. Form zu ↑ Unheilsbote; **un|heil|schwan|ger** ⟨Adj.⟩ (geh.): Unheil in sich bergend: ... erging sich

Wohlgast in -en Voraussagen (Hasenclever, Die Rechtlosen 396); Die Stimmung war bereits u. (Broch, Versucher 70); **Un|heil|stif|ter**, der 〈geh.〉: *jmd., der Unheil stiftet;* **Un|heil|stif|te|rin**, die 〈geh.〉: w. Form zu ↑ Unheilstifter; **un|heil|ver|kün|dend** 〈Adj.〉 〈geh.〉: *Unheil ankündigend:* Erst begriffen wir gar nicht, warum er an seinem Tisch so u. brummte (K. Mann, Wendepunkt 383); **un|heil|voll** 〈Adj.〉 〈geh.〉: *Unheil mit sich bringend:* eine -e Botschaft; Fama und die ältesten Bewohner der Stadt ... deuteten alle Phänomene der Erwärmung als die Zeichen einer neuen, -en Zeit (Ransmayr, Welt 120); trotz aller Anstrengungen des Nationalkomitees ... wurde der -e Krieg fortgesetzt (Leonhard, Revolution 265); Aus der Sicht unseres kurzen Lebens muß die Umweltveränderung willkürlich und u. aussehen (natur 3, 1991, 86).
◆ **un|hei|me|lig** 〈Adj.〉: *(bes. im schweiz. Sprachgebrauch) unheimlich* (1): Zudem ward es ihnen immer -er im alten Hause (Gotthelf, Spinne 101); **un|heim|lich** [auch: '- ' - -] 〈Adj.〉 [mhd. unheim(e)lich = nicht vertraut]: **1.** *ein unbestimmtes Gefühl der Angst, des Grauens hervorrufend:* eine -e Gestalt, Erscheinung, Geschichte; die Zeitungsberichte über den -en Leichenfund erbrachten keine verwertbaren Hinweise (Prodöhl, Tod 174); in seiner Nähe habe ich ein -es *(äußerst unbehagliches)* Gefühl; irgendwie u. ist es schon, seit sie die Mauer gebaut haben (Danella, Hotel 82); im Dunkeln wurde [es] ihm u.; uns allen war [es] u. zumute; mir kam das u. vor; sein neuer Nachbar war ihm u. **2.** 〈ugs.〉 **a)** *sehr groß, sehr viel:* eine -e Summe; eine -e Angst, -en Hunger haben; Es wird fast eine Woche lang eine -e Schinderei (Wallraff, Ganz unten 127); Immer noch der Gestank im Vorraum und der -e Krach (Loest, Pistole 179); **b)** 〈intensivierend bei Adj. u. Verben〉 *in außerordentlichem Maße; überaus; sehr:* etw. ist u. dick, groß, breit; sie ist u. nett; Du mußt u. vorsichtig sein (Szene 8, 1985, 33); Christa hatte einen rosa Pullover an und einen Faltenrock und tat u. erwachsen (Loest, Pistole 204); er kann u./u. viel essen; sie hat sich u. gefreut; etw. macht u. Spaß; **Un|heim|lich|keit** [auch: - ' - - -], die; -, -en: *das Unheimlichsein.*
un|hel|disch 〈Adj.〉: *nicht heldenhaft:* ein -er Soldat; Über diese -en Taten, die nicht dem gewünschten Image ... entsprechen, wird nie geredet (Zeit 7. 2. 75, 56); Wir einzelnen sind bloß so. wie diese ganze -e Zeit (Chr. Wolf, Himmel 239).
un|hin|ter|fragt 〈Adj.〉: *ohne hinterfragt zu haben; bedenkenlos:* das sollte man nicht u. akzeptieren.
un|hi|sto|risch 〈Adj.〉: *die historische Bedingtheit einer Sache außer acht lassend:* eine -e Sehweise.
un|höf|lich 〈Adj.〉: *nicht höflich:* ein -er Kerl; jmdm. eine -e Antwort geben; dein Verhalten war u.; verzeihen Sie, ich wollte nicht u. sein; jmdn. u. schubsen; **Un|höf|lich|keit**, die; -, -en: **1.** 〈o. Pl.〉 *das Unhöflichsein:* ... fragte und gab sich gar keine Mühe, die U. dieser Frage zu

verbergen (Musil, Mann 585). **2.** *unhöfliche Handlung, Äußerung:* Pak nahm sich ein Herz und redete den Priester an, trotzdem dies eine grobe U. war (Baum, Bali 261); das Fräulein ... fragte, in dem Bestreben, ihre U. wiedergutzumachen (Langgässer, Siegel 86).
un|hold 〈Adj.; -er, -este〉 [mhd. unholt]: **a)** (dichter. veraltend) *böse, feindselig:* bes. in der Verbindung **jmdm., einer Sache u. sein** (↑abhold); ◆ **b)** *unfreundlich, unwirsch:* Wenn er nur nicht so u. wäre, wär' alles gut (Goethe, Werther II, 20. Oktober 1771); Er gab so u., wenn er gab (Lessing, Nathan I, 3); **Un|hold**, der; -[e]s, -e [mhd. unholde = Teufel, ahd. unholdo = böser Geist, zu ↑hold]: **1.** *(bes. im Märchen, im Volksaberglauben) böser Geist, furchterregendes Wesen, Ungeheuer:* der U. entführte die Prinzessin. **2.** (abwertend) **a)** *bösartiger Mensch; jmd., der Böses tut:* der Lagerkommandant war ein U.; **b)** *Sittlichkeitsverbrecher:* bereits drei Frauen hatte der U. überfallen; Wo kämen wir hin, wenn ... sich jeder U. an pubertierende Kinder heranmachen könnte? (Ziegler, Kein Recht 292); **Un|hol|din**, die; -, -nen: w. Form zu ↑Unhold (1, 2 a).
un|hör|bar [auch: ' - - -] 〈Adj.〉: *nicht, kaum hörbar:* ein -es Flüstern; etw. mit -er Stimme sagen; das weiche, fluppende Surren der Luftmühle machte Bresgotes seltsames Schluchzen u. (Böll, Haus 202); Der Boden war bedeckt von einer Nadelschicht, die ihre Schritte u. werden ließ (Simmel, Stoff 24); u. seufzen; **Un|hör|bar|keit** [auch: ' - - - -], die; -: *das Unhörbarsein.*
un|hübsch 〈Adj.; -er, -este〉: *nicht hübsch, schön:* Sie war Sekretärin in unserem Verlag, eine u. Frau, die gerade ihre dritte Scheidung hinter sich hatte (Becker, Amanda 38).
un|hy|gie|nisch 〈Adj.〉: *nicht hygienisch* (2).
uni ['yni, y'ni:] 〈indekl. Adj.〉 [frz. uni, eigtl. = einfach; eben, adj. 2. Part. von: unir = ebnen, vereinfachen; vereinigen < (kirchen)lat. unire, ↑unieren]: *einfarbig, nicht gemustert:* die u. Krawatte; der Stoff ist u.; **¹Uni**, das; -s, -s: *das Unisein; einheitlicher Farbton:* Blusen, Jacken in verschiedenen -s; **²Uni**, die; -, -s (Jargon): Kurzf. von ↑Universität: auf der U. sein; Honegger, der an der U. Vorlesungen über Strafrecht hielt (Ziegler, Liebe 8); **uni-, Uni-** [zu lat. unus = einer, ein einziger] 〈Best. in Zus. mit der Bed.〉: *einzig, nur einmal vorhanden, einheitlich, ein...,* z. B. unilateral, Uniform.
UNICEF, die; - [Abk. für engl. United Nations International Children's Emergency Fund]: Weltkinderhilfswerk der UNO.
un|iden|ti|fi|ziert 〈Adj.〉: *nicht identifiziert:* Das Eindringen des -en Objektes und das Unvermögen der sowjetischen Luftabwehr, dagegen etwas zu unternehmen ... (Bund 11. 10. 83, 3); Wissenschaftler hätten ... eine 20 Meter weite Vertiefung mit vier Löchern und zwei -e Steinproben in dem Park gefunden (Welt 10. 10. 89, 22).
uni|e|ren 〈sw. V.; hat〉 [lat. unire, zu:

unus = einer, ein einziger]: *(bes. in bezug auf Religionsgemeinschaften) vereinigen:* unierte Kirchen. **Kirche wiedervereinigten orthodoxen [griechisch-katholischen] u. morgenländischen Kirchen mit eigenem Ritus u. eigener Kirchensprache.** **2.** *die protestantischen Unionskirchen;* **uniert** 〈Adj.〉: *eine der unierten Kirchen betreffend, einer unierten Kirche angehörend;* **uni|far|ben** 〈Adj.〉: *uni;* **uni|fa|zi|al** 〈Adj.〉 [zu ↑uni-, Uni- u. ↑fazial] (Bot.): *einseitig gestaltet (von Blättern od. Blattstielen);* **Uni|fi|ka|ti|on**, die; -, -en (bes. Fachspr.): *Unifizierung;* **uni|fi|zie|ren** 〈sw. V.; hat〉 [spätlat. unificare] (bes. Fachspr.): *vereinheitlichen; zu einer Einheit, Gesamtheit verschmelzen:* Arbeitsgänge u.; Staatsschulden, Anleihen u. (Wirtsch.): *durch Konsolidation* 2 b *zusammenlegen;* **Uni|fi|zie|rung**, die; -, -en (bes. Fachspr.): *das Unifizieren; Vereinheitlichung;* **uni|form** 〈Adj.〉 [frz. uniforme < lat. uniformis = von einer, gleichförmig, zu: unus = einer, ein einziger u. forma = Form] (bildungsspr.): *ein-, gleichförmig:* -e Anstalts-, Schulkleidung; die Häuser haben ein -es (abwertend; *durch ihre Gleichförmigkeit monotones) Aussehen;* Ihre Gesichter ... waren nicht u., sie waren individualistisch (Koeppen, Rußland 148); in der heutigen Zeit, wo alles -er wird (Saarbr. Zeitung 30. 11. 79, 12); **Uni|form** [auch: 'uniform], die; -, -en [frz. uniforme, subst. Adj. uniforme, ↑uniform]: *(bes. beim Militär, bei der Post, Polizei u. Eisenbahn) im Dienst getragene, in Material, Form u. Farbe einheitlich gestaltete Kleidung:* die grüne U. der Polizei; ein Mann in U. des sechsten Dragonerregiments (Zuckmayer, Fastnachtsbeichte 5); dazu die sehr anliegende blaue U. aus feinem Tuch (Hartung, Junitag 5); Soldaten müssen -en tragen; die U. an-, ablegen; in U. sein, gehen; Die Kindermädchen sind in U., sie tragen schwarze Kleider, weiße Schürzen, weiße Häubchen (Koeppen, Rußland 31); er kam in voller U. *(in seiner Uniform mit allem Zubehör);* **Uni|form|blu|se**, die; vgl. Uniformjacke. **Uni|form|gür|tel**, der; vgl. Uniformjacke. **Uni|form|hemd**, das; vgl. Uniformjacke. **Uni|form|ho|se**, die; vgl. Uniformjacke. **uni|for|mie|ren** 〈sw. V.; hat〉: **1.** *in eine Uniform kleiden:* Rekruten u.; 〈meist im 2. Part.:〉 Die uniformierte *(Uniform tragende)* Männer; Ein Jungzug uniformierter Pimpfe besetzte ... den Garten hinter Amsels Villa (Grass, Hundejahre 224); Vielfach wird es sich empfehlen, vom Einsatz uniformierter Vollzugskräfte abzusehen (Klee, Pennbrüder 81). **2.** (bildungsspr., oft abwertend) *eintönig, gleichförmig machen, gestalten:* ... wo ... versucht wurde, Menschen körperlich und geistig zu u. (Kirst, 08/15, 28); 〈oft im 2. Part.:〉 Die Eisen- und Blechkonstruktion wurde ... demontiert und durch neumodische, uniformierte Marktstände ersetzt (Blick 30. 7. 84, 11); das Leitbild einer militärisch gestrafften und politisch uniformierten Ordnung des gesamten gesellschaftlichen Lebens (Fraenkel, Staat 84); **Uni|for|mier|te**, der u. die; -n, -n 〈Dekl. ↑Abgeordnete〉: *jmd., der eine*

Uniform trägt: Auf der Straße stand ein -r. Er wies die Funkwagen ein (Bastian, Brut 177); In der Hotelhalle winkte der Diensthabende einen anderen, gleichfalls großgewachsenen -n herbei und gab ihm Anweisungen (Grass, Hundejahre 302); **Uni|for|mie|rung,** die; -, -en: *das Uniformieren, Uniformiertsein;* **Uni|for|mis|mus,** der; - (bildungsspr., oft abwertend): *das Streben nach gleichförmiger, einheitlicher Gestaltung;* **Uni|for|mist,** der; -en, -en (bildungsspr., oft abwertend): *jmd., der alles gleichförmig, einheitlich gestalten will;* **Uni|for|mi|stin,** die; -, -nen (bildungsspr., oft abwertend): w. Form zu ↑ Uniformist; **Uni|for|mi|tät,** die; - [(frz. uniformité <) spätlat. uniformitas, zu lat. uniformis, ↑ uniform] (bildungsspr., oft abwertend): *Einheitlichkeit, Gleichförmigkeit:* Die Chance Europas liege nicht in der U., sondern in der Vielfalt der nationalen Eigenwerte (W. Brandt, Begegnungen 333); **Uniform|jacke¹,** die: *zu einer Uniform gehörende Jacke;* **Uni|form|knopf,** der: vgl. Uniformjacke; **Uni|form|kra|gen,** der: *Kragen der Uniformjacke;* **Uni|form|mantel,** der; vgl. Uniformjacke; **Uni|form|rock,** der: *zu einer Uniform gehörender* ¹*Rock* (2); **Uni|form|stück,** das: *Teil der Uniform (bes. Jacke od. Hose);* **Uni|form|trä|ger,** der: *jmd., der eine Uniform trägt;* **Uni|form|ver|bot,** das: *Verbot, (bei bestimmten Anlässen) die Uniform zu tragen;* **Uni|form|zwang,** der ⟨o. Pl.⟩: *Verpflichtung, (bei bestimmten Anlässen) die Uniform zu tragen;* **uni|ge|färbt** ⟨Adj.⟩: *unifarben;* **uni|kal** [nlat., zu lat. unice = einzig, nur, zu: unus = eins] ⟨Adj.⟩ (Fachspr.): *nur einmal vorhanden, vorkommend:* -e Versteigerungsobjekte; **Uni|kat,** das; -[e]s, -e [zu lat. unicus (↑Unikum), geb. nach Duplikat]: **1.** *etw.., was nur einmal vorhanden ist, was es nur [noch] in einem Exemplar gibt:* Ich nähe nie zweimal dasselbe Kleid. Jedes ist ein U. (Basler Zeitung 27. 7. 84, 17). **2.** *einzige Ausfertigung eines Schriftstücks;* **Uni|kum,** das; -s, ..ka (österr. nur so) u. -s [lat. unicum, Neutr. von: unicus = der einzige; einzigartig, zu: unus = einer, ein einziger]: **1.** ⟨Pl. ...ka⟩ (Fachspr.) *Unikat* (1): dieser Holzschnitt, diese Briefmarke ist ein U.; botanische Unika. **2. a)** ⟨Pl. -s⟩ (ugs.) *merkwürdiger, ein wenig kauziger Mensch, der auf andere belustigend wirkt:* Er ist ... ein echtes U., erzkonservativ, eigensinnig (Ziegler, Labyrinth 205); Ein anderer Onkel, der in ganz Ostpreußen als U. bekannt war, ist ... nur einmal nach Friedrichstein gekommen (Dönhoff, Ostpreußen 70); **b)** *etw. sehr Ausgefallenes, Merkwürdiges, Einzigartiges:* Bauliches U.: Das nackte Turmdach, nur ein Skelett (NNN 22. 9. 89, 3); „Renaldo und Clara" ist ein Un-Film, ein formales U. (Saarbr. Zeitung 11. 7. 80, 9); Ein weltweites U. *(ein weltweit einmaliger, merkwürdiger Tatbestand):* Österreichs Boxwelt ist seit Jahren gespalten (Wiener 10, 1983, 33); **uni|la|te|ral** ⟨Adj.⟩ [zu ↑ uni-, Uni- u. ↑ lateral] (bes. Politik): *einseitig, nur eine Seite betreffend, von dieser ausgehend:* -e Absichtserklärungen, Verpflichtungen; die Frage, ob nun Washington das Abkommen u. kündige (NZZ 23. 10. 86, 1); **Uni|la|te|ral,** der; -s, -e (Sprachw.): *Laut, bei dessen Artikulation die Luft nur an einer Seite der Zunge entweicht (bes. in den kaukasischen Sprachen);* **uni|lo|ku|lär** ⟨Adj.⟩ [zu ↑ uni-, Uni- u. lat. loculus = Plätzchen, kleines Gelaß, Vkl. von: locus = Ort, Platz, Stelle] (Med.): *einkammerig, aus einer einzelnen blasenförmigen Zyste bestehend.*

un|in|for|miert ⟨Adj.⟩: *nicht informiert:* ein -es Publikum; die Flugexperten zeigten sich u. und uninteressiert (Zeit 19. 9. 75, 8); **Un|in|for|miert|heit,** die; -: *das Uninformiertsein.*

un|in|tel|li|gent ⟨Adj.; -er, -este⟩: *nicht intelligent; unklug:* Sie war, wie eine ... Auswahl aus ihrem Werk erkennen läßt, weder u. noch unbegabt (Reich-Ranicki, Th. Mann 25).

un|in|ter|es|sant ⟨Adj.; -er, -este⟩: **1.** *nicht interessant* (1): ein -es Buch; ein gänzlich -er Mensch; medizinisch -e Patienten *(Patienten mit medizinisch unergiebigen, nicht aufschlußreichen Krankheiten;* NZZ 12. 10. 85, 27); seine Meinung ist hier u. *(sie interessiert niemanden);* für mich ist es völlig u. *(gleichgültig),* ob er kommt. **2.** (meist Kaufmannsspr.) *nicht interessant* (2): ein -es Angebot; etw. ist preislich u.; Die Eibe ... wächst langsam und ist daher wirtschaftlich u. (natur 10, 1991, 24); **un|in|ter|es|siert** ⟨Adj.⟩: *nicht interessiert; desinteressiert:* ein -es Gesicht machen; er ist, tut völlig u.; **Un|in|ter|es|siert|heit,** die; -: *das Uninteressiertsein:* Wir haben immer noch Angst voreinander, verstecken uns hinter ... vorgespielter U. (Frings, Männer 344).

Unio my|sti|ca, die; - - [kirchenlat., zu: unio (↑ Union) u. lat. mysticus, ↑ Mystik] (Theol.): *die geheimnisvolle Vereinigung der Seele mit Gott als Ziel der Gotteserkenntnis in der Mystik;* **Uni|on,** die; -, -en [kirchenlat. unio = Einheit, Vereinigung, zu lat. unus = einer (u. einziger)]: *Bund, Vereinigung, Zusammenschluß (bes. von Staaten u. von Kirchen mit verwandten Bekenntnissen):* Der wirtschaftliche Zusammenschluß in der Europäischen Wirtschaftsgemeinschaft habe Europa dem Ziel einer politischen U. näher gebracht (Welt 23. 1. 65, 4); einer U. beitreten, angehören; die Staaten schlossen sich zu einer U. zusammen; **Unio|nist,** der; -en, -en: **1.** *Anhänger, Mitglied einer Union.* **2.** (hist.) *Gegner der Konföderierten im amerikanischen Sezessionskrieg;* **Unio|ni|stin,** die; -, -nen: w. Form zu ↑ Unionist; **unio|ni|stisch** ⟨Adj.⟩: *eine Union betreffend, ihr angehörend;* **Union Jack** ['ju:njən 'dʒæk], der; - -s, - -s [engl. Union Jack, aus: union = Union (als Bez. für das Vereinigte Königreich Großbritannien) u. jack = kleinere (Schiffs)flagge]: *Flagge Großbritanniens;* **Uni|ons|christ,** der (Jargon): *Mitglied der Christlich-Demokratischen od. der Christlich-Sozialen Union;* **Uni|ons|chri|stin,** die (Jargon): w. Form zu ↑ Unionschrist; **Uni|ons|kir|che,** die; -, -n: *durch den Zusammenschluß mehrerer protestantischer Kirchen mit verwandten Bekenntnissen gebildete Kirche;* **Uni|ons|par|tei,** die ⟨meist Pl.⟩: *eine der beiden Parteien CDU u. CSU;* **Uni|ons|po|li|ti|ker,** der: *Politiker einer der beiden Unionsparteien;* **Uni|ons|po|li|ti|ke|rin,** die: w. Form zu ↑ Unionspolitiker; **uni|ons|re|giert** ⟨Adj.⟩ (Jargon): *von einer der beiden Unionsparteien regiert:* das einzige -e Bundesland; **Uni|ons|re|pu|blik,** die: *Sowjetrepublik;* **uni|pe|tal** ⟨Adj.⟩ [zu lat. unus = einer u. griech. pétalon = Blatt] (Bot.): *einblättrig;* **uni|po|lar** ⟨Adj.⟩ [zu lat. unus = einer u. ↑ polar] (Physik, Elektrot.): *einpolig;* **Uni|po|lar|ma|schi|ne,** die (Elektrot.): *Maschine zur Entnahme starker Gleichströme bei kleiner Spannung.*

un|ir|disch ⟨Adj.⟩: *nicht irdisch* (1): jetzt, am frühen Nachmittag, das Licht von fast -er Leuchtkraft (natur 8, 1991, 90). **Uni|sex,** der; -[es] [engl. unisex, aus: uni- < lat. unus = einer, ein einziger u. sex, ↑Sex] (Fachspr., bildungsspr.): *Verwischung der Unterschiede zwischen den Geschlechtern (bes. im Erscheinungsbild):* Der Zivilisationskritiker ... beklagte das epochale Verschwinden von kulturell betonten Unterschieden zwischen den Geschlechtern ... und spottete über die neuen Strukturen des grauen U. (Spiegel 11, 1987, 96); **uni|se|xu|ell** ⟨Adj.⟩ (Fachspr., bildungsspr.): **1.** *den Unisex betreffend.* **2.** *eingeschlechtlich.* **3.** *homosexuell;* **uni|son** ⟨Adj.⟩ [ital. unisono, ↑unisono] (Musik): *im Einklang* (1) *singend od. spielend;* **uni|so|no** ⟨Adv.⟩ [ital. unisono < spätlat. unisonus = eintönig, -förmig, zu lat. unus (↑Unisex) u. sonus = Ton, Klang] (Musik): *im Einklang* (1) *[zu spielen]:* u. *(einstimmig)* singen; die Geigen spielten u.; Ü Die Umweltminister ... werden dieser Einschätzung sicherlich u. *(in voller Übereinstimmung, einmütig)* widersprechen (natur 7, 1991, 28); Unisono *(ausnahmslos)* klagen die Händler über den harten Konkurrenzkampf (Spiegel 46, 1977, 111); zögernd zunächst, ... und zum Schluß u. *(wie aus einem Mund),* erschallt das Echo, „Jawohl, Herr Hauptmann!" (Heym, Schwarzenberg 51); **Uni|so|no,** das; -s, -s u. ...ni (Musik): *Einklang* (1); **Unit** ['ju:nɪt], die; -, -s [engl. unit, rückgeb. aus: unity < mengl. unite < afrz. unite (frz. unité) < lat. unitas, ↑ Unität]: **1.** *[Lern]einheit im Unterrichtsprogramm.* **2.** *fertige Einheit eines technischen Gerätes.* **3.** *Gruppe, Team;* **uni|tär** ⟨Adj.⟩ [frz. unitaire, zu: unité < lat. unitas, ↑Unität] (bildungsspr.): *unitarisch* (1); **uni|ta|ri|er,** der; -s, -: *Vertreter einer nachreformatorischen kirchlichen Richtung, die die Einheit Gottes betont u. die Lehre von der Trinität teilweise od. ganz verwirft;* **uni|ta|risch** ⟨Adj.⟩: **1.** (bildungsspr.) *Einigung bezweckend od. erstrebend.* **2.** *die Lehre der Unitarier betreffend:* ein -er *(zu den Unitariern gehörender)* Christ (Kemelman [Übers.], Dienstag 125); **Uni|ta|ri|sie|rung,** die; -: *Unitarismus* (1); **Uni|ta|ris|mus,** der; -: **1.** *Bestreben innerhalb eines Staatenverbandes od. Bundesstaates, die Zentralmacht zu stärken.* **2.** *theologische Lehre der Unitarier.* **3.** (Med.) *Lehre von der ursächlichen Übereinstimmung verschiedener Krankheitsformen;* **Uni|ta|rist,** der; -en, -en: *Vertreter, Anhänger des Unitarismus;* **Uni|ta|ri|stin,**

die; -, -nen: w. Form zu ↑Unitarist; **uni|ta|ri|stisch** ⟨Adj.⟩: *den Unitarismus betreffend, auf ihm beruhend;* **Uni|tät**, die; -, -en [lat. unitas, zu: unus = einer, ein einziger]: **1.** (bildungsspr.) **a)** *Einheit, Übereinstimmung;* **b)** *Einzig[artig]keit.* **2.** (scherzh.) kurz für ↑Universität; **Unitäts|leh|re**, die; - (Med.): ⟨Unitarismus (3); **Uni|ted Na|tions** [juːˈnaɪtɪd ˈneɪʃənz] ⟨Pl.⟩ [engl. united nations = vereinte Nationen]: engl. Bez. für *die Vereinten Nationen;* **Uni|ted Na|tions Or|ga|ni|za|tion** [- - ɔːɡənaɪˈzeɪʃən], die; - - -: *United Nations,* Abk.: UNO; **uni|va|lent** ⟨Adj.⟩ [zu ↑uni-, Uni- u. ↑Valenz] (Chemie): *einwertig;* **Uni|va|len|te** ⟨Pl.⟩ (Biol., Genetik): *Chromosomen, die bei der Meiose ungepaart, einzeln bleiben;* **Uni|ver|bie|rung**, die; -, -en [zu ↑uni-, Uni- u. lat. verbum, ↑Verb] (Sprachw.): *Zusammenziehung zweier od. mehrerer begrifflich u. syntaktisch zusammengehörender Wörter zu einem einzigen Wort (z. B. die Gewähr leisten zu gewährleisten);* **uni|ver|sal** ⟨Adj.⟩ [spätlat. universalis = zur Gesamtheit gehörig, allgemein, zu lat. universus, ↑Universum] (bildungsspr.): **1.** *umfassend; die verschiedensten Bereiche einschließend:* ein -es *Wissen.* **2.** *die ganze Welt umfassend, weltweit:* der -e *Machtanspruch der Kirche; Angesichts dieses Grundsatzes* (= Art. 3 der Allgemeinen Erklärung der Menschenrechte), *der -e Geltung hat* (NZZ 12. 10. 85, 47); **Uni|ver|sal**, das; -[s]: *Welthilfssprache;* **Uni|ver|sal|bank**, die ⟨Pl. -banken⟩: ²*Bank, die sich mit allen Zweigen des Bankgeschäfts befaßt;* **Uni|ver|sal|bi|blio|thek**, die: *Bibliothek, die Bücher aller Wissens- u. Fachgebiete sammelt;* **Uni|ver|sal|bil|dung**, die: *universale Bildung;* **Uni|ver|sal|emp|fän|ger**, der (Med.): *Person mit der Blutgruppe AB, auf die Blut beliebiger Blutgruppen übertragen werden kann;* **Uni|ver|sal|emp|fän|ge|rin**, die (Med.): w. Form zu ↑Universalempfänger; **Uni|ver|sal|epi|skol|pat**, das (kath. Kirche): *oberste bischöfliche Gewalt des Papstes über die gesamte römisch-katholische Kirche;* **Uni|ver|sal|er|be**, der: *Erbe des gesamten Nachlasses, Allein-, Gesamterbe;* **Uni|ver|sal|er|bin**, die: w. Form zu ↑Universalerbe; **Uni|ver|sal|ge|nie**, das: **a)** *auf vielen Gebieten zu genialen Leistungen befähigter Mensch;* **b)** (scherzh.) *Alleskönner;* **Uni|ver|sal|ge|schich|te**, die: *Weltgeschichte;* **uni|ver|sal|ge|schicht|lich** ⟨Adj.⟩: *weltgeschichtlich;* **Uni|ver|sal|gram|ma|tik**, die: *(auf die Philosophie des Rationalismus zurückgehende) Grammatik, die das allen Sprachen Gemeinsame zu beschreiben versucht;* **Uni|ver|sa|lie**, die; -, -n [1: mlat. universale, zu spätlat. universalis, ↑universal]: **1.** ⟨Pl.⟩ (Philos.) *Allgemeinbegriff, allgemeingültige Aussage.* **2.** (Sprachw.) *Eigenschaft, die alle natürlichen Sprachen aufweisen;* **Uni|ver|sa|li|en|streit**, der ⟨o. Pl.⟩: *im Mittelalter, bes. in der Scholastik, geführte Diskussion um die Wirklichkeit od. Unwirklichkeit der Universalien* (1) *in ihrem Verhältnis zu den konkreten Einzeldingen, aus die sie durch Abstraktion gewonnen werden;* **Uni|ver|sal|in|di|ka|tor**, der (Chemie): *Indikator* (2), *der sich auf einen weiten Bereich*

der ph-Werte anwenden läßt; **Uni|ver|sal|in|stru|ment**, das (Technik): *Meßgerät, das die [gleichzeitige] Messung mehrerer Größen erlaubt;* **Uni|ver|sa|li|sie|rung**, die; -, -en (Philos.): *Verallgemeinerung, universale Anwendung od. Anwendbarkeit eines bestimmten Satzes od. einer Norm;* **Uni|ver|sa|lis|mus**, der; -: **1.** (Philos., Politik, Wirtsch.) *Denkart, Lehre, die den Vorrang des Allgemeinen, des Ganzen gegenüber dem Besonderen u. Einzelnen betont.* **2.** (Theol.) *Lehre, nach der der Heilswille Gottes die ganze Menschheit umfaßt;* **Uni|ver|sa|list**, der; -en, -en ⟨meist Pl.⟩: *zu einer amerikanischen kirchlichen Gruppe gehörender Anhänger des Universalismus* (2); **uni|ver|sa|li|stisch** ⟨Adj.⟩: *den Universalismus betreffend, auf ihm beruhend;* **Uni|ver|sa|li|tät**, die; - [spätlat. universalitas, zu: universalis, ↑universal] (bildungsspr.): **1.** *umfassender Charakter von etw.:* Ich bekannte mich zur U. der Menschenrechte (W. Brandt, Begegnungen 556). **2.** *umfassende Bildung; [schöpferische] Vielseitigkeit:* eine *Persönlichkeit von schöpferischer U.;* **Uni|ver|sa|le|xi|kon**, das: *enzyklopädisches Lexikon;* **Uni|ver|sal|ma|schi|ne**, die: *Maschine (bes. Küchenmaschine), die für verschiedene Arbeitsgänge verwendbar ist;* **Uni|ver|sal|mit|tel**, das: *[Arznei]mittel gegen alle möglichen Beschwerden;* **Uni|ver|sal|mo|tor**, der (Elektrot.): *Motor, der mit Gleich- u. Wechselstrom betrieben werden kann;* **Uni|ver|sal|prin|zip**, das ⟨o. Pl.⟩ (Rechtsspr.): *Grundsatz, nach dem jeder Staat jeden von ihm ergriffenen Verbrecher ohne Rücksicht auf dessen Staatsangehörigkeit u. den Ort, wo und das Verbrechen begangen wurde, verfolgen soll;* **Uni|ver|sal|re|li|gi|on**, die: *Religion mit universalem* (2) *Anspruch;* **Uni|ver|sal|sor|te**, die (Landw.): *Kulturpflanzensorte, die an unterschiedlichen Standorten gute u. sichere Erträge bringt;* **Uni|ver|sal|spen|der**, der (Med.): *Person mit der Blutgruppe 0, die an jedermann Blut spenden kann;* **Uni|ver|sal|spen|de|rin**, die (Med.): w. Form zu ↑Universalspender; **Uni|ver|sal|spra|che**, die: **1.** *Welthilfssprache.* **2.** *künstliches, meist am Vorbild der Mathematik orientiertes Zeichensystem, das in Philosophie u. Wissenschaft zur Verständigung u. Erkenntnis dient;* **Uni|ver|sal|suk|zes|si|on**, die (Rechtsspr.): *Eintritt eines od. mehrerer Erben in das Gesamtvermögen des Erblassers;* **uni|ver|sell** ⟨Adj.⟩ [frz. universel < spätlat. universalis, ↑universal]: **1.** *alle Bereiche umfassend; allgemein:* eine *Frage von -er Bedeutung; im Rahmen ... eines u. gewordenen Umweltbewußtseins* (NZZ 11. 4. 85, 39). **2.** *vielseitig:* bein -es, u. *verwendbares Gerät;* die -e *Erziehung und Ausbildung für den Theaterberuf* (Furche, 6. 6. 84, 9); *ein u. begabter Mensch; Ein Motor, der u. eingesetzt werden kann* (Münchner Rundschau 16. 9. 83, 1); **Uni|ver|sia|de**, die; -, -n [zu ↑Universität u. ↑Olympiade]: *alle zwei Jahre stattfindender internationaler sportlicher Wettkampf von Studenten (bei dem in einigen Disziplinen die Weltmeisterschaften der Studenten ausgetragen werden;* **Uni|ver|sis|mus**, der; -: *Anschauung bes. des chinesischen Taoismus,*

daß die Welt eine Einheit sei, in die der einzelne Mensch sich einordnen müsse; **uni|ver|si|tär** ⟨Adj.⟩: *die Universität betreffend, zu ihr gehörend:* -e *Einrichtungen; eine bedeutende Intensivierung der -en (an der Universität ausgeübten) Forschungstätigkeit* (Schweizer Maschinenbau 16. 8. 83, 31); **Uni|ver|si|tas lit|te|ra|rum**, die; - - [lat. = Gesamtheit der Wissenschaften]: lat. Bez. für *Universität;* **Uni|ver|si|tät**, die; -, -en [mhd. universitēt = Gesamtheit, Verband (der Lehrenden und Lernenden) < lat. universitas = (gesellschaftliche) Gesamtheit, Kollegium, zu: universus, ↑Universum]: **1.** *in mehrere Fakultäten gegliederte [die Gesamtheit der Wissenschaften umfassende] Anstalt für wissenschaftliche Ausbildung u. Forschung; Hochschule:* eine altehrwürdige U.; die U. [in] München; die Technische U. Hannover; *Schulen und -en sehen sich schon lange nur noch in der Lage, Spezialisten auszubilden* (Gruhl, Planet 253); die U. besuchen; an der U. immatrikuliert sein, studieren; als Professor an eine U. berufen werden; einen Ruf an eine U. erhalten; Dozent in der U. sein; auf die, zur U. gehen *(studieren).* **2.** ⟨o. Pl.⟩ *Gesamtheit der Dozenten u. Studenten einer Universität* (1): *die ganze U. versammelte sich in der Aula.* **3.** *Gebäude[komplex], in dem sich die Universität* (1) *befindet:* die U. *liegt außerhalb der Stadt;* **Uni|ver|si|täts|ab|schluß**, der: *an einer Universität erworbenes Abschlußzeugnis;* **Uni|ver|si|täts|ab|sol|vent**, der: *Absolvent einer Universität;* **Uni|ver|si|täts|ab|sol|ven|tin**, die: w. Form zu ↑Universitätsabsolvent; **Uni|ver|si|täts|aus|bil|dung**, die: *an einer Universität erworbene Ausbildung;* **Uni|ver|si|täts|be|such**, der: *Besuch* (1 c) *einer Universität;* **Uni|ver|si|täts|be|trieb**, der ⟨o. Pl.⟩ (ugs.): *Tätigkeiten u. Abläufe an einer Universität:* In Belgrad protestierten die Studenten nicht nur gegen Mängel des -es (W. Brandt, Begegnungen 273); **Uni|ver|si|täts|bi|blio|thek**, die: *zentrale wissenschaftliche Bibliothek einer Universität;* **Uni|ver|si|täts|buch|hand|lung**, die: *wissenschaftliche Buchhandlung in einer Universitätsstadt, die ihr Sortiment auf die Bedürfnisse der Universität abstimmt;* **uni|ver|si|täts|ei|gen** ⟨Adj.⟩: *der Universität gehörend:* -es *Gelände;* **Uni|ver|si|täts|ge|bäu|de**, das: *Gebäude, in dem eine Universität, ein Teil einer Universität untergebracht ist;* **Uni|ver|si|täts|ge|län|de**, das: *Campus;* **Uni|ver|si|täts|in|sti|tut**, das: *Institut* (1) *einer Universität;* **Uni|ver|si|täts|kli|nik**, die: *als Forschungsanstalt einer Universität angeschlossene Klinik;* **Uni|ver|si|täts|lauf|bahn**, die: *wissenschaftliche Laufbahn als Dozent od. Professor an einer Universität;* **Uni|ver|si|täts|leh|rer**, der: *Professor, Dozent an einer Universität;* **Uni|ver|si|täts|leh|re|rin**, die: w. Form zu ↑Universitätslehrer; **Uni|ver|si|täts|pro|fes|sor**, der: *Professor an einer Universität;* **Uni|ver|si|täts|pro|fes|so|rin**, die: w. Form zu ↑Universitätsprofessor; **Uni|ver|si|täts|stadt**, die: *Stadt, in der sich eine Universität befindet;* **Uni|ver|si|täts|stu|di|um**, das: *Studium an einer Universität;*

Universitätsverwaltung

Uni|ver|si|täts|ver|wal|tung, die: *Verwaltung einer Universität;* Uni|ver|si|täts|we|sen, das ⟨o. Pl.⟩: *Gesamtheit der universitären Einrichtungen u. Angelegenheiten;* Uni|ver|sum, das; -s, ...sen [lat. universum, subst. Neutr. von: universus = ganz, sämtlich; allgemein; umfassend, eigtl. = in eins gekehrt, zu: unus = einer, ein einziger u. versus = gewendet, ↑Vers]: *Weltall, Kosmos:* das weite, unendliche U.; das U. erforschen; das Raumschiff ist im U. verschollen; Von allen denkbaren, gleichfalls möglichen Universen ... bietet allein der real existierende Kosmos eine Chance (Spiegel 42, 1988, 262); Ü ein U. *(eine unendliche Vielfalt)* an Formen und Farben; Ein vollkommenes, in sich geschlossenes episches U. (Reich-Ranicki, Th. Mann 11); uni|vok ⟨Adj.⟩ [zu ↑uni-, Uni- u. lat. vox (Gen.: vocis) = Stimme] (Philos.): *(von Wörtern) genau eine Bedeutung tragend;* uni|vol|tin ⟨Adj.⟩ [zu ital. una volta = einmal] (Zool.): *(bes. von Insekten) im Laufe des Jahres nur eine einzige Generation hervorbringend;* uni|vor ⟨Adj.⟩ [zu ↑uni-, Uni- u. lat. vorare = verschlingen] (Biol.): *monophag;* Uni|vo|zi|tät, die; - (Philos.): *das Univoksein.*

un|kal|ku|lier|bar [auch: - - -'- -] ⟨Adj.⟩: *nicht kalkulierbar:* ein -es Risiko; die Wirkung ist u.

un|ka|me|rad|schaft|lich ⟨Adj.⟩: *nicht kameradschaftlich:* -es Verhalten; Un|ka|me|rad|schaft|lich|keit, die; -: *das Unkameradschaftlichsein.*

Un|ke, die; -, -n [vermengt aus frühnhd. eutze = Kröte, mhd. ūche, ahd. ūcha = Kröte u. mhd., ahd. unc = Schlange]: **1.** *Kröte mit plumpem, flachem Körper, schwarzgrauem bis olivgrünem, manchmal gefleckten, warzigem Rücken u. grauem bis schwarzem Bauch mit gelber bis roter Fleckung; Feuerkröte.* **2.** (ugs.) *jmd., der [ständig] unkt; Schwarzseher:* er ist eine alte U.; -n, die die heute angeblich üppig blühende Unmoral beklagen (St. Frank [Übers.], Mann 115); un|ken ⟨sw. V.; hat⟩: *auf Grund seiner pessimistischen Haltung od. Einstellung Unheil, Schlimmes voraussagen:* er muß dauernd u., „Bald regnet es", unkte er; „Da können alle u., was sie wollen", schiebt Unterrichtsminister Helmut Zilk Zweifel an seinem derzeitigen Lieblingsprojekt ... pauschal zur Seite (profil 23, 1984, 30). un|kennt|lich ⟨Adj.⟩: *so verändert, entstellt, daß jmd. od. etw. nicht mehr zu erkennen ist:* er hatte sich durch Bart und Brille u. gemacht; die Eintragungen waren u. geworden; Die Brunnen sind so dicht mit Moos und grünen Flechten bewachsen, daß die bildhauerische Idee längst u. geworden ist (Fest, Im Gegenlicht 299); Un|kennt|lich|keit, die; -: *das Unkenntlichsein:* meist in der Fügung bis zur U. *(unkenntlich geworden, in nicht mehr zu erkennender Weise):* die Leiche war bis zur U. entstellt; Bernadette erschien darauf (= auf dem Foto) bis zur U. von sich selbst entfernt (Strauß, Niemand 160); Un|kennt|nis, die; -: *das Nichtwissen; mangelnde Kenntnis [von etw.]:* das haben Sie auf der Schule nicht gelernt, aber U. schützt nicht vor Strafe (Ziegler, Gesellschaftsspiele 123); seine U. auf einem Gebiet zu verbergen suchen; etw. aus U. falsch machen; in U. *(im unklaren)* [über etw.] sein; er hat ihn darüber in U. gelassen *(ihn nicht aufgeklärt);* sie weiß die ganze Zeit, daß er die ganze Zeit in U. seiner Lage *(ohne seine Lage zu kennen)* lebt (Frisch, Montauk 124).

Un|ken|ruf, der; -[e]s, -e: **1.** *dumpfer Ruf einer Unke* (1). **2.** *pessimistische Äußerung:* Concorde fliegt allen -en zum Trotz (MM 21. 1. 86, 21); Er war allein auf weiter Flur mit seinen -en (Lentz, Muckefuck 189); Un|ke|rei, die; -, -en: *[dauerndes] Unken.*

un|keusch ⟨Adj.⟩: **1.** (geh. veraltend) *nicht keusch.* **2.** (ugs., oft scherzh.) *zwielichtig, unsauber* (3), *nicht ganz legal:* was sind denn das für -e Anträge!; Frankreich verkaufe „Träume und Schäume" und schlage der Bundesrepublik einen „-en Handel" vor (Spiegel 3, 1988, 194); Un|keusch|heit, die; - (geh. veraltend): *das Unkeuschsein.*

un|kind|lich ⟨Adj.⟩: *nicht kindlich:* ein -es Verhalten; Un|kind|lich|keit, die; -: *unkindliches Wesen, unkindliche Art.*

un|kirch|lich ⟨Adj.⟩: *nicht fromm (im Sinne der Kirche); nicht kirchlich* (2): eine -e Haltung; Seit der -en Hochzeit war sie nur noch selten zu einer Messe gegangen (Kühn, Zeit 90); u. denken, gesinnt sein.

un|klar ⟨Adj.⟩: **1. a)** *(mit dem Auge) nicht klar zu erkennen; verschwommen:* ein -es Bild; es herrscht -es *(trübes)* Wetter; Matthias Roth richtete den Blick ... auf den -en, vor lauter Licht nicht auszumachenden Horizont (Kronauer, Bogenschütze 235); die Umrisse sind u.; etw. ist in der Ferne nur u. zu erkennen; **b)** *nicht deutlich, unbestimmt, vage:* -e Empfindungen, Erinnerungen. **2.** *nicht verständlich:* ein -er Satz, Text; in welch mißliche Lage er durch die -e Direktive seiner vorgesetzten Stelle geraten ist (Heym, Schwarzenberg 14); seine Ausführungen waren äußerst u.; es ist mir u./mir ist u., wie das geschehen konnte; sich u. ausdrücken. **3.** *nicht geklärt, ungewiß, fraglich:* Das leise Prickeln in einer -en Situation, das ist es eigentlich, was sie braucht (Frischmuth, Herrin 9); der Ausgang dieses Unternehmens ist noch völlig u.; jmdn. über etw. im -en *(ungewissen)* lassen; sich selbst über etw. im -en *(nicht im klaren)* sein. **4.** (bes. Seemannsspr.) *nicht klar* (5): die Boote waren noch u.; Un|klar|heit, die; -, -en: *das Unklarsein; unklare Vorstellung:* darüber herrscht noch U.; Ich hoffe, damit sind alle -en beseitigt (Ziegler, Gesellschaftsspiele 114).

un|kleid|sam ⟨Adj.⟩: *nicht kleidsam.*

un|klug ⟨Adj.⟩: *unklüger, unklügste):* taktisch, psychologisch nicht geschickt: ein -es Vorgehen; es war u. von dir, ihm zu folgen; daß sich der Zeuge ... dienstlich unkorrekt und psychologisch u. benommen hat (NJW 19, 1984, 1132); Un|klug|heit, die; -, -en: **1.** ⟨o. Pl.⟩ *das Unklugsein.* **2.** *unkluge Handlung, Äußerung.*

un|kol|le|gi|al ⟨Adj.⟩: *nicht kollegial* (1): ein -es Verhalten; Un|kol|le|gia|li|tät, die; -: *unkollegiales Verhalten.*

un|kom|for|ta|bel ⟨Adj.): *...bler, -ste): nicht komfortabel:* -e Sitze; Ein tiefer Schwerpunkt macht das Schiff jedoch auch u. (ADAC-Motorwelt 4, 1987, 93).

un|kom|pe|tent ⟨Adj.; -er, -este⟩: *inkompetent* (1): Der verantwortliche Intendant ist aber leider auch oft unverantwortlich zum Intendanten gemacht worden: Von Kulturausschüssen, -en Gremien ... (NJW 19, 1984, 1091).

un|kom|pli|ziert ⟨Adj.; -er, -este⟩: *nicht kompliziert:* ein -er Mensch; -e Apparate; ein -er Bruch; Für ihr forsches und -es Spiel erhielten diese drei oft Beifall auf offener Szene (Kicker 6, 1982, 33).

un|kon|trol|lier|bar [auch: - - -'- -] ⟨Adj.⟩: *nicht kontrollierbar:* ein -er Vorgang; Un|kon|trol|lier|bar|keit [auch: - - -'- - -], die; -: *das Unkontrollierbarsein;* un|kon|trol|liert ⟨Adj.⟩: *nicht kontrolliert* (4): ein -er Wutausbruch; Jedem Tennisspieler ist es oft genug passiert, daß der Ball, der u. vom Rahmen springt, den Punkt bringt (tennis magazin 10, 1986, 59).

un|kon|ven|tio|nell ⟨Adj.⟩ (bildungsspr.): **a)** *vom Konventionellen abweichend; ungewöhnlich:* eine -e Meinung; -e Methoden, Entscheidungen; weil er sich nicht scheute, als Seelsorger in der kirchlichen Praxis neue und -e Ideen zu verwirklichen (Vaterland 1. 8. 84, 15); diese Küche ist u. eingerichtet; **b)** *wenig förmlich, ungezwungen:* hier geht es u. zu; so könnten sie beide in der Art ihren gesellschaftlichen Verpflichtungen nachkommen (Ossowski, Liebe ist 158).

un|kon|zen|triert ⟨Adj.; -er, -este⟩: *ohne innere Konzentration* (3): Über die Hälfte der Kinder litten an Schlafstörungen, ... 63 Prozent kauten unkonzentriert Nägel (MM 19. 1. 76, 14); Un|kon|zen|triert|heit, die; -, -en: **1.** ⟨o. Pl.⟩ *das Unkonzentriertsein.* **2.** *unkonzentrierte Handlung, Verhaltensweise o. ä.:* ein eherztes Spiel, aber mit solchen -en wie am Spielanfang ist ... kein Blumentopf zu gewinnen (Freie Presse 23. 11. 87, 5).

un|ko|or|di|niert ⟨Adj.; -er, -este⟩ (bildungsspr.): *nicht koordiniert* (2): Das Postulat fordert den Stadtrat auf, von der Politik der -en Einzelmaßnahmen abzugehen (NZZ 29. 4. 83, 27).

un|kör|per|lich ⟨Adj.⟩: **1.** *nicht körperlich; nicht eins mit dem Körper* (1 a), *von ihm getrennt:* eine ganz -e, rein platonische Beziehung; kann hier nicht u. sein (Th. Mann, Zauberberg 832). **2.** (Sport seltener) *körperlos* (b): die Mannschaft bevorzugt das -e Spiel.

un|kor|rekt ⟨Adj.; -er, -este⟩: **a)** *nicht korrekt* (a), *unrichtig* (2): -es Deutsch; der Satz ist grammatisch u.; **b)** *nicht korrekt* (b): ein -es Verhalten; jmdn. u. behandeln; daß sich der Zeuge ... dienstlich u. und psychologisch unklug benommen hat (NJW 19, 1985, 1132); Un|kor|rekt|heit, die; -, -en: **1.** ⟨o. Pl.⟩ *das Unkorrektsein.* **2.** *unkorrekte* (b) *Handlung, Äußerung:* ... in dessen Verlauf mußten weitere dienstliche -en in die Untersuchung einbezogen werden (NZZ 10. 8. 84, 17).

Un|ko|sten ⟨Pl.⟩ [eigtl. = unangenehme, vermeidbare Kosten]: **a)** *[unvorhergesehene] Kosten, die neben den normalen Ausgaben entstehen:* die U. belaufen sich auf 500 Mark; mir sind sehr hohe, gar keine U. entstanden; die U. [für etw.] tragen, bestreiten; nachdem ich ... dann auch noch sehr viele U. wegen meiner Scheidung hatte (Spiegel 41, 1978, 117); Wer den Bewerber anreisen läßt, muß dessen U. auch dann bezahlen, wenn darüber nichts vereinbart worden war (Hörzu 44, 1975, 113); das Fest war mit großen U. verbunden; * *sich in U. stürzen ([hohe] Ausgaben auf sich nehmen):* bei der Hochzeit seiner Tochter hat er sich ganz schön in U. gestürzt; **sich in geistige U. stürzen** (scherzh.; *sich geistig anstrengen, intellektuellen Aufwand treiben):* der Festredner hat sich nicht gerade in geistige U. gestürzt; **b)** (ugs.) *Ausgaben:* die Einnahmen deckten nicht einmal die U.; ◆ **c)** *auf jmds. U./auf U. von jmdm., etw. (zum Nachteil, Schaden von jmdm., von etw.):* weil sie keine Lust hatten, mir auf U. ihrer Selbstheit Gutes wirken zu helfen (Wieland, Agathon 12, 11); **Unkostenbeitrag,** der: *Betrag, den jmd. anteilig zur Deckung der bei etw. entstehenden Unkosten zahlt.*

Unkraut, das; -[e]s, Unkräuter [mhd., ahd. unkrūt]: **1.** ⟨o. Pl.⟩ *Pflanzen, die zwischen angebauten Pflanzen wild wachsen [u. deren Entwicklung behindern]:* das U. wuchert; U. jäten, ausreißen, [aus]rupfen, [aus]ziehen, hacken, unterpflügen, vertilgen, verbrennen; Manche Biologen betrachten den ... (= Springkraut) als lästiges U., das die natürliche Verjüngung des Waldes stört (natur 2, 1991, 54); Spr U. vergeht/verdirbt nicht (scherzh.; *einem Menschen wie mir/ihm/ihr, Leuten wie uns/ihnen passiert nichts*). **2.** *einzelne Art von Unkraut* (1): *die verschiedenen Unkräuter; was ist das für ein U.?;* **Unkrautbekämpfung,** die: *Bekämpfung von Unkraut;* **Unkrautbekämpfungsmittel,** das: *Mittel zur Bekämpfung von Unkraut;* **Unkrautpflanze,** die: *einzelne Pflanze eines Unkrauts;* **Unkrautvertilger,** der; -s, -: *Unkrautvertilgungsmittel;* **Unkrautvertilgung,** die: vgl. Unkrautbekämpfung; **Unkrautvertilgungsmittel,** das: vgl. Unkrautbekämpfungsmittel.

unkriegerisch ⟨Adj.⟩: *nicht kriegerisch* (a): eine -e Haltung; ... einem Herbert Stafford ..., einem höchst -en Manne (Heym, Nachruf 251).

unkritisch ⟨Adj.⟩: **1.** *nicht kritisch* (1 a): er ist sich leicht gegenüber u.; eine Meinung u. übernehmen; Es hat mich oft gewundert, wie u. selbst die gelehrtesten Köpfe manchen Thesen gegenüberstehen (Stern, Mann 34). **2.** (seltener) *nicht kritisch* (2 b): es war doch eher -e Situation.

Unktion, die; -, -en [lat. unctio, zu: unctum, 2. Part. von: ungere = salben, bestreichen] (Med.): *Einreibung.*

unkultiviert ⟨Adj.; -er, -este⟩ (abwertend): *nicht kultiviert* (b): ein -er Mensch, Kerl; er ist sehr u.; sich u. benehmen; Ü eine auf schlechten Straßen etwas -e (Jargon; *mangelhafte, unkomfortable*) Federung (ADAC-Motorwelt 11, 1986, 42); **Unkultiviertheit,** die; - (abwertend): *unkultivierte Art;* **Unkultur,** die; - (abwertend): *Mangel an Kultur* (1 a, 2).

unkündbar [auch: ´ - -] ⟨Adj.⟩: **a)** *nicht kündbar* (a): ein -es Darlehen; eine -e Stellung; ein -er Vertrag; **b)** *nicht kündbar* (b): die soziale Privilegierung der ... -en Beamten (Spiegel 44, 1983, 23); Jeder will nur nach oben, einen Posten ergattern, u. sein (Fels, Sünden 106); **Unkündbarkeit** [auch: -´ - - -], die; -: *das Unkündbarsein.*

◆ **Unkunde,** die; - [mhd. unkünde, ahd. unchundī]: *Unkenntnis:* Wenn ich bei meiner U. von der Beschaffenheit der Welt euch auch eben nicht abfällig sein kann ... (Novalis, Heinrich 24); **unkundig** ⟨Adj.⟩: *nicht kundig:* Frau Bartels war nicht so leicht zu täuschen wie die -e Frau Haak (Kronauer, Bogenschütze 81); * *einer Sache u. sein* (geh.; *etw. nicht [gut] können, mit etw. nicht vertraut sein*).

unkünstlerisch ⟨Adj.⟩: *nicht künstlerisch.*

Unland, das; -[e]s, Unländer (Landw. selten): *landwirtschaftlich nicht nutzbares [Stück] Land.*

unlängst ⟨Adv.⟩: *vor noch gar nicht langer Zeit, [erst] kürzlich:* Ja, es war mal mein Laden, aber ich hab' ihn u. verkauft (Hilsenrath, Nacht 366).

unlauter ⟨Adj.⟩ (geh.): **a)** *nicht lauter, nicht ehrlich:* -e Absichten; Man hat Sie beschuldigt, aus -en Motiven gehandelt zu haben (Brückenbauer 11. 9. 85, 11); **b)** *nicht fair, nicht gerecht:* -er Wettbewerb; **Unlauterkeit,** die; -, -en: **1.** ⟨o. Pl.⟩ *das Unlautersein.* **2.** *etw. Unlauteres.*

unlebendig ⟨Adj.⟩: *nicht lebendig* (2): Einige der Herren Konservatoren erlebte ich als derart ausgetrocknete und -e Akademiker, daß ... (Brandstetter, Altenehrung 25).

unleidig ⟨Adj.⟩ (veraltet): *unleidlich;* **Unleidigkeit,** die; -, -en (veraltet): *Unleidlichkeit;* **unleidlich** ⟨Adj.⟩: **1.** *übelgelaunt u. daher schwer zu ertragen:* ein -er Mensch; er ist heute ganz u.; Seit sie hier in diesem Haus lebte, ... war sie ziemlich u. geworden (Danella, Hotel 84). **2.** *unerträglich, untragbar:* -e Verhältnisse; **Unleidlichkeit,** die; -, -en: **1.** ⟨o. Pl.⟩ *das Unleidlichsein.* **2.** *etw. Unleidliches.*

unlesbar [auch: -´ - -] ⟨Adj.⟩: *nicht lesbar;* **Unlesbarkeit** [auch: -´ - - -], die; -: *das Unlesbarsein;* **unleserlich** [auch: -´ - - -] ⟨Adj.⟩: *nicht leserlich;* **Unleserlichkeit** [auch: -´ - - -], die; -: *das Unleserlichsein.*

unleugbar [auch: -´ - -] ⟨Adj.⟩: *nicht zu leugnen:* eine -e Tatsache; der Marxismus besitzt u. starke Wahrheitsmomente (Sloterdijk, Kritik 361).

unlieb ⟨Adj.⟩: *meist in der Wendung* **jmdm. nicht u. sein** *(jmdm. ganz gelegen kommen, willkommen sein):* es war mir gar nicht so u., daß er den Termin absagte. **2.** (landsch.) *unliebenswürdig:* du hast ihn recht u. behandelt; **unliebenswürdig** ⟨Adj.; -z mir⟩: *nicht liebenswürdig:* er war u.; **Unliebenswürdigkeit,** die; -, -en: **1.** ⟨o. Pl.⟩ *das Unliebenswürdigsein.* **2.** *unliebenswürdige Handlung, Äußerung;* **unliebsam** ⟨Adj.⟩: *ziemlich unangenehm, lästig:* -e Folgen; Starke Behinderungen, die zu -en Verspätungen führten (NZZ 26. 2. 86, 33); ... um -e innerpolitische Gegner ... aufs politische Altenteil zu verbannen (natur 2, 1991, 29); er ist u. aufgefallen; **Unliebsamkeit,** die; -, -en: **1.** ⟨o. Pl.⟩ *das Unliebsamsein.* **2.** *etw. Unliebsames.*

unlimitiert ⟨Adj.⟩ (bes. Fachspr.): *nicht limitiert:* eine -e Auflage.

unliniert (österr. nur so), **unliniiert** ⟨Adj.⟩: *nicht lin[i]iert.*

unliterarisch ⟨Adj.⟩: *nicht literarisch* (a): Die Knittelverse kamen nicht recht an, manche hielten sie wohl für völlig u. (H. W. Richter, Etablissement 264).

Unlogik, die; -: *das Unlogischsein;* **unlogisch** ⟨Adj.⟩: *nicht logisch, nicht folgerichtig:* eine -e Folgerung; u. denken, handeln.

unlösbar [auch: ´ - - -] ⟨Adj.⟩: **1.** *nicht auflösbar, nicht trennbar:* ein -er Zusammenhang; eine -e Verankerung. **2.** *nicht zu lösen, nicht lösbar:* eine -e Aufgabe; ein -er Konflikt; -este Probleme, das er hatte (M. Walser, Seelenarbeit 233). **3.** (selten) *unlöslich* (1); **Unlösbarkeit** [auch: ´ - - - -], die; -: *das Unlösbarsein;* **unlöslich** [auch: -´ - - -] ⟨Adj.⟩: **1.** *nicht löslich.* **2.** *unlösbar* (1).

Unlust, die; -: *Mangel an Lust, an innerem Antrieb; Widerwille:* große U. verspüren; seine U. überwinden; etw. mit U. tun; Ü an der Börse herrschte U. beim (Börsenw.; *geringe Neigung zum*) Aktienkauf; **Unlustempfindung,** die: *Unlustgefühl;* **Unlustgefühl,** das: *Gefühl der Unlust;* **unlustig** ⟨Adj.⟩: *Unlust empfindend, erkennen lassend:* u. sein, arbeiten; er stocherte u. im Essen herum.

◆ **Unmacht,** die; - [mhd., ahd. unamht]: **1.** *Ohmacht* (1): er ist in U. gesunken (Schiller, Räuber IV, 5). **2.** *Ohnmacht* (2): Das Interesse des Augenblicks, persönliche Gewalt oder U., Verrat, Mißtrauen, Furcht, Hoffnung bestimmen das Schicksal ganzer Staaten (Goethe, Benvenuto Cellini, Anhang X); ◆ **unmächtig** ⟨Adj.⟩ [mhd. unmehtic, ahd. unmahtig]: **1.** *ohnmächtig* (1): Ich ward u. bei der Botschaft (Schiller, Räuber IV, 5). **2.** *ohnmächtig* (2): Du siehst, ich kann nicht allein sein! Wie leicht könnt' ich, du siehst ja – u. – wenn ich allein bin (ebd. V, 1).

unmanierlich ⟨Adj.⟩: *schlechte Manieren habend; ungesittet:* u. essen, sich benehmen.

unmännlich ⟨Adj.⟩ (oft abwertend): *nicht männlich* (3), *nicht zu einem Mann passend:* -e Gesichtszüge; weinen galt früher als u.

Unmaß, das; - (geh.): **1.** *allzu hohes Maß, Übermaß:* ein U. an/von Arbeit. **2.** (selten) *Unmäßigkeit:* ein U. im Essen und Trinken.

Unmasse, die; -, -n (ugs. emotional verstärkend): *Unmenge.*

unmaßgeblich [auch: - -´ - -] ⟨Adj.⟩: *nicht maßgeblich; unwichtig:* das ist doch nur die -e Meinung eines Laien, eines Ignoranten; was er sagt, ist [für mich] völlig u.; nach meiner -en Meinung ausdrücken soll (Floskel, die bescheidene Zurückhaltung ausdrücken soll); **unmäßig** ⟨Adj.⟩: **1.** *nicht mäßig, maßlos:* ein -er Alkoholkonsum; er ist u. in seinen Ansprüchen, u. essen; Er trank gern, aber nicht u. (Böll, Adam 38). **2. a)** *jedes normale Maß weit überschreitend:* ein -es Verlangen; -e

Unmäßigkeit

Angst; ein -er Durst; Die Neigung, sich vor unwichtigen und kleinen Dingen u. zu fürchten (Lorenz, Verhalten I, 183); **b)** ⟨intensivierend bei Adj.⟩ *überaus, über alle Maßen:* er ist u. dick; Ihre gebügelte Pornographie hat wenigstens einen Vorteil: sie ist u. langweilig, kann also keinerlei Schaden anrichten (Tucholsky, Werke II, 49); **Un|mä|ßig|keit**, die; -: *das Unmäßigsein; Maßlosigkeit:* daß seine U. wahrscheinlich eine verspätete Reaktion auf die Mangeljahre der Kindheit ist (Heym, Nachruf 10).

un|me|lo|disch ⟨Adj.⟩: *nicht melodisch:* -er Gesang; eine -e Stimme; das -e Zwitschern eines Vogels; das Ganze klang sehr u.

Un|men|ge, die; -, -n (emotional verstärkend): *übergroße, sehr große Menge:* eine U. von/an Bildern lagert/(seltener auch:) lagern hier; er trinkt -n [von] Tee; eine U. zusätzlicher Beschränkungen der ohnehin kargen Bewegungsfreiheit in der Haftanstalt (Prodöhl, Tod 78); eine U. *(sehr vieles)* gelernt haben; Beispiele in -n.

Un|mensch, der; -en, -en [mhd. unmensch, rückgeb. aus ↑unmenschlich] (abwertend): *jmd., der unmenschlich (1 a) ist:* Sie bleibe keine Nacht mehr unter einem Dach mit diesem -en (Chotjewitz, Friede 243); * **kein U. sein** (ugs.; *mit sich reden lassen, nicht unnachgiebig, hartherzig o. ä. sein*): du kannst ihn ruhig fragen, er ist schließlich kein U.; Nächstes Mal kommst du zu mir, ich bin ja kein U. (Ziegler, Kein Recht 358); **un|mensch|lich** [auch: -'- -] ⟨Adj.⟩ [mhd. unmenschlich]: **1. a)** *grausam gegen Menschen od. Tiere, ohne bei einem Menschen zu erwartendes Mitgefühl [vorgehend]:* ein -er Tyrann; -e Grausamkeit; Die -e Zerstückelung des Toten, die totale Beseitigung aller Tatspuren verriet ... „Profiarbeit" (Prodöhl, Tod 173); wir hätten es u. gefunden, aufeinander zu schießen (Koeppen, Rußland 111); **b)** *menschenfeindlich durch Unterdrückung:* ein -es Gesellschaftssystem; **c)** *menschenunwürdig, inhuman:* unter -en Verhältnissen leben; Dann kommen -e medizinische Untersuchungspraktiken ... auf ihn zu (ran 3, 1980, 35). **2. a)** *ein sehr hohes, [fast] unerträgliches Maß habend:* eine -e Hitze; -es Leid; von ... einer Kette lebensgefährlicher Abenteuer und Strapazen (Heim, Traumschiff 249); ⟨subst.:⟩ Unmenschliches *(menschliche Kräfte fast Übersteigendes)* leisten; **b)** ⟨intensivierend bei Adj. u. Verben⟩ (ugs.; *oft emotional übertreibend*) *sehr, überaus:* wir haben u. [viel] zu tun; es ist u. kalt hier; Wir müssen durch all diese Erniedrigungen hindurch, werden u. gedemütigt, beschimpft vom Spießer (Klee, Pennbrüder 31); **Un|mensch|lich|keit** [auch: -'- - -], die; -, -en: **1.** ⟨o. Pl.⟩ *das Unmenschlichsein.* **2.** *unmenschliche (1) Handlungsweise.*

un|merk|bar [auch: '- - -] ⟨Adj.⟩ (seltener): *unmerklich;* **un|merk|lich** [auch: '- - -] ⟨Adj.⟩: *nicht, kaum merklich vor sich gehend, kaum spürbar, merkbar, wahrnehmbar:* eine -e Veränderung; Als ... die Tage u. wieder länger zu werden begannen (Ransmayr, Welt 268).

un|meß|bar [auch: '- - -] ⟨Adj.⟩: *nicht meßbar;* **Un|meß|bar|keit** [auch: '- - - -], die; -: *das Unmeßbarsein.*

un|me|tho|disch ⟨Adj.⟩: *nicht methodisch (2):* u. vorgehen.

un|mi|li|tä|risch ⟨Adj.⟩: *nicht militärisch, unsoldatisch:* sich u. benehmen.

un|miß|ver|ständ|lich [auch: - - -'- -] ⟨Adj.⟩: **a)** *(in Bedeutung, Inhalt, Sinn) völlig klar u. eindeutig:* eine -e Formulierung, Anweisung, Aussage; Ich ... mache, da ich nicht Tschechisch spreche, eine -e Geste (Berger, Augenblick 97); Wenn ein Beamter eine Auskunft gibt, muß sie richtig, klar, u. und vollständig sein (Hörzu 23, 1976, 110); **b)** *sehr deutlich, nachdrücklich, entschieden; in nicht mißzuverstehender Deutlichkeit:* eine -e Absage, Zurückweisung; jmdm. u. die Meinung sagen.

un|mit|tel|bar ⟨Adj.⟩: **a)** *nicht mittelbar, nicht durch etw. Drittes, durch einen Dritten vermittelt; direkt:* sein -er Nachkomme; er ist -e Folge von etw.; So hat sie denn auf die wichtigsten Entscheidungen ihres Vaters einen -en Einfluß ausgeübt (Reich-Ranicki, Th. Mann 184); es bestand -e *(akute)* Lebensgefahr; ein u. [vom Volk] gewähltes Parlament; jmdm. u. unterstehen; der Gedanke leuchtete ihm u. ein; so verspürten die Brüder ... die soziale Demütigung viel -er (Giordano, Die Bertinis 162); **b)** *durch keinen od. kaum einen räumlichen od. zeitlichen Abstand getrennt:* in -er Nähe; ein -er Nachbar, Anwohner; das ist nicht für die -e Zukunft geplant (Kemelman [Übers.], Mittwoch 99); er kam u. danach; die Entscheidung steht u. bevor; Der Mörder ... hielt dort u. vor einem Bretterverschlag (Bastian, Brut 155); **c)** *direkt; geradewegs [durchgehend]:* eine -e Zugverbindung; die Straße führt u. zum Bahnhof; **Un|mit|tel|bar|keit**, die; -: *das Unmittelbarsein; Direktheit.*

un|mö|bliert ⟨Adj.⟩: *nicht möbliert:* -e Räume; ein Zimmer u. vermieten.

un|mo|dern ⟨Adj.⟩: **1.** *nicht mehr ²modern (1):* -e Möbel, Kleider, Formen; sich u. kleiden. **2. a)** *nicht ²modern (2 a):* eine -e *(überholte)* Konstruktion; **b)** *nicht ²modern (2 b):* -e Ansichten.

un|mo|disch ⟨Adj.⟩ (selten): *nicht modisch (1 a, 2).*

un|mög|lich [auch: -'- - -]: **I.** ⟨Adj.⟩ **1. a)** *nicht zu bewerkstelligen, nicht durchführbar, nicht zu verwirklichen:* ein -es Unterfangen; das Bild zeigt eine Gestalt in einer *(in Wirklichkeit nicht einnehmbaren)* Körperhaltung; das ist technisch u.; dieser Umstand macht es mir u., daran teilzunehmen; Nein, sein Bett konnte er u. verlassen, die kleinste Bewegung ... erzeugte Schmerz (Kronauer, Bogenschütze 399); ⟨subst.:⟩ das Unmögliche möglich machen wollen; ich verlange nichts Unmögliches [von dir]; **b)** *nicht denkbar, nicht in Betracht kommend, ausgeschlossen:* ich halte es für ganz u., daß er der Mörder ist; es ist absolut u., daß jetzt die Hilfe zu versagen (Th. Mann 2. ugs., meist abwertend) *in als unangenehm empfundener Weise von der Erwartungsnorm abweichend, sehr unpassend, nicht akzeptabel, nicht tragbar:* ein -es Benehmen, Verhalten; er hat -e, die -sten Ideen; er habe es geduldet, daß er diese -e Person geheiratet habe (Danella, Hotel 189); alle möglichen und -en *(die verschiedensten u. teilweise seltsamsten, kuriosesten)* Gegenstände; ich hatte an den -sten *(an den seltsamsten, an nicht zu erwartenden)* Stellen Muskelkater; du bist, benimmst dich u.; dieser Hut ist u.; er sieht [in dem Mantel] u. aus; ... daß keiner in unserer Familie reiten lernen wollte. Was nun wieder mein Onkel William ganz u. findet (Danella, Hotel 304); * **jmdn., sich u. machen** *(jmdn., sich bloßstellen, in Mißkredit bringen):* Hörst du, schreit meine Mutter jetzt. Du machst uns alle u.! (Gabel, Fix 118); eine Anstalt, in die man diejenigen brachte, die sich durch ihr Verhalten in der Gesellschaft u. gemacht hatten, auch ohne daß sie geisteskrank waren (Weiss, Marat 139). **II.** ⟨Adv.⟩ (ugs.) **a)** *(weil es unmöglich I 1 a ist)* nicht: mehr ist u. zu erreichen; **b)** *(weil es nicht Rechtens, nicht zulässig, nicht anständig, nicht vertretbar wäre)* nicht: ich kann ihn jetzt u. im Stich lassen; **Un|mög|lich|keit** [auch: -'- - -], die; -, -en: *das Unmöglichsein.*

Un|mo|ral, die; -: *das Unmoralischsein, unmoralisches Verhalten:* man wirft ihm U. vor; Wirtschaftliche U. gibt es immer und überall (Hamburger Abendblatt 27. 8. 85, 9); **un|mo|ra|lisch** ⟨Adj.⟩: *gegen Sitte u. Moral verstoßend:* ein -er Lebenswandel; daß politische Auseinandersetzungen unter Gefährdung von Menschenleben und Arbeitsplätzen in dieser -en Art und Weise ausgefochten werden (NZZ 3. 2. 83, 23); es ist u., mit der Not anderer Geschäfte zu machen; **Un|mo|ra|li|tät**, die; -: *Amoralität.*

un|mo|ti|viert ⟨Adj.; -er, -este⟩ **1. a)** *keinen [erkennbaren] vernünftigen Grund habend; grundlos:* eine -er Wutanfall; Wie sollte sein Hintermann mit dem aus dessen Sicht völlig -en Bremsmanöver rechnen können! (NNN 2. 7. 85, 5); u. lachen schreien; **b)** *keine Motivation (1) besitzend:* -e Schüler; Auch gelten sie (= Drogenabhängige) als u. und arbeitsscheu (Vaterland 27. 3. 85, 33). **2.** (Sprachw.) *nicht motiviert (2):* das Wort „Gugelhupf" ist u.

un|mün|dig ⟨Adj.⟩: **a)** *nicht mündig (a):* -e Kinder; noch u. sein; jmdn. für u. erklären *(entmündigen);* **b)** *nicht mündig (b):* -e Untertanen; **Un|mün|dig|keit**, die; -: *das Unmündigsein.*

un|mu|si|ka|lisch ⟨Adj.⟩: *nicht musikalisch, nicht musikbegabt;* **un|mu|sisch** ⟨Adj.⟩: *nicht musisch [begabt, aufgeschlossen].*

Un|muß ['ʊnmuːs], der; - [mhd. unmuoʒ(e), ahd. unmuoʒa, zu ↑Muße] (mundartl.): *Unruhe, Aufregung; unnötige Umstände; Unannehmlichkeit, Ärger:* Er entschuldigte sich „für den U., den unsere Fahrgäste zur Zeit haben" (MM 7. 12. 89, 25); „Meist ließen sich die Anpassungsschwierigkeiten leicht beheben." Doch MM 15./16. 1. 94, o. S.); ♦ **un|mü|ßig** ⟨Adj.⟩ [mhd. unmüeʒec]: *(in landsch. Sprachgebrauch) unruhig, rastlos:* Er ... ging u. im ganzen Haus herum, von einem Fenster zum andern (Mörike, Hutzelmännlein 157).

Ụn|mut, der; -[e]s ⟨geh.⟩: *durch das Verhalten anderer ausgelöstes [starkes] Gefühl der Unzufriedenheit, des Mißfallens, des Verdrusses:* U. stieg in ihr auf; er machte seinem U. Luft; Um welche Passagen handelt es sich denn, die Ihren U. hervorrufen? (Weber, Tote 55); sich jmds. U. (verhüllend; *Zorn)* zuziehen; **ụn|mutig** ⟨Adj.⟩ ⟨geh.⟩: *von Unmut erfüllt, Unmut empfindend* u. *ausdrückend:* u. blikken; **Ụn|muts|be|kun|dung, Ụn|muts|be|zeu|gung,** die ⟨geh.⟩: *Bekundung des Unmuts;* **Ụn|muts|fal|te,** die ⟨geh.⟩: *Unmut ausdrückende, durch Unmut hervorgerufene Stirnfalte:* Ein paar Falten waren auf seine Stirn getreten, -n, so als sei er verärgert (Weber, Tote 63); **ụn|mutsvoll** ⟨Adj.⟩ ⟨geh.⟩: *unmutig.*

ụn|nach|ahm|lich [auch: - - ' - -] ⟨Adj.⟩: *in einer Art u. Weise, die als einzigartig, unvergleichlich empfunden wird:* er hat eine -e Gabe, Geschichten zu erzählen; eines haben sie alle gleich: die -e Qualität und sorgfältige Verarbeitung (Saarbr. Zeitung 21. 12. 79, IX); ihre Art, sich zu bewegen, ist u.

ụn|nach|gie|big ⟨Adj.⟩: *zu keinem Zugeständnis bereit:* eine -e Haltung; Die Werksleitung blieb u. (v. d. Grün, Glatteis 180); **Ụn|nach|gie|big|keit,** die; -: *unnachgiebige Art, Haltung.*

ụn|nach|sich|tig ⟨Adj.⟩: *keine Nachsicht übend, erkennen lassend:* jmdn. u. bestrafen; **Ụn|nach|sich|tig|keit,** die; -: *unnachsichtige Art, Haltung;* **ụn|nachsicht|lich** ⟨Adj.⟩ (veraltend): *unnachsichtig.*

un|nạh|bar [auch: ' - - -] ⟨Adj.⟩: *sehr auf Distanz bedacht, jeden Versuch einer Annäherung mit kühler Zurückhaltung beantwortend, abweisend:* sie ist, zeigt sich u.; Er lebte inmitten seiner großen Familie und umgeben von Bewunderern ... Aber er blieb u. und einsam (Reich-Ranicki, Th. Mann 33); **Un|nạh|bar|keit** [auch: ' - - - -], die; -: *unnahbare Art, Haltung.*

◆ **Ụn|na|me,** der; -ns, -n [für mhd. *âname,* 1. Bestandteil mhd., ahd. â = fort, weg]: *Schimpf-, Spott-, Spitzname:* Wir ... sind schuld, daß die ganze edle Schar von Bettelsäcken und mit einem selbstgewählten -n (= die Geusen, eigtl. = Bettler) dem Könige seine Pflicht mit spottender Demut ins Gedächtnis riefen (Goethe, Egmont II).

Ụn|na|tur, die; - ⟨geh.⟩: **a)** *etwas Unnatürliches:* Wir sind beachtlich weit U. geworden (Molo, Frieden 103); **b)** *Unnatürlichkeit, unnatürlicher Charakter;* **ụn|na|türlich** ⟨Adj.⟩: **1. a)** *in der Natur* (1) *[in gleicher Form, in gleicher Weise] nicht vorkommend, nicht von der Natur ausgehend, hervorgebracht:* Neonlampen geben ein -es Licht; die Tiere leben hier unter -en Bedingungen; ein -er *(gewaltsamer)* Tod; **b)** *der Natur* (3 a) *nicht gemäß, nicht angemessen:* Durch die -e Lebensweise erweckt der Nichtseßhafte in jedem anderen ordnungsliebenden Menschen eine Antipathie (Klee, Pennbrüder 69); es ist doch u. immer so einen Durst zu haben. **2.** *gekünstelt, nicht natürlich; affektiert:* ein -es Lachen; sie ist so u.; **Ụn|na|türlich|keit,** die; -: *das Unnatürlichsein.*

un|nẹnn|bar [auch: ' - - -] ⟨Adj.⟩ (geh.): **1.** *unsagbar* (a). **2.** *nicht benennbar:* das -e Aktive, das sich Leben nennt (Remarque, Westen 190); **Un|nẹnn|bar|keit,** [auch: ' - - - -], die; -: *das Unnennbarsein.*

ụn|nor|mal ⟨Adj.⟩: **1.** *nicht normal* (1 a, b): Dann drohen Komplikationen als Folge des -en Stoffwechsels (Hörzu 29, 1977, 94); sein Herz schlägt u. schnell. **2.** *nicht normal* (2).

ụn|no|tiert ⟨Adj.⟩ (Börsenw.): *ohne amtliche Notierung:* -e Wertpapiere.

ụn|nö|tig ⟨Adj.⟩: **a)** *nicht nötig, entbehrlich, verzichtbar:* eine -e Maßnahme; u. viel, u. großen Aufwand treiben; 148 000 Tonnen Waschmittel gelangen ... Jahr für Jahr u. in unsere Flüsse und Seen (natur 2, 1991, 7); **b)** *keinerlei Sinn habend, keinerlei Nutzen od. Vorteil bringend; überflüssig:* -e Kosten; in gehässiger Form hatte sie darüber geredet, -er Klatsch war entstanden (Danella, Hotel 361); sich u. in Gefahr bringen; u. zu sagen, daß die Sache schiefging; **ụn|nö|tiger|wei|se** ⟨Adv.⟩: *obwohl es unnötig ist, gewesen wäre:* dabei sie parallel zu bestehenden Eisenbahnstrecken u. und zum Schaden der Bahn Autobahnprojekte betreiben (natur 7, 1991, 31).

ụn|nütz ⟨Adj.⟩; -er, -este) [mhd. unnütze, ahd. unnuzze]: **a)** *nutzlos, zu nichts nütze:* -e Anstrengungen; -es Zeug; wir haben keinen Platz für -e Mitglieder in unseren Reihen (Stories 72 [Übers.], 41); er ist nun ein -er (abwertend): *nichts einbringender) Esser;* es ist u. *(sinn-, zwecklos, müßig),* darüber zu streiten; **b)** (abwertend) *nichtsnutzig:* so ein -er Kerl!; **c)** *unnötig* (b): Du machst dir zuviel -e Gedanken (H. Gerlach, Demission 185); Er ... sollte nicht u. leiden (Sieburg, Robespierre 23); **ụn|nüt|zer|wei|se** ⟨Adv.⟩ **a)** *ohne jeden Nutzen, Zweck;* **b)** *unnötigerweise.*

UNO, die; - [Kurzwort für United Nations Organization]: *die Vereinten Nationen* (↑ Nation b).

uno ạc|tu [lat.] (bildungsspr.): *in einem einzigen Vorgang, [Handlungs]ablauf, ohne Unterbrechung.*

ụn|öko|no|misch ⟨Adj.⟩: *nicht ökonomisch, nicht sparsam; unwirtschaftlich:* eine -e Arbeitsweise, Betriebsführung; Wie u. er gearbeitet hatte! Wo überall hatte er aus purer Neugier seine Nase hineingesteckt (Springer, Was 221).

ụn|or|dent|lich ⟨Adj.⟩: **a)** *nicht ordentlich* (1 a): ein -er Mensch; u. *(nachlässig)* arbeiten; **b)** *nicht ordentlich* (1 b), *nicht in Ordnung gehalten, in keinem geordneten Zustand befindlich:* ein -es Zimmer; in der Wohnung sah es u. aus; u. herumliegende Kleider; Ü ein -es *(den geltenden bürgerlichen Normen nicht entsprechendes, ungeregeltes)* Leben führen; Das -e Verhalten des alten Hulot ist letztlich dadurch verursacht, daß der Baron einer hinreißend schönen und luderigen Frau hörig ist (NJW 19, 1984, 1061); **Ụn|ordent|lich|keit,** die; -: *das Unordentlichsein;* **Ụn|ord|nung,** die; -: *durch das Fehlen von Ordnung* (1) *gekennzeichneter Zustand:* im ganzen Haus herrschte eine große, fürchterliche, unbeschreibliche U.; etw. in U. bringen; Ü die alles Vertrauen erschütternde U. und Unstimmigkeit in unseren geschäftlichen Beziehungen (Reich-Ranicki, Th. Mann 15); ihr seelisches Gleichgewicht war in U. geraten.

ụn|or|ga|nisch ⟨Adj.⟩: **1.** (bildungsspr.) *nicht organisch* (4): ein -er Aufbau; Unorganisch wirken lediglich die zu tief liegenden Scheinwerfer (auto touring 2, 1979, 33). **2.** (Fachspr.) **a)** *anorganisch* (2); **b)** (selten) *anorganisch* (1); **ụn|or|ga|ni|siert** ⟨Adj.⟩: **1.** (bes. Fachspr.) *nicht organisiert; ungeordnet:* -e Materie. **2.** (seltener) *nicht (in einem Verband o. ä.) organisiert:* genossenschaftlich organisierte, aber auch -e Bauern nahmen an der Versammlung teil.

ụn|or|tho|dox ⟨Adj.⟩, -er, -este) (bildungsspr.): *ungewöhnlich, unkonventionell, eigenwillig:* -e Methoden; der für seine Ideen bekannte Bürgermeister (Neue Presse 6. 2. 85, 18); er spielt sehr u.

ụn|or|tho|gra|phisch ⟨Adj.⟩: *nicht den Regeln der Orthographie entsprechend:* eine -e Schreibweise.

UNO-Sol|dat, der: *Soldat der aus verschiedenen Mitgliedsländern der UNO zusammengesetzten Truppe.*

ụn|paar ⟨Adj.⟩ (Biol.): *nicht ²paar;* **Ụnpaar|hu|fer,** der; -s, - (Zool.): *Huftier, bei dem die mittlere Zehe stark ausgebildet ist [u. die übrigen fehlen];* **ụn|paa|rig** ⟨Adj.⟩ (bes. Biol., Anat.): *nicht paarig;* **Ụn|paarig|keit,** die; - (bes. Biol., Anat.): *das Unpaarigsein;* **Ụn|paar|ze|her,** der; -s, - (Zool.): *Unpaarhufer.*

ụn|päd|ago|gisch ⟨Adj.⟩: *nicht pädagogisch:* ein -es Vorgehen.

ụn|par|tei|isch ⟨Adj.⟩: *nicht parteiisch:* ein -er Dritter; er war nicht ganz u.; u. urteilen; ⟨subst.:⟩ ein Unparteiischer soll entscheiden; **Ụn|par|tei|ische,** der; -n, -n ⟨Dekl. ↑ Abgeordnete⟩ (Sport Jargon): *Schiedsrichter:* Die -n sind die einzigen Amateure bei der Fußball-WM - und manch einer pfiff auch so (Spiegel 26, 1986, 183); **ụn|par|tei|lich** ⟨Adj.⟩: **1.** *nicht parteilich.* **2.** *unparteiisch;* **Ụn|par|teilich|keit,** die; -: *das Unparteilichsein.*

ụn|paß ⟨Adj.⟩ [zu ↑ passen]: **1.** *jmdm. u. kommen* (landsch.): *jmdm. ungelegen kommen):* du kommst mir jetzt gerade u. mit deinen Fragen, ich habe keine Zeit. **2.** (veraltend) *unpäßlich:* ◆ Der Gesandte ist u. und wird sich also einige Tage einhalten (Goethe, Werther II, 20. Oktober 1771); **ụn|pạs|send** ⟨Adj.⟩: **a)** *nicht passend, ungelegen, ungünstig:* er kam in einem -en Augenblick; es läßt mich auch immer öfter u. den -sten Gelegenheiten über Fortgang und Ende meines Lebens nachdenken (Stern, Mann 80); **b)** *(in Anstoß erregender Weise) unangebracht, unangemessen, unschicklich, deplaziert:* eine -e Bemerkung; Seine kritische Sondersendung zum Golfkrieg wurde ... als irgendwie u. empfunden (natur 3, 1991, 4).

ụn|pas|sier|bar ⟨Adj.⟩: *nicht passierbar:* die Brücke war u.; Die Wassermassen ... würden einen der schönsten Höhenwege der Berner Alpen u. machen (natur 9, 1991, 19).

ụn|päß|lich ⟨Adj.⟩ [zu ↑ passen]: *sich nicht*

Unpäßlichkeit

[ganz] wohl, nicht ganz gesund fühlend, ohne sich jedoch richtig krank zu fühlen: u. sein; Erst dachte ich, unser Retter sei u. geworden und müsse sich übergeben (Muschg, Gegenzauber 238); sich u. fühlen; **Un|päß|lich|keit,** die; -, -en: *Zustand des Unpäßlichseins:* Leichte -en geht er mit Kräutermedizin ... an (natur 4, 1991, 86).
un|pa|the|tisch ⟨Adj.⟩: *nicht pathetisch, ohne Pathos:* eine nüchterne, -e Ausdrucksweise, Rede; er schreibt ganz u.
Un|per|son, die; -, -en [LÜ von engl. unperson, geprägt von Orwell] (Jargon): *[ehemals einflußreiche, bekannte] Persönlichkeit der Politik, des öffentlichen Lebens, die von der Geschichtsschreibung, von Parteien, von den Massenmedien o. ä. bewußt ignoriert wird [u. die daher im Bewußtsein der Öffentlichkeit nicht mehr existiert]:* Vor drei Jahren war Mao zur U. geworden, sein Name wurde nicht mehr erwähnt (Spiegel 19, 1982, 5); jmdn. zur U. erklären; **un|per|sön|lich** ⟨Adj.⟩: **1. a)** *keine individuellen, persönlichen Züge, kein individuelles, persönliches Gepräge aufweisend:* in einem -en Stil schreiben; dieses Geschenk finde ich zu u.; eine vorgedruckte Glückwunschkarte ist mir zu u.; **b)** *(im zwischenmenschlichen Bereich) alles Persönliche, Menschliche ausklammernd, vermeidend, unterdrückend; nichts Persönliches, Menschliches aufkommen lassend:* er ist ein sehr kühler, -er Mensch; Die Fußpatrouillen sind die Reaktion auf die -en Streifen in Polizeifahrzeugen (Weser-Kurier 20. 5. 85, 12); das Gespräch war sehr u. **2. a)** (bes. Philos., Rel.) *nicht persönlich* (1 b): ein -er Gott; **b)** (Sprachw.) *kein persönliches Subjekt enthaltend, bei sich habend:* u. gebrauchte Verben; **Un|per|sön|lich|keit,** die; -: *das Unpersönlichsein.*
un|pfänd|bar [auch: -'- -] ⟨Adj.⟩ (Rechtsspr.): *nicht pfändbar:* -e Gegenstände; der -e Teil des Gehalts; **Un|pfänd|bar|keit** [auch: -'- - -], die (Rechtsspr.): *das Unpfändbarsein bestimmter lebensnotwendiger Güter (als gesetzlicher Schutz eines Schuldners).*
un|pla|ciert [...si:at, auch: ...tsi:,at] (selten): ↑ unplaziert.
un|plan|mä|ßig ⟨Adj.⟩: **a)** *nicht planmäßig* (a): die -e Abfahrt des Zuges. **b)** *nicht planmäßig* (b); *unsystematisch:* der -e Ablauf einer Versammlung; etw. u. betreiben; bei etw. u. vorgehen.
un|pla|ziert, unplaciert ⟨Adj.⟩: **1.** *nicht plaziert, nicht gezielt:* ein -er Schuß, u. werfen, schlagen, schießen. **2.** (seltener) *sich nicht plaziert habend:* Der Wallach ... war jedoch zuletzt an Silvester in einem Neusser Jagdrennen u. (Saarbr. Zeitung 30. 3. 91, 20); der Favorit landete u. im Mittelfeld.
un|plugged ['ʌnplʌgd] ⟨indekl. Adj.⟩ [zu engl. to unplug = den Stecker herausziehen, den Stöpsel aus etw. ziehen, aus: un- = un- u. plug = Stecker, Stöpsel] (Jargon): *(in der Popmusik) ohne [die sonst übliche] elektronische Verstärkung:* die Gruppe spielte u. vor kleinem Publikum.
un po|chet|ti|no [ʊn pokɛ'ti:no; ital. (un) pochettino, Vkl. von: poco = wenig, gering] (Musik): *ein klein wenig;* **un po|co** [ital.] (Musik): *ein wenig, etwas.*
un|poe|tisch ⟨Adj.⟩: *nicht poetisch:* eine -e Sprache.
un|po|liert ⟨Adj.⟩: *nicht poliert:* -es Holz.
un|po|li|tisch ⟨Adj.⟩: *nicht politisch, apolitisch, ohne politisches Engagement:* ein -er Mensch; -e Fachbücher; „Menschlich denken und betrachten heißt u. denken und betrachten ..." (Reich-Ranicki, Th. Mann 59).
un|po|pu|lär ⟨Adj.⟩: **a)** *nicht populär, von einer Mehrheit ungern gesehen, keinen Beifall, keine Zustimmung findend:* -e Entscheidungen, Maßnahmen; inzwischen haben nämlich einige Autobusse erkannt, daß es gar nicht so u. ist, etwas für sauberer Luft zu tun (ADAC-Motorwelt 11, 1983, 42); **b)** *nicht sehr beliebt, bekannt, volkstümlich:* ein -er Politiker; Sie singt fast nur unbekanntere, u. gebliebene Lieder; der Schauspieler war vor der Fernsehserie eine u. **Un|po|pu|la|ri|tät,** die; -: *das Unpopulärsein.*
un|prak|tisch ⟨Adj.⟩: **1.** *nicht praktisch* (2), *in einem allzu geringen Maße praktisch:* ein -es Gerät; es ist u., so vorzugehen. **2.** *nicht praktisch* (3): er ist u.
un|prä|ten|ti|ös ⟨Adj.; -er, -este⟩ (bildungsspr.): *bescheiden, uneitel; nicht selbstüberzogen, dünkelhaft, prätentiös:* ein -er Mensch, Künstler; Den Debütfilm ... fand die Kritik fast einstimmig still, melancholisch und ganz u. (Spiegel 26, 1983, 180).
un|prä|zis (bes. österr.), **un|prä|zi|se** ⟨Adj.⟩: *unpräziser, unpräziseste* (bildungsspr.): *nicht präzise [genug]:* unpräzise Angaben.
un|pro|ble|ma|tisch ⟨Adj.⟩: *nicht problematisch, keinerlei Schwierigkeiten bereitend, durch keinerlei Schwierigkeiten belastet:* unsere Beziehung ist völlig u.; ganz u. war die Anpassung an die erhoffte neue Lesergeneration wohl auch nicht (Saarbr. Zeitung 12./13. 7. 80, 5); die Entscheidung der Verfassungsgerichts ist nicht ganz u. (hat Mängel).
un|pro|duk|tiv ⟨Adj.⟩: **a)** (Wirtsch.) *keine, nur wenige Produkte, Güter hervorbringend, keine, nur geringe Werte schaffend:* eine -e Tätigkeit; der Versuch einer geistig auf vielen Gebieten u. gewordenen Nation (Fest, Im Gegenlicht 140); geringer Kartoffelbau auf Moor, welche Streuflächen, viel -es (nicht genutztes, nicht nutzbares) Land (NZZ 30. 1. 83, 19); **b)** *nichts erbringend, unergiebig:* ein -es Gespräch; Sie ... warf ihm vor, daß er sein Talent vergeude mit -en Freundschaften (H. Weber, Einzug 89); **Un|pro|duk|ti|vi|tät,** die; -: *das Unproduktivsein.*
un|pro|fes|sio|nell ⟨Adj.⟩: *nicht professionell.*
un|pro|gramm|ge|mäß ⟨Adj.⟩: *nicht dem Programm entsprechend:* u. verlaufen.
un|pro|por|tio|niert ⟨Adj.; -er, -este⟩: *schlecht proportioniert;* **Un|pro|por|tio|niert|heit,** die; -: *das Unproportioniertsein.*
un|pünkt|lich ⟨Adj.⟩: **a)** *dazu neigend, nicht pünktlich* (1) *zu sein:* er ist ein furchtbar -er Mensch; **b)** *verspätet:* -e Zahlung; der Zug kam u.; **Un|pünkt|lich|keit,** die; -: *das Unpünktlichsein.*

un|qua|li|fi|ziert ⟨Adj.; -er, -este⟩: **1. a)** *keine [besondere] Qualifikation* (2 a) *besitzend:* ein -er Hilfsarbeiter; **b)** *nicht qualifiziert* (2 a): -e Arbeit; Wer vier Wochen Tennisurlaub in Spanien bucht und dort völlig u. (von nicht qualifizierten Lehrern) unterrichtet wird ... (tennis magazin 10, 1986, 132). **2.** (abwertend) *von einem Mangel an Sachkenntnis, an Urteilsvermögen u. [geistigem] Niveau zeugend:* -e Bemerkungen.
un|ra|siert ⟨Adj.⟩: *nicht frisch rasiert:* sein -es Kinn; u. sein; R u. und fern der Heimat (scherzh.; *für längere Zeit nicht zu Hause u. damit auch ohne geregeltes Leben).*
¹**Un|rast,** die; - [mhd. unraste]: **1.** (geh.) *innere Unruhe, inneres Getriebenwerden, Rastlosigkeit, Ruhelosigkeit:* er war voller [innerer] U.; eine Zeit voller U.; von U. getrieben sein. **2.** (schweiz.) *Unruhen* (5): Rascher als im Spätsommer 1983 ist es Präsident Zia ul-Haq gelungen, die politische U. unter Kontrolle zu bringen (NZZ 27. 8. 86, 3); Die Roten Brigaden sind keineswegs an einer Beruhigung der sozialen U. ... interessiert (Nordschweiz 29. 3. 85, 20); ²**Un|rast,** der; -[e]s, -e (veraltet): *Mensch, bes. Kind voller* ¹*Unrast.*
Un|rat, der; -[e]s [mhd. unrāt = schlechter Rat, Schaden; nichtige Dinge; Unkraut, ahd. unrāt = schlechter Rat, urspr. = Mangel an (lebens)notwendigen Dingen, Hilflosigkeit; Nachteil, Schaden; Unheil, daen = Wertloses; vgl. ¹Rat] (geh.): *etw., was aus Abfällen, Weggeworfenem besteht:* stinkender, faulender U.; Als das Polizeiaufgebot zum zweiten Mal durch die Straßen tobte, flog ihm aus den Fenstern U. entgegen (Kühn, Zeit 339); den U. beseitigen, wegfegen; die Händler ... waschen den zurückgebliebenen U. mit Schläuchen weg (Fest, Im Gegenlicht 117); * **U. wittern** (*Schlimmes ahnen, befürchten*).
un|ra|tio|nell ⟨Adj.⟩: *nicht rationell:* eine -e Produktionsweise; Viele Frauen arbeiten u., laufen zuviel hin und her (Hörzu 42, 1982, 149).
un|rat|sam ⟨Adj.⟩: *nicht ratsam.*
un|re|al ⟨Adj.⟩: (selten): *nicht real* (2), *irreal;* **un|rea|li|stisch** ⟨Adj.⟩: *nicht realistisch* (1): -e Vorstellungen, Forderungen; eine -e Einschätzung der Dinge; In diesem Zusammenhang bezeichnet die Bauinnung die Gewerkschaftsforderungen ... als u. (Augsburger Allgemeine 13./14. 5. 78, 44).
un|recht ⟨Adj.; -er, -este⟩ [mhd., ahd. unreht]: **1.** (geh.) *nicht recht* (1 c), *nicht richtig, falsch, verwerflich:* eine -e Maßnahme, Handlung, Aktion; Durch eine -e Tat fühlen sich ich im ganzen schuldig (NJW 19, 1984, 1081); auf -e Gedanken kommen (*in Versuchung kommen, etw. Unrechtes zu tun*); es ist u., so etwas zu tun; du handelst u., wenn du so etwas machst; * **u. daran tun** (*in bezug auf etw. Bestimmtes unrecht handeln, sich falsch verhalten*): du tust du daran, alles in Frage zu stellen. **2. a)** *unpassend, nicht recht* (1 a): das ist der -e Ort, Zeitpunkt für diese Angelegenheit; Sparsamkeit am -en Platz; Das wäre dann zwar eine gewisse Gettoisierung, aber das ist ihnen

gar nicht u. *(paßt ihnen gut, kommt ihnen gelegen;* Falter 23, 1983, 10); **b)** *falsch, verkehrt:* auf dem -en Weg sein; das -e Wort gebrauchen; du bist hier bei der -en Adresse gelandet; * **[bei jmdm.] an den Unrechten/die Unrechte geraten/kommen** (ugs.; ↑falsch 2a); **Unlrecht,** das; -[e]s [mhd., ahd. unreht]: **1. a)** *dem Recht, der Gerechtigkeit entgegengesetztes, das Recht, die Gerechtigkeit verneinendes Prinzip:* die ein Leben lang gegen das U. ankämpfen (Böll, Erzählungen 404); da ist er aber im U. *(hat er unrecht);* * **jmdn., sich ins U. setzen** *(bewirken, daß jmd., man selbst im Unrecht ist):* Sein schlechtes Befinden schien mich ins U. zu setzen (Meckel, Suchbild 112); Kohlhaas ist Unrecht geschehen, aber in Verfolgung seines Rechts hat er sich selbst ins U. gesetzt (NJW 19, 1984, 1068); **zu U.** *(fälschlich, irrtümlich; ohne Berechtigung):* jmdn. zu U. verdächtigen; **b)** *als unrecht* (1) *empfundene Verhaltensweise, Handlung, Tat:* ein schweres U.; ihm ist [ein, viel, großes] U. widerfahren, geschehen; ein U. begehen; U. erleiden; jmdm. ein U. [an]tun, zufügen; **c)** *eine Störung der rechtlichen od. sittlichen Ordnung empfundener Zustand, Sachverhalt.* **2.** ⟨in bestimmten Wendungen als Subst. verblaßt u. daher klein geschrieben:⟩ **unrecht bekommen** *(nicht recht bekommen);* **jmdm. unrecht geben** *(jmds. Auffassung als falsch bezeichnen);* **unrecht haben** *(nicht recht haben);* **jmdm. unrecht tun** *(jmdn. ungerecht beurteilen, eine nicht gerechtfertigte schlechte Meinung von jmdm. haben, äußern):* mit diesem Vorwurf tust du ihm u.; Da habe ich mir vorgenommen, mir nie mehr etwas gefallen zu lassen ..., wenn mir einer u. tun will (Kühn, Zeit 386); **un|recht|mä|ßig** ⟨Adj.⟩: *nicht rechtmäßig:* der -e Besitzer des Schmucks; sich etw. auf -e Weise, u. aneignen; **un|recht|mä|ßi|ger|wei|se** ⟨Adv.⟩: *in nicht rechtmäßiger, gesetzlicher Weise:* sich etw. u. aneignen; **Un|recht|mä|ßig|keit,** die; -, -en: **1.** ⟨o. Pl.⟩ *das Unrechtmäßigsein.* **2.** *unrechtmäßige Handlung.* **Un|rechts|be|wußt|sein,** das; ⟨o. Pl.⟩: *Bewußtsein davon, daß man mit einer bestimmten Handlung etw. Unrechtes, etw. Rechtswidriges tut:* Hartmann ... will den Sachschaden ersetzen, läßt jedoch nicht das geringste U. erkennen (Spiegel 42, 1984, 136); Vielen Fischern fehlt es an U., weil sie nicht wissen, was im Schilf vor sich geht (natur 9, 1991, 60); **Un|rechts|re|gi|me,** das; vgl. Regime. **Un|rechts|staat,** der [abwertende Gegenbildung zu ↑Rechtsstaat]: *Staat, in dem sich die Machthaber willkürlich über das Recht hinwegsetzen, in dem die Bürger staatlichen Übergriffen schutzlos preisgegeben sind:* Mir fiel auf, daß Strauß beste Kontakte zu -en hatte (MM 5. 12. 79, 14). **un|re|di|giert** ⟨Adj.⟩: *(von Zeitungsartikeln o. ä.) vom Herausgeber nicht überarbeitet.* **un|red|lich** ⟨Adj.⟩ (geh.): *nicht redlich, nicht ehrlich:* Ich kläre den Patienten ... auf, ... weil ich es für u. halte, ihn in falschen Hoffnungen zu belassen (Hackethal, Schneide 212); **Un|red|lich|keit,** die; -, -en: **1.** ⟨o. Pl.⟩ *das Unredlichsein.* **2.** *unredliche Handlung.*

un|re|ell ⟨Adj.⟩: *nicht reell, nicht ehrlich.* **un|re|flek|tiert** ⟨Adj.; -er, -este⟩ (bildungsspr.): *nicht reflektiert:* -er Fortschrittsglaube; Mit Betrübnis ist ... festzustellen, ... wie kritiklos und u. dieselben (= Zeitungsartikel) von vielen Lesern übernommen werden (Saarbr. Zeitung 24. 12. 79, 10). **un|re|gel|mä|ßig** ⟨Adj.⟩: **a)** *nicht regelmäßig* (a), *nicht ebenmäßig [geformt]:* er hatte -e Zähne; ein -es Vieleck (Math.; *ein Vieleck, dessen Winkel u. Seitenlängen nicht alle gleich sind);* u. aufgetragener Lack; **b)** *nicht regelmäßig* (b), *in ungleichen Abständen angeordnet, erfolgend:* ein -er Pulsschlag; -e Zahlungen, Mahlzeiten; -e *(verschieden große)* Abstände; -e/u. flektierte *(von dem sonst anwendbaren Schema abweichend flektiert)* Verben; Sie wissen ja, wie u. die Busse fahren (Kemelman [Übers.], Dienstag 105); **Un|re|gel|mä|ßig|keit,** die; -, -en: **1.** ⟨o. Pl.⟩ *das Unregelmäßigsein.* **2.** **a)** *Abweichung von der Regel, vom Normalen;* **b)** ⟨oft Pl.⟩ *Verstoß, Übertretung, bes. [kleinerer] Betrug, Unterschlagung o. ä.:* bei der Stimmenauszählung sind -en vorgekommen, kam es zu -en. **un|re|gier|bar** [auch: – – '– –] ⟨Adj.⟩: *nicht regierbar:* ein -es Land; diese Stadt wird zunehmend u. (Spiegel 3, 1981, 23); **Un|re|gier|bar|keit** [auch: – –'– – –], die; -: *das Unregierbarsein.* **un|reif** ⟨Adj.⟩: **1.** *nicht reif* (1): -es Obst, Getreide; die Äpfel sind noch u.; Ü sehr untergewichtige und -e *(noch nicht voll entwickelte)* Neugeborene (NNN 24. 9. 85, 1). **2. a)** *nicht reif* (2 a), *einen Mangel an Reife* (2 a) *aufweisend, erkennen lassend:* Antje ist eine u. -e Göre (Danella, Hotel 187); er ist, wirkt [geistig] noch sehr u.; **b)** *nicht reif* (2 b), *unausgereift:* -e Ideen; diese Komödie gilt als ein -es Frühwerk; **Un|rei|fe,** die; -: *das Unreifsein.* **un|rein** ⟨Adj.⟩: **1.** *nicht rein, nicht frei von Verunreinigungen, von andersartigen Bestandteilen, Komponenten:* ein relativ -er Alkohol; ein Gelb; ein -er Klang, Ton; der Chor sang u. (technisch in musikalisch nicht einwandfrei). **2.** *nicht rein, nicht makellos sauber, verunreinigt;* ein -es Hemd; ein -er Kragen; -e Hände; -es Wasser; -e Luft; -er Atem *(Mundgeruch);* -e *(Pickel, Mitesser o. ä. aufweisende)* Haut; Ü -e (veraltend; *schlechte, unmoralische)* Gedanken; * **etw. ins -e schreiben** *(etw. vorläufiger, noch nicht ausgearbeiteter Form niederschreiben):* ich werde den Aufsatz zuerst ins u. schreiben; **ins -e sprechen/reden** (ugs. scherzh.; *einen noch nicht ganz durchdachten Gedankengang vortragen).* **3.** (Rel.) *zu einer Kategorie von Dingen, Erscheinungen, Lebewesen gehörend, die der Mensch aus religiösen, kultischen Gründen als etw. Sündiges zu meiden hat:* das Fleisch -er Tiere darf nicht gegessen werden; Ein Problem ist immer noch das Ausgestoßensein von Lepakranken; die geltene als u. (Saarbr. Zeitung 19. 12. 79, 27/29); **Un|rein|heit,** die; -, -en: **1.** ⟨o. Pl.⟩ *das Unreinsein.* **2. a)** *Verunreinigung, etw., was die Unreinheit* (1) *von etw. ausmacht:* mit der Spektralanalyse können solche -en nachgewiesen

werden; **b)** *etw., was die Haut unrein* (2) *macht:* das Mittel soll gegen Mitesser und andere -en auf der Haut helfen; **Un|rei|nig|keit,** die; -, -en (selten): *Unreinheit.* **un|rein|lich** ⟨Adj.⟩: *nicht reinlich* (1); **Un|rein|lich|keit,** die; -: *das Unreinlichsein.* **un|ren|ta|bel** ⟨Adj.; ...bler, -ste⟩: *nicht rentabel:* ein unrentables Geschäft; der Betrieb arbeitet u.; Die Bioware erwies sich als u. (natur 9, 1991, 19); **Un|ren|ta|bi|li|tät,** die; -: *das Unrentabelsein.* **un|rett|bar** [auch: '– – –] ⟨Adj.⟩: *nicht zu retten:* die Schiffbrüchigen waren u. verloren; Einen Tag nach diesem Geburtstag erkrankte sie u. (Fels, Kanakenfauna 50). **un|rich|tig** ⟨Adj.⟩: **1.** *unzutreffend:* -e Angaben; von einer -en Annahme ausgehen; daß er sich ... von mir eine völlig -e Vorstellung gemacht hat (Hofmann, Fistelstimme 15). **2.** *fehlerhaft, falsch, inkorrekt:* eine -e Schreibung, Aussprache; diese Lösung der Gleichung ist u. **3.** (selten) *unrecht* (1); **un|rich|ti|ger|wei|se** ⟨Adv.⟩: *was unrichtig ist, wie es unrichtig ist;* **Un|rich|tig|keit,** die; -, -en: **1.** ⟨o. Pl.⟩ *das Unrichtigsein.* **2.** *etw. Unrichtiges, bes. unrichtige* (1) *Angabe, Behauptung.* **un|rit|ter|lich** ⟨Adj.⟩: *nicht ritterlich;* **Un|rit|ter|lich|keit,** die; -, -en: **1.** ⟨o. Pl.⟩ *das Unritterlichsein.* **2.** *unritterliche Handlung.* **un|ro|man|tisch** ⟨Adj.⟩: *nicht romantisch* (2 a); *nüchtern:* ein gänzlich -er junger Mann (NJW 19, 1984, 1061); Diesmal aßen sie in einem höchst -en Lokal, in dem die Tischdecken aus Plastik waren (M. L. Fischer, Kein Vogel 298). **Un|ruh,** die; -, -en (Technik): *kleines Schwungrad in einer Uhr, das den gleichmäßigen Gang der Uhr bewirkt;* **Un|ruh|ach|se,** die: *Achse einer Unruh;* **Un|ruh|an|trieb,** der: *Antrieb einer Uhr durch eine Unruh;* **Un|ru|he,** die; -, -n [mhd. unruowe]: **1.** ⟨o. Pl.⟩ *Zustand gestörter, fehlender Ruhe* (1): die U. der Großstadt; in der Klasse herrscht U. dauernde U.; bei dieser U. kann man sich nicht konzentrieren. **2.** ⟨o. Pl.⟩ *ständige Bewegung:* seine Finger sind in ständiger U. **3.** ⟨o. Pl.⟩ *unter einer größeren Anzahl von Menschen herrschende, durch [zornige] Erregung, Empörung, Unmut, Unzufriedenheit gekennzeichnete Stimmung:* u. verbreite Uh. und verhetzte Kinder (Kirst, Aufruhr 130); daß ... ganze Betriebsabteilungen über einen Vorgang im Betrieb in U. geraten, in Empörung ausbrachen (NJW 19, 1984, 1143). **4.** ⟨o. Pl.⟩ **a)** *das Nicht-zur-Ruhe-Kommen; inneres Getriebenwerden; Ruhelosigkeit, Unrast:* eine nervöse U.; eine große U. überkam ihn, ergriff ihn, erfüllte ihn; Abermals bestätigten diese Untersuchungen, daß die Jahre um die Vierzig eine Periode außergewöhnlicher U. sind (Schreiber, Krise 145); **b)** *ängstliche Spannung, Besorgnis, Angstgefühl:* ihre U. wuchs immer mehr, als die Kinder nicht kamen. **5.** ⟨Pl.⟩ *meist politisch motivierte, die öffentliche Ruhe, den inneren Frieden störende gewalttätige, in der Öffentlichkeit ausgetragene Auseinandersetzungen; Krawalle, Tumulte:* politische, religiöse -n; die -n halten an; bei den -n kamen viele Menschen ums Leben; Sie

Unruheherd

waren auch an der Uni, sie hatten natürlich bei den ganzen -n mitgemacht (Danella, Hotel 143); in der Hauptstadt kam es zu schweren -n. **6.** (ugs.) ↑ Unruh; **Un|ru|he|herd**, der (Politik): vgl. Krisenherd; **Un|ru|he|stif|ter**, Unruhstifter, der (abwertend): jmd., *der die öffentliche Ruhe, der den Frieden stört, der Unruhe (3) stiftet:* Schon Stunden vor Beginn der Partie ... waren die U. betrunken durch die Innenstadt gezogen (NZZ 25. 10. 86, 39); **Un|ru|he|stif|te|rin**, Unruhstifterin, die (abwertend): w. Form zu ↑ Unruhestifter; **un|ru|hig** ⟨Adj.⟩: **1. a)** *in einem Zustand ständiger, unsteter [die Ruhe störender] Bewegung befindlich:* ein -es Hin und Her; Alle sahen zur Insel hinüber, die über -em Wasser rasch näher kam (Fest, Im Gegenlicht 13); die Kinder sind schrecklich u.; die See war sehr u.; die Schulkinder rutschten u. auf den Bänken hin und her; eine u. flackernde Kerze; Ü das Tapetenmuster ist mir zu u.; **b)** *von die Ruhe störenden Geräuschen, von Lärm erfüllt, laut:* wir wohnen in einer -en Gegend; tagsüber ist es hier sehr u.; **c)** *nicht gleichförmig, gleichmäßig, sondern häufig unterbrochen, gestört:* ein -er Schlaf; Seit er in einer -en Nacht *(Nacht, in der er keine Ruhe, keinen Schlaf fand)* Licht gemacht und gesehen hatte, wie sich ein großes Insekt verkroch (Ransmayr, Welt 201); sie atmete sehr u.; der Motor läuft sehr u.; Ü er führt ein -es *(unstetes, bewegtes)* Leben; es herrschen -e *(bewegte, ereignisreiche)* Zeiten. **2. a)** *von Unruhe (4 a) erfüllt:* ein -er Mensch; Es würde mir ein Thema fehlen, an dem mein -er Geist sich immerfort entzünden kann (Stern, Mann 71); Sie bleibt nie länger als ein paar Tage. Am zweiten, dritten fängt sie an u. zu werden (Frischmuth, Herrin 77); **b)** *von Unruhe (4 b) erfüllt:* als die Kinder nicht kamen, wurde sie immer -er; sie blickte u. um sich.

un|rühm|lich ⟨Adj.⟩: *ganz u. gar nicht rühmenswert, sondern eher kläglich, bedauernswert:* die Teilung der Stadt ... Ein -er Akt (Hörzu 10, 1976, 15); seine Karriere hat ein -es Ende genommen; **Un|rühm|lich|keit**, die; -: *das Unrühmlichsein.*

Un|ruh|reif, der: *ringförmiger Teil einer Unruh;* **Un|ruh|stif|ter** (seltener): ↑ Unruhestifter; **Un|ruh|stif|te|rin** (seltener): ↑ Unruhestifterin; **Un|ruh|uhr**, die: *Uhr mit Unruhantrieb;* **un|ruh|voll** ⟨Adj.⟩ (geh.): *voller Unruhe (4), unruhig (2);* **Un|ruh|wel|le**, die: vgl. Unruhachse.

un|rund ⟨Adj.⟩ (bes. Technik): **a)** *nicht [mehr] exakt [kreis]rund:* -e Bremstrommeln; **b)** (Jargon) *(in bezug auf den Lauf eines Motors) ungleichmäßig, unruhig, stotternd:* u. laufen.

uns [mhd., ahd. uns] ⟨Dat. u. Akk. Pl.⟩: **1.** ⟨Personalpron.⟩ ↑ wir. **2.** ⟨Reflexivpron.⟩ wir haben u. ⟨Akk.⟩ geirrt; wir haben u. ⟨Dat.⟩ damit geschadet. **3.** *einander:* wir helfen u. [gegenseitig].

un|sach|ge|mäß ⟨Adj.; -er, -este⟩: *nicht sachgemäß:* eine -e Behandlung; etw. u. bearbeiten; **un|sach|lich** ⟨Adj.⟩: *nicht sachlich (1):* ein -er Einwand; **Un|sach|lich|keit**, die; -, -en: **1.** ⟨o. Pl.⟩ *das Unsachlichsein.* **2.** *unsachliche Äußerung:* Mit den Halbwahrheiten und -en überdecken Sie doch nur diejenigen Aussagen, die richtig ... sind (Spiegel 41, 1978, 214).

un|sag|bar [auch: '– – –] ⟨Adj.⟩ [mhd. unsagebære, eigtl. = was sich nicht sagen läßt]: **a)** (emotional) *äußerst groß, stark; unbeschreiblich:* -e Schmerzen; -es Leid; 400 000 in -em Elend hausende, hungernde und meist kranke Zivilisten (Saarbr. Zeitung 4. 12. 79, 2); die Freude war u.; ⟨subst.:⟩ wir haben Unsagbares erlitten; **b)** ⟨intensivierend bei Adj. u. Verben⟩ *in höchstem Maße, sehr; unbeschreiblich:* u. traurig; sich u. freuen; **Un|sag|bar|keit** [auch: '– – – –], die; -, -en (emotional): **1.** ⟨o. Pl.⟩ *das Unsagbarsein.* **2.** *etw. Unsagbares;* **un|säg|lich** [auch: '– – –] ⟨Adj.⟩ [mhd. unsegelich, unsagelich, eigtl. = was sich nicht sagen läßt] (geh.): **1. a)** *unsagbar:* -e Schmerzen, Freuden, Strapazen; ich verfalle recht oft in eine -e Traurigkeit (Rolf Schneider, November 203); ⟨subst.:⟩ es wurde ihnen Unsägliches zugemutet; **b)** ⟨intensivierend bei Adj. u. Verben⟩ *unsagbar (b):* es war u. traurig; ein Achtzigjähriger in u. fleckigem Anzug (Fest, Im Gegenlicht 339); sich u. freuen; ... obwohl ihn u. vor den Pusteln ... ekelte (Süskind, Parfum 133). **2.** *sehr schlecht, übel, albern, töricht:* ein -er Witz; sie trug ein -es Abendkleid; Damals haben wir alles gefressen, was wir kriegen konnten, auch diese -en Buletten (Danella, Hotel 370); Das, was wir heute in diesem Lied als u. empfinden, war damals Ausdruck eines Lebensgefühls (Kraushaar, Lippen 101); **Un|säg|lich|keit** [auch: '– – – –], die; -, -en (geh.): **1.** ⟨o. Pl.⟩ *das Unsäglichsein.* **2.** *etw. Unsägliches.*

un|sanft ⟨Adj.; -er, -este⟩: *ganz u. gar nicht sanft, heftig:* ein -er Stoß; jmdn. u. wecken; Der Mann rempelte ihn u. beiseite (Fels, Sünden 13).

un|sau|ber ⟨Adj.⟩ [mhd. unsüber, ahd. unsübar]: **1. a)** *nicht [ganz] sauber (1), [etwas] schmutzig:* -e Bettwäsche; die Küche sah ziemlich u. aus; **b)** *nicht reinlich (1 a):* -es Küchenpersonal. **2. a)** *nicht sauber (2), gut u. sorgfältig; nachlässig, unordentlich:* eine -e Arbeit; der Riß ist u. verschweißt; **b)** *nicht exakt, nicht präzise:* eine -e Definition; das Instrument hat einen -en Klang, klingt u.; u. singen. **3.** *nicht sauber, anständig, einwandfrei; schmutzig (2 c):* -e Absichten, Praktiken; -e Geschäfte; ein -er Charakter; Urlauber und Druckereien mit -en Methoden um Geld und Ferien geprellt (Szene 8, 1985, 22); sein Geld auf -e Weise verdienen; er spielt u. (Sport); *unfair;* **Un|sau|ber|keit**, die; -, -en [mhd. unsūberkeit, ahd. unsūbarheit]: **1.** ⟨o. Pl.⟩ *das Unsaubersein.* **2. a)** *unsaubere (1 a, 2) Stelle;* **b)** *unsaubere (3) Handlungsweise.*

un|schäd|lich ⟨Adj.⟩: *nicht schädlich; harmlos, ungefährlich [für den menschlichen Organismus]:* -e Stoffe, Insekten; * *jmdn., etw. u. machen (dafür sorgen, daß jmd., etw. nicht mehr Schaden anrichten kann, z. B. durch Vernichtung, Tötung, Festnahme):* Provokateure ... sind festzunehmen oder noch besser, u. zu machen (Borkowski, Wer 130); Es gehört zu seinen Aufgaben, Krankheitserreger u. zu machen (Hackethal, Schneide 52); **Un|schäd|lich|keit**, die; -: *das Unschädlichsein;* **Un|schäd|lich|ma|chung**, die; -: *das Unschädlichmachen.*

un|scharf ⟨Adj.; unschärfer, unschärfste⟩: **a)** *nicht scharf (5), keine scharfen Konturen aufweisend, erkennen lassend:* das Foto, der Vordergrund ist u.; durch diese Brille sehe ich alles ganz u.; **b)** *nicht scharf (4 b):* ein -es Fernglas; **c)** *ungenau, nicht präzise:* -e Formulierung; Die großen Worte und die schönen Wendungen ..., die durchweg emphatisch und u. sind (Fest, Im Gegenlicht 390); **Un|schär|fe**, die: **1.** ⟨o. Pl.⟩ *das Unscharfsein.* **2.** *unscharfe Stelle* (z. B. auf einem Foto); **Un|schär|fe|be|reich**, der, (Optik, Fot.): *Bereich, der nur unscharf gesehen od. abgebildet wird;* **Un|schär|fe|re|la|ti|on**, die, (Physik): *Beziehung zwischen zwei physikalischen Größen, die sich darin auswirkt, daß sich gleichzeitig immer nur eine von beiden Größen genau bestimmen läßt.*

un|schätz|bar [auch: '– – –] ⟨Adj.⟩ (emotional): **a)** *(in bezug auf den Wert, die Bedeutsamkeit, Wichtigkeit einer Sache) außerordentlich groß:* deine Hilfe ist für uns von -em Wert; der Ort hatte -e Vorzüge (Süskind, Parfum 156); **b)** *einen unschätzbaren (a) Wert habend:* ein -es literarisches Zeugnis.

un|schein|bar ⟨Adj.⟩ [eigtl. = keinen Glanz habend]: *durch nichts Aufmerksamkeit auf sich ziehend u. daher nicht weiter auffallend, in Erscheinung tretend:* graue -e Häuser; hinter ihm wartete eine -e Person (Kronauer, Bogenschütze 117); Die aus Stachelpflanzen entpuppen sich als Wunder an Vielseitigkeit (natur 10, 1991, 59); sie war immer u. gekleidet; **Un|schein|bar|keit**, die; -: *unscheinbares Aussehen.*

un|schick|lich ⟨Adj.⟩ (geh.): *nicht schicklich u. daher unangenehm auffallend:* ein -es Benehmen; sich u. betragen; zugleich empfinde ich es als u., wenn ich, jetzt als Boß, später als die anderen ... komme (Frisch, Montauk 134); **Un|schick|lich|keit**, die; -, -en (geh.): **1.** ⟨o. Pl.⟩ *das Unschicklichsein.* **2.** *unschickliche Handlung, Äußerung.*

un|schie|rig ⟨Adj.⟩ [zu ↑ schirren] (landsch.): *plump, ungeschickt, unhandlich:* ein -er Mensch; ein -es Möbelstück.

un|schlag|bar [auch: '– – –] ⟨Adj.⟩: **1.** *nicht schlagbar:* -e Gegner; u. sein. **2.** (ugs. emotional) *unübertrefflich, einmalig [gut]:* ... verhalfen Sie zu einem -en Preis einen Kinderwagen von bester Qualität (Eltern 2, 1980, 163); im Gitarrespielen, als Pianist ist er u.; **Un|schlag|bar|keit** [auch: '– – – –], die; -: *das Unschlagbarsein.*

Un|schlitt, das; -[e]s, ⟨Arten:⟩ -e [mhd. unslit, ahd. unsliht, urspr. wohl = Eingeweide] (landsch. veraltend): *Talg;* **Un|schlitt|ker|ze**, die (landsch. veraltend): *Talgkerze:* ◆ den Stecken nahm ich in die rechte Hand, die Laterne mit der frischen U. in die linke (Rosegger, Waldbauernbub 206).

un|schlüs|sig ⟨Adj.⟩: **1.** *sich über etw. nicht schlüssig seiend, [noch] keinen Entschluß gefaßt habend, sich nicht entschließen könnend:* sein -es Schulterzucken machte

sie ärgerlich; u. stehen bleiben; Eine Weile hockt er u. an Penzings Theke (Chotjewitz, Friede 213); ich bin mir noch nicht [darüber], was ich tun soll. **2.** (seltener) *nicht schlüssig* (1): *die Argumentation ist in sich u.*; **Un|schlüs|sig|keit,** die; -: *das Unschlüssigsein.*
un|schmelz|bar [auch: '– – –] ⟨Adj.⟩: *nicht schmelzbar.*
un|schön ⟨Adj.⟩: **1.** *gar nicht schön* (1 a, b), *häßlich* (1): *eine -e Farbe, Form; ein -er Klang, Ton; das dem Zeitgeist entsprechende -e Schloß* (Dönhoff, Ostpreußen 133); *u. klingen.* **2. a)** *recht unfreundlich, häßlich* (2 a): *ein -es Verhalten; das war sehr u. von ihm;* **b)** *recht unerfreulich, häßlich* (2 b): *ein -er Vorfall; ein -es Wetter;* **Un|schön|heit,** die; -, -en: *etw. Unschönes.*
un|schöp|fe|risch ⟨Adj.⟩: *nicht schöpferisch, nicht kreativ: ein -er Mensch; die Frage, ob das Glück überhaupt ein -er Zustand sei* (Höhler, Glück 9).
Un|schuld, die; - [mhd. unschulde, ahd. unsculd]: **1.** *das Unschuldigsein* (1); *das Freisein von Schuld an etw.: seine U. stellte sich rasch heraus; jmds. U. beweisen; seine U. beteuern; er wurde wegen erwiesener U. freigesprochen; Sie ... reimen sich die phantastischsten Hypothesen von Schuld und U. zusammen* (Ziegler, Liebe 115). **2. a)** *unschuldiges* (2 a) *Wesen, das Unschuldigsein; Reinheit: Die Unkenntnis über all das Machbare, den Stand der natürlichen U., hat der Mensch ... verloren* (Gruhl, Planet 291); **b)** *(auf einem Mangel an Erfahrung beruhende) Ahnungslosigkeit, Arglosigkeit, Naivität: etw. in aller U. sagen, tun;* *** U. vom Lande** (scherzh., meist spöttisch): *unerfahrenes u. moralisch unverdorbenes, naives, nicht gewandt auftretendes junges Mädchen vom Land: Weil er ... eine verführte U. vom Lande zurück ins ärmlich reine Elternhaus befördert hat* (Spiegel 41, 1976, 214). **3.** *Unberührtheit, Jungfräulichkeit: die U. verlieren; einem Mädchen die U. nehmen, rauben* (geh.; *ein Mädchen entjungfern*); **un|schul|dig** ⟨Adj.⟩ [mhd. unschuldic, ahd. unsculdic]: **1.** *nicht schuldig* (1), *(an etw.) nicht schuld seiend:* ich bin u.; *er ist an dem Unfall nicht ganz u.; Unschuldig verunglückte Autofahrer können auf Kosten der Versicherung der Schuldigen einen Mietwagen fahren* (ADAC-Motorwelt 10, 1979, 97); *u. im Gefängnis sitzen; u.* (Rechtsspr. früher; *als nicht schuldiger Teil*) *geschieden sei.* **2. a)** *sittlich rein, gut, keiner bösen Tat, keines bösen Gedankens fähig, unverdorben: u. wie ein neugeborenes Kind; Er sah wieder das Mädchen an. Es war hübsch und wirkte u.* (Danella, Hotel 15); **b)** *ein unschuldiges* (2 a) *Wesen erkennen lassend: ein -es Gesicht; jmdn. u. ansehen.* **3.** *nichts Schlechtes, Böses, Verwerfliches darstellend; harmlos: ein -es Vergnügen; kein Fremder komme ja mit -en Absichten* (Fest, Im Gegenlicht 248); *er hat doch nur ganz u. (ohne böse, feindliche Absicht, ohne Hintergedanken) gefragt.* **4.** *unberührt, jungfräulich* (1); **Un|schul|di|ge,** der u. die; -n, -n ⟨Dekl. ↑ Abgeordnete⟩: *jmd., der unschuldig ist;* **un|schul|di|ger|wei|se** ⟨Adv.⟩: *trotz [er-*

wiesener] Unschuld; **Un|schulds|be|teue|rung,** die: *Beteuerung der eigenen Unschuld* (1); **Un|schulds|be|weis,** der: *Beweis* (1) *der Unschuld* (1); **Un|schulds|blick,** der (emotional): vgl. *Unschuldsmiene.* **Un|schulds|en|gel,** der (spött.), **Un|schulds|lamm,** das (spött.): *jmd., den keine Schuld trifft, der zu nichts Bösem fähig ist: der Verhaftete spielte den Unschuldsengel und gab an, ... mit den Diebstählen nichts zu tun zu haben* (Dolomiten 1. 10. 83, 9); *Geistige Heimat ist jener Unschuldslämmer, die glaubten, daß allweil das Gute siegt* (Spiegel 44, 1985, 204); **Un|schulds|mie|ne,** die (emotional): *unschuldsvolle Miene;* **un|schulds|voll** ⟨Adj.⟩: *unschuldig* (2 b): *jmdn. u. ansehen; Was wollen die hier, fragt Rosa, während sie ihre Augen u. kreisen läßt* (Degener, Heimsuchung 173).
un|schwer ⟨Adv.⟩: *keiner großen Mühe bedürfend; ohne daß große Anstrengungen unternommen werden müssen; leicht: das läßt sich u. feststellen; da sie dunkles Haar habe, könne sie u. als Italienerin gelten* (Loest, Pistole 103).
Un|se|gen, der; -s (geh.): *etw. Verhängnisvolles, Unheil, Fluch: der Krieg ist ein U. für das ganze Volk.*
un|selb|stän|dig ⟨Adj.⟩: **a)** *zu sehr auf fremde Hilfe angewiesen, nicht selbständig* (a): *die beiden Kinder sind noch viel zu u.;* **b)** *von anderen abhängig, nicht selbständig* (c): *wirtschaftlich noch -e Länder; 72 -e Niederlassungen im Ausland* (Presse 7. 6. 84, II); *er ist u. (ist Arbeitnehmer); Einkommen aus -er (als Arbeitnehmer geleisteter) Arbeit;* **Un|selb|stän|dig|keit,** die; -: *das Unselbständigsein.*
un|se|lig ⟨Adj.⟩ (geh., emotional): **1. a)** *schlimm* (2), *übel, in höchstem Maße beklagenswert: eine -es Erbe; die -e Zeit des Nationalsozialismus; Während nämlich die Menschen draußen ... feierten und die -e Zeit bald ganz vergaßen* (Süskind, Parfum 256); **b)** *schlimme* (2) *Auswirkungen habend, Unheil bringend, verhängnisvoll; unglückselig: ein -er Gedanke; Darauf sei auch der -e Entschluß zurückzuführen, im Alter seine Erinnerungen zu schreiben* (Fest, Im Gegenlicht 373); *Ist Dierk Hoff so u. in diese Attentate hineingeraten, daß er allenfalls als ein tumber Sympathisant ... gesehen werden kann?* (Spiegel 4, 1976, 44). **2.** (selten) *unglücklich, vom Schicksal hart getroffen: Unseliges Polen! So edel im Unglück* (Kesten, Geduld 17); **un|se|li|ger|wei|se** ⟨Adv.⟩ (geh.): *unglücklicherweise, bedauerlicherweise, zu allem Unglück: Nun ereignete sich unter einer Wirtschaftskrise* (Erné, Fahrgäste 216); **Un|se|lig|keit,** die; - (geh.): *das Unseligsein.*
un|sen|si|bel ⟨Adj.; ...bler, -ste⟩ (bildungsspr.): *nicht, zu wenig sensibel* (1): *die Masse sei dumm, u.* (Chotjewitz, Friede 70); **Un|sen|si|bi|li|tät,** die; - (bildungsspr.): *das Unsensibelsein.*
un|sen|ti|men|tal ⟨Adj.⟩ (bildungsspr.): *nicht sentimental: etw. u. betrachten.*
¹un|ser ⟨Possessivpron.⟩ [mhd. unser, ahd. unsēr]: *bezeichnet die Zugehörigkeit od. Herkunft eines Wesens od. Dinges, einer*

Handlung od. Eigenschaft zu Personen, von denen in der 1. Pers. Pl. gesprochen wird: **1. a)** ⟨vor einem Subst.⟩: *u. Sohn, Haus; -e/unsre Heimat; -e/unsre Angehörigen; u. von mir selbst abgeschickter Brief; alles das, was wir mit -en Händen schaffen können* (Kühn, Zeit 55); *Auf der Höhe stoßen wir zunächst auf einen Turm -er Zeit (der Gegenwart;* Berger, Augenblick 56); *als Ausdruck einer gewohnheitsmäßigen Zugehörigkeit, Regel o. ä.: wir saßen gerade bei -[e]m/unsrem Dämmerschoppen; wir kommen jedes Jahr gut und gerne auf -e/unsre 5 Zentner Äpfel;* als Pluralis majestatis od. modestiae in der Funktion von ¹*mein* (1 a): *Wir, Friedrich, und Unser Kanzler; wir kommen damit zum Hauptteil -er/unsrer Abhandlung;* (fam.) in vertraulicher Anrede, bes. gegenüber Kindern u. Patienten, in der Funktion von *dein* bzw. *Ihr: nun wollen wir mal sehen, wie es -[e]m/unsrem Bäuchlein heute geht;* **b)** ⟨o. Subst.⟩ vgl. ¹*mein* (1 c): *das ist nicht euer Verdienst, sondern -er/unsrer;* als Pluralis majestatis od. modestiae in der Funktion von ¹*mein* (1 c): *Herr Kollege, dies ist nicht Ihre Vorlesung, sondern -e/unsre.* **2.** ⟨subst.⟩ (geh.) **a)** vgl. ¹*mein* (2): *sein Wagen stand unmittelbar neben dem -en/unsren; das Unsere/Unsre (unser Eigentum); wir haben das Unsere/Unsre (das, was wir tun konnten) getan;* **b)** als Pluralis majestatis od. modestiae in der Funktion von ¹*mein* (2); ²**un|ser** ⟨Gen. des Personalpronomens „wir"⟩: ↑ *wir;* **un|ser|ei|ne** ⟨Indefinitpron.⟩ (ugs.): w. Form zu ↑ *unsereiner: Der nette Junge von nebenan wird eben immer leichter akzeptiert als u.* (Spiegel 10, 1993, 248); **un|ser|ei|ner** ⟨Indefinitpron.⟩ [urspr. *unser einer* = *einer von uns*] (ugs.): **a)** *jmd. wie er, wie wir: u. kann sich so etwas nicht leisten; mit unsereinem können sie's ja machen!;* **b)** *Bezeichnung für die eigene Person des Sprechers: Unsereinen aus dem Schlaf bringen. Frechheit!* (Bieler, Bär 308); **un|ser|eins** ⟨indekl. Indefinitpron.⟩ [urspr. *unser eins = einer von uns*] (ugs.): *unsereiner;* **un|ser|er|seits,** unsrerseits, (seltener:) **unserseits** ⟨Adv.⟩: *von uns aus, von unserer Seite aus: daraufhin haben wir u. Anzeige erstattet; Deshalb ist es wichtig, daß wir auch unsererseits zusätzliche Anstrengungen unternehmen* (NZZ 19. 12. 86, 29); **un|se|res|glei|chen,** unsresgleichen, (seltener:) unsersgleichen ⟨indekl. Indefinitpron.⟩: vgl. *meinesgleichen: hier sind wir unter u.;* **un|se|res|teils,** unsresteils ⟨Adv.⟩ (selten): *[wir] für unser Teil, was uns betrifft: u. ziehen uns jetzt zurück;* **un|se|ret|hal|ben:** ↑ *unserthalben;* **un|se|ret|we|gen:** ↑ *unsertwegen;* **un|se|ret|wil|len:** ↑ *unsertwillen.*
un|se|ri|ös ⟨Adj.; -er, -este⟩ (abwertend): *nicht seriös.*
un|ser|seits: ↑ *unsererseits;* **un|sers|glei|chen:** ↑ *unseresgleichen;* **un|sert|hal|ben,** unserethalben ⟨Adv.⟩ [gek. aus: von unserthalben] (veraltend): *unsertwegen;* **un|sert|we|gen,** unseretwegen ⟨Adv.⟩ [mhd. von unsern wegen]: **1.** *aus Gründen, die uns betreffen: du brauchst doch u. nicht extra zu warten; Ich hoffe nur,*

unsertwillen 3580

du hast unseretwegen nichts versäumt (M. L. Fischer, Kein Vogel 85). **2.** *von uns aus:* u. kannst du das gern tun; **un|sert|wil|len,** unseretwillen ⟨Adv.⟩ [älter: umb unsern willen]: nur in der Fügung **um u.** *(mit Rücksicht auf uns, uns zuliebe):* das hat er alles nur um u. getan; **Un|ser|va|ter,** das; -s, - (landsch., bes. schweiz.): *Vaterunser.*

un|si|cher ⟨Adj.⟩: **1. a)** *gefahrvoll, gefährlich, keine Sicherheit bietend:* eine -e Gegend; in navigatorisch -en Gewässern (NNN 20. 9. 89, 3); Der Thessalier verbrachte die Nächte lieber auf den offenen Meer als in den -en Häfen einer Küste (Ransmayr, Welt 208); Einbrecher machen seit Wochen die Gegend u.; * **(einen Ort) u. machen** (ugs. scherzh.; *sich zeitweilig an einem bestimmten Ort aufhalten [um sich dort zu vergnügen o. ä.]:* Paris u. machen; seit ein paar Tagen macht er wieder die Kneipen in der Altstadt u.); **b)** *gefährdet, bedroht:* -e Arbeitsplätze erhöhen den Leistungsdruck; der Friede in dieser Region ist -er geworden. **2. a)** *das Risiko eines Mißerfolges in sich bergend, keine [ausreichenden] Garantien bietend; nicht verläßlich, zweifelhaft:* eine zu -e Methode; ich weiß es nur aus relativ -er Quelle; ich habe dabei immer ein etwas -er Gefühl *(das Gefühl, ein zu hohes Risiko einzugehen);* ich mache da nicht mit, die Sache ist mir zu u.! *(das Risiko ist mir zu groß!);* **b)** *unzuverlässig:* ein -er Schuldner. **3. a)** *einer bestimmten Situation nicht gewachsen, eine bestimmte Fähigkeit nicht vollkommen, nicht souverän beherrschend:* mit - en Schritten; er schrieb seinen Namen mit -er Hand; er ist in seinem Urteil sehr u.; das Kind ist noch u. auf den Beinen; **b)** *nicht selbstsicher:* ein schüchterner und -er Mensch; sein Auftreten machte auch sie ganz u.; er wurde zusehends -er; **c)** *(etw. Bestimmtes) nicht genau wissend:* jetzt hast du mich u. gemacht; Sie musterte ihn u. „O ja, Sie sind ... Arnold Aptaker." (Kemelman [Übers.], Mittwoch 39); ich bin u., ob das stimmt. **4.** *nicht feststehend, ungewiß:* ein Unternehmen mit -em Ausgang; eine -e Zukunft; ... der ... im -en Wahlkreis *(Wahlkreis, bei dem ein positives Wahlergebnis nicht feststeht)* ... erneut antreten muß (Saarbr. Zeitung 3. 12. 79, 10/12); wer ihn begleiten wird, ist noch u.; ich bin mir noch u. *(bin noch unentschieden);* **Un|si|cher|heit,** die; -, -en: **1.** ⟨o. Pl.⟩ *das Unsichersein.* **2.** *Unwägbarkeit, verrückt:* sich wie u. gebärden; Unsicherheitsfaktor: da die Angst vor den -en der Zukunft die Bürger umtreibt (Zeit 6. 6. 75, 1); **Un|si|cher|heits|fak|tor,** der: *unsicherer* (4) *Faktor* (1).

un|sicht|bar ⟨Adj.⟩: *nicht sichtbar* (a): für das menschliche Auge -e Organismen; es war ihr, als werde sie von -en Händen emporgetragen (Sebastian, Krankenhaus 174); während Cotta u. *(ohne daß man ihn sehen konnte)* im Schutz der Mauer davonging (Ransmayr, Welt 89); statt zu helfen, machte er sich u. (ugs. scherzh.; *verschwand er, zog er sich zurück);* **Un|sicht|bar|keit,** die; -: *das Unsichtbarsein;* **un|sich|tig** ⟨Adj.⟩ [mhd. unsihtec]: *das Sehen stark beeinträchtigend:* -es Wetter; die Luft wird u.

un|sil|bisch ⟨Adj.⟩ (Sprachw.): *nicht silbisch:* ein -er Laut.

un|sink|bar [auch: -'- -] ⟨Adj.⟩: *nicht sinken könnend:* ein -es Kunststoffboot; 14 Tage lang wurde im Pazifik nach einem angeblich -en Frachter gesucht (Spiegel 5, 1976, 80); **Un|sink|bar|keit,** die; -: *das Unsinkbarsein.*

Un|sinn, der; -[e]s [mhd. unsin = Unverstand, Torheit, Raserei, rückgeb. aus: unsinnec, ↑unsinnig]: **1.** *Fehlen von Sinn, Unsinnigkeit:* ... die ihre Tätigkeit kritiklos ausübten, ohne über ihren Sinn und U. nachzudenken (Ziegler, Konsequenz 32). **2.** *etw. Unsinniges, Sinnloses, Törichtes; unsinniger Gedanke, unsinnige Handlung:* das ist blanker U., doch alles U.!; es wäre U. zu glauben, daß das funktioniert; rede doch keinen U.!; da habe ich einen ziemlichen U. gemacht *(etw. angestellt, ganz falsch gemacht);* was hülfe es auch, wenn jemand sie zur Verantwortung zöge für den U., den sie beschlossen haben? (Gruhl, Planet 163); „Macht es dir etwas aus?" – „Unsinn!" (ugs.; *nein!, keineswegs!*). **3.** *Unfug* (1): das ist doch den U.!; U. machen, treiben; er hat nichts als U. im Kopf; **un|sin|nig** ⟨Adj.⟩ [mhd. unsinnec, ahd. unsinnig = verrückt, töricht, rasend]: **1.** *keinen Sinn habend, ergebend; sinnlos, töricht, unvernünftig, absurd:* -es Gerede; ein -es Vorhaben, Projekt; dann wird er diese -e Mordanzeige gewiß wieder zurücknehmen (Prodöhl, Tod 135); schmale Brücken, die sich u. und theatralisch in dieser wasserlosen Einöde ausnehmen (Fest, Im Gegenlicht 82); es ist völlig u., so etw. zu tun; Sie wußte, daß es u. war, an dieser windigen Stelle zu sitzen und Eis zu essen (Bieler, Mädchenkrieg 203). **2.** (ugs.) **a)** *übermäßig groß, stark, intensiv:* ich habe -en Durst; Mathis ... hatte -e Angst vor Händen, besonders vor versteckten (Muschg, Gegenzauber 94); **b)** ⟨intensivierend bei Adj. u. Verben⟩ *in übertriebenem, übersteigertem Maße:* u. hohe Mieten; u. teuer; u. schnell fahren; sich u. freuen. **3.** (veraltend) *nicht recht bei Verstand, von Sinnen seiend; verrückt:* sich wie u. gebärden; **un|sin|ni|ger|wei|se** ⟨Adv.⟩: *obgleich es unsinnig, überflüssig, unnötig ist:* Die Straße wurde nun abrupt steiler ... u. hatte jemand, ... außerhalb der Ortschaft, eine Oleanderallee gepflanzt (Kronauer, Bogenschütze 224); Geprügelt hatten sie sich gleich beim Kennenlernen. Unsinnigerweise (Erné, Kellerkneipe 47); **Un|sin|nig|keit,** die; -, -en: **1.** ⟨o. Pl.⟩: *das Unsinnigsein:* die U. von Examen (Kemelman [Übers.], Dienstag 31). **2.** *etw. Unsinniges, unsinnige Äußerung, Handlung:* Der freiwillige Unsinn gewinnt vor den unfreiwilligen -en eines ... (Spiegel 42, 1975, 228); **un|sinn|lich** ⟨Adj.⟩: **1.** (selten) *nicht die Sinne ansprechend, nicht anschaulich:* Der Unterricht war u. (Kempowski, Immer 144). **2. a)** *nicht sinnlich* (2 a): ein -es, rein platonisches Verhältnis; ihr Lager ..., über dem ein beinahe -es, ein glashart durchsichtiges Glück hing (Muschg, Sommer 219); **b)** *nicht sinnlich* (2 b): ein -er, u. veranlagter Mensch; Frauengestalten, deren Nacktheit völlig u. auf ihn wirkte (Rolf Schneider, November 85); **Un|sinns|dich|tung,** die (Literaturw.): *Nonsensdichtung;* **Un|sinns|li|te|ra|tur,** die (Literaturw.): *Nonsensdichtung,* vgl. Nonsensdichtung, **Un|sinns|poe|sie,** die (Literaturw.): *Unsinnsdichtung.*

Un|sit|te, die; - [mhd. unsite] (abwertend): *schlechter Brauch, schlechte Gewohnheit, Angewohnheit:* eine gefährliche U. [von ihm]; Eine weitere U. hat in den letzten Jahren um sich gegriffen: Für möglich erachtete ... Ergebnisse werden ... so behandelt, als gehörten sie bereits zur Wirklichkeit (Gruhl, Planet 101); **un|sitt|lich** ⟨Adj.⟩ [1: mhd., ahd. unsittlich]: **1.** *nicht sittlich* (2), *gegen die Moral verstoßend, unmoralisch:* -e Handlungen; Sogar Fritz ... brachte traurig das Gerede über das „unsittliche Verhältnis" seines Vaters von der Straße mit (Kühn, Zeit 174); sich u. aufführen; jmdn. u. berühren; sich jmdm. u. nähern. **2.** (Rechtsspr.) *sittenwidrig,* **Un|sitt|lich|keit,** die; -, -en: **1.** ⟨o. Pl.⟩ *das Unsittlichsein.* **2.** *unsittliche Handlung.*

un|sol|da|tisch ⟨Adj.⟩: *einem Soldaten nicht gemäß:* eine -e Haltung; Der Kompaniechef bedeckt ganz u. seine Augen (Köhler, Hartmut 30).

un|sol|lid: ↑unsolide; **un|sol|li|da|risch** ⟨Adj.⟩ (abwertend): *nicht solidarisch* (1): ein -es Verhalten; u. handeln; Brigitte hatte Jettes Aufbruch von Anfang an für u. und egozentrisch gehalten (Ossowski, Liebe ist 354); **un|sol|li|de,** unsolid ⟨Adj.⟩: **1.** *nicht, zu wenig solide* (1): die Möbel sind mir zu u. [gearbeitet]. **2.** *nicht, zu wenig solide* (3): ein unsolider Mensch; u. leben; **Un|sol|li|di|tät,** die; - (bildungsspr.): *unsolide Art.*

un|sorg|fäl|tig ⟨Adj.⟩: *ohne Sorgfalt:* eine -e Arbeit; daß ... der Vorwurf einer -en Prüfung vermieden wird (NZZ 19. 8. 83, 14); es ist zu u. in seiner Arbeitsweise.

un|so|zi|al ⟨Adj.⟩: **1.** *gegen die Interessen sozial Schwächerer gerichtet:* -e Mieten; die u-e Wirkung ..., daß viele ältere Menschen auf das Telefon verzichten mußten (BM 16. 11. 75, 25). **2.** (Zool. selten) *solitär.*

un|spek|ta|ku|lär ⟨Adj.⟩: *nicht spektakulär, ganz unauffällig, ohne großen Aufwand:* eine -e Inszenierung; die Entstehungsgeschichte eines -en, aber heute solid fundierten ... Unternehmens (NZZ 26. 2. 86, 45); Er fährt völlig u. auf Schienen (Münchner Merkur 19. 5. 84, 41).

un|spe|zi|fisch ⟨Adj.⟩ (bildungsspr.): *nicht spezifisch* (a): ein -er Geruch.

un|spiel|bar [auch: '- - -] ⟨Adj.⟩: **1.** *wegen technischer u. ä. Schwierigkeiten nicht spielbar:* „Emilia Galotti" – ein -es Stück. (MM 22. 2. 79, 32); diese Musik wurde früher für u. erklärt. **2.** (Sport) *nicht gespielt werden könnend:* der Puck war reglementwidrig und daher u.; **Un|spiel|bar|keit** [auch: '- - - -], die; -: *das Unspielbarsein.*

un|sport|lich ⟨Adj.⟩: **1.** *nicht sportlich* (2 a): ein -er Typ; Wenn ich an den -en Waschlappen denke, der ich selbst früher war (Grossmann, Schwul 10). **2.** *nicht sportlich* (1 b), *nicht fair:* ein -es Verhalten; Milde ... erklärte er (= der Richter) ..., daß es unfair u. sei, Kleingeld aus ei-

nem unbewachten Kasten zu nehmen (Erné, Fahrgäste 106); er spielt sehr oft u.; **Un|sport|lich|keit**, die; -, -en: **1.** ⟨o. Pl.⟩ *das Unsportlichsein.* **2.** *unsportliche* (2) *Handlung:* Die -en wurden jedoch vornehmlich von den Platzherren ins Spiel getragen (NNN 25. 9. 89, 4).
uns|re: ↑ ¹*unser;* **uns|rer|seits:** ↑ *unsererseits;* **uns|res|glei|chen:** ↑ *unseresgleichen;* **uns|res|teils:** ↑ *unseresteils;* **uns|ri|ge**, der, die, das; -n, -n ⟨Possessivpron.; immer mit Art.⟩ (geh. veraltend): *der, die, das* ¹*unsere* (2)*:* euer Haus ist größer als das u.; ⟨subst.:⟩ wir haben das Unsrige *(unser Teil)* getan; wir wollen die Unsrigen *(unsere Angehörigen)* wiedersehen.
un|sta|bil ⟨Adj.⟩: *instabil;* **Un|sta|bi|li|tät**, die; -, -en: *Instabilität.*
un|stan|des|ge|mäß ⟨Adj.⟩: *nicht standesgemäß:* daß er das Mädchen, weil es u. war, nicht heiraten wollte (Ranke-Heinemann, Eunuchen 84).
un|stän|dig ⟨Adj.⟩ (selten): *nicht ständig* (2)*:* eine -e Arbeit; er ist u. *(nur befristet)* beschäftigt.
Un|stä|te, die; - [mhd. unstæte, ahd. unstāti, zu ↑unstet] (veraltet): *unstetes Wesen.*
◆ **Un|stat|ten:** in der Verbindung **mit U.** *(mit Mühe, mit Schwierigkeiten;* mhd. mit unstaten, zu: unstate = ungünstige Lage; Ungeschick, zu stat, ↑ Statt)*:* Selbst den Drusenstein auf dem Walle zu Mainz zeichnete ich mit mit einiger Gefahr und mit U., die ein jeder erleben muß, der sich von Reisen einige bildliche Erinnerungen mit nach Hause nehmen will (Goethe, Dichtung u. Wahrheit 6).
un|statt|haft ⟨Adj.⟩ (geh.): *nicht statthaft:* eine Verordnung, die jede Unternehmung eines Bürgers für u. erklärt (Plenzdorf, Legende 101); **Un|statt|haf|tig|keit**, die; - (geh.): *das Unstatthaftsein.*
un|sterb|lich [auch: '- - -] ⟨Adj.⟩ [mhd. unsterbelich]: **1.** *nicht sterblich* (1)*:* die -e Seele; die Götter sind u. **2.** *unvergeßlich, unvergänglich:* -e Werke der Literatur; der -e Mozart; ein -es Meisterwerk; Ist es nicht ein lohnendes Ziel, -e Schätze vor der sinnlosen Zerstörung ... zu bewahren? (Stories 72 [Übers.], 103); seine Werke sind u.; damit hat er sich u. gemacht. **3.** ⟨intensivierend bei Adj. u. Verben⟩ *über die Maßen, außerordentlich:* sich u. blamieren; sich u. verlieben; **Un|sterb|li|che** [auch: '- - - -], der u. die; -n, -n ⟨Dekl. ↑Abgeordnete⟩: *unsterbliches, göttliches Wesen; Gott, Göttin;* **Un|sterb|lich|keit** [auch: '- - - -], die; - [mhd. unsterbelicheit]: **a)** *das Unsterblichsein* (1); **b)** (Rel.) *das Fortleben nach dem Tode:* in die U. eingehen; * **über die U. der Maikäfer philosophieren** (ugs. scherzh.; *über ein belangloses Thema ein hochgestiges Gespräch führen);* **Un|sterb|lich|keits|glau|be**, (seltener:) **Un|sterb|lich|keits|glau|ben**, der (Rel.): *Glaube an die Unsterblichkeit der Seele.*
Un|stern, der; -[e]s [für älter Unglücksstern, wohl nach frz. désastre, ↑ Desaster] (geh.): *ungünstiges, böses Geschick:* ein U. scheint über diesem Haus zu walten; dorthin hat ihn sein U. geführt; * **unter einem U. stehen** (geh.; *ungünstig verlau-*

fen, nicht glücken)*:* Schon die Ausreise stand unter einem U. (Hamburger Abendblatt 24. 8. 85, 7).
un|stet ⟨Adj.⟩ [mhd. unstæte, ahd. unstāti] (geh.): **a)** *ruhelos, rastlos, nicht zur Ruhe kommend:* ein -er Mensch; ein -er *(innere Unruhe ausdrückender)* Blick; damit sie (= Stadtstreicher) ihr -es und ordnungswidriges Leben freiwillig aufgeben (Klee, Pennbrüder 80); u. umherirren; **b)** *durch häufige Veränderungen geprägt; unbeständig:* er hat ein -es Wesen; **Un|stet|heit**, die; - (geh.): *das Unstetsein;* **un|ste|tig** ⟨Adj.⟩: **1.** (veraltet) *unstet.* **2.** (Fachspr.) *nicht stetig:* eine -e Funktion, Kurve; In -en Wirtschaftspolitiken und politischen Risiken (NZZ 30. 1. 83, 11); **Un|ste|tig|keit**, die; -, -en: **1.** ⟨o. Pl.⟩ *das Unstetigsein.* **2.** (Math.) *Unstetigkeitsstelle;* **Un|ste|tig|keits|stel|le**, die (Math.): *Stelle, an der eine Funktion nicht stetig ist.*
un|still|bar [auch: '- - -] ⟨Adj.⟩: *nicht gestillt* (2, 3) *werden können:* ein -es Verlangen.
un|stim|mig ⟨Adj.⟩: *nicht stimmig:* eine [in sich] -e Argumentation; **Un|stim|mig|keit**, die; -, -en: **1.** ⟨o. Pl.⟩ *das Unstimmigsein:* die alles Vertrauen erschütternde Unordnung und U. in unseren geschäftlichen Beziehungen (Reich-Ranicki, Th. Mann 15). **2.** ⟨meist Pl.⟩ *etw., wodurch etw. unstimmig wird, unstimmige Stelle:* in der Abrechnung gab es einige -en; im dritten Satz kam es hie und da zu rhythmischen -en (NZZ 2. 9. 86, 21). **3.** ⟨meist Pl.⟩ *Meinungsverschiedenheit, Differenz, Dissonanz:* -en zwischen den Anteilseignern (CCI 12, 1986, 1).
un|stoff|lich ⟨Adj.⟩: *immateriell.*
un|sträf|lich [auch: -'- - -] ⟨Adj.⟩ (veraltend): *untadelig:* ◆ Richter des heimlichen Gerichts, schwurt auf Strang und Schwert, u. zu sein (Goethe, Götz V); Jede Minute der Frist, die uns bleibt, ist kostbar und muß benützt werden – nicht zum Fechten, denn in der Theorie bist du u. *(fehlerfrei;* C. F. Meyer, Amulett 47); ◆ **Un|sträf|lich|keit**, die; -: *das Unsträflichsein:* Wie glücklich bin ich, daß Sie von meiner U. überzeugt sind (Kleist, Marquise 285).
un|strei|tig [auch: -'- - -] ⟨Adj.⟩: *unbestreitbar, feststehend:* -e Tatsachen; Es ist für mich u., daß man bei im Grundgesetz geregelten staatlichen Ordnung vom Grundsatz her in Zweifel ziehen darf (W. Brandt, Begegnungen 272); u. feststehen; **un|strit|tig** [auch: -'- - -] ⟨Adj.⟩ (selten): **1.** *nicht strittig:* es gibt einige -e Punkte. **2.** *unstreitig.*
Un|strut, die; -: *linker Nebenfluß der Saale.*
Un|sum|me, die; -, -n (emotional verstärkend): *übergroße, sehr hohe Geldsumme:* Mit Lotteriespielen, die die Verlage -n kosten, versuchen die Blätter seit Monaten, sich gegenseitig zu übertrumpfen (MM 20./21. 2. 82, 24).
un|sym|me|trisch ⟨Adj.⟩: *nicht symmetrisch, asymmetrisch:* -e geometrische Figuren.
Un|sym|path, der; -en, -en [rückgeb. aus ↑unsympathisch in Anlehnung an ↑ Psychopath u. ä.] (ugs., oft scherzh.): *unsym-*

pathischer Mensch, jmd., der Antipathie erweckt: dieser U.!; Aus der beneideten Leitfigur ist in U. geworden (MM 17./18. 11. 87, 8); **un|sym|pa|thisch** ⟨Adj.⟩: **1.** (meist abwertend) *unangenehm wirkend, Antipathie erweckend:* er ist [mir] u., sieht u. aus. **2.** *nicht gefallend, mißfallend:* eine gar nicht so -e Vorstellung; daß im Grunde nicht -e Bekundungen sofort als schleimige Tricks gewertet werden (natur 10, 1991, 41); Modellpflege am gesamthaft keineswegs -en kleinen Citroën (NNN 2. 2. 83, 33); dieser Gedanke ist mir höchst u.
un|sy|ste|ma|tisch ⟨Adj.⟩: *nicht systematisch, ohne System.*
un|ta|del|haft [auch: -'- - -] ⟨Adj.⟩ (selten): *untadelig;* **Un|ta|del|haf|tig|keit** [auch: -'- - - -], die; - (selten): *Untadeligkeit;* **un|ta|de|lig** [auch: -'- - -], untadlig ⟨Adj.⟩: *zu keinerlei Tadel Anlaß bietend, [moralisch] einwandfrei, makellos:* ein -es Verhalten; Sie waren untadelige Soldaten gewesen (Loest, Pistole 81); u. gekleidet sein; Auch Geradeauslauf und Seitenwindverhalten sind untadelig (NNZ 2. 2. 83, 33); **Un|ta|de|lig|keit** [auch: -'- - - -], Untadligkeit, die; -: *das Untadeligsein;* **un|tad|lig** [auch: -'- -]: ↑ *untadelig;* **Un|tad|lig|keit** [auch: -'- - -]: ↑ *Untadeligkeit.*
un|tal|len|tiert ⟨Adj.⟩ (oft abwertend): *nicht talentiert.*
Un|tat, die; -, -en [mhd., ahd. untāt] (emotional): *böse, grausame, verbrecherische, verwerfliche Tat:* eine abscheuliche U.; Die -en der Stalinisten haben die Ideale der ehrlichen Genossen ... zutiefst enttäuscht (Freie Presse 8. 12. 89, 1); **Un|tät|chen**, das: in der landsch. Wendung **an jmdm., etw. ist kein U.** *(jmd., etw. ist untadelig, makellos);* **Un|tä|ter**, der; -s, - (selten): *jmd., der einer Untat schuldig ist:* zu Anfang glaubten U. immer, das Unsinnigste zur Tatverwischung unternehmen zu müssen (Bernhard, Kalkwerk 12); **un|tä|tig** ⟨Adj.⟩: *nichts tuend, müßig:* er blieb nicht u. *(unternahm etwas);* wir mußten u. *(ohne eingreifen zu können)* zusehen; Sieht er einen der Ausländer scheinbar u. stehen oder gar sitzen, so schleicht er sich an (Chotjewitz, Friede 83); **Un|tä|tig|keit**, die; -: *das Untätigsein;* **Un|tä|tig|keits|kla|ge**, die (Rechtsspr.): *Klage, die gegen eine Behörde erhoben werden kann, wenn diese über einen Antrag o. ä. nicht innerhalb einer angemessenen Frist entscheidet.*
un|taug|lich ⟨Adj.⟩: **a)** *nicht tauglich, ungeeignet:* ein Versuch am -en Objekt; er ist für den Posten u.; das Störende, Praktische, Geschäftliche, das ihn erschöpfen und für seinen Lebenskampf u. machen würde (Reich-Ranicki, Th. Mann 237); **b)** *wehrdienstuntauglich:* Wer u. geschrieben worden ist, Anziehen! (Bieler, Bär 53); **Un|taug|lich|keit**, die; -: *das Untauglichsein.*
un|teil|bar [auch: '- - -] ⟨Adj.⟩: **a)** *nicht teilbar:* ein -es Ganzes; Das kleinste -e primäre Marterieilchen nannte er ein Atom (Stern, Mann 32); das Erbe, der Besitz ist u. *(darf nicht geteilt werden);* Ü Es heißt immer, der Friede sei u. (Dönhoff, Ära 76); **b)** (Math.) *(von Zahlen) nur*

Unteilbarkeit

durch sich selbst u. durch eins teilbar; **Un|teil|bar|keit** [auch: '- - - -], die; -: *das Unteilbarsein;* **un|teil|haft** (selten), **un|teil|haf|tig** ⟨Adj.⟩: in den Verbindungen *einer Sache* ⟨Gen.⟩ **u. sein/bleiben/werden** (geh.; *von etw.* ausgeschlossen sein, bleiben, werden).

un|ten ⟨Adv.⟩ [mhd. unden(e), undenen, ahd. undenan, zu ↑unter]: **1. a)** *an einer (absolut od. vom Sprecher aus gesehen) tiefen bzw. tieferen Stelle:* er steht u. auf der Treppe, auf der Leiter; die Wäsche liegt u. im Schrank; der Fluß fließt u. im Tal; die Bücher befinden sich rechts u./u. rechts, weiter u. im Regal; nach u. gehen; nimm den Müll mit nach u.; der Pfeil zeigt nach u. *(ist abwärts gerichtet);* die Säule verjüngt sich nach u. [hin/zu]; wir warten u. [an der Haustür]; der Fahrstuhl ist u. *(im Erdgeschoß)* angekommen; nimm den Müll gleich mit nach u., wenn du in den Keller gehst; sie winkten von u. *(von der Straße)* herauf; sie wohnen u. *(im Erdgeschoß, in einem tieferen Stockwerk o. ä.);* Viele Besucher ... sahen wenig ... auf der tief u. gelegenen Bühne (NZZ 29. 8. 86, 30); Die Mütze bleibt unten *(in der Hand, wird nicht auf den Kopf gesetzt;* Chotjewitz, Friede 55); **b)** *am unteren Ende, an der Unterseite von etw.:* etw. u. isolieren; der Rost frißt sich von u. nach oben; **c)** *auf dem Boden, dem Grund von etw.:* die Sachen liegen ganz u. im Koffer; sie hat alles von u. nach oben gekehrt; **d)** *einer Unterlage o. ä. zugekehrt:* die matte Seite des Stoffes ist u.; er lag mit dem Gesicht nach u. auf dem Pflaster; **e)** *am unteren Rand einer beschriebenen od. bedruckten Seite:* das Wort steht u. auf der zweiten Seite/auf der zweiten Seite u.; weiter u. auf der Landkarte. **2.** *(in horizontaler Richtung) am unteren (4), hinteren Ende von etw.:* er sitzt [ganz] u. an der Tafel; ein Polizist steht da u. an der Ecke. **3.** *(in einem geschriebenen od. gedruckten Text)* weiter hinten, später folgend: wie u. angeführt; an u. angegebener Stelle; siehe u. (Abk.: s. u.). **4.** (ugs.) *im Süden (orientiert an der aufgehängten Landkarte):* er lebt u. in Bayern, da u.; seine Frau wohne weit weg im Süden und setze ihm hart zu, die ihm dort u. angebotene Arbeit aufzunehmen (Berger, Augenblick 69). **5.** *am unteren Ende einer gesellschaftlichen o. ä. Hierarchie od. Rangordnung:* Die Leute wissen genau, daß es ihnen ohne Ausländer nicht besser, sondern schlechter ginge, denn dann wären sie selbst ganz u. (Pohrt, Endstation 38); der Mann hatte kein Geld, sie mußten ganz u. anfangen (Brot und Salz 346); er hat sich von u. hochgearbeitet, hochgedient; Ich komme von ganz u. Weichselstraße. Asyl (Degener, Heimsuchung 141). **6.** (ugs.) *an den unteren Körperpartien, bes. im Bereich der Geschlechtsorgane:* sich u. waschen; **un|ten|an** ⟨Adv.⟩ (selten): *am unteren, hinteren Ende von etw.:* u. stehen, sitzen; **un|ten|drun|ter** ⟨Adv.⟩ (ugs.): *unter etw. anderem:* u. liegen; ein dickes Hemd u. *(unter der Oberbekleidung)* anhaben, anziehen; ein paar alte Klamotten obendrauf ... Und u.? (Hilsenrath, Nazi 112); **un|ten|durch** ⟨Adv.⟩: vgl. obendurch; **un|ten|er|wähnt**[1] ⟨Adj.⟩: vgl. obenerwähnt; **un|ten|ge|nannt**[1] ⟨Adj.⟩: vgl. obengenannt; **un|ten|her** ⟨Adv.⟩: *im unteren Bereich; am unteren Rand o.ä. von etw.;* **un|ten|her|um** ⟨Adv.⟩ (ugs.): *im unteren Teil eines Ganzen, bes. im Bereich der unteren Körperpartie:* sich u. warm anziehen; **un|ten|hin** ⟨Adv.⟩ (selten): *nach unten;* **un|ten|lie|gend** ⟨Adj.⟩: *unter etw. liegend;* **un|ten|rum** ⟨Adv.⟩ (ugs.): *untenherum;* **un|ten|ste|hend**[1] ⟨Adj.⟩: vgl. untenerwähnt.

un|ter [mhd. under (Präp., Adv.), ahd. untar (Adv.: undari)]: **I.** ⟨Präp. mit Dativ u. Akk.⟩ **1.** (räumlich) **a)** ⟨mit Dativ⟩ kennzeichnet einen Abstand in vertikaler Richtung u. bezeichnet die tiefere Lage im Verhältnis zu einem anderen Genannten: u. einem Baum sitzen; der Hund liegt u. dem Tisch; er steht u. der Dusche; sie gingen zusammen u. einem Schirm; u. jmdm. wohnen *(ein Stockwerk tiefer wohnen als jmd. anders);* sie schliefen u. freiem Himmel *(draußen im Freien);* etw. u. dem Mikroskop *(mit Hilfe des Mikroskops)* betrachten; **b)** ⟨mit Akk.⟩ (in Verbindung mit Verben der Bewegung) kennzeichnet eine Bewegung an einen Ort, eine Stelle unterhalb eines anderen Genannten: u. die Dusche stellen; sich u. einen Baum setzen; der Bleistift ist u. den Tisch gefallen; die Scheune war bis u. die Decke mit Heu gefüllt; **c)** ⟨mit Dativ⟩ kennzeichnet einen Ort, eine Stelle, die von jmdm., etw. unterquert wird: u. einem Zaun durchkriechen; der Zug fährt u. der Brücke durch; **d)** ⟨mit Dativ⟩ kennzeichnet eine Stelle, Lage, in der jmd., etw. unmittelbar von etw. bedeckt, von etw. Darüberbefindlichem unmittelbar berührt wird: u. einer Decke liegen; der Schlüssel liegt u. der Fußmatte; sie trägt eine Bluse u. dem Pullover; dicht u. *(unterhalb)* der Oberfläche; die Bunker liegen u. der Erde *(befinden sich in der Erde);* Die Schneefelder ... waren alle von der Sonne verzehrt. Die Kare lagen u. Blüten *(waren von Blüten bedeckt;* Ransmayr, Welt 177); u. Wasser *(unter der Wasseroberfläche)* bleiben (Sommer, Und keiner 303); **e)** ⟨mit Akk.⟩ kennzeichnet eine Bewegung an einen Ort, eine Stelle, wo jmd., etw. von etw. Darüberbefindlichem unmittelbar berührt wird: er kriecht u. die Decke; sie zog eine Jacke u. den Mantel; sie schob einen Untersetzer u. die Kaffeekanne; mit dem Kopf u. Wasser *(unter die Wasseroberfläche)* geraten; **f)** ⟨mit Dativ⟩ kennzeichnet ein Abgesunkensein, das unter ein bestimmtes Wert, Rang o. ä. unterschritten wird: u. dem Durchschnitt sein; etw. u. Preis verkaufen; Da sonst keine ernsthaften Bieter gekommen waren, ging das meiste zu einem Preis u. dem halben Wert an Georg Glasl (Kühn, Zeit 52); die Temperatur liegt u. Null, u. dem Gefrierpunkt; Zwanzig Mark im Monat, u. dem *(darunter, weniger)* nicht (Bieler, Bonifaz 208); **g)** ⟨mit Akk.⟩ kennzeichnet ein Absinken, bei dem ein bestimmter Wert, Rang o. ä. unterschritten wird: u. Null sinken; **h)** ⟨mit Dativ⟩ kennzeichnet das Unterschreiten einer bestimmten Zahl; *von weniger als:* Die Hälfte der jährlich 1 000 Herztoten waren Männer unter 65 Jahren (Spiegel 36, 1979, 180); in Mengen u. 100 Stück. **2.** (zeitlich) ⟨mit Dativ⟩ **a)** (südd.) kennzeichnet einen Zeitraum, für den u. dem etw. geschieht; *während:* u. der Woche hat er keine Zeit; Die Abenddienste u. der Woche werden auf die vier Mitarbeiter verteilt (Zivildienst 5, 1986, 17); Ich fordere dafür, daß Sie u. dieser Zeit keinen anderen Menschen fotografieren (Strauß, Niemand 163); u. Mittag *(in der Mittagszeit);* u. Tags *(tagsüber);* er liest die Zeitung u. dem Kaffeetrinken *(beim Kaffeetrinken);* *u. einem (österr.; zugleich, gleichzeitig):* das kannst du alles u. einem erledigen; **b)** (veraltend) bei Datumsangaben, an die sich eine bestimmte Handlung o. ä. anknüpft: die Chronik verzeichnet u. dem Datum des 1. Januar 1850 eine große Sturmflut. **3.** (modal) ⟨mit Dativ⟩ **a)** kennzeichnet einen Begleitumstand: u. Tränen, Angst; er arbeitete u. Schmerzen weiter; u. dem Beifall der Menge zogen sie durch die Stadt; Unterm Gelächter der Bauern und Viehhändler steige ich in die Ferkelkisten (Fels, Kanakenfauna 15); **b)** kennzeichnet die Art u. Weise, die etw. geschieht; *mit:* u. Zwang; u. Lebensgefahr; u. Vorspiegelung falscher Tatsachen; es geschah alles u. großem Zeitdruck; nur u. Aufbietung aller Kräfte haben sie es schließlich geschafft; Nur u. Mühen gelang es C., das Mißtrauen zu zerstreuen (Fest, Im Gegenlicht 248); **c)** kennzeichnet eine Bedingung o. ä.: u. der Voraussetzung, Bedingung; er akzeptierte es nur u. Vorbehalt, u. dem Vorbehalt, innerhalb einer bestimmten Frist wieder davon Abstand nehmen zu können. **4.** ⟨mit Dativ⟩ kennzeichnet die Gleichzeitigkeit eines durch ein Verbalsubst. ausgedrückten Vorgangs: etw. geschieht u. Ausnutzung, Verwendung von etw. anderem; Der Preis ... ergibt sich u. Berücksichtigung von Angebot und Nachfrage (Freie Presse 3. 1. 90, 3); Unter Berufung auf einen geistreichen Kopf meinte er ... (Fest, Im Gegenlicht 331). **5.** ⟨mit Dativ u. Akk.⟩ kennzeichnet eine Abhängigkeit, Unterordnung o.ä.: u. Aufsicht; u. jmds. Leitung; u. ärztlicher Kontrolle; u. jmds. Federführung; u. jmds. Regiment, Herrschaft; Es gastieren außerdem ... die Stuttgarter Philharmoniker u. Hans Zanotelli *(mit ihm als Dirigenten;* Augsburger Allgemeine 6./7. 5. 78, 22); u. jmdm. arbeiten *(jmds. Untergebener sein);* u. jmdm. stehen *(jmdm. unterstellt, untergeordnet sein);* u. einen anderen stellen *(ihn rangmäßig, leistungsmäßig o. ä. auf einer niedrigeren Stufe einordnen);* jmdn., etw. u. sich haben *(jmdm., einer Sache übergeordnet sein; für eine Sache verantwortlich sein).* **6. a)** ⟨mit Dativ u. Akk.⟩ kennzeichnet eine Zuordnung: etw. steht u. einem Motto; etw. u. ein Thema stellen; er handelt immer u. *(nach)* dieser Devise; Jede Bewegung, jede Revolution verspricht heute u. dem Stichwort „soziale Gerechtigkeit", mehr Güter zur Verteilung zu bringen (Gruhl, Planet 100); Unter dem neuen Eherecht sprechen die Richter den Frauen bei der Scheidung nicht nur tiefere, sondern auch kürzere Renten zu (Tages Anzeiger 19. 11. 91, 16); **b)** ⟨mit Dativ⟩ kennzeichnet eine Zugehörigkeit: jmdn. u. einer bestimmten Rufnummer erreichen; u. falschem Namen; er schreibt u. einem Pseudonym; das Schiff fährt u. französischer Flagge. **7. a)** ⟨mit Dativ⟩ kennzeichnet ein Vorhandenbzw. Anwesendsein inmitten von, zwischen anderen Sachen bzw. Personen; *inmitten von; bei; zwischen:* der Brief befand sich u. seinen Papieren; er saß u. lauter Fremden; er war mitten u. ihnen, ohne erkannt zu werden; Unter den Zuschauern hatten sich einige aus Ungeduld ... erhoben (Ransmayr, Welt 37); Seine in der Naturküche beliebten Knollen sind auch unter Wühlmäusen heißbegehrt (natur 2, 1991, 54); hier ist er einer u. vielen *(hat er keine besondere Stellung, keinen besonderen Rang o. ä.);* er ist inzwischen nicht mehr u. uns (verhüll.; *ist gestorben;* Praunheim, Sex 234); u. anderem/anderen (Abk.: u. a.); **b)** ⟨mit Akk.⟩ kennzeichnet das Sichhineinbegeben in eine Menge, Gruppe o. ä.: er mischte sich u. die Gäste, reihte sich u. die Gratulanten; Warum wollen Mädchen u. die Soldaten? (veraltend; *zum Militär?;* Hörzu 44, 1979, 12); er geht zu wenig u. Menschen *(schließt sich zu sehr ab).* **8.** ⟨mit Dativ⟩ kennzeichnet einen einzelnen od. eine Anzahl, die sich aus einer Menge, Gruppe in irgendeiner Weise heraushebt o. ä.; *von:* nur einer u. vierzig Bewerbern wurde schließlich engagiert; u. den vielen Einsendungen waren nur drei mit der richtigen Lösung; Typische Gebirgsbewohner u. den Spinnenarten (natur 5, 1991, 56). **9.** ⟨mit Dativ⟩ kennzeichnet eine Wechselbeziehung; *zwischen:* es gab Streit u. den Erben; Diese Raufereien wurden auch u. den Burschen auf dem Tanzboden ausgetragen (Wimschneider, Herbstmilch 38); sie wollten u. sich *(allein, ungestört)* sein, bleiben; u. uns *(im Vertrauen)* gesagt; das bleibt aber u. uns *(davon darf niemand etwas erfahren);* sie haben die Beute u. sich aufgeteilt. **10. a)** ⟨mit Dativ⟩ kennzeichnet einen Zustand, in dem sich etw. befindet: der Kessel steht u. Druck, u. Dampf; die Maschine steht u. Strom; den Hochofen u. Feuer *(seine Befeuerung in Betrieb)* halten; **b)** ⟨mit Akk.⟩ kennzeichnet einen Zustand, in den etw. gebracht wird: etw. u. Strom, Dampf, Druck setzen. **11.** (kausal) ⟨mit Dativ⟩ kennzeichnet die Ursache des im Verb Genannten: u. einer Krankheit, u. Gicht leiden; sie stöhnte u. der Hitze; diejenigen, die ihn kannten, wußten gut genug, daß er und seine Frau u. dem Unglück ihrer Tochter sehr gelitten hatten (Danella, Hotel 316). **II.** ⟨Adv.⟩ *weniger als:* die Bewerber waren u. 30 [Jahre alt]; der Bach ist sicherlich u. 5 Meter breit; ein Kind von u. 4 Jahren; Gemeinden von u. 100 000 Einwohnern; **Un|ter,** der; -s, -: *dem Buben entsprechende Spielkarte im deutschen Kartenspiel;* **un|ter...** ⟨Adj.⟩ [mhd. under, ahd. untaro]: **1. a)** *(von zwei od. mehreren Dingen) unter dem, den anderen befindlich, gelegen; [weiter] unten liegend, gelegen:* der untere Knopf; die untere Reihe; die untere Schublade; das untere, unterste Stockwerk; die unteren Zweige des Baumes; sie stand auf der untersten Sprosse der Leiter; in den unteren Luftschichten; ⟨subst.:⟩ * **das Unterste zuoberst kehren** (↑ober...); **b)** *der Mündung näher gelegen:* die untere Elbe; am unteren Teil des Rheins. **2.** *dem Rang nach, in einer Hierarchie o. ä. unter anderem, anderen stehend:* die unteren, untersten Instanzen; die unteren Klassen, Ränge; die unteren Lohngruppen; man sollte den unteren Ständen ihre Partei lassen (Kühn, Zeit 64). **3.** *der Oberfläche abgekehrt:* die untere Seite von etw. **4.** *unten (2) befindlich:* er sitzt am unteren Ende des Tischs, der Tafel.

Un|ter|ab|schnitt, der; -[e]s, -e: *kleinerer Abschnitt in einem größeren.*

Un|ter|ab|tei|lung, die; -, -en: *kleinere Abteilung in einer größeren.*

Un|ter|arm, der; -[e]s, -e: *Teil des Armes zwischen Hand u. Ellenbogen:* Er legte eine Hand auf ihren U. (M. Walser, Pferd 10); **Un|ter|arm|stand,** der; (Turnen): *dem Handstand ähnliche Übung am Boden od. Barren, bei der der Körper nicht auf den Händen, sondern auf den Unterarmen senkrecht im Gleichgewicht gehalten wird;* **Un|ter|arm|ta|sche,** die; *flache Damenhandtasche ohne Schulterriemen od. Griff, die man unter den Arm klemmt.*

Un|ter|art, die; -, -en (Biol. selten): *Population als Unterabteilung einer Art; Rasse, Subspezies.*

Un|ter|aus|schuß, der; ...schusses, ...schüsse: vgl. Unterabteilung.

Un|ter|bau, der; -[e]s, -ten: **1. a)** *unterer, meist stützender Teil von etw., auf dem etw. aufgebaut ist; Fundament* (1 a): Dem Kubus war als Kuppel eine Halbkugel aufgesetzt, weißgekalkt wie der U. (Stern, Mann 118); einen festen U. für etw. schaffen; **b)** ⟨o. Pl.⟩ *Grundlage, Basis* (1), *Fundament* (2): der theoretische U.; Mit der Gründung mehrerer Kreisverbände im Land soll der U. für die neue Partei geschaffen werden (Speyerer Tagespost 7. 12. 82, 21); Es fehle der unerläßliche personelle U. für dieses Geschäft (Tages Anzeiger 28. 7. 84, 7). **2.** *Sockel, Postament.* **3. a)** (Straßenbau) *Tragschicht;* **b)** (Eisenb.) *Schicht, die den Oberbau trägt.* **4.** (Forstw.) **a)** *Bäume, die neu in einem Hochwald angepflanzt werden;* **b)** ⟨o. Pl.⟩ *das Anpflanzen von jungen Bäumen in einem Hochwald.* **5.** (Bergbau) *Bau unter der Sohle* (4 a) *eines Stollens.*

Un|ter|bauch, der; -[e]s, ...bäuche ⟨Pl. selten⟩: *unterer Teil des Bauches:* Den Schnitt wollte ich u. rechts machen (Hackethal, Schneide 30).

un|ter|bau|en ⟨sw. V.; hat⟩: *mit einem Unterbau versehen, von unten her stützen;* **Un|ter|bau|ung,** die; -, -en: *das Unterbauen.*

Un|ter|be|griff, der; -[e]s, -e (bes. Logik): *Begriff, der einem Oberbegriff untergeordnet ist.*

Un|ter|be|klei|dung, die; -, -en: *Unterwäsche.*

un|ter|be|le|gen ⟨sw. V.; hat; nur im Inf. u. 2. Part. gebr.⟩: *(Hotels, Krankenhäuser o. ä.) mit [wesentlich] weniger Personen belegen, als es von der Kapazität her möglich ist:* es wird vermieden, die Krankenhäuser unterzubelegen; die Hotels waren zu 30 Prozent unterbelegt; **Un|ter|be|le|gung,** die; -, -en: *das Unterbelegtsein.*

un|ter|be|lich|ten ⟨sw. V.; hat⟩ (Fot.): *zu wenig belichten* (a): es unterbelichtet die Filme öfter; man muß vermeiden, die Filme unterzubelichten; So empfiehlt sich ... dann zu fotografieren, wenn man mit dem Normalobjektiv ... maximal um 1 Blende u. würde (NBI 39, 1989, 32); unterbelichtete Bilder; Ü Woran liegt es, daß dieses Forschungsfeld so unterbelichtet ist? (Spiegel 31, 1976, 41); er ist [geistig] wohl etwas unterbelichtet (salopp; *geistig nicht auf der Höhe);* **Un|ter|be|lich|tung,** die; -, -en: **1.** *das Unterbelichten.* **2.** *das Unterbelichtetsein.*

un|ter|be|schäf|tigt ⟨Adj.⟩: *durch zu wenig Arbeit nicht voll ausgelastet; nicht genügend beschäftigt:* ... um wenigstens auf die Klagelieder der eigenen ... Tankstellenpartner zu hören (ADAC-Motorwelt 6, 1982, 3); **Un|ter|be|schäf|tig|te,** der u. die: *jmd., der unterbeschäftigt ist:* Zu den Arbeitslosen kommen noch eine beträchtliche Zahl von un (NZZ 20. 8. 83, 13); **Un|ter|be|schäf|ti|gung,** die; -, -en (Wirtsch.): *Beschäftigungsgrad unterhalb der möglichen volkswirtschaftlichen Kapazität:* wobei auf jedes Jahr hektischer Überbeschäftigung etwa vier Jahre bedrückender U. kommen dürften (Spiegel 4, 1985, 42).

un|ter|be|setzt ⟨Adj.⟩: *mit weniger Teilnehmern, [Arbeits]kräften o. ä. versehen, als erforderlich, notwendig ist:* Einzelne Kurse u. (Saarbr. Zeitung 4. 10. 79, 24); daß sie (= die Kriminalbeamten), obwohl u., alles taten, um den Fall soweit wie nur möglich aufzuklären (Prodöhl, Tod 245).

Un|ter|bett, das; -[e]s, -en: *[dünnes] Federbett, das zum Wärmen zwischen Matratze u. Bettuch gelegt wird.*

Un|ter|be|voll|mäch|tig|te, der u. die; -n, -n ⟨Dekl. ↑Abgeordnete⟩ (Rechtsspr.): *jmd., der von einem Bevollmächtigten zusätzlich an seiner Vollmacht beteiligt wird.*

un|ter|be|wer|ten ⟨sw. V.; hat⟩: *zu gering bewerten:* ... stets bemüht, die besonderen Umstände des Falles weder über- noch unterzubewerten (Spiegel 6, 1991, 74); **Un|ter|be|wer|tung,** die; -, -en: **1.** *das Unterbewerten.* **2.** *das Unterbewertetsein.*

un|ter|be|wußt ⟨Adj.⟩ (Psych.): *im Unterbewußtsein [vorhanden]:* etw. u. erkennen, wahrnehmen, bemerken, **Un|ter|be|wußt|sein,** das; -s (Psych.): *die seelischgeistigen Vorgänge unter der Schwelle des Bewußtseins.*

un|ter|be|zah|len ⟨sw. V.; hat⟩: *schlechter bezahlen* (1 b), *als es vergleichsweise üblich ist od. als es der Leistung entspricht:* die Kassiererinnen werden unterbezahlt; (selten:) er unterbezahlt ihn; eine unterbezahlte Arbeit; sie war ja auch bei der Metropolitan nicht gerade unterbezahlt (Riess, Cäsar 361); **Un|ter|be|zah|lung,** die; -, -en: **1.** *das Unterbezahlen.* **2.** *das Unterbezahltsein.*

Un|ter|be|zirk, der; -[e]s, -e: vgl. Unterabteilung.

un|ter|bie|ten ⟨st. V.; hat⟩: **1.** *einen geringeren Preis fordern, billiger sein als ein anderer:* jmds. Preise beträchtlich, um einiges u.; er hat alle Konkurrenten unterboten; Ü Wir werden alle amerikanischen, deutschen und französischen Emissionsgrenzwerte u. *(werden sie geringer halten;* Saarbr. Zeitung 4. 10. 79, 30); etw. ist [im Niveau] kaum noch zu u. *(so schlecht, daß man sich kaum noch etw. Schlechteres vorstellen kann).* **2.** (bes. Sport) *für etw. weniger Zeit brauchen:* einen Rekord u.; Er hat in Paris ... auch das Olympialimit unterboten (Presse 8. 6. 84, 6); **Un|ter|bie|tung,** die; -, -en: *das Unterbieten.*
Un|ter|bi|lanz, die; -, -en (Wirtsch.): *Bilanz, die Verlust aufweist.*
un|ter|bin|den ⟨st. V.; hat⟩ [mhd. underbinden]: **1.** *etw. durch bestimmte Maßnahmen verhindern, nicht weiter geschehen, sich entwickeln, vollziehen lassen:* man hat die Kontakte zwischen ihnen unterbunden; jede Diskussion, Störung u.; die Entwicklung einer Krankheit kann meist „im Keim" entdeckt und frühzeitig unterbunden werden (Saarbr. Zeitung 27. 12. 79, 30/32); dann ist es verhängnisvoll, in den Unterkünften noch einmal jede persönliche Entfaltung zu u. (Klee, Pennbrüder 101). **2. a)** (seltener) *in seinem Ablauf aufhalten, unterbrechen:* ein ... Ruck, der seine Fahrt gewaltig unterband (Böll, Adam 52); **b)** (Med.) *abschnüren: der Arzt unterband die zuführenden Blutgefäße;* sie hat sich u. *(sterilisieren)* lassen; **Un|ter|bin|dung,** die; -, -en: *das Unterbinden.*
un|ter|blei|ben ⟨st. V.; ist⟩: *nicht [mehr] geschehen, stattfinden:* eine Sache, die besser unterblieben wäre; das hat [künftig] zu u.; ... wenn die Auslösung der Handlung länger als normal unterbleibt (Lorenz, Verhalten I, 275).
Un|ter|bo|den, der; -s, ...böden: **1.** (Bodenk.) *meist rostbraune, eisenhaltige Schicht, die unter der obersten Schicht des Bodens liegt.* **2.** *unter einem Bodenbelag befindlicher Fußboden.* **3.** *Unterseite des Bodens eines Fahrzeugs;* **Un|ter|bo|den|schutz,** der (Kfz-W.): *Schutzschicht auf dem Unterboden eines Kraftfahrzeugs;* **Un|ter|bo|den|ver|sie|ge|lung,** die (Kfz-W.): *Unterbodenschutz;* **Un|ter|bo|den|wä|sche,** die (Kfz-W.): *Reinigung des Unterbodens durch Abspritzen.*
un|ter|bre|chen ⟨st. V.; hat⟩: **1. a)** *eine Tätigkeit o. ä., die noch nicht zu Ende geführt ist, vorübergehend nicht mehr weiterführen:* seine Arbeit, die Verhandlungen u.; den Urlaub [für mehrere Tage] u.; er mußte sein Studium u.; sie unterbrach ihren Vortrag; bei der Zündung mußte der Countdown erneut wegen eines falschen Computersignals unterbrochen werden (Saarbr. Zeitung 27. 12. 79, 15); die unterbrochene Vorstellung wurde fortgesetzt; **b)** *durch Fragen, Bemerkungen o. ä. bewirken, daß jmd. beim Sprechen innehält:* er unterbrach sie, den Redner [mit Fragen]; unterbrich mich nicht dauernd! Endlich unterbricht Herr Warga den unermüdlichen Redefluß des Zeitungsmenschen (Ossowski, Flatter 51); **c)** *in dem gleichmäßigen Ablauf von etw. plötzlich als Störung o. ä. zu vernehmen sein:* ein Schrei unterbrach das Schweigen; das Läuten des Telefons unterbrach ihr Gespräch. **2.** *(eine bestehende Verbindung) vorübergehend aufheben:* Wohl aber braucht es eine starke Flotte, um im Ernstfall die Seeverbindungen u. zu können (Allgemeine Zeitung 4. 6. 85, 3); daß die Kühlkette beim Transport des Präparates zum Pathologen nicht unterbrochen werden dürfe (Nds. Ä. 22, 1985, 25); die Stromversorgung, die Bahnstrecke ist unterbrochen. **3.** *(innerhalb einer flächenhaften Ausdehnung von etw.) eingelagert sein, sich befinden u. dadurch die Gleichmäßigkeit der Gesamtfläche aufheben, auflockern:* riesige Flußläufe unterbrechen hier die Waldflächen; große Wasserflächen sind von saftig grünen Teppichen unterbrochen (Grzimek, Serengeti 43); **Un|ter|bre|cher,** der; -s, - (Elektrot.): *Vorrichtung, die in einem Stromkreis periodisch unterbricht;* **Un|ter|bre|cher|kon|takt,** der: *Kontakt in einem Unterbrecher, der den primären Stromkreis unterbricht;* **Un|ter|bre|chung,** die; -, -en: **a)** *das Unterbrechen;* **b)** *das Unterbrochensein.*
un|ter|brei|ten ⟨sw. V.; hat⟩ (ugs.): *unter jmdm., etw. ausbreiten:* eine Decke u.; **un|ter|brei|ten** ⟨sw. V.; hat⟩ (geh.): *[mit entsprechenden Erläuterungen, Darlegungen] zur Begutachtung, Entscheidung vorlegen:* jmdm. Vorschläge, einen Plan u.; Blieb nur noch offen, wem man den Antrag zuerst u. sollte, der Regierung oder der Kommandantur (Bieler, Bär 229); Es sind meist bestimmte Beratungsstellen, die ... ein Hilfsangebot u. sollen (Klee, Pennbrüder 92); **Un|ter|brei|tung,** die; -, -en: *das Unterbreiten.*
un|ter|brin|gen ⟨unr. V.; hat⟩: **1.** *in etw. für jmdn., etw. noch den erforderlichen Platz finden:* die alten Möbel im Keller u.; sie konnten die Koffer nicht alle im Kofferraum u.; wo soll ich all die Bücher u.?; die Kommandantur war in einer Villa untergebracht *(einquartiert);* Ü eine Nummer in einem Programm nicht mehr u. können; Wenn Zaczyk nicht einmal einen Elfmeter im Netz unterbringt (Fußball Jargon; verwandelt; Kicker 6, 1982, 46); er wußte nicht, wo er dieses Gesicht u. sollte *(woher er es kannte).* **2. a)** *jmdm. irgendwo eine Unterkunft verschaffen:* den Besuch bei Verwandten, im Hotel u.; die Kinder sind [bei den Großeltern] gut untergebracht; **b)** (ugs.) *jmdm. irgendwo eine Anstellung o. ä. verschaffen:* jmdn. bei einer Firma u.; Er verspricht, beim Ballett unterzubringen (Chotjewitz, Friede 6); daß man seinen Jungen als Schlosserlehrling unterzubringen versuchte (Augsburger Allgemeine 10./11. 6. 78, V). **3.** (ugs.) *erreichen, daß etw. angenommen wird, einen Interessenten findet:* sein Buch, seine wissenschaftliche Arbeit bei einem Verlag u.; Ich hatte kaum Möglichkeiten, Manuskripte unterzubringen (H. W. Richter, Etablissement 82); **Un|ter|brin|gung,** die; -, -en: **1.** *das Unterbringen:* seine U. in eine/einer Klinik. **2.** (ugs.) *Unterkunft;* **Un|ter|brin|gungs|be|fehl,** der (Rechtsspr.): *Anordnung des Strafrichters, daß der Beschuldigte einstweilen in einem psychiatrischen Krankenhaus od. einer Entziehungsanstalt unterzubringen ist.*
Un|ter|bruch, der; -[e]s, ...brüche (schweiz.): *Unterbrechung.*
un|ter|bü|geln ⟨sw. V.; hat⟩ (ugs.): *unterbuttern* (1): wenn die Amerikaner versuchen sollten, unsere eigenen Interessen unterzubügeln (Spiegel 36, 1981, 25).
un|ter|but|tern ⟨sw. V.; hat⟩ (ugs.): **1.** *jmds. Eigenständigkeit unterdrücken, nicht zur Geltung kommen lassen:* Die Höflichen, Bescheidenen – sie haben bei uns nichts zu bestellen. Sie werden untergebuttert (BM 28. 5. 77, 9); Mutter aber ließ sich nicht u., zumal sie meistens duzverdiente (Wilhelm, Unter 65). **2.** *zusätzlich verbrauchen:* das restliche Geld wurde mit untergebuttert.
un|ter|chlo|rig ⟨Adj.⟩ (Chemie): *weniger chlorhaltig:* -e Säuren.
Un|ter|deck, das; -[e]s, -s: *Deck, das einen Schiffsrumpf nach unten abschließt.*
Un|ter|deckung¹, die; -, -en (Kaufmannsspr.): *nicht ausreichende Deckung* (4a): die „gelbe Post" ... hat bis 1986 eine U. von 2,2 Millionen Mark erreicht (MM 29. 1. 88, 2).
un|ter|der|hand ⟨Adv.⟩ [für älter: unter der Hand]: *nicht auf dem sonst üblichen Weg, sondern in einer sich als günstig erweisenden, weniger öffentlichen Weise:* etw. u. verkaufen, erfahren; u. hörte man freilich alliierte Ratschläge (W. Brandt, Begegnungen 297).
un|ter|des ⟨Adv.⟩ [mhd. under des] (seltener): *unterdessen:* Andere Gäste fanden u. Gelegenheit zu Schnellfahrten (Blickpunkt 4, 1983, 16); **un|ter|des|sen** ⟨Adv.⟩: *inzwischen.*
Un|ter|do|mi|nan|te, die; -, -n (Musik): *Subdominante.*
Un|ter|dorf, das; -[e]s, ...dörfer: *unterer Teil eines Dorfes:* Ich suche das Haus, ich finde es im U. (Harig, Weh dem 28).
Un|ter|druck, der; -[e]s, ...drücke: **1.** (Physik, Technik) *Druck, der niedriger als der normale Luftdruck ist.* **2.** ⟨o. Pl.⟩ (Med.) *niedriger Blutdruck;* **un|ter|drücken¹** ⟨sw. V.; hat⟩: **1.** *etw. (Gefühle o. ä.), was hervortreten will, zurückhalten, nicht aufkommen lassen:* eine Bemerkung, einen Fluch, seine Aggressionen u.; sie zeigt sehr deutlich, daß sie ein Weinen unterdrückt (Gabel, Fix 199); eine gewisse Genugtuung kann er nicht u. (Reich-Ranicki, Th. Mann 42); ein unterdrücktes Schluchzen, Gähnen. **2.** *nicht zulassen, daß etw. Bestimmtes der Öffentlichkeit kommt, jmdm. bekannt wird:* Informationen, Tatsachen, Nachrichten u.; man soll mir nicht nachsagen können, daß ich ein Dokument unterdrückt habe (Muschg, Gegenzauber 179). **3.** *(in seiner Existenz, Entfaltung stark behindern; einzuschränken, niederzuhalten versuchen:* Minderheiten u.; jmdn. psychisch, sexuell u.; einen Aufstand u.; Ich konnte die nicht kämpfen gegen einen Vater, der mich unterdrückte (Wilhelm, Unter 83); Wir wehren uns, weil wir es gründlich satt haben, als Frauen unterdrückt zu werden (Praunheim, Armee 316); unterdrückte Völker; **Un|ter|drücker¹,** der; -s, - (abwertend): *jmd., der andere unterdrückt* (3): Mit Molotowcocktails gingen far-

bige Südafrikaner ... gegen ihre weißen U. vor (Spiegel 38, 1976, 132); **Un|ter|drücke|rin**[1], die; -, -nen (abwertend): w. Form zu ↑ Unterdrücker; **un|ter|drücke|risch**[1] ⟨Adj.⟩ (abwertend): *auf Unterdrückung (3) beruhend, von ihr zeugend, durch sie hervorgebracht:* Eine Gesellschaft, in der keine -en Normen und Gesetze die natürlichen Bedürfnisse verzerren und brechen (Wilhelm, Unter 26); **Un|ter|druck|kam|mer**, die (Med.): *Klimakammer mit regulierbarem Unterdruck zur Untersuchung der Bedingungen u. Auswirkungen des Höhenflugs;* **Un|ter|drückung**[1], die; -, -en: **a)** *das Unterdrücken:* die U. jeder Gefühlsregung, aller Proteste; **b)** *das Unterdrücktsein (3):* Widerstand gegen U.; **Un|ter|drückungs|me|cha|nis|mus**[1], der (bildungsspr.): *Mechanismus (2 b), der dazu führt, daß jmd. unterdrückt (3) wird:* Dort (= in einem Fernsehspiel), wo der öde, banale Tagesablauf mit den Unterdrückungsmechanismen der Arbeit ... blitzartig skizziert wird (Saarbr. Zeitung 27. 12. 79, 4).
un|ter|ducken[1] ⟨sw. V.; hat⟩ (landsch.): *untertauchen* (1 b).
un|ter|durch|schnitt|lich ⟨Adj.⟩: *unter dem Durchschnitt liegend:* -e Leistungen; u. begabt sein; Ertragslage noch immer u. (CCI 9, 1988, 27); Obwohl ... Orchestermusiker ohnehin schon u. verdienen (Orchester 5, 1983, 450).
un|ter|ein|an|der ⟨Adv.⟩ [mhd. under einander]: **1.** *eines unter das andere, unter das andere:* die Bilder u. aufhängen. **2.** *miteinander; unter uns, unter euch, unter sich:* das müßt ihr u. ausmachen; sich u. helfen; Solche Ehrlichkeit u. stünde uns gut zu Gesicht (Freie Presse 17. 2. 89, Beilage 4); ... welche Stoffe hier gelagert werden und wie sie sich u. vertragen (natur 3, 1991, 35); **un|ter|ein|an|der|le|gen** ⟨sw. V.; hat⟩: *eines unter das andere legen:* die Spielkarten nach Farben geordnet u.; **un|ter|ein|an|der|lie|gen** ⟨st. V.; hat⟩: *eines unter dem anderen liegen;* **un|ter|ein|an|der|ste|hen** ⟨unr. V.; hat⟩: vgl. untereinanderliegen; **un|ter|ein|an|der|stel|len** ⟨sw. V.; hat⟩: vgl. untereinanderlegen.
Un|ter|ein|heit, die; -, -en: vgl. Unterabteilung.
un|ter|ent|wickelt[1] ⟨Adj.⟩: **a)** *in der Entwicklung, Ausprägung, Reife, im Wachstum o. ä. zurückgeblieben:* ein Mädchen ... mit klaren Wieselaugen und -er Brust (H. Weber, Einzug 314); Folglich schließt sich auf dem Liberoposten der Teufelskreis spielerisch -er Kandidaten (Flensburger Tageblatt, Ostern 1984, 5); für Leute mit -em Geschmackssinn (Bastian, Brut 152); er ist geistig und körperlich u.; **b)** (Politik) *ökonomisch, bes. im Hinblick auf die Industrialisierung, zurückgeblieben:* Diese bessere Einbettung ist wohl auch für die ... heutigen sogenannten -en Gesellschaften gegeben (natur 8, 1991, 85); Afghanistan gehört zu den ärmsten und -sten Ländern der Welt (elan 2, 1980, 13); **Un|ter|ent|wick|lung**, die; -, -en: *das Unterentwickeltsein.*
Un|ter|er|fas|sung, die; -, -en (Statistik): *unvollständiges Erfassen (4 a), bei dem nur ein mehr od. weniger großer Teil einer Gesamtheit erreicht wird:* wenn durch eine ungenügende Zählermoral eine U. der Einwohnerzahl erfolgt (Spiegel 15, 1983, 29).
un|ter|er|näh|ren ⟨sw. V.; hat; meist im 2. Part.⟩: *sehr schlecht, nicht genügend ernähren; kaum mit Nahrung versorgen:* die Kinder ... waren so unterernährt, daß sich zwei Buben beim Stürzen die Hüften ausrenkten (Wimschneider, Herbstmilch 116); Ü Wird das Hirn reizmäßig unterernährt, spielt es verrückt (Spiegel 20, 1967, 130); **Un|ter|er|näh|rung**, die; -: *das Unterernährtsein:* Eine halbe Million Inder sterben jährlich an U. (MM 21. 4. 78, 3).
un|ter|fah|ren ⟨st. V.; hat⟩: **1. a)** (Bauw.) *einen Tunnel o. ä. unter einem Gebäude hindurchführen:* ... entschied sich die Gemeindeversammlung ..., das gefährliche Bergsturzgebiet mit einem Tunnel zu u. (NZZ 30. 4. 83, 28); **b)** (Bergbau) *einen Grubenbau unter einer Lagerstätte od. einem anderen Grubenbau anlegen, bauen.* **2. a)** *mit einem Fahrzeug unter etw. hindurchfahren:* einen Viadukt u.; **b)** *mit einem Fahrzeug (bei einem Zusammenstoß, Aufprall o. ä.) teilweise unter etw., bes. ein anderes Fahrzeug geraten:* Seine Stoßfänger sind zu schmal, beulen sich an den Ecken ein und werden leicht unterfahren (ADAC-Motorwelt 10, 1984, 24); **Un|ter|fahr|schutz**, der; -[e]s, -e: *Vorrichtung am Rahmen (2 a) von Lastkraftwagen, die verhindert, daß ein anderes Fahrzeug bei einem Zusammenstoß, Aufprall o. ä. unter den Lastkraftwagen gedrückt wird.*
Un|ter|fa|mi|lie, die; -, -n (Biol.): *Kategorie der botanischen u. zoologischen Systematik, die mehrere Gattungen unterhalb der Familie zusammenfaßt.*
un|ter|fan|gen, sich ⟨st. V.; hat⟩ [älter: unterfahen, mhd. undervähen, aus: unterfähan = unterfangen (2); sich mit etw. beschäftigen]: **1.** (geh.) **a)** *es wagen, etw. Schwieriges zu tun:* sich u., eine Chronik der vergangenen Jahrzehnte zu verfassen; weil ich ... mich nicht unterfing, dem ... Hergebrachten die Stirn zu bieten (Th. Mann, Joseph 313); **b)** *unverschämterweise für sich in Anspruch nehmen; sich erdreisten:* wie konnte sich dieser Redeweise u., sich u., dies zu behaupten? **2.** (Bauw.) *(ein Bauteil, Bauwerk) zur Sicherung gegen Absinken o. ä. mit Stützendem unterlegen;* **Un|ter|fan|gen**, das; -s, -: **1.** *Unternehmen [dessen Erfolg nicht unbedingt gesichert ist, das im Hinblick auf sein Gelingen durchaus gewagt ist]:* ein kühnes, gefährliches, löbliches U.; Seine U., Freunde zu gewinnen, blieben individuell und egozentrisch (Hohmann, Engel 283); Selbst die inhaltliche Vorbereitung einer Konferenz der kommunistischen Parteien ... erwies sich als ein überaus schwieriges U. (W. Brandt, Begegnungen 292). **2.** *das Unterlegen, Stützen eines Bauteils, Bauwerks zur Sicherung gegen Absinken o. ä.;* **Un|ter|fan|gung**, die; -, -en (Bauw.): *Unterfangen (2).*
un|ter|fas|sen ⟨sw. V.; hat⟩ (ugs.): **1.** *einhaken (2):* Dr. Schwarme war sehr beleidigt, faßte seine Frau unter ... und verließ mit ihr die Kabine (Konsalik, Promenadendeck 168); sie gingen untergefaßt. **2.** *von unten her fassen u. stützen:* einen Verwundeten u.
un|ter|fer|ti|gen ⟨sw. V.; hat⟩ (Amtsspr.): *unterschreiben:* ein Schriftstück u.; ein unterfertigtes Protokoll; **Un|ter|fer|ti|ger**, der; -s, - (Amtsspr.): *Unterzeichner;* **Un|ter|fer|ti|ge|rin**, die; -, -nen (Amtsspr.): w. Form zu ↑ Unterfertiger; **Un|ter|fer|tig|te**, der u. die; -n, -n ⟨Dekl. ↑ Abgeordnete⟩ (Amtsspr.): *Unterzeichner;* **Un|ter|fer|ti|gung**, die; -, -en (Amtsspr.): *Unterzeichnung.*
Un|ter|feue|rung, die; -, -en (Technik): **1.** *Befeuerung, Beheizung bes. von Entgasungsöfen.* **2.** *Feuerungsanlage bes. bei Entgasungsöfen.*
un|ter|flie|gen ⟨st. V.; hat⟩: *[mit einem Flugzeug] unter etw. hindurchfliegen:* die Flugabwehr u.; Kraniche unterfliegen Radar (Westd. Zeitung 7. 7. 84, 3).
un|ter|flur ⟨Adv.⟩ [zu ↑ ¹Flur (2)] (Technik, Bauw.): *(von Maschinen o. ä.) unter dem Boden:* die Hubanlage könne u. eingebaut werden (MM 31. 10. 68, 45); **Un|ter|flur|be|wäs|se|rung**, die: *Bewässerung, die innerhalb der Bodenoberfläche (durch perforierte Rohrleitungen) erfolgt;* **Un|ter|flur|ga|ra|ge**, die (Bauw.): vgl. Unterflurstraße; **Un|ter|flur|hy|drant**, der: *unter der Bodenoberfläche eingebauter Hydrant;* **Un|ter|flur|mo|tor**, der (Kfz-T.): *Motor (bes. bei Omnibussen u. Lkws), der unter dem Fahrzeugboden eingebaut ist;* **Un|ter|flur|stra|ße**, die (Bauw.): *unterirdische Straße.*
un|ter|for|dern ⟨sw. V.; hat⟩: *zu geringe Anforderungen an jmdn., etw. stellen:* Schüler u.; Ihrer Meinung nach war Paul mit dieser Beschäftigung unterfordert (Plenzdorf, Legende 224); Es gibt Ausstellungen ..., die das Publikum durch ein dünnes Konzept und Geringfügigkeit in der Auswahl der Exponate unterfordern (Saarbr. Zeitung 15./16. 12. 79, 5); **Un|ter|for|de|rung**, die; -: *das Unterfordern, Unterfordertwerden:* Der permanente Wechsel zwischen U. in der Kaserne und plötzlicher Überforderung bei Übungen und Manövern führt oft zu Alkohollagen (Spiegel 46, 1985, 114).
un|ter|füh|ren ⟨sw. V.; hat⟩: **1.** *eine Straße, einen Tunnel o. ä. unter etw. hindurchbauen, hindurchführen.* **2.** (Schrift- u. Druckw.) *Wörter, Zahlen, die sich in zwei od. mehr Zeilen untereinander an der gleichen Stelle wiederholen, durch Anführungszeichen ersetzen;* **Un|ter|füh|rer**, der; -s, - (Milit.): *Führer einer kleinen militärischen Abteilung;* **Un|ter|füh|rung**, die; -, -en: **1.** *Straße, Weg o. ä., der unter einer anderen Straße o. ä. hindurchführt.* **2.** (Schrift- u. Druckw.) *das Unterführen (2);* **Un|ter|füh|rungs|zei|chen**, das: *Anführungszeichen zum Unterführen (2) von Wörtern.*
Un|ter|funk|ti|on, die; -, -en (Med.): *mangelhafte Funktion eines Organs.*
Un|ter|fut|ter, das; -s, -: *zusätzliches ²Futter (1) zwischen Stoff u. eigentlichem ²Futter (1):* einen U. einnähen; Ü Politprominent Frank hatte für die hochfliegenden Pläne des passionierten Außenpolitikers das staatsrechtliche U. *(die staatsrechtliche Untermauerung, Absicherung, Grundlage)* geliefert (Spiegel 21, 1975, 26); **un|ter-**

Untergang

füt|tern ⟨sw. V.; hat⟩: **1.** *mit einem ²Futter (1) versehen:* einen Mantel u.; Ü Mit doppeltem Verstand versuchten sie ..., das irrationale Ereignis mit Vernunft zu u. *(zu untermauern, abzusichern, zu stützen;* Grass, Butt 50). **2.** *mit einer Schicht unterlegen:* Schienen mit Dämmaterial u.; Silikone ..., um weibliche Brüste zu vergrößern oder entstellende Narben im Gesicht zu u. (Spiegel 51, 1976, 189).
Un|ter|gang, der; -[e]s, ...gänge [mhd. underganc]: **1.** *(von einem Gestirn) das Verschwinden unter dem Horizont:* den U. der Sonne beobachten. **2.** *(von Schiffen) das Versinken:* der U. des Ölfrachters führte zur Katastrophe. **3.** *das Zugrundegehen:* der U. einer Familie, eines Volkes, des Römischen Reiches; der Alkohol war ihr U. *(Verderben, Ruin);* Wenn wir vor Gericht auspackt, wäre das eine Katastrophe. Mein totaler U. (Konsalik, Promenadendeck 363); daß sich die Menschheit nicht nur selbst zerstört, sondern die gesamte Natur in ihren U. mit hineinreißt (Gruhl, Planet 119); vom U. bedroht sein; etw. vor dem U. bewahren;
Un|ter|gangs|punkt, der (Astron.): *Stelle, an der ein Gestirn untergeht; Deszendent* (2 c); **Un|ter|gangs|stim|mung,** die: *düstere, vom Gefühl des nahen Untergangs geprägte Stimmung.*
un|ter|gä|rig ⟨Adj.⟩: *(von Hefe) bei niedriger Temperatur gärend u. sich nach unten absetzend:* -e Hefe; -es Bier *(mit untergäriger Hefe gebrautes Bier);* **Un|ter|gä|rung,** die; -, -en: *Gärung untergäriger Hefe.*
Un|ter|gat|tung, die; -, -en (Zool.): *Kategorie der botanischen u. zoologischen Systematik, die mehrere Arten unterhalb einer Gattung zusammenfaßt.*
un|ter|ge|ben ⟨Adj.⟩ [zu veraltet untergeben = unterordnen, mhd. undergeben, ahd. untargeban]: *in seiner [beruflichen] Stellung o. ä. einem anderen unterstellt;* **Un|ter|ge|be|ne,** der u. die; -n, -n ⟨Dekl. ↑ Abgeordnete⟩: *jmd., der einem anderen untergeben ist:* jmdn. wie einen -n behandeln; Wir sind der Meinung, daß die beschworene Gehorsamspflicht des -n keine unbeschränkte ist (NJW 19, 1984, 1086).
un|ter|ge|hen ⟨unr. V.; ist⟩ [mhd. undergān, undergēn, ahd. untargān, untargēn]: **1.** *hinter dem Horizont verschwinden:* dann kann die Sonne ruhig aufgehen frühmorgens ... und abends u. (Hilsenrath, Nazi 162). **2.** *unter der Wasseroberfläche verschwinden u. nicht mehr nach oben gelangen; versinken:* das Schiff ging unter; er drohte unterzugehen; Ü seine Worte gingen in Bravorufen unter *(wurden nicht mehr verstanden);* dieses Lachen verstärkte sich so, daß die Pointe meistens darin unterging (H. W. Richter, Etablissement 20). **3.** *zugrunde gehen; zerstört, vernichtet werden:* es war, als ob die Welt u. wollte; diese Dynastie ist untergegangen; Irgendwie läßt die Brigade das nicht zu, daß der Mann untergeht (Klee, Pennbrüder 56); Der Held der Geschichte geht unter, obgleich er nur Gutes tun will (H. Weber, Einzug 404).
un|ter|ge|ord|net: 1. ↑unterordnen. **2.** ⟨Adj.⟩ *[in seiner Funktion, Bedeutung]* weniger wichtig, zweitrangig; nicht so bedeutend, umfassend wie etw. anderes; sekundär: *das ist von -er Bedeutung,* spielt eine -e Rolle; Er wußte, daß rechter Hand gleich eine -e Straße, sehr gewunden und zum Teil durch Laubwald führend, kommen mußte (Bastian, Brut 102). **3.** (Sprachw.) *syntaktisch abhängig:* -e Sätze.
Un|ter|ge|schoß, das; ...geschosses, ...geschosse: *Souterrain.*
Un|ter|ge|stell, das; -[e]s, -e: **1.** *Fahrgestell (eines Kraftfahrzeugs).* **2.** (salopp scherzh.) *Beine (eines Menschen):* Sie hatte ein mächtiges U., aber obenherum sah es schlecht aus mit der Figur (Sommer, Und keiner 200).
Un|ter|ge|wand, das; -[e]s, ...gewänder: **1.** (südd., österr.) *Unterkleid, -rock.* **2.** (geh.) *unter dem Obergewand getragenes Gewand:* die Tunika war ein antikes U.
Un|ter|ge|wicht, das; -[e]s: *im Verhältnis zum Normalgewicht zu geringes Gewicht:* U. haben; Der Zusammenhang zwischen U. und Fruchtbarkeit war schon im Kriegsjahr 1917 bei der Hungersnot in Petersburg erkannt worden (Spiegel 25, 1981, 209); **un|ter|ge|wich|tig** ⟨Adj.⟩: *Untergewicht habend:* Das Kind wirkt müde, sieht blaß aus, hat Augenringe und ist deutlich u. (Gesundheit 7, 1976, 220).
Un|ter|gla|sur|far|be, die; -, -n (Fachspr.): *keramische Farbe;* **Un|ter|gla|sur|ma|le|rei,** die; - (Fachspr.): *das Auftragen von Farben auf die geglühte Keramik, bevor diese ihre Glasur erhält.*
un|ter|glie|dern ⟨sw. V.; hat⟩: **a)** *in einzelne [Unter]abschnitte, [Unter]abteilungen o. ä. gliedern:* einen Text stärker, besser u.; wie ist die Abteilung untergliedert?; ein in mehrere offene Räume untergliederter Flachbau (Freie Presse 24. 11. 89, 4); **b)** ⟨u. + sich⟩ *gegliedert, untergliedert* (a) *sein:* Das Neue Forum ... untergliedert sich in Basisgruppen (Freie Presse 30. 12. 89, 6); **Un|ter|glie|de|rung,** die; -, -en: *das Untergliedern;* **Un|ter|glie|de|rung,** die; -, -en: *kleinerer Abschnitt einer Gliederung.*
un|ter|gra|ben ⟨st. V.; hat⟩: *etw. grabend mit der Erde vermengen:* der Dünger wurde untergegraben; **un|ter|gra|ben** ⟨st. V.; hat⟩: *nach u. nach an der Vernichtung von etw. arbeiten; etw. kaum merklich, aber zielstrebig, unausbleiblich [von innen heraus] zerstören:* jmds. Ansehen, Ruf u.; Sie ... versuchten, die Grundpfeiler der Sowjetmacht zu u. (horizont 17, 1977, 8); das viele Trinken hat seine Gesundheit untergraben; **Un|ter|gra|bung,** die; -: *das Untergraben.*
Un|ter|gren|ze, die; -, -n: *untere Grenze* (2): zehn Seiten sollen die U. sein bei dieser schriftlichen Arbeit.
Un|ter|griff, der; -[e]s, -e: **1.** (Ringen) *Griff, bei dem der Gegner mit beiden Armen über den Hüften umklammert u. zu Boden geworfen wird.* **2.** (Turnen) *Kammgriff.*
Un|ter|grund, der; -[e]s, ...gründe [1: schon mniederd. undergrunt; 4: nach engl. underground (movement)]: **1.** *unter der Erdoberfläche, unterhalb der Ackerkrume liegende Bodenschicht:* den U. lockern; Die Wasserrohre unserer Städte sind undicht (natur 4, 1991, 24). **2. a)** *Grundfläche, auf der etw. stattfindet, auf der etw. ruht, bes. Bodenschicht, die die Grundlage für einen Bau bildet:* fester, felsiger, sandiger U.; der U. ist für einen solchen Bau nicht geeignet; beim Davis-Cup müssen Sie auf einem extrem schnellen U. *(Belag)* spielen (tennis magazin 10, 1986, 83); weil auf dem unberechenbaren U. das Standbein beim Schuß ständig wegrutschte (Kicker 6, 1982, 45); **b)** *Boden, unterste Fläche:* der U. des Meeres; **c)** (selten) *Grundlage, Fundament* (2): Die Liebe sei der U. seines Schöpfertums, sein inspirierender Genius ..." gewesen (Reich-Ranicki, Th. Mann 79). **3.** *unterste Farbschicht von etw.; Fläche eines Gewebes o. ä. in einer bestimmten Farbe, von der sich andere Farben abheben:* eine schwarze Zeichnung auf rotem U. **4.** ⟨o. Pl.⟩ (bes. Politik) **a)** *gesellschaftlicher Bereich außerhalb der etablierten Gesellschaft, der Legalität:* Statt zum offiziellen Teil der Wirtschaft ... tragen sie zu einem Bereich bei, der im dunklen liegt – zur Wirtschaft im U. (Spiegel 20, 1983, 82); Während des Krieges gehen mehr oder weniger in den U. (Dierichs, Männer 43); **b)** *kurz für* ↑ Untergrundbewegung: einen U. aufbauen. **5.** (selten) *Underground* (2): Die hier veröffentlichten Erzählungen ... sind ... bislang nur im literarischen U. publiziert worden (Hohmann, Engel 2); **Un|ter|grund|bahn,** die [LÜ von engl. underground railway]: *Schnellbahn, die unterirdisch geführt ist;* Abk.: U-Bahn; **Un|ter|grund|be|we|gung,** die (Politik): *oppositionelle Bewegung, die im Untergrund* (4 a) *arbeitet;* **Un|ter|grund|film,** der: *dem Underground* (2) *entstammender Film;*
un|ter|grün|dig ⟨Adj.⟩: *etw. Beziehungsreiches enthaltend, was nicht ohne weiteres erkennbar, sichtbar, aber unter der Oberfläche im Untergrund vorhanden ist:* Da bahnt sich wieder eine -e Tragödie an (Konsalik, Promenadendeck 188); In Wahrheit ... wirkt u. in jeder Frau der Sehnsucht, taufrisch und vom Leben unberührt wiedergeboren zu werden (Eltern 2, 1980, 80); **Un|ter|grund|kämp|fer,** der: *jmd., der (als Angehöriger einer Untergrundbewegung) im Untergrund kämpft;* **Un|ter|grund|kämp|fe|rin,** die: w. Form zu ↑Untergrundkämpfer; **Un|ter|grund|li|te|ra|tur,** die ⟨o. Pl.⟩: vgl. **Un|ter|grund|film;** **Un|ter|grund|mu|sik,** die ⟨o. Pl.⟩: vgl. Untergrundfilm; **Un|ter|grund|or|ga|ni|sa|ti|on,** die (Politik): vgl. Untergrundbewegung: Adorf, der in Frankreich eine U. aufbaut (Spiegel 44, 1979, 287); **Un|ter|grund|pu|bli|zi|stik,** die: *Publizistik von Untergrundbewegungen;* **Un|ter|grund|sen|der,** der: *illegal [von Untergrundbewegungen] betriebener Rundfunksender;* **Un|ter|grund|wirt|schaft,** die: *Schattenwirtschaft:* Parallel zur unfähigen, korrupten Staatswirtschaft hat sich in den letzten Jahren eine geschickt am Staat vorbei operierende U. entwickelt (Spiegel 42, 1984, 192).
Un|ter|grup|pe, die; -, -n: vgl. Unterabteilung.
Un|ter|haar, das; -[e]s, -e: *die unteren, kürzeren Haare unter dem Deckhaar* (a).
un|ter|hal|ben ⟨unr. V.; hat⟩ (ugs.): *etw. un-*

ter einem anderen Kleidungsstück tragen, anhaben. **un|ter|ha|ken** ⟨sw. V.; hat⟩ (ugs.): einhaken (2): Der Blinde ... tastete mit seinem weißen Stock vor sich den Weg ab, obwohl ihn das Mädchen untergehakt hatte (Konsalik, Promenadendeck 7); ⟨häufig u. + sich:⟩ Sie hakte sich bei mir unter (Gabel, Fix 162); Die Tänzer und Tänzerinnen haken sich unter (Chotjewitz, Friede 205); Sie gingen untergehakt *(Arm in Arm)* durch die trüben Nachmittage (Bieler, Mädchenkrieg 31). **un|ter|halb** [spätmhd. underhalbe(n), eigtl. = (auf der) untere(n) Seite]: **I.** ⟨Präp. mit Gen.⟩ *in tieferer Lage unter etw. befindlich, unter:* eine Verletzung u. des Knies; u. des Gipfels; eine Höhle u. seines Hauses (Ransmayr, Welt 258); eine Bank u. des Bronzedenkmals (Borkowski, Wer 43); Ü 1 Mio. t Mehl zu subventionierten Preisen weit u. des Weltmarktpreises (NZZ 21. 1. 83, 11). **II.** ⟨Adv.⟩ (in Verbindung mit „von") *unter etw., tiefer als etw. gelegen:* die Altstadt liegt u. vom Schloß. **Un|ter|halt,** der; -[e]s: **1. a)** *Lebensunterhalt:* zum U. einer Familie beitragen; **b)** *Unterhaltszahlung (für ein uneheliches Kind, für einen getrennt lebenden od. geschiedenen Ehegatten):* er muß U. zahlen; Selbst den U. schickte er nicht – sie klagte ihn ein (Bastian, Brut 132). **2.** *das Instandhalten von etw. u. die damit verbundenen Kosten:* der neue Wagen ist im U. günstiger; Die daraus resultierenden Einnahmen müssen zur Schaffung und zum U. von Parkgelegenheiten verwendet werden (NZZ 30. 4. 83, 28); **un|ter|hal|ten** ⟨st. V.; hat⟩ (ugs.): *etw. unter etw. halten:* einen Eimer u.; **un|ter|hal|ten** ⟨st. V.; hat⟩ [beeinflußt von frz. entretenir, souvenir]: **1.** *für den Lebensunterhalt von jmdm. aufkommen:* er hat eine große Familie zu u.; Wenn sie also bald heiraten wollten, hätte ... er U. zu leisten (Kemelman [Übers.], Dienstag 203). **2. a)** *für den Unterhalt (2) von etw. sorgen:* Straßen, Gebäude u.; schlecht unterhaltene Gleisanlagen; **b)** *[als Besitzer] etw. halten, einrichten, betreiben u. dafür aufkommen:* eine Pension u.; der Senat unterhält das Archiv; auch ihre Tochter Sybill, die mittlerweile einen gutgehenden Modesalon in Hamburg unterhielt (Danella, Hotel 382). **3. a)** *aufrechterhalten:* das Feuer im Kamin u. *(nicht ausgehen lassen);* **b)** *pflegen (2a):* gute Verbindungen, Kontakte mit, zu jmdm. u.; die beiden Staaten unterhalten diplomatische Beziehungen; Wir unterhielten sogar eine ständige Repräsentanz in der peruanischen Hauptstadt (Enzensberger, Mittelmaß 169). **4.** ⟨u. + sich⟩ *[zwanglos, auf angenehme Weise] mit jmdm. über etw. sprechen:* sich angeregt, lebhaft [über etw.] u.; ich möchte mich mal mit Ihnen unter vier Augen u.; Jetzt sei es natürlich zu spät ..., aber er werde sich mit ihm morgen gründlich unterhalten *(werde mit ihm eine Aussprache mit ihm herbeiführen;* Loest, Pistole 174); Das Gerücht hat ... zumindest bewirkt, daß man sich wieder über die ... Konkordanzzwänge unterhalte *(daß man darüber wieder Gespräche führe;* Tages Anzeiger 12. 11. 91, 3); ♦ ⟨auch ohne „sich" u. mit Akk.-Obj.:⟩ und er verfehlte nicht, sein Lieblingsthema wieder anzustimmen und mich von dem vorgeschlagenen Bau des Pfarrhauses umständlich zu u. *(ausführlich mit mir darüber zu reden;* Goethe, Dichtung u. Wahrheit 11). **5.** *jmdn. auf Vergnügen bereitende, entspannende o. ä. Weise [mit etw. Anregendem] beschäftigen, ihm die Zeit vertreiben:* seine Gäste [mit spannenden Erzählungen] u.; Ich baue ... Satzperioden von delikater Balance, als gelte es, eine literarisch interessierte Hofgesellschaft zu u. (Stern, Mann 98); sich auf einer Party bestens u.; der Film war sehr unterhaltend; **Un|ter|hal|ter,** der; -s, -: *jmd., der [berufsmäßig mit einem bestimmten Programm] unterhält (5):* Es ist verblüffend, daß ... sich irgendein Journalist in einen U. verwandeln kann, ohne Ausbildung, ohne Berufserfahrung (Zeit 25. 4. 75, 49); **Un|ter|hal|te|rin,** die; -, -nen: w. Form zu ↑ Unterhalter; **un|ter|halt|lich** ⟨Adj.⟩ (selten): *unterhaltsam:* Und immer u. war er (Kempowski, Zeit 89); ♦ er schreibt doch immer so heiter und u. (Fontane, Effi Briest 25); **Un|ter|halt|lich|keit,** die; - (selten): *Unterhaltsamkeit:* in der ganzen Anlage und U. war der Film seiner Zeit 30 Jahre voraus (Augsburger Allgemeine 13./14. 5. 78, II); **un|ter|halt|sam** ⟨Adj.⟩: *unterhaltend, auf angenehme Weise die Zeit vertreibend:* ein -er Abend, Film; Er ist fraglos der am wenigsten -e, aber ... ein äußerst nützlicher Autor (Strauß, Niemand 195); Birgit ... war lange nicht so u. wie Antje (Danella, Hotel 218); der Abend war recht u.; **Un|ter|halt|sam|keit,** die; -: *das Unterhaltsamsein:* Viele deutsche Filme würden an einem Mangel ... an U. leiden (Szene 8, 1984, 45); **Un|ter|halts|an|spruch,** der: *Anspruch auf Unterhaltszahlung;* **Un|ter|halts|bei|hil|fe,** die: *Beihilfe (1) zu den Unterhaltskosten:* Von ihrem ehemaligen Mann ... bekam sie längst keine U. mehr (Sommer, Und keiner 377); **Un|ter|halts|bei|trag,** der: *Beitrag zu den Unterhaltskosten;* **un|ter|halts|be|rech|tigt** ⟨Adj.⟩: *berechtigt, Unterhaltszahlungen zu empfangen:* -e Kinder; **Un|ter|halts|be|rech|tig|te,** der u. die; -n, -n ⟨Dekl. ↑ Abgeordnete⟩: *unterhaltsberechtigte Person;* **Un|ter|halts|for|de|rung,** die: vgl. Unterhaltsklage; **Un|ter|halts|ge|wäh|rung,** die: *Gewährung von Unterhaltszahlung;* **Un|ter|halts|kla|ge,** die: *gerichtliche Klage auf Zahlung von Unterhaltskosten;* **Un|ter|halts|ko|sten** ⟨Pl.⟩: *Kosten für den Lebensunterhalt eines Unterhaltsberechtigten, der der Unterhaltspflichtige zu zahlen hat;* **Un|ter|halts|pflicht,** die: *(gesetzliche) Verpflichtung, Unterhaltskosten zu zahlen;* **un|ter|halts|pflich|tig** ⟨Adj.⟩: *unterhaltsverpflichtet;* **Un|ter|halts|pflich|ti|ge** der u. die; -, -n ⟨Dekl. ↑ Abgeordnete⟩: *unterhaltsverpflichtete Person;* **un|ter|halts|ver|pflich|tet** ⟨Adj.⟩: *(gesetzlich) verpflichtet, Unterhaltskosten zu zahlen;* **Un|ter|halts|vor|schuß,** der: *Zahlung von Unterhaltskosten für ein Kind eines alleinlebenden Elternteils durch bestimmte staatliche Stellen, wenn der unterhaltspflichtige Elternteil seiner Unterhaltspflicht nicht nachkommt;* **Un|ter|halts|zah|lung,** die: *Zahlung der Unterhaltskosten;* **Un|ter|hal|tung,** die; -, -en: **1.** ⟨o. Pl.⟩ (selten) *das Unterhalten (1).* **2.** ⟨o. Pl.⟩ *das Unterhalten (2):* etw. ist in der U. sehr teuer; mehr als sie zur U. ihres Staatsapparats brauchen (Gruhl, Planet 238). **3.** ⟨o. Pl.⟩ *das Unterhalten (3):* die U. diplomatischer Beziehungen. **4.** *das Sichunterhalten (4); auf angenehme Weise geführtes Gespräch:* eine lebhafte, interessante, anregende U.; die anfangs rege U. stockte; Bis zum Abendessen hatten wir uns beide wieder ziemlich in der Gewalt, eine ganz vernünftige U. kam sogar zustande (Fallada, Trinker 7); mit jmdm. eine U. führen; sich an der U. nicht beteiligen. **5. a)** *das Unterhalten (5); angenehmer Zeitvertreib:* sich etwas U. suchen; Torsten hat jede Menge Gesellschaft und U. (Danella, Hotel 282); jmdm. gute, angenehme U. wünschen; für U. sorgen; zur U. der Gäste beitragen; ... wenn ich meine Erinnerungen nicht in erster Linie zu der des Publikums niederschriebe (Th. Mann, Krull 39); **b)** (veraltend) *Geselligkeit, unterhaltsame Veranstaltung;* **Un|ter|hal|tungs|bei|la|ge,** die: *sich aus Kurzgeschichten, Kreuzworträtseln u. a. zusammensetzende, unterhaltende Beilage einer Zeitung;* **Un|ter|hal|tungs|elek|tro|nik,** die ⟨o. Pl.⟩: *Gesamtheit der elektronischen Geräte, die Musik od. gesprochenes Wort (aus dem Bereich der Unterhaltung) reproduzieren;* **Un|ter|hal|tungs|li|te|ra|tur,** die: vgl. Unterhaltungsliteratur; **Un|ter|hal|tungs|in|du|strie,** die: *Industriezweig, der bes. Produkte herstellt, die der Unterhaltung (5 a) dienen (z. B. Schallplatten, Filme, Zeitschriften);* **Un|ter|hal|tungs|ko|sten** ⟨Pl.⟩: *Kosten für den Unterhalt von etw.;* **Un|ter|hal|tungs|künst|ler,** der: *Unterhalter;* **Un|ter|hal|tungs|künst|le|rin,** die: w. Form zu ↑ Unterhaltungskünstler; **Un|ter|hal|tungs|lek|tü|re,** die: vgl. Unterhaltungsliteratur; **Un|ter|hal|tungs|li|te|ra|tur,** die ⟨o. Pl.⟩: *Literatur, die (meist ohne besonderen literarischen Anspruch) unterhaltend ist;* **Un|ter|hal|tungs|mu|sik,** die ⟨o. Pl.⟩: *unkomplizierte, leicht eingängige Musik, die oft auch als Hintergrundmusik der [geselligen] Unterhaltung (5 a) dient; Abk.:* U-Musik; **Un|ter|hal|tungs|or|che|ster,** das: *Orchester, das auf Unterhaltungsmusik spezialisiert ist;* **Un|ter|hal|tungs|pro|gramm,** das: vgl. Unterhaltungssendung; **Un|ter|hal|tungs|ro|man,** der: vgl. Unterhaltungsliteratur; **Un|ter|hal|tungs|sen|dung,** die: *Sendung in Rundfunk od. Fernsehen, die der Unterhaltung dient;* **Un|ter|hal|tungs|teil,** der: **1.** vgl. Unterhaltungsbeilage. **2.** *Teil eines Unterhaltungsprogramms;* **Un|ter|hal|tungs|wert,** der: *Grad der Unterhaltsamkeit, die von etw. ausgeht, die etw. hat:* Der U. hohe, geringe U. eines Films; Der U. eines Game muß groß sein (NZZ 21. 3. 83, 41); Sekundärliteratur über die Zunft der Juristen ist ... dünn gesät, solche mit U. so gut wie nicht existent (NJW 19, 1984, 1097); **Un|ter|hal|tungs|zeit|schrift,** die: *Zeitschrift, die der Unterhaltung dient.*

unterhandeln

un|ter|han|deln ⟨sw. V.; hat⟩ (bes. Politik): bes. bei *[militärischen] Konflikten zwischen Staaten auf eine vorläufige Einigung hinwirken;* **Un|ter|händ|ler**, der; -s, - (bes. Politik): *jmd., der im Auftrag eines Staates, einer Interessengruppe o. ä. unterhandelt:* Als unser U. wurde Staatssekretär Duckwitz bestimmt (W. Brandt, Begegnungen 528); der Divisionsstab werde morgen früh zwei U. zu den Amerikanern schicken (Bieler, Bär 81); **Un|ter|händ|le|rin**, die; -, -nen (bes. Politik): w. Form zu ↑ Unterhändler; **Un|ter|hand|lung**, die; -, -en (bes. Politik): *das Unterhandeln:* mit jmdm. in -en treten.
Un|ter|haus, das; -es, ...häuser [b: engl. Lower House]: a) *zweite Kammer eines Parlaments, das aus zwei Kammern besteht:* das kanadische, japanische U; b) ⟨o. Pl.⟩ *zweite Kammer des britischen Parlaments;* **Un|ter|haus|mit|glied**, das: *Mitglied des Unterhauses;* **Un|ter|haus|sit|zung**, die: *Sitzung des Unterhauses.*
Un|ter|haut, die; - (Biol., Med.): *im Fettgewebe befindliches Bindegewebe unter der Epidermis.*
un|ter|he|ben ⟨st. V.; hat⟩ (Kochk.): *unterziehen* (3): wenn der Teig glattgerührt ist, den Eischnee u.
Un|ter|hemd, das; -[e]s, -en: *Hemd* (1a): dort, wo die Bluse aus dem Rock gerutscht war und ein rosa U. herausschaute (Sommer, Und keiner 109); Adolf ... trägt nur ein kurzes U. (Chotjewitz, Friede 136).
Un|ter|hit|ze, die; -: *Hitze, die in einem Backofen, einer Bratpfanne o. ä. von unten auf die Speisen einwirkt:* das Fleisch bei guter U. anbraten.
un|ter|höh|len ⟨sw. V.; hat⟩: 1. *bewirken, daß etw. unter seiner Oberfläche [nach u. nach] ausgehöhlt wird:* das Wasser hat das Ufer unterhöhlt. 2. *untergraben:* In den Kasernen unterhöhlen kommunistische Handlanger die Moral der Truppe (Chotjewitz, Friede 252); Die päpstliche Enzyklika „Humanae vitae" ... hat die Autorität Roms ... weiter unterhöhlt (Saarbr. Zeitung 2. 10. 79, 26).
Un|ter|holz, das; -es: *niedrig (unter den Kronen älterer Bäume) wachsendes Gehölz:* neue, seltene Bäume werden gepflanzt, das U. gelichtet (B. Vesper, Reise 332).
Un|ter|ho|se, die; -, -n ⟨häufig auch im Pl. mit singularischer Bed.⟩: *Hose, die unter der Oberkleidung unmittelbar auf dem Körper getragen wird:* er trägt eine lange U./lange -n; sie steigt nur aus der U. (Zenker, Froschfest 22); er zeigte sich einer Frau nicht gern in seiner ältesten U. (H. Gerlach, Demission 63); Nur in -n ... legt sie sich ins Bett (Ziegler, Kein Recht 240).
un|ter|in|for|miert ⟨Adj.⟩: *nicht ausreichend (über bestimmte Dinge) informiert:* Sie bilden einen intelligenten, jedoch -en, daher nur bedingt urteilsfähigen Zuschauerkreis (Köhler, Hartmut 67); In Wirklichkeit sind die meisten Kinder u. und alleine gelassen mit ihrer ... Sexualität (Jaeggi, Fummeln 45).
Un|ter|in|stanz, die; -, -en: *Instanz unter einer höheren Instanz.*
un|ter|ir|disch ⟨Adj.⟩: *unter dem Erdboden [liegend], [sich] unter dem Erdboden [befindend]:* ein -er Gang; die Ölleitung verläuft u.; 300 Parkplätze sind u. anzulegen (NZZ 2. 2. 83, 23); In den Torflöchern schwelt es nämlich gern u. weiter (Brot und Salz 402); Ü dieses Vorgehen wirkte sich u. *(nicht sichtbar)* aus.
Un|ter|ita|li|en, -s: *das südliche Italien.*
Un|ter|jacke[1], die; -, -n (Fachspr.): *Unterhemd [für Männer].*
un|ter|jo|chen ⟨sw. V.; hat⟩ [LÜ von spätlat. subiugare]: *unter seine Herrschaft, Gewalt bringen u. unterdrücken:* andere Völker, Minderheiten u.; Beide (= Hitler und Napoleon) hätten Europa völlig unterjocht, würde nicht ihr Marsch auf Moskau Rußland erst auf den Plan gerufen haben (Hochhuth, Stellvertreter 120); **Un|ter|jo|chung**, die; -, -en: *das Unterjochen.*
un|ter|ju|beln ⟨sw. V.; hat⟩ (salopp): *[auf unauffällig-geschickte Weise] bewerkstelligen, daß jmd. etw. [zugeschoben] bekommt, daß ihm etw. zugedacht, zugemutet wird [was er nicht gern haben, tun möchte]:* jmdm. einen Fehler, einen Auftrag u.; Das Plagiat war der Stadt von einem Verlag untergejubelt worden, den die Stadt nun auf Schadenersatz verklagen will (MM 10. 12. 81, 23).
un|ter|kant ⟨Präp. mit Gen.⟩ (schweiz.): *unterhalb:* u. des Fensters; ⟨bei alleinstehendem st. Subst. im Sg. auch mit unflekt. Form:⟩ u. Fenster.
un|ter|kel|lern ⟨sw. V.; hat⟩: *(ein Gebäude o. ä.) mit einem Keller versehen:* Schön, Ihr Haus. Voll unterkellert? (Brot und Salz 72); **Un|ter|kel|le|rung**, die; -, -en: 1. *das Unterkellern.* 2. (Bauw.) *durch Unterkellerung* (1) *hergestellter Teil eines Hauses, Gebäudes.*
Un|ter|kie|fer, der; -s, -: *unterer Teil des Kiefers:* * **jmdm. fällt/klappt der U. herunter, jmds. U. fällt/klappt herunter** (ugs.; *jmd. ist maßlos erstaunt über etw. [u. macht dabei ein entsprechendes Gesicht]*); **Un|ter|kie|fer|drü|se**, die: *Speicheldrüse (unter der Zunge);* **Un|ter|kie|fer|kno|chen**, der: *Knochen des Unterkiefers.*
Un|ter|kir|che, die; -, -n (Archit.): a) *Krypta;* b) *(von zwei übereinanderliegenden Kirchen) untere Kirche.*
Un|ter|klas|se, die; -, -n (Biol.): *Kategorie der botanischen u. zoologischen Systematik, die mehrere Ordnungen unterhalb der Klasse zusammenfaßt;* **un|ter|klas|sig** ⟨Adj.⟩ (Sport): *einer unteren Spielklasse angehörend, in einer unteren Spielklasse spielend:* Einige Bundesligisten wankten zwar ..., ließen sich aber von -en Klubs nicht aufs Kreuz legen (Kicker 82, 1981, 50).
Un|ter|kleid, das; -[e]s, -er: 1. *Unterrock.* 2. *meist mit schmalen Trägern versehenes Kleid [aus Taft, Seide o. ä.], das unter einem [durchsichtigen] Kleid getragen wird;* **Un|ter|klei|dung**, die; -, -en ⟨Pl. selten⟩: *Unterwäsche.*
un|ter|kom|men ⟨st. V.; ist⟩ [mhd. under komen = dazwischentreten, verhindern]: 1. a) *Unterkunft* (1), *Aufnahme finden:* bei Freunden, in einer Pension u.; könnten wir vielleicht bei dir für zwei Tage u.? (Eppendorfer, St. Pauli 76); b) (ugs.) *Arbeit, eine Stelle, einen Posten o. ä. finden:* bei, in einem Verlag u.; Zu Martini wird eine Stelle frei im Hackerkeller drüben, als Beiköchin könnt' ich u. (Kühn, Zeit 89); Einige kommen auch in einem Winterzirkus unter (Nordschweiz 27. 3. 85, 3). 2. (ugs.) *erreichen, daß etw. angenommen wird, einen Interessenten findet:* mit seiner Story woanders u. 3. (ugs.) *jmdm. vorkommen* (1), *begegnen* (2 b): so etwas, so ein Querulant ist mir noch nicht untergekommen; ein Phänomen sozialistischer Rechtsprechung, das ihm als Student nicht untergekommen war (Spiegel 13, 1989, 79); Er ist ... das größte mathematische Talent, das mir in 20 Jahren untergekommen ist (Spiegel 27, 1983, 146); **Un|ter|kom|men**, das; -s, - ⟨Pl. selten⟩: 1. *Unterkunft:* kein U. finden. 2. (veraltend) *Stellung, Posten:* jmdm. ein U. bieten.
Un|ter|kom|mis|si|on, die; -, -en: vgl. *Unterkommission.*
Un|ter|kör|per, der; -s, -: a) *unterer Teil des menschlichen Körpers von der Taille bis zu den Füßen;* b) *unterer Teil des Rumpfes.*
un|ter|kö|tig ⟨Adj.⟩ [wohl zu mundartl. Köte = Geschwür] (landsch.): *unter der Haut eitrig entzündet.*
[1]un|ter|krie|chen ⟨st. V.; ist⟩ (ugs.): *sich an eine Stelle begeben, dahin zurückziehen, wo man Schutz o. ä. findet:* er kroch in einer Scheune unter; Ich muß irgendwo u., wo weder Russen noch Amerikaner herumschnüffeln (Heym, Schwarzenberg 77); Ich hab's eilig, sagte Hoppedietz, der als technischer Zeichner untergekrochen war *(eine Arbeit, Stelle gefunden hatte)*; Bieler, Bär 200); **[2]un|ter|krie|chen** ⟨st. V.; hat⟩ (selten): *unter etw. hindurchkriechen:* Ohne es zu bemerken, hatte Vater einen Stacheldrahtzaun unterkrochen (Schnurre, Schattenfotograf 304).
un|ter|krie|gen ⟨sw. V.; hat⟩ (ugs.): *bewirken, daß jmd. entmutigt aufgibt:* er ist nicht unterzukriegen; sich nicht u. lassen *(den Mut nicht verlieren),* Ü Der Rock 'n' Roll ... war nicht auf Dauer unterzukriegen (Amendt, Sexbuch 154).
un|ter|küh|len ⟨sw. V.; hat⟩ (ugs.): a) *die Körpertemperatur unter den normalen Wert senken:* den Patienten künstlich u.; Steht das Bett an einer kalten Außenwand, kann dort die Luftzirkulation den Kopf des Schläfers u. (Allgemeine Zeitung 4. 6. 85, 9); stark unterkühlt sein; b) (bes. Technik): *Pastösen, unterkühlten Brei abfüllen und bei minus 40 Grad richtig durchfrieren (natur 7, 1991, 63);* **un|ter|kühlt** ⟨Adj.; -er, -este⟩: *distanziert u. bewußt jegliche Emotionen, subjektive Gesichtspunkte, Äußerungen o. ä. vermeidend:* einen -en Stil haben; Was den Leser packt, ist die -e Leidenschaft, mit der sich der Autor dem Stoff nähert (Stadtblatt 21, 1984, 37); sie wirkte eher ein wenig u. (Borell, Verdammt 104); **Un|ter|küh|lung**, die; -, -en: a) *das Unterkühlen;* b) *das Unterkühltsein.*
Un|ter|kunft, die; -, ...künfte: 1. *Wohnung, Raum o. ä., wo jmd. als Gast o. ä. vorübergehend wohnt; Logis:* eine gute, einfache, menschenunwürdige U.; eine U. suchen, finden, haben; Seine Dachkammer glich

3588

längst der verwahrlosten U. irgendeines Erzkochers (Ransmayr, Welt 219); für U. und Frühstück bezahlen; die Soldaten sind in ihre Unterkünfte *(Quartiere)* zurückgekehrt. **2.** ⟨Pl. selten⟩ *das Unterkommen* (1 a): *für jmds. U. sorgen.* **Un|ter|la|ge,** die; -, -n [mhd. underläge]: **1.** *etw. Flächiges aus verschiedenstem Material, was zu einem bestimmten Zweck, oft zum Schutz unter etw. gelegt wird:* eine weiche, feste, wasserdichte U.; eine U. aus Gummi, Holz; etw. als U. benutzen; eine U. zum Schreiben; auf einer harten U. schlafen; Nach eigener Aussage zeigte ... Wilander auf der schnellen U. (Tennis; *dem schnellen Belag*) in Cincinnati eines seiner besten Spiele (NZZ 24. 8. 83, 30); Ü eine gute finanzielle U. (selten) *Grundlage*) haben; Knut de Jongh aß sich unterdessen durch sechs Gänge des Menüs ... Ein Mann wie er brauchte eine gute U., wie er es nannte, um den Tag zu überstehen (Konsalik, Promenadendeck 72). **2.** ⟨Pl.⟩ *schriftlich Niedergelegtes, das als Beweis, Beleg, Bestätigung o. ä. für etw. dient; Dokumente; Urkunden; Akten o. ä.:* sämtliche -n verlangen, anfordern, beschaffen, vernichten; Ein schuldhafter Fehler wurde nicht gemacht. Deshalb brauchen die -n nicht herausgegeben zu werden (Hackethal, Schneide 50); dies geht aus den -n hervor; jmdm. Einblick in die -n gewähren. **3.** (Bot.) *Pflanzenteil, auf den das Edelreis gepfropft wird:* Für den Kleingarten empfehlen sich Obstgehölze mit schwach wachsenden -n (Freie Presse 4. 11. 88, Beilage 6).

Un|ter|land, das; -[e]s: *tiefer gelegener Teil eines Landes;* **Un|ter|län|der,** der; -s, -: *Bewohner des Unterlandes;* **Un|ter|län|de|rin,** die; -, -nen: w. Form zu ↑ Unterländer.

Un|ter|län|ge, die; -, -n (Schriftw.): *Teil eines Buchstabens, der über die untere Grenze bestimmter Kleinbuchstaben hinausragt.*

Un|ter|laß, der: nur in der Fügung **ohne U.** (emotional; *ohne endlich einmal aufzuhören; ununterbrochen; unaufhörlich;* mhd. āne underlāz, ahd. āno untarlāz): Ohne U. rauchend, einen Whisky vor sich, ... schwieg er (Fest, Im Gegenlicht 368); es schneite sieben Tage lang ohne U.; **un|ter|las|sen** ⟨st. V.; hat⟩ [mhd. underlāzen, ahd. unterlāzan]: **a)** *etw., was man tun könnte, aus ganz bestimmten Gründen nicht tun, nicht aus-, durchführen:* etw. aus Furcht vor den Folgen u.; **b)** *darauf verzichten, etw. zu tun; von etw. ablassen; mit etw. aufhören:* etw. nicht u. können; unterlaß das bitte!; Mitglieder der Nationalmannschaft mögen doch bitte Bemerkungen über Kollegen in der Öffentlichkeit u. (Kicker 6, 1982, 38); **c)** ⟨in Verbindung mit „zu"⟩ *es ist notwendig, erforderlich ist, wozu man verpflichtet ist, nicht tun, nicht aus-, durchführen:* man unterließ es, die Vorkommnisse ordnungsgemäß zu untersuchen; **Un|ter|las|sung,** die; -, -en: *das Unterlassen;* **Un|ter|las|sungs|an|spruch,** der (Rechtsspr.): *Rechtsanspruch auf Unterlassung einer Handlung;* **Un|ter|las|sungs|de|likt,** das (Rechtsspr.): *strafbares Unterlassen einer Handlung, zu der man rechtlich verpflichtet ist;* **Un|ter|las|sungs|kla|ge,** die (Rechtsspr.): *Klage auf Unterlassung einer Handlung;* **Un|ter|las|sungs|straf|tat,** die (Rechtsspr.): vgl. Unterlassungsdelikt; **Un|ter|las|sungs|sün|de,** die (ugs.): *[bedauerliches] Versäumnis:* daß du dir diesen Film nicht angesehen hast, ist wirklich eine U.; zu meinen -n gehören die 12 Museen und 18 Galerien (Hörzu 10, 1976, 8).

Un|ter|lauf, der; -[e]s, ...läufe: *Abschnitt eines Flusses in der Nähe der Mündung;* **un|ter|lau|fen** ⟨st. V.; ist⟩: **1.** (veraltend) *unterlaufen* (2): manchmal läuft einem ein Fehler unter; mir ist ein Fehler untergelaufen. **2.** (ugs.) *unterlaufen* (2): so etwas ist mir noch nicht untergelaufen; **un|ter|lau|fen** ⟨st. V.⟩ [mhd. underloufen = hindernd dazwischentreten]: **1.** *bei jmds. Tätigkeit, Ausführungen, Äußerungen, Überlegungen o. ä. als Versehen o. ä. vorkommen, auftreten* ⟨ist⟩: manchmal unterläuft einem ein Fehler; ihm ist ein Irrtum, Versehen, Mißgeschick unterlaufen; In seinem Bestreben, Presse und Bevölkerung zu beruhigen, war dem Innensenator eine folgenschwere Unbedachtheit unterlaufen (Prodöhl, Tod 50); Doch zwischendurch unterlaufen dem Plattheiten und ein bißchen Kitsch (Saarbr. Zeitung 28. 12. 79, 6). **2.** (ugs.) *begegnen* (1 b) ⟨ist⟩: so ein Mensch, so eine Unverschämtheit ist mir noch nicht unterlaufen. **3.** ⟨hat⟩ **a)** (bes. Fußball, Handball) *sich so unter einen [hochgesprungenen] Gegner bewegen, daß er behindert u. zu Fall gebracht wird:* er hat seinen Gegenspieler mehrfach unterlaufen; Er war viel größer als Peter, aber der unterlief ihn, riß ihm die Beine weg (Erné, Kellerkneipe 47); **b)** *in seiner Funktion, Auswirkung o. ä. [unmerklich] unwirksam machen:* die Zensur, das Regierungsprogramm u.; Unterläuft ein Wirt diese Bestimmung, droht ihm der Konzessionsentzug (Abendzeitung 23. 1. 85, 15); In Hessen will eine Bürgerinitiative die umstrittene Reform u. (Spiegel 17, 1975, 57). **4.** ⟨meist im 2. Part.⟩ *(vom Hautgewebe) sich durch eine Verletzung an einer bestimmten Stelle mit Blut anfüllen u. dadurch rötlich bis bläulichviolett verfärben* ⟨ist⟩: [mit Blut, blutig] unterlaufene Striemen; **un|ter|läu|fig** ⟨Adj.⟩ (Technik): *von unten her [mit Wasser] angetrieben:* ein -es Wasserrad; **Un|ter|lau|fung,** die; -, -en: *das Unterlaufensein.*

Un|ter|le|der, das; -s, -: *Leder der inneren u. äußeren Sohle eines Schuhs.*

un|ter|le|gen ⟨sw. V.; hat⟩ [mhd. underlegen, ahd. untarleggen]: **1.** *etw. unter jmdn., etw. legen:* [dem Patienten] ein Kissen u.; ich habe ein Stück Papier untergelegt.; er legte der Henne Eier zum Brüten unter. **2.** *Worte, Texte, Äußerungen o. ä. abweichend von ihrer beabsichtigten Intension* (2) *auslegen:* er hat dem Text einen anderen Sinn untergelegt; ¹**un|ter|le|gen** ⟨sw. V.; hat⟩: **1.** *die Unterseite von etw. mit etw. aus einem anderen [stabileren] Material versehen:* eine Glasplatte mit Filz, Spitzen mit Seide u.; Ein Anzuchtkasten ... sollte etwa 30 cm tief sein, damit die nährstoffhaltige Pflanzenerde ... mit einer feinen Kieselschicht unterlegt *(unter die Pflanzenerde eine Kieselschicht gelegt)* werden kann (Salzburger Nachr. 30. 3. 84, VI). **2.** *etw., bes. einen Text, Film nachträglich [als Untermalung] mit [anderer] Musik, mit einem [anderen] Text versehen:* eine Combo unterlegte die Modenschau mit südamerikanischen Rhythmen; Moroder hat den Film monochrom eingefärbt ... und mit Rockmusik unterlegt (Nordschweiz 29. 3. 85, 8); ²**un|ter|le|gen** ⟨Adj.⟩: *schwächer als ein anderer; nicht so gut, überlegen o. ä. wie ein anderer:* der körperlich -e Kämpfer setzte sich am Ende doch durch; Die Verletzungsfolgen ... und -es Material verhinderten 1981 größere Erfolge (ADAC-Motorwelt 1, 1983, 53); [dem Gegner] an Zahl u. sein; er ist seiner Frau [geistig] u.; Diese Unfallmelder ... sind allerdings technisch den neuen Notruftelefonen u. (ADAC-Motorwelt 6, 1982, 9); **Un|ter|le|ge|ne,** der u. die; -n, -n ⟨Dekl. ↑ Abgeordnete⟩: *jmd., der schwächer ist als ein anderer, von ihm besiegt worden ist:* „... Wer am meisten liebt, ist der U. und muß leiden" (Reich-Ranicki, Th. Mann 95); ich war immer die U., weil er mehr Geld hatte (Wimschneider, Herbstmilch 134); **Un|ter|le|gen|heit,** die; -, -en ⟨Pl. selten⟩: *das Unterlegensein:* körperliche, geistige U.; Speer, ... von der Vorstellung der sozialen U. völlig eingeschüchtert, schüttelte wiederum den Kopf (Prodöhl, Tod 26); **Un|ter|le|gen|heits|ge|fühl,** das: *Gefühl der Unterlegenheit:* die Andreas war keine Frau ... mit -en, sie war eine Frau, die sich wohl fühlte (Zwerenz, Quadriga 51); **Un|ter|leg|keil,** der: *Bremsklotz;* **Un|ter|leg|klotz,** der: *Bremsklotz;* **Un|ter|leg|ring,** der (Technik): vgl. Unterlegscheibe; **Un|ter|leg|schei|be,** die (Technik): *meist runde, in der Mitte durchbohrte Scheibe, die zwischen Schraubenkopf u. Schraubenmutter od. Konstruktionsteil gelegt wird;* **Un|ter|le|gung,** die; -, -en: *das Unterlegen* (2); **Un|ter|le|gung,** die; -, -en: *das Unterlegen.*

Un|ter|leib, der; -[e]s, -er ⟨Pl. selten⟩ [mhd. underlip]: **a)** *unterer Teil des Bauches:* einen Tritt in den U. bekommen; kolikartige Schmerzen, die von der Leiste in den U. ausstrahlten (Hackethal, Schneide 72); **b)** *innere weibliche Geschlechtsorgane;* **Un|ter|leib|chen,** das; -s, -: *Leibchen* (2 a); **Un|ter|leibs|er|kran|kung,** die: *Unterleibskrankheit;* **Un|ter|leibs|ge|schicht|te,** die (ugs.): **1.** *Unterleibskrankheit.* **2.** (verhüll.) *Sexuelles;* **Un|ter|leibs|krank|heit,** die: *Erkrankung im Bereich der inneren weiblichen Geschlechtsorgane;* **Un|ter|leibs|krebs,** der: vgl. Unterleibskrankheit; **Un|ter|leibs|lei|den,** das: vgl. Unterleibskrankheit; **Un|ter|leibs|ope|ra|ti|on,** die: *Operation an den inneren weiblichen Geschlechtsorganen;* **Un|ter|leibs|schmerz,** der (meist Pl.): *Schmerz im Unterleib.*

Un|ter|lid, das; -[e]s, -er: *unteres Augenlid.*

un|ter|lie|gen ⟨sw. V.; hat⟩: *jmdm., etw. liegen:* das Badetuch liegt unter; das Papier hat nicht richtig untergelegen; **un|ter|lie|gen** ⟨st. V.⟩ [mhd. underligen, ahd. untarligan, eigtl. = als Besiegter unten liegen]: **1.** *besiegt werden* ⟨ist⟩: *dem Gegenkandidaten [bei der*

Unterlippe

Wahl] u.; [mit] 1:2 u.; er unterlag sehr knapp nach Punkten; 1214 gerieten Philipp und Otto ... in der Schlacht von Bouvines ... aneinander. Otto unterlag (Stern, Mann 173); die unterlegene Mannschaft; Daraufhin unterlag im Ständerat ein Antrag *(er kam nicht durch, wurde abgelehnt);* Basler Zeitung 2.10. 85, 9). **2.** *einer Sache unterworfen sein, von etw. bestimmt werden* ⟨hat⟩: starken Schwankungen u., der Mode, der Zensur, der Überwachung, der Kontrolle u.; etw. unterliegt der Schweigepflicht; Jeder männliche Belgier zwischen 18 und 45 Jahren unterliegt der allgemeinen Wehrpflicht (Zivildienst 5, 1986, 8); Gespräche mit der Telefonseelsorge unterliegen nicht dem Zeittakt (Saarbr. Zeitung 28. 12. 79, 23/25); (verblaßt:) es unterliegt keinem Zweifel, daß dieser Fall eintritt *(dieser Fall wird zweifellos eintreten);* einer Täuschung u. *(sich täuschen; getäuscht werden);* der Bearbeitung u. *(bearbeitet werden);* die Kinder unterliegen heutzutage solchen Einflüssen von überallher *(werden auf solche Weise von überallher beeinflußt;* Brot und Salz 319).

Un|ter|lip|pe, die; -, -n: *untere Lippe* (1 a): Ricky kaut auf seiner U. herum (Ossowski, Flatter 86).

un|term ⟨Präp. + Art.⟩ (ugs.): *unter dem.*

un|ter|ma|len ⟨sw. V.; hat⟩: **1.** *etw. mit Musik, Geräuschen o. ä. begleiten:* eine Erzählung mit Flötenmusik u.; Es war ziemlich viel drin, weil ich auch Flugzeugenen untermalt habe mit Musik (tip 13, 1983, 13); Der Donner war nur schwach zu hören, ein entferntes Grollen, das die Musik untermalte (Weber, Tote 240); der Gesang der Vögel untermalte die abendliche Idylle. **2.** (bild. Kunst) *(bes. von Tafelmalereien) die erste Farbschicht auf den* [grundierten] *Malgrund auftragen;* **Un|ter|ma|lung,** die; -, -en: **a)** *das Untermalen;* **b)** *das Untermaltsein.*

Un|ter|mann, der ⟨Pl. ...männer⟩ (Kunstkraftsport): *Athlet, der bei einer akrobatischen Übung seinen Partner, die übrigen Mitglieder der Gruppe von unten her stützt, trägt.*

Un|ter|maß, das; -es, -e: *nicht ausreichendes, unter dem Durchschnitt liegendes Maß.*

un|ter|mau|ern ⟨sw. V.; hat⟩: **1.** *mit Grundmauern versehen; mit stabilen Mauern von unten her befestigen, stützen:* ein Gebäude, einen Turm u. **2.** *etw. mit überzeugenden Argumenten, beweiskräftigen Fakten, Untersuchungen o. ä. stützen, absichern o. ä.:* etw. theoretisch, exakt, wissenschaftlich, gut, fest u.; Wer irgend etwas aus Basellland mit Zahlen u. muß, greift zum Statistischen Jahrbuch (Basler Zeitung 2. 10. 85, 33); Auch die übrigen Genossen trugen nunmehr zusammen, was Carlas Verdacht u. konnte (Bastian, Brut 38); **Un|ter|maue|rung,** die; -, -en ⟨Pl. selten⟩: **1.** *das Untermauern.* **2. a)** *Mauerwerk, mit dem etw. untermauert* (1) *ist;* **b)** *Argumente, Untersuchungen usw., mit denen etw. untermauert* (2) *ist.*

un|ter|mee|risch ⟨Adj.⟩ (Meeresk.): *unterseeisch.*

Un|ter|men|ge, die; -, -n (Math.): *Teilmenge.*

un|ter|men|gen ⟨sw. V.; hat⟩: *unter etw. mengen:* Rosinen [unter den Teig] u.; **un|ter|men|gen** ⟨sw. V.; hat⟩: *etw. mit etw. vermengen:* Korn mit Hafer u.

Un|ter|mensch, der; -en, -en: **1.** (abwertend) *brutaler, verbrecherischer Mensch.* **2.** im ns. Sprachgebrauch diffamierende, Minderwertigkeit unterstellende Bez. für *nicht der "nordischen" Rasse angehörender Mensch:* Wir machten dem Manne klar, daß er deutsche Pimpfe doch nicht von slawischen -en schlagen lassen könne (Kempowski, Tadellöser 385).

Un|ter|mie|te, die; -, -: **a)** *das Mieten eines Zimmers o. ä. in einer von einem Hauptmieter bereits gemieteten Wohnung o. ä.:* Also, sofort eine billige U. *(ein untervermietetes Zimmer)* suchen (Sobota, Minus-Mann 176); in, zur U. *(in einem untervermieteten Zimmer)* [bei jmdm.] wohnen; ein etwa 22jähriger Junggeselle, der bei uns in der Siedlung zur U. in einem Reihenhaus wohnt (Hörzu 18, 1976, 118); **b)** *das Untervermieten:* ein Zimmer in U. [ab]geben *(untervermieten);* jmdn. in, zur U. nehmen *(an jmdn. untervermieten);* **Un|ter|mie|ter,** der; -s, -: *jmd., der zur Untermiete wohnt;* **Un|ter|mie|te|rin,** die; -, -nen: w. Form zu ↑ Untermieter.

un|ter|mi|nie|ren ⟨sw. V.; hat⟩: **1.** *in einem allmählichen Prozeß bewirken, daß etw. zerstört, abgebaut o. ä. wird:* jmds. Autorität, Ansehen u.; Täglich liest man von kommunistischen Agenten, die die Bundesrepublik ... zu u. versuchen (Chotjewitz, Friede 252); Der wollte doch nur die Geschäftsgrundlage des Verlags u. (H. Lenz, Tintenfisch 11); Ü Trauer schien mich zu u. (Mishima [Übers.], Maske 89). **2.** (Milit.) *Sprengstoff, bes. Minen legen; verminen:* die feindlichen Stellungen u.; **Un|ter|mi|nie|rung,** die; -, -en: *das Unterminieren.*

un|ter|mi|schen ⟨sw. V.; hat⟩: *unter etw. mischen:* am Ende noch die übrigen Gewürze u.; **un|ter|mi|schen** ⟨sw. V.; hat⟩: *etw. mit etw. vermischen:* Salat mit Mayonnaise u.; **Un|ter|mi|schung,** die; -, -en: *das Untermischen.* **Un|ter|mi|schung,** die; -, -en: *das Untermischen.*

un|ter|mo|to|ri|siert ⟨Adj.⟩ (Kfz-T.): *mit einem zu schwachen Motor ausgestattet:* ein besserer Hügel zwar nur, an dem die Straße jedoch zu steil ist, als daß die überladenen en Lastwagen aus eigener Kraft hochkämen (NZZ 21. 12. 86, 5).

un|tern ⟨Präp. + Art.⟩ (ugs.): *unter den.*

Un|ter|näch|te ⟨Pl.⟩ [zu mhd. under (↑unter) in der Bed. „(in)zwischen"] (landsch.): *Zwölf Nächte.*

un|ter|neh|men ⟨st. V.; hat⟩ (ugs.): *unter den Arm nehmen;* er hat das Kind untergenommen und ist durch den Bach gewatet; **un|ter|neh|men** ⟨st. V.; hat⟩ [mhd. undernemen]: **1. a)** *etw., was bestimmte Handlungen, Aktivitäten o. ä. erfordert, in die Tat umsetzen, durchführen:* einen Ausflug, Spaziergang, eine Fahrt u.; Ich unternehme eine Vortragsreise durch die Vereinigten Staaten (Weber, Tote 35); In seinen letzten Lebensjahren unternahm er keine neue größere Arbeit (NZZ 29. 4. 83, 35); **b)** *sich irgendwohin begeben u. etw. tun, was Spaß, Freude o. ä. macht:* et-was, viel zusammen u. **2.** *Maßnahmen ergreifen; handelnd eingreifen:* etwas gegen die Mißstände u.; den Versuch, große Anstrengungen u., jmdm. zu helfen; die Bäuerinnen ... sagen, daß sie unter der Abhängigkeit von den Bauern leiden, weigern sich aber, dagegen Schritte zu u. (Innerhofer, Schattseite 99); er wollte im Frühjahr wieder säen und irgendwas gegen die Maulwürfe u. (H. Gerlach, Demission 191); Du mußt keine Angst haben. Sie wird nichts u. (Gabel, Fix 104); er hat es nur widerstrebend unternommen, den Vorfall zu melden, sich für sie einzusetzen; **Un|ter|neh|men,** das; -s, -: **1.** *etw., was unternommen* (1 a) *wird; Vorhaben:* ein gewagtes, schwieriges, aussichtsloses U.; der Flug ist ein risikoreiches U.; das U. gelang, scheiterte, mißlang; Wenig Gefallen an dem Werk, das mir zu zerfließen scheint. Gewiß ist es ein originelles U., aber ich bezweifle, ob meine Kräfte reichen (Reich-Ranicki, Th. Mann 86); ein U. durchführen, aufgeben; viele Soldaten sind bei diesem U. *(bei dieser militärischen Operation)* ums Leben gekommen. **2.** *[aus mehreren Werken, Filialen o. ä. bestehender] Betrieb (im Hinblick auf seine wirtschaftliche Einheit):* ein finanzstarkes, kleines, privates U.; Die allerfixesten U. haben schon begriffen, daß man aus dem Umweltschutz ein neues Geschäft machen und ihn dabei unterlaufen kann (Gruhl, Planet 134); ein U. gründen, aufbauen, leiten, finanzieren, liquidieren; **un|ter|neh|mend** ⟨Adj.⟩: *unternehmungslustig; aktiv:* eine sehr -e ältere Dame; **Un|ter|neh|mens|be|ra|ter,** der [nach engl. management consultant]: *als Berater in der Unternehmensberatung tätiger Fachmann:* ein cleverer, geschäftstüchtiger, skrupelloser, nicht sehr zimperlicher U.; **Un|ter|neh|mens|be|ra|te|rin,** die; -, w. Form zu ↑ Unternehmensberater; **Un|ter|neh|mens|be|ra|tung,** die; [nach engl. management consulting]: *Beratung eines Unternehmens* (2), *bes. durch Ausarbeitung bzw. Auswertung der für die Planung notwendigen statistischen Unterlagen;* **Un|ter|neh|mens|be|steue|rung,** die: *Besteuerung von Unternehmen*·(2); **Un|ter|neh|mens|be|wer|tung,** die: *Ermittlung des Wertes eines Unternehmens* (2); **Un|ter|neh|mens|form,** die: *Rechtsform eines Unternehmens* (2; z.B. Aktiengesellschaft); **Un|ter|neh|mens|for|schung,** die [engl. operations research]: *Forschung, die Pläne, Modelle, Maßnahmen für die optimale Gewinnsteigerung eines Wirtschaftsunternehmens entwickelt; Operations-Research;* **Un|ter|neh|mens|füh|rung,** die: *Management, Unternehmensleitung;* **Un|ter|neh|mens|ge|sell|schaft,** die (Wirtsch.): *Unternehmen* (2) *in Form einer Gesellschaft* (4 b); **Un|ter|neh|mens|grün|dung,** die: *Gründung* (1) *eines Unternehmens* (2); **Un|ter|neh|mens|iden|ti|tät,** die: *Corporate identity;* **Un|ter|neh|mens|kon|zen|tra|ti|on,** die: *Konzentration* (1) *der Unternehmerschaft in wenigen großen Unternehmen* (2); **Un|ter|neh|mens|kul|tur,** die ⟨o. Pl.⟩: *Grad, Maß, in dem ein Unternehmen den Ansprüchen der Unternehmensidentität ent-*

spricht, zu entsprechen in der Lage ist; **Un|ter|neh|mens|lei|ter**, der: *Leiter (1) eines Unternehmens (2);* **Un|ter|neh|mens|lei|te|rin**, die: w. Form zu ↑ Unternehmensleiter; **Un|ter|neh|mens|lei|tung**, die: *Leitung (1) eines Unternehmens (2);* **Un|ter|neh|mens|pla|nung**, die: *Planung der Tätigkeiten eines Unternehmens (2) zur Erreichung bestimmter Unternehmensziele;* **Un|ter|neh|mens|po|li|tik**, die: *Politik (2) eines Unternehmens (2);* **Un|ter|neh|mens|pro|fil**, das (Jargon): *Profil (2 b) eines Unternehmens (2);* **Un|ter|neh|mens|steu|er**, die: *Steuer, die ein Unternehmen (2) abführen muß;* **Un|ter|neh|mens|stra|te|gie**, die: *Strategie eines Unternehmens (2);* **Un|ter|neh|mens|über|nah|me**, die: *Übernahme eines Unternehmens (2);* **Un|ter|neh|mens|wert**, der: *Wert eines Unternehmens (2);* **Un|ter|neh|mens|ziel**, das: *von einem Unternehmen (2) angestrebtes Ziel;* **Un|ter|neh|mens|zu|sam|men|schluß**, der: *Zusammenschluß, Fusion (1) zweier od. mehrerer Unternehmen (2);* **Un|ter|neh|mer**, der; -s, - [nach frz. entrepreneur, veraltet engl. undertaker]: *Eigentümer eines Unternehmens (2):* Warum sträuben sich eigentlich die U., die Arbeitnehmer durch Mitbestimmung immer weiter zu korrumpieren? (Gruhl, Planet 206); **Un|ter|neh|mer|frei|heit**, die ⟨o. Pl.⟩: *(relative) unternehmerische Entscheidungs- u. Gestaltungsfreiheit;* **Un|ter|neh|mer|geist**, der ⟨o. Pl.⟩: *unternehmerische Einstellung, Initiative;* **Un|ter|neh|mer|ge|winn**, der (Wirtsch.): *Teil des Profits, der nach Abzug der Zinsen auf das Kapital dem Unternehmer verbleibt und als Entgelt für seine unternehmerische Tätigkeit erscheint;* **Un|ter|neh|me|rin**, die: w. Form zu ↑ Unternehmer; **un|ter|neh|me|risch** ⟨Adj.⟩: *a) den od. die Unternehmer betreffend:* Das Parlament darf nicht in den -en Bereich der SBB eingreifen (NZZ 9. 12. 82, 27); *b) wie ein Unternehmer, einem Unternehmer gemäß:* Wir erwarten von Ihnen, ... daß Sie Mitarbeiter führen und vor allem u. denken können (Saarbr. Zeitung 5./6. 6. 80, XV); **Un|ter|neh|mer|or|ga|ni|sa|ti|on**, die: vgl. Unternehmerverband. **Un|ter|neh|mer|schaft**, die; -, -en ⟨Pl. selten⟩: *Gesamtheit der Unternehmer;* **Un|ter|neh|mer|tum**, das; -s: a) *Gesamtheit der Unternehmer:* die Interessen des -s vertreten; b) *das Unternehmersein:* eine Gesellschaftsordnung, die auf freiem, privatem U. beruht; **Un|ter|neh|mer|ver|band**, der: *Interessenverband von Unternehmern;* **Un|ter|neh|mer|ver|tre|ter**, der: *Interessenvertreter der Unternehmer;* **Un|ter|neh|mer|ver|tre|te|rin**, die: w. Form zu ↑ Unternehmervertreter; **Un|ter|neh|mung**, die; -, -en: 1. *Unternehmen (1):* Natürlich hat er ... sich geweigert, über eine -en an den betreffenden Nachmittag Rechenschaft abzulegen (Kemelman [Übers.], Dienstag 171). 2. (Wirtsch. seltener) *Unternehmen (2):* Eine solche Politik mit langem Atem kann aber von privatwirtschaftlichen -en auf dem freien Markt gar nicht praktiziert werden (Gruhl, Planet 340); **Un|ter|neh|mungs|geist**, der ⟨o. Pl.⟩: *Initiative, etw. zu unternehmen (1);* **Un|ter|neh|mungs|lust**, die: *starke Neigung, etw. [zum eigenen Vergnügen] zu unternehmen:* in ihr erwachte wieder die alte U.; **un|ter|neh|mungs|lu|stig** ⟨Adj.⟩: *von Unternehmungslust erfüllt, zeugend; voller Unternehmungslust:* einige -e Teilnehmer blieben die ganze Nacht auf den Beinen. **Un|ter|of|fi|zier**, der; -s, -e: a) ⟨o. Pl.⟩ *militärische Rangstufe, die die Dienstgrade vom Unteroffizier bis zum Oberstabsfeldwebel umfaßt:* U. vom Dienst (Abk. UvD, U. v. D.); b) ⟨o. Pl.⟩ *unterster Dienstgrad der Rangstufe Unteroffizier (a);* c) *jmd., der den Dienstgrad eines Unteroffiziers (a, b) trägt:* U. mit Portepee *(Portepeeunteroffizier);* **Un|ter|of|fi|zier|an|wär|ter** usw.: militär. meist für ↑ Unteroffizieranwärter usw.; **Un|ter|of|fi|ziers|an|wär|ter**, der: vgl. Offiziersanwärter (Abk.: UA); **Un|ter|of|fi|ziers|aus|bil|dung**, die: vgl. Offiziersausbildung; **Un|ter|of|fi|ziers|dienst|grad**, der: *Dienstgrad eines Unteroffiziers;* **Un|ter|of|fi|ziers|lehr|gang**, der: *Lehrgang für die Ausbildung zum Unteroffizier;* **Un|ter|of|fi|ziers|mes|se**, die: vgl. ³Messe; **Un|ter|of|fi|ziers|rang**, der: *Rang (1) eines Unteroffiziers;* **Un|ter|of|fi|ziers|schu|le**, die: vgl. Offiziersschule. **un|ter|ord|nen** ⟨sw. V.; hat⟩ /vgl. untergeordnet/: 1. ⟨u. + sich⟩ *sich in eine bestimmte Ordnung einfügen u. sich nach dem Willen, den Anweisungen o. ä. eines anderen od. den Erfordernissen, Gegebenheiten richten:* sich [anderen] nicht u. können; sie ordnet sich zu sehr seinem Wollen, seinen Wünschen unter; daß sich auch die Politik der Moral unterzuordnen habe (Niekisch, Leben 49); auch später noch war er in der Hauptsache Sohn, und als solcher fühlte er die Verpflichtung, sich liebevoller Fürsorge unterzuordnen (H. Gerlach, Demission 158). 2. *etw. zugunsten einer anderen Sache zurückstellen:* seine eigenen Interessen den Notwendigkeiten u.; denn meine äußere Wirkung der inneren Wahrheit unterzuordnen war der Gedanke (Stern, Mann 270); Ja, er war bereit, seinen ganzen Habitus den Erfordernissen, der Rolle unterzuordnen (Reich-Ranicki, Th. Mann 33). 3. ⟨meist im 2. Part.⟩ a) *einem Weisungsbefugten, einer weisungsbefugten Institution unterstellen:* jmdm., einem Ministerium untergeordnet sein; b) *in ein umfassendes System als weniger umfassende Größe, Kategorie o. ä. eingliedern; subsumieren:* Nelke, Tulpe, Rose sind dem Begriff „Blume" untergeordnet; **un|ter|ord|nend**: 1. ↑ unterordnen. 2. ⟨Adj.⟩ (Sprachw.) *(von Konjunktionen) einen Gliedsatz einleitend;* **Un|ter|ord|nung**, die; -, -en: 1. *das Unterordnen (1, 2 a, 3), Untergeordnetsein:* die U. unter etw. 2. (Sprachw.) *Hypotaxe.* 3. (Biol.) *kleinere Einheit als Untergruppe im Rahmen einer bestimmten Ordnung.* **Un|ter|pfand**, das; -[e]s, -e [mhd. underphant, eigtl. = Pfand, das der Pfandempfänger dem Verpfänder („unter dem Verpfänder") beläßt]: a) (geh.) *Beweis, Pfand (2) dafür, daß etw. anderes besteht, Gültigkeit hat:* U. des Glücks, Herzenssehnsucht, eine Enkeltochter

(Spiegel 25, 1983, 146); b) (veraltet) *Pfand* (1 a). **Un|ter|pfla|ster|bahn**, **Un|ter|pfla|ster|stra|ßen|bahn**, die: *Straßenbahn, die [teilweise] unterirdisch geführt ist;* Kurzwort: U-Strab. **un|ter|pflü|gen** ⟨sw. V.; hat⟩: *etw. unter die Erde pflügen:* das Unkraut u.; Ich hab' den Itaka totgeschlagen und die Leiche auf die Kippe u. lassen (Prodöhl, Tod 210). **un|ter|prei|sig** ⟨Adj.⟩ (Wirtsch. Jargon): *ein bestimmtes, übliches, gewinnbringendes o. ä. Preisniveau unterschreitend:* Die EG-Kommission hat die Abwehr von Importen -er elektronischer Schreibmaschinen aus Japan verstärkt (NZZ 12. 10. 85, 15); Er sei immer wieder gezwungen gewesen, -e Angebote zu machen (profil 17, 1979, 38). **Un|ter|pri|ma** [auch: ˈ- - - -], die; -, ...primen (veraltet): *vorletzte Klasse des Gymnasiums;* **Un|ter|pri|ma|ner** [auch: ˈ- - - - -], der; -s, - (veraltend): *Schüler der Unterprima;* **Un|ter|pri|ma|ne|rin** [auch: ˈ- - - - -], die; -, -nen (veraltend): w. Form zu ↑ Unterprimaner. **un|ter|pri|vi|le|giert** ⟨Adj.; -er, -este⟩ [LÜ von engl. underprivileged] (bildungsspr.): *(von bestimmten Menschen, Schichten, Minderheiten, Völkern) nicht od. nur eingeschränkt an bestimmten Rechten, Privilegien, Vorteilen in sozialer od. ökonomischer Hinsicht teilhabend:* Seine Kundschaft, vorwiegend -e Gastarbeiter und kinderreiche Familien (Ziegler, Liebe 263); **Un|ter|pri|vi|le|gier|te**, der u. die; -n, -n ⟨Dekl. ↑ Abgeordnete⟩ *jmd., der unterprivilegiert ist:* Geblieben ist nach wie vor das Bemühen, vor allem die -n der Gesellschaft vor Notlagen und Gefährdungen zu schützen (Zivildienst 5, 1986, 23). **Un|ter|pro|gramm**, das; -s, -e (Datenverarb.): *geschlossene Folge von Befehlen (1 b), die von jeder beliebigen Stelle eines Programms (4) aus mit einem speziellen Befehl (1 b) aufgerufen werden kann.* **Un|ter|punkt**, der; -[e]s, -e: 1. *Punkt (4), der einem anderen untergeordnet ist:* Allein den Rahmen zu umreißen, innerhalb dessen er sich in vielen Punkten und -en zu fragen gedenkt (Spiegel 39, 1984, 61). 2. *Punkt unter einem Buchstaben o. ä.* **un|ter|que|ren** ⟨sw. V.; hat⟩: 1. *unter etw. hindurchfahren, hindurchgehen:* Sie ... unterquerten ... die Bahngleise (Hölscher, Keine 65); Die Bauplanung sieht vor, daß bereits 1991 die ersten Autos die Mündung des Parramattflusses unterqueren ... werden (NNN 12. 11. 86, 3). 2. *unter etw. hindurchführen:* ein Teilstück dieser Straße, die jetzt bereits die Autobahn Mannheim–Heidelberg unterquert (MM 8./9. 11. 75, 26). **un|ter|re|den** ⟨sw. V.; hat⟩ (geh.): *etw. mit jmdm., sich mit jmdm. über etw. bereden; etw. mit jmdm. durchsprechen:* er hat sich lange mit ihm unterredet; die beiden haben sich darüber unterredet. **Un|ter|re|dung**, die; -, -en: *wichtiges, meist förmliches, offizielles Gespräch mit einer Person od. einigen wenigen Personen:* eine lange, wichtige U.; eine U. unter vier Augen; die U. dauerte zwei Stun-

Unterrepräsentation

den, ist auf 9 Uhr angesetzt, findet nicht statt, ist beendet; eine U. verlangen; mit jmdm. eine U. haben, führen; sobald sie auf der Treppe den Schritt ihres Vaters vernahm, ging sie und bat ihn um eine U. (Hesse, Narziß 166).

Un|ter|re|prä|sen|ta|ti|on, die; -, -en: *unangemessen schwache Repräsentation (1), das Unterrepräsentiertsein;* **un|ter|re|prä|sen|tiert** ⟨Adj.⟩: *gemessen an der Gesamtheit einer bestimmten [Bevölkerungs]gruppe, an der Größe eines bestimmten Personenkreises nur schwach vertreten:* eine -e Personengruppe; Auch heute noch ist die Frau in den politischen Gremien u. (MM 17. 4. 75, 24); Aus diesem Grunde sind Schichtarbeiter heute in allen diesen Gruppen nur u. anzutreffen (Spiegel 38, 1978, 254).

Un|ter|richt, der; -[e]s, -e ⟨Pl. selten⟩: *planmäßige, regelmäßige Unterweisung eines Lernenden, Lernender durch einen Lehrenden:* theoretischer U.; ein lebendiger, langweiliger, moderner U.; programmierter U.; U. für Ausländer; U. in Deutsch; U. beginnt um 8 Uhr, dauert von 8 bis 12 Uhr, ist beendet, fällt aus; Staatsbürgerlicher U. wird in der Bundeswehr vernachlässigt (Spiegel 45, 1977, 121); U. [in etw.] geben, erteilen (*unterrichten* 1 b, c); U. [in etw.] nehmen *(etw. bei einem Lehrer lernen);* Zu den Aufgaben der Stadt ... gehört es, daß unsere Kinder einen ordentlichen U. bekommen, in ausreichenden und modernen Räumen (Kühn, Zeit 275); den U. stören, versäumen, schwänzen; täglich drei Stunden U. haben; dem U. fernbleiben; am U. teilnehmen; er ist im U. unaufmerksam; vom U. befreit, freigestellt werden; Eines Tages kommt die Tochter mitten aus dem U. in die Bibliothek gelaufen (Kunze, Jahre 22); **un|ter|rich|ten** ⟨sw. V.; hat⟩ [mhd. underrihten, eigtl. = einrichten, zustande bringen]: **1. a)** *(als Lehrer) Kenntnisse (auf einem bestimmten Gebiet) vermitteln; als Lehrer tätig sein; Unterricht halten:* er unterrichtet schon viele Jahre [an einem Gymnasium]; wo unterrichten Sie?; **b)** *ein bestimmtes Fach lehren:* er unterrichtet Mathematik; ⟨auch mit Präp.-Obj.:⟩ er unterrichtet in Englisch *(in dem Fach Englisch);* **c)** *jmdm. Unterricht geben, erteilen:* er unterrichtet Erwachsene, die Erstkläßler, die Oberprima; sie unterrichtet ihre Kinder im Malen. **2. a)** *von etw. in Kenntnis setzen; benachrichtigen; informieren* (a), *instruieren* (a): jmdn. sofort über die Ereignisse/von den Ereignissen u.; wer hat sie darüber/davon unterrichtet?; er unterrichtete alle Nachrichtendienste; Als er an den Ort dachte, wo sie lagen, fiel ihm ein, daß er seine Frau von dem geplanten Arbeitsaufenthalt in Opas Laube nicht unterrichtet hatte (H. Weber, Einzug 243); dies war aus sehr gut unterrichteten Kreisen zu hören; Sie löst das Verkehrsproblem nicht, wie mir ein unterrichteter Hallenser sagt (Berger, Augenblick 73); ich bin unterrichtet *(weiß Bescheid);* **b)** ⟨u. + sich⟩ *sich Kenntnisse, Informationen o. ä. über etw. verschaffen; sich orientieren:* sich aus der Presse, an Hand von Berichten, an Ort und Stelle über den Stand der Dinge u.; Gründlich unterrichtete sich bei den vielen fremden Gästen ihres Vaters über die Verhältnisse der andern Höfe und Länder (Feuchtwanger, Herzogin 25); ich werde mich so schnell wie möglich u.; **un|ter|richt|lich** ⟨Adj.⟩: *den Unterricht betreffend, auf ihm beruhend:* -e Methoden; **Un|ter|richts|ab|lauf,** der: *Ablauf* (4 a) *des Unterrichts;* **Un|ter|richts|aus|fall,** der: *Ausfall* (2 a) *des Unterrichts;* **Un|ter|richts|be|ginn,** der: *Beginn des Unterrichts:* kurz vor, pünktlich zum U.; **Un|ter|richts|be|trieb,** der: vgl. Lehrbetrieb (2); **Un|ter|richts|brief,** der: *Studienbrief;* **Un|ter|richts|dau|er,** die: *Dauer des Unterrichts;* **Un|ter|richts|ein|heit,** die (Päd.): **1.** *Zeiteinheit, die für die Behandlung, Vermittlung eines bestimmten Lehrstoffs o. ä. vorgesehen ist.* **2.** *ein bestimmtes, übergreifendes Thema umfassende Folge von Unterrichtsstunden:* die U. „Romantik" beanspruchte 24 Unterrichtsstunden; **Un|ter|richts|ent|wurf,** der: *Entwurf* (1 b) *einer Unterrichtsstunde, Unterrichtseinheit;* **Un|ter|richts|er|fah|rung,** die: *Erfahrung im Unterrichten* (1): sie hat noch keine, kaum U.; **Un|ter|richts|fach,** das: *Lehrfach;* **Un|ter|richts|film,** der: *Film, der als Lehr-, Lernmittel eingesetzt wird;* **Un|ter|richts|for|schung,** die (Päd.): *wissenschaftliche Erarbeitung von Lehr- u. Lernmethoden, die den Besonderheiten der verschiedenen Schulfächer Rechnung tragen;* **un|ter|richts|frei** ⟨Adj.⟩: *frei von, ohne Unterricht:* ein -er Sonnabend; ein Direktor, der während der -en Zeit Schüler der Hauptschule in seiner Baumschule arbeiten läßt (Schwaiger, Wie kommt 91); u. *(keinen Unterricht)* haben; **Un|ter|richts|ge|gen|stand,** der: *etw., was Gegenstand des Unterrichts ist;* **Un|ter|richts|ge|rät,** das: vgl. Unterrichtsfilm; **Un|ter|richts|ge|spräch,** das (Päd.): *Unterrichtsmethode, bei der der Wissensstoff im Gespräch mit den Schülern erarbeitet wird;* **Un|ter|richts|ge|stal|tung,** die: *Gestaltung des Unterrichts;* **Un|ter|richts|hilfs|mit|tel,** der: *Lehr- u. Lernmittel;* **Un|ter|richts|kun|de,** die ⟨o. Pl.⟩: *Didaktik;* **un|ter|richts|kund|lich** ⟨Adj.⟩: *didaktisch* (a); **Un|ter|richts|leh|re,** die: *Didaktik;* **Un|ter|richts|ma|te|ri|al,** das: *Material* (2) *für den Unterricht;* **Un|ter|richts|me|tho|de,** die: *Methode des Unterrichtens, Lehrmethode;* **Un|ter|richts|mit|tel,** das ⟨meist Pl.⟩: *Lehrmittel;* **Un|ter|richts|pau|se,** die: *Pause* (1 a) *zwischen den Unterrichtsstunden;* **Un|ter|richts|pen|sum,** das: *Pensum, das in einem bestimmten Zeitraum im Unterricht zu bewältigen ist; Lektion* (1 a); **Un|ter|richts|plan,** der: vgl. Lehrplan; **Un|ter|richts|pra|xis,** die: **1.** *Art u. Weise, wie unterrichtet wird.* **2.** *Berufserfahrung eines Lehrers:* keine, langjährige U. haben, besitzen; **Un|ter|richts|pro|gramm,** das: **1.** vgl. Lehrplan. **2.** *gedrucktes od. auf Tonband gesprochenes Programm eines mechanischen od. elektronischen Hilfsmittels für den programmierten Unterricht;* **Un|ter|richts|raum,** der: *Raum, in dem Unterricht stattfindet;* **Un|ter|richts|schritt,** der (Päd.): *einzelner didaktischer Schritt* (5); **Un|ter|richts|stoff,** der: vgl. Lehrstoff; **Un|ter|richts|stun|de,** die: *für den Unterricht vorgesehener Zeitabschnitt von in der Regel höchstens einer Stunde;* **Un|ter|richts|tag,** der: vgl. Schultag; **Un|ter|richts|tä|tig|keit,** die: *Tätigkeit des Unterrichtens, Lehrtätigkeit;* **Un|ter|richts|tech|no|lo|gie,** die (Päd.): *Lehre vom Unterricht als einem Prozeß, der programmierbar ist;* **Un|ter|richts|ver|lauf,** der: *Verlauf* (2) *des Unterrichts;* **Un|ter|richts|we|sen,** das ⟨o. Pl.⟩: *Gesamtheit dessen, was mit dem Unterricht an Schulen zusammenhängt;* **Un|ter|richts|ziel,** das: *Ergebnis, das mit Hilfe des Unterrichts erzielt werden soll;* **Un|ter|richts|zweck,** der: vgl. Unterrichtsziel; **Un|ter|richts|zweig,** der: vgl. Unterrichtsfach; **Un|ter|rich|tung,** die; -, -en: *das Unterrichten* (2): Was er, Frenzel, erwartete, liefe auf nichts als gegenseitige Absprache und U. hinaus (Bieler, Mädchenkrieg 36).

un|ter|rin|geln ⟨sw. V.; hat⟩ (ugs.): *unterschlängeln:* ein Wort u.

Un|ter|rock, der; -[e]s, ...röcke: *einem Trägerkleid od. einem ¹Rock ähnliches Wäschestück, das unter einem Kleid od. Rock getragen wird:* ein seidener U.; ein U. aus Perlon.

Un|ter|rohr, das (Fachspr.): *unteres, schräg aufwärts nach vorn verlaufendes Rohr eines Fahrradrahmens.*

un|ter|rüh|ren ⟨sw. V.; hat⟩: *rührend untermengen:* Mag sein, daß der Sauerampfersuppe ... ein wenig Saft vom Fliegenpilz unterrührt war (Grass, Butt 474).

un|ters ⟨Präp. + Art.⟩ (ugs.): *unter das.*

Un|ter|saat, die; -, -en (Landw.): *unter die Deckfrucht gesäte Frucht* (2 b).

Un|ter|sa|chen ⟨Pl.⟩ (fam.): *Unterkleidung, Unterwäsche:* im nächsten Wohnzimmer sortierte eine Frau Kleider in den Schrank. Sie hatte nur U. an (H. Weber, Einzug 8).

un|ter|sa|gen ⟨sw. V.; hat⟩ [mhd. undersagen, ahd. untarsagēn, eigtl. = im Wechselgespräch (mit der Absicht des Verbietens) mitteilen, nach lat. interdicere]: *anordnen, daß etw. zu unterlassen ist:* der Arzt untersagte ihm, Alkohol zu trinken; etw. ist amtlich, polizeilich, bei Strafe untersagt; es ist ausdrücklich, strengstens untersagt, nach 22 Uhr das Haus zu verlassen; das Betreten der Bühne ist untersagt; Die politische Betätigung für Frauen ... war in Bayern durch Gesetz untersagt (Kühn, Zeit 157); **Un|ter|sa|gung,** die; -, -en (seltener): *das Untersagen:* Für die U. des Projekts nennt das Amt auf Anfrage vier Gründe (Rheinische Post 12. 5. 84, 9).

Un|ter|satz, der; -es, ...sätze [mhd. undersaz]: **1.** *etw., was unter etw. gestellt, gelegt, angebracht wird, um darauf etw. abzustellen:* den heißen Topf auf einen U. stellen; * **fahrbarer U.** (ugs. scherzh.; *Auto*): Wozu hat der junge Mann von heute überhaupt noch Hände? Um seine Arbeit zu verrichten, einen fahrbaren U. zu steuern, ein Glas an den Mund zu führen (Freizeitmagazin 26, 1978, 40). **2.** (Logik) *zweite Prämisse eines Syllogismus.*

Un|ter|schall|ge|schwin|dig|keit, die: *Geschwindigkeit, die unterhalb der Schallgeschwindigkeit liegt.*

un|ter|schät|zen ⟨sw. V.; hat⟩: *zu gering einschätzen:* eine Entfernung [erheblich] u.; eine Gefahr, Schwierigkeiten, eine Aufgabe u.; jmds. Kraft, Fähigkeiten u.; seinen Gegner u.; seine Erfahrungen sind nicht zu u. *(sind sehr beachtlich);* So steht sie in einer Reihe mit jenen oft unterschätzten Frauen, denen Deutschland unendlich viel zu verdanken hat (Reich-Ranicki, Th. Mann 237); **Un|ter|schät|zung,** die; -, -en ⟨Pl. selten⟩: *das Unterschätzen.*

un|ter|scheid|bar ⟨Adj.⟩: *sich von einer anderen Person od. Sache unterscheiden lassend;* **un|ter|schei|den** ⟨st. V.; hat⟩ [mhd. underscheiden = (als nicht in besonderen Merkmalen o. ä. übereinstimmend) trennen, festsetzen, erklären, ahd. undarsceidan]: **1. a)** *etw. im Hinblick auf seine besonderen Merkmale, Eigenschaften o. ä. erkennen u. es als etw., was nicht od. nur teilweise mit etw. anderem übereinstimmt, bestimmen:* verschiedene Bedeutungen u.; die einzelnen Arten u. [können, lernen]; man kann vier Typen u.; der Verfasser unterscheidet drei Gesichtspunkte; zweierlei ist hier zu u.; zwischen Richtigem und Falschem u.; Wesentliches von Unwesentlichem u. können; ein scharf unterscheidender Verstand; **b)** *einen Unterschied (2) machen:* es wird unterschieden zwischen dem alten und dem neuen Mittelstand; da auch Aristoteles seiner Meinung nach in den animalischen Dingen zwischen Mensch und Tier nicht wesentlich unterschieden hatte (Stern, Mann 27); **c)** *zwischen zwei od. mehreren Dingen, Erscheinungen o. ä. einen Unterschied feststellen, wahrnehmen; als etw. Verschiedenes, in seiner Verschiedenheit erkennen:* die Zwillinge sind kaum zu u.; Weizen von Roggen nicht u. können; er unterscheidet sie der Schnäpse am Geruch; hatte sich auch Cotta so vollständig in das Leben der eisernen Stadt gefügt, daß er von ihren Bewohnern kaum noch u. war (Ransmayr, Welt 220). **2.** ⟨u. + sich⟩ *im Hinblick auf bestimmte Merkmale, Eigenschaften o. ä. anders sein als der, die, das Genannte:* sich grundlegend, deutlich, kaum von jmdm. u.; sich durch eine bestimmte Farbe [voneinander] u.; er unterscheidet sich von seinem Freund im Charakter, im Verhalten; sie unterscheiden sich nur um weniges; in diesem Punkt unterscheiden sich die beiden Parteien überhaupt nicht. **3.** *das besondere Merkmal sein, worin jmd., etw. von jmdm., etw. abweicht:* ihre Musikalität unterscheidet sie von ihren Verwandten. **4.** *etw. unter, zwischen etw. anderem, vielem anderen in seinen Einzelheiten optisch od. akustisch wahrnehmen:* ich unterscheide einen Fleck am Horizont; daß das Auge selbst im tiefsten Schatten noch Einzelheiten zu u. vermag (Stern, Mann 158); **Un|ter|schei|dung,** die; -, -en: *das Unterscheiden:* die juristische U. zwischen Besitz und Eigentum; -en treffen *(unterscheiden);* vgl. **Un|ter|schei|dungs|ga|be,** die; vgl. **Un|ter|schei|dungs|merk|mal,** das: *Merkmal zur Unterscheidung;* **Un|ter|schei|dungs|ver|mö|gen,** das ⟨o. Pl.⟩: *Fähigkeit zu unterscheiden.*

Un|ter|schen|kel, der; -s, -: *Teil des Beines zwischen Knie u. Fuß.*

Un|ter|schicht, die; -, -en: **1.** *untere Gesellschaftsschicht:* daß 48 Prozent der Nichtseßhaften eindeutig aus der U. stammen (Klee, Pennbrüder 47). **2.** *untere Schicht von etw.:* die U. bestand aus Lehm.

un|ter|schie|ben ⟨st. V.; hat⟩: *unter etw., jmdn. schieben:* sie schob dem Kranken ein Kissen unter; daß man ihr immer die Tür unterschiebt und ihr keine Fragen stellt (Missildine [Übers.], Kind 151); Ü ein untergeschobenes *(heimlich vertauschtes, jmdm. gegenüber als dessen eigenes ausgegebenes)* Kind, Testament; **un|ter|schie|ben** ⟨st. V.; hat⟩: **a)** *in irreführender, unlauterer, betrügerischer o. ä. Weise jmdm. etw. heimlich zuschieben:* jmdm. einen Brief u.; Eine Fälschung ..., ein dem Papst Soter ... unterschobenes Schreiben, der sogenannte 2. pseudoisidorische Brief (Ranke-Heinemann, Eunuchen 138); **b)** *in ungerechtfertigter Weise jmdm. etw. zuschreiben, von ihm behaupten, daß er es getan habe; unterstellen:* diese Äußerungen unterschiebt man mir; ich bin noch immer wütend darüber, daß man mir Motive unterschoben hat, die nicht meine Motive waren (H. Gerlach, Demission 225); wie leicht man seine eigenen Vorstellungen einem Zeugen unterschiebt, schildert ein Polizeiobermeister (ADAC-Motorwelt 2, 1983, 34); **Un|ter|schie|bung,** die; -, -en ⟨selten⟩: *das Unterschieben;* **Un|ter|schie|bung,** die; -, -en: **1.** *das Unterschieben.* **2.** *unterschobene Handlung, Äußerung.*

Un|ter|schied, der; -[e]s, -e [mhd. underschied, underscheid, ahd. untarsceid]: **1.** *etw., worin zwei od. mehrere Dinge nicht übereinstimmen:* ein feiner, geringer, großer, himmelweiter, entscheidender, wesentlicher, gewaltiger U.; es bestehen erhebliche soziale, klimatische -e; der U. zwischen Tier und Mensch; -e in der Qualität, in der Farbe; -e ist ein U. wie Tag und Nacht *(ist ein sehr großer Unterschied, die zwei Dinge sind grundverschieden);* es ist [schon] ein [großer] U. *(etw. anderes),* ob du es sagst oder er; zwischen den beiden Bedeutungen besteht ein feiner U.; darin liegt der ganze U.; zwischen Arbeit und Arbeit ist noch ein U. (ugs.; *es kommt auf die jeweilige Leistung, Qualität an);* Es ist ein kleiner U. zwischen Selbsttanken und Selbsttanken (Spiegel 18, 1975, 128); die -e verwischen sich; einen U. erkennen, feststellen; Sie bestellt sich diesmal einen koffeinfreien Kaffee ... Man schmeckt eigentlich auch keinen U. (Gabel, Fix 139); das macht keinen/keinen U. (ugs.; *das ist erheblich/unerheblich;* nach engl. it makes no/a difference); Es macht keinen U., ob der Student an einer großen oder kleinen Universität ... eingeschrieben ist (Spiegel 21, 1983, 89); *der kleine U.* (ugs. scherzh.; 1. *Geschlechtsunterschied zwischen Mann u. Frau:* Im Beruf weg mit dem kleinen U. Mädchen drängen immer stärker in typische Männerberufe [MM 7. 9. 79, 9]. 2. *Geschlechtsmerkmal, bes. Penis als deutliches Kennzeichen des Unterschieds zwischen Mann u. Frau).* **2.** *[bewertende*

Unterscheidung, Abgrenzung: einen U. machen zwischen jungen und älteren Spielern; bei der Beurteilung der Schüler -e machen *(die Schüler ungleich behandeln);* da kennt er keine -e; im U. zu ihm/ (auch:) zum U. von ihm interessiert sie das überhaupt nicht; ich bin gleicher Meinung, aber mit einem einzigen kleinen U.; das gilt für alle in gleichem Maß ohne U. der Rasse, des Geschlechts, der Herkunft; Ohne U. wurden die Menschen niedergeschlagen oder niedergetreten (Freie Presse 3. 1. 90, 4); **un|ter|schie|den** ⟨Adj.⟩ (veraltet): *unterschiedlich; verschieden;* **un|ter|schied|lich** ⟨Adj.⟩: *Unterschiede aufweisend; nicht gleich:* -e Auffassungen, Charaktere; -e Gesellschaftsordnungen; Veranstaltungen der -sten Art; Parteien -ster Richtungen; Gebiete von -er Größe; Eine geräumige Mehrzweckhalle ermöglicht -ste Aktivitäten (Tagesspiegel 20. 10. 85, 47); die Qualität ist recht u.; Schüler u. behandeln; Sie gefielen ihm u. gut, mit manchen trank er nach dem Seminar ein Glas Bier (Kronauer, Bogenschütze 130); Bauernmöbel, u. verziert, also zusammengetragen (Bastian, Brut 16); ⟨subst.:⟩ Unterschiedliches, ja Gegensätzliches scheint in ihrer Person zu einer widerstandsfähigen Einheit gefunden zu haben (Reich-Ranicki, Th. Mann 181); **Un|ter|schied|lich|keit,** die; -, -en: **1.** ⟨o. Pl.⟩ *das Unterschiedlichsein:* bei aller U. haben sie eines gemeinsam. **2.** ⟨meist Pl.⟩ *etw. Unterschiedliches:* Elternmitbestimmung würde zu einer auf hundert -en bezogenen Pluralität des Unterrichts führen (Spiegel 9, 1978, 75); **Un|ter|schieds|be|trag,** der: *Differenz[betrag];* **un|ter|schieds|los** ⟨Adj.⟩: *ohne Unterschied:* daß die Künstler bald u. und spottweise als „Nazarener" bezeichnet wurden (Fest, Im Gegenlicht 304).

un|ter|schläch|tig ⟨Adj.⟩ [zu ↑schlagen] (Fachspr.): *(von einem Wasserrad) von unten her angetrieben.*

Un|ter|schlag, der; -[e]s, ...schläge: **1.** *Schneidersitz.* **2.** (Druckw.) *Steg (10) am unteren Ende einer Seite;* **un|ter|schla|gen** ⟨st. V.; hat⟩: *(Beine, Arme) kreuzen (1);* **un|ter|schla|gen** ⟨st. V.; hat⟩ [mhd. underslahen, eigtl. = etw. unter etw. stecken]: **1.** (bes. Rechtsspr.) *Gelder, Werte o. ä., die jmdm. anvertraut sind, vorsätzlich nicht für den vom rechtmäßigen Eigentümer gewollten Zweck verwenden, sondern für sich selbst behalten, verwenden o. ä.:* Geld, Briefe u.; er hat versucht, das Testament zu u. **2.** *etw. Wichtiges nicht erwähnen, berichten o. ä., jmdm. etw. Mitteilens-, Erwähnenswertes vorenthalten, verheimlichen:* eine Nachricht, entscheidende Tatsachen u.; Das (= Spannungen, Konflikte) hat es gegeben und noch einiges mehr, und nichts davon wird u. (W. Brandt, Begegnungen 59); Ohne den Juristen hervorzukehren, aber auch ohne den Akademiker zu u. *(ihn durchaus erkennen lassend),* widmete er sich ... (Bieler, Bär 147); **Un|ter|schla|gung,** die; -, -en: **1.** (Rechtsspr.) *das Unterschlagen (1), rechtswidrige Aneignung anvertrauter Gelder, Werte o. ä.:* er hat mehrere -en begangen,

unterschlängeln

wurde wegen U. verurteilt. **2.** *das Unterschlagen (2):* die U. dieser Nachricht hatte böse Folgen.
un|ter|schlän|geln ⟨sw. V.; hat⟩: *zur Hervorhebung, Markierung eine Schlangenlinie unter etw. Geschriebenes, Gedrucktes setzen:* ein Wort u.
¹Un|ter|schleif, der; -[e]s, -e [zu veraltet unterschleifen = betrügen, mhd. undersliefen] (veraltet, noch landsch.): *Unterschlagung* (1): ♦ *und alles, was wir je begonnen, gelinge nur durch U.* (Goethe, Epimenides I, 261 f.); *wenn auf Überschuß ich von Euch wär' ergriffen worden. Ja, auf U.! Das war zu wagen* (Lessing, Nathan II, 2).
♦ **²Un|ter|schleif,** der; -[e]s, -e [zu ↑schliefen]: *Unterschlupf:* der Vater hat einen Einzug und U. von auswärtigem Gesindel, und ich glaube, soviel ich merke, ist er ein Diebshehler geworden (Keller, Romeo 51).
un|ter|schlie|ßen ⟨st. V.; hat⟩ (Druckw.): *das letzte Wort, das nicht mehr in die Zeile paßt, in den noch freien Raum der folgenden Zeile u. davor eine eckige Klammer setzen.*
Un|ter|schlupf, der; -[e]s, -e ⟨Pl. selten⟩: *Ort, an dem jmd. Schutz findet od. an dem sich jmd. vorübergehend verbirgt:* einen U. suchen; bei jmdm. U. finden; Die Flüchtlinge fanden in Höhlen und Ruinen U. (Ransmayr, Welt 246); jmdm. U. gewähren; Die inzwischen verlassene Wohnung ... hat ... möglicherweise als U. der Terroristen gedient (Augsburger Allgemeine 3./4. 6. 78, 2); In dem ausgestorbenen Ort, einem der legendären -e der Mafia (Fest, Im Gegenlicht 136); Ü Wenn nicht ... bis Weihnachten klar sei, wo das Hamburger Schauspielhaus in der nächsten Spielzeit U. finde (Saarbr. Zeitung 20. 12. 79, 5); **un|ter|schlup|fen** ⟨sw. V.; ist⟩ (südd. ugs.): *unterschlüpfen;*
un|ter|schlüp|fen ⟨sw. V.; ist⟩ (ugs.): *Unterschlupf finden:* in einer Scheune, bei Freunden u.; Manche ... hatten das Glück, bei Witwen kostenlos unterzuschlüpfen (Fels, Sünden 45).
Un|ter|schna|bel, der; -s, ...schnäbel: vgl. *Unterlippe.*
un|ter|schnal|len ⟨sw. V.; hat⟩ (ugs.): *darunterlegen u. festschnallen:* Da kann man ... sogar im Sommer die Bretter u. (Eltern 2, 1980, 154).
un|ter|schnei|den ⟨unr. V.; hat⟩: **1.** (Bauw.) *ein Bauteil an der Unterseite abschrägen.* **2.** (Tennis, Tischtennis) *mit Unterschnitt schlagen;* **Un|ter|schnitt,** der; -[e]s, -e (Tennis, Tischtennis): *Schlag, bei dem der Schläger senkrecht od. leicht nach hinten gekantet u. unter den Ball geführt wird, so daß der Ball eine Rückwärtsdrehung (gegen die Flugrichtung) bekommt.*
un|ter|schrei|ben ⟨st. V.; hat⟩: **a)** *seinen Namen hinschreiben, unter etw. setzen; signieren:* mit vollem Namen u.; unterschreiben Sie bitte hier unten; Und der Alte holte den Schlüssel, für den er eigens u. mußte (Sommer, Und keiner 226); ♦ ⟨auch u. + sich⟩: Wer hat sich denn unterschrieben? Adlzreiter! Kraitmayr! ... Große Juristen ... (Hebbel, Agnes Bernauer IV, 3); **b)** *mit seiner Unterschrift den Inhalt eines Schriftstücks be-* stätigen, sein Einverständnis erklären o. ä.: eine Erklärung, Resolution, ein Abkommen, einen Vertrag, eine Quittung, einen Brief u.; Dann unterschreibe ich einen Revers (Sobota, Minus-Mann 280); etw. blind *(ohne es zu lesen),* mit gutem Gewissen, einen Scheck blanko u.; Ü dieses Vorgehen kann ich [nicht] u. (ugs.; *gutheißen);* Diese ebenso originelle wie lebensbejahende Haltung können wir gern u. (Freie Presse 30. 4. 88, 3).
un|ter|schrei|ten ⟨st. V.; hat⟩: *unter einer bestimmten angenommenen, festgelegten Grenze als Maß bleiben, liegen:* eine gesetzte Norm, bestimmte Grenzwerte, ein Planziel, die vorgesehene Fahrzeit u.; Die Wassertiefe sollte einen Meter nicht u. (NNN 2. 11. 87, 6); bei Eigentumswohnungen darf eine Mindestgröße u. werden (Capital 2, 1980, 138); **Un|ter|schreitung,** die; -, -en: *das Unterschreiten:* Bereits bei einer U. des Solluftdrucks um nur 0,3 bar steigt die Temperatur ... auf über 120° Celsius an (ADAC-Motorwelt 6, 1985, 38).

Un|ter|schrift, die; -, -en: **1.** *zum Zeichen der Bestätigung, des Einverständnisses o. ä. eigenhändig unter ein Schriftstück, einen Text geschriebener Name:* eine schöne, unleserliche U.; seine U. unter etw. setzen; jmds. U. nachahmen, fälschen; er muß seine U. beglaubigen lassen; seine U. verweigern, für etw. geben; -en sammeln; ein Schriftstück ..., das werden U. eines Vereinsvorstandes nicht einer staatlich anerkannten kirchlichen, wissenschaftlichen oder künstlerischen Korporation trug (Musil, Mann 226); Herr Heßreiter, mit einem Gänsekiel, vollzog die U. (Feuchtwanger, Erfolg 624); er muß das quittieren ... er leistet noch zwei -en (nachdrücklich; *unterschreibt noch zweimal;* Hohmann, Engel 43); etw. durch seine U. beglaubigen; jmdm. etw. zur U. *(zum Unterschreiben)* vorlegen. **2.** *kurz für* ↑*Bildunterschrift;* **Un|ter|schrif|ten|ak|ti|on,** die; **Un|ter|schriften|kam|pa|gne,** die: *Kampagne zur Unterschriftensammlung;* **Un|ter|schriften|map|pe,** die: *Mappe für Schriftstücke, die von einem Vorgesetzten o. ä. unterschrieben werden sollen;* **Un|ter|schriftensamm|lung,** die: *Sammlung von Unterschriften für od. gegen etw.;* **un|ter|schrift|lich** ⟨Adv.⟩ (Amtsspr.): *mit od. durch Unterschrift:* etw. u. bestätigen; wenn der Versicherungsnehmer in der Police auf den Widerruf u. verzichtet (NZZ 29. 8. 86, 28); **un|ter|schrifts|be|rech|tigt** ⟨Adj.⟩: *berechtigt, Schriftstücke, bes. Geschäftspost, zu unterschreiben;* **Un|ter|schrifts|be|rech|ti|gung,** die: *Berechtigung, Schriftstücke bes. Geschäftspost, zu unterschreiben;* **Un|ter|schrifts|be|stä|ti|gung,** die: *unterschriebene Bestätigung;* **Un|ter|schrifts|fäl|schung,** die: *Fälschung einer Unterschrift;* **Un|terschrifts|pro|be,** die: *Probe von einer Unterschrift (zur Überprüfung ihrer Echtheit);* **un|ter|schrifts|reif** ⟨Adj.⟩: *so beschaffen (aufgesetzt, ausgearbeitet o. ä.), daß die entsprechenden Unterschriften darunter gesetzt werden können:* -e Verträge; die Vereinbarung über den Rechtshilfever- kehr könne spätestens im Frühjahr u. sein (Spiegel 47, 1975, 22); **Un|terschrifts|voll|macht,** die: vgl. *Unterschriftsberechtigung.*
Un|ter|schuß, der; ...schusses, ...schüsse (veraltet): *Defizit.*
Un|ter|schutz|stel|lung, die ⟨o. Pl.⟩ (Amtsspr., bes. schweiz.): *Vorgehen, Verfahren, durch das etw. unter Denkmal-, Naturschutz gestellt wird:* Verweigert wurde ein Kredit von 881 000 Franken für die U. der historischen Häusergruppe (NZZ 23. 10. 86, 36).
un|ter|schweflig ⟨Adj.⟩ (Chemie): vgl. *unterchlorig.*
un|ter|schwel|lig ⟨Adj.⟩: *(bes. vom Bewußtsein, von Gefühlen) verdeckt, unbewußt vorhanden, wirkend:* -e Ängste; Der Innenminister übte zugleich -e Kritik an seinem freiheitlichen Ministerkollegen (Presse 8. 6. 84, 4); Damit sie u. um so nachdrücklicher wirken kann, ist es das Ziel dieser Klangberieselung, nicht bewußt wahrgenommen zu werden (Saarbr. Zeitung 30./31. 3. 85, I).
Un|ter|see, der; -s: *Teil des Bodensees.*
Un|ter|see|boot, das [nach engl. Bildungen mit under-sea = "unter (der) See" als Best.]: *Schiff, das tauchen u. längere Zeit unter Wasser fahren kann u. bes. für militärische Zwecke eingesetzt wird* (Abk.: U-Boot); **Un|ter|see|boot|ha|fen,** der: *Hafen für Unterseeboote;* **Un|ter|see|boot|krieg,** der: *Seekrieg, bei dem Unterseeboote eingesetzt werden;* **un|ter|see|isch** ⟨Adj.⟩ (Geol.): *unter der Meeresoberfläche [gelegen].*
Un|ter|sei|te, die: *nach unten gewandte, nicht sichtbare Seite;* **un|ter|seits** ⟨Adv.⟩: *an der Unterseite:* Die Herde der sanftbraunen, u. weißen Guanakes (Berger, Augenblick 43).
Un|ter|se|kun|da [auch: '- - - - -], die; -, ...sekunden (veraltend): *sechste Klasse des Gymnasiums;* **Un|ter|se|kun|da|ner** [auch: '- - - - - -], der; -s, - (veraltend): *Schüler der Untersekunda;* **Un|ter|se|kun|da|ne|rin** [auch: '- - - - - - -], die; -, -nen (veraltend): *w. Form zu* ↑*Untersekundaner.*
un|ter|set|zen ⟨sw. V.; hat⟩ [mhd. undersetzen]: *unter etw. setzen, stellen;* **un|ter|set|zen** ⟨sw. V.; hat⟩: **1.** *etw. mit etw. durchsetzen, mischen:* der Wald ist mit Sträuchern untersetzt; In allen Arbeitskollektiven gilt es, eine solche Atmosphäre zu schaffen, in der Plan und Wettbewerbsprogramm mit konkreten Verpflichtungen der Werktätigen untersetzt ... werden (NNN 25. 2. 88, 1). **2. a)** (Kfz-T.) *die Motordrehzahl in einem bestimmten Verhältnis heruntersetzen;* **b)** (Elektrot.) *verlangsamt wiedergeben:* elektronische Signale u.; **Un|ter|set|zer,** der: *etw. (ein kleinerer flächiger Gegenstand), was unter etw. gelegt wird, damit es darauf stehen kann:* Frau Niederreit ... brachte einen U. und den Topf mit der heißen Suppe (Danella, Hotel 165); **un|ter|setzt** ⟨Adj.⟩, -er, -este [zu veraltet untersetzen = (unten) festigen, mhd. undersetzen, also eigtl. = gestützt, gefestigt]: *(in bezug auf den Körperbau) nicht besonders groß, aber stämmig; pyknisch:* ein -er Typ; Das Opfer beschreibt den Täter wie

folgt: 170 cm groß, -e Figur (MM 16. 5. 75, 14); **Un|ter|setzt|heit,** die; -: *das Untersetztsein;* **Un|ter|set|zung,** die; -, -en: **a)** (Kfz-T.) *Vorrichtung zum Untersetzen* (2 a): *eine U. einbauen;* **b)** (Elektrot.) *das Untersetzen* (2 b); **Un|ter|set|zungs|ge|trie|be,** das (Kfz-T.): *Getriebe, das die Motordrehzahl in bestimmtem Verhältnis heruntersetzt.*
un|ter|sie|geln ⟨sw. V.; hat⟩ (Amtsspr.): *ein Siegel* (2 b) *unter ein Schriftstück setzen: Dokumente u.*
un|ter|sin|ken ⟨st. V.; ist⟩: *nach unten, unter die Oberfläche einer Flüssigkeit sinken.*
Un|ter|span|nung, die (Elektrot.): *zu niedrige Spannung in einem elektrischen Gerät.*
un|ter|spickt ⟨Adj.⟩ (österr.): *(von Fleisch) mit Fett durchzogen.*
un|ter|spie|len ⟨sw. V.; hat⟩ (selten): **1.** *als nicht so wichtig hinstellen, herunterspielen* (2): *eine Affäre u.; Er ist beileibe kein Mann der großen Worte. Eher unterspielt er* (Presse 22. 11. 83, 6). **2.** *distanziert, mit sparsamer Mimik u. Gestik darstellen:* [seine Rollen] *gern u.;* ⟨subst.:⟩ *Sie ist eine Meisterin im Unterspielen – im Leben wie auf der Bühne* (Ziegler, Labyrinth 171).
un|ter|spü|len ⟨sw. V.; hat⟩: *(vom Wasser) unterhöhlen* (1): *die Flut hat das Ufer unterspült; in einem kleinen Bach, wo das Wasser die Baumwurzeln unterspülte* (Kronauer, Bogenschütze 382); **Un|ter|spü|lung,** die; -, -en: *das Unterspülen.*
un|terst... ⟨Adj.; Sup. von unter...⟩: ↑ unter...
Un|ter|stand, der; -[e]s, ...stände [mhd. understant]: **1.** *(im Krieg) unter der Erdoberfläche befindlicher Raum zum Schutz gegen Beschuß.* **2.** *Stelle, wo man sich unterstellen kann.* **3.** (österr.) *Unterkunft, Unterschlupf;* **Un|ter|stän|der,** der; -s, -: **1.** *Stützbalken, -pfosten.* **2.** (Her.) *unterer Teil des Schildes;* **un|ter|stän|dig** ⟨Adj.⟩ (Bot.): *(von Fruchtknoten) unterhalb der Ansatzstelle der Blütenhülle u. der Staubblätter gelegen;* **un|ter|stands|los** ⟨Adj.⟩ (österr.): *wohnsitzlos;* **Un|ter|stands|lo|se,** der u. die; -n, -n ⟨Dekl. ↑ Abgeordnete⟩ (österr.): *Wohnsitzlose[r]:* In den Passagen der Geschäfte liegen U. Ein Clochard läßt seine Füße bis auf den Gehsteig hängen (Sobota, Minus-Mann 381).
Un|ter|ste, das; -n: ↑ unter...
un|ter|ste|hen ⟨unr. V.; hat⟩ [mhd. understēn = sich unter etw. stellen]: *unter etw. Schützendem stehen:* er hat beim Regen untergestanden; Monika, von Tobias um Schirmbegleitung geprellt, ließ Roland von Aesch bei sich u. und nahm gegen das Wetter seinen Arm (Muschg, Gegenzauber 345); **un|ter|ste|hen** ⟨unr. V.; hat⟩: **1. a)** *in seinen Befugnissen jmdm., einer Institution o. ä. unterstellt sein:* niemandem u.; Auch dann, so haben alle Sportkollegen schon längst entschieden, untersteht ein Spieler noch der Hoheit der Schiedsrichter (Kicker 6, 1982, 51); Inspektor Richmond ..., dem die 4. Mordkommission unterstand (Prodöhl, Tod 258); **b)** *unterliegen* (2): *ständiger Kontrolle u.;* Damit unterstehen sie nun dem Amtsgeheimnis (NZZ 30. 6. 86,

32); es untersteht keinem Zweifel *(es besteht kein Zweifel),* daß er die Unwahrheit gesagt hat. **2.** ⟨u. + sich⟩ *sich herausnehmen, erdreisten, etw. zu tun:* untersteh dich nicht, darüber zu sprechen!; da dieser ... auf das ungeschickteste zu behaupten sich unterstand, er habe alles, was die Polizei zu Protokoll gebracht habe, nicht stimme (Bachmann, Erzählungen 135); untersteh dich! (als Warnung, Drohung; *unterlaß das!*); was unterstehen Sie sich!; ♦ Ich ... will nicht, daß der Bauer Häuser baue auf seine eigne Hand und also frei hinleb', als ob er Herr wär' in dem Lande. Ich werd' mich unterstehn, Euch das zu wehren (Schiller, Tell I, 2).
un|ter|stel|len ⟨sw. V.; hat⟩: **1. a)** *zur Aufbewahrung abstellen: das Fahrrad im Keller u.;* **b)** ⟨u. + sich⟩ *sich unter etw. bei uns u.;* **b)** ⟨u. + sich⟩ *sich unter etw. Schützendes stellen:* wir stellen uns dort vorne, in der Toreinfahrt unter, bis der Regen aufhört. **2.** *unter etw. stellen:* einen Eimer u.; **un|ter|stel|len** ⟨sw. V.; hat⟩ [2: nach frz. supposer]: **1. a)** *jmdm., einer Institution, die Weisungen geben kann, o. ä. unterordnen:* die Behörde ist dem Innenministerium unterstellt; die allein durchgestandenen Kriegsjahre hatten sie verlernen lassen, sich einem männlichen Kommando zu u. (Kühn, Zeit 413); Wenn der Einwohnerrat das Geschäft genehmigt, verlangen wir, daß es dem obligatorischen Referendum unterstellt *(seiner Entscheidung unterworfen)* wird (Vaterland 27. 3. 85, 29); **b)** *jmdm. die Leitung von etw. übertragen:* er hat ihm mehrere Abteilungen unterstellt; diese Kommission ist einer Frau unterstellt. **2. a)** *annehmen:* ich unterstelle [einmal], daß er die Wahrheit gesagt hat; Dabei will ich noch nicht u., daß wir unbedingt mit unseren Rechnungen recht behalten werden (Springer, Was 241); erstklassige Umgangsformen werden unterstellt *(vorausgesetzt;* Südd. Zeitung 1. 3. 86, 92); **b)** *unterschieben* (b): man hat mir die übelsten Absichten unterstellt; Warum unterstellst du ihnen Interesselosigkeit? (Praunheim, Armee 223); Was unterstellen Sie mir eigentlich? (Spiegel 47, 1977 183); Das wird mir nur unterstellt, daß ich allein alles angezettelt hätte (Innerhofer, Schattseite 237); **Un|ter|stell|mög|lich|keit,** die: *Möglichkeit, etw. irgendwo unterzustellen* (1 a): es gibt hier kaum eine U. für die Fahrräder; **Un|ter|stell|raum,** der: *Raum, in dem etw. untergestellt werden kann;* **Un|ter|stel|lung,** die; -: *das Unterstellen* (1); **Un|ter|stel|lung,** die; -, -en: **1.** *das Unterstellen* (1), *Unterstelltwerden, Unterstelltsein:* die U. unter die Militärgerichtsbarkeit: fünf der Industrieministerien unterschiedlicher administrativer U. (NZZ 25. 12. 83, 9). **2.** *falsche Behauptung, mit der jmdm. etw. unterstellt wird:* böswillige U.; Grundfalsch ist jedenfalls die U., die Kinder bereiteten sich ihre auswegslose Isolation erst mit ihrem Abtauchen in die „Szene" (Christiane, Zoo 9); Noch so ungeheuerliche U., und ich sperr' dir das Haushaltsgeld (Schnurre, Ich 61) Ich verbitte mir derartige -en (Sobota, Minus-Mann 122).

un|ter|steu|ern ⟨sw. V.; hat⟩ (Kfz-W.): *(trotz normal eingeschlagener Vorderräder) mit zum Innenrand der Kurve strebendem Heck auf den Außenrand der Kurve zufahren:* Das Fahrverhalten des Fronttrieblers ist problemlos, in der Kurve untersteuert er deutlich (ADAC-Motorwelt 1, 1982, 37).
Un|ter|stim|me, die; -, -n: *tiefste Stimme eines mehrstimmigen musikalischen Satzes.*
Un|ter|stock, der; -[e]s, ...stöcke, **Un|ter|stock|werk,** das; -[e]s, -e: *Souterrain:* Dann hörte sie die Hündin mit hechelndem Atem durch den Unterstock des Hauses hetzen (Rolf Schneider, November 80).
un|ter|stop|fen ⟨sw. V.; hat⟩: *unter etw. stopfen:* in der Scheune breitete er in einer Ecke eine Decke aus, stopfte am Kopfende noch etwas von dem herumliegenden Stroh unter und legte sich auf das so hergerichtete Lager.
un|ter|strei|chen ⟨st. V.; hat⟩: **1.** *zur Hervorhebung einen Strich unter etw. Geschriebenes, Gedrucktes ziehen:* alle Namen u.; er hat die Fehler dick, rot, mit Rotstift unterstrichen. **2.** *nachdrücklich betonen, hervorheben:* jmds. Verdienste u.; seine Worte durch Gesten u.; das kann ich nur u.! *(dem kann ich nur zustimmen!);* Die bisherigen gemeinsamen Erfolge unterstreichen *(sind eine nachdrückliche Bestätigung für),* das eben Gesagte (Saarbr. Zeitung 11. 7. 80, 7); Er unterstrich Sophies Aussage *(bestätigte sie mit Nachdruck;* Bieler, Mädchenkrieg 563); **Un|ter|strei|chung,** die; -, -en: **1.** *das Unterstreichen.* **2.** *Strich, mit dem etw. unterstrichen ist.*
un|ter|streu|en ⟨sw. V.; hat⟩: *unter etw. streuen:* Stroh u.
Un|ter|strö|mung, die; -, -en: *Strömung unter der Wasseroberfläche:* an dieser Stelle herrschte eine gefährliche U.
Un|ter|stu|fe, die; -, -n: *die drei untersten Klassen in Realschulen u. Gymnasien.*
un|ter|stüt|zen ⟨sw. V.; hat⟩: *unter etw. stützen:* den Arm [unter das Kinn] u.; **un|ter|stüt|zen** ⟨sw. V.; hat⟩ [mhd. understützen, ahd. untarstuzen]: **1. a)** *jmdm. [der sich in einer schlechten materiellen Lage befindet] durch Zuwendungen helfen:* er wird seinen Freunden finanziell, mit Lebensmitteln unterstützt; **b)** *jmdm. bei etw. behilflich sein:* jmdn. tatkräftig, mit Rat und Tat u.; abgesehen davon, daß Detlev schwer arbeiten mußte, kräftig unterstützt von Torsten (Danella, Hotel 322); Man hat mich in meinem Handeln moralisch unterstützt (Brückenbauer 11. 9. 85, 11). **2.** *sich für jmdn., jmds. Angelegenheiten o. ä. einsetzen u. dazu beitragen, daß jmd., etw. Fortschritte macht, Erfolg hat:* die Kandidaten einer Partei u.; ein Projekt u. *(fördern);* daß sie versuchen, mit staatlichen Filmförderung die einheimische Filmproduktion zu u. (Bund 9. 8. 80, 39); ein Gesuch u.; Ein Mittel unterstützt den Heilungsprozeß *(begünstigt, fördert ihn);* Biotechnische Abwehrverfahren ... unterstützen die natürlichen Abbauvorgänge im Ozean (natur 2, 1991, 94); Deine Faulenzerei unterstütz' ich nicht

Unterstützung

länger *(ich leiste ihr nicht länger Vorschub;* Fels, Sünden 123); **Un|ter|stüt|zung,** die; -, -en: **1.** *das Unterstützen, Helfen, Fördern:* jmdm. U. zusagen, versagen; Der Vater sucht beim Katecheten U. für seine Hoffnung (Loest, Pistole 30); bei jmdm. keine U. finden; er ist auf U. durch den Staat angewiesen; ohne seine U. kann der Plan nicht gelingen; Er wird von den deutschen Behörden wegen U. einer kriminellen Vereinigung gesucht (MM 4. 8. 77, 2). **2.** *bestimmter Geldbetrag, mit dem jmd. unterstützt wird:* eine kleine, monatliche, regelmäßige U.; die U. beträgt 500 Mark; eine U. beantragen, beziehen; jmdm. U. gewähren; Die Frau muß sehen, wie sie an die U. kommt, die ihr zusteht (Kronauer, Bogenschütze 289); **un|ter|stüt|zungs|be|dürf|tig** ⟨Adj.⟩: *(materielle) Unterstützung benötigend;* **Un|ter|stüt|zungs|bei|hil|fe,** die: *einem Arbeitnehmer vom Arbeitgeber od. aus öffentlichen Mitteln zur Unterstützung gewährte Beihilfe;* **un|ter|stüt|zungs|be|rech|tigt** ⟨Adj.⟩: *berechtigt, eine Unterstützung (2) zu beziehen;* **Un|ter|stüt|zungs|emp|fän|ger,** der: *Empfänger einer Unterstützung (2);* **Un|ter|stüt|zungs|emp|fän|ge|rin,** die: w. Form zu ↑ Unterstützungsempfänger; **Un|ter|stüt|zungs|geld,** das: vgl. Unterstützung (2); **Un|ter|stüt|zungs|kas|se,** die: *betrieblicher Fonds, aus dem Unterstützungen gezahlt werden.*

Un|ter|such, der; -s, -e (schweiz. seltener): *Untersuchung;* **un|ter|su|chen** ⟨sw. V.; hat⟩ [spätmhd. untersuochen]: **1. a)** *etw. genau beobachten, betrachten o. ä. u. so in seiner Beschaffenheit, Zusammensetzung, Gesetzmäßigkeit, Auswirkung o. ä. genau zu erkennen o. ä. suchen:* etw. gründlich, eingehend, genau, sorgfältig u.; die Beschaffenheit des Bodens, die klimatischen Bedingungen, die gesellschaftlichen Verhältnisse u. *(analysieren);* ein Thema, ein Problem [wissenschaftlich] u. *(erforschen, erörtern);* der Verfasser untersucht die Präfixbildungen; Sein Pantheismus bedeutet insofern einen Schritt über Xenophanes hinaus, als er das Verhältnis von Welt und Gott auch vom ethischen Blickpunkt aus untersucht (Thieß, Reich 128); **b)** *(durch Proben, Analysen) die chemischen Bestandteile von etw. zu bestimmen, festzustellen suchen:* den Eiweißgehalt von etw. u. lassen; das Blut auf Zucker u.; den Wein auf seine Reinheit u.; Diese Substanzen können nur nachgewiesen werden, wenn gezielt darauf untersucht wird (Kelly, Um Hoffnung 152). **2. a)** *(von Ärzten) jmds. Gesundheitszustand festzustellen suchen:* einen Patienten nur flüchtig, oberflächlich u.; sich ärztlich u. lassen; jmdn. auf seinen Geisteszustand [hin] u.; daß die Gefangenen vor ihrer Entlassung gründlich auf Gesundheit und Arbeitsfähigkeit zu u. sind (Fallada, Blechnapf 20); **b)** *den Zustand eines [erkrankten] Organs, [verletzten] Körperteils o. ä. festzustellen suchen:* den Hals, die Wunde, die Lunge, den ganzen Körper sorgfältig u. **3.** *etw. [juristisch, polizeilich] aufzuklären suchen, einer Sache nachgehen:* einen Fall gerichtlich u.; einen Verkehrsunfall, den Tathergang u. **4.** *durchsuchen* (a): jmdn.,

jmds. Gepäck u.; die Soldaten untersuchten die Fahrzeuge auf/nach Waffen. **5.** *überprüfen:* die Maschine u.; das Auto auf seine Verkehrssicherheit [hin] u.; Er untersuchte den Lack der Büchse (= Sparbüchse) auf Kratzspuren, prüfte den Einwurfschlitz (Fels, Kanakenfauna 18); **Un|ter|su|chung,** die; -, -en [spätmhd. undersuochunge]: **1. a)** *das Untersuchen* (1): eine genaue sorgfältige U.; eine mikroskopische U.; wissenschaftliche, statistische -en; die U. der Gesteinsschichten; eine U. anfertigen; Seit seiner Studienzeit hatte er eingehende, passionierte -en angestellt über die Rassenunterschiede des Blutes (Feuchtwanger, Erfolg 607); **b)** *das Untersuchen* (2): eine vorbeugende U.; das ergab die ärztliche U.; Bei der gynäkologischen U. fand sich ein Widerstand im kleinen Becken (Hackethal, Schneide 30); sich einer gründlichen U. unterziehen. **2.** *das Untersuchen* (3): die polizeiliche U. läuft noch, ist abgeschlossen, verlief ergebnislos; die U. des Falls führte zu nichts; eine U. fordern, beantragen, anordnen, durchführen, einstellen; Wie ernst die Gerüchte genommen werden, zeigt die Tatsache, daß der Polizeichef ... die U. höchstpersönlich führt (Kicker 82, 1981, 12); gegen den Abgeordneten wurde eine U. eingeleitet. **3.** *das Untersuchen* (4), *Durchsuchung:* die U. des Gepäcks. **4.** *das Untersuchen* (5), *Überprüfung:* durch die genaue U. des Unfallwagens konnte der Hergang geklärt werden. **5.** *auf Untersuchungen (1) basierende wissenschaftliche Arbeit:* eine tiefgreifende, sorgfältige U. *(Analyse);* eine interessante U. über Umweltschäden; Seine bahnbrechenden -en über kindliche Sexualität mündeten tatsächlich wieder eine Phasentheorie (Schreiber, Krise 121); Die vorliegende U. befaßt sich mit der Entstehung der deutschen Unterhaltungsliteratur (Greiner, Trivialroman 10); eine U. veröffentlichen; Schofield charakterisiert in seiner U. zur Homosexualität ... (Schmidt, Strichjungengespräche 159); **Un|ter|su|chungs|aus|schuß,** der: *Ausschuß, der mit der Untersuchung* (2) *von etw. betraut ist:* etw. vor den U. bringen; **Un|ter|su|chungs|be|fund,** der: *Befund;* **Un|ter|su|chungs|be|richt,** der: *Bericht über eine Untersuchung* (1-4); **Un|ter|su|chungs|er|geb|nis,** das: *Ergebnis einer Untersuchung;* **Un|ter|su|chungs|ge|fan|ge|ne,** der u. die: *jmd., der sich in Untersuchungshaft befindet;* **Un|ter|su|chungs|ge|fäng|nis,** das: *Gefängnis für Untersuchungsgefangene;* **Un|ter|su|chungs|haft,** die: *Haft eines Beschuldigten zu Beginn u. während eines Prozesses:* in U. sitzen; jmdn. in U. nehmen; Abk.: U-Haft; **Un|ter|su|chungs|häft|ling,** der: *jmd., der sich in Untersuchungshaft befindet;* **Un|ter|su|chungs|kom|mis|si|on,** die: vgl. Untersuchungsausschuß; **Un|ter|su|chungs|me|tho|de,** die: *Methode, nach der eine Untersuchung* (1-4) *durchgeführt wird;* **Un|ter|su|chungs|ob|jekt,** das: *Objekt* (1 a) *einer Untersuchung* (1-4); **Un|ter|su|chungs|rich|ter,** der: *Richter, der bei Strafverfahren die Voruntersuchung leitet;* Der

Schütze ... wurde gestern dem U. vorgeführt (MM 11. 7. 78, 17); **Un|ter|su|chungs|rich|te|rin,** die: w. Form zu ↑ Untersuchungsrichter; **Un|ter|su|chungs|sta|ti|on,** die: *Forschungsstation;* **Un|ter|su|chungs|zim|mer,** das: *Raum in einer Arztpraxis o. ä., in dem die Patienten untersucht werden.*

Un|ter|tag|ar|bei|ter usw.: ↑ Untertagearbeiter usw., **Un|ter|ta|ge|ar|bei|ter,** der (Bergbau): *Bergarbeiter, der unter Tage arbeitet;* **Un|ter|ta|ge|bau,** der (Bergbau): **1.** ⟨o. Pl.⟩ *Abbau unter Tage.* **2.** ⟨Pl. -e⟩ *Grube;* **Un|ter|ta|ge|de|po|nie,** die: *unter Tage, bes. in stillgelegten Bergwerken angelegte Deponie* (1), *Endlagerstätte:* In drei Zechen wird ... derzeit getestet, ob sich die Gruben im Revier als -n eignen (Spiegel 46, 1992, 139); **Un|ter|ta|ge|spei|che|rung,** die (Bergbau): *Speicherung von festen Stoffen, Flüssigkeiten u. Gasen in unterirdischen Hohlräumen;* **Un|ter|ta|ge|ver|ga|sung,** die (Bergbau): *Vergasung von Kohlenflözen, die nicht abgebaut werden;* **un|ter|tags** ⟨Adv.⟩ (österr., schweiz.): *tagsüber:* Untertags ist das Bett an die Wand hochgeklappt (Sobota, Minus-Mann 29).

un|ter|tan ⟨Adj.⟩ [mhd. undertān, ahd. untartān = unterjocht, verpflichtet, eigtl. adj. 2. Part. von mhd. undertuon, ahd. untartuon = unterwerfen]: in den Wendungen **sich, einer Sache jmdn., etw. u. machen** (geh.; jmdn., etw. seinen Zwecken unterwerfen, beherrschen): sich die Natur u. machen; Und bei dieser Ideologie geht es mir ... um den Menschen, der auszieht, sich die Erde u. zu machen (Weltwoche 17. 5. 84, 37); **jmdm., einer Sache u. sein** (veraltend; *von jmdm., etw. abhängig, jmdm., etw. unterworfen sein*): Sie sei ihm völlig u. gewesen, beteuerte er und bat für sie um ein mildes Urteil (Prodöhl, Tod 117); **Un|ter|tan,** der; -s, auch: -en, -en [mhd. undertān(e)] (früher): *Bürger einer Monarchie od. eines Fürstentums, der seinem Landesherrn zu Gehorsam u. Dienstbarkeit verpflichtet ist:* die -en des Landgrafen; In einer solchen Gegend mag in der Feudalzeit das sorbische Volkslied ... von U. und Gutsherr entstanden sein (Berger, Augenblick 60); Ü (heute abwertend:) Heßling, der beides zugleich und auf einmal ist – ein sich feige duckender U. und ein sadistischer Tyrann (Reich-Ranicki, Th. Mann 128); die Schüler zu -en erziehen; **Un|ter|ta|nen|geist,** der ⟨o. Pl.⟩ (abwertend): *untertänige Gesinnung, servile Ergebenheit:* Sie haben Ihre Geisteskräfte nicht an Taktik und militärischen U. verschwendet (Stories 72 [Übers.], 50); **Un|ter|ta|nen|pflicht,** die: *Pflicht eines Untertans;* **un|ter|tä|nig** ⟨Adj.⟩ [mhd. undertænec] (abwertend): *eine Haltung zeigend, die erkennen läßt, daß man den Willen eines Höhergestellten, Mächtigeren als verbindlich anerkennt, ihm nachzukommen willens ist:* Dazu halfen auch Geldstrafen, „um die Leute -er und gefügiger zu machen" (Delius, Siemens-Welt 10); u. den Hut ziehen; in alten Briefformeln: Euer Hochwohlgeboren -ster Diener; **Un|ter|tä|nig|keit,** die; - [mhd. undertænicheit] (abwertend): *das Untertänigsein;*

Un|ter|ta|nin, die; -, -nen (früher): w. Form zu ↑ Untertan.

un|ter|ta|rif|lich ⟨Adj.⟩: *unter dem Tarif (2) liegend:* Haussmann will ... in Tarifvereinbarungen -e Bezahlung salonfähig machen (Frankfurter Rundschau 11. 4. 85, 3).

Un|ter|tas|se, die; -, -n: *kleinerer Teller, in dessen leichte Vertiefung in der Mitte die Tasse gestellt wird:* in der U. stand etwas Kaffee; * **fliegende U.** *(tellerförmiges Flugobjekt unbekannter Art u. Herkunft).*

Un|ter|ta|ste, die; -, -n: *weiße Taste bei Tasteninstrumenten.*

un|ter|tau|chen ⟨sw. V.⟩: **1. a)** *unter die Oberfläche tauchen* ⟨ist⟩: der Schwimmer tauchte unter; Ü die Kiste tauchte unter (versank in den Wellen); **b)** *unter Wasser drücken* ⟨hat⟩: jmdn. u.; eine junge Frau stakte mit einem dicken Knüppelholz in einem großen Bottich, um die Wäsche ... unterzutauchen (Drewitz, Eingeschlossen 67). **2.** ⟨ist⟩ **a)** *verschwinden, nicht mehr zu sehen sein:* sie sei nach draußen entschwunden und in der Menge untergetaucht (Strauß, Niemand 112); **b)** *sich jmds. Zugriff dadurch entziehen, daß man sich an einen unbekannten Ort begibt:* in Südamerika u.; Ein Mann, vom Geheimdienst gejagt, will u. (Prodöhl, Tod 280); **un|ter|tau|chen** ⟨sw. V.; hat⟩: *unter etw. tauchen:* Robben können das Packeis u., haben es untertaucht.

Un|ter|teil, das, auch: der; -[e]s, -e: *unteres Teil;* **un|ter|tei|len** ⟨sw. V.; hat⟩: **a)** *eine Fläche, einen Raum o. ä. aufteilen:* einen Schrank in mehrere Fächer u.; die Reviere sind ... nach Gewerben unterteilt, auf die Schuhmacher folgen die Korbflechter, dann der Trödler (Fest, Im Gegenlicht 233); **b)** *einteilen, gliedern:* die Skala ist in 10 Grade unterteilt; **Un|ter|tei|lung**, die; -, -en: **1.** *das Unterteilen.* **2.** *das Unterteiltsein;* Gesamtheit der Untertitel

Un|ter|tem|pe|ra|tur, die; -, -en: *Temperatur, die unter der normalen Körpertemperatur liegt:* der Patient hat U.

Un|ter|ter|tia [auch: '- - - -], die; -, ...tertien (veraltend): *vierte Klasse des Gymnasiums;* **Un|ter|ter|tia|ner** [auch: '- - - - -], der; -s, - (veraltend): *Schüler der Untertertia;* **Un|ter|ter|tia|ne|rin** [auch: '- - - - - -], die; -, -nen (veraltend): w. Form zu ↑ Untertertianer.

Un|ter|ti|tel, der; -s, -: **1.** *Titel, der einen Haupttitel [erläuternd] ergänzt:* wie lautet der U. der Abhandlung?; ... „des großen Psychoanalytikers und Forschers", wie es im U. des Buches heißt (Spiegel 18, 1975, 138). **2.** *in den unteren Teil des Bildes eines in fremder Sprache vorgeführten Films eingeblendeter übersetzter Text:* der Film läuft in der Originalfassung mit deutschen -n; **un|ter|ti|teln** [auch: ...'tt|n] ⟨sw. V.; hat⟩: **1.** *ein Buch, einen Aufsatz o. ä. mit einem Untertitel (1) versehen:* der Verlag hat das Buch reißerisch untertitelt. **2. a)** *einen Film mit Untertiteln (2) versehen:* Jetzt wurde der Film für den Kinostart deutlich untertitelt (tip 13, 1983, 6); **b)** *ein Bild, Foto o. ä. mit einer Bildunterschrift versehen:* die Fotos sind dreisprachig untertitelt; **Un|ter|ti|te|lung**, die; -, -en: **1.** *das Untertiteln.* **2.

(2) *eines Films:* nun wird diese verrückte ... Satire ... durch eine wirklich originelle dt. noch richtig sehenswert (tip 13, 1983, 30).

Un|ter|ton, der; -[e]s, ...töne: **1.** (Physik, Musik) *als Spiegelung des Obertons mit dem Grundton mitschwingender Ton.* **2.** *leiser, versteckter Beiklang:* in seiner Stimme lag, klang, war ein banger U.; seine Stimme hatte einen drohenden U.; mit einem U. von Ironie reden; Wiederum Gelächter, doch diesmal mit einem eigentümlichen U. (Hilscher, Morgenstern 7); Ü Berufliche Enttäuschungen in der zweiten Lebenshälfte haben einen U. von Endgültigkeit (Schreiber, Krise 37).

un|ter|tou|rig [...tu:rɪç] ⟨Adj.⟩ (Technik): *mit zu niedriger Drehzahl laufend:* bei -er Fahrweise im fünften Gang (ADAC-Motorwelt 7, 1984, 23); einen Wagen u. fahren.

un|ter|trei|ben ⟨st. V.; hat⟩: *etw. kleiner, geringer, unbedeutender o. ä. darstellen [lassen], als es in Wirklichkeit ist:* Er liebt kein Jägerlatein und untertreibt eher (Berger, Augenblick 139); aber 100 Millionen Mark, was eher untertrieben sein dürfte (Spiegel 18, 1976, 60); **Un|ter|trei|bung**, die; -, -en: **1.** ⟨o. Pl.⟩ *das Untertreiben:* sie hat einen Hang zur U. **2.** *untertreibende Äußerung:* diese Schilderung ist eine glatte U.

un|ter|tun|neln ⟨sw. V.; hat⟩: *einen Tunnel unter etw. hindurchführen:* eine Straße, einen Fluß u.; **Un|ter|tun|ne|lung**, die; -, -en: **1.** *das Untertunneln.* **2.** *das Untertunneltsein.*

un|ter|ver|mie|ten ⟨sw. V.; hat⟩: *an einen Untermieter vermieten:* er bekam nicht die Erlaubnis unterzuvermieten; Die schriftliche Einwilligung hat sie bekommen und die Zimmer dann einem jungen Mann ... untervermietet (Gut wohnen 10, 1975, 26); **Un|ter|ver|mie|tung**, die; -, -en: *das Untervermieten.*

un|ter|ver|si|chern ⟨sw. V.; hat⟩: *etw. mit einer Summe versichern, die niedriger ist als der Wert der versicherten Sache:* Deutschlands Unikliniken sind unterversichert; Im Falle eines Kunstfehlers ist von ihnen kein Geld zu holen (Spiegel 1, 1980, 87); **Un|ter|ver|si|che|rung**, die; -, -en: **1.** *das Unterversichern.* **2.** *das Unterversichertsein.*

un|ter|ver|sor|gen ⟨sw. V.; hat⟩, meist im 2. Part.⟩: *zu gering [mit etw.] versorgen:* der Markt ist unterversorgt; Viele der Kranken ... seien ärztlich unterversorgt (Hörzu 37, 1977, 130); die Durchblutung des unterversorgten Herzens anregen; **Un|ter|ver|sor|gung**, die; -, -en: *das Unterversorgtsein:* Die U. vieler Anstalten mit Fachpersonal (Richter, Flüchten 122).

Un|ter|wal|den, -s: Kanton der Schweiz: U. nid dem Wald (Nidwalden; Halbkanton); U. ob dem Wald (Obwalden; Halbkanton); **¹Un|ter|wald|ner**, der; -s, -: Ew.; **²Un|ter|wald|ner** ⟨indekl. Adj.⟩; **Un|ter|wald|ne|rin**, die; -, -nen: w. Form zu ↑ ¹Unterwaldner; **un|ter|wald|ne|risch** ⟨Adj.⟩.

un|ter|wan|dern ⟨sw. V.; hat⟩: **a)** *nach u. nach u. unmerklich in etw. eindringen, um

es zu zersetzen:* die Armee u.; der Staatsapparat war von subversiven Elementen unterwandert; Ist es der Ostspionage gelungen, die Bundesrepublik zu u.? (Hamburger Abendblatt 24. 8. 85, 1); **b)** (veraltet) *mit Zuwanderern durchsetzen, vermischen:* ein Land u.; **Un|ter|wan|de|rung**, die; -, -en: **1.** *das Unterwandern:* stets waren die propagandistische Absicht und der Versuch der U. leicht zu erkennen gewesen (W. Brandt, Begegnungen 126). **2.** *das Unterwandertsein.*

un|ter|wärts ⟨Adv.⟩ [↑ -wärts] (ugs.): **a)** *unten; unterhalb:* bist du u. (am Unterkörper) auch warm genug angezogen?; **b)** *abwärts:* niemand könne wissen, ob der Atem des Menschen aufwärts fahre und der Atem des Viehs u. unter die Erde (Harig, Ordnung 12).

Un|ter|wä|sche, die; -, -n: **1.** ⟨o. Pl.⟩ *unmittelbar auf dem Körper getragene Wäsche:* Er stellt sich den Altgesellen und seine Frau in U. vor (Chotjewitz, Friede 36). **2.** (Jargon) kurz für ↑ Unterbodenwäsche.

un|ter|wa|schen ⟨st. V.; hat⟩: *unterspülen;* **Un|ter|wa|schung**, die; -, -en: **1.** ⟨o. Pl.⟩ *das Unterwaschen.* **2.** *unterwaschene Stelle.*

Un|ter|was|ser, das; -s: *Grundwasser;* **Un|ter|was|ser|ar|chäo|lo|gie**, die: *Zweig der Archäologie, der sich bes. mit der Erforschung u. Bergung von [antiken] Schiffswracks u. der Untersuchung heute unter Wasser liegender Siedlungen od. Bauwerke beschäftigt;* **Un|ter|was|ser|auf|nah|me**, die: *[Film]aufnahme unter der Wasseroberfläche;* **Un|ter|was|ser|ball**, der ⟨o. Pl.⟩: *Mannschaftsspiel (im Tauchsport), bei dem der Ball in einem unter Wasser befindliche Eimer gelegt werden muß;* **Un|ter|was|ser|be|hand|lung**, die: *Unterwassermassage;* **Un|ter|was|ser|fahr|zeug**, das: *Fahrzeug zum Transport von Personen u. Gütern unter Wasser;* **Un|ter|was|ser|fau|na**, die: *unter Wasser lebende Fauna;* **Un|ter|was|ser|flo|ra**, die; vgl. Unterwasserfauna; **Un|ter|was|ser|for|scher**, der: *Aquanaut;* **Un|ter|was|ser|for|sche|rin**, die: w. Form zu ↑ Unterwasserforscher; **Un|ter|was|ser|for|schung**, die: *Aquanautik;* **Un|ter|was|ser|fo|to|gra|fie**, die: **1.** ⟨o. Pl.⟩ *das Fotografieren unter Wasser.* **2.** *unter Wasser aufgenommene Fotografie (2);* **Un|ter|was|ser|gym|na|stik**, die: *[Kranken]gymnastik, die unter Wasser ausgeführt wird;* **Un|ter|was|ser|jagd**, die (Tauchsport): *Jagd auf Fische unter der Harpune;* **Un|ter|was|ser|ka|me|ra**, die: *Kamera, mit der man unter Wasser filmen, fotografieren kann;* **Un|ter|was|ser|kraft|werk**, das (Technik): *überströmbares Wasserkraftwerk;* **Un|ter|was|ser|la|bor**, das: *Unterwasserstation;* **Un|ter|was|ser|mas|sa|ge**, die: *Massage, die unter Wasser ausgeführt wird;* **Un|ter|was|ser|sta|ti|on**, die: *unter der Meeresoberfläche gelegene Beobachtungs-, Forschungsstation;* **Un|ter|was|ser|streit|kräf|te** ⟨Pl.⟩: *unter Wasser operierende Seestreitkräfte.*

◆ **un|ter|we|gen** ⟨Adv.⟩: *in der Verbindung* **etw. u. lassen** *(etw. unterlassen, nicht tun;* eigtl. = auf dem Weg zurücklassen, zu mhd. under wegen, ↑ unterwegs): Kamerad, laß Er das u.! (Schiller, Wallen-

unterwegs

steins Lager 7); **un|ter|wegs** ⟨Adv.⟩ [mit Adverbendung -s zu mhd., ahd. under wegen]: **a)** *sich auf dem Wege irgendwohin befindend:* er ist bereits u.; u. wurde ihm schlecht; Axel ist gerade mit einer Erledigung u. (Danella, Hotel 32); Ich fahr' mit, dann können wir u. *(während der Fahrt)* alles absprechen (Prodöhl, Tod 230); er ist den ganzen Tag u. *(wenig zu Hause);* Ich ... hatte auch im zweiten Lauf das Gefühl, gut u. zu sein *(gut, glatt voranzukommen;* Tages Anzeiger 26. 11. 91, 14); der Brief ist u. *(bereits abgeschickt);* Ü bei seiner Frau ist ein Kind, etwas, etwas Kleines u. (ugs.; *seine Frau ist schwanger);* **b)** *auf, während der Reise:* wir waren vier Wochen u.; Seit Ende April ist die Truppe pausenlos u. *(auf Reisen;* Freizeitmagazin 26, 1978, 19); **c)** *draußen [auf der Straße]:* die ganze Stadt war u.; wer ist denn um diese Uhrzeit noch u.?; Damals waren viele Bettler u. *(gab es viele Bettler [auf den Straßen];* Wimschneider, Herbstmilch 39).

un|ter|wei|len ⟨Adv.⟩ (veraltet): **1.** *bisweilen:* ♦ „Es ist für den erwünschten Frieden u. tauglich, wenn eine unbeteiligte sachkundige Person ..." – Herr Christian Albrecht unterbrach ihn (Storm, Söhne 22). **2.** *währenddessen:* ♦ ... betraurt' ich ihn ein züchtig Jahr, visierte dann unterweil nach einem neuen Schatze (Goethe, Faust I, 2990 f.).

un|ter|wei|sen ⟨st. V.; hat⟩ [mhd. underwīsen] (geh.): *jmdm. Kenntnisse, Fertigkeiten vermitteln; lehren:* jmdn. in einer Sprache, in Geschichte u.; er unterwies *(instruierte)* das Personal, wie es sich verhalten sollte; Die Eltern haben auch die Kinder religiös zu u. (NZZ 29. 4. 83, 28); **Un|ter|wei|sung,** die; -, -en [mhd. underwīsunge] (geh.): *das Unterweisen; Lehre:* Eltern und Schüler, die an einer solchen Form schulischer U. (= einer Ganztagsschule) Interesse zeigen (Saarbr. Zeitung 24. 12. 79, 11/13/15).

Un|ter|welt, die; -: **1.** (griech. Myth.) *Totenreich; Tartaros.* **2.** *zwielichtiges Milieu von Berufsverbrechern [in Großstädten]:* in der U. verkehren; Möcht' er ja wohl nicht, daß seine Beziehungen zur U. polizeikundig werden (Prodöhl, Tod 61); **Un|ter|welt|ler,** der; -s, - (ugs.): *jmd., der zur Unterwelt* (2) *gehört;* **Un|ter|welt|le|rin,** die; -, -nen (ugs.): w. Form zu ↑Unterweltler; **un|ter|welt|lich** ⟨Adj.⟩: *zur Unterwelt gehörend, von ihr ausgehend, auf sie bezogen.*

un|ter|wer|fen ⟨st. V.; hat⟩ [mhd. underwerfen, ahd. untarwerfan]: **1. a)** *mit [militärischer] Gewalt unter seine Herrschaft bringen, besiegen u. sich untertan machen:* ein Volk, Gebiet u.; **b)** ⟨u. + sich⟩ *sich unter jmds. Herrschaft stellen:* sich [den Eroberern] u. **2.** ⟨u. + sich⟩ *sich jmds. Willen, Anordnungen o. ä. unterordnen; sich fügen; jmds. Vorstellungen o. ä. akzeptieren, hinnehmen u. sich entsprechend gefügig verhalten:* sich jmds. Befehl, Willkür u.; Die Natur ... unterwirft sich widerstandslos unseren Wünschen (natur 8, 1991, 85); Auch wer aus gänzlich andersartigen ... Verhältnissen kommt, unterwirft sich dem lokalen Ausdruckswillen (Fest, Im Gegenlicht 330). **3.** *(verblaßt)* jmdn. einem Verhör u. *(jmdn. verhören);* sich einer Prüfung u. *(sich prüfen lassen);* etw. einer Kontrolle u. *(etw. kontrollieren).* **4.** **jmdn., einer Sache unterworfen sein (einer Sache ausgesetzt sein, von jmdm., etw. abhängig sein):* Welchem Streß sind Sie denn unterworfen? (Kemelman [Übers.], Mittwoch 144); Als Angestellte seien sie jetzt ... gewissen Loyalitätsgeboten unterworfen (Springer, Was 289); **Un|ter|wer|fung,** die; -, -en: **1.** *das Unterwerfen.* **2.** *das Sichunterwerfen;* **Un|ter|wer|fungs|ge|bär|de,** die (Verhaltensf.): *Demutsgebärde;* **Un|ter|wer|fungs|klau|sel,** die (Rechtsspr.): *(unter bestimmten Voraussetzungen geltende) Erklärung eines Schuldners, sich einer sofortigen Zwangsvollstreckung zu unterwerfen.*

Un|ter|werks|bau, der ⟨o. Pl.⟩ (Bergmannsspr.): *Abbau unterhalb der Sohle.*

un|ter|wer|tig ⟨Adj.⟩ (Fachspr.): *unter dem normalen Wert liegend;* **Un|ter|wer|tig|keit,** die; - (Fachspr.): *das Unterwertigsein.*

un|ter|win|den, sich ⟨st. V.; hat⟩ (veraltet): *sich entschließen, etw. zu übernehmen; sich daran wagen:* da Hans Castorp überlegte, daß, wenn einer nicht schösse, auch der andere sich dessen unmöglich würde u. können ... (Th. Mann, Zauberberg 977).

Un|ter|wol|le, die (Jägerspr.): *unmittelbar an der Haut sitzende Wolle* (2).

un|ter|wür|fig ⟨Adj.; - - - - -⟩ ⟨Adj.⟩ [zu mhd. underwurf = Unterwerfung] (abwertend): *in würdeloser Weise darum bemüht, sich die Meinung eines Höhergestellten o. ä. zu eigen zu machen, u. bereit, ihm bedingungslos zu Diensten zu sein:* ein -er Charakter; Mit übertreibender, fast u. anmutender Höflichkeit (Fest, Im Gegenlicht 337); ohne seine -e Attitude abzulegen (Süskind, Parfum 226); sich jmdm. u. machen *(sich jmdm. unterwerfen; jmdn. von sich abhängig machen);* **Un|ter|wür|fig|keit** [auch: '- - - - -], die; - (abwertend): *unterwürfige [Wesens]art;* **Un|ter|wür|fig|keits|hal|tung** [auch: '- - - - - - -], die (Verhaltensf.): *Demutshaltung.*

Un|ter|zahl, die; ⟨o. Pl.⟩ (bes. Sport): *Minderzahl, zahlenmäßige Unterlegenheit (bes. einer Mannschaft gegenüber der anderen in einem Spiel):* die U. der Heimmannschaft nach der Hinausstellung wurde kompensiert durch erhöhten Einsatz; die letzten zehn Minuten mußten sie in U. spielen.

un|ter|zeich|nen ⟨sw. V.; hat⟩: **1.** *dienstlich, in amtlichem Auftrag unterschreiben; mit seiner Unterschrift den Inhalt eines Schriftstücks bestätigen; signieren:* ein Protokoll, den Friedensvertrag u.; einen Aufruf u.; Dann unterzeichnen Sie doch bitte mit Ihrem richtigen Namen, Herr Professor (Sebastian, Krankenhaus 68); das Gesetz ist unterzeichnet worden *(es ist ihm Rechtskraft verliehen worden).* **2.** ⟨u. + sich⟩ (veraltend) *unterschreiben:* er unterzeichnet sich als Regierender Bürgermeister; **Un|ter|zeich|ner,** der; -s, -: *jmd., der etw. unterzeichnet hat;* **Un|ter|zeich|ne|rin,** die; -, -nen: w. Form zu ↑Unterzeichner; **Un|ter|zeich|ne|te,** der u. die; -n, -n ⟨Dekl. ↑Abgeordnete⟩: *Unterzeichner;* **Un|ter|zeich|nung,** die; -, -en: *das Unterzeichnen.*

Un|ter|zeug, das; -[e]s (ugs.): *Unterwäsche:* immer wieder fällt Regen in schweren Schauern, so daß das Unterzeug an den Schenkeln klebt (Kempowski, Zeit 391).

un|ter|zie|hen ⟨unr. V.; hat⟩: **1.** *unter einem anderen Kleidungsstück anziehen:* noch einen Pullover u. **2.** (Bauw.) *einziehen* (1 b): sie haben einen Träger untergezogen. **3.** (Kochk.) *verschiedene Schichten [mit dem Schneebesen], ohne zu rühren, vorsichtig vermengen:* den Teig glattrühren und danach den Eischnee u.; **un|ter|zie|hen** ⟨unr. V.; hat⟩: **1.** ⟨u. + sich⟩ *etw., dessen Erledigung o. ä. mit gewissen Mühen verbunden ist, auf sich nehmen:* er unterzog sich dieser Aufgabe; Schon vom nächsten Tag an hat Paul sich einem harten Trainingsprogramm unterzogen (Plenzdorf, Legende 316). **2.** (verblaßt): jmdn., etw. einer Überprüfung u. *(überprüfen);* etw. einer gründlichen Reinigung u.; ich muß mich einer Operation u. *(muß mich operieren lassen);* die Schwangere muß sich einer Beratung u. *(sich beraten lassen;* Saarbr. Zeitung 6./7. 10. 79, 3).

un|tief ⟨Adj.⟩ (selten): *nicht tief, flach, seicht:* -e Stellen in Gewässern; **Un|tie|fe,** die: **1.** *flache, seichte Stelle in einem Gewässer:* ... waren sie zuerst durch die Sandbänke und -n des beinahe ausgetrockneten Loirebettes gewatet (Goldschmidt, Absonderung 62); Ü Doch trugen weder die Darstellerführung noch die bildnerische Phantasie stets über ... -n des Kitschs hinweg (Orchester 5, 1983, 474). **2.** *große Tiefe:* das Schiff versank in den -n des Ozeans.

Un|tier, das; -[e]s, -e [mhd. untier]: *häßliches u. böses, wildes, gefährliches Tier:* ein U. aus der Sage; Ü die -e mit Aids bedrohen die Hollywood-Society (Spiegel 44, 1985, 207).

un|til|g|bar [auch: '- - -] ⟨Adj.⟩ (geh.): *nicht zu tilgen* (1): eine -e Schuld.

Un|to|te, der u. die ⟨meist Pl.⟩: *Vampir* (1).

un|trag|bar [auch: '- - -] ⟨Adj.⟩: **1.** *nicht mehr tragbar* (3 a): wirtschaftlich, finanziell u. sein. **2.** *nicht mehr zu ertragen, zu dulden:* -e *(unerträgliche)* Zustände; Eine Chance, der zunehmenden und -en Verschmutzung der Rossel zukünftig doch besser entgegentreten zu können (Saarbr. Zeitung 27. 6. 80, 17); er ist für seine Partei u.; **Un|trag|bar|keit** [auch: '- - - -], die; -: *das Untragbarsein.*

un|trai|niert ⟨Adj.⟩: *nicht [genügend] trainiert:* ein -er Schwimmer; Zu einem Ausscheidungskampf ... trat Speer u. an (Prodöhl, Tod 14).

un|trenn|bar [auch: '- - -] ⟨Adj.⟩: *nicht trennbar:* militärische Nutzung und ihre mögliche militärische Zerstörung sind -e Risiken dieser Technologie (natur 3, 1991, 31); etw. ist u. mit etw. verknüpft, verbunden; **Un|trenn|bar|keit** [auch: '- - - -], die; -: *das Untrennbarsein.*

un|treu ⟨Adj.; -er, -[e]ste⟩: **a)** (geh.) *[einem] anderen gegenüber nicht beständig, sondern einer Verpflichtung o. ä. zuwiderhandelnd:* ein -er Freund; er ist seinen

Freunden u. geworden; du bist uns u. geworden (scherzh.; *kommst nicht mehr*); Allerdings müssen die Versicherungen ihren u. *(abtrünnig)* gewordenen Kunden nicht nachlaufen (ADAC-Motorwelt 8, 1982, 45); er ist sich selbst u. geworden *(hat seine Gesinnung, sein innerstes Wesen verleugnet);* Ü *seinen Grundsätzen u. werden (sie verleugnen);* **b)** *nicht treu* (1 b): *ein -er Liebhaber; seine Frau ist ihm u. geworden (betrügt ihn);* das bürgerliche Ideal der Ehe ..., in der es unvermeidlich scheint, daß die Partner einander zumindest zeitweise u. werden (Wilhelm, Unter 58); **Un|treue,** die; -: **1.** *das Untreusein.* **2.** (Rechtsspr.) *vorsätzlicher Mißbrauch eines zur Verwaltung übertragenen Vermögens:* Der Vorwurf laute auf U. und Urkundenfälschung (MM 14. 10. 88, 2).

un|tröst|lich [auch: '- - -] ⟨Adj.⟩: *für keinerlei Trost empfänglich; nicht zu trösten:* die -e Witwe; ich bin u. (oft übertreibend; *es tut mir sehr leid*), daß ich das vergessen habe; das Kind war u. *(sehr traurig)* über den Verlust.

un|trüg|lich [auch: '- - -] ⟨Adj.⟩: *absolut sicher:* ein -es Zeichen, Merkmal, Gefühl, Symptom; ein -er Beweis; Er hatte ein -es Gedächtnis (Süskind, Parfum 176); Rostspuren, die u. auf Schäden hinweisen (Westd. Zeitung 7. 7. 84, o. S.).

un|tüch|tig ⟨Adj.⟩: *nicht [besonders] tüchtig* (1): *-e Mitarbeiter; Ausblendung der Wirklichkeit macht u. zur Lebensbewältigung (Höhler, Glück 25);* **Un|tüch|tig|keit,** die; -: *das Untüchtigsein.*

Un|tu|gend, die; -, -en: *schlechte Eigenschaft; üble Gewohnheit od. Neigung:* die Ungeduld ist eine seiner -en.

un|tun|lich ⟨Adj.⟩: *nicht tunlich* (1): In diesem Betracht war es u. ..., das Spiel im Alleingang zu betreiben (Muschg, Sommer 145).

un|ty|pisch ⟨Adj.⟩: *nicht typisch* (1 b): ein für dieses Land -er Bau; daß er zu spät kommt, ist ganz u. für ihn; folgende Beobachtung ..., die ungemein bezeichnend dafür ist, ... wie u. die Verhaltensweisen von Haustieren sein können (Lorenz, Verhalten I, 189).

un|übel ⟨Adj.⟩: *nur in der Fügung* **nicht u.** (ugs.; *eigentlich ganz gut, schön*): das schmeckt wirklich nicht u.

un|über|biet|bar [auch: '- - - - -] ⟨Adj.⟩ (oft übertreibend): *nicht überbietbar:* eine -e Präzision, Treffsicherheit, Schlamperei, Frechheit; Die Verlogenheit des Wortes „Vaterland" im Mund des Angeklagten ist u. (Bieler, Bär 350).

un|über|brück|bar [auch: '- - - -] ⟨Adj.⟩: *nicht zu überbrücken* (1): -e Gegensätze; Als bliebe der Abstand u. und der Fremde immer der Fremde (Fest, Im Gegenlicht 38); **Un|über|brück|bar|keit** [auch: '- - - - - -], die; -: *das Unüberbrücksein.*

un|über|hör|bar [auch: '- - - - -] ⟨Adj.⟩: *nicht zu überhören:* der Spott in ihrer Antwort war u.

un|über|legt ⟨Adj.⟩: *nicht überlegt:* eine -e Handlungsweise; Er hatte sich ständig unter Kontrolle, und -e oder ungenaue Formulierungen wären bei ihm unmöglich gewesen (Leonhard, Revolution 161); u. antworten, davonlaufen; **Un|über|legt|heit,** die; -, -en: **1.** ⟨o. Pl.⟩ *das Unüberlegtsein.* **2.** *unüberlegte Handlung, Äußerung:* man hatte längst gehört, daß von diesem Günstling des Grafen Leinsdorf viele voraussetzten, er könnte seinen Gönner noch einmal zu einer großen U. verleiten (Musil, Mann 996).

un|über|prüf|bar [auch: '- - - - -] ⟨Adj.⟩: *nicht überprüfbar:* ... statt den Fahnder in ein -es und kriminelles Dunkel zu treiben (Lindlau, Mob 310).

un|über|schau|bar [auch: '- - - - -] ⟨Adj.⟩: *nicht überschaubar; unübersehbar* (2).

un|über|schreit|bar [auch: '- - - - -] ⟨Adj.⟩ (selten): *nicht zu überschreiten.*

un|über|seh|bar [auch: '- - - - -] ⟨Adj.⟩: **1.** *nicht zu übersehen* (3): -e Materialfehler; diese Art Verbrechen und ihre -en Gefahren (Prodöhl, Tod 241). **2. a)** *sehr groß (so daß man es nicht überblicken kann):* Endlos ist der Zug, u. die Menschenmenge (Berger, Augenblick 109); **b)** ⟨intensivierend bei Adj.⟩ *ungeheuer:* das Gelände war u. groß.

un|über|setz|bar [auch: '- - - -] ⟨Adj.⟩: *nicht übersetzbar:* -e Ausdrücke, Wörter, Wendungen.

un|über|sicht|lich ⟨Adj.⟩: *nicht übersichtlich:* eine -e Kurve, Kreuzung; die Karte ist sehr, ziemlich, zu u. **Un|über|sicht|lich|keit,** die; -: *unübersichtliche Beschaffenheit.*

un|über|steig|bar [auch: '- - - - -] ⟨Adj.⟩: *nicht zu übersteigen:* -e Hindernisse; **un|über|steig|lich** [auch: '- - - - -] ⟨Adj.⟩ (selten): *unübersteigbar:* die Berge gesäumt von -en Wällen (Schädlich, Nähe 66).

un|über|trag|bar [auch: '- - - - -] ⟨Adj.⟩: *nicht übertragbar.*

un|über|treff|lich [auch: '- - - - -] ⟨Adj.⟩: *nicht zu übertreffen:* ein Bau von -er Häßlichkeit; Doch in Rom habe er ... noch krasser den Gegensatz von -em Pomp der Besitzenden und hoffnungslosestem Darben der Masse des armen Volkes kennenlernen müssen (Kühn, Zeit 113); das hat er wieder u. formuliert; **Un|über|treff|lich|keit** [auch: '- - - - - -], die; -: *das Unübertrefflichsein;* **un|über|trof|fen** [auch: '- - - - -] ⟨Adj.⟩: *noch nicht übertroffen:* sein -er Fleiß; In etwa 360 Radierungen gewann er den Ätzkunst eine Ausdrucksskala ab, die u. geblieben ist (Bild. Kunst III, 86).

un|über|wind|bar [auch: '- - - - -] ⟨Adj.⟩: *unüberwindlich:* u. scheinende Hindernisse; **un|über|wind|lich** [auch: '- - - - -] ⟨Adj.⟩: *nicht überwindbar:* -e Schwierigkeiten; eine -e Abneigung; fast spürte sie mit Mitleid, aber die Entfernung schien ihr u. (Schneider, Erdbeben 72).

un|üb|lich ⟨Adj.⟩: *nicht üblich:* ein -es Vorgehen; die -e Anordnung der Bedienungselemente; Ein Lehrzug erreichte von früh bis spät damit auf, daß ich mich, was 1957 u. war, für die SPD stark machte (Kempowski, Immer 127).

un|um|gäng|lich ⟨Adj.⟩: *nicht umgänglich:* *dringend erforderlich, so daß es nicht unterlassen werden darf; unbedingt erforderlich, notwendig:* -e Maßnahmen; die Operation ist leider u.; Meiner Frau, ohne deren Hilfe ... ich dieses Buch nicht hätte lesen können ... Wie oft habe ich das gelesen und mir fest vorgenommen, die abgenutzte Formel zu vermeiden. Aber ... sie scheint sich nun als u. zu erweisen (Erné, Kellerkneipe 5); **Un|um|gäng|lich|keit** [auch: '- - - - - -], die; -: *das Unumgänglichsein:* Es gibt eine ... Sphäre tödlicher Gewißheit. Aus ihr erfahre ich täglich die U. meines ... Todes (Schnurre, Schattenfotograf 311).

un|um|kehr|bar [auch: '- - - -] ⟨Adj.⟩: *nicht umkehrbar, nicht rückgängig zu machen:* ... einer Freundschaft voller Pathos unter Adenauer und de Gaulle, die die Aussöhnung u. gemacht hat, politisch aber folgenlos blieb (Saarbr. Zeitung 10. 7. 80, 2).

un|um|schränkt [auch: '- - -] ⟨Adj.; -er, -este⟩ [zu veraltet umschränken = mit Schranken umgeben]: *nicht eingeschränkt:* jmdm. -e Vollmacht geben; Mit Ärger bemerkt er die Schwächung des von ihm geleiteten Ausschusses, der bisher u. über das gesamte Polizeiwesen gebot (Sieburg, Robespierre 210); ein -er *(absoluter, souveräner)* Herrscher.

un|um|stöß|lich [auch: '- - - - -] ⟨Adj.⟩: *nicht mehr umzustoßen, abzuändern:* eine -e Tatsache; Das Wichtigste war vielleicht die -e Ordnung (Kempowski, Zeit 124); in einigen Punkten jedoch war seine Anschauung u. (H. Weber, Einzug 72); **Un|um|stöß|lich|keit** [auch: '- - - - - -], die; -: *das Unumstößlichsein.*

un|um|strit|ten [auch: '- - - - -] ⟨Adj.⟩: *nicht umstritten:* eine -e Tatsache; dieses Ergebnis ist ja wohl u.; Baldini war ... zum u. größten Parfumier Europas aufgestiegen (Süskind, Parfum 138).

un|um|wun|den [auch: - -'- -] ⟨Adj.⟩ [zu ↑umwinden]: *ohne Umschweife, offen u. freiheraus:* etw. u. zugeben; Er war einer der wenigen Maler, die sich u. in ihrer Arbeit alten Meistern zuwandten (zitty 13, 1984, 38).

un|un|ter|bro|chen [auch: - - -'- -] ⟨Adj.⟩: *eine längere Zeit ohne eine Unterbrechung andauernd:* sie redet, raucht u.; es regnet u.; Der Reinerlös der seit 1967 u. durchgeführten Aktion (Saarbr. Zeitung 5. 12. 79, 27/29/31).

un|un|ter|scheid|bar [auch: '- - - - -] ⟨Adj.⟩: *nicht unterscheidbar:* Für ihn waren Vorteil und Nachteil -e Zwillinge (Fels, Sünden 96).

unus pro mul|tis [lat.] (bildungsspr.): *einer für viele.*

un|ver|än|der|bar [auch: '- - - - -] ⟨Adj.⟩: *nicht veränderbar:* die SPD hält das deutsche Volk offenbar für eine u. rechtskonservative Masse (Bottroper Protokolle 15); **un|ver|än|der|lich** [auch: '- - - - -] ⟨Adj.⟩: *nicht veränderlich; gleichbleibend:* die -en Gesetze der Natur; **Un|ver|än|der|lich|keit,** die; -: *das Unveränderlichsein;* **un|ver|än|dert** [auch: - -'- -] ⟨Adj.⟩: **a)** *ohne jede Veränderung:* in seinem Aussehen ist er u.; **b)** *ohne jede Änderung:* ein -er Nachdruck; Die Aufsätze sind u. übernommen worden (Dönhoff, Ära 13).

un|ver|ant|wort|bar [auch: '- - - - -] ⟨Adj.⟩: *unverantwortlich* (1): -e wirt-

unverantwortlich

schaftliche Engpässe (NZZ 1. 2. 83, 13); **un|ver|ant|wort|lich** [auch: '- - - - -] ⟨Adj.⟩: **1.** *nicht zu verantworten:* ein -er Leichtsinn. **2.** (selten) *ohne jedes Verantwortungsgefühl:* ein -er Autofahrer; Es seien die Künstler ... „immer viel naiver ... -er, harmloser", als der Kritiker für möglich hält (Reich-Ranicki, Th. Mann 94); **Un|ver|ant|wort|lich|keit** [auch: '- - - - - -], die; -: *das Unverantwortlichsein.*
un|ver|ar|bei|tet [auch: - -'- - -] ⟨Adj.⟩: **1.** *(von Material) nicht be- od. verarbeitet.* **2.** *[seelisch-]geistig nicht bewältigt:* -e Eindrücke, Erinnerungen.
un|ver|äu|ßer|lich [auch: '- - - - -] ⟨Adj.⟩: **1.** *nicht zu entäußern:* -e Rechte. **2.** (seltener) *unverkäuflich:* ein -er Besitz; **Un|ver|äu|ßer|lich|keit** [auch: '- - - - - -], die; - (seltener): *das Unveräußerlichseins.*
un|ver|bau|bar [auch: '- - - -] ⟨Adj.⟩: *sich nicht verbauen lassend:* ein -er Fernblick; 5-Zimmer-Ferienhaus ... mit -er Sicht aufs Meer (NZZ 16. 10. 81, 16).
un|ver|bes|ser|lich [auch: '- - - - -] ⟨Adj.⟩: *(seinem Wesen nach) nicht [mehr] zu ändern, zu bessern:* ein -er Mensch; er ist eben u.; **Un|ver|bes|ser|lich|keit** [auch: '- - - - - -], die; - (selten): *das Unverbesserlichseins.*
un|ver|bil|det ⟨Adj.⟩: *noch ganz natürlich empfindend:* nette, -e Menschen; Der Malstil ist gekennzeichnet durch einen -en Realismus (NZZ 14. 3. 85, 35).
un|ver|bind|lich [auch: - -'- -] ⟨Adj.⟩ [für älter unverbündlich]: **1.** *ohne eine Verpflichtung einzugehen; nicht bindend:* eine -e Auskunft; darf ich Ihnen ganz u. (*ohne daß Sie zu etwas gezwungen sind*) unsere neuesten Modelle zeigen? **2.** *kein besonderes Entgegenkommen zeigend; reserviert:* „Danke, es geht ihm gut", antwortete Jan höflich, aber u. (Bieler, Mädchenkrieg 239); **Un|ver|bind|lich|keit** [auch: - -'- - -], die; -, -en: **1.** ⟨o. Pl.⟩ *das Unverbindlichsein.* **2.** *unverbindliche Äußerung.*
un|ver|bleit ⟨Adj.⟩: *bleifrei* (3): -es Benzin.
un|ver|blümt [auch: '- - -] ⟨Adj.⟩: *ganz offen; nicht in höflicher, vorsichtiger Umschreibung od. Andeutung:* Am 25. Juni 1970 rief er ... an und stellte ihr ein -es Ultimatum (Prodöhl, Tod 43); ich habe ihm u. meine Meinung gesagt; „Ich möchte ins Kloster", sagte sie u. (Bieler, Mädchenkrieg 318); **Un|ver|blümt|heit** [auch: '- - - -], die; -, -en: **1.** ⟨o. Pl.⟩ *das Unverblümtsein.* **2.** *unverblümte Äußerung.*
un|ver|braucht ⟨Adj.⟩: *noch frisch, nicht verbraucht:* -e Kräfte; die Luft ist u.; Die in allen Registern sicher klingende Stimme klingt u. (Garm.-Part. Tagblatt 1. 10. 86, o. S.); **Un|ver|braucht|heit**, die; - (seltener): *das Unverbrauchtsein;* Eine spezifische U. kennzeichnet das weibliche Berufsverhalten (Höhler, Horizont 66).
un|ver|brüch|lich [auch: '- - - -] ⟨Adj.⟩ [mhd. unverbrüchelichen, unverbrüchlich, eigtl. = etwas, was nicht zerbrochen werden kann, zu mhd. verbrechen = zerbrechen] (geh.): *nicht aufzulösen, zu brechen:* -e Treue; Als Staatsdiener war er von -er Loyalität (Hamburger Abend-

blatt 25. 8. 85, 5); **Un|ver|brüch|lich|keit** [auch: '- - - - -], die; -: *das Unverbrüchlichsein:* Die Bundesregierung sei bereit, den engen vertraglichen Bindungen zu Frankreich jene U. zu verleihen (W. Brandt, Begegnungen 314).
un|ver|bürgt [auch: '- - -] ⟨Adj.⟩: *nicht verbürgt.*
un|ver|däch|tig [auch: - -'- -] ⟨Adj.⟩: *nicht verdächtig:* Ein des Linksradikalismus -er Kollege (Zeit 6. 6. 75, 16); die Anwesenden waren alle nicht ganz u.
un|ver|dau|lich [auch: - -'- -] ⟨Adj.⟩: *nicht verdaulich:* -e Reste der Nahrung; Ü bei einer Steuerreform mit jenen für die SPÖ -en (*nicht akzeptablen*) Details (Basta 6, 1984, 4); **Un|ver|dau|lich|keit** [auch: - -'- - -], die; -: *unverdauliche Beschaffenheit;* **un|ver|daut** [auch: - -'-] ⟨Adj.⟩: *nicht verdaut:* -e Speisereste; Ü daß ich Eltern habe, die mir ihre eigenen -en (*nicht bewältigten*) Probleme ... vermacht haben (Zorn, Mars 189).
un|ver|dient [auch: - -'-] ⟨Adj.⟩: **a)** *ohne jedes eigene Verdienst:* ein -es Lob; 3 : 1 – ein nicht unverdienter (*durchaus berechtigter*) Sieg (Kicker 82, 1981, 49); **b)** *unbegründet:* -e Vorwürfe; **un|ver|dien|ter|ma|ßen, un|ver|dien|ter|wei|se** ⟨Adv.⟩: *ohne es verdient zu haben, ohne daß es gerechtfertigt wäre:* In der alten Bundesrepublik soll man sich all dessen bewußt werden, was man hat und was die neuen Mitbürger unverdienterweise nicht haben (Grosser, Deutschland 302).
un|ver|dor|ben ⟨Adj.⟩: **1.** *nicht verdorben:* -e Speisen. **2.** *[sittlich] rein, unschuldig, natürlich, unverbildet:* sie leben noch wie -e Kinder; **Un|ver|dor|ben|heit**, die; -: *das Unverdorbensein.*
un|ver|dros|sen [auch: - -'- -] ⟨Adj.⟩ [mhd. unverdrozzen]: *unentwegt u. ohne eine Mühe zu scheuen, ohne die Lust zu verlieren um etw. bemüht:* sie arbeitete u. im Regen weiter; Seit Jahren verliebt in sie, hatte er sich u. um ihre Gunst bemüht, und sie hatte ihn immer wieder abgewiesen (Danella, Hotel 256).
un|ver|dünnt ⟨Adj.⟩: *nicht verdünnt:* -er Wein.
un|ver|ehe|licht ⟨Adj.⟩ (bes. Amtsspr.): *unverheiratet:* Da der Diktator selber u. blieb, war das angetraute Weib des Reklamechefs die erste Dame im Reiche gewesen (K. Mann, Mephisto 22).
un|ver|ein|bar [auch: '- - - -] ⟨Adj.⟩: *nicht in Einklang zu bringen; nicht zu vereinbaren:* Wie seit Beginn des Bürgerkriegs ... nehmen Christen und Muslims -e Positionen ein (Südd. Zeitung 18. 5. 84, 4); ein solches Verhalten wäre mit unserer Überzeugung u.; **Un|ver|ein|bar|keit** [auch: '- - - - -], die; -, -en: **1.** ⟨o. Pl.⟩ *das Unvereinbarsein.* **2.** ⟨Pl.⟩ *Dinge o. ä., die unvereinbar sind.*
un|ver|fälscht ⟨Adj.⟩: *nicht verfälscht;* **Un|ver|fälscht|heit** [auch: - -'- -], die; -: *das Unverfälschtsein.*
un|ver|fäng|lich [auch: - -'- -] ⟨Adj.⟩: *nicht verfänglich:* eine ganz -e Situation; es schien eine -e Frage zu sein; das Wetter ... -er läßt sich kein Gespräch beginnen (Zivildienst 2, 1986, 27).
un|ver|fro|ren [auch: - -'- -] ⟨Adj.⟩ [wahrsch. unter Anlehnung an landsch.

verfrieren = durch Frost Schaden erleiden volksetym. umgebildet aus niederd. unverfehrt = unerschrocken <mniederd. unvorvērt, eigtl. verneintes 2. Part. von: (sik) vorvēren = erschrecken, zu: vāre = Gefahr, Angst]: *ohne den nötigen Takt u. Respekt u. daher auf eine ungehörige u. rücksichtslose Art freimütig:* jmdn. u. nach etw. fragen; Es hat sich gelohnt, an St. Goethe so u. heranzugehen und den „Clavigo" ... gegen den Strich zu inszenieren (tip 12, 1984, 65); **Un|ver|fro|ren|heit** [auch: - -'- - -], die; -, -en: **1.** ⟨o. Pl.⟩ *das Unverfrorensein:* wie Robespierre die U. hat, dem Konvent im Gefühl seiner Allmacht zuzurufen ... (Friedell, Aufklärung 216); Mit selten erlebter U. verkehren die Hanauer Richter das Recht in sein Gegenteil (Prodöhl, Tod 248). **2.** *unverfrorene Äußerung.*
un|ver|gällt ⟨Adj.⟩: **1.** (Fachspr.) *nicht vergällt* (1): -er Alkohol. **2.** (geh.) *nicht vergällt* (2), *nicht verdorben:* -e Liebe, Freude.
un|ver|gäng|lich [auch: - -'- -] ⟨Adj.⟩: *nicht vergänglich:* die Atome ... sind die -e Materie (Stern, Mann 280); das Bewußtsein, u. zu sein (Fest, Im Gegenlicht 356); **Un|ver|gäng|lich|keit** [auch: - -'- - -], die; -: *das Unvergänglichsein.*
un|ver|ges|sen ⟨Adj.⟩: *(von jmd., etw. der Vergangenheit Angehörendem) seiner Besonderheit wegen nicht aus dem Gedächtnis geschwunden, schwindend:* Ausschnitte aus -en Filmen (Hörzu 15, 1979, 87); das, er wird [uns] u. bleiben; **un|ver|geß|lich** [auch: - -'- -] ⟨Adj.⟩: *nicht aus der Erinnerung, dem Gedächtnis zu löschen:* -e Stunden, Eindrücke; Ein Ereignis ist mir u. (Wimschneider, Herbstmilch 143).
un|ver|gleich|bar [auch: '- - - -] ⟨Adj.⟩: *nicht vergleichbar, mit nichts Ähnlichem zu vergleichen:* Eine Stadt wie Völklingen mit ihren nahezu -en Problemen (Saarbr. Zeitung 24. 12. 79, 5); dieser -e, dieser deutscheste der deutschen Schriftsteller (Reich-Ranicki, Th. Mann 92); **un|ver|gleich|lich** [auch: '- - - -] ⟨Adj.⟩: **1.** (emotional) *in seiner Einzigartigkeit mit nichts Ähnlichem zu vergleichen:* ein -er Mensch; der Tempel barg -e Schätze (Fest, Im Gegenlicht 173); sie (= Torte) schmeckte u. (Muschg, Gegenzauber 195). **2.** ⟨intensivierend bei Adjektiven⟩ *[sehr] viel, weitaus:* sie ist u. schön[er]; Mit u. wohlwollender Herzlichkeit (Prodöhl, Tod 27). **3.** (geh.) *unvergleichbar.*
un|ver|go|ren ⟨Adj.⟩: *nicht vergoren:* -er Saft.
♦ **un|ver|hal|ten** ⟨Adj.⟩ [zu: verhalten = zurückhalten]: *nicht verborgen, nicht verhehlt, nicht vorenthalten:* denn freilich wußten sie am besten, wie es gegangen war ...; doch sagten beide nichts. Dem Leser soll es u. sein (Mörike, Hutzelmännlein 136).
un|ver|hält|nis|mä|ßig [auch: - -'- - - -] ⟨Adj.⟩: *allzusehr vom normalen Maß abweichend:* eine von Ehrenschutz nicht gebotene, -e Demütigung (NJW 19, 1984, 1105); es ist u. kalt; sie war u. nervös; Die Registrierung des Toilettenbesuches sei u. (MM 9./10./11. 6. 84, 37).
un|ver|hei|ra|tet ⟨Adj.⟩: *nicht verheiratet.*

un|ver|hofft [auch: – –'–] ⟨Adj.⟩: *(von etw., was man für ziemlich ausgeschlossen gehalten, was man gar nicht gehofft hat) plötzlich eintretend:* ein -es Wiedersehen; Da wurde mir ein u. freundlicher Empfang zuteil (Kempowski, Tadellöser 243); Ihre Hand knallt u. *(gänzlich unerwartet)* in sein Gesicht (Ossowski, Flatter 193); Spr u. kommt oft.
un|ver|hoh|len [auch: – –'– –] ⟨Adj.⟩: *nicht verborgen, unverhüllt:* mit -er Neugier, Verachtung, Schadenfreude; Pauline ... gesteht u., daß sie Jäger eigentlich nicht ausstehen kann (natur 3, 1991, 56).
un|ver|hüllt ⟨Adj.; -er, -este⟩: *nicht verborgen, ganz offensichtlich:* Unverhüllter oder geschickt verpackter Sex spielt in der Werbung eine immer größere Rolle (Augsburger Allgemeine 13./14. 5. 78, IV).
un|ver|ka|belt [auch: '– – – –] ⟨Adj.⟩: *nicht verkabelt (bes. im Hinblick auf das Kabelfernsehen):* Damit soll das Direktsatellitenfernsehen in -en US-Landesteilen ... angeboten werden (Volksblatt 5. 12. 84, 5); unser Stadtteil ist noch u.
un|ver|käuf|lich [auch: – –'– – –] ⟨Adj.⟩: *nicht verkäuflich;* Un|ver|käuf|lich|keit [auch: – –'– – –], die; -: *das Unverkäuflichsein.*
un|ver|kenn|bar [auch: '– – – –] ⟨Adj.⟩: *eindeutig erkennbar:* -e Symptome; doch ist die Ähnlichkeit der beiden u. (Kronauer, Bogenschütze 326); Auf einmal blinkte ein Licht über dem Fluß auf, schwach, aber u. (Chr. Wolf, Himmel 124).
un|ver|klemmt ⟨Adj.; -er, -este⟩: *nicht verklemmt:* Jungen und spielen viel „Unanständiges", und das so lieb und u., daß man sie beneiden möchte um ihre Freiheit (Spiegel 50, 1979, 226).
un|ver|krampft ⟨Adj.⟩: *natürlich* (I 5) *u. frei* (1 c), *ganz ungehemmt* (2): zweitens ... hat man hierzulande ein viel -eres Verhältnis zum Alter (Muschg, Sommer 237); In Cannes ist man viel -er, spricht über alles und nichts ... und, voilà, man amüsiert sich (Wickert, Paris 243); Mir begegnete er völlig u. (W. Brandt, Begegnungen 232).
un|ver|langt ⟨Adj.⟩: *nicht verlangt, angefordert:* Für -e Manuskripte und Fotos keine Haftung (Freizeitmagazin 26, 1978, 47); Katharina setzte sich an einen freien Tisch und bekam u. einen halben Liter Bier (Bieler, Mädchenkrieg 336).
un|ver|läß|lich ⟨Adj.⟩: *nicht verläßlich:* Eine sichere Todesfeststellung ist in der Aufregung ... schwierig und u. (Spiegel 22, 1978, 219).
un|ver|letz|bar [auch: '– – – –] ⟨Adj.⟩: *nicht zu verletzen:* er schien u. zu sein;
un|ver|letz|lich [auch: '– – – –] ⟨Adj.⟩: *unantastbar:* ein -es Recht, Gesetz; Er legte fest, daß die Grenzen u. sind (W. Brandt, Begegnungen 455); Un|ver|letz|lich|keit [auch: '– – – – –], die; -: *das Unverletzlichsein;* un|ver|letzt ⟨Adj.⟩: *ohne Verletzung:* wie durch ein Wunder blieben alle u.
un|ver|lier|bar [auch: '– – – –] ⟨Adj.⟩ (geh.): *jmdm. stets erhalten bleibend; von Bestand seiend:* -e Erinnerungen, Werte; daß zum Begriff des Einheimischen das Element der Unterdrückung gehöre. Zwar entspreche das ... nicht mehr der Wirklichkeit, aber als Grundgefühl habe es sich dem allgemeinen Bewußtsein u. eingeprägt (Fest, Im Gegenlicht 80); ♦ un|ver|lo|ren ⟨Adj.⟩ [mhd. unverlorn, eigtl. adj. 2. Part.]: *unverlierbar:* Das gnädige Fräulein hat noch meinen Ring, ich nenne ihn meinen ... – Er soll Ihnen u. sein *(der Ring wird bei ihr in guten Händen sein ihr nicht verlorengehen;* Lessing, Minna III, 3).
un|ver|lösch|lich [auch: '– – – –] ⟨Adj.⟩ (geh.): **1.** *unauslöschbar:* -e Schrift. **2.** *unauslöschlich.*
un|ver|mählt ⟨Adj.⟩ (geh.): *nicht vermählt.*
un|ver|meid|bar [auch: '– – – –] ⟨Adj.⟩: *sich nicht vermeiden lassend:* So gut wie u. ist ... ein Ansteigen der Arbeitslosigkeit (Dolomiten 1. 10. 83, 3); un|ver|meid|lich [auch: '– – – –] ⟨Adj.⟩: **1. a)** *unvermeidbar:* ein -es Übel; ⟨subst.:⟩ Thiel schien sich in das Unvermeidliche mit gutem Anstand fügen zu wollen (Hauptmann, Thiel 35); **b)** *sich aus etw. als sichere, in Kauf zu nehmende Folge ergebend:* -e Härtefälle; gewisse Ungerechtigkeiten sind bei dieser Maßnahme u. **2.** *(meist spött.) regelmäßig dazugehörend, nicht wegzudenken, zwangsläufig vorhanden:* Als wir dann später bei den -en Zigaretten saßen (Hohmann, Engel 177); Un|ver|meid|lich|keit [auch: '– – – – –], die; -: *das Unvermeidlichsein.*
un|ver|merkt ⟨Adv.⟩ (geh.): **a)** *unvermutet* (1), *ohne daß es bemerkt wird:* Der Himmel hatte sich u. eingetrübt (Rinser, Jan Lobel 57); **b)** *ohne es selbst zu merken:* u. hatten sie sich verirrt.
un|ver|min|dert ⟨Adj.⟩: *gleichbleibend, nicht geringer werdend:* mit -er Stärke, Heftigkeit fiel der Regen nieder; Neben Wintersportartikeln, die sich als Geschenke -er Nachfrage erfreuen (Saarbr. Zeitung 1. 12. 79, 17).
un|ver|mischt ⟨Adj.⟩: *nicht vermischt.*
un|ver|mit|tel|bar ⟨Adj.⟩: *sich nicht vermitteln* 3, 4) *lassend; nicht zu vermitteln;* un|ver|mit|telt ⟨Adj.⟩: *ohne Übergang [erfolgend]; abrupt:* eine -e Frage; eine Bemerkung kam der ... immer wieder ein Einbrechen der Dunkelheit (Fest, Im Gegenlicht 158); u. stehenbleiben; Un|ver|mit|telt|heit, die; - (selten): *das Unvermitteltsein.*
Un|ver|mö|gen, das; -s: *das Nichtvorhandensein einer entsprechenden Fähigkeit:* spielerisches, erzählerisches U.; sein U., sich einer Situation anzupassen; durch das U., ihre Einsichten in Politik umzusetzen (Fest, Im Gegenlicht 359); un|ver|mö|gend ⟨Adj.⟩: **1.** *wenig od. kein Vermögen besitzend:* -e Mitglieder hat dieser Klub nicht. **2.** (veraltend) *nicht imstande; unfähig:* u., ihn anzublicken; un|ver|mö|gend|heit, die; - (selten): *Armut;* un|ver|mö|gen|heit ⟨Adj.⟩ (veraltet): *Unvermögen;* Un|ver|mö|gens|fall, der (Amtsspr.): *Fall, daß ein Unvermögen vorliegt* im U.
un|ver|mu|tet ⟨Adj.⟩: *plötzlich, ohne daß aus irgendwelchen Anzeichen darauf zu schließen war, unerwartet; überraschend:* -e Schwierigkeiten; ein -er Besuch; Ein Lkw-Lenker, der ... gerade das Moped überholen wollte, als dessen Fahrer völlig u. nach links ausscherte, ... (auto touring 12, 1978, 53).
Un|ver|nunft, die [spätmhd. unvernunft, ahd. unfernumest] (emotional): *Verhaltens-, Handlungsweise, die nicht vernünftig ist (u. sich daher negativ auswirkt):* es ist eine U., bei diesem Sturm auszulaufen; Die wirtschaftliche U., mit der die Spanier ihr ... Weltreich verwaltet haben, ist grotesk (Bamm, Weltlaterne 107); niemand hat mit so viel U. gerechnet (Es; un|ver|nünf|tig ⟨Adj.⟩ [spätmhd. unvernunftic, ahd. unvernumistig]: *wenig Vernunft zeigend:* wie ein -es Kind; es ist u., das zu tun; Raucht schon in der Frühe. Ein halbtoter Mann und so u. (Kronauer, Bogenschütze 40); u. viel trinken; Un|ver|nünf|tig|keit, die; -, -en: **1.** ⟨o. Pl.⟩ *Unvernunft.* **2.** *etw. Unvernünftiges.*
un|ver|öf|fent|licht ⟨Adj.⟩: *nicht veröffentlicht:* ein -es Manuskript.
un|ver|packt ⟨Adj.⟩: *nicht verpackt:* kaufen Sie möglichst -e Waren (natur 6, 1991, 66).
un|ver|putzt ⟨Adj.⟩: *nicht verputzt:* Teppiche ..., durchtränkt von der Feuchtigkeit der -en Mauer (Ransmayr, Welt 195).
un|ver|rich|tet: in den Fügungen **-er Dinge** (↑ unverrichterdinge), **-er Sache** (↑ unverrichtetersache); un|ver|rich|ter|din|ge, un|ver|rich|te|ter|sa|che ⟨Adv.⟩: *ohne etwas erreicht zu haben:* u. umkehren; Wenn das Inhaber von Wohnungen sind, die nicht zum großen Bestand des VEB Gebäudewirtschaft gehören ..., schicken die Tischler sie nicht unverrichteterdinge fort (NNN 18. 1. 84, 3).
un|ver|ritzt ⟨Adj.⟩: (Bergmannsspr.) zu Bergmannsspr. verritzen = unter Abbau nehmen]: *vom Bergbau noch nicht berührt.*
un|ver|rück|bar [auch: '– – – –] ⟨Adj.⟩: **1.** *sich nicht verrücken, von der Stelle rücken lassend:* die Feldsteine sitzen u. (Berger, Augenblick 57). **2.** *durch nichts zu ändern od. in Frage zu stellen:* Wir waren der Meinung, daß sie (= die Pressefreiheit) ein -er Bestandteil unserer freiheitlichen Ordnung sei (Vogelstang Echo 55, 1973, 1); mein Entschluß ist u.; **un|ver|rückt** ⟨Adj.⟩ (selten): *nicht von der Stelle gerückt:* als er nach Jahren zurückkehrte, fand er noch alles u. an seinem Platz.
un|ver|schämt ⟨Adj.; -er, -este⟩ [spätmhd. unverschamet] (emotional): **1.** *sich mit aufreizender Respektlosigkeit über die Grenzen des Taktes u. des Anstandes hinwegsetzend, u. die Gefühle anderer verletzend:* eine -e Person; er ist, wurde u.; u. grinsen; u. ist es doch, dich einfach sitzenzulassen (Gabel, Fix 16); Manche Fragen kamen ihm jetzt direkt u. vor (Bieler, Bär 198). **2.** (ugs.) *das übliche Maß stark überschreitend:* -e Preise; Sie haben -es Glück gehabt (Konsalik, Promenadendeck 425); die Mieten sind u. **3.** ⟨intensivierend bei Adjektiven⟩ (ugs.) *überaus, sehr:* du siehst u. gut aus; der blutarme, langweilig-alberne Unterhaltungsteil (Hamburger Morgenpost 25. 5. 85, 14); **Un|ver|schämt|heit**, die; -, -en: **1.** ⟨o. Pl.⟩ *das Unverschämtsein:* die U. seiner Frage empörte sie. **2.** *unverschämte Handlung, Ver-*

unverschleiert

haltensweise, Äußerung: Was sie aber auch erlebten, waren empörende -en (Szene 6, 1983, 6).
un|ver|schlei|ert ⟨Adj.⟩: *nicht verschleiert.*
un|ver|schließ|bar ⟨Adj.⟩: *sich nicht verschließen* (1 a, b) *lassend:* eine -e Tür; **un|ver|schlos|sen** [auch: ‑ ‑ʹ‑ ‑] ⟨Adj.⟩: *nicht verschlossen:* ein -es Haus; **un|ver|schlüs|selt** ⟨Adj.⟩: *nicht verschlüsselt:* eine -e Nachricht; weil er als früherer Geheimdienstchef die Informationen ... u. zu Gesicht bekommen habe (Rhein. Merkur 18. 5. 84, 10).
un|ver|schul|det [auch: ‑ ‑ʹ‑ ‑] ⟨Adj.⟩: *ohne eigenes Verschulden; ohne schuld zu sein:* ein -er Unfall; Anpassung, Unterwerfung gilt als Zeichen des Besserungswillens und signalisiert -e Not (Klee, Pennbrüder 116); **un|ver|schul|de|ter|ma|ßen, un|ver|schul|de|ter|wei|se** ⟨Adv.⟩: *unverschuldet:* sie wurden u. in einen Unfall verwickelt.
un|ver|se|hens [auch: ‑ ‑ʹ‑ ‑] ⟨Adv.⟩ [Adv. von veraltet unversehen, mhd. unversehen = ahnungslos]: *plötzlich, ohne daß es vorauszusehen war:* u. verließ sie den Raum; die Dämmerung brach u. herein; Ein Mathematikbuch aus Augsburg wurde u. zum Bestseller (Spiegel 16, 1979, 246); Unversehens bekam Lea einen Stoß (Ossowski, Liebe 11).
un|ver|sehrt ⟨Adj.⟩ [mhd. unverséret]: **a)** *nicht verletzt, verwundet:* Auch Sossi wurde nach 33 Tagen u. freigelassen (NZZ 22. 12. 83, 5); er hatte seine Notizen und Manuskripte einfach ... angesteckt ... Naso war u. Seine Arbeit Asche (Ransmayr, Welt 19); **b)** *nicht beschädigt:* das Glück lauer Abende und der -e Natur (Fest, Im Gegenlicht 292); das Siegel ist u., **Un|ver|sehrt|heit,** die; -: *das Unversehrtsein.*
un|ver|seucht ⟨Adj.⟩: *nicht verseucht:* Bluttests und Auswahl der Spender boten die einzigen Möglichkeiten, -es Blut zu bekommen (Welt 7. 12. 89, 25).
un|ver|sieg|bar [auch: ʹ‑ ‑ ‑ ‑] ⟨Adj.⟩: *nicht versiegen könnend:* eine -e Quelle; die Tränke ... war groß und anscheinend u. (H. W. Richter, Etablissement 201); **un|ver|sieg|lich** [auch: ʹ‑ ‑ ‑ ‑] ⟨Adj.⟩: *unerschöpflich.*
un|ver|söhn|bar [auch: ‑ ‑ʹ‑ ‑] ⟨Adj.⟩: *unversöhnlich* (1); **un|ver|söhn|lich** [auch: ‑ ‑ʹ‑ ‑] ⟨Adj.⟩: **1.** *nicht zu versöhnen:* -e Gegner; er blieb u.; „Raus, ihr undankbaren Schweine!" rief Fritzi u. (Remarque, Obelisk 183). **2.** *unvereinbar, nicht zu überbrücken:* -e Gegensätze; Ökonomie und Ökologie werden nicht mehr als u. angesehen (natur 9, 1991, 39); **Un|ver|söhn|lich|keit** [auch: ‑ ‑ʹ‑ ‑ ‑], die; -: *das Unversöhnlichsein.*
un|ver|sorgt ⟨Adj.⟩: *nicht versorgt:* Ihre Familie war ... mit ihrer Absicht zu verreisen durchaus nicht einverstanden. Dem Vater paßte es nicht, daß dadurch der Haushalt u. blieb (M. L. Fischer, Kein Vogel 277).
Un|ver|stand, der; -[e]s: *Verhaltensweise, die Mangel an Verstand u. Einsicht zeigt:* blinder U.; Voller Entsetzen dachte sie nach über den politischen U. dort drüben (Rolf Schneider, November 148); **un|ver|stan|den** ⟨Adj.⟩: *sich in einer Situation be-*findend, in der Probleme des Betreffenden von anderen nicht verstanden werden: Der halbwüchsige Intellektuelle, der sich u., fremd und einsam fühlt, ... ist eine für die deutsche Literatur etwa zwischen der Jahrhundertwende und dem Ersten Weltkrieg höchst bezeichnende Gestalt (Reich-Ranicki, Th. Mann 203); **un|ver|stän|dig** ⟨Adj.⟩: *[noch] nicht den nötigen Verstand für etw. habend:* ein -es Kind; Die Zeitungen kritisieren schwule Stücke oft total daneben und u. (Praunheim, Armee 20); **Un|ver|stän|dig|keit,** die; -: *das Unverständigsein,* **un|ver|ständ|lich** ⟨Adj.⟩: **a)** *nicht deutlich zu hören, nicht genau zu verstehen:* er murmelte -e Worte; **b)** *nicht od. nur sehr schwer zu verstehen, zu begreifen:* es waren alles -e Abkürzungen (Kronauer, Bogenschütze 415); es ist mir u., wie so etwas passieren konnte; ganz bewußt streut er den Leuten Sand in die Augen, ganz bewußt und absichtlich schreibt er häufig so u. (Reich-Ranicki, Th. Mann 183); **un|ver|ständ|li|cher|wei|se** ⟨Adv.⟩: *unbegreiflicherweise;* **Un|ver|ständ|lich|keit,** die; -, -en: **1.** ⟨o. Pl.⟩ *das Unverständlichsein.* **2.** *etw. Unverständliches;* **Un|ver|ständ|nis,** das ⟨o. Pl.⟩: *fehlendes Verständnis:* auf U. stoßen; jmd. äußert, zeigt sein U. für etw. *(bringt zum Ausdruck, daß er für etw. keinerlei Verständnis hat).*
un|ver|stellt [auch: ‑ ‑ ‑ʹ‑] ⟨Adj.⟩: *nicht geheuchelt, aufrichtig:* -e Freude; ich ... benahm mich einfach so geradeheraus und u. offen (Zwerenz, Kopf 192).
un|ver|steu|ert [auch: ‑ ‑ʹ‑ ‑] ⟨Adj.⟩: *nicht versteuert:* -e Zigaretten.
un|ver|sucht [auch: ‑ ‑ʹ‑]: in der Verbindung **nichts u. lassen** *(alles nur Mögliche tun):* Hildegard hat ... nichts u. gelassen, um zu dem Unbekannte entschwindenden Partner wieder aufzuschließen (Schreiber, Krise 168).
un|ver|träg|lich [auch: ‑ ‑ʹ‑ ‑] ⟨Adj.⟩: **1.** *(von Speisen o. ä.) schwer od. gar nicht verträglich* (1): eine -e Mahlzeit; -e Medikamente. **2.** *nicht verträglich* (2), *streitsüchtig, zänkisch:* ein -er Mensch. **3.** *nicht harmonierend u. deshalb nicht mit anderem zu vereinbaren:* -e Gegensätze; ganz und gar -e Wertvorstellungen (NZZ 26. 10. 86, 38); **Un|ver|träg|lich|keit** [auch: ‑ ‑ʹ‑ ‑ ‑], die; -: *das Unverträglichsein.*
un|ver|traut ⟨Adj.⟩: *nicht od. nur wenig vertraut* (b): die Feriennacht ..., in welcher man ohne Mamas Gutenachtkuß in einer -en Umgebung einschlafen sollte (Bund 9. 8. 80, 43); alles war mir u.
un|ver|tret|bar [auch: ‑ ‑ʹ‑ ‑] ⟨Adj.⟩: *nicht zu vertreten, nicht zu befürworten:* eine -e Methode, Wirtschaftspolitik; ... um zu beweisen, daß eine weitere Abholzung u. ist (Gruhl, Planet 84).
un|ver|wandt ⟨Adj.⟩: *(den Blick) längere Zeit zu jmdm., etw. hingewandt:* er starrte sie u. an; daß ihre Augen u. auf ihm ruhten (Bastian, Brut 171).
un|ver|wech|sel|bar [auch: ‑ ‑ ‑ ‑ ‑] ⟨Adj.⟩: *ganz eindeutig zu erkennen, mit nichts zu verwechseln:* das Mädchen mit der -en Stimme (Kraushaar, Lippen 167); Die zahlreichen Figuren, mit großer Sicherheit und Routine gezeichnet, sind u. (Reich-Ranicki, Th. Mann 128); **Un|verwech|sel|bar|keit** [auch: ʹ‑ ‑ ‑ ‑ ‑], die; -: *das Unverwechselbarsein.*
un|ver|wehrt [auch: ‑ ‑ʹ‑] ⟨Adj.⟩: *ungehindert:* -en Zutritt zu etw. haben; etw. ist, bleibt jmdm. u. *(unbenommen).*
un|ver|weilt [auch: ‑ ‑ʹ‑] ⟨Adj.⟩ (veraltend): *unverzüglich:* Sogleich führte er aus, daß er ... u. nach Jühnde geeilt sei, um zu trösten und zu beruhigen (G. Vesper, Nördlich 149); So zog ich mich ... in meine ... Klause zurück ..., um mich u. an die Arbeit zu machen (K. Mann, Wendepunkt 135).
un|ver|wert|bar [auch: ʹ‑ ‑ ‑ ‑] ⟨Adj.⟩: *nicht [mehr] zu verwerten:* -e Abfälle; seine Ideen sind alle u.
un|ver|wes|lich [auch: ‑ ‑ʹ‑ ‑] ⟨Adj.⟩ (veraltend): *der Verwesung nicht unterworfen, unvergänglich:* das Symbol der -en Leiche in Goethes Wilhelm Meister; zwei Männer in gelben Overalls sammeln die -en Reste der Saison auf: Spraydosen und Bierflaschen (Merian, Riviera 50).
un|ver|wisch|bar [auch: ʹ‑ ‑ ‑ ‑] ⟨Adj.⟩: *nicht [mehr] wegzuwischen, zu verwischen; unauslöschlich:* -e Erinnerungen, Grenzen.
un|ver|wund|bar [auch: ʹ‑ ‑ ‑ ‑] ⟨Adj.⟩: *nicht zu verwunden:* in seinen Träumen war er der -e Held; **Un|ver|wund|bar|keit** [auch: ʹ‑ ‑ ‑ ‑ ‑], die; -: *das Unverwundbarsein;* **un|ver|wun|det** ⟨Adj.⟩: *ohne Verwundung:* Kat schlägt einem der u. gebliebenen Maschinengewehrschützen mit dem Kolben das Gesicht zu Brei (Remarque, Westen 87).
un|ver|wüst|lich [auch: ʹ‑ ‑ ‑ ‑] ⟨Adj.⟩: *auch dauernden starken Belastungen standhaltend, dadurch nicht unbrauchbar werdend, nicht entzweigehend:* ein -er Stoff; Ü ein -er Mensch; einen -en Humor haben; München tanzte ... In -er Lebenslust war es emporgetaucht aus den damischen Zeiten des Krieges und der Revolution (Feuchtwanger, Erfolg 802); sein Optimismus ist wirklich u. *(durch nichts zu erschüttern);* **Un|verwüst|lich|keit** [auch: ʹ‑ ‑ ‑ ‑ ‑], die; -: *das Unverwüstlichsein.*
un|ver|zagt ⟨Adj.; -er, -este⟩: *zuversichtlich, beherzt:* Sehr fleißig und eifrig, liegt dem Koreaner das harte und -e Arbeiten mehr als das geduldige Planen und Aufbauen (NZZ 12. 10. 85, 35); u. macht er sich immer wieder an die Arbeit; **Un|ver|zagt|heit,** die; -: *das Unverzagtsein.*
un|ver|zeih|bar [auch: ʹ‑ ‑ ‑ ‑] ⟨Adj.⟩: *unverzeihlich;* **un|ver|zeih|lich** [auch: ʹ‑ ‑ ‑ ‑] ⟨Adj.⟩: *so, daß es nicht zu verzeihen ist:* ein -er Fehler; Er müsse um Nachsicht bitten für das vielleicht -e Versäumnis (Rolf Schneider, November 247).
un|ver|zicht|bar [auch: ʹ‑ ‑ ‑ ‑] ⟨Adj.⟩: *so wichtig, daß ein Verzicht unmöglich ist:* -e Konsumgüter; eine -e Maßnahme; die Wälder sind die -e Grundlage für den Wasserhaushalt der Natur (Gruhl, Planet 84); diese Rechte sind u.; **Un|ver|zichtbar|keit** [auch: ʹ‑ ‑ ‑ ‑ ‑], die; -, -en: **1.** ⟨o. Pl.⟩ *das Unverzichtbarsein.* **2.** *etw. Unverzichtbares:* Gerade die Energieversorgung ... gehört aber zu den -en (Spiegel 20, 1977, 28).
un|ver|zins|lich [auch: ʹ‑ ‑ ‑ ‑] ⟨Adj.⟩

(Bankw.): *nicht verzinslich:* ein *-es* Darlehen.

ụn|ver|zollt ⟨Adj.⟩: *nicht verzollt:* -e Waren.

un|ver|züg|lich [auch: '- - - -] [unter Anlehnung an ↑Verzug zu mhd. unverzogenliche, verneintes adj. 2. Part. von ↑verziehen] ⟨Adj.⟩: *umgehend u. ohne Zeitverzug [erfolgend]:* -e Hilfsmaßnahmen; er reiste u. ab; Die eingegangenen Kündigungen wurden u. ausgesprochen (Westd. Zeitung 12. 5. 84, o. S.).

ụn|voll|en|det [auch: - - '- -] ⟨Adj.⟩: *nicht vollends fertig; nicht abgeschlossen; fragmentarisch:* ein -er Roman; die Symphonie ist u. geblieben.

ụn|voll|kom|men [auch: - -'- -] ⟨Adj.⟩: **1.** *mit Schwächen, Fehlern od. Mängeln behaftet:* der Mensch ist u.; Jedenfalls sind die größten Werke der Dichtung u. wie die Tragödien Shakespeares, wie Goethes „Faust" (Reich-Ranicki, Th. Mann 35); ich spreche Französisch nur u. **2.** *unvollständig:* eine -e Darstellung; **Ụn|voll|kom|men|heit** [auch: - -'- - -], die; -, -en: **1.** ⟨o. Pl.⟩ *das Unvollkommensein.* **2.** *etw. Unvollkommenes; unvollkommene (1) Beschaffenheit:* Trotz aller -en, die dem Versuch noch anhaften (Sprachpflege 8, 1975, 162 [Zeitschrift]).

ụn|voll|stän|dig [auch: - -'- -] ⟨Adj.⟩: *nicht vollständig; nicht alle zu einem Ganzen erforderlichen Teile habend:* ein *-es* Ergebnis; diese Aufzählung ist u.; **Ụn|voll|stän|dig|keit** [auch: - -'- - -], die; -: *das Unvollständigsein.*

ụn|vor|be|rei|tet ⟨Adj.⟩: *nicht vorbereitet, ohne Vorbereitung:* ein *-er* Vortrag; er ging u. in die Prüfung; dieser Brief traf uns völlig u.

ụn|vor|denk|lich ⟨Adj.⟩ (veraltend): *sehr weit zurückliegend, so daß man gar nicht mehr so weit zurückdenken kann:* in u. fernen Tagen; Die Sonne drehte sich von Westen nach Osten, wie sie es seit -en Zeiten getan hatte (Singer [Übers.], Feinde 84).

ụn|vor|ein|ge|nom|men ⟨Adj.⟩: *nicht voreingenommen:* Vieles hätte ich von meinem Vater lernen können, der ein -er, aufmerksamer und neugieriger Beobachter war (Dönhoff, Ostpreußen 35); ganz u. wollen wir Lori Mattrei ins Auge fassen (A. Kolb, Daphne 56); **Ụn|vor|ein|ge|nom|men|heit**, die; -: *das Unvoreingenommensein.*

un|vor|greif|lich [auch: '- - - -] ⟨Adj.⟩ (veraltet): *ohne einem anderen vorgreifen zu wollen:* -e Gedanken; Nach der kritischen Durchsicht einiger Wörterbücher ... habe ich ... -e Alternativvorschläge für eine semantische Beschreibung gemacht (DS magazin 3, 1976, 256).

ụn|vor|her|ge|se|hen ⟨Adj.⟩: *nicht vorhergesehen; überraschend:* -e Schwierigkeiten, Ereignisse; manches Mal lasse ich mich einfach verlaufen: so gerät man an die -sten Ziele (Fels, Kanakenfauna 82);

ụn|vor|her|seh|bar ⟨Adj.⟩: *sich nicht vorhersehen lassend:* -e Schwierigkeiten, Ereignisse; Irene widersprach in den -sten Momenten (Kronauer, Bogenschütze 218).

ụn|vor|schrifts|mä|ßig ⟨Adj.⟩: *nicht vorschriftsmäßig:* u. parken; **Ụn|vor|schrifts|mä|ßig|keit**, die; -, -en: **1.** ⟨o. Pl.⟩ *das Unvorschriftsmäßigsein.* **2.** *etw. Unvorschriftsmäßiges, unvorschriftsmäßiges Verhalten.*

ụn|vor|sich|tig ⟨Adj.⟩: *wenig klug u. zu impulsiv, ohne daß der Betroffene an die möglichen nachteiligen Folgen denkt:* eine -e Bemerkung; Trotz -er Lebensart ist es zu keiner Leberzirrhose gekommen (Frisch, Montauk 202); er war ja auch zu u.!; **ụn|vor|sich|ti|ger|wei|se** ⟨Adv.⟩: *aus Unvorsichtigkeit:* er sagte u. seine Meinung; **Ụn|vor|sich|tig|keit**, die; -, -en: **1.** ⟨o. Pl.⟩ *das Unvorsichtigsein.* **2.** *etw. Unvorsichtiges.*

un|vor|stell|bar [auch: '- - - -] ⟨Adj.⟩ (emotional): **1.** *mit Denken od. mit Phantasie nicht zu erfassen, nicht vorstellbar:* im Lager ..., wo der paß- und staatenlose Emigrant Wolf unter -en Bedingungen schrieb (Raddatz, Traditionen II, 419); es ist mir u., daß er uns verraten hat. **2.** ⟨intensivierend bei Adj. u. Verben⟩ *überaus, über alle Maßen:* u. leiden; würde doch wohl der gewöhnlichste Kiesel jedes Imperium und jeden Eroberer u. lange überdauern (Ransmayr, Welt 158).

ụn|vor|teil|haft ⟨Adj.⟩: **1.** *der äußeren Erscheinung nicht zum Vorteil gereichend:* Fertig wird man mit der Tatsache, daß man eine -e Gesichtsform hat (Gaiser, Jagd 168); -das Kleid ist u. für dich, sieht u. aus an dir; er war sehr u. gekleidet. **2.** *nicht [sehr] vorteilhaft, keinen, wenig Nutzen, Gewinn bringend:* ein *-es* Geschäft.

un|wäg|bar [auch: '- - -] ⟨Adj.⟩: *nicht wägbar; nicht zu berechnen, abzuschätzen:* -e Risiken; Eugenia ... ist sanft, wild, verspielt, schroff, u. (tip 13, 1983, 21); **Un|wäg|bar|keit** [auch: '- - - -], die; -, -en: **1.** ⟨o. Pl.⟩ *das Unwägbarsein.* **2.** *etw. Unwägbares:* Zudem gefährden zur Zeit politische und militärische -en ... das Olgrossprojekt (NZZ 4. 4. 84, 17).

ụn|wahr ⟨Adj.⟩ [mhd. unwār]: *nicht der Wahrheit entsprechend:* -e Behauptungen; was du da sagst, ist einfach u.; **ụn|wahr|haf|tig** ⟨Adj.⟩ (geh.): *nicht wahrhaftig (I), nicht aufrichtig, nicht der Wahrheit, Wirklichkeit entsprechend:* -e Äußerungen, Gefühle; Ihre Empörung nannte Jacoby ... u. und inkonsequent (Saarbr. Zeitung 9. 10. 79, 26); **Ụn|wahr|haf|tig|keit**, die; -, -en: **1.** ⟨o. Pl.⟩ *das Unwahrhaftigsein.* **2.** *etw., worin sich jmds. Unwahrhaftigkeit ausdrückt;* **Ụn|wahr|heit**, die; -, -en: **1.** ⟨o. Pl.⟩ *das Unwahrsein:* die U. seiner Behauptungen ist leicht festzustellen. **2.** *etw. Unwahres:* die U., -en sagen; Der Leserbrief ... enthält derart viele -en, daß er nur als ...Pamphlet bezeichnet werden kann (NZZ 30. 4. 83, 9); **ụn|wahr|schein|lich** ⟨Adj.⟩: **1. a)** *aller Wahrscheinlichkeit nach nicht anzunehmen, kaum möglich:* es ist u., daß dieser Antrag genehmigt wird; daß ... eine Wiederaufnahme des 1982 eingestellten Betriebs u. gewesen wäre (NZZ 30. 8. 86, 28); **b)** *kaum der Wirklichkeit entsprechend; unglaubhaft:* Weil es so verdammt u. -e Erklärung ist (Kemelman [Übers.], Dienstag 136); Keine Nachricht, und sei sie noch so u., wird bagatellisiert (Reich-Ranicki, Th. Mann 84); seine Darstellung klingt äußerst u. **2.** (ugs.) **a)** *sehr groß, sehr viel, riesig (1):* da hast du *-es* Glück gehabt; ich ... starrte verwirrt auf diesen un Haufen Geld (Stories 72 [Übers.], 87); Sein Platzangebot ist ... geradezu u. (Freizeitmagazin 10, 1978, 36); **b)** ⟨intensivierend bei Adj. u. Verben⟩ *sehr; [in] außerordentlich[em Maße]:* u. dick sein; Die Natur arbeitet u. ökonomisch (Gruhl, Planet 37); sich u. freuen; Mich stört u., wie rücksichtslos manche querfeldein rasen (natur 3, 1991, 47); **Ụn|wahr|schein|lich|keit**, die; -, -en: **1.** ⟨o. Pl.⟩ *das Unwahrscheinlichsein* (1). **2.** *etw. Unwahrscheinliches* (1).

un|wan|del|bar [auch: '- - - -] ⟨Adj.⟩ (geh.): *nicht wandelbar, sich immer gleich bleibend:* -e Liebe, Treue; **Un|wan|del|bar|keit** [auch: '- - - - -], die; -: *das Unwandelbarsein.*

ụn|weg|sam ⟨Adj.⟩ [mhd. unwegesam, ahd. unwegasam]: *so beschaffen, daß man dort nur unter Schwierigkeiten gehen od. fahren kann:* -es Gelände; in den -, dornigen Wäldern dieses Küstenstrichs gab es keine Hirsche (Ransmayr, Welt 22); **Ụn|weg|sam|keit**, die; -: *das Unwegsamsein.*

ụn|weib|lich ⟨Adj.⟩ (oft abwertend): *bestimmte, als typisch weiblich (3) geltende Eigenschaften vermissen lassend:* sie ist, wirkt [ziemlich] u.; Kampfgeist dieser Art würde ein Mädchen u. erscheinen lassen (Frischmuth, Herrin 90); **Ụn|weib|lich|keit**, die; -: *das Unweiblichsein.*

un|wei|ger|lich [auch: '- - - -] ⟨Adj.⟩ [mhd. unweigerlīche (Adv.), zu ↑weigern]: *sich folgerichtig aus etw. ergebend u. deshalb unvermeidlich:* Oder prophezeite er nur den Wachstumsstopp ...? (natur 9, 1991, 39); er ist eine Frage, die u. kommen muß.

ụn|wei|se ⟨Adj.⟩: **a)** *nicht weise (a), keine Weisheit besitzend:* Ein -r Kanzler, der sich Friedensgelöbnisse nur auf Soldatenfriedhöfen vorstellen kann (Spiegel 18, 1985, 17); **b)** *nicht auf Weisheit beruhend, von Weisheit zeugend:* ein -r Ratschlag; es wäre u. dies jetzt zu tun.

ụn|weit [mhd. unwīt ⟨Adj.⟩]: **I.** ⟨Präp. mit Gen.⟩ *nicht weit [entfernt] von etw.:* das Haus liegt u. des Flusses, u. Berlins. **II.** ⟨Adv.⟩ *nicht weit [entfernt]:* dort, wo u. von Cuxhaven die Elbe in die Nordsee mündet (Prodöhl, Tod 242).

ụn|wert ⟨Adj.⟩ [mhd. unwert, ahd. unwerd] (geh.): *von geringem Wert, ohne jeden Wert:* wie ich schon damals ... um mein eben noch so u.-Leben zitterte (Kaschnitz, Wohin 162); *einer Sache u. sein, scheinen* o. ä. (geh.): *einer Sache nicht wert, würdig sein, scheinen o. ä.*): jmds. Vertrauens, Freundschaft u. sein; **Ụn|wert**, der; -[e]s (geh.): *Wertlosigkeit:* den U. einer Sache erkennen; **Ụn|wert|ge|fühl**, das (geh.): vgl. Minderwertigkeitsgefühl: -e bedrängen sie bis zum Abschluß ihrer Studien (Höhler, Horizont 69).

Ụn|we|sen, das; -s [spätmhd. unwesen = das Nichtsein]: **a)** (geh.) *übler Zustand, Mißstand;* **b)** *verwerfliches Tun, Unfug; Ruhe u. Ordnung störendes Treiben:* dem U. steuern, ein Ende machen; daß Brandstifter in der Stadt ihr U. treiben (Hörzu 37, 1976, 66); **ụn|we|sent|lich** ⟨Adj.⟩: **1.** *für das Wesen, den Kern einer*

Unwetter

Sache ohne Bedeutung: ein paar -e Änderungen vornehmen; das war nur eine -e, schon erledigte Rückfälligkeit (Kronauer, Bogenschütze 169); Nicht ganz u. sind die Photos dabei (Kempowski, Zeit 262). **2.** ⟨intensivierend bei Adj. im Komp. u. Verben⟩ *um ein geringes, wenig:* er ist nur u. jünger als du; Die Gesamtbevölkerung ... wird sich ... nur u. verringern (BM 14. 6. 84, 11).

Ụn|wet|ter, das; -s, - [mhd. unweter, ahd. unwitari]: *sehr schlechtes, stürmisches, meist von starkem Niederschlag [u. Gewitter] begleitetes Wetter, dessen Heftigkeit Schäden verursacht:* ein U. brach los, entlud sich, richtete großen Schaden an; Das U. prescht gegen die Fensterscheiben (Ossowski, Flatter 151); Ü als er Widerworte gab, brach das U. über ihn los *(gab es ein Donnerwetter* 2); das politische U. hatte heilsame Wirkung (Nordschweiz 29. 3. 85, 1).

ụn|wich|tig ⟨Adj.⟩: *keine od. nur geringe Bedeutung habend, keine [große] Rolle spielend; nicht wichtig* (1): ganz -e Dinge; Geld ist dabei u.; **Ụn|wich|tig|keit,** die; -, -en: **1.** ⟨o. Pl.⟩ *das Unwichtigsein.* **2.** *unwichtige Sache, Angelegenheit.*

un|wi|der|leg|bar [auch: '- - - - -] ⟨Adj.⟩: *nicht zu widerlegen:* -e Fakten; Jane Goodall hat der oft kleinmütigen Wissenschaftswelt u. bewiesen, daß Menschenaffen Individuen sind (natur 10, 1991, 102); **Un|wi|der|leg|bar|keit** [auch: '- - - - -], die; -: *das Unwiderlegbarsein;* **un|wi|der|leg|lich** [auch: '- - - -]: *unwiderlegbar:* vielmehr reagieren oft gerade Täter auf jede Beschuldigung (wenn sie nicht als -er Beweis daherkommt) mit Zurückweisung und Empörung (Becker, Amanda 179); **Un|wi|der|leg|lich|keit** [auch: '- - - - -], die; -: *das Unwiderleglichsein.*

un|wi|der|ruf|lich [auch: '- - - - -] ⟨Adj.⟩: *nicht zu widerrufen, endgültig feststehend:* ein -er Entschluß; meine Entscheidung ist u.; Antje war tot, u., es gab nicht den geringsten Zweifel daran (Bastian, Brut 108); **Un|wi|der|ruf|lich|keit** [auch: '- - - - -], die; -: *das Unwiderruflichsein:* Das Bündnis braucht die U. des amerikanischen Engagements in Europa (W. Brandt, Begegnungen 410).

un|wi|der|sprech|lich [auch: '- - - - -] ⟨Adj.⟩ (veraltend): *keinen Widerspruch zulassend;* **un|wi|der|spro|chen** [auch: '- - - -] ⟨Adj.⟩: *ohne Widersprechen* (1 a): eine bisher -e Meldung; diese Behauptungen dürfen nicht u. bleiben *(man muß ihnen widersprechen).*

un|wi|der|steh|lich [auch: '- - - -] ⟨Adj.⟩: **1.** *so stark ausgeprägt, so heftig, daß man widerstehen kann:* ein -es Verlangen; So u. war die Verlockung, daß sie allen Lügen glaubte (Schneider, Erdbeben 76). **2.** *überaus anziehend, bezaubernd [wirkend]:* ihr -er Charme riß ihn hin; jmd. hält sich für u.; **Un|wi|der|steh|lich|keit** [auch: '- - - - -], die; -: *das Unwiderstehlichsein.*

un|wie|der|bring|lich [auch: '- - - -] ⟨Adj.⟩ (geh.): *verloren od. vergangen ohne die Möglichkeit, das gleiche noch einmal zu haben:* -e Stunden; das ist u. dahin; Wenn die Quellen dereinst u. versiegen

(natur 2, 1991, 26); **Un|wie|der|bring|lich|keit** [auch: '- - - - -], die; -: *das Unwiederbringlichsein.*

un|wie|der|hol|bar [auch: '- - - - -] ⟨Adj.⟩: *nicht wiederholbar:* daß eine Hochzeit ein einmaliges Fest ist, u. (M. L. Fischer, Kein Vogel 152).

Ụn|wil|le, der; -ns, **Ụn|wil|len,** der; -s [mhd. unwille, ahd. unwill(id)o] (geh.): *lebhaftes Mißfallen, das sich in Ungehaltenheit, Gereiztheit, unfreundlicher od. ablehnender Haltung äußert:* jmds. Unwillen erregen, hervorrufen; daß sein Unwillen sich auf sie als die Überbringerin einer Nachricht richtete (H. Gerlach, Demission 104); **ụn|wil|lent|lich** ⟨Adj.⟩: *nicht willentlich:* Am 10. Dezember ... warnte ich ... vor Übermut und -er Selbstzerstörung (W. Brandt, Begegnungen 580); **ụn|wil|lig** ⟨Adj.⟩ [mhd. unwillec, ahd. unwillig]: **1. a)** *Unwillen empfindend u. äußernd, erkennen lassend:* ein -er Blick; die ziemlich -e und offenkundig gereizte Bemerkung (Reich-Ranicki, Th. Mann 247); über etw. u. werden; jmdn. u. machen; **b)** *widerwillig:* er tat seine Pflicht u.; dann kamen auch die Sponsoren immer -er (Hamburger Morgenpost 20. 3. 84, 7). **2.** (selten) *nicht gewillt:* er war u., dagegen Schritte zu unternehmen; **ụn|will|kom|men** ⟨Adj.⟩: *nicht gelegen kommend, nicht gern gesehen, nicht willkommen:* -er Besuch; Gerade die Pilzsammler gehören zu den ökologisch -sten Waldgängern (Welt 16. 9. 86, 2); ich bin dort u.; **ụn|will|kür|lich** [auch: - -'- -] ⟨Adj.⟩: *nicht willkürlich* (2), *sondern ganz von selbst geschehend, ohne daß man es will:* eine -e Reaktion, Bewegung; u. zusammenzucken; u. lachen müssen; „Dieser Blinde!" entfuhr es ihm u. (Langgässer, Siegel 43).

ụn|wirk|lich ⟨Adj.⟩ (geh.): *nicht der Wirklichkeit entsprechend od. mit ihr in Zusammenhang stehend:* eine -e Situation; etw. kommt jmdm. ganz u. vor; Das Panorama wirkte beklemmend u., ein Mondfilm hätte hier gedreht werden können (Loest, Pistole 250); Der Wechsel von trübem Licht und grauer Dämmerung ... machte seine Bewegungen u. (Fels, Sünden 116); **Ụn|wirk|lich|keit,** die; -, -en: **1.** ⟨o. Pl.⟩ *das Unwirklichsein.* **2.** *etw. Unwirkliches.*

ụn|wirk|sam ⟨Adj.⟩: *die beabsichtigte Wirkung nicht hervorrufend:* eine -e Methode; die Maßnahme erwies sich als u.; **Ụn|wirk|sam|keit,** die; -: *das Unwirksamsein.*

ụn|wirsch ⟨Adj.; -er, -[e]ste⟩ [frühnhd. unwirdsch, mhd. unwirdesch = unwert, verächtlich; unwillig, zornig, zu: unwirde = Unwert]: *mürrisch u. unfreundlich:* -e Antworten; Er gab die Blumen mit einer -en Bemerkung zurück (Wilhelm, Unter 27); sie ist u., daß die Ärzte mit solchen Spritzen kommen (Frisch, Montauk 111); jmdn. u. abfertigen.

ụn|wirt|lich ⟨Adj.⟩: **a)** *rauh* (2 a); *unangenehm kalt:* Die Temperaturen sinken, die Winter werden -er (Schnurre, Schattenfotograf 191); **b)** *rauh* (2 b), *nicht lieblich anmutend:* die -en Gebirgsketten des Mittleren und Hohen Atlas (Saarbr. Zeitung 6./7. 10. 79, 15); **c)** *wenig einladend,*

ungastlich (2): Mit dörflichen Idyllen aus ... Lesebüchern gegen -e Städte? (Tages Anzeiger Magazin 10. 7. 82, 7); **Ụn|wirt|lich|keit,** die; -: *das Unwirtlichsein.*

ụn|wirt|schaft|lich ⟨Adj.⟩: *nicht wirtschaftlich* (2 b), *unökonomisch, nicht sparsam:* eine -e Betriebsführung; u. arbeiten; Dr. Loose ... bezeichnete die Elektroheizung ... als u. (CCI 12, 1985, 8); **Ụn|wirt|schaft|lich|keit,** die; -: *Mangel an Wirtschaftlichkeit.*

Ụn|wis|sen, das; -s (selten): *das Nichtwissen;* **ụn|wis|send** ⟨Adj.⟩: **1.** *(in bestimmter Hinsicht) kein od. nur geringes Wissen habend, unerfahren:* ein -es Kind; dumm und u. sein; Marianne wußte das alles. Aber sie mußte sich u. stellen (Hollander, Akazien 66). **2.** (selten) *sich einer Sache nicht bewußt seiend:* unverhofft und u. war er auf einen Fund gestoßen; **Ụn|wis|sen|heit,** die; -: **a)** *fehlende Kenntnis von einer Sache:* er hat es aus U. falsch gemacht; R U. schützt nicht vor Strafe; **b)** *Mangel an [wissenschaftlicher] Bildung:* Daher würden ... die Menschen ... in den Zustand der wilden und zahmen Tiere zurückfallen, in U. und Dummheit (Stern, Mann 110); **ụn|wis|sen|schaft|lich** ⟨Adj.⟩: *wenig od. überhaupt nicht wissenschaftlich fundiert;* **Ụn|wis|sen|schaft|lich|keit,** die; -: *das Unwissenschaftlichsein;* **ụn|wis|sent|lich** ⟨Adj.⟩: *nicht wissentlich:* er hat u. gehandelt, es trifft ihn keine Schuld.

ụn|wohl ⟨Adv.⟩ [mhd. unwol]: **a)** *nicht wohl* (1 a): sie ist heute etwas u.; mir ist, ich fühle mich seit gestern u.; u. werden, sein (veraltend verhüll.; *die Menstruation bekommen, haben);* **b)** *nicht wohl* (1 b): ich fühle mich in dieser Gesellschaft sehr u.; mir ist u. bei dem Gedanken, ...; **Ụn|wohl|sein,** das; -s: *vorübergehende, leichte Störung des körperlichen Wohlbefindens:* er beschäftigt sich immer mit sich selbst. So verzeichnet er pedantisch jede Erkältung, jedes U. (Reich-Ranicki, Th. Mann 39).

ụn|wohn|lich ⟨Adj.⟩: *nicht [sehr] wohnlich; ungemütlich:* ein -er Raum; Repräsentative Barockschlösser traten an die Stelle alter, -er Burgen (Freie Presse 25. 11. 87, 5).

Ụn|wort, das: **1.** ⟨Pl. Unwörter⟩ *schlecht, falsch gebildetes, unschönes Wort* (1 a): die Amtssprache hat manche Unwörter hervorgebracht. **2.** ⟨Pl. Unworte⟩ *schlimmes, unangebrachtes Wort* (1 b), *böser, übler, unerwünschter Ausdruck, Begriff:* Das Wort „ausländerfrei" ist das ... „Unwort" des Jahres 1991 und das herausragende Beispiel für „inhumanen Sprachgebrauch" (Welt 31. 1. 92, 22).

Ụn|wucht, die; -, -en (Fachspr.): *unsymmetrische Verteilung der Massen eines rotierenden Körpers:* der Reifen hat große U.; Ü Nicht die kleinste U. hat der ATS-Geschäftsführer bisher im IS-Geschäft ausgemacht (Rheinpfalz 21. 1. 88, 5).

ụn|wür|dig ⟨Adj.⟩ [mhd. unwirdic, ahd. unwirdig] (emotional): **1.** *nicht würdig* (1), *Würde vermissen lassend:* die -e Behandlung der Asylanten; politische Flüchtlinge ..., von denen manche nicht selten in -en Unterkünften hausen (NZZ 2. 2. 83, 18); dem -en Treiben ein

Ende machen. **2.** *jmds., einer Sache nicht wert, nicht würdig* (2): ein -er Gegner; jmds. Vertrauen u. sein; Es ist eines denkenden Menschen u..., eines Tages aus dieser Welt zu gehen mit wenig mehr im Kopf als nachgebeteten Sachen (Stern, Mann 38); **Un|wür|dig|keit,** die; -: **1.** *unwürdige* (1) *Art.* **2.** *das Unwürdigsein.*

Un|zahl, die; - (emotional verstärkend): *sehr große Anzahl:* er hat eine U. Freunde; es gab eine U. kritischer Einwände; Die norwegischen Fachleute ... haben solcherart eine U. von Informationen zu überprüfen (NZZ 26. 8. 86, 4); **un|zähl|bar** [auch: '- - - -] ⟨Adj.⟩: **a)** *sich nicht zählen lassend:* die vielen kleinen Tiere waren ständig in Bewegung und daher fast u. **b)** (emotional) *unzählig:* es gab -e Verletzte; eine -e *(sehr große)* Menge; **un|zäh|lig** [auch: '- - -] ⟨Adj.⟩ (emotional): *sehr viele, zahllos:* -e Menschen, Kranke, Verletzte; Die Wahrheit ist aber, daß es -e Kinder gibt, um die keiner beschützt hat (Brot und Salz 247); -e kleine Fehler; ich habe es -e Male versucht; u. *(sehr)* viele Menschen versammelten sich auf dem Platz; es war eine -e *(sehr große)* Menge zerbrochener Gläser; **un|zäh|li|ge|mal** [auch: '- - - -'-] ⟨Adv.⟩ (emotional): *sehr oft:* er hat es u. versucht und hat es nie geschafft.

un|zähm|bar [auch: '- - -] ⟨Adj.⟩: *nicht zähmbar:* -e Tiere; **Un|zähm|bar|keit** [auch: '- - - -], die; -: *das Unzähmbarsein.*

un|zart ⟨Adj.⟩ (seltener): *ohne, mit wenig Zartgefühl:* -e Anspielungen; **Un|zart|heit,** die; - (seltener): *das Unzartsein.*

¹Un|ze, die; -, -n [a: engl. ounce < afrz. once < lat. uncia, ↑¹Unze (b); b: mhd. unze, ahd. unze, unza < lat. uncia = ¹⁄₁₂ eines ³Asses od. einer anderen Einheit, zu: unus = einer]: **a)** *in verschiedenen englischsprachigen Ländern geltendes Gewichtsmaß* (28,35 g): zeitweilig wurden für eine U. Feingold 650 Dollar gezahlt (Spiegel 1/2, 1980, 4); **b)** *früheres Gewichtsmaß* (30 g).

²Un|ze, die; -, -n [frz. once, über das Vlat. zu lat. lynx < griech. lýgx = Luchs] (selten): *Jaguar.*

Un|zeit, die [mhd., ahd. unzīt]: in der Verbindung **zur U.** (geh.: *zu einer unpassenden Zeit; zu einem Zeitpunkt, der nicht recht paßt):* in Sizilien war es die Landreform, die zur U. erfolgte (Fest, Im Gegenlicht 192); **un|zeit|ge|mäß** ⟨Adj.⟩: **1.** *nicht zeitgemäß:* diese Haltung ist u.; das Nationaltheater, das schon bald als u. und unpraktisch kritisiert worden ist (Saarbr. Zeitung 9. 7. 80, 5). **2.** *der Jahreszeit nicht entsprechend:* eine ganz -e Witterung; **un|zei|tig** ⟨Adj.⟩ [mhd. unzītec, ahd. unzītig] (selten): **1.** *nicht zur rechten Zeit; zur Unzeit:* die Katastrophe ungewollter Schwangerschaft; die Schande -er Verführung (Sloterdijk, Kritik 625). **2.** (veraltet, noch landsch.) *(von Obst o. ä.) unreif:* -e Birnen.

un|zen|siert ⟨Adj.⟩: *nicht zensiert:* Dieser (= Radiosender) nahm ... seine Tätigkeit auf und meldete sich allwöchentlich mit -en Informationen und Beiträgen (NZZ 27. 1. 83, 4).

un|zen|wei|se ⟨Adv.⟩: *in Mengen von wenigen ¹Unzen.*

un|zer|brech|lich [auch: '- - - -] ⟨Adj.⟩: *nicht zerbrechlich:* -es Material; **Un|zer|brech|lich|keit** [auch: '- - - - -], die; -: *unzerbrechliche Beschaffenheit.*

un|zer|kaut ⟨Adj.⟩: *nicht zerkaut.*

un|zer|reiß|bar [auch: '- - - -] ⟨Adj.⟩: *nicht zerreißbar:* -e Fäden; **Un|zer|reiß|bar|keit** [auch: '- - - - -], die; -: *das Unzerreißbarsein.*

un|zer|stör|bar [auch: '- - - -] ⟨Adj.⟩: *nicht zerstörbar:* -e Fundamente aus Beton; Ü sein Glaube an das Gute im Menschen war u.; Es war in jenen, jungen Leuten der Kriegsgeneration wohl eine Mentalität entstanden, die u. war (H. W. Richter, Etablissement 281); **Un|zer|stör|bar|keit** [auch: '- - - - -], die; -: *das Unzerstörbarsein;* **un|zer|stört** ⟨Adj.⟩: *nicht zerstört:* Die Stadt ist u. (Zeller, Amen 275).

un|zer|trenn|bar [auch: '- - - -] ⟨Adj.⟩ (emotional seltener): *unzertrennlich;* **un|zer|trenn|lich** [auch: '- - - -] ⟨Adj.⟩ (emotional): *eng miteinander verbunden:* -e Freunde; die beiden sind u.; Keine von beiden hätte sagen können, weshalb sie aufeinander angewiesen waren, was sie, in diesem Augenblick, u. machte (Ossowski, Liebe ist 137); **Un|zer|trenn|li|che** [auch: '- - - - -] ⟨Pl.⟩ ⟨Dekl. ↑Abgeordnete⟩: *Inseparables;* **Un|zer|trenn|lich|keit** [auch: '- - - - -], die; - (emotional): *das Unzertrennlichsein.*

Un|zi|al|buch|sta|be, der; -ns, -n: *Buchstabe der Unzialschrift;* **Un|zi|a|le,** die; -, -n [spätlat. (litterae) unciales = zollange Buchstaben, zu lat. uncia = ¹⁄₁₂ Zoll (= ¹Unze)]: **1.** *(im 4./5. Jh. entwickelte) Schrift (der römischen Antike) mit abgerundeten Buchstaben.* **2.** (Druckw.) *Initiale;* **Un|zi|al|schrift,** die ⟨o. Pl.⟩: *Unziale* (1).

un|zie|mend ⟨Adj.⟩ (selten): *unziemlich;* **un|ziem|lich** ⟨Adj.⟩ [mhd. unzim(e)lich] (geh.): *sich nicht geziemend, gegen das, was sich gehört, verstoßend:* eine -e Anrede; Stadtstreichern soll verboten werden ..., dort zu nächtigen oder andere -e Gebaren an den Tag zu legen (Klee, Pennbrüder 81); ich muß dein Benehmen als u. bezeichnen; **Un|ziem|lich|keit,** die; -, -en: **1.** ⟨o. Pl.⟩ *das Unziemlichsein.* **2.** *etw. Unziemliches.*

Un|zier|de, die; - (selten): *Makel, Schandfleck:* er galt als U. der Familie; * **jmdm., einer Sache zur U. gereichen** (geh.: *ein schlechtes Licht auf jmdn., etw. werfen).*

un|zi|vi|li|siert ⟨Adj.⟩ (abwertend): *nicht zivilisiert* (2 b); *unkultiviert:* ein -er Mensch; er sah ziemlich u. aus; **Un|zi|vi|li|siert|heit,** die; -, -en: *das Unzivilisiertsein, unzivilisiertes Verhalten, Handeln.*

Un|zucht, die; - [mhd., ahd. unzuht] (veraltend): *gegen die sittliche u. moralische Norm verstoßendes Verhalten zur Befriedigung des Geschlechtstriebs:* ... ist es erst wenige Jahre her, daß im Recht der BRD U. zwischen Männern kein Straftatbestand mehr ist (Spiegel 25, 1979, 14); widernatürliche U. treiben; U. mit Abhängigen (Rechtsspr. früher); gewerbsmäßige U. *(Prostitution);* **un|züch|tig** ⟨Adj.⟩ [mhd. unzühtec, ahd. unzuhtig]: *von Un-* *zucht zeugend, unsittlich* (1): Wie oft haben Sie mit Ihrem Freund -e Handlungen vorgenommen (Ziegler, Labyrinth 308); -e *(pornographische)* Schriften, Filme; **Un|züch|tig|keit,** die; -, -en: **1.** ⟨o. Pl.⟩ *das Unzüchtigsein.* **2.** (selten) *unzüchtige Handlung.*

un|zu|frie|den ⟨Adj.⟩: *nicht zufrieden:* ein -es *(Unzufriedenheit ausdrückendes)* Gesicht machen; der lehrer ist mit den Leistungen u.; dieser Mensch ist ewig u.; ein junger amerikanischer Geologe ..., der mit sich und der Welt u. war (Menzel, Herren 110); **Un|zu|frie|den|heit,** die; -: *das Unzufriedensein:* Die ... Differenz zwischen Möglichem und Wirklichkeit ist übrigens eine Quelle wachsender U. (Gruhl, Planet 255).

un|zu|gäng|lich ⟨Adj.⟩: **1. a)** *keinen Zugang bietend, nicht betretbar:* -e Räume, Häuser; in den -en Bergen des Inselinnern (Stern, Mann 234); **b)** *für die Benutzung o. ä. nicht zur Verfügung stehend:* ein für Unbefugte -es Datenkommunikationssystem (NZZ 19. 12. 86, 15). **2.** *nicht kontaktfreudig, nicht aufgeschlossen:* Miriam fand immer, er sei ... ein sehr -er Herr (Danella, Hotel 304); **Un|zu|gäng|lich|keit,** die; -: *das Unzugänglichsein.*

un|zu|kömm|lich ⟨Adj.⟩: **1.** (österr.) *unzulänglich:* -e Ernährung. **2.** (österr., sonst selten) *jmdm. eigentlich nicht zukommend* (3 a, b); *nicht [ganz] gerechtfertigt, zulässig:* -e Begünstigungen. **3.** (schweiz.) *unzuträglich, unbekömmlich;* **Un|zu|kömm|lich|keit,** die; -, -en: **1.** ⟨o. Pl.⟩ *das Unzukömmlichsein.* **2.** ⟨Pl.⟩ (österr., schweiz.) *Unstimmigkeiten; Unzulänglichkeiten:* die post- und telefonbetrieblichen -en (Basler Zeitung 12. 5. 84, 59).

un|zu|läng|lich ⟨Adj.⟩ (geh.): *nicht ausreichend, um bestehenden Bedürfnissen, gestellten Anforderungen, Aufgaben zu genügen od. zu entsprechen:* -e Kenntnisse; daß wir es mit einem unvollkommenen, ja mit einem entschieden -en schriftstellerischen Produkt zu tun haben (Reich-Ranicki, Th. Mann 93); unsere Versorgung war u.; man hat unsere Bemühungen nur u. unterstützt; Die ... Straßenbaustellen ... sind u. abgesichert (ADAC-Motorwelt 4, 1986, 148); **Un|zu|läng|lich|keit,** die; -, -en: **1.** ⟨o. Pl.⟩ *das Unzulänglichsein.* **2.** *etw. Unzulängliches:* stilistische -en wurde nicht geduldet (Dolomiten 1. 10. 83, 10); Man konnte herzerfrischend lachen über ... die -en der menschlichen Kreatur (Freie Presse 3. 1. 90, 6).

un|zu|läs|sig ⟨Adj.⟩: *nicht zulässig:* -e Zusatzstoffe, Hilfsmittel; Ist es u., in diesen Natursachen Tier und Mensch auch gedanklich zu vermengen? (Stern, Mann 25); **Un|zu|läs|sig|keit,** die; -: *das Unzulässigsein.*

un|zu|mut|bar ⟨Adj.⟩: *nicht zumutbar:* -e Forderungen, hygienische Verhältnisse; Jetzt hat mir das Arbeitsamt eine Stellung nachgewiesen, die ich aber u. finde (Hörzu 45, 1975, 105); etw. als u. zurückweisen; **Un|zu|mut|bar|keit,** die; -, -en: **1.** ⟨o. Pl.⟩ *das Unzumutbarsein.* **2.** *etw. Unzumutbares.*

un|zu|rech|nungs|fä|hig ⟨Adj.⟩: *nicht zurechnungsfähig:* Der Wirt, der einen Gast

Unzurechnungsfähigkeit

volltankt, haftet dann also ... für den -en Zecher (ADAC-Motorwelt 7, 1979, 36); Man hielt dich also für u. im Augenblick der Tat (Eppendorfer, Ledermann 65); **Un|zu|rech|nungs|fä|hig|keit,** die; -: *das Unzurechnungsfähigsein.*

un|zu|rei|chend ⟨Adj.⟩: *für einen bestimmten Zweck nicht ausreichend:* eine -e Versorgung; Trotz unablässig steigender Auflagen seien die Leute u. informiert (Fest, Im Gegenlicht 333).

un|zu|sam|men|hän|gend ⟨Adj.⟩: *ohne [Sinn]zusammenhang:* -e Worte stammeln.

un|zu|stän|dig ⟨Adj.⟩: *nicht zuständig* (1): Die Leute auf der Kriminalpolizei erklären sich für u. (Strittmatter, Der Laden 738); **Un|zu|stän|dig|keit,** die; -: *das Unzuständigsein.*

un|zu|stell|bar ⟨Adj.⟩ (Postw.): *(von Postsendungen) ohne Möglichkeit einer Zustellung.*

un|zu|träg|lich ⟨Adj.⟩: in der Verbindung jmdm., einer Sache u. sein (geh.; *schädlich, nachteilig für jmdn., etw. sein):* das Klima war ihm u. ⟨auch attr.:⟩ ein der Natur -es Maß ist erreicht; **Un|zu|träg|lich|keit,** die; -, -en: **1.** ⟨o. Pl.⟩ *das Unzuträglichsein.* **2.** *etw. Unzuträgliches.*

un|zu|tref|fend ⟨Adj.⟩: *nicht zutreffend:* warum die Untersuchung den am Eindruck erweckt, es könne eine artgerechte Käfighaltung von Pelztieren geben (natur 2, 1991, 6); diese Behauptung ist u.; ⟨subst.:⟩ Unzutreffendes bitte streichen! (auf Formularen).

un|zu|ver|läs|sig ⟨Adj.⟩: *nicht zuverlässig:* ein -er Arbeiter, Zeuge; Wenn sie jetzt, unter Verweigerung von Gründen, aus der Partei austreten wolle, so sei sie politisch u. (Fallada, Jeder 67); **Un|zu|ver|läs|sig|keit,** die; -: *das Unzuverlässigsein.*

un|zweck|mä|ßig ⟨Adj.⟩: *nicht zweckmäßig:* eine -e Ausrüstung; Die Untersuchungskommission führt den Unfall auf eine -e Flugtaktik des Piloten zurück (NZZ 2. 9. 86, 5); **Un|zweck|mä|ßig|keit,** die; -: *das Unzweckmäßigsein.*

un|zwei|deu|tig ⟨Adj.⟩: *nicht zweideutig* (a); *klar u. unmißverständlich:* eine -e Antwort; dies kam in seinem Schreiben u. zum Ausdruck; Man habe belastende Briefe an ihren Bruder ... gefunden. Aus diesen gehe u. hervor, daß sie eine rasche Einmischung Englands ... verlangt habe (Benrath, Konstanze 61); **Un|zwei|deu|tig|keit,** die; -: *unzweideutige Beschaffenheit.*

un|zwei|fel|haft [auch: -'- - -] ⟨Adj.⟩: *nicht zu bezweifeln:* ein -er Erfolg; er ist u. *(zweifellos)* begabt; er war u. ein pathologischer Fall (Reich-Ranicki, Th. Mann 213).

Upa|na|ya|na, das; - [sanskr. = Weihe, Aufnahme]: *der endgültigen Aufnahme in die Kaste dienende Zeremonie im Hinduismus; bei der dem Jüngling ein neues Gewand u. die heilige Schnur umgelegt werden.*

Upa|ni|schad, die; -, ...schaden (meist Pl.) [sanskr. upaniṣad, eigtl. = das Sichniedersetzen (in der Nähe eines Lehrers)]: *philosophisch-theologische Abhandlung des Brahmanismus in Vers od. Prosa.*

Upas, das; - [malai.] *als Pfeilgift verwendeter Milchsaft des Upasbaumes;* **Upasbaum,** der: *in Südostasien wachsender Maulbeerbaum.*

Upe|ri|sa|ti|on, die; -, -en [Kurzwort für: Ultrapasteurisation]: *Verfahren zur schonenden Sterilisierung von Milch durch kurzes Erhitzen mittels eingeleiteten Dampfes u. nachfolgendes rasches Abkühlen;* **upe|ri|sie|ren** ⟨sw. V.; hat⟩: *durch Uperisation keimfrei machen:* Aber auch in der Milch stecken die Tücken ... Sie wird erst- und wieder berahmt, eingedampft, pasteurisiert, uperisiert (Augsburger Allgemeine 3./4. 6. 78, XXI).

UPI [juːpiːˈaɪ; United Press International]: US-amerikanische Nachrichtenagentur.

Up|per|class [ˈapɐklaːs; engl. upper class, aus: upper = ober... u. class = Gesellschaftsschicht, Klasse], die; -: *die oberen Zehntausend, Oberschicht:* Die U. hat, zur Landpartie, die Stadt verlassen, die feinen Clubs sind ausnahmslos geschlossen (Spiegel 36, 1984, 214); **Up|per|cut** [ˈapɐkat, engl.: ˈʌpəkʌt], der; -s, -s [engl. uppercut] (Boxen): *Aufwärtshaken;* **Upper ten** [ˈʌp ˈtɛn] ⟨Pl.⟩ [engl., gek. aus: upper ten thousand] (bildungsspr.): *die oberen Zehntausend:* es ist nicht mehr nur das Privileg der U. t. von Manhattan, am Discoritus teilzunehmen (Spiegel 42, 1978, 223).

üp|pig ⟨Adj.⟩ [mhd. üppic, ahd. uppīg = überflüssig, unnütz, nichtig; übermütig; H. u., viell. verw. mit ↑über u. eigtl. = über das Maß hinausgehend]: **1. a)** *in quellender, verschwenderischer, kräftigdichter Fülle [vorhanden]:* -e Vegetation; eine -e Blütenpracht; rote Lippen, große Augen, -es Haar (Kronauer, Bogenschütze 311); ü. blühende Wiesen; Ü in -en Farben; Ein -es *(reichliches, opulentes)* Frühstück überrascht den Kapitän (Kronauer, Bogenschütze 323); Wegen der ü. *(reichlich)* gefüllten Regale in den Geschäften (Bund 11. 10. 83, 32); der bürokratische Aufwand ist oftmals zu ü. *(zu stark aufgebläht);* sie haben es nicht ü. *(haben nicht viel Geld);* **b)** *rundliche, volle Formen zeigend:* ein -er Busen; -e Lippen; -e Frauengestalten; Jene Frau mit den an weiblichen Formen (Bastian, Brut 133); Eliane war -en Leibes (Muschg, Gegenzauber 268). **2.** (landsch.) *übermütig, unbescheiden, selbstbewußt:* er wird mir langsam zu ü.; **Üp|pig|keit,** die; -: *das Üppigsein.*

up to date [ˈʌp tə ˈdeɪt; engl., eigtl. = bis auf den heutigen Tag] (bildungsspr.): *zeitgemäß, auf dem neuesten Stand:* Modelle ..., in denen sich eine modebewußte Dame stets ü. zu d. und doch zeitlos-elegant zu tragen pflegt (Saarbr. Zeitung 12./13. 7. 80, 19).

Ur, der; -[e]s, -e: *Auerochse.*

ur-, Ur- [mhd., ahd. ur-, urspr. = (her)aus]: **1.** (verstärkend) *drückt in Bildungen mit Adjektiven eine Verstärkung aus:* **a)** *sehr:* uralt, urgemütlich, urgesund; **b)** *von Grund auf, durch und durch:* uramerikanisch, urgesund. **2. a)** kennzeichnet in Bildungen mit Substantiven - seltener mit Adjektiven - jmdn. oder etw. als Ausgangspunkt, als weit zurückliegend, am Anfang liegend: Urerlebnis, Urgruppe; urchristlich; **b)** kennzeichnet in Bildungen mit Substantiven etw. als das erste: Uraufführung, Urdruck. **3.** kennzeichnet in Bildungen mit Substantiven (Personenbezeichnungen, die ein Verwandtschaftsverhältnis ausdrücken) den Verwandtschaftsgrad: Urenkel, Ururoma.

Ur|ab|stim|mung, die; -, -en [eigtl. = unmittelbare, direkte Abstimmung]: *in verschiedenen Organisationen satzungsgemäß vorgesehene Abstimmung aller Mitglieder zur Entscheidung grundsätzlicher Fragen, bes. Abstimmung von gewerkschaftlich organisierten Arbeitnehmern über Einleitung, Durchführung u. Beendigung eines Streiks.*

Ur|adel, der; -s: *alter, nicht durch Adelsbrief o. ä. erworbener Adel:* Jene Familien, die aus privatrechtlichen Urkunden ihren Adel aus der Zeit vor 1350 nachweisen, gelten als U. (Dönhoff, Ostpreußen 198).

Ur|ahn, der; -[e]s u. -en, -en [mhd. urane, ahd. urano]: **a)** *ältester nachweisbarer od. sehr früher Vorfahr;* **b)** (veraltet, noch landsch.) *Urgroßvater;* **¹Ur|ah|ne,** der; -n, -n: Nebenf. von ↑Urahn; **²Ur|ah|ne,** die; -, -n: w. Form zu ↑Urahn.

Ural, der; -[s]: **1.** *Gebirge zwischen Asien u. Europa.* **2.** *Zufluß zum Kaspischen Meer;* **ura|lisch** ⟨Adj.⟩: *aus der Gegend des Ural;* **Ur|alit** [auch: ...ˈlɪt], der; -s, -e [nach dem ↑Ural (1)]: *faseriges Mineral.*

ur|alt ⟨Adj.⟩ [mhd., ahd. uralt] (verstärkend): *sehr alt:* ein -er Mann; in -en *(längst vergangenen)* Zeiten; Das ist im Erzgebirge eine -e *(altehrwürdige)* Tradition (Freie Presse 6. 12. 89, 1); der Trick, der Witz ist u. *(längst überholt);* **Ur|alt|au|to,** das (emotional verstärkend): *sehr altes u. viel gefahrenes Auto;* **Ur|al|ter,** das; -s: *ganz frühes Zeitalter, Vorzeit;* **Ur|alt|mit|glied,** das (emotional verstärkend): *schon seit sehr langer Zeit einer Organisation, einem Verein, einer Partei o. ä. angehörendes Mitglied;* **Ur|alt|schla|ger,** der (emotional verstärkend): *sehr alter, aus der Frühzeit stammender Schlager* (1).

Ur|ämie, die; -, -n [zu griech. oûron = Harn u. haîma = Blut] (Med.): *Vergiftung des Organismus mit nicht ausgeschiedenen Schlackenstoffen im Harn; Harnvergiftung:* an U. sterben; **ur|ämisch** ⟨Adj.⟩ (Med.): *die Urämie betreffend, an ihr leidend, auf ihr beruhend:* Sechs -e Patienten mit anomaler Blutungstendenz (DÄ 47, 1985, 42).

Uran, das; -s [nach dem (ebenfalls im 18. Jh. entdeckten) Planeten Uranus] (Chemie): *radioaktives, weiches, silberglänzendes Schwermetall, das als Kernbrennstoff u. zur Herstellung von Kernwaffen verwendet wird (chemischer Grundstoff);* Zeichen: U; **Uran|an|rei|che|rung,** die (Kerntechnik): *Anreicherung von Uran in Spaltmaterial;* **Uran|berg|bau,** der: *zur Gewinnung von Uran betriebener Bergbau;* **Uran|berg|werk,** das: *Bergwerk, in dem Uran gefördert wird;* **Uran|blei,** das (Kernphysik): *am Ende beim Zerfall von Uran auftretendes Isotop des Bleis;* **Uran|bren|ner,** der (seltener): *mit Uran betriebener Kernreaktor;* **Uran|erz,** das: *uranhaltiges Erz.*

Ur|an|fang, der; -[e]s, Uranfänge: *erster*

Anfang, Ursprung; **ur|an|fäng|lich** ⟨Adj.⟩: *im Uranfang, ursprünglich.*
Uran|glim|mer, der: *Uran enthaltendes Mineral in Form von zitronengelben od. grünlichen, glimmerigen Kristallen in dünnen Tafeln.*
Ur|angst, die; -, Urängste: *ursprüngliche, kreatürliche Angst:* die von individueller Erfahrung bestimmten Urängste der Sowjetmenschen vor den Exzessen deutschen Übermuts (Spiegel 33, 1984, 20).
uran|hal|tig ⟨Adj.⟩: *Uran enthaltend:* -e Mineralien; **Ura|nia:** 1. Muse der Sternkunde. 2. Beiname der Aphrodite; **Ura|ni|nit** [auch: ...'nıt], der; -s, -e: *stark radioaktives, in Form schwarz glänzender Kristalle vorkommendes Mineral;* **Ura|nis|mus,** der; - [zu Urania, dem Beinamen der altgriech. Liebesgöttin Aphrodite (ihr Vater Uranos soll sie ohne eine Frau gezeugt haben)] (selten): *[männliche] Homosexualität;* **Ura|nist,** der; -en, -en (selten): *Homosexueller;* **Uran|mi|ne,** die: *Uranbergwerk;* **Ura|no|gra|phie,** die; - [↑-graphie] (veraltet): *Beschreibung des Himmels;* **Ura|no|la|trie,** die; - [↑ Latrie]: *göttliche Verehrung der Himmelskörper;* **Ura|no|lo|gie,** die; - [↑-logie] (veraltet): *Himmelskunde;* **Ura|no|me|trie,** die; -, -n [↑-metrie]: 1. *Messung der Sternörter.* 2. *Sternkatalog.* 3. *kartographische Festlegung der astronomischen Örter von Fixsternen;* **Ura|nos:** ↑¹Uranus; **Ura|no|schi|sis,** die; -, ...sen [zu griech. ouranós = Himmelsgewölbe; Gaumen u. schísis = das Spalten, zu: schízein = spalten] (Med.): *Gaumenspalte;* **Ura|no|skop,** das; -s, -e [zu griech. skopeĩn = betrachten, (be)schauen] (veraltet): *Fernrohr zur Beobachtung des Sternhimmels u. seiner Vorgänge;* **Ura|no|sko|pie,** die; - (veraltet): *Beobachtung des Sternhimmels;* **Uran|oxid** (chem. Fachspr.) **Uran|oxyd,** das: *in verschiedenen Formen vorkommende Verbindung des Urans mit Sauerstoff;* **Uran|pech|blen|de,** die: *Pechblende;* **Uran|pil|le,** der od. das: *Re-aktor;* **¹Ura|nus,** Uranos: *griechischer Gott als Personifikation des Himmels;* **²Ura|nus,** der; -: *(von der Sonne aus gerechnet) siebenter Planet;* **Uran|vor|kom|men,** das: *Vorkommen (b) von Uran.*
uras|sen ⟨sw. V.; hat⟩ [zu landsch. Uraß = Speisereste] (österr. ugs.): *verschwenden, [schlemmend] vergeuden:* Mit dem Slogan „nicht u. — Energie verwenden, nicht verschwenden" ... (Presse 16. 2. 79, 12).
Urat, das; -[e]s, -e [zu griech. oũron = Harn] (Chemie, Med.): *Salz der Harnsäure;* **ura|tisch** ⟨Adj.⟩ (Med.): *die Harnsäure, das Urat betreffend.*
Ur|at|mo|sphä|re, die ⟨o. Pl.⟩: *ursprüngliche Gashülle der Erde.*
ur|auf|füh|ren ⟨sw. V.; hat; meist im Inf. u. 2. Part.⟩: *zum ersten Male aufführen:* das Theaterstück wurde in München uraufgeführt; eine Oper u.; Gute Kinderstücke finden, u. oder nachspielen, ist eine Möglichkeit (Saarbr. Zeitung 2. 10. 79, 7); als man den Film in Berlin uraufführte; **Ur|auf|füh|rung,** die; -, -en: *erste Aufführung eines neuen Werkes:* ein Musikwerk, ein Theaterstück kommt zur U.; Die Deutsche Staatsoper nun wollte eine Komödie zur U. bringen (Orchester 7/8, 1984, 646).

Urä|us|schlan|ge, die; -, -n [griech. ouraĩos, aus dem Ägypt.]: *einfarbig hellbraune bis fast schwarz Kobra ohne brillenartige Zeichnung.*
ur|ban ⟨Adj.⟩ [lat. urbanus, eigtl. = zur Stadt gehörend, zu: urbs = Stadt]: 1. (bildungsspr.) *gebildet u. weltgewandt, weltmännisch:* -es Gebaren; ... entwickelte Italien sich ... zum Maßstab der Bildung, des Geschmacks und der -en Umgangsformen (Fest, Im Gegenlicht 9). 2. *städtisch, für die Stadt, für städtisches Leben charakteristisch:* -e Lebensbedingungen; eine Institution des -en Kulturangebots (w & v 2. 10. 92, 52); Die Deutschen sollen endlich so wohnen, wie sie wohnen möchten, in einem eigenen Heim, und dennoch u. (Spiegel 6, 1980, 5); **Ur|ba|ni|sa|ti|on,** die; -, -en: 1. a) *städtebauliche Erschließung:* die U. eines weiten Erholungsgebietes; b) *durch städtebauliche Erschließung entstandene moderne Stadtsiedlung:* die feine, kleine U., ein Villenviertelchen auf einem Felsbuckel (ADAC-Motorwelt 2, 1979, 58). 2. (bildungsspr.) *Verstädterung, kulturelle, zivilisatorische Verfeinerung;* **ur|ba|ni|sie|ren** ⟨sw. V.; hat⟩: 1. *städtebaulich erschließen.* 2. (bildungsspr.) *kulturell, zivilisatorisch verfeinern; verstädtern;* **Ur|ba|ni|sie|rung,** die; -, -en: *das Urbanisieren;* **Ur|ba|ni|stik,** die; -: *Wissenschaft vom Städtebau, von der Stadtplanung;* **ur|ba|ni|stisch** ⟨Adj.⟩: *die Urbanistik betreffend, städtebaulich:* aus einer gewissen Unzufriedenheit über bestimmte -e Projekte (NZZ 12. 10. 85, 25); **Ur|ba|ni|tät,** die; - [lat. urbanitas, zu: urbanus, ↑ urban] (bildungsspr.): a) *Bildung; feine, weltmännische Art:* Hermlins U. und Zungenfertigkeit ... ist Schutzschicht (Raddatz, Traditionen I, 151); b) *städtische Atmosphäre:* In der Antike war das Forum Kernstück einer lebendigen U. (Südd. Zeitung 1. 3. 86, 149).
ur|bar [aus dem Niederd., zu mniederd. orbor, orbar = Ertrag, Nutzen, Vorteil (vgl. mhd. urbar, ↑ Urbar); zu mhd. erbern, ahd. urberan = hervorbringen, in mhd., ahd. ur- in der Grundbed. „aus, von – her", eigtl. = ertragreich]: in der Verbindung u. machen (durch Rodung, Be- od. Entwässerung o. ä. zur landwirtschaftlichen Nutzung geeignet machen; kultivieren 1): ein Moor u. machen; Unter der jetzigen Regierung werden ... die letzten dieser Landreserven zur landwirtschaftlichen Nutzung u. gemacht (NZZ 20. 8. 83, 5); **Ur|bar** [auch: 'u:ɐ̯ba:ɐ̯], das; -s, -e [mhd. urbar, urbor = zinstragendes Grundstück, Einkünfte, Rente, zu: erbern, ahd. urberan, ↑ urbar]: *mittelalterliches Güter- u. Abgabenverzeichnis großer Grundherrschaften, Grundbuch;* **ur|ba|ri|al** ⟨Adj.⟩: *das Urbarium betreffend;* **ur|ba|ri|sie|ren** ⟨sw. V.; hat⟩ (schweiz.): *urbar machen;* **Ur|ba|ri|sie|rung,** die; -, -en (schweiz.): *Urbarmachung;* **Ur|ba|ri|um,** das; -s, ...ien: *Urbar;* **Ur|bar|ma|chung,** die; -, -en: *das Urbarmachen.*
Ur|be|deu|tung, die; -, -en: *ursprüngliche Bedeutung.*
Ur|be|ginn, der; -[e]s: *Uranfang:* seit U.

Ur|be|stand|teil, der; -[e]s, -e: *ursprünglicher wesentlicher Bestandteil.*
Ur|be|völ|ke|rung, die; -, -en: *erste, ursprüngliche Bevölkerung eines Gebietes:* die U. wurde in Reservate zurückgedrängt.
Ur|be|woh|ner, der; -s, -: vgl. Urbevölkerung; **Ur|be|woh|ne|rin,** die; -, -nen: w. Form zu ↑ Urbewohner.
ụr|bi et ọr|bi [lat. = der Stadt (Rom) und dem Erdkreis] (kath. Kirche): Formel für päpstliche Erlasse u. Segensspendungen: etw. urbi et orbi (bildungsspr.; *der ganzen Welt*) verkünden.
Ur|bild, das [nach griech. archétypon, ↑ Archetyp]: a) *[lebendes] tatsächliches Vorbild, das einer Wiedergabe, einer künstlerischen Darstellung zugrunde liegt:* die -er der Gestalten Shakespeares; Warum dieser ewige Ärger mit den -ern vieler Figuren? „Weil sie sich allzu naiv mit der dichterischen Hervorbringung identifizierten" (Reich-Ranicki, Th. Mann 242); b) *ideales, charakteristisches Vorbild, Inbegriff:* er ist ein U. von Kraft und Lebensfreude; Bei Handrij Zejler ist der Frosch das U. der Dummheit, der alles Gott dem Herrn anbefiehlt, anstatt nach der Wahrheit zu suchen (Berger, Augenblick 61); **ụr|bild|lich** ⟨Adj.⟩: *wie ein Urbild [wirkend].*
Ụrbs ae|ter|na [-ɛ...], die; - - [lat., zu: urbs = Stadt u. aeternus = ewig, unvergänglich]: *die Ewige Stadt (Rom).*
ụr|chig ⟨Adj.⟩ [alemann. Form von ↑ urig] (schweiz.): *urwüchsig, echt:* ein -er Mensch; eine -e Kneipe; „Sind Sie mir böse?" fragte sie in -stem Schweizer Ton (Ziegler, Labyrinth 199).
Ụr|chris|ten|tum, das; -s: *Anfang des Christentums in der Zeit des sich allmählich verbreitenden christlichen Glaubens;* **ụr|christ|lich** ⟨Adj.⟩: *zum Urchristentum gehörend, von dort stammend:* die -e Gemeinde von Jerusalem; -es Gedankengut.
Ụrd: *Norne der Vergangenheit.*
Ụr|darm, der; -[e]s, Urdärme ⟨Pl. selten⟩ (Biol.): *bei der Keimesentwicklung eines Lebewesens sich bildende, einen Hohlraum umschließende Einstülpung mit dem Urmund als Mündung nach außen;* **Ụr|darm|tier,** das: *Gasträa.*
ụr|deutsch ⟨Adj.⟩: *typisch deutsch (a):* eine -e Sitte.
Ụr|druck, der; -[e]s, -e (Problemschach): *Erstveröffentlichung eines Problems.*
Ụr|du, das; -: *(zu den indoarischen Sprachen gehörende) offizielle Sprache Pakistans.*
Urea, die; - [nlat. urea, zu griech. oũron = Harn] (Med.): *Harnstoff;* **Ure|ase,** die; -, -n (Biochemie): *Harnstoff spaltendes Enzym;* **Ure|at,** das; -[e]s, -e (Chemie, Med.): *Urat.*
Ure|do|spo|re, die; -, -n ⟨meist Pl.⟩ [zu lat. uredo = Getreidebrand, zu: urere = (ver)brennen] (Bot.): *oft mit Warzen od. Stacheln versehene Spore der Rostpilze, die sofort nach der Reife auskeimt.*
Ure|id, das; -[e]s, -e [zu ↑ Urea] (Chemie): *vom Harnstoff abgeleitete chemische Verbindung.*
ụr|ei|gen ⟨Adj.⟩ (verstärkend): *jmdm. ganz allein gehörend, ihn in besonderem Maß*

ureigentümlich

betreffend, ihm eigen: ein -es Interesse; jmds. -er Lebensrhythmus; in der Versicherungswirtschaft, dem -sten Feld der Mathematiker (Rhein. Merkur 2. 2. 85, 13); *ob ich das tue oder nicht, ist meine -ste Sache;* **ur|ei|gen|tüm|lich** ⟨Adj.⟩: *in besonderem Maße eigentümlich* (1).

Ur|ein|woh|ner, der; -s, -: vgl. Urbevölkerung: In Südamerika kam es zu einer Mischung zwischen u. und Völkern verschiedensten Ursprungs (Gruhl, Planet 313); Ü Mit ihm verliert Berlin einen seiner letzten typischen U. (BM 14. 6. 84, 1); **Ur|ein|woh|ne|rin,** die; -, -nen: w. Form zu ↑ Ureinwohner.

Ur|ei|zel|le, die; -, -n (Biol.): vgl. Ursamenzelle.

Ur|el|tern ⟨Pl.⟩: **1.** (veraltet) *jmds. Vorfahren, Urahnen* (a). **2.** (christl. Rel.) *Adam u. Eva als Eltern des Menschengeschlechts.*

Ur|en|kel, der; -s, - [mhd. ureniklīn]: **a)** *Sohn des Enkels od. der Enkelin; Großenkel;* **b)** *später Nachfahr, Nachkomme;* **Ur|en|ke|lin,** die; -, -nen: *Tochter des Enkels od. der Enkelin; Großenkelin.*

Ureo|me|ter, das; -s, - [zu ↑ Urea u. ↑-meter (1)]: *Apparat zur Bestimmung des Harnstoffs;* **Ure|se,** die; -, -n [griech. oúrēsis, zu: oureīn = Urin lassen, harnen] (Med.): *das Harnen;* **Ure|ter,** der; -s, Ureteren, auch: - [griech. ourētér, zu: oūron = Harn] (Med.): *Harnleiter;* **Ure|te|ri|tis,** die; -, ...itiden (Med.): *Harnleiterentzündung;* **Ure|te|ro|to|mie,** die; -, ...ien [zu griech. tomḗ = das Schneiden; Schnitt] (Med.): *operative Öffnung des Harnleiters;* **Ure|than,** das; -s, -e [zu ↑ Urea u. ↑ Ethan] (Chemie): *in vielen Arten vorkommender Ester einer ammoniakhaltigen Säure, der u. a. als Schädlingsbekämpfungs- u. Schlafmittel verwendet wird;* **Ure|thra,** die; -, ...thren [griech. ourḗthra, zu: oureīn = harnen] (Med.): *Harnröhre;* **ure|thral** ⟨Adj.⟩ (Med.): *zur Harnröhre gehörend, sie betreffend;* **Ure|thral|ero|tik,** die; - (Psychoanalyse): *von sexuellen Lustgefühlen begleitetes Urinieren;* **Ure|thral|gie,** die; -, -n [zu griech. álgos = Schmerz] (Med.): *Urethrodynie;* **Ure|thris|mus,** der; - (Med.): *Krampf* (1) *der Muskulatur in der Umgebung der Harnröhre;* **Ure|thri|tis,** die; -, ...itiden (Med.): *Entzündung der Harnröhre;* **Ure|thro|dy|nie,** die; -, -n [zu griech. odýnē = Schmerz, Qual] (Med.): *Schmerzen in der Harnröhre;* **Ure|thro|gra|phie,** die; -, -n [↑-graphie] (Med.): *röntgenographische Untersuchung u. Darstellung der Harnröhre mit Hilfe von Kontrastmitteln;* **Ure|thror|rhö, Ure|thror|rhöe** [...'rø:], die; -, ...öen [zu griech. rheīn = fließen] (Med.): *krankhaft gesteigerte Sekretabsonderung aus der Harnröhre;* **Ure|thro|skop,** das; -s, -e [zu griech. skopeīn = betrachten, (be)schauen] (Med.): *Instrument zur Ausleuchtung der Harnröhre;* **Ure|thro|sko|pie,** die; -, -n (Med.): *endoskopische Untersuchung der Harnröhre;* **Ure|thro|to|mie,** die; -, ...ien [zu griech. tomḗ = das Schneiden; Schnitt] (Med.): *operative Öffnung der Harnröhre;* **Ure|thro|ze|le,** die; -, -n [zu griech. kḗlē = Geschwulst] (Med.): *sackförmige Ausstülpung der Harnröhre;* **Ure|thro|zy|sto|gra|phie,** die; -, -n [zu ↑ Zystis u. ↑-graphie] (Med.): *röntgenographische Untersuchung u. Darstellung der Harnröhre u. Harnblase mit Hilfe von Kontrastmitteln;* **ure|tisch** ⟨Adj.⟩ (Med.): *harntreibend.*

ur|ewig ⟨Adj.⟩ (verstärkend): *sehr lange Zeit [zurückliegend]:* vor -en Zeiten.

Ur|far|be, die; -, -n: *Farbton (Rot, Gelb, Grün u. Blau), der im Unterschied zu den anderen als einfach, als unvermischt empfunden wird.*

Ur|fas|sung, die; -, -en: *ursprüngliche Fassung eines literarischen, musikalischen Werkes.*

Ur|feh|de, die; -, -n [mhd. urvēhe(de), zu: ur- in der Grundbed. = (her)aus, also eigtl. = das Herausgehen aus der Fehde]: *(bes. im MA.) durch Eid bekräftigter Verzicht auf Rache u. auf weitere Kampfhandlungen:* U. schwören.

Ur|fisch, der; -[e]s, -e: *niederes Wirbeltier mit fischähnlicher Gestalt.*

Ur|flüg|ler, der; -s, -: *ausgestorbenes, meist sehr großes, schwerfällig fliegendes Insekt mit starren, nicht zusammenlegbaren Flügeln.*

Ur|form, die; -, -en: *erste, ursprüngliche Form:* Ihr seit Jahrtausenden angestammtes Recht, das von ihnen selbst geerntete Getreide auch weiter aussäen zu dürfen – die U. der Landwirtschaft – soll ausgehebelt werden (natur 8, 1991, 32); **ur|for|men** ⟨sw. V.; nur im Inf. u. 2. Part. gebr.⟩ (Technik): *durch Gießen, Sintern o. ä. einen festen Körper aus verflüssigtem od. pulverförmigem Material fertigen.*

Urft, die; -: *rechter Nebenfluß der Rur.*

Ur|ge|mein|de, die; -, -n: *urchristliche Gemeinde in Jerusalem.*

ur|ge|müt|lich ⟨Adj.⟩ (verstärkend): *überaus gemütlich* (a): Schwarzwaldhäuser wie aus dem Bilderbuch mit ... -en, traditionsreichen Gaststuben (Hörzu 43, 1975, 115).

ur|gent ⟨Adj.; -er, -este⟩ [lat. urgens (Gen.: urgentis), adj. 2. Part. von: urgere, ↑ urgieren] (bildungsspr. veraltend): *unaufschiebbar, dringend;* **Ur|genz,** die; -, -en [mlat. urgentia]: **1.** (bildungsspr. veraltend) *Dringlichkeit.* **2.** (bes. österr.) *auf das Drängen, Mahnung, Hinweis auf die Dringlichkeit:* weil die Panzerproduzenten trotz U. nichts Konsistentes vorlegten (profil 46, 1983, 29).

ur|ger|ma|nisch ⟨Adj.⟩: *zum frühen, ältesten Germanentum gehörend.*

Ur|ge|schich|te, die; - [vgl. Uradel]: **a)** *ältester Abschnitt der Menschheitsgeschichte;* **b)** *Wissenschaft von der Urgeschichte* (a); **Ur|ge|schicht|ler,** der; -s, -: *Kenner, Erforscher der Urgeschichte* (a): U. haben an der Südspitze der Insel Geräte und Scherben aus der Steinzeit gefunden (Berger, Augenblick 41); **Ur|ge|schicht|le|rin,** die; -, -nen: w. Form zu ↑ Urgeschichtler; **ur|ge|schicht|lich** ⟨Adj.⟩: *die Urgeschichte betreffend.*

Ur|ge|schlechts|zel|le, die; -, -n (Biol.): *Urkeimzelle.*

Ur|ge|sell|schaft, die; -: *die menschliche Gesellschaft in ihrer ursprünglichen [vorgestellten u. idealisierten] Form:* das schottische Clanwesen, das der patriarchalischen Endphase der U. zugehört (Bahro, Alternative 76).

Ur|ge|stalt, die; -, -en: *ursprüngliche Gestalt von etw.:* die Nashörner, diese -en evolutionärer Gestaltungskraft (natur 9, 1991, 56).

Ur|ge|stein, das; -[e]s, -e: *Gestein [vulkanischen Ursprungs], das ungefähr in seiner ursprünglichen Form erhalten ist:* Granit gehört zu den -en; Ü dieser Mann war politisches U. *(ein Politiker aus Leidenschaft).*

Ur|ge|walt, die; -, -en (geh.): *sehr große Kraft, [Natur]gewalt:* die U. des Meeres; **ur|ge|wal|tig** ⟨Adj.⟩: **a)** (geh.) *überaus gewaltig, übermächtig:* ein -er Erdstoß; **b)** (ugs.) *überaus, ungewöhnlich groß:* dieser Kürbis ist ja u.

ur|gie|ren ⟨sw. V.; hat⟩ [lat. urgere] (bes. österr.): *drängen, nachdrücklich betreiben:* Meine Enthaftung ist fällig. Ich urgiere, niemand weiß etwas (Sobota, Minus-Mann 265).

Ur|groß|el|tern ⟨Pl.⟩: *Eltern des Großvaters od. der Großmutter;* **Ur|groß|mut|ter,** die; -, ...mütter: *Mutter der Großmutter od. des Großvaters;* **ur|groß|müt|ter|lich** ⟨Adj.⟩: *von der Urgroßmutter kommend, stammend;* **Ur|groß|va|ter,** der; -s, ...väter: *Vater des Großvaters od. der Großmutter;* **ur|groß|vä|ter|lich** ⟨Adj.⟩: vgl. urgroßmütterlich.

Ur|grund, der; -[e]s, Urgründe: *letzter, tiefster Grund:* der U. alles Seins.

Ur|he|ber, der; -s, - [unter Einfluß von lat. auctor (↑ Autor) zu mhd. urhap, ahd. urhab = Anfang, Ursache, Ursprung]: **a)** *derjenige, der etw. bewirkt. veranlaßt hat:* Drei als mutmaßliche U. des Sprengstoffanschlags ... verdächtige Männer sind von der Polizei festgenommen worden (Saarbr. Zeitung 12./13. 7. 80, 1); die U. *(Initiatoren)* des Staatsstreichs wurden verhaftet; er wurde zum geistigen U. einer neuen Kunstrichtung, **b)** (bes. Rechtsspr.) *Schöpfer eines Werkes der Literatur, Musik od. bildenden Kunst; Autor;* **Ur|he|be|rin,** die; -, -nen: w. Form zu ↑ Urheber; **Ur|he|ber|recht,** das (Rechtsspr.): **a)** *Recht, über die eigenen schöpferischen Leistungen, Kunstwerke o. ä. zu verfügen;* **b)** *Gesamtheit der das Urheberrecht* (a) *betreffenden gesetzlichen Bestimmungen;* **Ur|he|ber|recht|ler,** der; -s, -: *Jurist, bes. Rechtsanwalt der sich auf Fragen des Urheberrechts spezialisiert hat;* **Ur|he|ber|recht|le|rin,** die; -, -nen: w. Form zu ↑ Urheberrechtler; **ur|he|ber|rechtlich** ⟨Adj.⟩: *das Urheberrecht betreffend, durch das Urheberrecht;* **Ur|he|ber|rechts|schutz,** der (Rechtsspr.): *durch das Urheberrecht* (b) *festgelegter u. gesicherter Schutz, den ein Urheber in bezug auf sein Werk genießt;* **Ur|he|ber|schaft,** die; -, -: *Eigenschaft als Urheber;* **Ur|he|ber|schutz,** der (Rechtsspr.): *Urheberrechtsschutz.*

Ur|hei|mat, die; -, -en ⟨Pl. selten⟩: *eigentliche, ursprüngliche, älteste erschließbare Heimat, bes. eines Volk[sstamm]es:* die U. dieses Volkes ist Afrika; Ü der alte Landkreis Schongau, die politische U. des CSU-Vorsitzenden (Augsburger Allgemeine 13./14. 5. 78, 15).

Ur|hi|dro|se, die; -, -n [zu ↑ Urea u. ↑ Hidrose] (Med.): *Absonderung harnstofffreichen Schweißes.*

Uri; -s: schweizerischer Kanton.
Uri|an, der; -s, -e [H. u.]: a) (veraltet abwertend) *unwillkommener, unliebsamer Mensch;* b) 〈o. Pl.〉 *Teufel* (a).
Uri|as|brief, der; -[e]s, -e [nach dem Brief, mit dem im A. T. David den Urias, den Ehemann der Bathseba, in den Tod schickte (2. Sam. 11)]: *Brief, der dem Überbringer Unglück bringt.*
urig 〈Adj.〉 [mhd. urich]: a) *urwüchsig, urtümlich:* ein -es Volksfest; eine -e Kneipe; die Fassenacht in dieser -en Form (Allgemeine Zeitung 6. 2. 85, 12); Der -e Gewerkschafter aus dem Kanton Solothurn (Wochenpresse 43, 1983, 37); eine u. ausgestattete Gaststätte; b) *sonderbar, originell, seltsam:* ein -er Kauz.
Urik|ämie, die; -, -n [zu nlat. uricus = zum Harn gehörend (zu griech. oûron = Harn) u. griech. haîma = Blut] (Med.): *krankhafte Erhöhung der Harnsäure im Blut;* **Uri|ko|sta|ti|kum,** das; -s, ...ka [zu griech. statikós, ↑Statik] (Med.): *(zur Behandlung der Gicht verwendetes) Arzneimittel, das die Bildung von Harnsäure hemmt;* **Uri|kos|urie,** die; -, -n [zu griech. oûron = Harn] (Med.): *vermehrte Ausscheidung von Harnsäure mit dem Urin;*
Urin, der; -s, -e 〈Pl. selten〉 [lat. urina, urspr. = Wasser] (Med.): *[ausgeschiedener] Harn:* ein heller, trüber U.; den U. [auf Zucker] untersuchen lassen; der Kranke kann den U. nicht halten; Wir haben mehrere versiegelte -e ... eingefroren (Spiegel 27, 1980, 184); In ihrem U. wird nach den Resten jener verbotenen Arzneistoffe gefahndet, die auf der „Dopingliste" stehen (Spiegel 30, 1977, 117); * **etw. im U. haben/spüren** (salopp; *etw. intuitiv erkennen, etw. ahnen, genau spüren*): Eine gewisse Logik der Entwicklung sei es, daß es uns auch einmal wieder bessergehen müsse, sagte mein Bruder. Er habe das so im U. (Kempowski, Uns 256); **uri|nal** 〈Adj.〉 [spätlat. urinalis, zu lat. urina, ↑Urin]: *zum Urin gehörend;* **Uri|nal,** das; -s, -e: **1.** *in der Krankenpflege gebräuchliches Glasgefäß mit weitem Hals zum Auffangen des Urins bei Männern.* **2.** *(in Herrentoiletten) an der Wand befestigtes Becken zum Urinieren;* **Urin|aus|schei|dung,** die; *das Ausscheiden von Urin;* **Urin|ent|lee|rung,** die; vgl. Urinausscheidung; **Urin|glas,** das: *Urinal* (1); **uri|nie|ren** 〈sw. V.; hat〉 [mlat. urinare]: *Urin ausscheiden:* u. müssen; in ein Röhrchen u.; Jeder fünfte Badegast uriniert beim Schwimmen in öffentlichen Bädern (MM 12. 8. 82, 8); **uri|nös** 〈Adj.〉 (Med.): *urinähnlich; harnstoffhaltig;* **Urin|pro|be,** die; *Probe* (2) *von Urin für eine Urinuntersuchung.*
Ur|in|sekt, das; -[e]s, -en: *ältestes flügelloses, in seiner Entwicklung kein Larvenstadium durchlaufendes Insekt.*
Ur|in|stinkt, der; -[e]s, -e: *ursprünglicher, im Unterbewußtsein erhalten gebliebener Instinkt:* Dieser Gorilla spricht deine atavistisch weibchenhaften -e an (Erné, Kellerkneipe 175).
Urin|un|ter|su|chung, die: *Untersuchung des Urins:* bei der Dopingkontrolle wurde eine U. durchgeführt.

Ur|kan|ton, der; -s, -e: *Kanton der Urschweiz.*
Ur|keim|zel|le, die; -, -n (Biol.): *diploide Zelle der Keimbahn, die die Spermatogenese bzw. Oogenese einleitet u. schließlich zur reifen, befruchtungsfähigen Samen- bzw. Eizelle wird.*
Ur|kir|che, die; -, -: *Urchristentum.*
Ur|knall, der; -[e]s, -e [nach engl. big bang, eigtl. = großer Knall]: *das plötzliche Explodieren der zum Zeitpunkt der Entstehung des Weltalls extrem dicht zusammengedrängten Materie (das die heute angenommene Expansion des Weltalls bedingt):* Vor dreizehn Milliarden Jahren hat es einen U. gegeben (Zeller, Amen 282); vom Beginn des Universums durch den U. (Spiegel 42, 1988, 265); Die neue Theorie vor der Serie von -en (Welt 12. 2. 86, 20); Ü ein medienpolitischer U.
ur|ko|misch 〈Adj.〉 (verstärkend): *sehr, äußerst komisch.*
Ur|kom|mu|nis|mus, der; -: *von F. Engels u. K. Marx angenommener Idealzustand der Gesellschaft, in dem es keine Klassen, kein Privateigentum, keine Ausbeutung u. keine gesellschaftlich organisierte Arbeit gibt.*
Ur|kraft, die; -, Urkräfte: *ursprüngliche, natürliche, elementare* (2) *Kraft.*
Ur|kun|de, die; -, -n [mhd. urkunde, -künde, ahd. urchundi, zu ↑erkennen in. eigtl. = Erkenntnis]: *[amtliches] Schriftstück, durch das etw. beglaubigt od. bestätigt wird; Dokument mit Rechtskraft:* eine standesamtliche U.; die U. ist notariell beglaubigt; eine U. ausstellen, unterzeichnen, ausfertigen, hinterlegen; jmdm. eine U. überreichen; Die Verfassung ist das ... in einer U. festgelegte ... Grundgesetz eines Staates (Fraenkel, Staat 330); dann natürlich so bald wie möglich heiraten ... und mit der U. dürfte sie ihn wieder besuchen (Kühn, Zeit 69); **ur|kun|den** 〈sw. V.; hat〉 (Fachspr.): a) *(heute als historisch geltende) Schriftstücke ausstellen:* der Bischof von Metz hat seinerzeit französisch geurkundet; b) *urkundlich erscheinen:* die Staufer urkunden seit dem 11. Jahrhundert; **Ur|kun|den|be|weis,** der (Rechtsspr.): *Beweis durch Vorlage von [öffentlichen] Urkunden;* **Ur|kun|den|fäl|scher,** der: *jmd., der Urkundenfälschung begeht;* **Ur|kun|den|fäl|sche|rin,** die: w. Form zu ↑Urkundenfälscher; **Ur|kun|den|fäl|schung,** die: *Fälschung einer Urkunde od. Gebrauch einer gefälschten Urkunde zum Zweck der Täuschung im Rechtsverkehr;* **Ur|kun|den|for|scher,** der: *Forscher auf dem Gebiet der Urkundenforschung;* **Ur|kun|den|for|sche|rin,** die: w. Form zu ↑Urkundenforscher; **Ur|kun|den|for|schung,** die: *Forschung* (2), *deren Gegenstand historische Urkunden sind;* **Ur|kun|den|leh|re,** die: **1.** 〈o. Pl.〉 *Wissenschaft, die sich mit der Bestimmung des Wertes von Urkunden als historischen Zeugnissen u. mit der Feststellung ihrer Echtheit od. Unechtheit befaßt; Diplomatik.* **2.** *Lehrbuch der Urkundenlehre* (1); **Ur|kun|den|samm|lung,** die: *Sammlung* (3 a) *von Urkunden;* **Ur|kun|den|schrift,** die: *in Urkunden verwendete Schrift* (z. B. karolingische Minuskel); **Ur|kun|den|sie|gel,** das: vgl.

Siegel (2); **ur|kund|lich** 〈Adj.〉: *durch, mit Urkunden [belegt]; dokumentarisch* (1): ein -er Nachweis; diese Schenkung ist u. [bezeugt]; **Ur|kunds|be|am|te,** der (Rechtsspr.): *zur Ausstellung von Urkunden befugter Beamter* (z. B. Standesbeamter); **Ur|kunds|be|am|tin,** die (Rechtsspr.): w. Form zu ↑Urkundsbeamte.
Ur|land|schaft, die; -, -en: *ursprüngliche, urtümlich wirkende Landschaft.*
Ur|laub, der; -[e]s, -e [mhd., ahd. urloup = Erlaubnis (wegzugehen), zu ↑erlauben]: *(in Betrieben, Behörden, beim Militär nach Arbeitstagen gezählte) dienst-, arbeitsfreie Zeit, die jmd. [zum Zwecke der Erholung] erhält:* ein kurzer, achtwöchiger, tariflich festgelegter U.; U. an der See, im Gebirge; ein verregneter U.; U. (militär.; Ausgang) bis zum Wecken; U. beantragen, bekommen; den, seinen U. antreten; [unbezahlten] U., einen Tag U. nehmen; nicht jeder kann sich zwei längere -e im Jahr leisten; den U. unterbrechen, abbrechen [irgendwo] auf, in, im U. sein; jmdn. auf U. schicken; in U. gehen, fahren; Als er 1903 auf U. nach Deutschland kam, ... (Grzimek, Serengeti 274); Man lasse sie (= die Fahrräder) einfach da, man könne sie benützen, falls man noch einmal hierher in U. käme (M. Walser, Pferd 148); Sie fährt ... schon seit einigen Jahren nicht mehr mit in den gemeinsamen U. (Hörzu 11, 1975, 28); sie hat sich im U. gut erholt, ist noch nicht aus dem, vom U. zurück; * **von jmdm./etw. U. machen** *(sich für eine gewisse Zeit räumlich u. geistig von jmdm., etw. trennen, um dadurch Abstand zu gewinnen, wieder zu sich selbst zu kommen u. seine Kräfte zu regenerieren)*: vom Alltag U. machen; Frauen machen zunehmend U. von Männern und Familien (Spiegel 8, 1988, 69); **ur|lau|ben** 〈sw. V.; hat〉 (ugs.): *Urlaub machen, seinen Urlaub verbringen:* Gut 75 Prozent urlauben auf eigene Faust (Capital 2, 1980, 157); Braun, der 14 Tage auf Teneriffa geurlaubt hatte (Kurier 22. 11. 83, 16); **Ur|lau|ber,** der; -s, - [urspr. = vom Militärdienst vorübergehend Freigestellter]: a) *jmd., der gerade Urlaub macht* [u. ihn nicht an seinem Wohnsitz verbringt]: viele U. zieht es in den sonnigen Süden; der Strom der U. reißt nicht ab; b) *Soldat auf [Heimat]urlaub:* Meine Mutter hatte oft Besuch: Soldaten. U. nehme ich an (Hilsenrath, Nazi 24); **Ur|lau|be|rin,** die; -, -nen: w. Form zu ↑Urlauber; **Ur|lau|ber|schiff,** das: *Schiff für Urlaubsreisen;* **Ur|lau|ber|sied|lung,** die: *Siedlung mit Ferienhäuschen od. Bungalows für Urlauber* (a); **Ur|lau|ber|zug,** der: a) *Sonderzug od. in Ferienzeiten zusätzlich verkehrender Zug für Urlauber* (a); b) *für Urlaub fahrende Soldaten eingesetzter Zug;* **Ur|laubs|an|schrift,** die: *Anschrift während des Urlaubs;* **Ur|laubs|an|spruch,** der: *[durch Tarif od. Einzelvertrag festgelegter] Anspruch auf eine bestimmte Zahl von Urlaubstagen im Jahr;* **Ur|laubs|an|tritt,** der: *Antritt* (1 a) *eines Urlaubs:* vor U. noch einmal alles genau kontrollieren; **Ur|laubs|be|kannt|schaft,** die: *Person, die jmd. im Urlaub kennengelernt hat;* **Ur|laubs|bräu|ne,** die: *Bräune, die jmd. im*

Urlaubsdauer

Urlaub bekommen hat: jetzt ist auch der letzte Rest von U. verschwunden; **Urlaubs|dau|er**, die ⟨Pl. selten⟩: *Dauer des Urlaubs;* **Ur|laubs|flirt**, der: *Flirt* (b)*, den jmd. während der Zeit seines Urlaubs hat:* Sie ist für einen U. zu schade (Konsalik, Promenadendeck 251); **Ur|laubs|gast**, der: *Feriengast;* **Ur|laubs|geld**, das: **a)** *zusätzliche Zahlung des Arbeitgebers an die Arbeitnehmer als Zuschuß zur Finanzierung des Urlaubs;* **b)** *für den Urlaub gespartes, zurückgelegtes Geld;* **Ur|laubsge|such**, das: *Gesuch um Bewilligung von Urlaub;* **Ur|laubs|kas|se**, die: vgl. Reisekasse; **Ur|laubs|li|ste**, die: *in einem Betrieb zu Anfang des Jahres umlaufende Liste, in der jeder Arbeitnehmer seine voraussichtlichen u. gewünschten Urlaubstermine einträgt;* **Ur|laubs|ort**, der ⟨Pl. -e⟩: *Ferienort;* **Ur|laubs|plan**, der: **1.** *Urlaubsliste.* **2.** ⟨meist Pl.⟩ vgl. Ferienpläne; **Urlaubs|platz**, der: vgl. Urlaubsort; **urlaubs|reif** ⟨Adj.⟩ (ugs.): *durch viel Arbeit so erschöpft, daß ein Urlaub geboten ist:* ein -er Kollege; völlig u. sein; nachdem ich durch die Probenstrapazen wahrhaft u. geworden war, fand die Premiere statt (Ziegler, Labyrinth 175); **Ur|laubs|rei|se**, die: *Reise in den Urlaub, während des Urlaubs;* **Ur|laubs|rei|sen|de**, der u. die: *jmd., der eine Urlaubsreise macht;* **Urlaubs|schein**, der (Milit.): *Schein* (3)*, auf dem bestätigt wird, daß der Betreffende für einen bestimmten Zeitraum Urlaub hat* [*u. die Kontrollen am Kasernentor passieren darf*]; **Ur|laubs|sper|re**, die: **1.** (bes. Milit.) *Verbot, Urlaub zu nehmen:* es besteht U.; die Werksleitung verhängte U. **2.** (bes. österr.) *vorübergehende Schließung eines Geschäftes wegen Betriebsurlaub:* bei der Bäckerei ist im Sommer 3 Wochen U.; **Ur|laubs|tag**, der: *Tag, an dem jmd. Urlaub hat; Tag der Urlaubszeit* (b); **Ur|laubs|ter|min**, der: *Termin, zu dem jmd. Urlaub macht, seinen Urlaub antritt:* die -e der Arbeitnehmer in eine Liste eintragen; **Ur|laubs|über|schreitung**, die: *Überschreitung der Urlaubszeit* (b); **Ur|laubs|ver|län|ge|rung**, die: *(genehmigte) Verlängerung des Urlaubs über die eigentlich vorgesehene Urlaubszeit* (b) *hinaus;* **Ur|laubs|ver|tre|tung**, die: **a)** *stellvertretende Übernahme der Arbeiten u. Dienstgeschäfte von jmdm., der im Urlaub ist;* **b)** *Person für die Urlaubsvertretung* (a); **Ur|laubs|zeit**, die: **a)** *Zeit, in der viele Urlaub machen; Reisezeit;* **b)** *Zeitraum, Zeitspanne des Urlaubs, den jmd. hat, macht.*

Ur|lin|de, die; -, -n [umgebildet aus ↑ Urninde] (selten): *homosexuell veranlagte Frau, die sexuell die aktive Rolle spielt.*

Ur|meer, das; -[e]s, -e: *Meer der frühesten Erdzeitalter.*

Ur|mensch, der; -en, -en: *Mensch der frühesten anthropologischen Entwicklungsstufe, Mensch der Altsteinzeit;* **urmensch|lich** ⟨Adj.⟩: **1.** *die Urmenschen betreffend, von ihnen stammend:* -e Werkzeuge. **2.** *seit Anbeginn zum Wesen des Menschen gehörend, typisch menschlich.*

Ur|me|ter, das; -s: *ursprüngliches Maß, Norm des Meters (dessen Prototyp in Sèvres bei Paris lagert).*

Ur|mund, der; -[e]s, Urmünder ⟨Pl. selten⟩ (Biol.): *bei der Gastrulation sich ausbildende, in den Urdarm führende Öffnung, an der das Ektoderm in das Entoderm überleitet;* **Ur|mund|lip|pe**, die ⟨meist Pl.⟩: *lippenähnlicher Wulst des Urmundes.*

Ur|mut|ter, die; -, Urmütter: *Stammutter der Menschen:* Der Paradiesbaum der Erkenntnis, aus dem heraus die Schlange des biblischen Buches Mose die U. Eva zum verbotenen Früchtepflücken verführt (Stern, Mann 85).

Ur|ne, die; -, -n [lat. urna = (Wasser)krug; Aschenkrug; Lostopf]: **1.** *krugartiges, bauchiges, meist künstlerisch verziertes Gefäß aus Ton, Bronze o. ä., in dem die Asche eines Verstorbenen aufbewahrt u. beigesetzt wird u. die früher auch zur Aufnahme von Grabbeigaben diente:* Die U. mit der Asche von Wigg Hartl kam in die Aussegnungshalle im Ostfriedhof (Kühn, Zeit 407). **2.** *kastenförmiger, geschlossener* [*Holz*]*behälter mit einem schmalen Schlitz an der Oberseite zum Einwerfen des Stimmzettels bei Wahlen; Wahlurne:* Es liege nun an den politischen Parteien, den Stimmbürger ... zu motivieren, an die Urne zu gehen (*wählen, zur Wahl zu gehen;* Vaterland 27. 3. 85, 34); das Volk wird zu den -n gerufen (geh.; *aufgefordert, wählen zu gehen*). **3.** *Gefäß, aus dem die Teilnehmer an einer Verlosung ihre Losnummern ziehen;* **Urnen|bei|set|zung**, die: *Beisetzung der Urne* (1) *eines eingeäscherten Toten;* **Urnen|feld**, das: *vorgeschichtliche Friedhof mit Urnengräbern;* **Ur|nen|fel|der|kul|tur**, die: *vorgeschichtliche Kulturstufe, in der die Asche der Toten in Urnen* (1) *auf Urnenfeldern beigesetzt wurde;* **Ur|nen|felder|zeit**, die ⟨o. Pl.⟩: *Zeitabschnitt in der späteren Bronzezeit mit vorherrschender Urnenfelderkultur;* **Ur|nen|fried|hof**, der: *Friedhof mit Urnengräbern;* **Ur|nen|gang**, der: *Wahl* (2 a): Der U. findet voraussichtlich im kommenden Dezember statt (Vaterland 27. 3. 85, 13); Von den verschiedenen Urnengängen sind für den Österreicher die Nationalratswahlen die bedeutsamsten (profil 17, 1979, 20); **Urnen|gän|ger**, der: *Wähler:* Vor allem, weil der unterlegene Grauschleier ... auch bei altbewährten -n Wahlverdrossenheit aufkommen läßt (Wochenpresse 25. 4. 79, 3); **Ur|nen|gän|ge|rin**, die; -, -nen: w. Form zu ↑ Urnengänger; **Ur|nengrab**, das: *Grab, in dem eine Urne* (1) *beigesetzt ist;* **Ur|nen|hain**, der: *Urnenfriedhof, Teil eines Friedhofs mit Urnengräbern:* „Auf Drängen der Bevölkerung" wurden ... seit 1970 vierzehn anonyme -e eingerichtet (Spiegel 47, 1983, 111); **Urnen|hal|le**, die: *Halle auf einem Friedhof mit in den Fußboden u. in die Wände eingelassenen Urnengräbern;* **Ur|nen|nische**, die: *mit einer Steinplatte o. ä. verschlossene Nische in Friedhofsmauern u. übereinandergeschichteten Blöcken, in die meist mehrere Urnen* (1) *aus einer Familie gestellt werden können.*

¹**Ur|ner**, der; -s, -: Ew. zu ↑ Uri; ²**Ur|ner** ⟨indekl. Adj.⟩: zu ↑ Uri; **Ur|ne|rin**, die; -, -nen: w. Form zu ↑ ¹Urner; **ur|ne|risch** ⟨Adj.⟩.

Ur|nie|re, die; -, -n (Med., Biol.): *Niere in einem embryonalen Entwicklungsstadium.*

Ur|nin|de, die; -, -n [zu Urania, vgl. Uranismus] (selten): *homosexuelle Frau;* **Urning**, der; -s, -e (selten): *Uranist;* **urnisch** ⟨Adj.⟩ (selten): *gleichgeschlechtlich veranlagt.*

Uro|bi|lin, das; -s [zu griech. oũron = Harn u. lat. bilis = Galle] (Med.): *mit dem Harn ausgeschiedener Gallenfarbstoff;* **Uro|bi|li|no|gen**, das; -s [↑-gen] (Med.): *Vorstufe des Urobilins;* **Uro|bi|lino|gen|urie**, die; -, -n [zu griech. oũron = Harn] (Med.): *vermehrte Ausscheidung von Urobilinogen im Harn;* **Uro|bilin|urie**, die; -, -n (Med.): *vermehrte Ausscheidung von Urobilin im Harn.*

Uro|bo|ros, der; - [mgriech. ouroboros = Schwanzfresser, zu griech. ourá = Schwanz u. borós = gefräßig]: **1.** *im Symbol der sich in den Schwanz beißenden u. sich selbst zeugenden Schlange dargestellte Ewigkeit.* **2.** (Psych.) *im Symbol der sich in den Schwanz beißenden u. sich selbst zeugenden Schlange dargestelltes ursprüngliches Enthaltensein des Ich im Unbewußten;* **Uro|bo|ros|in|zest**, der ⟨o. Pl.⟩: *symbolische Form der Selbstaufgabe, der Rückkehr in den Uroboros* (1).

Uro|che|zie, die; -, -n [zu griech. oũron = Harn u. chézein = seine Notdurft verrichten] (Med.): *Ausscheidung des Harns aus dem After (z. B. bei angeborenen Mißbildungen);* **Uro|chrom**, das; -s [zu griech. chrõma, ↑Chrom] (Med.): *gelber Farbstoff des Harns;* **Uro|dy|nie**, die; -, -n [zu griech. odýnē = Schmerz] (Med.): *schmerzhaftes Harnlassen;* **uro|ge|ni|tal** ⟨Adj.⟩ [↑genital] (Med.): *zu den Harn- u. Geschlechtsorganen gehörend, diese betreffend;* **Uro|ge|ni|tal|sy|stem**, das, **Uroge|ni|tal|trakt**, der (Med.): *morphologisch-funktionell miteinander verknüpfte Harn- u. Geschlechtsorgane;* **Uro|graphie**, die; -, -n [↑ -graphie] (Med.): *röntgenographische Untersuchung u. Darstellung der Nieren, Harnleiter, Harnblase u. Harnröhre mit Hilfe von Kontrastmitteln;* **Uro|hä|ma|tin**, das; -s [↑ Hämatin] (Med.): *Farbstoff des Harns.*

U-Rohr, das; -[e]s, -e (Technik): *U-förmiges Rohr.*

Uro|la|lie, die; -, -n [zu griech. oũron = Harn u. laleĩn = viel reden, schwatzen] (bildungsspr.): *Verwendung unflätiger Ausdrücke aus dem Bereich des Harns;* **Uro|lith** [auch: ...'lit], der; -s u. -en, -e[n] [↑ -lith] (Med.): *steinartige Bildung aus Salzen in der Niere, im Nierenbecken, in Harnleiter und -blase;* **Uro|li|thia|sis**, die; -, ...iasen (Med.): *Neigung zur Bildung von Urolithen;* **Uro|lo|ge**, der; -n, -n [↑ -loge]: *Facharzt für Urologie* (1); **Urolo|gie**, die; - [↑ -logie]: **1.** *Teilgebiet der Medizin, das sich mit der Funktion u. den Erkrankungen der Harnorgane befaßt.* **2.** (Med. Jargon) *urologische Abteilung eines Krankenhauses;* **Uro|lo|gi|kum**, das; -s, ...ka (Med.): *Arzneimittel zur Behandlung von Erkrankungen der Nieren u. Harnwege;* **Uro|lo|gin**, die; -, -nen: w. Form zu ↑ Urologe; **uro|lo|gisch** ⟨Adj.⟩: *die Urologie betreffend.*

Ur|oma, die; -, -s (fam.): *Urgroßmutter.*

Uro|me|la|nin, das; -s [zu griech. oũron = Harn u. ↑ Melanin] (Med.): *Urohämatin;* **Uro|me|ter**, das; -s, - [↑ -meter] (1)

(Med.): *Gerät zur Bestimmung des spezifischen Gewichts von Harn.*

Ur|opa, der; -s, -s (fam.): *Urgroßvater.*

Uro|pe|nie, die; -, -n [zu griech. oûron = Harn u. pénēs = arm] (Med.): *verminderte Harnausscheidung;* **Uro|phi|lie,** die; - [zu griech. philía = Liebe] (Fachspr.): *(bei Tieren) Bekundung freundlicher Regungen durch Harnlassen;* **Uro|pho|bie,** die; -, -n [↑ Phobie] (Med.): *krankhafte Angst vor Harndrang zur Unzeit;* **Uro|po|ese,** die; - [zu griech. poieīn = machen, hervorbringen] (Med.): *Bildung von Harn in der Niere;* **Uro|po|le|mie,** die; - [zu griech. polémios = feindlich] (Fachspr.): *(bei Tieren) Bekundung feindlicher Regungen durch Harnlassen;* **Uro|sep|sis,** die; -, ...sen [↑ Sepsis] (Med.): *durch Zersetzung des Harns od. eine Entzündung der Harnwege hervorgerufene Sepsis;* **Uro|sko|pie,** die; -, -n [zu griech. skopeīn = betrachten] (Med.): *Untersuchung des Urins.*

Ur|pas|sat, der; -[e]s (Met.): *Ostwindzone über der tropischen Tiefdruckrinne.*

Ur|pflan|ze, die; -, -n: *(nach Goethe) gedachte, aus Sproßachse, Blatt u. Wurzel bestehende Pflanze als Modell aller Samenpflanzen.*

ur|plötz|lich ⟨Adj.⟩ (verstärkend): *ganz plötzlich:* Eine riesige -e Stichflamme riß Familie Tanner aus allen Urlaubsträumen (Büttner, Alf 32); Trotz aller Vorsicht läßt sich ... nicht ausschließen, daß einem Kraftfahrzeugführer u. einem Kind regelrecht in das Auto läuft (NNN 2. 7. 85, 5).

Ur|pro|dukt, das; -[e]s, -e: *unmittelbar aus der Natur gewonnenes Produkt:* Mit seinen -en, gewöhnlich Mais oder Kartoffeln, hat dieser High-Tech-Zucker nicht mehr viel gemein (natur 7, 1991, 63); **Ur|pro|duk|ti|on,** die; -, -en (Wirtsch.): *Gewinnung von Produkten unmittelbar aus der Natur (durch Land- u. Forstwirtschaft, Fischerei, Jagd, Bergbau).*

Ur|quell, der; -[e]s, -e ⟨Pl. selten⟩ (dichter.): *Quell* (2): der U. alles Lebens; **Ur|quel|le,** die; -, -n: *letzter Ursprung.*

Ur|sa|che, die; -, -n [urspr. = erster, eigentlicher Anlaß zu gerichtlichem Vorgehen; vgl. Sache]: *etw. (Sachverhalt, Vorgang, Geschehen), was eine Erscheinung, eine Handlung od. einen Zustand bewirkt, veranlaßt; eigentlicher Anlaß, Grund:* die unmittelbare, wirkliche U.; innere, äußere -n; die U. des Unfalls/für den Unfall; Die Ärzte sagten immer ..., das Stallklima sei die U. meiner Krankheit (Wimschneider, Herbstmilch 147); die U. ermitteln, feststellen, erkennen; du hast alle U. *(es gibt gute Gründe, du hast wahrhaftig Grund),* dich zu freuen; keine U.! (formelhafte Antwort auf eine Dankesbezeigung; *bitte! gern geschehen!*); der U. nachgehen, auf die Spur kommen; der Wagen ist aus bisher ungeklärter U. von der Straße abgekommen; mein Fragen nach den -n hinter den sichtbaren Dingen (Stern, Mann 56); Das feine Glas in den Schränken zersprang ohne erkennbare U. (Ransmayr, Welt 132); das Gesetz von U. und Wirkung; ⟨R⟩ kleine U., große Wirkung; **Ur|sa|chen|for|schung,** die; 1. *auf die Ursachen bestimmter Phänomene, Geschehnisse gerichtete Forschung* (2): zumal hierzulande die Voraussetzungen für eine epidemiologische U. fehlen (BdW 9, 1987, 87). 2. *das Forschen (a) nach den Ursachen von etw.:* Verbittert saß Berger da und betrieb U. (Kicker 6, 1982, 37); **ur|säch|lich** ⟨Adj.⟩: a) *die Ursache betreffend:* der Vorfall bedarf einer -en Klärung; b) *die Ursache bildend, kausal:* die Dinge stehen in -em Zusammenhang; Entweder waren es die Dübel oder die Schweißarbeiten, die u. (die Ursache) für das Unglück gewesen sind (Saarbr. Zeitung 28. 12. 79, 14); **Ur|säch|lich|keit,** die; -, -en ⟨Pl. selten⟩: *Kausalität.*

Ur|sa|men|zel|le, die; -, -n (Biol.): *Urkeimzelle, die zur reifen Samenzelle wird.*

Ur|schel, die; -, -n [eigtl. Kosef. des w. Vornamens Ursula] (landsch., bes. ostmd.): *törichte [junge] Frau.*

ur|schen ⟨sw. V.; hat⟩ (ostmd.): *(mit etw.) verschwenderisch umgehen; etw. vergeuden.*

Ur|schlamm, der; -[e]s, **Ur|schleim,** der; -[e]s: *gallertige Masse als Grundsubstanz allen Lebens:* * vom Urschleim an *(von den ersten Anfängen an):* man sollte diese dumme Geschichte nicht noch einmal vom Urschleim an aufwärmen.

Ur|schrei|the|ra|pie, die; - ⟨o. Pl.⟩: *(auf den amerikanischen Psychologen A. Janov zurückgehende) Form der Psychotherapie, bei der die Patienten dazu gebracht werden, sich belastende Kindheitserlebnisse wieder bewußt zu machen u. emotional (u. a. durch Schreien) zu verarbeiten.*

Ur|schrift, die; -, -en: *Original eines Schriftwerkes, einer Urkunde o. ä.;* **ur|schrift|lich** ⟨Adj.⟩: *in, als Urschrift:* eine -e Ausfertigung; wir senden Ihnen den Vertrag u. zu.

Ur|schweiz, die; -: *(die Kantone Uri, Schwyz u. Unterwalden umfassendes) Gebiet der ältesten Eidgenossenschaft.*

ur|sen|den ⟨sw. V.; hat; nur im Inf. u. 2. Part. gebr.⟩ (Rundf., Ferns.): *zum erstenmal senden:* Dieses televisionäre Hörstück soll Anfang nächsten Jahres urgesendet werden (Hörzu 43, 1979, 99); **Ur|sen|dung,** die; -, -en (Rundf., Ferns.): *erstmalige Sendung eines Hör-, Fernsehspiels o. ä.:* So wartet ein vor zwei Jahren produziertes Kinderhörspiel immer noch auf seine U. (zitty 13, 1984, 44).

Ur|spra|che, die; -, -n: 1. (Sprachw.) *Grundsprache.* 2. *Originalsprache.*

Ur|sprung, der; -[e]s, Ursprünge [mhd. ursprunc, ahd. ursprung, zu mhd. espringen, ahd. irspringan = entstehen, entspringen u. urspr. = das Hervorspringen (bes. von Wasser), Quelle]: 1. *Beginn; Material, Ort, Zeitraum, von dem etw. ausgegangen ist, seinen Anfang genommen hat:* die U. der Menschheit; Die Buchstabengläubigkeit nannte er im Gegenlicht des Radikalismus (Fest, Im Gegenlicht 375); Drogenhandel in Italien, der seinen U. vor allem in Sizilien habe (NZZ 27. 1. 83, 7); das Gestein ist vulkanischen -s; Rhein und Aare sind Gewässer schweizerischen -s (NZZ 3. 2. 83, 27); Lieder und Tänze aus dem 19. Jahrhundert und älteren -s (Freie Presse 3. 1.

90, 6); Bewaldete Berge erheben sich steil am U. der Angara (Berger, Augenblick 132); etw. auf seinen U. zurückführen. 2. (Math.) *Schnittpunkt der Achsen eines Koordinatensystems;* **ur|sprüng|lich** [auch: -'- -] ⟨Adj.⟩ [mhd. ursprunclich]: 1. *anfänglich, zuerst [vorhanden]:* den -en Plan ändern; aus -er Scheu wuchs bald Vertrauen; Das Denkmal müsse in seinem -en Material erhalten bleiben (NZZ 30. 6. 84, 27); wir wollten u. nicht verreisen, fuhren dann aber doch; nachdem er ihr gestand, daß er u. nicht Komponist, sondern Schriftsteller werden wollte (Bieler, Mädchenkrieg 216). 2. *echt, unverfälscht, natürlich, urwüchsig:* -e Sitten; Diese Gläubigkeit des Vaters aus Naivität war für Josefine die -ste Form des Glaubens (Alexander, Jungfrau 262); einfach und u. leben; **Ur|sprüng|lich|keit** [auch: -'- - -], die; - [mhd. ursprunclicheit]: 1. *ursprüngliche* (1) *Beschaffenheit:* Sie ist wohl das einzige Gotteshaus in Augsburg, das ... in seiner U. erhalten blieb (Augsburger Allgemeine 10./11. 6. 78, 48). 2. *ursprüngliches* (2) *Wesen, Natürlichkeit:* Ich jedenfalls fühle mich unter den Menschen hier mit ihrer U. und Herzlichkeit sehr wohl (G. Vesper, Nördlich 145); **Ur|sprungs|at|test,** das: vgl. Ursprungszeugnis; **Ur|sprungs|ge|biet, Ur|sprungs|land,** das: *Herkunftsland;* **Ur|sprungs|nach|weis,** der: vgl. Ursprungszeugnis; **Ur|sprungs|zeug|nis,** das: *Dokument, in dem der Ursprung einer Ware o. ä. bescheinigt wird.*

urst ⟨Adj.⟩ [wohl scherzh. geb. Sup. von ur-] (regional ugs.): *großartig; äußerst, sehr [schön]:* der Typ, der kommt sich u. stark vor; Wären wir bloß hiergeblieben, ist doch u. gemütlich bei euch (Lemke, Ganz 279).

Ur|stand, der; -[e]s, Urstände: *ursprünglicher Zustand;* **Ur|ständ,** die [mhd. spätahd. urstende = Auferstehung, zu ahd. erstān = aufstehen, sich erheben; auferstehen]: in der Wendung **[fröhliche] U. feiern** (oft von unerwünschten Dingen; *wieder zum Vorschein kommen*).

Ur|stoff, der; -[e]s, -e: a) *Grundstoff, Element;* b) *Materie.*

Ur|strom|tal, das; -[e]s, ...täler (Geol.): *von den Schmelzwassern eiszeitlicher Gletscher gebildetes, sehr großes u. breites Tal (mit sandigen u. kiesigen Ablagerungen).*

Ur|su|li|ne, die; -, -n, **Ur|su|li|ne|rin,** die; -, -nen [nach der hl. Ursula, der Schutzpatronin der Erzieher]: *Angehörige eines katholischen Schwesternordens mit der Verpflichtung zur Erziehung der weiblichen Jugend.*

Ur|teil, das; -s, -e [mhd. urteil, ahd. urteil(i), zu ↑ erteilen u. urspr. = das, was man erteilt, dann: Wahrspruch, den der Richter erteilt]: 1. (Rechtsspr.) *(im Zivilod. Strafprozeß) richterliche Entscheidung, die einen Rechtsstreit in letzter Instanz ganz od. teilweise abschließt:* ein mildes, hartes, gerechtes U.; das U. ergeht morgen, ist [noch nicht] rechtskräftig; das U. lautet auf Freispruch, auf sieben Jahre [Freiheitsstrafe]; ein U. fällen, begründen, anerkennen, bestätigen, vollstrecken, anfechten, aufheben; über jmdn. das U. sprechen; Zwei Tage hocke

Urteilchen

ich auf der Pritsche, dann nehme ich das U. an (Sobota, Minus-Mann 73); Das LG hat durch U. seine einstweilige Verfügung bestätigt (NJW 19, 1984, 1123); es ergeht die Verkündigung des -s; gegen das U. Berufung einlegen. **2.** *prüfende, kritische Beurteilung [durch einen Sachverständigen], abwägende Stellungnahme:* ein fachmännisches, objektives, parteiisches, vorschnelles U.; sein U. über den neuen Roman war vernichtend; Je mehr er zu Papier gebracht hat, desto härter wird sein U. (Reich-Ranicki, Th. Mann 86); sein U. steht bereits fest; das U. eines Fachmannes einholen; ein U. abgeben; sich ein U. [über jmdn., etw.] bilden; ich habe darüber kein U.; Sie müssen sich notgedrungen in jedem Einzelfall auf das U. von Fachleuten verlassen (Gruhl, Planet 252); er ist sehr sicher in seinem U.; sein U. *(seine Meinung)* änderte sich beständig. **3.** (Philos.) *in einen Satz gefaßte Erkenntnis.*
Ur|teil|chen, das; -s - (Physik): ²*Quark.*
ur|tei|len ⟨sw. V.; hat⟩ [mhd. urteilen]: **1. a)** *ein Urteil (2) [über jmdn., etw.] abgeben, seine Meinung äußern:* hart, [un]gerecht, [un]parteiisch, abfällig, vorschnell, fachmännisch u.; wie urteilst du über diesen Film?; Indes erinnert er an jene Essayisten und Kritiker, deren Geschmack und Qualitätssinn sich nur dann bewähren, wenn sie über die Arbeiten anderer urteilen (Reich-Ranicki, Th. Mann 214); **b)** *sich nach etw., aufgrund einer bestimmten Eindruck o. ä. hin ein Urteil bilden:* nach dem ersten Eindruck u.; er hat nur nach dem Erfolg geurteilt; Seine Kollegen sind ..., zumindest nach ihrem Gebaren zu u., Söhne arbeitsloser Fabrikarbeiter (Fels, Kanakenfauna 100). **2.** (Philos.) *einen logischen Schluß ziehen u. formulieren;* **Ur|teils|be|grün|dung,** die: *Teil eines Urteils (1), in dem die Gründe für die Entscheidung im einzelnen dargelegt werden;* **ur|teils|fä|hig** ⟨Adj.⟩: *[durch Wissen, Erfahrung o. ä.] fähig, ein Urteil (2) über jmdn., etw. abzugeben;* **Ur|teils|fä|hig|keit,** die ⟨o. Pl.⟩: *Urteilskraft;* **Ur|teils|fin|dung,** die (Rechtsspr.): *das Zustandekommen eines Urteils (1):* Er habe ja nicht vor, diese Fakten zur U. einzubringen (Drewitz, Eingeschlossen 214); **Ur|teils|kraft,** die ⟨o. Pl.⟩: *Fähigkeit, etw. sachlich zu beurteilen:* zugleich sind viele Briefe Erika Manns imponierende Zeugnisse ihrer ... klaren U. (Reich-Ranicki, Th. Mann 184); **ur|teils|los** ⟨Adj.⟩: *ohne Urteil (2), keine Stellung beziehend;* **Ur|teils|schel|te,** die: *öffentliche Kritik an einem Urteil (1);* **Ur|teils|spruch,** der: *die eigentliche Entscheidung enthaltender Teil eines Urteils (1);* **Ur|teils|ver|kün|dung,** die: *Verkündung des Urteils (1) am Ende eines Prozesses:* Nach etwa drei Stunden führt mich der Gerichtsdiener zur U. in den Saal zurück (Ziegler, Labyrinth 311); **Ur|teils|ver|mö|gen,** das ⟨o. Pl.⟩: *Urteilskraft:* Köhler traute er ... wegen seiner altersbedingten reicheren Erfahrung mehr U. zu (Kühn, Zeit 25); **Ur|teils|voll|streckung¹,** die: *Vollstreckung eines Urteils (1);* **Ur|teils|voll|zug,** der: *Vollzug eines Urteils (1).*
Ur|text, der; -[e]s, -e: **a)** *Urfassung;* **b)** *Wortlaut der Originalsprache bei einem übersetzten Werk.*
Ur|tier, das; -[e]s, -e: **1.** *Urtierchen.* **2.** (oft emotional) *urtümliches, wie urzeitlich wirkendes Tier;* **Ur|tier|chen,** das; -s, - ⟨meist Pl.⟩: *Protozoon.*
Ur|ti|ka, die; -, ...kä [lat. urtica = Brennessel] (Med.): *allergisch bedingtes Ödem der Haut, Quaddel;* **Ur|ti|ka|ria,** die; - (Med.): *Nesselsucht.*
Ur|trieb, der; -[e]s, -e: *naturhafter, angeborener Trieb (1):* Daß Mädchen und Jungen so gern mit Dreck ... spielen, ist ein U. (Augsburger Allgemeine 13./14. 5. 78, VI).
ur|tüm|lich ⟨Adj.⟩ [rückgeb. aus ↑Urtümlichkeit]: **a)** *natürlich, unverfälscht, naturhaft-einfach:* Auf dieser -en Insel finden Sie Ruhe und Erholung (NZZ 9. 12. 82, 8); **b)** *wie aus Urzeiten stammend:* Der Ausverkauf der -en Dickhäuter ... fand in rasender Geschwindigkeit in ganz Afrika statt (natur 9, 1991, 54); **Ur|tüm|lich|keit,** die; -: *das Urtümlichsein.*
Ur|typ, der; -s, -en, **Ur|ty|pus,** der; -, ...pen: *ursprünglicher, urtümlicher Typ (1), Typus (1).*
¹Uru|guay, der; -[s]: Fluß in Südamerika; **²Uru|guay;** -s: Staat in Südamerika; **¹Uru|gua|yer,** der; -s, -: Ew.; **²Uru|gua|yer** ⟨indekl. Adj.⟩; **Uru|gua|ye|rin,** die; -, -nen: w. Form zu ↑¹Uruguayer; **uru|gua|yisch** ⟨Adj.⟩.
Ur|ur|ahn, der: **a)** *sehr früher Vorfahr;* **b)** (veraltet, noch landsch.) *Vater des Urgroßvaters od. der Urgroßmutter;* **¹Ur|ur|ah|ne,** der: Nebenf. von ↑Ururahn; **²Ur|ur|ah|ne,** die: w. Form zu ↑Ururahn; **Ur|ur|en|kel,** der; vgl. Urenkel; **Ur|ur|en|ke|lin,** die: w. Form zu ↑Ururenkel; **Ur|ur|gro|ßel|tern** ⟨Pl.⟩: vgl. Urgroßeltern; **Ur|ur|groß|mut|ter,** die: vgl. Urgroßmutter; **Ur|ur|groß|va|ter,** der: vgl. Urgroßvater.
Ur|va|ter, der; -s, Urväter: *Stammvater, Ahnherr [eines Geschlechts]:* der U. der Menschheit; Ü Der Franzose Philippe Aries, der eigentliche U. der Kindheitsgeschichtsforschung (natur 10, 1991, 34); **Ur|vä|ter|haus|rat,** der [nach Goethe, Faust I, 408] (geh. veraltend, oft leicht abwertend): *von mehreren Generationen her überkommener Hausrat:* Er (= Bodenraum) war mit Gerümpel, U., Koffern und Kisten ... vollgestopft (Erné, Kellerkneipe 30); **ur|vä|ter|lich** ⟨Adj.⟩: *noch aus früheren Zeiten stammend:* ein -es Fahrrad; -e Möbel; **Ur|vä|ter|zeit,** die: *alte Zeit, Vorzeit:* der Sessel stammt noch aus -en.
Ur|ver|trau|en, das; -s (Psych.): *aus der engen Mutter-Kind-Beziehung im Säuglingsalter hervorgegangenes natürliches Vertrauen des Menschen zu seiner Umwelt:* Sexualtherapie ... schließt immer ein Stück Kindheitsanalyse ein, besonders im Hinblick auf die Entwicklung von U. und Körperkontakt (Missildine [Übers.], Kind 375).
ur|ver|wandt ⟨Adj.⟩: *(bes. von Wörtern u. Sprachen) auf den gleichen Stamm, die gleiche Wurzel zurückzuführen;* **Ur|ver|wandt|schaft,** die; -, -en: *das Urverwandtsein.*
Ur|viech, Ur|vieh, das; -[e]s Urviecher (salopp scherzhaft): *urwüchsiger, drolliger, etwas naiver Mensch; Original (3):* Nichts für ungut, Herr Fähnrich, aber sie sind ein Urviech, ein hinterwäldlerisches! (Kühn, Zeit 270).
Ur|vo|gel, der; -s, Urvögel: *(aus Abdrücken in Juraformationen bekannte) taubenbis hühnergroße Urgestalt eines Vogels, die als Zwischenform zwischen Reptilien u. Vögeln gilt; Archäopteryx.*
Ur|volk, das; -[e]s, Urvölker: **a)** *Volk, aus dem andere Völker hervorgegangen sind;* **b)** *Urbevölkerung.*
Ur|wahl, die; -, -en (Politik): *mittelbare, indirekte Wahl, bei der die Wahlberechtigten nur Wahlmänner zu wählen haben, die dann die weitere Wahl (z. B. des Präsidenten der USA usw.) durchführen;* **Ur|wäh|ler,** der; -s, -: *in einer Urwahl abstimmender Wähler;* **Ur|wäh|le|rin,** die; -, -nen: w. Form zu ↑Urwähler.
Ur|wald, der; -[e]s, Urwälder: *(bes. in den Tropen) ursprünglicher, von Menschen nicht kultivierter Wald mit reicher Fauna:* ein undurchdringlicher U.; Ü der Mann hatte einen U. (ugs.; *sehr viel Haare*) auf der Brust; **Ur|wald|ge|biet,** das; vgl. Waldgebiet; **Ur|wald|mu|sik,** die (veraltend abwertend): *wilde, als disharmonisch empfundene Musik:* Als die ersten Rockfilme über die Bildschirme kamen, wurden die Funkhäuser bestürmt: Weg mit der U. (Amendt, Sexbuch 153); **Ur|wald|rie|se,** der: *sehr großer, alter Baum eines Urwalds.*
Ur|welt, die; -, -en: *sagenumwobene, nebelhafte Welt der Vorzeit;* **ur|welt|lich** ⟨Adj.⟩: *die Urwelt betreffend, zu ihr gehörend, aus ihr stammend:* Trotz aller ins Geschichtliche zurückreichenden Vergangenheit ... hat die Landschaft ihren -en Charakter behauptet (Fest, Im Gegenlicht 34).
ur|wüch|sig ⟨Adj.⟩: **a)** *naturhaft; ursprünglich, unverfälscht:* eine -e Landschaft; Die dortigen Waldgebiete sind noch viel -er (natur 4, 1991, 57); **b)** *nicht verbildet, nicht gekünstelt:* eine -e Sprache; Dieser Höfgen ist ein wahrer -er Komödiant (Reich-Ranicki, Th. Mann 196); **Ur|wüch|sig|keit,** die; -: *urwüchsige Art, urwüchsiges Wesen.*
Ur|zeit, die; -, -en: *älteste Zeit [der Erde, der Menschheit]:* * **in, vor, zu -en** *(vor unendlich langer Zeit);* **seit -en** *(seit unendlich langer Zeit [u. bis heute fortdauernd]):* er meinte, daß sich nichts geändert habe seit -en, weil immer noch Dornröschen auf seinen Erwecker wartete (H. Lenz, Tintenfisch 10); **ur|zeit|lich** ⟨Adj.⟩: *aus der Urzeit [stammend]:* die Gehäuse und Tentakel -er Schnecken, Borstenwürmer und Krebse (Ransmayr, Welt 171).
Ur|zel|le, die; -, -n: *erste, durch Urzeugung entstandene Zelle.*
Ur|zeu|gung, die; -, -en: *Entstehung von Lebewesen, lebenden Zellen aus anorganischen od. organischen Substanzen ohne das Vorhandensein von Eltern.*
Ur|zu|stand, der; -[e]s, Urzustände: *ursprünglicher Zustand:* Brachliegende Flächen verändern laufend ihre botanische Zusammensetzung, bis sie den U., den Urwald, erreicht haben (NZZ 23. 10. 86, 31); Mit der Umwandlung ... geht man ... auf den U. des Hauses zurück (Tages Anzeiger 10. 7. 82, 17); **ur|zu-**

ständ|lich ⟨Adj.⟩: *sich im Urzustand befindend.*
u. s. = ut supra.
USA ⟨nur mit Art.; Pl.⟩ [Abk. für engl. United States of America]: Vereinigte Staaten von Amerika.
Usam|ba|ra|veil|chen, das; -s, - [nach dem Gebirgsstock Usambara in Tanganjika]: *(in Ostafrika heimische) Pflanze mit in Rosetten stehenden, rundlichen, behaarten Blättern u. veilchenähnlichen Blüten von violettblauer, rosa od. weißer Farbe.*
US-Ame|ri|ka|ner [u:'ɛs...], der; -s, -: *Amerikaner* (1); **US-Ame|ri|ka|ne|rin**, die; -, -nen: w. Form zu ↑US-Amerikaner; **US-ame|ri|ka|nisch** ⟨Adj.⟩: *amerikanisch* (1).
Usance [y'sã:s], die; -, -n [...sn̩; frz. usance, zu: user = gebrauchen, über das Vlat. zu lat. usum, ↑ Usus] (bildungsspr., Kaufmannsspr.): *Brauch, Gepflogenheit [im geschäftlichen Verkehr]:* -n der Journaille (Spiegel 14, 1975, 135); Das ging gegen alle U. (Bieler, Mädchenkrieg 350); Im Gegensatz zu heutigen -n wurden damals wesentlich mehr Automobile importiert als exportiert (ADAC-Motorwelt 4, 1986, 22); **usance|mä|ßig** ⟨Adj.⟩ (Kaufmannsspr.): *der Usance entsprechend;* **Usan|cen|han|del**, der (Bankw.): *Devisenhandel in fremder Währung;* **Usa̱nz**, die; -, -en (schweiz.): *Usance:* Die Anklage warf dem Arzt vor, entgegen jeder U. seinen Patienten weder am Abend ... noch am folgenden Tag besucht zu haben (NZZ 27. 1. 83, 7).
Us|be|ke, der; -n, -n: Angehöriger eines Turkvolkes in Zentralasien; **Us|be|kin**, die; -, -nen: w. Form zu ↑ Usbeke; **us|be|kisch** ⟨Adj.⟩; **Us|be|ki|stan**, -s: Staat in Mittelasien.
U̱schak, der; -[s], -s [nach der türk. Stadt Uşak]: *dunkelrot- od. dunkelblaugrundiger Teppich mit Medaillons* (2).
Uschan|ka, die; -, -s [russ. ušanka, zu: ucho = Ohr]: *Pelzmütze mit Ohrenklappen.*
Uscheb|ti, das; -s, -[s] [ägypt.]: *kleines mumienförmiges Figürchen aus Holz, Stein, Terrakotta od. Fayence als altägyptische Grabbeigabe, das die Aufgaben des Toten im Jenseits ausführen soll.*
Usch|ki ⟨Pl.⟩ [russ. uški, Pl. von: uško = kleines Ohr, Vkl. von: ucho = Ohr, nach der Form]: *pasteten- od. krapfenähnliche Speise.*
US-Dol|lar [u:'ɛs...], der; -[s], -s ⟨aber: 30 US-Dollar⟩: vgl. Dollar.
User ['ju:zɐ], der; -s, - [engl. user, eigtl. = Konsument, zu: to use = gebrauchen < (a)frz. user, ↑ Usance]: **1.** (Jargon) *Drogenabhängiger:* Die Droge schafft jene Mitmenschlichkeit, die für viele im Alltag verlorengegangen zu sein scheint. Die U. selbst sprechen von einer Stimulierung der Gefühle und Gedanken, einer Intensivierung der Sinnesreize und Sozialkontakte (Zeit 10. 9. 93, 13). **2.** *jmd., der einen Computer benutzt, mit dem Computer arbeitet:* auch wenn der „User" nicht sofort weiß, unter welchem Stichwort er zu suchen hat, ist eine gut strukturierte Datenbank von Vorteil (Welt 18. 7. 91, 17); **Use|rin**, die; -, -nen: w. Form zu ↑ User.

usf. = und so fort.
Usi̱e, die; -, -n [lat. usia < ousía] (Theol.): *Wesen, Sein.*
U̱so, der; -s [ital. uso < lat. usus, ↑ Usus] (Wirtsch.): *[Handels]brauch, Gewohnheit.*
U̱sta|scha, die; - [kroat. ùstăša = Aufrührer]: *bes. in den 30er/40er Jahren des 20. Jh.s aktive kroatische nationalistische Bewegung, die für die staatliche Unabhängigkeit Kroatiens kämpft.*
Ustaw [ʊs'taf], der; -[s], -s [russ. ustav] (veraltet): *Statut, Gesetz, Reglement.*
U-Strab, die; -, -s: kurz für ↑ Unterpflasterstraßenbahn.
usu|ell ⟨Adj.⟩ [frz. usuel < lat. usualis, zu: usus, ↑ Usus]: *gebräuchlich, üblich, häufiger [vorkommend]:* der -e Wortgebrauch;
Usu|ka|pi|on, die; -, -en [lat. usucapio, zu: usus (↑ Usus) u. capere = nehmen]: *(im römischen Recht) Eigentumserwerb durch langen Eigenbesitz;* **Usu̱r**, die; -, -en [lat. usura = (Be)nutzung, zu: usum, ↑ Usus] (bes. Med.): *Abnutzung, Schwund (z. B. von stark beanspruchten Knochen);* **Usur|pa|ti|on**, die; -, -en [lat. usurpatio, zu: usurpare, ↑ usurpieren]: *widerrechtliche Inbesitznahme; gesetzwidrige Machtergreifung;* **Usur|pa̱|tor**, der; -s, ...o̱ren [spätlat. usurpator, zu lat. usurpare, ↑ usurpieren]: *jmd., der widerrechtlich die [Staats]gewalt an sich reißt, bes.* den Thron (1 b) usurpiert; **Usur|pa|to̱|rin**, die; -, -nen: w. Form zu ↑ Usurpator;
usur|pa|to̱|risch ⟨Adj.⟩: **a)** *die Usurpation, den Usurpator betreffend;* **b)** *durch Usurpation;* **usur|pie̱|ren** ⟨sw. V.; hat⟩ [lat. usurpare, zusges. aus: usu rapere = durch Gebrauch rauben (d. h. durch tatsächlichen Gebrauch eine Sache in seinen Besitz bringen)]: *widerrechtlich die Macht, die [Staats]gewalt an sich reißen:* Ich würde den deutschen Fürsten ... bestätigen, was sie in den ... welfisch-staufischen Thronwirren im Gefolge des Todes meines Vaters an Kronprivilegien schon usurpiert hatten (Stern, Mann 175); **Usur|pie̱|rung**, die; -, -en: *das Usurpieren;* **U̱sus**, der; - [urspr. Studentenspr., lat. usus = Gebrauch, Übung, Praxis, zu: usum, 2. Part. von: uti = gebrauchen, benutzen, anwenden]: *Brauch, Gewohnheit, Sitte:* Er sagte, er verstehe meinen Standpunkt, und er teilt ihn, aber das würde den U. durchbrechen (Schwaiger, Wie kommt 145); Lobenswert, weil in dieser Klasse nicht U., ist die serienmäßige Fahrersitz-Höhenverstellung (ADAC-Motorwelt 9, 1983, 29); (ugs.:) das ist hier so U.; **U̱sus|fruk|tus**, der; - [lat. ususfructus, aus: usus (↑ Usus) u. fructus = Nutzung, Nutznießung] (Rechtsspr.): *Nießbrauch.*
usw. = und so weiter.
¹**u̱t** [frz.] (Musik): *erste Silbe der Solmisation (seit 1659 durch do ersetzt);* ²**ut** [yt] (Musik): frz. Bez. für den *Ton c.*
U̱ta, das; -, - [jap.] (Dichtk.): ¹*Tanka.*
Utah ['ju:ta], -s: Bundesstaat der USA.
Uten|sil, das; -s, -ien ⟨meist Pl.⟩ [lat. utensilia, subst. Neutr. Pl. von: utensilis = zu: uti, ↑ Usus]: *etw., was man für einen bestimmten Zweck braucht:* die -ien im Badezimmer; In der Schwarzen Damenlederhandtasche ... befanden sich ... eine braune Geldbörse ... sowie wei-

tere -ien (Saarbr. Zeitung 6. 12. 79, 18); bei diesem Regenwetter ist der Schirm das wichtigste U.; er zog mit all seinen -ien um.
U̱te|ri: Pl. von ↑ Uterus; **ute|rin** ⟨Adj.⟩ (Med.): *zum Uterus gehörend, von ihm ausgehend;* **U̱te|rus**, der; -, ...ri [lat. uterus] (Med.): *Gebärmutter;* **U̱te|rus|kar|zi|nom**, das (Med.): *Karzinom im Innern od. am untersten Teil der Gebärmutter od. am Muttermund;* **U̱te|rus|rup|tur**, die (Med.): *Ruptur* (1) *des Uterus (bei einer Schwangeren).*
U̱t|gard, -s (nord. Myth.): *Reich der Dämonen u. Riesen.*
uti|li|sie̱|ren ⟨sw. V.; hat⟩ [frz. utiliser, zu: utile = nützlich < lat. utilis, ↑ Utilität] (veraltet): *aus etw. Nutzen ziehen;* **Uti|li̱s|mus**, der; - (Philos.): *Utilitarismus;* **uti|li|tär** ⟨Adj.⟩ [frz. utilitaire < engl. utilitarian, zu: utility < (a)frz. utilité < lat. utilitas, ↑ Utilität]: *rein auf den Nutzen ausgerichtet:* -e Ziele; ↑ Utilitarier; **Uti|li|ta|ri|er**, der; -s, -; **Uti|li|ta|ri|e|rin**, die; -, -nen: w. Form zu ↑ Utilitarier; **Uti|li|ta|ris|mus**, der; - [nach engl. utilitarianism] (Philos.): *Lehre, die im Nützlichen die Grundlage des sittlichen Verhaltens sieht u. ideale Werte nur anerkennt, sofern sie dem einzelnen od. der Gemeinschaft nutzen; Nützlichkeitsprinzip:* Andere führen an den U. der Italiener in's Feld, die auch die Natur ausschließlich auf ihren Nutzen hin ansehen (Fest, Im Gegenteil 85); **Uti|li|ta|rist**, der; -en, -en: *Vertreter des Utilitarismus; jmd., der nur auf den praktischen Nutzen bedacht ist;* **Uti|li|ta|ri|stin**, die; -, -nen: w. Form zu ↑ Utilitarist; **uti|li|ta|ri|stisch** ⟨Adj.⟩: *den Utilitarismus betreffend, auf ihm beruhend, zu ihm gehörend:* Alle bisherigen Versuche, Privilegien ... abzuschaffen, waren von taktischen und -en Gesichtspunkten der Parteien geprägt (NZZ 25. 8. 83, 3); **Uti|li|tät**, die; - [lat. utilitas, zu: utilis = nützlich, zu: uti, ↑ Usus]: *Nützlichkeit.*
ut in|fra [lat.] (veraltet): *wie unten;* Abk.: **u. i.**
Uto̱|pia, das; -s ⟨meist o. Art.⟩ [nach dem Titel eines Werkes des engl. Humanisten Th. More (etwa 1478-1535), in dem das Bild eines republikanischen Idealstaates entworfen wird; zu griech. ou = nicht u. tópos = Ort, Stelle, Land, also eigtl. = (das) Nichtland, Nirgendwo]: *nicht wirklich existierendes, sondern nur erdachtes Land, Gebiet, in dem ein gesellschaftlicher Idealzustand herrscht;* **Uto̱|pie**, die; -, -n [unter Einfluß von frz. utopie zu ↑ Utopia]: *als undurchführbar geltender Plan; Idee ohne reale Grundlage:* das ist doch [eine] U.!; die Bergpredigt ist die konkrete U. (schildert zwar nicht real existierenden Zustand, der aber durchaus Wirklichkeit sein könnte, wenn alle entsprechend handelten); Alt, Frieden 116); es ist sinnlos, neue -n zu entwickeln, die auf die Entwicklung nicht die geringsten Einfluß haben (Gruhl, Planet 305); **Uto̱|pi|en**, das; -s ⟨meist o. Art.⟩: *Utopia;* **uto̱|pisch** ⟨Adj.⟩ [wohl nach frz. utopique]: *nur in der Vorstellung, Phantasie möglich; mit der Wirklichkeit nicht vereinbar, [noch] nicht durchführbar; phantastisch:* -e Hoffnungen, Erwartungen; Wenn die -en

Utopismus

Pläne der Aberntung des Planktons realisierbar wären, dann würde man den Fischen die Lebensgrundlage entziehen (Gruhl, Planet 89); -er Roman (Literaturw.; 1. *Roman, der eine idealisierte Form von Staat u. Gesellschaft vorführt.* 2. *Science-fiction-Roman*); Alle Spekulationen ... ein gemeinsames Programm zustande zu bringen, erscheinen u. (Saarbr. Zeitung 28. 12. 79, 3); **Uto|pis|mus**, der; -, ...men: 1. *utopische Vorstellung.* 2. ⟨o. Pl.⟩ *Neigung zu utopischen Vorstellungen, Plänen, Zielen;* **Uto|pist**, der; -en, -en [wohl nach frz. utopiste]: *jmd., der utopische Pläne u. Vorstellungen hat; Phantast;* **Uto|pi|stin**, die; -, -nen: w. Form zu ↑ Utopist.
Utra: Pl. von ↑ Utrum; **Utra|quis|mus**, der; - [zu lat. utraque = auf beiden Seiten]: 1. *Lehre der Utraquisten.* 2. *Bildungskonzept, nach dem gleichermaßen geisteswissenschaftliche u. naturwissenschaftliche Bildung vermittelt werden soll;* **Utra|quist**, der; -en, -en (hist.): *Angehöriger einer gemäßigten Gruppe der Hussiten, die das Abendmahl (3) in beiderlei Gestalt (mit Brot u. Wein) fordern; Kalixtiner;* **utra|qui|stisch** ⟨Adj.⟩: *den Utraquismus, die Utraquisten betreffend.*
Ut|recht ['uːtrɛçt; niederl. 'ytrɛxt]: niederländische Stadt und Provinz; **¹Ut|rech|ter**, der; -s, -: Ew.; **²Ut|rech|ter** ⟨indekl. Adj.⟩; **Ut|rech|te|rin**, die; -, -nen: w. Form zu ↑ ¹Utrechter.
Utrum, das; -s, ...tra [lat. utrum = eines von beiden] (Sprachw.): *gemeinsame Form für das männliche u. weibliche Genus von Substantiven (z. B. im Schwedischen).*

ut su|pra [lat.] (Musik): *wie oben, wie vorher [zu singen, zu spielen];* Abk.: u. s.
Ut|te|rance ['ʌtərəns], die; -, -s [engl. utterance, zu: to utter = sagen, äußern] (Sprachw.): *aktuelle Realisierung eines Satzes in der Rede.*
u. U. = unter Umständen.
u. ü. V. = unter üblichem Vorbehalt.
UV = ultraviolett.
u. v. a. = und viele[s] andere.
Uva|chro|mie, die; - [wohl nach der lat. Bez. (uva = Traube) für den Namen des Erfinders A. Traube u. zu griech. chrõma = Farbe] (Fot. früher): *Kopierverfahren zur Herstellung naturfarbener Papierbilder od. Diapositive.*
Uval|la, die; -, -s [serbokroat.] (Geol.): *große, flache Doline.*
u. v. a. m. = und viele[s] andere mehr.
UvD = Unteroffizier vom Dienst.
UV-Fil|ter [uˈfau...], der; Fachspr. meist: das (Fot.): *Filter zur Dämpfung der ultravioletten Strahlen;* **Uvi|ol|glas**, das ⟨o. Pl.⟩ [Uviol ⓌⓏ; Kunstwort, zu ↑ UV]: *für ultraviolette Strahlen durchlässiges Glas;* **UV-Lam|pe**, die: *Höhensonne* (2 a); **UV-Strah|len** ⟨Pl.⟩ (Physik): *ultraviolette Strahlen;* **UV-Strah|ler**, der: *Gerät, das ultraviolette Strahlen aussendet;* **UV-Strah|lung**, die ⟨o. Pl.⟩ (Physik): *Höhenstrahlung.*
Uvu|la, die; -, ...lae [mlat. uvula, Vkl. von lat. uva = Traube] (Med.): *Zäpfchen* (3); **uvu|lar** ⟨Adj.⟩ (Sprachw.): *(von bestimmten Lauten) mit dem Zäpfchen gebildet:* g ist ein -er Verschlußlaut; **Uvu|lar**, der; -s, -e (Sprachw.): *unter Mitwirkung des Zäpfchens gebildeter Laut.*

u. W. = unseres Wissens.
Ü-Wa|gen, der; -s, -, südd., österr. auch: Ü-Wägen: kurz für ↑ Übertragungswagen.
Uwa|ro|wit [auch: ...'vɪt], der; -s, -e [nach dem russ. Gelehrten u. Politiker S. S. Graf Uwarow (1786–1855)]: *smaragdgrünes, durchsichtiges bis durchscheinendes Mineral.*
uxo|ri|lo|kal ⟨Adj.⟩ [zu lat. uxor (Gen.: uxoris) = Ehefrau u. ↑ lokal] (Völkerk.): *am Wohnsitz der Familie der Frau befindlich.*
u. Z. = unsere[r] Zeitrechnung.
Uz, der; -es, -e ⟨Pl. ungebr.⟩ [urspr. südwestd. Kosef. des m. Vorn. Ulrich, die zur Bez. eines Menschen geworden war, den man verspottet od. verächtlich behandelt] (ugs.): *harmlose Neckerei, Scherz:* wir haben doch nur einen Uz gemacht.
Uz, das; -es, -e [mniederd. ütze, utze = Kröte, Frosch] (landsch., oft scherzh.): *Kind, kleines [freches] Wesen:* Ganz stille müssen die kleinen -e liegen, und nicht rühren dürfen sie sich (Kempowski, Zeit 312).
Uz|bru|der, der (ugs.): *jmd., der gerne seinen Scherz mit anderen treibt, Neckereien macht;* **uzen** ⟨sw. V.; hat⟩ (ugs.): *(jmdn. mit etw.) necken, foppen; seinen Scherz mit jmdm. treiben:* mit diesem Versprecher wurde er noch lange geuzt; **Uze|rei**, die; -, -en (ugs.): *Neckerei;* **Uz|na|me**, der (ugs.): *Spitzname;* **Uz|vo|gel**, der (ugs.): *Uzbruder.*
u. zw. = und zwar.

V

v, V [faʊ; ↑ a, A], das; -, - [mhd., ahd. v]: *zweiundzwanzigster Buchstabe des Alphabets, ein Konsonant:* ein kleines v, ein großes V schreiben.
v = velocitas (Geschwindigkeit a).
V = Vanadin, Vanadium; Volt; Volumen.
V [entstanden aus der „halbierten" Schreibweise des Zahlzeichens X = 10]: *römisches Zahlzeichen für 5*
V, vert. = vertatur.
v. = vom; von; vor; vide; vidi.
V. = Vers.
VA = Voltampere.
v. a. = vor allem.
va banque [vaˈbãːk, auch: vaˈbaŋk; frz.,

eigtl. = (es) geht (= gilt) die Bank, aus: va, 3. Pers. Sg. von: aller = gehen (< lat. vadere) u. banque = Bank (< ital. banca, ↑ ²Bank)] in der Wendung **va b. spielen** (1. Glücksspiel; *in riskanter Weise um das gesamte* ²*Bank 2 spielen.* 2. bildungsspr.; *ein sehr hohes Risiko eingehen; alles auf eine Karte setzen:* Freundlich? Großzügig? Obwohl er bereit war, mit dem Leben eines Menschen va b. zu spielen? [Kemelman (Übers.), Mittwoch 212]); **Val|banque|spiel**, das ⟨o. Pl.⟩ (bildungsspr.): *hohes Risiko, Wagnis [bei dem alles auf eine Karte gesetzt wird], gewagtes, vom Zufall abhängiges Unterfan-

gen:* Wenn ... Kostenexplosionen das Geldinvestieren in der Wirtschaft zum V. machen (Prodöhl, Tod 200).
va|cat [lat., ↑ Vakat] (bildungsspr. veraltet): *[etw. ist] nicht vorhanden, leer; [es] fehlt.*
Vache|le|der ['vaʃ...], das; -s [frz. vache < lat. vacca = Kuh]: *biegsames Leder für leichte Schuhe, Brandsohlen od. Schuhkappen;* **vache|le|dern** ⟨Adj.⟩: *aus Vacheleder [bestehend, hergestellt]:* ein -er Sportschuh; **Val|che|rin** [vaʃəˈrɛ̃ː], der; -, -s [frz. vacherin, zu: vache, ↑ Vacheleder]: 1. *sahniger Weichkäse aus der Schweiz.* 2. *Süßspeise aus einer Baisermasse, Sahne u.

Beeren; **Va|chet|ten** ⟨Pl.⟩ [frz. vachette, Vkl. von: vache, ↑ Vacheleder]: *durch spezielle Gerbungen geschmeidig gemachte Lederarten (bes. für Koffer, Taschen, Sessel o. ä.).*

◆ **va|cie|ren:** ↑ vazieren: *Der polternde Alte sollte einen pensionierten Officier, Laertes einen vacierenden Fechtmeister ... darstellen* (Goethe, Lehrjahre II, 9); *... wollte mein Vater einmal einen vacierenden Bauwerker aufnehmen* (Rosegger, Waldbauernbub 225).

va|cil|lan|do [vatʃɪ...] ⟨Adv.⟩ [ital., zu: vacillare = schwanken, taumeln < lat. vacillare] (Musik): *schwankend.*

Va|de|me|kum, das; -s, -s [lat. vade mecum = geh mit mir!] (bildungsspr.): *Lehrbuch, Leitfaden; Ratgeber (2) in Form eines kleinen Buches:* Dieser Aphorismensammlung kann der Charakter eines -s zuerkannt werden (Bund 9. 8. 80, 4).

Va|di|um, das; -s, ...ien [mlat. vadium, aus dem Germ.]: *(im alten deutschen Recht) Gegenstand (z. B. ein Stab), der beim Abschluß eines Schuldvertrages als Symbol dem Gläubiger übergeben u. gegen Zahlung der Schuld zurückgegeben wird.*

va|dos ⟨Adj.⟩ [lat. vadosus = sehr seicht, zu: vadum = seichte Stelle im Wasser] (Geol.): *(von Grundwasser) von Niederschlägen herrührend.*

Va|duz [faˈduts, auch: vaˈduːts]: *Hauptstadt von Liechtenstein.*

vae vic|tis [...iːs; lat. = wehe den Besiegten!, nach dem angeblichen Ausruf des Gallierkönigs Brennus nach seinem Sieg über die Römer 387 v. Chr.] (bildungsspr.): *Sieg bedeutet: es ist schlecht.*

vag: ↑ vage; **Va|ga|bon|da|ge** [...ˈdaːʒə, österr.: ...aːʒ], die; - [frz. vagabondage, zu: vagabond, ↑ Vagabund] (österr., sonst veraltet): *Landstreicherei, Herumtreiberei:* Stadtneurotiker dritter Klasse ... bei seiner V. durch das halbseidene Hamburg (Spiegel 24, 1987, 180); **Va|ga|bund,** der; -en, -en [unter Einfluß von frz. vagabond zu spätlat. vagabundus = umherschweifend; unstet, zu lat. vagari = umherschweifen, zu: vagus; ↑ vage] (veraltend): *Landstreicher, Herumtreiber:* Nichtseßhafte, das sind Tippelbrüder, Penner, Landstreicher, Wermutbrüder, -en, ... je nachdem, welcher Zufall ihnen den Stempel „nichtseßhaft" verpaßte (Klee, Pennbrüder 38); Ü er ist ein [richtiger] V. *(liebt das unstete Leben, hält es nicht lange an einem Ort aus);* **Va|ga|bun|den|le|ben,** das ⟨o. Pl.⟩: *ungebundenes, unstetes Leben mit häufigem Wechsel des Aufenthaltsortes u. der Lebensumstände;* **Va|ga|bun|den|roman,** der (Literaturw.): *Abenteuerroman, in dem sich der Held aus religiösen, gesellschaftskritischen u. a. Motiven als Landstreicher außerhalb der Gesellschaft stellt;* **Va|ga|bun|dentum,** das; -s (seltener): *Erscheinung der Landstreicherei, Herumtreiberei;* **va|ga|bun|die|ren** ⟨sw. V.⟩ [frz. vagabonder, zu: vagabond, ↑ Vagabund]: **1.** *ohne festen Wohnsitz sein, als Vagabund, Landstreicher leben* ⟨hat⟩: seit Jahren v. **2.** *ohne festes Ziel umherziehen, umherstreifen* ⟨ist⟩: er ist durch viele Länder vagabundiert; er ... ging später in Frankreich zur Schule und vagabundierte in Paris, wo er sich als Gitarrenspieler sein Geld verdiente (NZZ 12. 10. 85, 7); Ü vagabundierender Strom *(Kriechstrom);* **Va|ga|bun|din,** die; -, -nen (veraltend): w. Form zu ↑ Vagabund; **Va|gans,** der; - [zu lat. vagans (↑ Vagant), dessen Stimme kann von Werk zu Werk in eine andere Stimmlage „wandern"] (Musik): *Quintus;* **Va|gant,** der; -en, -en [zu lat. vagans (Gen.: vagantis), 1. Part. von: vagari, ↑ Vagabund]: **1.** *(im MA.) umherziehender Sänger, Musikant, Spielmann, der bes. als Student unterwegs zu einem Studienort, nach einem Studium auf der Suche nach einer Anstellung od. aus Gefallen am ungebundenen Leben auf Wanderschaft ist.* **2.** *(veraltet) Vagabund;* **Va|gan|ten|dich|tung,** die ⟨o. Pl.⟩ (Literaturw.): *von Vaganten verfaßte, meist lateinische weltliche Dichtung des Mittelalters;* **Va|gan|ten|lied,** das (Literaturw.): *Lied der Vagantendichtung, bes. Liebes-, Trink-, Tanzlied;* **Va|gan|tin,** die; -, -nen: w. Form zu ↑ Vagant; **va|ge,** (seltener auch:) **vag** ⟨Adj.; vager; vagste⟩ [unter Einfluß von frz. vague < lat. vagus = unstet, umherschweifend]: *nicht genau, nicht klar umrissen; unbestimmt:* vage Versprechungen, Anhaltspunkte, Vermutungen, Andeutungen; ein vager Verdacht; Und wenn Sie mir vor - vage Berichte, nichts Greifbares (Bastian, Brut 66); seine Vorstellungen von dieser Sache sind sehr v.; das eigene, trotzige Verstehen ..., das immer nur ein vages (Strauß, Niemand 45); etw. nur v. andeuten; Der Mann wies vage zu dem Hang hin (Heym, Schwarzenberg 175); **Vagheit,** die; -, -en: **a)** ⟨o. Pl.⟩ *das Vagesein;* **b)** *(seltener) vage Aussage o. ä.;* **va|gie|ren** ⟨sw. V.; hat⟩ [lat. vagari, ↑ Vagabund] (veraltend): *unstet umherziehen; umherschweifen:* durch die halbe Welt v.; Ü sein Geist vagierte, vagil ⟨Adj.⟩ [zu lat. vagus (↑ vage) geb. nach ↑ sessil] (Zool.): *(von Tieren) frei beweglich; nicht sessil;* **Va|gi|li|tät,** die; - (Zool.): *Lebensweise vagiler Tiere.*

Va|gi|na, die; -, ...nen [lat. vagina] (Med.): *Scheide (2);* **va|gi|nal** ⟨Adj.⟩ (Med.): *die Vagina betreffend, zu ihr gehörend:* -er Orgasmus; **Va|gi|nis|mus,** der; -, ...men (Med.): *Scheidenkrampf;* **Va|gi|ni|tis,** die; -, ...itiden (Med.): *Kolpitis;* **Va|gi|no|skoplie,** die; -, -n [zu griech. skopeīn = betrachten] (Med.): *Kolposkopie.*

Va|go|to|mie, die; -, -n [zu ↑ Vagus u. griech. tomē = Schnitt] (Med.): *operatives Ausschalten [einzelner Äste] des Vagus (bes. zur Eindämmung der Produktion von Magensaft bei [chronischen] Geschwüren im Magen-Darm-Trakt);* **Va|go|to|nie,** die; -, -n [zu ↑ Tonus] (Med.): *erhöhte Erregbarkeit des parasympathischen Systems;* **Va|go|to|ni|ker,** der; -, - (Med.): *jmd., der an Vagotonie neigt, an Vagotonie leidet;* **Va|go|to|ni|ke|rin,** die; -, -nen (Med.): w. Form zu ↑ Vagotoniker; **Va|go|to|ni|kum,** das; -s, ...ka (Med.): *das parasympathische Nervensystem anregendes Mittel;* **va|go|trop** ⟨Adj.⟩ [zu griech. tropē = (Hin)wendung] (Med.): *auf den Vagus wirkend, ihn steuernd;* **Va|gus,** der; - [mlat. Nervus vagus, zu lat. vagus (↑ vage), eigtl. = der umherschweifende Nerv (der Nerv erstreckt sich bis zum Magen-Darm-Trakt)] (Anat.): *Hauptnerv des parasympathischen Systems:* Als widerstandsfähig gegenüber Streß erweisen sich nur die Menschen, bei denen Sympathikus und V. das ursprüngliche Gleichgewicht halten (Spiegel 7, 1976, 57).

va|kant ⟨Adj.⟩ [zu lat. vacans (Gen.: vacantis), 1. Part. von: vacare = frei, unbesetzt sein, zu: vacuus, ↑ Vakuum] (bildungsspr.): *im Augenblick frei, von niemandem besetzt, offen* (4 c): eine -e Stelle; die seit längerer Zeit in Ämtern der Vizepräsidenten (Saarbr. Zeitung 18. 12. 79, 1); In jeder Klinik, in der ein Chefarztposten v. wurde, habe ich mich erkundigt (Heim, Traumschiff 101); der philosophische Lehrstuhl ist v.; **Va|kanz,** die; -, -en [mlat. vacantia = Ruhetage, zu lat. vacans, ↑ vakant]: **1.** (bildungsspr.) **a)** *das Vakantsein;* **b)** *vakante Stelle:* Neu in den Vorstand wählte die Versammlung auf Grund entstandener -en ... (NZZ 1./2. 5. 83, 24). **2.** (landsch. veraltend) *Schulferien:* ◆ Du vazierst, wie ich sehe, wir brauchen eben einen Bedienten, bleib bei uns, da hast du ewige V. (Eichendorff, Taugenichts 38); **Va|kat,** das; -[s], -s [zu lat. vacat = es fehlt, ist frei] (Druckw.): *leere Seite in einem Buch (z. B. die Rückseite des Schmutztitels;* **Va|kat|flä|che,** die (Druckw.): vgl. Vakatseite; **Va|kat|sei|te,** die (Druckw.): *Vakat;* **Va|kua:** Pl. von ↑ Vakuum; **Va|kuo|le,** die; -, -n [zu lat. vacuus, ↑ Vakuum] (Biol.): *kleiner, meist mit Flüssigkeit gefüllter Hohlraum in tierischen u. pflanzlichen Zellen;* **Va|ku|um,** das; -s, ...kuen [lat. vacuum, subst. Neutr. von lat. vacuus = entblößt, frei, leer]: **1.** *(bes. Physik)* **a)** *fast luftleerer Raum; Raum, in dem ein wesentlich geringerer Druck als der normale herrscht:* das Gleißen von Wolframdrähten im V. der Glühbirnen (Ransmayr, Welt 92); **b)** *Zustand des geringen Drucks in einem Vakuum* (1 a). **2.** *(bildungsspr.)* *das Nichtausgefülltsein, Leere:* ein machtpolitisches V.; Er steht einfach außerhalb ... Er lebt in einem absoluten V. steril und unberührbar (Weltwoche 26. 7. 84, 31); **Va|ku|um|ap|pa|rat,** der: *Anlage zur Durchführung physikalischer, chemischer od. technischer Prozesse bei Unterdruck;* **Va|ku|um|brem|se,** die (Technik): *Bremse, die mit der Wirkung von Unterdruck (1) arbeitet;* **Va|ku|um|de|stil|la|ti|on,** die (Technik): *Destillation bei vermindertem Gasdruck;* **Va|ku|um|ex|trak|ti|on,** die (Med.): *Entbindung mit Hilfe eines Vakuumextraktors;* **Va|ku|um|ex|trak|tor,** der; -s, -en [zu lat. extractum, ↑ Extrakt] (Med.): *Saugglocke;* **va|ku|u|mie|ren** ⟨sw. V.; hat⟩ (Fachspr.): *Flüssigkeiten bei vermindertem Luftdruck verdampfen;* **Va|ku|um|ma|trat|ze,** die: *mit kleinen Kunststoffkugeln gefüllter, matratzenförmiger Sack, der im Rettungswesen als Transportmittel bei Wirbelsäulenverletzungen, Beckenbrüchen o. ä. verwendet wird;* **Va|ku|um|me|tal|lur|gie,** die: *Teilgebiet der Metallurgie, auf dem man sich mit der Durchführung metallurgischer Prozesse bei Unterdruck befaßt;* **Va|ku|um|me|ter,** das; -s, - [↑-meter (1)]

Vakuumpumpe

(Technik): *Gerät zur Messung sehr kleiner Gasdrücke;* **Va|ku|um|pum|pe**, die (Technik): *Pumpe zur Erzeugung eines Vakuums;* **Va|ku|um|röh|re**, die: *Elektronenröhre;* **Va|ku|um|schmelz|ofen**, der (Hüttenw.): *unter Vakuum arbeitender Schmelzofen;* **Va|ku|um|stahl**, der (Technik): *mit Hilfe eines Vakuums entgaster u. dadurch gereinigter, veredelter Stahl;* **Va|ku|um|tech|nik**, die: *Verfahren zur Erzeugung, Aufrechterhaltung u. Messung eines Vakuums u. Anwendung des Vakuums für technische Zwecke;* **Va|ku|um|trock|nung**, die (Technik): *in einem Vakuum, bei Unterdruck (1) erfolgende, schnell verlaufende, schonende Trocknung (bes. von Lebensmitteln);* **va|ku|um|verpackt** ⟨Adj.⟩: *mit, in einer Vakuumverpackung:* -e *Erdnüsse;* **Va|ku|um|verpackung**[1], die: *Verpackung, in die Waren bei Unterdruck (1) eingehüllt u. luftdicht eingeschlossen werden.*

Vak|zin, das; -s, -e (seltener): *Vakzine;* **Vak|zi|na|ti|on**, die; -, -en (Med.): *das Impfen (1), [Pocken]schutzimpfung;* **Vak|zi|ne**, die; -, -n [zu lat. vaccinus = von Kühen stammend, zu: vacca = Kuh, da der Impfstoff bes. aus der Lymphe von Kälbern gewonnen wird] (Med.): *Impfstoff aus lebenden od. abgetöteten Krankheitserregern;* **vak|zi|nie|ren** ⟨sw. V.; hat⟩ (Med.): *mit einer Vakzine impfen;* **Vak|zi|nie|rung**, die; -, -en (Med.): *das Vakzinieren, Vakzination.*

Val, das; -s [Kurzwort aus Äqui*val*ent] (Chemie, Physik früher): *Grammäquivalent;* **va|le** [...le; lat., eigtl. = bleib gesund!, zu: valere, ↑ Valenz] (bildungsspr. veraltet): *leb wohl!;* **Va|le|dik|ti|on**, die; -, -en [zu lat. valedicere, ↑ valedizieren] (veraltet): **1.** *das Abschiednehmen.* **2.** *Abschiedsrede;* **va|le|di|zie|ren** ⟨sw. V.; hat⟩ [lat. valedicere, zu: dicere = sagen] (veraltet): *Lebewohl sagen, Abschied nehmen; eine Abschiedsrede halten.*

Va|len|cia: *spanische Hafenstadt.* **Va|len|ci|en|nes|spit|ze** [valã'si̯ɛn...], die; -, -n [nach der frz. Stadt Valenciennes]: *sehr feine, fest geklöppelte Spitze mit einem klaren Muster ohne Relief.* **Va|len|tins|tag**, der [nach dem hl. Valentin]: *als Tag der Liebenden gefeierter Tag (14. Februar), an dem man kleine Geschenke, Kartengrüße o. ä. austauscht.* **Va|lenz**, die; -, -en [spätlat. valentia = Stärke, Kraft, zu lat. valere = stark, gesund sein; Wert, Geltung haben]: **1.** (Sprachw.) *Fähigkeit eines Wortes, mit anderes semantisch-syntaktisch an sich zu binden, bes. Fähigkeit eines Verbs, zur Bildung eines vollständigen Satzes eine bestimmte Zahl von Ergänzungen zu fordern (z. B. ich lehne/die Leiter an die Wand).* **2.** (Chemie) *Wertigkeit (1).* **3.** (Ökologie) *Ausmaß der Wirkung eines Umweltfaktors auf den pflanzlichen od. tierischen Organismus:* ökologische V. **4.** (Psych.) *Aufforderungscharakter;* **Va|lenz|elek|tron**, das ⟨meist Pl.⟩ (Chemie): *Elektron eines Atoms, das die Wertigkeit bestimmt u. für die chemische Bindung verantwortlich ist;* **Va|lenz|theo|rie**, die: *Theorie über die Entstehung von Molekülen u. die Ausbildung chemischer Bindungen;* **Va|lenz|zahl**, die (Chemie): *den Atomen od. Ionen in chemischer Verbindung zuzuordnende Wertigkeit.*

Va|le|ria|na, die; -, ...nen [mlat., wohl nach der röm. Provinz Valeria] (Bot.): *Baldrian (1);* **Va|le|ri|an|säu|re**, die; -, -n (Chemie): *Karbonsäure, die z. B. in der Baldrianwurzel vorkommt;* **Va|le|ri|at**, das; -[e]s, -e (Chemie): *Salz der Valeriansäure.*

[1]**Va|let** [auch: va'le:t], das; -s, -s [älter: Valete, zu lat. valete = lebt wohl!, 2. Pers. Imp. Pl. von: valere, ↑ Valenz] (veraltet, noch scherzh.): *Lebewohl, Abschiedsgruß:* jmdm. ein V. zurufen; * **jmdm., einer Sache V. sagen** (geh.; *jmdm., etw. aufgeben, sich davon lösen):* nachdem Hans Bourdanin dem bürgerlichen Leben V. gesagt und sich dem Zirkusabenteuer ausgeliefert hatte, ... (Fussenegger, Haus 315).
[2]**Va|let** [va'le:], der; -s, -s [frz. valet < afrz. vaslet]: *Bube im französischen Kartenspiel.*
va|le|te [lat.; ↑ vale] (bildungsspr. veraltet): *lebt wohl!*
va|le|tie|ren ⟨sw. V.; hat⟩ [zu ↑[2]Valet] (schweiz.): *aufbügeln.*
Va|leur [va'lø:ɐ̯], der; -s, -s, (auch:) die; -, -s [frz. valeur = Wert < spätlat. valor, zu lat. valere, ↑ Valenz]: **1.** (Bankw. veraltet) *Wertpapier.* **2.** ⟨meist Pl.⟩ (Malerei) *[feine] Abstufung einer Farbe od. mehrerer verwandter Farben, von Licht u. Schatten auf einem Bild:* sie bewunderten die -s der Impressionisten; Ü mit feinstem Gespür für melodische Linien und harmonische -s (Spiegel 41, 1978, 236); **Va|leur|ma|le|rei**, die; -, ⟨o. Pl.⟩ *das Malen in Valeurs (2).* **2.** *in der Technik der Valeurmalerei (1) gemaltes Bild.*
val|gus ⟨Adj.⟩ [lat. valgus = säbelbeinig] (Med.): *nach auswärts gedreht, krumm, X-förmig verbogen (von Gliedmaßen).*
va|lid ⟨Adj.; -er, -este⟩ [lat. validus = kräftig, stark, zu: valere, ↑ Valenz]: **1.** (veraltet) *gültig, rechtskräftig.* **2.** (bildungsspr.) *zuverlässig, wirkungsvoll: Daß Horoskope in Boulevardblättern kaum sonderlich v. sind, muß Niehenke nicht erst untersuchen* (Spiegel 49, 1981, 24); **Va|li|da|ti|on**, die; -, -en [wohl nach frz. validation]: **1.** (veraltet) *Gültigkeitserklärung.* **2.** (bildungsspr.) *Validierung;* **va|li|die|ren** ⟨sw. V.; hat⟩ [wohl nach frz. valider]: **1.** (veraltet) *gültig, rechtskräftig machen:* Dagegen wird der zweite Großrat ... durch Hubert Imhof ... ersetzt werden, dessen Wahl aber noch vom Großen Rat validiert werden muß (NZZ 9. 12. 82, 24). **2.** (bildungsspr., Fachspr.) *die Wichtigkeit, die Zuverlässigkeit, den Wert von etw. feststellen, bestimmen: Die sportwissenschaftliche Forschung wäre schon ein gutes Stück weiter, wenn relevante Erkenntnisse im sportlichen Umfeld überprüft und allenfalls validiert werden könnten* (NZZ 25. 12. 83, 28); **Va|li|die|rung**, die; -, -en (bildungsspr., Fachspr.): *das Validieren (2): die Mitarbeit bei der V. einer Testbatterie* (Saarbr. Zeitung 1. 12. 79, 53); **Va|li|di|tät**, die; - [frz. validité < spätlat. validitas = Stärke, zu lat. validus, ↑ valid]: **1.** (veraltet) *[Rechts]gültigkeit.* **2.** (bildungsspr., bes. Wissensch.) *Zuverlässigkeit;* **val|lie|ren** ⟨sw. V.; hat⟩

[lat. valere, ↑ Valenz] (veraltet): *wert sein, gültig sein;* **Va|lin**, das; -s [Kunstwort]: *in fast allen Proteinen vorkommende wichtige Aminosäure.*
val|le|ri, val|le|ra [fa..., auch: va...] ⟨Interj.⟩: *Fröhlichkeit ausdrückender Ausruf (bes. in Liedern).*
Val|let|ta: *Hauptstadt von Malta.*
Va|lor, der; -s, ...oren [spätlat. valor, ↑ Valeur] (Wirtsch.): **a)** (veraltet) *Wert, Gehalt;* **b)** ⟨Pl.⟩: *Wertsachen, Schmucksachen; Wertpapiere;* **Va|lo|ren|ver|si|che|rung**, die (Wirtsch., Versicherungsw.): *Transportversicherung für Valoren (b);* **Va|lo|ri|sa|ti|on**, die; -, -en (Wirtsch.): *staatliche Maßnahme zur Anhebung des Preises einer Ware zugunsten des Erzeugers;* **va|lo|ri|sie|ren** ⟨sw. V.; hat⟩ (Wirtsch.): *Preise durch staatliche Maßnahmen zugunsten der Erzeuger anheben;* **Va|lo|ri|sie|rung**, die; -, -en (Wirtsch.): *das Valorisieren; Valorisation.*
Val|po|li|cel|la [...'tʃɛla], der; -[s] [ital. valpolicella, nach der gleichnamigen ital. Landschaft]: *trockener bis leicht lieblicher italienischer Rotwein aus Venetien.*
Va|lu|ta, die; -, ...ten [ital. valuta, zu: valuto, 2. Part. von: valere = gelten, wert sein < lat. valere, ↑ Valenz] (Wirtsch., Bankw.): **1. a)** *ausländische Währung: Durch diese große Diskrepanz verlieren wir Effektivität in Mark und V.* (NNN 11, 1982, 5); **b)** *Geld, Zahlungsmittel ausländischer Währung: die ausländischen Gäste brachten V. mit.* **2.** *Wertstellung.* **3.** ⟨Pl.⟩ *Coupons (2) von Valutapapieren;* **Va|lu|ta|an|lei|he**, die (Wirtsch.) *von einem deutschen Aussteller ausgegebene, aber auf ausländische Währung lautende Schuldverschreibung;* **Va|lu|ta|ge|schäft**, das (Wirtsch.): *Umtausch von inländischem Geld in ausländisches (u. umgekehrt) zur Erzielung eines Gewinns;* **Va|lu|ta|klau|sel**, die (Wirtsch.): *Klausel, durch die eine Schuld nach dem Kurs einer bestimmten ausländischen Währung festgelegt ist;* **Va|lu|ta|kre|dit**, der (Wirtsch.): *Kredit in einer ausländischen Währung;* **Va|lu|ta-Mark**, die ⟨o. Pl.⟩: *Rechnungseinheit in der ehemaligen DDR;* **Va|lu|ta|pa|pier**, das (Wirtsch.): *ausländisches auf fremde Währung lautendes Wertpapier;* **Va|lu|ten**: Pl. von ↑ Valuta; **va|lu|tie|ren** ⟨sw. V.; hat⟩ (Wirtsch.): **1. a)** *eine Wertstellung festsetzen;* **b)** *(einen durch eine Hypothek od. Grundschuld gesicherten Betrag) tatsächlich zur Verfügung stellen und dadurch (aus der Sicht des Schuldners) tatsächlich schulden.* **2.** (selten) *dem Wert nach bestimmen, bewerten, abschätzen;* **Va|lu|tie|rung**, die; -, -en (Wirtsch.): *das Valutieren;* **Val|va|ti|on**, die; -, -en [relativisiert aus frz. évaluation, ↑ Evaluation] (Wirtsch.): *Schätzung, Festlegung des Wertes einer Sache, bes. des Kurswertes fremder Münzen;* **val|vie|ren** ⟨sw. V.; hat⟩ [relativisiert aus frz. évaluer, ↑ Evaluation] (veraltet): *valutieren (2), bewerten, abschätzen.*
Vamp [vɛmp], der; -s, -s [engl. vamp, gek. aus: vampire = Vampir < serbokroat. vampir]: *verführerische, erotisch anziehende, oft kühl berechnende Frau (bes. als Typ des amerikanischen Films):* der Typ des männermordenden -s; Ira amüsierte

sich, im Privatleben den V. zu spielen (Kinski, Erdbeermund 353); **Vam|pir** [auch: -'-], der; -s, -e [serbokroat. vampir]: **1.** *(nach dem Volksglauben) Verstorbener, der nachts als unverwester, lebender Leichnam dem Sarg entsteigt, um Lebenden, bes. jungen Mädchen, Blut auszusaugen, indem er ihnen seine langen Eckzähne in den Hals schlägt:* er spielt in diesem Film einen V.; Ü Danach erst zeigte es sich, daß die Spinne ein V. war: In aller Ruhe begann sie der Fliege das Blut ... auszusaugen (Bastian, Brut 156). **2.** *Blutsauger* (3), *Wucherer.* **3.** *(in den amerikanischen [Sub]tropen lebende) Fledermaus, die sich vom Blut von Tieren ernährt, indem sie ihnen mit ihren scharfen Zähnen die Haut aufritzt u.* das ausfließende Blut aufleckt; **Vam|pi|rin**, die; -, -nen: w. Form zu ↑ Vampir; **Vam|pi|ris|mus**, der; -: **1.** (seltener): *Glaube an Vampire* (1). **2.** (Psych.) *Form des Sadismus.*
Va|na|din, das; -s: *Vanadium;* **Va|na|di|nit** [auch: ...'nit], der; -s: *Vanadium enthaltendes Erz;* **Va|na|di|um**, das; -s [zu altnord. Vanadis, einem Namen der germ. Göttin der Schönheit, Freyja; wohl nach dem schönen, farbenprächtigen Aussehen mancher Vanadiumverbindungen]: *stahlgraues Metall (chemischer Grundstoff);* Zeichen: V; **Va|na|di|um|oxid** (chem. Fachspr.), **Va|na|di|um|oxyd**, das (Chemie): *Verbindung des Vanadiums mit Sauerstoff;* **Va|na|di|um|stahl**, der: *Stahl, dessen besondere Härte, Beständigkeit durch geringfügigen Zusatz von Vanadium erreicht wird.*
Van-AI|len-Gür|tel [væn'|æln...], der; -s [nach dem amerik. Physiker J. A. Van Allen, geb. 1914] (Physik): *einer der beiden die Erde umgebenden Strahlungsgürtel.*
Van-Car|rier [væn'kærɪə], der; -s, - [aus engl. van = Lieferwagen, geschlossener Wagen u. carrier = Träger]: *Gerät, das Container innerhalb des Hafens befördert.*
Van|cou|ver [væn'ku:vɐ]: *Stadt in Kanada.*
Van|dalle usw.: ↑ Wandale usw.
va|nil|le [va'nɪljə, auch: va'nɪlə] ⟨indekl. Adj.⟩: *hellgelb, blaßgelb;* **Va|nil|le**, die; - [über frz. vanille < span. vainilla, eigtl. = kleine Scheide; kleine Schote, Vkl. von: vaina = Hülse, Schale; Scheide < lat. vagina, ↑ Vagina]: **1.** *(in den Tropen heimische, zu den Orchideen gehörende) wie eine Liane rankende Pflanze mit in Trauben stehenden, oft gelblichweißen, duftenden Blüten u. langen, schotenähnlichen Früchten.* **2.** *aus den Früchten der Vanille* (1) *gewonnenes, aromatisch duftendes Gewürz, das für Süßspeisen verwendet wird;* **Va|nil|le|aro|ma**, das; vgl. Vanillegeschmack; **Va|nil|le|creme**, die; vgl. Vanilleeis; **Va|nil|le|eis**, das: *Speiseeis mit Vanillegeschmack;* **Va|nil|le|ge|ruch**, der; vgl. Vanillegeschmack; **Va|nil|le|ge|schmack**, der: *aromatischer, von Vanille* (2) *od. Vanillin stammender Geschmack;* **Va|nil|le|kipferl**, das (österr.): *süßes, mit Vanillezucker bestreutes Nuß- od. Mandelgebäck in Form eines kleinen Hörnchens;* **Va|nil|le|pud|ding**, der; vgl. Vanilleeis; **Va|nil|le|sau|ce**, die: *Vanillesoße;* **Va|nil|le|scho|te**, die: **1.** *schotenähnliche Frucht der Vanille* (1). **2.** *Vanillestange;* **Va|nil|le|so|ße**, die; vgl. Vanilleeis; **Va|nil|le|stan|ge**, die: *durch Trocknung u. Fermentation eingeschrumpfte, schwarzbraune, stangenförmige Frucht der Vanille* (1), *die bes. als Gewürz für Süßspeisen verwendet wird;* **Va|nil|le|zucker**[1], der: *zum Herstellen bestimmter Backwaren u. Süßspeisen verwendeter, mit Vanille* (2) *gewürzter od. mit Vanillin durchsetzter Zucker;* **Va|nil|lin**, das; -s: *bes. in den Früchten bestimmter Arten der Vanille* (1) *vorkommender od. künstlich hergestellter Stoff mit angenehmem Geruch, der bes. als Geruchs- u. Geschmacksstoff verwendet wird;* **Va|nil|lin|zucker**[1], der: vgl. Vanillezucker; **Va|nil|lons** [vani'jõ] ⟨Pl.⟩ [frz. vanillon, zu: vanille, ↑ Vanille]: *Früchte verschiedener Vanillearten, die bes. bei der Herstellung von Parfüm verwendet werden.*
Va|ni|tas, die; - [lat. vanitas = Leere, leerer Schein; eitles Vorgeben, nichtiges Treiben, zu: vanus = leer, eitel, nichtig]: *Vergänglichkeit alles Irdischen als Thema der abendländischen Dichtung u. der bildenden Kunst;* **va|ni|tas va|ni|ta|tum** [lat. = „Eitelkeit der Eitelkeiten"] (bildungsspr.): *alles ist eitel.*
Va|nua|tu [vænu'ɑ:tu:]; -s: *Inselstaat im Pazifik.*
Va|peurs [va'pø:ɐs] ⟨Pl.⟩ [frz. vapeurs, Pl. von: vapeur = Dampf, Dunst < lat. vapor = Dunst, Dampf] (bildungsspr. veraltet): **1.** *Blähungen.* **2.** *Launen, üble Laune;* **Val|po|ret|to**, das; -s, -s u. ...tti [ital. vaporetto, Vkl. von: vapore = Dampf; Dampfschiff < lat. vapor, ↑ Vapeurs]: ital. Bez. für *Dampfboot;* **Va|po|ri|me|ter**, das; -s, - [zu lat. vapor (↑ Vapeurs) u. ↑-meter (2)] (veraltend): *Gerät zur Bestimmung des Alkoholgehalts in Flüssigkeiten, bes. in Wein u. Bier;* **Va|po|ri|sal|ti|on**, die; -, -en: **1.** (veraltend) *das Vaporisieren.* **2.** (Med. früher) *Behandlung mit Wasserdampf zur Blutstillung (bes. im Bereich der Gebärmutter);* **va|po|ri|sie|ren** ⟨sw. V.; hat⟩ (veraltend): **1.** *mit Hilfe eines Vaporimeters den Alkoholgehalt in einer Flüssigkeit bestimmen.* **2.** *verdampfen;* **Va|po|ri|sie|rung**, die; -, -en (veraltend): *das Vaporisieren.*
Va|que|ro [va'ke:ro, span.: ba'kero], der; -[s], -s [span. vaquero, zu: vaca < lat. vacca = Kuh]: *(im Südwesten der USA u. in Mexiko) Cowboy.*
var. = *Varietät (bei naturwissenschaftlichen Namen).*
VAR = *Vereinigte Arabische Republik.*
Var, das; -s - [Kurzwort aus frz. volt-ampère-réactif] (Elektrot.): *Einheit der elektrischen Blindleistung;* Zeichen: var
Va|ra|min, Veramin, der; -[s] [nach dem iran. Ort Veramin]: *Teppich mit einem auf großen u. kleinen Blumen gemustertem Fond* (2b).
Va|ria ⟨Pl.⟩ [lat. varia, Neutr. Pl. von: varius = verschiedenartig, bunt]: *Verschiedenes, Vermischtes, Allerlei, bes. antike o. ä. Gegenstände unterschiedlicher Art;* **va|ria|bel** ⟨Adj.; ...bler, -ste⟩ [frz. variable < spätlat. variabilis, zu: variare, ↑ variieren]: *nicht auf nur eine Möglichkeit beschränkt; veränderbar, [ab]wandelbar:* ein variables Kostüm; eine variable Trennwand; variable *(nicht feststehende, nicht gleichbleibende)* Preise; die Begebenheit einer Anleihe mit variabler (Wirtsch.; *von Marktschwankungen abhängiger)* Verzinsung (Wochenpresse 43, 1983, 28); eine variable (Math.; *veränderliche)* Größe; die Spielweise der Mannschaft ist sehr v.; v. denken, reagieren; Die Arbeitszeit ist wie in der EDV üblich v. (Frankfurter Rundschau 1. 3. 85, A 51); **Va|ria|bi|li|tät**, die; - [frz. variabilité, zu: variable, ↑ variabel] (geh.): *das Variabelsein:* Der Fertigbau habe nur Sinn mit einem Angebot von Elementen, die größte V. zulassen (Salzburger Nachr. 30. 3. 84, VI); **Va|ria|ble**, die; -n, -n, (Fachspr. o. Adv. meist:) -⟨Dekl. als subst. Adj. ↑ Abgeordnete⟩: **1.** (Math., Physik) *veränderliche Größe:* die V. einer Gleichung. **2.** (Logik) *[Symbol für ein] beliebiges Element aus einer vorgegebenen Menge:* Ü Das Leben von Millionen Menschen als strategische V. einzusetzen ist indiskutabel (Wiener 10, 1983, 4); **va|ri|ant** [frz. variant, adj. 1. Part. von: varier, ↑ variieren] (bildungsspr.): *bei bestimmten Vorgängen, unter bestimmten Bedingungen veränderlich:* -e Begriffe, Merkmale; **Va|ri|an|te**, die; -, -n [frz. variante, subst. Fem. von: variant, ↑ variant]: **1.** (bildungsspr.) *leicht veränderte Art, Form von etw.; Abwandlung, Abart, Spielart:* eine französische V. des Kochrezepts; verschiedene -n eines Modells; regionale -n in der Sprache; Diese Träume laufen derart schnell ab, daß sie sich auch von selbst zurückspulen und -n erzeugen (Gregor-Dellin, Traumbuch 42); die Hoffnung, die man ... hegte und in vielen -n besprach (Ransmayr, Welt 134). **2.** (Literatur:) *abweichende Lesart* (1) *einer Textstelle bei mehreren Fassungen eines Textes.* **3.** (Musik) *Wechsel von Moll nach Dur (u. umgekehrt) durch Veränderung der großen Terz in eine kleine (u. umgekehrt) im Tonikadreiklang;* **va|ri|an|ten|reich** ⟨Adj.⟩ (bes. Sport): *durch vielerlei Varianten* (1) *gekennzeichnet:* das Team ... zeigte dabei ein schnelles und -es Spiel (Saarbr. Zeitung 19. 12. 79, 22); **Va|ri|anz**, die; - (Math.): *(in der Statistik u. Wahrscheinlichkeitsrechnung) Maß für die Größe der Abweichung vom einem Mittelwert;* **va|ria|tio de|lec|tat** [lat., zu: variatio (↑ Variation) u. delectare = Genuß gewähren, vergnügen] (bildungsspr.): *Abwechslung macht Freude;* **Va|ria|ti|on**, die; -, -en [unter Einfluß von frz. variation < lat. variatio = Veränderung, zu: variare, ↑ variieren]: **1. a)** *das Variieren; Veränderung, Abwandlung:* dieses Prinzip der Baukunst hat einige -en erfahren; **b)** *das Variierte, Abgewandelte:* Die aktuellen -en zum Thema Folklore sind bestickte Blusen (Freizeitmagazin 12, 1978, 31); Hüte, Jacken, Hemden in vielen, modischen -en. **2.** (Musik) *melodische, harmonische od. rhythmische Abwandlung eines Themas:* -en über ein Thema; -en zu einem Volkslied. **3.** (Biol.) *bei Individuen einer Art auftretende Abweichung von der Norm in Erscheinungsbild.* **4.** (Math.) *(in der Kombinatorik) geordnete Auswahl, Anordnung von Elementen unter Beachtung der Reihenfolge;* **Va|ria|ti|ons|brei|te**, die; -: *Gesamtheit von Variationsmöglichkeiten:* Sie beschäftigt sich hauptsächlich mit der V. des sexuellen Verhal-

tens der Männer (Wolff [Übers.], Bisexualität 50); **va|ria|ti|ons|fä|hig** ⟨Adj.⟩: *von der Art, daß man es variieren (b) kann:* ein -es Thema; **Va|ria|ti|ons|mög|lich|keit,** die: *Möglichkeit zu variieren, variiert zu werden:* 100 Standardmodelle mit ca. 1 500 -en (Augsburger Allgemeine 29./30. 4. 78, XXXVIII); **Va|ria|ti|ons|rech|nung,** die: *mathematisches Verfahren zur Berechnung einer Funktion durch Bestimmung der Extremwerte eines von dieser Funktion abhängigen Integrals;* **va|ria|ti|ons|reich** ⟨Adj.⟩: *reich an Variationen, Variationsmöglichkeiten:* ihr Auskommen ohne -e Ernährung (natur 6, 1991, 82); **va|ria|tiv** ⟨Adj.⟩ (bildungsspr.): *Variation[en] aufweisend;* **Va|ria|tor,** der; -s, ...oren (Technik, Physik): *Variometer* (3); **Va|rie|tät,** die; -, -en [lat. varietas = Vielfalt, zu: varius, ↑ Varia]: **1.** (Biol.) *Abart* (a), *Spielart:* die verschiedenen -en einer Pflanzenart; Abk.: var. **2.** (Sprachw.) *sprachliche Variante:* wenn man sich nur mit Teilen des Systems beschäftigt, mit sog. Subsystemen oder sog. -en dialektaler, sozialer Art (Heringer, Holzfeuer 295); **Va|rie|té,** (schweiz.:) **Va|rié|té** [varie̯'te:], das; -s, -s [gek. aus Varietétheater, nach frz. théâtre des variétés, aus: théâtre (↑ Theater) u. variété = Abwechslung, bunte Vielfalt < lat. varietas, ↑ Varietät]: **1.** *Theater mit bunt wechselndem, unterhaltendem Programm, artistischen, akrobatischen, tänzerischen, musikalischen o.ä. Darbietungen:* Die Kalman hatte Freikarten für alle Bühnen, auch für das V. in Karlin (Bieler, Mädchenkrieg 55); er möchte gern zum V. *(als Artist o.ä. in einem Varieté auftreten).* **2.** *Vorstellung, Aufführung in einem Varieté* (1): das V. ist erst gegen Mitternacht zu Ende; **Va|rie|té|kunst,** die: *artistische Darstellungskunst, wie sie in Varieté, Zirkus o.ä. dargeboten wird;* **Va|rie|té|künst|ler,** der: *im Varieté* (1) *auftretender Künstler;* **Va|rie|té|künst|le|rin,** die: w. Form zu ↑ Varietékünstler; **Va|rie|té|thea|ter,** (schweiz.:) **Va|rié|té|thea|ter,** das: *Varieté* (1); **va|ri|ie|ren** (sw. V.; hat) [wohl unter Einfluß von frz. varier < lat. variare = mannigfaltig machen; verändern; wechseln; verschieden sein, zu: varius, ↑ Varia]: **a)** *in verschiedenen Abstufungen voneinander abweichen, unterschiedlich sein:* die Beiträge variieren je nach Einkommen; ... landschaftliche Vielfalt der Waadt ..., die sich vom Jura über das Mittelland bis in die Alpen hinein ausdehnt; Entsprechend variieren Klima und Vegetation (NZZ 30. 8. 86, 27); **b)** *leicht abwandeln, teilweise anders machen:* ein Thema v.; Die Maschinen können den Produktionsprozesse immer leichter v. (natur 3, 1991, 27); in dieser Komposition hat er ein Volkslied variiert (Musik; *in Variationen 2 verarbeitet*).

va|ri|kös ⟨Adj.⟩ [zu ↑ Varix] (Med.): *die Bildung von Varizen betreffend, mit der Bildung von Varizen einhergehend;* **Va|ri|ko|se,** die; -, -n (Med.): *in der Bildung von Varizen bestehendes Leiden;* **Va|ri|ko|si|tät,** die; -, -en (Med.): *Bildung, Anhäufung von Varizen;* **Va|ri|ko|ze|le,** die; -, -n [zu griech. kēlē = Geschwulst, Bruch] (Med.): *krankhafte Erweiterung, Verlän-* gerung u. varizenähnliche Schlängelung der Venen des Samenstrangs.

Va|ri|nas [auch: va'ri:nas], der; - , (Sorten:) - [nach der venezolanischen Stadt Barinas]: *südamerikanischer Tabak.*

Va|rio|graph, der; -en, -en [zu lat. varius (↑ Varia) u. ↑ -graph]: *Gerät zur Aufzeichnung der Werte eines Variometers* (1, 2); **Va|rio|la,** die; -, ...lä u. ...olen, Variole, die; -, -n ⟨meist Pl.⟩ [zu lat. varia (↑ Varia) in der Bed. „buntgefleckt"] (Med.): *Pocken;* **Va|rio|la|ti|on,** die; -, -en (Med. früher): *Pockenschutzimpfung;* **Va|rio|le:** ↑ Variola; **Va|rio|lith** [auch: ...'lɪt], der; -s u. -en, -e[n] [zu lat. varius (↑ Varia) u. ↑ -lith): *basaltähnliches Ergußgestein;* **Va|rio|me|ter,** das; -s, - [zu lat. varius (↑ Varia) u. ↑ -meter (1)] (Technik, Physik): **1.** (bes. Flugw.) *Gerät zur Messung kleiner Änderungen des Luftdrucks, das in spezieller Form bei Flugzeugen dazu dient, die Geschwindigkeit der Änderung der Flughöhe zu messen u. anzuzeigen.* **2.** *Magnetometer zur laufenden Messung der Veränderungen des erdmagnetischen Feldes.* **3.** *Meßgerät für Selbstinduktionen;* **Va|rio|ob|jek|tiv,** das; -s, -e (Fot.): *Zoomobjektiv.*

va|ris|kisch, va|ri|stisch, variszisch ⟨Adj.⟩ [nach dem Namen der Varisker im Vogtland] (Geol.): *in Südwest-Nordost-Richtung verlaufend, sich erstreckend (von Gebirgen).*

Va|ri|stor, der; -s, ...oren [engl. varistor, zusges. aus lat. varius (↑ Varia) u. engl. resistor = elektr. Widerstand] (Technik, Physik): *zur Stabilisierung der Spannung verwendeter elektrischer Widerstand, dessen Leitwert mit steigender Spannung wächst.*

va|ris|zisch: ↑ variskisch; **Va|ris|zit** [auch: ...'tsɪt], der; -s, -e [nach Varisca, dem nlat. Namen für das Vogtland]: *grünes, auch bläulichgrünes bis farbloses, meist feinkörnige Massen bildendes Mineral.*

Va|ri|ty|per ['veritaɪpə], der; -s, - [engl. Varityper, VariTyper ⓌⒺ, zu: various < lat. varius (↑ Varia) u. to type = maschineschreiben]: *auf dem Prinzip der Schreibmaschine aufgebaute Setzmaschine;* **Va|rix,** die; -, Varizen, **Va|ri|ze,** die; -, -n [lat. varix (Gen.: varicis), zu: varius (↑ Varia), nach dem bunten Aussehen] (Med.): *Krampfader;* **Va|ri|zel|le,** die; -, -n ⟨meist Pl.⟩ [fälschliche nlat. Vkl. von ↑ Variola] (Med.): *Windpocke;* **Va|ri|zel|len|vi|rus,** das, außerhalb der Fachspr. auch: der: *Virus, das sowohl Erreger der Windpocken als auch der Gürtelrose ist;* **Va|ri|zen,** Pl. von ↑ Varix; **Va|ri|zen|ver|ödung,** die (Med.): *Verödung von Varizen durch Injektion geeigneter Präparate.*

Var|me|ter, das; -s, - [zu ↑ Var u. ↑ -meter (1)] (Elektrot.): *Gerät zur Messung der elektrischen Blindleistung.*

Var|so|vi|enne [varzo'vi̯ɛn], die; -, -n [...nən; frz. varsovienne, zu Varsovie, dem frz. Namen der poln. Stadt Warschau, eigtl. = Warschauerin]: *polnischer Tanz im mäßig schnellen ^{3}/$_4$-Takt.*

va|rus ⟨Adj.⟩ [lat. varus = auseinanderbogen; krummbeinig] (Med.): *krumm, O-förmig gebogen (von Gliedmaßen od. Fingern u. Zehen).*

Vas, das; -, -a [lat. vas, ↑ Vase] (Anat.): *röh-* renförmiges, Körpersaft führendes Gefäß (z. B. Blutgefäß); **va|sal** ⟨Adj.⟩ [zu ↑ Vas] (Med., Biol.): *die [Blut]gefäße betreffend.* **Va|sall,** der; -en, -en [mhd. vassal < afrz. vassal < mlat. vas(s)alus, aus dem Kelt.] (hist.): *(im MA.) [mit einem Lehen bedachter] Freier in der Gefolgschaft* (2a) *eines Herrn, in dessen Schutz er sich begeben hat;* **Gefolgsmann:** die -en des Königs; Ü Vehement wehrte sich Castro gegen das Klischee, er sei nichts als ein V. der Sowjetunion (Spiegel 43, 1984, 43); **Va|sal|len|dienst,** der (hist.): vgl. Lehnsdienst; **Va|sal|len|eid,** der (hist.): vgl. Lehnseid; **Va|sal|len|pflicht,** die (hist.): vgl. Lehnspflicht; **Va|sal|len|staat,** der (abwertend): *Satellitenstaat;* **Va|sal|len|tum,** das; -s (hist.): *Gesamtheit aller Dinge, die mit dem Verhältnis zwischen dem Vasallen u. seinem Herrn zusammenhängen;* **va|sal|lisch** ⟨Adj.⟩ (hist.): *den Vasallen, das Vasallentum betreffend;* **Va|sal|li|tät,** die; - (hist.): *Verhältnis eines Vasallen zum Lehnsherrn.*

Va|sal|teil, der; -s, -e [zu lat. vas, ↑ Vase] (Bot.): *Xylem;* **Väs|chen,** das; -s, -: Vkl. zu ↑ Vase; **Va|se,** die; -, -n [frz. vase < lat. vas = Gefäß, Geschirr]: **1.** *(aus Glas, Porzellan o.ä.) oft kunstvoll gearbeitetes offenes Gefäß, in das bes. Schnittblumen gestellt werden;* **Blumenvase:** eine hohe, bauchige, schlanke, große, kleine, alte, chinesische V.; eine V. mit Rosen stand auf dem Tisch; den Strauß in eine V. stellen; die Blumen in der kitschigen V. standen dürr und farblos in einem Rest Wasser (H. Gerlach, Demission 159). **2.** *(in der Antike) verschiedenen Zwecken dienendes, oft mit Malereien versehenes Gefäß [aus Ton]:* altgriechische -n; **Vas|ek|to|mie,** die; -, -n [aus ↑ Vas u. ↑ Ektomie] (Med.): *Vasoresektion.*

Va|se|lin, das; -s, (häufiger:) **Va|se|li|ne,** die; - [Kunstwort aus dt. Wasser u. griech. élaion = Öl]: *(bei der Erdölverarbeitung gewonnene) Masse, die in der pharmazeutischen u. kosmetischen Industrie als Grundlage für Salben, in der Technik als Schmiermittel o.ä. verwendet wird.*

va|sen|för|mig ⟨Adj.⟩: *die Form einer [bauchigen] Vase aufweisend:* eine -e Urne; **Va|sen|ma|le|rei,** die: *Malerei auf antiken Vasen:* die attische V.; **Va|sen|or|na|men|tik,** die: *vgl. Vasenmalerei;* **vas|ku|lar, vas|ku|lär** ⟨Adj.⟩ [zu lat. vasculum, Vkl. von: vas, ↑ Vase] (Med., Biol.): *die [Blut]gefäße betreffend;* **Vas|ku|la|ri|sa|ti|on,** die; -, -en (Med.): *Neubildung von [Blut]gefäßen;* **vas|ku|lös** ⟨Adj.⟩ (Med.): *reich an [Blut]gefäßen;* **Väs|lein,** das; -s, -: Vkl. zu ↑ Vase; **Va|so|di|la|tans,** das; -, ...antia ...anzien [zu ↑ vaso- u. lat. dilatans (Gen.: dilatantis), 1. Part. von: dilatare = breiter machen, ausdehnen] (Med.): *Arzneimittel, das eine Gefäßerweiterung bewirkt;* **Va|so|di|la|ta|ti|on,** die; -, -en (Med.): *Gefäßerweiterung;* **Va|so|di|la|ta|tor,** der; -s, ...oren (Med.): *gefäßerweiternder Nerv;* **Va|so|gra|phie,** die; -, -n [↑ -graphie] (Med.): *röntgenographische Darstellung von Blutgefäßen mit Hilfe eines injizierten Kontrastmittels;* **Va|so|kon|strik|ti|on,** die; -, -en (Med.): *Gefäßverengung;* **Va|so|kon|strik|ti|vum,**

das; -s, ...va (Med.): *Arzneimittel, das eine Gefäßverengung bewirkt;* **Va|so|kon|strik|tor,** der; -s, ...oren (Med.): *gefäßverengender Nerv;* **Va|so|li|ga|tur,** die; -, -en (Med.): *Ligatur (3) von Blutgefäßen;* **Va|so|mo|ti|on,** die; -, -en (Med.): *Dehnung u. Zusammenziehung der Haargefäße;* **Va|so|mo|to|ren** ⟨Pl.⟩ (Med.): *Nerven, die die Weite der Gefäße regulieren;* **va|so|mo|to|risch** ⟨Adj.⟩ (Med.): **a)** *die Vasomotoren betreffend;* **b)** *von den Vasomotoren gesteuert;* **Va|so|neu|ro|se,** die; -, -n (Med.): *vasomotorische Übererregbarkeit;* **Va|so|ple|gie,** die; -, -n [zu griech. plēgē = Schlag] (Med.): *Lähmung der Gefäßnerven;* **Va|so|pres|sin,** das; -s [zu lat. pressum, 2. Part. von: premere = drücken, pressen] (Med.): *Hormon mit blutdrucksteigernder Wirkung;* **Va|so|re|sek|ti|on,** die; -, -en (Med.): **1.** *operative Entfernung eines Stücks des Samenleiters (zur Sterilisation des Mannes).* **2.** *operative Entfernung des Teils eines Blutgefäßes;* **Va|so|to|mie,** die; -, -n [zu griech. tomē = Schnitt] (Med.): **1.** *operative Durchtrennung des Samenleiters.* **2.** *operative Durchtrennung eines Blutgefäßes.*
vast ⟨Adj.⟩ [wohl über frz. vaste < lat. vastus] (veraltet): *weit, ausgedehnt; unermeßlich; öde;* **Va|sta|ti|on,** die; -, -en [lat. vastatio, zu: vastare = wüst machen, veröden, zu: vastus, ↑vast] (veraltet): *Verwüstung.*
Vat, der; -[s], -s [sanskr.]: *buddhistisches Kloster.*
Va|ter, der; -s, Väter [mhd. vater, ahd. fater, viell. urspr. Lallwort der Kinderspr.]: **1. a)** *Mann, der ein od. mehrere Kinder gezeugt hat; der leibliche, eigene V.;* in guter, besorgter, treusorgender, liebevoller, strenger V.; V. und Mutter; der V. und seine Kinder; er ist V. von drei Kindern, eines unehelichen Kindes; er ist V. geworden *(ein von ihm gezeugtes Kind ist geboren worden);* ein werdender V. (scherzh.; *Mann, der ein Kind gezeugt hat, das noch nicht geboren ist);* er ist ganz der V. *(ist, sieht seinem Vater sehr ähnlich);* er war immer wie ein V. zu mir *(war mir ein väterlicher Freund);* Der Willi war jetzt bereits zweifacher unehelicher V. (Sommer, Und keiner 12); Sind Väter die besseren Mütter? Mal ja, mal nein (Spiegel 13, 1980, 8); der Tod Ihres Herrn -s; sie feiern den Geburtstag des, ihres -s/(landsch. ugs.:) -s Geburtstag; sie kommen immer wieder zurück, um sich bei -n (landsch. ugs.; *zu Hause beim Vater)* auszusprechen; (ugs.; *diese Eigenschaft hat er von seinem Vater geerbt);* R [alles] aus, dein treuer V.! (scherzh.; *nun ist Schluß!, es besteht jetzt keine weitere Möglichkeit, Gelegenheit mehr!);* Ü er ist der [geistige] V. (Schöpfer, Urheber) dieser Idee; die Väter des Grundgesetzes; Auch die Reform des Scheidungsrechts hat sich nicht ganz so entwickelt, wie es sich ihre Väter ursprünglich vorgestellt hatten (Zeit 6.6. 75, 2); * V. Staat (scherzh.; *der Staat, bes. im Zusammenhang mit Finanzen, Steuern o. ä.):* V. Staat hilft beim Altbaukauf (MM 7. 8. 85, 11); **V. Rhein** (dichter., emotional, oft scherzh.; *der Fluß Rhein in der Personifizierung eines Vaters);* **Heili-**

ger V. (kath. Kirche; Ehrentitel u. Anrede des Papstes); **kesser V.** (salopp, oft abwertend; *maskulin wirkende homosexuelle Frau):* Ich gestand Julia auch, daß ich bisexuell bin und daß Carmens Anziehung darin besteht, daß sie im Grunde ein herrschsüchtiger „kesser V." ist – dominierend und doch attraktiv, unsentimental und sehr intelligent (Wolff [Übers.], Bisexualität 236); **ach, du dicker V.!** (ugs.; ↑ Ei 2 b); **b)** *Mann, der in der Rolle eines Vaters (1 a) ein od. mehrere Kinder versorgt, erzieht:* die Kinder haben wieder einen V.; es meinte es neu mit V.; **c)** *Mann, der als Beschützer, Helfer, Sorgender für andere da ist, eintritt:* der V. der Armen, der Hilflosen; **d)** (ugs., oft fam. scherzh. od. abwertend) *alter, älterer Mann:* na, V., wie geht es denn? **2.** *männliches Tier, das einen od. mehrere Nachkommen gezeugt hat:* die Jungen werden in gleicher Weise vom V. wie von der Mutter gefüttert. **3.** (kath. Kirche) **a)** (seltener) *Pater;* **b)** *Ehrentitel u. Anrede eines höheren katholischen Geistlichen.* **4.** ⟨o. Pl.⟩ (Rel.) *Gott, bes. im Hinblick auf seine Allmacht, Weisheit, Güte, Barmherzigkeit u. auf die Gotteskindschaft der Menschen:* der V. im Himmel; Gott V. **5.** ⟨Pl.⟩ (geh. veraltet) *Vorfahren, Ahnen:* das Land seiner Väter; * **sich zu den Vätern versammeln/zu seinen Vätern versammelt werden** (geh. veraltet, noch scherzh.; *sterben;* nach der Vorstellung, daß der Verstorbene im Jenseits seine Vorfahren [= Väter] wiederfindet). **6.** (Technik) *positive Form zum Pressen von Schallplatten;* vgl. Mutterbild; **Va|ter|bin|dung,** die (Psych., Soziol.): vgl. Mutterbindung; **Vä|ter|buch,** das: *(Ende des 13. Jh.s entstandene) Sammlung von Legenden über das Leben der ersten christlichen Mönche u. Einsiedler;* **Vä|ter|chen,** das; -s, -: **1.** Vkl. zu ↑ Vater (1 a). **2.** (seltener) *alter Mann:* er half dem [alten, zittrigen] V. über die Straße; * **V. Frost** (scherzh.; *große Kälte, Frost in der Personifizierung eines alten Mannes;* LÜ von russ. Ded Moroz); **Va|ter|fi|gur,** die: *männliche Person, die für jmdn. ein väterliches Vorbild, eine Persönlichkeit darstellt, die er bewundert, [wie einen Vater] achtet:* Der politisch angesehene und geschäftlich so überaus erfolgreiche Stonehouse war für die 8000 Einwohner Walsalls eine Art V. (Prodöhl, Tod 281); **Va|ter|freu|den** ⟨Pl.⟩: in der Wendung **V. entgegensehen** (meist scherzh.; *bald Vater 1 a werden);* **Vä|ter|ge|ne|ra|ti|on,** die: *Generation, Altersgruppe von Menschen im Hinblick auf ihr folgende Generation; Generation, der die Väter, die Eltern angehören:* zu ekelig sei diese von der V. besudelte ... Welt (Brandstatter, Altenehrung 148); **Va|ter|haus,** das: *Elternhaus* (a); **Va|ter|herr|schaft,** die: *Patriarchat* (2); **Va|ter|herz,** das (geh.): vgl. Mutterherz; **Va|ter|kom|plex,** der (Psych.): vgl. Mutterkomplex (1); **Va|ter|land,** das ⟨Pl. ...länder⟩ [mhd. vaterlant, geh., oft emotional]: *Land, aus dem jmd. stammt, zu dessen Volk, Nation jmd. gehört, dem sich jmd. zugehörig*

fühlt; Land als Heimat eines Volkes: ein einiges, geteiltes, geeinigtes V.; das deutsche V.; das V. der Franzosen; Der Begriff „Vaterland" stößt vor allem bei der Jugend in der Bundesrepublik immer mehr auf Ablehnung (MM 27. 3. 81, 5); Nordafrikaner ... aus Algerien, Tunesien und Marokko, von der Not aus ihren Vaterländern vertrieben (Spiegel 22, 1985, 138); **va|ter|län|disch** ⟨Adj.⟩ (geh., oft emotional, auch abwertend): *das Vaterland betreffend; das Vaterland liebend, ehrend; patriotisch:* -e Lieder, Parolen; -e Belange; So werden also ... wie jedes Jahr Höhenfeuer, Feuerwerk und Festreden, Umzüge, Sport, Musik, Tanz und Kirchenglocken das -e Herz erfreuen (Luzerner Tagblatt 1. 7. 84, 28); v. gesinnt sein; **Va|ter|lands|lie|be,** die, (geh., oft emotional): *Liebe, Gefühl der Zugehörigkeit zum eigenen Vaterland; Patriotismus;* **va|ter|lands|lie|bend** ⟨Adj.⟩ (geh., oft emotional): *sein Vaterland liebend;* **va|ter|lands|los** ⟨Adj.⟩ (geh. abwertend): *sein Vaterland nicht achtend, ehrend, es verratend:* eine -e Gesinnung; **Va|ter|lands|ver|rä|ter,** der (geh. abwertend): *jmd., der sein Vaterland verrät;* **Va|ter|lands|ver|rä|te|rin,** die (geh. abwertend): w. Form zu ↑ Vaterlandsverräter; **Va|ter|lands|ver|tei|di|ger,** der (geh. veraltend, oft emotional): *Soldat;* **vä|ter|lich** ⟨Adj.⟩ [mhd. veterlich, ahd. faterlīh]: **1.** *dem Vater (1 a) gehörend, vom Vater kommend, stammend:* -e Ermahnungen; die Erbfolge folgt der -en Linie; Mit 31 wird er das -e Geschäft übernehmen (Chotjewitz, Friede 76); daß der bekannte Professor ... seinem Sohn seit langem die -e Gunst entzogen hatte (Prodöhl, Tod 172). **2.** *(wie ein Vater) fürsorglich u. voller Zuneigung:* ein -er Freund; ein -er Rat; jmdn. v. beraten, ermahnen; Er sprach weiter, menschlich, irgendwie v. (Bastian, Brut 115); **vä|ter|li|cher|seits** ⟨Adv.⟩: *(in bezug auf Verwandtschaftsbeziehungen) vom Vater her:* meine Großeltern v.; v. stammt seine Familie aus Frankreich; **Vä|ter|lich|keit,** die; -: *väterliche (2) Art;* **Vä|ter|lie|be,** die: *Liebe eines Vaters zu seinem Kind:* mit seiner war es nicht weit her; **va|ter|los** ⟨Adj.⟩: *keinen Vater [mehr] habend, ohne Vater:* -e Kinder; eine -e Familie; v. aufwachsen; **Va|ter|lo|sig|keit,** die: *das Vaterlossein;* **Va|ter|mord,** der: *Mord am eigenen Vater;* **Va|ter|mör|der,** der [2: wohl volksetym. Umdeutung der älteren Bez. frz. parasite (= „Mitesser", an den langen, nach oben gerichteten Ecken blieben leicht Speisereste hängen) zu: parricide = Vatermörder (1)]: **1.** *jmd., der einen Vatermord begangen hat.* **2.** (scherzh.) *(früher getragener) hoher, steifer Kragen an Herrenhemden mit aufwärts bis an die Wangen ragenden Spitzen;* **Va|ter|mör|de|rin,** die: w. Form zu ↑ Vatermörder (1); **Va|ter|na|me,** (auch:) *Vatersname,* der: **1.** *Patronymikon.* **2.** (veraltet) *Familienname;* Vater *(meist Pl.):* vgl. Mutterpflicht; **Va|ter|recht,** das (Völkerk.): *rechtliche Ordnung, bei der Abstammung u. Erbfolge der väterlichen Linie folgen;* **va|ter|recht|lich** ⟨Adj.⟩: *das Vaterrecht betreffend, darauf beruhend;*

Va|ters|bru|der, der (veraltet): *Onkel väterlicherseits;* **Va|ter|schaft,** die; -, -en: *das Vatersein (bes. als rechtlicher Tatbestand):* die V. leugnen, anerkennen, nachweisen; die gerichtliche Feststellung der V.; **Va|ter|schafts|an|er|kenntnis,** das, **Va|ter|schafts|an|er|ken|nung,** die (Rechtsspr.): *Anerkennung der Vaterschaft;* **Va|ter|schafts|be|stim|mung,** die: *Feststellung der tatsächlichen Vaterschaft;* **Va|ter|schafts|gut|ach|ten,** das: *Gutachten, in dem die Vaterschaft festgestellt wird;* **Va|ter|schafts|kla|ge,** die (Rechtsspr.): *Klage auf Feststellung der Vaterschaft;* **Va|ter|schafts|nach|weis,** der: vgl. Vaterschaftsbestimmung; **Va|ter|schafts|pro|zeß,** der: vgl. Vaterschaftsklage; **Va|ter|schafts|un|ter|suchung,** die: *der Vaterschaftsbestimmung dienende Untersuchung;* **Va|ters|na|me:** ↑Vatername; **Va|ters|schwe|ster,** die (veraltet): *Tante väterlicherseits;* **Va|terstadt,** die (geh.): *Stadt, aus der jmd. stammt, in der jmd. geboren, aufgewachsen ist:* die Wiederbegegnung des erwachsenen Tonio mit seiner V. (Reich-Ranicki, Th. Mann 99); **Va|ter|stel|le,** die: in der Wendung **bei, an jmdm. V. vertreten** *(wie ein Vater für jmdn. sorgen);* **Va|ter|stolz,** der: *Stolz des Vaters auf sein Kind:* mit berechtigtem V.; **Va|ter|tag,** der [volkst. geb. zu ↑Muttertag] (scherzh.): *Tag (gewöhnlich der Himmelfahrtstag), der von vielen Männern, bes. Familienvätern, dazu genutzt wird, ohne Frauen u. Kinder [mit reichlich Alkohol] zu feiern, Ausflüge zu machen o. ä.;* **Va|tertier,** das (Landw.): *männliches Zuchttier;* **Va|ter|un|ser** [auch: - -ˈ- -], das; -s, - [mhd. vater noster, ↑¹Paternoster]: *in verschiedene Bitten gegliedertes Gebet aller christlichen Konfessionen;* ¹Paternoster: ein, das V. beten; R dem/der kann man ein V. durch die Backen blasen (scherzh.; *er/sie hat ganz eingefallene Wangen);* **Va|ti,** der; -s, -s (fam.): *Vater* (1 a).
Va|ti|kan, der; -s [nach der Lage auf dem mons Vaticanus, einem Hügel in Rom]: **1.** *Residenz des Papstes in Rom.* **2.** *oberste Behörde der römisch-katholischen Kirche;* **va|ti|ka|nisch** ⟨Adj.⟩: *den Vatikan betreffend, dazu gehörend;* **Va|ti|kan|stadt,** die; -: *Stadtstaat im Nordwesten von Rom, in dem der Vatikan* (1) *liegt;* **Va|ti|ka|num,** das; -s: *erstes (1869/70) u. zweites (1962-1965) in der Peterskirche zu Rom abgehaltenes allgemeines Konzil der katholischen Kirche.*
Va|ti|zi|ni|um, das; -s, ...ien [lat. vaticinium, zu: vaticinius = weissagend, zu: vates = Prophet, Weissager] (veraltet): *Weissagung.*
Vau|de|ville [voːdəˈviːl, frz.: vodˈvil], das; -s, -s [frz. vaudeville, angeblich entstellt aus: Vau-de-Vire = Tal in der Normandie, das aus Liedern bekannt war]: **1.** *(um 1700) populäre Liedeinlage in französischen Singspielen.* **2.** *(im frühen 18. Jh.) burleskes od. satirisches, Aktualitäten behandelndes französisches Singspiel.* **3.** *abschließender Rundgesang, zunächst in der französischen Opéra comique, später auch in der Oper u. im deutschen Singspiel.* **4.** *(in den USA) szenische Darbietung kabarettistischen Charakters mit Chansons, Tanz, Akrobatik u. ä.*
Vau|ri|en [voˈrjɛ̃], der; -, -s [frz. vaurien, eigtl. = Taugenichts] (Segeln): *von zwei Personen zu segelndes Boot mit Schwert* (2) *für den Rennsegelsport.*
V-Aus|schnitt [ˈfaʊ...], der; -[e]s, -e: *V-förmiger Ausschnitt eines Pullovers, Kleides o. ä.*
♦ **Vaux|hall** [ˈvɔksˈhɔːl], der; -s, -s [nach Vauxhall Gardens, einem Vergnügungspark in London, in dem häufig abendliche Feste mit Beleuchtung u. Tanz stattfanden]: *abendliches Gartenfest mit Beleuchtung u. Tanz:* Serenissimus schicken mich, Mylady zu fragen, ob diesen Abend V. sein werde oder teutsche Komödie? (Schiller, Kabale IV, 9).
va|zie|ren ⟨sw. V.; ist⟩ [lat. vacare, ↑vakant]: **1.** (veraltet) *[dienst]frei sein; unbesetzt sein; leer stehen:* ♦ Du vazierst (bist ohne Anstellung, machst Ferien), wie ich sehe, wir brauchen eben einen Bedienten, bleib bei uns, da hast du ewige Vakanz (Eichendorff, Taugenichts 38). **2.** (österr.) *als Händler, Handwerker o. ä. herumziehen* ⟨meist im 1. Part.⟩: die meisten der zwischen Café Herrenhof und Café Central vazierenden Literaten und Journalisten legendärer Zeiten (Wochenpresse 48, 1983, 6).
v. Chr. = *vor Christo, vor Christus;*
v. Chr. G. = *vor Christi Geburt.*
vd. = *verschieden[e].*
v. d. = *vor der* (bei Ortsnamen, z. B. Bad Homburg v. d. H. [vor der Höhe]).
VDE = *Verband Deutscher Elektrotechniker.*
VDI = *Verein Deutscher Ingenieure.*
VdK = *Verband der Kriegs- u. Wehrdienstopfer, Behinderten u. Sozialrentner.*
VDM = *Verbi Divini Minister/Ministra* (schweiz.; *ordinierte[r] reformierte[r] Theologe/Theologin).*
VDO = *Verdingungsordnung.*
VDS = *Verband Deutscher Studentenschaften,* (jetzt:) *Vereinigte Deutsche Studentenschaften.*
vdt. = *vidit.*
v. d. Z. = *vor der Zeitrechnung.*
VEB = *volkseigener Betrieb* (in der ehem. DDR).
Ve|da: ↑Weda.
Ve|det|te, die; -, -n [frz. vedette < ital. vedetta = vorgeschobener Posten, Späher, zu: vedere < lat. videre = sehen; eigtl. = Künstler, der an erster Stelle im Darstellerverzeichnis steht]: **1.** (selten) *berühmter Schauspieler;* ²Star (1 a). **2.** (Milit. früher) *vorgeschobener Posten* (1 b) *von Reitern; Feldwache.*
ve|disch: ↑wedisch.
Ve|du|te, die; -n [ital. veduta, zu: vedere, ↑Vedette] (bild. Kunst): *naturgetreue Darstellung einer Landschaft, einer Stadt, eines Platzes o. ä. in Malerei u. Graphik;* **Ve|du|ten|ma|ler,** der: *Maler, der vorzugsweise Veduten malt;* **Ve|du|ten|ma|le|rei,** die: *das Malen von Veduten;* **Ve|du|ten|ma|le|rin,** die: w. Form zu ↑Vedutenmaler.
Ve|ga, die; -, -s [span. vega = Aue, fruchtbare Ebene, aus dem Kastilischen]: **1.** (Geol.) *auf sandig-lehmigen bis lehmigen Flußablagerungen entstandener brauner Boden.* **2.** *mit Hilfe von Bewässerungssystemen intensiv genutztes, dichtbesiedeltes Kulturland in einer Flußaue in Spanien.*
ve|gan ⟨Adj.⟩ [engl. vegan, zu: vegetable, ↑Vegetarier]: *den Veganismus betreffend, zu ihm gehörend, ihm folgend;* **Ve|ga|ner,** der; -s, -: *strenger Vegetarier, der auf tierische Produkte in jeder Form verzichtet:* Menschen, die die vegetarische Kostform kennenlernen wollen, oder solche, die einfach mal Lust auf vollwertige Ernährung haben, sollten in der „Karotte" Wurzeln schlagen. Verköstigt werden aber auch die strengen V., die tierische Produkte wie Eier und Milch ablehnen (natur 6, 1987, 93); **Ve|ga|ne|rin,** die; -, -nen: w. Form zu ↑Veganer; **Ve|ga|nis|mus,** der; -: *strenger Vegetarismus, der auf tierische Produkte in jeder Form verzichtet;* **ve|ge|ta|bil** ⟨Adj.⟩ (Fachspr.): *vegetabilisch:* Links eine „grüne Tonne" für -en Müll (MM 10. 6. 87, 17); **Ve|ge|ta|bi|li|en** ⟨Pl.⟩ [mlat. vegetabilia (Pl.) = Pflanzen(reich), zu lat. vegetabilis = belebend, zu lat. vegetare, ↑vegetieren]: *pflanzliche Nahrungsmittel;* **ve|ge|ta|bi|lisch** ⟨Adj.⟩ (Fachspr.): *pflanzlich:* -e Fette; **Ve|ge|ta|ria|ner,** der; -s, - (seltener): *Vegetarier;* **Ve|ge|ta|ria|ne|rin,** die; -, -nen (seltener): w. Form zu ↑Vegetarianer; **Ve|ge|ta|ria|nis|mus,** der; - [wohl nach engl. vegetarianism] (seltener): *Vegetarismus;* **Ve|ge|ta|ri|er,** der; -s, - [älter: Vegetarianer < engl. vegetarian, zu: vegetable = pflanzlich < lat. vegetabilis, ↑Vegetabilien]: *jmd., der sich [vorwiegend] von pflanzlicher Kost ernährt:* Wenn jemand zu mir freundlich ist, geniere ich mich wie ein Fleischesser unter -n (M. Walser, Pferd 36); **Ve|ge|ta|rie|rin,** die; -, -nen: w. Form zu ↑Vegetarier; **ve|ge|ta|risch** ⟨Adj.⟩: *(in bezug auf die Ernährungsweise) pflanzlich, Pflanzen...; dem Vegetarismus entsprechend, auf ihm beruhend:* -e Kost; er lebt, ernährt sich v.; In Indien ist es normal, v. zu essen (Fichte, Wolli 490); **Ve|ge|ta|ris|mus,** der; -: *Ernährungslehre, die den Genuß ausschließlich od. überwiegend pflanzlicher Kost anstrebt;* **Ve|ge|ta|ti|on,** die; -, (Fachspr.:) -en [mlat. vegetatio = Wachstum < lat. vegetatio = Belebung, ↑vegetieren]: **a)** *ein bestimmtes Gebiet bedeckende Pflanzen; Pflanzendecke, Pflanzenbestand:* die V. der Tropen; Das ist nicht Griechenland, eine ganz andere V. (Frisch, Montauk 8); **b)** *Wachstum von Pflanzen, Pflanzenwuchs:* eine üppige V.; Hungrige Rinder fraßen die letzte V., was die Wanderdünen erst richtig auf Trab brachte (natur 2, 1991, 26); **Ve|ge|ta|ti|ons|decke¹,** die: *Pflanzendecke:* Skipistenplanierungen, welche in Hochlagen zu Dauerschäden an der V. führen (NZZ 27. 1. 83, 25); **Ve|ge|ta|ti|ons|flä|che,** die: *Grünfläche* (b); **Ve|ge|ta|ti|ons|for|ma|ti|on,** die (Bot.): *Formation* (5); **Ve|ge|ta|ti|ons|ge|biet,** das: *Vegetationszone;* **Ve|ge|ta|ti|ons|geo|gra|phie,** die: *Teilgebiet der Biogeographie, auf dem man sich mit der räumlichen Verbreitung der Pflanzen auf der Erde befaßt;* **Ve|ge|ta|ti|ons|ge|schich|te,** die: *Wissenschaft, die in Ver-*

bindung mit der Paläobotanik, Paläobiologie u. Bodenkunde die Entstehung der Pflanzendecke der Erde erforscht; **Ve|ge|ta|ti|ons|gren|ze**, die: *Grenze, bis zu der es Vegetation gibt, Vegetation möglich ist;* **Ve|ge|ta|ti|ons|gür|tel**, der: *Vegetationszone;* **Ve|ge|ta|ti|ons|kar|te**, die: *pflanzengeographische Karte, auf der die Pflanzendecke der Erde od. einer Region dargestellt ist;* **Ve|ge|ta|ti|ons|ke|gel**, der (Bot.): *Vegetationspunkt;* **Ve|ge|ta|ti|ons|kult**, der (Rel.): *(bes. im Orient) in der rituellen Verehrung von Gottheiten bestehender Kult, deren Sterben u. Auferstehen das Werden u. Vergehen in der Natur darstellen;* **Ve|ge|ta|ti|ons|kun|de**, die: *Pflanzensoziologie;* **ve|ge|ta|ti|ons|los** 〈Adj.〉: *keine Vegetation (a) aufweisend:* -e Zonen der Erde; eine -e Küste; **Ve|ge|ta|ti|ons|or|gan**, das (Bot.): *Teil einer Pflanze, der der Erhaltung des Lebens dient (z. B. Blatt, Wurzel);* **Ve|ge|ta|ti|ons|pe|ri|o|de**, die: *Zeitraum des allgemeinen Wachstums der Pflanzen innerhalb eines Jahres;* **Ve|ge|ta|ti|ons|punkt**, der (Bot.): *Stelle am Sproß, an der Wurzel einer Pflanze, an der auf Grund besonders ausgebildeter Zellen das Wachstum erfolgt;* **Ve|ge|ta|ti|ons|stu|fe**, die: *Stufe der Vegetation an Berghängen mit jeweils nach Höhenlage unterschiedlicher Pflanzengesellschaft;* **Ve|ge|ta|ti|ons|zeit**, die: *Vegetationsperiode;* **Ve|ge|ta|ti|ons|zo|ne**, die: *Zone, die eine für die klimatischen Bedingungen charakteristische Pflanzenformation aufweist (z. B. Regenwald);* **ve|ge|ta|tiv** 〈Adj.〉 [mlat. vegetativus = das Wachstum der Pflanze fördernd]: **1.** (selten) *pflanzlich; pflanzenhaft:* die Linien und Farben einer Landschaft, ... ihre animalischen, -en oder mineralischen Bestandteile (Stern, Mann 150). **2.** (Biol.) *nicht durch geschlechtliche Fortpflanzung erfolgend; ungeschlechtlich:* -e Zellteilung; sich v. vermehren. **3.** (Med., Biol.) *nicht dem Willen unterliegend; unbewußt wirkend, ablaufend:* -e Funktionen; das -e Nervensystem; die Hand öffnete sich, v., animalisch, blind gehorchend (Kronauer, Bogenschütze 245); **ve|ge|tie|ren** 〈sw. V.; hat〉 [mlat. vegetare = nähern, hegen < lat. vegetare = in Bewegung setzen, beleben, erregen, zu: vegetus = rührig, lebhaft, munter, zu: vegere = lebhaft sein]: **1.** (oft abwertend) *kärglich leben; ein ärmliches, kümmerliches Dasein fristen:* am Rande der Existenz, in Elendsquartieren v.; Acht Jahre lang vegetierte sie, von ihrer Mutter entmündigt, in Gefängnissen, Anstalten und Irrenhäusern (Szene 8, 1983, 43). **2.** (Bot.) *(von Pflanzen) nur in der vegetativen (2) Phase leben.*

ve|he|ment 〈Adj.; -er, -este〉 [zu ↑ Vehemenz od. (wohl unter Einfluß von frz. véhément) < lat. vehemens (Gen.: vehementis), wohl urspr. = einherfahrend, auffahrend u. zu: vehere, ↑ Vehikel] (bildungsspr.): *ungestüm, heftig:* -e Windstöße; ein -er Protest; ein -es (*sehr starkes*) Interesse an intellektuellen Problemen (Dönhoff, Ostpreußen 217); Konstanze von Aragon schüttelte v. die Locken (Stern, Mann 146); Die beiden Jugendlichen auf dem Motorrad ... entzogen sich v. der Kontrolle (NZZ 26. 1. 83, 23); Der Kampf wurde v. geführt; etw. v. (*leidenschaftlich*) verteidigen; Die bulgarische Delegation bestreitet das v. (*mit großem Nachdruck;* Weser-Kurier 20. 5. 85, 3); **Ve|he|menz**, die; - [lat. vehementia, zu: vehemens, ↑ vehement] (bildungsspr.): *Ungestüm, Heftigkeit:* die V. der Sturmböen nahm zu; Entscheidender für die V. des Protestes war damals der plötzliche Verlust eines Idols (Pohrt, Endstation 117); der Wagen brauste mit V. davon; Sie haben sich mit viel V. (*mit großem Einsatz, mit Leidenschaft*) der Jugendarbeit gewidmet (Augsburger Allgemeine 27./28. 5. 78, 5); **Ve|hi|kel**, das; -s, - [lat. vehiculum, zu: vehere = fahren]: **1.** (oft abwertend) *[altes, schlechtes] Fahrzeug:* ein altes, vorsintflutliches, klappriges V.; Ein altes Modell. Ein eckiger Kühler mit rührenden Lamellen ... Die Staatsgewalt unterhielt verspielte V. (Muschg, Gegenzauber 149); er schwang sich auf sein V. **2.** (bildungsspr.) *etw., was als Mittel dazu dient, etw. anderes deutlich, wirksam werden zu lassen, zu ermöglichen:* die Sprache als V. aller geistigen Tätigkeit; Auch die Werbung für ... Autos, Alkohol und Zigaretten benutzt häufig Statussymbole als V. (Augsburger Allgemeine 13./14. 5. 78, IV); Über das V. Lied und Theater hatten viele neue Mitglieder ihren Weg in die Gruppe gefunden (Frings, Männer 345). **3.** (Med.) *wirkungsloser Stoff in Arzneien, in dem die wirksamen Stoffe gelöst od. verteilt sind.*

Vei|gel|lein, das; -s, - (veraltet): *Veilchen (1);* **Vei|gerl**, das; -s, -n (bayr., österr.): *Veilchen (1);* **Veil|chen**, das; -s, - [Vkl. von älter Vei(e)l, mhd. viel, frühmhd. viol(e), ahd. viola < lat. viola, ↑ ¹Viola]: **1.** *im Frühjahr blühende kleine, stark duftende Pflanze mit herzförmigen Blättern u. blauen bis violetten Blüten aus zwei aufwärts u. drei abwärts gerichteten Blütenblättern:* wilde V.; ein Strauß duftende[r] V.; * **wie ein V. im Verborgenen blühen** (*irgendwo zurückgezogen leben, unauffällig wirken [u. die eigentlich verdiente Aufmerksamkeit, Achtung nicht finden];* **blau wie ein V.** (ugs. scherzh.; *sehr betrunken*). **2.** (ugs. scherzh.) *durch einen Schlag, Stoß o. ä. hervorgerufener blau verfärbter Bluterguß um ein Auge herum:* Meine Gegner bekommen öfter von mir ein V. als eins von ihnen (Hörzu 38, 1989, 37); Siggi schlug Fränki ein V. (Grass, Butt 610); **veil|chen|blau** 〈Adj.〉: *die kräftige, dunkle, ins Violett spielende Blau des Veilchens aufweisend:* Das Geheimnis ihrer Wirkung mußte in ihren Augen liegen, in diesen großen, durchdringenden, in Augen (Hörzu 18, 1976, 20); Ü er kam v. (ugs. scherzh.; *sehr betrunken*) nach Hause; **Veil|chen|blü|ten|öl**, das: *aus den Blüten des Veilchens gewonnenes ätherisches Öl;* **Veil|chen|duft**, der: *Duft von Veilchen:* eine Seife mit V.; **veil|chen|far|ben**, **veil|chen|far|big** 〈Adj.〉: *veilchenblau;* **Veil|chen|ge|wächs**, das: *bes. in den Tropen u. Subtropen als Baum, Strauch od. Kraut wachsende Pflanze;* **Veil|chen|holz**, das: *sehr hartes, dekoratives, nach Veilchen duftendes Holz einer in Australien vorkommenden Art der Akazien, das bes. für Intarsien, Drechslerarbeiten o. ä. verwendet wird;* **Veil|chen|pa|stil|le**, die: *dunkelbraune bis schwarze Pastille mit Veilchenduft u. entsprechendem Geschmack;* **Veil|chen|strauß**, der: *Strauß Veilchen;* **Veil|chen|wur|zel**, die: **1.** *getrockneter Wurzelstock bestimmter Schwertlilien, aus dem in der Parfümerie verwendetes ätherisches Öl von starkem Veilchenduft gewonnen wird.* **2.** *(in der Volksmedizin genutzter, saponinhaltiger) Wurzelstock des Märzveilchens.*

Veits|boh|ne, die [wohl weil die Bohne am Festtag des hl. Veit (15. 6.) blüht] (landsch.): *Saubohne;* **Veits|tanz**, der 〈o. Pl.〉 [LÜ von mlat. chorea sancti Viti; der hl. Vitus (= Veit) wurde bei dieser Krankheit angerufen]: *mit Muskelzuckungen o. ä. verbundene Nervenkrankheit* (a): Sie ... rangen die Hände, zuckten und grimassierten wie vom V. Befallene (Süskind, Parfum 301).

Vek|tor, der; -s, ...oren [engl. vector < lat. vector = Träger, Fahrer, zu: vectum, 2. Part. von: vehere = fahren; führen] (Math., Physik): *Größe, die als ein in bestimmter Richtung verlaufender Pfeil dargestellt wird u. die durch verschiedene Angaben (Angriffspunkt, Richtung, Betrag) festgelegt werden kann;* **Vek|tor|ad|di|ti|on**, die (Math.): *Addition von Vektoren;* **Vek|tor|al|ge|bra**, die (Math.): *algebraische Regeln für das Rechnen mit Vektoren;* **Vek|tor|feld**, das (Math.): *Gesamtheit von Punkten im Raum, denen ein Vektor zugeordnet ist;* **Vek|tor|glei|chung**, die (Math.): *Gleichung, in der Vektoren vorkommen;* **vek|to|ri|ell** 〈Adj.〉 (Math.): *den Vektor, die Vektorrechnung betreffend:* ein -es Produkt; **Vek|tor|kar|di|o|graph**, der (Med.): *elektronisches Gerät zur Messung u. Aufzeichnung von Veränderungen der Stärke u. Richtung der Aktionsströme der Herzmuskelfasern während der Herzaktion;* **Vek|tor|kar|di|o|gra|phie**, die; -, -n (Med.): *Aufzeichnung der Veränderungen der Stärke u. Richtung der Aktionsströme der Herzmuskelfasern während der Herzaktion;* **Vek|tor|raum**, der (Math.): *Menge mit einer Addition u. Vervielfachung, für die bestimmte Rechengesetze gelten, u. Vektoren als Elemente;* **Vek|tor|rech|ner**, der (Datenverarb.): *Rechner (2), der für die parallele Verarbeitung besonders strukturierter Daten geeignet ist;* **Vek|tor|rech|nung**, die: *Teilgebiet der Mathematik, das sich mit den Vektoren u. ihren algebraischen Verknüpfungen befaßt.*

Ve|la: Pl. von ↑ Velum; **Ve|la|men**, das; -s, - [lat. velamen = Hülle, Decke, zu: velare = verhüllen, bedecken, zu: velum, ↑ Velum] (Bot.): *aus abgestorbenen Zellschichten bestehende, der Aufnahme von Wasser dienende, schwammige Hülle vieler Luftwurzeln;* **ve|lar** 〈Adj.〉 [zu ↑ Velum] (Sprachw.): *(von Lauten) am Velum (3) gebildet;* **Ve|lar**, der; -s, -e (Sprachw.): *am Velum (3) gebildeter Laut; Gaumensegellaut; Hintergaumenlaut (B. k);* **Ve|la|ri|sie|rung**, die; -, -en (Sprachw.): *das Anheben des hinteren Teils der Zunge gegen das Velum (3);* **Ve|lar|laut**, der (Sprachw.): *Velar.*

Ve|lin [auch: ve'lɛ̃:], das; -s [frz. vélin, zu:

Velleität

veel, ältere Nebenf. von: veau < lat. vitellus = Kalb]: **1.** *(früher bes. für Bucheinbände verwendetes) feines, weiches Pergament.* **2.** *Papier mit glatter Oberfläche ohne Wasserzeichen.*
Vel|lei|tät, die; -, -en [wohl über frz. velléité zu lat. velle = wollen] (Philos.): *kraftloses, zögerndes Wollen; Wunsch, der nicht zur Tat wird.*
Ve̲llo, das; -s, -s [Kurzf. von ↑ Veloziped] (schweiz.): *Fahrrad:* V. fahren; Trotzdem kamen die Pedaleure ... Octave Lapize gewann, obgleich er zu Fuß, das V. schiebend, die steilsten Stücke des Tourmalet hinaufkraxelte (Saarbr. Zeitung 9. 7. 80, 6); **ve̲llo̲|ce** [veˈloːtʃə] ⟨Adv.⟩ [ital. veloce < lat. velox, ↑ Veloziped] (Musik): *schnell, geschwind;* **Ve̲llo̲|drom,** das; -s, -e [frz. vélodrome, zusgez. aus: vélocipède = Fahrrad u. griech. drómos = Lauf]: *[geschlossene] Radrennbahn mit überhöhten Kurven;* **Ve̲llo̲|fah|rer,** der (schweiz.): *Radfahrer* (1); **Ve̲llo̲|fah|re|rin,** die (schweiz.): w. Form zu ↑ Velofahrer; **Ve̲llo̲|tour,** die (schweiz.): *Radtour.*
¹Ve̲llours [vəˈluːɐ̯, auch: vɛ...], der; - [...ˈluːɐ̯s, - [...ˈluːɐ̯s; frz. velours, zu aprovenz. velos < lat. villosus = zottig, haarig, zu: villus = zottiges Tierhaar, zu: vellus = abgeschorene, noch zusammenhängende Schafwolle]: *Gewebe unterschiedlicher Art mit gerauhter, weicher, samt- od. plüschartiger Oberfläche:* ein Läufer, dicke Vorhänge aus V.; **²Ve̲llours,** das; - [...ˈluːɐ̯s], (Sorten:) - [...ˈluːɐ̯s]: *Leder mit einer durch feines Schleifen aufgerauhten samtähnlichen Oberfläche; Samtleder:* Schuhe, eine Lederjacke aus V.; **Ve̲llours Chif|fon,** der; - -s, - -s, österr. auch: - -e [↑ Chiffon]: *seidener Samt;* **Ve̲llours de laine** [- də ˈlɛːn], der; - - -, - - - [frz. velours de laine, zu: laine = Wolle]: *samtartiger Wollstoff;* **Ve̲llours|le|der,** das: *²Velours;* **Ve̲llours|pa|pier,** das: *dekoratives Papier, das auf einer Seite mit Woll-, Baumwoll- od. Kunstfasern gleicher Länge bedeckt ist;* **Ve̲llours|tep|pich,** der: *gewebter Teppich;* **ve̲llou|tie|ren** [vəlu..., auch: vɛ...] ⟨sw. V.; hat⟩ [frz. velouter = samtartig machen, zu: velouté = samtig(es Aussehen), zu: velours, ↑ ¹Velours]: *die Lederoberfläche abschleifen, um sie aufzurauhen;* **Ve̲llou|tine** [vəluˈtiːn, auch: vɛ...], der; -[s], -s [frz. veloutine, zu: velouté, ↑ veloutieren]: **1.** *feiner, weicher Halbseidenrips.* **2.** *samtartig gerauhter Flanell.*
Ve̲llo|zi|ped, das; -[e]s, -e [frz. vélocipède, zu lat. velox (Gen.: velocis) = schnell u. pes (Gen.: pedis) = Fuß] (veraltet): *Fahrrad;* **Ve̲llo|zi|pe|di̲st,** der; -en, -en [frz. vélocipédiste, zu: vélocipède, ↑ Veloziped] (veraltet): *Radfahrer;* **Ve̲llo|zi|pe|di̲|stin,** die; -, -nen (veraltet): w. Form zu ↑ Velozipedist.
Ve̲l|pel: ↑ Felbel.
Velt|li̲|ner, der; -s [nach der ital. Landschaft Veltlin]: **1. a)** *in Österreich angebaute Rebsorte;* **b)** *aus den Trauben der Veltliners* (1 a) *hergestellter Wein.* **2.** (schweiz.) *Wein aus der italienischen Landschaft Veltlin.*
Ve̲llum, das; -s, Vela [lat. velum = Tuch; Segel]: **1.** (kath. Kirche) **a)** *Tuch zum Bedecken der Abendmahlsgeräte;* **b)** *Schul-*

tertuch, das der Priester beim Erteilen des sakramentalen Segens trägt. **2.** *(in der Antike) Vorhang zum Bedecken der Türen im Haus od. als Schutz gegen die Sonne im Tempel.* **3.** (Anat., Sprachw.) *Gaumensegel.* **4.** (Zool.) *segelartig verbreiterter Fortsatz als Saum des Schirms von Quallen, als Kranz von Wimpern zum Schwimmen u. Schweben bei Larven von Schnecken u. Muscheln.* **5.** (Bot.) *Hülle, die bei Blätterpilzen den Hut* (2) *u. den Stiel od. nur die Unterseite des Hutes* (2) *bedeckt u. nach dessen Entfaltung zerreißt;* **Ve̲lum pa̲la|ti̲num,** das; - -, Vela ...na [nlat. velum palatinum, zu lat. palatum = Gaumen] (Anat., Sprachw.): *Velum* (3).
Ve̲l|vet, der od. das; -s, -s [engl. velvet, über das Vlat. zu lat. villus, ↑ ¹Velours]: *Samt aus Baumwolle mit glatter Oberfläche;* **Ve̲l|ve|ton,** der; -s, (Sorten:) -s [engl. velveton]: *Samtimitation aus Baumwollod. Zellwollstoff mit aufgerauhter Oberfläche.*
ve|na̲l ⟨Adj.⟩ [lat. venalis, zu: venus = Verkauf] (veraltet): *käuflich, feil, bestechlich.*
Ven|de|mi̲|aire [vādeˈmi̯ɛːɐ̯], der; -[s], -s [frz. vendémiaire, eigtl. = Weinmonat]: *(im Kalender der Französischen Revolution) erster Monat des Jahres* (22. 9.–21. 10.).
Ven|de̲t|ta, die; -, ...tten [ital. vendetta < lat. vindicta = Rache, zu: vindicare = bestrafen, rächen]: *ital. Bez. für Blutrache.*
Ve̲ne, die; -, -n [lat. vena] (Med.): *Blutader.*
Ve̲ne|dig: *norditalienische Stadt.*
Ve|ne|fi̲|ci|um, das; -s, ...cia [lat. veneficium = Giftmischerei; Vergiftung, zu: veneficus = giftmischerisch, vergiftend, zu: venenum = Gift u. facere = machen, tun] (Med.): *Giftmord.*
Ven|ek|ta̲|sie, die; -, -n [zu ↑ Vene u. ↑ Ektasie] (Med.): *auf einer Erschlaffung der Gefäßwände beruhende Venenerweiterung.*
Ve̲ne|na: Pl. von ↑ Venenum.
Ve̲nen|ent|zün|dung, die: *entzündliche Erkrankung der Gefäßwand von Venen, bes. bei Krampfadern;* **Ve̲nen|klap|pe,** die (Anat.): *in kurzen Abständen in den Venen vorhandene klappenartige, wie ein Ventil das Zurückströmen des Blutes verhindernde Gewebsbildung.*
ve|ne|nö̲s ⟨Adj.⟩ [zu lat. venenum, ↑ Venenum] (Med.): *giftig;* **Ve|ne̲|num,** das; -s, ...na [lat. venenum] (Med.): *Gift.*
ve|ne|ra̲|bel ⟨Adj.; ...bler, -ste⟩ [lat. venerabilis, zu: venerari, ↑ venerieren] (bildungsspr. veraltet): *verehrungswürdig;* **Ve|ne|ra̲|bi|le,** das; -[s] [kirchenlat. venerabile (sanctissimum)] (kath. Kirche): *Allerheiligste* (3); **ve|ne|ra̲|bi|lis** ⟨indekl. Adj.⟩ [lat. venerabilis, ↑ venerabel]: lat. Bez. für *ehrwürdig, hochwürdig* (im Titel katholischer Geistlicher); Abk.: V.; **Ve|ne|ra̲|ti|on,** die; -, -en [lat. veneratio, zu: venerari, ↑ venerieren] (bildungsspr. veraltet): *Verehrung;* **ve|ne|ri̲e|ren** ⟨sw. V.; hat⟩ [lat. venerari, zu: venus ⟨Gen.: veneris⟩ = Liebreiz; Liebe, personifiziert im Namen der röm. Liebesgöttin Venus] (bildungsspr. veraltet): *[als heilig] verehren;* **ve|ne̲|risch** ⟨Adj.⟩ [lat. venerius =

geschlechtlich, eigtl. = zur Venus gehörend, zu: venus, ↑ venerieren] (Med.): *die Geschlechtskrankheiten betreffend, zu ihnen gehörend:* ein -es Leiden; Anscheinend hatten die Ärzte ... Rudolfs Beschwerden noch nicht als -e Erscheinung diagnostiziert, sondern glaubten an einen Blasenkatarrh (Spiegel 15, 1980, 222); -e Krankheiten *(Geschlechtskrankheiten);* **Ve|ne|ro̲l|lo|ge,** der; -n, -n [↑ -loge]: *Facharzt auf dem Gebiet der Venerologie;* **Ve|ne|ro̲l|lo|gie,** die; - [↑ -logie] (Med.): *Lehre von den Geschlechtskrankheiten als Teilgebiet der Medizin;* **Ve|ne|ro̲l|lo|gin,** die; -, -nen: w. Form zu ↑ Venerologe; **ve|ne|ro̲l|lo|gisch** ⟨Adj.⟩: *die Venerologie betreffend;* **Ve|ne|ro|pho̲|bie,** die; -, -n [↑ Phobie] (Med., Psych.): *krankhafte Angst vor Geschlechtskrankheiten.*
Ve|ne̲|ter, der; -s, -: Ew. zu ↑ Venetien; **Ve|ne̲|te|rin,** die; -, -nen: w. Form zu ↑ Veneter; **Ve|ne̲|ti|en;** -s: *norditalienische Region;* **Ve|ne̲|zia:** *italienische Form von* ↑ Venedig; **Ve|ne|zia̲|ner,** der; -s, -: Ew.; **Ve|ne|zia̲|ne|rin,** die; -, -nen: w. Form zu ↑ Venezianer; **ve|ne|zia̲|nisch** ⟨Adj.⟩; **Ve|ne|zia̲|nisch|rot** [auch: - - -ˈ- -ˈ-], das; -: *Englischrot.*
Ve|ne|zo̲l|la|ner, Venezueler, der; -s, -: Ew. zu ↑ Venezuela; **Ve|ne|zo̲l|la|ne|rin,** die; -, -nen: w. Form zu ↑ Venezolaner; **ve|ne|zo̲l|la|nisch,** venezuelisch ⟨Adj.⟩: zu ↑ Venezuela; **Ve|ne|zue̲lla;** -s: *Staat in Südamerika;* **Ve|ne|zue̲l|ler:** ↑ Venezolaner; **Ve|ne|zue̲l|le|rin,** die; -, -nen: w. Form zu ↑ Venezueler; **ve|ne|zue̲l|lisch:** ↑ venezolanisch.
Ve̲nia do|ce̲n|di, die; - - [lat. = Erlaubnis zu lehren] (bildungsspr.): *Venia legendi;* **Ve̲nia le|ge̲n|di,** die; - - [lat. = Erlaubnis zu ¹lesen** (1 c)] (bildungsspr.): *(durch die Habilitation erworbene) Lehrberechtigung für wissenschaftliche Hochschulen.*
ve̲ni, vi̲di, vi̲ci [lat. = ich kam, ich sah, ich siegte; Ausspruch Caesars über seinen Sieg bei Zela, 47 v. Chr.] (bildungsspr.): *das war ein überaus rascher Erfolg; kaum angekommen, schon erfolgreich.*
Ve̲n|ner, der; -s, - [mhd. vener, ahd. fanāri, zu mhd. vane, ahd. fano = Fahne] (schweiz.): *Fähnrich.*
Ve̲no|gra|phie, die [zu lat. vena (↑ Vene) u. ↑ -graphie] (Med.): *röntgenographische Darstellung der Venen mit Hilfe von Kontrastmitteln;* **ve|nös** ⟨Adj.⟩ [lat. venosus, zu: vena, ↑ Vene] (Med.): *die Venen betreffend, zu einer Vene gehörend: -es (in den Venen transportiertes, dunkles) Blut;* Suchtkranke, die sich v. (Drogen in die Venen) spritzen (Zeit 7. 10. 83, 34).
Ven|til, das; -s, -e [mlat. ventile = Wasserschleuse; Windmühle, zu lat. ventus = Wind]: **1.** *Vorrichtung, mit der das Ein-, Aus-, Durchlassen von Flüssigkeiten od. Gasen gesteuert wird:* die -e an einem Motor, das V. eines Autoreifens, eines Dampfkessels; das V. ist undicht, schließt nicht, ist verstopft; ein V. öffnen, schließen; die -e (Kfz-T. Jargon; *das Ventilspiel*) einstellen; Ü ich brauchte ein V. für meine Angst. Ich suchte einen Halt oder einen Trost, gleich wo er sich mir bot (Thorwald, Chirurgen 53); Der Gouverneur der Banca d'Italia ... hält die ... Austeritymaßnahmen für ausreichend,

um die Bilanzkurve wieder nach oben zu führen. Dennoch würde die Regierung die -e noch weiter zudrehen, wenn dies notwendig sein sollte (Zeit 27. 3. 64, 7). **2. a)** *mechanische Vorrichtung an Blechblasinstrumenten, die das Erzeugen aller Töne der chromatischen Tonleiter ermöglicht;* **b)** *Mechanismus an der Orgel, durch den die Zufuhr des Luftstroms reguliert wird;* **Ven|ti|la|bro,** der; -, -s [ital. ventilabro < lat. ventilabrum = Wurfschaufel, zu: ventilare, ↑ ventilieren]: *Windlade der Orgel;* **Ven|ti|la|ti|on,** die; -, -en [frz. ventilation < lat. ventilatio = das Lüften, zu: ventilare, ↑ ventilieren]: **1. a)** *Bewegung von Luft (od. Gasen), bes. zur Erneuerung in geschlossenen Räumen, zur Beseitigung verbrauchter, verunreinigter Luft; Belüftung:* eine gute, ausreichende V.; in den Räumen herrscht eine zu schwache V.; für die richtige V. sorgen; **b)** *Lüftung* (2). **2.** (bildungsspr. seltener) *Ventilierung* (2). **3.** (Med.) *Versorgung der Lunge mit Sauerstoff u. Abtransport von Kohlendioxyd mit Hilfe der Atemmuskulatur;* **Ven|ti|la|tor,** der; -s, ...oren [engl. ventilator, zu lat. ventilare, ↑ ventilieren]: *meist von einem Elektromotor angetriebene, mit einem rotierenden Flügelrad arbeitende Vorrichtung bes. zur Lüftung von Räumen, zur Kühlung von Motoren; Lüfter:* der V. surrt, dreht sich; **Ven|til|gum|mi,** das, auch: der: *kleiner Gummischlauch zum Abdichten eines Ventils (z. B. an einem Fahrradschlauch);* **Ven|til|horn,** das: *Waldhorn mit zwei od. drei Ventilen* (2 a); **ven|ti|lie|ren** ‹sw. V.; hat› [(2: frz. ventiler <) lat. ventilare = in die Luft schwenken, schwingen; fächeln, lüften; hin u. her besprechen, erörtern, zu: ventus = Wind]: **1.** (seltener) *belüften, mit frischer Luft versorgen, die Luft von etw. erneuern:* einen Raum v.; In tiefen, stehenden Gewässern, wie etwa einem nicht ventilierten tropischen Vulkankratersee (NZZ 29. 8. 86, 9); Ü Er ... ventiliert dann und wann seine Lunge tief mit der winterlichen Abendluft (Th. Mann, Unordnung 702). **2.** (bildungsspr.) *sorgfältig überlegen, prüfen; eingehend erörtern:* ein Problem v.; Einige meiner Freunde und ich ventilierten vorsichtig den Gedanken einer Allparteienregierung (W. Brandt, Begegnungen 43); Als die Sowjets 1951 die waffenlose Neutralisierung eines wiedervereinigten Deutschlands ventilierten, ... (Augstein, Spiegelungen 85); **Ven|ti|lie|rung,** die; -, -en: **1.** (selten) *das Ventilieren* (1), *Ventilation* (1 a). **2.** (bildungsspr.) *das Ventilieren* (2). **Ven|til|röh|re,** die, (Elektrot. veraltend): *Gleichrichterröhre;* **Ven|til|spiel,** das (Technik): *Spielraum am Ventil eines Motors:* Gefährlich für den Motor ist zu geringes V. (NNN 2. 9. 86, 15); **Ven|til|steue|rung,** die (Technik): *durch Ventile erfolgende Steuerung beim Arbeitsvorgang eines Verbrennungsmotors.* **Ven|tose** [vã'to:s], der; -[s], -s [frz. ventôse, eigtl. = Windmonat]: *(im Kalender der Französischen Revolution) sechster Monat des Jahres (19. 2.–20. 3.).* **ven|tral** ‹Adj.› [spätlat. ventralis, zu lat. venter (Gen.: ventris) = Bauch, Leib] (Med.): **a)** *zum Bauch, zur Bauch-, Vor-*

derseite gehörend; **b)** *im Bauch lokalisiert, an der Bauchwand auftretend; frz., eigtl.* = *den Bauch an der Erde)* (Reiten): *im gestreckten Galopp;* **ven|tre à terre** [vãtraˈtɛːʁ; frz., eigtl. = den Bauch an der Erde] (Reiten): *im gestreckten Galopp;* **Ven|tri|kel,** der; -s, - [lat. ventriculus, eigtl. = Vkl. von: venter, ↑ ventral] (Anat.): **1.** *Kammer, Hohlraum bes. von Organen (wie Herz u. Gehirn).* **2.** *bauchartige Verdickung, Ausstülpung eines Organs od. Körperteils (z. B. der Magen);* **ven|tri|ku|lar** (selten), **ven|tri|ku|lär** ‹Adj.› (Med.): *einen Ventrikel betreffend, zu ihm gehörend;* **Ven|tri|lo|quis|mus,** der; - (bildungsspr.): *das Bauchreden;* **Ven|tri|lo|quist,** der; -en, -en [vgl. Bauchredner] (bildungsspr.): *Bauchredner;* **Ven|tri|lo|qui|stin,** die; -, -nen (bildungsspr.): w. Form zu ↑ Ventriloquist. **Ve|nü|le,** die; -, -n [Kurzwort aus Vene u. Kanüle] (Med.): *Glasröhrchen mit eingeschmolzener Kanüle* (1) *zur keimfreien Entnahme von venösem Blut.* **¹Ve|nus:** *römische Liebesgöttin;* **²Ve|nus,** die; -: *(von der Sonne aus gesehen) zweiter Planet unseres Sonnensystems;* **Ve|nus|berg,** der [nach nlat. Mons veneris] (Anat.): *weiblicher Schamberg;* **Ve|nus|flie|gen|fal|le,** die: *auf Mooren Nordamerikas heimische, fleischfressende, krautige Pflanze, die auch als Zierpflanze kultiviert wird;* **Ve|nus|hü|gel,** der: *Venusberg;* **Ve|nus|mu|schel,** die: *Muschel mit oft lebhaft gefärbten [gerippten] Schalen;* **Ve|nus|son|de,** die: *Raumsonde zur Erforschung des Planeten Venus.* **ver-** [mhd. ver-, ahd. fir-, far-, mniederd. vör-, vor-; entstanden aus mehreren Vorsilben mit etwa den Bed. „heraus-", „vor-, vorbei-" u. „weg-" (zu einem Subst. mit der Bed. „das Hinausführen über ...")]: **1.** *drückt in Bildungen mit Substantiven oder Adjektiven und einer Endung aus, daß eine Person oder Sache [im Laufe der Zeit] zu etw. (was im Substantiv od. Adjektiv genannt wird) hin verändert wird:* verarmen, verdorfen, verprovinzialisieren. **2.** *drückt in Bildungen mit Substantiven oder Adjektiven und einer Endung aus, daß eine Person oder Sache zu etw. gemacht, in einen bestimmten Zustand versetzt, in etw. umgesetzt wird:* vereindeutigen, verfeatern, vermodernisieren, vertüten, verbeamtet, verkauderwelscht. **3.** *drückt in Bildungen mit Substantiven und einer Endung aus, daß eine Person oder Sache mit etw. versehen wird:* vercomputerisieren, verschorfen. **4.** *drückt in Bildungen mit Verben aus, daß die Sache durch etw. (ein Tun) beseitigt, verbraucht wird, nicht mehr besteht:* verforschen, verfrühstücken, verwarten. **5.** *drückt in Bildungen mit Verben aus, daß eine Person mit etw. ihre Zeit verbringt:* verschlafen, verschnarchen, verspielen. **6.** *drückt in Bildungen mit Verben aus, daß eine Person etw. falsch, verkehrt macht:* verbremsen, verinszenieren. **7.** *drückt in Bildungen mit Verben aus, daß eine Sache durch etw. beeinträchtigt wird:* verwaschen, verwohnen. **8.** *hat in Bildungen mit Verben die gleiche Bedeutung wie diese:* verbringen, vermelden. **ver|aa|sen** ‹sw. V.; hat› (salopp, bes. nordd.): *in leichtsinniger, verschwenderi-*

scher Weise verbrauchen; vergeuden: Wenn ich denke, was wir diese Tage schon für Geld veraast haben (Fallada, Mann 56). **ver|ab|fol|gen** ‹sw. V.; hat› (Papierdt. veraltend): *verabreichen, geben:* jmdm. ein Medikament, eine Spritze v.; jmdm. eine Tracht Prügel v. (scherzh.; jmdn. verprügeln); Ferner ordne ich an, daß du dir ... Schreibzeug v. (aushändigen) läßt (Th. Mann, Joseph 679); **Ver|ab|fol|gung,** die; -, -en: *das Verabfolgen.* **ver|ab|re|den** ‹sw. V.; hat›: **1.** *mündlich vereinbaren; in Erkenntnissen od. Treffen v.:* ich habe mit ihnen verabredet, daß wir uns morgen treffen; auf ein verabredetes Signal hin schlugen sie los; sie trafen sich am verabredeten Ort; Der Sonnenstand sagte mir, daß ich den verabredeten Zeitpunkt für unser Nachmittagsgespräch längst versäumt hatte (Stern, Mann 260). **2.** ‹v. + sich› *(mit jmdm.) eine Zusammenkunft verabreden* (1): sich für den folgenden Abend, zum Tennis, auf ein Glas Wein, im Park v.; er ist heute abend [mit ihr] verabredet; er sagte, er würde mit seiner Frau und den beiden Tischgenossen erwartet, man habe sich zu einer Flasche Wein verabredet (Loest, Pistole 151); **ver|ab|re|de|ter|ma|ßen** ‹Adv.›: *auf Grund einer Verabredung, wie verabredet:* sie kamen v. um Mitternacht zusammen; **Ver|ab|re|dung,** die; -, -en: **1.** ‹o. Pl.› *das Verabreden* (1): die V. eines Treffpunkts, einer Zusammenkunft. **2. a)** *etw., was man verabredet hat; Vereinbarung* (2): eine V. treffen (sich verabreden); eine V. nicht einhalten; sich an eine V. halten; wie auf eine V. verließen sie gleichzeitig den Raum; bleibt es bei der V. zwischen uns?; das verstößt gegen unsere V.; **b)** *verabredete Zusammenkunft:* eine geschäftliche V.; ich habe eine V. (ein Rendezvous) mit einem Mädchen; eine V. absagen; **ver|ab|re|dungs|ge|mäß** ‹Adv.›: *gemäß einer Verabredung, wie verabredet:* Er habe ... Anweisung gegeben, die vier v. ... zu übergeben (Tages Anzeiger 14. 10. 85, 3). **ver|ab|rei|chen** ‹sw. V.; hat› (Papierdt.): *[in einer bestimmten festgesetzten Menge] zu essen, zu trinken, zum Einnehmen o. ä. geben:* Sie verabreichte drei Mahlzeiten und keinen kleinsten Happen mehr (Süskind, Parfum 26); Man vergaß ständig, ihm Nahrung zu v. (Rolf Schneider, November 89); jmdm. ein Medikament intravenös v. *(in eine Vene injizieren);* **Ver|ab|rei|chung,** die; -, -en: *das Verabreichen:* Besorgung und V. giftiger Tränke (Ranke-Heinemann, Eunuchen 73); Die Kundgebung ... endete ... mit Reden, Gesang und der V. einer Gemüsesuppe (NZZ 25. 12. 83, 23).

ver|ab|säu|men ‹sw. V.; hat› (Papierdt.): *(etw., was man eigentlich tun muß, tun soll) unterlassen, versäumen:* er hat es verabsäumt, sie einzuladen; Ich möchte nicht v., Ihnen für den ausführlichen Artikel ... zu danken (Wochenpresse 43, 1983, 4).

ver|ab|scheu|en ‹sw. V.; hat›: *Abscheu, Widerwille, Ekel (gegen etw.), jmdn.) empfinden:* sie verabscheute Knoblauch und Speck; Er verabscheute solche Massen-

verabscheuenswert

touren (Konsalik, Promenadendeck 349); er verabscheute sie beinahe in ihrer tückischen Fremdheit (Kronauer, Bogenschütze 120); **ver|ab|scheu|ens|wert, ver|ab|scheu|ens|wür|dig** ⟨Adj.⟩: *Verabscheuung verdienend:* eine -e Tat; **Ver|ab|scheu|ens|wür|dig|keit,** die; -: *das Verabscheuenswertsein;* **Ver|ab|scheu|ung,** die; - (geh.): *das Verabscheuen;* **ver|ab|scheu|ungs|wert, ver|ab|scheu|ungs|wür|dig** ⟨Adj.⟩: *verabscheuenswert, -würdig:* Er stellte sich Szenen vor, die ihm alle gleichermaßen verabscheuungswürdig erschienen (Ossowski, Liebe ist 290); **Ver|ab|scheu|ungs|wür|dig|keit,** die; -: *das Verabscheuungswürdigsein.*
ver|ab|schie|den ⟨sw. V.; hat⟩: **1.** ⟨v. + sich⟩ *zum Abschied einige [formelhafte] Worte, einen Gruß o. ä. an jmdn. richten:* sich von jmdm. höflich, wortreich, eilig, umständlich, mit einem Händedruck, mit einem Kuß v.; ich möchte mich gerne, muß mich leider v. *(ich möchte mich gerne auf Wiedersehen sagen, muß leider weggehen);* Ü wir müssen uns von dieser Vorstellung v. (ugs.; *müssen uns aufgeben);* sich von seinen Bindungen v. (ugs.; *sie lösen);* die Mannschaft verabschiedete sich (ugs.; *schied aus)* mit einem Unentschieden; nach 30 km verabschiedete sich die Lichtmaschine (ugs.; *ging sie kaputt);* Die Vernunft war schon häufig dabei, sich zu v. *(von der Unvernunft, der Dummheit besiegt, verdrängt zu werden;* Spiegel 3, 1983, 51). **2. a)** *bes. einen Gast, einen Besucher, der aufbricht, zum Abschied grüßen:* der Staatsgast wurde auf dem Flughafen verabschiedet; Er ... hatte ... eine durchaus ansprechende Frau gleich nach der ersten Nacht verabschiedet *(sich von ihr wieder getrennt;* Kronauer, Bogenschütze 185); **b)** *aus dem Dienst entlassen [u. in förmlich-feierlicher Weise Worte des Dankes, der Anerkennung o. ä. an ihn richten]:* In den Ruhestand verabschiedet wurde der Chefredakteur (MM 30. 6. 87, 2); Ein Streckengeher ... wird bei der Stillegung der Bundesbahnstrecke verabschiedet (natur 5, 1991, 25); Ü Unter freiem Himmel wurde der Verstorbene mit militärischen Ehren verabschiedet (Saarbr. Zeitung 17. 12. 79, 2). **3.** *(ein Gesetz o. ä., nachdem darüber verhandelt worden ist) annehmen, beschließen:* Wir stellen ... Programmentwurf und Statut zur Diskussion, um die Dokumente am 6. Januar ... endgültig zu v. (Freie Presse 30. 12. 89, 6). ♦ **4.** *den Abschied (2) geben, entlassen:* Verabschiedet sind Sie? So höre ich. Ich glaubte, Ihr Regiment sei bloß untergesteckt worden (Lessing, Minna IV, 6); **Ver|ab|schie|dung,** die; -, -en: *das [Sich]verabschieden;* **ver|ab|schie|dungs|reif** ⟨Adj.⟩: vgl. beschlußreif.
ver|ab|so|lu|tie|ren ⟨sw. V.; hat⟩: *einer Erkenntnis o. ä. allgemeine, uneingeschränkte Gültigkeit beimessen, zum allein gültigen Maßstab machen:* Wer, wie Michael Kohlhaas, alles auf die Karte des Rechts setzt, wer das Recht verabsolutiert, der ist schon a priori im Unrecht (NJW 19, 1984, 1069); **Ver|ab|so|lu|tie|rung,** die; -, -en: *das Verabsolutieren.*
ver|ach|ten ⟨sw. V.; hat⟩ [mhd. verahten]

als schlecht, minderwertig, unwürdig ansehen; auf jmdn., etw. geringschätzig, mit Abscheu herabsehen: er verachtet ihn [wegen seiner Hinterhältigkeit]; jmds. üble Tat, Gesinnung v.; Frau Tobler, die ... dergleichen auch nicht gerade verachtete (iron.; *die dergleichen recht gern mochte;* R. Walser, Gehülfe 32); Ü er hat die Gefahr, den Tod stets verachtet *(hat sich von einer Gefahr, vom drohenden Tod nie beeindrucken lassen);* * *nicht zu v.* **sein** (ugs. untertreibend; *durchaus begrüßenswert, erstrebenswert o. ä. sein):* so ein Haus am Hang ist nicht zu v.; **ver|ach|tens|wert** ⟨Adj.⟩: *Verachtung verdienend:* Neid und Mißgunst sind v.; **ver|ach|tens|wür|dig** ⟨Adj.⟩: *verachtenswert;* **Ver|äch|ter,** der; -s, -: *jmd., der kein Gefallen, keine Freude an etw. Bestimmtem hat, gern einer Sache keinen Wert beimißt, sie ablehnt:* er ist zwar kein V. der Frauen, aber ein V. der Ehe; **ver|äch|te|rin,** die; -, -nen: w. Form zu ↑Verächter; **ver|ächt|lich** ⟨Adj.⟩: **1.** *Verachtung ausdrückend, mit Verachtung:* ein -er Blick; Amanda fragt mit ihrer -sten Stimme (Becker, Amanda 357); v. von jmdm. sprechen; v. lachen. **2.** *verachtenswert:* eine -e Geisteshaltung; jmdn., etw. v. machen *(jmdn., etw. als verachtenswert hinstellen);* **Ver|ächt|lich|keit,** die; -: *das Verächtlichsein;* **Ver|ächt|lich|ma|chung,** die; - (Papierdt.): *das Verächtlichmachen;* **Ver|ach|tung,** die; - [spätmhd. verahtunge]: *das Verachten:* seine tiefe V. alles Bösen; ihre V. für, gegen den Verräter; Venea ... hatte es aus V., die er für den Lateran empfand, dem Diener überlassen (Stern, Mann 15); jmdn. mit V. strafen *(ihn mißachten, nicht beachten);* Er ist unter allen Umständen dafür, die Wahrheit hochzuhalten und Lügen und Lügner mit V. zu strafen (Wolff [Übers.], Bisexualität 218); **ver|ach|tungs|voll** ⟨Adj.⟩: *voller Verachtung;* **ver|ach|tungs|wür|dig** ⟨Adj.⟩: *verachtenswert.*
ver|al|bern ⟨sw. V.; hat⟩: **a)** *jmdn. zum besten haben, aufziehen:* du willst mich wohl v.; **b)** *[mit satirischen Mitteln] verspotten, der Lächerlichkeit preisgeben:* in Sprechchören die Erklärung des Oppositionsführers v.; die Oper als Tummelplatz der geläufigen Gurgel wird kräftig veralbert (NJW 19, 1984, 1075); **Ver|al|be|rung,** die; -, -en: *das Veralbern, Veralbertwerden.*
ver|al|gen ⟨sw. V.; ist⟩: *von Algen durchzogen werden:* das Blumenwasser veralgte in der bauchigen Vase (Eppendorfer, St. Pauli 19); das Aquarium, der Teich ist veralgt.
ver|all|ge|mei|nern ⟨sw. V.; hat⟩: *etw., was als Erfahrung, Erkenntnis aus einem od. mehreren Fällen gewonnen worden ist, auf andere Fälle ganz allgemein anwenden, übertragen; generalisieren:* eine Beobachtung, Feststellung, Aussage v.; Die hierzu in den Warenhäusern geschaffenen Lösungen sind schneller zu v. (NNN 22. 2. 88, 2); ⟨auch ohne Akk.-Obj.:⟩ er verallgemeinert gern; **Ver|all|ge|mei|ne|rung,** die; -, -en: **1.** *das Verallgemeinern; Generalisierung.* **2.** *verallgemeinernde Aussage:* diese Hypothese ist eine vorschnelle V.

ver|al|ten ⟨sw. V.; ist⟩ [mhd. veralten, ahd. firaltēn = (zu) alt werden, zu mhd. alten, ahd. altēn = alt werden]: *von einer Entwicklung überholt werden, unmodern werden:* Waffensysteme veralten schnell; Anderseits veraltet das einmal Gelernte rascher als je zuvor und verlangt von einzelnen ein hohes Maß an Flexibilität (Schweizer Maschinenbau 16. 8. 83, 41); ⟨häufig im 2. Part.:⟩ veraltete Methoden; Sie haben natürlich gemerkt, daß das ein ganz veraltetes und künstliches Deutsch ist, so wie es früher vielleicht einmal gesprochen wurde (Hofmann, Fistelstimme 158).
Ve|ra|min: ↑Varamin.
Ve|ran|da, die; -, ...den [engl. veranda(h) < Hindi verandā od. port. varanda, H. u.]: *überdachter [an drei Seiten verglaster] Vorbau an einem Wohnhaus:* auf, in der V. sitzen.
ver|än|der|bar ⟨Adj.⟩: *sich verändern lassend:* Die Wirklichkeit ist v.; 1968 erschien die Gesellschaft als einheitliches Gebilde, gut strukturiert und somit von ein paar Schlüsselstellen aus v. (Brückenbauer 11. 9. 85, 1); **Ver|än|der|bar|keit,** die; -: *das Veränderbarsein;* **ver|än|der|lich** ⟨Adj.⟩: **a)** *dazu neigend, sich zu [ver]ändern; sich häufig [ver]ändernd; unbeständig:* -es, -e Wesen; -e Sterne (Astron.; *Sterne, bei denen sich bestimmte Zustandsgrößen [bes. die Helligkeit] zeitlich ändern);* das Wetter bleibt v.; das Barometer steht auf „veränderlich"; **b)** *veränderbar:* flektierbare Wörter sind in der Form -e Wörter, -e Größen (Math.: *Variablen);* ¹**Ver|än|der|li|che,** die; -n, -n ⟨Dekl. ↑Abgeordnete⟩ (Math.): *Variable einer Funktion, die verschiedene Werte annehmen kann:* zwei V.; ²**Ver|än|der|li|che,** der; -n, -n ⟨Dekl. ↑Abgeordnete⟩ (Astron.): *veränderlicher Stern;* **Ver|än|der|lich|keit,** die; -, -en: *das Veränderlichsein;* **ver|än|dern** ⟨sw. V.; hat⟩ [mhd. verendern, -andern]: **1.** *(im Wesen od. in der Erscheinung) anders machen, ändern* (1 a), *umgestalten:* er will die Welt v.; dieses Erlebnis hat ihn verändert; Dies mußte die Beziehung zwischen Vater und Sohn v. (Reich-Ranicki, Th. Mann 212); diese Begegnung sollte sein Leben *[von Grund auf]* v.; der Club veränderte seinen Stil, seine Art und war für viele nicht mehr akzeptabel (Danella, Hotel 62); der Bart verändert ihn stark *(gibt ihm ein anderes Aussehen);* Es (= das Experiment) sollte Freilandversuche mit gentechnisch veränderten Lebewesen für die Bevölkerung akzeptabel machen (natur 2, 1991, 90). **2.** ⟨v. + sich⟩ *(im Wesen od. in der Erscheinung) anders werden, sich ändern* (2): seine Miene veränderte sich schlagartig; bei uns hat sich kaum etwas verändert; du hast dich aber verändert!; sich zu seinem Vorteil, Nachteil v.; seltsam hatte sich sein Bruder verändert (Kühn, Zeit 437); die Situation hat sich seither grundlegend verändert; Kein Feuer, kein Rad, keine Maschinen, nichts hätte sich verändert in der Gesellschaft (Kühn, Zeit 418); wir müssen der veränderten Lage Rechnung tragen; das Gewebe ist krankhaft verändert. **3.** ⟨v. + sich⟩ **a)** *seine be-*

rufliche Stellung wechseln: er will sich [beruflich] v.; **b)** (veraltet) *sich verheiraten;* **Ver|än|de|rung,** die; -, -en: **1.** *das Verändern* (1): *an etw. eine V. vornehmen; jede bauliche V., jede V. des Textes muß vorher genehmigt werden.* **2.** *das Sichverändern, das Anderswerden:* in ihr geht eine V. vor; Was Frauen in unserer Zeit vor allem bewegt ... ist Ausdruck einer historischen V. (R. v. Weizsäcker, Deutschland 81). **3.** *Ergebnis einer Veränderung* (1, 2): es waren keine -en festzustellen; -en im Hormonhaushalt des Körpers führt Prim als erste Ursache an (Schreiber, Krise 145); bei uns ist eine V. eingetreten *(in unseren Verhältnissen hat sich etw. verändert).* **4.** (selten) *das Verändern* (3 a), *Wechsel der beruflichen Stellung.*
ver|ängs|ti|gen ⟨sw. V.; hat⟩: *in Angst versetzen:* die Bevölkerung mit Bombenanschlägen v.; ⟨meist im 2. Part.:⟩ ein verängstigtes Tier; Bevensen hob verängstigt beide Hände (Prodöhl, Tod 207); **Ver|ängs|ti|gung,** die; -, -en: *das Verängstigen, Verängstigtsein.*
ver|an|kern ⟨sw. V.; hat⟩: **1.** *mit einem Anker an seinem Platz halten:* ein Floß, Schiff v.; von einer Yacht, die zur Zeit in Palermo verankert ist (Frisch, Montauk 180). **2.** *fest mit einer Unterlage o. ä. verbinden u. so [unverrückbar] an seinem Platz halten:* Masten mit Stricken, fest im Boden v.; Taube aber konnte sich absolut nicht denken, wie der Opa die Veranda verankert hatte (H. Weber, Einzug 135); Ü ein Recht auch in der Verfassung v.; Forderungen der Phytotherapie ... die Phytotherapie in der pharmazeutischen und medizinischen Approbationsordnung zu v. (DÄ 47, 1985, 26); ⟨oft im 2. Part.:⟩ ein verfassungsmäßig verankertes Recht; **Ver|an|ke|rung,** die; -, -en: **1. a)** *das Verankern;* **b)** *das Verankertsein.* **2.** *Stelle, Teilstück, wo etw. verankert, befestigt ist:* Sie rissen mit Gewalt einen Papierkorb aus der V. (MM 18/19. 11. 86, 17).
ver|an|la|gen ⟨sw. V.; hat⟩ [zu veraltet Anlage = Steuer]: **1.** (Steuerw.) *für jmdn. die Summe, die er zu versteuern hat, u. seine sich daraus ergebende Steuerschuld festsetzen:* die Ehegatten werden gemeinsam [zur Einkommensteuer] veranlagt; man veranlagte ihn mit 80 000 Mark. **2.** (Wirtsch. österr.) *anlegen* (6 a): Zu mir sind einige Kunden gekommen, die ... ihr Spargeld neu v. wollen (Freie Presse 25. 4. 79, 15); **ver|an|lagt** [zu ↑ Anlage (6)] ⟨Adj.⟩: *eine bestimmte Veranlagung* (3) *habend:* ein künstlerisch, sportlich, romantisch v. Mensch; Anders als der Bauchpolitiker Kohl ist der Fraktionschef ein methodisch -er Mensch (Spiegel 6, 1993, 22); zwei unserer -esten (ugs.; talentiertesten, begabtesten) Nationalspieler (Freie Presse 31. 12. 87, 4); praktisch v. sein; für etw. v. sein; die beiden Schauspieler sind homosexuell v.; so ist er nicht v. (ugs.; *so würde er niemals handeln*); **Ver|an|la|gung,** die; -, -en: **1.** (Steuerw.) *Steuerveranlagung:* die V. zur Einkommensteuer. **2.** (Wirtsch. österr.) *das Veranlagen* (2), *Anlage* (2): eine „Quellensteuer" in beträchtlicher Höhe,

die die Renditen sämtlicher -en kräftig schmälert (profil 17, 1979, 38). **3.** *in der Natur eines Menschen liegende, angeborene Geartetheit, Anlage* (6), *Eigenart* (a), *aus der sich bestimmte besondere Neigungen, Fähigkeiten od. Anfälligkeiten des betreffenden Menschen ergeben:* seine praktische, künstlerische, musikalische V.; die V. zur Homosexualität (Spiegel 11, 1992, 131); er hat eine V. zum Dicksein *(ist dafür auf Grund seiner Veranlagung geeignet);* er hat eine V. (*Disposition* 2 b) zur Fettsucht; **Ver|an|la|gungs|steu|er,** die (Steuerw.): *Steuer, die auf dem Wege der Veranlagung* (1) *festgesetzt u. erhoben wird.*
ver|an|las|sen ⟨sw. V.; hat⟩ [mhd. veranlāʒen ⟨eine Streitsache auf eine Mittelsperson⟩ übertragen, urspr. = etw. (auf etw.) loslassen]: **1.** *dazu bringen, etw. zu tun;* jmdn. v., einen Antrag zurückzuziehen; was hat dich zu diesem Schritt, dieser Bemerkung veranlaßt?; auch jetzt fragte er sich, was den Polizeichef zum Kommen veranlaßt haben mochte (Kemelman [Übers.], Mittwoch 71); ich fühlte mich [dadurch/deshalb] veranlaßt einzugreifen; er sieht sich veranlaßt, Klage zu erheben; eine Erkenntnis, die ihn durchaus nicht veranlaßte, schnurstracks das Gebäude zu untersuchen (Kronauer, Bogenschütze 228). **2.** *(durch Beauftragung eines Dritten, durch Anordnung o. ä.) dafür sorgen, daß etw. Bestimmtes geschieht, getan wird:* der Minister hat bereits eine Untersuchung veranlaßt; ich werde dann alles Weitere, das Nötige v.; Der Stationsarzt ... veranlaßte die sofortige stationäre Aufnahme (Hakkethal, Schneide 108); **Ver|an|las|ser,** der; -s, -: *jmd., der etw. veranlaßt;* **Ver|an|las|se|rin,** die; -, -nen: w. Form zu ↑Veranlasser; **Ver|an|las|sung,** die; -, -en: **1.** *das Veranlassen* (2): auf wessen V. [hin] ist er verhaftet worden?; zur weiteren V. (Amtsspr.; *zur Veranlassung dessen, was noch notwendig ist;* Abk.: z. w. V.). **2.** *etwas, was jmdn. zu etw. veranlaßt* (1), *Anlaß, Beweggrund:* dazu liegt keine V. vor; dazu besteht, gibt es keine V.; du hast keine V. zu nörgeln; **Ver|an|las|sungs|verb, Ver|an|las|sungs|wort,** das ⟨Pl. ...wörter⟩ (Sprachw.): *Kausativ.*
ver|an|schau|li|chen ⟨sw. V.; hat⟩: *(zum besseren Verständnis) anschaulich machen:* eine mathematische Gleichung graphisch v.; Mit dem Zauberwürfel können ... viele Begriffe und Sätze der Gruppentherapie eindrucksvoll veranschaulicht werden (Mathematik II, 444); den Gebrauch eines Wortes durch Beispiele v. veranschaulichen; **Ver|an|schau|li|chung,** die; -, -en: *das Veranschaulichen.*
ver|an|schla|gen ⟨sw. V.; hat⟩ [zu ↑Anschlag (8)]: *auf Grund einer Schätzung, einer vorläufigen Berechnung die voraussichtlich sich ergebende Anzahl, Menge, Summe o. ä. annehmen, ansetzen:* die Kosten mit 2,5 Millionen v.; für die Fahrt veranschlage ich zwei Stunden; Ü Die Bedeutung des Werks kann gar nicht hoch genug veranschlagt *(bewertet)* werden; Die ... in Bochum inszenierte Bochumer Fassung ist von der künstlerischen Qualität her nicht als ein

bedeutsames Ereignis zu v. *(anzusehen, einzuschätzen;* Saarbr. Zeitung 27. 12. 79, 4); **Ver|an|schla|gung,** die; -, -en: *das Veranschlagen.*
ver|an|stal|ten ⟨sw. V.; hat⟩ [zu ↑ Anstalten]: **1.** *als Veranstalter u. Organisator stattfinden lassen, durchführen [lassen]:* ein Turnier, Rennen, Fest, Konzert, Auktion, Tagung, eine Demonstration, Umfrage v.; Ich habe die Idee, den Zuschauerraum und die Bühne zu renovieren ..., dann könnten wir dort Festspiele v. (Danella, Hotel 72). **2.** (ugs.) *machen, vollführen:* Lärm v.; veranstalte bloß keinen Zirkus!; nach seinem Eindruck habe, wer immer die Indiskretionen veranstaltet *(begangen)* habe, eher das Gegenteil erreicht (Saarbr. Zeitung 1. 7. 80, 2); **Ver|an|stal|ter,** der; -s, -: *jmd., der etw. veranstaltet* (1); **Ver|an|stal|te|rin,** die; -, -nen: w. Form zu ↑Veranstalter; **Ver|an|stal|tung,** die; -, -en: **1.** *das* ↑ *Veranstalten.* **2.** *etw., was veranstaltet* (1) *wird:* kulturelle, künstlerische, sportliche, karnevalistische, mehrtägige -en; die V. findet im Freien statt; Er ... hatte seine V. -en *(Vorlesungen, Seminare o. ä.)* an der Universität vorläufig absagen lassen (Kronauer, Bogenschütze 399); **Ver|an|stal|tungs|ka|len|der,** der: *Übersicht in Form eines Kalenders über geplante [kulturelle] Veranstaltungen innerhalb eines Zeitraums mit Angabe der jeweiligen Termine;* **Ver|an|stal|tungs|raum,** der: *Raum, in dem Veranstaltungen stattfinden [können].*
ver|ant|wort|bar ⟨Adj.⟩: *sich verantworten* (1) *lassend,* verantwortbar: daß der Kanton nach -en Übergangslösungen sucht (Oltner Tagblatt 26. 7. 84, 10); Sind Kinder im Atomzeitalter noch v.? (Alt, Frieden 60); **ver|ant|wor|ten** ⟨sw. V.; hat⟩ [mhd. verantwürten, verantworten = (vor Gericht) rechtfertigen, eigtl. = (be)antworten]: **1.** *es auf sich nehmen, für die eventuell sich ergebenden Folgen einzustehen; vertreten:* eine Maßnahme, Entscheidung v.; Sie verantworten damit *(sind verantwortlich für)* einen Bereich von ca. 100 qualifizierten Mitarbeitern (Südd. Zeitung 1. 3. 86, 78); Wer waren die Menschen, die das Unmenschliche zu v. haben? (elan 1, 1980, 44); etw. ist nicht zu v. vor [ihm gegenüber, vor Gott, mir selbst, meinem Gewissen] nicht v. **2.** ⟨v. + sich⟩ *sich [als Angeklagter] rechtfertigen, sich gegen einen Vorwurf verteidigen:* du wirst dich für dein Tun [vor Gott, vor Gericht] v. müssen; der Angeklagte hat sich wegen Mordes zu v. *(steht unter Mordanklage);* Der schuldige Mensch verantwortet sich nicht nur im Wirklichen und Irdischen (NJW 19, 1984, 1084); **ver|ant|wort|lich** ⟨Adj.⟩: **1. a)** *für etw., jmdn. die Verantwortung* (1a) *tragend:* der -e Redakteur, Ingenieur; der für den Einkauf -e Mitarbeiter; die Eltern sind für ihre Kinder v.; dafür v., daß die Termine eingehalten werden, v.; ich fühle mich dafür v.; ein Manuskript v. *(als Verantwortlicher)* redigieren; wer zeichnet für diese Sendung v.?; Ü Es enthält außerdem Enzyme, die für seine appetitanregende ... Wirkung v. sind *(sie bewirken, hervorrufen);* e & t 7,

Verantwortlichkeit

1987, 17); **b)** *Rechenschaft schuldend:* er ist nur dem Chef/(auch:) dem Chef gegenüber v.; der Abgeordnete ist dem Volk v.; Armee und Polizei, die alle nur nach oben v. sind (Bahro, Alternative 42); **c)** *für etw. die Verantwortung* (1 b) *tragend, schuld an etw.:* für den Unfall allein, voll v. sein; du kannst den Arzt nicht für ihren Tod v. machen *(ihm die Schuld daran geben u. ihn dafür zur Rechenschaft ziehen);* wenn dem Kind etwas passiert, mache ich dich v.!; er macht das schlechte Wetter für den Unfall v. *(erklärt es zur Ursache);* Falls der alte Jannak auf ein Bier in die Kneipe gegangen ist, mach mich nicht v. dafür *(ich kann nichts dafür;* Brot und Salz 398). **2.** *mit Verantwortung* (1 a) *verbunden:* eine -e Tätigkeit; er sitzt an -er Stelle; ein -er Umgang mit Sexualität (MM 4.12. 91,1); **Ver|ant|wort|lich|keit,** die; -, -en: **1.** ⟨o. Pl.⟩ *das Verantwortlichsein:* ... eine Partnerschaft einzugehen, die nicht nur gleiche V. für alle Bereiche umfaßt (Dierichs, Männer 255). **2.** *etw., wofür jmd. verantwortlich* (1 a) *ist:* so müssen doch die -en getrennt für Redaktion und Verlag strikt beachtet werden (Spiegel 20, 1983, 116); das fällt in seine V. **3.** ⟨o. Pl.⟩ *Verantwortungsbewußtsein, -gefühl:* Demnach handelt es sich auch hier um das Ausmaß der V., welche die heutige für zukünftige Generationen aufzubringen bereit ist (Gruhl, Planet 129); **Ver|ant|wor|tung,** die; -, -en: **1. a)** *[mit einer bestimmten Aufgabe, einer bestimmten Stellung verbundene] Verpflichtung, dafür zu sorgen, daß (innerhalb eines bestimmten Rahmens) alles einen möglichst guten Verlauf nimmt, das jeweils Notwendige u. Richtige getan wird u. möglichst kein Schaden entsteht:* eine schwere, große V.; Damit lastet eine neue, ungeheure V. auf den Staatsführungen (Gruhl, Planet 340); die Eltern haben, tragen die V. für ihre Kinder; für jmdn., etw. die V. übernehmen; diese V. kann dir niemand abnehmen; aus dieser V. kann dich niemand entlassen; sich seiner V. [für etw.] bewußt sein; ich tue es auf deine V. *(du trägst dabei die Verantwortung);* in der V. stehen *(Verantwortung tragen);* Heimat ist der Ort, wo man in V. genommen wird *(verpflichtet ist, Verantwortung zu tragen;* R. v. Weizsäcker, Deutschland 68); etw. in eigener V. *(selbständig, auf eigenes Risiko)* durchführen; jede Veröffentlichung ..., die ich mit meiner V. eines Geschäftsführers der Redaktion nicht vereinbaren kann (Spiegel 20, 1983, 116); **b)** ⟨o. Pl.⟩ *Verpflichtung, für etw. Geschehenes einzustehen [u. sich zu verantworten]:* er trägt die volle, die alleinige V. für den Unfall, für die Folgen; er lehnte jede V. für den Schaden ab; eine anarchistische Gruppe hat die V. für den Anschlag übernommen *(hat sich zu ihm bekannt);* jmdn. [für etw.] zur V. ziehen *(jmdn. als Schuldigen [für etw.] zur Rechenschaft ziehen).* **2.** ⟨o. Pl.⟩ *Verantwortungsbewußtsein, -gefühl:* ein Mensch ohne jede V. **3.** (veraltet, noch landsch.) *Rechtfertigung:* Denn die V. des Händlers, er habe ... nie Barren geschmuggelt, sondern unter der Hand im Lande gekauft, ... sah sein An-

gestellter Lehnort anders (Basta 6, 1984, 41); **Ver|ant|wor|tungs|be|reich,** der: *Bereich, für den jmd. verantwortlich ist:* Dieser Zwischenfall dort drüben ... lag nicht in seinem V. (H. Weber, Einzug 109); **Ver|ant|wor|tungs|be|reit|schaft,** die: *Bereitschaft, Verantwortung* (1 a) *zu übernehmen:* ein Mangel an V.; **ver|ant|wor|tungs|be|wußt** ⟨Adj.⟩: *sich seiner Verantwortung* (1 a) *bewußt:* ein -er Mensch; v. sein, handeln; Wir müssen lernen, die Vorteile heutiger Automobiltechnik -er einzusetzen (ADAC-Motorwelt 12, 1986, 57); **Ver|ant|wor|tungs|be|wußt|sein,** das ⟨o. Pl.⟩: *Bewußtsein, Verantwortung* (1 a) *zu tragen;* **Ver|ant|wor|tungs|ethik,** die: *(nach Max Weber) Ethik* (1 a) *einer Richtung, die sich (im Unterschied zur Gesinnungsethik) weniger auf sittliche Normen gründet, sondern die Sittlichkeit (ähnlich der Situationsethik) in der konkreten Situation zu verwirklichen sucht;* **ver|ant|wor|tungs|freu|dig** ⟨Adj.⟩: *gern bereit, Verantwortung* (1 a) *zu übernehmen;* **Ver|ant|wor|tungs|freu|dig|keit,** die: *das Verantwortungsfreudigsein;* **Ver|ant|wor|tungs|ge|fühl,** das ⟨o. Pl.⟩: *Gefühl, Sinn für Verantwortung* (1 a): kein V. haben; **ver|ant|wor|tungs|los** ⟨Adj.⟩: -er, -este): *ohne Verantwortungsbewußtsein handelnd:* kein Verantwortungsbewußtsein habend: ein -es Verhalten, Handeln; es ist v., bei diesem Wetter so schnell zu fahren; **Ver|ant|wor|tungs|lo|sig|keit,** die; -: *das Verantwortungslossein; Mangel an Verantwortungsbewußtsein;* **ver|ant|wor|tungs|voll** ⟨Adj.⟩: **1.** *mit Verantwortung* (1 a) *verbunden:* eine -e Aufgabe. **2.** *Verantwortungsbewußtsein habend, erkennen lassend:* ein -er Autofahrer; Die Frage bleibt offen, wie das Verhalten der Polizei als v. bezeichnet werden kann, wenn dabei zwei Menschen ums Leben kommen (NZZ 28. 1. 83, 28).

ver|äp|peln ⟨sw. V.; hat⟩ [H. u., viell. zu Appel, niederd. Nebenf. von ↑ Apfel u. urspr. = mit (faulen) Äpfeln bewerfen] (ugs.): veralbern.
ver|ar|bei|bar ⟨Adj.⟩: *sich verarbeiten* (1 a) *lassend;* **Ver|ar|beit|bar|keit,** die; -: *das Verarbeitbarsein;* **ver|ar|bei|ten** ⟨sw. V.; hat⟩ *älter = bearbeiten, eigtl. = durch Arbeit herstellen].* **1. a)** *[bei der Herstellung von etw.] als Material, Ausgangsstoff verwenden:* hochwertige Materialien, feinste Tabake v.; Ebenso fehlt der entsprechende Einsatz in der Industrie, die die Nahrungsmittel verarbeitet (Gruhl, Planet 77); verarbeitende Industrie (Wirtsch.; *Industrie, in der Rohstoffe verarbeitet od.* Zwischenprodukte *weiterverarbeitet werden*); Ü er hat in seinem Roman viele Motive aus der Mythologie verarbeitet; Meist verarbeitete er ein politisches Ereignis noch am selben Tag - abends auf dem Podium trug er das Gedicht bereits vor (Raddatz, Traditionen I, 160); die aufgenommenen Reize werden im, vom Gehirn verarbeitet; **b)** *in einem Herstellungsprozeß zu etw. machen:* Fleisch zu Wurst, Gold zu Schmuck v.; Nach diesem Prinzip wird Gülle und Stroh zu Festmist verarbeitet (Freie Presse 3. 1. 90, 7); Ü einen historischen

Stoff zu einem Roman v.; Mit einem Kostenaufwand von 3,4 Millionen DM hat das Deutsche Fernsehen ... den Roman zu einer 13teiligen Serie verarbeitet (Saarbr. Zeitung 24. 12. 79, 9/11/13); **c)** *beim Verarbeiten* (1 a) *verbrauchen:* wir haben schon drei Säcke Zement verarbeitet; **d)** ⟨v. + sich⟩ *sich in einer bestimmten Weise verarbeiten* (1 a) *lassen:* der Leim verarbeitet sich gut. **2. a)** *verdauen:* mein Magen kann solche schweren Sachen nicht v.; **b)** *geistig, psychisch bewältigen:* er muß die vielen neuen Eindrücke, diese Enttäuschung erst einmal v.; Aber selbst heute habe ich diesen ganzen Themenkomplex noch nicht verarbeitet (Augsburger Allgemeine 27./28. 5. 78, VIII); Er war kein mitteilsamer Mensch, mußte alles, was ihn bewegte, erst einmal v. (Danella, Hotel 94); **ver|ar|bei|tet** ⟨Adj.⟩: **1.** *Spuren [langjähriger] schwerer körperlicher Arbeit aufweisend:* -e Hände; sie sieht ganz v. aus. **2.** *in einer bestimmten Weise gefertigt:* ein sehr gut, schlecht -er Anzug; **Ver|ar|bei|tung,** die; -, -en: **1.** *das Verarbeiten.* **2.** *Art u. Weise, in der etw. gefertigt ist:* Schuhe in erstklassiger V.

ver|ar|gen ⟨sw. V.; hat⟩ [mhd. verargen = arg werden, zu ↑ arg] (geh.): *übelnehmen, verübeln:* Das kann man ihm nicht v.; Ich hätte es ihm wirklich nicht verargt, wenn er dann wütend geworden wäre (Kemelman [Übers.], Dienstag 160); **ver|är|gern** ⟨sw. V.; hat⟩: *durch Äußerungen od. Benehmen bei jmdm. bewirken, daß er enttäuscht-ärgerlich ist:* wir dürfen die Kunden nicht v.; Trudchen Fitzau ließ sich nicht v. (Bieler, Bär 313); mit deiner Unnachgiebigkeit hast du ihn verärgert; ⟨oft im 2. Part.:⟩ verärgert wandte er sich ab; **Ver|är|ge|rung,** die; -, -en: **a)** *das Verärgern;* **b)** *das Verärgertsein.*
ver|ar|men ⟨sw. V.; ist⟩ [mhd. verarmen, für älter armen, ahd. armēn = arm werden od. sein]: *arm werden; seinen Reichtum, sein Vermögen verlieren:* der Adel verarmte [immer mehr]; verarmte Provinzen; ich hab' ihm gesagt, der Herr wäre ein verarmter Aristokrat (Bieler, Mädchenkrieg 517); Ü ein junges Ehepaar ..., das durch einseitige Interessen und Egoismus emotional verarmt (NNN 27. 6. 85, 1); daß die Vielfalt der freien Natur verarmt ist (Wochenpresse 25. 4. 79, 26); **Ver|ar|mung,** die; -, -en: **a)** *das Verarmen;* **b)** *das Verarmtsein.*
ver|ar|schen ⟨sw. V.; hat⟩ (salopp): **1.** *zum besten haben, zum Narren halten, veralbern* (1): du willst mich wohl v.?; Durch dieses unkritische Geschreibsel fühle ich mich verarscht *(nicht ernst genommen;* ran 3, 1980, 4). **2.** *verspotten, sich über jmdn., etw. lustig machen:* Wenn man die weiche Tour fährt, fangen die Rekruten an, einen zu v. (Spiegel 12, 1989, 58); **Ver|ar|schung,** die; -, -en (salopp): **a)** *das Verarschen;* **b)** *das Verarschtwerden, -sein.*
ver|arz|ten ⟨sw. V.; hat⟩ (ugs.): **a)** *sich rasch jmds. annehmen, der verletzt od. krank ist o. ä., bes. jmdm. Erste Hilfe leisten, jmdn. rasch verbinden o. ä.:* ich muß erst mal den Kleinen v., er ist in eine Scherbe getreten; Die Feuerwehr ... ver-

arztete einige leichtverletzten Fahrgäste (MM 13. 6. 75, 19); **b)** *([jmdm.] eine Verletzung, einen verletzten Körperteil o. ä.) verbinden, behandeln:* ich will ihm nur rasch den Fuß v.; **c)** (seltener) *als Arzt betreuen:* er verarztet die ganze Bevölkerung in einem Umkreis von 30 km; Pro Jahr verarzten der brummige Walddoktor und seine Kollegen fast 2 400 Topathleten (Spiegel 37, 1987, 229); **Ver|arztung,** die; -, -en (ugs.): **a)** *das Verarzten;* **b)** *das Verarztetwerden.*
ver|aschen ⟨sw. V.⟩: **1.** (Chemie) *(einen organischen Stoff) zur Prüfung auf mineralische Bestandteile zu Asche werden lassen* ⟨hat⟩. **2.** (seltener) *zu Asche werden* ⟨ist⟩: die Spetterin ... schleuderte die Bücher ... in die Giftmülldeponie hinunter ..., wo sie nun modern, zundern ... veraschen und verätzen (Burger, Blankenburg 86).
ver|ästeln, sich ⟨sw. V.; hat⟩: *sich in viele immer dünner werdende Zweige teilen:* der Baum verästelt sich immer weiter; ein stark verästelter Busch; Ü der Fluß verästelt sich; ein Reichsbahngleis ... überquert die Straße ..., verästelt sich zu sechs Schienensträngen (NNN 26. 6. 84, 6); **Ver|äste|lung,** (seltener:) **Ver|ästl|ung,** die; -, -en: **1.** *das Sichverästeln, das Verästeltsein.* **2.** *verästelter Teil von etw.*
ver|at|men ⟨sw. V.; hat⟩: **1.** (selten) *verschnaufen:* er ... stieg langsam die fünfzig Schritte bis zur Wegebiegung hinan. Dort hielt er veratmend an, setzte sich abseits der Straße an den sonnerwärmten Rain (Hesse, Sonne 16). **2.** *durch Atmen verbrauchen:* Dabei setzt sie (= die Pflanze) Sauerstoff frei, den die Menschen in ihren Lungen wieder veratmen (Wiener 10, 1983, 43).
Ve|ra|trin, das; -s [zu lat. veratrum = Nieswurz]: *Gemisch von Alkaloiden aus weißer Nieswurz, das als Hautreizmittel verwendet wird.*
ver|ät|zen ⟨sw. V.; hat⟩: *ätzend (2) beschädigen, verletzen:* die Säure hat das Blech, hat ihm das Gesicht verätzt; in letzter Zeit verätzen sich viele Hausfrauen die Atemwege durch elementares Chlor (DÄ 47, 1985, 24); **Ver|ät|zung,** die; -, -en: **1.** *das Verätzen.* **2.** *durch Ätzen verursachte Beschädigung, Verletzung.*
ver|auk|tio|nie|ren ⟨sw. V.; hat⟩: *versteigern:* Verzeichnis einer Sammlung von Gerätschaften, welche ... verauktioniert werden sollen (Föster, Nachruf 102).
ver|aus|ga|ben ⟨sw. V.; hat⟩: **1.** (Papierdt.) *ausgeben* (2 a): riesige Summen [für etw.] v.; Er hatte Trinkgelder von schwarzenden Hausfrauen erhalten. Die unnütz verausgabten fünfzehn Mark für das große Schmetterlingsbuch waren wieder herein (Strittmatter, Wundertäter 150). **2.** (Postw.) *(Briefmarken) herausgeben* (4 a): Automatenmarken ... werden mittlerweile von 15 Postverwaltungen verausgabt (Westd. Zeitung 12. 5. 84, 15). **3. a)** ⟨v. + sich⟩ *alle seine Kräfte aufwenden, sich bis zur Erschöpfung anstrengen:* er hat sich beim Fußballspiel total verausgabt; sich mit etw. völlig v.; Tobias hatte sich in seinem ersten ... Jahr an der städtischen Schule in Freundschaften und Pflaumenwäldern so verausgabt, daß er am Ende des Jahres sitzenblieb

(Muschg, Gegenzauber 67); **b)** (selten) *(Kräfte o. ä.) für etw. aufwenden:* seine Kräfte an etw. v.; **Ver|aus|ga|bung,** die; -, -en: *das [Sich]verausgaben.*
ver|aus|la|gen ⟨sw. V.; hat⟩ (Papierdt.): *auslegen* (3): jmdm., für jmdn. Geld v.; **Ver|aus|la|gung,** die; -, -en (Papierdt.): *das Verauslagen.*
Ver|äu|ße|rer, der (Rechtsspr.): *jmd., der etw. veräußert;* **Ver|äu|ße|rin,** die (Rechtsspr.); **ver|äu|ßer|lich** ⟨Adj.⟩ (bes. Rechtsspr.): *sich veräußern lassend; verkäuflich:* -e Wertpapiere; **ver|äu|ßer|li|chen** ⟨sw. V.⟩ (bildungsspr.): **1.** *zu etw. nur noch Äußerlichem machen, werden lassen* ⟨hat⟩: die Konsumgesellschaft veräußerlicht das Leben der Menschen. **2.** *zu etw. nur noch Äußerlichem werden* ⟨ist⟩: das Leben der Menschen in dieser Zeit veräußerlicht immer mehr; ⟨auch v. + sich; hat:⟩ In der Kavalierstour ..., die ... bald zur europäischen Kulturmode wurde, hat sich diese Vorstellung ... veräußerlicht (Fest, Im Gegenlicht 23); **Ver|äu|ßer|li|chung,** die; -, -en (bildungsspr.): *das Veräußerlichen;* **ver|äu|ßern** ⟨sw. V.; hat⟩ (bes. Rechtsspr.): **1.** *jmdm. (etw., was man als Eigentum besitzt) übereignen, insbesondere verkaufen; (etw.) worauf man Anspruch hat] an jmd. anderen abtreten:* den Schmuck, der ganze Habe v.; Die in finanziellen Schwierigkeiten steckende Gesellschaft ... hatte schon seit längerem in beiden Flugzeuge zu v. versucht (NZZ 27. 8. 86, 1). **2.** *(ein Recht) auf jmd. anderen übertragen:* der Staat kann die Schürfrechte [an einen Privatmann] v.; **Ver|äu|ße|rung,** die; -, -en (Rechtsspr.): *das Veräußern;* **Ver|äu|ße|rungs|ver|bot,** das (Rechtsspr.): *gesetzliches Verbot, bestimmte Gegenstände zu veräußern;* **Ver|äu|ße|rungs|wert,** der (Wirtsch.): *Realisationswert.*
Ve|ra|zi|tät, die; - [zu lat. veraciter = wahrredend, zu: verax (Gen.: veracis) = wahrredend, wahrhaft] (veraltet): *Wahrhaftigkeit.*
Verb, das; -s, -en [lat. verbum = Ausdruck, (Zeit)wort] (Sprachw.): *flektierbares Wort, das eine Tätigkeit, ein Geschehen, einen Vorgang od. einen Zustand bezeichnet; Tätigkeits-, Zeitwort;* **Ver|ba:** Pl. von ↑Verbum.
¹**ver|backen**¹ ⟨unr. V.; verbäckt/verbackt, verbackte/(veraltend:) verbuk, hat verbacken⟩: **a)** *zum Backen verwenden:* nur beste Zutaten v.; Roggen läßt sich v. nach einer Säuerung (natur 2, 1991, 79); **b)** *backend zu etw. verarbeiten* (1 b): Mehl zu Brot v.; **c)** *beim Backen verbrauchen:* ein Kilo Butter v.; **d)** ⟨v. + sich⟩ *sich in einer bestimmten Weise verbacken* (a) *lassen:* das Mehl verbäckt sich gut.
²**ver|backen**¹ ⟨sw. V.⟩ [vgl. ²backen] (landsch.): **a)** *verkleben* (1 a) ⟨ist⟩: damit die Haare nicht verbacken; **b)** *verkleben* (1 b) ⟨hat⟩: das Blut verbackt die Haare; **c)** ⟨v. + sich⟩ *sich klebend verbinden* ⟨hat⟩.
ver|bal ⟨Adj.⟩ [spätlat. verbalis, zu lat. verbum, ↑Verb]: **1.** (bildungsspr.) *mit Worten, mit Hilfe der Sprache [erfolgend]:* ein -er Protest; Nach einem kurzen -en Streit schritten die beiden Eindringlinge zur Tat (MM 12. 4. 84, 19); Gefühle sich

v. nicht ausdrücken lassen; Auch der Elektroniker ... bekennt sich v. zur Armee (NZZ 28. 8. 86, 30). **2.** (Sprachw.) *als Verb, wie ein Verb [gebraucht], durch ein Verb [ausgedrückt]:* -e Ableitungen von Substantiven; **Ver|bal|ab|strak|tum,** das (Sprachw.): *von einem Verb abgeleitetes Abstraktum* (z. B. Hilfe); **Ver|bal|ad|jek|tiv,** das (Sprachw.): **1.** *adjektivisch gebrauchte Verbform* (z. B. löslich). **2.** (selten) *von einem Verb abgeleitetes Adjektiv* (z. B. löslich); **Ver|bal|de|fi|ni|ti|on,** die (veraltet): *Nominaldefinition;* **Ver|ba|le,** das; -s, ...ien [zu 1. *von einem Verb abgeleitetes Wort* (z. B. Denker). ⟨meist Pl.⟩ (veraltet) *verbale* (1), *mündliche Äußerung.* **3.** ⟨Pl.⟩ (veraltet) *Kenntnis bloßer Wörter;* **Ver|bal|ero|ti|ker,** der (Sexualk.): *jmd., der sexuelle Befriedigung daraus zieht, in anschaulich-derber, obszöner Weise über sexuelle Dinge zu sprechen:* Die Polizei rät, bei weiteren Anrufen dieses -s ein Gespräch gar nicht erst aufkommen zu lassen (MM 3./4. 9. 83, 29); **Ver|bal|ero|ti|ke|rin,** die (Sexualk.): w. Form zu ↑Verbalerotiker; **Ver|bal|in|ju|rie,** die (bildungsspr.): *Beleidigung durch Worte:* Autofahrer mit Hut ... bedenkt er schon frühmorgens mit -n (Dierichs, Männer 179); **Ver|bal|in|spi|ra|ti|on,** die (Theol.): *wörtliche Eingebung der Bibeltexte durch den Heiligen Geist;* **ver|ba|li|sie|ren** ⟨sw. V.; hat⟩: **1.** (bildungsspr.) *in Worte fassen, mit Worten zum Ausdruck bringen:* Gefühle v.; Der Therapeuten ... lassen den Patienten seine Angst v. (Spiegel 4, 1977, 258). **2.** (Sprachw.) *(aus einem Wort) ein Verb bilden:* ein Adjektiv v.; **Ver|ba|li|sie|rung,** die; -, -en: **1.** *das Verbalisieren.* **2.** *etw. Verbalisiertes;* **Ver|ba|lis|mus,** der; - (abwertend): **1.** (bildungsspr.) *Neigung, sich zu sehr ans Wort zu klammern.* **2.** (Päd.) *Unterrichtsform, -praxis, die allein auf die Vermittlung von Wortwissen abgestellt ist, ohne das Verständnis zu fördern, ohne einen Bezug zur Praxis zur Wirklichkeit des Lebens herzustellen;* **Ver|ba|list,** der; -en, -en (abwertend): **1.** (bildungsspr.) *jmd., der sich zu sehr ans Wort klammert.* **2.** (Päd.) *Anhänger des Verbalismus* (2); **Ver|ba|li|stin,** die; -, -nen (abwertend): w. Form zu ↑Verbalist; **ver|ba|li|stisch** ⟨Adj.⟩ (abwertend): **1.** (bildungsspr.) *von Verbalismus* (1) *geprägt, zeugend.* **2.** (Päd.) *zum Verbalismus* (2) *gehörend, auf ihm beruhend, für ihn charakteristisch;* **ver|ba|li|ter** ⟨Adv.⟩ [mit lat. Adverbendung zu ↑verbal] (bildungsspr.): *wörtlich, wortwörtlich:* etw. v. wiedergeben; **Ver|bal|kon|kor|danz,** die (Wissensch.): *Konkordanz* (1 a), *die aus einem alphabetischen Verzeichnis von gleichen od. ähnlichen Wörtern od. Textstellen besteht;* **Ver|bal|kon|trakt,** der (Rechtsspr.): *mündlicher Vertrag.*
ver|bal|lern ⟨sw. V.; hat⟩: **1.** (ugs.) *ballernd* (1 a) *verbrauchen, vergeuden, [sinnlos] verschießen* (1 b): die ganze Munition v.; Silvester wieder jedes Jahr Millionen sinnlos verballert (für Knallkörper o. ä. ausgegeben). **2.** (ugs.) *verschießen* (2): den Elfmeter hat er vor lauter Aufregung verballert. **3.** (landsch.) *verkaufen, zu Geld machen:* Ich hatte nur meinen eigenen

verballhornen

Schmuck verballert und fast alle meine Schallplatten (Christiane, Zoo 202). **ver|ball|hor|nen** ⟨sw. V.; hat⟩ [nach dem Buchdrucker J. Bal(l)horn, der im 16. Jh. eine Ausgabe des lübischen Rechts druckte, die viele Verschlimmbesserungen unbekannter Bearbeiter enthielt]: *(ein Wort, einen Namen, eine Wendung o. ä.) entstellen [in der Absicht, etw. vermeintlich Falsches zu berichtigen]:* wenn das nicht ausreichte, erfand er eigene Wortspiele, verballhornte bestimmte Redensarten oder verfiel in Jargonausdrücke (Weber, Tote 270); **Ver|ball|hor|nung**, die; -, -en: **1.** *das Verballhornen.* **2.** *etw. durch Verballhornen Verändertes.* **Ver|bal|no|men**, das (Sprachw.): *als Nomen gebrauchte Verbform* (z. B. Vermögen, *vermögend*); **Ver|bal|no|te**, die (Dipl.): *nicht unterschriebene vertrauliche diplomatische Note* (4); **Ver|bal|phra|se**, die (Sprachw.): *Wortgruppe in einem Satz mit einem Verb als Kernglied;* **Ver|bal|präfix**, das (Sprachw.): *Präfix, das vor ein Verb tritt;* **Ver|bal|satz**, der (Sprachw.): *mit einem Vollverb gebildeter Satz;* **Ver|bal|stil**, der ⟨o. Pl.⟩ (Sprachw.): *sprachlicher Stil, der das Verb (im Gegensatz zum Nomen) bevorzugt;* **Ver|bal|substan|tiv**, das (Sprachw.): *zu einem Verb gebildetes Substantiv, das (zum Zeitpunkt der Bildung) eine Geschehensbezeichnung ist; Nomen actionis* (z. B. „Trennung" zu „trennen"); **Ver|bal|suf|fix**, das (Sprachw.): *Suffix, das an den Stamm eines Verbs tritt* (z. B. „-eln" in „lächeln"). **Ver|band**, der; -[e]s, Verbände [zu ↑verbinden]: **1. a)** *um einen Schutz einer Wunde o. ä., zur Ruhigstellung (z. B. eines gebrochenen Knochens) dienende, in mehreren Lagen um einen Körperteil gewickelte Binde o. ä.:* der V. rutscht, ist zu fest; [jmdm.] einen V. anlegen, den V. abnehmen; den V. wechseln; er hatte einen dikken V. um den Kopf; bleich, staubig und mit blutdurchtränkten Verbänden hatten sie auf Wagen und Karren gelegen (Kühn, Zeit 14); ♦ **b)** ⟨o. Pl.⟩ *das Verbinden* (1 b): Ich fuhr während des -es fort, ihm mit Wein anzustreichen (Goethe, Lehrjahre VI, Schöne Seele). **2.** *von mehreren kleineren Vereinigungen, Vereinen, Klubs o. ä. od. von vielen einzelnen Personen zur Durchsetzung gemeinsamer Interessen gebildeter größerer Zusammenschluß:* politische, kulturelle, karitative Verbände; Verbände stützen die Parteien, Parteien nützen den Verbänden (Dönhoff, Ära 35); einen V. gründen; einem V. beitreten, angehören; in einem V. organisiert sein; sich zu einem V. zusammenschließen. **3.** (Milit.) **a)** *größerer Zusammenschluß mehrerer kleinerer Einheiten:* starke motorisierte Verbände; ein feindlicher V. von Bataillonsstärke; **b)** *Anzahl von gemeinsam operierenden Fahrzeugen, Flugzeugen:* ein V. von 15 Bombern; Noch ehe die erwarteten Jäger einfielen, zog ein V. von Zerstörern durch (Gaiser, Jagd 12). **4.** *aus vielen [gleichartigen] Elementen zusammengesetztes Ganzes, aus vielen Individuen [einer Art] bestehende, eine Einheit bildende Gruppe:* der V. der Familie; das einzelne Tier findet im V. der Herde Schutz; Es hat keinen Sinn auszumalen, wie es früher war: die Großväter und Großmütter im V. der Großfamilie (Sommerauer, Sonntag 81); * **im V.** *(gemeinsam, als Gruppe [u. in Formation]):* im V. fliegen; Die Natur rächt alles Natürliche. Alles hat nötigen Abstand und ist im V. und doch für sich (Molo, Frieden 67). **5. a)** (Bauw.) *Art u. Weise der Zusammenfügung von Mauersteinen an einem Mauerwerk;* **b)** (Bauw.) *aus senkrechten od. diagonalen Verbindungen bestehende Konstruktion innerhalb eines Fachwerks* (1 b); **c)** (Schiffbau) *versteifendes, stützendes od. tragendes Bauteil eines Schiffes;* **ver|ban|deln** ⟨sw. V.; hat⟩ [zu ↑¹Band (I 1)] (landsch.): *[eng] verbinden:* hier in Rom ist sie, gerüchteweise, mit einem ganz anderen Herrn heimlich verbandelt (Hörzu 15, 1978, 80); **Ver|bän|de|rung**, die; -, -en (Bot.): *Fasziation* (1); **Ver|bän|de|staat**, der; -[e]s, -en ⟨Pl. selten⟩ (Soziol. meist abwertend): *Staat, in dem mächtige Interessenverbände allzu großen Einfluß haben;* **Ver|band|ka|sten**, Verbandskasten, der: *gewöhnlich luft- u. wasserdichter Kasten zur Aufbewahrung von Verbandmaterial, Instrumentarium u. Medikamenten für Erste Hilfe;* **Ver|band|kis|sen**, Verbandskissen, das: *zum Mitführen im Auto bestimmtes Kissen, in dessen Innerem Verbandszeug u. a. untergebracht werden kann;* **Ver|band|klam|mer**, Verbandsklammer, die: *aus zwei hakenartigen Metallteilen u. einem sie verbindenden Gummiband bestehende Klammer zum Befestigen des Endes einer Binde;* **ver|band|lich** ⟨Adj.⟩ (Amtsspr.): *den Verband* (2) *betreffend, von ihm durchgeführt;* -e Regelungen; im Zuge unserer -en Selbstkontrolle (Spiegel 33, 1983, 11); **Ver|band|ma|te|ri|al**, Verbandsmaterial, das: *zum Anlegen eines Verbands* (1) *dienendes Material (wie Binden, Mullstreifen, Heftpflaster);* **Ver|band|mull**, Verbandsmull, der: *als Verbandsmaterial dienender Mull;* **Ver|band|päck|chen**, Verbandspäckchen, das: *steril verpackte Mullbinde mit einer daran befestigten Kompresse* (2) *zum Verbinden einer Wunde;* **Ver|band|platz**, Verbandsplatz, der (Milit.): *Sanitätseinrichtung für erste ärztliche Behandlung von Verwundeten;* **Ver|band|raum**, Verbandsraum, der: vgl. Verbandszimmer; **Ver|band|sche|re**, Verbandsschere, die: *besondere Schere zum Schneiden von Verbandsstoffen;* **Ver|bands|flug**, der: *Formationsflug* (a); **Ver|bands|ge|mein|de**, die (Amtsspr.): *aus mehreren zusammengeschlossenen Nachbarorten eines Landkreises bestehende Gebietskörperschaft;* **Ver|bands|kas|se**, die: vgl. Vereinskasse; **Ver|bands|ka|sten:** ↑Verbandkasten; **Ver|bands|kis|sen:** ↑Verbandkissen; **Ver|bands|kla|ge**, die (Rechtsspr.): *von einem Verband* (2) *erhobene Klage, bei der dieser keine eigenen Rechte, sondern die Interessen seiner Mitglieder od. der Allgemeinheit geltend macht;* **Ver|bands|klam|mer:** ↑Verbandklammer; **Ver|bands|le|ben**, das: vgl. Vereinsleben; **Ver|bands|lei|ter**, der: *Leiter eines Verbandes* (2); **Ver|bands|lei|te|rin**, die: w. Form zu ↑Verbandsleiter; **Ver|bands|lei|tung**, die: **1.** *Leitung* (1) *eines Verbandes* (2). **2.** *mit der Leitung eines Verbandes* (2) *betraute Personen;* **Ver|bands|li|ga**, die (Sport): *(bei bestimmten Sportverbänden) höchste Spielklasse;* **Ver|bands|ma|te|ri|al:** ↑Verbandmaterial; **Ver|bands|mull:** ↑Verbandmull; **Ver|bands|päck|chen:** ↑Verbandpäckchen; **Ver|bands|platz:** ↑Verbandplatz; **Ver|bands|pres|se**, die: *von einem Verband, Verein, einer politischen Partei o. ä. verlegte u./od. herausgegebene, der Information der Mitglieder dienende Zeitungen, Zeitschriften o. ä., die den Mitgliedern kostenfrei od. zu einem ermäßigten Preis zugesandt werden;* **Ver|bands|raum:** ↑Verbandraum; **Ver|bands|sche|re:** ↑Verbandschere; **Ver|bands|spiel**, das (Sport): *Spiel im Wettbewerb eines Verbandes* (2); **Ver|bands|stoff**, der: *Verbandmaterial;* **Ver|bands|vor|sit|zen|de**, der u. die: *Vorsitzende[r] eines Verbandes* (2); **Ver|bands|vor|stand**, der: *Vorstand eines Verbandes* (2); **Ver|bands|wat|te:** ↑Verbandwatte; **Ver|bands|wech|sel:** ↑Verbandwechsel; **Ver|bands|zei|chen**, das: vgl. Firmenzeichen; **Ver|bands|zei|tung**, die: *Zeitschrift eines Verbandes* (2) *als Mittel der Öffentlichkeitsarbeit u. a.;* **Ver|bands|zell|stoff**, Verbandzellstoff, der: vgl. Verbandmull; **Ver|bands|zeug:** ↑Verbandzeug; **Ver|bands|zim|mer:** ↑Verbandzimmer; **Ver|band|wat|te**, Verbandswatte, die: vgl. Verbandmull; **Ver|band|wech|sel**, Verbandswechsel, der: *das Wechseln eines Verbandes* (1a); **Ver|band|zell|stoff:** ↑Verbandzellstoff; **Ver|band|zeug**, Verbandzeug, das ⟨o. Pl.⟩: *Verbandmaterial;* **Ver|band|zim|mer**, Verbandszimmer, das: *Raum, in dem Verletzte, Verwundete verbunden [u. behandelt] werden.* **ver|ban|nen** ⟨sw. V.; hat⟩ [mhd. verbannen = ge-, verbieten; durch Bann verfluchen, ahd. farbannan = den Augen entziehen]: *(als Strafe) aus dem Land weisen u. nicht zurückkehren lassen od. an einen bestimmten entlegenen Ort schicken u. zwingen, dort zu bleiben:* jmdn. [aus seinem Vaterland] v.; er wurde [für den Jahre] auf eine Insel verbannt; Ü Für seinen Militärdienst war Carol in eine kleine pommersche Garnison verbannt worden (Dönhoff, Ostpreußen 73); Sie versuchte, die Gedanken an ihn zu v. (M. L. Fischer, Kein Vogel 232); **Ver|bann|te**, der u. die; -n, -n ⟨Dekl. ↑Abgeordnete⟩: *jmd., der verbannt wurde, ist;* **Ver|ban|nung**, die; -, -en: **1.** *das Verbannen, Verbanntwerden:* die V. politischer Gegner. **2.** *das Verbanntsein, das Leben als Verbannte[r]:* in die V. gehen müssen; jmdn. in die V. schicken; **Ver|ban|nungs|ort**, der ⟨Pl. -e⟩: *Ort, an den jmd. verbannt worden ist.* **ver|bar|ri|ka|die|ren** ⟨sw. V.; hat⟩ [zu ↑Barrikade]: **1.** *durch einen od. mehrere schnell herbeigeschaffte Gegenstände, die als Hindernis dienen sollen, versperren, unpassierbar machen:* die Demonstranten hatten die Straße mit umgestürzten Autos verbarrikadiert; den Eingang mit einem Schrank v.; Es gab eingeschlagene Fenster, baufällige Türen, mit Eisenstangen verbarrikadiert (Kronauer, Bogen-

schütze 228). 2. ⟨v. + sich⟩ *sich durch Verbarrikadieren* (1) *gegen Eindringlinge, Angreifer o. ä. schützen:* sie hatten sich in der Baracke verbarrikadiert; die Leute sollen sich im Warenhaus verbarrikadiert haben, eine Nacht und einen Tag lang (Plenzdorf, Legende 34).
ver|ba|seln ⟨sw. V.; hat⟩ [aus dem Niederd. < mniederd. vorbasen, zu: basen = unsinnig reden, handeln] (landsch.): *verderben, verwirren, aus Nachlässigkeit versäumen, vergessen, verlieren:* er hat wieder alles verbaselt.
Ver|bas|kum, das; -s, ...ken [lat. verbascum]: *Königskerze.*
ver|bau|en ⟨sw. V.; hat⟩ [1, 2, 5: mhd. verbüwen]: **1. a)** *durch den Bau* (1) *von etw. versperren:* jmdm. durch einen Neubau die Aussicht v.; Ü Wir haben ja immer gesagt, daß wir niemand den Sprung in eine höhere Klasse verbauen (Rheinpfalz 7. 7. 84, 14); Du bist selbst schuld, wenn du dir deine Zukunft verbaust (elan 2, 1980, 29); **b)** (abwertend) *in störender, häßlicher Weise bebauen u. dadurch verunstalten:* die Landschaft v.; Mit einem ... Kraftakt wurden ... die Innenstädte mit neuen Cityringen, Tangenten, Parkhäusern und Tiefgaragen verbaut (natur 9, 1991, 83). **2. a)** *zum, beim Bauen verwenden:* Holz u.; Natürlich wurden nur biologisch verträgliche Materialien verbaut (natur 2, 1991, 64); **b)** *zum, beim Bauen verbrauchen:* er hat sein ganzes Vermögen verbaut; Das Material war inzwischen verbaut, fast gänzlich (Freie Presse 15. 2. 90, 3). **3.** (abwertend) *falsch, unzweckmäßig bauen:* der Architekt hat das Haus völlig verbaut; ⟨oft im 2. Part.:⟩ ein ziemlich verbautes Haus; Ü Gestern habe ich nach der Schule furchtbar geheult wegen einer verbauten Mathematikarbeit. **4.** (selten) *bebauen* (1). **5.** (Fachspr.) *etw. durch Einbauen von etw. befestigen, gegen Einsturz o. ä. sichern:* eine Baugrube mit Bohlen v.; Die erste Besichtigung galt einem Wiesenbach im Heitertal, der wegen verschiedener Anrisse 1980 verbaut werden mußte (NZZ 30. 8. 83, 19).
ver|bau|ern ⟨sw. V.; ist⟩ [zu ↑¹Bauer (1)] (abwertend): *auf das Niveau eines einfachen, ungebildeten, am geistigen u. kulturellen Leben nicht teilhabenden Menschen absinken:* Deshalb unterhält er ... eine rege ärztliche Korrespondenz, um in der Provinz nicht wissenschaftlich zu v. (Werfel, Bernadette 31); **Ver|baue|rung,** die; - (abwertend): *das Verbauern.*
Ver|bau|ung, die; -, -en: *das Verbauen, Verbautwerden.*
ver|be|am|ten ⟨sw. V.; hat⟩: **1.** *zum Beamten, zum Beamtin im Sinne machen, ins Beamtenverhältnis übernehmen:* in England werden Lehrer gar nicht erst verbeamtet (MM 30./31. 8. 86, 12). **2.** (oft abwertend) *mit [allzu] vielen Beamten durchsetzen, [zu sehr] unter den Einfluß von Beamten stellen:* die Parlamente werden immer stärker verbeamtet; **Ver|be|am|tung,** die; -: *das Verbeamten, Verbeamtetwerden.*
ver|bei|ßen ⟨st. V.; hat⟩ /verbissen/ [2-4: mhd. verbīȝen]: **1.** ⟨v. + sich⟩ *sich festbeißen:* die Hunde verbissen sich in den Keiler; er (= Hund) wurde von Hütehund angegriffen, die Tiere verbissen sich (Brückner, Quints 99); Ü er hat sich in ein Schachproblem verbissen; Vermutlich verbiß er sich mit ähnlicher Energie in seine Schriftsätze (Gregor-Dellin, Traumbuch 46). **2.** (bes. Jägerspr.) *beißend beschädigen:* das Wild hat die jungen Bäume verbissen. **3.** (selten) **a)** *zusammenbeißen:* die Zähne v.; **b)** *sich auf etw. beißen:* er verbeißt die Lippen und trifft sofort Anordnungen (St. Zweig, Fouché 135). **4.** *in einem Akt von Selbstbeherrschung unterdrücken:* seinen Schmerz, das Lachen v.; er warf den Schraubenzieher auf den Schreibtisch und verbiß einen Fluch (H. Gerlach, Demission 211); ⟨auch v. + sich:⟩ „Jawohl, Herr", sagte Marianne und verbiß sich das Lachen (Bieler, Mädchenkrieg 370).
♦ ver|bei|stän|den ⟨sw. V.; hat⟩: *(im schweiz. Sprachgebrauch) Beistand leisten, unterstützen:* Nun ging auch das Mädchen an sein Werk, verbeiständet von der Hebamme und der Hausfrau (Gotthelf, Spinne 11).
ver|bel|len ⟨sw. V.; hat⟩ (Jägerspr.): *durch Bellen auf den Standort eines kranken od. verendeten Stücks Wild aufmerksam machen:* der Jagdhund verbellte den Bock.
Ver|be|ne, die; -, -n [lat. verbena]: *Eisenkraut.*
ver|ber|gen ⟨st. V.; hat⟩ /vgl. verborgen/ [mhd. verbergen, ahd. fer-, firbergan]: **1. a)** *den Blicken anderer entziehen, verstecken:* etw. unter einem Mantel, hinter seinem Rücken v.; sich hinter einer Hecke, in einer Gruppe v.; einen Flüchtling bei sich, vor der Polizei v., verborgen halten; er verbarg seine Hände in den Manteltaschen *(hatte sie in die Manteltaschen gesteckt);* das Gesicht in/hinter den Händen v. *(es mit den Händen verdecken);* Ü er versuchte seine Unwissenheit hinter leeren Phrasen zu v.; **b)** *nicht sehen lassen, verdecken* (a): ein dichter Schleier verbarg ihr Gesicht; Ein Totenhemd verbarg die Schnittstellen (Jahnn, Geschichten 212); Frau Marthe sah ihnen nach, bis der Wald ihre hohen Gestalten verbarg (Wiechert, Jeromin-Kinder 647); Ü ein Lächeln sollte seine Unsicherheit v. **2. a)** *der Kenntnis, dem Wissen anderer vorenthalten, entziehen; verheimlichen:* seinen Kummer, seine Ängste vor jmdm. v.; Verbirgt einer seine Schwächen und Fehler, dann wird ihm dies prompt verübelt (Reich-Ranicki, Th. Mann 230); jmdm. seine Meinung, die wahren Gründe v. *(verschweigen);* ich habe nichts zu v. *(habe nichts getan o. ä., was ich verheimlichen müßte);* er sieht aus, als hätte er etwas zu v.; **b)** ⟨v. + sich⟩ *sich dem Wissen, der Einsicht anderer entziehen:* überlegte Sellmann immer noch, welche Dienststelle sich hinter dieser Abkürzung verbarg (Bieler, Mädchenkrieg 419); In diesem beiläufigen Hinweis verbirgt sich beinahe ein Programm (Reich-Ranicki, Th. Mann 68); **Ver|ber|gung,** die; -, -en: *das Verbergen.*
ver|be|schei|den ⟨st. V.; hat⟩ (Amtsspr. veraltet): ¹*bescheiden* (4).
ver|bes|sern ⟨sw. V.; hat⟩ [mhd. verbeȝȝern]: **1.** *durch Änderungen besser machen, auf einen besseren Stand* (4 a, b) *bringen:* eine Methode, die Qualität eines Produkts v.; das Schulwesen müßte verbessert *(reformiert)* werden; Es dauerte eine ganze Weile, bis die Bengels ihre Taktik so verbessert hatten, daß sie gleichzeitig angriffen (Loest, Pistole 212); Wir wollten unseren Sound v. (Freizeitmagazin 12, 1978, 19); seine Leistung, einen Rekord v.; sie konnte ihre Zeit, den Weltrekord um acht Hundertstel Sekunden v. (Sport; *unterbieten*); ⟨auch ohne Akk.-Obj.:⟩ Leitner ... verbesserte auf 2 : 19,67 (Olymp. Spiele 12); die fünfte, verbesserte Auflage des Buches. **2. a)** *von Fehlern, Mängeln befreien u. dadurch vollkommener machen:* einen Aufsatz, jmds. Stil v.; **b)** *(einen Fehler o. ä.) beseitigen; korrigieren:* sich in Kommafehler, Druckfehler v. **3.** ⟨v. + sich⟩ *besser werden:* die Verhältnisse haben sich entscheidend verbessert; Die Sicherheit gegenüber der höherverstellbare Vordergurte (ADAC-Motorwelt 11, 1986, 13); Obgleich sich die Qualität des Bodenseewassers ... merklich verbessert hat (MM 29. 2. 80, 19); der Schüler hat sich seit dem letzten Zeugnis in Mathematik deutlich verbessert; seit 1963 ist er auch im Slalom stark verbessert (Maegerlein, Piste 115). **4.** ⟨v. + sich⟩ *in eine bessere [wirtschaftliche] Lage kommen:* wenn ihr die Stelle bekäme, würde er sich v. **5.** *(bei jmdm., sich) eine als fehlerhaft, unzutreffend o. ä. erkannte (fremde od. eigene) Äußerung berichtigen; korrigieren* (c): du sollst mich nicht ständig v.; er versprach sich, verbesserte sich aber sofort; **Ver|bes|se|rung,** die; -, -en: **1.** *Änderung, durch etw. verbessert* (1) *wurde:* Wesentliche akustische und klimatische -en erhält der neue Kammermusiksaal (NNN 16. 10. 84, 3). **2. a)** *das Verbessern* (2); **b)** *verbesserter Text; Berichtigung* (b). **3.** *das Sichverbessern* (3, 4); **ver|bes|se|rungs|be|dürf|tig** ⟨Adj.⟩: *einer Verbesserung* (1) *[dringend] bedürfend, nicht gut:* Diese Bindung an einen ständig -en ... sozialen Rechtsstaat (R. v. Weizsäcker, Deutschland 52); **Ver|bes|se|rungs|be|dürf|tig|keit,** die; -: *das Verbesserungsbedürftigsein;* **ver|bes|se|rungs|fä|hig** ⟨Adj.⟩: *sich verbessern lassend, eine Verbesserung* (1) *zulassend, ermöglichend:* Diese Bindung an einen ständig verbesserungsbedürftigen, aber eben auch -en ... Rechtsstaat (R. v. Weizsäcker, Deutschland 52); Verbesserungsfähig ist sie ... noch im 800-m-Lauf (NZZ 2. 9. 86, 34); **Ver|bes|se|rungs|fä|hig|keit,** die; -: *das Verbesserungsfähigsein;* **Ver|bes|se|rungs|vor|schlag,** der: *Vorschlag, eine bestimmte Verbesserung* (1) *an etw. vorzunehmen:* einen V. einbringen, einreichen, machen; **ver|bes|se|rungs|wür|dig** ⟨Adj.⟩: vgl. *verbesserungsbedürftig;* **Ver|bes|se|rungs|wür|dig|keit,** die; -: *das Verbesserungswürdigsein.*
Ver|beß|rung: ↑ *Verbesserung.*
ver|beu|gen, sich ⟨sw. V.; hat⟩ [älter nhd. sich verbiegen (nicht unterschieden)]: *zur Begrüßung, als Ausdruck der Ehrerbietung, des Dankes o. ä. Kopf u. Oberkörper nach vorn neigen:* sich leicht, kurz, steif, höflich v.; Jetzt aber verbeugt er sich tief und ehrfürchtig vor dem Sproß Ludwigs

des Heiligen (St. Zweig, Fouché 210); **Ver|beu|gung,** die; -, -en: *das Sichverbeugen:* eine V. machen.

ver|beu|len ⟨sw. V.; hat⟩: *durch eine Beule* (2), *durch Beulen die Oberfläche von etw. beschädigen:* du hast die Kanne verbeult; ⟨meist im 2. Part.:⟩ ein verbeulter Kotflügel; Ü verbeulte *(ausgebeulte)* Hosenbeine; schweigsame, verschlafene Fabrikarbeiter mit ihren Seesäcken und verbeulten Aktentaschen (Zenker, Froschfest 113); **Ver|beu|lung,** die; -, -en: *das Verbeulen, Verbeultwerden.*

ver|bi cau|sa [lat., eigtl. = des Wortes wegen] (veraltet): *zum Beispiel;* Abk. v. c.

ver|bie|gen ⟨st. V.; hat⟩: 1. *durch Biegen aus der Form bringen [u. dadurch unbrauchbar, unansehnlich machen]:* wer hat den Draht so verbogen?; verbieg mir nicht meine Stricknadeln!; ein verbogener Nagel; Ü diese Erziehung hat seinen Charakter, ihn [charakterlich] verbogen; die Zustimmung zu einem Gesetz, das den Grundsatz der Rechtsgleichheit zu v. drohte (Rhein. Merkur 18. 5. 84, 4). 2. ⟨v. + sich⟩ *durch Sichbiegen aus der Form geraten [u. dadurch unbrauchbar, unansehnlich werden]:* die Lenkstange hat sich bei dem Sturz verbogen; er hat eine verbogene (ugs.; *krumme)* Wirbelsäule; ⟨im Präsens zur Bez. einer Beschaffenheit auch ohne „sich":⟩ der Draht, das Blech verbiegt leicht; **Ver|bie|gung,** die; -, -en: *das [Sich]verbiegen.*

ver|bie|stern ⟨sw. V.; hat⟩ [aus dem Niederd. < mniederd. vorbīsteren, zu: bīster = umherirrend; gereizt < (m)niederl. bijster]: 1. ⟨v. + sich⟩ (landsch.) *sich verirren:* sich im Wald, im Dunkeln v. 2. ⟨v. + sich⟩ (ugs.) a) *bei einer Arbeit o. ä. in eine falsche, nicht zum Ziel führende Richtung geraten:* er hat sich bei der Arbeit hoffnungslos verbiestert; b) *krampfhaft an etw. festhalten:* sich in ein Projekt v. 3. (landsch.) *verwirren, verstört machen, durcheinanderbringen:* das schreckliche Erlebnis hatte das Kind ganz verbiestert; Das Nachdenken darüber, was sie in ihrem Leben falsch gemacht hatte, verbiesterte sie nicht, verdüsterte nicht ihren Vorblick (Alexander, Jungfrau 263); ⟨meist im 2. Part.:⟩ verbiestert *(verstört u. teilnahmslos, stumpf)* dasitzen,einfach dreinblicken. 4. (landsch.) *verärgern:* ihre Unzuverlässigkeit verbiesterte ihn; ⟨meist im 2. Part.:⟩ ziemlich verbiestert sein, aussehen; Bald schon mußten die Manager verbiestert zusehen, wie andere Extragewinne einstreichen (Spiegel 34, 1976, 48); er holte nur noch Fischkohle aus der Tonne. Nun rennt er mit verbiesterter Miene herum (NNN 4. 11. 87, 5).

ver|bie|ten ⟨st. V.; hat⟩ /verboten/ [mhd. verbieten, ahd. farbiotan]: 1. a) *etw. für nicht erlaubt erklären; zu unterlassen gebieten; untersagen:* jmdm. etw. [ausdrücklich] v.; ich verbiete dir, ihn zu besuchen; du hast mir gar nichts zu v.!; Die Eltern ... verboten ihren Kindern die Aussage, so hatten die eben nichts gesehen (Wimschneider, Herbstmilch 44); sie hat ihm das Haus verboten *(verboten, es zu betreten);* Der ... Personenwagen überquerte den Bahnübergang in verbotener Fahrtrichtung (NZZ 26. 2. 86, 7); sie setzte die Richtlinien dafür, was erlaubt und was verboten war (Ziegler, Konsequenz 203); ein verbotener Weg *(ein Weg, der von Fremden, Unbefugten nicht benutzt werden darf);* eine Viertelmillion verboten geparkter Fahrzeuge (ADAC-Motorwelt 1, 1983, 34); ⟨in formelhaften Aufschriften:⟩ Betreten [des Rasens] verboten!; Rauchen [polizeilich] verboten!; Durchfahrt [bei Strafe] verboten!; [Unbefugten] Zutritt verboten!; Ü das verbietet mir mein Ehrgefühl; Heinrich Manns Lebensleistung verbietet es, derartige Prosastücke ... auch nur mit einem einzigen Wort zu kommentieren (Reich-Ranicki, Th. Mann 147); das verbietet mir mein Geldbeutel (scherzh.; *das kann ich mir finanziell nicht leisten);* b) *(eine Sache) durch ein Gesetz o. ä. für unzulässig erklären:* eine Partei, ein Medikament v.; Wie wagt der Staat es, plötzlich diktatorisch den Drogenverkauf zu v.? (Alexander, Jungfrau 335); Und hat das spanische Kalifat ihn denn nicht schließlich auch verbannt und seine Lehren verboten? (Stern, Mann 140); so viel Ignoranz müßte verboten werden (scherzh.; *ist kaum noch zu tolerieren);* c) ⟨v. + sich⟩ *auf etw. verzichten, von etw. absehen, es sich versagen, nicht zugestehen:* ich habe mir, diesem Traum nicht länger nachzuhängen; Er hat ihre Zuneigung und verbietet sich jede Nachforschung (Frisch, Montauk 123). 2. ⟨v. + sich⟩ *nicht in Betracht kommen, ausgeschlossen sein:* eine solche Reaktion verbietet sich [von selbst]; In Auas Gegenwart zu pfeifen verbot sich (Grass, Butt 80).

Ver|bil|ge|ra|ti|on, die; -, -en [zu lat. verbigerare = schwatzen, zu: verbum (↑ Verb) u. gerere = tragen; ausführen; halten] (Med.): *ständiges Wiederholen eines Wortes od. sinnloser Sätze (bei Geisteskranken);* **ver|bi gra|tia** [lat., eigtl. = des Wortes wegen] (veraltet): *zum Beispiel;* Abk.: v. g.

ver|bil|den ⟨sw. V.; hat⟩ [spätmhd. verbilden = entstellen]: *durch erzieherisches Einwirken od. entsprechende Einflüsse jmds. Ansichten o. ä. in einer Weise prägen, die in bezug auf Einschätzung, Wertvorstellung als unangemessen erscheint:* junge Menschen v.; er hat einen völlig verbildeten Geschmack; ⟨auch o. Akk.-Obj.:⟩ Wieweit bildet oder verbildet Theater? (Hörzu 7, 1973, 67); **ver|bil|det** ⟨Adj.; selten⟩: *(von Körperteilen o. ä.) verformt, mißgestaltet, deformiert:* eine -e Wirbelsäule; **ver|bild|li|chen** ⟨sw. V.; hat⟩ (geh.): *durch einen bildlichen Ausdruck, eine Metapher, eine bildliche Vorstellung sinnfällig machen;* **Ver|bild|li|chung,** die; -, -en: *das Verbildlichen;* **Ver|bil|dung,** die; -, -en: 1. *das Verbilden, Verbildetsein.* 2. *(seltener) Verformung, Deformation (eines Körperteils o. ä.).*

ver|bil|li|gen ⟨sw. V.; hat⟩: 1. *billiger machen:* die Herstellung v.; man wollte auch wissen, ob es dem möglich sei, die ... Familienwohnungen mit Zuschüssen ... zu v. (NZZ 30. 1. 83, 21); ⟨häufig im 2. Part.:⟩ verbilligte Butter; verbilligter Eintritt für Kinder; zu verbilligten *(reduzierten)* Preisen. 2. ⟨v. + sich⟩ *billiger werden:* die Produktion hat sich verbilligt; So haben sich die Importpreise jetzt erstmals seit Herbst 1978 wieder etwas verbilligt *(sind zurückgegangen;* Saarbr. Zeitung 8. 7. 80, 4); **Ver|bil|li|gung,** die; -, -en: *das [Sich]verbilligen.*

ver|bim|sen ⟨sw. V.; hat⟩ (ugs.): *kräftig verprügeln.*

ver|bin|den ⟨st. V.; hat⟩ [mhd. verbinden, ahd. farbintan]: 1. a) *mit einem Verband* (1) *versehen:* [jmdm., sich] eine Wunde v.; jmdm., sich den Fuß v.; Elli holte dann Salbe und verband ihm die zerfressenen Hautstellen (Ossowski, Flatter 166); mit verbindender Hand; ⟨auch ohne Akk.-Obj.:⟩ er hat sich in den Fuß gehackt, so daß viel Blut herauskam ... ich mußte viel v. (Wimschneider, Herbstmilch 60); b) *(bei jmdm.) einen Verband* (1) *anlegen:* er verband den Verletzten, sich [mit einem Streifen Stoff]. 2. *eine [Art] Binde vor, um etw. binden, um auf diese Weise eine Funktion o. ä. einzuschränken od. unmöglich zu machen:* jmdm. die Augen v.; einem Tier das Maul v.; mit verbundenen Augen. 3. *etw. bindend* (1 b) *zu etw. verarbeiten:* Tannengrün zu Kränzen v. 4. (Buchw.) *falsch binden* (5 d): ein Buch v. 5. a) *[zu einem Ganzen] zusammenfügen:* zwei Bretter [mit Leim, mit Schrauben] miteinander v.; zwei Schnüre durch einen/mit einem Knoten [miteinander] v.; zwei [durch Lötung] miteinander verbundene Drähte; b) *zusammenhalten:* die Schraube, der Leim verbindet die beiden Teile [fest miteinander]; c) ⟨v. + sich⟩ *(mit etw.) zusammenkommen u. dabei etw. Neues, einen neuen Stoff bilden:* beim Rühren verbindet sich das Mehl mit der Butter; die beiden Elemente verbinden sich nicht miteinander (Chemie; *gehen keine chemische Bindung ein);* Allmählich verbanden sich die Ströme *(flossen die Ströme zusammen)* zu einer einzigen Flut (Ransmayr, Welt 163). 6. a) *(zwei voneinander entfernte Dinge, Orte o. ä.) durch Überbrücken des sie trennenden Abstands zusammenbringen, in engere Beziehung zueinander setzen:* zwei Gewässer durch einen Kanal, zwei Orte durch eine Straße, zwei Stadtteile durch eine Brücke, zwei Punkte durch eine Linie [miteinander] v.; aus der Küche, die mit dem Raum durch eine Durchreiche verbunden war (Handke, Frau 32); b) *eine Verbindung* (4 a) *(zu etw.) darstellen:* ein Kabel verbindet das Gerät mit dem Netz; ein Tunnel verbindet beide Flußufer [miteinander]; Ü Er bietet uns nur die ... Kommentare anderer und verbindet sie mit einigen dürftigen Bemerkungen (Reich-Ranicki, Th. Mann 262); ein paar verbindende Worte sprechen. 7. *durch Herstellen einer Telefonverbindung in die Lage versetzen, mit jmdm. zu sprechen:* würden Sie mich bitte mit Herrn Meier, mit dem Lohnbüro v.?; ⟨auch o. Akk.-Obj.:⟩ ich verbinde *(stelle die gewünschte Telefonverbindung her);* [Entschuldigung, ich bin] falsch verbunden *(ich habe mit einer falschen Nummer Kontakt; bin durch einen Fehler mit Ihnen verbunden worden).* 8. ⟨v. + sich⟩ *mit etw. zusammenkommen, zusammen auftreten [u. dabei zu etw. Neuem werden]:* bei ihm verbanden sich Wagemut und kühle Besonnenheit; damit sind große Probleme verbunden; das dürfte mit einigen Schwierigkeiten verbunden sein; dieser Posten ist mit viel Ärger verbunden; die damit verbundene Mühe. **9.** *etw., was als das eigentliche Wesentliche hervorgehoben wird, mit etw. anderem als günstiger od. korrigierend-ausgleichender Ergänzung verknüpfen:* das Angenehme mit dem Nützlichen v.; eine schillernde Persönlichkeit, die Charme mit Intelligenz zu v. weiß (Reich-Ranicki, Th. Mann 196); der Ausflug ist mit einer Besichtigung der Marienkirche verbunden. **10. a)** *die Grundlage einer Beziehung zu jmdm. sein:* mit ihm verbindet mich/uns verbindet eine enge Freundschaft; mit den beiden verbindet mich nichts [mehr]; So wenig wir über die Art der Beziehung, die diese beiden Halbwüchsigen miteinander verbindet, ... unterrichtet (Reich-Ranicki, Th. Mann 95); ⟨auch o. Akk.-Obj.:⟩ gemeinsame Erlebnisse verbinden; ⟨oft im 2. Part.:⟩ er war ihr, der Familie, dem ganzen Haus freundschaftlich verbunden; **b)** (geh. veraltend) *zu Dankbarkeit verpflichten:* Sie würden mich [Ihnen] sehr v., wenn Sie meiner Bitte entsprächen; ⟨meist nur noch in der formelhaften Verbindung:⟩ sehr verbunden *(ich bin [dafür, deswegen] sehr verbunden (ich bin Ihnen [dafür] sehr dankbar).* **11.** ⟨v. + sich⟩ *sich (zu einem Bündnis, einer Partnerschaft o. ä.) zusammentun:* die Sozialisten haben sich mit den Kommunisten [zu einer Koalition] verbunden; sich mit jmdm. ehelich v.; Er hat sich einer jungen Frau verbunden (Strauß, Niemand 202); Zu sehr ist sie mit Ingo, ihrem neuesten Freund, verbunden (Freizeitmagazin 26, 1978, 10); Ü Die Technik verbindet sich mit jeder Macht, die für die Realisierung ermöglicht (Gruhl, Planet 247). **12. a)** *in einen [assoziativen] Zusammenhang (mit etw.) bringen:* jeder von ihnen verbindet mit diesem Bild, dieser Melodie etw. v.; **b)** ⟨v. + sich⟩ *mit etw. in einem [assoziativen] Zusammenhang stehen:* mit diesem Namen, dieser Melodie, verbinden sich [für mich] schöne Erinnerungen; der Aufstieg des Unternehmens ist eng mit seinem Namen verbunden; Der Ausbruch des Zweiten Weltkriegs bleibt mit dem deutschen Namen verbunden (R. v. Weizsäcker, Deutschland 23); **Ver|bin|der,** der; -s, - (Ballspiele): *Spieler, der den Übergang des Spiels von der eigenen Abwehr auf den eigenen Angriff leitet;* **Ver|bin|de|rin,** die; -, -nen (Ballspiele): w. Form zu ↑Verbinder; **ver|bind|lich** ⟨Adj.⟩: **1.** *in einer Art, die das Gefühl persönlichen Entgegenkommens verbreitet, freundlich, liebenswürdig:* -e Worte; eine -e Geste; Statt -er Unterhaltung gibt es mit ihm sofort Streit (Kronauer, Bogenschütze 326); v. lächeln; Er erwiderte geschickt und v. (Bieler, Mädchenkrieg 250); Ein mittelgroßer, schlanker Herr, bescheiden, charmant, v., meist mit einem Kugelschreiber auf den Lippen (Danella, Hotel 297). **2.** *bindend, verpflichtend:* eine -e Zusage, Erklärung, Abmachung; eine allgemein -e Norm; natürlich muß ich ... v. wissen, was eigentlich gebaut werden soll (Freie Presse 3. 1. 90, 3); **Ver|bind-**

lich|keit, die; -, -en: **1.** ⟨o. Pl.⟩ **a)** *verbindliches (1) Wesen, das Verbindlichsein;* **b)** *verbindlicher (2) Charakter, das Verbindlichsein:* diese Regel hat [für mich keine] V. **2. a)** *verbindliche (1) Äußerung, Handlung, Redensart o. ä.:* jmdm. ein paar -en sagen; **b)** ⟨meist Pl.⟩ *Verpflichtung* (3 a): seine -en erfüllen; **c)** ⟨Pl.⟩ (Kaufmannsspr.) *Schulden:* -en [gegen jmdn.] haben; -en eingehen; einen Teil seiner -en abtragen; die beiden Großbanken wünschen eine genaue Aufstellung über die -en Ihrer Firma (Ziegler, Liebe 138); **Ver|bindlich|keits|er|klä|rung,** die (Amtsspr.): *offizielle Erklärung, durch die etw. verbindlichen (2) Charakter erhält:* die V. für den Raumordnungsplan liegt vor; **Ver|bindung,** die; -, -en [spätmhd. verbindunge]: **1. a)** *das Verbinden* (5 a): die V. von Metallteilen durch Schweißen; **b)** *das Sichverbinden* (5 c): bei höherer Temperatur vollzieht sich die V. beider Stoffe rascher; **c)** *das Verbinden* (6 a): man hat eine V. der beiden Flüsse durch einen Kanal in Erwägung gezogen; **d)** *das Sichverbinden* (8), *Verbundensein:* sogleich zeigt sich die für sein ganzes Leben hindurch charakteristische V. von höchstem Selbstvertrauen und qualvollem Selbstzweifel (Reich-Ranicki, Th. Mann 154); **e)** *das Verbinden* (9): die V. der Dienstreise mit dem Urlaub. **2.** *Zusammenhalt, Zusammenhang:* durch Löten eine V. zwischen zwei Drähten herstellen. **3.** (bes. Chemie) *durch ein Sichverbinden (5 c) entstandener Stoff:* Wasser ist eine V. aus Wasserstoff und Sauerstoff; In der Schule hatten es ihm die Polymere angetan, die zyklischen -en und das Erdöl (Springer, Was 76); die beiden Stoffe gehen eine [chemische] V. ein. **4. a)** *etw., was zwei voneinander entfernte Dinge, Orte o. ä. verbindet* (6 a): die kürzeste V. zwischen zwei Punkten; die Brücke ist die einzige V. zwischen beiden Städten; rund 900 Meter Straße der alten V. zwischen Gassenreuth und Gattendorf neu gebaut (Freie Presse 3. 1. 90, 1); **b)** *etw., was die Kommunikation zwischen zwei entfernten Orten ermöglicht:* eine telefonische V.; die V. ist sehr schlecht; Sie wählte erneut ... Die Gewählte V. kam nicht zustande (Rolf Schneider, November 84); die briefliche V. zwischen ihnen ist abgerissen; ich bekomme keine V. mit ihm, mit Hamburg; wir sollten wenigstens in brieflicher V./brieflich in V. bleiben; **c)** *Möglichkeit, von einem Ort zu einem anderen zu gelangen; Verkehrsverbindung:* gibt es von hier aus eine direkte, eine günstige V. nach Hannover?; Wenn die -en gut sind, ist man mit der Bahn schneller zu Hause als mit dem Auto (natur 3, 1991, 48); die V. zur Außenwelt war unterbrochen. **5.** ¹*Kombination* (1 a): Adel ist immer eine V. von Herkunft, Besitz und Bildung (Fraenkel, Staat 31); * **in V. [mit]** (1. *zusammen, kombiniert [mit]:* die Karte ist nur in V. mit dem Berechtigungsausweis gültig. 2. *in Zusammenarbeit, gemeinsam [mit]:* nur in V. mit Freunden kann so etwas gelingen). **6.** *Zusammenschluß, Bündnis, Partnerschaft o. ä.:* eine geschäftliche, eheli-

che V. [mit jmdm.] eingehen, auflösen. **7. a)** *Beziehung zwischen Menschen, die darin besteht, daß eine Kommunikation, ein [regelmäßiger] Austausch stattfindet; Kontakt* (1): mit jmdm. V. aufnehmen; [keine] V. [mehr] mit jmdm. haben; er hat [persönliche] -en zum Ministerium; Vetter Carl wollte mich sprechen, mit dem die V. seit dem Kriege ganz abgerissen war (Augsburger Allgemeine 6./7. 5. 78, XV); wir haben die V. mit ihm verloren, wir sollten in V. bleiben; sich mit jmdm. in V. setzen; den Posten hat er durch persönliche -en (*durch persönliche Beziehungen zu bestimmten Leuten*) bekommen; Ich hab' ... eine gutgehende Immobilienfirma in Hamburg, ich habe -en im ganzen Land (Danella, Hotel 199); **b)** *auf gegenseitiger Sympathie o. ä. beruhende Beziehung zwischen Menschen:* die starke, innige V. wird den beiden auch in schweren Zeiten weiterhelfen. **8.** *Studentenverbindung, Korporation* (2): studentische, farbentragende, schlagende, nichtschlagende -en; er ist aus der V. schnell wieder ausgetreten, hat sich geschworen, nie wieder in eine V. einzutreten, in einer V. sein. **9.** *[sachlicher, gedanklicher] Zusammenhang:* zwischen den gestrigen Vorfällen und meiner Entscheidung besteht keine V.; die Zeitung hat ihn mit dem Verbrechen in V. gebracht. **10.** (Ballspiele) **a)** *Zusammenspiel zwischen Abwehr u. Angriff beim Angriff;* **b)** *Gesamtheit der Verbinder einer Mannschaft;* **Ver|bin|dungs|bru|der,** der; vgl. Korpsbruder; **Ver|bin|dungs|far|be,** die ⟨meist Pl.⟩: *Farbe* (3 a) *einer Verbindung* (8); **Ver|bin|dungs|frau,** die: w. Verbindungsmann; **Ver|bin|dungs|gang,** der: vgl. Verbindungsstraße; **Ver|bin|dungs|glied,** das: vgl. Verbindungsstück; Aquamarine und die -er der Ohrgehänge (Schmuck 1984/85, SJ 50); Ü gleichzeitig war er (= der Sohn) das einzige V. zu der verlorenen Heimat (Danella, Hotel 208); **Ver|bin|dungs|gra|ben,** der: **1.** *verbindender Graben* (1). **2.** (Milit.) *zwei Stellungen verbindender Graben* (2 a); **Ver|bin|dungs|haus,** das: *Haus, in dem Mitglieder einer Verbindung* (8) *zusammenkommen u. teilweise wohnen;* **Ver|bin|dungs|ka|bel,** das: *Kabel zum Verbinden zweier Geräte o. ä.;* **Ver|bin|dungs|leu|te:** Pl. v. ↑Verbindungsmann; **Ver|bin|dungs|li|nie,** die: **1.** *Linie, die etw. mit etw. verbindet.* **2.** (Milit.) *Weg, der im Einsatz befindliche Truppen mit ihrer Basis verbindet;* **Ver|bin|dungs|mann,** der ⟨Pl. ...männer u. ...leute⟩: *jmd., der als Mittelsmann o. ä. Kontakte herstellt od. aufrechterhält;* **Ver|bin|dungs|of|fi|zier,** der (Milit.): *Offizier, der als Überbringer von Befehlen, Meldungen o. ä. die Verbindung zwischen verschiedenen Einheiten aufrechterhält;* **Ver|bin|dungs|punkt,** der: *Punkt, an dem etw. mit etw. verbunden ist;* **Ver|bin|dungs|raum,** der: vgl. Verbindungstür; **Ver|bin|dungs|rohr,** das: vgl. Verbindungskabel; **Ver|bin|dungs|schlauch,** der: vgl. Verbindungskabel; **Ver|bin|dungs|schnur,** die: vgl. Verbindungskabel; **Ver|bin|dungs|spie|ler,** der (Ballspiele): *Verbinder;* **Ver|bin|dungs|spie|le|rin,** die (Ballspiele): w. Form zu ↑Verbindungsspie-

ler; **Ver|bin|dungs|stecker**¹, der: *Gerätestecker;* **Ver|bin|dungs|stel|le**, die: *Stelle, an der etw. mit etw. verbunden ist;* **Ver|bin|dungs|stra|ße**, die: *zwei Orte, zwei Straßen verbindende Straße;* **Ver|bin|dungs|strich**, der: vgl. Verbindungslinie (1); **Ver|bin|dungs|stück**, das: *Teil, Teilstück, Glied o. ä., das zwei Dinge miteinander verbindet;* **Ver|bin|dungs|student**, der: *Student, der einer Verbindung* (8) *angehört;* **Ver|bin|dungs|stu|den|tin**, die: w. Form zu ↑ Verbindungsstudent; **Ver|bin|dungs|stür|mer**, der (bes. Fußball): *als Verbinder spielender Stürmer;* **Ver|bin|dungs|stür|me|rin**, die (bes. Fußball): w. Form zu ↑ Verbindungsstürmer; **Ver|bin|dungs|teil**, das: *Verbindungsstück;* **Ver|bin|dungs|tür**, die: *zwei Räume verbindende Tür;* **Ver|bin|dungs|weg**, der: vgl. Verbindungsstraße; **Ver|bin|dungs|we|sen**, das: vgl. Vereinswesen; **Ver|bin|dungs|zim|mer**, das: vgl. Verbindungstür.
Ver|biß, der; Verbisses, Verbisse (Jägerspr.): a) *das Verbeißen* (2); b) *Schaden durch Verbeißen:* Bäume vor V. schützen; **ver|bis|sen** ⟨Adj.⟩ [zu ↑ verbeißen]: a) *[allzu] hartnäckig, zäh, nicht bereit nachzugeben, aufzugeben:* ein -er Gegner; Lara schuftete auf ihre -e, hartnäckige, tiefempfundene Art (Frischmuth, Herrin 106); v. schuftete er weiter; Da hab' ich zum ersten Mal begriffen, daß Egon viel ehrgeiziger, viel energischer, viel -er auf sein Ziel losgeht als ich (Loest, Pistole 199); b) *von starker innerer Angespanntheit zeugend, verkrampft:* ein -es Gesicht; Endlich brach Barbara vor V. schweigen (Konsalik, Promenadendeck 285); v. dreinschauen, dasitzen; c) (ugs.) *engherzig, pedantisch:* man soll nicht alles so v. nehmen; Kritiker sehen es zu v. (Hörzu 11, 1985, 107); **Ver|bis|sen|heit**, die; -: *das Verbissensein;* **Ver|biß|scha|den**, der (Jägerspr.): *Verbiß* (b): wohlgehegtes Wild ..., das allerdings maßvoll reduziert wurde, um Verbißschäden zu begrenzen (Welt 19. 8. 85, 16).
ver|bit|ten, sich ⟨st. V.; hat⟩ [urspr. = (höflich) erbitten]: a) *mit Nachdruck zu unterlassen verlangen:* ich verbitte mir diesen Ton; Lynn hatte sich jedes Geschenk verbeten (Frisch, Montauk 205); ♦ b) *erbitten* (1): Was könnte Sittah so feierlich, so warm bei einem Fremden ... lieber als bei mir ... sich v. wollen (Lessing, Nathan II, 2).
ver|bit|tern ⟨sw. V.; hat⟩ [spätmhd. verbittern = bitter werden, machen]: 1. *vergällen* (2): jmdm. das Leben v. 2. *mit bleibendem Groll, bes. über das eigene, als allzu hart empfundene Schicksal od. über eine als ungerecht, verletzend o. ä. empfundene Behandlung, erfüllen:* die vielen Enttäuschungen hatten ihn verbittert; wenn das Gefühl in Ihnen nagt, nicht mehr so recht zu wissen, wofür Sie eigentlich da sind, wird Sie das bestimmt v. (Saarbr. Zeitung 24. 12. 79, 15/17/19); ⟨oft im 2. Part.:⟩ eine verbitterte Frau; die Ansicht, ein verbitterter Nichtseßhafter sei zu allem fähig (Klee, Pennbrüder 71); einen verbitterten *(Verbitterung widerspiegelnden)* Zug um den Mund haben; verbittert sein; **Ver|bit|te|rung**, die; -, -en ⟨Pl. sel-

ten⟩: 1. (selten) *das Verbittern.* 2. *das Verbittertsein.*
¹**ver|bla|sen** ⟨st. V.; hat⟩: 1. (Jägerspr.) *bei einem erlegten Tier ein bestimmtes (die Erlegung des betreffenden Tieres anzeigendes) Hornsignal blasen:* einen Hirsch v.; Nach jagdlichem Brauch wurde dann die Strecke gelegt und verblasen (Jagd 3, 1987, 79). 2. ⟨v. + sich⟩ *beim Spielen auf einem Blasinstrument einen Fehler machen:* der Saxophonist hat sich einige Male verblasen. 3. (landsch.) *verwehen* (1, 2); ²**ver|bla|sen** ⟨Adj.⟩ [vgl. verwaschen c)] (abwertend): *(bes. im sprachlichen Ausdruck) verschwommen, unklar:* ein -er Stil; -e Ideen; Fräulein Kalman hielt die von Sixta ausgewählten Gedichte für gestelzt und v. (Bieler, Mädchenkrieg 122); **Ver|bla|sen|heit**, die; -, -en: 1. ⟨o. Pl.⟩ *das Verblasensein.* 2. *verblasener Ausdruck o. ä.*
ver|blas|sen ⟨sw. V.; ist⟩: 1. a) *blaß* (1 b) *werden:* die Farben verblassen im Laufe der Zeit immer mehr; ein altes, schon ganz verblaßtes Foto; ein schmuddeliger Pullover, verblaßte Jeans (Danella, Hotel 12); b) *blaß* (1 c) *werden:* der Himmel verblaßt; wenn es Tag wird und die Sterne verblassen. 2. (geh.) *schwächer werden, schwinden:* diese Eindrücke verblaßten im Laufe der Jahre; Wenn auch die Erinnerung an unsere gemeinsame Zeit längst verblaßt ist (Strauß, Niemand 115).
ver|blät|tern ⟨sw. V.; hat⟩: 1. (Fachspr.) *(zwei Holzteile) durch eine Überblattung verbinden.* 2. (Jägerspr.) *durch ungeschicktes Blatten verscheuchen:* ein Reh v.; **ver|blät|tern** ⟨sw. V.; hat⟩: 1. ¹*verschlagen* (4). 2. ⟨v. + sich⟩ *falsch blättern.*
Ver|bleib, der; -[e]s (geh.): 1. *(einem nicht bekannter) Ort, an den sich eine Person, Sache, die man vermißt, sucht o. ä., befindet:* er erkundigte sich nach dem V. der Akten; Scotland Yard hatte Interpol ersucht, ... Nachfrage nach dem V. des skandalumwitterten Unterhausabgeordneten anzustellen (Prodöhl, Tod 278); über seinen V. ist nichts bekannt. 2. *das Verbleiben* (2 a): bei diesem Spiel geht es um den V. [der Mannschaft] in der Landesliga; Die Anstrengungen ... richten sich ... auf einen längeren V. des Gastes in einem sonnigen Ländchen (NZZ 28. 8. 86, 41); **ver|blei|ben** ⟨st. V.; ist⟩ [mhd. ver(b)liben]: 1. *sich (auf eine bestimmte Vereinbarung) einigen:* wollen wir so v., daß ich dich morgen anrufe?; wie seid ihr denn nun verblieben? 2. (geh.) a) *bleiben* (1 a): die Durchschrift verbleibt beim Aussteller; niemand wußte, wo sie verblieben waren *(wo sie sich aufhielten);* die noch in der Stadt verbliebenen Bewohner (Ransmayr, Welt 228); Ü daß Honekker ... über dieses Datum hinaus im Amt des Generalsekretärs v. will (Spiegel 24, 1989, 28); b) (selten) *bleiben* (1 b): für den Anteil an den Exporten, der in derselben Zeitspanne auf rund 4 Prozent verblieb (Schweizer Maschinenbau 16. 8. 83, 35); c) ⟨mit Gleichsetzungsnominativ⟩ *bleiben* (1 c): er verblieb zeit seines Lebens ein Träumer; in Großformeln am Briefschluß: in Erwartung Ihrer Antwort verbleibe ich Ihr N. N.; ich verbleibe mit

freundlichen Grüßen Ihr N. N.; d) *bleiben* (1 e), *übrigbleiben:* nach Abzug der Zinsen verbleiben noch 746 Mark; die verbleibenden 200 Mark; daß das Parlament ... seinerseits den verbleibenden Finanzbedarf von 2 Millionen Franken bewilligt (NZZ 30. 8. 86, 28); In den ihm nach dem Ersten Weltkrieg verbliebenen rund drei Jahrzehnten (Reich-Ranicki, Th. Mann 139); e) ⟨mit Inf. mit zu⟩ (selten) *bleiben* (1 f): so verbleibt nur abzuwarten, ob die Sache erfolgreich verläuft. 3. (selten) *bleiben* (2): alle wunderten sich, daß er so hartnäckig bei seiner Meinung verblieb.
ver|blei|chen ⟨st. u. sw. V.; verblich/(seltener auch:) verbleichte, ist verblichen/(seltener auch:) verbleicht⟩ [mhd. verblīchen, ahd. farblīchan, zu mhd. blīchen, ahd. blīchan = glänzen, verw. mit ↑ bleich]: 1. a) *seine Farbe verlieren, verblassen* (1 a): die Farbe verbleicht schnell; die Vorhänge verbleichen immer mehr; verblichene Blue jeans; die Schrift war schon verblichen; Ü verblichener Ruhm; b) *verblassen* (1 b), *allmählich erlöschen:* die Mondsichel verblich; dieser verbleichende Werktag mit seinen Neonriffen im Dämmer (Strauß, Niemand 211); Ü das dünne Lächeln ... verblich (Rothmann, Stier 238). 2. (geh., veraltet) *sterben.*
ver|blei|en ⟨sw. V.; hat⟩ (Technik): 1. *mit Blei auslegen, auskleiden, ausschlagen, mit einer Schicht Blei überziehen:* ein Kupfergefäß v.; verbleiter Stahl. 2. (selten) *mit einer bleiernen Plombe* (1) *versehen:* einen Waggon v. 3. *mit Bleitetraäthyl (einer giftigen öligen Flüssigkeit, die als Antiklopfmittel Kraftstoffen zugesetzt wird) versetzen:* Kraftstoffe v.; Aus für verbleites Normalbenzin (MM 22. 5. 87,1); **Ver|blei|ung**, die; -, -en (Technik): *das Verbleien.*
ver|blen|den ⟨sw. V.; hat⟩ [1: mhd. verblenden]: 1. *unfähig zu vernünftigem Überlegen, zur Einsicht, zur richtigen Einschätzung der Lage o. ä. machen:* sich nicht v. lassen; [von Haß, Ruhmgier] verblendete Menschen; Don Pizarro avanciert so zum verblendeten Revolutionär (Saarbr. Zeitung 3. 12. 79, 28/30). 2. *(mit einem schöneren, wertvolleren Material) verkleiden:* eine Fassade mit Aluminium v.; die Wände waren mit Kacheln verblendet. 3. (Zahnt.) *(eine Krone aus Metall) mit einer Umhüllung aus weißem Material versehen:* eine Goldkrone v.; **Ver|blend|kro|ne**, die (Zahnt.): *verblendete* (3) *Krone* (7b); **Ver|blend|mau|er**, die (Archit.): vgl. Verblendmauerwerk; **Ver|blend|mau|er|werk**, das (Archit.): *Mauerwerk, mit dem etw. verblendet* (2) *ist;* **Ver|blend|stein**, der (Bauw.): *Mauerstein zum Verblenden* (2); **Ver|blen|dung**, die; -, -en: 1. *das Verblendetsein; Unfähigkeit zu vernünftiger Überlegung, zur Einsicht:* in seiner V. glaubte er, er könne ihn besiegen. 2. (bes. Archit.) a) *das Verblenden.* *Verblendetwerden:* bei der V. der Fassade gab es Probleme; b) *etw., womit etw. verblendet* (2) *ist:* eine V. aus Klinker; unter der häßlichen V. kam das alte Mauerwerk zutage. 3. (Zahnt.) a) *das Verblenden* (3), *Verblendetwerden;* b)

etw., womit etw. verblendet (3) *ist;* **Ver-blen|dungs|zu|sam|men|hang,** der (Sozialphilos.): *Zusammenhang zwischen gesellschaftlichem Sein u. daraus sich bildenden falschen Vorstellungen vom Wesen der bürgerlichen Gesellschaft.*
ver|bleu|en ⟨sw. V.; hat⟩ [mhd. nicht belegt, ahd. farbliuwan] (ugs.): *kräftig verprügeln.*
ver|bli|chen: ↑ verbleichen; **Ver|bli|chene,** der u. die; -n, -n ⟨Dekl. ↑ Abgeordnete⟩ (geh.): *jmd., der kürzlich gestorben ist.*
◆ **ver|blin|den** ⟨sw. V.; ist⟩ [mhd. verblinden]: erblinden (1): *Eh' das Herzblut eines Dorias diesen häßlichen Flecken aus deiner Ehre wäscht, soll kein Strahl des Tags auf diese Wangen fallen. Bis dahin* - (er wirft den Flor über sie) *verblinde!* (Schiller, Fiesco I, 12).
ver|blö|den ⟨sw. V.⟩ [mhd. verblœden = einschüchtern]: **1.** (veraltend) *blöd* (1 a) *werden* (a): *-n,* **2.** (ugs. emotional) **a)** *blöd* (1 b), *stumpfsinnig werden; verdummen* (b) ⟨ist⟩: *in der Kleinstadt v.; bei dieser Arbeit verblödet man allmählich; Auch wenn man staatlich ausgebildeten Künstler immer eine Arbeit garantiert wird, so verblödet er im Beamtenstatus* (Praunheim, Sex 22); **b)** *verdummen* (a) ⟨hat⟩: *das viele Fernsehen verblödet die Leute;* **Ver|blö|dung,** die; -: *das Verblöden.*
ver|blüf|fen ⟨sw. V.; hat⟩ [aus dem Niederd. < mniederd. vorbluffen = in Schrecken versetzen, überrumpeln, zu niederd. bluffen = jmdm. einen Schrecken einjagen, wohl lautm.]: *machen, daß jmd. durch etw., womit er nicht gerechnet, was er nicht erwartet hat, überrascht u. voll sprachlosem Erstaunen ist:* sich nicht v. lassen; er verblüffte seine Lehrer durch kluge Fragen; Mit einem Eifer, der Kollegen und Vorgesetzte verblüffte (Prodöhl, Tod 147); ⟨auch o. Akk.-Obj.:⟩ seine Offenheit verblüffte; Er verblüffte durch unübliche Formulierungen (Brückner, Quints 196); ⟨oft im 2. Part.:⟩ ein ganz verblüfftes Gesicht machen; Willie stutzte verblüfft (Büttner, Alf 226); ich war [über seine Antwort] etwas verblüfft; **ver|blüf|fend** ⟨Adj.⟩: *Verblüffung auslösend, höchst überraschend, höchst erstaunlich:* ein -es Ergebnis; Schulhöfe, die in der -er Weise ihr Gesicht verändert haben (Saarbr. Zeitung 8. 7. 80, 17); eine v. einfache Lösung; Der wilde Park umgab ein v. großes, eingeschossiges neues Haus (Kronauer, Bogenschütze 227); **Ver|blüfft|heit,** die; -: *Verblüffung;* **Ver|blüf|fung,** die; -, -en: *das Verblüfftsein:* sie spielten nach Wiederanpfiff mit der Gastgeber immer kekker (Tagesspiegel 13. 6. 84, 16).
ver|blü|hen ⟨sw. V.; ist⟩ [mhd. verblüejen]: **1.** *aufhören zu blühen u. zu welken beginnen:* die Rosen verblühen schon, sind verblüht; Ü ihre Schönheit war verblüht; die Geschichte einer verblühten Witwe (Spiegel 36, 1982, 208); ◆ *Der schöne Frühling war dagegen für andere Dinge gut, zum Beispiel für die Obstbäume, die konnten vortrefflich v.* (Keller, Das Sinngedicht 29). **2.** (Jargon) *heimlich u. eilig verschwinden:* mit falschem Paß ins Ausland v.; Du warst verschütt, untergegan-

gen, abhandengekommen, untergetaucht, weggelaufen, verblüht (B. Vesper, Reise 183).
ver|blümt ⟨Adj.; -er, -este⟩ [eigtl. 2. Part. von älter: verblumen, mhd. verblüemen = beschönigen] (selten): *(etw., was unangenehm zu sagen ist) nur verhüllend andeutend, umschreibend:* etw. v., in/mit -en Worten ausdrücken; **Ver|blümt|heit,** die; - (selten): *das Verblümtsein.*
ver|blu|ten ⟨sw. V.⟩: **a)** *anhaltend Blut verlieren u. schließlich daran sterben* ⟨ist⟩: der Verletzte ist am Unfallort verblutet; ⟨auch v. + sich:⟩ wenn nicht bald Hilfe kommt, verblutet er sich; ◆ **b)** *ausbluten* (a), *leer bluten:* Meine Wunden verbluten (Goethe, Götz V); **Ver|blutung,** die; -, -en: *das Verbluten.*
ver|bocken ⟨sw. V.; hat⟩ [zu: einen Bock schießen (↑ ¹Bock 1)] (ugs.): *indem man versäumt, etw. zu beachten, nicht zustande kommen lassen, verderben:* du hast alles verbockt; Wenigstens hinsichtlich der sexuellen Orientierung ihrer Sprößlinge ... können die Eltern in der Regel nichts v. (Spiegel 16, 1981, 249); **ver|bockt** ⟨Adj.; -er, -este⟩ [zu ↑bocken (2)]: *ganz u. gar bockig* (a): ein -es Kind; ... wie denn das Größere später immer von dem Kleineren behauptet hat, der sei uneinsichtig u. und es sei nicht mit ihm auszukommen (Heym, Nachruf 11).
ver|bod|men ⟨sw. V.; hat⟩ [zu ↑ Bodmerei] (Seew. früher): *(ein Schiff, die Ladung eines Schiffes) beleihen, verpfänden;* **Ver|bod|mung,** die; -, -en (Seew. früher): *Bodmerei.*
ver|boh|ren, sich ⟨sw. V.; hat⟩ [urspr. = falsch bohren] (ugs.): **a)** *sich verbissen mit etw. beschäftigen:* sich in die Arbeit v.; **b)** *hartnäckig-verbissen an etw. festhalten, davon nicht loskommen:* sich in eine fixe Idee v.; **ver|bohrt** ⟨Adj.; -er, -este⟩ (ugs. abwertend): *nicht von seiner Meinung, Absicht abzubringen; uneinsichtig, unbelehrbar, starrköpfig, von einer solchen Haltung zeugend:* ein -er Mensch; man muß die Menschen bedauern, daß sie so -e Vorstellungen haben (Spiegel 15, 1989, 34); Bist du wirklich schon so v.? Siehst du immer nur deine Interessen? (Brot und Salz 326); **Ver|bohrt|heit,** die; - (ugs. abwertend): *das Verbohrtsein:* Dogmatiker non erschreckender V. (W. Schneider, Sieger 185).
ver|bol|zen ⟨sw. V.; hat⟩: **1.** (Technik) *mit einem Bolzen, mit Bolzen befestigen, verbinden.* **2.** (ugs.) *verschießen* (2).
¹**ver|bor|gen** ⟨sw. V.; hat⟩ [zu ↑borgen]: *verleihen* (1): ich habe mein Fahrrad verborgt.
²**ver|bor|gen: 1.** ↑verbergen. **2.** ⟨Adj.⟩ **a)** *entlegen, abgelegen, abgeschieden u. daher nicht leicht auffindbar:* ein -es Tal; wir haben selbst in den -sten Winkeln des Hauses gesucht; **b)** *nicht ohne weiteres als vorhanden, existierend feststellbar, sichtbar:* eine -e Falltür; eine -e Gefahr; -e Talente; Tief v. schlummerte in Leo das Gewißheit, daß er nichts Gescheites werden würde (Sommer, Und keiner 268); es wird ihm nicht v. bleiben *(er wird es erfahren);* Sebastians starke Mutterbindung allerdings ist Hildegard nicht v. geblieben (Schreiber, Krise 165); * **im -en**

(1. *geheim:* seine Sünden konnten nicht im -en bleiben. 2. *von anderen, von der Öffentlichkeit unbemerkt:* sie wirkte im -en; Sie arbeitet gern im -en. Zwei- bis dreimal im Jahr stellt sie ihre Kleider aus (Basler Zeitung 27. 7. 84, 17); **Ver|bor|gen|heit,** die; -: *das Verborgensein* (2).
ver|bos ⟨Adj.; -er, -este⟩ [lat. verbosus, zu: verbum, ↑ Verb] (bildungsspr.): *[allzu] wortreich, weitschweifig.*
ver|bö|sern ⟨sw. V.; hat⟩ [spätmhd. verbœsern = verderben] (scherzh.): *[in der Absicht zu verbessern noch] schlechter machen:* durch das Einfügen dieses Absatzes hat er den Artikel nur verbösert; **Ver|bö|se|rung,** die; -, -en: **1.** (scherzh.) **a)** *das Verbösern, Verbösertwerden;* **b)** *Änderung, durch die etw. verbösert wurde.* **2.** (Rechtsspr.) *Änderung einer gerichtlichen Entscheidung zuungunsten eines Betroffenen, der gegen die Entscheidung ein Rechtsmittel eingelegt hat.*
Ver|bo|si|tät, die; - [lat. verbositas, zu: verbosus, ↑verbos] (bildungsspr.): *Wortreichtum.*
Ver|bot, das; -[e]s, -e [mhd. verbot, zu ↑verbieten]: **1.** *Befehl, Anordnung, etw. Bestimmtes zu unterlassen:* ein strenges, polizeiliches, behördliches, ärztliches V.; ein V. aufheben, befolgen, einhalten, beachten, übertreten, ignorieren, erlassen, bekanntmachen; man hatte sich an Gebote und -e gewöhnt (Fels, Sünden 9); sich an ein V. halten; er hat gegen mein ausdrückliches V. geraucht; sie verstießen gegen das V., den Rasen zu betreten. **2.** *Anordnung, nach der etw. nicht existieren darf:* ein V. verfassungsfeindlicher Parteien, Publikationen; das gesetzliche V. der Kinderarbeit; das weltweite V. von Atomwaffen; Im Falle eines totalen -es von bleihaltigem Benzin (Salzburger Nachrichten 30. 3. 84, 4); **ver|bo|ten** ⟨Adj.⟩ [zu ↑verbieten] (ugs.): *unmöglich* (2 a): eine -e Farbzusammenstellung; du siehst [einfach] v. aus; **ver|bo|te|ner|weise** ⟨Adv.⟩: *trotz eines Verbots, obwohl es verboten ist:* Ein 21jähriger Mann ..., der ... v. die Gleise überschritt, ist von einem Schnellzug erfaßt ... worden (Tages Anzeiger 14. 10. 85, 21).
ver|bo|te|nus ⟨Adj.⟩ [lat. verbotenus] (bildungsspr.): *wörtlich, ganz genau.*
Ver|bots|be|stim|mung, die: *Bestimmung, die ein Verbot* (1, 2) *enthält;* **Ver|bots|gesetz,** das: vgl. Verbotsbestimmung; **Ver|bots|irr|tum,** der (Rechtsspr.): *in der Verkennung des Verbotseins einer eigenen Handlung bestehender Irrtum eines Täters;* **Ver|bots|norm,** die (Rechtsspr.): vgl. Verbotsbestimmung: strafrechtliche -en; **Ver|bots|schild,** das ⟨Pl. -er⟩: **1.** (Verkehrsw.) *Verkehrsschild mit einem Verbotszeichen.* **2.** *Schild mit einer Aufschrift, die ein Verbot* (1) *enthält;* **Ver|bots|ta|fel,** die: vgl. Verbotsschild (2); **ver|bots|wid|rig** ⟨Adj.⟩: *gegen ein bestehendes Verbot verstoßend:* -es Überholen. v. parken; **Ver|bots|zei|chen,** das: *Verkehrszeichen, das ein Verbot* (1) *anzeigt;* **Ver|bots|zeit,** die: *Zeit, in der etw. verboten ist:* bei Parken während der -en erfolgt Abschleppung; **Ver|bots|zo|ne,** die: *Zone, in der etw. verboten ist.*
ver|brä|men ⟨sw. V.; hat⟩ [mhd. verbre-

Verbrämung

men, zu: bremen = verbrämen, zu: brem = Einfassung, Rand, H. u.]: **1.** *am Rand, Saum mit etw. versehen, was zieren, verschönern soll:* einen Mantel mit Pelz v. **2.** *etw., was als negativ, ungünstig empfunden wird, durch etw., was als positiv o. ä. erscheint, abschwächen od. weniger spürbar, sichtbar werden lassen:* Die generelle Leistungssteigerung verbrämt eine Preiserhöhung um jeweils 300–400 DM (ADAC-Motorwelt 10, 1986, 24); das ist doch alles nur wissenschaftlich verbrämter Unsinn; **Ver|brä|mung,** die; -, -en: *das Verbrämen.*
ver|bra|ten ⟨st. V.⟩: **1.** *zu lange, zu stark braten* (b) *u. dadurch an Qualität verlieren od. ungenießbar werden* ⟨ist⟩: das Fleisch verbrät im Ofen, ist völlig verbraten. **2.** vgl. verbacken ⟨hat⟩. **3.** *(salopp) leichtfertig o. ä. ausgeben, [für etw.] verbrauchen, aufbrauchen* ⟨hat⟩: einen Lottogewinn v.; er hat seinen ganzen Urlaub auf einmal verbraten; Von den damals geraubten 376000 DM ist nichts mehr da. „Das Geld haben wir restlos verbraten" (MM 27. 4. 81, 14). **4.** *(salopp) sich negativ, boshaft o. ä. über jmdn., etw. auslassen, äußern* ⟨hat⟩: Unsinn v.; Vorher reden Sie im Bundestag über Datenschutz, und dann verbraten Sie ganz private Dinge eines Abgeordneten vor den Fernsehkameras (MM 20. 2. 89, 3); ... sich ..., wie dies einige Leute hier im Saal getan haben, an diesen öffentlich verbratenen Intimitäten aufzugeilen (Ziegler, Kein Recht 301). **5.** *jmdn., etw. rücksichtslos ausnutzen, zu etw. mißbrauchen, jmds. Können, Talent o. ä. falsch einsetzen, vergeuden:* Ich wurde nicht als Kandidat verbraten, sondern als Mensch behandelt (Hörzu 48, 1983, 58); Kristofferson und Jane Fonda werden in einer Fülle von flachen Dialogen und sülzigen Szenen regelrecht verbraten (Oxmox 6, 1983, 131).
Ver|brauch, der; -[e]s, (Fachspr.:) Verbräuche: **a)** ⟨o. Pl.⟩ *das Verbrauchen* (1): der V. (*Konsum* 1) an/von etw. nimmt zu; einen großen V. an etw. haben (ugs.; *viel von etw. verbrauchen*); die Seife ist sparsam im V.; die Konserve ist zum alsbaldigen V. bestimmt; **b)** *verbrauchte Menge, Anzahl o. ä. von etw.:* ein gleichbleibender V.; den V. steigern, drosseln; unsere Minister fahren großvolumige Autos mit Verbräuchen um die 20 Liter (ADAC-Motorwelt 9, 1980, 77); **ver|brau|chen** ⟨sw. V.; hat⟩ [frühmhd. verbrūchen, dann erst seit dem 15. Jh. wieder bezeugt]: **1. a)** *regelmäßig (eine gewisse Menge von etw.) nehmen u. für einen bestimmten Zweck verwenden [bis nichts mehr davon vorhanden ist]:* zuviel Lebensmittel v.; mehr Kaffee als Tee v. *(konsumieren);* Strom, Gas v.; alle Vorräte waren verbraucht; In der Bundesrepublik Deutschland sollen jährlich 2000000 Liter Blutkonserven verbraucht werden (Hackethal, Schneide 189); er hat im Urlaub 1000 Mark verbraucht *(ausgegeben);* Ü alle seine Kräfte, Energien v.; Der Arbeiter wird am Wachstum des Reichtums nicht beteiligt, obwohl er sein Leben damit verbraucht, ihn hervorzubringen (Sloterdijk, Kritik 143); dieser Verein hat in den letzten Jahren sechs Trainer verbraucht (Basta 7, 1983, 42); **b)** *einen bestimmten Energiebedarf haben:* der Wagen verbraucht zuviel Kraftstoff; auf 100 km verbraucht das Auto 12 Liter Benzin. **2.** ⟨v. + sich⟩ *seine Kräfte erschöpfen; sich völlig abarbeiten u. nicht mehr leistungsfähig sein:* Hatte sie nicht alles bei ihm entbehren müssen und dazu sich nur verbraucht in Beruf und Hausarbeit ...? (Strauß, Niemand 81); ⟨häufig im 2. Part.:⟩ verbrauchte Fabrikarbeiterinnen; sie sahen viel älter aus oder jedenfalls verbrauchter (Rolf Schneider, November 99); Ü Doch leider verbraucht sich *(vergeht)* der Reiz des Andersartigen meist sehr schnell (Freizeitmagazin 10, 1978, 48). **3.** *[bis zur Unbrauchbarkeit] abnützen, verschleißen:* die Schuhe völlig v.; ⟨meist im 2. Part.:⟩ Wir waren zu jener Zeit noch sehr arm, trugen unsere etwas verbrauchten Straßenanzüge (H. W. Richter, Etablissement 146); die Luft in den Räumen ist verbraucht *(enthält fast keinen Sauerstoff mehr);* **Ver|brau|cher,** der; -s, - (Wirtsch.): *jmd., der Waren kauft u. verbraucht:* Käufer, Konsument; **Ver|brau|cher|auf|klä|rung,** die ⟨o. Pl.⟩: *Information der Verbraucher über die zu ihrem Schutz bestehenden Vorschriften u. das richtige Verhalten beim Kauf;* **Ver|brau|cher|be|ra|tung,** die: **1.** vgl. Verbraucheraufklärung. **2.** *Beratungsstelle für Verbraucher;* **Ver|brau|cher|ge|nos|sen|schaft,** die: *Konsumgenossenschaft;* **Ver|brau|che|rin,** die; -, -nen (Wirtsch.): w. Form zu ↑Verbraucher; **Ver|brau|cher|kre|dit,** der: *von Banken, Handelsunternehmen o. ä. vergebener, ausschließlich für den Konsum bestimmter Kredit;* **Ver|brau|cher|markt,** der: *(häufig am Ortsrand gelegenes) großflächiges Einzelhandelsgeschäft mit Selbstbedienung, das Waren preisgünstig anbietet;* **Ver|brau|cher|or|ga|ni|sa|ti|on,** die: vgl. Verbraucherverband; **Ver|brau|cher|po|li|tik,** die: *Teilbereich der Wirtschaftspolitik, der auf eine Verbesserung der sozioökonomischen Position der Verbraucher gegenüber privaten u. öffentlichen Anbietern zielt;* **Ver|brau|cher|preis,** der: *Preis, den der Verbraucher für eine Ware bezahlen muß;* **Ver|brau|cher|schutz,** der: *Gesamtheit der rechtlichen Vorschriften, die den Verbraucher vor Übervorteilung u. a. schützen sollen;* **Ver|brau|cher|ver|band,** der: *Verband, dessen satzungsgemäße Aufgabe es ist, durch Information u. Beratung die Interessen der Verbraucher zu vertreten;* **Ver|brau|cher|ver|hal|ten,** das: *Verhalten der Verbraucher im Hinblick auf den Konsum:* das V. untersuchen, analysieren; **Ver|brau|cher|zeit|schrift,** die: *Zeitschrift zur Information u. Aufklärung der Verbraucher;* **Ver|brau|cher|zen|tra|le,** die: vgl. Verbraucherberatung; **Ver|brauchs|for|schung,** die ⟨o. Pl.⟩ (Wirtsch.): *methodische Erforschung des Verbraucherverhaltens, der Verbrauchsgewohnheiten;* **Ver|brauchs|ge|wohn|hei|ten** ⟨Pl.⟩: vgl. Verbraucherverhalten; **Ver|brauchs|gut,** das ⟨meist Pl.⟩: *Konsumgut, das bei seiner Nutzung verbraucht wird (wie Lebensmittel, Kraftstoff);* **Ver|brauchs|gü|ter|in|du|strie,** die: *Verbrauchsgüter produzierende Industrie;* **Ver|brauchs|land,** das ⟨Pl. ...länder⟩: *Land, in dem ein Exportgut verbraucht, be- od. verarbeitet wird;* **Ver|brauchs|len|kung,** die ⟨o. Pl.⟩: *Beeinflussung, Lenkung der Verbrauchs-, Konsumgewohnheiten* (z. B. durch die Werbung); **Ver|brauchs|pla|nung,** die: vgl. Verbrauchslenkung; **Ver|brauchs|rück|gang,** der: vgl. Umsatzrückgang; **Ver|brauchs|stei|ge|rung,** die: vgl. Umsatzsteigerung; **Ver|brauchs|steu|er,** (Steuerw.:) **Ver|brauch|steu|er,** die: *auf bestimmten Verbrauchsgütern ruhende indirekte Steuer;* **Ver|brauchs|wert,** der: *Wert, der den Verbrauch von etw., bes. von Kraftstoff angibt:* Fahrzeuge mit günstigen -en sind also klar im Vorteil (ADAC-Motorwelt 5, 1982, 128).
ver|bre|chen ⟨st. V.; hat⟩ [**1:** mhd. verbrechen, ahd. farbrechan, eigtl. = zerbrechen, zerstören; in der Rechtsspr. vom Brechen des Friedens, eines Eides, Gesetzes gebraucht]: **1.** ⟨im allg. nur im Perf. u. Plusq. gebr.⟩ (ugs. scherzh.) *etw. (was als Dummheit, Unrechtes o. ä. angesehen od. mit Spott bedacht wird) tun, machen, anstellen:* Allein die Meldungen dieser Seite spiegeln schockierend wider, was wir an der Umwelt verbrechen (Kurier 12. 5. 84, 17); was hast du wieder verbrochen?; wer hat denn dieses Gedicht verbrochen *(geschrieben)?;* Dann wird den Onkeln und Tanten gezeigt, was die Mädchen für Handarbeiten verbrochen *(gefertigt)* haben (Kempowski, Zeit 235). **2.** (Jägerspr.) *mit abgebrochenen Zweigen markieren die Fährte v.;* **Ver|bre|chen,** das; -s, -: **a)** *schwere Straftat* (im brutales, schweres, gemeines, scheußliches V.; ein V. begehen, verüben, planen, ausführen, aufklären; jmdn. eines -s anklagen, beschuldigen, überführen; der Schauplatz eines -s; Recherchen ... zum organisierten V. in der Bundesrepublik Deutschland (Spiegel 39, 1983, 292); **b)** (abwertend) *verabscheuenswürdige Untat; verwerfliche, verantwortungslose Handlung:* die V. der Hitlerzeit; Kriege sind ein V. an der Menschheit; Als ein ungeheuerliches V. ... hat ... Gennadi Gerassimow die Schändung des sowjetischen Ehrenmals in Berlin-Treptow bezeichnet (Freie Presse 30. 12. 89, 2); Ü es ist doch kein V., mal ein Glas Bier zu trinken; **Ver|bre|chens|auf|klä|rung,** die ⟨o. Pl.⟩: *Aufklärung* (1) *von Verbrechen* (a); **Ver|bre|chens|be|kämp|fung,** die ⟨o. Pl.⟩: *Bekämpfung von Verbrechen* (a); **Ver|bre|chens|ver|hü|tung,** die ⟨o. Pl.⟩: *Verhütung von Verbrechen* (a); **Ver|bre|cher,** der; -s, - [mhd. verbrecher]: *jmd., der ein Verbrechen* (a) *begangen hat:* ein gefährlicher, gemeiner, kaltblütiger, notorischer V.; einen V. festnehmen, verhaften, verurteilen; (auch als Schimpfwort:) du elender V.!; **Ver|bre|cher|al|bum,** das (früher): *Verbrecherkartei;* **Ver|bre|cher|ban|de,** die: *organisierter Zusammenschluß von Verbrechern;* **Ver|bre|che|rin,** die; -, -nen: w. Form zu ↑Verbrecher; **ver|bre|che|risch** ⟨Adj.⟩: **a)** *so verwerflich, daß es fast schon ein Verbrechen ist; kriminell* (1 b): -e Umtriebe; eine -e Fahr-

lässigkeit; Er ist ein wendiger Bursche mit ... einer ungeheuren -en Energie (Konsalik, Promenadendeck 226); es war v., so zu handeln; **b)** *vor Verbrechen nicht zurückschreckend; skrupellos:* ein -es Regime; Die -e Politik des faschistischen deutschen Imperialismus (Werftstimme 9. 8. 84, 4); politisch ... verfocht er eine durch und durch -e Weltanschauung (Weber, Tote 193); **Ver|bre|cher|jagd,** die: *Verfolgung eines Verbrechers durch die Polizei;* **Ver|bre|cher|kar|tei,** die: *Kartei (für die Fahndung) mit Fotos u. Fingerabdrücken von Personen, die Verbrechen begangen haben;* **Ver|bre|cher|ko|lo|nie,** die (seltener): *Strafkolonie;* **Ver|bre|cher|nest,** das: *Nest (4 a) von Kriminellen;* **Ver|bre|cher|phy|sio|gno|mie,** die (abwertend): *wenig Vertrauen erweckendes Gesicht eines Menschen;* **Ver|bre|cher|syn|di|kat,** das: *als geschäftliches Unternehmen getarnter Zusammenschluß von Verbrechern;* **Syndikat (2);** **Ver|bre|cher|tum,** das; -s: *Verbrecherwelt:* Unter dem Druck des -s sind viele Geschäfte geschlossen worden (NZZ 28. 1. 83, 3); **Ver|bre|cher|welt,** die ⟨o. Pl.⟩: *Gesamtheit der Verbrecher; Unterwelt.*
ver|brei|ten ⟨sw. V.; hat⟩: **1. a)** *dafür sorgen, daß etw. in einem weiten Umkreis bekannt wird:* eine Nachricht [durch den Rundfunk, über Rundfunk und Fernsehen] v.; ein Gerücht, Lügen v.; er ließ v. *(setzte die Nachricht in Umlauf),* er wolle von hier wegziehen; der unqualifizierte Blödsinn ..., den Sie vor Jahren über mich verbreiteten (Reich-Ranicki, Th. Mann 267); jugendgefährdende Schriften v.; **b)** ⟨v. + sich⟩ *sich verbreiten; in Umlauf kommen u. vielen bekanntwerden:* die Nachricht verbreitete sich schnell, wie ein Lauffeuer, in der ganzen Stadt; Der unreflektierte Glaube an den „Fortschritt" verbreitete sich über die „ganze Erde (Gruhl, Planet 170). **2. a)** *in einen weiteren Umkreis gelangen lassen:* diese Tiere verbreiten Krankheiten; der Wind verbreitet den Samen der Bäume; Auch verbreitet unser Hund einen zu starken Geruch nach Hund (Schwaiger, Wie kommt 84); es war angenehm, daß die Lampe ein mildes Licht, der Kachelofen eine sanfte Wärme verbreitete *(ausstrahlte);* **b)** ⟨v. + sich⟩ *sich in einem weiteren Umkreis ausbreiten:* ein übler Geruch verbreitete sich im ganzen Haus; diese Krankheit ist weit verbreitet; heute kommt es verbreitet *(in weiten Gebieten)* zu Regen. **3.** *in seiner Umgebung, einem bestimmten Umkreis in jmdm. erregen, erwecken:* die Bande und ihre Gewalttaten verbreiteten überall Entsetzen, Angst und Schrecken; er verbreitet Ruhe und Heiterkeit [um sich]. **4.** ⟨v. + sich⟩ (häufig abwertend) *[zu] ausführlich erörtern, darstellen; sich weitschweifig über jmdn., etw. äußern, auslassen:* sich über ein Thema, eine Frage, ein Problem v.; Über eine Stunde lang verbreitete er sich, fand dabei immer wieder für schon Gesagtes neue Formulierungen über den Liberalismus (Kühn, Zeit 154); **Ver|brei|ter,** der; -s, -: *jmd., der etw. verbreitet (1 a):* wer ist der V. dieser Gerüchte?; der beste V. seines Ruhms war er selber gewesen

(Heym, Nachruf 730); **Ver|brei|te|rin,** die; -, -nen: w. Form zu ↑ Verbreiter; **ver|brei|tern** ⟨sw. V.; hat⟩: **a)** *breiter (1 a) machen:* eine Straße, einen Weg v.; Mäntel mit verbreiterten *(durch Polster besonders betonten u. daher breit wirkenden)* Schultern; Ü die Basis für etw. v.; **b)** ⟨v. + sich⟩ *breiter (1 a) werden:* die Straße, das Flußbett verbreitert sich an dieser Stelle; Diesmal aber die Talwanderung links der Lonza, die sich vom Bach zum Fluß verbreitert (NZZ 28. 8. 86, 41); **Ver|brei|te|rung,** die; -, -en: **a)** *das Verbreitern:* eine V. der Straße planen; **b)** *verbreiterte Stelle;* **Ver|brei|tung,** die; -: *das Verbreiten (1–3);* **Ver|brei|tungs|ge|biet,** das: *Gebiet, in dem etw. verbreitet ist, häufig vorkommt.*
ver|brem|sen, sich ⟨sw. V.; hat⟩ (Jargon) *beim Bremsen einen Fehler machen:* wer sich ... einmal verbremst oder durch zu starkes Driften aus der Ideallinie kommt, der verliert unter Umständen Zehntelsekunden (ADAC-Motorwelt 3, 1983, 93).
ver|brenn|bar ⟨Adj.⟩: *geeignet, verbrannt zu werden;* **ver|bren|nen** ⟨unr. V.⟩ [mhd. verbrennen, ahd. farbrinnan]. **1.** ⟨ist⟩ **a)** *vom Feuer verzehrt, durch Feuer vernichtet, zerstört werden:* die Dokumente sind verbrannt; Dem Betrieb sind viele dringend benötigte Ersatzteile und Materialien verbrannt (NNN 7. 12. 88, 6); die Passagiere verbrannten in den Flammen *(kamen in den Flammen um);* Holz, Papier verbrennt [zu Asche]; es riecht verbrannt (ugs.: *herrscht ein Brandgeruch);* Ü „Mein Leben ist verbrannt", winkt einer ab, als sich der Missionar ... ihm zuwendet (Klee, Pennbruder 12); **b)** *durch zu starke Hitzeeinwirkung verderben, unbrauchbar, ungenießbar werden; verkohlen:* der Kuchen ist [im Ofen] verbrannt; das Fleisch schmeckt verbrannt. **2.** *unter der sengenden Sonne verdorren, völlig ausdorren* ⟨ist⟩: die Vegetation, das Land ist von der glühenden Hitze völlig verbrannt; in einem brütend heißen Sommer, in dem die Felder verbrannten und die Erde in schwarzen Rissen aufklaffte (Ransmayr, Welt 134). **3.** ⟨meist im 2. Part. bzw. im Perf. u. Plusq. gebr.⟩ (ugs.) *(von der Sonne) sehr stark bräunen* ⟨hat⟩: die Sonne hat ihn verbrannt. **4.** *vom Feuer verzehren, vernichten lassen* ⟨hat⟩: Reisig, Müll v.; alte Briefe [im Ofen] v.; Stroh wird auf dem Feld verbrannt statt zu Mist verarbeitet (Gruhl, Planet 82); daß 1933 in Berlin zwar die Bücher von Heinrich, doch nicht jene seines Bruders öffentlich verbrannt wurden (Reich-Ranicki, Th. Mann 179); einen Toten v. (ugs.: *einäschern);* Ketzer, Frauen [als Hexen] auf dem Scheiterhaufen v. (früher: *dem Feuertod auf dem Scheiterhaufen überantworten);* sich selbst v. *(sich durch Selbstverbrennung töten);* R so was hat man früher verbrannt! (salopp scherzh.; als Ausdruck nicht ernstgemeinter Entrüstung; *das ist doch ein ganz unmöglicher Mensch!).* **5.** (Chemie) **a)** *(von bestimmten Stoffen 2 a) chemisch umgesetzt werden, sich umwandeln* ⟨ist⟩: Kohlenhydrate verbrennen im Körper zu Kohlensäure und Wasser; **b)** *(von bestimmten Stoffen 2 a)*

chemisch umsetzen ⟨hat⟩: der Körper verbrennt den Zucker, die Kohlehydrate. **6. bes.** *durch Berührung mit einem sehr heißen Gegenstand verletzen* ⟨hat⟩: sich am Bügeleisen v.; ich habe mir die Finger verbrannt; habe ich dich [mit der Zigarette] verbrannt?; an der heißen Suppe kann man sich die Zunge v. **7.** (ugs.) *(durch Brennenlassen) verbrauchen, bes. zum Heizen verwenden* ⟨hat⟩: [zu viel] Licht, Strom v.; ein unsaugsamer Energiesparer ..., obwohl er weder Gas noch Kohle, kein Holz oder Öl verbrennt (natur 2, 1991, 64). **8.** (Jargon) *die Identität eines Agenten (1) aufdecken u. ihn so für weitere Einsätze unbrauchbar machen:* Ich will natürlich nicht, daß man einen V-Mann „verbrennt" (Spiegel 1, 1983, 56); ⟨häufig im 2. Part.:⟩ Zwei Fahnder des BKA ... werden ausgetauscht, weil sie „verbrannt" ... sind (Lindlau, Mob 245); **Ver|bren|nung,** die; -, -en: **1.** *das Verbrennen, Vernichten durch Feuer.* **2.** *durch Einwirkung großer Hitze hervorgerufene Brandwunde:* eine V. ersten, zweiten, dritten Grades; schwere -en erleiden; **Ver|bren|nungs|ener|gie,** die: *bei einem Verbrennungsvorgang freiwerdende Energie;* **Ver|bren|nungs|gas,** das: *bei einem Verbrennungsvorgang entstehendes Gas;* **Ver|bren|nungs|kam|mer,** die: vgl. Brennkammer; **Ver|bren|nungs|kraft|ma|schi|ne, Ver|bren|nungs|ma|schi|ne,** die: *Kraftmaschine, die durch Verbrennung eines Brennstoff-Luft-Gemischs Energie erzeugt;* **Ver|bren|nungs|mo|tor,** der: *Verbrennungs[kraft]maschine* (z. B. Otto-, Dieselmotor); **Ver|bren|nungs|pro|dukt,** das: *durch Verbrennung hergestelltes, bei der Verbrennung anfallendes Produkt;* **Ver|bren|nungs|pro|zeß,** der: *Verbrennungsvorgang;* **Ver|bren|nungs|raum,** der: *Brennkammer;* **Ver|bren|nungs|tem|pe|ra|tur,** die: vgl. Verbrennungswärme; **Ver|bren|nungs|vor|gang,** der: *Vorgang, Prozeß der Verbrennung;* **Ver|bren|nungs|wär|me,** die: *bei einer Verbrennung entstehende Wärme.*
ver|brie|fen ⟨sw. V.; hat⟩ [mhd. verbrieven] (veraltend): *schriftlich, durch Urkunde o. ä. feierlich bestätigen, zusichern, garantieren:* jmdm. ein Recht v.; ⟨häufig im 2. Part.:⟩ verbriefte Rechte, Ansprüche haben; die verbriefte Zusicherung einer angemessenen Hilfe bei Krankheit und im Alter (NZZ 25. 12. 83, 31).
ver|brin|gen ⟨unr. V.; hat⟩ [mhd. verbringen = vollbringen; vertun]: **1. a)** *sich (für eine bestimmte Zeitdauer) an einem Ort o. ä. aufhalten, verweilen:* ein Wochenende mit Freunden, zu Hause v. *(verleben);* den Urlaub an der See, in den Bergen v.; Cotta hatte die ersten Wochen des Herbstes so zurückgezogen im Haus des Seilers verbracht (Ransmayr, Welt 218); **b)** *eine bestimmte Zeit (auf bestimmte Weise) zubringen, hinbringen; eine bestimmte Zeit auf etw. verwenden:* den ganzen Tag mit Aufräumen v.; der Kranke hat eine ruhige Nacht verbracht; er hat sein Leben in Armut und Einsamkeit verbracht; du mußt verstehen, daß ich den Rest meines Lebens nicht allein verbringen will (Kemelman [Übers.], Dienstag 34). **2.** (Amtsdt.) *an einen be-*

Verbringung

stimmten Ort bringen, schaffen: jmdn. in eine Heilanstalt, sein Vermögen ins Ausland v.; Sie mußte ins Spital verbracht werden (Basler Zeitung 2. 10. 85, 34); Der Verleger mußte die Druckplatten in einen anderen Staat v. (Riess, Cäsar 404). **3.** (landsch.) *verschwenden, vergeuden; durchbringen;* **Ver|brin|gung,** die; -, -en: *das Verbringen* (2), *Verbrachtwerden.*
ver|brü|dern, sich ⟨sw. V.; hat⟩: *sich [spontan] miteinander, mit jmdm. befreunden, die gegenseitige Fremdheit (od. Feindseligkeit) überwinden:* sich mit wildfremden Menschen v.; daß sich Menschen, die über Jahrzehnte getrennt waren, ... mit großer Freude wieder begegnen und v. (Freie Presse 30. 12. 89, 2); **Ver|brü|derung,** die; -, -en: *das Sichverbrüdern:* Man drängte darauf, daß alle mit mir Brüderschaft trinken müßten, man drängte auf V. (H. Weber, Einzug 342).
ver|brü|hen ⟨sw. V.; hat⟩ [mhd. verbrüejen]: *mit einer kochenden od. sehr heißen Flüssigkeit verbrennen:* ich habe mich, das Kind mit kochendem Wasser verbrüht; ich habe mir den Arm verbrüht; **Ver|brü|hung,** die; -, -en: **1.** *das Verbrühen.* **2.** *durch Verbrühen hervorgerufene Brandwunde.*
ver|brut|zeln ⟨sw. V.; ist⟩ (ugs.): *durch zu langes Braten zusammenschrumpfen u. schwarz werden:* das Fleisch ist völlig verbrutzelt; in einem Gebäude ..., in dem es ... stark nach verbrutzeltem Öl, Knoblauch und anderen Küchengewürzen roch (Bergius, Jenseits 40).
ver|bu|chen ⟨sw. V.; hat⟩ (Kaufmannsspr., Bankw.): *in die Geschäftsbücher o. ä. eintragen; kontieren:* etw. als Verlust, auf einem Konto, im Haben v.; Ü er konnte einen Erfolg [für sich] v. *(verzeichnen);* der Gast ... verbuchte für ein Auswärtsspiel erstaunlich viele Chancen (Freie Presse 24. 11. 88, 5); das graue Umweltpapier ... kann ... sogar einen Imagevorteil gegenüber gebleichtem Papier v. (natur 4, 1991, 68); **Ver|bu|chung,** die; -, -en: *das Verbuchen.*
ver|bud|deln ⟨sw. V.; hat⟩ (ugs.): *vergraben:* sie verbuddelten die Kiste im Wald; der Hund hat mehrere Knochen im Garten verbuddelt.
♦ **ver|buhlt** ⟨Adj.⟩: *buhlerisch* (a): Ganz Genua fluchte über den -en Schurken Fiesco (Schiller, Fiesco II, 18); Selbst ihre Laute ward ihr weggenommen. - Weil sie -e Lieder drauf gespielt (Schiller, Maria Stuart I, 1).
Ver|bum, das; -s, Verben u. Verba [lat. verbum, ↑ Verb] (Sprachw. veraltend): *Verb:* V. finitum *(Personalform);* V. infinitum *(infinite Form);* V. substantivum *(Verb „sein" als Vollverb mit den Bedeutungen „vorhanden sein", „existieren", „sich befinden", „sich verhalten" u. a.);* Verba dicendi [et sentiendi] *(Verben des Sagens [und Denkens]).*
ver|bum|feilen, verfumfeien ⟨sw. V.; ist⟩ [vgl. verbumfiedeln] (landsch.): *herunterkommen, sich vernachlässigen:* Dr. Wolff sähe ja immer verboten aus ... Total verbumfeit (Kempowski, Tadellöser 45); **ver|bum|fie|deln** ⟨sw. V.; hat⟩ [wohl eigtl. = sein Geld beim Tanzvergnügen ausgeben] (landsch.): *leichtfertig ausge-*

ben, verschwenden: den ganzen Gewinn hat er in einer Nacht verbumfiedelt.
ver|bum|meln ⟨sw. V.⟩ (ugs., meist abwertend): **1. a)** *untätig, nutzlos verbringen, verstreichen lassen, vertrödeln* ⟨hat⟩: seine freie Zeit v.; es war jetzt klar, daß er einen ganzen Vormittag verbummelt hatte (H. Weber, Einzug 33); Ein Semester schenke ich dir, sagte Vater, verbummle es, schau dich um in Wien (Schwaiger, Wie kommt 50); **b)** *bummelnd* (1) *verbringen:* Den Abend verbummelten wir in Schwabing (Ziegler, Labyrinth 281). **2.** *durch Nachlässigkeit, Achtlosigkeit versäumen, vergessen, verlegen, verlieren u. ä.* ⟨hat⟩: einen Termin v.; seinen Schlüssel v.; Wenn die Rechnung nochmals verbummelt wird, sperrt die Gesellschaft uns das Gas ab (Baum, Paris 27); was machen Sie hier so mutterseelenallein auf der Landstraße? Wer hat verbummelt, Ihnen den Wagen zu schicken? (Fallada, Herr 17). **3.** *durch eine liederliche Lebensweise herunterkommen* ⟨ist⟩: in der Großstadt v.; ein verbummelter Student.
Ver|bund, der; -[e]s, -e u. Verbünde [mhd. verbunt = Bündnis; in der techn. Sprache des 20. Jh.s wohl neu rückgeb. aus: verbunden, dem 2. Part. von: ↑verbinden]: **1.** (Wirtsch.) *bestimmte Form des Zusammenschlusses bzw. der Zusammenarbeit von Unternehmen:* die Unternehmen beabsichtigen, planen einen V.; in einem V. miteinander stehen; Unternehmen in einen V. überführen; die Verkehrsbetriebe arbeiten im V.; Nur im V. mit der Langstreckenbahn kann das Nahverkehrsmittel Auto überleben (natur 5, 1991, 104). **2.** (Technik) *feste Verbindung von Teilen, Werkstoffen o. ä. zu einer Einheit:* Wie Personalcomputer ... durch V. untereinander oder mit Großrechnern wirtschaftlich zu nutzen sind (VDI nachrichten 18. 5. 84, 18); Ü Meerwasser enthält mit seinem Reichtum an Mineralstoffen im natürlichen V. lebenswichtige Substanzen (Jeversches Wochenblatt 30. 11. 84, 8); **Ver|bund|bauwei|se,** die (Bauw.): *Bauweise, bei der im Verbund* (2) *verschiedene Materialien, bes. Stahl u. Beton, verwendet werden;* **Ver|bund|be|trieb,** der ⟨o. Pl.⟩ (Technik): *Arbeitsweise technischer Anlagen, bei der mehrere Aggregate in bestimmter Weise zusammengeschaltet sind;* **ver|bün|den,** sich ⟨sw. V.; hat⟩ [mhd. verbunden = verbinden, in einem Bund schließen, spätmhd. (sich) verbunden]: *sich zu einem [bes. militärischen] Bündnis zusammenschließen; sich alliieren:* die beiden Staaten sind, haben sich [miteinander, gegen Frankreich] verbündet; Arbeiter und Bauern verbündeten *(solidarisierten)* sich; Zugleich sind bauliche Probleme zu lösen, wozu wir uns mit den örtlichen Volksvertretungen v. *(einigen und zusammenschließen)* müssen (NBI 39, 1989, 4); **Ver|bun|den|heit,** die; -: *[Gefühl der] Zusammengehörigkeit mit jmdm., miteinander:* eine enge, geistige V. mit jmdm. haben; Er war ihr Mann, und es hatte Jahre der V. gegeben (Danella, Hotel 91); als Grußformel am Briefschluß: in alter V.; **Ver|bün|de|te,** der u. die; -n, -n ⟨Dekl. ↑ Abgeordnete⟩:

Alliierte (a), *Föderierte:* die westlichen -n; wenn der amerikanische Außenminister die Bundesrepublik als den treuesten -n der USA bezeichne (Chotjewitz, Friede 187); Ü er hatte seine Schwester zu seiner -n *(seiner Mitstreiterin)* gemacht; **Ver|bund|fah|ren** ⟨st. V.; nur im Inf. gebr.⟩: *(als Fahrgast) innerhalb eines Verkehrsverbundes verschiedene Verkehrssysteme benutzen:* eine Karte, mit der man v. kann; **Ver|bund|fen|ster,** das (Bauw.): *Fenster mit doppelter bzw. dreifacher Verglasung, Doppelfenster;* **Ver|bund|glas,** das (Technik): [1]*Glas* (1), *das aus mehreren fest verbundenen Schichten besteht u. nicht splittert;* **Ver|bund|guß,** der (Technik): *aus mehreren fest miteinander verbundenen Metallen bestehender Guß;* **Ver|bund|kar|te,** die (Datenverarb.): *Verbundlochkarte;* **Ver|bund|ka|ta|log,** der (Buchw.): *auf elektronischer Basis erstellter Zentralkatalog;* **Ver|bund|loch|kar|te,** die (Datenverarb.): *Lochkarte, die Daten sowohl in Form von Löchern als auch von Text speichert;* **Ver|bund|ma|schi|ne,** die: *Compoundmaschine* (a); **Ver|bund|netz,** das: *Netz von Leitungen für die Stromversorgung, das von mehreren Kraftwerken gemeinsam gespeist wird;* **Ver|bund|pfla|ster|stein,** der: *Pflasterstein, der so geformt ist, daß sich beim Verlegen der einzelnen Steine fest ineinanderfügen;* **Ver|bund|plat|te,** die (Bauw.): *aus mehreren verschiedenen Schichten bestehende Bauplatte;* **Ver|bund|stein,** der: *Verbundpflasterstein;* **Ver|bund|stoff,** der (Technik): *Verbundwerkstoff, Kompositwerkstoff;* **Ver|bund|sy|stem,** das: *System des Verbundes* (1) *verschiedener Verkehrsbetriebe;* **Ver|bund|werk|stoff,** der (Technik): *Kompositwerkstoff;* **Ver|bund|wirt|schaft,** die ⟨o. Pl.⟩: vgl. Verbund (1).
ver|bun|kern ⟨sw. V.; hat⟩ (Milit.): **1.** *(einen Bereich) mit Bunkern* (2 a) *bestücken.* **2.** *in Bunker* (2 a) *verbringen.*
ver|bür|gen ⟨sw. V.; hat⟩ [mhd. verbürgen]: **1.** ⟨v. + sich⟩ *bereit sein, für jmdn., etw. einzustehen; gutsagen; bürgen* (1 a): ich verbürge mich für ihn, für seine Zuverlässigkeit; ich kann für die Richtigkeit von etw. v.; Für herrliche Pferde in diesem Fall einen Achtzehnerzug von Schimmelhengsten ..., verbürgt sich *(übernimmt die Garantie)* Kunstpreisträger Günter Dorning (NNN 8, 1985, 25); die Bank verbürgte sich *(übernahm die Bürgschaft, haftete)* für die Kosten. **2. a)** *etw. garantieren* (b, c), *die Gewähr für etw. geben:* das Gesetz verbürgt bestimmte Rechte; Fähigkeiten, die Erfolg im Leben verbürgen; verbürgte Rechte; **b)** *(im Perf., Plusq. u. im 2. Part. gebr.) als richtig bestätigen; authentisieren:* die Nachrichten sind verbürgt; Die Anekdote, die du erwähnst, ist übrigens nicht verbürgt (Erné, Fahrgäste 247); verbürgte Zahlen.
ver|bür|ger|li|chen ⟨sw. V.⟩ (häufig abwertend): **a)** *sich den Normen der bürgerlichen Gesellschaft anpassen* ⟨ist⟩: im Lauf der Jahre schwand sein Enthusiasmus und er verbürgerlichte mehr und mehr; **b)** *dem Bürgertum angleichen* ⟨hat⟩: Vergeblich hatte Heinrich Heine gegen den borniertesten Moralismus der verbürgerlichten

Aufklärung angekämpft (Sloterdijk, Kritik 106); **Ver|bür|ger|li|chung,** die; -: *das Verbürgerlichen.*
Ver|bür|gung, die; -, -en: *das [Sich]verbürgen.*
ver|bü|ro|kra|ti|sie|ren ⟨sw. V.; ist⟩ (abwertend): *den ursprünglichen Schwung, Kampfgeist o.ä. verlieren, in der Organisation erstarren:* die Parteien sind total verbürokratisiert; Ein Bundesamt für Verfassungsschutz, das aufgebläht, verbürokratisiert, selbstgefällig motivationslos vor sich hin schlummerte (Hamburger Abendblatt 27. 8. 85, 2).
ver|bu|schen ⟨sw. V.; ist⟩: *(bes. von Weideland) mehr u. mehr von Sträuchern überwuchert werden:* die wertvollen mageren Wiesenpartien verbuschen rasch (Basler Zeitung 20. 8. 86, 31); verbuschendes Brachland; **Ver|bu|schung,** die; -, -en: *das Verbuschen, Verbuschtwerden.*
ver|bü|ßen ⟨sw. V.; hat⟩ [mhd. verbüeʒen = Buße zahlen] (Rechtsspr.): *abbüßen* (2): *... war er gerade ... aus dem Gefängnis entlassen worden, wo er ... nur eine Mindeststrafe für Diebstahl und Hehlerei verbüßt hatte* (Genet [Übers.], Notre-Dame 38); **Ver|bü|ßung,** die; - (Rechtsspr.): *das Verbüßen.*
ver|but|tern ⟨sw. V.; hat⟩: **1.** *zu Butter verarbeiten:* Milch, Rahm v. **2.** (ugs., oft abwertend) *etw. zu großzügig verbrauchen; verschwenden:* Steuergelder v.; immerhin werden hier 40% des Gesamtetats verbuttert (Zivildienst 2, 1986, 27).
♦ **ver|but|zen** ⟨sw. V.; hat⟩ [zu ↑ Butz]: *(in landsch. Sprachgebrauch) verkleiden, vermummen: ... und er verbutzet sich mit seiner Ahne ihrem Hochzeitsstaat* (Mörike, Hutzelmännlein 185).
ver|bü|xen ⟨sw. V.; hat⟩ (nordd.): *verprügeln.*
Verb|zu|satz, der (Sprachw.): *Präverb.*
Ver|char|te|rer, der: *Person, Firma, die Schiffe od. Flugzeuge verchartert:* Unbedingt mit dem V. probefahren und sich Bedienung und Funktion aller Instrumente erklären lassen (ADAC-Motorwelt 1, 1976, 50); **Ver|char|te|rin,** die; -, -nen: w. Form zu ↑ Vercharterer; **ver|char|tern** ⟨sw. V.; hat⟩: *ein Schiff, Flugzeug vermieten:* Sie haben einen Eisbrecher an eine private Gesellschaft verchartert (Welt 12. 8. 91, 15); **Ver|char|terung,** die; -, -en: *das Verchartern.*
ver|christ|li|chen ⟨sw. V.; hat⟩: *mit christlichem Geist durchdringen;* **Ver|christ|li|chung,** die; -: *das Verchristlichen.*
ver|chro|men ⟨sw. V.; hat⟩: *(Eisenteile u.ä.) mit einer Schicht aus Chrom überziehen:* Armaturen v.; verchromte Radspeichen, Bestecke; **Ver|chro|mung,** die; -, -en: **1.** *das Verchromen.* **2.** *Chromschicht (mit der etw. überzogen ist):* die V. ist schadhaft geworden.
Ver|dac|cio [verˈdatʃo], das; - [ital. verdaccio, zu: verde = grün] (Malerei): *grünliche Farbe, die in der byzantinischen Malerei u. noch in der italienischen Malerei des 15. Jh.s bei Fleischtönen zur Untermalung verwendet wird.*
Ver|dacht, der; -[e]s, -e u. Verdächte [zu ↑ verdenken in dessen alter Bed. „Übles von jmdm. denken, jmdn. in Verdacht haben"]: *argwöhnische Vermutung einer bei jmdm. liegenden Schuld, einer jmdn. betreffenden schuldhaften Tat od. Absicht:* ein [un]begründeter, furchtbarer, schwerer V.; Und so hält sich in mir der quälende V. (Stern, Mann 56); ein V. verdichtet sich, bestätigt sich, steigt in jmdm. auf, richtet sich gegen jmdn., fällt auf jmdn.; ihm kam ein schlimmer V.; weil da alle möglichen Verdächte hochkommen (Spiegel 5, 1992, 34); es besteht der V., daß es sich hierbei um einen Mord handelt (Kirst, Aufruhr 126); jmdn. wegen -s auf Steuerhinterziehung verhaften; er hatte einen bestimmten, bösen, nicht den leisesten, geringsten V. (Argwohn); einen V. hegen, äußern, ausräumen, zerstreuen; V. schöpfen, erregen; einen, den V. auf jmdn. lenken; die -e/Verdächte konkretisieren; er setzte sich dem V. aus, Kassiber zu schmuggeln; jmdn. auf [einen] bloßen V. hin verhaften lassen; Namen, die außerhalb jeden -es standen (Spoerl, Maulkorb 28); jmdn. in/in V. haben *(verdächtigen);* in V. kommen *(verdächtigt werden);* Er geriet in den V. von Dienstvergehen und Falschaussagen (Spiegel 9, 1988, 50); er steht im V. der Spionage; jmdn. in einen falschen V. bringen *(fälschlich verdächtigen);* er ist über jeden V. erhaben *(geh.; ist ganz u. gar frei von jeglicher Verdächtigung;* Dieser Mann kann mit Bestechung nichts zu tun haben; für mich ist er über jeden V. erhaben *(absolut integer);* unter dem dringenden V. stehen, ein Verbrechen begangen zu haben; sich von einem V. befreien; Ü ich habe dich als Spender der Blumen in V. (ugs. scherzh.; *ich glaube, du hast die Blumen mitgebracht);* bei dem Patienten besteht V. auf Meningitis, Krebs *(es muß eine Meningitis, Krebserkrankung befürchtet werden);* *** auf V.** (ugs.; *ohne es genau zu wissen; in der Annahme, daß es richtig, sinnvoll o.ä. ist):* auf V. etw. besorgen, sagen; Allerdings sollte man nicht auf V. losfahren, sondern sich zuvor ... erkundigen (Augsburger Allgemeine 27./28. 5. 78, IX); **verdächtig** ⟨Adj.⟩ [mhd. verdæhtic = überlegt, vorbedacht, dann: argwöhnisch]: **a)** *zu einem Verdacht Anlaß gebend; Verdacht erregend; suspekt:* ein -er Mensch, ein seit langem -es Subjekt aus ... staatsfeindlichen Kreisen (Kühn, Zeit 133); -e Vorgänge; die Sache ist [mir] v.; jmd. wird jmdm. v., kommt jmdm. v. vor; er hat eine ausgezeichnete Beurteilung erhalten. Eine so ausgezeichnete, daß es schon v. ist (Brot und Salz 383); das klingt sehr v.; er hat sich durch sein Verhalten v. gemacht; er ist dringend der Tat v. *(steht in dem dringenden Verdacht, die Tat begangen zu haben);* Ü Jedes ... Myom ist auf Sarkom v. (Pschyrembel, Gynäkologie 218); **b)** *in einer bestimmten Hinsicht fragwürdig, nicht geheuer; nicht einwandfrei o.ä.:* ein -er Geruch, Geschmack; die Geräusche waren v. *(hörten sich seltsam an);* es war v. still; alles ging v. schnell; **-verdächtig:** **1.** drückt in Bildungen mit Substantiven aus, daß die beschriebene Person oder Sache gute Aussichten hat, etw. zu werden oder zu bekommen: bestseller-, preis-, rekordverdächtig. **2.** drückt in Bildungen mit Substantiven – selten mit Adverbien – aus, daß bei, von der beschriebenen Person oder Sache etw. vermutet wird oder befürchtet werden muß: intelligenz-, plagiat-, putschverdächtig; **Ver|däch|ti|ge,** der u. die; -, -n ⟨Dekl. ↑ Abgeordnete⟩: *einer Straftat o.ä. verdächtige Person;* **ver|däch|ti|gen** ⟨sw. V.; hat⟩: *gegen jmdn. einen bestimmten Verdacht hegen, aussprechen:* jmdn. des Diebstahls, als Dieb v.; ... haben die Carabinieri ... den flüchtigen ... Gioacchino Piromalli verhaftet, der einer Reihe von Morden verdächtigt ist (NZZ 1./2. 5. 83, 7); man hat ihn verdächtigt, das Geld entwendet zu haben; jmdn. unschuldig, zu Unrecht v.; es wird nicht nötig gewesen sein, den Namen des Menschen zu wissen, den ich falsch verdächtigt habe (Dürrenmatt, Richter 26); Ü Engholm ist kein smarter Toskanaintellektueller und Genießer, als der er gefeiert und verdächtigt wird (natur 10, 1991, 41); Die Funktion des Ideologiebegriffes ist, jede rationale Sozialkritik als wirklichkeitsfern oder weltfremd zu v. (Fraenkel, Staat 138); **Ver|däch|tig|te,** der u. die; -, -n ⟨Dekl. ↑ Abgeordnete⟩: *jmd., der unter einen Verdacht geraten ist:* Ende Dezember 1958 wird der V. aus der Haft entlassen (Noack, Prozesse 12); **Ver|däch|ti|gung,** die; -, -en: *das Verdächtigen, Verdächtigtwerden:* leere -en; Wie können Sie es wagen, eine derart infame V. auszusprechen ... ? (Kirst, Aufruhr 117); **Ver|dachts|grund,** der (bes. Rechtsspr.): *Grund, der einen Verdacht rechtfertigt;* **Ver|dachts|kün|di|gung,** die (Rechtsspr.): *Kündigung des Arbeitsverhältnisses durch den Arbeitgeber, der den Arbeitnehmer einer Straftat für dringend verdächtig hält;* **Ver|dachts|mo|ment,** das ⟨meist Pl.⟩ (bes. Rechtsspr.): *Indiz:* da strafrechtlich relevante -e nicht ermittelt werden konnten (Chotjewitz, Friede 283); Jedoch wurde in der V., zumindest was Lungenkrebs anlangt, ... von der Wissenschaft nachgeliefert (Spiegel 50, 1975, 164).
ver|dam|men ⟨sw. V.; hat⟩ /vgl. verdammt/ [mhd. verdam(p)nen, ahd. firdamnōn < lat. damnare = büßen lassen, verurteilen, verwerfen; zu: damnum, ↑ Damnum]: **a)** *hart kritisieren, vollständig verurteilen, verwerfen:* jmdn. wegen einer Tat in Grund und Boden v.; jmds. Handeln [leichtfertig] v.; Gruppierungen ..., die unter dem Motto „Recht auf Leben" jede Geburtenplanung verdammen (NZZ 12. 4. 85, 9); seine Lehre wurde auf der Synode verdammt; die Sünder werden verdammt (christl. Theol.: *fallen der Verdammnis anheim);* in Flüchen: [Gott] verdamm' mich!; verdammt [noch mal, noch eins]!; verdammt und zugenäht!; **b)** *zu etw. zwingen, verurteilen:* eine zum Untergang verdammte Welt; Die Hälfte der Bevölkerung ist zu permanenter Armut verdammt (natur 2, 1991, 30); Ü etw. ist zum Scheitern verdammt *(muß notwendigerweise scheitern);* er war zum Nichtstun, zum Abwarten verdammt *(konnte nichts tun, mußte abwarten);* sie sind zum Erfolg verdammt *(müssen unbedingt Erfolg haben);* **ver|dam|mens|wert** ⟨Adj.⟩: *verwerflich.*

ver|däm|mern ⟨sw. V.; ist⟩ (geh.): **1.** *langsam, verblassend verschwinden, unsichtbar werden:* die Konturen verdämmerten. **2.** *in einem Dämmerzustand, ohne Anteilnahme (2) od. Tätigsein verbringen:* die Zeit, sein Leben v.; Schnodbein, ... der seinen Schreibtisch nur morgens ... aufsuchte und den übrigen Arbeitstag an der Theke verdämmerte (Zwerenz, Quadriga 50); die letzten Jahre verdämmerte er im Schwachsinn, von einem Augentumor gepeinigt (W. Schneider, Sieger 124).
Ver|damm|nis, die; - [mhd. verdam(p)nisse] (christl. Theol.): *das Verworfensein (vor Gott); Höllenstrafe:* die ewige V.; Ü ... dieser furchtbaren Aufgabe, die seinen Stolz und sein Elend, sein Himmel und seine V. war (Reich-Ranicki, Th. Mann 87); **ver|dammt** ⟨Adj.; -er, -este⟩: **1.** *(salopp abwertend)* **a)** *drückt Wut, Ärger o. ä. aus u. steigert das im Subst. Ausgedrückte:* so ein -er Mist; -e Sauerei!; dieser -e Blödsinn; **b)** *drückt (in bezug auf Personen) eine Verwünschung aus:* du -er Idiot!; dieser -e Kerl hat mich belogen!; **c)** *(in bezug auf Sachen) widerwärtig, im höchsten Grade unangenehm:* diese -e Warterei!; Hören Sie gefälligst mit Ihren -en Lügereien auf! (Ziegler, Kein Recht 60). **2.** (ugs.) **a)** *sehr groß:* eine -e Kälte; Wenn einer von uns ... verliert, dann ist das eine -e Schande (Loest, Pistole 180); ich habe einen -en Hunger; wir hatten [ein] -es Glück; **b)** *(intensivierend bei Adj. u. Verben) sehr, äußerst:* es war v. kalt; Mütter waren so v. hartnäckig (H. Gerlach, Demission 24); das ist v. wenig, v. schwer; sie ist ein v. hübsches Mädchen; du mußt mich v. beherrschen; **Ver|damm|te**, der u. die; -n, -n ⟨Dekl. ↑Abgeordnete⟩ (christl. Theol.): *Mensch, der der Verdammnis anheimgefallen ist;* **Ver|dam|mung**, die; -, -en [mhd. verdam(p)nunge, ahd. ferdamnunga]: *das Verdammtwerden, -sein:* Die offizielle V. und Verbannung des Autors datierte vom 5. Dezember 1965 (Raddatz, Traditionen II, 522); **ver|dam|mungs|wür|dig** ⟨Adj.⟩ (geh.): *verdammenswert.*
ver|damp|fen ⟨sw. V.⟩: **a)** *von einem flüssigen in einen gasförmigen Aggregatzustand übergehen; sich (bei Siedetemperatur) in Dampf verwandeln* ⟨ist⟩: das Wasser ist verdampft; die Flüchtigkeit der Meere, die zu Wolkenspiralen verdampften (Ransmayr, Welt 111); Ü sein Ärger war schnell verdampft (selten; *abgeklungen*); **b)** *aus einem flüssigen in einen gasförmigen Zustand überführen* ⟨hat⟩: eine Flüssigkeit v.; So kann man damit (= Laserstrahlen) Tumorgewebe v. und zugleich die den Tumor versorgenden Blutgefäße verschweißen (BdW 7, 1987, 51); **Ver|damp|fer**, der; -s, - (Technik): *Teil (z. B. einer Kältemaschine), in dem eine Flüssigkeit verdampft wird;* **Ver|damp|fung**, die; -, -en: *das Verdampfen;* **Ver|damp|fungs|an|la|ge**, die: *Anlage (4) zum Verdampfen von Flüssigkeit;* **Ver|damp|fungs|en|thal|pie**, die (Physik): *Wärmemenge, die erforderlich ist, um eine Flüssigkeit zum Verdampfen zu bringen;* **Ver|damp-fungs|wär|me**, die (Physik veraltet): *Verdampfungsenthalpie.*
ver|dan|ken ⟨sw. V.; hat⟩ [mhd. verdanken]: **1.** *jmdm., etw. (dankbar) als Urheber, Bewirker o. ä. von etw. anerkennen; jmdm., einer Sache etw. [mit einem Gefühl der Dankbarkeit] zuschreiben; danken (2):* jmdm. wertvolle Anregungen, sein Leben, seine Rettung v.; er weiß, daß er seinem Lehrer viel zu v. hat; wir verdanken der Sonne alles Leben; etw. jmds. Einfluß, Fürsprache, einem bestimmten Umstand zu v. *(zuzuschreiben)* haben; ein Krieg ..., der seinen Ausbruch einer unmenschlichen Politik zu v. hatte (Spiegel 31, 1976, 43); Diesem jähen Tod ... verdankte Naso schließlich einen Auftrag (Ransmayr, Welt 59); (auch iron.:) das haben wir dir, deinem Trödeln zu v., daß wir so spät gekommen sind. **2.** ⟨v. + sich⟩ (seltener) *auf etw. beruhen, zurückzuführen sein:* sein Urteil verdankt sich einer sorgfältigen Prüfung des Falles; das Stück vom Februaraufstand der Wiener Arbeiter ... verdankt sich nicht etwa eigener Anschauung, sondern Briefberichten und Zeitungsmeldungen (Raddatz, Traditionen II, 417). **3.** (schweiz., österr. [Vorarlberg]) *für etw. danken, Dank abstatten:* Bundesrat Egli verdankt die Begrüßungsworte des Vorsitzenden (NZZ 3. 2. 83, 27); **Ver|dan|kung**, die; -, -en (schweiz., sonst selten): *Dank, Ausdruck des Dankes:* Hans Furter ... ist unter V. der geleisteten Dienste auf Ende Mai in den Ruhestand versetzt worden (NZZ 11. 4. 85, 27).
ver|darb: ↑verderben.
ver|da|ten ⟨sw. V.; hat⟩: *die Daten (2) einer Person od. Sache [im Computer] erfassen:* daß das Bundeskriminalamt ... gefordert habe, „gewalttätige Störer" bei Demonstrationen „verdaten" zu lassen (MM 11. 8. 82, 14); Denn eine Panne - so das Credo im total verdateten Staat - kann es nicht geben, weil sie nicht geben darf (Hörzu 47, 1983, 21); **Ver|da|ter**, der; -s, -: *jmd., der in der Datenverarbeitung arbeitet;* **Ver|da|te|rin**, die; -, -nen: w. Form zu ↑Verdater.
ver|dat|tert ⟨Adj.⟩ [zu landsch. verdattern = verwirren, zu: dattern, landsch. Nebenf. von ↑tattern] (ugs.): *für kurze Zeit völlig aus dem Gleichgewicht gebracht, überrascht, verwirrt u. nicht in der Lage, angemessen zu reagieren:* Volkszorn und Proteste überrollten die -en Koalitionspartner (Spiegel 51, 1976, 24); ein -es Gesicht machen; er war völlig v.; Hausmann schaut v. drein. Wahrscheinlich hat er damit nicht gerechnet (Gabel, Fix 114); Seine Freunde hat dieses Bekenntnis, gelinde gesagt, erheblich v. (Spiegel 37, 1984, 213).
Ver|da|tung, die; -, -en: *das Verdaten:* Der Volkszählungsprozeß in Karlsruhe macht die Risiken der elektronischen V. deutlich (Spiegel 43, 1983, 48).
ver|dau|en ⟨sw. V.; hat⟩ [mhd. verdöu(we)n, ahd. firdewen, zu gleichbed. mhd. döuwen, douwen, auch, wohl zu ↑²tauen u. eigtl. = verflüssigen, auflösen]: **1.** *(aufgenommene Nahrung) in für den Körper verwertbare Stoffe umwandeln, umsetzen:* die Nahrung, das Essen v.; der Magen kann diese Stoffe nicht v.; etw. ist leicht, schwer, nicht zu v.; Um ein Kilogramm Öl zu v., benötigen die Mikroorganismen über drei Kilogramm Sauerstoff (natur 2, 1991, 94); ⟨auch ohne Akk.-Obj.:⟩ der Kranke verdaut schlecht; Ü Eindrücke, Erlebnisse, einen Schicksalsschlag, Schock [nicht] v. [können] *(geistig, psychisch [nicht] verarbeiten, bewältigen [können]);* diese Lektüre ist schwer zu v. (ugs.; *ist schwer verständlich*); was ich da gehört habe, muß ich erst einmal v. (ugs.; *damit muß ich erst fertig werden*); Selbst den ... Ausfall von sieben Prozent der Weltfördermenge an Erdöl ... haben die Märkte unerwartet schnell verdaut *(verkraftet;* natur 3, 1991, 27); Der kleine Vierzylinder schnurrt brav, verdaut (ugs.; *fährt mit*) Normal bleifrei (ADAC-Motorwelt 3, 1986, 34); Auch wenn es um den Federungskomfort geht, ... werden Querfugen und Kopfsteinpflaster vom Opel weniger gut verdaut (ugs.; *abgefedert;* ADAC-Motorwelt 7, 1982, 26). **2.** (Boxen Jargon) *die Wirkung eines Treffers physisch verkraften;* **ver|dau|lich** ⟨Adj.⟩ [mhd. verde(u)welich]: *so beschaffen, daß es verdaut (1) werden kann:* besonders leicht, schwer -e Kost, Speise; etw. ist gut, leicht v.; Ü sein Stil ist schwer v. *(ist verworren o. ä. u. daher schwer zu lesen);* Leichter v. *(zugänglich),* aber nicht anspruchslos sind die Nachtprogramme (NNN 3. 3. 88, 3); **Ver|dau|lich|keit**, die; -: *das Verdaulichsein;* **Ver|dau|ung**, die; - [spätmhd. verdöuwunge]: *Vorgang des Verdauens (1):* jmds. V. ist gestört, eine gute, normale V. haben; an schlechter V. leiden; für bessere V. sorgen; er leidet heute unter beschleunigter V. (scherzh.; *er hat Durchfall);* **Ver|dau|ungs|ap|pa|rat**, der (Anat.): *Gesamtheit der Organe, die der Verdauung dienen;* **Ver|dau|ungs|be|schwer|den** ⟨Pl.⟩: *Beschwerden bei der Verdauung;* **Ver|dau|ungs|en|zym**, das ⟨meist Pl.⟩: *in Speichel, Magen- und Darmsaft enthaltenes, für das Verdauen (1) wichtiges Enzym;* **ver|dau|ungs|för|dernd** ⟨Adj.⟩: *die Verdauung fördernd:* ein -es Mittel; **Ver|dau|ungs|ka|nal**, der (Anat.): *Verdauungsapparat;* **Ver|dau|ungs|or|gan**, das ⟨meist Pl.⟩ (Anat.): *zum Verdauungsapparat gehörendes Körperorgan;* **Ver|dau|ungs|pro|zeß**, der: *Prozeß (2) des Verdauens;* **Ver|dau|ungs|schnaps**, der (ugs.): *Schnaps, den man (zur Anregung der Verdauung) nach dem Essen trinkt;* **Ver|dau|ungs|schwä|che**, die: *Verdauungsstörung;* **Ver|dau|ungs|spa|zier|gang**, der (ugs.): *kurzer Spaziergang (zur Anregung der Verdauung) nach einer Mahlzeit;* **Ver|dau|ungs|stö|rung**, die: *Störung der normalen Verdauung; Dyspepsie;* **Ver|dau|ungs|trakt**, der (Anat.): *Verdauungsapparat;* **Ver|dau|ungs|vor|gang**, der: *Verdauungsprozeß;* **Ver|dau|ungs|weg**, der: *Weg der aufgenommenen Nahrung durch den Verdauungsapparat.*
ver|dea|len ⟨sw. V.; hat⟩ (Jargon): *(bes. von Rauschgift) [illegal] verkaufen:* Grammweise auf dem Schwarzmarkt verdealt, hätte der Stoff, ausreichend für

sechs Millionen Joints, um 15 Millionen Mark gebracht (Spiegel 21, 1975, 74); Von der Firma Th. Rensenbrink ... hergestellt und in Berliner Zeitungsläden verdealt, sind Injektionsspritzen samt Inhalt zum volkstümlichen Preis von 25 Pfennig erhältlich (Spiegel 21, 1981, 189).
Ver|deck, das; -[e]s, -e [aus dem Niederd. < mniederd. vordecke = Überdecke, Behang, Deckel]: **1.** *obestes Deck eines Schiffes.* **2.** *meist bewegliches Dach eines Wagens* (1): mit offenem, geschlossenem V. fahren; das V. zurückschlagen, auf-, zurückklappen, aufrollen, aufmachen, zumachen, versenken, abnehmen; **verdecken**[1] ⟨sw. V.; hat⟩ [mhd. verdecken]: **a)** *durch sein Vorhandensein den Blicken, der Sicht entziehen:* eine Wolke verdeckt die Sonne; die Krempe des Hutes verdeckte fast völlig sein Gesicht; ein Baum verdeckt uns die Sicht; Ü Das Wunschdenken verdeckte die Realität (Reich-Ranicki, Th. Mann 197); **b)** *so bedecken, zudecken, daß die betreffende Sache, Person den Blicken entzogen ist:* er verdeckte sein Gesicht mit den Händen; er verdeckte die Spielkarte mit der Hand; auf dem Foto ist er fast ganz verdeckt *(fast nicht zu sehen);* der Mantel hat eine verdeckte Knopfleiste (Schneiderei; *Knopfleiste, bei der die Knopflöcher nicht sichtbar sind);* Ü er hat geschickt seine wahren Absichten verdeckt *(kaschiert);* verdeckte Preiserhöhung, Steuer; verdeckter Ermittler *(Polizeibeamter, der unter falscher Identität ermittelt);* Gegen organisierte Kriminalität soll auch durch „verdeckte Ermittlungen" schärfer und effektiver vorgegangen werden (Hamburger Abendblatt 12. 5. 84, 8); Die 24 Radaranlagen sind ab sofort verdeckt eingesetzt (NNN 3. 7. 84, 5).
Ver|de|lith [auch: ...'lɪt], der; -s od. -en, -e[n] [zu ital. verde = grün u. ↑-lith]: *grüner Turmalin* (1).
ver|den|ken ⟨unr. V.; hat⟩ [mhd. verdenken = (zu Ende) denken, erwägen, sich erinnern] (geh.): *übelnehmen* (meist verneint u. in Verbindung mit „können"): das kann ihm niemand v.; das habe ich ihm sehr verdacht; Ich würde auch dir deinen Verrat nicht v. (Muschg, Gegenzauber 251).
ver|dep|schen ⟨sw. V.; hat⟩ (österr.): *verbeulen, verdrücken:* ein verdepschter Hut.
Ver|derb, der; -[e]s [mhd. verderp]: **1.** *(von Speisen, Lebensmitteln u. ä.) das Verderben* (1 a), *Ungenießbarwerden:* Kartoffeln vor dem V. schützen. **2.** (geh. veraltend) *Verderben* (2): etw. ist jmds. V.; die Gefahr des -s, den jede Diktatur ... mit sich brachte (Heym, Schwarzenberg 148); **ver|der|ben** ⟨st. V.⟩ /vgl. verderbt/ [vermischt aus mhd. verderben (st. V.) = zunichte werden, umkommen, sterben u. mhd. verderben (sw. V.) = zu Schaden bringen, zugrunde richten, töten]: **1. a)** *durch längeres Aufbewahrtwerden über die Dauer der Haltbarkeit hinaus schlecht, ungenießbar werden* ⟨ist⟩: die Frucht wird runzelig und verdirbt (natur 3, 1991, 95); das Fleisch, die Wurst verdirbt leicht, ist verdorben; sie läßt viel v. *(verbraucht es nicht rechtzeitig);* verdorbene Lebensmittel; **b)** *(durch falsche Behandlung o. ä.) unbrauchbar, ungenießbar machen* ⟨hat⟩: den Kuchen, das Essen (mit zuviel Salz) v.; die Reinigung hat das Kleid verdorben; weil das Salz ... das Grundwasser v. kann (natur 2, 1991, 55); daran ist nichts mehr zu v. *(das ist schon in sehr schlechtem Zustand);* Ü die Firma verdirbt mit Billigangeboten die Preise. **2.** *(durch ein Verhalten o. ä.) zunichte machen, zerstören* ⟨hat⟩: jmdm. die ganze Freude, Lust an etw., die gute Laune, alles v.; er möchte um Himmels willen nichts v. (Loest, Pistole 8); die Nachricht hatte ihnen den ganzen Abend, Tag verdorben; du verdirbst uns mit deinen Reden noch den Appetit; Schreckliches verlangt die Zeit von Kindern, deren Herrscherväter sie als Einsatz im Spiel um politische Macht mißbrauchen und damit fürs Leben die Erinnerung an ihre Kindheit v. (Stern, Mann 202). **3.** ⟨v. + sich⟩ *sich einen Schaden, eine Schädigung an etw. zuziehen; etw. schädigen* ⟨hat⟩: du wirst dir noch die Augen v.; ich habe mir den Magen verdorben *(mir eine Magenverstimmung zugezogen);* er hat einen verdorbenen Magen; Ü diese Chance wollte er sich nicht v. (Kemelman [Übers.], Mittwoch 9); Und darum verdirbt sie sich alles im Leben. Sie verdirbt ihre Arbeit, ein Verhältnis mit einem Mann (Aberle, Stehkneipen 94). **4.** (geh.) *durch sein schlechtes Vorbild (bes. in sittlich-moralischer Hinsicht) negativ beeinflussen* ⟨hat⟩: die Jugend v.; ein ganz verdorbener *(sittlich verkommener)* Mensch; der schlechte Umgang hat ihn früh verdorben; Er sagt, so etwas verdürbe die Mannszucht (Weber, Tote 77); ⟨auch ohne Akk.-Obj.:⟩ Dieses zynische Wort ... beweist, wie Macht v. kann (Brückenbauer 37, 11. 9. 85, 2). **5. a)** (geh. veraltend) *zugrunde gehen; umkommen* ⟨ist⟩: hilflos v.; wie wenn ein Bettler im Straßengraben verdirbt (Langgässer, Siegel 212); ♦ **b)** *zugrunde richten* ⟨hat⟩: wir bitten Eure Kaiserliche Majestät um Hülfe, um Beistand, sonst sind wir alle verdorbene Leute, genötigt, unser Brot zu betteln (Goethe, Götz III). **6.** * **es [sich] mit jmdm.** v. *(sich jmds. Gunst verscherzen, sich bei jmdm. unbeliebt machen):* er wollte es nicht mit uns v.; er will es mit niemandem v.; Aber selbst der Natur- und Landschaftsschutz darf es nie mit den Bauern nicht v. (Frischmuth, Herrin 29); **Ver|der|ben,** das; -s [mhd. verderben]: **1.** *das Verderben* (1 a): Lebensmittel vor dem V. schützen. **2.** (geh.) *Unglück, Verhängnis, das über jmdn. kommt:* der Alkohol war sein V. *(hat ihn zugrunde gerichtet);* Und sieh, ob irgend hier eine Hand *(Böses)* sinnt (H. Mann, Stadt 357); in unserer Zeit kann er (= Militarismus) nur V. bringen (Fraenkel, Staat 195); sie sind offenen Auges ins/in ihr V. gerannt; jmdn., sich ins V. stürzen; jmdm. zum V. werden, gereichen; **ver|der|ben|bringend** ⟨Adj.⟩: *verhängnisvoll:* eine -e Politik; **Ver|der|ber,** der; -s, - [mhd. verderber] (selten): *jmd., der anderen durch seinen Einfluß zum Verhängnis wird:* Was kümmerte es mich, daß ich ein V. der Jugend genannt wurde? (Nossack, Begegnung 328); **Ver|der|be|rin,** die; -, -nen (selten): w. Form zu ↑ Verderber; **ver|derb|lich** ⟨Adj.⟩: **1.** *(von Lebensmitteln o. ä.) leicht verderbend* (1 a): *leicht -e Lebensmittel, Waren;* etw. ist [kaum] v.; Ü Leichen, ebenso wie abgepflückte Blüten, waren rasch v. (Süskind, Parfum 237). **2.** *sehr negativ, unheilvoll (bes. in sittlich-moralischer Hinsicht):* die Wirkung des Alkohols; ... daß er eine -e Heirat eingehe (Th. Mann, Joseph 216); eine -e Rolle spielen; sein Einfluß ist, wirkt v.; **Ver|derb|lich|keit,** die; - [spätmhd. verderbelicheit]: *das Verderblichsein;* **Ver|derb|nis,** die; - [mhd. verderpnisse] (geh., veraltend): *Zustand der Verderbtheit, Verdorbenheit:* ... zu wissen, daß es eine große V. ist hier mit den Leuten (Th. Mann, Hoheit 48); ... um die V. der Sitten oder der Menschen aufzuhalten (Sieburg, Robespierre 159); **ver|derbt** ⟨Adj.; -er, -este⟩ [adj. 2. Part. von mhd. verderben (sw. V.) = zugrunde richten, töten]: **1.** (geh. veraltend) *(in sittlich-moralischer Hinsicht) verdorben, verkommen:* ein -es Individuum; Das Herz ist trügerisch und v. (Döblin, Alexanderplatz 189). **2.** (Literaturw.) *schwer od. gar nicht mehr zu entziffern:* eine -e Handschrift; der Text, die Stelle ist v.; **Ver|derbt|heit,** die; -: *das Verderbtsein.*
ver|deut|li|chen ⟨sw. V.; hat⟩: *durch Veranschaulichen deutlich[er], besser verständlich machen:* jmdm., sich einen Sachverhalt v.; etw. graphisch, statistisch v.; Seine Haare, füllig und dunkel, verdeutlichten (ließen erkennen) ..., daß es sich um ein männliches Wesen handelte (Kronauer, Bogenschütze 249); Und doch verdeutlichte er die ganze Schwierigkeit zwischen ihnen (Domin, Paradies 107); vor allem jüngere Akteure, die auf der Bühne ... dem Publikum verdeutlichten *(vorführten),* was sie im zurückliegenden Jahr so alles gelernt hatten (Saarbr. Zeitung 27. 12. 79, 26/28); **Ver|deut|li|chung,** die; -, -en: *das Verdeutlichen:* daß ... 60 000 Autos pro Tag durch Wismar fahren ... Nur zur V. des Ausmaßes: 60 000 Durchfahrten sind die Marke, bei der man von einer vier- auf eine sechsspurige Autobahn umschaltet (natur 7, 1991, 31).
ver|deut|schen ⟨sw. V.; hat⟩ [spätmhd. vertütschen, dafür mhd. diutschen = auf deutsch sagen, erklären]: **1.** (veraltend) *ins Deutsche übersetzen, übertragen:* ein Fremdwort, einen fremdsprachigen Text v.; Sein Bruder Carlo habe ihn ... eine „setola cacata" genannt, was wie einer „beschissenen Schweinsborste" nicht ganz unzutreffend v. können (Thieß, Legende 80); einen Namen v. *(eindeutschen).* **2.** (ugs.) *jmdm. etw. in einfacheren Worten erläutern, verständlich machen:* er mußte ihm die Anordnung erst einmal v.; **Ver|deut|schung,** die; -, -en: *das Verdeutschen;* **Ver|deut|schungs|wör|ter|buch,** das (veraltet): *Fremdwörterbuch.*
ver|dicht|bar ⟨Adj.⟩ (Fachspr.): *sich verdichten* (1) *lassend; kompressibel:* -e Erdmassen; **ver|dich|ten** ⟨sw. V.; hat⟩: **1.** (Physik, Technik) *durch Verkleinerung des Volumens (mittels Druck) die Dichte*

Verdichter

(2) *eines Stoffes erhöhen; komprimieren* (b): Luft, ein Gas, Dampf v.; der Kraftstoff wird im Verbrennungsmotor verdichtet; Altpapier sammeln und v. (Saarbr. Zeitung 8./9. 12. 79, IX); Ü Zu den Hauptaufgaben unseres Controllers wird es gehören, die Daten aus dem Bereich Finanz-Rechnungswesen zu v. (Presse 8. 6. 84, 15); Ein Dutzend dieser Geschichten werden dokumentiert ..., im authentischen Originalton, von den Autoren verdichtet, aber nicht gerundet (Sonntagsblatt 20. 5. 84, 22); Ereignisse künstlerisch zu einem Drama, Film, Roman v. 2. *etw. so ausbauen o. ä., daß die betreffende Sache einen höheren Grad der Dichte* (1 a) *erreicht:* das Straßennetz v.; Der Fahrplan wird auf eine Abfolge von 5 Minuten (bislang 6 Minuten) verdichtet (NNN 2. 3. 88, 6). 3. ⟨v. + sich⟩ *zunehmend dichter* (1 a) *werden:* der Nebel, die Dunkelheit verdichtet sich; Ü ein Verdacht, ein Eindruck, ein Gerücht verdichtet sich *(verstärkt sich, konkretisiert sich);* meine Angst verdichtete sich; Zur bangen Ahnung verdichtete sich hier eine nationale Mutlosigkeit, die sich auf harte Fakten stützen konnte (Pohrt, Endstation 96). 4. (Bauw., Technik) *in einen Zustand größerer Dichte* (2) *bringen* (z. B. um die Tragfähigkeit zu erhöhen). 5. (Bauw.) *räumlich zusammendrängen:* eine verdichtete Bauweise; Die Alternative zum freistehenden Einfamilienhaus und zum anonymen Wohnsilo ... muß nicht mehr erfunden werden; sie heißt verdichtete Wohn- und Siedlungsformen (Tages Anzeiger 30. 7. 84, 14); **Ver|dichter,** der; -s, - (Technik): *Kompressor;* **Ver|dich|tung,** die; -, -en: *das Verdichten, Sichverdichten;* **Ver|dich|tungs|raum,** der (Amtsspr.): *Raum* (6 a) *mit großer Bevölkerungsdichte:* Augsburg gehört mit zu den 69 Verdichtungsräumen in der Bundesrepublik (Augsburger Allgemeine 13./14. 5. 78, 47).
ver|di|cken[1] ⟨sw. V.; hat⟩: **a)** *dick, dicker machen:* Obstsäfte v.; Die Darmwand ... ist ... stark entzündlich verdickt *(angeschwollen;* Hackethal, Schneide 34); der vorgerundete Leib, verdickt durch Anzug und Mantel (Kunert, Paradies 82/83); **b)** ⟨v. + sich⟩ *dick, dicker werden:* die Hornhaut verdickt sich; verdickter Nasenschleim; **Ver|dickung**[1], die; -, -en: **1.** *das [Sich]verdicken.* **2.** *verdickte Stelle;* **Ver|dickungs|mit|tel**[1], das: *Substanz, die in Flüssigkeiten aufquillt u. zur Beeinflussung der Konsistenz zahlreicher Produkte* (z. B. Klebstoffe) *verwendet wird.*
ver|die|nen ⟨sw. V.; hat⟩ /vgl. verdient/ [mhd. verdienen, ahd. ferdionōn]: **1. a)** *als Entschädigung für geleistete Arbeit in Form von Lohn, Gehalt, Honorar o. ä. erwerben:* sein Geld, den Lebensunterhalt [durch, mit Nachhilfestunden] v.; sich ein Taschengeld v.; er hat sich sein Studium selbst verdient; ... daß sich ihre Enkelin, gerade Witwe geworden, ihr Essen mit der Freundschaft zu amerikanischen Soldaten verdiente (Kühn, Zeit 407); Sie verdiente sich Kost und Quartier sowie einen eigenen Sattel, indem sie mithalf, den Stall ausmistete ... und mit den Anfängern ausritt (Frischmuth, Herrin 90);

Ü er verdient *(bekommt als Lohn)* 18 Mark in der Stunde/pro Stunde/die Stunde; sein Brot leicht, schwer, als Kellner v.; in seiner Familie verdient die Mutter das Geld; sie geht Geld v. (ugs.; *sie arbeitet für Geld);* das ist sauer, ehrlich verdientes Geld; ⟨auch ohne Akk.-Obj.:⟩ beide Eheleute verdienen (ugs.; *sind Verdiener);* Weltmeisterin Katarina Witt verdiente sich am Donnerstag ... höchste Noten und Bewunderung (NNN 27. 2. 88, 3); **b)** *einen bestimmten Verdienst haben:* gut, nicht schlecht, nicht genug, viel, wenig v.; Er ... sieht pfiffig aus, aber seriös, verdient prima (Kronauer, Bogenschütze 399); die Miete ist verhältnismäßig billig, und ich verdiene kaum etwas (Fels, Kanakenfauna 31); was, wieviel verdienst du?; **c)** *ein Geschäft machen, als Gewinn* (1) *erzielen:* er hat bei, mit seinen Spekulationen ein Vermögen verdient; daran, dabei ist nichts zu v.; er verdient 40% an den Sachen; Schon haben einige ... gelernt, daß man am meisten an einem Krieg v. kann (Kühn, Zeit 55); Aber auch an Würstchen und an Limonade wird kräftig verdient (Hörzu 46, 1981, 46). **2.** *gemäß seinem Tun, seiner Beschaffenheit o. ä. einer bestimmten Reaktion, Einschätzung o. ä. wert, würdig sein; zu Recht bekommen, einer Sache zu Recht teilhaftig werden:* jmd., etw. verdient Beachtung, Bewunderung, Lob, Anerkennung, Dank; er hat seine Strafe, den Tadel verdient; sie hat diesen Mann nicht verdient; er verdient kein Vertrauen; sie hätte ein besseres Schicksal verdient; er hat nichts Besseres, hat es nicht besser, nicht anders verdient *(es geschieht ihm recht);* dieses Haus verdient nicht den Namen eines Hotels *(konnte keinen Anspruch darauf erheben);* er verdient [es], erwähnt zu werden; obwohl Heinrich Mann es verdient hat, daß man der Sache mit dem Mantel der Barmherzigkeit zudeckt (Reich-Ranicki, Th. Mann 148); ein bedeutendes Stück, das ... gedruckt zu werden verdient (Frisch, Montauk 176); du verdienst [es] eigentlich nicht, daß wir dich mitnehmen; das hat sie nicht [um dich] verdient *(das hättest du ihr nicht antun dürfen);* womit habe ich das verdient? (Ausruf der Verwunderung über etwas Negatives, scherzh. auch Positives, was einem unerwartet zuteil wird); ein verdientes Lob, verdienter Applaus; er hat die verdiente Strafe bekommen; **Ver|die|ner,** der; -s, -: *jmd., der das Geld zum Lebensunterhalt verdient:* die Mutter ist der V. der Familie; Dort wurde der neugebackene V. von den Seinen geherzt und geküßt (Giordano, Die Bertinis 208); Haushalte mit mehreren -n; **Ver|die|ne|rin,** die; -, -nen: w. Form zu ↑ Verdiener; **[1]Ver|dienst,** der; -[e]s, -e: *durch Arbeit erworbenes Geld, Einkommen:* ein guter, schlechter, geringer, ausreichender V.; In der Leistungsgruppe IV lagen die Monatsgehälter ... um 19,7 Prozent niedriger als die -e der männlichen Angestellten (Saarbr. Zeitung 9. 10. 79, 6); er sucht einen zusätzlichen V.; ohne V. sein; von seinem [kleinen] V. leben müssen; weil allein ihrem V. nachlaufen mußten, sich zehn und mehr Stunden

an einen Fabrikanten verkauften (Kühn, Zeit 125); er hat die Arbeit nicht um des -es willen übernommen; **[2]Ver|dienst,** das; -[e]s, -e [spätmhd. verdienst, mnieder dt. vordēnst]: *Tat, Leistung (für die Allgemeinheit), die öffentliche Anerkennung verdient:* ein überragendes, bleibendes, historisches V.; seine -e als Naturforscher sind unbestritten, wurden mit höchsten Auszeichnungen gewürdigt; die Rettung der Flüchtlinge war ganz allein sein V., bleibt sein persönliches V.; Ihr kommt allerdings das V. zu, die Europameisterin ... zu dieser Spitzenleistung angespornt zu haben (NZZ 2. 9. 86, 33); er hat sich große -e um die Stadt erworben *(sich darum verdient gemacht);* Die reichen Völker werden es mit einem gewissen Recht als ihr V. ansehen, daß es so weit gebracht haben (Gruhl, Planet 300); jmdn. in Anerkennung seiner [hervorragenden] -e ehren; sich etw. als/(seltener:) zum V. anrechnen [können]; seine Tat wurde nach V. (geh.; *gebührend)* belohnt; ein Mann von hohen -en (geh.; *ein sehr verdienter Mann);* **Ver|dienst|adel,** der (früher): *für* [2]*Verdienste verliehener Adel;* **Ver|dienst|aus|fall,** der: *Ausfall* (2 b) *des* [1]*Verdienstes; Erwerbsausfall;* **Ver|dienst|be|schei|ni|gung,** die: *Bescheinigung über den* [1]*Verdienst;* **Ver|dienst|ein|bu|ße,** die: *Einbuße an* [1]*Verdienst;* **Ver|dienst|ent|gang,** der; -[e]s (österr.): *Verdiensteinbuße;* **Ver|dienstfest,** das (Völkerk.): *Fest, bei dem Reichtum zur Schau gestellt od. demonstrativ verbraucht, vernichtet od. weitergegeben wird;* **Ver|dienst|gren|ze,** die (Versicherungsw.): *Obergrenze für einen* [1]*Verdienst (in einem bestimmten Zusammenhang);* **Ver|dienst|hö|he,** die: *Höhe des* [1]*Verdienstes;* **Ver|dienst|kreuz,** das: *für bestimmte* [2]*Verdienste verliehene Auszeichnung in Form eines Kreuzes;* **ver|dienstlich** ⟨Adj.⟩ (veraltend): *verdienstvoll:* alles in allem ein -es Tun (Heym, Nachruf 790); **Ver|dienst|lich|keit,** die: *das Verdienstvollsein:* Herbert hält nichts ... von allen möglichen Trefflichkeiten ..., -en, Würdigkeiten (Zeller, Hauptfrau 52); **ver|dienst|los** ⟨Adj.⟩: *ohne* [1]*Verdienst:* er ist zur Zeit v.; **Ver|dienst|me|dail|le,** die: *oft unterste Stufe eines Verdienstordens;* **Ver|dienst|min|de|rung,** die: *Verdiensteinbuße;* **Ver|dienst|mög|lich|keit,** die: *Möglichkeit zum Geldverdienen;* **Ver|dienst|or|den,** der: *Auszeichnung für besondere* [2]*Verdienste um den Staat;* **Ver|dienst|quel|le,** die: *Verdienstmöglichkeit;* **Ver|dienst|span|ne,** die (Wirtsch.): *Gewinnspanne; Marge* (2 a); **ver|dienstvoll** ⟨Adj.⟩: **a)** *Anerkennung verdienend:* eine -e Tat; die Reihe -er Nachdrucke von Beiträgen zur Saarbrücker Geschichte (Saarbr. Zeitung 19. 12. 79, 18); es ist sehr v. *(hoch anzurechnen),* daß ihr hier eingesprungen seid; er hat v. gehandelt; **b)** *besondere* [2]*Verdienste aufweisend;* verdient (1): ein -er Forscher, Künstler; **ver|dient** ⟨Adj.; -er, -este⟩: **1.** *besondere* [2]*Verdienste aufweisend; verdienstvoll* (b): ein -er Mann, -e Bürger, Werktätige; (als Auszeichnung in der ehem. DDR:) Verdienter Bergmann, Meister; Verdienter Arzt des Volkes; * **sich um etw. v. machen**

(Bedeutendes für etw. die Allgemeinheit Betreffendes leisten). **2.** (Sport Jargon) *der Leistung gemäß; verdientermaßen:* die Berliner wurden -er 2 : 0-Sieger; v. gewinnen, in Führung gehen; **ver|dien|ter|ma|ßen** ⟨Adv.⟩: *der Leistung* (2 a), *dem ²Verdienst o. ä. angemessen:* v. befördert werden; sie hat das Turnier v. gewonnen; ... einen sozialdemokratischen deutschen Kanzler, der ... mit seinem Kniefall im Warschauer Getto Gespür für die Macht der Symbolik bekundete und der v. mit dem Friedensnobelpreis belohnt wurde (Scholl-Latour, Frankreich 522); **ver|dien|ter|wei|se** ⟨Adv.⟩: *verdientermaßen.*
ver|die|seln ⟨sw. V.; hat⟩: **1.** (Eisenb.) *die Traktion* (2) *auf Diesellokomotiven umstellen.* **2.** (Jargon) *Heizöl unrechtmäßigerweise als Kraftstoff verwenden.*
Ver|dikt, das; -[e]s, -e [engl. verdict < mlat. ver(e)dictum = Zeugnis, zu lat. vere dictum, eigtl. = wahrhaft gesprochen]: **1.** (Rechtsspr. veraltet) *Urteil, Urteilsspruch der Geschworenen.* **2.** (bildungsspr.) *Verdammungsurteil:* ein V. aussprechen; Die Auskunft ... „Das tut man nicht" war ein absolutes V., damit war jede Argumentation am Ende (Dönhoff, Ostpreußen 57).
Ver|ding, der; -[e]s, -e [mhd. verding(e)] (veraltet): *das Verdingen, Verdingung;* **Ver|ding|bub,** der; (schweiz.): *bei Pflegeeltern untergebrachte männliche Waise;* **ver|din|gen** ⟨st. u. sw. V.; verdingte/verdang, hat verdingt/verdungen⟩ [mhd. verdingen, ahd. firdingōn, zu ↑dingen]: **1.** (veraltend) **a)** ⟨v. + sich⟩ *eine Lohnarbeit, einen Dienst annehmen:* er verdingte sich bei uns als Gehilfe/(seltener:) als Gehilfen; die beiden ... 18 Jahre alten Männer, die sich als Strichjungen verdingten (MM 15./16. 4. 89, 12); sich [für ein geringes Entgelt] bei einem Bauern v.; Sie ... verdingen sich zu Niedriglöhnen in anderen Jobs, um irgendwie harte Deutschmark zu verdienen (Spiegel 44, 1992, 167); **b)** *in Dienst, in Lohnarbeit geben:* er verdingte den Sohn als Knecht zu einem Bauern (Trenker, Helden 134). **2.** (Amtsspr.) *ausschreiben u. vergeben:* Arbeiten, Aufträge v.; **Ver|din|ger,** der; -s, - (Amtsspr.): *Person, Behörde o. ä., die Arbeiten verdingt* (2); **Ver|din|ge|rin,** die; -, -nen (Amtsspr.): *w. Form zu ↑Verdinger;* **ver|ding|li|chen** ⟨sw. V.; hat⟩ [zu ↑¹Ding] (Philos.): **1. a)** *hypostasieren, konkretisieren:* Der Plunder ... ist so unbekümmert wie eine Lerche. Er ist das verdinglichte Gottesnarrentum (Meckel, Plunder 80); **b)** *materialisieren.* **2.** ⟨v. + sich⟩ *sich konkretisieren, sich materialisieren:* ihre Wünsche verdinglichten sich im Konsumgut; **Ver|ding|li|chung,** die; -, -en: *das Verdinglichen;* **Ver|din|gung,** die; -, -en (Amtsspr.): *das Verdingen* (2); *Submission* (1 b); **Ver|din|gungs|aus|schuß,** der (Amtsspr.): *Ausschuß* (2), *der über Verdingungen entscheidet;* **Ver|din|gungs|ord|nung,** die: *Regelung für die Vergabe von Verdingungen:* V. für Bauleistungen; **Ver|din|gungs|un|ter|la|gen** ⟨Pl.⟩: *Unterlagen für eine Verdingung.*
ver|dirb, ver|dirbst, ver|dirbt: ↑verderben.
ver|dol|len ⟨sw. V.; hat⟩ [zu ↑Dole] (Wasserbau): *(einen Bach o. ä.) überdecken:* einen Bach, Graben v.
ver|dol|met|schen ⟨sw. V.; hat⟩ (ugs.): *jmdm. etw. (mündlich) in seine, eine ihm verständliche Sprache übersetzen:* ein Passant mußte ihnen v., was der Polizist gesagt hatte; **Ver|dol|met|schung,** die; -, -en (ugs.): *das Verdolmetschen.*
Ver|dol|lung, die; -, -en (Wasserbau): *das Verdolen.*
ver|don|nern ⟨sw. V.; hat⟩ /vgl. verdonnert/ (ugs.): **a)** *zu etw. verurteilen:* jmdn. zu 6 Monaten Gefängnis, zu einer Gefängnisstrafe v.; Arm in Arm mit einem Kerl, den er einmal wegen Landstreicherei verdonnert hatte (Kant, Aufenthalt 49); ⟨auch ohne Präp.-Obj.:⟩ Ob Ralf im Mai oder im September verdonnert wurde, ist ... absolut wurscht (Bieler, Bär 218); **b)** *jmdm. etw. Unliebsames, Lästiges, Unangenehmes o. ä. auferlegen, aufbürden:* er war dazu verdonnert, jeden Abend den Müllemer auszuleeren (zur Geheimhaltung, zum Stillschweigen verdonnert sein; Irgendein Lehrer wurde zu dieser Rede verdonnert (Kempowski, Zeit 121); **ver|don|nert** ⟨Adj.⟩ [vgl. Donner] (ugs. veraltend): *erschrocken, verwirrt, bestürzt:* ganz v. dastehen.
ver|dop|peln ⟨sw. V.; hat⟩: **a)** *auf die doppelte Anzahl, Menge, Größe o. ä. bringen:* den Einsatz v., die Geschwindigkeit v.; sie haben ihren Export v. können; die Zahl der Sitzplätze, der Angestellten wurde verdoppelt; einen Konsonanten v. (Sprachw.; *um einen weiteren gleichen Konsonanten vermehren);* Ü seine Anstrengungen, seinen Eifer v. *(beträchtlich verstärken);* als es zu regnen begann, verdoppelten sie ihre Schritte (geh.); gingen sie schneller); **b)** ⟨v. + sich⟩ *doppelt so groß werden:* der Wasserverbrauch, die Geburtenrate hat sich verdoppelt; Ich versank in einem Meer von Tönen, und seine Kräfte verdoppelten sich in der beglückenden Spannung der Arbeit (Thieß, Legende 101); Doch war die Furcht verdoppelt (Jahnn, Geschichten 33); **Ver|dop|pe|lung, Ver|dopp|lung,** die; -, -en: *das Verdoppeln.*
ver|dor|ben: ↑verderben; **Ver|dor|ben|heit,** die; -: *moralisches Verdorbensein.*
ver|dor|ren ⟨sw. V.; ist⟩ [mhd. verdorren, ahd. fardorrēn]: *durch große Hitze, Trockenheit völlig vertrocknen, dürr werden [u. absterben]:* in dem trockenen Sommer sind die Wiesen, viele Bäume verdorrt; das Gras verdorrte, verdorrte Zweige, Äste, Blumen; Ü Dann wird der Spott in ihren Kehlen v. (ersterben; Loest, Pistole 25).
ver|dö|sen ⟨sw. V.; hat⟩ (ugs.): **1.** *(Zeit) dösend verbringen:* den ganzen Tag v.; Ein Obdach bot sie ihr eben doch, diese Zelle, und die Dreiviertelstunde darin. Die ersten zwanzig Minuten verdöste sie unter dem ... Heißluftkasten (Wohmann, Irrgast 148). **2.** *(etw. zu tun) vergessen:* eine Verabredung v.
ver|drah|ten ⟨sw. V.; hat⟩: **1.** *mit Maschendraht, Stacheldraht o. ä. unzugänglich machen, verschließen:* Kellerfenster v.; die Nistplätze von Tauben werden verdrahtet; Danach hatte er die Kniescheibentrümmerfraktur eingerichtet und verdrahtet *(mit Draht befestigt;* MM 18./19. 9. 82, 58). **2.** (Elektrot., Elektronik) *Bauelemente durch Leitungen verbinden:* Normalerweise werden die Anlagen fertig verrohrt und verdrahtet aufs Flachdach gehievt (CCI 4, 1986, 8); verdrahtete *(mit Stromleitungen übersäte)* Landschaft dezimiert Vogelbestände (MM 8./9. 2. 75, 10); **Ver|drah|ter,** der; -s, -: *Elektriker, Elektrotechniker, der auf das Verdrahten* (2) *spezialisiert ist;* **Ver|drah|te|rin,** die; -, -nen: *w. Form zu ↑Verdrahter;* **Ver|drah|tung,** die; -, -en: *das Verdrahten.*
ver|drän|gen ⟨sw. V.; hat⟩: **1.** *jmdn. von seinem Platz drängen, wegdrängen, um ihn selbst einzunehmen:* sich nicht [von seinem Platz] v. lassen; weil er Peter nicht wieder ... in dem sofa v. wollte (Hausmann, Abel 73); Ü jmdn. aus seiner Stellung, Position v.; Wir schlürften unseren Kaffee, er tat mir gut, er wärmte auf und verdrängte den Bierdunst aus Hirn und Blut (v. d. Grün, Irrlicht 21); synthetische Stoffe haben das Holz weitgehend verdrängt *(ersetzt);* das Schiff verdrängt 15000 t (Schiffbau; *hat eine Wasserverdrängung von 15 000 Tonnen).* **2.** (Psych.) *etw. in irgendeiner Weise Bedrängendes unbewußt aus dem Bewußtsein verbannen; etwas Bewußtseinsinhalt, den man nicht verarbeiten kann, unterdrücken:* einen Gedanken, Wunsch, ein Schuldgefühl v.; Er muß vieles in sich hineingeschluckt haben, verdrängt, wie man heutzutage sagt (Heym, Nachruf 6); Miterlebte Krankheit ... und Verzweiflung lassen sich jedoch nicht aus Belieben aus dem Gedächtnis v. (Zivildienst 5, 1986, 19); ... der das schreckliche Erlebnis ... durch Alkohol zu v. suchte (Konsalik, Promenadendeck 452); die Aufmerksamkeit ... wieder auf das verdrängte Thema Baumsterben lenken (natur 10, 1991, 24); **Ver|drän|gung,** die; -, -en: *das Verdrängen;* **Ver|drän|gungs|kreu|zung,** die (Zool., Landw.): *über mehrere Generationen hinweg durchgeführte Einkreuzung einer fremden Rasse in eine bodenständige, wodurch deren Gene allmählich verdrängt werden;* **Ver|drän|gungs|me|cha|nis|mus,** der: *innerlich ablaufender Mechanismus, durch den etw. verdrängt* (2) *wird:* Viele lassen die Probleme nicht an sich heran ... Sie entwickeln Verdrängungsmechanismen, Haltungen, die das Unangenehme aussperren und ausblenden (Heilbronner Stimme 12. 5. 84, 31); **Ver|drän|gungs|pro|zeß,** der: *Verdrängungsmechanismus;* **Ver|drän|gungs|wett|be|werb,** der: *Wettbewerb* (2), *durch den jmd., etw. vom Markt verdrängt* (1) *wird.*
ver|drecken¹ ⟨sw. V.⟩ (ugs. abwertend): **a)** *sehr schmutzig machen* ⟨hat⟩: den Teppich, die Kleider, die ganze Wohnung v.; die Fensterscheiben, die Kleider, die Plätze im Abteil waren verdreckt; Nun wissen inzwischen alle, daß unsere Umwelt total verdreckt und verdirbt (Hamburger Morgenpost 25. 5. 85, 2); Er ... beschloß, die vom Schneematsch verdreckte Hose auszuziehen (Kronauer, Bogenschütze 381); **b)** *sehr schmutzig werden* ⟨ist⟩: das Haus ist immer mehr

verdrehen

verdreckt; die Kinder waren von oben bis unten verdreckt; Wie kann ein Mensch sich so v. lassen! (Hasenclever, Die Rechtlosen 465).
ver|dre|hen ⟨sw. V.; hat⟩ /vgl. verdreht/ [1: mhd. verdræjen]: **1.** *aus seiner natürlichen, ursprünglichen Stellung zu weit herausdrehen*: die Augen v.; sie verdrehte den Kopf, den Hals, um alles zu sehen; jmdm. das Handgelenk v.; ich habe mir den Fuß verdreht; Dürre, nach innen verdrehte Beine (Strauß, Niemand 11); Dann fiel Berta Niehus von der Treppenleiter herunter, blieb verdreht liegen und seitdem von der Hüfte an unten gelähmt (Degenhardt, Zündschnüre 59); Ü während sie sich im Gestikulieren exaltierte und die Stimme verdrehte (Kronauer, Bogenschütze 197); Aber alle seine Tugenden sind aufs merkwürdigste ins Amoralische und Verbrecherische verdreht *(vertauscht;* Fest, Im Gegenteil 101). **2.** (ugs. abwertend) *[bewußt] unrichtig darstellen, entstellt wiedergeben*: den Sachverhalt, den Sinn, die Wahrheit v.; du versuchst mir die Worte zu v.; das Recht v. *(beugen);* Er muß die Zeiten verdreht *(vertauscht)* haben und meinte in Wirklichkeit zwischen 14 Uhr 40 und 15 Uhr 10 (Kemelman [Übers.], Dienstag 114). **3.** (ugs.) *Filmmaterial verbrauchen*: für die TV-Serie wurden 120000 Meter Film verdreht; **Ver|dre|her**, der; -s, - (ugs. abwertend): *jmd., der dazu neigt, alles zu verdrehen* (2); **Ver|dre|he|rei**, die; -, -en (ugs. abwertend): *das Verdrehen* (2); **Ver|dre|he|rin**, die; -, -nen (ugs. abwertend): w. Form zu ↑Verdreher; **verdreht** ⟨Adj.; -er, -este⟩ **a)** (ugs. abwertend) *verrückt; überspannt; verschroben*: so ein -er Kerl; ein ganz -er Einfall; So lange hatte er sich noch um Ullos verdrehte *(kranke)* Seele bemüht (Erné, Kellerkneipe 48); Protest gegen eine verdrehte *(falsche)* Wirtschaftsordnung (Pohrt, Endstation 97); seine Frau ist ganz v.; du machst ihn ja ganz v. *(konfus)* mit deinem Dazwischengerede; **b)** (landsch.) *falsch* (5): eine -e Alte; **Ver|dreht|heit**, die; -, -en: **1.** ⟨o. Pl.⟩ *das Verdrehtsein.* **2.** *verdrehte Handlung o. ä.*; **Ver|dre|hung**, die; -, -en: *das Verdrehen.*
ver|drei|fa|chen ⟨sw. V.; hat⟩: **a)** *auf die dreifache Anzahl, Menge, Größe o. ä. bringen*: die Menge v.; **b)** ⟨v. + sich⟩ *dreimal so groß werden*: die Zahl der Auslandsreisen hat sich verdreifacht; **Ver|drei|fachung**, die; -, -en: *das Verdreifachen.*
ver|dre|schen ⟨st. V.; hat⟩ (ugs.): *heftig schlagen, verprügeln*: jmdn., einen Hund v.; Er rief uns, las uns unser Werk ... vor ..., drehte die Blätter zu einer Rolle zusammen und verdrosch uns damit (Lentz, Muckefuck 100).
♦ **Ver|drieß**, der; Verdrießes, Verdrieße ⟨Pl. selten⟩: ↑Verdruß: Nur schlecht Gesindel läßt sich sehn und schwingt uns zum -e die zerlumpten Mützen (Schiller, Tell III, 3); Wieviel V. dem alten Herrn auch täglich sein böser Sohn gebracht, so blieb er doch sein Sohn (Wieland, Oberon I, 41); **ver|drie|ßen** ⟨st. V.; hat⟩ /vgl. verdrossen/ [mhd. verdrieʒen = Überdruß, Langeweile hervorrufen, zu mhd. -drieʒen, ahd. -driuʒan (nur in Zus.),

urspr. = stoßen, drücken] (geh.): *jmdn. mißmutig machen; bei jmdm. Ärger auslösen*: seine Unzuverlässigkeit verdroß sie tief, hat sie sehr verdrossen; Er sprach nicht zu ihr mit jener törichten Herablassung, mit jener krampfigen Kindlichkeit, die sonst wohl Erwachsene annahmen, wenn sie mit ihr sprechen, und die sie bitter verdroß (Feuchtwanger, Herzogin 16); es verdrießt mich, daß ...; ... von den ... Reitern, die sich durch die mißlichen Umstände kaum v. ließen (NZZ 26. 8. 86, 36); * **es sich nicht v. lassen** (geh.; *sich nicht entmutigen lassen; sich nicht die gute Laune verderben lassen*): Wenn die Walterschen Plätze anderweitig vergeben waren, ließen wir's uns nicht v., stundenlang anzustehen (K. Mann, Wendepunkt 84); **ver|drieß|lich** ⟨Adj.⟩ [mhd. verdriezlich]: **a)** *durch irgend etwas in eine Mißstimmung gebracht u. daher empfindlich, leicht grämlich, mißmutig; jmds. entsprechende Gemütsverfassung ausdrückend*: ein -es Gesicht machen; Ein höchst -es Lächeln krümmte die Lippen des spanischen Konsulatskanzlers (Seghers, Transit 217); v. sein, aussehen, dreinschauen; Ich weiß nicht, warum diese Bewegungsart mich so v. macht (Handke, Frau 51); **b)** (geh., veraltend) *ärgerlich, lästig, unangenehm u. darum Unwillen, Verdrossenheit erzeugend*: eine -e Sache, Angelegenheit, Wartezeit; das ist, klingt recht v.; ich fand es v., daß ich seine Arbeit machen mußte; Indessen wäre es doch auch für Dich v., wenn es nach diesem Kriege ... gleich wieder einen gäbe (K. Mann, Wendepunkt 425); **Ver|drieß|lich|keit**, die; -, -en [mhd. verdriezlichkeit]: **1.** ⟨o. Pl.⟩ *das Verdrießlichsein* (a): seine V. war ansteckend; In unserer kargen und barschen Krisenwelt ... der rekordschlagenden V. (Werfel, Himmel 8). **2.** ⟨meist Pl.⟩ *verdrießlicher* (b) *Vorgang o. ä.*: es gab so viele -en, die ihm das Leben schwermachten; Freilich, das Vaterland ... bereitete -en, Kosten und Schädigungen an der körperlichen Gesundheit (R. Walser, Gehülfe 131).
ver|dril|len ⟨sw. V.; hat⟩: **a)** *(Drähte, Fäden o. ä.) zusammendrehen*: Drahtseile aus Drähten v.; Drahtenden v.; **b)** ⟨v. + sich⟩ *sich mit etw. der gleichen Sorte verdrehen*: die Drähte haben sich verdrillt; **Ver|dril|lung**, die; -, -en (Technik): *Torsion.*
ver|droß, ver|drös|se: ↑verdrießen; **ver|dros|sen** [2: mhd. verdroʒʒen]: **1.** ↑verdrießen. **2.** ⟨Adj.⟩ *mißmutig u. lustlos*: einen -en Eindruck machen; v. schweigen, antworten; Crane griff nach dem Fernschreiben ... und sagte v.: „Also tut mir einen Gefallen ..." (Nossack, Tod 268); **Ver|dros|sen|heit**, die; -: *das Verdrossensein* (2): Wenn sich das (überaus ansteckende) Klima politischer V. über ganz Frankreich ausbreitet (Tages Anzeiger 19. 11. 91, 7).
ver|drucken[1] ⟨sw. V.; hat⟩: **1.** *etw. falsch, fehlerhaft drucken*: einen Buchstaben v.; dieses Wort ist verdruckt. **2.** *druckend verbrauchen*: mehrere Rollen Papier täglich v.
ver|drücken[1] ⟨sw. V.; hat⟩ [2: mhd. verdrücken, -drucken, ahd. firdruckjan = zerdrücken]: **1.** (ugs.) *eine große Menge*

von etw. essen, ohne viel Aufhebens davon zu machen: Unmengen v.; die Kinder haben jedes vier Stücke Kuchen verdrückt; kaum hatte er seine Brote verdrückt *(aufgegessen;* Fallada, Blechnapf 297). **2.** (landsch.) *verknautschen*: der Rock ist arg verdrückt; Gleich neben dem blauen Buchrand mühte sich ein Käfer durch das verdrückte *(zerdrückte)* dünne Gras (Muschg, Sommer 223). **3.** ⟨v. + sich⟩ (ugs.) *sich unauffällig, heimlich davonmachen, entfernen*: Am liebsten hätte ich mich verdrückt, obwohl ich auch nicht wußte, wohin (Bieler, Bonifaz 102); sich heimlich, schnell, unbemerkt v.; er hat sich feige verdrückt; sich ins Nebenzimmer, Kino, Gebüsch v.; Als der Vater sich mal wieder hinter die FAZ v. *(hinter ihr verstecken)* wollte (natur 6, 1991, 32); Wir verdrücken *(begeben)* uns lieber in die Thieleberger Heide, hier ist es so sandig (Bieler, Bär 60); Er (= der Hund) erschrak fürchterlich und verdrückte *(flüchtete)* sich an die Wand hinter der Tür (Wimschneider, Herbstmilch 125); Das war, als Matthias eine Sektflasche öffnete und ich mich aus der Schußlinie des Korkens verdrückte *(rettete;* Ziegler, Kein Recht 130). **4.** ⟨v. + sich⟩ (Bergmannsspr.) *(von einem* [1]*Gang 8 o. ä.) geringer, schwächer werden, sich verlieren*; **Ver|drückung**[1], die; -, -en: **1.** (Bergmannsspr.) *sich verschmälernder* [1]*Gang* (8). **2.** * **in V. geraten/kommen** (ugs.; *in Bedrängnis kommen*): Die Alternativen hatten ... Bonns Politiker arg in V. gebracht (Spiegel 25, 1983, 22).
Ver|druß, der; Verdrusses, Verdrusse [mhd. verdruʒ, zu ↑verdrießen]: *Unzufriedenheit; Mißmut; Ärger* (2): etw. bringt, bereitet, macht [jmdm.] viel V.; das gibt, erregt, erweckt nur V.; Wirtschaftliche Flauten, Erschütterungen im Sozialgefüge ... haben den V. herbeigeführt (Augsburger Allgemeine 3./4. 6. 78, 2); V. über etw. haben, empfinden; Um dem Rittmeister einen V. zu ersparen (Bergengruen, Rittmeisterin 49); er war voll V. über die Vorgänge; zu seinem V. kam sie immer unpünktlich; ♦ **ver|drüß|lich**: ↑verdrießlich: ich war v., meine eigene Nase war mir im Wege (Eichendorff, Taugenichts 10).
ver|duf|ten ⟨sw. V.; ist⟩: **1.** *den Duft verlieren*: das Aroma, der Kaffee, das Parfum ist verduftet; Aus dem Haarknoten des Fräuleins kommt mir der Ruch von verduftendem Schampon entgegen (Strittmatter, Der Laden 900). **2.** (ugs.) *sich schnell u. unauffällig entfernen, um einer unangenehmen od. gefährlichen Situation zu entgehen*: er ist schnellstens in eine andere Stadt verduftet; Ich verdufte über die Feuerleiter (Kinski, Erdbeermund 143); verdufte! *(mach, daß du wegkommst!).*
ver|dum|men ⟨sw. V.⟩ [mhd. vertumben = dumm werden]: **a)** *jmdn. dahin bringen, daß er unkritisch aufnimmt u. glaubt, was man ihm vormacht, was um ihn herum vorgeht o. ä.* ⟨hat⟩: das Volk, die Massen [mit Parolen] v.; man versucht, uns zu v.; sie ließen sich nicht v.; Man möge es uns abnehmen ..., daß wir uns in Berlin leider nur allzu oft systematisch verdummt vor-

kommen mußten (Spiegel 14, 1975, 28); **b)** *geistig stumpf werden* ⟨ist⟩: *bei dieser Tätigkeit verdummt man allmählich; Seeleute, wenn sie nicht völlig v., sind Leseratten* (Erné, Kellerkneipe 281); **Ver|dum|mung,** die; -: *das Verdummen.*
ver|dump|fen ⟨sw. V.⟩: **a)** *dumpf machen* ⟨hat⟩: *einen Ton v.;* **b)** *dumpf werden* ⟨ist⟩: *der Lärm verdumpfte langsam; dann sank die Stimme ins Gemurmel ab, verdumpfte und übersprach sich wie ein Radio bei gestörtem Empfang* (Muschg, Sommer 68).
ver|dun|keln ⟨sw. V.; hat⟩ [mhd. vertunkeln = dunkel, düster machen]: **1.** *so abdunkeln* (1 a), *daß kein Licht einfallen od. nach außen dringen kann: einen Raum v.;* Efeu umfing die Außenmauern und verdunkelte Fenster im Fenster (Ransmayr, Welt 248); *Seine Lampe war blau verdunkelt (war mit etw. Blauem abgedeckt)* ... jetzt sah ich, wie häßlich dies Licht machte (Kant, Aufenthalt 7); *alle Häuser mußten verdunkelt werden (die Fenster so zugehängt o. ä. werden, daß kein Licht nach außen drang);* Die Stadt war aus Furcht vor Fliegern verdunkelt (Seghers, Transit 46). **2. a)** *so bedecken, verdecken o. ä., daß die betreffende Sache dunkel, dunkler, finster erscheint:* Regenwolken verdunkeln den Himmel; *der von Krähen verdunkelte Horizont* (Plievier, Stalingrad 121); Ü *dieser Vorfall verdunkelte ihr Glück, Leben, seinen Ruhm, Sieg;* dann verdunkelt plötzlich wieder Melancholie meine Stimme (Gregor-Dellin, Traumbuch 89); *einen Firnis, der mein wahres Bild und das, welches ich mir von der Welt mache, verdunkelt* (Stern, Mann 98); **b)** ⟨v. + sich⟩ *(durch etw. Bedeckendes) zunehmend dunkler, dunkel, finster werden:* Der Himmel hatte sich verdunkelt, große Tropfen fielen schon auf die Blätter nieder, und in der Ferne donnerte es (Th. Mann, Hoheit 196); Ü *ihre Mienen, ihre Gesichter verdunkelten (verdüsterten) sich.* **3.** (bes. Rechtsspr.) *verschleiern: eine Tat, einen Sachverhalt v.;* Justinian hat alles getan, um die Unterscheidung (= zwischen Staats- und Privateigentum) zu v. (Thieß, Reich 510); **Ver|dun|ke|lung:** ↑ Verdunklung; **Ver|dun|ke|lungs|ge|fahr, Ver|dun|ke|lungs|pa|pier:** ↑ Verdunklungspapier; **Ver|dun|ke|lungs|rol|lo:** ↑ Verdunklungsrollo; **Ver|dun|ke|lungs|rou|leau:** ↑ Verdunklungsrouleau.
◆ **ver|dün|ken** ⟨sw. V.; hat⟩ [mhd. verdunken (unpers.) = wunderlich vorkommen, zu: dunken, ↑ dünken]: *scheinen* (2): ⟨unpers.:⟩ *auch habe es ihm verdünkt, wie wenn er zuweilen auf den Gebirgen glänzende und flimmernde Steine gefunden hätte* (Novalis, Heinrich 62).
Ver|dunk|lung, Verdunkelung, die; -, -en: **1.** *das Verdunkeln* (1): Ich empfehle Ruhe ..., wenig Gespräche, am besten Verdunkelung des Zimmers (Th. Mann, Krull 51); Die Scheinwerfer ... waren, wie die Laternen ..., wegen der allgemein verordneten Verdunkelung blau übermalt worden (Bieler, Mädchenkrieg 356). **2.** *Vorrichtung zum Verdunkeln* (1) *von Fenstern* (als Maßnahme des Luftschut-

zes): die V. herunterlassen, hochziehen. **3.** ⟨o. Pl.⟩ (bes. Rechtsspr.): *Verschleierung:* Das Legalitätsprinzip ... verlangt ... von einem Beamten, daß er bestimmte Straftaten nicht auf sich beruhen läßt, sondern verfolgt. Er muß in jedem Fall Maßnahmen treffen, um eine Verdunkelung zu verhindern (Lindlau, Mob 315); Da dadurch das Wahlergebnis möglicherweise verfälscht wurde, hob das Landratsamt die Bürgermeisterwahl wegen „Verdunklung" auf (Augsburger Allgemeine 27./28. 5. 78, 4); **Ver|dunk|lungs|ge|fahr,** Verdunkelungsgefahr, die; ⟨o. Pl.⟩ (Rechtsspr.): *Verdacht der Verdunklung* (3) *eines Tatbestandes durch den Beschuldigten;* **Ver|dunk|lungs|pa|pier,** Verdunkelungspapier, das: *für Verdunklungen* (2) *verwendetes festes, schwarzes Papier:* Wo keine Rollos hingen, waren unsere Innenfenster mit Verdunkelungspapier tapeziert, pechschwarz (Lentz, Muckefuck 141); **Ver|dunk|lungs|rol|lo,** Verdunkelungsrollo, **Ver|dunk|lungs|rou|leau,** Verdunkelungsrouleau, das: vgl. Verdunklungspapier.
ver|dün|nen ⟨sw. V.; hat⟩: **1.** *(bes. von flüssigen Substanzen) durch Zugabe bes. von Wasser den Grad der Konzentration vermindern; dünnflüssig machen:* Farbe, Lack v.; den Whisky mit Wasser v.; sie verdünnt sich den Kaffee mit viel Milch; stark verdünnte Schwefelsäure; Ü Und da meine eignen Ansichten, so ins Allgültige verdünnt, mich tödlich langweilen ... (Frisch, Gantenbein 97). **2.** (seltener) **a)** *nach einem Ende dünner werden lassen: einen Stab an einem Ende v.;* **b)** ⟨v. + sich⟩ *sich verjüngen* (2): *der Mast, die Säule verdünnt sich nach oben.* **3.** (seltener) *ausdünnen* (1 b): *Pflanzen v.* **4.** (Milit. Jargon) *Truppen [in einem Gebiet] verringern:* Truppen v.; *verdünnte militärische Zonen;* **Ver|dün|ner,** der; -s, -: *Mittel zum Verdünnen konzentrierter Stoffe:* Der Mann ... hatte eine Bürste in einem Eimer mit V. reinigen wollen (Rheinische Post 12. 5. 84, 13); **ver|dün|ni|sie|ren,** sich ⟨sw. V.; hat⟩ [mit romanisierender Endung zu ↑ dünn geb.] (ugs.): *sich unauffällig entfernen, heimlich davonmachen:* er hat sich rechtzeitig verdünnisiert; ... war der Rest der Truppe mittlerweile vollzählig versammelt. Ich hatte das Gefühl, Zaremba oder Addi hatte sie als Posten an allen vier Seiten aufgestellt gehabt, falls ich mich kantonisieren wollte (Plenzdorf, Leiden 112); **Ver|dün|nung,** die; -, -en: **1.** *das Verdünnen, Verdünntsein:* ein Medikament v. nicht bestimmter V. einnehmen; ** etw. bis zur V. tun* (ugs.; *etw. bis zum Überdruß tun).* **2.** *chemisches Mittel zum Verdünnen bes. von Farben.*
ver|dun|sten ⟨sw. V.⟩: **a)** *allmählich in einen gasförmigen Aggregatzustand, bes. von Wasser in Wasserdampf, übergehen* ⟨ist⟩: *das Wasser im Topf ist fast völlig verdunstet;* Der Regen hatte aufgehört, die Nässe war schnell verdunstet (Koeppen, Rußland 55); Ü In der Wüste ... verdunstet das Erlebnis, dem die atemlose Jagd gilt, unter dem kühlen Blick des Homo faber (Enzensberger, Einzelhei-

ten I, 193); **b)** *(einen flüssigen Stoff) allmählich in einen gasförmigen Zustand überführen* ⟨hat⟩: *Wasser, ätherische Öle v.;* **ver|dün|sten** ⟨sw. V.; hat⟩ (seltener): *verdunsten* (b); **Ver|dun|ster,** der; -s, -: **1.** Luftbefeuchter. **2.** Verdunstungsmesser (b): Die Meßgeräte, die jetzt installiert werden, sind fast ausschließlich V. (Spiegel 51, 1982, 58); **Ver|dun|stung,** die; -: *das Verdunsten;* **Ver|dün|stung,** die; -: *das Verdünsten;* **Ver|dun|stungs|käl|te,** die (Physik): *beim Verdunsten* (a) *von Flüssigkeiten sich entwickelnde Abkühlung der Flüssigkeit selbst u. ihrer Umgebung;* **Ver|dun|stungs|küh|le,** die: Verdunstungskälte; **Ver|dun|stungs|mes|ser,** der: **a)** *Gerät zur Bestimmung der von einer Oberfläche verdunstenden Wassermenge;* Evaporimeter; **b)** *mit einer speziellen Flüssigkeit gefülltes Glasröhrchen an Heizkörpern zur Berechnung der Heizkosten;* **Ver|dun|stungs|röhr|chen,** das: *Verdunstungsmesser* (b); **Ver|dun|stungs|wär|me,** die: *Wärme, die der Flüssigkeit u. ihrer Umgebung beim Vorgang des Verdunstens entzogen wird.*
ver|dür|be: ↑ verderben.
Ver|du|re [vɛrˈdyːrə], die; -, -n [frz. verdure, zu mfrz. verde = grün < lat. viridis]: *(vom 15. bis 17. Jh.) meist Pflanzen darstellender Wandteppich in grünen Farben.*
ver|dur|sten ⟨sw. V.; ist⟩: *aus Mangel an trinkbarer Flüssigkeit zugrunde gehen, sterben;* in der Wüste v.; *während der Dürre sind viele Kühe verdurstet; wir sind in der Hitze fast verdurstet* (emotional; *hatten sehr großen Durst*); du deine Gäste v. lassen (ugs.; *willst du ihnen nichts zu trinken anbieten*)?; Ü *die Pflanzen sind verdurstet (verwelkt).*
ver|dus|seln ⟨sw. V.⟩ (ugs.): **a)** *aus Unachtsamkeit vergessen* ⟨hat⟩: *eine Verabredung v.;* **b)** *verdummen* (b) ⟨ist⟩.
ver|dü|stern ⟨sw. V.; hat⟩ [mhd. verdüstern]: **1.** *düster* (1 a) *machen, erscheinen lassen:* eine schwarze Wolkenwand verdüsterte den Himmel; Ü (geh.) *Sorgen verdüstern ihr Gemüt;* ein Gemüt auch durch die Unterseeboot-Zwischenfälle verdüsterten *(belasteten)* Beziehungen zu Moskau (NZZ 25. 12. 83, 1). **2.** ⟨v. + sich⟩ *düster* (1 a) *werden; sich verdunkeln:* der Himmel verdüstert sich; Ü *Seine Miene, sein Gesicht hat sich verdüstert* (geh.; *hat einen gedrückten o. ä. Ausdruck bekommen*); Die ohnehin wenig rosigen Aussichten auf eine diplomatische Lösung des Palästinenserproblems haben sich gestern nochmals verdüstert *(verschlechtert);* Basler Zeitung 2. 10. 85, 2); meine Stimmung verdüstert sich (sinkt) wieder (Hartlaub, Muriel 302); **Ver|dü|ste|rung,** die; -, -en: *das Verdüstern.*
ver|dut|zen ⟨sw. V.; hat⟩ [aus dem Niederd.: < mniederd. vordutten = verwirren, verw. mit ↑ Dunst]: *jmdn. verwundern; irritieren:* Das Einverständnis verdutzte ihn (Frisch, Gantenbein 116); ⟨meist im 2. Part.:⟩ *ein verdutztes Gesicht machen;* Auf seine ... Frage erhielt der verdutzte Abgeordnete ... die Antwort, das sei ... nicht mehr vorgesehen (Welt 1. 4. 76, 1); *verdutzt sein, dreinschauen;* „Nein", sagte Gully verdutzt (Langgäs-

Verdutztheit

ser, Siegel 31); **Ver|dutzt|heit,** die; -: *das Verdutztsein.*

ver|eb|ben ⟨sw. V.; ist⟩ (geh.): **1.** *in der Lautstärke abnehmen, leiser werden; abklingen:* der Lärm, Tumult, das Stimmengewirr verebbte; der Beifall, das Lachen war verebbt; Die Sprechchöre verebben (Erich Kästner, Schule 11); Das verebbende und wiederkehrende Grollen aus dem Gebirge (Ransmayr, Welt 255). **2.** *langsam schwächer od. geringer werden (bis zum völligen Aufhören); nachlassen, schwinden:* sein Ärger, seine Erregung, Angst verebbte allmählich; Dann stieg sie (= die Zahl der Erfindungen) noch einmal an und verebbte erst allmählich nach dem fünfundsechzigsten Lebensjahr (Schreiber, Krise 126); Der Wellenschlag verebbte, Franke saß vorgebeugt, die Unterarme auf die Schenkel gestützt (Loest, Pistole 144); Ich hatte mich freilich geirrt, als ich ... annahm, die ressentimentgeladene Opposition werde rasch v. (W. Brandt, Begegnungen 541).

ver|edeln ⟨sw. V.; hat⟩: **1.** (geh.) *für das Schöne, Gute empfänglicher machen; in geistig-sittlicher Hinsicht verfeinern, vervollkommnen:* den Menschen v.; Leid soll ja bekanntlich v. (Langgässer, Siegel 228); Denn nur unter solchem Druck ... wird ... das ungepflügte, rohe Bewußtsein erst richtig bestellt und veredelt (Strauß, Niemand 120); Die Sage hat Attilas Persönlichkeit veredelt und einen wilden Eroberer zu einem fürstlichen Mann ... erhoben, der er nicht gewesen ist (Thieß, Reich 180); die veredelnde Wirkung der Kunst. **2.** (Fachspr.) *in der Qualität verbessern; wertvoller machen u. mit erwünschten Eigenschaften ausstatten:* Rohstoffe, Naturprodukte v.; veredelte Baumwolle, Steinkohle, veredeltes Metall; Die deutschen Autobauer ... veredeln ihre teuren Modelle in erster Linie mit Chrom, Holz und Plüsch (ADAC-Motorwelt 11, 1983, 26). **3.** (Gartenbau) *durch Pfropfen, Okulieren verbessern, eine hochwertigere Form erzielen:* Rosen, Obstbäume v. **4.** (Kochk.) *(im Geschmack o. ä.) verbessern, verfeinern:* die Kartoffel ... sollte ... beim Festessen ... nur in ... veredelter Form *(nicht als Salz- od. Pellkartoffel)* auftreten (Horn, Gäste 208); **Ver|ede|lung,** Veredlung, die; -, -en: *das Veredeln;* **Ver|ede|lungs|er|zeug|nis,** Veredlungserzeugnis, das: *Erzeugnis einer Veredelung;* **Ver|ede|lungs|kreu|zung,** Veredlungskreuzung, die (Biol., Landw.): *Einkreuzung von männlichen Tieren einer leistungsstarken Rasse in eine bodenständige zur Leistungssteigerung;* **Ver|ede|lungs|pro|dukt,** Veredlungsprodukt, das: *Veredelungserzeugnis;* **Ver|ede|lungs|tech|nik,** Veredlungstechnik, die: *zur Veredelung angewandte Technik;* **Ver|ede|lungs|ver|fah|ren,** Veredlungsverfahren, das: *vgl. Veredelungstechnik;* **Ver|ed|lung:** ↑ Veredelung; **Ver|ed|lungs|er|zeug|nis** usw.: ↑ Veredelungserzeugnis usw.

ver|ehe|li|chen ⟨sw. V.; hat⟩ (Amtsspr., sonst veraltend od. scherzh.): **a)** ⟨v. + sich⟩ *sich verheiraten:* er hatte sich niemals, mit einer Gräfin verehelicht; Else Müller, verehelichte (Abk.: verehel.) Meyer *(mit dem durch Heirat erworbenen Namen Meyer);* Diese Dame ist mit einem der führenden ehemaligen Geheimdienstbeamten des Washingtoner Außenministeriums verehelicht (NBI 35, 1983, 23); Eine der früheren Gemahlinnen des wiederholt verehelichten ... Barons (K. Mann, Wendepunkt 330); **b)** (selten) *verheiraten:* sie hätte gern ihre Tochter mit dem Grafen verehelicht; **Ver|ehe|li|chung,** die; -, -en: *das [Sich]verehelichen:* ... für einheiratende Ausländerinnen, die ... das ... Bürgerrecht nicht mehr automatisch mit der V. erhalten (NZZ 30. 6. 84, 26).

ver|eh|ren ⟨sw. V.; hat⟩ [spätmhd. verēren = mit Ehre beschenken]: **1. a)** *als göttliches Wesen ansehen u. dem Betreffenden einen Kult weihen:* Heilige v.; die Jungfrau Maria v.; sie verehrten Schlangen als göttliche Wesen; er wurde als Märtyrer verehrt; Er verehrt Marat, diesen blutheißen, dampfenden Pamphletisten, wie einen Gott (St. Zweig, Fouché 34); **b)** (geh.) *jmdn. hochschätzen, jmdm. [mit Liebe verbundene] Bewunderung entgegenbringen:* einen Künstler, seinen alten Lehrer v.; er hat seine Mutter sehr verehrt; jmdn. hoch, wie einen Vater v.; ein Mann ..., in dem die ... Öffentlichkeit den größten Kriminalisten verehrte, den das Land ... besessen hatte (Maass, Gouffé 7); er ... wurde ... wegen seiner noblen Geburt aus der Ferne verehrt (Lynen, Kentaurenfährte 188); als Part. in Höflichkeitsfloskeln: unser hoch zu verehrender Jubilar; verehrte Gäste, Anwesende!; verehrtes Publikum!; in Briefanreden: liebe, sehr verehrte gnädige Frau; sehr verehrte Frau Müller!; ⟨subst. 2. Part.:⟩ (veraltet, noch iron.) Verehrtester, Verehrteste, so geht es nun wirklich nicht; **c)** (veraltend) *(als Liebhaber) umwerben:* er verehrte lange Zeit ein Mädchen, das ihm dann einen Korb gab. **2.** (leicht scherzh.) *als kleineres Geschenk geben:* der Gastgeberin einen Blumenstrauß v.; er verehrte ihm eine Freikarte; eine Geflügelschere ..., die mir mein Vater ... zum Einzug ins Eigenheim verehrt hatte (Erné, Kellerkneipe 320); **Ver|eh|rer,** der; -s, -: **1.** (veraltend, noch scherzh.) *Mann, der eine Frau verehrt, sich um sie bemüht [u. von anderen als zu ihr gehörend betrachtet wird]:* sie hat viele, einen neuen V. **2.** *jmd., der jmdn., etw. verehrt, bewundert:* ein begeisterter, glühender, großer V. Wagners, Wagnerscher Musik; Der Jazztanz sammelt seine V., in starken Hundertschaften entfesselt die von ihm kontrollierten Orgien (Welt 20. 7. 65, 7); **Ver|eh|re|rin,** die; -, -nen: w. Form zu ↑ Verehrer (2); **Ver|eh|rer|post,** die: vgl. Fanpost; **Ver|eh|rung,** die; - [spätmhd. vererunge]: **a)** *das Verehren* (1 a): die Indianer ... lebten danach - bis die Spanier kamen. Die Missionierung ersetzte die innige, respektvolle V. der Pachamama durch den Mutter-Gottes-Kult (natur 10, 1991, 56); Allein der Imperator ... schien nicht zu begreifen, daß Naso ... eben das erste Gesetz des Reiches gebrochen und ihm die V. versagt hatte (Ransmayr, Welt 61); **b)** *das Verehren* (1 b): eine hohe V. genießen; aufrichtige, große V. für jmdn. empfinden; jmdm. grenzenlose V. entgegenbringen; in, mit tiefster V. zu jmdn. aufsehen; an der Hand den kleinen Wilhelm Billig, der in V. für den Kaiser Wilhelm so benannt worden war (Böll, Haus 27); und wenn sie es dem großen Herrn an V. auch nicht fehlen ließ ... (Musil, Mann 512); nach seinem Dienst durchstreifte er die Stadt mit einem Zeichenblock, fröhnte seiner V. für die Baudenkmäler mit dem Bleistift (Kühn, Zeit 367); als veraltete, noch scherzh. verwendete Grußformel: [meine] V.!; **ver|eh|rungs|voll** ⟨Adj.⟩: *voll Verehrung* (b): v. zu jmdn. aufschauen; **ver|eh|rungs|wür|dig** ⟨Adj.⟩: *jmdm. große Verehrung* (b) *abnötigend:* eine v. Persönlichkeit; alles, was Europa groß und v. gemacht hat (Fest, Im Gegenteil 278); **Ver|eh|rungs|wür|dig|keit,** die; -: *das Verehrungswürdigsein.*

ver|ei|den ⟨sw. V.; hat⟩ [mhd. vereiden] (veraltet): *vereidigen;* **ver|ei|di|gen** ⟨sw. V.; hat⟩ [spätmhd. vereidigen]: *jmdn. durch Eid auf, zu etw. verpflichten; jmdm. einen Eid abnehmen:* Rekruten, Soldaten v.; einen Zeugen vor Gericht v.; einen Zeugen auf etw. v. *(ihn eine Aussage beeiden lassen);* der Präsident wird auf die Verfassung vereidigt; am Abend werden wir ... auf den Führer Adolf Hitler und Großdeutschland vereidigt (Borkowski, Wer 85); ein vereidigter *(durch Eid an das Gesetz gebundener)* Sachverständiger, Dolmetscher; **Ver|ei|di|gung,** die; -, -en: *das Vereidigen.*

Ver|ein, der; -[e]s, -e [rückgeb. aus ↑ vereinen; frühnhd. vereine = Vereinigung, Übereinkommen]: **1.** *Organisation, in der sich Personen zu einem bestimmten gemeinsamen, durch Satzungen festgelegten Tun, zur Pflege bestimmter gemeinsamer Interessen o. ä. zusammengeschlossen haben:* V. der Kunstfreunde; der V. Deutscher Ingenieure; ein V. zur Förderung der Denkmalspflege; er ist Mitglied mehrerer -e; eingetragener V. (↑ eintragen 1 c); einen V. gründen; den V. wechseln *(einem anderen [Sport]verein beitreten);* einem V. angehören, beitreten; aus einem V. austreten, ausgeschlossen werden; in einen V. gehen, eintreten; in einem V. sein; sich zu einem V. zusammenschließen; Früher hatten sich die musischen Talente des Städtchens in einem V. zusammengeschlossen (Kuby, Sieg 125); die Mitglieder, Satzungen des -s; Ü das ist ja ein lahmer, komischer V. (ugs. iron.; *eine lahme, komische Gruppe von Leuten);* beeil dich, du hältst sonst den ganzen V. *(alle anderen der Gruppe)* auf; in dem V. bist du? (ugs. abwertend; *zu diesen Leuten gehörst du?);* Das Kabinett ... würde, dergestalt an die Leine gelegt, zu einem V. *(zu einer Versammlung)* von Hampelmännern werden (Dönhoff, Ära, 25). **2.** * *im V. [mit]* (*im Zusammenwirken, gemeinsam, zusammen [mit], gepaart mit):* die Gestalt des Meisters ..., der ... hinter dem Hackblock steht und mit dem Beil die großen Stücke spaltet, die er schon in der Frühe im V. mit seinen Gesellen und Lehrlingen ... zugehauen hat (Jünger, Capriccios 57); Und im V. aller, in einer wahrhaft internationalen Arbeitsgemeinschaft, wurden ... (Ceram, Götter 253); wenn Sie Krankheit mit Dummheit im V. gewissermaßen als einen Stilfehler betrachten (Th. Mann, Zauberberg 139); **in trautem V.** [mit] (scherzh. od. iron.; *gemeinsam [mit]*): man hatte in trautem V. mit dem Pfarrer ein kleines Straßenfest improvisiert; Auf unseren Filmrollen häuften sich ... Irrwitz, Rührendes ... in trautem V. (Erné, Fahrgäste 209); **ver|ein|bar** ⟨Adj.⟩: *mit etw. zu vereinbaren* (2): Ist es möglich, daß Befehl und Ehre nicht v. sind? (Plievier, Stalingrad 219); Solche Maßnahmen sind zwar schwerlich mit Grundsätzen des Datenschutzes und persönlichen Freiheitsrechten v. (Spiegel 1, 1983, 17); Alle diese Ziele sind nicht ohne weiteres miteinander v. (Fraenkel, Staat 93); **ver|ein|ba|ren** ⟨sw. V.; hat⟩ [mhd. vereinbæren, zu: einbæren = vereinigen, zu: einbære = einhellig, einträchtig]: 1. *abmachen* (2), *verabreden* (1), *in einem gemeinsamen Beschluß festlegen*: ein Treffen, einen Termin [mit jmdm.] v.; Ich ließ daraufhin eine Stunde v., und er kam pünktlich auf die Minute wie immer (Nossack, Begegnung 135); einen Preis für etw. v.; die Grenze zwischen Polen und uns muß gemeinsam zwischen diesen beiden Ländern vereinbart werden (Dönhoff, Ära 155); es war vereinbart worden, daß ...; sie gaben das vereinbarte Zeichen; eine vertraglich vereinbarte Verpflichtung. 2. *in Übereinstimmung, in Einklang bringen* (meist verneint): diese Forderung war mit seinen Vorstellungen nicht zu v.; das kann ich schwerlich mit meinem Gewissen v.; nicht zu vereinbarende Gegensätze; Lassen sich die Ziele und ... die zugrundeliegenden Prämissen überhaupt miteinander v.? (Heringer, Holzfeuer 221); **Ver|ein|bar|keit**, die; -, -en ⟨Pl. selten⟩: *Möglichkeit, etw. mit etw. zu vereinbaren* (2): Seine Erklärung über die V. von Geschäftserfolg und Moral (Scholl-Latour, Frankreich 391); die V. von Landesrecht mit dem Bundesrecht (Fraenkel, Staat 338); **Ver|ein|ba|rung**, die; -, -en: **1.** ⟨Pl. selten⟩ *das Vereinbaren* (1): die V. eines Treffpunkts; eine V. -en [mit jmdm.] treffen. **2.** *Abmachung, Übereinkommen*: eine schriftliche, mündliche V.; Das „Du" war V. zwischen Klaus Heinrich und den Korpsbrüdern (Th. Mann, Hoheit 81); eine V. einhalten, verletzen, aufheben, für ungültig erklären; er hielt sich [nicht] an die V.; Und nun plötzlich will man diese V. umstoßen! (Nossack, Begegnung 273); Sprechstunde nach V. *(vorheriger Absprache);* **ver|ein|ba|rungs|ge|mäß** ⟨Adj.⟩: *gemäß einer Vereinbarung:* er kam v. um 5 Uhr; **ver|ei|nen** ⟨sw. V.; hat⟩ [mhd. vereinen, zu ↑einen] (geh.): **1.** *(zu einer größeren Einheit o. ä.) zusammenfassen, zusammenführen:* Unternehmen zu einem Konzern, unter einem Dachverband v.; das Schicksal hat sie nach langer Trennung wieder vereint; Wiesen und Wege vereinte der Schnee zu einer bleichen Fläche (A. Zweig, Claudia 67); Die ... 1968 erschienene Ausgabe vereinte 180 Briefe von Thomas und Heinrich Mann (Reich-Ranicki, Th. Mann 152); ein vereintes Europa. **2.** ⟨v. + sich⟩ *sich zu gemeinsamem Tun o. ä. zusammenfinden, zusammenschließen:* sich zu gemeinsamem Vorgehen, Handeln v.; Ü damit sich beide, Fernseher und Telefon, zum funktionsfähigen Btx-Anschluß v. (Rhein-Zeitung 21. 12. 84, 24); Seine Säulen sind wie versteinerte Palmen, und das Dach, zu dem sie sich in der Höhe v., drückt wie ein schwerer Schatten (Koeppen, Rußland 24). **3. a)** *mit einer Sache in Einklang bringen:* Gegensätze v.; ihre Auffassungen sind kaum miteinander zu v.; **b)** ⟨v. + sich⟩ *in jmdm., einer Sache zugleich, gemeinsam mit etw. vorhanden sein, gepaart sein:* Schönheit und Zweckmäßigkeit haben sich, sind in diesem Bauwerk vereint; in ihr vereint sich Geist mit Anmut; die sich in der herrschenden Staatsidee vereinenden ... Zielsetzungen (Fraenkel, Staat 343). **4.** *zugleich besitzen, haben:* er vereint alle Kompetenzen, Machtbefugnisse in seiner Hand; ... vereint der Kommunismus die Kennzeichen einer religiösen mit denen einer politischen und sozialen Bewegung (Fraenkel, Staat 166). **ver|ein|fa|chen** ⟨sw. V.; hat⟩: *einfacher machen:* eine Methode v.; ein vereinfachtes Verfahren; diese Erfindung vereinfachte seine Tätigkeit; Überzeugt, daß Doktrinen ... die komplexe Wirklichkeit auf gefährliche Weise vereinfachen (Reich-Ranicki, Th. Mann 232); **Ver|ein|fa|chung**, die; -, -en: **1.** *das Vereinfachen.* **2.** *zu stark vereinfachter Sachverhalt, stark vereinfachende Darstellung:* eine unzulässige V. **ver|ein|heit|li|chen** ⟨sw. V.; hat⟩: *Unterschiedliches [normierend] einheitlich[er] machen:* Formen, Maße, Schreibweisen v.; Beide Unternehmen stehen seit 1984 unter gemeinsamer Geschäftsleitung und vereinheitlichen zur Zeit Produktion, Vertrieb und Marketing (Hamburger Abendblatt 23. 5. 85, 10); ... die Sicherheitsanforderungen an die Atomkraftwerke gemäß den deutschen Richtlinien international zu v. (Welt 10./11. 5. 86, 1); **Ver|ein|heit|li|chung**, die; -, -en: *das Vereinheitlichen:* Die graphische Branche wird ab kommendem Jahr als erster Wirtschaftszweig die V. der Lehrgänge realisiert haben (NZZ 19. 12. 86, 26). **ver|ei|ni|gen** ⟨sw. V.; hat⟩ [mhd. vereinigen, zu ↑einigen]: **1.** *zu einer Einheit, einem Ganzen zusammenfassen:* Teile zu einem Ganzen v.; ihr 80. Geburtstag vereinigte nach langer Zeit alle Familienmitglieder; mehrere Unternehmen wurden hier vereinigt zu den „Vereinigten Röhrenwerken"; In den oberen Stockwerken hat man Kleinwohnungen zu Luxusapartments vereinigt (Fest, Im Gegenlicht 363); Vier Autoren – zwei Männer, zwei Frauen – wurden zu einem Team vereinigt (Simmel, Stoff 663); er vereinigt alle Macht in seiner Hand; alle wichtigen Ämter sind in seiner Person vereinigt; ... wenn der Kandidat die Mehrheit der abgegebenen Stimmen auf sich vereinigt *(eine Mehrheit für sich gewinnt;* Fraenkel, Staat 355); Jetzt vereinigte Franz alles Mitgefühl auf sich (Loest, Pistole 125); diese Ansichten sind nicht, nur schlecht zu v., lassen sich nicht, nur [miteinander] schlecht v. *(harmonisch verbinden).* **2.** ⟨v. + sich⟩ **a)** *sich zu einer Einheit, einem Ganzen zusammenschließen:* sich zu einem Zirkel, einer Arbeitsgruppe v.; die beiden Verbände haben sich vereinigt; in ihrem Roman vereinigen sich verschiedene Stilelemente; ihre Stimmen vereinigten sich im/ zum Duett *(sie sangen im Duett);* ... in welcher die Düfte der Schokolade und des Rauchfleisches sich mit der köstlich moderigen Ausdünstung der Trüffeln vereinigten (Th. Mann, Krull 55); Proletarier aller Länder, vereinigt euch! (Schlußsatz des „Manifests der Kommunistischen Partei" von Karl Marx u. Friedrich Engels aus dem Jahre 1848); sich zu einem Gottesdienst v. *(zusammenfinden);* bei Münden vereinigt sich die Fulda mit der Werra, vereinigen sich Fulda und Werra zur Weser *(fließen zusammen);* **b)** (geh.) *sich paaren, den Geschlechtsakt vollziehen:* sich geschlechtlich, körperlich v. **3.** (seltener) *vereinbaren* (2). ♦ **4.** ⟨v. + sich⟩ *sich einigen, eine Übereinkunft treffen:* ... galt es, sich mit dem Bruder über den elterlichen Nachlaß zu v. (Storm, Söhne 9); **Ver|ei|ni|gung**, die; -, -en [spätmhd. vereinigunge]: **1.** *das Vereinigen, Sichvereinigen:* die Zukunft, die die beiden deutschen Staaten haben und die am Ende ... in eine V. übergehen wird (Freie Presse 14. 2. 90, 2). **2.** (Rechtsspr.) *Zusammenschluß, auch lockere Zusammenkunft von [gleichgesinnten] Personen zur Verfolgung eines gemeinsamen Zwecks; zu bestimmtem Zweck gegründete (gegenüber dem Verein rechtlich unverbindliche) Organisation o. ä.:* eine politische, studentische V.; eine kriminelle V.; Im Strafgesetzbuch wird ein neuer Begriff eingeführt: Die „terroristische V.", die gefährlichere Version der kriminellen V. (Zeit 6. 6. 75, 2); eine V. zum Schutz seltener Tiere; **Ver|ei|ni|gungs|frei|heit**, die ⟨o. Pl.⟩: *Koalitionsfreiheit;* **Ver|ei|ni|gungs|kri|mi|na|li|tät**, die ⟨o. Pl.⟩ (Rechtsspr.): *vor und nach der Wiedervereinigung der beiden deutschen Staaten begangene Delikte, bes. Betrügereien bei der Währungsumstellung, Veruntreuung von Vermögenswerten in der ehem. DDR o. ä.:* Die Treuhandanstalt habe den Schaden der V. bislang auf rund sechs Milliarden Mark geschätzt (MM 2./3. 1. 93, 1); Doch die Aufarbeitung der V. geht nicht voran (Spiegel 20, 1994, 81). **ver|ein|nah|men** ⟨sw. V.; hat⟩ (Kaufmannsspr.): *einnehmen* (1): Geld, Zinsen, Pacht v.; ... während Sie in den Folgejahren steuerfreie Ausschüttungen v. können (Saarbr. Zeitung 8./9. 12. 79, 9); Ü die Kinder haben den Besuch ganz für sich vereinnahmt (scherzh.; *mit Beschlag belegt);* die Angst vor dem Weiblichen – vereinnahmt und aufgefressen oder verführt zu werden (Jaekel, Ghetto 163); Hatte er nicht bisher mit seinen Gedanken ... verfahren, wie ihm beliebte, beiseitefegend, vereinnahmend? (Kronauer, Bogenschütze 380); **Ver|ein|nah|mung**, die; -, -en: *das Vereinnahmen.* **Ver|eins|ab|zei|chen**, das: *Abzeichen eines Vereins.*

ver|ein|sa|men ⟨sw. V.; ist⟩: **a)** *(zunehmend) einsam werden lassen* ⟨hat⟩: das Alter hatte ihn vereinsamt; **b)** *(zunehmend) einsam werden* ⟨ist⟩: er ist im Alter völlig vereinsamt; Wer sich zum „Tonio Kröger" bekennt, ist keineswegs vereinsamt, vielmehr in bester Gesellschaft (Reich-Ranicki, Th. Mann 101); **Ver|ein|samung,** die; -: *das Vereinsamen:* Seine Eifersucht treibt ihn in eine totale V., die gräßlichste und auswegloseste Einsamkeit, die man sich vorstellen kann (Amendt, Sexbuch 199).

Ver|eins|bei|trag, der: *von den Mitgliedern eines Vereins regelmäßig zu zahlender Beitrag;* **Ver|eins|be|steue|rung,** die: *Besteuerung von Vereinen;* **ver|eins|ei|gen** ⟨Adj.⟩: *dem jeweiligen Verein (als Eigentum) gehörend:* -e Hütten, Boote; Überaus groß ist das Angebot ...: Ausstellungen, ... Theatervorführungen, ... -e Darbietungen (Saarbr. Zeitung 27. 6. 80, II).

ver|ein|sei|ti|gen ⟨sw. V.; hat⟩: *einseitig machen; in einseitiger Form darstellen o. ä.;* **Ver|ein|sei|ti|gung,** die; -, -en ⟨Pl. selten⟩: *das Vereinseitigen.*

Ver|eins|elf, die: *Fußballmannschaft eines Sportvereins;* **Ver|eins|fah|ne,** die: *Fahne (1) mit den Farben, Zeichen eines [Sport]vereins;* **Ver|eins|far|be,** die ⟨meist Pl.⟩: *Farbe der Trikots o. ä., die ein [Sport]verein für sich gewählt hat;* **Ver|eins|freiheit,** die (veraltet): *Vereinigungsfreiheit;* **Ver|eins|funk|tio|när,** der: *Funktionär (a) eines Vereins;* **Ver|eins|funk|tio|nä|rin,** die: w. Form zu ↑Vereinsfunktionär; **Ver|eins|ge|schich|te,** die: *Geschichte (1 a) eines Vereins (1);* **Ver|eins|haus,** das: vgl. Vereinslokal; **Ver|eins|heim,** das: vgl. Vereinslokal; **ver|eins|in|tern** ⟨Adj.⟩: *innerhalb eines Vereins stattfindend, erfolgend:* eine -e Angelegenheit; **Ver|eins|ka|me|rad,** der: *jmd., mit dem man im gleichen [Sport]verein Mitglied ist;* **Ver|eins|ka|me|ra|din,** die: w. Form zu ↑Vereinskamerad; **Ver|eins|kas|se,** die: *Kasse (1) eines Vereins (1);* **Ver|eins|kas|sie|rer,** der (südd., österr., schweiz.): *Kassierer (b) eines Vereins (1);* **Ver|eins|kas|sie|re|rin,** die; -, -nen (südd., österr., schweiz.): w. Form zu ↑Vereinskassierer; **Ver|eins|le|ben,** das ⟨o. Pl.⟩: *Gesamtheit der den Mitgliedern eines Vereins (1) angebotenen Aktivitäten:* das V. pflegen; am V. teilnehmen; **Ver|eins|lei|tung,** die: *Leitung (1) eines Vereins;* **Ver|eins|lo|kal,** das: *Lokal, in dem die Mitglieder eines Vereins regelmäßig zusammenkommen;* **Ver|eins|mann|schaft,** die: *Mannschaft eines Sportvereins;* **Ver|eins|mei|er,** der [vgl. Kraftmeier] (ugs. abwertend): *jmd., der sich in übertriebener Form der Betätigung in einem od. mehreren Vereinen widmet:* ... den Schwerfälligen, den Sentimentalen, die sich nach der alten Gemütlichkeit sehnten, den -n (Heym, Nachruf 160); **Ver|eins|meie|rei,** die ⟨o. Pl.⟩ (ugs. abwertend): *übertriebenes Wichtignehmen der Betätigung in einem od. mehreren Vereinen:* Er machte Heuchelei, V. und Bürokratentum lächerlich (elan 1, 1980, 27); **Ver|eins|mit|glied,** das: *Mitglied eines Vereins (1);* **Ver|eins|recht,** das ⟨o. Pl.⟩ (Rechtsspr.): *für Vereine geltendes Recht;* **Ver|eins|re|gi|ster,** das: *Register,* *in das Vereine eingetragen werden, die als eingetragene Vereine Rechtsfähigkeit erlangen wollen;* **Ver|eins|sat|zung,** die: *Satzung eines Vereins (1);* **Ver|eins|sport,** der: *in einem Verein (1) ausgeübter Sport;* **Ver|eins|tur|nier,** das: *vereinsinternes Turnier (2);* **Ver|eins|ver|mö|gen,** das: *Vermögen (2) eines Vereins (1);* **Ver|eins|vor|sit|zen|de,** der u. die: *Vorsitzende[r] eines Vereins (1);* **Ver|eins|wech|sel,** der: *das Überwechseln eines Mitglieds (bes. eines Spielers eines Sportvereins) von einem Verein zu einem anderen;* **Ver|eins|we|sen,** das ⟨o. Pl.⟩: *Gesamtheit der Vereine u. ihre Aktivitäten.*

ver|ein|zeln ⟨sw. V.; hat⟩ /vgl. vereinzelt/: **1.** (Forstw., Landw.) *dichtstehende Jungpflanzen o. ä. durch Wegnehmen eines entsprechenden Teils so in ihrer Zahl verringern, daß die verbleibenden genügend Platz haben, sich zu entwickeln; ausdünnen* (1 b): junge Bäume v.; Wenn man ... mit den Knien auf dem Boden die Zuckerrüben zu v. hatte (Blick auf Hoechst 8, 1984, 8). **2.** (geh.) *voneinander trennen, absondern [u. dadurch isolieren]:* die Weite der Landschaft vereinzelt die Menschen; ... denn es sei die vereinzelteste Art von Traum, die jeder nur für sich habe (Muschg, Sommer 184) ⟨auch v. + sich⟩: Wo ... sich jeder so weit v. kann, daß er nicht einmal mehr mit jemandem sprechen muß (Gregor-Dellin, Traumbuch 136); Auch die, die allein aus dem Nebel kommen, erweisen sich ... häufig als ein Paar, um sich dann wieder zu v. (Hofmann, Fistelstimme 134). **3.** ⟨v. + sich⟩ *zunehmend spärlicher, seltener werden:* ... junges Gebüsch und Birkenstämme streuten sich ein, sie wurden zahlreicher, während die Kiefern sich vereinzelten und plötzlich fortblieben (Kasack, Birkenwäldchen 47); **ver|einzelt** ⟨Adj.⟩: *einzeln, nur in sehr geringer Zahl vorkommend; selten; sporadisch:* -e Schüsse, Regenschauer; die Werke -er Gelehrter/⟨selten:⟩ Gelehrten; in -en Fällen kam es zu Streiks; Vereinzelt ein tiefrotes Bauernhaus, die Reste eines Aquädukts (Fest, Im Gegenlicht 307); die Dünung sanft, darüber n. Möwen, keine Küste (Ransmayr, Welt 197); Ulmen gedeihen nur v. auf nährstoffreien Böden (natur 10, 1991, 24); Menschen verschiedenen Alters sitzen v. in den Reihen und bekreuzigen sich (Berger, Augenblick 99); Erst am Montag wird v. von einem „Mord" ... gesprochen (Südd. Zeitung 10. 85, 3); **Ver|ein|zelung,** die; -, -en: **1.** *das Vereinzeln (1, 2).* **2.** *Zustand des Vereinzeltseins:* aus der schützenden und einengenden staatlichen und sozialen Gemeinschaft heraus in die schutzlose V. (Brückner, Quints 186); ... ob er denn sein eigenes Leben wohl auf die richtige Art geführt habe, getrennt von allen andern, ein Leben selbstgewollter V. (Fallada, Jeder 338).

ver|ei|sen ⟨sw. V.⟩: **1.** ⟨ist⟩ **a)** *sich durch gefrierende Nässe mit einer Eisschicht überziehen:* Straßen, Pisten, Geländer, Fensterscheiben vereisen; eine vereiste Fahrbahn; Dann die künstlich vereiste Rennschlittenbahn ... (NNN 12. 2. 86, 5); Ü Dann trat Funkstille ein bis zum vereisten (eisigen 2) Schweigen nach der Afghanistaninvasion (Saarbr. Zeitung 8. 7. 80, 3); **b)** (selten) *sich mit Eis bedecken, zufrieren:* der Bach, See ist vereist; In den Senken standen Pfützen, die jetzt vereist waren (R. Schneider, November 8); Ü Auf einem der Gipfel vereiste ich, ein Sturm rieb mir Schichten von Frost auf die Haut, bis ich ganz und gar erstarrte (Fels, Kanakenfauna 123); Benjamin vereiste *(erstarrte).* Abrupt erhob er sich und verließ grußlos ... das Lokal (Schnurre, Schattenfotograf 443). **2.** (Med.) *(einen Bereich der Haut o. ä.) durch Aufsprühen eines bestimmten Mittels für kleinere Eingriffe unempfindlich machen* ⟨hat⟩: das Zahnfleisch v.; **Ver|eisung,** die; -, -en: **1.** *das Vereisen (1).* **2.** *Zustand des Vereistseins.* **3.** (Med.) *das Vereisen (2).* **4.** *Vergletscherung;* **Ver|eisungs|ge|fahr,** die: *Gefahr des Vereisens (1).*

ver|ei|teln ⟨sw. V.; hat⟩ [mhd. vereiteln = schwinden, kraftlos werden, zu ↑eitel]: *etw., was ein anderer zu tun beabsichtigt, [bewußt] verhindern, zum Scheitern bringen, zunichte machen:* einen Plan, ein Vorhaben, einen Versuch v.; jmds. Flucht v.; die Führung des Heeres versuchte darüber hinaus mit allen Mitteln, die Ausführung zu v. (Noack, Prozesse 81); das Attentat wurde vereitelt; Ü Bedächtig griff sein Geist von einem Gegenstand zum anderen; gründlich und von Worten nicht vereitelt, nahm er einen nach dem andern ins Reich seiner Gedanken auf (A. Zweig, Grischa 182); **Ver|ei|te|lung,** Vereitlung, die; -: *das Vereiteln:* Es ist nicht klar, ob mit der Vereitelung des Lebensbeginns die Abtreibung oder die Verhütung gemeint ist (Ranke-Heinemann, Eunuchen 78).

ver|ei|tern ⟨sw. V.; ist⟩: *sich eitrig entzünden:* die Wunde ist vereitert; vereiterte Mandeln; Ich muß ein paar Tage pausieren, meine Hände sind unerträglich vereitert (Sobota, Minus-Mann 57); **Ver|ei|te|rung,** die; -, -en: *das Vereitern.* **Ver|eit|lung:** ↑Vereitelung.

ver|ekeln ⟨sw. V.; hat⟩: *jmdm. Ekel, Widerwillen gegen etw. einflößen:* jmdm. die [ganze] Freude v.; Die Bekanntschaft mit diesen Alten kann einem das ganze Menschsein v. (Rinser, Mitte 100); Ich bin im Felde gewesen und mir hat nichts und niemand den Appetit auch nur auf einen Augenblick v. können (Fallada, Mann 192); Jede Mahlzeit, jeden Besuch, jede Reise haben sie mir verekelt (Bieler, Mädchenkrieg 437); **Ver|eke|lung,** Ver|ek|lung, die; -, -en: *das Verekeln.*

ver|elen|den ⟨sw. V.; ist⟩ [zu ↑Elend] (geh., sonst marx.): *in große materielle Not geraten, verarmen:* die Menschen verelendeten; ein armseliger Grenzflecken ..., der während der Weltwirtschaftskrise und Massenarbeitslosigkeit verelendet war (Prodöhl, Tod 121); Ü ... auf diese Weise werden sie (= Kinder) ... verpflaßt und verelenden seelisch (Zeit 3. 4. 92, 97); **Ver|elen|dung,** die; -, -en (geh., sonst marx.): *das Verelenden:* die V. breiter Bevölkerungsschichten; Ü meine These von der sexuellen V. der Frauen (Schwarzer,

Unterschied 27); Dargestellt wird die Problematik am Beispiel des Amazonasurwaldes: Während sich die einen von der intensivierten Holznutzung Aufschwung versprechen, befürchten die anderen die V. eines für die Erde wichtigen Ökosystems (Weltwoche 26. 7. 84, 34); **Ver|elen|dungs|theo|rie,** die (bes. marx.): *Theorie der Verelendung:* Im internationalen Rahmen ... scheint die V. heute, nach hundert Jahren, eine späte Bestätigung zu finden ... (Dönhoff, Ära 171).

ver|en|den ⟨sw. V.; ist⟩ [mhd. verenden, ahd. firentōn]: **a)** *von größeren Tieren bzw. Haustieren) [langsam, qualvoll] sterben; krepieren* (2): Hechte ..., die wegen des durch die Trockenheit verursachten Sauerstoffmangels im Weserwasser verenden (Welt 17. 8. 76, 16); viele Schafe, Kühe, Pferde verendeten; ein verendendes, verendetes Tier; Ü Tausende von Flüchtlingen verendeten; wenn einer an richtigem Gift verendet, nicht bloß am Schweigen seiner Frau (Frisch, Stiller 148); Unsere gute Brotzeit will uns inmitten der kläglich verkrüppelten oder schon verendeten *(abgestorbenen)* Bäume nicht recht schmecken (FAZ 23. 7. 87, 4); Aber warum muß bei uns jede Revolution in Dilettantismus v.? (Chr. Wolf, Himmel 179); ⟨subst.:⟩ Nun lese ich in den Zeitungen, daß der Verband deutscher Schriftsteller am Verenden ist (Maron, Begreifungskraft 43); **b)** (Jägerspr.) *(von Wild) durch eine Schußverletzung zu Tode kommen:* ... und ich kann einen guten Schuß anbringen. Nach zehn Gängen bricht das Leittier zusammen und verendet (Jagd 3, 1987, 88).

ver|en|gen ⟨sw. V.; hat⟩: **1.** ⟨v. + sich⟩ *enger werden:* die Straße, die Durchfahrt verengt sich hier; die Schlucht verengt sich von Süd nach Nord (Loest, Pistole 32); seine Pupillen verengten sich *(zogen sich zusammen, wurden kleiner);* Ü der Spielraum verengte sich *(verringerte sich)* für sie. **2.** *enger machen:* Bauarbeiten verengten die Durchfahrt; ein ... an beiden Enden verengtes ... Tal (Kronauer, Bogenschütze 213); Ü Bedenken gibt es auch gegen die landwirtschaftliche Produktion: Rapsanbau verengt *(verringert)* die Fruchtfolge (natur 3, 1991, 28); Der Verfasser verengt zunächst ... den mehrdeutigen Begriff der ... „Nachricht" zutreffend auf deren Tatsachenkern *(grenzt den Begriff ein;* NJW 19, 1984, 1100); **ver|en|gern** ⟨sw. V.; hat⟩: **1.** ⟨v. + sich⟩ *enger werden.* **2.** *enger machen:* ein Kleidungsstück v.; **Ver|en|ge|rung,** die; -, -en: *das Verengern;* **Ver|en|gung,** die; -, -en: **1.** *das Verengen, Sichverengen:* Es führt aber notwendig zu einer V. des geistigen Horizonts (Tucholsky, Werke II, 399). **2.** *verengte Stelle o. ä.*

ver|erb|bar ⟨Adj.⟩: **1.** *so geartet, daß es vererbt* (1) *werden kann:* -es Eigentum. **2.** (Biol., Med.) *durch Vererbung auf die Nachkommen übertragbar, erblich* (b): eine -e Krankheit; Tragen wir ein -es Stammesgedächtnis in uns ...? (Rheinpfalz 7. 7. 84, 23); ein Nachkomme des bekannten ... Malers ... dient zur Zeit beim Stab einer US-Panzerdivision, wo man ihn, in der Annahme, Talent sei v., als Kartenzeichner verwendet (Heym, Schwarzenberg 12); **Ver|erb|bar|keit,** die; -: *das Vererbbarsein;* **ver|er|ben** ⟨sw. V.; hat⟩ [mhd. vererben]: **1.** *als Erbe hinterlassen:* jmdm. sein Vermögen, seinen Schmuck [testamentarisch] v.; ein Grundstück an jmdn. v.; er hat seiner Tochter das Haus vererbt; erst sein Vater hatte das viele Geld gehabt, das es ihm ermöglichte, ihm ... den unverfänglichen ... Namen Zwing. v. zu können (Kühn, Zeit 269); ⟨auch v. + sich:⟩ aus der Nachkommenschaft vererbte sich das Schloß durch Heirat an die heutige Besitzerfamilie (Burger, Brenner 45); Ü ich habe meinem Freund das Fahrrad vererbt (ugs. scherzh.; *geschenkt, überlassen).* **2.** (Biol., Med.) **a)** *im Wege der Vererbung an seine Nachkommen weitergeben:* eine Anlage, Begabung [seinen Nachkommen, auf seine Nachkommen] v.; Männchen und Weibchen entwickeln unterschiedliche Strategien, ihr Genmaterial zu v. (natur 10, 1991, 65); eine vererbte Eigenschaft, Neigung; Alle Lebewesen wachsen nach einem ihnen innewohnenden und vererbten Plan (Gruhl, Planet 187); **b)** ⟨v. + sich⟩ *(von Eigenschaften, Anlagen o. ä.) sich auf die Nachkommen übertragen:* diese Krankheit hat sich [vom Vater auf den Sohn] vererbt; **ver|erb|lich** ⟨Adj.⟩: *so geartet, daß die betreffende Sache vererbt werden kann;* **Ver|er|bung,** die; -, ⟨Pl. selten⟩ (Biol., Med.): *Weitergabe von Erbanlagen von einer Generation an die folgende:* Das Schulbeispiel für die geschlechtsgebundene V. beim Menschen ist die ... Bluterkrankheit (Medizin II, 97); **Ver|er|bungs|ge|ne|tik,** die (Biol.): *Molekulargenetik;* **Ver|er|bungs|ge|setz,** das ⟨meist Pl.⟩: *Gesetz* (2) *von der Übertragung genetischer Informationen von den Eltern auf die Nachkommen; Erbgesetz;* **Ver|er|bungs|leh|re,** die: *Genetik;* **Ver|er|bungs|theo|rie,** die: *Theorie von der Vererbung.*

ver|es|tern ⟨sw. V.; hat⟩ (Chemie): *in Ester umwandeln:* Alkohol v.; **Ver|este|rung,** die; -, -en (Chemie): *das Verestern.*

ver|ewi|gen ⟨sw. V.; hat⟩ [zu ↑ewig]: **1. a)** *unvergeßlich, unsterblich machen:* sich mit, in einem Werk v.; er hat sich, seinen Namen verewigt; Unter den gestrengen Blicken des im Öl verewigten *(gemalten)* preußischen Finanzministers (Spiegel 18, 1966, 40); **b)** ⟨v. + sich⟩ (ugs.) *dauerhafte Spuren von sich hinterlassen* (z. B. indem man seinen Namen o. ä. in etw. einschreibt, einritzt): viele Besucher der Burg hatten sich an den Wänden verewigt; Im Goldenen Buch der Stadt verewigten sich Juan Carlos I. und Königin Sofia (Südd. Zeitung 1. 3. 86, 18); Der Sepp Maier zum Beispiel ... 17mal ist er mit einer Widmung in der Kellerbar verewigt (Kicker 82, 1981, 44); da hat sich wieder ein Hund verewigt (scherzh.; *seine Notdurft verrichtet);* Ü ... und er war ja auch auf eine Weise in unserm Bewußtsein und unsrer Erinnerung verewigt, daß ... (Gregor-Dellin, Traumbuch 65); Sie haben mich fotografiert. Damit hat sich unsere Beziehung erledigt und verewigt (Strauß, Niemand 165). **2.** *machen, daß eine Sache dauerhaften Bestand hat:* die bestehenden Verhältnisse v. wollen; Das hieß nichts anderes, als den Zustand der Trennung ... für alle Zeiten v. (Thieß, Reich 583); **ver|ewigt** ⟨Adj.⟩ (geh.): *verstorben:* mein -er Vater; Verewig|te, der u. die; -n, -n ⟨Dekl. ↑ Abgeordnete⟩: *Verstorbene[r];* **Ver|ewi|gung,** die; -, -en: *das [Sich]verewigen.*

¹ver|fah|ren ⟨st. V.⟩ [1 a: aus der niederd. Rechtsspr., mniederd. vorvāren; 2: mhd. vervarn, ahd. firfaran, zu ↑fahren u. urspr. = vorüberziehen, weggehen; irrefahren]: **1.** ⟨ist⟩ **a)** *eine Sache auf bestimmte Weise in Angriff nehmen; nach einer bestimmten Methode vorgehen, handeln:* eigenmächtig, hart, rücksichtslos, vorsichtig v.; Kennedy war da viel rigoroser und offener verfahren (Zwerenz, Quadriga 201); er verfährt immer nach dem gleichen Schema; Wir verfahren allgemein nach dem Grundsatz ... (Freie Presse 15. 11. 88, 6); wir werden folgendermaßen, so v.; Wie wollen Sie nun weiter v.? (Heim, Traumschiff 386); **b)** *in einer bestimmten Angelegenheit, Situation mit jmdm. auf bestimmte Weise umgehen; jmdn. auf bestimmte Weise behandeln:* schlecht, übel mit jmdm./gegen jmdn. v.; er ist mit dem Kind zu streng verfahren; Sie muß zu Menschen ..., die sie besser kennen ... und die wissen, wie man mit ihr verfährt (Heym, Schwarzenberg 284); Er war skeptisch gegenüber dem Glück seiner Freunde ... Mit sich selbst verfuhr er da nicht anders (Kronauer, Bogenschütze 61). **2.** ⟨hat⟩ **a)** ⟨v. + sich⟩ *vom richtigen Weg abkommen u. in die falsche Richtung fahren* (4 b): er hat sich in der Stadt verfahren; Als sich ein deutscher Tourist aus Freiburg mit seinem Auto verfuhr und in das Dorf geriet (Brückner, Quints 100); **b)** *durch Fahren verbrauchen:* viel Benzin v.; ich habe heute 50 DM mit dem Taxi verfahren. **3.** (bes. Bergmannsspr.) *(eine Schicht) ableisten* ⟨hat⟩: zusätzliche Schichten v.; **²ver|fah|ren** ⟨Adj.⟩: *falsch behandelt u. daher ausweglos scheinend:* eine -e Situation, Lage; die Sache ist völlig v.; es ist alles v., ich will aus dieser Falle! (Springer, Was 148); **Ver|fah|ren,** das; -s, -: **1.** *Art u. Weise der Durch-, Ausführung von etw.; Methode* (2): ein neues, modernes, vereinfachtes V. [zur Feststellung von ...]; ein V. anwenden, entwickeln, erproben. **2.** (Rechtsspr.) *Folge von Rechtshandlungen, die der Erledigung einer Rechtssache dienen:* ein gerichtliches V.; V. um den Tod des Demonstranten (MM 22. 5. 87, 14); das V. wurde ausgesetzt; gegen ihn ist ein V. anhängig, läuft ein V.; ein V. einstellen, niederschlagen, abtrennen; ein V. gegen jmdn. einleiten, eröffnen; in ein schwebendes V. eingreifen; **Ver|fahrens|be|tei|lig|te,** der u. die (Rechtsspr.): *jmd., der an einem Verfahren* (2) *beteiligt ist od. dessen Rechte von dem Verfahren* (2) *berührt werden;* **Ver|fah|rens|fra|ge,** die ⟨meist Pl.⟩: *Frage, Problem in bezug auf die Verfahrensweise:* -n müssen erst noch geklärt werden; **Ver|fah|rens|in|ge|nieur,** der: *Ingenieur für Verfahrenstechnik;* **Ver|fah|rens|in|ge|nieu|rin,** die: w.

verfahrensmäßig

Form zu ↑ Verfahrensingenieur; **ver|fah-rens|mä|ßig** ⟨Adj.⟩ (Rechtsspr.): *prozedural;* **Ver|fah|rens|recht,** das ⟨o. Pl.⟩ (Rechtsspr.): *gesetzliche Bestimmungen, die den formellen Ablauf eines Verfahrens* (2) *regeln; Prozeßrecht;* **ver|fah|rens-recht|lich** ⟨Adj.⟩ (Rechtsspr.): *das Verfahrensrecht betreffend, prozeßrechtlich;* **Ver|fah|rens|re|gel,** die ⟨meist Pl.⟩: *Regel für den Ablauf eines Verfahrens;* **Ver|fah-rens|tech|nik,** die ⟨o. Pl.⟩: *Teilgebiet der Technik, auf dem man sich mit den theoretischen u. praktischen Fragen bei der Herstellung formloser Stoffe beschäftigt;* **Ver-fah|rens|tech|ni|ker,** der: *Techniker auf dem Gebiet der Verfahrenstechnik* (Berufsbez.); **Ver|fah|rens|tech|ni|ke|rin,** die: w. Form zu ↑ Verfahrenstechniker; **ver|fah|rens|tech|nisch** ⟨Adj.⟩: *die Verfahrenstechnik betreffend, zu ihr gehörend:* Wir suchen für unseren -en Maschinen- und Apparatebau Schlosser (Augsburger Allgemeine 3./4. 6. 78, XVIII); Sie (= neue Enzyme) werden eingesetzt, weil sie v. bessere Eigenschaften aufweisen (Todt, Gentechnik 53); **Ver|fah|rens|wei|se,** die: *Weise, in der man ¹verfährt* (1): Je besser Grenouille die handwerklichen Griffe und -n beherrschte, ... desto weniger ... (Süskind, Parfum 120).

Ver|fall, der; -[e]s: **1. a)** *das Verfallen* (1 a), *Baufälligwerden:* der V. des alten Klosters war nicht mehr aufzuhalten; ein Gebäude dem V. preisgeben; **b)** *das Verfallen* (1 b), *das Schwinden der körperlichen u. geistigen Kräfte:* ein schneller körperlicher, geistiger V.; Sie ... begann nun, ihm sein Aussehen zu schildern, ein V. seit Wochen, den sie wachsam verfolgt hatte (Kronauer, Bogenschütze 407); der V. des Körpers, der Kräfte; es war erschütternd, den V. des Kranken mit anzusehen; Klaus Manns Nachkriegsjahre sind Jahre seines -s (Reich-Ranicki, Th. Mann 220); **c)** *das Verfallen* (1 c); *Niedergang:* ein moralischer, kultureller V.; der V. des Römischen Reiches; eher hätten wir ... darin den V. guter Sitten gesehen (Stern, Mann 395); die Chronik des -s einer Familie (Reich-Ranicki, Th. Mann 105); All dies führt ... zu einem „V. an Glaubwürdigkeit" (Spiegel 51, 1986, 67). **2. a)** *das Verfallen* (2), *Ungültigwerden:* einen Gutschein vor dem V. einlösen; **b)** (Bankw.) *Ende der Frist zur Einlösung eines Wechsels o. ä.:* der V. eines Wechsels; der Tag des -s. **3.** (Rechtsspr.): *Einziehung von Vermögenswerten, die jmd. durch Begehen einer Straftat in seinen Besitz gebracht hat:* den V. des Vermögens anordnen. **4.** (Bauw.) *Verbindung zwischen zwei unterschiedlich hohen Dachfirsten;* **Ver-fall|da|tum,** das: vgl. Verfalltag; **ver|fal-len** ⟨st. V.; ist⟩ [1 a, 6: mhd. vervallen, ahd. farfallan]: **1. a)** *baufällig werden u. allmählich zusammenfallen:* das Bauwerk verfällt; Die Stadt meiner Kindheit, die im Traum immer beglänzter wird, je mehr sie in der Wirklichkeit verfällt (Gregor-Dellin, Traumbuch 46); er läßt sein Haus v.; verfallenes Gemäuer, ein verfallenes Schloß; ... was in den späten Nachtstunden dieser Frühjahrstage in den verfallenen Gassen ... geschah (Ransmayr, Welt 87); Um das ganze Fort läuft ein halb verfallener Schützengraben (Grzimek, Serengeti 92); Ü am Rand eines meerblauen Himmels verfielen die letzten Türme einer Wolkenbarriere (Ransmayr, Welt 223); **b)** *seine körperliche [u. geistige] Kraft verlieren:* der Kranke verfällt zusehends; Richarz verfiel von Tag zu Tag mehr. Er hatte keinen ... Lebenswillen mehr, er wollte sterben (Niekisch, Leben 312); sein Gesicht verfiel sonderbar (Gaiser, Jagd 173); Sie sah in der Dämmerung grau und verfallen *(erschöpft, müde)* aus (Rinser, Jan Lobel 31); **c)** *eine Epoche des Niederganges durchmachen; sich auflösen:* die Sitten verfallen; seine Autorität, das Römische Reich verfiel; Und die deutsche Sprache ... verfällt bei uns immer mehr. Vor zwanzig Jahren haben wir hier noch alle ausgezeichnet Deutsch gesprochen, heute fast keiner mehr (Hofmann, Fistelstimme 88). **2.** *nach einer bestimmten Zeit wertlos od. ungültig werden:* eine Banknote, Briefmarke, ein Wechsel verfällt; Vernachlässigte ... eine Stadt ihre Wärterpflichten, verfielen Privilegien, Steuernachlässe (Ransmayr, Welt 185); Sein Patent ... ließ Sarbach v. (ADAC-Motorwelt 11, 1986, 118); die Eintritts-, Lebensmittelkarten sind verfallen; jetzt ändert sie Uniformen, ... ist gegen Butter und Eier für ihre ländliche Verwandtschaft tätig, während die Mark verfällt (Bruyn, Zwischenbilanz 17); Heute verfallen die Bodenpreise *(gehen zurück;* Spiegel 25, 1985, 115); das Medikament, die Konserve ist verfallen *(das Haltbarkeitsdatum ist überschritten);* Ü Der quälende Widerspruch zwischen der Vernunft Roms und den unbegreiflichen Tatsachen des Schwarzen Meeres verfiel (Ransmayr, Welt 241). **3. a)** *in einen bestimmten [negativen] Zustand, eine bestimmte [negative] Verhaltensweise geraten:* in Schweigen, Nachdenken, Ratlosigkeit, Wut, Trübsinn v.; in tiefen Schlaf, einen leichten Schlummer v.; Statt dessen verfällt auch Watson in ... Selbstgerechtigkeit (natur 2, 1991, 47); in allem Feher v.; Es wäre keine neue Erfahrung für ihn, wenn er wieder in Eifersucht verfiele (Frisch, Montauk 121); Dann ging er vor die Tür und verfiel in ein wüstes Gelächter (Strauß, Niemand 182); Während der Hauptmann die Anweisung faltete und einsteckte, verfiel er in seine alte Redeweise ... (Bieler, Bär 196); **b)** *in eine andere Art (innerhalb einer Abstufung) übergehen, hineingeraten:* in seinen Dialekt v.; Wir mußten zehn Minuten im Kreis gehen und dann in Laufen v. (Kempowski, Immer 186); das Pferd verfiel in Trab; Er saß neben ihr und verfiel in eine Abfolge von Bewegungen, die er nicht steuerte und die er eigentlich auch nicht wollte (Zwerenz, Quadriga 163). **4.** *in einen Zustand der Abhängigkeit von jmdm., etw. geraten:* einer Leidenschaft, dem Alkohol, den Verlockungen der Großstadt v.; Das abendliche Fernsehen aber, dem sie so oft verfallen (Frischmuth, Herrin 78); Dem Singsang gesprochener Verse verfiel das Kind (Meckel, Suchbild 50); er war dem Zauber dieser Landschaft verfallen; sie war diesem Mann verfallen *(war ihm hörig);* Neben den Männern, die ihm sexuell verfallen sind (Spiegel 1, 1991, 87); er ist dem Tode verfallen (geh.; *wird bald sterben).* **5.** *auf etw. kommen, sich etw. Merkwürdiges, Ungewöhnliches ausdenken:* auf eine abwegige Idee, einen teuflischen Plan v.; Zuletzt ist Paul aufs Einkaufen verfallen (Plenzdorf, Legende 297); wie konntest du nur darauf v., ihn danach zu fragen?; warum seid ihr ausgerechnet auf ihn verfallen? *(habt ihr ihn dazu ausersehen, euch an ihn gewandt?);* Schließlich verfiel man auf die höchst dürftige Auskunft, daß ... (NJW 19, 1984, 1085). **6. a)** *jmdm., einer Institution zufallen:* die Schmuggelware, der Besitz verfällt dem Staat; Es gibt ... hier ... Photogeschäfte, in denen sich Kameras befinden könnten, die ... der Beschlagnahme v. (Heym, Schwarzenberg 118); Die Burgen indes, so sie jünger als dreißig Jahre waren, verfielen allesamt der Krone (Stern, Mann 233); **b)** (Papierdt.) *von der Wirksamkeit einer Sache betroffen werden:* einer Strafe v.; der Antrag verfiel der Ablehnung *(wurde abgelehnt);* Ich ... las die ersten beiden Kapitel ... vor. Beide verfielen der Kritik (Richter, Etablissement 279); ... konnte sie sich energische Auftritte nicht leisten, um nicht neuerdings der Ächtung zu v. *(um nicht erneut geächtet zu werden;* Innerhofer, Schattseite 155); **ver|fäl|len** ⟨sw. V.; hat⟩ [eigtl. = jmdn. in eine Strafe fallen lassen] (schweiz. Rechtsspr.): *verurteilen;* **Ver|fäl|ler|klä|rung,** die (Rechtsspr.): *gerichtliche Anordnung, daß etw. dem Staat verfällt* (6 a); **Ver|falls|da|tum,** das: **1. a)** *Datum, über das hinaus etw., bes. ein Lebensmittel, nicht mehr genießbar ist;* **b)** vgl. Verfallstag. **2.** vgl. Verfallstag; **Ver-falls|er|schei|nung,** die: *Erscheinung, die den Verfall* (1 b, c), *die Auflösung, das Schwinden von etw. anzeigt;* **Ver|falls-sta|di|um,** das: *Stadium des Verfalls* (1 b, c) *von etw.;* **Ver|falls|sym|ptom,** das: vgl. Verfallsstadium; **Ver|falls|tag,** der: *Tag, an dem etw. verfällt* (2); **Ver|falls|zeit,** die: *Zeit des Verfalls* (1 b, c); **Ver|falltag,** der (Bankw.): *Tag, an dem ein Wechsel, Scheck o. ä. fällig, zahlbar wird;* **Ver|fall-zeit,** die (Bankw.): *Zeit, nach der eine Schuld bezahlt werden muß;* **Ver|fal|lung,** die; -, -en (Bauw.): *Verbindung zwischen zwei unterschiedlich hohen Dachfirsten;* **Ver|fäl|lung,** die; -, -en (schweiz. Rechtsspr.): *das Verfallen, Verfälltwerden;* **Ver-fäl|lungs|ur|teil,** das (schweiz. Rechtsspr.): *Verurteilung.*

ver|fäl|schen ⟨sw. V.; hat⟩ [mhd. vervelschen]: **1.** *etw. falsch darstellen:* die Geschichte v.; einen Text v. *(bewußt falsch wiedergeben);* ... daß er die Wahrheit zwar kannte, aber wissentlich keinen Gebrauch von ihr machte, also sie verfälschte (Stern, Mann 336). **2.** *in seiner Qualität mindern:* Wein, Lebensmittel v.; Nicht einmal echter Weihrauchduft war es ... Schlechtes Surrogat war es, verfälscht mit Lindenholz und Zimtstaub und Salpeter (Süskind, Parfum 199). **3.** (Rechtsspr.) *durch Fälschen verändern:* eine Urkunde v.; verfälschte Banknoten;

Die Führerscheine waren bereits auf die Namen der zukünftigen Besitzer verfälscht (Kurier 12. 5. 84, 16); **Ver|fäl|scher,** der; -s, -: *jmd., der etw. verfälscht:* ... *den elenden Ausbeuter, der sie alle zu -n der Wahrheit gemacht hat* (Heym, Nachruf 190); **Ver|fäl|sche|rin,** die; -, -nen: w. Form zu ↑ Verfälscher; **Ver|fäl|schung,** die; -, -en: *das Verfälschen.*
ver|fan|gen ⟨st. V.; hat⟩ [mhd. (sich) vervāhen = zusammenfassen, sich festfangen]: 1. ⟨v. + sich⟩ *in einem Netz, einer Schlinge o. ä. hängenbleiben:* sein rechter Fuß verfing sich im Tauwerk (Hausmann, Abel 119); Der Stoff hat sich im Reißverschluß verfangen (Schwaiger, Wie kommt 7); die Angel hatte sich im Schilf verfangen; Ü sich in Widersprüchen v.; wenn unsere Blicke sich ineinander verfingen (Mayröcker, Herzzerreißende 138). 2. *die gewünschte Wirkung, Reaktion [bei jmdm.] hervorrufen* (meist verneint): solche Tricks verfangen bei mir nicht; Die Argumente der Politiker zur Nachrüstung verfingen nicht (Spiegel 26, 1981, 4); Als er sah, daß kein Zureden verfing ... (Augsburger Allgemeine 6./7. 5. 78, 21). ♦ 3. *beschlagnahmen, pfänden:* Den Spieß muß ich mir pfänden; ich nehm' ihn mir zu Haft. Der Spieß ist nun verfangen (*von mir beschlagnahmt;* Uhland, Schenk von Limburg); **ver|fäng|lich** ⟨Adj.⟩ [mhd. vervenclich = tauglich, wirksam]: *sich möglicherweise so auswirkend, daß man dadurch in Schwierigkeiten, Verlegenheit o. ä. kommt:* eine -e Situation; eine -e Frage; dieser Brief könnte v. für dich werden; **Ver|fäng|lich|keit,** die; -, -en: 1. ⟨o. Pl.⟩ *verfängliche Beschaffenheit:* die V. seiner Fragen. 2. *verfängliche Situation, Handlung, Äußerung o. ä.:* Ich hatte ... versucht zu vermeiden, ... in -en zu kommen (Männerbilder 90).
ver|fär|ben ⟨sw. V.; hat⟩: 1. a) ⟨v. + sich⟩ *eine andere Farbe annehmen:* im Herbst verfärbt sich das Laub; die Wäsche hat sich verfärbt; Der Direktor sieht, daß May sich verfärbt hat: bleich ... ist seine Haut (Loest, Pistole 10); sein Gesicht verfärbte sich vor Ärger; und als sich trotz heftigen Pustens das Röhrchen nicht verfärbte, blieben die Polizisten skeptisch (v. d. Grün, Glatteis 311); b) *durch Färben (b) verderben (in bezug auf das farbliche Aussehen):* das rote Hemd hat die ganze Wäsche verfärbt; eine verfärbte Bluse; Die Fingerspitzen seiner rechten Hand sind von Nikotin verfärbt (Ziegler, Kein Recht 203). 2. ⟨v. + sich⟩ (Jägerspr.) *(vom Wild) das Haar (2 b) wechseln;* **Ver|fär|bung,** die; -, -en: 1. *das [Sich]verfärben.* 2. *verfärbte Stelle.*
ver|fas|sen ⟨sw. V.; hat⟩ [mhd. verva̧ᴣen = in sich aufnehmen; etw. vereinbaren; in der Rechtsspr.: schriftlich niederlegen]: *gedanklich ausarbeiten u. niederschreiben:* einen Brief, ein Schreiben, eine Broschüre v.; einen Artikel für eine Zeitung v.; einen Roman, ein Drama v.; eine Denkschrift, eine Resolution v.; über eine Sache ein Protokoll, einen Bericht v.; während ich die Zeilen hier verfasse (Th. Mann, Krull 258); Das Ding (= ein Notizkalender) ist in deutscher Sprache verfaßt (*geschrieben;* Tucholsky, Zwischen 52); **Ver|fas|ser,** der; -s, - [gek. aus: Schriftverfasser]: *jmd., der einen Text verfaßt [hat]; Autor:* mich als V. zu bekennen (Sebastian, Krankenhaus 186); einen Band über politisches Denken ..., der nicht einen akademischen Lehrer ... zum V. hat (Dönhoff, Ära 9); **Ver|fas|se|rin,** die; -, -nen: w. Form zu ↑ Verfasser; **Ver|fas|ser|schaft,** die; -: *das Verfassersein;* **ver|faßt** ⟨Adj.⟩: *eine [bestimmte] Verfassung (1) habend:* die -e Studentenschaft; ... der ... demokratisch -en Industriegesellschaft (J. Fischer, Linke 175); **Ver|fas|sung,** die; -, -en [mhd. vervaᴣᴣunge = schriftliche Darstellung, Vertrag]: 1. a) *Gesamtheit der Regeln, die die Form eines Staates u. die Rechte u. Pflichten seiner Bürger festlegen; Konstitution* (3): eine demokratische, parlamentarische V.; die amerikanische V.; die Weimarer V., die V. von Weimar *(die Verfassung der Weimarer Republik);* die V. tritt in, außer Kraft; die V. beraten, ändern, außer Kraft setzen; ... war die Ausarbeitung einer freieren ... V. angekündigt worden (Leonhard, Revolution 13); Die Prinzipien der französischen Menschenrechtserklärung ... kehrten in den übrigen europäischen -en ... wieder (Fraenkel, Staat 125); auf die V. schwören, vereidigt werden; b) *festgelegte Grundordnung einer Gemeinschaft:* die V. der anglikanischen Kirche. 2. ⟨o. Pl.⟩ *körperlicher, geistig-seelischer Zustand, in dem sich jmd. [augenblicklich] befindet:* seine körperliche, geistige, gesundheitliche V. läßt das nicht zu; ... mit einer Gleichgültigkeit, die ... eine stark ramponierte seelische V. ... kennzeichnete (Kirst, 08/15, 856); ich war, befand mich in guter, bester, schlechter V.; Anna ist jetzt nicht in der richtigen V., mit einer unangenehmen Überraschung fertig zu werden (Fallada, Jeder 82); Ü ... die Räume ..., und zwar in der V., in der sie sich bei unserem Abschied befanden (Dönhoff, Ostpreußen 203); Das Wollkleid war auch an den Knien in ehrbarer V. (Kronauer, Bogenschütze 363); **ver|fas|sung|ge|bend** ⟨Adj.⟩: *die Verfassung (1 a) festlegend:* die -e Versammlung; **ver|fas|sungs|än|dernd** ⟨Adj.⟩: *die Verfassung (1) ändernd;* **Ver|fas|sungs|än|de|rung,** die: *Änderung der Verfassung* (1); **Ver|fas|sungs|be|schwer|de,** die (Rechtsspr.): *Klage gegen verfassungswidrige Eingriffe der Staatsgewalt in die von der Verfassung* (1 a) *geschützten Rechte des Bürgers;* **Ver|fas|sungs|bruch,** der: *ein Bruch der Verfassung* (1 a); **Ver|fas|sungs|eid,** der: *Eid zur Achtung, Wahrung u. Verteidigung der Verfassung* (1 a); **ver|fas|sungs|feind|lich** ⟨Adj.⟩: *gegen die Verfassung* (1 a) *gerichtet:* eine Organisation mit -en Zielen; wegen angeblich -er Aktivitäten (Spiegel 18, 1976, 223); **ver|fas|sungs|ge|mäß** ⟨Adj.⟩: *der Verfassung* (1) *gemäß:* das Gesetz ist nicht v.; **Ver|fas|sungs|ge|richt,** das: *Gericht zur Entscheidung verfassungsrechtlicher Fragen;* **ver|fas|sungs|ge|richt|lich** ⟨Adj.⟩: *das Verfassungsgericht betreffend;* **Ver|fas|sungs|ge|richts|bar|keit,** die: *dem Verfassungsgericht zuerteilte Gerichtsbarkeit* (1); **Ver|fas|sungs|ge|schich|te,** die: a) *Geschichte der Verfassung [eines Staates];* b) *Zweig der Geschichtswissenschaft, der sich mit Verfassungsgeschichte* (a) *beschäftigt;* **Ver|fas|sungs|in|itia|ti|ve,** die: *(in der Schweiz) Antrag auf Änderung der Verfassung* (1 a); **ver|fas|sungs|kon|form** ⟨Adj.⟩: *verfassungsgemäß;* **ver|fas|sungs|mä|ßig** ⟨Adj.⟩: *konstitutionell* (1): -e Befugnisse; die v. garantierte Gleichberechtigung (Saarbr. Zeitung 12./13. 7. 80, 3); **Ver|fas|sungs|mä|ßig|keit,** die: *das Verfassungsmäßigsein;* **Ver|fas|sungs|or|gan,** das ⟨oft Pl.⟩: *unmittelbar durch die Verfassung* (1 a) *eingesetztes staatliches Organ* (4); **Ver|fas|sungs|pa|trio|tis|mus,** der: *auf die Verfassung* (1 a) *bezogener Patriotismus;* **Ver|fas|sungs|rang,** der ⟨o. Pl.⟩: *durch die Verfassung* (1) *zu schützender Rang* (2), *Stellenwert:* das Recht auf freie Meinungsäußerung hat V.; ... verlangen ..., dem Umweltschutz V. einzuräumen (Rheinpfalz 14. 1. 87, 2); **Ver|fas|sungs|recht,** das: *in der Verfassung* (1 a) *enthaltene Rechtsnormen;* **ver|fas|sungs|recht|lich** ⟨Adj.⟩: *das Verfassungsrecht betreffend;* **Ver|fas|sungs|re|vi|si|on,** die: *Verfassungsänderung;* **Ver|fas|sungs|rich|ter,** der: *Richter* (1) *an einem Verfassungsgericht;* **Ver|fas|sungs|rich|te|rin,** die; -, -nen: w. Form zu ↑ Verfassungsrichter; **Ver|fas|sungs|rit|zung,** die (schweiz.): *Verfassungsbruch;* **Ver|fas|sungs|schutz,** der: 1. *Gesamtheit der Normen, Einrichtungen u. Maßnahmen zum Schutz der in der Verfassung* (1 a) *festgelegten Ordnung.* 2. (ugs.) *kurz für:* Bundesamt für Verfassungsschutz: Lehrer, die alle vom V. überprüft worden sind (Zwerenz, Quadriga 106); **Ver|fas|sungs|schüt|zer,** der (ugs.): *beim Bundesamt für Verfassungsschutz tätiger Angestellter od. Beamter;* **Ver|fas|sungs|schüt|ze|rin,** die; -, -nen: w. Form zu ↑ Verfassungsschützer; **Ver|fas|sungs|staat,** der: *Staat mit einer [politisch wirksamen] Verfassung* (1 a); **ver|fas|sungs|treu** ⟨Adj.⟩: *fest zur Verfassung* (1 a) *stehend; sich getreu der Verfassung* (1 a) *verhaltend:* ein -er Bürger; **Ver|fas|sungs|treue,** die: ... *jenen Ausschuß, der über die V. von Beamtenanwärtern befindet* (Spiegel 5, 1978, 52); **Ver|fas|sungs|ur|kun|de,** die: *Urkunde, die die Verfassung* (1) *enthält;* **ver|fas|sungs|wid|rig** ⟨Adj.⟩: *gegen die Verfassung* (1) *verstoßend:* -e Propaganda; Die geplante Zwangsanleihe ... ist wahrscheinlich v. (Spiegel 49, 1982, 12); **Ver|fas|sungs|wid|rig|keit,** die; - ⟨o. Pl.⟩: *das Verfassungswidrigsein.*
ver|fau|len ⟨sw. V.; ist⟩ [mhd. vervūlen]: *durch Fäulnis ganz verderben:* die Kartoffeln verfaulen; Mit den Jahren und Jahrzehnten verfaulten die Schiffe und Flöße (Ransmayr, Welt 163); die Äpfel sind am Baum verfault; verfaultes Obst, verfaultes Holz; ein verfaulter Zahn; Ü Ohne Kriege würde die Welt bald v. (Th. Mann, Zauberberg 516); Unsere nationale Bourgeoisie ist durch und durch verfault (Fries, Weg 281); **Ver|fau|lung,** die; -, -en ⟨Pl. ungebr.⟩: *das Verfaulen.*
ver|fech|ten ⟨st. V.; hat⟩ [mhd. vervehten = fechtend verteidigen]: *energisch für etw. eintreten:* eine Ansicht, Meinung,

Verfechter

Lehre, Theorie v.; Überdies verficht die Gewerkschaft jene Forderung ... gar nicht mehr (Südd. Zeitung 18. 5. 84, 4); Rein menschlich war er prima, politisch dagegen verfocht er eine durch und durch verbrecherische Weltanschauung (Weber, Tote 193); **Ver|fech|ter**, der; -s, -: *jmd., der etw. verficht:* ein glühender V. der olympischen Idee (Saarbr. Zeitung 29./30. 12. 79, 7); **Ver|fech|te|rin**, die; -, -nen: w. Form zu ↑ Verfechter; **Ver|fech|tung**, die; -: *das Verfechten.*

ver|feh|len ⟨sw. V.; hat⟩ [mhd. vervælen = fehlen (3); sich irren]: **1. a)** *nicht erreichen (weil man zu spät gekommen ist):* den Zug v.; ich wollte ihn abholen, aber ich habe ihn verfehlt; Hatten sich die beiden in Paris verfehlt? (Frisch, Stiller 273); **b)** *durch Irrtum od. Zufall das angestrebte Ziel o. ä. nicht erreichen:* die richtige Tür, den Weg v.; ... verfehlte sie ihren Weltrekord ... um knapp zehn Sekunden (MM 1. 9. 86, 5); Die Bekleidungsindustrie verfehlte das Produktionsergebnis des Vorjahres noch um 1,1% (Rheinische Post 12. 5. 84, 9); Ü der Schüler hat das Thema verfehlt *(es nicht richtig erfaßt u. behandelt);* er hat seinen Beruf verfehlt *(er kann etw. anderes, was nicht sein Beruf ist, so gut, daß er das eigentlich hätte werden sollen;* als Äußerung der Bewunderung u. Anerkennung); seine Äußerung hatte ihre Wirkung nicht verfehlt; ⟨häufig im 2. Part.:⟩ eine verfehlte Politik; Er wurde ermahnt, sein -es Leben aufzugeben (Rolf Schneider, November 88); es wäre völlig verfehlt *(falsch),* ihn zu bestrafen; ♦ Gleich am ersten Morgen nach jenem verfehlten *(durch Mißstimmung gestörten, verdorbenen)* Mittage war Christian Albrecht wiederholt auf seinen Steinhof hinausgegangen (Storm, Söhne 15). **2.** (geh.) *versäumen:* ich möchte [es] nicht v., Ihnen zu danken; Ich verfehle keinen Tag, Gott für Sie zu bitten (Nigg, Wiederkehr 100); ♦ und er verfehlte nicht, sein Lieblingsthema wieder anzustimmen (Goethe, Dichtung u. Wahrheit 11). **3.** ⟨v. + sich⟩ (veraltend) *eine Verfehlung begehen;* **Ver|feh|lung**, die; -, -en: *Verstoß gegen bestimmte Grundsätze, Vorschriften, eine bestimmte Ordnung:* eine moralische V.; Der Heiler will wissen, welche -en die Familie begangen habe (natur 5, 1991, 81); Wer den Arzt vor Gericht sah und hörte, konnte nicht begreifen, daß ihm eine derartige V. *(ein derartiger Fehler)* unterlaufen war (NZZ 28. 8. 86, 30); dem Minister konnten keine -en im Amt vorgeworfen werden.

ver|fein|den, sich ⟨sw. V.; hat⟩: *jmds. Feind werden; sich mit jmdm. zerstreiten:* sich mit jmdm. v.; sie hatten sich wegen einer Kleinigkeit verfeindet; Durch die Kontinentalsperre hat Napoleon sich nicht nur mit England, sondern mit ganz Europa tödlich verfeindet (Friedell, Aufklärung 285); Du bist also nicht mit ihm verfeindet (Ziegler, Gesellschaftsspiele 18); zwei [miteinander] verfeindete Familien; **Ver|fein|dung**, die; -, -en: *das Sichverfeinden.*

ver|fei|nern ⟨sw. V.; hat⟩: **a)** *feiner* (3 a), *besser, exakter machen:* die Soße mit Sahne v.; Hier verfeinert Basilikum ein Stück aus der bodenständigen Küche (e & t 7, 1987, 14); die Methoden sind verfeinert worden; das Verdienst ..., vorhandenes fragmentarisches Datenmaterial systematisiert und verfeinert ... zu haben (NZZ 30. 8. 86, 15); Vierzig Jahre unermüdlicher Arbeit haben seine Zunge so verfeinert, daß er sogar bei derselben Kornsorte herausschmecken kann, aus welcher Kneipe sie kommt (Remarque, Obelisk 26); ein verfeinerter Geschmack; **b)** ⟨v. + sich⟩ *feiner* (3 a), *besser, exakter werden:* die Sitten, Umgangsformen verfeinern sich; Nur die Methoden, zu rauben, haben sich inzwischen entschieden verfeinert (Koeppen, Rußland 35); ein sich verfeinernder optischer und taktiler Sinn für Qualitätsunterschiede (Gehlen, Zeitalter 105); **Ver|fei|ne|rung**, die; -, -en: **1.** *das [Sich]verfeinern, Verfeinertwerden, -sein.* **2.** *etw. Verfeinertes.*

ver|fe|men ⟨sw. V.; hat⟩ [mhd. verveimen, mniederd. vorveimen, zu ↑ Feme] (geh.): *ächten:* die Nazis haben diesen Maler verfemt; ... jenen ..., die ... alle Araber und Berber als potentielle Bombenleger v. wollten (Scholl-Latour, Frankreich 101); daß sie bei einer Rückkehr in die DDR ... auch bei Nachbarn und Freunden verfemt würden (Allgemeine Zeitung 21. 12. 84, 3); ein verfemter Künstler; **Ver|fem|te**, der u. die; -n, -n ⟨Dekl. ↑ Abgeordnete⟩ (geh.): *jmd., der verfemt wird, ist:* Aber wir damals – wir waren ein Haufen Verlorener, Ausgestoßener, -r (Danella, Hotel 367); **Ver|fe|mung**, die; -, -en (geh.): **1.** *das Verfemen, Verfemtwerden.* **2.** *das Verfemtsein:* Jedermann wußte über sie Bescheid; jedermann kannte ihre V. (Giordano, Die Bertinis 303).

ver|fer|keln ⟨sw. V.; hat⟩: *(von Sauen) verwerfen* (6).

ver|fer|ti|gen ⟨sw. V.; hat⟩ [mhd. ververtigen = ausstellen (3)]: *(mit künstlerischem Geschick o. ä.) herstellen, anfertigen:* ein Protokoll, ein Gutachten v.; die Kinder hatten hübsche Bastelarbeiten verfertigt, als wäre ... die Hauspostille nicht aus Papier, sondern aus Dynamit verfertigt (Enzensberger, Mittelmaß 25); Darstellungen des schönen Menschenbildes, die zu allen Zeiten mit Lust und Fleiß verfertigt worden sind in Farbe, Erz und Marmelstein (Th. Mann, Krull 412); Ganz zierliche, wie mit dem Graveurstichel verfertigte Buchstaben (Rolf Schneider, November 105); ein aus Sperrholz verfertigter Lampenschirm (Kempowski, Tadellöser 398); **Ver|fer|ti|ger**, der; -s, -: *jmd., der etw. verfertigt:* Schriftzeichen ... gaben Auskunft über die V. und das Herstellungsjahr des Prunkstücks (Stern, Mann 92); **Ver|fer|ti|ge|rin**, die; -, -nen: w. Form zu ↑ Verfertiger; **Ver|fer|ti|gung**, die; -, -en: *das Verfertigen.*

ver|fe|sti|gen ⟨sw. V.; hat⟩: **a)** *fester machen:* einen Klebstoff, Werkstoff [chemisch] v.; neue Knochenmasse ... kittet Bruchstellen und verfestigt den Sitz schlackernder künstlicher Hüftgelenke (natur 2, 1991, 87); Ü Das Wohnen im Heim ... verfestigt den Status „Nichtseßhafter" (Klee, Pennbrüder 103); das ... in gedankenreichen Studien verfestigte Michelangelo-Bild (Fest, Im Gegenlicht 350); **b)** ⟨v. + sich⟩ *fester werden:* der Lack hatte sich verfestigt; ... und füllten sie (= die schwere Suppe) in Tiegel aus Steingut, wo sie sich alsbald zu einer herrlich duftenden Pomade verfestigte (Süskind, Parfum 223); Ü die Eindrücke verfestigen sich; das Mehrparteiensystem des Westens, das sich allerdings ständig verfestigt hat (Fraenkel, Staat 249); Annerls Widerstand gegen die von Herbert immer eifriger vorgeschlagene Heirat hatte sich bald nachher ... verfestigt (Brod, Annerl 25); ... ist die Folge des sich weltweit verfestigenden Konjunkturaufschwungs (VDI nachrichten 18. 5. 84, 7); **Ver|fe|sti|gung**, die; -, -en: *das [Sich]verfestigen.*

ver|fet|ten ⟨sw. V.; ist⟩: *zuviel Fett ansetzen:* bei dem Futter verfetten die Tiere; ein verfettetes Herz, eine verfettete Leber haben; Elvis Presley ... starb drogenabhängig als verfettetes Frühgespenst (Spiegel 1, 1985, 5); Im verfetteten Gesicht des Schauspielers konnte sie zwanzig ... Jahre ablesen (Rolf Schneider, November 90); **Ver|fet|tung**, die; -, -en (bes. Med.): *das Verfetten:* die V. des Herzens, der Leber, der Zellen; Natürlich ... trage auch ein Übermaß an Süßigkeiten zur V. der Jugend bei (Spiegel 52, 1977, 62).

ver|feu|ern ⟨sw. V.; hat⟩: **1. a)** *als Brennstoff verwenden:* Holz, Kohle im Ofen v.; weil hier in einem großen Heizungsofen ... der brennbare Abfall verfeuert wurde (Augustin, Kopf 159); Rohstoffe ..., die ... knapp werden, die aber dennoch für Heiz- und Energiezwecke weiter verfeuert werden (Gruhl, Planet 75); ⟨subst.:⟩ das Brett jedoch brauchten wir nötig zum Verfeuern (Kolb, Wilzenbach 81); **b)** *als Brennstoff völlig aufbrauchen.* **2.** *durch Schießen verbrauchen:* die ganze Munition v.; Ü Wenn mein Vermögen verfeuert ist, lege ich mich hin und verröchle (Dürrenmatt, Meteor 16); **Ver|feue|rung**, die; -, -en: *das Verfeuern:* die V. von Altreifen ... spart jährlich 30 000 t Heizöl (Presse 8. 6. 84, 11); eine verläßliche Technologie zur V. ... von Biomasse (Furche 6. 6. 84, 18).

♦ **ver|fie|ren**, sich ⟨sw. V.; hat⟩ [mniederd. vorvêren, zu: vâre = Gefahr; Angst]: *(in nordd. Sprachgebrauch) sich erschrecken:* Aber sei nich böse, daß ich mich so verfiere (Fontane, Jenny Treibel 153).

ver|fil|men ⟨sw. V.; hat⟩: **a)** *aus etw. einen Film machen; als Film gestalten:* ein Buch, einen Roman, eine Novelle v.; Der Süddeutsche Rundfunk will Courths-Mahler *(einen Roman von Courths-Mahler)* v. (Hörzu 7, 1972, 16); **b)** *auf [Mikro]film aufnehmen:* Zeitungen v.; **Ver|fil|mung**, die; -, -en: **a)** *das Verfilmen;* **b)** *durch Verfilmen entstandener Film.*

ver|fil|zen ⟨sw. V.⟩ [mhd. vervilzen]: **a)** *filzig werden* ⟨ist⟩: der Pullover ist beim Waschen verfilzt; verfilzte Wolle, Haare; ein verfilztes Fell; Schlammkuhlen, von verfilzten Dornenranken bedeckt (Fels, Kanakenfauna 66); Ü das ganze System war derart verfilzt, daß jeder gegen den anderen intrigierte (Erné, Kellerkneipe 104); Er spielt darauf an, daß die demo-

kratischen Parteien ... mit dem organisierten Verbrechen verfilzt sind (Lindlau, Mob 158); **b)** ⟨v. + sich⟩ *sich unentwirrbar ineinander verwickeln* ⟨hat⟩: Ü Diese Parteien haben sich jedoch allzusehr verfestigt, in sich verfilzt (Augsburger Allgemeine 11./12. 2. 78, 29); wie früher schon ... verfilzten sich grundstürzend Richtiges und grundlegend Falsches zu einem nicht mehr entwirrbaren Knäuel (Spiegel 52, 1965, 5); **Ver|fil|zung,** die; -, -en: *das Verfilzen, Verfilztsein:* Ü mein Bruch mit der Institution „Kirche", als ich von ihren zweideutigen wirtschaftlichen -en ... erfuhr (Kelly, Um Hoffnung 114); ... einer V. von Partei und Staatsapparat ..., die unter Gesichtspunkten der Demokratie schwer erträglich ist (Saarbr. Zeitung 3. 12. 79, 10/12).
ver|fin|stern ⟨sw. V.; hat⟩ [mhd. vervinstern]: **a)** *finster machen:* dunkle Wolken verfinsterten die Sonne; Am nächsten Morgen verfinsterte ein Taubenschwarm den Himmel (Ransmayr, Welt 66); Ü dies war ihm mißfällig und verfinsterte ihn (Th. Mann, Joseph 83); **b)** ⟨v. + sich⟩ *finster werden:* der Himmel, die Sonne hatte sich verfinstert; Ü ihr Gesicht verfinsterte sich; Über dem Hinunterschlucken der Belehrung verfinstern sich die Galle und das Gemüt (Bergengruen, Rittmeisterin 287); Rico hatte sich mit eigentümlich verfinstertem Gesichtsausdruck ... aufgestellt (Thieß, Legende 22); die Chinesen ... bezahlen ihre Hausärzte ..., bis es ihrer geehrten Gesundheit beliebt, sich zu v. *(verschlechtern)* (A. Zweig, Grischa 228); **Ver|fin|ste|rung,** die; -, -en: **1.** *das [Sich]verfinstern.* **2.** *Finsternis.*
ver|fir|nen ⟨sw. V.; ist⟩: *zu Firn werden:* ein verfirnter Höcker, 8125 Meter hoch (Trenker, Helden 260); **Ver|fir|nung,** die; -, -en: *das Verfirnen:* die V. des Schnees.
ver|fit|zen ⟨sw. V.; hat⟩ [zu ↑fitzen (1)] (ugs.): **a)** *machen, daß Fäden o. ä. in kaum auflösbarer Weise ineinander und miteinander verschlungen sind:* jetzt hat er die Drähte verfitzt; **b)** ⟨v. + sich⟩ *in einen verfitzten (a) Zustand geraten:* ihre Haare haben sich beim Liegen verfitzt; Ü ... und verfitzt *(verfängt)* sich mit seinen Füßen in der langen Vorhangschnur (Hofmann, Fistelstimme 214); Ü das ist kein adretter Film, das ist ein unendlich verfitztes, unappetitliches Knäuel, in dem die ganze politische Klasse des Landes „drinhängt" (Enzensberger, Mittelmaß 112); Die Ereignisse liefen nicht gleichmäßig ab, sie schlingerten, wirrten und verfitzten sich (Apitz, Wölfe 235).
ver|fla|chen ⟨sw. V.⟩: **1. a)** *flach[er] werden* ⟨ist⟩: das Gelände verflacht; ein verflachtes *(seicht gewordenes)* Gewässer; Ü das Gespräch verflachte *(wurde oberflächlich);* Erinnerungen, das wußte er, verflachen im Laufe der Zeit (Weber, Tote 61); Verflachen die Umsätze der Steuerberater? (Erfolg 11/12, 1983, 27); Ich befürchtete, eine große Aufgabe könne zur bloßen Routine v. (W. Brandt, Begegnungen 158); ein verflachtes Gefühlsleben; **b)** ⟨v. + sich⟩ *flach[er] werden* ⟨hat⟩: die Hügel haben sich im Laufe der Zeit verflacht; Als sanftes Gegenstück zu diesem großartigen Schauspiel verflacht sich

der Jura ... in Richtung Frankreich (NZZ 23. 10. 86, 44). **2.** *flach[er] machen* ⟨hat⟩: der Wind hat die Dünen verflacht; die ... Festungsdörfer Südmarokkos, die sich zumeist auf den flachen – oder künstlich verflachten – Berggipfeln befinden (Wochenpresse 13, 1984, 66); ♦ **ver|fla|chen,** sich ⟨sw. V.; hat⟩: *flach[er] werden, sich verflachen:* Ein mittleres Gebirg schien heranzustreben, aber erreichte noch lange die Höhe nicht. Weiterhin verflächte es sich immer mehr (Goethe, Wanderjahre I, 3); Die schwarzbraunen Seitenwände gehen anfangs größtenteils senkrecht nieder; dann verflachen sie sich aber gegen die mittlere Tiefe durch ungeheuern Schutt und Trümmerhalden (E. T. A. Hoffmann, Bergwerke 17); **Ver|fla|chung,** die; -, -en: **1.** *das [Sich]verflachen.* **2.** *verflachte Stelle.*
ver|flackern[1] ⟨sw. V.; ist⟩: *unter Flackern verlöschen:* die Kerze, das Feuer verflackert; Ich ... erblicke im Schein des verflackerten Kerzenstummels ... eine Gestalt (Heym, Schwarzenberg 167).
ver|flech|ten ⟨st. V.; hat⟩: **a)** *durch Flechten eng verbinden:* Bänder [miteinander] v.; Ü Die Finger im Schoß verflochten (Grass, Unkenrufe 204); **b)** ⟨v. + sich⟩ *sich eng verbinden:* Wesen und Umwelt sind niemals Zufälligkeiten, sondern miteinander so eng verflochten, daß ... (Thieß, Reich 138); Phantasie und Wirklichkeit verflochten sich immer mehr; ... daß sein Gedeihen mit dem Gedeihen zahlloser anderer Menschen auf das innigste verflochten ist (Musil, Mann 431); **Ver|flech|tung,** die; -, -en: **1.** *das [Sich]verflechten.* **2.** *[enger] Zusammenhang:* internationale politische -en.
ver|flecken[1] ⟨sw. V.; ist⟩: *mit Flecken (1, 2) bedecken;* fleckig (a, b) *machen:* eine Schürze umbinden, um den Rock, die Hose nicht zu v.; das Hemd ist völlig verfleckt; eine stark verfleckte Tischdecke; Schlechte Beleuchtung im Duschraum tarnt mein Gesicht, aber vermuten muß ich, daß es verfleckt gerötet ist (Wohmann, Irrgast 230).
ver|flie|gen ⟨st. V.⟩: **1.** ⟨hat⟩ **a)** ⟨v. + sich⟩ vgl. ¹verfahren (2 a): *Jungvögel ... irren v. so lange umher, bis sie sich schließlich verfliegen (Lorenz, Verhalten 15);* der Pilot hat sich im Nebel verflogen; Ü Denn schwerlich hätte man einen verflogenen Ball im dichten Wuchs der Gebüsche wiedergefunden (Doderer, Wasserfälle 141); **b)** *als Flugkosten ausgeben, für das Fliegen mit Maschine verbrauchen:* Nachweislich verfliege er ... wöchentlich 15 000 Mark (Spiegel 8, 1976, 46). **2.** ⟨ist⟩ **a)** *in der Luft verschwinden:* der Duft, Rauch verfliegt; der Geruch des Blutes und der Staub der letzten Zerstörung sind noch nicht verflogen (Remarque, Obelisk 5); **b)** *sich verflüchtigen:* wenn man die Flasche nicht schließt, verfliegt das Parfüm; Ü das erste Bild ist immer schon verflogen, ehe das nächste auftaucht (Enzensberger, Einzelheiten I, 93); **c)** *(schnell) vorübergehen:* die Zeit verfliegt im Nu; Wenn man so lebt wie ich, verfliegt das Dasein sonderbar schnell (Geissler, Nacht 39); die Stunden, die Wochen sind schnell verflogen;

sein Zorn, seine Verbitterung, sein Interesse verflog bald; sein Fieber, ihre Magenverstimmung war verflogen; ihre schlechte Laune, Begeisterung, Freude, Traurigkeit ist verflogen; Frühmorgens jedoch, wenn es hell wurde und der Spuk verflogen war ... (Hilsenrath, Nazi 76).
ver|flie|sen ⟨sw. V.; hat⟩ (Fachspr.): *fliesen:* ein Badezimmer, eine Küche v.; Sechs Quadratmeter, verfliest, ein Klappbett, ebenso Tisch und Klappstuhl (Sobota, Minus-Mann 29); In die Stille wird ... der Türschlüssel auf den verfliesten Badezimmerboden gestoßen (Zenker, Froschfest 125).
ver|flie|ßen ⟨st. V.; ist⟩ /vgl. verflossen/ [mhd. vervliezen]: **1.** *verschwimmen:* in ihren Bildern verfließen die Farben; Seine kleine Gestalt ... verfließt allmählich mit der Rinde der Bäume (Wiechert, Jeromin-Kinder 835); Ü die Grenzen zwischen Novelle und Erzählung v.; die Begriffe beginnen hier zu v.; ⟨subst.:⟩ bei dem heutigen Verfließen aller Wissenschaften mit dem praktischen Leben (FAZ 14. 10. 61, 49). **2.** (geh.) *vergehen:* die Tage, Stunden, Wochen verfließen; Eine Zeit verfloß, die er nicht messen konnte; es waren gewiß nur wenige Minuten, aber sie schienen ihm sehr lang (A. Zweig, Claudia 94); das verflossene Jahr; eine neue Erziehung ..., die die Menschen endlich von den Schädigungen einer verflossenen Epoche befreie (Pohrt, Endstation 65).
ver|flixt ⟨Adj.; -er, -este⟩ [entstellt aus ↑verflucht] (ugs.): **1.** *unangenehm, ärgerlich:* das ist eine -e Geschichte, Sache, Situation. **2.** (abwertend) **a)** *verdammt* (1 a): so eine -e Gemeinheit; **b)** *verdammt* (1 b): so ein -er Kerl; diese -e Bande; **c)** *verdammt* (1 c): dieses -e Auto ist schon wieder kaputt; **d)** * v. [noch mal]!; v. noch eins!; v. und zugenäht! (Flüche). **3. a)** *verdammt* (2 a): er hat -es Glück gehabt; **b)** (intensivierend bei Adjektiven u. Verben) *sehr; äußerst:* eine v. schwierige Aufgabe; das sieht v. nach Betrug aus; Das Leben mit meinem Mann ist oft v. schwer (Hörzu 27, 1980, 66).
Ver|floch|ten|heit, die; -, -en: *das Verflochtensein:* Aber vielleicht dokumentiert es nur die V. von Sprachwissenschaft und Politik, wenn ... (Eppler, Kavalleriepferde 77).
ver|flos|sen: 1. ↑verfließen. **2.** ⟨Adj.⟩ (ugs.) *ehemalig:* seine -e Freundin; weil er sich mit dem ex-spanischen Justizminister ... überworfen hat (Muschg, Sommer 49); in der Metropole der -en Donaumonarchie (NZZ 27. 1. 83, 38); ⟨subst.:⟩ *ihr Verflossener (ihr früherer Freund, Ehemann);* Die Scheidung hat ihn eine Menge Geld gekostet, er muß seiner Verflossenen Unterhalt bezahlen (Danella, Hotel 408).
ver|flu|chen ⟨sw. V.; hat⟩ /vgl. verflucht/ [mhd. vervluochen, ahd. farfluohhōn]: **a)** *den Zorn Gottes, schlimmes Unheil auf jmdn. herabwünschen:* er verfluchte seinen ungeratenen Sohn; auf den Stufen des Altars, wo sie gestanden waren, als sie mich verflucht hatten, brach ich zum dritten Mal nieder (Stern, Mann 419); **b)** *sich heftig über jmdn., etw. ärgern u. die betreffende*

verflucht

Person, Sache verwünschen: seinen Einfall, Leichtsinn, sein Schicksal v.; ich könnte mich selbst v., daß ich nicht darauf gekommen bin; Sie verflucht ihre Firma; denn Lynn muß arbeiten, obschon es Sonntag ist (Frisch, Montauk 117); ... der Strohhut. Was ich den schon verflucht hab' (Schnurre, Ich 97); *** verflucht [noch mal]!; verflucht noch eins!; verflucht und zugenäht!** (Flüche); **verflucht** ⟨Adj.; -er, -este⟩ (salopp): **1.** (abwertend) **a)** *verdammt* (1 a): ein -er Mist; **b)** *verdammt* (1 b): so ein -er Idiot; Gereth, der -e Meineidmichel, kam nun wieder heraus (Kühn, Zeit 146); **c)** *verdammt* (1 c): eine -e Situation; dieser -e Regen!; ... philosophierte er über den -en Satz, daß es süß sei, für das Vaterland zu sterben (Loest, Pistole 67). **2. a)** *verdammt* (2 a): wir hatten -es Glück; **b)** ⟨intensivierend bei Adjektiven u. Verben⟩ *sehr, äußerst:* es ist v. heiß heute; Es ist v. schwierig, Tiere nicht zu vermenschlichen (natur 4, 1991, 105); Es sind aber v. fröhliche Menschen, diese Polacken (Bobrowski, Mühle 267).
ver|flüch|ti|gen ⟨sw. V.; hat⟩ [spätmhd. verfluchtigen = fliehen]: **1.** (bes. Chemie) **a)** *in gasförmigen Zustand überführen:* Salzsäure v.; **b)** ⟨v. + sich⟩ *in gasförmigen Zustand übergehen:* Äther, Alkohol verflüchtigt sich leicht; Bei dem Verfahren ... hatten sich wohl die Öle verflüchtigt, die den Geschmack erst garantieren (Jacob, Kaffee 292); **c)** ⟨v. + sich⟩ *sich auflösen, verschwinden:* der Nebel, der Parfüm-, Benzingeruch hatte sich verflüchtigt; Das Feuer erlischt, der Staub verflüchtigt sich (Kempowski, Zeit 397); Das Blau der Luft verflüchtigte sich in der Sonnenglut (Chr. Wolf, Himmel 98); Ü seine Heiterkeit, sein Schrecken verflüchtigte sich rasch; auf jeden Fall verflüchtigte sich mit diesem Applaus der zweifelhafte Ruch eines Liebhaberabends (Bieler, Mädchenkrieg 144); Der Spott, schien mir, hatte sich aus den Gesichtern verflüchtigt (Innerhofer, Schattseite 77); Die 27 wertvollsten der insgesamt 95 beschlagnahmten Schmuckstücke verflüchtigten sich jedenfalls aus dem CID-Tresor (Prodöhl, Tod 7); mein Ausweis hat sich verflüchtigt (scherzh.; *ist unauffindbar*). **2.** ⟨v. + sich⟩ (ugs. scherzh.) *sich still u. unbemerkt davonmachen:* als er das hörte, verflüchtigte er sich sofort; **Ver|flüch|ti|gung**, die; -, -en: *das [Sich]verflüchtigen.*
Ver|flu|chung, die; -, -en: **1.** *das Verfluchen.* **2.** *Fluch* (2).
ver|flüs|si|gen ⟨sw. V.; hat⟩ (bes. Fachspr.): **a)** *flüssig machen, kondensieren* (1 a): Gas, Luft, Kohle v.; Druot unterdessen verflüssigte in einem großen Kessel Schweine- und Rindertalg zu einer cremigen Suppe (Süskind, Parfum 221); den Schlammteich ..., in den der verflüssigte Abraum gepumpt wurde (G. Vesper, Laterna 26); **b)** ⟨v. + sich⟩ *flüssig werden; kondensieren* (1 b): Diese Leute, denen ... der Marks kluckert, was ungefähr bedeutet, daß sich ihnen die Gehirnmasse verflüssigt (Bobrowski, Mühle 147); **Ver|flüs|si|ger**, der; -s, - (Technik): *Kondensator* (2); **Ver|flüs|si|gung**, die; -,

-en (bes. Fachspr.): *das [Sich]verflüssigen.*
Ver|folg ⟨in Verbindung mit „in" od. „im" u. folgendem Gen.⟩ (Papierdt.): **1.** *im Verlauf:* im, in V. dieses Prozesses, dieser Entwicklung; In V. der amerikanischen Revolution (1776–83) wurde das Prinzip der „virtuellen" Repräsentation generell erschüttert (Fraenkel, Staat 295). **2.** *beim Nachgehen, Verfolgen, Untersuchen o. ä.:* In V. aber dieses Selbstmordes wurde der Gefängnisgeistliche ... von seinem Amte suspendiert (Fallada, Jeder 351); so seien mehr Schriftsteller und Naturwissenschaftler in V. *(bei der Ausübung)* ihrer Pflicht gefallen als Generäle oder ... Politiker (Heym, Nachruf 686); **ver|folg|bar** ⟨Adj.⟩: **1.** (bes. Rechtsspr.) *so beschaffen, daß man es verfolgen* (1 e) *kann:* strafrechtlich -e Delikte; Moralverstöße, die rechtlich nicht v. sind (Freie Presse 30. 12. 89, 3). **2.** *so beschaffen, daß man es verfolgen* (3) *kann:* eine -e Entwicklung; So ist ... der Weg von Abgasfahnen aus Schornsteinen in der Atmosphäre auch über längere Zeiträume v. (Welt 9. 2. 1989, 21); **ver|fol|gen** ⟨sw. V.; hat⟩ [mhd. vervolgen]: **1. a)** *durch Hinterhergehen, -eilen zu erreichen [u. einzufangen] suchen:* einen flüchtigen Häftling, einen Verbrecher v.; die Jäger, Hunde verfolgten das Wild; jmdn. auf Schritt und Tritt v. *(beschatten);* sich verfolgt fühlen; der Filmstar wurde von den Reportern verfolgt; ... daß der junge Mensch in eine Art Wut geriet und ... die kreischenden Frauen bis auf den Trockenspeicher verfolgte (Th. Mann, Krull 22); ⟨subst. 2. Part.:⟩ Der Verfolgte entwischte durch die Hintertür; Ü er ist vom Pech, vom Unglück verfolgt *(hat viel Pech, Unglück);* der Gedanke daran verfolgte ihn *(ließ ihn nicht los);* man kann diese Bilder nicht ... von sich abschütteln, sie verfolgen den Menschen (Nigg, Wiederkehr 9); diese Idee, Frage, Vorstellung verfolgte sie Tag und Nacht; bis in den Traum hinein verfolgten mich die Schmerzen (Niekisch, Leben 307); jmdn. mit Blicken v. *(ständig beobachten);* Ronni nahm den Feldstecher ... und begann, das wilde Boot mit den Augen zu v. (Geissler, Wunschhütlein 82); **b)** *jmdm. zur Last fallen; bedrängen:* jmdn. mit Bitten, Vorwürfen v.; er verfolgte sie mit seinem Haß, Mißtrauen, seiner Eifersucht; Dieser Kellner verfolgte meinen Onkel so intensiv mit seiner Verachtung und mit seiner Verehrung, daß wir immer sagten: Das ist sein Kellner (Borchert, Draußen 107); höchstwahrscheinlich war er ein törichter Anbeter, der Jeannine mit Heiratsanträgen verfolgte (Lederer, Bring 106); **c)** *(aus politischen, rassischen, religiösen Gründen) jmds. Freiheit einengen, ihn zu vertreiben, gefangenzusetzen suchen, ihm nach dem Leben trachten:* dieses Regime verfolgt oppositionelle Kräfte erbarmungslos; Jahrhundertelang hat die Inquisition Ketzer verfolgt, verurteilt, verbrannt (Dönhoff, Ära 181); Er ... scheut sich nicht, unerwünschte und verfolgte Schauspieler zu engagieren (Reich-Ranicki, Th. Mann 198); ⟨subst. 2. Part.:⟩ sie waren Verfolgte des Naziregimes; die

politisch Verfolgten baten um Asyl; **d)** *(einer Spur o. ä.) nachgehen, folgen* (1 a): eine Spur, einen Hinweis v.; die Polizei hatte nicht die richtige Fährte verfolgt; sie verfolgten den Weg *(blieben auf dem Weg)* bis an den Fluß; Ü Da unsere alte Welt trotzdem so unbeirrbar ihren Gang verfolgt, kann ich nicht zweifeln, daß sie nach einem hohen Plan geordnet ist (Jünger, Capriccios 50); **e)** (bes. Rechtsspr.) *(von Amts wegen) gegen jmdn., etw. vorgehen:* Zuwiderhandlungen werden strafrechtlich, polizeilich verfolgt; die beiden Leutnants ..., die wegen nationalsozialistischer Betätigung gerichtlich verfolgt wurden (Rothfels, Opposition 79); ... daß die Cité diesen Greuel nicht dulden, sondern mit den rigorosesten Mitteln v. würde (Maass, Gouffé 343); Ein Gesetz, ein Verbot bliebe Papier, wenn es nicht ein Instrument gäbe, seine Einhaltung zu erzwingen und Übertretungen machtvoll zu v. *(bestrafen;* Kühn, Zeit 27). **2.** *zu erreichen, zu verwirklichen suchen:* ein Ziel, eine Absicht, einen Plan, Zweck, Gedanken, Grundsatz v.; dieses Thema, diese Politik wurde nicht weiter verfolgt; sie verfolgt nur ihre eigenen Interessen; Unternehmen, die umweltorientierte Strategien verfolgen, erbringen Zukunftsleistungen (natur 4, 1991, 71); Beim Industriegebiet Detmoldstraße verfolge die Bahn eine Vergrößerung der Gewerbeflächen nach Norden (Südd. Zeitung 18. 5. 84, 11). **3.** *(die Entwicklung, den Verlauf von etw.) aufmerksam beobachten:* einen Vorgang, eine Diskussion, Gespräch v.; er hat diese Angelegenheit nicht weiter verfolgt; sie verfolgte die Szene aufmerksam, neugierig, schweigend; Justin verfolgte genau die Erziehung des jungen Mannes (Thieß, Reich 442); seit Jahren verfolge er *(las er regelmäßig)* alle wesentlichen deutschen Zeitungen und Zeitschriften (Niekisch, Leben 208); er verfolgte den Prozeß, die Ereignisse in der Zeitung, im Fernsehen *(las alle Berichte, sah alle Sendungen darüber);* Er hatte Vergnügen daran, zu v., wie die allgemeine Aufregung turbulente Formen annahm (Niekisch, Leben 189); **Ver|fol|ger**, der; -s, - [spätmhd. vervolger]: **a)** *jmd., der jmdn., etw. verfolgt* (1 a): die V. waren ihm dicht auf den Fersen; er hörte den V. atmen und verschärfte das Tempo (Olymp. Spiele 1964, 24); Wer immer da schoß, tat es, ... um jeden V. zu stoppen (Simmel, Stoff 110); seine V. abschütteln, seinen -n entkommen; **b)** *jmd., der jmdn., etw. verfolgt* (1 c): Der Gründer des Illuminatenordens ... war selber ein Zögling der Jesuiten gewesen, später aber zu ihrem erbittertsten V. geworden (Friedell, Aufklärung 51); **Ver|fol|ge|rin**, die; -, -nen: w. Form zu ↑Verfolger; **Ver|fol|gung**, die; -, -en: **1. a)** *das Verfolgen* (1 a): die V. einstellen, [ergebnislos] abbrechen; Eine Streife hatte das Fahrzeug in der Fasanenstraße aufgenommen (Welt 9. 11. 65, 11); **b)** *das Verfolgen* (1 c): die V. ethnischer, religiöser Minderheiten; eine V. aus politischen Gründen; -en erdulden, erleiden; -en ausgesetzt sein; die ersten römischen

Christen ..., die sich, den -en trotzend, ... in den Katakomben zusammenfanden (Musil, Mann 552); die Opfer der nationalsozialistischen V.; c) *das Verfolgen* (1 e): die polizeiliche, strafrechtliche, gerichtliche V. von Zuwiderhandlungen; Der DDR-Flüchtling ... war von der Bundesrepublik nicht an die DDR ausgeliefert und am 17. August aus Mangel an beweiskräftigen DDR-Unterlagen von einem Hamburger Schwurgericht außer V. gesetzt worden (Spiegel 36, 1984, 3). 2. ⟨Pl. ungebr.⟩ *das Verfolgen* (2): die V. privater Interessen, Ziele; ... wenn er in geradliniger V. seiner Politik den Kampf ... aufnahm (Thieß, Reich 250); **Ver|fol|gungs|fahrt**, die (Radsport): Verfolgungsrennen; **Ver|fol|gungs|jagd**, die: *längere Zeit dauernde u. über weitere Strecken führende Verfolgung* (1 a): die V. aufnehmen; nackt bis auf den winzigen olivgrünen Badeslip war er auf V. gegangen (Zwerenz, Quadriga 98); Er fuhr ein vergebliches Rennen, eine V. auf Distanz: zwei Ferrari stets im Rückspiegel und immer 20 Sekunden hinter dem führenden Weltmeister (Welt 24. 5. 65, 16); **Ver|fol|gungs|recht**, das (Rechtsspr.): *Recht des Besitzers einer Sache, die auf ein fremdes Grundstück gelangt ist, das betreffende Grundstück zum Zwecke der Abholung od. Beseitigung der Sache zu betreten;* **Ver|fol|gungs|ren|nen**, das (Radsport): *Bahnrennen, bei dem die Teilnehmer in jeweils gleichem Abstand voneinander starten u. sich einzuholen suchen;* **Ver|fol|gungs|wahn**, der (Psych.): *krankhafte Vorstellung, von anderen beobachtet, überwacht, bedroht u. verfolgt zu werden*: an V. leiden; Man kommt nie mehr davon (= harten Drogen) los, krepiert an einer Überdosis, an V. (Kinski, Erdbeermund 123).

ver|form|bar ⟨Adj.⟩: *sich verformen lassend*: eine -e Masse; **Ver|form|bar|keit**, die; -, -en ⟨Pl. selten⟩: *das Verformbarsein; verformbare Beschaffenheit;* **ver|for|men** ⟨sw. V.; hat⟩: **1. a)** *unbeabsichtigt die Form von etw. verändern*: beim Schweißen eines Werkstoff v.; Hitze kann sie (= Kunststoffreißverschlüsse) v. (DM 49, 1965, 25); die blanken, eierig verformten Räder (Kempowski, Uns 41); Ü Die Jungen kommen mehr oder weniger ... geschädigt ins Heim und werden dort vollends frustriert, verformt und ... kriminalisiert (Schmidt, Strichjungengespräche 100); Von seiner üppigen Freizeit verformt, ruht des Menschen Geschlecht in Gartensesseln (Jelinek, Lust 111); **b)** ⟨v. + sich⟩ *in eine andere als die eigentliche Form geraten*: das Holz hat sich durch die Nässe verformt; Über eine Kerze darf man sie (= Wachsengel) nicht hängen, dann biegen sich die Beine herunter, verformen sich und tropfen an (Kempowski, Zeit 230). **2.** (Fachspr.) *in eine bestimmte Form bringen*: Stahl v.; ... verformen wir jedes Metall durch Stanzen, Tiefziehen, Drücken, Prägen ... zu technisch hochstehenden Qualitätsprodukten (Schweizer Maschinenbau 16. 8. 83, 77); **Ver|for|mung**, die; -, -en: **1.** *das [Sich]verformen, Verformtwerden*: V. von Blech; Ü ... daß diese Namen durch -en anderer Namen entstanden sind (Müller, Niederungen 121). **2.** *verformte Stelle (an einem Körper o. ä.)*: Die große Hitze ... hat zu -en im Asphalt ... geführt (Saarbr. Zeitung 24. 12. 79, 15).

ver|frach|ten ⟨sw. V.; hat⟩: **1.** *als Fracht versenden, verladen*: Maschinen, Autos, Säcke v.; als wir Rom verlassen, gibt es nicht viel zu v.: etwas Geschirr, drei römische Lampen (Frisch, Montauk 193); Ü er hat seine Tante in den Zug verfrachtet (ugs. scherzh.; *sie in den Zug gebracht*); Ich weiß nicht, was ich erwartet hatte, jedenfalls ... keine Viehwaggons. In die wurden wie verfrachtet, hineingepfercht (Erné, Kellerkneipe 249). **2.** *weiterbefördern, an einen anderen Ort tragen, bringen, bewegen*: Aus dem freien Wasser über der großen Tiefe sinken die absterbenden und abgestorbenen kleinen Pflanzen und Tiere zu Boden, aus den Ufern verfrachten Stürme und Wellen die losgerissenen Pflanzenreste ebenfalls dorthin (Thienemann, Umwelt 12); ... daß damals stürmische Winde bei trockenem Wetter riesige Mengen Schnee verfrachtet und windschattenseitig abgelagert hatten (Eidenschink, Eis 135); ... können die in Höhen von 100 bis 200 Metern – z. B. aus Schornsteinen – ausgestoßenen Stickoxide wegen der in diesen Höhen größeren Windgeschwindigkeiten in kurzer Zeit über weite Strecken verfrachtet *(ausgebreitet)* werden (ADAC-Motorwelt 11, 1985, 61); **Ver|frach|ter**, der; -s, -: *Frachtführer (bes. von Seefracht);* **Ver|frach|tung**, die; -, -en: *das Verfrachten.*

ver|fran|zen, sich ⟨sw. V.; hat⟩ [viell. zu dem m. Vorn. Franz als scherzh. Bez. für den ohne technisches Gerät navigierenden Flugbeobachter in alten, zweisitzigen Flugzeugen]: **a)** (Fliegerspr.) *sich verfliegen:* der Sportflieger hatte sich [im Nebel] verfranzt; **b)** (ugs.) *sich verirren:* Er lief vom Kulturellen Wort zur Kantine ... und verfranzte sich dann in dem Irrgarten (Zwerenz, Quadriga 27); der Autofahrer hatte sich verfranzt (¹*verfahren* 2 a); und wann immer deutsche Fahnder eine Spur in den Libanon verfolgten, verfranzten sie sich auf den krummen Wegen des Orients (Spiegel 21, 1975, 74).

ver|frem|den ⟨sw. V.; hat⟩: *auf ungewohnte, unübliche Weise sprachlich, dramatisch, graphisch darstellen, gestalten (um das Publikum auf das Neue der künstlerischen Aussage u. der in ihr vermittelten Wirklichkeit aufmerksam zu machen)*: die ... Farbtupfer des Jargons, welche die herkömmliche, umständlich dahinfließende Sprache keß und ironisch verfremden (Bausinger, Deutsch 127); die Palmen und das Meer farblich verfremdet wie in einem Comicheft (ADAC-Motorwelt 8, 1979, 33); ... der Geschichte von den Eseln, die bei allem dabei waren und aus ihrer Perspektive, also verfremdet, berichten (DS magazin 10. 10. 82, 15); Ü Später ... wird man ... den Stein-, auch den Glattbutt, in Weißwein dünsten ..., köstlich mit Soßen v. und auf sächsischem Porzellan servieren (Grass, Butt 42); **Ver|frem|dung**, die; -, -en: **1.** *das Verfremden.* **2.** *verfremdete Darstellung, Gestaltung*: ... daß der Angeklagte eine V. der im Roman geschilderten Geschehnisse und ... Personen nicht beabsichtigt habe (NJW 19, 1984, 1131); **Ver|frem|dungs|ef|fekt**, der (Literaturw.): *Effekt, der mit Hilfe bestimmter technischer, das Geschehen auf der Bühne verfremdender Mittel erzielt wird.*

¹**ver|fres|sen** ⟨st. V.; hat⟩ /vgl. ²verfressen/ (salopp): *durch Essen verbrauchen*: er hat seinen ganzen Wochenlohn verfressen; warum sagen Sie nicht gleich: Arbeiter versaufen und v. ihre Mahlke von Natur aus v. war (Grass, Katz 30); sei nicht so v.!; **Ver|fres|sen|heit**, die; - (salopp abwertend): *das Verfressensein.*

ver|frij|schen ⟨sw. V.; hat⟩ [zu ↑ Frischling] (Jägerspr.): *(vom Schwarzwild) verwerfen* (6).

ver|fro|ren ⟨Adj.⟩: **a)** *völlig durchgefroren, kalt u. fast steif:* -e Hände; v. aussehen. **b)** *sehr leicht, schon bei geringerer Kälte frierend:* ... als der Briefträger, ein ewig verfrorner Mensch ..., zu ihm hereinkam (Lenz, Suleyken 61); sie ist sehr v.

ver|frü|hen, sich ⟨sw. V.; hat⟩: *früher als erwartet kommen:* die Gäste hatten sich verfrüht; ⟨häufig im 2. Part.:⟩ ein verfrühter Besuch, eine verfrühte Meldung *(ein zu früher Besuch, eine zu frühe Meldung)*; Herzinfarkt, Bandscheibenschäden und eine Reihe anderer verfrühter Abnützungserscheinungen (Herrenjournal 3, 1966, 196); diese Maßnahme erscheint, halte ich für verfrüht *(zu früh)*; ... wurden bereits die Sachen zusammengepackt, das war etwas verfrüht, bis die Wohnung sollte erst in vier bis fünf Wochen bezugsfertig sein (H. Weber, Einzug 395).

ver|früh|stücken¹ ⟨sw. V.; hat⟩ (ugs.): *unüberlegt ausgeben* (2 a): Auf keinen Fall dürfe das Geld für andere Zwecke „verfrühstückt" werden (Welt 11. 6. 80, 2); Beute nach der Tat in Autobahnraststätte verfrühstückt (RNZ 10. 7. 87, 13); Bereits 1972 habe ich ... davor gewarnt, den Überschuß von rund 250 Milliarden leichtfertig zu v. (Spiegel 11, 1983, 7).

Ver|frü|hung, die; -, -en ⟨Pl. ungebr.⟩: *das Sichverfrühen:* mit V. eintreffen.

ver|füg|bar ⟨Adj.⟩: *[augenblicklich] zur Verfügung stehend; für den sofortigen Gebrauch o. ä. vorhanden:* alle -en Hilfskräfte, Einsatzwagen; -es (Wirtsch.: *sofort flüssiges, disponibles*) Kapital; -e Naturrohstoffe; Er könne nicht belegen (Heringer, Holzfeuer 285); das Buch ist zur Zeit nicht v.; er will nicht mehr rund um die Uhr v. sein; Weil Datenbanken anzapfbar sind, ... sind plötzlich Intimkenntnisse über Mitbürger ... frei v. für Freund und Feind (Spiegel 1, 1983, 23); **Ver|füg|bar|keit**, die; -, -: *das Verfügbarsein:* Die hohe V. von harten Drogen (Saarbr. Zeitung 27. 12. 79, 17).

ver|fu|gen ⟨sw. V.; hat⟩ (Bauw.): *ausfugen.*

ver|fü|gen ⟨sw. V.; hat⟩ [mhd. vervüegen = passen, anstehen, auch: veranlassen; bestimmen, was geschehen soll; an-

Verfugung

ordnen, eigtl. = einrichten]: **1.** *[von Amts wegen] anordnen:* etw. durch Gesetz v.; die Schließung eines Lokals, die Räumung v.; das Gericht verfügte die Einweisung in eine Anstalt; Ich ... verfüge den Kauf von zwei Volkswagen, einen für sie, einen für mich (Frisch, Montauk 144); der Minister verfügte, daß ...; er verfügte, was zu tun sei; ... nämlich mit der von ihm verfügten Veröffentlichung seiner Tagebücher (Reich-Ranicki, Th. Mann 270); ... der von ihm alsbald verfügten Entlassung von Generalvikar Gebhard Matt (Tages Anzeiger 19. 11. 91, 4); ⟨auch o. Akk.-Obj.:⟩ ... während sie in wichtigen Angelegenheiten ruhig entschied und verfügte, ohne irgend jemandem Rechenschaft abzulegen (Rilke, Brigge 84). **2. a)** *bestimmen, was mit jmdm. od. etw. geschehen soll:* über sein Geld, seine Zeit [frei] v. können; Selbst über das laufende Konto ... darf Edith nicht v. (Chotjewitz, Friede 76); man verfügt über mich, als ob ich ein Kind sei; bitte verfügen Sie über mich! (sagt man, wenn man jmdm. seine Hilfe anbieten will); Damit will ich nur sagen, daß Katja über mich v. kann, wenn sie jemanden braucht (Bieler, Mädchenkrieg 487); **b)** *besitzen, haben* (u. *sich der betreffenden Sache uneingeschränkt bedienen, sie nach Belieben einsetzen können):* über Truppen, Reserven, Waffen, große Mittel, Kapital v.; sie verfügt über gute Beziehungen; über Menschenkenntnis, große Erfahrung, Fähigkeiten, enorme körperliche Kräfte, eine umfassende Bildung v.; Ich verfüge über keinerlei Gesprächsstoff, wie peinigend (Mayröcker, Herzzerreißende 122); ... im Frack. Über einen solchen verfügte ich freilich nicht (Th. Mann, Krull 267); Dabei wissen wir alle, daß die Mehrheit genausowenig über die Wahrheit verfügt wie die Minderheit (R. v. Weizsäcker, Deutschland 84). **3.** ⟨v. + sich⟩ (Papierdt., auch scherzh.) *sich irgendwohin begeben:* er verfügte sich in die Kanzlei; Die furchtbare Drohung, sich nunmehr an die frische Luft zu v. (Tucholsky, Werke II, 107).

Ver|fu|gung, die; -, -en (Bauw.): **1.** *das Verfugen.* **2.** *verfugte Ritze o. ä.*

Ver|fü|gung, die; -, -en: **1.** *[behördliche od. gerichtliche] Anordnung:* eine amtliche, einstweilige V.; Die letztwillige V. *(das Testament)* des Fräulein Minna von Holk war bei uns hinterlegt (Geissler, Wunschhütlein 18); eine V. erlassen, aufheben; Dabei hatte sich schon herausgestellt, daß der Vater keinerlei en getroffen, also an mögliches rasches Ende nie ins Auge gefaßt hatte (Kaschnitz, Wohin 186); laut V. **2.** ⟨o. Pl.⟩ *das Verfügenkönnen, -dürfen, Disposition* (1 a): jmdm. die [volle, freie] V. über etw. geben, überlassen; Man gebe einem Hafenarbeiter, ... einem Turnlehrer oder einem Briefträger die volle V. über seine Zeit und seine Person (Friedell, Aufklärung 211); ... und der einzelne bekam nicht einmal ein Taschengeld zur freien V. (Mehnert, Sowjetmensch 80); etw. zu seiner, zur V. haben *(über etw. verfügen können);* Meist schrieb er die Worte hin, die er gerade zur V. hatte (Reich-Ranicki, Th. Mann 214); [jmdm.] etw. zur V. stellen *([jmdm.] etw. zur beliebigen Benutzung bereitstellen);* erhebliche Mittel für die Forschung zur V. stellen; seine Erfahrung, sein Können, Wissen zur V. stellen; sein Amt zur V. stellen *(seinen Rücktritt anbieten);* etw. steht jmdm. zur V. *(jmd. kann über etw. frei verfügen);* ... stehen für Bonner Bauten noch 30 Millionen zur V. (Dönhoff, Ära 71); ... ob ich ihm für einige Fragen gnädigst zur V. stünde (Stern, Mann 74); Ich werde als Außenminister nicht mehr zur V. stehen (Spiegel 41, 1984, 49); sich zu jmds., zur V. halten *(sich bereit halten, um [jmdm.] helfen zu können);* **Ver|fü|gungs|be|fug|nis**, die (Rechtsspr.): *Befugnis, über etw. zu verfügen;* **Ver|fü|gungs|be|rech|tigt** ⟨Adj.⟩: *dazu berechtigt, über etw. zu verfügen;* **Ver|fü|gungs|be|schrän|kung**, die (Rechtsspr.): *auf einem Gesetz od. einer behördlichen Anordnung beruhende Einschränkung der Verfügungsbefugnis;* **Ver|fü|gungs|ge|walt**, die ⟨o. Pl.⟩: *Gewalt* (1), *über etw. zu verfügen:* Nach den Anordnungen des Herrn Generals glaube ich, in meinem Bereich die volle V. zu haben (Kirst, 08/15, 793); **Ver|fü|gungs|recht**, das: vgl. *Verfügungsgewalt.*

ver|führ|bar ⟨Adj.⟩: *leicht zu verführen:* das Volk, leicht v., wie es ist (Heym, Nachruf 72); **Ver|führ|bar|keit**, die; -: *das Verführbarsein:* die V. durch Sprache; die V. des Mannes, um für jede erwachsene Frau weiß (Hörzu 41, 1992, 7); **ver|füh|ren** ⟨sw. V.; hat⟩ [mhd. vervüeren = vollführen, ausüben; weg-, irreführen, ahd. firfuoren = entfernen, wegfahren]: **a)** *jmdn. dazu bringen, etw. Unkluges, Unrechtes, Unerlaubtes gegen seine eigentliche Absicht zu tun; verlocken, verleiten:* jmdn. zum Trinken, zum Spielen v.; der niedrige Preis verführte sie zum Kauf; Doch es darf nicht zu dem Schluß v., zwischen den Partnern ... bestünde eine eindeutige Arbeitsteilung (W. Brandt, Begegnungen 639); darf ich Sie zu einem Bier v.? (ugs. scherzh.; *einladen?);* die Rolle eines greinenden, von Halbwüchsigen verführten Dreijährigen spielend (Grass, Blechtrommel 472); **b)** *zum Geschlechtsverkehr verleiten:* er hat das Mädchen, den Jungen verführt; Wer sich aus nur von einem Menschen geliebt wüßte, hätte es kaum nötig, ständig zu v. (Reich-Ranicki, Th. Mann 217); **Ver|füh|rer**, der; -s, -: *jmd., der jmdn.* [zu etw. Unrechtem] *verführt [hat]:* ein charmanter V.; dem skrupellosen V. der Nation hält der Roman den wahren Volksführer entgegen (Reich-Ranicki, Th. Mann 145); **Ver|füh|re|rin**, die; -, -nen: w. Form zu ↑ *Verführer;* **ver|füh|re|risch** ⟨Adj.⟩: **a)** *geeignet, jmdn. zu etw. zu verführen:* ein -es Angebot; Die Maränen sind gut, der Speck leidlich u. und die Äpfel angenehm herb (Lenz, Suleyken 27); das Essen riecht ja [äußerst] v.; **b)** *äußerst attraktiv, reizvoll:* ein -es Lächeln; Gemurmel ertönt; das Klappern von hohen Absätzen. Lisa, das eitle Biest, hat also ihre Schuhe wieder angezogen, um -er auszusehen (Remarque, Obelisk 86); **Ver|füh|rung**, die; -, -en: **1.** *das Verführen, Verführtwerden:* die V. zum Konsum; die Kunst der V.; er wurde wegen V. Minderjähriger verurteilt. **2.** *Reiz, anziehende Wirkung:* die -en der Werbung; Ich warnte die jungen Offiziere, sich durch die -en des Westens beeinflussen zu lassen (Niekisch, Leben 170); **Ver|füh|rungs|kunst**, die: *Kunst* (2) *der Verführung:* ... daß er die Nacht mit Marthe ... nur seinen Verführungskünsten verdankt (Hörzu 26, 1973, 64).

ver|fuhr|wer|ken ⟨sw. V.; hat⟩ (schweiz.): *verpfuschen.*

ver|fül|len ⟨sw. V.; hat⟩ (bes. Bergmannsspr.): **a)** *(mit Abraum o. ä.) füllen u. dadurch schließen,* Schacht v.; Ein Großteil des Abraums wird heute wieder in abgebaute Strecken unter Tage verfüllt (Welt 23. 2. 90, 23); Die Grünen wollen, daß die Fossilienfundstätte ... auch nicht teilweise mit Hausmüll verfüllt wird (Bayernkurier 19. 5. 84, 6); **b)** *be-, vollanden:* Karren v.; **Ver|fül|lung**, die; -, -en: *das Verfüllen;* soll der überwiegende Teil des Gipses zusammen mit der Kraftwerksasche zur V. der ausgekohlten Braunkohletagebaue genutzt werden (Welt 2. 7. 86, 7).

ver|fum|fei|en: ↑ *verbumfeien.*

ver|füt|tern ⟨sw. V.; hat⟩ (ugs.): *durch Futtern* (1) *verbrauchen:* sein ganzes Taschengeld v.; **ver|füt|tern** ⟨sw. V.; hat⟩: **a)** *(Tieren) als Futter geben:* Rüben, Hafer v.; ... jetzt sei das ganze Essen verdorben und man könne es den Schweinen v. (Fussenegger, Haus 337); Ü im Gedächtnis von ... einem lieben Menschen, an den wir uns selbst verfüttert haben (Jelinek, Lust 145); **b)** *durch* ↑ *Futtern* (1 b) *verbrauchen:* 20 kg Hafer an die Pferde v.; um so mehr, als meine Ration für diesen Tag verfüttert ist (Molo, Frieden 89).

Ver|ga|be, die; -, -n: *das Vergeben* (2): die V. eines Auftrags, Kredits, Stipendiums, Preises; die V. von Lizenzen, Subventionen; die V. des dritten Bürgermeisterstuhles an die Freien Wähler gilt als sicher (Augsburger Allgemeine 29./30. 6. 78, 44); **ver|ga|ben** ⟨sw. V.; hat⟩ [eigtl. = als Gabe hingeben] (schweiz.): *schenken; vermachen;* **Ver|ga|bung**, die; -, -en (schweiz.): *Schenkung, Vermächtnis:* Ebenso danke ich für die vielen Blumenspenden und -en an wohltätige Institutionen (LNN 1. 7. 84, 6).

ver|gack|ei|ern ⟨sw. V.; hat⟩ [zu mundartl. (md.) Gackei (Kinderspr.) = Ei, auch = Narr] (salopp): *zum Narren halten:* du willst mich wohl v.?; Es gilt den Brief einer Behörde, einer Firma ... zu beantworten ... Jegliche Anrede auf die Weiblichkeit abzustellen, verbietet sich ... Falls ein Mann das in die Hände bekommt, fühlt er sich vielleicht vergackeiert (BM 15. 12. 76, 9).

ver|gaf|fen, sich ⟨sw. V.; hat⟩ (salopp): *sich in jmdn., etw. verlieben:* er hat sich auf der Stelle in sie, in ihre Augen vergafft; Das Alter ist gemein, besonders zu denen, die sich in die blutigen Träume der Jugend vergaffen (Spiegel 50, 1975, 162); Aber ... vergafft ineinander waren wir nicht (Grass, Butt 328).

ver|gagt [...'gɛkt] ⟨Adj.; -er, -este⟩ (ugs.): *[zu] viele Gags* (a, b) *enthaltend:* ein -er Roman, Film.

ver|gäl|len ⟨sw. V.; hat⟩ [mhd. vergellen, zu ↑¹Galle u. eigtl. = bitter wie Galle machen]: **1.** (Fachspr.) *etw. denaturieren* (2), *um es ungenießbar zu machen:* Alkohol, Spiritus v. **2.** *(jmdm. die Freude an etw.) verderben:* jmdm. das Leben v.; mit seinem Genörgel hat er mir die Freude an der Reise vergällt; in diesem Moment stieg der ganze Ekel vor den Menschen wieder in ihm auf und vergällte ihm seinen Triumph (Süskind, Parfum 305); der Tag, das Fest war [mir] vergällt; **Ver|gäl|lung,** die; -, -en (Fachspr.): *das Vergällen.*

ver|gal|lop|pie|ren, sich ⟨sw. V.; hat⟩ (ugs.): *etw. u. unbedacht sagen od. tun, was sich nachher als Irrtum herausstellt:* sich [beim Kalkulieren] v.; Damals im Bundestag hat Barzel sich juristisch vergaloppiert (Spiegel 31, 1970, 25); Manchmal merkt man zu spät, daß man sich in seiner Ausdrucksweise vergaloppiert hat (Weinberg, Deutsch 109).

ver|gam|meln ⟨sw. V.⟩ /vgl. vergammelt/ (ugs.): **1. a)** *(von Nahrungsmitteln) durch zu langes Liegen verderben, ungenießbar, unbrauchbar werden* ⟨ist⟩: die Bananen, die Fische, die Vorräte vergammeln; In den umliegenden Wäldern vergammeln Hunderte von Festmetern aufbereitetes und gestapeltes Holz (Freie Presse 3. 1. 90, 7); das Brot, das Fleisch ist völlig vergammelt; Aus der überfüllten Mülltüte riecht es nach vergammeltem Heringsfilet in Tomatensoße (Ossowski, Flatter 79); **b)** *herunterkommen* (2a), *verwahrlosen* ⟨ist⟩: im Urlaub, in den Semesterferien völlig v.; der Garten, das Grundstück vergammelt; er ... läßt seine Prothese seelenruhig vor sich hin vergilben und v. (Wohmann, Absicht 466); ⟨oft im 2. Part.:⟩ vergammelte Hippies; ein vergammeltes Haus, Geschäft, Labor; Der vergammelte ... Küstenfrachter ... dümpelt seit sechs Tagen vor der Küste (Welt 15. 11. 78, 1); Auch ihre Kleidung mißfällt ihm. So v. könnte sie niemals rumlaufen (Chotjewitz, Friede 107). **2.** *eine bestimmte Zeit müßig zubringen; vertrödeln* ⟨hat⟩: den ganzen Sonntag im Bett v.; einfach vergammelte Zeit (Loest, Pistole 189).

ver|gan|den ⟨sw. V.; ist⟩ [zu ↑Gand] (schweiz.): *verwildern* (1) *[von Alpweiden]:* ... besteht die Gefahr, daß diese Böden nicht mehr bewirtschaftet werden; sie drohen zu v. (NZZ 23. 10. 86, 31); **Ver|gan|dung,** die; - (schweiz.): *das Verganden:* ... begünstigt ... die Brachlegung und V. von maschinell nicht bewirtschaftbaren Randzonen (NZZ 21. 8. 83, 19).

Ver|gan|gen|heit, die; -, -en ⟨Pl. selten⟩ [zu ↑vergehen]: **1. a)** ⟨o. Pl.⟩ *der Gegenwart vorangegangene Zeit [u. das in ihr Geschehene]:* V., Gegenwart und Zukunft; die jüngste V. *(soeben erst verstrichene Zeit);* die unbewältigte V. (bes. in bezug auf die Verbrechen des Nationalsozialismus); die V. lebendig werden lassen, heraufbeschwören, enthüllen, wachrufen; die Historiker erforschen die V.; etw. gehört der V. an *(ist nicht mehr üblich, zweckmäßig o. ä.);* aus den Fehlern der V. lernen; Wir müssen daran denken, in welch graue V. ... das zurückreicht (Ceram,

Götter 335); Wenn wir in der V. *(früher)* mehr Kontakte gehabt hätten ... (Dönhoff, Ära 157); er hat mit der V. gebrochen *(will nichts mehr davon wissen);* einen Strich unter die V. ziehen (vgl. Strich 1a); **b)** *jmds. Leben bis zum gegenwärtigen Zeitpunkt:* seine politische, kriminelle V.; ... wird tatsächlich meine ganze V. vor mir aufstehen (Thielicke, Ich glaube 156); eine zweifelhafte V. haben; sie hat eine bewegte V. hinter sich; Indessen begrüßte er mich nicht besonders freudig – es schien, als dächte er ungern an die gemeinsame V. zurück (Jünger, Bienen 54); die Stadt ist stolz auf ihre [große] V. *(Geschichte);* eine Frau mit V. *(eine Frau, die schon mehrere Liebschaften hatte);* In -en rumzustochern war nicht nötig, denn die wenigen Abenteuer ... gaben nur ungenaue ... Erinnerungen her (Grass, Unkenrufe 156); er schweigt über seine braune V. **2.** (Sprachw.) *Zeitform, die ein vergangenes Geschehen ausdrückt:* die drei Formen der V.; ein Verb in die V. setzen; **Ver|gan|gen|heits|be|wäl|ti|gung,** die; ⟨o. Pl.⟩: *Auseinandersetzung* (1) *einer Nation mit einem problematischen Abschnitt ihrer jüngeren Geschichte, in Deutschland bes. mit dem Nationalsozialismus:* Die französischen Medien sind der Judenfrage, der V. ... nicht systematisch ausgewichen (Scholl-Latour, Frankreich 446); In Scharen strömten die Deutschen der 40er Jahre in ... Käutners „Des Teufels General" mit Curd Jürgens ... Käutners erster, zaghafter Versuch einer kritischen V. (Szene 6, 1983, 34); **ver|gäng|lich** ⟨Adj.⟩ [mhd. vergenclich]: *ohne Bestand; nicht von Dauer; vom Vergehen, Verfall, vom Tod bedroht:* da sie (= etruskische Bauten) aus -em Material, aus Holz und ungebrannten Lehmziegeln errichtet waren (Bild. Kunst I, 93); das Leben, die Jugend, die Mode, alles Irdische ist v.; ... wollte sie auch nicht mehr spüren lassen, daß Dauer v. ist (Chr. Wolf, Nachdenken 184); **Ver|gäng|lich|keit,** die; -: *das Vergänglichsein:* Der Mensch ist eingespannt zwischen V. und Ewigkeit (Sommerauer, Sonntag 98); immer gleiche Tage. Anhäufungen von -en (Sobota, Minus-Mann 261).

ver|gan|ten ⟨sw. V.; hat⟩ [zu ↑Gant] (schweiz., sonst veraltet): *in Konkurs bringen:* Hat alles gehabt, Essen und feine Kleider, hat alles vergantet und vertan (Fussenegger, Haus 463); **Ver|gan|tung,** die; -, -en (schweiz., sonst veraltet): *Zwangsversteigerung.*

ver|gä|ren ⟨st. u. sw. V.; vergor/(auch:) vergärte, vergoren/(auch:) vergärt⟩: **a)** *gären lassen [u. so zu etw. anderem werden lassen]* ⟨hat⟩: Traubensaft zu Most v.; in diesem Faß wird Futter vergoren/vergärt; die Hefe ... muß allerdings wieder vollständig entfernt ... werden, damit sie später nicht ... das „Alkoholfreie" ordnungsgemäß vergärt (natur 6, 1991, 8); **b)** (Fachspr.) *gären* (1a) ⟨ist⟩: hier haben ... große Tonkruken mit Sauerkirschsaft vergor, mit Weinstein angesetzt (Lentz, Muckefuck 142); **Ver|gä|rung,** die; -, -en: *das Vergären:* ... wird durch die V. ohne Sauerstoff ... Biogas

und torfähnlicher Kompost hergestellt (natur 7, 1991, 55); Nach der V. ... wurde der Wein ... auf die Flasche gefüllt (e & t 5, 1987, 193).

ver|ga|sen ⟨sw. V.; hat⟩: **1.** (Fachspr.) *in Gas umwandeln:* Braunkohle, Koks v. **2. a)** *durch Giftgase töten:* in der Zeit des Nationalsozialismus wurden Millionen von Juden vergast; Der Blockwart ... hatte versucht, sie entmündigen und dann v. zu lassen (Degenhardt, Zündschnüre 194); ein Mann, der Fabriken baut, die keine andere Bestimmung haben, als Menschen zu v. (Hochhuth, Stellvertreter 64); **b)** *durch Giftgase vertilgen:* Ungeziefer v.; Die aussortierten Eintagsküken werden ... vergast (Spiegel 32, 1980, 53); **Ver|ga|ser,** der; -s, - (Kfz-T.): *Vorrichtung an Ottomotoren, die durch Zerstäuben des Kraftstoffes das zum Betrieb notwendige Gemisch aus Luft u. Kraftstoff herstellt;* **Ver|ga|ser|brand,** der (Kfz-T.): *Brand im Vergaser;* **Ver|ga|ser|ein|stel|lung,** die (Kfz-T.): *das Einstellen* (3a) *eines Vergasers;* **Ver|ga|ser|kraft|stoff,** der (Kfz-T.): *für einen Vergasermotor geeigneter Kraftstoff* (z. B. Benzin). **Ver|ga|ser|mo|tor,** der (Kfz-T.): *Ottomotor.*

ver|ga|ß, ver|gä|ße: ↑vergessen.

Ver|ga|sung, die; -, -en: **1.** (Fachspr.) *das Vergasen* (1), *Vergastwerden:* Die Anlage ... eignet sich zur V. aller ... Holzabfälle (NNN 29. 6. 84, 3). **2. a)** *das Vergasen* (2a), *Vergastwerden:* Ich habe von Anfang an gewußt, daß wir nach Auschwitz zur V. kommen (Hochhuth, Stellvertreter 178); **b)** *das Vergasen* (2b), *Vergastwerden.* **3. * bis zur V.** (ugs.; *bis zum Überdruß;* zu ↑vergasen 1, entstammt dem Bereich der Naturwissenschaften u. bezieht sich auf den letzten (gasförmigen) Aggregatzustand, der bei ständiger Erwärmung eines Stoffes erreicht wird; sekundär wurde die Wendung von vielen auf die Massenvernichtung der Juden mit Gas im Dritten Reich bezogen und ihr Gebrauch als inhumane Sprechweise geächtet): Französisch? Das hieß: Auswendiglernen bis zur V. (Kempowski, Immer 178).

ver|gat|tern ⟨sw. V.; hat⟩ [mhd. vergatern = versammeln, mit ↑Gatte, ↑Gatter u. ↑Gitter]: **1. a)** (Milit. früher) *Soldaten bei Antritt der Wache zur Einhaltung der Vorschriften verpflichten:* die Wache v.; **b)** (ugs.) *beauftragen, [dienstlich] verpflichten:* er wurde zum Abwaschen, wurde zu strengstem Stillschweigen vergattert; Der Polizist ... vergatterte sie zum Schluß und ließ sie zur Wahrheit schwören (Stuttg. Zeitung 29. 11. 89, 23); Er hat Polens Generalpremier Jaruzelski ultimativ vergattert, bis September Ordnung zu schaffen (Spiegel 28, 1985, 86). **2.** *mit einem Gatter* (1a) *umgeben:* Die Koppel v.; **Ver|gat|te|rung,** die; -, -en [mhd. vergaterunge = Vereinigung; Versammlung]: *das Vergattern.*

ver|ge|ben ⟨st. V.; hat⟩ [mhd. vergeben, ahd. fargeban; 6: spätmhd. vergeben mit vergift = vergiften, eigtl. = in böser Absicht Gift geben; später meist o. Obj.]: **1.** (geh.) *verzeihen:* er hat ihm die Kränkung, das Unrecht, die Schuld, seinen

vergebens

Fehler [nicht, längst] vergeben; Vielleicht hätte er ihm zuvor seine Sünden vergeben (Schaper, Kirche 24); Schluß damit, die Sache ist vergeben und vergessen; ⟨auch ohne Akk.-Obj.:⟩ vergib mir; Sündern zu v., war sie nicht imstande (Reich-Ranicki, Th. Mann 182). **2.** *etw., worüber man als Angebot, Auftrag o. ä. verfügt, an jmdn. geben, ihm übertragen:* eine Stelle, einen Auftrag, eine Lizenz v.; Ferienjobs am Dümmer See ... vergibt der Naturschutzbund (natur 5, 1991, 28); Wenn ... nicht alle im Wahlkreis zu besetzenden Sitze vergeben werden können ... (Fraenkel, Staat 359); die Stiftung hat drei Stipendien zu v.; es sind noch Eintrittskarten zu v.; der Friedensnobelpreis wurde an einen Amerikaner vergeben; der Ärztetag, die Bundesgartenschau wurde nach Hamburg vergeben; ⟨häufig im 2. Part.:⟩ ich bin Samstag schon vergeben *(habe schon etwas vor);* seine Töchter sind alle schon vergeben *(verlobt od. verheiratet);* das ist doch vergebene (seltener; *vergebliche)* Mühe; Ü Sie kann nicht dulden, daß der Vater Zuneigungen vergibt, die ihr gehören (Strittmatter, Der Laden 191). **3.** *seinem Ansehen, seiner Würde o. ä. schaden:* Oder fürchtete er nur, seiner kaiserlichen Würde etwas zu v. ...? (Thieß, Reich 520); * *sich* ⟨Dativ⟩ **[et]was, nichts v.** *(seinem Ansehen durch ein Tun [nicht] schaden).* **4.** (Sport) *eine günstige Gelegenheit, ein Tor, einen Punkt o. ä. zu erzielen, nicht ausnutzen:* auf den letzten Metern vergab der Läufer die Chance zum Sieg; ein Tor, einen Elfmeter v.; ⟨auch ohne Akk.-Obj.:⟩ Müller erreichte den Ball noch, aber er vergab *(traf nicht ins Tor).* **5.** (Kartenspiel) **a)** ⟨v. + sich⟩ *beim Austeilen der Karten einen Fehler machen:* du hast dich vergeben; **b)** *(die Karten) falsch austeilen:* du hast die Karten vergeben. ♦ **6.** *[jmdm.] Gift geben, [jmdn.] vergiften:* Was für Kabalen habt ihr angezettelt, mich aus dem Weg zu räumen? ... Mich im Schlaf zu erdrosseln? ... Mir in Wein oder im Schokolade zu v.? (Schiller, Räuber IV, 2); ⟨mit Präp.-Obj.:⟩ Ich würde den ewig hassen, der mir (= an meiner Stelle) ihm jetzt mit Gift vergäbe, der mir ihn meuchelmörderisch aus dem Wege räumte (Goethe, Clavigo IV, 2). ♦ **7.** *aufgeben* (7 b), *[auf etw.] verzichten:* Sollen wir uns und dem Kaiser die Gerechtsame v.? – Wenn wir nur Leute hätten, sie zu behaupten (Goethe, Götz IV); Mein Herrn! ... keiner von Ihnen kann ein Haar breit von seinen Rechten v., ohne zugleich die Seele des ganzen Staats zu verraten (Schiller, Fiesco IV, 6); **ver|ge|bens** ⟨Adv.⟩ [spätmhd. vergeben(e)s, für mhd. vergebene = schenkweise, unentgeltlich; umsonst, Adv. zu: vergeben (2. Part.) in der Bed. „geschenkt"]: *umsonst; vergeblich:* ich habe lange gesucht, aber es war v.; Wenn solche Mittel v. und alle anderen Heilkünste erschöpft waren, dann begrub Thies auch die Toten (Ransmayr, Welt 38); Vergebens schlug ich in Lexika und Spezialbiographien nach (Jens, Mann 2); **Ver|ge|ber**, der; -s, - (geh.): *jmd., der vergibt* (1); **Ver|ge|be|rin**, die; -, -nen (geh.): w. Form zu ↑ Vergeber; **ver-**

geb|lich ⟨Adj.⟩ [spätmhd. (md.) vergebelich, wohl Kürzung aus einer Bildung zum 1. Part., vgl. mhd. vergebenlich]: *erfolglos; ohne die erwartete od. erhoffte Wirkung:* ein -es Opfer; ein -er Versuch; -e Nachforschungen; meine Bemühungen waren, blieben v.; er hat sich bisher v. beworben; sie hat v. auf ihn gewartet, nach ihm gesucht; ... Bonn, für dessen Erhalt als Hauptstadt Engholm v. plädierte (natur 10, 1991, 40); **Ver|geb|lich|keit**, die; -: *das Vergeblichsein:* die V. seiner Bemühungen einsehen; Ich glaube nicht an die V. von Mühe und Eitelkeit der Welt (Strauß, Niemand 69); **Ver|ge|bung**, die; -, -en [spätmhd. vergebunge]: **1.** (geh.) *Verzeihung:* die V. der Sünden *(kraft göttlicher Vollmacht vollzogene Lossprechung des Sünders nach der Beichte);* die verzehrende Gewissensqual, die keine V. kennt (Thielicke, Ich glaube 164); um V. bitten; V.! ⟨Pl. ungebr.⟩ *das Vergeben* (2), *Vergabe:* die für die V. jener Spiele zuständige IOK-Session ... findet in Lausanne statt (NZZ 11. 4. 85, 35); ... bei der V. von parlamentarischen Machtpositionen (Fraenkel, Staat 99).

ver|ge|gen|ständ|li|chen ⟨sw. V.; hat⟩ (bes. Philos.): **1. a)** *in etw. real werden lassen; hypostasieren:* seine Ideen in einer Skulptur v.; Nirgendwo wird die vernünftige Zukunft vergegenständlicht (Zwerenz, Kopf 157); **b)** (abwertend) *zu einem bloßen Gegenstand, Ding machen.* **2.** ⟨v. + sich⟩ *sich in etw. darstellen:* der Mensch vergegenständlicht sich in seiner Arbeit; **Ver|ge|gen|ständ|li|chung**, die; -, -en (bes. Philos.): *das [Sich]vergegenständlichen.*

ver|ge|gen|wär|ti|gen [auch: – – – ' – – –], sich ⟨sw. V.; hat⟩ [LÜ von spätlat. praesentare, ↑präsentieren]: *sich etw. klarmachen, deutlich ins Bewußtsein, in Erinnerung rufen:* du mußt dir unsere [damalige] Lage einmal v.; Er wollte sich nicht unbedingt die frühere Gisela v. (Kronauer, Bogenschütze 377); Rückblickend vergegenwärtigte er sich noch einmal die Ereignisse des Tages (Geissler, Nacht 75); **Ver|ge|gen|wär|ti|gung** [auch: – – – ' – – –], die; -, -en: *das Sichvergegenwärtigen:* Nun schlug plötzlich die V. der Tatsache, daß man im Atomzeitalter lebt, wie eine Bombe ein (Pohrt, Endstation 97).

ver|ge|hen ⟨unr. V.⟩ [mhd. vergān, -gēn, ahd. firgān]: **1.** ⟨ist⟩ **a)** *(von einer bestimmten Zeitspanne o. ä.) vorbeigehen, verstreichen:* die Tage vergingen [mir] wie im Fluge; die Jahre sind schnell vergangen; Das kann nicht so bleiben, sagte Stefan, der Sommer vergeht, ... und wir haben nichts von Frankreich gehabt (Kuby, Sieg 307); darüber, über dieser Arbeit vergingen Wochen; es vergingen zwanzig Minuten, bis sie endlich kam; es vergeht kein Tag, an dem er nicht anruft; Es vergeht keine Gelegenheit, bei der dies nicht ... betont wird (Dönhoff, Ära 85); wie doch die Zeit vergeht!; es war gegen Stunde vergangen, als ...; ⟨häufig im 2. Part.:⟩ vergangenes *(letztes)* Jahr; der vergehende (geh.; *zu Ende gehende)* Tag atmete heiß und unruhig wie ein Fiebernder (Seidel, Sterne 180); **b)** *(von einer*

Empfindung o. ä.) in jmdm. [nachlassen u. schließlich] aufhören, [ver]schwinden: der Schmerz, die Müdigkeit vergeht wieder; als sie auf den Teller sah, verging ihr der Appetit; Der Geruch war so stechend, daß manchen der Gäste der Geschmack am Essen verging (Süskind, Parfum 211); die Freude an dem Fest war ihnen vergangen; wenn er nur so aus Höflichkeit fragt, vergeht mir einfach die Lust, von meinen Sachen zu reden (Brot und Salz 381); ... aber auf dem Schiff dann war ihnen der Mut mehr und mehr vergangen (Schnabel, Marmor 17); das Lachen wird ihm noch v.; sie schimpfte ihn aus, daß ihm Hören und Sehen verging; Die Sprache verging *(verschlug es)* ihm für einen Augenblick (Wiechert, Jeromin Kinder 530); **c)** *sich in nichts auflösen, sich verflüchtigen:* die Wolke, der Nebel, der Geruch verging; Der fade Geschmack auf meiner Zunge wird noch eine Weile anhalten und dann v. (Rinser, Mitte 161); Mitte Februar ... war aller Schnee vergangen *(weggeschmolzen;* Küpper, Simplicius 158); Ü Helgoland verging *(verschwand)* allmählich in der grauen Trübung (Hausmann, Abel 109); ... nach der Rakete, die irgendwo dort oben zwischen den Wolken verging (Bieler, Bonifaz 186). **2.** ⟨ist⟩ **a)** (geh.) *als vergängliches Wesen sterben:* Aber die Menschen vergehen, und nur ihre Werke überdauern die Zeiten (Bamm, Weltlaterne 21); ⟨subst.:⟩ das Werden und Vergehen in der Natur; **b)** *ein bestimmtes übermächtiges Gefühl sehr stark empfinden (so daß man glaubt, die Besinnung verlieren, sterben zu müssen):* vor Liebe, Sehnsucht, Durst, Scham, Angst [fast] v.; sie vergeht beinahe vor Gier nach einem Rettich, nach etwas Scharfem, Gesalzenem (Waggerl, Brot 75); Du, der in der Sorge für sie vergehst (Strauß, Niemand 32); sie vergingen fast vor Neugier, vor Spannung; sie glaubte, vor Heimweh v. zu müssen; **c)** (seltener) *zergehen:* Haseloff ließ zwei weiße Tabletten im Teelöffel v. (Grass, Hundejahre 356); Die Speisekarte beim Essen lesend, vergesse ich, was ich esse; ... lasse ich den wirklichen Bissen ungerühmt im Munde v. (Muschg, Sommer 9). **3.** ⟨v. + sich; hat⟩ **a)** *gegen ein Gesetz, eine Norm o. ä. verstoßen:* sich gegen das Gesetz v.; du hast dich gegen die guten Sitten, die Tradition vergangen; Vatermörder, die sich gegen die Natur vergangen hatten, wurden ... durch die vier Elemente der Natur hingerichtet (Stern, Mann 85); **b)** *an etw. eine unerlaubte, strafbare Handlung vornehmen; einer Sache Schaden zufügen:* sich an der Umwelt v.; sich an fremdem Eigentum v. (geh.; *stehlen);* man vergehe sich an ihrem Vertrauen *(mißbrauche ihr Vertrauen;* Maass, Gouffé 143); **c)** *an jmdm. ein Sexualverbrechen begehen; jmdm. Gewalt antun:* sich an einer Frau, an einem Kind v.; ... hat er zugegeben, er habe sich noch an den Leichen seiner Opfer vergangen (Spiegel 9, 1966, 61); **Ver|ge|hen**, das; -s, -: *gegen ein Gesetz, eine Norm o. ä. verstoßende Handlung:* ein leichtes, schweres V.; ... der sich zwar niemals eines -s schuldig gemacht (Th. Mann, Buddenbrooks 162); **Ver|ge|hung,** die; -, -en (selten): *Vergehen:* ♦ ... *den Kohlhaas ... auf den Grund neuer -en zu stürzen* (Kleist, Kohlhaas 73).

ver|gei|gen ⟨sw. V.; hat⟩ [eigtl. = schlecht od. falsch geigen (1)] (ugs.): *(durch falsches Vorgehen, eine schlechte Leistung) verderben, zu einem Mißerfolg machen:* eine Klassenarbeit, ein Spiel v.; *Dabei hätte sich Gelegenheit zu handfester Satire ... geboten. Vergeigt!* (Hörzu 44, 1990, 50); ⟨auch ohne Akk.-Obj.:⟩ *unsere Mannschaft hat wieder vergeigt (das Spiel verloren).*

ver|gei|len ⟨sw. V.; ist⟩ [zu ↑geilen (2)] (Bot.): *(von Pflanzen) durch Lichtmangel verkümmern; etiolieren;* **Ver|gei|lung,** die; -, -en (Bot.): *das Vergeilen; Etiolement.*

♦ **ver|gei|stert** ⟨Adj.⟩ [eigtl. 2. Part. von: vergeistern = einem Geist, einer Spukgestalt ähnlich machen]: *verstört, verschreckt: Der Mann! So v. Er hat sein Kind nicht angesehn! Er schnappt noch über mit den Gedanken!* (Büchner, Woyzeck [Die Stadt]); **ver|gei|sti|gen** ⟨sw. V.; hat⟩: **1.** *ins Geistige* (1) *(als neue Qualität) überführen, wenden: das Leiden vergeistigte ihre Schönheit; mir ist gelungen, mein Leben zu verinnerlichen, meine Aktivität zu v.* (Zwerenz, Kopf 266); *er sah ganz vergeistigt aus; ein vergeistigter Mensch.* **2.** *alkoholisieren* (1): *... wird man ... den Stein-, auch den Glattbutt ... mit Trüffeln adeln, mit Cognac v.* (Grass, Butt 42); *ein ... Konzentrat ..., welches daraufhin mit Alkohol ... zum endgültigen Parfum vergeistigt werden mußte* (Süskind, Parfum 104); ... *nachdem sie getrunken hatte von den vergeistigten Säften, die das Gemüt erheben und bestärken* (Johnson, Mutmaßungen 42); **Ver|gei|sti|gung,** die; -, -en: *das Vergeistigen, Vergeistigtsein.*

♦ **ver|gei|ben**: landsch. Nebenf. von ↑vergilben: ... *während ihre schönen Finger emsig die vergelbten Blätter von einem Bilde zum andern durcheilten* (Hauff, Jud Süß 435).

ver|gel|ten ⟨st. V.; hat⟩ [mhd. vergelten, ahd. fargeltan = zurückzahlen, zurückerstatten, heimzahlen]: *mit einem bestimmten feindlichen od. seltener auch freundlichen Verhalten auf etw. reagieren:* man soll nicht Böses mit Bösem v.; Gleiches mit Gleichem v.; *Pepi war zu jedem freundlich, und jeder vergalt es ihr mit Freundlichkeit* (Kafka, Schloß 296); *und das als vergalt sie ihm mit der Zerstörung seiner Ehe* (Zwerenz, Quadriga 115); *Diese Niederlage muß blutig vergolten werden* (St. Zweig, Fouché 61); (Dankesformel) (veraltend) *vergelt's Gott!;* **Ver|gel|tung,** die; -, -en [spätmhd. vergeltunge, ahd. fargeltunga = (Zu)rückzahlung]: **1.** *das Vergelten.* **2.** ⟨Pl. selten⟩ *Rache, Revanche* (1, 2): [blutige] V. für etw. üben; auf V. sinnen; **Ver|gel|tungs|akt,** der: *Akt* (1 a) *zur Vergeltung* (2) *von etw.;* **Ver|gel|tungs|ak|ti|on,** die: *Vergeltungsakt;* etw. V. beabsichtigen, planen; **Ver|gel|tungs|maß|nah|me,** die: *Maßnahme zur Vergeltung* (2); **Ver|gel|tungs|schlag,** der: *besonders harte, schreckliche Vergeltungsmaßnahme:* ein atomarer V.; **Ver|gel|tungs|waf|fe,** die (Milit.): *V-Waffe:* ein letzter grausamer Schlag der deutschen -n gegen London (Spiegel 48, 1965, 101).

ver|ge|nau|ern ⟨sw. V.; hat⟩ (schweiz.): *genauer machen.*

Ver|ge|nos|sen|schaft|li|chung, die; -, -en ⟨Pl. ungebr.⟩ (ehem. DDR): *Eingliederung landwirtschaftlicher Einzelbetriebe in eine Produktionsgenossenschaft.*

ver|gent ⟨Adj.⟩ [zu lat. vergens (Gen.: vergentis), 1. Part. zu: vergere = sich neigen] (Geol.): *geneigt (von Falten 3);* **Ver|genz,** die; -, -en (Geol.): *Neigungsrichtung der Falten* (3) *in einem Faltengebirge.*

ver|ge|sell|schaf|ten ⟨sw. V.; hat⟩ [urspr. = zu einer Gemeinschaft vereinigen]: **1.** (Wirtsch.) *vom Privateigentum in den Besitz der Gesellschaft überführen; sozialisieren* (1): die Banken, Industrien v.; ein vergesellschafteter Betrieb; *die vergesellschaftete Produktion; Nur durch die vergesellschaftete Arbeit ... sah Marx die Möglichkeit ...* (J. Fischer, Linke 101). **2.** (Soziol., Psych., Verhaltensf.) *sozialisieren* (2): vergesellschaftete Individuen, Subjekte; *doch das vergesellschaftete Bewußtsein sieht sich einer ... Agitation ... ausgesetzt* (Sloterdijk, Kritik 247). **3.** ⟨v. + sich⟩ (Fachspr., bes. Biol., Med.) *eine Gemeinschaft, Gesellschaft bilden; zusammen mit etw. vorkommen: ... Vögeln Südamerikas, mit denen sich die nordamerikanischen Singvögel während ihres winterlichen Vogelzuges vergesellschaften* (Zeit 1. 8. 75, 39); **Ver|ge|sell|schaf|tung,** die; -, -en: *das Vergesellschaften.*

¹**ver|ges|sen** ⟨st. V.; hat⟩ [mhd. vergeʒʒen, ahd. firgeʒʒan, zu einem Verb mit der Bed. „fassen, ergreifen" u. eigtl. = aus dem (geistigen) Besitz verlieren]: **1.** *aus dem Gedächtnis verlieren; nicht behalten, sich nicht merken können:* die Hausnummer, das Datum, die Vokabeln v.; ich habe seinen Namen vergessen; ich habe vergessen, was du sagen wolltest; ⟨auch ohne Akk.-Obj.:⟩ ich vergesse sehr leicht *(habe ein schlechtes Gedächtnis).* **2.** *nicht [mehr] an jmdn. denken:* jmdn., etw. nie im Leben v.; sein Lebtag nicht [v. können]; seinen Ärger, seine guten Vorsätze v.; *Angesichts der Nashörner vergißt er alle Würde und rettet sich durch einen Sprung* (natur 9, 1991, 54); *Dies nämlich war es, was ihn ... alle Vorsicht v. ... ließ* (Maass, Gouffé 182); *er wollte diese Frau, dieses Erlebnis so rasch wie möglich v.;* seine Umgebung, sich völlig v. *(völlig versunken sein);* ich habe meinen Schirm im Zug vergessen *(liegenlassen);* seine Schlüssel v. *(nicht daran denken, sie einzustecken, mitzunehmen);* er wird noch einmal seinen Kopf v. (ugs. scherzh.); *läßt immer Dinge irgendwo liegen (hat ganz, völlig vergessen, daß heute Sonntag ist;* (bei Aufzählungen:) gestern kamen Vater, Mutter und Großmutter, nicht zu v. Tante Erna; der Kummer war bald vergessen; sie glaubte sich vom Leben ganz vergessen; Weihnachten war längst vergessen *(lag schon weit zurück);* sie hatten über dem Erzählen ganz die Arbeit vergessen; das vergißt man/das vergißt sich nicht so leicht; vergiß dich selbst nicht! (fam.; *nimm dir auch etwas [zu essen, zu trinken]!);* das kannst du v.! (ugs.; *das ist jetzt nicht mehr aktuell; daraus wird nichts);* Die üblichen Lokale, die lang geöffnet haben, kann ich v. Dort sitzen Bullen (Sobota, Minus-Mann 234); den Mantel kannst du v. (ugs.; *er ist nicht mehr brauchbar);* Schmalfilmer, die auf Video umsteigen wollen, sollten ... alles v., was sie ... mit der Filmkamera gelernt haben (Hörzu 9, 1981, 93); ein vergessener *(heute unbekannter)* Dichter; ⟨auch ohne Akk.-Obj.:⟩ in einer neuen Umgebung vergißt man leichter; ⟨mit Gen.-Obj.:⟩ vergiß nicht deiner Pflichten! (veraltet, noch geh.; *denke an deine Pflichten!);* Er ... ermahne ihn noch einmal eindringlich, seines Schwurs nicht zu v. (Süskind, Parfum 140); ⟨mit Präp.-Obj.:⟩ er vergißt jedes Jahr auf/(seltener:) an ihren Geburtstag (südd., österr.; *denkt nicht daran zu gratulieren);* er hatte völlig darauf vergessen (südd., österr.; *nicht daran gedacht),* daß sein Sohn heute kommen wollte; *** jmdm. etw. nie/nicht v.** *(jmdm. für sein Verhalten in einer bestimmten Situation immer dankbar bzw. böse sein):* und das vergesse ich ihm bis zur Rente nicht (Loest, Pistole 183); ♦ Könnt' ich der Zeiten v., da sie mich liebte (Goethe, Egmont I); Jetzt vergaß ich meiner Würde (Rosegger, Waldbauernbub 143). **3.** ⟨v. + sich⟩ *die Beherrschung über sich selbst verlieren: sich im Zorn völlig v.;* wie konntest du dich so weit v., ihn zu schlagen?; Denn nie durfte er sich v., nie aus der Fassung geraten (Reich-Ranicki, Th. Mann 33);

♦ ²**ver|ges|sen** ⟨Adj.⟩ [eigtl. adj. 2. Part. von ↑¹vergessen]: *vergeßlich:* Wir aber müßten sehr undankbar, sehr v. sein, wenn wir uns nicht erinnerten, was wir der Regentin schuldig sind (Goethe, Egmont IV); Die Jugend ist v. aus geteilten Interessen; das Alter ist v. aus Mangel an Interessen (Goethe, Zahme Xenien V); **Ver|ges|sen|heit,** die; - [mhd. vergeʒʒenheit]: *das Vergessensein:* der V. anheimfallen; etw. der V. entreißen; in V. geraten/kommen; Kraft, die ... auswählt, was in V. sinken soll (Erh. Kästner, Zeltbuch 136); Mit dieser ... Erinnerung stieg aber nun auch ein anderes ... Erlebnis ... aus der V. auf (Musil, Mann 688); **ver|geß|lich** ⟨Adj.⟩ [mhd. vergeʒʒe(n)lich]: *leicht u. immer wieder etw. vergessend:* im Alter v. werden; Aber nach glanzlosen Kriegen sind die Völker v. (Fest, Im Gegenlicht 365); **Ver|geß|lich|keit,** die; -: *das Vergeßlichsein:* Über die eigene V. erschrocken, fangen sie ein Mordsgezeter an (Ossowski, Flatter 39).

Ver|get|te [vɛr'ʒɛt], die; -, -n [...tn; frz., eigtl. = kleine Rute, zu: verge = Rute]: *(um die Mitte des 18. Jh.s getragene) kleine Perücke, bei der das Haar über dem Stirnansatz zu einer Rolle hochgekämmt ist.*

ver|geu|den ⟨sw. V.; hat⟩ [mhd. vergiuden, zu: giuden = prahlen, großtun; prassen, wohl im Sinne von „den Mund aufreißen" zu ↑gähnen]: *leichtsinnig u. verschwenderisch mit etw. beim Verbrauch umgehen:* sein Geld, Vermögen, seine Kräfte v.; Sie vergeudet keine Gefühle

vergeuderisch

(Gabel, Fix 38); er hat sein Leben vergeudet; damit vergeudest du nur deine Zeit; Fünf Monate sind vertan, verschlampt, vergeudet worden (Dönhoff, Ära 53); es ist keine Zeit mehr zu v. *(es ist sehr eilig);* Auch versuche ich ..., die Nächte nicht mit Schlaf zu v. (Mayröcker, Herzzerreißende 82); **ver|geu|de|risch** ⟨Adj.⟩ (selten): *verschwenderisch;* **Ver|geu|dung,** die; -, -en: *das Vergeuden, Vergeudetwerden.*
ver|ge|wal|ti|gen ⟨sw. V.; hat⟩ [spätmhd. vergewaltigen]: **1.** *jmdn. durch Anwendung, Androhung von Gewalt zum Geschlechtsverkehr zwingen:* ein Mädchen, eine Frau v.; Männer ..., die andere Männer in ... Bedürfnisanstalten oder Grünanlagen vergewaltigen (Spiegel 30, 1981, 137); Frau Buseberg ist mehrere Male vergewaltigt worden (Lentz, Muckefuck 295). **2.** *auf gewaltsame Weise seinen Interessen, Wünschen unterwerfen:* ein Volk [kulturell, wirtschaftlich] v.; das Recht, die Sprache v.; Ich müßte meinen Verstand ja v. und müßte unehrlich werden (Thielicke, Ich glaube 31); Als der Anwalt der geschlagenen und vergewaltigten Natur tritt er immer wieder für eine Umstellung ... der Lebensgewohnheiten ein (Natur 105); **Ver|ge|wal|ti|ger,** der; -s, -: *jmd., der jmdn. vergewaltigt [hat]:* der V. wurde zu sechs Jahren Haft verurteilt; **Ver|ge|wal|ti|gung,** die; -, -en [spätmhd. vergewaltigunge]: **1.** *das Vergewaltigen, Vergewaltigtwerden:* V. in der Ehe. **2.** *Akt des Vergewaltigens.*
ver|ge|wis|sern, sich ⟨sw. V.; hat⟩ [zu ↑ gewiß]: *nachsehen, prüfen, ob etw. tatsächlich geschehen ist, zutrifft:* bevor er fortging, vergewisserte er sich, daß/ob die Fenster geschlossen waren; Gabler vergewisserte sich noch einmal im Kursbuch: In Altbaude mußte er umsteigen (Loest, Pistole 239); ... daß ich mich im Auftrag meiner Klassenkameraden v. möchte, was daran wahr ist (Bieler, Bär 150); sich der Sympathie eines anderen v.; Er mußte die Hände zu Hilfe nehmen, um sich der Tiefen und Abstände zu v. (Kronauer, Bogenschütze 270); (selten:) sich über jmdn., etw. v.; **Ver|ge|wis|se|rung,** die; -, -en ⟨Pl. ungebr.⟩: *das Sichvergewissern:* ... und fragte, wie zur V. (Giordano, Die Bertinis 643).
ver|gie|ßen ⟨st. V.; hat⟩ [mhd. vergiezen, ahd. fargiozan]: **1. a)** *versehentlich neben das eigentliche Ziel gießen:* beim Eingießen habe ich etwas Kaffee, Wein vergossen; **b)** *verschütten:* das Kind hat seine Milch, seinen Saft vergossen; **c)** *hervordringen u. fließen lassen* (in bestimmten Verbindungen): Tränen v. *(heftig weinen);* bei der Arbeit Schweiß v. *(sich dabei sehr anstrengen);* bei dem Staatsstreich wurde viel Blut vergossen *(wurden viele Menschen getötet).* **2.** (Fachspr.) **a)** *(etw. Verflüssigtes) in eine bestimmte Form gießen:* Metall v.; **b)** *durch Vergießen* (2 a) *herstellen:* sie (= Einzelteile) wurden zu einem Quader aus Kunststoff vergossen (Zeit 24, 1979, 26).
ver|gif|ten ⟨sw. V.; hat⟩ [mhd. vergiften, eigtl. = (ver)schenken, ahd. fargiftjan]: **1.** *[durch Vermischung mit Gift] giftig machen:* Speisen v.; das Essen, der Wein war vergiftet; ein vergifteter Pfeil; Ü solche Eindrücke können die Seele eines Kindes v.; Ihr Sterben war nicht großartig gewesen, es war jämmerlich, von Qualen aller Art vergiftet (Rinser, Mitte 27); eine vergiftete Atmosphäre; Für das vergiftete geistige Klima ... trägt auch die SPD Verantwortung (tip 13, 1983, 67). **2.** ⟨v. + sich⟩ *sich eine Vergiftung* (2) *zuziehen:* sich durch verdorbenen Fisch, durch verdorbene Pilze v.; Else Dominik, die sich beim Präparieren an einer Leiche vergiftet hatte (A. Zweig, Claudia 78); Auf der Deponie soll nicht zugelassener Müll lagern (Allgemeine Zeitung 4. 6. 85, 2). **3. a)** *durch Gift töten:* Ratten v.; sie hatte ihren Mann vergiftet; er hatte sich [mit Tabletten] vergiftet; knorrige Gebüsche ... wurden eingeebnet ... und die üppig wuchernde Ufervegetation vergiftet (Rheinpfalz 7. 7. 84, 39); **b)** *(durch Schadstoffe) Schaden zufügen, verderben; krank, unbrauchbar, ungenießbar machen:* Ein Buntmetallwerk und eine Rußfabrik vergiften 100 000 Bewohner der Region (natur 4, 1991, 24); Abgase vergiften die Luft; Sie (= Bleispuren) sind jedoch so minimal, daß dadurch weder Katalysator noch Lambdasonde vergiftet werden können (ADAC-Motorwelt 2, 1986, 5); durch Abwässer vergiftete Flüsse und Seen; **Ver|gif|tung,** die; -, -en: **1.** *das Vergiften, Vergiftetwerden:* Um eine weitere V. zu vermeiden, sollten die Wälder regelmäßig kontrolliert, befallene Bäume sofort gefällt ... und ... abtransportiert werden (Südd. Zeitung 18. 5. 84, 12). **2.** *durch Eindringen eines Giftstoffes in den Organismus hervorgerufene Erkrankung:* Verlauf und Behandlung von -en; an einer V. sterben; **Ver|gif|tungs|er|schei|nung,** die: *Anzeichen einer Vergiftung;* **Ver|gif|tungs|ge|fahr,** die: *Gefahr der Vergiftung* (1).
ver|gil|ben ⟨sw. V.⟩ [mhd. vergilwen = gelb machen od. werden]: **1.** *mit der Zeit seine ursprüngliche Farbe verlieren u. gelb werden* ⟨ist⟩: das Papier, das Laub vergilbt; ⟨häufig im 2. Part.:⟩ vergilbte Briefe, Fotografien, Tapeten; ... hockte er auf einem Schemel ..., stockfleckigen Zeitschriften (Ransmayr, Welt 255); an einer Ecke entdeckten sie einen Haufen vergilbter Zentralheizungskörper (Kronauer, Bogenschütze 315); Ü Es ging um alte Geschichten von einem toten Mann und einem vergilbten Prozeß (Feuchtwanger, Erfolg 803). **2.** (selten) *gelb machen* ⟨hat⟩: die Sonne hat die Gardinen vergilbt; **Ver|gil|bung,** die; -, -en (selten): *das Vergilben:* So kam es vor allem bei den Nadelbäumen zu -en und Verbraunungen (Saarbr. Zeitung 1. 4. 85, 1); **Ver|gil|bungs|krank|heit,** die ⟨o. Pl.⟩: *Viruskrankheit bes. der Zucker- u. Futterrüben, bei der die Blätter vorzeitig vergilben u. eintrocknen.*
ver|gip|sen ⟨sw. V.; hat⟩: **1. a)** *mit Gips ausfüllen:* Löcher, Risse in der Wand v.; **b)** *mit Gips befestigen:* eingipsen (1). **2.** (seltener) *eingipsen* (2): ein gebrochenes Bein v.; das vergipste Bein hing in einer Manschette (Bieler, Mädchenkrieg 294).
ver|giß, ver|gißt: ↑vergessen; **Ver|giß|mein|nicht,** das; -[e]s, -[e] [zusammengesetzt aus der verneinten Befehlsform von ↑vergessen u. ihrem Objekt, dem heute veralteten Gen. Sg. des Personalpronomens der 1. Pers.; die Blume gilt als Symbol der Freundschaft u. Erinnerung]: *kleine, bes. an feuchten Standorten wachsende Pflanze mit schmalen, länglichen, behaarten Blättern u. kleinen hellblauen, seltener rosa od. weißen Blüten;* **Ver|giß|mein|nicht|au|ge,** das ⟨meist Pl.⟩: *Auge von intensiv hellblauer Farbe;* **ver|giß|mein|nicht|blau** ⟨Adj.; Steig. selten⟩: *von intensiv hell-, himmelblauer Farbe;* **Ver|giß|mein|nicht|strauß,** der ⟨Pl. ...sträuße⟩: *Strauß von Vergißmeinnicht.*
ver|git|tern ⟨sw. V.; hat⟩ [spätmhd. vergitern]: *mit einem Gitter versehen, sichern:* die Schaufenster v.; ⟨häufig im 2. Part.:⟩ ein vergitterter Schacht; vergitterte Fenster; Am eng vergitterten Schalter ... bezahle ich meine Miete (Kisch, Reporter 12); Ich wurde in den großen, vergitterten Polizeiwagen verladen (Ziegler, Labyrinth 123); Ü Stammfluchten vergitterten mir den Blick auf runde Höhen (Muschg, Sommer 27); **Ver|git|te|rung,** die; -, -en: **1.** *das Vergittern, Vergittertwerden.* **2.** *zur Sicherung einer Sache angebrachtes Gitter.*
ver|gla|sen ⟨sw. V.⟩: **1.** *mit einer Glasscheibe versehen* ⟨hat⟩: die Fenster neu v.; ... war ... über dem Schaufenster das Mauerwerk in Form eines Hahns ausgespart und in grellen Farben verglast (Böll, Haus 25); eine verglaste Veranda; Die Spaghetti glitschten über den verglasten Tisch (Eppendorfer, St. Pauli 210); Ü Der Winter blieb ohne Schnee. Kein Raureif verglaste die Zweige (Ransmayr, Welt 267); ** du kannst dich v. lassen/laß dich v.!* (landsch., bes. berlin. salopp; ↑einpacken 1). **2.** (selten) *glasig* (1), *starr werden* ⟨ist⟩: ihre Augen verglasten vor Schreck; Man bemerkt Edgar Allen Poe, den verglasten Alkoholikerblick in Fernen gerichtet, die sich ihm mit schaurig-lieblichen Gesichtern füllen (K. Mann, Wendepunkt 101). **3.** (Kerntechnik) *zur Endlagerung bestimmte hochradioaktive Abfälle in Glas einbetten:* ... Überbleibsel der Wiederaufbereitungsübungen. Das Zeug sollte ... verglast, also zwischen- und endlagerfähig gemacht werden (Spiegel 11, 1993, 132); Zunächst wird ... das abgebrannte und wiederaufbereitete Material chemisch behandelt, verglast und in Behälter aus Stahl oder Titan verpackt (Weltwoche 17. 5. 84, 27); **Ver|gla|sung,** die; -, -en: **1.** *das Verglasen* (1), *Verglastwerden.* **2.** *Glasscheibe, mit der etw. verglast* (1) *ist.* **3.** (Kerntechnik) *das Verglasen* (3), *Verglastwerden:* in Frankreich versucht man sich mit der V. hochaktiver Abfälle, jedoch unter größten Schwierigkeiten (Basler Zeitung 27. 7. 84, 31).
Ver|gleich, der; -[e]s, -e [rückgeb. von ↑vergleichen]: **1.** *vergleichende Betrachtung; das [Ergebnis des] Vergleichen[s]* (1): ein [un]passender, treffender, kritischer, gewagter, schiefer V.; das ist kein schöner, ein unhaltbarer V.; Nur, daß in einem wesentlichen Punkte dieser V. irrt ... (A. Zweig, Grischa 29); dieser V. drängt sich einem geradezu auf, ist weit

hergeholt, hinkt; ein, der V. der beiden/zwischen den beiden Fassungen des Romans zeigt, daß ...; das ist doch/ja kein V.! *(das ist doch weitaus besser, schlechter o. ä. als ...!);* einen V. zwischen den beiden Inszenierungen anstellen, ziehen *(sie miteinander vergleichen* 1*);* in dieser Hinsicht hält er den V. mit seinem Bruder nicht aus *(kommt er ihm nicht gleich);* im V. zu/(auch:) mit *(verglichen mit)* seiner Frau ist er sehr ruhig; etw. zum V. heranziehen. **2.** *sprachlicher Ausdruck, bei dem etw. mit etw. aus einem anderen (gegenständlichen) Bereich im Hinblick auf ein beiden Gemeinsames in Beziehung gesetzt u. dadurch eindringlich veranschaulicht wird* (z. B. Haare schwarz wie Ebenholz). **3.** (Rechtsspr.) *gütlicher Ausgleich, Einigung in einem Streitfall durch gegenseitiges Nachgeben der streitenden Parteien:* einen V. anstreben, anbieten, schließen; Schließlich erreichte der König für Frau von Flavon einen mageren V. (Feuchtwanger, Herzogin 35); ... so gerät er in Zahlungsschwierigkeiten, geht in V. oder Konkurs (Rittershausen, Wirtschaft 152); zwischen beiden Parteien kam es zu einem V. **4.** (Sport) *Vergleichskampf:* nachmittags Training, und immerzu war was, worauf wir uns vorbereiten mußten: Jubiläumsturnier ... oder V. gegen Zella-Mehlis oder Turnier in Werdau (Loest, Pistole 191); **ver|gleich|bar** ⟨Adj.⟩: *von der Art, daß man das Betreffende mit etw. anderem vergleichen* (1) *kann:* Eine -e Arbeit ist Heinrich Mann nie wieder gelungen (Reich-Ranicki, Th. Mann 139); Am ehesten war seine Begabung vielleicht der eines musikalischen Wunderkindes v. (Süskind, Parfum 35); die Schönheit dieser Behänge ... war mit keinem Garten ... v. (Ransmayr, Welt 194); **Ver|gleich|bar|keit**, die; -, ⟨Pl. selten⟩: *das Vergleichbarsein:* ... der prinzipielle Gleichsetzung von Philosophie und Naturwissenschaft, der Projektion dieser beiden unterschiedenen Sphären und Bereiche auf die gleiche Denkebene zu dem Zwecke der V. und Austauschbarkeit der Inhalte (Natur 15); quantitative oder qualitative - en von Waffenpotentialen (Kelly, Um Hoffnung 83); **ver|glei|chen** ⟨st. V.; hat⟩ [mhd. verg(e)lichen]: **1. a)** *prüfend nebeneinanderhalten, gegeneinander abwägen, um Unterschiede od. Übereinstimmungen festzustellen:* eine Kopie mit dem Original v.; Preise v.; Texte v.; die Uhrzeit v.; ein obligatorisches Abkommen, dem Judenstern zu v. *(vergleichbar;* Tages Anzeiger 3. 12. 91, 7); das ist [doch gar] nicht zu v. [mit ...]! (ugs.; *ist doch weitaus besser, schlechter o. ä. als ...!);* ... daß dieses Buch ... zu den verbreitetsten Schriften gehört, nur zu v. mit der goldenen Legende (Nigg, Wiederkehr 72); (Verweis in Texten:) vergleiche Seite 77 (Abk.: v.); ... daß er die Angaben seiner Liste forschend mit meiner Erscheinung verglich (Th. Mann, Krull 109); aber Julika spürte sehr wohl, daß er sie mit andern Frauen verglich (Frisch, Stiller 119); vergleichen mit Hamburg ist diese Stadt doch hinterste Provinz!; vergleichende Sprach-, Literaturwissenschaft; ..., daß er in seiner verglei-

chenden Weltgeschichte nachwies, wie ... (Thieß, Reich 21); **b)** *durch einen Vergleich* (2) *zu etw. anderem in Beziehung setzen:* der Dichter verglich sie mit einer/ (geh.:) verglich sie einer Blume. **2.** ⟨v. + sich⟩ *sich mit jmdm. messen, seine Fähigkeiten, Kräfte o. ä. erproben:* die Athleten können sich vor der Olympiade noch einmal v.; mit ihm kannst, darfst du dich nicht v. **3.** ⟨v. + sich⟩ (Rechtsspr.) *einen Vergleich* (3) *schließen:* die streitenden Parteien haben sich verglichen; man hatte sich ja mit dem Feind verglichen *(Waffenstillstand geschlossen;* Seghers, Transit 116). ◆ **4.** ⟨v. + sich⟩ *übereinkommen, sich einigen:* denn bald verglichen sich beide, Wolf und Bär, das Urteil in dieser Maße zu fällen (Goethe, Reineke Fuchs 9, 262 f.). ◆ **5.** *zu einem Vergleich* (3) *bringen:* es sollen kaiserliche Kommissarien ernannt und ein Tag ausgesetzt werden, wo die Sache dann verglichen werden mag (Goethe, Götz I); **Vergleichs|form**, die (Sprachw.): *Form der Komparation* (2); *Steigerungsform;* **Ver|gleichs|gläu|bi|ger**, der (Rechtsspr.): *an einem Vergleichsverfahren beteiligter Gläubiger;* **Ver|gleichs|gläu|bi|ge|rin**, die (Rechtsspr.): w. Form zu ↑ Vergleichsgläubiger; **Ver|gleichs|grö|ße**, die: *Bestandteil, Komponente eines Vergleichs* (1); **Ver|gleichs|jahr**, das (bes. Statistik): *Jahr, das im Hinblick auf etw. Bestimmtes als Vergleich* (1) *dient:* gegenüber dem V. bedeutet dies eine Zunahme von 47 Prozent; **Ver|gleichs|kampf**, der (Sport): *Wettkampf zwischen Mannschaften, der auf Grund freier Vereinbarung außerhalb der Titelkämpfe stattfindet;* **Ver|gleichs|maß|stab**, der: *Maßstab* (1), *an dem etw. vergleichend gemessen wird;* **Ver|gleichs|ma|te|ri|al**, das: *zum Vergleich* (1) *dienendes Material;* **Ver|gleichs|mie|te**, die: *zur Festsetzung der [Höchst]miete herangezogene Miete vergleichbarer Wohnungen:* die Feststellung, Höhe der ortsüblichen V.; **Ver|gleichs|mög|lich|keit**, die: *Möglichkeit, Vergleiche* (1) *zu ziehen:* uns fehlen die -en/wir haben keine V., -en; **Ver|gleichs|mo|nat**, der (bes. Statistik): vgl. Vergleichsjahr; **Ver|gleichs|ob|jekt**, das: vgl. Vergleichsmaßstab; **Ver|gleichs|par|ti|kel**, die (Sprachw.): *beim Vergleich* (1, 2), *bei der Komparation* (2) *verwendete* ↑*Partikel* (2); **Ver|gleichs|punkt**, der: *Punkt* (3 a), *in dem man zwei Dinge miteinander vergleichen* (1 a) *kann;* **Ver|gleichs|satz**, der (Sprachw.): *Komparativsatz;* **Ver|gleichs|schuld|ner**, der (Rechtsspr.): vgl. Vergleichsgläubiger; **Ver|gleichs|schuld|ne|rin**, die (Rechtsspr.): w. Form zu ↑Vergleichsschuldner; **Ver|gleichs|stu|fe**, die (Sprachw.): *eine der drei Stufen der Komparation* (2); **Ver|gleichs|ver|fah|ren**, das (Rechtsspr.): *gerichtliches Verfahren zur Abwendung eines drohenden Konkurses* (1) *durch einen Vergleich* (3); **ver|gleichs|wei|se** ⟨Adv.⟩: *im Vergleich* (1) *zu jmd., etw. anderem; relativ* (1 b): Das ist, nehme ich an, v. gemeint (Hacks, Stücke 269); ... war der Applaus in einem Theater ein v. bescheidener, lächerlicher Lärm (Ransmayr, Welt 45); gegen sie ist er v. alt; Personen

..., die den Krieg v. unbehelligt überlebt hatten (Bieler, Mädchenkrieg 564); **Ver|gleichs|wert**, der: vgl. Vergleichsgröße; **Ver|gleichs|zahl**, die: vgl. Vergleichsmaßstab; **Ver|gleichs|zeit**, die: vgl. Vergleichsjahr; **Ver|gleichs|zeit|raum**, der: vgl. Vergleichsjahr: im V. des Vorjahres; **Ver|gleichs|zweck**, der ⟨meist Pl.⟩: *Zweck* (1) *des Vergleichens* (1 a); **Ver|glei|chung**, die; -, -en: *das Vergleichen:* indem ich dasjenige (= Charakterbild) ... zur V. heranziehe (Th. Mann, Herr 45); Aus der V. beider ergeben sich ... (Rittershausen, Wirtschaft 274). **ver|glet|schern** ⟨sw. V.; ist⟩: *zu einem Gletscher werden:* Zehn Prozent der Erdoberfläche sind vergletschert (Dolomiten 1. 10. 83, 3); vergletscherte Gebirge, Alpenregionen; **Ver|glet|sche|rung**, die; -, -en: *das Vergletschern:* Dieses ... schöne Skigebiet weist nur eine ganz geringe V. auf (Alpinismus 2, 1980, 18). **ver|glim|men** ⟨st. V. sw. V.; verglomm/(auch:) verglimmte, ist verglommen/ (auch:) verglimmt⟩: *immer schwächer glimmen u. dann ganz verlöschen:* die Glut, das Feuer verglimmt; Wie viele (= Tannennadeln) ... hatten sie ... rot aufknistern, schwarz sich verkrümen, zu grauer Asche v. ... sehen (Hahn, Mann 109); Ü Die Sonne verglomm hinter einer Wolke von schwirrenden Fledermäusen (Frisch, Stiller 191); ebenso einsam zog das Flugzeug über die mählich verglimmende Erde dahin (Geissler, Nacht 27). **ver|glü|hen** ⟨sw. V.; ist⟩: **a)** *immer schwächer glühen* (1 a) *u. dann ganz verlöschen:* die Holzscheite verglühen; die Kohle verglühte zu Asche; verglühende Kerzendochte; Ü Hinter dem Gangfenster draußen verglüht das letzte Abendrot (Fallada, Trinker 127); Die frühe Dunkelheit, Herbst, die langsam verglühenden Septemberabende (Gregor-Dellin, Traumbuch 160); **b)** *sich durch große Geschwindigkeit u. Reibung bis zur Weißglut erhitzen u. zerfallen:* der Rakete ist beim Eintritt in die Atmosphäre verglüht; Der verglühte Restkörper des Großraumsatelliten (MM 18. 9. 78, 3). **ver|gnat|zen** ⟨sw. V.; hat⟩ [aus dem Niederd., zu ↑ gnatzen] (landsch. ugs.): *verärgern:* Ich habe mich ... nie der einen Gruppe zugesellt und die andere damit vergnatzt (Spiegel 4, 1976, 20); Edgar war vielleicht bloß ein Spinner und ein Querkopf, ewig vergnatzt, unfähig, sich einzufügen (Plenzdorf, Leiden 102). **ver|gnü|gen** ⟨sw. V.; hat⟩ /vgl. vergnügt/ [mhd. vergnüegen, zu: genuoc (↑ genug), urspr. = zufriedenstellen, befriedigen, dann: jmdm. eine Freude machen]: **1.** ⟨v. + sich⟩ *sich vergnügt* (a) *die Zeit vertreiben; sich amüsieren* (1): sich auf dem Fest, Rummelplatz, beim Tanzen v.; sie vergnügte sich mit ihrem Liebhaber auf den Bahamas; einige der jüngeren Knaben ... vergnügten sich mit Ballspielen, Diskuswerfen und anderen Leibesübungen (K. Mann, Wendepunkt 109); Der das gemacht hat, wird sich bald in Rußland an der Front v. dürfen (iron.: *wird nach Rußland an die Front geschickt;* Hochhuth, Stellvertreter 187). **2.** (selten) *belustigen; amüsieren* (3): ihre Betroffen-

Vergnügen

heit schien ihn zu v. ♦ **3.** *befriedigen, zufriedenstellen:* Sein Herz war reich genug, Sie selbst von seinem Überflusse zu v. (Schiller, Don Carlos V, 4); Der König hat ganz recht, ganz recht. Ich seh's jetzt ein, ich bin vergnügt *(zufrieden),* und jetzt genug davon! (ebd. II, 5); **Ver|gnü|gen,** das; -s, - [mhd. vergenüegen = Bezahlung; Zufriedenstellung]: **1.** ⟨o. Pl.⟩ *inneres Wohlbehagen, das jmdm. ein Tun, eine Beschäftigung, ein Anblick verschafft; Freude* (1), *Lust* (1 b): es ist ein V., ihm zuzusehen; Mit seinem Söhnchen zu spielen, ist ihm das höchste V. (Sieburg, Robespierre 197); so, als erwarte den Mutigen ... dort irgendwo ein ungeheueres, nie gekostetes und grenzenloses V. (Th. Mann, Krull 132); (Höflichkeitsfloskeln:) es ist, war mir ein V. *(ich tue es sehr gern, habe es sehr gern getan);* es war mir ein V. *(es hat mich sehr gefreut),* Sie kennenzulernen; das V. ist ganz meinerseits/ auf meiner Seite; mit wem habe ich das V.? *(veraltend; mit wem spreche ich?; wie ist bitte der Name?);* bei etw. ein kindliches V. empfinden; an etw. sein V. finden, haben; er habe ... nur noch ein geringes V. am Essen (Thieß, Legende 149); das Spiel macht, bereitet ihr [großes, ein diebisches] V.; sich ein V. daraus machen *(ein besonderes Vergnügen dabei empfinden),* etw. zu tun; ich wünsche dir [auf der Party] viel V.; (auch ugs. iron.:) [na, dann] viel V.! (ugs. iron.; *bring es gut hinter dich!, laß es dir nicht zu sauer werden! o. ä.);* mit V. zusehen, etw. lesen; mit [dem größten] V. (Höflichkeitsfloskel als Antwort auf eine Aufforderung: *sehr gern);* vor V. lachen, schreien, in die Höhe springen; da wußte er sich vor V. nicht zu lassen (Kuby, Sieg 150); etw. aus reinem V./nur zum/zu seinem [eigenen] V. *(nicht zu einem bestimmten Zweck, sondern nur aus Freude an der Sache selbst)* tun. **2.** ⟨Pl. selten⟩ **a)** *etw., woran man Vergnügen* (1) *findet, was einem Vergnügen bereitet; angenehmer Zeitvertreib; Spaß; Amüsement:* mit ihm zu arbeiten ist kein reines V.; es war ein zweifelhaftes V. *(war keineswegs angenehm);* das ist ein teures V. *(kostet viel Geld);* laß, gönn ihr doch das, ihr V.!; denen ..., die die Jagd für ein grausames V. halten (Bamm, Weltlaterne 47); denn sie konnten sich das V. nicht entgehen lassen, einen eigenen Hahnenkampf zu haben (Baum, Bali 228); nur seinem V. nachgehen; stürzen wir uns also ins V.! *(vergnügen wir uns also!;* auch iron.: *beginnen wir also [mit der Arbeit]!; lassen wir uns also auf die Sache ein!);* R immer hinein ins V.! (iron.; *immer weiter so, ohne zu überlegen!);* **b)** (veraltend) *[festliche Tanz]veranstaltung; Vergnügung* (b): ein V. besuchen; auf ein, zu einem V. gehen; mit dem war das so, da ist es nach einem V. passiert. Der hätte mich geheiratet! (Brot und Salz 367); **ver|gnü|gens|hal|ber** ⟨Adv.⟩: *um des Vergnügens* (1) *willen;* **ver|gnüg|lich** ⟨Adj.⟩: **a)** *von der Art, daß es einem Vergnügen* (1) *bereitet; in netter, lustiger Weise unterhaltsam:* ein -er Abend; langwierige, sehr -e Zeremonien, die mich leicht ermüdeten (Seghers, Transit 195); es war v., dem Spiel zu folgen; **b)** *vergnügt* (a): eine -e Gesellschaft;

Natürlich ist Rudolf Hagelstange ein -er Mann (Augsburger Allgemeine 10./11. 6. 78, 24); v. dreinschauen; ein Piepen ..., das sich im ganzen doch eher v. anhörte (Muschg, Gegenzauber 273); **Ver|gnüg|lich|keit,** die; -, -en (selten): *etw., was vergnüglich ist:* die Preise der Getränke, der Nachtmenüs und der sonstigen gebotenen -en (Prodöhl, Tod 11); ♦ **ver|gnüg|sam** ⟨Adj.⟩. [zu veraltet vergnügen = zufriedenstellen]: *zufrieden:* ... war in sich, mit sich so v., als nur Engel sind (Lessing, Nathan I, 2); **ver|gnügt** ⟨Adj.; -er, -este⟩: **a)** *in guter Laune; von einer heiteren u. zufriedenen Stimmung erfüllt, davon zeugend:* eine -e Gesellschaft; ein -es Lächeln; er ist immer [heiter und] v.; er rieb sich v. die Hände; die Dorfleute helfen v. mit (Grzimek, Serengeti 117); **b)** *vergnüglich* (a): sich -e Stunden, einen Tag machen; Weil es (= Ehepaar) ... ein möglichst verantwortungsfreies, lastenloses und -es Leben vorzog (Mostar, Unschuldig 99); **Ver|gnügt|heit,** die; -, -en ⟨Pl. selten⟩: *das Vergnügtsein* (a); **Ver|gnü|gung,** die; -, -en ⟨meist Pl.⟩: **a)** *Vergnügen* (2 a); *angenehmer Zeitvertreib:* Alle -en kamen ihm äußerlicher vor als früher (Musil, Mann 1504); Diese -en waren ihm nicht vergönnt gewesen (Böll, Adam 51); seinen -en nachgehen; **b)** *Veranstaltung, Aufführung o. ä., die man besucht, um sich zu vergnügen:* Die Landleute, nach München kommend, suchten dann gerade städtische, on-das Gegenteil ihres Alltags (Feuchtwanger, Erfolg 99); **Ver|gnü|gungs|aus|flug,** der: vgl. Vergnügungsfahrt; **Ver|gnü|gungs|be|trieb,** der: **1.** ⟨o. Pl.⟩ *Gesamtheit der zum Vergnügen, zur leichten Unterhaltung dienenden Veranstaltungen, Einrichtungen.* **2.** vgl. Vergnügungslokal; **Ver|gnü|gungs|damp|fer,** der: *Dampfer für Vergnügungsfahrten;* **Ver|gnü|gungs|eta|blis|se|ment,** das (veraltend): Etablissement (2 b, c); **Ver|gnü|gungs|fahrt,** die: *zum Vergnügen unternommene Fahrt;* **ver|gnü|gungs|hal|ber** ⟨Adv.⟩: *vergnügenshalber;* **Ver|gnü|gungs|in|du|strie,** die: *Industriezweig auf dem Gebiet der Unterhaltung:* Wer heute an die Reeperbahn betritt mit ihrer V. (Eppendorfer, St. Pauli 28); **Ver|gnü|gungs|lo|kal,** das: *Lokal für Vergnügungen* (b); **Ver|gnü|gungs|park,** der: *Gebiet mit Verkaufs- u. Schaubuden, Karussells o. ä., auf dem man sich vergnügen kann:* Die sich ständig darbietenden Attraktionen für -s und Volksfeste (Spiegel 47, 1983, 123); **Ver|gnü|gungs|rei|se,** die: *(im Unterschied zur Geschäftsreise o. ä.) nur dem Vergnügen dienende Reise;* **Ver|gnü|gungs|rei|sen|de,** der u. die: *jmd., der eine Vergnügungsreise macht;* **Ver|gnü|gungs|stät|te,** die: vgl. Vergnügungslokal; **Ver|gnü|gungs|steu|er,** die (Steuerw.:) *Vergnügungsteuer; die: Aufwandsteuer, die von der Gemeinde auf bestimmte Vergnügungen* (b), *z. B. Tanz, Theater, Kino, Zirkus, erhoben wird;* **Ver|gnü|gungs|sucht,** die: ⟨o. Pl.⟩ (oft abwertend): *Sucht* (2) *nach Vergnügungen;* **ver|gnü|gungs|süch|tig** ⟨Adj.⟩: *von Vergnügungssucht erfüllt:* die Creme der -en Hamburger Geldaristokratie (Prodöhl, Tod 14); **Ver-**

gnü|gung|steu|er: ↑ Vergnügungssteuer; **Ver|gnü|gungs|vier|tel,** das: *Amüsierviertel.*

ver|gol|den ⟨sw. V.; hat⟩ [mhd. vergulden, -gülden]: **1.** *mit einer Schicht Gold überziehen:* Nüsse, eine Statue, Kuppel, einen Bilderrahmen v.; ..., daß man die Spitzen der Eisenstäbe, wie er es gewünscht, neu vergoldet hatte (Geissler, Wunschhütlein 31); eine vergoldete Kette; Meinem Sessel gegenüber hing eine große Uhr mit vergoldeten Zeigern (Seghers, Transit 245); Ü die Abendsonne vergoldete die Giebel. **2.** (geh.) *verschönen; angenehm, glücklich erscheinen lassen:* die Erinnerung vergoldete die schweren Jahre. **3.** (ugs.) *etw., was jmd. für jmdn. getan hat, bezahlen* (1 a): sie hat ihm sein Schweigen vergoldet; Ich honorierte die Anwälte, die sich ihre halbe Stunde dick v. ließen (Fallada, Herr 246); ... ließ sich der Minister auf einen Poker mit Günther ein. Denn der will sich den vorzeitigen Rückzug aus Altenteil gern v. lassen (Spiegel 8, 1976, 60); **Ver|gol|der,** der; -s, -: *Handwerker, der Kunst- u. Gebrauchsgegenstände vergoldet, versilbert, patiniert o. ä.* (Berufsbez.); **Ver|gol|de|rin,** die; -, -nen: w. Form zu ↑ Vergolder; **Ver|gol|dung,** die; -, -en: **1.** *das Vergolden* (1). **2.** *Goldüberzug.*

ver|gön|nen ⟨sw. V.; hat⟩ [mhd. vergunnen]: **1.** *als Gunst, als etw. Besonderes zuteil werden lassen; gewähren* (1 a): ein freundliches Geschick hatte ihm Zeit genug dafür vergönnt; ⟨meist unpers.:⟩ es war ihm [vom Schicksal] nicht vergönnt, diesen Tag zu erleben; mögen dir noch viele Jahre vergönnt *(beschieden)* sein!; Vielleicht ist uns diese Hellsicht nur einmal im Leben vergönnt (Seidel, Sterne 144); Zwar wurde eine Großfahndung ... in Gang gesetzt, doch ein Erfolg war ihr nicht vergönnt (Prodöhl, Tod 173). **2.** (geh.) **a)** *gönnen* (1): jmdm. sein Glück v.; Die paar Bissen sind dir doch herzlich vergönnt (Brot und Salz 280); **b)** *gönnen* (2): Die Mitschüler vergönnen sich ein Eis (Jelinek, Lust 164); Dies war das einzige Vergnügen gewesen, das der Kellner Chwostik sich von Zeit zu Zeit vergönnt hatte (Doderer, Wasserfälle 30).

ver|got|ten ⟨sw. V.; hat⟩ [spätmhd. vergoten]: *vergöttlichen:* Die Germanen ... hatten zwar ... Bier getrunken, hatten das Bier aber nicht vergottet als eine Zentralgewalt des Lebens (Jacob, Kaffee 52); ... eines sizilischen Tyrannen ..., der den Willen aller brach und den Herrscher vergottete (Stern, Mann 7); **ver|göt|tern** ⟨sw. V.; hat⟩: *übermäßig, abgöttisch* (2) *lieben, verehren:* eine Frau v.; sie vergöttern ihren Lehrer; Von Millionen jungen und alten Menschen wurde sie bewundert, angehimmelt, verehrt, vergöttert (Ziegler, Labyrinth 254); ein Bild von einem seiner vergötterten Grand-Prix-Fahrer (Freizeitmagazin 26, 1978, 10); **Ver|göt|te|rung,** die; -, -en: *das Vergöttern;* **ver|gött|li|chen** ⟨sw. V.; hat⟩: *göttlich* (3 a) *machen; als Gott verehren:* Der Mensch ... vergöttliche auch sterbliche Menschen (W. Schneider, Sieger 113); **Ver|gött|li|chung,** die; -, -en: *das Vergöttlichen; Apotheose* (1 a): es wird immer eine Gruppe

geben, die die V. des Mächtigen nicht mitmacht (Sloterdijk, Kritik 428); **Ver|got|tung,** die; -, -en: *das Vergotten:* die machtvoll einsetzende V. des Kaisers (Stern, Mann 237).
ver|göt|zen ⟨sw. V.; hat⟩ (abwertend): *zum Götzen machen:* Die Aufklärung hat die Vernunft vergötzt (Alt, Frieden 46); die übrigen Mitglieder meiner mütterlichen Familie, angefangen bei deren vergötztem Oberhaupt, meinem despotischen Großvater (v. Rezzori, Blumen 225); **Ver|göt|zung,** die; -, -en: *das Vergötzen, Vergötztwerden.*
ver|gra|ben ⟨st. V.; hat⟩ [mhd. vergraben]: **1. a)** *durch Eingraben verstecken, vor anderen verbergen:* Wertsachen, einen Schatz v.; sie vergruben die tote Katze im Garten; Dann werden etwa 600 Kilometer Koaxialkabel unter Lörracher und Weiler Straßen v. (Badische Zeitung 12. 5. 84, 7); Ü drei, vier Gärtchen, so tief vergraben im Schoß des Tales (Kronauer, Bogenschütze 264); **b)** ⟨v. + sich⟩ *sich einen unterirdischen Gang o. ä. graben u. sich dorthin verkriechen, dort verbergen:* der Maulwurf hat sich in der/die Erde vergraben; Ü sich immer mehr v. *(zurückziehen);* jetzt möchte ich mich nur noch verkriechen, v., verstecken und um Vergebung bitten (Mayröcker, Herzzerreißende 88). **2. a)** *in etw. verbergen:* sein Gesicht in beide Hände/in beiden Händen v.; „Es braucht nur ein Funke überspringen", antwortete er und vergrub seine Stirn, „und das ganze Haus steht in Flammen" (Strauß, Niemand 64); **b)** *tief in etw. stecken:* die Hände in die/den Hosentaschen v. **3.** ⟨v. + sich⟩ *sich intensiv mit etw. beschäftigen, so daß man sich von der Umwelt [fast] völlig zurückzieht; sich in etw. versenken:* sich in die/in der Arbeit, in seinen Büchern v.
ver|grä|men ⟨sw. V.; hat⟩ /vgl. vergrämt/ [spätmhd. vergramen]: **1.** *durch eine Handlung, ein Verhalten mißmutig machen, jmds. Unmut erregen:* die Verwandtschaft v.; dieses Gesetz hat alle Bausparer vergrämt; Ich habe mir alle meine Freunde vergrämt, indem ich sie in meinen Büchern apostrophierte (Fussenegger, Zeit 349); nein, die Leckerbissen ließen sie sich nicht v. ... nach der Angst (Kronauer, Bogenschütze 125). **2.** (Jägerspr.) *wiederholt stören u. dadurch verscheuchen:* das Wild, die Vögel v.; warnt jedoch ... vor Störungen, die möglicherweise seltene Arten v. könnten (Kosmos 2, 1965, 60); Aber zwei Abende wartete ich vergeblich auf „meinen" Bock. Er war vergrämt (Jagd 3, 1987, 78); **ver|grämt** ⟨Adj.; -er, -este⟩: *von Gram erfüllt, verzehrt; diesen seelischen Zustand widerspiegelnd:* eine -e alte Frau; ein -es Gesicht; ... weil die Mundlinien Ihnen sonst leicht ein müdes und vergrämtes Aussehen geben (Dariaux [Übers.], Eleganz 96); sie sieht v. aus.
ver|gra|sen ⟨sw. V.; ist⟩: *mit Gras zuwachsen:* der Garten vergrast; vergraste Wege.
ver|grät|zen ⟨sw. V.; hat⟩ [wohl mniederd. vorgretten = wütend machen, reizen] (landsch. ugs.): *verärgern:* sie hat ihn mit dieser Bemerkung vergrätzt; Es vergrätzt ihn, daß ... Doillon in den Film ... ein Bordell eingeschmuggelt hat (Spiegel 3, 1976, 120); die Beamten waren auch dauerhaft vergrätzt über die D. unbefangene Frage nach dem richterlichen Durchsuchungsbefehl (Johnson, Ansichten 98); Jolie Gabor ... ist vergrätzt über ... Margret Dünser (Hörzu 44, 1976, 51); vergrätzte Steuerzahler.
ver|grau|en ⟨sw. V.; ist⟩: *(bes. von Textilien) einen (unerwünschten) grauen Farbton annehmen:* die Damasttücher vergrauen; vergraute Bettwäsche.
ver|grau|len ⟨sw. V.; hat⟩ (ugs.): **1.** *durch unfreundliches Verhalten vertreiben:* seine Freunde, Gäste v.; aber vergraulen Sie uns nicht die Kundschaft mit Ihren Parolen! (Kant, Impressum 473); Es gibt in der DDR ein neues Theaterpublikum ..., nachdem das Intelligenzbürgertum von den Zuschauerräumen vergrault worden ist (Zeit 8. 5. 64, 13). **2.** (seltener) *verleiden:* Jupp Derwall hat es fertiggebracht, seinen Kickern die Lust an der Nationalmannschaft so zu v., daß ... (Basta 6, 1984, 91); Leonard Bernstein hat mir einmal den dritten Satz durch kokette Hüftbewegungen ... fast vergrault (Gregor-Dellin, Traumbuch 67).
Ver|grau|ung, die; -, -en: *das Vergrauen;* **Ver|grau|ungs|in|hi|bi|tor,** der: *Inhaltsstoff von Waschmitteln, der das Vergrauen der Fasern verhindert.*
ver|grei|fen, sich ⟨st. V.; hat⟩ /vgl. vergriffen/ [1: mhd. vergrifen = falsch greifen; einschließen; umfassen]: **1. a)** *danebengreifen:* ich habe mich vergriffen, das ist gar nicht das Buch, das ich dir zeigen wollte; der Pianist, Gitarrist hat sich mehrmals vergriffen *(hat mehrmals falsche Töne gespielt);* Ü wenn es nicht Mittag ist, so hat er sich eben in der Zeit vergriffen; und ist es nicht San Giorgio, so vergriff er sich im Ort (Bergengruen, Rittmeisterin 284); **b)** *etw. in seiner Art Falsches, Unpassendes, Unangebrachtes o. ä. wählen:* sich im Ton, Ausdruck, in den Mitteln, in der Wahl seiner Mittel v.; Radikale vergriffen sich in ihrer Taktik (Niekisch, Leben 96); sie ... war auch nicht gebildet, da machte sie sich nichts vor, aber sie vergriff sich nicht, sie blieb bei ihrem Leisten, ihr Leben lang (Kronauer, Bogenschütze 41). **2.** *sich etw. aneignen:* **1:** *sich an fremdem Eigentum, Besitz, Gut v.;* er hat sich an der Kasse vergriffen *(hat widerrechtlich Geld aus ihr entnommen);* zwei Mann ..., die den ganzen Abend aufpassen, daß sich keine Kinder am Cola-Wodka vergreifen *(daß sie keinen Cola-Wodka trinken;* Freie Presse 22. 12. 89, 8). **3.** *gegen jmdn. tätlich werden, an jmdm. Gewalt antun:* sich an einem Schwächeren v.; Man riß ihm die Fingernägel aus und vergriff sich auch noch in anderer tierischer Weise an ihm (Niekisch, Leben 250); Der wollt' sich bestimmt v. an dem Kind *(wollte es geschlechtlich mißbrauchen;* Grass, Hundejahre 554); Ü ich werde mich an der Maschine nicht v. *(werde mich aus Furcht vor unsachgemäßer Behandlung gar nicht damit befassen);* Sicher ist es ein Problem, wenn jedes große Thema von den Medien so breitgetreten wird, daß ein skrupulöser Autor sich nicht auch noch daran v. möchte (natur 10, 1991, 96).
ver|grei|sen ⟨sw. V.; ist⟩: **1.** *stark altern, greisenhaft, senil werden:* er vergreist immer mehr; Aber das Kind wollte nicht ..., war ein wimmerndes Grams, vergreiste früh und kümmerte weg: zu Tode gefüttert (Grass, Butt 347); Im Gegensatz zu vielen hielt er die Alte überhaupt nicht für vergreist (Degenhardt, Zündschnüre 166). **2.** *(von der Bevölkerung) sich zunehmend aus alten Menschen zusammensetzen; überaltert (1) sein:* eine vergreisende Gesellschaft; Michail Gorbatschow, mit 53 Jahren Benjamin im vergreisten sowjetischen Politbüro (Spiegel 36, 1984, 22); **Ver|grei|sung,** die; -: *das Vergreisen.*
ver|grel|len ⟨sw. V.; hat⟩ [mhd. vergrellen, zu: grellen = laut, vor Zorn schreien] (landsch.): *zornig machen:* man hat ihn vergrellt.
ver|grif|fen ⟨Adj.⟩ [zu ↑vergreifen in der veralteten Bed. „durch Greifen entfernen"]: *(bes. von Druckerzeugnissen) nicht mehr lieferbar:* ein -es Buch; diese Ausgabe ist [zur Zeit] v.
ver|grö|bern ⟨sw. V.; hat⟩: **a)** *gröber (1 c) machen:* Leider vergröbert jede Übersetzung einen anspruchsvollen Text, zumal einen poetischen (Stern, Mann 375); der Maler hatte ihre Gesichtszüge auf dem Porträt vergröbert; etw. vergröbert darstellen; eine vergröbernde Nachbildung; **b)** ⟨v. + sich⟩ *gröber (1 c) werden:* das mürbe werdende Haar und der Teint, der sich unerbittlich vergröberte (Böll, Haus 37); in dem Augenblick, wo man diese gewagten Scherze übersetzt, vergröbern sich sich selbst unerträglich (Tucholsky, Werke II, 202); **Ver|grö|be|rung,** die; -, -en: *das Vergröbern.*
Ver|grö|ße|rer, der; -s, -: *optisches Gerät zur Herstellung von Vergrößerungen;*
ver|grö|ßern ⟨sw. V.; hat⟩: **1. a)** *in seiner Ausdehnung, seinem Umfang größer machen; erweitern:* einen Raum, Garten [um das Doppelte] v.; er legt zu, er will den Vorsprung noch mehr v. (Lenz, Brot 96); **b)** ⟨v. + sich⟩ (ugs.) *sich in bezug auf die für Wohnung od. Geschäft zur Verfügung stehende Fläche weiter ausdehnen:* wir sind umgezogen, um uns zu v.; der Betrieb hat sich vergrößert; **c)** ⟨v. + sich⟩ *in bezug auf seine Ausdehnung, seinen Umfang größer werden:* Die Fichte ... Ihr Verbreitungsgebiet hat sich im Laufe der letzten zwei Jahrhunderte wesentlich vergrößert (Mantel, Wald 19); Glum klagte oft darüber, daß der große dunkle Flecken an seiner Zimmerdecke sich vergrößere (Böll, Haus 82); die Wunde hatte sich vergrößert und eiterte (Lentz, Muckefuck 157); eine krankhaft vergrößerte Leber, Schilddrüse. **2. a)** *mengen-, zahlen-, gradmäßig größer machen; vermehren:* die Zahl der Mitarbeiter v.; meine ... Ärzte ... vergrößerten *(erhöhten)* die Dosen (Thorwald, Chirurgen 70); die Maßnahme hatte das Übel noch vergrößert *(verschlimmert)* ... können Ferientage mit einer vergrößerten Familie zum Erlebnis werden (Bund 9. 8. 80, 43); **b)** ⟨v. + sich⟩ *mengen-, zahlen- od. gradmäßig größer werden, zunehmen:* die Zahl der

Vergrößerung

Mitarbeiter hat sich vergrößert; damit vergrößert sich die Wahrscheinlichkeit, daß...; Die Entfernung zu den Frauen vergrößerte sich (Bieler, Bonifaz 33); ... daß nun die Not Portugals sich noch einmal ins Ungeheuere vergrößere (Schneider, Erdbeben 96); Die sich zwangsweise vergrößernde Differenz zwischen Möglichem und Wirklichem ist übrigens eine Quelle wachsender Unzufriedenheit (Gruhl, Planet 255). **3.** *von etw. eine größere Reproduktion herstellen:* eine Fotografie v. **4.** *(von optischen Linsen o. ä.) größer erscheinen lassen:* dieses Glas vergrößert stark; **Ver|grö|ße|rung,** die; -, -en: **1.** ⟨Pl. selten⟩ *das Vergrößern, das [Sich]vergrößern.* **2.** *vergrößerte Fotografie:* von einem Negativ -en machen; **Ver|grö|ße|rungs|ap|pa|rat,** der: *Vergrößerer;* **Ver|grö|ße|rungs|form,** die (Sprachw.): vgl. Verkleinerungsform; *Augmentativ;* **Ver|grö|ße|rungs|ge|rät,** das: *Vergrößerungsapparat;* **Ver|grö|ße|rungs|glas,** das: *[in eine Halterung mit Griff od. in eine Vorrichtung zum Aufstellen gefaßte] optische Linse, die Gegenstände vergrößert* (4); *Lupe;* **Ver|grö|ße|rungs|pa|pier,** das: *zur Herstellung von Vergrößerungen* (2) *verwendetes lichtempfindliches Papier;* **Ver|grö|ße|rungs|sil|be,** die (Sprachw.): vgl. Verkleinerungssilbe; **Ver|grö|ße|rungs|spie|gel,** der: *Spiegel, der vergrößert* (4).
ver|grü|belt ⟨Adj.⟩: *grüblerisch:* Nurejew ... wurde ... als v. melancholischer Hamlet unter den Tänzern gefeiert (Spiegel 2, 1993, 163); da ist der junge Jorkan noch einmal gekommen, nur -er jetzt (Schnurre, Schattenfotograf 164).
Ver|gru|sung, die; -, -en [zu ↑Grus] (Geol.): *durch physikalische Verwitterung verursachter Zerfall kristalliner Gesteine zu Schutt.*
ver|gucken[1], sich ⟨sw. V.; hat⟩ (ugs.): **1.** *jmds. Äußeres so anziehend finden, daß man sich in ihn verliebt:* er hat sich in seine Nachbarin verguckt; Ein flüchtiger Bekannter ..., der sich wohl in ihn verguckt hatte (Hölscher, Keine 36). **2.** *versehen* (3 a): ich glaube, du hast dich verguckt, das ist er nicht.
ver|gül|den ⟨sw. V.; hat⟩ (dichter. veraltend): *vergolden.*
Ver|gunst [zu spätmhd. vergunsten = erlauben, zu ↑Gunst]: nur noch in der Fügung *mit V.* (veraltet; *mit Verlaub, mit Ihrer Erlaubnis*); **ver|gün|sti|gen** ⟨sw. V.; hat⟩ (veraltet): *günstiger* (a) *gestalten:* vergünstigte Preise; **Ver|gün|sti|gung,** die; -, -en: *Vorteil, den man auf Grund bestimmter Voraussetzungen genießt:* soziale, steuerliche -en; -en bieten, gewähren, genießen; ... wobei er alle möglichen Leute belastete in der Hoffnung, sich -en zu verschaffen (Heym, Schwarzenberg 151); ... daß die Wahl eines Polen zum Papst den Christen in den Ostblockländern mehr Nachteile als -en bereitet habe (Saarbr. Zeitung 19.12.79, 2); Er steckte ihnen (= den Kindern) kleine -en *(Geschenke)* zu und dachte nicht daran, ein tüchtiger, berechnender Geschäftsführer zu sein (Strittmatter, Wundertäter 221).
Ver|guß|mas|se, die; -, -n: *aus Bitumen, Harzen, Wachsen u. a. hergestellte plastische Masse, die zum Verlegen von Fußbodenbelägen, zum Ausfüllen von Rissen u. Fugen im Mauerwerk o. ä. verwendet wird.*
ver|gü|ten ⟨sw. V.; hat⟩ [spätmhd. vergüeten = ersetzen; auf Zinsen anlegen]: **1. a)** *jmdm. für einen finanziellen Nachteil o. ä. einen entsprechenden Ausgleich zukommen lassen:* jmds. Unkosten, jmdm. seine Auslagen v.; jmdm. einen Verlust, einen Schaden v. *(ersetzen); ...* so lebte ich mit Schenk ... und wollte an dir v. *(wiedergutmachen),* was ich an ihm versäumt hatte (Bieler, Bär 443); Sie sagen uns Fabrikat, Type und Alter Ihres Gerätes. Wir sagen Ihnen, was wir dafür vergüten (Augsburger Allgemeine 10./11.6.78, 32); **b)** (bes. Amtsspr.) *eine bestimmte [Arbeits]leistung bezahlen:* [jmdm.] eine Arbeit, Tätigkeit v.; die Leistungen werden nach einheitlichen Sätzen vergütet; ... die Medikamente nurmehr nach Maßgabe ihres therapeutischen Nutzens zu v. (Basler Zeitung 9.10.85, 13). **2.** (Fachspr.) *in seiner Qualität verbessern:* Metall, Werkstücke, Linsen v.; vergütete Mineralöle; ♦ **Ver|gü|ti|gung,** die; -, -en: *Vergütung:* ... daß ... nichts billiger und zweckmäßiger schien, als eine V. der Pferde in Geld einzuleiten (Kleist, Kohlhaas 70); **Ver|gü|tung,** die; -, -en: **1.** *das Vergüten; Vergütetwerden:* ... weil die Gemüseproduzenten eine vollständige V. ihrer Einkommensausfälle fordern (NZZ 27.8.86, 37). **2.** *Geldsumme, mit der etw. vergütet wird:* eine V. zahlen, erhalten; **ver|gü|tungs|frei** ⟨Adj.⟩: *kostenlos; gebührenfrei:* Nutzung -er Angebote (Rhein-Zeitung 21.12.84, 25); **Ver|gü|tungs|grup|pe,** die: vgl. Lohngruppe.
verh. = verheiratet (Zeichen: ∞).
Ver|hack, der; -[e]s, -e [zu landsch. verhakken = zerhacken] (veraltet): *Verhau:* ein V. abgedrehter, zertretener, ausgerafter Stämme (A. Zweig, Grischa 388); **Ver|hackert**[1], das; -s (österr.): *Speise aus klein gehacktem geräuchertem Schweinefleisch;* **ver|hack|stücken**[1] ⟨sw. V.; hat⟩ (ugs.): **1.** (abwertend) *bis in die Einzelheiten so negativ beurteilen, daß an dem Betreffenden nichts Gutes mehr übrigbleibt; verreißen:* die Neuerscheinung, Aufführung wurde von der Kritik [völlig] verhackstückt; In der Design-Abteilung des Hauses tüftelt man an solchen praktischen Entwürfen, verhackstückt aber auch gute Grundideen (Szene 8, 1984, 30). **2.** (nordd.) *beratend, verhandelnd über etw. sprechen.*
Ver|haft: 1. in den Wendungen *in V. nehmen* (veraltet; ↑[1]Haft 1): ♦ ... und wolle endlich den Raymond ... verklagen und in V. nehmen lassen (Goethe, Egmont II); *in V. sein* (veraltet; *sich in* [1]*Haft 1 befinden*). ♦ **2.** *Verhaftung; das Verhaftetwerden:* Wie, Herr, wenn eins zum Feinde ginge, statt Anlaß sich stellte dem V.? (Grillparzer, Weh dem I); **ver|haf|ten** ⟨sw. V.; hat⟩ [1: mhd. verheften, eigtl. = festmachen]: **1.** *(auf Grund eines Haftbefehls) festnehmen:* jmdn. [unter dem Verdacht des Mordes, der Spionage] v.; er ließ ihn v.; sie war unschuldig, in Italien, auf dem Flughafen verhaftet worden; Wenn er es riskiere, ... gemeinsam mit mir aus meiner Wohnung heraus verhaftet zu werden, könne er bleiben (Niekisch, Leben 248); verhaftete Putschisten. **2.** (selten) *einprägen* (2a): einen Eindruck hat sich ihm, seinem Gedächtnis unauslöschlich verhaftet; Er (= Abschiedsartikel) soll ... den Extrakt der Zielsetzung und geistigen Substanz der dreißig Hefte dem Gedächtnis der Leser v. (Kantorowicz, Tagebuch I, 665); **ver|haf|tet** ⟨Adj.⟩: *[in geistiger Hinsicht] so sehr unter dem Einfluß, der Einwirkung von etw. stehend, daß man sich nicht davon lösen kann, davon bestimmt wird:* ein seiner Zeit -er Autor; [in] der Tradition v. sein; deren Denken v. bleiben; **Ver|haf|te|te,** der u. die; -n, -n ⟨Dekl. ↑ Abgeordnete⟩: *jmd., der verhaftet* (1) *worden ist:* Der V. ... bestreitet entschieden jedwede Beteiligung an dem Verbrechen (Noack, Prozesse 12); **Ver|haf|tung,** die; -, -en: **1.** *das Verhaften* (1): diese V. sei irrtümlich erfolgt (Feuchtwanger, Erfolg 548); jmds. V. veranlassen, anordnen, rückgängig machen, aufheben; er konnte der V. nur knapp entgehen (Seghers, Transit 33); jmds. V. durch Gendarmerie und Gerichtsurteilen ... hatte bald solche Ausmaße angenommen, daß ... (Leonhard, Revolution 69). **2.** (selten) *das Verhaftetsein:* die V. in der Tradition; Tragisch in dem Sinne einer V. des Menschen in alles Herkömmliche (Pilgrim, Welle 93); **Ver|haf|tungs|wel|le,** die: *Welle* (2 a) *von Verhaftungen* (1) *in einem kurzen Zeitraum:* Solchen Ereignissen folgten immer -n (Degenhardt, Zündschnüre 37).
ver|ha|geln ⟨sw. V.; ist⟩: *durch Hagelschlag vernichtet werden:* das Getreide ist verhagelt; Ü Mensch, Brenner, du kannst einem schon den Sonntag v.! (Erné, Fahrgäste 231).
ver|ha|keln ⟨sw. V.; hat⟩: **a)** ⟨v. + sich⟩ *verhaken* (b): selbst bei den Monteuren verhakeln sich manchmal die Eisenkrallen, wenn sie nicht breitbeinig genug mit ihnen gehen (Strittmatter, Der Laden 345); Ü Von Folge zu Folge schlüpfen sie in neue Gewänder, verhakeln sich in neuen Situationen (Hörzu 39, 1978, 42); **b)** *verflechten* (b), *eng miteinander verbinden:* Die Bauern, gründlich mit Raiffeisenbanken und Kunstdüngerfirmen verhakelt, zögern nicht (Communale 15.12. 83, 5); **ver|ha|ken** ⟨sw. V.; hat⟩: **a)** *fest einhaken* (1), *zuhaken:* zwei Bügel v.; Als er die Nadel in der Decke verhakte, überlegte er ... (Dorpat, Ellenbogenspiele 26); **b)** ⟨v. + sich⟩ *an etw. (Unebenem, Vorstehendem o. ä.) hängenbleiben, sich festhaken:* sich am Zaun v.; Eine der rotierenden waagerechten Bürsten hatte sich im rechten Scheibenwischer verhakt und Scheibe und Lack ruiniert (ADAC-Motorwelt 6, 1985, 70); der Reißverschluß hat sich schon wieder verhakt; Ü sich in Details v.; sein Blick verhakte sich, wie von Hasse lodernd, in dem seinen (Maass, Gouffé 160); **c)** *etw. in etw. haken* (2): die Finger, Hände [ineinander] v.; Ü Ich bin ... nur noch daheim in meinen ineinander verhakten Tätigkeiten (Mayröcker, Herzzerreißende 85).
ver|hal|len ⟨sw. V.⟩: **1.** *immer schwächer*

hallen u. schließlich nicht mehr zu hören sein ⟨ist⟩: die Rufe, Schritte verhallten; kaum daß ... der Mönchsgesang im Dom verhallt war ... (Stern, Mann 240); ... aber die Begeisterung ... galt weder dem Dichter noch den verhallten Reden (Ransmayr, Welt 66); Ü seine Bitten sind ungehört verhallt *(sind unbeachtet geblieben)*; Und der August-Aufruf ..., für einen Tag alle öffentlichen Verkehrsmittel zu boykottieren, verhallte nahezu ohne Resonanz (Basta 7, 1983, 4). **2.** (Technik) *(bei musikalischen Aufnahmen (8 a) den Effekt eines Nachhalls erzeugen* ⟨hat⟩: Es ist nur in den wenigsten Fällen möglich, „trokken" aufzunehmen und erst nachträglich zu v. (Funkschau 20, 1971, 2083).
Ver|halt, der; -[e]s, -e (veraltet): **1.** ⟨o. Pl.⟩ *Verhalten.* **2.** *Sachverhalt;* **¹ver|hal|ten** ⟨st. V.; hat⟩ [mhd. verhalten, ahd. farhaltan = zurückhalten, hemmen]: **1.** ⟨v. + sich⟩ **a)** *in bestimmter Weise auf jmdn., etw. in einer Situation o. ä. reagieren:* sich ruhig, still, abwartend, vorsichtig, [völlig] passiv, abweisend, auffällig v.; alle verhielten sich so brav wie die Musterhaft (Frisch, Stiller 223); sich im Verkehr richtig, falsch v.; ... wenn jemand sich gelegentlich unter seinem Rang verhält (Frisch, Montauk 25); Ü Doch die Abgase verhielten sich in diesen Höhen anders (natur 2, 1991, 16); Allerdings hat sich der Wald regional und baumspezifisch unterschiedlich verhalten (Tages Anzeiger 26. 11. 91, 1); **b)** *in seinem Handeln [anderen gegenüber] eine bestimmte Haltung, Einstellung zeigen; sich benehmen:* sich jmdm. gegenüber/gegen jmdn./zu jmdm. korrekt, unfair, ungerecht, wie ein Freund v.; ... und daß der ... sich nicht fremd und fromm gegen ihn verhielt (Th. Mann, Hoheit 61); Sie verhalten sich dann weder wie Geschäftsleute ... noch wie gehorsamspflichtige Rechtsgenossen (Fraenkel, Staat 220); Zu seinem Mädchen verhielt er sich so eklig, daß es sich nach einem anderen umsah (Loest, Pistole 75). **2.** ⟨v. + sich⟩ **a)** *in einer bestimmten Weise (beschaffen) sein:* die Sache, Angelegenheit verhält sich nämlich so ..., in Wirklichkeit genau umgekehrt; ⟨auch unpers.:⟩ mit der Sache verhielt es sich ganz anders; wie verhält es sich eigentlich mit der Wahrheitsliebe?; **b)** *in Vergleich zu etw. anderem eine bestimmte Beschaffenheit haben, zu etw. in einem bestimmten Verhältnis stehen:* a verhält sich zu b wie x zu y; die beiden Größen verhalten sich zueinander wie 1 : 2. **3.** (geh.) *unter Kontrolle halten, zurückhalten, unterdrücken:* seinen Schmerz, Zorn, Unwillen v.; ihre Schwermut, die in sich vibrierte wie man ein Weinen verhält (A. Zweig, Claudia 125); den Atem, die Luft v. *(anhalten);* den Harn v. **4. a)** *den Schritt verzögern; im Gehen innehalten:* den Schritt v.; ⟨auch ohne Akk.-Obj.:⟩ am Ausgang, an der Kreuzung verhielt er einen Augenblick *(blieb er stehen);* Ü ich habe einen feierlichen Moment lang bei der Vorstellung verhalten, daß ich mein Honorar dann künftig vom Präsidenten der Vereinigten Staaten beziehen würde (Wollschläger, Zeiten 14); ganze Jahrgänge und Generationen wuchsen von unten nach, verhielten mit ihm auf gleicher Höhe und entschwanden nach oben (Zwerenz, Erde 31); **b)** (Reiten) *¹parieren* (2): sein Pferd v. **5.** ⟨v. + sich⟩ (landsch.) *sich mit jmdm. gut stellen:* er hatte Erfolg, also wollte er sich mit ihm (Feuchtwanger, Erfolg 736). **6.** (österr., schweiz. bes. Amtsspr.) *verpflichten:* er ist verhalten *(gehalten),* dich zu ermahnen; ihr werdet vor Professor Lindner also zu dem Bekenntnis verhalten, daß die Neckereien und Prügel ... eine Ursache seiner geistigen Entwicklung gewesen sein könnten (Musil, Mann 1292). **7.** (schweiz., sonst veraltet) *[mit der Hand] verschließen, zuhalten:* jmdm. den Mund, sich die Ohren v.; **²ver|hal|ten** ⟨Adj.⟩: **1. a)** *(von Empfindungen o. ä.) zurückgehalten, unterdrückt u. daher für andere kaum merklich:* -er Zorn, Trotz, Schmerz; in seinen Worten, seinem Ton lag -er Spott; War seine Haltung Entschlossenheit oder -e Scheu? (Dönhoff, Ära 190); v. lächeln; Die einander kannten, nickten nur v. (Frisch, Gantenbein 388); Daß ihr Mann in Australien sei, müsse eine Verwechslung sein, sagte sie v., und Bruster hörte, wie der Frau die Tränen kamen (Prodöhl, Tod 279); **b)** *zurückhaltend:* Julika, einem so scheuen und -en Wesen (Frisch, Stiller 437); eine -e Fahrweise; v. *(vorsichtig u. nicht sonderlich schnell; defensiv)* fahren; Erst einmal v. in Ton und Themen auftreten, trotzdem aber mehr an Meldungen bringen als die anderen Zeitungen (Kühn, Zeit 109); In diesem Punkt gibt sich der Bericht v. optimistisch (natur 9, 1991, 37). **2.** *(von Tönen, Farben o. ä.) gedämpft, dezent:* -e Farbtöne, Dessins; er sprach mit -er Stimme; die Ehefrau, von Beruf Spielzeugmalerin, bemalt mit -en, matten Farben die Figuren (Freie Presse 1. 12. 89, Beilage 3); Im Duft etwas v., zeigt er (= Wein) eine strohgelbe Farbe (e & t 5, 1987, 193); **Ver|hal|ten,** das; -s, (Fachspr.:) -: *Art u. Weise, wie sich ein Lebewesen, etw. ¹verhält* (1): ein anständiges, tadelloses, seltsames, taktisch kluges, fahrlässiges v.; ein aggressives, provozierendes, skandalöses V.; menschliches, frühkindliches V.; wer geklaut hat, der sitzt dann wegen Arbeitsscheu und gesellschaftsschädigendem V. (Zwerenz, Quadriga 158); Sein inneres V. *(seine innere Haltung)* zu dieser Publikation (Reich-Ranicki, Th. Mann 60); das V. in Notsituationen; ein arrogantes V. an den Tag legen; sein V. [jmdm. gegenüber, gegen jmdn., zu jmdm.] ändern; Nur noch eine Auskunft mußt du mir geben, damit ich danach mein V. einrichten kann (Kirst, Aufruhr 134); jmds. V. [nicht] verstehen, sich nicht erklären können, mißbilligen, verurteilen; Tiere mit geselligem V.; Ü das V. von Viren, eines Gases untersuchen; **-ver|hal|ten,** das; -s: **1.** *bezeichnet in Bildungen mit Substantiven oder Verben (Verbstämmen) das Verhalten bei oder während etw.:* Brut-, Eß-, Freizeit-, Seitenwindverhalten. **2.** *bezeichnet in Bildungen mit Substantiven das Verhalten von jmdm.:* Verbraucher-, Wählerverhalten; **Ver|hal|ten|heit,** die; - [zu ↑²verhalten]: *das Verhaltensein;* **Ver|hal|tens|än|de|rung,** die: *Änderung des Verhaltens:* die GRÜNEN ... hatten — mit ihrer Forderung nach einer radikalen V. in der Industriegesellschaft eine Art Monopolstellung (natur 2, 1991, 8); **ver|hal|tens|auf|fäl|lig** ⟨Adj.⟩ (Psych., Med.): *in seinem Verhalten vom Normalen, Üblichen in auffälliger Weise abweichend:* -e Jugendliche, Kinder; **Ver|hal|tens|auf|fäl|lig|keit,** die (Psych., Med.): *das Verhaltensauffälligsein;* **Ver|hal|tens|for|scher,** der: *Wissenschaftler auf dem Gebiet der Verhaltensforschung;* **Ver|hal|tens|for|sche|rin,** die: w. Form zu ↑ Verhaltensforscher; **Ver|hal|tens|for|schung,** die ⟨o. Pl.⟩: *Erforschung der menschlichen u. tierischen Verhaltensweisen (als Teilgebiet der Biologie); Ethologie;* **Ver|hal|tens|fra|ge,** die: *(bei Umfragen* **a)** *Frage nach dem Verhalten in einer bestimmten Situation;* **ver|hal|tens|ge|stört** ⟨Adj.⟩ (Psych., Med.): *Verhaltensstörungen aufweisend:* -e Kinder, Jugendliche; [schwer] v. sein; **Ver|hal|tens|ge|stört|heit,** die (Psych., Med.): *das Verhaltensgestörtsein;* **Ver|hal|tens|ko|dex,** der: *Kodex* (4); **Ver|hal|tens|leh|re,** die: vgl. Verhaltensforschung; **Ver|hal|tens|maß|re|gel,** die ⟨meist Pl.⟩: vgl. Verhaltensregel; **Ver|hal|tens|merk|mal,** das: vgl. Verhaltensmuster; **Ver|hal|tens|mu|ster,** das: *Komplex von Verhaltensweisen, dessen Komponenten häufig gemeinsam od. in der gleichen Reihenfolge auftreten:* anerzogene, tradierte V.; typisch männliche V.; das erste Mal ... schien sie einem erlernten V. zu reagieren (Woelk, Freigang 19); **Ver|hal|tens|norm,** die: vgl. Verhaltensregel; **Ver|hal|tens|re|gel,** die ⟨meist Pl.⟩: *Regel* (1 a) *für das Verhalten in bestimmten Situationen:* die -n bei Eis und Schnee; **Ver|hal|tens|steu|e|rung,** die: *Steuerung des Verhaltens;* **Ver|hal|tens|stö|rung,** die ⟨meist Pl.⟩ (Med., Psych.): *Störung des Verhaltens:* Wenn wir ... wirklich etwas gegen Kriminalität, -en und Süchte tun wollen (Zeit 7. 2. 75, 58); **ver|hal|tens|the|ra|peu|tisch** ⟨Adj.⟩: *die Verhaltenstherapie betreffend, dazu gehörend, darauf beruhend:* ... hat die Gruppe ein -es Programm entwickelt (Neue Ärztliche 24./25. 7. 87, 5); **Ver|hal|tens|the|ra|pie,** die: *Psychotherapie zur Beseitigung gestörter Verhaltensweisen;* **Ver|hal|tens|wei|se,** die: *Verhalten:* Von einigen heißblütigen menschlichen ... nicht zu reden (Stern, Mann 108); **Ver|hält|nis,** das; -ses, -se [zu ↑ ¹verhalten (2)]: **1.** *Beziehung, in der sich etw. mit etw. vergleichen läßt od. in der etw. an etw. anderem gemessen wird; Relation* (1 a): das entspricht einem V. von drei zu eins, 3 : 1; im V. zu früher *(verglichen mit früher)* ist er jetzt viel toleranter; sein Kopf war klein im V. zu den breiten Schultern (Baum, Paris 152); der Aufwand stand in keinem V. zum Erfolg *(war, gemessen an dem erzielten Erfolg, viel zu groß).* **2.** *Art, wie jmd. zu jmdm., etw. steht; persönliche Beziehung:* sein V. zu seinen Eltern war gestört; das V. zwischen den Geschwistern ist sehr eng; es herrscht ein vertrautes V. zwischen uns; ein gutes, kameradschaftli-

ches, freundschaftliches, herzliches V. zu jmdm. haben; er hat, findet kein [rechtes] V. zu Musik; In welchem V. stehen Sie zu dem Inhaftierten? (Bobrowski, Mühle 181); Ü ... daß dieses innige V. von Volk und Sprache für alle Zeiten ein leuchtendes Vorbild bleiben wird (Thieß, Reich 403). **3. a)** (ugs.) *über eine längere Zeit bestehende intime Beziehung zwischen zwei Menschen; Liebesverhältnis:* ein V. mit jmdm. anfangen, beenden; mit jmdm. ein V. haben; die beiden haben ein V. [miteinander]; er unterhielt mit/zu ihr ein V.; Eine Tochter aus diesem V. ... heiratete später in die Familie Aquino ein (Stern, Mann 347); Ü vielleicht war es Sünde, das Leben zu lieben und kein seriöses V. mit ihm zu haben (Erich Kästner, Fabian 84); **b)** *jmd., mit dem man ein Verhältnis* (3 a) *hat:* sie ist sein V.; Damit Sie sich auskennen: meine Tochter ist kein schlampiges V. für einen hergelaufenen Hallodri (Kühn, Zeit 343). **4.** 〈Pl.〉 *Umstände, äußere Zustände; für jmdn., etw. bestimmende Gegebenheiten:* bei ihnen herrschen geordnete -se; er liebt klare -se; meine -se *(finanziellen Möglichkeiten)* erlauben mir solche Ausgaben nicht; wie sind die akustischen -se in diesem Saal?; die gesellschaftlichen -se einer Zeit; das Streben der Gesetzgeber, ... veränderten wirtschaftlichen und sozialen -sen Rechnung zu tragen (Fraenkel, Staat 314); Frieda, die doch mit den hiesigen -sen so vertraut sei (Kafka, Schloß 128); er ist ein Opfer der politischen -se; in bescheidenen, guten, gesicherten -sen leben; sie kommt/stammt aus kleinen -sen *(aus einfachem, kleinbürgerlichem Milieu);* ... und von der rechten Tischseite begann der Antiquar für seine -se ungewöhnlich schnell und heftig auf mich einzureden (Gregor-Dellin, Traumbuch 92); sie lebt über ihre -se *(gibt mehr Geld aus, als es ihre finanzielle Situation eigentlich erlaubt);* wenn ein Mensch von seiner Familie weggerissen sei und unter solchen anomalen -sen leben müsse, wie es das Zellendasein mit sich bringe ... (Niekisch, Leben 297); **ver|hält|nis|gleich** 〈Adj.〉: *im gleichen Verhältnis zueinander stehend; proportional* (1); **Ver|hält|nis|glei|chung,** die (Math.): *Proportion* (2 b); **ver|hält|nis|mä|ßig** 〈Adj.〉: **1.** 〈attr. bei Adj. u. Adv.〉 *im Verhältnis* (1) *zu etw. anderem, verglichen mit od. gemessen an etw. anderem, relativ* (1 b): eine v. hohe Besucherzahl; in v. kurzer Zeit; diese Arbeit ist v. leicht; ... ist es ... wichtig, daß die Einkommensempfänger v. wenig sparen (Fraenkel, Staat 377). **2.** *einem bestimmten Verhältnis* (1) *angemessen; entsprechend:* Gewinne v. aufteilen; Jedenfalls ist unwahr, daß die Polizei sich nach der Räumung des Hüttendorfes ... v. verhalten habe (Spiegel 48, 1981, 7); **Ver|hält|nis|mä|ßig|keit,** die; -, -en 〈Pl. selten〉: *Angemessenheit; Entsprechung* (1): *das rechtsstaatliche Gebot der V. der Mittel;* Das Prinzip der V. gilt bei allen staatlichen Eingriffen (Spiegel 20/21, 1976, 49); eine weitgehende V. zwischen den abgegebenen Stimmen und den zugeteilten Mandaten (Fraenkel, Staat 358); **Ver|hält|nis|wahl,** die: *Wahl,*

bei der die Vergabe der Mandate auf die verschiedenen Parteien nach dem Verhältnis (1) *der abgegebenen Stimmen erfolgt; Proportionalwahl, Proporzwahl;* **Ver|hältnis|wahl|recht,** das 〈o. Pl.〉: vgl. Verhältniswahl; **Ver|hält|nis|wahl|sy|stem,** das: *System der Verhältniswahl;* **Ver|hält|niswort,** das 〈Pl. ...wörter〉 (Sprachw.): *Wort, das Wörter zueinander in Beziehung setzt u. ein bestimmtes (räumliches, zeitliches o. ä.) Verhältnis angibt, Präposition* (z. B. *der Ball liegt auf/in/unter dem Schrank);* **Ver|hält|nis|zahl,** die (Statistik): *Zahl, die keine selbständige Größe ausdrückt, sondern zwei statistische Kennzahlen in ihrem Verhältnis zueinander (als Quotienten) darstellt;* **Ver|hal|tung,** die; -: **1. a)** (geh.) *das Verhalten* (3); **b)** (Med.) *Retention* (1). **2.** (veraltet) *Verhalten* (1); **Verhal|tungs|maß|re|gel,** die 〈meist Pl.〉: *Verhaltensmaßregel;* **Ver|hal|tungs|weise,** die / *Verhaltensweise.*
ver|han|del|bar 〈Adj.〉: *sich verhandeln lassend, verhandlungsfähig* (2): mit -en und nichtverhandelbaren Positionen (Kelly, Um Hoffnung 184); der Preis ist v.; die Sache werde wohl „schwer v." sein (Welt 28. 2. 87, 2); Er wiederholte noch einmal, daß zwar alles v., aber ... nicht alles abschließbar sei (Welt 9./10. 10. 93, 1); **verhan|deln** 〈sw. V.; hat〉 [2: mhd. verhandeln]: **1. a)** *etw. eingehend erörtern, besprechen, sich über etw., in einer bestimmten Angelegenheit eingehend beraten, um zu einer Klärung, Einigung zu kommen:* über, (selten:) um etw. v.; über den Friedensvertrag, den Abzug der Truppen v.; er hat über die Beilegung des Streits mit seinem Vertragspartner verhandelt; ... wird aber doch mit dieser Macht jetzt offiziell um ein neues Handelsabkommen verhandelt (Dürrenmatt, Richter 64); Wir Deutsche warten gern ... darauf, daß uns auf einem silbernen Tablett das offeriert wird, worum andere jahrelang verhandeln ringen (Dönhoff, Ära 46); 〈auch mit Akk.-Obj.:〉 Eine direkte Finanzhilfe für den Käufer besonders umweltfreundlicher Autos soll (und muß) noch verhandelt werden (ADAC-Motorwelt 8, 1984, 3); 〈subst.:〉 Die Beamten haben nach langem Verhandeln endlich eine Lohnerhöhung erhalten (Remarque, Obelisk 178); **b)** *vor Gericht, in einem Gerichtsverfahren behandeln [u. entscheiden]:* einen Fall in dritter Instanz v.; Seit einer Woche wird in Bonn vor der 7. Großen Strafkammer der sogenannte Leihwagenprozeß verhandelt (Dönhoff, Ära 38); gegen ihn wurde wegen Körperverletzung verhandelt; dem Anklagegerüst, welches ebenso perfekt konstruiert scheint wie der verhandelte Fall vom Dezember (Saarbr. Zeitung 20. 12. 79, 16); 〈auch ohne Akk.-Obj.:〉 das Gericht verhandelt gegen den Terroristen *(führt die Gerichtsverhandlung gegen sie durch).* **2.** (veraltend, oft abwertend) *verkaufen; verschachern:* auf dem Markt verhandelten Bauern aus dem Kaukasus die freien Spitzen ihrer Erzeugung (Koeppen, Rußland 137); der bunte Pfeffer ... wurde von ihm ... geschätzt und um den höchsten Preis verhandelt (Jacob, Kaffee 114); ♦ Auf einen Pferdemarkt ... bracht' einst

ein hungriger Poet der Musen Roß, es zu v. (Schiller, Pegasus im Joche); **Verhand|lung,** die; -, -en 〈oft Pl.〉 [spätmhd. verhandlung]: **a)** *das Verhandeln* (1): offizielle, geheime -en; diplomatische, parlamentarische -en; die -en zogen sich hin, verliefen ergebnislos; -en aufnehmen; die -en führen, leiten, unterbrechen, abschließen; Der Tag, an dem die Franzosen die -en über die Aufnahme Englands in Brüssel scheitern ließen (Dönhoff, Ära 126); Damals gab es auch amerikanische Stimmen ..., die für -en zwischen Washington und Moskau ... eintraten (Dönhoff, Ära 202); Die freien Gewerkschaften ... erstrebten ... durch -en mit dem Arbeitgeber ... vor allem höhere Entlohnung (Fraenkel, Staat 272); mit jmdm. in V. stehen *(über etw. verhandeln);* zu -en bereit sein; **b)** *kurz für* ↑ Gerichtsverhandlung: eine öffentliche V.; die V. fand unter Ausschluß der Öffentlichkeit statt; die V. mußte unterbrochen werden; die V. wurde vertagt; ... daß die V. gegen Vater Seraphim auf den 20. Dezember angesetzt war (Schaper, Kirche 194); die V. stören; Ich bin nun knapp ein Jahr in Haft ... am 25. Juni werde ich V. haben (Sobota, Minus-Mann 61); **Verhand|lungs|an|ge|bot,** das: *Angebot* (1 b) *zu verhandeln;* **Ver|hand|lungs|basis,** die: *Verhandlungsgrundlage;* **verhand|lungs|be|reit** 〈Adj.; -er, -este〉: *bereit zu verhandeln* (1 a): Wir können eine Weltmacht ... natürlich nicht dadurch v. stimmen, ... (Pohrt, Endstation 92); **Verhand|lungs|be|reit|schaft,** die 〈o. Pl.〉: *Bereitschaft* (1) *zu verhandeln.* V. signalisieren; **Ver|hand|lungs|er|geb|nis,** das: *Ergebnis* (a) *einer Verhandlung;* **verhand|lungs|fä|hig** 〈Adj.〉: **1.** (Rechtsspr.) *in der Lage, in einer Verhandlung* (b) *seine Interessen wahrzunehmen:* daß der ... Ehemann eingeschränkt und dessen ... Frau nur für wenige Stunden täglich v. sind (MM 8. 5. 85, 11). **2.** *so beschaffen, daß darüber verhandelt* (1 b) *werden kann:* dieser Punkt, diese Forderung ist nicht v.; **Ver|hand|lungs|fä|hig|keit,** die 〈o. Pl.〉 (Rechtsspr.): *das Verhandlungsfähigsein* (1); **Ver|hand|lungs|füh|rung,** die: *das Führen* (3 a), *Leiten* (1) *einer Verhandlung* (a, b); **Ver|hand|lungs|ge|gen|stand,** der: vgl. Verhandlungspunkt; **Ver|handlungs|grund|la|ge,** die: *Grundlage, auf der verhandelt* (1 a) *wird;* **Ver|handlungs|man|dat,** das: *Mandat* (1) *zu verhandeln:* Im Frühjahr 1982 glaubte Arafat dem König das V. übertragen zu können (Konzelmann, Allah 459); **Ver|handlungs|ort,** der: *Ort, an dem verhandelt wird;* **Ver|hand|lungs|part|ner,** der: vgl. Vertragspartner; **Ver|hand|lungs|partne|rin,** die: w. Form zu ↑ Verhandlungspartner; **Ver|hand|lungs|pau|se,** die: ¹*Pause* (1 a) *während einer Verhandlung;* **Ver|hand|lungs|punkt,** der: *Punkt* (4 a) *einer Verhandlung;* **Ver|hand|lungs|sache,** die: *Sache, über die zu verhandeln* (1 a) *man bereit ist;* **Ver|hand|lungsspra|che,** die: *Sprache* (4 a), *in die die Verhandlungen geführt werden;* **Verhand|lungs|tag,** der (Rechtsspr.): *Tag, an dem eine Verhandlung* (b) *stattfindet;*

Ver|hand|lungs|tisch, der (in bestimmten Verbindungen): sich an den V. setzen *(die Verhandlungen aufnehmen);* an den V. zurückkehren *(die Verhandlungen wiederaufnehmen);* An den V. wird die Sowjetunion kommen, wenn es gelingt, ihre eigenen Interessen dafür zu mobilisieren (R. v. Weizsäcker, Deutschland 71); **Ver|hand|lungs|weg,** der: in der Fügung **auf dem V.** *(durch Verhandeln).*
ver|hän|gen ⟨Adj.⟩: **1.** *von tiefhängenden Wolken bedeckt; in Dunst gehüllt; trübe:* ein -er Himmel, Tag; Ein frischer Wind hat die -e, graudunstige Schwüle am Vormittags zerrissen (Heim, Traumschiff 401); Ü Die kurzfristigen Konjunkturaussichten bleiben v. (Tages Anzeiger 10. 7. 82, 11). **2.** *mit etw. verhängt; zugehängt:* -e Fenster; ... hinter den -en Möbeln meiner Kindheit (Dierichs, Männer 62); **ver|hän|gen** ⟨sw. V.; hat⟩: **1.** *etw. vor od. über etw. hängen u. das Betreffende dadurch bedecken, verdecken; zuhängen:* die Fenster mit Zeltplanen v.; er verhängte den Spiegel mit einem schwarzen Tuch (Jens, Mann 158); ... aber der Platzanweiser hatte den Eingang sofort mit einem Seil verhängt *(versperrt;* Johnson, Achim 14); Der größte (= Keller), der von innen völlig mit Rupfensäcken ... verhangen *(ausgekleidet)* war (Sommer, Und keiner 10); sah Cotta zunächst nur mit Tüchern und Decken verhängte Möbel (Ransmayr, Welt 195); auch jetzt vermied er es, einen Blick unter die verhängenden Tücher zu tun (Schneider, Erdbeben 35); Ü ... während dem älteren (= Poeten) ... die oberen Augenlider den Blick verhängten, so daß er wie ein geschlagener Hund in alle Zimmerecken ... guckte (Grass, Butt 306); Eines Tages werde sie ihm vorwerfen, sie habe ihr den Horizont verhängt, er habe ihr Scheuklappen angelegt (Becker, Amanda 197). **2.** *(bes. als Strafe) anordnen, verfügen:* Hausarrest, eine Strafe über jmdn. v.; Über Rom wurde die Trauer verhängt (Ransmayr, Welt 134); der Kaiser, der über seinen Getreuen ein ungerechtes Urteil verhängt (NJW 19, 1984, 1083); den Ausnahmezustand, Belagerungszustand v.; Nordrhein-Westfalen hat ... einen Stopp für die Aufnahme von Aus- und Übersiedlern verhängt (Freie Presse 14. 2. 90, 2); der Schiedsrichter verhängte einen Elfmeter; (bes. schweiz.:) Im November 1983 wurde über sein Büro der Konkurs verhängt (NZZ 29. 8. 86, 31); Ü wie schwer auch die Zeiten sind, die Gott über uns verhängt hat (Schaper, Kirche 38); Was das Schicksal über sie verhängte ..., das tat sie (Hollander, Akazien 44); **Ver|häng|nis,** das; -ses, -se [älter = Fügung (Gottes), mhd. verhencnisse = Zulassung, Einwilligung, Schickung, zu: verhengen = hängen lassen od. schießen lassen; nachgeben, geschehen lassen, ergehen lassen, ↑ verhängt]: **1.** *von einer höheren Macht über jmdn. verhängtes Unglück* (1); *Unheil, dem man nicht entgehen kann:* die Spielleidenschaft war sein V.; Ach ja, V. lag über allem, Unheil ging von Tür zu Tür wie die Pest (Waggerl, Brot 202); das V. brach über sie herein, ließ sich nicht aufhalten, ließ sich abwenden; das V. nahm seinen Lauf; diese Frau wurde ihm zum V.; Im Falle einer Krise werden gerade die jetzigen Errungenschaften zum allergrößten V. werden (Gruhl, Planet 263); Zu den wirklichen -sen zählen die Märchen, die in Erfüllung gehen (Fest, Im Gegenlicht 390). ◆ **2.** *Geschick, Schicksal:* Die einzige Sorge der Bewohner ... betraf die Vermählung der aufblühenden Prinzessin, von der die Fortdauer dieser seligen Zeiten und das V. des ganzen Landes abhing (Novalis, Heinrich 32); Was unten tief dem Erdensohne das wechselnde V. bringt, das schlägt an die metallne Krone, die es erbaulich weiter klingt (Schiller, Lied von der Glocke); **ver|häng|nis|voll** ⟨Adj.⟩: *von der Art, daß die betreffende Sache sich als Verhängnis auswirkt, jmdm. zum Verhängnis wird; unheilvoll, fatal* (b): ein -er Irrtum; -e Folgen; eine -e Person (Th. Mann, Joseph 816); diese Entscheidung war v., erwies sich als v., wirkte sich v. aus; dieses v. leicht erscheinende, aber einen Anfänger wie mich quälende Surfen (Gregor-Dellin, Traumbuch 44); **ver|hängt** ⟨Adj.⟩: nur in der Fügung **mit -em Zügel** *(mit locker hängen gelassenem Zügel;* zu mhd. verhengen = die Zügel hängen lassen): **Ver|hän|gung,** die; -, -en: *das Verhängen* (2): die V. einer Geldstrafe, des Ausnahmezustandes.
ver|harm|lo|sen ⟨sw. V.; hat⟩: *harmloser* (1) *hinstellen, als das Betreffende in Wirklichkeit ist; bagatellisieren:* eine Gefahr v.; die schädliche Wirkung von etw. v.; eine Studie, die Giftrückstände in Lebensmitteln unzulässig verharmlost; Leguane ... durch die geringe Größe ins Unbedrohliche verharmlost (Kronauer, Bogenschütze 300); eine verharmlosende Darstellung; es ist sehr trivial und verharmlosend ausgedrückt (Thielicke, Ich glaube 136); **Ver|harm|lo|sung,** die; -, -en: *das Verharmlosen:* gegen die V. des Rechtsextremismus, der atomaren Gefahr protestieren.
ver|härmt ⟨Adj.; -er, -este⟩ [zu ↑ härmen]: *von großem Kummer gezeichnet, verzehrt:* eine -e Frau; ein -es Gesicht; v. aussehen, wirken; Die ... vom Leben enttäuschte Mutter duldete alles still und v. (Sommer, Und keiner 377).
ver|har|ren ⟨sw. V.; hat⟩ [mhd. verharren] (geh.): **a)** *[in einer Bewegung innehaltend] sich für eine Weile nicht von seinem Platz fortbewegen, von der Stelle rühren:* einen Augenblick v.; unschlüssig an der Tür, auf dem Platz v.; In dieser Position mußte der 60jährige ... Mann 264 Stunden v. (Saarbr. Zeitung 11. 7. 80, 11); ... daß das von dem Erpel gehetzte Weibchen plötzlich ... in Begattungsstellung verharrend liegenbleibt (Lorenz, Verhalten I, 219); er bat, fluchte und verharrte, aber der Menge verharrte abweisend (Fest, Im Gegenlicht 242); ⟨subst.:⟩ Mein nachdenkliches Verharren findet eine eigenwillige Auslegung (Berger, Augenblick 101); Ü Die Zinsen würden mit ziemlicher Wahrscheinlichkeit ... auf dem jetzigen Niveau v. (Saarbr. Zeitung 19. 12. 79, 4); Das reale Bruttoinlandsprodukt ... verharrte im 3. Quartal in der konjunkturellen Talsohle (Tages Anzeiger 3. 12. 91, 6); **b)** *[beharrlich] in, bei etw. bleiben:* in Resignation, in Schweigen, im Zweifel v.; Ein Professor kann im Irrtum leben und sein ganzes Leben darin v. (Gehlen, Zeitalter 40); ... die Linke verharrte in Murren, das allerdings ... deutlich gedämpfter klang (Saarbr. Zeitung 5. 12. 79, 3); Peter Kumiak hatte einfach die Lust verloren, wie sein Vater vierzig Jahre bei Herrn von Schachanowski im Dienst zu v. (Marchwitza, Kumiaks 11); **Ver|har|rung,** die; -: *das Verharren.*
ver|har|schen ⟨sw. V.; ist⟩: **a)** *harsch* (1 b), *zu Harsch werden:* der Schnee verharscht, ist verharscht; Als sie einen Kahlschlag passierten, sanken die Räder durch den verharschten Schnee ins morastige Tauwasser (Bieler, Bär 122); Ü Ihre Kleider waren trocken und verharscht *(verkrustet)* in Falten und Regenschmutz (Johnson, Mutmaßungen 136); **b)** *durch Bildung von Schorf zuheilen:* die Wunde verharscht; Ü Seine Lippen verharschten ..., verformten sich (Giordano, Die Bertinis 604); **Ver|har|schung,** die; -, -en: **1.** *das Verharschen.* **2.** *verharschte Stelle.*
ver|här|ten ⟨sw. V.⟩ [mhd. verherten, -harten, ahd. farhartjan]: **1.** ⟨hat⟩ **a)** *hart* (1 a) *machen:* das Feuer verhärtet den Ton; **b)** *hart* (3) *machen:* das Leben, das Schicksal verhärtete ihn; die Not hat ihr Herz verhärtet; Ich ging ans Fenster und starrte blind hinaus, von Qual verhärtet (Rinser, Mitte 129). **2. a)** *hart* (1 a) *werden* ⟨ist⟩: das Gewebe verhärtet; der Boden war durch langen Weidebetrieb verhärtet; genau wie Ihr verkrampfter, dadurch verhärteter Körper (Dwinger, Erde 83); **b)** ⟨v. + sich⟩ *hart* (1 a) *werden* ⟨hat⟩: das Gewebe, die Geschwulst hat sich verhärtet; **c)** ⟨v. + sich⟩ *hart* (3), *verbittert werden; sich jmdm., einer Sache gegenüber unzugänglich, abweisend zeigen* ⟨hat⟩: der jugendliche Straftäter verhärtete sich; Noch im selben Jahr verhärtete sie sich wieder gegen mich, und ... erklärte ..., sie wolle mich nie mehr sehen (Canetti, Augenspiel 248); in den Tarifverhandlungen haben sich die Fronten, die Standpunkte verhärtet; die Gesichtszüge, die einst von einer gewissen Sensibilität gezeugt, inzwischen aber sich verhärtet hatten (Heym, Schwarzenberg 74); ⟨oft im 2. Part.:⟩ sein Herz ist verhärtet; **Ver|här|tung,** die; -, -en: **1.** *das [Sich]verhärten:* eine erneute V. in der Kulturpolitik, die bis zum Tod Ulbrichts andauerte (Loest, Pistole 153). **2.** *verhärtete Stelle im Gewebe.*
ver|har|zen ⟨sw. V.; ist⟩: *Harz[e], harzähnliche Stoffe bilden;* **Ver|har|zung,** die; -, -en: *das Verharzen.*
ver|hascht ⟨Adj.; -er, -este⟩ (ugs., oft abwertend): *dem Haschisch verfallen; unter Einfluß von Haschisch stehend:* ein -er Typ; Ich ließ ihn rein ... und stellte dann fest, daß er hochgradig betrunken war und schon völlig verhascht (Eppendorfer, Ledermann 133).
ver|has|peln, sich ⟨sw. V.; hat⟩ (ugs.): **a)** *haspelnd* (2 a) *die Worte durcheinanderbringen, sich mehrmals versprechen:* sich vor Aufregung v.; sich bei einer Antwort,

verhäßlichen

in einer Rede v.; Beim Sprechen verhaspelte er sich, weil die Gedanken den Worten entliefen (Kusenberg, Mal 96); Sie konnte Büroboten und Bibelforscher abfertigen, ohne sich ein einziges Mal zu v. (Bieler, Mädchenkrieg 18); **b)** *sich irgendwo verwickeln, verfangen:* er verhaspelte sich in den Stricken; Axel verhaspelte sich im Schritt und stolperte (Müthel, Baum 103); Die Männer ... verhaspelten Kopf und Arme in Freizeithemden (Fels, Sünden 91); Die Einsicht, daß ... die zentrale Bürokratie ... sich in Permanenz in Widersprüche verhaspelt (NZZ 14. 4. 85, 14).

ver|häß|li|chen ⟨sw. V.; hat⟩ (selten): *häßlich* (1) *machen;* **Ver|häß|li|chung,** die; -, -en (selten): *das Verhäßlichen.*

ver|haßt ⟨Adj.; -er, -este⟩ [adj. 2. Part. von veraltet verhassen = hassen]: *jmdm. äußerst zuwider; jmds. Haß hervorrufend:* ein -es Regime; eine -e Pflicht; So hat der weithin -e Autobahnbau auch etwas für sich (Szene 8, 1983, 25); überall v. sein; Unaufrichtigkeit ist ihm [in tiefster Seele] v.; Ein Bureau, eine Kanzlei, eine Amtsstube, das war ihm v. wie der Tod (Hesse, Steppenwolf 7); sich bei jmdm. v. *(äußerst unbeliebt) machen;* Und wegen unglücklicher Zufälle wird er einem Wärter so v., daß er auf dessen Falschaussage hin zu zwei Jahren verurteilt wird (Oxmox 5, 1985, 186).

ver|hät|scheln ⟨sw. V.; hat⟩ (oft abwertend): *jmdm. (bes. einem Kind) übertriebene Fürsorge zuteil werden lassen:* ein Kind v.; Einst waren sie (= Akademiker) begehrt und verhätschelt *(verwöhnt),* heute gehen viele stempeln (Spiegel 8, 1977, 5); der neue König verhätschelt ihn mit Beweisen des Vertrauens (St. Zweig, Fouché 170); Ü Die Umweltinitiative ... wagt sich ... an die verbal verhätschelte und praktisch vernachlässigte Solarenergie heran (natur 7, 1991, 22); **Ver|hätsche|lung, Ver|hätsch|lung,** die; -, -en: *das Verhätscheln; Verhätscheltwerden.*

ver|hatscht ⟨Adj.; -er, -este⟩ [zu ↑ hatschen] (österr. ugs.): *(von Schuhen) ausgetreten.*

Ver|hau, der od. das; -[e]s, -e [zu mhd. verhouwen (↑ verhauen) in der Bed. „durch Fällen von Bäumen versperren"]: *dichtes, bes. aus Ästen, Strauchwerk od. [Stachel]draht bestehendes Hindernis, das den Weg od. Zugang zu etw. versperrt:* einen V. errichten; Die drei Männer zogen ein strauchartiges V. hinter der Böschung hervor (Augustin, Kopf 405).

ver|hau|chen ⟨sw. V.⟩ (geh.): **1.** *hauchend von sich geben, aushauchen* ⟨hat⟩: die Seele, sein Leben v. *(sterben)* ⟨subst.:⟩ ein Wall lautlosen Verhauchens ... Verhungernde und Erfrierende ... heulen und jammern nicht ... (Plievier, Stalingrad 205). **2.** *ganz sacht verlöschen* ⟨ist⟩: das Flämmchen verhauchte.

ver|hau|en ⟨unr. V.; hat⟩ [mhd. verhouwen = zerhauen; verwunden; beschädigen; ab-, niederhauen; ausholzen; durch Fällen von Bäumen versperren, ahd. firhouwan; 5: eigtl. = durch Hauen in eine gewünschte Form bringen] (ugs.): **1.** *jmdn. [kräftig] mehrmals hintereinander schlagen:* die Nachbarskinder haben den Jungen [gründlich, tüchtig] verhauen; jmdm. den Hintern v.; Ü du siehst [ja ganz/total] verhauen (salopp; *unmöglich*) aus!; Ich stamme aus einer verstunkenen Arbeiterstadt, die hat einen besonders verhauenen Arbeitervorort (Zwerenz, Kopf 16). **2.** *etw. schlecht, mangelhaft machen, mit vielen Fehlern schreiben:* eine Mathematikarbeit, einen Aufsatz [gründlich] v.; Die dritte Figur ... hat Manuela allerdings total verhauen. Trotzdem konnte sie Platz 3 halten (Bild 20. 3. 84, 18). **3.** ⟨v. + sich⟩ *sich verrechnen, verkalkulieren:* Du hast dich mit deiner Berechnung, in dieser Sache [mächtig] verhauen. **4.** *[für sein Vergnügen] leichtfertig ausgeben:* er hat den ganzen Lohn in einer Nacht verhauen. ♦ **5.** *(bes. in landsch. Sprachgebrauch) zerlegen, zerteilen:* Denn das Schwein wurde sogleich nach der Heimkunft verhauen und Kesselfleisch über das Feuer getan (Hebel, Schatzkästlein 27).

ver|häus|li|chen ⟨sw. V.; hat⟩: *häuslich* (1 a, b) *machen:* Alle ihre nur verhäuslichten ... Anlagen brachen im Umgang mit mir wieder auf (Lynen, Kentaurenfährte 185); In der sozialwissenschaftlichen Diskussion wimmelt es von Kindheitsbegriffen: Konsum-, Familien-, Land-, verhäuslichte Kindheit (natur 10, 1991, 34).

ver|he|ben, sich ⟨st. V.; hat⟩: *sich beim Heben von etw. zu Schwerem körperlichen Schaden zufügen:* er hat sich beim Verladen der Kisten verhoben; Ü Die Renten- und die Gesundheitsreform – das sind zwei ausgesprochen schwergewichtige Themen, an denen sich auch Regierungen in besserer Kondition als die gegenwärtige in Bonn v. könnten (Morgenpost 27. 9. 88, 2).

ver|hed|dern ⟨sw. V.; hat⟩ [aus dem Niederd., zu ↑ Hede] (ugs.): **1.** ⟨v. + sich⟩ **a)** *sich irgendwo verfangen; irgendwo hängenbleiben:* sich in den Netzen v., in der Wolle, der Film, das Farbband hat sich [beim Aufwickeln] verheddert; wenn es einen Riß gibt ... und sich das Papier verheddert und dazwischen den Walzen verklemmt (Brot und Salz 366); Er verhedderte sich im Trägerband der Gasmaske (Kirst, 08/15, 580); das Untergewand ..., in das sie sich verhedderte hatte (Kühn, Zeit 181); Ü ... empfiehlt es sich auch beim Anschauen der Fernsehverfilmung, eine Namensliste anzulegen. Andernfalls wird man sich im Netz der Spione und Gegenspione v. und den Faden verlieren (Saarbr. Zeitung 27. 6. 80, 11); **b)** *beim Sprechen, beim Vortragen eines Textes an einer Stelle mehrmals hängenbleiben:* sich mehrmals [in einer Rede] v.; Allein an diesem Punkt seiner Ausführungen verhedderte sich der furiose Staatsanwalt ..., er war eben recht in Fahrt (Maass, Gouffé 291). **2.** *so verwickeln, ineinander verschlingen, daß sich das Betreffende nur schwer wieder entwirren läßt:* die Fäden v.; verheddert herunterhängende Kletterpflanzen (natur 4, 1991, 50); Ü ... dann könne eine mündliche Auseinanderpfefferung der verhedderten Sache nur gut bekommen (A. Zweig, Grischa 304).

ver|hee|ren ⟨sw. V.; hat⟩ /vgl. verheerend/ [mhd. verhern, ahd. farheriōn, eigtl. = mit einem Heer überziehen, zu mhd. her(e)n, herjen, ahd. heriōn = verwüsten, raufen, plündern, zu mhd. her(e), ahd. heri, ↑ Heer]: *in weiter Ausdehnung verwüsten:* furchtbar Unwetter verheerten das Land; Rom wurde dutzendfach erobert, geplündert, verheert (Fest, Im Gegenlicht 31); der Krieg hatte weite Gebiete verheert; Ü Der eisige Mistral der letzten Tage hatte ihn (= den Kapellmeister) völlig verheert, soweit ein Mistral noch ein Gerippe verheeren kann (Seghers, Transit 134); **ver|hee|rend** ⟨Adj.⟩: **1.** *furchtbar, entsetzlich, katastrophal:* ein -er Wirbelsturm; eine -e Überschwemmung; -e gesundheitliche Schäden (NZZ 29. 4. 83, 7); Das -e Fischsterben in der Isar ... ist ... durch Abwässer eines Klärwerks verursacht worden (Badische Zeitung 12. 5. 84, 16); Der seit Jahren -ste Flächenbrand in Südfrankreich (NZZ 27. 8. 86, 5); -e Folgen haben; die Schäden waren v.; Die Brühe roch v. Sie stank kloakenhaft, verwesend (Süskind, Parfum 192); der Streik wirkte sich v. aus; der Rost ... fraß ... im Verborgenen und von der Feuchtigkeit v. beschleunigt weiter (Ransmayr, Welt 271). **2.** (ugs.) *scheußlich* (1 a): Vielleicht kaufe man später doch noch mal ... einen anständigen Teppich. Unsere seien ja v. (Kempowski, Tadellöser 192); Am -sten *(schlimmsten)* seien die Audodidakten. Sie überschätzten die Gedanken und verachteten die Realität (Fest, Im Gegenlicht 375); das ist ja wirklich v. aus!; **Ver|hee|rung,** die; -, -en [spätmhd. verherunge]: *das Verheeren, Verheertwerden, Verheertsein:* Eine Zeitlang hing der Mann an der Schornsteinleiter und schaute entsetzt auf die V. (Schnabel, Marmor 37); -en anrichten; die -en der Gegenwart: die Betonburgen (Fest, Im Gegenlicht 151).

ver|heh|len ⟨sw. V.; hat⟩ [mhd. verheln, ahd. farhelan]: **1.** (geh.) *jmdm. etw. (bes. Gefühle, Gedanken) verschweigen, es vor ihm verbergen:* jmdm. seine wirkliche Meinung nicht v. können; Ich tat es weniger, um meine Neugier zu v., als aus dem Gefühl, daß ... (Jünger, Bienen 136); ich will [es] dir/(selten:) vor dir nicht v., daß ...; Nicht einmal unter Kollegen aus den Chefetagen verhehlt er, daß er auch schon die Grünen gewählt hat (natur 6, 1991, 34); Was für ein Glück, er konnte es sich nicht v., daß ihr Fuß verstaucht war (Kronauer, Bogenschütze 63); In ihm liegt das Gebot der Nächstenliebe mit einer mühsam verhehlten Menschenverachtung in ständigem Kampf (Werfel, Bernadette 287). **2.** (selten) *(Diebesgut o. ä.) versteckt halten:* jener goldene Schmuck, der im Jahre 1854 von Arbeitern gefunden, verhehlt und zum größten Teil veräußert worden ist (Carossa, Aufzeichnungen 36); Ansonsten half ich Fixern, die geklauten Sachen zu v. (Christiane, Zoo 278).

ver|hei|len ⟨sw. V.; ist⟩ [mhd. verheilen, ahd. farheilēn]: *völlig heilen* (2); *zuheilen:* die Wunde verheilt schlecht, nur langsam, mit glatter Narbe; Diese Verwundung war indessen verheilt (Plievier, Stalingrad 12); **Ver|hei|lung,** die; -, -en: *das Verheilen.*

ver|heim|li|chen ⟨sw. V.; hat⟩: *jmdm. von etw., was man mitzuteilen verpflichtet wäre, bewußt nicht in Kenntnis setzen:* jmdm. einen Fund, eine Entdeckung v.; seine Agententätigkeit, Parteizugehörigkeit v.; Er hat es verpönt, seine Homosexualität zu v. (Reich-Ranicki, Th. Mann 217); Ich war mir klar darüber, daß ich vor meiner Frau ... auch mein Trinken v. mußte (Fallada, Trinker 154); Ich will es nicht v.: Sie unterscheiden sich kaum noch v. Thies da oben (Kronauer, Bogenschütze 408); der wirkliche Sachverhalt ließ sich nicht v.; der Arzt verheimlichte ihr, wie schlecht es um ihren Mann stand; da gibt's doch nichts zu v.! *(das können doch ruhig alle wissen);* Ü ... ihrer blau-weißen Sommerkleider ..., die wie feingestreiftes Gesindebettzeug ihre Körper verheimlichten (A. Zweig, Grischa 232); **Ver|heim|li|chung,** die; -, -en: *das Verheimlichen, Verheimlichtwerden.*

ver|hei|ra|ten ⟨sw. V.; hat⟩ [2: mhd. verhīraten]: **1.** *⟨v. + sich⟩ eine eheliche Verbindung eingehen:* sich glücklich, zum zweiten Mal v.; sie hat sich mit einem Amerikaner, in Amerika verheiratet ⟨oft im 2. Part.:⟩ *eine verheiratete Frau; jung, [un]glücklich, schon lange, in zweiter Ehe verheiratet sein;* der der Seelenruhe eines Mannes, der sich ehrenvoll verheiratet weiß (Musil, Mann 947); verheiratet (Abk.: verh.; Zeichen: ∞); Ü er ist mit seinem Verein verheiratet (ugs. scherzh.; *geht ganz darin auf, verbringt dort seine ganze Freizeit);* ich bin mit der Firma doch nicht verheiratet (ugs. scherzh.; *ich kann sie jederzeit verlassen, bin nicht an sie gebunden);* Australien fühlt sich in diesem Punkt zwar wahlverwandt mit den USA, nicht aber verheiratet (Südd. Zeitung 25./26. 6. 77, 11). **2.** (veraltend) *jmdm. zur Ehe geben:* seine Tochter [mit einem/an einen Bankier] v.; Die Mutter ... hatte die Schwester weggeholt und verheiratet (Kühn, Zeit 55); **Ver|hei|ra|te|te,** der u. die; -n, -n ⟨Dekl. ↑ Abgeordnete⟩: *jmd., der verheiratet ist;* **Ver|hei|ra|tung,** die; -, -en: *das Verheiraten, Verheiratetwerden.*

ver|hei|ßen ⟨st. V.; hat⟩ [mhd. verheiȝen = versprechen; verloben] (geh.): *nachdrücklich, feierlich in Aussicht stellen:* jmdm. Glück, eine große Zukunft v.; Ohne Kunstdünger und ohne Spritzmittel würden die Erträge zurückgehen, war damals Schieder verheißen worden (Wochenpresse 25. 4. 79, 26); Ü seine Miene, der Unterton im Klang seiner Stimme verhieß nichts Gutes *(ließ nichts Gutes erwarten);* wirtschaftliches Wachstum verheißt Wohlstand *(stellt Wohlstand in Aussicht);* ... und das zerrissene Gewölk im Südwesten verhieß Sturm *(kündigte Sturm an;* Schaper, Kirche 107); **Ver|hei|ßung,** die; -, -en (geh.): *das Verheißen:* Es war eine V., als sich ... zum erstenmal Schriftsteller aus Ost und West zu Gesprächen ... zusammenfanden (Szene 6, 1983, 49); die alte prophetische V., die in Christus Erfüllung fand (Goes, Hagar 52); Es lag die V. einer wundervollen Zukunft darin (Baum, Paris 115); Die -en der Prospekte verwandeln sich in die Heeresdienstvorschrift (Koeppen, Rußland 13); Ich ... erzählte vom goldenen Kalb, erzählte vom Land der V. (Hilsenrath, Nazi 308); **ver|hei|ßungs|voll** ⟨Adj.⟩: *zu großen Erwartungen, Hoffnungen berechtigend; vielversprechend:* ein -er Anfang; -e Ergebnisse; Nun, die ... 16jährige ist ... immer noch ein -es Talent (tennis magazin 10, 1986, 112); der Duft war v.; Für die Union begann die Rückrunde v. (Saarbr. Zeitung 3. 12. 79, 22); seine Worte klangen v.; Alles gebärdete sich v., nichts wurde leichter geweckt als Hoffnungen (Kronauer, Bogenschütze 188).

ver|hei|zen ⟨sw. V.; hat⟩: **1.** *zum Heizen (1) verwenden:* Holz, Kohle, Öl v.; Aber die alten Möbelstücke waren im Krieg von den Evakuierten verheizt worden (Brückner, Quints 51); Ü Und dann haben diese Verbrecher sechs Millionen Menschen einfach verheizt! *(in den Gaskammern der Konzentrationslager getötet;* Kirst, 08/15, 898). **2.** (salopp abwertend) *jmdn. ohne Rücksicht auf seine Person einsetzen u. seine Kräfte schließlich ganz erschöpfen:* einen jungen Spieler, talentierten Schauspieler v.; wenn dein Sohn einmal groß ist, kann er auch für den Nutzen der Kapitalisten verheizt werden (Kühn, Zeit 313); ... verheizt hat das Goethe-Institut Jahr für Jahr den größten Teil seines Nachwuchses an der Sprachfront im In- und Ausland (Spiegel 14, 1970, 16); in den letzten Kriegstagen wurden noch Tausende von Soldaten sinnlos verheizt *(geopfert);* **Ver|hei|zung,** die; -, -en: *das Verheizen, Verheiztwerden.*

ver|hel|fen ⟨st. V.; hat⟩ [zu ↑ helfen]: *dafür sorgen, daß jmd. etw., was er zu gewinnen, zu erreichen sucht, auch wirklich erlangt, erhält, daß etw. Angestrebtes verwirklicht wird:* jmdm. zu seinem Recht, zum Erfolg, zu einer Anstellung, zu Geld, zur Flucht v.; ... und wenn einer gemeckert hat, dann hat man ihn womöglich noch ins KZ verholfen *(hat man ihn ins KZ gebracht;* Plievier, Stalingrad 180); Ü Zum erhofften psychischen Gleichgewicht scheint ihm jedoch der Militärdienst ... nicht verholfen zu haben (Reich-Ranicki, Th. Mann 220); Das waren große, grüne, saure Bonbons, sie verhalfen einem zu unglaublich viel Spucke (Schnurre, Bart 39); einer Sache zum Durchbruch, Sieg v.; Um der Sittlichkeit zum Triumph zu v. (Sieburg, Robespierre 27); Die gerechte Empörung machte sich froh, beschwichtigte kein Gewissen, verhalf zu nichts (Meckel, Suchbild 90).

ver|hemmt ⟨Adj.⟩ [zusgez. aus **verklemmt** u. **gehemmt**] (selten): *gehemmt:* Nur noch zwei alte Frauen und ein -er junger Mann warteten vor dem Beichtstuhl (Grass, Blechtrommel 169).

ver|herr|li|chen ⟨sw. V.; hat⟩: *als etw. Herrliches preisen u. darstellen:* die Natur v.; jmds. Taten v.; in diesem Film wird die Gewalt, der Krieg verherrlicht; So war diese Rede auf Heinrich Mann, ungeachtet der verherrlichenden ... Formulierungen ... letztlich eine Rede gegen ihn (Reich-Ranicki, Th. Mann 112); **Ver|herr|li|chung,** die; -, -en: *das Verherrlichen, Verherrlichtwerden:* die V. der Gewalt, des Krieges, der Macht; ein Kampf gegen V. der Mutterschaft (Ruthe, Partnerwahl 181).

ver|het|zen ⟨sw. V.; hat⟩: **1.** *durch Hetze (2) bewirken, daß jmd. Haß gegen jmdn. empfindet u. kaum in der Lage ist ein objektives Urteil zu bilden:* die Massen [gegen die Regierung] v.; Es war für uns Kommunisten nicht leicht, an die verhetzte Bevölkerung heranzukommen (Berger, Augenblicke 103); daß seine Mandantin wegen Weitergabe verhetzender Flugblätter zum Tode verurteilt war (Bieler, Mädchenkrieg 418). ♦ **2.** *(mit Jagdhunden) jagen, verfolgen; hetzen* (1 a): man soll dich in eine Sauhaut nähen und durch Hunde v. lassen (Schiller, Räuber II, 3); **ver|hetzt** ⟨Adj.⟩ (veraltend): *abgehetzt* (2): er fing an zu packen, und zwar aus Angst vor der Panik -er Abreisen (Kaschnitz, Wohin 196); sie kam verhetzt v., da sie ... keinen Parkplatz fand (Hamburger Morgenpost 24. 8. 85, 5); ♦ Woyzeck, Er sieht immer so v. aus! (Büchner, Woyzeck [Beim Hauptmann]); **Ver|het|zung,** die; -, -en: *das Verhetzen, Verhetztwerden.*

ver|heu|ern ⟨sw. V.; hat⟩ (Seemannsspr.): *heuern.*

ver|heult ⟨Adj.⟩ (ugs.): *verweint:* ein verheultes Gesicht; verheulte Augen; Gutwillig ... reicht Martha ihm, dem von Wut und Tränen Halberblindeten, den Malschemel, denn im Zustand seiner verheulten, geronnenen Verzweiflung käme außer dem Malen höchstens noch das Anhören von Musik in Frage (Wohmann, Absicht 360); das Kind war ganz verheult; Die Briefe, nicht für den Regen bestimmt, sondern für die Schublade, sehen wie verheult aus (Frisch, Gantenbein 278).

ver|he|xen ⟨sw. V.; hat⟩: *durch Hexerei verwandeln; verzaubern:* das Vieh v.; die böse Fee hat ihn [in einen Vogel] verhext; Weiß nicht, was mit dem Jungen los ist, Herr Finkelstein. Ihr Friseurladen hat den Jungen verhext (Hilsenrath, Nazi 16); ⟨häufig im 2. Part.:⟩ sie starrte ihn wie verhext an; Dazu kreischte die Kakeldütt ... dies Haus sei verwunschen und verhext (Fallada, Herr 196); Aber sie alle waren verzaubert, verhext von einem heißen bunten Hochsommer (Rinser, Jan Lobel 44); das ist [ja/doch rein] wie verhext! (ugs.; *es will einfach nicht gelingen);* **Ver|he|xung,** die; -, -en (seltener): *das Verhexen, Verhextwerden:* Das hätte ... nach V. des ... jugendlichen Publikums ausgesehen (NZZ 27. 8. 83, 43); ... es ist Vaters Soldatenschloß ... in dem einst seltsame Wunder geschahen, Verwandlungen von jungen Männern in Löwen und -en in Mäuse wie im Märchen (Harig, Ordnung 28).

ver|him|meln ⟨sw. V.; hat⟩ (ugs.): *sehr, überaus schätzen, verehren; überschwenglich loben:* erzkonservative Blätter, die den Stierkampf verhimmelten (Wochenpresse 5. 6. 84, 70); um etwas zu v., muß man eben auch immer etwas verteufeln (Zorn, Mars 74); **Ver|him|me|lung,** die; -,

verhindern 3668

-en: *das Verhimmeln, das Verhimmeltwerden.*
ver|hin|dern ⟨sw. V.; hat⟩ [mhd. verhindern, ahd. farhintarjan, eigtl. = etw. heimlich hinter sich bringen]: **1.** *durch entsprechende Maßnahmen o. ä. bewirken, daß etw. nicht geschehen kann, von jmdm. nicht getan, ausgeführt o. ä. werden kann:* ein Unglück, einen Überfall, ein Attentat v.; den Krieg mit allen Mitteln zu v. suchen; Denn die Interessenverbände ... haben eine so starke politische Stellung, daß sie scharfe Politik zu v. wissen (Fraenkel, Staat 375); das Schlimmste konnte gerade noch verhindert werden; ein Selbstmord-, Fluchtversuch muß unter allen Umständen verhindert werden; es ließ sich leider nicht v., daß ...; Ü Brombeergebüsch und Efeu verhinderten den Zutritt (Brückner, Quints 99); Das Betäubungsmittelgesetz schrecke weder ab, noch verhindere es die Verfügbarkeit von Drogen (NZZ 2. 9. 86, 21); dienstlich, durch Krankheit, umständehalber verhindert sein *(nicht kommen können);* * **ein verhinderter ... sein** (ugs.; *die Begabung für einen bestimmten Beruf erkennen lassen, sie aber nicht beruflich genutzt haben [können]):* er ist ein verhinderter Dichter, Lehrer; Der zweite Stockchef: verhinderter SSler, Großmaul (Sobota, Minus-Mann 76). ♦ **2.** *hindern* (1 a): wer mich verhindert, mich zu verteidigen, tötet mich so gut, als wenn er mich angriffe (Büchner, Dantons Tod I, 6); Die Soldaten, die mich verhindert und den Dolch noch in Händen hatten ... (Goethe, Benvenuto Cellini I, 1, 10); **Ver|hin|de|rung,** die; -, -en: *das Verhindern, Verhindertwerden, Verhindertsein:* die V. drohender Gewalt; **Ver|hin|de|rungsfall,** der: in der Fügung **im -e** (Amtsdt.; *im Fall des Verhindertseins*).
ver|hoch|deut|schen ⟨sw.V.; hat⟩: *in das Hochdeutsche umsetzen, hochdeutsch* (a) *ausdrücken:* ... deren Erläuterungen ... mitunter bis ins Allerselbstverständlichste hinein verhochdeutscht, als müsse Fritz Reuters Platt ... wie eine Fremdsprache gedolmetscht werden (NZZ 5. 11. 82, 41).
ver|hocken[1] ⟨sw.V.; hat⟩ (veraltend, noch landsch.): **1.** *hocken* (3), *sitzend verbringen:* in Ost-Berlin verhockt die Prenzlberg-Boheme die Zeit in Kneipen und Cafés (Spiegel 24, 1994, 206). **2.** ⟨v. + sich⟩ *sich möglichst unauffällig verhalten:* Man muß sich das Leben all der vorstellen, ... die sich verwundet und verletzt vorkommen ..., und was übrigbleibt, ist nichts als sich zu v. und zu ducken (Drewermann, Und legte 127); **ver|hockt** ⟨Adj.⟩ (schweiz.): *festsitzend, festgefahren, erstarrt:* eine -e Bürokratie; Hatte man es bislang talein, talaus mit ... Chnubel und Eggen zu tun, also mit v. Einheimischem ... (Burger, Blankenburg 83).
ver|hof|fen ⟨sw. V.; hat⟩ [mhd. verhoffen = stark hoffen; die Hoffnung aufgeben] (Jägerspr.): **1.** *(vom Wild) stehenbleiben, um zu lauschen, zu horchen, Witterung zu nehmen:* der Rehbock verhoffte; das Wild wird ... beunruhigt, zieht ... häufig verhoffend und sichernd in andere Teile des Gebietes (Jagd 3, 1987, 88); Ü

Maßlos verblüfft ..., mit weit geöffneten Augen jäh verhoffend, blieb sie reglos liegen, ehe sie dann rasend zu kämpfen anfing (Giordano, Die Bertinis 284). ♦ **2.** *[er]hoffen:* Bürgermeister: Verhoffe demnach – – Albrecht: Heute abend auf dem Tanzhaus – das versteht sich! Nichts kann mich zurückhalten (Hebbel, Agnes Bernauer I, 13); Verhoff's, daß wir ein gutes Geschäft machen werden auf dem Rattner Kirchtag (Rosegger, Waldbauernbub 136).
ver|hoh|len ⟨Adj.⟩ /vgl. verhehlen/ [eigtl. adj. 2. Part. des urspr. st. V. ↑verhehlen]: *nicht offen gezeigt, geäußert:* schlecht -e Neugier, Feindseligkeit, Kritik, Schadenfreude; mit kaum -em Spott, Haß; Dazu macht sie Gesten einer ... großen Zärtlichkeit (Frisch, Montauk 198); Man hat uns trotz unserer nie -en kommunistischen Gesinnung wie Menschen leben lassen (Kantorowicz, Tagebuch I, 139); Ü ... einem Fenster mit Blick auf einen vom Nebel -en *(verborgenen)* Baum (Hofmann, Fistelstimme 9); er ... spähte hungrig ins Unzugängliche hinüber, auf -e Teiche und Weglein (Muschg, Sommer 130).
ver|höh|nen ⟨sw. V.; hat⟩ [mhd. verhœnen]: *höhnisch verspotten:* einen Gegner v.; Er verhöhnte lauthals den Handel um die Posten an der Universität (Thorwald, Chirurgen 95); Sie wurden von ... Brigadeführern gedemütigt und als Deutsche beschimpft und verhöhnt (Leonhard, Revolution 131); **ver|hoh|ne|pi|peln** ⟨sw. V.; hat⟩ [unter volkstyml. Anlehnung an ↑Hohn entstellt aus obersächs. hohlhippeln = verspotten, schmähen < mhd. holhipen = schelten, schmähen, zu: holhipe = dünnes Gebäck, Waffel u. wohl urspr. = „holhipen" ausrufen und verkaufen] (ugs.): *durch Spott, ironische Übertreibung ins Lächerliche ziehen, lächerlich machen:* jmdn., eine Sache v.; Itzig und ich ... wurden von den Gesellen gefoppt, verhöhnt, verspottet, verhohnepipelt, in den Arsch getreten, ausgelacht (Hilsenrath, Nazi 35); daß hier ... in Gerichtsverfahren vor vorbildlicher Sachlichkeit verhohnepipelt werde (A. Zweig, Grischa 326); diese allsonntäglich gepriesene, und allwöchentlich verhohnepipelte Republik (Tucholsky, Werke II, 112); **Ver|hoh|ne|pi|pe|lung,** die; -, -en: *das Verhohnepipeln:* Als eine V. der Autofahrer empfinde ich die Taktik der Mineralölfirmen (ADAC-Motorwelt 6, 1982, 5); **Ver|höh|nung,** die; -, -en: *das Verhöhnen, Verhöhntwerden:* Der Essay war ... einfach eine zynische V. ihres geraden, aufrichtig geführten Kampfes für eine gute Sache (Feuchtwanger, Erfolg 177).
ver|hö|kern ⟨sw. V.; hat⟩ (ugs.): *(einzelne Gegenstände) zum Kauf anbieten u. zu Geld machen:* alte Möbel, Bücher, Bilder [billig] v.; ihre Mäntel wurden auf die Straße gehängt und wie vor einem Trödelladen verhökert (Domin, Paradies 91); Vicky klammerte sich an das Lokal, weigerte sich, ihre Anteile für ein Butterbrot zu v. (Perrin, Frauen 244); Ü Die verhökert das nicht als deutsche Mutter an der Heimatfront (Bieler, Bär 73); Also

wurde Ali zum Militär verhökert (Strittmatter, Wundertäter 319); **Ver|hö|kerung,** die; -, -en: *das Verhökern.*
Ver|holl|bo|je, die (Seemannsspr.): *Boje, an die ein Segelschiff ohne Motor verholt werden kann;* **ver|ho|len** ⟨sw. V.; hat⟩ (Seemannsspr.): *mit Schleppern zu einem anderen Liegeplatz ziehen:* ein Schiff [ins Dock] v.; Die alte „Condor" ist inzwischen von der Neptunwerft ... zur Warnowwerft verholt worden (NNN 2. 3. 88, 3); Da er (= Helikopter) schwimmfähig ist, wurde er von einem Schlepper auf den Haken genommen und in den nächsten Hafen verholt (BM 2. 8. 80, 16); **Ver|ho|lung,** die; -, -en (Seemannsspr.): *das Verholen:* Es könne allerdings verstärkt zu -en der Schiffe auf andere Liegeplätze kommen (NNN 13. 11. 86, 1).
ver|hol|zen ⟨sw. V.; ist⟩: *holzig werden:* die Stauden verholzen, sind verholzt; verholzte Äste, Triebe; Ü Merkst du nicht, wie du langsam, aber sicher verholzt? (Brot und Salz 348); **Ver|hol|zung,** die; -, -en: *das Verholzen.*
Ver|hör, das; -[e]s, -e [mhd. verhœre = Vernehmung, Befragung]: *eingehende richterliche od. polizeiliche Befragung einer Person zur Klärung eines Sachverhaltes; Vernehmung:* ein strenges, brutales V.; nächtliche, polizeiliche, pausenlose -e; Jedoch flüsterte man sich überall zu, daß die -e ungeheuerliche Schandtaten zutage förderten (Brecht, Geschichten 102); ein V. vornehmen, durchführen; mit jmdm. ein V. anstellen *(jmdn. verhören);* jmdn. einem V. unterziehen *(jmdn. verhören);* der Häftling wurde ins V. genommen *(wurde verhört);* In der Nacht wird Axel wie üblich zum V. gebracht (Müthel, Baum 73); Ü der Lehrer nahm den Übeltäter streng ins V. *(befragte ihn streng u. eingehend);* **Ver|hör|amt,** das (schweiz.): *Amtssitz des Verhörrichters;* **ver|hö|ren** ⟨sw. V.; hat⟩ [mhd. verhœren = (an)hören, vernehmen, prüfen; erhören; überhören]: **1.** *(zur Klärung eines Sachverhaltes) gerichtlich od. polizeilich eingehend befragen; vernehmen:* den Angeklagten, den Zeugen v.; Strehl hörte für einige Minuten zu sich gekommen und konnte von Sommerfeld verhört werden (Molsner, Harakiri 77); ... wie im Osten russische Kriegsgefangene durch ein Sonderkommando verhört wurden (Kirst, 08/15, 823). **2.** ⟨v. + sich⟩ *etw. falsch hören:* du mußt dich verhört haben, er hat „Juni", nicht „Juli" gesagt. ♦ **3.** *überhören, nicht hören:* Moses kam um vieles später; denn er hatte sich, als der verzogene Jüngste, angewöhnt, der Mittagsglocke zu v. (Goethe, Dichtung u. Wahrheit 10); Sie ... machte ihn in kurzem mit allen Anwesenden bekannt. Heinrich verhörte manches (Novalis, Heinrich 99); **Ver|hör|me|tho|de,** die: *beim Verhören* (1) *angewandte Methode:* Mit den -n, die bei der Gestapo ... üblich waren, würde man bald herausbekommen, wer alles zur Gruppe gehörte (Erné, Kellerkneipe 92).
ver|hor|nen ⟨sw. V.; ist⟩: **a)** *zu Horn* (2) *werden:* Bei der Felsentaube ... tritt das Ausfliegen aus dem Nest erst ein, wenn Schwingen und Steuerfedern ... verhornt

sind (Lorenz, Verhalten 133); **b)** *Hornhaut* (1) *bilden:* Die äußere Haut besteht aus ... der aus verhornenden Deckzellen ... bestehenden Epidermis (Medizin II, 24); verhornte Handflächen, Fußsohlen; **Ver|hor|nung,** die; -, -en: *das Verhornen, Verhorntsein.*
Ver|hör|rich|ter, der (schweiz.): *Untersuchungsrichter:* Der dritte Delinquent ... stellte sich aber später, angeschossen und verletzt, ... dem V. (NZZ 9. 12. 82, 7); **Ver|hör|rich|te|rin,** die (schweiz.): w. Form zu ↑Verhörrichter.
ver|hu|deln ⟨sw. V.; hat⟩ (landsch. ugs.): *durch Hudeln* (1) *verderben:* eine Arbeit v.
ver|hül|len ⟨sw. V.; hat⟩ [mhd. verhüllen]: **a)** *mit etw. umhüllen, in etw. einhüllen, um jmdn., etw. zu verbergen, den Blicken zu entziehen:* sich mit einem Tuch v.; das Gesicht mit einem Schleier v.; sein Haupt v. (früher; als Zeichen der Trauer, Demut, göttlicher Verehrung); tief verhüllte Frauen; Holmers ließ seinen Blick an der Reihe der Gesichter, soweit sie nicht von aufsteigendem Qualm verhüllt waren, entlangschweifen (Plievier, Stalingrad 211); Ü Beck war inzwischen entlassen worden ..., wenngleich diese Tatsache für einige Zeit noch verhüllt blieb (Rothfels, Opposition 67); ein verhüllender (Sprachw.; *euphemistischer*) Ausdruck; eine verhüllte *(versteckte)* Drohung; mein Buch ... war ein kaum verhülltes Bekenntnis zum planwirtschaftlichen Prinzip (Niekisch, Leben 142); **b)** *durch sein Vorhandensein machen, bewirken, daß etw. verhüllt* (a *ist):* ein Schleier verhüllte ihr Gesicht; der Umhang verhüllte sie bis zu den Füßen; Wolken verhüllten die Bergspitzen; Ü ein Geheimnis v.; das totalitäre System des Nationalsozialismus, dessen angebliche Volksgemeinschaft eine neuartige Kastengesellschaft verhüllte (Fraenkel, Staat 305); **Ver|hül|lung,** die; -, -en: *das Verhüllen, Verhülltwerden.*
ver|hun|dert|fa|chen ⟨sw. V.; hat⟩: **a)** *um das Hundertfache vergrößern* (2 a): eine Auflage v.; **b)** ⟨v. + sich⟩ *sich um das Hundertfache vergrößern* (2 b): der Umsatz hat sich verhundertfacht.
ver|hun|gern ⟨sw. V.; ist⟩ [mhd. verhungern]: *aus Mangel an Nahrung sterben:* Gefangene v. lassen; jährlich verhungern immer noch Millionen Kinder in den Entwicklungsländern; Man verhungert in unserem Beruf (verdient nicht einmal das Existenzminimum; Remarque, Obelisk 37); der Mann ... hat eine schiefe Nase und sieht ein bißchen verhungert *(abgemagert)* aus (Spiegel 14, 1992, 234); so ein verhungerter Schneidergeselle (Kühn, Zeit 344); ⟨subst.:⟩ in Afrika bedeutet eine Dürrekatastrophe für viele Menschen den Tod durch Verhungern; ich muß auf der Stelle was essen, ich bin am Verhungern (ugs.; *ich habe großen Hunger*).
ver|hun|zen ⟨sw. V.; hat⟩ [zu mundartl. hunzen = wie einen Hund ausschimpfen od. behandeln, ↑hunzen] (ugs. abwertend): *[durch unsorgfältigen, unsachgemäßen Umgang mit etw.] verunstalten, verderben:* die Landschaft, das Stadtbild v.; durch seine miserable Übersetzung hat er das Gedicht verhunzt; das Wetter hat uns den ganzen Urlaub verhunzt; du hast dir mit dieser/durch diese Sache dein ganzes Leben verhunzt; Auf den mittleren, nicht zu verhunzenden Verdi ... Auf den reifen, erhobenen Herzens zu genießenden Wagner (Erné, Kellerkneipe 68); von diesem Film wird immer v.; durch seine miserable Übersetzung eine gereinigte Version gezeigt; das verhunzte Mann-Frau-Verhältnis (Grass, Butt 52); **Ver|hun|zung,** die; -, -en (ugs. abwertend): *das Verhunzen:* Das einströmende Geld wird zur V. des Ortsbildes verwendet (Spiel, Mann 115).
ver|hu|ren ⟨sw. V.; hat⟩ /vgl. verhurt/ [mhd. verhuoren, ahd. farhuorōn] (salopp abwertend): *mit sexuellen Ausschweifungen vergeuden:* sein Geld v.; Ich versoff und verhurte meine ganze Sozialhilfe (Emma 5, 1978, 31).
Ver|hur|stung, die; -, - [zu: Hurst = landsch. Nebenf. von ↑Horst (3)]: *Bildung von Strauchwerk.*
ver|hurt ⟨Adj.; -er, -este⟩ (salopp abwertend): **1.** *von sexuellen Ausschweifungen gezeichnet:* er sah v. aus; mein Gesicht war nicht mehr ganz so alt und grau und ... verhurt (Simmel, Stoff 635). **2.** *Hurerei treibend:* ein -er Bock; Und mich bittet er, seinem Sohn Frede zu helfen, die Sprache der verhurten Franzosen zu lernen (Strittmatter, Der Laden 609).
ver|huscht ⟨Adj.; -er, -este⟩ (ugs.): *ohne rechtes Selbstvertrauen, scheu u. zaghaft:* ein etwas -es Mädchen; Ingrid Bergman bekam für ihre Rolle als -e Missionarin den „Oscar" (Hörzu 52, 1979, 21); Ü -er, nur Filmsekunden dauernder Nacktauftritt der Hildegard Knef (Spiegel 1, 1988, 122); Ihre kleine, -e *(unscheinbare)* Gestalt (Giordano, Die Bertinis 317).
ver|hü|ten ⟨sw. V.; hat⟩ [mhd. verhüeten = behüten, bewahren; aufpassen, auflauern]: *etw. Unerwünschtes o. ä. durch Achtsamkeit verhindern u. jmdn. davor bewahren:* Schaden, eine Katastrophe, einen Unfall v.; das Schlimmste v. können; v., daß ein Unglück geschieht; Karol verteilte das Gepäck auf alle Sitze ..., um zu v., daß jemand nach einem freien Platz fragte (Bieler, Mädchenkrieg 481); das möge Gott v.!; Empfängnis v.; Daß die Eheleute mit der periodischen Enthaltsamkeit die empfängnisgünstigen Zeiten umgehen wollen, also das Kind v. *(seine Zeugung vermeiden),* Ranke-Heinemann, Eunuchen 293); ⟨auch o. Akk.-Obj.:⟩ daß kein Mann dort verhütet *(empfängnisverhütende Mittel benutzt;* Hörzu 29, 1993, 21); **Ver|hü|ter|li,** das; -s, -[s] [scherzh. geb. mit schweiz. Verkleinerungssilbe] (salopp scherzh.): *Präservativ:* Was ... ist denn schon dabei, so ein hauchdünnes Etwas mit dem drolligen Namen V. überzustreifen? (Spiegel 42, 1992, 7).
ver|hüt|ten ⟨sw. V.; hat⟩: *(Erze o. ä.) in einem Hüttenwerk zu Metall verarbeiten;* **Ver|hüt|tung,** die; -, -en: *das Verhütten.*
Ver|hü|tung, die; -, -en: *das Verhüten;* **Ver|hü|tungs|me|tho|de,** die: *Methode zur Empfängnisverhütung:* andere lehnen die Penetration des Mannes an fruchtbaren Tagen ... ab und suchen auf diese Weise die natürlichste V. (Kelly, Um Hoffnung 170); **Ver|hü|tungs|mit|tel,** das: *empfängnisverhütendes Mittel:* Kampf gegen Aids ... 22 Prozent ... benutzen den Überzieher als hauptsächliches V. (MM 19. 8. 93, 29).
ver|hut|zelt ⟨Adj.⟩ [zu ↑hutzeln] (ugs.): *[vor Alter] zusammengeschrumpft, [eingetrocknet u. daher] voller Falten, Runzeln o. ä.:* ein -es Gesicht; -e Äpfel; Am andern Nachmittag erscheint seine Frau, ein kleines, -es Ding (Remarque, Westen 186).
Ve|ri|fi|ka|ti|on, die; -, -en [mlat. verificatio, zu: verificare, ↑verifizieren]: **1.** (bildungsspr.) *das Verifizieren:* ... und das schließlich gewonnene Urteil so lange der V. zu unterziehen, bis alle Gedanken aneinander angepaßt sind (Musil, Mann 703). **2.** (Rechtsspr.) *Beglaubigung, Unterzeichnung eines diplomatischen Protokolls durch alle Verhandlungspartner;* **ve|ri|fi|zier|bar** ⟨Adj.⟩ (bildungsspr.): *sich verifizieren lassend:* Sie hält sich an das, was für jedermann v. ist (Enzensberger, Einzelheiten I, 23); **Ve|ri|fi|zier|bar|keit,** die; -: *das Verifizierbarsein;* **ve|ri|fi|zie|ren** ⟨sw. V.; hat⟩ [mlat. verificare, zu lat. verus = wahr, richtig u. facere = machen]: **1.** (bildungsspr.) *durch Überprüfen die Richtigkeit einer Sache bestätigen:* eine Hypothese v.; Eine Zahl, die ... jedoch statistisch niemals verifiziert werden kann (NZZ 25. 10. 86, 29); In vielen Fällen konnte ich die Angaben meiner Patienten an Hand der ... Berichte von Ehepartnern ... v. (Dunkell, Körpersprache 10). **2.** (Rechtsspr.) *beglaubigen;* **Ve|ri|fi|zie|rung,** die; -, -en: *das Verifizieren.*
ver|in|ner|li|chen ⟨sw. V.; hat⟩: **1.** *innerlich machen, von dem Innern heraus erfüllen:* sein Leben v.; ein verinnerlichter Mensch; Schöne, verinnerlichte Schnitzereien (Berger, Augenblick 91). **2.** (Fachspr.) *internalisieren:* Normen v.; Und man spürt, wie sehr sie gerade diese Forderung verinnerlicht (natur 7, 1991, 29); Bei der Lösung des Problems durch Psychopharmaka verinnerlicht das Kind, daß es etwas schlucken muß, um etwas zu leisten (Wiesbadener Kurier 4. 6. 85, 17); **Ver|in|ner|li|chung,** die; -, -en: *das Verinnerlichen.*
ver|ir|ren, sich ⟨sw. V.; hat⟩ [mhd. verirren, ahd. farirrōn]: **a)** *vom Weg, der zum angestrebten Ziel führt, abkommen; die Orientierung verlieren u. sich nicht mehr zurechtfinden:* sich im Wald, im Nebel v.; Manche Passagen seines Abstiegs waren Cotta so fremd, daß er sich schon verirrt glaubte (Ransmayr, Welt 83); Ü eine verirrte *(von der Schußlinie abgekommene)* Gewehrkugel; sie wird auch noch Post von ihm bekommen ... vielleicht einen verirrten Brief noch in einem Monat (Remarque, Westen 157); ein verirrtes Schaf (bibl.; *ein sündiger Mensch;* vgl. z. B. Matth. 18, 12–13); **b)** *irgendwohin gelangen, wohin jmd. eigentlich nicht, etw. gar nicht gehört:* sich in den Sperrbereich v.; ... suchte er die Toiletten ... und stieß an der Tür mit einer älteren Frau zusammen, die sich zu den Männern *(in die Männertoilette)* verirrt hatte (Kronauer, Bogenschütze 186); Ü ... wenn

Verirrung

einen Augenblick ein Gedanke aus der früheren Zeit, vor dem Kriege, sich in meinen Kopf verirrt (Remarque, Westen 163); **Ver|ir|rung,** die; -, -en: *Abweichung von etw., was als recht, richtig o. ä. gilt; [moralische] Verfehlung, Irrtum:* Eine Lausbüberei war das Ganze gewesen, eine jugendliche V. (Feuchtwanger, Erfolg 233).

Ve|ris|men ⟨Pl.⟩: *Merkmale der veristischen Epoche in der Musik;* **Ve|ris|mo,** der; - [ital. verismo, zu: vero < lat. verus, ↑ veritabel]: *(unter dem Einfluß des französischen Naturalismus um die Mitte des 19. Jh.s aufgekommene) Stilrichtung der italienischen Literatur, Musik, bildenden u. darstellenden Kunst, die eine schonungslose Darstellung der Wirklichkeit anstrebt;* **Ve|ris|mus,** der; - [zu lat. verus, ↑ veritabel]: **1.** *Verismo.* **2.** *schonungslose u. sozialkritische künstlerische Darstellung der Wirklichkeit;* **Ve|rist,** der; -en, -en: *Vertreter des Verismus;* **ve|ri|stisch** ⟨Adj.⟩: **1.** *den Verismus* (1) *betreffend, darauf beruhend, dazu gehörend:* ein -er Film, Roman. **2.** *in schonungsloser Weise wirklichkeitsgetreu:* -e Details; **ve|ri|ta|bel** ⟨Adj.; ...bler, -ste⟩ [frz. véritable, zu: vérité = Wahrheit < lat. veritas, zu: verus = wahr, wirklich] (bildungsspr.): *in der wahren Bedeutung des betreffenden Wortes, wahrhaft; echt, wirklich:* eine veritable Leistung; Baldini trug sich mit dem Gedanken, ... eine Filiale ... zu gründen, eine veritable kleine Manufaktur (Süskind, Parfum 131); Dann grub er ... ein Stempelkissen aus dem Sack, klappte es auf und führte, wie ein veritabler Beamter, rasch hintereinander zwei Schläge: da saß der Stempel genauso wie Sammler ihn lieben (Muschg, Gegenzauber 114).

ver|ja|gen ⟨sw. V.; hat⟩ [mhd. verjagen, ahd. firjagōn]: *fortjagen, gewaltsam vertreiben:* jmdn. von Haus und Hof v.; Den damaligen Erzbischof hatte Seine Majestät ins Ausland verjagt (Saarbr. Zeitung 28. 12. 79, 15); einen Hund v.; Mücken, Fliegen v.; der Wind hat die Wolken verjagt; Ü die bösen Gedanken, die Sorgen v.; Aber die Straße, auf der es hinaufgeht, verjagt alle Romantik (natur 8, 1991, 91); **Ver|ja|gung,** die; -, -en: *das Verjagen.*

ver|jäh|ren ⟨sw. V.; ist⟩ /vgl. verjährt/ [mhd. verjæren]: *(auf Grund eines Gesetzes) nach einer bestimmten Anzahl von Jahren hinfällig* ⟨ werden, gerichtlich nicht mehr verfolgt werden können:* die Forderung, Anklage, das Verbrechen ist verjährt; die Schulden sind inzwischen verjährt; Ü Der Ruhm des Mainhechts ist nichts, was verjährt *(vergänglich ist;* Domin, Paradies 38); **ver|jährt** ⟨Adj.⟩ (veraltend): *sehr alt [u. für etwas Bestimmtes nicht mehr tauglich]:* Und solche -en Haudegen gedachten das neue Deutsche Reich zu führen (A. Zweig, Grischa 330); Aber dieser ferne Klang führte nicht nur -e Bilder und Gefühle herauf (Ransmayr, Welt 80); Er ging infolge einer -en Krankheit leicht gekrümmt (H. W. Richter, Etablissement 259); **Ver|jäh|rung,** die; -, -en: *das Verjähren, Verjährtsein:* die V. eines Verbrechens; **Ver|jäh|rungs-**

frist, die: *gesetzliche Frist einer Verjährung.*

ver|jaz|zen ⟨sw. V.; hat⟩: *mit den Mitteln, durch die Elemente des Jazz verändern:* eine klassische Komposition v.; er hatte ein Beethoven-Konzert verjazzt; Mit verjazzten und verpopten Kompositionen haben sie das internationale Publikum erobert (Hörzu 16, 1978, 89).

ver|ju|beln ⟨sw. V.; hat⟩ (ugs.): *unbekümmert-leichtsinnig für irgendwelche Vergnügungen ausgeben:* sein Geld v.; ... konnte man ... den letzten Hundertmarkschein beim Roulett oder am Baccaratisch v. (Prodöhl, Tod 10); Die Uhr verjubeln sie zwischen Kölns Dom und Kölns Hauptbahnhof (Grass, Hundejahre 484).

ver|juch|hei|en ⟨sw. V.; hat⟩ (landsch.): *verjubeln:* seinen Lottogewinn v.

ver|ju|den ⟨sw.V.; ist⟩ (ns. abwertend): *unter jüdischen Einfluß bringen, jüdisch überfremden:* ⟨meist im 2. Part.:⟩ Amerika und England sind schon halb und halb verjudet (B. Vesper, Reise 130); Minna, diese verdammte Stadt ist vollkommen verjudet (Hilsenrath, Nazi 25); ... bis sich erwies, daß die rassische Minderwertigkeit auch jene Subjekte unüberragbar macht, die nur teilweise verjudet sind (Kuby, Sieg 426); **Ver|ju|dung,** die; - (ns. abwertend): *das Verjuden:* von Gefahren für das deutsche Volk ... von der V. und der Entnordung, denen unbedingt etwas entgegengesetzt werden müsse (Harig, Ordnung 312); daß der Chef der eidgenössischen Fremdenpolizei ... 1938 sich mit folgender Feststellung loben konnte: „... Es ist uns ... gelungen, ... die V. der Schweiz zu verhindern." (Tages Anzeiger 28. 7. 84, 36).

ver|jün|gen ⟨sw. V.; hat⟩ [im 16. Jh. für veraltet jüngen, mhd. jungen, ahd. jungan = jung machen]: **1. a)** *jmdm. ein jüngeres Aussehen geben:* sie hat sich v. lassen; diese Creme verjüngt ihre Haut; **b)** *jünger machen:* Seine zweite Frau sollte ihn v., statt dessen hat sie ihn rasch altern lassen (Brückner, Quints 16); die Liebe hat ihn verjüngt *(vitaler gemacht);* einen Betrieb v. *(jüngere Kräfte einstellen;* die Nationalmannschaft muß verjüngt werden *(ältere Spieler müssen durch jüngere ersetzt werden);* Mit einer verjüngten Geschäftsführung will die Werner & Mertz GmbH ... den Erfolg für die Zukunft sichern (Allgemeine Zeitung 21. 12. 84, 7); Ü In den Industrienationen ist das Durchschnittsalter der vorhandenen Produktionsmittel zu hoch ... und wird verjüngt werden müssen (Schweizer Maschinenbau 16. 8. 83, 67); **c)** (Forstwesen) *alte Bäume durch junge ersetzen:* einen Baumbestand v.; Unter der fachtechnischen Leitung von Staatsförster Hans Wild wurde der Wald ... mit Rottannen, aber auch mit Lärchen und Ahornbäumen verjüngt (NZZ 11. 4. 85, 30); ◆ **c)** ⟨v. + sich⟩ *ein jüngeres Aussehen bekommen; jünger werden:* Verjüngte sich nicht dieser Talbot selbst, als er auf ihren Reiz zu reden kam (Schiller, Maria Stuart II, 9). **2.** ⟨v. + sich⟩ *[nach oben hin] allmählich schmaler, dünner, enger werden:* die Säule verjüngt sich; Der Turm verjüngt sich zu einem Oktogon mit einer quadra-

tischen Uhr (Berger, Augenblick 87); Die entfernteren Bergkulissen hinten am Ausgang, gegen den das Tal sich verjüngte (Th. Mann, Zauberberg 18); **Ver|jün|gung,** die; -, -en: *das [Sich]verjüngen;* **Ver|jün|gungs|kur,** die: *dem Verjüngen* (1) *dienende Kur;* **Ver|jün|gungs|mit|tel,** das: *dem Verjüngen* (1) *dienendes Mittel.*

ver|ju|xen ⟨sw. V.; hat⟩ (ugs.): **1.** *verjubeln:* sein ganzes Geld v.; wieviel er wohl heute in den zwei Stunden mal wieder verjuxt hat (Fallada, Mann 43); daß Sie leichtfertig die Chance Ihres Lebens verjuxt *(vertan)* haben (profil 17, 1979, 68). **2.** *verulken.*

ver|ka|beln ⟨sw. V.; hat⟩: **a)** *als ¹Kabel* (1) *verlegen:* eine Stromleitung v.; Bevor also eine elektrische Sonde ins Gehirn gesenkt und dort verkabelt wird (Hörzu 18, 1979, 166); **b)** *mit Hilfe von ¹Kabeln* (1) *an ein Netz* (2 a), *anschließen:* Haushalte v.; Und natürlich sind es Verleger, die sich darum reißen, die Nation zu v. ... und den Kontinent mit Programmen zu überziehen (Enzensberger, Mittelmaß 69); wir haben kein Videogerät und sind nicht verkabelt *(nicht an das Kabelfernsehnetz angeschlossen;* Hörzu 20, 1992, 6); **Ver|ka|be|lung,** die; -, -en: **a)** *das Verkabeln* (a): die V. der Leitung, also ihre unterirdische Verlegung (Saarbr. Zeitung 15./16. 12. 79, 31); **b)** *das Verkabeln* (b), *Verkabeltwerden:* auch wenn V. und Satellitenausstrahlung noch in den Anfängen steckten (Scholl-Latour, Frankreich 102).

ver|kack|ei|ern: ↑vergackeiern: Der Mann kuckt mich an, ob ich ihn vielleicht v. will, aber ich bleibe todernst (Lentz, Muckefuck 285).

ver|kad|men ⟨sw. V.; hat⟩: *kadmieren.*
ver|kah|len ⟨sw. V.⟩: **a)** *kahl werden, die Blätter verlieren* ⟨ist⟩: ... wenn Bäume umgesetzt werden müssen oder wenn Hecken v. (Haus 2, 1980, 78); die Buche in schütterster Belaubung verkahlt und rollt ihre Blätter (Burger, Blankenburg 58); verkahlte Äste; **b)** (Forstw.) *durch Kahlschlag kahl, baumlos machen* ⟨hat⟩: ein Gebiet v.; **Ver|kah|lung,** die; -, -en: *das Verkahlen.*

ver|kal|ben ⟨sw. V.; hat⟩: *(von Kühen) verwerfen* (6): Die Dorfbewohner rechneten verkalbende Kühe ... der Fuckruschen aufs Konto (Lentz, Muckefuck 171).

ver|kal|ken ⟨sw. V.; ist⟩: **1.** (Med.) *durch übermäßige Kalkablagerung* (1) *verhärten:* infolge fettreicher Ernährung verkalken die Arterien; Aber meine Knochen verkalken langsam, das Blut wird träger und die Muskeln sind nur noch mürber Zunder (Kirst, 08/15, 619); Hoffentlich werden Sie regelmäßig untersucht. Verkalkte oder vernarbte Kavernen sind keine Garantie (Bieler, Bär 70). **2.** (ugs.) *(mit zunehmendem Alter) [infolge von Arterienverkalkung] geistig unbeweglich werden:* das Gehirn verkalkt; in diesem Alter beginnt man bereits zu v.; total verkalkt sein; Es wird uns ein Vergnügen sein, den alten, verkalkten Geheimdienstlern einen Denkzettel zu verpassen (Zwerenz, Quadriga 285). **3.** *durch Einlagerung von Kalk* (1 a) *allmählich seine Funktionstüchtigkeit verlieren:* die

Waschmaschine verkalkt; verkalkte Wasserleitungen.
ver|kal|ku|lie|ren, sich ⟨sw. V.; hat⟩: **1.** *falsch kalkulieren* (1): Die beiden Männer hatten sich bei der Planung des Vertriebs und der Abonnentenwerbung völlig verkalkuliert (MM 14. 3. 79, 20). **2.** *falsch kalkulieren* (2 a): Während der mündlichen Verhandlung verriet die Siemens-Seite, daß sie sich verkalkuliert hatte (Delius, Siemens-Welt 112).
Ver|kạl|kung, die; -, -en: *das Verkalken, Verkalktsein.*
ver|ka|mi|so|llen ⟨sw. V.; hat⟩ [zu ↑ Kamisol] (veraltend): *verprügeln.*
ver|kạnnt: ↑ verkennen.
ver|kạn|ten ⟨sw. V.; hat⟩: **1.** *falsch kanten; auf die Kante stellen u. dadurch aus der normalen Lage bringen:* sie verkantete bei der Abfahrt den linken Ski und stürzte; Er (= der Grabstein) war verkantet, aber nicht umgefallen (Weber, Tote 38). **2.** *sich mit einer Kante* (2) *irgendwo festklemmen, verklemmen:* das Getriebe verkantete verschiedentlich, und die Lok blieb stehen (DM Test 45, 1965, 26); Die Hauptwelle zum Generator ist verkantet (Spiegel 38, 1978, 124); ⟨v. + sich:⟩ die Bremsbeläge können sich v.; Ü Sie ... mußten sich krampfhaft in ihren Kojen v., um nicht herauszufallen (Spiegel 53, 1980, 85). **3.** (Schießen) *den Lauf* (8) *seitlich verdrehen u. dadurch falsch zielen:* Kimme und Korn, verklemmt und verkantet (Loest, Pistole 37).
ver|kạp|pen ⟨sw. V.; hat⟩ [eigtl. etwa = unter einem Kapuzenmantel verbergen]: **1.** ⟨v. + sich⟩ *durch geschickte Tarnung, Verstellung das, was jmd. od. etw. in Wirklichkeit ist, für andere unkenntlich zu machen suchen; sich tarnen:* sich als Biedermann v.; lauter Einzelgänger, die sich als Massengesellschaft verkappt haben (Grass, Hundejahre 217); ⟨meist in 2. Part.:⟩ ein verkappter Spion; eine verkappte Enteignung, Annexion; Bei höheren Umtauschsätzen käme die Übernahme der DM aber zunächst einer Abwertung ... gleich. Sie wäre eine verkappte Währungsreform (Freie Presse 15. 2. 90, 4); er preßte den Mund in einem verkappten Lächeln zusammen (Seghers, Transit 279). **2.** (Jagdw.) *(einem Beizvogel) die Kappe* (1) *über den Kopf ziehen:* einen Falken v.; ♦ **Ver|kạp|pung,** die; -, -en: *Verkleidung, Vermummung; Tarnung:* Daraus läßt sich auch abnehmen, daß die V. zu der Sie mich einladen, ungleich belustigender für Sie als mich ausfallen müßte (Chamisso, Schlemihl 49); damit ich doch mein Essen und Trinken verdiente, geleitete ich Reineckische Bauern hinauf nach Bamberg. – In der V.? Das hätte dir übel geraten können (Goethe, Götz II); Ü O wart, Canaille! So entkommst du nicht. Dahinter steckt mir nun V. was, und Meuterei (Kleist, Krug 11).
ver|kạp|seln ⟨sw. V.; hat⟩: **a)** ⟨sich + v.⟩ *sich in einer Hülle, Kapsel abschließen, sich einkapseln:* die Trichinen verkapseln sich in der Muskulatur; eine verkapselte (Med.; *geschlossene*) Tuberkulose; eine der Lungen war voll von verkapselten Kavernen (Remarque, Triomphe 272); Ü warum verkapselst du dich so?; Was sich derart als Sehenswürdigkeit verkapselt, sind die Bilder der Ferne (Enzensberger, Einzelheiten I, 197); **b)** (selten) *in einer Hülle, Kapsel abschließen, einkapseln:* die Granatsplitter werden im Gewebe verkapselt; Ü An einem Tag zum anderen verkapselte er wieder die ganze Energie seines Trotzes und seiner Widerborstigkeit in sich selbst (Süskind, Parfum 41); **Ver|kạp|se|lung,** die; -, -en (seltener) **Ver|kạps|lung,** die; -, -en: *das [Sich]verkapseln.*
ver|kạr|sten ⟨sw. V.; ist⟩: *zu* ²Karst *werden:* Gebirge verkarsten; daß immer neue Waldflächen gerodet werden mußten, die dann ebenfalls sehr schnell verkarsteten (Gruhl, Planet 87); verkarstete Hügel, Hänge; Ü jene Überfüllung der Universitäten, mit der den modernen Strukturen des Lehrbetriebs ... weder formal noch inhaltlich mehr harmonierte (W. Brandt, Begegnungen 264); **Ver|kạr|stung,** die; -, -en: *das Verkarsten.*
ver|kạr|ten ⟨sw. V.; hat⟩: *für eine Kartei, einen Computer gesondert auf einzelnen [Loch]karten erfassen;* **Ver|kạr|tung,** die; -, -en: *das Verkarten, Verkartetsein.*
ver|ka|se|ma|tụckeln¹ ⟨sw. V.; hat⟩ [H. u.] (salopp): **1.** *(in kurzer Zeit u. größerer Menge) verkonsumieren:* beim Betriebsfest wurden etliche Liter Bier verkasematuckelt; Ü Einmal sahen wir Ingrid ... „Die müßte man v.!" (*vernaschen* 2; Lentz, Muckefuck 164). **2.** *genau u. detailliert auseinandersetzen, erklären:* kannst du mir das mal v.?
ver|kä|sen ⟨sw. V.⟩: **1. a)** *zu Käse machen* ⟨hat⟩: Milch v.; Absatzkrisen ließen sich allerdings dadurch vermeiden, daß knapp die Hälfte der Verkehrsmilchmenge verkäst wurde (NZZ 13. 10. 84, 27); **b)** *käsen* (2) ⟨ist⟩: die Milch verkäst; Ü sie wählte das Kleid vom ersten Mal ... Danach hing es nur noch im Schrank und roch ... nach verkäster *(unerfüllter)* Sehnsucht (Hahn, Mann 130). **2.** (Med.) *(von abgestorbenen Gewebsteilen, bes. bei Tuberkulose) zu einer käseartigen Masse werden.*
ver|kä|steln, die; V.; hat⟩: *einschachteln;*
ver|kä|sten, die; V.; hat⟩ (Bergmannsspr.): *auszimmern.*
Ver|kä|sung, die; -, -en: *das Verkäsen.*
ver|ka|tert ⟨Adj.⟩ (ugs.): *einen* ²Kater *habend:* am Neujahrsmorgen war ich v. aussehen; ... kommt Umweltreferent Karl Müller reichlich v. auf den Wertstoffhof. Vom Stammtisch ... (natur 6, 1991, 64).
Ver|kauf, der; -[e]s, Verkäufe [frühnhd.]: **1.** *das Verkaufen* (1 a): der illegale, verbilligte V. von Produkten [ins Ausland]; Die Ölquellen erschließen Reichtum nur dann, wenn der stetige V. des Öls garantiert ist (Dönhoff, Ära 169); der V. von Waren, Eintrittskarten; die seit Anfang Juni laufenden Verkäufe von solcher Butter (Welt 2. 8. 65, 11); Nach der Katastrophe in Tschernobyl ... gingen in der Schweiz die Verkäufe einzelner Warengruppen ... stark zurück (NZZ 27. 8. 86, 37); V. von/(Kaufmannsspr. selten:) in Textilien; ein V. mit Gewinn, Verlust; V. auch außer Haus, über die Straße (Hinweis an Cafés usw.); einen V. rückgängig machen; Ich war ja allerlei anderes gewöhnt: Auerhähne schießen ..., in die Kreisstädte fahren und die Verkäufe bewerkstelligen *(abwickeln;* Hauptmann, Schuß 6); etw. zum V. anbieten; wenn eine Bank ... zum V. von Staatspapieren an der Börse schreitet (Fraenkel, Staat 365); etw. zum V. bringen *(Papierdt.; etw. verkaufen);* ... bis die hohen Anforderungen unserer Prüflabors erfüllt sind, das Gerät zum V. freigegeben werden kann (Brückenbauer 11. 9. 85, 22); das Grundstück kommt, steht zum V. *(wird zum Kauf angeboten).* **2.** ⟨o. Pl.⟩ (Kaufmannsspr.) *Verkaufsabteilung;* Einkauf und V.; er arbeitet im V.; **ver|kauf|bar** ⟨Adj.⟩: *verkäuflich:* aus Grundlagenforschung ... -e Produkte zu machen (Volksblatt 17. 6. 84, 18); Das Idealform von -em Roggen-Nachkriegsbrot scheint sich irgendwo versteckt zu halten (Strittmatter, Der Laden 35); **Ver|kauf|bar|keit,** die; -: *das Verkaufbarsein;* **Ver|kau|fe,** die; - (salopp): *Art u. Weise, in der etw. verkauft wird:* er war stets auch ein Verfechter der harten „Verkaufe", wie das Aufdonnern und Hinbiegen von Stories redaktionsintern heißt (Spiegel 20, 1983, 117); **ver|kau|fen** ⟨sw. V.; hat⟩ [1 a: mhd. verkoufen, ahd. firkoufen]: **1. a)** *jmdm. etw. gegen Zahlung einer bestimmten Summe als Eigentum überlassen:* etw. billig, preisgünstig, teuer, für/(veraltend:) um 100 Mark, unter seinem Wert v.; etw. nur gegen bar, Barzahlung v.; Zeitungen, Waren, Liegenschaften, Antiquitäten, Verlagsrechte v.; das Kleid war leider schon verkauft; er hat seinen Wagen einem seiner Kollegen verkauft; Nur das Fräulein Hegele, das nachmittags noch ein Bügeleisen v. konnte an eine Laufkundschaft (Sommer, Und keiner 267); sie mußten ihre Eigentumswohnung, ihr Haus v.; ein großer Schauspieler, der seine Arbeit teuer v. konnte (Lederer, Bring 83); noch weiß er nicht, wem er seine Kenntnisse v. wird (Koeppen, Rußland 71); der Verein muß zwei Spieler v. *(transferieren);* daß irgendein schlechter Kerl sie (= *Mädchen*) aufgreifen und für ein paar Dirhem in die Sklaverei v. kann (NZZ 13. 10. 84, 40); sie verkauft ihren Körper (abwertend); *sie geht der Prostitution nach*); ⟨auch o. Akk.-Obj.:⟩ wir haben gut verkauft; ⟨subst.:⟩ freies Produzieren, Kaufen und Verkaufen; **b)** ⟨v. + sich⟩ *in bestimmter Weise verkäuflich* (1) *sein:* diese Ware verkauft sich gut, leicht, schlecht, schwer; Er hatte schon mehrere Romane und Novellenbände publiziert , ... sie ... ließen sich aber kaum v. (Reich-Ranicki, Th. Mann 109); Verkaufen wird er (= Film) sich bestimmt: Rechtzeitig zur Premiere landete das Titellied des Films ... in den Charts (Zivildienst 5, 1986, 28); auch Kreta verkauft sich bestens, seitdem die Insel ... per Charterflug direkt zu erreichen ist (Bremer Nachrichten 20. 5. 85, 13). **2.** ⟨v. + sich⟩ (landsch.) *etw. kaufen, was in seiner Qualität den Ansprüchen nicht genügt, in seiner Art den Vorstellungen nicht entspricht:* ich habe mich mit dem Kleid verkauft. **3.** ⟨v. + sich⟩ *für Geld od. Gewährung anderer Vorteile*

Verkäufer

jmdm. seine Dienste zur Verfügung stellen: sich dem Feind/an den Feind v.; an der Straße verkaufen sich Mädchen *(gehen Mädchen der Prostitution nach);* Bub ..., der aus der Provinz kam, um sich in der Ewigen Stadt zu v. *(prostituieren)* wie die anderen Buben (Geiser, Fieber 26); ... weil alle ihrem Verdienst nachlaufen mußten, sich zehn und mehr Stunden an einen Fabrikanten verkauften *(in einer Fabrik arbeiteten;* Kühn, Zeit 125). **4.** (ugs.) *dafür sorgen, daß jmd., etw. bei jmdm. auf das gewünschte Interesse stößt, den gewünschten Anklang, Beifall findet:* eine Story den Lesern v.; die Parteien wollen die Reform als große Leistung v.; Auf Seminaren und Empfängen verkauft Falin Breschnews Politik (Spiegel 3, 1983, 102); Zudem gehört schon einige Kühnheit dazu, ... 65 Millionen für überflüssige Kanalbauten als „wachstumsfördernde" Investitionen zu v. (Spiegel 28, 1983, 30); Am nächsten Wochenende mußte Kessi bei mir schlafen, weil wir das meiner Mutter so verkauft *(eingeredet, erzählt)* hatten (Christiane, Zoo 65); ⟨auch v. + sich⟩ die Schlagersängerin verkauft sich gut; **Ver|käu|fer,** der; -s, - [mhd. verkoufære]: **1.** *jmd., der (bes. als Angestellter eines Geschäfts, Kaufhauses) Waren verkauft* (Berufsbez.): er ist V., arbeitet als V. in einem Elektrogeschäft. **2.** *jmd., der etw. als Eigentümer verkauft:* der V. des Grundstücks; **Ver|käu|fe|rin,** die; -, -nen: w. Form zu ↑ Verkäufer; **ver|käu|fe|risch** ⟨Adj.⟩: *in bezug auf die Tätigkeit eines Verkäufers, als Verkäufer:* -e Erfahrung haben; ... sollten Sie über starke -e Fähigkeiten verfügen (Südd. Zeitung 1.3. 86, 79); Neben den kompletten -en Aktivitäten gehört auch die Organisation der Geschäftsstelle ... zum Aufgabengebiet (Saarbr. Zeitung 12./13. 7. 80, XVI); **ver|käuf|lich** ⟨Adj.⟩: **1.** *in bestimmter Weise zum Verkauf geeignet, sich absetzen lassend:* Es fängt damit an ..., daß wir -e Kunst ablehnen (Ossowski, Liebe ist 97); das Produkt ist schwer v.; Gebrauchtwagen, überwiegend der gut -en ... gehobenen Klasse (Südd. Zeitung 1. 3. 86, 92); Ü Doch solch penible Rechnerei wäre wohl erstens mühsam und dem Wählervolk zweitens schwer v. (Presse 23. 2. 79, 13). **2.** *zum Verkauf bestimmt:* diese Gegenstände sind [nicht] v.; diese Arznei ist frei v. *(nicht rezeptpflichtig);* **Ver|käuf|lich|keit,** die; -: *das Verkäuflichsein:* Wenn der Aspekt der V. alle anderen Aspekte dominiert (Höhler, Glück 69); **Ver|kaufs|ab|tei|lung,** die: *Abteilung eines Unternehmens, die für den Verkauf (1) zuständig ist;* **Ver|kaufs|agent,** der: *Handelsvertreter, dessen Tätigkeit in der Vermittlung od. im Abschließen von Verkäufen besteht;* **Ver|kaufs|agen|tin,** die: w. Form zu ↑ Verkaufsagent; **Ver|kaufs|an|ge|bot,** das: *Angebot, etw. zu verkaufen;* **Ver|kaufs|ar|gu|ment,** das: *Argument (1), das verkaufsfördernd ist;* **Ver|kaufs|ar|ti|kel,** der: *zum Kauf angebotener Artikel;* **Ver|kaufs|aus|stel|lung,** die: *Ausstellung, bei der die ausgestellten Gegenstände verkäuflich sind;* **Ver|kaufs|au|to|mat,** der: vgl. Automat (1 a); **Ver|kaufs|be|din|gun|gen** ⟨Pl.⟩: vgl. Lieferbedingungen; **Ver|kaufs|be|ra|ter,** der: *Propagandist (3);* **Ver|kaufs|be|ra|te|rin,** die: w. Form zu ↑ Verkaufsberater; **Ver|kaufs|bri|ga|de,** die (ehem. DDR): vgl. Brigade (3); **Ver|kaufs|bu|de,** die: *Kiosk;* **Ver|kaufs|di|rek|tor,** der; **Ver|kaufs|di|rek|to|rin,** die: w. Form zu ↑ Verkaufsdirektor; **Ver|kaufs|ein|rich|tung,** die (ehem. DDR): *Einrichtung des Einzelhandels;* **Ver|kaufs|er|folg,** der: *erfolgreicher Verkauf (1) eines Produktes:* Auf diesen genialen Einfall führte Mr. Miller den eklatanten V. von Coca-Cola zurück (Lentz, Muckefuck 307); **Ver|kaufs|er|lös,** der: *Erlös aus einem Verkauf;* **Ver|kaufs|fah|rer,** der: *Fahrer (b), der eine bestellte Ware zum Kunden fährt u. den Preis kassiert* (Berufsbez.); **Ver|kaufs|fah|re|rin,** die: w. Form zu ↑ Verkaufsfahrer; **Ver|kaufs|flä|che,** die: *Fläche (1) eines Geschäftes, Kaufhauses, die für den Verkauf (1) genutzt wird;* **ver|kaufs|för|dernd** ⟨Adj.⟩: *dem Verkauf förderlich, dienlich;* **Ver|kaufs|för|de|rung,** die ⟨o. Pl.⟩: *Sales-promotion;* **Ver|kaufs|front,** die (ugs.): *Bereich, in dem der Verkauf (1) von etw. stattfindet:* ... sind die Kundenberater an der V. ohne Zweifel diejenigen, die im direkten Kundenkontakt stehen (Sparkasse 6, 1981, 217); **Ver|kaufs|ge|spräch,** das: *verkaufsförderndes Gespräch mit einem Kunden, potentiellen Käufer;* **Ver|kaufs|ge|mi|um,** das (Wirtsch.): *Selling-Center;* **Ver|kaufs|hit,** der (ugs.): *Ware, die (in einer bestimmten Zeit) besonders häufig verkauft wird;* **Ver|kaufs|in|ge|nieur,** die: *Ingenieur, der im Verkauf (2) tätig ist;* **Ver|kaufs|in|ge|nieu|rin,** die; w. Form zu ↑ Verkaufsingenieur; **Ver|kaufs|ka|no|ne,** die (ugs.): *Verkäufer, der durch sein verkäuferisches Talent einen bes. hohen Umsatz erzielt;* **Ver|kaufs|ki|osk,** der: *Kiosk;* **Ver|kaufs|ko|je,** die: *Koje (3 b) auf Messen o. ä., in der Verkaufsgespräche stattfinden;* **Ver|kaufs|kraft,** die: *Arbeitskraft (2) im Verkauf, bes. Verkäufer[in];* **Ver|kaufs|kul|tur,** die ⟨o. Pl.⟩: *den Verkauf von Waren betreffende Kultur (2 a);* **Ver|kaufs|lei|ter,** der: *Leiter einer Verkaufsabteilung; Sales-manager;* **Ver|kaufs|lei|te|rin,** die: w. Form zu ↑ Verkaufsleiter; **Ver|kaufs|mes|se,** die: ²*Messe (1), auf der Warenmuster verkauft werden;* **Ver|kaufs|ob|jekt,** das: vgl. Verkaufsartikel; **ver|kaufs|of|fen** ⟨Adj.⟩: *ganztags dem Verkauf offenstehend:* der -e Samstag; **Ver|kaufs|or|ga|ni|sa|ti|on,** die: *zum Zwecke des Verkaufs gegründete Organisation;* **ver|kaufs|ori|en|tiert** ⟨Adj.⟩: *auf den Verkauf (1) ausgerichtet:* eine -e Ausbildung, Position; **Ver|kaufs|pa|vil|lon,** der: *Pavillon, in dem etw. verkauft wird;* **Ver|kaufs|per|so|nal,** das: *Personal (a) im Verkauf, bes. Verkäufer[innen];* **Ver|kaufs|po|li|tik,** die: vgl. Geschäftspolitik; **Ver|kaufs|prak|tik,** die: *Praktik (1 a) des Verkaufens;* **Ver|kaufs|pra|xis,** die: *Praxis (1 b, 2) des Verkaufens;* **Ver|kaufs|preis,** der: *Preis, zu dem eine Ware verkauft wird;* **Ver|kaufs|pro|gramm,** das: *Gesamtheit der Artikel, die ein Betrieb zum Verkauf anbietet;* **Ver|kaufs|psy|cho|lo|gie,** die: *Teilgebiet der Marktforschung, das sich mit der Wirkung von Waren, Verpackungen o. ä. auf potentielle Käufer u. der Wechselbeziehung zwischen Verkäufer u. Käufer befaßt;* **Ver|kaufs|punkt,** der: *Verkaufsstelle;* **Ver|kaufs|raum,** der: *Raum, in dem etw. verkauft wird;* **Ver|kaufs|ren|ner,** der (ugs.): *Verkaufshit;* **Ver|kaufs|rück|gang,** der: *Rückgang des Verkaufs, der Verkaufszahlen;* **Ver|kaufs|schau,** die: vgl. Verkaufsausstellung; **Ver|kaufs|schla|ger,** der: *Ware, die sich besonders gut verkauft:* Der neue Euro-Reaktor ... gilt als möglicher V. für ganz Osteuropa (natur 5, 1991, 88); **Ver|kaufs|schluß,** der: *Ladenschluß;* **Ver|kaufs|schu|lung,** die: *Schulung von Verkäufern (1);* **ver|kaufs|schwach** ⟨Adj.⟩: *nur geringen Absatz (3) aufweisend:* eine -e Saison; verkaufsstarke und -e Ladenzonen (Sparkasse 6, 1981, 210); **Ver|kaufs|span|ne,** die (Kaufmannsspr.): *Handelsspanne;* **Ver|kaufs|stand,** der: *Stand zum Verkauf von Waren;* **ver|kaufs|stark** ⟨Adj.⟩: *guten Absatz (3) aufweisend:* ein -es Jahr; ... sucht versierten, -en ... Kaufmann (Hamburger Abendblatt 5. 9. 84, 14); **Ver|kaufs|stät|te,** die: *Verkaufsstelle;* **Ver|kaufs|stel|le,** die: *Stelle (Laden, Stand o. ä.), wo etw. verkauft wird;* **Ver|kaufs|stel|len|lei|ter,** der: *Leiter einer Verkaufsstelle;* **Ver|kaufs|stel|len|lei|te|rin,** die: w. Form zu ↑ Verkaufsstellenleiter; **Ver|kaufs|tisch,** der: *Tisch, an dem man etw. verkauft, auf dem Waren zum Verkauf angeboten werden;* **ver|kaufs|träch|tig** ⟨Adj.⟩: *einen lohnenden Verkauf (1) erwarten lassend:* ein -es Angebot; daß alle Autoren, auch die berühmten und -en, die gleichen Honorarsätze erhalten (Saarbr. Zeitung 9. 10. 79, 7); **Ver|kaufs|vo|lu|men,** das (Wirtsch.): *Volumen des Verkaufs (1) in einem bestimmten Zeitraum:* unsere Festsetzung für das kommende Jahr ist ein V. von 3 Millionen; **Ver|kaufs|wert,** der: vgl. Verkaufspreis; **Ver|kaufs|zahl,** die: *den Umfang eines Verkaufs (1) angebende Zahl; Absatzzahl:* steigende, rückläufige -en; Die -en gingen auf rund 1000 Einheiten zurück (CCI 5, 1988, 1); **Ver|kaufs|zeit,** die: *Geschäftszeit;* **Ver|kaufs|zif|fer,** die ⟨meist Pl.⟩: *Verkaufszahl.*

ver|kau|peln ⟨sw. V.; hat⟩ [↑ kaupeln] (ostmd.): *unter der Hand verkaufen od. tauschen.*

Ver|kehr, der; -s, selten: -es, (Fachspr.:) -e [urspr. = Handel(sverkehr), Umsatz, Vertrieb von Waren]: **1.** *Beförderung, Bewegung von Fahrzeugen, Personen, Gütern, Nachrichten auf dafür vorgesehenen Wegen:* grenzüberschreitender V.; der V. auf den [Wasser]straßen, auf der Autobahn; fließender V. *(Bewegung der Fahrzeuge im Straßenverkehr);* ruhender V. *(das Halten u. Parken der Fahrzeuge auf öffentlichen Straßen u. Plätzen);* es herrscht starker, lebhafter, reger, dichter V.; der V. hat zugenommen, stockt, bricht zusammen, ruht fast gänzlich, kommt zum Erliegen; der V. flutet durch die Straßen, staut sich an der Kreuzung; Durch die rund 200 Personen wurde der V. zum Teil blockiert (MM 20. 3. 74, 11); den V. drosseln, lenken, regeln, umleiten, behindern; mögliche Störungen ... des zivilen -s nach Berlin (Dönhoff, Ära 103); eine Brücke dem [öffentlichen] V. *(der Öffentlichkeit zur Nutzung)* übergeben; eine Straße für den V. sperren, freigeben; Sein Moped war gar nicht zum V. zugelassen (Zenker, Froschfest 143); * *etw.* **aus dem V. ziehen** *(etw. nicht mehr für den Gebrauch zulassen):* das Fahrzeug wurde aus dem V. gezogen; **jmdn. aus dem V. ziehen** (ugs. scherzh.; *jmdn. nicht mehr in einer bestimmten Eigenschaft tätig sein lassen [weil er der Sache schadet]):* ... auch wenn es ihr (= Staatssicherheit) offensichtlich noch lieber wäre, mich gänzlich aus dem V. zu ziehen (Spiegel 47, 1977, 194); Die Behörden wollen mehrere tausend Freudenmädchen aus dem V. ziehen (Express 2. 10. 68, 1); **etw. in [den] V. bringen** *(etw. in den Handel, in Umlauf bringen):* ... wird Papiergeld ... durch Gewährung eines Kredits an Wirtschaftsunternehmungen in V. gebracht (Fraenkel, Staat 364); ♦ ⟨auch das:⟩ ... und auf den Straßen war ein lebhaftes V. (Novalis, Heinrich 144). **2. a)** *Kontakt, Umgang mit jmdm. im Hinblick auf den Gedankenaustausch, wechselseitige Mitteilung, als gesellschaftliche Beziehung:* gesellschaftlicher, [außer]dienstlicher, brieflicher, schriftlicher, mündlicher V.; der diplomatische V. beider Staaten; der V. mit den Behörden; Hatte er Tagdienst, so beschränkte sich sein geistiger V. mit der Verstorbenen auf eine Menge lieber Erinnerungen (Hauptmann, Thiel 8); V. mit jmdm. haben, unterhalten; Wir wissen jedoch, daß er während seiner Wiener Zeit persönlichen V. mit Beethoven pflegte (Hildesheimer, Legenden 26); den V. mit jmdm. einschränken, abbrechen, wiederaufnehmen; Aber nach und nach waren die Genossen zu einer neuen Praxis des -s untereinander gekommen (Kühn, Zeit 100); Ansonsten war die Liturgie lateinisch, der V. *(die Verkehrssprache)* mit den Dörfern slowakisch (Bieler, Mädchenkrieg 377); der V. des Angeklagten mit seinem Anwalt; er ist kein V. für dich *(mit ihm solltest du nicht verkehren 2 a);* **b)** (verhüll.) *Geschlechtsverkehr:* vorehelicher, außerehelicher V.; V. [mit jmdm.] haben; Prostituierte ..., die seinem Wunsch nach ungeschütztem *(ohne Präservativ ausgeübtem)* V. keinen Widerstand entgegensetzt (Spiegel 35, 1988, 189); Metzgermeister, der seine weibliche Lehrlinge zum V. in der Wurstküche gezwungen hatte (Spiegel 47, 1990, 111); **ver|keh|ren** ⟨sw. V.; hat⟩ /vgl. verkehrt/ [3: mhd. verkēren, zu ↑¹kehren; schon mniederd. vorkēren = unterwegs sein, um Handel zu treiben]: **1.** *als öffentliches Verkehrsmittel regelmäßig auf einer Strecke fahren* (auch: ist): der Omnibus verkehrt alle 15 Minuten; das Schiff verkehrt zwischen Hamburg und Helgoland; dieser Zug verkehrt nur an Sonn- und Feiertagen; Schweizer Transporteure verkehren ... vierzigmal mehr auf ausländischen Straßen als ausländische Transporteure auf Schweizer Straßen (NZZ 14. 4. 85, 22). **2. a)** *mit jmdm. Kontakt pflegen; sich regelmäßig mit jmdm.*

treffen, schreiben o. ä.: mit der Nachbarin, mit keinem Verkehr v.; mit jmdm. brieflich v.; ... zumal Monsieur Gouffé ... mit den Schuldnern kaum weniger freundlich und hilfreich verkehrt hätte als mit den Gläubigern (Maass, Gouffé 29); Er hat keine Lust mehr, ... mit dem Pöbel auf du und du v. zu müssen (Thieß, Reich 552); Er (= Ausdruck) paßte nicht zu dem Ton, in dem sie seit über zwanzig Jahren miteinander verkehrten (Bieler, Mädchenkrieg 67); **b)** *bei jmdm., irgendwo regelmäßig zu Gast sein; regelmäßig ein Lokal o. ä. besuchen:* in einer Familie, in jmds. Haus, in den besten Kreisen v.; in diesem Lokal verkehren viele Künstler; ... im Café Liedtke ..., ... wo die Klubsessel standen und auch Damen des Offizierkorps zu v. pflegten (Kirst, 08/15, 163); **c)** (verhüll.) *Geschlechtsverkehr mit jmdm. haben:* mit seiner Frau nicht mehr [geschlechtlich] v.; sie hatte in dieser Zeit mit mehreren Männern verkehrt. **3. a)** *etw. in das Gegenteil verwandeln, es völlig verändern [so daß es gerade in der entgegengesetzten Richtung wirkt]:* jmds. Absicht, den Sinn einer Aussage ins Gegenteil v.; In nur fünfzehn Jahren hat es Großbritannien geschafft, die ihm entgegengebrachten Sympathien und Hoffnungen in Ärger und Widerwillen zu v. (Zeit 14. 3. 75, 4); Man muß wissen, daß die dreizehnjährige Agnes im Frühling des Jahres 1632 ... von schwedischen Reitern ... zur Vollwaise gemacht ... wurde, was ihren Verstand verkehrt *(sie um den Verstand gebracht)* hat (Grass, Butt 325); **b)** ⟨v. + sich⟩ *sich ins Gegenteil verwandeln [u. gerade in der entgegengesetzten Richtung wirken]:* seine Gleichgültigkeit verkehrte sich in Mitgefühl; die Vorzüge verkehren sich in Schwächen; ... hattest du vom Guten das Beste, worauf das eine sich in das Schrecklichste und das andere sich in das Schlimmste verkehrte (Wohmann, Absicht 325); **ver|kehr|lich** ⟨Adj.⟩: *den Verkehr (1) betreffend:* die -e Erschließung eines Siedlungsgebietes; **Ver|kehrs|ab|lauf,** der: *das Ablaufen (5 c) des Verkehrs (1):* ein störungsfreier V.; **Ver|kehrs|ach|se,** die: *Achse (5);* **Verkehrs|ader,** die: *wichtige Verkehrsstraße; wichtiger Verkehrsweg:* eine vierspurige V.; **Ver|kehrs|am|pel,** die: *Ampel (2);* **Ver|kehrs|amt,** das: vgl. Verkehrsverein; **Ver|kehrs|an|bin|dung,** die: *Anbindung an ein Verkehrsnetz:* die V. der Bahnhöfe an den öffentlichen Nahverkehr (Blickpunkt 9, 1988, 1); eine ruhige Wohnlage mit guter V.; **ver|kehrs|arm** ⟨Adj.⟩: *wenig Verkehr (1) aufweisend:* eine -e Straße; -e Stunden, Zeiten; **Ver|kehrs|auf|kommen,** das: *Zahl der Fahrzeuge in einem bestimmten Bereich des Straßen- u. Schienenverkehrs; Verkehrsdichte:* ein starkes, hohes V. [auf den Autobahnen nach Süden]. **Ver|kehrs|be|hin|de|rung,** die: *Behinderung (1) des Verkehrs (1);* **Ver|kehrs|be|la|stung,** die: *Belastung (1) durch Verkehr (1):* die übergroße V. im Stadtbereich; **Ver|kehrs|be|reich,** der: **1.** *Bereich (a).* **2.** *Bereich (b):* ... Leichtigkeit, mit der gerade in diesem V. (= Wasserstraßen) immer wieder ... geplante Baumaßnahmen gesperrt werden (Saarbr.

Zeitung 9. 7. 80, 4). **3.** *Verkehr (1): Wesentlicher Verursacher der Stickstoffoxide ist der V.* (Münchner Merkur 19. 5. 84, 7); **ver|kehrs|be|ru|hi|gend** ⟨Adj.⟩ (Verkehrsw.): *allzu starken Durchgangsverkehr verhindernd:* -e Maßnahmen; **ver|kehrs|be|ru|higt** ⟨Adj.⟩ (Verkehrsw.): *von allzu starkem Durchgangsverkehr befreit:* ein -er Bereich; eine -e Zone; -e Straßen, Wohnviertel; **Ver|kehrs|be|ru|hi|gung,** die (Verkehrsw.): *Befreiung von allzu starkem Durchgangsverkehr;* **Ver|kehrs|be|trieb,** der ⟨meist Pl.⟩: *konzessionspflichtiges Unternehmen für die Personenbeförderung im innerstädtischen Bereich od. in einem bestimmten Bezirk;* **Ver|kehrs|bü|ro,** das: *Verkehrsverein;* **Ver|kehrs|cha|os,** das (emotional): *das Zusammenbrechen des Verkehrs (1) mit anhaltenden Stauungen:* starke Schneefälle führten zu einem V.; **Ver|kehrs|de|likt,** das: *Verstoß gegen die Verkehrsvorschriften;* **Ver|kehrs|dich|te,** die: *Verkehrsaufkommen;* **Ver|kehrs|dis|zi|plin,** die ⟨o. Pl.⟩: *diszipliniertes Verhalten im Straßenverkehr;* **Ver|kehrs|ein|rich|tung,** die: *Hilfsmittel zur Regelung des Straßenverkehrs;* **Ver|kehrs|ent|wick|lung,** die: *Entwicklung des Verkehrs (1);* **Ver|kehrs|er|zie|hung,** die: *Anleitung zu richtigem Verhalten im Straßenverkehr;* **Ver|kehrs|flä|che,** die: *Fläche für den Straßenverkehr;* **Ver|kehrs|flie|ge|rei,** die (ugs.): *öffentlicher Luftverkehr;* **Ver|kehrs|flug|zeug,** das: *dem öffentlichen Verkehr dienendes Flugzeug;* **Ver|kehrs|flug|zeug|füh|rer,** der: *jmd., der ein Verkehrsflugzeug steuert;* **Ver|kehrs|flug|zeug|füh|re|rin,** die: w. Form zu ↑Verkehrsflugzeugführer; **Ver|kehrs|fluß,** der ⟨o. Pl.⟩: *störungsfreier Ablauf des Straßenverkehrs;* **ver|kehrs|frei** ⟨Adj.⟩: *frei von Fahrzeugverkehr;* **Ver|kehrs|füh|rung,** die: *festgelegter Verlauf des Verkehrs (1);* **Ver|kehrs|funk,** der: *in regelmäßigen Abständen im Rundfunk ausgestrahlte Verkehrsmeldungen für Autofahrer;* **Ver|kehrs|ge|fähr|dung,** die: *Gefährdung der Sicherheit im Straßenverkehr;* **Ver|kehrs|geo|gra|phie,** die: *Teilgebiet der Anthropogeographie, auf dem man sich mit den räumlichen Ursachen u. Wirkungen einzelner Arten des Verkehrs (1) befaßt;* **ver|kehrs|ge|recht** ⟨Adj.⟩: *den Erfordernissen der Sicherheit im Straßenverkehr u. beim Transport (1) entsprechend:* -er Straßenbau; -es Verhalten; sich v. verhalten; **Ver|kehrs|ge|sche|hen,** das: *Verkehr (1) als sich vor jmds. Augen abspielender Vorgang;* **Ver|kehrs|ge|tüm|mel,** das: *im Verkehr (1) entstehendes Getümmel;* **ver|kehrs|gün|stig** ⟨Adj.⟩: *hinsichtlich der Verkehrsverbindungen günstig gelegen:* eine Wohnung in -er Lage; **Ver|kehrs|hel|fer,** der (bes. ehem. DDR): vgl. Verkehrslotse; **Ver|kehrs|hel|fe|rin,** die (bes. ehem. DDR): w. Form zu ↑Verkehrshelfer; **Ver|kehrs|hin|der|nis,** das: *Hindernis im Straßenverkehr;* **Ver|kehrs|in|farkt,** der: *Zusammenbruch, Stillstand des Verkehrs (1) bes. in Großstädten u. Ballungsgebieten:* In den Städten geht ohnehin gar nichts mehr. V. nennen Politiker und Wissenschaftler diesen Stillstand aller Räder (natur 3, 1991, 72); vom V. be-

Verkehrsinsel

drohte Metropolen (Welt 9. 1. 90, 21); **Ver|kehrs|in|sel**, die: *erhöhte Stelle innerhalb der Fahrbahn zum Schutz von Fußgängern od. zur Lenkung des Straßenverkehrs;* **ver|kehrs|in|ten|siv** ⟨Adj.⟩ (bes. schweiz.): *verkehrsreich:* während der -en Sommermonate (NZZ 31. 8. 87, 7); eine kleine Garküche für Italiener hatte an der -sten Kreuzung ... nichts mehr zu suchen (Muschg, Gegenzauber 49); **Ver|kehrs|kno|ten|punkt**, der: *Knotenpunkt* (a); **Ver|kehrs|kol|laps**, der: *Verkehrsinfarkt;* **Ver|kehrs|kon|trol|le**, die: *von der Polizei auf einer Verkehrsstraße durchgeführte Kontrolle hinsichtlich der Fahrtüchtigkeit, der mitzuführenden Papiere u. des Fahrzeugs;* **Ver|kehrs|la|ge**, die: **1.** *Situation im Straßenverkehr:* die V. beobachten. **2.** *Lage eines Gebäudes, Ortes o. ä. hinsichtlich der Verkehrsverbindungen:* Bürogebäude in günstiger V. zu verkaufen; **Ver|kehrs|lärm**, der: *durch den Straßenverkehr entstehender Lärm;* **Ver|kehrs|leit|sy|stem**, das: *System von Verfahren u. Einrichtungen zur Sicherstellung od. Unterstützung eines reibungslosen Ablaufs des Verkehrs* (1); **Ver|kehrs|len|kung**, die: *Verkehrsführung;* **Ver|kehrs|licht**, das ⟨Pl. -er⟩ (selten): *Lichtsignal [einer Verkehrsampel];* **Ver|kehrs|li|nie**, die: **1.** *Linie* (6 a). **2.** *Verkehrsverbindung;* **Ver|kehrs|lot|se**, der: *jmd., der andere, Ortsfremde durch den Straßenverkehr lotst* (1 c); **Ver|kehrs|lot|sin**, die: w. Form zu ↑ Verkehrslotse; **Ver|kehrs|ma|schi|ne**, die: *Verkehrsflugzeug;* **ver|kehrs|mä|ßig** ⟨Adj.⟩: *den Verkehr* (1), *die Verkehrsverbindungen betreffend:* Verkehrsmäßig liegt ihr sehr ungünstig! Ich habe ... fast zwei Stunden gebraucht (Brückner, Quints 297); ... wobei das Land die städtische Konzeption für v. unzureichend hielt (Saarbr. Zeitung 8. 7. 80, 11); **Ver|kehrs|me|di|zin**, die: *interdisziplinärer Forschungsbereich der Medizin, Psychologie, Materialkunde u. Technik, der sich mit den gesundheitlichen Aspekten der Benutzung von Verkehrsmitteln befaßt;* **Ver|kehrs|mel|dung**, die: *im Rundfunk durchgegebene Meldung zur Verkehrslage* (1); **Ver|kehrs|mi|ni|ster**, der: *Minister für Angelegenheiten des Verkehrs* (1); **Ver|kehrs|mi|ni|ste|rin**, die: w. Form zu ↑ Verkehrsminister; **Ver|kehrs|mi|ni|ste|ri|um**, das: *Ministerium für das Verkehrswesen;* **Ver|kehrs|mit|tel**, das: *im [öffentlichen] Verkehr* (1), *bes. zur Beförderung von Personen, eingesetztes Fahrzeug, Flugzeug:* die öffentlichen V. benutzen; **Ver|kehrs|nach|richt**, die ⟨meist Pl.⟩: *Verkehrsmeldung;* **Ver|kehrs|netz**, das: *in einem bestimmten Raum, Gebiet zur Verfügung stehende, an Verkehrsknotenpunkten miteinander verflochtene Verkehrswege;* **Ver|kehrs|op|fer**, das: *Opfer eines Verkehrsunfalls; im Straßenverkehr [tödlich] Verunglückter;* **Ver|kehrs|ord|nung**, die ⟨o. Pl.⟩: *kurz für* ↑ Straßenverkehrsordnung; **Ver|kehrs|pla|ner**, der: *jmd., der Verkehrsplanung betreibt;* **Ver|kehrs|pla|ne|rin**, die: w. Form zu ↑ Verkehrsplaner; **Ver|kehrs|pla|nung**, die: *Planung hinsichtlich Anpassung u. Erweiterung des Verkehrsnetzes entsprechend den Bedürfnissen der Be-* *völkerung;* **Ver|kehrs|po|li|tik**, die: *Gesamtheit der den Verkehr* (1) *betreffenden Maßnahmen;* **ver|kehrs|po|li|tisch** ⟨Adj.⟩: *die Verkehrspolitik betreffend:* -e Entscheidungen; ... der -en Benachteiligung gewisser Regionen entgegenzuwirken (NZZ 23. 10. 86, 44); **Ver|kehrs|po|li|zei**, die: *für die Regelung u. Überwachung des Straßenverkehrs zuständige Polizei;* **Ver|kehrs|po|li|zist**, der: *zur Verkehrspolizei gehörender Polizist;* **Ver|kehrs|po|li|zi|stin**, die: w. Form zu ↑ Verkehrspolizist; **Ver|kehrs|psy|cho|lo|gie**, die: *Teilgebiet der Psychologie, das sich mit dem menschlichen Verhalten bes. im Straßenverkehr befaßt;* **Ver|kehrs|recht**, das ⟨o. Pl.⟩: **1.** (Rechtsspr. früher) *Recht der Eltern, bes. des [z. B. nach der Scheidung] nicht mehr mit dem Kind lebenden Elternteils, auf persönlichen Umgang mit dem Kind; Umgangsrecht.* **2.** *kurz für* ↑ Straßenverkehrsrecht; **Ver|kehrs|re|gel**, die ⟨meist Pl.⟩: *gesetzliche Vorschrift zur Regelung des Straßenverkehrs;* **Ver|kehrs|re|ge|lung**, (auch:) **Ver|kehrs|reg|lung**, die: *Regelung des Straßenverkehrs;* **ver|kehrs|reich** ⟨Adj.⟩: *viel Verkehr* (1) *aufweisend:* ein -er Platz; **Ver|kehrs|row|dy**, der (abwertend): *jmd., der die Verkehrsvorschriften grob verletzt;* **Ver|kehrs|schild**, das ⟨Pl. -er⟩: *Schild mit Verkehrszeichen;* **Ver|kehrs|schrift**, die: **1.** ⟨o. Pl.⟩ *Kurzschrift mit wenigen Kürzeln.* **2.** *Schreibschrift;* **ver|kehrs|si|cher** ⟨Adj.⟩: *die Verkehrssicherheit gewährleistend: sein Fahrzeug in -em Zustand/in einem -en Zustand halten;* daß das Auto -e Bremsen oder Stoßdämpfer hat (ADAC-Motorwelt 1, 1987, 78); **Ver|kehrs|si|cher|heit**, die ⟨o. Pl.⟩: *Sicherheit im öffentlichen Verkehr* (1); **Ver|kehrs|si|gnal**, das: *Lichtsignal zur Regelung des Straßenverkehrs;* **Ver|kehrs|sit|te**, die (Rechtsspr.): *ungeschriebene Rechtsgrundsätze, die sich im* ¹*Rechtsverkehr bei der Abwicklung von Rechtsgeschäften herausgebildet haben;* **Ver|kehrs|si|tua|ti|on**, die: *Verkehrslage;* **Ver|kehrs|so|zio|lo|gie**, die: *Spezialgebiet der Soziologie, das die Auswirkungen des Verkehrs* (1) *auf das soziale Verhalten der Menschen, die zwischenmenschlichen Beziehungen u. die gesellschaftliche Stellung des einzelnen untersucht;* **Ver|kehrs|spit|ze**, die: *Spitzenzeit* (1) *im öffentlichen Verkehr;* **Ver|kehrs|spra|che**, die: *Sprache, mit deren Hilfe sich Angehörige verschiedener Sprachgemeinschaften verständigen können;* **Ver|kehrs|sta|ti|stik**, die ⟨o. Pl.⟩: *Bereich der Statistik, der sich mit der Infrastruktur, den Verkehrsmitteln, den im Personen- u. Güterverkehr erbrachten Leistungen, den Verkehrsunfällen o. ä. befaßt;* **Ver|kehrs|stau**, der: *Stau* (1 b); **Ver|kehrs|stau|ung**, die: *Verkehrsstau;* **Ver|kehrs|steu|er**, die (Steuerw.): *Verkehrsteuer*, die: *Steuer auf Vorgänge, Dienstleistungen bes. im Bereich des Verkehrswesens, des Warenumsatzes, des Versicherungswesens u. a.;* **Ver|kehrs|stockung**¹, die: *Stockung im Straßenverkehr;* **Ver|kehrs|stö|rung**, die: vgl. Verkehrsstokkung; **Ver|kehrs|stra|ße**, die: *Straße für den öffentlichen Verkehr;* **Ver|kehrs|strei|fe**, die: *Polizeistreife;* **Ver|kehrs-** **strom**, der: *größere, sich in eine Richtung fortbewegende Menge von Fahrzeugen;* **Ver|kehrs|sün|der**, der (ugs.): *Verkehrsteilnehmer, bes. Kraftfahrer, der ein Verkehrsdelikt begangen hat;* **Ver|kehrs|sün|de|rin**, die: w. Form zu ↑ Verkehrssünder; **Ver|kehrs|sün|der|kar|tei**, die (ugs.): *Verkehrszentralregister;* **Ver|kehrs|taug|lich|keit**, die: *Fähigkeit, sich sicher im Straßenverkehr zu bewegen;* **Ver|kehrs|teil|neh|mer**, der: *jmd., der am öffentlichen Verkehr* (1) *teilnimmt;* **Ver|kehrs|teil|neh|me|rin**, die: w. Form zu ↑ Verkehrsteilnehmer; **Ver|kehr|steu|er**: ↑ Verkehrssteuer; **Ver|kehrs|to|te**, der u. die ⟨meist Pl.⟩: *(in statistischen Angaben) jmd., der bei einem Verkehrsunfall ums Leben gekommen ist;* **Ver|kehrs|trä|ger**, der: *Einrichtung des [öffentlichen] Verkehrs* (1): ... zwischen den beiden wichtigen -n Schiene und Straße; die Konkurrenz unter den -n; **ver|kehrs|tüch|tig** ⟨Adj.⟩: *verkehrssicher:* ein -es Fahrzeug; **Ver|kehrs|tüch|tig|keit**, die: *Verkehrstauglichkeit;* **Ver|kehrs|un|fall**, der: *Unfall im Straßenverkehr;* **Ver|kehrs|un|ter|richt**, der: *von der Polizei durchgeführter Unterricht über korrektes Verhalten im Straßenverkehr;* **Ver|kehrs|ver|bin|dung**, die: *Verbindung von Orten o. ä. durch Verkehrswege, Verkehrsmittel:* die -en waren in diesem Land, dieser Gegend äußerst schlecht; **Ver|kehrs|ver|bot**, das: *Verbot, am öffentlichen Verkehr* (1) *teilzunehmen:* ein V. für bestimmte Fahrzeuge, an Sonntagen; **Ver|kehrs|ver|bund**, der ⟨Pl. -e u. ...verbünde⟩: *Verbund* (1) *verschiedener Verkehrsbetriebe:* sich in einem V. zusammenschließen; Die Tester nahmen zwölf große Verkehrsverbunde unter die Lupe (Rheinpfalz 25. 9. 92, 5); Fahrten ... innerhalb von Verkehrsverbünden (Blickpunkt 8, 1992, 1); **Ver|kehrs|ver|ein**, der: *lokale Institution zur Werbung für den Besuch des betreffenden Ortes;* **Ver|kehrs|ver|ge|hen**, das: *Verkehrsdelikt;* **Ver|kehrs|ver|hal|ten**, das: *das menschliche Verhalten im Verkehr* (1): ein verantwortungsvolles V.; **Ver|kehrs|ver|hält|nis|se** ⟨Pl.⟩: **1.** *Verkehrsverbindungen:* bei den damaligen -n dauerten solche Reisen mehrere Tage. **2.** *Verkehrslage* (1); **Ver|kehrs|ver|stoß**, der: *Verkehrsdelikt;* **Ver|kehrs|vor|schrift**, die ⟨meist Pl.⟩: *Verkehrsregel;* **Ver|kehrs|weg**, der: **1.** *angelegte Bahn für den öffentlichen Verkehr* (1): ein Land ohne ausreichende -e. **2.** ⟨Pl. selten⟩ *(in der betrieblichen Organisation) für die Weitergabe von Anweisungen u. Mitteilungen vorgegebener Weg zwischen über- u. untergeordneten Instanzen;* **Ver|kehrs|wert**, der (Wirtsch.): *Wert, den ein Gut* (1), *bes. ein Grundstück, im Geschäftsverkehr unter Berücksichtigung aller Umstände hat;* **Ver|kehrs|we|sen**, das ⟨o. Pl.⟩: *Einrichtungen u. Vorgänge im Bereich des öffentlichen Verkehrs* (1); **ver|kehrs|wid|rig** ⟨Adj.⟩: *gegen die Verkehrsregeln verstoßend:* -es Verhalten; Jandell ... bog u. nach links in den Reuterweg ein (Zwerenz, Quadriga 47); **Ver|kehrs|zäh|lung**, die: *auf einer bestimmten Strecke für statistische Zwecke durchgeführte Zählung der Fahrzeuge;* **Ver|kehrs|zei|chen**, das: *Zei-*

chen auf einem Schild, Markierung auf der Fahrbahn zur Regelung des Straßenverkehrs; **Ver|kehrs|zen|tral|re|gi|ster**, das (Verkehrsw.): amtliches Verzeichnis von Verkehrsverstößen; Verkehrssünderkartei; **ver|kehrt** ⟨Adj.; -er, -este⟩ [zu ↑ verkehren (3)]: *dem Richtigen, Zutreffenden, Sinngemäßen entgegengesetzt; falsch:* eine -e Einstellung, Erziehung; die -en Schuhe für eine Wanderung angezogen haben; eine Zigarre am -en Ende anzünden; das ist ganz, total v.; das ist gar nicht v. *(das ist ganz richtig);* Schade, daß er mit Spartakus marschiert ist, aber bei uns war auch manches v. (Bieler, Bär 118); es wäre das -este, sich so zu entscheiden; er hat alles v. gemacht; das Buch steht v. herum *(auf dem Kopf)* im Regal; einen Pullover v. herum *(mit dem Vorderteil nach hinten; mit der Innenseite nach außen)* anziehen; * **v. sein** (salopp; *homosexuell sein*); **an den Verkehrten/die Verkehrte kommen** (ugs.; ↑ falsch 2 a); **Ver|kehrt|heit**, die; -, -en [spätmhd. verkērtheit = Arglist]: a) ⟨o. Pl.⟩ *das Verkehrtsein:* die V. seines Tuns einsehen; Dieser Mensch verkörperte die V. und er wünschte Unsinniges (Wohmann, Irrgast 220); b) *etw. Verkehrtes:* Waren früher keine -en begangen worden? (Musil, Mann 57); Sie ... verteidigt sich nicht gegen Zweideutigkeiten und -en (Zeller, Hauptfrau 135); **Ver|keh|rung**, die; -, -en: *das Verkehren* (3): die V. der Dinge; programmatische V. der vorgefundenen Wertordnungen (Höhler, Glück 60); **ver|kei|len** ⟨sw. V.; hat⟩ [1: spätmhd. verkīlen]: **1.** *mit einem Keil, mit Keilen fest verschließen, festhalten:* einen Mast, einen Balken v.; ein Fahrzeug v. *(Keile vor seine Räder schieben);* Ü er ... schlief ... die Nase in die Ellbogenbeuge verkeilt (Süskind, Parfum 150); An seinen Knien spürte er ein Kind, ein kleines Mädchen, das zwischen den Erwachsenen verkeilt *(eingekeilt)* stand (Süskind, Parfum 196); die Eingänge waren verkeilt *(von Menschen verstopft).* **2.** ⟨v. + sich⟩ *sich fest in etw., jmdm. schieben u. nicht od. nur gewaltsam von der anderen Sache, Person zu trennen sein:* der Zug hat sich beim Zusammenstoß in die Straßenbahn verkeilt; Demonstranten und Polizisten verkeilten sich ineinander; Im Nacken des Kindes fanden sich seine dicken Finger, verkeilten sich ineinander (Bastian, Brut 94); Ü Während er ... über seinen Aufzeichnungen saß, verkeilte sich in den Schluchten ein vom Meer heraufziehendes Unwetter (Ransmayr, Welt 172). **3.** (landsch.) *verprügeln.*
ver|ken|nen ⟨unr. V.; hat⟩: *nicht richtig erkennen; falsch beurteilen:* jmds. Wesen, Worte v.; den Ernst der Lage völlig v.; Dieselben Studenten, die Jerry Lewis als „infantilen Grimassenschneider" verkennen (Szene 8, 1984, 46); ihre Absicht war nicht zu v.; er wird von allen verkannt; ich will nicht v. *(will zugeben),* daß ...; Er verkenne nicht, was Deutschland alles verloren habe (Fest, Im Gegenlicht 374); ein verkanntes Genie; Kürzlich gelesen, daß man der verkannteste zeitgenössische deutsche Schriftsteller sei (Schnurre, Schattenfotograf 183); **Ver|ken|nung**,

die; -, -en: *das Verkennen:* Der Jähe Sturz mancher Spitzenmanager hat auch diesen Hintergrund: die V. der eigenen Lage (Höhler, Sieger 134); in V. *(Fehleinschätzung)* der Tatsachen.
ver|ket|ten ⟨sw. V.; hat⟩: **1.** *mit einer Kette verschließen:* eine Tür v.; Denn selbst durch ein verkettetes Fenster erzeugt ein Blick in die Tiefe natürlich einen Sog (Hofmann, Fistelstimme 47). **2. a)** *verbinden, fest zusammenfügen:* er weiß Glück und Verdienst zu v.; Alles das mußte man in eine Reihenfolge bringen, man mußte es begreifen und miteinander v. (Kronauer, Bogenschütze 413); In der Pause mieden die drei einander, aus Furcht, man könne ahnen, es verkette sie ein unheilvolles Geheimnis (H. Mann, Unrat 54); durch Reime verkettete Verse; **b)** ⟨v. + sich⟩ *sich verbinden, fest zusammenfügen:* die Moleküle haben sich verkettet; dabei verketteten sich mehrere unglückliche Umstände; **Ver|ket|tung**, die; -, -en: **1.** *das Verketten* (1): ... habe ich mir ... eine Sicherheitskette gekauft, die eigentlich für die V. von Fahrrädern ist, die ich aber für die V. meines Fensters verwende, so daß ... nichts aufgerissen werden kann (Hofmann, Fistelstimme 47). **2.** *das [Sich]verketten* (2): *Du mußt dir aber auch einen Sinn für schicksalhafte -en bewahren* (Schnurre, Ich 45).
ver|ket|zern ⟨sw. V.; hat⟩: *[in der Öffentlichkeit] als ketzerisch hinstellen, verurteilen:* die Opposition v.; Gewinne als „Profit" v.; Herrhausen hat sich ... mit öffentlichen Auftritten auffallend zurückgehalten, offenbar um ... nicht zu guter Letzt noch als vorlaut verketzert zu werden (Weltwoche 26. 7. 84, 13); **Ver|ket|ze|rung**, die; -, -en: *das Verketzern, Verketztwerden:* die V. des Gewinns; Mein Mann ... schrieb einen rabiaten Artikel ..., worin er scharf gegen die Nazis, ihre mörderischen Ausschreitungen und -en Stellung bezog (Katia Mann, Memoiren 98).
ver|kie|nen ⟨sw. V.; ist⟩ [zu ↑ Kien] (Bot., Forstw.): *(von lebendem Holz) sich so mit Harz anreichern, daß es schließlich abstirbt.*
ver|kie|seln ⟨sw. V.; ist⟩ (Fachspr.): *(von Gesteinen, Fossilien) nachträglich von Kieselsäure durchtränkt werden, wobei das ursprüngliche Gestein durch Quarz ersetzt wird:* Stefan findet ... ein Stück Muschelkalk, verkieseltes Plankton mit vielen kleinen Muscheln (Berger, Augenblick 30); **Ver|kie|se|lung**, die; -, -en (Fachspr.): *das Verkieseln; Silifikation.*
ver|kit|schen ⟨sw. V.; hat⟩ [1: zu ↑ Kitsch; 2: H. u.]: **1.** *kitschig gestalten:* einen Roman in der Verfilmung v.; Manchmal singen sie mit leiser Stimme die verkitschten Lieder ihrer Tanzbodenwelt (Zwerenz, Kopf 31); Der Raum ... war in verkitschtem orientalischem Stil eingerichtet (M. L. Fischer, Kein Vogel 221). **2.** (landsch. ugs.) *[billig] verkaufen, um zu Geld zu kommen:* seinen Mantel v.; Aus seinem Nachlaß rettete ich in der ... Hektik, mit der meine Geschwister ... das Elternhaus ... verkitschten, ... vor allem drei Dinge (Burger, Brenner 103); **Ver|kit-**

schung, die; -, -en: *das Verkitschen, Verkitschtwerden.*
ver|kit|ten ⟨sw. V.; hat⟩: *Fugen o. ä. mit Kitt ausfüllen; mit Kitt abdichten:* Fensterritzen v.
ver|kla|gen ⟨sw. V.; hat⟩ [mhd. verklagen = zu Ende klagen, vollständig klagen; vergessen; aufhören zu beklagen, verschmerzen; anschuldigen]: **1.** *gegen jmdn. vor Gericht klagen, einen Rechtsanspruch geltend machen:* einen Arzt, die Firma auf Schadenersatz v.; er wurde wegen Körperverletzung verklagt. **2.** (landsch.) *sich über jmdn. bei jmdm. beschweren:* seine Klassenkameraden beim Lehrer v.
ver|klam|mern ⟨sw. V.; hat⟩: **1.** *mit einer od. mehreren Klammern zusammenhalten:* eine Wunde v.; Ü eine ... Verbindlichkeit, die das Existieren mit dem Reflektieren zuverlässig verklammerte (Sloterdijk, Kritik 934); So können Klima und Beziehungen der beiden deutschen Staaten eine verklammernde Wirkung mit sich bringen, die ... dem Frieden in Europa nützen kann (R. v. Weizsäcker, Deutschland 73). **2.** ⟨v. + sich⟩ *sich fest in etw., an jmdn., etw. klammern* (1 a): die Kämpfenden hatten sich verklammert; **Ver|klam|me|rung**, die; -, -en: *das [Sich]verklammern.*
ver|klap|pen ⟨sw. V.; hat⟩ (Fachspr.): *(Abfallstoffe) mit Klappschuten ins Meer versenken:* Dünnsäure in der Deutschen Bucht v.; ⟨subst.:⟩ Andere Formen, Schlämme zu beseitigen, sind das Deponieren, Verbrennen oder Verklappen auf hoher See (DÄ 22. 11. 85, 25); **Ver|klap|pung**, die; -, -en (Fachspr.): *das Verklappen, Verklapptwerden.*
ver|klap|sen ⟨sw. V.; hat⟩ [zu ↑ Klaps (2)] (ugs.): *veralbern:* Deine Leser ... verklapse sie nie, bescheiße sie nie (Kant, Impressum 380).
ver|kla|ren ⟨sw. V.; hat⟩ [mniederd. vorklaren] (nordd. ugs.): *[mühsam] erklären, klarmachen:* das muß man mir erst mal v.; Was der Oppositionsführer im Parlament v. könnte, ist indes selbst seinen eigenen Leuten unklar (Spiegel 38, 1981, 26); ... in der Tat hat der Genossen die Ostpolitik von Willy Brandt verklart (Spiegel 13, 1980, 24); **ver|klä|ren** ⟨sw. V.; hat⟩ /vgl. verklärt/ [mhd. verklæren = erhellen, erleuchten, verklären]: **1.** (Rel.) *jmdn., etw. ins Überirdische erhöhen u. seiner Erscheinung ein inneres Leuchten, Strahlen verleihen:* sein Leib wurde verklärt. **2. a)** *einen beseligten, glücklichen Ausdruck verleihen:* ein Lächeln verklärte ihr Gesicht; innere Heiterkeit verklärte seinen Blick; **b)** ⟨v. + sich⟩ *einen beseligten, glücklichen Ausdruck erhalten:* sein Gesicht, sein Blick verklärte sich. **3. a)** *etw. schöner, besser erscheinen lassen; schönen:* Nun, da der Schein der Seidenlampe die Szenerie verklärte (Hahn, Mann 88); Ein Episkop ..., das ... noch die wertlosesten Dinge des Lebens heraushob und zu einer solchen Schönheit verklärte, daß sie kostbar und einzigartig wurden (Ransmayr, Welt 209); die Vergangenheit v.; Zu v. gibt's an ihrer Kindheit sowieso nichts (NZZ 19. 8. 83, 27); **b)** ⟨v. + sich⟩ *schöner, besser erscheinen:* die Vergan-

verklärt

genheit verklärt sich in der Erinnerung; ... da verklärte sich das graue Leben und ward Poesie (Th. Mann, Hoheit 110); **ver|klärt** ⟨Adj.; -er, -este⟩: *beseligt, beglückt (im Ausdruck):* ein -es Gesicht; Sie zeigte einen glücklichen, en Gesichtsausdruck (Simmel, Stoff 673); mit -em Blick; v. lächeln; Ü Die Sonne steht verklärt hinter dem gespreizten Struwwelpetergeäst der kahlen Bäume (Strauß, Niemand 216); **Ver|klä|rung,** die; -, -en (Seew., Rechtsspr.): Bericht des Kapitäns über einen (das eigene Schiff betreffenden) Schiffsunfall, Schaden am Schiff; *Verklarungsbericht; Seeprotest;* **Ver|klä|rung,** die; -, -en: **1.** *das Verklären, Verklärtwerden.* **2.** *das Verklärtsein;* **Ver|klä|rungs|be|richt,** der (Seew., Rechtsspr.): *Verklarung.*

ver|klat|schen ⟨sw. V.; hat⟩ (landsch.): *verpetzen:* einen Mitschüler [beim Lehrer] v.

ver|klau|seln ⟨sw. V.; hat⟩ (seltener): *verklausulieren;* **Ver|klau|se|lung,** die; -, -en (seltener): *Verklausulierung;* **ver|klau|su|lie|ren** ⟨sw. V.; hat⟩: **1.** *mit (zahlreichen) Klauseln, Vorbehalten, einschränkenden od. erweiternden Bestimmungen o. ä. versehen:* einen Vertrag v. **2.** *verwickelt u. daher schwer verständlich formulieren, ausdrücken:* er versuchte das Eingeständnis seiner Schuld geschickt zu v.; sich verklausuliert ausdrücken; Bölling verlas im Auftrag des Kabinetts ... folgende stark verklausulierte Erklärung ... (Welt 2. 2. 1978, 1); Im Fernsehen und in den Tageszeitungen erließ die Polizeiführung ein schonend verklausuliertes Fahndungsersuchen nach Lord Lucan (Prodöhl, Tod 264); **Ver|klau|su|lie|rung,** die; -, -en: **1.** *das Verklausulieren.* **2.** *verklausulierte Formulierung.*

ver|kle|ben ⟨sw. V.⟩: **1. a)** *klebrig werden; von klebriger Masse bedeckt werden u. aneinander-, zusammenkleben* ⟨ist⟩: beim Färben verkleben die Wimpern leicht; **b)** *bewirken, daß etw. klebrig wird, aneinander-, zusammenklebt* ⟨hat⟩: Schweiß und Staub verklebten ihm die Augenlider; Der Taubenmist verklebt dem Dargestellten (= Denkmalsfigur) gelbweiß die Glatze und die Augen (Zenker, Froschfest 8); verklebte Haare; ein [von Blut, Eiter] verklebter Verband; ein [von Schweiß] verklebtes Hemd; verklebte *(klebrige)* Hände; Er quälte sich, mühselig und gekrümmt, bis er stand, verklebt bis in die Haare (Gaiser, Jagd 198). **2.** *zukleben* ⟨hat⟩: ein Loch mit Klebestreifen v., gut v.; die Wunde mit Heftpflaster v.; ein [mit Papier] verklebtes Schaufenster. **3.** *festkleben* (2): den Fußbodenbelag v.; Wenn der Mieter den von ihm verklebten Teppichböden beim Auszug entfernt ... (Hörzu 49, 1976, 136); ⟨subst.⟩ das herkömmliche Verkleben von Dämmplatten (natur 2, 1991, 66). **4.** *durch vielfaches [Auf]kleben verbrauchen:* wir haben alle Tapetenrollen verklebt; **Ver|kle|bung,** die; -, -en.

ver|kle|ckern[1] ⟨sw. V.; hat⟩ (ugs.): **1.** *mit etw. kleckern* (1 b): Suppe v.; Soll der Narr die paar Tropfen Rosenöl und Moschustinktur v., du selbst hättest sie auch verkleckert, wenn dich das Parfum ... noch wirklich interessierte (Süskind, Parfum 100). **2.** *mehr od. weniger unkontrolliert in kleinen Beträgen ausgeben, verbrauchen:* sein Geld v.; ich will meinen Lottogewinn nicht v.; **ver|kleck|sen** ⟨sw. V.; hat⟩: **1.** *[überall] beklecksen, durch Kleckse be-, verschmieren:* den Bogen Papier v.; ein verkleckster Buchstabe. **2.** *kleckend herausfließen, heruntertropfen lassen:* Tinte v.

ver|klei|den ⟨sw. V.; hat⟩: **1.** *sich, jmdn. so kleiden, daß die betreffende Person etw. anderes darstellt, nicht erkannt wird:* sich, seinen Jungen zum Fasching v.; als Schornsteinfeger verkleidet, drang er in fremde Häuser ein; ... hat die italienische Regierung am Samstag den PLO-Führer Abul Abbas verkleidet und unter falschem Namen ... ausreisen lassen (Tages Anzeiger 14. 10. 85 1); Ü Nun heißt es bloß noch: immer auf dem Quivive sein, sich in Unauffälligkeit v. (Zeller, Amen 32); ♦ Die Gesellschaft ... erkannte einen den in einen Bauer verkleideten Bergmann, als er den Mund auftat (Goethe, Lehrjahre II, 4). **2.** *mit einer verhüllenden Schicht, Abdeckung o. ä. versehen; verhüllen; bedecken:* eine Fassade mit Marmor v.; das Kabel ist mit einem Seidengespinst verkleidet; Ihr Mobiliar, mit Tüchern drapiert und mit Dekorationspapier verkleidet (Böll, Haus 203); Die Geschützstände sind gegen Fliegersicht mit Büschen verkleidet *(getarnt;* Remarque, Westen 43); ... während die Bergmitte von leichtem Dunst verkleidet war (Muschg, Sommer 245); Ü Tatsachen poetisch, mit schönen Worten v. *(beschönigend od. verfremdend umschreiben);* **Ver|klei|dung,** die; -, -en: **1. a)** *das Verkleiden* (1): jmdm. bei der V. helfen; **b)** *Verkleidetsein:* in dieser V. wird ihn niemand erkennen; Mein Alltagsgewand, in das ich endlich, nachdem ich so viele bunte -en durchlaufen, hatte zurückkehren müssen (Th. Mann, Krull 62); Ü ... das Gewimmel der Ortsheiligen und Schutzpatrone, ... in denen die Antike in vielfach notdürftiger christlicher V. weiterlebt (Fest, Im Gegenlicht 212). **2. a)** *das Verkleiden* (2); **b)** *Verkleidendes:* eine V. aus Holz, Aluminium, Kunststoff; die V. [der Maschine] entfernen.

ver|klei|nern ⟨sw. V.; hat⟩: **1. a)** *in seiner Ausdehnung, seinem Umfang kleiner machen:* einen Raum, einen Garten [um die Hälfte] v.; den Abstand zwischen zwei Pfosten v.; einen Betrieb v.; etw. in verkleinertem Maßstab darstellen; Die verkleinerte, auf Asien zurückgedrängte Türkei hatte ... einen neuen Frieden geschlossen (Feuchtwanger, Erfolg 781); **b)** ⟨v. + sich⟩ *an Ausdehnung, Umfang kleiner werden:* die Stellfläche hat sich verkleinert; **c)** ⟨v. + sich⟩ (ugs.) *sich auf weniger Raum (für Wohnung, Arbeit, Betrieb usw.) beschränken:* wir werden uns demnächst v.; Etliche Händler mußten, bei Ladenmieten von 225 Mark pro Quadratmeter, aufgeben, andere v. (Spiegel 20, 1986, 261). **2. a)** *mengen-, zahlen-, gradmäßig kleiner machen:* seinen Besitz v.; die Anzahl der Teilnehmer an der Exkursion mußte verkleinert werden; **b)** ⟨v. + sich⟩ *mengen-, zahlen-, gradmäßig kleiner werden, sich vermindern, verringern:* sein Vermögen verkleinert sich; ihr Freundeskreis hat sich verkleinert. **3.** *(verfälschend) kleiner darstellen:* damit will ich seine Verdienste nicht v. *(schmälern);* So verkannt und verkleinert werden die Beweggründe der Großen (Hacks, Stücke 261); daß wir die Liebe zu unseren Vätern verkleinern, wenn wir nur ihr leibliches Andenken in uns bewahren (Schnurre, Bart 120); So bemühte man sich, die Zeugnisse, die inzwischen ans Licht gekommen waren, in ihrer Bedeutung zu v. (Rothfels, Opposition 25); jmdn. v. (selten: *herabsetzen).* **4.** *von etw. eine kleinere Reproduktion herstellen:* ein Bild, eine Fotografie v.; Aber tadellos erhalten, ... die Augen, das Haar, auch die Züge der Person, nur alles verkleinert (Frisch, Cruz 34). **5.** *(von optischen Linsen o. ä.) kleiner erscheinen lassen:* diese Linse verkleinert stark; **Ver|klei|ne|rung,** die; -, -en ⟨Pl. selten⟩: *das Verkleinern.* **2.** *verkleinerte Fotografie;* **Ver|klei|ne|rungs|form,** die (Sprachw.): *insbes. eine Verkleinerung ausdrückende Ableitung[sform] eines Substantivs; Diminutiv;* **Ver|klei|ne|rungs|sil|be,** die (Sprachw.): *Ableitungssilbe, mit der die Verkleinerungsform gebildet wird.*

ver|klei|stern ⟨sw. V.; hat⟩: **1.** (ugs.) **a)** *(mit Kleister) zukleben:* einen Riß v.; Ü Tatsachen, Widersprüche, Gegensätze v. *(verschleiern);* Gemeinsam ... verkleisterten sie die Finanznot der Gegenwart (Ossowski, Liebe ist 158); Illusionen, ... verkleistern einigen den Blick für die Realitäten (Freie Presse 14. 2. 90, 1); daß die Rede ... unaufrichtig, verkleistert und heuchlerisch war (Bredel, Väter 83); **b)** *verkleben* (1 b). **2.** (Fachspr.) *bewirken, daß etw. zu einer kleisterartigen, klebrigen Masse wird:* die pflanzliche Stärke wird verkleistert; **Ver|klei|ste|rung,** die; -, -en ⟨Pl. selten⟩: *das Verkleistern.*

ver|klem|men ⟨sw. V.; hat⟩ /vgl. verklemmt/: **1. a)** ⟨v. + sich⟩ *hängenbleiben u. klemmen* (3), *festklemmen* (1): die Tür hat sich verklemmt; die Brille hat sich im Futteral verklemmt; ... gelang es, den taubstummen Konrad, dessen Kopf sich zwischen zwei ... Pfählen verklemmt hatte, zu lösen (Grass, Hundejahre 162); Die Leiche war aber zwischen den verrosteten Tonnen verklemmt *(eingeklemmt;* Frisch, Gantenbein 489); Ein hohes ..., ewig verklemmtes ... Fenster (Hofmann, Fistelstimme 245); **b)** (selten) *bewirken, daß sich etw. verklemmt:* du hast das Brett verklemmt. **2.** *zusammenkneifen, zusammenpressen:* ein schmerzlich verklemmter Mund; **ver|klemmt** ⟨Adj.; -er, -este⟩: *(in seinem Verhalten) verkrampft, unfrei, gehemmt, nicht ungezwungen u. natürlich:* ein -er Junge, Typ; -e Erotik; Die -e Reaktion von manchen Leuten zeigt, daß mein Buch auch ... politisch ist (elan 1, 1980, 35); [sexuell] v. sein; v. lächeln, reagieren; **Ver|klemmt|heit,** die; -, -en: **1.** ⟨o. Pl.⟩ *das Verklemmtsein.* **2.** *Verklemmtheit* (1) *bezeugende Äußerung, Handlung;* **Ver|klem|mung,** die; -, -en: **1. a)** *das [Sich]verklemmen;* **b)** *das Verklemmtsein, Festklemmen:* das Bein aus der V. befreien. **2.** *Verklemmtheit* (1). **3.**

(Datenverarb.) *gegenseitige Blockierung gleichzeitig, aber unabhängig voneinander ablaufender Prozesse.*

ver|kli̱ckern¹ ⟨sw. V.; hat⟩ [H. u.] (ugs.): *[genau] erklären, klarmachen:* du mußt ihm v., wie er das machen soll; Er wußte, daß ich große Angst ... hatte, das hatte ihm die Claudia hinterrum verklickert (Grossmann, Beziehungsweise 70).

ver|kli̱n|gen ⟨st. V.; ist⟩: *als klanglicher Eindruck allmählich aufhören:* das Lied, der Beifall verklingt; Wir hörten ihren Motor anlaufen und, indem er auf Touren kam, v. (Muschg, Gegenzauber 152); Fern und hoch verklang jenes fremde Lachen in unbekannten Räumen (Hesse, Steppenwolf 203); Ü (geh.:) die Begeisterung verklingt *(läßt nach);* der Sommer verklingt *(geht allmählich zu Ende);* die Festtagsstimmung war verklungen.

ver|kli̱n|kern ⟨sw. V.; hat⟩: *mit Klinkern verkleiden:* eine Fassade v.; ein verklinkertes Haus, Treppenhaus; **Ver|kli̱n|ke|rung,** die; -, -en: *das Verklinkern.*

ver|klit̲|schen ⟨sw. V.; hat⟩ [zu ↑klitschen in der Bed. „schlagen" u. wohl analoge Bildung zu ↑verkloppen (2)] (landsch. ugs.): *[billig] verkaufen, um zu Geld zu kommen.*

♦ **ver|klo̱m|men** ⟨Adj.⟩ [adj. 2. Part. von: verklimmen = kalt sein vor Frost, zu ↑klimmen]: *von Kälte steif; steif gefroren:* Aber wasch und wärm ihn (= den kleinen Hund) zuvor; ... die Kreatur ist schier v. (Storm, Schimmelreiter 107).

ver|klo̱p|pen ⟨sw. V.; hat⟩ [zu ↑kloppen; 2: wohl nach dem Zuschlagen mit dem Hammer bei Auktionen] (ugs.): **1.** *verprügeln, verhauen:* einen Klassenkameraden v.; Bevor die Punks verkloppt werden, läßt man sich vollaufen (Spiegel 52, 1979, 84). **2.** *[unter dem Wert] verkaufen; zu Geld machen:* Das Ding da (= Orden) würd ich nicht wegschmeißen. Vielleicht kannst du es drüben als Andenken v. (Grass, Katz 172); die Bullen haben alle seine Sachen durchsucht, er ist nicht wiedergekommen, die Sachen stehen oben auf dem Boden, sollen sie verkloppt werden (Döblin, Alexanderplatz 404).

ver|klü̱f|ten, sich ⟨sw. V.; hat⟩ [wohl zu ↑²Kluft] (Jägerspr.): *(vom Fuchs, Dachs) die Röhre (6) zuscharren, um sich gegen Verfolgung zu schützen.*

ver|klu̱m|pen ⟨sw. V.; ist⟩: *klumpig werden:* Ein Teil dieser Zellen verklumpt wie gewohnt, um die Wunde zu schließen (natur 2, 1991, 85); eine verklumpte Soße; **Ver|klu̱m|pung,** die; -, -en: **1.** *das Verklumpen:* die V. von Blutkörperchen. **2.** *etw., was verklumpt ist:* die -en des Blutes; Ü In den urbanen -en, im Gewusel ..., da fühlt sich der Berliner zu Hause (Spiegel 18, 1991, 145).

ver|kna̱cken¹ ⟨sw. V.; hat⟩ [zu gaunerspr. knacken, ↑Knacki] (ugs.): *gerichtlich zu einer bestimmten (Strafe) verurteilen:* jmdn. wegen Raubüberfalls v.; man hat ihn zu Gefängnis, zu 18 Monaten, zu 10000 Mark Geldstrafe verknackt; Als Schenk verknackt wurde, habe ich mich genauso benommen (Bieler, Bär 418).

ver|kna̱ck|sen, sich ⟨sw. V.; hat⟩ [zu ↑knacksen] (ugs.): *verstauchen:* ich habe mir den Fuß verknackst; ... und bekam von der Achtstundenarbeit einen verknacksten Knöchel (H. Lenz, Tintenfisch 114).

ver|kna̱l|len ⟨sw. V.; hat⟩ [2: nach „sich verschießen"]: **1.** (ugs.) *[sinnlos] verschießen* (1 b): zu Silvester werden 800 Tonnen Feuerwerkskörper verknallt; Im Vorjahr verknallten allein die Westberliner zwei Millionen Mark (Welt 31. 12. 77, 17). **2.** ⟨v. + sich⟩ (salopp) *sich heftig verlieben:* sich unheimlich v.; Meine Schuld, wenn ich in dich verknallt bin (Bieler, Bär 181); daß sich immer die falschen Leute ineinander verknallen (Szene 8, 1984, 53); die beiden sind wahnsinnig ineinander verknallt. **3.** (ugs. veraltend) *verurteilen.*

ver|kna̱p|pen ⟨sw. V.; hat⟩: **a)** *knapp machen:* den Import durch Kontingentierung v.; Die erdölexportierenden Länder hatten den Weltmarktpreis für Rohöl empfindlich erhöht, das Angebot verknappt (natur 9, 1991, 39); ... die Bewässerung der riesigen Grünflächen werde der Gemeinde das rare Wasser noch weiter v. (FAZ 5. 3. 83, 45); Die Verteuerung ... wirkt verknappend ..., die Verbilligung ... wirkt erleichternd (Rittershausen, Wirtschaft 157); **b)** ⟨v. + sich⟩ *knapp werden:* wegen der schlechten Ernte verknappen sich die Vorräte; Nach Preisstop und Lohnerhöhung seien die Männer wieder friedlich gewesen. Nur wenn Bier sich verknappe, ... werde angemeckert (Grass, Butt 157); ... der Pomademarkt sei übersättigt und werde sich in absehbarer Zeit nicht zu ihren Gunsten v. (Süskind, Parfum 224); **c)** *knapp, kurz formulieren:* eine Aussage zum Schlagwort v.; Hans, armer Kerl, ganze Opern mußt du auf drei, vier Sätze v. (Kronauer, Bogenschütze 62); **Ver|kna̱p|pung,** die; -, -en: *das [Sich]verknappen.*

ver|kna̱s|sen [zu jidd. knas, ↑²Knast], **ver|kna̱|sten** ⟨sw. V.; hat⟩ (salopp): *zu einer Gefängnisstrafe verurteilen.*

ver|knäu̱|eln, ver|knäu̱|len, sich ⟨sw. V.; hat⟩: *knäueln:* ... denn wie schwer ist es ..., unsre Gedanken wiederzugeben, die sich ungeordnet überstürzen und verknäulen (Gregor-Dellin, Traumbuch 48); Die Schnapsflasche geht von einer Hand zur anderen. Die Stimmen verknäulen sich (Müller, Fuchs 130); Bäume ... mit steingrauen, verknoteten und manchmal verknäulten Stämmen und Ästen (natur 5, 1987, 41).

ver|knaut̲|schen ⟨sw. V.⟩ (ugs.): **a)** ¹*knautschen* (1 a) ⟨hat⟩: sich ⟨Dativ⟩ das Kleid v.; Und die Dicke holt ... noch ein Blättchen aus ihrer Tasche, das ist ganz verknautscht (Döblin, Alexanderplatz 83); **b)** ¹*knautschen* (1 b) ⟨ist⟩: der Stoff verknautscht leicht.

ver|knei̲|fen ⟨st. V.; hat⟩: **1.** ⟨v. + sich⟩ (ugs.) *etw., was man als Reaktion auf etw. empfindet, äußern möchte, unterdrücken:* sich eine Bemerkung, einen Kommentar v.; Mit Mühe verkniff er sich eine ordinäre Antwort (Kronauer, Bogenschütze 143); ich konnte mir das Lachen kaum v.; Finanzchef Närger konnte sich jedoch nicht v., darauf hinzuweisen, daß ... (Allgemeine Zeitung 6. 2. 85, 4); ⟨auch o. „sich":⟩ er verkniff aber den Schreck über den Verlust (Marchwitza, Kumiaks 54); **b)** *sich etw. versagen; auf etw. verzichten:* Gänsebraten muß ich mir wegen meiner Galle v.; Am Tage verrichte ich meine Bedürfnisse im Freien. Nachts versuche ich es mir so lange wie irgend möglich zu v. (Kinski, Erbeermund 38); von der Coca Cola bekamen sie einen Schluckauf. Sie gaben sich keine Mühe, sich die Rülpser zu v. (Fels, Sünden 106); ein Tag, an dem ich mir verkniff, die Demuth-Stiftung zu besuchen (Muschg, Gegenzauber 362). **2.** (seltener) *zusammenpressen, zusammenkneifen:* die Augenlider, den Mund v.; ... erst als wir nahe dem Marktplatz waren ..., verkniff er die Lippen und verstummte (Heym, Schwarzenberg 203); Wir kletterten auf die höchstehende Bäume ..., verkniffen die Augen zu Sehschlitzen und suchten den Horizont ab (Grass, Butt 18).

ver|kni̲f|fen ⟨Adj.⟩ (abwertend): *(in bezug auf den Gesichtsausdruck) von der Art, daß man eine mit Anspannung unterdrückte Gefühlsäußerung (auf Grund von Verärgerung, Verbitterung o. ä.) sich durch Schärfe, Härte abzeichnen sieht:* ein -es Gesicht, eine -e Miene; ... er schwieg, und die -en Lippen deuteten an, daß .... (Heym, Schwarzenberg 63); Sein Mund lächelte, doch seine Augen blickten traurig und v. (Bieler, Mädchenkrieg 326); ⟨subst.:⟩ sie hat etwas Verkniffenes; **Ver|kni̲f|fen|heit,** die; - (abwertend): *das Verkniffensein.*

ver|kni̱p|sen ⟨sw. V.; hat⟩ (ugs.): *durch Knipsen (3 a) verbrauchen:* einen Film v.; ... samt allen auf der Messe verknipsten Filmen (CCI 12, 1985, 49).

ver|kni̲t|tern ⟨sw. V.; hat⟩: *zerknittern:* den Rock, die Bluse v.; Ü Eine Schankwirtstochter ... heiratet ihren leicht verknitterten Dorfschullehrer (Spiegel 38, 1981, 276).

ver|knö̱|chern ⟨sw. V.; ist⟩: **1.** *(durch Altern od. Gewöhnung) geistig unbeweglich, starr in seinen Ansichten werden:* er verknöchert immer mehr; ⟨meist im 2. Part.:⟩ ein verknöcherter Beamter; alt und verknöchert sein; ⟨subst.:⟩ diese Linie leisteten sich höchstens ein paar Verknöcherte, über die jeder lächelte (Loest, Pistole 137); Ü eine verknöcherte *(erstarrte)* Institution, Gesellschaft. **2.** (Med.) *zu Knochen werden;* **Ver|knö̱|che|rung,** die; -, -en: *das Verknöchern.*

ver|kno̱r|peln ⟨sw. V.; ist⟩ (Med.): *zu Knorpel werden:* Die Vene ist sowieso total verknorpelt (Christiane, Zoo 288); **Ver|kno̱r|pe|lung, Ver|kno̱rp|lung,** die; -, -en: *das Verknorpeln.*

ver|kno̱|ten ⟨sw. V.; hat⟩: **a)** *knoten* (a): den Schal um den Hals v.; Unter seinem gekräuselten Haar trägt er ein weißes Stirnband, das im Nacken verknotet ist (Gregor-Dellin, Traumbuch 118); Ü Vorerst allerdings verknotete er seine Hände hinter dem Rücken (Süskind, Parfum 15); **b)** *knoten* (b): die beiden Stricke mit-

Verknotung

einander v.; die Alte schob vorsichtig die präparierten Zünder in die Zündkanäle, verknotete sie mit den gebündelten Sprengpatronen und ... (Degenhardt, Zündschnüre 63); **c)** ⟨v. + sich⟩ *sich (unbeabsichtigt) zu einem Knoten schlingen:* die Leinen, Schnürsenkel haben sich verknotet; Ü Wo sich die Lebens- und Erlebenslinien mehrerer Wesen miteinander mehr oder minder fest und dauerhaft v., haben wir eine Gruppe vor uns (Hofstätter, Gruppendynamik 177); **d)** *durch Knoten* (a) *festbinden:* die Leine am Gatter v.; **Ver|kno|tung,** die; -, -en: **a)** *das [Sich]verknoten;* **b)** *das Verknotetsein.*
ver|knül|len ⟨sw. V.; hat⟩ (landsch.): *zerknüllen.*
ver|knüp|fen ⟨sw. V.; hat⟩: **1.** *knoten* (b): die Enden einer Schnur miteinander v.; Ü In noch nie dagewesenem Maße können Arbeitgeber Informationen v. und dadurch den Arbeitnehmer steuern (Hamburger Morgenpost 5. 9. 84, 2); Sie verknüpfen heimische mit russischen Traditionen ... und das Ergebnis ist erstaunlich homogen und eigenwillig (Berger, Augenblick 119); Wichtige regionale und lokale Bahn- und Schnellbuslinien müßten mit Anschlußbussen verknüpft werden (natur 6, 1991, 82). **2. a)** *verbinden:* das Angenehme mit dem Nützlichen v.; sie verknüpfte die Geschäftsreise mit einem Besuch bei Freunden; **b)** *mit jmd. anderem verbinden, die Grundlage für eine Beziehung zu jmdm. sein:* ... nur um ihr durch Mitschuld enger verknüpft zu sein (Zuckmayer, Fastnachtsbeichte 131); Vielleicht war es dies, was mich mit dem Unbekannten verknüpfte, Erinnerung an einen Vormittag im dunklen Abendanzug (Frisch, Gantenbein 11). **3. a)** *in einen inneren Zusammenhang bringen; zu etw. in Beziehung setzen:* etw. logisch v.; zwei Gedankengänge miteinander v.; mit dem Vertrag sind folgende Bedingungen verknüpft; sein Name ist eng mit dem Erfolg des Hauses verknüpft; Haben die Indianer nicht gewußt, wie Rodung, Wassermangel und Krankheit verknüpft sind? (natur 10, 1991, 56); **b)** ⟨v. + sich⟩ *mit etw. in einem inneren Zusammenhang stehen; sich verquicken:* mit diesem Wort verknüpft sich eine Vorstellung von Düsternis. (Jägerspr.) *(von bestimmten Tieren, z. B. Hund, Fuchs) begatten;* **Ver|knüp|fung,** die; -, -en: *das Verknüpfen, Verknüpftwerden;* **Ver|knüp|fungs|punkt,** der: *Knotenpunkt* (b): Der neue Bahnhof ... wird mit einem ... Busbahnhof und einer Park-and-ride-Anlage zu einem wichtigen V. mit den anderen Verkehrsmitteln ausgebaut (Südd. Zeitung 28. 11. 86, 17).
ver|knur|ren ⟨sw. V.; hat⟩ [1: urspr. Studentenspr., eigtl. = in knurrendem Ton etw. sagen] (salopp): **1.** *jmdm. etw. als Strafe auferlegen:* er wurde zu zehn Tagen Arrest verknurrt; Scheuerweib, das sie sei, verknurrte sie ihn zum Spülen ihres alten Geschirrs (Muschg, Gegenzauber 317). **2.** *verknurrt sein (1. [mit jmdm.] entzweit sein:* sie sind [miteinander] verknurrt. **2.** *verärgert, ärgerlich sein:* sie ist ganz verknurrt, weil sie sehr schlecht bekam).

ver|knu|sen: in der Wendung **jmdn., etw. nicht v. können** (ugs.; *jmdn., etw. nicht leiden können;* aus dem Niederd., eigtl. = etw. nicht verdauen können; zu einem untergegangenen Verb mit der Bed. „zerdrücken, zermalmen" [vgl. niederd. knusen, mhd. in: verknüsen = zerreiben, ahd. firknussan = zermalmen]; vgl. Knust): ich kann diesen Kerl nicht v.; Die bösen kleinen Gewohnheiten, die man einfach nicht v. kann (Eltern 2, 1980, 127).
ver|ko|chen ⟨sw. V.⟩: **1.** ⟨ist⟩ **a)** *[zu lange] kochen u. dabei verdampfen:* das ganze Wasser ist verkocht; Lassen Sie Vitamine nicht v. (Hörzu 24, 1982, 58); **b)** *so lange kochen, daß die betreffende Speise breiig wird:* die Äpfel sind [zu Mus] verkocht; das Gemüse, das Fleisch ist total verkocht; verkochte Nudeln; Ü Oft ist die Haut sogar unverletzt, aber die Muskulatur, durch die der Stromstoß ging, ist geregelrecht verkocht (Tagesspr 7. 12. 82, 22); **c)** ⟨v. + sich; hat⟩ *durch Kochen zerfallen u. auflösen:* die Zwiebeln haben sich völlig verkocht. **2.** ⟨hat⟩ *kochend [zu etw.] verarbeiten:* Erdbeeren zu Marmelade v.; Manchmal haben die Ungarn bei einer Mahlzeit 20 bis 30 Eier verkocht und gegessen (Wimschneider, Herbstmilch 103).
¹ver|koh|len ⟨sw. V.⟩: **1.** *durch Verbrennen zu einer kohleähnlichen Substanz werden* ⟨ist⟩: Die ... Detonation zerriß alle Fensterscheiben, verkohlte die Gangwände (Kurier 22. 11. 83, 15); das Holz ist verkohlt; die Opfer des Unfalls waren bis zur Unkenntlichkeit verstümmelt und verkohlt; er starrte auf das verkohlende Zeitungspapier (Hilsenrath, Nacht 237); eine völlig verkohlte Leiche; Ü Krankheiten sind der Beginn des Abschieds. Da verkohlen die Träume, erlischt die Zukunft (Fels, Kanakenfauna 77). **2.** *durch schwelendes Verbrennen in Kohle umwandeln* ⟨hat⟩: Holz im Meiler v.
²ver|koh|len ⟨sw. V.; hat⟩ [zu ↑²kohlen] (ugs.): *jmdm. aus Spaß etwas Falsches erzählen; jmdn. anführen* (3): glaubt bloß nicht, ihr könntet mich v.; du willst mich wohl v.; Das hab ich ein paar Journalisten erzählt, um sie zu v. (Hörzu 45, 1977, 50); sich verkohlt fühlen.
Ver|koh|lung, die; -, -en: **1.** *das* ¹*Verkohlen.* **2.** (Med.) *schwerster Grad der Verbrennung.*
ver|ko|ken ⟨sw. V.; hat⟩: *(Kohle) in Koks umwandeln;* **Ver|ko|kung,** die; -, -en: *das Verkoken.*
ver|kom|men ⟨st. V.; ist⟩ [mhd. verkomen = vorübergehen, zu Ende gehen, vergehen]: **1. a)** *[äußerlich verwahrlosend] moralisch, wirtschaftlich, gesellschaftlich immer tiefer sinken:* im Schmutz, in der Gosse v.; Während die Bauern im tiefsten Elend verkamen ... (Friedell, Aufklärung 67); „Jeder verfällt, jeder bekommt in der zu großen Nähe eines anderen", hatte er zu Elsa gesagt (Strauß, Niemand 168); aber man ihn ... in eine geschlossene Anstalt brachte, wo er verkam (Ransmayr, Welt 57); sie ist nach dem Tode der Eltern immer mehr verkommen; er zu einem notorischen Säufer verkommen; Während er uns unentwegt

versichert, Höfgen sei ein moralisch verkommener Mensch ... (Reich-Ranicki, Th. Mann 198); er ist ein verkommenes Subjekt; Sie wissen wohl nicht, wen Sie vor sich haben ... das verkommene Genie, den stinkenden Professor (Degener, Heimsuchung 55); ⟨subst.:⟩ Vorn ist die Welt des Unterganges, hinten moralisches und psychisches Verkommen (Plievier, Stalingrad 273); **b)** *nicht gepflegt werden u. daher im Laufe der Zeit verfallen; verwahrlosen:* das Haus, der Hof verkommt völlig; ... während ein Hotelzimmer seit unserer Beschlagnahme progressiv verkommt mittels Asche, zertrampelten Frottiertüchern und dem ganzen übrigen (Wohmann, Absicht 391); es ist schade, daß der Garten so verkommt; der Park ist zu einer Wildnis verkommen; ... gezogen von einem einzigen Gaul, dessen Fell im Regen zu schwarzer Farblosigkeit verkommen war (Bieler, Mädchenkrieg 151); als Wiesen und Wälder zum Selbstbedienungsladen für Bauunternehmer ..., als Flüsse und Seen zu Pissoirs für Industriebetriebe verkamen ... (Spiegel 14, 1978, 111); ... die säuerliche Ausdünstung aus den Türen und Kellergelassen verkommener Quartiere (Fest, Im Gegenlicht 230); Ich kann mir den in Krieg und Winter verkommenen Badestrand nicht mehr fortdenken (Kant, Aufenthalt 10); Ü Der Begriff Vaterland ist verständlicherweise durch die jüngste nationale Geschichte verkommen (Brückner, Quints 176); Auch wenn das Wort Solidarität allmählich ... zum fleischlosen Schlagwort verkommt (Saarbr. Zeitung 11. 7. 80, 2); Denn die eidgenössische Demokratie ist zur Filzokratie verkommen (*herabgesunken;* Spiegel 48, 1983, 193). **2.** *(von Nahrungsmitteln o. ä.) allmählich verderben;* die Speisen verkommen; iß, damit nichts verkommt!. **3.** (österr.) *bestrebt sein, sich schnell zu entfernen:* Verkomm! Aber rasch! (Torberg, Mannschaft 96); ... die Aufregung, wenn sie (= die Frau) einmal verkommen *(verschwunden)* ist und sich nicht finden läßt (Jelinek, Lust 134). **4.** (schweiz.) *übereinkommen:* wir sind verkommen, darüber zu schweigen; **Ver|kom|men|heit,** die; -: *das Verkommensein;* **Ver|komm|nis,** das; -ses, -se (schweiz. veraltet): *Abkommen; Vertrag.*
ver|kom|pli|zie|ren ⟨sw. V.; hat⟩: *etw. [unnötig] komplizierter machen:* einen Sachverhalt v.; Daß sich die Flußanlieger Syrien und Irak ihrerseits nicht grün sind, verkompliziert die Lage noch (natur 2, 1991, 23); Nein, ich wollte kein Vereinfacher sein, und so verkomplizierte ich die einfachsten Dinge (Becher, Prosa 156).
ver|kon|su|mie|ren ⟨sw. V.; hat⟩ (ugs.): *konsumieren.*
ver|kopft ⟨Adj.⟩: *[zu] sehr vom Intellekt beherrscht, beeinflußt:* eine -e Gesellschaft; die schizoide Fadheit eines -en Denkens (Sloterdijk, Kritik 205).
ver|kop|peln ⟨sw. V.; hat⟩: *mit etw. koppeln* (1, 2); **Ver|kop|pe|lung, Ver|kopp|lung,** die; -, -en: *das Verkoppeln.*
ver|kor|ken ⟨sw. V.⟩: **1.** *mit einem Korken verschließen* ⟨hat⟩: Flaschen v. **2.** *zu Kork*

werden ⟨ist⟩: das Pflanzengewebe verkorkt. **ver|kork|sen** ⟨sw. V.; hat⟩ [1, 2: wohl übertr. von (3); 3: viell. zu landsch. gork(s)en = gurgelnde o. ä. Laute hervorbringen (wie beim Erbrechen), dann volksetym. angelehnt an verkorken im Sinne von „falsch korken"] (ugs.): **1.** *(durch sein Verhalten) bewirken, daß etw. ärgerlich-unbefriedigend ausgeht, verfahren ist:* jmdm. den Urlaub v.; er hat uns mit seiner schlechten Laune den ganzen Abend verkorkst; ⟨oft im 2. Part.:⟩ eine verkorkste Ehe; ein verkorkstes Leben; dieses Kind ist völlig verkorkst *(falsch erzogen);* Meine Geschichte verläuft rückwärts, sie liegt abgeschlagen und verkorkst an den ihr verordneten geografischen Punkten herum (Wohmann, Absicht 459). **2.** *etw. so ungeschickt tun od. ausführen, daß es nicht richtig zu gebrauchen ist; verpfuschen:* der Schneider hat das Kostüm völlig verkorkst; sie hat die Klassenarbeit verkorkst. **3.** ⟨v. + sich⟩ *(sich den Magen) verderben:* du hast dir mit dem vielen Eis den Magen verkorkst. **ver|kör|nen** ⟨sw. V.; hat⟩ (Fachspr.): *granulieren* (1). **ver|kör|pern** ⟨sw. V.; hat⟩: **1.** *auf der Bühne, im Film darstellen:* den Titelhelden v.; die Schauspielerin hat die Iphigenie vorbildlich verkörpert; daß er unzweifelhaft in einigen Jahren komische Rollen mit Glanz und Bravour v. werde (Thieß, Legende 13). **2. a)** *in seiner Person, mit seinem Wesen ausgeprägt zum Ausdruck bringen [so daß man den/das Betreffende als diese Eigenschaft selbst betrachten kann]:* die höchsten Tugenden v.; er verkörpert noch den Geist Preußens; ... sprach über Mommsen und Spengler, in denen sich für ihn der deutsche Typus am deutlichsten verkörpere (Fest, Im Gegenlicht 355); die totale Bindung des einzelnen an den von der Partei verkörperten Gesamtwillen (Fraenkel, Staat 208); **b)** ⟨v. + sich⟩ *in jmdm., durch jmdn. verkörpert* (2 a) *werden:* in ihm hat sich ein Stück Geistesgeschichte, Moderne verkörpert; **Ver|kör|pe|rung,** die; -, -en: *das Verkörpern.* **ver|ko|sten** ⟨sw. V.; hat⟩: **1.** (bes. österr.) ¹*kosten; probieren:* den Kuchen v.; Es gilt weiterhin das Verbot − unbekannte Pilze ... roh zu v. (NNN 26. 9. 87, 5). **2.** (Fachspr.) *(eine Probe von etw., bes. Wein) prüfend schmecken:* Sekt, Wein v.; Wir haben die Abfüllungen eines Hauses in einer Gruppe für sich verkostet (e & t 5, 1978, 112); Der Superior kam zur Visitation ..., erteilte den bischöflichen Segen und verkostete mit der Oberin den St. Georger Meßwein (Bieler, Mädchenkrieg 378); **Ver|ko|ster,** der; -s, - (Fachspr.): *jmd., der etw. verkostet* (2); **Ver|ko|ste|rin,** die; -, -nen (Fachspr.): *w. Form zu ↑ Verkoster;* **ver|kost|gel|den** ⟨sw. V.; hat⟩ (schweiz.): *in Kost geben;* **ver|kö|sti|gen** ⟨sw. V.; hat⟩: **1.** *beköstigen:* Einmal läßt er 200 Gänse schlachten, um sich und seine Freunde in Darmstadt zu v. (Chotjewitz, Friede 151); Schlecht verköstigt und schlecht beherbergt war ich in diesem ... Hause, das ist wahr (Th. Mann, Krull 217). ◆ **2.** *(in landsch. Sprachgebrauch) [hohe] Ausgaben auf sich nehmen; sich hohe Unkosten machen:* wie das keine Art und Gattung hätte, sich so zu v. (Gotthelf, Spinne 11); **Ver|kö|sti|gung,** die; -, -en: *das Verköstigen, Verköstigtwerden* (1); **Ver|ko|stung,** die; -, -en: *das Verkosten.* **ver|kra|chen** ⟨sw. V.⟩ (ugs.): **1.** ⟨v. + sich⟩ *sich mit jmdm. entzweien* ⟨hat⟩: sich mit seinem Vater v.; die beiden haben sich verkracht; sie ist mit ihrer Freundin verkracht. **2.** *(in bezug auf ein Unternehmen o. ä.) zusammenbrechen* ⟨ist⟩: ... als dessen Konzern verkrachte, verlor der junge Holstein den größten Teil (Morus, Skandale 218); ⟨oft im 2. Part.:⟩ ein verkrachter *(gescheiterter)* Jurist, Poet; er ist eine verkrachte Existenz; Am Anfang ... stand meist der verkrachte Schulabschluß (Spiegel 18, 1976, 158). **ver|kraft|bar** ⟨Adj.⟩: *so geartet, daß man es verkraften* (1) *kann:* daß die algerischen Partner der Treuhand nicht mehr -e Forderungen gestellt hatten (Südd. Zeitung 25./26. 6. 77, 33); Die Frage, ob die zur Diskussion stehenden Steuererleichterungen v. seien, ist ... falsch gestellt (NZZ 19. 12. 86, 30); **ver|kraf|ten** ⟨sw. V.; hat⟩: **1.** *mit seinen Kräften, Mitteln in der Lage sein, etw. zu bewältigen:* einen Schock v.; höhere Belastungen, Kosten nicht v. können; sie hat dieses Erlebnis seelisch nie verkraftet; ... weil ich das (= Trinken) gesundheitlich auch sowieso nicht mehr v. kann (Aberle, Stehkneipen 90); die Mutter hat nicht verkraftet, daß sie letzten Monat vierzig geworden ist (Loest, Pistole 171); Das Luxushotel, das unser Geldbeutel nicht verkraftete, hatten wir inzwischen mit einer billigen Pension vertauscht (Perrin, Frauen 65); kannst du noch ein Eis v. (scherzh.; *essen*)?; Auch der Porsche 944 verkraftet bleifreien Sprit *(kann mit bleifreiem Kraftstoff fahren;* ADAC-Motorwelt 11, 1985, 8); Zuvor wird jedoch die „Federico C" auf der Werft ... großzügig renoviert und umgebaut, so daß sie nachher, ohne Schwierigkeiten und Enge für die Passagiere, 800 bis Gäste leicht v. *(aufnehmen)* kann (Saarbr. Zeitung 11. 7. 80, 22); Wie lange, glaubst du, wird meine Liebe es noch verkraften *(aushalten),* dich täglich aufs neue reinzuwaschen ...? (Strauß, Niemand 76). **2.** (Eisenb.) *auf Kraftfahrzeugverkehr (z. B. Omnibusse) umstellen:* schwach frequentierte Bundesbahnstrecken nach und nach v. **3.** (veraltet) *elektrifizieren.* **ver|kral|len** ⟨sw. V.; hat⟩: **1.** ⟨v. + sich⟩ *sich in, an jmdm., etw. krallen:* sie krallte sich mit den Händen in seinen Haaren; Hände, lauter Hände, ausgestreckt ... und jetzt schon sich verkrallend in meines Großvaters Kleider, zerrend und reißend (Bobrowski, Mühle 123); Die Pferde ... sind durchgegangen. Adolf ... verkrallt sich in den Kutschbock, wird ein Stück mitgeschleift (Chotjewitz, Friede 13). **2.** *in etw. krallen:* sie verkrallte ihre Hand in seinen Ärmel; Ü sie beschimpften sich, ... sie waren wie ineinander verkrallt mit ihren Sätzen, der Streit wurde laut und langwierig (Rolf Schneider, November 77).

ver|kra|men ⟨sw. V.; hat⟩ (ugs.): **a)** *irgendwo zwischen anderes gelegt haben u. nun nicht finden können; verlegen* (1): seinen Schlüssel, die Fahrzeugpapiere v.; diese Rechnung habe ich verkramt; **b)** *verstecken, verbergen:* Wir verkramten ... ängstlich ... jeden Penny Wechselgeld, den der Milchmann uns herausgegeben hatte (Spiel, Mann 54); ... und frischer Wäsche, zwischen der er in einem Schrank ... eine Schatulle mit Medikamenten ... und einige ... Pistolen verkramt hielt (v. Rezzori, Blumen 191). **ver|kramp|fen** ⟨sw. V.; hat⟩: **1. a)** ⟨v. + sich⟩ *sich wie im Krampf, krampfartig zusammenziehen:* die Muskeln verkrampften sich; Die Hand, die das Fernglas hielt, verkrampfte sich ein wenig (Kirst, 08/15, 453); seine Finger hatten sich verkrampft; Bevensen fühlte, wie sich sein Magen verkrampfte, sein Leib zitterte (Prodöhl, Tod 206); ... hab' mich mit verkrampfter Miene wieder ins Gefecht geschleppt (Loest, Pistole 198); Seine verkrampften Züge lösten sich, sie nahmen etwas jungenhaft Fröhliches an (Niekisch, Leben 263); **b)** *wie im Krampf, krampfartig zusammenziehen:* die Hände zu Fäusten v.; ... weil sie ... meist in der Nähe des ehemaligen Kaiserloge saß, wo das Publikum bei einem Patzer allenfalls die Zehen verkrampfte (Bieler, Mädchenkrieg 55). **2. a)** *sich wie im Krampf in etw. festkrallen:* ich verkrampfe die Hände in die Lehnen meines Sessels (Simmel, Stoff 645); **b)** ⟨v. + sich⟩ *sich wie im Krampf in etw. festkrallen:* die Hand des Assistenten verkrampfte sich in seinen Ärmel (Kant, Impressum 83). **3.** ⟨v. + sich⟩ *durch irgendwelche Einflüsse unfrei u. gehemmt werden u. unnatürlich wirken:* er verkrampft sich immer mehr; ⟨oft im 2. Part.:⟩ ein verkrampftes Verhältnis; Das Ergebnis dieser oft rührenden, meist verkrampften Bemühungen faßt ein harter, ein grausamer Satz ... zusammen (Reich-Ranicki, Th. Mann 210); völlig verkrampft sein, lächeln; sie sehen alles nicht so verkrampft, weil sie in ihrer frohen Stimmung nichts sehen wollen (Spiegel 47, 1982, 120); In Bern scheint der Umgang mit Drogenabhängigen weniger verkrampft zu werden (NZZ 2. 9. 86, 21); **Ver|krampft|heit,** die; -: *verkrampftes* (3) *Wesen;* **Ver|kramp|fung,** die; -, -en: **1.** *das Verkrampfen.* **2.** *das Verkrampftsein.* ◆ **ver|kran|ken** ⟨sw. V.; ist⟩: *durch Krankheit zugrunde gehen:* mein Bruder verkranket im Gefängnis. Seine schweren Wunden, sein Alter (Goethe, Götz V). **ver|krat|zen** ⟨sw. V.; hat⟩: *so hantieren, daß Kratzer, Schrammen auf etw. kommen:* den Tisch, den Autolack v. **ver|krau|chen** ⟨sw. V.; hat⟩ (landsch., bes. nordd.): *verkriechen.* **ver|krau|ten** ⟨sw. V.; ist⟩: *von wildwachsenden Pflanzen, Unkraut überwuchert werden:* Da der Salzgitter See in den Monaten Juli und August in den flachen Zonen stark verkrautet (Fisch 4, 1984, 43); Große, rücklings gestürzte Grabsteine ... liegen verkrautet (Grass, Unkenrufe 223/224); **Ver|krau|tung,** die; -, -en: *das Verkrauten.*

ver|krebst ⟨Adj.; -er, -este⟩ (ugs.): *von Krebswucherungen befallen:* -es Gewebe; sie ist unheilbar v.; ... die Ärzte hätten festgestellt, daß bei unsrer Mutter bereits die ganze Bauchhöhle verkrebst sei (Fels, Gegenwart 7); Ü ... in diesem angeblich von Mafiosi und Entführerbanden -en Land (Südd. Zeitung 18. 5. 84, 31).

ver|krie|chen, sich ⟨st. V.; hat⟩ [mhd. verkriechen]: *um sich der Umwelt zu entziehen, sich möglichst unbemerkt dorthin begeben, wo man geschützt, vor anderen verborgen ist:* der Dachs verkriecht sich in seinen Bau; der Igel hat sich im Gebüsch verkrochen; sich unter die/der Bank, hinter einem Pfeiler v.; ich werde mich jetzt ins Bett v. (ugs.; *ins Bett gehen*); sie verkroch sich unter ihrer Decke; am liebsten hätte ich mich [in den hintersten Winkel] verkrochen, so habe ich mich geschämt; ... um mich vor der schneidenden Kälte zu v. (Kinski, Erdbeermund 100); Ü die Sonne verkriecht sich *(verschwindet)* schon wieder [hinter Wolken]; Loest wußte alles über die ... Feigheit der Franzosen, die sich hinter der Maginotlinie verkrochen (Loest, Pistole 57); Er verkroch sich in seine Arbeit (Frisch, Stiller 132); Die Standuhren wenden ihr Zeigergesicht ab und verkriechen sich in einen bereitstehenden Schatten (Jahnn, Geschichten 39); du brauchst dich nicht vor ihm zu v. *(kannst durchaus neben ihm bestehen).*

ver|kröp|fen ⟨sw. V.; hat⟩ (Archit., Bauw.): *kröpfen* (3 a); **Ver|kröp|fung,** die; -, -en ⟨Archit., Bauw.⟩: *Kröpfung.*

ver|krü|meln ⟨sw. V.; hat⟩ [eigtl. = sich in Krümel auflösen, krümelweise verschwinden]: **1.** *in Krümeln verstreuen:* Kuchen [über den Tisch] v. **2.** ⟨v. + sich⟩ (ugs.) *sich unauffällig u. unbemerkt entfernen:* ich glaube, er hat sich verkrümelt; Oskar schlich betroffen ... davon, verkrümelte sich zwischen den blauweißen Wohnwagen (Grass, Blechtrommel 133); ... aber die Trappen, Störche und Schnepfen hatten sich doch schon nach Afrika verkrümelt (Bieler, Bär 162).

ver|krüm|men ⟨sw. V.⟩ [mhd. verkrummen, -krümmen]: **1.** *krumm werden* ⟨ist⟩: ihr Rücken verkrümmte zusehends; ⟨häufig v. + sich; hat:⟩ seine Wirbelsäule hat sich verkrümmt; verkrümmte Zehen; ... diese verkrümmten Gestalten, denen die Kolik das Blut aus dem Leibe quetscht (Remarque, Westen 195); Ü Wie fast alle Lebensbereiche, ist auch das ... Thema Kabelfernsehen bei uns ideologisch verkrümmt (tip 12, 1984, 30). **2.** *krumm machen* ⟨hat⟩: die Gicht hat ihre Finger verkrümmt; Ü sogar der von Devoterie verkrümmte Oberinspektor ... hatte etwas Beschwingtes (Maass, Gouffé 229); **Ver|krüm|mung,** die; -, -en: *das [Sich]verkrümmen.*

ver|krum|peln ⟨sw. V.; hat⟩ (landsch.): *[zer]knittern:* ein verkrumpeltes Stückchen Stoff.

ver|krüp|peln ⟨sw. V.⟩ [zu gleichbed. veraltet *krüppeln*]: **1.** *krüppelig werden* ⟨ist⟩: die Bäume verkrüppeln und sterben ab; verkrüppelte Kiefern; ich sage ja nicht, daß er so verkrüppelt ist, um abstoßend zu wirken (Kemelman [Übers.], Dienstag 64). **2.** *bewirken, daß jmd., etw. krüppelig wird* ⟨hat⟩: der Krieg hat ihn verkrüppelt (selten; *zum Krüppel gemacht*); Sie mußte das Geld für uns in einer Zuckerfabrik verdienen, dort hat sie sich den Ischias geholt, der ihre Hände verkrüppelt hat (Bienek, Erde 169); verkrüppelte Arme, Füße; Ü Mama, ... wie viele von meinen Gedanken hast du mir nicht zerstört, verkrüppelt (Hofmann, Fistelstimme 250); Er kam mit einer verkrüppelten Seele aus dem Krieg (Härtling, Hubert 306); **Ver|krüp|pe|lung, Ver|krüpp|lung,** die; -, -en (Archit., Bauw.): *Kröpfung.*

ver|kru|sten ⟨sw. V.; ist⟩: *eine Kruste bilden:* das Blut, der Schlamm, Schnee verkrustet; eine verkrustete Wunde; verkrustete Stiefel, Töpfe; das Erdreich hatte die Wasser verschluckt und schien so ausgedorrt und verkrustet wie zuvor (Fest, Im Gegenlicht 40); Unsere Gesichter sind verkrustet, unser Denken ist verwüstet (Remarque, Westen 98); das Haar ist mit Blut verkrustet; Ü verkrustete Strukturen; ... Kampf ... gegen das ... politische Establishment der großen Parteien, die in ihrem Kartellcharakter völlig verkrustet seien (Basler Zeitung 26. 7. 84, 5); **Ver|kru|stung,** die; -, -en: *das Verkrusten.*

ver|küh|len, sich ⟨sw. V.; hat⟩ (landsch.): **1.** *sich erkälten* (1): ich habe mich ein bißchen verkühlt; ... wollte ich einmal das kleine Fensterloch öffnen, so schrie er, er verkühle sich die Glatze (Fallada, Trinker 101). **2.** (selten) *kühl werden; abkühlen:* da der Nachmittag sich mehr und mehr verkühlte (Th. Mann, Zauberberg 12); Im körperwarmen Wasser verbluten (es verkühlte mit ihm) – soll ja ein schmerzloser Tod sein (Muschg, Sommer 53); **Ver|küh|lung,** die; -, -en (landsch.): *Erkältung:* Bei ... irgendwelchen Anzeichen von V., Husten oder Schnupfen müssen Sie sofort den Hausarzt kommen lassen (Doderer, Wasserfälle 64).

ver|küm|meln ⟨sw. V.; hat⟩ [aus der Gaunerspr., Nebenf. von ↑*verkümmern,* dann veitl. beeinflußt von ↑*Kümmel* (3), also wohl übertr. = etw. für Schnaps verkaufen] (ugs.): *(einen Gegenstand) zu Geld machen:* seine Uhr v.

ver|küm|mern ⟨sw. V.; ist⟩ [mhd. verkumbern, verkümbern, zu ↑*Kummer*]: **1.** *sich in seinem Wachstum nicht mehr richtig weiterentwickeln, nicht mehr recht gedeihen u. allmählich in einen schlechten Zustand geraten:* die Pflanzen verkümmern; in der Gefangenschaft verkümmern die Tiere; die Muskeln sind verkümmert *(haben sich zurückgebildet);* ein verkümmerter Baum; Ü seelisch v. **2.** *nicht ausgebildet werden, ungenutzt bleiben u. daher schwinden, verlorengehen:* sein Talent nicht v. lassen; das Rechtsgefühl war verkümmert; Das Land der Dichter und Denker verkümmerte zur tristen Kulturprovinz (Spiegel 39, 1987, 112). **3.** (geh., veraltet) *mindern, im Wert herabsetzen:* Aber seit seiner Eheschließung ... war dem Rittmeister ein guter Teil dieser männlichen Vorlieben und Freiheiten verkümmert worden (Fussenegger, Haus 59); wer bin ich, daß ich Ihnen Ihren Beruf v. sollte? (Muschg, Sommer 248); ◆ Sie haben mir diesen Triumph um die Hälfte verkümmert; aber ganz werde ich mir ihn nicht nehmen lassen (Lessing, Emilia Galotti V, 5); **Ver|küm|me|rung,** die; -, -en: *das Verkümmern.*

ver|kün|den ⟨sw. V.; hat⟩ [mhd. verkünden] (geh.): **1. a)** *(ein Ergebnis, einen Beschluß o. ä.) öffentlich [u. feierlich] bekanntmachen:* ein Urteil, die Entscheidung des Gerichts v.; die Menschenrechte v.; Die Regierungen verkünden Programme, die nur noch den Stempel des Lächerlichen tragen (Gruhl, Planet 271); ... und anschließend verkündete er die Ernennung eines Leutnants (Ott, Haie 88); ... als Nagy schließlich den Austritt aus dem Warschauer Pakt verkündet und die Neutralität proklamiert hatte (Dönhoff, Ära 149); Ü ... ich ... blickte auf die Uhr, die seit einhundertfünfzig Jahren der Familie Beisem die Zeit verkündet (Böll, Und sagte 9); **b)** *laut [u. mit Nachdruck] erklären:* freudestrahlend verkündete sie ihre Verlobung; er verkündete stolz, daß er gewonnen habe; Johanna faltete die Zeitung zusammen und verkündete mit gehobener Stimme: „Der Herr Abteilungsleiter Maucke erwartet meinen Anruf! ..." (Lederer, Liebe 15). **2.** (landsch.) *durch den Pfarrer von der Kanzel herab aufbieten* (3). **3.** (selten) *verkündigen* (1): eine Irrlehre v.; ... nur noch eine wenige Pilger ..., die einer entchristlichten Christenheit die Botschaft des Evangeliums in neuen Zungen verkünden (Nigg, Wiederkehr 25). **4.** *ankündigen, prophezeien:* ein Unheil v.; ... sind es vor allem die Mittelständler selbst, die ihren Untergang oder die Gefährdung ihrer Existenz verkünden (Fraenkel, Staat 198); Ü seine Miene verkündete *(verhieß)* nichts Gutes; **Ver|kün|der,** der; -s, - [spätmhd. verkünder] (geh.): *jmd., der etw. verkündet;* **Ver|kün|de|rin,** die; -, -nen (geh.): w. Form zu ↑*Verkünder;* **ver|kün|di|gen** ⟨sw. V.; hat⟩ (geh.): **1.** *feierlich kundtun; predigen:* das Evangelium, das Wort Gottes v.; und wenn du morgen unser ... Kloster niederbrennen würdest oder irgendeine tolle Irrlehre in der Welt v. ... (Hesse, Narziß 90). **2.** *verkünden* (1): Wir haben nicht Elias Ruhm zu v. (Goes, Hagar 40). **3.** *verkünden* (4): Denn eine innere Stimme hatte mir früh verkündigt, daß Anschluß, Freundschaft und wärmende Gemeinschaft mein Teil nicht seien (Th. Mann, Krull 128); **Ver|kün|di|ger,** der; -s, - (geh.): *jmd., der etw. verkündigt:* Wie allen -n haftete ihm etwas Fanatisches an (Mahlsdorf, Ich bin 12); **Ver|kün|di|ge|rin,** die; -, -nen (geh.): w. Form zu ↑*Verkündiger;* **Ver|kün|di|gung,** die; -, -en: **1.** *das Verkündigen* (1). **2.** *das feierlich Verkündete; Botschaft;* ◆ **ver|kund|schaf|ten** ⟨sw. V.; hat:⟩ **a)** *auskundschaften:* alles war aufs genaueste verkundschaft, wann der Bischof aus dem Bad käm', mit wieviel Reitern, welchen Weg (Goethe, Götz I); **b)** *kundgeben, mitteilen:* er geleitete den Wagen, das ward uns verkundschaftet (Goethe, Geschichte Gottfriedens v. Berlichingen I, 3); **Ver|kün|dung,** die; -, -en: *das Verkün-*

den; **Ver|kün|dungs|blatt,** *das: Gesetzblatt.*

ver|kup|fern ⟨sw. V.; hat⟩: *mit einer Schicht Kupfer überziehen;* **Ver|kup|fe|rung,** die; -, -en: *das Verkupfern.*

ver|kup|peln ⟨sw. V.; hat⟩: **1.** (selten) *kuppeln* (1 a): Waggons v. **2.** *zwei Menschen im Hinblick auf eine Liebesbeziehung, Ehe zusammenführen, zusammenbringen:* sie will die beiden v.; er hat seine Tochter mit einem/an einen reichen Mann verkuppelt; Das sind Mädchen, die telefonisch verkuppelt werden, an Geschäftsleute (Kinski, Erdbeermund 198); Ü wo der Rechner eine Deckung zwischen Angebot und Nachfrage entdeckt, spuckt er auf der Stelle eine Karte aus, mit deren Hilfe sich Verkäufer und Käufer v. lassen (ADAC-Motorwelt 3, 1983, 33); **Ver|kup|pe|lung, Ver|kupp|lung,** die; -, -en: *das Verkuppeln, Verkuppeltwerden.*

ver|kür|zen ⟨sw. V.; hat⟩ [mhd. verkürzen]: **1. a)** *kürzer machen:* eine Schnur [um 10 cm] v.; den Anlauf v.; diese Linie erscheint auf dem Bild stark verkürzt *(perspektivisch verkleinert);* Selbst das Hinken auf dem durch die Kinderlähmung stark verkürzten rechten Bein gehört zu ihm (Wolf, Menetekel 91); eine verkürzte Fassung, Namensform; eine Rede verkürzt abdrucken; **b)** ⟨v. + sich⟩ *kürzer werden:* die Schatten hatten sich verkürzt. **2. a)** *nicht so lange dauern lassen wie vorgesehen, vorauszusehen ist:* den Urlaub, einen Auslandsaufenthalt, eine Frist, eine Beschränkung v.; Tatendrang verkürzte seinen Schlaf (Kirst, 08/15, 819); die Qualen eines Tieres v.; so wie er waren ... 11,3 Millionen Arbeiter erwerbslos oder mußten verkürzt arbeiten (Trommel 41, 1976, 5); verkürzte Arbeitszeit; **b)** *so beschäftigen, unterhalten o. ä., daß eine unangenehm lange Zeitspanne nicht mehr als so unangenehm empfunden wird:* ich verkürzte mir die Wartezeit durch einen Spaziergang; sie verkürzte uns die langen Winterabende mit ihrem Klavierspiel. **3.** (Ballspiele) *den Rückstand verringern:* auf 3:2 v. **4.** (selten) *jmdm. einen Teil von etw. wegnehmen; jmdn. um etw. bringen:* jmds. Ansprüche, Hoffnungen v.; Leistungen sollen um ein Drittel verkürzt werden (Spiegel 48, 1982, 60); Dem ... „Himmelsknaben" ... war von jeher ... dies und jenes zugekommen ..., um was sie (= die Brüder) sich verkürzt fanden (Th. Mann, Joseph 471); **Ver|kür|zung,** die; -, -en: *das Verkürzen; Verkürztwerden.*

♦ **ver|küs|sen** ⟨sw. V.; hat⟩: *(im südd. Sprachgebrauch) oftmals küssen; mit Küssen bedecken:* ... nahm sein Weibchen bei den Ohren, verküßte, herzte, kitzelte sie (Mörike, Mozart 226).

ver|la|chen ⟨sw. V.; hat⟩: *auslachen* (1): Verlachen würde die Schöne mich (Jahnn, Geschichten 24); Er verlacht die Warnungen Constantins (Thieß, Reich 270).

Ver|lad, der; -s (schweiz.): *Verladung:* Draußen ... stand Herbert und beaufsichtigte den V. (Muschg, Gegenzauber 227); **Ver|la|de|an|la|ge,** die: *Anlage zum Be- u. Entladen;* **Ver|la|de|bahn|hof,** der: *Bahnhof, auf dem verladen wird;* **Ver|la-**

de|brücke[1], die: *einer Brücke ähnliche Konstruktion mit Vorrichtungen zum Verladen;* **Ver|la|de|kai,** der: vgl. Verladebahnhof; **Ver|la|de|kran,** der: vgl. Kran (1); **ver|la|den** ⟨st. V.; hat⟩ [mhd. verladen = übermäßig belasten; bedrängen]: **1.** *(eine größere Warenmenge, große Gegenstände, selten auch eine bestimmte größere Gruppe von Personen) zur Beförderung in, auf ein Transportmittel laden:* Güter, Waren v.; die Soldaten, Gefangenen wurden verladen; Eben wird das Gepäck auf einem Rollband verladen (Frisch, Gantenbein 195); Ich wurde in den großen, vergitterten Polizeiwagen verladen (Ziegler, Labyrinth 123); daß wir nach Rußland verladen werden (Remarque, Westen 143); Auf diesen Zug entfielen 37 Prozent aller ... im Binnenverkehr verladenen Autos (Blickpunkt 4, 1983, 2); die verladende Wirtschaft (Wirtsch.; *Gesamtheit aller Unternehmen, die Güter zu verladen haben*). **2.** (ugs.) *betrügen; hinters Licht führen:* die Wähler v.; ich fühle mich regelrecht verladen; Angeblich hat Moskau seine Vertragspartner verladen (Spiegel 2, 1984, 4); **Ver|la|de|pa|pier,** das ⟨meist Pl.⟩:: *über den Versand von Waren ausgestelltes Papier* (2) (z. B. Frachtbrief); **Ver|la|de|platz,** der: vgl. Verladebahnhof; **Ver|la|der,** der; -s, -: **1.** *jmd., der etw. verlädt.* **2.** (Fachspr.) *jmd., der einem Transportunternehmen Güter zur Beförderung übergibt;* **Ver|la|de|ram|pe,** die: *Rampe* (1 a) *zum Verladen;* **Ver|la|de|rin,** die; -, -nen: w. Form zu ↑Verlader; **Ver|la|dung,** die; -, -en: *das Verladen, Verladenwerden.*

Ver|lag, der; -[e]s, -e, österr. auch: Verläge [im 16. Jh. = Kosten, Geldauslagen; zu ↑¹verlegen (7)]: **1.** *Unternehmen, das Manuskripte erwirbt, daraus Druckerzeugnisse herstellt u. diese über den Buchhandel verkauft:* ein belletristischer, wissenschaftlicher V.; ein angesehener V. ... kündigte eine Ausgabe ... an (Feuchtwanger, Erfolg 347); Der Verband hatte sich einen eigenen V. geschaffen, die Hanseatische Verlagsanstalt, welche eine rührige Produktion entfaltete (Niekisch, Leben 131); einen V. für seinen Roman suchen; ein Buch in V. geben (veraltend; ¹verlegen 7 lassen), in V. nehmen (veraltend; ¹verlegen 7); in welchem V. ist das Buch erschienen? **2.** (Kaufmannsspr. veraltend) *Unternehmen des Zwischenhandels:* er betreibt einen V. für Bier. **3.** (schweiz. ugs. abwertend) *das Herumliegen (von Gegenständen); Unordnung; Durcheinander.* ♦ **4. a)** *vorgestreckte Geldsumme; Vorschuß:* ... die Einleitung zu einer Meubelfabrik ..., die ohne weitläufigen Raum und große Umstände nur Geschicklichkeit und hinreichendes Material verlangt. Das letzte versprach der Amtmann; Frauen, Raum und V. gaben die Bewohner (Goethe, Wanderjahre I, 16); **b)** *das* ¹*Verlegen* (7): Ich bin geneigt, Ew. Wohlgeb. den V. des Ganzen ... aber auch sieben Jahre zu überlassen (Goethe, Brief an Cotta, 24. 7. 1814); **c)** *zum Verkauf ausgelegte Ware:* ... denn sie schämte sich des schlechten Gerätes und der verdorbenen Betten, welche nun abgeladen wurden. Sali schämte sich auch,

aber er mußte helfen und machte mit seinem Vater ein seltsames V. in dem Gäßchen, auf welchem alsbald die Kinder ... herumsprangen und sich über das verlumpte Bauernpack lustig machten (Keller, Romeo 25); **ver|la|gern** ⟨sw. V.; hat⟩: **a)** *bewirken, daß etw.* (bes. *Gewicht, Schwerpunkt) von einer Stelle weg an eine andere kommt:* den Schwerpunkt v.; er verlagerte das Gewicht auf das andere Bein; Ü die Entwicklungsabteilung wurde von Köln nach Berlin verlagert; In jedem dieser Fälle wurde das Problem aufgeschoben oder verlagert, aber nie gelöst (natur 2, 1991, 88); den Schwerpunkt der Arbeit auf die Forschung v.; Eine „Sanierung" der Renten wird zugunsten gegenwärtigen Konsums in die Zukunft verlagert (natur 10, 1991, 33); **b)** *an einen anderen Ort bringen u. dort lagern:* die wertvollsten Stücke der Sammlung wurden [aufs Land] verlagert; ... daß das Archiv in den Westen verlagert werden sollte, und da wollte er nicht dabeisein (Bienek, Erde 226); Keine Kisten zum Aufbrechen ... weder verlagerte Perserteppiche noch silberne Löffel (Grass, Hundejahre 442); **c)** ⟨v. + sich⟩ *sich von einer bestimmten Stelle an eine andere bewegen:* das Hoch verlagert sich nach Norden; Ich suche mir einen anderen Platz in der Zuschauermenge. ... Grausiges Gerede. Wieder muß ich mich v. (Strittmatter, Der Laden 225); ... ihn beschlich eine merkwürdige Beklemmung: Sie legte sich auf sein Herz und verlagerte sich dann bald in eine Magengegend (Kirst, 08/15, 341); **Ver|la|ge|rung,** die; -, -en: *das Verlagern, Verlagertwerden;* **Ver|lags|an|stalt,** die: *Verlag* (1); **Ver|lags|buch|han|del,** der: *Zweig des Buchhandels, der sich mit Herstellung u. Vertrieb von Büchern befaßt;* **Ver|lags|buch|händ|ler,** der: *Verleger* (1); **Ver|lags|buch|händ|le|rin,** die: w. Form zu ↑Verlagsbuchhändler; **Ver|lags|buch|hand|lung,** die: (früher) *Verlag* (1), *der zusätzlich zu einer Buchhandlung betrieben wird;* **ver|lags|ei|gen** ⟨Adj.⟩: *dem Verlag* (1) *gehörend;* **Ver|lags|er|zeug|nis,** das: *Erzeugnis eines Verlages* (1); **Ver|lags|hand|lung,** die: *Verlagsbuchhandlung;* **Ver|lags|haus,** das: *Verlag* (1); **Ver|lags|ka|ta|log,** der: *Verzeichnis aller Produkte eines Verlages* (1); **Ver|lags|kauf|frau,** die: vgl. Verlagskaufmann; **Ver|lags|kauf|mann,** der: *Kaufmann im Verlagswesen* (Berufsbez.); **Ver|lags|lei|ter,** der: ¹*Leiter* (1) *eines Verlags* (1); **Ver|lags|lei|te|rin,** die: w. Form zu ↑Verlagsleiter; **Ver|lags|lek|tor,** der: *Lektor* (2) *in einem Verlag* (1) (Berufsbez.); **Ver|lags|lek|to|rin,** die: w. Form zu ↑Verlagslektor; **Ver|lags|pro|gramm,** das: *Produkte, die ein Verlag* (1) *anbietet;* **Ver|lags|pro|spekt,** der: *Prospekt* (1) *eines Verlags* (1); **Ver|lags|recht,** das (Rechtsspr.): **1.** *Gesamtheit aller rechtlichen Normen, die geschäftliche Beziehungen zwischen einem Verfasser o. ä. u. einem Verlag* (1) *regeln.* **2.** *ausschließliches Recht zur Vervielfältigung u. Verbreitung eines Werkes;* **Ver|lags|re|dak|teur,** der: *Redakteur in einem Verlag* (1) (Berufsbez.); **Ver|lags|re|dak|teu|rin,** die: w.

Verlagsrepräsentant

Form zu ↑ Verlagsredakteur; **Ver|lags|re|prä|sen|tant**, der: *Verlagsvertreter;* **Ver|lags|re|prä|sen|tan|tin**, die: w. Form zu ↑ Verlagsrepräsentant; **Ver|lags|si|gnet**, das (Buchw.): *Signet* (1 a); **Ver|lags|sy|stem**, das: *frühe Form der arbeitsteiligen Erzeugung von Gütern, bei der der Verleger (2) die Rohstoffe beschafft, diese Handwerkern zur Produktion in Heimarbeit gibt (vorlegt) u. für den Absatz der Produkte sorgt;* **Ver|lags|ver|trag**, der (Rechtsspr.): *Vertrag zwischen dem Verfasser eines Werkes u. dem Verleger* (1); **Ver|lags|ver|tre|ter**, der: *Vertreter* (1 d), *der den Sortimentsbuchhandel besucht, Neuerscheinungen der von ihm vertretenen Verlage vorstellt u. Bestellungen für die gesamte Produktion der von ihm vertretenen Verlage entgegennimmt;* **Ver|lags|ver|tre|te|rin**, die: w. Form zu ↑ Verlagsvertreter; **Ver|lags|we|sen**, das: *mit dem ¹Verlegen* (7) *von Büchern zusammenhängende Einrichtungen u. Vorgänge.*

ver|läm|men ⟨sw. V.; hat⟩: *(von Schaf, Ziege) verwerfen* (6).

ver|lan|den ⟨sw. V.; ist⟩: *allmählich zu Land* (1) *werden:* der Teich droht zu v.; Mit dem Geld sollen verlandete Feuchtgebiete renaturiert ... werden (natur 9, 1991, 25); ⟨subst.:⟩ ... um die Wasserbaßen vor dem Verlanden freizuhalten (DÄ 47, 1985, 25); **Ver|lan|dung**, die; -, -en: *das Verlanden.*

ver|lan|gen ⟨sw. V.; hat⟩ [mhd. verlangen, zu ↑ langen, urspr. unpers. gebr., die Bed. „begehren" entwickelte sich aus „(zeitlich) lang dünken"]: **1.** *nachdrücklich fordern, haben wollen:* mehr Lohn, Schadenersatz, Genugtuung, Rechenschaft, eine Erklärung, sein Recht v.; er verlangt, vorgelassen zu werden; Und dann kam der Vater herein und verlangte gebieterisch, daß sie zu Bett gingen (Thieß, Legende 99); sie verlangte ihn zu sprechen; du verlangst Unmögliches von mir; du kannst von ihm nicht gut v., daß er alles bezahlt; Wer aber konnte im Ernst v., daß sie das alles vergäßen? (Erh. Kästner, Zeltbuch 136); mehr kann man wirklich nicht v.; das ist zuviel verlangt; Lernen sie, etwas von sich zu v. und dadurch Selbstbewußtsein und Lebensmut zu gewinnen? (R. v. Weizsäcker, Deutschland 80); die Rechnung v. *(um die Rechnung bitten);* ... sie verlangte in die Stille hinein ein gutes halbes Pfund (= Spekulatius; Hahn, Mann 104); ⟨unpers.:⟩ es wird von jedem Pünktlichkeit verlangt; Ü Verstöße gegen das Gesetz sind Unrecht und verlangen Sühne (NJW 19, 1984, 1082). **2. a)** *erfordern; unbedingt brauchen; nötig haben:* diese Arbeit verlangt Geduld, Aufmerksamkeit, Können; eine solche Aufgabe verlangt den ganzen Menschen; Höhere Genauigkeit verlangt eben teure Technologien (natur 10, 1991, 73); **b)** *(in einer bestimmten Situation) notwendig machen, erfordern; gebieten:* der Anstand verlangt, daß du dich entschuldigst; wir mußten das tun, was die Situation, die Vernunft [von uns] verlangte; Die Tätigkeit als Regierungsmitglied verlangt nicht, daß der Minister aus dem Ressort hervorgegangen ist, welches er leitet (Fraenkel, Staat 293).

3. *(als Gegenleistung) haben wollen:* sie verlangte 200 Mark [von ihm]; er hat für die Reparatur nichts verlangt; Jedenfalls verlange ich für mein Auftreten ... doppelte Gage (Thieß, Legende 200); Zudem ist ... ein verläßlicher Handelsvertreter, der keine Prozente und kaum Tabak für getätigte Geschäftsabschlüsse verlangte (Grass, Hundejahre 52). **4.** *jmdn. auffordern, etw. zu zeigen, vorzulegen:* den Ausweis, das Zeugnis v.; ... und verlange die Quittungen von Finanzamt und Krankenkasse zu sehen (Fallada, Mann 228); (schweiz.:) haben Sie in die Papiere verlangt? **5.** *[am Telefon] zu sprechen wünschen:* bei Kartenbestellungen verlangen Sie bitte die Kasse; du wirst ins Telefon verlangt; Ihr Freund, Herr Arlecq, verlangt Sie telefonisch, sagt der Major und Wirt (Fries, Weg 72); dein Typ wird verlangt (salopp; *jmd. möchte dich sprechen);* Ü ... obwohl jetzt die Glocke des Fernsprechers dringend nach Arzt und Bahre verlangte (Langgässer, Siegel 281). **6.** (geh.) **a)** *wünschen, daß jmd. zu einem kommt:* nach einem Arzt v.; die Sterbende verlangte nach einem Priester; **b)** *etw. zu erhalten wünschen:* nach Brot, einer Zigarette v.; der Kranke verlangte nach einem Glas Wasser; verlangte nach größerer Selbständigkeit; Was glauben denn die meisten jungen Krakeeler, die nach Wiedervereinigung verlangen, wie das aussehen soll? (Freie Presse 30. 12. 89, 4); Er hatte für ihre Fragerei ein ... mürrisches Gebrabbel. Verlangte *(wollte)* ins Bett; er fürchtete ... einen Schnupfen (Feuchtwanger, Erfolg 734); **c)** *sich nach jmdm., etw. sehnen:* er verlangte nach einem Menschen, dem er vertrauen konnte; daß noch der zweiundsiebzigjährige Michelangelo an neue Liebe dachte, nach ihr verlangte (Reich-Ranicki, Th. Mann 79); verlangend die Hände ausstrecken; ⟨unpers.:⟩ es verlangt mich, ihn noch einmal zu sehen; ⟨oft im 1. Part.:⟩ das Kind streckte verlangend die Hände nach dem Geschenk aus; **Ver|lan|gen**, das; -s, - (geh.): **1.** *stark ausgeprägter Wunsch (nach jmdm., etw.); starkes inneres Bedürfnis:* großes, heftiges, wildes, heißes, leidenschaftliches v.; ein starkes V. nach etw. haben, verspüren, tragen; ... Dein weltfremdes Schwärmertum, weil es gleichwohl ein harmoniebedürftiges V. nach Anerkennung durch die Obrigkeit zeigte (Stern, Mann 221); sie zeigte kein V., ihn wiederzusehen; etw. weckte, erregte ihr V.; ein V. erfüllen, stillen, befriedigen; Ein Land ... besuche man ja .... auch ... aus dem V., in fremde Augen, fremde Physiognomien zu blicken (Th. Mann, Krull 383); ... und es war lächerlich, sich in machtlosem V. nach Wärme zu verzehren (Hesse, Steppenwolf 51). **2.** *ausdrücklicher Wunsch; nachdrücklich geäußerte Bitte, Forderung:* ein unbilliges V.; die Ausweise sind auf V. vorzuzeigen; In politischen ... Kreisen Helsinkis hält man es für ausgeschlossen, daß Finnland dem sowjetischen V. ausweichen könnte (FAZ 2. 11. 61, 3).

ver|län|gern ⟨sw. V.; hat⟩: **1. a)** *länger machen:* eine Schnur, ein Rohr v.; die Ärmel

[um drei Zentimeter] v.; Daß sie in Janneby Ost die Startbahn verlängert haben (Gaiser, Jagd 115); Er ... stieg über die verlängerte Achse des Hinterrades, den Großvateraufstieg, ab (Sommer, Und keiner 69); Ü Ein schmaler und spärlicher Vollbart ... verlängerte sein Gesicht *(ließ sein Gesicht länger erscheinen;* Th. Mann, Krull 112); **b)** ⟨v. + sich⟩ *länger werden:* die Kolonne verlängerte sich; ... zog ich aus irgendeinem Grunde meinen Mund so weit wie möglich nach unten, so daß meine Oberlippe sich übermäßig verlängerte (Th. Mann, Krull 16); Ü Drei Stunden lang läßt er seine vage und vielfach phrasenhafte Rede sich ins Leere v. (St. Zweig, Fouché 70). **2. a)** *länger gültig sein lassen als eigentlich vorgesehen:* einen Wechsel, einen Kredit v.; den Paß, den Ausweis v. [lassen]; Er überzeugte sich dann aber davon, daß die Schmerzen echt waren und verlängerte die Krankschreibung (Hackethal, Schneide 72); **b)** ⟨v. + sich⟩ *länger gültig bleiben als eigentlich vorgesehen:* der Vertrag verlängert sich automatisch um ein Jahr; **c)** *länger dauern lassen als eigentlich vorgesehen:* den Urlaub, die Pause, seinen Aufenthalt v.; ... um die Amtszeit des Bundespräsidenten um zwei Jahre zu v. (Dönhoff, Ära 23); die Frist, der Vertrag wurde verlängert; Geplant sind ... verlängerte Dienststunden zunächst in zwei Ortsämtern (Hamburger Abendblatt 24. 5. 85, 1); ein verlängertes *(durch einen Urlaubs-, Feiertag erweitertes)* Wochenende; Ü So war die Arbeit des Arztes ... zu keinem anderen Ende, als durch Qualen und gelungene Operation das bevorstehende Sterben zu v. (Plievier, Stalingrad 290); Sein erster Selbstmordversuch ... wurde verhindert. Doch konnte dies sein Leben nur noch um wenige Monate v. (Reich-Ranicki, Th. Mann 220). **3.** *durch Hinzufügen von etw. verdünnen u. dadurch eine größere Menge bekommen:* die Soße, Suppe v.; In ein großes Weinglas Likör und Wein gießen, mit eiskaltem Mineralwasser nach Geschmack v. (e & t 6, 1987, 120); Der Schnaps schmeckte verlängert, dagegen schäumte die Pilsener Blume bitter und süffig (Bieler, Mädchenkrieg 282); Ü ... einer mittelständischen Hausfrau ..., die sich, um ihr Taschengeld zu v., einem Callgirlring angeschlossen habe (Grass, Butt 272). **4.** (Ballspiele) *ohne anzunehmen* (12) *weiterspielen:* er verlängerte die Flanke zum Rechtsaußen, mit dem Kopf ins Tor; **Ver|län|ge|rung**, die; -, -en: **1.** *das Verlängern* (1 a, 2 a, c, 3, 4), *Verlängertwerden.* **2.** *etw., was der Verlängerung* (1) *dient.* **3.** (Ballspiele) *Spielverlängerung:* auch nach der V. stand es noch 0 : 0; das spielentscheidende Tor fiel erst in der V.; **Ver|län|ge|rungs|ka|bel**, das: *Kabel zum Verlängern* (1 a) *der Leitung eines elektrischen Geräts;* **Ver|län|ge|rungs|schnur**, die: *Verlängerungskabel;* **Ver|län|ge|rungs|stück**, das: vgl. Verlängerungskabel.

ver|lang|sa|men ⟨sw. V.; hat⟩: **a)** *bewirken, daß etw. langsam[er] wird, vor sich geht:* die Fahrt, den Schritt, das Tempo v.; Die meisten der Benzodiazepine, die oft

lange im Körper bleiben, ... verlangsamen das Reaktionsvermögen (ADAC-Motorwelt 10, 1986, 82); Matthias Roth ... verlangsamte seine Bewegungen (Kronauer, Bogenschütze 123); Alle Eingriffe könnten ihn (= Zerstörungsprozeß) nur v. (Fest, Im Gegenlicht 318); Die Niederschläge ... kommen mit Verzögerung auf den Waldboden, der sie aufsaugt und den Abfluß verlangsamt (Mantel, Wald 33); verlangsamte Reaktionen; b) ⟨v. + sich⟩ *langsam[er] werden:* das Tempo, das Wachstum, die Entwicklung verlangsamt sich; ... weil gleichzeitig Produktivitätsgewinne zu verzeichnen waren und die Importpreise sich verlangsamten *(nicht mehr so schnell anstiegen;* NZZ 27. 1. 83, 17); Doch der Fall, so unvermeidbar er war, verlangsamte sich; die Gravitation schien aufgehoben (Jahnn, Nacht 154); **Ver|lang|sa|mung,** die; -, -en: *das [Sich]verlangsamen.*
ver|lang|sa|maßen ⟨Adv.⟩: *dem Verlangen* (2) *gemäß.*
ver|läp|pern ⟨sw. V.; hat⟩ (ugs.): **1. a)** *für unnütze Dinge nach u. nach ausgeben, vertun:* Geld, seine Zeit v.; **b)** ⟨v. + sich⟩ *für unnütze Dinge nach u. nach ausgegeben, vertan werden:* die Erbschaft verläpperte sich schnell. **2.** *sich in Kleinigkeiten erschöpfen:* ihr Schwung verläpperte zusehends; ... bis unser Racherausch immer in demselben Ausruf verläppert (Kinski, Erdbeermund 37).
◆ **ver|lar|ven** ⟨sw. V.; hat⟩: *[sich] verkleiden* (1): Ü ⟨meist im 2. Part.:⟩ Irgendein Ungeheuer von Geheimnis liegt in diesem Turme verlarvt (Schiller, Räuber V, 3 [Mannheimer Soufflierbuch]); ⟨subst. 2. Part.:⟩ Auch du bist eine Lügnerin, eine Sophistin, eine Verlarvte! (C. F. Meyer, Page 149); ◆ **Ver|lar|vung,** die; -, -en: *Verkleidung:* Ü er erging sich ... freilich eher im Selbst- als im Zwiegespräche, über die Lüge, die Sophistik und die -en der frommen Väter (C. F. Meyer, Page 149).
ver|la|schen ⟨sw. V.; hat⟩ (Technik): *laschen* (a); **Ver|la|schung,** die; -, -en (Technik): *das Verlaschen.*
Ver|laß, der [mhd. verlāʒ = Hinterlassenschaft; Untätigkeit]: in der Verbindung **auf jmdn., etw. ist [kein] V.** *(auf jmdn., etw. kann man sich [nicht]* ¹*verlassen):* es ist kein V. auf ihn; Aber auf ihn, in dieser Sache am allerwenigsten V. (Reich-Ranicki, Th. Mann 162); ... auf seine Geschmacksnerven war im Moment wenig V. (Kronauer, Bogenschütze 162); Viele ... haben Säcke Kartoffeln oder Zuckerrüben bei sich. Demnach – wenn auf Zuckerrüben V. ist - fahren sie nicht in den Frühling hinein, sondern Sankt Martin entgegen (Grass, Hundejahre 444); ¹**ver|las|sen** ⟨st. V.; hat⟩ [mhd. verlāʒen, ahd. farlāʒan = loslassen; fahrenlassen; entlassen; preisgeben; erlassen, verzeihen; anordnen; zulassen; überlassen, übergeben, übriglassen, hinterlassen; unterlassen]: **1.** ⟨v. + sich⟩ *bestimmte Erwartungen, Hoffnungen in jmdn., etw. setzen in bezug auf etw.* (z. B. das Gelingen): sich auf seine Freunde v.; auf ihn kann ich mich hundertprozentig v.; man kann sich [nicht] auf ihn v. *(er ist*

[nicht] zuverlässig); du solltest dich nicht immer auf andere v. [sondern selbst etwas unternehmen]; sich auf sein Glück v.; du kannst auf sein Urteil v. *(er hat ein sicheres Urteil);* du kannst dich darauf v., daß sie kommt, daß alles geregelt wird; ich werde ihm diese Gemeinheit heimzahlen, darauf kannst du dich v./worauf du dich v. kannst *(da kannst du sicher sein)*! **2.** *weg-, fortgehen von, aus etw., sich von einem Ort entfernen:* die Heimat, ein Land v.; eine Party früh v.; das Zimmer, den Raum, Saal, das Geschäft v.; seinen Platz, sein Versteck v.; er hat das, Haus, die Firma um 7 Uhr verlassen; sie mußten das Hotel, die Stadt Hals über Kopf v.; Wir geben ihm etwas zu trinken, aber er ist nicht zu bewegen, den Tisch zu v. (Remarque, Obelisk 190); Er besteigt einen Waggon des Zuges, der kurz darauf die Station verläßt (Sobota, Minus-Mann 35); verlassen Sie sofort meine Wohnung!; einige Tage später ... verließ ich Pisa und begab mich unverzüglich nach Rom (Jens, Mann 111); Und Josefine verließ diesen Beichtstuhl ohne Absolution (Alexander, Jungfrau 328); er verließ fluchtartig das Lokal; Als die Besatzung das Boot verlassen hatte, ging T. nochmal an Bord (Ott, Haie 338); er hatte die Schule ohne Abschlußprüfung verlassen *(war ohne Abschlußprüfung von der Schule abgegangen);* sie konnte heute erstmals das Bett v. *(aufstehen);* die letzten Cabrios verließen das Werk *(wurden ausgeliefert);* das Haus war verlassen *(stand leer);* ein verlassenes *(herrenlos zurückgelassenes)* Fahrzeug; Der Täter flüchtete in einem gestohlenen Auto, das kurze Zeit später verlassen aufgefunden wurde (MM 29./30. 3. 80, 1); Er war ... in einem außerhalb der Saison verlassenen *(nicht bewohnten)* Villenviertel unterwegs (Tages Anzeiger 12. 11. 91, 12); ⟨subst.:⟩ Anfang Juli wurde das Strafmaß für ... eigenmächtiges Verlassen des Dienstes erheblich verschärft (Leonhard, Revolution 63); Ü wir verlassen jetzt dieses Thema; hat nun der Staatspräsident Frankreichs als erster diesen Standpunkt verlassen (Dönhoff, Ära 154); Man hat wohl den Eindruck, ... daß auch in Sitte und Erziehung vielfach die alten Bahnen verlassen worden waren (Thieß, Reich 67). **3.** *sich von jmdm., dem man nahegestanden hat, mit dem man in gewisser Weise verbunden ist, trennen:* seine Familie, Frau und Kind v.; Seine Gefährtin verließ ihn für einen anderen (Strauß, Niemand 50); Warum hatte Thomas Mann ... Bermann Fischer und seinen Verlag doch nie verlassen? (Reich-Ranicki, Th. Mann 19); jmdn., der in Not ist, v.; unser treusorgender Vater hat uns für immer verlassen (verhüll.; *ist gestorben);* ⟨im 2. Part.:⟩ sie fühlte sich ganz verlassen *(allein u. hilflos);* R und da/ dann verließen sie ihn (ugs.; *ich, er weiß nicht mehr weiter);* Ü alle Kräfte verließen ihn; Der Zorn verließ ihn auch während der folgenden Tage nicht gänzlich (Bergengruen, Feuerprobe 41); der Mut, alle Hoffnung hatte mich verlassen; ... die Gewißheit, daß es gut sei, hatte

ihn nicht einen Augenblick verlassen (Schnabel, Marmor 11); dann verließ ihn die Besinnung *(wurde er ohnmächtig).*
◆ **4. a)** *hinterlassen* (1 b): Mich schreckt der Name nur, den ich verlasse, ein göttlich Erbteil meinen Kindern (Schiller, Phädra III, 3); **b)** *zurücklassen:* Doch eines ... ist es, was mich kümmert, die Braut verließ ich unter fremdem Schutz (Schiller, Braut v. Messina 1689 f.); ²**ver|las|sen** ⟨Adj.⟩: *in unangenehm empfundener Weise ohne jedes Leben, ohne Lebendigkeit u. daher trostlos-öde wirkend:* eine -e Gegend; **Ver|las|sen|heit,** die; -: *das Verlassensein:* Die V., die mich umgibt, ist undurchdringlich (Fels, Kanakenfauna 122); Das alte Gefühl von Trauer und V. ... überkam ihn von neuem (Jens, Mann 62); **Ver|las|sen|schaft,** die; -, -en (österr., schweiz., sonst veraltet): *Nachlaß, Erbschaft:* Wer auf die V. Anspruch erheben will, hat das binnen sechs Monaten ... dem Gericht mitzuteilen und sein Erbrecht nachzuweisen (Tiroler Tageszeitung 30. 4. 87, 14); In seiner Firma ... kaufte und verkaufte Poscher alten Schmuck, -en oder auch einmal Flüchtlingshabe (Basta 6, 1984, 41); ◆ Diese Briefe, Sire, enthalten die V. des Marquis von Posa an Prinz Karl (Schiller, Don Carlos V, 9); **Ver|las|sen|schafts|ab|hand|lung,** die (österr. Amtsspr.): *Erbschaftsauseinandersetzung;* **ver|läs|sig** ⟨Adj.⟩ (veraltet): *verläßlich;* **ver|läs|si|gen,** ⟨sw. V.; hat⟩ (landsch.): *sich vergewissern;* **ver|läß|lich** ⟨Adj.⟩: *zuverlässig:* ein -er Freund; aus -er Quelle haben wir erfahren, daß ...; -e Daten, Informationen; ... die Geschäftstreibenden, weil sie -e Autos benötigen (Presse 23. 2. 79, 17); er steht auf -em *(sicherem)* Boden und hat gut reden (Meckel, Suchbild 166); der Zeuge gilt als v.; **Ver|läß|lich|keit,** die; -: *das Verläßlichsein.*
ver|lä|stern ⟨sw. V.; hat⟩: *in bösartig-grober Weise verleumden:* So einer wie der, der uns vom Westen her verlästert, unsere Mühen, unsere Errungenschaften (Heym, Nachruf 802); Diese so verlästerte deutsche Objektivität (NJW 19, 1984, 1084); **Ver|lä|ste|rung,** die; -, -en: *das Verlästern; verlästernde Äußerung.*
ver|lat|schen ⟨sw. V.; hat⟩ (ugs.): *(von Schuhen) bei längerem Tragen aus der Form bringen:* seine Schuhe v.; Durch die Drehung war er aus seinen verlatschten Pantinen gerutscht (Bieler, Bär 278).
Ver|laub, der in der Verbindung **mit V.** (geh.; *wenn Sie gestatten; wenn es erlaubt ist;* zu veraltet verlauben = erlauben; vgl. mniederd. mit vorlöve = mit Erlaubnis, zu: verloven = erlauben, genehmigen, Nebenf. von ↑ erlauben]: das ist mir, mit V. [gesagt, zu sagen], zu langweilig; Ein Langweiler ist dieser Porträtist nie. Aber vielleicht, mit V., ein Schaumschläger? (Reich-Ranicki, Th. Mann 135); Denn mit V. gesagt, er scheint mir betrunken (Frisch, Cruz 29); Schließlich knöpfte ich mit V. meine Weste auf (Th. Mann, Krull 185).
Ver|lau|bung, die; -, -en (Bot.): *Frondeszenz.*
Ver|lauf, der; -[e]s, Verläufe: **1.** *Richtung, in der etw. verläuft* (1); *Art, in der sich etw.*

verlaufen

erstreckt: der V. einer Straße; den V. einer Grenze festlegen; Den V. der Front ersah Sellmann aus dem Benehmen des Portiers, der seit der Einnahme Brünns nicht mehr den rechten Arm ausstreckte (Bieler, Mädchenkrieg 447). **2.** *das Verlaufen* (2): der V. einer Krankheit; den V. einer Feier, einer Reise, der Kampfhandlungen schildern; die Ereignisse nahmen einen guten V.; den weiteren V. der Entwicklung abwarten; Warum nimmt das Ganze einen so katastrophalen V.? (H. Weber, Einzug 310); Der Herzbeutel hatte sich mit Blut gefüllt. Dies gehörte zum üblichen V. bei Herzwunden (Thorwald, Chirurgen 308); im V. *(während)* der Diskussion, der Debatte; im V. *(innerhalb)* eines Jahres/von einem Jahr; Gertie Baetge hatte sich im V. *(während)* der Nacht in Lübeck der Polizei gestellt (Prodöhl, Tod 91); man trifft auf so viele Menschenseelen im V. eines Lebens (Mayröcker, Herzzerreißende 103); Lorenzi ... desertierte jedoch, weil er einen Vorgesetzten im -e eines heftigen Streits getötet hatte (Jens, Mann 101); er ist mit dem V. der Kur zufrieden; nach V. einiger Tage; Der Küchenunteroffizier war über den V. dieses Telefongesprächs wenig erfreut (Kirst, 08/15, 184); **ver|lau|fen** ⟨st. V.⟩ [mhd. verloufen, ahd. farhloufan = vorüberlaufen]: **1.** *in eine Richtung führen; sich in eine Richtung erstrecken* ⟨ist⟩: die beiden Linien verlaufen parallel; die Straße verläuft schnurgerade; der Weg verläuft entlang der Grenze, den Bach entlang; Niemand weiß, wo die Front genau verläuft (Plievier, Stalingrad 142); Das Seltsame an dieser Felswand ... waren die quer über ihre gesamte Ausdehnung verlaufenden Vorsprünge, Gesimse, Balkone (Ransmayr, Welt 159); Dieses ... Gelände war von einem ... in weitem Bogen verlaufenden Erdwulst umgeben (Plievier, Stalingrad 204); ... und über dem rechten Auge, zackig ins Haar verlaufend, die lange Narbe (Remarque, Triomphe 13); ... wo sie (= Wangen) die ohnehin tief gewordenen, zum Mund verlaufenden Falten noch tiefer machen (Stern, Mann 14). **2.** *in bestimmter Weise (bis zum Ende) vonstatten gehen, ablaufen* ⟨ist⟩: die Feier verlief harmonisch; der Tag, die Woche, Nacht verlief ruhig; Der gemeinsame Imbiß verlief etwas gespannt (natur 2, 1991, 104); der Test, die Prüfung, Generalprobe ist glänzend verlaufen; es verlief alles nach Wunsch, ohne Zwischenfall; es ist alles gut, glatt, glücklich verlaufen; ihre Krankheit verlief normal, tödlich; die Untersuchung ist ergebnislos verlaufen; daß die Verhandlungen mit den Männern ... so glimpflich verliefen (Klepper, Kahn 75); Das Gespräch, unter vier Augen natürlich, war so recht nach seinem Geschmack verlaufen (Weber, Tote 112); ... das sogenannte normal verlaufende Leben, das der Gesunden und Unbelasteten, ... ob das normal ist, bleibt die Frage (Gaiser, Schlußball 16). **3.** *zerlaufen* ⟨ist⟩: die Butter ist verlaufen; In einer ... Pfanne etwa 20 g Butterschmalz erhitzen, ... 2 Schöpfkellen Teig darin v. lassen und ... goldgelb braten (e & t 6, 1987, 38). **4.** *(in bezug auf farbige Flüssigkeit) konturlos auseinanderfließen* ⟨ist⟩: die Tinte, die Schrift verläuft auf dem schlechten Papier; die Schrift ist völlig verlaufen; die Wimperntusche, Schminke war verlaufen. **5.** *irgendwohin führen o. ä. u. schließlich nicht mehr zu sehen, zu finden sein, sich in etw. verlieren* ⟨ist⟩: die Spur verlief im Sand; ⟨auch v. + sich; hat:⟩ der Weg verläuft sich im Gestrüpp; Ein verlorenes Dorf, mit einer staubigen Straße, die sich in Wald und Öde verlief (Wiechert, Jerominkinder 33). **6.** ⟨v. + sich⟩ *zu Fuß irgendwohin gehen u. sich dabei verirren* ⟨hat⟩: die Kinder haben sich [im Wald] verlaufen; der Park war so groß, daß man sich darin v. konnte; Sie ... vermochten Hinweise zu geben, welche Richtung ein verlaufenes Schaf eingeschlagen ... (Th. Mann, Joseph 253); Ü Sozialarbeiter verlaufen sich selten in die Wandererfürsorge (Klee, Pennbrüder 114). **7.** ⟨v. + sich; hat⟩ **a)** *(in bezug auf eine Menschenansammlung) auseinandergehen:* die Menschenmenge hat sich verlaufen; Nach diesem letzten Dienst verlief sich das Gesinde (Ransmayr, Welt 36); die Neugierigen verliefen sich nach einiger Zeit; wegen seiner Krankheit habe sich ein Teil der Kundschaft verlaufen *(ist nach u. nach weggeblieben);* **b)** *abfließen* (1 b): es dauerte lange, bis sich das Hochwasser verlaufen hatte; **Ver|lauf|mit|tel,** das: *Zusatz in Farben, Lacken o. ä., der deren Verlaufen* (3) *u. die Ausbildung von glatten Anstrichen fördert;* **Ver|laufs|form,** die ⟨Sprachw.⟩: *(bes. in der englischen Sprache übliche) sprachliche Fügung, die angibt, daß eine Handlung, ein Geschehen gerade abläuft.*

ver|lau|sen ⟨sw. V.⟩: **1.** *von Läusen befallen werden* ⟨ist⟩: ⟨meist im 2. Part.:⟩ er war völlig verlaust; Ihre Bärte sind verlaust, ihre Haut ... mit Schuppen bedeckt (Seghers, Transit 87); verlauste Pflanzen; Auf dem Basar treibt sich so viel verlaustes Gesindel rum (Hilsenrath, Nacht 129). **2.** *(seltener) Läuse auf jmdn., etw. bringen* ⟨hat⟩: eine Baracke v.; **Ver|lau|sung,** die; -, -en: *das Verlausen, Verlaustsein.*

ver|laut|ba|ren ⟨sw. V.⟩ [mhd. verlûtbæren]: **1.** *[amtlich] bekanntmachen, bekanntgeben* ⟨hat⟩: er ließ v. , daß ...; verlautbaren wir am Sender, falls es einmal anders kommt ...? (Heym, Nachruf 326); Sie hatte den Eindruck, er verlautbare bare Kommuniqués der Autoindustrie (natur 6, 1991, 35); über den Stand der Untersuchungen wurde noch nichts verlautbart. **2.** *(geh.) bekanntwerden* ⟨ist⟩: ein ... Vorkommnis, ... worüber auch sonst in der Residenz fast nichts verlautbarte (Th. Mann, Hoheit 64); ⟨auch unpers.:⟩ es verlautbarte *(hieß, wurde erzählt),* der Staatschef sei erkrankt; **Ver|laut|ba|rung,** die; -, -en: **1.** *das Verlautbaren, Verlautbartwerden.* **2.** *etw. Verlautbartes;* **ver|lau|ten** ⟨sw. V.⟩ [mhd. verlüten]: **1.** *bekanntgeben, äußern* ⟨hat⟩: der Ausschuß hat noch nichts verlautet; Der Bremser ... hütete sich, ein Wort davon zu v. (A. Zweig, Grischa 34); Wenn er also verlautet, daß er Hunger habe und deshalb in ein Restaurant wolle, sagt sie, daß ... (Spiegel 21, 1975, 144). **2.** *bekanntwerden; an die Öffentlichkeit dringen* ⟨ist⟩: wie verlautet, kam es zu Zwischenfällen; Über Lori verlautete gar nichts. Sie ... schrieb nur an Daphne Tag für Tag trostlose Briefe (A. Kolb, Daphne 177); aus amtlicher Quelle verlautet, daß ...; ⟨auch unpers.:⟩ es verlautete *(hieß),* daß er verunglückt sei.

ver|lea|sen ⟨sw. V.; hat⟩ [↑leasen]: *ein [Investitionsgut] zur Nutzung vermieten, verpachten:* Autos v.; Tupolews ... an die sowjetische Aeroflot v. (Spiegel 16, 1991, 140); Die amerikanische Firma Bell Telephone Company verkaufte ihre Geräte nicht mehr, sondern verleaste sie (Frankfurter Rundschau 14. 10. 87, Beilage Leasing).

ver|le|ben ⟨sw. V.; hat⟩ /vgl. verlebt/ [mhd. verleben = überleben; ableben, verwelken]: **1.** *während eines bestimmten Zeitabschnitts irgendwo sein u. dabei die Geschehnisse in bestimmter Weise, Form erleben:* seine Kindheit auf dem Land, bei den Großeltern v.; ... und ich wollte diese eine Woche Urlaub, so ruhig wie möglich v. (Lederer, Bring 106); er hat das Fest im Kreise seiner Familie verlebt; wir haben viele frohe Stunden [miteinander] verlebt; die in Rom verlebten Jahre. **2.** *(ugs.) zum Lebensunterhalt verbrauchen:* er hat sein ganzes Erbe verlebt; ... im übrigen verdiente es (= das Ehepaar) wenig und verlebte viel (Mostar, Unschuldig 99); Ü Jetzt ist mein Leben fast verlebt *(zu Ende),* und ich habe die Peinlichkeit nicht vergessen (Strittmatter, Der Laden 588); **ver|le|ben|di|gen** ⟨sw. V.; hat⟩: **1.** *anschaulich, lebendig machen:* dieser Roman verlebendigt die Zeit nach 1945. **2.** *mit Leben erfüllen:* der Maler verlebendigte die Person in diesem Bild; Als ströme frische Luft in seinen schlaffen Leib, so straffte der sich, der ganze Mann erblühte, verlebendigte und verjüngte sich (Zwerenz, Quadriga 194); **Ver|le|ben|di|gung,** die; -, -en: *das Verlebendigen;* **ver|lebt** ⟨Adj.; -er, -este⟩: *sichtbare Spuren einer ausschweifenden Lebensweise aufweisend:* ein -es Gesicht; er sieht v. aus; **Ver|lebt|heit,** die; -: *das Verlebtsein.*

◆ **ver|le|chen** ⟨sw. V.; hat⟩ [mhd. verlechen, zu: lechen = austrocknen, verw. mit ↑leck]: *durch Austrocknung u. Hitze rissig werden:* und der ganze Kerl vor Gottes Angesicht steht wie ein verlechter Eimer (Goethe, Werther II, 3. November).

¹**ver|le|gen** ⟨sw. V.; hat⟩ [mhd. verlegen, ahd. ferlegen, 7: urspr. = Geld (für die Druckkosten eines Buches) vorlegen, vorstrecken]: **1.** *an eine andere als sonst übliche Stelle legen u. deshalb nicht wiederfinden:* den Schlüssel, die Fahrzeugpapiere, die Brille v.; ich habe meinen Schirm verlegt; Ein verlegter Totozettel und die Folgen (Hörzu 18, 1981, 65). **2.** *etw., wofür ein bestimmter Zeitpunkt bereits vorgesehen war, auf einen anderen Zeitpunkt legen:* eine Tagung, einen Termin v.; die Premiere, Veranstaltung ist [auf nächste Woche] verlegt worden. **3.** *jmdn., etw. von einem bisher innegehabten*

Ort an einen anderen Ort legen: eine Haltestelle v.; den Wohnsitz aufs Land v.; Die Front wird verlegt, das ist alles! (Remarque, Funke 224); die Hauptverwaltung wurde in eine andere Stadt verlegt; den Patienten auf eine andere Station v.; Nach rund dreiwöchiger Haft verlegte man mich in eine Zelle dieses Gebäudes (Niekisch, Leben 291); sein Darmausgang wurde verlegt; Ü der Dichter verlegt die Handlung nach Mailand, ins 18. Jahrhundert; ... und die Geschichtsschreibung ... verlegt den Mord, den er an seinem um zwei Jahre jüngeren Bruder verübte, in sein siebzehntes Lebensjahr (Brecht, Geschichten 30). **4.** *(Fachspr.) legen (4):* Gleise, Rohre, Kabel, Leitungen v.; Linoleum in der Küche v.; der Teppichboden muß noch verlegt werden; Als eines Tages in der Frankfurter Straße die Bürgersteige neu verlegt werden ... (Chotjewitz, Friede 51); ⟨subst.:⟩ das Verlegen einer Pipeline. **5.** *versperren* (1 a), *blockieren* (2 a): jmdm. den Weg, den Zugang v.; Den Truppen war der Rückzug *(der Weg für den Rückzug)* verlegt; Ü jmdm. den Appetit v. **6.** ⟨v. + sich⟩ *sich legen* (7): sich auf ein bestimmtes Fachgebiet v.; er hat sich auf den Handel mit Gebrauchtwagen verlegt; sie verlegte sich auf Bitten, Leugnen; Und wenn Sie sich auf juristische Spitzfindigkeiten v. wollen ... (Goetz, Prätorius 40); ... verlegte sich der Kommissär vom Deutschen wieder aufs Tschechische und redete Djudko an (Bieler, Mädchenkrieg 164). **7.** *(von einem Verlag) herausbringen, veröffentlichen:* einen Roman v.; seine Werke werden bei Faber & Faber verlegt; dieses Haus verlegt Bücher, Musikwerke, Zeitschriften; ... als Inhaber der Cotta'schen Buchhandlung, die auch Goethe verlegte (W. Schneider, Sieger 464); ²ver|le|gen ⟨Adj.⟩ [mhd. verlegen, eigtl. adj. 2. Part. von: verligen = durch langes Liegen Schaden nehmen od. träge werden; Bedeutungsentwicklung von „untätig" über „unschlüssig, ratlos" zur heutigen Bed.]: **1.** *in einer peinlichen, unangenehmen Situation nicht so recht wissend, wie man sich verhalten soll; Unsicherheit u. eine Art von Hilflosigkeit ausdrückend:* ein -er kleiner Junge; ein -er Blick; ein -es Lächeln; er entstand eine -e Pause, ein -es Schweigen; sie war, wurde ganz v.; Die Begegnung machte uns beide v. (Grass, Katz 127); v. lächeln, dastehen; er räusperte sich v. **2. * um etw. v. sein** *(etw. nicht zur Verfügung haben, es benötigen, brauchen):* er ist immer um Geld v.; ... als ihr um ein Nachtlager v. wart (Brecht, Mensch 109); ⟨auch attr.:⟩ Uns um eine Hauptstadt **-en** Deutschen ... (Wohmann, Absicht 121); **nicht/nie um etw. v. sein** *(immer etw. als Entgegnung bereit haben):* sie ist nie um eine Antwort, eine Ausrede, eine Antwort v. ◆ **3.** *unschlüssig, untätig:* Mergel war und blieb ein -er und zuletzt ziemlich armseliger Witwer (Droste- Hülshoff, Judenbuche 8); **Ver|le|gen|heit,** die; -, -en [mhd. verlegenheit = schimpfliche Untätigkeit]: **1.** ⟨o. Pl.⟩ *durch Befangenheit, Verwirrung verursachte Unsicherheit, durch die man nicht weiß, wie man sich verhalten soll:*

seine V. verbergen; sie brachte ihn mit ihren Fragen in V.; Ein einziges Wort kann mich in die ungeheuerste und stürmischste V. setzen (R. Walser, Gehülfe 116); ... und als ich ihn daran erinnerte, ... geriet er ein wenig in V. (Reich-Ranicki, Th. Mann 93); vor V. rot werden; er steckt vor lauter V. die Hände in die Hosentasche (Spoerl, Maulkorb 133); Geträumt, er erzähle mir eine der größten V. englische Witze, deren Pointen ich nicht verstehe (Gregor-Dellin, Traumbuch 99). **2.** *Unannehmlichkeit (als Befindlichkeit); unangenehme, schwierige Lage:* jmdm. -en bereiten; Ich ... habe nur auf einen Wink gewartet, mich nach der Art Ihrer -en mit Teilnahme erkundigen zu dürfen (Th. Mann, Krull 274); jmdm. aus einer V. helfen; sich mit etw. aus der V. ziehen; in großer finanzieller V. sein; Aber das düstre Bedauern kam nur aus der Zwicklage, in der sie staken und einer dieser Gefangenschaften und ausweglosen -en, wie sie das Leben erzeugt (Th. Mann, Joseph 596); ich werde zahlen, falls ich in diese V. (*in diese Lage*) komme; **Ver|le|gen|heits|ge|schenk,** das: *Geschenk, das jmd. nur ausgesucht hat, weil ihm nichts Besseres eingefallen ist od. er das Geeignete nicht gefunden hat;* **Ver|le|gen|heits|lö|sung,** die: *Notlösung:* Achim Rohde ... als Spitzenkandidat ... ist für die Freidemokraten nur eine V. (Spiegel 43, 1984, 43); **Ver|le|gen|heits|mann|schaft,** die (Ballspiele): *Mannschaft, die nicht in der vorgesehenen Aufstellung antritt, sondern umbesetzt werden mußte;* **Ver|le|gen|heits|pau|se,** die: *während eines Gespräches o. ä. aus Verlegenheit* (1) *entstehende Pause:* nach der Begrüßung entstand eine kleine V.; **Ver|le|ger,** der; -s, -: **1.** *jmd., der Bücher usw. verlegt* (7): Der V. erklärte sich bereit, das Manuskript zu übernehmen (Bergengruen, Rittmeisterin 330). **2.** *Kaufmann, Unternehmer im Verlagssystem;* **Ver|le|ge|rin,** die; -, -nen: w. Form zu ↑ Verleger; **ver|le|ge|risch** ⟨Adj.⟩: *den Verleger* (1) *betreffend, zu ihm gehörend:* -e Tätigkeit, Erfolge; **Ver|le|ge|rzei|chen,** das; -s, -: *Druckerzeichen;* **Ver|le|gung,** die; -, -en: *das* ¹*Verlegen* (2-5). **ver|lei|den** ⟨sw. V.; hat⟩ [mhd. verleiden, ahd. farleidōn, -ōn ↑ leid]: *bewirken, daß jmd. an etw. keine Freude mehr hat:* jmdm. den Urlaub v.; seine schlechte Laune hat mir den ganzen Abend verleidet; Die Pflanze produziert nunmehr das „BT-Toxin", das hungrigen Raupen den Fraß verleidet (natur 2, 1991, 91); Daß er nicht schwindelfrei war, verleidete ihm den Beruf (Fels, Unding 17); Das Lehen wurde einem verleidet, weil immer wieder alles schmutzig wurde (Springer, Was 12); ... und ihr Zuhause war ihr plötzlich fürchterlich verleidet (A. Kolb, Daphne 140); **Ver|lei|der,** der; -s, - (schweiz. mundartl.): *Überdruß:* er hat den V. bekommen *(ist der Sache überdrüssig geworden);* **Ver|lei|dung,** die; -: *das Verleiden.* **Ver|leih,** der; -[e]s, -e. **1.** ⟨o. Pl.⟩ *das Verleihen* (1): der V. von Fahrrädern; ... besonders stabile, extra für den V. angefertigte Vogelscheuchen (Grass, Hundejahre 59).

2. *Firma o. ä., die etw. gegen Bezahlung verleiht* (1): ein V. für Strandkörbe; ... mit amerikanischen Produktionsfirmen, ... deren Filme er in seinen V. übernahm (Gregor, Film 158); **ver|lei|hen** ⟨st. V.; hat⟩ [mhd. verlīhen, ahd. farlīhan]: **1.** *[gegen Gebühr] etw. vorübergehend weggeben, um es jmdm. zur Verfügung zu stellen:* Boote, Strandkörbe, Fahrräder, Videokassetten v.; ich verleihe meine Bücher nicht gerne; die Bank verleiht Geld an ihre Kunden; ... wenn sie Fischkutter verliehen, verlieh er besonders stabile ... Vogelscheuchen (Grass, Hundejahre 59). **2.** *jmdm. etw. überreichen u. ihn damit auszeichnen:* jmdm. einen Orden, einen Titel, einen Preis, ein Amt v.; ihm wurden die Ehrenbürgerrechte seiner Heimatstadt verliehen; Ü Die Gabe des Schauens, sie war mir verliehen (Th. Mann, Krull 97); ich verkniff mir großzügig, was allerlei Spitznamen wie Oboe, Krake oder Gottesanbeterin zu v. (Borchert, Draußen 105). **3.** *bewirken, daß jmd., etw. mit etw. (Besonderem) ausgestattet wird; geben, verschaffen:* seinen Worten Nachdruck v.; Was den Charme seiner Prosa ausmacht und was ihr einen unvergleichlichen Reiz verleiht ... (Reich-Ranicki, Th. Mann 33); Die Wut verlieh ihm neue Kräfte; daß die Verzerrung ins Längliche meinem Profil gewissermaßen einen aristokratischen Anstrich verleiht (Hausmann, Salut 99); Solch ein mutiges Eintreten für Recht und Gesetz verlieh ihm Autorität (Prodöhl, Tod 178); **Ver|lei|her,** der; -s, -: *jmd., der etw. verleiht* (1); **Ver|lei|he|rin,** die; -, -nen: w. Form zu ↑ Verleiher; **Ver|lei|hung,** die; -, -en: **1.** *das Verleihen* (1, 2). **2.** *Akt des Verleihens* (2); **Ver|lei|hungs|ur|kun|de,** die: *bei der Verleihung* (2) *einer Auszeichnung, eines Ordens o. ä. überreichte Urkunde.*

ver|lei|men ⟨sw. V.; hat⟩: *mit Leim zusammenfügen;* **Ver|lei|mung,** die; -, -en: **1.** *das Verleimen.* **2.** *verleimte Stelle.*

ver|lei|ten ⟨sw. V.; hat⟩ [mhd. verleiten, ahd. farleitan]: *jmdn. dazu bringen, etw. zu tun, was er für unklug od. unerlaubt hält, was er von sich aus nicht getan hätte:* jmdn. zum Trinken, zum Spiel v.; du verleitest ja die Kinder schon jetzt zur Heimlichkeit (Augsburger Allgemeine 11./12. 2. 78, IV); ich ließ mich zu einer unvorsichtigen Äußerung v.; Dies könne die Israelis zu einer militärischen Aktion v. (Saarbr. Zeitung 27. 12. 79, 2); ... als verleite *(verführe)* sie die Ehefrau (Th. Mann, Joseph 267); Ü das schöne Wetter verleitete uns zu einem Spaziergang.

ver|leit|ge|ben ⟨st. V.; hat⟩ [spätmhd. virlitgeben, zu ↑ Leitgeb] (landsch. veraltet): *Bier, Wein ausschenken.*

Ver|lei|tung, die; -, -en: *das Verleiten.*

◆ **ver|len|ken** ⟨sw. V.; hat⟩: *in die falsche Richtung lenken:* Die Ergießung eines Herzens zu so u., die, sich selbst gelassen, ganz andre Wege nehmen würde (Lessing, Nathan III, 10).

ver|ler|nen ⟨sw. V.; hat⟩ [mhd. verlernen]: *(etw., was man gekonnt hat) immer weniger, schließlich nicht mehr können:* sein Latein v.; Radfahren verlernt man nicht; ich hatte es längst verlernt, an Zufälle zu glauben (Jens, Mann 91); Ü sie hat das Lachen verlernt *(lacht nicht mehr);* ... könne die verlernte weibliche Solidarität wieder geübt und ... praktiziert werden (Grass, Butt 279); ⟨auch v. + sich:⟩ die Angst verlernt sich nicht so rasch (Rinser, Mitte 84).

♦ **Ver|les**, der; -es, -e [zu: verlesen = laut, feierlich vorlesen]: *(in landsch. Sprachgebrauch) Appell* (2): Franz? Komm herein! - Kann nit. Muß zum V. (Büchner, Woyzeck [Die Stadt]); **¹ver|le|sen** ⟨st. V.; hat⟩ [mhd. verlesen]: **1.** *etw. Amtliches, was der Öffentlichkeit zur Kenntnis gebracht werden soll, durch Lesen bekanntmachen, bekanntgeben:* einen Text, eine Anordnung, einen Aufruf v.; Jetzt verliest jemand die Personalien von Gantenbein, die ich zu bestätigen habe (Frisch, Gantenbein 424); Die Tochter des Richters hat ... Auszüge aus den Erklärungen v. können (MM 13. 1. 81, 1); die Liste der Preisträger wurde verlesen; Er verlas ihm noch einmal seine Versetzung zur 6. Armee (Plievier, Stalingrad 101); ⟨subst.:⟩ ... dann begann ein Sprecher mit dem Verlesen der Nachrichten (Rolf Schneider, November 135). **2.** ⟨v. + sich⟩ *nicht richtig, nicht so, wie es im Text steht, lesen; falsch lesen:* du mußt dich verlesen haben; **²ver|le|sen** ⟨st. V.; hat⟩: ²*lesen* (b): Spinat, Himbeeren, Erbsen v.; Inzwischen Basilikum und Kerbel v., unter fließendem Wasser kurz abspülen (e&t 5, 1987, 42); nachlässig geschälte oder schlecht verlesene Früchte (DM 5, 1966, 25); **Ver|le|sung**, die; -, -en: *das* ¹*Verlesen* (1).

ver|letz|bar ⟨Adj.⟩: *leicht zu verletzen* (2), *zu kränken:* er ist ein weicher, -er Mensch; **Ver|letz|bar|keit**, die; -: *das Verletzbarsein:* Ich dachte über die V. des Liebenden nach (H. Weber, Einzug 226); **ver|let|zen** ⟨sw. V.; hat⟩ [mhd. verletzen, zu ↑letzen]: **1.** *durch Stoß, Schlag, Fall o. ä. so beeinträchtigen, daß eine Stelle nicht mehr intakt, unversehrt ist:* einen Menschen, sich v.; ich habe mich mit der Schere, beim Holzhacken verletzt; bei dem Unfall wurde er lebensgefährlich verletzt; ich habe mich am Kopf verletzt; ich habe mir das Bein verletzt; sie war schwer, leicht verletzt; ... er ... schien aber tüchtig verletzt zu sein, wenigstens floß Blut aus dem Munde (Hesse, Steppenwolf 218); Ü Ein Ausspruch, der mich getroffen hat wie ein Messer, ist überhaupt nie gefallen; alle bezeugen es, Ich verletze mich an einem Wahn (Frisch, Montauk 140); Ein freundlicher heller Raum mit lustiger, leider an einigen Stellen durch verirrte Gewehrkugeln verletzter Tapete (Grass, Blechtrommel 275). **2.** *jmdn. durch etw. kränken:* jmdn., jmds. Gefühle v.; seine Bemerkung hat sie tief verletzt; sie fühlte sich in ihrer Ehre verletzt; Es verletzt die Würde, sich zuzugeben, daß man mißhandelt worden ist (Domin, Paradies 126); Wenn jemand, den sie liebt, an sich selber spart, so verletzt es ihre Liebe (Frisch, Montauk 182); ⟨oft im Part.:⟩ Sollte er besser gleich umkehren, nach dieser verletzend kameradschaftlichen Vertraulichkeit? (Kronauer, Bogenschütze 411); verletzende Worte; sich in verletzender Form äußern; verletzter Stolz, verletzte Eitelkeit, verletzte Eigenliebe; in seiner Ehre verletzt sein; verletzt schweigen. **3. a)** *gegen etw. verstoßen:* ein Gesetz, ein Abkommen, das Briefgeheimnis v.; den Anstand v.; dieses Bild verletzt den guten Geschmack, meinen Schönheitssinn; ... ich darf doch nicht die einfachsten Regeln der Gastfreundschaft v. (Bieler, Bonifaz 165); Aufgabe des Gerichts ist es, zu klären, ... ob Regierungsrat Brombach ... seine „Verschwiegenheitspflicht" durch Weitergabe von Informationen verletzt hat (Dönhoff, Ära 38); Lafontaines quirlige Intelligenz verletzte die Spielregeln (natur 10, 1991, 41); Herr Müller unterstellt den Ärzten maßlose Forderungen ... nach den leidenden Mitmenschen zu bereichern und damit ihre ärztlichen Ideale zu v. (Freie Presse 14. 2. 90, 5); **b)** *illegal überschreiten, in etw. eindringen:* die Grenzen eines Landes, den Luftraum eines Staates v.; **Ver|let|zer**, der; -s, -: *jmd., der etw. verletzt* (3 a): Um nicht allein als V. des Völkerrechts zu gelten ... (Konzelmann, Allah 219); Es gibt reißende Wölfe, die ... sich ... als weit grausamere V. jedes menschlichen Rechtes entpuppen (Report 21, 1977, 1); **Ver|let|ze|rin**, die; -, -nen: w. Form zu ↑ Verletzer; **ver|letz|lich** ⟨Adj.⟩: *sensibel u. daher leicht verletzbar; empfindlich:* ein leicht -er Mensch; ... schon weil sie von Kind auf innerlich zart und v. und schonungsbedürftig gewesen sei (Th. Mann, Hoheit 174); Ü Henry Kissinger gelang es ..., in Dreiecksgesprächen einen Waffenstillstand zu festigen (W. Brandt, Begegnungen 601); Der Basler Chemieunfall zeigt ..., wie v. die Industriegesellschaft ist (NZZ 21. 12. 86, 35); **Ver|letz|lich|keit**, die; -: *das Verletzlichsein;* **Ver|letz|te**, der u. die; -n, -n ⟨Dekl. ↑Abgeordnete⟩: *jmd., der verletzt* (1) *ist:* bei dem Unfall gab es einen Toten und zahlreiche V.; einen -n ins Krankenhaus fahren; **Ver|let|zung**, die; -, -en: **1.** *verletzte Stelle am, im Körper:* schwere, erhebliche -en erleiden, davontragen; er hat eine V. am Kopf; Er hatte in der ersten Nacht eine kleine V. zugezogen, die ihn schmerzte (Musil, Mann 1548); er wurde mit inneren -en ins Krankenhaus gebracht; sie ist den schweren -en erlegen; Auch das Attentat ... hatte er ... ohne weitere üble Folgen überstanden, abgesehen von der kleinen V. ..., von dem Hinken zwang (Feuchtwanger, Erfolg 654). **2.** *das Verletzen* (2): ... wenn ich durch eine V. meines Stolzes ... Aufwallungen eines Zorns verspüre (Stern, Mann 231). **3. a)** *das Verletzen* (3 a): eine V. des Abkommens, des Briefgeheimnisses; es könne keinen Zweifel geben, daß Indiens Vorgehen ... eine direkte V. der Charta der Vereinten Nationen ... sei (FAZ 30. 12. 61, 4); daß ... der Zeuge Ratzenberger sich einer vorsätzlichen oder fahrlässigen V. der Eidespflicht schuldig gemacht habe (Feuchtwanger, Erfolg 270); **b)** *das Verletzen* (3 b): die V. des bosnischen Luftraums; **ver|let|zungs|an|fäl|lig** ⟨Adj.⟩: *anfällig für Verletzungen:* Markus Ryffel hat sich in seiner ... Karriere als Spitzenläufer des öfteren schon als sehr v. erwiesen (NZZ 2. 9. 86, 33); **ver|let|zungs|be|dingt** ⟨Adj.⟩ (Sport): *durch eine Verletzung* (1) *bedingt:* Nach dem -en Fehlen des Titelverteidigers ... (Allgemeine Zeitung 6. 2. 85, 15); Da die WM-Teilnehmer von 1986 ... weiterhin v. pausieren ... (Freie Presse 23. 11. 87, 4); **Ver|let|zungs|ge|fahr**, die; -: *Gefahr, eine Verletzung* (1) *davonzutragen:* das Training in der Rhein-Neckar-Halle wurde wegen des Betonbodens, der große -en in sich birgt, abgesetzt (Kicker 6, 1982, 48); **Ver|let|zungs|ri|si|ko**, das: *Risiko, eine Verletzung* (1) *davonzutragen:* Kinder seien als Mitfahrer im Auto größeren Verletzungsrisiken ausgesetzt als Erwachsene (auto touring 2, 1979, 18).

ver|leug|nen ⟨sw. V.; hat⟩ [mhd. verlougen(en), ahd. farlougnen]: *sich nicht zu jmdm., etw. bekennen [sondern so tun, als ob man mit dem Betreffenden, damit nichts zu tun hätte]:* die Wahrheit, seine Ideale v.; Er verleugnete (leugnete) auch eine gewisse Ratlosigkeit nicht, die diesem ersten Schock gefolgt sei (Muschg, Gegenzauber 240); er kann seine Herkunft nicht v. *(man sieht, merkt ihm seine Herkunft an);* ein großer, schlanker Mann, der seine Vorfahren südlich der Alpen nicht v. konnte (Konsalik, Promenadendeck 20); er hat seine Eltern, Freunde verleugnet *(so getan, als ob es nicht seine Eltern, Freunde seien);* das läßt sich nicht *(das ist eine Tatsache, ist so);* es läßt sich nicht [länger] v. *(ist unumstößlich),* daß ...; sich [selbst] v. *(aus Rücksicht o. ä. anders handeln, als man sonst seinem Wesen gemäß handeln würde);* sich [am Telefon] v. lassen *(jmdn. sagen lassen, man sei nicht da);* Ü Meinen Einwand, daß die Neubauten ... die Lebensgewohnheiten der Insel verleugneten, ließ er nicht gelten (Fest, Im Gegenlicht 56); **Ver|leug|nung**, die; -, -en: *das Verleugnen.*

ver|leum|den ⟨sw. V.; hat⟩ [mhd. verliumden, zu: liumde, Nebenf. von: liumunt, ↑ Leumund]: *über jmdn. Unwahres verbreiten mit der Absicht, seinem Ansehen zu schaden; diffamieren:* jmdn. aus Haß, Neid v.; er ist böswillig [von den Nachbarn] verleumdet worden; Zehn Jahre später ... wurden die Männer des 20. Juli von der Presse der Sowjetzone verleumdet und beschimpft (Leonhard, Revolution 261); **Ver|leum|der**, der; -s, -: *jmd., der andere verleumdet:* Dagegen möchten wir, ohne als leichtfertige V. angesprochen zu werden, die Behauptung wagen, daß ... (Kisch, Reporter 361); **Ver|leum|de|rin**, die; -, -nen: w. Form zu ↑ Verleumder; **ver|leum|de|risch** ⟨Adj.⟩: **a)** *einer Verleumdung ähnlich, gleichkommend:* eine -e Behauptung; Daß Kellner ihre Gäste nur nach dem Maß der Trinkgelder abschätzen, ... ist eine weitverbreitete, aber nichtsdestoweniger -e Ansicht (Habe, Namen 28); **b)** *einem Verleumder ähnlich, gleichkommend:* ein -er Mensch; **Ver|leum|dung**, die; -, -en: *Äußerung, die jmdn. verleumdet; Diffamie* (2): eine niederträchtige, gemeine V.; Trotzdem geben sie Robespierre recht, ... weil er den gegen ihn umlaufenden -en nur noch mehr Nahrung gebe (Sieburg, Robespierre 217); **Ver|leum|dungs|feld|zug**, der: vgl. Verleumdungskampagne; **Ver|leum|dungs|kam|pa|gne**, die (oft emotional): *Kampagne* (1), *bei der Verleumdungen verbreitet werden;* **Ver|leum|dungs|kla|ge**, die: *Klage* (3) *gegen eine Verleumdung;* **Ver|leum|dungs|pro|zeß**, der: *Prozeß* (1), *der wegen einer Verleumdung geführt wird.*

ver|lie|ben, sich ⟨sw. V.; hat⟩: *von Liebe zu jmdm. ergriffen werden:* er verliebte sich [in sie, in ihre Augen]; Stefan K. war 16 Jahre alt, als er sich ... in einen jungen deutschen Soldaten verliebte (Forum 11, 1991, 131); ein verliebtes Mädchen, Pärchen; sie ist hoffnungslos, [un]sterblich, unglücklich, bis über beide Ohren verliebt; Er bezweifelte ... nicht einen Augenblick, daß seine buschbärtige Männlichkeit sie verliebt gemacht habe (Musil, Mann 1400); jmdm. verliebte Augen machen, verliebte Blicke zuwerfen *(durch Blicke zeigen, daß man ihn liebt);* Ü in dieses Bild bin ich geradezu verliebt; er ist ganz verliebt in seine Idee; Du warst vor allem verliebt in meine heimliche Angst (Frisch, Stiller 173); * **zum Verlieben sein/aussehen** (ugs.; ↑anbeißen 1); **Ver|lieb|te**, der u. die; -n, -n ⟨Dekl. ↑Abgeordnete⟩: *jmd., der sich verliebt hat;* **Ver|liebt|heit**, die; -: *Zustand des Verliebtseins:* Ich versuchte, dieser Gnade einer jähen V. würdig zu werden (Roth, Beichte 75).

ver|lie|ren ⟨st. V.; hat⟩ [mhd. verliesen, ahd. farliosan, verw. mit ↑los]: **1.** *etw., was man besessen, bei sich gehabt hat, plötzlich nicht mehr haben:* Geld, die Brieftasche, den Autoschlüssel, Regenschirm, die Handschuhe v.; * **irgendwo nichts verloren haben** (ugs.; ↑suchen 2 a): Was hab' ich noch in den Rötzel-Werken verloren, wenn ich erst im Bundestag bin? (Prodöhl, Tod 142); **an/bei jmdm. verloren sein** *(als Aufwendung, Mühewaltung o. ä. für jmdn. umsonst, vergeblich sein):* alle Geduld, die ärztliche Kunst war an ihr, bei ihr verloren. **2. a)** *in einer Menschenmenge, im allgemeinen Treiben von jmdm. getrennt werden u. nicht mehr wissen, wo sich der andere befindet:* wir müssen aufpassen, daß wir uns in diesem Gewühl nicht v.; auf der großen Bühne wirkte sie ziemlich verloren; sie kam sich in der riesigen Stadt recht verloren *(verlassen, einsam)* vor; Oft sitzt er dann die ganze Nacht auf einem Stuhl oder streift verloren durch die Straßen (Kinski, Erdbeermund 43); **b)** *durch Trennung, Tod plötzlich nicht mehr haben:* seinen besten Freund v.; sie hat im vergangenen Jahr ihren Mann verloren; er hat im Krieg, durch einen Autounfall seine Eltern, seine Geschwister verloren; daß sie ihre Tochter auf der Flucht ... und ihre zwei Söhne ein Jahr zuvor im Osten verloren habe ... (Schnabel, Marmor 19). **3. a)** *einbüßen:* bei einer Schlägerei ein Auge, zwei Zähne v.; er hat im Krieg einen Arm verloren; der Gegner verlor mehrere tausend Soldaten; Er hat ... sein Augenlicht verloren *(ist erblindet),* und sie haben eine ganz tolle Operation mit ihm gemacht und ihm sein Augenlicht wiedergegeben (Kirsch, Pantherfrau 31); Ü dadurch werde ich viel Zeit, einen ganzen Tag v.; Amanda sagt ..., daß das Warten auf Genehmigungen die verlorenste *(vergeudeteste)* Zeit des Lebens ist (Becker, Amanda 337); **b)** *abwerfen; abstoßen:* im Herbst verlieren die Bäume ihre Blätter; die Katze verliert Haare; Ü Dazu kam, daß er zeit seines Lebens nie ganz seinen norddeutschen Dialekt verlor *(ablegte;* Niekisch, Leben 13). **4.** *undicht sein u. deshalb etw. austreten, ausströmen lassen:* der Reifen, der Ballon verliert Luft; verliert der Motor Öl?. **5.** *durch eigenes Verschulden od. ungünstige Umstände etw. Wünschenswertes, Wichtiges nicht halten, bewahren können:* sein Ansehen, jmds. Liebe, Vertrauen v.; jmdn. als Kunden, als Patienten v.; sein Amt, seine Stelle, den Arbeitsplatz v.; Gleich im September verlor die D. ihr Zimmer (Johnson, Ansichten 95); ... starb der Entdecker dieses Wundergerätes ... in einem kümmerlichen Zimmer ..., nachdem er in den Nachkriegswirren Haus und Besitz ... verloren hatte (Menzel, Herren 120); die Hoffnung, den Glauben v.; nur nicht [gleich] den Mut v.!; für ihn hat das Leben den Sinn verloren; die Sprache v. *(vor Staunen, Schreck nichts sagen können);* die Lust an etw. v.; Ich verlor den Atem vor Angst (Frisch, Gantenbein 384); * **für jmdn./etw. verloren sein** *(für jmdn./etw. nicht mehr zur Verfügung stehen, an jmdn./etw. nicht mehr zurückgeführt können):* er ist für die Nationalmannschaft, die Wissenschaft verloren. **6. a)** *an Schönheit o. ä. einbüßen:* durch das Kürzen der Haare hat die Schauspielerin in letzter Zeit stark verloren; **b)** *(in bezug auf das, was angestrebt, gewünscht wird) weniger werden:* an Wirkung, an Wert, an Reiz v.; das Flugzeug verlor an Höhe; Was das überlieferte Bild dieses Autors an Pracht und Pathos verlor, gewann es an Wahrhaftigkeit, an barer Menschlichkeit (Reich-Ranicki, Th. Mann 270); **c)** *in seiner Stärke, Intensität usw. abnehmen:* die Bezüge verlieren Farbe; der Tee, Kaffee verliert sein Aroma; Draußen verlor der Regen allmählich an Heftigkeit (Grün, Irrlicht 21); Ü Vor Cottas Entschlossenheit verloren Hindernisse ihre Kraft (Ransmayr, Welt 233). **7.** *einen Kampf, einen Wettstreit o. ä. nicht gewinnen; bei etw. besiegt werden:* den Krieg, eine Schlacht v.; einen Boxkampf, ein Tennisturnier, eine Schachpartie v.; ein Fußballspiel [mit] 1 : 2 v.; er verlor gegen ihn [mit] 6 : 4; eine Wette v.; er hat den Prozeß verloren; die Partei hat die Wahlen verloren; es ist noch nicht alles verloren *(es besteht noch eine geringe Chance);* ⟨auch o. Akk.-Obj.:⟩ wir haben haushoch, nach Punkten verloren; * **nichts [mehr] zu v. haben** *(alles riskieren können, da die Lage nicht mehr schlechter werden kann);* **jmdn., etw. verloren geben** *(sich nicht weiter um jmdn., etw. bemühen, da man keine Chance mehr sieht).* **8.** *(beim Spiel o. ä.) Geld od. einen Sachwert hergeben müssen:* beim Roulette 200 Mark verloren haben. **9.** ⟨v. + sich⟩ **a)** *allmählich immer weniger werden u. schließlich ganz verschwinden:* seine Begeisterung, Zurückhaltung wird sich schnell v.; ... auch aus dem Krieg habe er noch Verbindungen. Aber das verliere sich jetzt (Fest, Im Gegenlicht 60); Als dann sein „Heimweh" weniger heftig wurde und sich allgemach verlor ... (Musil, Törleß 9); **b)** *immer weniger wahrnehmbar sein u. schließlich den Blicken ganz entschwinden:* der Weg verliert sich im Nebel; er verlor sich in der Menge; Kein Mensch da, nur Bücher ..., endlose Regale verloren sich in der Dunkelheit (Küpper, Simplicius 105); die Straße verlor sich in dunstige Ferne; Ü Hier, an dieser Küste, verloren sich die Gesetze, die Macht und der Wille Roms in der Wildnis (Ransmayr, Welt 123); **c)** *sich verirren* (b): in unsere öde Gegend verliert sich selten jemand; Ü Grosser brach ab, er merkte wohl, daß er sich in angestaubte Denkgefilde verlor (Loest, Pistole 150). **10.** ⟨v. + sich⟩ **a)** *ganz in einer Tätigkeit aufgehen; sich jmdm., einer Sache völlig hingeben:* sich in Hirngespinsten v.; er war ganz in Gedanken verloren; **b)** *vom Wesentlichen abschweifen:* der Autor verliert sich in Detailschilderungen; die Rednerin verlor sich in Einzelheiten; **Ver|lie|rer**, der; -s, -: **1.** *jmd., der etw. verloren hat.* **2.** *jmd., der verliert:* Im Atomkrieg gibt es keine Sieger und keine V. (Alt, Frieden 43); ein guter, schlechter V. [sein]; **Ver|lie|re|rin**, die; -, -nen: w. Form zu ↑Verlierer; **Ver|lie|rer|stra|ße**, die: in Wendungen wie **auf der V. sein** (Sport Jargon; *kurz vor der Niederlage stehen);* **auf die V. kommen** (Sport Jargon; *in eine Position kommen, in der man kurz vor der Niederlage steht);* **Ver|lies**, das; -es, -e [aus dem Niederd., zu ↑verlieren, urspr. auch = Verlust, dann: das Sichverlieren, Zustand, in dem man für andere nicht mehr sichtbar ist; Raum, der sich verliert od. in dem man sich verliert]: *(bes. in ma. Burgen) unterirdischer, dunkler, schwer zugänglicher, als Kerker dienender Raum:* ... unter die Spitze des Turmes ... hinunter in den Keller, der noch ein richtiges V. hatte mit rostigen Ketten an den Wänden (Fallada, Herr 135); ... in einem Eisenerzbergwerk in Salzgitter. 95 Prozent des deutschen Atommülls sollen in einem auf „300 000 Jahre sicheren" ... V. verschwinden (natur 4, 1991, 20).

ver|lo|ben ⟨sw. V.; hat⟩ [mhd. verloben, zu ↑loben]: **1.** ⟨v. + sich⟩ *jmdm. versprechen, ihn zu heiraten; eine Verlobung eingehen:* sich offiziell, heimlich v.; sie hat sich mit ihm, ihrem Jugendfreund verlobt; sie haben sich an Weihnachten verlobt; ⟨auch im 2. Part.:⟩ sie sind seit Jahren verlobt. **2.** (früher) *jmdn. für eine spätere Ehe versprechen:* er verlobte seine Tochter [mit] dem ältesten Sohn seines Freundes; **Ver|löb|nis**, das; -ses, -se [mhd. verlobnisse] (geh.): *Verlobung;* **Ver|lob|te**, der u. die; -n, -n ⟨Dekl. ↑Abgeordnete⟩: *jmd., der mit jmdm. verlobt ist:* meine [frühere] V.; Die Trudel war Ottochens Mädchen gewesen, fast schon seine V. (Fallada, Jeder 11); ihr [zukünftiger] -r; **Ver|lo|bung**, die; -, -en: **1.** *das Sichverloben:* Verlobungen zwischen zwei Gleichgeschlechtlichen gehören auch in Schauspielerkreisen nicht zur Tagesordnung (Ziegler, Labyrinth 188); eine V. [auf]lösen, rückgän-

Verlobungsanzeige

gig machen; wir geben die V. unserer Tochter [mit Herrn X] bekannt. **2.** *Feier anläßlich einer Verlobung* (1): V. feiern; **Ver|lo|bungs|an|zei|ge,** die: vgl. Heiratsanzeige (1); **Ver|lo|bungs|fei|er,** die: *Verlobung* (2); **Ver|lo|bungs|ge|schenk,** das: vgl. Hochzeitsgeschenk; **Ver|lo|bungs|ring,** der: vgl. Trauring; **Ver|lo|bungs|tag,** der: vgl. Hochzeitstag (a, b); **Ver|lo|bungs|zeit,** die: *Brautstand.*

ver|lo|chen ⟨sw. V.; hat⟩ (schweiz.): **1.** *vergraben, verscharren:* Unrat, einen Kadaver v.; ♦ *auf der Stelle zeig, wo du dein Geld verlocht hast* (Hebel, Schatzkästlein 45). **2. a)** *unter etw. begraben:* er ist unter einem Berg von Akten verlocht; **b)** *(Geld o. ä.) verschwenden:* Steuergelder v.

ver|locken[1] ⟨sw. V.; hat⟩ [mhd. verlocken, ahd. farlochōn] (geh.): *auf jmdn. so anziehend wirken, daß er nicht widerstehen kann:* jmdn. zu einem Abenteuer v.; der See verlockt zum Baden; ⟨oft im 1. Part.:⟩ ein verlockendes Angebot; das ist, klingt [nicht] sehr verlockend; Deswegen sind auch Autos so verlockend für sie (Grzimek, Serengeti 292); Ich bin verlockt, mir die ausstehenden Geschichten zu erfinden (Strittmatter, Der Laden 296); ... wollte ich ... mich weiter in Heidelberg, Mannheim, Stuttgart umtun, wohin alte Erinnerungen und Bekanntschaften mich verlockten (*lockten;* Kantorowicz, Tagebuch I, 458); **Ver|lockung**[1], die; -, -en: *das Verlocken:* ... allen -en, die Konsum, Produktion und damit die Umweltzerstörung anheizen (natur 9, 1991, 38).

ver|lo|dern ⟨sw. V.; ist⟩ (geh.): **1.** *aufhören zu lodern.* **2.** *lodernd verbrennen.*

ver|lo|gen ⟨Adj.⟩ [eigtl. adj. 2. Part. von veraltet verlügen, mhd. verliegen = durch Lügen falsch darstellen] (abwertend): **a)** *immer wieder lügend:* ... lief sie auf ihn zu und rief: „Du Schuft, du gemeiner, -er ... Schuft!" (Brand [Übers.], Gangster 79); er ist durch und durch v.; **b)** *unaufrichtig:* eine -e Romantik; die -e Moral des Spießers; Das Buch ist einfach v. (Rolf Schneider, November 106); **Ver|lo|gen|heit,** die; -, -en: *das Verlogensein:* ... mit der Zeit begannen mich die -en dieser ewigen Harmonie zu stören (Zorn, Mars 41).

ver|lo|hen ⟨sw. V.; ist⟩ (geh.): *verlodern.*

ver|loh|nen ⟨sw. V.; hat⟩ (geh.): **a)** ⟨v. + sich⟩ *lohnen* (1 a): dafür verlohnt sich zu leben!; ... wird die andere Frage, ob sich denn die Beschäftigung damit überhaupt verlohne, sogleich hinfällig (Greiner, Trivialroman 11); ⟨auch ohne „sich":⟩ verlohnt das denn?; die Mühe hat verlohnt; **b)** *lohnen* (1 b): das verlohnt die/(veraltend:) der Mühe nicht; es verlohnt nicht, näher darauf einzugehen.

ver|lor, ver|lö|re: ↑ verlieren; **ver|lo|ren: 1.** ↑ verlieren. **2.** ⟨Adj.⟩ *dem Verderben preisgegeben, zum Untergang bestimmt; nicht mehr zu retten:* ein [unrettbar] -es Wesen; Man ... fühlte sich als einsamer Kämpfer vom verlornen Volke der rothäutigen, schlitzäugigen Pygmäen (Fels, Kanakenfauna 18); die Eingeschlossenen waren alle v.; Ü ohne seine Frau ist er einfach v. *(hilflos);* **ver|lo|ren|ge|hen** ⟨unr. V.; ist⟩: **1.** *[plötzlich] nicht mehr dasein:* der Brief, mein Paß ist verlorengegangen; in diesem Jahr werden weitere 60 000 Arbeitsplätze v.; Seine Frau Valeria kommt ... die Treppe herunter, wortreiche Begrüßung, von der die Hälfte verlorengeht (Gregor-Dellin, Traumbuch 8); dadurch ging [mir] viel Zeit verloren; an mir ist ein Techniker verlorengegangen (ugs.; *er wäre ein guter Techniker geworden*); Ü Frauen gehen nicht so schnell verloren und sind oft gerade dort, wo man sie nicht vermutet (Dürrenmatt, Grieche 143). **2.** *verloren* (7) *werden:* der Krieg, der verlorenging (Gaiser, Jagd 161); **Ver|lo|ren|heit,** die; -: **1.** *das Sichverlorenhaben:* Ich schlafe ... in schlafseliger V. (Hildesheimer, Tynset 187). **2.** *Einsamkeit, Verlassenheit:* die V. des modernen Menschen.

[1]**ver|lö|schen** (selten): [1]*löschen* (1 a): sie verlöscht die Kerze, Lampe; [2]**ver|lö|schen** ⟨st. u. sw. V.; verlischt, verlosch/(auch:) verlöschte, ist verloschen/(auch:) verlöscht⟩ [mhd. verleschen]: *erlöschen* (a): das Feuer verlosch, die Kerze, Lampe, das Licht verlischt; Ein Scheinwerfer ließ seinen Strahl tasten, stieß an die Wolken und verlöschte (Loest, Pistole 78); Ü sein Andenken, sein Ruhm wird nicht v.; Wenige Tage später verlöschte sein Leben in Fieberphantasien (Thorwald, Chrirurgen 190); Kein Blick, aus dem ... Lebenslust hervorblitzt, leuchtet je in ihren früh verloschenen Gesichtern auf (Pohrt, Endstation 31).

ver|lo|sen ⟨sw. V.; hat⟩: *durch das Los bestimmen, wer etw. bekommt:* ein Auto v; **Ver|lo|sung,** die; -, -en: *das Verlosen.*

ver|lö|ten ⟨sw. V.; hat⟩: **1.** (Technik) **a)** *löten* (1); **b)** *durch Löten* (1) *verschließen:* ein Loch v. **2.** * einen v.* (salopp scherzh.; *etw. Alkoholisches trinken).*

ver|lot|tern ⟨sw. V.⟩ (abwertend): **1.** *in einen liederlichen, verwahrlosten Zustand geraten* ⟨ist⟩: du wirst noch völlig v.; unter dieser Leitung verlottert die Firma immer mehr; verlotterte Jugendliche; ein verlottertes Haus; er ist total verlottert; Ü ... wenn du alles von oben nach unten kehre und die Sitten verlotterten (Süskind, Parfum 76); Heute, in einer verlotterten Demokratie, sei alles Talmi (K. Mann, Mephisto 104). **2.** *durch einen liederlichen Lebenswandel verschleudern* ⟨hat⟩: Hab und Gut v; **Ver|lot|te|rung,** die; -, -en: *das Verlottern.*

ver|lu|dern ⟨sw. V.⟩ (abwertend): **1.** *verlottern* (1) ⟨ist⟩: er verludert immer mehr; ein verluderter Haushalt, Betrieb; ⟨subst.:⟩ Der Grund war sein unsoldatisches Verludern (Widmer, Kongreß 134); Ü daß er dieses bequeme, verluderte System erstmal umkrempeln muß (natur 10, 1991, 44). **2.** *verschleudern, verlottern* (2) ⟨hat⟩: sein Erbe v.; ... die Dorfburschen, mit denen sie die Abende verludere *(ausschweifend feiernd verbringe;* Strittmatter, Der Laden 990). **3.** (Jägerspr.) *verenden, nicht durch einen Schuß sterben:* ein verludertes Stück Wild.

ver|lum|pen ⟨sw. V.⟩: **1.** *verwahrlosen, verlottern* (1) ⟨ist⟩: paß auf, daß du nicht verlumpst!; ... daß der ... große Dichter ... den alten Pelzmantel, obwohl der schon ganz verlumpt und zerrissen um sich schlägt und fortgeht (Heym, Nachruf 727). **2.** *verschleudern, verlottern* (2) ⟨hat⟩: seinen Lohn v.; ... lag wie ein Kadaver am Hafenkai ..., halb totgeschlagen nach einer verlumpten *(ausschweifend feiernd verbrachten)* Nacht im Chinesenviertel (Seidel, Sterne 183); **Ver|lum|pung,** die; -, -en: *das Verlumpen.*

Ver|lust, der; -[e]s, -e [mhd. verlust, ahd. farlust, zu ↑verlieren]: **1.** *das Verlieren* (1): der V. der Brieftasche, des Koffers; Frau Rubner beklagte den V. zweier Perlenketten ... und kostbarer Broschen (Menzel, Herren 25); bei V. kann kein Ersatz geleistet werden; in V. geraten (Amtsspr.; *verlorengehen* 1); Ü Meine Erinnerungen! Es war ganz und gar kein V., daß sie nicht mehr die meinen zu sein hatten (Th. Mann, Krull 298); ... die Erfahrung des -s eines geschlossenen Weltbilds (Deubzer, Methoden 48). **2.** *das Verlieren* (2 b): der V. des Vaters schmerzte sie sehr. **3.** *das Verlieren* (3 a); *Einbuße:* der V. des gesamten Vermögens; dem Gegner große -e beibringen; der Gegner hatte, erlitt schwere -e; Mit furchtbarem V. an Menschen und Material ... haben die Engländer ihre Armee wieder auf die Schiffe gepackt und sind heimgefahren (St. Zweig, Fouché 141). **4.** *fehlender finanzieller, materieller Ertrag [eines Unternehmens]; Defizit* (1): hohe -e machen; Die Bilanz der AG schließt freilich wieder ohne Gewinn und V. ab (Welt 5. 8. 65, 13); ... auch wenn er einen V. von über einem Hunderter am Monatsgehalt einstecken mußte (Kühn, Zeit 273); dieses Geschäft brachte 2 000 Mark V.; mit V. arbeiten; etw. mit V. verkaufen; **Ver|lust|ab|zug,** der (Steuerw.): *Abzug von Verlusten vorangegangener Veranlagungszeiträume vom Gesamtbetrag der Einkünfte;* **Ver|lust|an|zei|ge,** die: *Anzeige* (1), *mit der bei einer Behörde der Verlust* (1) *von etw. (z. B. Papieren) gemeldet wird;* **ver|lust|arm** ⟨Adj.⟩: *mit geringem Verlust* (3) *verbunden;* **Ver|lust|aus|gleich,** der (Steuerw.): *gegenseitige Aufrechnung von Gewinnen u. Verlusten* (4), *die bei verschiedenen Einkunftsarten innerhalb eines Veranlagungszeitraumes entstanden sind;* **Ver|lust|be|trieb,** der: *Betrieb, der mit Verlust* (4) *produziert;* **Ver|lust|ge|schäft,** das: *mit Verlust* (4) *getätigtes Geschäft* (1 a).

ver|lu|stie|ren, sich ⟨sw. V.; hat⟩ [zu ↑ Lust] (scherzh.): *sich vergnügen, amüsieren; Spaß an jmdm., etw. finden:* sich auf einer Party v.; sie hat sich am kalten Büffett verlustiert; Das Publikum, es wanderte zwischen Saal und Foyer, verlustierte sich in der Weitläufigkeit der Philharmonie (Saarbr. Zeitung 8. 10. 79, 30); sich mit jmdm. im Bett v.; (iron.:) gestern habe ich mich mit dem Hausputz verlustiert.

ver|lu|stig [mhd. verlustec = Verlust erleidend]: *in den Wendungen* **einer Sache v. gehen** (Amtsdt.; *etw. einbüßen, verlieren*): seiner Privilegien, seiner Stellung v. gegangen; ... die Symbole einer inhaltslos gewordenen, ihres Zaubers v. gegangenen Lebensform (Fest, Im Gegenlicht 90); **jmdn. einer Sache für v. erklären** (Amtsdt. veraltend; *jmdm. etw. abspre-*

chen, nehmen*): er wurde der bürgerlichen Ehrenrechte für v. erklärt; ... und unter welchen Umständen kann jemand des Wahlrechts wieder v. gehen? (Hofstätter, Gruppendynamik 37); **Ver|lust|kon|to**, das: (in der Wendung) **einen Betrag auf das V. buchen** (Buchf.; *nicht bezahlt bekommen*); **Ver|lust|li|ste**, die: *(bes. bei kriegerischen Auseinandersetzungen) Liste, auf der die Verluste an Menschen u. Material aufgeführt werden:* einen Namen auf die V. setzen; **Ver|lust|mel|dung**, die: *Verlustanzeige;* **Ver|lust|punkt**, der: vgl. Minuspunkt (1); **ver|lust|reich** ⟨Adj.⟩: *hohen Verlust (3, 4) bringend:* -e Geschäfte; daß die Bahn in den Ballungszentren mit dem -en Schienenverkehr weiter ein gutes Verkehrssystem anbiete (Rheinpfalz 7. 7. 84, 2); **Ver|lust|zeit**, die: *vermeidbarer Aufwand an Zeit;* **Ver|lust|zo|ne**, die: *Fehlbeträge, Schulden in der Bilanz eines Unternehmens:* ... daß Arbed Saarstahl die V. auch 1986 nicht verlassen wird (Zeit 8. 3. 85, 26).
verm. = vermählt.
ver|ma|chen ⟨sw. V.; hat⟩ [mhd. vermachen, eigtl. = bekräftigen, festmachen]: **1.** *vererben (1):* er hat seiner zweiten Frau zwei Grundstücke, sein ganzes Vermögen vermacht; Sie hinterließen ihrem Landsmann, ordnungsgemäß testamentarisch vermacht, umgerechnet über eine Million Mark (Prodöhl, Tod 9); Ü Der gesamten Literatur ... hat nahezu unerschöpflichen Vorrat an Bildern und Gedanken vermacht (Fest, Im Gegenlicht 255); ich habe ihm meine Münzsammlung vermacht (ugs.; *geschenkt, überlassen*). ◆ **2.** *fest verschließen, versperren:* Ihnen fehlte der Sinn, der das Loch vermachte, darum fürchteten sie sich immer mehr, das Loch möchte sich öffnen (Gotthelf, Spinne 101); **Ver|mächt|nis**, das; -ses, -se: **1.** (Rechtsspr.) ²*Legat:* er fordert die Herausgabe seines -ses; ... wie es bei einem mündlichen V. geschehen kann, zu das unterschreiben der Sterbende nicht die Kraft hat (Musil, Mann 697); Ü das V. der Antike. **2.** *Letzter Wille:* der V. erfüllen; **Ver|mächt|nis|neh|mer**, der (Rechtsspr.): *Legatar;* **Ver|mächt|nis|neh|me|rin**, die (Rechtsspr.): w. Form zu ↑ Vermächtnisnehmer.
ver|mah|len ⟨unr. V.; hat⟩: *zu Mehl mahlen:* Getreide v.; frisch vermahlenes Korn.
ver|mäh|len ⟨sw. V.; hat⟩ [spätmhd. vermehelen, zu mhd. mehelen = versprechen, verloben, ahd. mahelen = vermählen, zu mhd. mahel, ahd. mahal, ↑¹Gemahl] (geh.): **1.** ⟨v. + sich⟩ *heiraten* (a): wir haben uns vermählt; sie hat sich [mit] ihm vermählt; Sie ... hatte sich ... einem Argentinier ... vermählt (Th. Mann, Krull 362); jung vermählt sein; ⟨subst. 1. Part.:⟩ den Vermählten gratulieren; Ü Mythos, Märchen und Sage scheinen sich in dieser Erzählung zu v. (*vereinen;* Lüthi, Es 76). **2.** (veraltend) *verheiraten* (2): er konnte seine Tochter mit dem Sohn seines besten Freundes v; **Ver|mähl|te**, der u. die; -n, -n ⟨Dekl. ↑ Abgeordnete⟩ (geh.): *Verheiratete;* **Ver|mäh|lung**, die; -, -en (geh.): vgl. Heirat; **Ver|mäh|lungs|an|zei|ge**, die (geh.): *Heiratsanzeige (1).*
ver|mah|nen ⟨sw. V.; hat⟩ [mhd. vermanen, ahd. firmanen] (veraltend): *ernst[haft] ermahnen:* ... zu einer Zeit, in der die Gewerkschaften laufend von Regierungsmitgliedern ... zu Unterverzicht vermahnt werden (Spiegel 3, 1977, 21); **Ver|mah|nung**, die; -, -en (veraltend): *das Vermahnen:* ◆ Er schloß dann mit einer christlichen V. und mit der Bitte, die empfangene Lehre zu beherzigen (C. F. Meyer, Page 156); Auch gab er dem Gesellen noch eine christliche V., empfing den Dank desselben (Mörike, Hutzelmännlein 145).
ver|ma|keln ⟨sw. V.; hat⟩ (Wirtsch. Jargon): *(als Makler) vermitteln, verkaufen:* Häuser, Grundstücke v.; Ü Findige Schlepper vermakeln gegen hohe Summen Landsleute in die Bundesrepublik (Spiegel 25, 1980, 33).
ver|ma|le|dei|en ⟨sw. V.; hat⟩ [mhd. vermal(e)dīen, zu ↑ maledeien] (veraltend): *verfluchen, verwünschen:* jmdn. v.; ⟨meist im 2. Part.⟩ (ugs.) dieses vermaledeite Auto springt nicht an; **Ver|ma|le|dei|ung**, die; -, -en [mhd. vermaledīunge] (veraltet): *das Vermaledeien.*
ver|ma|len ⟨sw. V.; hat⟩: **1.** *durch Malen verbrauchen:* die ganze Farbe v. **2.** *mit Farbe vollschmieren:* vermal doch nicht die Buchseiten!; Sie malte ihre Lippen ... aber da es ihr insgesamt nicht gelang, wirkte das Ganze nur vermalt (H. Weber, Einzug 234): vermalte Wände.
ver|männ|li|chen ⟨sw. V.; hat⟩: *(eine Frau im Wesen od. Aussehen) dem Mann angleichen:* Immer wieder läßt sich beobachten, wie Frauen, die sich rückhaltlos in Beruf und Amt hineinwühlen, mit der Zeit vermännlichen (Welt 31. 8./1. 9. 85, 1); In der Nacht ... fiel von Babka, der bäurischen Frau, ... alles Harte und die vermännlichende Kruste ihrer Seele (A. Zweig, Grischa 69); **Ver|männ|li|chung**, die; -, -en: *das Vermännlichen, Vermännlichtwerden.*
ver|man|schen ⟨sw. V.; hat⟩ (ugs.): *[in nicht harmonisierender Weise] ineinandermengen, miteinander vermengen, dadurch verderben]:* das Essen v.; Ü eine vermanschte Figur haben.
ver|mar|ken ⟨sw. V.; hat⟩ [zu ↑²Mark]: *¹vermessen* (1): Land v.
ver|mark|ten ⟨sw. V.; hat⟩: **1.** *[an die Öffentlichkeit bringen u.] ein gutes Geschäft daraus machen:* das Privatleben bekannter Persönlichkeiten v.; Du gehörtest zu jenen Hamburger Sängerinnen, die über ... Werbeaktivitäten als „Rockladies" vermarktet wurden (Szene 6, 1983, 52); Ohne Erfolg versuchte er, sich als Sohn der Premierministerin lukrativ zu v. (Spiegel 11, 1982, 250). **2.** (Wirtsch.) *(für den Verbrauch bedarfsgerecht zubereitet) auf den Markt bringen:* ein Produkt, eine Ware v.; Die Handelsorganisationen wurden erst dadurch groß, weil sie die Weine jener Winzer ... aufkauften und vermarkteten (Hamburger Rundschau 22. 8. 85, 14); **Ver|mark|tung**, die; -, -en: *das Vermarkten;* **Ver|mark|tungs|struk|tur**, die: *für die Vermarktung notwendiger wirtschaftlicher u. organisatorischer Un-*
terbau: Die Ministerin plädierte dafür, die V. für die bäuerlichen Betriebe im Lande zu verbessern (Dill-Zeitung 13. 1. 88).
Ver|mar|kung, die; -, -en: *das Vermarken.*
ver|mas|seln ⟨sw. V.; hat⟩ [wohl zu ↑¹Massel] (salopp): **1.** *etw., was einen anderen betrifft, unabsichtlich od. in böser Absicht zunichte machen; verderben:* jmdm. ein Geschäft, das Konzept v.; er hat mir die ganze Tour, den ganzen Urlaub vermasselt; Die Rötzels ... haben genug Beziehungen, um einem Kriminalbeamten die Karriere zu v. (Prodöhl, Tod 136). **2.** *schlecht, mangelhaft machen, verhauen* (2): die Prüfung v.; er hat die Klassenarbeit vermasselt; Meine Mutter hat eine komische Angewohnheit – alles, was sie selbst vermasselt, macht sie mir zum Vorwurf (Singer [Übers.], Feinde 35).
ver|mas|sen ⟨sw. V.; (abwertend): **1.** *etw. zur Massenware machen* ⟨hat⟩. **2.** *in der Masse aufgehen* ⟨ist⟩; **Ver|mas|sung**, die; -, -en (abwertend): *das Vermassen.*
ver|mat|ten ⟨sw. V.; ist⟩ (schweiz.): *matt werden.*
ver|mau|ern ⟨sw. V.; hat⟩ [1: mhd. vermūren]: **1.** *durch Zumauern schließen:* ein Loch, einen Eingang v.; Der Apollo-Tempel, in Jahrhunderten zerstört, vermauert und wieder freigelegt (Fest, Im Gegenlicht 22); Ü daß ich gegen Egon zu verlieren hätte, um ihm den Weg zum ersten Platz nicht zu v. (*versperren;* Loest, Pistole 192); Hier war Rußland ein verriegeltes, ein dreimal vermauertes (*unzugänglich gemachtes*) Land (Koeppen, Rußland 147). **2.** *beim Mauern verbrauchen:* zwei Fuhren Sand v.
◆ **ver|mau|scheln** ⟨sw. V.; hat⟩ [zu ↑ mauscheln]: *(in landsch. Sprachgebrauch) [unter dem Wert] verkaufen:* Wo die Stiefel geblieben seien, müsse der Herr Lehrer auch die Juden fragen, dem der Bub vermauschelt habe (Ebner-Eschenbach, Gemeindekind 24).
ver|meh|ren ⟨sw. V.; hat⟩ [schon mniederd. vormēren]: **1. a)** *an Menge, Anzahl, Gewicht, Ausdehnung, Intensitätsgrad o. ä. größer machen:* seinen Besitz v.; seltene Pflanzen, Bakterien [durch Züchtung] v.; Der Verteidigungshaushalt wurde ... erhöht, die Flotte um siebzig Schiffe vermehrt (Dönhoff, Ära 199); die vermehrte (*besonders intensive*) Anstrengungen, Ü Sonderbarerweise vermehrte diese Erkenntnis das Entsetzen, anstatt es zu mindern (Süskind, Parfum 251); **b)** ⟨v. + sich⟩ *an Menge, Anzahl, Gewicht, Ausdehnung, Intensitätsgrad o. ä. größer werden:* die Zahl der Unfälle vermehrt sich in jedes Jahr; die Menschen haben sich in den letzten Jahrzehnten sprunghaft vermehrt; Seitdem vermehrten sich die grauen Strähnen in meinem schütter gewordenen rötlich-braunen Haar (Stern, Mann 206); Erst die Zahlen werden aber beweisen, ob der Geschäftsreisende ... wieder vermehrt (*in zunehmendem Maße*) fliegt (Tages Anzeiger 5. 11. 91, 5); Ü Nun gibt es vermehrt zu staunen (Carossa, Aufzeichnungen 15). **2.** ⟨v. + sich⟩ *sich fortpflanzen:* sich geschlechtlich, ungeschlechtlich v.; Er (= Krebs) vermehrte sich rasant, hielt die wuchernden Algen

kurz (natur 2, 1991, 55); **Ver|meh|rung,** die; -, -en: *das [Sich]vermehren;* **Ver|meh|rungs|ra|te,** die: *Rate (2) des Sichvermehrens (2).*
ver|meid|bar ⟨Adj.⟩: *sich vermeiden lassend:* -e *Fehler; das wäre v. gewesen;* **ver|mei|den** ⟨st. V.; hat⟩ [mhd. vermīden, ahd. farmīdan]: **1.** *es nicht zu etw. kommen lassen; einer Sache aus dem Wege gehen:* einen Skandal, Fehler, Härten v.; ein bestimmtes Thema v.; läßt sich im Zusammentreffen nicht v.?; genau das wollte ich v. *(ich wollte vermeiden, daß das eintritt);* wenn ich es hätte v. können, hätte ich dich damit nicht belästigt; sie vermied es [sorgfältig], irgend jemanden anzublicken; er bemühte sich, jedes Aufsehen, jede Aufregung zu v.; Jede Rachsucht vermeidend, lebt er ... mit den Römern (Thieß, Reich 614); Müll v.; Ich vermied *(mied)* die Autobahn und fuhr über Castellamare ... in die Stadt (Fest, Im Gegenlicht 229). ♦ **2.** *meiden:* Aber diese herrlichen Gefilde, kann sie der Besitzer selbst v.? (Goethe, Wandrer u. Pächterin); dieser Mensch entzog sich meiner Gegenwart bis jetzt? Vermied die Augen seines königlichen Schuldners? (Schiller, Don Carlos III, 5); **ver|meid|lich** ⟨Adj.⟩: *vermeidbar;* **Ver|mei|dung,** die; -, -en: *das Vermeiden.*
ver|meil [vɛrˈmɛːj] ⟨Adj.⟩ [frz. vermeil, zu (spät)lat. vermiculus = Scharlachfarbe, eigtl. = kleiner Wurm, zu lat. vermis = Wurm, zu: vertere, ↑Vers]: *gelblich-, hellrot;* **Ver|meil,** das; -s: *vergoldetes Silber;* **Ver|meil|le** [vɛrˈmɛːjə], die; - [frz. vermeille, subst. Fem. von: vermeil, ↑vermeil]: **1.** *orangefarbener Spinell.* **2.** *braungefärbter* ¹*Hyazinth.*
ver|mei|nen ⟨sw. V.; hat⟩ [mhd. vermeinen = meinen, denken] (geh.): *meinen (3), wähnen* (b): sie vermeinte, seine Stimme zu hören; Und was Schmidt-Häuer zu erklären vermeint ..., gerät ihm zuweilen zur Entschuldigung (Saarbr. Zeitung 11. 7. 80, IV); ♦ **ver|meint** ⟨Adj.⟩: *vermeintlich:* die einzige -e Tochter so eines reichen Juden (Lessing, Nathan IV, 8); dein Fluch – ein vermeinter Fluch (Schiller, Räuber V, 2); **ver|meint|lich** ⟨Adj.⟩: *[irrtümlich] als solches angesehen; wie man angenommen hatte:* der -e Gangster entpuppte sich als harmloser Tourist; Die Briten setzten zur -en Säuberung des Meeres 100 000 Tonnen Detergentien ein (natur 2, 1991, 94); eine v. günstige Gelegenheit.
ver|mel|den ⟨sw. V.; hat⟩ [mhd. vermelden, ahd. farmeldōn = melden; verraten] (veraltend, noch scherzh.): *mitteilen, melden* (1): einen Rekord, Erfolg v.; was hast du denn zu v.?; Um 1770 vermeldet eine Chronik, daß Leutenberg „zwischen 9 Bergen" liege (Berger, Augenblick 83).
ver|men|gen ⟨sw. V.; hat⟩ [mhd. vermengen]: **1. a)** *mischen* (1 a): Eier und Zucker mit Mehl v.; alle Zutaten müssen gut miteinander vermengt werden; Ü Die Meldungen überstürzten sich, wurden mit allerlei Mutmaßungen vermengt (Reich-Ranicki, Th. Mann 81); **b)** ⟨v. + sich⟩ *sich mischen* (2 a): die Tränen vermengen sich mit dem Schmutz in ihrem Gesicht; In den Gängen und Speichern vermengte

sich der Staub ... mit dem von den Wänden rieselnden Sand zu einer Krume (Ransmayr, Welt 219); Ü Auf widerlich erregende Weise vermengen sich Gefühl und Geschäft ... im Herzen des Kapitäns (Kronauer, Bogenschütze 330). **2.** *mit etw. verwechseln, durcheinanderbringen:* zwei völlig verschiedene Begriffe miteinander v.; **Ver|men|gung,** die; -, -en: *das Vermengen.*
ver|mensch|li|chen ⟨sw. V.; hat⟩: **1.** *menschlich* (1 a) *machen:* Es ist verflucht schwierig, Tiere nicht zu v. (natur 4, 1991, 105); Donald Duck, die vermenschlichte Ente ... des amerikanischen Zeichners Carl Barks (tip 13, 1983, 70). **2.** *wie einen Menschen darstellen; personifizieren* (1): Ich hatte bereits ... das Leben Jesu von Ernest Renan gelesen und seine Art bewundert, Jesus zu v. (Grosser, Deutschland 46); **Ver|mensch|li|chung,** die; -, -en: *das Vermenschlichen.*
Ver|merk, der; -[e]s, -e: *etw., was schriftlich vermerkt ist:* ein kurzer, handschriftlicher V.; ... denn die Papiere waren mit -en bedeckt (Musil, Mann 1254); **ver|mer|ken** ⟨sw. V.; hat⟩ [spätmhd. vermerken, zu ↑merken]: **1.** *durch eine Notiz festhalten, notieren:* einen Termin im Kalender v.; Wenn ... Brillengestelle Nickel enthalten, soll dies vermerkt werden (natur 2, 1991, 15); er war nicht betrunken, das sei nur am Rande vermerkt *(gesagt).* **2.** *zur Kenntnis nehmen [u. in bestimmter Weise aufnehmen]:* etw. mißbilligt, ironisch, mit Dankbarkeit, Erstaunen v.; Ihren am meisten in der großen Öffentlichkeit vermerkten Erfolg erläuft sie sich bei den Olympischen Winterspielen (Maegerlein, Piste 93); [jmdm.] etw. übel v. *(etw. übelnehmen).*
¹**ver|mes|sen** ⟨st. V.; hat⟩ [mhd. vermeʒʒen, ahd. farmeʒʒan; 3: eigtl. = das Maß seiner Kraft zu hoch ansetzen]: **1.** *etw. genau in seinen Maßen festlegen:* ein Feld, einen Bauplatz, Land v.; Die alte Bausubstanz der Autobahnbrücke bei Pirk ... wird zur Zeit vermessen (Freie Presse 14. 2. 90, 1); Ü Nun ist die Bundesrepublik Deutschland auch historisch vermessen. Sie hat ihr geschichtswissenschaftliches Koordinatensystem gefunden (Rhein. Merkur 2. 2. 85, 22). **2.** ⟨v. + sich⟩ *falsch messen* (1); *sich beim Messen* (1) *irren:* das stimmt nicht, hast du dich vermessen? **3.** ⟨v. + sich⟩ (geh.) *etw. Unangemessenes [mit Überheblichkeit] tun od. sagen:* er vermaß sich, ihr zu widersprechen; er vermäße sich, Gott zu sein (Th. Mann, Joseph 652); ²**ver|mes|sen** ⟨Adj.⟩ [mhd. vermeʒʒan, ahd. farmeʒʒan] (geh.): *sich überheblich auf die eigenen Kräfte od. auf das Glück verlassend:* -e Wünsche; das war zu v.!; Diese in den Raum gestellte, fast v. klingende Behauptung bedarf eines Beweises (NJW 19, 1984, 1079); **Ver|mes|sen|heit,** die; -, -en [mhd. vermeʒʒenheit, spätahd. fermeʒʒenheit]: *das Vermessensein; Hybris;* **Ver|mes|ser,** der; -s, -: *jmd., der etw.* ¹*vermißt* (1); **Ver|mes|se|rin,** die; -, -nen: w. *Form zu* ↑ *Vermesser.*
ver|mes|sin|gen ⟨sw. V.; hat⟩ (Fachspr.): *Metallgegenstände mit einer Schicht Messing überziehen.*

Ver|mes|sung, die; -, -en: *das* ¹*Vermessen* (1); **Ver|mes|sungs|amt,** das: *Katasteramt;* **Ver|mes|sungs|in|ge|nieur,** der: *Geodät;* **Ver|mes|sungs|in|ge|nieu|rin,** die: w. *Form zu* ↑ *Vermessungsingenieur;* **Ver|mes|sungs|kun|de,** die ⟨o. Pl.⟩: *Geodäsie;* **Ver|mes|sungs|schiff,** das: *für Lotungen, Seevermessungen u. meereskundliche Untersuchungen ausgerüstetes Schiff;* **Ver|mes|sungs|tech|nik,** die: *Technik der Instrumente u. Methoden der Geodäsie;* **Ver|mes|sungs|tech|ni|ker,** der: *Fachmann, Techniker auf dem Gebiet der Vermessungstechnik;* **Ver|mes|sungs|tech|ni|ke|rin,** die: w. *Form zu* ↑ *Vermessungstechniker;* **Ver|mes|sungs|ur|kun|de,** die: *Urkunde, die alle wichtigen Daten einer Vermessung enthält;* **Ver|mes|sungs|we|sen,** das: *Geodäsie.*
Ver|mi|cel|les [vɛrmiˈsɛl] ⟨Pl.⟩ [franz. vermicelles = Fadennudeln < ital. vermicelli, ↑Vermicelli] (schweiz.): *Süßspeise aus Kastanienpüree;* **Ver|mi|cel|li** [vɛrmiˈtʃɛli] ⟨Pl.⟩ [ital. vermicelli, eigtl. = kleine Würmer, Vkl. von: verme = Wurm < lat. vermis, ↑vermeil]: *Fadennudeln.*
ver|mi|ckert[1] ⟨Adj.⟩ [zu (ost)niederd. mikkern, ↑mick(e)rig (ugs. abwertend): *klein u. schwächlich; verkümmert, kümmerlich:* ein -es Männlein.
ver|mieft ⟨Adj.⟩: *miefig.*
ver|mie|kert ⟨Adj.⟩ [zu ↑miek(e)rig] (landsch.): ↑ *vermickert.*
ver|mie|sen ⟨sw. V.; hat⟩ (ugs.): *jmdm. etw. verleiden, die Freude an etw. nehmen:* jmdm. den Urlaub, die Laune v.; In manchen Straßen wird die Polizei den Verkehrssündern das Falschparken ganz gründlich v. (MM 11./12. 3. 78, 28).
ver|mie|ten ⟨sw. V.; hat⟩ [mhd. vermieten, ahd. farmietan]: *(den Gebrauch, die Benutzung von etw., bes. Wohnungen) einem anderen für eine bestimmte Zeit gegen ein (vertraglich) festgesetztes Entgelt überlassen:* sein Haus, Autos, Boote v.; Zimmer [mit Frühstück] zu v.!; jmdm., an jmdn. eine Wohnung v. ⟨auch o. Akk.-Obj.⟩: Ob es stimme, daß die Deutschen nicht gerne an Ausländer vermieten (Chotjewitz, Friede 210); **Ver|mie|ter,** der; -s, -: **1.** *jmd., der etw. vermietet.* **2.** *Hauswirt* (1); **Ver|mie|te|rin,** die; -, -nen: w. *Form zu* ↑ *Vermieter;* **Ver|mie|tung,** die; -, -en: *das Vermieten.*
ver|mi|form ⟨Adj.⟩ [zu lat. vermis (↑vermeil) u. forma = Form, Gestalt] (Med.): *wurmförmig;* **ver|mi|fug** ⟨Adj.⟩ [zu lat. fugare = fliehen machen, forttreiben] (Med.): *(von Arzneimitteln) Eingeweidewürmer abtreibend;* **Ver|mi|fu|gum,** das; -s, ...ga (meist Pl.) (Med.): *Arzneimittel zum Abtreiben von Eingeweidewürmern;* **ver|mi|ku|lar** ⟨Adj.⟩ [zu (spät)lat. vermiculus, ↑vermeil] (Biol.): *wurmförmig;* **Ver|mil|lon** [vɛrmiˈjõː], das; -s [frz. vermillon, zu: vermeil, ↑vermeil]: *sehr fein gemahlener Zinnober.*
ver|min|dern ⟨sw. V.; hat⟩ [mhd. verminnern]: **a)** *verringern* (a), *herabsetzen:* das Tempo v.; ... stellt es sich dann heraus, ... daß das schwedische „S" am Auto die Aufmerksamkeit der Grenzposten vermindert haben mußte (Brückner, Quints 94); Das Unternehmen hat seinen Perso-

nalbestand von 93 000 ... auf 38 000 vermindert (NZZ 30. 8. 83, 9); ein ... leicht verminderter Reingewinn (NZZ 29. 4. 83, 15); verminderte Zurechnungsfähigkeit; eine verminderte (Musik; *um einen Halbton verringerte*) Terz, Quart, Quinte; **b)** ⟨v. + sich⟩ *sich verringern* (b): sein Einfluß vermindert sich; Die Gewißheit verminderte sich mit den Jahren, die Ahnung gewann ... Kontur (Stern, Mann 299); **Ver|min|de|rung,** die; -, -en: *das Vermindern.*
ver|mi|nen ⟨sw. V.; hat⟩: *(in einem Gebiet) Minen legen:* ein Gelände v.; verminte Felder; Ü ... dann muß man ihm zutrauen, daß er ... Großrechner elektronisch v. kann (Szene 8, 1985, 118).
Verm.-Ing. = Vermessungsingenieur.
Ver|mi|nung, die; -, -en: *das Verminen.*
ver|mi|schen ⟨sw. V.; hat⟩ [mhd. vermischen, ahd. farmiskan]: **1. a)** *gründlich mischen* (1 a): die Zutaten müssen gründlich vermischt werden; Ü ... ob der Staatsbuchhalter seine im Auftrag des Kantons getätigten Geschäfte ... nicht mit privaten Geschäften vermischt habe (NZZ 12. 10. 85, 7); **b)** *mischend beigeben:* mit Soda vermischter Whisky. **2.** ⟨v. + sich⟩ *mischen* (2 a): Wasser vermischt sich nicht mit Öl; Ü die Rassen haben sich vermischt; ... und allmählich vermischte sich für sie, was geschehen war und was im Artikel stand (Loest, Pistole 155); ⟨subst. 2. Part.:⟩ diesen Artikel las ich unter der Rubrik „Vermischtes" (bes. Buchw.; *Rubrik mit Artikeln o. ä. verschiedener Art*); **Ver|mi|schung,** die; -, -en: *das [Sich]vermischen.*
ver|mis|sen ⟨sw. V.; hat⟩ [mhd. vermissen, ahd. farmissen]: **1.** *sich mit Bedauern bewußt sein, daß man jmdn., etw. nicht mehr in seiner Nähe, nicht mehr zur Verfügung hat u. es als persönlichen Mangel empfinden:* seine Kinder, seine Frau sehr v. **2.** *das Fehlen von etw. bemerken:* ich vermisse meine beiden Handschuhe; Ü er ist [seit 1945, im Krieg] vermißt *(verschollen);* Meine Eltern haben mich als vermißt gemeldet (Degener, Heimsuchung 147); ich habe dich in der Vorlesung vermißt *(man hat nach dir gefragt);* das war ein vorzügliches Essen, aber ich vermisse den Nachtisch *(Nachtisch hätte ich auch noch gern gehabt);* Parteibonzen ... vermissen Führungskraft und Knochenarbeit bei ihrem neuen Chef (natur 10, 1991, 40); vermißte Soldaten. **3.** (selten) *mißten* (1); **Ver|miß|te,** der u. die; -n, -n ⟨Dekl. ↑Abgeordnete⟩: *jmd., der vermißt* (2) *wird;* **Ver|miß|ten|an|zei|ge,** die: *Meldung bei der Polizei darüber, daß jmd. vermißt* (2) *wird; Suchanzeige* (1).
ver|mit|teln ⟨sw. V.; hat⟩ [zu ↑mitteln]: **1.** *(zwischen Gegnern) eine Einigung erzielen; intervenieren* (1): in einem Streit, zwischen streitenden Parteien v.; vermittelnde Schritte unternehmen; er hat in die Auseinandersetzung vermittelnd eingegriffen; Ü Der Öffentlichkeit als einer zwischen Gesellschaft und Staat vermittelnden Sphäre ... entspricht das Prinzip der Öffentlichkeit (Fraenkel, Staat 220). **2.** *zustande bringen, herbeiführen:* ein Zusammentreffen der Gegner v.; eine Ehe v.; er vermittelt Aktiengeschäfte; Ein ... Fräulein ... vermittelte uns die Bekanntschaft mit Bauschan (Th. Mann, Herr 20). **3. a)** *dafür sorgen, daß jmd. etw., was er anstrebt, bekommt:* jmdm. eine Stelle, einen Posten v.; jmdm. eine Wohnung, ein Zimmer v.; er hat uns einen Auftrag vermittelt; ... auch der Versuch, ... Vavra eine freiberufliche Tätigkeit bei der Zeitung ... zu v., war gescheitert (Bieler, Mädchenkrieg 416); **b)** *dafür sorgen, daß jmd., der eine Stelle o. ä. sucht, mit jmdm. in Verbindung gebracht wird, der eine solche zu vergeben hat:* Schreibkräfte v.; Das Arbeitsamt vermittelt die Arbeitskräfte an die Firmen; Als seine Staatsexamensarbeit ins reine geschrieben werden mußte, kommt er überhaupt nicht auf die Idee, es selber zu tun: Er läßt sich vom Arbeitsamt eine Sekretärin v. (Reich-Ranicki, Th. Mann 230); Er (= Lehrer) hat mich in den Berliner Domchor vermittelt (Kempowski, Immer 201); schwer zu vermittelnde Arbeitslose; Ü Vielleicht wird er noch das Geschreibsel des May an einen Verleger v.? (Loest, Pistole 28). **4.** *an jmdn. weitergeben, auf jmdn. übertragen:* er kann sein Wissen nicht v.; seine Schilderung vermittelt uns ein genaues Bild der damaligen Zeit; der Bericht vermittelt einen ersten Eindruck, eine Vorstellung von der Sache; ... den Gestank ewig schwelender Müllhalden ..., der einem das unangenehme Gefühl vermittelte, dem Krematorium nahe zu sein (H. Gerlach, Demission 23); ... es sei weder der Partei noch den Wählern zu v. *(verständlich zu machen),* wenn die Grünen an der Oppositionsrolle festhielten (Spiegel 18, 1993, 16); **ver|mit|tels[t]** ⟨Präp. mit Gen.⟩ (Papierdeutsch): *mittels:* Und dann wurde die Pomade ... vermittels eines eingebauten Rührwerks gründlich durchgemischt (Süskind, Parfum 224); **Ver|mitt|ler,** der; -s, -: **1.** *Mittler.* **2.** *jmd., der gegen Bezahlung Geschäfte o. ä. vermittelt;* **Ver|mitt|le|rin,** die; -, -nen: w. Form zu ↑ Vermittler; **Ver|mitt|ler|mak|ler,** der (schweiz.): *jmd., der den Abschluß eines Vertrags vermittelt;* **Ver|mitt|ler|mäk|le|rin,** die; -, -nen (schweiz.): w. Form zu ↑Vermittlermakler; **Ver|mitt|ler|pro|vi|si|on,** die: *Provision* (1) *eines Vermittlers;* **Ver|mitt|ler|rol|le,** die: *Rolle* (5 b) *eines Vermittlers* (1); **Ver|mitt|lung,** die; -, -en: **1.** *das Vermitteln.* **2. a)** *Telefonzentrale;* **b)** *jmd., der in der Telefonzentrale Dienst tut;* **Ver|mitt|lungs|amt,** das: **1.** *[staatliche] Stelle, die zwischen gegnerischen Parteien vermittelt.* **2.** *Vermittlung* (2 a); **Ver|mitt|lungs|aus|schuß,** der (Bundesrepublik Deutschland): *Ausschuß, der bei der Gesetzgebung zwischen abweichenden Beschlüssen von Bundestag u. Bundesrat vermittelt;* **Ver|mitt|lungs|ge|bühr,** die: *Gebühr für eine geschäftliche Vermittlung;* **Ver|mitt|lungs|stel|le,** die: **1.** *Vermittlungsstelle* (2). **2.** *Geschäftsstelle eines Vermittlers* (2); **Ver|mitt|lungs|ver|such,** der: *Versuch zu vermitteln* (1-3).
ver|mi|zid ⟨Adj.⟩ [zu lat. vermis (↑vermeil) u. caedere (in Zus. -cidere) = töten] (Med.): *wurmabtötend (von Arzneimitteln);* **Ver|mi|zid,** das; -s, -e (Med.): *Arzneimittel zum Abtöten von Eingeweidewürmern.*
ver|mö|beln ⟨sw. V.; hat⟩ [urspr. = vergeuden, verschleudern (wohl urspr. von Möbelauktionen, bei denen Möbel für billiges Geld losgeschlagen werden); Bedeutungsentwicklung unklar] (salopp, oft scherzh.): *verprügeln:* wenn er betrunken ist, vermöbelt er seine Frau; ... der Bambusstock ..., mit dem mein Vater oft vermöbelt hatte (Christiane, Zoo 250); **Ver|mö|be|lung, Ver|möb|lung,** die; -, -en (salopp, oft scherzh.): *das Vermöbeln.*
ver|mo|dern ⟨sw. V.; ist⟩: *modernd zerfallen, verfaulen:* das Laub, der Leichnam vermodert; ... eine Reihe von frischen Baumschößlingen, die aus den Ritzen des vermodernden Daches hervorsprießen (Frischmuth, Herrin 83); Ü ... seine Mutter, ... die in Berlin langsam vermoderte, wie so viele alte Leute (Heidenreich, Kolonien 97); ... Kriminalgeschichte, die sonst in amtlichen Archiven zu v. pflegt (Presse 6. 8. 84, 8); **Ver|mo|de|rung, Ver|mod|rung,** die; -, -en: *das Vermodern.*
ver|mö|ge ⟨Präp. mit Gen.⟩ [aus veraltet (nach) Vermöge(n)] (geh.): *bezeichnet in jmdm., etw. liegende Möglichkeit, Eigenschaft od. Fähigkeit, die der Grund dafür ist, daß etw. geschieht od. besteht: kraft, auf Grund, mit Hilfe:* v. seiner Beziehungen, seines politischen Einflusses; Dabei ist die wirtschaftliche Lage ..., auch v. der besonderen ökonomischen Talente Margaret Thatchers, keineswegs rosig (Hamburger Morgenpost 21. 3. 84, 3); **ver|mö|gen** ⟨unr. V.; hat⟩ [mhd. vermügen, zu ↑mögen] (geh.): **1.** ⟨mit Inf. mit „zu"⟩ *die nötige Kraft aufbringen, die Fähigkeit haben, imstande sein, etw. zu tun:* er vermag [es] nicht, mich zu überzeugen; nur wenige vermochten sich zu retten; wir werden alles tun, was wir [zu tun] vermögen; Ü Keine Tür der eisernen Stadt hätte dieser Axt standzuhalten vermocht (Ransmayr, Welt 282). **2.** *zustande bringen, ausrichten, erreichen:* sie vermag bei ihm wenig, wenig; Vertrauen vermag viel; Gegen diese Tragik vermögen wir nichts (Schneider, Leiden 90). ♦ **3.** *(zu etw.) bewegen; dazu bringen, etw. zu tun:* Und diese Nachricht vermochte Wernern, sein bißchen Armut mit mir zu teilen (Lessing, Minna 1, 4). ♦ **4.** * *sich einer Sache nicht v.* *(in landsch. Sprachgebrauch) nicht schuld an etw. sein, nichts dafür können):* Darum sagte Christine: sie für ihre Person wolle zugesagt haben; wenn aber dann später die Männer nicht wollten, so vermöchte sie sich dessen nicht und solle es sie nicht entgelten lassen (Gotthelf, Spinne 45); **Ver|mö|gen,** das; -s, - [spätmhd. vermügen, subst. Inf.]: **1.** ⟨o. Pl.⟩ (geh.) *Kraft, Fähigkeit, etw. zu tun:* sein V., jemanden zu beeinflussen, ist groß; Aber mein V. zu denken war gelähmt (Rinser, Jan Lobel 53); soviel in meinem V. liegt *(in meiner Macht steht),* will ich mich dafür einsetzen; ich werde mich mit Ihren Anwälten in Verbindung setzen, alles wird nach bestem V. *(so gut wie irgend möglich)* geregelt werden (Rosei, Verfahren 181);

vermögend

♦ *nach V. (soweit es irgend möglich ist, nach Kräften):* der Müller ward nach und nach arm, wie sehr auch seine arme Frau dagegen sich wehrte und nach V. zur Sache sah (Gotthelf, Elsi 121). **2.** *gesamter Besitz, der einen materiellen Wert darstellt:* ein großes, beachtliches V.; ... so daß Millionen von Menschen ihr sauer erspartes V. bis auf den letzten Pfennig verlieren (Tucholsky, Zwischen 106); ein V. erben, erwerben, verspielen; sein V. zusammenhalten, vermehren; jmdm. ein kleines, sein gesamtes V. vererben, hinterlassen; durch Erbschaft zu V. kommen; er hat V. *(ist reich);* das Bild kostet ja ein V. *(sehr viel Geld),* ist ein V. *(sehr viel)* wert; heute habe ich ein V. *(viel Geld)* ausgegeben; sie haben ein V. *(sehr viel Geld)* für dieses Haus bezahlt; **ver|mö|gend** ⟨Adj.⟩: *ein ansehnliches Vermögen (2) besitzend:* er hat eine -e Frau geheiratet; ein V.; **Ver|mö|gens|ab|ga|be, die:** *(im Rahmen einer Staatsverschuldung, des Lastenausgleichs o. ä. zu leistende) Abgabe, die von vermögenden Personen aufzubringen ist;* **Ver|mö|gens|an|la|ge, die:** *Anlage (2) eines Vermögens (2):* eine krisensichere V.; **Ver|mö|gens|an|teil, der:** *Anteil an einem Vermögen, der jmdm. zusteht;* **Ver|mö|gens|auf|tei|lung, die:** *das Aufteilen (1) eines Vermögens (2);* **Ver|mö|gens|be|ra|ter, der:** vgl. Anlageberater; **Ver|mö|gens|be|ra|te|rin, die:** w. Form zu ↑ Vermögensberater; **Ver|mö|gens|be|steue|rung, die:** *Besteuerung eines Vermögens (2);* **Ver|mö|gens|bi|lanz, die** (Wirtsch.): *Bilanz, die die Vermögenslage eines Unternehmens widerspiegelt;* **Ver|mö|gens|bil|dung, die** (Fachspr.): *Bildung, Entstehung von Vermögen (2) bei Arbeitnehmern durch langfristiges Sparen, durch vom Staat durch Steuervorteile u. Prämien wie durch zweckgebundene finanzielle Zuwendungen des Arbeitgebers gefördert wird;* **Ver|mö|gens|ein|zie|hung, die:** *das Beschlagnahmen von jmds. Vermögen (2);* **Ver|mö|gens|er|klä|rung, die** (Finanzw.): *Angabe eines Steuerpflichtigen über sein Vermögen (2) beim Finanzamt;* **Ver|mö|gens|la|ge, die:** *das Vermögen (2) betreffende Verhältnisse:* jmds. V. kennen; sein Lebensstil läßt nicht unbedingt auf eine V. schließen; **ver|mö|gens|los** ⟨Adj.⟩: *ohne Vermögen;* **Ver|mö|gens|mas|se, die:** *der im Vermögen (2) enthaltene Besitz;* **Ver|mö|gens|po|li|tik, die:** *Politik, die sich mit der Bildung u. Verteilung von Vermögen (2) befaßt;* **ver|mö|gens|po|li|tisch** ⟨Adj.⟩: *die Vermögenspolitik betreffend;* **Ver|mö|gens|recht, das:** *rechtliche Bestimmungen für Vermögen (2);* **ver|mö|gens|recht|lich** ⟨Adj.⟩: *die rechtlichen Bestimmungen für Vermögen (2) betreffend;* **Ver|mö|gens|scha|den, der:** *Einbuße an materiellen Gütern; materieller Schaden;* **Ver|mö|gens|steu|er,** (Steuerw.:) *Vermögensteuer, die: Steuer, die nach jmds. Vermögen (2) bemessen wird u. bei der das Vermögen Gegenstand der Besteuerung ist;* **Ver|mö|gens|tei|lung, die:** *Vermögensaufteilung;* **Ver|mö|gen|steu|er:** ↑ Vermögensteuer; **Ver|mö|gens|über|nah|me, die** (Rechtsspr.): *vertragliche Übernahme des Vermögens eines anderen;*

Ver|mö|gens|ver|hält|nis|se ⟨Pl.⟩: *Vermögenslage:* über seine V. schweigt er sich aus; **Ver|mö|gens|ver|si|che|rung, die:** *bes. Haftpflicht-, Kredit-, Rechtsschutz- u. Rückversicherung umfassender Teil der Schadenversicherung;* **Ver|mö|gens|ver|tei|lung, die,** (bes. Wirtsch.): vgl. Einkommensverteilung; **Ver|mö|gens|ver|wal|tung, die:** *Verwaltung eines Vermögens (2);* **Ver|mö|gens|wert, der:** *Wert eines Vermögens (2);* **ver|mö|gens|wirk|sam** ⟨Adj.⟩: *auf Vermögensbildung hinwirkend:* -e Leistungen; -es Sparen; **Ver|mö|gens|zu|wachs, der:** *Zuwachs an Vermögen (2);* **ver|mög|lich** ⟨Adj.⟩ (landsch.): *vermögend.*

Ver|mont; -s: Bundesstaat der USA.
ver|moo|ren ⟨sw. V.; ist⟩: *allmählich zu Moor werden:* die Wiesen vermooren.
ver|moo|sen ⟨sw. V.; ist⟩: *sich mit Moos bedecken; sich bemoosen:* ein vermoostes Denkmal; ein vermooster Obstbaum; Große, rücklings gestürzte Grabsteine, deren ... Inschriften vermoost sind (Grass, Unkenrufe 223).
ver|mor|schen ⟨sw. V.; ist⟩: *morsch werden:* ein vermorschter Brunnentrog.
ver|mot|tet ⟨Adj.⟩ (landsch.): *von Motten zerfressen:* der Pelz ist völlig vermottet.
ver|mückert[1], ver|mü|kert ⟨Adj.⟩ (landsch. abwertend): *vermickert, vermiekert.*

Ver|mul|mung, die; -, -en (Bodenk.): *Umwandlung von Holz in mürbe, lockere Massen.*
ver|mum|meln ⟨sw. V.; hat⟩ (fam.): *vermummen* (1); **ver|mum|men** ⟨sw. V.; hat⟩: **1.** *fest in etw. einhüllen:* das Kind, sich in eine Decke v.; Wie ... rührend standen zwei winterlich vermummte kleine Mädchen zwischen diesen Großstadtmenschen (Koeppen, Rußland 106). **2.** ⟨v. + sich⟩ *durch Verkleiden o. ä. unkenntlich machen:* Demonstranten vermummten sich nur, um als Täter oder Teilnehmer an Gewalttaten nicht erkannt zu werden (Welt 26. 5. 86, 1); **Ver|mum|mung, die;** -, -en: **1.** *das Vermummen.* **2.** *zum Vermummen verwendete Kleidung o. ä.;* **Ver|mum|mungs|ver|bot, das:** *Verbot für Demonstranten, sich bei Demonstrationen zu vermummen* (2).
[1]ver|mu|ren ⟨sw. V.; hat⟩ [zu ↑ Mure] (landsch.; Fachspr.): *durch Schutt verwüsten.*
[2]ver|mu|ren ⟨sw. V.; hat⟩ [zu ↑ muren] (Seemannsspr.): *(ein Schiff) mit zwei Ankern festmachen.*
ver|murk|sen ⟨sw. V.; hat⟩ (ugs.): *durch ungeschicktes, unfachmännisches Arbeiten verunstalten od. verderben:* eine Arbeit v.; sie bastelte so lange am Radio herum, bis sie es vermurkst hatte.
ver|mu|ten ⟨sw. V.; hat⟩ [urspr. unpers.; aus dem Niederd.]: *auf Grund bestimmter Anzeichen der Meinung sein, glauben, daß sich etw. in bestimmter Weise verhält:* Brandstiftung v.; das ist, steht [ernsthaft] zu v., läßt sich nur v.; die bisherige Untersuchung läßt et v., daß ...; ich vermute, sie ruft gar nicht mehr an; ich vermute ihn in der Bibliothek *(nehme an, daß er in der Bibliothek ist);* Der junge Leutnant ... ist irgendwie verlegen, als vermute er in mir *(als hielte er mich auch für)* ei-

nen Akademiker (Frisch, Stiller 180); wir haben euch noch gar nicht so früh vermutet *(erwartet);* Er kletterte, gelenkiger als von ihm selbst vermutet *(als er selbst gedacht hätte),* zur anderen Uferseite (Kronauer, Bogenschütze 264); Dänische Such- und Rettungsdienste ... entdeckten am vermuteten *(angenommen)* Absturzort lediglich ... einige kleine Trümmerteile des Flugzeuges (NZZ 5. 9. 86, 9); **ver|mut|lich: I.** ⟨Adj.⟩ *einer gewissen, gefühlsmäßig begründeten od. auch verstandesmäßig begründbaren Annahme entsprechend:* das -e Ergebnis der Wahl; der -e Täter konnte gefaßt werden; Als -e Unglücksursache gibt die Polizei überhöhte Geschwindigkeit an (Augsburger Allgemeine 27./28. 5. 78, 41). **II.** ⟨Adv.⟩ *wie man vermuten kann:* er wird v. morgen anrufen; ... dort würde demnächst Anneliese, v. mit einer Tüte voller Eßwaren, eintreffen (Kronauer, Bogenschütze 346); **Ver|mu|tung, die;** -, -en: *das Vermuten, Annahme:* eine absurde, abwegige V.; meine V., daß er krank ist, hat sich bestätigt; diese V. traf nicht zu; es liegt die V. nahe, daß ...; eine [bestimmte] V. haben, hegen, äußern; ... und alle meine -en über ihn und sein Leben wurden mir wieder ungewiß (Hesse, Steppenwolf 27); wir sind in diesem Fall auf -en angewiesen; **ver|mu|tungs|wei|se** ⟨Adv.⟩: *als Vermutung.*

ver|nach|läs|sig|bar ⟨Adj.⟩: *so beschaffen, daß es vernachlässigt (3) werden kann:* ein -er Prozentsatz; Diese Gefahr besteht immer noch, glücklicherweise ist sie v. klein; **ver|nach|läs|si|gen** ⟨sw. V.; hat⟩: **1.** *jmdm. nicht genügend Aufmerksamkeit widmen; sich nicht, zu wenig um jmdn. kümmern:* seine Kinder, seine Familie, seine Freunde v.; sie fühlte sich [von ihrem Mann] vernachlässigt; ... schließlich waren wir fast das ganze letzte Jahr im Ausland und haben unsere deutschen Fans vernachlässigt (Freizeitmagazin 10, 1978, 2). **2.** *für etw. nicht die notwendige, erforderliche Sorgfalt, Pflege aufbringen, unordentlich damit umgehen:* seine Kleidung, die Wohnung, den Garten v.; Er vernachlässige seine Verabredungen, sein Äußeres, und das sogar in der Synagoge (Kemelman [Übers.], Freitag 46); seine Pflichten, seine Arbeit, die Schule v.; das Haus sah ziemlich vernachlässigt *(ungepflegt, leicht verwahrlost)* aus. **3.** *unberücksichtigt, außer acht lassen:* die Stellen hinter dem Komma, diese Möglichkeit können wir hier v.; Die Umweltinitiative ... wagt sich ... an die verbal verhätschelte und praktisch vernachlässigte Solarenergie (natur 7, 1991, 22); **Ver|nach|läs|si|gung, die;** -, -en: *das Vernachlässigen.*

Ver|na|de|rer, der; -s, - [↑ Naderer] (österr. ugs. veraltend): *Denunziant, Verräter:* Sollen wir ein Volk von -n ... werden? (Kurier 22. 11. 83, 2); **ver|na|dern** ⟨sw. V.; hat⟩ (österr. ugs. veraltend): *denunzieren, verraten:* Vernadern ist wienerisch und heißt verpetzen (Spiegel 16, 1989, 175); Später stellt sich während des Prozesses heraus ..., wie groß der Druck der Umgebung sein kann, niemanden der Polizei zu v. (Wiener 11, 1983, 65).

ver|na|geln ⟨sw. V.; hat⟩ /vgl. vernagelt/ [mhd. vernagelen]: **1.** *durch Nageln, bes. durch Festnageln von etw., verschließen:* ein Loch mit Pappe v.; die Türen und Fenster waren mit Brettern vernagelt; eine [schlecht] vernagelte Kiste; Da standen schon welche neben dem vernagelten Kiosk (Kempowski, Tadellöser 407). **2.** (Fachspr.) *einem Pferd durch unsachgemäßes Beschlagen den Huf verletzen:* ein Pferd v.; **ver|na|gelt** ⟨Adj.⟩ (ugs. abwertend): *borniert, beschränkt:* er ist völlig v.; Es gab keinen in der Klasse, der in Mathe so v. war wie er (Loest, Pistole 194); Daß mich das eher bockig und v. gemacht hat, wenn da einer interessiert von oben herab zuguckt (S. Merian, Tod 19).

ver|nä|hen ⟨sw. V.; hat⟩: **1.** *nähend, durch Zusammenfügen der Ränder mit einer Naht verschließen:* den Riß im Ärmel gut, mit ein paar Stichen v.; der Arzt vernähte die Wunde; Eines Tages warf eine Kollegin ... die ausgebluteten Tierkörper nicht wie üblich zum Müll, sondern vernähte ihre Haut (natur 2, 1991, 85). **2. a)** *nähend verarbeiten u. gleichzeitig befestigen:* den Faden auf der Innenseite gut v.; **b)** *beim Nähen verbrauchen:* für das Kleid hat sie mehrere Rollen Garn vernäht; Der einmal im Kleidungsstück vernähte Rohstoff soll ... über Jahrzehnte ... im Gebrauch bleiben (natur 4, 1991, 67). **3.** *beim Nähen in bestimmter Weise verarbeiten:* das Kleid, der Rocksaum ist schlecht vernäht.

Ver|na|ku|lar|spra|che, die; -, -n [engl. vernacular, zu: vernacular = landessprachlich, mundartlich < lat. vernaculus = zu den Hausklaven gehörig; inländisch, zu: verna = (Haus)sklave; Inländer] (Sprachw.): **1.** *indigene Sprache; Sprache vor Ureinwohnern.* **2.** Jargon (a).

Ver|na|li|sa|ti|on, die; -, -en [zu spätlat. vernalis = zum Frühling gehörend, zu: ver = Frühling] (Landw.): *Jarowisation;* **ver|na|li|sie|ren** ⟨sw. V.; hat⟩ (Landw.): *jarowisieren.*

ver|nar|ben ⟨sw. V.; ist⟩: *beim Heilen eine Narbe bilden, mit Narben verheilen:* die Wunde, der Schnitt vernarbte langsam; Hier, würde er sagen, haben die Tuberkelbakterien zwei Kavernen in den rechten Lungenflügel gefressen, und die Löcher müssen v., bevor Sie zu Hermann dürfen (Bieler, Bär 57); ein vernarbtes *(mit Narben bedecktes)* Gesicht; Ü ... diese Anspielungen, sie entwickelten sich schnell zu einem hämischen Streit, in dem Hieb auf Hieb vernarbte Stellen traf, die weder den Vater noch die Mutter schmerzten (Ossowski, Liebe ist 26); **Ver|nar|bung**, die; -, -en: *das Vernarben.*

ver|nar|ren, sich ⟨sw. V.; hat⟩ [mhd. vernarren = zum Narr werden]: **a)** *heftige Zuneigung zu jmdm., eine ausgesprochene, übertriebene Vorliebe für jmdn., etw. entwickeln:* die Großeltern vernarrten sich regelrecht in das Kind; er ist vernarrt in diese Idee; er war in den Ort, in den Wagen, in das Bild vernarrt; Eine Professorenah wie die deutsche ist in Theorien vernarrt (Fest, Im Gegenlicht 402); ... in einer fast vernarrten Bewunderung für ihren ... Bruder (Zuckmayer, Fastnachtsbeichte 20); **b)** *sich heftig verlieben:* er vernarrte sich in die hübsche Verkäuferin, war heftig in sie vernarrt; **Ver|narrt|heit**, die; -, -en: *das Vernarrtsein.*

ver|na|schen ⟨sw. V.; hat⟩: **1. a)** (selten) *naschend verzehren;* **b)** *für Naschwerk, Süßigkeiten ausgeben:* sie hat ihr ganzes Taschengeld vernascht. **2.** (salopp) *im Rahmen eines kleinen Abenteuers (4) mit jmdm. geschlechtlich verkehren:* jmdn. v.; ... ein Haus in Marrakesch ..., wo er seine Knäblein vernascht (Ziegler, Konsequenz 54); Sie galt als Vamp und lief auf Pfennigabsätzen. Sie vernaschte und wurde vernascht (Grass, Butt 576); er wäre gerne von ihr vernascht worden. **3.** (salopp) *jmdn.* [mühelos, spielerisch] *besiegen, bezwingen:* einen Gegner, seinen Konkurrenten v.; Der Tschechoslowake, ... internationaler Meister ..., vernaschte den Schweden in drei Sätzen mit 2:6, 6:3, 7:5 (Hamburger Morgenpost 23. 5. 85, 13); **ver|nascht** ⟨Adj.; -er, -este⟩: *naschhaft.*

Ver|na|ti|on, die; -, -en [lat. vernatio = das Sichhäuten der Schlange, zu: vernatum, 2. Part. von: vernare = Frühling machen, zu: ver, ↑ Vernalisation] (Bot.): *Lage der einzelnen jungen Blätter in der Knospe.*

ver|ne|beln ⟨sw. V.; hat⟩: **1.** *mit Nebel, Dunst, Rauch, Qualm o. ä. erfüllen, gänzlich einnebeln:* Pioniere vernebeln einen Geländeabschnitt; die rauchenden Schlote vernebeln große Gebiete; Ü der Alkohol hat ihm die Köpfe, das Gehirn vernebelt *(sie konnten sich nicht mehr klar denken).* **2.** (Fachspr.) *eine Flüssigkeit in feinster Verteilung versprühen:* ein Schädlingsbekämpfungsmittel v. **3.** *verschleiern* (2): wichtige Tatbestände, Einzelheiten v.; ... jene Grauzone medizinisch-juristischer Verantwortlichkeit, in der sich Schuld allzu leicht v. läßt (Spiegel 12, 1976, 49); Die wirklichen Zusammenhänge und Entscheidungsprozesse wurden vernebelt (W. Brandt, Begegnungen 579); **Ver|ne|be|lung, Ver|neb|lung**, die; -, -en: *das Vernebeln.*

ver|nehm|bar ⟨Adj.⟩ (geh.): *sich vernehmen* (1 a) *lassend, hörbar:* ein deutlich, kaum v. Laut; Auf dem höckigen Kopfsteinpflaster waren Jettes Schritte bis in den ersten Stock hinauf v. (Ossowski, Liebe ist 83); **ver|neh|men** ⟨st. V.; hat⟩ [mhd. vernemen, ahd. firnemann]: **1.** (geh.) **a)** *hören* (1 b), *akustisch wahrnehmen:* etw. deutlich, nur ungenau v.; ein Geräusch, Schritte auf dem Flur, Hilferufe v.; er vernahm Musik in der Ferne; „Das will sehr sorgfältig überlegt sein, Mylord", ließ ich mich schließlich v. (Mann, Krull 251); „Der Koog macht aber lange!" ließ sich die Stimme des Oberveterinärs v. (Plievier, Stalingrad 228); **b)** *hören* (4), *¹erfahren* (1), *von etw. Kenntnis erhalten:* von jmdm. nichts mehr v.; Pak vernahm die Erzählung seines Bruders mit Erstaunen und einem leichten Schauder (Baum, Bali 164); Dieser soll, wie wir vernehmen, eine der Höhlenansichten als Bühnendekoration ... verwendet haben (Berger, Augenblick 86); wir haben vernommen, wie er kommen will; Wir sind nicht gewillt, irgendeine Kritik an uns v. (Zorn, Mars 168). **2.** *gerichtlich, polizeilich befragen; verhören:* einen Zeugen, den Angeklagten v.; jmdn. als Zeugen, zur Person, zur Sache v.; **Ver|neh|men**, das; -s: **1.** in Fügungen wie *dem/allem/gutem/sicherem* **V. nach** *(nach dem, was aus guter, sicherer Quelle zu erfahren ist):* dem V. nach, sicherem V. nach ist er ins Ausland gegangen; ... die Kaufhäuser, wo das Weihnachtsgeschäft dem V. nach schon tüchtig angezogen hat (Tages Anzeiger 26. 11. 91, 16). ♦ **2.** *Einvernehmen:* Gut V. künftig (Goethe, Götz II); Mein Vater ... wurde bezichtigt, in verräterischem V. ... mit Frankreich zu stehen (Schiller, Kabale II, 3); **Ver|neh|mer**, der; -s, -: *jmd., der jmdn. vernimmt* (2), *verhört:* ... wurde ich durch mehrere Gänge geführt in einen Raum, wo mein V. schon auf mich wartete (Eppelmann, Fremd 197); **Ver|nehm|me|rin**, die; -, -nen: w. Form zu ↑ Vernehmer; **Ver|nehm|las|sung**, die; -, -en (schweiz.): **a)** *Stellungnahme, Verlautbarung:* In ihrer am Dienstag veröffentlichten gemeinsamen V. ... wenden sich die beiden Vereinigungen zugleich gegen die Volksinitiative (NZZ 27. 1. 83, 26); **b)** kurz für ↑ Vernehmlassungsverfahren: Entwurf geht nun in die V. (Bund 9. 8. 80, 17); **Ver|nehm|las|sungs|ver|fah|ren**, das (schweiz.): *Aufforderung der Kantone und Spitzenverbände zur Stellungnahme zu einem eidgenössischen Gesetzesentwurf:* Das V., das der Bund in der Bewilligungsfrage durchführte ... (NZZ 27. 1. 83, 27); **ver|nehm|lich** ⟨Adj.⟩ [spätmhd. vornemelich]: *deutlich hörbar:* mit -er Stimme; etw. laut und v. sagen; Da wurde plötzlich von dorther ein Schaben (Gaiser, Jagd 53); v. husten; sich v. räuspern; **Ver|neh|mung**, die; -, -en: *das Vernehmen* (2), *Verhör:* eine polizeiliche, gerichtliche, richterliche V.; die v. eines Zeugen; **ver|neh|mungs|fä|hig** ⟨Adj.⟩: *in einem Zustand befindlich, der eine Vernehmung erlaubt; in der Lage, vernommen zu werden:* der Verunglückte ist nicht v.; **Ver|neh|mungs|rich|ter**, der: *für eine Vernehmung zuständiger Richter;* **Ver|neh|mungs|rich|te|rin**, die: w. Form zu ↑ Vernehmungsrichter; **ver|neh|mungs|un|fä|hig** ⟨Adj.⟩: *nicht vernehmungsfähig.*

ver|nei|gen, sich ⟨sw. V.; hat⟩ [mhd. verneigen] (geh.): *sich verbeugen:* sich höflich, tief, leicht, nur kurz [vor jmdm.] v.; Der Portier verneigte sich voll Anstand und Würde (Lederer, Bring 83); ich verneige mich vor Ihnen *(bringe Ihnen meine Hochachtung, Bewunderung entgegen);* **Ver|nei|gung**, die; -, -en (geh.): *das Sichverneigen.*

ver|nei|nen ⟨sw. V.; hat⟩ [mhd. verneinen]: **1. a)** *[eine Frage] mit „nein" beantworten; auf eine Frage mit „nein" antworten:* eine Frage mit großer Bestimmtheit, ohne zu zögern v.; eine verneinende Antwort; sie schüttelte verneinend den Kopf *(verneinte, indem sie den Kopf schüttelte);* **b)** *einer Sache ablehnend gegenüberstehen; mit etw. nicht einverstanden sein; negieren* (1): er verneint die Gewalt; Ü Der italienische Garten dagegen verneint die Natur und schafft sie als Kunstwerk neu

Verneiner

(Fest, Im Gegenlicht 347); Mit dem Anspruch auf völlige Verfügung über Leben und Glauben seiner Bürger verneint der totale Staat jedes Recht auf Freiheit (Fraenkel, Staat 330). **2.** (Sprachw.) *negieren* (2); **Ver|nei|ner,** der; -s, -: *jmd., der etw. verneint* (1 b): Es gelte, ... „... an einer Ordnung ... zu bauen, die allen -n der Freiheit überlegen ist" (W. Brandt, Begegnungen 218); ... die Rolle ... des kompromißlosen -s (Scholl-Latour, Frankreich 113); **Ver|nei|ne|rin,** die; -, -nen: w. Form zu ↑ Verneiner; **Ver|nei|nung,** die; -, -en: **1. a)** *das Verneinen* (1 a): die V. einer Frage; **b)** *das Verneinen* (1 b): die V. der Gewalt. **2.** (Sprachw.) **a)** *das Negieren* (2): die V. eines Satzes; **b)** *Verneinungswort;* **Ver|nei|nungs|fall,** der: in der Fügung **im -e** (Papierdt.; *im Falle der Verneinung* 1 a); **Ver|nei|nungs|wort,** das ⟨Pl. ...wörter⟩ (Sprachw.): *Negation* (3 b).

ver|net|zen ⟨sw. V.; hat⟩: **1.** *etw. verbinden, verknüpfen:* Splittergruppen v.; Im Leinetal ist man gerade dabei, zwei Naturschutzgebiete durch den Kauf eines Akkers miteinander zu v. (natur 6, 1991, 55); ein mit Tümpeln vernetzter See; Das Kombinat ... bietet eine neue Generation von Koordinatenmeßgeräten, die mit ... 32-Bit-Computern gekoppelt und vernetzt sind, an (Freie Presse 15. 2. 89, 2); Ü Themen v.; miteinander vernetzte Gesellschaftssysteme; Systemdenken oder „vernetztes Denken" ist notwendig, will man die neuen vernetzten Informationssysteme ... menschengemäß gestalten und einsetzen (Südd. Zeitung 19. 10. 87, Beilage technik & form). **2.** (Chemie, Technik) *Moleküle zu einem netzartigen Zusammenschluß verknüpfen:* Chemikalien mit Zellulose v.; **Ver|net|zung,** die; -, -en: *das Vernetzen.*

♦ **ver|neu|en** ⟨sw. V.; hat⟩ [mhd. verniuwen]: *erneuern:* Denn sie war es nicht mehr, des Fluches Stimme ..., welche die Erde vernahm. Sie hörte des Segnenden Rede, der mit unsterblicher Schöne sie einst zu v. beschlossen (Klopstock, Messias 1, 76 ff.); dein neuer Koog ist ein fressend Werk, was du uns gestiftet hast! ... nun frißt er uns auch den alten Deich, und wir sollen ihn v.! (Storm, Schimmelreiter 125).

ver|nich|ten ⟨sw. V.; hat⟩ [mhd. vernihten]: *völlig zerstören, gänzlich zunichte machen:* Briefe, Akten, Unterlagen v.; das Feuer vernichtete einen Teil des Gebäudes; das Unwetter hat die Ernte vernichtet; Unkraut, Schädlinge v. *(ausrotten, vertilgen);* der Gegner erlitt eine vernichtete Niederlage; Kreisky wird den Beweis für diese Behauptung nach dem für die SPÖ vernichtenden Wahlergebnis nicht antreten müssen (Wiener 11, 1983, 83); den Feind vernichtend schlagen; Ü jmds. Hoffnungen v.; ... ein totalitäres ... Zwangssystem ..., das durch die Politisierung aller Lebensbereiche jegliche persönliche Freiheit vernichtet (Fraenkel, Staat 305); ... weil der Glaube an die Liebe in ihm vernichtet ist (Thieß, Reich 567); ein vernichtender *(absolut negative)* Kritik; ein vernichtender Blick *(ein Blick voller Verachtung, Tadel, Vorwurf)* traf ihn; **Ver|nich|ter,** der; -s, -: *jmd., der etw. vernichtet:* ... Ludwig XI. ... der durchtriebene, aber überaus erfolgreiche V. des Hauses Burgund (Scholl-Latour, Frankreich 608); **Ver|nich|te|rin,** die; -, -nen: w. Form zu ↑ Vernichter; **Ver|nich|tung,** die; -, -en: *das Vernichten, Vernichtetwerden;* **Ver|nich|tungs|feld|zug,** der (bes. Milit.): *Feldzug* (1), *mit der der Gegner völlig vernichtet werden soll;* **Ver|nich|tungs|haft,** die: *Haft, durch die ein Häftling mit gezielten Maßnahmen physisch u. psychisch zugrunde gerichtet wird;* **Ver|nich|tungs|ka|pa|zi|tät,** die: *zur Vernichtung eines Gegners verfügbare Kapazität* (2): ... bedroht und behütet zugleich von der gegenseitigen thermonuklearen V. der Supermächte (J. Fischer, Linke 24); **Ver|nich|tungs|kraft,** die: vgl. Vernichtungskapazität; **Ver|nich|tungs|krieg,** der: *Vernichtungsfeldzug;* **Ver|nich|tungs|la|ger,** das: *Konzentrationslager, in dem die Gefangenen einer Massenvernichtung ausgeliefert sind;* **Ver|nich|tungs|po|ten|ti|al,** das: *Potential* (1) *an Vernichtungswaffen;* **Ver|nich|tungs|waf|fe,** die: *Waffe, die mit ihrer verheerenden Wirkung einen Gegner völlig vernichten kann;* **Ver|nich|tungs|werk,** das: *Werk* (2) *der Vernichtung,* **Ver|nich|tungs|wut,** die (selten): vgl. Zerstörungswut.

ver|nickeln[1] ⟨sw. V.; hat⟩: *mit Nickel überziehen:* Metalle v.; **Ver|nicke|lung**[1]**, Ver|nick|lung,** die; -, -en: *das Vernickeln.*

ver|nied|li|chen ⟨sw. V.; hat⟩: *als unbedeutender, geringfügiger, harmloser hinstellen; verharmlosen:* einen Fehler v.; ... die Konturen der Problematik sind verwischt und die Sorgen der Betroffenen verniedlicht (MM 29. 9. 77, 41); **Ver|nied|li|chung,** die; -, -en: *das Verniedlichen.*

ver|nie|ten ⟨sw. V.; hat⟩: *nietend verbinden, verschließen;* **Ver|nie|tung,** die; -, -en: **1.** *das Vernieten.* **2.** *vernietete Stelle.*

Ver|nis mou [vɛrniˈmu], das; - - [frz. vernis mou, eigtl. = weicher Firniß] (bild. Kunst): *Radierung, bei der die Metallplatte mit einem weichen Lack- od. Wachsschicht überzogen u. mit einem dünnen Papier abgedeckt wird;* **Ver|nis|sa|ge** [...ˈsaːʒə], die; -, -n [frz. (jour de) vernissage, zu: vernis = Lack, Firnis, eigtl. = Firnistag] (bildungsspr.): *Eröffnung einer Ausstellung, bei der die Werke eines lebenden Künstlers [in kleinerem Rahmen mit geladenen Gästen] vorgestellt werden:* eine V. veranstalten; so erschien er oft auf Empfängen und -n (Wellershoff, Körper 15).

Ver|nunft, die; - [mhd. vernunft, ahd. vernumft, zu ↑ vernehmen in der veralteten Bed. „erfassen, ergreifen", urspr. = Erfassung, Wahrnehmung]: *geistiges Vermögen des Menschen, Einsichten zu gewinnen, Zusammenhänge zu erkennen, etw. zu überschauen, sich ein Urteil zu bilden u. sich in seinem Handeln danach zu richten:* die menschliche V.; ... seine rechnerische, kalte V. gibt einer erschöpften, friedensbedürftigen Welt mehr Zuversicht als das ... Genie Napoleons (St. Zweig, Fouché 184); das gebietet mir die V.; politische V. walten lassen; keine V. haben; er hat gegen alle Regeln der V., gegen alle V. darauf bestanden; er handelte ohne V. *(ohne nachzudenken, ohne Überlegung);* Jeder Mensch von V. *(jeder vernünftige Mensch)* wisse und habe die Beweise dafür, daß ... (Fest, Im Gegenlicht 243); * **V. annehmen/zur Vernunft kommen** (↑ Räson); **jmdn. zur V. bringen** (↑ Räson): Ein Messerstich ... würde genügen ... Er mußte sich zur V. rufen (M. Walser, Seelenarbeit 232); **ver|nunft|be|gabt** ⟨Adj.⟩: *Vernunft besitzend:* der Mensch als -es Wesen; **Ver|nunft|be|griff,** der (Philos.): *(bei Kant) von der Vernunft hervorgebrachte, transzendentale Idee* (1 b); **Ver|nunft|ehe,** die: *nur aus Vernunft, nicht aus Liebe geschlossene Ehe;* **Ver|nünf|te|lei,** die; -, -en (veraltend abwertend): **1.** ⟨o. Pl.⟩ *das Vernünfteln:* V. betreiben. **2.** *vernünftelnde Äußerung;* **ver|nünf|teln** ⟨sw. V.; hat⟩ (veraltend abwertend): *scheinbar mit Vernunft, scharfsinnig argumentieren, sich über etw. auslassen (aber den eigentlichen, tieferen Sinn von etw. nicht erfassen);* **ver|nunft|gemäß** ⟨Adj.⟩: *menschlicher Vernunft entsprechend:* -es Handeln; **Ver|nunft|glau|be,** (auch:) **Ver|nunft|glau|ben,** der: *[allzu] großes Vertrauen auf menschliche Vernunft, das vernunftgemäße Handeln der Menschen;* **Ver|nunft|grund,** der ⟨meist Pl.⟩: *von der Vernunft bestimmter Grund* (5), *Beweggrund:* etw. nur aus Vernunftgründen tun; **Ver|nunft|hei|rat,** die: vgl. Vernunftehe; **ver|nünf|tig** ⟨Adj.⟩ [mhd. vernünftic]: **1. a)** *Vernunft besitzend, sich in seinem Handeln davon leiten lassend; voller Vernunft, einsichtig u. besonnen:* eine -e Frau; ein -er Politiker; er ist schon sehr v., sonst ganz v.; sei doch v.!; Sieh einer an, sie schien ja wieder einigermaßen v. geworden zu sein (Hausmann, Abel 134); v. denken, reden, handeln; **b)** *von Vernunft zeugend; sinnvoll, einleuchtend, überlegt:* eine -e Rede, Frage, Antwort, Ansicht; ein -er Plan, Vorschlag, Rat; eine -e Lebensweise; sie versuchen, eine -e Lösung zu finden; Trotz der ... Regelungen, mit denen man einen -en Machtausgleich zwischen Staat und Zentralbank herzustellen versucht (Fraenkel, Staat 365); mit ihm kann man kein -es Wort reden *(kann man sich nicht vernünftig unterhalten);* seine Argumente, Einwände, Gründe sind sehr v.; eine solche Fahrweise ist einfach nicht v.; es wäre das -ste gewesen, gleich aufzubrechen. **2.** (ugs.) *der Vorstellung von etw., den Erwartungen entsprechend; ordentlich* (4 a), *richtig* (2 b): sie suchen eine -e Wohnung; weißt du ein -e Mittel dagegen?; er soll einen -en Beruf lernen; endlich mal wieder -es Wetter; ein -es *(gutes)* Buch lesen; ich möchte gerne ein -es Stück Fleisch essen; eine Stadt mit optimalen Lebensbedingungen; -e Lebenshaltungskosten, alle Einkaufsmöglichkeiten ... (Südd. Zeitung 1. 3. 86, 79); Und im Lagerhaus gebe es nun karierte Arbeitshemden zu einem -en *(erschwinglichen)* Preis (Frischmuth, Herrin 41); So konnte man natürlich nicht v. arbeiten (Süskind, Parfum 236); zieh dich mal v. an!; ⟨subst.:⟩ er soll etw. Vernünftiges lernen, essen; **ver|nünf|ti|ger|wei|se** ⟨Adv.⟩:

aus Vernunft, Einsicht; aus Vernunftgründen: Als man v. den Alkoholausschank in Autobahnrestaurants untersagte, da schrien die Betroffenen ... auf (NZZ 30. 6. 84, 9); **Ver|nünf|tig|keit,** die; - [spätmhd. vernünftigkeit] (seltener): *das Vernünftigsein; vernünftige* (1 b) *Haltung:* Die Sozialdemokratie zerstörte und verhinderte mit ihrer falschen V., was im Deutschland jener Monate geschehen wollte ... (Sloterdijk, Kritik 776); **Ver|nünft|ler,** der; -s, - (veraltend abwertend): *jmd., der vernünftelt;* **Ver|nünft|le|rin,** die; -, -nen (veraltend abwertend): w. Form zu ↑Vernünftler; **Ver|nunft|mensch,** der: *jmd., der sich von der Vernunft, von vernunftgemäßen Überlegungen, nicht von Gefühlen leiten läßt;* **Ver|nunft|schluß,** der (Philos.): *auf die Vernunft gegründeter, nicht durch empirisches Wissen gewonnener Schluß* (2 b); *Logismus* (1); **ver|nunft|wid|rig** ⟨Adj.⟩: *menschlicher Vernunft nicht entsprechend;* **Ver|nunft|wid|rig|keit,** die; -, -en: **a)** ⟨o. Pl.⟩ *das Vernunftwidrigsein;* **b)** *vernunftwidrige Aussage, Äußerung.*
ver|nu|ten ⟨sw. V.; hat⟩: *durch Nuten verbinden;* **Ver|nu|tung,** die; -, -en: *das Vernuten.*
ver|nut|zen ⟨sw. V.; ist⟩ (veraltet): *abnutzen:* ... aber diese Wendung mit der Geisterhand ist journalistisch vernutzt (Strittmatter, Der Laden 626).
ver|öden ⟨sw. V.⟩ [spätmhd. vrœden, ahd. farōdjan = unbewohnt machen]: **1.** ⟨ist⟩ **a)** *öde* (1), *menschenleer werden:* die kleinen Dörfer, Landgüter verödeten; verödete Häuser, Straßen; In dem verödeten Restaurant ... hatte er wohl jahrelang seine Mahlzeiten eingenommen (K. Mann, Wendepunkt 208); **b)** *öde* (2), *unfruchtbar werden:* das Land verödet immer mehr; Ü daß die politische Debatte verödet, wenn sich immer nur die beiden nämlichen Mannschaften gegenüberstehen (Augsburger Allgemeine 10./11. 6. 78, 2); Sein Herz ist verödet (Erich Kästner, Schule 57). **2.** (Med.) **a)** *(krankhaft erweiterte Gefäße) durch entsprechende Injektionen ausschalten, stillegen* ⟨hat⟩: Krampfadern v.; **b)** *zu einer Obliteration* (2) *führen* ⟨ist⟩; **Ver|ödung,** die; -, -en: *das Veröden.*
ver|öf|fent|li|chen ⟨sw. V.; hat⟩: **a)** *der Öffentlichkeit zugänglich machen, bekanntmachen, bes. durch Presse, Funk, Fernsehen:* die Rede eines Politikers in den Medien, in der Presse v.; der Text wurde im Wortlaut veröffentlicht; Zwei Tage später veröffentlichte die „Prawda" ein Interview mit Stalin (Leonhard, Revolution 258); **b)** *publizieren:* Aufsätze, ein Buch bei einem Verlag, in zwei Sprachen v.; Und wartet darauf, daß seine Firma endlich die Langspielplatten veröffentlicht, die er in den letzten Monaten aufgenommen hat (Freizeitmagazin 12, 1978, 14); der Roman wurde in Fortsetzungen veröffentlicht; **Ver|öf|fent|li|chung,** die; -, -en: **1. a)** *das Veröffentlichen, Publikation* (2). **2.** *veröffentlichtes Werk, Publikation* (1).
ver|ölen ⟨sw. V.; ist⟩: *mit Öl verschmutzt, ölig werden:* im Laufe der Zeit verölte der Motor immer mehr; ⟨häufig im 2. Part.:⟩ eine verölte Maschine; am Strand lagen verölte Vögel.
Ve|ro|na: Stadt in Italien; **Ve|ro|ne|se,** der; -n, -n, ¹**Ve|ro|ne|ser,** der; -s, -: Ew.; ²**Ve|ro|ne|ser** ⟨indekl. Adj.⟩; **Ve|ro|ne|se|rin,** die; -, -nen: w. Form zu ↑ ¹Veroneser; **Ve|ro|ne|sin,** die; -, -nen: w. Form zu ↑Veronese.
Ve|ro|ni|ka [ve...], die; -, ...ken [nach der heiligen Veronika]: ²*Ehrenpreis.*
ver|opern ⟨sw. V.⟩: *einen Text zur Oper umschreiben:* ein Libretto v.; ... weil dieses Epos eben nicht von Wagner veropert wurde (Rheinpfalz 19. 10. 91, 38); **Ver|ope|rung,** die; -, -en: *das Veropern, Veropertwerden.*
ver|ord|nen ⟨sw. V.; hat⟩: **1.** *als Arzt bestimmte Maßnahmen für einen Patienten festlegen; ärztliche Anordnungen treffen:* jmdm. ein Medikament, eine Kur, Diät, Bäder, Massagen v.; der Arzt hat mir eine Brille, Bettruhe verordnet. **2.** (selten) *von amtlicher, dienstlicher Seite anordnen, festsetzen; verfügen; dekretieren:* strenge Maßnahmen v.; jmdm. Stillschweigen v.; Wenn den Großen gelegentlich ... eine Strafe verordnet wurde, durften sie ein paar Tage nicht reiten (Dönhoff, Ostpreußen 79); Selbst beim Marktführer Thyssen ist ... für mehr als 17 000 Beschäftigte Kurzarbeit verordnet worden (NZZ 5. 11. 82, 12); der Stadtrat verordnete, daß ...; **Ver|ord|nung,** die; -, -en: **1.** *das Verordnen.* **2.** *[schriftlich] verordnete Maßnahme;* **Ver|ord|nungs|blatt,** das: *amtliche Verordnungen enthaltende Publikation.*
ver|or|ten ⟨sw. V.; hat⟩ (bes. Soziol.): *einen festen Platz in einem bestimmten Bezugssystem zuweisen:* Sexualität ist eine existentielle Lebensäußerung, die recht genau in der Gesamtkultur verortet und in gesellschaftlichen Formen der Körpernutzung gebunden ist (Kursbuch 88, 1987, 121); **Ver|or|tung,** die; -, -en (bes. Soziol.): *das Verorten, Verortetwerden.*
ver|paa|ren ⟨sw. V.; hat⟩ (Zool.): **a)** ⟨v. + sich⟩ *ein Paar bilden:* sich verpaarende Vögel; **b)** (selten) *paaren* (1 b).
ver|pach|ten ⟨sw. V.; hat⟩: *im Rahmen einer Pacht* (1 a) *zur Benutzung überlassen:* Geschäftsräume, Grundstücke v.; er hat die Hallen einer ausländischen Firma/an eine ausländische Firma verpachtet; **Ver|päch|ter,** der; -s, -: *jmd., der etw. verpachtet hat;* **Ver|päch|te|rin,** die; -, -nen: w. Form zu ↑Verpächter; **Ver|pach|tung,** die; -, -en: *das Verpachten.*
ver|packen¹ ⟨sw. V.; hat⟩: *fest in etw. packen u. so zum Versenden, Transportieren, zu längerem Aufbewahren herrichten:* Bücher, Porzellan, Gläser sorgfältig v.; die Waren werden maschinell verpackt; soll ich Ihnen die Vase als Geschenk v.?; alles in eine/(auch:) einer Kiste v.; steril, luftdicht, wasserdicht verpacktes Verbandszeug; Ü sie hatte die Kinder in Wolldecken verpackt; Christo verpackt *(verhüllt kunstvoll in Tücher, Stricke o. ä.)* den Reichstag (MM 26./27. 2. 94, 1); Diplomatisch verpackte er seine Kritik am Kurs des Kanzlers in zahlreichen Fragen (Spiegel 7, 1981, 22); Anders war nur die Musik, in die die Texte verpackt waren (Oxmox 9, 1984, 20); **Ver|packung**¹, die; -, -en: **1.** ⟨o. Pl.⟩ *das Verpacken, Verpacktwerden:* der Schaden ist bei der V. passiert. **2.** *Material, Hülle, Umhüllung zum Verpacken:* die V. wegwerfen, sorgfältig entfernen; **Ver|packungs|flut**¹, die; -: *Überfülle, Flut* (2) *von Verpackungsmaterial:* in ... Mehrweg-Baumwolltragetaschen ... sehen wir einen Beitrag zur Eindämmung der V. (natur 2, 1991, 76); **Ver|packungs|künst|ler**¹, der: *Künstler, der Bauwerke u. Landschaften mit Folie, Stoff o. ä. kunstvoll drapiert, verhüllt:* Geplant: ... V. Christo vor Florida (Spiegel 19, 1983, 228); **Ver|packungs|künst|le|rin**¹, die; -, -nen: w. Form zu ↑Verpackungskünstler; **Ver|packungs|ma|schi|ne**¹, die; -: *Maschine od. Anlage zur Herstellung einer Verpackung, zum Abpacken bzw. Abfüllen bestimmter Mengen eines Produkts u. zur Dekorierung u. Beschriftung der Verpackung;* **Ver|packungs|ma|te|ri|al**¹, das; -s, -ien: *Verpackung* (2); **Ver|packungs|vor|schrift**¹, die: *Vorschrift für das Verpacken von Waren.*
ver|paf|fen ⟨sw. V.; hat⟩ (ugs. abwertend): *verrauchen* (2).
◆ **ver|pa|li|sa|die|ren,** sich ⟨sw. V.; hat⟩ [zu ↑Palisade]: *sich verschanzen* (1 b): ... und keine Stütze hat ... als den Stand, in den sie sich verpalisadiert (Goethe, Werther II, 24. Dezember 1771).
ver|pan|schen ⟨sw. V.; hat⟩ (ugs.): *panschen* (1).
ver|päp|peln ⟨sw. V.; hat⟩ (ugs.): *verwöhnen u. dadurch verweichlichen, verzärteln:* du darfst das Kind nicht so v.
ver|pas|sen ⟨sw. V.; hat⟩ [1: zu veraltet passen (1; aufpassen; 2: vgl. abpassen (2)]: **1. a)** *nicht rechtzeitig dasein, kommen u. deshalb nicht erreichen, nicht antreffen:* den Zug, das Flugzeug, den Anschluß v.; sie hat den letzten Bus verpaßt; er hat seine Frau verpaßt; wir haben uns um einige Minuten verpaßt; Wäre er zwei Minuten später gekommen, hätte er Gertrudes Anruf verpaßt (Dorpat, Ellenbogenspiele 54); der Sänger hat den Einsatz verpaßt *(hat nicht rechtzeitig eingesetzt);* ... drückte er sich vor den Wochenendfahrten, ... wo Erbsensuppe in einem Bottich gekocht wurde und er den heimischen Sonntagskarpfen oder das Schnitzel verpaßte (Loest, Pistole 41); **b)** *ungenutzt vorübergehen lassen; nicht zum richtigen Zeitpunkt nutzen:* eine Chance, günstige Gelegenheit v.; er hat immer Angst, er könnte etwas v.; ein Film, den man nicht v. sollte *(der man sich ansehen sollte, solange noch Gelegenheit dazu ist);* er verpaßte den Rekord *(nutzte nicht die Chance, ihn zu brechen);* Vor zwei Jahren hat Alain Prost den WM-Titel um zwei Punkte ... verpaßt (Basler Zeitung 2. 10. 85, 47). **2.** (ugs.) *jmdm., ohne seine Wünsche zu berücksichtigen, gegen seinen Willen etw. meist Unangenehmes geben:* den Rekruten in der Kleiderkammer Uniformen v.; der Arzt verpaßte ihm eine Spritze; Natürlich war Vater wütend und verpaßte mir zwei Tage Fernsehsperre (Loest, Pistole 205); wer hat dir denn diesen Haarschnitt verpaßt?; jmdm. eine Kugel, einen Schuß v.; jmdm. einen Denkzettel, eine Ohrfeige, einen Tritt, eine Tracht Prügel v.; jmdm.

verpatzen

einen Rüffel v. *(jmdn. tadeln)*; *****jmdm. eins/eine v.** (ugs.; *jmdm. einen Schlag versetzen*).
ver|pạt|zen ⟨sw. V.; hat⟩ (ugs.): *durch Patzen* (1) *verderben:* der Schneider hat den Anzug ziemlich verpatzt; sie hat die ganze Aufführung verpatzt; der Eiskunstläufer verpatzte seine Kür, mehrere Sprünge; du hast mir alles, den ganzen Abend verpatzt; ein verpatztes Leben, eine verpatzte Chance; Nach verpatztem Start steuert der ... Europapokalsieger seinen vierten Meistertitel ... an (Saarbr. Zeitung 28. 12. 79, 8).
ver|pẹn|nen ⟨sw. V.; hat⟩ (salopp): **1.** ¹*verschlafen* (1): verpennt haben; Detlef jedenfalls hatte das nicht gebracht, dreimal verpennt und mußte seine Koffer packen (Christiane, Zoo 300). **2. a)** ¹*verschlafen* (2 a): den Tag [im Bett] v.; **b)** ¹*verschlafen* (2 b): einen Termin, den Aufbruch v.; sie hat den Zug, das Schiff verpennt; eine Entwicklung, den Ausstieg aus der Atomenergie v.; ... und ich verpenne alles, was ich zu erledigen habe (Kinski, Erdbeermund 185); **ver|pẹnnt** ⟨Adj.; -er, -este⟩ (salopp): ²*verschlafen:* -e Gesichter; total v. aussehen.
ver|pẹs|ten ⟨sw. V.; hat⟩ (abwertend): *mit üblen Gerüchen erfüllen, mit schädlichen, übelriechenden Stoffen verderben:* Abgase verpesten die Luft; daß oft über lange Zeit Lkw warmlaufen und damit die Umwelt zusätzlich verpesten (Freie Presse 6. 12. 89, 5); Vier Stunden lang mußte die Zuhörerschaft eine verpestete *(durch Zigarettenrauch verbrauchte)* Luft einatmen (Saarbr. Zeitung 30. 11. 79, 38); Ü die politische Atmosphäre v.; **Ver|pẹ|stung**, die; -, -en ⟨Pl. selten⟩: *das Verpesten.*
ver|pẹt|zen ⟨sw. V.; hat⟩ (bes. Schülerspr. abwertend): *(bes. dem Lehrer, den Eltern) mitteilen, daß ein anderer etw. Unerlaubtes, Unrechtmäßiges getan hat u. ihn dadurch in Mißkredit bringen; etw. verraten:* einen Mitschüler beim Lehrer v.; Warum hat der Alte im Gefängnis die beiden verpetzt? (Petersen, Resonanz 52); „Nichts verpetzen", mahnte Irene (Bieler, Bär 373).
ver|pfäh|len ⟨sw. V.; hat⟩: *mit Pfählen, Pfahlwerk versehen, befestigen;* **Ver|pfählung**, die; -, -en ⟨Pl. selten⟩: *das Verpfählen.*
ver|pfän|den ⟨sw. V.; hat⟩ [mhd. verphenden]: *als Pfand* (1 a) *geben, beleihen lassen:* sein Haus, seinen gesamten Besitz v.; Der Bär trägt den Hochzeitsrock aus schwarzem Tuch ... und zwischen Westenknopf und Westentasche eine vergoldete Kette, an deren Ende ein Lotblei hängt, weil die Uhr verpfändet ist (Bieler, Bär 21); Ü sein Wort, seine Ehre für etw. v. (geh.; *etw. ganz fest, feierlich versprechen*); **Ver|pfän|dung**, die; -, -en: *das Verpfänden.*
ver|pfei|fen ⟨st. V.; hat⟩ [zu ↑pfeifen (9)] (ugs. abwertend): **1.** *anzeigen, denunzieren* (1), *verraten:* Mithäftlinge, seine früheren Kumpane [bei der Polizei] v.; Eine Volksgenossin ... hat diese Parasiten am Volkskörper ... verpfiffen (Zeller, Amen 193); Die Polizei hat seit eh und je davon profitiert, daß Kriminelle sich gegenseitig verpfeifen (Lindlau, Mob 317); Keinen einzigen Namen hab' ich verpfiffen (Degener, Heimsuchung 51). **2.** ⟨sich + v.⟩ *sich davonmachen, verschwinden:* verpfeift euch endlich!; Dann verpfiff ich mich erstmal aus der Gegend (BM 30. 8. 1971, 11).
ver|pflạn|zen ⟨sw. V.; hat⟩: **1.** *an eine andere Stelle pflanzen* (1): einen Baum, Strauch v.; Ü alte Menschen lassen sich ungern v.; Aber M. gehörte nicht nach Weidenhoff. Er war zufällig hierher verpflanzt. ... Er konnte jeden Tag aufbrechen und fort sein (Hollander, Akazien 68). **2.** *transplantieren:* eine Niere v.; An der Hamburger Universitätsklinik wird Kindern, die eine neue Leber brauchen, ein Teilstück der Leber eines Elternteils ... verpflanzt (Welt 4. 2. 92, 21); **Ver|pflạn|zung**, die; -, -en: *das Verpflanzen.*
ver|pfle|gen ⟨sw. V.; hat⟩ [mhd. verpflegen]: *mit Nahrung versorgen:* sich selbst v. müssen; nur kalt verpflegt werden *(nur kalte Verpflegung bekommen);* **Ver|pfle|gung**, die; -, -en: **1.** ⟨o. Pl.⟩ *das Verpflegen, Verpflegtwerden.* **2.** ⟨Pl. selten⟩ *Essen, Nahrungsmittel zum Verpflegen:* warme, kalte V.; **Ver|pfle|gungs|geld**, das: *für die Verpflegung zur Verfügung gestelltes, erstattetes Geld;* **Ver|pfle|gungs|satz**, der: *Ration.*
ver|pflich|ten ⟨sw. V.; hat⟩ [mhd. verphlichten]: **1. a)** *durch eine bindende Zusage auf etw. festlegen; versprechen lassen, etw. zu tun:* jmdn. feierlich, durch Eid, durch Handschlag v.; Beamte auf die Verfassung v.; jmdn. zu einer Zahlung, zu Stillschweigen v.; er hat ihn dazu/(selten:) darauf verpflichtet, die Aufsicht zu übernehmen; Das Oberste Gericht verpflichtete daraufhin die Regierung, die Sommerzeit so rasch wie möglich einzuführen (Bund 9. 8. 80); **b)** ⟨v. + sich⟩ *etw. ganz fest zusagen; sich vertraglich v., die Arbeit zu übernehmen;* er hat sich, er ist zu dieser Zahlung verpflichtet; **2. a)** *für eine bestimmte, bes. eine künstlerische Tätigkeit einstellen, unter Vertrag nehmen; engagieren* (2 a): einen Sänger, Schauspieler ans Stadttheater, nach Berlin v.; er wurde auf drei Jahre für dieses Amt, als Trainer verpflichtet; Der 25jährige Mittelfeldspieler wurde vor drei Monaten vom englischen Erstdivisionär West Bromwich Albion verpflichtet (Kicker 6, 1982, 21); Seine Tochter war trotz der zwei kleinen Buben für den Zustelldienst verpflichtet worden (Kühn, Zeit 247); **b)** ⟨v. + sich⟩ *sich für eine bestimmte, bes. eine künstlerische Tätigkeit vertraglich binden:* er hat sich auf/für drei Jahre verpflichtet; ... ausschließlich aus geworbenen Freiwilligen ..., die sich gegen Entlohnung zu langjährigem Militärdienst verpflichten (Fraenkel, Staat 368). **3.** *jmdm. als Pflicht auferlegen; ein bestimmtes Verhalten, eine bestimmte Handlungsweise erforderlich machen, von jmdm. verlangen:* sein Versprechen, sein Eid verpflichtet ihn zum Gehorsam; der Kauf des ersten Bandes verpflichtet zur Abnahme des gesamten Werks; er fühlte sich verpflichtet, ihr zu helfen; gesetzlich, moralisch, vertraglich zu etw. verpflichtet sein; das verpflichtet dich zu nichts; ich bin Ihnen zu Dank verpflichtet *(bin Ihnen Dank schuldig);* ich bin, fühle mich ihm verpflichtet *(ich bin ihm etwas schuldig);* bin ich verpflichtet/verpflichtet mich etwas zu kommen? *(muß ich aus irgendeinem Grunde kommen?);* er ist als Komponist, seine Kompositionen sind diesen großen Meister verpflichtet (geh.; *in starkem Maße von ihm beeinflußt, von ihm abhängig*); verpflichtende Grundsätze; Václav Havel ... Der den humanistischen Traditionen der tschechischen Kultur verpflichtete Intellektuelle (Freie Presse 3. 1. 90, 4); **Ver|pflich|tung**, die; -, -en: **1.** *das Verpflichten* (1 a), *Verpflichtetwerden:* die V. der Beamten auf den Staat. **2.** *das Verpflichten* (2 a), *Engagieren* (2 a): die V. neuer Künstler ans Stadttheater. **3. a)** *das Verpflichtetsein zu etw.; Tätigkeit, zu der jmd. verpflichtet ist:* dienstliche, berufliche, vertragliche, familiäre, gesellschaftliche -en; eine V., -en eingehen, übernehmen, auf sich nehmen, einhalten, erfüllen; keine anderweitigen -en haben; etw. erlegt jmdm. eine moralische V., hohe, schwere -en auf; ich habe die V., ihm zu helfen; sie waren dieser V. enthoben; seinen -en gewissenhaft nachkommen; **b)** ⟨meist Pl.⟩ *Schulden:* er hat ungeheure [finanzielle] -en; die Firma konnte ihren -en [gegenüber der Bank] nicht mehr nachkommen; **Ver|pflichtungs|ge|schäft**, das (Wirtsch., Rechtsspr.): *Rechtsgeschäft, bei dem für jmdn. Schulden entstehen.*
ver|pfrün|den ⟨sw. V.; hat⟩ (südd., schweiz.): *[gegen eine einmalige Zahlung od. Übereignung] durch lebenslänglichen Unterhalt versorgen:* sie haben die alte Bäuerin verpfründet; **Ver|pfrün|dung**, die; -, -en (südd., schweiz.): *das Verpfründen.*
ver|pfu|schen ⟨sw. V.; hat⟩ (ugs.): *durch Nachlässigkeit, Unachtsamkeit, liederliches Arbeiten verderben, zunichte machen, zerstören:* eine Arbeit v.; sie hat die Zeichnung, das Kleid völlig verpfuscht; ein verpfuschtes Foto; Ü sein Leben, seine Karriere v.; Sie (= Kinder) werden erst geprägt, und auf diese Weise werden sie lebenslang verpfuscht und verelenden seelisch (Zeit 3. 4. 92, 97); eine verpfuschte Kindheit.
ver|pi|chen ⟨sw. V.; hat⟩ [mhd. verbichen, vgl. ↑Pech; vgl. erpicht] (Fachspr.): *pichen:* Fässer v.; ***auf etw. verpicht sein** (↑erpicht).
ver|pie|seln, sich ⟨sw. V.; hat⟩ [zu ↑pieseln] (landsch. salopp): **1.** *versickern, sich verlaufen:* das Wasser verpieselt sich; Ü die Angelegenheit hat sich verpieselt; Versprecher verpieseln sich in einer Rundfunkübertragung. **2.** *sich [heimlich] entfernen, sich [unbemerkt] davonmachen, verschwinden:* es wird Zeit, daß wir uns verpieseln; verpieselt euch endlich!
ver|pim|peln ⟨sw. V.; hat⟩ [zu ↑pimpeln] (ugs.): *durch übertriebene Fürsorge, aus Ängstlichkeit verweichlichen:* die Kinder v.; verpimpele dich nicht so!; Ein Wunder eigentlich ..., daß solch eine Trantüte wie der Otto, so ein von der Mutter verpimpeltes Söhnchen, sich solch ein Prachtmädel einhandeln konnte (Fallada, Jeder 22).
ver|pin|keln ⟨sw. V.; hat⟩ (salopp): *mit*

Urin verunreinigen: die Ecken im Keller v.; verpinkelte Unterhosen.
ver|pin|seln ⟨sw. V.; hat⟩: *pinselnd, streichend verbrauchen:* die ganze Ölfarbe v.
ver|pis|sen ⟨sw. V.; hat⟩ [2: eigtl. = sich entfernen, um zu pissen]: **1.** (derb) *verpinkeln, mit Urin verunreinigen:* die Betten v.; ... verpiß dir nur vor lauter Papaspielen nicht das Hemd! (Ossowski, Flatter 35); Der (= Spielplatz) bestand aus verpißtem Sand (Christiane, Zoo 24). **2.** ⟨v. + sich⟩ (salopp) *sich [heimlich] entfernen, [unbemerkt] davongehen; sich davonmachen:* wir sollten uns schleunigst v.!; Mensch, verpiß dich! *(mach, daß du wegkommst!);* Die Meute hat sich doch bestimmt längst verpißt (Schnurre, Ich 129).
ver|pla|nen ⟨sw. V.; hat⟩: **1.** *fehlerhaft planen* (a): ein Projekt v. **2.** *für bestimmte Pläne, Vorhaben vorsehen:* sein Geld, seine Freizeit verplant haben; Der einzelne kann sich wie ein Kind v. und organisieren lassen (Richter, Flüchten 46); Auf Monate hinaus ist sie verplant *(hat sie keinen freien Termin mehr;* Hörzu 52, 1972, 10); **Ver|pla|nung,** die; -, -en: *das Verplanen.*
ver|plap|pern, sich ⟨sw. V.; hat⟩ (ugs.): *aus Versehen etw., was geheim bleiben sollte, aussprechen, ausplaudern:* er merkte zu spät, daß er sich verplappert hatte; Wenn sie nichts wußte, konnte sie auch nichts aussagen, nicht sich v., nicht schwatzen, konnte sie sich also auch nicht in Gefahr bringen (Fallada, Jeder 57).
ver|plat|ten ⟨sw. V.; hat⟩: *mit Platten* (1) *bedecken, verkleiden, auskleiden:* eine Wand, einen Raum v.
ver|pläl|ten ⟨sw. V.; hat⟩ (ugs.): *verprügeln, mit Schlägen traktieren:* den werden wir mal ordentlich v.; * **jmdm. eins v.** (ugs.; **1.** jmdm. einen Schlag versetzen. **2.** jmdn. mit einem Schuß treffen).
ver|plau|dern ⟨sw. V.; hat⟩: **1. a)** *plaudernd verbringen:* den Abend v.; wir ... verplauderten noch ein rundes Stündchen (Grass, Blechtrommel 578); **b)** ⟨v. + sich⟩ *zu lange Zeit mit Plaudern, Erzählen verbringen:* jetzt habe ich mich, haben wir uns doch ganz schön verplaudert. **2.** (selten) *ausplaudern* (1): Alle Verschworenen ... mustern ängstlich die Gesichter ihrer Kollegen: hat einer von ihnen, und welcher, das gefährliche Geheimnis verplaudert? (St. Zweig, Fouché 69).
ver|plem|pern ⟨sw. V.; hat⟩: **1.** (ugs.) *vergeuden, ²verzetteln* (1a): sein Geld, Zeit v.; ... werden Energiereserven verplempert, von denen jedermann weiß, daß sie sehr endlich sind (Welt 13. 8. 86, 9); Bonn verplempert Millionen für umstrittene Forschungsprojekte (Spiegel 3, 1977, 55). **2.** (ugs.) ⟨v. + sich⟩ *seine Zeit, die Möglichkeiten zu sinnvoller Betätigung sinnlos vertun:* sich als Künstler v.; du wirst nie etwas erreichen, wenn du dich mit solchen Dingen verplemperst; Es scheint nun mal das Schicksal großer Männer zu sein, sich an kleine Frauen zu v. (Goetz, Prätorius 52). **3.** (landsch.) *verschütten, versehentlich vergießen:* Soße, Schnaps v.; Die Milchmädchen schütten und Karbol ... auf die Schwelle der Konsumläden so gleichmütig, wie sie ihre

tägliche Milch verplemperten (Reinig, Schiffe 93).
ver|plom|ben ⟨sw. V.; hat⟩: *plombieren* (1): einen Wagen, ein Zimmer v.; Ein anderer Zeuge sagt, daß Müller offensichtlich keine verplombten Kanister, sondern loses Benzin erwerben wollte (Noack, Prozesse 51); **Ver|plom|bung,** die; -, -en: **1.** *das Verplomben.* **2.** *Plombe* (1).
ver|po|li|ti|sie|ren ⟨sw. V.; hat⟩ (abwertend): *übermäßig, in unerwünschter Weise politisieren:* Rundfunkanstalten, Gremien v.; **Ver|po|li|ti|sie|rung,** die; - (abwertend): *das Verpolitisieren:* ... die V. des Kuratoriums, wo hauptsächlich Politsekretäre und ähnliche Herren herumsitzen (profil 39, 1993, 23).
ver|pö|nen ⟨sw. V.; hat⟩ [mhd. verpēnen = mit einer (Geld)strafe bedrohen, bei Strafe verbieten; mißbilligen, zu: pēn(e) = Strafe < lat. poena, ↑Pein] (veraltend) *für schlecht, übel, schädlich halten u. daher meiden, mißbilligen, ablehnen, verachten:* den Genuß von Alkohol v.; ⟨meist im 2. Part.:⟩ (geh.) ein verpönter Dichter; so etwas zu tun, ist dort streng verpönt; Die Mitmenschen auszubeuten gilt heute als verpönt (Gruhl, Planet 96).
ver|pop|pen ⟨sw. V.; hat⟩: *mit den Mitteln, durch die Elemente der Popkultur, Popmode verändern:* einen Film v.; ⟨meist im 2. Part.:⟩ verpoppte Melodien, Kompositionen; Der Roman ... ist kein vergagtes oder verpopptes Elaborat (Börsenblatt 62, 1968, 4314); sich gerne verpoppt *(poppig)* anziehen.
ver|po|se|ma|tuckeln¹ ⟨sw. V.; hat⟩ [H. u.] (ugs.): *verkasematuckeln* (1): Was aus den ... Flaschen ... gezischt, gekippt und verposematuckelt wird (Gesundheit 7, 1976, 205).
ver|pras|sen ⟨sw. V.; hat⟩: *prassend vergeuden:* sein ganzes Geld, sein Hab und Gut v.; Schließlich ... habe sie noch 10 000 Mark Spesen verpraßt (Spiegel 12, 1975, 122); Ü ... zwei Körbe schöner Fische, von denen sich einige immer noch wanden oder den Rest ihrer Lebenskraft mit ... rasenden Flossenschlägen verpraßten (Ransmayr, Welt 280).
ver|prel|len ⟨sw. V.; hat⟩: **1.** *durch sein Verhalten, Handeln irritieren, verärgern:* die Mitarbeiter, Kunden, Wähler v.; Ein Klub, der mit ständigen Zu-Null-Niederlagen die treueste Anhängerschaft verprellt (profil 26. 3. 84, 64); Zwei Tage darauf übten die ungestümen Genossen Vergeltung (Spiegel 41, 1967, 29). **2.** (Jägerspr.) *durch ungeschicktes Verhalten verscheuchen:* das Wild v.
ver|pro|le|ta|ri|sie|ren ⟨sw. V.; hat⟩: *ganz u. gar proletarisieren;* **Ver|pro|le|ta|ri|sie|rung,** die; -: *das Verproletarisieren.*
ver|pro|vi|an|tie|ren ⟨sw. V.; hat⟩: *mit Proviant versorgen:* ein Schiff v.; ich verproviantierte mich für die Reise; er verproviantiert seine Familie für drei Jahre im voraus (Spoerl, Maulkorb 149); **Ver|pro|vi|an|tie|rung,** die; -: *das Verproviantieren.*
ver|prü|geln ⟨sw. V.; hat⟩: *jmdn. heftig schlagen, ihn durch Prügeln mißhandeln:* ein Kind, seinen Hund v.; daß so ein jämmerlicher Mann seine dreimal so

starke Frau derartig v. könnte (Sommer, Und keiner 160); die beiden haben sich ordentlich verprügelt; ... dadurch wirken sie wie verprügelte, demütige Bernhardiner (Remarque, Westen 135).
ver|puf|fen ⟨sw. V.; ist⟩: **1.** *mit einem dumpfen Knall schwach explodieren:* das Gasgemisch, die Flamme ist plötzlich verpufft; Es (= das Autofahrerleitsystem) soll verhindern, daß Kraftstoff in Staus ungenutzt verpufft (ADAC-Motorwelt 10, 1980, 7). **2.** *ohne die vorgesehene, erhoffte Wirkung bleiben; wirkungslos, ohne Nachwirkung vorübergehen:* die ganze Aktion, sein Elan, die Pointe war verpufft; Aber ich hielt es auch für ratsam, das neugeweckte sowjetische Interesse an diesem Thema nicht u. zu lassen (W. Brandt, Begegnungen 386); ...: nichts will gelingen, meine Schreibbesessenheit scheint ins Leere v. zu wollen (Mayröcker, Herzzerreißende 69); Chancen verpuffen im luftleeren Raum! (ran 3, 1980, 9); **Ver|puf|fung,** die; -, -en: *das Verpuffen* (1).
ver|pul|vern ⟨sw. V.; hat⟩ [eigtl. = wie Schießpulver zerknallen, verpuffen lassen] (ugs.): *leichtfertig, nutzlos, sinnlos ausgeben, vergeuden:* sein ganzes Geld v.; Die hundert Mark haben wir selbstverständlich nicht verpulvert, sondern einem Fonds zur Verfügung gestellt (ADAC-Motorwelt 4, 1987, 3).
ver|pum|pen ⟨sw. V.; hat⟩ (ugs.): *verleihen.*
ver|pup|pen, sich ⟨sw. V.; hat⟩ (Zool.): *(von der Larve) sich zur Puppe* (3) *umwandeln:* Die Tsetsefliege ... gebärt lebendige Larven, die sich bald hinterher verpuppen (Grzimek, Serengeti 296); **Ver|puppung,** die; -, -en (Zool.): *das Verpuppen.*
ver|pu|sten ⟨sw. V.; hat⟩ (nordd.): *verschnaufen:* nach einer Anstrengung v.; ich muß erst einmal v.
Ver|putz, der; -es: *Putz* (1): eine Mauer, deren V. abblättert; **ver|put|zen** ⟨sw. V.; hat⟩ [2: eigtl. = reinigen, saubermachen]: **1.** *mit Putz, Mörtel versehen:* die Wände, Decken v.; die Fassade muß neu verputzt werden; ein frisch verputztes Gebäude. **2.** (ugs.) *in kurzer Zeit, ohne große Mühe essen, aufessen:* riesige Mengen Kuchen v.; Hans Moser saß in einem kleinen Künstlerlokal und verputzte eine Riesenportion Gulasch (Hörzu 25, 1975, 18). **3.** (ugs.) *vergeuden, verschwenden:* er hat in kürzester Zeit sein ganzes Geld, die Erbschaft verputzt. **4.** (Sport Jargon) *mühelos besiegen:* einen Gegner v.; Doch kurz darauf verputzte nicht nur Spaniens Tabellenführer Atlético den Hamburger Sportverein (Spiegel 17, 1977, 198); **Ver|put|zer,** der; -s, -: *jmd., der etw. verputzt, mit Stuck arbeitet o. ä.;* **Ver|put|ze|rin,** die; -, -nen: w. Form zu ↑Verputzer.
ver|qual|men ⟨sw. V.; hat⟩: **1.** (bes. von Zigaretten) *qualmend verglimmen, verbrennen:* die Zigarette verqualmt im Aschenbecher; Ü ... und im Todesangst rennenden ... wie lebendige Fackeln verqualmenden Menschen ... (Fr. Wolf, Menetekel 501). **2.** (ugs. abwertend) *bes. durch Rauchen* (2) *mit Qualm, Rauch erfüllen:* das ganze Zimmer v.; ein verqualmtes Lokal; 250 Zigaretten pro Tag zu rauchen entspricht etwa der Belastung, ei-

verquält

nen Tag lang die verqualmte Luft von Kuweit-Stadt zu atmen (natur 6, 1991, 23); Ü ... die spätmittelalterlichen ... Stadtgewalten, die in einer christlich verqualmten Brutalität vor sich hin wirtschafteten (Sloterdijk, Kritik 440). **3.** (ugs. abwertend) *verrauchen* (2).

ver|quält ⟨Adj.; -er, -este⟩: *sehr gequält*: ein -es Gesicht machen; Dann schwiegen sie in -em Mißmut und hatten nicht Lust zu Geschäften (Th. Mann, Joseph 599); er riecht ihren strohigen Geruch; v. dreht er den Kopf in ihre Richtung (Richartz, Büroroman 16).

ver|qual|sen ⟨sw. V.; hat⟩ (nordd.): *vergeuden, verschwenden*: Die weiteren Untersuchungen verquasten den Sonnabendnachmittag (Grass, Katz 95).

ver|quas|seln ⟨sw. V.; hat⟩ (ugs., oft abwertend): **1.** *verplaudern* (1 a): ... aber plötzlich verfiel sie wieder in Apathie, verdöste die Tage und verquasselte sie (Böll, Haus 155). **2.** ⟨v. + sich⟩ *sich verplappern*: paß auf, daß du dich nicht verquasselst!

ver|quast ⟨Adj.; -er, -este⟩ [Nebenf. von niederd. verdwars = verquer, vgl. dwars] (landsch.): *verworren, verquer*: -e Ideologien; Die Neigung vieler Grüner zu ... ideologisch verquerem und -em Denken erhöht auch nicht gerade ihre Anziehungskraft (natur3, 1991, 37); die Übersetzung, die Aufführung des Stücks ist total v.; ... wenn er ... nicht dermaßen v. dahergeredet hätte, dann wäre er heute vielleicht immer noch an der Regierung (Spiegel 17, 1981, 53).

ver|quat|schen ⟨sw. V.; hat⟩ (ugs.): **1.** *verplaudern* (1). **2.** ⟨v. + sich⟩ *sich verplappern*: Daß sich mir aber keiner verquatscht bei den anderen (H. Kolb, Wilzenbach 41). **3.** *zerreden*; **Ver|quatschung**, die; -: *das Verquatschen*.

ver|quel|len ⟨st. V.; ist⟩: *stark aufquellen* (1), *anschwellen*: das Holz verquillt in der Feuchtigkeit; ⟨häufig im 2. Part.:⟩ verquollene Fenster; seine Augen sind verquollen.

ver|quer ⟨Adj.⟩: **1.** *schräg, schief, quer u. nicht richtig, nicht wie es sein sollte*: eine -e Lage, Stellung; der Tisch stand etwas v. im Raum; Er ... fürchtet, sich lächerlich zu machen, oder er müßte, so v. sitzend, sich zu ihr beugen (Härtling, Hubert 99). **2.** *in etwas seltsamer Weise vom Üblichen abweichend, absonderlich, merkwürdig*: eine -e Moral; -e Vorstellungen, Ideen; Dahinter verbirgt sich eine -e Mischung von Motiven (natur 6, 1991, 100); Schittrige Leute mit 'm ganz -en Blick (Kempowski, Zeit 64); er hat sich ganz v. aufgeführt; * **jmdm. geht etw./alles v.** *(jmdm. mißlingt etw., alles; bei jmdm. verläuft etw., alles anders als gewünscht)*: heute geht mir aber auch alles v.; ... von diesem Augenblick an ging nichts mehr recht, sondern alles schief und v. bis zum äußersten (Th. Mann, Joseph 535); **jmdm. v. kommen** *(jmdm. ungelegen kommen, nicht passen)*.

ver|qui|cken[1] ⟨sw. V.; hat⟩ [eigtl. = Metalle mit ↑Quecksilber legieren]: *in enge Verbindung, in einen festen Zusammenhang bringen*: man sollte die beiden Probleme, Angelegenheiten nicht [miteinander] v.; Die Rhodesienlösung ist mit der Namibiafrage eng verquickt (Saarbr. Zeitung 22. 12. 79, 3); Leid und Glück waren im Leben Klaus Manns untrennbar miteinander verquickt (Reich-Ranicki, Th. Mann 202); Was sie hertrieb, war die Leere ihrer Gehirne ... und zu alledem hundert verquickte Interessen (H. Mann, Unrat 136); **Ver|qui|ckung**[1], die; -, -en: *das Verquicken*.

ver|quir|len ⟨sw. V.; hat⟩: *mit einem Quirl o. ä. verrühren*.

ver|qui|sten ⟨sw. V.; hat⟩ [mniederd. vorquisten] (nordd. veraltend): *verquasen*.

ver|quol|len: ↑verquellen.

ver|rab|be[n]|sacken[1] ⟨sw. V.; ist⟩ [H. u.] (bes. berlin.): *verkommen, herunterkommen*: das Gut verrabbe[n]sackt immer mehr; ⟨meist im 2. Part.:⟩ er sah verrabbe[n]sackt aus.

ver|ram|meln, (auch:) **verrammen** ⟨sw. V.; hat⟩ (ugs.): *fest u. sicher, oft mit Hilfe von großen, schweren Gegenständen versperren*: das Tor, den Eingang v.; alle Türen waren verrammelt; Die verrammelten Fensterlöcher des Hauses ließen keinen Einblick zu (Kronauer, Bogenschütze 227); Daß ich sie auf dem Klosett verrammelt *(eingesperrt)* habe, weiß sie Gott sei Dank nicht (Keun, Das kunstseidene Mädchen 49); Ü Hier hatte Peter der Große ... jenes russische Fenster nach Europa aufgestoßen, das der Bolschewismus nach 1917 verrammelte (Scholl-Latour, Frankreich 329); **Ver|ram|melung**, **Verrammlung**, die; -, -en: *das Verrammeln*; **Ver|ram|men**: ↑verrammeln; **Ver|ramm|mung**, die; -, -en: *das Verrammen*.

ver|ram|schen ⟨sw. V.; hat⟩ (ugs.): *sehr billig, unter seinem Wert verkaufen*: Bücher v.; Ü Hilmar Thate hat Angst, daß die DDR ... jetzt verramscht wird (Freie Presse 3. 1. 90, 6).

Ver|rann|t: ↑verrennen.

Ver|rat, der; -[e]s [zu ↑verraten]: **1.** *das Verraten* (1 a): wegen V. von militärischen Geheimnissen angeklagt sein. **2.** *Bruch eines Vertrauensverhältnisses, Zerstörung des Vertrauens durch eine Handlungsweise, mit der jmd. hintergangen, getäuscht, betrogen o. ä. wird, durch Preisgabe einer Person od. Sache*: ein schändlicher, gemeiner, übler V.; daß er sich den andern angeschlossen hat, ist V. [an seinen Freunden]; V. an der gemeinsamen Sache begehen; V. üben, treiben; sie sannen auf V.; ... tappen die westdeutschen Sicherheitsbehörden über den Umfang des -s noch immer im dunkeln (Spiegel 25, 1973, 4); ... schien es ihr ausgeschlossen, daß Stiller eines solchen -s fähig wäre (Frisch, Stiller 109); **ver|ra|ten** ⟨st. V.; hat⟩ [mhd. verrāten, ahd. farrātan, zu ↑raten, eigtl. = durch falschen Rat irreleiten]: **1. a)** *etw., was geheim bleiben sollte, wovon nicht gesprochen werden sollte, weitersagen, preisgeben*: ein Geheimnis, einen Plan, eine Absicht v.; wer hat dir das Versteck verraten?; er hat die Formel für einen hohen Preis an die Konkurrenz verraten; ... sie ... zog ihn auf mit einem miserablen Kontostand, verriet aber nie Vertrauliches über das Geldwesen (Kronauer, Bogenschütze 308); **b)** ⟨v. + sich⟩ *durch eine Äußerung od. Handlung erw., was man geheimhalten, für sich behalten wollte, ungewollt preisgeben, mitteilen*: durch dieses eine Wort, mit dieser Geste hat er sich verraten; durch sein Verhalten verriet er sich als der Täter; Sie glaubte plötzlich, daß sich vor Ulrich verraten habe (Musil, Mann 288); **c)** (ugs., oft scherzh. od. iron.) *mitteilen, sagen, über etw. aufklären, in Kenntnis setzen*: er hat mir nicht den Grund für seine plötzliche Abreise verraten; können Sie mir v., wie ich das machen soll?; wenn Sie mir jetzt noch Ihren Namen, Ihre Adresse verraten, kann ich die Bestellung ausfüllen. **2.** *Verrat* (2) *an jmdm., etw. begehen*: das Vaterland [schnöde] v.; Jede Partei verrät die andere ..., um sich zu profitieren (Remarque, Triomphe 326); er hat seinen Freund, unsere gemeinsame Sache verraten; seine Überzeugungen, Ideale v. *(aufgeben, preisgeben, ihnen untreu werden)*; Stets hat der Bürger seine Ideen – Freiheit, Gleichheit, Brüderlichkeit – an das Kalkül auf den unmittelbaren Nutzen verraten (Pohrt, Endstation 56); * **verraten und verkauft sein/sich verraten und verkauft fühlen** *(hilflos ausgeliefert, preisgegeben, im Stich gelassen sein, sich fühlen)*. **3. a)** *deutlich werden lassen, erkennen lassen, zeigen*: seine wahren Gefühle nicht v.; sein Gesicht, Blick verriet Erstaunen, Angst, Unbehagen, Mißtrauen; seine Zeichnung verrät eine große Begabung, den Einfluß von Picasso; Dabei umgehen wir einen abschüssigen Hang, in welchem kleine Löcher die Anwesenheit von Uferschwalben verraten (Berger, Augenblick 13); Er wollte die Wörter nicht lesen, und als er es unwillkürlich doch tat, verrieten sie ihm nichts, es waren alles unverständliche Abkürzungen (Kronauer, Bogenschütze 415); ... bleibt er ..., ohne mit einem Nerv Erregung zu v., unter diesem prasselnden Wortguß gemächlich stehen (St. Zweig, Fouché 125); **b)** ⟨v. + sich⟩ *erkennbar, deutlich werden, sich zeigen*: Zugleich verrät sich in diesem Satz eine offene Überlegenheit (Jünger, Capriccios 8). **4. a)** *als jmd. Bestimmten zu erkennen geben, erweisen*: er ist Schweizer, seine Sprache verrät ihn; **b)** ⟨v. + sich⟩ *sich als jmd. Bestimmten zu erkennen geben, erweisen*: du verrätst dich schon durch deinen Dialekt; **Ver|rä|ter**, der; -s, - [mhd. verräter, verræter]: **1.** *jmd., der etw. verraten* (1 a), *ausgeplaudert hat*. **2.** *jmd., der einen Verrat* (2) *begangen hat*: Ein Feigling, der sich nicht meldet, ein V., der an die Wand käme, wenn er sich melden würde (Frisch, Nun singen 132); Mein Vater ist ein V. an der deutschen Ehre (Fries, Weg 61); **Ver|rä|te|rei**, die; -, -en [mhd. verræterīe]: **1.** *das Verraten* (1 a), *Ausplaudern von etw.* **2.** *das Verraten* (2): die fortgesetzte niederträchtige V. an der gemeinsamen Sache; Derartiges Unternehmen zielt auf Entvölkerung und Ausödung des Landes und muß als V. gelten (Schädlich, Nähe 68); **Ver|rä|te|rin**, die; -, -nen [mhd. verræterinne]: w. Form zu ↑Verräter; **ver|rä|te|risch** ⟨Adj.⟩ [spätmhd. verræterisch]: **1.** *einen Verrat* (1, 2) *darstellend; auf Ver-*

rat zielend, mit einem Verrat verbunden: -e Pläne, Absichten, Handlungen; er wurde verurteilt wegen seiner -en Beziehungen zum Gegner; ... um ... die Gefangenen an -en Aussagen zu hindern (Hörzu 37, 1981, 14). **2.** *etw. [ungewollt] verraten* (3 a), *erkennen, deutlich werden lassend:* eine -e Geste, Bewegung, Miene; die Röte in ihrem Gesicht war v.; Er hoffte, nur ihm selber sei aufgefallen, welch v. heiseren Klang seine Stimme hatte (Sebastian, Krankenhaus 121); um seine Mundwinkel zuckte es v.

ver|ratzt ⟨Adj.⟩ [H. u.]: *in der Verbindung v. sein* (ugs.; *in einer schwierigen, aussichtslosen Lage, verloren sein*): In der Fremde, da ist man ja v. (Kempowski, Tadellöser 176); Man ist einfach v., wenn man etwas von euch braucht! (Rothmann, Stier 239).

ver|rau|chen ⟨sw. V.⟩ /vgl. verraucht/: **1.** (*von Rauch, Dampf o. ä.*) *sich allmählich auflösen, vergehen* ⟨ist⟩: der Qualm verrauchte nur langsam; Ü sein Zorn, Ärger, seine Wut war verraucht; Monate verrannen, Jahre verrauchten (Harig, Weh dem 182). **2.** *durch Rauchen* (2), *als Raucher verbrauchen* ⟨hat⟩: er hat schon viel Geld, ein Vermögen verraucht; Weißblatt verrauchte dabei mindestens fünfzehn Zigaretten (Strittmatter, Wundertäter 340). **3.** *mit Rauch erfüllen* ⟨hat⟩: eine verrauchte Kantine, Gaststätte; ein verrauchtes Zimmer; In diesen Ruinen, diesen verrauchten, verwilderten Gassen ... sei die Zukunft doch bereits hörbar, sichtbar, greifbar (Ransmayr, Welt 188);

ver|räu|chern ⟨sw. V.; hat⟩: *mit Rauch, Qualm erfüllen, durch Rauch schwärzen:* du verräucherst mir mit deinen Zigarren die ganze Wohnung; eine verräucherte Gaststätte, Küche; **ver|raucht** ⟨Adj.⟩: *rauchig* (4).

ver|rau|schen ⟨sw. V.; ist⟩ [mhd. verrūschen]: (*von einem rauschenden o. ä. Geräusch*) *allmählich aufhören, nachlassen:* der Beifall, Applaus verrauschte; Ü Der großdeutsche Heldenmut ist verrauscht (Kirst, 08/15, 893); Nachdem die Feierlichkeiten zum Jahrtausendfest der Abtei Ottobeuren verrauscht und verklungen sind ... (NZZ 30. 8. 86, 38).

ver|rech|nen ⟨sw. V.; hat⟩ [mhd. verreche(ne)n]: **1.** *durch Rechnen, bei einer Abrechnung berücksichtigen, in die Rechnung einbeziehen:* einen Betrag [mit etw.] v.; würden Sie bitte den Gutschein mit v.; einen Scheck v. (*einem anderen Konto gutschreiben*); Ü Dabei war Margret fromm. Noch den flüchtigsten Lustgewinn hat sie dem lieben Gott mit einem Dankgebet verrechnet (Grass, Butt 264). **2.** ⟨v. + sich⟩ **a)** *beim Rechnen einen Fehler machen, falsch rechnen:* du hast dich bei dieser Aufgabe mehrmals verrechnet; sie hat sich um 5 Mark verrechnet; **b)** *sich täuschen, irren; jmdn., etw. falsch einschätzen:* sich in einem Menschen v.; Er ... hatte sich in der Wirkung nicht verrechnet (Winckler, Bomberg 75); da hast du dich aber sehr, ganz gewaltig verrechnet!; **Ver|rech|nung**, die; -, -en: *das Verrechnen, bes. zum Ausgleich von Forderungen:* die V. der Überstunden; nur zur V. (Bankw.; Aufschrift auf einem Verrech-

nungsscheck); **Ver|rech|nungs|ab|kommen**, das; *Clearingabkommen;* **Ver|rech|nungs|ein|heit**, die (Wirtsch.): *im internationalen u. im innerdeutschen Handel vereinbarte Einheit, nach der zu leistende Zahlungen abgerechnet werden;* Abk.: VE; **Ver|rech|nungs|kon|to**, das (Wirtsch.): **1.** *(bei innerbetrieblichen Abrechnungen) Konto zur Erfassung des Unterschiedes zwischen den effektiven Kosten u. den Verrechnungspreisen.* **2.** *(im Außenhandel) für die Abwicklung des Waren- u. Dienstleistungsverkehrs geführtes Bankkonto;* **Ver|rech|nungs|preis**, der (Wirtsch.): *Preis, den ein Unternehmen für innerbetriebliche Abrechnungen pro Einheit zuordnet;* **Ver|rech|nungs|scheck**, der (Wirtsch., Bankw.): *Scheck, der nur einem anderen Konto gutgeschrieben, nicht bar ausgezahlt werden darf;* **Ver|rech|nungs|ver|fah|ren**, das: *Clearing;* **Ver|rech|nungs|wäh|rung**, die (Wirtsch.): vgl. Verrechnungseinheit.

ver|recht|li|chen ⟨sw. V.; hat⟩: *etw. zum Gegenstand des Rechts* (1 a) *machen:* Für das Gnadenwesen frage ich, wie wir verhindern können, daß es immer weiter verrechtlicht und abstrahiert wird (R. v. Weizsäcker, Deutschland 31). In dem Maße, wie Arbeitgeber-Arbeitnehmer-Beziehungen verrechtlicht wurden und durch den Staat zu regeln waren ... (Schweizer Maschinenbau 16. 8. 83, 41); **Ver|recht|li|chung**, die; -, -en: *das Verrechtlichen:* ... damit sie (= junge Menschen) sich ... trotz Reglementierung und V. nahezu aller Lebensbereiche zurechtfinden könnten (Saarbr. Zeitung 22. 12. 85, 18).

ver|recken[1] ⟨sw. V.; ist⟩ [mhd. verrecken = die Glieder starr ausstreckend sterben, zu ↑recken] (salopp emotional): *eingehen* (5 a), *elend sterben; krepieren* (2): alle Hühner verreckten; (derb auch vom Menschen:) Tausende sind im Krieg verreckt; soll er doch von mir aus v.!; Lady Brinton verreckt an Krebs in bitterster Armut, während Lord Brinton die Puppen tanzen läßt (Saarbr. Zeitung 8. 10. 79, 27); Ü Unser Geld verreckte (salopp abwertend; *ging durch Inflation verloren*); die Sicherung ist verreckt (salopp abwertend; *kaputtgegangen*); * **ums Verrecken** (salopp; verstärkend bei Verneinungen; *überhaupt, ganz u. gar*): er wollte ums Verrecken nicht mitgehen; Er wußte es ums Verrecken nicht (Henscheid, Madonna 181).

ver|re|den ⟨sw. V.; hat⟩ (selten): **1.** ⟨v. + sich⟩ *sich verplappern:* nun hat sie sich doch verredet. **2.** *zerreden.* ◆ Schweig aber still davon, man darf dergleichen nicht v. (Storm, Schimmelreiter 80). ◆ **3.** ⟨v. + sich⟩ *sich etw. fest vornehmen:* Ich habe mich schon manchmal hoch verredet, ich wolle keinen Mann (Gotthelf, Spinne 24).

ver|reg|nen ⟨sw. V.⟩: **1.** *durch zu lange andauernden Regen verdorben werden* ⟨ist⟩: der Urlaub ist verregnet; eine verregnete Ernte; ein verregneter Sommer, Sonntag, Vormittag. **2.** (Fachspr.) *mit einem Regner o. ä. versprühen* ⟨hat⟩: Wasser über die Felder v.; Nahezu die Hälfte aller ... anfallenden Abwässer werden auf

den Feldern der umliegenden LPG verregnet (NNN 16. 10. 84, 1).

ver|rei|ben ⟨st. V.; hat⟩: *reibend irgendwo, über eine Fläche verteilen:* eine Creme im Gesicht v.; Er spuckte auf den Boden und verrieb den Speichel mit dem Schuh (Simmel, Affäre 189).

ver|rei|sen ⟨sw. V.; ist⟩: *eine [längere] Reise unternehmen, auf Reisen gehen:* geschäftlich, privat, für einige Zeit v.; „Schmied mußte diese Nacht dienstlich v.", sagte Bärlach (Dürrenmatt, Richter 10); die Nachbarn sind verreist.

ver|rei|ßen ⟨st. V.; hat⟩ [mhd. verrīzen]: **1.** (landsch.) *zerreißen.* **2.** *sehr harte Kritik üben, vernichtend kritisieren:* ein Theaterstück, ein Buch v.; der Film, der Schauspieler wurde v. in allen Zeitungen verrissen. **3.** (ugs.) *plötzlich, ruckartig in eine andere, nicht vorgesehene Richtung bringen, lenken:* den Wagen, das Steuer, die Lenkung v.; ⟨auch unpers.:⟩ der Fahrer schimpfte laut, weil es ihm das Steuer verriß (Zuckmayer, Fastnachtsbeichte 160). **4.** (Ballspiele) *stark, heftig verziehen* (7): den Ball, den Schuß v.

ver|rei|ten ⟨st. V.; hat⟩ [mhd. verriten = auseinander reiten; ausreiten; reitend hindern; reitend überholen; übermäßig antreiben; ⟨refl.:⟩ zu weit reiten, sich verirren]: **1.** (Reiten) *durch unsachgemäßes, falsches Reiten verderben:* ein Pferd v.; die Stute wird völlig verritten. **2.** ⟨v. + sich⟩ *sich reitend verirren, einen falschen Weg reiten:* ich glaube, wir haben uns verritten. ◆ **3.** *aus-, wegreiten:* Ich verreite auf einige Tage nach Fontainebleau (C. F. Meyer, Amulett 41); „Wo ist der König, Junker?" fragte sie ... „Ist verritten. Wird gleich zurück sein!" (C. F. Meyer, Page 152).

ver|ren|ken ⟨sw. V.; hat⟩ [mhd. verrenken]: **1.** *durch eine übermäßige od. unglückliche Bewegung aus der normalen Lage im Gelenk bringen, drehen* [u. *dadurch das Gelenk verletzen*]: er hat beim Ringen den Arm verrenkt; ich habe mir den Fuß, Kiefer, die Hand verrenkt; Es lebte ... nur noch der Onkel Otto. Auch er hatte ein verrenktes Hüftgelenk (Wimschneider, Herbstmilch 112); Starr vor Schreck ... sank Cotta ... zurück und lag verrenkt, mit gebrochenen Gliedern da (Ransmayr, Welt 79). **2.** *durch starke Drehungen, Biegungen in eine unnatürlich wirkende Stellung bringen:* die Gliedmaßen, Arme und Beine v.; Wie die Jungens verrenkte ich mir den Hals nach ihnen (Fallada, Herr 86); die Tänzer verrenken sich; Wie ein Ballettänzer aus der Hüfte nach der Schönen sich sehnend verdreht, verrenkte er sich nach ihr (Hahn, Mann 131); **Ver|ren|kung**, die; -, -en: **1.** *Verletzung durch Verrenken* (1); *Luxation.* **2.** *starke Drehung, Biegung des Körpers, der Gliedmaßen;* um dort hinaufzugelangen, muß man schon einige -en machen.

ver|ren|nen ⟨unr. V.; hat⟩ [mhd. verrennen = übergießen, bestreichen; antreiben, hetzen; ⟨refl.:⟩ zu weit rennen, sich verirren; c: eigtl. = jmdm. durch Rennen zuvorkommen u. auf diese Weise den Weg versperren]: **a)** *in seinen Gedanken, Äußerungen, Handlungen in eine falsche Rich-*

verrenten

tung geraten: sich immer mehr v.; er merkte gar nicht, wie sehr er sich mit diesem Projekt verrannt hatte; ein völlig verrannter Mensch; **b)** *an etw. geraten, an dem man hartnäckig festhält, von dem man nicht mehr loskommt:* sich in eine Idee, einen Gedanken, ein Problem v.; Die Dummheiten, in die sich die Menschen verrennen, soll man verstehen (Fest, Im Gegenlicht 367); daß man sich in Haß verrennt gegen diejenigen, die sie (= Heimat) in Besitz genommen haben (Dönhoff, Ostpreußen 221); ◆ **c)** *versperren* (1 a): Nicht der Natur durch einen Querstreich den Weg verrannt, sondern sie in ihrem eigenen Gange befördert (Schiller, Räuber II, 1); ⟨2. Part. verrennt:⟩ ich weiß, wie jeder Kühnheit, jeder List die Wege verrennt sind, ich fühle mich mit dir und mit allen gefesselt (Goethe, Egmont V).
ver|ren|ten ⟨sw. V.; hat⟩ (Amtsspr.): *jmdn. in den Ruhestand versetzen, aus dem Arbeitsverhältnis entlassen u. ihm eine Rente* (a) *zahlen:* man hat ihn [vorzeitig] verrentet; ... ein verrenteter Kripokommissar (Spiegel 9, 1992, 258); **Ver|ren|tung,** die; -, -en (Amtsspr.): *das Verrenten, Verrentetwerden:* die vorzeitige V. von Mitarbeitern.
ver|rich|ten ⟨sw. V.; hat⟩ [mhd. verrihten]: *[ordnungsgemäß] erledigen, ausführen, tun:* eine Arbeit, einen Dienst, Dienstleistungen v.; er verrichtete still ein Gebet; ... seine Notdurft verrichtete er in einer Nische des Raumes (Ransmayr, Welt 212); Doctor Eugen stieg nach verrichteten Sachen in seinen Wagen, der vor dem Haustor ... gehalten hatte (Doderer, Wasserfälle 105); **Ver|rich|tung,** die; -, -en: **a)** ⟨o. Pl.⟩ *das Verrichten, Erledigen von etw.;* **b)** *zu erledigende Arbeit, Angelegenheit:* seinen täglichen -en nachgehen.
ver|rie|geln ⟨sw. V.; hat⟩ [mhd. verriegelen]: *mit einem Riegel verschließen:* die Türen, Fenster v.; die Tür war [von innen] verriegelt; ... und er hatte gehört, daß Vavra, wenn er einkaufen ging, das Sicherheitsschloß hinter sich verriegelte (Bieler, Mädchenkrieg 465); Clarisse ... verriegelte sich in ihrem Zimmer, in welches sie auch der Bedienung nicht einließ (Musil, Mann 1555); Ü Das Zimmer ist groß, kühl, gegen die Sonne völlig verriegelt (*abgeschottet;* Koeppen, Rußland 29); **Ver|rie|ge|lung, Ver|rieg|lung,** die; -, -en: **1.** *das Verriegeln.* **2.** *Vorrichtung zum Verriegeln.*
Ver|ril|lon [vɛriˈjõː], das; -[s], -s [frz. verillon, zu: verre = Glas, zu lat. vitrum, ↑ Vitrine] (Musik): frz. Bez. für *Glasspiel.*
ver|rin|gern ⟨sw. V.; hat⟩: **a)** *kleiner, geringer werden lassen; reduzieren* (1): die Anzahl, die Menge, die Kosten, den Preis von etw. v.; die Geschwindigkeit, das Tempo, den Abstand v.; Die Erhöhung der Mineralölsteuer verringert viele Umweltprobleme (natur 3, 1991, 70); Damit wird ... auch die landwirtschaftlich nutzbare Fläche immer weiter verringert (Gruhl, Planet 125); Die Semperit-Gruppe ... wird 1983 ... mit einem ... erstmals wieder verringerten Verlust ... abschließen können (NZZ 22. 12. 83, 18); **b)** ⟨v. + sich⟩ *kleiner, geringer werden:* die

Kosten, die Aussichten auf Besserung haben sich verringert; Das Stellenangebot hat sich nur leicht verringert (Saarbr. Zeitung 7. 12. 79, 17); Für die Fahrgäste bedeutete die Umstellung weitere Fußwege, weil sich die Dichte der Haltestellen verringerte (natur 9, 1991, 83); **Ver|rin|ge|rung,** die; -: *das [Sich]verringern.*
ver|rin|nen ⟨st. V.; ist⟩ [mhd. verrinnen]: **1.** *sich fließend, rinnend dahinbewegen u. verschwinden, versickern:* das Wasser verrinnt im Boden, im Sand; ... als die Flut verrann (*zurückging*), war der Kai mit allen, die sich auf ihm gerettet glaubten, verschwunden (Schneider, Erdbeben 104); Ü ... wuchs der Druck ... so übermäßig, daß ... er zu sprechen begann. Erst sickerte es leise heraus, schwoll dann an, sprudelte für einen Moment, um dann bald wieder zu sinken und zu v. (Strauß, Niemand 82). **2.** (geh.) *vergehen, dahingehen, verstreichen:* die Stunden, Tage, Minuten verrannten langsam, im Nu; schon ist wieder ein Jahr verronnen; Bis die verrinnende Zeit, die erhabene Gleichgültigkeit des Tages, alles einebnet (Gregor-Dellin, Traumbuch 126).
Ver|riß, der; ...risses, ...risse [zu ↑ verreißen (2)]: *sehr harte, vernichtende Kritik* (2 a): einen V. über ein Buch, einen Film, einen Schauspieler schreiben; Sie las unterwegs in einer großen Tageszeitung eine Besprechung ... Es war ein totaler V. (Rolf Schneider, November 117); Allerdings wurden die vielen Versuche des jungen Klaus Mann sehr unterschiedlich aufgenommen. Heftige und höhnische Verrisse blieben ihm nicht erspart (Reich-Ranicki, Th. Mann 207).
ver|rö|cheln ⟨sw. V.; ist⟩ (geh.): *röchelnd sterben:* im Vorstürmen die tödliche Kugel empfangen und niederfallen und in der blutgetränkten Erde v. (Kempowski, Zeit 348); Von Kindern, die ... in den Waggons von Zyklon B verröchelten (Giordano, Die Bertinis 648); Ü ... eine Lokomotive ..., die nahe beim Exbahnhof verröchelt war (Lentz, Muckefuck 262).
ver|ro|cken[1] ⟨sw. V.; hat⟩: *mit den Mitteln, durch die Elemente der Rockmusik verändern:* eine klassische Komposition v.; ⟨meist im 2. Part.:⟩ eine verrockte Melodie, Komposition.
ver|ro|hen ⟨sw. V.⟩: **a)** *roh, brutal machen* ⟨hat⟩: jahrelange Haft hat ihn total verroht; ... keiner von den Abgestumpften, denkt er, kein Rohling, obwohl der Krieg so viele verroht hat (Heym, Schwarzenberg 239); **b)** *roh, brutal werden* ⟨ist⟩: er ist in der Haft völlig verroht; Was wir wissen, ist vorläufig nur, daß wir auf eine sonderbare und schwermütige Weise verroht sind (Remarque, Westen 21); Ü ... das allgemeine Empfinden war langst so verroht, daß, wer nur rasch zupackte und damit Erfolg hatte, der Zustimmung ... sicher sein durfte (Thieß, Reich 231).
ver|roh|ren ⟨sw. V.; hat⟩ (Fachspr.): *mit einem Rohr, mit Röhren versehen:* ein Gebäude, ein Bohrloch v.; Normalerweise werden die Anlagen fertig verrohrt und verdrahtet aufs Flachdach gehievt (CCI 4, 1986, 8); auf der Inselbach teilweise verrohrt worden ist (*durch Rohre*

geführt wird; Vorarlberger Nachr. 8. 11. 68, o. S.); **Ver|roh|rung,** die; -, -en (Fachspr.): *das Verrohren:* Heuswailer ..., das ebenfalls ein etwa 400 Meter langes Teilstück des Köllerbachs ... von der V. freilegen will (Saarbr. Zeitung 2. 4. 91, L 1).
Ver|ro|hung, die; -, -en: *das Verrohen.*
ver|rol|len ⟨sw. V.⟩: **1.** *(von einem dumpfen, rollenden Geräusch) verklingen* ⟨ist⟩: ein Schuß, der Donner verrollte in der Ferne. **2.** ⟨v. + sich⟩ (ugs.) *ins Bett, schlafen gehen* ⟨hat⟩: ich verrolle mich jetzt; Einige Glückliche ... verrollen sich mit ihrem Freund in irgendein Appartement und versuchen dort, so unauffällig wie möglich zu leben (Bruder, Homosexuelle 69). **3.** (ugs.) *verprügeln* ⟨hat⟩: die beiden haben den Nachbarjungen verrollt.
ver|ro|sten ⟨sw. V.; ist⟩ [mhd. verrosten]: *rostig werden, sich mit Rost überziehen, Rost ansetzen:* die Maschinen verrosten im Regen; ein verrosteter Nagel; mein Wagen ist ganz verrostet (ugs.; *weist viele Roststellen auf*).
Ver|ro|te|rie cloi|son|née [vɛrɔtriklwazɔˈne], die; - [frz., zu: verroterie (Sg.) = kleine Glaswaren, Glasperlen u. cloisonné = durch Zwischen-, Trennwände (ab)geteilt] (Kunstwiss.): *(in der Kunst der Völkerwanderungszeit) durch Gold mosaikartig verbundene Edelsteine;* **Ver|ro|te|ri|en** ⟨Pl.⟩: *kleine Glaswaren* (z. B. *Perlen*).
ver|rot|ten ⟨sw. V.; ist⟩ [aus dem Niederd. < mniederd. vorrotten = verfaulen, zu ↑ ²rotten]: **1.** *faulen, modern u. sich zersetzen:* das Laub, das Holz verrottet; In die schwarze Tonne kommt alles, was schnell verrottet, plus Babywindeln (Communale 15. 12. 83, 5); ... der Rest der Grube wird mit gut verrottetem Kompost, Rasenerde ... und ... Sand gefüllt (Freie Presse 15. 2. 89, 5); Ü Unter Sitten verrotteten; eine verrottete Gesellschaft; Wer es satt hat, seine Stories und Artikel in der Schublade v. zu lassen ... (Oxmox 5, 1985, 65). **2.** (bes. unter dem Einfluß der Witterung) *verderben, zerfallen u. unbrauchbar werden:* die Maschinen verrotten im Freien; allmählich verrotteten die Gebäude, Fassaden; Die modernen Baumaterialien dagegen altern nicht, sondern verrotten nur (Fest, Im Gegenlicht 41); verrottete Abwasserleitungen; ... der ... Tresor enthielt zwei Bündel verrotteter Banknoten und Papiere (NNN 18. 8. 84, 2); **Ver|rot|tung,** die; -: *das Verrotten.*
Ver|ru|ca|no, der; -s [nach dem Berg Verruca in der Toskana] (Geol.): *rotes, konglomeratisches Gestein im Perm der Alpen.*
ver|rucht ⟨Adj.; -er, -este⟩ [mhd. verruochet, eigtl. = acht-, sorglos, adj. 2. Part. von: verruochen = sich nicht kümmern, vergessen, zu: ruochen = sich kümmern, Sorge tragen; die heute übliche Bed. hat sich aus „achtlos gegenüber dem, was als geheiligt gilt", entwickelt]: **1.** (geh. veraltend) *gemein, schändlich; ruchlos:* eine -e Tat; -e Lügen, Pläne; er ist ein -er Kerl, Mörder; daß ich ... nicht das Unheil vergessen habe, das ein -es deutsches Regime über dieses Land gebracht hatte (W. Brandt, Begegnungen 130). **2.** (oft scherzh.) *lasterhaft, sündig, verworfen:*

ein -es Lokal, Viertel; ihre Aufmachung war, wirkte ziemlich v.; ¡Sie sah auch anders aus als das Mädchen im Bordell, ... kein bißchen v. (Fels, Unding 248); **Ver|rucht|heit,** die; -: *das Verruchtsein.*
ver|rücken¹ ⟨sw. V.; hat⟩ /vgl. verrückt/ [mhd. verrücken = von der Stelle rükken; aus der Fassung bringen, verwirren]: *an eine andere Stelle, einen andern Ort rücken; durch Rücken die Lage, den Standort von etw. ändern:* eine Lampe, einen Stuhl, Tisch, Schrank v.; ... die Frau begann, schnell verschiedene Sachen zu v. (Kronauer, Bogenschütze 88); Ich ... versuchte mir Gesicht zu mir zu drehen, ... um ihre Brille nicht zu v. (H. Weber, Einzug 341); Ü die Grenzen dürfen nicht verrückt werden; **ver|rückt** ⟨Adj.; -er, -este⟩ [eigtl. 2. Part. von ↑verrücken]: **1.** *(salopp) krankhaft wirr im Denken u. Handeln, geistesgestört:* in der Anstalt ist sie nur von -en Menschen umgeben; sie hatte Angst, v. zu werden; er führte sich auf wie v., als wäre er v.; wenn ich das mache, wird man mich für v. erklären; (oft übertreibend:) du machst mich noch v. werden *(der Lärm ist unerträglich);* du machst mich noch v. *(bringst mich völlig durcheinander)* mit deiner Fragerei; ich mache mich doch deswegen nicht v.; ℞ ich werde v.! *(das ist aber überraschend, erstaunlich, verwunderlich!);* bist du v. [geworden]? *(weißt du überhaupt, was du da sagst, tust?);* *** wie v.** (ugs.; *außerordentlich viel, stark, schnell):* wie v. laufen; es hat die ganze Nacht wie v. geregnet; das Ekzem juckt wie v.; ... und ich am Schreibtisch saufe wie v. (Fels, Kanakenfauna 139); **v. spielen** (ugs.; **1.** *nicht die üblichen, gewohnten Verhaltensweisen zeigen, die Beherrschung verlieren u. sich ungewöhnlich benehmen:* der Chef spielt heute mal wieder v.; richtig v. hast du gespielt. Hast den Arzt beleidigt, ihn und die Pfleger Folterknechte ... genannt [Gabel, Fix 61]. **2.** *nicht mehr richtig funktionieren, nicht so sein, ablaufen wie üblich:* meine Uhr spielt v.; in diesem Jahr spielt das Wetter völlig v.). **2.** (ugs.) *auf absonderliche, auffällige Weise ungewöhnlich, ausgefallen, überspannt, närrisch:* -e Ideen, Einfälle; eine ganz -e Mode; -e Streiche spielen; ein -er Kerl; sie ist ein -es Huhn; das war ein -er Tag; Manchmal denke er, (= die Deutschen) fürchteten die Krise nicht, sondern liebten sie ... auf eine -e, besessene Weise (Fest, Im Gegenlicht 270); Natürlich ist May ein bißchen v., aber das sind doch die Schriftsteller alle (Loest, Pistole 35); sie kleidet sich -er als alle andern; ⟨subst.:⟩ so etwas Verrücktes!; er hat wieder etwas ganz Verrücktes angestellt; *** auf/nach etw. v. sein** (ugs.; *auf etw. versessen sein, etw. unbedingt haben wollen):* Das Wartezimmer des Produktionsbüros ist mit Schauspielern verstopft, die alle ganz v. danach sind, in Rossellinis Film zu spielen (Kinski, Erdbeermund 19); ... jene neuartigen Düfte, nach denen Paris verrückt war (Süskind, Parfum 131); er ist ganz v. auf Süßigkeiten; **auf jmdn./nach jmdm. v. sein** (ugs.; *sehr verliebt in jmdn. sein, mit jmdm. geschlechtlich verkehren wollen):* er ist ganz

v. auf dieses Mädchen/nach diesem Mädchen. **3.** ⟨intensivierend bei Adj.⟩ (ugs.) *über die Maßen, außerordentlich, sehr:* das Kleid ist v. bunt; Der Tee ist v. heiß (Dorpat, Ellenbogenspiele 166); ⟨Verrückte⟩: jmd., der verrückt (1, 2) ist; **Ver|rückt|heit,** die; -, -en: **1.** ⟨o. Pl.⟩ *das Verrücktsein.* **2.** *verrückter (2) Einfall, Überspanntheit:* Jemanden in seinen -en zu unterstützen ist kein echtes Zeichen von Zuneigung (M. L. Fischer, Kein Vogel 198); ... meinen Mitmenschen ... warum sie mir nicht meine kleinen -en zugestehen wollten (Mayröcker, Herzzerreißende 113); **Ver|rückt|wer|den,** das; -s: in der Fügung **das/es ist [ja] zum V.** (ugs.; *das, es ist [ja] zum Verzweifeln*); **♦ Ver|rückung¹,** die; -, -en: *geistige Verwirrung, Verrücktheit:* das Mandat war, mit einer Art von V., unterzeichnet (Kleist, Kohlhaas 42).
Ver|ruf, der [zu ↑verrufen]: meist in den Wendungen **in V. kommen/geraten** *(einen schlechten, üblen, zweifelhaften Ruf bekommen, als etw. ins Gerede kommen):* Teebauern ... würden ... ihre Pestizide gegen andere Gifte auswechseln, wenn einzelne Chemikalien in V. geraten sein (natur 1, 1991, 72); Kein Häftling durfte ... seine Zelle auskehren, er wäre in V. als Streikbrecher gekommen; **jmdn. in V. bringen** *(bewirken, daß jmd., etw. einen schlechten, üblen, zweifelhaften Ruf bekommt, als etw. ins Gerede kommt);* **¹ver|ru|fen** ⟨Adj.⟩ [eigtl. 2. Part. von veraltet ↑²verrufen]: *in einem schlechten, zweifelhaften Ruf stehend, übel beleumundet, berüchtigt:* eine -e Gegend; ein -es Viertel, Lokal; Selbst der im Volksmund -e Rabenvater baut seiner Brut ein ganz besonders komfortables Nest (natur 10, 1991, 65); als Geschäftsmann ist er ziemlich v.; **♦ ²ver|ru|fen** ⟨st. V.; hat⟩ [mhd. verruofen = öffentlich ausrufen, bekanntmachen]: *in schlechten Ruf bringen:* Mein Haus wird verrufen (Schiller, Kabale I, 1); **Ver|rufs|er|klä|rung,** die: *Boykott* (1).
ver|rüh|ren ⟨sw. V.; hat⟩: *durch Rühren vermischen, vermengen:* ein wenig Sahne in der Soße v.; Marzipan zerdrücken, mit Honig, Rum und Sahne v. (Hörzu 6, 1976, 90).
ver|ru|kös ⟨Adj.⟩ [lat. verrucosus = warzenreich, warzig, zu: verruca = Auswuchs] (Med.): *warzig, warzenförmig.*
ver|run|zelt ⟨Adj.⟩: *sehr runzelig, voller Runzeln:* ein -es Gesicht; -e Hände.
ver|ru|ßen ⟨sw. V.⟩: **1.** *rußig werden, von Ruß bedeckt, durch Ruß verstopft o. ä. werden* ⟨ist⟩: in diesem Stadtteil verrußen die Gebäude sehr schnell; Der Bahnhof ... war lodengrün gestrichen und von Kohlenstaub verrußt (Fels, Sünden 68); verrußte Zündkerzen; Das Haus ... ließ durch die leeren, verrußten Fensterhöhlen einen Blick auf den schuttüberladenen Hinterhof zu (Kühn, Zeit 388). **2.** (seltener) *rußig machen, werden lassen; mit Ruß bedecken* ⟨hat⟩: die Fabrik hat die ganze Gegend verrußt; **Ver|ru|ßung,** die; -, -en: *das Verrußen.*
ver|rut|schen ⟨sw. V.; ist⟩: *sich durch Rutschen verschieben:* die Pakete verrutsch-

ten; der Rock war ihr verrutscht; ... bekleckerte Fräcke mit verrutschten Ordensbändern, verzerrte Krawatten und Fliegen (Bieler, Bonifaz 160); verrutschte Strümpfe; Ü Ein Beispiel, wie die Maßstäbe des Landgerichts verrutscht sind ... (Delius, Siemens-Welt 136).
Vers [fɛrs], der; -es, -e [mhd., ahd. vers < lat. versus, eigtl. = das Umwenden (der Erde durch den Pflug u. die dadurch entstandene Furche, zu: versum, 2. Part. von: vertere = kehren, wenden, drehen]: **1.** *durch Metrum, Rhythmus, Zäsuren gegliederte, eine bestimmte Anzahl von Silben, oft einen Reim aufweisende Zeile einer Dichtung in gebundener Rede wie Gedicht, Drama, Epos:* gereimte, reimlose, jambische, schlechte, gedrechselte, kunstvolle, lustige, obszöne -e; Er dachte an ... -e, die von der Hölle handeln, von Verhungernden (Feuchtwanger, Erfolg 605); diese -e reimen sich nicht; -e dichten, niederschreiben, lesen, deklamieren, vortragen; die Strophen dieses Gedichtes haben vier -e; etw. in -e setzen, in -en abfassen, schreiben; er zitierte V. 3–6/die -e 3–6; *** leoninischer V.** (Verslehre; *Hexameter, bei dem Penthemimeres u. Versende durch Reime gebunden sind;* mlat. versus Leoninus, viell. nach Papst Leo I. [gest. 461]); **saturnischer V.** (Verslehre; *ältestes lateinisches Versmaß aus einer variablen Langzeile mit fünf Hauptakzenten u. Diärese 2 vor dem vierten Hauptakzent sowie einer beliebigen Zahl von Nebenakzenten od. unbetonten Silben*); spätlat. versus Saturnius, nach dem Gott Saturn); **sich** ⟨Dativ⟩ **einen V. auf etw./aus etw. machen [können]** *(etw. verstehen, begreifen, sich etw. erklären [können]):* mit der Zeit konnte er sich auf ihr Verhalten/aus ihrem Verhalten einen V. machen. **2. a)** *Strophe eines Gedichtes, Liedes, bes. eines Kirchenliedes:* die Gemeinde sang den ersten V.; **b)** *kleinster Abschnitt des Textes der Bibel:* er predigte über Lukas zwei, V. eins bis zwanzig.
ver|sach|li|chen ⟨sw. V.; hat⟩: *in eine sachliche (1) Form bringen; in sachlicher, objektiver, nüchterner Form darstellen:* er war bemüht, die Diskussion stärker zu v.; Im Zuge unseres wissenschaftlichen Zeitalters, das alles versachlichte ..., ist paradoxerweise die Frage nach Gott wieder akut geworden (Augsburger Allgemeine 27./28. 5. 78, 39); **Ver|sach|li|chung,** die; -: *das Versachlichen.*
ver|sacken¹ ⟨sw. V.; ist⟩ [zu ↑²sacken] (ugs.): **1. a)** *versinken, untergehen:* der Kahn versackte, sie hingen ihren Gedanken nach (Loest, Pistole 94); **b)** *in etw. einsinken:* die Räder versackten im Schlamm, im Schnee; ... der Herbert ..., wie wir ihn, als plötzlich im Beton versackte? (Degener, Heimsuchung 98); Ü ... aber wir versacken hier in der Arbeit (Spiegel 21, 1980, 96). **2. sich senken:** die Fundamente versackten. **3.** (ugs.) *absaufen (2):* der Motor versackte. **4.** *eine liederliche, unsolide Lebensweise annehmen, allmählich verkommen:* ... das Mädchen droht allmählich als Callgirl zu v. (Hamburger

Ver sacrum

Rundschau 22.8.85, 15); gestern abend sind wir ganz schön versackt *(haben wir lange gefeiert u. viel getrunken);* ... er war dabei, in seligem Suff zu v., also fuhr er hoch (Kronauer, Bogenschütze 381).

Ver sa|crum, das; - - [lat. ver sacrum, eigtl. = heiliger Frühling]: *altrömischer Brauch, in Notzeiten alle im Frühjahr geborenen Kinder u. Tiere den Göttern Mars u. Jupiter zu weihen.*

ver|sa|gen ⟨sw. V.; hat⟩ [mhd. versagen, ahd. farsagēn]: **1. a)** *das Geforderte, Erwartete nicht tun, leisten können, nicht erreichen; an etw. scheitern:* kläglich, total v.; bei einer Aufgabe, im Examen, im Leben völlig v.; die Schule, das Elternhaus, die Regierung hat versagt; hier versagte die ärztliche Kunst; Gleichzeitig jedoch versagen Bund, Länder und Gemeinden jämmerlich bei der Einführung neuer Technologien (natur 9, 1991, 82); ⟨subst.:⟩ das Unglück ist auf menschliches Versagen *(menschliches Fehlverhalten)* zurückzuführen; ... am Himmel, auf den Dächern und in den Baumkronen versagte das Schweigegebot *(wurde es gebrochen, nicht eingehalten)* – das trauernde Rom war erfüllt von den millionenfachen Stimmen der Vögel (Ransmayr, Welt 134); **b)** *plötzlich aufhören zu funktionieren, nicht mehr seine Funktion erfüllen:* der Motor, der Revolver versagte; in der Kurve versagten die Bremsen; ... brach ich zum dritten Mal versagend zusammen *(konnte nicht mehr weiter)* ..., denn alle Muskeln versagten den Dienst (Stern, Mann 419); seine Beine, Füße versagen *(er kann seine Beine, Füße nicht mehr bewegen);* vor Aufregung versagte ihre Stimme *(konnte sie nicht mehr sprechen);* Mehrmals hat der Kranke Injektionen ... benötigt, weil sein Herz zu v. droht und sein Kreislauf immer schwächer wird (Thorwald, Chirurgen 271). **2.** (geh.) **a)** *verweigern, nicht gewähren:* jmdm. seine Hilfe, Unterstützung, seine Anerkennung, den Gehorsam, eine Bitte, einen Wunsch v.; daß man ihnen im Bedarfsfall die medizinische Versorgung versagt (NZZ 30.8.86,4); Da gab Baldini seinem Herzen einen Stoß – er wollte einem Sterbenden den Letzten Willen nicht v. (Süskind, Parfum 136); er hat diesem Plan seine Zustimmung versagt *(hat ihm nicht zugestimmt);* Kinder blieben uns versagt *(konnten wir nicht bekommen),* sosehr wir uns nach ihnen auch sehnten (Fallada, Trinker 9); ⟨auch unpers.:⟩ es war uns versagt *(nicht gestattet),* diesen Raum zu betreten; **b)** ⟨v. + sich⟩ *auf etw. verzichten, es sich nicht gönnen, zugestehen:* in dieser Zeit mußte ich mir vieles, manchen Wunsch v.; Schon deswegen hat er sich in den letzten Jahren jede Eifersucht versagt (Frisch, Montauk 121); er versagte [es] sich, darauf zu antworten; **c)** ⟨v. + sich⟩ *sich für jmdn., etw. nicht zur Verfügung stellen, sich nicht zu etw. bereit finden:* die Armee versagte sich dem Diktator; Weil sich die Bischöfe der Reformation versagen ... (Fraenkel, Staat 153); ... zunächst hatte er sich den Aufforderungen Bertaldis versagt, weil er ... (Andersch, Rote 140); sie versagte sich ihm *(gab sich ihm nicht hin);* **Ver|sa|ger,** der; -s, -: **a)** *jmd., der*

[immer wieder] versagt, der das Erwartete nicht leisten kann: beruflich ist er ein glatter V.; Er war auch in der Liebe kein V., sonst hätte ich es nicht so lange mit ihm ausgehalten (Hörzu 40, 1972, 64); **b)** *etw., was nicht den erwarteten Erfolg hat, nicht seine Funktion erfüllt:* das Buch, Theaterstück war ein V.; Natürlich hat auch das Injektionsverfahren, wie jede Heilmethode, seine V. (Siegel, Bruchheilung 113); **c)** *bei etw. plötzlich auftretender Mangel, Fehler; Ausfall:* mehrere V. bei der Kür haben; Außer einer einmaligen Vergaserverstopfung ... gab es keine V. (auto 8, 1965, 24); **Ver|sa|ge|rin,** die; -, -nen: w. Form zu ↑ Versager (a); **Ver|sa|gung,** die; -, -en: *das Versagen* (2 a, b).

Ver|sal, der; -s, ...lien ⟨meist Pl.⟩ [zu lat. versus (↑ Vers), eigtl. = großer Buchstabe am Anfang eines Verses] (Druckw.): *Großbuchstabe;* **Ver|sal|buch|sta|be,** der (Druckw.): *Versal;* **Ver|sal|schrift,** die (Druckw.): *Schriftart, die nur aus Versalien, Ziffern u. Interpunktionszeichen besteht.*

ver|sal|zen ⟨unr. V.⟩ [1: mhd. versalzen]: **1.** ⟨hat versalzen/(selten auch:) versalzt⟩ *zu stark salzen; durch Zufügen von zuviel Salz verderben:* Tagelang bewegte sich Sophie wie im Traum. Sie ... versalzte das Essen oder vergaß, es zu salzen (Bieler, Mädchenkrieg 512); die Suppe ist total versalzen. **2.** ⟨hat versalzen⟩ (ugs.) *verderben; zunichte machen:* sie hat mir die ganze Freude, das Vergnügen versalzen; jmdm. seine Pläne v. *(jmds. Pläne durchkreuzen).* **3.** ⟨ist versalzt⟩ (Fachspr.) *von Salzen durchzogen, durchsetzt werden; sich mit Salz bedecken:* der See versalzt immer mehr; Ob große Teile des kostbaren Wassers dabei verdampfen oder die künstlichen Felder versalzen ... (natur 2, 1991, 25); der Boden ist versalzt; **Ver|sal|zung,** die; -, -en: *das Versalzen* (3).

ver|sa|men, sich ⟨sw. V.; hat⟩ [zu ↑ samen] (bes. schweiz.): *Samen verstreuen u. sich dadurch vermehren:* man soll das Unkraut ausreißen, bevor es sich versamt; ⟨auch o. „sich":⟩ die Pflanze versamt schlecht; Ü Namen ... versamen sich nach allen Winden (Frisch, Gantenbein 196).

ver|sam|meln ⟨sw. V.; hat⟩ [1: mhd. versamenen]: **1. a)** *zusammenkommen lassen, zusammenrufen, zu einer Zusammenkunft veranlassen:* die Schüler in der Aula, die Gemeinde in der Kirche v.; Auf der Terrasse hatte Wallmann eine andächtige Runde um sich versammelt (Loest, Pistole 148); Ü Welch eine wundersame Bewandtnis hat es ... mit dem menschlichen Auge, ... wenn es sich einstellt, von seinem feuchten Glanz auf einer anderen menschlichen Erscheinung zu v. (Th. Mann, Krull 101); **b)** ⟨v. + sich⟩ *sich zu mehreren, in größerer Anzahl zusammenfinden, treffen; zusammenkommen:* Publikum versammelte sich auf dem Platze (Th. Mann, Hoheit 139); sich in der Kantine v.; wir versammelten uns am Eßtisch; sich zu einer Andacht v.; sie kam, als bereits versammelt waren; er gab die Erklärung vor versammelter Mannschaft ab; Ü In der Bibliothek waren die Werke der russischen und der

ausländischen Literatur in prächtigen Ausgaben versammelt (Koeppen, Rußland 150). **2.** (Reiten) *(ein Pferd)* zu erhöhter Aufmerksamkeit zwingen [u. in die richtige Ausgangsposition bringen]: vor dem Hindernis versammelte er seinen Schimmel; **Ver|samm|lung,** die; -, -en [1: im 15. Jh. versamblung]: **1. a)** ⟨o. Pl.⟩ *das Versammeln, Sichversammeln, Zusammenkommen:* Alarm vormittags war zu begrüßen, weil der Unterricht ausfiel und die V. der ganzen Oberschule im Keller zu Disziplinschwierigkeiten reichen Anlaß bot (Küpper, Simplicius 73); **b)** *Zusammenkunft, Beisammensein mehrerer, meist einer größeren Anzahl von Personen zu einem bestimmten Zweck:* eine öffentliche, politische V.; Die V. ist gut, schlecht besucht; Hier im Keller hat jedoch eine V. ... stattgefunden (Plievier, Stalingrad 287); eine V. einberufen, leiten, verbieten, auflösen, stören, besuchen; ich erkläre hiermit die V. für eröffnet, geschlossen; Gestern abend war ein Haufen Männer ... dort und hat eine gewichtige V. abgehalten (Fels, Kanakenfauna 51); Man hatte angeordnet, meine V. zu sprengen (Niekisch, Leben 209); an einer V. teilnehmen; auf einer V. sprechen; in einer V. sein; von einer V. kommen; zu einer V. gehen; **c)** *mehrere, meist eine größere Anzahl von Personen, die sich zu einem bestimmten Zweck versammelt haben:* eine große, vielköpfige V.; Die gesetzgebende V. soll nicht auf die Aufgabe beschränkt sein, Gesetze zu erlassen (Fraenkel, Staat 118); Ein Student habe sich seinem Referat vor der ganzen V. an ihn die Frage gerichtet, ... (Leonhard, Revolution 79). **2.** ⟨o. Pl.⟩ (Reiten) **a)** *das Versammeln* (2) *eines Pferdes;* **b)** *versammeln* (2) *; Haltung eines Pferdes:* Die noch stärkere Erhöhung für ein Pferd, das längere Zeit in hoher V. ging, ... (Dwinger, Erde 91); **Ver|samm|lungs|frei|heit,** die ⟨o. Pl.⟩: *Recht der Bürger eines Staates, sich zu versammeln, Versammlungen abzuhalten;* **Ver|samm|lungs|lei|ter,** der: *jmd., der eine Versammlung leitet;* **Ver|samm|lungs|lei|te|rin,** die: w. Form zu ↑ Versammlungsleiter; **Ver|samm|lungs|lo|kal,** das: *Lokal, in dem eine Versammlung stattfindet;* **Ver|samm|lungs|ort,** der ⟨Pl. -e⟩: *Ort, an dem eine Versammlung stattfindet;* **Ver|samm|lungs|raum,** der: vgl. Versammlungslokal; **Ver|samm|lungs|recht,** das ⟨o. Pl.⟩: *Versammlungsfreiheit;* **Ver|samm|lungs|saal,** der: vgl. Versammlungslokal.

Ver|sand, der; -[e]s: **1.** *das Versenden von Gegenständen, bes. von Waren:* der V. der Bücher wird vor Weihnachten noch abgeschlossen; das Saatgut zum V. fertigmachen. **2.** *für den Versand* (1) *zuständige Abteilung in einem Betrieb:* er arbeitet im V. **3.** kurz für ↑ Versandhaus; **Ver|sand|ab|tei|lung,** die: *Versand* (2); **ver|sand|be|reit** ⟨Adj.⟩: *versandfertig;* **Ver|sand|buch|han|del,** der: *Versandhandel mit Büchern.*

ver|san|den ⟨sw. V.; ist⟩: **1.** *sich allmählich mit Sand füllen, von Sand bedeckt, zugedeckt, verschüttet werden:* die Flußmündung, der See, der Hafen versandete im-

mer mehr; Der Rumpf des Schiffes sackte langsam tiefer und versandete (Schnabel, Marmor 40); die Spuren der Räder waren schon versandet. **2.** *immer schwächer werden, nachlassen u. allmählich ganz aufhören:* Beziehungen v. lassen; die Verhandlungen sind versandet; wenn die Unterhaltung versandete, schenkte Amery ... nach (Bieler, Mädchenkrieg 425); der Auftrieb des Renditen ist etwas versandet *(hat sich abgeschwächt;* Tages Anzeiger 5. 11. 91, 5).
ver|sand|fer|tig ⟨Adj.⟩: *für den Versand (1) vorbereitet, fertiggemacht:* -e Waren; **Ver|sand|ge|schäft,** das: vgl. Versandhandel; **Ver|sand|gut,** das: *Waren, die durch Versand (1) befördert werden;* **Ver|sand|han|del,** der: *Handel mit Waren, bei dem das Angebot u. der Verkauf nicht in Läden erfolgen, sondern durch Anbieten in Katalogen, Prospekten, Anzeigen u. durch Versenden der Waren an den Käufer:* Über den V. bietet das Unternehmen Meßgeräte ... an (CCI 11, 1986, 27); **Ver|sand|haus,** das: *Unternehmen, das den Verkauf von Waren durch Versandhandel betreibt;* **Ver|sand|haus|ka|ta|log,** der: *Katalog (1) eines Versandhauses;* **Ver|sand|ka|sten,** der: *Kasten zum Befördern von Versandgut;* **Ver|sand|ko|sten** ⟨Pl.⟩: *Kosten, die durch den Versand (1) von Waren entstehen;* **ver|sandt:** ↑versenden; **Ver|sand|ta|sche,** die: *Hülle aus Papier, [dünnerem] Karton zum Befördern von kleinerem Versandgut.*
Ver|san|dung, die; -, -en: *das Versanden.*
Vers|an|fang, der: *Anfang eines Verses;* **Vers|art,** die: *durch den Versbau gekennzeichnete Art eines Verses.*
ver|sa|til ⟨Adj.⟩ [lat. versatilis, zu: versare, ↑versiert] (bildungsspr. veraltend): **1.** *beweglich, gewandt (z. B. im Ausdruck).* **2.** *ruhelos; wankelmütig;* **Ver|sa|ti|li|tät,** die; - (bildungsspr. veraltend): *versatile Art, Beschaffenheit.*
Ver|satz, der; -es: **1.** (selten) *das Versetzen, Verpfänden.* **2.** (Bergmannsspr.) **a)** *das Ausfüllen von Hohlräumen, die durch den Abbau entstanden sind, mit Gestein;* **b)** *für den Versatz (2 a) verwendetes Gestein;* **Ver|satz|amt,** das (südd., österr.): *Leihhaus:* Das waren die Jahre, wo Münchener Familien ihr letztes Bett ins V. brachten (Carossa, Aufzeichnungen 187); **Ver|satz|ma|te|ri|al,** das ⟨o. Pl.⟩ (Bergmannsspr.): *Versatz (2 b);* **Ver|satz|stück,** das: **1.** *leicht bewegliches, beliebig zu versetzendes Teil der Bühnendekoration:* die einzigen Versatzstücke waren zwei kleine Bäume; Ü inhaltliche -e einer Theorie; In der Diskussion um Frieden und Krieg argumentieren die Christdemokraten mit -en aus den fünfziger Jahren (Spiegel 26, 1981, 30). **2.** (österr.) *Pfand (1 a).*
ver|säu|bern ⟨sw. V.; hat⟩: **1.** (Schneiderei) *mit Stichen einfassen, so daß der Stoff nicht ausfransen kann.* **2.** (bes. schweiz.) *(von Hunden, Katzen) die Notdurft verrichten;* vermehrt darauf zu achten, daß ihre Katze auf eigenem Areal versäubert (Basler Zeitung 20. 8. 86, 29).
ver|sau|beu|teln ⟨sw. V.; hat⟩ [weitergebildet aus ↑versauen] (ugs.): **1.** *durch unrein-*

liche, unachtsame Behandlung verderben; beschmutzen: du hast dein ganzes Kleid versaubeutelt. **2.** *durch Unachtsamkeit verlieren, verlegen:* seine Schlüssel v.; Manfred ... hatte Brotmarken versaubeutelt (Kempowski, Tadellöser 243); **ver|sau|en** ⟨sw. V.; hat⟩ (salopp): **1.** *sehr schmutzig machen, stark beschmutzen:* seine Kleidung v.; Ehe er die Toilettentür erreichte, versaute er den Fußboden (Bieler, Bär 306). **2. a)** *völlig verderben (2), zunichte machen:* eine Klassenarbeit v.; er hat uns damit den ganzen Abend versaut; da mußte ich unwillkürlich denken, wie wir uns doch jetzt unser Leben versauen! (Richartz, Büroroman 123); dann erzählte er mir stundenlang von seiner versauten Karriere (Frings, Männer 199); **b)** *verderben (4):* Jugendliche v.; Die erwachsenen Strafgefangenen machten sich natürlich eine Freude daraus, uns nach allen Regeln der Kunst zu v. (Eppendorfer, Ledermann 71).
ver|sau|ern ⟨sw. V.⟩ [mhd. versūren = ganz sauer werden]. **1. a)** *sauer werden, an Säure gewinnen* ⟨ist⟩: *der Wein versauert;* die Wiesen sind versauert; **b)** *sauer machen, mit Säure durchsetzen* ⟨hat⟩: Die Behauptung, daß Thomasphosphat ... die Böden versauere ... (Saarbr. Zeitung 30. 11. 79, 38). **2.** (ugs.) **a)** *aus Mangel an geistigen, kulturellen o. ä. Angeboten geistig verkümmern* ⟨ist⟩: Sie studieren sich sicher auch dumm, um später auf der Insel zu v.? (Borell, Romeo 287); Ich will raus an die Luft, nicht in der Bude v. (Frings, Männer 93); **b)** *jmdm. etw. verleiden, die Lust nehmen* ⟨hat⟩: mit allerlei Boshaftigkeiten, die einem den Alltag v. können (Freie Presse 25. 11. 88, Beilage S. 6); Querulanten versuchen, Ihnen den „süßen" Tage zu v. (Bild und Funk 3, 1967, 51); **Ver|sau|e|rung, Ver|säue|rung,** die; -, -en: *das Versauern (1), Versauertwerden:* Die Versauerung der Fließgewässer ist dynamisch (Welt 17. 8. 89, 15); Die Versäuerung der Natur läßt nun in Deutschland nicht nur Wälder und Seen sterben (Spiegel 52, 1983, 4).
ver|sau|fen ⟨st. V.⟩ /vgl. versoffen/ [mhd. versūfen = versinken; ertränken]: **1.** (salopp) *vertrinken (a)* ⟨hat⟩: den ganzen Lohn v.; Der Vater solle um des Friedens willen seine Rente v. dürfen (Ossowski, Bewährung 74); Ü ob es nicht besser wäre, wenn Jan seinen Verstand versoffen (im Trinken verloren) hätte (Bieler, Mädchenkrieg 285). **2.** (landsch. salopp) *ertrinken* ⟨ist⟩: er ist im See versoffen. **3.** (Bergmannsspr.) *ersaufen (2 a)* ⟨ist⟩.
ver|säu|men ⟨sw. V.; hat⟩ [mhd. versūmen, ahd. firsūmen, zu ↑³säumen]: **1. a)** *verpassen (1 a):* den Zug, den Omnibus, die Bahn v.; er hat den richtigen Zeitpunkt versäumt; Die Nachricht, daß Konrad Farner in Zürich gestorben ist, lese ich im Lift, ohne deshalb mein Stockwerk zu v. (Frisch, Montauk 216); **b)** *nicht wahrnehmen, nicht besuchen, nicht dabeisein:* einen wichtigen Termin, eine Verabredung, Zusammenkunft, ein Treffen v.; er hat ziemlich lange den Unterricht versäumt; Sie haben die Vereinsmeisterschaft unter einem Vorwand versäumt, weil dabei nicht für Sie herauspsrang

(Lenz, Brot 114); ◆ ich behalte es als Unterpfand, daß du uns diesen Abend nicht versäumst *(heute abend auch wirklich zu uns kommst;* C. F. Meyer, Amulett 61); mußt' ich sogar vor widerwärtigen Streichen zur Einsamkeit, zur Wildernis entweichen und, um nicht ganz versäumt *(verlassen),* allein zu leben, mich doch zuletzt dem Teufel übergeben (Goethe, Faust II, 6235 ff.); **c)** *unterlassen, nicht erfüllen, nicht tun:* seine Pflicht, seine Aufgaben v.; Als sie sich ... die Finger ableckte, fiel ihr ein, daß sie das Tischgebet versäumt hatte (Bieler, Mädchenkrieg 443); ... weil die Ausbildung von Software- und Systemingenieuren an Hoch- und Mittelschulen jahrelang versäumt worden ist (NZZ 27. 8. 84, 13); er versäumte nicht, die Verdienste seines Vorgängers zu würdigen ⟨subst. 2. Part.:⟩ Versäumtes nachholen; **d)** *ungenutzt vorübergehen lassen; verpassen (1 b):* eine gute Gelegenheit, sein Glück v.; wir haben viel Zeit versäumt; er will nichts v.; sie hat Angst, etwas zu v. ... nachzuholen, was sie in ihrer Jugend angeblich versäumt hatten (Ott, Haie 203); da hast du viel versäumt *(hast dir viel entgehen lassen);* die schönsten Jahre seines Lebens v.; nach dem 1:0 versäumte es die Mannschaft, ihren Vorsprung auszubauen. **2. a)** ⟨v. + sich⟩ (landsch.) *sich zu lange mit etw. aufhalten, bei etw. verweilen:* er hat sich bei der Arbeit versäumt; ◆ **b)** *sich bei etw. zu lange aufhalten;* ³*säumen:* Wenn nur die Gotte ... da wäre, die versäumt sich am längsten (Gotthelf, Spinne 8); **Ver|säum|nis,** das; -ses, -se, veraltet: die; -, -se: *etw., was man hätte versäumen (1 c), unterlassen dürfen; Unterlassung:* ein verhängnisvolles V.; die -se der Eltern gegenüber ihren Kindern; jmdm. ein V. nachweisen; Er hatte beträchtliche -se *(Lücken 2),* die er irgendwann würde aufholen müssen (Rolf Schneider, November 55); Ich wiedergutmachen; du hast dir ein schweres V. zuschulden kommen lassen; es gehört zu den -sen meiner Erziehung, daß ich nicht gelernt habe, Bilder zu fälschen (Muschg, Gegenzauber 86); **Ver|säum|nis|ur|teil,** das (Rechtsspr.): *Urteil in einem Zivilprozeß gegen eine Partei auf Grund einer Säumnis (2 a);* **Ver|säum|nis|ver|fah|ren,** das (Rechtsspr.): *Verfahren (2), das bei Säumnis (2 a) einer Partei stattfindet;* **Ver|säu|mung,** die; -, -en: *das Versäumen, Versäumtwerden.*
◆ **ver|sau|sen** ⟨sw. V.; hat⟩: (in landsch. Sprachgebrauch) *aufhören zu sausen:* Eines Tags, als schon alle Kanonen vom Rhein an die Donau und bis an die Ostsee versaust hatten *(aufgehört hatten zu schießen;* Hebel, Schatzkästlein 51).
Vers|bau, der ⟨o. Pl.⟩: *Aufbau eines Verses;*
Vers blanc [vɛr'blɑ̃], der; - -, - -s [vɛr'blɑ̃; frz. vers blanc, eigtl. = weißer Vers] (Verslehre): *reimloser Vers; Blankvers;*
Vers|bre|chung, die (Verslehre): *Enjambement.*
ver|scha|chern ⟨sw. V.; hat⟩ (abwertend): *schachernd, feilschend verkaufen:* den Familienschmuck v.; Der Barras schon heimlich mit Ludwig XVIII. verhandelt, um für eine Herzogskrone die Republik

verschachtelt

an die bourbonische Dynastie zu v. (St. Zweig, Fouché 96).

ver|schach|telt ⟨Adj.⟩: *wie ineinandergefügt, ineinandergeschoben wirkend [u. dadurch verwirrend, unübersichtlich]:* eine -e Altstadt; -e Straßen, Gassen; Ü ein -er Satz, Bericht; Ich habe ein Leben lang geschrieben, ... hochstilisiert nicht selten, lateinisch v. fast immer (Stern, Mann 112); Polizei ... und Geheimdienste aller Seiten vereitelten die Aufklärung wegen ihrer vielfach -en Interessen (Zwerenz, Quadriga 5); **Ver|schach|te|lung,** (selten:) **Ver|schacht|lung,** die; -, -en: *das Verschachteltsein.*

ver|schaf|fen ⟨sw. V.; hat⟩ [mhd. verschaffen = weg-, abschaffen; vermachen]: **a)** *beschaffen, besorgen:* jmdm., sich Geld, Arbeit, einen Ausweis, Papiere v.; jmdm., sich eine Unterkunft, ein Alibi v.; wie hat er sich nur diese Informationen verschafft?; jetzt habe man ihm eine Stelle verschafft bei einer berühmten Kapelle in Caracas (Seghers, Transit 47); Nicht alle Handlungen der sogenannten Balz dienen dazu, dem ... Vogel einen Geschlechtspartner zu v. *(gewinnen;* Lorenz, Verhalten I, 230); **b)** *dafür sorgen, daß jmdm. etw. zuteil wird, jmd. etw. bekommt:* du mußt dir Respekt, Geltung, dein Recht v.; Beide Teams versuchten, mit Befreiungsschlägen aus der Abwehr heraus sich Vorteile ... zu v. (Kicker 6, 1982, 44); Hillary, ... der mir die Erlaubnis zum Betreten des Lazaretts verschafft hatte (Thorwald, Chirurgen 147); mit Gewalt wollten sie sich dort Zutritt v. (Niekisch, Leben 254); ich wollte mir erst Gewißheit v.; Eine ... sehr wichtige Erkenntnis, die mir eine neue Sicht auf mein Leben und das menschliche Dasein überhaupt verschafft (Rinser, Mitte 108); ... daß ich mir einen genaueren Einblick in die Lage der Dinge verschaffe (Th. Mann, Buddenbrooks 152); dieser Umstand verschaffte mir die Möglichkeit *(ermöglichte es mir),* unauffällig wegzugehen; was verschafft mir die Ehre, das Vergnügen Ihres Besuches?

ver|schal|en ⟨sw. V.; hat⟩: **1.** *mit Brettern, Holzplatten o. ä. bedecken, verkleiden, auskleiden:* Türen und Fenster, die Wände eines Raums, einen Raum v.; Der Graben wurde mit Zementbohlen verschalt (Lentz, Muckefuck 186); ein mit Brettern verschaltes Erdloch. **2.** *schalen.*

ver|schal|ken ⟨sw. V.; hat⟩ (Seemannsspr.): *schalken.*

ver|schal|len ⟨st. u. sw. V., verschallte/ (auch:) verscholl, ist verschallt⟩ /vgl. verschollen/: *aufhören zu schallen, zu klingen; verklingen:* seine Schritte verschallen in der Ferne.

ver|schal|ten ⟨sw. V.; hat⟩: **1.** ⟨v. + sich⟩ *falsch schalten* (2 a): Auf den ersten Kilometern verschaltete sich Janda immer wieder (Zenker, Froschfest 172). **2.** *durch Schalten* (1 a, 3, 4) *miteinander verbinden;* **Ver|schal|tung,** die; -, -en: *das Verschalten* (2), *Verschaltetwerden:* Damit dieses komplizierte System reibungslos funktioniert, ist eine V. zwischen den einzelnen Nervenzellen notwendig (MM 17. 10. 70, 3); Dieser Mikrochip ... besitzt aufgrund seiner neuronalen V. eine erstaunliche Leistungsfähigkeit (Welt 18. 10. 91, 23); Die computerisierte V. der Welt zu einem geschlossenen Informationssystem ... (Strauß, Niemand 134).

Ver|schallung, die; -, -en: **1.** *das Verschalen.* **2.** *aus Brettern, Holzplatten o. ä. bestehendes Gefüge, mit dem etw. verschalt ist:* Über den Brunnen stülpten sie im Winter eine V. (Härtling, Hubert 205); Auf der V. des Motors ... war noch ein Platz frei (NZZ 21. 12. 86, 5); hinter der V. zwischen Cockpit und Fluggastraum sei plötzlich starker Qualm hervorgedrungen (MM 19. 8. 69, 11).

ver|schämt ⟨Adj.; -er, -este⟩ [mhd. verschamt, -schemt, 2. Part. von: (sich) verschamen = in Scham versinken]: *sich ein wenig schämend; etwas Scham empfindend u. ein wenig verlegen; schüchtern u. zaghaft:* ein -es Lächeln; eine -e Geste; sie lächelte, sah ihn v. an; Fast v. verlangte der Italiener einen Preis, der gerade einem besseren Trinkgeld entspricht (ADAC-Motorwelt 7, 1983, 34); **Verschämt|heit,** die; -: *das Verschämtsein.*

ver|schan|deln ⟨sw. V.; hat⟩ [zu ↑ Schande] (ugs.): *verunstalten, verunzieren:* ein Stadtbild v.; Die mit Eternit verkleideten Wirtschaftsgebäude verschandeln die Landschaft (Chotjewitz, Friede 80); Das Herrenhaus ... war weniger ansehnlich, weil es in späterer Zeit durch Anbauten verschandelt worden war (Dönhoff, Ostpreußen 118); die Narbe verschandelte *(entstellte)* ihr Gesicht; **Ver|schan|delung, Ver|schand|lung,** die; -, -en: **1.** ⟨o. Pl.⟩ *das Verschandeln, Verschandeltwerden:* Die Schaffung von Familiengärten ist doch nicht mit V. der Landschaft gleichzusetzen (NZZ 5. 9. 86, 33). **2.** *etw. Verschandelndes, Verschandeltes:* bei den schädigenden Eingriffen handelt es sich meistens nicht um ... grobe -en (NZZ 21. 8. 83, 19).

ver|schan|zen ⟨sw. V.; hat⟩ [zu ↑¹Schanze]: **1.** (Milit. früher) **a)** *durch Schanzen, Einrichtung von Befestigungen o. ä. sichern, befestigen:* ein Lager, eine Stellung v.; **b)** ⟨v. + sich⟩ *sich durch eine befestigte Stellung, hinter einer* ¹*Schanze o. ä. gegen einen Feind schützen:* die Truppen verschanzten sich hinter dem Bahndamm, in der Fabrikhalle; Soldaten ... verschanzen sich gegen die chinesischen Invasionstruppen (MM 22. 2. 79, 1); Ü er verschanzte sich hinter einer Zeitung *(verbarg sich dahinter);* Am liebsten empfing er sich in seinem Arbeitszimmer, verschanzt *(geschützt)* hinter dem breiten Schreibtisch (Weber, Tote 52). **2.** ⟨v. + sich⟩ *etw. als Ausrede, Ausflucht benutzen, etw. zum Vorwand nehmen:* sich hinter Ausflüchten, faulen Ausreden v.; Der Soldat verschanzt sich hinter seiner Pflicht (NJW 19, 1984, 1083); Lisa, die sich ins Gesellschaftliche verschanzt (Frisch, Gantenbein 376); **Ver|schanzung,** die; -, -en: *das [Sich]verschanzen.*

ver|schär|fen ⟨sw. V.; hat⟩: **a)** *schärfer* (9), *heftiger spürbar machen; stärker, massiver, strenger, rigoroser werden lassen; steigern, verstärken:* die Kontrolle, Zensur, Strafe v.; das Tempo v. *(beschleunigen);* Gegensätze v.; etw. verschärft *(erhöht)* jmds. Aufmerksamkeit; dieser Umstand hat die Lage, Krise erheblich verschärft *(verschlimmert, zugespitzt);* Zudem werde die Automatisierung die Arbeitslosigkeit v. (NZZ 3. 5. 83, 17); verschärftes *(strengeres, härteres)* Training; Hohe Strafen ... drohen nun den Kommunen und Privathaushalten durch das verschärfte *(strengere)* Umweltrecht (natur 4, 1991, 24); **b)** ⟨v. + sich⟩ *schärfer* (9), *heftiger, größer, stärker werden; sich steigern, verstärken:* die Gegensätze, Schwierigkeiten, politischen Spannungen verschärfen sich immer mehr; die Lage hat sich verschärft *(ist schwieriger geworden, hat sich zugespitzt);* der zunehmende Kostendruck bei den Sparkassen, der sich mit der Anhebung des Sparzinses noch v. wird (Welt 20. 8. 65, 11); **Ver|schär|fung,** die; -, -en: *das [Sich]verschärfen.*

ver|schar|ren ⟨sw. V.; hat⟩: **a)** *scharrend mit Erde bedecken, oberflächlich vergraben:* der Hund verscharrt einen Knochen; er hat den Revolver im Wald verscharrt; **b)** *(oft abwertend) achtlos, oft heimlich irgendwo begraben:* die Flüchtlinge verscharrten den Toten am Wegrand; eine Schwester des im Barranco verscharrten Dichters (Fries, Weg 12).

ver|schat|ten ⟨sw. V.; hat⟩ (geh.): *durch Schatten, mattes Licht dunkler erscheinen lassen; Schatten auf etw. werfen:* die Zweige des Baumes verschatten ihr Gesicht; Den Kopf allerdings sah man nicht sofort; Ihn verschattete ein riesiger weißer ... Hut (Konsalik, Promenadendeck 13); ein alter, von Buchen und Linden verschatteter Friedhof (Grass, Unkenrufe 21); Ü Dennoch erlaubt sie ihrem Leid nicht, unser anhaltendes Sommerglück zu v. (Grass, Unkenrufe 158); **Ver|schat|tung,** die; -, -en: **1.** (geh.) *das Verschatten, Verschattetwerden.* **2.** (Med.) *sich abhebender dunkler Bezirk auf Röntgenaufnahmen, der auf krankhafte Gewebsveränderungen u. Infiltrate hindeutet, die eine geringere Durchlässigkeit für Röntgenstrahlen aufweisen.*

ver|schät|zen ⟨sw. V.; hat⟩: **a)** (seltener) *falsch einschätzen:* eine Entfernung, die Größe von etw. v.; **b)** ⟨v. + sich⟩ *sich beim Schätzen, Einschätzen, Beurteilen von etw. täuschen:* Aber er hatte sich in der Entfernung verschätzt (Schnurre, Bart 22); du hast dich bei ihrem Alter um fünf Jahre verschätzt.

ver|schau|en, sich ⟨sw. V.; hat⟩ (österr.): *sich verlieben.*

ver|schau|keln ⟨sw. V.; hat⟩ (ugs.): *irreführen, täuschen u. dabei betrügen, hintergehen, als Konkurrenten o. ä. ausschalten:* sich nicht v. lassen; die Frauen werden von der Werbung in Funk und Fernsehen mächtig verschaukelt (Hörzu 16, 1973, 58); keiner wollte zuständig sein. Keiner schenkte mir reinen Wein ein ... Ich fühlte mich entmutigt und verschaukelt (Christiane, Zoo 247); **Ver|schauke|lung,** (seltener:) **Ver|schauk|lung,** die; -, -en (ugs.): *das Verschaukeln, Verschaukeltwerden.*

ver|schei|den ⟨st. V.; ist⟩ [mhd. verscheiden = weggehen, verschwinden; sterben] (geh.): *sterben:* nach langer Krankheit v.; Dagegen verschied Hadrian in seinem dreiundsechzigsten Jahr, an der

Wassersucht, glaube ich (Stern, Mann 326); Die extrem hohe Versicherung, die der jäh verschiedene Kunde auf Drängen der Gattin kurz vor seinem Dahingang noch abschloß (Schnurre, Schattenfotograf 270).

ver|schei|ßen ⟨st. V.; hat⟩ (derb): mit Kot verunreinigen: der Kleine hat sich, hat wieder alles verschissen; verschissene Unterhosen; *[es] bei/mit jmdm. verschissen haben (salopp; *es mit jmdm. verdorben haben*): du hast bei mir verschissen bis in die Steinzeit; So lauf hier nicht herum, ... da hast du beim Spieß gleich verschissen (Kuby, Sieg 12); ver|schei|ßern ⟨sw. V.; hat⟩ (salopp): *veralbern, zum Narren halten*: von dir lasse ich mich nicht v.; Wenn du glaubst, du kannst uns v., da liegst du falsch (Kuby, Sieg 37).

ver|schen|ken ⟨sw. V.; hat⟩: 1. *schenkend weggeben, austeilen; als Geschenk überreichen*: seine Bücher, Platten v.; Man konnte aus Mitleid mit den Armen weinend seine Habe v. (Thieß, Reich 571); Rosen an die Damen v.; Ü ein Lächeln v. *(jmdm. zuteil werden lassen)*; Ich saß allein auf dieser Seite mit einem grimmigen Halbstarken. Der verschenkte an niemand einen Blick (Reinig, Schiffe 118). 2. ⟨v. + sich⟩ (geh.) *sich jmdm. hingeben* (2 b): sie wollte sich nicht an ihn v. 3. *ungewollt, unnötigerweise abgeben, vergeben, nicht nutzen*: der Weitspringer hat durch ungenauen Absprung einige Zentimeter verschenkt; Sehr gut gefiel uns der Grundriß, da kein Raum verschenkt wurde (Wohnfibel 19); den Sieg v. *(die gute Gelegenheit dazu nicht nutzen)*; die Mannschaft hat keine Punkte zu v. *(braucht dringend jeden Punkt)*; dann hätte jeder das Gefühl einer verschenkten Gelegenheit gehabt (Fest, Im Gegenlicht 251).

ver|scher|beln ⟨sw. V.; hat⟩ [H. u., viell. zu spätmhd. scher(p)f, ↑Scherflein] (ugs.): *billig veräußern*: seinen Schmuck v.; Zudem sei es grotesk, wenn die EG ihre Butterüberschüsse an die Sowjetunion verscherbele (Spiegel 17, 1977, 14).

ver|scher|zen, sich ⟨sw. V.; hat⟩ [mhd. verscherzen] *durch leichtfertiges, unbedachtes, rücksichtsloses o. ä. Verhalten verlieren, einbüßen*: sich jmds. Gunst, Freundschaft, Zuneigung v.; wir sollten uns unsere Kreditwürdigkeit nicht restlos v. (Kirst, 08/15, 645); Indem man Hitler tolerierte, finanzierte und protegierte, verscherzte man sich den Frieden (K. Mann, Wendepunkt 363).

ver|scheu|chen ⟨sw. V.; hat⟩: *scheuchen* (1), *vertreiben, fortjagen*: die Fliegen v.; der Lärm hat die Hasen verscheucht; Er lief um Tinte und Papier und verscheuchte seine Frau aus dem Zimmer des Kranken (Süskind, Parfum 134); Ü vergebens versuchte er seine Müdigkeit zu v.; ein matter Gedanke ..., den sie sogleich verscheuchte (Gaiser, Jagd 68); U. daß er auf dem Schulweg vor sich hin gebetet hatte, um seine Angst zu v. (Ott, Haie 21).

ver|scheu|ern ⟨sw. V.; hat⟩ [H. u., viell. umgeformt aus niederd. verschutern = tauschen] (ugs.): *billig veräußern*: Ein Freund von mir ... hat auf dem Balkan ein komplettes U-Boot verscheuert (Kirst, 08/15, 631).

ver|schi|cken¹ ⟨sw. V.; hat⟩ [1: mhd. verschicken]: 1. *versenden*: Über 2 000 Einladungen waren verschickt worden (K. Mann, Mephisto 12). 2. *zur Erholung, in eine Kur o. ä. schicken, reisen lassen*: Kranke, Erholungsbedürftige [zur Kur] v.; die Kinder wurden an die See, aufs Land verschickt; der Gauleiter war inzwischen wegen einer undurchsichtigen Angelegenheit ins Feld verschickt *(zur Strafe geschickt)* worden (Remarque, Funke 50); **Ver|schi|ckung¹**, die; -, -en: *das Verschicken, Verschicktwerden*.

ver|schieb|bar ⟨Adj.⟩: *sich verschieben* (1 a, 2 a) *lassend; geeignet, verschoben zu werden*; **Ver|schie|be|bahn|hof**, der; -[e]s, ...höfe: *Rangierbahnhof*: Ü Dabei galt das indische Ministerium für Umwelt und Forsten ... als schläfriger V. für abgehalfterte Politiker (natur 2, 1991, 30); **ver|schie|ben** ⟨st. V.; hat⟩ [mhd. verschieben]: 1. a) *an eine andere Stelle, einen anderen Ort schieben; durch Schieben die Lage, den Standort von etw. ändern*: den Schrank um einige Zentimeter v.; Wedelmann verschob die primitiven Kistenstuhl, auf dem er saß, geräuschvoll (Kirst, 08/15, 314); Ü das verschiebt *(verändert)* die Perspektive, das ganze Bild; b) ⟨v. + sich⟩ *an eine andere Stelle, einen anderen Standort, in eine andere Lage geschoben werden, geraten*: der Teppich verschiebt sich immer wieder; ihr Kopftuch hatte sich verschoben *(war verrutscht)*. 2. a) *auf einen späteren Zeitpunkt verlegen, für etw. einen späteren Zeitpunkt bestimmen*: eine Reise, den Urlaub, einen Termin v.; die Operation muß verschoben werden; die Auszahlung der Gehälter läßt sich nicht länger v.; eine Arbeit auf später, von einem Tag auf den anderen v.; Verschieben Sie die Sache, bis Sie zurückkommen (Remarque, Obelisk 243); Spr verschiebe nicht auf morgen, was du heute kannst besorgen; b) ⟨v. + sich⟩ *auf einen späteren Zeitpunkt verlegt werden, zu einem späteren Zeitpunkt stattfinden*: die Abreise hat sich verschoben; der Beginn der Vorstellung verschiebt sich um einige Minuten. 3. (ugs.) *in unerlaubter, gesetzwidriger Weise verkaufen, Handel mit etw. treiben*: Kaffee, Zigaretten, Schnaps v.; Weißt du, ob das wirklich 'ne richtige Schneiderei war? Vielleicht verschieben die Rauschgift oder Drogen? (Heim, Traumschiff 359); er verschob die Wäsche auf dem schwarzen Markt; **Ver|schie|be|pro|be**, die (Sprachw.): *(im Satz) Umstellung einzelner Satzglieder, um zu prüfen, welche Wörter od. Wortgruppen als selbständige Satzglieder verschoben werden können, ohne daß die Satzaussage wesentlich verändert wird*; **Ver|schie|bung**, die; -, -en: *das Verschieben, Verschobenwerden*.

ver|schie|den ⟨Adj.⟩ [eigtl. = sich getrennt habend, adj. 2. Part. von ↑verscheiden]: 1. *voneinander abweichend, Unterschiede aufweisend, sich voneinander unterscheidend*: -er Meinung, Ansicht, Auffassung sein; die -e Bewertung einer Sache; -e, die -sten *(sehr viele verschiedene)* Interessen haben; Dauernd umgeben von den -sten Geräuschen (Heym, Schwarzenberg 17); zwei ganz -e Farben, Stoffe, Qualitäten; etw. auf -e Weise ausdrücken; Kleider in -er Ausführung; Unter den Westrivalen ein Spiel mit zwei -en Halbzeiten (Kicker 6, 1982, 33); die beiden sind sehr v., sind v. wie Tag und Nacht; die Gläser sind in/ nach Form, Farbe, Größe v.; das ist von Fall zu Fall v.; die beiden Pakete sind v. groß, schwer; das kann man v. beurteilen; darüber kann man v. denken; die Arbeiten sind v. ausgefallen. 2. ⟨dem Indefinitpron. u. unbest. Zahlwort nahestehend⟩ a) ⟨Pl.; attr. u. alleinstehend⟩ *mehrere, einige, manche*: -e gewichtige Gründe sprechen dafür; -e Zuschauer klatschten; durch den Einspruch -er Delegierter/(auch:) Delegierten; -e äußerten sich unzufrieden; b) ⟨Sg.; alleinstehend⟩ *einiges, manches, dieses u. jenes*: -es war mir unklar; diese Vorschriften lassen -es *(manches)*/(subst.:) Verschiedenes *(Dinge verschiedener Art)* nicht zu; das behandeln wir unter dem Tagesordnungspunkt Verschiedenes *(Punkt, der Themen verschiedener Art umfaßt)*; **ver|schie|den|ar|tig** ⟨Adj.⟩: *Inhalte, Merkmale unterschiedlicher Art aufweisend, verschieden* (1) *beschaffen*: -e Sachverhalte, Aufgaben; -e Mittel anwenden; Der Begriff der Selbstverwaltung, hinter dem sich -e politische und rechtliche Sachverhalte verbergen können, ... (Fraenkel, Staat 159); die Materialien sind sehr v.; Aus toten Kreaturen wird plötzlich Nahrung, die man v. zubereiten kann (Remarque, Obelisk 146); **Ver|schie|den|ar|tig|keit**, die; -: *das Verschiedenartigsein*: Immer wieder betonten sie, daß die V. der beiden Systeme eine Wiedervereinigung ohne weiteres nicht zulasse (Dönhoff, Ära 213); **Ver|schie|den|blätt|rig|keit**, die; - (Bot.): *Heterophyllie*; **ver|schie|de|ne|mal** [auch: -ˈ- - -ˈ-] ⟨Adv.⟩: *verschiedene Male, mehrmals, öfter*: er hat sich v. nach ihr erkundigt; **ver|schie|de|ner|lei** ⟨unbest. Gattungsz.; indekl.⟩ [↑-lei]: *verschiedene voneinander abweichende Dinge, Arten, Eigenschaften o. ä. umfassend*: etw. hat v. Ursachen; es gab v. Käse; ⟨alleinstehend:⟩ auf v. verzichten müssen; **ver|schie|den|far|big** ⟨Adj.⟩: *unterschiedlich gefärbt; mehrere verschiedene Farben aufweisend, mehrfarbig*: drei -e Wollsorten, Sorten; **ver|schie|den|ge|schlecht|lich** ⟨Adj.⟩: *unterschiedliches Geschlecht aufweisend*: Man schickt sie nicht anders als v. Partner (Dierichs, Männer 221); **ver|schie|den|ge|stal|tig** ⟨Adj.⟩: *von verschiedenerlei Gestalt*; **Ver|schie|den|grif|fig|keit**, die; - (Bot.): *Heterostylie*; **Ver|schie|den|heit**, die; -, -en: *verschieden* (1) *Art, unterschiedliche Beschaffenheit*: ... sondern umgekehrt ist die V. der Bewaldung eine Folge des Klimas (Mantel, Wald 32); Entstehung, Ausbau und Charakter des Totalitarismus zeigen bei aller V. der historischen Voraussetzungen eine Reihe typischer Merkmale (Fraenkel, Staat 328); **Ver|schie|den|spo|rig|keit**, die; - (Bot.): *Heterosporie*; **ver|schie|dent|lich** ⟨Adv.⟩: *verschiedenemal, mehrmals, öfter*: er hat schon v. dar-

verschießen

auf hingewiesen; Erst als wir näher miteinander bekannt wurden und ich Bugenhagen v. zu mir einlud, ... (Jens, Mann 155).

ver|schie|ßen ⟨st. V.⟩ [mhd. verschieʒen]: **1.** ⟨hat⟩ **a)** *als Munition, Geschoß beim Schießen verwenden:* solche Patronen kann man mit diesem Gewehr nicht v.; Diese Raketenwaffe ... könne Atomsprengköpfe v. (FAZ 2. 8. 61, 4); Holunderbeeren in schwarzen Dolden, wie man sie als Kind durch Blasrohre verschoß (Strauß, Niemand 189); **b)** *durch Schießen verbrauchen:* er hat die Hälfte der Munition, alle Patronen verschossen; Als das ... Regiment sich auf deutschen Boden zurückzog, mußte es ... alles übriggebliebene Kriegsmaterial vernichten, es v. oder in einem Teich versenken (Sloterdijk, Kritik 758); ♦ **c)** ⟨v. + sich⟩ *alle seine Munition durch Schießen aufbrauchen:* sie denken, um uns herauszulocken, verschössen wir uns verschossen (Goethe, Götz III). **2.** (Fußball) *durch ungenaues, unplaziertes Schießen nicht zu einem Tor nutzen* ⟨hat⟩: einen Freistoß, Elfmeter v. **3.** ⟨v. + sich⟩ (ugs.) *sich heftig verlieben* ⟨hat⟩: Sie merkte, daß sie sich langsam in ihn verschoß (Kant, Impressum 189); er ist unheimlich in sie verschossen. **4.** *an Farbe, farblicher Intensität verlieren u. blasser, heller werden; verblassen* ⟨ist⟩: diese Farbe verschießt schnell in der Sonne; verschossene Gardinen; Ich ... sah dieses magere graue Gesicht unter der verschossenen Baskenmütze (Böll, Und sagte 6). **5.** *verknipsen* ⟨hat⟩: Ich hatte eine Motorkamera dabei und verschoß drei Farbfilme mit ihm und seinen Leinwänden (Strauß, Niemand 169).

ver|schif|fen ⟨sw. V.; hat⟩: **1.** *mit einem Schiff transportieren:* Waren, Getreide, Kohlen v.; ... mit niederdeutschem Tuch, das nach Ägypten verschifft wurde (Jacob, Kaffee 52); die Truppen wurden in den Pazifik verschifft. **2.** ⟨sw⟩ **a)** *mit Urin verunreinigen:* das Bettzeug v.; verschiffte Unterhosen; **b)** ⟨v. + sich⟩ *[unbemerkt] davongehen, verschwinden:* verschifft euch!; **Ver|schif|fung**, die; -, -en: *das Verschiffen* (1): die V. von Giftmüllabfällen aus den USA nach Rotterdam ... (MM 24. 8. 78, 1); **Ver|schif|fungs|ha|fen**, der: *Hafen, in dem Güter verladen werden.*

ver|schil|fen ⟨sw. V.; ist⟩: *mit Schilf zuwachsen:* der Teich verschilft; Die Ufer sind verschilft, die Seerosen zeigen bereits dicke gelbe Knospen (Brückner, Quints 92).

ver|schim|meln ⟨sw. V.; ist⟩: *schimmelig werden:* Brot, Marmelade kann v., war schon ganz verschimmelt; Eine verschimmelte Orange kollerte über die Mole (Ransmayr, Welt 238); Ü Du bist aus der Mode gekommen, Alter. Deine Bücher verschimmeln *(bleiben liegen, werden nicht benutzt)* in Leihbibliotheken (Dürrenmatt, Meteor 69); Die Brüder lassen sich Zeit, ihretwegen kannst du hier verfaulen (A. Fallada, Trinker 99).

ver|schim|mern ⟨sw. V.; ist⟩: *zu schimmern aufhören.*

ver|schimp|fie|ren ⟨sw. V.; hat⟩ (veraltet): *beschimpfen, verunglimpfen:* ♦ Und das lesen nun die Menschen und verschimpfieren mir meine liebe, arme Frau (Fontane, Effi Briest 201); und das Mädel ist verschimpfiert auf ihr Leben lang (Schiller, Kabale I, 1).

Ver|schiß, der; [aus der Studentenspr.]: *nur in den Wendungen* **in V. geraten/kommen** (salopp; *sein Ansehen, seinen guten Ruf verlieren, in Ungnade fallen*): er ist bei seinem Chef total in V. geraten; ... daß man nämlich nie etwas hätte verraten dürfen, sonst wäre man in V. gekommen (Zuckmayer, Fastnachtsbeichte 86); **jmdn. in V. tun** (salopp; *dafür sorgen, daß jmd. sein Ansehen, seinen guten Ruf verliert*).

ver|schlacken[1] ⟨sw. V.; ist⟩: **1.** *sich mit [sich ablagernder] Schlacke* (1, 2) *füllen:* der Ofen verschlackt. **2.** (Geol.) *zu Schlacke* (3) *werden:* die Lava ist verschlackt; **Ver|schlackung**[1], die; -, -en: *das Verschlacken.*

¹ver|schla|fen ⟨st. V.; hat⟩ [mhd. verslāfen, ahd. farslāfan]: **1.** *nicht pünktlich aufwachen u. so den zum Aufstehen festgesetzten Zeitpunkt versäumen:* ich bin heute morgen zu spät gekommen, weil ich verschlafen habe; ⟨landsch. auch v. + sich:⟩ ich habe mich gestern verschlafen. **2. a)** *schlafend verbringen:* den ganzen Vormittag, sein halbes Leben v.; er würde froh sein, einen Heuschober auf den Wiesen zu finden, wo er das Osterfest v. konnte (Wiechert, Jeromin-Kinder 330); Ü Man verschlief hier die Revolution von 1918 *(merkte gar nichts davon;* Koeppen, Rußland 7); Nach Auffassung des Fraktionsvorsitzenden ... dürften die riesigen Chancen der Gentechnologie als einer wegweisenden Zukunftstechnik nicht v. ... werden (Nds. Ä. 22, 1985, 44); Nach einer verschlafenen ersten Halbzeit der Gastgeberinnen konnten sie sich zwar in der zweiten Hälfte steigern (Freie Presse 15. 2. 89, 4); **b)** (ugs.) *an etw., was zeitlich festgelegt ist, nicht denken, es vergessen:* einen Termin, eine Verabredung v.; Sie hatte bei Bekannten in Cristobal gefeiert und die Abfahrt glatt verschlafen (Konsalik, Promenadendeck 254). **3.** *durch Schlaf überwinden; so lange schlafen, bis etw.* (bes. etw. Unangenehmes) *vorbei ist:* seinen Kummer v.; Regina hat ihren Groll verschlafen (Waggerl, Brot 76); er begann munter: „Na, den Schreck verschlafen? Ausgezeichnet!" (Loest, Pistole 9); **²ver|schla|fen** ⟨Adj.⟩: *noch vom Schlaf benommen, schlaftrunken:* -es Gesicht; Hinter den Theken der unsäglich traurigen Stundenhotels schüttelten -e Nachtportiers mißtrauisch die Köpfe (Simmel, Stoff 350); er war noch ganz v.; Ü ein -es *(ruhig-langweiliges)* Städtchen; Im Mittelalter lagen dort einige -e Klöster (Fest, Im Gegenlicht 343); **Ver|schla|fen|heit**, die; -: *das Verschlafensein.*

Ver|schlag, der; -[e]s, Verschläge [zu ↑¹verschlagen (1)]: **1.** *einfacher, kleinerer Raum, dessen Wände aus Brettern bestehen:* eine Unterkunft gab es auch, und ein V. für ein paar Hühner ließ sich an der Gartenmauer ebenfalls noch anbringen (Brückner, Quints 58); der Karl ... wohnt in einem V., der an den Stall angebaut worden ist (Fels, Kanakenfauna 74). **2.** (Tiermed.) *Rehe;* **¹ver|schla|gen** ⟨st. V.; hat⟩ [mhd. verslahen, ahd. farslahan]: **1. a)** *(mit angenagelten Brettern o. ä.) absperren, verschließen:* die Kiste mit Latten v.; **b)** *(Latten, Bretter o. ä.) durch Nageln verbinden:* der ... kreuzweis verschlagene Lattenzaun (Lenz, Brot 159). **2.** (landsch.) [*heftig*] *verprügeln:* Dort wurde auch der unglückliche Plan geboren, nämlich die Toilette am Kurpfalzkreisel aufzusuchen, um dort „einen von den warmen Brüdern" zu v. (MM 29. 9. 65, 6). **3.** (Kochk.) *durch kräftiges Rühren, durch Schlagen mit einem Küchengerät vermischen:* Öl, Salz und Pfeffer gut v.; Eigelb mit Zucker v., bis die Masse weiß wird (e & t 6, 1987, 118). **4.** *beim Herum- od. Weiterblättern in einem Buch eine zum Lesen o. ä. bereits aufgeschlagene Seite nicht aufgeschlagen lassen; verblättern* (1): jetzt hast du [mir] die Seite verschlagen! **5.** (Ballspiele) *so schlagen, daß der Ball nicht in die gewünschte Richtung fliegt od. rollt, nicht ins Ziel trifft:* einen Matchball v.; ... zeigte Jelen Nerven und verschlug leichte Bälle gleich serienweise (MM 19. 9. 86, 11). **6.** *(eine Fähigkeit, ein Gefühl o. ä.) eine Zeitlang [völlig] rauben:* der Anblick verschlug ihm den Appetit; Der Geruch hier verschlägt mir den Atem (Ott, Haie 158); Der freche Hohn in seinen Worten verschlug mir fast die Rede (Fallada, Herr 128); ⟨unpers.:⟩ als sie das hörte, verschlug es ihr die Sprache; Hat es dir die Stimme verschlagen? (Borchert, Draußen 51); es verschlug mir mit der Zeit immer mehr meine Depressionen (Petersen, Resonanz 72). **7.** *durch besondere Umstände, durch Zufall ungewollt irgendwohin gelangen lassen:* der Sturm hatte das Schiff an eine unbekannte Küste verschlagen; der Krieg hatte sie nach Amerika verschlagen; Ihr erstes Engagement als Soubrette verschlug sie nach Neuss (Rheinische Post 12. 5. 84, 22); ⟨unpers.:⟩ Die hat es aus Ostfriesland, Oldenburg und sogar aus Schwaben hierher verschlagen (Zivildienst 10, 1986, 10). **8.** (meist verneint) **a)** (landsch.) *helfen, nutzen, von Erfolg sein:* das Medikament verschlägt nichts/nicht viel; ... wenn internationale Konferenzen nichts verschlagen *(ausrichten;* Dönhoff, Ära 88); **b)** (veraltend) [*für jmdn.] von Belang sein; etw. ausmachen:* wenn er ein Grieche war - was verschlägt's? (Hagelstange, Spielball 89). **9.** (Jägerspr.) *(einen Hund) zu viel prügeln, so daß er ängstlich wird:* einen Hund v.; ⟨häufig im 2. Part.:⟩ ein verschlagener Hund. **10.** ⟨v. + sich⟩ (Jägerspr.) **a)** *(von einem Schuß o. ä.) [irgendwo] abprallen u. daher fehlgehen:* das Geschoß verschlug sich; **b)** *(vom Gesperre 2 des Flugwilds) sich trennen [u. davonmachen]:* die Fasanen verschlagen sich. ♦ **11.** *verursachen, daß jmd. etw. einbüßt; jmdn. um etw. bringen:* Das Mädel ... verschlägt mir am End' einen wackern, ehrbaren Schwiegersohn (Schiller, Kabale I, 1); **²ver|schla|gen** ⟨Adj.⟩ [durch Anlehnung an ↑¹verschlagen (2) eigtl. = durch Prügel klug geworden]: **1.** (abwer-

tend) *auf hinterhältige Weise schlau:* ein -er Blick; v. grinsen; Sie lächelte etwas stärker, und es sah v. aus (Kronauer, Bogenschütze 175). **2.** (landsch.) ²*überschlagen;* **Ver|schla̲|gen|heit,** die; -: *das Verschlagensein.*
ver|schlam̲|men ⟨sw. V.; ist⟩: *schlammig werden:* Die meisten Dörfer sind nur über gewundene ... Pfade zu erreichen, die wenigen Wege verschlammen in der Regenzeit (natur 10, 1991, 49); Die felsige Fährte ist durch die Regengüsse des Vortages verschlammt (Scholl-Latour, Frankreich 598); **ver|schläm̲|men** ⟨sw. V.; hat⟩: *mit Schlamm füllen, verstopfen:* die Abfälle haben das Rohr verschlämmt; **Ver|schlam̲|mung,** die; -, -en: *das Verschlammen;* **Ver|schläm̲|mung,** die; -, -en: *das Verschlämmen.*
ver|schlam̲|pen ⟨sw. V.⟩ (ugs. abwertend): **1.** ⟨hat⟩ **a)** *verlieren, verlegen:* die Theaterkarten v.; er muß an irgendeiner Kneipentheke ... oder im Supermarkt wieder mal einen Geldschein verschlampt haben (Wohmann, Absicht 262); **b)** *vergessen:* Auf nichts kann ich mich konzentrieren, ich verschlampe Termine, alles muß man mir zweimal sagen (Becker, Amanda 270); ich habe [es] verschlampt, dich anzurufen. **2.** *verwahrlosen; heruntergekommen u. ungepflegt werden* ⟨ist⟩: ich ... trug langsam meinen eleganten Maßanzug ab, verschlampte ein wenig (Grass, Blechtrommel 571); Amandas wichtigste ... Freundin ist Lucie Capurso, eine hübsche, total verschlampte junge Frau (Becker, Amanda 33); Das verschlampte Bistro auf der Rue Charlemagne existierte nicht mehr (Rolf Schneider, November 38).
ver|schlan̲|ken ⟨sw. V.; hat⟩ [zu ↑schlank] (Jargon): *verkleinern, reduzieren:* die Produktion v.; Die großen Verlage ... verschlanken ihre Programme um 4,3 Prozent (Welt 28. 8. 90, 17); **Ver|schlan̲|kung,** die; -, -en (Jargon): *das Verschlanken, Verschlanktwerden.*
ver|schlech̲|tern ⟨sw. V.; hat⟩: **1.** *[etw., was schon schlecht ist, noch] schlechter machen:* durch dein Verhalten hast du deine Lage verschlechtert; Das Abholzen der Regenwälder ... ist aller Wahrscheinlichkeit nach mitverantwortlich, daß das Klima beiträgt, den Boden weiter zu v. (natur 2, 1991, 23). **2.** ⟨v. + sich⟩ *[noch] schlechter werden:* sein Gesundheitszustand hat sich plötzlich verschlechtert; Je mehr sich die Lage an der Front verschlechterte, ... (Loest, Pistole 82); Um gewisse Aussichten auf durchschlagenden Erfolg zu haben, müssen Sie hoffen, daß sich die Verhältnisse verschlechtern (Bieler, Mädchenkrieg 235); beim Wechsel seiner Stellung hat er sich verschlechtert *(er verdient jetzt weniger);* **Ver|schlech̲|te|rung,** die; -, -en: *das [Sich]verschlechtern.*
ver|schlei̲|ern ⟨sw. V.; hat⟩: **1.** *sich od. etw. mit einem Schleier verhüllen:* ich verschleiere [mir] das Gesicht; eine Witwe ging tief verschleiert; Ü Der Himmel verschleierte *(bedeckte)* sich; Rasch verschleierte heraufwehender Regen die Küste (Schneider, Erdbeben 46); ihr Blick verschleierte sich *(wurde verschwommen);* von Tränen verschleierte Augen; eine verschleierte *(belegte)* Stimme. **2.** *durch Irreführung nicht genau erkennen lassen, verbergen:* seine wahren Absichten, Mißstände, einen Skandal v.; Von allen öffentlichen Gremien ... wird alles darangesetzt, den wahren Sachverhalt zu v. (Saarbr. Zeitung 30. 11. 79, 38); Dadurch verschleierten viele Betriebe Unzulänglichkeiten ihrer Ausbildung (ran 2, 1980, 13); **Ver|schlei̲|e|rung,** die; -, -en: *das Verschleiern;* **Ver|schlei̲|e|rungs|tak|tik,** die: vgl. Verschleierungsversuch; **Ver|schlei̲|e|rungs|ver|such,** der: *Versuch, etw. zu verschleiern* (2).
ver|schlei̲|fen ⟨st. V.; hat⟩ [mhd. verslīfen = (weg-, ab)schleifen] (Fachspr.): *(etw. Unebenes o. ä.) durch* ¹*Schleifen* (1 a) *glätten:* Unebenheiten v.; Ü das mittelhochdeutsche Wort „wint-brā" ist zu „Wimper" verschliffen worden; **Ver|schlei̲|fung,** die; -, -en: *das Verschleifen, Verschliffensein.*
ver|schlei̲|men ⟨sw. V.; hat⟩: *bewirken, daß sich etw. (bes. die Atemorgane) mit Schleim* (1) *anfüllt:* diese giftigen Dämpfe verschleimen die Lungen; ⟨meist im 2. Part.:⟩ verschleimte Bronchien; der Portier hinter uns hustete heftig und verschleimt (Simmel, Stoff 357); **Ver|schlei̲|mung,** die; -, -en: *das Verschleimen, Verschleimtsein.*
Ver|schlei̲ß, der; -es, -e ⟨Pl. selten⟩ [1: zu ↑verschleißen (1); 2: zu ↑verschleißen (3)]: **1. a)** *durch langen, häufigen o. ä. Gebrauch verursachte starke Abnutzung, die den Gebrauchswert von etw. mindert, durch die etw. verbraucht wird:* ein starker V.; der menschliche Körper unterliegt einem natürlichen V.; durch sein hohes Drehmoment ... wird der Kraftstoffverbrauch wesentlich gesenkt und der V. gemindert (ADAC-Motorwelt 1, 1983, 19); moralischer V. (Wirtsch. *durch den wissenschaftlich-technischen Fortschritt verursachte Wertminderung von Maschinen o. ä.);* **b)** *[starker] Verbrauch:* Der Künstler ... war besorgt über den V. an Sprühdosen (NZZ 21. 12. 86, 31); Ü AEK hat einen starken V. an Trainern (Neue Kronen Zeitung 12. 5. 84, 63); Frau Stoll hatte einen starken V. an Zimmerherren (Sommer, Und keiner 28). **2.** (österr.) *Kleinverkauf; Vertrieb;* **ver|schlei̲ß|arm** ⟨Adj.⟩: *nur in äußerst geringem Umfang Verschleiß hervorrufend; nur in äußerst geringem Grad verschleißend:* -e Motoren; Die neue ADAC-Kette ... läuft ruhig ab, ist wendbar und besonders v. (ADAC-Motorwelt 1, 1982, 51); **ver|schlei̲|ßen** ⟨st. u. sw. V.⟩ [1, 2: mhd. verslīʒen, ahd. firslīʒan, zu ↑schleißen; 3: eigtl. = etw. in kleine Teile spalten u. verkaufen]: **1.** ⟨verschliß, hat verschlissen⟩ **a)** *durch langen, häufigen o. ä. Gebrauch [vorzeitig] stark abnutzen:* bei dieser Fahrweise verschleißt man die Reifen schneller; **b)** *[vorzeitig] verbrauchen:* der Junge verschleißt alle drei Monate eine Hose; Pro Buch verschleißt der Autor eine Schreibmaschine (Augsburger Allgemeine 6./7. 5. 78, I); er verschleißt sich, seine Nerven in seinem Beruf; Ü Seit 1952 hat die Gewerkschaft fünf Präsidenten verschlissen (Lindlau, Mob 299). **2.** ⟨verschliß, ist verschlissen⟩ *sich durch langen, häufigen o. ä. Gebrauch [vorzeitig] stark abnutzen:* diese Maschinen verschleißen schnell; Das Material verschleißt und korrodiert, vor allem die Metalle (Gruhl, Planet 116); Verschlissene Gelenkwellen ... tauchten nur beim GTI öfter auf (ADAC-Motorwelt 3, 1983, 58); An den Wänden seidene Tapeten, aber alles verschlissen, alles abgegriffen (Fallada, Herr 228); Ü ... inwieweit die SPD als Regierungspartei bereits verschlissen ist (Saarbr. Zeitung 3. 12. 79, 2); Diese Frau war alt geworden ..., verschlissene Schönheit (Böll, Haus 124). **3.** ⟨verschliß/ (auch:) verschleißte, hat verschlissen/ (auch:) verschleißt⟩ (österr.): *(im Kleinhandel) verkaufen;* **Ver|schlei̲|ßer,** der; -s, - (österr.): *Kaufmann im Kleinhandel;* **Ver|schlei̲|ße|rin,** die; -, -nen (österr.): w. Form zu ↑Verschleißer; **Ver|schlei̲|ße|rin̲|nung,** die: *durch Verschleiß entstandener Schaden, Mangel o. ä.:* ... weil gerade bei den Mädchen mit ihrem relativ schwachen Knochenbau unweigerlich -en auftreten (tennis magazin 10, 1986, 40); Ü Natürlich bleibt eine Partei in der Regierung ... nicht frei von -en (W. Brandt, Begegnungen 637); **ver|schlei̲ß|fest** ⟨Adj.⟩: *sehr widerstandsfähig gegen Verschleiß; haltbar:* Dieser Fotoapparat verbirgt seine Linsen hinter einem integrierten Schutzschild, der ... aus einem Kunststoff besteht (Weltwoche 26. 7. 84, 28); ... ist die Waage selbst bei härtester Beanspruchung völlig v. (Schweizer Maschinenbau 16. 8. 83, 16); **Ver|schlei̲ß|fe|stig|keit,** die: *das Verschleißfestsein;* **ver|schlei̲ß|frei** ⟨Adj.⟩: *keinem Verschleiß unterworfen:* Statische Wärmezähler ... arbeiten nach dem Ultraschallprinzip und bleiben v. (VDI nachrichten 18. 5. 84, 12); **Ver|schlei̲ß|krank|heit,** die: *durch chronische Überlastung der Gelenke, Bandscheiben o. ä. hervorgerufene Erkrankung;* **Ver|schlei̲ß|preis,** der (österr.): *Einzelpreis;* **Ver|schlei̲ß|prü|fung,** die: *Prüfung der Verschleißfestigkeit von etw.;* **Ver|schlei̲ß|stel|le,** die (österr.): *Verkaufsstelle;* **Ver|schlei̲ß|teil,** das: *Teil eines Ganzen (bes. einer Maschine), das schneller als die anderen Teile verschleißt:* Bei jeder Bremse gibt es ... -e (Gute Fahrt 4, 1974, 2).
ver|schlem̲|men ⟨sw. V.; hat⟩ (selten): *schlemmend verzehren, verprassen.*
ver|schlep̲|pen ⟨sw. V.; hat⟩: **1.** *gewaltsam irgendwohin bringen:* Dissidenten in Lager v.; die Einwohner des Ortes wurden im Krieg verschleppt; Der Mann war unter den ersten gewesen, die nach der Ukraine verschleppt wurden (Hilsenrath, Nacht 11); Ü Gisela ... hat mich aus dem Büro verschleppt, erst zu einer Tasse Kaffee, dann hinter eine Bar (Kronauer, Bogenschütze 301). **2.** (bes. Krankheiten) *weiterverbreiten:* die Ratten verschleppten die Seuche. **3. a)** *immer wieder hinauszögern; hinauszögern:* einen Prozeß v.; Daß ich endlich einen Smoking brauche, ist nicht meine Idee, und ich verschleppe das Unternehmen, solange es geht (Frisch, Gantenbein 137); **b)** *(eine Krankheit) nicht rechtzeitig behandeln u. so verschlimmern:*

Verschleppung

sie hat den Infekt verschleppt; eine verschleppte Grippe; ... seit Trainer Ernst Happel ihm wegen seiner vielen verschleppten Verletzungen öffentlich bescheinigte, ... (Hamburger Abendblatt 24. 5. 85, 11); **Ver|schlep|pung,** die; -, -en: *das Verschleppen, Verschlepptwerden;* **Ver|schlep|pungs|ma|nö|ver,** das: *Manöver* (3), *durch das etw. verschleppt* (3 a) *werden soll;* vgl. Verschleppungsmanöver.

ver|schlep|pungs|tak|tik, die: vgl. Verschleppungsmanöver.

ver|schleu|dern ⟨sw. V.; hat⟩: **1.** *(eine Ware) unter dem Wert, zu billig verkaufen:* die Bauern mußten das Obst v. **2.** (abwertend) *leichtfertig in großen Mengen ausgeben:* Steuergelder v.; Er ... verdient ein kleines Vermögen dabei, das er aber in wenigen Jahren mit einer hübschen Tänzerin v. wird (Sieburg, Robespierre 180); Ü Als ein ziemlich direktionsloser junger Mann, geneigt, seine Gaben, seine Zeit zu v. *(vergeuden;* A. Kolb, Daphne 68); ... während der Frau ihre Energie nicht verschleuderte ... *(verschwendete;* Kronauer, Bogenschütze 133); **Ver|schleu|de|rung,** die; -, -en: *das Verschleudern, Verschleudertwerden.*

ver|schlicken[1] ⟨sw. V.; ist⟩: vgl. versanden (1); **Ver|schlickung**[1], die; -, -en: vgl. Versandung.

ver|schließ|bar ⟨Adj.⟩: *sich verschließen* (1 a, b) *lassend;* **ver|schlie|ßen** ⟨st. V.; hat⟩ /vgl. verschlossen/ [mhd. versließen]: **1. a)** *durch Zuschließen unzugänglich machen:* den Schrank, die Schublade v.; er verschloß das Haus; Sie bat mich, ihr den Koffer zu v. (Seghers, Transit 275); die Tür war [mit einem Riegel, einem Vorhängeschloß] fest verschlossen; Der Stall ist ... nur mit einem Pflock verschlossen (Remarque, Westen 70); der Besuch stand vor verschlossener Tür *(traf niemanden zu Hause an);* Ü mit einem schlechten Zeugnis bleiben ihm viele berufliche Möglichkeiten verschlossen; **b)** *machen, daß etw. nach außen hin fest zu ist:* eine Flasche mit einem Korken v.; **c)** *wegschließen, [in etw.] einschließen:* sein Geld v.; seine Vorräte [im Küchenschrank/in den Küchenschrank] v.; In Bombay hat die USIS die Werke des antikommunistischen Negerführers ... im Keller verschlossen (Dönhoff, Ära 179); Er verschloß Schmieds Mappe sorgfältig in seinem Schreibtisch (Dürrenmatt, Richter 15); Ü seine Gedanken, Gefühle in sich, in seinem Herzen v. *(für sich behalten).* **2.** ⟨v. + sich⟩ **a)** *sein Wesen, seine Gefühle o. ä. nicht zu erkennen geben:* ein Land, das sich dem Fremden verschließt; Ein falsches Wort, und das Kind würde sich ihr v. (Bastian, Brut 28); ihr Charakter blieb mir verschlossen; **b)** *sich jmdm., einer Sache gegenüber nicht zugänglich zeigen:* sich jmds. Wünschen, den Tatsachen v.; er konnte sich diesen Überlegungen nicht v. *(mußte ihre Richtigkeit anerkennen);* Ich bin zuversichtlich, daß die Fernsehanstalten sich den Argumenten für ein solches Vorhaben nicht v. werden (Hörzu 19, 1973, 145); ich verschließe mich nicht der Einsicht, daß die Kunst inhaltsfrei zu werden hat (Frisch, Gantenbein 320).

ver|schlimm|bes|sern ⟨sw. V.; hat⟩: *etw.* *in der Absicht, es zu verbessern, nur schlechter machen:* mit seinen Korrekturen hat er den Aufsatz verschlimmbessert; **Ver|schlimm|bes|se|rung,** die; -, -en: *das Verschlimmbessern;* **ver|schlim|mern** ⟨sw. V.; hat⟩: **1.** *[etw., was schon schlimm ist, noch] schlimmer machen:* eine Erkältung verschlimmerte seine Krankheit; Provozieren Sie kein Unglück. Das verschlimmert Ihre Situation! (Kesten, Geduld 27); Durch ihre große Masse verschlimmern Lastzüge die Unfälle (ADAC-Motorwelt 4, 1985, 19). **2.** ⟨v. + sich⟩ *[noch] schlimmer werden:* ihr Zustand, das Übel verschlimmerte sich; Meine Situation verschlimmerte sich deshalb, weil die Inflation von Monat zu Monat stärker in Erscheinung trat (Niekisch, Leben 111); **Ver|schlim|me|rung,** die; -, -en: *das Verschlimmern.*

¹ver|schlin|gen ⟨st. V.; hat⟩ [zu ↑ ¹schlingen]: *etw. sich umeinander-, ineinanderschlingen, -winden:* die Fäden zu einem Knoten v.; sie verschlang ihre Arme; Gehölze und Wurzelwerk überwucherten die Mauern der Villa und verschlangen zuletzt das Ganze (Fest, Im Gegenlicht 40); verschlungene *(sich windende)* Wege; ein verschlungenes Ornament; Ü die verschlungene Interessengemeinschaft aus Politik, Wirtschaft und Wissenschaft (Zeit 16. 5. 86, 11).

²ver|schlin|gen ⟨st. V.; hat⟩ [vgl. ²schlingen]: *[hastig, gierig, mit großem Hunger] in großen Bissen u. ohne viel zu kauen essen, fressen:* der Hund verschlang das Fleisch; voller Heißhunger verschlang er die Brötchen; Wir saßen uns in der Mensa gegenüber und verschlangen das ungemein preiswerte Stammgericht (Erné, Kellerkneipe 25); Ü jmdn., etw. mit Blicken v.; Wenn sie zur Anprobe kam, versteckte ich mich hinter einem Paravent, um sie sodann mit den Augen zu v. (Perrin, Frauen 17); ich habe den Roman verschlungen *(habe ihn voller Spannung schnell durchgelesen);* der Bau dieser Straße hat Unsummen verschlungen *(gekostet);* Die Zucht würde Millionen v., ohne daß es den Robben im freien Meer nur einen Deut besser ginge (natur 8, 1991, 55); die Dunkelheit hatte die beiden verschlungen *(so aufgenommen, daß sie nicht mehr zu sehen waren);* der Lärm verschlang seine Worte.

Ver|schlin|gung, die; -, -en: **1.** *das ¹Verschlingen, Verschlungenwerden.* **2.** *Schlinge, Knoten.*

ver|schlos|sen: 1. ↑ verschließen. **2.** ⟨Adj.⟩ *sehr zurückhaltend, in sich gekehrt; wortkarg;* ein -er Mensch; Am nächsten Tisch spielten einige Männer mit eisigen, -en *(keinerlei Regung zeigenden)* Gesichtern Poker (Hilsenrath, Nacht 86); ernst und v. sein; **Ver|schlos|sen|heit,** die; -: *das Verschlossensein.*

ver|schlucken[1] ⟨sw. V.; hat⟩: **1. a)** *durch Schlucken in den Magen gelangen lassen; hinunterschlucken* (1): *[aus Versehen]* einen Kern v.; das Kind hat das Bonbon verschluckt; Ü ich verstehe ihn schlecht, weil er halbe Sätze verschluckt *(nicht [deutlich] ausspricht);* die Teppiche verschluckten seine Schritte *(machten sie unhörbar);* Die schalldichten Scheiben ver- schluckten den Lärm (Danella, Hotel 11); Die Dämmerung hatte sie verschluckt *(in sich aufgenommen u. unsichtbar gemacht;* Hilsenrath, Nacht 12); **b)** *unterdrücken, nicht äußern:* eine böse Bemerkung, seinen Ärger v.; Mein Vater schaut schon fast böse auf meine Mutter. Die verschluckt, was sie noch sagen wollte (Gabel, Fix 75). **2.** ⟨v. + sich⟩ *etw. in die Luftröhre bekommen:* sich an der Suppe v.; Er verschluckte sich am Kaffee (Becker, Tag 121); sie hat sich beim Essen, beim Lachen verschluckt.

ver|schlu|dern ⟨sw. V.; hat⟩ [zu ↑ schludern] (ugs. abwertend): **1.** *verlieren:* seinen Paß v.; sie hat wichtige Aken verschludert. **2.** *durch falsche, nachlässige Behandlung verderben:* schreib ordentlich, du verschluderst ja das ganze Heft. **3.** *vernachlässigen, verkommen lassen:* sein Talent v.

Ver|schluß, der; Verschlusses, Verschlüsse: **1.** *Vorrichtung, Gegenstand zum Verschließen, Zumachen von etw.:* der V. der Perlenkette ist entzwei; wo ist der V. dieser Flasche?; In diesem Augenblick klickte wieder der V. der Kamera (Remarque, Triomphe 224); Ich könnte mir ein blaues Fläschchen kaufen und brauchte nur den V. aufzudrehen (Fichte, Versuch 192). **2.** *[Zustand der] Verwahrung, Aufbewahrung:* etw. hinter, unter V. halten, aufbewahren; Der engdenkende König ... ließ all diese Werke sofort nach Rom schaffen und unter strengen V. legen (Ceram, Götter 29); Vierzehn Tage jährlich gestehen die Verwaltungsdirektoren Ferien vom V. zu (Jargon; *Gefängnis;* Zwerenz, Kopf 36); ♦ und jeder wußte wohl, daß ihn der die anderen nicht berauben würden, wie denn in den Schlafkammern der Handwerksgesellen, Soldaten und dergleichen kein V. und kein Mißtrauen bestehen soll *(nichts weggeschlossen, verschlossen werden u. kein Mißtrauen bestehen soll;* Keller, Kammacher 232). **3.** (Med.) *zugewachsene, verstopfte Stelle in einem Organ o. ä.:* ein V. des Darms. **4.** *Vorrichtung an Kameras zur Regulierung der Belichtungszeit;* **Ver|schluß|band,** das ⟨Pl. ...bänder⟩: *Klebeband zum Verschließen von etw.;* **Ver|schluß|deckel**[1], der: *Deckel zum Verschließen von etw.;* **ver|schlüs|seln** ⟨sw. V.; hat⟩: *(einen Text) nach einem bestimmten Schlüssel* (3 a) *abfassen; chiffrieren:* eine Meldung v.; eine verschlüsselte Nachricht; Daten v. (Informationst.; *in einen bestimmten Kode* (1) *übertragen);* Ü der Autor hat seine Aussagen verschlüsselt *(verschleiert, symbolisch dargestellt);* **Ver|schlüs|se|lung,** (selten:) **Verschlüßlung,** die; -, -en ⟨Pl. selten⟩: *das Verschlüsseln, Verschlüsseltwerden;* **Ver|schluß|kap|pe,** die: vgl. Verschlußdeckel: An einer zerdrückten Tube mit Zahnpasta fehlte die V. (H. Lenz, Tintenfisch 47); Als es klopfte, schraubte er die V. auf die Füllfeder (Bieler, Mädchenkrieg 268); **Ver|schluß|laut,** der ⟨Pl. -e⟩ (Sprachw.): *Explosivlaut;* **Ver|schluß|lung:** ↑ Verschlüsselung; **Ver|schluß|sa|che,** die: *etw., was unter Verschluß aufbewahrt wird; geheime Sache:* die genauen Daten wurden zur V. erklärt (Spiegel 11,

1976, 65); **Ver|schluß|schrau|be,** die: vgl. Verschlußdeckel; **Ver|schluß|strei|fen,** der: vgl. Verschlußdeckel; **Ver|schluß|vor|rich|tung,** die: vgl. Verschlußdeckel; **Ver|schluß|zeit,** die: *Belichtungszeit.*
ver|schmach|ten ⟨sw. V.; ist⟩ [mhd. versmahten] (geh.): *Entbehrung (bes. Durst, Hunger) leiden u. daran zugrunde gehen:* in der Hitze, vor Durst [fast] v.
ver|schmä|hen ⟨sw. V.; hat⟩ [mhd. versmæhen, ahd. farsmāhjan] (geh.): *aus Geringschätzung, Verachtung ablehnen, zurückweisen:* jmds. Hilfe, Liebe v.; Der Pfarrer und ich waren die fleißigsten Gäste. Wir verschmähten weder das rötliche Roastbeef noch die hartgekochten Eier (Bieler, Bonifaz 127); Die Verbreitungsgebiete des von den Herden verschmähten Grases (Grzimek, Serengeti 320); verschmähte *(nicht erwiderte) Liebe;* **Ver|schmä|hung,** die; -: *das Verschmähen, Verschmähtwerden.*
ver|schmä|lern ⟨sw. V.; hat⟩: **1.** *schmaler machen:* die Straße mußte verschmälert werden. **2.** ⟨v. + sich⟩ *schmaler werden:* der Weg verschmälerte sich; **Ver|schmä|le|rung,** die; -, -en: **1.** *das Verschmälern, Verschmälertwerden:* So könne ... auch die Geschwindigkeit des Fahrzeugstroms sehr viel wirksamer gedämpft werden als etwa durch V. der Fahrbahnbreite (Welt 26. 4. 89, 24). **2.** *Stelle, an der sich etw. verschmälert.*
ver|schmau|sen ⟨sw. V.; hat⟩ (fam.): *mit Genuß aufessen:* Er verschmauste noch ein Erdbeertörtchen mit Schlagrahm (K. Mann, Wendepunkt 228).
♦ **ver|schmecken**[1] ⟨sw. V.; hat⟩: *(in landsch. Sprachgebrauch) kosten, genießen:* das Mädel ... hat's Handwerk verschmeckt *(Geschmack daran gefunden),* treibt's fort (Schiller, Kabale I, 1); wenn sie erst die Früchte verschmeckt, wird sie die Unkosten verschmerzen (Schiller, Fiesco II, 9).
ver|schmel|zen ⟨st. V.⟩ [2: mhd. versmelzen, ahd. farsmelzan] **1.** *durch Schmelzen u. Zusammenfließenlassen miteinander verbinden* ⟨hat⟩: nach dem Füllen werden die Ampullen verschmolzen *(ihre Öffnung durch Erhitzen verschlossen);* Ü zwei Dinge zu einer Einheit v.; Er mußte der preußischen Unbeugsamkeit die österreichische Verbindlichkeit entgegensetzen und beide miteinander harmonisch zu v. suchen (Kirst, 08/15, 125). **2.** *durch Schmelzen u. Zusammenfließen zu einer Einheit werden* ⟨ist⟩: Wachs und Honig verschmelzen [miteinander]; Ü Im Herbst 1922 verschmolzen die beiden Parteien, die USPD und die SPD (Niekisch, Leben 110); Die nationalen und internationalen Wertpapiermärkte London verschmelzen miteinander (NZZ 25. 10. 86, 15); Musik und Bewegung verschmelzen zu einem Ganzen; **Ver|schmel|zung,** die; -, -en: **1.** *das Verschmelzen, Verschmolzenwerden:* wie mehr Energie könnte bei der V. von Atomkernen freigesetzt werden (Tages Anzeiger 19. 11. 91, 12). **2.** *verschmolzene Substanz.*
ver|schmer|zen ⟨sw. V.; hat⟩: *sich mit etw. Unangenehmem abfinden, darüber hin-* wegkommen: eine Niederlage, Enttäuschung v.; Er war nicht in der Lage, den geringsten Geldverlust zu v. (Brecht, Groschen 41); das ist [leicht] zu v.
ver|schmie|ren ⟨sw. V.⟩ [spätmhd. versmirwen]: **1.** *(einen Hohlraum) mit etw. ausfüllen.* **a.** *die Oberfläche glätten* ⟨hat⟩: die Risse, Fugen in der Wand mit Lehm, Mörtel v. **2.** (ugs.) *etw., was zum Bestreichen, Schmieren dient, verbrauchen* ⟨hat⟩: jetzt habe ich die letzte Butter verschmiert. **3. a)** *ganz u. gar, an vielen Stellen beschmieren* (2) ⟨hat⟩: er hatte die Fensterscheibe, die Tischdecke verschmiert; sie verschmierte mir die Brille; ... daß das Gesicht des Befreiers mit Vierfruchtmarmelade verschmiert war (Strittmatter, Wundertäter 250); **b)** *durch Verschmieren* (3 a) *verschmutzen* (2) ⟨ist⟩: Nach dem Duschen Feuchtigkeitscreme. Reichlich. Auch wenn das Bettlaken verschmiert (Hörzu 26, 1982, 92). **4.** *(abwertend) durch unordentliches Schreiben, Malen ein unsauberes Aussehen geben* ⟨hat⟩: schreib ordentlich, du verschmierst ja die ganze Seite. **5. a)** *so über etw. streichen, daß es sich auflöst, ausbreitet, verteilt, daß die Umrisse verschwimmen* ⟨hat⟩: paß auf, daß du die Tinte, Wasserfarbe nicht verschmierst; darunter ein Teller mit Wursthaut und über die Ränder verschmiertem Senf (Gaiser, Jagd 109); **b)** *sich schmierend auflösen, ausbreiten, verteilen* ⟨ist⟩: Unterschrift, basta, noch ein bißchen trocknen lassen, sonst verschmierte die Tinte (Bieler, Bär 417); sie ist ... so überwältigt, daß ihr vor Rührung die Wimperntusche verschmiert (Heller, Mann 470); ihr Lippenstift war verschmiert; Ü Der Westen blendete im Sonnenuntergang, und im Osten waren alle dunklen Nachtfarben unterscheidungslos verschmiert (Rehn, Nichts 58).
ver|schmitzt ⟨Adj.; -er, -este⟩ [eigtl. 2. Part. von älter verschmitzen = mit Ruten schlagen; vgl. schmitzen, ²schlagen]: *auf lustige Weise listig u. pfiffig:* ein -er kleiner Kerl; Zur Tür kam jetzt ein anderer Ungar herein, der war dick und klein und hatte ein -es Zwiegesicht (Böll, Mann 39); ein -er Blick; v. lächeln; **Ver|schmitzt|heit,** die; -: *verschmitztes Wesen, verschmitzte Art:* in seinen Äuglein glitzerte die V. (Th. Mann, Krull 285).
ver|schmockt ⟨Adj.; -er, -este⟩ [zu ↑Schmock] (Jargon): *auf die vordergründige Wirkung, den Effekt, Gag hin angelegt u. ohne wirklichen Gehalt:* -en Psychodrama ... zeigt der ... Jungfilmer ... vorgestrige Cinéastenprobleme (Spiegel 48, 1975, 192); Er haßt die -e Mode der Postmoderne (Wiener 11, 1983, 32).
ver|schmo|ren ⟨sw. V.; ist⟩: **a)** *durch allzu langes Schmoren verderben:* der Braten ist verschmort; **b)** *durchschmoren:* Es roch ... nach verschmortem Isolationsmaterial (Plenzdorf, Leiden 146).
ver|schmust ⟨Adj.; -er, -este⟩ (ugs.): *gerne schmusend* (1): Ich bin ein sinnlicher, -er Typ ... und suche eine nette Frau (Oxmox 9, 1984, 99); Die Kleine ist heute sehr v.
ver|schmut|zen ⟨sw. V.⟩: **1.** *ganz schmutzig machen* ⟨hat⟩: er hat mit seinen Straßenschuhen den Teppich verschmutzt; Alle Angeklagten haben eingestanden ..., den Rhein mit Giften aus den Tankschiffen des angeklagten Bernhold verschmutzt *(verunreinigt)* zu haben (Prodöhl, Tod 240); Unfall auf verschmutzter Fahrbahn. **2.** *schmutzig werden* ⟨ist⟩: dieser Stoff verschmutzt leicht; **Ver|schmut|zung,** die; -, -en: *das Verschmutzen, Verschmutztsein.*
ver|schnabulieren ⟨sw. V.; hat⟩ (fam.): *mit Genuß aufessen.*
ver|schnap|pen, sich ⟨sw. V.; hat⟩ (landsch.): *durch unüberlegtes Reden etw. verraten, sich verplappern:* ♦ ... dachte er: Ich bin noch nicht ehrlich genug. Deswegen verschnappte er sich noch ein wenig in den Redensarten (Hebel, Schatzkästlein 54).
ver|schnar|chen ⟨sw. V.; hat⟩ (selten): *schnarchend verbringen;* ¹verschlafen (2 a): David ... ist höchst ungehalten, die zehn besten Jahre seines Lebens verschnarcht zu haben (Welt 28. 4. 1980, 27).
ver|schnarcht ⟨Adj.; -er, -este⟩ (ugs.): ²*verschlafen, langweilig, unlebendig:* Vollmer versteht es, zuweilen von den verhöhnten „alten, -en Eliten der alten Republik" aufzumöbeln (Spiegel 35, 1994, 26).
ver|schnau|fen ⟨sw. V.; hat⟩: *eine kleine Pause bei etw. einlegen, um Atem zu holen, Luft zu schöpfen:* er setzte sich, um ein wenig zu v.; Drüben im Arkadengang ... verschnauft ein Trupp ermatteter Nachzügler (Strauß, Niemand 66); ⟨auch v. + sich:⟩ warte, ich muß mich kurz v.; Für ein paar Momente verschnaufte sich Grenouille (Süskind, Parfum 105); **Ver|schnauf|pau|se,** die: *kurze Pause zum Verschnaufen:* eine V. machen, einlegen; Ü ... sollte man akzeptieren, daß die Aktienwerte eine V. brauchten (Augsburger Allgemeine 14. 2. 78, 8).
ver|schnei|den ⟨unr. V.; hat⟩ [mhd. versnīden, ahd. farsnīdan]: **1.** *zurecht-, beschneiden:* die Hecke, die Büsche v. Er betrachtete den linken Daumennagel, als überlegte er, ob er ihn v. sollte (Bieler, Mädchenkrieg 450). **2. a)** *falsch zu-, abschneiden* (in ein Kleid, die Haare v.; **b)** ⟨v. + sich⟩ *falsch schneiden; beim Schneiden einen Fehler machen:* bei dem Haarschnitt habe ich mich etwas verschnitten; Sein Professor operierte halb besoffen, verschnitt sich (Remarque, Triomphe 334). **3.** *aus zurechtgeschnittenen Teilen zusammenfügen:* Text und Bilder zu Collagen v. **4.** *kastrieren:* einen Bullen v.; Die Pferdemännchen wurden in ihrer Jugend schon, wenn ihre Knochen mittelmäßig, zu Wallachen verschnitten (Jahnn, Geschichten 134); Du weißt doch, daß es Zeiten gab, wo vornehme Damen, ... wenn ihnen ein Sklave gefiel, diesen v. lassen konnten (Musil, Mann 1360). **5.** *(zur Verbesserung des Geschmacks od. zur Herstellung preiswerter Sorten) mit anderem Alkohol vermischen:* Rum, Weinbrand v.; Ü Heroin v. *(strecken);* Bisher hat man stark nitrathaltiges Wasser, das ansonsten als Trinkwasser geeignet wäre, mit nitratarmem Wasser verschnitten (DÄ 1985, 24); **Ver|schnei|dung,** die; -, -en: **1.** *das Verschneiden, Verschnittenwerden.* **2.** (Bergsteigen)

verschneien

durch zwei in stumpfem Winkel aufeinandertreffende Wände gebildete Einbuchtung im Fels.
ver|schnei|en ⟨sw. V.; ist⟩ [mhd. versnīen, -sniwen]: *ganz u. gar von Schnee bedeckt werden: die Wege verschneiten;* ⟨meist im 2. Part.:⟩ *verschneite Wälder;* „Zum Friedhof?" *fragte Donath seinen Vater im Auto.* „Hat keinen Sinn, ist sowieso alles verschneit." (Bieler, Bär 318).
ver|schnel|lern ⟨sw. V.; hat⟩ (selten): **1.** *bewirken, daß etw. schneller wird:* er riß sich im Laufen die Mütze vom Kopf, ... verschnellerte sein Tempo (Schnurre, Fall 11); Nelkenöl machte den Magen willig und verschnellerte die Verdauung (Jacob, Kaffee 114). **2.** ⟨v. + sich⟩ *schneller werden:* ihr Schritt verschnellerte sich; **Ver|schnel|le|rung**, die; -, -en: *das [Sich]verschnellern.*
ver|schnip|peln ⟨sw. V.; hat⟩ (landsch.): verschneiden (2).
Ver|schnitt, der; -[e]s, -e: **1. a)** *das Verschneiden* (5): Bestimmungen für den V. von Branntwein; **b)** *durch Verschneiden* (5) *hergestelltes alkoholisches Getränk:* V. aus Weinbrand; Ü Die fünf Typen ... sehen aus wie ein V. aus Karneval und Kiss (Freizeitmagazin 10, 1978, 44); Schließlich betrachten viele a noch immer diese Art von Urlaub als einen abenteuerlichen V. von traumhafter Romantik mit rauschendem Highlife (MM 24. 11. 81, 25). **2.** *beim Zu-, Zurechtschneiden von Materialien anfallende Reste:* sei vorsichtig, sonst gibt es zuviel V.; **-ver|schnitt**, der; -[e]s, -e (abwertend): *drückt in Bildungen mit Substantiven* (meist Namen) *aus, daß eine Person oder Sache jmdm., etw. ähnlich zu sein versucht, jmdm., etw. nachahmt, jmdm. nacheifert, an das Vorbild jedoch [bei weitem] nicht heranreicht, sondern nur einen Abklatsch, eine Kopie darstellt:* James-Bond-, Monroe-Verschnitt; Operettenverschnitt; **Ver|schnitt|tei|ne**, der; -n, -n ⟨Dekl. ↑ Abgeordnete⟩: *Kastrat* (1).
ver|schnör|keln ⟨sw. V.; hat⟩: *mit [vielen] Schnörkeln versehen: eine Verzierung zu sehr v.;* ⟨meist im 2. Part.:⟩ eine verschnörkelte Schrift; Die Fassaden sind dunkel, altmodisch und verschnörkelt (Heim, Traumschiff 197); **Ver|schnör|ke|lung, Ver|schnörk|lung**, die; -, -en: *schnörkelige Verzierung.*
ver|schnul|zen ⟨sw. V.; hat⟩ (ugs. abwertend): *zur Schnulze machen; verkitschen* (1).
ver|schnup|fen ⟨sw. V.; hat⟩ [eigtl. = bei jmdm. einen Schnupfen hervorrufen] (ugs.): *verärgern:* jmdn. mit einer Bemerkung v.; jetzt ... werden in Moskau freundschaftliche Beteuerungen ausgetauscht, die uns im Osten nichts nützen und die den Westen v. (Dönhoff, Ära 218); ⟨meist im 2. Part.:⟩ wegen dieser Sache ist der Chef ganz schön verschnupft; er mußte über die Zumutung verschnupft sein (Muschg, Gegenspieler 105); **ver|schnupft** ⟨Adj.; -er, -este⟩: *einen Verschnupfen habend:* ich habe mich erkältet und bin ganz v.; v. sprechen; **Ver|schnupfung**, die; -, -en: *das Verschnupftsein.*
ver|schnü|ren ⟨sw. V.; hat⟩ [spätmhd. versnüeren]: *mit Schnur fest zu[sammen]binden:* ein Paket, ein Bündel alter Zeitungen v.; Alle Geschenke ... müssen noch einmal geschenkt werden, noch einmal eingepackt und mit Schleife verschnürt (Frisch, Gantenbein 191); ein fest verschnürter Karton; **Ver|schnürung**, die; -, -en: **1.** *das Verschnüren, Verschnürtwerden.* **2.** *zum Verschnüren von etw. verwendete Schnur:* die V. lösen; vor meinem Keller nach den Feiertagen ein Paket, Mutters Handschrift auf dem Aufkleber und, zwischen die -en gesteckt, Tannenzweige mit Silberlametta (Drewitz, Eingeschlossen 212).
ver|schol|len ⟨Adj.⟩ [eigtl. veraltetes 2. Part. von ↑ verschallen, also eigtl. = verhallt, verklungen]: *seit längerer Zeit mit unbekanntem Verbleib abwesend, unauffindbar u. für tot, verloren gehalten:* -e Angehörige; eine bisher -e antike Handschrift; ihr Vater ist im Krieg v.; Manchmal kehrte er abends nicht nach Hause zurück, blieb tagelang v. *(unauffindbar;* Süskind, Parfum 35); ein v. geglaubter Freund; **Ver|schol|len|heit**, die; -: *das Verschollensein.*
ver|scho|nen ⟨sw. V.; hat⟩: **a)** *keinen Schaden zufügen, nichts Übles tun:* der Sturm hat kaum ein Haus verschont; Angesichts dieser „explosionsartigen Entwicklung", die kein Land v. *(schonen, auslassen)* werde, müsse dringend ... gehandelt werden (Basler Zeitung 12. 5. 84, 1); sie waren von der Seuche verschont worden; Teragia nämlich blieb verschont von der Krankheit (Baum, Bali 244); **b)** *mit etw. Lästigem, Unangenehmem nicht behelligen:* verschone mich mit deinen Fragen; Vielleicht wird er mich diesmal mit seinem Besuch v. (Langgässer, Siegel 497); Höfel blieb darum vor neugierigen Fragen verschont (Apitz, Wölfe 80).
ver|schö|nen ⟨sw. V.; hat⟩ [mhd. verschœnen]: **a)** *[noch] schöner* (1 b), *ansprechender machen:* Namhafte Künstler verschönten das Haus mit Wandgemälden (NZZ 27. 1. 83, 37); macht es nicht Spaß, das Edle zu formen, zu gestalten, zu v. (Hilsenrath, Nazi 35); **b)** *schöner* (1 d), *angenehmer machen:* ich habe mir den Abend mit einem Theaterbesuch verschönt; Der Neid in den Augen der anderen war dann der Balsam, der alle Anstrengungen verschönte (Konsalik, Promenadendeck 329); **ver|schö|nern** ⟨sw. V.; hat⟩: **a)** *verschönen* (a): ein Zimmer mit einer neuen Tapete v.; ein großes Tableau aus der griechischen Sagenkunde, welches den Speisesaal eines Mainzer Weinhändlers zu v. bestimmt war (Th. Mann, Krull 30); **b)** *verschönen* (b): der Schulchor und die Orffsche Gruppe der Schule verschönerten diese Feier (Saarbr. Zeitung 7. 7. 80, 8); In einer guten Familie wird durch Pfingsten der Muttertag noch mehr verschönert (Augsburger Allgemeine 13./14. 5. 78, II); **Ver|schö|ne|rung**, die; -, -en: **1.** *das Verschönern, Verschönertwerden.* **2.** *etw., was etw. verschönert;* **Ver|schö|ne|rungs|ar|bei|ten** ⟨Pl.⟩: *Arbeiten, die der Verschönerung von etw. dienen.*
Ver|scho|nung, die; -, -en: *das Verschonen, Verschontwerden.*
Ver|schö|nung, die; -, -en: *das Verschönen, Verschöntwerden.*
ver|schor|fen ⟨sw. V.; ist⟩: *sich mit Schorf* (1) *überziehen:* die Wunde ist verschorft; Lider und Nasenrücken und auch die Ansätze beider Schläfen waren dick verschorft (Stern, Mann 304); **Ver|schorfung**, die; -, -en: **1.** *das Verschorfen.* **2.** *Schicht von Schorf.*
ver|schram|men ⟨sw. V.⟩ [mhd. verschramen]: **1.** *durch eine od. mehrere Schrammen verletzen, beschädigen* ⟨hat⟩: beim Einparken den Kotflügel v.; du hast dir das Knie verschrammt; Das Deck ist klein, das Boot ist verschrammt (Heim, Traumschiff 305). **2.** (selten) *Schrammen bekommen* ⟨ist⟩: Gläser aus Kunststoff ... verschrammen leicht (Hörzu 38, 1979, 150); **Ver|schram|mung**, die; -, -en: **1.** ⟨o. Pl.⟩ *das Verschrammen, Verschrammtwerden.* **2.** *Schramme.*
ver|schrän|ken ⟨sw. V.; hat⟩ [mhd. verschrenken, ahd. forscrenchan = mit einer Schranke umgeben, einschließen]: *(Gliedmaßen) über Kreuz legen:* er verschränkte die Hände hinterm Kopf, die Arme auf der Brust, vor der Brust; Beim Zurückkommen sagten sie Rosa und Gustl zueinander und verschränkten unter dem Tisch die Füße (Kühn, Zeit 160); mit verschränkten Beinen dastehen; Ü die Infinitivgruppe kann mit dem Hauptsatz verschränkt sein; **Ver|schrän|kung**, die; -, -en: **1.** *das Verschränken, Verschränktwerden.* Ü Die V. der Triebhandlungen von Elterntier und Jungen ... (Lorenz, Verhalten I, 162); eine V. des Infinitivs mit dem Hauptsatz. **2.** *(Musik) das Ineinandergreifen zweier musikalischer Phrasen* (3), *wobei der Schluß der ersten zugleich der Anfang einer neuen Phrase* (3) *ist.*
ver|schrau|ben ⟨sw. V.; hat⟩: *mit einer od. mehreren Schrauben befestigen:* etw. fest v.; die Teile werden [miteinander] verschraubt; ... wenn der Vorarbeiter ... mich in schwindelnder Höhe auf die Eisenträger jagte, um die zu v. (Spiegel 50, 1979, 97); **Ver|schrau|bung**, die; -, -en: **1.** *das Verschrauben.* **2.** *aus Schrauben bestehende, von Schrauben gehaltene Befestigung.*
ver|schrecken[1] ⟨sw. V.; hat⟩ [mhd. verschrecken]: *durch etw. verstören,* [2]*erschrecken:* Zuhörer v.; Ihre simple Weltbetrachtung verschreckt sensible Seelen (Maron, Überläuferin 125); Von der Dauerkrise beim Öl verunsichert und von der Kriegsgefahr im Nahen Osten verschreckt, suchen Anleger ... Sicherheit (Capital 2, 1980, 195); sie machte einen sehr verschreckten Eindruck (Simmel, Stoff 683).
ver|schrei|ben ⟨st. V.; hat⟩ [mhd. verschrīben = aufschreiben, schriftlich festsetzen, zuweisen, verpflichten]: **1.** ⟨v. + sich⟩ *beim Schreiben einen Fehler machen.* **2.** *durch Schreiben verbrauchen:* zwei Bleistifte, einen Block v. **3.** *schriftlich, durch Ausstellen eines Rezepts verordnen* (1): du solltest dir etwas für deinen Kreislauf, gegen dein Rheuma v. lassen; Professor Ludwig hatte ihr die Pille verschrieben (Plenzdorf, Legende 15). **4.** ⟨v. + sich⟩ *sich einer Sache ganz, mit Leidenschaft*

widmen: sich [mit Leib und Seele] der Forschung v.; In der Rheinpfalz vor allem ... verschreiben sich die Weinproduzenten neuerdings vor allem den Burgundersorten (e & t 6, 1987, 108); Sie hat sich dem Erfolg verschrieben (Rinser, Mitte 215); Die parlamentarische Demokratie, der unser Staat sich verschrieben hat, ... (Dönhoff, Ära 43). **5.** *jmdm. den Besitz einer Sache urkundlich zusichern:* den Hof seinem Sohn v.; Faust verschrieb seine Seele dem Teufel. ◆ **6.** *(bes. in landsch. Sprachgebrauch) schriftlich bestellen:* ... ward ... eine besondere Gattung grober Schuhe ... nicht anderst mir verschrieben oder ausgeboten als mit dem Namen: echte, genestelte Stuttgarter Wasserratten (Mörike, Hutzelmännlein 157); **Ver|schrei|bung,** die; -, -en: **1.** *das Verschreiben (5), Verschriebenwerden:* ◆ wenn er mir im Notfall siebzig Taler vorschießen will, so kriegt er meine V. *(schriftliche Zusicherung; Schuldverschreibung),* ich schaffe sie in zwei Jahren wieder (Cl. Brentano, Kasperl 359). **2.** *Rezept (1);* **Ver|schrei|bungs|pflicht,** die; -: *gesetzlich festgelegte Einschränkung für die Abgabe eines Arzneimittels nur auf Rezept:* für diese Tabletten besteht V.; **ver|schrei|bungs|pflich|tig** ⟨Adj.⟩: *nur gegen ärztliche Verschreibung erhältlich:* ein -es Medikament. **ver|schrei|en** ⟨st. V.; hat⟩ [mhd. verschrien, verschreien = sich überschreien; öffentlich verklagen]: *jmdn., einer Sache Schlechtes nachsagen:* eine Aktion voreilig v.; sehen wir gelassen der Möglichkeit ins Auge, daß uns Leute zu Preistreiber verschreien *(uns nachsagen, Preistreiber zu sein),* die allesamt mehr verdienen als wir (Wollschläger, Zeiten 25); Die Frau Bürgermeister wurde als mannstolle Hexe verschrien (Fels, Sünden 103); ⟨meist im 2. Part.:⟩ die Gegend ist wegen zahlreicher Überfälle verschrie[e]n *(verrufen);* er war bei ihnen als Geizhals verschrie[e]n; Außerdem war er als Moralapostel verschrien (Ziegler, Konsequenz 109); ◆ Ein jeder ward ihr feind und verschrie ihren Übermut (Gotthelf, Elsi 122). **Ver|schrieb,** der; -s, -e (schweiz.): *Schreibfehler.* **ver|schrif|ten** ⟨sw. V.; hat⟩ (Sprachw.): *durch Übertragen in die geschriebene Form festlegen:* die Sprache v.; **ver|schrift|li|chen** ⟨sw. V.; hat⟩ (selten): *in die geschriebene Form übertragen;* **Ver|schrift|li|chung,** die; -, -en (selten): *das Verschriftlichen;* **Ver|schrif|tung,** die; -, -en (Sprachw.): *das Verschriften.* **ver|schro|ben** ⟨Adj.⟩ [eigtl. mundartl. stark gebeugtes 2. Part. von veraltet verschrauben = verkehrt schrauben] (abwertend): *(in Wesen, Aussehen od. Verhalten) absonderlich anmutend:* ein -er alter Mann; Viele Leute hier kannten Arno Schmidt ... nur als -en Kauz (Szene 8, 1985, 15); -e Ansichten; ein wenig v. sein; **Ver|schro|ben|heit,** die; -, -en: **1.** *das Verschrobensein.* **2.** *verschrobene Handlung, Äußerung:* ... und daß er sein Vieh aus Amoriterland kommen ließ, war ... nichts anderes denn als modische V. zu beurteilen (Th. Mann, Joseph 833).

ver|schro|ten ⟨sw. V.; hat⟩: *zu Schrot (1) verarbeiten.* **ver|schrot|ten** ⟨sw. V.; hat⟩: *zu Schrott verarbeiten; Schrott aus etw. machen:* Maschinen, Schiffe, Flugzeuge v.; ich mußte mein Auto v. lassen; Für die Wiederherstellung des Gleichgewichts in Europa ... müßten die Sowjets nicht unbedingt alle SS-20 v. (Spiegel 48, 1983, 14); **Ver|schrot|tung,** die; -, -en: *das Verschrotten, Verschrottetwerden:* ... wie die Farben eines guten alten Schiffes, das im Hafen liegt und geduldig auf die V. wartet (Böll, Adam 50). **ver|schrum|peln** ⟨sw. V.; ist⟩ (ugs.): *schrumplig werden:* die Äpfel verschrumpeln; der Lack auf dem Fensterkreuz verschrumpelte (Lenz, Heimatmuseum 11); Wulle war traurig wegen seines verschrumpelten Schulterriemens (Lenz, Muckefuck 209); Dahinter sitzt eine alte Frau. Sie hat ein lustiges, verschrumpeltes Gesicht (Heim, Traumschiff 309); **ver|schrump|fen** ⟨sw. V.; ist⟩: **a)** *verschrumpeln;* **b)** *schrumpfen, sich zusammenziehen.* **ver|schu|ben** ⟨sw. V.; hat⟩ [zu ↑Schub] (Jargon): *(in ein anderes Gefängnis) verlegen:* Maassen, der am Wochenende von Werl nach Mannheim verschuben war, sollte in dem Prozeß gegen Völsch aussagen (MM 4. 2. 75, 13); **Ver|schu|bung,** die; -, -en (Jargon): *das Verschuben, Verschubtwerden.* **ver|schüch|tern** ⟨sw. V.; hat⟩: *schüchtern machen:* jmdn. mit Drohungen v.; ⟨meist im 2. Part.:⟩ Im allgemeinen Trubel bemerkte ich den verschüchterten Vogel erst, als er durch Hunger schon sehr geschwächt war (Lorenz, Verhalten I, 62); Völlig verschüchtert, gänzlich niedergeschmettert ... folge ich dem aufgebrachten Herrn Schulze (Fallada, Trinker 95); **Ver|schüch|te|rung,** die; -, -en: *das Verschüchtern, Verschüchtertsein.* **ver|schul|den** ⟨sw. V.; hat⟩ [mhd. verschulden, ahd. farskuldan]: **1.** *die Schuld für etw. tragen* ⟨hat⟩: einen Unfall v.; er hat sein Unglück selbst verschuldet; Wie hieß der Mann, der deines Vaters Tod verschuldete? (Böll, Haus 119); (Sport:) Unsicher wirkte anfangs sogar die Hertha-Mannschaft, die überflüssige Eckbälle verschuldete (Kicker 6, 1982, 45); Schumacher hätte durch leichtsinniges Herauslaufen fast ein Tor verschuldet (Kicker 6, 1982, 33); ⟨subst.:⟩ das ist durch [mein] eigenes, ohne mein Verschulden passiert; sie trifft kein V. **2. a)** *in Schulden geraten* ⟨ist⟩: durch seinen aufwendigen Lebensstil ist er immer mehr verschuldet ⟨meist im 2. Part.:⟩ eine völlig, bis über die Ohren verschuldete Firma; an jmdn., bei einer Bank verschuldet sein; **b)** ⟨v. + sich⟩ *Schulden machen* ⟨hat⟩: für den Bau deines Hauses hast du dich hoch v. müssen; Wer Geld braucht, muß sich jetzt langfristig zu den heute günstigen Zinsen v. (Hörzu 44, 1975, 101); **Ver|schul|dung,** die; -, -en: *das [Sich]verschulden, Verschuldetsein.* **ver|schu|len** ⟨sw. V.; hat⟩: **1.** (Fachspr.) *(Jungpflanzen in Baumschulen) in ein anderes Beet pflanzen.* **2.** (oft abwertend) *der Schule, dem Schulunterricht ähnlich gestalten:* das Studium wird immer mehr verschult; Alles zusammen führe zur verschulten Massenuniversität (Saarbr. Zeitung 7. 7. 80, 12); **Ver|schu|lung,** die; -, -en: *das Verschulen, Verschultwerden.* **ver|schup|fen** ⟨sw. V.; hat⟩ [spätmhd. verschupfen, zu ↑schupfen] (landsch.): *verstoßen; stiefmütterlich behandeln.* ◆ **Ver|schuß,** der: in der Fügung **im V.** *[im schweiz. Sprachgebrauch] aus Versehen* (ugs.: = *falsch schießen;* übertr. = *irren*): Diesen Namen ... wenn ihn der Pfarrer auch vergessen hatte und laut oder öffentlich darnach fragt oder im V. den Buben Mädeli oder Bäbeli taufte (Gotthelf, Spinne 17). **ver|schus|seln** ⟨sw. V.; hat⟩ [zu ¹Schussel] (ugs.): **a)** *(aus Unachtsamkeit) verlieren,* ¹*verlegen:* die Schlüssel v.; **b)** *vergessen:* einen Termin v. **ver|schüt|ten** ⟨sw. V.; hat⟩ [mhd. verschütten]: **1.** *versehentlich irgendwohin schütten:* Salz, Suppe, Bier v.; Ruth ... schenkte den Tee ein, still und schnell und ohne einen Tropfen zu v. (Aichinger, Hoffnung 76). **2. a)** *ganz bedecken, [unter sich] begraben:* bei dem Unglück sind mehrere Bergleute verschüttet worden; Da stand der Vesuv und hatte Städte verschüttet (Thieß, Legende 112); Er für seine Person zöge einen Brandbombentreffer auf das Haus vor. Da werde man nicht verschüttet (Kempowski, Tadellöser ...); Ü das Familienbewußtsein wie überhaupt das Geschichtsbewußtsein ist ja bei den meisten verschüttet (Loest, Pistole 246); seine Begabung schien verschüttet (Kicker 82, 1981, 28); *es bei jmdm. verschüttet haben* (landsch.; *jmds. Wohlwollen verloren haben*); **b)** *zuschütten, [mit etw.] auffüllen:* einen Brunnen, Graben [mit Kies] v.; Nationale Volksarmee und sowjetische Soldaten ... verschütteten Moore und Matten mit Kalkschotter (natur 5, 1991, 57); **ver|schütt|ge|hen** ⟨unr. V.; ist⟩ [zu gaunerspr. *verschütt* = *Haft*]: **1.** (ugs.) *verlorengehen, abhanden kommen; spurlos verschwinden:* mein Regenschirm ist [mir] verschüttgegangen; Sein großer Koffer ging auf dem Weg von Frankfurt nach Hamburg verschütt (Hamburger Morgenpost 23. 5. 85, 5); zwei Männer sind bei dem Spähtrupp verschüttgegangen *(umgekommen);* bei einer Saftour ist er *(versacken).* **2.** (Gaunerspr.) *verhaftet werden:* bei einer Razzia v.; Der Krüger war gottlob längst wieder verschüttgegangen, hatte seine Arbeitskollegen bemaust (Fallada, Blechnapf 233); **Ver|schüt|tung,** die; -, -en: *das Verschütten, Verschüttetwerden.* **ver|schwä|gern,** sich ⟨sw. V.; hat⟩ [zu ↑Schwager]: *durch Heirat mit jmdm. verwandt werden:* weder verwandt noch verschwägert sein; **Ver|schwä|ge|rung,** die; -, -en: *das Verschwägern, Verschwägertsein.*

ver|schwärmt ⟨Adj.; -er, -este⟩: *schwärmerisch* (a): ein -es Mädchen; Auf ihrer Maschine schrieb sie einem Hausierer Briefe – merkwürdig -e und spielerische Briefe (Muschg, Sommer 286).

ver|schwat|zen ⟨sw. V.; hat⟩: **1.** *schwatzend verbringen:* den ganzen Morgen v.; Wir hätten nicht die ganze Fahrt v. und

verschweben

uns Gedanken über unser Auftreten im Betrieb machen sollen (Becker, Amanda 268). **2.** ⟨v. + sich⟩ *unabsichtlich etw. ausplaudern, verraten:* jetzt hast du dich wieder verschwatzt; sie hat kein ganz gutes Gewissen, seitdem sie vor dem Sanitätsprofessor sich verschwatzte (Fr. Wolf, Zwei 316). **3.** (landsch.) *verpetzen:* Ich ... bitte die Klatsche, mich ... nicht zu v. (Strittmatter, Der Laden 159).

ver|schwe|ben ⟨sw. V.; ist⟩ (geh.): *sanft vergehen:* Seine Stimme verschwebte halblaut zwischen Begeisterung und Melancholie (Meckel, Suchbild 50).

ver|schwei|gen ⟨st. V.; hat⟩ /vgl. verschwiegen/ [mhd. verswīgen]: **1.** *bewußt nicht sagen, verheimlichen:* jmdm. eine Neuigkeit, die Wahrheit v.; er hat uns seine Krankheit verschwiegen/hat uns verschwiegen, daß er krank ist; Sophie bat ihn nicht, den Tausch vor Sixta zu v. (Bieler, Mädchenkrieg 519); nichts zu v. haben; es läßt sich nicht v., daß ... **2.** ⟨v. + sich⟩ (selten) *sich über etw. nicht äußern:* die Art und Weise, wie die Dame sich verschwieg, ließ allerhand vermuten (Frisch, Stiller 276); Léon konnte sich George nicht lange v. (Fussenegger, Zeit 93).

ver|schwei|ßen ⟨sw. V.; hat⟩: *durch Schweißen verbinden:* zwei Drähte, Röhren, Träger v.; Ü Viel organisationstüchtiger und führungsstärker als Herbert Wehner, verschweißte Vogel die Fraktion zu einem Kernstück der SPD-Politik (Rheinpfalz 28. 1. 87, 2); **Ver|schwei|ßung**, die; -, -en: *das Verschweißen, Verschweißtwerden.*

ver|schwe|len ⟨sw. V.⟩: **1.** ⟨ist⟩ **a)** *schwelend verbrennen:* zu Holzkohle v.; Jeder ausgerauchte, verschwelende Stummel ... (Wellershoff, Körper 14); **b)** *unter Schwelen verlöschen:* das Feuer verschwelte. **2.** (Technik) *durch Schwelen (2) veredeln* ⟨hat⟩: Kohle v.; **Ver|schwe|lung**, die; -, -en: *das Verschwelen, Verschweltwerden.*

ver|schwen|den ⟨sw. V.; hat⟩ [mhd., ahd. verswenden = verschwinden machen, vernichten, vertilgen, aufbrauchen, Veranlassungswort zu ↑verschwinden]: *leichtfertig in überreichlichem Maße u. ohne entsprechenden Nutzen verbrauchen, anwenden:* sein Geld, seine Kraft, seine Zeit v.; viel Mühe an, für, mit etw. v.; Solange weiterhin Energie in großem Stil verschwendet werde ... (Baselland. Zeitung 21. 3. 85, 3); sie hat ihre Liebe an ihn verschwendet; sie verschwendete keinen Blick an ihn *(blickte ihn nicht an);* du verschwendest deine Worte *(das, was du sagst, wird ohne Wirkung bleiben);* Sie wissen nicht, an wen Sie ihre Aufmerksamkeit verschwenden (Geissler, Nacht 95); An Flucht verschwendete er keinen Gedanken (Zenker, Froschfest 127); **Ver|schwen|der**, der; -s, -: *verschwenderischer Mensch;* **Ver|schwen|de|rin**, die; -, -nen: w. Form zu ↑verschwender; **ver|schwen|de|risch** ⟨Adj.⟩: **1.** *leichtfertig u. allzu großzügig im Verbrauchen von Geld u. Sachen:* ein -er Mensch; Vor einem Jahrhundert war ein großer Teil unserer Wälder wegen der früheren ein Nutzung nahezu geplündert (Basler Zeitung 12. 5. 84, 3); sie geht v. mit ihrem Geld um; er

führt ein -es *(luxuriöses)* Leben. **2.** *überaus reichhaltig, üppig:* eine -e Pracht; er hat ... das -e Frühstück selbst an Bord geschafft (Kronauer, Bogenschütze 324); man ... bettete den Toten, zwischen Kerzen und Bergen von Blumen, in v. drapierte weiße Seide (Fest, Im Gegenlicht 242); **Ver|schwen|dung**, die; -, -en: *das Verschwenden, Verschwendetwerden:* das ist ja die reinste V.!; derselbe Abgeordnete, der in Zeitungsinterviews gegen diese V. von Steuergeldern gewettert hatte (v. d. Grün, Glatteis 156); das ist ... eine V. der Natur (Hacks, Stücke 218); **Ver|schwen|dungs|sucht**, die ⟨o. Pl.⟩: *starke Neigung, etw. (bes. Geld) zu verschwenden;* **ver|schwen|dungs|süch|tig** ⟨Adj.⟩: *die Neigung habend, etw. zu verschwenden:* sie ist sehr v.

ver|schwen|ken ⟨sw. V.; hat⟩ (Fachspr.): *durch einen Schwenk in eine andere Lage, Position bringen;* ¹*verlegen* (3): Die unter der Straße liegenden Versorgungsleitungen und die Kabel der Post, vor allem aber die Rohre der Fernheizung müßten leider „verschwenkt" und in die Vorgärten gelegt werden (Spiegel 32, 1987, 32); Der stadtauswärts fließende Verkehr ... muß aber im Verlauf der Messungen vorübergehend auf die nördliche Fahrbahnseite verschwenkt *(umgeleitet)* werden (MM 15. 3. 75, 17); **Ver|schwen|kung**, die; -, -en (Fachspr.): *das Verschwenken, Verschwenktwerden:* Der Kulturausschuß ... hat sich gestern einstimmig gegen die geplante V. der Potsdamer Straße ausgesprochen (Welt 9. 11. 93, B 6).

ver|schwie|gen [mhd. verswigen]. **1.** ↑verschweigen. **2.** ⟨Adj.⟩ **a)** *zuverlässig im Bewahren eines Geheimnisses; nicht geschwätzig:* ein zuverlässiger und -er Mitarbeiter; Er ist merkwürdig v. in seinen persönlichen Angelegenheiten (Remarque, Obelisk 64); **b)** *still u. einsam, nur von wenigen Menschen aufgesucht:* eine -e Bucht; Ich kenne ... ein kleines, ganz -es Lokal (Sobota, Minus-Mann 180); einen -en Ort (ugs. verhüll.: *die Toilette)* aufsuchen; **Ver|schwie|gen|heit**, die; -: *das Verschwiegensein; Schweigen; Diskretion* (a): strengste V. bewahren; **Ver|schwie|gen|heits|pflicht**, die: *Schweigepflicht.*

ver|schwie|melt ⟨Adj.⟩ [zu ↑Schwiemel] (landsch., bes. nordd., ostmd.): *so [verschwollen, verquollen aussehend], als ob der Betreffende eine ausschweifende o. ä. Nacht gehabt hat:* -e Augen; völlig v. sein, aussehen.

ver|schwim|men ⟨st. V.; ist⟩: *undeutlich werden, keine festumrissenen Konturen mehr haben [u. ineinander übergehen]:* die Berge verschwimmen im Dunst; Auf einige Distanz verschwamm die stark profilierte Seitenwand des Tales zu einem einzigen, waldigen Abhang (Kronauer, Bogenschütze 268); ich war so müde, daß mir die Zeilen vor den Augen verschwammen; das Farben verschwommen ineinander; das Foto ist verschwommen Ü Herbst, Frühling, Sommer, Winter verschwammen ineinander zu einer Zeit (Kronauer, Bogenschütze 392); zumeist ist die Erinnerung verschwommen (Basler Zeitung 2. 10. 84, 9); diese Formulie-

rung ist reichlich verschwommen *(unklar).*

ver|schwin|den ⟨st. V.; ist⟩ [mhd. verswinden, ahd. farsuindan]: **a)** *sich aus jmds. Blickfeld entfernen u. dann nicht mehr sichtbar sein:* der Zug verschwand in der Ferne; die Sonne verschwindet hinter den Wolken; der Zauberer ließ allerlei Gegenstände v.; Frau Holle nahm die Zigarette ... und ließ sie in ihrer Handtasche v. *(steckte sie ein;* Hilsenrath, Nazi 91); die Kassette war spurlos verschwunden *(man konnte sie nirgends finden);* der Politiker ist nicht aus dem Bildfläche verschwunden; sie ist aus seinem Leben verschwunden; ich muß mal v. (ugs. verhüll.; *ich muß auf die Toilette);* ich bin müde und verschwinde jetzt *(gehe jetzt schlafen);* er verschwand ins Haus (ugs.; *ging ins Haus);* sie verschwand im Gewühl; er ist gleich nach dem Essen verschwunden (ugs.; *gegangen);* verschwinde! (ugs.; *geh weg!);* Das spöttische Lächeln war aus ihrem Gesicht verschwunden (H. Gerlach, Demission 176); ⟨subst.:⟩ sein Verschwinden wurde nicht bemerkt; Ü diese Musik, Mode ist schnell verschwunden *(hat sich schnell überlebt);* ihr Gesicht verschwand unter einem großen Hut *(war kaum noch zu sehen);* neben ihm verschwindet sie *(er ist viel größer);* ein verschwindend geringer *(sehr kleiner)* Teil; eine verschwindende *(ganz geringe)* Minderheit. **b)** *gestohlen werden:* in unserem Betrieb verschwindet immer wieder Geld; er hat Geld v. lassen *(unterschlagen).*

ver|schwi|stern ⟨sw. V.; hat⟩ [2: mhd. verswistern]: **1.** *eng miteinander verbinden:* daß man ... Humor und Pathos v. müsse (Jacob, Kaffee 146); Der sittliche Reichtum ist nah verschwistert mit dem geldlichen (Musil, Mann 506); Wie die Annäherung der beiden jetzt verschwisterten Rheinreedereien ... in Zukunft vor sich gehen könnte, ... (Basler Zeitung 26. 7. 84, 11). **2.** ⟨v. + sich⟩ *sich als, wie Geschwister miteinander verbinden:* Rolf verschwistert sich nicht mit der Frau (Frisch, Stiller 336). **3.** *[miteinander] verschwistert sein (Geschwister sein);* **Ver|schwi|ste|rung**, die; -, -en: *das Verschwistern.*

ver|schwit|zen ⟨sw. V.; hat⟩ [mhd. verswitzen; 2: eigtl. = wie durch Schwitzen, beim Schwitzen verlieren]: **1.** *durch-, naß schwitzen:* sein Hemd v.; ⟨meist im 2. Part.:⟩ ein verschwitztes Gesicht; der Kragen, die Wäsche ist verschwitzt; Als wir nach unserer einwöchigen Zugfahrt verstaubt und verschwitzt in Peking ankamen, ... (Courage 2, 1978, 35). **2.** (ugs.) *(etw., was man sich vorgenommen hat) vergessen, versäumen:* einen Termin v.; Ich habe seinen Geburtstag total verschwitzt (Bieler, Mädchenkrieg 498); ich habe [es] verschwitzt, ihn anzurufen.

ver|schwol|len ⟨Adj.⟩ [adj. 2. Part. von veraltet verschwellen = aufquellen lassen]: *stark angeschwollen:* von Weinen -e Augen haben; Keine -en Lippen, keine Kratzspuren, keine Saugflecken (Frischmuth, Herrin 129); das Gesicht des Boxers war v.

ver|schwom|men: ↑verschwimmen; **Ver-**

schwom|men|heit, die; -, -en ⟨Pl. selten⟩: *das Verschwommensein.*
ver|schwö|ren ⟨st. V.; hat⟩ [mhd. verswern, ahd. farswerian, urspr. verstärkend für „schwören"]: **1.** ⟨v. + sich⟩ **a)** *sich heimlich mit jmdm. verbinden:* sich [mit anderen Offizieren] gegen die Regierung v. *(konspirieren);* Frau Michelson habe sich zwischen 1981 und der Zeit ihrer Verhaftung mit anderen, nicht genannten Personen verschworen, Dokumente ... an die Sowjetunion weiterzuleiten (NZZ 13. 10. 84, 5); sie sind ein verschworener Haufen, eine verschworene Gemeinschaft; Ü alles hat sich gegen uns verschworen *(nichts verläuft wie erhofft);* **b)** (veraltet) *sich durch einen Eid zu etw. verpflichten:* er verschwor sich, dem Bündnis die Treue zu halten; Über das Geländer geneigt, zeterte er hinter jenem her, sich verschwörend, daß er heute ganz gewiß in der Druckerei erscheinen werde (Fussenegger, Haus 34). **2.** ⟨v. + sich⟩ *sich mit ganzer Kraft für etw. einsetzen:* er hat sich der Freiheit, seinem Beruf verschworen. **3.** (veraltet) *abschwören:* er hat dem Alkohol, das Spielen verschworen; ♦ ... hatte er ... das erste Kacheli (= die erste Tasse Kaffee) ausgetrunken, ... wollte gar keinen Platz mehr haben für fernere Guttaten und sagte: Man sollte sie doch in Ruhe lassen, sonst müßte sie sich noch verschwören *(müßte sie sich vornehmen, überhaupt keinen Kaffee mehr zu trinken;* Gotthelf, Spinne 10). ♦ **4.** *eidlich geloben, schwören* (bes. 2 b): „Sagen Sie mir nichts von dem abscheulichen Geschöpf!" rief der Alte, „ich habe verschworen, nicht mehr an sie zu denken ..." (Goethe, Lehrjahre II, 7); **Ver|schwo|re|ne,** der u. die; -n, -n ⟨Dekl. ↑Abgeordnete⟩: **1.** *Verschwörer[in].* **2.** *jmd., der sich einer Sache verschworen hat;* **Ver|schwö|rer,** der; -s, -: *jmd., der sich mit jmdm. verschworen (1 a) hat;* **Ver|schwö|re|rin,** die; -, -nen: w. Form zu ↑Verschwörer; **ver|schwö|re|risch** ⟨Adj.⟩: *in der Art eines Verschwörers:* Sie neigte sich vor und senkte die Stimme zu einem vertraulichen, nein, zu einem - en Flüstern (Simmel, Stoff 662); **Ver|schwö|rer|mie|ne,** die (iron.): *Miene, die jmd. aufsetzt, um heimliche Verbundenheit, stillschweigendes Einverständnis auszudrücken:* eine V. aufsetzen; mit V. steckte sie ihm das Geld zu; dann vergaß sie alles und breitete mit V. den Inhalt eines Päckchens ... auf dem Tisch aus (Chr. Wolf, Himmel 144); **Ver|schwö|rung,** die; -, -en: *gemeinsame Planung eines Unternehmens gegen jmdn. od. etw. (bes. gegen die staatliche Ordnung); Konspiration:* eine V. anzetteln, aufdecken.
Vers com|mun [vɛrkɔˈmœ̃], der; - -, - -s [vɛrkɔˈmœ̃; frz., eigtl. = gewöhnlicher Vers] (Verslehre): *(in der älteren französischen Dichtung beliebter) gereimter jambischer zehnsilbiger Vers;* **Vers|dra|ma,** das (Literaturw.): *in Versen abgefaßtes Drama.*
ver|se|hen ⟨st. V.; hat⟩ [mhd. versehen, ahd. far-, firsehan]: **1. a)** *dafür sorgen, daß jmd. etw. bekommt, hat; versorgen:* jmdn., sich für die Reise mit Proviant, mit Geld v.; Man versah uns reichlich mit Zigaretten, alkoholischen Getränken und Propagandamaterial (K. Mann, Wendepunkt 296); mit allem Nötigen wohl versehen sein; sie starb, versehen mit den Sterbesakramenten; **b)** *dafür sorgen, daß etw. irgendwo vorhanden ist; ausstatten:* einen Text mit Anmerkungen v.; sie versah die Torte mit Verzierungen; eine kleine Waffe, ... ein vernickeltes Pistölchen, aber versehen mit Munition (Frisch, Montauk 168); **c)** (kath. Kirche) *jmdm. die Sterbesakramente spenden:* der Pfarrer kam, um den Kranken zu v.; hier sei ich im Winter 1954, von seiner Kirche wohl versehen worden (Muschg, Gegenzauber 242). **2.** *(eine Aufgabe, einen Dienst) erfüllen, ausüben:* seinen Dienst, seine Pflichten, seine Stelle gewissenhaft v.; ... dem Pastor, der zugleich die standesamtlichen Funktionen versah (Bergengruen, Rittmeisterin 313); Elfriede ... hatte ihre Arbeit im Haus des Oberstudienrates zu v. (Danella, Hotel 88); sie versieht *(besorgt)* beim Pfarrer den Haushalt. **3. a)** ⟨v. + sich⟩ *sich beim [Hin]sehen irren:* ich habe mich in der Größe versehen; **b)** *etw. zu tun versäumen:* die Mutter hatte nichts an ihrem Kind versehen; hierbei ist manches versehen worden; **c)** ⟨v. + sich⟩ *einen Fehler machen:* sich beim Ausfüllen eines Formulars v.; Der 7jährige, dunkelbraune Wallach versah sich nur an 1,45 m hohen und zwei Meter breiten Maueroxer, so daß er mit insgesamt 16 Fehlerpunkten ... (Neues D. 1. 6. 64, 4). **4.** ⟨v. + sich⟩ (veraltend) *sich auf etw. gefaßt machen, einer Sache gewärtig sein:* bei dieser Person muß man sich jedes Verbrechens v.; wer sich etwa dabei eines lockeren Tones und schlüpfriger Scherze mir von v. sollte, ... (Th. Mann, Krull 59); Sie lief ein paar Schritte zu ihm hin, versah sich der von ein Auto ... einhergerast kam (A. Kolb, Daphne 36); R ehe man v. *(schneller als man erwartet);* ♦ Da werfen sie ihm einen Buben nieder, da er sich nichts weniger versieht *(nichts weniger erwartet he;* Goethe, Götz I). ♦ **5. a)** ⟨v. + sich⟩ *(von schwangeren Frauen) durch das Betrachten von etw., das Hinsehen nach jmdm., etw. die Entwicklung der Leibesfrucht ungünstig beeinflussen, ihr einen Schaden zufügen:* Totengräbers Tochter sah ich gehn, ihre Mutter hatte sich an keiner Leiche versehen! (Goethe, Zahme Xenien VII); junge Frauen, die besorgt sind, sich an den Schinderstücken zu v. und ihrem Kind im Mutterleib den Galgen auf den Buckel zu brennen (Schiller, Räuber II, 3); **b)** *(in landsch. Sprachgebrauch) übersehen, unbeachtet lassen:* ging Elke mit den Mägden an den Tischen herum, sehn sie, daß an dem Leichenmahle 61); **Ver|se|hen,** das; -s, -: *etw., was aus Unachtsamkeit falsch gemacht wurde; Fehler, Irrtum:* ihm ist ein V. unterlaufen, passiert; entschuldigen Sie, das war nur ein V. [von mir], das geschah aus V. ⟨Adv.⟩ *aus Versehen:* v. fremde Post öffnen; Ein Bomber der U. S. Air Force hat ... 1957 ... bei Albuquerque in New Mexico v. eine Wasserstoffbombe abgeworfen (NZZ 30. 8. 86, 3). **II.** ⟨Adj.⟩ *aus Versehen zustande gekommen, geschehen:* eine -e Falschmeldung; **Ver|seh|gang,** der; -[e]s, ...gänge (kath. Kirche): *Gang (2) eines Geistlichen zur Spendung der Sterbesakramente.*
ver|seh|ren ⟨sw. V.; hat⟩ [mhd. versēren, zu ↑sehren u. eigtl. = Schmerz verursachen] (geh.): *verletzen, beschädigen:* jmdn. v.; die neue Therapie ergibt an den versehrten Körperpartien eine sehr zufriedenstellende Neubildung gesunder Haut (NZZ 2. 2. 83, 42); Ü die Wahrheit wird versehrt (Goes, Hagar 18); **Ver|sehr|te,** der u. die; -n, -n ⟨Dekl. ↑Abgeordnete⟩: *jmd., der (bes. durch einen Unfall od. eine Kriegsverletzung) körperbehindert ist;* **Ver|sehr|ten|sport,** der: *von Versehrten betriebener Sport;* **Ver|sehrt|heit,** die; -: *das Versehrtsein;* **Ver|seh|rung,** die; -, -en (geh.): **1.** *das Versehren, Versehrtwerden:* Bei dem Mariologen Alois Müller ist die V. der Mutter beim Gebären ein besonderes „Zeichen des erbsündlichen Fluches" (Ranke-Heinemann, Eunuchen 357); Ü diese V. der Seele. **2.** *Verletzung, Behinderung:* immer wieder sah er im Hauptdienstbuch nach, wie denn die körperlichen -en der Patienten motiviert würden (Wiener 11, 1983, 76).
ver|sei|fen ⟨sw. V.⟩ (Fachspr.): **1.** *zu Seife machen* ⟨hat⟩: Ester, Fette v. **2.** *zu Seife werden* ⟨ist⟩: Fett verwachst, oder verseift es? (Augustin, Kopf 276); **Ver|sei|fung,** die; -, -en (Fachspr.): *das Verseifen, Verseiftwerden.*
ver|selb|stän|di|gen ⟨sw. V.; hat⟩: **a)** *aus einer Einheit lösen u. selbständig machen:* eine Behörde v.; **b)** ⟨v. + sich⟩ *aus einer Einheit gelöst u. selbständig werden:* dieses Gebiet hat sich zu einer eigenen Disziplin verselbständigt; Als sich an der kirchlichen Zeremonie Teile zu Schauspielen verselbständigten ... (Bild. Kunst III, 72); Fast erschreckt nahm er wahr, wie sehr sich bestimmte Dinge schon verselbständigt ... hatten *(wie sehr sie außer Kontrolle geraten waren);* Rolf Schneider, November 201); Mit Hilfe des Landes Baden-Württemberg sich Zanker 1983 *(machte sich Zanker 1983 selbständig;* Wiesbadener Kurier 6. 2. 85, 16); **Ver|selb|stän|di|gung,** die; -, -en: *das [Sich]verselbständigen.*
Ver|sel|ma|cher, der (meist abwertend): *jmd., der [mit mehr od. weniger Geschick] Verse dichtet;* **Ver|sel|ma|che|rin,** die (meist abwertend): w. Form zu ↑Versemacher; **Vers|en|de,** das: *Ende eines Verses.*
ver|sen|den ⟨unr. V.; versandte/(seltener:) versendete, hat versandt/(seltener:) versendet⟩ [mhd. versenden, ahd. farsentan]: *an einen größeren Kreis von Personen senden:* Warenproben, Verlobungsanzeigen v.; Einladungen sind gestern versandt worden; **Ver|sen|dung,** die; -, -en: *das Versenden;* **Ver|sen|dungs|kauf,** der (Wirtsch.): *Kauf, bei dem der Verkäufer die Ware auf Verlangen des Käufers an*

versengen

einen anderen Ort als den Erfüllungsort versendet.
ver|sen|gen ⟨sw. V.; hat⟩ [mhd. versengen]: *durch leichtes Anbrennen bes. der Oberfläche beschädigen:* sein Hemd mit der Zigarette v.; ich habe mir die Haare an der Kerze versengt; als Pythagoras ein Scheit auf die matte Herdglut warf, sprang ein Schwarm dunkelroter Funken den Römer an und versengte ihm die Augenbrauen (Ransmayr, Welt 77); die Sonne hat die Felder versengt *(ausgedörrt);* **Ver|sen|gung,** die; -, -en: *das Versengen, Versengtwerden.*
Ver|sen|kan|ten|ne, die; -, -n (Fachspr.): *Teleskopantenne;* **ver|senk|bar** ⟨Adj.⟩: *sich versenken (1 b) lassend:* eine -e Nähmaschine; **Ver|senk|büh|ne,** die; -, -n (Theater): *mit einer Versenkung (3) ausgestattete Bühne;* **ver|sen|ken** ⟨sw. V.; hat⟩ [mhd. versenken, ahd. far-, firsenken]: **1. a)** *bewirken, daß etw. (bes. ein Schiff) im Wasser versinkt:* feindliche Schiffe v.; **b)** *bewirken, daß etw. in etw., unter der Oberfläche von etw. verschwindet:* Mitten auf der Bühne ist eine runde Scheibe, die man drehen und v. kann (Imog, Wurliblume 217); der Öltank wird in die Erde versenkt; die Nähmaschine läßt sich v.; die Hände in die Taschen v. *(stecken);* ich versenkte *(nicht über die Oberfläche des Gegenstandes herausragende)* Schraube. **2.** ⟨v. + sich⟩ *sich ganz auf etw. konzentrieren; sich vertiefen:* sich ins Gebet, in ein Buch v.; „Ist ja in Ordnung." Der Trainer versenkt sich wieder in die Speisekarte (Frischmuth, Herrin 119); so hatte sich in sich selbst versenkt; **Ver|sen|kung,** die; -, -en: **1.** *das Versenken (1).* **2.** *das Sichversenken; ausschließliche Konzentration auf etw. Bestimmtes:* Wie dankbar ich Ihnen bin für Ihre geistvolle V. in mein Lebenswerk ... (Reich-Ranicki, Th. Mann 245); Ich denke an Elemente der Ruheseligkeit und der hypnotischen V. (Th. Mann, Zauberberg 714); ... daß dieser Wein mit nahezu mystischer V. genossen zu werden verdiene (Thieß, Legende 87). **3.** (Theater) *Teil des Bodens der Bühne, der sich mittels eines Aufzugs hinablassen u. wieder anheben läßt:* * **in der V. verschwinden** (ugs.; *aus der Öffentlichkeit verschwinden*): Buhr fiel den Intrigen zum Opfer, erhielt eine Parteistrafe und verschwand für längere Zeit in der V. (Zwerenz, Kopf 109); **aus der V. auftauchen** (ugs.; *unerwartet wieder in Erscheinung treten*): Die legendäre Piratenstation tauchte mit neuem Programm aus der V. auf (MM 25. 8. 83, 11).
Vers|epos, das; vgl. Versdrama; **Vers|erzäh|lung,** die (Literaturw.): vgl. Versdrama; **Ver|se|schmied,** der (scherzh., auch abwertend): *Versemacher;* **Ver|seschmie|din,** die (scherzh., auch abwertend): w. Form zu ↑Verseschmied.
ver|ses|sen [2: zu veraltet sich versitzen = hartnäckig auf etw. bestehen]: **1.** ↑versitzen. **2.** * **auf jmdn., etw. v. sein** *(jmdn., etw. sehr gern haben, etw. unbedingt haben wollen):* er ist v. auf die Kinder; auf Süßigkeiten, auf saure Gurken v. sein; Wenn die Witwe nicht so sehr auf schnelles Geld v. ... gewesen wäre (Kant,

Impressum 94); Zuerst sah es so aus, als wäre er auf einen Streit v. gewesen (Gaiser, Schlußball 66); er ist darauf v., bald wieder Rennen zu fahren; **Ver|ses|senheit,** die; -, -en: *das Versessensein (auf jmdn., etw).*
Ver|set|to, das; -s, -s u. ...tti [ital. versetto = kurzer Vers, Verschen, Vkl. von: verso = Vers < lat. versus, ↑Vers] (Musik): *kleines, meist fugenartiges, kunstvolles Zwischenspiel auf der Orgel.*
ver|set|zen ⟨sw. V.; hat⟩ [mhd. versetzen, ahd. firsezzen]: **1. a)** *an eine andere Stelle o. ä. setzen, bringen:* eine Wand, einen Grenzstein v.; die Knöpfe an einem Mantel v.; bei diesem Mosaik sind die Steine versetzt *(bei jeder neuen Reihe um einen Stein verschoben)* angeordnet; fahren sie etwas versetzt, so daß sie an den Wagen vor Ihnen vorbeisehen können (ADAC-Motorwelt 8, 1979, 20); beim Betrachten dieses Films fühlt man sich ins vorige Jahrhundert versetzt; Ü ... wenn ihn die Königin in den Adelsstand versetzt *(erhebt;* Prodöhl, Tod 254); Beck, obwohl in den Ruhestand versetzt, blieb ... (Rothfels, Opposition 78); **b)** *an eine andere Dienststelle o. ä. beordern:* jmdn. in eine andere Behörde, nach Köln v.; sie will sich v. lassen; ... daß ... der Richter ... aus ihrem Amt versetzt werden können (Fraenkel, Staat 104); ... als der Befehl kam, der ihn zu einer Truppe versetzte (Gaiser, Jagd 162); **c)** *(einen Schüler) in die nächste Klasse aufnehmen:* einen Schüler v.; wegen mangelhafter Leistungen nicht versetzt werden; **d)** (veraltet) *anstauen, unterdrücken:* das versetzte *(benimmt)* mir den Atem; versetzte Blähungen; Palmer sagte mit einem Unterton von versetztem Ärger ... (Seidel, Sterne 113); Vielleicht ... ist diese Liebe zu euch versetzte Mutterliebe (Th. Mann, Krull 206). **2. a)** *in einen anderen Zustand, in eine neue Lage bringen:* eine Maschine in Bewegung, Tätigkeit v.; Mochten auch die Polizeistationen der Arrondissements, die sofort in höchste Alarmbereitschaft versetzt ... waren, ... (Maass, Gouffé 127); seine Mitteilung versetzte uns in Erstaunen, Unruhe, Begeisterung; der Anblick des bettlägerigen Mannes versetzte das hübsche Fräulein in höfliche Bestürzung (Thieß, Legende 50); Alles war darauf berechnet, sie in Angst und Schrecken zu v. (Niekisch, Leben 305); das Stipendium versetzte ihn in die Lage, seine Doktorarbeit abzuschließen; **b)** ⟨v. + sich⟩ *sich in jmdn., in etw. hineindenken:* sich in einen anderen, an jmds. Stelle v.; versetzen Sie sich einmal in meine Lage!; Ich kann mich da allenfalls in Mademoiselle Zazas Seele v. (Th. Mann, Krull 276). **3.** *unversehens geben, beibringen* (3): jmdm. einen Hieb, Schlag, Stich, Stoß, eine Ohrfeige v.; Dann hält er seinen Kopf fest und fordert alle auf, Leo Fußtritte zu v. (Zenker, Froschfest 195); Er versetzt ihm einen Klaps auf die Hand (Hacks, Stücke 64); Ü Es hat mir einen Schock versetzt, als ich das fand (Saarbr. Zeitung 8. 10. 79, 27); * **jmdm. eine/eins v.** (ugs.; ↑verpassen 2). **4. a)** *verpfänden:* seine Uhr v. müssen; versetzten Schmuck wieder auslö-

sen; **b)** *zu Geld machen:* die Beute v.; Beim Onkel hab' ich schon mein halbes Eigentum versetzt (Erné, Fahrgäste 110). **5.** (ugs.) *vergeblich warten lassen; eine Verabredung mit jmdm. nicht einhalten:* wir waren heute verabredet, aber sie hat mich versetzt; Im Sommer 1931 wollte ich die Ferien zusammen mit einem Freund am Bodensee verbringen, der aber versetzt ihn (Reich-Ranicki, Th. Mann 228). **6.** *(energisch, mit einer gewissen Entschlossenheit) antworten:* „Ich bin anderer Ansicht", versetzte er; Im Gegenteil, versetzte er trocken, es gehe ihr miserabel (K. Mann, Wendepunkt 152); Klaus Heinrich versetzte lachend, daß die Rückansicht des Fahrers ihn nicht befähige, hierüber zu urteilen (Th. Mann, Hoheit 189). **7.** *vermischen [u. dadurch in der Qualität mindern]:* Kaffee mit Zichorie v.; An dem bewußten Abend unserer Flucht wollte ich den Tee mit Valiumtabletten v. (Wiener 10, 1983, 54); Eher trank er Wasser, das mit Kohlensäure versetzt war (Schädlich, Nähe 161); Wasser und Wein v.; **Ver|set|zung,** die; -, -en: *das Versetzen, Versetztwerden* (1 a–c, 4, 7); **ver|set|zungs|ge|fähr|det** ⟨Adj.⟩: *in Gefahr seiend, nicht versetzt (1 c) zu werden;* **Ver|set|zungs|zei|chen,** das, (Musik): *Zeichen in der Notenschrift, das die Erhöhung od. Erniedrigung um einen od. zwei Halbtöne bzw. deren Aufhebung anzeigt.*
ver|seu|chen ⟨sw. V.; hat⟩: *mit Krankheitserregern, gesundheitsschädlichen Stoffen durchsetzen:* das Grundwasser, den Boden v.; Gifte aus durchgerosteten Behältern mit Chemiewaffenmunition verseuchen das Weiße Meer (natur 6, 1991, 22); Eine Autopsie ergab später, daß Karen Silkwood vor radioaktivem Plutonium stark verseucht worden war (NZZ 26. 8. 86, 2); eine verseuchte Umwelt, Landschaft; radioaktiv verseuchte Milch; Ü Meine Träume ... verseuchen mir das Wachsein (Fels, Kanakenfauna 129); das Offizierskorps war von dem materialistischen Geist verseucht (Rothfels, Opposition 76); **Ver|seuchung,** die; -, -en: *das Verseuchen, Verseuchtsein.*
Vers|fuß, der (Verslehre): *kleinste rhythmische Einheit eines Verses, die sich aus einer charakteristischen Reihung von langen u. kurzen od. betonten u. unbetonten Silben ergibt.*
ver|si|cher|bar ⟨Adj.⟩: *sich versichern lassend; so beschaffen, daß es versichert werden kann:* vor allem ältere und damit zum Teil schwerer -e Leute (NZZ 30. 1. 83, 17); Erdbebenschäden sind weltweit nicht v. *(man kann sich nicht dagegen versichern;* Tages Anzeiger 26. 11. 91, 12); **Ver|si|che|rer,** der; -s, -: *Versicherungsgeber;* **Ver|si|che|rin,** die; -, -nen: w. Form zu ↑Versicherer; **ver|si|chern** ⟨sw. V.; hat⟩ [mhd. versichern = sicher machen; erproben; versprechen]: **1.** *als sicher, gewiß hinstellen; als der reine Wahrheit, den Tatsachen entsprechend bezeichnen:* etw. hoch und heilig, eidesstattlich v.; das kann ich dir v.; ich versichere dir, daß ich dir alles gesagt habe; Das Paulchen versicherte rasch, das

schade auch nichts (Seghers, Transit 20); „Wir werden ihn zum Schweigen bringen", versicherte er (Kirst, 08/15, 766); ⟨veraltet, noch landsch. mit Akk.-Obj.:⟩ ich versichere dich, ich heulte wie ein Kettenhund (Th. Mann, Buddenbrooks 34). **2.** (geh.) **a)** *jmdm. zusagen, daß er mit Sicherheit auf etw. zählen kann; jmdm. Gewißheit über etw. geben:* jmdn. seiner Freundschaft, seines Vertrauens v.; Dazu kommt es nicht, seien Sie dessen versichert (Plievier, Stalingrad 302); Sie können versichert sein, daß die Sache sich so verhält; **b)** ⟨v. + sich⟩ *sich Gewißheit über jmdn., etw. verschaffen; prüfen, ob fest auf jmdn., etw. zu zählen ist:* ich habe mich seines Schutzes versichert; er wollte sich erst noch der Richtigkeit des Befehls v. (Plievier, Stalingrad 322); Zweifellos hatte sich de Gaulle ... der Loyalität der Armee versichert (W. Brandt, Begegnungen 269); Er mußte sich ihrer immer neu v. (Chr. Wolf, Himmel 122); **c)** (geh. veraltend) *sich jmds., einer Sache bemächtigen:* er versicherte sich der beiden silbernen Leuchter und flüchtete; ◆ **d)** *(durch Versprechen, rechtlich bindende Zusage o. ä.) als sicher zusagen, zusichern:* Wenn du deinem Volk der Freiheit köstliches Geschenk, das teuer erworbne Licht der Wahrheit willst v. (Schiller, Maria Stuart II, 3); als Mozart mit der Braut den Kehraus tanzte, nahm er sein versichertes Recht auf ihren schönen Mund in bester Form dahin (Mörike, Mozart 253). **3. a)** *für jmdn., sich, etw. eine Versicherung (2 a) abschließen:* sich, seine Familie [gegen Krankheit, Unfall] v.; er hat sein Haus gegen Feuer versichert; **b)** *jmdm. Versicherungsschutz geben:* unsere Gesellschaft versichert Sie gegen Feuer; **Ver|si|cher|te,** der u. die; -n, -n ⟨Dekl. ↑ Abgeordnete⟩: *Versicherungsnehmer;* **Ver|si|cher|ten|kar|te,** die: *kleine Karte zum ¹Einlesen (2) in den Computer, durch die die Mitgliedschaft des Karteninhabers in einer Krankenkasse bestätigt wird; Krankenversichertenkarte;* **Ver|si|che|rung,** die; -, -en [mhd. versicherunge = Sicherstellung, Sicherheit]: **1.** *das Versichern* (1); *Erklärung, daß etw. sicher, gewiß, richtig sei:* eine eidesstattliche V.; die V., niemand wolle den Krieg ..., ist zwar einleuchtend, aber ... (Dönhoff, Ära 123); jmdm. die V. geben, daß ...; Der Schaffner entschwand mit der feierlichen V., daß er uns nicht noch einmal würde notieren müssen (Böll, Tagebuch 34). **2. a)** *Vertrag mit einer Versicherungsgesellschaft, nach dem diese gegen regelmäßige Zahlung eines Beitrags bestimmte Schäden bzw. Kosten ersetzt od. bei Tod des Versicherten den Angehörigen einen bestimmten Geldbetrag auszahlt:* eine V. über 10 000 Mark gegen Feuer; Der Wagen steht auf dem Parkplatz, ... Steuer und V. laufen weiter (Chotjewitz, Friede 139); eine V. abschließen, eingehen, kündigen, erneuern; die V. ist ausgelaufen; **b)** *kurz für Versicherungsbeitrag:* die V. beträgt 20 Mark im Monat; **c)** *kurz für ↑Versicherungsgesellschaft:* in diesem Fall zahlt die V. nicht; Die V. hat Vertrauensärzte, die alles kontrollieren (Remarque, Triomphe 171); In Banken und -en arbeiten die Angestellten wie an Fließbändern (Gruhl, Planet 155); **d)** *das Versichern* (3 a): die V. des Wagens kostet 500 Mark im Jahr; **Ver|si|che|rungs|agent,** der: *Versicherungsvertreter;* **Ver|si|che|rungs|agen|tin,** die: w. Form zu ↑ Versicherungsagent; **Ver|si|che|rungs|äl|te|ste,** der u. die: vgl. Knappschaftsälteste; **Ver|si|che|rungs|an|ge|stell|te,** der u. die: *Angestellte[r] bei einer Versicherungsgesellschaft;* **Ver|si|che|rungs|an|spruch,** der: *Anspruch, den der Versicherte an die Versicherungsgesellschaft im Versicherungsfalle hat;* **Ver|si|che|rungs|an|stalt,** die: *Versicherungsgesellschaft;* **Ver|si|che|rungs|bei|trag,** der: *Betrag, den ein Versicherungsnehmer für einen bestimmten Versicherungsschutz zu zahlen hat; Prämie* (3); **Ver|si|che|rungs|be|stä|ti|gungs|kar|te,** die (Amtsspr.): *bei Zulassung eines Kraftfahrzeugs vorzulegender Nachweis über den Antrag auf eine Haftpflichtversicherung; Deckungskarte;* **Ver|si|che|rungs|be|trag,** der: *Versicherungssumme;* **Ver|si|che|rungs|be|trug,** der: *Betrug durch Vortäuschen eines Versicherungsfalls, durch den eine Versicherungsgesellschaft geschädigt wird;* **Ver|si|che|rungs|fall,** der: *Fall, bei dessen Eintreten die Versicherung haftet;* **ver|si|che|rungs|frei** ⟨Adj.⟩: *nicht versicherungspflichtig:* In der Sozialversicherung ist der Ferienjob in aller Regel v. (MM 28./29. 7. 73, 47); **Ver|si|che|rungs|frei|heit,** die ⟨o. Pl.⟩: *das Versicherungsfreisein;* **Ver|si|che|rungs|ge|ber,** der (Fachspr.): *Versicherungsgesellschaft;* **Ver|si|che|rungs|ge|sell|schaft,** die: *Unternehmen, bei dem jmd. eine Versicherung (2 a) abschließen kann;* **Ver|si|che|rungs|kar|te,** die: **1.** *Bescheinigung über die vom Versicherten in der sozialen Rentenversicherung zurückgelegten Berufsjahre, die bezahlten Beiträge usw.* **2.** *grüne Karte (↑ Karte 1);* **Ver|si|che|rungs|kauf|frau,** die: vgl. Versicherungskaufmann; **Ver|si|che|rungs|kauf|mann,** der: *für das Versicherungswesen ausgebildeter Kaufmann* (Berufsbez.); **Ver|si|che|rungs|kenn|zei|chen,** das (Fachspr.): *aus einer Tafel mit Buchstaben u. Ziffern bestehendes Kennzeichen für bestimmte kleine, motorisierte Fahrzeuge, das nachweist, daß eine Kraftfahrzeugversicherung für das betreffende Fahrzeug vorliegt;* **Ver|si|che|rungs|kon|zern,** der: *Konzern, in dem mehrere Versicherungsgesellschaften zusammengeschlossen sind;* **Ver|si|che|rungs|lei|stung,** die: *von der Versicherungsgesellschaft im Versicherungsfall erbrachte Leistung;* **Ver|si|che|rungs|mak|ler,** der: *Handelsmakler, der den Abschluß von Versicherungsverträgen vermittelt;* **Ver|si|che|rungs|mak|le|rin,** die: w. Form zu ↑Versicherungsmakler; **Ver|si|che|rungs|ma|the|ma|tik,** die: *Teilgebiet der angewandten Mathematik, das mit Hilfe der mathematischen Statistik u. der Wahrscheinlichkeitsrechnung die Grundlage für die Prämienberechnung liefert;* **Ver|si|che|rungs|ma|the|ma|ti|ker,** der: *auf Versicherungsmathematik spezialisierter Mathematiker;* **Ver|si|che|rungs|ma|the|ma|ti|ke|rin,** die: w. Form zu ↑Versicherungsmathematiker; **Ver|si|che|rungs|neh|mer,** der (Fachspr.): *jmd., der sich bei einer Versicherungsgesellschaft gegen etw. versichert hat;* **Ver|si|che|rungs|neh|me|rin,** die (Fachspr.): w. Form zu ↑Versicherungsnehmer; **Ver|si|che|rungs|num|mer,** die: *Nummer, unter der ein Versicherter bei einer Versicherung geführt wird;* **Ver|si|che|rungs|pflicht,** die: *gesetzlich verankerte Pflicht, in bestimmten Fällen eine Versicherung (2 a) abzuschließen;* **ver|si|che|rungs|pflich|tig** ⟨Adj.⟩: **1.** *gesetzlich verpflichtet, sich zu versichern (3 a).* **2.** *der Versicherungspflicht unterliegend:* eine -e Beschäftigung; **Ver|si|che|rungs|po|li|ce,** die: *Police;* **Ver|si|che|rungs|prä|mie,** die (Fachspr.): *Versicherungsbeitrag;* **Ver|si|che|rungs|recht,** das: *Gesamtheit der rechtlichen Normen, Vorschriften u. Bestimmungen, die das Versicherungswesen betreffen;* **ver|si|che|rungs|recht|lich** ⟨Adj.⟩: *das Versicherungsrecht betreffend;* **Ver|si|che|rungs|schein,** der: *Police;* **Ver|si|che|rungs|schutz,** der: *durch Abschließen einer Versicherung (2 a) erlangter Schutz in bestimmten Schadensfällen:* Wer jedoch weiterhin streikt, wird bei der Krankenkasse abgemeldet, ihm wird der V. entzogen (v. d. Grün, Glatteis 179); **Ver|si|che|rungs|schwin|del,** der (ugs.): *Versicherungsbetrug;* **Ver|si|che|rungs|steu|er,** (Steuerw.:) **Versicherungsteuer,** die: *auf bestimmte Versicherungsverträge erhobene Steuer;* **Ver|si|che|rungs|sum|me,** die: *im Versicherungsfall von der Versicherungsgesellschaft zu zahlende Summe;* **Ver|si|che|rung|steu|er:** ↑ Versicherungssteuer; **Ver|si|che|rungs|trä|ger,** der: *öffentliche Einrichtung, bei der Arbeitnehmer sozialversichert sind:* man müsse überlegen, ob die beiden V. – Arbeiterrentenversicherung und Angestelltenversicherung – zusammengelegt werden sollten (Bundestag 189, 1968, 10222); ... bestritt allerdings, daß die Zahlungsfähigkeit der V. bedroht sein könnte (MM 3./4. 4. 76, 1); **Ver|si|che|rungs|un|ter|neh|men,** das: *Versicherungsgesellschaft;* **Ver|si|che|rungs|ver|trag,** der: *Versicherung (2 a);* **Ver|si|che|rungs|ver|tre|ter,** der: *für eine Versicherungsgesellschaft tätiger Vertreter;* **Ver|si|che|rungs|ver|tre|te|rin,** die: w. Form zu ↑Versicherungsvertreter; **Ver|si|che|rungs|wert,** der: *(bei Sachversicherungen) Wert des versicherten Objekts;* **Ver|si|che|rungs|we|sen,** das ⟨o. Pl.⟩: *Gesamtheit der mit Versicherungsverträgen zusammenhängenden Einrichtungen, Vorschriften u. Vorgänge;* **Ver|si|che|rungs|wirt|schaft,** die ⟨o. Pl.⟩: *Versicherungswesen als Wirtschaftszweig;* **Ver|si|che|rungs|zeit,** die (meist Pl.): *in der gesetzlichen Sozialversicherung die Zeiten, in denen Beiträge gezahlt wurden u. nach denen sich der Rentenanspruch des Versicherten bemißt.*

ver|si|ckern¹ ⟨sw. V.; ist⟩: *sickernd im Untergrund (bes. in der Erde) verschwinden:* Der Regen versickert; dünner goldgelber Honig versickerte in den Rinnen zwischen den Pflastersteinen (Kirst, 08/15, 870); ... so daß kein Wasser mehr ins Grundwasser v. könnte (Tages Anzeiger 3. 12. 91, 3); Ü Das Gespräch versickert

Versickerung

(NZZ 30. 8. 86, 42); Sein Haß gegen Gäseler war im Laufe der Jahre ... versickert (Böll, Haus 147); Der Krieg versickerte (Kuby, Sieg 294); Die restlichen sieben Millionen Mark versickerten auf den Transferwegen zwischen Bundesrepublik, Schweiz und Amerika (Capital 2, 1980, 207); **Ver|si̲cke|rung**[1], die; -, -en: *das Versickern.*
ver|sie̲|ben ⟨sw. V.; hat⟩ [zu ↑Sieb] (ugs.): **1.** *aus Unachtsamkeit verlieren,* [1]*verlegen:* seine Schlüssel v.; ich habe meinen Ausweis versiebt. **2. a)** *aus Dummheit, Unachtsamkeit verderben, zunichte machen:* eine Sache v.; * **es bei jmdm. v.** (ugs.; *es mit jmdm. verderben*); **b)** (Sport) *vergeben* (4): Gleichmäßig waren die Torchancen verteilt - eine der unseren versiebte ich (Walter, Spiele 55); Beste Möglichkeiten versiebten Lienen ... und Geils (Kicker 6, 1982, 34); Breitner und seine Fans ahnten nicht, daß am nächsten Tag zwei Elfmeter versiebt würden (Mannheim illustriert 6, 1981, 8).
ver|sie̲|geln ⟨sw. V.; hat⟩ [mhd. versigelen]: **1.** *mit einem Siegel verschließen:* einen Brief v.; die Polizei hatte die Tür, das Zimmer versiegelt; Ich ging zu meiner Wohnung, aber sie war versiegelt (Brasch, Söhne 51); Vaqueiras öffnete den vielfach versiegelten Umschlag (Benrath, Konstanze 100); Ü ihr Mund war versiegelt gewesen ihr Leben lang (Wiechert, Jeromin-Kinder 654); sie erwartete keine seelische Regung von ihm, weil ihre eigene Seele versiegelt war (Süskind, Parfum 30). **2.** *durch Auftragen einer Schutzschicht widerstandsfähiger, haltbarer machen:* das Parkett v.; diese Backformen ... sind dreifach versiegelt (e & t 5, 1987, 159); **Ver|sie̲|ge|lung**, (seltener:) Versieglung, die; -, -en: **1.** *das Versiegeln, Versiegeltsein.* **2.** *versiegelnde Schutzschicht.*
ver|sie̲|gen ⟨sw. V.; ist⟩ [zu frühnhd. versiegen, 2. Part. von: verseihen, versiegen = vertrocknen, zu ↑seihen] (geh.): *zu fließen aufhören:* die Quelle versiegt; Der Brunnen war längst versiegt (Aichinger, Hoffnung 171); ihre Tränen sind versiegt; Der dunkle Blutschwall versiegte sofort (Sebastian, Krankenhaus 178); Ü seine Geldquelle ist versiegt; seine Kräfte versiegten; Nur etwas ... versiegte nie: die Sehnsucht nach Gisela (Loest, Pistole 117); das Gespräch, die Unterhaltung versiegte *(verstummte allmählich);* ein nie versiegender Humor.
Ver|sieg|lung: ↑Versiegelung.
ver|sie̲|ren ⟨sw. V.; hat⟩ [lat. versari, zu: versare = drehen, wälzen, zu: vertere, ↑Vers] (veraltet): *verkehren; sich mit etw. beschäftigen;* **ver|siert** ⟨Adj.; -er, -este⟩ [nach gleichbed. frz. versé, eigtl. 2. Part. von veraltet ↑versieren]: *auf einem bestimmten Gebiet durch längere Erfahrung gut Bescheid wissend u. daher gewandt, geschickt:* ein -er Kaufmann; Sie sind doch ein -er Skiläufer (Dwinger, Erde 132); die Turiner waren ... clever und technisch v. genug, um diesen Vorsprung zu halten (Freie Presse 8. 12. 89, 4); ... weil er auf diesem Gebiet v. sei (MM 5. 5. 75, 12); sie ist in Finanzfragen sehr v.; **Ver|siert|heit**, die; -: *das Versiertsein;*

Ver|si̲|fex, der; -es, -e [zu ↑Vers u. lat. facere = machen] (veraltet): *Verseschmied.*
ver|si̲fft ⟨Adj.⟩ [zu ↑Syph, der Kurzform von Syphilis] (salopp): *verschmutzt, verdreckt:* eine -e Kochplatte; sein T-Shirt war völlig v.; Ü ... daß ihr kleiner Papa hier verhungert wegen dieser -en Stasi-Akten (Spiegel 40, 1990, 318).
Ver|si|fi|ka|ti|o̲n, die; -, -en [lat. versificatio, zu: versificare, ↑versifizieren]: *Umformung in Verse;* **ver|si|fi|zie̲|ren** ⟨sw. V.; hat⟩ [lat. versificare, zu: versificus = Verse machend, zu: versus (↑Vers) u. facere = machen]: *in Versform bringen;* **Ver|si̲|kel**, der; -s, - [lat. versiculus = kleiner Vers, Vkl. von: versus, ↑Vers] (ev. u. kath. Liturgie): *kurzer überleitender* [*Psalm*]*vers.*
Ver|si̲l|be|rer, der; -s, -: *auf das Versilbern bes. von Metallen spezialisierter Handwerker;* **Ver|si̲l|be|rin**, die; -, -nen: w. Form zu ↑Versilberer; **ver|si̲l|bern** ⟨sw. V.; hat⟩ [spätmhd. versilbern = (für Geld) verkaufen]: **1.** *mit einer Silberschicht überziehen:* Bestecke v.; Versilberte und bemalte Vasen in Volsini sind ... (Bild. Kunst I, 98). **2.** (ugs.) *(schnell) zu Geld machen:* seine Uhr, seinen Schmuck v.; Als sie einmal getragene Herrenanzüge v. wollten, ... winkte der Händler ab (Lynen, Kentaurenfährte 19); **Ver|si̲l|be|rung**, die; -, -en: **1.** *das Versilbern.* **2.** *Silberschicht, mit der etw. überzogen ist.*
Ver|si li|be|ri ⟨Pl.⟩ [ital. versi liberi, eigtl. = freie Verse] (Verslehre): *Versi sciolti.*
ver|sim|peln ⟨sw. V.⟩: **1.** *allzusehr vereinfachen, so daß es simpel, banal wird* ⟨hat⟩: Charaktere in einem Stück v. **2.** *simpel, anspruchslos werden* ⟨ist⟩; **Ver|sim|pe|lung**, (selten:) **Ver|simp|lung**, die; -, -en: *das Versimpeln* (1): An der unsäglichen Versimpelung wirtschaftlicher Zusammenhänge im Wahlkampf ist keine unserer Parteien unschuldig (MM 25. 9. 69, 20).
ver|si̲n|gen, sich ⟨st. V.; hat⟩: *falsch singen:* wenn man sich versingt oder verspielt, wird gelacht (Kempowski, Zeit 82).
ver|si̲n|ken ⟨st. V.; ist⟩ [mhd. versinken]: **1. a)** *unter die Oberfläche von etw. geraten u.* [*allmählich*] *darin verschwinden:* das Schiff ist in den Wellen versunken; Eines der Boote ... brach in zwei Teile auseinander, die beide gleichzeitig versanken (Ott, Haie 168); die Sonne versank hinter dem/den Horizont *(verschwand hinter dem Horizont);* vor Scham wäre er am liebsten im/in den Erdboden versunken; Ü in Vergangenheit v.; Das Land versank in Dunkelheit (Plievier, Stalingrad 10); die Staaten, die er schuf versanken *(gingen zugrunde;* Thieß, Reich 643); eine versunkene *(längst vergangene)* Kultur; **b)** *(bis zu einer bestimmten Tiefe) einsinken:* im Schnee v.; er ist bis zu den Knöcheln im Schlamm versunken; der Maler versinkt klein in einem weiten Sessel *(ist darin nicht mehr zu sehen;* A. Zweig, Claudia 46); sie sah ihn aus versunkenen (geh.; *eingesunkenen)* Augen an. **2.** *sich einer Sache ganz hingeben, so daß man nichts anderes mehr bemerkt:* in Grübeln, Trauer, Schwermut v.; bald versank er in

stumpfe Lethargie (St. Zweig, Fouché 183); die beiden versanken wieder in Stillschweigen (Fallada, Blechnapf 343); sie versank in ihren Erinnerungen; ganz in sich selbst v.; er war ganz in seine Arbeit, in ihren Anblick versunken; der Küster, in die Betrachtung seiner Magnolienblüte versunken, ... (Langgässer, Siegel 481); in Gedanken versunken, nickte er; **Ver|si̲n|kung**, die; -, -en (Geol.): *(in verkarsteten Gebieten) schnelles Versickern von Wasser aus einem oberirdischen Gewässer in Hohlräume des Flußbettes.*
ver|si̲nn|bil|den ⟨sw. V.; hat⟩ (selten): *versinnbildlichen;* **ver|si̲nn|bild|li|chen** ⟨sw. V.; hat⟩: *sinnbildlich, symbolisch darstellen; symbolisieren:* die Krone versinnbildlicht die Macht des Herrschers; Die auf der Spange abgebildeten fünf Holzscheite versinnbildlichten die fünf Erdteile (Leonhard, Revolution 16); **Ver|si̲nn|bild|li|chung**, die; -, -en: **1.** *das Versinnbildlichen.* **2.** *etw., was etw. versinnbildlicht;* **ver|si̲nn|li|chen** ⟨sw. V.; hat⟩: *sinnlich wahrnehmbar machen;* **Ver|si̲nn|li|chung**, die; -, -en: *das Versinnlichen.*
ver|si̲n|tern ⟨sw. V.⟩ [3: zu ↑sintern] (Technik): **1.** *zu Sinter machen* ⟨hat⟩. **2.** *zu Sinter werden* ⟨ist⟩. **3.** (veraltet) *versickern* ⟨ist⟩; **Ver|si̲n|te|rung**, die; -, -en (Technik): *das Versintern* (1, 2).
Ver|si̲|on, die; -, -en [frz. version, zu lat. versum, ↑Vers]: **1. a)** *eine von mehreren möglichen Darstellungen, Fassungen, Gestaltungsformen:* die deutsche V. eines Hits, eines Films; „Nicholas Nickleby", den nun die Royal Shakespeare Company ... in einer achteinhalbstündigen, zweiteiligen V. auf die Bühne gebracht hat (Bund 9. 8. 80, 3); In einer andren V. des Traumes sitze ich ... (Gregor-Dellin, Traumbuch 82); wie sehr bin dem Menschenraub neuerer V. *(Art)* die politische Kriminalität ... (Spiegel 53, 1976, 27); **b)** *Übersetzung:* eine englische V. des Romans. **2.** *eine von mehreren möglichen Arten, einen bestimmten Sachverhalt auszulegen u. darzustellen:* die amtliche V. lautet ...; über den Hergang gibt es verschiedene -en; eine neue V. des Vorfalls tauchte auf; Hauptbelastungszeuge Richard ... hielt an seiner V. fest, daß er mit dem Angeklagten zusammen das Schmuckgeschäft habe ausrauben wollen (Augsburger Allgemeine 6./7. 5. 78, 43). **3.** *Ausführung, die in einigen Punkten vom ursprünglichen Typ, Modell o. ä. abweicht:* die neue V. eines Fernsehgeräts; gegenwärtig ist eine verbesserte V. des Kampfflugzeuges in der Erprobung; Im Fahrwerk ... unterscheiden sich die möglichen -en des Scirocco nur in einem winzigen Detail (Gute Fahrt 3, 1974, 28).
ver|si̲p|pen, sich ⟨sw. V.; hat⟩ [zu ↑Sippe]: *durch Heirat mit einer Familie verwandt werden* (meist im 2. Part.): mit einer Familie versippt sein; Er entstamme einer alten Mandarinenfamilie Nordchinas, die mit dem vormaligen Kaiserhaus versippt ist (Kantorowicz, Tagebuch I, 574); Ü Eng versippt war diese wirtschaftliche Führungsschicht mit der militärischen Führung (Niekisch, Leben 235); **Ver|si̲p|pung**, die; -, -en: *das Versippen, Versipptsein:* es wurde nach der arischen

oder nichtarischen Abstammung des Bewerbers sowie eventueller jüdischer V. geforscht (Giordano, Die Bertinis 204).
Ver|si sciol|ti [- ˈʃɔlti] ⟨Pl.⟩ [ital. versi sciolti, eigtl. = freie, ungebundene Verse] (Verslehre): reimlose, isometrische Verse im italienischen Epos.
ver|sit|zen ⟨unr. V.; hat⟩ /vgl. versessen/ [mhd. versitzen] (ugs.): **1.** *Zeit vertun, indem man irgendwo nutzlos herumsitzt:* Er versaß die Nacht in Bars (Johnson, Ansichten 177); dann hättest du nicht deine besten Jahre in einem verschwitzten Hörsaal v. dürfen (Springer, Was 44). **2. a)** *(Kleidungsstücke) sitzend verknittern, verdrücken:* seinen Mantel, Rock v.; **b)** *(das Polster eines Stuhles o. ä.) durch Sitzen abnutzen:* der Sessel ist schon ganz versessen.
ver|skla|ven [...ˈskla:vn̩, auch: ...a:fn̩] ⟨sw. V.; hat⟩: *zu Sklaven* (1) *machen:* die Ureinwohner wurden von den Eroberern versklavt; Elfhunderteinundsiebzig ließ Heinrich der Zweite von England über die Iren her und versklavte *(unterjochte)* sie (Weber, Tote 139); Ü ... daß die heute 40jährigen Frauen ... sich auch in der Mutterrolle nicht unbegrenzt v. lassen (Spiegel 50, 1984, 8); **Ver|skla|vung,** die; -, -en: *das Versklaven, Versklavtwerden.*
Vers|ko|mö|die, die (Literaturw.): vgl. Versdrama; **Vers|kunst,** die ⟨o. Pl.⟩: vgl. Dichtkunst (1); **Vers|künst|ler,** der (oft scherzh.): *Dichter, der in Versen, in gebundener Rede schreibt;* **Vers|künst|le|rin,** die (oft scherzh.): w. Form zu ↑ Verskünstler; **Vers|le|gen|de,** die: vgl. Versdrama; **Vers|leh|re,** die: *Metrik* (1).
Vers li|bre [vɛrˈlibr] der; -, -, - s [vɛrˈlibr]; frz. vers libre, eigtl. = freier Vers] (Verslehre): *(im 17. Jh. in Frankreich entwickelter) reimender Vers von beliebiger Silbenzahl u. mit freier Gestaltung des Hiatus u. der Zäsur.*
ver|slu|men [...ˈslamən] ⟨sw. V.; ist⟩: *zum Slum werden; herunterkommen:* das ganze Stadtviertel droht zu v.; **Ver|slu|mung,** die; -, -en: *das Verslumen.*
Vers|maß, das: *Metrum* (1).
ver|sno|ben ⟨sw. V.; ist⟩ (abwertend): *zu einem Snob werden, snobistische Züge annehmen:* ⟨meist im 2. Part.:⟩ versnobte Banker; ... wie er zum Stein des Anstoßes wird, als er unrasiert und ohne Jackett in eines der versnobten Lokale eindringt (Spiegel 27, 1980, 162).
Vers|no|vel|le, die (Literaturw.): vgl. Versdrama.
Ver|so, das; -s, -s [zu lat. verso (folio) = auf der Rückseite] (Fachspr.): *Rückseite eines Blattes (in einem Buch od. einer Handschrift).*
ver|sof|fen: 1. ↑versaufen. **2.** ⟨Adj.⟩ (salopp abwertend) **a)** *gewohnheitsmäßig Alkohol trinkend:* ein -er Kerl; ... ob der -e und an Tuberkulose leidende Doc Holliday ... (Augsburger Allgemeine 22./23. 4. 78, XXIV); **b)** *von gewohnheitsmäßigem Alkoholgenuß zeugend:* er ... glotzte mich mit seinen -en Äuglein an (Ziegler, Konsequenz 143); seine Stimme klingt v.
ver|soh|len ⟨sw. V.; hat⟩ [eigtl. = (mit festen Schlägen) einen Schuh besohlen] (ugs.): *verhauen* (1): jmdm. den Hintern v.; Ede, der mich zweimal mit seinem

Leibriemen versohlte (Lentz, Muckefuck 57).
ver|söh|nen ⟨sw. V.; hat⟩ [älter: versühnen, mhd. versüenen, versuonen, zu ↑sühnen]: **1.** ⟨v. + sich⟩ *mit jmdm., mit dem man im Streit lag, wieder Frieden schließen, sich versöhnen:* sich mit seiner Frau v.; Aber mit deiner Mama mußt du dich v., unbedingt (Fallada, Herr 206); habt ihr euch versöhnt?; sie sind wieder versöhnt; sich mit seinem Schicksal v. **2. a)** *(zwei miteinander im Streit liegende Personen, Parteien) veranlassen, sich zu vertragen, Frieden zu schließen:* die Streitenden wieder v.; Allerdings versöhnt man Feinde nicht durch Nachgiebigkeit (Maass, Gouffé 343); er hat sie mit ihrer Mutter versöhnt; Ü dieser Gedanke versöhnte ihn mit der Welt; sie sprach das versöhnende Wort; Doch ... gibt es Bestrebungen, Tourismus und Natur zu v. *(miteinander in Einklang zu bringen;* natur 6, 1991, 49); **b)** *veranlassen, nicht länger zu grollen, zu hadern; besänftigen:* Ich mußte ihn auf der Stelle v. und lud ihn zu einem Aperitif ein (Seghers, Transit 118); die beiden Tore am Schluß der Partie konnten [das Publikum] nicht mehr v. *(besänftigen, versöhnlich stimmen);* **Ver|söh|ner,** der; -s, -: *jmd., der jmdn. versöhnt:* Christus als V.: Abraham, der gemeinsame Stammvater, ist nicht zum V. zwischen Juden und Moslems geworden (Konzelmann, Allah 273); **Ver|söh|ne|rin,** die; -, -nen: w. Form zu ↑Versöhner: die Rolle der Ausgleichenden, der V. männlicher Wettbewerber ... (Höhler, Horizont 76); **Ver|söhn|ler,** der; -s, - (bes. ehem. DDR abwertend): *jmd., der aus opportunistischen Beweggründen Abweichungen von der Parteilinie o. ä. nicht entschieden bekämpft;* **Ver|söhn|le|rin,** die; -, -nen: (bes. ehem. DDR abwertend): w. Form zu ↑ Versöhnler; **ver|söhn|le|risch** ⟨Adj.⟩ (bes. ehem. DDR abwertend): *einem Versöhnler entsprechend, in der Art eines Versöhnlers:* ein -er Genosse; -e Tendenzen; **Ver|söhn|ler|tum,** das; -s (bes. ehem. DDR abwertend): *versöhnlerische Tendenzen; versöhnlerisches Verhalten;* **ver|söhn|lich** ⟨Adj.⟩ [spätmhd. versüenlich]: **a)** *zur Versöhnung* (1) *bereit, Bereitschaft zur Versöhnung zeigend, erkennen lassend:* ein -er Mensch; in -em Ton sprechen; Sie weinte; das stimmte ihn v. (Kirst, 08/15, 232); Trotz der damaligen Trennung nach einer einzigen Nacht ging sie v. auf seine Annäherungsversuche ein (Kronauer, Bogenschütze 302); **b)** *als etw. Erfreuliches, Tröstliches, Hoffnungsvolles o. ä. erscheinend:* das Buch hat einen -en Schluß; **Ver|söhn|lich|keit,** die; -: *das Versöhnlichsein;* **Ver|söh|nung,** die; -, -en [mhd. versüenunge]: **1.** *das Sichversöhnen, sich versöhnt haben, die Hand zur V.* **2.** *das Versöhnen* (2), *Versöhntwerden;* **Ver|söh|nungs|fest,** das (jüd. Rel.): *Jom Kippur;* **Ver|söh|nungs|tag,** der (jüd. Rel.): *Tag, an dem das Versöhnungsfest gefeiert wird;* **Ver|söh|nungs|trunk,** der: *gemeinsamer Trunk zur Versöhnung.*
ver|son|nen ⟨Adj.⟩ [eigtl. = 2. Part. von veraltet sich versinnen = sich in Gedanken verlieren]: *seinen Gedanken nachhän-*

gend (u. dabei seine Umgebung vergessend); träumerisch: in heiterer, -er Stimmung v. lächeln; Hochwürden Marcus trank bedächtig einen Schluck Rotwein. Versonnen betrachtete er das leere Glas (Kirst, Aufruhr 148); **Ver|son|nen|heit,** die; -: *das Versonnensein.*
ver|sor|gen ⟨sw. V.; hat⟩ [mhd. versorgen]: **1. a)** *jmdm. etw., was er [dringend] braucht, woran es ihm fehlt, geben, zukommen lassen:* jmdn. mit Geld, Lebensmitteln, Kleidern, Medikamenten, Informationen v.; ich muß mich noch mit Lesestoff v. *(muß ihn mir besorgen);* eine Stadt mit Strom, Gas v.; die Gemeinde versorgt sich mit Wasser aus dem See; Berlin mußte während der Blockade aus der Luft, auf dem Luftwege versorgt werden; ich bin noch versorgt *(ich habe noch genug davon;* als Entgegnung auf ein Angebot); hast du den Kanarienvogel schon versorgt *(ihm zu fressen u. zu trinken gegeben)?;* Als wir die Pferde versorgt hatten, ... (Fallada, Herr 209); Ü das Gehirn ist nicht ausreichend mit Blut versorgt; **b)** *für jmds. Unterhalt sorgen; ernähren* (2 a): er hat eine Familie zu v.; Früher brauchten sie (= die Frauen) einen Mann, der sie versorgte, während sie ihm den Haushalt führten (Kemelman [Übers.], Mittwoch 41); unsere Kinder sind alle versorgt *(haben ihr Auskommen);* **c)** *jmdm. den Haushalt führen:* seit dem Tode seiner Frau versorgt ihn eine Haushälterin; sie ist ... tüchtig. Sie würde dich gut v. (Brot und Salz 232); **d)** *jmdm., einer Sache die erforderliche Behandlung zuteil werden lassen, medizinische Hilfe zukommen lassen:* Die Pfleger versorgten den Kranken (Sebastian, Krankenhaus 88); Er hatte ... Latrinen ausgehoben, Verwundete versorgt und Gräber angelegt (Kirst, 08/15, 362); Er versuchte mit einem weißen Hemd, das er in Streifen riß, die Wunde zu v. (Kronen Zeitung 22. 11. 83, 10); dann versorgte er sich seine Insektenstiche, um sich keine allzu argen Infektionen zu holen (Wiener 11, 1983, 85). **2.** *sich [als Verantwortlicher] um etw. kümmern, sich einer Sache annehmen:* der Hausmeister versorgt die Heizung, den Aufzug; ich wußte niemanden, der mir hätte die Wäsche v. können (Innerhofer, Schattseite 27); sie versorgt [ihm] den Haushalt; Ihre Frau hat keine Lust mehr, so ein großes Haus zu v. (Kemelman [Übers.], Mittwoch 136). **3.** (schweiz., sonst veraltend) **a)** *verwahren, verstauen, unterbringen:* Der General versorgte seine Hornbrille in der Revolvertasche (Musil, Mann 600); Wortlos streckte Teta ihre Hand nach dem Brief aus, nahm ihn an sich und versorgte ihn in ihrem Täschchen (Werfel, Himmel 114); Jean-Pierre schloß den eisernen Tresor auf, versorgte ... seinen Erwerb darin (Th. Mann, Krull 189); ◆ Hierbei war es seltsam, wie sie ... ihre Schätze unter den Fliesen hervorholten und dieselben, ohne sie zu zählen, in der Ranzen versorgten (Keller, Kammacher 232); ◆ Ü Die arme Gotte aber ... verstand den Wink, versorgte den heißen Kaffee (scherzh.; *trank ihn, schluckte ihn herunter)* so schnell als möglich und sagte zwi-

schen den Absätzen, zu denen der glühende Trank sie zwang ... (Gotthelf, Spinne 10/11); **b)** *(in einer Anstalt) unterbringen, einsperren;* **Ver|sọr|ger,** der; -s, -: **1.** *Ernährer.* **2.** *Versorgungsschiff:* mit dem Morgenhochwasser kam die norwegische Arbeitsplattform „Treasure Hunter" am Haken des -s „Active King" ... in Hamburg an (Hamburger Abendblatt 21. 5. 85, 14). **3.** *jmd., der im Bereich der Wasserwirtschaft die Müllentsorgung versorgt* (2; Berufsbez.): Die Jugendlichen, die im Rahmen eines Sonderprogrammes der Bundesregierung zum Ver- und Entsorger ausgebildet werden ... (Wiesbadener Kurier 4. 6. 85, 7); **Ver|sọr|gerehe,** die: *Ehe, bei der die eine Person (meist der Mann) die andere versorgt* (1 b); **Ver|sọr|ge|rin,** die; -, -nen: w. Form zu ↑Versorger (1, 3); **ver|sọrgt** ⟨Adj.; -er, -este⟩ (selten): *von vielen od. schweren Sorgen gezeichnet:* ein -es Gesicht; ein freundlicher, grauer, etwas -er Mann (Fallada, Jeder 355); Seine Mutter, die alte Bäuerin, blickt v. auf die brachliegenden Felder (Hasenclever, Die Rechtlosen 443); **Ver|sọrgt|heit,** die; -: **1. a)** *das Versorgen* (1 a) *mit etw., Bereitstellen von etw.; das Versorgtwerden:* die V. der Bevölkerung mit Lebensmitteln; Die V. Berlins auf dem Wasserwege ist fast zum Erliegen gekommen (Welt 24. 11. 65, 13); die zentrale V. einiger Häuser mit elektrischem Licht (Welt 21. 12. 65, 9); Ü die Kapillaren werden nicht mehr ausreichend durchströmt, so daß schließlich besonders empfindliche Körperzellen durch mangelnde V. geschädigt werden (Medizin II, 143); **b)** *das Sorgen für den [Lebens]unterhalt, Bereitstellen des [Lebens]unterhaltes:* die V. der Beamten ist gesetzlich geregelt; ... konnte der reiche Lesurques ihn nicht dennoch bestochen, ihm die V. seiner Freundin und seiner Nachkommen zugesichert haben? (Mostar, Unschuldig 30); **c)** *das Versorgen* (1 d); *Behandlung* (3): ... wo von kostentreibenden Faktoren und Fehlentwicklungen im Bereich der ambulanten V. gesprochen ... wurde (Nds. Ä. 22, 1985, 17); der Arzt wird nicht aufgrund einer Weiterbildung am Krankenhaus beschäftigt, sondern ausschließlich zur V. von Patienten (DÄ 47, 1985, 1). **2.** *das Sorgen für etw., Sichkümmern um etw.:* Frau Jäcker ist gelernte Näherin und ist in diesem Beruf neben der V. des eigenen Haushalts manchmal noch tätig (Saarbr. Zeitung 27. 12. 79, 30/32). **3.** (schweiz., sonst veraltend) **a)** *das Versorgen* (3 a), *Verstauen;* **b)** *Unterbringung (in einer Anstalt):* Bezirksrichter Stettler ..., der Thomas eröffnete, daß seine Eltern die administrative V. beantragt hätten ... (Ziegler, Konsequenz 166); **Ver|sọr|gungs|amt,** das: *für die Durchführung der Kriegsopferversorgung zuständige Behörde;* **Ver|sọr|gungs|an|spruch,** der: *Anspruch auf Versorgung;* **Ver|sọr|gungs|aus|gleich,** der ⟨o. Pl.⟩ (Rechtsspr.): *Ausgleich zwischen den Anwartschaften der Ehegatten auf Versorgung nach der Ehescheidung;* **Ver|sọr|gungs|be|hör|de,** die: *Versorgungsamt;* **ver|sọr|gungs|be|rech|tigt** ⟨Adj.⟩: *Anspruch auf Versorgung habend;* **Ver|sọr|gungs|be|rech|tig|te,** der u. die; -n, -n ⟨Dekl. ↑Abgeordnete⟩: *jmd., der versorgungsberechtigt ist;* **Ver|sọr|gungs|be|trieb,** der: *Unternehmen, das die Bevölkerung u. die Wirtschaft mit Wasser, Energie versorgt, den öffentlichen Nahverkehr betreibt u. a.:* Elektrizitätswerke und andere -e; **Ver|sọr|gungs|be|zü|ge** ⟨Pl.⟩ (Amtsspr.): *der Versorgung* (1 b) *dienende Bezüge aus früheren Dienstleistungen* (z. B. Ruhegeld, Witwen- u. Waisenrente); **Ver|sọr|gungs|ein|heit,** die (Milit.): *für die Versorgung der Truppe zuständige Einheit* (3); **Ver|sọr|gungs|ein|rich|tung,** die: **1.** *der Versorgung* (1 a) *mit wichtigen Gütern dienende Einrichtung.* **2.** *der Versorgung* (1 b) *von Beamten, Angestellten u. Arbeitern des öffentlichen Dienstes dienende Einrichtung;* **Ver|sọr|gungs|emp|fän|ger,** der (Amtsspr.): *jmd., der Versorgungsbezüge erhält;* **Ver|sọr|gungs|emp|fän|ge|rin,** die (Amtsspr.): w. Form zu ↑Versorgungsempfänger; **Ver|sọr|gungs|eng|paß,** der: vgl. Versorgungsschwierigkeiten; **Ver|sọr|gungs|flug|zeug,** das: *Flugzeug, das Versorgungsgüter transportiert;* **Ver|sọr|gungs|ge|biet,** das: *Gebiet, das von einem Versorgungsbetrieb beliefert wird;* **Ver|sọr|gungs|gut,** das ⟨meist Pl.⟩: *Gut* (3), *das der Versorgung [einer Bevölkerung] dient;* **Ver|sọr|gungs|haus,** das (österr. veraltet): *Altenheim;* **Ver|sọr|gungs|kri|se,** die: vgl. Versorgungsschwierigkeiten; **Ver|sọr|gungs|la|ge,** die: *die Versorgung [einer Bevölkerung] betreffende Lage* (3 a): wie ist die V. der Bevölkerung?; **Ver|sọr|gungs|lei|stung,** die (Amtsspr.): *Leistung* (1), *die der Staat zur Sicherung des Lebensunterhalts gewährt;* **Ver|sọr|gungs|lei|tung,** die: *Leitung* (3), *die der Versorgung mit etw. dient:* Im zweiten Bauabschnitt werden die Straßen ... erneuert, im gleichen Bauvorhaben sollen auch die -en der Stadtwerke erneuert werden (Saarbr. Zeitung 14. 3. 80, 18); **Ver|sọr|gungs|lücke[1],** die: vgl. Versorgungsschwierigkeiten; **Ver|sọr|gungs|netz,** das: *Netz von Transportwegen für die Versorgung;* **Ver|sọr|gungs|schiff,** das: *Schiff, das andere Schiffe, Bohrinseln, Forschungsstationen o. ä. mit Brennstoff, Proviant, Wasser, Post, Munition, Ersatzteilen usw. versorgt;* **Ver|sọr|gungs|schwie|rig|kei|ten** ⟨Pl.⟩: *Schwierigkeiten bei der Versorgung [einer Bevölkerung] mit [lebensnotwendigen] Gütern;* **Ver|sọr|gungs|si|cher|heit,** die: *Gewährleistung, Garantie der Versorgung* (1 a); **Ver|sọr|gungs|staat,** der (Politik Jargon, meist abwertend): *Wohlfahrtsstaat;* **Ver|sọr|gungs|trup|pe,** die (Milit.): *Logistiktruppe;* **Ver|sọr|gungs|un|ter|neh|men,** das: *Versorgungsbetrieb;* **ver|sọr|gungs|wirk|sam** ⟨Adj.⟩ (ehem. DDR): *in der Lage, bereit[gestellt], die Versorgung* (1 a) *zu übernehmen:* so versorgen (1 a): In den eingangs erwähnten Neuzulassungen sind auch einige Geschäfte enthalten, die versorgungswirksam im kommenden Jahr b. werden (NNN 8. 12. 88, 6); **Ver|sọr|gungs|wirt|schaft,** die: *der die Versorgungsbetriebe umfassende Teil der Wirtschaft eines Gemeinwesen.*

ver|sọt|ten ⟨sw. V.; ist⟩ [zu ↑Sott] (Fachspr.): *(von Kaminen o. ä.) durch schädliche Ablagerungen u. Rückstände aus dem Rauch nach u. nach in der Funktion beeinträchtigt werden;* **Ver|sọt|tung,** die; -, -en (Fachspr.): *das Versotten:* ... zum vorbeugenden Schutz des Schornsteins vor V. (CCI 6, 1985, 39).

ver|spạch|teln ⟨sw. V.; hat⟩: **1.** *mit Hilfe eines Spachtels ausfüllen [u. glätten]:* alle Fugen und Löcher sorgfältig v. **2.** (ugs.) *aufessen, verzehren:* in Nu hatte sie das ganze Marzipanbrot verspachtelt.

ver|spakt ⟨Adj.; -er, -este⟩ [zu (m)niederd. vorspāken = faulen] (nordd.): *angefault, schimmelig:* Alle Bertinis wirkten v., von grünlicher Grundfarbe, als hätten sie lange in Moos gelegen und dessen Aussehen und Feuchtigkeit angenommen (Giordano, Die Bertinis 637).

ver|spạn|nen ⟨sw. V.; hat⟩: **1. a)** *durch Spannen von Seilen, Drähten o. ä. befestigen, festen Halt geben:* der Mast wurde mit Stahlseilen verspannt; **b)** *(einen Teppichboden) als Spannteppich verlegen.* **2.** ⟨v. + sich⟩ *sich verkrampfen:* die Muskeln verspannen sich; einen verspannten Rücken haben; **Ver|spạn|nung,** die; -, -en: **1. a)** *das Verspannen* (1), *Verspanntwerden;* **b)** *Gesamtheit von Seilen o. ä., mit denen etw. verspannt* (1 a) *ist.* **2.** *Verkrampfung.*

ver|spạ|ren ⟨sw. V.; hat⟩ [mhd. versparn]: **a)** (veraltet) *auf einen späteren Zeitpunkt verlegen, verschieben:* einen Besuch v.; ♦ so angenehm mir die Bekanntschaft dieses Herrn wäre, so muß ich sie doch bis auf morgen v. (Hauff, Jud Süß 384); **b)** (schweiz., sonst veraltet) *aufsparen, zurückhalten:* jenes eine Stück mit dem Fleck verspartes ich auf den Schluß (Muschg, Sommer 10); ♦ sie aber eilt, ihm einen Imbiß und einen frischen Trunk selbstgekelterten Obstmost zu holen, darauf er seinen ganzen Appetit verspart hat (Mörike, Mozart 259).

ver|spä|ten, sich ⟨sw. V.; hat⟩ [mhd. verspäten]: *zu spät, später als geplant, als vorgesehen eintreffen:* ich habe mich leider [etwas] verspätet; der Zug hat sich [um] zehn Minuten verspätet; Da passierte das Malheur, daß der elektrische Herd durch einen Kurzschluß versagte, das Essen sich um vierzig Minuten verspätete (Katia Mann, Memoiren 148); verspätete Glückwünsche; ein verspäteter *(in dieser Jahreszeit normalerweise nicht mehr anzutreffender)* Schmetterling; verspätet ankommen, eintreffen; **Ver|spä|tung,** die; -, -en: *verspätetes Kommen, verspätetes Sichereignen:* entschuldige bitte meine V.; der Zug hatte [zehn Minuten] V. *(traf [um zehn Minuten] verspätet ein);* der Zug hat die V. *(den zeitlichen Rückstand)* wieder aufgeholt; als ich ihn mit halbstündiger V. ... in seinem Hotel abhole ... (Schreiber, Krise 240).

ver|spei|sen ⟨sw., schweiz. auch st. V.; hat⟩ (geh.): *mit Behagen verzehren, essen:* Auch die Teigtüten verspeisten sie mit Genuß (Thieß, Legende 18); Ü Ganz Osteuropa war nach und nach verspeist worden (Dönhoff, Ära 196).

ver|spe|ku|lie|ren ⟨sw. V.; hat⟩: **1.** *durch Spekulationen* (2) *verlieren:* sein Vermö-

gen v.; Er hatte Wertpapiere seines Vaters im Betrag von 150 000 DM weitgehend verspekuliert (Saarbr. Zeitung 9. 10. 79, 14). **2.** ⟨v. + sich⟩ **a)** *so spekulieren* (2), *daß der angestrebte Erfolg ausbleibt:* der Makler hat sich verspekuliert; **b)** (ugs.) *auf etw. spekulieren* (1), *was dann nicht eintrifft; sich verrechnen:* wenn du gedacht hast, ich vergesse das, hast du dich verspekuliert.
♦ **ver|spen|den** ⟨sw. V.; hat⟩ [mhd. verspenden, ahd. farspentōn]: *spenden* (a): das Silber des Beutels war vor einigen Stunden von ihm schon milde verspendet (Goethe, Hermann u. Dorothea 6, 192 f.).
ver|sper|ren ⟨sw. V.; hat⟩ [mhd. versperren]: **1. a)** *mit Hilfe irgendwelcher Gegenstände unpassierbar od. unzugänglich machen:* eine Einfahrt, einen Durchgang [mit Kisten] v.; jmdm. den Weg v. *(sich jmdm. in den Weg stellen u. ihn aufhalten);* Ü Neutralismus, Arglosigkeit und Vertrauensbereitschaft könnten vielleicht dem Kommunismus die Wege ebnen, die ihm bisher versperrt waren (Dönhoff, Ära 140); **b)** *durch Im-Wege-Stehen, -Sein unpassierbar od. unzugänglich machen:* ein parkendes Auto versperrte die Einfahrt; ein umgestürzter Baum versperrte die Straße; der Neubau versperrt *(nimmt)* den Blick auf das See; Ü Diese Auffassung versperrt die ... für die Zukunft entscheidende Frage ... (Natur 110). **2.** (landsch., bes. österr.) **a)** *verschließen:* die Haustür v.; Er verläßt zugleich mit den Lehrlingen sein Zimmer, versperrt es (Zenker, Froschfest 220); Sie wollten auch in eine Kirche gehen, aber die Kirche war versperrt (G. Roth, Winterreise 30); **b)** *einschließen, (in etw.) schließen:* Die anderen Apparate hatten die Pfleger zum Privatgebrauch in ihren Spinden versperrt (Wiener 11, 1983, 75); andererseits stand dort im Bücherzimmer Diotimas graziöser Schreibtisch, und in seiner Lade lagen versperrt die ... Einladungskarten (Musil, Mann 341). **3.** ⟨v. + sich⟩ (geh.) *sich verschließen* (2 b); **Ver|sper|rung,** die; -, -en ⟨Pl. selten⟩: *das Versperren* (1), *Versperrtsein.*
ver|spie|geln ⟨sw. V.; hat⟩: **a)** *mit Spiegeln versehen:* eine Wand v.; Seit diesem Hilferuf herrscht Streit im verspiegelten und verchromten Rathaus (Zeit 16. 5. 86, 16); **b)** (Fachspr.) *mit einer spiegelnden Beschichtung versehen:* eine Glühlampe v.; verspiegelte Glühbirnen; In Lackanzügen, mit Spoilern hinter den Waden und verspiegelten Sturzhelmen sehen die Teilnehmer aus wie ... (Basta 6, 1984, 99).
ver|spie|len ⟨sw. V.; hat⟩ [mhd. verspiln]: **1. a)** *beim Spiel* (1 c) *verlieren:* große Summen v.; **b)** *durch eigenes Verschulden, durch Leichtfertigkeit verlieren:* sein Glück v.; er hat sein Recht, seine Ansprüche verspielt; Wer in diesem Zusammenhang ... zum Klassenkampf aufruft ..., verspielt jede Glaubwürdigkeit (Saarbr. Zeitung 6./7. X. 79, 30); Innerhalb von zwei Minuten verspielte der FC Zürich in Lugano einen bereits sicher geglaubten Sieg (Tages Anzeiger 26. 11. 91, 15); Der TSV hat die Möglichkeit zum Wiederaufstieg in die Regionalliga aber nicht erst durch diesen Punktverlust verspielt (Allgemeine Zeitung 4. 6. 85, 8); ⟨auch o. Akk.-Obj.:⟩ die Faschisten hatten verspielt; * *bei jmdm. verspielt haben* (ugs.; ↑ *durchsein* 5): die hat bei mir schon lange verspielt. **2.** *als Einsatz beim Spiel* (1 c) *verwenden:* er verspielt beim Lotto jede Woche zehn Mark. **3.** *spielend verbringen:* Stunden am Meer v.; die Kinder haben den ganzen Tag verspielt. **4.** ⟨v. + sich⟩ *versehentlich falsch spielen:* sich dauernd v.; „Das ist doch ein Witz!", rief der Organist laut, er hatte sich mehrmals an derselben Stelle verspielt (Kempowski, Tadellöser 55); **verspielt** ⟨Adj.; -er, -este⟩: **1.** *immer nur zum Spielen aufgelegt, gern spielend:* ein -es Kätzchen; Die beiden anderen Soldaten, -e junge Leute, ahnten nichts (Degenhardt, Zündschnüre 202). **2.** *heiter, unbeschwert wirkend, durch das Fehlen von Strenge u. Ernsthaftigkeit gekennzeichnet:* eine -e Melodie; Schloß Sollingen war ein bezaubernd -er Rokokobau (Bernstorff, Leute 22); Stoffe mit blumigem, grafisch strengem und -em Dessin (Wohnfibel 143); Das Kleid ist, wirkt etwas zu v.; Häuser, Gärten und Zäune erscheinen angesichts der Dimensionen der Landschaft sonderbar klein und v. (Berger, Augenblick 124); **Ver|spielt|heit,** die; -: *das Verspieltsein.*
ver|spie|ßern ⟨sw. V.; ist⟩ (abwertend): *zum Spießer werden, spießige Anschauungen, Gewohnheiten u. a. annehmen:* unsere Bonzen sind verspießert, diese Berufspolitiker (Bredel, Väter 258); **Ver|spie|ße|rung,** die; -: *das Verspießern.*
♦ **ver|spil|len** ⟨sw. V.; hat⟩ [Nebenf. von verspilden, verspilten, mniederd. vorspilden, asächs. farspildian, urspr. = in Stücke spalten, zertrümmern, verw. mit ↑ *spalten*]: *(im nordd. Sprachgebrauch) [Zeit] vergeuden:* „Nun setz dich", sagte der Deichgraf, „damit wir nicht unnötig Zeit verspillen ..." (Storm, Schimmelreiter 54).
ver|spil|lern ⟨sw. V.; ist⟩ [aus dem Niederd., wohl zu ↑ Spill] (Fachspr.): *vergeilen;* **Ver|spil|le|rung,** die; -, -en (Fachspr.): *das Verspillern.*
ver|spin|nen ⟨st. V.; hat⟩ /vgl. versponnen/: **1. a)** *spinnend verarbeiten* (1 a): die Wolle wird von Hand versponnen; **b)** *spinnend zu etw. verarbeiten* (1 b): Wolle zu Garn v.; **c)** *beim Spinnen verbrauchen:* die ganze Wolle v. **2.** ⟨v. + sich⟩ *sich allzu intensiv [u. in einer für andere unverständlichen Weise] gedanklich mit etw. Bestimmtem beschäftigen:* sich in eine Idee, Vorstellung v.; Ich hatte keine Ahnung, wohin mich meine Füße getragen hatten, so sehr war ich in meine Sorgen versponnen gewesen (Fallada, Trinker 14); er war ganz in sich selbst versponnen.
ver|splei|ßen ⟨st. V.; hat⟩ (Seemannsspr.): *spleißend verbinden:* zwei Tauenden [miteinander] v.; **Ver|splei|ßung,** die; -, -en (Seemannsspr.): *das Verspleißen, Versplissenwerden.*
ver|splin|ten ⟨sw. V.; hat⟩ (Technik): *mit einem Splint* (1) *sichern;* **Ver|splin|tung,** die; -, -en (Technik): *das Versplinten, Versplintetwerden.*

ver|spon|nen [2: zu ↑ verspinnen (2)]: **1.** ↑ *verspinnen.* **2.** ⟨Adj.⟩ *wunderlich, wunderliche Gedanken habend, zum Spinnen* (3 c) *neigend:* Er wurde als ein liebenswürdiger, aber -er Utopist bezeichnet (Brückner, Quints 152); er ist etwas v.; **Ver|spon|nen|heit,** die; -: *das Versponnensein.*
ver|spot|ten ⟨sw. V.; hat⟩ [mhd. verspotten]: *über jmdn., etw. spotten, ihn bzw. es zum Gegenstand des Spottes machen:* den politischen Gegner v.; sie verspotteten ihn wegen seiner Naivität; Sogar ein hinkender Nachbar verspottete das Kind immer, weil es so schön angezogen war (Wimschneider, Herbstmilch 132); Ü das Gedicht verspottet die Eitelkeit der Menschen; **Ver|spot|tung,** die; -, -en: *das Verspotten, Verspottetwerden.*
ver|sprach|li|chen ⟨sw. V.; hat⟩: *in Sprache umsetzen:* ... daß sie – die Autoren – ... die Wirklichkeit so sähen und versprachlichten, „wie sie ist" (Heringer, Holzfeuer 254); **Ver|sprach|li|chung,** die; -, -en: *das Versprachlichen, Versprachlichtwerden.*
ver|spre|chen ⟨st. V.; hat⟩ [mhd. versprechen, ahd. farsprehhan]: **1.** ⟨v. + sich⟩ *beim Sprechen versehentlich etw. anderes sagen od. aussprechen als beabsichtigt:* der Vortragende war sehr nervös und versprach sich ständig; wenn es zutraf, wenn sie sich nicht versprochen hatten, dann mußte Bert den Verein gewechselt haben (Lenz, Brot 80). **2. a)** *verbindlich erklären, zusichern, daß man etw. Bestimmtes tun werde:* jmdm. etw. [mit Handschlag, in die Hand, fest] v.; er hat [mir] versprochen, pünktlich zu sein; versprich [mir], daß du vorsichtig fährst; Sie versprach, mit dem Chefarzt zu reden (Niekisch, Leben 379); seine Mutter ... gab erst Ruhe, als Hermann ihr hoch und heilig versprach, sich morgen von Dr. Sickel untersuchen zu lassen (Bieler, Bär 47); Ü Der Film hält nicht, was die Werbung verspricht; ihr fehlt das Lächeln, das alles verspricht (Gregor-Dellin, Traumbuch 124); **b)** *verbindlich erklären, zusichern, daß jmdm. etw. Bestimmtes gegeben, zuteil werden lassen werde:* ich verspreche dir meine Unterstützung, eine Provision, Belohnung; er hat ihr die Ehe versprochen; Dem „Morgenblatt" habe ich schon geschrieben und Christoph Hauser ein Interview versprochen (Sebastian, Krankenhaus 175); sich jmdm. v. (veraltet; *jmdm. die Ehe versprechen*); hier hast du das versprochene Geld; **c)** (veraltet) *verloben* (2): beide Töchter an einem Tag [mit] jmdm. v.; ... Tochter eines Feldwebels und mit den Bahnhofsvorstand einer kleinen Station ... von langer Hand versprochen (Th. Mann, Krull 61). **3. a)** ⟨in Verbindung mit Inf. + zu⟩ *Veranlassung zu einer bestimmten Hoffnung, Erwartung geben:* das Wetter, es verspricht schön zu werden; das Unternehmen verspricht zu gedeihen; das Buch verspricht ein Bestseller zu werden; Höfgen versprach großartig in dieser Rolle (K. Mann, Mephisto 89); **b)** *erwarten lassen:* das Barometer verspricht gutes Wetter; die Apfelbäume versprechen eine gute Ernte; seine

Versprechen

Miene versprach nichts Gutes; Bei der Anfälligkeit des deutschen Publikums gegen politische Verheißungen verspricht die Methode besonderen Erfolg (Bieler, Bonifaz 154). **4.** ⟨v. + sich⟩ *[sich] erhoffen:* was versprichst du dir davon, von diesem Abend?; ich hatte mir von dem neuen Mitarbeiter eigentlich mehr versprochen; Unteroffizier Soeft ... will ein Experiment versuchen, von dem er sich sehr viel verspricht (Kirst, 08/15, 430); Was versprechen Sie sich denn eigentlich von Ihrem Vorgehen? (Gaiser, Jagd 65); **Ver|spre|chen,** das; -s, -: *Erklärung, durch die etw. versprochen* (2) *wird:* ein V. [ein]halten, einlösen, erfüllen; dieses V. hat sie mir auf dem Sterbebett abgenommen; ich habe ihm das V. gegeben, es nicht weiterzusagen; ... haben sicherlich viele gewisse Zweifel an der Ernsthaftigkeit dieses -s gehegt (Dönhoff, Ära 183); jmdn. an ein V. erinnern; Die kommunistische Bewegung trat an mit dem V., die Grundprobleme der modernen Menschheit zu lösen (Bahro, Alternative 7); **Ver|spre|cher,** der; -s, -: *Fehler beim Sprechen; Lapsus linguae:* dem Redner sind etliche V. unterlaufen; **Ver|spre|chung,** die; -, -en ⟨meist Pl.⟩ [spätmhd. versprechunge]: *Versprechen:* das sind nur leere -en; große -en machen; das Regime, das seine materiellen -en nicht erfüllen konnte (NZZ 25. 12. 83, 4); wohldosierte Härte war besser als ein Hinauszögern mit halben -en (Loest, Pistole 249).
ver|sprei|zen ⟨sw. V.; hat⟩: **1.** *spreizen* (1 a). **2.** *mit Spreizen* (1) *versehen.*
ver|spren|gen ⟨sw. V.; hat⟩: **1. a)** (bes. Milit.) *in verschiedene Richtungen in die Flucht treiben, auseinandertreiben:* die feindlichen Verbände v.; der Wolf versprengte die Herde; versprengte Soldaten; Meine Reisegefährten hatten inzwischen an ihre Familien geschrieben, die da und dort versprengt *(verstreut)* waren (Seghers, Transit 41); ⟨subst. 2. Part.:⟩ Versprengte aus den Lazaretten von Gumrak zieht er hinter sich her (Plievier, Stalingrad 238); **b)** (Jägerspr.) *(ein Tier) durch häufige Störung vertreiben.* **2.** *sprengend* (2) *verteilen:* Wasser v.; **Ver|sprengung,** die; -, -en: *das Versprengen.*
ver|sprit|zen ⟨sw. V.; hat⟩: **1. a)** *spritzend verteilen; versprühen:* Wasser v.; sie hatte Unmengen Parfüm verspritzt; zwei rote Kreise, als ob auf dem Stein etwas Blut verspritzt worden wäre (Ott, Haie 285); die Gischt verspritzte prasselnde Kugeln (Fels, Kanakenfauna 87); **b)** *spritzend* (6 c) *verarbeiten:* die Farbe läßt sich gut v. **2.** *durch Bespritzen verschmutzen:* der Lastwagen hat mir die Scheibe völlig verspritzt; man sah, wie schäbig die Wände waren, verspritzt und räucherig (Gaiser, Schlußball 174).
ver|spro|che|ner|ma|ßen, **ver|sproch|ner|ma|ßen** ⟨Adv.⟩ (selten): *wie [es] versprochen [worden ist]:* ich habe ihr das Geld v. gestern überwiesen.
ver|sprö|den ⟨sw. V.; ist⟩ (Fachspr.): *(bes. von Stahl) spröde werden:* Sonne und Regen lassen die Lackoberfläche zusätzlich v. (NNN 29. 6. 84, 4); **Ver|sprö|dung,** die; -, -en (Fachspr.): *das Versprüden.*

Ver|spruch, der; -[e]s, Versprüche [mhd. verspruch = Fürsprache] (veraltet): **1.** *Versprechen:* ♦ Wenn ihr nun beide arm und krank würdet und bliebet krank? – Wer wird denn aber bei dem V. an eine ewige Krankheit denken? (Iffland, Die Hagestolzen IV, 8). **2.** *Verlobung:* Am Abend feierte man den V. in der Wohnung der Braut (Fussenegger, Haus 77); ♦ ... begab er sich in seine Kammer, wusch und kämmte sich, legte ein sauberes Hemd und sein Sonntagswams an, zu Ehren dem V. (Mörike, Hutzelmännlein 161).
ver|spru|deln ⟨sw. V.; hat⟩ (österr.): *verquirlen.*
ver|sprü|hen ⟨sw. V.⟩: **1.** *sprühend, in feinsten Tropfen, Teilchen verteilen* ⟨hat⟩: Wasser, Pflanzenschutzmittel v.; Durch seine Zahnlücken Speichel versprühend, sagte Dietrich ... (Simmel, Affäre 55); die Lokomotive versprüht Funken; Schon aber jagen die Raketen gegen den Himmel und versprühen ihre Lichtbündel über dem Meer, um Schiffen den Weg ... zu zeigen (Menzel, Herren 67); Ü er versprühte Geist, Witz, Optimismus; Sylvia ..., fröhlich wie immer, nach Sonnencreme duftend, braun gebrannt und Jugend versprühend (Konsalik, Promenadendeck 414). **2.** (geh.) *sich in feinsten Tropfen, Teilchen verteilen u. verlieren* ⟨ist⟩: die Funken versprühten; Noch ist es, als versprühten die Tropfen einfach auf der durchglühten Haut (Bobrowski, Mühle 162).
ver|spun|den, ver|spün|den ⟨sw. V.; hat⟩ [mhd. verspünden]: **1.** *(bes. ein Faß) mit einem* ¹*Spund* (1) *verschließen.* **2.** (Tischlerei) *Bretter* [*miteinander*] *v.*
ver|spü|ren ⟨sw. V.; hat⟩: **a)** *durch die Sinne, körperlich wahrnehmen; empfinden, fühlen:* Schmerz, Hunger, Durst v.; ich verspürte nicht die geringste Müdigkeit; sie verspürte einen heftigen Brechreiz, Hustenreiz, die lindernde Wirkung der Tabletten; jedenfalls verspürte er das Prickeln des Weines nicht (Jahnn, Nacht 36); Steiger verspürte einen heftigen Schlag und brach zusammen (Plievier, Stalingrad 85); **b)** *(eine innere, seelische, gefühlsmäßige Regung) haben; (einen inneren Antrieb) empfinden:* Reue, Angst, [keine] Lust zu etw., [kein] Verlangen nach etw. v.; sie hatte dieselbe Sehnsucht verspürt wie er (Brod, Annerl 62); Er sah Ulrike nach und verspürte den Wunsch, ihr nachzueilen (Kirst, Aufruhr 91); ... während er in anderen Momenten Gewissensbisse verspürte (Friedell, Aufklärung 263); **c)** *erkennen, feststellen, wahrnehmen:* in seinem Werk ist der Einfluß Goethes deutlich zu v.
Vers|ro|man, der (Literaturw.): *romanartige Verserzählung.*
ver|staat|li|chen ⟨sw. V.; hat⟩: *in Staatseigentum überführen:* die Banken, das Gesundheitswesen v.; Ich hätte den Suezkanal auch noch an einem beliebigen Dienstag verstaatlicht (Johnson, Mutmaßungen 178); Einparteidiktaturen ..., in denen alle Produktions- und Herrschaftsmittel verstaatlicht sind (Fraenkel, Staat 166); **Ver|staat|li|chung,** die; -,

-en: *das Verstaatlichen, Verstaatlichtsein:* Seither gehört die Kollektivierung der Bauernwirtschaft ebenso wie die V. von Handel und Industrie ... zur bolschewistischen Definition des Sozialismus (Fraenkel, Staat 50).
ver|städ|tern [auch: ...'ʃtɛtɐn] ⟨sw. V.⟩: **1.** ⟨ist⟩ **a)** *zu einem seinem Wesen nach weitgehend städtischen Lebensraum werden:* das Land verstädtert immer mehr; Die Erde verstädtert (Thienemann, Umwelt 30); **b)** *städtische Lebensformen annehmen:* die Bevölkerung verstädtert zunehmend; die Zeit, mit Murmeln zu spielen, ist der Frühzeitigung, sagt er, jetzt wird Urbär und Barlauf gespielt, und ich bin verstädtert, weil ich das nicht mehr weiß (Strittmatter, Der Laden 572). **2.** ⟨hat⟩ (selten) **a)** *verstädtern* (1 a) *lassen:* die Industrialisierung verstädtert das Land; **b)** *verstädtern* (1 b) *lassen;* **Ver|städ|te|rung** [auch: ...'ʃtɛt...], die; -, -en: *das Verstädtern, Verstädtertsein;* **Ver|städt|li|chung,** die; -, -en (selten): *Überführung in städtisches Eigentum:* Bereits 1914 beispielsweise hatte sich der „Gemeinnützige Verein Zarrentin" um des Fleckens bemüht (NNN 10. 12. 88, 3).
ver|stäh|len ⟨sw. V.; hat⟩ (Fachspr.): *mit einer Schicht aus Stahl überziehen:* verstählte Druckplatten; **Ver|stäh|lung,** die; -, -en (Fachspr.): *das Verstählen.*
Vers|takt, der: *Takt* (2 b).
Ver|stand, der; -[e]s [mhd. verstant, ahd. firstand = Verständigung, Verständnis, zu: firstantan, ↑verstehen]: **1.** *Fähigkeit, zu verstehen, Begriffe zu bilden, Schlüsse zu ziehen, zu urteilen, zu denken:* ein scharfer, kluger, nüchterner, stets wacher V.; der menschliche V.; ihr sonst so spöttischer, klarer V. faßte die folgenden Sätze nur noch als Bestätigung auf (Langgässer, Siegel 411); das zu begreifen, V. nicht aus; den V. schärfen, ausbilden; wenig, keinen V., kein Fünkchen V. haben; ich hätte ihm mehr V. zugetraut; Ich nutze meinen V., um nicht von Gefühlen weggeschwemmt zu werden (Hörzu 44, 1977, 46); nimm doch V. an! *(sei doch vernünftig!);* er mußte all seinen V. zusammennehmen *(scharf nachdenken, genau überlegen);* das schreckliche Erlebnis hat ihren V. verwirrt; seinen V. versaufen (salopp übertreibend; *ziemlich viel trinken* 3 a); die Gier raubte ihnen den V. (geh.; *schaltete den Verstand aus;* Kirst, 08/15, 803); manchmal zweifle ich an seinem V. *(Äußerung, wenn jemand etw. Unvernünftiges gemacht hat);* bei klarem V. *(klarer Überlegung)* kann man nicht so urteilen; du bist wohl nicht ganz bei V. (ugs.; *bist wohl verrückt);* er macht alles mit dem V. (ugs.; *ist ein reiner Verstandesmensch);* das geht meinem V. (ugs.; *das begreife ich nicht);* der Schmerz hat ihn um den V. gebracht *(hat ihn wahnsinnig werden lassen);* Das brachte sie ein wenig zu V. (geh.; *zur Vernunft;* Brecht, Geschichten 102); R er hat mehr V. im kleinen Finger als ein anderer im Kopf (ugs.; *er ist außerordentlich intelligent);* * **jmdm. steht der V. still/bleibt der V. stehen** (ugs.; *jmd. findet etw. unbegreiflich);* **den V. verlieren** *(durch etw. um seinen kla-*

ren Verstand gebracht werden); etw. mit V. essen, trinken, rauchen o. ä. (etw., weil es etwas besonders Gutes ist, ganz bewußt genießen): den Wein muß man mit V. trinken; Das Brot ... wurde in heißem Wasser geschrubbt, am Ofen getrocknet und mit V. gegessen (Meckel, Suchbild 66). **2.** (geh.) *Art, wie etw. verstanden wird, gemeint ist; Sinn:* ... Züge, die samt und sonders die wesenstiefe Unschuld Fräulein Bompards belegen, Unschuld abermals im engsten wie im weitesten -e (Maass, Gouffé 304); Trennung in diesem -e muß nicht billige Ausflucht sein (Schreiber, Krise 24); **Ver|stan|des|begriff,** der (Philos.): *(bei Kant) dem Verstand (1) entspringender Begriff, der die Erkenntnis u. Erfassung von Objekten* (1 b) *erst ermöglicht;* **Ver|stan|des|bildung,** die: *Ausbildung des Verstandes* (1); **Ver|stan|des|ehe,** die (selten): *Vernunftehe;* **Ver|stan|des|kraft,** die: *Kraft* (1) *des Verstandes;* **ver|stan|des|mä|ßig** ⟨Adj.⟩: **1.** *auf dem Verstand beruhend, vom Verstand bestimmt:* Eine Maßnahme, die v. als sinnvoll eingesehen wird, wird eher befolgt als eine Verordnung von „denen da oben" (Gute Fahrt 4, 1974, 16). **2.** *den Verstand betreffend, intellektuell* (a): seine offenkundige -e Unterlegenheit; **Ver|stan|des|mensch,** der: *im Verhalten hauptsächlich vom Verstand bestimmter Mensch;* **Ver|stan|des|schär|fe,** die ⟨o. Pl.⟩: *Schärfe* (6) *des Verstandes:* ein Mann von ungeheurer V.; **ver|stän|dig** ⟨Adj.⟩ [mhd. verstendic]: *mit Verstand begabt, von Verstand zeugend, klug, einsichtig:* ein -er Mensch; -e Worte; Verständige Lehrer verschafften ihm ... künstlerische Freiräume (natur 4, 1991, 96); das Kind ist schon sehr v.; **ver|stän|di|gen** ⟨sw. V.; hat⟩: **1.** *von etw. in Kenntnis setzen, unterrichten, benachrichtigen, (jmdm.) etw. mitteilen:* ich verständige die Feuerwehr, die Polizei; du hättest mich [von dem Vorfall, über den Vorfall] sofort v. sollen; Falls was aus der Sache wird, würde ich ... Sie derart v., daß Sie noch termingerecht kündigen können (Doderer, Wasserfälle 40). **2.** ⟨v. + sich⟩ *sich verständlich machen; bewirken, daß eine Mitteilung zu einem anderen gelangt u. (akustisch, inhaltlich) verstanden wird:* ich konnte mich [mit ihm] nur durch Zeichen v.; wir konnten uns nur über den Dolmetscher v. (Koeppen, Rußland 103); Sie mußten schreien, um sich im Heulen des rasenden Sturmes notdürftig v. zu können (Trenker, Helden 67); wir konnten uns nur auf englisch v. *(konnten uns nur auf englisch unterhalten).* **3.** ⟨v. + sich⟩ *sich über etw. einigen, zu einer Einigung kommen; gemeinsam eine Lösung finden, die von allen akzeptiert werden kann:* wir wollen uns gütlich v. (v. d. Grün, Glatteis 120); Die BRD und DDR haben sich ... darauf verständigt, eine hochrangige Expertenkommission zu bilden (Freie Presse 14. 2. 90, 1); **Ver|stän|dig|keit,** die; -: *Verständigsein;* **Ver|stän|di|gung,** die; -, -en ⟨Pl. selten⟩: **1.** *das Verständigen* (1): ich übernehme die V. der Angehörigen, der Polizei. **2.** *das Sichverständigen* (2): die V. [am Telefon, mit dem Ausländer] war sehr schwierig, war schlecht; Es lag klar zutage, daß dieser Droste ein Gentleman war, obwohl er nicht englisch sprach, was eine V. ausschloß (Baum, Paris 8); Unsere Sprache ... muß egalitär sein, weil Ziel und Grenze unserer V. Verständlichkeit ist (Heringer, Holzfeuer 99). **3.** *das Sichverständigen* (3): über diesen Punkt kam es zu keiner V., konnte keine V. erreicht werden; Hassell war zwar voll tiefer Sorge über eine etwaige V. Stalins mit Hitler (Rothfels, Opposition 161); **ver|stän|di|gungs|be|reit** ⟨Adj.; -er, -este⟩: *bereit, sich zu verständigen* (3); **Ver|stän|di|gungs|be|reit|schaft,** die ⟨o. Pl.⟩: *das Verständigungsbereitsein;* **ver|stän|di|gungs|feind|lich** ⟨Adj.⟩: *Verständigung* (3) *ablehnend, verhindernd, nicht wollend;* **Ver|stän|di|gungs|feind|lich|keit,** die ⟨o. Pl.⟩: *das Verständigungsfeindlichsein;* **Ver|stän|di|gungs|mit|tel,** das: *Mittel zur Verständigung* (2): Dieser Ton ist einer ohne weiteres klar ist (Lorenz, Verhalten I, 24); **Ver|stän|di|gungs|schwie|rig|keit,** die ⟨meist Pl.⟩: *Schwierigkeit bei der Verständigung* (2): hatte ihr im Ausland keine -en?; **Ver|stän|di|gungs|ver|such,** der: *Versuch, sich zu verständigen* (2, 3); **Ver|stän|di|gungs|wil|le,** der: *Wille, sich mit jmdm. zu verständigen* (3); **ver|stän|di|gungs|wil|lig** ⟨Adj.⟩: *Verständigungswillen zeigend;* **ver|ständ|lich** ⟨Adj.⟩ [mhd. verstentlih, ahd. firstantlîh, zu: firstantan, ↑verstehen]: **1.** *sich [gut] verstehen* (1), *hören lassend; deutlich:* eine v. Aussprache; er murmelte einige kaum, nur schwer -e Worte; er spricht klar und v.; ich mußte schreien, um mich v. zu machen *(damit man mich hörte, verstand).* **2.** *sich [gut] verstehen* (2a), *erfassen, begreifen lassend; leicht faßbar* (b): eine klare -e Sprache; er erklärte es in -en Worten, in sehr -er Weise; was die Weberin aber dachte, was sie empfand, wurde nun allein durch ihre Webbilder v. (Ransmayr, Welt 193); sich v. ausdrücken; ein Problem v. darstellen; der Franzose versuchte sich mit Gesten v. zu machen *(zu verständigen* 2); er hat mir v. gemacht *(mir verdeutlicht),* daß er aus Italien kommt. **3.** *sich [ohne weiteres] verstehen* (3 b), *einsehen lassend; begreiflich:* eine -e Sorge; eine -e Reaktion; -es Bedürfnis; eine -e *(plausible)* Erklärung; seine Verärgerung ist [mir] durchaus v.; Er empfand die Handlungsweise des Hauptwachtmeisters zwar als durchaus v. ... (Kirst, 08/15, 108); nur die Witwe schwieg, was jedermann v. war (Frisch, Gantenbein 393); **ver|ständ|li|cher|wei|se** ⟨Adv.⟩: *was [nur zu] verständlich* (3) *ist; begreiflicherweise:* darüber ist er v. böse; Da Heinrich auf die Strafpredigt v. scharf reagiert hat ... (Reich-Ranicki, Th. Mann 159); **Ver|ständ|lich|keit,** die ⟨o. Pl.⟩: *das Verständlichsein;* **Ver|ständ|nis,** das; -ses, -se ⟨Pl. selten⟩ [mhd. verstentnisse, ahd. firstantnissi, zu: firstantan, ↑verstehen]: **1.** *das Verstehen* (2 a): dem Leser das V. [des Textes] erleichtern; diese Tatsache ist für das V. der weiteren Entwicklung äußerst wichtig; Ich erwähne diese frühe Trennung von meiner Mutter, weil es zum V. dessen, was ich hier sagen will, wichtig ist (Stern, Mann 19). **2.** ⟨o. Pl.⟩ *Fähigkeit, sich in jmdn., etw. hineinzuversetzen, jmdn., etw. zu verstehen* (3 a); *innere Beziehung zu etw.; Einfühlungsvermögen:* ihm geht jedes V. für Kunst ab; Zeremonien, Feierlichkeiten. So für die Gaffer. Na, dafür fehlt mir jedes V. (Th. Mann, Hoheit 161); Ganz allgemein ist darauf hinzuweisen, daß in einer Epoche vorherrschenden Freihandels ... der kulturelle Austausch und das V. zwischen den Völkern wachsen (Fraenkel, Staat 133); bei jmdm. V. finden; kein V. für die Jugend haben, aufbringen; ich habe [durchaus] volles, [absolut] nicht V. dafür *(verstehe durchaus, absolut nicht),* daß es sich so verhält; der Lehrer bringt seinen Schülern viel V. entgegen; er zeigte großes V. für ihre Sorgen; bei ihr kannst du auf V. rechnen; für die durch den Umbau bedingten Unannehmlichkeiten bitten wir um [Ihr] V. **3.** (veraltet) *Einvernehmen:* ins V. ziehen; **Ver|ständ|nis|hil|fe,** die: *dem besseren Verständnis* (1) *dienender Hinweis, Anhaltspunkt; Mittel zur Erleichterung des Verständnisses;* **ver|ständ|nis|in|nig** ⟨Adj.⟩ (geh.): *gegenseitiges Verständnis ausdrückend:* ein -es Lächeln; v. nicken; „Alle Jungs lieben Kuchen und Gefrorenes", sagte der Mann v. (Rechy [Übers.], Nacht 53); **ver|ständ|nis|los** ⟨Adj.; -er, -este⟩: **1.** *nichts verstehend:* ein -es Staunen; „Was?" fragt Heinrich v. (Remarque, Obelisk 264). **2.** *ohne Verständnis* (2): der modernen Malerei steht er völlig v. gegenüber; **Ver|ständ|nis|lo|sig|keit,** die; -: *das Verständnislossein;* **Ver|ständ|nis|schwie|rig|keit,** die ⟨meist Pl.⟩: *Schwierigkeit, etw. zu verstehen, geistig zu erfassen:* bei dem Vortrag hatte ich doch erhebliche -en; **ver|ständ|nis|voll** ⟨Adj.⟩: *voller Verständnis:* ein -er Blick; er hat -en Chef; v. nicken, lächeln; Zuvor schienen die Chinesen sehr viel -er über ideologische Eigenwilligkeiten zu urteilen als der Kreml (Dönhoff, Ära 225); **Ver|stands|ka|sten,** der (ugs.): *Kopf (als Sitz des Verstands):* das kriegt er anscheinend nicht in seinen V. rein *(begreift er nicht);* in Wirklichkeit fängt er alles besonnener an. Mehr mit dem V. (Borell, Verdammt 168).

ver|stän|kern ⟨sw. V.; hat⟩ (ugs.): *mit unangenehmem Geruch erfüllen:* du verstänkerst mir mit deiner Qualmerei die ganze Bude; Sie kleben auf ihre Autos neckische Schildchen mit dem Spruch „Atomkraft – nein danke" und verstänkern gleichzeitig mit ihrem Auspuff die Landschaft (Bund 9. 8. 80, 24).

ver|stär|ken ⟨sw. V.; hat⟩: **1.** *stärker* (2 a), *stabiler machen:* eine Mauer, einen Deich v.; die Socken sind an den Fersen verstärkt. **2.** *zahlenmäßig erweitern, die Stärke* (2) *von etw. vergrößern:* die Truppen [um 500 Mann oder 1500 Mann] v.; eine Besatzung, Wache v.; für die Sinfonie wurde das Orchester verstärkt; für unser neues Projekt hat sich das Team um drei Leute verstärkt. **3. a)** *stärker* (7) *machen, intensivieren:* den elektrischen Strom, einen Druck, eine Spannung v.; die Stimme des Redners wird durch eine Lautsprecheranlage verstärkt; seine Be-

Verstärker

mühungen v.; Quangel hatte leider alles getan, diese Abneigung seines Verteidigers noch zu v. (Fallada, Jeder 370); dieser Eindruck wurde dadurch verstärkt; der Alkohol verstärkt die Wirkung der Tabletten; Die Gewerkschaften haben ... ihre Stellung v. können (Fraenkel, Staat 25); eine elektrisch verstärkte Gitarre; wir müssen verstärkte *(größere)* Anstrengungen machen; **b)** ⟨v. + sich⟩ *stärker (7), intensiver werden:* der Druck verstärkt sich, wenn man das Ventil schließt; der Lärm, der Sturm hat sich verstärkt; Willys Gelächter verstärkt sich bei meinem Französisch (Remarque, Obelisk 24); sein Einfluß verstärkt sich; meine Zweifel, die Schmerzen haben sich erheblich verstärkt; verstärkte Nachfrage; ich werde mich in verstärktem Maße darum kümmern; diese Tendenz besteht verstärkt seit 1950. **4.** (bes. Sport) *stärker* (6a), *leistungsfähiger machen:* ein Team v.; der neue Libero trug wesentlich dazu bei, die Abwehr zu v.; die Mannschaft will sich durch den Einkauf eines neuen Mannes v. **5.** (Fot.) *(bei einem Negativ) mit Hilfe einer chemischen Lösung die Kontraste verstärken:* ein flaues Negativ v.; **Ver|stär|ker,** der; -s, -: **1.** (Elektrot., Elektronik) *Gerät zum Verstärken von Strömen, Spannungen, Leistungen:* der V. arbeitet mit Transistoren, Röhren; den V. aufdrehen. **2.** (Technik) *Gerät zum Verstärken einer Kraft, einer Leistung:* eine Servobremse ist eine Bremse mit einem V. **3.** (Fot.) *chemische Lösung zum Verstärken von Negativen.* **4.** *etw., was etw. verstärkt:* Die Presse blieb eine Einrichtung des Publikums selbst, wirksam in der Art eines Vermittlers und -s öffentlicher Diskussion (Fraenkel, Staat 244); **Ver|stär|ker|an|la|ge,** die (Elektrot.): *aus Mikrophon[en], Verstärker[n]* (1), *Lautsprecher[n] bestehende Anlage zur Wiedergabe bes. von Musik;* **Ver|stär|ker|lei|stung,** die (Elektrot.): *Ausgangsleistung eines Verstärkers* (1); **Ver|stär|ker|röh|re,** die (Elektronik): *Elektronenröhre;* **Ver|stär|kung,** die; -, -en ⟨Pl. selten⟩: **1.** *das Verstärken* (1): die V. der Deiche, der Fundamente. **2.** *Personen, durch die etw. verstärkt wird:* wo bleibt die angeforderte V.?; Als schließlich polizeiliche -en eintrafen ... (Feuchtwanger, Erfolg 655); V. rufen, holen, heranziehen; um V. bitten. **3.** *etw., was zur Verstärkung* (1) *dient:* als V. schweißen wir noch ein T-Eisen auf das Blech. **4.** *das Verstärken* (3): ein Gerät zur V. elektroakustischer Signale. **5.** *das Intensivieren, Verstärken* (3a), *Sichverstärken:* Plasmawolken ..., die zu einer plötzlichen, stürmischen V. des Sonnenwindes führen (Kosmos 3, 1965, 117); ... daß die V. der Zusammenarbeit zwischen beiden Ländern einen unerläßlichen Schritt auf dem Wege zu dem vereinten Europa bedeutet ... (Dönhoff, Ära 128); die V. des Reiseverkehrs. **6.** (bes. Sport) *das Verstärken* (4), *Erhöhen der Leistung:* zwei neue Spieler zur V. der Mannschaft einkaufen. **7.** *das Verstärken* (2): *zahlenmäßige Erweiterung, Vergrößerung:* eine V. der Streitkräfte ist nicht geplant. **8.** (Fot.) *das Verstärken* (5).

ver|stä|ten ⟨sw. V.; hat⟩ [zu ↑stät] (schweiz.): *(bes. beim Nähen o.ä. das Ende eines Fadens) befestigen.*
ver|stat|ten ⟨sw. V.; hat⟩ (veraltet): *gestatten:* ... wenn ihm die Äußerung verstattet wäre ... (Maass, Gouffé 274); ♦ ... war ... all seinen Freunden ... freier Zutritt zu ihm verstattet worden (Kleist, Kohlhaas 114); **Ver|stat|tung,** die; - (veraltet): *das Verstatten, Verstattetwerden.*
ver|stau|ben ⟨sw. V.; ist⟩: *von Staub ganz bedeckt werden:* Akten, die in einem Keller liegen, verstauben und werden vergessen (v. d. Grün, Glatteis 211); die Bücher sind ganz verstaubt; Ü seine Romane verstauben in den Bibliotheken *(werden nicht gelesen);* **ver|stäu|ben** ⟨sw. V.; hat⟩: *zerstäubend verteilen, versprühen:* ... hat man die Tsetse im Zululand mit Erfolg ganz ausgerottet, indem man Insektenmittel vom Flugzeug aus verstäubte (Grzimek, Serengeti 301); **verstaubt** ⟨Adj.; -er, -este⟩ (oft abwertend): *veraltet, altmodisch, überholt:* er hat etwas -e Ansichten; Ein Teil der Bevölkerung ... hält fest an den althergebrachten -en Ehrbegriffen (Spiegel 6, 1978, 135); **Ver|stäu|bung,** die; -, -en: *das Verstäuben.*
ver|stau|chen ⟨sw. V.; hat⟩ [niederd. verstüken, zu ↑stauchen]: *sich durch eine übermäßige od. unglückliche Bewegung (bes. bei einem Stoß od. Aufprall) das Gelenk verletzen:* ich habe mir die Hand verstaucht; Einmal hatte ich mir beim Baden ... den linken Fuß verstaucht (Kirst, 08/15, 254); **Ver|stau|chung,** die; -, -en: *durch eine Zerrung od. einen Riß der Bänder hervorgerufene Verletzung eines Gelenks; Distorsion* (1): eine V. des Knöchels.
ver|stau|en ⟨sw. V.; hat⟩ [zu ↑stauen (3)]: *(zum Transport od. zur Aufbewahrung) [auf relativ engem Raum mit anderem zusammen] unterbringen:* Bücher, Geschirr in Kisten v.; seine Sachen im/(seltener:) in den Rucksack v.; habt ihr das Gepäck schon [im Wagen] verstaut?; Jandell ... verstaute die Waffe unter dem Kopfkissen (Zwerenz, Quadriga 16); (scherzh.:) er verstaute seine Familie im Auto; **Ver|stau|ung,** die; -, -en: *das Verstauen.*
Ver|steck, das; -[e]s, -e [aus dem Niederd. < niederd. vorstecke = Heimlichkeit, Hintergedanke]: *Ort, an dem jmd., etw. versteckt ist, an dem sich jmd. versteckt hält; Ort, der sich zum Verstecken, Sichverstecken eignet:* ich weiß ein gutes V.; eine Flasche mit weißem Bordeaux und einen Topf mit Oliven holten wir gleichfalls aus unserem V. (Langgässer, Siegel 180); er blieb in seinem V.; * **V. spielen** *(Verstecken spielen):* die Kinder spielten im Garten V.; **V. [mit, vor jmdm.] spielen** *(seine wahren Gedanken, Gefühle, Absichten [vor jmdm.] verbergen):* er habe keinen Sinn, sich zu entrüsten, daß sie mit uns allen V. gespielt hat (Chr. Wolf, Nachdenken 70); Der Verleger begriff nicht, was einen Autor ... dazu veranlassen konnte, vor seiner Frau V. zu spielen (Sebastian, Krankenhaus 186); **ver|stecken**[1] ⟨sw. V.; hat⟩: *in, unter, hinter etw. anderem verbergen:* die Beute [im Gebüsch, unter Steinen] v.; wo hast du die Briefe versteckt?; jmdm. die Brille, einen Schuh v.; Ostereier v.; er versteckte das Geld in seinem/(selten:) seinen Schreibtisch; sich vor jmdm. v.; die Mutter versteckt die Schokolade vor den Kindern; sich [vor jmdm.] versteckt halten; er versteckte seine Hände auf dem Rücken; Ü der Brief hatte sich in einem Buch versteckt *(war dort hingeraten);* Den Rest des Gewinnes versteckte der ... Hauptbuchhalter in seiner Jahresbilanz (Sommer, Und keiner 8); welch gequältes Mißtrauen versteckt sich hinter dieser exaltierten Munterkeit! (Reich-Ranicki, Th. Mann 17); er versteckte sich hinter seinem Chef, hinter seinen Vorschriften *(schob ihn, sie vor, benutzte ihn, sie als Vorwand);* * **sich vor/**(seltener:) **neben jmdm. v. müssen, können** (ugs.; *in seiner Leistung, seinen Qualitäten jmdm. weit unterlegen sein*); **sich vor/neben jmdm. nicht zu v. brauchen** (ugs.; *jmdm. ebenbürtig sein*); **Ver|stecken**[1], das; -s: *Kinderspiel, bei dem jeweils ein Kind die übrigen, die sich möglichst gut verstecken, suchen muß:* V. [mit jmdm.] spielen; Ü er spielt V. mit ihr (ugs.; *verbirgt ihr etwas*); **Ver|steckerl|spiel**[1], das (österr.): *Versteckspiel;* **Ver|steck|spiel,** das: *Verstecken:* Ü wir sollten aufhören mit dem albernen V. *(wir sollten aufhören, uns gegenseitig etwas vorzumachen);* Jetzt weiß es wenigstens die Öffentlichkeit, was bei uns vorgeht. Jetzt gibt es kein V. mehr (v. d. Grün, Glatteis 151); **ver|steckt: 1.** ↑verstecken. **2.** ⟨Adj.; -er, -este⟩ **a)** [2]*verborgen* (2b): eine -e Gefahr; -e Mängel; Da wir vor allem mit Fleisch und Wurst bereits -e Fette aufnehmen ... (Hörzu 45, 1982, 151); **b)** *nicht offen, nicht direkt [ausgesprochen]:* -e Drohungen; Beleidigungen waren ihre Blicke, -e Anklagen (Jaeger, Freudenhaus 310); vielleicht fürchte ich ... einen -en Vorwurf (Hildesheimer, Tynset 100); **c)** *heimlich:* -e Umtriebe, Aktivitäten; Jol muß lernen, daß englische Schiedsrichter sich bei -en Fouls nicht bluffen lassen (Kicker 6, 1982, 21); ein -es *(verstohlenes)* Lächeln; **d)** (Druckerspr.) *(von Zeilen) verstellt:* eine -e Zeile; **Ver|steckt|heit,** die; -: *versteckte* (2b, c) *Art.*
ver|steh|bar ⟨Adj.⟩: *sich verstehen* (2a, b, 3) *lassend; verständlich;* **ver|ste|hen** ⟨unr. V.⟩ [mhd. verstēn, verstān, zu ↑stehen, Bedeutungsentwicklung unklar]: **1.** *(Gesprochenes) deutlich hören:* ich konnte alles, jedes Wort, keine Silbe v.; der Redner war noch in der letzten Reihe gut zu v.; ich konnte ihn bei dem Lärm nicht v.; vor drei Wochen bekam ich in Frankfurt ein schwer zu verstehendes Ferngespräch aus Addis Abeba (Grzimek, Serengeti 64). **2. a)** *den Sinn von etw. erfassen; etw. begreifen:* einen Gedankengang, Zusammenhang v.; eine Frage, eine Geste nicht v.; hast du ihn *(das, was er vorgetragen, gesagt hat),* seine Ausführungen verstanden?; das verstehst du noch nicht; Vielleicht verstehe ich die männlichen Standpunkte nicht ganz (Maass, Gouffé 247); das verstehe [nun] einer!; er hat nicht verstanden, worum es geht; Ich verstehe plötzlich, was Wernicke gemeint hat (Re-

marque, Obelisk 138); das versteht doch kein Mensch *(das ist zu verworren, zu kompliziert, zu unklar o. ä.);* ... von zahllosen genetisch bedingten Krankheiten, die man v. *(erkennen)* und später einmal heilen wolle (natur 2, 1991, 46); ⟨auch o. Akk.-Obj.:⟩ ja, ich verstehe!; Hans Castorp verstand nicht gleich (Th. Mann, Zauberberg 196); du bleibst hier, verstehst du/verstanden! (als barsche Aufforderung); * **jmdm. etw. zu v. geben** *(jmdm. gegenüber etw. andeuten, was man ihm aus bestimmten Gründen nicht direkt sagen will od. kann):* ich habe ihm deutlich zu v. gegeben, daß ich sein Verhalten mißbillige; ich sah genau den Blick, mit dem er den anderen zu v. gab: den habe ich reingelegt (Bieler, Bonifaz 79); **sich [von selbst] v.** *(keiner ausdrücklichen Erwähnung bedürfen; selbstverständlich sein):* daß ich dir helfe, versteht sich [von selbst]; Meine Fahrkarte, versteht sich, war in bester Ordnung (Th. Mann, Krull 143); **b)** *in bestimmter Weise auslegen, deuten, auffassen:* jmds. Verhalten nicht v.; er hat deine Worte falsch verstanden *(ihnen eine falsche Auslegung gegeben, sie mißverstanden);* Er verstand die Heilige Schrift als einen Cicerone für die Ewigkeit (Nigg, Wiederkehr 82); Die Bemerkung Diderots ist bald als Metapher verstanden worden (Fest, Im Gegenlicht 359); das ist als Drohung, als Aufforderung, als Kritik zu v. *(gemeint);* das ist in dem Sinne zu v. *(gemeint),* daß ...; Was versteht man unter *(was bedeutet)* Kohäsion? (Remarque, Westen 66); unter Freiheit versteht *(eher etwas anderes (jeder legt den Begriff anders aus);* wie soll ich das v.? *(wie ist das gemeint?);* Das sei natürlich symbolisch zu v. (Wiechert, Jeromin-Kinder 824); versteh mich bitte richtig, nicht falsch!; Damit wir uns richtig verstehen, Jürgen. Sie sollen die Unruhestifter lokalisieren (Chotjewitz, Friede 221); das ist eine falsch verstandene Loyalität; ⟨auch o. Akk.-Obj.:⟩ wenn ich recht verstehe, willst du nicht mehr mitmachen; **c)** ⟨v. + sich⟩ *ein bestimmtes Bild von sich haben; sich in bestimmter Weise, als jmd. Bestimmtes sehen:* Gustav Heinemann hat sich als Bürgerpräsident verstanden (W. Brandt, Begegnungen 300); Eine Pädagogik, die sich heute noch als Tochter der Aufklärung versteht (Th. Mann, Zauberberg 554); ... von Staaten, die sich als „blockfrei" verstehen (Rhein. Merkur 2. 2. 85, 8); **d)** ⟨v. + sich⟩ (Kaufmannsspr.) *(von Preisen) in bestimmter Weise gemeint sein:* der Preis versteht sich ab Werk, einschließlich Mehrwertsteuer. **3. a)** *sich in jmdn., in jmds. Lage hineinversetzen können; Verständnis für jmdn. haben, zeigen:* keiner versteht mich!; sie sind die einzige, die mich verstehen; sie fühlt sich von ihm nicht verstanden; ich zähle mich zu jenen, die versuchen, die Tiere aus sich selbst heraus zu v. (Stern, Mann 65); **b)** *(eine Verhaltensweise, eine Haltung, eine Reaktion, ein Gefühl eines anderen) vom Standpunkt des Betreffenden gesehen, natürlich, konsequent, richtig, normal finden:* ich verstehe deine Reaktion, deinen Ärger sehr gut; sie verstand meinen Ent-

schluß, nicht zu fliegen (Frisch, Homo 86); Ich verstehe nicht, wie man Lehrerin an einer Schule werden kann, die man selbst neun Jahre besucht hat (Böll, Adam 69); ich kann bei Ihnen keine Ausnahme machen, das müssen Sie [schon] v. *(einsehen);* Ich bilde mir ein, einen Spaß zu v. *(Humor zu haben;* Th. Mann, Buddenbrooks 217). **4.** ⟨v. + sich⟩ *mit jmdm. (weil er einem sympathisch ist, weil man seine Anschauungen teilt, weil man wie er empfindet) gut auskommen, ein gutes Verhältnis haben:* sich glänzend, prächtig, überhaupt nicht v.; wie verstehst du dich mit deiner Schwiegermutter?; die beiden verstehen sich nicht besonders; Um die Zeit verstanden sich meine Eltern nicht mehr so gut miteinander (Hornschuh, Ich bin 4). **5. a)** *gut verstehen, beherrschen:* sein Handwerk, seine Sache v.; Der neue Mann war ein guter Fang, er verstand sein Fach (Danella, Hotel 191); er versteht es [meisterlich], andere zu überzeugen; er versteht *(hat die Gabe)* zu genießen; da das Geld nie reichte, redete er sich ein, seine Frau verstünde nicht zu wirtschaften (Bredel, Väter 89); er hat es so gut gemacht, wie er es versteht; er versteht es nicht besser (ugs.; *er tut das nur aus Unbeholfenheit);* **b)** *(in etw.) besondere Kenntnisse haben, sich (mit etw., auf einem bestimmten Gebiet) auskennen [u. daher ein Urteil haben]:* er versteht etwas, nichts von Musik; Wer im Seekrieg überleben wollte, mußte etwas von Mathematik v. (Ott, Haie 326); Inzwischen hat er seinen Wirtschaftsminister von neuem bescheinigt, daß dieser von Politik nichts verstehe (Dönhoff, Ära 26); was verstehst du schon von Frauen? (Remarque, Obelisk 302); **c)** ⟨v. + sich⟩ *zu etw. befähigt, in der Lage sein:* er versteht sich aufs Dichten; eine so rundliche Frau verstand sich bestimmt aufs Kochen (Fallada, Herr 136); Er versteht sich nicht aufs Sparen (Frisch, Montauk 171); sie verstehe sich noch heute recht gut auf die Violine *(könne noch recht gut Violine spielen;* Bienek, Erde 290); **d)** ⟨v. + sich⟩ *mit etw. Bescheid wissen, etw. gut kennen u. damit gut umzugehen wissen:* er versteht sich auf Pferde; Wer wollte sich vermessen, er verstünde sich besser auf die Seele des Kriminellen? (Maass, Gouffé 299). **6.** ⟨v. + sich⟩ (veraltend) *sich zu etw., was man eigentlich lieber nicht täte, doch bereit finden:* sich zu einer Entschuldigung, zu Schadenersatz v. **7.** (ugs.) *durch Stehen verlieren, vergeuden:* ich habe keine Lust, hier meine ganze Zeit zu v.

ver|stei|fen ⟨sw. V.⟩ [schon mniederd. vorstiven = steif machen, werden]: **1.** *steif* (1) *machen* ⟨hat⟩: einen Kragen [mit einer Einlage] v.; Lieberwirth ... versteifte sein Genick (H. Gerlach, Demission 41). **2. a)** *steif* (2) *werden* ⟨ist⟩: seine Glieder, Gelenke versteifen zusehends; **b)** ⟨v. + sich⟩ *steif* (1) *werden* ⟨hat⟩: Sobald Drehzahlunterschiede auftreten, ... versteift sich das Silikon (ADAC-Motorwelt 3, 1986, 34); Ü daß die ... Fronten sich sogar *(verhärten)* müßten (Thielicke, Ich glaube 262); Annerls Widerstand versteift sich förmlich sichtbar von Tag zu Tag (Brod, Annerl 131); **c)** ⟨v. + sich⟩

steif (2) *werden* ⟨hat⟩: Schmids Haltung versteifte sich (Stories 72 [Übers.], 68); Langsam näherte ich mich ihr, ... umschlang sie mit beiden Armen. Ich spürte, wie sie sich versteifte (Wellershoff, Körper 207); **d)** ⟨v. + sich⟩ *steif* (3) *werden* ⟨hat⟩: sein Glied versteifte sich. **3.** *mit Balken, Streben o. ä. abstützen; mit Balken, Streben o. ä. gegen Einsturz sichern* ⟨hat⟩: einen Zaun mit/durch Latten v.; eine Mauer, eine Baugrube [mit etw.] v.; Ich rundete die Masten, polierte den Kiel, versteifte die Stöckchen mit Wanten und Stagen (Bieler, Bonifaz 219). **4.** ⟨v. + sich⟩ *hartnäckig an etw. festhalten, auf etw. beharren, sich von etw. nicht abbringen lassen* ⟨hat⟩: sich auf sein Recht v.; man wird ja manchmal sonderbar im Alter und versteift sich auf die verrücktesten Ideen (Süskind, Parfum 99); obwohl Constantin sich darauf versteifte, diese Anwandlungen als Eifersucht zu bezeichnen (Domin, Paradies 96). **5.** ⟨v. + sich⟩ *(Börsenw.) (von einem Wertpapiermarkt) durch steigende Kurse gekennzeichnet sein* ⟨hat⟩: der Rentenmarkt hat sich versteift; **Ver|stei|fung,** die; -, -en: **1.** *das Versteifen, Versteiftwerden, Sichversteifen.* **2.** *etw., was dazu dient, etw. zu versteifen* (3): -en aus Holz; Hatten die hölzernen Streben und -en standgehalten? (Lentz, Muckefuck 232).

ver|stei|gen, sich ⟨st. V.; hat⟩ /vgl. verstiegen/: **1.** *sich beim Bergsteigen, beim Klettern in den Bergen o. ä. verirren:* die Seilmannschaft hat sich verstiegen; Sie ... fühlte plötzlich eine Angst, als hätte sie sich in den Ästen eines geträumten Baums verstiegen (Musil, Mann 1070); ein Schaf, das sich auf einem Grashang verstieg (Langgässer, Siegel 166). **2.** (geh.) *die Vermessenheit, Kühnheit, Dreistigkeit haben, etw. zu tun od. zu denken, was über das normale Maß hinausgeht; sich etw. zu tun od. zu denken erlauben* (3 a), *was kühn, gewagt, unerwartet ist:* Einmal habe er sich zu einem gotteslästerlichen Frevel verstiegen (Niekisch, Leben 168); Wilhelmine verstieg sich zu der Anrede „Herr" (Klepper, Kahn 76); sogar zu Witzchen verstieg er sich schon wieder (Fallada, Jeder 191); die calvinistische Intoleranz, die sich in einzelnen Neuenglandstaaten bis zu Todesstrafen für Baptisten und Quäker verstieg (Fraenkel, Staat 154); Sie versteigen sich zeitweilig zu der gönnerhaften Feststellung, diese Frau gehörte eigentlich dazu (Alexander, Jungfrau 287); **Ver|stei|ge|rer,** der; -s, -: *jmd., der etw. versteigert; Auktionator;* **Ver|stei|ge|rin,** die; -, -nen: w. Form zu ↑ Versteigerer; **ver|stei|gern** ⟨sw. V.; hat⟩: *[öffentlich] anbieten u. an den meistbietenden Interessenten verkaufen:* Fundsachen [öffentlich] v.; Gemälde [meistbietend] v.; ein Jahr später war ihr Anwesen vertrunken, das Anwesen wurde versteigert (Wimschneider, Herbstmilch 96); * **amerikanisch v.** *(in einer amerikanischen Versteigerung anbieten);* **Ver|stei|ge|rung,** die; -, -en: **1.** *das Versteigern, Versteigertwerden:* etw. durch V. verkaufen; mehrere kostbare Uhren kamen zur V. *(wurden versteigert);* * **amerikanische V.** *(besondere Art der Ver-*

versteinen

steigerung, bei der der erste, der ein Gebot macht, den gebotenen Betrag sofort zahlt u. die nach ihm Bietenden jeweils nur die Differenz zwischen ihrem eigenen u. dem vorhergehenden Gebot zahlen). **2.** *Veranstaltung, bei der etw. versteigert wird; Auktion:* die V. ist öffentlich; eine V. veranstalten.
ver|stei|nen ⟨sw. V.⟩ [mhd. versteinen] (veraltend): **1. a)** *versteinern* (1) ⟨ist⟩: ♦ Ich stand ... da wie versteint (Chamisso, Schlemihl 45); **b)** ⟨v. + sich⟩ *sich versteinern* (2) ⟨hat⟩; **c)** (geh.) *versteinern* (3) ⟨hat⟩: Ich fühlte, wie mich die Gewalt der Leidenschaft versteinte (Rinser, Mitte 55); eine Art von Starre, ... die seinen Körper völlig versteinte (Th. Mann, Joseph 632). **2.** *(zur Markierung) mit [Grenz]steinen versehen* ⟨hat⟩: ein Grundstück, sein Land v.; **ver|stei|nern** ⟨sw. V.⟩: **1.** (Paläont.) *(von Organismen) zu Stein werden* ⟨ist⟩: die Pflanzen, Tiere sind versteinert; Die Sphinx versteinte in dem Augenblick, als Herakles ihr dieses Rätsel aufgab (Schnurre, Schattenfotograf 47); versteinertes *(petrifiziertes)* Holz; Es roch nach Kerzenwachs in diesem versteinerten Wald (Stern, Mann 415); Ü Teyendorfs Miene versteinerte (Konsalik, Promenadendeck 381); Kinder, die in solcher Luft aufwuchsen, mußten frühzeitig seelisch v. (Thieß, Reich 367); *wie versteinert [da]stehen, [da]sitzen, sein* o. ä. *(starr vor Schreck, Entsetzen, Erstaunen [da]stehen, [da]sitzen, sein o. ä.).* **2.** ⟨v. + sich⟩ (geh.) *starr, unbewegt werden* ⟨hat⟩: ihre Miene versteinerte sich; Sein Grinsen versteinerte sich (Jahnn, Geschichten 232); als er das versteinerte Gesicht mit den zornig-entschlossenen Augen sah, ... (Kühn, Zeit 62). **3.** (geh.) *zu Stein, steinern werden lassen* ⟨hat⟩: ... Hexe, die ihn und seine Tiere versteinerten (Wilhelm, Unter 88); Ü als er den Kommandanten ansah und in ein Gesicht sah, dessen Züge die Verzweiflung versteinert hatte, ... (Ott, Haie 316); **ver|stei|ne|rung**, die; -, -en: **1.** *das Versteinern.* **2.** *etw. Versteinertes, versteinertes Objekt:* -en und andere Fossilien; Dort saß Cotta ... auf den von un übersäten Quadern (Ransmayr, Welt 171); **Ver|stei|ne|rungs|kun|de**, die ⟨o. Pl.⟩ (veraltet): *Paläontologie.*
ver|stell|bar ⟨Adj.⟩: *sich verstellen* (2 a) *lassend:* [in der Höhe] -e Kopfstützen; die Lehne, der Gurt ist v.; **Ver|stell|barkeit**, die; -: *das Verstellbarsein;* **ver|stellen** ⟨sw. V.; hat⟩ [3, 4: mhd. (sich) verstellen]: **1.** *[von seinem Platz wegnehmen u. später] an einen falschen Platz stellen:* das Buch hat jemand verstellt haben. **2. a)** *die Stellung, Einstellung von etw. verändern [so daß es danach falsch gestellt, eingestellt ist]:* wer hat meinen Wecker verstellt?; der Sitz läßt sich [in der Höhe] v.; den Rückspiegel zu v. wage ich nicht (Frisch, Gantenbein 291); **b)** ⟨v. + sich⟩ *in eine andere [falsche] Stellung gelangen, eine andere [falsche] Einstellung bekommen:* die Zündung hat sich verstellt. **3. a)** *durch Aufstellen von Gegenständen unzugänglich, unpassierbar machen, versperren* (1 a): wir dürfen die Wasseruhr nicht [mit Gerümpel] v.; der Durchgang war mit Fahrrädern verstellt; jmdm. den Weg v. *(jmdm. in den Weg treten u. ihn aufhalten);* durch ein mit Steinen verstelltes Fensterloch (Plievier, Stalingrad 314); **b)** *durch Im-Wege-Stehen unpassierbar od. unzugänglich machen, versperren* (1 b): der Wagen verstellt die Ausfahrt; Zu Hause angelangt, verstellte der Riesenfiaker der russischen Gesandtschaft die Zufuhr (A. Kolb, Daphne 105); ein Haus verstellt *(nimmt)* den Blick auf die Wiese; Ü Meistens ist falsches Mitleid im Spiel, und das verstellt den Blick für die Probleme (Hörzu 10, 1973, 68); **c)** (schweiz.) *weg-, beiseite stellen:* die alten verstellten Möbel; Ü wir sollten diese Frage zunächst v. *(beiseite lassen).* **4. a)** *in der Absicht, jmdn. zu täuschen, verändern:* seine Stimme v.; Eine kleine Schriftprobe erwies, daß der Dummkopf beim Abfassen des fingierten Mörderbriefchens nicht einmal seine Handschrift zu v. für nötig befunden ... (Maass, Gouffé 71); Ü Er ... verstellte sein Herz nicht im mindesten (Th. Mann, Joseph 171); **b)** ⟨v. + sich⟩ *sich anders stellen* (6), *geben, als man ist:* ich traue ihm nicht, ich glaube, er verstellt sich; Sie hatte sich sicher all die Monate nur verstellt, in Wirklichkeit war sie keine Wirtin (Seghers, Transit 231); **Ver|stellung**, die; -, -en: **1.** (selten) *das Verstellen* (1–3, 4 a), *Sichverstellen, Verstelltwerden.* **2.** ⟨o. Pl.⟩ *das Sichverstellen* (4 b): ihre scheinbare Trauer ist nur V.; ich weiß, daß du ein stilles Wasser bist und geübt in der V. (Hacks, Stücke 287); **Ver|stellungs|kunst**, die ⟨meist Pl.⟩: *Fähigkeit, sich zu verstellen* (4 b).
ver|step|pen ⟨sw. V.; ist⟩: *(von Gebieten mit reicherer Vegetation) zu Steppe werden:* Der Boden trocknet aus: Europa versteppt (Thienemann, Umwelt 27); Versteppt so das Theater? (Spiegel 25, 1973, 125); **Ver|step|pung**, die; -, -en: *das Versteppen.*
ver|ster|ben ⟨st. V.; ist; Präs. u. Futur selten⟩ [mhd. versterben] (geh.): *sterben:* er ist vor einem Jahr verstorben; Er hatte nicht weniger als fünfhundert Menschen, die an den verschiedensten Stadien der Krankheit verstorben waren, seziert (Thorwald, Chirurgen 292); Der Mann verstarb bereits bei der Einlieferung (MM 30./31. 10. 65, 4); mein verstorbener Onkel Franz.
ver|ste|ti|gen ⟨sw. V.; hat⟩ (bes. Wirtsch.): **1.** *stetig machen:* Jetzt müsse die Entwicklung der Geldversorgung verstetigt werden (MM 29. 11. 75, 6). **2.** ⟨v. + sich⟩ *stetig werden:* das wirtschaftliche Wachstum hat sich verstetigt; **Ver|ste|ti|gung**, die; -, -en (bes. Wirtsch.): *das Verstetigen, Sichverstetigen:* Auf kommunaler Ebene muß Doppelstrategie unter anderem auch darauf zielen, ... eine V. der öffentlichen Investitionspolitik zu erzwingen (Stamokap 45).
ver|steu|ern ⟨sw. V.; hat⟩ [spätmhd. versturen]: *(für etw.) Steuern zahlen:* sein Einkommen v.; das Urlaubsgeld muß versteuert werden; **Ver|steue|rung**, die; -, -en: *das Versteuern, Versteuertwerden.*
ver|stie|ben ⟨st., auch (bes. im Prät.) sw. V.; ist⟩ [mhd. verstieben] (geh., veraltend): *zerstieben u. wegfliegen:* ein Windstoß ließ den Schnee v.; Ü seine Erinnerung daran war verstoben.
ver|stie|gen [2: zu ↑versteigen (2)]: **1.** ↑versteigen. **2.** ⟨Adj.⟩ *überspannt, übertrieben, abwegig, wirklichkeitsfern:* ein -er Idealist; -e Ideen; Er wird ... eingehen auf ihre Unerfahrenheit und ihre -en Erwartungen (Frisch, Gantenbein 246); ... gab uns Träume ein: uferlose, heidnisch -e, unsterbliche, spannende Tagträume (Grass, Butt 99); seine Pläne sind recht v.; das klingt alles etwas v., kam ihr ziemlich v. vor; **Ver|stie|gen|heit**, die; -, -en: **1.** ⟨o. Pl.⟩ *das Verstiegensein.* **2.** *verstiegene Idee, Vorstellung; von Verstiegenheit* (1) *zeugende Äußerung:* seine -en nimmt niemand ernst; Meine Ungeduld mit den abstrakten -en vieler Autoren hetzt mein Auge über die Seiten (Stern, Mann 58).
ver|stim|men ⟨sw. V.⟩: **1.** *(bei einem Musikinstrument) bewirken, daß es nicht mehr richtig gestimmt ist* ⟨hat⟩: dreh nicht an dem Wirbel, sonst verstimmst du die Geige. **2. a)** ⟨v. + sich⟩ *aufhören, richtig gestimmt zu sein* ⟨hat⟩: das Klavier hat sich verstimmt; der Flügel ist v.; eine verstimmte Geige; **b)** (selten) *aufhören, richtig gestimmt zu sein* ⟨ist⟩: das Klavier verstimmt bei Feuchtigkeit leicht. **3.** *[leicht] verärgern, jmds. Unmut erregen* ⟨hat⟩: jmdn. mit einer Bemerkung v.; ... den er doch andererseits mit seinen fortgesetzten Nörgeleien und Grobheiten vielleicht am tiefsten von all seinen Untergebenen verstimmt hatte (Maass, Gouffé 10); wir merkten alle, wie verstimmt sie war (Fallada, Herr 254); er war über die Absage verstimmt; verstimmt verließ er die Versammlung; „Ich wirke komisch?" Leopold zog verstimmt die Brauen hoch (Jaeger, Freudenhaus 148); Ü einen verstimmten *(leicht verdorbenen)* Magen haben; die Börse ist verstimmt (Börsenw. Jargon); *reagiert negativ auf ein bestimmtes Ereignis;* **Ver|stimmt|heit**, die; -: *das Verstimmtsein;* **Ver|stim|mung**, die; -, -en: **1. a)** *das Verstimmen, Sichverstimmen;* **b)** *verstimmter Zustand.* **2.** *durch einen enttäuschenden Vorfall o. ä. hervorgerufene ärgerliche Stimmung:* in Bonn herrschte gestern abend in der DDR-Delegation deutliche V. (Freie Presse 14. 2. 90, 2); eine V. hervorrufen, auslösen.
ver|stin|ken ⟨st. V.; hat⟩ (ugs. abwertend): *verstänkern:* Ich stamme aus einer verstunkenen Arbeiterstadt (Zwerenz, Kopf 16).
ver|stocken[1] ⟨sw. V.; hat⟩ [spätmhd. verstocken, eigtl. = steif wie ein Stock werden] (veraltend, noch geh.): **1.** ⟨v. + sich⟩ *verstockt werden, sich (anderen, Argumenten) in starrsinniger Weise verschließen:* Irgend etwas wollte mich anrühren, irgend etwas wollte mich zur Einsicht bringen, aber ich verstockte mich (Brinkmann, Zeit 358); Und Hans Castorp verstockte sich gegen Herrn Settembrini (Th. Mann, Zauberberg 492). **2.** *verstockt machen:* Anstatt das Volk für sich zu gewinnen, verstockte er es (Thieß, Reich 241); **ver|stockt** ⟨Adj.; -er, -este⟩ (abwertend): *starrsinnig, in hohem Grade unein-*

sichtig, zu keinem Nachgeben bereit; trotzig: ein -er Mensch; mit -er Miene dastehen; Niemand, außer ein paar -en Reaktionären, wollte an Ernst Bloch sich reiben (Reich-Ranicki, Th. Mann 115); der Angeklagte war, zeigte sich v.; Mathis schwieg v. (Muschg, Gegenzauber 368); **Ver|stockt|heit,** die; -: *das Verstocktsein:* in seinem Schweigen lag viel kindliche V. (Th. Mann, Zauberberg 281); Jetzt wenigstens redete sie sich mit großer V. ein, daß ... (Werfel, Himmel 151).

ver|stoff|wech|seln ⟨sw. V.; hat⟩: *im Stoffwechsel, im Prozeß des Stoffwechsels umsetzen, verarbeiten:* Raucher trinken im Durchschnitt mehr Kaffee als Nichtraucher, da sie das Koffein schneller verstoffwechseln (neuform Kurier 9, 1989, 42); Folsäuremangel ... bewirkt, daß aufgenommenes Formaldehyd zu Methylalkohol ... verstoffwechselt wird (natur 4, 1991, 88); **Ver|stoff|wech|se|lung, Verstoff|wechs|lung,** die; -, -en: *das Verstoffwechseln.*

ver|stoh|len ⟨Adj.⟩ [mhd. verstoln, eigtl. 2. Part. von: verstelen = (heimlich) stehlen]: *darauf bedacht, daß etw. nicht bemerkt wird; unauffällig, heimlich:* ein -es Lächeln; -e Blicke; Dr. Heidmann musterte seine neue Kollegin v. (Sebastian, Krankenhaus 44); **Ver|stoh|len|heit,** die; -: *das Verstohlensein.*

ver|stol|pern ⟨sw. V.; hat⟩ (Sport Jargon): *durch Stolpern verpassen, vertun, nicht nutzen können:* eine Torchance, den Ball v.; Doch zunächst verstolperte Müller ... diese Möglichkeit (BM 25. 2. 77, 9).

ver|stop|fen ⟨sw. V.⟩ [mhd. verstopfōn]: **1.** ⟨hat⟩ **a)** *durch Hineinstopfen eines geeigneten Gegenstandes od. Materials verschließen:* ein Loch, Fugen, Ritzen v.; er mußte mir die Ohren mit Watte v.; Er ließ die Fensterladen fallen und verstopfte die nach außen führenden Schlüssellöcher (Musil, Mann 499); die letzten Arbeiter, Maler, hatten mit Abfällen blödsinnigerweise ein Klosett verstopft (Frisch, Stiller 265); **b)** *durch Im-Wege-Sein undurchlässig, unpassierbar machen:* Teeblätter hatten den Ausguß verstopft (Ossowski, Liebe ist 170); wenn der Kohlendreck die Pumpe nicht verstopfe, könnten sie das Boot über Wasser halten (Ott, Haie 173); Er wollte schreien, aber Schleim verstopfte ihm die Kehle (Ott, Haie 181); ⟨oft im 2. Part.:⟩ eine verstopfte Düse; die Toilette ist durch Abfälle/von, mit Abfällen verstopft; die Nase ist verstopft *(voller Nasenschleim);* ich bin verstopft (ugs.; *habe keinen Stuhlgang, leide an Verstopfung* 2); Ü Unfallstaus, Einkaufs- und Berufsverkehr verstopften die Innenstadt total (Saarbr. Zeitung 18. 12. 79, 13); bis zum Ausgang des Dorfes, wo ... ein riesiger Haufen verlassener Fahrzeuge die Durchfahrt verstopfte (Plievier, Stalingrad 157); alle Kreuzungen waren [von Fahrzeugen] verstopft; enge, von Müllsäcken verstopfte Gassen (Fest, Im Gegenlicht 366). **2.** *undurchlässig, unpassierbar werden* ⟨ist⟩: wirf den Abfall nicht in die Toilette, sie verstopft sonst; die unterirdischen Rohre, die das Wasser ableiten sollten, waren zu eng und verstopften

(Berger, Augenblick 121); Ü Trotz massiven Straßenbaus verstopften die Straßen immer mehr (natur 3, 1991, 70); **Ver|stopf|fung,** die; -, -en: **1. a)** *das Verstopfen* (1 a), *Verstopftwerden, -sein:* Ü Besonders das erkaufte Schweigen und die gezielte V. einer Informationsquelle ... (NJW 19, 1984, 1100); **b)** *das Verstopfen* (1 b), *Verstopftwerden, -sein:* die Automaten, die durch -en außer Betrieb gesetzt waren (Allgemeine Zeitung 6. 2. 85, 9); Ü Die Harmonisierung der Verkehrsflusses führt nicht nur zu einer besseren Auslastung der Straßen und zu einer Verminderung von Staus und -en (Allgemeine Zeitung 21. 12. 84, 8). **2.** *Stuhlverstopfung:* sie leidet an [chronischer] V.; ein Mittel gegen V.

ver|stöp|seln ⟨sw. V.; hat⟩: *zustöpseln:* Grenouille füllte es auf zwei Flakons, die er verstöpselte (Süskind, Parfum 193).

ver|stor|ben: ↑versterben; **Ver|stor|be|ne,** der u. die ⟨Dekl. ↑Abgeordnete⟩: *jmd., der verstorben ist:* Darüber hinaus bringt die sichere Feststellung des Todesursache den Angehörigen eines -n Trost und Hilfe (Medizin II, 182).

ver|stö|ren ⟨sw. V.; hat⟩ [mhd. verstœren]: **1.** *aus der Fassung, dem seelischen Gleichgewicht bringen, sehr verwirren:* der Anblick verstörte sie; du hast ihn mit deiner Zudringlichkeit verstört; Als Kind hat es mich verstört, daß es auf dem Friedhof reiche Gräber gegeben hat und arme (Rolf Schneider, November 68); ⟨auch o. Akk.-Obj.:⟩ Ich glaube, meine Aufgabe ist es zu v. (Spiegel 35, 1978, 150); ⟨oft im 2. Part.:⟩ ein verstörtes Kind; er machte einen verstörten Eindruck; die Flüchtlinge waren völlig verstört, verstört um sich blicken. ♦ **2. a)** *stören* (1): Euer Hauke wird mir der Nachtruh' nicht v. (Storm, Schimmelreiter 27); **b)** *zerstören* (1): Krankheit verstöret das Gehirn (Schiller, Räuber V, 1); **Ver|stört|heit,** die; -: *das Verstörtsein;* **Ver|stö|rung,** die; -, -en ⟨Pl. selten⟩: *Verstörtheit.*

Ver|stoß, der; -es, Verstöße: **1.** *das Verstoßen* (1) *gegen etw.; Verletzung von Bestimmungen, Anordnungen, Vorschriften:* ein schwerer, leichter, grober V.; ein V. gegen den Anstand; ein V. gegen grammatische Regeln; auch der kleinste V. wurde geahndet; es ist so frappanter V. gegen die Dienstordnung mir noch nie begegnet (Dürrenmatt, Grieche 40); das Rechtsüberholen stellt einen V. dar; nun aber setzte man sie unter Anklage wegen -es gegen die Sozialistengesetze (Kühn, Zeit 94). **2.** **in V. geraten* (österr. veraltet; *verlorengehen;* zu veraltet verstoßen = verstecken, verbergen); **ver|sto|ßen** ⟨st. V.; hat⟩ [mhd. verstōʒen, ahd. firstōʒan]: **1.** *gegen etw. (eine Regel, ein Prinzip, eine Vorschrift o. ä.) handeln, sich darüber hinwegsetzen, eine Bestimmung, Anordnung, Vorschrift verletzen:* gegen ein Tabu, den guten Geschmack, die Disziplin v.; sein Verhalten verstößt gegen die Straßenverkehrsordnung; Es verstieß gegen Treu und Glauben, wenn sie nicht über Elkes Zustand aufklärte (Edschmid, Liebesengel 176); ... wenn die Verweigerung eines Vertragsabschlusses

gegen die guten Sitten verstößt (NJW 19, 1984, 1123). **2.** *aus einer Gemeinschaft ausschließen, ausstoßen:* seine Tochter [aus dem Elternhaus] v.; Mein Jahrhundert ... sah einen König, der seine Frau verstieß (B. Frank, Tage 75); er wurde von den Stammesangehörigen verstoßen; Arachnes sanfte Dienstbotin ... sei das verstoßene Kind eines Bruders der Weberin (Ransmayr, Welt 101); **Ver|sto|ßung,** die; -, -en: *das Verstoßen* (2), *Verstoßenwerden.*

ver|strah|len ⟨sw. V.; hat⟩: **1.** *ausstrahlen* (1 a): der Ofen verstrahlt eine angenehme Wärme; Ü Er verstrahlt natürlichen Charme (Augsburger Allgemeine 10./11. 6. 78, II). **2.** *durch Radioaktivität verseuchen:* Kernkraftwerker ... wurden bis nahe an die umstrittene gesetzliche Höchstgrenze verstrahlt (Spiegel 1, 1986, 37); verstrahltes Gebiet, Gemüse; Ihre Ängste vor einer verstrahlten und vergifteten Umwelt sind eklatant (Wiener 1, 1989, 44); **Ver|strah|lung,** die; -, -en: **1.** *das Verstrahlen* (1). **2.** *das Verstrahlen* (2), *Verstrahltsein:* Läßt sich nun die V. von Boden und Lebensmitteln mittlerweile zuverlässig ermitteln ... (NZZ 25. 10. 86, 29); Die Auswirkungen der V. nach einem Atomkrieg erlauben es ... (Welt 23. 12. 76, 5).

ver|stre|ben ⟨sw. V.; hat⟩: *mit (stützenden, [zusätzlichen] Halt gebenden) Streben versehen:* ein Gerüst v.; ⟨meist im 2. Part.:⟩ Auch die hintere Radführung erfolgt über Federbeine, welche aber durch Längs- und Querlenker verstrebt sind (NZZ 27. 8. 86, 7); ein mit dünnen Stahlfäden verstrebtes, fragiles Glasgewölbe (Welt 15. 5. 86, 24); **Ver|stre|bung,** die; -, -en: **1.** *das Verstreben.* **2.** *einzelne Strebe bzw. Gesamtheit von zusammengehörenden Streben.*

ver|strei|chen ⟨st. V.⟩ [mhd. verstrīchen = überstreichen; vergehen, ahd. farstrīchan = tilgen]: **1.** ⟨hat⟩ **a)** *streichend verteilen:* die Butter [gleichmäßig] auf dem Brot v.; die Farbe mit einem Pinsel v.; **b)** *beim Streichen* (2 c) *verbrauchen:* wir haben [in dem Zimmer] acht Kilo Farbe verstrichen; **c)** *zustreichen:* Fugen, Ritzen sorgfältig v.; sie verstrich das Loch in der Wand mit Gips. **2.** (geh.) *vergehen* (1 a) ⟨ist⟩: zwei Jahre sind seitdem verstrichen; Die Zeit bis zu seinem Eintreffen verstrich schnell (Bieler, Mädchenkrieg 222); die Besuchszeit sei in fünf Minuten verstrichen *(vorbei;* Loest, Pistole 31); wir dürfen die Frist nicht v. lassen; er ließ eine Weile v., ehe er antwortete. **3.** (Jägerspr.) *(von Federwild) das Revier verlassen* (von Fasanen): die Fasanen sind verstrichen.

ver|strei|ten, sich ⟨sw. V.; hat⟩ (seltener): *sich zerstreiten:* ... wie die Leidenschaft zu leben ... die Völker dazu bringt, sich nach einer gehabten Katastrophe wieder zu versöhnen, um sich später wieder v. (Strittmatter, Der Laden 142); mein Großvater war verstritten mit seinem Schwager (Müller, Fuchs 253); Sie sahen wirklich einander verstrittenen Liebenden als ertappten Verbrechern ähnlich (Fallada, Jeder 78).

ver|streu|en ⟨sw. V.; hat⟩: **1. a)** *streuend verteilen:* Asche auf dem vereisten Fuß-

Verstreuung

weg v.; **b)** *versehentlich ausstreuen, verschütten:* Zucker, Mehl v.; die Streichhölzer auf dem Teppich v. **2.** *beim Streuen* (1 a) *verbrauchen:* wir verstreuen jeden Winter ein paar Zentner Vogelfutter. **3.** *(ohne eine [erkennbare] Ordnung) da und dort verteilen:* der Junge hat seine Spielsachen im ganzen Haus verstreut; Er hatte das ruhige Meer dieses Tages genützt und Fischreusen und Hakenkränze über die Buchten verstreut (Ransmayr, Welt 279); ⟨oft im 2. Part.:⟩ seine Kleider lagen im ganzen Zimmer verstreut *(unachtsam, unordentlich an verschiedenen Stellen abgelegt);* Ü verstreute *(vereinzelte, weit auseinander liegende)* Gehöfte, Ortschaften; in verschiedenen Zeitschriften verstreute Aufsätze; ... da die über die ganze Welt verstreuten jüdischen Gemeinschaften ... äußerst verschiedenartig sind (Fraenkel, Staat 140); **Ver|streu|ung,** die; -, -en: *das Verstreuen, Verstreutwerden, Verstreutsein.*
ver|strị|cken¹ ⟨sw. V.; hat⟩ [mhd. verstricken = mit Stricken umschnüren, verflechten, zu: stricken, ↑stricken]: **1. a)** ⟨v. + sich⟩ *beim Stricken einen Fehler machen:* sich immer wieder v.; **b)** *beim Strikken verbrauchen:* ich habe schon 500 Gramm Wolle verstrickt; wir verstricken *(verwenden)* nur reine Wolle; Immer mehr Wolle wird auf den Inseln selbst gesponnen und meist zu Pullovern verstrickt (Welt 9. 1. 93, 10); **c)** ⟨v. + sich⟩ *sich in einer bestimmten Weise verstricken* (1 b) *lassen:* die Wolle verstrickt sich gut, schnell. **2.** (geh.) **a)** *jmdn. in etw. für ihn Unangenehmes hineinziehen* (5): er versuchte, ihn in ein Gespräch über Politik zu v.; Die Gemeinschaft hatte sich reserviert verhalten, um nicht in ein militärisches Engagement verstrickt zu werden (W. Brandt, Begegnungen 598); **b)** ⟨v. + sich⟩ *sich durch sein eigenes Verhalten in eine schwierige, mißliche od. ausweglose, verzweifelte Lage bringen:* sich in ein Lügennetz v.; sie würde sich ... in ihren eigenen Listen und Lüsten v. (Maass, Gouffé 137); So verstrickt sich der Autor des „Mephisto" in auffallend viele Widersprüche (Reich-Ranicki, Th. Mann 194); ... für einen Menschen, der in seinen Sünden verstrickt und von Gott verdammt ist (Stern, Mann 417); **Ver|strị|ckung¹,** die; -, -en: *das Verstricktsein:* Unsere V. in vieles, was uns knechtet und bindet und verzweifeln läßt, ist viel zu massiv (Thielicke, Ich glaube 196); **Ver|strị|ckungs|bruch¹,** der (Rechtsspr.): *Pfandbruch:* Er hatte sein Auto mit einem Zweitschlüssel geöffnet, so die Polizei, die den nicht alkoholisierten Mann wegen „Verstrickungsbruchs" anzeigte (Rheinpfalz 7. 12. 93, 15).
ver|strọ|men ⟨sw. V.; hat⟩ (Fachspr.): *zur Erzeugung von elektrischem Strom benutzen:* 50% der geförderten Kohle werden verstromt; **ver|strö|men** ⟨sw. V.⟩: **1.** *ausströmen* (a) ⟨hat⟩: Rosen verströmten ihren Duft; Weihrauch und Birken verströmten eindringlichen Wohlgeruch (Rinser, Jan Lobel 11); Wenn er sich vorbeugte, atmete er die Wärme ein, die ihr Körper verströmte (Kirst, 08/15, 103); Ü er verströmt Optimismus; wieder ging ein Zauber von ihren tänzerischen, langsamen Passagen aus, in denen sie Zärtlichkeit zu v. schienen (Maegerlein, Triumph 59). **2.** ⟨v. + sich⟩ (dichter.) *sich strömend verlieren:* dort verströmt sich die Mosel [in den Rhein]; Ü ... daß nur das Leben etwas war, was nicht wiederkam, wenn es sich verströmt hatte (Wiechert, Jeromin-Kinder 373); **Ver|strọ|mung,** die; -, -en (Fachspr.): *das Verstromen, Verstromtwerden:* die V. von Kohle.
ver|strụb|beln ⟨sw. V.; hat⟩ (ugs.): *strubbelig machen:* jmdm., sich die Haare v.; Welch ein fröhliches Kind mit dem weißblonden, verstrubbelten Schopf und den blauen Augen der Mutter (Fallada, Mann 114).
ver|stụ̈m|meln ⟨sw. V.; hat⟩ [mhd. (md.) verstumeln]: *(durch Abtrennen einzelner Körperteile) schwer verletzen u. entstellen:* der Mörder hatte sein Opfer verstümmelt; bei dem Unfall wurden mehrere Personen bis zur Unkenntlichkeit verstümmelt; Sie sagten auch, woran sie ihn erkannten ... am verstümmelten Daumen der rechten Hand (Mostar, Unschuldig 24); Ü einen Text, jmds. Namen v. *(in entstellender Weise verkürzen);* Gleichzeitige Meldungen in anderen deutschen Zeitungen ... beweisen, daß diese UPI-Meldung willkürlich verstümmelt worden ist (Enzensberger, Einzelheiten I, 40); **Ver|stụ̈m|me|lung,** Verstümmlung, die; -, -en: **1.** *das Verstümmeln, Verstümmeltwerden.* **2.** *das Verstümmeltsein, das Fehlen eines Gliedes, eines Körperteils.*
ver|stụm|men ⟨sw. V.; ist⟩ [mhd. verstummen] (geh.): **a)** *aufhören zu sprechen, zu singen o. ä.:* vor Schreck [jäh] v.; Ich führte, als sie ... verstummte, den Satz zu Ende (Stern, Mann 292); Ü das Maschinengewehr, der Lautsprecher, der Motor verstummte plötzlich; Auf einmal, mitten im Stück, verstummte das kleine Orchester aufs neue (Th. Mann, Krull 430); der Dichter ist verstummt *(hat aufgehört zu schreiben),* ist für immer verstummt *(ist gestorben);* **b)** *(von Lauten, Geräuschen, von Hörbarem) aufhören, enden:* das Gespräch, das Lachen, die Musik verstummte; wissen Sie, wie das ist, wenn Vogelstimmen plötzlich und ganz unerwartet verstummen? (Hilsenrath, Nazi 47).
ver|stụ̈mm|lung: ↑ Verstümmelung.
ver|stụ̈r|zen ⟨sw. V.; hat⟩ [zu ↑ stürzen (6 a)] (Schneiderei): *(zwei zusammenzunähende Stücke Stoff) mit der linken Seite nach außen aufeinanderlegen, zusammennähen u. anschließend auf die rechte Seite drehen;* **Ver|stụ̈rz|naht,** die; -, ...nähte (Schneiderei): *Naht, die zwei miteinander verstürzte Stücke Stoff verbindet.*
Ver. St. v. A. = Vereinigte Staaten von Amerika.
Ver|such, der; -[e]s, -e [mhd. versuoch]: **1. a)** *Handlung, mit der etw. versucht wird:* ein kühner, aussichtsloser, verzweifelter, mißglückter, erfolgreicher, geglückter V.; der V. ist gescheitert, fehlgeschlagen; Diese Romane sind die erste V. einer Orientierung des bürgerlichen Menschen in der höfisch-barocken Welt und zugleich der erste vorsichtige V., sich von ihr zu distanzieren (Greiner, Trivialroman 24); Alle -e, den Absender ausfindig zu machen, blieben erfolglos (Böll, Erzählungen 177); der V. lohnt (Kuby, Sieg 90); einen ernsten V. wagen, machen; ich will noch einen letzten V. mit ihm machen *(ihm noch eine letzte Chance geben, sich zu bewähren);* Sie ... unternahm keinen V. mehr, den Schwiegersohn umzustimmen (Buber, Gog 70); es käme auf einen V. an *(man müßte es versuchen);* **b)** *literarisches Produkt, Kunstwerk, durch das etw. versucht wird:* seine ersten lyrischen -e; Nach einigen analytischen -en, von denen vielleicht der Essay „Körners Frauengestalten" der stärkste ist ... (Hildesheimer, Legenden 19); ⟨oft in Titeln:⟩ „V. über das absurde Theater"; Der wilde, rebellische V. über Goya war herrlich ergänzt durch den stillen, mildglänzenden Aufsatz ... (Feuchtwanger, Erfolg 707). **2. a)** (Sport) *(einmaliges) Ausführen einer Übung in einem Wettkampf:* beim Weitsprung hat jeder Teilnehmer sechs -e; **b)** (Rugby) *das Niederlegen des Balles im gegnerischen Malfeld:* einen V. erzielen, legen. **3.** *das Schaffen von Bedingungen, unter denen sich bestimmte Vorgänge, die Gegenstand des wissenschaftlichen Interesses sind, beobachten u. untersuchen lassen;* Experiment (1), Test: ein chemischer, physikalischer V.; Sie beglückwünschten ihn dazu, daß seine -e glücklich ausgegangen waren (Thorwald, Chirurgen 79); einen V. vorbereiten, anstellen, abbrechen, auswerten; ein V. -e an Tieren; Des heiklen Gegenstandes wegen schied für die christlichen Herren ein V. an Menschen aus (Stern, Mann 27); **ver|sụ|chen** ⟨sw. V.; hat⟩ [mhd. versuochen, eigtl. = zu erfahren suchen]: **1. a)** *(etw. Schwieriges, etw., wozu man eventuell vielleicht nicht fähig ist, etw., was vielleicht vereitelt werden wird) zu tun beginnen u. soweit wie möglich ausführen:* zu fliehen v.; er versuchte vergeblich, sie zu trösten; sie hat versucht, über den Kanal zu schwimmen; Natürlich muß man v., politische Konzessionen zu erzielen (Dönhoff, Ära 141); er versuchte ein Lächeln, die Flucht; Ich versuche keine unnötigen Heldentaten (Remarque, Obelisk 315); das Unmögliche v.; was aber nicht zutrifft, ist die Behauptung, wir hätten alles versucht (Dönhoff, Ära 64); ich will es gern v. *(will gern versuchen, sie zu erreichen),* aber ich glaube, sie ist nicht da; wenn das nicht hilft, versuch es doch mit Kamillentee; Constantin, von Christen umgeben, versucht es ... mit Milde und Verzeihen (Thieß, Reich 270); Versuchen wir es doch einmal mit Zureden (Gaiser, Jagd 194); wenn du es dort nicht kriegst, versuch es am besten in einem Kaufhaus; er wurde wegen versuchten Mordes verurteilt; die Chefin will es noch einmal mit ihm v. *(will ihm die Gelegenheit geben, sich zu bewähren);* wir wollen es noch einmal miteinander v. *(wollen noch einmal versuchen, miteinander auszukommen);* nachdem sie ihm einen Korb gegeben hatte, versuchte er es bei ihrer Schwester *(versuchte er, mit der Schwester zu flirten, mit ihr anzubändeln);* **b)** *durch Ausprobieren feststellen; probieren* (1): laß mich mal v., ob der Schlüssel

paßt, ob ich es schaffe; ich möchte mal v., wie schnell das Auto fährt. **2.** *probieren* (3): hast du den Kuchen, den Wein schon versucht?; ⟨auch o. Akk.-Obj.:⟩ willst du mal [davon] v.? **3. a)** ⟨v. + sich⟩ *sich auf einem [bestimmten] Gebiet, auf dem man noch unerfahren, ungeübt ist, betätigen:* er versucht sich in der Malerei, auf der Flöte, an einem Roman; Ich hatte niemals daran gedacht, mich als Schauspieler zu v. (K. Mann, Wendepunkt 147); er hatte sich mehrmals an Violinsonaten versucht (Grass, Katz 135); Ein junges Mädchen ... versuchte sich in Verführungsposen (Fest, Im Gegenlicht 309); In der Morgenfrühe versuche ich mich mit der Sense oder mit der Axt, um den Dschungel zu lichten (Frisch, Montauk 196); **b)** (geh.) *erproben:* seinen Sarkasmus an jmdm. v.; Schließlich waren ... alle erreichbaren Fistelkranken aus Paris herbeigeschleppt worden, um an ihnen eine geeignete Operationsmethode zu v. (Thorwald, Chirurgen 23). **4.** (bibl.) *auf die Probe stellen:* Arlecq springt vom Turm der Frauenkirche, die Heiligen starren entsetzt. Das heißt Gott v. (Fries, Weg 14); immerfort jückte es ihn, die Landeskinder mit Fragen zu v. darüber, wie es stehe mit ihren Göttern (Th. Mann, Joseph 752); * **versucht sein/sich versucht fühlen, etw. zu tun** *(die starke Neigung verspüren, etw. zu tun):* Man ist unwillkürlich versucht, von hier aus weiter zu spekulieren (Hofstätter, Gruppendynamik 66); **Ver|su|cher**, der; -s, - [mhd. versuocher] (bibl.): *jmd., der jmdn. versucht* (4): er kam als V.; Jesus und der V. (christl. Rel.); *der Teufel als Versucher*); **Ver|su|che|rin**, die; -, -nen (bibl.): w. Form zu ↑Versucher; **ver|su|che|risch** ⟨Adj.⟩ (selten): *wie ein Versucher [handelnd]:* ein -er Satan; **Ver|suchs|ab|tei|lung**, die: *Abteilung für die Erprobung, das Testen neu entwickelter technischer Erzeugnisse;* **Ver|suchs|an|la|ge**, die: **a)** *Anlage, mit deren Hilfe Versuche durchgeführt werden;* **b)** *neuartige, noch in der Erprobung befindliche Anlage (z. B. Produktionsanlage);* **Ver|suchs|an|ord|nung**, die: *Gesamtheit der für einen wissenschaftlichen Versuch geschaffenen Bedingungen;* **Ver|suchs|an|stalt**, die: *Forschungsanstalt, die sich mit der Durchführung wissenschaftlicher Versuche beschäftigt:* eine biologische, landwirtschaftliche V.; **Ver|suchs|bal|lon**, der (Met.): *als Sonde dienender Ballon zur Untersuchung der Atmosphäre:* Ü das neue Modell ist in erster Linie als V. gedacht *(soll Aufschlüsse über die Situation auf dem Markt, über das Verhalten, die Wünsche der Konsumenten erbringen);* So hat Möllemann schon in manchem Interview einen V. gestartet *(einen Vorstoß unternommen, wodurch er die Reaktionen anderer erahnen hat;* Spiegel 39, 1984, 28); **Ver|suchs|be|din|gung**, die ⟨meist Pl.⟩: *für einen wissenschaftlichen Versuch geschaffene Bedingung* (1.); **Ver|suchs|büh|ne**, die: *kleineres Theater, in dem bes. experimentelle Stücke od. Inszenierungen anderer Art gebracht werden;* **Ver|suchs|fah|rer**, der: *Testfahrer;* **Ver|suchs|fah|re|rin**, die: w. Form zu ↑Versuchsfahrer; **Ver|suchs|feld**, das:

vgl. Versuchsgelände; **Ver|suchs|ge|län|de**, das: *für die Durchführung von Versuchen, von Tests benutztes Gelände;* **Ver|suchs|grup|pe**, die (bes. Med., Psych.): *Gruppe von Versuchspersonen, -tieren;* **Ver|suchs|ka|nin|chen**, das: **1.** (selten) vgl. Versuchstier. **2.** (ugs. abwertend) *Versuchsperson; jmd., an dem etw. ausprobiert werden soll:* ... benutzte ihn als V., ähnlich wie es deutsche Ärzte mit Juden getan haben (Singer [Übers.], Feinde 60); Der Patient ist kein V. (Hörzu 39, 1976, 145); **Ver|suchs|kar|nickel**[1], das (landsch. abwertend): *Versuchskaninchen;* **Ver|suchs|la|bo|ra|to|ri|um**, das: vgl. Versuchsanstalt; **Ver|suchs|lei|ter**, der (bes. Psych.): *jmd., unter dessen Leitung ein Versuch durchgeführt wird;* **Ver|suchs|lei|te|rin**, die (bes. Psych.): w. Form zu ↑Versuchsleiter; **Ver|suchs|mo|dell**, das: *Prototyp* (3); **Ver|suchs|ob|jekt**, das: vgl. Versuchsperson; **Ver|suchs|per|son**, die (bes. Med., Psych.): *Person, mit der, an der ein Versuch durchgeführt wird;* **Ver|suchs|pro|jekt**, das: *Projekt, bei dem ein wissenschaftlicher Versuch od. wissenschaftliche Versuche durchgeführt werden;* **Ver|suchs|pup|pe**, die: *Dummy* (1); **Ver|suchs|rei|he**, die: *Serie von Versuchen im Rahmen einer größeren Untersuchung;* **Ver|suchs|schu|le**, die: *Schule, an der ein Schulversuch durchgeführt wird;* **Ver|suchs|se|rie**, die: *Versuchsreihe;* **Ver|suchs|sta|di|um**, das: *[Vor]stadium, in dem man noch Versuche anstellt, experimentiert, um die beste Form, Gestaltung einer Sache zu erreichen;* **Ver|suchs|stand**, der: *mit Meßgeräten ausgestattete Anlage für wissenschaftliche Versuche;* **Ver|suchs|sta|ti|on**, die: vgl. Versuchsanstalt; **Ver|suchs|strecke**[1], die: *Strecke, auf der ein neu entwickeltes Fahrzeug, ein neuer Fahrbahnbelag o. ä. erprobt wird;* **Ver|suchs|tier**, das: *Tier, an dem, mit dem ein Versuch durchgeführt wird:* Rund eine Million -e werden alljährlich von der Kosmetikindustrie zur Erprobung ihrer Produkte benützt (Welt 19. 8. 76, 1); **ver|suchs|wei|se** ⟨Adv.⟩: *als Versuch:* v. die gleitende Arbeitszeit einführen; Er machte v. ein paar Schritte (Kronauer, Bogenschütze 229); ⟨mit Verbalsubstantiven auch attr.:⟩ die v. Aufhebung der Geschwindigkeitsbeschränkung; **Ver|suchs|zweck**, der ⟨meist Pl.⟩: *in der Durchführung von Versuchen* (3) *bestehender Zweck:* die Tiere werden zu -en gehalten; **Ver|su|chung**, die; -, -en [mhd. versuochunge]: **1.** (bibl.) *das Versuchen* (4), *Versuchtwerden:* die V. Jesu in der Wüste; jmdn. in V. führen *(jmdn. zu etw. Unrechtem verlocken).* **2.** *das Versuchtsein (etw. Bestimmtes zu tun); Situation des Versuchtseins (etw. zu tun):* die V., diese Situation auszunutzen, war für ihn] groß; er erlag widerstand der V., das Geld zu behalten; er ... spürte wohl auch die V. zu sagen, daß er ihr Vater wäre (Frisch, Stiller 88); Je größer ein Mensch ist, desto mehr unterliegt es von Zeit zu Zeit der V. zu Alleingängen (H. Schmidt, Strategie 12); jmdn. in [die] V. bringen, etw. zu tun; in [die] V. kommen, geraten, etw. zu tun; sie ist die reine V. *(jmd., der andere in Versuchung führt);*

er (= der Kuchen) wäre eine einzige V. *(er verlockt)* zum Dickwerden (Loest, Pistole 142). **ver|süh|nen** ⟨sw. V.; hat⟩ [↑versöhnen] (veraltet): *versöhnen;* **Ver|süh|nung**, die; -, -en (veraltet): *das Versühnen.* **ver|sul|zen** ⟨sw. V.; hat⟩ (Jargon): *sulzig* (a) *werden:* Der versulzte Kraftstoff verstopft Filter und Leitungen total (ADAC-Motorwelt 11, 1986, 137); Bei tiefen Temperaturen versulzen Kraftstoffleitungen *(werden durch versulzten Kraftstoff unpassierbar;* Rheinpfalz 16. 1. 85, 9). **ver|sump|fen** ⟨sw. V.; ist⟩: **1.** *sumpfig, zu Sumpf werden:* der See ist versumpft; Ü sie wollten in dem Kaff nicht v. *(geistig verkümmern);* manche von ihnen hatten sich Geld für einen Gebrauchtwagen gespart, um nicht an einem Ort v. zu müssen (Innerhofer, Schattseite 113). **2.** (ugs.) *moralisch verwahrlosen:* in der Großstadt v.; wir sind letzte Nacht völlig versumpft *(haben lange gefeiert u. viel getrunken);* **Ver|sump|fung**, die; -, -en: *das Versumpfen* (1). **ver|sün|di|gen**, sich ⟨sw. V.; hat⟩ [mhd. (sich) versündigen] (geh.): *[an etw., jmdm.] unrecht handeln, schuldig werden:* sich an einem Mitmenschen, an der Natur v.; an Rom würd man sich nicht noch einmal v.! (Hochhuth, Stellvertreter 156); wir würden uns am Andenken meines Freundes v. (Bergengruen, Rittmeisterin 330); versündige dich nicht!; **Ver|sün|di|gung**, die; -, -en (geh.): *das Sichversündigen:* Von daher möchte man beinahe hoffen, daß der Krieg noch nicht so bald zu Ende ist, wenn das nicht 'ne V. wär', so zu sprechen (Kempowski, Zeit 433). **Ver|sun|ken|heit**, die; - (geh.): *Zustand des Versunkenseins:* selige V.; ein Geräusch riß ihn aus seiner V.; Sie schüttelte sich ... und schien aus ihrer V. langsam zu erwachen (Hesse, Steppenwolf 117); in seiner V. hatte er ihr Kommen nicht bemerkt. **Ver|sur**, die; -, -en [zu lat. versura = das Drehen, Wenden, zu: versum, ↑Vers] (veraltet): *Umsatz einer Firma;* **ver|sus** ⟨Präp. mit Akk.⟩ [lat.] (bildungsspr.): *gegen[über]; im Gegensatz zu:* Sprachwissenschaft v. Sprachkritik (und umgekehrt) (Braun, Tendenzen 14); Robert, der gefragte Journalist, v. Johannes, seinen abhängigen und aggressiven Bruder (Falter 12, 1984, 34); Abk.: vs.; **Ver|sus me|mo|ria|les** [...zu:s ...le:s] ⟨Pl.⟩ [lat., zu: versus (↑Vers) u. memorialis = zum Gedächtnis, Andenken gehörig, zu: memoria = Gedächtnis, Erinnerung] (bildungsspr.): *Verse, die als Gedächtnisstütze dienen;* **Ver|sus qua|dra|tus**, der; - -, - [...zu:s] ...ti [lat., eigtl. = viereckiger Vers, zu: quadratus = viereckig] (Verslehre): *trochäischer Septenar;* **Ver|sus rap|por|ta|ti** [...zu:s -] ⟨Pl.⟩ [lat., eigtl. = zurückgetragene Verse, zu mlat. rapportare = zurücktragen, -bringen] (Verslehre): *in der Barockzeit beliebte Verse mit verschränkter Aufzählung von Satzgliedern* (z. B. bei Opitz: Die Sonn', der Pfeil, der Wind verbrennt, verwund't, weht hin ...); **Ver|sus rho|pa|li|ci** [...zu:s -] ⟨Pl.⟩

versüßen

[lat., zu: rhopalicus, ↑rhopalisch] (spätantike Metrik): *rhopalische Verse.*
ver|sü|ßen ⟨sw. V.; hat⟩ [mhd. versüeʒen]: **1.** (selten) *süß machen.* **2.** *angenehmer machen, erleichtern:* sich das Leben v.; man wollte ihm mit dieser Abfindung seine Entlassung v.; Um sich das Warten zu v., ... (Fussenegger, Haus 398); **Versüßung,** die; -, -en: *das Versüßen.*
Vers|wis|sen|schaft, die (selten): *Metrik.*
vert. = vertatur.
ver|tä|feln ⟨sw. V.; hat⟩: *mit einer Täfelung verkleiden:* eine Wand v.; Das Büro des Häusermaklers ist ganz mit Edelholz vertäfelt (Reitz, Heimat 568); **Ver|tä|fe|lung,** (seltener:) **Ver|täf|lung,** die; -, -en: **1.** *das Vertäfeln, Vertäfeltwerden.* **2.** *etw., womit etw. vertäfelt ist.*
ver|ta|gen ⟨sw. V.; hat⟩ [mhd. vertagen]: **1.** *auf einen späteren Tag verschieben; aufschieben:* eine Sitzung, Verhandlung v.; die Entscheidung wurde [auf nächsten Montag, bis auf weiteres] vertagt; ein Luftangriff verhinderte die Vorführung, und sie wurde auf unbestimmte Zeit vertagt (Rothfels, Opposition 86). **2.** ⟨v. + sich⟩ *eine Sitzung o. ä. ergebnislos abbrechen u. eine weitere Sitzung zu einem späteren Zeitpunkt ansetzen:* das Gericht vertagte sich [auf nächsten Freitag]; Wir haben zwar noch zwei Versammlungen, bevor wir uns den Sommer über vertagen (Kemelman [Übers.], Freitag 26). ♦ **3.** *vor Gericht laden, zu einem Gerichtstag zitieren:* da wollte er absolut den Belichingen vertagt haben (Goethe, Götz I); **Ver|ta|gung,** die; -, -en: *das Vertagen, Vertagtwerden, Sichvertagen.*
ver|tän|deln ⟨sw. V.; hat⟩ (veraltend): *(Zeit) tändelnd, nutzlos verbringen:* seine Zeit v.; ... während des Winters – den ich in der Löwenburg vertändelt hatte – ... (Grass, Blechtrommel 567); Seine Freunde waren Menschen, die ... ihr Leben vertändelten (Lederer, Bring 125).
ver|tan|zen ⟨sw. V.; hat⟩: **1.** *(ein musikalisches Werk) in Tanz umsetzen:* In Gelsenkirchen vertanzte Bernd Schindowski Bachs „Johannispassion" (Welt 1. 2. 91, 1); Eines der nachdenklichsten ... Werke der deutschen Musikliteratur, Johann Sebastian Bachs Goldberg-Variationen, von Jerome Robbins vertanzt ... (MM 14. 8. 72, 20). **2.** *tanzend verbringen:* Französische Seeleute ... vertanzten ihre Urlaubsnächte (Frings, Männer 143).
ver|ta|tur [lat., 3. Pers. Sg. Konj. Präs. Passiv von: vertere, ↑Vers] (Druckw. veraltet): *bitte umdrehen!* (Korrektur von Buchstaben, die auf dem Kopf stehen; Abk.: vert.; Zeichen: V).
ver|tau|ben ⟨sw. V.; hat⟩ (Bergmannsspr.): *in taubes Gestein übergehen:* hier vertaubt der Erzgang; **Ver|tau|bung,** die; -, -en (Bergmannsspr.): *das Vertauben, Vertaubtwerden.*
ver|täu|en ⟨sw. V.; hat⟩ [unter Anlehnung an ↑²Tau zu mniederl. vortoien = ein Schiff vor zwei Anker legen] (Seemannsspr.): *mit Tauen festbinden:* ein Schiff v.; Als Tereus ... sein Boot an der Mole vertäute (Ransmayr, Welt 279); Die Stadt hat nämlich die beiden schwimmenden Bäder, die jahrzehntelang sommers vor dem Stephanieufer vertäut waren, end-

gültig zur Verschrottung ausgeschrieben (MM 26. 2. 75, 15).
ver|tausch|bar ⟨Adj.⟩ (selten): *sich vertauschen lassend, austauschbar;* **Ver|tausch|bar|keit,** die; -: *das Vertauschbarsein;*
ver|tau|schen ⟨sw. V.; hat⟩ [mhd. vertūschen = umtauschen]: **1. a)** *etw., was einem anderen gehört, [versehentlich] [weg]nehmen u. dafür etw. anderes in der Art zurücklassen:* ich habe die Regenschirme vertauscht; unsere Mäntel wurden vertauscht; **b)** *austauschen* (b), *auswechseln:* er pflegte die Stiefel auszuziehen und die Reithosen gegen lange Hosen zu v. (Kirst, 08/15, 85); Meine Reisegefährten vertauschten ihre Uniformen, ihre Kleider wieder mit den breitgestreiften Schlafanzügen (Koeppen, Rußland 87); Wir mußten die bequemen Polster der deutschen Luxusschlitten mit harten Sitzbänken von Armeefahrzeugen v. (Cotton, Silver-Jet 122). **2.** *etw., was man bisher gemacht o. ä. hat, aufgeben u. dafür etw. anderes tun, an die Stelle setzen:* er vertauschte die Kanzel mit dem Ministersessel; Der bisherige Inhaber dieser Funktion ... hat das Richteramt mit dem Ruhestand vertauscht (NZZ 3. 2. 83, 28); Es kam tatsächlich zu einer Paarung mit vertauschten Rollen (Lorenz, Verhalten I, 225); **Ver|tau|schung,** die; -, -en: *das Vertauschen.*
ver|tau|send|fa|chen ⟨sw. V.; hat⟩: vgl. *verhundertfachen;* **ver|tau|send|fäl|ti|gen** ⟨sw. V.; hat⟩ (veraltend): *vertausendfachen.*
Ver|täu|ung, die; -, -en (Seemannsspr.): **1.** *das Vertäuen, Vertäutwerden, Vertäutsein.* **2.** *Gesamtheit der Taue, mit denen etw. vertäut ist:* Zwei Polizeiboote haben vierundzwanzig Stunden am Tag die -en kontrolliert (Kemelman [Übers.], Mittwoch 73).
ver|te [lat., Imperativ Sg. von: vertere, ↑Vers] (Musik): *wenden!* (Hinweis auf Notenblättern; Abk.: v.); **ver|te|bra|gen** ⟨Adj.⟩ [zu lat. vertebra = Wirbel (des Rückgrats, zu: vertere, ↑Vers) u. ↑-gen] (Med.): *von einzelnen Wirbeln bzw. von der Wirbelsäule ausgehend (von Erkrankungen);* **ver|te|bral** ⟨Adj.⟩ [zu lat. vertebra, ↑vertebragen] (Anat., Med.): *zu einem od. mehreren Wirbeln, zur Wirbelsäule gehörend; die Wirbel, die Wirbelsäule betreffend; aus Wirbeln bestehend;* **Ver|te|brat,** der; -en, -en ⟨meist Pl.⟩ (Zool.): *Wirbeltier.*
ver|tech|ni|sie|ren ⟨sw. V.; hat⟩: *[übermäßig] technisieren;* **Ver|tech|ni|sie|rung,** die; -, -en: *das Vertechnisieren, Vertechnisiertwerden:* Die Kommerzialisierung und V. des Campings ... (MM 4. 6. 69, 15).
ver|tei|di|gen ⟨sw. V.; hat⟩: [verteidingen, vertagedingen = vor Gericht verhandeln, zu: teidinc, älter = tagedinc, ahd. tagading = Verhandlung (an einem bestimmten Tage), zu ↑¹Tag u. ↑¹Ding]: **1.** *gegen Angriffe schützen; Angriffe von jmdm., etw. abzuwehren versuchen:* sein Land, eine Stadt v.; Zwei verteidigten mich zum König; alle verteidigten den Palast (Schneider, Erdbeben 105); seine Freiheit, die Demokratie v.; sein Leben v.; er verteidigte sich gegen die Angreifer mit bloßen Fäusten; drei Spieler blieben

hinten, um das Tor, den Strafraum zu v.; ⟨auch o. Akk.-Obj.:⟩ (Sport:) wer verteidigt *(spielt als Verteidiger)* im Spiel gegen England?; die Ungarn mußten mit aller Kraft v. (Walter, Spiele 55). **2.** *für eine Person, Sache, die irgendwelcher Kritik ausgesetzt ist, eintreten, sprechen, argumentieren:* jmdn., jmds. Meinung v.; sie hatte plötzlich das Bedürfnis, den Mann ... gegen die Angriffe der altjüngferlichen Sekretärin zu v. (Sebastian, Krankenhaus 18); Er verteidigte schließlich auch die Wut der Studenten bei Mensapreiserhöhungen (Kronauer, Bogenschütze 182); in seinen frühen Arbeiten postulierte und verteidigte er die kritische, moralische und didaktische Aufgabe der Literatur (Reich-Ranicki, Th. Mann 44); „Ich habe nur meine Pflicht getan", verteidigte sich *(sagte sie sich verteidigend).* **3.** *(einen Angeklagten in einem Strafverfahren) vor Gericht vertreten; als Verteidiger für die Rechte des Beschuldigten eintreten u. die für diesen sprechenden Gesichtspunkte geltend machen:* er wird von Rechtsanwalt Kruse verteidigt. **4.** (Sport) **a)** *(einen Spielstand) sich zu halten bemühen:* die Mannschaft konnte das 1 : 0 bis zum Schlußpfiff v.; Ehe er richtig munter war, hatte ich drei Punkte. Da griff er an, ich verteidigte meinen Vorsprung mit allen Tricks (Loest, Pistole 198); **b)** *(einen errungenen Titel o. ä.) zu behalten, erneut zu erringen sich bemühen:* der Weltmeister wird seinen Titel gegen den Herausforderer v.; Unsere Mannschaft will nicht nur die Tabellenführung v. (Kicker 82, 1981, 5); **Ver|tei|di|ger,** der; -s, -: **1.** *jmd., der etw. (sich, jmdn. verteidigt* (1, 2, 4 b). **2.** (Sport) *Spieler, dessen Hauptfunktion es ist, gegnerische Tore zu verhindern:* der linke V.; im entscheidenden Augenblick wurde er vom linken Essener V. etwas unsanft zu Fall gebracht (Walter, Spiele 20). **3.** *jmd., der jmdn. verteidigt* (3); *Strafverteidiger:* wer ist Ihr V.?; er beantragt Haftprüfungstermine, wechselt den V. (Noack, Prozesse 108); **Ver|tei|di|ge|rin,** die; -, -nen: w. Form zu ↑*Verteidiger;* **Ver|tei|di|gung,** die; -, -en: **1.** *das Verteidigen* (1), *Verteidigtwerden, Sichverteidigen:* die V. der Festung; Dann werden wir besseren Gewissens zur V. der westlichen Welt ... beitragen (Augstein, Spiegelungen 43); (Sport:) die Mannschaft konzentrierte sich ganz auf die V.; (Milit.:) die territoriale V. *(Territorialverteidigung);* eine Gemeinschaftslösung für eine wirksame nukleare V. (Welt 6. 9. 65, 1). **2.** ⟨o. Pl.⟩ *Militärwesen:* das schwäche die V. Englands! (Dönhoff, Ära 220); die jährlichen Aufwendungen für die V.; der Minister für V. **3.** (Sport) *Gesamtheit der Spieler einer Mannschaft, die als Verteidiger spielen:* eine starke V.; die V. hielt wirklich dicht (Walter, Spiele 149); jmdn. in der V. einsetzen; in der V. spielen. **4.** *das Verteidigen* (2), *Sichverteidigen:* was hast du zu deiner V. vorzubringen? **5.** *das Verteidigen* (3): Lassen Sie mich Ihre V. übernehmen, Herr Sommer (Fallada, Trinker 196); das Recht auf V.; er ist mit der V. des Angeklagten beauftragt. **6.** *der bzw. die Verteidiger (in einem Strafverfahren):*

die V. zieht ihren Antrag zurück; Das Gericht versammelt sich heute nachmittag ... zu den Plädoyers der Anklage und der V. (Frisch, Gantenbein 430); Auf dringliches Befragen der V. muß sie sogar zugeben, daß ... (Noack, Prozesse 23). **7.** (Sport) *das Verteidigen* (4); **Ver|tei|di|gungs|al|li|anz,** die: *Verteidigungsbündnis;* **Ver|tei|di|gungs|an|la|ge,** die: *der Verteidigung* (1) *dienende Anlage* (3); **Ver|tei|di|gungs|an|stren|gung,** die ⟨meist Pl.⟩: *Bemühung um eine größtmögliche Verteidigungsbereitschaft (durch Aufrüstung):* die -en verstärken; **Ver|tei|di|gungs|aus|ga|be,** die ⟨meist Pl.⟩: *Ausgabe für die Verteidigung* (2); **Ver|tei|di|gungs|bau,** der: vgl. Verteidigungsanlage; **Ver|tei|di|gungs|bei|trag,** der: *Gesamtheit dessen, was man Land zu einem Verteidigungsbündnis beiträgt;* **ver|tei|di|gungs|be|reit** ⟨Adj.⟩: *zur Verteidigung bereit, gerüstet;* **Ver|tei|di|gungs|be|reit|schaft,** die ⟨o. Pl.⟩: *das Bereitsein, Gerüstetsein zur Verteidigung:* Höhere Zahlen im Verteidigungshaushalt sind nicht unbedingt identisch mit höherer V. (Bundestag 189, 1968, 10207); **Ver|tei|di|gungs|bud|get,** das: *Verteidigungsetat;* **Ver|tei|di|gungs|bünd|nis,** das: *Militärbündnis zur gemeinsamen Verteidigung; Defensivbündnis;* **Ver|tei|di|gungs|drit|tel,** das (Eishockey): *Drittel des Spielfeldes, in dem das eigene Tor steht;* **Ver|tei|di|gungs|etat,** der: *die Verteidigungsausgaben betreffender Etat; Verteidigungshaushalt;* **Ver|tei|di|gungs|fall,** der: *Fall eines Verteidigungskrieges:* im -e; **Ver|tei|di|gungs|gür|tel,** der (Milit.): *um ein zu verteidigendes Objekt od. Gebiet verlaufender Streifen Land, in dem die Verteidiger* (1) *operieren;* **Ver|tei|di|gungs|haus|halt,** der: *die Verteidigungsausgaben betreffender Haushalt* (3): Der V. wurde um fünfzehn Prozent erhöht (Dönhoff, Ära 199); eine Kürzung, Steigerung des -s; **Ver|tei|di|gungs|in|du|strie,** die, (bes. ehem. DDR): *Rüstungsindustrie;* **Ver|tei|di|gungs|kraft,** die: **1.** ⟨o. Pl.⟩ *Vermögen, Kraft* (1), *etw. zu verteidigen* (1): die V. des Landes erhöhen. **2.** ⟨meist Pl.⟩ *Gesamtheit der Organe eines Landes, der Verteidigung dienen:* die Verteidigungskräfte stehen bereit; **Ver|tei|di|gungs|krieg,** der: *Krieg, in dem sich ein angegriffenes Land gegen ein anderes verteidigt; Defensivkrieg;* **Ver|tei|di|gungs|li|nie,** die (Milit.): vgl. Verteidigungsgürtel; **Ver|tei|di|gungs|mi|ni|ster,** der: *Minister für Verteidigung* (2); **Ver|tei|di|gungs|mi|ni|ste|rin,** die: w. Form zu ↑ Verteidigungsminister; **Ver|tei|di|gungs|mi|ni|ste|ri|um,** das: *Ministerium für Verteidigung* (2); **Ver|tei|di|gungs|pakt,** der: vgl. Verteidigungsbündnis; **Ver|tei|di|gungs|po|li|tik,** die: *auf die Landesverteidigung ausgerichtete Politik;* **Ver|tei|di|gungs|po|li|tisch** ⟨Adj.⟩: *die Verteidigungspolitik betreffend;* **Ver|tei|di|gungs|re|de,** die: **a)** *Plädoyer eines Verteidigers* (3); **b)** *Rede, in der man etw. od. jmdn., sich verteidigt; Apologie* (b); **Ver|tei|di|gungs|ring,** der (Milit.): vgl. Verteidigungsgürtel; **Ver|tei|di|gungs|schrift,** die: vgl. Verteidigungsrede (b); **Ver|tei|di|gungs|stel|lung,** die: *militärische Stellung, die der Verteidigung dient;* **Ver|tei|di|gungs|waf|fe,** die: *Waffe, die speziell der Verteidigung dient;* **Ver|tei|di|gungs|wirt|schaft,** die: *Gesamtheit der in Friedenszeiten ergriffenen wirtschaftlichen Maßnahmen, dazu dienen, die Verteidigung des Landes im Kriegsfalle sicherzustellen;* **Ver|tei|di|gungs|zu|stand,** der: *Zustand erhöhter Verteidigungsbereitschaft.*

ver|tei|len ⟨sw. V.; hat⟩ [mhd. verteilen = einen Urteilsspruch fällen, ahd. farteilen = des Anteils berauben, verurteilen]: **1.** *[aufteilen u. in einzelnen Anteilen, Portionen o. ä.] an mehrere Personen vergeben, austeilen:* Flugblätter [an Passanten] v.; Vorräte, Lebensmittel v.; er verteilte das Geld an die Armen; unter die Armen; Friedrich hatte inzwischen die Karten (H. Gerlach, Demission 129); der Spielleiter verteilt die Rollen; die Schüler lasen mit verteilten Rollen *(der Text wurde laut von mehreren Schülern gelesen, wobei jeder eine od. auch mehrere Rollen übernahm);* Ü Lob und Tadel v.; da verteilte sie mit der Willkür ihrer Jugend dieses verfängliche Lächeln an diesen und jenen (Gregor-Dellin, Traumbuch 122). **2.** *aufteilen u. in gleicher Menge od. Anzahl an verschiedene Stellen bringen, legen, stellen o. ä., irgendwo unterbringen:* das Gewicht auf der Ladung möglichst gleichmäßig auf beide Achsen v.; Ich verteilte den gewonnenen Tabak gerecht auf zwei Blättchen und rollte die Zigaretten (Böll, Mann 7); die Salbe gleichmäßig auf der/(auch:) auf die Wunde v.; Sie verteilte Fleckenschaum auf dem Auslegeteppich (Handke, Frau 38); die Flüchtlinge wurden auf drei Lager verteilt; Die Kalivorkommen sind ... ziemlich gleichmäßig über die ganze Welt verteilt (Gruhl, Planet 76); Ü ... wenn man aus Angst vor der Machtkonzentration die Verantwortung auf unzählige Gremien verteilt hat (Gruhl, Planet 261); Bei verteiltem *(ausgeglichenem)* Spiel holten die Gastgeber ... (Freie Presse 11. 11. 83, 4). **3.** ⟨v. + sich⟩ **a)** *auseinandergehen u. sich an verschiedene Plätze begeben:* die Soldaten verteilten sich auf verschiedene Beobachtungsposten; Sie hatten sich auf die verschiedenen Tische verteilt (Ott, Haie 163); Die Polizei verteilte sich ... über alle Abteile des Zuges (Fries, Weg 115); **b)** *sich ausbreiten; sich verbreiten:* gut rühren, damit sich der Farbstoff in der gesamten Masse verteilt. **4.** ⟨v. + sich⟩ *sich an verschiedenen, auseinanderliegenden Orten befinden, gleichmäßig verteilt* (2) *sein:* 50% der Bevölkerung leben in Großstädten, der Rest verteilt sich auf das übrige Land; Ü diese 42% de Waldfläche verteilen sich auf rd. 700 000 Waldbesitzer (Mantel, Wald 121). **Ver|tei|ler,** der; -s, -: **1.** *jmd., etw. verteilt* (1): die V. des Flugblattes wurden festgenommen. **2.** *(im Versandhandel) jmd., der für einen Kreis von Kunden bei einem Versandgeschäft Sammelbestellungen tätigt.* **3.** (Wirtsch.) *jmd., der als [Einzel]händler Waren vertreibt; Hersteller und V.:* der Buchhändler wird zwangsläufig zum Abnehmer und V. ganzer Serien (Enzensberger, Einzelheiten I, 135). **4.** (Energiewirtschaft) *Betrieb, der Elektrizität od. Gas an die Verbraucher leitet.* **5.** (Bürow.) *Vermerk über die Empfänger auf einem Schriftstück, das in mehrfacher Ausfertigung hergestellt wird u. von dem die aufgeführten Empfänger eine Ausfertigung erhalten.* **6.** (Technik) *Zündverteiler.* **7.** (Elektrot.) *Verteilertafel, -kasten, -dose;* **Ver|tei|ler|do|se,** die (Elektrot.): *Abzweigdose:* einige -n und Steckdosen sitzen nicht mehr fest in der Wand (Chotjewitz, Friede 232); **Ver|tei|ler|fin|ger,** der (Technik): *Verteilerläufer;* **Ver|tei|le|rin,** die, -, -nen: w. Form zu ↑ Verteiler (1, 2); **Ver|tei|ler|kap|pe,** die (Technik): *Kappe eines Verteilers, von der die zu den Zündkerzen führenden Kabel ausgehen;* **Ver|tei|ler|ka|sten,** der (Elektrot.): vgl. Verteilertafel: ... ob es besser wäre, das Stromkabel zu den Verteilerkästen am Fuß des Zaunes zu unterbrechen (Spiegel 45, 1975, 86); **Ver|tei|ler|läu|fer,** der (Technik): *Läufer* (4) *im Innern eines Verteilers;* **ver|tei|ler|los** ⟨Adj.⟩ (Technik): *ohne Zündverteiler [arbeitend]:* ein -er Motor; **Ver|tei|ler|netz,** das: **1.** (Energiewirtschaft) *Leitungsnetz eines Verteilers* (4). **2.** (Wirtsch.) *Gesamtheit von Personen u. Einrichtungen, die mit der Verteilung einer Ware beschäftigt sind bzw. dieser dienen:* Unterstützung der -e für alternative und biologische Produkte (Kelly, Um Hoffnung 203); **Ver|tei|ler|ring,** der: *Ring* (4) *von Händlern, bes. einer verbotenen Ware;* **Ver|tei|ler|schlüs|sel,** der: **1.** *Schlüssel* (3 c), *nach dem etw. verteilt wird, verteilt werden soll:* einen möglichst gerechten V. finden; sie (= die Demokratie) meint jetzt nur noch einen V. für systemkonforme Entschädigungen, also einen Regulator für die Befriedigung von Privatinteressen (Habermas, Spätkapitalismus 170). **2.** (Bürow.) *Verteiler* (5): Im V. ist auch Kiesingers Abteilung im Auswärtigen Amt angegeben (Weber, Tote 311); **Ver|tei|ler|stel|le,** die: *Stelle, an der etw. ausgegeben wird;* **Ver|tei|ler|ta|fel,** die (Elektrot.): *Schalttafel, von der aus Elektrizität in verschiedene Leitungen geleitet wird;* **Ver|tei|lung,** die; -, -en: **1. a)** *das Verteilen* (1), *Verteiltwerden:* er überwachte die V. von Lebensmitteln; etw. zur V. bringen (nachdrücklich; *verteilen);* zur V. gelangen, kommen (nachdrücklich; *verteilt werden);* **b)** *das Verteilen* (2), *Verteiltwerden:* die V. der Last, der Flüchtlinge; Ü die V. der Aufgaben, der Befugnisse; Die Verfassungen von Bundesstaaten enthalten zusätzliche detaillierte Regelungen über die V. der Zuständigkeit zwischen dem Bund und den Einzelstaaten (Fraenkel, Staat 331); **c)** (Sozialwissenschaften) *die Lebensqualität maßgeblich bestimmende Aufteilung materieller Größen (z. B. Lohn, Gewinn) u. immaterieller Größen (z. B. Freiheit, Sicherheit) auf die Mitglieder einer Gesellschaft (z. B. auf Einzelpersonen, Gruppen, Unternehmen):* eine gerechte V.; eine V. nach Bedürfnissen, Leistung. **2.** (Wirtsch.) *Vertrieb* (1): Produktion und V. **3.** *Art u. Weise, in der etw. vorhanden ist, sich verteilt* (4): die V. von Land und Wasser auf der Erdkugel; Die Schwierigkeiten in der Nutzbarmachung liegen

Verteilungskampf

auch hier in der weiträumigen V. der wertvolleren Holzarten (Mantel, Wald 82). **4.** *Art u. Weise, in der etw. verteilt* (3 b) *ist:* Ruß in feinster V.; **Ver|tei|lungs|kampf,** der (Jargon): *Kampf um eine möglichst günstige Verteilung* (1 c): Zudem wird sich in dem anstehenden V. mit den Ländern und Kommunen rächen, daß Waigel die Einheit vorwiegend über Schattenhaushalte finanziert (Zeit 10. 7. 92, 18); **Ver|tei|lungs|kon|flikt,** der (Jargon): vgl. Verteilungskampf: gesellschaftliche -e; **Ver|tei|lungs|netz,** das: *Verteilernetz;* **Ver|tei|lungs|po|li|tik,** die (Wirtsch.): *Teilgebiet der Wirtschaftspolitik, das sich mit der Verteilung des Einkommens u. des Vermögens u. den dafür nötigen Mitteln, Maßnahmen o. ä. beschäftigt;* **ver|tei|lungs|po|li|tisch** ⟨Adj.⟩: *die Verteilungspolitik betreffend;* **Ver|tei|lungs|schlüs|sel,** der: *Verteilerschlüssel* (1); **Ver|tei|lungs|stel|le,** die: *Verteilerstelle;* **Ver|tei|lungs|zahl|wort,** das (Sprachw.): *Distributivum.*

ver|te|le|fo|nie|ren ⟨sw. V.; hat⟩ (ugs. emotional): *für längere od. mehrmaliges Telefonieren aufwenden, aufbrauchen:* ich habe 20 Mark, zwei Stunden deswegen vertelefoniert; Als ich in Tokio war, habe ich meine gesamte Gage vertelefoniert (Hörzu 48, 1983, 58).

ver|te, si pla|cet [lat., eigtl. = wende, wenn es gefällt, zu ↑verte u. lat. placere = gefallen] (Musik): *bitte wenden!* (Hinweis auf Notenblättern); Abk.: v. s. pl.; **ver|te su|bi|to** [lat., zu: subito = plötzlich, geschwind] (Musik): *rasch wenden!* (Hinweis auf Notenblättern).

ver|teu|ern ⟨sw. V.; hat⟩ [mhd. vertiuren = (zu) teuer machen]: **1.** *teurer machen, werden lassen:* die steigenden Transportkosten verteuern die Waren; Verteuert werden sollen unter anderem das Schnellfahren, das Parkieren auf Trottoirs (Tages Anzeiger 26. 11. 91, 4). **2.** ⟨v. + sich⟩ *teurer werden:* die Lebensmittel haben sich [weiter, um durchschnittlich 3 %] verteuert; Der Franken hat sich auch gegenüber den meisten anderen Währungen im September etwas verteuert (Bund 11. 10. 83, 13); das Leben verteuert sich von Monat zu Monat; **Ver|teue|rung,** die; -, -en: *das [Sich]verteuern.*

ver|teu|feln ⟨sw. V.; hat⟩ [mhd. vertiuvelen = zum Teufel, teuflisch werden] (abwertend): *als böse, schlimm, schlecht, gefährlich o. ä. hinstellen:* den politischen Gegner v.; Wir wollen keinesfalls den Fußball v. (Augsburger Allgemeine 27./28. 5. 78, 28); wir müssen es immer wieder denjenigen sagen, die unser Hobby als Umweltbelastung v. (Caravan 1, 1980, 5); Die Traubenkirsche wird als „Waldpest" verteufelt (natur 2, 1991, 53); **ver|teu|felt** ⟨Adj.⟩ (ugs. emotional): **1. a)** *schwierig u. unangenehm; vertrackt, verzwickt:* eine -e Angelegenheit, Situation; das ist ja ganz v.! Sehen Sie, so v. geht es auf der Welt zu mit der Sünde (Werfel, Himmel 197); **b)** *überaus groß, stark, intensiv:* ich habe einen ganz -en Durst; **c)** ⟨intensivierend bei Adj. u. Verben⟩ *über die Maßen:* hier zieht es v.; Das Leben bei Hofe ... ähnelt ja v. dem eines dressierten Äffchens (Hagelstange, Spielball 162); sie spielt v. gut; das ist v. weit, wenig; In der Nacht war es v. kalt (Borkowski, Wer 129); Es ist immer v. schwer, bei einem Mädchen im Badeanzug zu schätzen, wie alt es ist (Loest, Pistole 209). **2.** *verwegen, toll:* ein -er Bursche; plötzlich mißgönnte er Hans den Alleinbesitz dieser -en Frau (Konsalik, Promenadendeck 115); **Ver|teu|fe|lung,** (seltener:) **Ver|teuf|lung,** die; -, -en: *das Verteufeln:* die V. des Sozialismus; Die Geringschätzung ... und die Verteufelung des Gewinns als „Profit" müssen deshalb bekämpft werden (Delius, Siemens-Welt 97).

Ver|tex, der; -, ...tices [...tize:s; lat. vertex (Gen.: verticis) = Wirbel; Scheitel, eigtl. = etw., was sich dreht od. gedreht wird, zu: vertere, ↑Vers]: **1.** (Med.) *Scheitel, Spitze eines Organs, bes. der höchstgelegene Teil des Schädels.* **2.** (Astron.) *gemeinsamer Zielpunkt der Bewegung einer Gruppe von Sternen.*

ver|tie|fen ⟨sw. V.; hat⟩: **1. a)** *tiefer machen:* der Graben wurde [um 20 cm] vertieft; Das Ätzwasser dringt sodann in die kleinste Zwischenräume ein und vertieft sie (Bild. Kunst III, 82); eine vertiefte Stelle in einer Fläche; **b)** ⟨v. + sich⟩ *tiefer werden:* die Falten in ihrem Gesicht haben sich vertieft; Ü die Kluft zwischen ihnen vertiefte sich immer mehr. **2. a)** *bewirken, daß etw. größer, stärker wird, zunimmt:* sein Wissen v.; der Vorfall hat ihre Abneigung gegen ihn nur noch vertieft; der Präsident hofft mit seinem Besuch die Freundschaft zwischen beiden Völkern zu v.; Ein Geständnis ... hätte die Spannungen gewiß nur noch vertieft (Sebastian, Krankenhaus 43); Die Schwächen und Mängel, die in diesen beiden Kapiteln offen zutage liegen, werden in den nächsten ... noch vertieft (Reich-Ranicki, Th. Mann 97); zu einem vertieften Verständnis von etw. gelangen; Der Bewerber ... sollte über in der Praxis vertiefte Kenntnisse im Lohnsteuer- und Sozialversicherungswesen verfügen (Frankfurter Rundschau 1. 3. 85, A 46); **b)** ⟨v. + sich⟩ *stärker, intensiver werden:* sein Haß vertiefte sich; Daphnes Blässe hatte sich vertieft (A. Kolb, Daphne 42); Die Dämmerung hatte sich vertieft (Rinser, Mitte 43); Auch in Deutschland deuten derzeit alle Zeichen auf eine sich rasch vertiefende Konjunkturschwäche (Chemische Industrie 21. 8. 92, 2); **c)** *intensiver, detaillierter behandeln, ausführen:* das will ich jetzt nicht weiter v.; Das Thema Entschädigungen wolle er nicht v. (W. Brandt, Begegnungen 538); Da er seinen Wunsch aber nicht weiter vertiefte, ... (Basler Zeitung 2. 10. 85, 7); den Lehrstoff, das bereits Gelernte noch v. *(sich eine tiefere Einsicht verschaffen).* **3.** (Musik) *tiefer* (7 b) *machen:* einen Ton v.; ⟨meist im 2. Part.:⟩ ein [um einen Halbton] vertieftes C. **4.** ⟨v. + sich⟩ *sich auf etw. konzentrieren; sich mit etw. intensiv beschäftigen:* sich in seine Zeitung, in ein Buch v.; Die Psychiater haben sich schon lange vor Freud ... in die Lebensgeschichte ihrer Kranken vertieft (Natur 95); Man wurde ausdrücklich ermuntert, sich rückhaltlos in diese schönen Bilder zu v. (Kronauer, Bogenschütze 159); ganz in Gedanken, in einen Anblick vertieft sein; sie waren ins Gespräch vertieft; Wir waren fast alle so in unser Studium vertieft, ... *(studierten so eifrig;* Leonhard, Revolution 76); **Ver|tief|stem|pel,** der (Metallbearb.): ¹*Anke* (1); **Ver|tie|fung,** die; -, -en: **1.** *das Vertiefen, Vertieftwerden, Sichvertiefen.* **2.** *Teil einer Fläche, der tiefer gelegen ist als seine Umgebung; Einbuchtung, Einkerbung, Senke, Mulde:* längliche, rundliche -en; Das Ätzmittel frißt sich in die vom Ätzgrund befreiten Stellen der Platte ein und erzeugt -en (Bild. Kunst III, 81).

¹**ver|tie|ren** ⟨sw. V.⟩: **1.** *seine Menschlichkeit verlieren, in seinem Wesen u. Verhalten einem Tier ähnlich werden, verrohen* ⟨ist⟩: dieser Mensch vertiert immer mehr. **2.** (selten) *vertieren* (1) *lassen* ⟨hat⟩: das Lagerleben hatte sie vertiert; ⟨auch o. Akk.-Obj.:⟩ der Schmerz verdummt, der Schmerz vertiert (Kaschnitz, Wohin 6).

²**ver|tie|ren** [vɛ...] ⟨sw. V.; hat⟩ [zu lat. vertere, ↑Vers] (veraltet): **a)** *(ein Blatt* 2) *umwenden, umblättern;* **b)** *(einen Text) in eine andere Sprache übertragen:* ein Buch ins Deutsche v.

¹**Ver|tie|rung,** die; -, -en: **1.** *das ¹Vertieren* (1), *Vertiertsein; Verrohung:* die Gefahr liegt in der V. des Menschen (Hacker, Aggression 401).

²**Ver|tie|rung** [vɛ...] die; - (veraltet): *das Vertieren, Vertiertwerden;* **ver|ti|gi|nös** ⟨Adj.⟩ [lat. vertiginosus, zu: vertigo (Gen.: vertiginis) = das Drehen, Wenden, zu: vertere, ↑Vers] (Med.): *schwindlig, mit Schwindelgefühlen verbunden;* **ver|ti|kal** ⟨Adj.⟩ [spätlat. verticalis, eigtl. = scheitellinig, zu lat. vertex, ↑Vertex]: *senkrecht, lotrecht:* ein pompös -es Ding, genannt Fernsehturm (Kant, Impressum 170); Ü Das Autorenteam plädiert dafür, die überkommenen „vertikalen" hierarchischen Machtstrukturen durch „horizontale" zu ersetzen (natur 9, 1991, 37); Vertikale Konzentration liegt vor, wenn etwa ein Röhrenwerk sich Kohlenzechen und Werke der eisenschaffenden Industrie zulegt (Rittershausen, Wirtschaft 67); **Ver|ti|ka|le,** die; -, -n, Fachspr. o. Art. meist: - ⟨Dekl. als subst. Adj. ↑Abgeordnete⟩: *senkrechte Gerade; Senkrechte;* **Ver|ti|kal|ebe|ne,** die (Fachspr.): *in bezug auf eine andere Ebene senkrecht stehende Ebene;* **Ver|ti|kal|in|ten|si|tät,** die (Physik): *Stärke des Erdmagnetfeldes in senkrechter Richtung;* **ver|ti|ka|li|sie|ren** ⟨sw. V.; hat⟩ (Kunstwiss.): *die Vertikale (in der Gliederung eines Werks) besonders betonen;* **Ver|ti|ka|lis|mus,** der; - (Kunstwiss.): *starke Betonung der Senkrechten gegenüber der Waagerechten (bes. in der Gotik):* So kommt zur horizontalen Achse ... als zweite Komponente der V., das kühne Hochstreben des Raumes (Bild. Kunst III, 21); die Räume wirken locker, nichts von geheimnisvollen V. der französischen Gotik ist zu spüren (Bild. Kunst III, 22); **Ver|ti|kal|kon|zern,** der (Wirtsch.): *Konzern, dessen einzelne Unternehmen [Zwischen]produkte aufeinanderfolgender Produktionsstufen liefern;* **Ver|ti|kal|kreis,**

vertraglich

der (Astron.): **1.** *um eine waagerechte wie um eine senkrechte Achse drehbares Winkelmeßinstrument.* **2.** *auf dem Horizont senkrecht stehender Großkreis am Himmelsgewölbe;* **Ver|ti|kal|schnitt,** der (Geom.): *senkrechter Schnitt* (9); **Ver|ti|kal|ver|schie|bung,** die (Geol.): vgl. Horizontalverschiebung.
Ver|ti|ko ['vɛ...], das, selten: der; -s, -s [angeblich nach dem ersten Verfertiger, dem Berliner Tischler Vertikow]: *kleiner Schrank mit zwei Türen, der oben mit einer Schublade u. einem Aufsatz abschließt:* auf dem V. steht eine Vase; In der Hektik der Abreise bleiben die Reiseschecks im V. liegen (Chotjewitz, Friede 96); Das Buch wandert ins V. im Wohnzimmer, ins unterste Fach (Richartz, Büroroman 195).
ver|ti|ku|lie|ren usw.: ↑ vertikutieren usw.; **ver|ti|ku|tie|ren** ⟨sw. V.; hat⟩ [wohl zu spätlat. verticalis (↑ vertikal) u. frz. couteau = Messer, coutre = Pflugschar] (Gartenbau): *(mit einem dafür vorgesehenen Gerät) die Grasnarbe eines Rasens aufreißen, um den Boden zu lockern; aerifizieren:* die Rasenflächen sind frisch vertikutiert (Harig, Ordnung 88); **Ver|ti|ku|tie|rer,** der; -s, - (Gartenbau): *Gerät zum Vertikutieren:* Bilden sich nach dem Beregnen Pfützen, muß die Grasnarbe sofort mit dem V. gelüftet werden (Hörzu 29, 1976, 83); **Ver|ti|ku|tier|ge|rät,** das, **Ver|ti|ku|tier|re|chen,** der (landsch.): Vertikutierer.
ver|til|gen ⟨sw. V.; hat⟩ [1: mhd. vertilgen, ahd. fertiligōn]: **1.** *(Ungeziefer, Unkraut o. ä.) durch gezielte Maßnahmen gänzlich zum Verschwinden bringen; ausrotten, vernichten:* Ungeziefer, Insekten, Unkraut mit einem Sprühmittel v.; Ü Spuren v. *(tilgen);* Sie hatte jede Spur Müdigkeit sorgfältig vertilgt (Seghers, Transit 194). **2.** (ugs. scherzh.) *(eine große Menge von etw.) aufessen, trinken:* die Kinder haben den Kuchen, das Essen restlos vertilgt; 3 000 Eier ... waren in dieser einen Nacht von den Russen restlos vertilgt worden (Normann, Tagebuch 14); **Ver|til|gung,** die; -, -en ⟨Pl. selten⟩: *das Vertilgen, Vertilgtwerden;* **Ver|til|gungs|mit|tel,** das: *Mittel zum Vertilgen von Ungeziefer, Unkraut o. ä.*
ver|tip|pen ⟨sw. V.; hat⟩ (ugs.): **a)** *(beim Maschineschreiben, beim Betätigen einer Rechenmaschine) durch Fehlgreifen falsch tippen:* ein Wort, einen Buchstaben v.; **b)** ⟨v. + sich⟩ *sich auf der Schreibmaschine verschreiben; auf der Rechenmaschine eine falsche Zahl o. ä. eintippen:* er vertippt sich dauernd.
Ver|ti|sol, der; -s [Kunstwort, zu lat. vertere (↑ Vers) u. solum = Boden] (Bodenk.): *dunkelgrauer Boden mit einem hohen Anteil an Tonmineralien in tropischen u. subtropischen Gebieten.*
ver|to|ba|ken ⟨sw. V.; hat⟩ [H. u.] (ugs. veraltend): *heftig verprügeln.*
¹**ver|to|nen** ⟨sw. V.; hat⟩: **1.** *(einen Text) in Musik setzen; (einem Text) eine Musik unterlegen:* Gedichte, ein Libretto v. **2.** *(einen Schmalfilm o. ä.) mit untermalender Musik u. gesprochenem Kommentar versehen:* einen Film v.
²**ver|to|nen** ⟨sw. V.; hat⟩ [mniederd. vortonen = vor Augen stellen; vgl. Tonbank] (Seew.): *(von See aus) das Bild einer Küstenstrecke zeichnen.*
ver|tö|nen ⟨sw. V.; ist⟩ (selten): *verhallen;* **Ver|to|ner,** der; -s, - (selten): *Komponist einer* ¹*Vertonung;* **Ver|to|ne|rin,** die; -, -nen (selten): w. Form zu ↑Vertoner; ¹**Ver|to|nung,** die; -, -en: **1.** *das* ¹*Vertonen:* die V. eines Librettos. **2.** *musikalische Umsetzung eines Textes; in Musik umgesetzter Text:* die -en von Goethes Erlkönig.
²**Ver|to|nung,** die; -, -en (Seew.): *das* ²*Vertonen.*
ver|tor|fen ⟨sw. V.; ist⟩: *zu Torf werden;* **Ver|tor|fung,** die; -, -en: *das Vertorfen.*
ver|trackt ⟨Adj.; -er, -este⟩ [urspr. 2. Part. von mhd. vertrecken = verzerren, verwirren, vgl. zu ↑ trecken] (ugs.): **a)** *schwierig, verworren, kompliziert u. nicht leicht zu bewältigen, zu lösen o. ä.:* eine -e Geschichte, Situation, Lage; Zwar nenne ich mich auch Schriftsteller, doch nehme ich zu, das ist auf eine ganz -e Weise unehrlich (Zwerenz, Kopf 169); so v. ist die Welt eingerichtet (Bergengruen, Rittmeisterin 302); **b)** *ein Ärgernis darstellend:* das -e Schloß geht immer so schwer auf; **Ver|trackt|heit,** die; -, -en ⟨Pl. selten⟩ (ugs.): *das Vertracktsein.*
Ver|trag, der; -[e]s, Verträge [spätmhd. (md.) vertraht, rückgeb. aus mhd. vertragen = übereinkommen]: **a)** *[schriftliche] rechtsgültige Abmachung zwischen zwei od. mehreren Partnern; Kontrakt:* ein langfristiger, befristeter, fester, mehrjähriger V.; ein leoninischer V. (Rechtsspr.; Vertrag, bei dem einer der Partner allen Nutzen allein hat; leoninisch = zum Löwen gehörend; nach einer Fabel Äsops); ein V. auf drei Jahre, über Arbeitsbedingungen, zwischen mehreren Partnern; die Verträge treten, sind in Kraft; sein V. war perfekt, er wird binnen kurzem als Chefingenieur dorthin übersiedeln (Feuchtwanger, Erfolg 765); Am Ende dieser Saison läuft sein V. aus (Kicker 82, 1981, 28); einen V. mit jmdm. [ab]schließen, machen; einen V. brechen, lösen, erfüllen, verlängern; laut V.; an einen V. gebunden sein; auf V. bestehen; jmdn. aus seinem V. entlassen; einen Künstler unter V. nehmen (Jargon; *mit ihm einen Arbeits-, Produktionsvertrag o. ä. schließen);* einen Schauspieler unter V. haben (Jargon; *ihn vertraglich an sich gebunden haben);* der Sänger steht, ist bei einer Plattenfirma unter V. (Jargon; *hat einen Vertrag mit einer Plattenfirma);* von einem V. zurücktreten; **b)** *Schriftstück, in dem ein Vertrag* (a) *niedergelegt ist:* einen V. unterzeichnen, unterschreiben, ratifizieren; Lu, setz doch bitte schon den auf (Sebastian, Krankenhaus 62); **ver|tra|gen** ⟨st. V.; hat⟩ [mhd. vertragen, ahd. fartragan = ertragen]: **1. a)** *widerstandsfähig genug sein, um die Pflanze äußere Einflüsse, Einwirkungen o. ä. physisch, psychisch zu ertragen, auszuhalten, ohne Schaden zu nehmen:* die Pflanze verträgt keinen Zug, kann [keine] Sonne v.; das Klima [nicht] gut v.; Rauch, Lärm, Belastungen, Aufregungen schlecht v.; Else konnte den Geruch bratender Kartoffeln nicht v. (Jägersberg, Leute 74); Ü Geschäft verträgt nicht die geringste Belastung (Brecht, Groschen 62); Ein solchermaßen organisiertes Chaos wie das Spätroms hätte kein von außen gefährdeter Staat auf die Dauer v. können (Thieß, Reich 286); **b)** *jmdm. bekommen, namentl., bes. jmds. Magen, Herz o. ä., zuträglich sein:* keinen Kaffee, Alkohol v.; ich vertrage keinen Whisky mehr (Frisch, Homo 233); v. kann nicht viel, keine Menge v. (ugs.; *[nicht] viel Alkohol trinken, ohne daß er betrunken wird);* das Essen, fette Sachen v. *(unbeschadet essen können);* ein Medikament gut, schlecht v.; sein Magen verträgt alles *(ist unempfindlich);* Ü ich könnte jetzt einen Schnaps v. (ugs.; *hätte ihn nötig, würde ihn gern trinken);* **c)** (ugs.) *leiden können; ohne Verärgerung, Kränkung, Widerspruch ertragen, hinnehmen:* [keine] Kritik, [keinen] Widerspruch v.; ich kann das Gezänk nicht v. *(ist mir zuwider);* sie vertrug keinen Abschied, keine Szenen am Bahnhof (Fries, Weg 38); er verträgt einen Spaß; ich kann alles v., nur nicht, daß man mich belügt; Ü die Sache verträgt keinen Aufschub (geh.; *darf nicht aufgeschoben werden).* **2.** ⟨v. + sich⟩ *ohne Streit, in Eintracht mit jmdm. leben; mit jmdm. auskommen:* sich [miteinander] v.; ich vertrage mich gut mit meinen Nachbarn; Sixta ... fragte, wie Sophie sich mit seiner Mutter vertragen hatte (Bieler, Mädchenkrieg 499); er hat sich immer mit allen vertragen (war sehr verträglich); sich mit keinem v. *(über kurz oder lang immer Streit bekommen);* die beiden vertragen sich wieder (ugs.; *sind wieder einig);* Ü die beiden Farben vertragen sich nicht (ugs.; *passen nicht zusammen);* sein Verhalten verträgt sich nicht mit seiner gesellschaftlichen Stellung *(ist nicht damit vereinbar).* **3.** (landsch.) *abtragen* (3): ein Kleidungsstück schnell v. **4.** (schweiz.) *(Zeitungen o. ä.) austragen:* Zeitungen v. **5.** (landsch.) *an einen anderen Ort bringen; wegtragen:* Der am Seil Hängende versuchte sich durch lautes Schreien mit dem Sichernden zu verständigen. Es gelang ihm aber nicht, da der ... Wind alle Laute vertrug (Eidenschink, Fels 51. ◆ **6. a)** *gütlich austragen* (3 a): Es hieß ja, alles wäre vertragen und geschlichtet (Goethe, Götz I); **b)** *vertraglich vereinbaren:* Drum hat der edle Graf von Rochepierre ... in dieser höchsten Not vertragen mit dem Feind ... (Schiller, Jungfrau I, 3); **Ver|trä|ger,** der; -s, - : **1.** (schweiz.) *Austräger von Zeitungen o. ä.:* Wenn Sie die Zeitung bereits am frühen Morgen ... lesen möchten, dann können Sie in Basel und Umgebung die Zustellung durch V. wünschen (Nordschweiz 29. 3. 85, 35). ◆ **2.** *Vertragsschließender, Vertragspartner:* und wenn's Händel setzt wegen des Vertrags, schlagen wir den -n zusammen die Köpf' ab (Goethe, Götz V); **Ver|trä|ge|rin,** die; -, -nen: w. Form zu ↑ Verträger (1); **ver|trag|lich** ⟨Adj.⟩: *durch Vertrag; in einem Vertrag (festgelegt, geregelt):* eine -e Vereinbarung, etw. v. regeln, festlegen, zusichern; Die plötzliche Annullierung der Jugoslawien v. zugesagten Kre-

verträglich

dite ... (Dönhoff, Ära 166); v. zu etw. verpflichtet, v. gebunden sein; **ver|träg|lich** ⟨Adj.⟩ [mhd. vertregelich = erträglich]: **1. a)** *so beschaffen, daß es vertragen* (1 a) *wird:* Natürlich wurden nur biologisch -e Materialien verbaut (natur 2, 1991, 64); **b)** *so beschaffen, daß es vertragen* (1 b) *wird:* -e Speisen; das Medikament ist gut v. *(belastet den Magen nicht);* **c)** *so beschaffen, daß es vertragen* (1 c) *wird; hinnehmbar:* Als oberstes Ziel für die FDP nannte Gärtner eine Konsolidierung der öffentlichen Haushalte mit einem -en langfristigen Steuerabbau (Saarbr. Zeitung 9. 10. 79, 20). **2.** *sich mit anderen Menschen gut vertragend* (2): ein -er Mensch; er ist sehr v.; Ü Rettungshunde müssen v. sein (Weser-Kurier 20. 5. 85, 14). **3.** *vereinbar:* Inwiefern ein Bau bei Wolfsthal mit der Natur -er wäre als ein Bau bei Hainburg ... (NZZ 12. 4. 85, 2); Seine Wünsche gingen daher auf Wiederherstellung von Gewerbefreiheit und Freihandel, soweit sie mit dem allgemeinen Wohl v. waren (Rothfels, Opposition 117); **-ver|träg|lich:** drückt in Bildungen mit Substantiven aus, daß die beschriebene Sache mit etw. in Einklang, Übereinstimmung gebracht ist, mit etw. harmoniert, unschädlich, ungefährlich für etw. ist: bleifrei-, körper-, naturverträglich; **Ver|träg|lich|keit,** die; -, -en ⟨Pl. selten⟩: *das Verträglichsein;* **ver|trag|los,** vertragslos ⟨Adj.⟩: *ohne bestehenden Vertrag:* ein -er Zustand; **Ver|trags|ab|lauf,** der ⟨o. Pl.⟩: *Ablauf* (5) *eines Vertrages;* **Ver|trags|ab|schluß,** der: *Abschluß eines Vertrages:* es kam zu keinem V.; **Vertrags|bruch,** der: *das Nichterfüllen, Nichteinhalten eines Vertrages;* **ver|trags|brü|chig** ⟨Adj.⟩: *einen Vertrag nicht erfüllend, nicht einhaltend:* v. werden, sein; **ver|trag|schlie|ßend** ⟨Adj.⟩: *einen Vertrag schließend:* die -en Parteien; **Ver|trag|schlie|ßen|de,** der u. die; -n, -n ⟨Dekl. ↑Abgeordnete⟩: *Vertragspartner;* **Ver|trags|dau|er,** die: *Dauer eines Vertrages;* **Ver|trags|ent|wurf,** der: *Entwurf eines Vertrages;* **Ver|trags|er|fül|lung,** die: *Erfüllung* (2) *eines Vertrages;* **Ver|trags|frei|heit,** die (Rechtsspr.): *Freiheit des einzelnen, Verträge jeder Art zu schließen;* **Ver|trags|gast|stät|te,** die: *Gaststätte, mit der eine bestimmte Brauerei einen Vertrag über den Verkauf ihres Erzeugnisses geschlossen hat;* **ver|trags|gebun|den** ⟨Adj.⟩: *an einen Vertrag, durch Vertrag gebunden;* **Ver|trags|geg|ner,** der (seltener): *Vertragspartner;* **Ver|trags|geg|ne|rin,** die (seltener): w. Form zu ↑Vertragsgegner; **ver|trags|ge|mäß** ⟨Adj.⟩: *dem jeweiligen Vertrag entsprechend:* eine -e Lieferung der Waren; **ver|trags|ge|recht** ⟨Adj.⟩: *vertragsgemäß;* **Ver|trags|händ|ler,** der: *selbständiger Groß- od. Einzelhändler, der Waren eines Herstellers im eigenen Namen für eigene Rechnung verkauft;* **Ver|trags|händ|le|rin,** die: w. Form zu ↑Vertragshändler; **Ver|trags|heim,** das (ehem. DDR): Vertragshotel; **Ver|trags|ho|tel,** das: *Hotel, das mit einem Unternehmen der Touristik o. ä. eine vertragliche Vereinbarung eingegangen ist;* **ver|trags|kon|form** ⟨Adj.⟩: *vertragsgemäß;* **Ver|trags|kün|di-**

gung, die: *Kündigung eines Vertrages;* **Ver|trags|land|wirt|schaft,** die: *Form der landwirtschaftlichen Produktion, bei der die Abnahme der Erzeugnisse durch einen Vertrag mit gewerblichen Unternehmen geregelt ist;* **Ver|trags|leh|re,** die ⟨o. Pl.⟩: *staatsphilosophische Lehre der Aufklärung, nach der sich die Menschen als gleiche u. freie Wesen auf Grund eines Vertrages zu Staat u. Gesellschaft zusammengeschlossen haben; Lehre vom Gesellschaftsvertrag* (1); **ver|trags|los** ⟨Adj.⟩: ↑vertraglos; **ver|trags|mä|ßig** ⟨Adj.⟩: *vertragsgemäß;* **Ver|trags|par|tei,** die: *Person, Gruppe o. ä., die mit [einer] anderen einen Vertrag schließt od. geschlossen hat;* **Ver|trags|part|ner,** der: *Vertragspartei; Kontrahent* (2); **Ver|trags|part|ne|rin,** die: w. Form zu ↑Vertragspartner; **Ver|trags|punkt,** der: *einzelner Artikel eines Vertrags;* **Ver|trags|recht,** das ⟨o. Pl.⟩ (Rechtsspr.): *Gesamtheit der Abschluß u. Einhaltung von Verträgen betreffenden Rechtsvorschriften;* **Ver|trags|schluß,** der: *das Schließen eines Vertrages;* **Ver|trags|spie|ler,** der (Fußball früher): *nebenberuflich durch Vertrag an einen Verein gebundener Spieler;* **Ver|trags|staat,** der: *Staat, der mit [einem] anderen einen Vertrag schließt od. geschlossen hat;* **Ver|trags|stra|fe,** die: *Konventionalstrafe;* **Ver|trags|text,** der: *Text, Wortlaut eines Vertrages:* Die ersten Punkte dieser Leitsätze flossen in den Vertragstext ein (W. Brandt, Begegnungen 440); *Einhaltung des vertraglichen Abmachungen:* Die V. der Ostberliner Handelspartner wird über alle Maßen gelobt (Hamburger Abendblatt 5. 9. 84, 31); **Ver|trags|ver|let|zung,** die: *Verstoß gegen vertraglich festgelegte Bestimmungen o. ä.;* **Ver|trags|werk,** das: *umfangreicher Vertrag;* **Ver|trags|werk|statt,** die: *vertraglich vom Hersteller autorisierte Reparaturwerkstatt;* **ver|trags|wid|rig** ⟨Adj.⟩: *einem Vertrag zuwiderlaufend; nicht vertragsgemäß;* **Ver|trags|wid|rig|keit,** die ⟨o. Pl.⟩: *das Einem-Vertrag-Zuwiderlaufen; Vertragsverletzung.*

ver|tram|peln ⟨sw. V.; hat⟩ (ugs.): *zertrampeln.*

ver|tränt ⟨Adj.⟩: *(von den Augen) voller Tränen:* Stanislaus hackte Zwiebeln und blinzelte mit -en Augen zum vergitterten Kellerfenster (Strittmatter, Wundertäter 407); Ein wenig v. blickte er in das Okular der Quarzlampe (Bastian, Brut 124).

◆ **ver|trät|schen** ⟨sw. V.; hat⟩ [zu: trätschen, landsch. Nebenf. von ↑tratschen]: *(im schwäb. Sprachgebrauch) ausplaudern, ausschwatzen:* Ganze Haufe böhmischer Reuter schwadronierten im Holz herum – der höllische Blaustrumpf muß ihnen verträtscht haben – (Schiller, Räuber II, 3).

ver|trau|en ⟨sw. V.; hat⟩ /vgl. vertraut/ [mhd. vertrūwen, ahd. fertrūēn]: **1.** *in jmdn., etw. sein Vertrauen setzen; auf jmdn., etw. bauen* (6); *sicher sein, daß man sich auf jmdn., etw. verlassen kann:* jmdm. voll, blind, blindlings, rückhaltlos, fest v.; jmds. Worten, Zusagen v.; er vertraute seinem Gefühl (Kronauer, Bogenschütze 278); Bei der Wahl unseres Hotels vertrauen wir dem Zufall (Koep-

pen, Rußland 16); auf Gott, auf sein Glück, auf die Gerechtigkeit, auf seine Stärke v.; Sie durfte weiter darauf v., daß alle Voraussetzungen für eine bestmögliche Durchführung der Operation gegeben waren (Hackethal, Schneide 186); Die Amerikaner vertrauen im Einzel auf ... John McEnroe (*vertrauen darauf, daß er erfolgreich sein wird;* Saarbr. Zeitung 3. 10. 79, 7). **2.** (geh. veraltend) **a)** *anvertrauen* (2a): Wispernd vertraute er mir dann seine Geschichte (Erh. Kästner, Zeltbuch 28); ◆ ein Geheimnis, ... und zwar ein doppeltes. Das eine weiß nur ich, das andere mein ihr ... Vertraut mir Euers, so vertrau' ich Euch das meine (Lessing, Nathan III, 10); **b)** ⟨v. + sich⟩ *anvertrauen* (2b): am liebsten wäre er in die Knie gesunken, um der verehrungswürdigen Gestalt sich zu v. (Penzoldt, Mombour 19); ◆ Und wenn wir uns ihm, einem guten weisen Könige, ganz vertrauten ...? (Goethe, Egmont IV); **Ver|trau|en,** das; -s [mhd. vertrūwen]: *festes Überzeugtsein von der Verläßlichkeit, Zuverlässigkeit einer Person, Sache:* volles, festes, gegenseitiges, unbegrenztes, unerschütterliches, blindes V.; Auch hier wieder ist es das mangelnde V. in die Vorzüge des eigenen Systems (Dönhoff, Ära 152); V. zu jmdm. haben; jmdm. V. entgegenbringen; jmds. V. genießen, besitzen *(von jmdm. als vertrauenswürdig angesehen werden);* jmds. V. gewinnen, erringen; ich selbst habe mein V. in den Geist teilweise eingebüßt (Musil, Mann 1267); jmdm. V. schenken, entgegenbringen, beweisen *(jmdm. vertrauen);* jmdm. das/ sein V. entziehen *(ihm nicht länger [ver]trauen);* Sie faßte V. und wandte sich zu ihm (Sebastian, Krankenhaus 100); jmds. V. rechtfertigen, enttäuschen, erschüttern, zerstören; das V. zu jmdm., einer Sache verlieren; Sie haben mein vollstes V.; er hat wenig V. zu sich selbst; dem Kanzler, der Regierung das V. entziehen, aussprechen (Parl.: *ein Mißtrauens- bzw. Vertrauensvotum abgeben);* jmdm. einen Beweis seines -s geben; jmdm. seines -s würdigen (geh.; *jmdm. vertrauen);* er ist ein Mann seines -s *(dem er voll vertraut);* seine so heftigen, so kindlichen Fragen, die so voll unbegrenzten -s zu des Freundes Geist und Klugheit waren (Hesse, Narziß 355); V. auf Gott; sein V. auf/in jmdn., etw. setzen *(jmdm., einer Sache vertrauen);* wir danken Ihnen für das in uns gesetzte V.; jmdm. etw. im V. sagen *(vertraulich mitteilen);* im V. gesagt, ich halte nicht viel davon; Übrigens bin ich stolz, daß du mich zuerst ins V. ziehst (Th. Mann, Buddenbrooks 286); etw. voll V. beginnen; R V. gegen V.; V. ist gut, Kontrolle ist besser; **ver|trau|en|er|weckend**[1] ⟨Adj.⟩: *so geartet, daß man (zu jmdm., einer Sache) schnell Vertrauen faßt; Vertrauen einflößend:* einen -en Eindruck machen; nicht sehr v. aussehen, wirken; **Ver|trau|ens|an|trag,** der (Parl.): *Antrag zur Stellung der Vertrauensfrage* (2); **Ver|trau|ens|an|walt,** der: *Wahlverteidiger;* **Ver|trau|ens|an|wäl|tin,** die: w. Form zu ↑Vertrauensanwalt; **Ver|trau|ens|arzt,** der: **1.** *Arzt, der im Auftrag der gesetzlichen Kranken-*

u. Rentenversicherung Krankheitsfälle von Versicherten bes. im Hinblick auf Arbeitsunfähigkeit, Berufs- od. Erwerbsunfähigkeit zu begutachten hat. **2.** *Arzt, der als Berater einer privaten Krankenversicherung tätig ist;* **Ver|trau|ens|ärz|tin,** die: w. Form zu ↑Vertrauensarzt; **ver|trau|ens|ärzt|lich** ⟨Adj.⟩: *durch den Vertrauensarzt vorgenommen o. ä.:* eine -e Untersuchung; **Ver|trau|ens|ba|sis,** die ⟨o. Pl.⟩: *Vertrauensverhältnis ⟨als Voraussetzung für eine Kommunikation, Zusammenarbeit o. ä.⟩;* **Ver|trau|ens|be|weis,** der: *Beweis, Zeichen des Vertrauens, das jmd. zu jmdm. hat;* **ver|trau|ens|bil|dend** ⟨Adj.⟩ (bes. Politik): *zur Bildung gegenseitigen Vertrauens beitragend:* -e Maßnahmen; Probleme der menschlichen Erleichterungen zwischen den beiden deutschen Staaten, bei denen die DDR v. aktiv werden müßte (Rheinpfalz 17. 9. 85, 2); **Ver|trau|ens|bruch,** der: ¹*Bruch* (3 a), *schwerwiegende Verletzung des Vertrauens:* einen V. begehen; **Ver|trau|ens|fra|ge,** die: **1.** ⟨Pl. selten⟩ *Sache, Angelegenheit, bei der jmds. Vertrauen zu [einem] anderen ausschlaggebend ist:* es ist eine V., ob man ihm diese Arbeit anvertrauen oder nicht. **2.** (Parl.) *von der Regierung bzw. dem Regierungschef an das Parlament gerichteter Antrag, durch Mehrheitsbeschluß dem Antragsteller das Vertrauen auszusprechen; Kabinettsfrage:* der Kanzler wird die V. stellen; **Ver|trau|ens|frau,** die: vgl. Vertrauensmann; **Ver|trau|ens|grund|la|ge,** die ⟨o. Pl.⟩: *Vertrauensbasis;* **Ver|trau|ens|kör|per,** der: *aus Vertrauensleutekörper u. Betriebsmitgliedern bestehendes Gremium;* **Ver|trau|ens|kri|se,** die: *Zustand, in dem jmds. Vertrauen ins Wanken geraten ist:* Parallel dazu erleben die westlichen Nationen eine tiefgehende V. der etablierten demokratischen Politik (J. Fischer, Linke 8); **Ver|trau|ens|leh|rer,** der (Schulw.): *Lehrer, der das Amt hat, bei Problemen, Schwierigkeiten zwischen Schülern u. Lehrern bzw. Schülern u. Schule zu vermitteln;* **Ver|trau|ens|leh|re|rin,** die (Schulw.): w. Form zu ↑Vertrauenslehrer; **Ver|trau|ens|leu|te:** Pl. von ↑Vertrauensmann (1); **Ver|trau|ens|leu|te|kör|per,** der: *gewähltes gewerkschaftliches Gremium innerhalb eines Unternehmens;* **Ver|trau|ens|mann,** der: **1.** ⟨Pl. ...leute⟩ *Angehöriger des Vertrauensleutekörpers einer Gewerkschaft.* **2.** ⟨Pl. ...männer, ...leute⟩ *Einzelperson, die die Interessen einer Gruppe gegenüber übergeordneten Stellen vertritt:* der V. der Schwerbeschädigten. **3.** ⟨Pl. ...männer⟩ *jmd., der als vertrauenswürdige Persönlichkeit bei schwierigen od. geheimen Geschäften vertrauliche Verhandlungen für einen anderen führt.* **4.** (Rechtsspr.) *V-Mann;* **Ver|trau|ens|miß|brauch,** der: *Mißbrauch* (1 a) *des Vertrauens, das jmd. zu jmdm. hat;* **Ver|trau|ens|per|son,** die: *jmd., der großes Vertrauen genießt, der als zuverlässig gilt;* **Ver|trau|ens|po|sten,** der: vgl. Vertrauensamt; **Ver|trau|ens|sa|che,** die: **1.** ⟨Pl. selten⟩ *Angelegenheit, Sache des Vertrauens; Vertrauensfrage* (1): es ist V., ob du ihm das mitteilst. **2.** *Sache, Angelegenheit, die vertraulich behandelt werden muß:* eine ge-

heime V.; **Ver|trau|ens|schü|ler,** der (Schulw.): vgl. Vertrauenslehrer; **Ver|trau|ens|schü|le|rin,** die (Schulw.): w. Form zu ↑Vertrauensschüler; **Ver|trau|ens|schwund,** der: *Schwund, Abnahme des Vertrauens;* **ver|trau|ens|se|lig** ⟨Adj.⟩: *allzu schnell od. leicht bereit, anderen zu vertrauen; allzu arglos sich anderen anvertrauend o. ä.:* ein -er Mensch; Dieser Mann muß alles von sich geben, was ihn bewegt. Er ist ein Schwärmgeist. Vertrauensselig gegen jedermann (Strauß, Niemand 91); der Alkohol machte ihn v.; **Ver|trau|ens|se|lig|keit,** die ⟨o. Pl.⟩: *das Vertrauensseligsein;* **Ver|trau|ens|stel|le,** die: vgl. Vertrauensstellung; **Ver|trau|ens|stel|lung,** die: *Stellung* (3, 4), *die große Zuverlässigkeit u. Vertrauenswürdigkeit voraussetzt:* eine V. haben; **Ver|trau|ens|ver|hält|nis,** das: *auf gegenseitiges Vertrauen gegründetes Verhältnis von Personen o. ä. zueinander:* ein V. haben; Wust ... forderte den Politiker auf, dafür zu sorgen, daß wieder ein V. zwischen den Bündnispartnern hergestellt wurde (Saarbr. Zeitung 14. 3. 80, 28); **Ver|trau|ens|ver|lust,** der: *Verlust an Vertrauen:* der V., den diese Maßnahme für die Arzneimittel ganz allgemein nach sich zieht (DÄ 47, 1985, 22); **ver|trau|ens|voll** ⟨Adj.⟩: **a)** *voller Vertrauen:* -e Beziehungen; v. in die Zukunft blicken; Dann stand ein Korb mit gelben Pflaumen an der Rand, ... gesammelt und hier v. hingestellt (Kronauer, Bogenschütze 263); **b)** *in gegenseitigem Vertrauen stattfindend o. ä.:* eine -e Zusammenarbeit; wenden Sie sich v. (ugs.; *ohne Scheu*) an unseren Vertreter; Sie hatte sogar v. mit ihrem Frauenarzt darüber gesprochen (Konsalik, Promenadendeck 160); **Ver|trau|ens|vor|schuß,** der: *Vertrauen, das man in jmdn., etw. setzt, ohne schon zu wissen, ob es gerechtfertigt ist:* V. bekommen, haben; im jetzigen Zeitpunkt sei ein Ja nur mit einem großen Portion V. vertretbar (Vaterland 27. 3. 85, 26); **Ver|trau|ens|vo|tum,** das: *Beschluß, Erklärung, mit der man jmdm. sein Vertrauen ausspricht;* **ver|trau|ens|wür|dig** ⟨Adj.⟩: *Vertrauen verdienend; als zuverlässig erscheinend:* einen -en Eindruck machen; falls eine solche Aufgabe das gegenwärtige Personal überforderte, müßte ein sachkundiger od. Dolmetscher eingestellt werden (Bieler, Mädchenkrieg 296); er ist, wirkt [nicht, wenig] v.; **Ver|trau|ens|würdig|keit,** die; -: *das Vertrauenswürdigsein.*

ver|trau|ern ⟨sw. V.; hat⟩: **a)** (geh.) *(Zeit) freudlos, in trauriger Stimmung, ohne inneren Antrieb, ohne Aufgabe hinbringen:* seine Jugend, seine besten Jahre v.; ♦ **b)** ⟨v. + sich⟩ *sich so sehr in Trauer verzehren, daß man dabei zugrunde geht:* Ich, der ich mich v. könnte, wenn einer der Bäume in meinem Hofe stünden und einer davon stürbe vor Alter ab (Goethe, Werther 17, 15. September).

ver|trau|lich ⟨Adj.⟩ [zu ↑vertrauen]: **1.** *nicht für die Öffentlichkeit bestimmt; mit Diskretion zu behandeln; geheim* (a): eine -e Unterredung, Information; ein -er Bericht; ein Brief mit -em Inhalt; etw. ist streng v.; etw. auf Wunsch v. behandeln;

jmdm. etw. v. sagen, mitteilen; Herr G. sei krank, er habe die ihm v. übergebene Bilanz mit nach Hause genommen (Hamburger Abendblatt 22. 5. 85, 4). **2.** *freundschaftlich, persönlich, vertraut* (a): in -em Ton miteinander sprechen; zwischen ihnen herrscht das -e Du; v. miteinander umgehen; sie wird sehr schnell [allzu] v.; **Ver|trau|lich|keit,** die; -, -en: **1.** ⟨o. Pl.⟩ **a)** *das Vertraulichsein* (1); *Diskretion:* wir können Ihnen V. zusichern; Eine umfassende Kontrolle ... würde den Anspruch des einzelnen Kunden auf V. ... beeinträchtigen (NJW 19, 1984, 1107); **b)** *das Vertraulichsein* (2); *Vertrautheit:* Mutter und Tochter lebten in seltener V. miteinander (Th. Mann, Krull 22). **2.** ⟨häufig Pl.⟩ *[allzu] undistanziertes Verhalten; Zudringlichkeit.*

ver|träu|men ⟨sw. V.; hat⟩: **a)** (selten) *träumend* (1 a) *verbringen:* mehrere Stunden des Schlafes v.; **b)** *untätig, mit Träumereien verbringen, zubringen:* den Sonntag im Liegestuhl v.; **ver|träumt** ⟨Adj.⟩; -er, -este): **1.** *in seinen Träumen* (2 a), *Phantasien lebend* (u. dadurch der Wirklichkeit entrückt): ein -es Kind; sie ist zu v.; v. lächeln. **2.** *fern, abseits vom lauten Getriebe; idyllisch:* ein -es Dörfchen; Man schickte das Bataillon ins steilste Hochgebirge, ließ die Männer auf Berge klettern und auf -en Almwiesen Kämpfe mit unsichtbaren Feinden austragen (Strittmatter, Wundertäter 424); der Ort ist noch ganz v., liegt v. in einem Tal; **Ver|träumt|heit,** die; -: *das Verträumtsein.*

ver|traut ⟨Adj.; -er, -este⟩: **a)** *in naher Beziehung zu jmdm. stehend; eng verbunden; intim* (1): -e Freunde; sie haben -en Umgang; Ich wüßte nicht, daß wir verwandt oder sonst v. miteinander wären (Th. Mann, Krull 159); **b)** *jmdm. gut bekannt, so daß der Betreffende etw., jmdn. nicht als fremd empfindet:* ein -es Bild, Gesicht; eine -e Erscheinung; die Umgebung ist ihm vertraut; Meine Mutter ist froh, daß ich Zivilzeug trage; ich bin ihr dadurch -er (Remarque, Westen 119); Die Stimme schien mir seltsam v. (Jens, Mann 131); etw. kommt jmdm. v. vor; er ist mit der Materie gut v. *(kennt sie gut);* Er ist Landwirt und mit Pferden v. (Remarque, Westen 50); sich mit den Regeln v. machen [müssen] *(sie erlernen müssen [müssen]);* sich mit einem Gedanken v. machen *(sich daran gewöhnen);* **Ver|trau|te,** der u. die; -n, -n ⟨Dekl. ↑Abgeordnete⟩: *jmd., in den man sein Vertrauen gesetzt hat, dem man sich anvertrauen kann; intimer Freund, intime Freundin:* sein -ster -r, der Obergefreite Rollwagen, mußte sie bedienen (Gaiser, Jagd 150); **Ver|traut|heit,** die; -, -en ⟨Pl. selten⟩: **1.** ⟨o. Pl.⟩ *das Vertrautsein.* **2.** *Form, Ausdruck eines vertrauten Umgangs;* ♦ **Ver|trau|tin,** die; -, -nen: *Vertraute:* ... als der Herzog und noch jemand ein paar -nen ... mit mir im Garten saßen (Goethe, Brief an Charlotte v. Stein, 2. 5. 1777).

ver|trei|ben ⟨st. V.; hat⟩ [mhd. vertrīben, ahd. fartrīban]: **1. a)** *zum Verlassen eines Ortes zwingen:* Menschen aus ihren Häusern, aus ihrer Heimat, von Haus und Hof v.; Wissen Sie eigentlich, Herr Pfar-

Vertreiber

rer, weshalb Adam aus dem Paradies vertrieben wurde (Bobrowski, Mühle 61); Die Mehrzahl der vertriebenen Juden fand eine Zuflucht in Polen (Fraenkel, Staat 141); ich wollte sie nicht von ihrem Platz v. *(scherzh.; wollte sie nicht veranlassen wegzugehen, aufzustehen);* hoffentlich habe ich Sie nicht vertrieben *(gehen Sie nicht meinetwegen fort)?;* Ü er hat mit seiner Unfreundlichkeit die Kundschaft vertrieben; Andere Wirte hätten gejammert, daß wir ihnen einen Gast vertrieben hätten (Remarque, Obelisk 203); **b)** *(bes. [lästige] Tiere) verscheuchen, verjagen:* Mücken v.; Wenn ein Vogel einen anderen ... zu v. beabsichtigt, ... (Lorenz, Verhalten I, 39); Sie wedelte verächtlich mit dem Kuhschwanz und vertrieb die Fliegen (Döblin, Märchen 50); die Hühner aus dem Garten v.; Ü der Wind vertreibt die Wolken *(treibt sie weg);* der Kaffee wird deine Müdigkeit v.; die Tablette hat meine Kopfschmerzen vertrieben; ... und wollte wohl die trübe Stimmung v. (Bastian, Brut 149). **2.** *(bestimmte Waren) [im großen] verkaufen, damit handeln:* Zeitungen und Zeitschriften, Düngemittel v.; er vertreibt seine Waren auf Jahrmärkten und Messen; eine Verlagsgesellschaft, die juristische Ausbildungsliteratur ... herstellt und u. a. im Buchhandel vertreibt (NJW 19, 1984, 1106); dieses Produkt wird nur vom Fachhandel vertrieben *(angeboten, verkauft).* **3.** *(Fachspr.) (beim Malen)* Farben verwischen, um Abstufungen zu erzielen; **Ver|trei|ber,** der: *jmd., der etw. vertreibt* (2): Hersteller v. Pkws; Fässer und Paletten ... müssen von den -n zurückgenommen und wiederverwendet werden (Welt 30. 12. 91, 19); **Ver|trei|be|rin,** die; -, -nen: w. Form zu ↑ Vertreiber; **Ver|trei|bung,** die; -, -en: **1.** *das Vertreiben* (1 a): Die V. der Hugenotten aus Frankreich (Fraenkel, Staat 154). **2.** *(Kaufmannsspr. selten) Vertrieb* (1).

ver|tret|bar ⟨Adj.⟩: **1.** *so geartet, daß man es gutheißen, vertreten* (3), *als berechtigt ansehen kann:* -e Kosten; ein -er Standpunkt; etw. ist, erscheint [nicht] v.; eine Sanierung oder Modernisierung war aus Kostengründen nicht v. (Saarbr. Zeitung 11. 10. 79, 24); Die geplanten Rheinkraftwerke ... sind ökologisch v. (Tages Anzeiger 3. 12. 91, 3). **2.** *(Rechtsspr.) fungibel* (1): -e Waren, Sachen; **Ver|tret|bar|keit,** die; -: *das Vertretbarsein;* **ver|tre|ten** ⟨st. V.; hat⟩ [mhd. vertreten = niedertreten, zertreten; an jmds. Stelle treten, ahd. fartretan = niedertreten, zertreten]: **1. a)** *vorübergehend jmds. Stelle einnehmen u. seine Aufgaben übernehmen:* einen erkrankten Kollegen v.; jmdn. bei einem Empfang, in seinem Amt, während seines Urlaubs v.; dann hat den Jungvögeln die Mutter zu v., ... (Lorenz, Verhalten I, 175); er läßt sich von seinem Staatssekretär v. *(schickt ihn an seiner Statt);* Ü ein Pappkarton vertritt bei ihm den Koffer *(dient ihm als Koffer);* **b)** *(als jmds. Vertreter, Beauftragter o. ä.) jmds. Interessen, Rechte wahrnehmen:* die Gewerkschaften sollen die Interessen der Arbeiter v.; das war die Forderung, die er v. und verlangen wollte (Plievier, Stalingrad 309); der Abgeordnete vertritt seinen Wahlkreis im Parlament; der Angeklagte läßt sich [in einem Prozeß, vor Gericht] durch einen Anwalt v.; Thaddäus ... hat meine Sache vor dem Konzil von Lyon vertreten (Stern, Mann 30); **c)** *als Repräsentant o. ä., in jmds. Auftrag tätig sein, eine bestimmte Tätigkeit ausüben:* eine Institution, ein Unternehmen, eine Firma v.; er vertritt sein Land als Diplomat bei der UNO; die Sportlerin vertritt ihr Land bei den Olympischen Spielen *(tritt als Vertreterin ihres Landes auf);* Ü Professor Maier vertritt *(lehrt)* an der Universität das Fach Informatik; **d)** *als Handelsvertreter für eine Firma tätig sein:* er vertritt mehrere Verlage im süddeutschen Raum. **2.** ⟨nur in einer zusammengesetzten Zeitform in Verbindung mit *sein*⟩ **a)** *(neben anderen) anwesend, zugegen sein:* bei der Preisverleihung waren auch einige Repräsentanten des Staates vertreten; **b)** *(neben anderen) vorhanden sein, vorkommen:* etw. ist [zahlenmäßig] stark, schwach vertreten; in der Ausstellung sind seine Bilder vertreten; wenn typische Pressure-groups ... sich zu Parteien fortentwickeln und als solche in Landtagen, in Landesregierungen und im Bundestag vertreten sind (Fraenkel, Staat 271). **3.** *etw. bes. als Überzeugung, als Standpunkt o. ä. haben u. dafür einstehen; sich zu etw. bekennen u. es verteidigen:* einen Standpunkt, eine Meinung, einen Grundsatz v.; er vertritt eine Politik der Mäßigung; ... durch dick und dünn zusammenhalten zu wollen, weil man eine gemeinsame Sache vertritt (Dönhoff, Ära 147); unsere Partei vertritt liberale Positionen; wer hat diese Anordnung zu v. *(wer ist dafür verantwortlich)?* **4.** ⟨v. + sich⟩ *sich durch ungeschicktes Auftreten, Stolpern o. ä. eine Zerrung od. Verstauchung am Fuß zuziehen:* ich habe mir den Fuß vertreten; er vertrat sich den Knöchel, verletzte sich eine Zehe (Gregor-Dellin, Traumbuch 139). **5.** (landsch.) *durch Begehen abnutzen:* Treppenstufen, den Teppich v.; ein vertretener Läufer. **6.** (landsch.) *austreten* (2 c) *u. in einen unansehnlichen, unbrauchbaren Zustand bringen:* seine Pantoffeln sehr schnell v.; Er ging schnell die Straße hinunter, mager, krank, mit verbeulten Hosenbeinen und vertretenen Schuhen (Simmel, Affäre 29); **Ver|tre|ter,** der; -s, - [mhd. vertreter]: **1. a)** *jmd., der vorübergehend jmdn. vertritt* (1 a): für die Zeit seiner Abwesenheit mußte er einen V. bestimmen, stellen; Offenbar glaubte das Mädchen, er sei der V. des Zahlmeisters (Böll, Adam 34); **b)** *jmd., der einen anderen, eine Gruppe vertritt* (1 b): die Abgeordneten als gewählte V. des Volkes; der Staatsanwalt fungiert als V. der Anklage; **c)** *jmd., der im Auftrag eines anderen tätig ist, der jmdn. vertritt* (1 c); *Repräsentant:* die V. des Staates, der Kirche; sie sprach mit führenden -n der Wirtschaft; V. von Parteien und Massenorganisationen aus beiden Teilen des Landes ... (Fraenkel, Staat 351); die diplomatischen V. *(Diplomaten);* **d)** *Handelsvertreter:* er ist V. einer Textilfirma; ein V. für Staubsauger; als V. arbeiten, gehen; er ist V. gegen Provision; So legt man Geschäftspartner herein und befördert lästige V. zur Tür hinaus (Schwaiger, Wie kommt 95). **2.** *jmd., der in seiner Person etw. Bestimmtes repräsentiert, verkörpert:* ein V. des Expressionismus; Der größte V. der morphologischen Soziologie ist bis heute Max Weber geblieben (Fraenkel, Staat 113); In der gegenwärtigen Psychologie Deutschlands gilt er als ein führender V. der quantitativen Methodik (Hofstätter, Gruppendynamik 181). **3.** *Anhänger, Verfechter:* die V. dieser Ideen sind überall zu finden; Konsequente V. des Rätegedankens, wie Karl Liebknecht und Rosa Luxemburg ... (Niekisch, Leben 44); auch dem überzeugtesten V. jener Theorie schwebt ja nicht vor ... (Dönhoff, Ära 142). **4.** (ugs. häufig abwertend): *Mann mit bestimmten charakteristischen Eigenschaften:* ein übler, sauberer V.!; Was ist das für ein komischer V.?; **Ver|tre|ter|be|such,** der: *Besuch, den ein Vertreter* (1 d) *bei jmdm. macht;* **Ver|tre|te|rin,** die; -, -nen: w. Form zu ↑ Vertreter (1–3); **Ver|tre|ter|tä|tig|keit,** die; ⟨o. Pl.⟩: *berufliche Tätigkeit als Vertreter* (1 d): Während seiner V. hatte Helmut sich ein Auto erworben (Kirsch, Pantherfrau 28); **Ver|tre|ter|ver|samm|lung,** die: **1.** (Sozialvers.) *aus den Sozialwahlen hervorgegangene (als höchstes Organ der Selbstverwaltung der Versicherungsträger im Sozialbereich fungierende) Versammlung von Vertretern von Arbeitnehmern u. -gebern mit der Aufgabe, den Haushaltsplan festzustellen, die Beitragshöhe in der Kranken- u. Unfallversicherung zu bestimmen.* **2.** *Versammlung von Vertretern* (1 d); **Ver|tre|tung,** die; -, -en: **1.** *das Vertreten* (1): die V. eines erkrankten Kollegen übernehmen; Vavra ... stellte Sophie vor und erklärte, daß sie in V. ihrer erkrankten Schwester *(als ihre Vertreterin)* an dem Empfang teilnähme (Bieler, Mädchenkrieg 236); abgekürzt in Geschäftsbriefen o. ä.: i. V. Hans Mayer; jmdn. mit der V. eines anderen beauftragen, betrauen. **2.** *Person, die jmdn. vorübergehend vertritt* (1 a): wir suchen für ein paar Wochen eine V.; der Arzt hat zur Zeit eine V.; sie ist die V. für, von Frau Mayer. **3.** *Einzelperson od. Personen, die als Delegation auftritt:* die Mitglieder der UNO -en der einzelnen Staaten; eine diplomatische V. *(Mission* 3). **4.** (Sport) *delegierte Mannschaft, Riege o. ä.:* die deutsche V. siegte 1 : 0; Erfolgreichster Landesverband war Spanien, das alle fünf -en in die nächste Runde brachte (NNN 3. 10. 86, 4). **5. a)** *Vermittlung des Verkaufs für ein Unternehmen; Handelsvertretung:* sie hat die V. für Schuhe der Firma X; **b)** *Niederlassung eines Unternehmens an einem Ort:* eine V. eröffnen; **Ver|tre|tungs|kör|per|schaft,** die: *Körperschaft, die die Rechte einer Gruppe von Personen vertritt;* **Ver|tre|tungs|stun|de,** die: *Unterrichtsstunde, in der ein Lehrer in Vertretung eines Kollegen hält:* eine V. haben; Dr. Sachrow, den wir als Lehrenden nur in -n erlebten (Bruyn, Zwischenbilanz 104); **ver|tre|tungs|wei|se** ⟨Adv.⟩: *in Vertretung* (1); *stellvertretend:* sie arbeitet nur v. in dieser Firma.

Ver|trieb, der; -[e]s, -e ⟨Pl. selten⟩: **1.** ⟨o. Pl.⟩ *Vorbereitung u. Durchführung betrieblicher Arbeiten u. Maßnahmen, die darauf abzielen, daß die gefertigten Produkte (od. auch Dienstleistungen) auf den entsprechenden Markt gelangen, dort angeboten werden können:* der V. dieser Fachzeitschriften kann noch verbessert werden; die Kosten für den V. berechnen. **2.** kurz für ↑ Vertriebsabteilung: im V. arbeiten; Die beiden Schreibkräfte im V. ... hatten sie nur angegrinst (H. Weber, Einzug 249); **Ver|trie|be|ne**, der u. die; -n, -n ⟨Dekl. ↑ Abgeordnete⟩: *jmd., der aus seiner Heimat vertrieben wurde;* **Ver|trie|be|nen|or|ga|ni|sa|ti|on**, die: *Organisation (3) von Vertriebenen;* **Ver|triebs|ab|tei|lung**, die: *Abteilung eines Unternehmens, die den Vertrieb (1) der Produkte abwickelt;* **Ver|triebs|bin|dung**, die (Wirtsch.): *vertraglich abgesicherte Beschränkung des Vertriebs von Waren, bei der der Hersteller die Abnehmer seiner Erzeugnisse verpflichtet, diese nur an bestimmte Kunden od. nur in bestimmten Absatzgebieten zu verkaufen od. beim Verkauf bestimmte Termine einzuhalten;* **Ver|triebs|ge|sell|schaft**, die: *Gesellschaft, die den Vertrieb (1) der Produkte eines od. mehrerer Unternehmen vornimmt;* **Ver|triebs|ko|sten** ⟨Pl.⟩: *Kosten des Vertriebs (1);* **Ver|triebs|lei|ter**, der: *jmd., der einen Vertrieb (2) leitet;* **Ver|triebs|lei|te|rin**, die: w. Form zu ↑ Vertriebsleiter; **Ver|triebs|netz**, das: *vielfältig verflochtenes System von Vertriebswegen:* ein ausgebautes V.; **Ver|triebs|recht**, das: *Recht, ein bestimmtes Produkt zu vertreiben (2);* **Ver|triebs|stel|le**, die: *Ort, Stelle, von der aus etw. vertrieben (2) wird;* **Ver|triebs|weg**, der: *Weg (4) für den Vertrieb (1); Form, in der ein Produkt vertrieben (1) wird:* die -e ausweiten; Der einzige V., der dieser Aufgabenstellung gerecht werden konnte, war der Versandhandel (Spiegel 1/2, 1966, 26).

ver|trieft ⟨Adj.; -er, -este⟩ (bes. berlin.): *triefend:* ihre -en Augen strahlen (Strauß, Niemand 99); Ich war ganz hervorragend v. Ich sah nichts (Plenzdorf, Leiden 46).

ver|trim|men ⟨sw. V.; hat⟩ (ugs.): *heftig verprügeln:* Mein Vater vertrimmte mich, weil das Fahrrad kaputt war (Christiane, Zoo 16); Man müßte ihm mal auflauern ... und ihn im Dunkeln gehörig v. (Fallada, Mann 55).

ver|trin|ken ⟨st. V.; hat⟩ [mhd. vertrinken]: *(Geld, seinen Besitz) durch Trinken (3 d) verbrauchen, aufzehren:* sein Geld, ganzes Vermögen v.; Sie haben also wohl gar geheiratet, und zehn Jahre später war ihr Anwesen vertrunken *(durch Trinken verloren;* Wimschneider, Herbstmilch 96); Ü er vertrank seinen Kummer (landsch.); *versuchte ihn durch Trinken 3 d zu vergessen).*

ver|trock|nen ⟨sw. V.; ist⟩ [spätmhd. vertruocknen]: **a)** *(von etw., was normalerweise einen bestimmten Feuchtigkeitsgehalt hat) völlig trocken [u. dabei dürr, hart, spröde o. ä.] werden:* bei der Hitze sind die Pflanzen vertrocknet; Dem Schriftsteller S. H. vertrocknet die Kehle. Doch es gelingt ihm zu sprechen (Heym, Nachruf 605); vertrocknete Brotscheiben, Blumen; vertrocknetes *(verdorrtes)* Gras; Ü ein völlig vertrockneter *(unlebendig, starr wirkender)* Mensch; **b)** *völlig austrocknen, kein Wasser mehr enthalten, führen:* der Brunnen, das Flußbett ist vertrocknet.

ver|trö|deln ⟨sw. V.; hat⟩: **1.** (ugs. abwertend) *(Zeit) trödelnd verbringen, vergeuden:* die Zeit v.; Während Sie Ihre Nachmittage mit Skatspielen vertrödeln ... (Kirst, 08/15, 468); Dann aber vertrödelte ich die Stunden bei einem Spaziergang auf dem Lande (Gregor-Dellin, Traumbuch 41). ◆ **2.** *(auf dem Trödelmarkt) zu einem geringen Preis verkaufen:* Inzwischen waren die Brillanten, Perlen, Roben und Spitzen der seligen gnädigen Frau vertrödelt worden (Immermann, Münchhausen 89).

ver|trol|len ⟨sw. V.; hat⟩ (schweiz.): *vertrödeln.*

ver|tröp|feln ⟨sw. V.; ist⟩: *tröpfelnd zu Ende gehen, ausgehen (8):* Ü Jeder Beifall vertröpfelt einmal (Frisch, Gantenbein 464); Lambert spricht von seiner tiefen Dankbarkeit, viel zu wortreich, allmählich vertröpfeln die Worte (Heym, Schwarzenberg 241); **ver|tropfen** ⟨sw. V.⟩: **1.** ⟨hat⟩ **a)** *in Tropfen, tropfenweise verschütten:* Mit dem Kerzenstummel leuchtete er hin und her ..., vertropfte Wachs (Fels, Sünden 116); Zerbrich mir nichts, vertropfe mir nichts! (Süskind, Parfum 102); **b)** *mit Tropfen beschmutzen:* sie hat die ganze Tischdecke vertropft; ein vertropfter Herd; Saft tropft ihm aus dem Mund ... Seine Finger sind klebrig, seine Schuhe vertropft (Müller, Fuchs 123). **2.** *tropfend zu Ende gehen, ausgehen (8)* ⟨ist⟩: das Rinnsal vertropft; Ü Diese zweite Welle sickerte kaum wochenlang durch die Stadt und vertropfte dann langsam (Küpper, Simplicius 94).

ver|trö|sten ⟨sw. V.; hat⟩ [mhd. (sich) vertrœsten, ahd. fertrōsten = Bürgschaft leisten]: *(im Hinblick auf etw., was man jmdm. nicht [sofort] gewähren, geben o. ä. kann od. will) Versprechungen, Hoffnung auf einen späteren Zeitpunkt machen:* jmdn. auf eine spätere Zeit, von einem Tag auf den anderen v.; Früh wurde ich mit dem Auto abgeholt, meldete mich um eins bei der Sekretärin, wurde auf den nächsten Tag vertröstet (Leonhard, Revolution 131); **Ver|trö|stung**, die; -, -en: *das Vertrösten.*

ver|trot|teln ⟨sw. V.; hat⟩ (ugs.): *trottelig, zum Trottel werden:* da die Mutter entweder schuldig geschieden oder der Vater durch die Mutter vertrottelt oder zum Säufer gemacht wurde (Spiegel 12, 1975, 14); ⟨oft im 2. Part.:⟩ ein völlig vertrottelter alter Mann; sie galt nahezu für ein bißchen vertrottelt, weil sie sich nicht gegen unangenehme Arbeiten sträubte (Johnson, Ansichten 182).

ver|trot|zen, sich ⟨sw. V.; hat⟩ (landsch.): *trotzig werden:* Mathias ... winselte nun, Nachsicht, vertrotzte sich dann wieder (Muschg, Gegenzauber 414); ein vertrotztes Gesicht; Sie guckt vertrotzt aus dem Fenster (Kempowski, Zeit 64).

ver|tru|sten [fɛɐ̯ˈtrastn̩] ⟨sw. V.; hat⟩ (Wirtsch.): *(Unternehmen) zu einem Trust vereinigen;* **Ver|tru|stung**, die; -, -en: *das Vertrusten, Vertrustetwerden.*

ver|tü|dern, sich ⟨sw. V.; hat⟩ [zu ↑ tüdern] (nordd. ugs.): *sich verwirren (2 b); durcheinanderkommen:* Sylvias Hosenbändchen ... hatte sich vertüdert (Kempowski, Tadellöser 68).

Ver|tu|ga|din [vɛrtyˈgaˈdɛ̃], der; -s, -s [frz. vertugadin, unter Einfluß von: vertu = Tugend < span. verdugado, zu: verdugo = Sprößling, Trieb; Gerte, zu: verde = grün, unreif, jung, unerfahren < lat. viridis]: *Reifrock.*

Ver|tum|na|li|en, Vortumnalien ⟨Pl.⟩ [lat. Vertumnalia]: *(im Rom der Antike) Fest zu Ehren des Gottes Vertumnus.*

ver|tun ⟨unr. V.; hat⟩ [1: mhd. vertuon, ahd. fertuon]: **1.** *(Wertvolles, Unwiderbringliches o. ä.) nutzlos, mit nichtigen Dingen verschwenden, vergeuden:* Zeit, Geld nutzlos v.; eine Chance v.; Den Rest der Wegstrecke heimwärts vertat Lebrecht ... mit Nachrechnen (Wohmann, Irrgast 86); Hier werden öffentliche Mittel sinnlos vertan (Klee, Pennbrüder 123); ein Jahr der Arbeit schien sinnlos vertan (Ceram, Götter 95); all ihre Mühe war vertan *(vergeblich);* eine vertane *(nicht genutzte)* Gelegenheit; ein vertaner Montagmorgen kommt einem Sakrileg gleich (Mayröcker, Herzzerreißende 14). **2.** ⟨v. + sich⟩ (ugs.) *sich (bei etw.) irren, einen Fehler machen:* sich beim Rechnen, Eintippen v.; ⟨subst.:⟩ Da gibt's kein Vertun (landsch.; *das ist unbezweifelbar, ist wirklich so);* wer gut arbeitet, muß auch gut bezahlt werden (Wallraff, Ganz unten 195).

ver|tu|schen ⟨sw. V.; hat⟩ [mhd. vertuschen, H. u.; fälschlich an ↑ Tusche angelehnt]: *etw., wovon man nicht möchte, daß es bekannt wird, verheimlichen, geheimhalten, geflissentlich verbergen:* einen Skandal v.; der Betrug ließ sich nicht v.; Es sah aus, als sollte es gelingen, den Tod der Therese Gerwien zu v. (Prodöhl, Tod 145); laute Werbeoffensiven können nicht v. *(darüber hinwegtäuschen),* daß das Millionenheer der Sportler die Natur in den Schwitzkasten genommen hat (natur 3, 1991, 97); **Ver|tu|schung**, die; -, -en: *das Vertuschen;* **Ver|tu|schungs|ma|nö|ver**, das: *Maßnahme, Handlung, mit der etw. vertuscht wird, werden soll.*

ver|übeln ⟨sw. V.; hat⟩: *etw., was ein anderer tut, mit Verärgerung aufnehmen, empfindlich darauf reagieren; übelnehmen:* Verübelt wurde ihm insbesondere sein Auftreten auf der internationalen Sozialistenkonferenz (Niekisch, Leben 49); man hat ihm sehr verübelt, daß er so eigensüchtig gehandelt hat; Nun sollte man es Golo Mann nicht v., daß er es ... vorzieht zu schweigen (Reich-Ranicki, Th. Mann 223).

ver|üben ⟨sw. V.; hat⟩: *(ein Verbrechen, eine Übeltat o. ä.) ausführen, begehen:* ein Attentat, Verbrechen, einen Anschlag v.; Selbstmord v.; ... daß es keine Grausamkeit und keine Erniedrigung gab, die nicht jeder von ihnen ... v. und erleiden konnte (Ransmayr, Welt 265); einer gab Schelmenstreiche, die er scheinbar vielfach verübt hatte, zum besten (R. Walser, Gehülfe 126); So viel Unfug, wie Sie al-

verulken

lein verübt haben wollen, bringt ja der stärkste Mann nicht fertig (H. Mann, Unrat 101).

ver|ul|ken ⟨sw. V.; hat⟩: *sich über jmdn., etw. spottend lustig machen:* Sie vergnügten sich damit, die ethischen und ästhetischen Normen vergangener Epochen bübisch zu v. (K. Mann, Wendepunkt 211); **Ver|ul|kung,** die; -, -en: *das Verulken.*

ver|um|la|gen ⟨sw. V.; hat⟩ (österr. Amtsspr.): *(Kosten o. ä.) umlegen* (6); **Ver|um|la|gung,** die; -, -en (österr. Amtsspr.): *das Verumlagen.*

ver|um|stän|den (schweiz.): *verumständlichen;* **ver|um|ständ|li|chen** ⟨sw. V.; hat⟩ (bes. schweiz.): *umständlich[er] machen, komplizieren;* **Ver|um|ständ|li|chung,** die; -, -en (bes. schweiz.): *das Verumständlichen; Komplizierung.*

ver|un|ech|ten ⟨sw. V.; hat⟩ (Fachspr.): *(historische Quellen o. ä.) fälschen:* Nach einer im dreizehnten Jahrhundert verunechteten Urkunde ... (FAZ 25. 11. 61, 44).

◆ **ver|un|ed|len** ⟨sw. V.; hat⟩: *(bes. in der Bergmannsspr. von Erzadern) im Wert vermindern, unedel machen:* Hier ist der Gang mächtig und gebräch, ... dort drückt ihn der Felsen in eine armselige, unbedeutende Kluft zusammen ... Andre Gänge verunedlen ihn (Novalis, Heinrich 69).

ver|un|eh|ren ⟨sw. V.; hat⟩ (veraltet): *das Ansehen einer Person, Institution schädigen.*

ver|un|ei|ni|gen ⟨sw. V.; hat⟩ (selten): *entzweien.*

ver|un|fal|len ⟨sw. V.; ist⟩ (Amtsspr., bes. schweiz.): *einen Unfall erleiden; verunglücken* (1): mit dem Auto, am Arbeitsplatz v.; Am Montag vormittag ist ein 32jähriger Arbeiter in Zürich bei einem Sturz von einem Baugerüst tödlich verunfallt (NZZ 24. 8. 83, 25); ein verunfalltes *(bei einem Unfall beschädigtes)* Fahrzeug; Ein Passant hat in den Morgenstunden des Sonntags ... zwei verunfallte *(durch einen Unfall zu Schaden gekommene)* Benützer eines Motorrades aufgefunden (NZZ 2. 9. 86, 22); **Ver|un|fall|te,** der u. die; -n, -n ⟨Dekl. ↑Abgeordnete⟩ (Amtsspr., bes. schweiz.): *jmd., der einen Unfall gehabt hat:* Im Spital konnte nur noch der Tod des -n festgestellt werden (NZZ 29. 4. 83, 7).

ver|un|glimp|fen ⟨sw. V.; hat⟩ (geh.): *schmähen, beleidigen; mit Worten herabsetzen; diffamieren, verächtlich machen:* jmdn., jmds. Ehre v.; den politischen Gegner v.; Rousseau fuhr aber zeitlebens fort, Voltaire mit dem Neid des Schlechtweggekommenen aufs gehässigste zu v. (Friedell, Aufklärung 85); es geht uns sicher nicht darum, ein ganzes Gewerbe zu v. (ADAC-Motorwelt 6, 1984, 112); **Ver|un|glimp|fung,** die; -, -en: *das Verunglimpfen.*

ver|un|glücken[1] ⟨sw. V.; ist⟩: **1.** *einen Unfall erleiden:* tödlich v.; er ist [mit dem Auto] verunglückt. **2.** (scherzh.) *mißglücken; mißlingen:* der Kuchen ist verunglückt *(nicht geraten);* ein etwas verunglücktes *(schlechtes)* Bild; eine verunglückte Rede; Der Umbau betrifft vor allem den Innenhof, den ein früherer Umbau in eine etwas verunglückte Treppen-

halle verwandelt hat (Basler Zeitung 2. 10. 85, 29); Nach einer total verunglückten letzten Saison ... hatte der Klub einigen Kredit verloren (NZZ 23. 12. 83, 37); **Ver|un|glück|te,** der u. die; -n, -n ⟨Dekl. ↑Abgeordnete⟩: *jmd., der verunglückt ist:* Der V. lag auf dem Pflaster (Remarque, Triomphe 220).

ver|un|kla|ren, (bes. schweiz.:) **ver|un|klä|ren** ⟨sw. V.; hat⟩: *(einen Sachverhalt) unklar machen, erscheinen lassen:* Was Brecht mit seiner ... Interpretation des „Coriolan" beabsichtigt haben könnte, wird verunklart (Spiegel 5, 1966, 87); Er nahm auch zu dem Punkt „Steuererhöhung" Stellung, der hier in Düsseldorf geklärt werden sollte und doch wieder verunklart worden war (Welt 29. 10. 92, 3).

ver|un|krau|ten ⟨sw. V.; ist⟩: *von Unkraut überwuchert werden:* Ihre Hacke ... kommt nur langsam vorwärts, der Acker ist sehr verunkrautet (Fallada, Jeder 266); **Ver|un|krau|tung,** die; -, -en: *das Verunkrauten.*

ver|un|mög|li|chen [auch: - - ' - - -] ⟨sw. V.; hat⟩ (bes. schweiz.): *unmöglich machen; hindern:* ... daß man den Jungen polizeilich ausschrieb, eine Maßnahme, die ihm während zehn Jahren eine legale Einreise in die Schweiz verunmöglichte (Ziegler, Konsequenz 223); andererseits wird die Schneeräumung ... durch die Flugzeuge, die dort stehen, erschwert und teilweise verunmöglicht (NZZ 26. 2. 86, 31).

ver|un|rei|ni|gen ⟨sw. V.; hat⟩ [mhd. verunreinigen]: **a)** (geh.) *beschmutzen, besudeln:* den Fußboden, seine Kleider v.; Meine Eltern schimpften auf die Proletenkinder, die das Treppenhaus verunreinigten (Christiane, Zoo 16); **b)** *(mit unerwünschten Stoffen) verschmutzen, unrein machen:* die Fabriken verunreinigen mit ihren Emissionen die Luft; Ein Liter verschüttetes Öl kann eine Million Liter Grundwasser v. (natur 6, 1991, 67); verunreinigte Flüsse; **Ver|un|rei|ni|gung,** die; -, -en: **1.** *das Verunreinigen:* die V. der Luft. **2.** *verunreinigender Stoff:* eine V. beseitigen; Es ist verhältnismäßig leicht, die -en zu konzentrieren und aus den Filtern herauszuwaschen (Menzel, Herren 36).

ver|un|schicken[1] ⟨sw. V.; hat⟩ (schweiz.): *durch eigene Schuld einbüßen.*

ver|un|si|chern ⟨sw. V.; hat⟩: *(im Hinblick auf den Standpunkt, die Überzeugung o. ä.) unsicher machen:* die Bevölkerung v.; Der Verbraucher wird verunsichert durch Stoffe, die er nicht kennt (Augsburger Allgemeine 13./14. 5. 78, 3); er ist, wirkt ganz verunsichert; „Jetzt gleich?" fragte er ungehalten, zugleich aber auch verunsichert (Ziegler, Liebe 137); **Ver|un|si|che|rung,** die; -, -en: *das Verunsichern, Verunsichertwerden, Verunsichertsein:* Als eine Auswirkung der Wirtschaftskrise und der V. der Arbeitnehmer in der BRD ist zu verzeichnen, daß ... (Wochenpost 10. 9. 76, 11).

ver|un|stal|ten ⟨sw. V.; hat⟩ [zu ↑ungestalt]: *sehr unschön, sehr häßlich erscheinen lassen; sehr entstellen* (1): du verunstaltest dich mit dieser Frisur; Ohne Makel waren aber auch die Beine nicht mehr. Krampfadern verunstalteten vom Knie abwärts das linke (Stern, Mann 353); diese Fabrik verunstaltet das Landschaftsbild; Auf der Rückseite dieser von Stockflecken verunstalteten Fotografie ... (Ransmayr, Welt 136); Ü Wie kommst du dazu, mutwillig unsere Sprache zu v.? (Kusenberg, Mal 13); **Ver|un|stal|tung,** die; -, -en: **1.** *das Verunstalten.* **2.** *etw. Verunstaltendes:* Das in seiner heutigen Gestalt aus dem 18. Jahrhundert stammende Gotteshaus ... wurde in Abstimmung mit dem Landeskonservator von Schäden und auch -en befreit (Saarbr. Zeitung 19. 12. 79, 18).

ver|un|treu|en ⟨sw. V.; hat⟩ [mhd. veruntriuwen = gegen jmdn. treulos sein] (Rechtsspr.): *unterschlagen* (a): Gelder v.; **Ver|un|treu|er,** der; -s, - (Rechtsspr.): *jmd., der etw. veruntreut;* **Ver|un|treu|e|rin,** die; -, -nen (Rechtsspr.): w. Form zu ↑Veruntreuer; **Ver|un|treu|ung,** die; -, -en (Rechtsspr.): *das Veruntreuen.*

ver|un|zie|ren ⟨sw. V.; hat⟩: *unschön erscheinen lassen; den Anblick bes. einer Sache verderben;* Flecke verunzierten den Teppich; Schließlich artete der Wahlkampf aus, als unbekannte Schmierer ... die ganze Innenstadt mit Parolen zur bevorstehenden Richterwahl verunzierten (NZZ 21. 12. 86, 29); **Ver|un|zie|rung,** die; -, -en: **1.** *das Verunzieren.* **2.** *etw. Verunzierendes.*

ver|ur|kun|den ⟨sw. V.; hat⟩ (schweiz.): *(bes. einen Grundstücksverkauf) notariell beurkunden* (1): Den Kaufpreis wollte Dr. André ... noch nicht nennen, weil der Kaufvertrag noch nicht verurkundet worden sei (Bund 11. 10. 83, 20); **Ver|ur|kun|dung,** die; -, -en (schweiz.): *das Verurkunden.*

ver|ur|sa|chen ⟨sw. V.; hat⟩: *die Ursache, der Urheber von etw. (Unerwünschtem o. ä.) sein; hervorrufen, bewirken:* Mühe, Arbeit, Umstände v.; Ärger, Mißmut v.; Nur ist zu fragen, ... was seinen Neid verursacht hat (Reich-Ranicki, Th. Mann 162); Diese Stelle hat den Byzantologen manches Kopfzerbrechen verursacht (Thieß, Reich 466); die Arbeiten verursachen Lärm, Störungen; durch Unachtsamkeit einen Unfall v.; ..., wobei man nicht weiß, ob der Bergrutsch ein jahrzeitiges Erdbeben oder das Erdbeben den Erdrutsch verursachte (Berger, Augenblick 122); Kosten v.; die Landwirtschaft verursacht den Wassermangel auch selbst (natur 2, 1991, 25); einen Strafstoß, Foulelfmeter v.; **Ver|ur|sa|cher,** der; -s, - (bes. Amtsspr.): *Person, auch Sache, die etw. verursacht hat; jmd., der an etw. die Schuld trägt:* Allein der Mensch ist der V. der Umweltschäden (Gruhl, Planet 119); Ausdrücklich ausgeschlossen werden hingegen jetzt als V. der Waldschäden elektromagnetische Wellen, radioaktive Strahlung und Bleivergiftungen durch Automobilabgase (NZZ 5. 9. 86, 1); **Ver|ur|sa|che|rin,** die; -, -nen (bes. Amtsspr.): w. Form zu ↑Verursacher; **Ver|ur|sa|cher|prin|zip,** das ⟨o. Pl.⟩ (bes. Rechtsspr.): *Grundsatz, nach dem derjenige, der durch sein Verhalten, Vorgehen o. ä. Kosten verursacht, diese* *auch zu tragen hat;* **Ver|ur|sa|chung,** die; -: *das Verursachen.*

ver|ur|tei|len ⟨sw. V.; hat⟩ [mhd. verurteilen]: **1.** *durch Gerichtsbeschluß mit einer bestimmten Strafe belegen:* jmdn. zu einer Haftstrafe, zu Gefängnis, zu 4 Monaten [Gefängnis] v.; er wurde zum Tode verurteilt; Hartung wurde zur Zahlung von 200 Rupien verurteilt (Grzimek, Serengeti 56); ⟨auch o. Präp.-Obj.:⟩ der Angeklagte ist rechtskräftig verurteilt worden; Ü das Unternehmen war von Anbeginn zum Scheitern verurteilt *(mußte zwangsläufig mißlingen);* er war zum Schweigen verurteilt *(mußte schweigen);* etw. ist zur Bedeutungslosigkeit verurteilt *(kann sich nicht entfalten);* Die Welt der Märchen und Mythen ist zum Untergang verurteilt *(muß untergehen;* Jens, Mann 130); 20 000 Werktätige Kanadas erleiden jährlich Arbeitsunfälle, die sie zu ständiger Erwerbsunfähigkeit verurteilen (NNN 9. 4. 81, 2). **2.** ⟨jmdn., etw.⟩ *sehr kritisch beurteilen, vollständig ablehnen:* ein Verhalten, eine Tat aufs schärfste v.; Während Frau Sellmann und Tante Marketa deshalb jeden Schritt verurteilten ... (Bieler, Mädchenkrieg 275); in einem Zustand ..., den man aber nicht als krankhaft v. kann (Freud, Unbehagen 92); **Ver|ur|teil|te,** der u. die; -n, -n ⟨Dekl. ↑ Abgeordnete⟩: *jmd., der verurteilt worden ist:* In der Ostzone werden willkürlich V. zu Tausenden aus den Gefängnissen entlassen (Dönhoff, Ära 207); **Ver|ur|tei|lung,** die; -, -en: **1.** *das Verurteilen.* **2.** *das Verurteiltsein.*

ver|uzen ⟨sw. V.; hat⟩ (ugs.): *veralbern.*

Ver|ve [ˈvɛrv, auch: 'vɛrvə], die; - [frz. verve, älter = Einfall, Laune, viell. über das Vlat. < lat. verba, Pl. von: verbum = Wort, Ausspruch] (geh.): *Begeisterung, Schwung (bei einer Tätigkeit):* seine Gebärden hatten eine Beschwingtheit, seine Konversation eine V., die ... (K. Mann, Mephisto 339); er sprach mit viel V.; die Aufsätze ... sind, vor allem die früheren, pointiert und effektvoll geschrieben, mit V. und Temperament (Reich-Ranicki, Th. Mann 135).

ver|viel|fa|chen ⟨sw. V.; hat⟩: **1. a)** *stark, um ein Vielfaches vermehren:* das Angebot, die Produktionsmenge v.; Sie pflegten, düngten und schnitten die Sträucher sachgemäßer als bisher und vervielfachten so die Tragfähigkeit (Jacob, Kaffee 254); **b)** ⟨v. + sich⟩ *sich um ein Vielfaches vermehren, vergrößern; stark zunehmen:* die Zahl der Bewerber hat sich vervielfacht. **2.** (Math.) *multiplizieren:* eine Zahl mit einer anderen v.; **Ver|viel|fa|chung,** die; -, -en: *das Vervielfachen, Sichvervielfachen.*

ver|viel|fäl|ti|gen ⟨sw. V.; hat⟩ [für älter vielfältigen]: **1.** *etw. (Geschriebenes, Gedrucktes o. ä.) auf [foto]mechanischem Weg in größerer Zahl in Kopien herstellen:* einen Text, ein Dokument, einen Brief v.; Legen Sie sich eine Liste an, vervielfältigen Sie sie und verteilen Sie sie unter an alle Interessenten (Kirst, 08/15, 404). **2.** (geh.) *etw. vermehren, verstärken:* seine Bemühungen, Anstrengungen v. **3.** ⟨v. + sich⟩ *sich vermehren, zahlenmäßig vergrößern; zunehmen:* die Anforderungen hatten sich vervielfältigt; **Ver|viel|fäl|ti|ger,** der; -s, -: *Vervielfältigungsapparat;* **Ver|viel|fäl|ti|gung,** die; -, -en: **1.** *das Vervielfältigen.* **2.** *Kopie* (1); **Ver|viel|fäl|ti|gungs|ap|pa|rat,** der: *Kopiergerät;* **Ver|viel|fäl|ti|gungs|recht,** das: *ausschließlich dem Urheber vorbehaltenes Recht, Vervielfältigungen* (2) *seines Werkes herzustellen;* **Ver|viel|fäl|ti|gungs|ver|fah|ren,** das: *Verfahren, durch das etw. (Geschriebenes, Gedrucktes o. ä.) vervielfältigt* (1) *wird;* **Ver|viel|fäl|ti|gungs|zahl|wort,** das (Sprachw.): *Multiplikativum.*

ver|vier|fa|chen ⟨sw. V.; hat⟩: vgl. verdreifachen.

ver|voll|komm|nen ⟨sw. V.; hat⟩: **a)** *etw. vollkommener, perfekter machen:* eine Technik, ein Verfahren v. *(perfektionieren);* sie bemüht sich, ihre Sprachkenntnisse zu v.; Bekanntlich vervollkommnete die Gestapo und SS mit jedem Jahr ihre Folter- und Mordtechnik (Bredel, Prüfung 5); **b)** ⟨v. + sich⟩ *sich verbessern; vollkommener, besser werden:* die Methode hat sich mit der Zeit vervollkommnet; er hat sich in Französisch vervollkommnet; Dieser durch Kunst über sich hinausgreifende Mensch, der sich vervollkommnet und verwirklicht (Raddatz, Traditionen I, 35); **Ver|voll|komm|nung,** die; -, -en: *das Vervollkommnen, Vervollkommnetwerden, Vervollkommnetsein:* der Staat hat die Aufgabe, durch geeignete Vorkehrungen dafür zu sorgen, daß die geistige und sittliche V. des Menschen erreicht werden kann (Fraenkel, Staat 264); Mr. Grey ... befaßte sich in beiden Eigenschaften mit der V. eines fotografischen Verfahrens, das die dreidimensionale Wiedergabe von Objekten ermöglichte (Bieler, Mädchenkrieg 208). **2.** *etw., was eine Verbesserung, eine Vervollkommnung* (1) *darstellt:* Die Weiterentwicklung des vorgeschichtlichen Bauens führt zu technischen -en und zu Formdifferenzierungen (Bild. Kunst III, 15); **ver|voll|komm|nungs|fä|hig** ⟨Adj.⟩: *sich vervollkommnen könnend, lassend.*

ver|voll|stän|di|gen ⟨sw. V.; hat⟩: **1.** *ergänzen, vollständig[er] machen; komplettieren:* Sie beabsichtigt in Kürze, für ein Jahr nach England und anschließend in die Bundesrepublik zu fahren, um ihre Sprachkenntnisse zu v. (Chotjewitz, Friede 186); diese Aussage vervollständigt das Bild von den Vorgängen *(rundet es ab;* Th. Mann, Krull 324); Stehlampen mit Seidenschirmen; bronzene Armleuchter ...; eine stilvolle Ottomane mit Kissen und Sammetdecke vervollständigten eine Einrichtung ... *(rundeten sie ab;* Th. Mann, Krull 324). **2.** ⟨v. + sich⟩ *vollständig[er] werden:* die Bibliothek hat sich vervollständigt; **Ver|voll|stän|di|gung,** die; -, -en: *das [Sich]vervollständigen, Vervollständigtwerden.*

verw. = verwitwet.

¹**ver|wach|sen** ⟨st. V.⟩ [mhd. verwahsen]: **1. a)** *(von Wunden, Narben o. ä.) [wieder zusammenwachsen u.] zunehmend unsichtbar werden, verschwinden* ⟨ist⟩: die Wunde ist verwachsen; eine völlig verwachsene Narbe; ⟨auch v. + sich; hat:⟩ die Narbe hat sich völlig verwachsen; **b)** ⟨v. + sich⟩ (ugs.) *sich beim Wachstum von selbst regulieren, normalisieren; sich auswachsen* (3 a) ⟨hat⟩: die Fehlstellung der Gliedmaße, der Schaden kann sich noch v.; **c)** *mit etw. zu einer Einheit zusammenwachsen* ⟨ist⟩: ein Organ ist mit einem anderen verwachsen; Hierdurch geschieht nämlich, daß man mit dem Helm sozusagen körperlich verwächst (Plievier, Stalingrad 51); Ü sie ist mit ihrer Arbeit, ihrer Familie sehr verwachsen; Als ehemaliger Präsident der Bau- und Verkehrskommission war er speziell mit dieser Materie verwachsen (Vaterland 27. 3. 85, 27); Roheit und Willensstärke sind in dieser Kaste derart miteinander verwachsen, daß ... (Tucholsky, Werke II, 121); zu einer Gemeinschaft v.; **d)** *mit wuchernden Pflanzen zuwachsen* ⟨ist⟩: die Wege verwachsen immer mehr; Früher gab es viele solcher Pfade, unzählige, doch sind sie heute völlig verwachsen (NZZ 23. 10. 86, 41); ein völlig verwachsenes Grundstück; ◆ Es führt auch manchmal ein Weg in diese Richtung hin, der ... aber dann wieder mit Gras verwächst (Stifter, Bergkristall 10). **2.** (landsch.) *aus etw. herauswachsen* (2) ⟨hat⟩: die Kinder haben ihre Kleider schon wieder verwachsen; die Fußlappen ... waren aus einem gestreiften Stoff, aus einem meiner verwachsenen Sonntagskleider (Müller, Niederungen 44);

²**ver|wach|sen** ⟨Adj.⟩: *schief gewachsen; verkrüppelt:* ein -es Männlein; Für Gustav kam er anderer Geselle. Er war v. und wirkte zwergig (Strittmatter, Wundertäter 258).

³**ver|wach|sen,** sich ⟨sw. V.; hat⟩ (Skilaufen): *das falsche Wachs auftragen:* sie haben sich verwachst; Wer sich einmal bei der Vorbereitung eines Skitour verwachst hat, ... (Gast, Bretter 51); ⟨auch o. „sich":⟩ er hat verwachst; Verwachst hatten auch die Italienerinnen, die Französinnen und die Amerikanerinnen (Olymp. Spiele 20).

Ver|wach|sung, die; -, -en: **1.** *das ¹Verwachsen[sein].* **2.** (Med.) *(nach einer Entzündung od. Operation in Brust- od. Bauchraum) das Miteinanderverkleben von Hautflächen bzw. Organen; Adhäsion* (2): Unter Umständen kann eine vorangegangene Abtreibung infolge der Bildung von Verklebungen und -en später hin eine Unfruchtbarkeit der Frau zur Folge haben (Medizin II, 55). **3.** (Mineral.) *fester Verband mehrerer Kristalle bzw. mineralischer Bestandteile (bei Eisen u. Gesteinen).*

ver|wackeln¹ ⟨sw. V.⟩ (ugs.): **1.** *(beim Fotografieren) durch eine Bewegung, durch Wackeln eine Aufnahme unscharf werden lassen* ⟨hat⟩: eine Aufnahme, ein Bild v. **2.** *(beim Fotografieren) durch eine Bewegung, durch Wackeln der Kamera unscharf werden* ⟨ist⟩: er betrank sich maulfaul, bis ihm am Ende alle Aufnahmen verwackelten (Johnson, Ansichten 65); Ü wenn das Bild, das wir von uns haben, verwackelt ... (Spiegel 30, 1976, 41).

ver|wäh|len, sich ⟨sw. V.; hat⟩ (ugs.): *(beim Telefonieren) versehentlich eine falsche Nummer wählen:* verzeihen Sie bitte, ich habe mich verwählt.

Ver|wahr, der; -s (veraltet): *Verwahrung* (1, 2); **ver|wah|ren** ⟨sw. V.; hat⟩ [spätmhd. verwarn]: **1. a)** *sicher, sorgfältig aufbewahren:* etw. im Schreibtisch, in der Brieftasche, hinter Glas v.; Schmuck in den Tresorschließfächern v.; die Dokumente müssen sorgfältig verwahrt werden; In den Kellergewölben haben die Mönche bis gegen Ende des vergangenen Jahrhunderts ihre Toten verwahrt (Fest, Im Gegenlicht 141); In die Verbotsfrist wird die Zeit nicht eingerechnet, in welcher der Täter auf behördliche Anordnung in einer Anstalt verwahrt worden ist (Rechtsspr.; *in Verwahrung 2 genommen worden ist;* Straßenverkehrsrecht, StGB 254); **b)** (landsch.) *etw. für eine Weile, für einen späteren Zeitpunkt aufheben:* sie wollte die Schokolade für den Nachmittag v.; ich habe dir den Pudding verwahrt; Das (= ein Herbarium) kann man sich immer mal wieder ankucken. Ich hab' mir das verwahrt (Kempowski, Immer 145); **c)** (veraltet) *jmdn. gefangenhalten;* **d)** (geh. veraltet) *sichern* (1 a). **2.** ⟨v. + sich⟩ *mit Nachdruck sich gegen etw. wehren, gegen etw. protestieren; etw. energisch zurückweisen:* sich gegen eine Anschuldigung, Verdächtigung, ein Ansinnen v.; Ich verwahre mich gegen die gefährliche Meinung, daß Demokratie etwas sei, was sich nicht verwandeln kann (Frisch, Stiller 293); **Ver|wah|rer,** der; -s, -: *jmd., der etw. verwahrt* (1 a); *Depositar;* **Ver|wah|re|rin,** die; -, -nen: w. Form zu ↑Verwahrer; **Ver|wahr|fund,** der (Archäol.): *Depotfund, der mit der Absicht späterer Bergung vergraben wurde;* **ver|wahr|lo|sen** ⟨sw. V.; ist⟩ [mhd. verwarlōsen = unachtsam behandeln od. betreiben, zu: warlōs = unbewußt, ahd. waralōs = achtlos]: *durch Mangel an Pflege, Vernachlässigung o. ä. in einen unordentlichen, schlechten Zustand, in einen Zustand zunehmenden Verfalls geraten; herunterkommen;* sittlich v.; verwahrloste Jugendliche; er wurde in völlig verwahrlostem Zustand aufgegriffen; ein Haus v. lassen; Sie hinterließen Moscheen, die man zerstörte, Gärten aus Tausendundeiner Nacht, die verwahrlosten (Koeppen, Rußland 9); ihre Wohnung, ihre Kleidung ist total verwahrlost; Um in diesen Raum zu gelangen, mußte man ... einen verwahrlosten Innenhof passieren (Kronauer, Bogenschütze 340); **Ver|wahr|lo|ste,** der u. die; -n, -n ⟨Dekl. ↑Abgeordnete⟩: *jmd., der in einem verwahrlosten Zustand ist;* **Ver|wahr|lo|sung,** die; -: **1.** *das Verwahrlosen.* **2.** *verwahrloster Zustand; das Verwahrlostsein:* Wenn man ihn früher gekannt hat, sind die kleinen Zeichen beginnender V. unübersehbar (Chr. Wolf, Himmel 304); **Ver|wahr|sam,** der; -s: **a)** (veraltet) *Verwahrung* (1): ... teilte ihm mit, daß auch seine Frau Kirchenvermögen in V. genommen habe (Winckler, Bomberg 179); ◆ **b)** *Verwahrung* (2): unter dem Schutz des Kurfürsten von Brandenburg, in dessen V. ich sich befinde ... (Kleist, Kohlhaas 111); **Ver|wah|rung,** die; -: **1.** *das Verwahren* (1): etw. in V. nehmen, haben; Verließ ich Castellamare, gab ich den Mantel immer Berard in V. (Stern, Mann 94). **2.** (Rechtsspr.) *zwangsweise Unterbringung einer Person an einem bestimmten Ort, wo sie unter Kontrolle ist:* Bin nach 12 Jahren wieder in V. (Oxmox 9, 1984, 101); schließlich wurde, eines Bagatellfalles wegen, vom Gericht die V. ausgesprochen (Ziegler, Konsequenz 37). **3.** *das Sichverwahren* (2), *Einspruch, Protest:* Alle Schweigeminuten und Anstecknadeln, alle heiligen -en und Sondersitzungen können nicht darüber hinwegtäuschen, daß ... (Augstein, Spiegelungen 101); Die Turnerschaft hat gegen die Verletzung des deutschen Geistes bereits V. eingelegt (Musil, Mann 550); **Ver|wah|rungs|bruch,** der (Rechtsspr.): *vorsätzliches Wegschaffen, Beschädigen od. Zerstören von Sachen, die sich in amtlicher Verwahrung befinden.*

ver|wai|sen ⟨sw. V.; ist⟩ [mhd. verweisen]: *die Eltern durch Tod verlieren; Waise werden:* die Kinder waren früh verwaist; Ü sich verwaist (geh.; *einsam*) fühlen; die Ferienorte sind im Winter verwaist *(menschenleer);* der Lehrstuhl ist schon lange verwaist *(nicht besetzt);* ... wenn die abendländischen Throne nicht v. *(leer bleiben)* sollen (Stern, Mann 354).

ver|wal|ken ⟨sw. V.; hat⟩ [zu ↑walken] (ugs.): *kräftig verprügeln:* Ihr Alter verwalkte sie auch für jede Kleinigkeit (Spiegel 50, 1979, 91).

ver|wal|ten ⟨sw. V.; hat⟩ [a: mhd. verwalten]: **a)** *[im Auftrag od. an Stelle eines eigentlichen Besitzers] betreuen, in seiner Obhut haben, in Ordnung halten:* einen Besitz, ein Vermögen, die Kasse, einen Nachlaß v.; ein Amt, ein Haus v.; Es war vor Zeiten ihr Amt gewesen, ... die Kollektengelder zu v. (Schaper, Kirche 22); etw. gut, schlecht, treulich v.; Ü Meisterhaft hat er sein Pfund verwaltet (Reich-Ranicki, Th. Mann 31); **b)** *etw. verantwortlich leiten, führen:* eine Gemeinde, ein Gut v.; die Jugendlichen möchten ihr Jugendzentrum selbst v.; seit der als Bauvater tot ist und das Postamt von den jungen Marcel nur provisorisch verwaltet wird (Langgässer, Siegel 340); **c)** *(ein Amt o. ä.) innehaben, bekleiden:* ein Amt v.; er verwaltet *(versieht)* hier der Geschäfte; **Ver|wal|ter,** der; -s, -: *jmd., der etw. verwaltet;* **Ver|wal|te|rin,** die; -, -nen: w. Form zu ↑Verwalter; **Ver|wal|tung,** die; -, -en: **1.** ⟨Pl. selten⟩ *das Verwalten, Administration; Regie* (2): Die V. der sozialpolitischen Einrichtungen geschieht entweder durch ... (Fraenkel, Staat 310); in eigener, staatlicher V. sein; mit der V. von etw. betraut sein; Mit dem Ausbau des Schulwesens und der V. all der Berge gespeicherten Wissens wird ... die ständige Erweiterung unumgänglich (Gruhl, Planet 155); unter staatlicher V. stehen. **2. a)** *verwaltende Stelle (eines Unternehmens o. ä.); Verwaltungsbehörde:* er arbeitet in der V. der Firma; **b)** *Räumlichkeiten, Gebäude der Verwaltung* (2 a): die V. befindet sich im Seitenflügel des Gebäudes; Im nördlichen Flügel war die chirurgische Abteilung, in der Mitte die V. mit Röntgenzimmern (Böll, Adam 29). **3.** *der Verwaltungsapparat in seiner Gesamtheit:* die öffentliche, staatliche V.; in England ..., dem Land in dem seit Generationen Justiz und V. auf das engste miteinander verflochten sind (Fraenkel, Staat 119); Der Gesetzgeber muß daher der V., soll sie ihren Aufgaben gerecht werden können, das erforderliche Maß an Ermessensfreiheit einräumen (Fraenkel, Staat 348); **Ver|wal|tungs|aka|de|mie,** die: *Verwaltungshochschule;* **Ver|wal|tungs|akt,** der: *von einer staatlichen Verwaltung vorgenommene Handlung;* **Ver|wal|tungs|an|ge|stell|te,** der u. die: *jmd., der als Angestellte[r] in einer Verwaltung* (2 a) *arbeitet;* **Ver|wal|tungs|ap|pa|rat,** der: *Gesamtheit der Personen u. Hilfsmittel, die zur Verwaltung* (1) *von etw. benötigt werden:* ein aufgeblähter V.; **Ver|wal|tungs|auf|ga|ben** ⟨Pl.⟩: *Obliegenheiten einer Verwaltung* (2 a); **Ver|wal|tungs|aus|schuß,** der: *mit der Verwaltung* (1) *von etw. beschäftigter Ausschuß;* **Ver|wal|tungs|bau,** der: vgl. Verwaltungsgebäude; **Ver|wal|tungs|be|am|te,** der: *jmd., der als Beamter in einer Verwaltung* (2 a) *arbeitet;* **Ver|wal|tungs|be|am|tin,** die: w. Form zu ↑Verwaltungsbeamte; **Ver|wal|tungs|be|hör|de,** die: **a)** *Verwaltungsorgan;* **b)** *Sitz der Verwaltungsbehörde* (a); **Ver|wal|tungs|be|zirk,** der: *einer behördlichen Verwaltung* (1) *unterstellter Bezirk* (1 a); **Ver|wal|tungs|dienst,** der ⟨o. Pl.⟩: **a)** *Dienst* (1 b) *bei der Verwaltung* (2 a): im V. tätig sein; **b)** *Dienst* (1 c) *der Verwaltung* (3): Der höhere V. scheidet sich demzufolge vom gehobenen Dienst (Fraenkel, Staat 36); **Ver|wal|tungs|ein|heit,** die: *Grundbestandteil der Verwaltung* (3); **Ver|wal|tungs|ge|bäu|de,** das: *Gebäude, in dem eine Verwaltung* (2 a) *untergebracht ist;* **Ver|wal|tungs|ge|bühr,** die: *Gebühr für bestimmte Leistungen der Behörde:* ... daß der Halter eines Wagens nach dem neuen Ordnungswidrigkeitengesetz künftig eine V. zahlen muß (MM 31. 1. 87, 15); **Ver|wal|tungs|ge|richt,** das: *Gericht, das über alle Streitigkeiten im Bereich des öffentlichen Rechts zu entscheiden hat;* **Ver|wal|tungs|ge|richts|bar|keit,** die ⟨o. Pl.⟩: *Gerichtsbarkeit in Streitfällen, die das Verwaltungsrecht betreffen;* **Ver|wal|tungs|ge|richts|hof,** der: *Oberverwaltungsgericht (in Baden-Württemberg, Bayern u. Hessen);* **Ver|wal|tungs|hoch|schu|le,** die: *Hochschule, an der Kenntnisse auf den Gebieten des Verwaltungsrechts u. der Verwaltungswissenschaft vermittelt werden;* **ver|wal|tungs|in|tern** ⟨Adj.⟩: *innerhalb der Verwaltung* (3) *sich vollziehend, handelnd o. ä.:* eine -e Arbeitsgruppe; Der Wahrung der Gesetzmäßigkeit der Verwaltung und der einheitlichen Ermessensausübung dient die -e Recht- und Zweckmäßigkeitskontrolle (Fraenkel, Staat 348); **Ver|wal|tungs|ko|sten** ⟨Pl.⟩: *Kosten, die die Verwaltung* (1) *von etw. verursacht;* **Ver|wal|tungs|kram,** der (ugs. abwertend): *alles, was mit der (als lästig empfundenen) Verwaltung* (1) *von etw. zusammenhängt:* Er wußte, ... er mit nur über praktische Dinge würde sprechen müssen, über Beerdigung, V. (Böll, Haus 102); **ver|wal|tungs|mä|ßig** ⟨Adj.⟩: *die Verwaltung* (1) *betreffend:* die -e Seite der Angelegenheit; **Ver|wal|tungs|or|gan,** das: *offizielle*

Einrichtung (auch offiziell beauftragte Person) mit einer bestimmten Funktion als Teil der Verwaltung (3); **Ver|wal|tungs|rat,** der: *Gremium, das mit der Überwachung der Tätigkeit von Körperschaften, Anstalten des öffentlichen Rechts betraut ist;* **Ver|wal|tungs|recht,** das ⟨o. Pl.⟩: *Gesamtheit der rechtlichen Normen, die die Tätigkeit der öffentlichen Verwaltung regeln;* **ver|wal|tungs|recht|lich** ⟨Adj.⟩: *das Verwaltungsrecht betreffend:* ... *die strikte Einhaltung der Gesetze durch den Ausbau -er Kontrollen* (Fraenkel, Staat 285); **Ver|wal|tungs|re|form,** die: *reformierende Maßnahmen im Bereich der öffentlichen Verwaltung;* **Ver|wal|tungs|sitz,** der: a) *Sitz* (3) *eines Unternehmens, von wo aus es gesteuert wird;* b) *Sitz einer Verwaltung* (3); **Ver|wal|tungs|spit|ze,** die: *Spitze* (4 b) *der Verwaltung* (2 a): *Nicht aufgeben will die GAL die Forderung nach ... einer Umorganisation der V.* (RNZ 10. 7. 87, 5); **Ver|wal|tungs|tä|tig|keit,** die: *Tätigkeit der Verwaltung* (2 a), *des Verwaltens* (1 a): *Der Schwerpunkt der staatlichen V. liegt in den Ländern* (Fraenkel, Staat 346); **ver|wal|tungs|tech|nisch** ⟨Adj.⟩: *die Verwaltung* (1) *betreffend:* -e *Gründe;* **Ver|wal|tungs|ver|fah|ren,** das: *von einer Verwaltungsbehörde durchgeführtes Verfahren;* **Ver|wal|tungs|ver|mö|gen,** das: *Teil des öffentlichen Vermögens, der der öffentlichen Verwaltung zur Erfüllung ihrer Aufgaben dient;* **Ver|wal|tungs|ver|ord|nung,** die (veraltet): *Verwaltungsvorschrift;* **Ver|wal|tungs|vor|schrift,** die ⟨meist Pl.⟩: *Anordnung einer vorgesetzten Behörde für die nachgeführte Instanz;* **Ver|wal|tungs|weg,** der: *für die Abwicklung verwaltungstechnischer Angelegenheiten vorgeschriebener Weg:* etw. *auf dem, im V. regeln;* **Ver|wal|tungs|wis|sen|schaft,** die: *Wissenschaft von der öffentlichen Verwaltung;* **Ver|wal|tungs|zu|stel|lung,** die: *in gesetzlich vorgeschriebener Form erfolgende Zustellung eines Schriftstückes an eine Person durch eine Verwaltungsbehörde;* **Ver|wal|tungs|zwang,** der ⟨o. Pl.⟩ (Rechtsspr.): *Vollstreckung von Verwaltungsakten mit Zwangsmitteln.*

ver|wam|sen ⟨sw. V.; hat⟩ (ugs.): *verprügeln.*

ver|wan|del|bar ⟨Adj.⟩: *so beschaffen, daß es sich verwandeln, verändern läßt;* **ver|wan|deln** ⟨sw. V.; hat⟩ [mhd. verwandeln, ahd. farwantalōn]: **1. a)** *(in Wesen od. Erscheinung) sehr stark, völlig verändern, anders werden lassen:* die Erlebnis verwandelte ihn; Das heißt nichts anderes, als daß die Salbung mit dem heiligen Öl ihn in den Augen des Volkes verwandelt hatte (Thieß, Reich 421); sie ist völlig verwandelt, wie verwandelt, seit der Druck von ihr genommen ist; die Tapete hat den Raum verwandelt; **b)** *zu jmd., etw. anderem werden lassen:* in einem Zauber hatte den Prinzen im Märchen in einen Frosch verwandelt; der Wolkenbruch hatte die Bäche zu reißenden Strömen verwandelt; Ein zwanzigjähriger Krieg hat ... die Landstädte in Trümmerhaufen verwandelt (Thieß, Reich 623); **c)** ⟨v. + sich⟩ *zu jmd., etw. anderem werden:* In Berlin hat sich im Laufe der letzten Jahre die Struktur dermaßen verwandelt, daß ... (Aberle, Stehkneipen 69); das kleine Mädchen hat sich inzwischen in eine junge Dame verwandelt; im Moment, wo er sein Büro betrat, verwandelte er sich in einen Tyrannen (Remarque, Triomphe 189); während der Regenzeit verwandelt sich die Bäche zu reißenden Strömen; Damals hat sich bei Rabbi Simon der Widerwille in einen großen Haß verwandelt (Buber, Gog 113). **2.** *umwandeln* (a); *umgestalten:* Energie in Bewegung, Wasser in Dampf v.; Die grünen Pflanzen im Meer und auf dem Festland verwandeln Wasser und Kohlendioxid im Prozeß der Photosynthese zu Kohlehydraten (Gruhl, Planet 31); Eine unübersehbare Umwälzung hat sich vollzogen, welche die Niederlage in Lüge verwandelt (Nigg, Wiederkehr 192); er hat die Niederlage in einen Sieg verwandelt. **3.** (Ballspiele) *(etw. [eine Chance]) zu einem Erfolg, Sieg, Tor nutzen:* einen Elfmeter, Freistoß v.; einen Eckball direkt v.; ... als er im „Tie-Break" des entscheidenden Satzes den zweiten Matchball verwandelte (MM 13./14. 12. 86, 13); ⟨auch o. Akk.-Obj.:⟩ Mit Gefühl verwandelte Rensenbrink zum 2 : 0 für die Holländer (MM 1. 7. 74, 5); **Ver|wand|ler,** der; -s, -: *jmd., der etw. verwandelt;* **Ver|wand|le|rin,** die; -, -nen: w. Form zu ↑ Verwandler; **Ver|wand|lung,** die; -, -en [mhd. verwandelunge]: *das [Sich]verwandeln, Umformen; Umwandeln;* **Ver|wand|lungs|künst|ler,** der: *(bes. im Varieté auftretender) Künstler, der in kürzester Zeit in die verschiedenartigsten Rollen schlüpft;* **Ver|wand|lungs|künst|le|rin,** die: w. Form zu ↑ Verwandlungskünstler.

¹**ver|wandt:** ↑ verwenden; ²**ver|wandt** ⟨Adj.; -er, -este⟩ [spätmhd. verwant = zugewandt, zugehörig, verwandt, eigtl. 1. Part. von: verwenden = hinwenden]: **1. a)** *zur gleichen Familie gehörend; gleicher Herkunft, Abstammung:* mit jmdm. nahe, entfernt, weitläufig, durch Heirat, im zweiten Grad, um mehrere, um drei Ecken (ugs.; *weitläufig*) v. sein; die beiden sind nicht [miteinander] v.; mit jmdm. weder v. noch verschwägert sein; jmdm. v. (schweiz.; *mit jmdm. verwandt*) sein; **b)** *(von Pflanzen, Tieren, Gesteinen, chemischen Stoffen o. ä.) der gleichen Gattung, Familie, Ordnung o. ä. angehörend:* -e *Tiere, Pflanzen;* ... mit Ammenvögeln, die der betreffenden Art nahe v. und sehr ähnlich sind (Lorenz, Verhalten I, 160); das freilaufende Hausschwein, das mit dem Wildschwein doch eng v. ist (Stern, Mann 53); **c)** *auf einen gemeinsamen Ursprung zurückgehend:* -e Völker, Rassen; -e *(der gleichen Sprachfamilie angehörende)* Sprachen; die Wörter sind etymologisch v. **2.** *von ähnlicher Beschaffenheit, Art; ähnliche Eigenschaften, Züge, Merkmale aufweisend:* -e Anschauungen, Vorstellungen, Formen; So wurden ... fünf bisher einander -e Berufe im Druckbereich zu einem einzigen, nämlich denen des Druckers, zusammengefaßt (NZZ 19. 12. 86, 26); -e Seelen; sie sind sich geistig, wesensmäßig sehr v.; Ich fühle mich Diogenes -er als Platon (Stern, Mann 128); ⟨subst.:⟩ sie haben viel Verwandtes; **Ver|wand|te,** der u. die; -n, -n ⟨Dekl. ↑ Abgeordnete⟩: **a)** *Person, die mit einem anderen verwandt ist:* er ist ein naher, entfernter -er von mir; Freunde und V. einladen; die -n besuchen; die Mahlkes hatten immer die Schränke voll, hatten V. auf dem Land (Grass, Katz 166); Das Mädchen war arm und hatte anscheinend keine -n (Remarque, Triomphe 19); Ü Offenbar haben unsere nächsten -n *(die Affen)* ein breites Verhaltensrepertoire parat, um Aggressionen umzuleiten (natur 10, 1991, 104); **b)** *Pflanze, Tier o. ä. der gleichen Gattung, Familie, Ordnung o. ä.:* Zunächst peilen Andenkondore, ... die noch etwas zahlreicher sind als ihre nordamerikanischen -n, ... (natur 2, 1991, 11); **c)** *jmd., der den gleichen Ursprung hat:* Die Kasachen konnten ... ihre nationale Befreiung verwirklichen. Ihre turksprachigen -n jenseits der Grenze werden ... umgesiedelt (Berger, Augenblick 123); Seiner diplomatischen Kunst gelingt es, die Goten davon zu überzeugen, daß von diesen unangenehmen -n (= den Franken) nicht viel Gutes ... zu erwarten ist (Thieß, Reich 621); **Ver|wand|ten|be|such,** der: **a)** *Besuch bei Verwandten:* einen V. machen; Anfang August stiegen Sellmanns in den Schnellzug, hielten sich mit Besorgungen und -en einige Tage in Berlin auf (Bieler, Mädchenkrieg 34); **b)** *Verwandte als Besuch* (2): wir erwarten V.; **Ver|wand|ten|ehe,** die (Rechtsspr.): *Ehe zwischen nahen Blutsverwandten:* Allgemein und aus guten Gründen war damals die V. ... gang und gäbe (Th. Mann, Joseph 254); **Ver|wand|ten|kreis,** der: vgl. Familienkreis: im [engsten] V. feiern; **Ver|wandt|schaft,** die; -, -en: **1.** *das ²Verwandtsein* (1). **2.** *Gesamtheit der Verwandten, Angehörigen, die jmd. hat:* eine große V. haben; die ganze V. war gekommen; Hierhin zog er sich zurück, wenn ihm ... die noble V., die Damen der guten Gesellschaft und das Telefon auf die Nerven gingen (Erich Kästner, Fabian 37); die [ganze] V. einladen; das Familienleben, das Leben in Paaren, -en, ... (Kronauer, Bogenschütze 243); zur V. gehören. **3.** *Ähnlichkeit, Gleichartigkeit:* zwischen den beiden Plänen, Problemen besteht eine gewisse V.; ... weisen ebenfalls auf die V. dieses Lebensraumes mit den Alpen hin (natur 5, 1991, 56); Dies unterschied ihn von Lessing, mit dem er im übrigen die größte V. zeigte (Friedell, Aufklärung 48); Das Liberale Manifest ... läßt die nahe V. zu den Auffassungen der Neoliberalen erkennen (Fraenkel, Staat 188); **ver|wandt|schaft|lich** ⟨Adj.⟩: *auf Verwandtschaft, ²Verwandtsein* (1 a) *gegründet:* -e Bande, Verhältnisse; „Ich wünsche", sagte sie, „daß man ihn mit aller Strenge und ohne Rücksicht auf unsere -en Beziehungen behandelt." (Bieler, Mädchenkrieg 333); v. miteinander verbunden sein; **Ver|wandt|schafts|ban|de** ⟨Pl.⟩ (geh.): vgl. Familienbande; **Ver|wandt|schafts|be|zie|hun|gen** ⟨Pl.⟩: *verwandtschaftliche Beziehungen* (1); *Beziehungen unter Verwandten;* **Ver|wandt|schafts|grad,** der: *Grad* (1 a) *der Verwandtschaft zwischen Personen;* **Ver-**

wandt|schafts|ver|hält|nis, das: *Verwandtschaft* (1): in einer Erbschaftsangelegenheit die -se klären; in einem V. zu jmdm. stehen *(mit jmdm. verwandt sein).*
ver|wan|zen ⟨sw. V.⟩: **1.** *von Wanzen befallen werden* ⟨ist⟩: allein und verlassen in einer stickigen, verwanzten Kammer einer drittklassigen mexikanischen Absteige (Heym, Nachruf 400). **2.** (Jargon) *mit Abhörwanzen versehen* ⟨hat⟩: Wenn es den smarten Ganovenjägern paßt, verwanzen sie Wohnungen (Spiegel 26, 1983, 148); Sie (= die Staatssicherheit) hatte sich gegen unseren Umzug ausgesprochen, hatte sie doch unser Domizil ... umfassend verwanzt (Eppelmann, Fremd 298).
ver|war|nen ⟨sw. V.; hat⟩: *jmdn., dessen Tun man mißbilligt, scharf tadeln u. ihm (für den Wiederholungsfall) Konsequenzen androhen:* jmdn. [wegen etw.] wiederholt v.; sie wurde polizeilich, gebührenpflichtig verwarnt; dort verwarnte man sie eindringlich, ihr böses Geschwätz aufzugeben (Brecht, Geschichten 102); der Spieler wurde vom Schiedsrichter wegen eines Fouls verwarnt (Fußball; *mit einem Platzverweis bedroht*); **Ver|war|nung,** die; -, -en [mhd. verwarnunge]: *das Verwarnen:* eine gebührenpflichtige V.; -en halfen nichts; jmdm. eine V. erteilen *(jmdn. verwarnen);* **Ver|war|nungs|geld,** das (Amtsspr.): *Gebühr für eine polizeiliche Verwarnung:* Wegen der Geringfügigkeit des Schadens kam der Fahrer mit einem V. davon (Saarbr. Zeitung 14. 3. 80, 23).
ver|war|ten ⟨sw. V.; hat⟩ (ugs.): *mit Warten zubringen:* Sie will die ihr noch verbleibenden Jahre nicht einfach v., sie will etwas schaffen (Fallada, Jeder 266); Marianne hatte sich draußen auf eine der Holzbänke gesetzt, auf denen Zeugen und Gerichtssaalkiebitze die Zeit verwarten (Baum, Paris 127).
ver|wa|schen ⟨Adj.⟩: **a)** *durch vieles Waschen ausgeblichen [u. unansehnlich geworden]:* -e Jeans; Grau hing ihm ein gleichfalls -er Mantel ... von den hageren Schultern (Muschg, Gegenzauber 338); Er trug ein Nachthemd mit -er roter Borte (Sebastian, Krankenhaus 66); die Sachen sind ganz v.; **b)** *durch den Einfluß des Regenwassers verwischt o.ä.:* eine -e Inschrift; auf dem Gemäuer ist noch die -e Spur der einstigen Bemalung zu erkennen (Fest, Im Gegenlicht 87); Die Anstriche der Häuser sind v., wirken wie hingehaucht (Fels, Kanakenfauna 99); **c)** *(bes. von Farben) blaß, unausgeprägt:* ein -es Blau; eine -e Farbe; da verzieht er (= ein Minibildschirm) sich und liefert -e Bilder (Hörzu 26, 1976, 15); die Linien, Konturen sind v.; hinter dem besonnten Straßenschild taucht v. ... ein Holzzug auf (Remarque, Westen 124); Ü eine -e *(unklare)* Vorstellung, Formulierung; **Ver|wa|schen|heit,** die; -: *Unklarheit, Verschwommenheit.*
ver|wäs|sern ⟨sw. V.; hat⟩: **1.** *mit zuviel Wasser versetzen, verdünnen:* den Wein v.; die Milch ist, schmeckt verwässert. **2.** *die Wirkung, die Aussagekraft, den ursprünglichen Gehalt von etw. abschwächen:* einen Text, ein Gefühl v.; Die geplante Verordnung ... zum Artenschutz könnte bestehendes deutsches Recht v. (natur 7, 1991, 19); eine verwässerte Interpretation; **Ver|wäs|se|rung, Ver|wäß|rung,** die; -, -en: *das Verwässern; Verwässertsein.*
ver|we|ben ⟨sw. u. st. V.; hat⟩ [2: mhd. verweben]: **1.** ⟨sw. V.⟩ *beim Weben verwenden, verbrauchen:* sie hat nur Wolle verwebt; In der Schweiz entwickelte Webmaschinen verweben pro Sekunde mehr als 18 m Faden (Schweizer Maschinenbau 16. 8. 83, 53). **2. a)** ⟨sw. u. st. V.⟩ *webend verbinden, zusammen-, ineinanderweben, webend in etw. einfügen:* die Fäden [miteinander] v.; blaues Garn ist in die rote Fläche verwebt/(seltener:) verwoben; Das Toupet wird mit dem restlichen Haar verplombt oder ... verwebt (Hörzu 22, 1976, 135); Ü eng miteinander verwobene Vorstellungen, Probleme; Obwohl dieser Problemkreis verfassungsgeschichtlich eng mit den Fragen des Staatsnotstandes verwoben worden ist (Fraenkel, Staat 320); eine musikalische Dichtung, in die alle Weihnachtslieder verwoben sind (Kempowski, Zeit 235); **b)** ⟨v. + sich; st. V.⟩ (geh.) *sich (wie ein Gewebe) eng miteinander verbinden, zu einem Ganzen zusammenfügen:* Baumwipfel an Baumwipfel verweben sich zu einem grünen Pelz (Grzimek, Serengeti 59); Ü Realität und Traum haben sich in seiner Dichtung verwoben.
ver|wech|sel|bar ⟨Adj.⟩: *so beschaffen, daß eine Verwechslung leicht möglich ist; leicht zu verwechseln:* Wie v. alle Leute heute sind, und was sie zu bieten haben ..., man hält es kaum auseinander (Wohmann, Irrgast 15); Zwei Wanderer, fast v. mit den kleinen Bäumen im Vordergrund, ... (Zeller, Amen 136); **ver|wech|seln** ⟨sw. V.; hat⟩ [mhd. verwëhseln, ahd. farwehsalōn]: **a)** *Personen nicht unterscheiden, auseinanderhalten können u. daher eine Person für eine andere halten:* sie hat mich mit meinem Bruder verwechselt; das Salzfaß mit dem Zuckerstreuer verwechselt; Sie müssen sich irren, Herr Direktor, ich habe keine Akten ... Sie müssen mich mit jemandem v. (v. d. Grün, Glatteis 241); Frau Schmitt, nicht zu v. mit *(eine andere Person als)* Frau Schmied; ⟨subst.:⟩ die beiden sind sich zum Verwechseln ähnlich; **b)** *irrtümlich an Stelle von etw. anderem gebrauchen, durcheinanderbringen; vertauschen:* die Namen v.; „mir und mich" v.; die Telefonnummer v.; sie verwechselte die Tür und betrat das Zimmer des Chefs; das müssen Sie verwechselt haben; er hat die Mäntel verwechselt *(irrtümlich den falschen an sich genommen);* er verwechselt häufig „mein" und „dein" *(geht großzügig mit dem Eigentum anderer um, verleibt sich das Eigentum anderer gern ein);* die beiden kann man doch gar nicht v.; da verwechselst du aber die Dinge, Begriffe *(bringst du nicht Zusammengehörendes durcheinander);* **Ver|wechs|lung,** die; -, -en: *das Verwechseln:* da muß eine V. vorliegen.
ver|we|deln ⟨sw. V.; hat⟩ (schweiz.): *(Fährten, Spuren) verwischen; vertuschen; verschleiern;* **Ver|we|de|lung,** (selten:) **Ver|wed|lung,** die; -, -en (schweiz.): *das Verwedeln.*
ver|we|gen ⟨Adj.⟩ [mhd. verwegen = frisch entschlossen, eigtl. 2. Part. von: sich verwegen = sich frisch zu etw. entschließen, zu: wegen, ↑wägen]: *forsch u. draufgängerisch; Gefahren nicht achtend:* ein -er Bursche; ein -er *(tollkühner)* Gedanke; Mein Bruder und ich entwickelten die -sten Taktiken, um an ein Stück Brot ... zu kommen (H. Weber, Einzug 121); Eigentlich hieß er Lothar, aber der Name war ihm ... zu brav gewesen. Jerry, das klang v., nach Abenteuer (Konsalik, Promenadendeck 38); Sie war -er (spött.; *sehr auffälliger, ungewöhnlicher*) Hut; eine Renate in einem v. geschnittenen Hosenanzug (Heim, Traumschiff 141); **Ver|we|gen|heit,** die; -, -en: **1.** ⟨o. Pl.⟩ *das Verwegensein, verwegene Art:* Ich fühlte eine skrupellose V. in mir (Rinser, Mitte 53); die Kameraden, angesteckt von der V. ihres Führers (A. Zweig, Grischa 285). **2.** *verwegene Handlungsweise, Tat:* Es ist Unsinn und freche V., Gott um dies oder das zu bitten (Molo, Frieden 244).
ver|we|hen ⟨sw. V.⟩ [mhd. verwæjen, ahd. firwāen]: **1.** *wehend zudecken, unkenntlich machen; zuwehen* ⟨hat⟩: der Wind hat die Spur in Sand verweht; vom/mit Schnee verwehte Wege; Ein paar Fußstapfen, halb schon vom Sand verweht, ... (Zuckmayer, Herr 134). **2.** *wehend auseinandertreiben; wegwehen:* ⟨hat⟩ der Wind verwehte die Blätter, den Rauch; R [das ist] vom Winde verweht! *([das ist] vergessen).* **3.** (dichter.) ⟨ist⟩ **a)** *vergehen* (1 c): Der Frühling wird kommen, ... Die Frühjahrsstürme werden v. (Nachbar, Mond 330); ... der Staubwolke, die nur langsam verwehte (Ransmayr, Welt 114); Seine Spur oben verweinte immer mehr (Böll, Haus 192); **b)** *sich verlieren:* die Klänge, Rufe verwehten im Wind; Hin und wieder das verwehte Gebimmel einer Glocke (Frisch, Stiller 378); Ü sein Zorn, seine Trauer verwehte *(ging vorüber);* Der Streit, so schnell er aufgetaucht ist, verweht wie ein Spuk (Joho, Peyrouton 7).
ver|weh|ren ⟨sw. V.; hat⟩ [mhd. verwern, ahd. firwerian]: *jmdm. etw. nicht zu tun o.ä. erlauben; verweigern:* jmdm. den Zutritt [zu etw.], die Benutzung von etw. v.; Speer versuchte noch, sich auf die Zimmer stehende Couch zu drängen, aber auch das verwehrte sie ihm (Prodöhl, Tod 63); man verwehrte ihm, das Haus zu betreten; ... hatte man es in keinem Angeklagten v. können, vor aller Öffentlichkeit den Beweis für seine Unschuld anzutreten (Mostar, Unschuldig 5); Ich mußte dabei zu Zimmer elf vorüber, aber ich verwehrte es mir, stehenzubleiben und auf ein Geräusch zu lauschen (geh.; Fallada, Herr 31); So kann ich mir nicht v. ... mancherlei Gedanken nachzuhängen (geh.; NJW 19, 1984, 1084); Ü ein hoher Baum verwehrt uns den Ausblick, die Sicht *(behindert den Ausblick, die Sicht);* **Ver|weh|rung,** die; -: *das Verwehren, Verwehrtwerden.*
Ver|we|hung, die; -, -en: **1.** *das Verwehen, Verwehtwerden.* **2.** *Schneeverwehung.*
ver|weib|li|chen ⟨sw. V.⟩: **1.** *weiblich wer-*

den, *weibliche Geschlechtsmerkmale entwickeln; feminieren* ⟨ist⟩. **2.** (Fachspr.) *bestimmte weibliche Geschlechtsmerkmale entwickeln lassen* ⟨hat⟩: *die Hormongaben haben ihn verweiblicht;* **Ver|weib|li|chung,** die; -: *das Verweiblichen.*
ver|weich|li|chen ⟨sw. V.⟩: **a)** *seine körperliche Widerstandskraft verlieren* ⟨ist⟩: *durch seine Lebensweise verweichlicht er immer mehr; Wir mußten für unser Lager Schotter in den Sand schütten, damit es nicht zu weich sei, damit wir nicht verweichlichten* (Seghers, Transit 223); **b)** *die körperliche Widerstandskraft schwächen* ⟨hat⟩: *die dicke Kleidung, seine Lebensweise hat ihn verweichlicht;* ⟨auch o. Akk.-Obj.:⟩ *Immerwährender Reichtum verweichlicht* (St. Zweig, Fouché 82); **Ver|weich|li|chung,** die; -: *das Verweichlichen, Verweichlichtwerden.*
Ver|wei|ge|rer, der; -s, -: **a)** *jmd. (bes. Jugendlicher), der sich den Forderungen, Erwartungen o. ä. der Gesellschaft verweigert:* *das Motto des „Tunix"-Kongresses nimmt Gerhard Bott als Symbol für das Lebensgefühl junger V. und Aussteiger* (Spiegel 14, 1980, 255); **b)** *kurz für* ↑*Kriegsdienstverweigerer,* ↑*Wehrdienstverweigerer:* *so hatte eine ganze Reihe von jungen Männern ... Schwierigkeiten, als V. anerkannt zu werden* (Eppelmann, Fremd 53); **Ver|wei|ge|rin,** die; -, -nen: w. Form zu ↑Verweigerer (a); **ver|wei|gern** ⟨sw. V.; hat⟩: **1. a)** *(etw. von jmdm. Gefordertes, Erwartetes o. ä.) nicht gewähren, geben, ausführen o. ä.; ablehnen* (5): *jmdm. die Erlaubnis, die Einreise, eine Hilfeleistung v.; Fortan verweigerte er dem Staat überhaupt die Gefolgschaft* (Freie Presse 15. 2. 90, 7); *Wenn Sie nicht bereuen, muß ich Ihnen die Absolution v.* (Bieler, Mädchenkrieg 263); *jmdm. ein Visum v.; der Schiedsrichter hatte der Mannschaft einen Elfmeter verweigert; man hat ihm verweigert, das Haus zu betreten; Annahme verweigert* (Vermerk *auf zurückgehenden Postsendungen); der Patient verweigert die Nahrung[saufnahme]; den Gehorsam v.; Manche Leute verweigerten die Antwort, wenn man sie fragte* (H. Gerlach, Demission 76); *den Befehl v. (von Soldaten] sich einem Befehl widersetzen); er hat den Wehrdienst verweigert;* ⟨auch o. Akk.-Obj.:⟩ *Blumhagen erhielt überraschend eine Einberufung zu Übungen in der Volksarmee, verweigerte und wurde ... verurteilt* (Spiegel 45, 1982, 64); **b)** ⟨v. + sich⟩ *sich verschließen* (2 b), *unzugänglich zeigen für etw.:* *ein kleiner, schweigender Rest ... verweigerte sich der Mitteilung* (Sieburg, Blick 155); *Brown ... hat sich immer den Kommerz verweigert* (Praunheim, Sex 308); *sie hat sich [ihrem Ehemann] verweigert* (geh.; *hat den Geschlechtsverkehr [mit ihm] verweigert); Jugendliche rebellieren, indem sie sich verweigern (die Forderungen, Erwartungen o. ä. der Gesellschaft mit voller Absicht nicht erfüllen, sich ihnen verschließen).* **2.** (Reiten) *(von Pferden) vor einem Hindernis scheuen u. es nicht nehmen:* *sein Pferd verweigerte mehrmals, verweigerte am Wassergraben, vor den Schranken;* **Ver|wei|ge|rung,** die; -, -en: **a)** *das Verweigern:* *die V. der Zustimmung;* *in der gelegentlichen V. der geforderten Leistung blitzte das Wesen des Tiers auf* (Stern, Mann 68); **b)** *das Sichverweigern:* *Ich konnte mir nicht vorstellen, wie man in den 50er Jahren schon diesen Oskar Matzerath hatte schreiben können, dessen Hauptmerkmal doch die V. ist* (Spiegel 18, 1979, 186); **Ver|wei|ge|rungs|fall,** der (Rechtsspr.): *meist in der Fügung* **im V.** *(für den Fall der Verweigerung von etw.);* **Ver|wei|ge|rungs|hal|tung,** die: *[demonstratives] Sichverweigern als Ausdruck der Ablehnung:* *Die V. früherer Jahre ist passé* (Höhler, Sieger 53).
Ver|weil|dau|er, die (bes. Fachspr.): *Zeitdauer des Verweilens, Verbleibens an einem bestimmten Ort:* *die V. der Speisen im Magen, der Patienten im Krankenhaus; ... daß die begrenzte V. türkischer Lehrer vor allem im Zusammenhang damit gesehen werden müsse* (Saarbr. Zeitung 6. 12. 79, 19); **ver|wei|len** ⟨sw. V.; hat⟩ [spätmhd. verwilen] (geh.): *sich an einem bestimmten Ort für eine Weile aufhalten, für eine kürzere Zeit bleiben:* *an jmds. Krankenbett v.; Auf dem Dorfplatz, einem länglichen Rechteck, das von Platanen eingefaßt war, verweilten wir einen Augenblick, um den alten Brunnen anzuschauen* (Sieburg, Blick 153); *bei jmdm. v.; Als sie ... gewiß geworden war, daß ihr Bruder noch im Garten verweile, ...* (Musil, Mann 1262); *sie verweilten lange vor dem Gemälde* (blieben schauend davor stehen); ⟨auch v. + sich:⟩ *sie verweilten sich ein paar Tage bei den Freunden; Er fuhr mich bis ans Gartentor, verweilte sich mit einer Zigarette im Wagen* (Muschg, Gegenzauber 300); ⟨subst.:⟩ *jmdn. zum Verweilen* (Bleiben) *auffordern;* Ü *bei einem Thema, Gedanken v. (sich eine Weile damit beschäftigen); sie wollten nicht bei einem Erreichten v. (sich nicht dabei aufhalten, weitermachen); ihre Augen, Blicke verweilten auf seinem Gesicht;* **Ver|weil|zeit,** die (bes. Fachspr.): *Verweildauer.*
ver|wei|nen ⟨sw. V.; hat⟩ [mhd. verweinen]: **a)** (geh.) *weinend zubringen:* *sie hatte viele Stunden, Nächte verweint;* **b)** *durch Weinen rot machen o. verschwollen erscheinen lassen:* *sie hatte ihre Augen verweint; ich ... drückte mich ganz hinten in die Kirche, damit niemand mein verweintes Gesicht sehen konnte* (Mädchenkrieg 87); *... die Witwe jetzt ohne Schleier, aber verweint* (Frisch, Gantenbein 392).
Ver|weis, der; -es, -e [1: spätmhd. verwiʒ, rückgeb. aus ↑verweisen (1); 2: rückgeb. aus ↑verweisen (2)]: **1.** *Rüge, Tadel* (1): *ein strenger, scharfer V.; jmdm. einen V. erteilen; einen V. erhalten, bekommen; ihre Äußerung hat ihm einen V. eingetragen; Sicher ist, daß dem Manne Krüger seine heftige Gebärde zwar einen milden V. von seiten des Vorsitzenden eintrug, ...* (Feuchtwanger, Erfolg 44). **2.** *(in einem Buch, Text o. ä.) Hinweis auf eine andere Textstelle o. ä., die im vorliegenden Zusammenhang nachzulesen, zu vergleichen empfohlen wird:* *zahlreiche -e anbringen;* **Ver|weis|cha|rak|ter,** der: *einen Hinweis darstellende Bedeutung:* *etw. hat V.* (stellt *einen Hinweis dar);* **ver|wei|sen** ⟨st. V.; hat⟩ [1: mhd. verwīʒen, ahd. farwīʒan, zu mhd. wīʒen, ahd. wīʒan = *strafen, peinigen, verw. mit* ↑*wissen u. eigtl. = eine Schuld wahrnehmen, ein Vergehen bemerken;* 2–6: mhd. verwīsen, zu: wīsen, ↑*weisen;* *die beiden Verben sind seit dem 15. Jh. formal zusammengefallen*]: **1.** (geh.) **a)** *zum Vorwurf machen; vorhalten:* *die Mutter verwies der Tochter die vorlauten Worte;* **b)** *jmdm. verbieten:* *Um sich schadlos zu halten, erfand sie immer neue Spitznamen für ihn, und Herr Lautenschlag, statt sie ihr zu v., nahm ...* (A. Kolb, Schaukel 64); *Frank verwies sich diesen unziemlichen Gedanken* (Baum, Paris 52); **c)** *jmdn. tadeln:* *jmdn. mild v.;* *sie verweist die Kinder, wenn sie nicht hören; ein verweisender Blick.* **2.** *jmdn. auf etw. hinweisen, aufmerksam machen:* *jmdn. auf die gesetzlichen Bestimmungen, auf die Vorschriften v.; Ich las mich bei Galen fest und ließ mich v. auf Platon und Aristoteles* (Stern, Mann 278); *Bei dieser Gelegenheit wolle er schon jetzt darauf v., daß Anfragen oder Ratschläge ... weder beantwortet noch berücksichtigt werden dürften* (Bieler, Mädchenkrieg 296); *ein Hinweisschild verweist auf die Einfahrt;* Ü *der blonde Menschentypus, der hier deutlicher als anderswo auf die normannische Epoche der Insel verweist* (Fest, Im Gegenlicht 80). **3. a)** *veranlassen, sich an eine bestimmte andere Person od. Stelle zu wenden:* *jmdn. an den Sekretären v.; der Kunde wurde an den Geschäftsführer verwiesen; Herr Paul ist sehr beschäftigt. Er verwies mich an das mexikanische Konsulat* (Seghers, Transit 198); **b)** (Rechtsspr.) *übergeben, überweisen:* *einen Rechtsfall an die zuständige Instanz v.; Davon anerkannte das Gericht 3,5 Millionen Franken; die übrigen Forderungen wurden auf den Zivilweg verwiesen* (NZZ 21. 12. 86, 7). **4. a)** *jmdm. den Aufenthalt, das Verbleiben an einem bestimmten Ort verbieten; hinausweisen* (1): *jmdn. des Landes v.; er wurde aus dem Saal, von der Schule verwiesen; Die Maßnahme des Kollegen Dorn, den Kollegen Bröse von seiner Arbeitsstelle zu v., war ungesetzlich* (Brot und Salz 207); *der Spieler wurde nach einer Tätlichkeit des Platzes/vom Platz verwiesen* (Ballspiele; *bekam einen Platzverweis);* **b)** *jmdn. auffordern, anweisen, sich an einen bestimmten Ort zu begeben:* *einen Schüler in die Ecke v.; So kanzelte er denn die fremdstämmigen Nachrichtenleute ab und verwies sie in die hintersten Reihen* (Kirst, 08/15, 525); *Der Mann ... war hierher verwiesen worden, seine Familie sollte folgen* (Loest, Pistole 251); Ü *... daß ein Dichter, je bedeutender er ist, um so nachdrücklicher in die ihm gebührende Zone der Phantasie verwiesen wird* (Thieß, Reich 130). **5.** (Sport) *(in einem Wettkampf) es schaffen, daß ein Konkurrent auf einen zweiten, dritten o. ä. Platz hinter einem selbst plaziert wird:* *er hat seinen Konkurrenten auf den zweiten Platz verwiesen.* **6.** (veraltend) *zu einem bestimmten Verhalten auffordern:* *jmdn.*

zur Ruhe, zur Ordnung v.; **Ver|wei|sung,** die; -, -en: *das Verweisen, Verwiesenwerden.*

ver|wel|ken ⟨sw. V.; ist⟩ [mhd. verwelken]: **a)** *(aus Mangel an Wasser, Bewässerung) völlig welk werden:* die Blumen verwelken schnell, sind schon verwelkt; Ein verwelkender Kranz lag davor (Remarque, Triomphe 165); verwelkte Blätter; Ü (geh.:) Ihre Träume waren verwelkt (Wiechert, Jeromin-Kinder 40); verwelkter Ruhm; **b)** *welk, schlaff u. faltig werden:* ein verwelktes Gesicht; andere, die weder Krüppel noch verwelkt und verbittert sind (Pohrt, Endstation 27).

ver|welt|li|chen ⟨sw. V.⟩: **1.** *säkularisieren* ⟨1⟩ ⟨hat⟩: der kirchliche Besitz wurde verweltlicht. **2.** (geh.) *weltzugewandt werden* ⟨ist⟩: ihre Lebensformen verweltlichten; **Ver|welt|li|chung,** die; -: **1.** *Säkularisation* (1). **2.** (geh.) *das Verweltlichen, Verweltlichtwerden:* Jene Geschichte zeigt exemplarisch den Niedergang des Chassidismus, der schließlich an der V. seiner (ehemals geistigen) Führer scheiterte (Schnurre, Schattenfotograf 72).

ver|wend|bar ⟨Adj.⟩: *so beschaffen, daß es [in bestimmter Weise] verwendet werden kann:* etw. ist nicht mehr, ist mehrfach, vielseitig v.; Ü Bernd Förster ist vielseitig v. *(kann auf verschiedenen Posten eingesetzt werden;* Saarbr. Zeitung 24. 12. 79, 13/15/17); **Ver|wend|bar|keit,** die; -: *das Verwendbarsein:* die Männer ... hielten ihm Holz und Stein hin, daß er es auf seine V. prüfe (Baum, Bali 162); Sie machen nur Tonbandaufnahmen! Über deren öffentliche V. entscheidet niemand außer mir! (Erich Kästner, Schule 124); Ü Meine V. als Funktionär erhöhte sich (H. Weber, Einzug 382); **ver|wen|den** ⟨unr. V.⟩ [mhd. verwenden = abwenden, umwenden]: **1.** ⟨verwandte/verwendete, hat verwandt/verwendet⟩ **a)** *(für einen bestimmten Zweck, zur Herstellung, Ausführung von etw. o. ä.) benutzen, anwenden:* zum Kochen nur Butter v.; Zum Putzen von Silber verwendet man am besten eine Aluminiumplatte (Horn, Gäste 157); Von der zweiten Hälfte des 15. Jh.s an wird der Holzschnitt auch für die Buchillustration verwendet (Bild. Kunst III, 79); schließlich wird das ganze Haus für kirchliche Zwecke verwendet (Bild. Kunst III, 16); im Unterricht ein bestimmtes Lehrbuch, eine bestimmte Methode v.; er hat in seinem Text zu viele Fremdwörter verwendet; Bis ins 20. Jh. sind beide Bezeichnungen synonym verwandt worden (Fraenkel, Staat 304 f.); etw. noch einmal, nicht mehr, mehrmals v. können; **b)** *etw. für etw. aufwenden; ge-, verbrauchen:* Die erste Woche bis zum 10. August werde ich für Gespräche mit dem Maler ... v. (Jens, Mann 153); Zeit, Mühe, Sorgfalt auf etw. v. *(daran wenden);* Ich habe Monate meines Lebens darauf verwandt, die Wahrheit ans Licht zu ziehen (Maass, Gouffé 245); so verwendete er mehr Fleiß als die meisten auf die Hausaufgaben (Loest, Pistole 45); er muß seine ganze Kraft dazu v., ... das Gleichgewicht zu halten (Fr. Wolf, Menetekel 215); sein Geld für/zu etw. v. *(ausgeben);* Exakt die Hälfte des Kostgelds verwandte sie für die Zöglinge (Süskind, Parfum 26); **c)** *jmdn. für eine bestimmte Arbeit o. ä. einsetzen:* er ist so ungeschickt, man kann ihn zu nichts v.; Allgemeines Personal waren Leute, die nichts Besonderes gelernt hatten und deshalb austauschbar und überall zu v. waren (Gaiser, Jagd 162); ... als man ihn an der Westfront zum Bergen und Begraben von Gefallenen verwandte (A. Zweig, Grischa 37); **d)** *(Kenntnisse, Fertigkeiten) nutzen, verwerten:* hier kann er sein Englisch gut v.; Joachim ... gedachte, die neuen Kenntnisse bei einer Ansprache zu v. (Brückner, Quints 303); ... weil er Geheimmaterial in öffentlichen Reden und Aufsätzen verwandte (Dönhoff, Ära 59). **2.** ⟨verwendete/(seltener:) verwendete, hat verwendet/(seltener:) verwendet⟩ ⟨v. + sich⟩ (geh.) *seine Verbindungen, seinen Einfluß o. ä. für jmdn., etw. geltend machen; sich in bestimmter Hinsicht für jmdn., etw. einsetzen:* sich [bei jmdm.] für einen Freund v.; darf ich mich bei dieser günstigen Gelegenheit für einen Mann v., der mit Unrecht zum Tod verurteilt worden ist? (Musil, Mann 85); Ich werde mich für Ihre Beförderung v. (Erich Kästner, Schule 82). **3.** ⟨verwendete/(selten:) verwendete, hat verwandt/(selten:) verwendet⟩ (geh. veraltet) *von jmdm. ab-, wegwenden:* er verwandte kein Auge, keinen Blick von ihr; **Ver|wen|der,** der; -s, -: *jmd., der etw. verwendet;* **Ver|wen|de|rin,** die; -, -nen: w. Form zu ↑ Verwender; **Ver|wen|dung,** die; -, -en: **1.** *das Verwenden:* keine V. für etw., jmdn. haben *(etw., jmdn. nicht gebrauchen können);* V. finden *(verwendet werden);* in V. stehen (österr.; *in Gebrauch sein);* in V. nehmen *(österr.; in Gebrauch nehmen).* **2.** ⟨o. Pl.⟩ (geh.) *das Sichverwenden* (2) *für jmdn., etw.;* **Ver|wen|dungs|be|reich,** der: *Bereich, in dem etw., jmd. verwendet* (1) *wird:* Als ... Massenspeicher erobert sich die Festplatte immer neue -e, zum Beispiel in Navigationssystemen fürs Auto, in Faxgeräten oder Scannern (Welt 2. 12. 91, 23); **ver|wen|dungs|fä|hig** ⟨Adj.⟩: *verwendbar; zu verwenden* (1); **Ver|wen|dungs|fä|hig|keit,** die ⟨o. Pl.⟩: *das Verwendungsfähigsein;* **Ver|wen|dungs|mög|lich|keit,** die: *Möglichkeit der Verwendung;* **Ver|wen|dungs|wei|se,** die: *Art u. Weise, in der etw. verwendet* (1) *wird;* **Ver|wen|dungs|zweck,** der: *Zweck, für den etw. verwendet wird, werden soll.*

ver|wer|fen ⟨st. V.; hat⟩ /vgl. verworfen/ [mhd. verwerfen, ahd. farwerfan]: **1.** *etw. (nach vorausgegangener Überlegung) als unbrauchbar, untauglich, unrealisierbar o. ä. aufgeben, nicht weiter verfolgen:* einen Gedanken, Plan, eine Theorie, eine Vorschlag v.; eine Formulierung v.; Ich verwarf diesen Einfall aber sofort wieder (Innerhofer, Schattseite 97); ... wollte er sich einen gemütlichen Stumpen anzünden, verwarf aber dieses plötzliche Gelüste als nicht ganz schicklich (R. Walser, Gehülfe 49). **2.** (Rechtsspr.) *als unberechtigt ablehnen:* eine Klage, Berufung, einen Antrag v.; Der Bundesgerichtshof verwarf die Revision und erklärte das Hamburger Urteil für in Ordnung (Prodöhl, Tod 119); Die hiergegen erhobene Beschwerde hat das LG verworfen (NJW 19, 1984, 1101). **3.** (geh.) *für verwerflich, böse, unsittlich o. ä. erklären:* eine Handlungsweise v.; Die Väter der Kirche ... haben den Güterbesitz verworfen und nach dem göttlichen Naturrecht die Erde allen Menschen gemeinsam sei (Th. Mann, Zauberberg 557); In der Sure des Korans ... verwirft der Prophet den Genuß des Weins (Jacob, Kaffee 15). **4.** (bes. bibl.) *verstoßen:* Gott verwirft die Frommen nicht; ... den besagten Fürsten, der sich des Kaisertums, der Königreiche und jeglicher Ehre so unwürdig gemacht hat und der seiner Frevel halber von Gott verworfen ist (Stern, Mann 416). **5.** ⟨v. + sich⟩ *sich verziehen* (2 b): die Tür, der Rahmen hat sich verworfen; ... das Geräusch seiner Schritte auf dem verworfenen Holz der Treppe (Johnson, Mutmaßungen 18). **6.** *(von Säugetieren) eine Fehlgeburt haben:* die Kuh, Katze, Hündin hat verworfen. **7.** ⟨v. + sich⟩ (Geol.) *(von Gesteinsschichten) sich gegeneinander verschieben.* **8.** ⟨v. + sich⟩ (Kartenspiel) **a)** *eine Karte falsch ausgeben;* **b)** *irrtümlich falsch bedienen.* **9.** (schweiz.) *mit den Händen gestikulieren, sie über dem Kopf zusammenschlagen:* die Hände, die Arme v.; **ver|werf|lich** ⟨Adj.⟩: *schlecht, unmoralisch u. daher tadelnswert:* eine -e Tat; es gibt keinen Staat auf der ganzen Welt, der nicht den Krieg als -es Mittel anprangert (Erné, Kellerkneipe 311); was du tust, ist v.; **Ver|werf|lich|keit,** die; -: *das Verwerflichsein;* **Ver|wer|fung,** die; -, -en [1: mhd. verwerfunge = das Durcheinanderwerfen]: **1.** *das Verwerfen* (1–3, 6), *Verworfenwerden* (1–3); *Sichverwerfen* (5). **2.** (Geol.) *Verschiebung von Gesteinsschollen längs einer in vertikaler bzw. in horizontaler Richtung verlaufenden Spalte;* ¹*Bruch* (6); *Sprung* (7); **Ver|wer|fungs|li|nie,** die (Geol.): *Linie, an der Erdoberfläche u. bewegte Gesteinsschollen zusammentreffen.*

ver|wert|bar ⟨Adj.⟩: *sich [noch] verwerten lassend:* -es Material; Man kennt etwa 150 -e Holzarten (Mantel, Wald 73); Radiologische Untersuchungen ... ergeben keine diagnostisch -en Befunde (DÄ 47, 1985, 45); etw. ist [nicht mehr] v.; Sind Ihre Erkenntnisse juristisch v.? (Zwerenz, Quadriga 203); **Ver|wert|bar|keit,** die; -: *das Verwertbarsein;* **ver|wer|ten** ⟨sw. V.; hat⟩: *(etw., was brachliegt, was nicht mehr od. noch nicht genutzt wird) verwenden, etw. daraus machen:* Reste, Abfälle [zu etw.] v.; Die Gülle muß umweltfreundlich und sinnvoll auf den Boden verwertet werden (Freie Presse 3. 1. 90, 7); etw. ist noch zu v., läßt sich nicht mehr v.; eine Erfindung kommerziell, praktisch v.; Anregungen, Ideen, Erfahrungen v.; dieses Wissen im richtigen Augenblick zu v., das kostet Nerven (Kirst, 08/15, 575); den beinahe von der Grundlinie flach zur Mitte geschlagenen Ball verwertete *(verwandelte* 3) Seiler sicher (NZZ 5. 11. 82, 43); Ü der Körper verwertet die zugeführte Nahrung *(gewinnt aus ihr die für ihn nötigen Nährstoffe);* **Ver|wer|ter,** der; -s, -: *jmd., der* *etw. verwertet;* **Ver|wer|te|rin,** die; -, -nen: w. Form zu ↑Verwerter; **Ver|wer|tung,** die; -, -en: *das Verwerten: ... daß die Mutter des Verstorbenen vor Gericht zog ..., um die V. dieser Aufzeichnungen zu unterbinden* (Szene 6, 1983, 69); *die ... Bundesregierung ... setze mit der neuen Kennzeichnungspflicht der Verpackungen auf die sogenannte thermische V., sprich Müllverbrennung* (natur 10, 1991, 107); **Ver|wer|tungs|ge|nos|sen|schaft,** die: *Genossenschaft, die vor allem landwirtschaftliche u. handwerkliche Produkte verwertet;* **Ver|wer|tungs|ge|sell|schaft,** die: **1.** *Gesellschaft* (4 b), *die die Wiederverwertung von Müll o. ä. betreibt.* **2.** ⟨Rechtsspr.⟩ *Gesellschaft von Verlegern, Urhebern u. a. zum Zwecke der Wahrnehmung von Verwertungsrechten u. a.* **Schutzrechten; Ver|wer|tungs|recht,** das ⟨Rechtsspr.⟩: *Recht des Urhebers* (b), *sein Werk vermögensrechtlich zu nutzen.*

¹ver|we|sen ⟨sw. V.; ist⟩ [mhd. verwesen, ahd. firwesenen (sw. V.) = verfallen, vergehen u. firwesan (st. V.) = aufbrauchen, verzehren, eigtl. = verschmausen]: *sich (an der Luft) zersetzen; durch Fäulnis vergehen:* Ich höre auf große Entfernungen Holz v. (Handke, Kaspar 99); *die Leichen, die toten Pferde begannen zu v., waren schon stark verwest; ein verwesender Leichnam;* Ü Die Wörter verwesen mir schon, noch während ich über ihnen brüte (Stern, Mann 425).

²ver|we|sen ⟨sw. V.; hat⟩ [mhd. verwesen, ahd. firwesan = jmds. Stelle vertreten, zu mhd. wesen, ahd. wesan, ↑Wesen] (veraltet): *(als Verweser) verwalten;* **Ver|we|ser,** der; -s, - [mhd. verweser]: **a)** (histor.) *jmd., der ein Amt, ein Gebiet [als Stellvertreter] verwaltet;* **b)** (schweiz.): *befristet (als Aushilfe) angestellter Lehrer od. reformierter Pfarrer;* **Ver|we|se|rin,** die; -, -nen: w. Form zu ↑Verweser; **ver|wes|lich** ⟨Adj.⟩: *verwesen könnend; der Verwesung ausgesetzt:* -e Materie; **Ver|wes|lich|keit,** die; -: *das Verweslichsein.*

ver|west|li|chen ⟨sw. V.; ist⟩: *sich an dem Vorbild, der Lebensform o. ä. der westlichen Welt orientieren:* die Japaner verwestlichen zunehmend; **Ver|west|lichung,** die; -, -en: *das Verwestlichen, Verwestlichtwerden.*

Ver|we|sung, die; - [spätmhd. verwesunge]: *das ¹Verwesen:* in V. übergehen *(zu ¹verwesen beginnen);* **Ver|we|sungs|ge|ruch,** der: *von etw. ¹Verwesendem herrührender Geruch.*

ver|wet|ten ⟨sw. V.; hat⟩ [a: mhd. verwetten]: **a)** *bei einer Wette, beim Wetten einsetzen:* er verwettete eine Menge Geld; Ü seinen Kopf für etw. v. (ugs.; *von etw. fest überzeugt sein);* Maud sah mich mit weitaufgerissenen Augen entsetzt an, und ich hätte meine gesamte Spionenkarriere verwettet, daß ihre Gemütsbewegung keineswegs gespielt war (Habe, Namen 191); **b)** *(bei einer Wette, beim Wetten) verlieren;* er hat sein Vermögen verwettet.

◆ **ver|wet|tern** ⟨sw. V.; hat⟩ [1: vgl. wettern; 2: eigtl. = verwittern (1).]: **1.** *fluchen, schimpfen:* ⟨meist im 2. Part.:⟩ Kann ich den Herrn von den verwetterten *(verfluchten, verdammten)* Hochwart

abhalten ... (Iffland, Die Hagestolzen I, 3). **2.** *(in landsch. Sprachgebrauch) zerschlagen, zerbrechen:* der Kuckuck (= die Kuckucksuhr) ist zerschlagen, in Grundsboden geschlagen – die alte Susel hat ihn verwettert (Schiller, Räuber IV, 3).

ver|wi|chen ⟨Adj.⟩ [zu veraltet verweichen = weichen] (veraltend): *vergangen, vorig; verflossen:* -en Herbst war sie hier; im -en Jahr.

ver|wich|sen ⟨sw. V.; hat⟩ (ugs.): **1.** *kräftig verprügeln:* er wollte ihn v. **2.** *(Geld) vergeuden, durchbringen.*

ver|wickeln¹ ⟨sw. V.; hat⟩ [spätmhd. verwickeln]: **1. a)** ⟨v. + sich⟩ *sich derart ineinanderschlingen, durcheinandergeraten, daß die Fäden, Schnüre o. ä. nur mit Mühe zu entwirren sind:* die Wolle, die Schnur, die Kordel hat sich verwickelt; **b)** ⟨v. + sich⟩ *in etw. hineingeraten, worin es sich verhakt oder hängenbleibt:* das Seil des Ballons hatte sich im Geäst, in die Hochspannungsleitungen verwickelt *(in ihm, ihnen verfangen);* er rutschte ab, verwickelte sich in der Fahne (Schnurre, Bart 144); So hat man Pottwale gefunden, die sich bei 980 m Tiefe in Telefonkabel verwickelt hatten (BdW 9, 1987, 44); Ü sie hat sich in Widersprüche verwickelt *(hat Widersprüchliches gesagt);* **c)** (selten) *ineinanderschlingen:* ich habe die Enden der Fäden verwickelt; Ü Die Wahrheit würde jetzt alles auch nur noch mehr v. *(komplizieren;* Seghers, Transit 249); In allen Fakultäten treiben sich eitle Schwätzer herum, die die einfachsten Dinge bis zur Unkenntlichkeit verwickeln *(verkomplizieren;* Sloterdijk, Kritik 343). **2.** (landsch.) *mit etw. umwickeln:* dem Verletzten das Bein v.; er hatte eine verwickelte *(mit einem Verband versehene)* Hand. **3.** *jmdn. in eine unangenehme Sache hineinziehen, ihn daran beteiligen, [mit] hinein verstricken:* jmdn. in eine Affäre, einen Fall, eine Schlägerei v.; er ist in einen Skandal, einen Prozeß verwickelt; die Truppen waren in schwere Kämpfe verwickelt; jmdn. in ein Gespräch v. *(ein Gespräch mit jmdm. anknüpfen);* er ... weiß, daß sie keine Lust hat, sich in eine Diskussion v. zu lassen (Hilsenrath, Nacht 148); **ver|wickelt¹** ⟨Adj.⟩: *kompliziert, nicht leicht zu übersehen od. zu durchschauen:* eine -e Angelegenheit, Situation; die religiösen Systeme, die auf deren an anderer Stelle Licht zu werfen versuchte (Freud, Unbehagen 128); -ere Handlungsabläufe vermag der Vogel ohne viel weiter zu erfinden als nachzuahmen (Lorenz, Verhalten I, 112); der Fall ist sehr v.; Sie verstehen sich darauf, v. zu antworten (Brot und Salz 117); **Ver|wickelt|heit,** die; -: *das Verwickeltsein;* **Ver|wicke|lung¹** (selten), **Ver|wick|lung,** die; -, -en: **1.** *das [Sich]verwickeln.* **2.** ⟨meist Pl.⟩ *Schwierigkeit, Problem, Komplikation* (1): *diplomatische -en; Das wäre Einmischung und hätte die peinlichsten politischen Verwicklungen zur Folge* (Prodöhl, Tod 277).

ver|wie|gen ⟨st. V.; hat⟩: **1.** ⟨v. + sich⟩ *sich beim Wiegen, Abwiegen von etw. irren; falsch wiegen:* du hast dich verwogen,

das Paket ist schwerer. **2.** (Fachspr., Amtsspr.) ¹wiegen (2 a); **Ver|wie|ger,** der; -s, -: *jmd., der mit Verwiegen* (2) *beschäftigt ist* (Berufsbez.); **Ver|wie|ge|rin,** die; -, -nen: w. Form zu ↑Verwieger; **Ver|wie|gung,** die; -, -en (Fachspr.): *das Verwiegen* (2): Recht dramatisch gestaltete sich die V. eines Lastwagens (MM 14./15. 9. 68, 4); Um das Vertrauen in den Kemptener Schlachthof wiederherzustellen, seien V. und Klassifizierung der Schlachtkörper inzwischen einem neutralen „Fleischprüfring" übergeben worden (Augsburger Allgemeine 4. 5. 91, 4).

◆ **ver|wil|den** ⟨sw. V.; ist⟩ [mhd. verwilden]: *verwildern* (3): verwilde zum Tiger, sanftmütiges Lamm (Schiller, Räuber I, 2); **ver|wil|dern** ⟨sw. V.; ist⟩: **1.** *durch mangelnde Pflege von Unkraut überwuchert, zur Wildnis werden:* der Garten verwildert; ein verwilderter Park; große Farnwedel, wie er sie in den verwilderten Olivenhainen Siziliens und Kalabriens gesehen hatte (Ransmayr, Welt 47). **2. a)** *(von bestimmten Haustieren) wieder als Wildtier in der freien Natur leben:* Katzen, Hunde verwildern leicht; ein verwildertes Haustier; **b)** *(von Kulturpflanzen) sich (wieder) wildwachsend verbreiten:* Obwohl es (= das Schneeglöckchen) in den Gärten leicht verwildert, ist es in der freien Natur inzwischen so selten geworden, daß es unter Naturschutz ... steht (Hamburger Abendblatt 28. 8. 85, 4). **3.** (geh.) *in einen Zustand von Ungesittetheit, Unkultiviertheit zurückfallen:* die jungen Burschen verwildern immer mehr; Das gesellschaftliche Leben war infolge jäher Umschwünge in den Besitzverhältnissen verwildert (Thieß, Reich 144); er sieht ganz verwildert aus; verwilderte Sitten; **Ver|wil|de|rung,** die; -: *das Verwildern.*

¹ver|win|den ⟨st. V.; hat⟩ [mhd. verwinden, verwinnen; vgl. überwinden] (geh.): *über etw. hinwegkommen* (b), *etw. seelisch verarbeiten u. sich dadurch davon befreien; überwinden:* einen Schmerz, Verlust, eine Kränkung v.; Gottlob sind Ferien. Dadurch verwinden Margot und Irene leichter den Schulwechsel (Bieler, Bär 300); ... weil er es nicht v. konnte, daß ihn seine Frau betrogen hatte (Perrin, Frauen 243).

²ver|win|den ⟨st. V.; hat⟩ (Technik): *verdrehen* (1 a); *tordieren;* **Ver|win|dung,** die; -, -en (Technik): *Torsion* (1); **ver|win|dungs|fest** ⟨Adj.⟩: *Torsionsfestigkeit aufweisend;* **ver|win|dungs|frei** ⟨Adj.⟩: *frei von Verwindung;* **ver|win|dungs|sta|bil** ⟨Adj.⟩: *verwindungsfest;* **ver|win|dungs|steif** ⟨Adj.⟩: *verwindungsfest:* Da beim neuen Wagen nun auch der Vorderbau sehr v. ist ... (rallye racing 10, 1979, 45); **Ver|win|dungs|steif|heit,** die ⟨o. Pl.⟩: *das Verwindungssteifsein.*

ver|win|kelt ⟨Adj.⟩: *eng u. mit vielen Ecken, ohne geraden Verlauf o. ä.:* ein -es Gäßchen; ein -er Flur; Erneute Panik. Ich laufe schräg in ein -es (winkeliges) Verlagsgebäude, finde zuerst die Manuskriptmappe nicht (Gregor-Dellin, Traumbuch 135); **Ver|win|ke|lung, Ver|wink|lung,** die; -, -en: **1.** *das Verwinkeltsein.* **2.** ⟨meist Pl.⟩ *verwinkelte Stelle.*

ver|wir|beln ⟨sw. V.; hat⟩: *in eine wirbelnde Bewegung bringen:* eine Schraube verwir-

Verwirbelung

belt die Luft, das Wasser; *Wir gehen durch dünne Regenschleier, vom Wind verwirbelt mit wäßrigem Schnee* (Strauß, Niemand 213); **Ver|wir|be|lung,** (selten:) **Ver|wirb|lung,** die; -, -en: *das Verwirbeln, Verwirbeltsein.*

ver|wir|ken ⟨sw. V.; hat⟩ [mhd. verwirken = einfassen, verlieren, ahd. firwirken = verlieren]: **a)** (geh.) *durch eigene Schuld einbüßen, sich verscherzen:* jmds. Vertrauen, Gunst, Sympathie v.; *Es ist zu spät. Ich habe alles verwirkt. Ich bin allein* (Strauß, Niemand 30); *das Recht zu etw. v.;* ... *daß Confini bereits zu Lebzeiten sein Vermögen verwirkt habe und daher auch nichts hinterlassen konnte* (NJW 19, 1984, 1082); er ist sein Leben verwirkt *(muß eine Schuld durch den Tod sühnen);* ♦ **b)** *(durch eigene Schuld) sich zuziehen; verdienen:* ... *und die Strafe, die er verwirkt, ihm erlassen sein sollte* (Kleist, Kohlhaas 84); **ver|wirk|li|chen** ⟨sw. V.; hat⟩: **1. a)** *realisieren* (1 a): *eine Idee, seinen Traum vom eigenen Haus v.; das Projekt läßt sich nicht v.;* ... *daß der Kanton Aargau die beschlossene Wirtschafts- und Verwaltungsschule rasch verwirkliche* (Tages Anzeiger 26. 11. 91, 2); **b)** ⟨v. + sich⟩ *realisieren* (1 b): *seine Träume, Hoffnungen haben sich nie verwirklicht; die Pläne verwirklichten sich nie* (Rothfels, Opposition 58). **2.** ⟨v. + sich⟩ *sich, seine Fähigkeiten unbehindert entfalten:* jeder sollte die Möglichkeit haben, sich [selbst] zu v.; *sich in seiner Arbeit v. (Befriedigung darin finden); Wie kann man sich als Individuum in der Gemeinschaft v.?* (Hörzu 11, 1977, 83); **Ver|wirk|li|chung,** die; -, -en: *das [Sich]verwirklichen;* **Ver|wir|kung,** die; - (Rechtsspr.): *das Verwirken eines Rechtes.*

ver|wir|ren ⟨sw. V.; hat⟩ /vgl. verworren/ [mhd. verwirren, ahd. farwerran, zu ↑ wirren]: **1. a)** *durch Ineinanderverschlingen o. ä. in Unordnung bringen:* Garn, die Fäden v.; *der Wind verwirrte ihre Locken; verwirrtes Haar;* **b)** ⟨v. + sich⟩ *durch Ineinanderverschlingen o. ä. in Unordnung geraten:* sein Haar, das Garn hatte sich verwirrt. **2. a)** *unsicher machen; aus der Fassung bringen; durcheinanderbringen* (b): die Frage, das Ereignis hat ihn verwirrt; *seine Gegenwart verwirrt sie; seine juristische Sprache verwirrte mich mehr, als sie mich aufklärte* (v. d. Grün, Glatteis 316); *die schrecklichen Erlebnisse haben seinen Geist, ihm die Sinne verwirrt* (geh.; *haben ihn verstört, in eine verwirrte Geisteszustand gebracht*); ⟨auch o. Akk.-Obj.:⟩ *Der Weg zu den vatikanischen Museen führt an der langen vatikanischen Mauer entlang* ... *Die Sammlungen verwirren* (Koeppen, Rußland 195); *eine verwirrende Fülle von Eindrücken; Einen Augenblick lang war Matthieu verwirrt* (Jahnn, Nacht 49); jmdn. verwirrt *(verstört, konsterniert)* ansehen; *„Habe ich das schon getan?" dachte sie verwirrt* (Baum, Paris 115); **b)** ⟨v. + sich⟩ *in einen Zustand der Unordnung, Verstörtheit o. ä. geraten:* Ich versuchte, einen magischen Realismus zu erläutern. *Die Begriffe verwirrten sich* (Koeppen, Rußland 103); *Er ist ein Meister der Zwiesprache, doch verliert er den Faden, verwirrt sich, verstummt* (Strauß, Niemand 42); *Seine Gedanken verwirrten sich schon* (Gaiser, Jagd 196); *seine Sinne hatten sich verwirrt;* **verwirr|lich** ⟨Adj.⟩ (schweiz.): *verwirrend:* das -e Bild, das die USA sich selber und der Welt bieten (Bund 9. 8. 80, 2); *Nur im Hinblick darauf, was das „arme" Schweizer Fernsehen* ... *zu zahlen bereit ist, sind diese Beträge ein wenig v.* (Weltwoche 17. 5. 84, 53); **Ver|wirr|spiel,** das: *absichtlich gestiftete Verwirrung (durch die Unsicherheit bei anderen verursacht werden soll):* V. im Vorfeld der Neuwahl des Bundespräsidenten (Spiegel 4, 1978, 29); *Der Haftentlassung von Lappas war am Dienstag ein undurchsichtiges V. über die Aussagebereitschaft vorausgegangen* (NZZ 23. 10. 86, 1); *Klarheit in das V. bringen;* **Ver|wirrt|heit,** die; -: *Zustand geistiger od. seelischer Verstörung;* **Ver|wir|rung,** die; -, -en: *das [Sich]verwirren* (2): es herrschte allgemeine, große V. *(großes Durcheinander, große Aufregung; Konfusion);* V. stiften; *ein Zustand geistiger V. (Verstörtheit);* jmdn. in V. bringen *(verstören, unsicher machen);* in V. geraten *(verwirrt werden);* **Ver|wir|rungs|zu|stand,** der: *Zustand innerer Verstörtheit.*

ver|wirt|schaf|ten ⟨sw. V.; hat⟩: *durch schlechtes Wirtschaften aufbrauchen, durchbringen:* ein Vermögen v.; *Sie verwirtschafteten meinen ererbten Besitz* (Stern, Mann 92); Ü *Vermutlich wandte ich mich nicht energisch genug gegen die Unvernunft einiger, die im Begriff waren, den Wahlsieg zu v.* (W. Brandt, Begegnungen 579); *Seit Justinians Regierungsantritt waren noch nicht fünf Jahre vergangen, doch das in ihn gesetzte Vertrauen konnte als restlos verwirtschaftet gelten* (Thieß, Reich 505); **Ver|wirt|schaf|tung,** die; -: *das Verwirtschaften.*

ver|wi|schen ⟨sw. V.; hat⟩ [3: mhd. verwischen]: **1.** *über etw. wischen, so daß die Umrisse verschwommen, unscharf werden:* eine verwischte Unterschrift; Ü *Sein Auge ging* ... *zurück auf das kleine Stück Papier, bis er bemerkte, daß die Dämmerung die Schriftzeichen zu v. begann* (Thieß, Legende 126); *Der Jugendstil zeigt auch die Tendenz, die Grenze zwischen Plastik und Architektur zu v. (aufzulösen;* Bild. Kunst III, 52); *Dadurch wird natürlich jede Grenze zwischen Instinkthandlung und zweckgerichtetem Verhalten vollkommen verwischt (undeutlich gemacht;* Lorenz, Verhalten I, 301). **2.** ⟨v. + sich⟩ *undeutlich, unklar werden; verschwimmen:* die Konturen verwischten sich; Ü *die sozialen Unterschiede haben sich verwischt, als Justinian Herr eines Weltreiches und sein Wille allein bestimmend war, haben sich auch bei ihm die Grenzen zwischen Person und Symbol entschieden verwischt* (Thieß, Reich 489); *Ihre Artikulation ist weich und verwischt (undeutlich;* Hildesheimer, Tynset 222). **3.** *beseitigen, tilgen:* der Mörder hat versucht, alle Spuren zu v.; *Sie sind im Begriff, den guten Eindruck zu v. (zunichte zu machen), den sie bis dato von Ihnen hatte* (Becker, Irreführung 55); *Er wandte sich abrupt ab, und seine Frau versuchte, durch zögerndes Nachkommen diese Unhöflichkeit zu v.* (Zwerenz, Quadriga 45); **Ver|wi|schung,** die; -, -en: *das Verwischen.*

ver|wis|sen|schaft|li|chen ⟨sw. V.; hat⟩: **1.** *[zu]viel an Wissenschaft, wissenschaftlichen Gesichtspunkten o. ä. in etw. hineinbringen [wo eigentlich anderes vorherrschen sollte]:* die Berufspraxis v. **2.** *auf ein wissenschaftliches Niveau bringen:* die Sprachpflege v.; **Ver|wis|sen|schaft|li|chung,** die; -, -en: *das Verwissenschaftlichen.*

ver|wit|tern ⟨sw. V.; ist⟩ [aus der Bergmannsspr., zu ↑ Witterung in der alten bergmannsspr. Bed. „Dämpfe, die sich über Erzgänge lagern", urspr. nur auf den Verfall von Mineralien bezogen]: **1.** *durch Witterungseinflüsse o. ä. in seiner Substanz angegriffen werden u. langsam zerfallen:* das Gestein, der Turm verwittert; *Viele Holzkirchen sind, wenn sie verwittert waren, nachgebaut worden* (NZZ 28. 8. 86, 5); Ü *das verwitterte Gesicht des alten Seemanns;* ... *so daß er die verwitterte Haut seines Gesichts nicht stille zu halten vermochte* (Sebastian, Krankenhaus 78). **2.** (Jägerspr.) *den einem Gegenstand od. Ort anhaftenden Geruch überdecken, um Wildtiere anzulocken bzw. abzuschrecken;* **Ver|wit|te|rung,** die; -, -en: *das Verwittern;* **Ver|wit|te|rungs|la|ger|stät|te,** die (Geol.): *durch Verwitterungsvorgänge entstandene Erzlagerstätte.*

ver|wit|wet ⟨Adj.⟩: *im Witwen-, Witwerstand lebend:* die -e Frau Schulz; *er, sie ist seit zwei Jahren v.; Frau Meier = Schmidt (die in der früheren Ehe mit Herrn Schmidt Witwe geworden ist);* Abk.: verw.; **Ver|wit|we|te,** der u. die; -n, -n ⟨Dekl. ↑ Abgeordnete⟩: *jmd., der verwitwet ist.*

ver|wo|ben: ↑ verweben (2); **Ver|wo|ben|heit,** die; - (geh.): *das Verwobensein; Verflechtung.*

♦ **ver|wo|gen:** Nebenf. von ↑ verwegen: *Allerlei -e Pläne kreuzten in meinem Gehirn* (E. T. A. Hoffmann, Fräulein 49); *aber hinter ihr (= der Gemse) v. folgt er mit dem Todesbogen* (Schiller, Alpenjäger).

ver|woh|nen ⟨sw. V.; hat⟩: *durch längeres Bewohnen in einen schlechten, unansehnlichen Zustand bringen:* eine Wohnung [völlig] v.; *das Zimmer sieht verwohnt aus.*

ver|wöh|nen ⟨sw. V.; hat⟩ [mhd. verwenen, zu: wenen (↑ gewöhnen), urspr. = zu schlechten Gewohnheiten veranlassen]: **a)** *jmdn. durch zu große Fürsorge o. Nachgiebigkeit in einer für ihn nachteiligen Weise daran gewöhnen, daß ihm jeder Wunsch erfüllt wird:* Sie alle umgeben das Kind, verzärteln und verwöhnen es (Jens, Mann 149); *sein Sohn ist maßlos verwöhnt;* **b)** *durch besondere Aufmerksamkeit, Zuwendung dafür sorgen, daß sich jmd. wohl fühlt:* seine Braut [mit Geschenken] v.; *er läßt sich gern von seiner Frau v.; Verwöhnen Sie den ganzen Körper (tun Sie ihm Gutes) mit lauwarmem Wasser* (Petra 11, 1966, 102); Ü *das Schicksal, das Glück hat ihn nicht gerade verwöhnt;* **ver|wöhnt** ⟨Adj.⟩ [mhd. verwe-

net = verwöhnt, bevorzugt, köstlich]: *hohe Ansprüche stellend; anspruchsvoll, wählerisch:* ein -er Gaumen, Geschmack; die Zigarre für den -en Raucher; ich bin im Essen nicht sehr v.; **Ver|wöhnt|heit,** die; -: *das Verwöhntsein;* **Ver|wöh|nung,** die; -: *das Verwöhnen; Verwöhntwerden:* Bei ihnen habe ich als Siebenjähriger drei Wochen in der Hauptstadt verbracht und dank ihrer V. einige Pfund zugenommen (Grosser, Deutschland 22).
ver|wor|fen: 1. ↑ verwerfen. 2. ⟨Adj.⟩ [mhd. verworfen, ahd. ferworfen = armselig] (geh.): *in hohem Maße schlecht, lasterhaft, charakterlich verkommen:* ein -er Mensch; ... daß das deutsche Volk sich nicht dazu ermannen konnte, sich selbst von den -sten Regime zu befreien, das je eine große Nation beherrscht hat (Reich-Ranicki, Th. Mann 92); **Ver|wor|fen|heit,** die; -: *das Verworfensein:* Ich werde deine starre Tugend ... ertragen, und du wirst dich bemühen, meine V. ohne Nasenrümpfen zu dulden (Fallada, Herr 238).
ver|wor|ren ⟨Adj.⟩ [mhd., ahd. verworren, 2. Part. des ehem. st. V. ↑ verwirren]: *wirr, in hohem Grade unklar, unübersichtlich; konfus (a):* -e Aussagen; Ihre -en Träume — schütteln Sie sie ab! (Loest, Pistole 21); so befinde ich mich in einer Krise, in einem -en und zerfahrenen Zustand (Mayröcker, Herzzerreißende 65); die Lage war v.; Allerdings war Heßheimers Rede nur für den oberflächlichen Zuhörer v. (Bastian, Brut 61); das hört sich ziemlich v. *(abstrus)* an; **Ver|worren|heit,** die; -: *das Verworrensein.*
ver|wu|chern ⟨sw. V.; hat⟩: *überwuchern:* mit ... einem schmalen Eingang, der von Gebüsch verwuchert war (Loest, Pistole 21); Ü ... haben Sie Ihr Lebenswerk übergipfelt und gekrönt mit einer geistigen Dichtung, zwar romantisch verwuchert und arabeskenreich, aber doch ... (Reich-Ranicki, Th. Mann 84).
ver|wüh|len ⟨sw. V.; hat⟩: *durch Wühlen in Unordnung bringen:* ein Kissen v.
ver|wund|bar ⟨Adj.⟩: 1. *leicht zu verwunden:* Achilles war an der Ferse v. 2. *leicht zu kränken; verletzlich;* **Ver|wund|barkeit,** die; -: *das Verwundbarsein;* **verwun|den** ⟨sw. V.; hat⟩ [mhd. verwunden, zu: wunden, ahd. wuntōn = verletzen]: *(bes. im Krieg durch Waffen o. ä.) jmdm. eine Wunde, Wunden beibringen:* an der Front [tödlich] verwundet werden; der Granatsplitter hat ihn leicht, schwer am Arm; ein Tier v.; verwundete Soldaten; Leutnant Latte liegt schwer verwundet im Schnee (Plievier, Stalingrad 182); Ü im übertr. [schwer, zutiefst] v.; jmds. Gefühle, Herz v.; der grausame Krieg in Vietnam ... hatte die amerikanische Nation verwundet (Danella, Hotel 129).
ver|wun|der|lich ⟨Adj.⟩: *Verwunderung auslösend:* Friedenthal wurde schwermütig und meinte, daß er die -e Darbietung rechtfertigen müsse (Musil, Mann 1400); was ist daran v.?; es wäre nicht [weiter] v., wenn ...; Die Hinwendung zum Pragmatismus ist gewiß nicht v., wenn man bedenkt, daß ... (Dönhoff, Ära 48); **ver|wun|dern** ⟨sw. V.⟩ [mhd.

(sich) verwundern]: a) *bewirken, daß jmd. über etw. erstaunt ist, weil er etw. nicht erwartet hat:* das verwundert mich gar nicht, nicht im geringsten; Damit verwundere ich andere Menschen sehr häufig (Wohmann, Irrgast 21); als sie vernahm, daß ich demnächst fünfzig bin, verwunderte es sie auch nicht (Frisch, Homo 117); es ist [nicht] zu v. *(ist [nicht] verwunderlich),* daß er darüber enttäuscht war; ⟨auch o. Akk.-Obj.:⟩ Dennoch muß die Aggressivität Tucholskys (und auch anderer Kritiker) v. (Reich-Ranicki, Th. Mann 207); ⟨oft im 2. Part.:⟩ eine verwunderte Frage; dann ist man doch sehr verwundert über dieses Schweigen (Dönhoff, Ära 153); verwundert den Kopf schütteln; jmdn. verwundert ansehen; Kurt schaute verwundert von seinem Kompotteller auf (Baum, Paris 68); b) ⟨v. + sich⟩ *in Erstaunen über etw. Unerwartetes geraten:* wir haben uns über seine Entscheidung, sein Verhalten sehr verwundert; **Ver|wun|de|rung,** die; -: *das [Sich]verwundern; Erstaunen:* bei jmdm. V. erregen; Frank selbst brachte seine V. durch die Bemerkung zum Ausdruck, daß ... (Hofstätter, Gruppendynamik 122); jmdn. in V. setzen; etw. mit, nicht ohne V. feststellen; „Wir?" fragte er. Mit gespielter V., so schien es mir wenigstens (Nossack, Begegnung 222); Ihr Mund stand offen vor V. (Baum, Bali 86); zu meiner großen V. haben sie sich getrennt.
Ver|wun|de|te, der u. die; -n, -n ⟨Dekl. ↑ Abgeordnete⟩: *jmd., der verwundet worden ist:* Es gab V. unter den Deutschen, unter den Russen (Plivier, Stalingrad 327); **Ver|wun|de|ten|ab|zei|chen,** das (Milit.): *Orden (2) für Soldaten, die Verwundungen (b) erlitten haben:* Schließlich wird das goldene V. in der Regel für wiederholte, im Kampf zugezogene Kriegsverletzungen verliehen (Kant, Impressum 76); **Ver|wun|de|ten|trans|port,** der: *Transport von Verwundeten;* **Verwun|dung,** die; -, -en: a) *das Verwundetwerden;* b) *im Krieg erlittene Verletzung.*
ver|wun|schen ⟨Adj.⟩ [eigtl. alte, stark gebeugte Nebenf. des 2. Part. von ↑ verwünschen]: *unter der Wirkung eines Zaubers stehend; verzaubert:* ein -er Prinz, Wald; Ü Die ins Szenerien, durch die ich mein Liebespaar reisen ließ, diese stillen, weiten See- und Waldlandschaften des hohen Nordens ... (K. Mann, Wendepunkt 299); die Wege um die Alster herum sind gar nicht v., die sind voll Schmutz (Kempowski, Zeit 436); **ver|wün|schen** ⟨sw. V.; hat⟩: 1. *(aus heftigem Unwillen gegenüber einer Person od. Sache) auf etw. schimpfen, ihr etw. Böses wünschen, sie mit einem Fluch belegen:* Der Beamte ... verwünschte, wie oft schon in solchen Augenblicken, seinen Beruf inbrünstig (Thieß, Legende 79); Ich habe mein Talent oft verwünscht (Rinser, Mitte 70); Sie ... verwünschten auch nicht ihren so gnadenlos grausamen Gott, der so Schweres von ihnen verlangte (Thieß, Reich 259); als Ausruf des Unwillens: verwünscht! 2. (veraltet) *verzaubern (1);* **ver|wünscht** ⟨Adj.⟩ (emotional): *von der Art, daß man die betreffende Person od. Sache ver-*

wünscht (1); in höchstem Maße unerfreulich, unangenehm; vermaledeit: eine -e Geschichte!; dieser -e Motor springt doch schon wieder nicht an!; **Ver|wünschung,** die; -, -en: 1. a) *das Verwünschen (1);* b) *Äußerung, mit der man jmdn., etw. verwünscht (1); Fluch:* laute -en ausstoßen; Wenn ... der Schankbursche mit einem Betrunkenen handgreiflich wurde und ihn unter Flüchen und -en zur Treppe zerrte ... (Ransmayr, Welt 247). 2. (veraltet) *Verzauberung.*
Ver|wurf, der; -[e]s, Verwürfe (Geol.): *Verwerfung (2).*
ver|wur|scht|eln, ver|wur|stein ⟨sw. V.; hat⟩ (ugs.): a) *aus seiner richtigen Lage, Form o. ä. u. dadurch ganz in Unordnung bringen; verdrehen:* du hast sich das Halstuch ganz verwurschtelt; b) ⟨v. + sich⟩ *verdreht werden u. dadurch in Unordnung geraten:* die Telefonstrippe hat sich ganz verwurschtelt; Ü ein verwurstelndes Gespräch (Zeit 6. 6. 75, 35); **ver|wur|sten** ⟨sw. V.; hat⟩: *zu Wurst verarbeiten:* Ü ich kann doch nicht alles, was ich behalten möchte, in 'ner Geschichte v.! (Schnurre, Schattenfotograf 222); **Ver|wur|stung,** die; -, -en: *das Verwursten.*
ver|wur|zeln ⟨sw. V.; ist⟩: *Wurzeln schlagen:* die neuen Bäume sind gut verwurzelt; immer noch hob und sammelte das Wasser so träge wie unersättlich auf, was nicht verwurzelt war (Ransmayr, Welt 163); Ü er ist in seiner Heimat, in der Tradition verwurzelt; Auch wenn er formal noch in der Klassik verwurzelt ist ... (Orchester 7/8, 1984, 638); Zugleich war er tief verwurzelt im christlichen Glauben (Rothfels, Opposition 78); **Ver|wurze|lung,** (selten:) **Ver|wurz|lung,** die; -, -en: *das Verwurzeln, Verwurzeltsein:* Ü Unser Land braucht eine solche moderne sozialistische Partei, die um V. im Volke ringt (Freie Presse 8. 12. 89, 3).
ver|wu|scheln ⟨sw. V.; hat⟩ (ugs.): *wuschelig machen, leicht zerzausen:* Ihre Haube sitzt auf einer zivilen Mädchenfrisur, die abends immer noch kein Freund verwuschelt (Wohmann, Absicht 20); verwuscheltes Haar.
ver|wü|sten ⟨sw. V.; hat⟩ [mhd. verwüesten]: *(etw.) so zerstören, daß es anschließend einem Chaos gleicht, sich in einem wüsten Zustand befindet; verheeren:* der Sturm, das Erdbeben, die Überschwemmung hat weite Teile des Landes verwüstet; der Feind, der Krieg hat das Land verwüstet; Das ... Feuer konnte von den sofort angerückten Feuerwehrleuten rasch gelöscht werden, verwüstete aber dennoch das ganze Zimmer (NZZ 2. 9. 86, 22); Geröllmassen verschütteten Straßen und verwüsteten das Dorf Gersau (Basler Zeitung 27. 7. 84, 3); Ü die Augen leuchteten als einzig Unzerstörbares in den verwüsteten Gesichtern der Menschen (Apitz, Wölfe 208); **Ver|wü|stung,** die; -, -en: *das Verwüsten, Verwüstetwerden, Verwüstetsein:* eine grauenhafte V. anrichten; nur für den Diebstahl, nicht für -en kommen die Versicherer auf (tango 9, 1984, 24).
ver|za|gen ⟨sw. V.; ist/(seltener:) hat⟩ [mhd. verzagen] (geh.): *den Mut, das*

Verzagtheit

Selbstvertrauen verlieren; in einer schwierigen Situation kleinmütig werden: man darf nicht immer gleich v.; ... so daß Kopflosigkeit bei ihm die Oberhand gewann und er an seiner Sache verzagte (Th. Mann, Tod u. a. Erzählungen 214); Ihn erschreckte in der Tat schon ein Eichhörnchen, bereits vor einem solchen Anblick verzagte er (Kronauer, Bogenschütze 349); er war ganz verzagt; **Verzagt|heit,** die; -: *das Verzagtsein; Mutlosigkeit:* So ist die nationale Aufbruchstimmung in Deutschland getönt durch eine eigentümliche V. (Pohrt, Endstation 122).
¹**ver|zäh|len,** sich ⟨sw. V.; hat⟩: *beim Zählen einen Fehler machen; falsch zählen:* sich mehrmals v.; wir lauschen auf jeden Einschlag, der näher ist, und verzählen uns bei den Stichen oder bedienen nicht die Farbe (Remarque, Westen 83).
²**ver|zäh|len** ⟨sw. V.; hat⟩ [mhd. verzeln] (landsch.): *erzählen.*
ver|zah|nen ⟨sw. V.; hat⟩: **1.** *miteinander verbinden, indem man die zahnartigen Einkerbungen der Teile ineinandergreifen läßt:* Balken, Maschinenteile [miteinander] v.; Steckbaukasten. Flache Plastiksteine sind miteinander zu v. (DM 49, 1965, 80); Ü Von Mailand aus entstand das riesige Autobahnnetz, das heute Europa miteinander verzahnt (ADAC-Motorwelt 11, 1986, 115); ... daß er nicht recht sähe, wie in der Story des Vorlesers der Kriminalist organisch in die Fabel zu v. sei (Loest, Pistole 235); eine Vielzahl miteinander verzahnter Probleme (Christiane, Zoo 5). **2.** *mit Zähnen zum Eingreifen* (2) *in etw. versehen:* Räder v.; **Verzah|nung,** die; -, -en: *das Verzahnen, Verzahntwerden.*
ver|zan|ken, sich ⟨sw. V.; hat⟩ (ugs.): *sich zanken, sich im Zank entzweien:* sich wegen einer Lappalie v.; sie haben sich verzankt; Die Wahrheit ist, daß ich mich heute nachmittag ziemlich heftig mit meiner Frau verzankt habe (Fallada, Trinker 54).
ver|zap|fen ⟨sw. V.; hat⟩: **1.** (landsch.) *direkt vom Faß ausschenken* (a): Bier, Whisky v.; man hat ihm unreinen Alkohol verzapft, war noch Methyl drin (Konsalik, Promenadendeck 256). **2.** (Fachspr.) *durch Zapfen* (3 a) *verbinden:* Balken, Bretter v.; wenn wir in unsern guten Zeiten gearbeitet haben, ... da haben wir was gearbeitet, was sich sehen lassen konnte! Beste Tischlerarbeit, verzapft und geleimt (Fallada, Jeder 337). **3.** (ugs. abwertend) *etw. Dummes, Unsinniges reden, tun:* Unsinn, Blödsinn, Mist v.; Die glaubt noch an jede Dummheit, die verzapft wird (Kirst, 08/15, 33); was hat denn der Haugk nun eigentlich verzapft? (H. Gerlach, Demission 64); **Verzap|fung,** die; -, -en (Fachspr.): *das Verzapfen* (2), *Verzapftwerden.*
ver|zär|teln ⟨sw. V.; hat⟩ [16. Jh., für gleichbed. mhd. verzerten] (abwertend): *mit übertrieben zärtlicher Fürsorge umhegen u. dadurch verweichlichen:* sie verzärtelt ihren Jüngsten; In die Gruppe der verzärtelten Kinder gehören auch jene, denen man alle Schwierigkeiten aus dem Wege räumt (Ruthe, Partnerwahl 147);

Ver|zär|te|lung, die; -: *das Verzärteln, Verzärteltwerden.*
ver|zau|bern ⟨sw. V.; hat⟩ [mhd. verzoubern, ahd. firzaubirōn]: **1.** *durch Zauberei verwandeln:* die Hexe verzauberte die Kinder [in Raben]; ein verzauberter Prinz. **2.** *durch seinen Zauber* (2 a), *Reiz ganz gefangennehmen:* der Anblick, ihr Gesang hat uns alle verzaubert; Nichts auf der Welt hat mich so verzaubert wie das Theater (Danella, Hotel 41); **Verzau|be|rung,** die; -, -en: *das Verzaubern, Verzaubertwerden, Verzaubertsein.*
ver|zäu|nen ⟨sw. V.; hat⟩: *mit einem Zaun versehen, umgrenzen:* einen Weg, ein Stück Land v.; **Ver|zäu|nung,** die; -, -en: **1.** *das Verzäunen.* **2.** *Zaun; Einfriedung.*
ver|ze|chen ⟨sw. V.; hat⟩: **1.** *mit Zechen durchbringen:* er hat sein ganzes Geld verzecht. **2.** *mit Zechen verbringen; durchzechen:* sie haben die Nacht verzecht.
ver|zehn|fa|chen ⟨sw. V.; hat⟩: **a)** *um das Zehnfache größer machen:* eine Zahl, eine Summe v.; **b)** ⟨v. + sich⟩ *um das Zehnfache größer werden:* der Ertrag hat sich verzehnfacht; **ver|zehn|ten** ⟨sw. V.; hat⟩ (früher): *den Zehnten von etw. entrichten:* den Acker v.
Ver|zehr, der; -[e]s [rückgeb. aus ↑verzehren]: **1.** *das Verzehren* (1): zum [als]baldigen V. *(Verbrauch)* bestimmt! (Aufschrift auf bestimmten abgepackten, verderblichen Lebensmitteln); lokale Weine von der Karte gestrichen: Sie sind zum V. nicht mehr geeignet (Spiegel 35, 1989, 78). **2.** ⟨landsch. auch: das⟩ *etw., was man verzehrt hat:* das Eintrittsgeld wird auf den V. angerechnet; Berg wollte der Bedienerin den V. bezahlen (Jahnn, Geschichten 148); **Ver|zehr|bon,** der: *Bon für Speisen u. Getränke;* **ver|zeh|ren** ⟨sw. V.; hat [mhd. verzern; vgl. ahd. firzeran = zerreißen, vernichten]: **1.** (geh. od. Fachspr.) *essen* (2) *[u. trinken], bis nichts mehr von etw. übrig ist:* seine Brote, sein Mittagessen v.; Die englischen und die amerikanischen Dichter verzehren ein Sandwich in der Rosteria (Koeppen, Rußland 191); der Gast hat nichts, viel verzehrt; Ü (geh.:) das Feuer ... hatte nur Nasos Handschriften verzehrt (Ransmayr, Welt 19). **2.** (veraltend) *für den Lebensunterhalt aufbrauchen, von etw. leben:* sein Erbe v.; Hauptmann Hedemann wird niemals in Lettland seine Pension v. (Plievier, Stalingrad 91). **3.** (geh.) **a)** *bis zur völligen körperlichen u. seelischen Erschöpfung an jmdm. zehren:* der Gram verzehrt sie; Mein Vater hat immer gesagt, der Neid verzehrt Vieh und Leut' (Wimschneider, Herbstmilch 146); Die echte Sehnsucht ist ... ein brennendes Feuer, deren Flammen den Christen förmlich verzehren (Nigg, Wiederkehr 24); die Krankheit hat seine Kräfte verzehrt; ein verzehrendes Fieber; der ... von Ehrgeiz verzehrte Anfänger (K. Mann, Wendepunkt 147); **b)** ⟨v. + sich⟩ *nach jmdm., etw. so heftig verlangen, etw. so stark empfinden, daß man innerlich [fast] krank daran ist:* sich in Liebe zu jmdm., vor Sehnsucht nach jmdm. v.; So oft ... äugte interessiert aus seinem Hüttenfenster und verzehrte sich beinahe vor Neugier (Kirst, 08/15, 472); **Ver|zeh|rer,**

der; -s, -: *jmd., der etw. verzehrt, aufzehrt;* **Ver|zeh|re|rin,** die; -, -nen: w. Form zu ↑Verzehrer; **Ver|zehr|kar|te,** die: vgl. Verzehrbon; **Ver|zehr|zwang,** der ⟨o. Pl.⟩: *Verpflichtung, als Gast in einem Restaurant etw. zu verzehren.*
ver|zeich|nen ⟨sw. V.; hat⟩: **1. a)** *[in der Art eines Verzeichnisses] schriftlich festhalten, aufführen:* das Inventar, die Preise v.; Ein plombiertes Gerät ... verzeichnet genau, ob es etwa tiefer oder höher gehe (Grzimek, Serengeti 15); die Namen sind in der Liste verzeichnet; Nicht sehr weit ab lag eine Gruppe Häuser, die in der Karte noch nicht verzeichnet standen (Gaiser, Jagd 130); **b)** *aufweisen, erzielen; registrieren* (2 b): Die Festigkeit muß noch größer sein, obgleich wir auch da Fortschritte verzeichnen (Hacks, Stücke 323); auch die anderen genannten Halligen verzeichnen immer mehr Urlauber (Saarbr. Zeitung 4. 10. 79, 15); Bauer Gebele verzeichnete jedes Jahr Einbußen von einigen hundert Mark (natur 4, 1991, 35); Die Wormser, die schon vor der Pause ihren Lattenschuß v. konnten (Kicker 6, 1982, 44); ... daß ich gerade in letzter Zeit außerordentliche Erfolge zu v. hatte (Goetz, Prätorius 57); Die Uhrenindustrie der Schweiz verzeichnet *(erlebt)* eine Renaissance der mechanischen Zeitmesser (Freie Presse 30. 12. 89, 5). **2.** *falsch zeichnen, zeichnend abbilden:* auf diesem Bild ist die Hand verzeichnet; Ü in diesem Roman sind die sozialen Verhältnisse verzeichnet; ... daß sein (= Montesquieus) Bild der englischen Verfassung sowohl vom juristischen als auch vom politischen Blickpunkt aus gesehen verzeichnet war (Fraenkel, Staat 119); **Ver|zeich|nis,** das; -ses, -se: *nach einem bestimmten System geordnete schriftliche Aufstellung mehrerer unter einem bestimmten Gesichtspunkt zusammengehörender Dinge o. ä.; listenmäßige Zusammenstellung von etw.:* ein alphabetisches, vollständiges, amtliches V.; Ein V. der Papiere liegt bei (Geissler, Wunschhütlein 19); etw. in ein V. eintragen, aufnehmen; in einem V. enthalten sein; **Ver|zeich|nung,** die; -, -en: **1.** *das Verzeichnen.* **2.** *das Verzeichnetsein; falsche, entstellende Wiedergabe;* **ver|zeichnungs|frei** ⟨Adj.⟩: *orthoskopisch.*
ver|zei|gen ⟨sw. V.; hat⟩ (schweiz.): *anzeigen* (1): Das Obergericht ... verzeigte Achmed gleich nochmals wegen öffentlicher unzüchtiger Handlungen (Tages Anzeiger 10. 7. 82, 15); **Ver|zei|gung,** die; -, -en (schweiz.): *Anzeige* (1).
ver|zei|hen ⟨st. V.; hat⟩ [mhd. verzīhen = versagen, abschlagen, sich lossagen, ahd. farzīhan = versagen, verweigern]: *erlittenes Unrecht o. ä. den Urheber nicht entgelten lassen, nicht grollend, strafend o. ä. darauf reagieren; vergeben* (1): jmdm. eine Kränkung v.; Diese Nacht wird sie mir nie v. *(wird sie mir immer vorhalten, über diese Nacht wird sie nie nachsichtig hinweggehen;* Rinser, Mitte 59); habe ich dir schon längst verziehen!; ich kann es mir nicht v., daß ...; so etwas ist nicht zu v.; Erst als die Schalker ... ihren Fehltritt zugaben, wurde ihnen verziehen (Kicker 82, 1981, 15); (Höflichkeitsfor-

meln:) verzeihen Sie bitte! *(ich bitte um Entschuldigung);* verzeihen *(entschuldigen)* Sie bitte die Störung; verzeihen Sie, können Sie mir sagen, wie spät es ist?; der Herr Staatsanwalt werden gütigst v. (Spoerl, Maulkorb 59); Der etwaige Leser verzeihe mir diese Abschweifung ins rein Betrachtende (Th. Mann, Krull 57); ... in dem – man verzeihe das große Wort – Ethos der Gemeinschaft (Dönhoff, Ära 43); **ver|zeih|lich** ⟨Adj.⟩: *von der Art, daß man Verständnis dafür haben u. es mit Nachsicht beurteilen kann:* eine -e Weise; obwohl ich ihre -en Gewohnheiten kenne ... (Wohmann, Absicht 40); dieser Irrtum ist v.; **Ver|zei|hung,** die; -: *das Verzeihen:* Sie waren ihren Mitmenschen gegenüber stets voll milder V. (Nigg, Wiederkehr 155); Es ist mir erst durch Sie zum Bewußtsein gekommen, wie sehr ich Ihrer V. bedarf (Nossack, Begegnung 276); jmdn. um V. bitten; V.! (Höflichkeitsformel zur Entschuldigung).
ver|zer|ren ⟨sw. V.; hat⟩ [mhd. verzerren = auseinanderzerren]: **1. a)** *in verstellender Weise verziehen* (1 a): das Gesicht, den Mund [vor Schmerz, Anstrengung, Wut] v.; **b)** *bewirken, daß sich jmds. Gesicht o. ä. verzerrt* (1 a): Schmerz, Entsetzen verzerrte sein Gesicht; Ein grauenhaftes Entzücken verzerrte ihre Züge (Langgässer, Siegel 205); **c)** ⟨v. + sich⟩ *sich in entstellender Weise verziehen* (1 b): sein Gesicht verzerrte sich vor Wut zu gräßlichen Fratze; ... und daß sein Mund sich auf ganz eigentümlich klägliche Weise verzerrt hatte (Th. Mann, Zauberberg 104). **2.** *zu stark dehnen u. dadurch verletzen:* sich die Sehne, einen Muskel v. **3. a)** *(Optisches) so wiedergeben, daß es nach Länge, Breite überdehnt erscheint u. dadurch fast unkenntlich wird:* dieser Spiegel verzerrt die Gestalt; auf einem Postament ruhte eine spiegelnde Glaskugel, welche die Gesichter überaus komisch verzerrte (Th. Mann, Krull 13); Der Nebel verzerrt die Dinge (Plievier, Stalingrad 8); ⟨auch o. Akk.-Obj.:⟩ Das verzerrt, das Fernglas (Brot und Salz 137); das Bild auf dem Fernsehschirm war verzerrt; **b)** *(Akustisches) auf dem Übertragungsweg durch Dehnen in unangenehmer Weise, oft bis zur Unkenntlichkeit, verändern;* und der Empfänger gibt die Musik verzerrt wieder; die in Morsezeichen übermittelte Nachricht wurde aus Gründen der Geheimhaltung verzerrt; eine verzerrte Sirene ertönte (Martin, Henker 45); **c)** *entstellen* (2): die tatsächlichen Verhältnisse völlig v.; Wer ... nach aktuellen politischen Problemen befragt wird, ertappt sich nicht selten dabei, wie er das Bild unwillkürlich verzerrt (Hofstätter, Gruppendynamik 88); Harmlose, nebensächliche, völlig unpolitische Aussprüche wurden ins Riesenhafte vergrößert und verzerrt (Leonhard, Revolution 184); ... daß Subventionen den Wettbewerb verzerren *(ungleichmäßig beeinflussen;* CCI 11, 1991,5); eine verzerrte Darstellung; **Ver|zer|rer,** der; -s, -: **1.** (Musik) *elektroakustisches Gerät zur absichtlichen elektronischen Verzerrung von Tönen.* **2.** (Nachrichtent.) *Vorrichtung am Eingang eines Übertragungskanals zur Anpassung des zu übertragenden Signals an bestimmte Eigenschaften des Kanals;* **Ver|zer|rung,** die; -, -en: **1.** *das Verzerren.* **2.** *etw. Verzerrtes;* **ver|zer|rungs|frei** ⟨Adj.⟩ (Fachspr.): **a)** *von der Art, daß es nicht verzerrt* (3 a): Scheiben aus Sicherheitsglas ... müssen klar, lichtdurchlässig und v. sein (Straßenverkehrsrecht, StVZO 165); **b)** *von der Art, daß es nicht verzerrt* (3 b) *ist:* Damit entsteht im Band eine -e Aufzeichnung (Funkschau 21, 1971, 2227); die Wiedergabe ist v.

¹**ver|zet|teln** ⟨sw. V.; hat⟩ [im 15. Jh. eine schriftliche Abmachung ausfertigen, für gleichbed. mhd. zedelen, zu ↑²Zettel]: *für eine [Zettel]kartei gesondert auf einzelne Zettel, Karten schreiben:* ♦ Der Rentmeister ... verzettelte nach und nach alle liegenden Gründe, die zum Schlosse gehörten (Immermann, Münchhausen 88).

²**ver|zet|teln** ⟨sw. V.; hat⟩ [Iterativbildung zu mhd. verzetten = aus-, verstreuen, verlieren, zu: zetten = (ver-, aus)streuen, vereinzelt fallen lassen, ahd. zetten = ausbreiten; vgl. ¹Zettel]: **1. a)** *planlos u. unnütz für vielerlei Kleinigkeiten verbrauchen, mit vielerlei Unwichtigem verbringen:* seine Kraft, Zeit [an, mit etw.] v.; sein Geld v.; **b)** ⟨v. + sich⟩ *sich mit zu vielem [Nebensächlichem] beschäftigen, aufhalten u. dadurch nichts richtig, ganz tun od. nicht zu dem eigentlich Wichtigen kommen:* du verzettelst dich zu sehr; mit seinen Liebhabereien v.; Der Brite lief 1957 einen Weltrekord ..., verzettelte sich in Einladungsrennen (Saarbr. Zeitung 4. 10. 79, 8); Das Leben ist zu kurz, die Zeit der Liebe viel zu kurz, um sich damit zu v. (Perrin, Frauen 228); ♦ **c)** *(durch Unachtsamkeit) verlorengehen lassen:* das Mädchen ... ist ein verzetteltes Christenkind (Lessing, Nathan IV, 4). **2.** (südd., schweiz.) *zum Trocknen ausbreiten, ausstreuen:* Heu, Stroh v.; Heu duftete herauf, Harz herüber vom nahen Wald, irgendwo verzettelten sie Mist (Frisch, Stiller 133).

¹**Ver|zet|te|lung,** Verzettlung, die; -, -en: *das ¹Verzetteln.*

²**Ver|zet|te|lung,** Verzettlung, die; -, -en: *das ²Verzetteln, Sichverzetteln.*

¹**Ver|zett|lung:** ↑¹Verzettelung.

²**Ver|zett|lung:** ↑²Verzettelung.

Ver|zicht, der; -[e]s, -e [mhd. verziht, zu verzeihen in der veralteten rechtsspr. Bed. „aussagen, verzichten" (mhd. verzihen, ↑verzeihen)]: *das Verzichten:* ein freiwilliger V.; Entspannung kann nur V. auf Gewalt sein (Dönhoff, Ära 222); einen V. fordern; seinen V. auf etw. erklären; Ich wollte ihm dabei helfen, ein Läufer zu werden, und ich unterstützte seine -e. Ohne ein V. kommt niemand sehr weit (Lenz, Brot 70); V. leisten, üben *(verzichten);* ♦ ... wo in einer Bude alte und neue Stiefel zu Kauf standen ... Ich mußte ein Paar neue v. leisten (Chamisso, Schlemihl 69); Ich trat die deine ganze Welt für das Mädchen ab, habe V. getan auf deine ganze herrliche Schöpfung (Schiller, Kabale IV, 4); **ver|zicht|bar** ⟨Adj.⟩: *von der Art, daß man darauf verzichten kann:* Daß für die Grünen der Ausstieg aus der Kernenergie inzwischen zur -en Forderung geworden ist (Spiegel 40, 1984, 23); **ver|zich|ten** ⟨sw. V.; hat⟩ [zu ↑Verzicht]: *den Anspruch auf etw. nicht [länger] geltend machen, aufgeben; auf [der Verwirklichung, Erfüllung von] etw. nicht länger bestehen:* auf sein Recht, seinen Anteil, eine Vergünstigung v.; v. Gunsten, schweren Herzens, freiwillig v.; Herzlich gern verzichtete er auf die Teilnahme am Sommerlager (Loest, Pistole 41); ich verzichte auf deine Hilfe, deine Begleitung *(brauche, möchte sie nicht;* als Ausdruck der Ablehnung); auf die Anwendung von Gewalt v. *(Gewalt nicht anwenden wollen);* sie verzichtete auf eine Stellungnahme *(gab sie nicht);* Die Verteidigung verzichtete überhaupt auf Fragen *(stellte sie nicht;* Brecht, Groschen 336); ... seine Frau, die auf ihren falschen Zopf nicht v. *(sich nicht von ihm trennen)* wollte (Sebastian, Krankenhaus 78); auf jmds. Mitarbeit, Unterstützung nicht v. können; Vater sagte, so lange könnte er es unmöglich ohne mich v. *(könnte er unmöglich ohne mich auskommen;* Schnurre, Bart 126); auf seine Gesellschaft müssen wir heute leider v. *(wir müssen sie heute entbehren);* **Ver|zicht|er|klä|rung,** Verzichtserklärung, die; *[schriftliche] Erklärung, durch die man seine Bereitschaft zum Verzicht auf etw. Bestimmtes kundgibt;* **Ver|zicht|lei|stung,** die; *Verzicht;* **Ver|zicht|po|li|tik,** die (abwertend): *Politik, die auf bestimmte nationale Rechte, Ansprüche, die sie für nicht durchsetzbar hält, verzichtet;* **Ver|zichts|er|klä|rung:** ↑ Verzichterklärung; **Ver|zichts|ur|teil,** das (Rechtsspr.): *auf Antrag des Beklagten ergehendes, die Klage abweisendes Urteil, das voraussetzt, daß der Kläger bei der mündlichen Verhandlung auf den geltend gemachten Anspruch verzichtet hat.*

ver|zickt ⟨Adj.⟩ (-er, -este) (ugs. abwertend): *zickig:* Verzickte neureiche Damen sind ebenso ihre Spezialität wie ... (BM 31. 8. 76, 18).

ver|zie|hen ⟨unr. V.⟩ [mhd. verziehen = auseinanderziehen; verstreuen; hinziehen, verzögern; wegziehen; entfernen; wegnehmen, entziehen; verweigern, ahd. farziohan = verziehen; falsch erziehen]: **1.** ⟨hat⟩ **a)** *aus seiner normalen, üblichen Form bringen; verzerren* (1 a): den Mund schmerzlich, angewidert, zu einem spöttischen Lächeln v.; er verzog das Gesicht vor Schmerz, zu einer Grimasse; Zynisch verzog er die Lippen (Apitz, Wölfe 40); Wie alle jungen Mädchen aber leistet sie in der Welt ganz fröhlich, worüber sie zu Hause den Mund verzieht *(durch Verziehen des Mundes ihren Unwillen, ihr Mißfallen zum Ausdruck bringt;* Werfel, Bernadette 308); eine Miene v.; keine Miene v. *(sich eine Gefühlsregung nicht anmerken lassen, sie nicht zeigen);* **b)** ⟨v. + sich⟩ *seine normale, übliche Form in bestimmter Weise verändern:* sein Gesicht verzog sich schmerzlich, zu einer Grimasse; Keine Miene verzieht sich je in ihrem Gesicht (Domin, Paradies 14); die Pupillen waren ganz groß; sie verzogen sich nicht (Sebastian,

verzieren

Krankenhaus 131); ... desto breiter verzog sich ihr zahnloser Mund zum freundlichsten Lächeln (Th. Mann, Krull 149); seine Schulterblätter, ein wenig schief stehend von Natur, verzogen sich im Gehen (Th. Mann, Hoheit 86). **2.** ⟨hat⟩ **a)** (selten) *bewirken, daß sich etw. verziert* (2b): feuchtwarme Luft ... verzog die Holzrahmen (Bieler, Mädchenkrieg 373); **b)** ⟨v. + sich⟩ *die Form, Fasson geringfügig ändern; sich werfen* (3b): die Türen, Fensterrahmen haben sich verzogen; Kunststoffgehäuse können sich v.; **c)** ⟨v. + sich⟩ *die ursprüngliche Form verlieren; länger, weiter o. ä. werden:* der Pullover hat sich beim Waschen verzogen. **3.** *an einen anderen Wohnort, in eine andere Wohnung ziehen; umziehen* ⟨nur im Perfekt gebr.; ist⟩: in eine andere Stadt, nach Würzburg verzogen sein; sie sind schon vor drei Jahren verzogen; Der Baron ... verzog mit seinem Mustersöhnchen nach Kanada (K. Mann, Wendepunkt 29); Empfänger, Adressat verzogen [neuer Wohnsitz unbekannt] *(Vermerk auf unzustellbaren Postsendungen);* Befragt, ob er es nicht wünschenswert fände, wenn alle westwärts verzogenen Autoren in der DDR geblieben wären ... (Maron, Begriffsjungkraft 41). **4.** ⟨v. + sich; hat⟩ **a)** *allmählich weiterziehen u. verschwinden:* die Regenwolken, Rauchschwaden verziehen sich; das Gewitter, der Nebel hat sich verzogen; Während dieser Zeit wird die Küche gut gelüftet, damit sich der Dunst verzieht (Horn, Gäste 19); der Schmerz hat sich verzogen *(ist abgeklungen);* der Lärm draußen scheint sich zu v. *(scheint abzuklingen;* Sieburg, Robespierre 265); Ü Als ich mich eingelebt hatte und meine anfängliche Schüchternheit sich verzog *(schwand;* Leip, Klabauterflagge 35); **b)** (ugs.) *sich [unauffällig] entfernen, zurückziehen:* sie verzogen sich in eine stille Ecke und plauderten; Friedemann reißt die Wagentür auf der Beifahrerseite auf und gibt mir zu verstehen, daß ich mich auf die Rückbank v. solle (Gabel, Fix 29); Er ... verzog sich zuletzt ins Badezimmer, um zu gurgeln (Baum, Paris 79); verzieh dich! *(salopp; verschwinde!).* **5.** *(ein Kind) durch übertriebene Nachsicht nicht in der richtigen Weise erziehen* ⟨hat⟩: sie haben ihre Kinder verzogen; er ist ein verzogener Bengel. **6.** (Landw.) *vereinzeln* ⟨hat⟩: junge Pflanzen, Rüben v. **7.** (Ballspiele) *den Ball so treffen, daß er nicht in die beabsichtigte Richtung fliegt* ⟨hat⟩: der Spieler verzog den Ball, Schuß; ⟨auch o. Akk.-Obj.:⟩ Hahn verzog frei vor dem gegnerischen Tor (Freie Presse 14. 2. 90, 6). **8.** ⟨hat⟩ (veraltet) **a)** *sich verzögern, auf sich warten lassen:* Wehe, wenn auch die Spätregen verzögen und ausblieben (Th. Mann, Joseph 112); **b)** *säumen, zögern, etw. zu tun:* mit seiner Hilfe v.; er verzog zu kommen; **c)** *verweilen:* Was mußte jener so früh heraus, als ob's ihn nicht trüge, noch ein wenig zu v.? (Fussenegger, Haus 34); Heho, ihr Männer! Woher? Wohin? Verzieht doch etwas! Hier ist Schatten (Th. Mann, Joseph 601); ♦ Verzieht, und eilet nicht so stolz ... vorüber (Lessing, Nathan II, 5); ♦ **d)** *warten:* eine Magd, die ans Tor kam, bat uns, einen Augenblick zu v. (Goethe, Werther I, 16. Junius); Sie bat ihn, noch einige Augenblicke zu v. (Novalis, Heinrich 163); ♦ **e)** ⟨v. + sich⟩ *sich verzögern:* Die Abfahrt aus der Stadt verzieht sich gewöhnlich bis gegen Abend (Goethe, Wanderjahre III, 13). ♦ **9.** *(Linien, Schriftzeichen o. ä.) ineinanderschlingen,* ¹*verschlingen:* ⟨meist im 2. Part.:⟩ haben wir nichts als Porträte, verzogene Namen und allegorischen Figuren, um einen Fürsten zu ehren ...? (Goethe, Lehrjahre III, 6); Inwärts auf dem Kasten muß der Fräulein verzogener Name stehen (Lessing, Minna II, 2).

ver|zie|ren ⟨sw. V.; hat⟩ [zu ↑zieren]: *mit etw. Schmückendem, mit Zierat versehen:* eine Decke mit Stickereien, einen Schrank mit Schnitzereien v.; eine Torte v.; **Ver|zie|rung**, die; -, -en: **a)** *das Verzieren, Verziertwerden;* **b)** *etw., womit etw. verziert wird, ist; Ornament:* -en anbringen; die -en eines gotischen Kapitells; R brich dir [nur/bloß] keine V. ab! (ugs.; *zier dich nicht v.).*

ver|zim|mern ⟨sw. V.; hat⟩ [mhd. verzimbern, -zimmern, ahd. farzimbaran = ver-, zubauen] (Bauw.): *mit Balken, Bohlen u. Brettern abstützen;* **Ver|zim|me|rung**, die; -, -en: **1.** *das Verzimmern, Verzimmertsein.* **2.** *Balken, Bohlen, Bretter, die dem Verzimmern dienen.*

¹**ver|zin|ken** ⟨sw. V.; hat⟩: *mit Zink überziehen:* große, sauber verzinkte Kästen mit Gesteinsproben unter gläsernen Deckeln (Böll, Adam 67).

²**ver|zin|ken** ⟨sw. V.; hat⟩ [zu ↑ ¹zinken (2)] (ugs.): *verraten:* Das erstemal hat mich ein Kollege beim Rauchen erwischt und verzinkt (Ziegler, Gesellschaftsspiele 46). **Ver|zin|kung**, die; -, -en: **1.** *das* ¹*Verzinken:* Als Hermann die stumpfwinklige V. des Fußteils gelungen war ... (Bieler, Bär 124). **2.** *Überzug aus Zink.*

ver|zin|nen ⟨sw. V.; hat⟩ [mhd. verzinnen]: *mit Zinn überziehen:* Bleche, Kupfergeräte v.; Auf diesem Rechaud steht ein Kupfertopf, der innen verzinnt ... ist (Horn, Gäste 179); **Ver|zin|nung**, die; -, -en: **1.** *das Verzinnen.* **2.** *Überzug aus Zinn.*

ver|zins|bar ⟨Adj.⟩: *verzinslich;* **ver|zinsen** ⟨sw. V.; hat⟩ [mhd. verzinsen = Zins bezahlen; seit dem 16. Jh. auf die Kapitalzinsen bezogen, refl. = Zinsen bringen]: **a)** *Zinsen in bestimmter Höhe für etw. zahlen:* die Bank verzinst das Kapital mit 6 Prozent; **b)** ⟨v. + sich⟩ *Zinsen [in bestimmter Höhe] bringen:* das Kapital verzinst sich gut, mit 6 Prozent; **ver|zinslich** ⟨Adj.⟩: *von, in der Art, daß es sich verzinst:* ein Darlehen; die Wertpapiere sind mit/zu 5 Prozent v.; Kapital v. anlegen; **Ver|zins|lich|keit**, die; -: *das Verzinslichsein;* **Ver|zin|sung**, die; -, -en: *das [Sich]verzinsen.*

ver|zocken¹ ⟨sw. V.; hat⟩ (ugs.): *durch Zocken verlieren:* ... fliegen zugedröhnt ins nächste Spielkasino und verzocken die Gage (Lindenberg, El Panico 104); ... Baden-Baden, wo solche Summen an einem guten Renntag allein verzockt werden (Welt 3./4. 11. 79, 3).

ver|zö|gern ⟨sw. V.; hat⟩: **1. a)** *hinauszögern:* die Ausgabe der Lebensmittel, die Unterrichtung der Presse v.; Ich habe mich nicht eingemischt. Das hätte nur alles verzögert (Seghers, Transit 238); der strenge Winter hat die Baumblüte [um drei Wochen] verzögert *(hat bewirkt, daß sie [drei Wochen] später als erwartet üblich eintritt);* **b)** ⟨v. + sich⟩ *später eintreten, geschehen als erwartet od. vorgesehen:* die Fertigstellung des Manuskriptes verzögert sich; seine Ankunft hat sich [um zwei Stunden] verzögert. **2.** *verlangsamen; in seinem Ablauf, seinem Fortgang hemmen:* den Schritt v.; die Mannschaft versuchte, das Spiel zu v.; Eine besondere Steuerung ermöglicht es, die Geschwindigkeit beim Auf- und Absteigen für einige Sekunden zu v. (NZZ 27. 1. 83, 38); die Bremsen verzögern *(bremsen* b) den leer 1 150 bis 1 185 kg schweren Wagen zuverlässig (Rheinpfalz 8. 6. 88, 10); ⟨auch o. Akk.-Obj.:⟩ die Bremsen ... sind vom Feinsten, sprechen sofort an und verzögern absolut spurtreu (rallye racing 10, 1979, 109). **3.** ⟨v. + sich⟩ *sich bei etw. länger aufhalten, als man eigentlich wollte, geplant hatte:* Frank schloß seine Koffer ab, er verzögerte sich ein wenig bei seiner Aktentasche (Baum, Paris 139); **Ver|zö|ge|rung**, die; -, -en: *das [Sich]verzögern;* **Ver|zö|ge|rungs|ma|nö|ver**, das: vgl. *Verzögerungstaktik;* **Ver|zö|ge|rungs|tak|tik**, die: *Taktik, durch die man zu seinem Vorteil etw. zu verzögern* (1 a, 2) *sucht;* **Ver|zö|ge|rungs|zin|sen** ⟨Pl.⟩: *Verzugszinsen.*

ver|zol|len ⟨sw. V.; hat⟩ [mhd. verzollen]: *für etw. Zoll bezahlen:* Waren v.; **Ver|zol|lung**, die; -, -en: *das Verzollen.*

ver|zopft ⟨Adj.; -er, -este⟩: *zopfig:* eine Burleske über ein korruptes, -es, nur Prominentensprößlingen gegenüber mildes Schulwesen (Wochenpresse 25. 4. 79, 9); in der vermufften und -en DDR-Forschung (Spiegel 34, 1980, 64).

ver|zot|teln ⟨sw. V.; hat⟩ (ugs.): **1.** *zottelig machen:* der Sturm hat sein Haar verzottelt. **2.** (landsch.) ¹*verlegen* (1).

ver|zucken¹ ⟨sw. V.; ist⟩: *zuckend erlöschen, aufhören.*

ver|zücken¹ ⟨sw. V.; hat⟩ [mhd. verzükken]: *in einen Zustand höchster Begeisterung, in Ekstase versetzen:* die Musik verzückte ihn; ... ermittelte zum neuen Modesport die Nation verzückt (natur 3, 1991, 99); Hochbezahlte Profis, die in der letzten Saison ihr Publikum verzückten (Hamburger Morgenpost 25. 5. 85, 9); ⟨meist im 2. Part.:⟩ dann sah sie ein verzücktes Gesicht (Jaeger, Freudenhaus 85); verzückt einer Melodie lauschen.

ver|zuckern¹ ⟨sw. V.; hat⟩: **1.** *mit Zuckerguß, einer Zuckerlösung überziehen; mit Zucker bestreuen:* Mandeln v.; verzuckerte *(kandierte)* Früchte; Ü Die FDP schließlich versucht, ihre Verluste mit dem Hinweis auf das „immerhin zweitbeste Ergebnis seit 1951" zu v. (Saarbr. Zeitung 9. 10. 79, 2). **2.** (Biochemie) *in einfache Zucker spalten: Stärke, Zellulose v.;* **Ver|zucke|rung**¹, die; -, -en (Biochemie): *das Verzuckern* (2): In der Lebensmittelindustrie werden diese Enzyme vor allem zur V. von Stärke ... verwendet (Todt, Gentechnik 48).

Ver|zückt|heit, die; -: *Zustand des Verzücktseins;* **Ver|zückung**[1], die; -, -en: **a)** *das Verzücken;* **b)** *Verzücktheit; Ekstase:* Wer diese Frau einmal als Rosalinde gesehen hat – Shakespeare selber wäre in V. geraten! (Geissler, Wunschhütlein 87).
Ver|zug, der; -[e]s [mhd. verzuc, verzoc, ↑verziehen (8)]: **1.** *Verzögerung, Rückstand* (3 a) *in der Ausführung, Durchführung von etw., in der Erfüllung einer Verpflichtung:* die Sache duldet keinen V.; bei V. der Zahlung werden Zinsen berechnet; er ist mit der Arbeit, der Ratenzahlung im V., ist in V. geraten, gekommen; was uns in den Augen vieler Unbeteiligter in V. gebracht hat, ist ... (Dönhoff, Ära 145); das wird ohne V. *(sofort)* erledigt; Gefahr ist im V./es ist Gefahr im V. *(es droht unmittelbar Gefahr;* zu Verzug = Aufschub, Verzögerung, also eigtl. = die Gefahr liegt im Aufschieben, im Verzögern einer Sache, nach lat. periculum in mora [Livius]). **2.** (landsch. veraltend) *Kind, das von jmdm. vorgezogen u. mit besonderer Nachsicht, zärtlicher Fürsorge behandelt wird; Liebling* (1): der Jüngste ist ihr kleiner V.; ♦ „Kriege ich mein Geschirr?" ruft der kleine V. zwischen uns ungeduldig (Raabe, Chronik 56). **3.** (Bergbau) *Verschalung der Räume zwischen offenen Stollen o. ä. mit Blechen, Brettern, Hölzern od. Drahtgewebe, um ein Hereinbrechen loser Steine zu verhindern;* **Ver|zugs|zin|sen** 〈Pl.〉: *Zinsen, die ein Schuldner bei verspäteter Zahlung zu entrichten hat.*
ver|zun|dern 〈sw. V.; hat〉 (Technik): *Zunder* (2) *bilden;* **Ver|zun|de|rung,** die; -, -en: *das Verzundern.*
ver|zup|fen, sich 〈sw. V.; hat〉 (österr. ugs.): *sich heimlich, unauffällig entfernen.*
ver|zur|ren 〈sw. V.; hat〉: *festzurren:* eine Plane v.
ver|zwackt 〈Adj.; -er, -este〉 (ugs.): *verzwickt.*
ver|zwat|zeln 〈sw. V.; ist〉 [H. u.] (landsch. ugs.): *(in einer bestimmten Situation) sehr ungeduldig u. nervös sein, fast verzweifeln.*
ver|zwei|fa|chen 〈sw. V.; hat〉 (selten): *verdoppeln.*
ver|zwei|feln 〈sw. V.; ist/(veraltet auch:) hat〉 [mhd. verzwīveln]: *angesichts eines keine Aussicht auf Besserung gewährenden Sachverhalts in den Zustand völliger Hoffnungslosigkeit geraten, allen Glauben, alles Vertrauen, alle Hoffnung verlieren:* am Leben, an den Menschen, an einer Arbeit v.; Ich kann eine Frau, die zehn Jahre Krebs hatte, ... die nie ohne Schmerzen war und die schließlich an Gott verzweifelte ... (Remarque, Obelisk 80); man könnte über so viel Unverstand v.!; nur nicht v.; es besteht kein Grund zu v.; 〈subst.:〉 es ist [reineweg, schier, wirklich] zum Verzweifeln [mit dir, mit deiner Faulheit]! (Ausdruck des Verdrusses, des Unwillens, der erschöpften Geduld; *es ist unerträglich, katastrophal*); 〈häufig im 2. Part.:〉 sie war ganz verzweifelt; jene, die sich tief betroffen und verzweifelt zeigen über das, was angerichtet wird (Dönhoff, Ära 118); sie machte ein verzweifeltes Gesicht; ein verzweifelter Blick; Ihre Tränen und Trauerschleier fließen ineinander, da sie verzweifelter Zärtlichkeit umklammert stehen (K. Mann, Wendepunkt 37); sie hatten einen verzweifelten *(von Verzweiflung zeugenden)* Plan gemacht; Verzweifelt fragte mich der Bürgermeister ... (Niekisch, Leben 379); **ver|zwei|felt** 〈Adj.〉: **1.** *hoffnungslos, ausweglos; desperat:* eine -e Situation, Lage. **2. a)** *(wegen drohender Gefahr) unter Aufbietung aller Kräfte durchgeführt, von äußerstem Einsatz zeugend:* -e Anstrengungen; es war ein -er Kampf ums Überleben; alles, was seit Stalins Tod geschehen ist, zeige Chruschtschows -es Bemühen, zum Teil schon entfesselten Kräfte zu bändigen (Dönhoff, Ära 224); **b)** 〈intensivierend bei Adjektiven u. Verben〉 *sehr, überaus:* sich v. anstrengen; die Situation ist v. ernst; eine Vorstellung, die einen bald stumpf und dösig und v. wach machen kann (Bachmann, Erzählungen 113); es kam Ulrich ... sogar vor, daß es v. wenig Wert habe, wenn ... (Musil, Mann 27). ♦ **3.** *verwünscht, verdammt:* Die Aussicht war wohl sehr schön, ehe sie der -e Nachbar verbaute (Lessing, Minna I, 1); **Ver|zweif|lung,** die; -, -en: *das Verzweifeltsein; Zustand völliger Hoffnungslosigkeit:* eine tiefe V. überkam, packte ihn; ... weil die V. über seine Verlassenheit nur einen Augenblick lang gewährt hatte (Schnabel, Marmor 40); ... so daß ich aus dem Glück herausfalle in die Gegenwart voller vielen -en (Gregor-Dellin, Traumbuch 89); etw. aus, in, vor V. tun; [über jmdn., etw.] in V. geraten; Der Mann hatte in seiner stillen V. damit begonnen, sich mit wechselnden Freundinnen zu beschäftigen (Strauß, Niemand 115); Alles, was ich tat, geschah mit der Absicht, dich in die größte V. zu treiben (Dürrenmatt, Richter 144); Sie wollte mich demütigen und zur V. treiben! (H. Mann, Stadt 119); das Problem bringt mich, du bringst mich [mit deiner ewigen Nörgelei] noch zur V.!; **Ver|zweif|lungs|akt,** der: vgl. Verzweiflungstat; **Ver|zweif|lungs|ruf,** der: *in einer verzweifelten Lage an jmdn. gerichteter [Hilfe]ruf;* **Ver|zweif|lungs|tat,** die: *aus Verzweiflung begangene Tat;* **ver|zweif|lungs|voll** 〈Adj.〉: *voller Verzweiflung.*
ver|zwei|gen, sich 〈sw. V.; hat〉: *sich in Zweige teilen u. nach verschiedenen Richtungen hin ausbreiten:* der Ast, die Pflanze verzweigt sich; die Baumkrone ist weit, reich verzweigt; Ü ein verzweigtes System von Kanälen; ein verzweigtes Geschlecht; ein verzweigtes Unternehmen *(ein Unternehmen mit vielen Abteilungen, Filialen o. ä.);* **Ver|zwei|gung,** die; -, -en: **1. a)** *das Sichverzweigen;* **b)** *verzweigter Teil von etw.; verzweigtes Geäst:* Die Architektur der Bäume ist gegliedert nach Stamm und V. (Mantel, Wald 18). **2.** (schweiz.) *Kreuzung* (1): Auf der V. kam es zur Kollision (Basler Zeitung 2. 10. 85, 34).
ver|zwer|gen 〈sw. V.〉: **a)** *bewirken, daß etw. [im Verhältnis zu etw. anderem] sehr klein, nahezu zwerghaft erscheint* 〈hat〉: der Fernsehturm verzwergt den Kirchturm; **b)** *[im Vergleich zu etw. anderem] sehr klein, nahezu zwerghaft [u. unbedeutend] erscheinen* 〈ist〉: daß die beiden ... Erzieher ... neben Pieter Peeperkorn geradezu verzwergten (Th. Mann, Zauberberg 796).
ver|zwickt 〈Adj.; -er, -este〉 [eigtl. 2. Part. von veraltet verzwicken, mhd. verzwikken = mit Zwecken befestigen; beeinflußt von „verwickelt"] (ugs.): *so beschaffen, daß es nur schwer zu durchschauen od. zu lösen ist; sehr schwierig, kompliziert:* eine -e Angelegenheit; Kennengelernt hatte ich Alistair, als er ... mir bei einem -en Fall ... geholfen hatte (Cotton, Silver-Jet 19); Ein derart -es Fürstsystem ... kann nicht schlagartig voll ausgebildet vorhanden gewesen sein (Ceram, Götter 320); Die Umstände waren v. (Fels, Sünden 12); Es war irgendeine v. konstruierte Angelegenheit (Leonhard, Revolution 198); **Ver|zwickt|heit,** die; - (ugs.): *das Verzwicktsein.*
ver|zwir|nen 〈sw. V.; -t/hat〉: *(Fäden o. ä.) zusammendrehen:* Drahtenden, die in einen Lochkontakt gesteckt werden, verzwirnt man (NNN 15. 11. 83, 5).
Ve|si|ca, die; -, ...cae [...tsɛ; lat. vesica] (Med.): *[Harn]blase;* **Ve|si|cu|la,** die; - ...lae [...lɛ; lat. vesicula, Vkl. von: vesica, ↑Vesica]: **1.** (Anat.) *bläschenförmiges Organ.* **2.** (Med.) *kleine Blase* (1 b). **3.** (Biol.) *Vesikel;* **ve|si|kal** 〈Adj.〉 (Med.): *zur Harnblase gehörend, sie betreffend;* **Ve|si|kans,** das; -, ...kantia u. ...kanzien, **Ve|si|ka|to|rium,** das; -s, ...ien (med.): **a)** *blasenziehendes Einreibemittel;* **b)** *Zugpflaster;* **Ve|si|kel,** die; -, - od. das; -s, - 〈meist Pl.〉 [zu lat. vesicula, ↑Vesicula] (Biol.): *kleine bläschenförmige Bildung im Zytoplasma;* **ve|si|ku|lär** 〈Adj.〉 (Med.): *bläschenartig; in den Lungenbläschen auftretend* (z. B. vom Atemgeräusch); **Ve|si|ku|lär|at|men,** das; -s (Med.): *tiefes, leicht brausendes Atemgeräusch der gesunden Lunge, das bes. während des Einatmens bei der Auskultation zu hören ist;* **ve|si|ku|lös** 〈Adj.〉 (Med.): *bläschenreich, bläschenförmig verändert (von der Beschaffenheit der Haut).*
Ves|per ['fɛ...], die; -, -n [1: mhd. vesper, ahd. vespera < (kirchen)lat. vespera = Abend(zeit) = Zeit von 6 Uhr abends]: **1. a)** (kath. Kirche) *vorletzte, abendliche Gebetsstunde der Gebetszeiten des Stundengebets;* **b)** (christlicher) *Gottesdienst am frühen Abend.* V. halten; in die V. gehen. **2.** 〈südd. auch: das; -s, -〉 (bes. südd.) *kleinere Zwischenmahlzeit* (bes. am Nachmittag): V. machen; seine V. verzehren, essen; Bauernwirtschaften, in denen man zum vernünftigen Preis ein gutes badisches V. serviert bekommt (Sonntag Aktuell 26. 4. 92, 35); ein feine V. essen; eine Viertelstunde V. *(Frühstückspause);* **Ves|per|bild,** das (Kunstwiss.): *Pieta;* **Ves|per|brot,** das (bes. südd.): **a)** 〈o. Pl.〉 *Vesper* (2); **b)** *Brot* (1 b) *für die Vesper* (2): sie verzehrten ihre -e; **Ves|per|glo|cke**[1], die: *Glocke, die den Abend einläutet, zur Vesper* (1) *läutet;* **Ves|per|got|tes|dienst,** der: *Vesper* (1 b); **Ves|per|läu|ten,** das; -s: *Einläuten des Feierabends; Geläut zu Beginn der Vesper* (1);
ves|pern 〈sw. V.; hat〉 (bes. südd.): **1.** *die Vesper* (2) *einnehmen:* Zu Hause saß Detlev Richter in der Küche und vesperte

Vesperpause

(Fels, Sünden 76). **2.** *zur Vesper essen:* Und dann vespern wir Schinken und Schmarren (Fels, Sünden 111); **Ves|per|pau|se,** die (bes. südd.): *Pause, in der gevespert (1) wird;* **Ves|per|zeit,** die ⟨Pl. selten⟩ (bes. südd.): *Zeit, in der gevespert (1) wird.*
Ve̲sta: altrömische Göttin des Herdfeuers; **Ve|sta|lin,** die; -, -nen [lat. Vestalis, eigtl. = der Vesta (geweiht)]: *Priesterin der Vesta.*
Ve̲|ste ['fɛstə]: ↑ Feste (1 a).
Ve|sti|bül, das; -s, -e [frz. vestibule < lat. vestibulum, ↑ Vestibulum] (bildungsspr.): *Vorhalle, Eingangshalle* (z. B. in einem Theater, Hotel); **Ve|sti|bu|la:** Pl. von ↑ Vestibulum; **ve|sti|bu|lar** ⟨Adj.⟩ (Med.): *das Vestibulum (2) betreffend, von diesem ausgehend;* **Ve|sti|bu|lar|ap|pa|rat,** der; -[e]s, -e (Med.): *Gleichgewichtsorgan im Ohr;* **Ve|sti|bu|la|ris|prü|fung,** die; -, -en (Med.): *Funktionsprüfung des Vestibularapparates;* **Ve|sti|bu|lar|re|flex,** der (Med.): *von Rezeptoren im Innenohr ausgelöster Reflex, der der Erhaltung des Gleichgewichts dient;* **Ve|sti|bu|lum,** das; -s, ...la [1: lat. vestibulum = Vorhof, Vorplatz; Eingang]: **1.** *Vorhalle des altrömischen Hauses.* **2.** (Anat.) *den Eingang zu einem Organ bildende Erweiterung.*
Ve|sti|tur, die; -, -en [spätlat. vestitura = Bekleidung, zu lat. vestire = (be)kleiden, zu: vestis = Kleid]: *Investitur.*
Ve|ston [vɛs'tõ], der; -s, -s [frz. veston, zu: veste, ↑ Weste] (schweiz.): *[sportliches] Herrenjackett:* Der Täter ... trug einen dunklen V. und dunkle Hosen (NZZ 26. 8. 88, 54); Wie als Staatsanwalt, tritt er auch als Musiker in V. und Krawatte auf, anders als die salopp gekleideten Kollegen (NZZ 13. 10. 84, 41).
Ve̲|suv, der; -s: Vulkan bei Neapel; **Ve|su|vi|a̲n,** das; -s, -e [nach dem Vorkommen in Auswürflingen des Vesuvs]: *dem Granat ähnliches, olivgrünes bzw. bräunliches Mineral;* **ve|su|visch** ⟨Adj.⟩: *vom Vesuv herstammend, zu ihm gehörend;* **Ve|su|vi̲t,** der; -s, -e [vgl. Vesuvian]: *dunkles, basaltähnliches, vulkanisches Gestein.*
Ve|te|ra̲n, der; -en, -en [lat. veteranus, zu: vetus = alt]: *jmd., der (bes. beim Militär) altgedient ist, sich in langer Dienstzeit o. ä. bewährt hat:* ein V., -en des Ersten Weltkrieges; Thies war der letzte V. einer geschlagenen, versprengten Armee (Ransmayr, Welt 260); Ü ein V. der Partei; Das klassische Paar: Junger Bürger vor der Flucht trifft auf V. der Arbeiterbewegung (Brasch, Söhne 16); ... bei den die älteren -en immerhin ein beachtliches 1 : 1-Unentschieden erreichten (Saarbr. Zeitung 7. 7. 80, 6); Die „Aurora" liegt im Hafen, ein plumper Kasten, ein V. aus dem Russisch-Japanischen Krieg (Koeppen, Rußland 144); **Ve|te|ra|nen|klub,** der (regional): *Treffpunkt alter Menschen;* **Ve|te|ra|nen|ren|nen,** das (Motorsport): *Rennen von alten Automobilen;* **Ve|te|ra|nen|tref|fen,** das: *Treffen von Veteranen;* **Ve|te|ra|nin,** die; -, -nen: w. Form zu ↑ Veteran.
ve|te|ri|när ⟨Adj.⟩ [frz. vétérinaire, ↑ Veterinär] (Fachspr.): *tierärztlich;* **Ve|te|ri|när,** der; -s, -e [frz. vétérinaire < lat. veterinarius, eigtl. = der zum Zugvieh Gehörige,

zu: veterinae (od. veterina, Neutr. Pl.) = Zugvieh, zu: veterinus = zum Lastziehen geeignet (vom Zugvieh), zu: vetus, ↑ Veteran (erklärt sich wohl aus der Tatsache, daß die alten u. schwächeren Tiere im Heerestroß als Zugvieh verwendet wurden, während die jungen u. kräftigen Tiere im eigentlichen militärischen Einsatz waren)] (Fachspr.): *Tierarzt;* **ve|te|ri|när|ärzt|lich** ⟨Adj.⟩: *tierärztlich;* **Ve|te|ri|när|be|am|te,** der: *beamteter Tierarzt;* **Ve|te|ri|när|be|am|tin,** die: w. Form zu ↑ Veterinärbeamte; **Ve|te|ri|när|hy|gie|ne,** die: *Teilbereich des Gesundheitswesens, der sich mit den für den Menschen wichtigen hygienischen Bedingungen bei der Aufzucht u. Verwertung von Tieren u. ihren Produkten befaßt;* **Ve|te|ri|nä|rin,** die; -, -nen (Fachspr.): w. Form zu ↑ Veterinär; **Ve|te|ri|när|kli|nik,** die: *Tierklinik;* **Ve|te|ri|när|me|di|zin,** die ⟨o. Pl.⟩: *Tiermedizin;* **Ve|te|ri|när|me|di|zi|nisch** ⟨Adj.⟩: *tiermedizinisch;* ein -es Gutachten; **Ve|te|ri|när|we|sen,** das ⟨o. Pl.⟩ (Milit.): *Gesamtheit des tierärztlichen Dienstes eines Heeres u. der Anstalten zur Ausbildung des tierärztlichen Personals.*
Ve̲|to, das; -s, -s [frz. veto < lat. veto = ich verbiete, zu: vetare = verbieten] (bildungsspr.): **a)** (bes. in der Politik) *offizieller Einspruch, durch den das Zustandekommen od. die Durchführung von etw. verhindert od. verzögert wird:* ein/sein V. gegen eine Entscheidung, einen Beschluß einlegen; sein V. zurückziehen; **b)** *Recht, gegen etw. ein Veto (a) einzulegen:* ein absolutes, aufschiebendes V.; der Gouverneur hat ja ein V. nicht nur gegen die Verfassung (Dönhoff, Ära 81); Gegen die Aufnahme von Ausgabeposten in den Bundeshaushalt steht dem Bundesfinanzminister ein suspensives *(aufschiebendes)* V. zu (Fraenkel, Staat 60); auf sein V. verzichten; von seinem V. Gebrauch machen; **Ve̲|to|recht,** das: *Veto* (b): Um zu verhüten, daß ..., soll der Exekutive ein V. gegen die Beschlüsse des Parlaments eingeräumt ... werden (Fraenkel, Staat 118); von seinem V. Gebrauch machen; Ü Wir haben allerdings das V., wenn es darum geht, ein neues Mitglied in die Kommune aufzunehmen (Wohngruppe 70).
Vet|tel [fɛt], die; -, -n [mhd. veter(e), ahd. fetiro, zu ↑ Vater u. urspr. = Vatersbruder]: **1.** *Cousin.* **2.** (veraltet) *entfernterer Verwandter:* ◆ „Vetter?" sagte ich ..., „glauben Sie, daß ich des Glückes wert sei, mit Ihnen verwandt zu sein?" (Goethe, Werther I, 16. Junius); **Vęt|te|rin,** die; -, -nen (veraltet): w. Form zu ↑ Vetter (2); **Vet|ter|les|wirt|schaft,** die ⟨o. Pl.⟩ (landsch.): *Vetternwirtschaft;* **Vęt|ter|li|wirt|schaft,**

die ⟨o. Pl.⟩ (schweiz.): *Vetternwirtschaft;* **Vęt|tern|ehe,** die: *Ehe zwischen Vetter u. Kusine;* **Vęt|tern|schaft,** (auch:) Vetterschaft, die; -: **1.** *Gesamtheit der Vettern (1) einer Person.* **2.** (veraltet) *Verwandtschaft:* ◆ unsere Vetterschaft ist sehr weitläufig (Goethe, Werther I, 16. Junius); **Vęt|tern|wirt|schaft,** die ⟨o. Pl.⟩ (abwertend): *Bevorzugung von Verwandten u. Freunden bei der Besetzung von Stellen ohne Rücksicht auf die fachliche Qualifikation; Nepotismus:* V. kommt vor Leistungsdenken. Jede Partei hat „ihre" Betriebe und begünstigt hemmungslos ihre zum Teil unfähigen Mitglieder und Freunde (Tages Anzeiger 14. 10. 85, 7); **Vęt|ter|schaft:** ↑ Vetternschaft.
Vet|tu|ri̲|no, der; -s, ...ni [ital. vetturino, zu: vettura = Wagen, Droschke < lat. vectura = das Fahren; Fuhre, zu: vectum, 2. Part. von: vehere = fahren] (veraltet): *jmd., der eine Lohnkutsche fährt.*
Ve̲|tus La|ti̲|na, die; - - [zu lat. vetus = alt u. Latinus, ↑ Latein]: *der Vulgata vorausgehende lateinische Bibelübersetzung.*
Ve|xa|ti|o̲n, die; -, -en [lat. vexatio, zu: vexare, ↑ vexieren] (bildungsspr. veraltet): *Ärgernis, Quälerei;* **ve|xa|to̲|risch** ⟨Adj.⟩ (bildungsspr. veraltet): *quälerisch;* **Ve|xier|bild,** das; -[e]s, -er: **a)** *Bild, auf dem eine od. mehrere versteckt eingezeichnete Figuren zu suchen sind; Suchbild; Bilderrätsel* (2): In der zerfurchten Rinde erkannte ich nach langem Starren, wie in ein V., Gesicht und Gestalt des Apostels Petrus (Stern, Mann 239); **b)** *bildliche Darstellung eines Gegenstandes, dessen seitliche Konturen bei genauerer Betrachtung die Umrisse zweier spiegelbildlich gesehener Figuren ergeben;* **ve|xie|ren** ⟨sw. V.; hat⟩ [lat. vexare = stark bewegen, schütteln, plagen, quälen] (bildungsspr. veraltet): *necken; ärgern; quälen:* Dem ... macht es ein besonderes Vergnügen, seine verschiedenen Kollegen zu v. (Fr. Wolf, Zwei 234); ◆ „Vexier nicht, Vetter", sagte der Großvater (Gotthelf, Spinne 26); Herr, ich glaube gar, Er vexiert uns noch obendrein? (Lessing, Minna I, 1); Wie der erschrockene Mann das hörte (denn der fremde Herr machte ein Gesicht, als wenn es nicht vexiert wäre *[als hätte er seine Äußerung nicht im Scherz getan]* ...; Hebel, Schatzkästlein 23); **Ve|xier|glas,** das; -es, -es, ...gläser: vgl. Vexiergefäß; **Ve|xier|ka̲s|ten,** der; -s, ...kästen, selten auch: - (Psych.): *Käfig zur experimentellen Untersuchung von Lernvorgängen bei Tieren;* **Ve|xier|rät|sel,** das; -s, -: *Scherzrätsel;* **Ve|xier|schloß,** das; ...schlosses, ...schlösser: *Buchstaben-, Zahlenschloß;* **Ve|xier|spie|gel,** der; -s, -: *Spiegel, in dem das Spiegelbild verzerrt erscheint.*
Ve|xil|lo|lo|gi̲e, die; - [zu ↑ Vexillum u. ↑ -logie]: *Lehre von der Bedeutung von Fahnen, Flaggen;* **Ve|xi̲l|lum,** das; -s, ...lla u. ...llen [1: lat. vexillum, Vkl. von: velum, ↑ Velum]: **1.** *altrömische Fahne.* **2.** (Zool.) *Fahne* (5). **3.** (Bot.) *Fahne* (6).
Ve|zier [ve'ziːɐ̯] usw.: ↑ Wesir usw.
vez|zo̲|so ⟨Adv.⟩ [ital. vezzoso, zu:

vezzo = (schlechte) Gewohnheit; Schmeichelei, Liebkosung < lat. **vitium** = Fehler, Mangel, Laster] (Musik): *zärtlich, lieblich.*

V-för|mig ['fau...] ⟨Adj.⟩: *in der Form eines V.*

V-Frau ['fau...], die: vgl. V-Mann: V. in Terrorgruppe gefährdet (MM 7. 11. 86, 5).

V-Ge|spräch ['fau...], das [V = Voranmeldung] (Postw.): *Auslandsgespräch, das nur dann vermittelt wird, wenn die vom Anrufenden gewünschte Person selbst am Apparat ist.*

vgl. = vergleiche!

v. g. u. = vorgelesen, genehmigt, unterschrieben.

v. H. = vom Hundert.

VHS = Verhandlungssache; Volkshochschule; Video-Home-System.

via ⟨Präp. mit Akk.; gew. nur in Verbindung mit Namen od. alleinstehenden Subst. im Sg.⟩ [lat. via, Ablativ von: via = Weg, Straße]: **a)** *(auf dem Weg, der Strecke) über:* v. München nach Wien fliegen, reisen; Der v. ČSSR in die Bundesrepublik übergewechselte ... Autor Bieler ... (Spiegel 43, 1969, 212); **b)** *durch* (I 2 a): sie forderten ihn v. Verwaltungsgericht zu sofortiger Zahlung auf; In den letzten Monaten von 1977 mußten die Händler fast täglich v. Computer an die Hersteller appellieren ... (Presse 23. 2. 79, 17); Zwei Söhne, deren einer sein Geschäft übernahm, während der andere v. juristische Laufbahn und das Parlament in Aix selbst in den Adel aufrückte (Süskind, Parfum 254); **Via**, die; - [lat. via, ↑via] (Philos.): *Weg, Methode:* V. eminentiae *(Methode, etw. durch Steigerung zu bestimmen);* V. moderna *(rationalistisch-mathematische Methode der Kartesianismus);* V. negationis *(Methode, etw. durch Verneinung zu bestimmen).*

Via|dukt, der, auch: das; -[e]s, -e [zu lat. via = Straße, Weg u. ductum, 2. Part. von: ducere = führen]: *über ein Tal, eine Schlucht führende Brücke, deren Tragwerk meist aus mehreren Bogen besteht; Überführung* (3).

via il sor|di|no [ital., zu: via = weg, fort (zu: via = Straße < lat. via) u. sordino, ↑con sordino] (Musik): *den Dämpfer abnehmen* (Spielanweisung für Streichinstrumente).

Via|ti|kum, das; -s, ...ka u. ...ken [(kirchen)lat. viaticum, eigtl. = Reise-, Zehrgeld, zu lat. via, ↑via]: **1.** (kath. Kirche) *dem Sterbenden gereichte letzte Kommunion; Wegzehrung* (2). ♦ **2.** *Reise-, Zehrgeld:* ... da wollten wir uns ein V. verdienen (Eichendorff, Taugenichts 85).

Vi|brant, der; -en, -en [zu ↑vibrieren]: **1.** (Sprachw.) *Laut, bei dessen Artikulation die Zunge od. das Zäpfchen in eine schwingende, zitternde Bewegung versetzt wird; Zitterlaut* (z. B. r). **2.** (Musik) *schwingender, zitternder Ton;* **Vi|bra|phon**, das; -s, -e [engl. vibraphone, zu lat. vibrare (↑vibrieren) u. ↑-phon]: *(bes. für Tanz- u. Unterhaltungsmusik verwendetes) dem Xylophon ähnliches Schlaginstrument, mit dessen vibrierende Töne hervorgebracht werden können;* **Vi|bra|pho|nist**, der; -en, -en: *jmd., der [berufsmäßig] Vi-*

braphon spielt; **Vi|bra|pho|ni|stin**, die; -, -nen: w. Form zu ↑Vibraphonist; **Vi|bra|ti**: Pl. von ↑Vibrato; **Vi|bra|ti|on**, die; -, -en [spätlat. vibratio, zu lat. vibrare, ↑vibrieren]: *das Vibrieren; Schwingung:* Auch ist es ... nicht ... gelungen, die von den Gürtelreifen verursachten -en und Rollgeräusche von der Karosserie fernzuhalten (auto 14, 1968, 21); ... oder sie (= die Tür) war, wie auch sonst öfter, durch die V. der schweren Pferdeschritte aufgesprungen (Frischmuth, Herrin 59); **vi|bra|ti|ons|arm** ⟨Adj.⟩ (Technik): *arm an Vibrationen; nur in äußerst geringem Grad Vibrationen hervorrufend:* Der -e, leise Sechszylinder ... kann auch Fahrer begeistern, die ... (ADAC-Motorwelt 10, 1985, 27); Die neuen Motoren ... sind drehfreudig, laufen v. und ... angenehm ruhig (ADAC-Motorwelt 10, 1980, 30); **vi|bra|ti|ons|frei** ⟨Adj.⟩ (Technik): *frei von Vibrationen; keine Vibrationen hervorrufend:* Am guten Komforteindruck ist der dank Ausgleichswellen v. laufende und erstaunlich leise Motor wesentlich mitbeteiligt (NZZ 23. 12. 83, 39); **Vi|bra|ti|ons|ge|rät**, das: *Vibrator;* **Vi|bra|ti|ons|mas|sa|ge**, die: *der Lockerung von Verkrampfungen dienende Massage mit der Hand od. mit Hilfe eines Vibrators;* **Vi|bra|ti|ons|scha|den**, der: *bei Arbeiten mit Druckluftwerkzeugen, Bohrmaschinen o. ä. durch die chronische Einwirkung mechanischer Schwingungen hervorgerufene Abnutzungserscheinung des Bewegungsapparates u. Durchblutungsstörung an den Händen;* **Vi|bra|ti|ons|sinn**, der: *besondere Form des Tastsinnes beim Menschen u. bei Tieren zur Wahrnehmung von Erschütterungen;* **vi|bra|to** ⟨Adv.⟩ [ital. vibrato, zu: vibrare < lat. vibrare, ↑vibrieren] (Musik): *leicht zitternd, bebend;* **Vi|bra|to**, das; -s -s u. ...ti (Musik): *leichtes Zittern, Beben des Tons beim Singen od. beim Spielen;* **Vi|bra|tor**, der; -s, ...oren: **1.** *Gerät zur Erzeugung mechanischer Schwingungen.* **2.** *Massagestab;* **vi|brie|ren** ⟨sw. V.; hat⟩ [lat. vibrare = schwingen, zittern]: *in leise schwingender [akustisch wahrnehmbarer] Bewegung sein:* der Fußboden, die Wand vibrierte durch den, von dem Lärm; die Stimmgabel, die Saite vibrierte; Der laufende Motor ließ den Wagen sanft v. (Roehler, Würde 71); Die Brustmuskeln unter der Haut vibrierten (*zitterten* 1 a; Remarque, Triomphe 252); Frieda hatte sich im Vorraum auf die Personenwaage gesetzt, der Zeiger vibrierte (*schwang*) nervös hin und her (Schnurre, Bart 93); Der Kopfschmerz steigerte sich, und seine Nerven begannen zu v. wie bei der Berührung ängstlicher Insekten (Thieß, Legende 80); seine Stimme vibrierte (*zitterte*) leicht; die Luft vibrierte (*flimmerte*); Ü Hier vibrierte das Gefühle wie Wut, Trauer (Szene 6, 1983, 62); **Vi|brio**, der; -, ...onen (Med.): *begeißelter Kommabazillus;* **Vi|bris|sen** ⟨Pl.⟩ [lat. vibrissae, zu: vibrare, ↑vibrieren] (Med.): *Haare in den Nasenöffnungen;* **Vi|bro|gramm**, das; -s, -e [↑-gramm]: *Schwingungsaufzeichnung des Vibrographen;* **Vi|bro|graph**, der; -en, -en [↑-graph]: *Instrument zum Messen der Schwingungen bei Bauwerken, Brücken,*

Schiffen u. a.; **Vi|bro|mas|sa|ge**, die; -, -n: *Vibrationsmassage;* **Vi|bro|re|zep|tor**, der; -s, ...oren (meist Pl.) (Biol.): *Tastorgan, das Erschütterungen anzeigt.*

Vi|bur|num, das; -s [lat. viburnum] (Bot.): *Schneeball* (2).

Vi|ca|ri|us, der; -, ...rii [lat. vicarius, ↑Vikar]: *(in der Antike) Verwaltungsbeamter.*

vi|ce ver|sa ⟨Adv.⟩ [lat., eigtl. = im umgekehrten Wechsel; ↑Vikar] (bildungsspr.): *umgekehrt (in der gleichen Weise zutreffend, genauso [in bezug auf einen Sachverhalt, ein Verhältnis]):* Der Fahrdamm ... führt einen in letzter und äußerster Konsequenz von New York nach Moskau und v. v. (Kantorowicz, Tagebuch I, 446); je kommerzieller etwas ist, desto weniger kann es schlusterisch wertvoll sein und v. v. (tip 12, 1984, 30); Abk.: v. v.

Vi|chy [vi'ʃi], der; - [nach der frz. Stadt Vichy]: *karierter Baumwollstoff in Leinwandbindung.*

Vi|ci|ni ⟨Pl.⟩ [lat. vicinus = Nachbar] (Zool.): *in der Nachbarschaft bodenständiger Tiere ohne engere Bindung an deren Gebiete lebende Tiere, die aus angrenzenden Gebieten nur zufällig u. vorübergehend eingedrungen sind.*

Vi|comte [vi'kõ:t], der; -, -s [frz. vicomte < mlat. vicecomes, zu lat. vice = an Stelle u. comes, ↑Comes]: **a)** ⟨o. Pl.⟩ *französischer Adelstitel im Rang zwischen Graf u. Baron;* **b)** *Träger des Adelstitels Vicomte* (a); **Vi|com|tesse** [vikõ'tɛs], die; -, -n [...sn]; frz. vicomtesse, zu: vicomte, ↑Vicomte]: w. Form zu ↑Vicomte.

Vic|ti|mo|lo|gie: ↑Viktimologie.

Vic|to|ria: Hauptstadt der Seychellen.

Vic|to|ry|zei|chen ['vɪktərɪ...], das ⟨o. Pl.⟩ [nach engl. victory sign, aus: victory = Sieg u. sign = Zeichen]: *Handzeichen* (1 a), *bei dem Zeige- und Mittelfinger zum V (für victory = Sieg) gespreizt werden:* Soldaten der irakischen Volksarmee in Bagdad demonstrieren mit dem V. (MM 11. 1. 91, 3).

Vi|dal|schwarz, das; -[es] [nach dem frz. Chemiker Henri R. Vidal (1862–1930)]: *ältester schwarzer Farbstoff aus der Reihe der Schwefelfarbstoffe.*

vi|de ⟨Interj.⟩ [lat. = sieh!, Imperativ Sg. von: videre = sehen] (veraltet): *schlage (die angegebene Seite o. ä.) nach* (als Verweis in Texten); Abk.: v., **vi|de|al|tur** [lat.; 3. Pers. Konj. Präs. Passiv von: videre = sehen] (veraltet): *vide;* Abk.: vid.; **Vi|deo**, das; -s, -s [engl. video (in Zus.), eigtl. = Fernseh-, zu lat. video = ich sehe, 1. Pers. Sg. Präs. von: videre = sehen]: **1.** ⟨o. Pl.⟩ **a)** Kurzf. von ↑Videotechnik: *wenn man die Jungs fragt, die mittels V. Menschen überwachen und beobachten lassen* (Wiener 10, 1983, 49); **b)** *Video* (1 a) *als Einrichtung der Freizeitindustrie:* Alkohol, Nikotin und V. sind derzeit die Drogen, die Kinder und Jugendlichen am meisten gefährden (Zivildienst 2, 1986, 30); der Spaß an V. und Fernsehen. **2.** Kurzf. von ↑Videoband, ↑Videoclip, ↑Videofilm; **video-, Video-** [engl. video-, zu lat. videre = sehen] ⟨Best. in Zus. mit der Bed.⟩: *die Übertragung od. den Empfang des Fernsehbildes, die magnetische Aufzeichnung einer Fernsehsendung o. ä. od. deren Wiedergabe auf dem Bildschirm*

Videoaufzeichnung 3752

eines Fernsehgeräts betreffend, dazu dienend; **Vi|deo|auf|zeich|nung,** die: *Aufzeichnung auf Videoband;* **Vi|deo|band,** das ⟨Pl. ...bänder⟩: *Magnetband zur Aufzeichnung von Fernsehsendungen, Filmen o. ä. u. zu deren Wiedergabe auf dem Bildschirm eines Fernsehgerätes:* Für die Massenherstellung von bespielten Videobändern entwickelte Sony ... (Funkschau 19, 1971, 1933); **Vi|deo|ca|sting,** das ⟨Jargon⟩: *Casting (2) auf Grund der Auswertung von Videoaufzeichnungen von Gesprächen, gespielten Szenen o. ä. der Bewerber;* **Vi|deo|clip,** der [engl. video clip, zu: clip = (Film)streifen]: *kurzer Videofilm zu einem Titel (2 b) der Popmusik od. über eine Person od. Sache:* ein V. von drei bis fünf Minuten Länge, in einer knappen Woche abgedreht und dann an die TV-Stationen vieler Länder geschickt, garantiert schnelle Promotion ohne mühsame Reisen (Spiegel 4, 1984, 166); **Vi|deo|drucker¹,** der: *Videoprinter;* **Vi|deo|film,** der: a) *mit einer Videokamera aufgenommener Film;* b) *Kinofilm auf Videokassette;* **Vi|deo|ge|rät,** das: a) *Gerät der Videotechnik;* b) *Videorecorder;* **Vi|deo|graph,** der; -en, -en [zu griech. gráphein = schreiben]: *eingeblendeter Text in einer Fernsehsendung, der eine [von der Sendung unabhängige] Information enthält;* **Vi|deo|gra|phie,** die; -, -n [↑-graphie]: *Speicherung von Bildern durch die magnetische Aufzeichnung von Videosignalen einer Fernsehkamera, eines Kamerarecorders od. einer Videokamera;* **vi|deo|gra|phie|ren** ⟨sw. V.; hat⟩: *Videofilme herstellen;* **Vi|deo|ka|me|ra,** die: *Kamera zur Aufnahme von Filmen auf Videobändern:* Die Teilnehmerinnen analysierten dabei Fernsehfilme, produzierten mit der V. Eigenbeiträge (MM 31. 1. 73, 18); **Vi|deo|ka|me|ra|re|cor|der,** der: *Camcorder;* **Vi|deo|kas|set|te,** die: *auswechselbare Kassette (3), die ein Videoband enthält;* **Vi|deo|kas|set|ten|re|cor|der,** der, (seltener:) *Videorecorder;* **Vi|deo|kon|fe|renz,** die: *Konferenz, bei der die Teilnehmer sich an verschiedenen Orten befinden, mit Hilfe der Videotechnik aber optisch u. akustisch miteinander verbunden sind:* Die neue Technologie verwandelt die immer schnelleren Personalcomputer in Kommunikationsgeräte, mit denen man elektronische Post austauschen, -en halten oder über die Distanz am Bildschirm gemeinsam Dokumente bearbeiten kann (Zeit 17. 2. 95, 37); **Vi|deo|kunst,** die: *moderne Kunstrichtung, bei der die Videotechnik zur Anwendung kommt;* **Vi|deo-on-de|mand** [...dɪˈmaːnd], das; -[s] [engl., eigtl. = Video auf Wunsch]: *Form des Fernsehens, bei der der Zuschauer einen gewünschten Film aus einem Archiv abrufen u. ihn – gegen eine Gebühr – mit Hilfe der Telefonleitung u. des angeschlossenen Fernsehgerätes empfangen kann:* Der Unterhaltung im Wohnzimmer sollen Abonnentenfernsehen (Pay TV) und abrufbare Filmbibliotheken (V.) ebenso wie Computerspiele mit anderen Netzteilnehmern dienen (Zeit 17. 2. 95, 37); **Vi|deo|pi|rat,** der: *jmd., der Videopiraterie betreibt:* Videopiraten haben mit dem Verkauf illegal gefertigter Kopien ... in diesem Jahr über 200 Millionen Mark ergaunert (MM 12. 12. 91, 18); **Vi|deo|pi|ra|te|rie,** die: *das Herstellen u. Vertreiben von Raubkopien von [Video]filmen;* **Vi|deo|pi|ra|tin,** die: *w. Form zu* ↑Videopirat; **Vi|deo|plat|te,** die: *Bildplatte;* **Vi|deo|plat|ten|spie|ler,** der: *Bildplattenspieler;* **Vi|deo|prin|ter,** der: *Laser- od. Tintenstrahldrucker, der Videosignale als ein auf Papier gedrucktes Bild ausgibt;* **Vi|deo|re|cor|der,** der: *Recorder zur Aufzeichnung von Fernsehsendungen und zum Abspielen von Videokassetten:* Für die Aufzeichnung ... ist ein V. vorhanden (Funkschau 19, 1971, 1954); **Vi|deo|si|gnal,** das: *elektrisches Signal, das die Informationen über die Leuchtdichte u. die Farbwerte aller Elemente eines Fernsehbildes enthält;* **Vi|deo|spiel,** das: *elektronisches Spiel, das über einen Monitor läuft u. in das der Spieler über eine Tastatur, unter Umständen mit Hilfe einer Maus (5) eingreift;* **Vi|deo|tech|nik,** die ⟨o. Pl.⟩: a) *Gesamtheit der technischen Anlagen, Geräte, Vorrichtungen, die zur magnetischen Aufzeichnung einer Fernsehsendung o. ä. u. zu deren Wiedergabe über ein Fernsehgerät dienen;* b) *Gesamtheit aller Maßnahmen, Verfahren o. ä. im Bereich der magnetischen Aufzeichnung und deren Wiedergabe über ein Fernsehgerät;* **vi|deo|tech|nisch** ⟨Adj.⟩: *die Videotechnik betreffend;* **Vi|deo|te|le|fon,** das: *Bildtelefon;* **Vi|deo|tex,** das; -[es]: *verschiedene Formen der Telekommunikation, bei denen Informationen auf dem Fernsehbildschirm dargestellt werden;* **Vi|deo|text,** der: *[geschriebene] Information (z. B. programmbezogene Mitteilungen, Pressevorschauen o. ä.), die auf Abruf mit Hilfe eines Zusatzgerätes über den Fernsehbildschirm vermittelt werden kann:* Auf der Berliner Funkausstellung wurde unter den Namen „Videotext" ... und „Bildschirmzeitung" ... ein neues Informationssystem vorgestellt (Hörzu 52, 1977, 68); **Vi|deo|thek,** die; -, -en [↑-thek]: 1. *Sammlung von Filmen u. Fernsehsendungen, die auf Videobändern aufgezeichnet sind.* 2. *Laden zum Verleihen von Videofilmen* (b); **Vi|deo|the|kar,** der; -s, -e [Analogiebildung zu ↑Bibliothekar]: *jmd., der eine Videothek (2) betreibt;* **Vi|deo|the|ka|rin,** die; -; *w. Form zu* ↑Videothekar; **Vi|deo|über|wa|chung,** die: *Überwachung von Räumen, Hauseingängen o. ä. mittels eines Videogerätes;* **vi|di** [lat., 1. Pers. Sg. Perfekt Aktiv von: videre = sehen] (bildungsspr. veraltet): *ich habe gesehen, zur Kenntnis genommen;* Abk.: v.; **Vi|di,** das; -[s], -[s] (bildungsspr. veraltet): *[auf einem Schriftstück vermerktes] Zeichen der Kenntnisnahme u. des Einverständnisses;* **Vi|di|con:** ↑Vidikon; **vi|die|ren** ⟨sw. V.; hat⟩ [zu ↑vidi] (österr., sonst veraltet): *beglaubigen, unterschreiben;* **Vi|di|kon,** Vidicon, das; -s, ...one, auch: -s [zu ↑Video u. griech. kónos, ↑Konus] (Fernsehtechnik): *speichernde Fernsehaufnahmeröhre;* **Vi|di|ma|ti|on,** die; -, -en [zu ↑vidimieren] (bildungsspr. veraltet): *Beglaubigung;* **vi|di|mie|ren** ⟨sw. V.; hat⟩ [zu ↑vidi] (bildungsspr. veraltet): *mit dem Vidi versehen, beglaubigen; für druckreif erklären;* **vi|dit** [lat., 3. Pers. Sg. Perfekt Aktiv von: videre = sehen] (bildungsspr. veraltet): *hat [es] gesehen, zur Kenntnis genommen;* Abk.: vdt. **Viech,** das; -[e]s, -er [mhd. vich]: 1. (ugs., oft abwertend): *Tier (1):* Am meisten von allen -ern gefällt mir der Rochen (Bieler, Bonifaz 142). 2. (derb abwertend) *Vieh* (2 b); **Vie|che|rei,** die; -, -en (ugs.): 1. *etw., was übermäßige Anstrengung erfordert; große Strapaze:* die Moderation einer zweistündigen Sendung ist eine V.; es ist schon eine V., bei 35° zu arbeiten. 2. (abwertend) *Gemeinheit (b), niederträchtige Handlung:* er ist zu jeder V. fähig; wer hat sich diese V. *(diesen derben Spaß)* ausgedacht? 2; **Viechs|kerl,** der (derb abwertend): *gemeiner, brutaler Kerl:* Solchem V. hätte ich längst Rattengift ins Essen getan (Bredel, Väter 44); **Vieh,** das; -[e]s [mhd. vihe, ahd. fihu = Vieh, eigtl. = Rupftier, Wolltier (= Schaf)]: 1. a) *Gesamtheit der Nutztiere, die in einem landwirtschaftlichen Betrieb gehalten werden:* das V. füttern, versorgen, schlachten; wie das liebe V.! (iron.; *nicht so, wie es einem Menschen eigentlich entspräche);* jmdn. wie ein Stück V. *(rücksichtslos, roh)* behandeln; b) *Rindvieh (1):* das V. auf die Weide treiben, zur Tränke führen; das V. wurde erst gegen Abend gemolken (Schröder, Wanderer 102). 2. a) (ugs.) *Tier (1):* das arme, kleine V. sieht ja halb verhungert aus!; die Russen ... kommen mit kleinen Panjepferden, und auf ein V. ist mehr Verlaß als auf Menschen (Bieler, Bonifaz 6); b) (derb abwertend) *roher Mensch:* vor ein paar Jahren gab es in unserer Gegend einen Lustmörder, Schlapprosch hieß das V. (Kirst, 08/15, 507); **Vieh|ab|trieb,** der: *Abtrieb;* **Vieh|auf|trieb,** der: *Auftrieb* (3 b); **Vieh|be|satz,** der (Landw.): *Viehbestand eines landwirtschaftlichen Betriebes je Hektar landwirtschaftlicher Nutzfläche;* **Vieh|be|stand,** der: *Besitz, Bestand an Vieh* (1); **Vieh|dok|tor,** der (ugs. scherzh.): *Tierarzt;* **Vieh|dok|to|rin,** die (ugs. scherzh.): *w. Form zu* ↑Viehdoktor; **Vieh|flie|ge,** die: ²*Bremse;* **Vieh|fut|ter,** das: *Futter für das Vieh (1);* **Vieh|hal|be,** die (schweiz.): *Viehbestand;* **Vieh|hal|ter,** der: *jmd., der Vieh (1) hält;* **Vieh|hal|te|rin,** die: *w. Form zu* ↑Viehhalter; **Vieh|hal|tung,** die: *das Halten von Vieh (1);* **Vieh|han|del,** der: ¹*Handel mit Vieh;* **Vieh|händ|ler,** der: *jmd., der Viehhandel betreibt;* **Vieh|händ|le|rin,** die: *w. Form zu* ↑Viehhändler; **Vieh|her|de,** die: *Herde von Vieh (1 b);* **Vieh|hirt,** der: *Viehhüter;* **Vieh|hir|tin,** die: *w. Form zu* ↑Viehhirt; **vie|hisch** ⟨Adj.⟩ [mhd. vihisch]: 1. (abwertend) *wie das Vieh u. deshalb menschenunwürdig:* ich frage mich immer wieder, warum die Leute das dulden ... Welch -e Demut steckt dahinter? (Fels, Kanakenfauna 30); so ein Leben ist v. 2. (abwertend) *von roher Triebhaftigkeit zeugend; brutal, bestialisch (1):* ein -es Verbrechen; Wir haben keinen verblendeten Menschen aufgehängt, sondern einen -en Mörder (Kirst, 08/15, 886); jmdn. v. quälen. 3. (emotional verstärkend) *überaus stark, groß; maßlos:* -e Schmerzen; v. betrunken sein; **Vieh|hof,** der: *Anlage zum An- u. Verkauf von*

Schlachtvieh; **Viehlhülter,** *der: jmd., der Vieh* (1 b) *hütet;* **Viehlhültelrin,** *die:* w. Form zu ↑ Viehhüter; **Viehlkoplpel,** *die: ²Koppel* (1) *für Vieh* (1); **Viehlmarkt,** *der: Markt, auf dem Vieh* (1) *zum Verkauf angeboten wird;* **Viehlpflelger,** *der:* vgl. Tierpfleger (Berufsbez.); **Viehlpflelgerin,** *die:* w. Form zu ↑Viehpfleger; **Viehsalz,** *das* ⟨o. Pl.⟩: *wenig gereinigtes [durch Zusatz von Eisenoxyd rötlich gefärbtes] Salz* (1), *das dem Vieh* (1) *u. Wild zum Lecken gegeben u. zum Auftauen von Schnee, Eis auf Straßen verwendet wird;* **Viehlseulche,** *die: bei landwirtschaftlichen Nutztieren u. Zuchttieren auftretende Seuche;* **Viehlstall,** *der: Stall für das Vieh* (1); **Viehlstand,** *der* (schweiz.): *Viehbestand;* **Viehltränlke,** *die: Tränke für das Vieh* (1 b) *[auf der Weide];* **Viehltransport,** *der: Transport von Vieh* (1); **Viehtranslporlter,** *der: Transporter für Vieh* (1); **Viehltreilber,** *der: jmd., der [beruflich] das Vieh* (1 b) *auf die Weide o. ä. treibt;* **Viehltreilbelrin,** *die:* w. Form zu ↑Viehtreiber; **Viehlwalgen,** *der,* **Viehwagigon,** *der: Güterwagen für den Transport von Vieh* (1): Wir kamen in Viehwagen aus der Ukraine hierher (Borkowski, Wer 23); **Viehlwirtlschaft,** *die* ⟨o. Pl.⟩: *Viehhaltung u. -zucht betreffender Zweig der Landwirtschaft;* **Viehlzähllung,** *die: amtliche Zählung des gesamten Viehbestandes;* **Viehlzeug,** *das* (ugs.): **a)** *Vieh* (1), bes. *Kleinvieh:* Die Großeltern zeterten, V. wäre zum Schlachten, niemals zum Spielen bestimmt (Bastian, Brut 44); **b)** (abwertend) *Tiere (die man als lästig empfindet):* schaff mir endlich das V. aus der Wohnung; **Viehlzucht,** *die* ⟨o. Pl.⟩: *planmäßige Aufzucht von Vieh* (1) *unter wirtschaftlichem Aspekt:* 580 Einwohner, die sich vorwiegend von Ackerbau und V. ernähren (Hörzu 19, 1973, 33); **Viehzüchlter,** *der: jmd., der Viehzucht betreibt;* **Viehlzüchltelrin,** *die:* w. Form zu ↑Viehzüchter.

viel [mhd. vil, ahd. filu, urspr. subst. Neutr. eines alten Adj.]: **I.** ⟨Indefinitpron. u. unbest. Zahlw.; mehr, meist...⟩: **1.** vieler, viele, vieles ⟨Sg.⟩ **a)** bezeichnet eine Vielzahl von Einzelgliedern, aus der sich eine Menge von etw. zusammensetzt; *vielerlei:* ⟨attr.:⟩ -es Erfreuliche stand in dem Brief; Man sollte solche Vorstellungen zusammen mit -em anderen alten Gerümpel des 19. Jahrhunderts endlich aus der aktuellen Politik entfernen (Dönhoff, Ära 134); in -er Beziehung, Hinsicht hat er recht; ⟨alleinstehend:⟩ in der Tat ist -es neu an der hier beginnenden Epoche (Dönhoff, Ära 191); er weiß -es *(hat von vielerlei Dingen Kenntnis),* was du nicht weißt; er kann -es *(vielerlei Speisen, Getränke)* nicht vertragen; in -em *(in vielerlei Punkten)* hat er recht, ist mit mir einverstanden; sie ist um -es *(viele Jahre)* jünger als er; **b)** ⟨oft unflekt.⟩ bezeichnet eine als Einheit gedachte Gesamtmenge; *eine beträchtliche Menge von etw., ein beträchtliches Maß an etw.:* ⟨attr.:⟩ der -e Regen hat der Ernte geschadet; das -e, sein -es Geld macht ihn auch nicht glücklich; Ich habe ein eigenes Bankkonto, den -en Schmuck (Konsalik, Promenadendeck 180); [haben Sie] -en Dank!; das -e Reden ... machte ihn noch schläfriger (Kühn, Zeit 55); er hat vom -en Weinen so viele Falten im Gesicht (Remarque, Obelisk 282); ausgemergelt vom -en Schwitzen im Backraum (Kuby, Sieg 241); wozu sollte man noch v. Aufhebens ... machen? (Niekisch, Leben 197); jmdm. v. Vergnügen, v. Glück, v. Spaß wünschen; v. Arbeit, Geld, Geduld haben; das kostet v. Zeit, Mühe; v. Wein trinken; jmdm. mit v. Verständnis, v. Liebe begegnen; mit v. gutem Willen schaffst du es; Übrigens haben die Innsbrucker und die Organisatoren die unverschuldete Panne mit v. Humor getragen (Olymp. Spiele 1964,9); Kroll ... sieht darin mit v. Stolz einen Beweis für das unerschütterliche Rechtsbewußtsein unseres geliebten Vaterlandes (Remarque, Obelisk 349); ⟨alleinstehend:⟩ das ist nicht, recht, ziemlich, sehr, unendlich v.; Fünf Kinder sind für heutige Zeiten v.! (Brückner, Quints 123); er trinkt, raucht, ißt v.; Der Mensch kann v. aushalten (Plievier, Stalingrad 184); Viel ist gearbeitet und geleistet worden (Dönhoff, Ära 189); sie weiß v. *(hat ein fundiertes Wissen);* er kann nicht v. vertragen *(wird schnell betrunken);* er hat v. von seinem Vater *(ähnelt ihm sehr);* er ist nicht v. über *(ist kaum älter als)* fünfzig [Jahre]; das ist ein bißchen v. [auf einmal]! (untertreibend in bezug auf die Häufung von unangenehmen Dingen; *zuviel);* ach, ich weiß v. (landsch. ugs.) *habe keine Ahnung,* was sie will; was kann dabei schon v. passieren? (ugs.; *dabei kann doch eigentlich gar nichts passieren!).* **2.** viele, ⟨unflekt.:⟩ viel ⟨Pl.⟩; *eine große Anzahl von Personen od. artgleichen Sachen; zahlreich:* ⟨attr.:⟩ die -en fremden Gesichter verwirrten sie; -e Menschen hatten sich versammelt; wegen der Wirtin, die seit -en Jahren aussah wie höchstens dreißig (Zwerenz, Quadriga 50); doch trotz der Sanierungsarbeiten, trotz -er Gelder, noch immer nicht begonnen (Fest, Im Gegenlicht 244); v./-e nützliche Hinweise; Rudimente eines Abenteuerlebens, das Onkel Didi einst an -e fremde Küsten geführt hatte (Lentz, Muckefuck 100); Viele alte Männer sind ebenfalls dabei (Borkowski, Wer 116); mein Gott, wie -/(selten:) welch -e, welche -en Probleme!; -e Abgeordnete; mach nicht so v./-e Worte!; das Ergebnis -er geheimer/ (selten:) geheimen Verhandlungen; die Angaben -er Befragter/(auch:) Befragten waren ungenau; in -en Fällen wußte er Rat; der Saal war mit -en hundert Blumen geschmückt; ⟨alleinstehend:⟩ -e können das nicht verstehen; -e der Bücher; -e von uns; (geh.:) es waren ihrer -e; die Interessen -er/von -en vertreten; einer unter -en sein. **3.** ⟨mit vorangestelltem, betontem Gradadverb⟩ ⟨unflekt.:⟩ bezeichnet eine erst durch eine bekannte Bezugsgröße näher bestimmte Anzahl, Menge: ⟨attr.:⟩ sie haben gleich v./-e Dienstjahre; sie haben ebenso, genauso v./-e Aufgaben richtig gelöst; ich weiß nicht, wie -e Gäste erwartet werden; ⟨alleinstehend:⟩ sie verdienen gleich v.; so v. *(eins)* ist sicher, gewiß, weiß v.; ich alle Ermahnungen haben nicht v. (ugs.; *gar nichts)* genützt. **II.** ⟨Adv.; mehr, am meisten⟩ **1.** drückt aus, daß etw. in vielfacher Wiederholung erfolgt, einen beträchtlichen Teil der zur Verfügung stehenden Zeit einnimmt: v. an der frischen Luft sein; v. ins Theater gehen; v. schlafen, wandern; Viel wurde gelacht (Grass, Hundejahre 208); man redet v. vom Fortschritt; Mit dieser v. benützten Formel begrüßte Stefan Benhard (Kuby, Sieg 174); Nachher war sie v. *(oft)* krank gewesen (Domin, Paradies 83); Robespierre ist v. *(oft)* allein in diesen Wochen (Sieburg, Robespierre 185). **2.** verstärkend vor Komp., bei verneintem „anders" u. vor dem Gradadverb „zu" + Adj.; *wesentlich, bedeutend, weitaus:* sie weiß v. mehr, weniger als ich; es geht ihm jetzt [sehr] v. besser; seine jetzige Freundin ist v., v. netter; Das Wort selbst ist sehr v. älteren Ursprungs (Fraenkel, Staat 87); hier ist es auch nicht v. anders; die Schuhe sind mir v. zu klein; die Masse stand da, ... v. zu apathisch, um etwas zu unternehmen (Plievier, Stalingrad 327); Ab und zu werden ihre Bezüge von der Regierung erhöht - v. zu spät (Remarque, Obelisk 219); **vielarlmig** ⟨Adj.⟩: *viele Arme* (1, 2) *habend; mit vielen Armen;* **vielarltig** ⟨Adj.⟩: *in, von vielerlei Art;* **viellbänldig** ⟨Adj.⟩: *viele Bände umfassend;* **viellbelachltet**[1] ⟨Adj.; Komp. ungebr.; Sup.: meistbeachtet⟩: *sehr, stark beachtet:* sie erreichten in -es Unentschieden; **viellbelfahlren**[1] ⟨Adj.; Komp. ungebr.; Sup.: meistbefahren⟩: *von vielen [Kraft]fahrzeugen befahren; verkehrsreich:* eine -e Schnellstraße; **viellbeschäfltigt**[1] ⟨Adj.; Komp. ungebr.; Sup.: meistbeschäftigt⟩: *sehr beschäftigt:* ein -er Mann, ... als sie ein -es Mannequin und Fotomodell war (Brückner, Quints 65); **viellbelsprolchen**[1] ⟨Adj.; Komp. ungebr.; Sup.: meistbesprochen⟩: vgl. vieldiskutiert; **viellbelsucht**[1] ⟨Adj.; Komp. ungebr.; Sup.: meistbesucht⟩: *eine starke Besucherzahl aufweisend; von vielen besucht:* ein -er Urlaubsort; **viellbelsunlgen**[1] ⟨Adj.; Komp. ungebr.; Sup.: meistbesungen⟩ (geh.): *häufig, von vielen besungen* (1): der -e Rhein; **viellblältelrig, viellblättrig** ⟨Adj.⟩: vgl. vielblütig; **viellblültig** ⟨Adj.⟩: *viele Blüten* (1) *habend, bildend:* eine -e Staude; **viellborlster,** *der: -s, -* (Zool.): *Borstenwurm;* **viellldeultig** ⟨Adj.⟩: **a)** *viele Ausdeutungen zulassend:* ein -er Begriff; ... daß der Ausdruck Anthropologie v. gebraucht wird (Medizin II, 16); **b)** *vielsagend:* bei der Bekanntgabe würde er es sich nicht nehmen lassen, ... v. zu grinsen (Kirst, 08/15, 448); **Viellldeultiglkeit,** *die,* -: *das Vieldeutigsein;* **vielldislkultiert**[1] ⟨Adj.; Komp. ungebr.; Sup.: meistdiskutiert⟩: *häufig, immer wieder, von vielen diskutiert:* ein -es Thema, Theaterstück; erst dann finden die -en Lehrpläne ihre Anwendung (Saarbr. Zeitung 6./7. 10. 79, 34); **Vielleck,** *das: geometrische Figur mit drei od. mehr Ecken; Polygon;* **vielleckig**[1] ⟨Adj.⟩: *drei od. mehr Ecken habend; polygonal;* **Viellelhe,** *die: Polygamie* (1 a); **viellenlorts:** ↑vielerorts; **viellerlfahlren**[1] ⟨Adj.; Komp. ungebr.; Sup.: meisterfahren⟩: *sehr erfahren:* Reinsiepe ... stieß im

vielerlei

Ton eines -en Gourmets ein befriedigtes „Ah!" aus (Heym, Schwarzenberg 119); Eliezer, der Alte, ist v. und hat mancherlei Weistümer gesammelt (Th. Mann, Joseph 110); „Das wird er nicht tun", versicherte Asch v. (Kirst, 08/15, 98); **vie|ler|lei** ⟨unbest. Gattungsz.; indekl.⟩ [↑-lei]: **a)** ⟨attr.⟩ *in großer Anzahl u. von verschiedener Art, Beschaffenheit; viele verschiedene:* v. Sorten Brot; viele v. Gründe; Das Meer ist nicht blau, ... es hat v. Blaus (Fels, Kanakenfauna 84); Es ist etwas anderes, ob man verheiratet ist oder ob man v. Beziehungen hat (Domin, Paradies 75); **b)** ⟨alleinstehend⟩ *viele verschiedene Dinge, Sachen:* v. zu erzählen haben; er hat v. erfahren; Wer die dritte Frau eines ... Politikers sein und bleiben wollte, mußte sich auf v. verstehen (Zwerenz, Quadriga 43); **Vie|ler|lei,** das; -s, -s: *Vielzahl von in sich Verschiedenartigem:* das bunte V. der Erfahrung erleben (Heisenberg, Naturbild 37); **vie|ler|or|ten** (veraltet), **vie|ler|orts,** (bes. schweiz.:) vielenorts ⟨Adv.⟩: *an vielen Orten:* der Dauerregen verursachte v. Überschwemmungen; Riesige Kahlflächen boten sich vielerorts dem Auge (Mantel, Wald 45); Vielerorts entscheiden die eigenen Kollegen über Beförderungen (Kemelman [Übers.], Dienstag 203); Seit einigen Jahren verschwindet vielenorts auch das im Haushalt anfallende Aluminium nicht mehr im Abfallsack (NZZ 3. 2. 83, 33); **viel|fach** ⟨Adj.⟩: **1. a)** *viele Male so groß (wie eine Bezugsmenge):* die -e Menge von etw.; ⟨subst.:⟩ das Vielfache/ein Vielfaches an Unkosten haben; Die Preise je geförderte Tonne werden künftig ein Vielfaches von dem betragen, was ... (Gruhl, Planet 107); **b)** *nicht nur einmal; sich in gleicher Form, Art viele Male wiederholend:* ein -er Millionär; Tacke ist ebenfalls -er Aufsichtsrat (Delius, Siemens-Welt 69); Die -e deutsche Meisterin ist in Vöhringen der große Star (Augsburger Allgemeine 29./30. 4. 78, 26); eine Veranstaltung auf -en *(vielseitigen)* Wunsch wiederholen; ein v. gefaltetes Papier; ... so daß für Ostpreußen nur eine einzige Armee zur Verfügung stand, die den v. überlegenen russischen Heerscharen standhalten mußte (Dönhoff, Ostpreußen 16). **2.** *vielfältig, von vielerlei Art, auf vielerlei Weise:* -e Wandlungen; Englischkenntnisse sind wegen unserer -en internationalen Verbindungen erwünscht (Saarbr. Zeitung 5./6. 6. 80, XIV); das -e Schicksal eines halbwüchsigen indianischen Mädchens (Kronauer, Bogenschütze 91). **3.** (ugs.) *gar nicht so selten; recht oft:* man kann dieser Meinung v. begegnen; die Gefahr ist größer, als v. angenommen wird; v. ist festgestellt worden, ...; Vielfach fehlen in den Siedlungen ausreichende soziale und sozialpädagogische Einrichtungen (Klee, Pennbrüder 35); Der Sicherheit in Ortsdurchfahrten, die bisher v. vernachlässigt wurde, galt eine Fachtagung (ADAC-Motorwelt 2, 1986, 8); **Viel|fach|ge|rät,** das: **1.** *fahrbares landwirtschaftliches Gerät, an dem unterschiedliche Arbeitswerkzeuge zur Pflege bestimmter Nutzpflanzen angebracht werden können.* **2.** Vielfach-

meßgerät; **Viel|fach|meß|ge|rät,** das: *elektrisches Gerät, mit dem nicht nur Ströme, sondern auch Spannungen derselben Stromart in vielen Meßbereichen gemessen werden können;* **Viel|fach|täl|ter,** der (Jargon): *jmd., der eine Reihe von Straftaten begangen hat;* **Viel|fach|tä|te|rin,** die (Jargon): w. Form zu ↑ Vielfachtäter; **Viel|fah|rer,** der: *jmd., der viel mit dem Auto fährt, von dem Kraftfahrzeug unterwegs ist:* Berufliche V., die ... täglich viele Stunden hinter dem Lenkrad des eigenen oder eines Firmen-Pkw verbringen (ADAC-Motorwelt 1, 1983, 8); **Viel|fah|re|rin,** die: w. Form zu ↑ Vielfahrer; **Viel|falt,** die; -: *Fülle von verschiedenen Arten, Formen o. ä., in denen etw. Bestimmtes vorhanden ist, vorkommt, sich manifestiert; große Mannigfaltigkeit:* eine erstaunliche, bunte, verwirrende V. aufweisen; Damals ... sei eine V. an Tomaten aus Peru nach Europa gelangt (Vaterland 26. 7. 84, 7); Das reichhaltigste Leben entsteht dort, wo eine V. von Arten zusammenwirkt (Gruhl, Planet 35); immer wieder sind wir fasziniert von der V. der Landschaft (Caravan 1, 1980, 25); **viel|fäl|tig** ⟨Adj.⟩: *durch Vielfalt gekennzeichnet; mannigfaltig:* ein -es Freizeitangebot; -e Anregungen; Unsere Helden sind die Menschen, die ihre -en praktischen und geistigen Fähigkeiten entwickeln (Raddatz, Traditionen II, 488); Die Naturwissenschaft hat uns offenbart, daß hinter dem -en und bunten Naturgeschehen einige wenige Grundgesetze stehen (natur 8, 1991, 83); Die Probleme der Eltern mit ihren Kindern ... waren zahlreich und v. (Kemelman [Übers.], Mittwoch 98); Je mehr Völker den Weg zum Kommunismus gehen, desto -er würden die Formen (Berger, Augenblick 150); Jeder See ist ein eigenes, auf Eingriffe v. reagierendes System (NZZ 20. 8. 83, 28); **Viel|fäl|tig|keit,** die; -: *vielfältige Art, Beschaffenheit;* **viel|far|big,** (österr.:) **viel|fär|big** ⟨Adj.⟩: *in vielen Farben; viele Farben aufweisend:* vielfarbiger Rittersporn von unterschiedlicher Höhe (Brückner, Quints 113); Er geht ein Stück an der Mauer entlang, betrachtet die Graffiti, liest, was man in mehreren Sprachen und v. an die Mauer geschrieben hat (Brückner, Quints 89); **Viel|far|big|keit,** (österr.:) **Viel|fär|big|keit,** die: *das Vielfarbigsein; vielfarbige Beschaffenheit;* **Viel|flach,** das; -[e]s, -e: *Polyeder;* **viel|flä|chig** ⟨Adj.⟩: *polyedrisch;* **Viel|flä|cher,** der, -s, -: *Polyeder;* **Viel|flie|ger,** der (ugs.): *jmd., der viel fliegt (4):* Medizinisch betrachtet bleibt Hans-Dietrich Genscher nur ein Ausweg: Der V. muß abdanken (natur 5, 1991, 86); Dieses monatlich erscheinende Reisemagazin ... wendet sich an Geschäftsleute und V. (NZZ 13. 10. 84, 7); **Viel|flie|ge|rin,** die (ugs.): w. Form zu ↑ Vielflieger; **viel|för|mig** ⟨Adj.⟩: *viele Formen habend; in vielen verschiedenen Formen erscheinend;* **Viel|fraß** der [1: mniederd. vēlvrāȝ; mhd. nicht belegt, ahd. vilifrāȝ, zu ahd. frāȝ = Fresser; 2: aus dem Niederd. < mniederd. velevras, vēlvratze, unter fälschlicher Anlehnung an (1) umgebildet aus älter norw. fjeldfross = Bergkater]: **1.**

(ugs.) *jmd., der unmäßig viel ißt:* Vielfraße nämlich, so wurden wir von ihr belehrt, werden nicht geboren, sondern erst erzogen (Bruyn, Zwischenbilanz 123). **2.** *(zu den Mardern gehörendes) bes. im Norden Europas, Asiens u. Amerikas lebendes kleines, plumpes, einem Bären ähnliches Raubtier;* **viel|fü|ßig** ⟨Adj.⟩: vgl. vielarmig; **viel|ge|braucht**[1] ⟨Adj.; Komp. ungebr.; Sup.: meistgebraucht⟩: *oft, von vielen gebraucht;* **viel|ge|fragt**[1] ⟨Adj.; Komp. ungebr.; Sup.: meistgefragt⟩: *stark gefragt:* ein -es Fotomodell; Die Erzeugnisse der Werkstatt ... gehören zu den -en Artikeln (NNN 21. 9. 85, 5); **viel|ge|kauft**[1] ⟨Adj.; Komp. ungebr.; Sup.: meistgekauft⟩: *von vielen gekauft;* **viel|ge|lesen**[1] ⟨Adj.; Komp. ungebr.; Sup.: meistgelesen⟩: vgl. vielgekauft: eine -e Zeitung; **viel|ge|liebt**[1] ⟨Adj.⟩ (veraltet): *sehr geliebt:* mein -es Herz, Kind; **viel|ge|lobt**[1] ⟨Adj.⟩: *sehr, von vielen gelobt:* die -e Managerin; ein Hotel mit -em Service; **viel|ge|nannt**[1] ⟨Adj.; Komp. ungebr.; Sup.: meistgenannt⟩: *häufig, von vielen namentlich erwähnt;* **viel|ge|prie|sen**[1] ⟨Adj.⟩: vgl. vielgerühmt: Ich würde gern meine Frau mitbringen und mit ihr mal in euer -es Schloßtheater gehen (Danella, Hotel 243); **viel|ge|reist**[1] ⟨Adj.⟩: *viel in der Welt herumgekommen:* eine -e Künstlerin; Inzwischen wohnt der -e Referee ... in Weisenheim (Rheinpfalz 7. 7. 84, 14); **Viel|ge|rei|ste,** der u. die; -n, -n ⟨Dekl. ↑ Abgeordnete⟩: *jmd., der viele Reisen gemacht hat, in der Welt herumgekommen ist;* **viel|ge|rühmt**[1] ⟨Adj.⟩ (oft iron.): *von vielen gerühmt;* **viel|ge|schmäht**[1] ⟨Adj.⟩: *häufig, von vielen geschmäht:* Er könnte ... vor Augen führen, was es bedeutet, wenn die -en Bürokraten einmal tatsächlich nichts tun (Wochenpresse 13, 1984, 24); **viel|ge|schol|ten**[1] ⟨Adj.⟩ (geh.): *von vielen kritisiert, in seinem Wert herabgesetzt:* der Trivialroman ... ist der Stiefbruder des Bildungsromans, er ist und wächst mit diesem zusammen auf als dessen mißachteter und -er, aber unentbehrlicher Gegenspieler (Greiner, Trivialroman 20); **viel|ge|schos|sig** ⟨Adj.⟩: *viele Geschosse (2) aufweisend:* ein -es Hochhaus; **viel|ge|stal|tig** ⟨Adj.⟩: *von vielerlei Gestalt (4), Art:* eine Versteinerungen. Anschließend gab das Jugendblasorchester ... Proben seines Könnens und -en Repertoires ab (Saarbr. Zeitung 11. 7. 80, 17); **Viel|ge|stal|tig|keit,** die; -: *das Vielgestaltigsein;* **viel|glie|de|rig:** ↑ vielgliedrig; **Viel|glie|de|rig|keit:** ↑ Vielgliedrigkeit; **viel|glied|rig,** vielgliederig ⟨Adj.⟩: vgl. vielarmig; **Viel|glied|rig|keit,** Vielgliederigkeit, die; -: *das Vielgliedrigsein;* **Viel|göt|te|rei,** die; -: *Polytheismus;* **Viel|heit,** die; -: *in sich nicht einheitliche Vielzahl von Personen od. Sachen:* ... in dem der Staat die V. der gesellschaftlichen Interessen zur Einheit eines Staatswillens ... integriert (Fraenkel, Staat 256); **viel|hun|dert|jäh|rig** ⟨Adj.⟩: **a)** *viele hundert Jahre alt:* eine Eiche; **b)** *viele hundert Jahre dauernd, sich erstreckend:* eine -e Geschichte aufweisen; Die Schweiz von heute ... sei das Ergebnis einer -en Entwicklung (Luzerner Tagblatt 31. 7. 84, 14); **viel|hųn|dert-**

mal ⟨Adv.⟩: vgl. vieltausendmal; **viel|jäh|rig** ⟨Adj.⟩ (seltener): langjährig; **viel|köp|fig** ⟨Adj.⟩: **1.** vgl. vielarmig: die -e Hydra. **2. aus einer größeren Anzahl von Personen bestehend:** eine -e Familie; Mit einem -en Mitarbeiterstab (ein Team aus Sportwissenschaftlern, vier Trainern, einem Mathematiker, einem ...) betreibt er einen gewaltigen Aufwand (Augsburger Allgemeine 27./28. 5. 78, IV).

Vi|el|la, Vi|el|le, die; -, ...llen [ital. viella bzw. frz. vielle]: **1.** (veraltet) ²Viola. **2.** Drehleier.

viel|leicht [fi...] [spätmhd. villīhte, zusger. aus mhd. vil līhte = sehr leicht, vermutlich, möglicherweise]: **I.** ⟨Adv.⟩ **1.** relativiert die Gewißheit einer Aussage, gibt an, daß etw. ungewiß ist; *es könnte sein, daß* ...: v. kommt er morgen; du hast dich v. geirrt; es wäre v. besser, wenn ...; Sie kennen v. das Märchen von dem toten Mann (Seghers, Transit 216); einige von den Mitgliedern haben gesagt, daß der Vorstand v. überstürzt gehandelt hat (Kemelman [Übers.], Mittwoch 172); v., daß alles nur ein Mißverständnis war; „Bist du zum Essen zurück?" – „Vielleicht!" **2.** relativiert die Genauigkeit der folgenden Maß- od. Mengenangabe; *ungefähr, schätzungsweise:* Wenn um elf die Abendschicht aus dem Hafen kommt, haben die v. vierzig Leute nur eine einzige Waschgelegenheit (Klee, Pennbrüder 9); eine Frau von v. fünfzig Jahren. **II.** ⟨Partikel; unbetont⟩ **a)** dient im Ausrufesatz der emotionalen Nachdrücklichkeit u. weist auf das hohe Maß hin, in dem der genannte Sachverhalt zutrifft; *wirklich sehr:* ich war v. aufgeregt!; Der hat v. gebrüllt! (Brot und Salz 339); Du bist v. ein Miststück (Prodöhl, Tod 63); Sie haben v. eine Laune, Mann (Becker, Tage 115); **b)** dient am Anfang eines Aufforderungssatzes der Nachdrücklichkeit u. verleiht der Aufforderung einen unwilligen bis drohenden Unterton: *ich bitte, mahne dich dringend, daß* ...: v. wartest du, bis du an der Reihe bist!; v. benimmst du dich mal!; Vielleicht überlegen Sie mal, was das bedeutet ...! (Prodöhl, Tod 225); **c)** drückt in einer [an sich selbst gerichteten] Entscheidungsfrage aus, daß der Fragende eine negative Antwort bereits vorausgesetzt od. von den Gefragten eine solche erwartet; *etwa* (II 1): ist das v. eine Lösung?; ist das v. dein Ernst?; **Viel|lieb|chen,** das: **a)** *zwei zusammengewachsene Früchte, bes. eine Mandel mit zwei Kernen (die nach altem Brauch zwei Personen gemeinsam essen, wobei sie um ein kleines Geschenk o. ä. wetten, von wem beiden am nächsten Tag zuerst zum anderen „Vielliebchen" sagt);* **b)** *(seltener) etw., worum man beim Essen eines Vielliebchens* (a) *gewettet hat;* **viel|mal** ⟨Adv.⟩ (veraltet): vielmals; **viel|ma|lig** ⟨Adj.⟩ (selten): *viele Male vorkommend, geschehen;* **viel|mals** ⟨Adv.⟩: **1.** zur Kennzeichnung eines hohen Grades in Verbindung mit Verben des Grüßens, Dankens od. Entschuldigens; *ganz besonders [herzlich]; sehr:* jmdm. v. danken; er bittet v. um Entschuldigung; sie läßt v. grüßen; danke v.! (meist ugs. iron. als Ausdruck nachdrücklicher Ablehnung).

2. (selten) *viele Male, zu vielen Malen;* **Viel|män|ne|rei,** die; -: Polyandrie; **viel|mehr** [auch: -ˈ-; mhd. vil mer, ahd. filo mer]: **I.** ⟨Adv.⟩ drückt aus, daß eine Aussage einer vorausgegangenen [verneinten] Aussage entgegengesetzt wird, diese berichtigt od. präzisiert: *im Gegenteil; genauer, richtiger gesagt:* er verehrt sie, v. liebt sie; er ist dick, v. korpulent; Es stehen Betten darin, v. Bettstellen, ein paar Holzlatten, die mit Drahtgeflecht bespannt sind (Remarque, Westen 32); Da fiel ihnen ein, daß nicht nur die Spanier ..., daß v. auch deren Verwandte, die Portugiesen, sterblich waren (Jacob, Kaffee 113); Die Tätigkeiten der Beamten, Offiziere, Richter ... rechtfertigen sich weniger am Einzelinteresse als v. am Dienst an der Allgemeinheit (Fraenkel, Staat 326); ich kann dir darin nicht zustimmen, v. bin ich der Meinung/ich bin v. der Meinung, daß ...; Dieses letztere Ergebnis ist nicht die Folge von Preissteigerungen, v. ist der Verbraucher anspruchsvoller geworden (Herrenjournal 3, 1966, 22); Die Verfahrensregeln des englischen Parlaments sind nicht in einer einheitlichen Geschäftsordnung niedergelegt. Sie beruhen v. auf ... (Fraenkel, Staat 233); ⟨oft verstärkend nach der Konj. „sondern":⟩ das ist kein Spaß, sondern v. bitterer Ernst; die öffentliche Meinung ... veränderte sich nicht so sehr wegen des atomaren Gleichstands, sondern v. wegen der Wandlungen in Rußland selbst (Dönhoff, Ära 109). **II.** ⟨Konj.⟩ *sondern:* Er spendierte jedem Mitarbeiter ein Fahrrad. Keine Stahlrosse von der Stange, v. stabile Tourenräder (natur 3, 1991, 72); Es handelte sich also nicht darum, die Unmöglichkeit der Leidenschaft zu demonstrieren, v. darum, ihre äußersten Möglichkeiten ahnen zu lassen (Kronauer, Bogenschütze 396); **Viel|par|tei|en|sy|stem,** das (Politik): vgl. Mehrparteiensystem; **viel|sa|gend** ⟨Adj.⟩: *so, daß Einverständnis, Kritik, Verachtung o. ä. ausgedrückt wird, ohne daß es direkt gesagt wird:* ein -er Blick; -es Schweigen, Lächeln; sie nickten sich v. zu. Man müsse der Sache einmal „nachgehen", meinte er v. (Dönhoff, Ära 61); **viel|schich|tig** ⟨Adj.⟩: **1.** *aus vielen Schichten* (1) *bestehend.* **2.** *aus vielem Verschiedenem zusammengesetzt; vielfältig; kompliziert, heterogen:* -e Probleme, Äußerungen; Seit der Reform vom 1. Juli 1977 sind Scheidungen ... eine überaus verwickelte -e Sache geworden (Frau im Spiegel 30, 1978, 70); Die Ursachen für die Krise sind v. (NZZ 23. 12. 83, 37); seit der Mitte des 18. Jh.s wird die Baukunst immer v. -er (Bild. Kunst III, 29); Welch einzigartige Figur! Welch faszinierend reicher und komplexer Charakter! er war v., differenziert, schillernd, widerspruchsvoll (K. Mann, Wendepunkt 310); **Viel|schich|tig|keit,** die; -: *das Vielschichtigsein;* **Viel|schrei|ber,** der (abwertend): *jmd., der sehr viel [aber qualitativ wenig anspruchsvoll] schreibt, publiziert; Skribent:* Knigge ... war ebenfalls ein Trivialautor und pädagogischer V. des ausgehenden Aufklärungszeitalters (Greiner, Trivialroman 83); **Viel|schrei-**

be|rei, die (abwertend): *sehr vieles [aber qualitativ wenig anspruchsvolles] Schreiben, Publizieren;* **Viel|schrei|be|rin,** die (abwertend): w. Form zu ↑ Vielschreiber; **viel|sei|tig** ⟨Adj.⟩: **1. a)** *an vielen Dingen interessiert, viele Dinge beherrschend, verschiedene Fähigkeiten besitzend:* eine -e Künstlerin, Wissenschaftlerin; wir suchen eine tüchtige und -e Sekretärin; ... ist für dieses Jahr noch der Kauf eines -en Abwehrspielers fest eingeplant (Saarbr. Zeitung 3. 12. 79, 16/18); er ist nicht sehr v.; **b)** *viele Gebiete betreffend, umfassend:* eine -e Ausbildung, Verwendungsmöglichkeit; -e Freizeitangebote; Wir bieten leistungsgerechtes Gehalt ... und -e Sozialleistungen (Saarbr. Zeitung 1. 12. 79, 57); wir Slowenen sind ein kleines Volk mit -en *(vielfältigen)*, aber verkrüppelten Sprachkenntnissen (Hofmann, Fistelstimme 62); das Programm ist sehr v.; Der Dienst ist v. und abwechslungsreich (ADAC-Motorwelt 10, 1980, 105); dieses Gerät läßt sich v. verwenden; Der Täter kann v. begabt sein (Reinig, Schiffe 124); Die Mädchen und Jungen nutzen das umfangreiche Angebot der Bibliotheken ... -er als beispielsweise ältere Bibliotheksbenutzer (BNN 30. 12. 85, 4). **2.** *von vielen Personen (geäußert o. ä.):* auf -en Wunsch wird die Aufführung wiederholt. **3. a)** *viele Seiten* (1 a) *habend:* eine -e Figur; **b)** *viele Seiten* (6 b) *umfassend:* Ein -er Anhang bemüht sich darüber hinaus, den im Text verwendeten Spezialausdrücke zu erläutern (Saarbr. Zeitung 8./9. 12. 79, III); **Viel|sei|tig|keit,** die; -: *das Vielseitigsein;* **Viel|sei|tig|keits|prü|fung,** die (Reiten): *in verschiedenen Disziplinen durchgeführte Prüfung [im Turniersport];* **viel|spra|chig** ⟨Adj.⟩: *polyglott:* Der immer sorgfältig gekleidete Mittvierziger ... verstand es, als -er Gesprächsleiter jeder heftig werdenden Rede und Widerrede die Schärfe zu nehmen (Grass, Unkenrufe 198); **Viel|sprung,** der (Leichtathletik): Mehrsprung; **Viel|staa|te|rei,** die; -: **1.** *Aufspaltung in viele kleine, selbständige Staaten.* **2.** *Partikularismus;* **viel|stim|mig** ⟨Adj.⟩: **a)** *von vielen Stimmen hervorgebracht; sich aus vielen Stimmen zusammensetzend:* ein -er Gesang; ein -es Geschrei; Die Gefangenen singen einen Choral, sie singen v. (Remarque, Westen 139); **b)** *in mehreren Stimm-, Tonlagen:* Am Fronleichnamsmorgen weckte mich das -e *(polyphone)* Geläut vom Turm der Klosterkirche (Rinser, Jan Lobel 5); **Viel|stim|mig|keit,** die: *das Vielstimmigsein;* **viel|stöc|kig**[1] ⟨Adj.⟩: *vielgeschossig;* **Viel|stoff|mo|tor,** der: *Verbrennungsmotor, der mit verschiedenen Kraftstoffen betrieben werden kann;* **viel|stro|phig** ⟨Adj.⟩: *(von Liedern, Gedichten) mit vielen Strophen;* **viel|tau|send|mal** ⟨Adv.⟩ (geh.): *unzählige Male:* ich grüße dich v.; **viel|um|ju|belt**[1] ⟨Adj.; Komp. ungebr.; Sup.: meistumjubelt⟩: *sehr, von vielen umjubelt:* ein -es Tor; ein -er Ausgleich; **viel|um|strit|ten**[1] ⟨Adj.; Komp. ungebr.; Sup.: meistumstritten⟩: *sehr umstritten:* eine -e Theorie; das -e Buch; **viel|um|wor|ben**[1] ⟨Adj.; Komp. ungebr.; Sup.: meistumworben⟩: *sehr umworben:* ein -es Mäd-

vielverheißend

chen; ein -er Spieler; **viel|ver|hei|ßend** ⟨Adj.⟩ (geh.): *vielversprechend;* **viel|ver|kauft**[1] ⟨Adj.; Komp. ungebr.; Sup.: meistverkauft⟩: *eine hohe Verkaufsziffer habend:* ein -er Wagen, Staubsauger; **viel|ver|spre|chend** ⟨Adj.⟩: *zu berechtigten Hoffnungen Anlaß gebend; so geartet, daß man mit einem Erfolg rechnen kann:* ein -er junger Mann; ein -er Anfang; Wir müssen mit der Möglichkeit rechnen, daß unser Engagement in dieser -en Technologie sich nicht auszahlt (Volksblatt 5.12. 84,5); das klingt ja v.; die erste Nummer Ihrer Zeitschrift „L' Arche" sieht v. aus (K. Mann, Wendepunkt 410); Zwar hatte die Partie für die deutsche Mannschaft v. begonnen ... (NZZ 29. 4. 83, 37); **Viel|völ|ker|staat**, der: *Nationalitätenstaat:* ... den Zerfall übernationaler Gebilde wie des türkischen und des habsburgischen -s ... (Fraenkel, Staat 212); **Viel|wei|be|rei**, die; - [nach gleichbed. griech. polygamía]: *Polygynie;* **Viel|wis|ser**, der; -s, - (abwertend): *jmd., der viel weiß od. zu wissen glaubt;* **Viel|wis|se|rin**, die; -, -nen (abwertend): w. Form zu ↑Vielwisser; **Viel|zahl**, die ⟨o. Pl.⟩: *große Anzahl von Personen od. Sachen:* eine V. seltener Pflanzen; Niemand im Flur ... Statt dessen eine V. altertümlicher Regenschirme an den Wänden (Bastian, Brut 49); eine V. von Personen, von Veranstaltungen; Im Sommer hielt sich stets eine V. von Besuchern in Steinort auf (Dönhoff, Ostpreußen 71); Es gibt eine V. von Pseudonymen dafür (Weber, Tote 270); **Viel|zel|ler**, der; -s, - (Biol.): *vielzelliges niederes Tier; Metazoon;* **viel|zel|lig** ⟨Adj.⟩ (Biol.): *aus vielen Zellen bestehend;* **viel|zi|tiert**[1] ⟨Adj.; Komp. ungebr.; Sup.: meistzitiert⟩: *häufig, von vielen [als Zitat] angeführt:* die -e „moderne Gesellschaft"; Sie wird sich ... mit den -en Schadstoffen beschäftigen (Ruhr-Nachr. 15. 8. 87, Do 1); Adornos -es Diktum aus dem Jahre 1949, es sei nach Auschwitz barbarisch, ein Gedicht zu schreiben (Reich-Ranicki, Th. Mann 90); **Vielzweck|tuch**, das ⟨Pl. ...tücher⟩: *Allzwecktuch.*

Vien|tiane [vjɛn'tjan]: Hauptstadt von Laos.

vier ⟨Kardinalz.⟩ [mhd. vier, ah. fior; vgl. lat. quattuor = vier] (als Ziffer: 4): vgl. acht; ⟨subst.:⟩ Gespräche der großen Vier *(der vier Großmächte USA, UdSSR, England, Frankreich) nach dem 2. Weltkrieg);* * **alle -e von sich strecken** (ugs.; *sich ausstrecken und entspannen);* **auf allen -en** (ugs.; *auf Händen u. Füßen, statt zu gehen):* Himmelstoß heulte und flüchtete auf allen -en (Remarque, Westen 40); **Vier**, die; -, -en: **a)** *Ziffer 4;* **b)** *Spielkarte mit vier Zeichen;* **c)** *Anzahl von vier Augen beim Würfeln;* **d)** *Zeugnis-, Bewertungsnote 4:* wenn die Mädchen oder Jungs eine V. schreiben, ... (Hornschuh, Ich bin 8); **e)** (ugs.) *Wagen, Zug der Linie 4;* vgl. ¹Acht; **Vier|ach|ser**, der; -s, -: vgl. Dreiachser; **vier|ach|sig** ⟨Adj.⟩ (Technik): vgl. dreiachsig; **Vier|ach|tel|takt**, der; vgl. Dreiachteltakt; **Vier|ak|ter**, der; -s, -: vgl. Dreiakter; **vier|ar|mig** ⟨Adj.⟩: vgl. achtarmig; **Vier|au|gen|ge|spräch**, das (ugs.): *Gespräch unter vier Augen:* ...

die Ehre, daß Bundespräsident Richard von Weizsäcker sich die Zeit für ein V. mit mir nahm (Eppelmann, Fremd 354); In einem V. zwischen ÖVP-Chef Mock und Landeshauptmann Ludwig ... (Neue Kronen Zeitung 12. 5. 84,3); **vier|bän|dig** ⟨Adj.⟩: vgl. achtbändig; **Vier|bei|ner**, der; -s, -: *vierbeiniges Tier, bes. Hund:* Ich wurde also Bonzo genannt, ... weil mein Äußeres zur entfernte Verwandtschaft mit einem etwas täppischen V. schließen läßt (Erné, Kellerkneipe 286); **vier|bei|nig** ⟨Adj.⟩: vgl. dreibeinig; **vier|blät|te|rig**, **vier|blätt|rig** ⟨Adj.⟩: *mit vier Blütenblättern;* **vier|di|men|sio|nal** ⟨Adj.⟩ (Physik): *vier Dimensionen aufweisend; durch die Koordinaten des Raumes u. der Zeit beschreibbar;* **Vier-drei-drei-Sy|stem**, das ⟨o. Pl.⟩ (mit Ziffern: 4-3-3-System) (Fußball): *Spielsystem, bei dem die Mannschaft mit vier Abwehrspielern, drei Mittelfeldspielern u. drei Stürmern spielt;* **Vier|eck**, das [im 16. Jh. subst. aus mhd. vierecke, ahd. fiorecki = viereckig, LÜ von lat. quadrangulus]: **a)** vgl. Dreieck (1); *Tetragon;* **b)** *Quadrat* (1 a); *Rechteck:* das V. eines Fotos; ein V. ausschneiden; die Gebäude bilden ein V.; Wir gehen ums V. (*Quadrat* 1 b; Wohmann, Absicht 25); **vier|eckig**[1] ⟨Adj.⟩ [mhd. viereckeht]: **a)** vgl. dreieckig; *tetragonal;* **b)** *quadratisch* (a); *rechteckig;* **Vier|eck|tuch**, das ⟨Pl. ...tücher⟩: *viereckiges Tuch aus Seide, Wolle o. ä.;* **vier|ein|halb** ⟨Bruchz.⟩ (in Ziffern: 4½): vgl. achteinhalb; **vie|ren** ⟨sw. V.; hat⟩ (Zimmerei): *abvieren;* **Vie|rer**, der; -s, -: **1. a)** (Rudern) *Rennboot für vier Ruderer:* der V. mit, ohne Steuermann; **b)** (Sport) *aus vier Mitgliedern bestehende Mannschaft, die zusammen eine Übung, ein Spiel, ein Rennen bestreiten.* **2.** (ugs.) *vier Zahlen, auf die ein Gewinn fällt:* ein V. im Lotto. **3.** (landsch.) *Zeugnis-, Bewertungsnote 4:* einen V. schreiben. **4.** (Golf) *Spiel, bei dem zwei Parteien mit je zwei Spielern gegeneinander spielen.* **5.** (Jargon) *Geschlechtsverkehr zu viert:* wir sollten also alle beide kommen und das ganze Wochenende mit ihnen einen flotten V. durchziehen (Denneny [Übers.], Lovers 35); **Vie|rer|ban|de**, die (abwertend): *Gruppe von vier chinesischen Spitzenpolitikern im Machtkampf nach dem Tod von Mao Tse-tung:* Tschiang Tsching, von der jetzigen chinesischen Führungsspitze als Anführerin der sogenannten V. gebrandmarkt, stand seit Oktober 1976 unter Hausarrest (MM 16./17. 9. 78, 5); Ü Dekanosow, Semjonow, Kobulow, Herrnstadt – jetzt war die V. beisammen (Spiegel 24, 1983, 79); Die V. des Mannheimer Kabaretts „Dusche" feiert ihr 15jähriges Bestehen (MM 29. 4. 92, 10); **Vie|rer|bob**, der: *Bob für vier Personen;* **Vie|rer|ka|jak**, der; selten: das: vgl. Einerkajak; **vie|rer|lei** ⟨best. Gattungsz. indekl.⟩ [↑-lei]: vgl. achterlei: Von v. Art ist auch das menschliche Temperament (Stern, Mann 323); **Vie|rer|rei|he**, die: vgl. Dreierreihe; **Vie|rer|zug**, der: *Viergespann;* **vier|fach** ⟨Vervielfältigungsz.⟩ (mit Ziffer: 4fach): vgl. achtfach; **Vier|fa|che**, das; -n (mit Ziffer: 4fache): vgl. Achtfache: Obwohl sie nicht mehr als

zehn Kilometer gefahren waren, verlangte der Chauffeur das V. des Tarifs (Bieler, Mädchenkrieg 283); **vier|fäl|tig** ⟨Adj.⟩ [mhd. vierveltec, -valtec] (veraltet): *vierfach;* **Vier|far|ben|druck**, der: **a)** ⟨o. Pl.⟩ *Verfahren, bei dem zur Erzielung einer Wiedergabe in den richtigen Farben Gelb, Rot, Blaugrün u. Schwarz übereinandergedruckt werden;* **b)** *einzelner Druck des Vierfarbendrucks* (a); **Vier|far|ben|ku|gel|schrei|ber**, der: *Kugelschreiber mit vier verschiedenfarbigen Minen;* **Vier|flach**, der; -, -[e]s, -e, **Vier|fläch|ner**, der; -s, -: *Tetraeder;* **Vier|fürst**, der: *Tetrarch;* **Vierfü|ßer**, der; (Zool.): *vierfüßiges Wirbeltier;* **vier|fü|ßig** ⟨Adj.⟩: **1.** vgl. dreifüßig. **2.** (Verslehre) vgl. fünffüßig; **Vier|gang|ge|trie|be**, das: *Fünfganggetriebe;* **vier|ge|schos|sig** ⟨Adj.⟩ (mit Ziffer: 4geschossig): *vier Geschosse* (2) *aufweisend:* ein -es Haus; **Vier|ge|spann**, das: *Gespann mit vier Zugtieren, bes. Pferden;* **Vier|git|ter|röh|re**, die (Elektrot.): *Hexode;* **Vier|hän|der**, der; -s, - (Zool. veraltet): *Herrentier;* **vier|hän|dig** ⟨Adj.⟩ (Musik): *mit vier Händen, zu zweit:* -es Klavierspiel; v. (*à quatre mains*) spielen; **vier|hun|dert** ⟨Kardinalz.⟩ (in Ziffern: 400): vgl. hundert; **Vier|jah|res|plan**, der: *für vier Jahre aufgestellter Volkswirtschaftsplan;* **vierjäh|rig** ⟨Adj.⟩ (mit Ziffer: 4jährig): vgl. achtjährig; **Vier|jäh|ri|ge**, der u. die; -n, -n ⟨Dekl. ↑Abgeordnete⟩ (mit Ziffer: 4jährige): vgl. Achtjährige; **vier|jähr|lich** ⟨Adj.⟩: vgl. achtjährlich; **Vier|kampf**, der (Sport): *aus vier Disziplinen bestehender sportlicher Mehrkampf, der bes. im Kunstturnen der Damen u. im Eisschnellauf ausgetragen wird;* **vier|kant** ⟨Adv.⟩ (Seemannsspr.): *waagerecht; rechtwinklig zur Senkrechten;* **Vier|kant**, das od., -[e]s, -e: **1.** *Vierkantschlüssel.* **2.** *Vierkanteisen;* **Vier|kant|ei|sen**, das: *Profileisen mit vierkantigem Profil;* **Vier|kant|fei|le**, die: *vierkantige Feile;* **Vier|kant|holz**, das: *Kantholz;* **vier|kan|tig** ⟨Adj.⟩: vgl. achtkantig: Zwei geflochtene Peitschen und ein -es Tischbein haben sie ... an die Wand gestellt (Bredel, Prüfung 46); **Vier|kant|schlüs|sel**, der: *Gegenstand mit einer vierkantigen Vertiefung am vorderen Ende, der auf den entsprechend großen, vierkantigen Zapfen einer Schließvorrichtung aufgesetzt wird, um diese mit einer Drehbewegung zu öffnen od. zu schließen;* **vier|klas|sig** ⟨Adj.⟩ (mit Ziffer: 4klassig): vgl. achtklassig; **Vier|ling**, der; meist Pl.: *vier gleichzeitig von derselben Mutter geborene Kinder;* vgl. Fünfling; **Vier|mäch|te|ab|kom|men**, das ⟨o. Pl.⟩: *Abkommen von 1972 zwischen den Vertretern Großbritanniens, Frankreichs, der USA u. der UdSSR über Berlin;* **Vier|mäch|te|sta|tus**, der ⟨o. Pl.⟩ (hist.): *Status* (2 b), *der die gemeinsame Gebietshoheit, die gemeinsame Verantwortlichkeit der vier Siegermächte des 2. Weltkriegs Großbritannien, Frankreich, der USA u. der UdSSR beinhaltet:* Am 13. August schließlich wurde der V. durch Errichtung der Mauer einseitig und gewaltsam gebrochen (Dönhoff, Ära 45); **vier|mal** ⟨Wiederholungsz.; Adv.⟩: vgl. achtmal; **vier|ma|lig** ⟨Adj.⟩ (mit Ziffer: 4malig): vgl. achtmalig; **Vier|ma|ster**, der; -s, -: vgl. Dreimaster (1); **Vier|mast|zelt**, das:

vierundzwanzig

[Zirkus]zelt mit vier Masten; **vier|mo|na|tig** ⟨Adj.⟩ (mit Ziffer: 4monatig): vgl. achtmonatig; **vier|mo|nat|lich** ⟨Adj.⟩ (mit Ziffer: 4monatlich): vgl. achtmonatlich; **vier|mo|to|rig** ⟨Adj.⟩: *mit vier Motoren [konstruiert];* **Vier|paß,** der: vgl. Dreipaß. *In großer Fachwerkbau mit weißem Verputz, die Vorderseite mit Querbalken und Querblenden und gotischen Vierpässen übersät* (Norfolk [Übers.], Lemprière 236); **Vier|pfün|der,** der; -s, - (mit Ziffer: 4pfünder): vgl. Achtpfünder; **vier|pfün|dig** ⟨Adj.⟩ (mit Ziffer: 4pfündig): vgl. achtpfündig; **Vier|plät|zer,** der; -s, - (schweiz.): *Viersitzer;* **vier|plät|zig** ⟨Adj.⟩ (schweiz.): *viersitzig;* **Vier|pol,** der (Elektrot.): *elektrisches Netzwerk mit je zwei Klemmen an seinem Ein- u. Ausgang, das zur Übertragung elektrischer Leistung od. elektrischer Signale dient;* **vier|pro|zen|tig** ⟨Adj.⟩ (mit Ziffer: 4prozentig): vgl. achtprozentig; **Vier|rad|an|trieb,** der (Kfz-T.): *Allradantrieb;* **Vier|rad|brem|se,** die (Kfz-T.): *Bremse, die gleichzeitig auf alle vier Räder wirkt;* **vier|rä|de|rig, vier|räd|rig:** vgl. dreirädrig; **Vier|ru|de|rer,** der: *Quadrireme;* **vier|sai|tig** ⟨Adj.⟩: vgl. fünfsaitig; **vier|sät|zig** ⟨Adj.⟩ (Musik): *aus vier Sätzen* (4 b) *bestehend;* **Vier|schan|zen|tour|nee,** die (Skisport): *aus vier Einzelwettbewerben auf vier verschiedenen Schanzen (in Oberstdorf, Garmisch-Partenkirchen, Innsbruck und Bischofshofen) bestehender jährlicher Wettbewerb im Skispringen;* **vier|schrö|tig** ⟨Adj.⟩ [mhd. vierschrœtic, zu: vierschrœte = viereckig zugehauen, ahd. fiorscrōti; zu ↑ Schrot in der Bed. „Ecke, Kante"]: *(von Männern) von breiter, kräftiger, gedrungener Gestalt u. dabei derb-ungehobelt wirkend:* Pfannschmidt, ein -er Mann in mittleren Jahren, ... (Bieler, Bär 177); Sein Gegenüber an diesen Tag, der Hauptsturmführer Schwämmle, ein -er Schwabe, ... (Härtling, Hubert 28); **vier|sei|tig** ⟨Adj.⟩ (mit Ziffer: 4seitig): **1.** -e achtseitig. **2.** *zwischen vier Vertragspartnern o. ä.;* **vier|sil|big** ⟨Adj.⟩ (mit Ziffer: 4silbig): vgl. achtsilbig; **Vier|sit|zer,** der; -s, -: *Fahrzeug, bes. Auto, mit vier Sitzen;* **vier|sit|zig** ⟨Adj.⟩ *mit vier Sitze habend;* **Vier|spän|ner,** der; -s, -: *Wagen für vier Pferde;* **vier|spän|nig** ⟨Adj.⟩: *mit vier Pferden bespannt:* ein -er Wagen; v. *(in einem Vierspänner)* fahren; **vier|spu|rig** ⟨Adj.⟩: vgl. sechsspurig: Auf der durch dieses Gebiet führenden -en Verkehrsader ... pulsiert es (Richartz, Büroroman 7); die Straße ist v. befahrbar; **vier|stel|lig** ⟨Adj.⟩ (mit Ziffer: 4stellig): vgl. achtstellig; **Vier|ster|ne|ge|ne|ral,** der (Jargon): *ranghöchster General;* **Vier|ster|ne|ge|ne|ra|lin,** die (Jargon): w. Form zu ↑ Viersternegeneral; **Vier|ster|ne|ho|tel,** das: *Hotel der Luxusklasse mit besonderem Komfort;* **vier|stim|mig** ⟨Adj.⟩: vgl. dreistimmig; **vier|stöckig**[1] ⟨Adj.⟩ (mit Ziffer: 4stöckig): *viergeschossig:* Das schöne, moderne -e Schulhaus mit großen, sonnigen Klassenräumen ... (Leonhard, Revolution 13); **vier|strah|lig** ⟨Adj.⟩: vgl. dreistrahlig; **vier|stün|dig** ⟨Adj.⟩ (mit Ziffer: 4stündig): vgl. achtstündig; **vier|stünd|lich** ⟨Adj.⟩ (mit Ziffer: 4stündlich): vgl. achtstündlich; **viert:** in der Fügung zu v.

(als Gruppe von vier Personen): zu v. spielen; Man lebte zu dritt, v. oder fünft in einem Zimmer (Leonhard, Revolution 229); An diesem Abend tranken sie zu v. die zwei Flaschen Kognak aus (Plievier, Stalingrad 125); **viert...** ⟨Ordinalz. zu ↑ vier⟩ [mhd. vierde, ahd. fiordo] (als Ziffer: 4.): vgl. acht...; **Vier|ta|ge|wo|che,** die: vgl. Fünftagewoche; **vier|tä|gig** ⟨Adj.⟩ (mit Ziffer: 4tägig): vgl. achttägig; **vier|täg|lich** ⟨Adj.⟩ (mit Ziffer: 4täglich): vgl. achttäglich; **Vier|tak|ter,** der; -s, -: kurz für ↑ Viertaktmotor; **Vier|takt|mo|tor,** der (Kfz-T.): *Verbrennungsmotor mit den vier Arbeitsgängen Ansaugen, Verdichten, Verbrennen u. Auspuffen des Benzin-Luft-Gemisches;* **vier|tau|send** ⟨Kardinalz.⟩ (in Ziffern: 4 000): vgl. tausend; **vier|tau|sen|der,** der; **vier|tei|len** ⟨sw. V.; hat⟩ [mhd. vierteilen]: **1.** ⟨2. Part.: gevierteilt⟩ *(bes. im MA.) jmdn. hinrichten, indem man ihn in vier Teile zerreißt od. von Pferden zerreißen läßt:* der Mörder wurde gevierteilt; Selbst der weithin gesuchte auvergnatische Bandit Lebrun hatte es verzogen, sich ... ergreifen und v. zu lassen (Süskind, Parfum 152); dann rede ich sie an. Mehr, als daß mich ihr Vater vierteilt, kann mir nicht passieren (emotional übertreibend; Sobota, Minus-Mann 67). **2.** ⟨2. Part.: viergeteilt⟩ (selten) *in vier Teile teilen;* vierteln: ein Stück Papier v.; Ü Ich hatte den Auftrag, eine Reportage über die viergeteilte Stadt Wien ... zu schreiben (H. W. Richter, Etablissement 10); **vier|tei|lig** ⟨Adj.⟩ (mit Ziffer: 4teilig): *aus vier Teilen bestehend:* eine -e Hymnus; ein -er Hymnus; **vier|tel** ['fɪrt] ⟨Bruchz.⟩ (als Ziffer: ¼): vgl. achtel; **¹Vier|tel** ['fɪrt]], das, schweiz. meist: der; -s, - [mhd. viertel, ahd. fiorteil]: **1.** vgl. Achtel (a): drei V. (od. dreiviertel) der Bevölkerung: für ein V. aller weiblichen Arbeitskräfte liegt das wöchentliche Einkommen ... (NZZ 13. 10. 84, 14); das akademische V. (↑ akademisch); ein V. *(Viertelpfund)* Leberwurst; Seit dem Jahresbeginn ist das Kursniveau um gut einen V. gestiegen (NZZ 1/2. 5. 83, 16); es ist [ein] V. vor, nach eins *(15 Minuten vor, nach ein Uhr);* die Uhr hat V. geschlagen *(hat das Ende des 1. Viertels einer Stunde angezeigt);* er hatte schon einige V. *(Viertelliter Wein)* getrunken; im zweiten V. des 12. Jahrhunderts; der Mond steht im ersten V. *(es ist zunehmender Mond),* im letzten V. *(es ist abnehmender Mond);* wir treffen uns um v. acht, um drei V. acht (landsch.; *um Viertel nach sieben, um Viertel vor acht).* **2. a)** *Stadtteil; Gegend einer Stadt:* ein verrufenes V.; wir wohnen in einem ruhigen V.; das waren die angenehmsten Ecken des sonst so rauhen und ungastlichen -s (Kühn, Zeit 103); **b)** ⟨o. Pl.⟩ *Gesamtheit der Bewohner eines Viertels* (2 a). **3.** (landsch.) *Quadrat* (1 b); **²Vier|tel** ['fɪrt], die; -, - (Musik): *Viertelnote;* **Vier|tel|bo|gen** ['fɪrt|...], der (Buchw.): *vierter Teil eines Druckbogens; Quartbogen;* **Vier|tel|dre|hung** ['fɪrt|...], die: *Drehung um 90°;* **Vier|tel|le** ['fɪrtələ], das; -s - (schwäb.): *[Glas mit einem Vierteliter Wein: die schwäbische Gemütlichkeit, die in der Stuttgart beim V. spü-*

ren ließ (Saarbr. Zeitung 8. 7. 80, 6); **Vier|tel|les|schlot|zer** ['fɪrtələs...], der [zu ↑ schlotzen] (scherzh.): *schwäbischer Weintrinker;* **Vier|tel|les|schlot|ze|rin** ['fɪrtələs...], die; -, -nen (scherzh.): w. Form zu ↑ Viertelesschlotzer; **Vier|tel|fi|nal** ['fɪrt|...], Viertelsfinal, der (schweiz. Sport): *Viertelfinale;* **Vier|tel|fi|na|le** ['fɪrt|...], das (Sport): *Runde innerhalb einer Qualifikation, an der noch acht Mannschaften, Spieler beteiligt sind;* **Vier|tel|fi|na|list** ['fɪrt|...], der (Sport): *Teilnehmer am Viertelfinale;* **Vier|tel|fi|na|li|stin** ['fɪrt|...], die (Sport): w. Form zu ↑ Viertelfinalist; **Vier|tel|ge|viert** ['fɪrt|...], das (Druckerspr.): *nichtdruckendes Stück Blei in der Größe eines viertel Gevierts;* **Vier|tel|jahr,** das: *vierter Teil eines Jahres; drei Monate; Quartal;* **Vier|tel|jah|res|schrift,** Vierteljahrsschrift, die: *vierteljährlich erscheinende Zeitschrift;* **Vier|tel|jahr|hun|dert,** das: *vierter Teil eines Jahrhunderts; 25 Jahre;* **vier|tel|jäh|rig** ['fɪrt|...] ⟨Adj.⟩: vgl. halbjährig; **vier|tel|jähr|lich** ['fɪrt|...] ⟨Adj.⟩: vgl. halbjährlich: v. schnitt man geruhsam die Coupons von den Staatsanleihen ab und bekam sie in Gold bezahlt (Remarque, Obelisk 263); **Vier|tel|jahrs|schrift:** ↑ Vierteljahresschrift; **Vier|tel|kreis** ['fɪrt|...], der: **1.** *Quadrant* (1 a, b). **2.** (Fußball) *um die Eckfahne innerhalb des Spielfelds gezogener Teilkreis von 1 m Halbmesser;* **Vier|tel|li|ter** ['fɪrt|...], auch: - - '- -], der (schweiz. nur so), auch: das: *vierter Teil eines Liters;* **vier|teln** ['fɪrtn] ⟨sw. V.; hat⟩: *in vier gleiche Teile zerteilen, schneiden:* Äpfel, Tomaten v.; **Vier|tel|no|te** ['fɪrt|...], die (Musik): vgl. Achtelnote; **Vier|tel|pau|se** ['fɪrt|...], die (Musik): vgl. Achtelpause; **Vier|tel|pfund** [auch: 'fɪrt|...], das: *vierter Teil eines Pfundes; 125 g;* **Vier|tels|fi|nal** ['fɪrt|s...]: ↑ Viertelfinal; **Vier|tel|stab** ['fɪrt|...], der: *dreikantige Leiste mit dem Profil eines Viertelkreises* (1); **Vier|tel|stun|de,** die: *vierter Teil einer Stunde; 15 Minuten;* **vier|tel|stün|dig** ['fɪrt|...], auch: - - '- - -] ⟨Adj.⟩: vgl. halbstündig; **vier|tel|stünd|lich** ['fɪrt|...], auch: - - '- - -] ⟨Adj.⟩: vgl. halbstündlich; **Vier|tel|ton** ['fɪrt|...], der ⟨Pl. ...tōne⟩ (Musik): *halbierter chromatischer Halbton* (1); **Vier|tel|ton|mu|sik** ['fɪrt|...], die ⟨o. Pl.⟩: *durch Verwendung von Vierteltönen charakterisierte Musik, die u. a. auf einem durch Halbierung der 12 Halbtöne der Oktave gewonnenen, 24stufigen Tonsystem beruht;* **Vier|tel|zent|ner** ['fɪrt|...], der: *vierter Teil eines Zentners; 25 Pfund;* **vier|tens** ⟨Adv.⟩ (als Ziffer: 4.): vgl. achtens; **viert|klas|sig** ⟨Adj.⟩: vgl. drittklassig: Von den anderen Gästen in diesem -en Hotel hier ganz zu schweigen (Büttner, Alf 78); **vier|tü|rig** ⟨Adj.⟩: *mit vier Türen [ausgestattet]:* ein -es Auto; **vier|und|ein|halb** ⟨Bruchz.⟩: vgl. achtundeinhalb, auch: **vier|und|sech|zig|stel** ⟨Bruchz.⟩ (als Ziffer: ¹⁄₆₄): vgl. achtel; **¹Vier|und|sech|zig|stel,** das, schweiz. meist: der; -s, -: vgl. Achtel (a); **²Vier|und|sech|zig|stel** ['fɪrt|...], die; -, - (Musik): *Vierundsechzigstelnote;* **Vier|und|sech|zig|stel|no|te** ['fɪrt|...], die (Musik): vgl. Achtelnote; **Vier|und|sech|zig|stel|pau|se,** die (Musik): vgl. Achtelpause; **vier|und|zwan|zig** ⟨Kardinalz.⟩ (in Ziffern: 24): vgl. acht; **Vier|und|zwan|zig-**

flach, das; -[e]s, -e, **Vier|und|zwan|zig-flächner,** der; -s, -: vgl. Achtflach usw.; **Vie|rung,** die; -; -en (Archit.): *[im Grundriß quadratischer] Teil des Kirchenraumes, in dem sich Lang- u. Querhaus durchdringen:* Die V. wird häufig allseitig von Triumphbogen begrenzt (Bild. Kunst III, 18); **Vie|rungs|kup|pel,** die (Archit.): *Kuppel über der Vierung;* **Vie|rungs|pfeiler,** der (Archit.): *einer der zur architektonischen Hervorhebung der Vierung verstärkten Pfeiler an den Schnittpunkten von Lang- u. Querhaus;* **Vie|rungs|turm,** der (Archit.): vgl. Vierungskuppel; **Vier|viertel|takt** [-'fɪrt[...], der; vgl. Dreivierteltakt; **Vier|wald|stät|ter See,** der; - -s, (schweiz.:) **Vier|wald|stät|ter|see,** der; -s: See in der Schweiz; **Vier|we|ge|hahn,** der (Technik): vgl. Dreiwegehahn; **vier|wer|tig** ⟨Adj.⟩: vgl. dreiwertig; **vier|wö-chent|lich** ⟨Adj.⟩ (mit Ziffer: 4wöchentlich): vgl. achtwöchentlich; **vier|wö|chig** ⟨Adj.⟩ (mit Ziffer: 4wöchig): vgl. achtwöchig; **vier|zehn** ['fɪr...] ⟨Kardinalz.⟩ [mhd. vierzehen, ahd. fiorzehan] (in Ziffern: 14): vgl. acht: v. Tage *(zwei Wochen);* **vier|zehn|hun|dert** ['fɪrtseːn'h...] ⟨Kardinalz.⟩ (in Ziffern: 1 400): *eintausendvierhundert;* **vier|zehn|jäh|rig** ['fɪr...] ⟨Adj.⟩ (mit Ziffer: 14jährig): vgl. achtzehnjährig; **vier|zehn|tä|gig** ['fɪr...] ⟨Adj.⟩ (mit Ziffern: 14tägig): *zwei Wochen dauernd;* **vier|zehn|täg|lich** [fɪr...] ⟨Adj.⟩ (mit Ziffern: 14täglich): *sich alle zwei Wochen wiederholend;* **Vier|zei|ler,** der; -s, -: *Strophe, Gedicht aus vier Versen;* **Vier|zel|len-bad,** das (Med.): *hydroelektrisches Bad, bei dem Arme u. Beine einzeln je in ein mit Wasser gefülltes Gefäß getaucht werden;* **vier|zig** ['fɪrtsɪç] ⟨Kardinalz.⟩ [mhd. vierzec, ahd. fiorzug] (in Ziffern: 40): vgl. achtzig; **Vier|zig** ['fɪr...], die; -: vgl. Achtzig; **vier|zi|ger** ['fɪr...] ⟨indekl. Adj.⟩ (mit Ziffern: 40er): vgl. achtziger; **Vier|zi|ger** ['fɪr...], der; -s, -: ¹Achtziger; **Vier|zi-ge|rin** ['fɪr...], die; -, -nen: vgl. Achtzigerin; **Vier|zi|ger|jah|re** ['fɪr..., auch: '- - -'- -] ⟨Pl.⟩: vgl. Achtzigerjahre; **vier|zig|jäh|rig** ['fɪr...] ⟨Adj.⟩: vgl. dreißigjährig; **vier|zigst...** ['fɪr...] ⟨Ordinalz. zu ↑vierzig⟩ (in Ziffern: 40.): vgl. viert...; **vier|zig|stel** ['fɪr...] ⟨Bruchz.⟩ (als Ziffer: $\frac{1}{40}$): vgl. achtzigstel; **Vier|zig|stel** ['fɪr...], das, schweiz. meist: der: vgl. Achtzigstel; **Vier|zig|stun|den|wo|che,** die (mit Ziffern: 40-Stunden-Woche): *Arbeitszeit von 40 Stunden in der Woche;* **Vier|zim|mer-woh|nung,** die: vgl. Dreizimmerwohnung; **vier|zöl|lig,** (auch:) **vier|zol|lig** ⟨Adj.⟩ (mit Ziffer: 4zöllig): vgl. achtzöllig; **Vier-zwei-vier-Sy|stem,** das ⟨o. Pl.⟩ (mit Ziffern: 4-2-4-System) (Fußball): *Spielsystem, bei dem die Mannschaft mit vier Abwehrspielern, zwei Mittelfeldspielern u. vier Stürmern spielt;* **Vier|zy|lin-der,** der; vgl. Achtzylinder; **Vier|zy|lin-der|mo|tor,** der; vgl. Achtzylindermotor; **vier|zy|lin|drig** ⟨Adj.⟩ (mit Ziffer: 4zylindrig): vgl. achtzylindrig.

Vi|et|cong [vi̯ɛ...; auch: '- -], der; -s, -[s] [Kurzwort aus vietnamesisch Viêt Nam Công San = Kommunisten von Vietnam]: **1.** ⟨o. Pl.⟩ *(bis 1975) südvietnamesische Guerillabewegung.* **2.** *Mitglied des Vietcong* (1); **Vi|et|nam** [vi̯ɛ...; auch: '- -]; -s: *Staat in Südostasien;* **Vi|et|na-me|se,** der; -n, -n: Ew.; **Vi|et|na|me|sin,** die; -, -nen: w. Form zu ↑Vietnamese; **vi-et|na|me|sisch** ⟨Adj.⟩.

Vieux Saxe [vjøˈsaks], das; - - [frz. vieux saxe, eigtl. = altes Sachsen]: *Meißner Porzellan des 18. Jh.s.*

Viez [fiːts], der; -es, -e [wohl aus lat. vice vinum, eigtl. = an Stelle von Wein; ↑¹Vize-] (westmd.): *Apfelwein:* Den V. gibt es heiß und kalt, süß und herbherb (Saarbr. Zeitung 5. 10. 79, 44).

vif ⟨Adj.⟩ [frz. vif < lat. vivus = lebendig] (veraltend): *aufgeweckt, wendig, rührig:* eine -e Geschäftsführerin; seine Freundin ist sehr v.; Wo andere Interpreten sich erst anwärmen müssen, steigt er (= Eric Clapton) gleich v. und voller Elan in die Materie (NZZ 3. 5. 83, 5).

vi|gil ⟨Adj.⟩ [lat. vigil, zu: vigere = lebenskräftig sein, frisch u. kräftig sein] (Med.): *wachend, schlaflos;* **Vi|gil,** die; -, -en [lat. vigilia = das Wachen; Nachtwache, zu: vigil, ↑vigil] (kath. Kirche): **1.** *nächtliches Gebet der mönchischen Gebetsordnung.* **2.** *[liturgische Feier am] Vortag eines kirchlichen Festes;* **vi|gi|lant** ⟨Adj.⟩; -er, -este) [zu lat. vigilans (Gen.: vigilantis) = wachsam, 1. Part. von: vigilare = wachsam sein, zu: vigil, ↑vigil] (veraltend): *schlau, pfiffig u. dabei wachsam:* Aber wenn Blick hast du, Mädchen. Wenn du auch so v. beim Morsen bist (Brot und Salz 403); **Vi|gi|lant,** der; -en, -en (veraltet): *Polizeispitzel:* Derlei Informationen sind ein Geschäft für -en, seit der Zoll Prämien zahlt (Spiegel 21, 1975, 74); **Vi|gi|lan|tin,** die; -, -nen: w. Form zu ↑Vigilant; **Vi|gi|lanz,** die; -: **1.** (bildungsspr. veraltend) *vigilante Art.* **2.** (Psych.) *Zustand erhöhter Reaktionsbereitschaft, Aufmerksamkeit:* Botschaften treffen auf Bereitschaften. Bereit ist, V. (Strauß, Niemand 136); **Vi|gi|lia,** die; - (Med.): *Schlaflosigkeit;* **Vi|gi|lie,** die; -, -n [lat. vigilia, ↑Vigil]: **1.** *(im altrömischen Heer) Nachtwache.* **2.** *Vigil* (2); **vi|gi|lie|ren** ⟨sw. V.; hat⟩ [zu lat. vigilare, ↑vigilant] (bildungsspr. veraltend): *wachsam sein; fahnden; aufpassen, auf etw. lauern.*

Vi|gne ['vɪnjə, 'viːnjə], die; -, -n [frz. vigne < ital. vigna = Weinberg, Weinrebe < lat. vinea, subst. Fem. von: vineus = aus Wein bestehend, zu: vinum = Wein] (veraltet): *kleines Haus auf dem Land; Ferienhaus;* **Vi|gnet|te** [vɪnˈjɛtə], die; -, -n [frz. vignette, urspr. = Weinrankenornament, Vkl. von: vigne = Weinrebe < lat. vinea, ↑Vigne]: **1.** (Buchw.) *ornamentale bildliche Darstellung auf dem Titelblatt, am Beginn od. Ende eines Kapitels od. am Schluß eines Buches.* **2.** (Fot.) **a)** *Maske (5 a) mit bestimmten Ausschnitten (z. B. Schlüsselloch) im Vorsatz vor dem Objektiv einer Filmkamera;* **b)** *Maske (5 a) zur Verdeckung bestimmter Stellen eines Negativs vor dem Kopieren.* **3.** *Gebührenmarke für die Autobahnbenutzung bes. in der Schweiz:* Ohne V. auf der linken Innenseite der Frontscheibe dürfen ab 1. Januar nächsten Jahres nur noch Fahrzeuge der Armee ... auf Nationalstraßen unterwegs sein (Basler Zeitung 12. 5. 84, 1). **4.** (Philat.) *nicht amtliche Marke (oft mit Wertangabe, aber ohne postalische Gültigkeit), die zur Finanzierung einer Veranstaltung, Unterstützung einer wohltätigen Organisation o. ä. ausgegeben wird;* **Vi|gnet|tie|rung,** die; -, -en (Fot.): *(durch das Hereinragen von Filtern, Blenden o. ä. vor das Objektiv bewirkte) Unterbelichtung der Ränder u. Ecken einer Fotografie.*

Vi|go|gne [viˈɡɔnjə], die; -, -n, **Vi|go|gne-wol|le,** die [frz. vigogne, älter: vicugne < span. vicuña, ↑Vikunja]: *Mischgarn aus [Reiß]wolle u. Baum- bzw. Zellwolle.*

Vi|gor, der; -s [lat. vigor, zu: vigere, ↑vigil] (bildungsspr. veraltet): *Stärke, Rüstigkeit;* **vi|go|rös** ⟨Adj.⟩; -er, -este) [frz. vigoureux, zu: vigueur < lat. vigor, ↑Vigor] (bildungsspr. veraltet): *kräftig, rüstig;* **vi|go|ro|so** ⟨Adv.⟩ [ital. vigoroso, zu: vigore = Stärke, Kraft < lat. vigor, ↑Vigor] (Musik): *kraftvoll.*

Vi|gou|reux [viɡuˈrøː], der; - [...ˈrøː(s)]: *nach dem frz. Textildrucker J. S. Vigoureux (19. Jh.)]: aus streifenweise bedrucktem Kammzug hergestelltes, meliertes Kammgarn.*

Vi|ha|ra, der; -, -s [sanskr.]: *(im Buddhismus) Aufenthaltsort der Mönche, Kloster.*

Vi|kar, der; -s, -e [mhd. vicār(i) < lat. vicarius = stellvertretend; Stellvertreter, Statthalter, zu: vicis (Gen.) = Wechsel, Platz, Stelle (im Sinne von „an Stelle")]: **1.** (kath. Kirche) *ständiger od. zeitweiliger Vertreter einer geistlichen Amtsperson.* **2.** (ev. Kirche) **a)** *Pfarrvikar* (b); **b)** *in ein Praktikum übernommener Theologe mit Universitätsausbildung.* **3.** (schweiz.) *Stellvertreter eines Lehrers;* **Vi|ka|ri|an-ten** ⟨Pl.⟩ (Biol.): *vikariierende (2) Pflanzen od. Tiere;* **Vi|ka|ri|anz,** die; - (Biol.): *das Sichvertreten von einander nahe verwandten Tieren od. Pflanzen in verschiedenen Gebieten;* **Vi|ka|ri|at,** das; -[e]s, -e: *Amt eines Vikars;* **vi|ka|ri|ie|ren** ⟨sw. V.; hat⟩: **1.** *das Amt eines Vikars versehen.* **2.** (bildungsspr. veraltend) *jmds. Stelle vertreten;* **vi|ka|ri|ie|rend** ⟨Adj.⟩: **1.** (Med.) *die Funktion eines ausgefallenen Organs übernehmend.* **2.** (Biol.) *(von nahe verwandten Tieren od. Pflanzen) nicht gemeinsam vorkommend, aber am jeweiligen Standort einander vertretend;* **Vi|ka|rin,** die; -, -nen: w. Form zu ↑Vikar (2, 3).

vik|ti|mi|sie|ren ⟨sw. V.; hat⟩ [engl. to victimize, zu: victim = Opfer < lat. victima = Opfer(tier)] (selten): *zum Opfer (3) machen; schikanieren;* **Vik|ti|mi|sie-rung,** die; -, -en (selten): *das Viktimisieren:* Es war der erste Versuch, wenigstens einen Teil jener vermuteten V. von Frauen zu erhellen (Spiegel 32, 1981, 57); **vik|ti|mo|gen** ⟨Adj.⟩ [↑-gen] (Fachspr.): *Opfer (3) hervorrufend, erzeugend, fordernd:* eine -e Situation; Taxifahrer und Geldboten sind besonders v. *(in Gefahr, Opfer zu werden);* **Vik|ti|mo|lo|ge,** der; -n, -n [↑-loge]: *Wissenschaftler, Fachmann auf dem Gebiet der Viktimologie;* **Vik|ti-mo|lo|gie,** die; - [nach engl. victimology; ↑-logie]: *Teilgebiet der Kriminologie, das die Beziehungen zwischen Opfer u. Tat bzw. Täter untersucht;* **Vik|ti|mo|lo|gin,** die; -, -nen: w. Form zu ↑Viktimologe; **vik|ti|mo|lo|gisch** ⟨Adj.⟩: *die Viktimologie betreffend, auf ihr beruhend.*

¹Vik|to|ria, die; -, -s u. ...ien [lat. Victoria, eigtl. = Sieg, zu: vincere = siegen]: *(in*

der römischen Antike) Frauengestalt mit Flügeln als Personifikation eines errungenen Sieges; ²**Vik|to|ria**, das; -s, -s ⟨meist o. Art.⟩: *Sieg (als Ausruf):* V. brüllen; **vik|to|ria|nisch** ⟨Adj.⟩: *den Viktorianismus betreffend; vom Geist des Viktorianismus durchdrungen, ihm entsprechend:* -e Strenge, Prüderie; **Vik|to|ria|nis|mus,** der; - [nach der brit. Königin Viktoria (1819–1901)]: *Strömung von nüchternsachlicher Tendenz im geistigen Leben Großbritanniens Ende des 19. Jh.s, die bes. Literatur u. Kunst beeinflußt;* ♦ **Vik|to|rie,** die; -, -n: *Sieg, Gewinn einer Schlacht:* Nach der V. von Breitenfeld konnte ich dem Kaiser einen läßlichen Frieden vorschreiben (C. F. Meyer, Page 165).
Vik|tua|li|en ⟨Pl.⟩ [spätlat. victualia, zu: victualis = zum Lebensunterhalt gehörig, zu lat. victus = Leben(sunterhalt), zu: victum, 2. Part. von: vivere = leben] (veraltet): *Lebensmittel [für den täglichen Bedarf, den unmittelbaren Verzehr]:* man errichtete an seiner Stelle einen Marktplatz für V. (Süskind, Parfum 7); **Vik|tua|li|en|brü|der:** ↑ Vitalienbrüder; **Vik|tua|li|en|hand|lung,** die (veraltet): *Lebensmittelgeschäft;* ♦ **Vik|tua|li|en|kel|ler,** der: *Keller für die Aufbewahrung von Lebensmitteln:* da ist ein Hundefuhrwerk in einen V. hinabgepoltert (Raabe, Chronik 153); **Vik|tua|li|en|markt,** der (veraltet): vgl. Viktualienhandlung.
Vi|kun|ja, das; -s, -s od. die; -, ...jen [span. vicuña < Ketschua (südamerik. Indianerspr.) huik'uña]: *höckerloses südamerikanisches Kamel, aus dessen dichtem, braungelbem Fell sehr feine Wolle gewonnen wird;* **Vi|kun|ja|wol|le,** die: *Wolle des Vikunjas.*
Vi|la: Hauptstadt von Vanuatu.
Vil|la, die; -, Villen [ital. villa < lat. villa = Landhaus, Landgut]: **a)** *größeres, vornehmes, in einem Garten od. Park [am Stadtrand] liegendes Einfamilienhaus:* eine V. aus dem 19. Jh.; Altenteil nannte sich das ..., was eine feudale V. auf dem Gutsgelände war (Danella, Hotel 421); Bald kann man den Steffensweg sehen: V. neben V. (Grass, Hundejahre 454); **b)** *großes, herrschaftliches Landhaus:* die V. d'Este in Tivoli.
Vil|la|fran|ca, das; - [nach dem ital. Ort Villafranca d'Asti (Provinz Asti)] (Geol.): *Übergangsbereich vom Tertiär zum Quartär im westlichen Mittelmeerraum.*
Vil|la|nell, das; -s, -e, **Vil|la|nel|la, Vil|la|nel|le,** die; -, ...llen [ital. villanella, zu: villano = derb, bäurisch < spätlat. villanus]: *einfach gesetztes, meist dreistimmiges italienisches Bauern-, Hirtenlied des 16./17. Jh.s;* **Vil|leg|gia|tur** [vɪlɛdʒaˈtuːɐ̯], die; -, -en [ital. villeggiatura, zu: villeggiare = in der Sommerfrische sein, zu: villa, ↑ Villa] (veraltet): *Landaufenthalt; Sommerfrische* (a); **Vil|len:** Pl. von ↑ Villa; **vil|len|ar|tig** ⟨Adj.⟩: *im Stil, in der Art einer Villa;* **Vil|len|ge|gend,** die: *städtische Wohngegend, deren Bild von Villen bestimmt wird;* **Vil|len|vier|tel,** das: vgl. Villengegend: *Der große Dirigent war unser Nachbar in dem freundlichen V., wo alle einander kannten* (K. Mann, Wendepunkt 81); **Vil|len|vor|ort,** der: vgl. Villengegend; **Vil|li|kal|ti|on,** die; -

[lat. villicatio = Verwaltung, Bewirtschaftung eines Landhauses, zu: villicare = als Meier verwalten, zu: villicus = zum Landgut gehörig, zu: villa, ↑ Villa] (Geschichtsforschung): *(seit dem Ende des 7. Jh.s im Fränkischen Reich aufkommende) grundherrschaftliche Verbände mit einem vom Grundherrn betriebenen Fronhof als Zentrum.*
vil|lös ⟨Adj.⟩ [zu lat. villus = zottiges Haar; Zotte] (Med.): *viele Zotten* (b) *aufweisend (bes. von den Schleimhautfalten des Magens od. Darms).*
Vil|lot|ta, die; -, ...te [ital. villotta] (Musik): *im 16. Jh. in Norditalien aufgekommenes mehrstimmiges Tanzlied.*
Vi|ma|na, der od. das; -, -s [sanskr.]: *aus der Cella* (1) *mit Umwandung u. Turmaufbau bestehender Hauptteil des indischen Tempels.*
Vi|na: ↑ Wina.
Vin|ai|gret|te [vinɛˈɡrɛt(ə)], die; -, -n [...tn̩, frz. vinaigrette, zu: vinaigre = (Wein)essig]: *aus Essig, Öl, Senf u. verschiedenen Gewürzen bereitete Soße.*
Vin de pays [vɛ̃dpɛˈi], der; - - -, -s - - [vɛ̃dpɛˈi; frz. vin de pays = Landwein]: *französischer Landwein (als Bezeichnung einer unteren Qualitätsstufe).*
Vin|di|kant, der; -en, -en [zu lat. vindicans (Gen.: vindicantis), 1. Part. von: vindicare, ↑ vindizieren] (Rechtsspr. früher): *(beim Konkurs) jmd., der vindiziert;* **Vin|di|ka|ti|on,** die; -, -en [lat. vindicatio, zu: vindicare, ↑ vindizieren] (Rechtsspr.): *Anspruch des Eigentümers gegen den Besitzer einer Sache auf deren Herausgabe;* **Vin|di|ka|ti|ons|zes|si|on,** die; -, -en (Rechtsspr.): *Abtretung des Anspruchs auf Herausgabe einer Sache durch den Eigentümer an den Erwerber, soweit sich die Sache im Besitz eines Dritten befindet;* **vin|di|zie|ren** ⟨sw. V.; hat⟩ [lat. vindicare] (Rechtsspr.): *als Eigentümer einer Sache ihre Herausgabe vom Besitzer verlangen;* **Vin|di|zie|rung,** die; -, -en: *das Vindizieren.*
Vingt-et-un [vɛ̃teˈœ̃], **Vingt-un** [vɛ̃ˈtœ̃], das; - [frz., eigtl. = 21]: *Variante des Kartenspiels „Siebzehnundvier".*
Vi|nho ver|de [ˈvinu ˈvɛrdi], der; - - [ˈvɪnʊ ˈvɛrdi; port. vinho verde, eigtl. = grüner Wein, bezogen auf das junge Alter]: *spritziger, trockener portugiesischer Wein mit niedrigem Alkoholgehalt.*
Vin|ku|la|ti|on, die; -, -en [zu lat. vinculum = ¹Band] (Bankw.): *Bindung des Rechtes der Übertragung eines Wertpapiers an die Genehmigung des Emittenten;* **Vin|ku|la|ti|ons|ge|schäft,** das (Wirtsch.): *Bevorschussung von Waren, die sich auf dem Transport befinden;* **vin|ku|lie|ren** ⟨sw. V.; hat⟩ [spätlat. vincular = binden, zu lat. vinculum, ↑ Vinkulation] (Bankw.): *Recht der Übertragung eines Wertpapiers an die Genehmigung des Emittenten binden:* Die Anteile sollten, um Machtballungen und geheime Aufkäufe zu vermeiden, breit gestreut werden. Sie wurden deshalb vinkuliert, also an den Inhaber gebunden (Spiegel 42, 1987, 88); 1,67 Millionen vinkulierte Namensaktien sollen möglichst breit gestreut werden (MM 26. 6. 85, 1); **Vin|ku|lie|rung,** die; -, -en: *Vinkulation.*
Vi|no|thek, die; -, -en [zu lat. vinum =

Wein u. ↑-thek]: **1.** *Sammlung kostbarer Weine:* Wer sich eine V. zulegt, also edle Weine sammelt, tut dies jedoch nicht für die Nachwelt (Haus 2, 1980, 73). **2.** *Weinkeller mit Weinausschank;* **Vi|nyl,** das; -s [zu lat. vinum = Wein u. griech. hýlē = Holz; vgl. Methylen]: **a)** (Chemie) *von Äthylen abgeleiteter ungesättigter Kohlenwasserstoffrest;* **b)** (ugs.) *auf Vinyl* (a) *beruhender Kunststoff, aus dem bes. Schallplatten hergestellt werden:* auf V. gepreßt sein; Während sich die Plattengeschäfte in England ... mittlerweile als wichtige Umschlagplätze für Rockliteratur etablieren konnten, sind die Versuche, V. (Schallplatte) und Buch auch hierzulande unter einem Dach anzubieten, weitgehend fehlgeschlagen (Szene 8, 1985, 30); **Vi|nyl|ace|tat,** das (Chemie): *bes. zur Herstellung von Polyvinylacetat verwendete, farblose, flüssige, sehr reaktionsfähige Substanz;* **Vi|nyl|al|ko|hol,** der (Chemie): *einfachster ungesättigter Alkohol;* **Vi|nyl|ben|zol,** das (Chemie): *Styrol;* **Vi|nyl|chlo|rid,** das (Chemie): *bes. zur Herstellung von Polyvinylchlorid verwendete, farblose, gasförmige, sehr reaktionsfähige Substanz;* **Vi|nyl|grup|pe,** die: *in vielen organischen Verbindungen enthaltene, einwertige, ungesättigte Gruppe mit zwei Kohlenstoffatomen.*
Vin|zen|ti|ner, der; -s, - [nach dem Gründer, dem hl. Vinzenz v. Paul (1581–1660)]: *Lazarist;* **Vin|zen|ti|ne|rin,** die; -, -nen: *Angehörige einer karitativen, laizistischen weiblichen Kongregation;* **Vin|zenz|kon|fe|renz,** die; -, -en: *karitativ tätige Vereinigung katholischer Laien in Pfarreien, Schulen u. Universitäten.*
¹**Vi|o|la,** die; -, Violen [lat. viola] (Bot.): *Veilchen.*
²**Vi|o|la,** die; -, ...len [ital. viola, wohl < aprovenz. viola, viula; H. u.]: *Bratsche;* **Vi|o|la ba|star|da,** die; - -, ...le --de [ital. viola bastarda, eigtl. = unechte, verdorbene Geige] *(vom 16. bis 18. Jh. gebräuchliche) große Gambe mit sechs bis sieben Saiten und Resonanzsaiten;* **Vi|o|la da brac|cio** [- da ˈbratʃo], die; - - -, ...le - - [ital. viola da braccio = Armgeige]: *in Armhaltung gespieltes Streichinstrument, bes. Bratsche;* **Vi|o|la da gam|ba,** die; - - -, ...le - - [ital. viola da gamba = Beingeige]: *Gambe;* **Vi|o|la d'amo|re,** die; - -, ...le - - [ital. viola d'amore = Liebesgeige]: *der Bratsche ähnliches Streichinstrument [der Barockmusik] in Altlage, mit meist sieben Saiten in variabler Stimmung u. sieben im Einklang o. in der Oktave mitklingenden Saiten unter dem Griffbrett;* **Vi|o|la pom|po|sa,** die; - -, ...le - -se [ital. viola pomposa, eigtl. = prächtige Geige]: *große, fünfsaitige Bratsche, die auf dem Arm gehalten u. zusätzlich mit einem Band befestigt wird.*
Vi|o|la|ti|on, die; -, -en [lat. violatio, zu: violare = gewalttätig behandeln, verletzen, zu: vis = Kraft, Stärke, Gewalt] (bildungsspr.): *Verletzung, Schändung, Vergewaltigung.*
Vi|o|la tri|co|lor, die; - - [aus ↑ ¹Viola u. spätlat. tricolor = dreifarbig] (Bot.): *Stiefmütterchen;* **Vi|o|la|zee,** die; -, -n ⟨meist Pl.⟩ [zu ↑ ¹Viola u. lat. -acea, Fem. von: -aceus = gehörend zu] (Bot.): *Veil-*

Viole

chengewächs; **Vio|le,** die; -, -n (bildungsspr.): *Veilchen,* ¹*Viola.*
Viole d'amour [vjɔlda'muːr], die; - -, -s - [vjɔlda'muːr, frz. viole d'amour]: frz. Bez. für *Viola d'amore.*
Vio|len: Pl. von ↑¹,²*Viola.*
vio|lent ⟨Adj.; -er, -este⟩ [lat. violentus, zu: vis, ↑ Violation] (bildungsspr.): *heftig, gewaltsam;* **vio|len|to** ⟨Adv.⟩ [ital. violento < lat. violentus, ↑ violent] (Musik): *heftig; gewaltsam;* **Vio|lenz,** die; - [lat. violentia, zu: violentus, ↑ violent] (bildungsspr.): *Heftigkeit, Gewaltsamkeit.*
vio|lett ⟨Adj.⟩ [spätmhd. fiolet < frz. violet, zu: violette = Veilchen, Vkl. von afrz. viole < lat. viola, ↑¹*Viola*]: *in der Färbung zwischen Blau u. Rot liegend; veilchenfarben:* ein -er Schal; eine -e Bluse; Nur die Stirn leuchtete. In den Höhlungen und Falten lagen -e Schatten (Rehn, Nichts 7); sie, ihr Gesicht lief v. an; Er lag auf dem Bauch, v. vor Kälte (Frisch, Stiller 210); **Vio|lett,** das; -s, - (ugs.: -s): *violette Farbe, Färbung:* Amethyste, von denen man sagt, daß sie ihr köstliches V. einem Gehalte an organischer Substanz verdanken (Th. Mann, Krull 96).
Vio|let|ta, die; -, ...tten [ital. violetta, Vkl. von: viola, ↑²*Viola*]: *kleine* ²*Viola od. Violine;* **Vio|li|nal|ta,** die; -, -s [ital. violinata = Geigenritornell]: *[Übungs]stück für Violine;* **Vio|li|ne,** die; -, -n [ital. violino, Vkl. von: viola, ↑²*Viola*] (oft Fachspr.): *Geige (als ausführendes, einen spezifischen Klangeindruck hervorrufendes Instrument):* Ein Mann mit einer V. stellte sich am Rande des Bürgersteigs auf und begann ... zu spielen (Remarque, Triomphe 156); **Vio|li|nist,** der; -en, -en [ital. violinista, zu: violino, ↑ Violine] (selten): *Geiger, Geigenvirtuose;* **Vio|li|ni|stin,** die; -, -nen (selten): *w. Form zu* ↑ Violinist; **Vio|lin|kon|zert,** das: *Konzert für Violine u. Orchester;* **Vio|lin|li|te|ra|tur,** die: *Literatur (1 c) für Violine [mit Begleitung];* **Vio|lin|mu|sik,** die: *Musik für Violine [mit Begleitung];* **Vio|li|no,** der; -s, ...ni [ital. violino, ↑ Violine]: ital. Bez. für *Geige:* V. piccolo *(kleine Geige der Tanzmeister im Barock);* V. primo *(erste Geige);* V. secondo *(zweite Geige);* **Vio|lin|part,** der: *Part (1 a), der für die Violine bestimmt ist;* **Vio|lin|sai|te,** die: *Geigensaite;* **Vio|lin|schlüs|sel,** der: *Notenschlüssel, mit dem im Liniensystem die Lage des eingestrichenen g (heute auf der 2. Notenlinie) festgelegt wird; G-Schlüssel;* **Vio|lin|schu|le,** die: *Lehr- u. Übungsbuch für das Violinspiel;* **Vio|lin|so|na|te,** die: *Sonate für Violine [u. Begleitinstrument];* **Vio|lin|spiel,** das: *Geigenspiel;* **Vio|lin|stun|de,** die: *Geigenstunde;* **Vio|lon** [vjɔ'lõː], der; -[s], -s [frz. violon, zu: viole = ²Viola < aprovenz. viola, ↑²*Viola*]: frz. Bez. für *Violine;* **Vio|lon|cell** [vjolɔn'tʃɛl], das; -s, -s (veraltend): *Violoncello;* **Vio|lon|cel|list** [...ntʃɛ'lɪst], der; -en, -en: *Cellist;* **Vio|lon|cel|li|stin,** die; -, -nen: *w. Form zu* ↑ Violoncellist; **Vio|lon|cel|lo** [...n'tʃɛlo], das; -s, ...celli, ugs.: -s [ital. violoncello, Vkl. von: violone, ↑ Violone]: *viersaitiges, eine Oktave tiefer als die Bratsche gestimmtes Tenor-Baß-Instrument, das beim Spielen, auf einen Stachel gestützt, zwischen den Knien gehalten wird; Cello;* **Vio|lo|ne,** der; -s, ...ni, ugs.: -s [ital. violone, eigtl. = große Viola]: *Kontrabaß;* **Vio|lo|phon,** das; -s, -e [zu griech. phōnḗ, ↑ Phon]: *im Jazz gebräuchliche Violine.*
VIP [vɪp], **V. I. P.** [viːaɪ'piː], der; -[s], -s u. die; -, -s [Abk. für engl. very important person = sehr wichtige Person]: *wichtige Persönlichkeit [mit Privilegien]:* Sehen Sie, ich bin kein VIP (Henscheid, Madonna 287).
Vi|per, die; -, -n [1: mhd. viper(e), vipper < lat. vipera, viell. eigtl. = die Lebendgebärende]: **1.** *gefährliche, meist lebendgebärende Giftschlange;* ²*Otter.* **2.** (Jargon) **a)** *geheilte[r] Rauschgiftsüchtige[r];* **b)** *jmd., der Marihuana raucht.* **3.** (Jargon) *V-Mann.*
VIP-Lounge, die: *Lounge für wichtige Persönlichkeiten:* ... fand eine Abschiedsfeier mit Kollegen und Freunden in der V. statt (Clipper 7, 1982, 21).
Vi|ra|gi|ni|tät, die; - [zu lat. virago, ↑ Virago] (Med.): *[krankhaftes] männliches sexuelles Empfinden der Frau;* **Vi|ra|go,** die; -, -s u. ...gines [...eːs; lat. virago (Gen.: viraginis) = mannhafte Jungfrau, zu: virgo = Jungfrau] (Med.): *Frau, die zur Viraginität neigt.*
vi|ral ⟨Adj.⟩ [zu ↑ Virus] (Med.): *durch ein Virus verursacht:* ... Impfung gegen Gelbfieber, eine durch Insekten übertragene -e Infektion (NZZ 11. 4. 85, 38); **Vir|ämie,** die; -, -n [zu ↑ Virus u. griech. haĩma = Blut] (Med.): *das Vorkommen von Viren im Blut.*
Vi|re|lai [virə'lɛ], das; -, -s [vir'lɛ; (a) frz. virelai, älter: vireli, wohl lautm., beeinflußt von: lai, ↑ Lai]: *französische Gedichtform des 13.–15. Jh.s.*
Vi|re|ment [virə'mãː], das; -s, -s [frz. virement, zu: virer = sich drehen; umbuchen] (Wirtsch.): *(im Staatshaushalt) Übertragung von Mitteln von einem Titel (4) auf einen anderen, von einem Haushaltsjahr auf das andere.*
Vi|ren: Pl. von ↑ Virus.
Vir|ga|ti|on, die; -, -en [zu lat. virga = grüner Zweig] (Geol.): *Auffächerung der einzelnen Ketten eines Faltengebirges in mehrere auseinanderstrebende Äste;* **Vir|gel** ['vɪrgḷ], die; -, -n [spätlat. virgula = Akzentzeichen, eigtl. = kleiner Zweig, Vkl. von lat. virga, ↑ Virgation]: *Schrägstrich (zwischen zwei Wörtern od. Zahlen)* (z. B. Männer und/oder Frauen).
vir|gi|nal ⟨Adj.⟩ [lat. virginalis, zu: virgo, ↑ Virginität] (Fachspr.): *jungfräulich:* geschlechtlicher Verkehr mit -en Frauen; Sein Nachfolger ließ die Leichen ... von einem Ärztekollegium auf ihren -en Zustand untersuchen (Süskind, Parfum 251); **Vir|gi|nal,** das; -s, -e [engl. virginal, zu: virginal = jungfräulich (< mfrz. virginal < lat. virginalis, ↑ virginal), viell. weil das Instrument von jungen Mädchen gespielt wurde]: *im 16./17. Jh. bes. in England verbreitetes kleines Kielinstrument;* **Vir|gi|na|list,** der; -en, -en [engl. virginalist, ↑ Virginal]: *jmd., der Virginal spielt od. für das Virginal komponiert.*
¹**Vir|gi|nia** [auch: vɪr'dʒiːni̯a], -s: *Bundesstaat der USA;* ²**Vir|gi|nia,** die; -, -s: *lange, dünne, schwere Zigarre mit einem Mundstück aus Stroh;* ³**Vir|gi|nia,** der; -[s], -: *Virginiatabak;* **Vir|gi|nia|ta|bak,** der: *eine Tabaksorte;* **Vir|gi|nia|zi|gar|re,** die; ²*Virginia;* **Vir|gi|ni|er,** der; -s, -: Ew. zu ↑¹Virginia; **Vir|gi|nie|rin,** die; -, -nen: w. Form zu ↑ Virginier; **vir|gi|nisch** ⟨Adj.⟩.
Vir|gi|ni|tät, die; - [lat. virginitas, zu: virgo = Jungfrau] (Fachspr., bildungsspr.): *Jungfräulichkeit:* Die Ärzte empfehlen die Abstinenz, raten zur V. statt zum Luststreben (Ranke-Heinemann, Eunuchen 14).
Vir|gi|ni|um, das; -s [nach ↑¹Virginia (veraltet): *Francium;* Zeichen: Vi
vi|ri|bus uni|tis [lat.] (bildungsspr.): *mit vereinten Kräften.*
Vi|ri|da|ri|um, das; -s, ...ien [lat. viridarium, zu: viridis = grün] (veraltet): *mit immergrünen Pflanzen angelegter Garten.*
vi|ril ⟨Adj.⟩ [lat. virilis, zu: vir = Mann]: *[in bezug auf das Erscheinungsbild] in charakteristischer Weise männlich:* Als Land, wo Hollywood und Las Vegas liegen, als Land -er schwarzer Soulsänger und verführerischer ... Blondinen ... (Pohrt, Endstation 113); **Vi|ri|li|sie|rung,** die; -, -en (Med.): *Maskulinisierung (1);* **Vi|ri|lis|mus,** der; - (Med.): **1.** *Vermännlichung (bei Frauen).* **2.** *vorzeitige Geschlechtsreife (bei Knaben);* **Vi|ri|li|tät,** die; - [lat. virilitas, zu: virilis, ↑ viril]: **a)** (Med.) *männliche Zeugungskraft, Manneskraft;* **b)** *das Virilsein; Männlichkeit:* Der Geheimdienst ... hat mit dem Impotenten das Auftrumpfen, Aufschneiden, Bramarbasieren, jene ganze peinliche Schaustellung der V. gemeinsam (Habe, Namen 256); **vi|ri|lo|kal** ⟨Adj.⟩ [zu lat. vir (↑ viril) u. locus = Ort] (Völkerk.): *(von der Ehefrau) nach der Heirat am Wohnsitz des Mannes lebend;* **Vi|ril|stim|me,** die; - [zu lat. virilis (↑ viril) in der Bed. „auf eine Person, auf den Mann kommend"]: *(bis ins 19. Jh.) Einzelstimme in verfassungsrechtlichen Kollegien.*
Vi|ri|on, das; -s, ...ria [zu ↑ Virus] (Med.): *einzelnes, infektiöses Virusteilchen.*
vi|ri|tim ⟨Adv.⟩ [lat., zu: vir, ↑ viril] (veraltet): *Mann für Mann, einzeln.*
Vi|ro|id, das; -[e]s, -e ⟨meist Pl.⟩ [zu griech. -eidḗs = gestaltet, ähnlich, zu: eĩdos = Aussehen, Form] (Biol.): *kleinster bekannter, bisher nur bei Pflanzen nachgewiesener Krankheitserreger;* **Vi|ro|lo|ge,** der; -n, -n [↑ -loge]: *Wissenschaftler auf dem Gebiet der Virologie;* **Vi|ro|lo|gie,** die; - [zu ↑ Virus u. ↑ -logie]: *Wissenschaft u. Lehre von den Viren;* **Vi|ro|lo|gin,** die; -, -nen: w. Form zu ↑ Virologe; **vi|ro|lo|gisch** ⟨Adj.⟩: *die Virologie betreffend;* **vi|rös** ⟨Adj.⟩ (Med.): *virusbedingt;* **Vi|ro|se,** die; -, -n (Med.): *Viruserkrankung;* **Vi|ro|sta|ti|kum,** das; -s, ...ka [zu griech. statikós, ↑ Statik] (Med.): *Arzneimittel, das hemmend auf das Wachstum u. die Vermehrung von Viren einwirkt.*
vir|tu|al ⟨Adj.⟩ (veraltet): *virtuell;* **Vir|tua|li|tät,** die; -, -en [frz. virtualité, zu: virtuel, ↑ virtuell] (bildungsspr.): *innewohnende Kraft od. Möglichkeit;* **vir|tua|li|ter** ⟨Adv.⟩ [mlat. virtualiter] (bildungsspr.): *als Möglichkeit:* Wenn auch bei der Mehrzahl der Vögel zwischen den Geschlechtern

ein Kampf um die Rangordnungsstellung wenigstens v. stattfindet (Lorenz, Verhalten I, 218); **Vir|tu|al re|ali|ty** ['vɔːtʃʊəl rɪ'ælɪtɪ], die; - [engl. virtual reality, aus: virtual = virtuell u. reality = Realität]: *virtuelle Realität;* **vir|tu|ẹll** ⟨Adj.⟩ [frz. virtuel < mlat. virtualis, zu lat. virtus = Tüchtigkeit; Mannhaftigkeit; Tugend, zu: vir, ↑viril; b: nach engl. virtual]: **a)** (bildungsspr.) *entsprechend seiner Anlage als Möglichkeit vorhanden, die Möglichkeit zu etw. in sich begreifend:* ein -er Gegensatz der Interessen; Die bürgerliche Kunst ist zum Reservat für eine, sei es auch -e Befriedigung jener Bedürfnisse geworden (Habermas, Spätkapitalismus 110); die verschiedenen Facetten einer -en Problemsituation (Zorn, Mars 197); **b)** *nicht echt, nicht in Wirklichkeit vorhanden, aber echt erscheinend, dem Auge, den Sinnen vortäuschend:* Auch die ARD plant den Einsatz von -en Studios, zunächst für eine neue politische Magazinsendung (MM 19./20. 11. 94, Wochenendbeilage); -er (Datenverarb.; *scheinbarer, nur logisch vorhandener*) Speicher; -e Realität *(vom Computer simulierte Wirklichkeit, künstliche Welt, in die man sich mit Hilfe der entsprechenden technischen Ausrüstung scheinbar hineinversetzen kann);* ... „Voxel-Man": ein elektronischer Anatomieatlas, der auf einem Körpermodell beruht, welches sich aus allen Richtungen betrachten, in allen Ebenen sezieren und auf mancherlei Art v. manipulieren läßt (Zeit 27. 1. 95, 78); **vir|tu|os** ⟨Adj.; -er, -este⟩ [ital. virtuoso, ↑Virtuose]: *eine saubere, vollendete Beherrschung der betreffenden Sache, [künstlerischen] Fähigkeit erkennen lassend:* eine -e Pianistin; Ludwig Harig, der sich als -er Sprachspieler nun auch bei einer Autorenlesung ... vorstellte (Saarbr. Zeitung 18. 12. 79, 18); eine -e Leistung, Darstellung, Zeichnung; mit -em Können; Der Biograph ... kann ebenso umfassende wie -e Selbstdarstellung Thomas Manns natürlich nicht ignorieren (Reich-Ranicki, Th. Mann 255); Selbstverständlich gibt es etwas elegantere, -ere, witzigere Texte (Deschner, Talente 140); sein Spiel ist v.; etw. v. meistern; das musikhistorisch bedeutsame Trompetenkonzert ... wurde ... v. in bestechend sauberem Ton geblasen (NNN 16. 10. 84, 6); **Vir|tuo|se**, der; -n, -n [ital. virtuoso, subst. Adj. zu: virtuoso = tugendhaft, tüchtig, gut, zu: virtù < lat. virtus (↑virtuell), also eigtl. = tugendhafter, tüchtiger Mensch]: *jmd., der eine [künstlerische] Technik mit vollkommener Meisterschaft beherrscht; virtuoser Instrumentalsolist:* er ist ein V. auf der Geige; Ü ein V. in der Küche; **Virtuo|sen|tum**, das; -s: *virtuose Begabung;* **Vir|tuo|sin**, die; -, -nen: w. Form zu ↑Virtuose: Ü Patricia Highsmith ... ist eine V. des modernen psychologischen Romans (Weltwoche 26. 7. 84, 25); **Vir|tuo|si|tät**, die; -: *meisterhaft vollendete Beherrschung einer [künstlerischen] Technik:* Ü Metternich besaß eine besondere V., sich den Menschen und Dingen anzupassen (Goldschmit, Genius 182); **Vir|tuo|so**, der; -, -s [ital. virtuoso, ↑Virtuose]: *Ideal des gebildeten Menschen (nach Shaftesbury);* **Vir|tus**, die; - [lat. virtus, ↑virtuell] (Ethik): *Tüchtigkeit; Tapferkeit; Tugend.* **vi|ru|lẹnt** ⟨Adj.; -er, -este⟩ [lat. virulentus = giftig, zu: virus, ↑Virus]: **1.** (Med.) *(von Krankheitserregern) aktiv, ansteckend:* -e Tuberkelbazillen. **2.** (bildungsspr.) *sich gefahrvoll auswirkend:* -e Vorurteile; ein Problem wird v.; In Westdeutschland, wo der Nazismus als Lebensgefühl noch und wieder v. ist (Kantorowicz, Tagebuch I, 649); Mit einem Mal war die sorgfältig vergessene Angst wieder da, v. mit ihr im vergangenen Herbst (Süskind, Parfum 282); **Vi|ru|lẹnz**, die; -: **1.** (Med.) *schädliche Aktivität; Ansteckungsfähigkeit, Giftigkeit:* ... demonstrierte ein bisher verkannter Krankheitserreger mit aller Deutlichkeit seine V. (NZZ 27. 8. 86, 41). **2.** (bildungsspr.) *das Virulentsein:* ... als seine Mutter den Bruder gebar, zu dem er ein Rivalitätsverhältnis entwickelte, das bis heute seine untergründige V. nicht verloren hat (Dierichs, Männer 47); **Vi|rus**, das, außerhalb der Fachspr. auch: der; -, Viren [wohl über gleichbed. frz., engl. virus < lat. virus = Schleim, Saft, Gift]: *kleinstes [krankheitserregendes] Partikel, das nur auf lebendem Gewebe gedeiht:* Das V. der Hepatitis verursacht eine schwere Leberveränderung (Medizin II, 146); Die Viren dringen in die Zellen selbst ein, verändern deren Stoffwechsel und vermehren sich (Medizin II, 145); Ü Zweitens ist mitten in das 20. Jahrhundert wieder der V. nationaler Großmannssucht längst vergangener Epochen eingeschleppt worden (Dönhoff, Ära 126); Das große Weltenfieber hat begonnen, der V. der Menschenrechte ist in die Blutbahn der Völker gelenkt (Sieburg, Robespierre 45); **Vi|rus|er|kran|kung**, die: *durch Viren hervorgerufene Erkrankung;* **Vi|rus|forschung**, die: *Forschung auf dem Gebiet der Viren;* **vi|rus|frei** ⟨Adj.⟩: *frei von Viren;* **Vi|rus|grip|pe**, die: *Viruserkrankung;* **Vi|rus|he|pa|ti|tis**, die: vgl. Viruserkrankung; **Vi|rus|in|fek|ti|on**, die: vgl. Viruserkrankung; **Vi|rus|krank|heit**, die: vgl. Viruserkrankung; **Vi|rus|trä|ger**, der: vgl. Bakterienträger; **Vi|rus|trä|ge|rin**, die: w. Form zu ↑Virusträger. **Vi|sa**: Pl. von ↑Visum; **Vi|sa|an|trag**, der: vgl. Visumantrag; **vi|sa|frei** ⟨Adj.⟩: vgl. visumfrei. **Vi|sa|ge** [viˈzaːʒə], die; -, -n [frz. visage, zu afrz. vis < lat. visus = Gesicht(ssinn), Anblick, Erscheinung, zu: visum, 2. Part. von: videre = sehen]: **a)** (salopp abwertend) *Gesicht:* eine fiese, glatte, ekelhafte, entsetzliche V.; Schwächliche Kulturjünglinge werfen Blickkussen aus blasierten -n (Sobota, Minus-Mann 327); ein bösartiger Spießer mit hysterisch getrübtem Blick in der bleich gesundenen V. (K. Mann, Wendepunkt 228); Du brauchst dir doch bloß seine V. anzusehen — die geborene Viehhändler mit mehr Schulbildung (Kirst, 08/15, 649); jmdm. in die V. schlagen; Jede andere Frau würde dir jetzt in die V. spucken! (Konsalik, Promenadendeck 221); **b)** (salopp) *Miene, Gesichtsausdruck:* eine enttäuschte V. machen; Gelegentlich fraß er vor unseren Augen unter schrägsten -n einen Korken auf (Lynen, Kentaurenfährte 142). **Vi|sa|ge|bühr**, die: vgl. Visumgebühr. **Vi|sa|gist**, der; -en, -en [frz. visagiste, zu: visage, ↑Visage]: *Spezialist für die vorteilhafte Gestaltung des Gesichts mit den Mitteln der dekorativen Kosmetik:* Die -en haben sich mit ihren international gültigen Make-up-Vorschlägen ganz einer malerischen Farbharmonie ergeben (Chic 9, 1984, 3); **Vi|sa|gi|stin**, die; -, -nen: w. Form zu ↑Visagist. **Vi|sa|pflicht**, die: vgl. Visumpflicht. **vis-à-vis** [vizaˈviː; frz., eigtl. = Gesicht zu Gesicht]: **I.** ⟨Präp. mit Dativ⟩ *gegenüber* (I 1): v. dem Rathaus ist ein Park; sie saßen v. dem Büfett; Geschäfte v. der Greifswalder Mensa werden ebenfalls ... (NNN 24. 3. 87, 3); Da war Schuberts großer Lampenladen, v. Neumanns Kneipe (Plenzdorf, Legende 7). **II.** ⟨Adv.⟩ *gegenüber* (II): sie saßen im Abteil v.; v. vom Rathaus ist ein Park; Sie steht in ihrem feinsten Kleid auf dem Bürgersteig v. (Bieler, Bär 39); Im Gebäude v., dessen Fensterscheiben zerstört sind, machen sich Glasermeister ans Werk (Basler Zeitung 9. 10. 85, 5); sie wohnt gleich v. *(auf der anderen Straßenseite);* ist das Mädchen von v. *(drüben);* R da stehst du machtlos v. (↑machtlos); **Vi|sa|vis** [...'viː], das; - [...'viː(s)]; - [...'viːs; frz. vis-à-vis]: *Gegenüber:* ... wenn sich sein V. abwandte (Bieler, Bär 340); er zollte seinem V. wohlgesitteten Respekt (Habe, Namen 8). **Vi|sa|zwang**, der: vgl. Visumzwang. **Vis|cọn|te**, der; -, ...ti [ital. visconte < provenz. vesconte < mlat. vicecomes, ↑Vicomte]: *dem Vicomte entsprechender italienischer Adelstitel;* **Vis|con|tẹs|sa**, die; -, ...tesse [ital. viscontessa, zu: visconte, ↑Visconte]: w. Form zu ↑Visconte **Vis|count** ['vaɪkaʊnt], der; -s, -s [engl. viscount < mengl. viscounte < mfrz. viscomte, vicomte < mlat. vicecomes, ↑Vicomte]: *dem Vicomte entsprechender britischer Adelstitel;* **Vis|coun|tess** ['vaɪkaʊntɪs], die; -, -es [...tɪsɪz; engl. viscountess, zu: viscount, ↑Viscount]: w. Form zu ↑Viscount.

V. i. S. d. P. = Verantwortlich im Sinne des Presserechts.

Vi|sen: Pl. von ↑Visum; **vi|si|bel** ⟨Adj.⟩ [(frz. visible <) (spät)lat. visibilis = sichtbar, zu lat. visum, ↑visuell] (Fachspr.): *sichtbar (im Sichtbarkeitsbereich etwa des Lichtmikroskops);* **Vi|sier**, das; -s, -e [1: spätmhd. visier(e) < (m)frz. visière = Helmgitter, eigtl. etwa = Gesichtseinfassung, Gesichtsschutz, zu afrz. vis, ↑Visage; 2: frz. visière, zu: viser, ↑visieren]: **1. a)** *beweglicher, das Gesicht bedeckender, mit Sehschlitzen versehener Teil des Helms:* das V. herunterlassen, herunterschlagen, aufschlagen, öffnen; mit geschlossenem, offenem V. kämpfen; * **das V. herunterlassen** *(sich zu bestimmten Fragen nicht äußern, um keinen Einblick in sein Inneres zu gewähren o. ä.);* **mit offenem V. kämpfen** *(seine Absichten als Gegner klar zu erkennen geben);* **b)** *visierähnlicher Teil des Schutzhelms für Rennfahrer u. Zweiradfahrer.* **2.** *Vorrich-*

Visiereinrichtung

tung zum Zielen an Feuerwaffen u. anderen Geräten (z. B. Kimme und Korn): das Korn ist durch einen Ring geschützt, das V. verstellbar (Kirst, 08/15, 922); der Jäger bekam einen Bock ins V., hatte einen Bock im V.; * **etw. ins V. fassen** *(seinen Blick auf etw. richten);* **jmdn., etw. ins V. nehmen** (1. *sein Augenmerk auf jmdn., etw. richten:* Nun hat der Neuenburger ... neue Ziele ins V. genommen [NZZ 26. 2. 86, 40]. 2. *jmdn., etw. kritisieren);* **Vi|sier|ein|rich|tung**, die: *dem genauen Anvisieren des Ziels dienende Einrichtung an [Hand]feuerwaffen;* **vi|sie|ren** ⟨sw. V.; hat⟩ [frz. viser = aufmerksam beobachten; zielen, über das Vlat. zu lat. visum, ↑ Visage; 3: zu ↑ Visum]: **1.** *etw. als Ziel ins Auge fassen, auf etw. zielen:* kaum war sie (= die Pistole) in Augenhöhe, daß er v. konnte, so schoß er auch schon (Fallada, Herr 195); Am besten visierst du am Mast vorbei auf das Dings hin (Hausmann, Abel 27); ⟨auch mit Akk.-Obj.:⟩ die Mitte der Scheibe, den Gegner v.; Kat und Albert brauchten nur die glimmenden Zigarettenköpfe als Ziel zu v. (Remarque, Westen 149); Ü einen Staatsstreich, ein neues Betätigungsfeld v. *(ins Auge fassen);* ... ob Paul Wolfisberg ... weiterhin Nahziele v. kann oder aber konkret eine etwas fernere Zukunft planen muß (Bund 11. 10. 83, 25); sie visierte das Ausstellungsobjekt *(richtete ihren Blick darauf).* **2.** (selten) *eichen, ausmessen.* **3.** (selten) *(ein Dokument, einen Paß) mit einem Visum versehen.* **4.** (veraltet) *beglaubigen;* **Vi|sier|fern|rohr**, das (Optik): *Hilfsfernrohr zum Ausrichten eines astronomischen Fernrohrs auf ein engbegrenztes Zielgebiet;* **Vi|sier|li|nie**, die (Optik): *Verbindungslinie zweier sich für einen Beobachter deckender Punkte;* **Vi|sie|rung**, die; -, -en: *Entwurf zu einem Kunstwerk des Mittelalters u. der Renaissance.*

Vis in|er|tiae [- ...tsiɛ], die; - - [lat., eigtl. = Kraft der Trägheit] (Philos.): *Beharrungsvermögen* (a).

Vi|si|on, die; -, -en [mhd. vision, visiun < lat. visio (Gen.: visionis) = das Sehen; Anblick; Erscheinung, zu: visum, ↑ Visage]: **a)** *übernatürliche Erscheinung als religiöse Erfahrung:* die v. (in der Apokalypse); **b)** *optische Halluzination:* Wieder narren die -en, er hört seinen Namen rufen, sieht drüben am Silbersattel die wartenden Freunde (Trenker, Helden 270); während ... die V. der weißen Bänke im Kiespark, das bunte Kleid seiner Tante ... vor ihm auftauchte, die er glaubte für immer vergessen zu haben (Jens, Mann 62); sie hat öfter -en; **c)** *in jmds. Vorstellung bes. in bezug auf Zukünftiges entworfenes Bild:* die V. eines geeinten Europas, vom Übermenschen; Da kam ein Mann nach Deutschland, der zum erstenmal die Sprache der heutigen Generation spricht, der eine V. der Zukunft zu geben vermag (Dönhoff, Ära 178); Cotta ... suchte in seinen Erinnerungen vergeblich nach einer mit Echos Erzählungen vergleichbaren V. des Weltuntergangs (Ransmayr, Welt 170); Ein konventioneller Krieg schreckte, gemessen an der V.

eines nuklearen Krieges, niemanden mehr (Brückner, Quints 82); sie wollte ihre künstlerische, politische V. verwirklichen; Minister Heinz Riesenhuber sucht -en für das 21. Jahrhundert (Deutsches Allgemeines Sonntagsblatt 39, 1992, 4); Man ... hat die schauerliche V., in einer Wüste von Staub, die eng und weit zugleich ist, sterben zu müssen (Koeppen, Rußland 51); **vi|sio|när** ⟨Adj.⟩ [frz. visionnaire, zu: vision < lat. visio, ↑ Vision] (bildungsspr.): **a)** *zu einer Vision gehörend, dafür charakteristisch; in der Art einer Vision:* eine -e Erscheinung; Gladwell ... hat diese literarische Vorlage in -e Bilder umgesetzt (tango 9, 1984, 50); **b)** *sich in einer Vision, in Visionen ausdrückend; seherisch:* ein -er Maler; etw. mit -er Kraft gestalten; v. veranlagt sein; **Visio|när**, der; -s, -e [frz. visionnaire, zu: vision, ↑ visionär] (bildungsspr.): *visionär begabter Mensch:* Die Erbauer der Solarmobile sind -e (natur 9, 1991, 80); Die Propheten in den Kirchen müssen sich zusammentun mit den Weisen in der Wissenschaft, um den -en in der Politik Mut zu machen (Alt, Frieden 86); **Vi|sio|nä|rin**, die; -, -nen (bildungsspr.): w. Form zu ↑ Visionär; **vi|sio|nie|ren** ⟨sw. V.; hat⟩ (schweiz.): *(einen Film o. ä.) sich ansehen:* Einer der etwa zehn Filme, die wir in diesem Jahr in Spanien v. wollten, war ... (Bund 9. 8. 80, 39); **Vi|sio|nie|rung**, die; -, -en (schweiz.): *das Visionieren;* **Vi|si|ons|ra|di|us**, der (Optik): *Sehachse* (1); **Vi|si|ta|tio**, die; -, ...onen [lat. visitatio, ↑ Visitation] (Kunstwiss.): *bildliche Darstellung von Marias Besuch bei Elisabeth (Heimsuchung Mariä);* **Vi|si|ta|ti|on**, die; -, -en [afrz. visitation bzw. mlat. visitatio < lat. visitatio = Besichtigung, zu: visitare, ↑ visitieren]: **1.** *Durchsuchung:* eine V. des Gepäcks vornehmen. **2. a)** *Kirchenvisitation:* Der Superior kam zur V., ließ sich von der Ökonomin die Bücher zeigen, erteilte den bischöflichen Segen und verkostete mit der Oberin den St. Georger Meßwein (Bieler, Mädchenkrieg 378); **b)** (veraltend) *Besuch des Schulrats zur Überprüfung des Unterrichts:* ... Schulräten wurde es zugeraunt, wenn ein Junge bei -en versagte (Böll, Haus 90); **Vi|si|ta|tor**, der; -s, ...oren: *jmd., der eine Visitation* (2) *vornimmt;* **Vi|si|ta|to|rin**, die; -, -nen: w. Form zu ↑ Visitator < lat. visitare, ↑ visitieren]: **1. a)** *regelmäßiger Besuch des Arztes an den Krankenbetten einer Station [in Begleitung der Assistenzärzte u. der Stationsschwester]:* die morgendliche, wöchentliche V.; um 10 Uhr ist V.; der Arzt musst gerade V.; Die Frau des Arztes erklärt, ihr Mann müsse ohnehin irgendwo in der Nähe auf V. sein (Frischmuth, Herrin 132); **b)** *Visite* (1 a) *machender Arzt mit Assistenzärzten u. Stationsschwester:* in einer halben Stunde kommt die V.; Die V. begegnete ihm (Böll, Adam 31). **2.** (bildungsspr. veraltend) *[Höflichkeits]besuch:* bei jmdm. V. machen; Er ... absolvierte die notwendigen -n bei Sellmanns, seinem Vater und Tante Mareka, ohne zu Gegenbesuchen einzuladen (Bieler, Mädchenkrieg 351); Ich war noch nicht

ganz siebzehn Jahre alt, als ich ... zum erstenmal nach Berlin kam, zunächst nur auf eine kurze V. (K. Mann, Wendepunkt 115); ♦ **Vi|si|ten|bil|let** [...bijɛ], das; -s, -s [zu frz. billet, ↑ Billett]: *kurze schriftliche Nachricht, mit der man einen Höflichkeitsbesuch ankündigt od. mit der man einen Höflichkeitsbesuch gestattet:* Sie verzeihen doch, daß ich so spät das Vergnügen habe – dringende Geschäfte – der Küchenzettel – -s (Schiller, Kabale I, 6); **Vi|si|ten|kar|te**, die: *kleine Karte mit aufgedrucktem Namen u. aufgedruckter Adresse, die man jmdm. aushändigt, damit er sich gegebenenfalls an einen wenden kann:* jmdm. seine V. geben, überreichen; Auf seiner V. steht: Major a. D. (Kirst, 08/15, 279); Ü Boxer aus 44 Verbänden gaben bisher beim traditionellen Chemiepokal-Boxturnier ... ihre V. ab *(zeigten ihr Können;* NNN 23. 3. 87, 4); Reinlichkeit ist die V. eines Lokals *(zeigt, daß es sich um ein gutes Lokal handelt;* Jaeger, Freudenhaus 33); Die Autobahnraststätte von Bellinzona ist keine V. *(kein Aushängeschild 2) des Tessins* (NZZ 29. 8. 86, 27); * *seine V. hinterlassen* (verhüll. spött.: *irgendwo Spuren von Unsauberkeit hinterlassen);* **vi|si|tie|ren** ⟨sw. V.; hat⟩ [(a)frz. visiter = besichtigen; besuchen bzw. mlat. visitare = be-, aufsuchen; betrachten; eine Buße verhängen < lat. visitare = oft sehen; besichtigen, zu: visum, ↑ Visage]: **1.** *auf Grund eines bestimmten Verdachts jmdn., jmds. Kleidung, Gepäck, Wohnung durchsuchen:* die Reisenden wurden bis aufs Hemd visitiert. **2.** *zur Überprüfung besichtigen, besuchen:* die Pässe v.; Er ging in die Kaserne, ... visitierte selbst die Wachen (Roth, Radetzkymarsch 11); Ü Sie öffnete den Küchenschrank, visitierte die Speisekammer (Kirst, 08/15, 751); ♦ Doch mordeten sie nicht und griffen keine Menschen an, sondern visitierten nur bei Nacht den Hühnerstall, ... in den Küchen, Kellern und Speichern, ebenfalls auch in den Geldtrögen (Hebel, Schatzkästlein 25); **Vi|sit|kar|te**, die; -, -n (österr.): *Visitenkarte*.

vis|kos, (selten) **vis|kös** ⟨Adj.⟩ [spätlat. viscosus = klebrig, zu lat. viscum = Vogelleim] (bes. Chemie): *zähflüssig, leimartig;* **Vis|ko|se**, die; - (Chemie): *glänzende Chemiefaser aus Zellulose;* **Vis|ko|se|fa|ser**, die: *Viskose;* **Vis|ko|se|schwamm**, der: *aus Viskose hergestellter Schwamm;* **Vis|ko|si|me|ter**, der; - [↑-meter (1)] (Fachspr.): *Meßgerät zur Bestimmung der Viskosität von Flüssigkeiten u. Gasen;* **Vis|ko|si|me|trie**, die; - [↑-metrie] (Chemie, Technik): *Lehre von der Viskosität u. ihrer Messung;* **Vis|ko|si|tät**, die; - (Chemie, Technik): *Zähflüssigkeit; Zähigkeit von Flüssigkeiten u. Gasen:* die V. von Öl; Flüssigkeiten mit hoher Dichte haben eine höhere V. (Gute Fahrt 4, 1974, 22).

Vis ma|jor, die; - - [lat.] (Rechtsspr.): *höhere Gewalt* (↑ Gewalt 3).

Vi|sta, die; - [ital. vista = Sicht, zu: visto, 2. Part. von: vedere < lat. videre = sehen] (Bankw.): *das Vorzeigen eines Wechsels;* **Vi|sta|wech|sel**, der (Bankw.): *Sichtwechsel.*

Vi|stra ⓌⓏ, die; - [Kunstwort]: *Zellwolle aus Viskose.*

vi|sua|li|sie|ren ⟨sw. V.; hat⟩ [engl. to visualize, zu: visual < spätlat. visualis, ↑ visuell] (Werbespr.): *optisch darstellen, veranschaulichen:* eine Werbeaussage, Idee v.; Kinder träumen von der Zukunft. Visionen zu v. ist keine leichte Aufgabe (natur 10, 1991, 85); nicht das, was sich süffig in einer Sendung ... v. läßt, ist deshalb auch die bessere Politik (Basler Zeitung 11. 5. 84, 35); ... daß über diese Medien Tageszeitungen versandt und auf Bildschirmen visualisiert werden könnten (Saarbr. Zeitung 20. 12. 79, 2); **Vi|sua|li|sie|rung**, die; -, -en (Werbespr.): *das Visualisieren, Visualisiertwerden;* **Vi|sua|li|tät**, die; - (Psych.): *optische Wahrnehmung u. Vorstellung;* **Vi|sua|li|zer** ['vɪzjʊəlaɪzə], der; -s, - [engl. visualizer, zu: to visualize, ↑ visualisieren] (Werbespr.): *Fachmann für die graphische Gestaltung von Werbeideen;* **Vi|sua|li|ze|rin** ['vɪz...], die; -, -nen (Werbespr.): w. Form zu ↑ Visualizer; **vi|su|ell** ⟨Adj.⟩ [frz. visuel < spätlat. visualis = zum Sehen gehörend, zu lat. visus, ↑ Visage] (bildungsspr.): *den Gesichtssinn betreffend, ansprechend, dadurch vermittelt; auf dem Weg über das Sehen:* eine -e Erfahrung, Information, Methode; Wenn sich die Leute ... Karten für ein Rockkonzert kaufen, erwarten sie natürlich auch Spitze, was die Soundqualität betrifft, dazu vielfältige -e Attraktionen (Freie Presse 25. 11. 88, Beilage S. 6); ja der, der 1972 für das -e *(optische äußere)* Erscheinungsbild der Olympischen Spiele in München verantwortlich war (ADAC-Motorwelt 2, 1986, 3); Dabei müssen keine v. wahrnehmbaren Beschädigungen ... am Gurtsystem selbst zu sehen sein (NNN 24. 3. 87, 5); ein -er Typ *(Menschentyp, der Gesehenes besser behält als Gehörtes);* **Vi|sum**, das; -s, Visa u. Visen [zu lat. visum (↑ Visage) od. relatinisiert aus älter: Visa < frz. visa = amtlicher Vermerk, Siegel, Beglaubigung, eigtl. = Gesehenes, < mlat. visa, zu lat. visum, ↑ Visage]: **a)** *Urkunde [in Form eines Vermerks im Paß] über die Genehmigung des Grenzübertritts; Sichtvermerk:* das V. ist abgelaufen; ein V. beantragen, erteilen, verweigern; für dieses Land benötigen Sie kein V. mehr; Ist das die Rache dafür, daß Sie kein V. nach Amerika bekommen? (Hasenclever, Die Rechtlosen 399); In Lichtenberg kriegten wir mexikanische Visen (Hilsenrath, Nazi 229); Ich brauche Ausweise und Visa dazu (Remarque, Triomphe 181); **b)** (schweiz.) *Namenszeichen; Unterschrift, mit der ein Schriftstück abgezeichnet wird;* **Vi|sum|an|trag**, der: *Antrag auf ein Visum;* **vi|sum|frei** ⟨Adj.⟩: *kein Visum erfordernd; ohne Visum; sichtvermerkfrei:* -e Ein- und Ausreise; **Vi|sum|ge|bühr**, die: *Gebühr, die für die Ausstellung eines Visums erhoben wird;* **Vi|sum|pflicht**, die: *Visumzwang;* **Vi|sum|zwang**, der: *Verpflichtung, beim Grenzübertritt ein Visum vorzuweisen;* **Vi|sus**, der; - [lat. visus, ↑ Visage] (Med.): *das Sehen; Gesichtssinn.*

Vis|ze|ra ⟨Pl.⟩ [lat. viscera] (Med.): *Eingeweide;* **vis|ze|ral** ⟨Adj.⟩ [spätlat. visceralis = innerlich, zu lat. viscus = Eingeweide] (Med.): *die Eingeweide betreffend;* **Vis|ze|ro|pto|se**, die; -, -n [zu griech. ptōsis, ↑ Ptose] (Med.): *krankhafte Senkung der im Bauch befindlichen Eingeweide.*

vis|zid ⟨Adj.⟩ [zu lat. viscum, ↑ viskos] (bes. Chemie): *viskos.*

Vi|ta, die; -, Viten u. Vitae [lat. vital]: **1. a)** (Fachspr.) *Lebensbeschreibung [antiker u. mittelalterlicher Persönlichkeiten u. Heiliger]:* die V. des heiligen Benedikt; **b)** (bildungsspr.) *Leben[slauf], Lebensgeschichte eines Menschen:* seine V. schreiben; Jede von ihnen hat ihre eigene verworrene V. (MM 4./5. 6. 88, 55); er verschwieg Fakten aus seiner V.; Wie man aus der kurzen V. sieht, verläuft dieses Leben sichtbar unspektakulär und einfach (Greiner, Trivialroman 112). **2.** (Med.) *Lebensfunktion, Lebenskraft;* **Vi|ta ac|ti|va**, die; - - [lat., zu: activus, ↑ aktiv] (Philos.): *tätiges Leben;* **Vi|ta com|mu|nis**, die; - - [lat., zu: communis, ↑ kommun]: *gemeinsames Leben [unter Verzicht auf privates Vermögen] in katholischen geistlichen Orden u. Kongregationen;* **Vi|ta con|tem|pla|ti|va**, die; - - [lat., zu: contemplativus, ↑ kontemplativ] (Philos.): *kontemplatives Leben;* **vi|tae, non scho||ae dis|ci|mus** [- - ˈsçoːlɛ (auch: ˈskː... -; lat. = für das Leben, nicht für die Schule lernen wir]: *non scholae, sed vitae discimus;* **vi|tal** ⟨Adj.⟩ [wohl unter Einfluß von frz. vital < lat. vitalis = zum Leben gehörig; Leben enthaltend, Lebenskraft habend, zu: vita, ↑ Vita]: **1.** *voller Lebenskraft, im Besitz seiner vollen Leistungskraft:* ein -er Mensch; Er war denn auch eine Natur (Kirst, 08/15, 21); Für ihr Alter war sie außerordentlich v. und von eiserner Gesundheit obendrein (Danella, Hotel 245); Ü Der -e Viertürer ist eine neue Herausforderung (ADAC-Motorwelt 1, 1983, 7); ... hat sich im Niedergang einer Kultur stets der Anbruch einer neuen, -en Epoche angekündigt (Fest, Im Gegenlicht 191); Ungarns Popszene ist jedenfalls weitaus -er und kreativer, als man glaubt (Kurier 22. 11. 83, 21). **2.** *von entscheidender Wichtigkeit; größter Bedeutung; lebenswichtig:* jmds. -e Interessen; Deshalb ist das Problem der Legitimität für jedes Regierungssystem von -er Bedeutung (Fraenkel, Staat 180); Mit einer Verbesserung in -en Bereichen ... will British Airways in die Spitzengruppe der profitablen Fluggesellschaft vorstoßen (NZZ 24. 8. 83, 35); Bei einem Ausfall der -en Funktionen ... *(Vitalfunktionen;* Neue Ärztliche 24./25. 7. 85, 4); ein -es Teil, das dieses Muster erst zum Gewehr macht, wurde entfernt (Kant, Impressum 267); Sollte diese doppelte Bedrohung ... noch längere Zeit andauern, so kann dies zu einer -en Gefährdung der wirtschaftlichen Entwicklung werden (Herrenjournal 3, 1966, 196); Deshalb sei eine Verbesserung der Menschenrechtssituation für erhöhte Sicherheit in Europa (NZZ 21. 12. 86, 2); **Vi|tal|fär|bung**, die (Fachspr.): *Färbung lebender Zellen u. Gewebe zum Zweck einer mikroskopischen Untersuchung;* **Vi|tal|funk|ti|on**, die (Med.): *lebenswichtige Körperfunktion (z. B. Atmung, Herztätigkeit);* **Vi|ta|li|a|ner** ⟨Pl.⟩ (selten): *Vitalienbrüder;* **Vi|ta|li|en|brü|der** ⟨Pl.⟩ [eigtl. = Lebensmittelbrüder (da sie das belagerte Stockholm mit Lebensmitteln versorgten), wohl zu mniederd. vit(t)alien = Lebensmittel < spätlat. victualia, (↑ Viktualien] (hist.): *Freibeuter, Seeräuber in der Ost- u. Nordsee im 14./15. Jh.;* **vi|ta|li|sie|ren** ⟨sw. V.; hat⟩ [vgl. frz. vitaliser, engl. to vitalize] (bildungsspr.): *beleben, anregen:* dieses Mittel vitalisiert Körper und Geist; **Vi|ta|lis|mus**, der; -: *naturphilosophische Richtung, die im Unterschied zum Mechanismus (3) ein immaterielles Prinzip od. einen eigenen substantiellen Träger alles Lebendigen annimmt;* **Vi|ta|list**, der; -en, -en: *Vertreter des Vitalismus;* **Vi|ta|li|stin**, die; -, -nen: w. Form zu ↑ Vitalist; **vi|ta|li|stisch** ⟨Adj.⟩: *den Vitalismus betreffend, dazu gehörend, darauf beruhend;* **Vi|ta|li|tät**, die; - [wohl unter Einfluß von frz. vitalité < lat. vitalitas, zu: vitalis, ↑ vital]: *das Vitalsein; Lebenskraft, -freude:* Anne dagegen war von geradezu umwerfender V., küßte, herzte und streichelte ihn immer wieder (Konsalik, Promenadendeck 97); Obwohl keine vierzig Jahre alt und von ungebrochener V. ... (Süskind, Parfum 253); V. besitzen; Er war kein Adonis, aber durch die Kraft und V., die er ausstrahlte, doch eine eindrucksvolle Erscheinung (Kranz, Märchenhochzeit 14); Ü Mit der Errichtung der Verwaltungsgerichtsbarkeit hatte sich die politische V. der Rechtsstaatsidee verschöpft (Fraenkel, Staat 288); Seine Bücher, reich an naturhafter V. und dialektischem Tiefsinn ... (Deschner, Talente 233); **Vi|tal|ka|pa|zi|tät**, die ⟨o. Pl.⟩ (Med.): *Fassungsvermögen der Lunge an Atemluft;* **Vi|tal|stoff**, der: *Wirkstoff (z. B. Vitamin, Hormon), der für den Aufbau u. die Funktionen der lebenden Zellen u. des gesamten Organismus notwendig ist;* **Vit|amin**, das; -s, -e [engl. vitamin, geb. von dem amerik. Biochemiker Casimir Funk (1884-1967) aus lat. vita (↑ Vita) u. engl. amin(e) = Amin]: *die biologischen Vorgänge im Organismus regulierender, lebenswichtiger, vorwiegend in Pflanzen gebildeter Wirkstoff, der mit der Nahrung zugeführt wird:* Vitamin A, C; Gemüse enthält -e; Daß er jetzt Schluß machen muß, weil ein Patient kommt. Gallenkolik. Und ob er mir wieder die -e *(Vitamintabletten)* verschreiben soll (Schwaiger, Wie kommt 127); * **Vit|amin B** (ugs. scherzh.; *Beziehungen* 1; scherzh. Anlehnung an den Anfangsbuchstaben von „Beziehungen"): *Schmalzbrote mit Kakao, die gab es nicht mehr. „Vitamin B" versagte (Kempowski, Tadellöser 262);* **vit|amin|arm** ⟨Adj.⟩: *arm an Vitaminen:* -e Kost; sich v. ernähren; **Vit|amin-B-hal|tig** [...ˈbeː...] ⟨Adj.⟩: *Vitamin B enthaltend;* **Vit|amin-B-Man|gel** [...ˈbeː...], der ⟨o. Pl.⟩: ¹*Mangel an Vitamin B;* **Vit|amin-B-Man|gel-Krank|heit** [...ˈbeː...], die: *durch ¹Mangel an Vitamin B hervorgerufene Krankheit;* **Vit|amin|for|schung**, die: *Forschung auf dem Gebiet der Vitamine;* **Vit|amin|ge|halt**, der: *Gehalt (2) an Vitaminen;* **Vit|amin|haus|halt**, der: *das Zusammenwirken der gesamten Vitamine im*

Körper; **vit|ami|nie|ren** ⟨sw. V.; hat⟩: *(Nahrungsmittel) mit Vitaminen anreichern;* **Vit|ami|nie|rung,** die; -, -en: *das Vitaminieren:* Im Interesse des Verbrauchers fordere er deshalb eine V. des Mehls (Welt 27.1.62,16); **vit|ami|ni|sie|ren** ⟨sw. V.; hat⟩ (selten): *vitaminieren;* **Vit|ami|ni|sie|rung,** die; -, -en (selten): *Vitaminierung;* **Vit|amin|man|gel,** der ⟨o. Pl.⟩: [1]*Mangel (im menschlichen Körper), der auf unzureichender Versorgung mit bestimmten Vitaminen beruht;* **Vit|amin|man|gel|krank|heit,** die: *durch Vitaminmangel hervorgerufene Krankheit;* **Vit|amin|prä|pa|rat,** das: *Arzneimittel, das ein od. mehrere Vitamine in konzentrierter Form enthält;* **vit|amin|reich** ⟨Adj.⟩: vgl. vitaminarm; **Vit|amin|spen|der,** der: *vitaminreiches Nahrungsmittel;* **Vit|amin|sprit|ze,** die: *Injektion eines Vitaminpräparates;* **Vit|amin|stoß,** der: *Zufuhr von Vitaminen od. eines Vitamins in großer Menge:* Wer einen besonders kräftigen Schubs zum Munterwerden braucht, sollte sich vorm Essen einen ordentlichen V. gönnen. Und vorweg ein Glas frisch gepreßten Obstsaft trinken (Petra 11, 1966, 94); Ü Er kann der V. sein, den der Sport dringend benötigt (Spiegel 31, 1985, 140); **Vit|amin|ta|blet|te,** die; vgl. Vitaminpräparat; **Vi|ta re|duc|ta,** die; - - [lat. = reduziertes Leben, zu: vita (↑ Vita) u. reductum, 2. Part. von: reducere, ↑ reduzieren] (Med.): *Zustand des Organismus bei Ausfall od. Funktionsstörung lebenswichtiger Organe.*
vite [viːt] ⟨Adv.⟩ [frz. vite; H. u.] (Musik): *schnell, rasch.*
Vi|tel|li|ne ⟨Pl.⟩ [zu lat. vitellus, ↑ Vitellus] (Chemie): *bes. im Dotter des Hühnereis enthaltene phosphorsäurehaltige Proteine;* **Vi|tel|lo|ge|ne|se,** die; -, -n [zu lat. vitellus, ↑ Vitellus] (Biol.): *Bildung des Dotters während der Entwicklung der Eizelle;* **Vi|tel|lus,** der; -, ...lli [lat. vitellus] (Biol.): *Dotter.*
vi|te|ment [vitəˈmãː, vɪtˈmãː] ⟨Adv.⟩ [frz. vitement, zu: vite, ↑ vite] (Musik): *schnell, rasch.*
Vi|ten: Pl. von ↑ Vita.
Vi|tia: Pl. von ↑ Vitium; **Vi|ti|li|go,** die; -, ...ligines [...neːs; lat. vitiligo (Gen.: vitiliginis) = Hautausschlag, zu: vitium, ↑ Vitium] (Med.): *erworbene Pigmentanomalie der Haut;* **vi|ti|ös** ⟨Adj.; -er, -este⟩ [lat. vitiosus, zu: vitium, ↑ Vitium] (bildungsspr. veraltend): **a)** *fehlerhaft, mangelhaft:* Doch fabriziert er nicht nur ein -es, sondern viel öfter noch ein geradezu erheiternd primitives Deutsch (Deschner, Talente 198); **b)** *bösartig, lasterhaft;* **Vi|ti|um,** das; -s, Vitia [lat. vitium = Fehler, Schaden] (Med.): *organischer Fehler od. Defekt.*
Vi|tra: Pl. von ↑ Vitrum; **Vi|tra|ge** [viˈtraːʒə], die; -, -n [frz. vitrage, zu: vitre, ↑ Vitrine] (veraltet): *Scheibengardine;* **Vi|trek|to|mie,** die; -, -n [zu lat. vitreus = gläsern, zu: vitrum (↑ Vitrine) u. ↑ Ektomie] (Med.): *operative Entfernung des Glaskörpers des Auges;* **Vi|tren:** Pl. von ↑ Vitrum; **Vi|tri|ne,** die; -, -n [frz. vitrine, unter Einfluß von: vitre = Glas-, Fensterscheibe umgebildet aus: verrine = Glaskasten, zu spätlat. vitrinus = gläsern, zu lat. vitrum = Glas]: **a)** *Schaukasten:* die -n eines Museums, eines Lichtspieltheaters; antike Funde in -n ausstellen; Sie allein konnte ... mit dem Finger auf die fremden Waren in den vollgestopften -n des Kramladens zeigen (Johnson, Ansichten 189); **b)** *Glasschrank:* Weiche Teppiche bester Provenienz dämpften die Schritte, -n bewahrten altes Porzellan (Koeppen, Rußland 150); **Vi|tri|nit** [auch: ...ˈnɪt], der; -s, -e [engl. vitrinite, zu: vitrain = eine stark glänzende Kohle, zu lat. vitreus, ↑ Vitrit] (Geol.): *Gefügebestandteil der Steinkohle;* **Vi|tri|ol,** das; -s, -e [mlat. vitriolum, zu lat. vitrum = Glas; nach der Ähnlichkeit kristallisierten Eisensulfats mit (grünem) Glas] (Chemie veraltet): *Kristallwasser enthaltendes Sulfat eines zweiwertigen Metalls;* **vi|tri|ol|hal|tig** ⟨Adj.⟩ (Chemie veraltet): *Vitriol enthaltend;* **Vi|tri|ol|lö|sung,** die (Chemie veraltet): *Lösung von Vitriol in Wasser;* **Vi|tri|ol|öl,** das ⟨o. Pl.⟩ (veraltet): *rauchende Schwefelsäure;* **Vi|trit** [auch: ...ˈtrɪt], der; -s, -e [zu lat. vitreus = gläsern, aus Glas, zu: vitrum, ↑ Vitriol] (Geol.): *Glanzkohle;* **Vi|tro|id,** das; -[e]s, -e ⟨meist Pl.⟩ [zu griech. -eidēs = gestaltet, ähnlich, zu: eĩdos = Aussehen, Form] (Chemie): *Stoff, der einen glasartigen Schmelzfluß bildet;* **Vi|tro|phyr,** der; -s, -e [zu lat. vitrum (↑ Vitriol) u. ↑ Porphyr] (Geol.): *vulkanisches Glas;* **Vi|trum,** das; -s, Vitra u. Vitren [lat. vitrum = Glas]: *Arzneiflasche;* Abk.: Vitr.
Vitz|li|putz|li [vɪ...], der; -[s] [entstellt aus dem Namen des aztekischen Gottes Huitzilopochtli] (landsch.): **1.** *Schreckgestalt, Kinderschreck.* **2.** (verhüll.) *Teufel.*
vi|va|ce [...tʃə] ⟨Adv.⟩ [ital. vivace < lat. vivax (Gen.: vivacis) = lebenskräftig, zu: vivere = leben] (Musik): *lebhaft, schnell;* **Vi|va|ce,** das; -, - (Musik): *lebhaftes, schnelles Tempo;* **vi|va|cet|to** [...ˈtʃeto] ⟨Adv.⟩ [ital., Vkl. von: vivace, ↑ vivace] (Musik): *etwas lebhaft;* **vi|va|cis|si|mo** [...tʃ...] ⟨Adv.⟩ [ital., Sup. von: vivace, ↑ vivace] (Musik): *sehr lebhaft;* **Vi|va|cis|si|mo,** das; -s, -s u. ...mi (Musik): *äußerst lebhaftes Zeitmaß;* **vi|vant** [lat., 3. Pers. Pl. Präs. Konj. von: vivere, ↑ vivace] (bildungsspr. veraltend): *sie sollen leben!;* **vi|vant se|quen|tes** [- ...eːs; lat., zu: sequens, ↑ Sequenz] (bildungsspr.): *die nach uns Kommenden sollen leben!;* **Vi|va|ri|stik,** die; -, -: *das Halten kleinerer Tiere im Vivarium;* **Vi|va|ri|um,** das; -s, ...ien [lat. vivarium, subst. Neutr. von: vivarius = zu lebenden Tieren gehörig, zu: vivus = lebendig, zu: vivere, ↑ vivace]: **1.** *Behälter, in dem kleinere Tiere gehalten werden.* **2.** *Gebäude [in einem zoologischen Garten], in dem Vivarien (1) untergebracht sind;* **vi|vat** [lat., 3. Pers. Sg. Präs. Konj. von: vivere, ↑ vivace] (bildungsspr. veraltend): *er, sie, es lebe!;* **Vi|vat,** das; -s, -s (bildungsspr. veraltend): *Hochruf; Lebehoch;* **vi|vat, cres|cat, flo|re|at** [lat., zu: vivere = leben, crescere = wachsen, florere = blühen] (bildungsspr.): *er, sie, es lebe, blühe u. gedeihe!;* **vi|vat se|quens** [lat.; vgl. vivant sequentes] (bildungsspr.): *der nach uns Kommende soll leben!;* **Vi|va|zi|tät,** die; - [lat. vivacitas, zu: vivax, ↑ vivace] (veraltet): *Lebhaftigkeit, Munterkeit.*
Vi|vi|a|nit [auch: ...ˈnɪt], der; -s, -e [nach dem brit. Mineralogen J. G. Vivian (19.Jh.)]: *Blaueisenerz.*
vi|vi|par ⟨Adj.⟩ [1: spätlat. viviparus, zu lat. vivus (↑ Vivarium) u. parere = gebären]: **1.** (Biol.) *lebendgebärend.* **2.** (Bot.) *(von Pflanzensamen) auf der Mutterpflanze auskeimend;* **Vi|vi|pa|rie,** die; - (Biol.): **1.** (Zool.) *geschlechtliche Fortpflanzung durch Gebären von lebenden Jungen.* **2.** (Bot.) *Auskeimen von Samen auf der Mutterpflanze;* **Vi|vi|sek|ti|on,** die; -, -en (Fachspr.): *Eingriff am lebenden Tier zu Forschungszwecken;* **vi|vi|se|zie|ren** ⟨sw. V.; hat⟩ (Fachspr.): *eine Vivisektion vornehmen:* Ü im allgemeinen ist der Literaturwissenschaftler über seinen vivisezierenden Beruf nicht gerade glücklich (Südd. Zeitung 25.9.85, 41); **vi|vo** ⟨Adv.⟩ [ital. vivo < lat. vivus, ↑ Vivarium] (Musik): *lebhaft.*
Vi|ze [ˈfiːtsə, seltener: ˈviːtsə], der; -[s] [Kurzwort an Stelle einer Zus. mit Vize-; lat. vice = an Stelle von, zum Adv. erstarrter Ablativ von: vicis, ↑ Vikar] (ugs.): *Stellvertreter:* Die Präsidentschaftskandidaten in den USA sehen sich immer mehr unter Druck, eine Frau oder einen Vertreter ethnischer Minderheiten als V. zu nominieren (Westd. Zeitung 7.7.84, o. S.); **Vi|ze|ad|mi|ral,** der: **a)** ⟨o. Pl.⟩ *zweithöchster Offiziersdienstgrad der Marine;* **b)** *Offizier mit dem Dienstgrad des Vizeadmirals* (a); **Vi|ze|ad|mi|ra|lin,** die: w. Form zu ↑ Vizeadmiral (b); **Vi|ze|kanz|ler,** der: *Stellvertreter des Kanzlers;* **Vi|ze|kanz|le|rin,** die: w. Form zu Vizekanzler; **Vi|ze|kö|nig,** der (früher): *Generalgouverneur od. Statthalter als Vertreter des Monarchen;* **Vi|ze|kö|ni|gin,** die (früher): w. Form zu ↑ Vizekönig; **Vi|ze|kon|sul,** der: vgl. Vizekanzler; **Vi|ze|kon|su|lin,** die: w. Form zu ↑ Vizekonsul; **Vi|ze|mei|ster,** der: *jmd., der nach dem Meister in einem sportlichen Wettkampf zweiter geworden ist;* **Vi|ze|mei|ste|rin,** die: w. Form zu ↑ Vizemeister; **Vi|ze|mei|ster|schaft,** die: *zweiter Platz in einer Meisterschaft;* **Vi|ze|prä|si|dent,** der: vgl. Vizekanzler; **Vi|ze|prä|si|den|tin,** die: w. Form zu ↑ Vizepräsident; **Vi|ze|welt|mei|ster,** der: *jmd., der nach dem Weltmeister in einem sportlichen Wettkampf zweiter geworden ist;* **Vi|ze|welt|mei|ste|rin,** die: w. Form zu ↑ Vizeweltmeister; **Vi|ze|welt|mei|ster|schaft,** die: vgl. Vizemeisterschaft.
vi|zi|nal ⟨Adj.⟩ [lat. vicinalis, zu: vicinus = Nachbar] (veraltet): *nachbarlich; angrenzend;* **Vi|zi|nal|bahn,** die (veraltet): *Kleinbahn;* **Vi|zi|nal|weg,** der (veraltet): *Verbindungsweg zwischen zwei Orten; Nebenweg im Ggs. zur Hauptstraße.*
Viz|tum [ˈfɪtstuːm, auch: ˈviːts...], der; -s, -e [mhd. viztuom < mlat. vicedominus, zu lat. vice (↑ Vize) u. ↑ Dominus]: *(im MA.) Vermögensverwalter geistlicher, seltener auch weltlicher Herrschaften* (3).
v.J. = vorigen Jahres.
V-Leu|te [ˈfau-]: Pl. von ↑ V-Mann.
Vlies, das; -es, -e [niederl. vlies; schon mhd. vlius, vlus = Schaffell, verw. mit ↑ Flausch, urspr. = ausgerupfte Wolle

od. Feder]: **1.** *zusammenhängende Wolle eines Schafes:* ein dichtes, weiches Vlies; *das Goldene Vlies* (griech. Myth.; *Fell des von Phrixos für seine Errettung geopferten Widders, das die Argonauten rauben*). **2.** *breite Lage, Schicht aus aneinanderhaftenden Fasern, die u. a. als Einlage (2) verwendet wird;* **Vlie|se|li|ne** ⓌⓏ, die; - [Kunstwort]: *an Stelle von Steifleinen verwendeter Vliesstoff [der aufgebügelt wird];* **Vlies|stoff,** der: *durch Verkleben von Vliesen (2) hergestellter Stoff für Einlagen (2) u. a.*
v. M. = vorigen Monats.
V-Mann ['fa̱ʊ...], der ⟨Pl. V-Leute u. V-Männer⟩ [kurz für ↑ Verbindungs-, Vertrauensmann (4)]: *geheimer Informant (1); jmd., der der Polizei Hinweise zur Verhinderung od. Aufklärung von Straftaten gibt:* Von V-Leuten waren Tips gekommen, daß Helmckes Leibwächter ... im St.-Pauli-Milieu nach bestimmten Leuten herumgefragt hatte (Prodöhl, Tod 94).
VN = Vereinte Nationen.
v. o. = von oben.
vo|ca|le ⟨Adv.⟩ [ital. vocale < lat. vocalis, ↑ vokal] (Musik): *gesangsmäßig, stimmlich;* **Vo|ce** ['vo:tʃə], die; -, Voci ['vo:tʃi; ital. voce < lat. vox, ↑ Vokal] (Musik): *ital. Bez. für Singstimme:* V. alta *(hohe, laute Stimme);* V. bassa *(tiefe, leise Stimme);* V. di testa *(Kopfstimme);* V. pastosa *(geschmeidige Stimme);* V. spiccata *(die Töne perlenartig führende Stimme);* **Vo|ces:** Pl. von ↑ Vox: V. aequales *(Besetzung eines Chors nur mit Männer- od. Frauenstimmen);* V. = gleiche Stimmen); **Vo|ci** ['vo:tʃi]: Pl. von ↑ Voce; **Vo|co|der** [engl. 'voʊkoʊdə], der; -s, - [Kurzwort aus engl. **voice coder**]: **a)** *Gerät zur Erzeugung von künstlicher, menschlicher Sprache;* **b)** *Gerät zur Verschlüsselung, Modulation u. [drahtlosen] Übertragung menschlicher Sprache.*
Vo|gel, der; -s, Vögel [mhd. vogel, ahd. fogal; H. u., viell. zu ↑ fliegen]: **1.** *zweibeiniges Wirbeltier mit einem Schnabel, zwei Flügeln und einem mit Federn bedeckten Körper, das im allgemeinen fliegen kann:* ein kleiner, großer, bunter, zahmer, exotischer V.; Der Adler ist immer ein edler V. (Bamm, Weltlaterne 52); der V. Strauß (verdeutlichend; *der Strauß*); der V. fliegt, flattert, hüpft, singt, zwitschert, wird flügge, nistet, brütet, mausert sich, schwingt sich in die Lüfte; jmdm. ist ein V. zugeflogen; die Vögel ziehen im Herbst nach dem Süden; Es ist halb drei. Bald werden die Vögel anschlagen (Fr. Wolf, Menetekel 366); einen V. fangen, wieder fliegen lassen; den V. (ugs. scherzh.; *die Gans, Ente o. ä.*) brutzelt schon im Ofen; R friß, V., oder stirb! (ugs.; *es bleibt keine andere Wahl;* damit ein Vogel zahm wurde, erhielt er nur eine Sorte Futter, die er fressen mußte, um nicht zu verhungern); der V. ist ausgeflogen (ugs.; **1.** *jmd., den man sucht od. besuchen will, ist nicht anzutreffen.* **2.** *jmd. hat sich davongemacht*); ***[mit etw.] den V. abschießen** (ugs.; *alles, was sonst noch von andern geboten, vorgewiesen wird, übertreffen;* mit Bezug auf das Vogelschießen): Den V. schoß kürzlich Schlagersänger Ray Miller ab. Er trat ... ohne Hemd vors Mikrofon (Hörzu 6, 1973, 14); [die beiden folgenden Wendungen gehen wahrsch. auf den alten Volksglauben zurück, daß Geistesgestörtheit durch Tiere (Vögel) verursacht wird, die im Gehirn des Menschen nisten:] **einen V. haben** (salopp; *nicht recht bei Verstand sein; seltsame Ideen haben*); **jmdm. den/einen V. zeigen** *(sich an die Stirn tippen u. damit jmdm. zu verstehen geben, daß man ihn für nicht recht bei Verstand hält):* Softi ruft, daß er mir einen ausgeben will. Also zeige ihm einen V. (Gabel, Fix 9). **2.** (salopp, oft scherzh.) *durch seine Art auffallender Mensch:* ein lustiger, lockerer, komischer, seltsamer, schräger, linker V.; Bei der SS ist er je denfalls gewesen. Ein irrer V. (Bieler, Bär 390); so ein V. bist du also!; Was sind Sie eigentlich für 'n V.? (Augsburger Allgemeine 3./4. 6. 78, V); keine afrikanische Botschaft weiß etwas von dem V., auch bei der Fremdenpolizei wird er nicht geführt (Muschg, Gegenzauber 370); ein seltener V. (ein seltsamer, eigentümlicher Mensch; nach lat. rara avis). **3.** (Fliegerspr.) *Flugzeug:* der V. hebt ab, setzt auf, schmiert ab; der Pilot riß den V. wieder hoch; Die Amerikaner versuchen, ihre Vögel den deutschen Bestimmungen anzupassen (ADAC-Motorwelt 4, 1983, 60); **Vo|gel|art,** die: *Art (4 b) von Vögeln:* heimische -en; Zum Zwecke ... ethologischer Untersuchungen hielt ich verschiedene -en in einer ihrem natürlichen Lebensraum möglichst entsprechenden Umgebung (Lorenz, Verhalten I, 123); **Vo|gel|au|ge,** das: *starr blickendes Auge eines Vogels;* **Vo|gel|bau|er,** das, auch: der [mhd. vogelbūr, zu ↑ ²Bauer]: *Vogelkäfig;* **Vo|gel|beer|baum,** der: *Eberesche;* **Vo|gel|bee|re,** die [die Frucht wurde als Köder beim Vogelfang verwendet]: *Frucht der Eberesche;* **Vo|gel|be|rin|gung,** die: *Beringung von Vögeln [mit metallenen Fußringen] zu Forschungszwecken;* **Vö|gel|chen,** das; -s, -: Vkl. zu ↑ Vogel (1); **Vo|gel|dreck,** der (ugs.): *Kot von Vögeln;* **Vo|gel|dunst,** der (Jägerspr.): *Dunst (2);* **Vo|gel|ei,** das: *Ei eines Vogels;* **Vö|ge|lei,** die; -, -en (vulg.): *[häufigeres] Koitieren;* **Vö|ge|lein:** ↑ Vöglein; **Vo|gel|fang,** der ⟨o. Pl.⟩: *das Fangen von Vögeln;* **Vo|gel|fän|ger,** der: *jmd., der Vögel fängt;* **Vo|gel|fän|ge|rin,** die: w. Form zu ↑ Vogelfänger; **Vo|gel|fe|der,** die: *Feder eines Vogels;* **Vo|gel|flug,** der: *Art des Fluges von Vögeln:* aus dem V. weissagen; **Vo|gel|flug|li|nie,** die ⟨o. Pl.⟩ [nach der Route, der die Zugvögel folgen]: *südlicher Abschnitt der kürzesten Eisenbahn- u. Straßenverbindung zwischen Mitteleuropa u. der Skandinavischen Halbinsel;* **Vo|gel|fraß,** der: *Fraß (2) von Vögeln:* Dunst V. vernichtete einen Teil; **vo|gel|frei** ⟨Adj.⟩ [eigtl. = den Vögeln (zum Fraß) freigegeben wie ein Gehenkter] (früher): *im Zustand völliger Rechts- u. Schutzlosigkeit; rechtlos u. geächtet:* jmdn. für v. erklären; dieser Stern, den jeder Jude, zum Zeichen, daß er v. ist, vom sechsten Lebensjahr an zu tragen hat (Hochhuth, Stellvertreter 174); **Vo|gel|fuß,** der: *Serradella;* **Vo|gel|fut|ter,** das: ¹*Futter für Vögel;* **Vo|gel|ge|sang,** der ⟨o. Pl.⟩: *Gesang (1 b) von Vögeln;* **Vo|gel|ge|schrei,** das: vgl. Vogelgesang; **Vo|gel|ge|sicht,** das: *Gesicht mit abnorm kleinem Unterkiefer;* **Vo|gel|ge|zwit|scher,** das: vgl. Vogelgesang; **Vo|gel|händ|ler,** der: *jmd., der mit Vögeln handelt;* **Vo|gel|händ|le|rin,** die: w. Form zu ↑ Vogelhändler; **Vo|gel|haus,** das: vgl. Affenhaus; **Vo|gel|häus|chen,** das: *Futterhäuschen;* **Vo|gel|herd,** der [spätmhd. vogelhert, nach einem Herd ähnlichen Form] (früher): *Vorrichtung zum Fangen von Vögeln;* **vo|ge|lig** ⟨Adj.⟩ (salopp): *ulkig* (b): ihr neuer Freund ist ziemlich v.; **Vo|gel|kä|fig,** der: *Käfig* (b); **Vo|gel|kir|sche,** die: *Wildform der Kirsche mit kleinen, schwarzen, bittersüß schmeckenden Früchten;* **Vo|gel|kun|de,** die ⟨o. Pl.⟩: *Teilgebiet der Zoologie, das sich mit den verschiedenen Vogelarten befaßt; Ornithologie;* **Vo|gel|kund|ler,** der; -s, -: *Wissenschaftler auf dem Gebiet der Vogelkunde; Ornithologe;* **Vo|gel|kund|le|rin,** die; -, -nen: w. Form zu ↑ Vogelkundler; **vo|gel|kund|lich** ⟨Adj.⟩: *die Vogelkunde betreffend; ornithologisch;* **Vo|gel|laut,** der: vgl. Tierlaut; **Vo|gel|leim,** der: *Leim, mit dem Leimruten für den Vogelfang bestrichen werden;* **Vo|gel|mie|re,** die: *(zu den Sternmieren gehörende) kleine, kriechende Pflanze mit eiförmigen Blättern u. kleinen, weißen Blüten;* **Vo|gel|mil|be,** die: *Vögel schmarotzende Milbe;* **Vo|gel|mil|ben|krät|ze,** die: *durch Vogelmilben verursachter, juckender Hautausschlag; Gamasidiose;* **Vo|gel|mist,** der: *Kot von Vögeln;* **vö|geln** ⟨sw. V.; hat⟩ [mhd. vogelen = begatten (vom Vogel); Vögel fangen, ahd. fogalōn = Vögel fangen] (vulg.): **a)** *koitieren* (a): Ich Dummkopf liege eine halbe Nacht nackt neben ihr, und sie will, daß ich mit ihr vögel' (Innerhofer, Schattseite 57); **b)** *koitieren* (b): gestern habe ich 'ne Jungfrau gevögelt – eine von der Philip Morris (Hilsenrath, Nazi 81); **Vo|gel|nest,** das: *Nest eines Vogels;* **Vo|gel|netz,** das: *Netz zum Vogelfang;* **Vo|gel|pa|ra|dies,** das: *Gebiet, in dem Vögel ungestört nisten können;* **Vo|gel|per|spek|ti|ve,** die [nach frz. à vue d'oiseau = aus der Sicht eines Vogels]: *Sicht von einem sehr hoch gelegenen Punkt aus, von hoch oben, bei der ein einem Überblick gewinnt:* V.; **Vo|gel|reu|se,** die; vgl. Fischreuse; **Vo|gel|ruf,** der: *Ruf (2 a) eines Vogels;* **Vo|gel|schar,** die: *Schar von Vögeln;* **Vo|gel|schau,** die: **1.** *Vogelperspektive:* es ist gar nicht so leicht, Tiere aus der V. voneinander zu unterscheiden (Grzimek, Serengeti 49). **2.** (Rel.) *Deutung der Zukunft aus der Art des Vogelflugs;* ♦ **Vo|gel|scheu,** der; -[e]s, -e: *Vogelscheuche:* ... als so ein Schelmenfabrikant (= der Inquisitor) sich endlich einen strohlumpen V. zusammenkünstelt, um wenigstens seinen Inquisiten in effigie hängen zu können (Goethe, Egmont IV); **Vo|gel|scheu|che,** die: *mit alten Kleidern behängtes Gestell, das durch seine Ähnlichkeit mit einer menschlichen Gestalt auf Feldern u. in Gärten die Vögel fernhalten soll:* sie sieht [in dem Aufzug] aus wie eine V.; Ü er ist eine wandelnde V. (eine dürre, häßliche,

Vogelschießen

nachlässig od. geschmacklos gekleidete Person); **Vo|gel|schie|ßen,** das: *Schützenfest, bei dem nach einem hölzernen Vogel auf einer hohen Stange geschossen wird;* **Vo|gel|schlag,** der: *heftiger Aufprall eines Vogels auf ein fliegendes Flugzeug:* Durch einen einzigen V. sei ... an einem Flugzeug allein ein Schaden von drei Millionen Mark entstanden (Westd. Zeitung 7. 7. 84, o. S.); Nach den Richtlinien für V. müßte der Flughafen im Umkreis von 20 Kilometern weitgehend frei sein von größeren Vögeln (Welt 15. 5. 92, 24); **Vo|gel|schrei,** der: *Schrei, den ein Vogel (in einer für seine Art charakteristischen Weise) hervorbringt;* **Vo|gel|schutz,** der: *(gesetzlich festgelegte) Maßnahmen zum Schutz, zur Erhaltung der Vogelwelt;* **Vo|gel|schüt|zer,** der: *jmd., der sich beim Vogelschutz engagiert, betätigt:* die V. in Italien, Spanien, Südfrankreich ... erwarten unsere Unterstützung (NZZ 13. 10. 84, 25); **Vo|gel|schüt|ze|rin,** die: w. Form zu ↑ Vogelschützer; **Vo|gel|schutz|ge|biet,** das: vgl. Tierschutzgebiet; **Vo|gel|schutz|war|te,** die: *Einrichtung für Vogelschutz u. Vogelkunde;* **Vo|gel|schwarm,** der: vgl. Vogelschar: Der Junge sah zu einem V. auf, der über den Dächern kreiste (Fels, Sünden 51); **Vo|gel|schwin|ge,** die: *Schwinge* (1 a): sie ... gleiten sanft wie auf -n den Berg hinunter (Fries, Weg 26); **Vo|gel|stel|ler,** der: *Vogelfänger;* **Vo|gel|stel|le|rin,** die: w. Form zu ↑ Vogelsteller; **Vo|gel|stim|me,** die: *Stimme* (2 a) *eines Vogels:* wissen Sie, wie das ist, wenn -n plötzlich und ganz unerwartet verstummen? (Hilsenrath, Nazi 47); V. nachahmen; Die Lehrerin ... ging auch mit uns raus, um -n zu belauschen (Kempowski, Immer 143); **Vo|gel-Strauß-Po|li|tik,** die ⟨o. Pl.⟩ [nach der angeblichen Gewohnheit des ²Straußes, den Kopf in den Sand zu stecken, wenn ihm Gefahr droht]: *Art des Verhaltens, bei der man eine Gefahr o. ä. nicht sehen will, den Kopf in den Sand steckt:* **Vo|gel|war|te,** die: *Einrichtung, Institut für Vogelkunde;* **Vo|gel|welt,** die ⟨o. Pl.⟩: vgl. Tierwelt: unsere heimische V.; **Vo|gel|züch|ter,** der: vgl. Tierzüchter; **Vo|gel|züch|te|rin,** die: w. Form zu ↑ Vogelzüchter; **Vo|gel|zug,** der: *jahreszeitlich bedingtes Fortziehen u. Zurückkehren bestimmter Vogelarten;* **Vo|gerl|sa|lat,** der (österr.): *Feldsalat.*
Vo|ge|sen [vo...] ⟨Pl.⟩: *südwestliches Randgebirge der Oberrheinischen Tiefebene.*
Vög|lein, (selten:) Vögelein, das; -s, -: Vkl. zu ↑ Vogel (1); **Vog|ler,** der; -s, - [mhd. vogelære, ahd. fogalāri] (veraltet): *Vogelfänger, Vogelsteller:* Heinrich der V.; **Vog|le|rin,** die; -, -nen (veraltet): w. Form zu ↑ Vogler.
Vogt, der; -[e]s, Vögte [mhd. vog(e)t, ahd. fogat < mlat. vocatus < lat. advocatus, ↑ Advokat] (früher): *landesherrlicher Verwaltungsbeamter;* **Vog|tei,** die; -, -en [mhd. vogetīe]: **a)** *Amt eines Vogts;* **b)** *Amtssitz eines Vogts;* **Vög|tin,** die; -, -nen: w. Form zu ↑ Vogt; **Vogt|land,** das; -[e]s: *Bergland zwischen Frankenwald, Fichtelgebirge u. Erzgebirge.*
Vogue [vo:k, frz.: vɔg], die; - [frz. vogue,

↑ en vogue] (bildungsspr. veraltet): *Ansehen, Beliebtheit.*
Voice|gramm [vɔys...], das; -s, -e [aus engl. voice = Stimme u. ↑-gramm] (Phonetik): *graphische Darstellung des Sprechmechanismus beim Menschen.*
voi|là [vɔa'la; frz. vɔila, zu: voir = sehen u. là = da, dort] ⟨Interj.⟩ (bildungsspr.): *sieh da; da haben wir es!*
Voile [vɔa:l], der; -, -s [frz. voile, eigtl. = Schleier < lat. velum, ↑ Velum]: *feinfädiges, leinwandbindiges poröses Gewebe;* **Voile|kleid,** das: *Kleid aus Voile.*
Voix mixte [vɔa'mıkst], die; - - [frz., eigtl. = gemischte Stimme] (Musik): *Register* (3 b) *im Übergang von der Brust- zur Kopfstimme mit Ausgleich zwischen beiden Resonanzbereichen.*
Vo|ka|bel, die; -, -n, österr. auch: das; -s, - [lat. vocabulum = Benennung, Bezeichnung; Nomen, Substantiv, zu: vocare = rufen, nennen, zu: vox, ↑ Vokal]: **a)** *einzelnes Wort einer [anderen, fremden] Sprache:* lateinische -n lernen; jmdm. die -n abfragen; beim Kämmen habe sie -n aufsagen müssen (Kempowski, Uns 235); Da wurden immer Texte abgelehnt, irgendwelche westlichen -n durften nicht verwendet werden, beispielsweise super (tip 12, 1984, 87); ... daß die Veränderung der Sprache sich keineswegs allein an einzelnen -n und Neubildungen ablesen lasse (Heringer, Holzfeuer 129); **b)** *Bezeichnung, Ausdruck; Begriff, wie er sich in einem Wort manifestiert:* die großen -n der Politik; Süß schien mir nicht die passende V. zu sein (Böll, Erzählungen 102); Damals ... ist im Zusammenhang mit seinem Namen häufig die V. „Charisma" aufgetaucht (Dönhoff, Ära 191); mit der wilden und schonungslosen Heftigkeit eines Mannes, dem für Zorn und Wut nur gewöhnliche -n zur Verfügung stehn (A. Zweig, Grischa 273); **Vo|ka|bel|heft,** das: *Schreibheft [im Oktavformat], in das beim Erlernen einer fremden Sprache die Vokabeln mit ihren Bedeutungen eingetragen werden;* **Vo|ka|bel|schatz,** der: *Wortschatz einer [anderen, fremden] Sprache:* über einen großen V. verfügen; **Vo|ka|bu|lar,** das; -s, -e [mlat. vocabularium, zu lat. vocabulum, ↑ Vokabel]: **1.** (bildungsspr.) *Wortschatz, dessen man sich bedient, der in einem bestimmten [Fach]bereich gehört:* das soziologische V.; das V. der Intellektuellen, der Linken; Er ... lernt das V. des Dritten Reiches wie Vokabeln einer fremden Sprache (Brückner, Quints 34); er hat ein rüdes V. *(drückt sich auf eine grobe, ungehobelte Art aus);* Arlecq ... nahm Begriffe wie Jazz, Jive, Swing, Pop ... in sein V. auf (Fries, Weg 91); die Redewendung: „Gestehen Sie's doch ein, dann dürfen Sie heim zu Ihrer Frau und Ihren Kindern!" gehört zum V. jedes Kriminalbeamten (Mostar, Unschuldig 8). **2.** *Wörterverzeichnis;* **Vo|ka|bu|la|ri|um,** das; -s, ...ien (veraltet): *Vokabular;* **vo|kal** ⟨Adj.⟩ [lat. vocalis = tönend, stimmreich, zu: vox, ↑ Vokal] (Musik): *von einer od. mehreren Singstimmen ausgeführt; durch die Singstimme hervorgebracht, für sie charakteristisch:* -er Klang; -e Klangfülle. **Vo|kal,** der; -s, -e [lat. vocalis (littera) = stimmreich(er), tö-

nend(er Buchstabe), zu: vox (Gen.: vocis) = Laut, Ton, Schall; Stimme; Wort, Rede] (Sprachw.): *Laut, bei dessen Artikulation die Atemluft verhältnismäßig ungehindert ausströmt; Selbstlaut;* **Vo|kal|har|mo|nie,** die ⟨o. Pl.⟩ (Sprachw.): *Beeinflussung eines Vokals durch einen benachbarten anderen Vokal;* **Vo|ka|li|sa|ti|on,** die; -, -en: **1.** (Musik) *Bildung u. Aussprache der Vokale beim Singen.* **2.** (Sprachw.) *vokalische Aussprache eines Konsonanten.* **3.** *Feststellung der Aussprache des (vokallosen) hebräischen Textes des Alten Testaments durch Einfügung von Vokalen. Punkte;* **vo|ka|lisch** ⟨Adj.⟩ (Sprachw.): *den Vokal betreffend, damit gebildet; selbstlautend:* ein Wort mit -em Anlaut; **Vo|ka|li|se,** die; -, -n [frz. vocalise, zu: vocaliser = vokalisieren, zu: vocal = Stimm... < lat. vocalis, ↑ vokal] (Musik): *Gesangsübung auf Vokale od. Silben;* **vo|ka|li|sie|ren** ⟨sw. V.; hat⟩: **1.** (Musik) *beim Singen die Vokale bilden u. aussprechen.* **2.** (Sprachw.) *einen Konsonanten wie einen Vokal sprechen* (z. B. r in Kurt [kʊrt] wie ɐ [ku:ɐt]); **Vo|ka|li|sie|rung,** die; -, -en: *das Vokalisieren;* **Vo|ka|lis|mus,** der; - (Sprachw.): *System, Funktion der Vokale;* **Vo|ka|list,** der; -en, -en: *Sänger (im Unterschied zum Instrumentalisten);* **Vo|ka|li|stin,** die; -, -nen: w. Form zu ↑ Vokalist; **Vo|kal|kom|po|si|ti|on,** die: vgl. Vokalmusik; **Vo|kal|kon|zert,** das: vgl. Vokalmusik; **Vo|kal|mu|sik,** die: *von einer od. mehreren Singstimmen mit od. ohne Instrumentalbegleitung ausgeführte Musik:* ... mußte das Institut bei der Erfassung und Sichtung von Haydns V. selbständig vorgehen (Welt 28. 6. 65, 7); **Vo|kal|part,** der: vgl. Singstimme (a); **Vo|kal|so|list,** der: *Gesangssolist;* **Vo|kal|so|li|stin,** die: w. Form zu ↑ Vokalsolist; **Vo|kal|stück,** das: vgl. Vokalmusik; **Vo|kal|werk,** das: vgl. Vokalmusik; **Vo|ka|ti|on,** die; -, -en [lat. vocatio, zu: vocare, ↑ Vokabel] (bildungsspr.): *Berufung in ein Amt;* **Vo|ka|tiv,** der; -s, -e [lat. (casus) vocativus, eigtl. = zum Rufen, Anreden dienender Fall, zu: vocare, ↑ Vokabel] (Sprachw.): *Kasus der Anrede;* **vo|ka|ti|visch** ⟨Adj.⟩ (Sprachw.): *den Vokativ betreffend, zum Vokativ gehörend, im Vokativ [stehend, gebraucht];* **Vo|ka|ti|vus,** der; - [zu lat. vocativus (↑ Vokativ), eigtl. = jmd., der immerfort (mahnend) angerufen werden muß] (veraltet scherzh.): *Schlauberger, Schalk; Teufel.*
vol. = Volumen (Schriftrolle, Band).
Vol.-% = Volumprozent.
Vol|and ['fo:...], der; -[e]s [mhd., mniederd. vālant, wohl eigtl. = der Schreckende] (veraltet): *Teufel:* Junker V.
Vol|ant [vo'lã:], der, schweiz. meist: das; -s, -s [frz. volant, 1. Part. von: voler < lat. volare = fliegen, also eigtl. = fliegend; beweglich]: **1.** *(bei bestimmten Kleidungsstücken) als Besatz auf- od. angesetzter, angekrauster Stoffstreifen:* Um den Ausschnitt herum waren -s (Alexander, Jungfrau 188). **2.** (österr. auch: das; veraltend, noch im Automobilsport) *Steuerrad eines Kraftwagens:* Die Lenkradstellung ist im Moment noch ein Problem, denn das V. steht leicht schräg nach außen (rallye racing 10, 1979, 43); Auf dem Dach sind Ski festgeschnallt ..., am V. sitzt schwit-

zend und ungeduldig Papa (profil 17, 1979, 43).
Vo|**la**|**pük**, das; -s [Kunstwort aus „vol" von engl. world = Welt u. „pük" von engl. speak = Sprache]: im 19. Jh. geschaffene Welthilfssprache.
vo|**lar** ⟨Adj.⟩ [zu lat. vola = hohle Hand] (Med.): *zur Hohlhand gehörend, sie betreffend; auf der Seite der Hohlhand liegend.*
vo|**la**|**til** ⟨Adj.⟩ [lat. volatilis = fliegend; flüchtig; schnell, zu: volare = fliegen] (Chemie): *flüchtig, verdunstend;* **Vo**|**la**|**ti**|**li**|**tät**, die; -, -en: 1. (Bankw., Börsenw.) *Ausmaß der Schwankung von Preisen, Aktien- u. Devisenkursen, Zinssätzen od. auch ganzen Märkten innerhalb einer kurzen Zeitspanne:* Schädlich ist allerdings ... die V. der Erdölpreise, und zwar nicht zuletzt für das Finanzsystem (NZZ 27. 1. 83, 11). 2. (veraltet) *Flüchtigkeit;* **Vol-au-vent** [vɔloˈvɑ̃:], der; -, -s [frz., eigtl. = Flug im Wind] (Kochk.): *hohle Pastete aus Blätterteig, die mit Ragout gefüllt wird;* **Vo**|**lie**|**re** [vɔˈliɛ:rə], die; -, -n [frz. volière, zu: voler, ↑ Volant]: *großer Vogelkäfig, in dem die Vögel fliegen können.*
vo|**li**|**tio**|**nal** ⟨Adj.⟩ [zu lat. voluntas = Wille] (Psych.): *durch den Willen bestimmt;* **vo**|**li**|**tiv** ⟨Adj.⟩ (Psych.): **a)** *willentlich; gewollt;* **b)** *den Willen, die Willenskraft betreffend;* **Vo**|**li**|**tiv**, der; -s, -e (Sprachw.): *Voluntativ.*
Volk, das; -[e]s, Völker [mhd. volc = Leute, Volk; Kriegsschar, ahd. folc = Haufe, Kriegsschar; Volk, H. u., wahrsch. eigtl. = viele]: **1.** *durch gemeinsame [Sprache] Kultur u. Geschichte verbundene große Gemeinschaft von Menschen:* ein freies, unterdrücktes V.; Die kolonialisierten Völker hatten zunächst nicht einmal Bedürfnisse, die sie zum Verkauf der Bodenschätze hätten veranlassen können (Gruhl, Planet 316); Die reichen Völker werden immer reicher, die armen immer ärmer (Dönhoff, Ära 172); Jenes Jahr 1956 hatte im polnischen V. große, überschwengliche Hoffnungen geweckt (Dönhoff, Ära 149); die Völker Afrikas; die Vorarbeit des geheimnisvollen -es der Sumerer (Ceram, Götter 321); das V. Israel (*Israel* 1); Das deutsche V. mußte ein V. von Fliegern werden, hatte Göring verlangt (Loest, Pistole 91); er ist ein großer Sohn seines -es; meine Mutter und Slavitzki ... redeten von deutscher Ehre, Blut und Boden, V. ohne Raum (ns. Schlagwort zur Rechtfertigung der nationalsozialistischen Expansionspolitik; Hilsenrath, Nazi 41; nach dem Titel eines Kolonialromans des Schriftstellers Hans Grimm [1875–1959] aus dem Jahre 1926, in dem die deutsche Expansionspolitik gerechtfertigt wird); Я ein V., ein Reich, ein Führer (ns. Parole, die die Einigkeit des Volkes mit Hitler ausdrücken sollte); * *das auserwählte V.* (jüd. Rel.; *die Juden, das Volk Israel;* nach Ps. 105, 43); *das V. der Dichter und Denker* (meist scherzh. od. spött.; *das deutsche Volk, die Deutschen;* Urheber ist wohl der Schriftsteller Johann Karl August Musäus [1735–1787], der in dem seine „Volksmärchen der Deutschen" [1782–1786] einleitenden „Vorbe-

richt an Herrn David Runkel ..." schreibt: „Was wäre das enthusiastische Volk unserer Denker, Dichter, Schweber, Seher ohne die glücklichen Einflüsse der Phantasie?"; die heute geläufige Umstellung „Dichter und Denker" wurde gepr. – allerdings ohne Bezug auf Deutschland – von Jean Paul [1763–1825]). **2.** ⟨o. Pl.⟩ *die Masse der Angehörigen einer Gesellschaft, der Bevölkerung eines Landes, eines Staates:* das arbeitende, werktätige, unwissende V.; das V. steht hinter der Regierung, empörte sich gegen die Gewaltherrschaft; das V. befragen; das V. aufwiegeln, aufhetzen; die Abgeordneten sind die gewählten Vertreter des -es; ... daß die Entscheidungsbefugnis beim Parlament und nicht beim V. liegt (Dönhoff, Ära 34); im V. begann es zu gären; die Erinnerung an die eigenen revolutionären Bewegungen darf im -e nicht weiterleben (Leonhard, Revolution 203); Man mußte ... die Bildung schon unters V. bringen (Zwerenz, Quadriga 284); der Bundeskanzler habe sein Mandat vom V. erhalten (Dönhoff, Ära 24); Alle Staatsgewalt geht vom -e aus (Grundgesetz der Bundesrepublik Deutschland, Art. 20); zum V. sprechen; Das Schwurgericht verkündet das Urteil. Es lautet im Namen des -es (Formel bei der Urteilsverkündung): Der Angeklagte wird freigesprochen (Noack, Prozesse 37); R jedes V. hat die Regierung, die es verdient. **3.** ⟨o. Pl.⟩ *die [mittlere u.] untere Schicht der Bevölkerung:* ein Mann aus dem -e; daß sie dazu keinen Hut, sondern einen schwarzen Schal als Kopftuch trug, gab ihr das Aussehen einer Frau aus dem -e (Maass, Gouffé 262); * **dem V. aufs Maul schauen** (beobachten, wie sich die einfachen Leute ausdrücken u. von ihnen lernen; nach M. Luthers [1483–1546] „Sendbrief vom Dolmetschen"). **4.** ⟨o. Pl.⟩ **a)** (ugs.) *Menschenmenge; Menschen, Leute:* das V. ist viel verwaistes V., auch zu viel richtungsloses, auch zu viel verwahrlostes V. (Plievier, Stalingrad 344); das V., alles V., viel V., viel junges V. drängte sich auf dem Festplatz; Zwar jubelte das V. mir zu (Böll, Erzählungen 80); Trunzer wollte einen Elfmeter rausschinden, aber der Schiedsrichter reagierte sauer. „Eierkopp!" brüllte das V. (Loest, Pistole 203); die junge V. (scherzh.; *die jungen Leute, die Jugend*); das kleine V. stürmte (scherzh.; *die Kinder stürmten*) herein; sich unters V. mischen; etw. unters V. bringen (*verbreiten, bekanntmachen*); * **fahrendes V.** (veraltet: *Artisten, Schausteller*); **b)** *Gruppe, Sorte von Menschen:* dieses liederliche V. hat natürlich nicht aufgeräumt; die Künstler waren ein lustiges V.; die Sekretäre sind ein nervöses V. (Kafka, Schloß 255); Mit welchem V. gibst du dich ab, Großvater (Bobrowski, Mühle 291); Ü die Spatzen sind ein freches V. **5. a)** (Fachspr.) *größere, in Form einer Gemeinschaft lebende Gruppe bestimmter Insekten:* ein V. Bienen; **b)** (Jägerspr.) *Kette, Familie von Rebhühnern;* **volk**|**arm** ⟨Adj.⟩ (seltener) *dünnbevölkert;* **Völk**|**chen**, das; -s, -: Vkl. zu ↑ Volk (4 b); **Völ**|**ker**|**ball**, der ⟨o. Pl.⟩: *von zwei in getrennten Spielfeldhälften ste-*

henden Mannschaften gespieltes Ballspiel, bei dem man die gegnerischen Spieler abzuwerfen sucht: Einmal hatte ... Konrad im Turnsaal, als sie V. spielten, dem Lehrer Gerber mit einem wuchtigen Wurf des harten Lederballes den Augenzwicker zerbrochen (Sommer, Und keiner 141); **Völ**|**ker**|**bund**, der ⟨o. Pl.⟩: *(1920–1946) internationale Organisation zur Sicherung des Weltfriedens;* **Völ**|**ker**|**fa**|**mi**|**lie**, die ⟨o. Pl.⟩ (geh.): *Gemeinschaft der Völker:* es liege im Interesse unserer Friedenspolitik, „daß China sich selbständig entwickelt und zur Zusammenarbeit in der V. gebracht wird" (W. Brandt, Begegnungen 211); **Völ**|**ker**|**freund**|**schaft**, die ⟨o. Pl.⟩ (bes. ehem. DDR): *freundschaftliches Verhältnis zwischen den Völkern;* **Völ**|**ker**|**früh**|**ling**, der [von Ludwig Börne (1786–1837) verbreitetes Schlagwort]: *von Aufbruchstimmung u. einer liberaleren Politik bestimmte Zeit:* Namhafte deutsche und polnische Universitätsprofessoren beschäftigen sich ... mit dem V. in der deutschen und polnischen Historiographie (Saarbr. Zeitung 4. 12. 79, 24); Auf den Champs-Elysées kam es zu Zusammenstößen zwischen den Veteranen der Befreiung Frankreichs und den jugendlichen Demonstranten, die vom V. träumen (Scholl-Latour, Frankreich 221); **Völ**|**ker**|**ge**|**mein**|**schaft**, die ⟨o. Pl.⟩: *Völkerfamilie;* **Völ**|**ker**|**ge**|**misch**, das: *Gemisch aus Angehörigen verschiedener Völker;* **Völ**|**ker**|**kun**|**de**, die ⟨o. Pl.⟩: *Wissenschaft von den Kultur- u. Lebensformen der [Natur]völker;* **Völ**|**ker**|**kund**|**ler**, der; -s, -: *Wissenschaftler auf dem Gebiet der Völkerkunde; Ethnologe;* **Völ**|**ker**|**kund**|**le**|**rin**, die; -, -nen: w. Form zu ↑ Völkerkundler; **völ**|**ker**|**kund**|**lich** ⟨Adj.⟩: *die Völkerkunde betreffend; ethnologisch;* **Völ**|**ker**|**mord**, der: *Verbrechen der Vernichtung einer rassischen, ethnischen o. ä. Gruppe; Genozid:* Der V. an den Juden jedoch ist beispiellos in der Geschichte (R. v. Weizsäcker, Deutschland 18); Am 20. Mai 1975 gab Pol Pot Befehl zur „Eliminierung der Klassen" und damit eines Lichts für den größten V. der Nachkriegsgeschichte (Weltwoche 17. 5. 84, 9); **Völ**|**ker**|**na**|**me**, der: *Name eines Volkes;* **Völ**|**ker**|**recht**, das ⟨o. Pl.⟩: *international verbindliches, bes. zwischenstaatliches Recht;* **Völ**|**ker**|**recht**|**ler**, der; -s, -: *Jurist, der auf Völkerrecht spezialisiert ist;* **Völ**|**ker**|**recht**|**le**|**rin**, die; -, -nen: w. Form zu ↑ Völkerrechtler; **völ**|**ker**|**recht**|**lich** ⟨Adj.⟩: *das Völkerrecht betreffend;* **Völ**|**ker**|**rechts**|**ver**|**let**|**zung**, die: *Verstoß gegen das Völkerrecht;* **völ**|**ker**|**rechts**|**wid**|**rig** ⟨Adj.⟩: *dem Völkerrecht zuwiderlaufend, gegen das Völkerrecht verstoßend:* -e Handlungen während des Krieges; Die Unterlassung ist v. (NZZ 19. 12. 86, 27); **Völ**|**ker**|**schaft**, die: *kleines Volk; Volksgruppe, -stamm:* ... weil hier Vertreter fast aller -en der UdSSR arbeiten (horizont 13, 1978, 17); **Völ**|**ker**|**schar**, die: *Schar von Völkern:* die V. Asiens; Ü (ugs.:) ganze -en (*sehr viele Menschen*) strömten zum Einkaufen in die Stadt; **Völ**|**ker**|**stamm**, der: *Volksstamm;* **Völ**|**ker**|**ta**|**fel**, die ⟨o. Pl.⟩ [nach der im Altertum üblichen Vorstellung,

völkerverbindend

daß je ein Ahnherr für ein Volk steht]: *Liste der im Alten Testament (1. Mos. 10) aufgezählten 72 Völker als der Nachkommen der drei Söhne Noahs;* **völ|ker|ver|bin|dend** ⟨Adj.⟩: *Völker freundschaftlich miteinander verbindend, einander näherbringend:* *der -e Charakter des Sports;* **Völ|ker|ver|stän|di|gung,** die: *Verständigung, friedliche Übereinkunft zwischen den Völkern:* Ich bin sicher, daß man V. nicht technisch-militärisch erreichen kann (Alt, Frieden 61); **Völ|ker|wan|de|rung,** die [1: LÜ von lat. migratio gentium]: **1.** (Völkerk., Soziol.) vgl. Migration (1 a): Überdies sind ... Wirtschaftskriege und weltweite -en zu erwarten (natur 9, 1991, 37); Die Kunst von Byzanz reicht mit ihrem Einfluß weit hinein in die architektonisch unergiebige Zeit der V. (hist.; *der zwischen dem 4. u. 6. Jh. stattfindenden Wanderung germanischer Völkerschaften u. Stammesverbände nach Süd- u. Westeuropa;* Bild. Kunst III, 17). **2.** (ugs.) *Wanderung, Bewegung, Zug einer Masse von Menschen:* Naturschutz verträgt keine -en (Basler Zeitung 2. 10. 85, 34); eine V. zum Fußballstadion; jedes Jahr setzt eine V. nach Neuschwanstein ein; **völ|kisch** ⟨Adj.⟩ [2: älter volckisch für lat. popularis, ↑ populär]: **1.** (ns.) *national* (a, c) *(mit besonderer Betonung von Volk u. Rasse im Rahmen des Rassismus u. Antisemitismus der ns. Ideologie):* -e Gesinnung; Wir haben nichts gemein mit den Fanatikern einer -en Idee (Jahnn, Geschichten 126); Hitler ... sah in ihr eine -e Künstlerin, wie man sie nur in Deutschland findet (Katia Mann, Memoiren 110). **2.** (veraltet) *national* (a): -e Eigentümlichkeiten; So hat jedes Land seine Eigenarten und -en Werte (Tucholsky, Werke II, 343); **völk|lich** ⟨Adj.⟩ (selten): *das Volk (1) betreffend;* **volk|reich** ⟨Adj.⟩: *dichtbevölkert; eine große Anzahl von Menschen aufweisend:* Das aufregendste demographische Ereignis der Gegenwart ist die Tatsache, daß die -en Länder Asiens und z. T. Afrikas eine ähnliche Entwicklung begonnen haben (Fraenkel, Staat 43); Ich habe keine Erfahrung mit China, und ich kann darum kaum beurteilen, welchen Weg dieser -ste Staat der Erde gehen wird (W. Brandt, Begegnungen 642); **Volks|ab|stim|mung,** die: *Abstimmung der [wahlberechtigten] Bürger über eine bestimmte [grundsätzliche] politische Frage; Plebiszit;* **Volks|ak|tie,** die: *Aktie eines reprivatisierten staatlichen Unternehmens, die zum Zweck einer breiteren Eigentumsstreuung ausgegeben wird;* **Volks|ak|tio|när,** der: *Inhaber von Volksaktien;* **Volks|ak|tio|nä|rin,** die: w. Form zu ↑ Volksaktionär; **Volks|ar|mee,** die: *Streitkräfte bestimmter Volksdemokratien:* Nationale V. *(Streitkräfte der ehem. DDR;* Abk.: NVA*)*; **Volks|ar|mist,** der; -en, -en: *Angehöriger der Volksarmee;* **Volks|ar|mi|stin,** die; -, -nen: w. Form zu ↑ Volksarmist; **Volks|auf|lauf,** der: *Auflauf (1);* **Volks|auf|stand,** der: *Volkserhebung;* **Volks|aus|ga|be,** die (veraltend): *einfach ausgestattete, preiswerte Buchausgabe;* **Volks|bal|la|de,** die (Literaturw.): *volkstümliche od. vom Geist u. von der Überlie-* *ferung des Volkes zeugende Ballade;* **Volks|be|fra|gung,** die: *Befragung der Bürger im Rahmen einer Abstimmung über eine bestimmte [grundsätzliche] politische Frage;* **Volks|be|ge|hren,** das (Politik): *Antrag auf Herbeiführung einer parlamentarischen Entscheidung od. eines Volksentscheids, der der Zustimmung eines bestimmten Prozentsatzes der stimmberechtigten Bevölkerung bedarf;* **Volks|be|lu|sti|gung,** die: *Vorgang, der sich in der Öffentlichkeit abspielt u. allgemeine Heiterkeit erregt;* **Volks|be|we|gung,** die: *vom Volk ausgehende Bewegung (3):* eine revolutionäre V. ins Leben rufen; Keinen Zweifel hatte er, daß der Nationalsozialismus eine „deutsche V. mit einer ungeheuren seelischen Investierung von Glauben und Begeisterung" war (Reich-Ranicki, Th. Mann 89); **Volks|bi|blio|thek,** die (veraltend): *Volksbücherei;* **Volks|bi|blio|the|kar,** der (veraltend): *Bibliothekar einer Volksbibliothek;* **Volks|bi|blio|the|ka|rin,** die (veraltend): w. Form zu ↑ Volksbibliothekar; **Volks|bil|dung,** die: **1.** (früher) *Erwachsenenbildung.* **2.** (bes. ehem. DDR) *organisierte [Aus]bildung der Bevölkerung:* Feste Verbindungen ..., die der langfristigen Koordinierung wie der stärkeren Einbeziehung künstlerischer Mitarbeiter des Theaters in die Leitungsprozesse der V. dienen (Wochenpost 23. 7. 76, 15); Nachdem 1949 die DDR gegründet worden war, ergriff das Ministerium für V. eine Reihe von energischen Maßnahmen (Klein, Bildung 20); **Volks|bil|dungs|or|gan,** das (bes. ehem. DDR): *für die Volksbildung (2) zuständiges Organ (4);* **Volks|brauch,** der: *vom Volk geübter, volkstümlicher Brauch:* weihnachtliche Volksbräuche; **Volks|buch,** das (Literaturw.): *volkstümliches Buch (bes. des 16. Jh.s), das erzählende Prosa enthält;* **Volks|bü|che|rei,** die: *der ganzen Bevölkerung zugängliche öffentliche Bücherei;* **Volks|buch|hand|lung,** die (ehem. DDR): *volkseigene Buchhandlung;* **Volks|cha|rak|ter,** der: *spezifische Eigentümlichkeiten eines Volkes, Volksstammes:* der europäische, chinesische V.; Bei der Gründlichkeit, die man unserem V. zuweilen nachsagt, ... (W. Brandt, Begegnungen 554); **Volks|de|mo|kra|tie,** die [2: nach russ. narodnaja demokratija]: **1.** *sozialistisches, an die Herrschaft der kommunistischen Partei gebundenes Regierungssystem mit einer von der Partei bestimmten Volksvertretung:* Der Begriff „Volksdemokratie" wurde nach 1945 innerhalb des sowjetischen Machtbereichs für die neuen staatlichen Ordnungen in den von sowjetischen Truppen besetzten Ländern Ost-, Mittel- und Südeuropas geprägt (Fraenkel, Staat 349). **2.** *Staat mit volksdemokratischem Regierungssystem;* **volks|de|mo|kra|tisch** ⟨Adj.⟩: *die Volksdemokratie betreffend, zu ihr gehörend, auf ihr beruhend;* **Volks|deut|sche,** der u. die (ehem. ns.): *außerhalb Deutschlands u. Österreichs lebende Person deutscher Volks- u. fremder Staatszugehörigkeit (bes. in ost- u. südosteuropäischen Ländern bis 1945);* **Volks|dich|te,** die (selten): *Bevölkerungsdichte;* **Volks|dich|ter,** der: *Dichter volks-* *tümlicher od. vom Volksgeist getragener Werke;* **Volks|dich|te|rin,** die: w. Form zu ↑ Volksdichter; **Volks|dich|tung,** die (Literaturw.): *vom Geist u. von der Überlieferung des Volkes getragene Dichtung;* **volks|ei|gen** ⟨Adj.⟩ (ehem. DDR): *zum Volkseigentum gehörend; staatlich:* ein -er Betrieb (Abk. als Namenszusatz: VEB); Jetzt wird zu unserer Rechten vor einem -en Bootshaus ein Eissegler startklar gemacht (Berger, Augenblick 3); Kein Schwein kann sich mehr erinnern, wie das damals war, als die kleinen Textilbuden v. wurden! (H. Weber, Einzug 77); **Volks|ei|gen|tum,** das (ehem. DDR): *sozialistisches Staatseigentum:* sie haben rowdyhaft V. zerstört (Maron, Überläuferin 60); **Volks|ein|kom|men,** das (Wirtsch.): *gesamtes Einkommen aller an einer Volkswirtschaft beteiligten Personen (Bruttosozialprodukt, vermindert um die Abschreibungen u. direkten Steuern, zuzüglich der Subventionen); Nationaleinkommen;* **Volks|emp|fän|ger,** der: *von allen Produzenten baugleich hergestelltes einfaches, billiges Rundfunkgerät (während des Dritten Reiches):* das gehörte auch den V. leiser, der sonst ... auf allen Touren läuft (Zeller, Amen 37); Wieder siegten wir, wieder tönten die Fanfaren der Sondermeldungen aus den -n (Lentz, Muckefuck 154); **Volks|emp|fin|den,** das: *Empfinden des Volkes, des normalen, durchschnittlichen Menschen (eines Volkes):* das gesunde V.; an die Stelle rationaler Entscheidung träte die Herrschaft eines vagen -s (Fraenkel, Staat 77); **Volks|ent|scheid,** der (Politik): *Entscheidung von Fragen der Gesetzgebung durch Volksabstimmung;* **Volks|epos,** das (Literaturw.): vgl. Volksballade; **Volks|er|he|bung,** die: *Erhebung, Aufstand des Volkes;* **Volks|er|zäh|lung,** die (Literaturw.): *vom Geist u. von der Überlieferung des Volkes getragene Erzählung (z. B.* Märchen, Sage*);* **Volks|ety|mo|lo|gie,** die (Sprachw.): **1.** *volkstümliche Verdeutlichung eines nicht [mehr] verstandenen Wortes od. Wortteiles durch lautliche Umgestaltung unter [etymologisch falscher] Anlehnung an ein klangähnliches Wort.* **2.** *volkstümliche, etymologisch falsche Zurückführung auf ein nichtverwandtes lautgleiches od. -ähnliches Wort;* **volks|ety|mo|lo|gisch** ⟨Adj.⟩: *die Volksetymologie betreffend;* **Volks|feind,** der (emotional abwertend): *volksfeindlich handelnder Mensch:* Juden, Horst. Das waren bloß Juden, Volksfeinde (Hilsenrath, Nazi 171); Millionen von Sowjetbürgern brandmarkten voll Empörung die verbrecherischen Umtriebe des eingefleischten -es Berija (Dönhoff, Ära 210); **volks|feind|lich** ⟨Adj.⟩ (emotional abwertend): *gegen die Interessen des Volkes gerichtet;* **Volks|fest,** das: *(sich oft über mehrere Tage erstreckende) volkstümliche [im Freien stattfindende] Veranstaltung mit verschiedenen Attraktionen:* * jmdm. ein V. sein (ugs. scherzh. veraltend; *jmdm. eine große Freude, eine innere Genugtuung sein):* es war mir wieder einmal ein V.; **volks|fremd** ⟨Adj.⟩ (meist emotional abwertend): *nicht zu einem Volk gehörend od. passend:* -e Elemente, Ideen;

Vọlks|freund, der: *Freund (3 a, b) des Volkes;* **Vọlks|freun|din,** die: w. Form zu ↑Volksfreund; **Vọlks|fröm|mig|keit,** die: *im Volk verwurzelte, volkstümliche (1 b) Frömmigkeit:* So lebten die Filipinos weiterhin ... in einer Atmosphäre intensiver katholischer V. und machistischer Männerpose (Scholl-Latour, Frankreich 418); **Vọlks|front,** die (Politik): *Wahl- u. Regierungskoalition zwischen bürgerlichen Linken, Sozialisten, Sozialdemokraten u. Kommunisten;* **Vọlks|front|re|gie|rung,** die (Politik): *aus Vertretern einer Volksfront bestehende Regierung;* **Vọlks|gas|mas|ke,** die (ugs.): *während des 2. Weltkriegs für die Zivilbevölkerung vorgesehene Gasmaske:* Im Keller der Schule wurden -n ausgegeben (Kempowski, Tadellöser 94); um die Schulter hing die Büchse mit der V. (Harig, Weh dem 126); **Vọlks|geist,** der: *Geist, Bewußtsein des Volkes;* **Vọlks|ge|mein|schaft,** die (bes. ns.): *durch ein starkes Bewußtsein der Zusammengehörigkeit gekennzeichnete Gemeinschaft des Volkes:* das uralte Bedürfnis ..., eine greifbare Gruppe zum absoluten Feind zu erklären, diesen aus der erstrebten V. auszuschließen ... (Fraenkel, Staat 204); **Vọlks|ge|mur|mel,** das: **1.** (Theater) *Gemurmel der Volksmenge (als Bühnenanweisung).* **2.** (ugs. scherzh.) *Gemurmel einer Menge od. größeren Anzahl von Menschen (als Reaktion auf eine Äußerung od. ein Geschehen);* **Vọlks|ge|nos|se,** der (ns.): *Angehöriger der sogenannten deutschen Volksgemeinschaft:* Tatsächlich gibt es deutsche -n, die plündern, wenn der Feind unsere Städte aus der Luft angreift (Borkowski, Wer 19); **Vọlks|ge|nos|sin,** die (ns.): w. Form zu ↑Volksgenosse; Dirk ... hört auch, daß die V., die ihn angeprangert hat, seine Berliner Wirtin gewesen ist (Zeller, Amen 194); **Vọlks|ge|richt,** das: **1.** *(nach altdeutschem Recht) Gericht, bei dem im Unterschied zum Gericht des Königs die Rechtsfindung durch das Volk geschah.* **2.** (früher) *Sondergericht zur Verfolgung bestimmter politischer Straftaten;* **Vọlks|ge|richts|hof,** der (ns.): *Sondergericht während des Dritten Reiches (mit Sitz in Berlin) zur Verfolgung aller Handlungen, die während der NS-Zeit als strafwürdig definiert waren:* Es ging um den Prozeß gegen die Verbrecher des 20. Juli, der jetzt vor dem V. geführt wurde (Borkowski, Wer 87); **Vọlks|ge|sund|heit,** die: *körperliche u. geistige Gesundheit der gesamten Bevölkerung;* **Vọlks|glau|be,** (selten:) **Vọlks|glau|ben,** der (Volksk.): *im Volk verbreiteter Glaube, Aberglaube;* **Vọlks|grup|pe,** die: *durch rassische, ethnische o. ä. Eigentümlichkeiten gekennzeichnete Gruppe innerhalb eines Volkes; nationale Minderheit;* **Vọlks|gunst,** die: *Gunst, in der jmd. beim Volk steht:* sich in der V. sonnen; **Vọlks|gut,** das: **1.** ⟨Pl. selten⟩ vgl. Allgemeingut: Daß die Märchen V. seien, ist ein Märchen (Schnurre, Schattenfotograf 293). **2.** (ehem. DDR Landw.) *volkseigenes Gut;* **Vọlks|held,** der: *Nationalheld;* **Vọlks|hel|din,** die: w. Form zu ↑Volksheld; **Vọlks|herr|schaft,** die ⟨o. Pl.⟩: *Herrschaft durch das Volk;* **Vọlks|hoch|schu|le,** die:

der Weiterbildung dienende Einrichtung bes. der Erwachsenenbildung: Er hat einen Französischkurs an der V. belegt (Chotjewitz, Friede 60); **Vọlks|in|itia|ti|ve,** die (schweiz.): *Volksbegehren:* Neun Jahre nach der ersten V. für die Entkriminalisierung von Marihuana haben kalifornische Stimmbürger ... (NZZ 16. 10. 81, 7); **Vọlks|in|stru|ment,** das: *Instrument der Volksmusik;* **Vọlks|kam|mer,** die ⟨o. Pl.⟩ (ehem. DDR): *das Parlament der ehem. DDR:* Der Bericht, den Stoph einen Tag darauf vor der V. erstattete, war noch zurückhaltender (W. Brandt, Begegnungen 501); **Vọlks|kampf,** der (bes. ehem. DDR): *[Befreiungs]kampf eines Volkes:* Die Ausstrahlung des wachsenden - s in Südafrika und der weltweiten Anti-Apartheid-Bewegung stärkt ihren auch nach langer Haft ungebrochenen Mut (Neues D. 18. 7. 78, 6); **Vọlks|kir|che,** die (christl. Kirche): **a)** *Kirche, in der einzelne durch Volkszugehörigkeit u. Taufe ohne eigene Entscheidung Mitglied wird:* So entsteht das Problem einer rechtzeitigen Umwandlung der „Volkskirche" in eine „Freiwilligkeitskirche" nach amerikanischem Muster (Fraenkel, Staat 155); **b)** *Kirche, die Mitglieder in allen Gruppen der Bevölkerung hat und dadurch über eine große Gefolgschaft verfügt:* der stärkste Eindruck, den man von einem Besuch in Medjugorje mitbekommt: Hier lebt die V., die Kirche aller Altersschichten und aller Klassen (Furche 6. 6. 84, 10); Trend von der „Volkskirche" hin zur Minderheitenkirche (MM 22. 9. 93, 1); **Vọlks|kom|mis|sar,** der [russ. narodnyj komissar]: *von 1917–46 in der Sowjetunion Bez. für Minister;* **Vọlks|kom|mis|sa|rin,** die: w. Form zu ↑Volkskommissar; **Vọlks|kom|mis|sa|ri|at,** das [russ. narodnyj komissariat]: *von 1917–46 in der Sowjetunion Bez. für Ministerium;* **Vọlks|kom|mu|ne,** die: *ländliche Verwaltungseinheit in China, die (bes. landwirtschaftlich) kollektiv organisiert ist;* **Vọlks|kon|greß,** der: **1.** (hist.) *von der SED organisiertes Vorparlament, aus dem die Volkskammer hervorging.* **2.** *Volksvertretung bestimmter Staaten:* Überraschend hat der chinesische V. seine ... Sitzung verschoben (Welt 3. 3. 62, 5); Der konsultative V. Indonesiens, der alle fünf Jahre zusammentritt, um die grundlegenden Linien der Staatspolitik zu beschließen ... (Berliner Zeitung 25. 3. 78, 11); **Vọlks|kon|trol|le,** die (ehem. DDR): *von Arbeitern u. Angestellten ausgeübte Kontrolle der Wirtschaft in bezug auf die Durchführung von Beschlüssen der Partei u. der Staatsorgane;* **Vọlks|kor|re|spon|dent,** der (ehem. DDR): *ehrenamtlicher Mitarbeiter aus der Bevölkerung, in der Presse od. Rundfunk aus dem eigenen Berufs- u. Lebensbereich berichtet;* **Vọlks|kor|re|spon|den|tin,** die (ehem. DDR): w. Form zu ↑Volkskorrespondent; **Vọlks|krank|heit,** die: *Krankheit mit dauernder starker Verbreitung. Auswirkung im ganzen Volk:* Karies und Rheuma sind zu -en geworden; **Vọlks|krieg,** der: vgl. Volkskampf; **Vọlks|kro|ne,** die (Her.): *aus einem Stirnreif u. fünf Laubblättern gebildete Krone auf den

Wappenschilden deutscher Länder; **Vọlks|kü|che,** die: *Suppenküche;* **Vọlks|kun|de,** die: *Wissenschaft von den Lebens- u. Kulturformen des Volkes; Folklore (1 b);* **Vọlks|kund|ler,** der; -s, -: *Wissenschaftler auf dem Gebiet der Volkskunde; Folklorist;* **Vọlks|kund|le|rin,** die; -, -nen: w. Form zu ↑Volkskundler; **vọlks|kund|lich** ⟨Adj.⟩: *die Volkskunde betreffend; folkloristisch (2);* **Vọlks|kunst,** die ⟨o. Pl.⟩: *volkstümliche, vom Geist u. von der Überlieferung des Volkes zeugende Kunst des Volkes;* **Vọlks|künst|ler,** der (bes. ehem. DDR): *jmd., der Volkskunst herstellt;* **Vọlks|künst|le|rin,** die (bes. ehem. DDR): w. Form zu ↑Volkskünstler; **Vọlks|lauf,** der: *volkstümlicher Laufwettbewerb im Rahmen des Breitensports;* **Vọlks|lied,** das [wahrsch. nach engl. popular song]: *volkstümliches, im Volk gesungenes, vom Geist u. von der mündlichen Überlieferung des Volkes geprägtes, schlichtes Lied in Strophenform;* **Vọlks|macht,** die ⟨o. Pl.⟩ (kommunist.): **1.** *volksdemokratische Herrschaft.* **2.** *Gesamtheit derjenigen, die die Volksmacht (1) ausüben... verwirklichen;* **Vọlks|mär|chen,** das: *auf mündlicher Überlieferung beruhendes Märchen;* **Vọlks|ma|ri|ne,** die (früher): *Seestreitkräfte der ehem. DDR;* **Vọlks|marsch,** der: vgl. Volkslauf; **Vọlks|mas|se,** die: **1.** ⟨meist Pl.⟩ *Masse des Volkes:* breiteste -n; Bereits vor nunmehr 25 Jahren setzten die -n in Guyana große Hoffnungen auf den Sohn eines Zuckerarbeiters (horizont 13, 1978, 13). **2.** vgl. Volksmenge; **vọlks|mä|ßig** ⟨Adj.⟩ (selten): *dem Volk, dem Volksgeist gemäß; das Volk betreffend;* **Vọlks|me|di|zin,** die ⟨o. Pl.⟩: *volkstümliche, teils auf im Volk überlieferten Erfahrungen, teils auf dem Volksglauben beruhende Heilkunde:* Die Einführung der fieberwirksamen Chinarinde aus der mittelamerikanischen V. brachte eine wichtige Möglichkeit der Malariabehandlung (Medizin II, 184); **Vọlks|mehr,** das (schweiz.): *Mehrheit der Abstimmenden;* **Vọlks|mei|nung,** die: *Meinung des Mannes auf der Straße;* **Vọlks|men|ge,** die: *versammelte Menge des Volkes:* (3): Der Kaiser von Rußland ... winkte der V. gemessen zu (Schädlich, Nähe 121); **Vọlks|mi|liz,** die: *Miliz (in bestimmten Volksdemokratien);* **Vọlks|mis|si|on,** die: *der religiösen Erneuerung dienende missionarische Arbeit, Seelsorge außerhalb des Gottesdienstes;* **Vọlks|mu|dscha|hed,** der: *Mudschahed:* Etwa 400 politische Gefangene sind nach Angaben der oppositionellen iranischen -din der ersten Januarwoche ... hingerichtet worden (Rheinpfalz 16. 1. 85, 2); **Vọlks|mund,** der ⟨o. Pl.⟩: *das Volk in seinen Äußerungen u. seinem Sprachgebrauch; im Volk umlaufende (volkstümliche) Ausdrücke, Redensarten:* Totenvogel, auch Leichenhühnchen nennt der V. die kleine Sorte von Eulen oder Käuzchen (Th. Mann, Krull 131); der Hase wird im V. auch Mümmelmann genannt; Im V. wird jeder forstliche Berufsangehörige zu den „Förstern" gezählt (Mantel, Wald 115); **Vọlks|mu|sik,** die: *volkstümliche, im Volk überlieferte u. von ihm ausgeübte Musik von nationaler od. landschaftlicher Eigen-

volksnah

art; **volks|nah** ⟨Adj.⟩: *volksverbunden, in engem Kontakt zur Bevölkerung:* eine -e Politik; Der Parteichef gab sich wie einst Chruschtschow v. und aufgeschlossen (NZZ 27. 8. 86, 3); **Volks|nah|rung,** die: vgl. Volksnahrungsmittel; **Volks|nahrungs|mit|tel,** das: *wichtiges Nahrungsmittel für die ganze Bevölkerung;* **Volkspark,** der: *der Bevölkerung als Erholungsgebiet dienender öffentlicher Park;* **Volks|par|tei,** die: *Partei, die Mitglieder und vor allem Wähler in allen Gruppen der Bevölkerung hat (und dadurch über eine große Anhängerschaft verfügt);* **Volks|poe|sie,** die: vgl. Volksdichtung; **Volks|po|li|zei,** die ⟨o. Pl.⟩: *Polizei der ehem. DDR;* **Volks|po|li|zist,** der: *Angehöriger der Volkspolizei;* **Volks|po|li|zi|stin,** die: w. Form zu ↑Volkspolizist; **Volks|rad|fahren,** das; -s: vgl. Volkslauf; **Volks|re|de,** die (veraltend): *Rede an eine Volksmenge:* *-n/eine V. halten (ugs. abwertend; *weitschweifig u. wichtigtuerisch reden*): jedesmal, wenn Jiří voll ist, fängt er an, -n zu halten und gegen die Regierung zu schimpfen (Heim, Traumschiff 293); **Volks|red|ner,** der (veraltend): *jmd., der darin geübt ist, zu einer größeren Zuhörerschaft auf einer Massenveranstaltung zu sprechen u. sie in seinem Bann zu ziehen:* ... was allein die verderbliche Wirkung glänzender V. in der Zeit des Peloponnesischen Krieges erklärt (Thieß, Reich 404); **Volks|red|ne|rin,** die (veraltend): w. Form zu ↑Volksredner; **Volks|re|gierung,** die: vgl. Volksmacht; **Volks|re|publik,** die: *Art der Volksdemokratie;* Abk.: VR; **Volks|re|vo|lu|ti|on,** die: *vom Volk ausgehende Revolution;* **Volks|sa|ge,** die: vgl. Volksmärchen; **Volks|sän|ger,** der: *beim Volk beliebter Sänger volkstümlicher Lieder;* **Volks|sän|ge|rin,** die: w. Form zu ↑Volkssänger; **Volks|schädling,** der (ns. abwertend): *jmd., der für das Volk schädlich ist; Verbrecher:* Ich bin ein V., ich habe in meinem Keller das und das ... gehamstert, und nun komme ich ins KZ dafür (Kempowski, Tadellöser 422); **Volks|schaf|fen,** das; -s (ehem. DDR): vgl. Volkskunst; **Volks|schauspiel,** das: *volkstümliches Stück, das von Laien [verfaßt u.] mit einem z. T. großen Aufwand an Personen u. Ausstattung aufgeführt wird;* **Volks|schau|spie|ler,** der: *bes. in Volksstücken auftretender, Menschen aus dem Volk verkörpernder Schauspieler;* **Volks|schau|spie|le|rin,** die: w. Form zu ↑Volksschauspieler; **Volksschicht,** die ⟨meist Pl.⟩: *Klasse* (2): in den unteren -en; die Öffnung des Zugangs zu den Universitäten für alle -en und vieles andere steht allerdings zum großen Teil noch auf dem Papier (Fraenkel, Staat 177); **Volks|schrift|stel|ler,** der: *volkstümlicher Schriftsteller;* **Volks|schrift|stel|le|rin,** die: w. Form zu ↑Volksschriftsteller; **Volks|schul|bil|dung,** die ⟨o. Pl.⟩: *durch den Besuch der Volksschule erworbene Bildung;* **Volks|schu|le,** die [urspr. = Schule für die Kinder der niederen Stände]: **1. a)** (Bundesrepublik Deutschland u. Schweiz früher) *allgemeinbildende öffentliche Pflichtschule (Grund- u. Hauptschule);* **b)** (österr.) *Grundschule [u. Hauptschule].* **2.** *Gebäude der Volksschule* (1); **Volks|schü|ler,** der: *Schüler der Volksschule;* **Volks|schü|le|rin,** die: w. Form zu ↑Volksschüler; **Volks|schul|leh|rer,** der: *Lehrer an einer Volksschule;* **Volks|schul|leh|re|rin,** die: w. Form zu ↑Volksschullehrer; **Volks|schul|ober|stu|fe,** die (österr.): *Hauptschule;* **Volks|schwim|men,** das; -s: vgl. Volkslauf; **Volks|see|le,** die ⟨o. Pl.⟩: *Seele, Gemüt, Bewußtsein eines, des Volkes:* die V. kennen; In deinen Augen ... steht keine V., weder die jüdische noch eine andere, nicht mal die deutsche (Hilsenrath, Nazi 205); die V. kocht *(das Volk ist aufgebracht);* **Volks|seu|che,** die: *Volkskrankheit:* So ist es ... der röntgenologischen Früherfassung der Lungentuberkulose zu danken, daß diese einstige V. weitgehend eingedämmt werden konnte (Medizin I, 317); Ü (ugs. emotional:) ... der mit seinem ansteckenden und darum zur V. gediehenen Armutsideal die etablierte Kirche bis hin zum Papst in Aufregung ... gestürzt hatte (Stern, Mann 214); **Volks|sit|te,** die: vgl. Volksbrauch; **Volks|ski|lauf,** der: vgl. Volkslauf; **Volks|sou|ve|rä|ni|tät,** die (Politik): *innerstaatliche Souveränität, Selbstbestimmung des Volkes;* **Volks|sport,** der: *Sport[art], sportliche Betätigung, die von sehr vielen Menschen in ihrer Freizeit betrieben wird:* Der Skilauf und auch seit einiger Zeit der Skilanglauf werden immer mehr zum V. (Mannheim illustriert 2, 1978, 23); Die ... Tanzwut hat sich dort nicht nur innerhalb eines Jahres zu einem wahren V. gesteigert (Spiegel 42, 1978, 223); **Volks|spra|che,** die: *Sprache des Volkes;* **volks|sprach|lich** ⟨Adj.⟩: *die Volkssprache betreffend;* **Volks|staat,** der (bes. kommunist.): *Staat mit Volksherrschaft od. Volksmacht* (1); **Volks|stamm,** der: *Stamm* (2); **Volks|stim|me,** die: *Stimme, geäußerte Meinung des Volkes;* **Volks|stück,** das (Theater): *[humoristisches] volkstümliches Bühnenstück;* **Volks|sturm,** der ⟨o. Pl.⟩ (ns.): *(gegen Ende des 2. Weltkriegs geschaffene) Organisation zur Unterstützung der Wehrmacht bei der Heimatverteidigung:* Obwohl ich beinamputiert bin, sollte ich zum V. eingezogen werden (Weber, Tote 205); **Volks|sturm|mann,** der ⟨Pl. ...männer u. ...leute⟩ (ns.): *Angehöriger des Volkssturmes;* **Volks|sze|ne,** die: *Szene (in Drama, Oper o. ä.), die im Volk* (4a) *spielt, die das Volk darstellen soll;* **Volks|tanz,** der: *volkstümlicher, im Volk überlieferter Tanz von nationaler od. landschaftlicher Eigenart;* **Volks|tanz|grup|pe,** die: *Gruppe von Personen, die sich dem Volkstanz widmet:* Darbietungen einer V.; **Volks|teil,** der: vgl. Volksgruppe: Das kleine Land Libanon ... wurde von seinem christlichen V. beherrscht (Konzelmann, Allah 292); **Volks|thea|ter,** das: **1.** *Volksschauspiel, Volksstück.* **2.** *Theater, das (im Unterschied zum höfischen od. bürgerlichen Theater) inhaltlich u. finanziell von allen sozialen Schichten getragen wird;* **Volks|tracht,** die: *Tracht* (1) *des Volkes, bes. einer bestimmten Landschaft:* Die festtägliche V. des Bauern ... (Th. Mann, Krull 218); **Volks|trau|er|tag,** der (Bundesrepublik Deutschland): *nationaler Trauertag zum Gedenken an die Gefallenen beider Weltkriege u. die Opfer des Nationalsozialismus (vorletzter Sonntag vor dem 1. Advent);* **Volks|tri|bun,** der [LÜ von lat. tribunus plebis]: *(im alten Rom) hoher Beamter zur Wahrung der Interessen der Plebejer; Tribun* (1): Ü Von seiner ... Popularität profitieren auch die heutigen -en, wenn sie in die Versammlungssäle einziehen (Münchner Merkur 19. 5. 84, 13); **Volks|tum,** das; -s: *Wesen, Eigenart des Volkes, wie es sich in seinem Leben, seiner Kultur ausprägt;* **Volks|tü|me|lei,** die; -, -en (abwertend): *das Volkstümeln;* **volks|tü|meln** ⟨sw. V.; hat⟩ (abwertend): *bewußt Volkstümlichkeit zeigen, sich volkstümlich geben:* der Autor versucht zu v.; **volks|tüm|lich** ⟨Adj.⟩: **1. a)** *in seiner Art dem Denken u. Fühlen des Volkes* (2) *entsprechend, entgegenkommend [u. allgemein beliebt]:* -e Lieder, Bücher; Heute ist ein -es Orgelkonzert in der Katharinenkirche (Remarque, Obelisk 47); ein -er Schauspieler; -e *(annehmbare)* Preise; **b)** *dem Volk* (2) *eigen, dem Volkstum entsprechend; im Brauch;* Die verschiedenen Karten offerieren ... eine Fülle von zum Teil -en, meist aber raffiniert zubereiteten Gerichten (NZZ 9. 12. 82, 32); -e Pflanzennamen (Trivialnamen). **2.** *populär, gemeinverständlich:* ein -er Vortrag; **Volks|tüm|lich|keit,** die; -: *volkstümliche* (1 a, 2) *Art;* **volks|ver|bun|den** ⟨Adj.⟩: *mit dem Volk [eng] verbunden;* **Volks|ver|bun|den|heit,** die; -: *Verbundenheit mit dem Volk:* ... an dem Parlament ..., dem mangelnde V. und die Tendenz zur politischen Cliquenbildung vorgeworfen wird (Fraenkel, Staat 253); **Volks|ver|dum|mung,** die (ugs. abwertend): *Irreführung, mit der man das Volk* (2) *etw. glauben machen möchte;* **Volks|ver|füh|rer,** der (abwertend): *jmd., der das Volk irreführen will, es verleiten will, gegen die eigenen Interessen zu handeln; Demagoge;* **Volks|ver|füh|re|rin,** die (abwertend): w. Form zu ↑Volksverführer; **Volks|ver|het|zung,** die: *das Aufhetzen des Volks* (2) *durch demagogische Reden o. ä.;* **Volks|ver|mö|gen,** das (Wirtsch.): *Gesamtvermögen der an einer Volkswirtschaft Beteiligten;* **Volks|ver|rä|ter,** der (abwertend): *jmd., der das Volk verrät:* Wolkenstein ..., der fest davon überzeugt ist, daß der Krieg nur durch die Juden verloren wurde. Fragt man ihn, warum, dann bezeichnet er einen sofort als V. (Remarque, Obelisk 102); **Volks|ver|rä|te|rin,** die (abwertend): w. Form zu ↑Volksverräter; **Volks|ver|samm|lung,** die: **1. a)** *[politische] Versammlung, zu der eine große Menschenmenge zusammenkommt [um über etw. abzustimmen];* **b)** *Gesamtheit der Teilnehmer an einer Volksversammlung* (1 a). **2.** *oberste Volksvertretung, Parlament (bestimmter Staaten);* **Volks|ver|tre|ter,** der: *Mitglied einer Volksvertretung;* **Volks|ver|tre|te|rin,** die: w. Form zu ↑Volksvertreter; **Volks|ver|tre|tung,** die: *Organ, das die Interessen des Volkes (gegenüber der Regierung) vertritt [u. dessen Mitglieder vom Volk gewählt worden sind]; Parlament:* Bedenklich ist die Tätigkeit der Lobbyisten allerdings insofern, als sie die Tendenz verbreiten, die V. mehr und mehr als eine Summe von Interessenvertretern aufzufassen (Dönhoff, Ära 37); **Volks|wahl,** die (Politik): 1. *Wahl unmittelbar durch das Volk.* 2. ⟨Pl.⟩ *(ehem. DDR) Wahlen zur Volkskammer;* **Volks|wan|dern,** das; -s: vgl. Volkslauf; **Volks|wan|der|tag,** der: *Tag, an dem eine Volkswanderung stattfindet;* **Volks|wan|de|rung,** die: *einzelne Veranstaltung des Volkswanderns:* eine V. über 5, 10 Kilometer; **Volks|weise,** die: *Melodie eines Volksliedes, volkstümliche Weise;* **Volks|weis|heit,** die: *allgemeine Erfahrung ausdrückende, vom Volk überlieferte alte Weisheit;* **Volks|wett|bewerb,** der (Sport): *volkstümlicher Wettbewerb (im Bereich des Breitensports);* **Volks|wil|le,** (seltener:) **Volks|wil|len,** der (Politik): *politische Willensäußerung der Bürger:* die einzige Möglichkeit, den Volkswillen unverfälscht zur Geltung kommen zu lassen, erblickte er in der direkten Demokratie (Fraenkel, Staat 75); **Volks|wirt,** der: *jmd. mit abgeschlossener wissenschaftlicher Ausbildung auf dem Gebiet der Volkswirtschaftslehre;* **Volks|wir|tin,** die: w. Form zu ↑ Volkswirt; **Volks|wirt|schaft,** die [für engl. national economy]: 1. *Gesamtwirtschaft innerhalb eines Volkes:* Ich habe die gestrige Prawda bei mir mit den ausführlichen Angaben über die Entwicklung der sowjetischen V. (Leonhard, Revolution 275); Das jährliche Arbeitsergebnis der einzelnen V. ... wurde früher zu neun Zehntel oder mehr konsumiert (Rittershausen, Wirtschaft 168). 2. kurz für ↑ Volkswirtschaftslehre; **Volks|wirt|schaf|ter,** der (bes. schweiz.): meist für ↑ Volkswirtschaftler; **Volks|wirt|schaf|te|rin,** die (bes. schweiz.): w. Form zu ↑ Volkswirtschafter; **Volks|wirt|schaft|ler,** der: *Fachmann, Wissenschaftler auf dem Gebiet der Volkswirtschaftslehre;* **Volks|wirt|schaft|le|rin,** die: w. Form zu ↑ Volkswirtschaftler; **volks|wirt|schaft|lich** ⟨Adj.⟩: *die Volkswirtschaft betreffend:* Im -en Gesamtgeschehen ... ist das Sparen also nicht unbedingt eine Tugend (Fraenkel, Staat 377); Abschließend lohnt sich ein kurzes Nachdenken darüber, welcher -e Schaden durch die Kunstfehler entstanden ist (Hackethal, Schneide 87); **Volks|wirt|schafts|leh|re,** die: *Wissenschaft, Lehre von der Volkswirtschaft;* **Volks|wirt|schafts|plan,** der *(ehem. DDR): Plan (1 c);* **Volks|wirt|schafts|po|li|tik,** die: *Wirtschaftspolitik;* **Volks|wohl,** das: *das Wohl des Volkes* (2)*, der Menschen;* **Volks|wohl|stand,** der (veraltend): *materielles Wohlergehen eines Volkes;* **Volks|zäh|ler,** der (ugs.): *jmd., der eine Volkszählung durchführt:* Angriffe auf V. sind ... von allen Fraktionen als kriminelle Handlungen auf schärfste verurteilt worden (RNZ 22. 5. 87, 1); **Volks|zäh|le|rin,** die (ugs.): w. Form zu ↑ Volkszähler; **Volks|zäh|lung,** die: *Gewinnung statistischer Daten über die Bevölkerung durch amtliche Erhebung;* **Volks|zorn,** der: *[sich in bestimmten Aktionen äußernder] Zorn der Menge* (3)*:* der V. richtet sich gegen ...; den V. fürchten; jmdn. vor dem V. schützen;

Volks|zu|ge|hö|rig|keit, die: *Zugehörigkeit zu einem Volk.*
voll ⟨Adj.⟩ [mhd. vol, ahd. fol, urspr. altes Partizip u. eigtl. = gefüllt]: **1. a)** *in einem solchen Zustand, daß nichts, niemand mehr od. kaum noch etw., jmd. hineingeht, -paßt, darin Platz hat; ganz gefüllt, bedeckt, besetzt o. ä.:* ein -er Eimer, Sack; ein -es Bücherregal; ein -er *(reich gedeckter)* Tisch; ein -er Bus, Saal; der Koffer ist nur halb v.; der Saal ist brechend, gestopft, gerammelt v.; es war sehr v. in den Geschäften; Im Café ist es heute sehr v. (Danella, Hotel 218); Die Wohnung soll v. werden, so meine ich auch, aber Stühle braucht man (Frisch, Montauk 83); den Mund gerade v. haben; Wie immer hatte sie die Gläser viel zu v. geschenkt (Danella, Hotel 117); beide Hände v. haben *(in beiden Händen etw. halten, tragen);* ich bin v. [bis oben hin] *(fam. scherzh.; [völlig] satt);* ⟨mit einem Subst. o. Attr. u. o. Art., das unflektiert bleibt od. im Dativ steht:⟩ ein Gesicht v. Pickel; Zudem war meine linke Gesichtshälfte noch v. Seifenschaum (Ziegler, Labyrinth 260); der Saal war v. Menschen; sie hatte die Augen v. Tränen; die Straßen lagen v. Schnee; der Baum hängt v. Früchte[n]; ⟨oft in Verbindung mit Maßangaben o. ä.:⟩ einen Teller v. [Suppe] essen; Tereus ... beugte sich dann wieder über einen Bottich v. Salzlake (Ransmayr, Welt 250); eine Nachbarin ... kam beim Melken, und dafür bekam sie eine Schürze v. Äpfel (Wimschneider, Herbstmilch 9); jeder bekam einen Korb v.; ⟨mit Gen., seltener mit Dativ od. „mit":⟩ ein Korb v. frischer Eier; ein Korb v. [mit] frischen Eiern; eine Tafel v. leckerster/(geh.:) der leckersten Speisen; ⟨präd. mit „von", „mit" od. Gen.:⟩ das Zimmer war v. mit/von schönen antiken Möbeln, v. schönster antiker/(geh.:) v. der schönsten antiken Möbel; diese Arbeit ist v. von groben Fehlern/v. grober Fehler; Unter den Pinien war alles v. von Fahrzeugen (Fest, Im Gegenlicht 378); er war v. des süßen Weines/des süßen Weines v. (geh. scherzh.; *hatte viel Wein getrunken, war davon betrunken);* * *aus dem -en schöpfen (von dem reichlich Verfügbaren großzügig Gebrauch machen);* **aus dem -en leben/wirtschaften** *(auf Grund des reichlich Verfügbaren großzügig leben, wirtschaften):* Wenn man das Jahr über gespart hat, kann man jetzt aus dem -en wirtschaften (B. Vesper, Reise 431); **im -en leben** *(im Luxus leben);* **ins -e greifen** *(von dem reichlich Verfügbaren uneingeschränkt nehmen, was man braucht);* **v. und bei** (Segeln; *mit vollen Segeln u. so hart am Wind wie möglich);* **b)** *erfüllt, durchdrungen von ...:* ein -es *(von Gefühlen volles)* Herz; ein Herz v. Liebe; ein heiligem Ernst, v. [von] [tiefer] Dankbarkeit; v. des Lobes/des Lobes v. [über jmdn., über etw.] sein (geh.; *jmdn., etw. überaus loben);* Er ... war v. schlechten Gewissens und Unbehagens zu Anna zurückgekehrt (G. Roth, Winterreise 85); den Kopf v. [mit seinen eigenen Sorgen] haben (ugs.; *an vieles zu denken haben);* v. Spannung zuhören; **c)** (salopp) *völlig betrunken:*

Mensch, ist der v.!; v. nach Hause kommen. **2. a)** *füllig, rundlich:* ein -es Gesicht; ein -er Busen; -e Lippen; er ist v. -er geworden; **b)** *dicht:* -es Haar; **c)** *in kräftiger, reicher Entfaltung:* -e Töne, Farben, eine -e Stimme haben; Doris Soffel sang den Zyklus mit schönem, -em, nicht ganz ausgeglichenem Alt (Orchester 5, 1983, 473); der -e Geschmack dieses Kaffees; v. tönen. **3. a)** *völlig, vollständig, ganz, uneingeschränkt:* die -e Summe; Er hatte noch ein -es Gebiß (Wimschneider, Herbstmilch 111); einen -en Tag, Monat warten müssen; die Uhr schlägt die -en Stunden; bei -em Lohnausgleich; er erhob sich zu seiner -en Größe; mit -em Namen unterschreiben; die frische Luft in -en Zügen einatmen; die Bäume stehen in -er Blüte; in -er Fahrt bremsen; die Maschine läuft auf -en Touren; die Ernte ist in -em Gange; die -e Wahrheit sagen; für etw. die -e Verantwortung übernehmen; ich sage das in -[st]em Ernst; das war in -er Erfolg; jeder konnte sicher sein, daß er ihre -e Aufmerksamkeit besaß (Danella, Hotel 239); Die evangelischen Kirchen in beiden deutschen Staaten gehen ihren Weg nicht nur in -er Unabhängigkeit voneinander (R. v. Weizsäcker, Deutschland 56); ... daß der Rabbi während meiner Amtszeit als -es Mitglied *(Vollmitglied)* zu betrachten ist (Kemelman [Übers.], Mittwoch 148); das Dutzend ist gleich v.; *(es ist Vollmond);* eine Maschine v. auslasten; das Resultat ist v. befriedigend; In der Schweiz ... haftet der Käufer v. für die Sanierungskosten des erworbenen Objekts (Chemische Rundschau 21. 8. 92, 4); für eine Tat v. [und ganz] verantwortlich sein; Alle Produkte ... werden den Erfordernissen der modernen Büros -stens (ugs.; *in vollem Umfang)* gerecht (Welt 9. 4. 94, 7); etw. v. billigen, unterstützen; in der Koalition kann man nicht die eigenen Vorstellungen in allen Fällen v. durchsetzen (Saarbr. Zeitung 29./30. 12. 79, 3); Die ... waren sichtbar glücklich, daß die Fans auf diesen satten Sound v. einstiegen (Freizeitmagazin 12, 1978, 19); Von Maras Familie wurde sie ... v. akzeptiert (Zivildienst 10, 1986, 19); Die dort noch unter Vorbehalt geäußerte Vorhersage ... wird damit v. bestätigt (NJW 19, 1984, 1097); Bastrup, der weder von Kindermann noch von den Nebenleuten v. in den Griff zu bekommen war (Kicker 6, 1982, 34); Hammelburg ... ist für 1983 v. ausgebucht (Orchester 5, 1983, 471); Die sind ja v. aus dem Berufsleben raus (Zivildienst 5, 1986, 12); Jeder der 32 000 Einwohner von Zakynthos lebt, v. oder nebenbei, vom Tourismus (natur 8, 1991, 55); Ab 1980 konnte er sich ... v. dem Zeichnen widmen (Brückenbauer 11. 9. 85, 15); v. da sein (ugs.; *geistig rege, leistungsfähig sein);* der Abfahrtsläufer ist nicht v. (ugs.; bes. Sport; *nicht mit vollem Einsatz)* gefahren; der Stürmer hat v. durchgezogen (Sport Jargon; *mit voller Wucht geschossen);* Ich trete v. *(mit voller Wucht)* auf die Bremse (Sobota, Minus-Mann 207); v. *(den vollen Fahrpreis)* bezahlen müssen; das Geld v.

voll-, Voll-

(ohne Abzüge) ausbezahlt bekommen; Er selbst arbeitet v. *(in vollem Umfang)* mit (Chotjewitz, Friede 18); er war auch nicht mehr v. *(in vollem Umfang)* kriegsverwendungsfähig (Erné, Kellerkneipe 59); Den Wagen ... erwischte es v. (ugs.; *in höchstem Ausmaß;* ADAC-Motorwelt 4, 1982, 7); ... daß seine Mannschaft mit vier Sturmspitzen v. *(rücksichtslos)* auf Sieg spielen wird (Saarbr. Zeitung 3. 10. 79, 7); Er habe auch sofort auf sie eingeschlagen, aber ... sie nicht v. *(in vollem Ausmaß)* treffen können (Prodöhl, Tod 262); jmdn. v. ansehen *(ihm gerade ins Gesicht sehen);* jmdn., etw. nicht für v. *(nicht ganz ernst)* nehmen; ein Wurf in die -en (Kegeln; *Wurf auf alle neun Kegel);* als adv. Bestimmung, bes. bei Adj., meist salopp verstärkend: das ist v. gut, v. stark, v. doof, v. die Härte; Du gehst mir v. auf die Nerven (H. Weber, Einzug 191); *** in die -en gehen** (ugs.; *die verfügbaren Kräfte, Mittel voll bzw. verschwenderisch einsetzen;* eigtl. = [beim Kegeln] in die vollen [= auf alle neun Kegel] werfen); **b)** (ugs.) bezeichnet bei der Uhrzeit die volle Stunde: die Uhr schlägt, es schlägt gleich v.; der Bus fährt immer 5 nach v.; **voll-, Voll-:** 1. drückt in Bildungen mit Adjektiven aus, daß die beschriebene Person oder Sache etw. ganz und gar, vollständig, in vollem Umfang ist: vollautomatisch, -reif. 2. drückt in Bildungen mit Substantiven aus, daß eine Person oder Sache den höchsten Stand von etw. erreicht hat: Vollakademiker, -automatik, -glatze. 3. drückt in Bildungen mit Verben aus, daß eine Person oder Sache durch etw. (ein Tun) bedeckt, angefüllt o. ä. wird: vollkleckern, -kritzeln; **-voll:** 1. drückt in Bildungen mit Substantiven aus, daß die beschriebene Person oder Sache [viel von] etw. hat, von etw. [stark] durchdrungen ist, daß [viel von] etw. vorhanden ist: gefahr-, geist-, schuldvoll. 2. drückt in Bildungen mit Substantiven aus, daß die beschriebene Sache voll von jmdm., etw. ist, mit jmdm., etw. gefüllt ist: früchte-, menschen-, schätzevoll; **volla|bern¹** ⟨sw. V.; hat⟩ (ugs. abwertend): *ständig labernd auf jmdn. einreden;* **vo̱lla|den¹** ⟨st. V.; hat⟩: *ganz beladen:* den Wagen [mit Kisten] v.; **Voll|aka|de|mi|ker,** der: *Akademiker mit abgeschlossenem Universitätsstudium;* **Voll|aka|de|mi|ke|rin,** die: w. Form zu ↑Vollakademiker; **Voll|alarm,** der: *Alarm bei unmittelbarer Gefahr* (höchste Alarmstufe): Alle im Viertel zogen bei V. in den Werkbunker (Degenhardt, Zündschnüre 9); **Voll|amt,** das (schweiz.): *Amt, dem sein Inhaber die volle Arbeitszeit widmet:* Was nach Gesetz und Besoldungsordnung bis heute als nebenberufliche Tätigkeit gilt, wurde für ihn de facto zum V. (NZZ 21. 12. 86, 32); **vo̱ll|amt|lich** ⟨Adj.⟩ (schweiz.): *das Vollamt betreffend; hauptamtlich:* Nur die beiden größeren romanischen Blätter verfügen über -e Redaktoren (Luzerner Tagblatt 31. 7. 84, 3); Bremi vertrat die Auffassung, daß Parlamentarier ihr Mandat bei ansprechender Entschädigung v. ausüben können (Tages Anzeiger 3. 12. 91, 2); **Vo̱llast¹,** die (Technik):

höchste Belastung; **vo̱ll|auf** [auch: –'–] ⟨Adv.⟩: *in reichlichem Maße, ganz u. gar:* v. zufrieden sein; er hat damit v. zu tun; ein v. verdienter Sieg; Der Gewerbeausschuß ... ist v. damit beschäftigt, die 2. Leistungsschau des Handels, Handwerks und der Industrie vorzubereiten (Saarbr. Zeitung 10. 10. 79, 16); Er wollte jedoch keinen genauer ansehen, es genügte v., sie insgesamt wahrzunehmen (Kronauer, Bogenschütze 109); ♦ **Vollauf,** der; -s: *Fülle, Überfluß:* Mein Herz hungert bei dem V. der Sinne (Schiller, Kabale II, 1); **vo̱ll|au|fen¹** ⟨st. V.; hat⟩: *sich mit einer Flüssigkeit füllen:* die Badewanne ist vollgelaufen; ... liefen durch die tagelang andauernden Wolkenbrüche die Tunnel fast bis zum Rande voll (Volksblatt 16. 6. 84, 8); * **sich v. lassen** (salopp; *sich betrinken):* Der Pope kam und taufte das Kind, dann setzte er sich an den Tisch und ließ sich mit Wodka v. (Afanasyew [Übers.], Märchen 51); **Voll|au|to|mat,** der (Technik): *vollautomatische Maschine, Vorrichtung;* **vo̱ll|au|to|ma|tisch** ⟨Adj.⟩: *automatisch* (1 a) *[funktionierend, arbeitend]:* eine -e Anlage, Produktion; unser Haushalt ist v. eingerichtet; **voll|au|to|ma|ti|siert** ⟨Adj.⟩: *vollständig automatisch arbeitend;* **Voll|au|to|ma|ti|sie|rung,** die: *vollständige Automatisierung;* **Voll|bad,** das: *Bad für den ganzen Körper;* **Voll|ball,** der (Sport): *mit Tierhaaren o. ä. gefüllter Ball* (z. B. Medizinball, Schlagball); **Voll|bart,** der: *dichter Bart, der die Hälfte des Gesichtes bedeckt;* **vo̱ll|bär|tig** ⟨Adj.⟩: *einen Vollbart aufweisend;* **Voll|bau|er,** der (früher): *Bauer, der eine ganze Hufe bewirtschaftete;* **Voll|bäu|e|rin,** die (früher): w. Form zu ↑Vollbauer; **vo̱ll|be|rech|tigt** ⟨Adj.⟩: *alle Rechte aufweisend, innehabend:* ein -es Mitglied; **vo̱ll|be|schäf|tigt** ⟨Adj.⟩: *ganztägig beschäftigt; voll berufstätig;* **Voll|be|schäf|ti|gung,** die ⟨o. Pl.⟩ (Wirtsch.): *Zustand der Wirtschaft, in dem [fast] alle Arbeitsuchenden eine Beschäftigung haben:* Nur zu Zeiten hoher Produktionssteigerungen wurde die V. erreicht (Gruhl, Planet 276); **vo̱ll|be|setzt¹** ⟨Adj.⟩: *vollständig besetzt:* ein -er Bus; Er küßte das Kreuz der Stola und sah durch das Guckloch in die -e Kirche (Bieler, Mädchenkrieg 386); **Voll|be|sitz,** der: *uneingeschränktes Verfügen über etw.:* im V. seiner geistigen und körperlichen Kräfte, seiner Sinne sein; Sie ist ein Kind, siebzehnjährig, also im V. ihrer Intelligenz (Frisch, Gantenbein 478); **Voll|be|wußt|sein,** das: *uneingeschränktes Bewußtsein:* im V. seiner Überlegenheit forderte er die anderen heraus; **Voll|bier,** das (Fachspr.): *Bier mit einem Stammwürzegehalt von 11–14 %;* **Voll|bild,** das: **1.** (Druckw.) *ganzseitiges Bild.* **2.** (Med.) *typisches, ganz dem Lehrbuch entsprechendes Krankheitsbild:* ... so daß letztlich das V. des Höhenödems entwickelt (NZZ 29. 8. 86, 12); Bisherige Erfahrungen zeigen, daß in jedem Jahr bei fünf Prozent der Infizierten das V. Aids diagnostiziert wird (Frankfurter Rundschau 18. 3. 87, 8); Patienten mit dem V. des Leidens; die Krankheit zeigt sich bereits im V. *(in voller Ausprägung);* **Voll|blut,**

das [1: LÜ von engl. full blood]: **1.** *reinrassiges Pferd* (bes. Reit-, Rennpferd), *das von Tieren aus arabischer od. englischer Zucht abstammt.* **2.** (Med.) *sämtliche Bestandteile enthaltendes Blut:* Ein halber Liter V. sollte einem Patienten wieder auf die Beine helfen (Hackethal, Schneide 192); **Voll|blut-** (emotional): kennzeichnet in Bildungen mit Substantiven eine Person, die etw. mit Leib und Seele ist, die ganz von ihrer Tätigkeit erfüllt ist: Vollblutjournalist, -politiker; **Voll|blü|te,** die: *volle Blüte* (2): die Zeit der V.; **Voll|blü|ter,** der; -s, -: *Vollblut* (1); **vo̱ll|blü|tig** ⟨Adj.⟩: **1.** *aus rassereiner Zucht [stammend]:* ein -er Hengst. **2.** *voller Lebenskraft, vital;* **Voll|blü|tig|keit,** die; -: *das Vollblütigsein;* **Voll|blut|pferd,** das: *Vollblut* (1); **Voll|blut|weib,** das (ugs. emotional): *vitale, attraktive Frau;* **Voll|brem|sung,** die: *Bremsung, bei der die Bremse bis zum Stillstand des Fahrzeugs betätigt wird:* ... wodurch bei einer V. der Wagen ins Schleudern kommen kann (Gute Fahrt 4, 1974, 44); ... kann der Straßenbahnfahrer nur durch die V. den Zusammenstoß vermeiden (MM 11./12. 4. 93, 32); **vo̱ll|brin|gen** ⟨unr. V.; hat⟩ (geh.): *(bes. etw. Außergewöhnliches) ausführen, zustande bringen, zur Vollendung bringen:* ein Meisterstück, ein gutes Werk v.; Michael war ehrgeizig, bestrebt, Höchstleistungen zu v. (H. Weber, Einzug 297); Er müßte außenpolitisch ein Wunder v., wenn ... (Dönhoff, Ära 21); Peter weiß nicht, was er möchte. Ein Held sein, schweigend etwas unmenschlich Großartiges v., das wäre es! (Waggerl, Brot 177); **Voll|brin|gung,** die; -, -en (geh.): *das Vollbringen;* **vo̱ll|bu|sig** ⟨Adj.⟩: *mit vollem, üppigem Busen:* Die Bilder zeigten ein kräftig gebautes Weib, v., mit Doppelkinn und kompakten Armen (Jaeger, Freudenhaus 10); **Voll|dampf,** der ⟨o. Pl.⟩ (bes. Seemannsspr.): *volle Maschinenkraft:* meist in der Verbindung: mit V.; mit v. fahren; [mit] V. voraus! (Kommando); * **V. hinter etw. machen** (ugs.; *etw. mit Nachdruck betreiben);* **mit V.** (ugs.; *mit höchstem Tempo, höchster Eile [u. Anstrengung]):* mit v. arbeiten; Gegen Nürnberg muß die Elf heute mit V. spielen (Neue Kronen Zeitung 12. 5. 84, 60); **vo̱ll|dröh|nen** ⟨sw. V.; hat⟩ (Jargon): *soviel Alkohol, Rauschgift zu sich nehmen, bis man betrunken, im Drogenrausch ist:* du hast dir den Kopf vollgedröhnt; ich hatte mich [mit Bier, mit Drogen] vollgedröhnt; **Voll|dün|ger,** der (Landw.): *Kunstdünger, der alle wichtigen Nährstoffe enthält;* **Vö̱l|le,** die; - (selten): *bedrückendes Vollsein* (des Magens); *übermäßiges Sattsein:* Im Leib breitete sich eine langsame, saure V. aus. Aufstoßen (Augustin, Kopf 315); ein Gefühl der V. [im Magen] haben; **Vö̱l|le|ge|fühl,** das ⟨Pl.⟩: *Gefühl der Völle:* Der größte Teil dieser Kranken wird ... über V. klagen (Siegel, Bruchheilung 28); **vo̱ll|ei|big¹** ⟨Adj.⟩ (veraltet): *füllig; beleibt;* **Voll|ei|la|stisch** ⟨Adj.⟩: *vollkommen elastisch:* -es Material; **voll|elek|tro|nisch** ⟨Adj.⟩ (Elektrot.): vgl. vollautomatisch: Die erste -e digitale Rechenanlage der Welt arbeitete noch mit über 18 000 Röhren (Südd. Zeitung 20.

10. 87, Beilage S. 7); **voll|en|den** ⟨sw. V.; hat⟩ [mhd. volenden, eigtl. = zu vollem Ende bringen]: **1.** *(etw. Begonnenes) beenden, zu Ende bringen, führen, zum Abschluß bringen:* ein Werk, einen Bau v.; einen Brief, einen Gedankengang v.; Er vollendete den Satz nicht und lief schon zu seiner Baracke (Simmel, Stoff 707); Wenn er Hans nun Geld böte, damit er ohne alle Sorgen seine Studien endlich vollende? (Musil, Mann 494); Die Erde hat nun ihre Umdrehung fast vollendet (Schnabel, Marmor 154); (Rechtsspr.:) vollendeter Mord, Landesverrat; (Sprachw.:) vollendete Gegenwart *(Vorgegenwart, Perfekt),* vollendete Vergangenheit *(Vorvergangenheit, Plusquamperfekt);* Ü er vollendete sein dreißigstes Lebensjahr; sein Leben v. (geh. verhüll.: sterben). **2.** ⟨v. + sich⟩ (geh.) *seinen Abschluß [u. seine letzte Erfüllung] finden:* in diesem Werk vollendet sich das Schaffen, das Leben der Künstlerin; Indem sie (= die Schlange) sich häutet, vollendet sie sich (Stern, Mann 249); **Voll|en|der,** der; -s, -: *jmd., der ein Werk vollendet;* **Voll|en|de|rin,** die; -, -nen: w. Form zu ↑ Vollender; **voll|en|det** ⟨Adj.⟩: *mit allem ausgestattet, was dazu gehört, etw. [Hervorragendes] in vollem Maße zu sein; vollkommen, makellos, unübertrefflich:* ein -er Gastgeber; eine -e Tänzerin; dieser Frau, die sogar im Bett eine -e Dame zu bleiben verstand, ... hatte er eine Moralrede halten wollen? (R. Walser, Gehülfe 139); von -er Schönheit; Und 1953 ... formulierte Thomas Mann auf -e Weise seinen Dank (Reich-Ranicki, Th. Mann 244); v. schön; sie hat das Konzert [technisch] v. *(virtuos)* gespielt; **Voll|en|detheit,** die; -: *das Vollendetsein;* **voll|ends** ⟨Adv.⟩ [älter vollend, unter Anlehnung an ↑ voll, mit adverbialem s zu mhd. vollen ⟨Adv.⟩ = völlig]: *(den Rest, das noch Verbliebene betreffend) völlig; ganz u. gar:* etw. v. zerstören; der Saal hatte sich v. geleert; v. zufrieden sein; ... daß ich auf dem Wege sei, meine Sehkraft v. zu verlieren (Niekisch, Leben 312); Im Leninismus und Stalinismus wurde der Marxismus schließlich v. zu einer irrationalen Mythologie (Fraenkel, Staat 193); Er hatte schon vorher seinen Rock abgelegt, jetzt zog er sich v. aus (Baum, Paris 37); **Voll|en|dung,** die; -, -en [spätmhd. vollendunge]: **1.** *das Vollenden, Vollendetsein:* das Werk geht der V. entgegen, steht kurz vor der V.; Der Versuch wird nicht geahndet, wenn der Täter freiwillig die weitere Ausführung der Handlung aufgibt oder deren V. verhindert (Straßenverkehrsrecht, OWiG 268); Ü mit, nach V. des 65. Lebensjahrs. **2.** (geh.) *das Sichvollenden* (2), *Abschluß u. Erfüllung, Krönung:* dieses Werk ist, bedeutet die V. seines Schaffens; Es geht ihm um die Leistung des Menschen, in Freiheit an der V. der Schöpfung mitzuwirken (Fraenkel, Staat 172). **3.** ⟨o. Pl.⟩ *Vollendetheit, Vollkommenheit; Perfektion:* ein Stil ist von höchster V.; eine Aprikosensauce ..., der eine Spur Zitrone die letzte V. verlieh (Fallada, Herr 140); **voll|entwickelt**[1] ⟨Adj.⟩: *vollständig entwickelt, ganz ausgebildet:* -e Blüten; **voll|er** (in-

dekl. Adj.; ein folgendes Subst. ohne Attr. bleibt unflektiert, mit Attr. steht es im Gen., seltener im Dativ) [erstarrter, gebeugter Nom. von ↑ voll] (intensivierend): **1.** *voll* (1 a), *bedeckt:* ein Korb v. Früchte; ein Gesicht v. Pickel; Hermann Haseloff, Mund v. Goldzähne (Grass, Hundejahre 353); das Kleid ist v. weißer Flecken; dann kam sie schnell zurück und hielt ihm eine große Schachtel v. Stecknadeln hin (Böll, Adam 70). **2.** *voll* (1 b), *ganz erfüllt, durchdrungen:* ein Herz v. Liebe; ein Leben v. [ständiger/(seltener:) ständigen] Sorgen; er ist/steckt v. Widersprüche; v. Spannung zuhören; **Völ|le|rei,** die; -, -en [unter Anlehnung an ↑ voll für älter Füllerei] (abwertend): *üppiges u. unmäßiges Essen u. Trinken:* eine maßlose V.; zur V. neigen; **Voll|ern|tema|schi|ne,** die (Landw.): *Erntemaschine, die alle wesentlichen zur Ernte bestimmten Feldfrüchte gehörenden Arbeitsgänge ausführt;* **Voll|er|werbs|be|trieb,** der: *hauptberuflich bewirtschafteter landwirtschaftlicher Betrieb;* **voll|es|sen,** sich ⟨unr. V.; hat⟩ (ugs.): *so viel essen, bis man gut od. übermäßig satt ist.*
vol|ley ['vɔli] ⟨Adv.⟩ [zu engl. volley, ↑ Volley] (Ballsport, bes. Fußball, Tennis): *aus der Luft [geschlagen], ohne daß der Ball aufspringt:* den Ball v. nehmen, schlagen; Nach einer Ecke hatte ich als Mittelstürmer den Ball erwischt und ihn v. ins Netz geschossen (Walter, Spiele 28); **Vol|ley,** der; -s, -s [engl. volley, eigtl. = Flugbahn < frz. volée, zu: voler < lat. volare = fliegen] (bes. Tennis): *volley geschlagener Ball:* Wegen seiner harten Aufschläge und seinen -s ist er ein von vielen gefürchteter Gegner (Freizeitmagazin 26, 1978, 7); **Vol|ley|ball,** der [engl. volleyball]: **1.** ⟨o. Pl.⟩ *Spiel zwischen zwei Mannschaften, bei dem die eine Mannschaft versucht, einen Ball mit den Händen so über das Netz in der Spielfeldmitte zu schlagen, daß die andere nicht erreichen od. regelrecht zurückschlagen kann.* **2.** *Ball für Volleyball* (1). **3.** *Volley;* **Vol|ley|bal|ler,** der; -s, - (ugs.): *Volleyballspieler;* **Vol|ley|bal|le|rin,** die; -, -nen (ugs.): w. Form zu ↑ Volleyballer; **Vol|ley|ball|spiel,** das: *einzelnes Spiel beim Volleyball* (1); **Vol|ley|ball|spie|ler,** der: *jmd., der Volleyball spielt;* **Vol|ley|ball|spie|le|rin,** die: w. Form zu ↑ Volleyballspieler; **Vol|ley|schuß,** der (Fußball): *Schuß, bei dem der Ball volley geschossen wird;* **Vol|ley|stoß,** der (österr. Billard): *voller, gerader Stoß.*
Voll|far|be, die (Fachspr.): *in höchstem Grad satte u. leuchtende Farbe ohne Beimischung von Schwarz, Weiß od. Grau;* **voll|fett** ⟨Adj.⟩: *(von Käse) mehr als 45 % Fett in der Trockenmasse enthaltend;* **Vollfrau,** die: vgl. Vollmann; **voll|fres|sen,** sich ⟨st. V.; hat⟩: a) *(von Tieren) sich satt fressen [bis zur übermäßigen Sättigung]:* der Hund frißt sich voll; (salopp, meist abwertend von Menschen:) wir haben uns richtig vollgefressen; wir Vollgefressenen und halb betrunken treten wir hinaus in das grelle Licht (Chotjewitz, Friede 197); **voll|fruch|tig** ⟨Adj.⟩ (Fachspr.): *(vom Wein) besonders fruchtig:* ein Wein von -em Aroma; **voll|füh|ren** ⟨sw. V.; hat⟩:

(mit allem, was dazugehört) ausführen; sehen bzw. hören lassen: große Taten, ein Kunststück v.; Sie vollführten die Kommandos umständlich und exakt (Hacks, Stücke 39); In seinem Hörsaal vollführte er die Operation an einem Toten (Thorwald, Chirurgen 73); es war eher ein Hüpfen als ein Tanzen, was sie da vollführte (Broch, Versucher 28); ... und vollführte mit seinen Händen fahrige Bewegungen (Ott, Haie 120); Paula setzte ihren rechten Fuß hinter den linken und vollführte einen tiefen, ehrfürchtigen Knicks (Heym, Schwarzenberg 222); einen Höllenlärm v.; **Voll|füh|rung,** die ⟨o. Pl.⟩: *das Vollführen;* **voll|fül|len** ⟨sw. V.; hat⟩: *ganz füllen:* den Tank, einen Sack [mit Kartoffeln] v.; **Voll|gas,** das ⟨o. Pl.⟩: *größtmögliche Zufuhr an Gas* (3 a): *V. geben (das Fahrzeug aufs höchste beschleunigen);* oft mit V. fahren; Mit V. steuerte er auf den Beamten mit der Kelle zu (Spiegel 13, 1976, 51); * mit V. (ugs.; ↑ Volldampf); **Voll|gat|ter,** das (Technik): *Gattersäge mit einer größeren Anzahl in einem Rahmen versehener Sägeblättern;* **voll|ge|fres|sen** ⟨Adj.⟩ (derb abwertend): *sehr dick, beleibt:* ein -er Funktionär; **Voll|ge|fühl,** das ⟨o. Pl.⟩: *uneingeschränktes Gefühl* (2), *Bewußtsein (einer Sache):* meist in der Verbindung: im V.; er tat es im V. seiner Macht; **voll|gie|ßen** ⟨st. V.; hat⟩: **1.** *durch Hineingießen einer Flüssigkeit ganz füllen:* den Becher [mit Saft] v. **2.** (ugs.) *mit einer Flüssigkeit begießen, bedecken bzw. beflecken:* du hast [dir] die Hosen [mit Bier] vollgegossen; **Voll|glat|ze,** die: *Glatze über den ganzen Kopf;* **voll|gül|tig** ⟨Adj.⟩: **a)** *uneingeschränkt gültig, geltend:* ein -er Beweis; **b)** *allgemein anerkannt, vollwertig:* ... ob Berlin als ein Bundesland gemacht werden solle (Dönhoff, Ära 84); wer Handel treibt miteinander, ... betrachtet den anderen als -en Partner (Heym, Schwarzenberg 112); Ich fände es sinnvoll, ... Radfahrer als -e Verkehrsteilnehmer anzusehen (ADAC-Motorwelt 5, 1986, 192); **Voll|gül|tig|keit,** die: *das Vollgültigsein;* **Voll|gum|mi,** das, auch: der ⟨o. Pl.⟩: vgl. Vollgummireifen: mit V. bereifte Räder; **Voll|gum|mi|rei|fen,** der: *Reifen, der ganz aus Gummi besteht;* **Voll|haf|ter,** der; -s, - (Wirtsch., Rechtsspr.): *persönlich haftender Gesellschafter einer Personengesellschaft;* **Voll|haf|te|rin,** die; -, -nen (Wirtsch., Rechtsspr.): w. Form zu ↑ Vollhafter; **Voll|heit,** die; -, -en (selten): **1.** *das Vollsein.* **2.** *Völle;* **Voll|holz,** das (Holzverarb.): *Holz, das in natürlichem Zustand für Tischlerarbeiten verwendet wird;* Ganzholz; **voll|hol|zig** ⟨Adj.⟩ (Forstw.): *(von Baumstämmen) nach oben hin nur ganz allmählich dünner werdend u. daher annähernd walzenförmig;* **Voll|hol|zig|keit,** die ⟨o. Pl.⟩ (Forstw.): *das Vollholzigsein;* **Voll|idi|ot,** der (salopp abwertend): *vollkommener Trottel, Idiot;* **Voll|idio|tin,** die (salopp abwertend): w. Form zu ↑ Vollidiot.
vol|lie|ren [vɔ...] ⟨sw. V.; hat⟩ (bes. Tennis): *den Ball volley schlagen:* am Netz v.
völ|lig ⟨Adj.⟩ [mhd. vollic, vor ↑ voll]: *so beschaffen, daß nichts Erforderliches fehlt bzw. alle Bedingungen erfüllt sind;* ohne

vollinhaltlich

Einschränkung vorhanden; ganz (1 a): -e Gleichberechtigung; -e Unkenntnis, Finsternis; ein -es Durcheinander; Die überaus freundliche Aufnahme ... spornte die Herausgeber und ihre Mitarbeiter dazu an, durch eine -e Neubearbeitung den Anforderungen gerecht zu werden (Fraenkel, Staat 7); Es hat Völker und Stämme gegeben, die in -er Harmonie mit der Natur lebten (Gruhl, Planet 39); sie ist noch ein -es Kind; v. betrunken, durchnäßt, sprachlos sein; das ist v. gleichgültig; Die Kinder lagen v. vertieft auf dem Bauch vor dem Fernsehschirm (Kemelman [Übers.], Mittwoch 189); Sie ... benahm sich v. kopflos (Brand [Übers.], Gangster 21); Die v. anderen geistigen und historischen Voraussetzungen ... (Bild. Kunst III, 22); Das war was v. Neues (Kempowski, Immer 57); etw. v. verstehen, verkennen; Zebras galoppieren mit 50 km/st, ohne sich v. zu verausgaben (Grzimek, Serengeti 306); ♦ ⟨Komp.:⟩ ... und die Rippe des Stiels (= der Pflanze) bildet sich -er aus (Goethe, Kunst [die Metamorphose der Pflanzen]); **voll|in|halt|lich** ⟨Adj.⟩: *den vollen, ganzen Inhalt* (2 a) *betreffend:* eine -e Übereinstimmung; Ich schließe mich der Rede meines Vorgängers v. an (Brot und Salz 340); **Voll|in|sekt,** das (Zool.): *Imago* (2); **Voll|in|va|li|de,** der u. die (Fachspr.): *jmd., der Vollinvalidität aufweist;* **Voll|in|va|li|di|tät,** die (Fachspr.): *vollständige Invalidität;* **voll|jäh|rig** ⟨Adj.⟩ (Rechtsspr.): *so alt, wie es für die Mündigkeit erforderlich ist; mündig* (a): v. werden, sein; **Voll|jäh|rig|keit,** die; -: *das Volljährigsein:* vor, nach Erreichung der V.; **Voll|jäh|rig|keits|er|klä|rung,** die (Rechtsspr. früher): *Erklärung der Volljährigkeit bei 18jährigen durch das Vormundschaftsgericht;* **Voll|ju|rist,** der: *Jurist, der nach einer Referendarzeit durch Ablegen des zweiten Staatsexamens die Befähigung zum Richteramt erworben hat;* **Voll|ju|ri|stin,** die: w. Form zu ↑ Volljurist; **Voll|kas|ko,** die; - (ugs.): kurz für ↑ Vollkaskoversicherung; **voll|kas|ko|ver|si|chern** ⟨sw. V.; meist im Inf. u. 2. Part. gebr.⟩: *ein Kraftfahrzeug gegen sämtliche Schäden versichern;* **Voll|kas|ko|ver|si|che|rung,** die: *Kraftfahrzeugversicherung, durch die ein Fahrzeug vollkaskoversichert ist;* **Voll|kauf|frau,** die (Wirtsch.): vgl. Vollkaufmann; **Voll|kauf|mann,** der (Wirtsch.): *(im Handelsregister einzutragender) Kaufmann mit Gewerbebetrieb;* **voll|kli|ma|ti|siert** ⟨Adj.⟩: *vollständig klimatisiert:* -e Büros; ein -er Reisebus; **Voll|kli|ma|ti|sie|rung,** die: *das Vollklimatisieren;* **Vollklimatisiertsein;* **voll|kom|men** ⟨Adj.⟩ [mhd. volkomen, eigtl. adj. 2. Part. von: volkomen = zu Ende führen, vollendet werden]: **1.** [-'--, auch: '---] *seinem Wesen entsprechend voll ausgebildet u. ohne Fehler, unübertrefflich:* ein -es Kunstwerk; Er ... stellte fest, daß ihr Begleiter nicht größer war als er selbst, aber mit einer -en klassischen Figur (Kronauer, Bogenschütze 170); eine -e *(klassische)* Schönheit; kein Mensch ist v.; Der andere Hengst ... Ein schweres Tier, aber v. in den Proportionen (Frischmuth, Herrin 12); damit war das [Un]glück v. *(hatte es den Gipfel erreicht).* **2.** ['---] *vollständig, völlig, gänzlich:* -e Übereinstimmung erzielen; -e *(absolute* 5) Ruhe; ich bin v. deiner Meinung; er hat v. recht, wenn er glaubt, ... (Dönhoff, Ära 157); der Stiefel ist v. heil (Remarque, Westen 55); etw. v. verstehen; jmdm. die Freude v. verderben; ... daß ich inbrünstig bete und bitte, mich einmal, ein einziges Mal nur v. vergessen zu dürfen (Fels, Kanakenfauna 170); **Voll|kom|men|heit** [auch: '----], die; -: *das Vollkommensein* (1): Es gibt keine endgültig errungene moralische V. (R. v. Weizsäcker, Deutschland 35); **Voll|kom|men|heit,** das ⟨o. Pl.⟩: in Wendungen wie **V. nehmen** (bes. Milit., Schießsport; *so hoch zielen, daß das Korn über die Kimme hinausragt*); **Voll|korn|brot,** das: *dunkles, aus Vollkornmehl hergestelltes Brot;* **Vollkorn|mehl,** das: *Mehl, das noch die Randschichten u. den Keimling des Korns mit Vitaminen u. anderen Wirkstoffen enthält;* **Voll|korn|schrot,** der od. das: vgl. Vollkornmehl; **Voll|ko|sten|rech|nung,** die (Wirtsch.): *Kostenrechnung, bei der alle in einem Unternehmen anfallenden Kosten auf den Kostenträger verrechnet werden;* **voll|kot|zen** ⟨sw. V.; hat⟩ (derb): *durch Erbrechen völlig beschmutzen:* jmdm. den Teppich v.; Der Wirt dachte, sie wäre besoffen. Als sie dann noch den Tisch vollkotzte, hat er sie rausgeworfen (Gabel, Fix 67); **Voll|kraft,** die ⟨o. Pl.⟩: *voll entfaltete Lebenskraft:* er stand in der V. seiner Jugend; **voll|krie|gen** ⟨sw. V.; hat⟩ (ugs.): *ganz füllen können:* den Korb [mit Pilzen] v.; **voll|krit|zeln** ⟨sw. V.; hat⟩: vgl. vollschreiben: drei Seiten v.; Gabler kannte ... alle möglichen Arten von Manuskripten, vollgekritzelte Oktavhefte mit Fettflecken, handgeschriebene Blöcke (Loest, Pistole 239); **voll|ma|chen** ⟨sw. V.; hat⟩: **1.** (ugs.) *füllen:* den Korb v.; den Eimer [mit Wasser] v.; Macht euch auch die Feldflaschen voll! (Böll, Adam 11). **2.** (ugs.) *beschmutzen:* das Tischtuch v.; Kind hat wieder die Hose vollgemacht *(in die Hose gemacht).* **3.** a) *durch sein Vorhandensein, Eintreten o. ä. vollzählig od. vollständig machen:* das Dutzend v.; etw. macht jmds. Unglück voll; um den Eindruck des Lebemannes vollzumachen, ... (Langgässer, Siegel 132); **b)** (ugs.) *durch sein Handeln machen, bewirken, daß etw. voll, vollzählig wird:* mit dieser Etappe wollte er die 1000 km v.; **Voll|macht,** die; -, -en [spätmhd. volmacht, LÜ von lat. plenipotentia]: **1.** *jmdm. von einem anderen erteilte Ermächtigung, in seinem Namen zu handeln, etw. an seiner Stelle zu tun:* jmdm. [die] V. für/zu etw. geben, erteilen, übertragen; [die] V. haben [etw. zu tun]; eine V. widerrufen; jmdm. die V. entziehen; eine Vollmacht[en] überschreiten, mißbrauchen; ... bis er, mit weitreichenden -en ausgestattet, das Wirtschaftsministerium übernahm (Kusenberg, Mal 18); in V., In V. (in Briefen vor der Unterschrift des zur Unterzeichnung berechtigten Stellvertreters; in der Regel als Abk.: i. V., [nach abgeschlossenem Text od. allein vor einer Unterschrift:] I. V.). **2.** *Schriftstück, schriftliche Erklärung, wodurch jmdm.* eine Vollmacht (1) *erteilt wird:* eine V. unterschreiben, vorlegen; jmdm. eine V. ausstellen; **Voll|macht|ge|ber,** der (Rechtsspr.): *jmd., der eine Vollmacht erteilt;* **Voll|macht|ge|be|rin,** die (Rechtsspr.): w. Form zu ↑ Vollmachtgeber; **Voll|machts|ur|kun|de,** die (Rechtsspr.): *Vollmacht* (2); **voll|ma|len** ⟨sw. V.; hat⟩: vgl. vollschreiben: Als ich die Zeitschriften vollgemalt hatte, ... (Tucholsky, Werke I, 139); **Voll|mann,** der ⟨Pl. ...männer⟩: *sehr männlicher Mann;* **voll|mast** ⟨Adv.⟩ (Seemannsspr.): *(von Fahnen) bis zur vollen Höhe des Mastes hinaufgezogen:* v. flaggen; die Flagge auf v. setzen; **Voll|mast,** die (Forstw.): *periodisch besonders reiche Fruchtbildung bei Eiche u. Buche;* **Voll|ma|tro|se,** der: *voll ausgebildeter Matrose;* **voll|me|cha|ni|siert** ⟨Adj.⟩: *vollständig mechanisiert:* eine -e Herstellung; **Voll|me|cha|ni|sie|rung,** die: *vollständige Mechanisierung; das Vollmechanisiertsein;* **Voll|milch,** die: *Milch mit dem vollen Fettgehalt;* **Voll|milch|scho|ko|la|de,** die: *mit Vollmilch hergestellte Schokolade;* **Voll|mit|glied,** das: *Mitglied mit allen Rechten u. Pflichten;* **Voll|mit|glied|schaft,** die: vgl. Vollmitglied: So hat unsere Wirtschaftspolitik die Türkei konsequent für eine eventuelle V. in der EG vorbereitet (Südd. Zeitung 27. 4. 87, Beilage S. 1); **voll|mö|bliert** ⟨Adj.⟩: *vollständig möbliert;* **Voll|mond,** der: **1. a)** ⟨o. Pl.⟩ *Mond, der als runde Scheibe leuchtet:* * strahlen wie ein V. (ugs. scherzh.; *zufrieden, glücklich lächeln*); **b)** ⟨Pl. selten⟩ *Phase des voll, als runde Scheibe leuchtenden Mondes:* es ist V.; wir haben V. oder V.; Die Nächte kühlen vor V. noch ein wenig ab (Gregor-Dellin, Traumbuch 72). **2.** (salopp scherzh.) *Glatzkopf;* **Voll|mond|ge|sicht,** das ⟨scherzh.⟩: **1.** *rundes, volles Gesicht.* **2.** *Person mit rundem, vollem Gesicht;* **voll|mun|dig** ⟨Adj.⟩: (bes. *von Wein, Bier) voll im Geschmack:* ein -er Wein; dieser saftige und v. schmeckende Silvaner ... (e&t 6, 1987, 108); Ü Niemand möchte nach den vielen mehr od. weniger -en *(großspurigen, angeberischen)* Siegesparaden „das Gesicht verlieren" (Heilbronner Stimme 12. 5. 84, 1); „Wir verlieren kein Spiel mehr", kündigte der bisher so zurückhaltende Trainer v. an (Rheinpfalz 21. 2. 91, 7); **Voll|na|me,** der: *voller Name (einer Person);* **Voll|nar|ko|se,** die (Med.): *tiefe Narkose;* **voll|packen**[1] ⟨sw. V.; hat⟩: *ein Behältnis, einen Stauraum o. ä. vollständig mit etw. füllen:* den Koffer, Kofferraum v.; jmdm., sich den Teller v. (ugs.; *füllen*); **Voll|pap|pe,** die: *massive Pappe;* **Voll|pen|si|on,** die ⟨meist o. Art.; o. Pl.⟩: *Unterkunft mit Frühstück u. zwei warmen Mahlzeiten;* **voll|pfrop|fen** ⟨sw. V.; hat⟩: vgl. vollstopfen (1): Der Gartensalon ist eine Rumpelkammer geworden, vollgepfropft mit Möbeln aus allen Räumen (Kisch, Reporter 161); Alle Züge waren noch vollgepfropft mit Soldaten (Seghers, Transit 37); **Voll|pla|stik,** die (Kunst): *rundum als Plastik gestaltetes Kunstwerk;* **voll|pla|stisch** ⟨Adj.⟩: *rundum plastisch:* -e Figuren; **Voll|pro|fi,** der: *uneingeschränkter, absoluter Profi;* **voll|pum|pen** ⟨sw. V.; hat⟩: *durch Hinein-*

pumpen von etw. ganz füllen: etw. mit Wasser v.; Ü (ugs.:) sich die Lungen mit Luft v. *(tief einatmen);* sich mit Wissen v.; Sie haben mich mit amerikanischen Medikamenten vollgepumpt (Heim, Traumschiff 361); sich mit Drogen v.; Ich war komplett mit Valium vollgepumpt (Wiener 10, 1983, 57); **voll|qualmen** ⟨sw. V.; hat⟩ (ugs.): *mit Qualm, Tabakrauch anfüllen:* jmdm. die Bude v.; **voll|quat|schen** ⟨sw. V.; hat⟩ (salopp abwertend): *unaufhörlich auf jmdn. einreden:* Quatschen Sie mich nicht voll, quatschen Sie Ihren Zimt ins Mikrophon, und hauen Sie gefälligst bald wieder ab! (Apitz, Wölfe 61); **Voll|rausch**, der: *schwerer Alkoholrausch:* er hat die Tat im V. begangen; er war, wie Detlef vermutet hatte, im V. zu seiner Ehefrau zurückgekehrt (Heller, Mann 145); **voll|reif** ⟨Adj.⟩: *völlig ausgereift, ganz reif:* -e Pfirsiche; **Voll|rei|fe**, die: *vollständige Reife* (1); **Voll|rei|fen**, der: *Vollgummireifen;* **Voll|rei|ni|gung**, die: *chemische Reinigung mit Fleckentfernung bei stärker verschmutzten Kleidungsstücken u. anderen Textilien;* **Voll|ren|te**, die: 1. *Unfallrente bei vollständiger Erwerbsunfähigkeit.* 2. *höchstmögliche Rente, die jmd. nach Erreichen der Altersgrenze bezieht;* **Voll|salz**, das (Fachspr.): *jodiertes Speisesalz;* **voll|sauen** ⟨sw. V.; hat⟩ (salopp abwertend): *über u. über beschmutzen;* **voll|sau|fen**, sich ⟨st. V.; hat⟩ (salopp abwertend): *sich betrinken:* Heiligabend ... säuft man sich einfach voll (Klee, Pennbrüder 120); **voll|sau|gen**, sich ⟨st., auch sw. V.; hat⟩: 1. *durch Saugen so reichlich wie möglich (bis zum Vollsein) aufnehmen:* die Biene hat sich [mit Honig] vollgesaugt/vollgesogen; Ü er sog sich in hastigen Zügen die Lungen voll (Gaiser, Jagd 41); Nachdem sich die Damen und Herren der benachbarten Presse mit viel Theorie und Information vollgesogen hatten ... (Blick auf Hoechst 8, 1983, 7); 2. *eine Flüssigkeit in sich aufnehmen, in sich hineinziehen:* der Schwamm hat sich [mit Wasser] vollgesaugt/vollgesogen; Sartorik ... entfernte die Tücher, die sich bereits vollgesogen hatten (Sebastian, Krankenhaus 129); **voll|schei|ßen** ⟨st. V.; hat⟩ (derb): vgl. vollkotzen; **voll|schen|ken** ⟨sw. V.; hat⟩: *zur Gänze füllen:* [jmdm.] das Glas [mit Wein] v.; **Voll|schiff**, das (Schiffahrt früher): *Segelschiff, dessen Masten mit voller Takelage versehen sind;* **voll|schla|gen** ⟨st. V.⟩: 1. (Seemannsspr.) *sich plötzlich mit (ins Boot o. ä. schlagendem) Wasser füllen* ⟨ist⟩: der Kahn ist in einem Nu vollgeschlagen. 2. (salopp) *sich vollessen, sich den Magen füllen* ⟨hat⟩: du hast dir den Bauch mit Spaghetti vollgeschlagen; Seine Leibspeisen gab es in Hülle und Fülle und reichlich Gelegenheiten, ... sich den Wanst bis obenhin vollzuschlagen (Fels, Unding 71); ich hatte mich mit Braten vollgeschlagen; Das Bodenpersonal, das schlechter lebte als die Flugzeugführer, nützte die Gelegenheit aus, sich mit Fleisch vollzuschlagen (Gaiser, Jagd 20). 3. (ugs.) *über und über mit etw. anfüllen, versehen* ⟨hat⟩: das Seeufer mit Hotelbauten v.; sie hat ihr Zimmer mit Regalen vollgeschlagen; **voll|schlank**

⟨Adj.⟩ (verhüll.): *(bes. von Frauen) füllig, rundlich:* eine -e Frau, Figur; **Voll|schma|rot|zer**, der (Bot.): *Holoparasit;* **voll|schmie|ren** ⟨sw. V.; hat⟩ (ugs.): 1. *durch Beschmieren (2) völlig beschmutzen:* die Kinder haben sich vollgeschmiert. 2. (abwertend) a) *überall beschmieren (3):* die Wände [mit Parolen] v.; b) *(auf unordentliche, unsaubere o. ä. Weise) vollschreiben, -malen:* ein Heft v.; **voll|schrei|ben** ⟨st. V.; hat⟩: *durch Beschreiben [der Seiten] füllen; ganz beschreiben:* ein Blatt, ein Heft v.; **voll|schüt|ten** ⟨sw. V.; hat⟩: vgl. vollgießen; **Voll|sinn**, der ⟨o. Pl.⟩: *voller Wortsinn:* im V. des Wortes; **Voll|sper|rung**, die (Verkehrsw.): *völlige Sperrung:* die V. der Autobahn zwischen Koblenz und Bonn; **voll|sprit|zen** ⟨sw. V.; hat⟩ (ugs.): *über u. über besprtizen;* **Voll|spur**, die ⟨o. Pl.⟩ (Eisenb.): *breite Spur, bes. Normalspur (im Unterschied zur Schmalspur);* **voll|spu|rig** ⟨Adj.⟩: *mit Vollspur [versehen];* **voll|stän|dig** ⟨Adj.⟩ [zu mhd. volstān = bis zu Ende stehen, ausharren, dann im Sinne von „vollständig sein", d. h. alle nötigen Teile habend"]: 1. *alles Dazugehörende umfassend, alle Teile aufweisend; lückenlos, komplett:* ein -es Verzeichnis; den -en Text von etw. abdrucken; Zwei Drittel der Kinder stammen aus -en Familien *(aus Familien mit beiden Elternteilen);* Saarbr. Zeitung 7. 12. 79, I); die Angaben sind v.; obenherum noch v. bekleidet (Kronauer, Bogenschütze 384); Die Verpackungsmittel im Lager werden v. recycelt (natur 2, 1991, 73); Die Herrschaften ... sind auch schon fast v. *(vollzählig)* erschienen (Danella, Hotel 60). 2. *völlig, gänzlich:* eine -e Finsternis; Bei dem Beschuldigten besteht die Gefahr einer -en Verwahrlosung (Ossowski, Flatter 165); das Gesicht zeigte -e Interesselosigkeit (Brot und Salz 144); etw. v. zerstören; v. ratlos sein; Mein lieber Herr, Sie sind v. im Recht (Seghers, Transit 201); **Voll|stän|dig|keit**, die; -: *Vorhandensein alles Dazugehörenden, vollständige (1) Beschaffenheit:* auf V. verzichten; etw. auf V. halben anführen; Seiner gründlichen Natur entsprechend, legte er auf V. den höchsten Wert (Werfel, Himmel 172); die führenden Blätter brachten es gar in unbeschnittener V. (Maass, Gouffé 296); Ich konnte nur staunen über die Reichhaltigkeit des Materials, über die Präzision und V., mit der es gesammelt worden war (Leonhard, Revolution 237); **voll|stel|len** ⟨sw. V.; hat⟩ (ugs.): vgl. vollpacken: eine Fensterbank mit Blumentöpfen v.; Die Treppen der Kathedrale sind vollgestellt mit dünnen gelben Kerzen (Müller, Fuchs 274); Der Raum ist abgedunkelt und vollgestellt (Chotjewitz, Friede 202); **voll|stock** ⟨Adv.⟩ (Seemannsspr.): *vollmast;* **voll|stop|fen** ⟨sw. V.; hat⟩ (ugs.): 1. *bis zur Grenze des Fassungsvermögens mit etw. füllen:* einen Koffer v.; Man mußte den Pfeifenkopf nicht bis zum v. (Strittmatter, Wundertäter 197); sich die Taschen mit etw. v.; Der Hof des Feldlazarettes war vollgestopft mit *(war voller)* Krankenwagen (Plievier, Stalingrad 30); Auch war der Raum derartig vollge-

stopft, daß ... (Bastian, Brut 165); Die Halle war vor Umsiedlern vollgestopft *(war voller Umsiedler;* Kempowski, Uns 150); Ü ... daß der Mensch ... nicht viel mehr anzufangen gewußt habe, als ... die kurze Frist zwischen Geburt und Tod mit so viel Egoismus wie nur möglich vollzustopfen (Remarque, Obelisk 32); Wir wurden mit viel Theorie vollgestopft (Kirsch, Pantherfrau 88). 2. *vollschlagen (2); sich den Magen füllen, sich vollessen:* Er stopfte sich voll; jeder Happen war eine kleine Köstlichkeit (Fels, Sünden 99); Hinterher bin ich noch zu einem Empfang gegangen, um mich richtig vollzustopfen (Hamburger Abendblatt 27. 8. 85, 16); ich habe mir den Bauch vollgestopft; **voll|streck|bar** ⟨Adj.⟩ (Rechtsspr.): *das Urteil ist noch nicht v.;* **Voll|streck|bar|keit**, die; - (Rechtsspr.): *das Vollstreckbarsein;* **voll|strecken** ⟨sw. V.; hat⟩ [eigtl. = bis zu Ende strecken, dann: (zeitlich) verlängern, ausdehnen]: 1. a) (Rechtsspr.) *(einen Rechtsanspruch, eine gerichtliche Entscheidung o. ä.) verwirklichen, vollziehen:* [an jmdm.] ein Urteil, eine Strafe v.; ein Testament v.; im Gegensatz zum Staatsgerichtshof der Weimarer Republik, dessen Entscheidungen der Reichspräsident vollstreckte (Fraenkel, Staat 341); daß sie die Kündigung nicht vollstreckt hatte ... (Domin, Paradies 135); die vollstreckende Gewalt *(Exekutive);* b) ⟨v. + sich⟩ (geh. selten) *sich vollziehen.* 2. (Sport Jargon) *ausführen u. dabei ein Tor erzielen, mit einem Tor abschließen:* einen Strafstoß v.; ⟨auch o. Akk.-Obj.:⟩ er vollstreckte blitzschnell; **Voll|strecker**[1], der; -s, -: 1. *jmd., der eine Vollstreckung vornimmt:* deshalb habe ich versucht, den V. des Urteils zu finden, um ihn zu beschützen (Brand [Übers.], Gangster 91). 2. (Sport Jargon) *jmd., der vollstreckt (2):* eine kampffreudige Mannschaft, in der lediglich ein V. fehlte (Saarbr. Zeitung 17. 12. 79, 21/23); **Voll|strecke|rin**[1], die: w. Form zu ↑Vollstrecker; **Voll|streckung**[1], die (Rechtsspr.): *das Vollstrecken* (1): die V. eines Urteils [anordnen, aussetzen]; **Voll|streckungs|be|am|te**[1], der: *Beamter der Vollstreckungsbehörde;* **Voll|streckungs|be|am|tin**[1], die: w. Form zu ↑Vollstreckungsbeamte; **Voll|streckungs|be|fehl**[1], der (Rechtsspr.): *für vorläufig vollstreckbar erklärter Zahlungsbefehl;* **Voll|streckungs|be|hör|de**[1], die: *mit der Zwangsvollstreckung befaßte Behörde;* **Voll|streckungs|ge|richt**[1], das (Rechtsspr.): *für die Zwangsvollstreckung zuständiges Amtsgericht;* **Voll|streckungs|ti|tel**[1], der (Rechtsspr.): *Schuldtitel;* **Voll|stu|di|um**, das: *volles, reguläres Studium;* **voll|syn|the|tisch** ⟨Adj.⟩: *vollständig synthetisch:* -e Öle, Gewebe; **voll|tan|ken** ⟨sw. V.; hat⟩: 1. *soviel tanken, wie der Treibstofftank faßt:* den Wagen v. [lassen]; Das Flugzeug war vollgetankt (Grzimek, Serengeti 290); ⟨auch o. Akk.-Obj.:⟩ tanken Sie bitte voll! 2. ⟨v. + sich⟩ (salopp) *sich betrinken:* Wenn das nicht peinlich ist, wenn der Sohn am hellichten Sonntagnachmittag vollgetankt heimspaziert (Fels, Sünden 34); **voll|tö|nend**

volltönig

⟨Adj.⟩: *mit vollem, kräftigem Ton, Klang; sonor* (1): *mit -er Stimme;* Er neigt den Kopf über das Buch der Bücher und spricht v., daß die Stimme widerhallt von den Wänden (Nachbar, Mond 215); **voll|tö|nig** ⟨Adj.⟩ (selten): *volltönend;* **voll|tran|si|sto|riert, voll|tran|si|sto|ri|siert** ⟨Adj.⟩ (Elektrot.): *vollständig mit Transistoren ausgerüstet;* **Voll|tref|fer,** der: *Treffer mitten ins Ziel; Schuß, Schlag, Wurf o.ä., der voll getroffen hat:* das Schiff erhielt, bekam einen V.; der Gartenbunker zerstört (Kempowski, Tadellöser 320); der Boxer konnte einen V. landen; Ü diese Schallplatte wurde ein V.; Mit diesem Film ist ihm ein V. gelungen (Oxmox 5, 1985, 193); **voll|trin|ken,** sich ⟨st. V.; hat⟩: **1.** (selten) *sich betrinken.* **2.** (geh.) *etw. gierig in sich aufnehmen:* sich mit Eindrücken v.; **voll|trun|ken** ⟨Adj.⟩: *völlig betrunken:* er hat die Tat in -em Zustand begangen; der -e Platzek ... versuchte sogar, dem Spieß mit dem blanken Hintern ins Gesicht zu springen (Kirst, 08/15, 172); **Voll|trun|ken|heit,** die: *das Volltrunkensein;* **voll|um|fäng|lich** ⟨Adj.⟩ (schweiz.): *in vollem Umfang:* dieses Ziel konnte v. erreicht werden (Solothurner Zeitung 31. 7. 84, 14); **Voll|verb,** das (Sprachw.): *Verb, das allein das Prädikat bilden kann (nicht Hilfs-, Modalverb o.ä. ist);* **Voll|ver|pfle|gung,** die: *volle Verpflegung:* Hotelunterkunft mit V.; **Voll|ver|samm|lung,** die: *Versammlung, an der alle Mitglieder teilnehmen; Plenarversammlung; Plenum;* **Voll|ver|sor|gung,** die: *volle Versorgung:* Die Klinik wird 80 Betten haben und die V. des Landkreises Cuxhaven ... übernehmen (DÄ 47, 1985, 4); Der Zwiebelvorrat entspricht ungefähr demjenigen der Saison 1982/83 und garantiert eine V. bis im Frühsommer (NZZ 22. 12. 83, 21); **Voll|wai|se,** die: *Waise, die beide Eltern durch Tod verloren hat; Doppelwaise;* **Voll|wasch|mit|tel,** das: *Waschmittel, das zum Kochen der Wäsche u. zum Waschen bei niedrigeren Temperaturen geeignet ist;* **Voll|wer|ter|näh|rung,** die ⟨o. Pl.⟩: *aus Vollwertkost bestehende Ernährung;* **voll|wer|tig** ⟨Adj.⟩: *den vollen Wert, alle erwarteten Eigenschaften besitzend:* ein -es Material; ein -er (gleichwertiger) Ersatz; ... daß er künftig ein gesetzmäßiges Leben führen und ein -es Mitglied der Gesellschaft werden wird (Ossowski, Bewährung 64); **Voll|wer|tig|keit,** die ⟨o. Pl.⟩: *das Vollwertigsein;* **Voll|wert|kost,** die ⟨o. Pl.⟩: *Nahrungsmittel, in denen der volle Gehalt an lebenswichtigen Inhaltsstoffen erhalten ist;* **Voll|wert|kü|che,** die ⟨o. Pl.⟩: *die Vollwertkost betreffende Küche* (3 b): In der V. werden Gerstenkeime durch Malz zu einer mildsüßen Zutat im Müsli (e&t 6, 1987, 87); **voll|wich|tig** ⟨Adj.⟩ (Münzk.): *das volle vorgeschriebene Gewicht habend:* ◆ ... und fing nun an, die Goldstücke genau zu wägen. Zwei oder drei musterte er als zu leicht aus, ... bis der andere statt der verworfenen -e hervorholte (Immermann, Münchhausen 164); Das Geld? ... Vollwichtig neugeprägte Gulden sind's (Kleist, Krug, Erstfassung der Schlußszene [„Variant"]); **voll|wür|zig** ⟨Adj.⟩: *die volle Würze habend:* ein -er Wein; **voll|zäh|lig** ⟨Adj.⟩: *die volle [An]zahl aufweisend, in voller [An]zahl:* ein -er Satz Briefmarken; wir sind noch nicht v.; die Papiere seien v. und in Ordnung (NZZ 21. 12. 86, 5); v. erscheinen, teilnehmen; Die reichen Gutsherren der Nachbarschaft sind v. versammelt (Kaiser, Villa 12); **Voll|zäh|lig|keit,** die, -: *das Vollzähligsein:* sie ... überprüfte das Magazin auf V. der Patronen (Bastian, Brut 177); Die Offiziere waren in seltener V. anwesend (Kuby, Sieg 154); **Voll|zeit|schu|le,** die (Schulw.): *Schule, die mit Unterricht bzw. Hausaufgaben die ganze Zeit des Schülers (mit Ausnahme der Freizeit) in Anspruch nimmt;* **voll|zieh|bar** ⟨Adj.⟩: *Vollziehung, Vollzug zulassend;* **Voll|zieh|bar|keit,** die; -: *das Vollziehbarsein;* **voll|zie|hen** ⟨unr. V.; hat⟩ [mhd. vollziehen, ahd. follaziohan]: **1. a)** *verwirklichen, in die Tat umsetzen, ausführen:* als Schlußeffekt vollzieht Paulinchen ... an der Spitze ihrer feinen Stiefmama den weitaus tiefsten Knicks (A. Kolb, Daphne 79); eine [Amts]handlung v.; eine Trennung v.; ich konnte damals nicht wissen, ... daß ich einmal den Bruch mit einem System v. würde, an das ich von Kind an geglaubt hatte (Leonhard, Revolution 10); die Unterschrift v. (leisten); mit der standesamtlichen Trauung ist die Ehe rechtlich vollzogen *(ist sie rechtsgültig);* **b)** *den Anweisungen, Erfordernissen o.ä., die den Inhalt von etw. ausmachen, erfüllen, verwirklichen:* einen Auftrag, Befehl v.; [an jmdm.] ein Urteil v. (Rechtsspr.; *vollstrecken);* die vollziehende Gewalt *(Exekutive).* **2.** ⟨v. + sich⟩ *ablaufen, nach u. nach geschehen, vor sich gehen:* ein Vorgang, der sich gesetzmäßig vollzieht; in ihr vollzog sich ein Wandel; Gibt es schon irgendwelche Richtlinien, wie sich die Auflösung der Komintern organisatorisch v. wird (Leonhard, Revolution 209); Eine unübersehbare Umwälzung hat sich vollzogen (Nigg, Wiederkehr 192); Ihr Abschied von Schwester Vulgentia ... vollzog sich unter so heißen Tränen, daß ... (A. Kolb, Daphne 113); **Voll|zie|hung,** die: *das Vollziehen* (1); **Voll|zie|hungs|be|am|te,** der: *mit der Vollstreckung betrauter Beamter;* **Voll|zie|hungs|be|am|tin,** die: w. Form zu ↑Vollziehungsbeamte; **¹Voll|zug,** der ⟨Pl. selten⟩ [1: mhd. volzuc]: **1.** *das Vollziehen, Vollziehung.* **2. a)** kurz für ↑Strafvollzug; **b)** (Jargon) *Vollzugsanstalt:* das Leben im V.; **²Voll|zug,** der (Eisenb.): **1.** *S-Bahn-Zug mit der vollen Anzahl der vorgesehenen Wagen.* **2.** *Güterzug mit Fracht;* **Voll|zugs|an|stalt,** die: kurz für ↑Justizvollzugsanstalt; **Voll|zugs|be|am|te,** der: kurz für ↑Strafvollzugsbeamte; **Voll|zugs|be|am|tin,** die: w. Form zu ↑Vollzugsbeamte; **Voll|zugs|dienst,** der: **a)** *Dienstbereich, der für den ¹Vollzug* (1) *amtlicher Handlungen o.ä. zuständig ist:* jetzt protestieren auch die Politessen gegen die geplante Privatisierung des gemeindlichen -es (MM 14. 1. 94, 26); **b)** *Dienstbereich, der für den Strafvollzug zuständig ist;* vgl. Gefängniskrankenhaus; **Voll|zugs|kran|ken|haus,** das: vgl. Gefängniskrankenhaus; **Voll|zugs|lei|ter,** der: *für die Durchführung des Jugendarrestes od. einer Jugendstrafe verantwortlicher Beamter;* **Voll|zugs|lei|te|rin,** die: w. Form zu ↑Vollzugsleiter; **Voll|zugs|mel|dung,** die: *Meldung über den ¹Vollzug* (1) *von etw.;* **Voll|zugs|po|li|zei,** die: *Polizei, die für den ¹Vollzug* (1) *aller Maßnahmen zur Wahrung u. Wiederherstellung der öffentlichen Sicherheit zuständig ist;* **Voll|zugs|we|sen,** das ⟨o. Pl.⟩: *alles, was mit dem Strafvollzug zusammenhängt.*

Vo|lon|tär, der; -s, -e [urspr. = Freiwilliger ohne Sold < frz. volontaire = freiwillig; Freiwilliger < lat. voluntarius = freiwillig, zu: voluntas = Wille]: *jmd., der zur Vorbereitung auf seine künftige berufliche (bes. journalistische od. kaufmännische) Tätigkeit [gegen geringe Bezahlung] bei einer Redaktion, bei einem kaufmännischen Betrieb o.ä. arbeitet;* **Vo|lon|ta|ri|at,** das; -[e]s, -e: **1.** *Ausbildungszeit, in der jmd. Volontär ist.* **2.** *Stelle eines Volontärs;* **Vo|lon|tä|rin,** die; -, -nen: w. Form zu ↑Volontär; **vo|lon|tie|ren** ⟨sw. V.; hat⟩: *als Volontär[in] arbeiten:* In meiner Firma volontierte ein junger Ausländer, der Sohn eines Geschäftsfreundes (Koeppen, Rußland 33).

Volt, das; - u. -[e]s, - [nach dem ital. Physiker A. Volta (1745–1827)] (Physik, Elektrot.): *Einheit der elektrischen Spannung;* Zeichen: V

Vol|ta, die; -, Volten [ital. volta, ↑Volte]: *schneller, ausgelassener Tanz des 16. u. 17. Jh.s im Dreier- od. ⅜-Takt.*

Vol|ta|ele|ment, das [zu: Volta, ↑Volt] (Physik): *galvanisches Element aus einer Kupfer- u. einer Zinkelektrode in verdünnter Schwefelsäure.*

Vol|tai|ria|ner [...tɛ...], der; -s, -: *Anhänger der Philosophie Voltaires (1694–1778);* **Vol|tai|ria|ne|rin** [...tɛ...], die; -, -nen: w. Form zu ↑Voltairianer.

Vol|ta|me|ter, das; -s, - [zu: Volta (↑Volt) u. ↑-meter (1)] (Physik): *elektrolytisches Instrument zur Messung von Elektrizitätsmengen;* **Volt|am|pere,** das (Physik, Elektrot.): *Einheit der elektrischen Leistung;* Zeichen: VA

Vol|te, die; -, -n [(frz. volte <) ital. volta, eigtl. = Drehung, zu: voltare = drehen, über das Vlat. zu lat. volvere, ↑Volumen]: **1.** (bildungsspr.) *Kunstgriff beim Kartenspiel, durch den beim Mischen eine Karte an die gewünschte Stelle gelangt:* die, eine V. schlagen; * **die/eine V. schlagen** *(einen geschickten Schachzug, Kniff anwenden).* **2.** (Reiten) *das Reiten eines engen Kreises von kleinem Durchmesser:* eine V. reiten. **3.** (Fechten) *seitliches Ausweichen;* **Vol|ten|schlä|ger,** der (bildungsspr.): *jmd., der eine Volte* (1) *schlägt;* **Vol|ten|schlä|ge|rin,** die (bildungsspr.): w. Form zu ↑Voltenschläger; **Vol|te|schla|gen,** das; -s (bildungsspr.): *das Anwenden einer Volte* (1). **2.** *das Anwenden eines Kniffs, eines geschickten Schachzuges;* **vol|tie|ren** ⟨sw. V.; hat⟩ [frz. volter < ital. voltare, ↑Volte]: *voltigieren;* **Vol|ti|ge** [vɔl'tiːʒə], die; -, -n [frz. voltige, ↑voltigieren]: *Sprung eines Kunstreiters auf das [trabende od. galoppierende] Pferd;* **Vol|ti|geur** [...'ʒøːɐ̯], der; -s, -e [frz. voltigeur, zu: voltiger, ↑voltigieren]: *Voltigierer, zu: voltiger, ↑voltigieren];* **vol|ti|gie|ren** ⟨sw. V.; hat⟩ [frz.

voltiger < ital. volteggiare, zu: voltare, ↑Volte]: **1.** (Reiten) *eine Volte* (2) *ausführen.* **2.** (Fechten) *eine Volte* (3) *ausführen.* **3.** *Luft-, Kunstsprünge o. ä. am trabenden od. galoppierenden Pferd ausführen:* Sie sehen einen einfachen Gurt mit Pauschen, der aber zwei eiserne Griffe hat: An ihm wird also voltigiert (Dwinger, Erde 130). **4.** (veraltet) *ein leichtes Gefecht führen, plänkeln* (1); **Vol|ti|gie|rer,** der; -s, -: *jmd., der voltigiert* (3, 4); **Vol|ti|gie|re|rin,** die; -, -nen: w. Form zu ↑Voltigierer; **vol|ti su|bi|to** [ital., zu: subito = sofort, rasch] (Musik): *schnell umwenden!* (Hinweis auf Notenblättern); Abk.: v. s.
Volt|me|ter, das; -s, - [zu ↑Volt u. ↑-meter (1)] (Elektrot.): *Spannungsmesser;* **Volt|se|kun|de,** die (Physik, Elektrot.): *Einheit des magnetischen Flusses;* Zeichen: Vs
vo|lu|bel ⟨Adj.⟩ [lat. volubilis = sich schnell umdrehend, rollbar; veränderlich; geläufig, zu: volvere, ↑Volumen] (veraltet): *beweglich, schnell;* **Vo|lu|bi|li|tät,** die; - [lat. volubilitas, zu: volubilis, ↑volubel] (veraltet): **1.** *Beweglichkeit, Schnelligkeit, Geläufigkeit [der Zunge].* **2.** *Unbeständigkeit;* **Vo|lum,** das; -s, -e (veraltet, noch in Zus.): *Volumen;* ♦ Er schlägt ein V. auf (= *im Volumen* 3) und schickt sich an zu lesen (Goethe, Faust I, Studierzimmer [Bühnenanweisung]); **Vo|lum|ein|heit,** die: *Maßeinheit des Volumens;* **Vo|lu|men,** das; -s, - u. ...mina [1: unter Einfluß von frz. volume < lat. volumen = etw., was gerollt, gewickelt od. gewunden wird; (Schrift)rolle, Buch, Band, zu: volvere = rollen, wälzen; drehen, wirbeln; 3: lat. volumen]: **1.** ⟨Pl. -⟩ *räumliche Ausdehnung, Rauminhalt:* das V. einer Kugel, einer Luftschicht berechnen; Vergessen Sie nicht, gefrorenes Wasser vergrößert das V. mit einem Zwölftel (Jahnn, Geschichten 214); Auch der Kofferraum ... braucht den Vergleich nicht zu scheuen, zumal eine beachtliche Zuladefähigkeit es erlaubt, das V. voll zu nützen (auto touring 2, 1979, 33); der Ballon hat ein V. von 1000 m³; der Schnitt gibt dem Haar V. *(Fülle);* Zeichen: V; Ü der Tenor hat eine Stimme von großem V. *(mit großem Ton).* **2.** ⟨Pl. -⟩ *Umfang, Gesamtmenge von etw. (innerhalb eines bestimmten Zeitraums):* das V. des Außenhandels ist angestiegen; Der Haushalt 1978 hatte ein V. von 28,4 Milliarden DM (Augsburger Allgemeine 13./14. 5. 78, 12). **3.** ⟨Pl. ...mina⟩ (Buchw.) *Band (eines Werkes),* nur in der Abk.: vol., Vol. **4.** ⟨Pl. -⟩ (Fachspr.) *Stromstärke einer Fernsprech- od. Rundfunkübertragung;* **Vo|lu|men|ge|halt,** der: *Volumengewicht;* **Vo|lu|me|no|me|ter,** das; -s, - [↑-meter (1)] (Physik): *Stereometer* (2); **Vo|lu|men|pro|zent,** das: ↑Volumprozent; **Vo|lu|me|ter,** das; -s, - [↑-meter (1)]: *Senkwaage zur Bestimmung der Dichte einer Flüssigkeit;* **Vo|lu|me|trie,** die; - [↑-metrie]: *Maßanalyse;* **vo|lu|me|trisch** ⟨Adj.⟩: *die Volumetrie betreffend;* **Vo|lum|ge|wicht,** das: *Volumengewicht, das: Gewicht der Volumeinheit; spezifisches Gewicht;* **Vo|lu|mi|na:** Pl. von ↑Volumen; **vo|lu|mi|nös** ⟨Adj.; -er, -este⟩ [frz. volumineux < lat. voluminosus = voll Krümmungen,

Kreise, zu: volumen, ↑Volumen] (bildungsspr.): *von beträchtlichem Umfang:* ein -es Buch; ... der sich ... mit einem Seufzer neben ihr in den -en Polstersitz sinken ließ (Cotton, Silver-Jet 72); Neu ist denn auch nicht nur das mit 450 Litern sehr -e Gepäckabteil (ADAC-Motorwelt 2, 1983, 9); Ihr dunkelblonder, prächtig -er Lockenkopf ... (Freizeitmagazin 10, 1978, 10); Emulgatoren machen Teige maschinenfreundlich und v. (natur 2, 1991, 77); Auffallend leicht ist dieser v. wirkende sportliche Mantel (Herrenjournal 2, 1966, 46); er ist sehr v. (scherzh.; korpulent); **Vo|lum|pro|zent,** Volumenprozent, das: *Anteil eines Stoffes, der in 100 cm³ einer Lösung enthalten ist;* Abk.: Vol.-%
Vo|lun|ta|ris|mus, der; - [zu spätlat. voluntarius, ↑Volontär]: *philosophische Lehre, die den Willen als Grundprinzip des Seins ansieht;* **Vo|lun|ta|rist,** der; -en, -en: *Vertreter des Voluntarismus;* **Vo|lun|ta|ri|stin,** die; -, -nen: w. Form zu ↑Voluntarist; **vo|lun|ta|ri|stisch** ⟨Adj.⟩: *den Voluntarismus betreffend;* **vo|lun|ta|tiv** ⟨Adj.⟩ [1: spätlat. voluntativus]: **1.** (Philos.) *den Willen betreffend.* **2.** (Sprachw.) *den Modus* (2) *des Wunsches ausdrückend;* **Vo|lun|ta|tiv,** der; -s ⟨Sprachw.⟩: *Form des Verbs, die einen Wunsch, eine Absicht od. eine Aufforderung ausdrückt; Volitiv.*
vo|lup|tu|ös ⟨Adj.; -er, -este⟩ [frz. voluptueux < lat. voluptuosus, zu: voluptas = Vergnügen, Genuß] (bildungsspr.): *wollüstig:* Dieser neue Typ war nicht mehr ... -es Überweib wie Mae West (Welt 10. 8. 68, IV).
Vo|lu|te, die; -, -n [lat. voluta, zu: volutum, 2. Part. von: volvere, ↑Volumen] (Kunstwiss.): *spiralförmige Einrollung am Kapitell ionischer Säulen od. als Bauornament in der Renaissance; Schnecke* (6 a); **Vo|lu|ten|ka|pi|tell,** das (Kunstwiss.): *mit Voluten versehenes Kapitell der ionischen Säule;* **Vo|lu|tin,** das; -s (Biol.): *körnige Struktur in Bakterienzellen;* **Vol|va,** die; -, Volvae [...vɛ; lat. volva = Hülle; Gebärmutter, zu: volvere, ↑Volumen] (Bot.): *Gewebehülle am Stielgrund von Blätterpilzen als Rest des Velums* (5).
Völ|va, die; -, Völvur [aus dem Anord.]: *Seherin in nordgermanischen Sagen.*
vol|vie|ren ⟨sw. V.; hat⟩ [lat. volvere, ↑Volumen] (veraltend): **1.** *wälzen, rollen, wickeln.* **2.** *genau ansehen; überlegen, durchdenken;* **Vol|vu|lus,** der; -, ...li [zu lat. volvere, ↑Volumen] (Med.): *Darmverschlingung.*
vom ⟨Präp. + Art.⟩: *von dem;* meist nicht auflösbar in vielen Verbindungen: v. Lande sein; Schnee fiel v. Himmel: v. Weg z. Bahnhof zur Stadt; v. Morgen bis v. Abend; v. 10. Oktober an; v. Jahre 1975 bis heute; nicht auflösbar in bestimmten Wendungen, z. B.: v. Bau sein; v. Fleisch fallen; in verbindung mit einem subst. Inf. zur Angabe der Ursache: v. Laufen, heiser v. Sprechen.
Vom|hun|dert|satz, der: *Prozentsatz.*
vo|mie|ren ⟨sw. V.; hat⟩ [lat. vomere] (Med.): *erbrechen;* **Vo|mi|tio,** die; -, ...tiones [lat. vomitio, zu: vomere, ↑vomieren] (Med.): *Vomitus;* **Vo|mi|tiv,** das; -s, -e

Vo|mi|ti|vum, das; -s, ...va, **Vo|mi|to|ri|um,** das; -s, ...ien (Med.): *Brechmittel;* **Vo|mi|tus,** der; - [lat. vomitus, zu: vomere, ↑vomieren] (Med.): *das Erbrechen.*
Vom|tau|send|satz, der: *Promillesatz.*
von [mhd. von, ahd. fon, H. u.]: **I.** ⟨Präp. mit Dativ; vgl. vom⟩ **1.** gibt einen räumlichen Ausgangspunkt an: v. vorn, v. hinten; v. rechts, v. fern[e], v. Norden; der Zug kommt v. Berlin; es tropft v. den Bäumen; v. woher stammst du?; in bestimmten Korrelationen: v. hier an ist die Strecke eingleisig; v. einem Bein auf das andere treten; v. Mannheim aus fährt man über den B 38; v. hier bis zum Bahnhof; In vierundzwanzig Stunden wurde also damals die Welt v. der Ostsee bis zum Schwarzen Meer aufgeteilt (Dönhoff, Ära 212); Auf dem Weg v. ihrer Wohnung zum Büro hatte sie einen Briefkasten gesehen (Brand [Übers.], Gangster 21); v. unten her; v. Ast zu Ast. **2.** gibt den Vorgang od. Zustand der Loslösung, Trennung an: die Wäsche v. der Leine nehmen; sich den Schweiß v. der Stirn wischen; sich v. jmdm., v. zu Hause lösen; Es kränkte ihn; deshalb zog er sich v. den politischen Geschäften zurück (Niekisch, Leben 212); ⟨mit Betonung auf „von"⟩: sie hat das Essen wieder v. sich gegeben *(erbrochen);* keinen Ton mehr v. sich geben; allen Ballast v. sich werfen; ein lieber Freund ist v. uns gegangen (verhüll.; *gestorben).* **3.** gibt einen zeitlichen Ausgangspunkt an: das Brot ist v. gestern *(gestern gebacken);* ich kenne ihn v. früher; meist in bestimmten Korrelationen: v. nun an; v. morgen an/ab; das ist er v. Jugend an/auf gewöhnt; v. heute ab soll es besser werden; die Nacht v. Samstag auf/zu Sonntag; v. Montag bis Donnerstag; Einen lieben langen Tag v. früh bis abend waren wir auf den Beinen (Maegerlein, Triumph 143); Von 13 bis 14 Uhr stand die Bahn ... zur Verfügung (Maegerlein, Triumph 143); v. Jahr zu Jahr. **4. a)** nennt die Menge, das Ganze, von dem der genannte Teil stammt: einer v. euch; viele v. uns haben das ... beunruhigt (Wolfe [Übers.], Radical 46); Schon haben einige v. denen gelernt, daß ... (Kühn, Zeit 55); Von den 390 Teilnehmern meldeten sich 215 zur Diskussion (Dönhoff, Ära 223); keins v. diesen Bildern gefällt mir; Viele v. diesen Unfällen passieren einfach deshalb, weil ... (Frankenberg, Fahren 161); Es ist einer v. den Momenten, in denen man Gott spürt (Kinski, Erdbeermund 260); acht v. hundert/vom Hundert (8 %); Krüger ... verlas aus einer Liste eine Reihe v. Namen (Niekisch, Leben 346); Damit hatte sich aber im Laufe der Jahrhunderte ein Vorrat v. Wissen, v. Erfindungen und Plänen angestaut (Gruhl, Planet 99); **b)** gibt an Stelle eines Gleichsetzungssatzes das für das genannte Einzelstück od. die genannte Person Typische an: ein Teufel v. einem Vorgesetzten; Dieses Schlitzohr v. Rabbi, für den ich arbeite (Singer [Übers.], Feinde 17); dieses Wunderwerk v. Brücke; ... wohnte ich in San Francisco in einem Schmuckkästchen v. einem Haus (White [Übers.], Staaten 43). **5. a)**

voneinander

meist durch einen Genitiv ersetzbar od. an Stelle eines Genitivs: der König v. Schweden; der Vertrag v. Locarno; in der Umgebung v. München; die Belagerung v. Paris; gegen den Protest v. Tausenden wurde das Kernkraftwerk gebaut; er ist Vater v. vier Söhnen; ist es Ihnen recht, wenn ich Ihnen die Namen v. den Stadtteilen ... sage (Hofmann, Fistelstimme 45); Sie hält sich ... an den Vergleich und die Interpretation v. Texten (Enzensberger, Einzelheiten I, 23); **b)** gibt den Bereich an, für den das Gesagte gilt; *hinsichtlich, in bezug auf:* er ist Lehrer v. Beruf, ein Hüne v. Gestalt; jung v. (veraltend) *an)* Jahren; sie ist schwer v. Begriff; v. Natur aus ist er gutmütig; **c)** (ugs.) nennt als Ersatz für ein Genitivattribut od. ein Possessivpron. den Besitzer einer Sache: der Hut v. [meinem] Vater; da hat sie schon einen Putzplatz angenommen ... Im Haushalt von einem Zahnarzt (Fels, Sünden 76); die Stimme v. Caruso; ist das Taschentuch v. dir? *(ist es dein Taschentuch?);* **d)** in Verbindung mit bestimmten Adverbien o. ä.: unterhalb v. unserem Haus; an Stelle v. langen Reden; angesichts v. soviel Elend; in dem neuen Skiparadies 18 km südwestlich v. Innsbruck (Olymp. Spiele 11); ein Sturm aus Steinen, der innerhalb v. Sekunden ... über Trachila hinweggerast war (Ransmayr, Welt 236). **6. a)** gibt den Urheber od. das Mittel, die Ursache an: Post v. einem Freund; Am 11. August erhält Wolfgang Bugenhagen v. seiner Zeitung den Auftrag ... (Jens, Mann 152); sein Mädchen, die Frau, welche schwanger ging v. ihm (Fries, Weg 109); v. der Sonne gebräunt sein; Milch ist überhaupt das Allerletzte. Wer v. Milch nicht stirbt, wird zumindest todsterbenskrank (natur 2, 1991, 104); müde v. der Arbeit; Ravic spürte plötzlich, daß sein Nacken naß war v. Schweiß (Remarque, Westen 83); sie war befriedigt v. dem Ergebnis; Grischa saß, betreten v. seiner Freude ; (A. Zweig, Grischa 68); Flora indes war in Arlecqs Zimmer eingedrungen, v. Neugierde auf Faulwetter getrieben (Fries, Weg 318); etw. von seinem Taschengeld kaufen; das Kleid ist v. Hand *(nicht mit der Maschine)* gestrickt; v. selbst (↑ selbst I); v. seiten (↑ Seite 9 c); *** v. sich aus** *(aus eigenem Antrieb):* die Kinder haben v. sich aus aufgeräumt; **b)** nennt beim Passiv das eigentliche Subjekt des Handelns; er wurde v. seinem Vater gelobt; v. einem Auto angefahren werden; das Buch wurde ihm v. seinem Freund geschenkt; Das Zimmer wird jetzt v. einem Rentner bewohnt (Jens, Mann 153). **7. a)** (veraltend) gibt das Material, die Teile an, woraus etw. besteht; *aus:* ein Ring v. Gold; ein Strauß v. Rosen; ein Herz v. Stein; **b)** gibt Art od. Eigenschaft an: ein Mann v. Charakter; Noch dazu eine Frau v. Temperament, die kaum zu übersehen war (Domin, Paradies 18); ein Mädchen v. großer Schönheit; Ihr Blick war ... v. einer neugierigen Zärtlichkeit (Böll, Adam 37); Ein Himmel, grünblau wie Äther, v. magischer Leichtigkeit, ... (A. Zweig, Grischa 71); Suppe ... v. unverkennbarer Zusammensetzung (A. Zweig, Grischa 67); eine Sache v. Wichtigkeit; so was v. menschlich (ugs.; *so ungemein menschlich*) wie diese Affen! (Eltern 2, 1980, 25); Sie haben sich so was v. (ugs.; *so sehr*) verausgabt, daß ... (Lindenberg, El Panico 103); **c)** gibt Maße, Entfernungen, Größenordnungen an: ein Abstand v. fünf Metern; eine Fahrt v. drei Stunden; Preise v. 100 Mark und höher; zwei Kinder [im Alter] v. vier und sieben Jahren; Städte v. über 100 000 Einwohnern; eine Gans v. ungefähr vier Kilo. **8.** bei Namen als Adelsprädikat: die Dichtungen Johann Wolfgang v. Goethes. **9.** oft in [festen] Verbindungen: v. etw. sprechen; er berichtete v. seinen Erlebnissen; infolge v. **II.** ⟨Adv.⟩ (ugs., bes. nordd.) als abgetrennter Teil von den Adverbien „davon, wovon": wo haben wir gerade v. gesprochen?; da haben Sie wohl nichts v. gewußt; Siehst du den Baum dort in der Ecke? Da sind die Äppel v. (Danella, Hotel 194).

von|ein|an|der ⟨Adv.⟩: **a)** *einer vom anderen:* sie sind v. abhängig; wir haben lange nichts v. gehört; Wir haben gar nichts v. gehabt in Berlin (Baum, Paris 53); Wir schieden ohne Verstimmung v. (Niekisch, Leben 128); Nichts v. wußten beide (Fries, Weg 104); **b)** kennzeichnet einen bestimmten Abstand: sie standen weit weg v.; obwohl wir nur wenige Häuser v. entfernt wohnten, ... (Jens, Mann 155).

von|nö|ten ⟨Adj.⟩ [älter: von nöten (Dativ Pl. von ↑ Not), mhd. von not]: in der Verbindung **v. sein** *(nötig, dringend erforderlich sein):* Eile, größere Sorgfalt ist v.; Um die Persönlichkeit der Willkür des Fürsten wie des souveränen Volkes zu bewahren, sind Verfassung und Gewaltenteilung v. (Fraenkel, Staat 171); Zur näheren Untersuchung des Halses sei gegebenenfalls des Hofrats Kehlkopfspiegel v. (Th. Mann, Zauberberg 727); ... herauszufragen, was wir wissen für den Fortgang der Ermittlungen v. war (Prodöhl, Tod 252).

von|stat|ten ⟨Adv.⟩ [urspr. = von der Stelle, zu mhd. state = Stelle, Ort]: in der Wendung **v. gehen** (1. *stattfinden:* wann soll das Fest v. gehen? 2. *vorangehen* 2; *sich entwickeln:* ihre Genesung ging nur langsam v.; Der Stadt bekam es gut, ihr Wiederaufbau ging schneller v. als in vergleichbar zerstörten anderen Städten [Danella, Hotel 45]).

Voo|doo [vu'du:]: ↑ Wodu.

¹Vo|po, der; -s, -s (ugs.): kurz für ↑ Volkspolizist: Der V. am Schlagbaum trat an Brummers Seite neben den Wagen und öffnete die Tür (Simmel, Affäre 64); **²Vo|po**, die; - (ugs.): kurz für ↑ Volkspolizei.

vor [mhd. vor, ahd. fora, urspr. = über etw. hinaus]: **I.** ⟨Präp. mit Dativ u. Akk.⟩ **1.** (räumlich) **a)** ⟨mit Dativ⟩ *auf der Vorderseite, auf der dem Betrachter od. dem Bezugspunkt zugewandten Seite einer Person, Sache:* v. dem Haus ist ein kleiner Garten; v. dem Schaufenster, v. dem Kino auf mich!; eine Binde v. den Augen tragen; Ich ... stoße fluchend mit den Füßen alle Steine v. mir her (Kinski, Erdbeermund 22); v. „daß" steht immer ein Komma; der Friedhof liegt etwa einen Kilometer v. *(außerhalb)* der Stadt; v. dem Winde segeln (Seemannsspr.; *so segeln, daß der Wind von hinten auf die Segel trifft*); ⟨mit Betonung auf „vor":⟩ er hat das Buch v. sich liegen; Sie wissen wohl nicht, wen Sie v. sich haben (Degener, Heimsuchung 55); sie ging zwei Schritte v. ihm, saß zwei Reihen v. ihm; Ü v. Gericht, v. dem Richter stehen (geh.; *angeklagt sein*); **b)** ⟨mit Akk.⟩ *auf die Vorderseite, auf die dem Betrachter od. dem Bezugspunkt zugewandte Seite einer Person, Sache:* v. das Haus treten; sich v. den Spiegel stellen; das Auto v. die Garage fahren; Blumen v. das Fenster stellen; sie warf sich in ihrer Verzweiflung v. den Zug; v. das „aber" mußt du ein Komma setzen; ⟨mit Betonung auf „vor":⟩ setz dich bitte v. mich!; Als Staatsgefangenen nahm ich ihn darum mit nach Worms, wo er in den Kerker kam. Erst nach Tagen ließ ich ihn v. mich bringen, in den Dom (Stern, Mann 197); Er setzte Fuß v. Fuß, überquerte die breite Fahrbahn (Kronauer, Bogenschütze 346); Ü sich v. jmdn. stellen *(jmdn. in Schutz nehmen);* jmdm. v. ein Ultimatum stellen; *** v. sich hin** *(ganz für sich u. in gleichmäßigem Fortdauer):* v. sich hin schimpfen, reden, weinen. **2.** ⟨mit Dativ⟩ (zeitlich) **a)** drückt aus, daß etw. dem genannten Zeitpunkt od. Vorgang [unmittelbar] vorausgeht; *früher als; bevor das Genannte erreicht ist:* v. wenigen Augenblicken; v. Ablauf der Frist; er kommt noch v. Weihnachten; die Verhältnisse v. 1960, v. der Krise; im Jahrzehnt v. Ausbruch des Ersten Weltkriegs (Fraenkel, Staat 252); das war schon v. Jahren, v. meiner Zeit; heute v. [genau] vierzig Jahren ..., im Jahre 33 v. Christi Geburt, v. Christus; Außerdem war es auch v. den Nazis *(bevor die Nazis an der Macht waren)* nicht üblich, daß der hohe Adel und Juden sich ehelich verbanden (Danella, Hotel 69); dann hätte sie doch imstande sein sollen, v. der Schule *(bevor die Schule anfängt)* Zeitungen auszutragen (M. L. Fischer, Kein Vogel 38); Einen Gewinn von 949 ... Mio. sKr. v. Steuern *(bevor es besteuert wird)* ... hat die Firma für die ersten 8 Monate ausgewiesen (NZZ 13. 10. 84, 14); es ist fünf [Minuten] v. zehn, v. Mitternacht; **b)** ⟨mit Betonung auf „vor":⟩ weist auf eine kommende, zu durchlebende Zeit, auf zu bewältigende Aufgaben o. ä. hin: etw. v. sich haben; die Prüfung liegt wie ein Alpdruck v. ihr. **3.** ⟨mit Dativ⟩ gibt eine Reihenfolge od. Rangordnung an: v. jmdm. durchs Ziel gehen; ich v. ihr an der Reihe?; ... als sie zufällig etwas v. Constantin zu ihrer ersten gemeinsamen Verabredung gekommen war (Domin, Paradies 56); sie ist tüchtig v. (geh.; *am tüchtigsten von*) uns allen. **4.** ⟨mit Dativ⟩ weist auf die Beziehung zu einem Gegenüber hin; *in jmds. Gegenwart, Beisein:* v. vielen Zuschauern, v. Zeugen erklären; sie spielte v. geladenen Gästen, v. Freunden. **5.** ⟨mit Dativ, o. Art.⟩ *auf Grund von etw., durch etw. bewirkt,* nur in festen Verbindungen: v. Kälte zittern, v. Neugier platzen, v. Schmerz schreien;

Wann immer Cotta später ... zurückdachte, fror ihn v. Scham (Ransmayr, Welt 150); Man wird verrückt werden v. Enge (Frisch, Montauk 22); v. Zorn stieg ihr eine rasch wieder absinkende Röte ins Gesicht (Kronauer, Bogenschütze 34); Sie kann v. Tränen weder Pferd noch Mann sehen (Frischmuth, Herrin 116); glänzend v. Sauberkeit, schwitzend v. Anstrengung; Toni Schumacher, immer v. Selbstvertrauen sprühend, meinte ... (Kicker 6, 1982, 31); gelb v. Neid, starr v. Schreck. **6.** oft in [festen] Verbindungen: Angst v. jmdm. haben; sich v. jmdm. schämen; v. etw. davonlaufen; sich v. etw. schützen; jmdn. v. etw. warnen; Meine Mutter schlug mich wegen ihrer Arbeit, die uns nicht v. der alltäglichen Not verschonte (Fels, Kanakenfauna 13). ◆ **7.** *für:* Und ich weiß überhaupt nicht, was ich v. einen Anteil dran nehme (Goethe, Götz II); ich schrieb das Stück ruhig ab und ließ es Zeile v. Zeile, Period v. Period regelmäßig erklingen (Goethe, Italien. Reise 6. 1. 1787 [Rom]); Der Güter höchstes dürfen wir verteid'gen gegen Gewalt – wir stehn v. unser Land, wir stehn v. unsre Weiber, unsre Kinder (Schiller, Tell II, 2); Komm v. itzt *(fürs erste)* nur mit in meinen Haram (Lessing, Nathan II, 3). **II.** ⟨Adv.⟩ **1.** ⟨eigtl. als Vorsilbe eines weggelassenen Verbs der Bewegung⟩ *voran, vorwärts:* Freiwillige v.! *(vortreten!);* drei Schritt[e] v. und zwei zurück. **2.** ⟨als abgetrennter Teil von den Adverbien „davor, wovor"⟩ (ugs., bes. nordd.): da habe ich mich v. gedrückt; da sei Gott v.! (Ausruf der Abwehr; *davor möge uns Gott bewahren!);* wo hast du denn jetzt noch Angst v.?

vor-, Vor-: 1. drückt in Bildungen mit Substantiven od. Verben ein räumliches Verhältnis aus: Vorraum; vorfahren, -gucken. 2. drückt in Bildungen mit Substantiven, Adjektiven od. Verben ein zeitliches Verhältnis aus: Vorabend; vorgeburtlich; vorfeiern. 3. kennzeichnet in Bildungen mit Substantiven od. Verben etw. als vorbereitend, vorausgehend: Vorkonferenz, -wäsche; vorverhandeln. 4. a) drückt in Bildungen mit Verben aus, daß etw. anderen gezeigt, vorgeführt wird: vordeklamieren, -essen; b) drückt in Bildungen mit Substantiven od. Verben aus, daß jmd. od. etw. (ein Tun) als Beispiel dient: Vorturner; vorexerzieren.
vor|ab ⟨Adv.⟩ [mhd. vorabe]: *zunächst einmal, im voraus, zuerst:* die Presse wurde v. informiert; ... daß sich ein bestimmter Trieb oder ein bestimmtes Gefühl, zum Beispiel Nahrungstrieb und Hunger, nicht auf beliebige Gegenstände und Handlungen richten, sondern natürlich v. auf solche, die Befriedigung verheißen (Musil, Mann 1283); Freud selbst hat ... Wesentliches zur Klärung beigesteuert, v. mit der Schilderung einer Kinderneurose (Graber, Psychologie 36); Daß sie gleich v. die Miete auf den Tisch legte, zeugte überdies von gewisser Lebensart (BM 26. 11. 74, 7).
Vor|ab|druck, der; -[e]s, -e: **1.** *das Abdrucken [eines Teils] eines literarischen Werkes in einer Zeitung o. ä. vor der Veröffentlichung als Buch:* Bekamen wir einmal einen guten fertigen Roman zum V., dann mußte er „für die Bedürfnisse des Blattes" völlig auf den Kopf gestellt werden (Simmel, Stoff 225). **2.** *das vorweg Abgedruckte;* **vor|ab|drucken**[1] ⟨sw. V.; hat⟩: *ein literarisches Werk od. einen Teil davon vor der Veröffentlichung als Buch in einer Zeitung o. ä. abdrucken:* In seinen Memoiren, die der SPIEGEL als Serie vorabdruckt (Spiegel 3, 1984, 4).
Vor|abend, der; -s, -e: *Abend vor einem bestimmten [Fest]tag:* am V. [der Hochzeit]; da steht noch das Geschirr vom V.; Ü am V. großer Ereignisse *(kurz vor großen Ereignissen);* Ich erinnere mich, wie sich am V. des Zweiten Weltkrieges mein Vetter ... (Dönhoff, Ostpreußen 63); **Vor|abend|mes|se,** die (kath. Kirche): [1]Messe (1) *am Vorabend vor Sonn- u. Feiertagen.*
Vor|ab|in|for|ma|ti|on, die: *Information, die vorab gegeben wird.*
◆ **vor|ah|nen** ⟨sw. V.; hat⟩: *vorahnen:* ⟨subst.:⟩ ... denn sein Vorahnden zukünftiger Möglichkeiten ruht auf einem sicheren Fundament (Goethe, Zur Farbenlehre; Hist. Teil, 4. Abt); ◆ **Vor|ahndung,** die; -, -en: *Vorahnung:* ... ließ es, aus einer dunklen V., an nichts fehlen, die Pferde ... loszuwerden (Kleist, Kohlhaas 6); **vor|ah|nen** ⟨sw. V.; hat⟩: *vorausahnen:* Einmal sangen wir ein Lied, in dem wir unsere nahe Zukunft v. sollten (Harig, Ordnung 347); Dennoch zeigte mir die strenge Anklägerin ... jenes wissende, vorahnende Lächeln (Grass, Butt 174); **Vor|ah|nung,** die; -, -en: *unbestimmtes Gefühl, Ahnung* (1) *von etw. [Unheilvollem]:* -en haben; In dieser Hinneigung zu den Symbolen der Trauer und des Sterbens zeigt sich zugleich, daß in vielen eine dunkle V. der Zukunft lebte (Friedell, Aufklärung 199); Ich habe immer eine V. gehabt, daß dieses Blatt Papier ein sehr kostbares Dokument werden könnte (Fallada, Herr 245).
Vor|alarm, der; -[e]s, -e (bes. Milit.): **1.** *Alarm als Vorwarnung vor dem eigentlichen Alarm.* **2.** *Zustand des Voralarms* (1): Der Bahnwärter blies seine Tute bei V. (Lentz, Muckefuck 187).
Vor|al|pen ⟨Pl.⟩: *Vorgebirge der Alpen.*
vor|an ⟨Adv.⟩: **a)** *vorn, an der Spitze [gehend]* ...: v. der Vater, die Kinder hinterher; ... gingen die Leute in einer Prozession mit einer Kirchenfahne v. zu einer Kirche der anderen Pfarrei (Wimschneider, Herbstmilch 37); Eine Truppe marschierte auf, ... v. die Offiziere, allen v. der General (Plievier, Stalingrad 231); Ü Während des Nachmittagsregens hatten alle Blüten, v. die fürwitzigen Syringen, ihre Düfte an sich gezogen (Strittmatter, Wundertäter 241); *allen v.* (hauptsächlich, besonders, in erster Linie): Die besten Söhne der Neuzeit haben sich ... aufgelehnt. Allen v. Friedrich Nietzsche (Nigg, Wiederkehr 18); Als Mitte der sechziger Jahre der Massentourismus, allen v. die Schweizer, die kenianische Küste eroberte ... (NZZ 30. 4. 83, 41); **b)** *vorwärts:* immer langsam v.!; ⟨subst.:⟩ die Straße war blockiert, es gab kein Voran; **vor|an|brin|gen** ⟨unr. V.; hat⟩: *weiterbringen, fördern:* die Entwicklung v.; Er hat als Topmanager das Wuppertaler Unternehmen ... kräftig vorangebracht (Hamburger Abendblatt 12. 5. 84, 3); Da von dem Zeugen keine die Verhandlung voranbringenden Aussagen zu erwarten sind, ... (Prodöhl, Tod 149); **vor|an|eillen** ⟨sw. V.; ist⟩: *schnell vorangehen;* **vor|an|ge|hen** ⟨unr. V.; ist⟩: **1.** *vorne, an der Spitze gehen:* jmdn. v. lassen; Ü Mit einem zwölfstündigen Arbeitstag ging der alte Mann auf dem Thron allen seinen Bürgern voran (Jacob, Kaffee 156). **2.** *Fortschritte machen:* die Arbeit geht gut voran; Die Erziehung geht so gut voran, daß ... (Grzimek, Serengeti 343); ⟨auch unpers.:⟩ mit der Arbeit geht es gut voran; Wenn es in der Erziehung nur nicht mehr vorangeht ... (Saarbr. Zeitung 7. 12. 79, I); Leider ging es mit dem Schreiben nicht so recht voran (Kempowski, Tadellöser 315). **3.** *(einer Sache) vorausgehen; zeitlich vor etw. liegen:* dem Beschluß gingen lange Diskussionen voran; Wir wissen ja, daß der Rupp in der Nacht, die dem Tode seiner Mutter voranging, nicht zu Hause war (Baum, Paris 83); Der Poetik des Aristoteles waren die Tragödien des Aischylos, des Sophokles und des Euripides vorangegangen (Reich-Ranicki, Th. Mann 74); ⟨häufig im 1. od. 2. Part.:⟩ in den vorangegangenen Wochen; das Vorangehende *(oben Gesagte)/*vorangehende *(obige);* im vorangehenden *(weiter oben);* auf den vorangehenden *(vorigen)* Seiten; Berücksichtigt man die vorangehenden *(vorigen)* Gesichtspunkte ... (Fraenkel, Staat 20); **vor|an|kom|men** ⟨st. V.; ist⟩: **1.** *sich auf einer Strecke nach vorn bewegen:* das Boot kam gut voran; Es war immer noch schwer, auf den Straßen voranzukommen (Zuckmayer, Fastnachtsbeichte 123). **2.** *Fortschritte machen, Erfolg haben:* die Arbeit kam nicht voran; Die plastische Chirurgie kommt voran (Augsburger Allgemeine 6./7. 5. 78, 22); eigentlich kommt Thomas Mann mit der Arbeit nicht schlecht voran (Reich-Ranicki, Th. Mann 86); im Leben v.; ⟨subst.:⟩ etw. für sein berufliches Vorankommen tun.
Vor|an|kün|di|gung, die; -, -en: *vorherige Ankündigung:* Als der Konzern am 30. Januar ohne V. 1 000 Drucker aussperrte ... (horizont 12, 1977, 11).
vor|an|ma|chen ⟨sw. V.; hat⟩ (ugs.): *sich beeilen:* mach voran!; ... daß mit der Erstellung der benötigten Schweizer Kernkraftwerke entschieden vorangemacht werden muß (NZZ 12. 10. 85, 47).
vor|an|mel|den ⟨sw. V.; hat; meist im Inf. u. 2. Part. gebr.⟩ (Fernspr.): *ein Gespräch anmelden, damit der andere Partner [herbeigerufen werden kann u.] am Apparat ist;* **Vor|an|mel|dung,** die; -, -en: *vorherige Anmeldung, Vormerkung:* für die Veranstaltung gibt es schon viele -en.
Vor|an|schlag, der; -[e]s, ...schläge (Wirtsch.): *Vorausberechnung der zu erwartenden Einnahmen u. Ausgaben, bes. der Kosten für ein Vorhaben; Kalkulation* (1).
vor|an|schrei|ten ⟨st. V.; ist⟩ (geh.) *vorangehen* (1, 2); **vor|an|stel|len** ⟨sw. V.; hat⟩: *an den Anfang [einer Aussage o. ä.] stellen:* ... daß es überhaupt albern ist, dem

Buch irgendwelche Bemerkungen voranzustellen (Weber, Tote 180); **vor|an|tragen** ⟨st. V.; hat⟩: *an der Spitze gehend tragen:* die Fahne v.; **vor|an|trei|ben** ⟨st. V.; hat⟩: *in Schwung bringen, beschleunigen; forcieren:* eine Entwicklung v., Verhandlungen v.; In der Natur verändern die genetischen Vagabunden das Erbgut und treiben so die Evolution voran (natur 2, 1991, 90); Unterhaltspflichtige Väter haben einen Anspruch darauf, daß ihre Kinder ihr Studium zügig vorantreiben (Rheinpfalz 7. 7. 84, 25).
Vor|an|wart|schaft, die; -, -en (Rechtsspr., Wirtsch.): *erste Anwartschaft; frühzeitig geltend gemachter Anspruch.*
Vor|an|zei|ge, die; -, -n: *vorherige Ankündigung eines Buches, Films, Theaterstücks o. ä. mit kleinen Ausschnitten od. einer kurzen Charakteristik.*
Vor|ar|beit, die; -, -en: *Arbeit, die der Vorbereitung weiterer Arbeiten dient:* wissenschaftliche -en; er hat gründliche V. für seinen Chef geleistet; Sehr beschäftigt mit den -en zur Autobiographie (K. Mann, Wendepunkt 382); (Sport:) Sekunden vor der Pause glich Hasil nach V. van Haarens aus (Welt 29. 7. 68, 10); **vor|ar|bei|ten** ⟨sw. V.; hat⟩: **1.** *durch vermehrte, verlängerte Arbeit[szeit] die Möglichkeit bekommen, zu einem späteren Termin mehr freie Zeit zu haben:* sie will für Weihnachten einen Tag v. **2.** ⟨v. + sich⟩ **a)** *durch Anstrengung, durch harte Arbeit vorankommen* (1): *das U-Boot konnte sich schnell in Schußposition v.* (Ott, Haie 320); Rettungsmannschaften haben sich am Dienstag in das Katastrophengebiet ... vorgearbeitet (NZZ 28. 8. 86, 1); Ü Das ... Unternehmen hat sich ... erholt und wieder in die schwarzen Zahlen vorgearbeitet (NZZ 13. 10. 84, 17); **b)** *durch Anstrengung, harte Arbeit eine bessere Position erreichen:* sich bis zum zweiten, sich vom fünften auf den zweiten Platz v. **3.** *[für jmdn., etw.] Vorarbeit leisten:* er hat [mir] gut vorgearbeitet; **Vor|ar|bei|ter,** der; -s, -: *Leiter einer Gruppe von Arbeitern;* **Vor|ar|bei|te|rin,** die; -, -nen: w. Form zu ↑ Vorarbeiter.
Vor|arl|berg [auch: ´- - -]; -s: *österreichisches Bundesland;* ¹**Vor|arl|ber|ger** [auch: ´- - - -], der; -s, -: Ew.; ²**Vor|arl|ber|ger** [auch: ´- - - -] ⟨indekl. Adj.⟩; **Vor|arl|ber|ge|rin** [auch: ´- - - -], die; -, -nen: w. Form zu ↑ ¹Vorarlberger; **vor|arl|ber|gisch** [auch: ´- - - -] ⟨Adj.⟩.
vor|ato|mar ⟨Adj.⟩: *zu einer Stufe gehörend, die vor der Entwicklung, Nutzung der Kernenergie liegt:* das -e Zeitalter; der -e Krieg.
vor|auf ⟨Adv.⟩: **a)** *voran:* ein stattlicher Festzug, v. die Musik; Es ging die Treppe hinauf ...: Klaus Heinrich und Imma Spoelmann v., geleitet von Doktor Sammet ... (Th. Mann, Hoheit 146); **b)** (selten) *vorwärts:* Eine zurückwollende und v. wirkende Bewegung (Bloch, Wüste 116); **c)** (selten) *vorher:* die glühenden Steine fliegen bis fünfhundert Meter empor ..., kurz v. rollt sich jedesmal ein Rauch aus dem Krater (Frisch, Stiller 55); **d)** (selten) *vorn:* Er erblickte v. eine Seitengasse und bog in sie ein (Norfolk [Übers.], Lemprière 110).

vor|auf|füh|ren ⟨sw. V.; hat; meist im Inf. u. 2. Part.⟩: *(bes. einen Film) vor der öffentlichen Uraufführung schon einmal zeigen;* **Vor|auf|füh|rung,** die; -, -en: *das Vorausführen.*
vor|auf|ge|hen ⟨unr. V.; ist⟩ (geh.): **1.** *vorausgehen* (1): sie ging v., um Licht zu machen. **2.** *vorangehen* (3): Dieser Entdeckung allerdings ging ein langer mühseliger Kampf vorauf (Thorwald, Chirurgen 232); Da mischte sich Isabella ein, die ... während meines vorausgegangenen Monologs ... geschwiegen hatte (Stern, Mann 345).
vor|auf|klä|re|risch ⟨Adj.⟩: *den Stand der Aufklärung* (3) *noch nicht erreicht habend:* der -e Mensch hätte gesagt ... (Höhler, Glück 97); Ronald Reagan und der Papst, beides Politiker mit eher -en Weltbildern (Vorwärts 17. 5. 84, 23).
vor|aus ⟨Adv.⟩ [mhd. vorūʒ]: **1.** [fo'raus] **a)** *vor der andern, an der Spitze:* ... fliegen die Paare dann weit umher, und zwar immer die Frau v., der Mann hintennach (Lorenz, Verhalten I, 238); der Oberstleutnant, der immer ein Stück ... v. den Zug angeführt hatte (Plievier, Stalingrad 285); Ü im Rechnen ist sie ihm v. *(ist sie besser als er);* mit Gleichgesinnten, die er mitriß, denen er v. war im Denken und im Handeln (Loest, Pistole 52); er war seiner Zeit weit v.; meine Schwester Olympia war mir um mehrere Lebensjahre v. (Th. Mann, Krull 16); **b)** (selten) *vorn:* Voraus auf dem Wall tauchte Infanterie auf (Plievier, Stalingrad 208); Plötzlich sah ich sie backbord v. einen ... Flugkörper (Wolf, Menetekel 49); Ü ... liegen bei den Herren erwartungsgemäß ... Darrell Pace und Richard McKinney v. (NZZ 10. 8. 84, 23). **2.** [fo'raus] (Seemannsspr.) *voran, vorwärts:* mit halber Kraft v.! (seem. Kommando). **3. a)** (selten) *vorher, zuvor:* so daß sie ... einen Monat v. fliegt, da er noch Verpflichtungen hat (Frisch, Montauk 124); Soviel v. *(folgendes sei vorausgeschickt):* ... (Freie Presse 24. 11. 89, 4); **b)** [fo'raus] (in der Fügung) **im** /(bes. schweiz.:) **zum v.** *(schon vorher):* besten Dank im v.; Lycaon hatte damals die Zimmermiete für einen Monat im v. verlangt (Ransmayr, Welt 85); Die Beträge sind jeweilen zum v. ... zu bezahlen (R. Walser, Gehülfe 11); **Vor|aus,** der; - (Rechtsspr.): *Vermächtnis, das einem überlebenden Ehegatten im voraus vor dem gesetzlichen Erbteil zusteht;* **Vor|aus|ab|tei|lung,** die: **1.** *größerer militärischer Vortrupp mit speziellen Aufgaben.* **2.** *Vorauskommando;* **vor|aus|ah|nen** ⟨sw. V.; hat⟩: *ahnend vorhersehen, ein Vorgefühl von etw. haben:* sein ... Talent, jeweilige Kurswechsel vorauszuahnen (Leonhard, Revolution 276); In seinem (= des Jungen) kräftigen Körper konnte man die Gestalt seines Vaters v. (Jahnn, Geschichten 233); **vor|aus|be|den|ken** ⟨unr. V.; hat⟩: *vorher, im voraus bedenken:* ... als habe er einen frühen Tod vorausbedacht (K. Mann, Wendepunkt 2); Man konnte einem Greis kaum vorwerfen, daß er das Morgen nicht mehr genau genug vorausbedachte (W. Brandt, Begegnungen 64); **vor|aus|be|din|gen** ⟨st. V.; hat⟩ (veraltet): *zur*

Vorbedingung machen, vorher ausbedingen; **Vor|aus|be|din|gung,** die (veraltet): *Vorbedingung;* **vor|aus|be|rech|en|bar** ⟨Adj.⟩: *sich vorausberechnen lassend:* Statt dessen leben wir aber mit einem alljährlich statistisch -en Perzentsatz von Morden (Musil, Mann 1465); Ü Es ist umso schwerer, sich mit einer so infantilen und -en Haltung abzufinden, als ... (Becker, Amanda 17); **vor|aus|be|rech|nen** ⟨sw. V.; hat⟩: *im voraus berechnen:* einen Zeitpunkt, eine Flugbahn v.; Ü Haben Sie nicht bemerkt, wie raffiniert sie jede Antwort überlegt und die Folgen vorausberechnet? (Werfel, Bernadette 159); **Vor|aus|be|rech|nung,** die: *das Vorausberechnen;* **vor|aus|be|stim|men** ⟨sw. V.; hat⟩: *im voraus bestimmen:* man muß v. können, wo sie (= die Geschosse) einhauen, wie sie streuen (Remarque, Westen 96); **vor|aus|be|zah|len** ⟨sw. V.; hat⟩: *im voraus bezahlen:* Die Operation und vier Wochen Klinik hat er vorausgezahlt (Remarque, Triomphe 303); mein Zimmer war für den Monat vorausbezahlt (Seghers, Transit 71); **Vor|aus|be|zah|lung,** die: *Bezahlung im voraus;* **Vor|aus|blick,** der (selten): *das Vorausblicken, Vorausschau:* Da viele Fahrer, die sich jetzt zum Kauf neuer Gürtelreifen entschlossen haben, dies mit einem V. auf den kommenden Winter tun (auto 8, 1965, 50); **vor|aus|blicken**¹ ⟨sw. V.; hat⟩: *vorausschauen:* ... warum ... vom Staat weit vorausblickende Militärspitäler ... errichtet wurden (Musil, Mann 1232); **vor|aus|da|tie|ren** ⟨sw. V.; hat⟩: *mit einem späteren Datum versehen:* einen Scheck v.; **vor|aus|den|ken** ⟨unr. V.; hat⟩: *an Zukünftiges denken:* der Erfolg ... ermutigte uns, weiter vorauszudenken als nur bis zum morgigen Tag (Heym, Schwarzenberg 245); ⟨subst.:⟩ sie hatte ihn zum Denken gezwungen, zum Nachdenken und auch zum Vorausdenken (Kant, Impressum 252); **vor|aus|ei|len** ⟨sw. V.; ist⟩: *eilig vorausgehen* (1); *vorauslaufen:* jmdm. v.; Auf dem Panzer war Vilshofen vorausgeeilt (Plievier, Stalingrad 87); Ü Meine Gedanken eilten schon voraus. Zwei Tage später war ich in Hamburg (Jens, Mann 115); Mit der Aufhebung dieses Leitsatzes ... eilte er freilich so weit voraus in ferne Jahrhunderte, daß ... (Thieß, Reich 115); In vorauseilendem Gehorsam (abwertend) *ohne [bislang] eine entsprechende Weisung erhalten zu haben)* streicht er sogar die selbstkritischen Passagen der Lobbyisten heraus (natur 8, 1991, 34); **Vor|aus|ex|em|plar,** das: *Exemplar eines Buches, einer Zeitung usw., das schon vor Auslieferung der Auflage abgegeben wird:* als der Bundeskanzler am Wochenende ... ein V. des Spiegels erhielt (Spiegel 48, 1976, 22); das Goetz-Buch war noch gar nicht veröffentlicht, nur in -en für die Literaturexperten erschienen (Spiegel 39, 1983, 244); **vor|aus|fah|ren** ⟨st. V.; ist⟩: vgl. vorausgehen (1); **vor|aus|flie|gen** ⟨st. V.; ist⟩: vgl. vorausgehen (1); **vor|aus|füh|len** ⟨sw. V.; hat⟩: vgl. vorausahnen: Prophetisch fühlt er voraus: einer wird ihn am andern rächen (St. Zweig, Fouché 106); Aber es (= ein Gewitter) wird kommen. Die Kranken fühlen das voraus (Remarque, Obelisk 81); **vor|aus|ge|ben** ⟨st. V.; hat⟩ (veraltet): *vorgeben* (3); **vor|aus|ge|hen** ⟨unr. V.; ist⟩: **1.** *schon vorher, früher als ein anderer od. vor [einem] andern her irgendwohin gehen:* Ein ... Fahnenträger, der den anderen etwa fünf Meter vorausging (Bieler, Bonifaz 230); er ging voraus, um zu öffnen und Licht zu machen (Gaiser, Jagd 108); Ü sie ist ihrem Mann in den Tod vorausgegangen; es ging ihm der Ruf voraus, daß er ziemlich frech und faul sei (Kempowski, Zeit 125). **2.** *sich vorher ereignen, früher [als etw. anderes] geschehen, dasein:* Wir wissen, daß dem Tode ein langes, schmerzensreiches Siechtum vorausgegangen ist (Thieß, Reich 631); Dynamo und Elektromotor gingen der Verstärkerröhre und der Filmkamera voraus (Enzensberger, Einzelheiten I, 12); im vorausgehenden *(weiter oben);* in vorausgegangenen *(früheren)* Zeiten; **vor|aus|ge|setzt:** ↑ vorsetzen; **vor|aus|ha|ben** ⟨unr. V.; hat⟩: in der Wendung *jmdm./vor jmdm. etw. v. (im Unterschied zu jmdm., der nicht darüber verfügt, etw. Bestimmtes haben):* daß ich in ihren Städten ... manches sah, das mich mit Bewunderung erfüllte und das sie uns voraushaben (Hagelstange, Spielball 49); Man muß eine besondere Karte haben, um in diesen Saal eintreten zu können. Diese Karte habe ich vor euch voraus (Rilke, Brigge 32); **Vor|aus|kas|se,** die ⟨o. Pl.⟩ (Kaufmannsspr.): *vorherige Bezahlung:* wir liefern nur gegen V.; Mit zweifelhaften Methoden und hoher V. bereichern sich die meisten Eheanbahnungsinstitute (Spiegel 14, 1975, 57); **Vor|aus|kom|man|do,** das (Milit.): *Kommando* (3 a), *das bes. für nachfolgende Truppe Quartier beschafft;* **Vor|aus|kor|rek|tor,** der (Druckw.): *Korrektor, der die Vorauskorrektur durchführt;* **Vor|aus|kor|rek|to|rin,** die (Druckw.): w. Form zu ↑ Vorauskorrektor; **Vor|aus|kor|rek|tur,** die (Druckw.): *Überprüfung einer Druckvorlage auf Rechtschreibung, einheitliche Anordnung u. Auszeichnung unmittelbar vor dem Satz;* **vor|aus|lau|fen** ⟨st. V.; ist⟩: vgl. vorausgehen (1): Höraths Gefangener war einige Sprünge vorausgelaufen (Gaiser, Jagd 195); **vor|aus|neh|men** ⟨st. V.; hat⟩ (selten): *vorwegnehmen:* dann ein bitterer Rest im Munde der Überlebenden, der Geschmack vorausgenommener Wiedervereinigung (Norfolk [Übers.], Lemprière 94); **vor|aus|pla|nen** ⟨sw. V.; hat⟩: *vorher, im voraus planen:* Auch die Staatswirtschaften planen nicht länger voraus als die Großunternehmen im Westen (Gruhl, Planet 318); **Vor|aus|pla|nung,** die: *das Vorausplanen:* Ich habe in meiner ganzen V. nicht ein einziges Mal versagt (Stories 72 [Übers.], 31); ... wird es ... genügend Bleifreitanks geben. Schon 1987 wird sich die Situation soweit verbessern, daß man mit etwas V. über die Runden kommt (ADAC-Motorwelt 11, 1986, 19); **vor|aus|rei|ten** ⟨st. V.; ist⟩: vgl. vorausgehen (1); **vor|aus|sag|bar** ⟨Adj.⟩: *sich voraussagen lassend:* die Tendenz, die Wirklichkeit zu reduzieren auf das, was im Labor oder durch den Computer berechenbar und v. ist (Kelly, Um Hoffnung 156); **Vor|aus|sa|ge,** die: *(auf Grund bestimmter Kenntnisse u. Einsichten gemachte) Aussage über die Zukunft, über Kommendes:* die V. ist eingetroffen, war richtig; die V. machen, daß ...; An politischen -n fehlt es in dieser Korrespondenz nicht (Reich-Ranicki, Th. Mann 177); **vor|aus|sa|gen** ⟨sw. V.; hat⟩: *eine Voraussage machen; vorhersagen; prophezeien:* das habe ich vorausgesagt; der Müller Anton Matern, der die Zukunft v. konnte (Grass, Hundejahre 435); ... um das von Fama vorausgesagte Unheil zu bannen (Ransmayr, Welt 113); **Vor|aus|sa|gung,** die; -, -en: *Voraussage:* ... kannte er die Hilfsquellen Rußlands gut genug, um sich auf seiten Becks und seiner warnenden -en zu stellen (Rothfels, Opposition 87); **Vor|aus|schau,** die: *Einsicht in bezug auf kommende Entwicklungen:* in kluger V.; **vor|aus|schau|en** ⟨sw. V.; hat⟩: *kommende Entwicklungen einschätzen u. die eigenen Planungen danach einrichten:* wir müssen v.; ⟨meist im 1. Part.:⟩ eine [weit] vorausschauende Politik; die Industrie war vorausschauend in das Umland verlagert worden (Danella, Hotel 119); Vorausschauend fahren: Straßenbeschaffenheit und andere Verkehrsteilnehmer aufmerksam beobachten (Hamburger Morgenpost 21. 5. 85, 11). **Vor|aus|scheid,** der; -[e]s, -e, **Vor|aus|schei|dung,** die; -, -en (bes. Sport): *vor der eigentlichen Ausscheidung stattfindender Wettkampf:* 120 Schüler qualifizierten sich bei Vorausscheiden für diesen Wettkampf (Freie Presse 26. 11. 87, 8); Hier geht es um die Vorausscheidungen zum großen Finale um den Titel des „Fahrrad-Meister '78" (Freizeitmagazin 26, 1978, 28). **vor|aus|schicken¹** ⟨sw. V.; hat⟩: **1.** *als erstes, vorher schicken:* einen Boten v.; Professor Whitaker wird Sie anhören, wenn Sie ihm meinen Brief vorausschicken (Seghers, Transit 243). **2.** *vorher, vor der eigentlichen Aussage erklären:* Für den Leser, der mit der stalinistischen Ideologie nur wenig vertraut ist, möchte ich v., daß ... (Leonhard, Revolution 189); **vor|aus|seh|bar** ⟨Adj.⟩: *vorauszusehen:* ... Verhältnisse ..., unter denen es ... am zweckmäßigsten ist, den -en Weltuntergang einfach abzuwarten (Pohrt, Endstation 58); daß dieses Deutschland geschlagen ... werden würde, in ferner Zukunft, gewiß, aber ... (Giordano, Die Bertinis 280); **vor|aus|se|hen** ⟨st. V.; hat⟩: *etw., bes. den Ausgang eines Geschehens im voraus ahnen od. erwarten:* eine Entwicklung, Komplikationen v.; Er persönlich hatte abgeschlossen und sah sein physisches Ende voraus (Plievier, Stalingrad 301); denn daß die Schleppe reißen wird ..., das sieht er prophetisch voraus (Thieß, Legende 197); es ist [leicht] vorauszusehen, daß ...; Das war vorauszusehen, mein Lieber. Das kostet den Springer (Frisch, Nun singen 112); **vor|aus|set|zen** ⟨sw. V.; hat⟩: **a)** *als selbstverständlich, als vorhanden annehmen:* diese Tatsache darf man wohl als bekannt v.; denn das heißt so, etwas wie Gerissenheit bei mir v. (Th. Mann, Krull 286); In dieser ... Darstellung wird die führende Rolle der Partei in den Sowjets stillschweigend vorausgesetzt (Fraenkel, Staat 48); **b)** *als notwendige Vorbedingung für etw. haben, verlangen:* diese Arbeit setzt große Fingerfertigkeit voraus; Die Aufnahme in den „inneren" Kreis der Widerstandsbewegung setzte Bewährung voraus (Niekisch, Leben 186); vorausgesetzt *(unter der Bedingung),* daß das Wetter schön bleibt ...; **Vor|aus|set|zung,** die; -, -en: **a)** *das Voraussetzen* (a): Aber auch die äußere Umgebung, ja schon ein Wissen von ihr oder bloß ihre stillschweigende V. können ein Gefühl unterdrücken oder begünstigen (Musil, Mann 1272); **b)** *Annahme, feste Vorstellung, von der man sich bei seinen Überlegungen u. Entschlüssen leiten läßt:* dieser Schluß beruht auf der irrigen V., daß ...; von falschen -en ausgegangen; **c)** *etw., was vorhanden sein muß, um etw. anderes zu ermöglichen; Vorbedingung:* das ist eine selbstverständliche, unabdingbare V.; die [wichtigste] V. für etw. sein; die -en fehlen, sind nicht gegeben; für diese Position ist die Promotion V.; die -en für etwas schaffen, mitbringen, erfüllen; unter der V., daß du mitmachst, stimme ich zu; Herr in seinem Hause zu sein ... gehörte für ihn zu den unerläßlichsten -en der Zufriedenheit (Musil, Mann 1294); **vor|aus|set|zungs|los** ⟨Adj.⟩: *ohne Voraussetzungen* (b) *[zu machen]:* daß die Kunst inhaltsfrei zu werden hat, v. (Frisch, Gantenbein 320); **Vor|aus|sicht,** die ⟨o. Pl.⟩: *auf Erfahrung od. Kenntnis der Zusammenhänge beruhende Vermutung im Hinblick auf Künftiges:* kluge V.; Sicherlich habe ich vorausgesehen, soweit menschliche V. reicht (Broch, Versucher 301); In der peinlichen V., während der Nacht öfters gestört zu werden, war er gerade dabei, „Schlaf zu sammeln" (Werfel, Tod d. Kleinbürgers 34); * *aller V. nach, nach menschlicher V.* (höchstwahrscheinlich); *in weiser V.* (scherzh.; *in dem Gefühl, daß die Entwicklung es nötig machen werde):* ich hatte in weiser V. einen Regenschirm mitgenommen; **vor|aus|sicht|lich** ⟨Adj.⟩: *soweit man auf Grund bestimmter Anhaltspunkte vermuten, voraussehen kann:* -e Ankunft 11[15] Uhr; Hermann Nuber, Trainer des -en Bundesliga-Absteigers Kickers Offenbach (Hamburger Abendblatt 12. 5. 84, 9); wir fahren v. am 20. Mai; daß die ökonomische Entwicklung ... sich v. stabilisieren wird (Dönhoff, Ära 105); **vor|aus|spü|ren** ⟨sw. V.; hat⟩: vgl. vorausahnen: Er hatte ein Ende vorausgespürt, als der linke Arm immer lahmer und schmerzhafter wurde (Werfel, Tod d. Kleinbürgers 40); **Vor|aus|ver|mächt|nis,** das (Rechtsspr.): *Vermächtnis, das einem Erben gesondert zugedacht u. dessen Wert bei der Aufteilung der gesamten Erbmasse nicht angerechnet wird.* **Vor|aus|wahl,** die; -, -en: *erste, vorläufige Auswahl:* Mit WIS ... wird die V. des jeweils geeignetsten Kunststoffes ... besonders schnell und einfach (BdW 9, 1987, 55); eine V. treffen. **vor|aus|wei|sen** ⟨st. V.; hat⟩: *in die Zu-*

kunft weisen; **vor|aus|wer|fen** ⟨st. V.; hat⟩: nur in der Wendung **seine Schatten v.** (↑ Schatten 1 a); **vor|aus|wis|sen** ⟨unr. V.; hat⟩: *im voraus wissen:* Die Zukunft vorausgewußt ... hat die Pythia im Heiligtum von Delphi (Simmel, Stoff 328); Ich wußte schon voraus, was kommen würde (Kaiser, Villa 198); ⟨subst.:⟩ Schon früh wurde das Gedicht als Weissagung aus messianischem Vorauswissen verstanden (Fest, Im Gegenlicht 258); **vor|aus|zah|len** ⟨sw. V.; hat⟩: *im voraus, noch vor der Lieferung od. Leistung bezahlen:* er mußte [die Miete, die Übernachtung] v.; **Vor|aus|zah|lung,** die: *Zahlung im voraus.*
Vo|ra|zi|tät, die; - [lat. voracitas (Gen.: voracitatis), zu: vorax = gefräßig] (Med.): ¹*Akorie.*
Vor|bau, der; -[e]s, -ten [1: mhd. vorbū]: **1.** *vorspringender, angebauter Teil eines Gebäudes:* ein überdachter V.; Ü Signora Manarelli, eine temperamentvolle Italienerin mit wuchtigem V. (*Busen;* Ziegler, Labyrinth 121). **2.** ⟨o. Pl.⟩ (Technik, bes. Brückenbau, Bergbau) *Weiterbau nach vorn, ohne daß vorher Stützen o. ä. angebracht werden müssen:* Einen „Schuß" nennen nämlich Brückeningenieure jeden Abschnitt, der im freien V. montiert wird (MM 3.7. 70, 5); **vor|bau|en** ⟨sw. V.; hat⟩ [2: urspr. = vor etw. zur Abwehr einen schützenden Bau errichten]: **1.** *einen Vorbau* (1) *errichten:* [dem Haus] eine Veranda v.; Der fünfschiffigen Halle im Hintergrund ist der Bahnhof ... vorgebaut (Frankfurter Rundschau 22. 10. 94, 8); ein Hotel mit vorgebauter Terrasse. **2. a)** *Vorsorge treffen:* sie haben für das Alter [gut] vorgebaut; „.... Natürlich muß ich mich auf diese Waffe erst einschießen." „Ziehst dich schon zurück, Jüngelchen?" spottete der Onkel. „Baust schon vor, was?" (Fallada, Herr 194); Spr der kluge Mann baut vor (nach Schiller, Tell I, 2); **b)** (selten) *vorbeugen:* um Mißverständnissen vorzubauen, möchte ich vorausschicken, daß ...; So sah er es als sein Ziel, der ... Gleichsetzung zwischen Deutschland und dem Naziregime vorzubauen (Rothfels, Opposition 142). **3.** *als Muster, zur Demonstration bauen:* ich habe dem Kleinen das Haus, das Schiffsmodell vorgebaut.
vor|be|dacht: ↑ vorbedenken; **Vor|bedacht,** der: in den Fügungen **aus/mit/ voll V.** *(nach genauer Überlegung u. in bestimmter Absicht):* er hatte an diesem Tage mit V. auf sein Parfum verzichtet (Süskind, Parfum 205); Oder war sie zur Drogenhandlung gegangen und hatte das Gift mit talent V. gekauft, um die alte Frau zu ermorden? (Baum, Paris 76); **ohne V.** *(ohne Überlegung);* **vor|be|dächtig** ⟨Adj.⟩ (veraltet): *mit, voll Vorbedacht;* **vor|be|den|ken** ⟨unr. V.; hat⟩: *vorher genau überlegen, bedenken:* alle Möglichkeiten v.; Er hatte die Einzelheiten seiner Erlebnisse nicht vorbedacht (Jahnn, Geschichten 99); Die ... Sonderkommission ... wollte nichts hören von Hintermännern und Auftraggebern, die den Mord vorbedacht *(geplant)* hatten (Prodöhl, Tod 109); vorbedacht *(überlegt)* handeln.
Vor|be|deu|tung, die; -, -en: *geheimnis-*

volle Bedeutung, die einer Sache, einem Geschehen im Hinblick auf die Zukunft innezuwohnen scheint: An der Tür stolperte Wirsich zum zweitenmal. War das eine schlimme V. *(ein schlimmes Omen?;* R. Walser, Gehülfe 159); Es schien mir aber von keiner V. zu sein, daß der Pastor gleich vom letzten Erdentrost gesprochen hatte (Fallada, Herr 171).
Vor|be|din|gung, die; -, -en: *Bedingung, die erfüllt werden muß, bevor etw. angefangen werden kann:* nachdem die technischen -en einmal erarbeitet waren, erfolgte nun ... die Entdeckung der Erreger vieler Infektionskrankheiten (Medizin II, 119); ... die Rückgabe der Gefangenen sei keine V., sondern gehöre zu der Normalisierung selbst (Dönhoff, Ära 215); so wie die Kenntnis der Sünde sein V. der Erlösung sei (Th. Mann, Zauberberg XII).
Vor|be|halt, der; -[e]s, -e [zu ↑ vorbehalten]: *Einschränkung, geltend gemachtes Bedenken gegen eine Sache [der man sonst im ganzen zustimmt]:* ein stiller, innerer V.; es bestehen große -e gegen eine Koalition; bezüglich der Marktchancen ... müssen ... dennoch gewichtige -e gemacht werden (NZZ 27. 8. 86, 38); -e gegen -en; etw. ohne V. bejahen, anerkennen; ich stimme zu unter dem V., daß ...; **vor|be|hal|ten** ⟨st. V.; hat⟩: **1.** ⟨v. + sich⟩ *sich die Möglichkeit für bestimmte Schritte od. für eine andere Entscheidung offenlassen:* sich das Recht v., etw. zu tun; sich gerichtliche Schritte v.; der Hersteller behält sich Änderungen vor; Sie ... halfen ihnen ... Bäume verflößen, jene wertvollen Stämme, die zu schlagen die Deutschen ... nur ihnen vorbehielten (A. Zweig, Grischa 66). **2.** * *jmdm., einer Sache vorbehalten sein/bleiben* *(ausschließlich für jmdn., etw. bestimmt, ausersehen sein):* Schliemann hatte ihre ersten Spuren gefunden. Ihre Aufdeckung sollte anderen vorbehalten bleiben (Ceram, Götter 74); die Bänke rund um die Arena sind den Herren von den Parteileitungen vorbehalten (Thieß, Reich 515); im Slaski-Stadion ..., das internationalen Begegnungen vorbehalten ist (NZZ 23. 10. 86, 40). **3.** (veraltet) *bereithalten, reservieren:* Ganz anderes und für mein Leben Bedeutenderes behielt mir an diesem Abend das Schicksal mir vor (Th. Mann, Krull 267); **vor|be|halt|lich,** (schweiz.:) **vor|be|hält|lich: I.** ⟨Präp. mit Gen.⟩ (Papierdt.) *unter dem Vorbehalt:* ... soll der Gewinn – vorbehaltlich der Genehmigung durch die Hauptversammlung – voll als Dividende ausgeschüttet werden (Saarbr. Zeitung 27. 6. 80, 4); vorbehältlich einer Gutheißung durch das britische Kabinett (Bund 15. 10. 68, 2). **II.** ⟨Adj.⟩ *mit Vorbehalt [gegeben];* unter e -Genehmigung ... kann das Kinoprogramm dieser Woche ... nur vorbehaltlich angekündigt werden (Saarbr. Zeitung 28. 12. 79, VI); **vor|be|halt|los** ⟨Adj.⟩: *ohne jeden Vorbehalt [gegeben]:* -e Unterstützung, Zustimmung, Solidarität; So hat das Gericht ... die -e Gleichstellung von Frauen und Männern ... durchgesetzt (NZZ 22. 12. 83, 4); In die Ge-

meinschaft meiner Mitschüler wurde ich v. aufgenommen (Ziegler, Labyrinth 94); **Vor|be|halt|lo|sig|keit,** die; -: *vorbehaltlose Art, Freiheit von Vorbehalten:* Ich würde das nicht in dieser V. sagen (Bundestag 189, 1968, 10194); **Vor|be|halts|ei|gen|tum,** das (Rechtsspr.): *Eigentum, das bei Veräußerung unter Eigentumsvorbehalt steht;* **Vor|be|halts|gut,** das (Rechtsspr.): *bestimmter, durch Vertrag o. ä. von der ehelichen Gütergemeinschaft ausgeschlossener, nur dem einen Ehegatten vorbehaltener Vermögensanteil;* **Vor|be|halts|klau|sel,** die: *Klausel in einem Vertrag, durch die ein Partner sich bestimmte Einwendungen u. Rücktrittsmöglichkeiten vorbehält;* **Vor|be|halts|ur|teil,** das (Rechtsspr.): *Urteil, mit dem ein Streit nur unter dem Vorbehalt einer Entscheidung über etwaige Einwendungen des Beklagten beigelegt wird.*
vor|be|han|deln ⟨sw. V.; hat⟩: *vorher in geeigneter Weise behandeln, damit die eigentliche Prozedur besser u. sicherer vor sich gehen kann:* Das entschwefelte Rauchgas muß dabei noch mit Ozon vorbehandelt werden (Rhein. Merkur 2. 2. 85, 35); Neben der Heterotransplantation auf vorbehandelte Tiere ... (Medizin II, 106); **Vor|be|hand|lung,** die; -, -en: *das Vorbehandeln:* Will man Gewebe unter dem Mikroskop untersuchen, so bedarf dies ... einer komplizierten V. (Medizin II, 59).
vor|bei ⟨Adv.⟩ [verdeutlichende Zus. mit mhd. (md.) vor = vorbei]: **1.** *von weiter hinten kommend in [etwas] schnellerer Bewegung ein Stück neben jmdm., etw. her u. weiter nach vorn; vorüber:* wenn der Zug v. ist, gehen die Schranken wieder hoch; sind wir schon an Gießen v.?; sie ... fuhren mich durch Moskau ..., v. an niedrigen u. a hohen Häusern (Koeppen, Rußland 89); Ü daß Zuwendungen ... am Finanzamt v. in die Parteikassen geleitet werden (taz 6. 12. 84, 4); Er rief ... die Kommunalpolitiker nicht auf, am Bürger v. zu verwalten, sondern für den Bürger dazusein (Saarbr. Zeitung 6./7. 10. 79, 22). **2.** *vergangen, zu Ende:* der Sommer, die Pause, der Krieg, der Spuk ist v.; diese Zeit, Mode ist v. *(nicht mehr aktuell, veraltet);* es ist acht Uhr v., Mitternacht v.; ... war's v. mit ihrer Beherrschung (Winckler, Bomberg 112); Ich habe nicht getrunken. Mit dem Saufen ist es v. (Jahnn, Geschichten 227); Ü Es ist v. mit Robespierre (ugs.; *er wird bald sterben*). Er wird sein Geheimnis mit ins Grab nehmen (Sieburg, Robespierre 10); mit uns ist es v. (ugs.; *unsere Freundschaft ist zu Ende,* R [es ist] aus und v. *(unwiderruflich zu Ende);* v. ist v. *(man soll sich mit etw. abfinden u. nicht Vergangenem nachtrauern);* **vor|bei|be|neh|men,** sich ⟨st. V.; hat⟩ (ugs.): *sich danebenbenehmen:* er hat sich mal wieder schwer vorbeibenommen; **vor|bei|be|we|gen,** sich ⟨sw. V.; hat⟩: vgl. vorbeigehen (1); **vor|bei|blicken**¹ ⟨sw. V.; hat⟩: *den Blick in eine solche Richtung lenken, daß er jmdn., etw. nicht trifft:* Sie blickte gleichgültig an den beiden Menschen vorbei (Gaiser, Jagd 73); **vor|bei|brau|sen** ⟨sw. V.; ist⟩: **1.** *sich brausend* (1) *vorbeibewegen:* daß der

Wind wie eine tiefe Musik an seinen Ohren vorbeibrauste (Hausmann, Abel 163). **2.** *sich brausend* (3) *vorbeibewegen:* ... und die dicken Autos brausen an ihr vorbei (Fallada, Mann 122); ein Sperrbrecher ... brauste mit hoher Fahrt an den Booten vorbei (Ott, Haie 168); **vor|bei|bret|tern** ⟨sw. V.; ist⟩ (ugs.): vgl. vorbeifahren (1): An der Anschlußstelle Dossenheim brettert er mit 192 Sachen vorbei (MM 18. 1. 93, 1); **vor|bei|brin|gen** ⟨unr. V.; hat⟩ (ugs.): *[bei passender, günstiger Gelegenheit] zu jmdm. hinbringen:* jmdm. etw. v.; Sie versprach, das Geld gleich am nächsten Vormittag vorbeizubringen (Christiane, Zoo 230); **vor|bei|de|fi|lie|ren** ⟨sw. V.; ist⟩: vgl. vorbeimarschieren: Wieder defilierte die Trauergesellschaft an den Hauptleidtragenden vorbei (Lentz, Muckefuck 326); **vor|bei|don|nern** ⟨sw. V.; ist⟩ (ugs.): *sich donnernd* (3) *vorbeibewegen:* die ... Bahnlinie ..., auf deren Gleisen in bestimmten Abständen D-Züge vorbeidonnern (Lentz, Muckefuck 18); Dem Parkwächter ... schwant Böses, als er die fünf Supermaschinen an seinem Glaskasten v. sieht (Degener, Heimsuchung 156); **vor|bei|drän|geln,** sich ⟨sw. V.; hat⟩ (ugs.): vgl. vorbeidrücken: sich an jmdm., etw. v.; **vor|bei|drücken**[1], sich ⟨sw. V.; hat⟩ (ugs.): **1.** *heimlich vorbeigehen:* sich am Pförtner v.; Ü du willst dich nur an dem Problem v.; Oskar ... kann sich dennoch nicht an dem Geständnis v. (Grass, Blechtrommel 276). **2.** *sich an einer engen Stelle an jmdm., etw. vorbeibewegen:* sich an jmdm. v.; Wir haben uns aber sonst immer westlich daran (= an der Untiefe) vorbeigedrückt (Hausmann, Abel 33); **vor|bei|dür|fen** ⟨unr. V.; hat⟩ (ugs.): *vorbeigehen, -fahren* (2) *dürfen:* hier darfst du nicht vorbei; dürfte ich bitte mal vorbei?; **vor|bei|ei|len** ⟨sw. V.; ist⟩: *eilig an jmdm., etw. vorbeigehen od. -fahren;* **vor|bei|fah|ren** ⟨st. V.; ist⟩: **1.** *auf jmdn., etw. zu-, ein Stück nebenher- u. dann in gleicher Richtung weiterfahren, sich fahrend entfernen:* Einmal fuhr ein anderes Boot ... an dem Toblerschen hart vorbei (R. Walser, Gehülfe 33); der Bus ist [an der Haltestelle] vorbeigefahren *(hat nicht gehalten);* ⟨subst.:⟩ Im Vorbeifahren zähle ich die Reste von zweiundzwanzig Gnus (Grzimek, Serengeti 224). **2.** (ugs.) *jmdn., etw. kurz aufsuchen, wobei man seine Fahrt für kurze Zeit unterbricht:* wir müssen noch bei der Apotheke v.; Vorher fahren wir bei Stabsarzt Dr. Sämig vorbei (Kirst, 08/15, 239); **vor|bei|fla|nie|ren** ⟨sw. V.; ist⟩: *flanierend vorbeigehen:* dieser und alle Bürger von Gaschendorf sahen es nicht gerne, wenn ihre Töchter an der Batterie vorbeiflanierten (Lentz, Muckefuck 246); **vor|bei|flie|gen** ⟨st. V.; ist⟩: vgl. vorbeifahren (1): Sie ... setzte das Trapez in stärkstes Schwingen, schnellte sich ab und flog an ihrem Mitspieler vorbei (Th. Mann, Krull 223); **vor|bei|flie|ßen** ⟨st. V.; ist⟩: *in der Nähe von jmdm., etw., an seiner Seite fließen:* der Bach fließt [östlich] an dem Dorf vorbei; **vor|bei|flit|zen** ⟨sw. V.; ist⟩ (ugs.): *sich flitzend vorbeibewegen:* Vögel ... flitzten nahe an uns vorbei (natur 8, 1991,

48); **vor|bei|füh|ren** ⟨sw. V.; hat⟩: **1.** vgl. entlangführen (1): *an etw. vorbeigehend führte die Gruppe an der Kirche vorbei;* Uferwiesen vorbeiführt ... (Grass, Hundejahre 466). **2.** *neben etw. verlaufen, entlangführen* (2): Die Strecke vom Spielplatz zur Villa Kuckuck legten wir zusammen mit den jungen Leuten zurück ..., deren Heimweg daran vorbeiführte (Th. Mann, Krull 397); R daran führt kein Weg vorbei *(dem kann man nicht ausweichen);* **vor|bei|ge|hen** ⟨unr. V.; ist⟩: **1. a)** *auf jmdn., etw. zu-, ein Stück nebenher- u. dann in gleicher Richtung weitergehen, sich gehend entfernen:* an jmdm. v., ohne ihn zu erkennen; unter jmds. Fenster v.; ich habe jemanden v. sehen; du gehst an der Post vorbei und biegst dann rechts ab; Er geht an keinem Bettler vorbei *(er gibt jedem Bettler, an dem er vorbeikommt, etwas;* Faller, Frauen 75); der Schuß, Schlag ist [am Ziel] vorbeigegangen *(hat nicht getroffen);* er ging an den Schönheiten der Natur [achtlos] vorbei *(beachtete sie nicht);* ⟨subst.:⟩ beim/im Vorbeigehen grüßen; Ü Am Kern der Sache v.; Und an der einfachen Wahrheit gehst du blind vorbei ...! (Musil, Mann 1247); ⟨subst.:⟩ ich habe das nur im Vorbeigehen *(flüchtig)* bemerkt; **b)** (Sport) *einholen u. hinter sich lassen; überholen:* an jmdm. v.; Seaborne auf gleicher Höhe mit Hellström, doch er geht nicht vorbei (Lenz, Brot 171); **c)** *vorbeiführen* (2): die erste Sklavenkarawanenstraße ... geht südlich am Massailand vorbei (Grzimek, Serengeti 261). **2.** (ugs.) *jmdn., etw. kurz aufsuchen [um etw. zu erledigen]:* beim Arzt, zu Hause v. **3.** *zu Ende gehen, vorüber-, vergehen:* die Schmerzen werden wieder v.; Wie schnell dieses Jahr vorbeigegangen ist (Remarque, Obelisk 302); Ü keine Gelegenheit ungenutzt v. lassen; **vor|bei|ge|lin|gen** ⟨st. V.; ist⟩ (ugs. scherzh.): *mißlingen:* Erst wollt er mir auf die Bußbank schicken, Heilsarmee, det is ihm vorbeigelungen (Döblin, Alexanderplatz 384); **vor|bei|glei|ten** ⟨st. V.; ist⟩: vgl. vorbeifahren (1): Also fuhren wir langsamer und eine Menge Wagen glitt an uns vorbei (Simmel, Stoff 614); ... und wie im Film gleiten Bilder vorbei (Remarque, Triomphe 148); **vor|bei|ha|sten** ⟨sw. V.; ist⟩: vgl. vorbeieilen: ein paar Fußgänger hasteten vorbei (Gaiser, Jagd 71); **vor|bei|hu|schen** ⟨sw. V.; ist⟩: ich drückte sich ins Dunkle und wollte rasch an mir v. (Rinser, Jan Lobel 46); **vor|bei|ja|gen** ⟨sw. V.; ist⟩: vgl. vorbeifahren (1): es sah aus, als jagte der Mond an den Wolken vorbei (Wiechert, Jeromin-Kinder 608); **vor|bei|kom|men** ⟨st. V.; ist⟩: **1.** *unterwegs an eine Stelle gelangen u. weitergehen od. -fahren:* an vielen Gärten v.; Immer wieder blickte er zum Landungssteg, doch die Fähre kam hier selten vorbei (Lenz, Brot 24); „Wo wohnt der Mann?" fragte Vieth. „In Tesch." „Kommen wir da vorbei?" *(liegt das auf unserem Weg?;* Bieler, Bonifaz 176). **2.** *imstande sein, ein Hindernis o. ä. zu passieren; vorbeigehen od. -fahren können:* [unbehelligt, unbemerkt] an einem Posten v.; an einem Hindernis

[nicht] v.; er hat versucht, sie zu überholen, ist aber nicht vorbeigekommen; Ü an dieser Tatsache kommt man nicht vorbei; ... wenn er nur gerade noch am Gefängnis vorbeikommt (Remarque, Obelisk 122); Mit diesem Auto hat Fiat ... ein Kat-Angebot, an dem man nur schwer vorbeikommt *(das äußerst attraktiv ist;* ADAC-Motorwelt 7, 1986, 37). **3.** (ugs.) *einen kurzen, zwanglosen Besuch machen:* willst du nicht mal wieder [bei mir] v.?; Vielleicht komme ich gegen Abend noch mal vorbei und hol' mir das Boot noch mal (Grass, Katz 193); ... er sollte vor seiner Abreise an die Front in Berlin v. (Ott, Haie 246); **vor|bei|kön|nen** ⟨unr. V.; hat⟩ (ugs.): **1.** *vorbeigehen, -fahren* (2) *können:* an der Kontrolle nicht v.; Ü ... könne man aber nicht an der Tatsache vorbei, daß ... (Freiheit 30. 6. 78, 3). **2.** *vorbeidürfen:* hier kannst du nicht vorbei; Dann stieg sie von der Plattform zum hinteren Ende durch und fragte ihn, ob sie wohl mal vorbeikönne (Johnson, Mutmaßungen 17); **vor|bei|las|sen** ⟨st. V.; hat⟩ (ugs.): **1.** *vorbeigehen, -fahren lassen:* die Concierge schaut nur flüchtig über ihre Brille ... und läßt mich vorbei (Jens, Mann 13); ein schnelleres Fahrzeug v. *(überholen lassen).* **2.** *vergehen, verstreichen lassen:* eine Chance ungenutzt v.; **vor|bei|lau|fen** ⟨st. V.; ist⟩: vgl. vorbeigehen (1, 2): an jmdm., etw. v.; Ü Das lief an mir vorbei *(das berührte mich nicht).* Die sprachen über mich weg (Grass, Butt 484); **vor|bei|le|ben** ⟨sw. V.; ist⟩: *leben, indem man etw. Bestimmtem nicht die ihm eigentlich zukommende Bedeutung beimißt:* am Leben v.; Eineinviertel Jahre habe ich an meiner Familie vorbeigelebt, jetzt soll sie wieder Mittelpunkt sein (MM 17./18. 7. 82, 13); Wenn sie festgestellt haben, daß sie in ihren eigentlichen Bedürfnissen bisher vorbeigelebt haben ... (Spiegel 20, 1980, 108); **vor|bei|marsch,** der (*das Vorbeimarschieren an einer Ehrentribüne, Ehrengästen o. ä.):* Der Kommandant ... hat Vorbeimärsche abgenommen mit erhobenem Arm, wie den Hitler (Wimschneider, Herbstmilch 140); Die Demonstration der Werktätigen ... begann mit dem V. von Fahnenträgern (Morgen 8. 11. 76, 1); * **jmdm. ein innerer V. sein** (ugs. scherzh. veraltend: *jmdm. eine tiefe innere Befriedigung, Genugtuung bereiten):* nach den bei festlichen Anlässen veranstalteten Aufmärschen der Nationalsozialisten; **vor|bei|mar|schie|ren** ⟨sw. V.; ist⟩: *in einer Kolonne im Marschschritt [feierlich] vorbeiziehen:* die Truppen werden gleich [an der Ehrentribüne] v.; als er ... die Reste der Infanteristen, die eben an dem Haus vorbeimarschierten, erblickte ... (Plievier, Stalingrad 170); **vor|bei|mo|geln** ⟨sw. V.; hat⟩: **1.** ⟨v. + sich⟩ *auf unerlaubte, unredliche Art vorbeikommen* (2): Der Pförtner sah uns an ..., als wären wir zwei Fremde, die sich an ihm vorbeigemogelt hatten (v. d. Grün, Glatteis 288); Ü Mit frohgemuten Sprüchen und zurechtgestutzten Zahlen versuchen sich die Regierenden an der traurigen Realität vorbeizumogeln (Spiegel 33, 1983, 4); An dem Votum der Gerichte ... können sich die Bonner

vorbeimüssen

nicht v. (Spiegel 30, 1980, 22). **2.** *auf unerlaubte, unredliche Art an jmdm., etw. vorbei an einen anderen Ort bringen:* ... wird so mancher in Versuchung geführt, ... die Waren an der Kasse vorbeizumogeln (ran 3, 1980, 47); **vor|bei|müs|sen** ⟨unr. V.; hat⟩ (ugs.): vgl. vorbeidürfen: an jmdm., etw. v.; Trauben von Soldaten hingen an der Kellertreppe, da mußte er vorbei (Plievier, Stalingrad 312); **vor|bei|pa|ra|die|ren** ⟨sw. V.; ist⟩: vgl. vorbeimarschieren: ... wo bei den Nürnberger Reichsparteitagen die Deutsche Arbeitsfront ... am Führer vorbeiparadierte (Pohrt, Endstation 105); am Treffpunkt der Schriftsteller, die als geschlossener Trupp vor den führenden Genossen auf der Tribüne v. sollten (Heym, Nachruf 562); **vor|bei|pla|nen** ⟨sw. V.; hat⟩: *beim Planen nicht berücksichtigen:* am Bedarf, an den Bedürfnissen v.; Plante die ARD an den Zuschauerwünschen vorbei? (MM 1./2. 4. 78, 51); **vor|bei|pre|schen** ⟨sw. V.; ist⟩ (ugs.): vgl. vorbeifahren (1): Zwei Verrückte preschen mit ihren Autos knapp an uns vorbei (Innerhofer, Schattseite 134); **vor|bei|pro|du|zie|ren** ⟨sw. V.; hat⟩: vgl. vorbeiplanen: am Bedarf, am Markt v.; Wer so am berufstätigen Zuschauer vorbeiproduziert, sollte sich sein Lehrgeld wiedergeben lassen (Hörzu 12, 1979, 63); Daß am Lesebedürfnis von Kindern total vorbeiproduziert wird, daß Kinderbücher ... nicht einmal „in die Hand genommen werden" ... (Spiegel 19, 1977, 15); **vor|bei|quet|schen**, sich ⟨sw. V.; hat⟩ (ugs.): vgl. vorbeidrücken (2): In der 30. Runde quetschte sich Surtees mit dem Ferrari an Ginther vorbei (Frankenberg, Fahrer 199); **vor|bei|ra|sen** ⟨sw. V.; ist⟩ (ugs.): vgl. vorbeifahren (1): an jmdm., etw. v.; ein Schritt auf die Seite genügt, und er rast vorbei, bleibt dann stehen und blickt sich verwundert nach dem Jäger um (Grzimek, Serengeti 54); **vor|bei|rau|schen** ⟨sw. V.; ist⟩ (ugs.): *sich rauschend vorbeibewegen:* ein Bus rauschte an uns vorbei; Ü Einen Zipfel zu fassen hoffen, wenn der Mantel der Geschichte vorbeirauscht ... (Spiegel 10, 1975, 38); daß die Tagesschau praktisch an einem Drittel des Publikums regelrecht vorbeirauscht (*von ihnen gar nicht bewußt wahrgenommen wird;* Hörzu 41, 1975, 35); **vor|bei|re|den** ⟨sw. V.; hat⟩: *über etw. reden, ohne auf das eigentlich Wichtige, den Kern der Sache zu kommen:* am Thema, am eigentlichen Problem v.; „Mr. Wells", sagte er, „ich habe keine Zeit, an den Dingen vorbeizureden ..." (Thorwald, Chirurgen 124); ** aneinander v. (miteinander [über etw.] sprechen, wobei jeder etw. anderes meint u. keiner den andern versteht);* **vor|bei|rei|ten** ⟨st. V.; ist⟩: vgl. vorbeifahren; **vor|bei|rei|ten** ⟨unr. V.; ist⟩: vgl. vorbeigehen (1 a); **vor|bei|rol|len** ⟨st. V.; ist⟩: vgl. vorbeifahren (1): Sie ... hoben die Hände und ließen ... die Panzer v. (Plievier, Stalingrad 327); Stunden um Stunden rollen wir am graugrünen Hügeln ... vorbei (Grzimek, Serengeti 223); **vor|bei|sau|sen** ⟨unr. V.; ist⟩ (ugs.): vgl. vorbeifahren (1): Der Wagen sauste an den Laternen des Grunewalds vorbei (Baum, Paris 11); **vor|bei|schau-**
en ⟨sw. V.; hat⟩: **1.** *vorbeikommen* (3): der Arzt will später noch einmal v.; Jan, der mit Stephan und Schultüte noch schnell und wie zufällig bei uns vorbeischaute ... (Grass, Blechtrommel 86). **2.** vgl. vorbeiblicken: an jmdm., etw. v.; **vor|bei|schicken**[1] ⟨sw. V.; hat⟩ (ugs.): *vorbeigehen* (2) *heißen:* jmdn. bei jmdm. v.; Sie ... werden überdies gebeten, ihre Sexualpartner ..., zwecks Bluttests, vorbeizuschicken (Spiegel 45, 1984, 111); **vor|bei|schie|ben**, sich ⟨st. V.; hat⟩: vgl. vorbeidrücken (2): Der Hauptwachtmeister schob sich an ihm vorbei (Kirst, 08/15, 7); Der Überholende schiebt sich nun links vorbei (Frankenberg, Fahren 185); **vor|bei|schie|ßen** ⟨st. V.⟩: **1.** *schießend das Ziel verfehlen, nicht treffen* ⟨hat⟩: er hat dreimal [am Ziel] vorbeigeschossen. **2.** *schnell an jmdm., etw. vorbeifahren, -laufen, -fliegen* ⟨ist⟩: Eine Schwinge schoß an ihm vorbei (Gaiser, Jagd 94); **vor|bei|schla|gen** ⟨st. V.; hat⟩: *schlagend das Ziel verfehlen, nicht treffen:* wenn ich etwa an dem von mir selbst in die Luft geworfenen Serviceball mit dem Racket vorbeischlug (Th. Mann, Krull 395); **vor|bei|schlän|geln**, sich ⟨sw. V.; hat⟩: *geschickt [heimlich] an jmdm., etw. vorbeigehen* (1 a): er versuchte, sich an den Wartenden vorbeizuschlängeln; Vergessen Sie als Rechtsabbieger das Blinken nicht. Dann kommen Radler nicht in Versuchung sich vorbeizuschlängeln (ADAC-Motorwelt 3, 1986, 127); **vor|bei|schlei|chen** ⟨st. V.⟩: **a)** *schleichend* (a) *vorbeigehen* ⟨ist⟩: an den Besoffenen waren sie vorbeigeschlichen (Kempowski, Uns 14); **b)** ⟨v. + sich⟩ vgl. vorbeischlängeln; ⟨hat⟩: sich an einem Posten v.; **c)** *schleichend* (c) *vorbeigehen* ⟨ist⟩: Es ist sehr heiß. Der Tischler Wilke schleicht vorbei (Remarque, Obelisk 171); **vor|bei|schlen|dern** ⟨sw. V.; ist⟩: *schlendernd vorbeigehen:* wie die jungen Herren auf mich zugingen ... und an mir vorbeischlenderten (Gaiser, Schlußball 35); **vor|bei|schlüp|fen** ⟨sw. V.; ist⟩ (ugs.): *flink u. unauffällig, leise vorbeigehen:* ... und während er auf die Flaschenreste geglotzt ... hatte, ... war ich sachte an ihm vorbeigeschlüpft (Fallada, Herr 134); **vor|bei|schmug|geln** ⟨sw. V.; hat⟩: **1.** ⟨v. + sich⟩ vgl. vorbeimogeln (1): Auf dem Mühlendamm mußte man sich am Posten v. (Kempowski, Uns 255). **2.** vgl. vorbeimogeln (2): Schmuggeln! - lächerlich, am Helden hat einen Inhaftierten an Höß vorbeizuschmuggeln (Hochhuth, Stellvertreter 221); **vor|bei|schram|men** ⟨sw. V.; ist⟩ (ugs.): *etw. Unangenehmes gerade noch vermeiden, einem Übel gerade noch entgehen:* wir sind an einer Katastrophe vorbeigeschrammt; aber mitunter schrammt der Sänger eben nur haarscharf an der Grenze zur Peinlichkeit vorbei (Welt 15. 9. 86, 17); **vor|bei|schrei|ten** ⟨st. V.; ist⟩: vgl. vorbeigehen: Leutnant Lawkow schritt an dem aufgestellten Posten vorbei (Plievier, Stalingrad 144); Sie schritten unmittelbar an der Glasscheibe vorbei, hinter der wir saßen (Bieler, Bonifaz 169); **vor|bei|se|hen** ⟨st. V.; hat⟩: **1.** vgl. vorbeiblicken: die einzige Möglichkeit für ihn, nicht an jedem

Spiegel v. zu müssen (Stern, Mann 205); Wir haben müde Gesichter und sehen aneinander vorbei (Remarque, Westen 78); Ü Der Antrag, der ... an den Wirklichkeiten der glarnerischen Straßenverhältnisse vorbeisieht *(sie nicht berücksichtigt),* wird vom Landrat zur Ablehnung empfohlen (NZZ 30. 4. 83, 28). **2.** *vorbeischauen* (1): bei jmdm. v.; Ich ... will bloß mal daheim v. (Brot und Salz 413); **vor|bei|sol|len** ⟨unr. V.; hat⟩ (ugs.): vgl. vorbeidürfen; **vor|bei|strei|chen** ⟨st. V.; ist⟩: vgl. vorbeigehen (1): Der Kellner strich schnuppernd vorbei (Remarque, Triomphe 251); Die ... Doppelstockbusse, die neben der Krankenhausmauer an den Chausseebäumen vorbeistrichen (Johnson, Ansichten 187); Haarscharf strich mein Schuß am Pfosten vorbei (Walter, Spiele 55); **vor|bei|tref|fen** ⟨st. V.; hat⟩: *nicht treffen* (1 b): er hat knapp [am Ziel] vorbeigetroffen; Ü Was für ein simple männliche Erklärung! Sie trifft meilenweit an der Wahrheit vorbei (M. L. Fischer, Kein Vogel 244); **vor|bei|treiben** ⟨st. V.⟩: **1.** vgl. vorbeiführen (1); ⟨hat⟩: ein Hirte trieb seine Herde [an uns, an dem Dorf] vorbei. **2.** *sich treibend vorbeibewegen* ⟨ist⟩: eine Wasserleiche trieb [an uns, an Anleger] vorbei; Der Ballon trieb schnell an Neuwerk vorbei (Hausmann, Abel 107); Ü ... reihten sie sich in den Touristenkorso ein, der träge ... an allen Sehenswürdigkeiten der alten Stadt vorbeitrieb (Chr. Wolf, Himmel 98); **vor|bei|zie|hen** ⟨unr. V.; ist⟩: **a)** *auf jmdn., etw. zu-, ein Stück nebenher- u. dann in gleicher Richtung weiterziehen:* Kirchtürme, an denen Regenwolken vorbeizogen (Böll, Haus 42); ... zog von unten aus der Kajüte herauf ein Geruch von Öl ... an ihm vorbei (Hausmann, Abel 43); Stellwerke und Bahnhofsschilder zogen gemächlich vorbei *(schienen gemächlich vorbeizuziehen;* Fels, Sünden 69); Ü die Ereignisse in der Erinnerung v. lassen; **b)** (Sport) *einholen u. hinter sich lassen; überholen:* in der letzten Minute zog der Konkurrent an ihm vorbei; ... der die Ideallinie freigibt, damit innen der schnellere Hawthorne auf Ferrari v. kann (Frankenberg, Fahren 57); **vor|bei|zi|schen** ⟨sw. V.; ist⟩: *vorbeiflitzen, vorbeirasen:* [an jmdm.] v.; ... später, mann wie die superschnellen Züge an Mannheim vorbeizischen (MM 3. 9. 74, 11); **vor|bei|zwän|gen**, sich ⟨sw. V.; hat⟩ (ugs.): vgl. vorbeidrücken (2): ... um ihr möglich da zu begegnen, wo ... sie sich an mir v. muß (Kinski, Erdbeermund 290).

vor|be|la|stet ⟨Adj.⟩: *von Anfang an mit einer bestimmten [negativen] Anlage od. Eigenschaft belastet:* ein ideologisch -er Wissenschaftler; erblich v. sein; daß der Mensch ... v. ist mit einem von der Stammesgeschichte geprägten Programm (Rheinpfalz 7. 7. 84, 23); **Vor|be|la|stung**, die; -, -en: **1.** *das Vorbelastetsein.* **2.** (Fachspr.) *schon vor einem zu einer weiteren Belastung führenden Ereignis gegebene Belastung* (mit Schadstoffen o. ä.): nachhaltige Bemühungen zur Verminderung der V. der Elbe (Kieler Nachrichten 30. 8. 84, 5).

Vor|be|mer|kung, die; -, -en: *einleitende*

erläuternde Bemerkung: ein paar -en machen; gestatten Sie mir eine kleine, kurze V.; In der V. zu den früheren Ausgaben dieses Buches heißt es ... (Bredel, Prüfung 5).
Vor|be|nut|zung, die; - (Rechtsspr.): *Benutzung einer Erfindung vor ihrer Anmeldung zum Patent.*
vor|be|ra|ten ⟨st. V.; hat⟩ (bes. schweiz. Politik): *vor der eigentlichen Beratung beraten:* einen Entwurf v.; Die Kommission des Kantonsrates, welche die Verlängerung der Sihltal-Zürich-Uetliberg-Bahn vorberaten hat (NZZ 26. 1. 83, 23); Die vorberatende erweiterte Justizkommission (Solothurner Zeitung 25. 3. 87, 25); **Vor|be|ra|tung,** die; -, -en (bes. schweiz. Politik): *das Vorberaten.*
Vor|be|reich, der; *unmittelbar vor etw. liegender Bereich:* im V. des Küstensockels (Frankfurter Rundschau 16. 1. 87, 20); Ü daß mit Angst erlebte unterdrückte Gefühle ... in den Traum und in den V. des Bewußtseins eindringen (Heiliger, Angst 48).
vor|be|rei|ten ⟨sw. V.; hat⟩: **a)** *auf etw. einstellen, für etw. leistungsfähig, geeignet machen:* sich auf/für ein Examen v.; jmdn. auf einen Wettkampf v.; sich seelisch auf etw. v.; einen Patienten für die Operation v.; ein Manuskript für den Satz v.; der Saal wird für ein Fest vorbereitet; ... entdeckte die Aargauer Kantonspolizei ... einen Hochspannungsmast, der zur Sprengung vorbereitet war (NZZ 1.2. 83, 13); alte Leute und Kinder bereiten sich auf die Verteidigung der Stadt vor (Bieler, Bonifaz 9); Jedenfalls sind wir auf alles gefaßt und vorbereitet (Plievier, Stalingrad 13); Meine erste Aufgabe wird es sein, den Bürgermeister schonend darauf vorzubereiten *(davon zu unterrichten),* daß du hier ein Zelte aufzuschlagen gedenkst (Kirst, Aufruhr 20); der Prüfling hat sich, ist nicht vorbereitet *(präpariert);* **b)** *die notwendigen Arbeiten für etw. im voraus erledigen:* ein Fest, eine Reise, eine Operation, einen Krieg, einen Putsch v.; der Lehrer bereitet seinen Unterricht, eine Stunde vor; er hatte seine Rede gut vorbereitet; er ... sagte, er habe ... ein kleines Programm vorbereitet (Loest, Pistole 245); Matthias Roth bereitete das Frühstück vor (Kronauer, Bogenschütze 20); ... und es ward in der Küche ein heißer Kaffee vorbereitet *(zubereitet;* Doderer, Wasserfälle 63); vorbereitende Maßnahmen treffen; Ü Die rechtliche Emanzipation der Juden ... wurde geistig im Zeitalter der Aufklärung vorbereitet (Fraenkel, Staat 142); **c)** ⟨v. + sich⟩ *entstehen, sich entwickeln, aus bestimmten Vorzeichen erkennbar werden:* doch auf den beiden wichtigsten Gebieten ... bereitete sich schon die Trennung vor, und die verschiedene Sprache trennte schon lange beide Reichsteile (Thieß, Reich 381); Denn daß sich im geheimen etwas gegen ihn vorbereitet, spürt dieser mißtrauische, argwöhnische Geist (St. Zweig, Fouché 66); **Vor|be|reitung,** die; -, -en: **a)** *das Vorbereiten* (a), *Sichvorbereiten; Maßnahme, durch die jmd., etw. auf, für etw. vorbereitet wird:* die V. auf die Prüfung; Danach Visite, ... V. von Patienten für die Operation (Johnson, Ansichten 61); -en für etw. treffen; Kakanien traf im Süden gewisse militärische -en (Musil, Mann 449); ... ging ich nicht mehr in die Redaktion zurück, sondern traf -en zu meiner Übersiedelung nach Berlin (Niekisch, Leben 125); etw. nach gründlicher V. durchführen; ... kam er nach seiner V. durch Kaplan Palz als Quartaner ins Missionshaus St. Wendel (Saarbr. Zeitung 8./9. 12. 79, 20); als wir plötzlich ..., ohne jede V., über eine jähe Wendung ... unterrichtet wurden (Leonhard, Revolution 78); **b)** *das Vorbereiten* (b): das Buch ist in V. *(wird vorbereitet u. kommt demnächst heraus);* Über die weiteren Vorhaben ... in V. landsch.; *zur Vorbereitung* des 30. Jahrestages der DDR (Blick 30. 6. 78, 10); sie ist mit der V. des Essens beschäftigt; gegen ein Außenministertreffen zur V. der Gipfelkonferenz (Dönhoff, Ära 93); **Vor|be|rei|tungs|dienst,** der: *Zeit der berufsbezogenen praktischen Ausbildung eines Referendars; Referendariat;* **Vor|be|rei|tungs|hand|lung,** die (Rechtsspr.): *straflose Handlung, die die Ausführung eines Verbrechens vorbereitet;* **Vor|be|rei|tungs|kurs, Vor|be|rei|tungs|kursus,** der: *vorbereitender Kurs, Lehrgang;* **Vor|be|rei|tungs|spiel,** das (Sport): *der Vorbereitung eines Turniers dienendes Spiel;* **Vor|be|rei|tungs|zeit,** die: *der Vorbereitung dienende Zeit.*
Vor|be|richt, der; -[e]s, -e: *vor dem eigentlichen Bericht gegebener [vorläufiger] Bericht.*
vor|be|sagt ⟨Adj.⟩ (veraltend): *vorbezeichnet.*
Vor|be|scheid, der; -[e]s, -e: *erster, vorläufiger Bescheid.*
Vor|be|sit|zer, der; -s, -: *früherer Besitzer* (z. B. *eines Autos):* Jeder 5. Wagen kam aus erster Hand, 38 % waren V. (ADAC-Motorwelt 10, 1980, 73); **Vor|be|sit|ze|rin,** die; -, -nen: w. Form zu ↑Vorbesitzer.
vor|be|spielt ⟨Adj.⟩: *(von Ton-, Datenträgern) bereits bespielt:* -e Ton-, Videobänder; Doch das Gerät ist auch in der Lage, normale optische Compact disks ... zu lesen, die bereits v. sind (Welt 27. 5. 91, 21).
Vor|be|spre|chung, die; -, -en: **a)** *vorbereitende Besprechung;* **b)** *der eigentlichen Besprechung vorausgehende kurze Besprechung, Ankündigung eines neuen Buches* o. ä.
vor|be|stel|len ⟨sw. V.; hat⟩: *im voraus bestellen, reservieren lassen:* Kinokarten [telefonisch] v.; er ... richtete die Augen auf den vorbestellten Tisch (Kronauer, Bogenschütze 162); **Vor|be|stel|lung,** die; -, -en: *Bestellung im voraus; Reservierung.*
vor|be|stim|men ⟨sw. V.; hat⟩: *vorherbestimmen:* einen Ort, Treffpunkt v.; Der Mensch ist ... zu einem gut Teil vorbestimmt (Zwerenz, Kopf 201); Die Goten hätten die Erben des römischen Imperiums werden können, da sie allein waren in jeder Richtung vorbestimmt *(prädestiniert),* dies zu werden (Thieß, Reich 401); **Vor|be|stim|mung,** die; -, -en: *Vorherbestimmung, Prädestination:* man klammert sich hier an die Hoffnung, daß alles V. ist (Hochhuth, Stellvertreter 80).
vor|be|straft ⟨Adj.⟩ (Amtsspr.): *bereits früher gerichtlich verurteilt:* ein mehrfach -er Angeklagter; Ich bin v. wegen gewerbsmäßiger Unzucht (Jaeger, Freudenhaus 292); **Vor|be|straf|te,** der u. die; -n, -n ⟨Dekl. ↑Abgeordnete⟩: *jmd., der vorbestraft ist.*
vor|be|ten ⟨sw. V.; hat⟩: **1.** *ein Gebet vorsprechen:* [jmdm.] das Vaterunser v.; Ü Wenn's nur gutgeht! so hatte er sich immer wieder ängstlich vorgebetet (Süskind, Parfum 141). **2.** (ugs.) *[langatmig, umständlich] hersagen:* er bestrite ihr die halbe Seestraßenordnung vor (Ott, Haie 46); Wir ... konnten uns ihre Bestückung, Tonnage, Geschwindigkeit in Knoten genauso fehlerlos v., wie ... die Namen aller italienischen leichten Kreuzer (Grass, Katz 33); **Vor|be|ter,** der; -s, -: *jmd., der ein Gebet vorspricht* (1) *od. einen Gebetstext im Wechsel mit der Gemeinde spricht;* **Vor|be|te|rin,** die; -, -nen: w. Form zu ↑Vorbeter.
Vor|be|u|ge|haft, die (Amtsspr.): *Inhaftierung eines Verdächtigen, wenn die Gefahr besteht, daß er weitere gefährliche Straftaten* (z. B. Sittlichkeitsdelikte) *begeht;* **vor|beu|gen** ⟨sw. V.; hat⟩ [2: urspr. militär. = den Weg versperren; vgl. vorbauen (2)]: **1.** *(einen Körperteil, sich) nach vorn beugen:* den Kopf v.; Abermals beugte ich mich weit in meinem Sessel vor, um nichts entgehen zu lassen (Jens, Mann 85); Sie saß vorgebeugt da und dachte angestrengt nach (Baum, Paris 67). **2.** *etw. durch bestimmte Maßnahmen zu verhindern suchen:* einer Gefahr, Krankheit v.; Außerdem möchte er ja gerne einer Wiederholung solcher Ereignisse v. (Fallada, Jeder 326); Um Mißverständnissen vorzubeugen: Ich meine nicht ... (Dönhoff, Ära 195); eine vorbeugende Behandlung, Maßnahme; ein -s Mittel gegen etw.]; ... und darum hatten sie Bert vorbeugend beurlaubt (Lenz, Brot 124); Spr v. ist besser als heilen; **Vor|beu|gung,** die; -, -en: *Maßnahmen zur Verhütung von etw. Drohendem; Prophylaxe:* V. gegen Krankheiten; ... daß die sicherste V. gegen den Krieg die ... Rüstung ... ist (Augstein, Spiegelungen 96); etw. zur V. v. tun; **Vor|beu|gungs|maß|nah|me,** die: *der Vorbeugung dienende Maßnahme.*
vor|be|wußt ⟨Adj.⟩ (Psych.): *dem Vorbewußten zugehörig:* Denn da der Mensch das Tier ist, das nein sagen kann, könne es auch gegenüber den eigenen -en Triebkräften Reserve bewahren (Frankfurter Rundschau 24. 3. 92, 9); das ist kaum ein psychischer Vorgang ... gibt, der nicht gelegentlich v. bleiben könnte, wenngleich er in der Regel zum Bewußtsein vordringt (Freud, Abriß 24); ◆ **Vor|be|wußt,** das; -[e]s: *vorheriges Wissen; das Vorherwissen:* Währendes Krieges hat manches seinen Herrn sehr oft mit und ohne V. des Herrn verändert (Lessing, Minna II, 2); **Vor|be|wußt|te,** das; -n (Psych.): *Bereich zwischen dem Unbewußten u. Bewußten.*
vor|be|zah|len ⟨sw. V.; hat⟩: *im voraus bezahlen.*

vor|be|zeich|net ⟨Adj.⟩ (veraltend): *eben genannt, vorhin angeführt.*

Vor|bild, das; -[e]s, -er [mhd. vorbilde, ahd. forebilde]: *Person od. Sache, die als [idealisiertes] Muster, als Beispiel angesehen wird, nach dem man sich richtet:* ein leuchtendes, bewundertes, gutes, schlechtes V.; dieser Künstler ist ihm [ein] V.; Das Schloß wird V. für viele Bauten (Bild. Kunst III, 28); ... und heranwachsend diente ich ihm häufig als V. *(Modell)* für seine Kunstgemälde (Th. Mann, Krull 29); jmdm. ein V. geben; in jmdm. ein V. haben, sehen; Haben Sie ein literarisches V.? (Loest, Pistole 248); einem V. folgen, nacheifern; Freier gegenüber Dürers V. verhalten sich Hans Schäufelein und Hans Baldung Grien (Bild. Kunst III, 79); für die proletarische Diktatur nach russischem V. (Fraenkel, Staat 248); Das Muster des Landesteppichs nahm man zum V. für die Stadtbanner (Kasack, Webstuhl 14); das ist ohne V. *(einzigartig, noch nie dagewesen);* **vor|bil|den** ⟨sw. V.; hat⟩: **1. a)** *vorbereitend gestalten:* Der totalitäre Einheitsstaat war theoretisch vorgebildet in der Staatslehre Rousseaus (Fraenkel, Staat 255); Hans Castorp sah auf seine eigenen, noch ungeschickten Hände und fühlte darin die Möglichkeit vorgebildet, späterhin ebenso wie der Großvater Messer und Gabel zu halten (Th. Mann, Zauberberg 34); **b)** ⟨v. + sich⟩ *entstehen, sich bilden:* im Keim v. **2.** *jmdm. für etw. das geistige Rüstzeug geben, Grundkenntnisse vermitteln:* daß man ... schnell Universitäten gründet, die viele Lehrer und fast gar keine vorgebildeten Studenten haben (Grzimek, Serengeti 177); in den Händen von fachlich vorgebildeten Angestellten (Mantel, Wald 121); **Vor|bild|funk|ti|on,** die: *Funktion, Vorbild zu sein:* etw., jmd. hat V.; **vor|bild|haft** ⟨Adj.; -er, -este⟩: *so beschaffen, daß es als Vorbild dienen kann:* Als v. gilt im internationalen Vergleich die Grundlagenforschung in Deutschland (Chemische Rundschau 21. 8. 92, 1); **vor|bild|lich** ⟨Adj.⟩: *so hervorragend, daß es jederzeit als Vorbild dienen kann; moralisch (von Menschen) od. in seiner Gestaltung (von Dingen) mustergültig:* ein -er Mensch, Autofahrer; -e Ordnung; sein Verhalten ist v.; die hier ... aufblühende Buchmalerei wird auch für andere Klöster v. *(zum Vorbild;* Bild. Kunst III, 68); er sorgt v. für seine Familie; **Vor|bild|lich|keit,** die; -: *das Vorbildlichsein:* Die V. *(die Vorbildfunktion)* der karolingischen Schulen bleibt allenthalben fühlbar (Bild. Kunst III, 67); **Vor|bil|dung,** die; -: *bereits erworbene Kenntnisse:* weil ihm jede finanztechnische V. fehlte (Thieß, Reich 234); eine gute, keine V. haben; für/zu etwas die nötige V. haben; eine akademische V. erfordernde Berufe; ihre elementare jüdische V., die klugen Sprüche ihres Elternhauses hatte sie aus Zorn vergessen (Musil, Mann 165); **Vor|bild|wir|kung,** die; vgl. Vorbildfunktion: ... müssen wir zunächst V. bei den Erziehern voraussetzen (Wochenpost 30, 1976, 14). **vor|bin|den** ⟨st. V.; hat⟩: **1.** *vorn umbinden:* dem Kind ein Lätzchen v.; sich eine Schürze v. **2.** (ugs. veraltend) *vorknöpfen, vornehmen* (2 c): Ich werde mir diesen Burschen sofort v. (Fr. Wolf, Menetekel 441).

♦ **Vor|bit|te,** die; -, -n: *Fürbitte:* Nach der von Ew. Wohlgeb. abermals getanen Vorstellung, nach der gleichfalls von der Gesellschaft eingelaufenen V. will ich zwar Schützen für diesmal wieder aufnehmen (Goethe, Brief an Kirms, 16. 10. 1794); ♦ **vor|bit|ten** ⟨st. V.; meist nur im Inf. u. 1. Part. gebr.⟩: *fürbitten:* diese höflichen, vorbittenden ... Schmeichelworte (Goethe, Über Kunst und Altertum, Redensarten); ⟨subst.:⟩ auf mein Vorbitten erlaubte sie ihnen, bis vor den Wald mitzufahren (Goethe, Werther I, 16. Junius). **vor|bla|sen** ⟨st. V.; hat⟩: **1.** (ugs.) *vorsagen* (1): jmdm. [etw.] v. **2.** *auf einem Blasinstrument vorspielen:* Bis dahin muß ein einschlägiges Repertoire vorzublasen haben (Zeller, Amen 154). **Vor|blatt,** das; -[e]s, Vorblätter (Bot.): *dem Tragblatt folgendes Blatt an Seitensprossen.* **vor|blen|den** ⟨Adj.⟩ (Fachspr.): **1.** *als Blende* (5) *vor etw. anbringen:* asiatische Großbauten aus Stahlbeton werden historische Muster in Zement, Werkstein oder Stuck vorgeblendet (DLZ 7, 1969, 650); auf der Terrasse über den vorgeblendeten Arkaden (Fest, Im Gegenlicht 147). **2.** *als Blende* (6) *vor etw. anbringen.* **Vor|blick,** der; -[e]s, -e: *Vorausblick, Vorschau:* Wir wollen hier, im V. auf Josephs Lebensgeschichte, nur gleich bemerken, daß ... (Th. Mann, Joseph 424); Rückschau tut nicht gut. Nur Arbeit mit dem V. auf morgen hilft (Kantorowicz, Tagebuch I, 524). **vor|boh|ren** ⟨sw. V.; hat⟩ (Technik): *vor dem eigentlichen Bohren mit einem dünneren Bohrer o. ä. [an]bohren:* Sprenglöcher v. **Vor|bör|se,** die; -, -n (Börsenw.): *Abschlüsse u. Geschäfte vor der offiziellen Börsenzeit:* Schon in der V. konnten sich Baby Roche verbessern (Handelsblatt 1. 8. 79, 25); **vor|börs|lich** ⟨Adj.⟩ (Börsenw.): *vor der offiziellen Börsenzeit:* -e Umsätze; Entsprechend den -en Erwartungen eröffneten die Aktienmärkte freundlich (Saarbr. Zeitung 5. 10. 79, 4); Schon v. war die Stimmung leichter (FAZ 8. 8. 61, 12). **Vor|bo|te,** der; -n, -n [mhd. vorbote, ahd. foraboto]: *jmd., der durch sein Erscheinen etw. ankündigt; Vorläufer; erstes, frühes Anzeichen:* en V. des Untergangs, des Todes; Nach zwei Stunden trafen die -n des Ameisenheeres ein (Bieler, Bonifaz 74); die Schneeglöckchen sind die ersten -n des Frühlings; Solche Kinder sind für mich die -n einer neuen Welt (natur 9, 1991, 7).

vor|brin|gen ⟨unr. V.; hat⟩: **1. a)** *als Wunsch, Meinung od. Einwand äußern, erklären:* ein Anliegen, eine Frage v.; Argumente [für, gegen etw.], Einwände [gegen etw.] v.; dagegen läßt sich manches v.; Hat Madame einen Wunsch? Er ist schon erfüllt, bevor Sie ihn vorgebracht haben (Langgässer, Siegel 538); Haben Sie nichts zu Ihrer Entschuldigung vorzubringen? (Ott, Haie 77); Zu unserer Verteidigung können wir nur v., daß ... (Zwerenz, Quadriga 291); **b)** *hervorbringen, von sich geben:* Worte, Laute v.; Und er ahmte den Stimmfall nach, mit dem der Katechet dieses alte Gleichnis vorzubringen *(vorzutragen)* pflegte (Musil, Törleß 78). **2.** (ugs.) *nach vorn bringen;* **Vor|brin|gen,** das; -s, - (bes. schweiz.): *als Antrag, Eingabe o. ä. Vorgebrachtes:* Diesem V. stellte die ... Ratsmehrheit allerdings das Argument des maßvollen Verbotes entgegen (NZZ 23. 10. 86, 7); Auf dessen (= des Vereins Helvetia Nostra) V. konnte nur eingetreten werden, soweit ... (Vaterland 27. 3. 85, 36); **Vor|brin|gung,** die; -, -en: *etw. Vorgebrachtes, Anliegen:* Ich werde diesen ehrlichen Aufrührer empfangen und mir seine -en anhören (Hacks, Stücke 262).

Vor|büh|ne, die; -, -n: *Proszenium* (1).
vor|christ|lich ⟨Adj.⟩: *vor Christi Geburt:* in -en Zeiten; das dritte -e Jahrhundert.
Vor|dach, das; -[e]s, Vordächer: *vorspringendes Dach, bes. über Eingängen:* Die Jungen ... schoben ihn (= den Pflug) unter das V. (Pasolini [Übers.], Amado 71).
Vor|darm, der; -[e]s, Vordärme (Zool.): *Vorderdarm.*
vor|da|tie|ren ⟨sw. V.; hat⟩: **1.** *mit einem späteren, in der Zukunft liegenden Datum versehen; vorausdatieren:* einen Brief v.; ein vordatierter Scheck. **2.** (seltener) *zurückdatieren* (2); **Vor|da|tie|rung,** die; -, -en: *das Vordatieren, Vordatiertwerden, Vordatiertsein.*
Vor|deck, das; -[e]s, -s (Seew.): *Vorderdeck.*
Vor|deich, der; -[e]s, -e: *Sommerdeich;* **vor|dei|chen** ⟨sw. V.; hat⟩: *durch den Bau eines Deichs vor dem Hauptdeich schützen:* ... haben wir ... Sümpfe trockengelegt, Marschlandschaften vorgedeicht (Drewermann, Und legte 100); **Vor|dei|chung,** die; -, -en: *das Vordeichen:* wenn der Küstenschutz dort weiterhin auf eine V. setzt (Frankfurter Rundschau 16. 1. 87, 20).
vor|dem [auch: ' – –] ⟨Adv.⟩: **a)** (geh.) *vorher:* er fühlt sich so gesund wie v.; der Regen fiel dünner als v. (Broch, Versucher 45); in der Form, in welcher v. (= das Proletariat) im 19. Jahrhundert auftrat, war es v. *(davor, bis dahin)* ... noch nicht dagewesen (Niekisch, Leben 148); wie v. *(weiter vorn, oben)* gesagt, legt der Italiener sehr viel für Kleidung an (Herrenjournal 2, 1966, 81); **b)** (veraltend) *vor langer, längerer Zeit, früher, einst:* eine Moral von v.
vor|den|ken ⟨unr. V.; hat⟩: *als erster denken, was später auch andere denken, durch sein Denken das Denken, die Meinung anderer bestimmen:* zu oft ... hat er dem Leser vorgedacht, was der selber denken müßte (Heym, Nachruf 276); Könnte dann eine ... Regierung auf das zurückgreifen, was die Partei vorgedacht hat? (Badische Zeitung 12. 5. 84, 4); **Vor|den|ker,** der; -s, - (bes. Politik): *jmd., der vordenkt:* linke V., der V. der Partei; Leffer ist der bekannteste V. einer neokonservativen Wirtschaftslehre (Spiegel 49, 1981, 132); die Grünen als Antreiber und V. der Sozialdemokraten (Spiegel 10, 1983, 20); **Vor|den|ke|rin,** die; -, -nen (bes. Po-

litik): w. Form zu ↑ Vordenker: Denn die Politikerin ist zur V. in Strategie geworden (Weltwoche 17. 5. 84, 5); **vor|der...** ⟨Adj.⟩ [mhd. vorder, ahd. fordaro; urspr. Komp. von ↑vor]: *vorn befindlich:* der vordere Eingang; die vorderen Räder des Wagens; im Wettkampf einen vorderen, einen der vorderen Plätze belegen; an der vordersten Front kämpfen; eine Verbiegung der vorderen Nasenscheidewand (Hackethal, Schneide 186); daß er ... auf einem Esel ... vorbeigaloppierte, die Reihen der Kaffeetrinker entlang, in deren vorderster seine Braut saß (H. Mann, Unrat 130); ⟨subst.:⟩ die Vorder[st]en konnten mehr sehen; **Vor|der|ach|se**, die: *vordere Achse eines Fahrzeugs;* **Vor|der|an|sicht**, die: *vordere Ansicht* (3): das Foto zeigt die V. des Gebäudes; **vor|der|asia|tisch** ⟨Adj.⟩; **Vor|der|asi|en**, -s: *südwestliches Asien;* **Vor|der|aus|gang**, der: *vorderer Ausgang;* **Vor|der|bein**, das: *eines der beiden vorderen Beine bei Tieren:* Er (= der Stier) rennt vor, steht still mit vorgestemmten -en (Th. Mann, Krull 431); **Vor|der|brust**, die (Zool.): *bei Insekten) vorderster Ring der Brust;* **Vor|der|bücke[1]**, die (Turnen): *Vordersprung in Form einer Bücke;* **Vor|der|büh|ne**, die: *vorderer Teil der Bühne;* **Vor|der|darm**, der (Zool.): *vorderer Teil des Darms;* **Vor|der|deck**, das (Seew.): *vorderer Teil des Decks;* **vor|de|re**, **[1]Vor|de|re** ↑vorder...; **[2]Vor|de|re** ⟨Pl.⟩ (veraltet): *Altvordern;* **Vor|der|eck**, **Vor|der|eck|ke|gel**, der (Kegeln): *vorderster Kegel der Kegelaufstellung;* **Vor|der|ein|gang**, der: vgl. *Vorderausgang;* **Vor|der|ex|tre|mi|tät**, die ⟨meist Pl.⟩: *vordere Extremität;* **Vor|der|feld**, das (Sport): *Gesamtheit der vorderen Plätze in einem Klassement:* Neben Roswitha Steiner landeten auch Sylvia Eder (10.) ... und Astrid Geiser (14.) im V. (Salzburger Nachr. 17. 2. 86, 9); **Vor|der|flü|gel**, der (Zool.): *bei Insekten) vorderer Flügel;* **Vor|der|front**, die: **a)** *vordere Seite eines Gebäudes;* **b)** (salopp) *vordere Seite des menschlichen Körpers:* Er kehrt sich wütend ihre V. zu, zwingt sie ... (Jelinek, Lust 39); **Vor|der|fuß**, der: *Fuß des Vorderbeins;* **Vor|der|gas|sen|ke|gel**, der (Kegeln): *einer der zwei Kegel hinter dem Vordereckkegel;* **Vor|der|gau|men**, der (Med., Sprachw.): *vorderer, härterer Teil des Gaumens;* **Vor|der|gau|men|laut**, der (Sprachw.): *Palatal;* **vor|der|gau|mig** ⟨Adj.⟩ (Sprachw.): *palatal;* **Vor|der|ge|bäu|de**, das: vgl. *Vorderhaus;* **Vor|der|glied**, das: **1.** *vorderes Glied einer marschierenden Kolonne.* **2.** (Math.) *hinteres Glied* (z. B. eines Verhältnisses); **Vor|der|glied|ma|ße**, die ⟨meist Pl.⟩: *vordere Gliedmaße;* **Vor|der|grund**, der: *vorderer, unmittelbar im Blickfeld stehender Bereich* (eines Raumes, Bildes o. ä.): in heller, dunkler V.; der V. der Bühne; eine Wiese bildet den V. des Bildes; ... hatte Cotta nur irgendein Dickicht wahrgenommen, einen undeutlichen, dunkelgrünen V. für das Blau des Meeres (Ransmayr, Welt 47); die Person im V. [des Fotos] ist unscharf; ** **im V. stehen** (Mittelpunkt, sehr wichtig sein):* In der neuesten Entwicklung der Soziologie stehen empirische Untersuchungen im V. (Fraenkel, Staat 114); *etw.* **in den V. stellen/rücken/schieben** *(etw. als besonders wichtig herausstellen, hervorheben):* Die starke Industrialisierung ... stellt für jeden Kaiser die Frage nach der Befriedigung der Massen in den V. der Betrachtung (Thieß, Reich 418); **in den V. treten/rücken** *(auffallen, an Bedeutung gewinnen):* dann treten zwangsläufig wirtschaftliche Interessen in den V. (Dönhoff, Ära 94); ... daß auch der Zentralbau wieder in den V. rückt (Bild. Kunst III, 23); **jmdn., sich in den V. spielen/rücken/drängen/schieben** *(jmdn., sich in den Mittelpunkt stellen):* ... hatte er ... durch seine Fähigkeit, sich in den V. zu spielen, in seiner Umgebung ebensoviel Neid wie Haß erweckt (Thorwald, Chirurgen 295); **vor|der|grün|dig** ⟨Adj.⟩: **1.** *oberflächlich, leicht durchschaubar u. ohne tiefere Bedeutung:* -e Fragen, Aspekte; ... daß sich hinter Helmckes Tod möglicherweise mehr versteckte als eine -e Gruselstory (Prodöhl, Tod 104); etw. v. behandeln; Ich durchschaue z. B. das Verhältnis Guillaume – Ehrenberg nicht, v. sah es hier so aus, als ... (Zwerenz, Quadriga 216). **2.** (selten) *wichtig, wesentlich:* Dabei werden die dringlichsten und -sten Probleme ... vorrangig bearbeitet (Freie Presse 10. 2. 90, 8); daß die Verpackung ursprünglich als Schutz für die Ware gedacht war, aber heute oft v. *(hauptsächlich)* der Verkaufsförderung dient (Allgemeine Zeitung 21. 12. 84, 9). **vor|der|hand** [auch: 'fɔr..., – –'–] ⟨Adv.⟩ (bes. schweiz., sonst veraltend): *einstweilen, zunächst [einmal], vorläufig:* das ist v. genug; Daß es sich ... lediglich um eine Absichtserklärung handelt, ging allerdings ... etwas unter (NZZ 27. 8. 83, 25); Vorderhand habe ich gar keine Ahnung, wie ich es durchbringen soll (Broch, Versucher 39).

Vor|der|hand, die: **1.** *Vorhand* (2). **2.** *Vorhand* (3): Ein anderer ... reitet es ⟨= dem Pferd⟩ ... so auf den V..., daß jeder Tritt das arme Tier bis in die Brust prellt (Dwinger, Erde 88); **Vor|der|haus**, das: *vorderer Teil eines größeren Hauses:* im V. wohnen; **Vor|der|hirn**, das (Anat.): *aus End- u. Zwischenhirn bestehender vorderer Abschnitt des Gehirns der Wirbeltiere;* **Vor|der|holz**, das ⟨o. Pl.⟩ (Kegeln): *vorderster Kegel;* **Vor|der|huf**, der: *Huf des Vorderbeins;* **Vor|der|in|di|en**, -s: *der indische Subkontinent;* **Vor|der|kan|te**, die: *vordere Kante;* **Vor|der|kap|pe**, die: *vordere Kappe, bes. am Schuh;* **Vor|der|ke|gel**, der (Kegeln): *einer der drei vorderen Kegel;* **Vor|der|keu|le**, die (Kochk.): *Keule vor Vorderbein;* **Vor|der|kie|mer**, der (Zool.): *zu den Schnecken gehörendes Meerestier mit vor dem Herzen gelegenen Kiemen;* **Vor|der|kip|per**, der (Kfz-W.): *kleinerer Kipper mit nach vorn kippbarem Wagenkasten;* **Vor|der|la|der**, der (Waffent.): *Feuerwaffe, die vom vorderen Ende des Laufs od. Rohres her geladen wird;* **vor|der|la|stig** ⟨Adj.⟩: *(von Schiffen, Flugzeugen) vorne stärker belastet als hinten;* **Vor|der|lauf**, der (Jägerspr.): *(beim Haarwild, bei Haushund u. Hauskatze) Vorderbein;* **Vor|der|lin|se**, die (Fot.): *vordere Linse im Objektiv;* **Vor|der|mann**, der ⟨Pl. ...männer, seltener auch: ...leute⟩: *jmd., der (in einer Reihe, Gruppe o. ä.) unmittelbar vor einem andern steht, geht, sitzt, fährt o. ä.:* Sie lief plötzlich als Flügelmann einer Achterreihe mit und paßte sich dem Schritt ihres -es an (Ossowski, Liebe ist 11); Sind kurze ... Absätze zu erklettern, gibt der Zweite dem V. das Seil ... nach (Eidenschink, Fels 60); Ü insbesondere Zweiradfahrern ... ist nahezulegen, ... einen ausreichenden Abstand vor allem zu großen Vordermännern (Lkw, Lastzüge) zu halten (NNN 11. 11. 86, o. S.); *** **jmdn. auf V. bringen** (ugs.; *jmdn. dazu bringen, daß er ohne Widerrede sich einordnet u. Anordnungen nachkommt, Disziplin u. Ordnung hält;* urspr. militär. für das Ausrichten Mann hinter Mann in geraden Reihen): die Schüler auf V. bringen; Der spurt. Den hab' ich auf V. gebracht (M. Walser, Eiche 31); *etw.* **auf V. bringen** (ugs.; *wieder in Ordnung bringen; neu herrichten*): die Wohnung, den Haushalt auf V. bringen; Wie man alte Gemäuer mit neuer Wärmedämmtechnik auf V. bringt ... (natur 2, 1991, 66); **Vor|der|mit|tel|fuß**, der: *(bei Pferden) über der Fessel ansetzender Teil des Vorderfußes; Röhrbein;* **Vor|dern** ⟨Pl.⟩ (veraltet): *Altvordern;* **vor|der|ori|en|ta|lisch** ⟨Adj.⟩: *den Vorderen Orient betreffend, zum Vorderen Orient gehörend; nahöstlich;* **Vor|der|pau|sche**, die (Turnen veraltet): *linke Pausche des Pauschenpferdes;* **Vor|der|per|ron**, der (veraltet): *vordere Plattform (bei Straßenbahnwagen usw.):* Während der Fahrt knallten Maikäfer gegen die Scheiben des -s (Grass, Hundejahre 276); **Vor|der|pfo|te**, die: *Pfote des Vorderbeins;* **Vor|der|pran|ke**, die: *vordere Pranke;* **Vor|der|rad**, das: *vorderes Rad, Rad an der Vorderachse eines Fahrzeugs;* **Vor|der|rad|ach|se**, die: *Achse des Vorderrads, der Vorderräder; Vorderachse;* **Vor|der|rad|an|trieb**, der: *Frontantrieb;* **Vor|der|rad|auf|hän|gung**, die: *Aufhängung des Vorderrads, der Vorderräder (bei Kraftfahrzeugen);* **Vor|der|rad|brem|se**, die: *auf das Vorderrad, die Vorderräder wirkende Bremse;* **Vor|der|rad|ga|bel**, die: *Gabel* (3 c); **Vor|der|rei|fen**, der: *Reifen des Vorderrads;* **Vor|der|satz**, der: **1.** (Sprachw.) *auf einen nachfolgenden Hauptsatz bezogener, vorangehender Bedingungssatz.* **2.** (Musik) *erster Teil einer Periode* (7 a); **Vor|der|schiff**, das: *vorderer Teil des Schiffes;* **Vor|der|schin|ken**, der: *Schinken von der Schulter des Schweins;* **Vor|der|sei|te**, die: *vordere, dem Betrachter zugewandte Seite:* auf der V.; **Vor|der|sitz**, der: *vorderer Sitz[platz] eines [Kraft]fahrzeugs;* **Vor|der|spie|ler**, der (Faustball): *einer der im vorderen Teil der Spielhälfte stehenden Spieler;* **Vor|der|spie|le|rin**, die (Faustball): w. Form zu *↑Vorderspieler;* **Vor|der|sprung**, der (Turnen veraltet): *Pferdsprung in Längsrichtung, bei dem man die Hände auf dem abgewendeten Ende des Geräts aufsetzt;* **vor|derst...**: ↑vorder...; **Vor|der|ste|ven**, der (Seemannsspr.): *vorderer Steven;* **Vor|der|stüb|chen**, das: *kleine Vorderstube;* **Vor|der|stu|be**, die: vgl. *Vorderzimmer;* **Vor|der|teil**, das, auch: der: *vorderer Teil des;* **Vor|der|trep|pe**, die: *Treppe*

Vordertür

am Vordereingang; **Vor|der|tür,** die: *vordere [Eingangs]tür (bes. eines Hauses, Gebäudes);* **Vor|der|wal|zer,** der (Metallbearb.): *Arbeiter, der an der das Material aufnehmenden Seite der Walze (2) eingesetzt ist;* **Vor|der|wand,** die: *vordere Wand;* **Vor|der|zahn,** der: *Schneidezahn;* **Vor|der|ze|he,** die (Zool.): *Zehe an einer Vordergliedmaße;* **Vor|der|zim|mer,** das: *nach vorn [hinaus] liegendes Zimmer;* **Vor|der|zun|gen|vo|kal,** der (Sprachw.): *mit dem vorderen Teil der Zunge gebildeter Vokal;* **Vor|der|zwie|sel,** die od. der (Reiten): *vorderer Zwiesel.*
vor|drän|geln, sich ⟨sw. V.; hat⟩ (ugs.): *sich drängelnd nach vorn, vor andere schieben:* sich überall v.; sie hat versucht, sich an der Kasse vorzudrängeln; **vor|drän|gen** ⟨sw. V.; hat⟩: **1.** ⟨v. + sich⟩ **a)** *sich nach vorn, vor andere drängen:* Er hatte sich etwas vorgedrängt und kam im Augenblick der Türöffnung hinter der schönen Frau zu stehen (Konsalik, Promenadendeck 71); **b)** *sich in den Mittelpunkt schieben, Aufmerksamkeit erregen wollen:* er drängt sich immer vor; Ü Doch ist da noch eine Frage, die sich vordrängt und beantwortet sein will (Thieß, Reich 250). **2.** *nach vorn drängen:* die Menge drängte vor; Ü das Frankreich um 1770 hat noch keinen rechten Raum für eine geistig bereits aufgewachte und ungeduldig vordrängende Bürgerschaft (St. Zweig, Fouché 5). **vor|drin|gen** ⟨st. V.; ist⟩: **a)** *[gewaltsam in etw.] eindringen, vorstoßen:* in unbekanntes Gelände, in den Weltraum v.; als wir Schritt für Schritt gegen die Zitadelle vordrangen (Brecht, Geschichten 8); Ü es gelang ihm, mit seinem Plan bis zum Minister vorzudringen; Zum tiefsten Kern der Dinge aber dringt er vor mit seiner Poesie (R. v. Weizsäcker, Deutschland 104); Die Mitternacht war von Tibet her nach Westen vorgedrungen (Schnabel, Marmor 154); **b)** *(von Sachen) sich ausbreiten, verbreiten; bekanntwerden, Einfluß gewinnen:* die neue Mode dringt rasch vor; ⟨subst.:⟩ Daran konnte auch das Vordringen des Aluminiums und das Aufkommen der Kunststoffe ... noch nicht viel ändern (Gruhl, Planet 57); **vor|dring|lich** ⟨Adj.⟩: *sehr dringend, besonders wichtig, mit Vorrang zu behandeln:* eine -e Aufgabe, Angelegenheit; Rationalisierungen werden immer -er (Profil 17, 1979, 42); Im Augenblick ist die Arbeit an der Front am -sten (Leonhard, Revolution 245); etw. v. behandeln; **Vor|dring|lich|keit,** die; -: *das Vordringlichsein:* Als Grund ... hat man ... die V. des wirtschaftlichen Wiederaufbaus ... genannt (Fraenkel, Staat 177).
Vor|druck, der; -[e]s, -e: *Blatt, [amtliches] Formular zum Ausfüllen, auf dem die einzelnen Fragen, zu ergänzenden Punkte u. ä. bereits gedruckt sind:* einen V. ausfüllen, unterschreiben; wenn Sie den Betrag überweisen möchten, verwenden Sie bitte den beiliegenden V.; **vor|drucken**[1] ⟨sw. V.; hat⟩: *im voraus drucken, mit einem Vordruck versehen:* Bestellkarten v.; ⟨meist im 2. Part.:⟩ vorgedruckte Glückwünsche; Sie ... nahm den Kugelschreiber, schrieb Buchstaben in die vorgedruckten Kästchen (Jägersberg, Leute 12).
vor|ehe|lich ⟨Adj.⟩: **a)** *aus der Zeit vor der Eheschließung [stammend]:* -e Ersparnisse; ihre Tochter ist v.; **b)** *vor der Eheschließung [stattfindend]:* -er Geschlechtsverkehr.
vor|ei|lig ⟨Adj.⟩: *zu schnell u. unbedacht, unüberlegt:* eine -e Entscheidung, Antwort, Bemerkung; -e Schlüsse aus etw. ziehen; du bist zu v.; Einige wollten den Grünen ... schon den Totenschein ausstellen. Das war offensichtlich v. (natur 3, 1991, 36); Wie v. er sich hier zufriedengegeben hatte ... (Kronauer, Bogenschütze 278); **Vor|ei|lig|keit,** die; -, -en: **a)** ⟨o. Pl.⟩ *das Voreiligsein:* seine V. hat ihm schon oft geschadet; **b)** *voreilige Handlung:* sich nicht zu -en verleiten lassen; **Vor|ei|lung,** die; - (Technik): *das Anzeigen eines höheren an Stelle des tatsächlichen Wertes bei einem Meßgerät.*
vor|ein|an|der ⟨Adv.⟩: **a)** *(räumlich) einer vor dem andern:* sich v. hinstellen; v. auf dem Boden sitzen; v. herfahren; **b)** *wechselseitig einer dem andern gegenüber, in bezug auf den andern:* sich v. verneigen; sie hatten Hochachtung, Furcht v.; Die Männer standen herum und genierten sich v. (Tucholsky, Werke II, 56); **vor|ein|an|der|her** ⟨Adv.⟩: *einer, eine, eines vor dem, der andern her:* h. hinaufklettern; **vor|ein|an|der|kop|peln** ⟨sw. V.; hat⟩: *einer, eine, eines vor den, die, das andere koppeln:* Später zogen zwei voreinandergekoppelte Raupenschlepper den Tankzug aus der Bank (v. d. Grün, Glatteis 311); **vor|ein|an|der|le|gen** ⟨sw. V.; hat⟩: *einer, eine, eines vor den, die, das andere legen;* **vor|ein|an|der|lie|gen** ⟨st. V.; hat⟩: *südd., österr., schweiz.: ist⟩:* einer, eine, eines vor den, die, das andere liegen; **vor|ein|an|der|set|zen** ⟨sw. V.; hat⟩: *einer, eine, eines vor den, die, das andere setzen:* so majestätisch setzte es (= das weiße Pferd) seine Füße voreinander (Harig, Weh dem 35); **vor|ein|an|der|sit|zen** ⟨unr. V.; südd., österr., schweiz.: ist⟩: *einer, eine, eines vor dem, der andern sitzen;* **vor|ein|an|der|ste|hen** ⟨unr. V.; südd., österr., schweiz.: ist⟩: *einer, eine, eines vor dem, der andern stehen;* **vor|ein|an|der|stel|len** ⟨sw. V.; hat⟩: *einer, eine, eines vor den, die, das andere stellen.*
vor|ein|ge|nom|men ⟨Adj.⟩: *von einem Vorurteil bestimmt u. deshalb nicht objektiv:* ein -er Kritiker; du bist ihm gegenüber v.; **Vor|ein|ge|nom|men|heit,** die; -, -en: **1.** ⟨o. Pl.⟩ *das Voreingenommensein, Befangenheit:* jmdm. V. vorwerfen, nachsagen. **2.** (selten) *etw. auf Voreingenommenheit (1) Beruhendes:* Es gab da große ... -en (Seghers, Transit 118).
Vor|ein|sen|dung, die; -, -en: *vorherige Einsendung:* Lieferung erfolgt nur gegen V. des Betrages.
vor|einst ⟨Adv.⟩ (geh. veraltend): *vor sehr langer Zeit:* Auch die Begräbnisstätte der Seinen, die v. von Abraham dem chetitischen Manne umständlich abgekaufte zwiefache Höhle ..., hatte er andeutungsweise sehen können von hier aus (Th. Mann, Joseph 78); ♦ Die Wohlgestalt, die mich v. entzückte (Goethe, Faust II, 6495).

vor|eis|zeit|lich ⟨Adj.⟩: *präglazial.*
Vor|el|tern ⟨Pl.⟩: *Vorfahren, Ahnen.*
vor|ent|hal|ten ⟨st. V.; enthält vor/(selten) vorenthält, enthielt vor/(selten) vorenthielt, hat vorenthalten⟩: *(jmdm. etw.) [worauf er Anspruch hat] nicht geben:* jmdm. sein Erbe, seinen Lohn, einen Brief, eine Nachricht, ein Recht v.; Ich weiß nämlich nicht, ob ich der Öffentlichkeit diese wichtige Information v. darf (Kirst, Aufruhr 41); Bitte haben Sie Verständnis dafür, daß ich Ihnen die Hintergründe unserer Ermittlungen gegenwärtig v. *(verschweigen)* muß (Weber, Tote 196); Ü Sie öffnete vorsichtig die Tür, darauf bedacht, sich und Unrat den Blicken der Zuschauer vorzuenthalten (H. Mann, Unrat 43); **Vor|ent|hal|tung,** die; -, -en: *das Vorenthalten.*
Vor|ent|scheid, der; -[e]s, -e: *Vorentscheidung;* **vor|ent|schei|den** ⟨st. V.; hat⟩: *vorher entscheiden:* Ich hatte mich nie zu entscheiden brauchen, Alles war immer schon vorentschieden (Plenzdorf, Legende 37); **Vor|ent|schei|dung,** die; -, -en: **a)** *vorbereitender Beschluß, erste [richtungweisende] Entscheidung:* Was wird auf E 7 angesiedelt? Heute könnte eine wichtige V. fallen (MM 13. 3. 81, 19); eine V. treffen; **b)** (bes. Sport) *Stand eines Wettkampfes, Zwischenergebnis, mit dem sich die endgültige Entscheidung bereits abzeichnet:* dieses Tor bedeutete bereits eine V.; In der 58. Minute fiel so etwas wie eine V. (Walter, Spiele 157); **Vor|ent|schei|dungs|kampf,** der (Sport): *Kampf, durch den über die Teilnahme am Endkampf entschieden wird;* **Vor|ent|schei|dungs|lauf,** der (Sport): vgl. Vorentscheidungskampf.
Vor|ent|wurf, der; -[e]s, Vorentwürfe: vgl. Vorbeschluß.
¹Vor|er|be, der; -n, -n (Rechtsspr.): *jmd., der [durch Testament] zuerst Erbe wird, bis (nach einem bestimmten Zeitpunkt) der Nacherbe in die vollen Rechte eintritt;* **²Vor|er|be,** das; -s (Rechtsspr.): *dem Vorerben als erstem zufallendes Erbe;* **Vor|er|bin,** die; -, -nen (Rechtsspr.): w. Form zu ↑¹Vorerbe; **Vor|erb|schaft,** die; -, -en (Rechtsspr.): *dem Vorerben als erstem zufallende Erbschaft.*
Vor|er|he|bung, die; -, -en (bes. südd., österr.): vgl. Vorermittlung: ... daß ... bei der Staatsanwaltschaft ... -en gegen AMAX-Ex-Generaldirektor Ehrlich ... eingeleitet wurden (Kurier 2. 10. 93, 2).
Vor|er|kran|kung, die; -, -en (Versicherungsw.): *frühere, vor Eintritt in die Versicherung durchgemachte Krankheit.*
Vor|er|mitt|lung, die; -, -en: *erste, polizeiliche Ermittlung.*
vor|erst [auch: -'-] ⟨Adv.⟩: **a)** *zunächst einmal, fürs erste:* sich v. mit etw. zufriedengeben; v. in Sicherheit sein; aber Amsel schlug v. nicht die Preise auf (Grass, Hundejahre 50); ... schüttelten die Unteroffiziere ... dem Geburtstagskind die Hand und nahmen, v., jeder eine Flasche Bier in Empfang (Kirst, 08/15, 77); **b)** (schweiz.) *erst, zuerst:* Bei der Landung ... setzte der Helikopter v. mit beiden Kufen auf, kippte dann aber anschließend nach vorne (NZZ 2. 9. 86, 5); Der Bursche ... verlangte v. von der Frau

Geld und verging sich darauf an ihr (NZZ 26. 8. 83, 28).

vor|er|wähnt ⟨Adj.⟩: obenerwähnt.

vor|er|zäh|len ⟨sw. V.; hat⟩ (ugs.): *erzählen:* Mich hast du nicht ernst genommen, und deine Politik auch nicht, von der du mir immer vorerzählt hast! (K. Mann, Mephisto 289); erzähl mir doch nichts vor! *(das kannst du mir nicht weismachen).*

vor|es|sen ⟨unr. V.; hat⟩ (ugs.): in der Wendung *jmdm. etwas v. (vor jmdm., der selbst nichts zu essen hat, essen):* da er ... nicht hier sitzen und Xaver etwas v. könne (M. Walser, Seelenarbeit 77); **Vor|es|sen,** das; -s, - [wohl urspr. als Vorspeise serviert] (schweiz.): *Ragout:* Sowohl zu Fleischvögeln wie zu V. schmeckt das preiswerte Gemüse hervorragend (Brückenbauer 25. 3. 87, 7).

Vor|ex|amen, das; -s, -: *Teilprüfung, die vor dem eigentlichen Examen abgelegt wird.*

vor|ex|er|zie|ren ⟨sw. V.; hat⟩ (ugs.): *beispielhaft vormachen:* jmdm. alles genau v.; Das Modell einer großen Koalition müßte erst einmal in einem Bundesland vorexerziert werden (Hamburger Abendblatt 22. 7. 85, 2); Wie man ... Landschaftsplanung mit dem Schaueradbagger betreibt, hat die RWE-Tochter den Niederrheinischen Bucht jahrzehntelang vorexerziert (natur 4, 1991, 14).

Vor|fa|bri|ka|ti|on, die; -, -en: *das Vorfabrizieren;* **vor|fa|bri|zie|ren** ⟨sw. V.; hat⟩: *als Teil für etw. später Zusammenzubauendes fabrikmäßig herstellen:* vorfabrizierte Teile, Bauelemente; Ü Es sind Plastic-Wörter, die in verschiedenen Gemütsfarben und Paßformen vorfabriziert werden können (Muschg, Gegenzauber 78).

Vor|fach, das; -[e]s, Vorfächer (Angelsport): *letztes zwischengeschaltetes Stück der Angelschnur vor dem Haken:* Immer, wenn ich im Winter neue Vorfächer knüpfe ... (Fisch 2, 1980, 116).

Vor|fahr, der; -en, -en, **Vor|fah|re,** der; -n, -n [mhd. vorvar, 2. Bestandteil mhd. -var, ahd. -faro = Fahrender, urspr. = Vorgänger (z. B. im Amt)]: *Angehöriger einer früheren Generation [der Familie]:* meine Vorfahren mütterlicherseits; Der Gründer der Firma war ein V. meiner Frau; **vor|fah|ren** ⟨st. V.⟩: **1. a)** *vor ein Haus, vor den Eingang fahren* ⟨ist⟩: mit dem Taxi v.; Der Möbelwagen ist vor dem Haus vorgefahren; Nebenbei wäre es kaum schicklich gewesen, an meiner zukünftigen Arbeitsstätte in einem Fiaker vorzufahren (Th. Mann, Krull 147); **b)** *vor ein Haus, vor den Eingang fahren* ⟨hat⟩: er ließ den Chauffeur den Wagen v.; ein Auto beim TÜV v. *(zur Untersuchung vorführen).* **2. a)** *[mit einem Fahrzeug] ein Stück vor sich rücken* ⟨ist⟩: noch einen Meter weiter v.; **b)** *(ein Fahrzeug) etw. weiter nach vorn fahren* ⟨hat⟩: den Wagen noch ein Stückchen [weiter] v. **3.** (ugs.) *vorausfahren* ⟨ist⟩: wir fahren schon vor. **4.** (Verkehrsw.) *die Vorfahrt haben u. nutzen* ⟨ist, meist im Inf.⟩: Linksabbieger müssen den Gegenverkehr v. lassen. **5.** (schweiz. veraltend) *überholen:* bis ich v. kann in der Art, wie die Polizei vorfährt, um einen Wagen zu stoppen (Frisch, Montauk 148); **Vor|fah|rin,** die; -, -nen: w. Form zu ↑ Vorfahr[e]; **Vor|fahrt,** die; -: **1.** (selten) *das Vorfahren* (1 a). **2.** (Verkehrsw.) *(durch genaue Bestimmungen geregeltes) Recht, an einer Kreuzung u. Einmündung vor einem anderen herankommenden Fahrzeug durchzufahren:* [die] V. haben, beachten, mißachten, verletzen; jmdm. die V. lassen, nehmen; *vor|fahrt|be|rech|tigt* usw.: ↑ vorfahrtsberechtigt usw.; **vor|fahrts|be|rech|tigt** ⟨Adj.⟩ (Verkehrsw.): *das Vorfahrtsrecht habend:* der -e Wagen; eine Straße als v. erklären; **Vor|fahrts|recht,** das (Verkehrsw.): **1.** *Vorfahrt* (2). **2.** *die das Vorfahrtsrecht (1) regelnden Vorschriften;* **Vor|fahrts|re|gel,** die (Verkehrsw.): *das Vorfahrtsrecht betreffende Verkehrsregel;* **Vor|fahrts|schild,** das (Verkehrsw.): *die Vorfahrt regelndes Verkehrsschild;* **Vor|fahrts|stra|ße,** die (Verkehrsw.): *bevorrechtigte Straße, vor der man an Kreuzungen u. Einmündungen Vorfahrt hat;* **Vor|fahrts|zei|chen,** das (Verkehrsw.): vgl. Vorfahrtsschild.

Vor|fall, der; -[e]s, Vorfälle: **1.** *plötzlich eintretendes [für die Beteiligten unangenehmes] Ereignis, Geschehen:* ein merkwürdiger, peinlicher, beunruhigender V.; der V. ereignete sich auf dem Marktplatz; Die Einrichtung ... war ... restlos zerschlagen worden. Bis heute ist dieser unheimliche V. nicht aufgeklärt (Menzel, Herren 9); wer hat dem V. beobachtet; ich maß dem V. keine Bedeutung bei; ich muß morgen einen Rechenschaftsbericht über die heutigen Vorfälle schreiben (Musil, Mann 1036). **2.** (Med.) *Prolaps:* mit einem leisen Ekel, den ich beim Anblick des -s meiner Eingeweide in den Fettsack meiner Bauchdecke unterdrücken kann (Stern, Mann 17); **vor|fal|len** ⟨st. V.; ist⟩: **1.** *plötzlich [als etw. Störendes, Unangenehmes] geschehen, sich zutragen:* irgend etwas muß [zwischen ihnen] vorgefallen sein; ist während meiner Abwesenheit etwas Besonderes vorgefallen?; Enderlin ... tut, als wäre nichts vorgefallen (Frisch, Gantenbein 218); Kleinliche Handlungen würden nicht v., keine Betrugsversuche und Fluchtmanöver (Chr. Wolf, Nachdenken 198). **2. a)** *nach vorn, vor etw. fallen:* Kaum hatte ich die Tür geschlossen, als ich hinter mir den Riegel v. hörte (Th. Mann, Krull 201); eine vorgefallene Haarsträhne; **b)** (Med.) *prolabieren.*

Vor|fa|sten|zeit, die; -, -en ⟨Pl. selten⟩ (kath. Kirche): *der Vorbereitung auf die Fastenzeit dienende, ihr unmittelbar vorausgehende, am Sonntag Septuagesima beginnende Zeit.*

Vor|fei|er, die; -, -n: *Feier vor der eigentlichen Feier.*

Vor|feld, das; -[e]s, -er: **1.** *außerhalb, vor etw. liegendes Gelände:* er lief über das V. zur Maschine; Ü politische Aktionen im V. der Wahlen; daß der Staatsschutz bereits im V. einer konkreten Gefahr tätig werden müsse (NZZ 2. 2. 83, 24). **2.** (Sprachw.) *Gesamtheit der im Satz vor der finiten Verbform stehenden Satzteile.*

vor|fer|ti|gen ⟨sw. V.; hat⟩: *vorfabrizieren:* ... mußten diese Schiffe in Hamburg vorgefertigt und in Spanien zusammengebaut werden (Delius, Siemens-Welt 48); vorgefertigte Bauteile; Ü ... zog Richter Dr. Karl Frühwirth ... nach zweistündiger Verhandlung ein vorgefertigtes, maschinengeschriebenes Urteil aus der Tasche (profil 17, 1979, 22); zwischen den ruhigen Wassern der vorgefertigten Phrasen und den Stromschnellen der Originalität (White [Übers.], Staaten 36); Werden sie uns die eigenen Erlebnisse rauben und sie durch vorgefertigte, standardisierte Erfahrungen ersetzen? (R. v. Weizsäcker, Deutschland 78); **Vor|fer|ti|gung,** die; -, -en: **a)** *das Vorfertigen;* **b)** *das Vorgefertigte:* etw. aus -en zusammenbauen.

Vor|film, der; -[e]s, -e: *im Kino vor dem Hauptfilm laufender [Kurz]film.*

vor|fi|nan|zie|ren ⟨sw. V.; hat⟩ (Wirtsch.): *vor der eigentlichen Finanzierung einen kurzfristigen Kredit gewähren:* Die Baukosten ... beliefen sich auf etwa 1,7 Milliarden Schilling. Davon wurde ein Teil durch das Land Niederösterreich vorfinanziert (Presse 22. 11. 83, 9); **Vor|fi|nan|zie|rung,** die; -, -en: *das Vorfinanzieren.*

vor|fin|den ⟨st. V.; hat⟩: **a)** *an einem bestimmten Ort [in einem bestimmten Zustand] antreffen, finden:* eine veränderte Lage v.; wenn sie keine alten, ausgebauten Stellungen vorfanden ... (Plievier, Stalingrad 114); ... wo ich den Schauspieler in der gleichen Haltung wie bei meinem gestrigen Besuch vorfand (Jens, Mann 43); Die ... Veränderung der natürlichen, vorgefundenen Umwelt (Natur 31); **b)** ⟨v. + sich⟩ *feststellen, daß man sich an einem bestimmten Ort befindet:* sich an einem unbekannten Ort v.; Vielmehr gilt es, den neuen Kampfboden, auf dem wir uns vorfinden, ... von seinen eigenen Gesetzen her zu verstehen (Bahro, Alternative 55); **c)** ⟨v. + sich⟩ *vorgefunden werden, sich finden:* daß Güter, die in einem reizender Traum ihm gespendet, am hellen Morgen sich wirklich und faßbar auf seiner Bettdecke vorfänden (Th. Mann, Krull 57); **vor|find|lich** ⟨Adj.⟩: *sich finden lassend, vorhanden:* Diese spezielle, unverwechselbare, die niemand anderem -e Ausstrahlung der Mattes hat ... Rainer Werner Fassbinder ... erkannt (Wiener 12, 1983, 134); ⟨subst.:⟩ die technischen Vorgänge haben längst den Bereich des in der Natur Vorfindlichen überschritten (FAZ 11. 11. 61, 55).

vor|flie|gen ⟨st. V.⟩: **1.** *vorausfliegen* ⟨ist⟩: meine Frau ist schon vorgeflogen. **2.** vgl. vorlaufen (3) ⟨hat⟩: bis ich endlich dem staatlichen Prüfer die vorgeschriebenen Steilkurven v. ... konnte (Grzimek, Serengeti 15).

vor|flun|kern ⟨sw. V.; hat⟩ (ugs.): *flunkernd erzählen:* flunkere mir ja nichts vor!; er hat uns vorgeflunkert, daß ...

Vor|flut, die; -, -en (Wasserwirtsch.): *zur Entwässerung in einen Vorfluter hineingeleitetes od. -gepumptes Wasser;* **Vor|flu|ter,** der; -s, - (Wasserwirtsch.): *natürlicher od. künstlicher Wasserlauf, der Wasser u. [vorgereinigtes] Abwasser aufnimmt u. weiterleitet.*

Vor|form, die; -, -en: *frühe einfache Form von etw., aus der komplizierte Formen*

entwickelt werden od. sich entwickeln: die V. unserer Gartenrose; denn auf ihrem gartengroßen Versuchsfeld ... züchtete sie -en des Rettich (Grass, Butt 90); die abendländische Kunst in ihren -en; **vor|for|men** ⟨sw. V.; hat⟩: *im voraus formen:* Bauteile v.; vorgeformte Zwischenwände; Ü So lese ich sie ..., gefaßt auf den überlegenen Tonfall, die vorgeformten, klappernden Sätze (Chr. Wolf, Nachdenken 120); **vor|for|mu|lie|ren** ⟨sw. V.; hat⟩: *im voraus formulieren, durch vorherige Formulierung im voraus festlegen:* einen Text v.; Die nicht vorformulierte Rede enthielt diesen Passus: ... (W. Brandt, Begegnungen 199).
Vor|fra|ge, die; -, -n: *vor dem eigentlichen Problem zu klärende Frage:* Führt man Einfuhrkontingente ein ..., so entsteht zunächst die V., welche Einfuhrgüter dringend ... benötigt werden (Rittershausen, Wirtschaft 32); zunächst müssen wir einige -n klären.
Vor|freu|de, die; -, -n: *Freude auf etw. Kommendes, zu Erwartendes:* die V. auf ein Fest; jmdm. die V. verderben; In der V. auf seinen neuen Besitz wusch Manfred ... die Wände seines Zimmers (Maegerlein, Triumph 143).
vor|fri|stig ⟨Adj.⟩: *vor Ablauf der Frist [fertig]:* wie es für die -e Fertigstellung notwendig ist (Neues D. 6. 6. 64, 1); Bis zum November laufen die Turbinen sieben und acht! Das sind mehrere Wochen v. (NNN 3. 7. 84, 2); ein Darlehen v. zurückzahlen; Ü Im Süden der BRD hat der Winter v. *(vorzeitig)* Einzug gehalten (Freie Presse 23. 11. 87, 1).
Vor|frucht, die; -, Vorfrüchte (Landw.): *Pflanze, die im Rahmen der Fruchtfolge vor einer anderen auf einer bestimmten Fläche angebaut wird:* Die Gründüngerart der Ackerbohne ist die ideale V. für sonnenhungrige Gewächse wie Tomaten ... (natur 5, 1991, 77).
Vor|früh|ling, der; -s, -e: *erste wärmere Tage vor Beginn des eigentlichen Frühlings:* Zwei Tage später brach plötzlich der V. aus (Rolf Schneider, November 249); **vor|früh|lings|haft** ⟨Adj.⟩: *wie im Vorfrühling:* Als mit dem -en Wetter der Betrieb auf dem Versöhnungsfriedhof zunahm (Grass, Unkenrufe 203).
vor|füh|len ⟨sw. V.; hat⟩: *vorsichtig [bei jmdm.] zu erkunden versuchen:* du solltest wegen der Reise bei deinen Eltern v.; Bei Persern, Jordaniern und Türken ließ der Präsident v., ob sie gegebenenfalls bereit wären ... (Spiegel 53, 1971, 67); In allen drei Richtungen habe sie schon vorgefühlt (Bieler, Mädchenkrieg 370); „Herr Hofrat und mein Vater sind leider in der letzten Zeit Gegner gewesen?" fühlte er vor (Musil, Mann 698); Vorfühlende Fragen werden oft auf die Art gestellt (Kemelman [Übers.], Dienstag 180).
Vor|führ|da|me, die: *Mannequin* (1); **vor|füh|ren** ⟨sw. V.; hat⟩: **1.** *(zur Untersuchung, Begutachtung o. ä.) vor jmdn. bringen:* einen Kranken dem Arzt, einen Häftling dem Untersuchungsrichter v.; ein Auto beim TÜV v.; Ich verlange, dem Herrn Kommandeur sofort vorgeführt zu werden (Kuby, Sieg 421). **2. a)** *(eine Ware) betrachten lassen, anbietend, erläu-* ternd, den Gebrauch demonstrierend zeigen: sie führte [dem Kunden] verschiedene Modelle vor; die neue Sommerkollektion v.; Von den Fenstern der Parfümerien und Friseure, wo ... in reich ausgeschlagenen Etuis jene weichlichen Geräte vorgeführt *(ausgestellt)* waren, welche der Nagelpflege ... dienen? (Th. Mann, Krull 97); **b)** *jmdn. mit jmdm., etw. bekannt machen; [vor]zeigen, vorstellen:* seinen Freunden das neue Haus, Auto v.; mir lag daran, den neuen Gefährten der Familie vorzuführen (K. Mann, Wendepunkt 332); Fritz ... begriff es als freundliches Spott über sein behaglich vorgeführtes Familienleben (Kronauer, Bogenschütze 311); **c)** *erklärend, beispielhaft demonstrieren:* der Lehrer führt einen Versuch, Beweis vor; **d)** *einem Publikum zeigen, darbieten:* [jmdm.] einen Film, Kunststücke, eine Dressurnummer, einen Zaubertrick v.; Hinter Perlenschnüren führten Fandangotänzerinnen ... ihre Schritte vor (Koeppen, Rußland 26); außerdem seien sie keine wilden Tiere, die man dem Publikum vorführt, sondern Menschen (Ott, Haie 142). **3.** (ugs.) *bloßstellen, lächerlich machen:* die Gastmannschaft wurde mit 6:0 regelrecht vorgeführt; Die SPD ... soll also demaskiert, vorgeführt ... werden (Spiegel 19, 1987, 23); Hier wie dort sollten „der Staat und die Staatsautorität vorgeführt werden" (Spiegel 21, 1987, 27); **Vor|füh|rer,** der; -s, -: **1.** *Filmvorführer.* **2.** (selten) *jmd., der etw. vorführt* (2c); *Demonstrator;* **Vor|füh|re|rin,** die; -, -nen: w. Form zu ↑ Vorführer; **vor|führ|fer|tig** ⟨Adj.⟩: *fertig, bereit zur Vorführung:* -e Dias; der Film liegt v. bereit; **Vor|führ|ge|rät,** das: **a)** *Projektor;* **b)** *einzelnes Gerät einer Serie (z. B. Küchenmaschine), das im Geschäft in seiner Funktion gezeigt u. vorgeführt wird;* **Vor|führ|raum,** der: *Raum, Kabine für den Projektor in einem Kino;* **Vor|füh|rung,** die; -, -en: **1.** *das Vorführen* (1): die V. eines Häftlings; so kann die Verwaltungsbehörde ... die V. des Fahrzeugs anordnen (Straßenverkehrsrecht, StVZO 129). **2.** *Darbietung, Vorstellung, Demonstration:* die V. eines Geräts, einer Anlage; ein bunter Abend mit allerlei -en; Das war acht Jahre nach der ersten aufsehenerregenden V. seines Schachspielers (Menzel, Herren 44); Als Probefahrten gelten auch Fahrten zur allgemeinen Anregung der Kauflust durch V. in der Öffentlichkeit (Straßenverkehrsrecht, StVZO 150); **Vor|führ|rungs|raum,** der: *Raum für eine Vorführung* (2); **Vor|führ|wa|gen,** der: *Auto einer neuen Serie, das beim Händler zum Probefahren vorgeführt wird;* **Vor|führ|zeit,** die: *zur Vorführung (z. B. eines Films) benötigte Zeit.*
Vor|ga|be, die; -, -n [1: mhd. vorgābe, eigtl. = Vorzug; Vorteil]: **1.** (Sport) *Ausgleich durch Zeit-, Punktvorsprung o. ä. für schwächere Wettbewerbsteilnehmer:* jmdm. 20 Meter V. geben; Eine Handikap-Runde schlug Wallmann vor, in der er ... mit -n ins Rennen ging (Loest, Pistole 141). **2.** (Golf) *Differenz zwischen den Schlägen, die vorgeschrieben sind, und denen, der der Spieler gebraucht hat.* **3.** (Fachspr.) *etw., was als Kennziffer, Maß, Richtlinie o. ä. festgelegt ist:* Was ich in Bonn vermisse, sind klare Leitlinien, überzeugende -n (Spiegel 36, 1989, 63); Die Mitglieder der Jugendbrigade „Tamara Bunke" ... wollen ... durch die tägliche Überbietung ihrer -n *(Normen* 3 a) 1200 Stunden Arbeitszeit einsparen (Freie Presse 13. 12. 84, 3); sich genau an seine -n halten; Die verbrauchsarmen Motoren sind nach unseren -n entwickelt worden (natur 3, 1991, 48). **4.** (Wirtsch.) *Vorgabezeit.* **5.** (Bergmannsspr.) *das, was an festem Gestein durch Sprengung gelöst werden soll;* **Vor|ga|be|zeit,** die (Wirtsch.): *vorgegebene Zeit, in der ein Arbeiter o. ä. eine bestimmte Arbeitsleistung erbringen muß:* die -en neu festsetzen; In naher Zukunft ... dürften auch die Angestellten mit den ... Wirkungen der Stempeluhr und der -en ... konfrontiert werden (Delius, Siemens-Welt 80).
Vor|gang, der; -[e]s, Vorgänge [mhd. vorganc]: **1.** *etw., was vor sich geht, abläuft, sich entwickelt:* ein natürlicher, technischer, psychischer, chemischer, komplizierter, skandalöser V.; geschichtliche Vorgänge *(Prozesse);* Unklar ist der genaue V. *(Hergang)* des Zusammenpralls (NZZ 2. 9. 86, 22); Seelisches sollte den V. der Verdauung nicht beeinträchtigen (Stern, Mann 276); dann führt das auch zu Auflösung und Tod, aber in einem langsamen V. (Gruhl, Planet 122); jmdn. über interne Vorgänge unterrichten; So ordnete Sir Anthony strengstes amtliches Stillschweigen über die scheußlichen Vorgänge in der Lucan-Villa an (Prodöhl, Tod 263). **2.** (Amtsspr.) *Gesamtheit der Akten, die über eine bestimmte Person, Sache angelegt sind:* einen V. heraussuchen, anfordern; Es gibt in meinen Privatakten einen V. „Warner" (Borell, Lockruf 181); **Vor|gän|ger,** der; -s, - [mhd. vorganger, vorgenger]: *jmd., der vor einem anderen dessen Stelle, Funktion, Amt o. ä. innehatte:* über die Unzuverlässigkeit Fasanellas, seines -s in diesem schwierigen Amt (Stern, Mann 22); von seinem V. eingearbeitet werden; Ü Die keilförmige Karosse bietet ... deutlich mehr Platz als der ... V. (ADAC-Motorwelt 8, 1984, 18); Die aktuelle deutsche Verfassungsgerichtsbarkeit reicht weit über ihre V. in Weimar ... (Fraenkel, Staat 339); **Vor|gän|ger|bau,** der ⟨Pl. -ten⟩ (Archit., Archäol.): *Bauwerk, das vorher an der Stelle eines vorhandenen Bauwerks gestanden hat:* ... daß es im Angestelltentrakt romanische -ten, womöglich sogar schon damals ein Spital gegeben hat (Passauer Neue Presse 3. 10. 87, 33); **Vor|gän|ge|rin,** die; -, -nen: w. Form zu ↑ Vorgänger; **vor|gän|gig: I.** ⟨Adj.⟩ (schweiz., sonst veraltend) *vorangegangen, vorausgehend, vorherig, vorher vorhanden:* daß die Feststellung von Fehlern ... auf eine -e Theorie ... angewiesen ist (Cherubim, Fehlerlinguistik 264); Die Rückzahlung der Anleihe erfolgt ... ohne -e Kündigung am 15. September 1998 (NZZ 27. 8. 86, 22). ♦ **2.** *vorläufig:* als er ... zur -en Vernehmung des Knechts ... nach Kohlhaasenbrück einbog (Kleist, Kohlhaas 11). **II.** ⟨Adv.⟩ (schweiz.) *zuvor:*

Vorgängig ist eine Depotgebühr ... zu hinterlegen (Vaterland 27. 3. 85, 10); Es scheint, daß v. *(bis dahin)* für diesen Übergang kein Name existierte (NZZ 23. 10. 85, 44); Vorgängig dazu *(davor)* muß allerdings ein ... Konsens ... erzielt werden (NZZ 25. 12. 83, 11). **III.** ⟨Präp. mit Gen. u. Dativ⟩ (schweiz.) *vor* (I 2): Beide Gesellschaften werden ihren Aktionären aber v. des Fusionsbeschlusses je eine Kapitalerhöhung beantragen (NZZ 21. 12. 86, 11); **Vor|gangs|pas|siv,** das (Sprachw.): *Passivform, mit der ausgedrückt wird, daß mit einem Objekt etw. geschieht, vorgeht* (z. B. die Tür wird geöffnet); **Vor|gangs|verb,** das (Sprachw.): *Verb, das einen Vorgang* (1) *benennt, der sich auf das Subjekt bezieht* (z. B. einschlafen); **Vor|gangs|wei|se,** die (österr.): *Vorgehensweise:* Die Personenbeschreibung, die Tatzeit und die brutale V. passen genau (Kronen-Zeitung 2. 10. 93, 14); Trotzdem sei Zerbers V. ungesetzlich gewesen (Rosei, Verfahren 123). **vor|ga|ren** ⟨sw. V.; hat⟩: *(später weiter, vollständig zu garende Lebensmittel) schon bis zu einem gewissen Grade garen:* Knapp 5 Minuten in Salzwasser mit Butter und Zucker v. (e&t 5, 1987, 29); Der Vitamin-C-Gehalt von vorgegarten Kartoffelkonserven ist ... so gering, daß ... (Hörzu 38, 1972, 125). **Vor|garn,** das; -[e]s, -e (Textilind.): *bereits gerundete Faser, die dann zu Garn gesponnen wird.* **Vor|gar|ten,** der; -s, Vorgärten: *kleinerer, vor einem Haus gelegener Garten.* **vor|gau|keln** ⟨sw. V.; hat⟩: *jmdm. etw. so schildern, daß er sich falsche Vorstellungen, Hoffnungen macht:* dem Leser, den Kindern eine heile Welt v.; Alles, was den Zuschauern im Fernsehen vorgegaukelt wird, nehmen sie für bare Münze (FAZ magazin 30. 8. 85, 32); Papa und Mama mußten wir perfektes Eheleben v. (Perrin, Frauen 87). **vor|ge|ben** ⟨st. V.; hat⟩: **1.** (ugs.) *nach vorn geben:* die Hefte [dem Lehrer] v. **2.** *etw., was nicht den Tatsachen entspricht, als Grund für etw. angeben:* sie gab vor, krank gewesen zu sein; er gab dringende Geschäfte vor; doch gab die Kassiererin vor, sie besitze zu dem Schrank keinen Schlüssel (NZZ 24. 8. 83, 25); Übrigens nehme ich nicht an, daß Du wirklich zu Seiner Majestät König Karl dermaßen rednerisch-elegant gesprochen hast, wie Dein Bericht vorgibt (Th. Mann, Krull 399). **3.** (bes. Sport) *jmdm. einen Vorsprung geben:* den Amateuren eine Runde, zehn Punkte v.; jmdm. einen Turm v. (Schach; *von Anfang an mit nur einem Turm gegen jmdn. spielen*); Wieviel Längen soll ich dir v.? (Gaiser, Schlußball 57). **4.** *etw. ansetzen, festlegen, bestimmen [u. als Richtwert verbindlich machen]:* am Fließband neue Zeiten v.; die vorgegebene Flugbahn erreichen; vorgegeben sei der Schnittpunkt F; Ü ... gibt in Mikrocomputer einen Einspritzventil genau vor, wie lange es geöffnet sein darf (ADAC-Motorwelt 3, 1983, 41); mit einem wissenschaftlichen Werk ..., bei dem die vorgegebenen Begriffe und Schemata schöpferischer Entfaltung keinen Spielraum mehr ließen (NJW 19, 1984, 1126); **Vor|ge|ben,** das; -s, -: **1.** (veraltend) *Vorwand:* er war imstande, jeden Tag zweimal zu ihr ... zu laufen, unter dem V., er sehne sich nach ihr (Fallada, Jeder 197). ◆ **2.** *Behauptung:* ... wie uns das Tier, diesem sonderbaren V. gemäß, ... entgegenkommen würde (Kleist, Kohlhaas 103).

Vor|ge|bir|ge, das; -s, -: *einem Gebirge vorgelagerte Bergkette:* ... schritt er den Weg ab zwischen dem Hügel, der Troja bergen, und dem V., an dem die Schiffe der Archäer gelegen haben sollten (Ceram, Götter 50); Ü seine Freundin hat ein mächtiges V. (ugs.; *starken Busen*).

vor|geb|lich ⟨Adj.⟩: *angeblich:* ein -er Unglücksfall; für die Zensurgebräuche dieser v. guten alten Zeit (Wochenpresse 25. 4. 79, 9); So kam es, daß Minnamartha ... v. lädierte Extremitäten in Dreieckstücher band (Lentz, Muckefuck 217).

vor|ge|burt|lich ⟨Adj.⟩ (Med.): *pränatal:* ein -es Trauma.

vor|ge|faßt ⟨Adj.⟩: **a)** *von vornherein feststehend; auf Vorurteilen beruhend:* eine -e Meinung; **b)** *vorher gefaßt* (1): Fast alle rieten dazu, die Reise nicht nach -em Plan zu unternehmen ... Kreuz und quer fahrend gewinne man den besten Begriff, was es mit Sizilien auf sich habe (Fest, Im Gegenlicht 17).

Vor|ge|fecht, das; -[e]s, -e: *Zusammenstoß, der einem größeren Kampf, einer größeren Auseinandersetzung vorausgeht.*

vor|ge|fer|tigt: ↑ vorfertigen.

Vor|ge|fühl, das; -s, -e: *gefühlsmäßige Ahnung von etw. Bevorstehendem, Zukünftigem:* Ein V. sagte mir, daß ich gleich etwas zu hören bekäme, was neu und erstaunlich für mich sei (Seghers, Transit 232); ein schlimmes, beklemmendes V. haben; „Nein!" schreit Rosa und läuft im richtigen V. der Unabwendbarkeit ihres Schicksals ins Haus (Kafka, Erzählungen 127); Er sah die beiden Frauen erwartungsvoll an, im V. einer triumphalen Sache (Geissler, Wunschhütlein 53).

Vor|ge|gen|wart, die; - (Sprachw.): *Perfekt.*

vor|ge|hen ⟨unr. V.; ist⟩ [mhd. vorgān, vorgēn, ahd. foragān]: **1.** *nach vorn gehen:* an die Tafel, zum Altar v.; Zum Stürmen ist es jetzt manchmal Mode, nur mit Handgranaten und Spaten vorzugehen (Milit.; *gegen den Feind vorzurücken;* Remarque, Westen 78). **2. a)** (ugs.) *vor jmdm. gehen:* jmdn. v. lassen; geh du vor, du kennst dich hier am besten aus; **b)** *früher als ein anderer gehen [um ihn später wieder zu treffen]:* Gehen Sie doch schon mal vor. Warten Sie nicht auf mich (Kemelman [Übers.], Mittwoch 85). **3.** *(von Meßgeräten o. ä.) zuviel, zu früh anzeigen, zu schnell gehen:* die Uhr geht ein paar Minuten vor. **4. a)** *(gegen jmdn.) einschreiten, etw. unternehmen:* entschieden, mit aller Schärfe, gerichtlich [gegen die Schuldigen] v.; die Polizei ging gegen die Demonstranten mit Wasserwerfern vor; Die USA sollten ... bereit sein, militärisch gegen Länder vorzugehen, die den Terror unterstützen (Baselland. Zeitung 27. 3. 85, 2); ... ging eine kleine Herde von Wasserbüffeln gegen drei Löwen vor (Grzimek, Serengeti 119); **b)** *verfahren* (I a): [bei etw.] systematisch, methodisch, zu plump, vorsichtig, geschickt, brutal, äußerst dreist v.; wie wollen wir v.?; man müßte 849 Prozesse anhängig machen, wenn man nach dem Gesetz v. wollte (Feuchtwanger, Erfolg 643); Doch wollen wir nicht abschweifen, sondern hübsch der Reihe nach v. *(alles der Reihe nach erzählen;* Bamm, Weltlaterne 37). **5.** *in einer bestimmten Situation vor sich gehen, sich abspielen, sich zutragen:* was geht da [draußen] eigentlich vor?; er weiß nicht, was zwischen den beiden, hinter seinem Rücken vorgeht; mit ihm war eine Veränderung vorgegangen; Seit drei Wochen gehen außergewöhnliche Dinge auf der Insel vor (Benrath, Konstanze 147); Es geht deutlich etwas in mir vor, wenn ich fühle, und ich verändere auch meinen Zustand (Musil, Mann 1277). **6.** *als wichtiger, dringender behandelt, betrachtet werden als etw. anderes; Vorrang haben:* die Gesundheit geht [allem anderen] vor; Der Dienst geht immer vor, das ist uns eingetrichtert worden (Kirst, 08/15, 178); Regelungen durch Verkehrseinrichtungen gehen den allgemeinen Verkehrsregeln vor (Straßenverkehrsrecht, StVO 85); **Vor|ge|hen,** das; -s: *Vorgehensweise:* ein gemeinsames, solidarisches V.; das brutale V. der Saalordner wurde hart kritisiert; Der Bundesrat will sein weiteres V. festlegen, sobald ... (Vaterland 27. 3. 85, 13); **Vor|ge|hens|wei|se,** die: *Art u. Weise, wie jmd. vorgeht* (4): so besagt das im Grunde noch wenig über die konkrete Vermittlung beider -n (Stamokap 186).

vor|ge|la|gert ⟨Adj.⟩: *vor etw. liegend:* die [der Küste] -en Inseln; ein der Ringbahn -es Gehöft (Plievier, Stalingrad 194); zu der Flucht der Empfangsgemächer, welche ... dem königlichen Audienzzimmer v. waren (Th. Mann, Krull 379); Ü Die Fabrik kommt nicht ohne Werkstatt aus ... Doch die -en Bereiche (zum Beispiel Konstruktion) und die nachgeordneten ... bilden mit ihr eine Einheit (VDI nachrichten 18. 5. 84, 20).

Vor|ge|län|de, das; -s, -: *vorgelagertes Gebiet.*

Vor|ge|le|ge, das; -s, - (Technik): *Welle mit Zahnrädern od. Riemenscheiben, die Bewegung überträgt od. ein Getriebe ein- u. ausschaltet.*

vor|ge|nannt ⟨Adj.⟩ (Amtsspr.): *vorher genannt; obengenannt.*

vor|ge|ord|net ⟨Adj.⟩ (veraltet): *übergeordnet* (2): Anordnungen der -en an die nachgeordneten Behörden (Fraenkel, Staat 348).

Vor|ge|plän|kel, das; -s, -: *Geplänkel vor einer ernsthafteren Auseinandersetzung:* Die Schlacht war da, zu welcher der Angriff auf Schaaken bloß ein V. gewesen (Gaiser, Jagd 87); Ü Bisher ist alles V., darüber ist er sich klar. Doch irgendwas hat K. K. auf dem Herzen (Heim, Traumschiff 383).

Vor|ge|richt, das; -[e]s, -e: *Vorspeise.*

vor|ger|ma|nisch ⟨Adj.⟩: *vor der Zeit der Germanen [bestehend, geschehend].*

Vor|ge|schich|te, die; -, -n: **1.** ⟨o. Pl.⟩ **a)**

Vorgeschichtler

Zeitabschnitt in der Menschheitsgeschichte, der vor dem Beginn der schriftlichen Überlieferung liegt; Prähistorie: die Funde stammen aus der V.; Die Zeugnisse über einen regelmäßigen Fernhandel reichen ... bis in die V. zurück (Fraenkel, Staat 135); **b)** *Wissenschaft, die die Vorgeschichte erforscht, Prähistorie:* er ist Fachmann auf dem Gebiet der V. **2.** *das, was einem Fall, Vorfall, Ereignis o. ä. vorausgegangen u. dafür von Bedeutung ist:* die V. der Krankheit ermitteln; der Skandal hat eine lange V.; Die großen Entdeckungen verlieren von ihrer Größe, wenn man sich mit ihrer V. befaßt (Ceram, Götter 120); **Vor|ge|schicht|ler,** der; -s, -: *Wissenschaftler auf dem Gebiet der Vorgeschichte;* **Vor|ge|schicht|le|rin,** die; -, -nen: w. Form zu ↑ Vorgeschichtler; **vor|ge|schicht|lich** ⟨Adj.⟩: *die Vorgeschichte* (1) *betreffend; prähistorisch:* in -er Zeit; -e Gräber; **Vor|ge|schichts|for|schung,** die: **a)** *wissenschaftliche Erforschung der Vorgeschichte* (1 a); **b)** ⟨o. Pl.⟩ *Vorgeschichte* (1 b).
Vor|ge|schmack, der; -[e]s: *etw., wodurch man einen gewissen Eindruck von etw. Bevorstehendem bekommt:* Was diese sechs dir entgegenflammten, wird wohl ein V. des ewigen Feuers sein, das du dir verdient hast (Reinig, Schiffe 73); einen kleinen V. von etw. bekommen; Dahinter gab das Aufsteigen des Himmels den V. einer schönen Aussicht (Musil, Mann 981).
vor|ge|schrit|ten: ↑ vorschreiten.
Vor|ge|setz|te, der u. die; -n, -n ⟨Dekl. ↑ Abgeordnete⟩: *jmd., der (in einem Betrieb, beim Militär o. ä.) einem anderen übergeordnet u. berechtigt ist, Anweisungen zu geben:* jmds. unmittelbare, direkte, nächste V.; hinter jeder Fensterscheibe konnte ein -r stehen (Kirst, 08/15, 20); **Vor|ge|setz|ten|ver|hält|nis,** das (Amtsspr.): *Verhältnis, in dem jmd. in seiner Eigenschaft als Vorgesetzter zu jmdm. steht.*
Vor|ge|spräch, das; -[e]s, -e: *dem eigentlichen [offiziellen] Gespräch vorangehendes Gespräch:* -e mit Moskau über die Verhandlungsangebote können aber schon jetzt beginnen (Saarbr. Zeitung 15./16. 12. 79,3); ... hatten die interessiertsten Mitglieder der beiden Bündnissysteme explorative -e ... geführt (W. Brandt, Begegnungen 421).
vor|ge|stern ⟨Adv.⟩: **1.** *vor zwei Tagen; an dem Tag, der zwei Tage vor dem heutigen Tag liegt:* er ist seit v. verreist; die Zeitung von v. **2.** (ugs., oft abwertend) in der Fügung **von v.** *(rückständig, überholt):* der ist doch von v.!; was man da zu lesen bekam, schien aus einer anderen Welt zu stammen: einer Welt von v. (Dönhoff, Ära 119); Die Deutschen, sagt Nietzsche, sind von v. und von übermorgen (R. v. Weizsäcker, Deutschland 46); **vor|gest|rig** ⟨Adj.⟩: **1.** *vorgestern gewesen, von vorgestern:* die -e Zeitung; am -en Montag. **2.** (ugs., oft abwertend) *rückständig, überholt, altmodisch:* ... und nun kommen zwei alte Herren und wollen wieder nach -en Methode das alte Spiel weiterspielen (Dönhoff, Ära 127); daß ihr Seidenkleid sichtlich vor dem Krieg hergestellt worden war und v. wirkte (Habe, Namen 86).
vor|glü|hen ⟨sw. V.; hat; meist im Inf.⟩ (Kfz-T.): *vor dem Anlassen des Dieselmotors als Zündhilfe die Glühkerzen glühen lassen:* du mußt lange genug v.; ⟨subst.:⟩ Das früher langwierige Vorglühen ist heute kein Ärgernis mehr (ADAC-Motorwelt 6, 1984, 20).
vor|grei|fen ⟨st. V.; hat⟩: **1.** *nach vorn greifen:* mit beiden Händen v.; Ü ich habe schon auf mein nächstes Monatsgehalt vorgegriffen. **2. a)** *[schneller] das sagen, tun, was an anderer [etw. später] selbst sagen, tun wollen:* du darfst ihm bei dieser Entscheidung nicht v.; ich wollte [Ihnen] nicht v., aber ...; er selber hat es auch, allen seinen Interpreten vorgreifend, unmißverständlich bekannt (Reich-Ranicki, Th. Mann 88); Sie greifen meinem Gedankengange vor (Th. Mann, Krull 415); Ü sie griff dem Schicksal vor (Rinser, Mitte 92); **b)** *handeln, bevor eine [offizielle] Entscheidung gefallen ist, bevor etw. Erwartetes [dessen Ausgang man hätte abwarten sollen] eintritt:* einer offiziellen Stellungnahme v. **3.** *beim Erzählen, Berichten o. ä. etw. vorwegnehmen:* Ich habe damit weit vorgegriffen und ... im Grunde schon das Wesentliche ... gesagt (Hesse, Steppenwolf 14); **vor|greif|lich** ⟨Adj.⟩ (veraltet): *vorgreifend* (2, 3).
Vor|grie|chisch, das; -[s]: *[nicht durch Texte bezeugte] Sprache, aus der das Griechische zahlreiche Wörter u. Ortsnamen übernommen hat.*
Vor|griff, der; -[e]s, -e: *das Vorgreifen:* Kaltverpflegung ist zu fassen für fünf Tage, davon eineinhalb auf V. (H. Kolb, Wilzenbach 23); daß die UdSSR und die USA noch während ihrer Truppen im V. auf die spätere Einigung ... abziehen (Saarbr. Zeitung 16./17. 12. 79, 3); Dieser Wirtschaftsaufschwung wurde unter V. auf die Zukunft finanziert (Bundestag 189, 1968, 10205).
Vor|grup|pe, die; -, -n: *im Vorprogramm eines Rockkonzerts o. ä. auftretende Gruppe:* Die eigentliche Überraschung war – wie so oft – ihre V. (Hamburger Abendblatt 20. 5. 85, 9).
vor|gucken[1] ⟨sw. V.; hat⟩ (ugs.): **1. a)** *nach vorn sehen;* **b)** *hinter etw. hervorsehen:* hinter der Gardine v. **2.** *länger sein als etw., was darüber liegt, darüber getragen wird:* das Kleid guckt [unter dem Mantel] vor.
vor|ha|ben (unr. V.; hat) [mhd. (md.) vorhaben]: **1.** *die Absicht haben, etw. Bestimmtes zu tun, zu unternehmen, auszuführen:* v., etw. zu tun; eine Reise v.; er hat Großes mit ihm vor; hast du heute abend schon etwas vor?; Ich habe eine neue Sonetteserie vor (plane eine neue Sonettserie; Remarque, Obelisk 147); Für den nächsten Tag hatten sieben von ihnen ... den Westgrat der Schüsselkarspitze vor (hatten sich vorgenommen, ihn zu besteigen; Eidenschink, Fels 100); Sie blieben länger als vorgehabt (als beabsichtigt, geplant; Doderer, Wasserfälle 14); Das Abendessen soll ihr schmecken, hat sie vor (hat sie sich vorgenommen; Wohmann, Absicht 460); Nun, Marquis, Sie haben es gut vor (Sie haben sich viel vorgenommen; Th. Mann, Krull 272). **2.** (ugs.) *vorgebunden haben:* eine Schürze v. **3.** (ugs.) *mit jmdm. etw. anstellen, jmdm. sehr zusetzen:* Kommt doch bloß mal ich runter. Wir haben da einen von der Roten Marine vor, der wehrt sich wie verrückt (Bredel, Prüfung 49); „Mich hast du ja auch mal vorgehabt (mit mir hast du ja auch mal geschlechtlich verkehrt)", sagte Ulla, „in der Schlafstube, da konnte ich dir nicht mehr entwischen ..." (Kempowski, Tadellöser 73); **Vor|ha|ben,** das; -s, -: *das, was jmd. vorhat* (1); *Plan:* ein gefährliches V.; ein wissenschaftliches, literarisches, verlegerisches V. *(Projekt);* sein V. durchführen, in die Tat umsetzen; ... über den Finanzausgleich ..., der ... die Förderung bestimmter kommunaler V. (Schul-, Krankenhausbauten u. a.) erstrebt (Fraenkel, Staat 164); Bei diesem Ankauf und so vielen anderen V. bin ich durch Prof. Grzimek ... unterstützt worden (Grzimek, Serengeti 342); jmdn. von seinem V. abbringen; Laßt von den närrischen V. ab, ich rat Euch in Euerm Interesse (Hacks, Stücke 98).
Vor|hafen, der; -s, Vorhäfen: *Reede.*
Vor|hal|le, die; -, -n: **a)** *Vorbau vor dem Eingang eines Gebäudes:* eine portikusartige, offene V. **b)** *Vestibül:* vom Mondschein der großen Lampen der V. des Opernhauses bestrahlt (Th. Mann, Krull 130); **c)** *Narthex:* Die V. ist der Ort der Büßer und Katechumenen (Bild. Kunst III, 17).
Vor|halt, der; -[e]s, -e: **1.** (Musik) *(bes. bei einem Akkord) mit einer Dissonanz verbundene Verzögerung einer Konsonanz durch das Festhalten eines Tons des vorangegangenen Akkords.* **2.** (Fachspr.) *beim Anvisieren zu berücksichtigende Strecke, um die sich ein bewegliches Ziel von der Zeit des Abschusses bis zum Auftreffen des Geschosses weiterbewegt.* **3.** (schweiz., sonst veraltend) *Vorhaltung:* Mit Entschiedenheit wies Amerung den V. zurück, dem Mordkomplott ... Vorschub geleistet zu haben (Prodöhl, Tod 84); Trübung des Verhältnisses zu den Pflegeeltern, die ihm -e machten, auch wegen seines unsoliden Lebenswandels (Spiegel 21, 1975, 62). **4.** (Rechtsspr.) *mit der Aufforderung, sich dazu zu äußern, verbundene Konfrontation eines Prozeßbeteiligten mit einer in den Prozeßakten festgehaltenen [Zeugen]aussage o. ä.:* jmdm. einen V. machen; Der Gestapomann war im Gerichtssaal anwesend, und mußte auf V. die Richtigkeit der Zeuchschen Angaben bestätigen (Niekisch, Leben 293); **Vor|hal|te,** die; - (Turnen): *gestreckte Haltung der Arme nach vorn;* **vor|hal|ten** ⟨st. V.; hat⟩: **1. a)** *vor jmdn., sich, etw. halten:* [sich] beim Husten die Hand, ein Taschentuch v.; es genügte, ihnen (= den Dohlen) einzelne ... schwarze Federn vorzuhalten, um einen Schnarrangriff zu provozieren (Lorenz, Verhalten I, 20); jmdm. mit vorgehaltener Pistole bedrohen; Ü jmdm. jmdn. als Vorbild, Muster v.; Diesen Lehrsatz halte ich dir darum vor, damit du dich darin wiedererkennst (Th. Mann, Tod u. a. Erzählun-

gen 121); **b)** (selten) *nach vorn halten, vorstrecken:* Sie hätte nur noch die Hand vorzuhalten brauchen, und wir hätten ihr ein Trinkgeld gegeben (Bieler, Bonifaz 120); **c)** (Fachspr.) *beim Anvisieren eines Ziels einen Vorhalt (2) berücksichtigen.* **2.** *jmdm. Vorhaltungen in bezug auf etw. machen:* jmdm. seine Fehler, sein Verhalten, eine Äußerung v.; sie hielt ihm vor, daß er nicht aufgepaßt habe; Wollen Sie mir mein Leben v., Sie mir? (Maass, Gouffé 283). **3.** (ugs.) **a)** *[gerade] in einer solchen Menge vorhanden sein, daß für einen bestimmten Zeitraum kein Mangel entsteht:* der Vorrat, das Heizöl wird bis zum Frühjahr, noch einen Monat v.; **b)** *anhalten, bestehenbleiben, dauern:* Drei, vier Tage hielt solch Gefühl vor, dann flachte es ab, verwässerte (Loest, Pistole 249); er habe sich verlobt, aber das werde nicht lange v. (Grass, Hundejahre 292); **4. a)** (Bauw.) *Geräte, Gerüste, Bauteile vorübergehend in Verfügung stellen;* **b)** (Papierdt.) *bereithalten, zur Verfügung halten:* genügend Wechselgeld v.; Die ... Idee, alle Daten ... in einer zentralen Datenbank vorzuhalten (BdW 7, 1987, 73); Kulturpolitik ... muß ... die entsprechenden Entwicklungsmöglichkeiten dafür auch dann v., wenn ... (NMZ 1, 1984, 8); daß die dort seit langem vorgehaltenen Flächen für die Hafenerweiterung ausreichen (Hamburger Abendblatt 8. 7. 85, 4); **Vor|hal|tung**, die; -, -en ⟨meist Pl.⟩: **1.** *kritisch-vorwurfsvolle Äußerung jmdm. gegenüber im Hinblick auf dessen Verhalten o. ä.:* Sein Zorn richtete sich nicht gegen die Fragerin (deren V. ihm sofort berechtigt vorkam), sondern gegen Louise (Becker, Amanda 232); jmdm. [wegen etw.] -en machen; Maximiliane ... wurde von Edda mit -en empfangen, sie habe auf den verabredeten Telefonanruf gewartet ..., nun sei der halbe Tag bereits um (Brückner, Quints 129). **2.** *das Vorhalten* (4). **Vor|hand**, die; -, Vorhände: **1.** (Sport, bes. [Tisch]tennis) **a)** *Seite des Schlägers, mit der der Ball geschlagen wird, wenn die Innenfläche den Schläger führende Hand in die Richtung des Schlages zeigt:* einen Ball mit [der] V. spielen; **b)** *Schlag mit der Vorhand:* weil sie sowohl rechts- wie linkshändig spielt und es somit bei ihr nur gepeitschte Vorhände gibt (MM 9. 9. 68, 14); **c)** *Fähigkeit, Art u. Weise, mit der Vorhand zu schlagen:* Auch ein Lendl oder ein Graf, deren Vorhand sicherlich der Traum jedes Tennisspielers sind, machen dies so (tennis magazin 10, 1986, 91); er hat keine, eine gute V. **2.** (Kartenspiel) **a)** *Position des Spielers, der zuerst ausspielt:* die V. haben; in der V. sein; Ein Grand mit Dreien, in der V., Schneider und Schwarz angesagt (Fühmann, Judenauto 120); Ü Gäbe es eine Opposition, sie wäre es nicht herzlich zufrieden, daß der Westen dem Osten die V. läßt (Augstein, Spiegelungen 116); die Firma war der Konkurrenz gegenüber in der V. (im Vorteil); **b)** *Spieler, der zuerst ausspielt.* **3.** *Vorderbeine u. vorderer [Körper]teil von größeren Säugetieren, bes. von Pferden:* es (= das Pferd) geht also mit der Hinterhand auf den Hufschlag, wäh-

rend man die V. einen Schritt in die Bahn führt (Dwinger, Erde 149). **vor|han|den** ⟨Adj.⟩ [eigtl. = vor den Händen]: *existierend, als existierend feststellbar:* -e Mängel beseitigen; die [noch] -en Vorräte, Lebensmittel; noch anzuschaffende und bereits -e Möbel; weil ein nach ihr gebildetes Parlament ein Spiegelbild der -en gesellschaftlichen Kräfte darstelle (Fraenkel, Staat 361); Schlafsäcke, soweit v., bitte mitbringen; Ein Wesen, einmal v., so stark wie er, konnte durch keinen Tod zum Verstummen gebracht werden (A. Zweig, Grischa 403); die Gefahren sind unleugbar v.; für jmdn. nicht mehr v. sein (ugs.; *von jmdm. nicht mehr beachtet werden*); **Vor|han|den|sein**, das; -s: *das Existentsein:* V. oder Fehlen des Auftakts ... und Reimfolge bestimmen jeweils die Art der Knittelverse (Seidler, Stilistik 228). **Vor|hand|schlag**, der; -[e]s, -schläge (Sport, bes. [Tisch]tennis): *Schlag mit der Vorhand.* **Vor|hang**, der; -[e]s, Vorhänge [mhd. vor-, vürhanc]: **a)** *größere Stoffbahn, die vor etw. (einen Gegenstand, einen Raum) gehängt wird, um es zu verdecken, abzuschließen:* schwere, samtene Vorhänge; Die Vorhänge bauschten sich leise an den geöffneten Fenstern (Baum, Paris 81); zwischen den Türen waren jene luftigen Vorhänge aus Rohr und bunten Perlenschnüren befestigt (Th. Mann, Krull 13); den V. aufziehen, zuziehen, zurückschieben, schließen; sich hinter dem V. verstecken; zwischen den Vorhängen durchgucken; Ü die blühenden Städte des Schwarzen Meeres verschwanden hinter einem V. aus Feuer (Ransmayr, Welt 261); In den V. ihrer Haare mische ich: ... (Stern, Mann 284); **b)** *die Bühne, das Podium (gegen den Zuschauerraum) abschließender großer Vorhang (a):* der V. geht auf, hebt sich, senkt sich, fällt; in fünf Minuten ist V. (Theater Jargon; *ist die Vorstellung zu Ende*); die Schauspieler traten immer wieder vor den V./(Theater Jargon:) bekamen viele V. nach siebzehn Vorhängen (*nachdem sich noch siebzehnmal dem applaudierenden Publikum gezeigt hatten*) warteten Felsner-Imbs ... und ich vor Jennys Garderobe (Grass, Hundejahre 340); Ü Erst wenn ... die Gestalt dieser Welt vergangen sein wird, wenn also der V. über diesem Welttheater fällt ... (Thielicke, Ich glaube 89); * *der eiserne V.* (Theater; *feuersicherer Abschluß der Bühne gegen den Zuschauerraum;* wohl LÜ von engl. *iron curtain*); *der Eiserne V.* (Politik früher; *[in Westeuropa] Grenze zum Osten 3);* die die Einblicknahme in die östlichen Verhältnisse auf Grund entsprechender Maßnahmen, Verhaltensweisen verhinderte; seit 1945/46 weitere Verbreitung bes. durch Reden W. Churchills); **c)** (landsch. veraltend) *Gardine:* durch den V. gucken; **Vor|hang|bo|gen**, der (Archit.): *bes. in der Spätgotik vorkommender Bogen mit konvexen Bogenlinien;* ¹**vor|hän|gen** ⟨st. V.; hat⟩: **a)** (landsch.) *vorgucken (2);* **b)** (ugs.) *nach vorn hängen:* Er saß da mit vorhängendem Kopf (Apitz, Wölfe 38); ²**vor-**

hän|gen ⟨sw. V.; hat⟩: *etw. vor etw., jmdn. hängen:* eine Decke v.; die Türkette v.; er hängte dem Pferd den Futterbeutel vor; der Bettler hatte sich ein Schild vorgehängt; ... die ... Übernahme des Stahlbetonriesen mit vorgehängter (Fachspr.; *vor den tragenden Wänden angebrachter*) Fassade (Saarbr. Zeitung 12./13. 7. 80, 17); **Vor|hän|ge|schloß**, das: *Schloß mit einem Bügel, der sich mit einem Schlüssel öffnen u. schließen läßt u. zum Verschließen von etw. in eine Krampe o. ä. eingehängt wird; [An]hängeschloß;* **Vor|hang|stan|ge**, die: vgl. Gardinenstange (a, b); **Vor|hang|stoff**, der: *Stoff für Vorhänge.* **Vor|haus**, das; -es, Vorhäuser [mhd. vorhūs, ahd. furihūs = Vorbau] (landsch., bes. österr.): *Hausflur, Einfahrt* (2 a): als ich durch die breite V. über die Holztreppe ins untere V. ging (Innerhofer, Schattseite 9). **Vor|haut**, die; -, Vorhäute [LÜ von lat. praeputium]: *(bewegliche) Haut, die die Eichel des Penis umhüllt:* So einen richtigen Blumenkohlsträußel von V. habe Helmut vor der Mündung gehabt (M. Walser, Pferd 51); Ü Die DKP ist die V. der Arbeiterklasse; wenn's ernst wird, zieht sie sich zurück (Spiegel 40, 1981, 226); **Vor|haut|bänd|chen**, das: *Frenulum* (2); **Vor|haut|ent|zün|dung**, die: *Posthitis;* **Vor|haut|ver|en|gung**, die: *Phimose.* **vor|hei|zen** ⟨sw. V.; hat⟩: *vor der eigentlichen Benutzung erwärmen, [auf]heizen:* das Auto v.; den Auflauf im vorgeheizten Ofen bei 220 Grad 30 Minuten backen. ◆ **Vor|hemd|chen**, das; -s, -: *über dem Hemd zur Zierde getragenes, hemdbrustartiges Kleidungsstück:* so ging er ... über die Gasse und holte sich bei der Wäscherin das frische Hemd und das geglättete V. (Keller, Kammacher 206). **vor|her** [auch: ´- –] ⟨Adv.⟩: *vor einem bestimmten, diesem Zeitpunkt, Ereignis, Geschehen:* natürlich darfst du das, aber v. mach bitte noch deine Hausaufgaben; wollen wir gleich zum Essen gehen oder v. noch einen Aperitif nehmen?; das ist drei Wochen, lange, Tage, kurz v. passiert; am Abend v.; ich hatte sie v. noch nie gesehen; das wußte ich v. auch schon; das hättest du dir v. überlegen müssen; Alles umgestülpt, denkt er, nichts ist wie v. (Loest, Pistole 177); Das hat ihn mehr gefreut als alles v. und nachher (Wimschneider, Herbstmilch 134); ⟨subst.:⟩ Ein Windstoß, der in der Luft kein Vorher und kein Nachher hatte, fuhr über alles hin (Stern, Mann 250); **vor|her|be|rech|nen** ⟨sw. V.; hat⟩: *etw. im voraus berechnen;* **vor|her|be|stim|men** ⟨sw. V.; hat⟩: *im voraus bestimmen:* ⟨meist im 2. Part.:⟩ ein vorherbestimmtes Leben; Daher würden die Engel ... und die Menschen ... in den Zustand der wilden und zahmen Tiere zurückfallen ... und auf den Stand der Sterne, deren Bahnen vorherbestimmt sind (Stern, Mann 110); **Vor|her|be|stim|mung**, die ⟨o. Pl.⟩ (Theol.): *Prädestination:* ... auf dogmatische Fragen über die Gnade und V. (Ranke-Heinemann, Eunuchen 274); **vor|her|ge|hen** ⟨unr. V.; ist⟩: *früher als etw. anderes stattfinden,*

vorherig

ablaufen; sich vor einem bestimmten Zeitpunkt ereignen: Ereignisse, die dem Vorfall vorhergingen; Drei Generationen sind es nun schon, die meine ebensosehr wie die vorhergehende und die nachfolgende (K. Mann, Wendepunkt 102); ... wo ich im vorhergegangenen Jahr eine Woche zugebracht hatte (Kaschnitz, Wohin 109); das Vorhergehende *(oben Gesagte)*/vorhergehende *(obige);* im vorhergehenden *(weiter oben)* habe ich die These entwickelt, daß ...; **vor|he|rig** [auch: '- - -] ⟨Adj.⟩: *vorhergehend, vorher erfolgend:* am -en Abend; nach -er Anmeldung, Vereinbarung; Wir spielten dieses Spiel ohne -e Proben, als könnten wir es auswendig (Remarque, Obelisk 47); Danach stellte er die Hartfaserplatte wieder an ihren -en Platz (Bastian, Brut 156); mit dem -en *(früheren)* Superintendenten des Bezirks Tolna-Baranya (Vaterland 1. 8. 84, 24). **Vor|herr/schaft**, die; -: *[wirtschaftliche, politische, militärische] Macht, die so groß ist, daß andere von dieser Macht abhängig, ihr unterworfen sind; Vormachtstellung:* nach V. streben; um die V. kämpfen; Die Diskussion über die intellektuelle V. der Männer (Wohngruppe 104); **vor|herr|schen** ⟨sw. V.; hat⟩: *am stärksten in Erscheinung treten; überwiegen:* Im Küstenbereich herrscht eine Salzbuschvegetation vor (natur 3, 1991, 32); die vorherrschende Meinung; In abgelegenen Gegenden Sibiriens ist auch heute noch das Holz das vorherrschende Baumaterial (Berger, Augenblick 136); Eine staatsbejahende Gesinnung ist im Mittelstand vorherrschend (Fraenkel, Staat 198). **vor|her|sag|bar** ⟨Adj.⟩: *sich vorhersagen lassend:* Erdbeben sind schwer, nicht, kaum, nur bedingt v.; **Vor|her|sa|ge**, die: *etw., was jmd. sagt in bezug auf etw., was sich zukünftig ereignen od. darauf, wie etw. in nächster Zeit verlaufen wird:* langfristige -n; die V. des Wetters, von Gewittern, von Vulkanausbrüchen; ... und nun die V. *(Wettervorhersage)* für morgen, Donnerstag, den 15. Mai; ...; ihre -n haben sich [nicht] bestätigt, erfüllt; Eine V. über die Durchsetzbarkeit und Annehmbarkeit neuer Wörter ist nur in Ausnahmefällen möglich (Bausinger, Deutsch 96); **Vor|her|sa|ge|ge|biet**, das (Met.): *Gebiet, auf das sich eine Wettervorhersage bezieht;* **vor|her|sa|gen** ⟨sw. V.; hat⟩: *im voraus sagen, wie etw. verlaufen, ausgehen wird:* das Wetter, ein Gewitter, ein Erdbeben v.; derartige Naturkatastrophen lassen sich nicht v.; ich kann dir die Folgen v.; Es werde das, meinte Kuckuck v. zu sollen, nur langsam vonstatten gehen (Th. Mann, Krull 427); ... mit jener Leidenschaft, mit der Naso den Untergang vorhergesagt hatte (Ransmayr, Welt 162); **vor|her|seh|bar** ⟨Adj.⟩: vgl. vorhersagbar: So selbstbezogen sie auch sein mochte, ihre -sten Gefühle waren doch die der Bewunderung ..., des Mitleids (Sontag [Übers.], Liebhaber 217); das war [nicht] v.; **Vor|her|seh|bar|keit**, die; -: *das Vorhersehbarsein:* Ohne alle Regel und V. verschwand und erschien diese Fregatte in den Häfen (Ransmayr, Welt 204); **vor|her|se|hen** ⟨st. V.; hat⟩: *im voraus erkennen, wissen, wie etw. verlaufen, ausgehen wird:* sie hat die Katastrophe als einzige vorhergesehen; die Niederlage ließ sich nicht v.; Der längst vorhergesehene Zusammenbruch des Konzils war ihr gleichgültig (Musil, Mann 1036). **vor|heu|cheln** ⟨sw. V.; hat⟩ (ugs. abwertend); vgl. vorlügen: jmdm. Mitleid v.; er heuchelt dir doch nur was vor. **vor|heu|len** ⟨sw. V.; hat⟩ (ugs.): *vor jmdm. [heftig weinend] laut klagen:* Der einzige, dem ich auch immer was hatte v. können (Christiane, Zoo 208). **Vor|hieb**, der; -[e]s, -e (Fechten): *Hieb od. Stoß, der vor dem Schlag des Gegners seinen Angriff trifft.* **vor|hin** [auch: -'-] ⟨Adv.⟩: *gerade eben; vor wenigen Minuten, Stunden:* sie sprachen [gerade] v. davon; Vielleicht hab' ich auch Angst. Vorhin, vor der Messe, da hatte ich welche (Grass, Katz 161); es ist der Flachskopf von v. (Remarque, Westen 56); Jetzt ist es eine Stute, die wir jagen. Sie ist geschickter als der Hengst v. (Grzimek, Serengeti 153); **vor|hin|ein** ⟨Adv.⟩: in der Fügung **im v.** (bes. österr.): *schon vorher; im voraus):* zu einem im v. fixierten Preis (Wochenpresse 43, 1983, 28); er hätte etwas vorzubringen, wofür er sich schon im v. entschuldigen müsse (Mayröcker, Herzzerreißende 70). **Vor|hof**, der; -[e]s, Vorhöfe: **1.** (Med.) **a)** *durch die Herzklappe mit der Herzkammer verbundener Teil des Herzens, in den das Blut zuerst einfließt; Vorkammer:* der linke V.; **b)** *Vestibulum.* **2.** *vor einem Gebäude gelegener Hof:* der V. einer Burg; den prachtvollen V. umgibt eine säulenreiche Kolonnade (Menzel, Herren 49); Ü Die Welt war wohl doch nichts anderes als ein V. der Hölle (Strittmatter, Wundertäter 270); wir befinden uns erst im V. zu einer unerhörten Begegnung (Strauß, Niemand 77); **Vor|hof|flat|tern**, das; -s (Med.): *Herzrhythmusstörung durch überhöhte Frequenz;* **Vor|hof|flim|mern**, das; -s (Med.): *Herzrhythmusstörung durch stark überhöhte u. unregelmäßige Frequenz.* **Vor|hol|ler**, der; -s, - (Waffent.): *bei Geschützen Vorrichtung, die das beim Abfeuern eines Schusses zurücklaufende Rohr wieder in die Ausgangslage bringt.* **Vor|höl|le**, die; -, -[e]s, -e (kath. Theol.): *(nach heute umstrittener Lehre) Aufenthaltsort für Menschen, die vor Christi Geburt gelebt haben u. deshalb nicht christlich sein konnten, sowie für ungetauft gestorbene Kinder; Limbus:* Ü Schreibend errichtete er ... eine V., in der er sich brennend zu reinigen hoffte. Aber es reichte ihm nur zum Papst (Stern, Mann 284). **Vor|hut**, die; -, -en [zu ↑²Hut] (Milit.): *Teil der Truppe, der vorausgeschickt wird, um den Vormarsch zu sichern:* Konnte mit täglich mit dem Eintreffen der ersten amerikanischen -en gerechnet werden? (Apitz, Wölfe 307); Ü Vor meinen Augen strömte sie an ..., die V. der Flüchtlinge (Seghers, Transit 71); Deine Partei wandelt sich ... zur „Partei neuen Typus", ... und du ... ballst die Faust gegen die V. der Arbeiterklasse? (Bieler, Bär 232); 17 Fahrer vereinten sich früh zu einer V. (Sport; *dem Feld vorausfahrenden Gruppe),* welche das Feld ... um mehr als sechs Minuten distanzierte (NZZ 24. 8. 83, 29). **vo|rig** ⟨Adj.⟩ [1: spätmhd. voric]: **1.** *dem Genannten unmittelbar vorausgegangen:* -e Woche; -en Dienstag; -e Weihnachten; im -en Jahrhundert; am letzten Tag -en Monats, Jahres (Abk.: v. M., v. J.)/des -en Monats, Jahres; dieser Versuch war erfolgreicher als der -e; daß sie in ihrer -en Inkarnation eine erfolgreiche Kurtisane am Hofe des Louis XVI. gewesen sei (K. Mann, Wendepunkt 127); obwohl er doch schon mehrere (= meiner Abschiedsbriefe) geschrieben habe bei -en *(früheren)* Gelegenheiten (Heym, Schwarzenberg 27); wie im -en *(veraltend; weiter oben)* bereits gesagt; ⟨subst.:⟩ das Vorige (Theater, in Bühnenanweisungen; *die vorigen Ausführungen);* die Vorigen (Theater, in Bühnenanweisungen; *die bereits in der vorhergehenden Szene vorkommenden Personen).* **2.** (schweiz.) *übrig:* etw. v. lassen; ich bin v. **vor|in|do|ger|ma|nisch** ⟨Adj.⟩: *vor der Zeit der Indogermanen.* **vor|in|du|stri|ell** ⟨Adj.⟩: *vor der Industrialisierung [gegeben, üblich]:* -e Strukturen; in -er Zeit; dann müßte die landwirtschaftliche Produktion ... wieder auf das -e Niveau zurückfallen (Gruhl, Planet 82). **Vor|in|for|ma|ti|on**, die; -, -en: **1.** ⟨o. Pl.⟩ *vorherige Information* (1): Als nützlich erweise sich dabei auch eine V. anhand der Broschüren über die verschiedenen Ausbildungsgänge (Saarbr. Zeitung 10. 7. 80, 17). **2.** *Vorwissen, Vorkenntnis[se]:* die Redakteure setzen beim Zuschauer zuviel V. ... voraus (Hörzu 9, 1982, 13); **vor|in|for|mie|ren** ⟨sw. V.; hat⟩: *vorher, im voraus informieren.* **Vor|in|stanz**, die; -, -en (Rechtsspr.): *vorige, frühere Instanz:* die -en hatten die Klage abgewiesen. **Vor|jahr**, das; -[e]s, -e: *voriges, vorhergehendes Jahr:* gegenüber dem V. ist eine Steigerung zu verzeichnen; Tulla durfte drei Lose ziehen, weil sie schon mal, im V., eine ... Gans gezogen hatte (Grass, Hundejahre 232); Wie in den -en werden ... Produkte aus dem DEFA-Studio ... zu sehen sein (NNN 2. 7. 85, o. S.); **Vor|jah|res|er|geb|nis**, das: *Ergebnis des Vorjahres;* **Vor|jah|res|mei|ster**, der (Sport): *Meister des Vorjahres;* **Vor|jah|res|mei|ste|rin**, die (Sport): w. Form zu ↑ Vorjahresmeister; **Vor|jah|res|sieg**, der (Sport): *im Vorjahr errungener Sieg;* **Vor|jah|res|sie|ger**, der (Sport): *Sieger des Vorjahres;* **Vor|jah|res|sie|ge|rin**, die (Sport): w. Form zu ↑ Vorjahressieger; **Vor|jah|res|zeit|raum**, der (bes. Wirtsch.): *bestimmter Zeitraum des Vorjahres;* **vor|jäh|rig** ⟨Adj.⟩: *im Vorjahr stattfindend, sich ereignend], aus dem Vorjahr stammend:* die -e Konferenz; Zu seinen Füßen rauschte das -e Schilf (Hohmann, Engel 227); Er flog eine, wie alle diesjährigen Dohlen, viel besser als die -en (Lorenz, Verhalten I, 47); **Vor|jahrs|er|geb|nis** usw.: ↑ Vorjahresergebnis usw. **vor|jam|mern** ⟨sw. V.; hat⟩ (ugs.): *jammernd* (1 b) *vortragen, erzählen:* ich

weinte und jammerte ihm alles vor (Wimschneider, Herbstmilch 82). **Vor|kal|ku|la|ti|on,** die; -, -en (Kaufmannsspr.): *Berechnung der Kosten od. des Verkaufspreises im voraus.* **Vor|kam|mer,** die; -, -n: *Vorhof* (1 a). **vor|kämp|fen,** sich ⟨sw. V.; hat⟩: *sich nach vorn kämpfen:* die Truppen kämpfen sich weiter nach Süden vor; sich zur Brandstelle v.; Ü Die Amateurspielerin kämpfte sich bis in die Halbfinals vor (NZZ 2. 2. 83, 32); **Vor|kämp|fer,** der; -s, -: *[im Rückblick] jmd., der schon für die Verwirklichung von etw. kämpft, wofür andere sich erst später einsetzen:* ein V. des Sozialismus, des europäischen Gedankens, der Unabhängigkeit, der Gleichberechtigung; Die V. für eine freiheitliche Verfassung (R. v. Weizsäcker, Deutschland 53); **Vor|kämp|fe|rin,** die; -, -nen: w. Form zu ↑ Vorkämpfer: eine indische V. für die Rechte der Frauen (Frankfurter Rundschau 12. 3. 91, 14).
vor|ka|pi|ta|li|stisch ⟨Adj.⟩: *noch nicht kapitalistisch, dem Kapitalismus vorausgehend:* -e Verhältnisse; Und dies gilt vor allen Ländern -er Stufe (Bahro, Alternative 62).
Vor|kas|se, die (Kaufmannsspr.): *Vorauskasse:* Sie ... erbat V. und sagte mir meine Zukunft mit großem Ernst ... voraus (Hörzu 23, 1976, 5); Lieferung nur gegen V.; als sie ... einen fünfstelligen Betrag per V. *(im voraus)* überwiesen (Spiegel 41, 1978, 78).
vor|kau|en ⟨sw. V.; hat⟩: **1.** *jmdm., bes. einem Kleinkind, die Nahrung, die er erhalten soll, vorher zerkauen:* ... entwöhnten die Mütter ihre Kinder dadurch, daß sie ihnen Nahrung vorkauten und ... von Mund zu Mund ... weitergaben (Hörzu 15, 1978, 163). **2.** (ugs.) *jmdm. etw. in allen Details darlegen:* ... zur Bereitschaft, sich Informationen nicht nur servieren, sondern zusätzlich v. zu lassen (Deubzer, Methoden 50); die (= die jungen Lehrer) hielten uns für viel mündiger, als wir waren ... Das kam eben, weil man vorher alles vorgekaut bekommen hatte (Kempowski, Immer 110).
Vor|kauf, der; -[e]s, Vorkäufe (Wirtsch.): *Kauf, der auf Grund eines Vorkaufsrechts getätigt wird;* **Vor|käu|fer,** der; -s, - (Wirtsch.): *jmd., der auf Grund eines Vorkaufsrechts erwirbt;* **Vor|käu|fe|rin,** die; -, -nen (Wirtsch.): w. Form zu ↑ Vorkäufer; **Vor|kaufs|recht,** das (Rechtsspr.): *Recht, etw. Bestimmtes, neues zum Verkauf steht, als erster angeboten zu bekommen.*
Vor|kehr, die; -, -en (schweiz.): *Vorkehrung:* Die Verbandsleitung wurde beauftragt, ... entsprechende -en zu treffen (NZZ 1./2. 5. 83, 20); Auch britische Fachleute halten die heutigen -en für ungenügend (Bund 9. 8. 80, 4); **vor|keh|ren** ⟨sw. V.; hat⟩: **1.** (ugs.) *herauskehren:* den Vorgesetzten, den Chef v.; Er mochte die Moral v., die Kirche davorstellen ..., sie lächelte bei ihrer Antwort ... (Musil, Mann 1297). **2.** (schweiz.) *Vorkehrungen treffen, vorsorglich anordnen:* geeignete Maßnahmen v.; Was gedenkt der Stadtrat gegen ... Versorgungsschwierigkeiten vorzukehren? (NZZ 28. 1. 83, 28); ... um

rechtzeitig v. zu können, wenn sich die Geschichte dramatisch entwickeln sollte (Wochenpresse 13, 1984, 18); **Vor|keh|rung,** die; -, -en ⟨meist Pl.⟩: *Maßnahme zum Schutz, zur Sicherung von etw.:* geeignete, ausreichende -en; Welche -en wird die Deutsche Bundesbahn treffen, um in Zukunft eine bessere Koordinierung ... zu erreichen? (Bundestag 188, 1968, 10158); ... die also unteilhaft der verschwiegenen Freuden waren, welche ich mühelos und ohne jede äußere V. durch einfachen Willensentschluß daraus zog (Th. Mann, Krull 74).
Vor|keim, der; -[e]s, -e (Bot.): *Keim (der Moose u. Farnpflanzen), der sich aus einer Spore entwickelt;* **vor|kei|men** ⟨sw. V.; hat⟩ (Landw.): *Saatgut mit einem bestimmten Verfahren schon vor der Aussaat zum Keimen bringen:* Pflanzkartoffeln früher Sorten werden vorgekeimt (NNN 1. 3. 88, 1).
Vor|kel|ler, der; -s, -: *Raum vor dem eigentlichen Keller.*
Vor|kennt|nis, die; -, -se: *bereits vorhandenes Wissen:* hierfür sind spezielle -se erforderlich; Dies war mir ein Wink, auch ohne sonderliche -se die Verbindung mit den unterirdischen Göttern der Insel aufzunehmen (Carossa, Aufzeichnungen 125).
vor|kla|gen ⟨sw. V.; hat⟩ (ugs.): vgl. vorjammern.
vor|klap|pen ⟨sw. V.; hat⟩: *nach vorn klappen:* zum Aussteigen die Lehne des Vordersitzes v.
vor|klä|ren ⟨sw. V.; hat⟩: *vorab [teilweise] klären:* Der Kanzler scheint aber nicht ... bereit, die Bedingungen des Gipfels v. zu lassen (Spiegel 50, 1977, 21); **Vor|klä|rung,** die; -, -en: *das Vorklären:* Die nordischen Außenminister ... haben mir in der V. ostpolitischer Fragen sehr geholfen (W. Brandt, Begegnungen 207).
vor|kli|nisch ⟨Adj.⟩ (Med.): **1.** *dem klinischen Studium vorhergehend:* die -en Semester. **2.** *(von Krankheiten) noch keine typischen Symptome aufweisend.*
vor|knöp|fen ⟨sw. V.; hat⟩ [wohl eigtl. = jmdn. an den Knöpfen heranziehen u. vor sich hinstellen] (ugs.): **1.** *einem irgendwie Abhängigen gegenüber deutlich seinen Unwillen über dessen Verhalten usw. äußern:* den werde ich mir gleich mal gründlich v; Wir sind sehr dankbar, wenn uns Fehler gemeldet werden. Nur muß das gleich ... geschehen, damit ich mir den Beamten v. kann (MM 24. 4. 67, 4). **2.** *sich jmdm., einer Sache zuwenden, um sich mit ihm, damit energisch zu beschäftigen [sie zu überprüfen, zu bearbeiten, zu zerstören usw.]:* Ist der Keilriemen intakt, sollten Sie sich das Kühlsystem v. (ADAC-Motorwelt 8, 1979, 44); Ich werde mir Safferstein natürlich v., aber ich habe nicht den Schatten eines Beweises (Kemelman [Übers.], Mittwoch 211); „Morgen ...", sagte ein Dritter, „werd' ich mir meine Alte v. ..., echt ohne Gummistrumpf wird da gefickt" (Fels, Sünden 89).
vor|ko|chen ⟨sw. V.; hat⟩: **1.** *eine Mahlzeit durch vorheriges Kochen so zubereiten, daß sie bei Bedarf nur noch warm zu ma-*

chen ist: ein Essen v.; er ... räumt nach Feierabend die Wohnung auf, ... kocht für den nächsten Tag vor ... (Chotjewitz, Friede 10). **2.** *ankochen:* Man kann die Kartoffeln 20 Minuten v. ... und dann ... auf dem Grill backen (e & t 5, 1987, 144).
vor|koh|len ⟨sw. V.; hat⟩ [zu ↑ Kohl (2)] (ugs.): *vorlügen:* Aber es hat natürlich gar keinen Zweck, daß ich Ihnen etwas vorkohle (Fallada, Mann 107).
Vor|kom|man|do, das; -s, -s (Milit.): *Kommando (3 a), das einer nachfolgenden Truppe vorausgeschickt wird:* Sie gehen mit dem V. ab. Um halb ein Uhr stehen Sie hier marschbereit (Kuby, Sieg 363).
vor|kom|men ⟨st. V.; ist⟩ [mhd. vor-, vürkomen, ahd. furiqueman]: **1. a)** *[überraschend] geschehen, sich ereignen, passieren:* ein Irrtum kommt schon einmal vor; daß [mir] so etwas nicht wieder vorkommt!; Gelegentlich kommen allerdings Diebstähle vor (Hofstätter, Gruppendynamik 117); „Das soll v.", sagte Wedelmann zustimmend (Kirst, 08/15, 164); Clarisse musterte ihn mit ... etwas zärtlichem Spott vorkam (Musil, Mann 1191); **b)** *jmdm. [als etw. Neues] begegnen, von jmdm. erfahren werden:* so eine Frechheit ist mir noch selten vorgekommen; So was von Kreuzgang ist mir noch nicht vorgekommen (Th. Mann, Krull 414); Indessen sind mir auch Menschen vorgekommen ..., die das Furchtbare in guter Form überstanden haben (K. Mann, Wendepunkt 444). **2.** *vorhanden sein, sich finden:* der Feuersalamander kommt hier häufig, nur noch vereinzelt, kaum noch vor; diese Pflanze kommt nur im Gebirge vor; das Element kommt in der Natur nur in seinen Verbindungen vor; das Wort kommt in dem Text insgesamt fünfmal vor; die Figur kommt in mehreren seiner Romane vor; eine noch selten vorkommende Krankheit; ⟨subst.:⟩ Typische Gebirgsbewohner unter den Spinnenarten und das Vorkommen der Alpensmaragdlibelle weisen ... auf die Verwandtschaft dieses Lebensraumes mit den Alpen hin (natur 5, 1991, 56). **3.** *von jmdm. so wahrgenommen, empfunden werden; erscheinen* (3): die Sache kommt mir seltsam, verdächtig vor; der Mann, die Melodie kommt mir [irgendwie] bekannt vor; ich kam mir alles vor wie ein Traum; ich kam mir total überflüssig, wie ein Verräter vor; es kam mir vor *(ich hatte das Gefühl),* als ob ich schwebte; aber es kommt mir vor, daß dein zweithöchster Kriegsherr ... nicht ungnädig mit dir umgeht (Musil, Mann 1265); Als ich die Küche betrat, herrschte die Hast, daß ich vorkam, ich müßte weglaufen (Innerhofer, Schattseite 28); du kommst dir wohl sehr schlau vor *(hältst dich wohl für sehr schlau);* das kommt dir nur so vor *(das ist eine Täuschung);* Ob ich Isolde heiße? Wie kommen Sie mir denn vor? (ugs.; *was erlauben Sie sich eigentlich?;* Brot und Salz 194). **4.** *nach vorn kommen:* der Schüler mußte [an die Tafel] v. **5.** *hervorkommen, zum Vorschein kommen:* hinter dem Vorhang, unter dem Sofa v.; zwischen den Steinen kommen Pflanzen vor. **6.** (Jägerspr.) *ins Schußfeld kommen:*

Vorkommen

wenn ein ... Jäger ein Stück Schalenwild krankschießt und dieses danach einem anderen Jäger vorkommt (Jagd 5, 1987, 159); **Vor|kom|men**, das; -s, -: **a)** *an einem Ort vorkommende Anzahl von Pflanzen, Tieren einer Art:* In der Oder-Neiße-Region ... gibt es noch große V. dieser exotisch anmutenden ... Mistkäfer (natur 10, 1991, 16); **b)** *von Natur aus an einem Ort befindliche größere Menge eines Rohstoffs; Lagerstätte:* ergiebige V. von Erdöl entdecken; ein V. erschließen, ausbeuten; **vor|kom|men|den|falls** ⟨Adv.⟩ (Amtsspr.): *falls der Fall eintreten sollte;* **Vor|komm|nis**, das; -ses, -se: **1.** *Vorgang, der aus dem gewöhnlichen Ablauf des Geschehens fällt [u. als etw. Ärgerliches, Unangenehmes o. ä. empfunden wird]:* ein peinliches, skandalöses, bedauerliches V.; Die dramatischen -se in Iran haben die Ereignisse im südlichen Teil Afrikas ... überschattet (Saarbr. Zeitung 22. 12. 79, 3); Zudem war ich völlig allein, was ein seltenes, ja ein einzigartiges V. war *(was selten, ja sonst nie vorkam;* Erh. Kästner, Zeltbuch 47); der Posten meldet keine besonderen -se. **2.** (selten) *Vorkommen* (b): Die -se, welche gegenwärtig durch je eine Grundwasserfassung der Gemeinden Aarwangen und Langenthal genutzt werden ... (Bund 9. 8. 80, 15). **Vor|kost**, die; - (selten): *Vorspeise;* **vor|ko|sten** ⟨sw. V.; hat⟩: **1.** *vorher kosten, probieren:* die Speisen, den Wein v.; ... erhielt Grenouille sein Essen ..., welches der Gefängnisaufseher vorzukosten hatte (Süskind, Parfum 292). **2.** (geh.) *schon im voraus* ¹*kosten* (b): Und auf der Tanzfläche ... dreh'n sich die Paare und bedrängen sich, vorkostend die nächtliche Umarmung (Kaiser, Villa 137); **Vor|ko|ster**, der; -s, -: *jmd., der die Aufgabe hat, die Speisen eines anderen vorzukosten:* Der Herrscher aus dem Morgenland müßte zur Prüfung der Mahlzeiten keinen V. mit an den Rhein bringen (Welt 3. 7. 90, 22); **Vor|ko|ste|rin**, die; -, -nen: w. Form zu ↑ Vorkoster.

vor|kra|gen ⟨sw. V.; hat⟩ [zu ↑ Krage] (Archit.): **a)** *herausragen, vorspringen:* das obere Geschoß kragt [ein Stück] vor; gelangweilt von den Ausführungen einer Frau Demus-Quatember über vorkragende Etruskergräber (Gregor-Dellin, Traumbuch 78); Ü Das Gebiet, das sie umwandern wollen, ist ein abgeflachter, ins Meer vorkragender Felsbuckel (Wellershoff, Körper 129); **b)** *herausragen, vorspringen lassen:* ein vorgekragtes Dach; **Vor|kra|gung**, die; -, -en (Archit.): **1.** *das Vorkragen.* **2.** *etw. Vorgekragtes, Vorkragendes.*

Vor|kriegs|ge|ne|ra|ti|on, die: *Generation der Vorkriegszeit;* **Vor|kriegs|jahr**, das: vgl. Vorkriegszeit: in den letzten -en; **Vor|kriegs|wa|re**, die: *Ware aus der Vorkriegszeit:* Es ist noch V., sagte er beim Eingießen (Bienek, Erde 95); **Vor|kriegs|zeit**, die: *Zeit [kurz] vor Kriegsausbruch:* der (- der Konservenöffner) stammt noch aus -en (Hilsenrath, Nazi 93); Wir leben nicht in einer Nachkriegs-, sondern in einer V. (Spiegel 3, 1983, 98).

vor|küh|len ⟨sw. V.; hat⟩: *vorher kühlen:* Eine Glasschüssel im Gefriergerät v. (e & t 7, 1987, 58).

vor|kul|ti|vie|ren ⟨sw. V.; hat⟩ (Landw., Gartenbau): *zunächst im Frühbeet, Treibhaus o. ä. kultivieren:* ... jede Menge Einjahresblumen, solche, die ... an Ort und Stelle gesät werden können, und andere, die vorkultiviert werden müssen (RNZ 5. 3. 88, Beilage Garten); **Vor|kul|tur**, die; -, -en (Landw., Gartenbau): *das Vorkultivieren:* mit der V. der Pflanzen beginnen, noch warten.

Vor|kurs, der; -es, -e, **Vor|kur|sus**, der; -, ...kurse: *vorbereitender Kurs[us].*

vor|la|den ⟨st. V.; hat⟩ [mhd. vorladen, ahd. furiladōn]: *jmdn. auffordern, zu einem bestimmten Zweck bei einer offiziellen, übergeordneten Stelle, bes. vor Gericht, zu erscheinen:* jmdn. zu einer gerichtlichen Untersuchung v.; er wurde als Zeuge vorgeladen; Herms wurde in ein Direktionsbüro vorgeladen (Hartung, Junitag 49); **Vor|la|dung**, die; -, -en: **a)** *das Vorladen:* jmds. V. beantragen; Da er eine V. zur Gestapo befürchtete ... (Hilsenrath, Nacht 504); **b)** *Mitteilung, daß der beinhaltet, daß jmd. vorgeladen ist:* jmdm. eine V. schicken; eine gerichtliche V., eine V. vom Gericht bekommen.

Vor|la|ge, die; -, -n: **1.** ⟨o. Pl.⟩ *das Vorlegen* (1): der Betrag ist zahlbar bei V. [des Schecks]; die Karten werden nur gegen V. eines Ausweises ausgehändigt; eine Bescheinigung zur V. beim Finanzamt. **2.** (bes. von Gesetzen) *Entwurf, der [einer beratenden Körperschaft] zur Beschlußfassung vorgelegt wird:* eine V. für ein neues Gesetz ausarbeiten, einbringen, beraten, ablehnen; die Opposition stimmte der V. zu. **3. a)** *etw., was bei der Anfertigung von etw. als Muster, Grundlage, Modell o. ä. dient:* eine V. zum Stricken; etw. als V. benutzen; sich genau an die V. halten; nach einer V., ohne V. zeichnen; ... unterscheidet sich auch der Buchmalerei Italiens vielfach von ihren byzantinischen -n (Bild. Kunst III, 88); seine „Erschießung von Straßenkämpfern" ... hat bekanntlich Manet bei seiner „Exécution de l'empereur Maximilian" zur V. gedient (Friedell, Aufklärung 280); **b)** (Druckw.) *Original, nach dem die Druckform hergestellt wird.* **4.** (Ballspiele, bes. Fußball) *Paß* (3), *der einen Torschuß einleiten soll:* eine präzise V., eine V. geben, aufnehmen, verwandeln. **5.** ⟨o. Pl.⟩ **a)** (Rudern) *Auslage* (3 c); **b)** (bes. Ski) *Neigung des Körpers nach vorn, vorgebeugte Haltung des Oberkörpers [bei der Abfahrt]:* mit leichter V. laufen; in die V. gehen; ihr müßt euch ... nach dem Verlassen der Schanzentisches sofort in eine sehr weite V. hineinschieben (Maegerlein, Piste 39). **6.** (Archit.) *Pfeiler, Säule, Bogen o. ä. zur Verstärkung od. Gliederung einer Mauer, Wand o. ä.* **7.** (Chemie, Hüttenw.) *Gefäß, das bei einer Destillation das Destillat auffängt.* **8.** (Kaufmannsspr.) *vorgestreckte Geldsumme:* eine V. von 5 000 Mark erbringen; *etw. in V. bringen (etw. vorstrecken); in V. treten (einen Betrag vorstrecken):* Notwendige Reparaturen ... werden ... direkt ... reguliert, so daß der Fahrzeughalter nicht in V. treten muß (Augsburger All-

gemeine 13./14. 5. 78, XI). **9.** (landsch.) *Vorleger.*

vor|la|men|tie|ren ⟨sw. V.; hat⟩ (ugs.): vgl. vorjammern: jmdm. etw. v.; Fast jeden Tag lamentierte ihm die Frau (Kühn, Zeit 112).

Vor|land, das; -[e]s: **1.** *Gebiet, Landschaft vor einem Gebirge:* auf der seewärtigen Flanke eines Hügels im V. der Murge, die ein mittelhoher Gebirgszug ist (Stern, Mann 39). **2.** *Deichvorland.*

vor|las|sen ⟨st. V.; hat⟩: **1.** (ugs.) **a)** *beim Warten damit einverstanden sein, daß jmd., der später gekommen ist, früher als man selbst an die Reihe kommt:* Häufig brauche ich nicht anzustehen, weil man mich bereitwilligst vorläßt, beim Friseur, auf Bahnhöfen oder in Geschäften (Leonhard, Revolution 137); **b)** *jmdn. passieren, überholen lassen:* einen schnelleren Läufer v. **2.** *jmdm. eine Unterredung o. ä. gewähren, in einer amtlichen Angelegenheit empfangen:* bei jmdm. vorgelassen werden; man ließ ihn sofort, nicht vor.

vor|la|stig ⟨Adj.⟩: *vorderlastig:* das Boot war stark v. geworden (Ott, Haie 234).

Vor|lauf, der; -[e]s, Vorläufe: **1.** (Chemie) *(bei der Destillation) das erste Destillat.* **2.** (Sport, bes. Leichtathletik) *erster Lauf um die Qualifikation für die weitere Teilnahme am Wettbewerb:* den V. gewinnen; oft kamen Felder von fünfzig oder sechzig Fahrern zusammen, die dann in Vorläufen aussortiert wurden (Frankenberg, Fahrer 129); Ü Die vorgezogene Urabstimmung ... dient .... als V. für die übrigen Abstimmungen (Saarbr. Zeitung 4. 12. 79, 1). **3.** ⟨o. Pl.⟩ (bes. ehem. DDR) *zur Orientierung, Vorbereitung usw. einem Projekt, Vorhaben vorausgeschickte, vorauslaufende Arbeit, Produktion, Forschung o. ä.:* einen guten V. haben; einen ausreichenden wissenschaftlichen V. schaffen; Der Auftrag lautete, ... Akzente für die Erneuerung des Sozialismus zu setzen. Geistigen V. gab es praktisch nicht (Freie Presse 30. 11. 89, 3); Fundamente für 200 Wohnungen haben wir im V. (Freiheit 24. 6. 78, 3); So konnte ... der Plan ... mit 100,3 Prozent erfüllt und im V. *(Überschuß)* von 64,4 Millionen Mark erreicht werden (Freiheit 30. 6. 78, 1); Wer ein Spektakel wie die Bundesgartenschau ... inszenieren will, braucht sechs Jahre V. (*Vorlaufzeit;* Rheinische Post 12. 5. 84, 3). **4.** (Fachspr.) **a)** *das beschleunigte Vorwärtslaufen eines Tonbands, Films o. ä.:* das Band im [schnellen] V. umspulen; **b)** *Funktion eines Geräts, das einen Vorlauf* (4 a) *ermöglicht:* der [schnelle] V. ist kaputt. **5.** *ohne Anwendung von mechanischem Druck aus der Kelter ablaufender Most;* **vor|lau|fen** ⟨st. V.⟩ (ugs.): **1.** *nach vorn laufen* ⟨ist⟩. **2.** *vorauslaufen* ⟨ist⟩. **3.** *laufend, bes. auf Schlittschuhen, Rollschuhen, vorführen* ⟨hat⟩: jmdm. eine [Eiskunstlauf]figur, eine Kür v.; **Vor|läu|fer**, der; -s, -: **1.** *jmd., dessen Schaffen, etw., was eine bestimmte, später entwickelte eod. Form, ein später auftretendes Ereignis o. ä. in den Grundzügen bereits erkennen läßt, für eine spätere Entwicklung wegbereitend ist:* er ist ein V. des Expressionismus; er erkennt in dem Autor des „Verbrechers aus verlorener

Ehre" einen V. Kleists (Reich-Ranicki, Th. Mann 71); dieses Preußentum ... war der V. von Hitlers Ideen (Loest, Pistole 54); daß die Instikthandlung der phylogenetische V. der erlernten ... Verhaltensweise sei (Lorenz, Verhalten I, 312). **2.** (Ski) *Läufer, der vor dem Wettbewerb die Strecke (zur Kontrolle) läuft, fährt.* **3.** (landsch.) *Zug, der zur Entlastung vor dem fahrplanmäßigen Zug verkehrt.* **4.** (Färberei) *Stoffstreifen am Anfang u. am Ende der Bahn eines Gewebes;* **Vor|läu|fe|rin,** die; -, -nen: w. Form zu ↑Vorläufer (1, 2); **vor|läu|fig** ⟨Adj.⟩: *nicht endgültig, aber bis auf weiteres so [bestehend, verlaufend]; erst einmal, zunächst, fürs erste:* eine -e Lösung, Regelung, Genehmigung; das ist nur ein -er Zustand; das -e amtliche Endergebnis der Wahl; hier ist die Adresse Ihrer -en Wohnung (Leonhard, Revolution 149); v. wird sich daran nichts ändern; das reicht v.; du kannst v. bei mir wohnen; die Polizei nahm einige Personen v. fest; Herr Stürzli ... saß ... an seinem Schreibtisch, ohne mir v. Beachtung zu schenken (Th. Mann, Krull 169); **Vor|läu|fig|keit,** die; -, -en: **1.** ⟨o. Pl.⟩ *das Vorläufigsein:* ein Mensch, ..., der sich zufriedengibt mit der eigenen V., ohne die moderne Folgerung, nun sei auch seine Würde dahin (Höhler, Glück 97). **2.** *etw. Vorläufiges;* **Vor|laufs|zeit, Vor|lauf|zeit,** die: *Zeit, die man braucht, um die zur Verwirklichung eines Projekts nötigen Voraussetzungen, einen Vorlauf (3) zu schaffen:* wegen der langen Vorlaufzeiten aller neuen Kraftwerksvorhaben (Saarbr. Zeitung 29./30. 12. 79, 5); wir rechnen für das Projekt mit einer dreijährigen.
vor|laut ⟨Adj.⟩ [urspr. vom Jagdhund, der zu früh anschlägt, also „vor der Zeit laut" wird, dann vom Jäger, der voreilig das Wild erkennen u. beurteilen will]: *(meist von Kindern) sich ohne Zurückhaltung in einer Weise äußernd, einmischend, daß es als unangemessen, frech empfunden wird:* eine Göre; „Bemerkungen machen; Halten Sie gefälligst ihre v. Fresse, Asch! (Kirst, 08/15, 965); „Auch mit der Wahrheit, mein Kind", tadelte ... die geborene da Cruz, „darf man nicht v. sein" (Th. Mann, Krull 337); v. dazwischenreden; Ü Sie nahm den Geruch ihres -en *(aufdringlichen)* Parfüms mit (Grass, Unkenrufe 14).
vor|le|ben ⟨sw. V.; hat⟩: *durch seine Art u. Weise zu leben ein Beispiel für etw. geben:* der Jugend Toleranz v.; Wenn nur nicht die Afrikaner ... den Rassenhaß lernen, den wir Europäer so schön vorgelebt haben (Grzimek, Serengeti 175); wo sie in Mönchszellen schliefen ... und eine Form christlicher Bruderschaft vorlebten (Fest, Im Gegenlicht 304); Die Cochstetter ... leben vor, was sie von der Jugend erwarten (Freiheit 21. 6. 78, 5); **Vor|le|ben,** das; -s: *jmds. Vergangenheit:* Daß er zum Stifter einer Religion wurde, verhinderte eigentlich nur sein übles V. (Thieß, Reich 185); jmds. V. unter die Lupe nehmen; daß die Ausleuchtung des -s Ihres Mandanten vor allem auch in seinem allereigensten Interesse ist (Ziegler, Kein Recht 263).
Vor|le|ge|be|steck, das: *Besteck zum Vorlegen* (3 a) *von Speisen;* **Vor|le|ge|ga|bel,** die: vgl. Vorlegebesteck; **Vor|le|ge|löf|fel,** der: vgl. Vorlegebesteck; **Vor|le|ge|mes|ser,** das: *Messer zum Zerteilen von Fleisch o. ä. vor dem Servieren;* **vor|le|gen** ⟨sw. V.; hat⟩: **1.** *etw. vor jmdn. zur Ansicht, Begutachtung, Bearbeitung o. ä. hinlegen:* seinen Ausweis, Zeugnisse v. müssen; jmdm. einen Brief, Vertrag zur Unterschrift v.; die Verteidigung will [dem Gericht] neues Beweismaterial v.; Das Gesuch hatte bei höchster Stelle vorgelegt werden müssen (Gaiser, Jagd 126); Sie (= die Post) mußte dem Kommandanten zur Zensur vorgelegt werden (Ott, Haie 237); dem Kunden mehrere Muster, Stoffe v. **2. a)** *etw. schriftlich Ausgearbeitetes unterbreiten, damit darüber Beschluß gefaßt wird:* der Minister legt dem Parlament das Budget vor; einen Gesetzesentwurf v.; (verblaßt:) jmdm., sich selbst eine Frage v.; **b)** *der Öffentlichkeit zeigen, vorweisen; veröffentlichen:* der Autor, den Verlag hat ein neues Buch vorgelegt; darum sind die hier vorgelegten Aufsätze gegenüber der Bonner Auffassung eher kritisch (Dönhoff, Ära 133); Buchanan und Cantril legen in ihrem Buch ... die Ergebnisse von Befragungen vor, die ... (Hofstätter, Gruppendynamik 103). **3. a)** (geh.) *jmdm. die auf Platten, in Schüsseln aufgetragenen Speisen auf den Teller legen:* jmdm., sich Gemüse, ein Stück Braten v.; weil der Vater mir vorgelegt hatte vom Zicklein (Th. Mann, Joseph 78); Willst du nicht endlich v., Marie? (Fussenegger, Haus 46); **b)** *(Tieren) Futter hinlegen:* der Friedrich ... war gerade dabei, jedem Gaul eine kleinen Armvoll Heu vorzulegen (Fallada, Herr 114). **4.** *etw. zur Sicherung, Befestigung vor etw. legen, anbringen:* einen Bremsklotz v.; eine Kette, einen Riegel v. *(die Tür mit einer Sicherheitskette, einem Riegel verschließen).* **5.** ⟨v. + sich⟩ *den Oberkörper nach vorn neigen, sich vorbeugen* (1): Sjoukje legte sich zu weit vor, stürzte und ... (Maegerlein, Triumph 139). **6.** *(Ballspiele, bes. Fußball) eine Vorlage* (4) *geben:* ich legte ihm den Puck vor; er legte sich den Ball [selbst] vor und schoß aus vollem Lauf ein; Ü ... ihm nicht ... durch unnötige Geschwätzigkeit solche Flanken vorzulegen, daß er nur noch den Fuß hinzuhalten brauchte, und schon ist es im Tor (Becker, Irreführung 9). **7.** (verblaßt in Verbindung mit einem Subst., das eine bestimmte Geschwindigkeit ausdrückt:) *eine Leistung in einem Wettkampf, Wettbewerb gleich zu Beginn erzielen, erreichen, die dann als Maßstab dient:* ein scharfes Tempo v.; Christine Goitschel ... legte im zweiten Durchgang ... eine Zeit von 46,01 Sekunden vor (Olymp. Spiele 1964, 18); Eigentlich finde ich es ganz gut, daß ich vor ihr starte, denn dann kann ich v. (NNN 27. 2. 88, 3); Ü wir legen von selbst ein Mordstempo vor *(arbeiten von uns aus sehr schnell),* um uns innen etwas aufzuwärmen (Wallraff, Ganz unten 89). **8.** (ugs.) *tüchtig essen, sich eine gute Grundlage bes. für den Genuß von Alkohol verschaffen:* etwas Ordentliches v. **9.** *auslegen, vorläufig für jmdn. bezahlen:* eine Summe v.; kannst du mir 20 Mark v.?; **Vor|le|ger,** der; -s, -: *Matte, kleiner Teppich, die bzw. der vor etw. gelegt wird;* **Vor|le|ge|schloß,** das (landsch.): *Vorhängeschloß;* **Vor|le|gung,** die; -, -en: *das Vorlegen* (1, 2).
vor|leh|nen, sich ⟨sw. V.; hat⟩: *sich nach vorn lehnen:* lehn dich nicht zu weit vor, du fällst sonst runter; daß ich beim Wagen hinter ihm die Bompard sich interessiert vorlehnte und der Menge wiederum lächelnd zunickte (Maass, Gouffé 218).
Vor|lei|stung, die; -, -en: *Leistung, die im Hinblick auf eine erwartete od. in Aussicht gestellte Gegenleistung im voraus erbracht wird:* -en erbringen; Sowohl Kanzler Helmut Schmidt als auch ... Genscher verlangen als V. der Palästinenser die Anerkennung der Existenzberechtigung Israels (Capital 2, 1980, 13).
vor|le|sen ⟨st. V.; hat⟩: *etw. (Geschriebenes, Gedrucktes) [für jmdn.] laut lesen:* etw. laut v.; jmdm. einen Brief, eine Zeitungsnotiz v.; den Kindern [Geschichten] v.; aus der Bibel, aus eigenen Werken v.; lies mal vor, was auf dem Zettel steht!; hast du nicht gerade etwas von einem Unfall vorgelesen?; Sie las sich das Geschriebene halblaut vor: ... (Handke, Frau 34); vorgelesen, genehmigt, unterschrieben (gerichtliche Formel: Abk.: v., g., u.); **Vor|le|se|pult,** das: *kleines Pult für den Vorlesenden;* **Vor|le|ser,** der; -s, -: *jmd., der vorliest:* der V. hielt inne; er ist ein guter V. *(er kann gut vorlesen);* **Vor|le|se|rin,** die; -, -nen: w. Form zu ↑Vorleser; **Vor|le|se|wett|be|werb,** der: *(von Schülern) Wettbewerb im Vorlesen von Geschichten, Gedichten o. ä.;* **Vor|le|sung,** die; -, -en: **1.** *Lehrveranstaltung an einer Universität, Hochschule, bei der der Professor, Dozent über ein bestimmtes Thema im Zusammenhang vorträgt:* literaturwissenschaftliche, mathematische -en; -en in Archäologie, Biochemie; eine V. halten, hören, besuchen; eine V. *(Vorlesungsreihe)* über Lyrik belegen; in die, zur V. gehen. **2.** ⟨o. Pl.⟩ *das Vorlesen:* Der Sekretär hoffte, er würde den Dichter von der weiteren V. der Novelle von seinen trüben Gedanken ablenken (Bienek, Erde 263); **Vor|le|sungs|be|trieb,** der ⟨o. Pl.⟩: vgl. Lehrbetrieb (2); **vor|le|sungs|frei** ⟨Adj.⟩: vgl. schulfrei: in der -en Zeit; **Vor|le|sungs|ge|bühr,** die: *Gebühr für die belegte Vorlesung;* **Vor|le|sungs|rei|he,** die: *Reihe von Vorlesungen zu einem bestimmten Gegenstand;* **Vor|le|sungs|ver|zeich|nis,** das: *Verzeichnis der in einem Semester an einer Universität gehaltenen Vorlesungen [u. sonstigen Lehrveranstaltungen].*
vor|letzt... ⟨Adj.⟩: **a)** *in der Reihenfolge nicht ganz am Schluß, sondern unmittelbar davor:* die vorletzte Seite; am vorletzten Tag des Festivals, des Monats; im vorletzten Kapitel [des Buches]; er wurde vorletzter; **b)** *dem letzten* (5), *vorigen unmittelbar vorausgehend:* vorletzte Woche; vorletzte Ostern; bei meinem vorletzten Besuch; im vorletzten Jahr; **c)** *außer dem letzten als einziges übriggeblieben:* das ist mein vorletztes Exemplar.
Vor|lie|be, die; -, -n: *besonderes Interesse; ausgeprägte Neigung:* ihre V. galt der Musik; eine besondere V. für etw. haben,

vorliebnehmen

zeigen; Ich entwickle neuerdings eine seltsame V. fürs Bett (Zwerenz, Kopf 201); Stanislaus war vor Jahren aus V. für Pflaumen- und Quarkkuchen unter die Bäcker gegangen (Strittmatter, Wundertäter 337); er liest mit V. Krimis; Herr Friedrich, der voll ist von Wissen über die -n und Abneigungen der Beizvögel, weiß neuen Rat (Stern, Mann 429).
vor|lieb|neh|men ⟨st. V.; hat⟩ [älter für*liebnehmen*, eigtl. = (mangels einer besseren Möglichkeit) als lieb, angenehm akzeptieren]: *sich mangels einer besseren Möglichkeit mit dem begnügen, zufriedengeben, was gerade zur Verfügung steht:* mit dem, was da ist, v.; ... aber der Kollege ist leider verhindert, leider, leider. Wenn Sie noch mal mit mir vorliebnehmen? (Brot und Salz 193); sie (= die Menschen) suchten herum und fanden einander nicht und nahmen vorlieb (Gaiser, Jagd 114).
vor|lie|gen ⟨st. V.; hat; südd., österr., schweiz.: ist⟩: **1. a)** *vorgelegt (2) sein; sich (als Material zur Begutachtung) in jmds. Händen befinden:* das Untersuchungsergebnis liegt [uns] vor; dem Gericht liegen alle Unterlagen vor; der Roman liegt jetzt vor *(ist jetzt erschienen);* die bereits vorliegenden Bände; der vorliegende *(dieser)* Aufsatz, Beitrag; im vorliegenden/in vorliegendem Fall ist zu berücksichtigen, daß ...; vorliegendes prüfen; im vorliegenden *(hier);* das Vorliegende *(diese Ausführungen, dieser Text);* **b)** *als Faktum für eine entsprechende Beurteilung zu erkennen sein; als zu berücksichtigende Tatsache für etw. bestehen:* hier liegt offenbar ein Irrtum vor; es lagen zwingende Gründe vor; ein Verschulden liegt nicht vor; Fluchtgefahr liegt fast immer vor (Mostar, Unschuldig 8); Was liegt sonst noch vor *(was ist sonst noch los)*? (Kirst, 08/15, 466). **2.** (ugs.) *vorgelegt (4) sein:* wegen ihrer Krankheit hat sie ... nicht übergekettet. Gerade heute — sonst liegt die Kette immer vor (Fallada, Jeder 289).
vor|lings ⟨Adv.⟩ [geb. als Ggs. zu ↑*rücklings*] (Turnen): *vorwärts, mit der vorderen Seite des Körpers dem Turngerät zugewandt:* Lockerungsgymnastik: Liegestütze v. ... (Kempowski, Uns 166).
vor|lü|gen ⟨st. V.; hat⟩ (ugs.): *jmdm. etw. erzählen, um ihn glauben zu machen, was nicht den Tatsachen entspricht:* jmdm. etwas, nichts v.; jmdm. v., daß ...; Über Karl will sie sich nichts mehr v. (Tikkanen [Übers.], Mann 55); Die Barfrau hatte ihm inzwischen aus ihrem Leben vorgelogen (Rehn, Nichts 87).
vorm ⟨Präp. + Art.⟩ (ugs.): *vor dem:* v. Fernseher sitzen; v. Frühstück; v. Zubettgehen; Angst v. Fliegen; ... an deiner Seite zu stehen und deinen Titel zu führen und dich v. Volk zu vertreten ... (Th. Mann, Hoheit 109).
vorm. = vormals; vormittags.
vor|ma|chen ⟨sw. V.; hat⟩ (ugs.): **1. a)** *jmdm. zeigen, wie etw. gemacht wird, ihn mit einer bestimmten Fertigkeit vertraut machen:* jmdm. einen Tanzschritt, eine Turnübung v.; jmdm. jeden Handgriff v. müssen; soll ich es dir noch mal v.?; darin macht ihm niemand etwas vor *(er beherrscht das sehr gut);* der war bloß 'n Hilfsdrucker, ... in Wirklichkeit aber konnte er jedem gelernten Drucker was v. *(verstand er sein Handwerk meisterlich;* Brot und Salz 355); **b)** *zeigen, vorführen* (2 d): Zaubertricks v.; mach [uns] doch mal vor, was du heute gelernt hast!; daß er ... den Byzantinern Zirkuskunststücke auf seinem Pferde vormacht (Thieß, Reich 618). **2.** *einen falschen Eindruck erwecken, um jmdn. dadurch zu täuschen:* sie hat ihm etwas vorgemacht; mir kannst du doch nichts v.!; sie läßt sich nichts v.; ich konnte ... ihm v., ich hätte das geforderte Ergebnis wenigstens annähernd erreicht (Th. Mann, Krull 192); wir wollen uns doch nichts v.! *(wir sollten nichts beschönigen, offen zueinander sein);* Ü Was solche Musik uns vormacht, das gibt es nicht ... Es ist eine Illusion (Frisch, Nun singen 113). **3.** *vorlegen* (4): den Riegel, die Kette v.
Vor|macht, die; -, Vormächte: **1.** ⟨o. Pl.⟩ *führende Machtstellung:* die V. der Partei, der Kirche; Die soziale V. beruht auf dem Grundbesitz und auf der Waffenübung (Fraenkel, Staat 31); um die politische V. [im Lande, in Europa] kämpfen. **2.** *eine Vormachtstellung innehabende Macht:* Vormächte lassen so einfach nicht mit sich reden und setzen sich nicht freiwillig mit ihren Gegnern an einen Tisch (Sloterdijk, Kritik 50); als sie (= die Franzosen) nicht bloß die politische, sondern auch die geistige V. Europas waren (Friedell, Aufklärung 206);
Vor|macht|stel|lung, die ⟨o. Pl.⟩: *Vorherrschaft:* die [politische, wirtschaftliche, militärische] V. eines Landes; eine [soziale] V. innehaben; Ü Ford war ... führende Pkw- und Nutzfahrzeugverkäufer in Europa. Vor allem wegen seiner V. in England (auto 2, 1979, 16).
Vor|ma|gen, der (Zool.): *Pansen* (1).
vor|ma|gne|ti|sie|ren ⟨sw. V.; hat⟩ (Elektronik): *(bei der Herstellung von Aufzeichnungen auf Magnetband das Band)* zunächst durch eine hochfrequente Wechselspannung mit konstanter Amplitude magnetisieren;* **Vor|ma|gne|ti|sie|rung**, die; -, -en (Elektronik): *das Vormagnetisieren, Vormagnetisiertwerden.*
vor|ma|lig ⟨Adj.⟩: *ehemalig:* der -e Besitzer; ein -er Offizier; die -e Turnhalle; ... die umliegenden zertrampelten Felder wieder in ihren -en ordentlichen Zustand versetzen zu lassen (Süskind, Parfum 313); damit werden seine Verdienste ... im -en Chemnitz gewürdigt (Freie Presse 15. 11. 88, 2); **vor|mals** ⟨Adv.⟩: *einst, früher:* v. war hier ein Garten; das v. sowjetische Kasachstan; Kissinger, v. Berater und Außenminister Nixons (Dolomiten 1. 10. 83, 1); Eine v. so ordentliche und saubere Welt zerbrach in tausend Stücke (Basler Zeitung 27. 7. 84, 29); Abk.: vorm.
Vor|mann, der; -[e]s, Vormänner: **1. a)** *Vorarbeiter;* **b)** (ugs.) *jmd., der an der Spitze von etw. steht, etw. leitet; herausragendster Vertreter einer Gruppe:* der neue V. wird die Sendung im Mai erstmals moderieren; Runde 35 Jahre ist der „Vormann" der Bezirksvorsteher, Auktionator Ricklef Albers, mit dabei (Jeversches Wochenblatt 30. 11. 84, 3). **2. a)** *Vorgänger;* **b)** (österr. Rechtsspr.) *vorheriger Eigentümer.*
Vor|marsch, der; -[e]s, Vormärsche: *[siegreiches] Vorwärtsmarschieren:* den V. des Feindes aufhalten; seit den Tagen des deutschen -es zur Wolga (Plievier, Stalingrad 148); auf dem/im V. sein; Ü der V. des Computers; eine neue Mode ist auf dem/im V.; Als die Haupttendenz ... hob der Redner den weiteren V. der Kräfte des gesellschaftlichen Fortschritts ... hervor (BZ 25. 3. 78, 5); Derzeit seien sie (= die Gletscher) wieder auf dem V. (Dolomiten 1. 10. 93, 3).
Vor|märz, der; -: *historische Periode in Deutschland von 1815 bis zur Revolution im März 1848;* **vor|märz|lich** ⟨Adj.⟩: *vom, im Vormärz.*
Vor|mast, der; -[e]s, -en, auch: -e: *vorderer Schiffsmast.*
Vor|mau|er, die; -, -n: *äußere Schutzmauer;* **Vor|mau|er|zie|gel**, der: *frostbeständiger Ziegelstein, der nicht verputzt wird.*
Vor|mensch, der; -en, -en (Anthrop.): *Pithekanthropus.*
Vor|merk|buch, das: *kleines Buch, Heft, in dem etw. vorgemerkt werden kann;* **vor|mer|ken** ⟨sw. V.; hat⟩: *jmdn., etw. im voraus als zu berücksichtigen eintragen:* einen Termin v.; ich habe mir seinen Besuch für 10 Uhr vorgemerkt; [sich] ein Zimmer v. *(reservieren)* lassen; sich [für einen Kursus] v. lassen; **Vor|merk|ka|len|der**, der: vgl. Vormerkbuch. **Vor|merk|li|ste**, die: *Liste von vorgemerkten Terminen, Namen o. ä.;* **Vor|mer|kung**, die; -, -en: **a)** *das Vormerken, Vorgemerktwerden;* **b)** (Rechtsspr.) *vorläufige Eintragung ins Grundbuch.*
Vor|mie|ter, der; -s, -: *vorheriger Mieter:* die Küche haben wir von den/unseren -n übernommen; **Vor|mie|te|rin**, die; -, -nen: w. Form zu ↑Vormieter.
Vor|milch, die; - (Med.): *Kolostrum.*
vor|mi|li|tä|risch ⟨Adj.⟩: *den Militärdienst vorbereitend:* -e Ausbildung; hier habe ich als Jungmädel -e Übungen gemacht, das Gelände bietet sich dafür an (Zeller, Amen 144); Die künftigen Berufssoldaten wollen ihre bisherigen Ausbildungsergebnisse in wehrsportlichen und -en Disziplinen mit Vertretern von Bruderorganisationen ... messen (NNN 12. 8. 86, 1).
vor|mit|tag ⟨Adv.⟩: *am Vormittag* (stets der Nennung einer Tagesbezeichnung nachgestellt): heute v.; am Montag v.; **Vor|mit|tag**, der; -s, -e [subst. aus älter: *vor Mittag(e)*]: *Zeit zwischen Morgen und Mittag:* der war heute es erst früher V. (Gaiser, Jagd 87); ich habe heute meinen freien V.; jeden V.; er hat den ganzen V. verschlafen; Am Nachmittag kommt Sarah und erzählt, daß sie einen aufregenden V. hinter sich hätte (Faller, Frauen 79); ich rufe dich im Laufe des -s an; ich war während des ganzen -s zu Hause; am nächsten, heutigen, späten V.; ... eine Dame, ... angetan mit einem seidenen Kleid am hellen V. (Kuby, Sieg 316); bis in den V. hinein schlafen; Er ... trat in den leuchtenden Pariser V. hinaus (Geissler, Nacht 132); eines schönen -s

(eines Tages am Vormittag); des -s (geh.; vormittags); **vor|mit|tä|gig** ⟨Adj.⟩: *den ganzen Vormittag dauernd; während des Vormittags:* die -e Geschäftigkeit; die -e Sitzung; **vor|mit|täg|lich** ⟨Adj.⟩: *immer in die Vormittagszeit fallend; jeden Vormittag wiederkehrend:* sie machte ihre -en Einkäufe; **vor|mit|tags** ⟨Adv.⟩: *am Vormittag; während des Vormittags:* Montag v., montags v.; v. um zehn; um elf Uhr v.; der Arzt hat nur v. Sprechstunden; **Vor|mit|tags|dienst**, der: *Dienst am Vormittag;* **Vor|mit|tags|pro|gramm**, das: vgl. Abendprogramm; **Vor|mit|tags|schicht**, die: vgl. Vormittagsdienst; **Vor|mit|tags|stun|de**, die: *Stunde am Vormittag:* in den -n; **Vor|mit|tags|vor|stel|lung**, die: *Vorstellung, Aufführung am Vormittag;* **Vor|mit|tags|zeit**, die: *Zeit zwischen Morgen u. Mittag.*
Vor|mo|dell, das; -s, -e: *vorheriges Modell* (3 b): ... zehn Prozent geringerer Dieselverbrauch ... als bei den -en (Sonntagsblatt 20. 5. 84, 17).
Vor|mo|nat, der; -[e]s, -e: *voriger, vorhergehender Monat:* die Inflationsrate ist gegenüber dem V. um 0,1 Prozent gestiegen; im V.
Vor|mon|ta|ge, die; -, -n: *vorbereitende Montage;* **vor|mon|tie|ren** ⟨sw. V.; hat⟩: *vorbereitend montieren:* Bauteile v.; wirre Konstruktionen werden vormontiert, Rohre zusammengeschweißt, Rohre verlegt ... (Köhler, Hartmut 9); Einfache Montage der vormontierten Kabelsatz (ADAC-Motorwelt 10, 1980, 36).
Vor|mund, der; -[e]s, -e u. Vormünder [mhd. vormunde = Beschützer, Fürsprecher, Vormund, ahd. foramundo = Beschützer, Fürsprecher, zu ↑ ²Mund]: *jmd., der einen Minderjährigen, Entmündigten rechtlich vertritt:* der Onkel wurde als ihr V. eingesetzt; einen V. bestellen, berufen; jmdm. einen V. geben; Ü Wenn der Neue mir seinen Kohlrabi gibt, ist das seine Sache! Bist du sein V.? *(du hast ihm nichts vorzuschreiben;* Fallada, Trinker 166); ich brauche keinen V. *(ich kann für mich selbst sprechen);* Unsere Bevölkerung duldet keine Vormünder mehr *(läßt sich nicht mehr bevormunden)–* weder die alten noch neue! (Freie Presse 30. 11. 89, 4); **Vor|mün|din**, die; -, -nen: w. Form zu ↑ Vormund: Mit siebzehn wurde Mario ... von seiner V. auf die Straße gesetzt (NZZ 13. 10. 84, 11); **Vor|mund|schaft**, die; -, -en [mhd. vormundeschaft, ahd. foramuntscaf]: *(amtlich verfügte) Wahrnehmung der rechtlichen Vertretung eines Minderjährigen, Entmündigten:* die V. über/(seltener:) für jmdn. übernehmen; jmdm. die V. übertragen, entziehen; er wurde unter die V. seiner Tante gestellt; Ü ... befreite er die bisherige Methode ... von der V. der alten Historiker (Ceram, Götter 31); **vor|mund|schaft|lich** ⟨Adj.⟩: *die Vormundschaft betreffend;* **Vor|mund-schafts|be|hör|de**, die: vgl. Vormundschaftsgericht; **Vor|mund|schafts|be-stel|lung**, die (Rechtsspr.): *Bestellung eines Vormunds;* **Vor|mund|schafts|ge-richt**, das: *Gericht, das sich mit Fragen der Vormundschaft beschäftigt.*
¹vorn, vorne ⟨Adv.⟩ [mhd. vorn(e) = vorn, vorher, ahd. forna = vorn, zu ↑ vor]: *auf der zugewandten, vorderen Seite, Vorderseite, im vorderen Teil:* der Eingang ist v.; der Wagen hat den Motor v.; ganz v. in der obersten Schublade; sie wartet v. [am Eingang]; das Auto steht v. [auf der Straße]; Eine mußte sich mit dem Zeigestock vorne hinstellen und „Nis Randers" aufsagen (Kempowski, Immer 85); Ich hätte mir doch ein Zimmer nach vorne raus (ugs.; *auf der Straßenseite)* geben lassen sollen (Andersch, Sansibar 19); das Kleid wird v. zugeknöpft; v. am Haus ist ein Schild angebracht; v. in der Schlange stehen; bitte v. einsteigen; wir saßen ganz v., ziemlich weit v.; v. im Bild *(im Vordergrund)* sehen Sie ...; schau lieber nach v. *(in Blickrichtung auf das vor dir Liegende);* nach v. [an die Tafel] gehen, kommen; der Wind, Schlag kam von v. *(aus der Richtung, in die man blickt);* sie griffen von v. an; [gleich] da v. *(dort, nicht weit von hier)* ist eine Telefonzelle; etwas weiter v. *(ein Stück weiter)* gibt es noch eine Tankstelle; das Inhaltsverzeichnis ist v. [im Buch]; das steht ein paar Seiten weiter v. [im Text]; Ü v. *(an der Spitze)* liegen; der finnische Läufer schob sich, ging nach v. *(an die Spitze);* den Ball nach v. *(in Richtung auf das gegnerische Tor)* spielen; Er war einer dieser prachtvollen Frontoffiziere, die in jeder brenzligen Situation vorne *(im Kampfgebiet)* sind (Remarque, Westen 196); ... und er schwärzte nie jemanden bei den Herren vorne *(den Vorgesetzten)* an (Fallada, Jeder 36); Die Menschen träumten nach vorn *(hatten Zukunftsträume;* natur 5, 1991, 96); ***von v.** (von neuem):* nach dem Krieg mußten wir wieder von v. anfangen; er wollte noch einmal ganz von v. anfangen *(sein Leben neu aufbauen);* jetzt geht das Theater schon wieder von v. los!; von v. bis hinten (ugs.; *ganz u. gar; vollständig; ohne Ausnahme).*
²vorn ⟨Präp. + Art.⟩ (ugs.): *vor den:* du kriegst gleich eine v. Latz!
Vor|nah|me, die; -, -n (Papierdt.): *Durchführung:* ... Personen, die die V. einer notwendigen Operation ... zunächst ablehnten, ... zu überzeugen ... (Noack, Prozesse 210).
Vor|na|me, der; -ns, -n: *persönlicher, zum Familiennamen hinzutretender Name, der die Individualität einer Person kennzeichnet:* mein V. ist Peter; jmdm. einen -n geben; Dabei hielt ich ... nach Zouzou Ausschau, die meinem Alter und Interesse doch näher stand als Senhora Maria Pia – ich hörte sich von dem Professor ... (Th. Mann, Krull 357); jmdn. beim -n rufen, mit dem -n anreden; wie heißt du mit -n?
vorn|an [auch: '– –], vornean ⟨Adv.⟩: *an vorderster Stelle, an der Spitze; ganz vorn:* v. marschieren; Unten hatte man schon Aufstellung genommen ... Vornan die Tante in schwarzem Kleide ... (Bieler, Bonifaz 127); Da kamen sie also vor und standen ... da, alle sechs, aufgereiht, der Christian vornean, dann ... (Bobrowski, Mühle 46); Ü Die tiefe Weisheit ... wurde ... zum Handlungsmotto unseres Volkes und – vornan *(besonders, vor allem)* – seiner Jugend (Freie Presse 15. 2. 89, 2); **vor|ne**: ↑ ¹vorn; **vor|ne|an** [auch: '– – –]: ↑ vornan; **vor|ne|dran** ⟨Adv.⟩ (ugs.): *vornan:* Ü du bist mir auf der ganzen Welt das Liebste, die Jungs natürlich auch, klar, aber du bist v. (Brot und Salz 256); da fingen die deutschen Dichter bereits an, ... nach allem zu fahnden, was grün war; immer v. die beiden Brüder Jacob und Wilhelm Grimm (Enzensberger, Mittelmaß 187); **vor|ne|her|ein** [auch: – – –'–]: ↑ vornherein.
vor|nehm ⟨Adj.⟩ [mhd. vürnæme = wichtig; hauptsächlich; vorzüglich, eigtl. = (aus weniger Wichtigem od. Wertvollem) hervor-, herauszunehmen, zu ↑ nehmen; vgl. genehm]: **1.** *sich durch Zurückhaltung u. Feinheit des Benehmens u. der Denkart auszeichnend:* ein -er Mensch; eine -e Gesinnung; Als -e Zurückhaltung gibt sich aus, was einen kritischen Ärger erspart (Enzensberger, Einzelheiten I, 23). **2. a)** *der Oberschicht angehörend:* aus einer -en Familie kommen; die -en Stände, Grundherren, Patrizier; in -en Kreisen verkehren; er ist ein -er Pinkel; Während ... der Kaffee die -e Welt für oder gegen sich erhitzte, hatte das kleine Bürgertum keine Gelegenheit, ihn zu trinken (Jacob, Kaffee 85); sie ist sich wohl zu v., um mit uns zu reden *(sie hält sich wohl für etw. Besseres, so daß sie nicht mit uns zu reden braucht);* Ü Gewissermaßen die -ere Schwester der Fichte ist die Weißtanne (Mantel, Wald 19); **b)** *der Art, dem Lebensstil der Oberschicht entsprechend:* eine -e [Wohn]gegend; ein -es Internat; -e Kurorte, Seebäder; das Restaurant war ein ganz -er Laden; ihre Haut hatte immer eine -e Blässe (Wilhelm, Unter 76); eine geschraubte Männerstimme, die sich um -es Hochdeutsch bemühte (Simmel, Stoff 340); das Hotel ist mir zu v.; tu doch nicht so v.!; auf v. machen; Ja, eine Viecherei manchmal. Vornehmer ausgedrückt: Es gibt angenehmere Beschäftigungen (Brot und Salz 238). **3.** *[in unaufdringlicher Weise] elegant, geschmackvoll u. in der Qualität hochwertig [wirkend]:* ein -er Anzug; eine -e Wohnungseinrichtung; v. gekleidet sein. **4.** ⟨meist im Sup.⟩ (geh.) *sehr wichtig, vorrangig:* das ist unsere -ste Aufgabe; ... welcher ... Zuhälterei ... zum Berufe erwählt und sich zu Roszas Gebieter aufgeworfen hatte, deren Glücksgeschäft seine -ste Einnahmequelle bildete (Th. Mann, Krull 139); Nicht der Tod, vielmehr die Umstände, unter denen sein Vormarsch an der Aller zum Stillstand kam, verdienen unser -stes Interesse (B. Vesper, Reise 165); **vor|neh|men** ⟨st. V.; hat⟩: **1.** (ugs.) **a)** *nach vorn nehmen, bewegen:* das linke Bein v.; nehmt eure Stühle bitte mit vor; **b)** *vor eine bestimmte Stelle des Körpers [zum Schutz] bringen, halten:* die Hand, ein Taschentuch v. *(vor den Mund halten);* du solltest dir eine Schürze v. *(vorbinden).* **2. a)** *den Entschluß fassen, etw. Bestimmtes zu tun:* er hatte sich [für diesen Tag] einiges, allerhand vorgenommen; ich habe mir [fest] vorgenommen, in Zukunft darauf zu verzichten; so fing einer immer an, wenn er zu arbeiten sich vornahm (R. Walser, Gehülfe 90); **b)** (ugs.) *im Rahmen einer beruflichen Tätigkeit od. um seine Zeit sinnvoll auszufüllen,*

sich mit etw., jmdm. zu beschäftigen beginnen: nimm dir doch ein Buch, eine Handarbeit vor; Zuerst nahm er sich das Eßzimmer vor ... In Vasen und Meißner Kuchenschalen kuckte er hinein ... (Kempowski, Uns 67); im Laufe der nächsten Woche will ich mir dann mal den Lungentumor von Station III v. (Sebastian, Krankenhaus 116); **c)** (ugs.) *vorknöpfen* (1): den Bengel werde ich mir mal [gehörig] v.!; „Hast wohl Maria ganz schön vorgenommen?" fragte sie lauernd. „Sie sagt ja heute kein Wort." (Bastian, Brut 151). **3.** (ugs.) *jmdn. bevorzugt an die Reihe kommen lassen:* Privatpatienten werden nicht vorgenommen. **4.** (meist verblaßt) *durchführen:* eine Änderung, Untersuchung v. *(etw. ändern, untersuchen);* an/bei jmdm. eine Operation, einen Eingriff v. *(jmdn. operieren);* Und was wir jetzt vornehmen, wird sein eine Taufe (Lenz, Suleyken 89); Wie oft haben Sie mit Ihrem Freund unschickliche Handlungen vorgenommen? (Ziegler, Labyrinth 308); **Vor|nehm|heit,** die; -: **1.** *vornehme* (1) *Art; vornehmes Wesen:* die V. seiner Gesinnung. **2. a)** *vornehme* (2 a) *Art; vornehmes Wesen:* Der Lord ... war ein Mann von sichtlicher V. (Th. Mann, Krull 246); **b)** *vornehme* (2 b) *Art; vornehmes Wesen:* er behauptet, daß diese Federbüchse auf vier Rädern (= das Automobil) dem Fahren die wahre V. genommen hat (Musil, Mann 1234). **3.** *vornehme* (3) *Art:* Es ist eine geradezu wunderbare Halle ..., jedenfalls von einer unerhörten marmornen V. (Bamm, Weltlaterne 73); **vor|nehm|lich: I.** ⟨Adv.⟩ *vor allem; insbesondere:* v. geht es ihr um Publicity; das v. junge Publikum war begeistert; In Osteuropa, v. in Polen, ... (Fraenkel, Staat 17); denn Rabenvögel sind ja v. Aasfresser (Stern, Mann 303). **II.** ⟨Adj.⟩ (seltener) *hauptsächlich, vorrangig:* Auch gehöre die Schulung von geeigneten Mitgliedern zu Pressewarten ... zu den -en Zielsetzungen für die kommenden Jahre (Saarbr. Zeitung 5. 10. 79, 30); **Vor|nehm|tu|er,** der; -s, - (abwertend): *jmd., der durch Vornehmtuerei auffällt:* Das sind Snobs und geistige V. (Musil, Mann 1115); **Vor|nehm|tue|rei,** die; - (abwertend): *affektiertes Benehmen, mit dem man sich den Schein des Vornehmen gibt;* **Vor|nehm|tue|rin,** die; -, -nen (abwertend): w. Form zu ↑Vornehmtuer; **vor|nehm|tue|risch** ⟨Adj.⟩ (abwertend): *in der Art eines Vornehmtuers.*

vor|nei|gen ⟨sw. V.; hat⟩: *nach vorn neigen:* den Kopf, Oberkörper v.; sie neigte sich seitlich vor und rief leise zu Maître Rebattu hinüber: ... (Maass, Gouffé 258); Eben noch schritt er, ein wenig vorgeneigt, fast gekrümmt hinter ihr ... (Strauß, Niemand 111); von den spitzen, vorgeneigten Dächern (Bergengruen, Feuerprobe 40).

Vor|ne|ver|tei|di|gung, die ⟨o. Pl.⟩ (Milit.): *Konzentration militärischen Potentials an der Grenze eines Staates;* **vor|ne|weg** [auch: - - '-], vornweg ⟨Adv.⟩: **1. a)** *vorweg* (1 a): Daß du mir ewig solche Kerle auf den Hals schickst, unverschämte Buschen, die vorneweg ihr Geld fordern? (Fallada, Jeder 202); Henri Genevray ... erklärt uns vornweg: ... (Basler Zeitung 12. 5. 84, 21); **b)** (ugs.) *von vornherein.* **2.** *vorweg* (2): Die britischen Soldaten, vorneweg ein Major, gehen ... (Leonhard, Revolution 274); Und er lief ..., allein oder seinem Jungzug vornweg (Loest, Pistole 61); v. *(an der Spitze)* marschieren; Ü Die Schwester des Hoppfuß, des Schreiners Nill, der stets bei allem Krach vornweg ist (Fr. Wolf, Zwei 161). **3.** *vorweg* (3): andere Träumer haben sich immer zum Bund mit ihm gefunden, Johanna die Eiserne vorneweg (Kant, Impressum 214); daß er so gut wie alles, was er ... zu wissen glaubte, von den alten Autoren hatte, vornweg von dem alten Schwätzer Plinius (Stern, Mann 409); **vorn|her|ein** [auch: - - '-], vorneherein: in der Verbindung von/(schweiz.:) zum od. im v. *(von Anfang an):* etw. von v. wissen; Aber mir glaubt man von vornherein nichts (Winckler, Bomberg 184); eine von vornherein aussichtslose Frage (natur 4, 1991, 29); Ich sage Ihnen das, um eventuelle Mutmaßungen zum vornherein auszuschalten (Ziegler, Gesellschaftsspiele 145); **vorn|hin** [auch: -'-] ⟨Adv.⟩: *an den Anfang; an die Spitze;* **vorn|hin|ein** [auch: - -'-]: in der Verbindung **im v.** (landsch.; *von vornherein*); **vorn|über** ⟨Adv.⟩: *nach vorn [geneigt]:* er ist v. hinuntergefallen; Und in dem Augenblick, wo er seinen Stock aus dem Rasen riß ..., schlug er v. ins Gras (A. Zweig, Grischa 252); **vorn|über|beu|gen** ⟨sw. V.; hat⟩: *nach vorn beugen:* den Oberkörper, sich v.; er geht etwas vornübergebeugt; **vorn|über|fal|len** ⟨sw. V.; ist⟩: *vornüber zu Boden, hinunterfallen:* er verlor das Gleichgewicht und fiel vornüber; **vorn|über|kip|pen** ⟨sw. V.; ist⟩: vgl. vornüberfallen: Er blutete aus der Nase ..., dann kippte er plötzlich vornüber und blieb liegen (v. d. Grün, Glatteis 266); **vorn|über|nei|gen** ⟨sw. V.; hat⟩: vgl. vornüberbeugen: irgendein kleiner untersetzter Kerl mit vornübergeneigtem, etwas schwankendem Gang (Zuckmayer, Fastnachtsbeichte 45); Oberstleutnant Unschlicht hielt sein langes Gesicht vornübergeneigt, daß man es nicht sehen konnte (Plievier, Stalingrad 264); **vorn|über|sin|ken** ⟨sw. V.; ist⟩: vgl. vornüberfallen: Vaters Oberkörper sank ein wenig vornüber (Schnurre, Bart 101); Er war vornübergesunken und lag wie schlafend an der Erde (Remarque, Westen 204); **vorn|über|stür|zen** ⟨sw. V.; ist⟩: vgl. vornüberfallen: Ü Die Ähre als der vornüberstürzenden, gleichsam sich brechenden ... Teil der Weizenwoge (Stern, Mann 265); **vorn|weg** [auch: - '-]: ↑vorneweg.

vor|ord|nen ⟨sw. V.; hat⟩: *etw. in eine vorläufige Ordnung bringen:* Material v.; Ist die ausgewählte Kartei nach Straßen oder Ortsteilen vorgeordnet? (Noelle, Umfragen 122); Ü die Fähigkeit, gedanklich zu überschreiten, was die Kulturformen uns vorgeordnet anbieten (Höhler, Sieger 154).

Vor|ort, der; -[e]s, Vororte [2: urspr. (bis 1848) = Bez. für den jeweils präsidierenden Kanton; zu ↑¹Ort (3)]: **1.** *Ortsteil, kleinerer Ort am Rande einer größeren Stadt:* die Pariser -e; er wohnt in einem V. von Hamburg. **2.** (schweiz.) *Vorstand [einer überregionalen Körperschaft o. ä.];* **Vor|ort|bahn, Vor|orts|bahn,** die: *zwischen Vorort u. Stadtzentrum verkehrende Bahn;* **Vor|orts|ver|kehr:** ↑Vorortverkehr; **Vor|orts|zug:** ↑Vorortzug; **Vor|ort|ver|kehr,** Vorortsverkehr, der: *öffentlicher Nahverkehr zwischen Vororten u. Stadtzentrum;* **Vor|ort|zug,** Vorortszug, der: *Zug einer Vorortbahn.*

vor|öster|lich ⟨Adj.⟩: *dem Osterfest vorausgehend:* in der -en Passionszeit (Hamburger Rundschau 15. 3. 84, 4).

vor|pla|nen ⟨sw. V.; hat⟩: *vorbereitend planen:* ein Projekt v.; Ohne einen gut vorgeplanten Einsatz von Polizei oder Militär ... (Frankenberg, Fahren 150); **Vor|pla|nung,** die; -, -en: *vorbereitende Planung:* Ein Familienatlas ..., der auch für die V. des Urlaubs dienen kann (Saarbr. Zeitung 20. 12. 79, II).

Vor|platz, der; -es, Vorplätze: **1.** *freier Platz vor einem Gebäude:* der V. des Opernhauses, Hauptbahnhofs. **2.** (landsch.) *Diele, Flur.*

Vor|pom|mer, der; -n, -n: Ew. zu ↑Vorpommern; **Vor|pom|me|rin,** die; -, -nen: w. Form zu ↑Vorpommer; **vor|pom|me|risch** ⟨Adj.⟩: zu ↑Vorpommern; **Vor|pom|mern,** -s: *östlicher Teil Mecklenburg-Vorpommerns;* **vor|pom|mersch** ⟨Adj.⟩.

Vor|po|sten, der; -s, - (bes. Milit.): **a)** *Stelle, die einem Vorposten* (b) *zugewiesen wurde:* auf V. stehen, ziehen; **b)** *vorgeschobener Posten* (1 b): der V. eröffnete das Feuer; auf feindliche V. stoßen; Ü ... von Berlin aus den V. der freien Welt (Dönhoff, Ära 72); **Vor|po|sten|ge|fecht,** das (Milit.): *Gefecht mit Vorposten, einem Vorposten:* Ü Er wollte sich jetzt nicht bei unergiebigen -en aufhalten, sondern ohne Umwege auf den Kern ... vorstoßen (Kirst, 08/15, 253).

vor|prä|gen ⟨sw. V.; hat⟩: *vorher prägen* (2 a): Show on ihm veranstaltete Klangorgie der Großen Oper hat ... noch die Monumentalfilme von Hollywood vorgeprägt (W. Schneider, Sieger 388); Wichtig ... ist eine eigenständige Grunderziehung, die nicht nur durch Bildungsinhalte aus den Industrieländern vorgeprägt ist (E + Z 7/8, 1981, 10).

vor|prel|len ⟨sw. V.; ist⟩ (landsch.): *vorpreschen:* die Soldaten prellten vor; ⟨subst.:⟩ Jedenfalls ließ sich Libero Augenthaler kaum einmal dazu verleiten, durch Vorprellen die erwartete Verteidigung zu schwächen (NZZ 12. 4. 85, 32); Ü Chruschtschow wird dort schwerlich v., wenn er sich des Risikos bewußt wird (FAZ 3. 6. 61, 1).

Vor|pre|mie|re, die; -, -n: *noch vor der offiziellen Premiere erfolgende Aufführung, bes. eines Films:* Die Saarbrücker Zeitung will 160 jungen Lesern ... Gelegenheit geben, ... an einer V. teilzunehmen (Saarbr. Zeitung 27. 6. 80, VIII).

vor|pre|schen ⟨sw. V.; ist⟩: *nach vorn preschen:* die Soldaten preschten vor; Auf schönen Apfelschimmeln preschten zwei Carabinieri vor (Koeppen, Rußland 198); Ü in einer Frage, in den Verhandlungen zu weit v.; Bleibt zu hoffen, daß

kein Übereifriger vorprescht und sich durch neue Einsparungspläne zu profilieren versucht (Skipper 8, 1979, 10).
Vor|pro|dukt, das; -[e]s, -e (Wirtsch.): *Produkt, das noch weiterverarbeitet od. montiert wird:* Die ... Hersteller von -en zeigten sich mit den Auftragseingängen ... zufrieden (Allgemeine Zeitung 4. 6. 85, 4);
vor|pro|du|zie|ren ⟨sw. V.; hat⟩: **a)** (bes. Wirtsch.) *im Hinblick auf einen späteren Bedarf im voraus produzieren* (1 a): Die Wollpullover werden in Naturfarbe vorproduziert und erst in letzter Minute, wenn die Farbtrends der Saison feststehen, eingefärbt (Spiegel 15, 1982, 263); **b)** (bes. Ferns., Rundf.) *für einen späteren Einsatz im voraus produzieren* (1 b): nachdem das Fernsehen die für Freitag, 7. Oktober, vorproduzierte „Denkpause" ... durch eine früher produzierte Ausgabe ... ersetzt hatte (Bund 11. 10. 83, 11).
Vor|pro|gramm, das; -s, -e: *(bes. von Filmvorstellungen, Rockkonzerten) kürzeres Programm vor dem eigentlichen Programm:* das V. dauert etwa eine halbe Stunde und der Hauptfilm anderthalb; Für das Konzert mit Supertramp sind noch Karten zu haben. Im V. spielt Chris de Burgh (Szene 6, 1983, 48); ; **vor|pro|gram|mie|ren** ⟨sw. V.; hat⟩: **1.** *von vornherein unvermeidlich machen:* Höherer Wärmebedarf einer exponiert gelegenen Wohnung programmiert deshalb höhere Heizkostenbelastungen vor (CCI 10, 1985, 10); ⟨meist im 2. Part.:⟩ der nächste Konflikt ist schon vorprogrammiert. **2.** (Datenverarb.) *programmieren* (2): einen Rechner, den Videorecorder v.; ⟨meist im 2. Part.:⟩ ... an einem elektronischen Lotsen, der den Autofahrer auf einem Leitstrahl zum vorprogrammierten *(vorher einprogrammierten)* Ziel führt (Sonntagsblatt 20. 5. 84, 17); Ü Der Mensch ist ein denkendes Wesen, von Natur relativ wenig vorprogrammiert (NZZ 30. 4. 83, 29). **3.** *vorher programmieren* (1): zu Hause in Passau sei alles genau programmiert, manchmal komme er sich vor wie ein Computer (Ziegler, Konsequenz 185); Spätestens nach Abschluß des Studiums ist dann das Leben bis zum 32. Lebensjahr vorprogrammiert (Spiegel 1, 1983, 7).
Vor|prü|fung, die; -, -en: **a)** *Prüfung zur Auswahl der besten Bewerber für die eigentliche Prüfung;* **b)** *Prüfung zur Vorbereitung der eigentlichen Prüfung.*
Vor|quar|tal, das; -s, -e: *voriges Quartal.*
¹vor|quel|len ⟨st. V.; ist⟩: **1.** *hervorquellen* (2): daß die Angst ... in seinem armen Kopf dergestalt Platz griff, daß ihm die Blauaugen vorquollen (Grass, Blechtrommel 278); ... äußerste Rollwagen und ließ seine wässerigen unglücklichen Augen v. (Gaiser, Jagd 150). **2.** *hervorquellen* (1).
²vor|quel|len ⟨sw. V.; hat⟩: *vorher, im voraus ²quellen* (a).
vor|ra|gen ⟨sw. V.; hat⟩: *hervorragen* (1): Hat das Objekt irgendwelche vorragenden Zipfel oder Ecken, so ... (Lorenz, Verhalten I, 379).
Vor|rang, der; -[e]s: **1.** *im Vergleich zu jmd., etw. anderem wichtigerer Stellenwert, größere Bedeutung:* [den] V. [vor jmdm., etw.] haben; jmdm. den V. geben,

gewähren, streitig machen; Auch bildete sich jeder ein, man habe ... ihm damit über den andern einen V. zugestanden (Hesse, Sonne 34); für eine eng begrenzte Nutzung der Kernenergie bei V. für die heimische Kohle (Saarbr. Zeitung 10. 10. 78, 3); um den V. streiten. **2.** (bes. österr.) *Vorfahrt:* an Zebrastreifen haben Fußgänger V. [vor dem Fahrzeugverkehr]; Dem Gegenverkehr V. gewähren! (Straßenverkehrsrecht, StVO 60); **vor|ran|gig** ⟨Adj.⟩: *den Vorrang habend, gebend:* jmds. -e Aufgabe; das -e Ziel unserer Politik; die -e Bearbeitung von etw. fordern; Vorrangige Aufmerksamkeit wurde ... dem weiteren Ausbau der medizinischen Grundbetreuung geschenkt (Freie Presse 10. 2. 89, 8); etw. v. behandeln; Der Abrüstungsausschuß soll diese Frage v. erörtern (NNN 29. 11. 82, 2); Der Zeisigwald ist v. *(in erste Linie)* Erholungswald (Freie Presse 4. 10. 79, 7); **Vor|ran|gig|keit,** die; -, -en: **1.** ⟨o. Pl.⟩ *das Vorrangigsein:* Diese V. des Gruppeninteresses bedeutet jedoch nicht, daß ... (Wohngruppe 30). **2.** *etw. Vorrangiges;* **Vor|rang|stel|lung,** die; -: *Vorrang* (1): eine V. haben, einnehmen; **Vor|rang|stra|ße,** die (bes. österr.): *Vorfahrtsstraße.*
Vor|rat, der; -[e]s, Vorräte [mhd. vorrāt = Vorrat, Vorbedacht, Überlegung, zu ↑ Rat in dessen alter Bed. „(lebens)notwendige Mittel"]: *etw., was in mehr od. weniger großen Mengen zum Verbrauch, Gebrauch vorhanden, angehäuft ist, zur Verfügung steht:* ein großer V. an Lebensmitteln, Trinkwasser, Heizöl, Munition; die Vorräte gehen zur Neige, sind aufgebraucht, reichen noch eine Weile; das Sonderangebot gilt, „solange der V. reicht"; Vorräte anlegen; seine Vorräte aufstocken, wieder auffüllen; etw. in V. haben; Ü ein endloser V. an Erinnerungen (Musil, Mann 394); mein V. an Kraft ist nicht unerschöpflich (Goes, Hagar 75); er hatte einen V. an Witzen auf Lager; Der Träumer greift wahllos in den V. seiner Motive (Gregor-Dellin, Traumbuch 50); auf V. arbeiten, einkaufen; Nie sollte man eine Hinterradkette sozusagen auf V. spannen (NNN 26. 2. 85, 5); **vor|rä|tig** ⟨Adj.⟩: *[als Vorrat] verfügbar, vorhanden:* Und in seiner Phantasielosigkeit verordnete er einen aus der Apotheke -en bittersüßen Stärkungswein (Th. Mann, Krull 51); nicht v. sein; etw. v. haben, halten; *Vorrätigkeit, Vorräte, das Halten von Vorräten;* **Vor|rats|haus,** das: *Haus zum Lagern von Vorräten;* **Vor|rats|kam|mer,** die: vgl. Vorratsraum; **Vor|rats|kel|ler,** der: vgl. Vorratsraum; **Vor|rats|mil|be,** die: *weißliche bis gelbliche Milbe, die an Nahrungsmittelvorräten schmarotzt;* **Vor|rats|raum,** der: *Raum zum Aufbewahren von Lebensmittelvorräten;* **Vor|rats|schäd|ling,** der: *Insekt, Nagetier o. ä., das meist an vegetabilen Vorräten durch Fraß (2) Schäden verursacht;* **Vor|rats|schrank,** der; **Vor|rats|wirt|schaft,** die ⟨o. Pl.⟩: vgl. Vorratshaltung: V. betreiben; ... aber jeder muß vorsorgen. Über V. hören wir ja eben (Härtling, Hubert 213).
Vor|raum, der; -[e]s, Vorräume: *kleiner*

Raum, der zu den eigentlichen Räumen, zur eigentlichen Wohnung o. ä. führt.
vor|rech|nen ⟨sw. V.; hat⟩: *erklären, wie man etw. errechnet; eine Rechnung erläutern:* jmdm. eine Aufgabe v.; Statt dessen wurde mir vorgerechnet, was ich den Steuerzahler koste (Hofmann, Fistelstimme 209); Ü weitere zehn Sünden bekommt man drinnen vorgerechnet (Spoerl, Maulkorb 57).
Vor|recht, das; -[e]s, -e: *besonderes Recht, das jmdm. zugestanden wird; Privileg:* die -e des Adels; -e genießen; „Ich möchte jetzt wissen, wer Sie sind?" verlangte sie zu erfahren, und das war nun freilich ein weibliches V., dem man sich ... nicht widersetzen konnte (Musil, Mann 971); etw. als V. der Jugend ansehen; mit bestimmten [gesellschaftlichen, politischen] -en ausgestattet sein.
vor|recken¹ ⟨sw. V.; hat⟩: *nach vorn recken:* die Arme v.; Seine Backenmuskeln zeichneten sich scharf ab, und das kantige Kinn war weit vorgereckt (Kirst, 08/15, 869).
Vor|re|de, die; -, -n: **a)** (veraltend) *Vorwort, Einleitung;* **b)** *einleitende Worte:* spar dir deine [langen] -n! *(komm gleich zur Sache!);* sich nicht lange bei, mit der V. aufhalten; Ich bin kein Mann von höflichen -n (v. d. Grün, Glatteis 118); **vor|re|den** ⟨sw. V.; hat⟩ (ugs.): *vorerzählen:* Die reden uns solange ihre schönen Worte vor, bis wir davon befangen sind (Hausmann, Abel 126); **Vor|red|ner,** der; -s, -: *jmd., der vor einem anderen gesprochen, eine Rede gehalten hat:* sich seinem V. anschließen; **Vor|red|ne|rin,** die; -, -nen: w. Form zu ↑ Vorredner.
Vor|rei|ber, der; -s, - (Fachspr.): *bes. für Fenster verwendeter einfacher Verschluß in Form eines um einen Stift drehbaren Flügels.*
vor|rei|ni|gen ⟨sw. V.; hat⟩: vgl. vorbehandeln: Noch in den Betrieben werden die Produktionsabwässer vorgereinigt (Blick auf Hoechst 8, 1983, 7); **Vor|rei|ni|gung,** die; -, -en: *das Vorreinigen.*
vor|rei|ten ⟨st. V.⟩: **1.** ⟨ist⟩ **a)** *nach vorn reiten;* **b)** *vorausreiten.* **2.** *reitend vorführen* ⟨hat⟩: Ich muß die Pferde, die wir verkaufen, v. (Strittmatter, Der Laden 332); Heute habe ich unsere beiden Meisterschüler geboten ..., alles Vorkommende vorzureiten (Dwinger, Erde 137); **Vor|rei|ter,** der; -s, -: **1.** *jmd., der vorreitet* (2). **2.** (ugs.) *jmd., der etw. praktiziert, bevor andere in ähnlicher Lage daran denken:* ein V. in Sachen Denkmalpflege (NNN 13. 11. 86, 3); die deutsche Regierung ... fühlt sich etwa bei der Verminderung des Treibhauseffektes als V. (natur 9, 1991, 39); den V. machen, spielen; **Vor|rei|te|rin,** die; -, -nen: w. Form zu ↑ Vorreiter; **Vor|rei|ter|rol|le,** die: *Rolle eines Vorreiters* (2): eine V. haben, übernehmen; Nur wenn die chemische Industrie eine V. in der Entwicklung umweltverträglicher Produkte ... erreicht ... (Chemische Rundschau 21. 8. 92, 1).
vor|ren|nen ⟨unr. V.; ist⟩ (ugs.): **1.** *nach vorn rennen:* Er (= der Stier) rennt vor, steht still mit vorgestemmten Vorderbeinen ... (Th. Mann, Krull 431). **2.** *vorausrennen:* da rannte ich vor und hielt das

Vorrennen

Gartentor auf (Schnurre, Bart 20); **Vor|ren|nen,** das; -s, -: (Sport) *Rennen, das vor dem eigentlichen Rennen, dem Hauptrennen stattfindet.*
vor|re|vo|lu|tio|när ⟨Adj.⟩: *einer Revolution vorausgehend; in der Zeit vor der Revolution:* das -e Rußland; die -e Ordnung, Gesellschaft.
vor|rich|ten ⟨sw. V.; hat⟩ (landsch.): *vorher, vorbereitend herrichten* (1 a): Es ist zweckmäßig, kalte Vorspeisen und den Nachtisch vorgerichtet zu haben (Horn, Gäste 19); das Dachgeschoß ist zum Ausbau vorgerichtet; **Vor|rich|tung,** die; -, -en: **1.** *etw. für einen bestimmten Zweck, für eine bestimmte Funktion [als Hilfsmittel] Hergestelltes; Mechanik, Apparatur o. ä.:* eine kleine, einfache, praktische V.; eine V. zum Belüften, Kippen konstruieren, ersinnen; Auch ein Gatter macht Simon in den Zaun, eine Türe, die von selbst zuschlägt – stehenden Fußes erfindet er diese sinnreiche V. (Waggerl, Brot 38); ... über -en für Schallzeichen von Kraftfahrzeugen (Bundestag 188, 1068, 10144). **2.** (landsch.) *das Vorrichten.* **3.** (Bergbau) *das Arbeiten im Anschluß an die Ausrichtung, um die Lagerstätte für den Abbau vorzubereiten.*
vor|rol|len ⟨sw. V.⟩: **a)** *nach vorn rollen* (2) ⟨hat⟩: das Faß ein Stück v.; **b)** *nach vorn rollen* (1d) ⟨ist⟩: ... kann es natürlich vorkommen, daß man einige Sekunden vor dem Start um einige Zentimeter vorrollt (Frankenberg, Fahren 50).
vor|rücken[1] ⟨sw. V.⟩: **1.** ⟨hat⟩ **a)** *nach vorn rücken* (1 a): den Schrank ein Stück v.; Ü Im Laufe der Jahre wurde er (= der Redaktionsschluß) immer weiter vorgerückt *(vorgezogen* 4; Dolomiten 1. 10. 83, 8); **b)** *vor etw. rücken* (1 a). **2.** ⟨ist⟩ **a)** *nach vorn rücken* (2): er rückte mit dem Stuhl ein Stück vor; mit dem Turm zwei Felder v.; die Zeiger der Uhr rücken vor; unsere Mannschaft ist auf den zweiten Platz vorgerückt; Nur langsam vorrückte *(vorankommend)* zwischen anderen Equipagen, hatten wir in Geduld unser Vorfahren und Aussteigen zu erwarten (Th. Mann, Krull 429); Ü die Zeit rückt vor (1. *es wird immer später.* 2. *die Zeit vergeht);* Allmählich, je weiter der Morgen vorrückte, kam die Arbeit auf den Feldern in Gang (Fallada, Herr 223); eine Dame in vorgerücktem Alter (geh.; *eine alte, ältere Dame);* zu vorgerückter Stunde (geh.; *ziemlich spät am Abend);* ... nachdem sie die ... Pfingstferien bei einem vorgerückten *(älteren)* Seminaristen in einem der vermietbaren Chalets zugebracht hatte (Muschg, Gegenzauber 283); im vorgerückten *(fortgeschrittenen)* Stadium des Stauseeprojekts (LNN 31.7. 84, 13); **b)** (Milit.) *[erfolgreich] gegen den Feind, in Richtung der feindlichen Stellungen marschieren:* langsam v.; gegen die feindlichen Stellungen v.; während die deutschen Truppen ... auf Moskau vorrückten (Leonhard, Revolution 106); Ü Industrialisierung und Kolonialismus rückten vor (R. v. Weizsäcker, Deutschland 48); In ... Kenia ... rückt ... die Wüste jedes Jahr um einen Kilometer gegen den Urwald vor (Grzimek, Serengeti 232).
vor|ru|fen ⟨st. V.; hat⟩ (ugs.): *nach vorn rufen:* Der Direktor würde uns in der Aula v. und uns die Hand schütteln (Loest, Pistole 195).
Vor|ru|he|stand, der: *freiwilliger vorzeitiger Ruhestand;* **Vor|ru|he|ständ|ler,** der: *jmd., der im Vorruhestand ist;* **Vor|ru|he|ständ|le|rin,** die: w. Form zu ↑ Vorruheständler; **Vor|ru|he|stands|geld,** das: *Bezüge eines Arbeitnehmers im Vorruhestand;* **Vor|ru|he|stands|re|ge|lung,** die: *gesetzliche Regelung, die es Arbeitnehmern ermöglicht, vorzeitig in den Ruhestand zu treten.*
Vor|run|de, die; -, -n (Sport): *(von Mannschaftsspielen) erster Ausscheidungskampf, der über die Teilnahme an der Zwischenrunde entscheidet;* **Vor|run|den|spiel,** das (Sport): *Spiel der Vorrunde.*
vors ⟨Präp. + Art.⟩ (ugs.): *vor das:* v. Haus gehen.
Vors. = Vorsitzende[r], Vorsitzer.
Vor|saal, der; -[e]s, Vorsäle (landsch.): *Diele:* doch mochte das auch der Reflex der ... elektrischen Birne im V. der Wohnung ... gewesen sein (Heym, Schwarzenberg 266).
vor|sa|gen ⟨sw. V.; hat⟩: **1. a)** *(bes. von Schülern) einem anderen, der etw. nicht weiß, zuflüstern, was er sagen, schreiben soll:* seinem Banknachbarn die Antwort v.; ⟨auch o. Akk.-Obj.:⟩ nicht v.!; **b)** *jmdm. etw. zum Nachsagen, Aufschreiben vorsprechen:* der Vorsitzende muß alles v. (Spoerl, Maulkorb 133). **2. a)** *[leise] vor sich hin sprechen, bes. um es sich einzuprägen:* sich einen Text v.; ich habe mir die Vokabeln ein paarmal vorgesagt; Ü diesen Satz sagt sich May ... immer wieder in Gedanken vor, er findet ihn träumerisch, hoffnungsvoll (Loest, Pistole 26); **b)** *sich etw. einreden:* Nein, ich konnte mich nach dem richten, was ich bloß wußte und mir vorsagte, weil es vernünftig war (Gaiser, Schlußball 179); **Vor|sa|ger,** der; -s, -: **1.** (ugs.) *Souffleur.* **2.** (seltener) *jmd., der vorsagt* (1 a); **Vor|sa|ge|rin,** die; -, -nen: w. Form zu ↑ Vorsager.
Vor|sai|son, die; -, -s, südd., österr. auch: -en: *Zeitabschnitt, der der Hauptsaison vorausgeht.*
Vor|sän|ger, der; -s, -: **a)** *jmd., der im Wechselgesang mit einem Chor od. einer Gemeinde den Text vorsingt;* **b)** *jmd., der in der Kirche statt der Gemeinde singt od. sie durch Vorsingen anleitet;* **Vor|sän|ge|rin,** die; -, -nen: w. Form zu ↑ Vorsänger.
Vor|satz, der; -es, Vorsätze [mhd. vür-, vorsaz, wohl nach lat. propositum]: **1.** *etw., was man sich bewußt, entschlossen vorgenommen hat; feste Absicht; fester Entschluß:* ein löblicher V.; Sie fanden kein Motiv v., und sie lehnten es ab, zu glauben, daß bei allem ein V. bestanden habe (Lenz, Brot 151); gute Vorsätze haben; den [festen] V. fassen, nicht mehr zu rauchen; etw. V. fallenlassen, aufgeben, vergessen; Ich will darum meinen V. unter allen Umständen zu Ende führen (Musil, Mann 640); seinem V. treu bleiben; an seinem V. festhalten; bei seinem V. bleiben; ich bestärkte sie in ihrem V.; denn ohne V. konnte der Alte gar nicht freundlich sein (Härtling, Hubert 35); von seinem V. nicht abgehen, nicht abzubringen sein; Ü Der Sinn der Menschen flüchtete in diesen Jahren gern ins Unwirkliche und wich dem Tatsächlichen ... mit V. aus (Sieburg, Robespierre 123). **2.** (Buchbinderei) *Doppelblatt, dessen eine Hälfte auf die Innenseite eines Buchdeckels geklebt wird u. dessen andere Hälfte beweglich bleibt.* **3.** *Vorrichtung od. Zusatzgerät für bestimmte Maschinen, Werkzeuge, das das Ausführen zusätzlicher, speziellerer Arbeiten ermöglicht;* **Vor|satz|blatt,** das (Buchbinderei): *Vorsatz* (2); **vor|sätz|lich** ⟨Adj.⟩: *ganz bewußt u. gewollt:* eine -e Tat; -e Körperverletzung, Tötung; ... er handele sich vermutlich nicht um eine -e Fälschung, sondern um ein Gemälde, das einfach im Stil des Meisters geschaffen worden sei (Münchner Merkur 19. 5. 84, 12); jmdn. v. beleidigen, überfahren; Wenn dieses Land auf Teufel komm raus v. immer mehr Verkehr produziert ... (natur 7, 1991, 3); **Vor|sätz|lich|keit,** die; -: **1.** ⟨o. Pl.⟩ *das bewußte Gewolltsein.* **2.** *etw. vorsätzlich Getanes;* **Vor|satz|lin|se,** die (Fot.): *zusätzliche Linse, die zur Verlängerung od. Verkürzung der Brennweite vor das Objektiv gesetzt wird;* **Vor|satz|pa|pier,** das (Buchbinderei): *Vorsatz* (2).
vor|schä|di|gen ⟨sw. V.; hat⟩ (bes. Fachspr.): *bereits vorher schädigen:* Der saure Regen hat die Wälder vorgeschädigt (Hamburger Abendblatt 20. 3. 84, 16); er hat ein vorgeschädigtes Herz; ⟨subst.:⟩ jedoch sind Risikogruppen wie Kinder, insbesondere Säuglinge und Vorgeschädigte, besonders gefährdet (Zivildienst 2, 1986, 31); **Vor|schä|di|gung,** die; -, -en (bes. Fachspr.): *das Vorschädigen, Vorgeschädigtsein.*
Vor|schä|ler, der; -s, -: *kleine, vor der eigentlichen Pflugschar angebrachte Pflugschar.*
vor|schal|ten ⟨sw. V.; hat⟩: *vor etw. schalten* (4): einen Widerstand v.; Ü der Beratung wird eine Fragestunde vorgeschaltet *(vorangestellt);* Sie (= die Arteriolen) sind nur wenig größer als die Kapillaren und diesen vorgeschaltet (Medizin II, 154); **Vor|schalt|ge|setz,** das: *vorläufige gesetzliche Regelung;* **Vor|schal|tung,** die; -, -en: *das Vorschalten;* Ü überlastete Anlagen werden durch die V. einer Trocknungsstufe entlastet (Rhein. Merkur 18. 5. 84, 27); **Vor|schalt|wi|der|stand,** der (Elektrot.): *vorgeschalteter Widerstand.*
Vor|schau, die; -, -en: **1.** *Ankündigung von Veranstaltungen, des Programms von Funk u. Fernsehen, Kino, Theater o. ä. mit kurzem Überblick.* **2.** ⟨o. Pl.⟩ (selten) *das Vorhersehen:* es muß aber ... ein Keim des Außerordentlichen, vielleicht auch die Gabe der V., in der Tochter des Zirkusbärenführers gelegen haben (Carossa, Aufzeichnungen 46).
Vor|schein, der, für veraltet *vorscheinen* = *hervorleuchten:* in den Wendungen **zum V. bringen** *(zum Vorschein kommen lassen):* Wollen Sie rauchen? sagte Daniela und brachte eine Packung Juno zum V. (Kuby, Sieg 111); wenn jeder einigermaßen geschickte Hypnotiseur bei einem guten Medium Brandbläschen zum V. bringen kann (Hofstätter, Gruppendynamik 143); **zum V. kommen** *(aus*

der Verborgenheit auf Grund von irgend etwas erscheinen, hervorkommen): beim Aufräumen kamen die Papiere wieder zum V.; plötzlich kam sein Haß zum V.; ein wildes, hackendes Vogelgesicht ... kam unter der rissigen Maske ... zum V. (Langgässer, Siegel 89); Herr Smithy ... kam an diesem Vormittag nicht mehr zum V. (Brecht, Groschen 11).

vor|schicken[1] ⟨sw. V.; hat⟩: **1.** *nach vorn schicken:* soll ich euch noch jemanden [als Verstärkung] v.? **2.** *jmdn. beauftragen, etw. (Unangenehmes) zu erkunden, erledigen:* sich nicht v. lassen; ... die es sich zur Gewohnheit gemacht haben, andere ... vorzuschicken, um die Kastanien aus dem Feuer zu holen (Dönhoff, Ära 166). **3.** *vorausschicken* (1): jmdn. v.; das Gepäck [schon in den Urlaubsort] v.

vor|schieben ⟨st. V.; hat⟩: **1.** *vor etw. schieben:* den Riegel v. **2. a)** *nach vorn schieben:* den Schrank, den Wagen [ein Stück] v.; den Kopf, das Kinn, die Schultern v.; schmollend schob sie die Unterlippe vor; eine Grenze v. *(nach vorn verlegen);* Truppen v. *(nach vorn rücken lassen);* eine vorgeschobene Stellung; auf vorgeschobenem Posten; Ü Vorstädte, die die Stadt gegen das Watergrafsmeer vorschiebt (Schnabel, Anne 28); **b)** ⟨v. + sich⟩ *sich nach vorn schieben:* er schiebt sich in der Menge langsam immer weiter vor; die Kaltfront schiebt sich nach Süden, nach Mitteleuropa vor; Entlang den Ufern eines Kanals schob sich die Elefantenreiterei Khosros vor (Jahnn, Geschichten 59). **3.** *(eine unangenehme Aufgabe o. ä.) von jmdm. für sich erledigen lassen u. selbst im Hintergrund bleiben:* einen Strohmann v.; Jetzt war er froh, daß er Rosa v. konnte, jetzt hoffte er auf ihre Durchschlagskraft (Jaeger, Freudenhaus 105); ... zu denken, nach denen Klaus Vietor ... über eine vorgeschobene Maklerfirma an Unternehmen beteiligt war, die ... (Hamburger Abendblatt 21. 5. 85, 3). **4.** *als Vorwand nehmen:* wichtige Geschäfte, Unwohlsein [als Grund] v.; das war nur der vorgeschobene Entlassungsgrund (Fallada, Mann 237).

vor|schießen [= *Geld beisteuern*] ⟨ugs.⟩: **1.** ⟨ist⟩ **a)** *nach vorn schießen* (3 a): plötzlich schoß der Kopf der Schlange, die Zunge des Chamäleons vor; Also ziehen wir unsere Klappen wieder mehr in die ... Flügel und verstellen die Luftschraube, so daß wir waagerecht vorschießen (Grzimek, Serengeti 163); **b)** *hervorschießen:* plötzlich kam er hinter der Hecke vorgeschossen. **2.** *als Teil einer Zahlung im voraus zahlen; als Darlehen o. ä. geben, leihen, vorstrecken* (2) ⟨hat⟩: jmdm. Geld, eine Summe v.; Herrschaften, die einem das Startkapital vorschießen, enteignet man nicht (Bieler, Bär 49); das Schulgeld für Tulla könne er sich von der Partei v. lassen (Grass, Hundejahre 323).

Vor|schiff, das; -[e]s, -e: *vorderer Teil des Schiffes:* als das V. untertaucht und das Heck sich steil aus dem Ozean hebt, weiß jeder, daß ... (Menzel, Herren 67).

vor|schla|fen ⟨st. V.; hat⟩ ⟨ugs.⟩: *im Hinblick darauf, daß man in der kommenden Nacht nicht ausreichend lange schlafen kann, vorher kurze Zeit schlafen:* heute Nacht wird es spät, ich werde ein bißchen v.

Vor|schlag, der; -[e]s, Vorschläge [zu ↑vorschlagen; 2: LÜ von ital. appoggiatura; mhd. vürslac = Sperrbefestigung; Voranschlag]: **1.** *etw., was jmd. jmdm. vorschlägt; Empfehlung eines Plans:* ein guter, brauchbarer, vernünftiger, unsinniger V.; der V. ist indiskutabel, nicht praktikabel; ein V. zur Güte (scherzh.; *zur gütlichen Einigung);* jmdm. einen V. unterbreiten; praktische Vorschläge machen; einen V. annehmen, akzeptieren, aufgreifen, billigen, erwägen, prüfen, ablehnen; Deshalb erlaube sie sich ..., folgenden ... V. zu erstatten (Musil, Mann 179); er ... bereute tief, Giovannis wahnwitzigen V. befolgt zu haben (Thieß, Legende 27); ich mache dir einen V. *(ich schlage dir folgendes vor)* ...; sie ging auf seinen V. nicht ein; er (= der Gouverneur) ernnnt auf V. des Parlaments die Richter (Dönhoff, Ära 81); jmdm., etw. in V. bringen (Papierdt.; *jmdn., etw. vorschlagen);* über einen V. abstimmen; Er hielt nichts von dem V., den Kaffee im Garten zu nehmen (Kuby, Sieg 340). **2.** (Musik) *Verzierung, bei der zwei od. mehrere Töne zwischen zwei Töne der Melodie eingeschoben werden.* **3.** (schweiz.) *(in einer Bilanz ausgewiesener) Gewinn, Überschuß:* Gleichwohl resultierte aus der Konzertsaison 1981/82 ein V. von 225 382 Franken und 46 Rappen (NNZ 1. 2. 83, 19); **vor|schla|gen** ⟨st. V.; hat⟩ [mhd. vürslahen, ahd. furislahan]: **1. a)** *jmdm. einen Plan empfehlen od. einen Gedanken zu einer bestimmten Handlung an ihn herantragen:* jmdm. einen Spaziergang v.; jmdm. einen Handel, ein Abkommen, einen Kompromiß, Verhandlungen v.; er schlug mir eine Partie Schach vor; ich schlage vor, würde ..., wir gehen zuerst essen/daß wir zuerst essen gehen; Anfang Dezember ... schlug er die Scheidung vor (Frisch, Stiller 275); „Wenn wir nach Rügen hinüberführen?" schlug ich vor (Fallada, Herr 107); ich bin auch für die von dir vorgeschlagene Lösung; **b)** *jmdn. für etw. in Frage kommend benennen, empfehlen:* jmdn. für ein Amt, für ein Stipendium, für den Nobelpreis, als Kandidaten, als Mitglied, zur Aufnahme in den Verein, zur Beförderung v.; Jetzt muß der Bundespräsident ... dem Parlament einen Kanzlerkandidaten v. (Dönhoff, Ära 27); Ich war von der Kreisleitung für die Adolf-Hitler-Schule vorgeschlagen (Küpper, Simplicius 49). ♦ **2.** *vor etw. schlagend* (1 g) *befestigen, mit [Hammer]schlägen vor etw. anbringen:* ... ehe es ihm gelingt, ins alte Loch die Spinne zu drängen, mit sterbenden Händen den Zapfen vorzuschlagen (Gotthelf, Spinne 115); **Vor|schlag|ham|mer,** der; -s, ...hämmer [zu veraltet vorschlagen = als erster schlagen]: *großer, schwerer Hammer:* ... als er sich dem Auftrag widersetzte, fahrbereite Bundeswehrkräder mit dem V. auszumustern (Spiegel 18, 1976, 38); **Vor|schlags|li|ste,** die: *Kandidatenliste;* **Vor|schlags|recht,** das: *Recht, jmdn., etw. vorzuschlagen;* **Vor|schlags|we|sen,** das ⟨o. Pl.⟩: *al-*

les, was mit der Regelung von Verbesserungsvorschlägen, die von Betriebsangehörigen eingebracht werden, zusammenhängt.

Vor|schluß|run|de, die (Sport): *Halbfinale.*

Vor|schmack, der; -[e]s [mhd. vür-, vorsmack] (selten): *Vorgeschmack:* ♦ Und ist, wenn's kommt, ein V. des Himmels (Goethe, Götz I); **vor|schmecken**[1] ⟨sw. V.; hat⟩: *herausschmecken* (b).

vor|schnei|den ⟨unr. V.; hat⟩: **a)** *in mundgerechte Stücke schneiden:* dem Kind das Würstchen v.; Der Amerikaner schneide sich alles erst einmal vor, lege das Messer dann fort und speise mit der Rechten (Th. Mann, Krull 271); **b)** *(vor dem Servieren) aufschneiden:* den Braten, die Torte v.

vor|schnell ⟨Adj.⟩: *voreilig:* eine -e Verallgemeinerung, Entscheidung; die -en und ebenso falschen Schlüsse überlasse ich lieber Ihnen (Zwerenz, Quadriga 198); ich war zu v.; Allzu v. halten manche Rechtspolitiker einen solchen Wechsel für wünschenswert (NJW 19, 1984, 1096); jmdn. v. verdächtigen, beschuldigen, verurteilen.

vor|schnel|len ⟨sw. V.⟩: **a)** *nach vorn schnellen* ⟨ist⟩: Nun schnellt er (= der Leopard) mit einem großen Satz vor (Grzimek, Serengeti 277); **b)** ⟨v. + sich⟩ *sich nach vorn schnellen* ⟨hat⟩: Mit einem Satz schnelle ich mich lang vor, flach wie ein Fisch über den Boden (Remarque, Westen 53).

Vor|scho|ter, der; -s, - (Segeln): *jmd., der die Schot des Vorsegels bedient;* **Vor|scho|te|rin,** die; -, -nen (Segeln): w. Form zu ↑Vorschoter; **Vor|schot|mann,** der; -[e]s, ...männer u. ...leute (Segeln): *Vorschoter.*

vor|schrei|ben ⟨st. V.; hat⟩ [mhd. vorschriben]: **1. a)** *als Muster, Vorlage niederschreiben:* dem Kind das Wort deutlich v.; **b)** *als Vorlage für eine spätere Reinschrift schreiben:* einen Aufsatz in einem Schmierheft v. **2.** *durch eine gegebene Anweisung ein bestimmtes Verhalten od. Handeln fordern:* jmdm. die Bedingungen, die Arbeitsmethode, ein Arbeitspensum v.; jmdm., wie, wann er etwas zu tun hat; ich lasse mir [von dir] nichts v.; das Gesetz schreibt vor, daß ...; Als Mindestalter ... sind siebzehn Jahre vorgeschrieben (Ott, Haie 13); die vorgeschriebene Anzahl, Geschwindigkeit; die zwingend, gesetzlich vorgeschriebene Zweidrittelmehrheit; Ü ... als (= die Epoche des Galantuomo) einst der italienische Kavalier der europäischen Gesellschaft die Mode vorgeschrieben hatte (Thieß, Legende 123); Ihr Rock hatte immer die gleiche Länge, ganz egal, was die Mode gerade vorschrieb (Danella, Hotel 238).

vor|schrei|ten ⟨st. V.; ist⟩ (geh.): *vorangehen* (2): die Bauarbeiten schreiten zügig vor; Ü Der Nachmittag schritt vor (A. Zweig, Grischa 234); ⟨meist im 2. Part.:⟩ zu vorgeschrittener Stunde *(spätabends);* Trotz seines vorgeschrittenen (hohen) Alters gleitet Herr Friedrich geschmeidig aus dem Sattel (Stern, Mann 428); Man sah ... an Jahren vorgeschrit-

Vorschrift

tene *(alte, ältere)* Herren (Th. Mann, Krull 107); Schließlich, in vorgeschrittener *(später)* Nacht ... (Bamm, Weltlaterne 85); in vorgeschrittenen *(hochentwickelten)* Industrieländern (Fraenkel, Staat 49).
Vor|schrift, die; -, -en: *Anweisung, deren Befolgung erwartet wird u. die ein bestimmtes Verhalten od. Handeln fordert:* strenge, genaue, gesetzliche, religiöse, sittliche -en; die einschlägigen -en der Verfassung; etw. ist [die] V. *(etw. ist vorgeschrieben);* Wie es die V. war bei den Herrnhutern, hatten die Maler auf jedes Möbelstück ... „Paradies" gemalt (Bieler, Bonifaz 6); ich lasse mir von dir keine -en machen; die dienstlichen -en *(Instruktionen)* beachten, befolgen, verletzen; Nein, Fräulein, ich habe meine -en (Fallada, Mann 87); Es gab sicher eine V., daß die Taschenlampe nicht angeknipst werden darf (Jahnn, Nacht 19); sich an die -en [des Arztes] halten; gegen die V., die -en verstoßen; Ich darf nicht, Herr Major! Es ist gegen die V. (Plievier, Stalingrad 252); die Medizin muß genau nach V. eingenommen werden; Ü Vielleicht ist es ... erlaubt, statt den Gesetzen der Kunst den -en seines Herzens zu folgen (Th. Mann, Krull 97); **vor|schrifts|ge|mäß** 〈Adj.〉, **vor|schrifts|mä|ßig** 〈Adj.〉: *der Vorschrift entsprechend, gemäß:* die -e Durchführung der Arbeiten; sein Vorgehen war nicht ganz v.; v. grüßen; v. eingestellte Scheinwerfer; ... wenn er durchaus zu Hause und vorschriftsgemäß *(wie man mich geheißen hat)* im Bett bin (Muschg, Gegenzauber 62); **vor|schrifts|wid|rig** 〈Adj.〉: *gegen die Vorschrift verstoßend:* eine [grob] -e Vorgehensweise; diese Form der Abfallbeseitigung ist v.; v. handeln, überholen, abbiegen.
Vor|schub, der; -[e]s, Vorschübe [zu ↑vorschieben]: **1.** * jmdm., einer Sache V. leisten/(geh. auch:) tun *(die Entwicklung einer Person, Sache begünstigen):* der Umweltzerstörung, dem Verbrechen, dem Radikalismus, der Diktatur V. leisten; Dieser Anschuldigung wurde auch von Trainerseite V. geleistet (Basler Zeitung 9. 10. 85, 37); ... Und nicht nur das. Er hatte den Habsburgern V. getan; (Feuchtwanger, Herzogin 120). **2.** (Technik) *Vorwärtsbewegung eines Werkzeuges od. Werkstücks [während eines Bearbeitungsablaufs u. der dabei zurückgelegte Weg]:* der V. des Messers gegen das Präparat (Medizin II, 65). **3.** (Datenverarb.) *(bei einem an eine Datenverarbeitungsanlage angeschlossenen Drucker) Transport des Papiers bis zu einer bestimmten Stelle, an der das Drucken fortgesetzt werden soll.* ♦ **4.** *Begünstigung, Förderung, Unterstützung:* Er hat sich von kleinen Anfängen, durch geschickten Gebrauch der Zeit, der Umstände und durch V. seiner Landsleute zu einem großen Vermögen heraufgebracht (Goethe, Brief aus Rom an Herzog Carl August, 20. 1. 1787); Aber Eure Nachsicht muß ihn in seinen Liederlichkeiten befestigen, Euer V. ihnen Rechtmäßigkeit geben (Schiller, Räuber I, 1); **Vor|schub|lei|stung,** die; **1.** (österr. Rechtsspr. veraltet) *Unterlassung der Verhinderung eines Verbrechens.* **2.** *das Vorschubleisten.*
Vor|schul|al|ter, das 〈o. Pl.〉: *Altersstufe vom etwa dritten Lebensjahr bis zum Eintritt in die Schule:* Kinder im V.; **Vor|schu|le,** die; -, -n: **1.** *Gesamtheit der Einrichtungen der Vorschulerziehung.* **2.** (früher) *vorbereitender Unterricht für den Übertritt in eine höhere Schule;* **Vor|schü|ler,** der; -, -s, - (früher): *an der Vorschule* (2) *teilnehmender Schüler;* **Vor|schü|le|rin,** die; -, -nen (früher): w. Form zu ↑Vorschüler; **Vor|schul|er|zie|hung,** die: *Förderung von Kindern im Vorschulalter bes. durch die Vorschule* (1); **vor|schu|lisch** 〈Adj.〉: *Vorschulalter u. Vorschule betreffend:* -e Erziehung; Kindergärten und andere -e Einrichtungen; **Vor|schul|kind,** das: *Kind im Vorschulalter:* ... den -ern die Möglichkeit zu geben, im Kindergarten betreut ... und gut auf die Schule vorbereitet zu werden (DLZ 20. 3. 81, 12); **Vor|schu|lung,** die; -, -en: *einer bestimmten Aufgabe o. ä. vorausgehende Schulung.*
Vor|schuß, der; ...schusses, ...schüsse [zu ↑vorschießen]: *im voraus bezahlter Teil des Lohns, Gehalts o. ä.:* ein V. auf das Gehalt; jmdm. einen V. gewähren, bewilligen; sich [einen] V. geben lassen; ich habe mir tausend Mark V. geholt; Sie ... haben sich doch V. genommen? (Fallada, Mann 15); er bat seinen Verleger um einen V.; Ü Miesicke genießt schon V. auf den Triumph des ehrlichen Schuldners (Bredel, Prüfung 15); ... warum ich selbst, der ich meinen Mitmenschen auf allen Gebieten so großzügigen V. gewährte, bei diesen keinen Kredit genoß (Mayröcker, Herzzerreißende 113); **Vor|schuß|lor|beer,** der 〈meist Pl.〉: *Lob, das jmd., etw. im voraus bekommt:* -en erhalten, einheimsen, ernten; nachdem der mit viel -en bedachte Film ... bei den Festspielen von Cannes leer ausging (MM 7. 7. 88, 38); **Vor|schuß|pflicht,** die: *Pflicht, jmdm. künftig entstehende Kosten im voraus zu zahlen;* **vor|schuß|wei|se** 〈Adv.〉: *als Vorschuß;* **Vor|schuß|zah|lung,** die; -, -en: *einer Vorschuß;* **Vor|schuß|zin|sen** 〈Pl.〉 (Bankw.): *Sollzinsen, die eine Bank bei vorzeitiger Rückzahlung von Spareinlagen vom Sparer verlangen kann.*
vor|schüt|ten 〈sw. V.; hat〉: vgl. vorlegen (3 b): ... und auch sein Tier bekam Heu vorgeschüttet und sogar Korn (Th. Mann, Joseph 220).
vor|schüt|zen 〈sw. V.; hat〉 [eigtl. = eine Schutzwehr errichten]: *als Ausflucht, Ausrede gebrauchen:* eine Krankheit [als Grund für eine Abwesenheit] v.; sie schützt Müdigkeit vor, Mißstimmung, Schwäche (Kafka, Erzählungen 201); dadurch ..., daß sie eine Reise vorschützten und sich auf keine Weise erreichen ließen (Musil, Mann 1095); **Vor|schüt|zung,** die; -, -en: *das Vorschützen.*
vor|schwär|men 〈sw. V.; hat〉: *jmdm. schwärmerisch von jmdm., etw. erzählen:* jmdm. viel von etw. v.; Weil er mir dauernd von anderen Frauen vorschwärmt, gab es jetzt Krach (Hörzu 29, 1977, 92).
vor|schwe|ben 〈sw. V.; hat〉: *in jmds. Vorstellung [als Ziel] vorhanden sein:* jmdm. als Ziel, als Ideal v.; mir schwebt eine andere Lösung, etwas völlig Neues vor; Deutschland als Mittler und Brücke zwischen Ost und West, so schwebte es ihm vor (R. v. Weizsäcker, Deutschland 47); Schon lange schwebt mir vor, Francisco Goyas Radierungen ... mit Gedichten zu würdigen (Fels, Kanakenfauna 107).
vor|schwin|deln 〈sw. V.; hat〉 (ugs.): vgl. vorlügen: schwindel mir ja nichts vor!; ich habe ihm vorgeschwindelt, daß ich keine Zeit habe.
Vor|se|gel, das; -s, -: *vor dem [Groß]mast an einem Stag zu setzendes Segel.*
vor|se|hen 〈st. V.; hat〉 [mhd. vürsehen = vorwärts sehen, refl.: *Vorsorge tragen*]: **1. a)** *(aus einem Versteck o. ä.) in eine bestimmte Richtung blicken:* hinter der Ecke v.; **b)** *sichtbar sein als etw., was darüber ist, getragen wird:* der Unterrock sieht vor. **2. a)** *[zu einer bestimmten Zeit] in der Zukunft durchzuführen beabsichtigen:* für morgen habe ich eine Stadtrundfahrt vorgesehen; es ist vorgesehen, einige Bestimmungen zu ändern; das vorgesehene Gastspiel muß ausfallen; Da ist zum Beispiel ein längerer Besuch auf einer argentinischen Estancia vorgesehen (Th. Mann, Krull 280); **b)** *zu einem bestimmten Zweck verwenden, einsetzen wollen:* die Steaks hatte ich fürs Abendessen, für heute abend vorgesehen; wir haben das Geld für Einkäufe vorgesehen; er ist für dieses Amt, als Nachfolger des Präsidenten vorgesehen; Es war ein ganzer Abend für die Zusammenkunft vorgesehen (Niekisch, Leben 265); Ihre Eltern hatten sie für einen befreundeten Bäcker vorgesehen (Jägersberg, Leute 125); etw. an der [dafür] vorgesehenen Stelle befestigen, montieren. **3.** *festsetzen, -legen, bestimmen:* das Gesetz sieht für diese Tat noch höhere Strafe vor; das [im Plan, in dem Vertrag] nicht vorgesehen; weil die Verfassung vorsieht, daß die Entscheidungsbefugnis beim Parlament ... liegt (Dönhoff, Ära 34); gegenüber hatten die Projektanten ... den Anschluß für die Gemeinschaftsantenne vorgesehen (H. Weber, Einzug 207). **4.** 〈v. + sich〉 *sich in acht nehmen; sich hüten:* sich vor etw. v.; vor ihm muß man sich v.; sieh dich vor [daß/damit du nicht hinfällst]!; v. bitte!; Arnheim ... ging langsam auf Ulrich zu. Dieser hatte den Eindruck, sich gegen eine Unhöflichkeit v. zu müssen (Musil, Mann 642). **5. a)** 〈v. + sich〉 (veraltend) *sich mit etw. versehen, Vorsorge tragen:* sich ausreichend mit Vorräten v.; ♦ **b)** *Vorsorge treffen; (für etw.) sorgen:* du speisest doch heut abend bei uns? Die alte Margret wird schon löblich vorgesehen haben (Storm, Söhne 56); **Vor|se|hung,** die; - [mhd. vürsehunge = Aufsicht, Schutz]: *über die Welt herrschende Macht, die in nicht beeinflußbarer od. zu berechnender Weise das Leben der Menschen bestimmt u. lenkt:* die göttliche V.; Ich hoffe, du bist in der Nähe, wenn mich die V. frühzeitig abberufen sollte (Kuby, Sieg 195); Dessen sollte sich jeder eingedenk sein, den die V. dazu bestimmt hat, seinem geliebten Vaterland .... zur Seite stehen zu dürfen (Kirst, 08/15, 681).

vor|set|zen ⟨sw. V.; hat⟩ [mhd. vürsetzen = vor Augen setzen, voranstellen; sich etw. vornehmen, ahd. furisezzen = vor Augen setzen, voranstellen]: **1.** *nach vorn setzen:* den rechten Fuß v.; wir können den Pfosten, den Busch doch einfach ein Stück v. **2. a)** *jmdm. einen Platz weiter vorn zuweisen:* der Lehrer hat den Schüler vorgesetzt; **b)** ⟨v. + sich⟩ *sich weiter nach vorn setzen:* nach der Pause haben wir uns [ein paar Reihen] vorgesetzt. **3.** *vor etw. setzen:* eine Blende v.; [einer Note] ein Kreuz v. **4.** *(Speisen od. Getränke) zum Verzehr hinstellen:* den Gästen einen Imbiß, ein Glas Wein v.; Ü es ist eine Zumutung, einem ein solches Programm vorzusetzen. **5.** ⟨v. + sich⟩ (veraltet) *sich etw. vornehmen:* ... daß sie sich vorgesetzt hatte, ihr Leben zu beenden (Musil, Mann 859); ... aber absichtslos ..., nicht aus vorgesetzter Tugendhaftigkeit, sondern, nun ja: aus Beschaffenheit (Maass, Gouffé 310); Ü So sind die großen Werke entstanden und nicht aus einem Ehrgeiz, der sich von vornherein vorsetzt, ein großes Werk zu schaffen (Th. Mann, Zauberberg VII); ♦ Daß er mit Strumpf und Stiel es zu vertilgen sich vorgesetzt (Lessing, Nathan I, 3). **Vor|sicht**, die; - ⟨meist o. Art.⟩ [mhd. vürsiht, ahd. foresiht = Vorsorge, rückgeb. aus ↑vorsichtig]: **1.** *aufmerksames, besorgtes Verhalten in bezug auf die Verhütung eines möglichen Schadens:* V.!; V., Glas/bissiger Hund/Stufe!; V., frisch gestrichen/zerbrechlich!; V. an der Bahnsteigkante/bei [der] Abfahrt des Zuges!; äußerste, große, übertriebene, unnötige V.; hier ist V. geboten, nötig, am Platze; Unwillkürliche V. ließ mich meinen wahren Namen verleugnen (Rinser, Mitte 52); V. üben, walten lassen; alle V. außer acht lassen; die gefährliche Situation im Konvent ... erfordert erhöhte V. (St. Zweig, Fouché 48); Der Apotheker Acquistapace brauchte keine V. mehr (H. Mann, Stadt 298); Er schien alle V. abgeworfen zu haben, die ihn sonst beherrschte (Musil, Mann 751); etw. aus V. tun; daß die zeitgenössischen Quellen ... mit aller kritischen V. benutzt ... wurden (Kasack, Webstuhl 6); er, was sie sagt, mit V. zu genießen *(ihm, ihrer Äußerung gegenüber ist große Zurückhaltung geboten);* sie hat [mir] zur V.; in dieser Ausgabe ist das besser als Nachsicht (ugs. scherzh.: *man tut gut daran, mögliche Gefahren rechtzeitig zu bedenken;* Nachsicht steht hier für „Nachsehen"). ♦ **2.** *Vorsehung:* wo ich leicht zu verleiten wäre, wider die V. zu murren (Lessing, Minna I, 6); Die V.: hat sie denn nicht recht (Lessing, Nathan III, 10); Himmlische V.! Rette, o rette meinen sinkenden Glauben (Schiller, Kabale III, 6); **vor|sich|tig** ⟨Adj.⟩ [mhd. vor-, vürsihtic, ahd. foresihtig = vorausssehend]: *mit Vorsicht [handelnd, vorgehend]:* ein -er Mensch, Autofahrer; ein -es Vorgehen; mit -en Schritten; -er Optimismus; man kann gar nicht v. genug sein; Er hatte hohen Blutdruck und mußte mit Gewürzen v. sein (Schwaiger,

Wie kommt 72); der Minister drückte sich sehr v. aus; fahr bitte v.!; sie hoben den Verletzten v. auf eine Bahre; **vor|sich|ti|ger|wei|se** ⟨Adv.⟩: *aus Vorsicht, Vorsichtigkeit:* weil die Bürgeraktion v. nicht direkt behauptete, der WWF verwende seine Mittel zweckentfremdet (NZZ 30. 8. 86, 30); **Vor|sich|tig|keit**, die; - [mhd. vor-, vürsihticheit = Voraussicht, Vorsicht, Einsicht, Verständigkeit]: *das Vorsichtigsein;* **vor|sichts|hal|ber** ⟨Adv.⟩: *zur Vorsicht:* sie hatte v. einen Regenschirm mitgenommen; schreib es dir doch v. lieber auf; „Hoffentlich hast du dich ... erkältet." ... „Ich werde, bevor ich zu Bett gehe, eine heiße Zitrone trinken, v." (Grass, Hundejahre 265); **Vor|sichts|maß|nah|me**, **Vor|sichts|maß|re|gel**, die: *zur Vorsicht getroffene Maßnahme, Maßregel;* -n [gegen etw.] ergreifen, treffen, anordnen; das ist bloß eine V.; man habe soeben unter Anwendung aller üblichen Vorsichtsmaßregeln das Köfferchen geöffnet (Kesten, Geduld 27); ... daß sein und Langbeins Prozeß ... unter besonderen Vorsichtsmaßregeln stattfand (Rothfels, Opposition 100).
Vor|si|gnal, das; -s, -e (Eisenb.): *Signal, das ein Hauptsignal ankündigt.*
Vor|sil|be, die; -, -n: *Silbe, die vor einen Wortstamm od. ein Wort gesetzt wird.*
vor|sin|gen ⟨st. V.; hat⟩ [mhd. vor-, vürsingen, ahd. forasingan]: **1. a)** *etw. für jmdn. singen:* den Kindern ein Gutenachtlied v.; **b)** *zuerst singen, so daß es jmd. wiederholen kann:* ich singe euch die erste Strophe vor; **c)** *(einen Teil von etw.) [als Solist] singen, bevor andere einfallen:* sie singt die Strophen vor, und beim Refrain singt ihr dann alle mit. **2.** *vor jmdm. singen, um seine Fähigkeiten prüfen zu lassen:* sie hat am Theater vorgesungen und sofort ein Engagement bekommen; Zu den Zeugnissen mußten wir einzeln v., Schubert-Lieder (Kempowski, Immer 194); Ü ⟨subst.:⟩ ... noch ehe zum „Vorsingen" (Uni-Jargon) geladen wurde *(dazu eingeladen wurde, einen Vortrag zu halten, um sich als Anwärter auf einen Lehrstuhl vorzustellen)* (Spiegel 52, 1976, 75).
vor|sint|flut|lich ⟨Adj.⟩ (ugs.): *aus vergangener Zeit stammend u. heute längst überholt:* eine -e Schreibmaschine, Kamera, Flinte; Und war diese -e Methode der Datensammlung nicht niedlich? (Springer, Was 11); Tauschgeschäfte gelten als v. (Tages Anzeiger 26. 11. 91, 5).
Vor|sitz, der; -es, -e: *Leitung einer Versammlung o. ä., die etw. berät, beschließt; Rolle, Amt eines Vorsitzenden:* Wie die Dinge liegen, wird Hermann J. Abs eines Tages der V. im Aufsichtsrat zufallen (FAZ 14. 10. 61, 7); [bei einer Sitzung in einer Kommission, in einem Gremium] den V. haben, übernehmen, abgeben, niederlegen; jmdm. den V. übertragen; die Verhandlungen fanden unter dem V. von ... statt; **vor|sit|zen** ⟨unr. V.; hat; engl., österr., schweiz.: ist⟩: *in einer Versammlung o. ä. den Vorsitz haben; präsidieren:* einer Kommission, einer Partei, dem Betriebsrat v.; er sitzt mehreren Aufsichtsräten vor; Statthalterin Agnes Metzener, die das Gericht vorsaß

(Nordschweiz 29. 3. 85, 5); Der dem Gericht vorsitzende Landgerichtsdirektor (Noack, Prozesse 113); Ü Der Professor saß der Tafel vor (geh.; *saß als Gastgeber am Kopf des Tisches;* Th. Mann, Krull 399); **Vor|sit|zen|de**, der u. die; -n, -n ⟨Dekl. ↑Abgeordnete⟩: *jmd., der in einem Verein, einer Partei o. ä. die Führung u. Verantwortung hat od. in einer Gruppe Verantwortlicher die leitende Position hat:* die V. des Ausschusses, des Betriebsrats, des Vereins, der Partei; er ist erster, zweiter, stellvertretender V. des Aufsichtsrats; einen neuen -n wählen; Ich soll beim Genossen -n melden (Leonhard, Revolution 146); jmdn. zum, zur V. wählen; **Vor|sit|zer**, der; -s, -: *Vorsitzender;* **Vor|sit|ze|rin**, die; -, -nen: w. Form zu ↑Vorsitzer.
Vor|so|kra|ti|ker, der; -s, - ⟨meist Pl.⟩: *Vertreter der griechischen Philosophie vor Sokrates;* **vor|so|kra|tisch** ⟨Adj.⟩: *die griechische Philosophie vor Sokrates betreffend, auf ihr beruhend:* die -e Naturphilosophie.
Vor|som|mer, der; -s, -: **1.** vgl. Vorfrühling: Ein Morgen mit Heuduft und den schweren Gerüchen des -s (Strittmatter, Wundertäter 272). **2.** vgl. Vormonat: die Besucherzahlen der Freibäder sind gegenüber dem V. um durchschnittlich 2% gestiegen; **vor|som|mer|lich** ⟨Adj.⟩: *zum Vorsommer gehörend, für ihn charakteristisch:* es herrschten Sonnenschein und -e Temperaturen.
Vor|sonn|tag, der; -s, -e: *vorhergehender, voriger Sonntag:* Ein hochmotivierter ASK Vorwärts Frankfurt ... wollte sich nach der Schlappe vom V. ... keine weitere Blöße geben (NNN 23. 3. 87, 4).
Vor|sor|ge, die; -, -n ⟨Pl. selten⟩: *Maßnahmen, mit denen einer möglichen späteren Entwicklung, Lage vorgebeugt, durch die eine spätere materielle Notlage od. eine Krankheit nach Möglichkeit vermieden werden soll:* die V. für die Zukunft, fürs Alter, für den Fall der Erwerbsunfähigkeit, gegen Berufskrankheiten; finanzielle, medizinische V.; V. durch Früherkennung; V. [dafür] treffen, daß ...; Albrecht hatte sie getroffen, den in Kärnten gut zu verteidigen (Feuchtwanger, Herzogin 76); Die zuständigen Behörden veranlaßte sofort eine Reihe von (vorsorglichen Maßnahmen; Welt 7. 9. 79, 1); **Vor|sor|ge|auf|wen|dun|gen** ⟨Pl.⟩ (Steuerw.): *steuerlich begünstigte, der privaten Vorsorge dienende Aufwendungen;* (z. B. Renten-, Arbeitslosen-, Krankenversicherung, Bausparvertrag); **Vor|sor|ge|ge|dan|ke**, der ⟨o. Pl.⟩: *Gedanke (4) der Vorsorge;* **Vor|sor|ge|maß|nah|me**, die: *vorsorgliche Maßnahme:* Impfungen und andere [medizinische] -n; -n [gegen etw.] treffen; **Vor|sor|ge|me|di|zin**, die: *Präventivmedizin;* **Vor|sor|ge|me|di|zi|ner**, der: *Mediziner, der auf dem Gebiet der Vorsorgemedizin tätig ist;* **Vor|sor|ge|me|di|zi|ne|rin**, die: w. Form zu ↑Vorsorgemediziner; **vor|sor|gen** ⟨sw. V.; hat⟩: *im Hinblick auf Kommendes im voraus etw. unternehmen, für etw. sorgen:* für schlechte Zeiten, fürs Alter v.; daß in Friedenszeiten für alle möglichen Katastrophenfälle vorgesorgt werden müsse

Vorsorgepauschale

(FAZ 18. 11. 71, 1); ... immer wieder dahin eilend, wohin seine Not ihn zwang und wo dieser Not so schlecht vorgesorgt war (Muschg, Sommer 138); **Vor|sor|ge|pau|scha|le,** die (Steuerw.): *Pauschale für Aufwendungen zur privaten Vorsorge, die bei der Ermittlung des steuerpflichtigen Einkommens abzuziehen ist;* **Vor|sor|ge|un|ter|su|chung,** die: *regelmäßig durchzuführende Untersuchung, um Krankheiten (bes. Krebs) im frühestmöglichen Stadium zu erkennen;* **vor|sorg|lich** ⟨Adj.⟩: **1.** *zur Vorsorge erfolgend:* -e Maßnahmen ergreifen; 13 Mädchen und Jungen befinden sich zur -en Beobachtung im Krankenhaus Ebersbach (Freie Presse 3. 11. 88, 2); sich v. mit etwas eindecken; v. Rechtsbeschwerde einlegen. **2.** *auf Vorsorge bedacht, stets Vorsorge treffend:* Die -e Wirtin hatte die Fensterläden geschlossen (Dorpat, Ellenbogenspiele 23); er ist sehr v. **vor|sor|tie|ren** ⟨sw. V.; hat⟩: vgl. vorordnen: Post, Abfälle v.; daß in Zukunft auf den Mülldeponien nur noch vorsortierter Müll angenommen werde (Husumer Nachrichten 27. 2. 85, 15); **Vor|sor|tie|rung,** die; -, -en: *das Vorsortieren.* **Vor|spann,** der; -[e]s, -e u. Vorspänne: **1. a)** *kurze Einleitung, die dem eigentlichen Text eines Artikels o. ä. vorausgeht:* eine Homilie ... erzählt die Geschichte vom Präpositus ...: voraus geht ein ... V., in dem der Eremit Goodmon erfahren muß, daß ... (Curschmann, Oswald 36); Im V. dieser interessanten Arbeit wird darauf hingewiesen, daß ... (Börsenblatt 29, 1968, 873); **b)** *(Film, Ferns.) einem Film, einer Fernsehsendung vorausgehende Angaben über die Mitwirkenden, den Autor o. ä.:* dann flimmerte auch schon der V. über die Leinwand (Ziegler, Konsequenz 229); Regisseur Saul Bass, vormals Spezialist für Vorspänne (Spiegel 14, 1983, 256); die im V. genannten Mitwirkenden. **2.** *zusätzlich vorgespanntes Fahrzeug, Tier zum Ziehen:* eine zweite Lok wurde als V. angekoppelt; Ü Sein Intellekt ist eine Bremse für seine Emotionen – anstatt ein V. (Remarque, Obelisk 197); **vor|span|nen** ⟨sw. V.; hat⟩: **1.** *(ein Zugtier, eine Zugmaschine) vor ein Gefährt o. ä. spannen:* dem Schlitten war ein Schimmel vorgespannt; vor der Steigung wurde eine zweite Lok vorgespannt; Ü Leser schreiben uns ..., warum sie sich vorspannen und Dinge in Gang bringen, die vielen Menschen nutzen (Freie Presse 17. 2. 89, Beil. 4). **2.** (Elektrot.) *eine Vorspannung (2 a) anlegen.* **3.** (Technik) *(einen Werkstoff, ein Werkstück) bei der Herstellung mit einer Spannung versehen:* der Beton wird mit Hilfe von gespannten Stahleinlagen vorgespannt; vorgespanntes Glas; **Vorspann|lo|ko|mo|ti|ve,** die: *Lokomotive als Vorspann (2);* **Vor|spann|mu|sik,** die: *Musik zur Untermalung des Vorspanns (1 b);* **Vor|spann|pferd,** das: *Pferd als Vorspann (2):* ◆ Ein Bauer sah zur Fahrt nach Huisum schon die -e vor den Wagen schirren (Kleist, Krug 1); **Vor|span|nung,** die; -, -en: **1.** *das Vorspannen.* **2. a)** (Elektrot.) *elektrische Gleichspannung, die vor dem Anlegen einer Wechselspan-*

nung an das Gitter einer Elektronenröhre angelegt wird; **b)** (Technik) *durch Vorspannen erzeugte Spannung.* **Vor|spei|se,** die; -, -n: *aus einem kleinen Gericht bestehender, dem Hauptgang vorausgehender Gang:* als V. gibt es ... **Vor|sper|re,** die; -, -n (Sport): *vorläufig verhängte Sperre (4):* gegen jmdn. eine V. verhängen. **vor|spie|geln** ⟨sw. V.; hat⟩ [eigtl. etwa = in Scheinbild vor etw. geben (wie in einem Spiegel)]: *vortäuschen:* eine Idylle v.; Als Ludwig vom Kreuzzug nicht zurückkommt, ist alles dahin, was ... ihr noch eine Heimat im Irdischen vorgespiegelt hat (Kaschnitz, Wohin 181); Er spiegelte also vor, W. überhaupt nicht zu kennen (Hilbig, Ich 123); **Vor|spie|ge|lung, Vor|spieg|lung,** die; -, -en: *das Vorspiegeln, Vortäuschung:* das ist V. falscher Tatsachen; Ich glaube, er hat ihr schwindelhafte Vorspiegelungen gemacht (H. Mann, Unrat 94). **Vor|spiel,** das; -[e]s, -e: **1. a)** *kurze musikalische Einleitung; Präludium (a);* **b)** *einem Bühnenwerk vorangestelltes kleines Spiel, einleitende Szene:* ein Schauspiel in drei Akten und einem V.; Ü Auch er (= der Vandalenkrieg) wurde eingeleitet durch ein diplomatisches V., das ... (Thieß, Reich 587). **2.** *dem eigentlichen Geschlechtsakt vorausgehender, ihn vorbereitender Austausch von Zärtlichkeiten:* Wir ... hatten immer ein langes V. (Schwarzer, Unterschied 67). **3.** (Sport) *Spiel, das vor dem eigentlichen Spiel stattfindet.* **4.** *das Vorspielen (3).* **vor|spie|len** ⟨sw. V.; hat⟩: **1. a)** *auf einem Instrument spielen, um andere damit zu unterhalten:* [jmdm.] eine Sonate v.; jmdm. [auf dem Klavier] v.; Hat Bruno denn nichts anderes zu tun, als unseren Rangen Musik vorzuspielen? (K. Mann, Wendepunkt 85); **b)** *(ein Lied, eine Melodie) zuerst spielen, so daß es jmd. wiederholen kann:* [jmdm.] ein Lied, ein Stück, eine Melodie auf dem Klavier v.; **c)** *(eine Ton-, Bildaufzeichnung) mit Hilfe geeigneter Geräte wiedergeben:* [jmdm.] eine Schallplatte, ein Video v.; Wenn ich mir die Carmenouvertüre auf dem Grammophon vorspiele (K. Mann, Wendepunkt 43). **2. a)** *mit darstellerischen Mitteln zur Unterhaltung darbieten:* die Kinder spielten kleine Sketche vor; **b)** *mit darstellerischen Mitteln zeigen, wie etw. darzubieten ist:* der Regisseur spielte [dem Schauspieler] die Rolle, die Partie selbst vor. **3.** *vor etw. spielen, um seine Fähigkeiten prüfen zu lassen:* dem Orchesterleiter, einer Jury, bei einem Orchester v. **4.** *auf eine bestimmte Art u. Weise agieren, um jmdn. etw. Unwahres glauben zu machen:* er spielt uns etwas vor; jmdm. Überraschung, einen Anfall v.; Es nutzte nichts, sich Seelenruhe vorzuspielen (Seidel, Sterne 109); wenn sie zuspielen, also können mich kaputtmachen, spiele ich ihnen vor, daß ich schon kaputt bin (Loest, Pistole 111); ... damit wir ihnen die vornehme Dame vorspielen (Erich Kästner, Schule 38). **Vor|spinn|ma|schi|ne,** die; -, -n (Technik): *Flyer (1).* **Vor|spra|che,** die; -, -n: *das Vorsprechen*

(3); **vor|spre|chen** ⟨st. V.; hat⟩: **1.** *(ein Wort, einen Satz o. ä.) zuerst sprechen, so daß es jmd. wiederholen kann:* [jmdm.] ein schwieriges Wort immer wieder, eine Eidesformel v. **2.** *vor jmdm. einen Text sprechen, um seine Fähigkeiten prüfen zu lassen:* die Rede des Antonius v.; er hat am/beim Staatstheater vorgesprochen und sofort ein Engagement bekommen. **3.** *(bei jmdm., irgendwo) einen Besuch machen [um eine Bitte, ein Anliegen vorzubringen, um eine Auskunft einzuholen o. ä.]:* [wegen etw., in einer Angelegenheit] beim/auf dem Wohnungsamt v.; Wir hängten Verlustmeldungen aus, sprachen auf allen Gehöften vor ... (Fels, Kanakenfauna 55); Jetzt sprach er regelmäßig, fast täglich bei mir vor, und auch ich ... guckte häufig bei ihm ein (Maass, Gouffé 56). **vor|sprin|gen** ⟨st. V.; ist⟩ [mhd. vor-, vürspringen = besser springen, vortanzen]: **1. a)** *aus einer bestimmten Stellung heraus [plötzlich] nach vorn springen:* aus der Deckung, hinter dem Auto v.; **b)** *sich springend weiterbewegen:* der Zeiger der Uhr sprang vor. **2.** *herausragen, vorstehen:* Direkt unter dem äußeren Fensterbrett sprang schon das Dach vor und versperrte die Sicht (Kronauer, Bogenschütze 20); ... aus welchem (= ein Gesicht) die etwas zu große Nase über den streng gezeichneten Mund ... vorsprang (Langgässer, Siegel 231); vorspringende Backenknochen; **Vor|sprin|ger,** der; -s, - (Skispringen): *Springer, der vor dem Wettbewerb (zur Kontrolle) von der Schanze springt;* **Vor|sprin|ge|rin,** die; -, -nen (Skispringen): w. Form zu ↑Vorspringer. **Vor|spruch,** der; -[e]s, Vorsprüche: *Prolog (a).* **Vor|sprung,** der; -[e]s, Vorsprünge [2: mhd. vorsprunc]: **1.** *vorspringender (2) Teil:* der V. eines Felsens; Sind natürliche Vorsprünge, wie gewachsene Felsnasen, vorhanden ... (Eidenschink, Fels 71); ... während er (= der Schnee) vor den Vorsprüngen der Häuser ... noch unverletzt lag (Kronauer, Bogenschütze 123); Die Elbe selbst liegt still um die grasgewachsenen Vorsprünge und Halbinseln ihres Ufers herum (Berger, Augenblick 74). **2.** *Abstand, um den jmd. jmdm. (räumlich, zeitlich, in einer Wertung o. ä.) voraus ist:* ein großer, knapper, nicht mehr aufzuholender V.; ein V. von wenigen Metern, Sekunden, Punkten, Zählern; Nicht das erwartete Kopf-an-Kopf-Rennen, sondern deutlicher V. der Koalition (Rolf Schneider, November 121); den V. vergrößern, verteidigen, halten, verlieren; seinen V. ausbauen; einen [vor jmdm.] haben; einen V. herausfahren, herausholen; jmdm. einen V. geben; Jourdan ... hatte sich ... aus einer siebenköpfigen Spitzengruppe abgesetzt und den V. ins Ziel gerettet (NZZ 13. 10. 84, 45); sie siegte mit riesigem V.; Ü ein V. an technischer Entwicklung; So wurde die Heilige Schrift, die anfänglich ... dem Christentum diesen V. gegeben hatte, hier zu einer Quelle des Übels (Thieß, Reich 332). **Vor|spur,** die; - (Kfz-T.): *Spur (6) der Vor-*

derräder eines Kraftfahrzeugs: die V. einstellen, messen, überprüfen; **vor|spu|ren** ⟨sw. V.; hat⟩: *vorher spuren* (3 a): vorgespurte Loipen; Ü ... ist damit noch nichts vorgespurt *(vorentschieden)* für die Ausführung der Kopfstation ... und weiterer Arbeiten (Basler Zeitung 27. 7. 84, 25).
Vor|sta|di|um, das; -s, ...dien: *Vorstufe.*
Vor|stadt, die; -, Vorstädte: **a)** *außerhalb des [alten] Stadtkerns gelegener Teil einer Stadt:* Das war nicht wie Stadt, sondern wie Stadtrand und V., es hatte etwas Düsteres, Verkommenes an sich (Schnabel, Marmor 114); in der [nördlichen] V. wohnen; **b)** *Vorort mit städtischem Charakter:* Kostroma sah wie eine freudlose V. eines Industrieortes aus den achtziger Jahren aus (Koeppen, Rußland 116); **Vor|stadt|büh|ne,** die; vgl. Vorstadttheater; **Vor|städ|ter,** der; -s, -: *jmd., der in der Vorstadt lebt;* **Vor|städ|te|rin,** die; -, -nen: w. Form zu ↑ Vorstädter; **vor|städ|tisch** ⟨Adj.⟩: *zur Vorstadt gehörend:* die -en Bezirke; **Vor|stadt|ki|no,** das; vgl. Vorstadttheater; **Vor|stadt|knei|pe,** die: *Kneipe in der Vorstadt* (a); **Vor|stadt|stra|ße,** die: *Straße in der Vorstadt* (a); **Vor|stadt|thea|ter,** das: *kleines, nicht sehr bedeutendes, in der Vorstadt* (a) *gelegenes Theater;* **Vor|stadt|vil|la,** die: *Villa in der Vorstadt* (a).
Vor|stag, das; -[e]s, -e[n] (Seew.): *vorderstes Stag von Segelbooten.*
Vor|stand, der; -[e]s, Vorstände [zu ↑ vorstehen (2)]: **1. a)** *geschäftsführendes u. zur Leitung u. Vertretung berechtigtes Gremium einer Firma, eines Vereins o. ä., das aus einer od. mehreren Personen besteht:* die Gesellschaft, Firma hat einen dreiköpfigen V.; dem V. angehören; sie ist in den V. [der Partei] gewählt worden; **b)** *Mitglied des Vorstandes* (1 a): er ist V. geworden. **2.** (bes. österr.) *Vorsteher,* bes. *Bahnhofsvorsteher;* **Vor|ständ|ler,** der; -s, -: *Vorstand* (1b); **Vor|ständ|le|rin,** die; -, -nen: w. Form zu ↑ Vorständler; **Vor|stand|schaft,** die; -, -en: *Gesamtheit derer, die an der Spitze einer Organisation, bes. eines Vereins, stehen:* der Verein hat eine neue V. gewählt; **Vor|stands|da|me,** die: *weibliches Vorstandsmitglied;* **Vor|stands|eta|ge,** die; vgl. Chefetage: In den deutschen -n hatte dieser Meinungswandel ... wieder für Ernüchterung gesorgt (Spiegel 48, 1979, 32); **Vor|stands|mit|glied,** das: *Mitglied des Vorstandes* (1 a); **Vor|stands|sit|zung,** die: *Sitzung des Vorstandes* (1 a); **Vor|stands|spre|cher,** der: *Sprecher eines Vorstandes* (1 a), *als Sprecher fungierendes Vorstandsmitglied;* **Vor|stands|spre|che|rin,** die: w. Form zu ↑ Vorstandssprecher; **Vor|stands|tisch,** der: *Tisch, an dem der Vorstand* (1 a) *sitzt;* **Vor|stands|vor|sit|zen|de,** der u. die: *Vorsitzende[r] des Vorstandes* (1 a); **Vor|stands|wahl,** die: *Wahl eines Vorstands* (1 a).
vor|stecken[1] ⟨sw. V.; hat⟩: *nach vorn stecken; an der Vorderseite feststecken:* eine Serviette, sich ein Sträußchen v.; **Vor|stecker**[1], der; -s, -: **1.** *Splint.* **2.** *Brusttuch;* **Vor|steck|keil,** der: *Vorstecker* (1); **Vor|steck|na|del,** die: **1.** *Brosche.* **2.** *Krawattennadel;* **Vor|steck|ring,** der: *zum Trauring passender u. (von der Frau) über dem Trauring getragener Ring mit Edelstein[en].*
vor|ste|hen ⟨unr. V.; hat; südd., österr., schweiz.: ist⟩ [mhd. vorstēn = bevorstehen; sorgen für, regieren]: **1.** *(durch eine bestimmte Form od. [anormale] Stellung) auffallend weit über eine bestimmte Grenze, Linie nach vorn, nach außen stehen:* das Haus steht etwas weiter vor als die benachbarten; vorstehende Backenknochen, Vorderzähne. **2.** (geh.) *nach außen hin vertreten u. für die Interessen, Verpflichtungen verantwortlich sein:* einem Institut, einem Unternehmen, einer Behörde, einer Organisation, einer Schule v.; Ich hatte ... siebenunddreißig Jahre lang die Ehre, dem Hauswesen, wenn ich so sagen darf, vorzustehen (Geissler, Wunschhütlein 24); er steht seiner Familie vor, sorgt, pflegt, ordnet an mit der gleichen Sicherheit und Treue, mit der er früher seinen Verlag geleitet hat (Strauß, Niemand 53); Ich will meinem Amte gewissenhaft v. *(es gewissenhaft versehen;* Th. Mann, Buddenbrooks 284). **3.** (Jägerspr.) *(vom Hund) in angespannter Haltung verharren.* **4.** (selten) *bevorstehen:* Nur gut, daß er (= der Jahrestag) vorüber war, – er hatte dem jungen Hans Castorp etwas unangenehm vorgestanden (Th. Mann, Zauberberg 571); **vor|ste|hend** ⟨Adj.⟩ [zu ↑ vorstehen in der älteren Bed. „vorne, vor etw. stehen"]: *an früherer Stelle im Text, weiter oben stehend; vorausgehend:* die -en Bemerkungen; wie im -en, wie v. bereits gesagt ...; wir bitten Vorstehendes zu beachten; aus dem Vorstehenden geht hervor, daß ...; **Vor|ste|her,** der; -s, -: *jmd., der einer Sache vorsteht* (2): der V. des Internats, der Schule; **Vor|ste|her|drü|se,** die: *Prostata;* **Vor|ste|he|rin,** die; -, -nen: w. Form zu ↑ Vorsteher; **Vor|steh|hund,** der: *Jagdhund, der aufgespürtes Wild dem Jäger zeigt, indem er in angespannter Haltung verharrt.*
vor|stell|bar ⟨Adj.⟩: *so beschaffen, daß man es sich vorstellen kann:* das ist schwer, kaum, ohne weiteres, durchaus v.; eine wirksame gegenseitige Rüstungskontrolle wäre anders nicht v. (Gehlen, Zeitalter 8); **Vor|stell|bar|keit,** die; -: *das Vorstellbarsein;* **vor|stel|len** ⟨sw. V.; hat⟩ [älter auch: fürstellen]: **1.** *nach vorn stellen:* den Sessel [ein Stück weiter] v.; das rechte Bein [ein wenig] v. **2.** *vor etw. stellen:* eine spanische Wand v. **3.** *die Zeiger vorwärts drehen:* die Uhr [um] eine Stunde v. **4. a)** *jmdn., den man kennt, anderen, denen er fremd ist, mit Namen o. ä. nennen:* darf ich Ihnen Herrn ..., meine Schwester v.?; auf dem Empfang stellte sie ihn als ihren Verlobten vor; Ü dem Publikum einen neuen Star v.; der Autokonzern stellt sein neuestes Modell vor *(zeigt es der Öffentlichkeit);* Als der englische Biologe Rupert Sheldrake seine Theorie der „morphogenetischen Felder" vorstellte (natur 10, 1991, 106); **b)** ⟨v. + sich⟩ *jmdm., den man nicht kennt, seinen Namen o. ä. nennen:* sich mit vollem Namen v.; er stellte sich [ihm] als Vertreter des Verlages vor; Ü Der Kandidat stellte sich den Wählern vor *(zeigte sich u. machte sich ihnen bekannt);* mit diesem Konzert stellt sich das Orchester in seiner neuen Besetzung vor; sich bei/in einer Firma, beim Personalleiter v. *(wegen einer Anstellung vorsprechen);* Mit ausgeglichen guten Leistungen stellten sich die Finnen vor (Freie Presse 3. 1. 90, 5). **5.** *zur ärztlichen Untersuchung bringen; sich ärztlich untersuchen lassen:* Aber hier war wohl niemand so zartfühlend, ihn deshalb gleich einem Psychiater vorzustellen (Loest, Pistole 107); er mußte sich noch einmal dem Arzt, in der Klinik v. **6. a)** *(im Bild o. Ä.) wiedergeben, darstellen:* was soll das, die Plastik eigentlich v.?; ... tat er dick, trug eine verwegen geschneiderte ... Uniform und konnte wohl einen Kavalier v. (Gaiser, Jagd 55); ... die mir in einer unverständlichen Sprache – wahrscheinlich stellte es Portugiesisch vor *(war es Portugiesisch)* – etwas zuriefen (Th. Mann, Krull 321); **b)** *darstellen:* V. (4): ... mit dieser hübschen eleganten Karla, die was ganz Besonderes vorstellte (Lederer, Liebe 52); er stellt etwas vor *(ist eine beeindruckende Erscheinung, Persönlichkeit);* Es waren also alles Herren, die etwas im Leben vorstellten *(die hoch geachtet wurden)* und etwas erreicht hatten (Hollander, Akazien 113). **7.** ⟨v. + sich⟩ *sich vorstellen; sich in bestimmter Weise ein Bild von etw. machen:* ich stelle mir vor, daß das gar nicht so einfach ist; stell dir vor, wir würden gewinnen; das kann ich mir lebhaft v.!; ich habe mir den Ausflug etwas anders vorgestellt; kannst du meine Überraschung v.?; ich kann mich gut als Lehrer v.; was haben Sie sich als Preis vorgestellt?; wie stellst du dir das vor?; Georgette konnte sich ihn ferner nicht im Nachthemd v. oder gar nackt (Dürrenmatt, Grieche 6); darunter kann ich mir nichts v.; ich stelle mir unter Liebe überhaupt nicht riesig viel vor (Musil, Mann 314). **8.** *jmdm. etw. eindringlich vor Augen halten, zu bedenken geben:* der Pilot und die Schiffsmeister stellen dem Kapitän vor, daß die Fahrzeuge zu schwach seien für diesen Seegang (Schneider, Leiden 18); Er verliebt sich in ... die Gräfin d'Houdetot, die unglücklich verheiratet ist, aber bereits einen anderen liebt, und stellt ihr eindringlich vor, wie unmoralisch dies sei (Friedell, Aufklärung 87); **vor|stel|lig** [zu ↑ vorstellen (8)]: *in der Wendung* [irgendwo/bei jmdm./etw.] v. werden (Papierdt.; *sich in einer bestimmten Angelegenheit meist mündlich an jmdn./etw. wenden):* deswegen wurde er auf dem Amt, im Ministerium, beim Bürgermeister v.; Diesen Zeitpunkt hatte Geneviève ausgesucht, um erneut v. zu werden. Ich weiß nicht, wie sie meine Fährte aufgespürt hatte (Perrin, Frauen 122); **Vor|stel|lung,** die; -, -en: **1. a)** *das Vorstellen, Bekanntmachen:* die V. der Kandidaten, eines neuen Mitarbeiters; würden Sie bitte die V. übernehmen?; ich habe Ihren Namen bei der V. nicht verstanden; Ü die V. ihres neuen Romans auf der Messe; Für den Wagen gab es schon vor seiner V. rund 4 000 feste Bestellungen (Hamburger Abendblatt 12. 5. 84, 25); **b)** *das Sichvorstellen* (4 b): einen Bewerber zu einer persönlichen V. einla-

den; kommen Sie bitte morgen zur V. in mein Büro; denn auf ein Inserat hatte sie sich gemeldet und war zur V. aufgefordert worden im Hause, in dem sie wohnte (Gaiser, Schlußball 45). **2. a)** *Bild, das sich jmd. in seinen Gedanken von etw. macht, das er gewinnt, indem er sich eine Sache in bestimmter Weise vorstellt* (7): eine schöne, komische, schreckliche, schlimme, abwegige, naive V.; heidnische, christliche, religiöse -en; die bloße V. begeistert mich schon; Seitdem geistert in der Welt die V. umher, der Mensch sei mit seiner Arbeitskraft weitestgehend überflüssig geworden (Gruhl, Planet 58); ist das nicht eine furchtbare V.?; sich völlig falsche -en von etw. machen; du machst dir keine V. *(du ahnst ja gar nicht),* wie unverschämt er ist; klare, deutliche -en von etw. haben; sich nur eine vage V. von etw. machen können; sein Bericht hat mir eine [ungefähre] V. gegeben, wie die Lage ist; seine Mitteilung erweckte in mir die V., daß bald etwas geschehen würde; er entspricht genau der landläufigen V. von einem Unternehmer; du mußt dich mal von der V. *(dem Glauben)* frei machen, daß ...; **b)** ⟨o. Pl.⟩ *Phantasie, Einbildung:* das existiert nur in deiner V.; ... die den Tod nur deshalb nicht fürchten können, weil sie zu wenig V. *(Vorstellungskraft)* besitzen (Gaiser, Jagd 137); Es war höchste Zeit, daß ich diesen Begriff „schwieriger Charakter" aus ihrer V. *(ihrem Denken)* wegwischte (Nossack, Begegnung 91); das geht über alle V. *(alles Vorstellungsvermögen)* hinaus. **3.** *Aufführung (eines Theaterstücks o. ä.), Vorführung eines Films o. ä.:* eine V. für wohltätige Zwecke; die V. dauert [einschließlich Pause] etwa zwei Stunden; ist gerade zu Ende, fällt aus; wegen der Überlänge des Films beginnt die letzte V. schon um 19 Uhr; eine V. besuchen, stören, abbrechen, absagen, beenden; der Zirkus gibt täglich zwei -en; V. haben *(als Schauspieler o. ä. bei einer Vorstellung auftreten müssen);* Ü ... und Tumun gab eine große V. zum besten, indem sie herumstolzierte wie ein Mann, wie ein Prinz in der Theatervorstellung (Baum, Bali 279); die Mannschaft gab eine starke, schwache V. (Sport Jargon; *spielte gut, schlecht);* er hat in unserem Betrieb nur eine kurze V. gegeben (scherzh.; *war nur kurze Zeit hier beschäftigt).* **4.** ⟨meist Pl.⟩ (geh.) *Einwand, Vorhaltung:* der Arzt machte ihm -en, weil er sich nicht an seine Diät gehalten hatte; Diese Sache zwang Ulrichs Anwalt, ... ernsthafte -en zu erheben (Musil, Mann 1373); **Vor|stel|lungs|ga|be,** die ⟨o. Pl.⟩: *Gabe, sich etw. [genau] vorstellen* (7) *zu können:* Ja, ja, ich weiß, es fehlt Ihnen völlig an V., was ihren Abgang angeht (Seghers, Transit 155); **Vor|stel|lungs|ge|spräch,** das: *Gespräch, das der Vorstellung* (1 b) *beim Arbeitgeber dient:* beim V.; jmdn. zu einem V. einladen; **Vor|stel|lungs|kraft,** die ⟨o. Pl.⟩: *Fähigkeit, sich etw. (auf sehr phantasievolle Weise) vorstellen* (7) *zu können:* eine große, viel V. haben; Denn was geschehen mußte, wenn ..., das lag außerhalb ihrer V. (Baum, Paris 102); ein Mann von Wissen und künstlerischer V. (Werfel, Bernadette 468); **Vor|stel|lungs|ver|mö|gen,** das ⟨o. Pl.⟩: vgl. Vorstellungsgabe: Unser V. ist auf die uns gegebene Anschauung beschränkt (Haber, Welten 82); **Vor|stel|lungs|welt,** die: *Gesamtheit dessen, was sich jmd. vorstellt* (7), *ausmalt, in seinen Gedanken zurechtlegt:* Sie versuchte ..., sich ihn ... vorzustellen ..., aber das Bild zerrann sofort, und in ihrer V. fand sie keinen Platz für ihn (Hilsenrath, Nacht 42); Das Gesetz ist mithin innerhalb der liberalen V. von Anfang an wesentliche Voraussetzung der Freiheit (Fraenkel, Staat 183).

vor|stem|men ⟨sw. V.; hat⟩: *nach vorn stemmen:* die Arme, Vorderbeine v.

Vor|ste|ven, der; -s, - (Seemannsspr.): *Vordersteven.*

Vor|stich, der, -[e]s, -e (Handarb.): *einfacher Stich, bei dem die Nadel abwechselnd von oben u. von unten durch den Stoff geführt wird.*

Vor|stop|per, der; -s, - (Fußball): *bes. vor dem Libero postierter Abwehrspieler, der meist den gegnerischen Mittelstürmer deckt;* **Vor|stop|pe|rin,** die; -, -nen (Fußball): w. Form zu ↑ Vorstopper.

Vor|stoß, der; -es, Vorstöße: **1. a)** *das Vorstoßen* (2): ein V. in feindliches Gebiet, zum Gipfel; Der V. scheiterte, mißlang, blieb stecken; den V. abwehren; einen V. starten, unternehmen, machen; Unsere Artillerie setzt mächtig ein und riegelt den V. ab (Remarque, Westen 85); Ü Dieses synoptische Zusammenschauen getrennter Teile ist auch wissenschaftlich ein V. in bisher unentdecktes Land gewesen (Thieß, Reich 77); einen V. [bei der Geschäftsleitung] unternehmen *(sich energisch für etw. einsetzen);* durch den V. kühlfeuchter Meeresluft aus Nordwesten unter die Lagen der schwülwarmen Mittelmeerluft (Basler Zeitung 27. 7. 84, 19); **b)** (schweiz. Politik) *(im Parlament) Antrag, Vorschlag o. ä., bes. Einzelinitiative, Motion, Postulat:* einen V. einreichen, behandeln; Ein Antrag der FDP, einige der Vorstöße bereits in dieser Sitzung abzuschreiben, wurde ... abgelehnt (Nordschweiz 27. 3. 85, 7). **2.** (Mode) *aus einem ein wenig vorstehenden Besatz bestehende Verzierung an der Kante eines Kleidungsstücks:* der Mantel hat am Kragen einen grünen V.; **vor|sto|ßen** ⟨st. V.⟩ [mhd. nicht belegt, ahd. furistōʒan]: **1.** *mit einem Stoß, mit Stößen nach vorn bewegen* ⟨hat⟩: jmdn., etw. [ein Stück] v.; Dr. Lehmann stieß sein Kinn vor *(bewegte es ruckartig nach vorn);* Sebastian, Krankenhaus 74). **2.** *unter Überwindung von Hindernissen, Widerstand zielstrebig vorwärts rücken* ⟨ist⟩: in den Weltraum v.; tief ins Landesinnere v.; nicht ohne Grund konnte die Wehrmacht so rasch bis vor Moskau v. und bis hin nach Stalingrad (Heym, Schwarzenberg 131); Die Russen stoßen vor auf Pitomnik (Plievier, Stalingrad 151); U die Mannschaft ist auf den 3. Platz vorgestoßen; Er stieß ... direkt auf den Kern des Anliegens vor (Kirst, 08/15, 354); So tief die hellenische Philosophie in das Wesen der Welt vorstieß ... (Thieß, Reich 143).

Vor|stra|fe, die; -, -n (Rechtsspr.): *bereits früher rechtskräftig verhängte Strafe:* Das steht längst nicht mehr in deinen Papieren. Eine V., die abgelaufen ist (H. Gerlach, Demission 222); der Angeklagte hat keine -n; **Vor|stra|fen|re|gi|ster,** das: *Strafregister:* ein langes V. haben.

vor|strecken[1] ⟨sw. V.; hat⟩ [1: mhd. vürstrecken, ahd. furistrecchen]: **1. a)** *nach vorn strecken:* den Kopf, den Oberkörper, die Arme [weit] v.; ... das Kinn vorgestreckt, schaute er nach der Sonne (Ott, Haie 183); **b)** ⟨v. + sich⟩ *sich nach vorn beugen:* ich mußte mich v., um etwas zu sehen. **2.** *(einen Geldbetrag) vorübergehend zur Verfügung stellen; auslegen:* kannst du mir das Geld fürs Kino v.?; Mein Gastgeber hatte mir die Überfahrt vorgestreckt (Drewitz, Eingeschlossen 110).

vor|strei|chen ⟨st. V.; hat⟩: *vor dem Lakkieren mit einem Grundanstrich versehen;* **Vor|streich|far|be,** die: *Farbe zum Vorstreichen.*

Vor|stu|die, die; -, -n: *vorbereitende Studie:* eine V. für eine Plastik; **Vor|stu|di|um,** das; -s, ...ien ⟨meist Pl.⟩: *vorbereitendes Studium* (2 a): wenn er eine wissenschaftliche Arbeit schreiben konnte beziehungsweise in den Vorstudien zu einer steckte (Schnurre, Bart 123).

Vor|stu|fe, die; -, -n: *Stufe in der Entwicklung einer Sache, auf der sich ihre spätere Beschaffenheit o. ä. bereits in den Grundzügen erkennen läßt; Vorstadium:* die V. einer Krankheit; der deutsche Zollverein als V. der Reichsgründung (Fraenkel, Staat 134).

♦ **Vor|stuhl,** der; -[e]s, Vorstühle: *(in landsch. Sprachgebrauch) [zu einem Eßtisch gehörende] Sitzbank:* Auf der Bäuerin Geheiß mußte das Weibervolk auf dem V. sich zusammenziehen (= zusammenrücken), und zuunterst auf demselben setzte sich die Übernächtlerin (Gotthelf, Elsi 120).

vor|stül|pen ⟨sw. V.; hat⟩: *nach vorn stülpen:* ... wie Frau Bartels bei dem Wort „Computerfachmann" ein stolzes, spitzes Mündchen vorstülpte (Kronauer, Bogenschütze 399); vorgestülpte Lippen.

vor|stür|men ⟨sw. V.; ist⟩: *nach vorn stürmen:* mit gesenktem Kopf stürmte der Stier vor; U die Wissenschaft stürmt in Erkenntnisse vor, der Verstand eilt durch Räume, die keine Räume mehr sind (Erh. Kästner, Zeltbuch 8).

vor|sünd|flut|lich: ↑ vorsintflutlich.

Vor|tag, der; -[e]s, -e: *Tag, der einem [besonderen] Tag, einem bestimmten Ereignis vorangeht, vorangegangen ist:* am V. der Prüfung; Frieda saß aufrecht im Bett, bereits bedeutend munterer als am -e (Bredel, Väter 38); die Aktienkurse vom V.

Vor|tanz, der; -es, Vortänze (Musik): *(vom Mittelalter bis ins 17. Jh.) langsamer Schreittanz in geradem Takt, dem der schnelle Nachtanz folgt;* **vor|tan|zen** ⟨sw. V.; hat⟩: **a)** *zuerst tanzen, so daß es jmd. wiederholen kann; Tanzschritte vormachen:* sie hat uns einen Foxtrott vorgetanzt; **b)** *(vor jmdm.) tanzen, um seine Fähigkeiten prüfen zu lassen:* die Ballettschülerinnen mußten v.; **Vor|tän|zer,** der; -s, -: **1.** (veraltend) *Tanzmeister* (a). **2.** *jmd., der anderen vortanzt* (a); **Vor|tän-**

ze|rin, die; -, -nen: w. Form zu ↑ Vortänzer.

vor|ta|sten, sich ⟨sw. V.; hat⟩: *sich vorsichtig tastend vorwärts, irgendwohin bewegen:* sich bis zum Lichtschalter v.; während seine Hand ... unter ihre Achsel glitt und sich bis zum Ansatz ihrer ... Brust vortastete (Kirst, 08/15, 74); Ü „Wie war's denn da?" ... so hatte sich bisher jeder vorgetastet, der erfahren hatte, daß er nach Stalingrad geflogen war (Loest, Pistole 94).

vor|täu|schen ⟨sw. V.; hat⟩: *(um jmdn. irrezuführen) den Anschein von etw. geben; vorspiegeln:* lebhaftes Interesse, Trauer, Leidenschaft v.; Um einen Überfall vorzutäuschen, hatte er sich fesseln und knebeln lassen (Loest, Pistole 99); eine Krankheit v. *(simulieren);* er hat ihr nur vorgetäuscht, daß er sie liebe; ⟨subst.:⟩ Vortäuschen einer Straftat (Rechtsspr.; *der Irreführung der Behörden dienende Handlung, durch die der Anschein erweckt werden soll, daß eine rechtswidrige Tat begangen wurde od. daß Landfriedensbruch drohe);* Ü ... doch täuscht den undurchdringliche Wildnis einen großen Holzreichtum vor (Mantel, Wald 25); wenn die Natur uns gaukelnd im Unorganischen das Organische vortäuscht, wie in den Schwefel- und Eisblumen (Th. Mann, Krull 316); **Vor|täu|schung**, die; -, -en: *das Vortäuschen:* die V. eines Unfalls; das ist V. falscher Tatsachen (ugs.); *da wird etwas vorgetäuscht*).

Vor|teig, der; -[e]s, -e: *mit Hefe angesetzte kleine Teigmenge, die, nachdem sie aufgegangen ist, mit der eigentlichen Teigmasse vermischt wird.*

Vor|teil [auch: ˈfɔr...], der; -[e]s, -e [mhd. vorteil, urspr. = das, was jmd. vor anderen im voraus bekommt]: **1. a)** *etw. (Umstand, Lage, Eigenschaft o. ä.), was sich für jmdn. gegenüber anderen günstig auswirkt, ihm Nutzen, Gewinn bringt:* ein großer, materieller, finanzielle -e; dieser Umstand ist nicht unbedingt ein V.; diese Sache hat den [einen] V., daß ...; er hat dadurch/davon viele -e; seinen V. aus etw. ziehen, herausschlagen; sich auf unlautere Weise einen V., -e zu verschaffen suchen; diese Methode hat, bietet viele -e; -e und Nachteile einer Sache gegeneinander abwägen; sich von etw. -e versprechen; Er ... nützt jeden kleinen V. aus, der sich ihm bietet (Mehnert, Sowjetmensch 105); wie die ... Gemüter, die für Menschen und Verhältnisse, die ihnen V. bringen *(die ihnen nützlich sind),* wirklich tief zu empfinden vermögen (Musil, Mann 15); er ist immer nur auf seinen eigenen V. bedacht; er ist [gegenüber den anderen] im V. *(in einer günstigeren Lage);* Wer für die ... Wanderung mit der Bahn nach Meiringen fährt, benützt ab hier mit V. *(am besten)* das Postauto bis ... (LNN 31. 7. 84, 24); daß es von V. *(vorteilhaft)* sein könnte, sie der Einsamkeit des väterlichen Hauses zu entziehen (Musil, Mann 727); Gewiß ist der Frack meiner Figur ... von V. *(bringt er meine Figur gut zur Geltung;* Th. Mann, Krull 381); etw. gereicht jmdm. zum V./gereicht zu jmds. V.; er hat sich zu seinem V. verändert *(hat sich in positiver Weise, zu seinen Gunsten verändert);* der Schiedsrichter hat V. gelten lassen (Sport; *einer Mannschaft die Möglichkeit gelassen, in eine günstige Position zu kommen, indem er wegen eines Fouls der anderen Mannschaft das Spiel nicht unterbrochen hat);* **b)** (veraltet) *(finanzieller, geschäftlicher) Gewinn:* Er verlangte nicht einmal einen kleinen irdischen V. Er tat alles gleichsam aus Gefälligkeit (Roth, Beichte 92); er sollte bei einem dortigen Geschäftsfreunde ... eine Partie bunter Gespinste ... mit möglichstem V. eintauschen gegen Reissstampfer (Th. Mann, Tod u. a. Erzählungen 104); Ü vor allem soll ja erlittener Schade den Menschen klug machen. Und so kommt er wenigstens noch in späten Tagen zu V. (Hagelstange, Spielball 7). **2.** (Tennis) *Spielstand, wenn ein Spieler nach dem Einstand einen Punkt erzielt hat, zum Gewinn des Spiels nur noch den nächsten Punkt benötigt:* V. Aufschläger; **vor|teil|haft** [auch: ˈfɔr...] ⟨Adj.; -er, -este⟩: *einen persönlichen Vorteil, Nutzen bringend; günstig:* ein -es Geschäft, Angebot; eine für beide Seiten -e Lösung; ... für sachliche und gegenseitig -e Beziehungen zwischen den sozialistischen und kapitalistischen Staaten (Junge Welt 7. 10. 76, 2); Äußerst v. ist demgegenüber der Preis (NZZ 23. 12. 83, 39); diese Farbe ist v. für *(steht dir gut);* Erstens ist es üblich, zweitens meiner Lage durchaus v. *(verbessert es meine Lage),* und drittens ... (Spoerl, Maulkorb 65); sich v. kleiden; v. einkaufen; etw. wirkt sich v. aus; Man pflanzt sie v. *(am besten)* einzeln (RNZ 5. 3. 88, Beilage Garten); **vor|teil|hafter|wei|se** ⟨Adv.⟩: *zu jmds. Vorteil, Nutzen;* **Vor|teils|an|nah|me**, die; (Rechtsspr.): *den Tatbestand der passiven Bestechung erfüllende, strafbare Annahme eines [Vermögens]vorteils;* **Vor|teils|ge|wäh|rung**, die; (Rechtsspr.): *den Tatbestand der aktiven Bestechung erfüllende, strafbare Gewährung eines [Vermögens]vorteils.*

Vor|topp, der; -s, -e[n] u. -s (Seemannsspr.): *vorderster Mast am Segelschiffen.*

Vor|trab, der; -[e]s, -e (veraltet): *Vorhut einer Abteilung von Reitern.*

Vor|trag, der; -[e]s, Vorträge: **1.** *Rede über ein bestimmtes [wissenschaftliches] Thema:* ein V. mit Lichtbildern, über moderne Malerei; der V. findet in der Aula statt; einen V. halten; zu einem V. gehen; Man kann ... nicht bis zu dem Plädoyers, denn einer der Sachverständigen verlor sich in endlosen Vorträgen *(Ausführungen)* über die Mentalität schwangerer Frauen (Baum, Paris 85). **2.** *das Vortragen (2); Darbietung:* flüssiger, klaren V. lernen; sein V. des Gedichts war allzu pathetisch; Ein liebenswerter V., eine schöne Stimme, und du hast sie ... in der Tasche (Thieß, Legende 90); das Eislaufpaar bot einen harmonischen V.; ein Lied zum V. bringen (Papierdt.); *vortragen).* **3.** *das Vortragen* (3): So hatte Exzellenz von Knobelsdorff beim Großherzog V. gehabt (Th. Mann, Hoheit 134); der Minister mußte zum V. beim König. **4.** (Kaufmannsspr.) *Übertrag:* der V. auf neue Rechnung, auf neues Konto; **Vor|tra|ge|kreuz**, das: *Prozessionskreuz;* **vor|tra|gen** ⟨st. V.; hat⟩ [1-3: mhd. vor-, vürtragen, ahd. furitragan]: **1.** (ugs.) *nach vorn tragen:* die Hefte zum Lehrer v.; Ü einen Angriff/eine Attacke v. (Milit.; *angreifen).* **2.** *(eine künstlerische, sportliche Darbietung) vor einem Publikum ausführen:* ein Lied, eine Etüde auf dem Klavier v.; die Turnerin trug ihre Kür vor; ein Gedicht [auswendig] v. *(rezitieren);* Wenn er vorlas, saß er zumeist tief gebückt über seinen ... Blättern und trug ... so leise vor, daß die Zuhörer zu höchster Aufmerksamkeit gezwungen waren (Ransmayr, Welt 52). **3.** *(bes. einem Vorgesetzten) einen Sachverhalt darlegen:* [jmdm.] seine Wünsche, Forderungen, Beschwerden, Einwände, Bedenken, eine Bitte v.; ich habe ihm die Gründe für meinen Entschluß vorgetragen; sie hat mir ihr Anliegen schriftlich, brieflich, in einem Brief vorgetragen; Weißblatt trug seine Ansichten und Theorien über diese Welt ... im Liegen vor (Strittmatter, Wundertäter 340). **4.** (Kaufmannsspr.) *übertragen:* der Verlust[betrag] wird auf neues Konto vorgetragen; Ü daß in hoher Sockel an Arbeitslosigkeit vorgetragen wird (Saarbr. Zeitung 4. 10. 85, 5); **Vor|tra|gen|de**, der u. die; -n, -n ⟨Dekl. ↑ Abgeordnete⟩: *jmd., der etw. vorträgt* (2, 3); **Vor|trags|abend**, der: *Abendveranstaltung, bei der ein Vortrag* (1) *gehalten, etw. (z. B. Dichtungen) vorgetragen wird;* **Vor|trags|an|wei|sung**, die (Musik): vgl. Vortragsbezeichnung; **Vor|trags|be|zeich|nung**, die (Musik): *die Noten ergänzende Hinweise des Komponisten zur Interpretation des Stücks u. zur Technik des Spiels;* **Vor|trags|fol|ge**, die: *Abfolge der (künstlerischen, sportlichen) Darbietung;* **Vor|trags|kunst**, die: *Fähigkeit, bes. ein sprachliches Kunstwerk gut vorzutragen;* **Vor|trags|künst|ler**, der: *Rezitator;* **Vor|trags|künst|le|rin**, die; -, -nen: w. Form zu ↑ Vortragskünstler; **Vor|trags|pult**, das: *[Steh]pult, das man beim Halten eines Vortrags* (1) *benutzt;* **Vor|trags|raum**, der: *Raum für Vorträge* (1); **Vor|trags|recht**, das: *Recht des Urhebers eines sprachlichen Werkes, dieses öffentlich zu Gehör zu bringen, vorzutragen;* **Vor|trags|rei|he**, die: *Reihe von [thematisch zusammenhängenden] Vorträgen* (1): eine V. [über etw., zum Thema ...] veranstalten; **Vor|trags|rei|se**, die: *Reise, die jmd. macht, um an verschiedenen Orten Vorträge* (1) *zu halten:* eine [dreiwöchige, ausgedehnte] V. durch die USA; eine V. machen, unternehmen; **Vor|trags|saal**, der: vgl. Vortragsraum; **Vor|trags|tour|nee**, die: vgl. Vortragsreise: Das war ... auf dem Wege nach Amerika, um eine V. zu machen (Baum, Paris 142); Der Zufall oder Fügung wollten es, daß wir im Februar 1933 zu einer V. ins Ausland reisten (Katia Mann, Memoiren 96); **Vor|trags|wei|se**, die: *Art u. Weise, wie etw. vorgetragen wird;* **Vor|trags|zy|klus**, der: vgl. Vortragsreihe.

vor|träl|lern ⟨sw. V.; hat⟩: *trällernd vorsingen:* Sie trällerten uns auch die neuesten Schlager vor (Perrin, Frauen 41).

vor|träu|men ⟨sw. V.; hat⟩: vgl. vordenken: ... über eine Generation, der von

vortrefflich

Kindesbeinen an ihre Träume vorgeträumt wurden (Zeller, Amen 130); Ü sie (= die Trivialkunst) träumt Träume vor, die man selbst nicht zu träumen wagt (Praunheim, Sex 270).
vor|treff|lich ⟨Adj.⟩ [älter: fürtrefflich, zu mhd. vürtreffen = vorzüglicher, mächtiger sein, ahd. furitreffan = sich auszeichnen, übertreffen, hervorragen]: *durch Begabung, Können, Qualität sich auszeichnend; hervorragend, sehr gut:* er ist ein -er Schütze, Reiter, Koch; ein -er Einfall; es ist v., daß ...; Erst log er, daß er Wein und Speise v. fände (Jahnn, Nacht 37); sich v. auf etw. verstehen; sich v. zu etw. eignen; sie spielt v. Klavier; die Mütze steht ihm v.; **Vor|trefflich|keit,** die; -: *vortreffliche Beschaffenheit.*
vor|trei|ben ⟨st. V.; hat⟩: *nach vorn treiben:* Limyras Knappen hatten ... die Stollen von ihrer ... Stadt immer weiter gegen die Küste vorgetrieben (Ransmayr, Welt 228); Es ist eine Erkundungsbohrung, und sie soll bis dreitausendfünfhundert Meter Tiefe vorgetrieben werden (Berger, Augenblick 69).
vor|tre|ten ⟨st. V.; ist⟩ [mhd. vor-, vürtreten]: **1. a)** *nach vorn treten:* einen Schritt, ans Geländer v.; **b)** *aus einer Reihe, Gruppe heraus vor die anderen treten:* einzeln [aus dem Glied] v.; Und dann mußten wir reihenweise v., und er prüfte den Zahnstein (Kempowski, Immer 30). **2.** (ugs.) *hervortreten* (2 b): seine Augen traten vor; ihr Mann hat vortretende Backenknochen. **3.** (selten) *hervortreten* (3 b): als er zum ersten Mal mit Nachdruck politisch vortrat (Reich-Ranicki, Th. Mann 169).
Vor|trieb, der; -[e]s, -e: **1. a)** *das Vortreiben (ins Gestein):* der V. des Tunnels, Stollens geht zügig voran; Wir brachten nicht mehr genug V. *(kamen beim Vortrieb nicht mehr schnell genug voran)* und machten uns Sorgen um den Plan (Neues D. 5. 6. 64, Beilage 2); **b)** (Bergbau) *im Bau befindliche Grube, Strecke:* an den rußigen Stirnwänden des -s (Ransmayr, Welt 122). **2.** (Physik, Technik) *Schub* (1 b): Für V. sorgt ein ... 1,6-l-16-Ventil-Motor (ADAC-Motorwelt 7, 1986, 25); **Vortriebs|ein|rich|tung,** die (Physik, Technik): *Einrichtung zur Erzeugung eines Vortriebs* (2); **Vor|triebs|kraft,** die (Physik, Technik): *Vortrieb;* **Vor|triebs|verlust,** der (Physik, Technik): *Verlust an Schub*[kraft]*.*
Vor|tritt, der; -[e]s [mhd. vortrit = *das Vortreten*]: **1.** *(aus Höflichkeit gewährte) Gelegenheit voranzugehen:* jmdm. den V. lassen; Rolf läßt mir den V. ins Zimmer (Schwaiger, Wie kommt 23) Ü in dieser Angelegenheit lasse ich ihm den V. *(die Gelegenheit, zuerst zu handeln).* **2.** (schweiz.) *Vorfahrt:* das Tram hat V. v.; hat ihr den V. genommen; Kein V.! *(Vorfahrt gewähren!);* **vor|tritts|be|rech|tigt** ⟨Adj.⟩ (schweiz.): *das Vorfahrtsrecht habend:* der -e Wagen; eine Straße als v. erklären; **Vor|tritts|recht,** das (schweiz.): *Vorfahrtsrecht;* **Vor|tritts|si|gnal,** das (schweiz.): *Vorfahrtsschild:* Ein ausgeklügeltes System von grasgrünen Inselchen, Schlaufenkurven und -en, aber keinen Ampeln (P. Weber, Wettermacher 139).
Vor|trupp, der; -s, -s: *kleinerer Trupp, der einer größeren Gruppe vorausgeschickt wird (um etw. zu erkunden o. ä.):* ein, der V. der Expedition war bereits am Fluß angekommen; Ü die Arbeiterklasse und die anderen werktätigen Massen unter Führung ihrer organisierten -s (horizont 12, 1977, 26).
Vor|tuch, das; -[e]s, Vortücher (landsch.): *Schürze.*
Vor|tum|na|li|en: ↑ Vertumnalien.
vor|tur|nen ⟨sw. V.; hat⟩: **a)** *Turnübungen vormachen:* [jmdm.] eine Übung v.; der Sportlehrer hat vorgeturnt; **b)** *vor Zuschauern turnen:* eine Kür v.; beim Schulsportfest v.; **Vor|tur|ner,** der; -s, -: *jmd., der vorturnt; Riegenführer:* Ü aber ich halte es nicht für richtig ..., mich hier als V. der Regierungsmannschaft zu betätigen (Spiegel 20, 1975, 41); **Vor|tur|nerin,** die; -, -nen: *w. Form zu* ↑ *Vorturner;* **Vor|tur|ner|rie|ge,** die (Schauturnen): *Gruppe von Vorturnenden* (b).
vor|über [fo'ry:bɐ] ⟨Adv.⟩: **1.** *vorbei* (1): sie huschte an ihm v. ins Haus; ... um endlich in Frauenkleidern, an der Nase der Nazis v., aus den Ruinen Warschaus zu fliehn (Kesten, Geduld 5). **2.** *vorbei* (2): der Sommer, der Krieg, die Gefahr ist v.; Der Spuk der Inflation war v. (K. Mann, Wendepunkt 133); dennoch, ihre (= der „Urbs") große Zeit war v. (Thieß, Reich 444); Als es v. war *(als der Tod eingetreten war)* und er den Leichnam in den Armen hielt (Jahnn, Geschichten 172); während sie ... schon siebzig v. *(über siebzig)* war (Werfel, Himmel 179); **vor|über|brausen** ⟨sw. V.; ist⟩: **1.** *vorbeibrausen* (1): Ü In der tausendjährigen Sinfonie des byzantinischen Reiches braust die große Musik stürmischer Geschichte an unserem Ohr vorüber (Thieß, Reich 398). **2.** *vorbeibrausen* (2): an jmdm., etw. v.; ... wo ein erleuchteter Wagen vorüberbrauste (Seidel, Sterne 12); **vor|über|de|fi|lieren** ⟨sw. V.; ist⟩: *vorbeidefilieren:* Tausende defilieren täglich an der Mumie vorüber (Niekisch, Leben 225); **vor|über|don|nern** ⟨sw. V.; ist⟩ (ugs.): *vorbeidonnern:* an jmdm., etw. v.; während der Zug lärmend vorüberdonnerte (Goldschmidt, Garten 28); **vor|über|ei|len** ⟨sw. V.; ist⟩: *vorbeieilen:* [an jmdm., etw.] v.; **vor|über|fah|ren** ⟨st. V.; ist⟩: *vorbeifahren* (1): an jmdm., etw. v.; Ich ... rufe einen vorüberfahrenden Leiterwagen her (Remarque, Westen 171); **vor|über|fliegen** ⟨st. V.; ist⟩: *vorbeifliegen:* an jmdm., etw. v.; Ü Die Hecken und Obstbaumgärten der Normandie flogen vorüber (Remarque, Triomphe 435); **vor|über|flitzen** ⟨sw. V.; ist⟩ (ugs.): *vorbeiflitzen:* [an jmdm., etw.] v.; **vor|über|füh|ren** ⟨sw. V.; hat⟩: **1.** *vorbeiführen* (1): jmdn. an jmdm., etw. v. Ü Täglich führte mich mein Schulweg an dieser appetitlichen Stätte vorüber (Th. Mann, Krull 54). **2.** *vorbeiführen* (2); /vgl. vorübergehend/: **1.** *vorbeigehen* (1 a): an jmdm. grußlos v.; ich habe jemanden v. sehen; Der heutige Betrachter ... geht an den großen Synthesen des Gesamtkunstwerkes achtlos v. *(beachtet sie nicht;* Bild. Kunst III, 7); ⟨subst.:⟩ etw. im Vorübergehen *(schnell so nebenbei)* erledigen; Er ... musterte jeden Vorübergehenden genau (Remarque, Triomphe 83); Ü wir können an diesen Erkenntnissen nicht v.; der Krieg, die Krankheit ist nicht spurlos an ihm vorübergegangen; es wäre diese Staatskrise vielleicht an uns vorübergegangen *(vermieden worden;* Dönhoff, Ära 23). **2.** *vorbeigehen* (3): die Schmerzen werden v.; keine Sorge, das geht vorüber; die Ferien sind schnell vorübergegangen; Ging die Zeit so vorüber, lautlos wie in der Diele ...? (Thieß, Legende 161); Ü Ich möchte die Gelegenheit nicht v. lassen, dem größten Seehelden unserer Zeit meine Aufwartung zu machen (Benrath, Konstanze 81); **vor|über|gehend** ⟨Adj.⟩: *nur zeitweilig, nur eine gewisse Zeit dauernd; momentan:* eine [nur] -e Wetterbesserung; Nebenwirkungen werden selten beobachtet. Sie sind im allgemeinen v. (DÄ 47, 1985, 42); das Geschäft ist v. geschlossen; ... und abermals spürte er v. Erleichterung; doch abermals kehrte der Druck zurück (Kemelman [Übers.], Mittwoch 113); **vor|über|glei|ten** ⟨st. V.; ist⟩: *vorbeigleiten:* Die Geschütze und Wagen gleiten vor dem verschwimmenden Hintergrund der Mondlandschaft vorüber (Remarque, Westen 46); Bilder auf Bilder glitten an ihm vorüber ohne Zusammenhang, wie in einem Traum (Thieß, Legende 112); **vor|über|ha|sten** ⟨sw. V.; ist⟩: *vorbeihasten:* an jmdm., etw. v.; [aneinander] vorüberhastende Menschen; **vor|über|hu|schen** ⟨sw. V.; ist⟩: *vorbeihuschen:* Die wenigen Menschen, die schattenartig vorüberhuschen, ... (Bergengruen, Rittmeisterin 39); **vor|über|kom|men** ⟨st. V.; ist⟩ (selten): *vorbeikommen* (1): Eine alte Frau in Anstaltskleidern kommt in der Allee an uns vorüber (Remarque, Obelisk 35); **vor|über|las|sen** ⟨st. V.; hat⟩ (selten): *vorbeilassen:* ... mußte der Wagen halten, um einen Konvoi der amerikanischen Armee vorüberzulassen (Genet [Übers.], Totenfest 22); **vor|über|lau|fen** ⟨st. V.; ist⟩: *vorbeilaufen:* an jmdm., etw. v.
Vor|über|le|gung, die; -, -en: *noch unbestimmte, auf etw. Konkreteres hinführende Überlegung:* ich möchte zunächst einige -en anstellen.
vor|über|pre|schen ⟨sw. V.; ist⟩ (ugs.): *vorbeipreschen:* an jmdm., etw. v.; In schneller Fahrt prescht ein Polizeiwagen vorüber (Zwerenz, Erde 36); **vor|über|rau|schen** ⟨sw. V.; ist⟩: *vorbeirauschen:* an jmdm., etw. v.; ... worauf er mich ansieht und vorüberrauscht (Kempowski, Zeit 342); **vor|über|rei|ten** ⟨st. V.; ist⟩: *vorbeireiten;* **vor|über|rol|len** ⟨sw. V.; ist⟩: *vorbeirollen:* Dann rollte, sinnlos hupend, ein Autobus vorüber (Dürrenmatt, Grieche 21); **vor|über|schie|ßen** ⟨st. V.; ist⟩: *vorbeischießen* (2); **vor|über|schlei|chen** ⟨st. V.⟩: **a)** *vorbeischleichen* (a, c) ⟨ist⟩; **b)** ⟨v. + sich⟩ *vorbeischleichen* (b) ⟨hat⟩; **vor|über|schlen|dern** ⟨sw. V.; ist⟩: *vorbeischlendern;* **vor|über|schlüp|fen** ⟨sw. V.; ist⟩: *vorbeischlüpfen;* **vor|über|schrei|ten** ⟨st. V.; ist⟩: *vorbeischreiten;* **vor|über|strei|chen** ⟨st. V.; ist⟩: *vorbeistreichen:*

Schwere, lautlose Wagen strichen vorüber (Gaiser, Jagd 134); So streichen sie, deinen Arm mit ihrem berührend, auf dem Bürgersteige an dir vorüber (Th. Mann, Krull 132); **vor|über|trei|ben** ⟨st. V.; ist⟩: vorbeitreiben; **vor|über|zie|hen** ⟨unr. V.; ist⟩: vgl. vorbeiziehen (a): an jmdm., etw. v.; das Gewitter ist vorübergezogen; die in der Ferne vorüberziehenden Schiffe; Ü Eine wolkenhaft flüchtige Impression zog zart ... an seinem inneren Auge vorüber (Langgässer, Siegel 543); **vor|über|zi|schen** ⟨sw. V.; ist⟩: vorbeizischen: [an jmdm., etw] v.
Vor|übung, die; -, -en: vorbereitende Übung.
Vor|un|ter|su|chung, die; -, -en: a) vorausgehende Untersuchung: Im Schwarzwald werden ... die -en für eine geplante Tiefbohrung ... fortgesetzt (MM 5. 11. 85, 11); b) (Rechtsspr. früher) vorbereitende Prüfung eines Tatbestandes durch einen Untersuchungsrichter: Ü Sie sah mir fest in die Augen mit Ernst und mit Härte, als gäbe es da eine V. zum Jüngsten Gericht (Seghers, Transit 210).
Vor|ur|teil, das; -s, -e [mhd. vorurteil für (m)lat. praeiudicium]: ohne Prüfung der objektiven Tatsachen voreilig gefaßte od. übernommene, meist von feindseligen Gefühlen gegen jmdn. od. etw. geprägte Meinung: ein altes, weitverbreitetes, unausrottbares V.; -e gegen Ausländer, gegen den Islam; -e hegen, ablegen, abbauen; er hat ein V. gegen die Naturheilkunde; gegen -e angehen, kämpfen; jmdn. in seinem V. bestärken; Dabei waren Klementine und Leo ... in dem V. (der irrigen Annahme) befangen, daß sie ... voneinander abhingen (Musil, Mann 206); Es sei doch unglaublich, daß selbst ein als modern geltendes ... Heilinstitut mit philiströsen -en noch nicht ganz gebrochen habe (Brod, Annerl 185); Übrigens sieht er das Mädchen nicht ohne V. an, genau wie sie ihn (Chr. Wolf, Nachdenken 131); sich von seinen -en frei machen, befreien; **vor|ur|teils|frei** ⟨Adj.⟩: frei von Vorurteilen: eine -e Behandlung des Themas; ... ein Stück Heimat, das man in sich aufnehmen mußte, dem man sich v. zuwenden mußte (H. Weber, Einzug 286); **Vor|ur|teils|freiheit**, die; -: vorurteilsfreie Art, Gesinnung; **vor|ur|teils|haft** ⟨Adj.⟩: von Vorurteilen bestimmt: ... man hat dazu, v. zu unterstellen, daß der Mensch in höheren Rängen sich sehr viel leichter so darstellen könne, wie er sei (Richter, Flüchten 190); **vor|ur|teils|los** ⟨Adj.⟩: vorurteilsfrei: Was mir so sehr gefällt, ist ihre (= meiner Kinder) -e Beobachtungsgabe (natur 6, 1991, 37); **Vor|ur|teils|lo|sig|keit**, die; -: vorurteilslose Art, Gesinnung: Seine Gerechtigkeit und seine V. kommen naturgemäß den historischen Kapiteln ... besonders zugute (Reich-Ranicki, Th. Mann 233).
Vor|väl|ter ⟨Pl.⟩ (geh.): [männliche] Vorfahren: sie war aus Amerika gekommen, um das Land ihrer V. zu sehen; Auch die Historiker ... haben große Mühe, sich in die ... Handlungsweisen unserer V. ... hineinzuversetzen (Zwerenz, Quadriga 105).
Vor|ver|fah|ren, das; -s, - (Rechtsspr.): a) (im Strafprozeßrecht) Ermittlungsverfahren; b) verwaltungsinternes Verfahren zur Überprüfung der Recht- u. Zweckmäßigkeit eines Verwaltungsaktes vor Einleitung eines gerichtlichen Verfahrens.
vor|ver|gan|gen ⟨Adj.⟩ (veraltend): (in bezug auf einen Zeitpunkt) vorletzt... (b): am Freitag -er Woche; seit dem -en Wochenende; Es war wie in dem Alptraum, den er -e Nacht in Grasse gehabt ... hatte (Süskind, Parfum 281); **Vor|ver|gan|genheit**, die (Sprachw.): Plusquamperfekt.
vor|ver|han|deln ⟨sw. V.; hat⟩: (im Hinblick auf spätere, abschließende Verhandlungen) vorbereitend verhandeln: Vorverhandelt sei der Deal bereits im März (Spiegel 49, 1983, 54); **Vor|ver|handlung**, die; -, -en: vorbereitende Verhandlung.
Vor|ver|kauf, der; -[e]s: Kartenvorverkauf: der V. hat bereits begonnen; im V. sind die Karten etwas billiger; **Vor|ver|kaufs|kas|se**, die: Kasse, an der Eintrittskarten im Vorverkauf verkauft werden; **Vor|verkaufs|stel|le**, die: vgl. Vorverkaufskasse.
vor|ver|le|gen ⟨sw. V.; hat⟩: 1. weiter nach vorn legen: den Eingang 20 m v. 2. auf einen früheren Zeitpunkt verlegen: die Abfahrt, die Versammlung, den Termin [einen Tag] v.; St. Gallen soll den Beginn des Unterrichts in Französisch auf die fünfte Primarschulklasse v. (NZZ 29. 8. 86, 26); **Vor|ver|le|gung**, die; -, -en: das Vorverlegen.
vor|ver|öf|fent|li|chen ⟨sw. V.; hat⟩: (einen Textauszug o. ä.) vor der eigentlichen Veröffentlichung veröffentlichen: Teile des Textes sind da und dort schon vorveröffentlicht worden (Spiegel 23, 1987, 137).
vor|ver|packen[1] ⟨sw. V.; hat⟩: schon vorher, bes. vor dem Verkauf an den Endverbraucher verpacken: die Waren werden vom Hersteller vorverpackt; Fertig verpackte Sortimente mit Artikeln verschiedener Art vom Knallfrosch bis zur Rakete (Saarbr. Zeitung 29./30. 12. 79, 17).
vor|ver|schie|ben ⟨st. V.; hat⟩ (bes. schweiz.): vorverlegen (2): Nur den Zeitpunkt habe ich um 24 Stunden vorverschoben (Loest, Liebe 183).
Vor|ver|ständ|nis, das; -ses, -se (bildungsspr.): von vornherein vorhandene Vorstellung, von vornherein vorhandener Begriff (2) u. ne.: wobei die Philologie ... als „hermeneutische Wissenschaft par excellence" verstanden wird, welche par excellence" verstanden wird, welche par excellence" verstanden wird, welche par excellence" verstanden wird, welche V. über die Sachen, die in der Sprache zum Ausdruck kommen, erfordert (Deubzer, Methoden 47); ... die historischen Verhältnisse im 16. und 17. Jahrhundert von einem heutigen V. aus zu werten oder einzuschätzen (NJW 19, 1984, 1097).
Vor|ver|stär|ker, der; -s, - (Elektrot.): vorgeschalteter Verstärker.
Vor|ver|such, der; -[e]s, -e: vorbereitender Versuch: nachdem schon einige -e 1960 gelaufen waren, ging Ferrari ... 1961 zum Heckmotor über (Frankenberg, Fahrer 74).
Vor|ver|trag, der; -[e]s, ...träge (Rechtsspr.): vertragliche Verpflichtung zum Abschluß eines Vertrages.
vor|ver|ur|tei|len ⟨sw. V.; hat⟩: im voraus, vorschnell verurteilen: die Boulevardblätter haben den Angeklagten vorverurteilt; er fühlt sich vorverurteilt; **Vor|ver|ur|tei|lung**, die; -, -en: das Vorverurteilen, Vorverurteiltsein.
Vor|ver|zer|rung, die; -, -en (Funkw.): Hervorhebung der hohen, für Störungen besonders anfälligen Frequenzen beim UKW-Rundfunk.
vor|vi|sio|nie|ren ⟨sw. V.; hat⟩ (schweiz.): (einen Film o. ä.) vor der öffentlichen Vorführung, vor der Ausstrahlung im Fernsehen sich ansehen: Die Polizei hatte darauf „Das Gespenst" vorvisioniert und den Verleiher darauf aufmerksam gemacht, der Film verstoße gegen Artikel 261 des Strafgesetzbuches (NZZ 10. 8. 84, 32); **Vor|vi|sio|nie|rung**, die; -, -en (schweiz.): das Vorvisionieren: Mittels einer V. hat die Abteilung Familie und Fortbildung Pressevertretern Einblick in diese Produktion gegeben (NZZ 28. 8. 86, 45).
Vor|vor|dern ⟨Pl.⟩ (veraltet): Altvordern: Gerichtshöfe gleichen Kellern, in denen die Weisheit der V. in Flaschen liegt (Musil, Mann 244).
vor|vor|ge|stern ⟨Adv.⟩: vor drei Tagen.
vor|vo|rig ⟨Adj.⟩ (ugs.): dem vorigen (1) vorausgegangen: -en Mittwoch war er hier; die vorige und die -e Generation.
vor|vor|letzt... ⟨Adj.⟩ (ugs.): a) (in der Reihenfolge) dem vorletzten (a) vorausgehend: die vorvorletzte Seite des Buchs; das war mein vorvorletzter Versuch; b) dem vorletzten (b) unmittelbar vorausgehend: vorvorletztes Jahr; am vorvorletzten Wochenende, Dienstag; c) als einziges außer dem letzten u. dem vorletzten übriggeblieben: das ist mein vorvorletztes Exemplar.
vor|wa|gen, sich ⟨sw. V.; hat⟩: sich weiter nach vorn (zu einem Gefahrenpunkt o. ä. hin) wagen: er wagte sich in das Minenfeld vor; weiter wage ich mich nicht vor; Richter, der Essener Vorstopper, konnte sich oft mit ihm im Mittelfeld v. (Kicker 6, 1982, 44); Ü Kazmierak wagt sich mit seinen Gedanken nicht weiter vor (A. Zweig, Grischa 21); ich möchte mich zu dieser etwas seltsamen Behauptung v.: ein Schädel, der lächelt (Erné, Kellerkneipe 276).
Vor|wahl, die; -, -en: 1. Vorauswahl: eine V. unter den Angeboten treffen. 2. (bes. Politik) Wahlgang, bei dem die Kandidaten für eine bestimmte Wahl ermittelt werden. 3. (Fernspr.) a) Vorwahlnummer: die V. von Köln, 2); b) das Wählen der Vorwahl (3 a); **vor|wäh|len** ⟨sw. V.; hat⟩: a) vorher auswählen: bei der Waschmaschine das gewünschte Waschprogramm v.; (= das Autoradio) sucht sich ... den Sender des Bereichs, der vom Benutzer vorgewählt wurde (ADAC-Motorwelt 9, 1982, 48); eine Feder ..., die beim Auslösen der Blende auf den vorgewählten Wert einrückt (Kosmos 2, 1965, 47); b) (Fernspr.) eine bestimmte Nummer vor der Nummer des gewünschten Teilnehmers wählen: [die] 0 v.; **Vor|wahl|kampf**, der (Politik): schon lange vor dem Wahltermin beginnende erste Phase eines Wahlkampfs: Unermüdlich tritt Rau in diesen langen Wochen des -s ... auf (Frankfurter Rundschau 13. 12. 86, 3); **Vor|wahl|num-**

Vorwählnummer

mer, **Vor|wähl|num|mer,** die (Fernspr.): Ortsnetzkennzahl.
vor|wal|ten ⟨sw. V.; hat⟩ (veraltend): **a)** *herrschen, bestehen, obwalten:* dort walten merkwürdige Verhältnisse vor; hier scheint ein Irrtum, ein Mißverständnis vorzuwalten; ... mit diesen Männern ..., in denen, was Frauen betraf, Maßstäbe, Empfindungen, Einsichten vorwalteten, davon sie zu Hause nur geträumt hatte (A. Zweig, Grischa 144); die [allgemein] vorwaltende Einstellung, Meinung, Mentalität; unter den vorwaltenden Umständen; **b)** *überwiegen:* Und wenn in ihr ein Stück Preußentums lebendig war, so walteten doch sichtlich „zivile" Ideen von Anfang an vor (Rothfels, Opposition 91).
Vor|wand, der; -[e]s, Vorwände [zu ↑ vorwenden, urspr. = etw., was jmd. zu seiner Rechtfertigung vorbringt; Einwand]: *nur vorgegebener, als Ausrede benutzter Grund; Ausflucht:* ein fadenscheiniger, leicht zu durchschauender, willkommener, guter V.; etw. dient [jmdm.] nur als V.; Besonders beliebt sind erotische Themen: die Abenteuer Jupiters ..., Venus (als V. zum weiblichen Akt) allein oder mit Amor oder Mars ... (Bild. Kunst III, 11); einen V. [für etw.] brauchen, suchen, finden, haben; Ein Attentat auf den König gab den V.: alle Jesuitengüter wurden ... beschlagnahmt (Friedell, Aufklärung 50); etw. als V. benutzen, [um] etw. zu tun, tun zu können; Gantenbein erhebt sich mit dem V., durstig zu sein (Frisch, Gantenbein 483); er rief unter einem V. bei ihr an, um festzustellen ; ... wich ich ihrem Verlangen immer unter dem triftigen V. aus, daß es an einer sicheren Gelegenheit ... fehle (Th. Mann, Krull 406); Mit Hilfe von allerhand Vorwänden war es ihm ... bisher gelungen, seine Frau davon abzuhalten ... (Hauptmann, Thiel 7); Eines Tages folgte er ihr nach Rom, architektonische Studien zum V. nehmend (A. Kolb, Daphne 44).
vor|wär|men ⟨sw. V.; hat⟩: *vorher anwärmen:* die Teller v.; der Kraftstoff wird zur Erleichterung des Kaltstarts vorgewärmt; die Ansaugluft ist vorgewärmt; vorgewärmtes Wasser; den Tee in einer vorgewärmten Kanne aufgießen; **Vor|wär|mer,** der; -s, - (Fachspr.): *Vorwärmgerät:* Audi bietet einen V. für die Scheibenwaschanlage ... an (Gute Fahrt 2, 1974, 12); **Vor|wärm|ge|rät,** das (Fachspr.): *Gerät, mit dem etw. vorgewärmt wird:* Sinnvoll sind zudem -e für die Scheibenwaschanlage (ADAC-Motorwelt 11, 1986, 45); **Vor|wär|mung,** die; -, -en (Fachspr.): *Vorwärmgerät:* Der TÜV-Prüfer durfte die nachträglich eingebaute V. für den Kraftstoff beanstanden (ADAC-Motorwelt 4, 1986, 5).
vor|war|nen ⟨sw. V.; hat⟩: *warnen, [lange] bevor etw. Befürchtetes eintritt, passiert:* die von der Katastrophe bedrohte Bevölkerung konnte rechtzeitig vorgewarnt werden; wir waren zum Glück schon vorgewarnt; er wird sich deswegen demnächst mit dir in Verbindung setzen - ich wollte dich nur schon v. (ugs.; *vorher davon unterrichten*); **Vor|warn|stu|fe,** die (Fachspr.): *einem zu erwartenden, möglichen Smogalarm o. ä. vorausgehende Alarmstufe:* Auslösend für die -n oder die Alarmstufen können hohe Werte bei nur einem Schadstoff sein (Rheinpfalz 20. 1. 87, 3); **Vor|war|nung,** die; -, -en: **1.** *das Vorwarnen:* trotz frühzeitiger V. der Bevölkerung forderte das Hochwasser viele Opfer. **2.** *der Vorwarnung* (1) *dienender Hinweis:* V. geben; die Polizei schritt ohne [jede] V. gegen die Demonstranten ein; Da es sich nur um eine V. gehandelt hatte und nicht um tatsächlichen Fliegeralarm ... (Mishima [Übers.], Maske 95); Ü Viele Menschen sterben vor ihrer Zeit und ohne jegliche V. (*ganz plötzlich u. unerwartet;* NZZ 30. 6. 84, 9).
vor|wärts [auch: 'fɔr...] ⟨Adv.⟩ [mhd. vor-, vürwert, -wert, ↑-wärts]: **1. a)** *nach vorn, in Richtung des angestrebten Ziels:* ein Blick v.; zwei Schritte v. machen; den Rumpf v. beugen; eine Rolle v. machen; kaum v. kommen; Sie (= die Menschen) schoben sich ... langsam und mühsam v. wie eine Herde von erschöpften Tieren (Rinser, Jan Lobel 19); immer langsam v.!; v. marsch! (militär. Kommando); ⟨subst.:⟩ die Straße war blockiert, es gab kein Vorwärts; Ü [nun mal] v.! (ugs.; *beeile dich!*); **b)** *mit der Vorderseite [des Körpers] voran:* v. gehen, fahren; die Leiter v. hinaufklettern; [den Wagen] v. einparken. **2. a)** *in Richtung des Endpunktes; von vorne nach hinten:* das Alphabet v. und rückwärts aufsagen; ein Band v. laufen lassen; Ü Ich habe mir das vor- und rückwärts überlegt (ugs.; *immer wieder überlegt;* Danella, Hotel 414); **b)** *in die Zukunft voran; in Richtung einer bestimmten (positiven) Entwicklung:* das neue Gesetz bedeutet einen großen Schritt v.; eine [nach] v. orientierte Sicht; Du mußt mal das Leben v. leben. Du mußt mal das Leben rückwärts verstehen (Wohmann, Absicht 317); **Vor|wärts|be|we|gung,** die: *vorwärts gerichtete, verlaufende Bewegung;* **vor|wärts|brin|gen** ⟨unr. V.; hat⟩: *den Fortschritt von etw. herbeiführen; die Entwicklung von jmdm. fördern:* jmdn., eine Firma v.; das, diese geniale Idee hat uns ein gutes Stück vorwärtsgebracht; **Vor|wärts|drall,** der: *vorwärts gerichteter Drall;* **vor|wärts|drän|gen** ⟨sw. V.; hat⟩: vgl. vorwärtsstreben: Es gibt auch unter den Älteren nicht wenige, die vorwärtsdrängen, ebenso wie „Junge" gibt, die ganz schön bequem sind (DLZ 20. 3. 81, 10/6); **Vor|wärts|dre|hung,** die: vgl. Vorwärtsbewegung; **vor|wärts|ent|wickeln**[1], sich ⟨sw. V.; hat⟩: *sich weiterentwickeln, eine fortschrittliche Entwicklung durchmachen;* **Vor|wärts|ent|wick|lung,** die: *Weiterentwicklung, fortschrittliche Entwicklung:* Ich hoffte vergeblich auf eine realistische V. der Bonner Ost- und Deutschlandpolitik (W. Brandt, Begegnungen 52); **Vor|wärts|fahrt,** die: *das Vorwärtsfahren;* **Vor|wärts|gang,** der (Technik): *Gang* (6a) *eines Motorfahrzeugs für das Vorwärtsfahren;* **vor|wärts|ge|hen** ⟨unr. V.; ist⟩ (ugs.): *besser werden; sich fortentwickeln:* mit dem Projekt geht es gut, rasch, nur langsam vorwärts; daß seine schöpferische Arbeit ... einfach nicht vorwärtsging (Frisch, Stiller 125); daß es ... mit unserer Freundschaft nicht recht v. ... wollte (Th. Mann, Krull 229); **vor|wärts|kom|men** ⟨st. V.; ist⟩: *vorankommen* (2): die Arbeit kommt nicht [recht] vorwärts; ... konnte ein gesunder Bauer, wenn er nicht zu dumm war, in der Truppe rasch v. (Thieß, Reich 439); **vor|wärts|ma|chen** ⟨sw. V.; ist⟩ (ugs.): *sich beeilen:* nun macht mal ein bißchen v.!; ... und als der Fabrikant ihn antrieb, vorwärtszumachen, er erst behaglich ... (Hesse, Sonne 27); **vor|wärts|schrei|ten** ⟨st. V.; ist⟩ (geh.): **1.** (*in einer bestimmten Tätigkeit, Arbeit) sich seinem Ziel nähern:* so daß ich wohl nur in kleinen Etappen und unter häufigem Ausruhen werde v. können (Th. Mann, Krull 9); trotz des Willens, „von der Konfrontation zur Kooperation" vorwärtszuschreiten (W. Brandt, Begegnungen 375). **2.** *fortschreiten, vorangehen* (2): die Arbeiten schreiten zügig vorwärts; **Vor|wärts|schritt,** der: *Schritt nach vorn;* **Vor|wärts|stra|te|gie,** die: *offensive Strategie:* Als einziger Ausweg aus dieser Sackgasse bot sich jetzt nur noch eine V. an (CCI 8, 1986, 4); **vor|wärts|stre|ben** ⟨sw. V.; ist⟩: *streben vorwärtszukommen:* Auch einem jüngeren, vorwärtsstrebenden Mann geben wir bei entsprechender Eignung eine Chance (Augsburger Allgemeine 27./28. 5. 78, XIII); **vor|wärts|trei|ben** ⟨st. V.; ist⟩: vgl. vorwärtsbringen: ... wie wenig alle menschlichen Qualen die Entwicklung der Medizin durch Jahrtausende hindurch hatten v. können (Thorwald, Chirurgen 35); **Vor|wärts|ver|tei|di|gung,** die (Milit.): *Verteidigung, bei der die militärischen Kräfte an der Grenze zum [potentiellen] Angreifer konzentriert werden, um diesen abzuschrecken od. einen Angriff sofort zurückzuschlagen:* ... daß sich Giscard und Schmidt über das Konzept einer gemeinsamen V. ... abgesprochen hätten (Saarbr. Zeitung 9. 7. 80, 3); Ü Reue oder nur V. eines bayerischen Cleverle, um peinlichen Enthüllungen vorzukommen ...? (Spiegel 7, 1993, 18); **vor|wärts|wei|send** ⟨Adj.⟩: *in die Zukunft weisend:* -e Ideen, Perspektiven; ... galt es, die Ergebnisse des Jahres 1986 ... kritisch und v. zu analysieren (Jagd 5, 1987, 132).
Vor|wä|sche, die; -, -en: *das Vorwaschen (bes. als Teil eines Waschprogramms):* auf die V. verzichten; die Maschine ist noch bei der V.; eine gründliche Wagenwäsche mit V.; **vor|wa|schen** ⟨sw. V.; hat⟩: *zu einer ersten Reinigung kurz [durch]waschen:* nur leicht verschmutzte Wäsche muß man v.; **Vor|wasch|gang,** der: *das Vorwaschen steuernder Teil des Programms einer Waschmaschine.*
vor|weg ⟨Adv.⟩: **1. a)** *bevor etw. [anderes] geschieht; zuvor:* etw. v. klären; um es gleich v. zu sagen/gleich v. [gesagt]: ...; Aber lassen Sie mich v. fragen: in welcher Position sind Sie? (Kemelman [Übers.], Dienstag 66); Alle Orte, die er berührte, hatte Cook v. aufgesucht (Enzensberger, Einzelheiten I, 198); v. gab es eine Suppe, einen Aperitif; das läßt sich v. (*vorher, im voraus*) schlecht sagen, beantworten, beurteilen; **b)** (ugs.) *von vornherein:* das war doch v. eine Schnaps-

idee! **2.** *jmdm., einer Sache ein Stück voraus:* immer ein paar Schritte v. sein; Dann setzte sich der Troß in Bewegung, v. Richter und Geschworene ... und dahinter ... (Noack, Prozesse 96); Auf dem Trampelpfad ... ging Donath v. (Bieler, Bär 14); v. *(an der Spitze)* marschieren. **3.** *vor allem, besonders:* alle waren begeistert, v. die Kinder.
Vor|weg, der: nur in der Fügung **im V./-e** *(schon bevor ein möglicher, zu erwartender Fall eintritt; vorsorglich):* Damit weist der Spanier dem Kreml im -e die Schuld zu, falls die Moskauer Führung bei ihrem Boykottvotum bleibt (Heilbronner Stimme 12. 5. 84, 4).
Vor|weg|lei|stung, die (seltener): *Vorleistung;* **Vor|weg|nah|me,** die; -: *das Vorwegnehmen:* die V. eines Gedankens, kommender Freuden; Ü Vittoria ist eine ... eigens zur Belagerung von Parma in dessen Nähe erbaute Stadt und ihr Name eine V. des kaiserlichen Sieges (Stern, Mann 429); **vor|weg|neh|men** ⟨st. V.; hat⟩: *etw., was eigentlich erst später an die Reihe käme, schon sagen, tun:* etw. in Gedanken, gedanklich, in der Phantasie v.; die Pointe v.; Ich will es gleich v.: Castlemans Buch ist das einzig seriöse von den vieren (Frings, Liebesdinge 120); ... fallen mir, als nähme man die letzte Todesstunde ... vorweg, die herausragenden Ereignisse meines Lebens ... ein (Stern, Mann 171); Ü ... erfüllte sich endlich, was die Gerüchte ... längst vorweggenommen hatten – die beiden wurden ein Paar (Ransmayr, Welt 152); ... verkündet Zenon eine Ethik, die das meiste von dem vorwegnimmt, was später dem Christentum zum Verdienst angerechnet wurde (Thieß, Reich 149); im „Gothic Revival" vollzieht sich ein Eklektizismus, der aus des 19. Jh.s vorwegnimmt (Bild. Kunst III, 29); **vor|weg|sa|gen** ⟨sw. V.; hat⟩: *gleich, noch vor etw. anderem sagen:* ich muß v., daß ich schon davon wußte; **vor|weg|schicken**[1] ⟨sw. V.; hat⟩: *vorwegsagen:* Nun gut. Ich muß v., daß es Anfang fünfundvierzig auch mich erwischte (Weber, Tote 204).
Vor|weg|wei|ser, der; -s, -: **a)** *bereits in einiger Entfernung vor einer Straßenkreuzung o. ä. angebrachtes Verkehrsschild, das angibt, wohin die betreffenden Straßen führen;* **b)** (schweiz.) *Vorfahrtsschild.*
Vor|we|he, die; -, -n ⟨meist Pl.⟩ (Med.): *gegen Ende der Schwangerschaft auftretende Wehe.*
vor|weih|nacht|lich ⟨Adj.⟩: *dem Weihnachtsfest vorausgehend:* -e Stimmung; **Vor|weih|nachts|zeit,** die; -: *Zeit vor Weihnachten.*
vor|wei|nen ⟨sw. V.; hat⟩: *vor jmdm. weinen [u. klagen], jmdm. mit Weinen [u. Klagen] zusetzen:* jmdm. etw. v.; Sie weinten einander vielerlei vor (Jahnn, Geschichten 75); Ü „Beschir hat mir oft vorgeweint (salopp; *in klagendem Ton vorgetragen*), er benötige Waffen", sagte Lummer ... aus der kuwaitischen Zeitung „Al Quabas" (Spiegel 14, 1986, 121).
Vor|weis, der; -es, -e (bes. schweiz.): *das Vorweisen:* Einen Reisepaß erhält man in Kanada gegen V. des Geburtsscheins (Spiegel 48, 1965, 139); **vor|wei|sen** ⟨st.

V.; hat⟩: **a)** *vorzeigen:* seinen Paß, eine Vollmacht v.; [dem Schaffner] seine Fahrkarte v.; der Fahrer konnte keine gültige Fahrerlaubnis v. *(hatte keine gültige Fahrerlaubnis [bei sich]);* (sie) wiesen dem Gefreiten Asch ihre leeren Patronentaschen vor (Kirst, 08/15, 151); * **etw. vorzuweisen haben** *(über etw. verfügen):* sie hat eine gute Ausbildung, hervorragende Englischkenntnisse, als Autorin schon einige Erfolge vorzuweisen; Seit Jahren haben Simbabwe ... und Südafrika tüchtig wachsende Elefantenbestände vorzuweisen (natur 3, 1991, 54); Weil ich keinen Vater vorzuweisen hatte, blieben mir die anderen Männer fremd (Fels, Kanakenfauna 18); **b)** *aufweisen; haben:* Das provisorische Betriebsambulatorium, das heute auch in einer Zahnarztpraxis vorweist (NNN 2. 10. 86, 3); Ab 1982 muß jeder Haushalt ein eigenes Müllgefäß v. (Saarbr. Zeitung 3. 10. 79, 13); **Vor|wei|sung,** die; -, -en: *das Vorweisen.*
Vor|welt, die; -: *[erd]geschichtlich weit zurückliegende Zeit[en] u. ihre Relikte;* **vor|welt|lich** ⟨Adj.⟩: *die Vorwelt betreffend, aus ihr herrührend:* Geschütze, die ..., in Segelleinen eingepackt, zum Staunen aussahen wie -e Tiere (Musil, Mann 1518).
vor|wen|den ⟨unr. V.; hat⟩ (selten): *als Vorwand gebrauchen.*
vor|werf|bar ⟨Adj.⟩ (Amtsspr., Rechtsspr.): *Anlaß zu einem Vorwurf gebend:* eine -e Handlung, Tat; [nicht] v. handeln; **vor|wer|fen** ⟨st. V.; hat⟩ [1, 2: mhd. vürwerfen, ahd. furiwerfan]: **1.** *nach vorne werfen:* den Kopf, die Beine v.; den Ball weit v.; neue Truppen v. (Milit.; *ins Kampfgebiet schicken*). **2.** *vor jmdn., etw. (bes. ein Tier) hinwerfen:* den Tieren Futter v.; jmdm., etw. den Löwen [zum Fraß] v.; Ü Man machte sich lächerlich. Man warf der Presse ein großes Fressen vor (Jünger, Bienen 139). **3.** *jmdm. sein Verhalten, seine Handlungsweise heftig tadelnd vor Augen führen:* jmdm. Unsachlichkeit v.; er warf ihr vor, sie habe ihn betrogen; Den Angeklagten wurde vorgeworfen, ... eine Verschwörung ... organisiert zu haben (Leonhard, Revolution 41); „Du hast dich eben so zurückgezogen!" bedauerte ihn der General vor (Musil, Mann 931); ich habe mir in dieser Sache nichts vorzuwerfen *(habe mich richtig verhalten);* sie haben sich [gegenseitig] (geh.:) *einander nichts vorzuwerfen (der eine ist nicht besser als der andere).*
Vor|werk, das; -[e]s, -e: **1.** (veraltend) *zu einem größeren Gut gehörender, kleinerer, abgelegener Bauernhof:* ◆ Der Rheingraf fordert ... den Wiederkauf Eurer Herrschaft Stauffen; jener drei Städtlein und siebzehn Dörfer und ein V. (Kleist, Käthchen II, 3). **2.** *einer Festung vorgelagertes, mit ihr verbundenes Werk* (4): Ü Um Westberlin als V. der Freiheit gegen die sozialistischen Staaten von ... zu halten (Prodöhl, Tod 22).
vor|wie|gen ⟨st. V.; hat⟩ /vgl. vorwiegend/: **1.** *überwiegen; vorherrschen:* in seinen Romanen wiegen politische Themen vor; ... wiegt die Vorstellung vor, die

Verfassung sei eine Sammlung von Geboten (Heringer, Holzfeuer 259); daß die Jagdgesellschaften mit vorwiegender Niederwildbewirtschaftung ... eine höhere Fuchsstrecke aufweisen (Jagd 3, 1987, 75). **2.** *etw. in jmds. Gegenwart wiegen, damit er es nachprüfen kann:* einem Kunden die Ware v.; **vor|wie|gend** ⟨Adv.⟩: *hauptsächlich, in erster Linie, ganz besonders; zum größten Teil:* morgen ist es v. heiter; die v. jugendlichen Hörer; Es ist v. ein geophysikalisches und zugleich auch ein Projekt der Weltraumforschung (Kosmos 5, 1977, 157).
Vor|win|ter, der; -s, -: **1.** vgl. Vorfrühling. **2.** vgl. Vormonat: Die gegenüber dem V. benötigten zusätzlichen 1,5 Mia. kWh entsprechen ungefähr 40 Prozent der künftigen Winterzeugung (NZZ 30. 6. 84, 29).
Vor|wis|sen, das; -s: *etw., was man über eine bestimmte Sache schon weiß, ehe man sich eingehender darüber informiert:* ein V. [über eine Sache] haben; der Lehrer baute geschickt auf dem V. der Kinder auf; um das zu verstehen, muß man über ein gewisses V. verfügen; **vor|wis|sen|schaft|lich** ⟨Adj.⟩ (bildungsspr.): *nicht auf wissenschaftlicher Erforschung, sondern auf allgemeiner Erfahrung beruhend:* ein -es Weltbild, ein -es Verständnis von etw. haben; Wer dies nicht begriff, war kein gleichwertiger Gesprächspartner, denn sein Denken war v., nicht auf der Höhe der Zeit (Eppler, Kavalleriepferde 39).
Vor|witz, der; -es [mhd. vor-, virwiz, ahd. furewizze, firiwizzi, mhd. firwiz, eigtl. = das über das normale Wissen Hinausgehende; Wunder, zu ↑Witz in dessen alter Bed. „Kenntnis, Wissen" u. einer alten Nebenbed. von ↑ver- im Sinne von „hinüber, über etw. hinaus"] (veraltend): **1.** *[leichtsinnige] Neugierde:* unsere Neugier danach ... ist lebhaft, und immer wieder versucht uns der V., in der vorwiegend herrschenden Feststunde voranzuschweifen (Th. Mann, Joseph 828). **2.** *(meist in bezug auf Kinder) vorlaute, naseweise Art:* aber er sitzt an einem Übel, einem unüberwindlichen und mundfertigen V., mit dem er sich mit allen seinen Lehrern verdarb (Fussenegger, Haus 457); Schurkischer V. her befiehlt dem Manne in diesem Lande, ihr oder ich? (Hacks, Stücke 147); **vor|wit|zig** ⟨Adj.⟩ [mhd. vor-, vür-, virwitzec, ahd. fir(i)wizic, zu mhd. virwiz, ahd. firiwizi = neugierig]: **1.** *[auf leichtsinnige Art] neugierig:* ein -er Bursche, Blick; sei nicht so v.!; Ü Geduldig fächelt er (= der Stichling) der ... Brut Frischwasser zu und bugsiert v. Jungfische ins Nest zurück (natur 10, 1991, 65); Erst eine (= eine von den Tulpen) blühte, saß v. als roter Farbklecks über der braunen Erde (Ossowski, Liebe ist 182). **2.** *(meist in bezug auf Kinder) vorlaut, naseweis:* eine -e Göre; der Junge ist manchmal etwas v.; **Vor|wit|zig|keit,** die; -, -en: **1.** ⟨o. Pl.⟩ *Vorwitz* (1, 2). **2.** *vorwitzige Handlung, Äußerung.*
Vor|wo|che, die; -, -n: *vorige, vorhergehende Woche:* in der V.; **vor|wö|chig** ⟨Adj.⟩: *in der Vorwoche [sich ereignet habend o. ä.]:* auf der -en Pressekonferenz.

vor|wöl|ben ⟨sw. V.; hat⟩: **a)** *nach vorn wölben:* er zog den Bauch ein und wölbte seine Brust vor; Ü Es (= das Entbindungsheim) ... wölbte einen Wasserbauch mit schmalen Schlitzen vor (Bieler, Bonifaz 206); **b)** ⟨v. + sich⟩ *sich nach vorn wölben:* seine Stirn wölbte sich vor; Sartorik biß die Zähne aufeinander, daß sich seine ... Kinnbacken vorwölbten (Sebastian, Krankenhaus 57); stark vorgewölbte Lippen; mit zwei Italienern, älteren Herren, die ... in Badehosen, die Bäuche schwergewichtig vorgewölbt, langsam den Strand entlanggehen (Gregor-Dellin, Traumbuch 154); **Vor|wöl|bung,** die; -, -en: **1.** ⟨o. Pl.⟩ *das [Sich]vorwölben.* **2.** *vorgewölbte Stelle, Fläche.*

Vor|wort, das; -[e]s, -e u. Vorwörter: **1.** ⟨Pl. -e⟩ *Einleitung zu einem Buch; Vorrede:* ein V. zu einem Buch schreiben; Ob sein Manuskript eines einleitenden -es bedürfe, sei dahingestellt (Hesse, Steppenwolf 5); im V. des Herausgebers; als er gebeten wurde, die amerikanische Ausgabe des Romans „Das Schloß" mit einem V. zu versehen (Reich-Ranicki, Th. Mann 68); ... deutsche Erstausgabe, mit einem V. von ... **2.** ⟨Pl. Vorwörter⟩ (österr., sonst veraltet) *Präposition.* ♦ **3.** ⟨Pl. -e⟩ *Fürsprache:* braucht Euer V. und reißt mich aus einem Elend, in das unzeitige Hülfe uns beide stürzen könnte (Goethe, Götz III); Was hat uns der Lügner nicht alles aufgeheftet! Wie wußt' er sich nicht der Königin V. leicht zu gewinnen! (Goethe, Reineke Fuchs 7, 98 ff.).

Vor|wuchs, der; -[e]s, Vorwüchse (Forstw.): *Gesamtheit der Bäume eines Bestandes* (3), *die schneller u. höher wachsen als die übrigen.*

Vor|wurf, der; -[e]s, Vorwürfe [1: zu ↑ vorwerfen; 2: mhd. vür-, vorwurf, LÜ von lat. obiectum (↑ Objekt), urspr. = das vor die Sinne Geworfene, das den Sinnen, dem Subjekt Gegenüberstehende]: **1.** *Äußerung, mit der man jmdm. etw. vorwirft, jmds. Handeln, Verhalten rügt:* ein versteckter, offener, leiser, schwerer V.; der V. der Vertragsbrüchigkeit, Untreue; dieser V. trifft nicht, ist unberechtigt; Der V. lautet also: Verrat und Revisionismus (Dönhoff, Ära 228); ein starker V. lag in seinem Blick, aber er sprach ihn nicht aus (Buber, Gog 146); Doch der V., Zweifel in die Überlieferungen der Bibel zu setzen, trifft mich zu Recht (Stern, Mann 30); sein Blick war ein einziger, ein stummer V.; das soll kein V. sein; einen V. entkräften, [heftig] abwehren, [entschieden] zurückweisen; ernste Vorwürfe gegen jmdn. erheben; ich machte ihr, mir wegen dieser Sache bittere, heftige Vorwürfe; daraus kannst du ihm doch keinen V. machen; diesen V. lasse ich nicht auf mir sitzen; diesen V. kann ich dir leider nicht ersparen; Ich spürte den V. in Berts Schweigen (Lenz, Brot 26); etw. als V. auffassen; sich gegen einen V. wehren, zur Wehr setzen; jmdn. mit Vorwürfen überschütten; man kann ihm sein Verhalten nicht zum V. machen. **2.** (selten) *Vorlage* (3a); *Thema, Gegenstand künstlerischer Bearbeitung:* verlockender V. für Aquarellfarben: Blut und Schnee und Sonne (Borchert, Draußen 68); das Ereignis diente als V. für eine Novelle, zu seinem Roman; Der Librettist ... hat sich ein Tagesproblem zum V. genommen: ... (Welt 27. 7. 65, 5); **vor|wurfs|frei** ⟨Adj.⟩ (bes. schweiz.): *frei von Vorwürfen* (1); **vor|wurfs|voll** ⟨Adj.⟩: *einen Vorwurf* (1) *enthaltend; anklagend:* -e Worte; Meine Frau warf mir einen -en Blick zu, der etwa besagte: „Mein lieber Idiot!" (Andres, Liebesschaukel 185); jmdn. v. ansehen; „Und so was nennt man nun Freunde!" sagt er v. (Remarque, Obelisk 247).

vor|zäh|len ⟨sw. V.; hat⟩: **a)** *vor jmdm., in jmds. Gegenwart zählen, damit er es wiederholen, nachmachen kann:* der Lehrer zählte den Kindern vor; **b)** *etw. in jmds. Gegenwart zählen, damit er es nachprüfen kann:* er zählte [mir] das Geld vor.

vor|zau|bern ⟨sw. V.; hat⟩: **1. a)** *Zauberkunststücke vorführen:* jmdm. etw., einen Trick v.; **b)** *etw., was nicht der Wirklichkeit entspricht u. einem daher wie Zauberei vorkommt, vor jmdm. entstehen lassen.* **2.** (ugs.) *hervorzaubern:* der Exhibitionist, der seine Geschlechtsteile unter dem Mantel vorzaubert (Amendt, Sexbuch 148).

Vor|zei|chen, das; -s, - [mhd. vorzeichen = Vorzeichen, Sinnbild, ahd. foraze̅ihan = Wunderzeichen, Sinnbild]: **1.** *Anzeichen, das auf etw. Künftiges hindeutet; Omen:* etw. ist ein gutes, günstiges V.; er hielt, nahm die Begegnung als/für ein ungutes, schlimmes, böses, untrügliches V. **2. a)** (Math.) *einer Zahl vorangestelltes Zeichen, das die betreffende Zahl als positiv od. negativ anzeigt:* die Zahl Null besitzt kein V.; eine Zahl mit negativem, positivem V.; es ergibt sich wieder derselbe Wert, nur mit umgekehrtem V.; das Produkt zweier Zahlen mit verschiedenem V. ist negativ; Ü daß der Haß der Brüder im wesentlichen nichts anderes war als die allgemeine Verliebtheit mit verneinendem V. (Th. Mann, Joseph 395); Freilich stehen Äußerungen im Wahlkampf in besonderem Maß unter dem V., für den eigenen politischen Standort zu werben (NJW 19, 1984, 1103); ... sie (= die Wiedervereinigung Deutschlands) werde unter östlichem V. *(im Sinne des Ostens)* stattfinden (Dönhoff, Ära 213); **b)** (Musik) *Versetzungszeichen.*

vor|zeich|nen ⟨sw. V.; hat⟩: **1.** *aufzeichnen, um es später ab-, nachzuzeichnen; als Entwurf, Vorlage* (3 a) *zeichnen:* ein Bild erst mit Bleistift v. und dann mit Wasserfarben ausmalen; die Umrisse v.; ein Strickmuster v. **2.** *zum Nachzeichnen vor jmdm. etw. zeichnen:* der Lehrer hat uns das Pferd an der Tafel vorgezeichnet. **3.** *im voraus festlegen, bestimmen:* eine künftige Entwicklung v.; In sowjetischer Sicht ist alles ... nur ein Meilenstein auf dem Weg, den Marx der Menschheit vorgezeichnet hat (Dönhoff, Ära 219); eine streng, genau vorgezeichnete Karriere, Ausbildung; zwischen den Stationen dieser vom Ehrgeiz vorgezeichneten Laufbahn (Schreiber, Krise 158); **Vor|zeichnung,** die; -, -en: **1.** *das Vorzeichnen.* **2.** *Vorgezeichnetes; als Entwurf, Vorstudie o. ä. angefertigte Zeichnung:* eine der -en Stielers zu seinem berühmten Goetheportrait (Fest, Im Gegenlicht 335).

vor|zeig|bar ⟨Adj.⟩ (ugs.): *den Ansprüchen, die gestellt werden, genügend u. daher sich ohne weiteres vorzeigen* (2) *lassend:* ein -es Ergebnis; eine durchaus -e Leistung; -e *(wohlgeratene)* Kinder; Vorzeigbarer *([einigermaßen] gut aussehender)* Junggeselle ... sucht intelligente, tolerante Sie (Mannheimer Wochenblatt 5, 1978, 4); daß die Frau „gut in der Küche und im Wohnzimmer" sein müsse (Spiegel 45, 1984, 182); **Vor|zeig|bar|keit,** die; - (ugs.): *das Vorzeigbarsein;* **Vor|zei|ge-** (ugs.): drückt in Bildungen mit Substantiven aus, daß es sich um eine Person od. Sache handelt, mit der man renommieren kann, gern renommiert: Vorzeigeathletin, -literat, -sportler, -liberaler; **Vor|zei|ge|frau,** die (ugs.): vgl. Vorzeige-: Der Rücktritt der V. (= der Ministerin Süßmuth) könnte die Regierung Kohl ... empfindlich treffen (Spiegel 24, 1988, 28); die hohen Herren samt ihren Vorzeige- und Alibifrauen (Kelly, Um Hoffnung 27); **vor|zei|gen** ⟨sw. V.; hat⟩: **a)** *(zum Beweis, daß man die betreffende Sache besitzt, daß sie vorhanden ist) zeigen u. begutachten, prüfen lassen:* [jmdm.] seinen Ausweis, seine Fahrkarte v.; die Schüler mußten ihre Hefte v.; sie ließ sich jeden einzelnen Körper v., tot oder lebendig (Remarque, Funke 104); **b)** *(jmdm., einem anderen sehen lassen, jmdm. zeigen [um Eindruck zu machen, zu renommieren]:* sie hat einen Freund, den man v. kann; daß man hier innerparteiliche Demokratie produziert und auch vorzeigt (Spiegel 12, 1985, 114); Einen größeren gesellschaftlichen Triumph, als Voltaire oder Rousseau in seinem Salon v. zu können, gibt es nicht (Sieburg, Robespierre 92); ⟨subst.:⟩ ... hörte ich ihn knurren: „Zum Vorzeigen bin ich wieder gut!" (B. Vesper, Reise 440); **Vor|zei|gung,** die; -, -en ⟨Pl. ungebr.⟩ (Papierdt.): *das Vorzeigen.*

Vor|zeit, die; -, -en: **1.** *längst vergangene, vorgeschichtliche [u. geheimnisvoll anmutende] Zeit:* in ferner, mythischer, grauer V.; ... einst wieder an die Stätte zurückkehren, von der sie (= die Römer) in sagenhafter V. aufgebrochen waren: Ilion (Thieß, Reich 289); V. ... während das Sammeln von Pilzen ... und Wurzeln seit -en *(seit eh und je)* Frauenarbeit blieb (Grass, Butt 101). **2.** (selten) *einer bestimmten Zeit, Epoche vorausgehende Zeit:* die noch glänzendere V. jener ... Epoche, in welcher meine Schwester schon und ich noch nicht „auf der Welt" gewesen war (u. Rezzori, Blumen 251); **vor|zei|ten** ⟨Adv.⟩ (dichter.): *vor langer Zeit; einstmals:* Ich weiß noch genau, einmal, v., zu Haus, fand ich ein Schmucketui (Rilke, Brigge 159); ... von Atlantis ..., des versunkenen Erdteils ..., der v. Europa und Amerika verband (Th. Mann, Joseph 25); **Vor|zeit|form,** die (Geol.): *Form der Erdoberfläche, die in erdgeschichtlicher Vergangenheit entstanden ist u. sich heute nicht mehr weiterbildet;* **vor|zei|tig** ⟨Adj.⟩: *früher als vorgesehen, erwartet:* seine -e Abreise; der -e

Wintereinbruch hat in der Landwirtschaft große Schäden verursacht; Die Fraktion ... erhielt die Quittung für ihr -es *(verfrühtes, vorschnelles) Frohlocken* (Dönhoff, Ära 23); sich v. pensionieren lassen; der Strafgefangene ist v. entlassen worden; er ist v. *(allzufrüh)* gealtert, gestorben; **Vor|zei|tig|keit,** die; -: 1. (Sprachw.) *Verhältnis verschiedener grammatischer Zeiten in Haupt- u. Gliedsatz, bei dem die Handlung des Gliedsatzes vor der des Hauptsatzes spielt.* 2. *das Vorzeitigsein; vorzeitiges Eintreten:* zum ersten Mal spürte er den Erguß des Samens ohne Bedauern über seine V. (Springer, Was 156); **vor|zeit|lich** ⟨Adj.⟩: *die Vorzeit betreffend, aus ihr stammend:* -e Säugetiere, Ausgrabungen, Relikte; **Vor|zeit|mensch,** der; -en, -en: *Mensch der Vorzeit.* **Vor|zen|sur,** die; -, -en: 1. (Schulw.) *die durchschnittlichen Leistungen eines Schülers in einem bestimmten Zeitraum bewertende Zensur (1), aus der zusammen mit dem Prüfungsergebnis die Abschlußzensur ermittelt wird.* 2. *vor der eigentlichen Zensur (2 a) stattfindende Zensur.* **vor|zie|hen** ⟨unr. V.; hat⟩ [mhd. vor-, vürziehen = vorziehen, hervorholen; lieber mögen, bevorzugen, ahd. furizíohan = vorziehen, hervorholen]: 1. *nach vorn ziehen:* den Schrank [einen Meter] v.; er hat mich am Arm an die, bis zur Brüstung vorgezogen; die Schultern wie in Boxer vorgezogen, so ging er ... (Simmel, Stoff 227); ich habe dort nichts als einige im letzten Moment vorgezogene (Milit.; *ins Kampfgebiet geschickte)* Flak- und Nebelwerferabteilungen ... zu Gesicht bekommen (Plievier, Stalingrad 14). 2. *vor etw. ziehen:* den Vorhang, die Gardinen v. 3. (ugs.) *hervorziehen:* etw. hinter, zwischen etw. v.; er zog ein Heft [aus der Tasche] vor; eine Säge unter dem Gerümpel v. 4. *etw. für später Vorgesehenes früher ansetzen, beginnen, erledigen:* einen Termin [um eine Stunde] v.; die Betriebsversammlung wurde vorgezogen; die Altersgrenze v.; diese Arbeiten müssen wir v.; der Arzt hat ihn vorgezogen (ugs.; *zuerst abgefertigt);* vorgezogene Wahlen; Frauen mit vorgezogener *(vorzeitig gezahlter)* Altersrente (Bundestag 188, 1968, 10152). 5. a) *eine größere Vorliebe für jmdn., etw. haben als für eine andere Person od. Sache; lieber mögen:* ziehen Sie Kaffee oder Tee vor?; ein gutes Buch ziehe ich jedem Film vor; ich ziehe ihn seinem Bruder vor; **b)** *lieber mögen, besser behandeln als andere (u. diese dadurch zurücksetzen):* das jüngste Kind wird [von den Eltern] oft vorgezogen; keinen Schüler [dem anderen] v.; Esaus vorgezogener Zwillingsbruder (Th. Mann, Joseph 68); **c)** *jmdn., etw. wählen, sich aussuchen; sich für jmdn., etw. entscheiden:* wir sollten die sicherere Methode [der kostengünstigeren] v.; ich hätte sie [den anderen Bewerberinnen] vorgezogen; Die Welt des Vergnügens habt ihr dem Reich Gottes vorgezogen (Ott, Haie 341); Diesem Tod auf dem Schlachtfeld ist sogar noch der Heldentod vorzuziehen (Hacks, Stücke 210); er zog es vor zu schweigen. 6. (Gartenbau) vgl. vorkulti-

vieren: Pflanzen im Topf, im Frühbeet v.; **Vor|zie|hung,** die; -, -en ⟨Pl. ungebr.⟩: *das Vorziehen.* **Vor|zim|mer,** das; -s, -: a) *vor dem Zimmer eines Vorgesetzten o. ä. liegendes Zimmer (in einem Dienstgebäude o. ä.):* im V. des Chefs, der Kanzlei; **b)** (österr.) *Diele (2):* Erst als die Feuerwehr ins V. eingedrungen war, wurde vor der Tür zum Schlafzimmer ein offenbar bewußtloser Mann gefunden (Presse 7. 8. 69, 10); **Vor|zim|mer|da|me,** die (ugs.): *Sekretärin, die ihren Arbeitsplatz in jmds. Vorzimmer (a) hat;* **Vor|zim|mer|wand,** die (österr.): *Flurgarderobe.* **Vor|zin|sen** ⟨Pl.⟩ (Bankw.): *Diskont (1).* ¹**Vor|zug,** der; -[e]s, Vorzüge: **a)** ⟨o. Pl.⟩ *jmdm. od. einer Sache eingeräumter Vorrang:* jmdm., einer Sache gebührt der V.; den V. vor jmdm., etw. erhalten; diese Methode verdient gegenüber anderen den V.; ich habe seinen Ideen [bei weitem] den V., räume seinen Ideen den V. ein (geh.; *ziehe sie vor);* jmdn., etw. mit V. *(bevorzugt)* behandeln; **b)** *Vorrecht, Vergünstigung:* es war ein besonderer V., daß ...; ich genieße nicht den V., ihn zu kennen; Tirol werde keinen V. haben vor den andern habsburgischen Besitzungen (Feuchtwanger, Herzogin 185); **c)** *gute Eigenschaft, die eine bestimmte Person od. Sache (im Vergleich mit jmdm. od. etw. anderem) auszeichnet, hervorhebt:* angeborene, geistige, charakterliche Vorzüge; der V. liegt darin, daß ...; das ist ein besonderer V. an/von ihm; sein [größter] V. ist seine Verläßlichkeit; immer neue Vorzüge an einer Sache erkennen; ich kenne die Vorzüge dieser Mitarbeiterin; das Verfahren hat den V., daß ...; diese Kunstfaser hat alle Vorzüge reiner Wolle; Schön war er, ... weitere Vorzüge konnte ich ihm nicht entdecken (Hesse, Steppenwolf 136); aber Lene hat auch ihre Vorzüge, das muß man wirklich sagen (Kempowski, Zeit 192); Über die Vorzüge und Nachteile der einzelnen Wahlsysteme ... (Fraenkel, Staat 359); **d)** (Schulw. österr.) *Auszeichnung, die jmd. erhält, wenn er ein bestimmtes Notenbild im Zeugnis erreicht:* mit V. maturieren; ²**Vor|zug,** der; -[e]s, Vorzüge (Eisenb.): *zur Entlastung eines fahrplanmäßigen Zuges zusätzlich eingesetzter Zug, der vor diesem fährt;* **vor|züg|lich** [auch: '- - -]: **I.** ⟨Adj.⟩ *in seiner Art od. Qualität besonders gut; ausgezeichnet, hervorragend:* ein -er Wein, eine -e Arbeit, ein -er Aufsatz; er ist ein -er Reiter, Kenner der Materie; Dabei leistete mir eine lange ... Übung, die Handschrift meines Vaters nachzuahmen, -e Dienste (Th. Mann, Krull 42); das Essen war v.; die Methode hat sich v. bewährt; wir haben ganz v. gespeist. **II.** ⟨Adv.⟩ (veraltend) *hauptsächlich, vor allem, besonders:* ich wünsche dies v. ...; Und v. auf Grund dieses Materials sollte das Werk entstehen (Ceram, Götter 94); Müll ist ... v. der „Wiederverwertung" zuzuführen (Communale 15. 12. 83, 5); **Vor|züg|lich|keit** [auch: '- - - -], die; -, -en: 1. ⟨o. Pl.⟩ *vorzügliche Beschaffenheit.* 2. (selten) *etw. Vorzügliches;* **Vor|zugs|ak|tie,** die ⟨meist Pl.⟩ (Wirtsch.): *Aktie, die gegenüber den Stammaktien mit

bestimmten Vorrechten ausgestattet ist (z. B. Zusicherung einer erhöhten Dividende); Prioritätsaktie:* -n ausgeben; **Vor|zugs|kind,** das: *Lieblingskind;* **Vor|zugs|kla|ge,** die (Rechtsspr.): *bei der Zwangsvollstreckung) Klage auf vorzugsweise Befriedigung aus dem Erlös einer gepfändeten Sache;* **Vor|zugs|milch,** die: *unter behördlicher Aufsicht produzierte Milch von bester Qualität;* **Vor|zugs|ob|li|ga|ti|on,** die (Wirtsch.): vgl. Vorzugsaktie; **Vor|zugs|preis,** der: *bes. günstiger Preis:* jmdm. -e gewähren; etw. zu einem V. angeboten bekommen, erwerben können; **Vor|zugs|recht,** das (seltener): *Vorrecht;* **Vor|zugs|schü|ler,** der (österr.): *Schüler, der mit seinen Noten die Voraussetzungen für einen Vorzug (1 d) erfüllt:* ich war ein V.; **Vor|zugs|schü|le|rin,** die; -, -nen (österr.): w. Form zu ↑Vorzugsschüler; **Vor|zugs|stel|lung,** die: *bevorzugte [mit bestimmten Vorrechten ausgestattete] Stellung (3, 4):* eine V. haben; Dank seiner Protektion genoß die Familie Strauß in Wien eine V. (K. Mann, Wendepunkt 441); Irene ... brachte es nach und nach zu V. der erklärten Lieblingsschülerin (Erné, Fahrgäste 200); **vor|zugs|wei|se** ⟨Adv.⟩: *hauptsächlich, in erster Linie, bevorzugt:* Anforderungen ... Einige Jahre Praxis in der Industrie, v. im Bereich der Fabrikation ... (NZZ 30. 1. 83, 22); Ein Land ... besuche man ja nicht nur eben des Landes, sondern auch – und das vielleicht v. – der Leute wegen (Th. Mann, Krull 383).

Vor|zu|kunft, die; -: *zweites Futur.*

Vo|ta: Pl. von ↑Votum; **Vo|tant,** der; -en, -en (bildungsspr. veraltet): 1. *jmd., der ein Votum abgibt.* 2. (schweiz., veralt.) *Diskussionsredner im Parlament, in einer Versammlung o. ä.:* Man wolle, so erklärte ein V. unter allgemeinem Applaus, das alte Tram auf der bisherigen Strecke (NZZ 30. 1. 83, 23); **Vo|tan|tin,** die; -, -nen: w. Form zu ↑Votant; **Vo|ta|ti|on,** die; -, -en (bildungsspr. veraltet): *Abstimmung;* **Vo|ten:** Pl. von ↑Votum; **vo|tie|ren** ⟨sw. V.; hat⟩ [zu ↑Votum] (bildungsspr.): 1. *seine Stimme für od. gegen jmdn., etw. abgeben; sich für od. gegen jmdn., etw. entscheiden; für od. gegen jmdn. stimmen:* für, gegen eine Resolution v.; sie votierten mehrheitlich dagegen; die Mehrheit der Parlamentarier votierte gegen den Antrag, die Vorlage; Portugiesen können ... zum zweiten Mal seit Salazars Sturz frei w. *(wählen;* Saarbr. Zeitung 30. 11. 79, 3). 2. (bes. schweiz., österr.) *in einer Diskussion im Parlament, in einer Versammlung o. ä. Stellung nehmen; sich für od. gegen jmdn., etw. aussprechen:* ... der Podiumsveranstaltung ..., an der ... vor vollen Reihen für und wider das neue Gesetz votiert worden ist (NZZ 28. 8. 86, 29); Gewisse Besoldungsanpassungen seien dringend nötig, votierten *(sagten)* die Gewerkschafter (NZZ 19. 12. 86, 31); ... kam Umfragen zufolge, daß eine Mehrheit der Niederländer gegen Atomwaffenstationierungen votiert *(dagegen ist;* Weltwoche 17. 5. 84, 3); **Vo|tiv,** das; -s, -e [zu lat. votivus = gelobt, versprochen, zu: votum, ↑Votum]: *Votivgabe;* Vom kostbaren Inhalt, von den -en in

Votivbild

den Schatzhäusern, ist nirgends mehr etwas erhalten (Bild. Kunst I, 74); **Vo|tiv|bild,** das (kath. Kirche): *einem Heiligen auf Grund eines Gelübdes geweihtes Bild (das oft den Anlaß seiner Entstehung darstellt);* **Vo|tiv|fund,** der: *vor- u. frühgeschichtlicher Bodenfund, der als Votivgabe gedeutet werden kann;* **Vo|tiv|ga|be,** die (kath. Kirche): *als Bitte um od. Dank für Hilfe in einer Notlage einem Heiligen dargebrachte Gabe;* **Vo|tiv|ka|pel|le,** die (kath. Kirche): *einem Heiligen auf Grund eines Gelübdes gestiftete Kapelle;* **Vo|tiv|ker|ze,** die (kath. Kirche): vgl. Votivgabe; **Vo|tiv|kir|che,** die (kath. Kirche): vgl. Votivkapelle; **Vo|tiv|mes|se,** die (kath. Kirche): ¹*Messe* (1) *als Bitte um od. Dank für Hilfe in einer Notlage;* **Vo|tiv|ta|fel,** die (kath. Kirche): *einem Heiligen auf Grund eines Gelübdes geweihte kleine Tafel mit einer Inschrift;* **Vo|tum,** das; -s, Voten u. Vota [mlat. votum = Gelübde; Stimme, Stimmrecht < lat. votum = Gelübde, feierliches Versprechen; Wunsch, Verlangen, zu: votum, 2. Part. von: vovere = feierlich versprechen, geloben; wünschen] (bildungsspr.): **1.** *Stimme* (6 a): *sein V. [für etw.] abgeben.* **2.** *Entscheidung durch Stimmabgabe: die Wahl war ein V. gegen die Regierung, für die Politik der Regierung; Statt das V. der Wähler demokratisch hinzunehmen,* ... (Chotjewitz, Friede 162); *Strauß erwartet von den Voten (Parlamentswahlen) an Leine und Elbe Hinweise darauf, ob ...* (Augsburger Allgemeine 3./4. 6. 78, 2). **3.** (bes. schweiz.) *Diskussionsbeitrag im Parlament, in einer Versammlung o. ä.: Die Versammlung wurde speditiv geleitet, und die Voten blieben diszipliniert kurz* (NZZ 10. 5. 88, 33). **4.** *Urteil.* **5.** (veraltet) *feierliches Gelübde.*
Vou|cher [engl.: 'vaʊtʃə], das od. der; -s, -[s] [engl. voucher, zu: to vouch = bürgen < afrz. vo(u)cher = herbei-, aufrufen < lat. vocare = rufen] (Touristik): *Gutschein für im voraus bezahlte Leistungen.*
Vou|dou [vu'du:]: ↑ Wodu.
Vou|te ['vu:tə], die; -, -n [frz. voûte, zu lat. volutum, 2. Part. von volvere, ↑ Volumen] (Bauw.): **1.** *gewölbter Übergang zwischen einer Wand bzw. Säule u. der Decke: Bei großen Spannweiten erhalten die Säulen* -n (Bild. Kunst III, 106). **2.** *Verstärkung eines Trägers am Auflager.*
Vox, die; -, Voces [...e:s; lat. vox = Stimme] (Musik): **1.** *Stimme.* **2.** *Ton einer Tonfolge;* **Vox me|dia,** die; - - [lat., eigtl. = in der Mitte befindliches Wort] (Rhet., Stilk.): *inhaltlich neutrales, von zwei Extremen gleich weit entferntes Wort* (z.B. „Geschick" gegenüber „Glück" od. „Unglück"); **Vox ni|hi|li,** die; - - [lat., eigtl. = Wort des Nichts] (bildungsspr.): *Ghostword;* **vox po|pu|li vox De|i** [m)lat. = Volkes Stimme (ist) Gottes Stimme]: *die Stimme des Volkes, die öffentliche Meinung [hat großes Gewicht].*
Voya|geur [vɔaja'ʒøːɐ̯], der; -s, -s u. -e [frz. voyageur, zu: voyager = reisen] (veraltet): *Reisender;* **Voya|geu|rin** [vɔaja'ʒøːrɪn], die; -, -nen (veraltet): w. Form zu ↑ Voyageur.
Voy|eur [vɔa'jøːɐ̯], der; -s, -e [frz. voyeur < afrz. veor, véeur = Beobachter, Späher, zu: voir < lat. videre = sehen]: *jmd., der durch [heimliches] Zuschauen bei sexuellen Handlungen anderer Lust empfindet: er ist ein V.; solche Shows, Filme sind nur etwas für -e;* **Voy|eu|rin** [vɔa-'jøːrɪn], die; -, -nen: w. Form zu ↑ Voyeur: *Doch mehr als ein knackiger Po wird den -nen nicht geboten* (MM 13. 11. 92, 43); **Voy|eu|ris|mus,** der; - [frz. voyeurisme, zu: voyeur, ↑ Voyeur]: *sexuelles Empfinden u. Verhalten der Voyeure:* Ü *Auf die Schlüssellochperspektive verzichtet Mendelssohn keineswegs ..., der V. ist ihm nicht fremd* (Reich-Ranicki, Th. Mann 256); *... dieses Schicksal so behutsam dargestellt zu haben, daß es nicht ausuferte zu V. am Bett eines Sterbenden* (MM 21./22. 7. 90, 55); **voy|eu|ri|stisch** ⟨Adj.⟩: *den Voyeurismus betreffend:* -e *Bedürfnisse;* Ü „Ganz auf den -en *Charakter des Fernsehens abgestimmt" hat Regisseur Otto Schenk die TV-Adaption seiner Shakespeare-Inszenierung* (Spiegel 52, 1978, 159); **voy|ons** [vwa'jõ; frz., 1. Pers. Pl. von: voir, ↑ Voyeur] (veraltet): *wir wollen sehen!; nun!*
vo|zie|ren ⟨sw. V.; hat⟩ [lat. vocare = rufen] (bildungsspr.): **a)** *berufen;* **b)** *vorladen.*
VP = Volkspolizei.
VR = Volksrepublik.
V 2 [faʊ 'tsvai], die; -, -[s] (ns. Milit.): *V 2-Rakete: Diese Rakete wurde der Prototyp der todbefrachteten V 2, Vorläufer aber auch der Projektile für die Mondfahrt* (Spiegel 26, 1977, 186); **V 2-Ra|ke|te** [faʊ 'tsvai...], die; -, -n (ns. Milit.): vgl. V-Waffe.
Vri|sea ['fri:zea], die; -, ...een [nlat.; nach dem niederl. Botaniker W. H. de Vriese (1807–1862)]: *Ananasgewächs mit in Rosetten angeordneten, oft marmorierten Blättern u. in Ähren stehenden, leuchtend gefärbten Blüten.*
v. R. w. = von Rechts wegen.
vs. = versus.
V. S. O. P. [Abk. von engl. very special old pale]: *ganz besonders alt u. blaß* (Gütekennzeichen für Cognac od. Weinbrand).
v. s. pl. = verte, si placet!
V-Sprung ['faʊ...], der (Skisport): *Sprung im V-Stil;* **V-Stil** ['faʊ...], der (Skisport): *Stil des Skispringens, bei dem die Skier V-förmig gehalten werden: Der „klassische" Weltmeister von 1987 gewann in seiner zweiten Konkurrenz mit dem neuen V.* (Oberösterr. Nachrichten 2. 2. 92, 21).
v. T. = vom Tausend.
v. u. = von unten.
vul|gär ⟨Adj.⟩ [frz. vulgaire < lat. vulgaris = allgemein; alltäglich, gewöhnlich; gemein, niedrig, zu: vulgus = (gemeines) Volk]: **1.** (bildungsspr. abwertend) *auf abstoßende Weise derb u. gewöhnlich, ordinär:* ein -es *Wort;* eine -e *Person;* eine üppig zu nennende Frau, leicht -es *Gesicht, ... Augen mit dunkelblauen Schatten ...* (Gregor-Dellin, Traumbuch 106); *Stiller ... fand es, wie er sich in seiner -en Art ausdrückte, zum Kotzen* (Frisch, Stiller 119); *v. sein, aussehen; sich v. benehmen;* Sie *lachte ein bißchen v.* (Kronauer, Bogenschütze 197); ⟨subst.:⟩ Mr. Punch ... *gibt dem ins Vulgäre abgleitenden Gespräch eine seriöse Wendung* (Fr. Wolf, Menetekel 22). **2.** (bildungsspr.) *zu einfach u. oberflächlich; nicht wissenschaftlich dargestellt, gefaßt:* ein -er *Positivismus;* **vul|ga|ri|sie|ren** ⟨sw. V.; hat⟩ [zu ↑ vulgär]: **1.** (bildungsspr. abwertend) *in unzulässiger Weise vereinfachen; allzu oberflächlich darstellen.* **2.** (bildungsspr. veraltet) *allgemein bekannt machen; unter das Volk bringen;* **Vul|ga|ri|sie|rung,** die; -, -en (bildungsspr.): **1.** *das Vulgarisieren.* **2.** *vulgarisierte Form, Einzelheit usw.;* **Vul|ga|ris|mus,** der; -, ...men [engl. vulgarism, zu: vulgar = vulgär, ordinär < lat. vulgaris, ↑ vulgär] (bes. Sprachw.): *vulgäres* (1) *Wort, vulgäre* (1) *Wendung;* **Vul|ga|ri|tät,** die; -, -en [wohl unter Einfluß von engl. vulgarity < lat. vulgaritas, zu: vulgaris, ↑ vulgär] (bildungsspr.): **1.** ⟨o. Pl.⟩ **a)** *vulgäres* (1) *Wesen, vulgäre Art:* Seine (= des Faschismus) V. *war den Arrivabenes widerwärtig* (Saarbr. Zeitung 24. 12. 79, 23/25/27); *aber was ich zugleich Ida Bagus Putuh erzählte, das strotzte von V. und guten holländischen Flüchen* (Baum, Bali 10); **b)** *vulgäre* (2) *Beschaffenheit.* **2.** (seltener) *vulgäre* (1) *Äußerung;* **Vul|gär|la|tein,** das: *umgangssprachliche Form der lateinischen Sprache (aus der sich die romanischen Sprachen entwickelten);* **Vul|gär|mar|xis|mus,** der (bildungsspr. abwertend): *vulgärer* (2), *vulgarisierter Marxismus;* **Vul|gär|name,** der (Biol.): *Trivialname (einer Tier-, Pflanzenart);* **Vul|gär|spra|che,** die: **1.** (bildungsspr. seltener) *vulgäre* (1) *Sprache.* **2.** (Sprachw.) (bes. im MA.) *von der Masse des Volkes gesprochene Sprache;* **Vul|ga|ta,** die; - [(kirchen)lat. (versio) vulgata = allgemein gebräuchliche Fassung; (vom hl. Hieronymus im 4. Jh. begonnene, später für authentisch erklärte) lat. Übersetzung der Bibel;* **vul|gi|vag** ⟨Adj.⟩ [lat. vulgivagus, zu: vulgus (↑ vulgär) u. vagari = umherschweifen] (veraltet): *umherschweifend, auf Gassen u. Straßen umherstreichend;* **Vul|gi|va|ga,** die; - [lat., subst. Fem. von: vulgivagus (↑ vulgivag), eigtl. = die Umherschweifende]: *herabsetzender Beiname der altrömischen Liebesgöttin Venus;* **vul|go** ⟨Adv.⟩ [lat.] (bildungsspr.): *gemeinhin, gewöhnlich genannt: Als ein Heimatforscher ... die Sterbeurkunde des Räuberhauptmanns Johann Bückler, v. „Schinderhannes", verlangte ...* (Spiegel 4, 1982, 28). ¹**Vul|kan:** römischer Gott des Feuers; ²**Vul|kan,** der; -s, -e [zu lat. Vulcanus, ↑ ¹Vulkan]: *Berg, aus dessen Innerem Lava u. Gase ausgestoßen werden; feuerspeiender Berg:* ein [noch, nicht mehr] tätiger, erloschener V.; *der V. ist ausgebrochen; Der Tanker ... schleuderte wie ein feuerspeiender V. sein brennendes Öl in die Höhe* (Ott, Haie 262); *wie auf einem V. leben (sich in ständiger Gefahr befinden);* **Vul|kan|aus|bruch,** der: *Ausbruch, Eruption eines* ¹*Vulkans;* **Vul|kan|fi|ber,** die ⟨o. Pl.⟩ [zu ↑ vulkanisieren u. ↑ Fiber (2)]: *aus zellulosehaltigem Material hergestellter harter bis elastischer Kunststoff, der bes. für Dichtungen, Koffer usw. verwendet wird;* **Vul|ka|ni|sat,** das; -[e]s, -e: *vulkanisierter Kautschuk;* **Vul|ka|ni|sa|ti|on,** die; -, -en

[engl. vulcanization, zu: to vulcanize, ↑vulkanisieren]: *das Vulkanisieren;* **vul|ka|nisch** ⟨Adj.⟩: *auf Vulkanismus beruhend, durch ihn entstanden:* -*es Gestein; eine* -*e Insel; das Gebirge ist* -*en Ursprungs; daß die Erde sich im Zentrum des einstigen* -*en Geschehens ... sozusagen aufgewölbt habe* (Stern, Mann 407); Ü *ihr war wie wenn sie von Erde verschüttet wäre, die v. zuckte* (Musil, Mann 1482); [...'zo:ʀ], *[französierende Bildung]: auf die Herstellung u. Verarbeitung von Gummi spezialisierter Facharbeiter* (Berufsbez.); **Vul|ka|ni|seur** [...'zø:ɐ̯], der; -s, -e [französierende Bildung]: *auf die Herstellung u. Verarbeitung von Gummi spezialisierter Facharbeiter* (Berufsbez.); **Vul|ka|ni|sier|an|stalt,** die; -, -en: *Betrieb, in dem Gummi hergestellt u./od. verarbeitet wird;* **vul|ka|ni|sie|ren** ⟨sw. V.; hat⟩ [engl. to vulcanize, eigtl. = dem Feuer aussetzen (bei dem Verfahren wird Hitze angewendet), zu: Vulcan = ¹Vulkan]: **1.** *Rohkautschuk mit Hilfe bestimmter Chemikalien zu Gummi verarbeiten.* **2.** (ugs.) *Gegenstände aus Gummi reparieren:* einen *Reifen v.; Der Schnitt lief ringsum durch Schläuche und Mäntel, da ließ sich weder was flikken noch v.* (Bieler, Bär 178); **Vul|ka|ni|sie|rung,** die; -, -en: *das Vulkanisieren;* **Vul|ka|nis|mus,** der; - (Geol.): *Gesamtheit der Vorgänge u. Erscheinungen, die mit dem Austritt von Magma aus dem Erdinnern an die Erdoberfläche zusammenhängen:* Triton *ist damit ... der dritte Himmelskörper im Sonnensystem, auf dem V. existiert* (Welt 31. 8. 89, 21); *auf V. beruhen;* **den Vulkanismus betreffend;** **Vul|ka|nit,** der; -s, -e (Geol.): *vulkanisches Gestein; Ergußgestein;* **Vul|ka|no|lo|ge,** der; -n, -n [↑-loge]: *Fachmann auf dem Gebiet der Vulkanologie;* **Vul|ka|no|lo|gie,** die; - [↑-logie]: *Teilgebiet der Geologie, das sich mit der Erforschung des Vulkanismus befaßt;* **Vul|ka|no|lo|gin,** die; -, -nen: w. Form zu ↑Vulkanologe; **vul|ka|no|lo|gisch** ⟨Adj.⟩: *die Vulkanologie betreffend, zu ihr gehörend;* **Vul|ka|zit,** der; -s, -e (Chemie): *organische Verbindung als Beschleuniger bei der Vulkanisation.* **vul|ne|ra|bel** ⟨Adj.⟩ [spätlat. vulnerabilis, zu lat. vulnerare = verwunden, verletzen, zu: vulnus = Wunde] (bes. Med.): *(von Organen od. Gefäßen, die nahe an der Körperoberfläche liegen) verwundbar, verletzlich;* **Vul|ne|ra|bi|li|tät,** die; - (bes. Med.): *Verwundbarkeit, Verletzlichkeit.* **Vul|va,** die; -, Vulven [lat. vulva, eigtl. = Hülle] (Med.): *äußere Geschlechtsorgane der Frau;* **Vul|va|kar|zi|nom,** das (Med.): *bösartige Geschwulst der äußeren Geschlechtsorgane der Frau;* **Vul|vi|tis,** die; -, ...itiden (Med.): *Entzündung der äußeren weiblichen Geschlechtsteile;* **Vul|vo|va|gi|ni|tis,** die; -, ...itiden (Med.): *Entzündung der äußeren weiblichen Geschlechtsteile u. der Vagina.*
vuo|ta ⟨Adv.⟩ [ital. (corda) vuota = leere Saite, über das Vlat. zu lat. vacare, ↑vakant] (Musik): *auf der leeren Saite (d. h. ohne den Finger auf das Griffbrett zu setzen) [zu spielen]:* eine *Note v. spielen;* **Vuo|to,** das; - (Musik): **1.** *Generalpause.* **2.** *Benutzung der leeren Saite eines Streichinstruments.*
v. u. Z. = vor unserer Zeitrechnung.
v. v. = vice versa.
VVN = Vereinigung der Verfolgten des Naziregimes.
VW ⓦ, der; -[s], -s: Volkswagen (deutsche Automarke).
V-Waf|fe ['faʊ...], die [Abk. für: Vergeltungs**waffe**] (Milit.): *(im 2. Weltkrieg von deutscher Seite eingesetzte) Raketenwaffe.*
VWD = Vereinigte Wirtschaftsdienste.
V-Zei|chen ['faʊ...], das: *Victoryzeichen:* das *V. machen; Hunderttausende begrüßten ihn auf den Straßen mit gespreizten Fingern, dem V. für „Victory"* (Spiegel 25, 1983, 103).

W

w, W [ve:; ↑a; ↑A], das; -, - [mhd. w, ahd. (h)w]: *dreiundzwanzigster Buchstabe des Alphabets; ein Konsonant:* ein *kleines w, ein großes W schreiben.*
W = Watt; Werst; West[en]; Wolfram.
WAA = Wiederaufbereitungsanlage.
Waadt [va(:)t], die; -: *schweizerischer Kanton;* **Waadt|land,** das; -[e]s: Waadt; **Waadt|län|der,** der; -s, -: Ew.; **Waadt|län|de|rin,** die; -, -nen: w. Form zu ↑Waadtländer; **waadt|län|disch** ⟨Adj.⟩.
¹Waag, die; - [mhd. wāc, ahd. wāg = (bewegtes) Wasser; Fluß, See, verw. mit ↑Woge] (bayr.): *Flut; Wasser.*
²Waag, die; -: *linker Nebenfluß der Donau in der Slowakischen Republik.*
Waa|ge, die; -, -n [mhd. wāge, ahd. wāga, eigtl. = das (auf u. ab, hin u. her) Schwingende, verw. mit ↑²bewegen]: **1.** *Gerät, mit dem das Gewicht von etw. bestimmt wird:* eine *zuverlässige, gute, genaue, exakt anzeigende W.; diese W. wiegt genau; eine W. eichen; etw. auf die W. legen; auf/mit der W. wiegen; sich auf die W. stellen; er bringt 80 kg auf die W.* (ugs.; *wiegt 80 kg);* Ü ... *die W. habe sich zugunsten des Westens geneigt (der Westen sei nunmehr in der günstigeren Position,* Dönhoff, Ära 198); *Die W. der Entscheidung hing leise zitternd gleich zu gleich (die Entscheidung konnte ebensogut in dem einen wie in dem anderen Sinne fallen,* A. Zweig, Grischa 178); * **einer Sache/**(seltener:) **sich mit etw. die W. halten** *(einer Sache im Ausmaß, in der Intensität, in der Bedeutung o. ä. gleichkommen):* die *Genugtuung ... hielt seiner Beklommenheit die W.* (Th. Mann, Joseph 509); *die Skepsis gegen ihre Mitbürger hielt sich immer noch die W. mit dem Vorsatz, ein neues Menschenbild zu formen* (Kant, Impressum 251); *Vorteile und Nachteile hielten sich [gegenseitig]/*(geh.:) *einander die W.* **2.** (Astrol.) **a)** ⟨o. Pl.⟩ *Tierkreiszeichen für die Zeit vom 24. 9. bis 23. 10.;* **b)** *jmd., der im Zeichen Waage (2 a) geboren ist:* sie, *er ist [eine] W.* **3.** (Turnen, Eis-, Rollkunstlauf) *Figur, Übung, bei der der Körper waagrecht im Gleichgewicht gehalten wird:* eine eingesprungene *W.;* **Waa|ge|amt,** das (früher): *Amt eines Waagemeisters;* **Waa|ge|bal|ken,** der: *gerader, als Hebel wirkender Teil einer Waage, an dem die Waagschalen hängen;* **Waa|ge|geld,** das (früher): *Geldbetrag für die Benutzung einer öffentlichen Waage;* **Waa|ge|mei|ster,** (auch:) Waagmeister, der (früher): *jmd., der für das Wiegen von Waren auf einer öffentlichen Waage zuständig ist;* **Waa|ge|mei|ste|rin,** (auch:) Waagmeisterin, die (früher): w. Form zu ↑Waagemeister; **Waa|gen|fa|brik,** die: *Fabrik, in der Waagen (1) hergestellt werden;* **Waa|ge|punkt,** der (Astron.): *Herbstpunkt;* **waa|ge|recht,** (auch:) waagrecht ⟨Adj.⟩ [eigtl. = waage recht, von waag(e) recht; eigtl. = wenn die Waage recht steht, wenn der Waagebalken in der Ausgangsstellung steht]: *in einer geraden Linie rechtwinklig zu einer senkrechten Linie od. Fläche verlaufend; horizontal:* eine -*e Linie, Fläche;* ein -*er Balken; ... gibt Alberti dem gotischen Bau eine neue Fassade: ... durch die waagerechten Gliederungen den Vertikalismus der Gotik auslöschend* (Bild. Kunst

III, 23); das Brett liegt [genau] w.; ein Seil w. spannen; unter den fast waagerecht gestreckten Augenbrauen (Borell, Romeo 224); **Waa|ge|rech|te,** (auch:) Waagrechte, die; -n, -n: *waagerechte Linie, Ebene, Lage; Horizontale:* zwei -n/(auch:) -; *Sanft legte sich das Flugzeug in die Waagerechte* (Cotton, Silver-Jet 36); **Waag|mei|ster** usw.: ↑ Waagemeister usw.; **Waag|scha|le,** die; -, -n: *an beiden Seiten des Waagebalkens einer Waage hängende Schale, in die eine zu wiegende Last od. das Gewicht zum Wiegen gelegt wird:* Ü Jede falsche Bewegung kann jetzt das Pendeln der -n des west-östlichen Kräfteverhältnisses zu unseren Ungunsten verschieben (Dönhoff, Ära 206); * *alles, jedes Wort auf die W. legen* (↑ Goldwaage); **[nicht] in die W. fallen** (↑ ¹Gewicht 3): Sie (= die Deutschen) können sich sogar so etwas wie diesen fürchterlichen Wagner leisten. Das fällt gar nicht in die W. (Brecht, Geschichten 86); *etw. in die W. werfen (etw. als Mittel zur Erreichung von etw. einsetzen):* Hätte ich ein maßgebliches Amt, ich würde es unbedenklich in die W. werfen. Aber ich bin machtlos (Kirst, Aufruhr 213); **Waag|schei|ße|r|le,** das; -s, - (schwäb.): *Züngleln an der Waage:* Wenn also die ... Mandatsverteilung die FDP erneut als W. bestätigen sollte, so werden sich die Liberalen für die CDU entscheiden (Spiegel 4, 1987, 36).

Waal, die; -: *Mündungsarm des Rheins.*
wab|be|lig, wabblig 〈Adj.〉 [zu ↑ wabbeln] (ugs.): *[unangenehm] weich u. dabei leicht in zitternde Bewegung geratend:* ein -er Pudding, Bauch, Busen, Hintern; ... in der grauen Suppe, in der wabblige Fettstücke herumschwimmen (Kinski, Erdbeermund 52); er ist dick und w.; **wabbeln** 〈sw. V.; hat〉 [mhd. wabelen = in (emsiger) Bewegung sein] (ugs.): *sich zitternd, in sich wackelnd hin u. her bewegen:* der Pudding wabbelt; er lachte, daß sein Bierbauch wabbelte; Er spürte es das wabbelnde Zittern ihrer Arme, mit denen sie ihn festzuhalten versuchte (Ossowski, Liebe ist 192); **wabb|lig:** ↑ wabbelig.
Wa|be, die; -, -n [mhd. wabe, ahd. waba, wabo, zu ↑ weben u. eigtl. = Gewebe (der Bienen)]: *Gebilde aus vielen gleichgeformten, meist sechseckigen, von Bienen aus körpereigenem Wachs geformten Zellen, die der Aufzucht ihrer Larven dienen u. in denen sie Honig od. Pollen speichern:* Ü Wenn der Tag vergangen ist, kehren die Arbeitenden in ihre -n (abwertend: ihre großen anonymen Wohnblocks) zurück, wo die Rentner den Tag verbracht haben (Zwerenz, Erde 11); **wa|ben|för|mig** 〈Adj.〉: *wie eine Wabe geformt, aufgebaut:* ein -es Muster; eine -e Bauweise; **Wa|ben|grind,** der (Med.): *Erbgrind;* **Wa|ben|ho|nig,** der: *Honig aus frisch gebauten, unbebrüteten Waben;* **Wa|ben|lun|ge,** die (Med.): *Lunge mit angeborenen wabenähnlichen Hohlräumen;* **Waben|ver|wit|te|rung,** die (Geol.): *(an porösen Gesteinen) wabenförmige Verwitterung.*

Wa|ber|lo|he, die; -, -n [nach anord. vafrlogi] (nord. Myth.): *loderndes Feuer, das eine Burg vor der Außenwelt schützend umgibt (bes. das von Odin um die Burg der Walküre Brunhilde gelegte Feuer):* Ü daß die atomaren Feuer, die der menschliche Zauberlehrling entzündete, ihn plötzlich selber in ihre W. hineinzerren (Thielicke, Ich glaube 257); **wa|bern** 〈sw. V.; hat〉 [mhd. waberen = sich hin u. her bewegen] (landsch., sonst geh.): *sich in einer mehr od. weniger unruhigen, flackernden o. ä., ziellosen Bewegung befinden:* In der Luft waberten die Auspuffgase von Millionen ... Autos und Lastwagen (natur 3, 1991, 86); Aus blauem Dunst taucht die Erde auf, noch wabert sie vulkanisch, aber bald beginnt die Steinzeit ... (Spiegel 50, 1966, 157); wabernde Nebelschwaden, Flammen; „Dees is aa nix Rars", war sein Kommentar zu einer rot wabernden Sülze (A. Kolb, Daphne 99); Ü Denn dort hat er es mit einer Art von Politik zu tun, über der ständig ein leichter Bierdunst wabert (Spiegel 13, 1981, 123).
wach 〈Adj.〉 [zu ↑ Wache, entstanden in Sätzen wie „er ist (in) Wache", d. h., er befindet sich im Zustand des Wachens]: **1.** *nicht schlafend:* in -em Zustand; etwas vom Tage, mit -em Bewußtsein erlebt (Kronauer, Bogenschütze 27); w. werden, bleiben; [lange, die ganze Nacht] w. liegen; sich [mit Kaffee] w. halten; der Lärm hat mich w. gemacht *(aufgeweckt);* sie rüttelte ihn w. *(rüttelte ihn, bis er wach wurde);* ich war noch gar nicht richtig w.; bist du noch w. *(munter)* genug, um Auto zu fahren?; So schnell kriege ich den Jumbo sowieso nicht w. (Hausmann, Abel 136); Ü ihr sonst stets -er Argwohn und ihre unbezähmbare Neugier (A. Zweig, Grischa 64); die alten Ressentiments wurden wieder w.; Die Konkurrenz ist w. geworden (Capital 2, 1980, 155). **2.** *geistig sehr rege, von großer Aufmerksamkeit, Aufgeschlossenheit zeugend; aufgeweckt:* ein -er Geist; -e Augen; sehr -e Sinne haben; -en Sinnes, mit -em Verstand an etw. herangehen; Sie ... reagiert auf jede Frage mit -er Intelligenz und mit hellsetzten Worten (Schreiber, Krise 223); Wissenschaftler, Forstleute ... und -e Mitbürger verweisen schon lange auf das Sterben des Waldes (Hamburger Rundschau 15. 3. 84, 2); etw. w. verfolgen; Jan Trieder ist einer, der w. ist für das, was ihm herum geschieht (Freie Presse 11. 11. 88, 3); **Wach|ab|lö|se,** die (bes. österr.): *Wachablösung:* Ü vor der großen W. *(dem Regierungswechsel)* im Oktober 1982 (Wochenpresse 13, 1984, 57); **Wach|ab|lö|sung,** die: *Ablösung der Wache, eines Wachpostens:* bei der, nach erfolgter W.; Ü Vietnams VI. Parteikongreß hat eine allgemein fällige politische W. *(den seit langem fälligen Führungswechsel)* gebracht (NZZ 21. 12. 86, 6).
Wach|au, die; -: *Tal der Donau zwischen Krems u. Melk.*
Wach|ba|tail|lon, das: *Bataillon, das Wachdienst hat;* **Wach|boot,** das: *für den Wachdienst ausgerüstetes kleineres Kriegsschiff;* **Wach|buch,** das: *Buch zum Eintragen der Vorkommnisse während des Wachdienstes;* **Wach|dienst,** der: **1.** 〈o. Pl.〉 *Dienst, der in der Bewachung, Sicherung bestimmter Einrichtungen, Anlagen, Örtlichkeiten o. ä. besteht:* W. haben. **2.** *den Wachdienst (1) versehende Gruppe von Personen;* **Wa|che,** die; -, -n [mhd. wache, ahd. wacha, zu ↑ wachen]: **1.** *Wachdienst* (1): die W. beginnt um 6 Uhr; W. haben, halten; die W. übernehmen; die W. [dem nächsten an den nächsten] übergeben; „Gute W.!" (Ott, Haie 110); auf W. sein (Milit.; *Wachdienst haben*); auf W. ziehen (Milit.; *den Wachdienst antreten*); ... die Ausrüstungs- und Bekleidungsgegenstände, die der Kanonier Vierbein auf W. (Milit.; *während seines Wachdienstes*) getragen hatte, ... zu überprüfen (Kirst, 08/15, 108); * **[auf] W. stehen/**〈ugs., bes. Soldatenspr.:〉 W. **schieben** *(als Wachposten Dienst tun);* W. **gehen** *(patrouillieren):* Die wenigen Vollzugsbeamten, die zur Nachtzeit W. gingen, wurden zusammengeholt (Eppendorfer, Kuß 68). **2.** *den Wachdienst* (1) *versehende Personen od. Gruppe von Personen; Wachdienst* (2), *Wachposten:* die W. zieht auf; W. kontrollierte die Ausweise; -n aufstellen; die -n verstärken, ablösen; der Matrose der neuen W. ... kam auf den Gedanken, einen Kameraden von der abgelösten W. zu befragen (Schnabel, Marmor 103). **3. a)** *Raum, Gebäude für die Wache* (2), *Wachlokal:* er meldete sich bei dem Posten vor der W.; **b)** *kurz für* ↑ Polizeiwache: er wurde auf die W. gebracht; Sie müssen mit zur W. kommen; **Wa|che|be|am|te,** der (österr. Amtsspr.): *Polizist;* **Wa|che|be|am|tin,** die (österr. Amtsspr.): w. Form zu ↑ Wachebeamte; **wa|chen** 〈sw. V.; hat〉 [mhd. wachen, ahd. wachēn, zu ↑ wecken u. eigtl. = frisch, munter sein]: **1.** (geh.) *wach sein, nicht schlafen:* schläft er oder wacht er?; ... wie das wäre, wenn sie vielleicht wachte und mich gehört hatte und ... dalag und mich mit offenen Augen anblickte (Gaiser, Schlußball 173); 〈subst.:〉 zwischen Wachen und Schlafen; Ü vom Bild der pausenlos wachenden Millionenstadt (Goes, Hagar 119); solange der Funke des Lebens darin wacht *(solange Leben darin ist;* Th. Mann, Krull 101). **2.** *wach bleiben u. auf jmdn., etw. aufpassen, achthaben:* sie hat an seinem Bett gewacht. **3.** *sehr genau, aufmerksam auf jmdn., etw. achten, aufpassen:* streng, eifersüchtig über etw. w.; sie wachte stets darüber, daß den Kindern nichts geschah; Gerda hat einen herkulischen Bruder, der über die Familienehre wacht (Remarque, Obelisk 148); Allerdings gilt es zu w., daß die Verhandlungen nicht auf die lange Bank geschoben werden (NZZ 14. 4. 85, 15); Ü Aber in irgendeinem Schaufenster ... wachte ein lächelnder Buddha über chinesische Drucke (Koeppen, Rußland 167); **Wa|che|schieben,** das; -s (ugs., bes. Soldatenspr.): *Wachestehen:* Meistens erschießen sich die Jungen beim W. Einige erhängen sich (Spiegel 29, 1978, 128); **Wa|che|ste|hen,** das; -s: *das Versehen des Dienstes als Wachposten;* **wa|che|ste|hend** 〈Adj.〉: *seinen Dienst als Wachposten versehend:* -e Soldaten; **Wach|feu|er,** das: *Feuer der Wachen, Wachposten;* **wach|ha|bend** 〈Adj.〉: *für den Wachdienst (1) eingeteilt, ihn versehend:* der -e Offizier; **Wach|ha-**

ben|de, der u. die; -n, -n ⟨Dekl. ↑Abgeordnete⟩: *wachhabende Person:* sich beim -n melden; **wach|hal|ten** ⟨st. V.; hat⟩: *lebendig erhalten; die Fortdauer von etw. bewahren:* das Interesse an etw., die Erinnerung an jmdn., etw. w.; jmds. Andenken w.; **Wach|heit,** die; -: **1.** (seltener) *das Wachsein, Wachzustand.* **2.** *geistige Regsamkeit, Aufmerksamkeit:* seine geistige W.; die W. ihres Blickes; immer mit denselben schläfrigen, fast geschlossenen Augen, in denen doch eine gefährliche W. stand (Wiechert, Jeromin-Kinder 265); **Wach|hund,** der: *Hund, der dazu geeignet, abgerichtet ist, etw. zu bewachen:* ein guter, scharfer W.; **Wach|kom|pa|nie,** die: vgl. Wachbataillon; **Wach|lo|kal,** das: *Raum für den Aufenthalt einer Wachmannschaft;* **Wach|macher,** der (ugs.): *stimulierende, aufputschende Droge; Weckamin:* Gestern wie heute ist Speed der Renner unter den harten -n (Zeit 10. 9. 93, 14); **Wach|mann,** der ⟨Pl. ...männer u. ...leute⟩: **1.** *jmd., der die Aufgabe hat, bestimmte Einrichtungen, Örtlichkeiten zu bewachen, zu sichern:* ein W. der Wach- und Schließgesellschaft. **2.** (österr.) *Polizist;* **Wach|mann|schaft,** die: *wachhabende militärische Mannschaft.*

Wa|chol|der, der; -s, - [mhd. wecholter, ahd. wechalter, **1.** Bestandteil wohl zu ↑wickeln, wohl nach den zum Flechten verwendeten Zweigen, zum **2.** Bestandteil -ter vgl. Teer]: **1.** *(zu den Nadelhölzern gehörender) immergrüner Strauch od. kleinerer Baum mit nadelartigen od. schuppenförmigen kleinen, graugrünen Blättern u. blauschwarzen Beerenfrüchten (die bes. als Gewürz u. zur Herstellung von Branntwein verwendet werden).* **2.** *kurz für* ↑*Wacholderbranntwein:* sogar billigen Wermut trank er, weil Korn und W. ihn nicht mehr schafften (Grass, Hundejahre 288); einen W., bitte; **Wa|chol|der|baum,** der: vgl. Wacholder (1); **Wa|chol|der|bee|re,** die: *Beere des Wacholders* (1); **Wa|chol|der|brannt|wein,** der: *mit Wacholderbeeren hergestellter Branntwein;* **Wa|chol|der|bu|sch,** der: vgl. Wacholder (1); **Wa|chol|der|dros|sel,** die [1: der Vogel frißt Wacholderbeeren]: **1.** *(zu den Drosseln gehörender) größerer Singvogel mit grau u. braun gefärbtem Gefieder.* **2.** (abwertend) *Schnapsdrossel;* **Wa|chol|der|schnaps,** der (ugs.): *Wacholderbranntwein;* **Wa|chol|der|strauch,** der: vgl. Wacholder (1).

Wach|per|so|nal, das: vgl. Wachmannschaft; **Wach|pos|ten,** (auch:) Wachtposten, der: *Wache haltender militärischer Posten;* vgl. Wachbataillon; **Wach|re|gi|ment,** das: vgl. Wachbataillon; **wach|ru|fen** ⟨st. V.; hat⟩: *bei jmdm. entstehen lassen, hervorrufen; wecken, erregen:* in/bei jmdm. eine Vorstellung, Erinnerung w.; Ich ... empfand aber nicht diese leidenschaftlichen Gefühle für sie, die Francoise in mir wachgerufen hatte (Perrin, Frauen 64); Sicherlich hätte sie solche Reflexion gewisse Zweifel ... wachgerufen (Natur 56); **wach|rüt|teln** ⟨sw. V.; hat⟩: *plötzlich aktiv, rege werden lassen, aufrütteln:* jmds. Gewissen w.; Die Diskussion um Schadstoffe in Lebensmitteln hat viele Verbraucher wachgerüttelt (Jeversches Wochenblatt 30. 11. 84, 52); daß das einmal wachgerüttelte ökologische Bewußtsein unaufhaltsam fortschreitet (natur 10, 1991, 89).

Wachs, das; -es, (Arten:) -e [mhd., ahd. wahs, zu ↑wickeln u. eigtl. = Gewebe (der Bienen)]: *[von Bienen gebildete] fettige, meist weiße bis gelbliche, oft leicht durchscheinende Masse, die sich in warmem Zustand leicht kneten läßt, bei höheren Temperaturen schmilzt u. bes. zur Herstellung von Kerzen o. ä. verwendet wird:* weiches, flüssiges W.; das W. schmilzt; W. gießen, kneten, formen, ziehen; heute habe ich mir W. in die Ohren gesteckt, um kein Gewieher ... zu hören (Berggruen, Rittmeisterin 442); Kerzen, künstliche Blumen aus W.; die Hände waren nicht etwa ungeschlacht, sondern wie aus sehr feinem W. (Nossack, Begegnung 66); etw. in W. abdrücken; etw. mit W. überziehen, glätten, verkleben, dichten; den Boden mit W. (Bohnerwachs) einreiben; er hat seine Skier mit dem neuesten W. (Skiwachs) behandelt; ihr Gesicht war weiß, gelb wie W. *(sehr bleich, fahl);* er wurde weich wie W. *(wurde sehr nachgiebig, gefügig);* sie schmolz dahin wie W. *(gab jeden Widerstand auf);* * **W. in jmds. Hand/Händen sein** *(jmdm. gegenüber sehr nachgiebig sein):* er wäre aber W. gewesen in ihren Händen und ihr auf Gnade und Ungnade verfallen (Maass, Gouffé 265); **Wachs|ab|druck,** der: *mit Wachs gefertigter plastischer Abdruck;* **Wachs|ab|guß,** der: vgl. Wachsabdruck.

wach|sam ⟨Adj.⟩ [eigtl. zu ↑Wache, heute als zu ↑wachen gehörend empfunden]: *vorsichtig, gespannt, mit wachen Sinnen etw. beobachtend, verfolgend; sehr aufmerksam, voller Konzentration:* ein -er Hüter der Demokratie; seinem -en Blick entging nichts; die Bäuerin hatte ein -es Auge auf ihre Mägde *(paßte gut auf sie auf);* angesichts dieser Gefahr gilt es, w. zu sein; eine Entwicklung w. verfolgen; **Wach|sam|keit,** die; -: *das Wachsamsein:* erhöhte W. geboten; seine Augen ... waren jetzt glühend und mit der W. eines Raubtiers auf seine Beute gerichtet (Langgässer, Siegel 195).

wachs|ar|tig ⟨Adj.⟩: *wie Wachs beschaffen:* eine -e Substanz; **Wachs|bild,** das: *bildähnliches Relief aus Wachs;* **Wachs|bild|ne|rei,** die; -: *Zeroplastik* (1); **wachs|bleich** ⟨Adj.⟩: *bleich wie Wachs:* schöne -e Kinder ... streckten die Hände nach gesponnenen Zuckerwolken aus (Kaschnitz, Wohin 108); **Wachs|blu|me,** die: *künstliche Blume aus Wachs;* **Wachs|boh|ne,** die: *Gartenbohne mit gelblichen Hülsen.*

Wach|schiff, das: vgl. Wachboot.
wach|seln ⟨sw. V.; hat⟩ (bayr., österr.): *(Skier) wachsen.*

¹**wach|sen** ⟨st. V.; ist⟩ /vgl. gewachsen/ [mhd. wahsen, ahd. wahsan, urspr. = vermehren, zunehmen]: **1. a)** *als lebender Organismus, als Teil eines lebenden Organismus an Größe, Länge, Umfang zunehmen, größer, länger werden:* schnell, übermäßig, nur langsam w.; der Junge ist [ziemlich, wieder ein ganzes Stück] gewachsen; das Gras wächst üppig; der Tumor wächst; die Haare, Fingernägel sind gewachsen *(länger geworden);* ich lasse mir einen Bart, die Haare, lange Haare w.; den männlichen Tieren wächst ein Geweih; Ü der Neubau wächst um Meter *(wird Meter um Meter höher);* die Schatten wuchsen (geh.; *wurden länger);* Die Gräfin ... nahm mein Glied in ihre Hand, sah es w. (schwellen; Hornrath, Nazi 187); Fühl doch mal nach meiner Stirn, ich fürchte, mir wächst da ein Horn *(ich bekomme da eine Beule;* Fallada, Herr 124); **b)** *sich entwickeln* (2 a) *[können], gedeihen:* diese Pflanze wächst überall [gut], nur auf sandigen Böden, vor allem an schattigen Standorten; hier wachsen nur Flechten und Moose; in dem Wald wachsen viele Blaubeeren, Pfifferlinge; diese Früchte wachsen an Bäumen; Nördlich von Rom wächst der „Orvieto" (Horn, Gäste 89); ⟨subst.:⟩ der Baum braucht zum Wachsen ein ganz anderes Klima; **c)** *sich beim Wachsen* (1 a) *in bestimmter Weise entwickeln:* der Baum wächst krumm, schön gerade; der Busch soll nicht zu sehr in die Breite w.; er ist schlank gewachsen *(ist schlank);* sie ist gut gewachsen *(hat eine gute Figur);* **d)** *sich beim Wachsen* (1 a) *irgendwo ausbreiten, in eine bestimmte Richtung ausdehnen:* die Kletterpflanze wächst an der Mauer in die Höhe, bis aufs Dach, über den Zaun; die Triebe wachsen aus der Knolle; der Ast wächst in den Garten des Nachbarn; Aus Ohr und Nase wuchs ihm braunes Haar (Bieler, Bonifaz 163); Ü es wuchs eine Kastelle aus der Erde (Thieß, Reich 610); dicke Schweißtropfen wuchsen ihm aus der Stirn (Bastian, Brut 89); Sie (= die Berge) wuchsen in zackigen Konturen aus dem Nebel (natur 10, 1991, 52); Das Feuer der Sonne wuchs schnell aus dem Horizont (Rehn, Nichts 30). **2. a)** *an Größe, Ausmaß, Zahl, Menge o. ä. zunehmen; sich ausbreiten, sich ausdehnen, sich vermehren:* die Stadt, Einwohnerzahl wächst von Jahr zu Jahr; sein Vermögen, Reichtum wächst ständig; der Vorsprung des Läufers wächst; seine Familie ist inzwischen gewachsen; die Flut, das Hochwasser wächst *(steigt);* Jeder Eingeweihte soll das Giftträne bei wachsendem *(zunehmendem)* Monde gepflückt werden wollen (A. Zweig, Grischa 272); die wachsende Arbeitslosigkeit, wachsende Teilnehmerzahlen; ⟨subst.:⟩ Dieses Wachsen der Wüste findet nicht nur in Afrika ... statt (Gruhl, Planet 86); **b)** *an Stärke, Intensität, Bedeutung o. ä. gewinnen; stärker werden, zunehmen:* seine Erregung, sein Ärger, der Widerstand, sein Zorn, ihr Einfluß wuchs immer mehr; der Lärm, der Schmerz, die Spannung wuchs ins Unerträgliche; die Gefahr wuchs mit jedem Augenblick; sein Selbstbewußtsein wächst mit seinem Erfolg; er ist an seinen neuen Aufgaben gewachsen *(er hat an innerer Größe, Stärke zugenommen);* Als Dirigent, als Künstler ist er ohne Frage noch gewachsen *(ist er zu noch größeren Leistungen fähig geworden;* K. Mann, Wendepunkt 364); Der Wind wurde stärker. Er ... wuchs zum

Sturm (Plievier, Stalingrad 226); ⟨oft im 1. Part.:⟩ *der wachsende Wohlstand des Landes; sich wachsender Beliebtheit erfreuen; er hat mit wachsenden Schwierigkeiten zu kämpfen; sie hörte mit wachsendem Interesse, Erstaunen zu; ... gewinnt die Aquarelltechnik für die Bildnisminiatur wachsend (zunehmend) an Bedeutung* (Bild. Kunst III, 14); **c)** *sich harmonisch, organisch entwickeln, allmählich entstehen:* die Stadt, die Kultur ist in Jahrtausenden gewachsen; Dazu mußte allmählich eine Gewißheit w., daß Deutsche nicht noch einmal versuchen würden, eine Niederlage mit Gewalt zu korrigieren (R. v. Weizsäcker, Deutschland 25); Hier heißt es von einem Buch, es sei „geworden, nicht gemacht, gewachsen, nicht geformt" (Reich-Ranicki, Th. Mann 172); ⟨meist im 2. Part.:⟩ *gewachsene Traditionen, Strukturen, Ordnungen, Bräuche; gewachsener (von Natur aus an Ort und Stelle befindlicher) Fels.*
²**wach|sen** ⟨sw. V.; hat⟩ [zu ↑Wachs]: *mit Wachs (bes. mit Bohnerwachs, Skiwachs o. ä.) einreiben, glätten:* den Boden, die Treppe w. und bohnern; die Skier w.; Zwei glatte, gewachste Tüten, die schunkelnde Milch drinnen lauwarm (B. Vesper, Reise 259); ⟨auch ohne Akk.-Obj.:⟩ er hat falsch gewachst *(das falsche Skiwachs benutzt);* **wach|sern** ⟨Adj.⟩: **1.** *aus Wachs bestehend, gefertigt:* -e Figuren; Ü unter den -en Herzen der Blätter *(unter den wie Wachs glänzenden herzförmigen Blättern;* Ransmayr, Welt 249). **2.** (geh.) *wachsbleich:* -e Haut; -e Hände; ihr Gesicht war w.; Ihre Lider jetzt von Schminke blaß und w. (Frisch, Montauk 141); **Wachs|far|be**, die: **1.** *fettlöslicher Farbstoff zum Färben von Wachs.* **2.** *Malfarbe, bei der der Farbstoff durch Wachs gebunden ist;* **Wachs|fi|gur**, die: *Figur aus Wachs;* **Wachs|fi|gu|ren|ka|bi|nett**, das: *Museum, in dem meist lebensgroße, aus Wachs geformte Nachbildungen berühmter Persönlichkeiten ausgestellt sind:* Ü Antiheld Schnier scheint geradewegs aus dem W. der späten Trümmerliteratur entsprungen (Spiegel 4, 1976, 108); **Wachs|gie|ßer**, der: vgl. Kerzengießer; **Wachs|gie|ße|rin**, die: ⟨Pl. -er⟩ w. Form zu ↑Wachsgießer; **Wachs|haut**, die (Zool.): *oft auffällig gefärbte, wachsartige Haut am Ansatz des Oberschnabels bestimmter Vögel;* **Wachs|ker|ze**, die: *Kerze aus Wachs;* **Wachs|koh|le**, die: *aus Wachsen u. Harzen gebildete Kohle;* **Wachs|leinwand**, die ⟨o. Pl.⟩ (österr.): *Wachstuch;* **Wachs|licht**, das ⟨Pl. -er⟩: vgl. Wachskerze: unter der Teekanne brannte in einem Stövchen ein kleines W.; **Wachsma|le|rei**, die: **1.** ⟨o. Pl.⟩ *Enkaustik.* **2.** *im Verfahren der Enkaustik gemalte Arbeit;* **Wachs|mal|krei|de**, die, **Wachs|malstift**, der: *aus Wachsfarbe (2) hergestellter Stift zum Malen;* **Wachs|mas|ke**, die: *Maske* (1 a, c) *aus Wachs;* **Wachs|modell**, das: *Modell* (1 a, b) *aus Wachs.*
Wach|sol|dat, der: *als Wache, Wachposten eingesetzter Soldat;* **Wach|sol|da|tin**, die: w. Form zu ↑Wachsoldat.
Wachs|pa|pier, das: *mit Paraffin imprägniertes, wasserabstoßendes [Pack]papier;*

Wachs|plat|te, die: *Platte aus Wachs;* **Wachs|ro|se**, die: *große, gelbbraun bis grün gefärbte, oft auch weißliche Seerose;* **Wachs|schicht**, die: *aus Wachs bestehende Schicht;* **Wachs|sie|gel**, das: *Siegel aus Wachs;* **Wachs|stock**, der ⟨Pl. ...stöcke⟩: *schraubenförmig aufgewickelter, mit einem Docht versehener Strang von Wachs, der, an einem Halter befestigt, als Lichtquelle dient.*
wächst: ↑¹wachsen.
Wachs|ta|fel, die: *(in der Antike) Schreibtafel aus Wachs, in das die Schrift eingeritzt wurde.*
Wach|sta|ti|on, die: *Intensivstation, auf der schwerkranke Patienten ständig überwacht werden;* **Wach|stu|be**, die: vgl. Wachlokal.
Wachs|tuch, das: **1.** ⟨Pl. -e⟩ *mit einer Schicht einer Art Firnis auf einer Seite überzogenes Gewebe, das wasserabstoßend ist:* eine Tischdecke, Schürze aus W.; an einem der mit W. bespannten Tischchen (Th. Mann, Krull 163). **2.** ⟨Pl. ...tücher⟩ *Tischdecke aus Wachstuch* (1): an ihrem winzigen, von einem reinen, blaugewürfelten W. bedeckten Küchentisch (Seghers, Transit 156); **Wachstuch|decke**¹, die: *Wachstuchtischdecke;* **Wachs|tuch|schür|ze**, die: *Schürze aus Wachstuch* (1); **Wachs|tuch|ta|sche**, die: *[Einkaufs]tasche aus Wachstuch* (1); **Wachs|tuch|tisch|decke**¹, die: *Tischdecke aus Wachstuch* (1).
Wachs|tum, das; -s [mhd. wahstuom]: **1. a)** *das Wachsen* (1 a, b): das [körperliche] W. eines Kindes; das W. der Pflanzen fördern, beschleunigen, hemmen, stören, beeinträchtigen; Das Verbeißen der jungen Kulturen durch Hirsch, Reh und Hasen verlangsamt das W. (Mantel, Wald 62); im W. zurückgeblieben sein; **b)** *irgendwo gewachsene, bes. angebaute Pflanzen, Produkte von Pflanzen:* das Gemüse ist eigenes W. *(stammt aus dem eigenen Garten);* eine Flasche eigenes W. *(Wein aus den eigenen Weinbergen).* **2.** *das Wachsen* (2 a): das rasche W. der Stadt, der Bevölkerung; ein unaufhaltsames W. der öffentlichen Verwaltung (Fraenkel, Staat 345); das W. der Wirtschaft fördern; die Grenzen des wirtschaftlichen -s; **Wachs|tums|be|we|gung**, die (Bot.): *durch ungleiches Wachstum der verschiedenen Seiten von Organen hervorgerufene Bewegung festsitzender Pflanzen;* **Wachstums|bran|che**, die (Wirtsch.): *Branche mit erheblichem wirtschaftlichem Wachstum:* Gerade die Umwelttechnik mauserte sich zu einer der größten -n (natur 9, 1991, 39); **Wachs|tums|fak|tor**, der: *Faktor, der das Wachstum beeinflußt, bestimmt;* **Wachs|tums|fe|ti|schis|mus**, der (abwertend): *das wirtschaftliche Wachstum zum Fetisch erhebende Auffassung:* So fordern wir ... eine Abkehr von W. angesichts der sichtbar werdenden Grenzen des „Systems Erde" (Kelly, Um Hoffnung 182); **Wachs|tums|fe|tischist**, der (abwertend): *Vertreter des Wachstumsfetischismus;* **Wachs|tums|fe|ti|schi|stin**, die (abwertend): w. Form zu ↑Wachstumsfetischist; **wachs|tums|fördernd** ⟨Adj.⟩: **1.** *dem pflanzlichen, tierischen Wachstum förderlich:* -e Hormone.

2. (Wirtsch.) *das wirtschaftliche Wachstum fördernd:* -e Investitionen, Maßnahmen; **Wachs|tums|ge|schwin|dig|keit**, die: *Geschwindigkeit eines Wachstumsprozesses;* **wachs|tums|hem|mend** ⟨Adj.⟩: vgl. wachstumsfördernd; **Wachstums|hor|mon**, das: *das Wachstum förderndes Hormon;* **Wachs|tums|ideo|lo|gie**, die: *Ideologie, durch die die einseitige Orientierung am Wachstum (in der Wirtschaftspolitik) gerechtfertigt werden soll;* **Wachs|tums|in|du|strie**, die (Wirtsch.): vgl. Wachstumsbranche; **wachs|tums|ori|en|tiert** ⟨Adj.; -er, -este⟩: *(in der Wirtschaft[spolitik]) am Wachstum orientiert:* eine [primär] -e Wirtschaftspolitik; **Wachs|tums|pe|ri|ode**, die: *Periode des Wachsens, des Wachstums;* **Wachs|tums|pol**, der (Wirtsch.): *regionales Zentrum, das ein besonderes wirtschaftliches Wachstum aufweist;* **Wachs|tums|po|li|tik**, die: *auf wirtschaftliches Wachstum abzielende Politik;* **Wachs|tums|po|ten|ti|al**, das (Wirtsch.): *Potential für wirtschaftliches Wachstum:* die Wirtschaft, die Branche hat noch ein erhebliches W.; **Wachs|tums|pro|zeß**, der: *Prozeß des Wachsens, des Wachstums;* **Wachs|tums|ra|te**, die (Wirtsch.): *Steigerungsrate des wirtschaftlichen Wachstums eines Landes in einem bestimmten Zeitraum:* Die -n der meisten Industriezweige schwankten um die Drei-Prozent-Marke (Welt 4. 8. 62, 9); eine hohe, zweistellige W. erzielen; **Wachs|tums|schmerz**, der ⟨meist Pl.⟩: *im Kindesalter nach Anstrengungen auftretender, u. a. durch die Dehnung der Knochenhaut hervorgerufener Schmerz bes. in den Beinen an den langen Röhrenknochen;* **Wachs|tums|schub**, der (bes. Med.): *beträchtliches Wachstum innerhalb verhältnismäßig kurzer Zeit:* Pygmäen fehlt der W. während der Pubertät (BdW 8, 1987, 37); **Wachs|tums|störung**, die (bes. Med.): *Störung des Wachstums.*
wachs|weich ⟨Adj.⟩: **1.** *weich wie Wachs:* die Birnen sind w.; ein Ei w. kochen. **2.** (oft abwertend) **a)** *ängstlich u. sehr nachgiebig, gefügig:* bei dieser Drohung wurde er gleich w.; **b)** *keinen festumrissenen Standpunkt, keine eindeutige, feste Haltung erkennen lassend:* -e Erklärungen; Wegen der, wie es sieht, ,,-en Haltung" der SPD wechselte er 1977 zur ... (Spiegel 1/2, 1980, 23); **Wachs|zel|le**, die: *aus Wachs bestehende Zelle der Bienenwabe;* **Wachs|zie|her**, der: vgl. Kerzengießer; **Wachs|zie|he|rin**, die: w. Form zu ↑Wachszieher.
Wacht, die; -, -en [mhd. wachte, ahd. wahta, zu ↑wachen] (dichter., geh.): *Wache* (1); *Wachdienst* (1): W. halten; **Wacht|ab|lö|sung** usw. (schweiz.): ↑Wachablösung usw.
Wäch|te, die; -, -n [ursp. schweiz., zu ↑wehen, eigtl. = (An)gewehtes]: *bes. am Rand von Steilhängen, Graten durch den Wind angewehte, überhängende Schneemasse:* Der Föhn bricht die -n (Trenker, Helden 90); er wurde von einer herabstürzenden W. verschüttet.
Wach|tel, die; -, -n [mhd. wahtel(e), ahd. wahtala, lautm. für den Ruf des Vogels]: **1.** *kleiner Hühnervogel mit kurzem*

Schwanz u. braunem, auf der Oberseite oft gelblich u. schwarz gestreiftem Gefieder: es gab geschmorte -n; der Schlag der -n. **2.** (Jargon) *Justizvollzugsbeamter, -beamtin:* Alle drei ... hatten stets „Wut auf die -n" – wie die Justizvollzugsbeamten im Häftlingsjargon heißen (Spiegel 36, 1974, 30); **Wạch|tel|ei,** das: *Ei der Wachtel* (1); **Wạch|tel|hund,** der: *mittelgroßer, langhaariger Jagdhund;* **Wạch|tel|kö|nig,** der [im 16. Jh. wachtelkünig, das Gefieder des Vogels ähnelt dem einer Wachtel]: *der Wachtel ähnliche Ralle mit gelbbraunem, schwarz geflecktem Gefieder;* **Wạch|tel|ruf,** der, **Wạch|tel|schlag,** der: *Laut, den die Wachtel von sich gibt:* Der Wachtelschlag in den Getreidefeldern vorm Fenster. Klingt, als werde hastig eine schartige Sense gedengelt (Schnurre, Schattenfotograf 110).

Wäch|ten|bil|dung, die: *Bildung von Wächten.*

Wạ̈ch|ter, der; -s, - [mhd. wahtære, ahd. wahtāri, zu ↑Wacht]: *jmd., der [beruflich] Wachdienst verrichtet, jmdn., etw. bewacht:* der W. eines Fabrikgeländes, in einem Museum; die W. machen ihren Rundgang; er wurde von drei -n *(Leibwächtern)* begleitet; Ü ein W. der Demokratie; ... die Ehrenbezeigung eines solchen schlicht, aber schmuck uniformierten -s der öffentlichen Ordnung *(Polizisten)* zu empfangen (Th. Mann, Krull 328); **Wạ̈ch|ter|amt,** das: *Amt eines Wächters;* Ü daß Amerika eine universale Verantwortung trage und darum auch mit einem globalen W. beauftragt sei (W. Brandt, Begegnungen 89); **Wạ̈ch|te|rin,** die; -, -nen: w. Form zu ↑ Wächter: Arabische Scheichs engagieren -nen zum Schutz ihrer Familien, seit es keine Eunuchengarden mehr gibt (Spiegel 19, 1994, 120); Ü sie ist die W. der Asepsis ... Wie ein Luchs muß sie auf alles aufpassen, was sich im OP bewegt, während sie ihren Instrumentiertisch vorbereitet (Hackethal, Schneide 27); **Wạ̈ch|ter|kon|troll|uhr,** die: *mit einem Uhrwerk kombiniertes Gerät, das der Wächter mitführt u. zum Registrieren seiner Rundgänge benutzt;* **Wạ̈ch|ter|lied,** das (Literaturw.): *Tagelied;* **Wạ̈ch|ter|ruf,** der: **1.** (früher) *Ruf des Nachtwächters zu jeder vollen Stunde.* **2.** (veraltet) *Ruf der Wächter bei drohender Gefahr;* **Wạch|t|mei|ster,** der [spätmhd. wache-, wachtmeister = mit der Einteilung der städtischen Nachtwachen beauftragter Zunftmeister]: **1.** (österr., schweiz., sonst veraltet) **a)** ⟨o. Pl.⟩ *(in bestimmten Truppengattungen) dem Feldwebel* (1b) *entsprechender Dienstgrad;* **b)** *Soldat des Dienstgrades „Wachtmeister":* W. Platzek, der Schleiferplatzek, anerkannt erfolgreichster Rekrutenausbilder des Regiments, überquerte elastisch den Korridor (Kirst, 08/15, 13). **2. a)** ⟨o. Pl.⟩ *unterster Dienstgrad bei der Polizei;* **b)** *Polizist des untersten Dienstgrades:* W. Burau rief Verstärkung ... und schezlichen Schupos fuhren vor (Grass, Hundejahre 229); guten Morgen, Herr W.!; Kein Mitleid hat der Einarmige mit dem auf der Anklagebank zwischen den beiden -n (Döblin, Alexanderplatz 498); **Wạch|t|mei|ste|rin,** die: w.

Form zu ↑ Wachtmeister; **Wạcht|pa|ra|de,** die (früher): *feierlicher, von Musik begleiteter Aufzug einer Wache;* **Wạcht|po|sten,** der: *Wachposten;* **Wạch|traum,** der (bes. Psych.): *im Wachzustand auftretende traumhafte Vorstellungen; Tagtraum:* Ich hatte einen W. Es kam mir vor, als läge ich wirklich im Sterben (Hilsenrath, Nazi 420); In langen Wachträumen sieht er eine glänzende Zukunft vor sich (Chotjewitz, Friede 71); Ü daß die Märchen als Wachträume der Völker zu verstehen sind (Spiegel 10, 1977, 153); **Wạcht|turm,** (auch:) **Wạch|turm,** der: *einen weiten Überblick gewährender Turm für Wachposten:* daß Sperrzone, Todesstreifen und Wachttürme nur dazu da sind, die Massenflucht der Zonenbewohner aufzuhalten (Dönhoff, Ära 98); Im August 1944 wurde ein KZ mit Stacheldraht und zwei Wachttürmen eingerichtet (Spiegel 16, 1984, 73); **Wach- und Schließ|ge|sell|schaft,** die: *privates Unternehmen, das die Bewachung von Gebäuden, Fabrikanlagen, Parkplätzen o. ä. übernimmt;* **Wạch|ver|ge|hen,** das: *Vergehen des Wachhabenden während der Wache* (1); **Wạch|zim|mer,** das (österr.): *Büro einer Polizeibehörde:* da das neue W. zwei Millionen Schilling kosten würde (Kronen-Zeitung 22. 11. 83, 28); **Wạch|zu|stand,** der: *Zustand des Wachseins:* im W.

Wạcke¹, die; -, -n [mhd. wacke, ahd. wacko; H. u.] (landsch., sonst veraltet): *kleinerer [verwitternder] Gesteinsbrocken:* die -n und Blöcke der alten verschütteten Steinbrüche (Harig, Ordnung 188).

Wạckellei¹, die; - (ugs., meist abwertend): *[dauerndes] Wackeln;* **Wạckel|greis¹,** der (ugs. abwertend): *Tattergreis;* **Wạckel|grei|sin¹,** die (ugs. abwertend): w. Form zu ↑ Wackelgreis; **wạcke|lig¹,** wacklig ⟨Adj.⟩: **1. a)** *wackelnd* (1a): ein -er Tisch, Stuhl; ein -es Bett; ein -er *(nicht mehr festsitzender)* Zahn; ... die -en, in wackeligen *(leicht ins Schaukeln geratenden)* Booten stehend, recht häufig vorbeischossen (Dönhoff, Ostpreußen 120); Der Schrank steht etwas w.; Ü Von den wackeligsten bei Krupp gehören zu den wackeligsten der westdeutschen Industrie (Spiegel 48, 1975, 83); **b)** *nicht festgefügt, nicht [mehr] sehr stabil:* Im Fußboden ... ist die Falltür eingelassen und eine ... etwas wackelige Stiege führt hinunter (Lentz, Muckefuck 8); In meinem wackeligen alten Ford (K. Mann, Wendepunkt 353). **2.** (ugs.) *kraftlos, schwach, hinfällig:* ein -er Greis; Dann stemmte sie sich hoch und ging mit wackligen Schritten ins Bad (Bieler, Mädchenkrieg 8); Und davor steh' ich mit wackligen Knien (Borchert, Draußen 86); der Patient ist noch sehr w. [auf den Beinen]; Ü daß dieses Festival finanziell auf sehr wackligen Beinen stand (Saarbr. Zeitung 29./30. 12. 79, 20); Akne kann ... das ohnehin wackelige Selbstbewußtsein der jungen Menschen zusätzlich beeinträchtigen (Eltern 2, 1980, 102). **3.** (ugs.) *nicht sicher, nicht gesichert; gefährdet, bedroht:* -e Arbeitsplätze; eine -e Angelegenheit, Argumentation, Finanzierung; Die Anschuldigung erwies sich als zu wackelig (Spiegel

1/2, 1966, 37); Das Gleichgewicht des Schreckens zwischen Schuldner und Gläubiger ist wesentlich wackliger (profil 23, 1984, 45); um die Firma steht es recht w. *(sie ist vom Bankrott bedroht);* er steht in der Schule nicht sehr w. *(seine Versetzung ist gefährdet);* **Wạckel|knie¹,** das (Med.): vgl. Schlottergelenk: Über Toni Schumachers W. gibt's ... umfangreiche Abhandlungen und medizinische Gutachten (Zivildienst 5, 1986, 13); **Wạckel|kon|takt¹,** der: *schadhafter elektrischer Kontakt* (3 b): Ursache der Störung war ein W.; einen W. suchen, finden, beseitigen; **wạckeln¹** ⟨sw. V.⟩ [mhd. wackeln, Iterativbildung zu: wacken, Intensivbildung zu: wagen, ahd. wagōn = sich hin u. her bewegen, wohl zu mhd. wage, ahd. waga = Bewegung, zu ↑ bewegen, demnach eigtl. = sich wiederholt (od. ein wenig) hin u. her bewegen]: **1.** ⟨hat⟩ **a)** *nicht fest auf etw. stehen, nicht festsitzen [u. sich daher hin u. her bewegen]:* der Tisch, Schrank, Stuhl wackelt; der Zaunpfahl wackelt; ihm wackelt ein Zahn, seine Zähne wackeln; die Kramme, die die Kette am Kahn hielt, die wackelte; vielleicht ließ sie sich rausbrechen (Schnurre, Fall 14); Ü Schneiders Thron beginnt zu w. *(er droht seinen Posten zu verlieren;* Spiegel 6, 1966, 31); **b)** (ugs.) *sich schwankend, zitternd, bebend hin u. her bewegen:* die Gläser auf dem Tisch wackelten; Sein Kopf wackelte schläfrig hin und her (Schnabel, Marmor 43); Die Häuser wackeln und schaukeln, aus den Mauern platzen Risse (Fels, Kanakenfauna 29); Die Fanselows lachten und lachten ..., Mutter und Agathe mit gebleckten Zähnen, daß die Lockenwickler wackelten (Lentz, Muckefuck 152). **2.** ⟨hat⟩ **a)** *rütteln:* w. an der Tür, am Zaun w.; **b)** *mit etw. eine hin u. her gehende Bewegung ausführen, etw. in eine hin u. her gehende Bewegung versetzen:* mit dem Kopf, mit den Ohren, mit den Hüften w.; Sie ... wackelt mit dem Hintern, damit sich die Röcke bewegen (Imog, Wurliblume 8); Wie Ihr sicher wißt ..., wackeln wir mit den Tragflächen, wenn wir was runtergeholt haben (Grass, Katz 61). **3.** (ugs.) *sich mit unsicheren Bewegungen, schwankenden Schritten, watschelnd o. ä. Gang irgendwohin bewegen* ⟨ist⟩: der Alte ist über die Straße gewackelt. **4.** (ugs.) *wackelig* (3) *sein* ⟨hat⟩: seine Stellung, sein Arbeitsplatz wackelt; die Firma wackelt *(ist vom Bankrott bedroht);* Ein Dogma der Verhaltensforschung wackelt (natur 6, 1991, 95); Der Termin 7. Oktober wackelt im Moment (Freie Presse 21. 8. 89, 3); **Wạckel|peter¹,** der (fam. scherzh.): *Wackelpudding;* **Wạckel|pud|ding¹,** der (fam.): *leicht in eine zitternde Bewegung geratender Pudding, bes. Götterspeise* (2); **Wạckel|zahn¹,** der (ugs.): *wackelnder, nicht fest sitzender Zahn:* das Kind hat einen W.

wạcker¹ ⟨Adj.⟩ [mhd. wacker = wach, wachsam, tüchtig, tapfer, ahd. wacchar = wach, wachsam, zu ↑ wecken u. eigtl. = frisch, munter] (veraltend): **1.** *rechtschaffen, ehrlich u. anständig; redlich:* -e Bürger; sich w. durchs Leben schlagen. **2.** *tüchtig, tapfer, sich frisch u.*

kraftvoll einsetzend: -e Soldaten, Krieger; w. [für, um etw.] kämpfen; Denn sage selbst, ob ich dir nicht gedient habe, wie nur irgendein Weib es könnte, und war w. in der Lust (Th. Mann, Joseph 310); (heute meist scherzh., mit wohlwollendem Spott:) er ist ein -er Esser, Zecher; selbst in -em Wanderschritt braucht man gute zwei Stunden hinauf (NZZ 23. 10. 86, 41); er hat sich w. gehalten; Wir tranken w., wir feierten fröhlich (Fallada, Herr 253); Im übrigen schlägt sich der Escort als GTI-Gegner sehr w. (ADAC-Motorwelt 2, 1983, 24).

Wacker|stein[1], der; -[e]s, -e (landsch.): *Wacke.*

wack|lig: ↑wackelig.

Wad, das; -s [engl. wad, H. u.]: *als weiche, lockere, auch schaumige Masse auftretendes Mineral, das braun abfärbt u. sehr leicht ist.*

Wa|dai, -s: *afrikanische Landschaft.*

Wad|di|ke, die; - [mniederd. waddeke; H. u.] (nordd.): *Molke.*

Wa|de, die; -, -n [mhd. wade, ahd. wado, wahrsch. verw. mit lat. vatax = krumm-, schiefbeinig u. lat. vatius = einwärtsgebogen, krumm(beinig) u. eigtl. wohl = Krümmung, Biegung (am Körper)]: *durch einen großen Muskel gebildete hintere Seite des Unterschenkels beim Menschen:* stramme, kräftige, dünne -n; Aus den halblangen Trikothosen sah sie seine behaarten -n hervorlugen (Jaeger, Freudenhaus 19); er hat einen Krampf in der W.; **Wa|den|bein,** das (Anat.): *äußerer, schwächerer der beiden vom Fuß bis zum Knie gehenden Knochen des Unterschenkels;* **Wa|den|bein|bruch,** der: *Bruch* (2 a) *des Wadenbeins;* **Wa|den|bei|ßer,** der (ugs.): *jmd., der einen andern, obwohl ihm der eindeutig überlegen ist, dennoch dreist angreift u. ihm dadurch Verdruß bereitet;* **Wa|den|bei|ße|rin,** die; -, -nen (ugs.): w. ↑ Wadenbeißer; **wa|den|hoch** ⟨Adj.⟩: *bis zur halben Wade hinaufreichend* (2): wadenhohe Stiefel; **Wa|den|krampf,** der: *Krampf in der Wade:* ein plötzlicher, nächtlicher. einen W. haben; **wa|den|lang** ⟨Adj.⟩: *bis zu den halben Waden hinunterreichend* (2 a): ein -er Rock; **Wa|den|mus|kel,** der: *Muskel der Wade;* **Wa|den|ste|cher,** der: *Stechfliege;* **Wa|den|strumpf,** der: **1.** (veraltet) *Kniestrumpf.* **2.** *(zu bestimmten Trachten gehörender) das Bein vom Knöchel bis zur Wade bedeckender Strumpf ohne Füßling;* **Wa|den|wickel**[1], der: *das Fieber senkender, kalter bis lauwarmer Umschlag um die Wade.*

Wa|di, das; -s, -s [arab. wādī]: *(bes. in Nordafrika u. im Vorderen Orient) Flußbett in der Wüste, das nur nach heftigen Regenfällen Wasser führt.*

Wäd|li, das; -s, - [zu ↑ Wade] (schweiz.): *Eisbein.*

Wa|dschra|ja|na, das; - [sanskr. vajrayāna = Diamantfahrzeug]: *durch mystische Lehren u. magische Praktiken gekennzeichnete Richtung des Buddhismus.*

Wa|fer ['weɪfə], der; -s, -s [engl. wafer, eigtl. = Waffel, Oblate] (Elektronik): *dünne Scheibe aus Halbleitermaterial, auf die integrierte Schaltungen aufgebracht werden.*

Waf|fe, die; -, -n [geb. aus dem älteren, als Pl. auf. Fem. Sing. aufgefaßten Waffen, mhd. wāfen = Waffe; Schildzeichen, Wappen, ahd. wāf(f)an = Waffe, H. u.]: **1. a)** *Gerät, Instrument, Vorrichtung als Mittel zum Angriff auf einen Gegner od. zur Verteidigung* (z. B. Hieb- od. Stichwaffe, Feuerwaffe): eine gefährliche, tödliche W.; primitive, veraltete, konventionelle, moderne, atomare, chemische -n; taktische und strategische -n; leichte, schwere -n; die -n ruhen (geh.; *die Kampfhandlungen sind unterbrochen*); eine W. besitzen, bei sich haben, mit sich führen; -n tragen, führen, einsetzen; die, seine W. laden, ziehen, entsichern, sichern, auf jmdn. richten; Lewkow bemerkte, daß der Fahrer seine rauchende W. in die Pistolentasche zurücksteckte (Plievier, Stalingrad 314); die -n niederlegen, schweigen lassen (geh.; *die Kampfhandlungen beenden*); den Umgang mit der W. lernen; jmdn., sich, etw. mit der W. verteidigen; mit -n handeln; der Dienst mit der W. *(als Soldat in den Streitkräften);* jmdn., etw. nach -n durchsuchen; von seiner W. Gebrauch machen; sie starrten von -n (geh.; *waren schwer bewaffnet*); verbundene -n (Milit.: *Waffensysteme der Kampf- u. Kampfunterstützungstruppen, die auf dem Gefechtsfeld zusammenwirken);* Ü eine scharfe politische, publizistische, juristische W.; eine wirksame W. im Kampf gegen die Seuche; seine Schlagfertigkeit ist seine beste, stärkste W. *(Möglichkeit, sich durchzusetzen, sich zu wehren);* Die W. der Empörung wird stumpf (Augstein, Spiegelungen 98); Unsere Zeitungen sind eine wichtige W. gegen die Verleumdungen der Reaktionäre (Kühn, Zeit 143); mit einem politischen Gegner die -n kreuzen (geh.; *sich mit ihm auseinandersetzen*); Bei der Vernehmung schlug ich dem Gericht gewissermaßen alle -n aus der Hand (Niekisch, Leben 86); daß sie die Naivität nur spielt und als W. *(als Mittel zu einem bestimmten Zweck)* einsetzt (Zwerenz, Quadriga 87); Inoffiziell verhehlte man in Ankara keineswegs, den Fluß auch als strategische W. einzusetzen (natur 2, 1991, 23); jmdn. mit seinen eigenen -n schlagen (geh.; *mit dessen eigenen Argumenten widerlegen*); mit geistigen -n, mit -n des Geistes (geh.; *mit Argumenten, Überzeugungskraft*) kämpfen; * die -n strecken (geh.: **1.** *sich dem Feind ergeben;* einige Tage nachdem das Deutsche Reich die -n gestreckt hatte [Grzimek, Serengeti 113]. **2.** *sich geschlagen geben, aufgeben);* **unter [den] -n stehen/stehen** (geh.: *zur kriegerischen Auseinandersetzung bereit sein*): es sind/stehen 80 000 Mann unter -n; **jmdn. zu den -n rufen** (geh. veraltend; *zum Militärdienst einziehen*): Ich habe meine Soldaten zu den -n rufen müssen (Hacks, Stücke 292); **b)** ⟨o. Pl.⟩ (veraltet) *kurz für* ↑ Waffengattung. **2. a)** ⟨Pl.⟩ (Jägerspr.) *Gewaff (des Keilers);* **b)** *Klauen (der Wildkatze u. des Luchses);* **c)** *Krallen (der Greifvögel).*

Waf|fel, die; -, -n [niederl. wafel < mniederl. wāfel, bezeichnete sowohl das Gebäck als auch die Eisenplatte, mit der es gebacken wurde, verw. mit ↑ weben, also urspr. = Gewebe, Geflecht, dann: Wabe, Wabenförmiges]: *süßes, flaches Gebäck, das auf beiden Seiten mit einem wabenförmigen Muster versehen ist:* -n backen; drei Kugeln Eis in einer W. *(Eistüte)*; * **einen an der W. haben** (ugs.; *nicht recht bei Verstand sein*): Denn so große Stars, wie Sie einer sind, haben doch meistens einen an der W. (Hörzu 50, 1985, 158); **Waf|fel|au|to|mat,** der: *Waffeleisen;* **Waf|fel|ei|sen,** das: *[elektrisch beheizbare] Form zum Backen von Waffeln;* **Waf|fel|ge|we|be,** das: *Gewebe mit Waffelmuster;* **Waf|fel|mu|ster,** das: *wabenförmiges Muster wie bei Waffeln;* **Waf|fel|pi|kee,** das: vgl. Waffelgewebe; **Waf|fel|stoff,** der: vgl. Waffelgewebe; **Waf|fel|tü|te,** die: vgl. Eistüte: Sie leckten schmatzend an -n mit Softeis (Rolf Schneider, November 59).

◆ **Waf|fen,** das; -s, - [↑ Waffe]: *Waffe:* Und mir ein W.! (Grillparzer, Weh dem IV); **Waf|fen|arm,** der (Fechten): *Arm, mit dem der Säbel, der Degen, das Florett gehalten wird;* **Waf|fen|ar|se|nal,** das: *größere Sammlung, Lager von Waffen, Bestand an Waffen:* für eine Verstärkung des taktischen nuklearen -s der französischen Atomabschreckungsmacht (Saarbr. Zeitung 27. 6. 80, 1); Ü Obwohl ein Streik nie aufbauend ... wirkt, gehört er ... zum legalen W. einer Tarifautonomie mit freier Lohnfindung (Südd. Zeitung 18. 5. 84, 4); **Waf|fen|be|sitz,** der: *Besitz von Waffen* (1 a): er wurde wegen unerlaubten -es bestraft; **Waf|fen|be|sitz|kar|te,** die (Amtsspr.): *behördliche Genehmigung für den Erwerb u. den Gebrauch von Schußwaffen;* **Waf|fen|bru|der,** der (geh.): *Kampfgefährte in einer militärischen Auseinandersetzung:* sie waren in jenem Krieg Waffenbrüder; Ü gemeinsam mit den Waffenbrüdern *(militärischen Verbündeten)* im Warschauer Vertrag (Morgen 8. 11. 76, 2); **Waf|fen|brü|der|schaft,** die (geh.): *militärisches Verbündetsein; Kampfbündnis, -gemeinschaft;* **Waf|fen|dienst,** der ⟨o. Pl.⟩ (veraltend): *Militärdienst, Wehrdienst:* Darin legt er dar, aus welchen – zum Beispiel moralischen oder religiösen – Gründen er den W. verweigert (Zivildienst 5, 1986, 8); **Waf|fen|em|bar|go,** das: *Embargo* (2) *für Waffen, bes. Kriegswaffen;* **Waf|fen|ex|port,** der: *Export von Waffen, bes. Kriegswaffen;* **Waf|fen|ex|por|teur,** der: *Exporteur von Waffen, bes. Kriegswaffen:* das wir, die BRD, der sechstgrößte W. geworden sind (Kelly, Um Hoffnung 186); **Waf|fen|ex|por|teu|rin,** die: w. Form zu ↑ Waffenexporteur; **waf|fen|fä|hig** ⟨Adj.⟩: **1.** (veraltend) *wehrfähig:* alle -en Männer des Landes. **2.** (Kerntechnik) *waffentauglich:* -es Plutonium; **Waf|fen|far|be,** die (Milit.): *Farbe des Kragenspiegels an einer Uniform, die die einzelnen Waffengattungen voneinander unterscheidet;* **Waf|fen|gang,** der (veraltend): *Kampf innerhalb einer kriegerischen Auseinandersetzung:* die Gegner bereiten sich auf einen weiteren W. vor; Kleinere Scharmützel um die Wasserläufe dieser Welt führten bislang noch zu keinem offenen W. (natur 2, 1991, 23); **Waf|fen|gat|tung,** die (Milit.

veraltend): *Truppengattung;* **Waf|fen|gebrauch,** der (bes. Polizeiw.): *Gebrauch einer Waffe, bes. einer Schußwaffe;* **Waffen|ge|fähr|te,** der (geh.): *Waffenbruder;* **Waf|fen|ge|fähr|tin,** die (geh.): w. Form zu ↑ Waffengefährte; **Waf|fen|ge|walt,** die ⟨o. Pl.⟩: *Gewaltanwendung unter Einsatz von Waffen:* etw. mit W. erzwingen; **Waf|fen|han|del,** der: ¹*Handel* (2 a) *mit Waffen;* **Waf|fen|händ|ler,** der: *jmd., der mit Waffen handelt:* Die USA seien der größte W. der Welt (Neues D. 18. 7. 78, 7); **Waf|fen|händ|le|rin,** die: w. Form zu ↑ Waffenhändler; **Waf|fen|hil|fe,** die (geh.): *militärische Unterstützung:* jmds. W. erbitten; Ohne nennenswertes eigenes Heer blieb mir nichts anderes übrig, als die mir aus Angst angetragene W. der kleinen Adelsfamilien gegen die großen anzunehmen (Stern, Mann 232); **Waffen|kam|mer,** die (Milit.): *Raum, Aufbewahrungsort für Waffen;* **Waf|fen|kun|de,** die: *Lehre von den Waffen, bes. in ihrer historischen, kulturgeschichtlichen, technischen Entwicklung;* **Waf|fen|la|ger,** das: vgl. Waffenarsenal; **Waf|fen|lauf,** der: **1.** *Laufwettbewerb bei Festspielen in der Antike, bei dem die Wettkämpfer mit Helm, Beinschienen* (1) *u. Schild antreten.* **2.** *militärischer Wettbewerb in der Schweiz, bei dem die Teilnehmer Märsche in Uniform, mit Gewehr u. militärischem Gepäck bestreiten;* **Waf|fen|lie|fe|rung,** die: *Lieferung von Waffen, bes.* ¹*Kriegswaffen:* -en in Krisengebiete sind verboten; **waf|fenlos** ⟨Adj.⟩: *ohne Waffen; unbewaffnet:* die barfüßigen macht- und waffenlosen Inder (Dönhoff, Ära 88); -er [Militär]dienst; -e Selbstverteidigung; **Waffen|meis|ter,** der (früher): *Unteroffizier od. Feldwebel (mit Spezialausbildung), der für die Instandhaltung von Waffen u. Geräten bei der Truppe verantwortlich ist:* Einer unter ihnen hat als W. bei den sächsischen Dragonern gedient (Loest, Pistole 15); **Waf|fen|platz,** der (schweiz.): *Truppenübungsplatz;* **Waf|fen|recht,** das ⟨o. Pl.⟩: *Gesamtheit der gesetzlichen Bestimmungen für die Herstellung von Waffen, den Handel, Umgang o. ä. mit Waffen;* **Waf|fen|rock,** der (veraltet): *Uniformjacke:* Ü Wen wundert's, wenn er nun den W. gegen denjenigen des Zunftmeisters vertauscht? (NZZ 28. 12. 82, 20); **Waf|fen|ru|he,** die: *vorübergehende Einstellung von Kampfhandlungen;* **Waffen|samm|lung,** die: *Sammlung von Waffen;* **Waf|fen|schein,** der: *behördliche Genehmigung zum Führen von Schußwaffen:* für so eine Pistole braucht man einen W.; haben Sie einen W.?; **waf|fen|schein|frei** ⟨Adj.⟩: *keinen Waffenschein erfordernd:* -e Waffen; solche Pistolen gibt es dort w.; **Waf|fen|schie|ber,** der (abwertend): *jmd., der illegalen Waffenhandel treibt:* skrupellose W.; **Waf|fen|schie|be|rei,** die (abwertend): *illegaler Waffenhandel:* ... machen die Mafiosniks ihre Milliardenumsätze mit Drogenhandel, W., Autodiebstahl ... (Gong 9, 1994, 8); Sohn Bernhard ... wurde ... kürzlich in Zusammenhang gebracht mit -en *(illegalen Waffenlieferungen)* in den Iran (Weltwoche 17. 9. 87, o. S.); **Waf|fen|schie|be|rin,** die: w. Form zu ↑ Waffenschie-

ber; **Waf|fen|schmied,** der (früher): *Schmied, der (bes. kunstvoll gearbeitete) Waffen herstellt;* **Waf|fen|schmie|de,** die: *Werk, Betrieb, in dem Waffen produziert werden;* **Waf|fen|schmug|gel,** der: *Schmuggel mit Waffen;* **Waf|fen-SS,** die (ns.): *bewaffnete Formationen der SS;* **waf|fen|star|rend** ⟨Adj.⟩ (geh.): *überaus stark, in bedrohlichem Maße mit Waffen ausgerüstet:* eine -e Festung; Unsere friedlose und -e Welt ist heute von Selbstvernichtung bedroht (EKB 20, 1986, 322); Ü Stachelginster, ein -es Immergrün (Zwerenz, Kopf 177); **Waf|fenstill|stand,** der: *Einstellen von Kampfhandlungen (mit dem Ziel, den Krieg endgültig zu beenden):* der W. hat nicht lange gehalten; einen W. [ab]schließen, unterzeichnen; den W. einhalten, brechen; **Waf|fen|still|stands|ab|kom|men,** das: *Abkommen über einen Waffenstillstand;* **Waf|fen|still|stands|li|nie,** die: *im Waffenstillstand vereinbarte Grenzlinie;* **Waf|fen|still|stands|ver|hand|lung,** die ⟨meist Pl.⟩: *Verhandlung mit dem Ziel, einen Waffenstillstand zu erreichen;* **Waf|fen|stu|dent,** der: *Student einer schlagenden Verbindung;* **Waf|fen|sys|tem,** das (Milit.): *aus der eigentlichen Waffe u. den zu ihrem Einsatz erforderlichen Ausrüstungen bestehendes militärisches Kampfmittel:* ein modernes, veraltetes W.; Da das ... W. Starfighter für die Bundeswehr allein in atomaren Einsatz sinnvoll wäre (Spiegel 38, 1966, 30); ein neues W. in Dienst stellen; **Waf|fen|tanz,** der: *(bes. bei Naturvölkern) von bewaffneten Männern ausgeführter Tanz;* **waf|fen|tauglich** ⟨Adj.⟩ (Kerntechnik): *zur Herstellung von Atomwaffen geeignet:* -es Uran, Plutonium, Material; **Waf|fen|tech|nik,** die: *Bereich der Technik, der sich mit der Entwicklung u. Bereitstellung von Waffen o. ä. befaßt;* **waf|fen|tech|nisch** ⟨Adj.⟩: *zur Waffentechnik gehörend, sie betreffend;* **Waf|fen|trä|ger,** der (Milit.): *Fahrzeug, Flugzeug, Schiff, das dazu dient, Waffen an die Einsatzstelle zu bringen;* **Waf|fenver|ge|hen,** das: *gegen das Waffenrecht verstoßendes Vergehen,* **waff|nen** ⟨sw. V.; hat⟩ [mhd. wäfenen, ahd. wāffanen = Waffen anlegen] (veraltet): **1.** *mit Waffen ausrüsten.* **2.** ⟨w. + sich⟩ *sich wappnen.* **wäg** ⟨Adj.⟩ [mhd. wæge, eigtl. = das Übergewicht habend, zu: wäge, ↑ Waage] (schweiz. geh., sonst veraltet): *gut, tüchtig:* die jüngeren Träger des aktuellsten Know-how ... Ihre -sten und fähigsten müssen wesentlich schneller in die Entscheidungssphäre gelangen (Schweizer Maschinenbau 16. 8. 83, 8).

Wa|ga|du|gu: Hauptstadt von Burkina Faso.

wäg|bar ⟨Adj.⟩ (selten): *so beschaffen, daß man es wägen* (2), *abschätzen kann:* ein kaum -es Risiko; **Wäg|bar|keit,** die, -, -en: **1.** ⟨o. Pl.⟩ *das Wägbarsein.* **2.** (selten) *etw. Wägbares;* **Wa|ge|hals,** der; -es, ...hälse [15. Jh., subst. aus: (ich) wage (den) Hals = (das Leben)] (veraltend): *waghalsiger Mensch:* In der ersten Zeit seien das noch ganze Kerle gewesen, ... rechte Wagehälse seien das gewesen, verwegene Männer! (Kempowski, Zeit 359); **wa|ge|hal|sig** usw.: ↑ waghalsig usw.;

Wä|gel|chen, das; -s, -: Vkl. zu ↑ Wagen (1, 3); **Wa|ge|mut,** der; -[e]s *kühne, unerschrockene Art; Mut zum Risiko:* daß sich gerade mit dem äußersten ... W. kühlste Besonnenheit und zarteste Vorsicht zu verbinden habe (Th. Mann, Krull 103); **wa|ge|mu|tig** ⟨Adj.⟩: *kühn, unerschrocken, verwegen; Mut zum Risiko besitzend:* ein -er Mensch; eine -e Tat; Dann kam die -e, von immerwährender Anspannung erfüllte Zeit, da ich mich selbständig machte (Fallada, Trinker 9); Ü Durch jede Lücke schicken die Buchen w. ihre Zweige (Molo, Frieden 68); **Wa|gemu|tig|keit,** die; -, -en: **a)** ⟨o. Pl.⟩ *das Wagemutigsein;* **b)** (selten) *wagemutige Handlung, Äußerung o. ä.;* **wa|gen** ⟨sw. V.; hat⟩ /vgl. gewagt/ [mhd. wägen, zu: wāge (↑ Waage) u. eigtl. = etw. auf die Waage legen, ohne zu wissen, wie sie ausschlägt]: **1.** *ohne die Gefahr, das Risiko zu scheuen, etw. tun, dessen Ausgang ungewiß ist; um jmds., einer Sache willen ein hohes Risiko eingehen:* viel, alles, manches, einen hohen Einsatz, sein Leben, seine Ehre, einen guten Ruf w. **2. a)** *trotz der Möglichkeit eines Fehlschlages, Nachteils o. ä., des Heraufbeschwörens einer Gefahr den Mut zu etw. haben; sich nicht scheuen, etw. zu tun:* einen Versuch, ein Experiment, ein Spiel, eine Wette, eine Operation, einen Staatsstreich, die Flucht w.; kann, soll man das w.?; Wer den Sprung nicht wagte, sollte aus dem Indianerstamm ausgeschlossen werden (Jens, Mann 134); Ich wage im Aufblitzen der Granaten einen Blick auf die Wiesen (Remarque, Westen 52); Schüchtern wagte ich einen Einspruch (Leonhard, Revolution 223); ... ein wahrhafter Revolutionär sei vonnöten, der ... das Äußerste wage, ein Mann aus Eisen und Stahl (St. Zweig, Fouché 38); ... die ... einen satten Torschuß nicht wagen, weil ihnen das Risiko zu groß ist, mal dumm auszusehen (Kicker 82, 1981, 44); Niemand wagte den Namen ... über die Lippen (veraltet: *wagte es, den Namen auszusprechen*); Jahnn, Geschichten 13); keiner wagte [es] *(traute sich,)* ihm zu widersprechen; ich wage nicht zu behaupten *(bin durchaus nicht sicher),* daß dies alles richtig ist; ⟨auch w. + sich:⟩ aber Peter wagte es nicht (Schnabel, Anne 138); Spr wer nicht wagt, der nicht gewinnt; frisch gewagt ist halb gewonnen (nach Horaz, Episteln I, 2, 40); **b)** ⟨w. + sich⟩ *den Mut haben, sich nicht scheuen, irgendwohin zu gehen:* sie wagt sich nicht mehr auf die Straße, aus dem Haus, unter Menschen; Pak wagte sich ... nicht von der Stelle (Baum, Bali 165); Ü Sogar an ein Flußpferd haben sich Hyänenhunde eines Tages gewagt (Grzimek, Serengeti 209); Allmählich wagte ich mich an autobiographische Themen (K. Mann, Wendepunkt 73); **Wa|gen,** der; -s, -, südd. österr. auch: Wägen [mhd. wagen, ahd. wagan, verw. mit ↑ ¹bewegen, eigtl. = das Sichbewegende, Fahrende]: **1. a)** *dem Transport von Personen od. Sachen dienendes, auf Rädern rollendes Fahrzeug, das mit einer Deichsel versehen ist u. von Zugtieren (bes. Pferden) gezogen wird:* ein kleiner, großer, leichter,

wägen

schwerer, zwei-, vierrädriger, geschlossener, offener, von zwei Pferden gezogener W.; der W. rollt über die Straße, holpert durch die Schlaglöcher; den W. lenken, fahren, mit Pferden bespannen; die Pferde an den, vor den W. spannen; auf dem W., im W. sitzen; *der Große W., der Kleine W. (der Große Bär, der Kleine Bär);* abwarten/sehen o. ä., *wie der W. läuft* (ugs.; *abwarten, wie sich die Sache entwickelt, was aus der Sache wird*); jmdm. an den W. fahren/(salopp:) pinkeln/(derb:) pissen (↑ ¹Karre 1 a); sich nicht vor jmds. W. spannen lassen (↑ ¹Karre 1 b); **b)** kurz für ↑ Handwagen: sie zog einen kleinen vierrädrigen W. hinter sich her; soll ich den W. mal schieben?; **c)** kurz für ↑ Kinderwagen: das Baby in den W. legen; **d)** kurz für ↑ Servierwagen: Die Vorspeisen wurden auf kleinen W. herbeigerollt (Remarque, Triomphe 54); **e)** kurz für ↑ Einkaufswagen: bitte bringen Sie Ihren W. an die Sammelstelle zurück. **2.** *von einer Lokomotive, einem Triebwagen gezogener einzelner Teil einer auf Schienen laufenden Bahn:* ein vierachsiger W.; der letzte W. [des Zuges] ist entgleist; ein W. *(Straßenbahnwagen)* der Linie 8; einen W. ankuppeln, anhängen, abkuppeln, abhängen; ein Zug mit 20 W. **3.** *Kraft-, Personenwagen:* ein sportlicher, offener, geschlossener, komfortabler, eleganter, großer, geräumiger, teurer, schnittiger, sicherer W.; der W. ist sehr sparsam, ist ziemlich schnell, beschleunigt gut, hat 50 kW, läuft ruhig, liegt gut auf der Straße, muß zur Inspektion; sein W. geriet ins Schleudern, überschlug sich; Denn das Auto - oder wie man vornehmer sagt, „der W." - ist weit mehr als nur ein bequemes Mittel schneller und angenehmer Bewegung (Bodamer, Mann 82); er parkte, wendete den W.; was für einen W. fahren Sie?; die Taxizentrale soll sofort einen W. *(ein Taxi)* zum „Goldenen Pflug" schicken; der Fahrer des -s mit dem Kennzeichen ... wird gebeten, sofort zu seinem Fahrzeug zu kommen; aus dem W., in den W. steigen; jmdn. in seinem W. mitnehmen; die meisten Teilnehmer reisen im eigenen W. an; er ist viel mit dem W. unterwegs. **4.** (Technik) *Schlitten* (4): *der W. der Schreibmaschine;* **wägen** ⟨st., seltener auch: sw. V.; hat⟩ [mhd. wegen = Gewicht, Wert haben; ¹wiegen (1), ahd. wegan = ¹wiegen, eigtl. = (sich) bewegen; Schreibung seit dem 16. Jh. unter Einfluß von ↑ Waage]: **1.** (Fachspr., sonst veraltet) *das Gewicht von etw. mit einer Waage bestimmen;* ¹*wiegen:* die Rückstände genau w.; Überall unten wir Bürger aus ihren Winkeln hervorschlüpfen, hökernde, schachernde, ... wiegende und wägende (Hacks, Stücke 123); ⟨subst.:⟩ durch sein vorbildliches Verfahren beim Wägen der Zutaten, beim Schwenken der Mischflasche (Süskind, Parfum 120); Ü Wer die Mehrheitsprinzip auflösen ... will, der löst die freiheitliche Demokratie auf. Deshalb können wir die Stimmen nur zählen, wir können sie nicht w. *(gewichten)*; R. v. Weizsäcker, Deutschland 85). **2.** (geh.) *genau prüfend bedenken; genau überlegend u. vergleichend prüfen, abschätzen, abwägen:* jmds. Worte genau w.; er wog seine Taten, er sah seine Staaten, er kannte seinen Ruhm (B. Frank, Tage 12); Sachargumente und finanzpolitische Gesichtspunkte zu w. und zu gewichten (Saarbr. Zeitung 5. 12. 79, 17); „Ich glaube, man wird sich das überlegen ...", sagte er ruhig wägend (Feuchtwanger, Erfolg 670); Spr erst w., dann wagen! *(zuerst soll man überlegen, dann handeln);* **Wa|gen|ach|se,** die: *Achse eines Wagens;* **Wa|gen|bau|er,** der; -s, -: *Stellmacher;* **Wa|gen|baue|rin,** die; -, -nen: w. Form zu ↑ Wagenbauer; **Wa|gen|büh|ne,** die (Theater): vgl. Schiebebühne; **Wa|gen|burg,** die (früher): *ringförmig aufgestellte [Plan]wagen u. Karren zur Verteidigung gegen einen angreifenden Feind:* Wir werden aus Wagen und sonstigen Gefährten einen großen Kreis bilden, eine Art W. (Joho, Peyrouton 15); **Wa|gen|burg|men|ta|li|tät,** die ⟨o. Pl.⟩ (abwertend): *einer Gruppe von Menschen gemeinsame Mentalität, die dadurch gekennzeichnet ist, daß diese sich von allen Seiten bedroht fühlen u. sich daher abkapseln:* Im Falle Südafrika würden sie (= Sanktionen) zudem die W. der Buren noch verstärken (Rheinpfalz 27. 9. 85, 2); **Wa|gen|dach,** das: *durch eine meist horizontale Fläche gebildeter oberer Abschluß eines Wagens* (1 a, 2, 3); **Wa|gen|deich|sel,** die: *Deichsel eines Wagens* (1 a); **Wa|gen|fen|ster,** das: *Fenster eines Wagens* (1 a, 2, 3); **Wa|gen|fol|ge,** die: *Reihenfolge von Wagen (bes. eines Eisenbahnzuges);* **Wa|gen|fond,** der: *Fond* (1); **Wa|gen|füh|rer,** der: *jmd., der den Triebwagen einer Bahn, bes. einer Straßenbahn, führt* (8 a); **Wa|gen|füh|re|rin,** die: w. Form zu ↑Wagenführer; **Wa|gen|grab,** das (Archäol.): *vorgeschichtliches Grab mit einem Wagen [u. einem Zugtier] als Grabbeigabe;* **Wa|gen|he|ber,** der: *Gerät, hydraulisch betriebene Vorrichtung zum Anheben eines Kraftfahrzeugs:* ein hydraulischer W.; **Wa|gen|ka|sten,** der: *Kasten* (7); **Wa|gen|ket|te,** die: *Kette* (2 b) *von Wagen:* dann reihten sie sich in die W. der Champs Elysées ein (Baum, Paris 110); **Wa|gen|klas|se,** die: **1.** *bes. durch die Art der Polsterung gekennzeichnete Klasse* (7 a) *bei Eisenbahnwagen:* ein Abteil der ersten, der zweiten W. ... begab ich mich vierter W. ... dorthin (Th. Mann, Krull 105). **2.** *Klasse* (5 a); **Wa|gen|ko|lon|ne,** die: *durch Kraftfahrzeuge gebildete Kolonne;* **Wa|gen|kon|voi,** der: *Konvoi von Wagen;* **Wa|gen|kor|so,** der: vgl. Korso (1); **Wa|gen|la|dung,** die: vgl. ¹Ladung (1); **Wa|gen|len|ker,** der: **a)** *Lenker* (2 a) *eines Wagens* (1 a), *Kutscher:* Neros Vater ... wurde den Zirkus berühmt, ebnete dadurch dem Sohn den Weg zum Thron, daß er ... ein berühmter W. gewesen (Dwinger, Erde 210); **b)** (bes. südd., österr., schweiz.) *Lenker* (2 a) *eines Wagens* (3), *Autofahrer:* Der unbekannte W. rannte zu Fuß davon und konnte unerkannt entkommen (Augsburger Allgemeine 14. 2. 78, 17); **Wa|gen|len|ke|rin,** die: w. Form zu ↑ Wagenlenker; **Wa|gen|ma|cher,** der: *Stellmacher;* **Wa|gen|ma|che|rin,** die: w. Form zu ↑ Wagenmacher; **Wa|gen|ma|te|ri|al,** das (Fachspr.): *zur Verfügung stehende Wagen* (2): daß die „Rheingold"-Garnituren das beste W. bekommen werden, das die Bahn derzeit hat (Blickpunkt 4, 1983, 8); **Wa|gen|mit|te,** die: *Mitte eines Straßenbahn-, Eisenbahnwagens:* bitte in die/zur W. durchgehen; **Wa|gen|pa|pie|re** ⟨Pl.⟩ (ugs.): *(zu einem bestimmten Fahrzeug gehörender) Kraftfahrzeugschein u. Kraftfahrzeugbrief;* **Wa|gen|park,** der: vgl. Fahrzeug-, Fuhrpark; **Wa|gen|pferd,** das: *Pferd, das als Zugtier vor einen Wagen gespannt wird;* **Wa|gen|pfle|ge,** die: *Pflege* (1 b) *bes. eines Personenwagens;* **Wa|gen|pla|ne,** die: *Plane über dem Laderaum eines [Last]wagens;* **Wa|gen|rad,** das: *Rad eines [Pferde]wagens:* Inzwischen wurde die Pizza gebracht, so groß wie ein kleines W. (Seghers, Transit 129); **wa|gen|rad|groß** ⟨Adj.⟩: *etwa von der Größe eines Wagenrads:* -e Käselaibe; Er setzte gerade einen -en Hut auf (Büttner, Alf 50); **Wa|gen|rei|he,** die: *Reihe von Wagen:* eine lange, endlose, dichte W.; **Wa|gen|rei|ni|gung,** die: vgl. Wagenwäsche; **Wa|gen|ren|nen,** das: *(in der Antike) bes. bei Festspielen ausgetragenes Rennen auf leichten, zweirädrigen, von Pferden gezogenen Wagen:* daß die W. der wichtigste Teil des Zirkus waren (Dwinger, Erde 209); ♦ **Wa|gen|sal|be,** die: *(in landsch. Sprachgebrauch) Wagenschmiere:* ein schmaler, mit Fabrikaten vollgepfropfter Raum weit außer dem, was das Handwerk ... lieferte, auch allerlei ... Gerät, in gleichen Tran und W. ... zum Verkauf umherstand oder -hing (Mörike, Mozart 259); **Wa|gen|schlag,** der (veraltend): *Schlag* (12): [jmdm.] den W. öffnen; **Wa|gen|schlüs|sel,** der: *Autoschlüssel:* Bei Jimmy hatte man ihm die W. weggenommen, er war zu Fuß gegangen (Härtling, Hubert 297); **Wa|gen|schmie|re,** die: *Schmiere für die Räder eines Pferdewagens:* Mit Leinöl vermischt, benutzten Bauern und Fuhrmann das Pech hauptsächlich als W. für die hölzernen Radachsen (Freie Presse 18. 11. 88, 8); **Wa|gen|schnau|ze,** die (ugs.): *vorderer Teil eines Wagens* (3): ein sogenannter Crashsensor ganz vorn in der W. (ADAC-Motorwelt 10, 1979, 26); **Wa|gen|spur,** die: **1.** *von einem Wagen, von Wagen hinterlassene Spur* (1 a): eine tiefe W.; unordentliche -en hatten den Sand zerfurcht (Lentz, Muckefuck 18). **2.** (Kfz-T. selten) *Spur* (6) *eines Wagens* (3); **Wa|gen|stand|geld,** das (Verkehrsw.): *(im Güterverkehr) Gebühr, die unter bestimmten Umständen zu entrichten ist, wenn ein Güterwagen od. Lastkraftwagen länger als vorgesehen an einem bestimmten Stelle steht (z. B. weil er nicht rechtzeitig be- od. entladen wurde);* **Wa|gen|stands|an|zei|ger,** der (Eisenb.): *auf dem Bahnsteig ausgehängte graphische Darstellung der Reihenfolge der einzelnen Wagen der auf dem betreffenden Gleis haltenden Züge, aus der die Reisenden ersehen können, an welchem Abschnitt des Bahnsteigs ein bestimmter Wagen zu stehen kommt;* **Wa|gen|tür,** die: *Tür eines Autos o. ä.:* [jmdm.] die W. aufhalten, öffnen; die W. zuwerfen, zuschlagen; **Wa|gen|typ,** der: *Typ eines Wagens, Autos;* **Wa|gen|wä-**

sche, die: *Wäsche eines Wagens, Autos:* eine gründliche W.; **Wa|gen|wä|scher,** der: *jmd., der gegen Bezahlung Wagen wäscht:* Der taubstumme Mann war W. in einer Garage (Jaeger, Freudenhaus 56); **Wa|gen|wä|sche|rin,** die: w. Form zu ↑ Wagenwäscher; **Wa|gen|schein,** der; -[e]s, -e (Fachspr.): *schriftlicher Nachweis, schriftliche Bestätigung des Gewichts einer Sache;* **Wa|ge|stück,** das; -[e]s, -e (geh.): *großes Wagnis; wagemutiges, kühnes Unternehmen:* Vasco da Gama ... tat sechs Jahre später das gleiche – und diesem glückte das W. (Jacob, Kaffee 106); Endlich stieg ich von meinem Stuhl herunter, es war ein W. für mich kleinen Wicht, und ... (Kesten, Geduld 16); **Wä|gestück,** das; -, -[e]s, -e (Fachspr.): *(zu einer Waage gehörendes) Gewicht* (2): geeichte -e; ◆ **Wa|ge|tat,** die; -, -en: *wagemutige Tat:* Der Rudenz war es, der das Sarner Schloß mit männlich kühner W. gewann (Schiller, Tell V, 1); **Wä|ge|tech|nik,** die; -, -en (Fachspr.): *Technik des Wiegens, der Herstellung von Waagen:* Wir ... zählen auf dem Gebiet der W. zu den führenden Herstellern (Südd. Zeitung 1. 3. 86, 90); **Wag|gon** [va'gõ:, va'gɔŋ, auch: va'gõ:n], der; -s, -s, österr. auch: ...one [va'gõ:nə]; engl. wag(g)on (später mit frz. Aussprache analog zu anderen Fremdwörtern auf -on) < niederl. wagen = ↑ Wagen]: *Wagen der Eisenbahn, bes. Güterwagen:* einen W. beladen, ankuppeln, anhängen; Sie ... ratterten und stolperten, diese Räder, unter einem ... W. dritter Klasse mit gelben Holzbänken (Th. Mann, Krull 142); drei -s *(die Ladungen dreier Waggons)* Kohle; **wag|gon|wei|se** ⟨Adv.⟩: *in mehreren, in vielen Waggons; Waggon für Waggon:* etw. w. kaufen, anliefern; **wag|hal|sig,** ⟨auch:⟩ wagehalsig ⟨Adj.⟩: **a)** *Gefahren, Risiken nicht scheuend, sie oft in leichtsinniger Weise zu wenig beachtend; tollkühn, verwegen:* ein -er Mensch; Obschon man nun ... die Katastrophe der nächtlichen Düsenjäger und seines wagehalsigen Piloten annehmen mußte ... (Fr. Wolf, Menetekel 267); er ist, fährt sehr w.; **b)** *große Gefahren, Risiken in sich bergend; sehr risikoreich, gefährlich:* ein -es Unternehmen, Manöver; -e Spekulationen; Die waghalsige Flucht von 20 Rumänen in einer Doppeldeckermaschine (Saarbr. Zeitung 5./6. 6. 80, 16); Er versuchte es in der Verzweiflung noch mit ein paar waghalsigen Finanzkünsten (Hesse, Sonne 9); **Wag|hal|sig|keit,** ⟨auch:⟩ Wagehalsigkeit, die: **1.** ⟨o. Pl.⟩ *das Waghalsigsein.* **2.** *waghalsige Handlung;* **Wag|ner,** der; -s, - [mhd. wagener, ahd. waginari, zu ↑ Wagen] (südd., österr., schweiz.): *Stellmacher.*
Wag|ne|ria|ner, der; -s, -: *Anhänger der Musik R. Wagners (1813–1883);* **Wag|ne|ria|ne|rin,** die; -, -nen: w. Form zu ↑ Wagnerianer.
Wag|ne|rin, die; -, -nen (südd., österr., schweiz.): w. Form zu ↑ Wagner; **Wagnis,** das; -ses, -se [zu ↑ wagen]: *a) gewagtes, riskantes Vorhaben:* ein kühnes, großes, gefährliches W.; Waren alle jene -se, von denen man raunen gehört hatte, fehlgeschlagen? (Buber, Gog 213); Sind Sie der Ansicht, daß ... der Krieg gegen Byzanz ein allzu großes W. wäre? (Benrath, Konstanze 32); das ganze Unternehmen sei ein finanziell nicht absehbares W. (NZZ 28. 1. 83, 21); ein W. unternehmen, versuchen; Vierbein leistete sich das W., die beiden Schleicher zu schneiden. Er übersah sie einfach (Kirst, 08/15, 471); die Scheu vor jedem beruflichen W. (Bodamer, Mann 63); **b)** *Gefahr, Möglichkeit des Verlustes, des Schadens, die mit einem Vorhaben verbunden ist:* ein großes W. auf sich nehmen, eingehen; ◆ **c)** ⟨auch die; -, -se⟩ Als wir den Ritter um die Mittel befragten, die wir benehmen müsse, um den Ätna zu besteigen, wollte er von einer W. nach dem Gipfel ... gar nichts wissen (Goethe, Italien. Reise 4. 5. 1787 [Sizilien]); Hier ist von keiner W. die Rede (Hauff, Jud Süß 405).
Wa|gon-Lit [vagõ'li:], der; -, -s, Wagons-Lits [vagõ'li:; frz. wagon-lit, aus: wagon = Eisenbahnwagen u. lit = Bett]: frz. Bez. für *Schlafwagen.*
Wä|gung, die; -, -en: **1.** (Fachspr., sonst veraltet) *das Wägen* (1): Die Kosten der W. fallen dem Halter des Fahrzeugs zur Last, wenn ein zu beanstandendes Übergewicht festgestellt wird (Straßenverkehrsrecht, StVZO 155). **2.** (geh.) *das Wägen* (2).
Wä|he, die; -, -n [H. u.] (südd., schweiz.): *flacher Kuchen mit süßem od. salzigem Belag.*
Wah|ha|bit, der; -en, -en [nach dem Gründer Muhammad Ibn Abd Al Wahhab (etwa 1703–1792)]: *Angehöriger einer puritanischen Sekte des Islams;* **Wah|ha|bitin,** die; -, -nen: w. Form zu ↑ Wahhabit.
Wahl, die; -, -en [mhd. wal(e), ahd. wala, zu ↑ wählen]: **1.** ⟨Pl. selten⟩ *Möglichkeit der Entscheidung, das Sichentscheiden zwischen zwei od. mehreren Möglichkeiten:* die freie W. des Wohnorts, Arztes, Berufs; die W. fiel ihm schwer; die W. steht dir frei; mir bleibt keine [andere] W. *(ich bin dazu gezwungen, ich muß so entscheiden);* Zwischen den Wünschen, Kind oder Diener Gottes zu sein, war für ihn die W. *(Entscheidung)* gefallen (Musil, Mann 1302); das war keine leichte, eine schwierige, eine schwere W.; die richtige, eine gute, kluge, schlechte W. treffen; endlich hat er seine W. getroffen *(hat er sich entschieden);* er hat mir die W. gelassen; Aber überstürzen Sie nicht Ihre W. (H. Mann, Stadt 262); du hast die W. *(o. Pl.)* ich habe keine [andere] W. *(ich bin dazu gezwungen, ich muß so entscheiden);* als wolle er mich ... der W. zwischen diesen beiden Möglichkeiten überlassen (Hildesheimer, Legenden 95); Das Mädchen deiner W. (geh.; *das du auserwählt hast)* ist recht fremdartig (Th. Mann, Hoheit 242); Durch die gezielte W. des Wagens kann jedermann dazu beitragen, den CO$_2$-Ausstoß zu verringern (natur 3, 1991, 68); er ist frei, recht geschickt, nicht zimperlich in der W.; dieses Mittel, dieses Kleid, dieser Bewerber kam in die engere W., wurde in die engere W. gezogen *(kam nach einer ersten Auswahl noch in Frage);* Sie können eine Reise nach Ihrer, nach eigener W. *(eine Reise, die Sie aussuchen können)* gewinnen; er stand vor der W. *(Entscheidung, Alternative),* mitzufahren oder zu Hause zu arbeiten; Vor diese W. gestellt, ergab sich von Gierschke (H. Mann, Unrat 135); es stehen nur noch diese drei Dinge zur W. *(nur noch unter ihnen kann ausgewählt werden);* Spr wer die W. hat, hat die Qual; ** erste/zweite/dritte W.* (bes. Kaufmannsspr.; *erste, zweite, dritte Güteklasse):* die Socken, Tassen sind zweite W.; sie kauft nur erste W.; Es waren ... Leute der ersten W., denn wenige können ein Jagdflugzeug bedienen (Gaiser, Jagd 45). **2. a)** *Abstimmung über die Berufung bestimmter Personen in bestimmte Ämter, Funktionen, über die Zusammensetzung bestimmter Gremien, Vertretungen, Körperschaften durch Stimmabgabe:* eine demokratische, geheime, direkte, indirekte *(durch Wahlmänner zustande gekommene)* W.; allgemeine, gleiche, freie -en; eine W. durch Stimmzettel, durch Handaufheben, durch Akklamation, durch Zuruf; die W. eines neuen Präsidenten, des Papstes, der Abgeordneten, des Parlaments; die W. zu einem neuen Landtag; die -en verliefen ruhig; die W. anfechten, für ungültig erklären; die W., die W. gewinnen, verlieren; -en ausschreiben, vornehmen; eine W. durchführen; Die Verfassung ... sah dessen W. (= des Reichspräsidenten) unmittelbare W. durch das Volk vor (Fraenkel, Staat 250); den Ausgang, das Ergebnis der W.; sich an, bei einer W. beteiligen; zur W. berechtigt sein; er geht zur W.; wir schreiten jetzt zur W. (geh.; *wir führen die Wahl jetzt durch);* **b)** ⟨o. Pl.⟩ *das Gewähltwerden, Berufung einer Person durch Abstimmung in ein bestimmtes Amt, zu einer bestimmten Funktion:* seine W. gilt als sicher; die W. ist auf ihn gefallen *(er wurde gewählt);* die W. zum Vertrauensmann ablehnen, annehmen; jmdm. zu seiner W. gratulieren; jmdn. zur W. vorschlagen; sich zur W. aufstellen lassen; du mußt dich zur W. stellen; **Wahl-:** drückt in Bildungen mit Einwohnerbezeichnungen aus, daß es sich bei dem jeweiligen Ort od. Land o. ä. um jmds. Wahlheimat handelt: Wahlrügener, -monegassin; **Wahl|abend,** der: *Abend des Wahltages:* ein spannender, langer W.; der Verlierer hat noch am W. seinen Rücktritt erklärt; **Wahl|ab|sti|nenz,** die: *Verzicht auf die Teilnahme an einer Wahl:* Die Wiener W. *(die niedrige Wahlbeteiligung in Wien)* traf in erster Linie die SPÖ (Wochenpresse 25. 4. 79, 3); sich in die W. flüchten; **Wahl|akt,** der: *Vorgang einer Wahl* (2 a), *bes. der Abstimmung;* **Wahl|al|ter,** das: *gesetzlich vorgeschriebenes Mindestalter für die Ausübung des aktiven u. des passiven Wahlrechts;* **Wahl|amt,** das: *Amt, dessen Inhaber gewählt wird;* **Wahl|an|zei|ge,** die: *im Zusammenhang mit einer Wahl* (2 a) *stehende, die Vorzüge eines Kandidaten, einer Partei hervorhebende Anzeige;* **Wahl|arith|me|tik,** die: *Modus, nach dem das Wahlergebnis, bes. die Verteilung der Mandate, berechnet wird:* Über Sieg oder Niederlage ... entscheidet die W. der Grünen und die W. (Spiegel 16, 1983, 154); **Wahl|auf|ruf,** der: *Aufruf, sich an einer Wahl* (2 a) *zu beteiligen [u. in ei-*

Wahlausgang

ner bestimmten Weise abzustimmen]; **Wahl|aus|gang**, der: *Ausgang einer Wahl* (2 a): der W. ist völlig offen; auf den W. gespannt sein; **Wahl|aus|schuß**, der: *für den Ablauf einer Wahl* (2 a), *das Auszählen der abgegebenen Stimmen o. ä. zuständiger Ausschuß;* **wähl|bar** ⟨Adj.⟩: **1.** *berechtigt, bei einer Wahl* (2 a) *gewählt zu werden:* jeder Staatsbürger ist von einem bestimmten Lebensalter an w. **2.** (selten) *zur Auswahl stehend; ausgewählt werden könnend:* mir gefiel keine der -en Farben; ... voll unterkellert ..., Innenausbau noch frei w. (Hamburger Abendblatt 12. 5. 84, 36). **3.** *(aus einer bestimmten politischen Sicht) als Wahlmöglichkeit, als Kandidat akzeptabel:* die Partei ist [für mich] nicht [mehr] w.; Seine ... schwammigen Aussagen machen ihn für Menschen mit Politikverdrossenheit oder diffusen Ängsten w. (Tages Anzeiger 26. 11. 91,8); **Wähl|bar|keit**, die; -: *das Wählbarsein;* **Wahl|be|am|te**, der (Rechtsspr.): *Beamter, zu dessen Berufung in das Beamtenverhältnis eine Wahl* (2 a) *erforderlich ist* (z. B. Bürgermeister, Landrat); **Wahl|be|am|tin**, die (Rechtsspr.): w. Form zu ↑ Wahlbeamte; **Wahl|be|einfluslsung**, die: *unlautere Beeinflussung der Wähler bei einer Wahl* (2 a); **Wahl|benach|rich|ti|gung**, die (Amtsspr.): *Benachrichtigung des Wählers über Wahltermin u. -lokal;* **wahl|be|rech|tigt** ⟨Adj.⟩: *die Wahlberechtigung besitzend:* -e Bürger; **Wahl|be|rech|tig|te**, der u. die; -n, -n ⟨Dekl. ↑ Abgeordnete⟩: *wahlberechtigte Person;* **Wahl|be|rech|ti|gung**, die: *Berechtigung, an einer Wahl* (2 a) *teilzunehmen;* **Wahl|be|tei|li|gung**, die: *Beteiligung der wahlberechtigten Bürger an einer Wahl* (2 a): eine hohe, geringe W.; die W. betrug 87 %; **Wahl|be|zirk**, der: *Bezirk eines Wahlkreises (mit jeweils einem Wahllokal);* **Wahl|brief**, der: *Brief, mit dem man bei einer Briefwahl seinen Stimmzettel an die zuständige Stelle schickt;* **Wahlbünd|nis**, das: *Bündnis zwischen Parteien zur gegenseitigen Unterstützung ihrer Kandidaten bei Parlamentswahlen:* Neu war, daß sich unter den politischen Parteien -se zugunsten dieser beiden Hauptkandidaten formierten (Neues D. 18. 7. 78, 6); **Wahl|de|ba|kel**, das: *schwere Wahlniederlage:* die allgemeine Unsicherheit innerhalb der Labour-Partei nach dem W. (Saarbr. Zeitung 6./7. 10. 79, 2); **Wahl|de|likt**, das: *Wahlvergehen;* **Wahl|el|tern** ⟨Pl.⟩ (österr.): *Adoptiveltern;* **wäh|len** ⟨sw. V.⟩ ⟨hat⟩ /vgl. gewählt/ [mhd. weln, ahd. wellan, verw. mit ↑²wollen]: **1. a)** *sich unter zwei od. mehreren Möglichkeiten für jmdn., etw. entscheiden:* als Geschenk ein Buch w.; die gehobene Beamtenlaufbahn w.; für die Vorhänge einen hellen Stoff w.; welche Farbe, welchen Wein, welches Gericht, welches Dessert hast du gewählt?; ich habe mir ihn zum Vorbild gewählt; mit diesem Knopf wählt man den Sender, die Frequenz, den Wellenbereich, das Waschprogramm; sie wählte den schnellsten Weg, die einfachste Methode; das Recht ..., Beruf, Arbeitsplatz und Ausbildungsstätte frei zu w. (Fraenkel, Staat 130); den günstigsten Zeitpunkt für etw. w.

(etw. zum günstigsten Zeitpunkt tun); das kleinere Übel w. *(in Kauf nehmen, weil man sich vor dem größeren noch mehr scheut);* er pflegt seine Worte genau zu w. *(pflegt genau zu überlegen, was er sagt);* er hat den Freitod gewählt (geh.; *hat sich das Leben genommen);* Kalypso ..., insofern die selbstbewußte Frau, als sie sich den Mann ihrer Lust wählt (Bodamer, Mann 118); er (= der Stier) sucht den Ausgang aus der Arena des Todes, er möchte das Leben w. (Koeppen, Rußland 53); Ich habe den 8. September zu meinem Todestag gewählt (Rinser, Mitte 217); Ich gebe zu, daß der Treffpunkt eigentümlich gewählt ... ist (Langgässer, Siegel 452); er konnte w., ob er heute oder morgen fahren wollte; ⟨auch ohne Akk.-Obj.:⟩ es sollte sich herausstellen, daß wir gut, klug gewählt hatten; Die Herrschaften haben gewählt? Unser elegantestes Abendjackett (Fallada, Mann 98); **b)** *unter zwei od. mehreren Möglichkeiten der Entscheidung für jmdn., etw. prüfend, abwägend, vergleichend suchen:* sorgfältig w.; er konnte unter mehreren, nur zwischen zwei Möglichkeiten w.; Hatte sie je gewählt? Nein, sie hatte immer lange gezögert und sich dann plötzlich entschieden (Hollander, Akazien 80). **2.** *beim Telefon durch Drehen der Wählscheibe bzw. Drücken der Tasten mit den entsprechenden Ziffern die Telefonnummer eines anderen Teilnehmers zusammensetzen, um eine Verbindung herzustellen:* eine Nummer, den Notruf w.; du mußt erst mal eine/die Null w.; Er wählte erneut den Anschluß von Erica Roth ... Die gewählte Verbindung kam nicht zustande (Rolf Schneider, November 84); ⟨auch ohne Akk.-Obj.:⟩ erst w., wenn das Zeichen ertönt. **3. a)** *sich durch Abgeben seiner Stimme bei einer Wahl* (2 a) *für jmdn., etw. entscheiden; durch Wahl* (2 a) *bestimmen:* einen Präsidenten, ein neues Parlament, den Landtag w.; die Verfassungsrichter werden für/auf acht Jahre, auf Zeit gewählt; jmdn. in den Stadtrat, in einen Ausschuß, zur Vorsitzenden, zum Klassensprecher w.; wen, welche Partei, was hast du gewählt *(wem, welcher Partei hast du deine Stimme gegeben)?;* sie wählten einen neuen Anführer; gewählt ist, wer die Mehrheit der abgegebenen Stimmen auf sich vereinigt; eine demokratisch, frei gewählte Volksvertretung; **b)** *bei einer Wahl* (2 a) *seine Stimme abgeben:* w. gehen; noch nicht w. dürfen; hast du schon gewählt?; in Frankreich wird gewählt *(finden Wahlen statt);* Hessen hat gewählt *(die Wahlen in Hessen sind abgeschlossen);* er wählt konservativ *(gibt seine Stimme für eine konservative Partei ab);* **Wahl|ent|hal|tung**, die: *Stimmenthaltung* (a) *bei einer Wahl* (2 a): W. üben; **wahl|ent|schei|dend** ⟨Adj.⟩: *für den Ausgang einer Wahl* (2 a) *entscheidend:* ein -es Ereignis; nicht die politische Wirklichkeit sei w., sondern ... (Eppler, Kavalleriepferde 116); **Wäh|ler**, der; -s, - [mhd. welære]: **1.** *Wahlberechtigter:* die W. haben entschieden; Der W. soll produzieren und konsumieren, die CDU wird regieren (Dönhoff, Ära 47); die W. für sich

gewinnen; die Mehrheit der W.; um die Gunst der W. kämpfen, werben, buhlen. **2.** *jmd., der bei einer Wahl* (2 a) *eine bestimmte Partei, einen bestimmten Kandidaten o. ä. wählt:* die W. dieser Partei; das alles war höchst abstoßend für potentielle neue W. (Augstein, Spiegelungen 22); er bedankte sich bei seinen -n für das Vertrauen; **Wäh|ler|auf|trag**, der: **1.** *durch das Wahlergebnis bes. einer Partei signalisierter Auftrag, die [neue] Regierung zu stellen.* **2.** (ehem. DDR) *Mandat* (1 b); **Wähl|er|be|we|gung**, die (Fachspr.): vgl. Wählerstrom: ... kommt das Institut in seiner Analyse der Wahl zu dem Schluß, es habe erhebliche ... -en gegeben (Rheinpfalz 22. 3. 88, 3); **Wäh|ler|erfolg**, der: *Erfolg bei einer Wahl* (2 a): daß München und Bayern den geringsten Beitrag zum W. Hitlers geleistet hätten (Kühn, Zeit 355); **Wäh|ler|geb|nis**, das: *Ergebnis einer Wahl* (2 a): ein gutes, zufriedenstellendes, schlechtes, überraschendes W.; das W. voraussagen, fälschen, manipulieren, bekanntgeben; **Wäh|ler|ge|mein|schaft**, die: vgl. Wählervereinigung: eine freie W.; **Wäh|lergrup|pe**, die: *Gruppierung innerhalb einer Wählerschaft;* **Wäh|ler|gunst**, die: *Gunst der Wähler:* Erstmals ... liegt die Labour Party ... in der W. vor den Konservativen (Spiegel 10, 1984, 5); **Wäh|le|rin**, die; -, -nen: w. Form zu ↑ Wähler; **Wäh|ler|initia|ti|ve**, die: **1.** *Initiative (einer Wählergruppe), mit der bestimmte parteipolitische Ziele, bes. die Beeinflussung des Ausgangs einer Wahl* (2 a), *verfolgt werden:* etw. geschieht auf W. hin. **2.** *Wählergruppe, die eine Wählerinitiative* (1) *entwickelt:* es haben sich mehrere -n gebildet; eine W. gründen; **wäh|le|risch** ⟨Adj.⟩: *besondere Ansprüche stellend, nicht leicht zufriedenzustellen; anspruchsvoll:* -e Kunden, Gäste; ein sehr -es Theaterpublikum; ich erschien ... in S. Fischers -er „Neuer Rundschau" (K. Mann, Wendepunkt 134); er ist in allem, im Essen oder in den ersten Tenören kann man eben nicht w. sein, es gibt zu wenige (Remarque, Obelisk 139); er ist in seinem Umgang nicht sehr w. *(legt bei seinen Bekannten keinen Wert auf hohes Niveau);* er war in seiner Ausdrucksweise nicht gerade w. *(hat sich ziemlich derb, kräftig ausgedrückt);* **Wäh|ler|li|ste**, die: vgl. Wählerverzeichnis: Wurden hier und da Zweifel an ihrer Wahlberechtigung geäußert, etwa weil ihre Namen in den -n fehlten, so ... (Fr. Wolf, Menetekel 10); **Wäh|ler|po|ten|ti|al**, das: *Potential an (für eine bestimmte Partei, einen bestimmten Kandidaten o. ä. mobilisierbaren) Wählern:* das linke, liberale W.; Die drei zuerst genannten Parteien konnten ihr W. daher nicht ausschöpfen (Rheinpfalz 27. 6. 87, 10); **Wäh|ler|schaft**, die; -, -en: **1.** *Gesamtheit der Wähler, Wahlberechtigten.* **2.** *Gesamtheit der Wahlberechtigten, die eine bestimmte Partei, einen bestimmten Kandidaten o. ä. wählen:* seine W., die W. der Partei besteht zu 70 Prozent aus Frauen; **Wäh|lerschei|be**, die (seltener): *Wählscheibe:* ..., sagte Wehner mit dem Hörer am Ohr, den Zeigefinger noch in der W. (H. Gerlach, Demission 212); **Wäh|ler|schicht**, die: vgl. Wählergruppe; **Wäh|ler|stamm**, der: *Stamm* (4) *von Wählern;* **Wäh|ler|stim|me**, die: *Stimme* (6 a): Die Zahl der -n, die erforderlich sind, um ein Abgeordnetenmandat zu tragen, wird Wahlquotient genannt (Fraenkel, Staat 358); solche Versprechungen bringen -n; **Wäh|ler|strom**, der (Fachspr.): *(beim Vergleich der Ergebnisse aufeinanderfolgender Wahlen erkennbare) Erscheinung, die den Zulauf der Wähler zu einer bzw. die Abwanderung von einer Partei anzeigt:* da die Analyse der Wählerströme erkennen ließe, daß in erster Linie die Sozialdemokraten Stimmen an sie (= die Grünen) abgegeben hätten (Saarbr. Zeitung 9. 10. 79, 26); **Wäh|ler|ver|ei|ni|gung**, die: *Vereinigung von Wahlberechtigten, die bei einer Wahl* (2 a) *Kandidaten aufstellt, aber nicht an eine Partei gebunden ist:* eine freie W.; **Wäh|ler|ver|hal|ten**, das: *Verhalten der Wähler bei der Wahl* (2 a); *Art, wie die Wähler mit ihrem Wahlrecht umgehen:* ein überraschendes W.; das W. analysieren, voraussagen; **Wäh|ler|ver|tre|ter**, der (ehem. DDR): *von den Wählern eines od. mehrerer Wahlkreise gewählter Vertreter;* **Wäh|ler|ver|tre|te|rin**, die (ehem. DDR): w. Form zu ↑Wählervertreter; **Wäh|ler|ver|zeich|nis**, das (Amtsspr.): *Verzeichnis der Wahlberechtigten in einem Wahlbezirk, das von der Gemeinde angelegt wird;* **Wäh|ler|volk**, das: *Wählerschaft:* Doch solch seltsame Rechnerei wäre wohl ... dem W. ... schwer verkäuflich (Presse 23. 2. 79, 13); **Wäh|ler|wan|de|rung**, die (Fachspr.): vgl. Wählerstrom; **Wäh|ler|wil|le**, der: *Wille des Wählers:* den -n respektieren, mißachten; **Wahl|es|sen**, das: *(in einer Kantine o. ä.) zur Auswahl stehendes Essen:* die Mensa bietet drei W. an; **Wahl|fach**, das: *Fach, das ein Schüler, Studierender frei wählen u. an dem er freiwillig teilnehmen kann;* **Wahl|fest|stel|lung**, die (Rechtsspr.): *Feststellung in einem Urteil, daß der Beschuldigte durch seine Tat die eine od. andere strafbare Handlung begangen hat, ohne daß jedoch bewiesen werden kann, welche von beiden er begangen hat;* **Wahl|fe|te**, die (ugs.): *Wahlparty;* **Wahl|fi|as|ko**, das: *schwere Wahlniederlage:* Das W. in Hamburg ... sollte da Illusionen gebremst haben (Frankfurter Rundschau 13. 12. 86, 3); **Wahl|for|scher**, der: *jmd., der Wahlforschung betreibt:* Die meisten W. rechnen mit Verlusten der Großparteien als der Republikaner (Spiegel 39, 1989, 42); **Wahl|for|sche|rin**, die: w. Form zu ↑Wahlforscher; **Wahl|for|schung**, die: *wissenschaftliche Beschreibung u. Erklärung vergangenen u. Voraussage künftigen Wählerverhaltens:* empirische, historische W.; **wahl|frei** ⟨Adj.⟩: *der eigenen Entscheidung u. Wahl für die Teilnahme anheimgestellt:* -e Fächer; -er Unterricht; Französisch und Geographie sind w.; **Wahl|frei|heit**, die ⟨o. Pl.⟩: *das Freisein in der Wahl* (bes. eines Unterrichtsfaches); **Wahl|gang**, der: *Abstimmung, Stimmabgabe bei der Wahl* (2 a): bei der Wahl des Präsidenten waren drei Wahlgänge nötig; er wurde gleich im ersten W. gewählt; **Wahl|ge|heim|nis**, das ⟨o. Pl.⟩: *rechtlicher Grundsatz, der einem Wähler garantiert, daß seine Stimmabgabe bei einer Wahl* (2 a) *geheim bleibt;* **Wahl|ge|schenk**, das: *Zugeständnis eines Politikers, einer Partei an die Wähler vor einer Wahl* (2 a): -e machen; Dieser Etat, der letzte vor den Bundestagswahlen 1969, enthält keine -e (Bundestag 189, 1968, 10216); **Wahl|ge|setz**, das: *Gesetz über die Durchführung von Wahlen* (2 a); **Wahl|heimat**, die: *Land, Ort, in dem sich jmd. niedergelassen hat u. sich zu Hause fühlt, ohne dort geboren od. aufgewachsen zu sein:* in ihrer W. Monaco; Japan, Rom ist zu seiner W. geworden; **Wahl|hel|fer**, der: 1. *jmd., der sich als Helfer im Wahlkampf für eine Partei, einen Politiker einsetzt.* 2. *jmd., der bei der Durchführung einer Wahl die Tätigkeit eines Helfers ausübt;* **Wahl|hel|fe|rin**, die: w. Form zu ↑Wahlhelfer; **Wahl|hil|fe**, die: *einer Partei, einem Politiker im Wahlkampf geleistete Hilfe:* jmdm., einer Partei W. leisten.

wäh|lig ⟨Adj.⟩ [mniederd. welich = wählig, asächs. welag = wohlhabend] (landsch.): 1. *gut bei Kräften, gesund:* ein -er Junge. 2. *munter, ausgelassen, übermütig;* **Wäh|lig|keit**, die; - (landsch.): 1. *wählige* (1) *Verfassung.* 2. *wählige* (2) *Verfassung:* die Vögel sangen, und die Hähne krähten vor W. (Löns, Haide 46).

Wahl|jahr, das: *Jahr, in dem für ein Land wichtige Wahl* (2 a) *stattfindet;* **Wahl|ka|bi|ne**, die: *abgeteilter kleiner Raum in einem Wahllokal, in dem jeder Wähler seinen Stimmzettel unbeobachtet ausfüllen kann;* **Wahl|kai|ser|tum**, das: vgl. Wahlmonarchie; **Wahl|kam|pa|gne**, die: *Kampagne* (1), *die der Werbung von Wählerstimmen dient:* die ökonomischen Schwierigkeiten erschienen in der W. der Opposition als Frucht einer Mißwirtschaft (horizont 13, 1978, 14); **Wahl|kampf**, der: *politische Auseinandersetzung von Parteien vor einer Wahl* (2 a), *die vor allem der Werbung um die Stimmen der Wähler dient:* der W. hat begonnen, tritt in seine heiße Phase, den W. eröffnen; einen fairen, erfolgreichen W. führen; jmds. W. finanzieren; W. machen; sich am W. beteiligen; im W.; Es sei deshalb mit einem Kanzler statt mit einem Kanzlerkandidaten in den W. zu ziehen (Spiegel 50, 1982, 35); **Wahl|kampf|ab|kom|men**, das: *Abkommen zwischen Parteien, in dem bestimmte Verhaltensregeln für einen Wahlkampf festgelegt sind;* **Wahl|kämp|fer**, der: *jmd., der einen Wahlkampf führt, in einem Wahlkampf aktiv ist:* Wiederholt kommt dem W. Scharping das Wörtchen Selbstvertrauen über die Lippen (Rheinpfalz 16. 3. 87, 3); **Wahl|kämp|fe|rin**, die: w. Form zu ↑Wahlkämpfer; **Wahl|kampf|ko|sten|er|stat|tung**, die: *Erstattung der einer Partei bei einem Wahlkampf entstandenen Kosten;* **Wahl|kampf|mu|ni|ti|on**, die: *etw., womit man den Gegner in einem Wahlkampf schaden kann:* etw. als W. benutzen; jmdm. W. liefern; ob die Politiker die gegenwärtigen Probleme nur als griffige W. zu begreifen vermögen oder als Schicksalsfragen (Zeit 19. 9. 75, 1); **Wahl|kampf|the|ma**, das: *Thema, das in einem Wahlkampf eine Rolle spielt:* diese Frage ist kein geeignetes W.; etw. zum W. machen; **Wahl|ka|pi|tu|la|ti|on**, die (hist.): *(bei der Wahl eines weltlichen od. geistlichen Fürsten) schriftlich fixierter Vertrag, in dem der zu Wählende seinen Wählern für den Fall seiner Wahl bestimmte Versprechungen u. Zugeständnisse macht;* **Wahl|kind**, das, (österr.): *Adoptivkind;* **Wahl|kö|nig|tum**, das: vgl. Wahlmonarchie; **Wahl|kreis**, der: *Teil eines größeren Gebietes, in dem die Wahl* (2 a) *eines Parlaments stattfindet u. dessen Wahlberechtigte jeweils eine bestimmte Zahl von Abgeordneten wählen:* in einem W. ein Direktmandat erringen; **Wahl|lei|ter**, der: *jmd., der als Vorsitzender eines Wahlausschusses die Durchführung einer Wahl* (2 a) *leitet u. für deren ordnungsgemäßen Ablauf verantwortlich ist;* **Wahl|lei|te|rin**, die: w. Form zu ↑Wahlleiter; **Wahl|li|ste**, die: *Verzeichnis der Kandidaten, die für eine Wahl* (2 a) *aufgestellt sind;* **Wahl|lo|kal**, das: *Raum, in dem die Wahlberechtigten [eines Wahlbezirks] ihre Stimme abgeben können;* **Wahl|lo|ko|mo|ti|ve**, die (Jargon): *Kandidat bei einer Wahl* (2 a), *der als besonders zugkräftig gilt u. von seiner Partei im Wahlkampf stark eingesetzt, in den Vordergrund gestellt wird:* jmdn. als W. einsetzen, mobilisieren; **wahl|los** ⟨Adj.⟩: *in oft gedankenloser, unüberlegter Weise ohne bestimmte Ordnung, Reihenfolge, Auswahl o. ä. verfahrend, nicht nach einem durchdachten Prinzip vorgehend:* -e Gewinnung des benötigten Bau- und Brennholzes an günstig gelegenen Stellen (Mantel, Wald 35); er trank alles w. durcheinander; etw. w. herausgreifen; Uwe spricht w. Frauen an (Chotjewitz, Friede 115); **Wahl|lo|sig|keit**, die; -: *das Wahllossein:* Ronald Adam hat sich später abfällig über die W. geäußert, mit der er als Halbwüchsiger „in der Weltliteratur herumwütete" (Erné, Fahrgäste 95); **Wahl|mann**, der ⟨Pl. -männer⟩ meist Pl.⟩: *von Wahlberechtigten in ein Gremium gewählte Person, das seinerseits den od. die Kandidaten für ein politisches Amt wählt;* **Wahl|mo|dus**, der: *die Durchführung einer Wahl* (2 a) *regelnder Modus* (1 a); **Wahl|mög|lich|keit**, die: *Möglichkeit der Wahl, Auswahl;* **Wahl|mon|ar|chie**, die: *Monarchie, bei der der Monarch durch eine Wahl* (2 a) *bestimmt wird;* **Wahl|mu|ni|ti|on**, die: *Wahlkampfmunition:* Der Wahlkampf wird entsprechend schonungslos geführt und jedes brauchbare Thema als W. verwendet (NZZ 14. 4. 85, 7); **Wahl|nacht**, die: *auf den Wahltag folgende Nacht:* es war eine spannende, lange W.; es ist eine Legende, daß ich in jener W. schon eine Art Koalitionsverabredung mit Scheel getroffen hätte (W. Brandt, Begegnungen 295); **Wahl|nie|der|la|ge**, die: *Niederlage bei einer Wahl* (2 a): eine schwere W. erleiden; **Wahl|or|gan**, das: *der Vorbereitung, Leitung u. Durchführung einer Wahl dienendes Verwaltungsorgan* (wie Wahlausschuß, Wahlvorstand); **Wahl|pa|ro|le**, die: *auf eine bevorstehende Wahl* (2 a) *zielende, im Wahlkampf benutzte Parole einer Partei, eines Kandidaten;* **Wahl|par|ty**, die: *Feier von Mitgliedern, Freunden u.*

Wahlperiode

Wahlhelfern einer Partei am Wahlabend während der Auszählung der Stimmen: eine W. veranstalten; jmdn. zu einer W. einladen; **Wahl|pe|ri|ode**, die: *Zeitraum, für den ein Gremium, eine Körperschaft, eine Person in ein Amt gewählt wird;* **Wahl|pflicht**, die: *gesetzlich festgelegte Pflicht zur Teilnahme an bestimmten Wahlen* (2a); **Wahl|pla|kat**, das: vgl. Wahlanzeige; **Wahl|pro|gno|se**, die: *Vorhersage eines Wahlergebnisses;* **Wahl|pro|gramm**, das: *Programm* (3) *einer Partei für eine Wahl* (2a); **Wahl|pro|pa|gan|da**, die: vgl. Wahlparole: W. für eine Partei machen; **Wahl|raum**, der: vgl. Wahllokal; **Wahl-recht**, das ⟨o. Pl.⟩: 1. *gesetzlich festgelegtes Recht einer Person zur Teilnahme an einer Wahl:* Frauen hatten dort kein W.; aktives W. *(Recht, bei einer Wahl* 2a *zu wählen);* passives W. *(Recht, sich bei einer Wahl* 2a *wählen zu lassen);* sein W. ausüben, nutzen; von seinem W. Gebrauch machen. 2. *Gesamtheit aller rechtlichen Vorschriften zur Durchführung einer Wahl* (2a): das W. reformieren; **wahl|recht-lich** ⟨Adj.⟩: *zum Wahlrecht gehörend; es betreffend:* -e Vorschriften; **Wahl|re|de**, die: *im Wahlkampf gehaltene Rede;* **Wahl|red|ner**, der: *jmd., der Wahlreden hält;* **Wahl|red|ne|rin**, die: w. Form zu ↑Wahlredner; **Wahl|re|sul|tat**, das: *Wahlergebnis;* **Wähl|schei|be**, die: *über der kreisförmig angeordneten Zahlenskala des Telefonapparates angebrachte drehbare, runde Scheibe mit Löchern, mit deren Hilfe die Telefonnummer eines Teilnehmers gewählt wird;* **Wahl|schein**, der (Amtsspr.): *zur Teilnahme an einer Wahl* (2a) *berechtigende amtliche Bescheinigung, die bes. für eine Briefwahl ausgestellt wird;* **Wahl|schein|an|trag**, der (Amtsspr.): *Antrag auf Ausstellung eines Wahlscheins;* **Wahl|schlacht**, die (emotional): vgl. Wahlkampf; **Wahl|schla-ger**, der: *etw., was, als Mittel des Wahlkampfes eingesetzt, eine besonders große Wirkung hat:* Doch was als W. gedacht ist, könnte wieder einmal zum Eigentor der Koalition werden (Zeit 14. 3. 75, 39); **Wahl|schlap|pe**, die: *Wahlniederlage:* eine schwere, schlimme W. erleiden; **Wahl|schuld**, die (Rechtsspr.): *Schuldverhältnis, bei dem von mehreren geschuldeten Leistungen nur eine nach Wahl des Schuldners od. des Gläubigers erbracht werden soll;* **Wahl|schu|le**, die: *Schule, die eine über die gesetzliche Schulpflicht hinausgehende Ausbildung ermöglicht* (z. B. Gymnasium, Realschule, Fachschule); **Wahl|sen|dung**, die: *Wahlwerbespot;* **Wahl|sieg**, der: *Sieg bei einer Wahl* (2a): ein überraschender, hoher, deutlicher W.; einen W. erringen; sie feiern ihren W.; im Falle eines -s der Konservativen wird er Außenminister; **Wahl|sie|ger**, der: *jmd., der einen Wahlsieg errungen hat:* der eindeutige, strahlende W.; dem W. gratulieren; **Wahl|sie|ge|rin**, die: w. Form zu ↑Wahlsieger; **Wahl|slo-gan**, der: vgl. Wahlparole; **Wahl|sonn-tag**, der: vgl. Wahltag; **Wahl|so|zio|lo-gie**, die: *Teilgebiet der Soziologie, das die sozialen Rahmenbedingungen des Wählerverhaltens untersucht;* **Wahl|spot**, der: *Wahlwerbespot;* **Wahl|spruch**, der: *prä-gnant formulierter, einprägsamer Ausspruch, Satz, von dem sich jmd. leiten läßt;* Motto (a), *Devise:* „Das Leben lieben" war sein W.; **Wahl|sy|stem**, das: vgl. Wahlmodus: ein möglichst gerechtes W. schaffen; nach welchem W. wird das Parlament gewählt?; **Wahl|tag**, der: *Tag einer Wahl* (2a); **Wahl|tak|tik**, die: *Taktik, die jmd. in einem Wahlkampf verwendet;* **Wahl|tak|ti|ker**, der: *jmd., der eine [bestimmte] Wahltaktik verfolgt:* Warum hat der Kanzler – oder war er hier bloß W.? – nicht gleich zu Beginn mit der Faust auf den Tisch geschlagen ...? (Zeit 8. 3. 85, 1); **Wahl|tak|ti|ke|rin**, die: w. Form zu ↑Wahltaktiker; **wahl|tak|tisch** ⟨Adj.⟩: *die beim Wahlkampf befolgte Taktik betreffend:* -e Überlegungen, Erwägungen; **Wähl|ton**, der ⟨Pl. selten⟩ (Nachrichtent.): *Ton, der beim Abheben des Telefonhörers in der Hörmuschel zu hören ist;* **Wahl|tri|umph**, der: *hoher Wahlsieg:* einen W. feiern; **Wahl|ur|ne**, die: *Urne* (2); **Wahl|ver|an|stal|tung**, die: *Veranstaltung im Wahlkampf:* eine W. der Regierungspartei besuchen; auf/bei einer W. sprechen; **Wahl|ver|fah|ren**, das: vgl. Wahlmodus; **Wahl|ver|ge|hen**, das: *Verletzung der rechtlichen Vorschriften über Wahlen* (2a); **Wahl|ver|hal|ten**, das: 1. *Wählerverhalten:* daß sich das W. in überwiegend katholischen Gebieten dem in protestantischen Landstrichen immer mehr angleiche (MM 27. 8. 69, 1). 2. (Soziol.) *Verhalten in einer Situation, die eine Entscheidung (bes. in einer Konfliktsituation) erfordert;* **Wahl|ver|samm|lung**, die: vgl. Wahlveranstaltung; **Wahl|ver-spre|chen**, das: vgl. Wahlgeschenk: seine W. einlösen, halten, widerrufen; **Wahl|ver|tei|di|ger**, der (Rechtsspr.): *Verteidiger, den sich ein Angeklagter in einem Strafverfahren selbst wählt (im Unterschied zu einem Pflichtverteidiger); Vertrauensanwalt;* **Wahl|ver|tei|di|ge|rin**, die (Rechtsspr.): w. Form zu ↑Wahlverteidiger; **wahl|ver|wandt** ⟨Adj.⟩ (bildungsspr.): *eine Wahlverwandtschaft aufweisend, davon zeugend:* -e Menschen, Seelen; sich [jmdm., einander] w. fühlen; ⟨subst.:⟩ Soll ich Patrick als Bruder annehmen? Als Wahlverwandten? (Andersch, Rote 186); **Wahl|ver|wandt-schaft**, die (bildungsspr.): *das Sichverbunden-, Sichangezogenfühlen auf Grund geistig-seelischer Übereinstimmung, ähnlicher Wesensart;* **Wahl|volk**, das: *Wählerschaft* (1): Wie umstritten der Kanzlerbewerber der Union beim W. ist, zeigen neue ... Infratest-Ergebnisse (Spiegel 31, 1982, 16); **Wahl|vor|schlag**, der: *Vorschlag, jmdn. als Kandidaten für eine Wahl* (2a) *aufzustellen;* **Wahl|vor|stand**, der: *Wahlausschuß in einem Wahlbezirk;* **Wahl|vor|ste|her**, der: *Leiter eines Wahlvorstands;* **Wahl|vor|ste|he|rin**, die: w. Form zu ↑Wahlvorsteher; **wahl|wei|se** ⟨Adv.⟩: *nach eigener Wahl, eigenem Wunsch:* das Regal gibt es w. in Eiche oder Kiefer; das Gerät kann w. am Netz oder mit Batterien betrieben werden; Die Sitze sind mit Stoff oder w. einem lederähnlichen Kunstfasergewebe bezogen (NZZ 11. 4. 85, 9); **Wahl|wer|ber**, der (österr.): *für eine Wahl* (2a) *aufgestellter Kandidat;* **Wahl|wer|be|rin**, die (österr.): w. Form zu ↑Wahlwerber; **Wahl|wer|be|sen|dung**, die: *Wahlwerbespot;* **Wahl|wer|be|spot**, der: *im Rahmen eines Wahlkampfes ausgestrahlter Werbespot, mit dem eine Partei um Wählerstimmen wirbt:* für den Inhalt der -s sind die Parteien verantwortlich; **Wahl|wer|bung**, die: *Werbung einer Partei im Rahmen eines Wahlkampfes, Wahlpropaganda:* das Fernsehen muß kostenlos Sendezeit für W. zur Verfügung stellen; **Wahl|zel|le**, die: *Wahlkabine;* **Wahl|zet|tel**, der: *Stimmzettel;* **Wahl|zucker|l**[1], das (österr. ugs.): *Wahlgeschenk:* denn die Volkspartei wehrt sich standhaft gegen das Verteilen von -n (Presse 24. 7. 69, 1).

Wahn, der; -[e]s, -e [mhd., ahd. wān = Meinung; Hoffnung; Verdacht, verw. mit ↑gewinnen]: 1. (geh.) *Einbildung, irrige Annahme; falsche Vorstellung, die sich bei jmdm. festgesetzt hat:* ein kurzer, schöner, eitler W.; wenn sie, wie jedes Genie, den W. der Persönlichkeitseinheit durchbrechen und sich ... als ein Bündel aus vielen Ichs empfinden (Hesse, Steppenwolf 22); in einer Zeit der naturwissenschaftlichen Ignoranz und des religiösen -s (Stern, Mann 116); er ist in dem W. befangen, lebt in dem W., er sei zu Außergewöhnlichem bestimmt; sie ließ ihn in diesem W.; ... wie anders sie Rolf betrachtete, nicht ohne Liebe, aber ... frei von dem W., ohne Rolf nicht leben zu können (Frisch, Stiller 322); ♦ *im W. stehen* (*wähnen* a): Er steht im W., daß die, die hier gesessen, Sybille, meine Mutter, sei gewesen (Kleist, Käthchen V, 9). 2. (bes. Med.) *krankhafte, in der realen Umwelt nicht zu begründende zwanghafte Einbildung:* W. tritt bei verschiedenen Psychosen auf; Der Beziehungswahn läßt ihn alle anderen und Wahnvorstellungen mit Entsetzen ... an sich selbst entdecken (Brandstetter, Altenehrung 112); der Verfolgungswahn ist eine häufige Form des -s; **-wahn**, der; -[e]s (abwertend): *drückt in Bildungen mit Substantiven aus, daß etw. irrigerweise als vorhanden, gegeben angenommen wird od. daß einer Sache eine zu große, ihr nicht zukommende Bedeutung beigemessen wird:* Gespenster-, Machbarkeitswahn; **Wahn|bild**, das: *wahnhaftes Trugbild;* **Wahn|de|likt**, das (Rechtsspr.): *Ausführung einer erlaubten Handlung in der irrigen Annahme, daß sie rechtswidrig u. strafbar sei;* **wäh|nen** ⟨sw. V.; hat⟩ [mhd. wænen, ahd. wān(n)en, zu ↑Wahn] (geh.): a) *irrigerweise annehmen:* er wähnte, die Sache sei längst erledigt; Man wähne nicht, Sünde und Gnade ohne Metaphysik beikommen zu können! (NJW 19, 1984, 1065); b) *irrigerweise annehmen, daß es sich mit jmdm., einer Sache in bestimmter Weise verhält:* ich wähnte dich auf Reisen, in Rom; Früher habe man den Schlüssel menschlicher Fehlentwicklung ausschließlich in den Erbanlagen ... gewähnt (NZZ 2. 9. 86, 21); Aus ihrer Haltung ging hervor, daß sie sich unbeobachtet und Daphne noch schlafend wähnte (A. Kolb, Daphne 101); es hieße sich Gott w., wollte man derartiges Greuel zu vergeben sich erdreisten (Hacks, Stücke 19); Witterer, der sich als überlegener Sieger wähnte (Kirst, 08/15, 555); ... verspielte der FC Zürich ... einen bereits sicher gewähnten Sieg (Tages Anzeiger 26. 11. 91, 15); **Wahn|ge|bil|de**, das: vgl. Wahnbild: Wie in durch mein Fieber erzeugtes W. war er mir vorgekommen, als er mich von der benachbarten Bahre her angegrinst hatte (Bruyn, Zwischenbilanz 180); **wahn|haft** ⟨Adj.; -er, -este⟩: *nicht der Wirklichkeit entsprechend, auf einem Wahn (2) beruhend, paranoid:* -e Vorstellungen, Mißdeutungen; etw. w. wegen ihrer -en Verkennung der Realität (Enzensberger, Mittelmaß 274); von der -en Furcht vor der jüdischen Weltverschwörung (Pohrt, Endstation 57); ⟨subst.:⟩ Die Schrift entgleitet manchmal ins Wahnhafte (so, wenn May seiner Frau Pläne zu seiner Ermordung unterstellt) (NJW 19, 1984, 1099); **Wahn|idee**, die: vgl. Wahnvorstellung; **Wahn|kan|te**, die [zu veraltet wahn = mangelhaft, leer] (Holzverarb. landsch.): Waldkante; **wahn|kan|tig** ⟨Adj.⟩ (Holzverarb. landsch.): *waldkantig;* **wahn|schaf|fen** ⟨Adj.⟩ [zu veraltet wahn = mangelhaft] (landsch.): *mißgestaltet, häßlich;* **Wahnsinn**, der [rückgeb. aus wahnsinnig]: **1.** *krankhafte Verwirrtheit im Denken u. Handeln; Gestörtheit der geistig-seelischen Funktionen; Geistesgestörtheit:* Er allein weiß, daß der W. in deiner Familie erblich ist (Brand [Übers.], Gangster 45); dem W. verfallen; außer dem langen Jürgen ..., der langsam in religiösen W. verfiel (Müthel, Baum 72); ℝ es ist zwar W., doch es hat Methode *(es ist zwar absurd [wird aber ernsthaft u. einer scheinbaren Logik folgend betrieben]);* * *des -s fette/ kesse Beute sein;* *um W. sondern* **sein** (ugs., meist scherzh.): *völlig verrückt sein):* bist du des -s kesse Beute, mich anzupumpen? **2.** (ugs.) *großer Unsinn (2), sehr unvernünftiges, unsinniges Denken, Verhalten, Handeln; grenzenlose Unvernunft:* es ist doch heller, reiner, purer W., so etwas zu tun; das ist ja W.!; [so] ein W.!; dann gibt es ... nur wirklich noch die Alternative Krieg, und das wäre doch W. (Dönhoff, Ära 139); einen solchen W. mache ich nicht mit; ... was Stalingrad, dieses militärischen W., anbelangt ... (Plievier, Stalingrad 268); daß so viele junge Menschen dem W. des Wettrüstens ... entgegenträten (Zivildienst 5, 1986, 22); ℝ W.! (ugs., bes. Jugendspr.) *Ausruf der Begeisterung);* **wahn|sin|nig** ⟨Adj.⟩ [Analogiebildung zu ↑wahnwitzig]: **1.** *an Wahnsinn (1) leidend; von Wahnsinn zeugend, in seinen geistig-seelischen Funktionen gestört:* ein -er Mensch, Blick; -e Taten; ein -es Lachen; Alles erschien unwirklich und war ein -er Traum (Rehn, Nichts 71); sie macht keinen Unterschied zwischen dem ersten Napoleon ... und jenem späteren, cäsarisch -en Napoleon, dem das Kriegführen Manie geworden war (St. Zweig, Fouché 186); er ist w. geworden; er gebärdete sich wie w.; (oft übertreibend:) du bist ja w. (ugs.; *nicht recht bei Verstand);* bei diesem Lärm kann man ja w. werden (ugs.; *der Lärm ist unerträglich);* du machst mich noch w. (ugs.; *bringst mich noch um den Verstand);* ich werde w.! *(das ist ja höchst erstaunlich, verwunderlich!);* * **wie w.** (ugs.; ↑verrückt 1): Dann fiel der Vorhang, man applaudierte wie w. (Radecki, Tag 102). **2.** (ugs.) *ganz unsinnig, unvernünftig:* ein -es Unterfangen; dieser Plan ist doch w.; ⟨subst.:⟩ so etwas Wahnsinniges! **3.** (ugs.) **a)** *übermäßig groß, stark, heftig, intensiv:* -e Schmerzen; eine -e Menge, Summe; ein -er Verkehr; sie hatte -e Angst, bekam einen -en Schreck; es war eine -e Mühe; ich habe einen -en Hunger, Durst; in einem -en Tempo; **b)** *(intensivierend neben Adj. u. Verben) sehr, überaus, in höchstem Maße:* w. laut, teuer, gern, oft; w. reich, jung, nett sein; ein w. interessantes, spannendes Buch; w. gut schmecken; eine w. hohe Summe; ich habe w. viel zu tun; sich w. ärgern, freuen; jmdn. w. lieben; Sie hat's gemacht, obwohl sie w. draufzahlen mußte (Gabel, Fix 60). **4.** (ugs., bes. Jugendspr.) *in begeisternder Weise schön, gut; großartig, toll:* eine -e Stimme; Sie hatte ein -es Zimmer mit den geilsten Möbeln (Christiane, Zoo 91); das Konzert, die Sängerin war w.; **Wahnsin|ni|ge**, der u. die; -n, -n ⟨Dekl. ↑Abgeordnete⟩: *jmd., der wahnsinnig ist:* Dieser Vilshofen war ja tatsächlich ein -r (Plievier, Stalingrad 264); er hat sich aufgeführt wie ein -r; das ist die Tat eines -n; **Wahn|sin|nig|wer|den**, das; -s: bes. in der Fügung *das/es ist [ja] zum W.* (ugs., emotional übertreibend; ↑ Verrücktwerden); **Wahn|sinns- 1.** (ugs., bes. Jugendspr.) drückt in Bildungen mit Substantiven aus, daß jmd. o. etw. Begeisterung auslöst, großartig gefunden wird: Wahnsinnsfrau, -stimme, -musik, -show. **2.** (ugs. emotional abwertend) drückt in Bildungen mit Substantiven aus, daß etw. als in hohem Maße unvernünftig, unangemessen u. deshalb ganz und gar unakzeptabel angesehen wird: **Wahn|sinns|an|fall**, der: *Anfall von Wahnsinn (1);* **Wahnsinns|ar|beit**, die (ugs. emotional verstärkend): *unsinnig schwere, schwierige, langwierige Arbeit:* das ist eine W.; **Wahn|sinns|hit|ze**, die (ugs. emotional verstärkend): *unerträgliche Hitze;* **Wahnsinns|käl|te**, die (ugs. emotional verstärkend): *unerträgliche Kälte;* **Wahn|sinns|tat**, die: *im Wahnsinn (1), in einem Wahnsinnsanfall begangene Tat:* dieser Mord war eine W.; wer kann diese W. begangen haben?; **Wahn|vor|stel|lung**, die: *krankhafte, in der realen Umwelt nicht zu begründende zwanghafte Vorstellung, Idee:* eine hysterische W.; Seine Anfälle, bei denen qualvoll beängstigende -en und Sinnestäuschungen gewiß eine Rolle spielen (Musil, Mann 1403); -en haben; an/unter -en leiden; **Wahn|witz**, der ⟨o. Pl.⟩ [zu mhd. wanwiz, ahd. wanawizzi = wahnwitzig, aus mhd., ahd. wan = mangelhaft, leer u. ↑Witz, also eigtl. = des Verstandes mangelnd, keinen Verstand aufweisend]: *völliger Unsinn; abwegiges, unvernünftiges, oft auch gefährliches Verhalten, Handeln; Wahnsinn (2); Irrwitz:* daß ein menschlicher W. ... sie (= die Welt) kaputtmachen darf (Thielicke, Ich glaube 60); Wollte der Pilot wirklich den W. begehen und ins Ungewisse hinunterstoßen? (Menzel, Herren 72); die Überproduktion, die bis zum W. geschwollene (Jacob, Kaffee 237); Stehe man aber vor dem Nichts, werde der weitere Widerstand zum W. und zur sinnlosen Raserei (Niekisch, Leben 369); **wahn|wit|zig** ⟨Adj.⟩: **1.** *völlig unsinnig, in höchstem Maße unvernünftig [u. gefährlich]; irrwitzig:* ein -es Unternehmen; ... hatte Wernitz ... von „-en Planspielen zur Vernichtung des Rechtsstaats" gesprochen (Augsburger Allgemeine 22./23. 4. 78, 13); Die -e Annahme ..., die Mädchen fühle Zuneigung zu ihm (Kronauer, Bogenschütze 199); Aber kein vernünftiger Mensch konnte zu sagen wagen: „... dieser Mann ist wieder lebendig geworden." So tolldreist und w. hätte man ... nicht sein dürfen (Thielicke, Ich glaube 216). **2.** (ugs. seltener) *wahnsinnig* (3); **Wahnwit|zig|keit**, die; -, -en: **1.** ⟨o. Pl.⟩ *wahnwitzige Art, Wahnwitz.* **2.** *etw., was wahnwitzig (1) ist:* ... durchtränkt ... von kulturellen -en, falschen Hoffnungen und deren Enttäuschungen ... (Sloterdijk, Kritik 399).

wahr ⟨Adj.⟩ [mhd., ahd. wār, zu einem Wort mit der Bed. „Gunst, Freundlichkeit (erweisen)", eigtl. = vertrauenswert]: **1. a)** *der Wahrheit, Wirklichkeit, den Tatsachen entsprechend; wirklich geschehen, nicht erdichtet, erfunden o. ä.:* eine -e Begebenheit, Geschichte; ein -er Satz; die Legende, Geschichte hat einen -en Kern; Aber Joseph hatte ... nähere und -ere Nachrichten (Th. Mann, Joseph 35); das Fürchterliche und Böse, das die Geschichtsforschung zu einer im -en Wortsinne unerfreulichen Arbeit macht (Thieß, Reich 27); seine Worte sind w.; das ist [gar] nicht w.; was er sagt, kann gar nicht w. sein; das ist nur zu w. *(leider ist es wirklich so)!;* das ist auch wieder w. *(trifft andererseits auch zu);* davon ist kein Wort w. *(es stimmt alles nicht);* etw. für w. halten; sein Traum, seine Ahnung ist w. geworden; er hat seine Drohung, sein Versprechen w. gemacht *(in die Tat umgesetzt);* wie w.!, sehr w.!, wohl w.!, wirklich w.! *(bekräftigende Ausrufe);* ..., nicht w.?/nicht w., ...? *(bekräftigende Frageformel);* das kann, darf [doch] nicht w. sein! *(Ausruf des höchsten Erstaunens, des Entsetzens, der Entrüstung);* so w. ich hier sitze, stehe!, so w. ich lebe! *(ganz bestimmt);* formelhafte Bekräftigungen): so w. mir Gott helfe (Eidesformel); ℝ w. ist, muß w. bleiben; das ist schon gar nicht mehr w. (ugs.; *ist schon sehr lange her);* ⟨subst.:⟩ daran ist etwas Wahres/(ugs.:) ist was Wahres dran; **b)** *tatsächlich, wirklich:* der -e Sachverhalt; der -e Täter ist unbekannt; das ist der -e Grund, das -e Motiv; seine -en Gefühle, sein -es Ich, seinen -en Charakter nicht erkennen lassen; So kam es zu dem Prozeß ..., in dem schließlich die -en Zusammenhänge und Hintergründe ... preisgegeben wurden (Prodöhl, Tod 239). **2. a)** (geh.) *echt, aufrichtig; seinen Namen verdienend:* -e Liebe, Solidarität; -er Glaube; ein -er Freund, Demokrat; **b)** *richtig, nicht nur dem Schein nach:* das ist -e Kunst, Kultur; ⟨subst.:⟩ das ist das ein-

wahren

zig Wahre, nicht das Wahre (ugs.; *das einzig Richtige, nicht das Richtige*). **3.** (bekräftigt das im Subst. Genannte) *regelrecht; ordentlich; sehr groß*: ein -es Wunder, Genie; es war eine -e Wonne, Lust, Pracht; es setzte ein -er Sturm auf die Geschäfte ein; daß er seinen Neffen Maximinus Daja, ein -es Scheusal, zum Cäsar erhob (Thieß, Reich 239); Der König hatte für den Kaffee eine -e Leidenschaft (Jacob, Kaffee 136).

wah|ren ⟨sw. V.; hat⟩ [mhd. war(e)n, ahd. in: biwarōn, zu veraltet Wahr (mhd. war, ahd. wara) = Aufmerksamkeit, Acht, Obhut, Aufsicht, also eigtl. = beachten, in Obhut nehmen] (geh.): **a)** *etw., bes. einen bestimmten Zustand, ein bestimmtes Verhalten o. ä., aufrechterhalten, nicht verändern; bewahren*: Distanz, einen gewissen Abstand w.; die Neutralität w.; Disziplin w.; sein Inkognito w.; sie wahrte ihre Würde; Ich habe mich immer bemüht, in meinen Romanen ... ein Niveau zu w., das ... (Goetz, Prätorius 13); ihr genügt jetzt die Erleichterung, daß ich die Ruhe wahre (Frisch, Gantenbein 285); Stillschweigen w. *(nicht über etw. sprechen)*; die Form w. *(nicht gegen die Umgangsformen verstoßen)*; ein Geheimnis w. *(nicht preisgeben)*; das Briefgeheimnis w. *(respektieren, nicht verletzen)*; **b)** *nicht antasten lassen; schützen, verteidigen*: seine Interessen, seine Rechte, seinen Vorteil, seine Unabhängigkeit w.; die Vollmachten erhielt die Regierung, nicht die militärische Führung, so daß der Primat der Politik gewahrt blieb (Fraenkel, Staat 370).

wäh|ren ⟨sw. V.; hat⟩ [mhd. wern, ahd. werēn, zu mhd. wesen, ahd. wesan (↑ Wesen), eigtl. = dauernd sein] (geh.): *über eine gewisse Zeit bestehen, andauern, dauern; anhalten*: das Fest währte drei Tage, bis tief in die Nacht; nichts währt ewig; die nördliche Nacht währte kurz (Gaiser, Jagd 82); Die Belagerung währt seit zwei Monaten (Hacks, Stücke 24); Das Copyright der Bücher währt siebzig Jahre (Brückner, Quints 106); Das Plündern währte noch lange (Th. Mann, Joseph 181); ein Jahrhunderte, lange währender Prozeß; daß aber nicht sicher sei, ob ein währender *(bleibender)* Schaden bleibe (Stadtblatt 21, 1984, 47); ⟨auch unpers.:⟩ Und eines Tages – nur Geduld, es wird nicht lange w.! – wirst du ... (K. Mann, Wendepunkt 38); Spr ehrlich währt am längsten; was lange währt, wird endlich gut; ♦ ⟨1. Part. + Subst. als absoluter Gen.:⟩ Aber so lebten die Herren währendes Krieges *(während des Krieges),* als ob ewig Krieg bleiben würde (Lessing, Minna II, 2); Währendes Krieges hat manches seinen Herrn sehr oft mit und ohne Vorbewußt des Herrn verändert (ebd.); ... aß er gleich ein tüchtiges Stück Schnitzbrot in währendem Gehen *(während er ging, im Gehen;* Mörike, Hutzelmännlein 118); **während** [urspr. 1. Part. von ↑ währen]: **I.** ⟨Konj.⟩ **1.** (zeitlich) leitet einen Gliedsatz ein, der die Gleichzeitigkeit mit dem im Hauptsatz beschriebenen Vorgang bezeichnet: *in der Zeit als:* w. sie verreist waren, hat man bei ihnen eingebrochen.

2. (adversativ) drückt die Gegensätzlichkeit zweier Vorgänge aus: *indes; wohingegen:* w. die einen sich freuten, waren die anderen eher enttäuscht; ... der den Meineid geschworen hat, daß ich stocknüchtern gewesen bin, w. ich in Wahrheit besoffen war (Fels, Sünden 26). **II.** ⟨Präp. mit Gen.⟩ bezeichnet eine Zeitdauer, in deren Verlauf etwas stattfindet o. ä.: *im [Verlauf von]:* es hat w. des ganzen Urlaubs geregnet; w. des Krieges lebten sie im Ausland; w. zweier Tage *(an zwei Tagen)* ... geführte amerikanisch-sowjetische Erörterungen (NZZ 31.8. 87, 3); das hier hole ich mir am nächsten Sonntag, das hier w. der Woche *(im Laufe der Woche),* und das hier brauche ich gleich (Wimschneider, Herbstmilch 44); ⟨ugs. auch mit Dativ:⟩ w. dem Essen darfst du nicht sprechen; ⟨nur schweiz. in Verbindung mit „dauern":⟩ die Veranstaltung dauert nur w. einiger Stunden *(einige Stunden lang);* ⟨mit Dativ, wenn bei einem stark gebeugten Subst. im Pl. der Gen. formal nicht zu erkennen ist od. wenn ein weiteres stark gebeugtes Subst. (Genitivattr.) zwischen „während" u. das von ihm abhängende Subst. tritt:⟩ w. Ausflügen in die Umgebung; w. fünf Jahren, Monaten *(fünf Jahre, Monate lang);* Die Fahrer campierten w. Tagen *(tagelang)* dort (NZZ 21. 12. 86, 5); w. des Ministers aufschlußreichem Vortrag; ♦ ⟨mit Dativ:⟩ Während allem Gerede war die Alte ... ganz ungestört mit ihrer Zubereitung fertig geworden (Cl. Brentano, Kasperl 346); Wir haben n. dem Bau des Schlosses mit sovielerlei Menschen zu tun gehabt (Goethe, Brief an Rapp, 31. 3. 1802); **wäh|rend|dem** (ugs. veraltend): **I.** ⟨Adv.⟩ *währenddessen* (I): Währenddem erörterten die Brüder die Vorteile oder Nachteile eines Geräts, dessen man sich bediente (Th. Mann, Joseph 505). **II.** ⟨Konj.⟩ *während* (I 1): ... und w. er ihrem ... Hantieren folgt, hebt die Zeit sich wieder auf (Härtling, Hubert 102); **wäh|rend|des** (seltener), **wäh|rend|des|sen: I.** ⟨Adv.⟩ *während dieser Zeit; unterdessen:* man erwartete eine Wäschelieferung und brühte sich währenddessen Tee auf (Rolf Schneider, November 11). **II.** ⟨Konj.⟩ (ugs. veraltend) *während* (I 1): So schob der Mut der Portugiesen im Osten den Namen Lissabons bis an den Rand der bewohnbaren Erde – währenddessen die Spanier im Reich auf der Westhälfte vorwärtstrieben (Jacob, Kaffee 107).

Wah|rer, der; -s, - (geh.): *jmd., der etw. wahrt* (b), *für die Erhaltung, den Bestand von etw. Sorge trägt:* ein zuverlässiger W. unserer Interessen; **Wah|re|rin,** die; -, -nen (geh.): w. Form zu ↑ Wahrer.

wahr|ha|ben in der Wendung **etw. [nicht] w. wollen** *(sich etw. [nicht] eingestehen, vor sich selbst od. vor anderen [nicht] zugeben können):* eine Tatsache [einfach] nicht w. wollen; er wollte [es] nicht w., daß er sich getäuscht hatte; seine Jugend will jeder w., aber sein Alter keiner (Kaschnitz, Wohin 135); ... und das konnte, ob wir es w. wollten oder nicht, nie ohne Folgen bleiben (Chr. Wolf, Nachdenken 20); wir sind tiefer verwurzelt, als unser Bewußt-

sein es w. will (K. Mann, Wendepunkt 9); **wahr|haft** ⟨Adj.; -er, -este⟩ [mhd., ahd. wārhaft, zu ↑ wahr] (geh.): *echt, wirklich:* ein -er Freund; -e Bescheidenheit, Tugend; Jizchak, der -e Sohn, war Alleinerbe gewesen (Th. Mann, Joseph 130); wenn dieser Prozeß nicht zu einer Sensation, die nichts zu tun hat mit seiner -en *(tatsächlichen)* Bedeutung, ausartet (Noack, Prozesse 191); ein w. gebildeter, gläubiger, ehrenwerter, glücklicher Mensch; In solchen Momenten empfindet man w. das Wunder des Reisens! (Koeppen, Rußland 88); **wahr|haf|tig** [mhd. wārhaftic]: **I.** ⟨Adj.⟩ **1.** (geh.) *wahr, von einem Streben nach Wahrheit erfüllt, gekennzeichnet:* ein -er Mensch; Ein -es Verhältnis zur Vergangenheit (R. v. Weizsäcker, Deutschland 10); w. sein; Gott ist w., ist ein -er Gott (bibl.; *ist die Wahrheit selbst);* -er Gott! (Ausruf des Erstaunens, des Entsetzens u. a.); Ist man -en Gottes *(wirklich, tatsächlich)* ganz unbelehrbar ...? (Maass, Gouffé 224); Ü Gemäß der ... Einsicht ..., wonach die Kunst oft -er sein könne als die tatsächliche Geschichtsschreibung (Zwerenz, Quadriga 226). **2.** *wirklich, richtig, regelrecht, echt:* Der Tisch, denn nur ein solcher war's und gar kein -es Pult, stand ... (R. Walser, Gehülfe 7); Mein Gott, das ist die Hölle! Die -e Hölle! (Grass, Hundejahre 667); der diskrete Duft von Kaffee, wirklichem und -em Kaffee (Heym, Schwarzenberg 154). **II.** ⟨Adv.⟩ bekräftigt eine Aussage: *in der Tat; wirklich* (II); *tatsächlich:* das ist w. ein Unterschied; sie hat es w. *(entgegen allen Zweifeln, die daran bestanden)* geschafft; er dachte doch w. *(allen Ernstes),* er könne das so machen; ich habe es wirklich und w. *(ganz bestimmt)* nicht getan; Wahrhaftig, er hatte sich an die Spitze des Feldes gesetzt (Lenz, Brot 9); **Wahr|haf|tig|keit,** die; - (geh.): *das Wahrhaftigsein;* **Wahr|heit,** die; -, -en [mhd., ahd. wārheit]: **1. a)** ⟨o. Pl.⟩ *das Wahrsein; die Übereinstimmung einer Aussage mit der Sache, über die sie gemacht wird; Richtigkeit:* die W. einer Aussage, einer Behauptung anzweifeln; Alte Formulierungen ... beginnen ... wieder in mir zu rumoren und fragen mich nach ihrer W. (Stern, Mann 269); **b)** *wirklicher, wahrer Sachverhalt, Tatbestand:* die halbe, ganze, volle, reine, lautere W.; das ist die nackte *(unverhüllte)* W. (LÜ von lat. nuda veritas); eine traurige, bittere, unangenehme W.; es ist eine alte W. *(eine bekannte Tatsache),* daß ...; was er gesagt hat, ist die W. *(ist wahr);* an der Sache ist ein Körnchen W. (geh.; *sie hat einen wahren Kern);* die W. verschleiern, verschweigen; Dieser Dichter und Pamphletist hat den Deutschen zu viele und zu einfache -en gesagt (Reich-Ranicki, Th. Mann 114); jmdm. unverblümt die W. sagen *(ungeschminkt sagen, was man denkt);* die W. sagen/sprechen *(nicht lügen);* der W. zum Sieg verhelfen; eine Behauptung entspricht nicht der W. *(ist nicht wahr);* du mußt bei der W. bleiben *(darfst nicht lügen);* Nunmehr wird geoffenbarte W. durch wissenschaftliche W. ersetzt (R. v. Weizsäcker, Deutschland 99); Ich will gleich mit der W. rausrükken und sagen, daß ... (Fels, Kanakenfauna 110); R die W. liegt in der Mitte *(zwischen den extremen Standpunkten, Urteilen o. ä.);* *** in W.** *(eigentlich; in Wirklichkeit):* daß der Bau kleiner erscheine, als er in W. ist (Fest, Im Gegenlicht 346); ◆ Glaubt, ich berichte Euch mit der W. *(wahrheitsgemäß)* (Goethe, Götz II). **2.** (bes. Philos.) *Erkenntnis (als Spiegelbild der Wirklichkeit), Lehre des Wahren* (1 a); **Wahr|heits|be|griff,** der (Philos.): *dasjenige, was unter "Wahrheit" verstanden wird;* **Wahr|heits|be|weis,** der (bes. Rechtsspr.): *Beweis der Wahrheit (einer Aussage o. ä.):* den W. antreten, führen; **Wahr|heits|dro|ge,** die: *narkotische Substanz, die die Bereitschaft des Menschen zu sprechen erhöht;* **Wahr|heits|fa|na|tiker,** der (abwertend): *jmd., der um der Wahrheit willen alles andere hintansetzt:* das sei ja gerade das Charakteristische an Konrad, daß er ... immer ein sogenannter W. gewesen sei (Bernhard, Kalkwerk 13); **Wahr|heits|fa|na|ti|ke|rin,** die; -, -nen (abwertend): w. Form zu ↑Wahrheitsfanatiker; **Wahr|heits|fin|dung,** die (bes. Rechtsspr.): *das Herausfinden der Wahrheit, Erkenntnis der wahren Vorgänge, Tatbestände o. ä.:* etw. dient der W.; zur W. beitragen; Was Polizei- und Detektivbüros schon seit einiger Zeit zur W. einsetzen, haben nun auch Marktforschungsinstitute für sich entdeckt (Spiegel 18, 1978, 213); **Wahr|heits|ge|halt,** der ⟨o. Pl.⟩: *was an einer Behauptung o. ä. der Wahrheit entspricht:* den W. einer Aussage prüfen; **wahr|heits|ge|mäß** ⟨Adj.⟩ *der Wahrheit* (1 b) *entsprechend:* eine -e Auskunft; etw. w. beantworten; **wahr|heits|ge|treu** ⟨Adj.⟩: *sich an die Wahrheit haltend; die Wirklichkeit zuverlässig, richtig wiedergebend:* eine -e Berichterstattung; Dennoch kann die Gegendarstellung verlangt werden, weil der Sitzungsbericht nicht i. S. des § 11 ... w. ist (NJW 19, 1984, 1127); etw. w. darstellen; **Wahr|heits|lie|be,** die ⟨o. Pl.⟩: *Liebe zur Wahrheit; Wahrhaftigkeit:* Die W., die aus diesem Bericht hervorleuchtete, hatte den Charakter von Offenherzigkeit (Kuby, Sieg 398); mit seiner W. *(Ehrlichkeit)* ist es nicht weit her; **wahr|heits|liebend** ⟨Adj.⟩: *die Wahrheit liebend; wahrhaftig:* ein -er Mensch; **Wahr|heits|pflicht,** die (Rechtsspr.): *Pflicht der Parteien im Prozeß, ihre Erklärungen über Tatsachen wahrheitsgemäß u. vollständig abzugeben;* vgl. Wahrheitsliebe; **Wahr|heits|sinn,** der ⟨o. Pl.⟩: vgl. Wahrheitsliebe; **Wahr|heits|su|cher,** der (geh.): *jmd., der nach Wahrheit* (2), *nach Erkenntnis strebt:* Er schien mir immer wie ein Draufgänger. Ein fanatischer W. (Weber, Tote 161); **Wahr|heits|su|che|rin,** die; -, -nen (geh.): w. Form zu ↑Wahrheitssucher; **wahr|heits|wid|rig** ⟨Adj.⟩: *nicht wahrheitsgemäß:* eine -e Aussage; nachdem Bartels leichtfertig und w. Meyer als einen Juden bezeichnet hatte (Tucholsky, Werke II, 245); **wahrlich** ⟨Adv.⟩ [mhd. wærlich, ahd. wārlīh] (geh. veraltend): *bekräftigt eine Aussage: in der Tat; wirklich* (II): die Sache ist w. nicht einfach; Wahrlich, wenn mir jemand des Rosses Tod meldet, so werde ich ihn töten! (Jahnn, Geschichten 44);

An Steuern haben wir w. genug und an staatlicher Administration auch (NZZ 11. 4. 85, 27); w., ich sage dir ... (bibl.; bekräftigende Einleitung); **Wahr|nah|me,** die; -, -n (selten): Wahrnehmung (2): das Münchener Kabinett werde schon heute ein Regierungsmitglied mit der W. der Aufgabe beauftragen (Welt 13. 9. 88, 1); **wahr|nehm|bar** ⟨Adj.⟩: *so beschaffen, daß es wahrgenommen werden kann:* ein deutlich, kaum -es Geräusch; die Anwesenheit von Nasos Knecht war nur durch das gelegentliche asthmatische Brodeln seines Atems noch w. (Ransmayr, Welt 42); **Wahr|nehm|bar|keit,** die; -: *das Wahrnehmbarsein;* **wahr|neh|men** ⟨st. V.; hat⟩ [mhd. war nemen, ahd. wara neman, zu veraltet Wahr (↑wahren), eigtl. = ner Sache Aufmerksamkeit schenken, etw. in Aufmerksamkeit nehmen]: **1.** *(als Sinneseindruck) aufnehmen; bemerken, gewahren:* ein Geräusch, einen Geruch, einen Lichtschein w.; seine Umwelt in einer bestimmten Weise w.; ich habe es, ihn gar nicht bewußt wahrgenommen; er hat so fest geschlafen, daß er [von dem Gewitter] überhaupt nichts wahrgenommen hat; sie nimmt jede noch so kleine Bewegung, Veränderung sofort wahr; ... verwirft auch Heinrich Mann die ihn umgebende Wirklichkeit, die er nicht w. will (Reich-Ranicki, Th. Mann 119); das apulische Gras ... ist ... schlichtes Landschaftskleid, das vom Auge eher als Bodenfärbung denn als eigenständiges pflanzliches Leben wahrgenommen wird (Stern, Mann 388); da Dom Miguel wohl wahrnahm, daß wir ... auf seine Belehrungen ... nicht sonderlich merkten, so hielt er sich zu Dona Maria Pia (Th. Mann, Krull 414); etw. an jmdm. w. *(feststellen);* daß ökologische Probleme wahrgenommen *(erkannt)* werden (natur 10, 1991, 89). **2. a)** *etw., was sich (als Möglichkeit o. ä.) anbietet, nutzen, ausnutzen:* eine Gelegenheit, seinen Vorteil, eine Chance w.; um eine weitere Möglichkeit zur Anpassung an die dünne Höhenluft ... wahrzunehmen (NZZ 5. 9. 86, 45); Andere vermuten, daß sie das Angebot einer Reise nach Asien wahrgenommen hat (Kronauer, Bogenschütze 341); **b)** (bes. Amtsdt.) *sich [stellvertretend] um etw. kümmern* [was einen anderen betrifft]: jmds. Angelegenheiten, Interessen w. *(vertreten);* einen Termin w. (bes. Rechtsspr.; bei etw. anwesend sein); eine Frist w. *(einhalten);* eine Aufgabe w. *(übernehmen);* Die Belange einzelner Mittelstandsgruppen werden von Interessenverbänden ... wahrgenommen (Fraenkel, Staat 198); **Wahr|neh|mung,** die; -, -en: **1.** *das Wahrnehmen* (1): die W. eines Geräuschs, von Gerüchen; die menschliche W.; die sinnliche W. *(Wahrnehmung mit den Sinnen);* optische, akustische -en; ... mußte ich gewahr werden, daß die Kleine sich ... in mich verliebt hatte, und das war natürlich nicht meine W. allein *(das bemerkte natürlich nicht nur ich;* Th. Mann, Krull 242); es ist eine häufige W. *(etw. häufig Festzustellendes),* daß ...; um uns unsere -en mitzuteilen (Nossack, Begegnung 340); die W. machen *(wahrnehmen, bemerken),* daß ...; Welcher Bür-

ger hat -en gemacht, die zur Aufklärung dieser Schandtat führen können? (Freie Presse 30. 12. 89, 8); die Psychologie der W. **2.** *das Wahrnehmen* (2): die W. eines Termins, einer Aufgabe, einer Chance, eines Angebots; Die W. der Funktionen einer parlamentarischen Opposition (Fraenkel, Staat 230); in W. seiner Interessen (Amtsdt.; *indem man seine Interessen wahrnimmt);* jmdn. mit der W. seiner Geschäfte betrauen; **wahr|neh|mungs|fä|hig** ⟨Adj.⟩: *ein Wahrnehmungsvermögen besitzend:* ... für jeden, der seine kostbaren Sinne schont, um wieder w. zu werden (Höhler, Glück 87); **Wahr|neh|mungs|fä|hig|keit,** die; -: vgl. Wahrnehmungsvermögen; **Wahr|neh|mungs|in|halt,** der; -[e]s: vgl. Denkinhalt; **Wahr|neh|mungs|kraft,** die: vgl. Wahrnehmungsvermögen: Sinnbild der bergenden Natur, die uns mit allen Wahrnehmungskräften will ..., in den Garten (Höhler, Glück 73); **Wahr|neh|mungs|psy|cho|lo|gie,** die: *Bereich der Psychologie, deren Forschungsgegenstand die menschliche Wahrnehmung ist;* **Wahr|neh|mungs|stö|rung,** die: *krankhafte Störung der Sinneswahrnehmung;* **Wahr|neh|mungs|täu|schung,** die: *Sinnestäuschung;* **Wahr|neh|mungs|ver|mö|gen,** das ⟨o. Pl.⟩: *Fähigkeit der Wahrnehmung* (1); **Wahr|sa|ge|kunst,** die: *Mantik;* **wahr|sa|gen** ⟨sw. V.; wahrsagte/sagte wahr, hat gewahrsagt/wahrgesagt⟩ [mhd. wārsagen]: *über verborgene od. zukünftige Dinge mit Hilfe bestimmter (auf Aberglauben od. Schwindel beruhender) Praktiken Vorhersagen machen:* aus den Karten, dem Kaffeesatz w.; sich von jmdm. [aus den Handlinien] w. lassen; ⟨mit Akk.-Obj.:⟩ etw. w.; jmdm. die Zukunft w.; **Wahr|sa|ger,** der; -s, - [für mhd. wārsage = Wahrsager]: *jmd., der wahrsagt:* ich bin doch kein W. (Prophet 1)!; **Wahr|sa|ge|rei,** die; -, -en (abwertend): **1.** ⟨o. Pl.⟩ *das Wahrsagen:* obschon ich meinerseits nicht an W. glaubte (Frisch, Homo 87). **2.** *wahrsagende Äußerung;* **Wahr|sa|ge|rin,** die; -, -nen: w. Form zu ↑Wahrsager; in W. gehen; **wahr|sa|ge|risch** ⟨Adj.⟩: *zum Wahrsagen gehörend, prophetisch;* **Wahr|sa|gung,** die; -, -en: **1.** ⟨o. Pl.⟩ *das Wahrsagen.* **2.** *das Vorhergesagte, Prophezeite:* ihre W. ist wirklich eingetroffen.

währ|schaft ⟨Adj.; -er, -este⟩ [zu ↑Währschaft, eigtl. = was als gut verbürgt werden kann] (schweiz.): **a)** *solide* (1): ein -er Stoff; -e Schuhe; Von weitem schon ist die flatternde Schweizer Fahne über einem -en Steinhaus zu sehen (NZZ 23. 10. 86, 41); **b)** *tüchtig, zuverlässig:* ein -er Bursche; **c)** *gut, ordentlich, reell* (1 a): Der neue Inhaber beabsichtigt, daraus wieder einen -en Landgasthof zu gestalten (NZZ 21. 12. 86, 30); Im übrigen hat in der "Treib" w. gewirtet (Luzerner Tagblatt 31. 7. 84, 7); die w. bezahlten Orchestermusiker (NZZ 25. 12. 83, 31); **d)** *(von Essen) nahrhaft, sättigend:* denn wenig später brachte sie mir ein -es Frühmahl (Dessauer, Herkun 167); **Währ|schaft,** die; -, -en [mhd. werschaft, zu: wern, ↑Währung] (schweiz.): *Bürgschaft.*

Wahr|schau [aus dem Niederd., eigtl. =

wahrschauen

Aufmerksamkeits-, Warnzeichen] (seemännischer Warnruf): *Vorsicht!:* „W.", rief eine röhrende Stimme so laut, daß der Saal dröhnte. „Könnt ihr nicht Platz machen, ihr Säcke." (Ott, Haie 191); **wahr|schau|en** ⟨sw. V.; wahrschaute, hat gewahrschaut⟩ [mniederd. warschouwen, zu asächs., ahd. wara, ↑wahren] (Seemannsspr.): *auf eine Gefahr aufmerksam machen;* **Wahr|schau|er**, der (Seemannsspr.): *jmd., der wahrschaut;* **Wahrschaue|rin**, die (Seemannsspr.): w. Form zu ↑Wahrschauer.
wahr|schein|lich [selten: '- - -; wohl nach niederl. waarschijnlijk, zu: waar = wahr; wohl Lehnübertragung von lat. verisimilis (zu: verus = wahr u. similis = ähnlich)]: **I.** ⟨Adj.⟩ *mit ziemlicher Sicherheit anzunehmen, in Betracht kommend:* der -e Täter; die -e Folge ist, ...; die -e Todesursache; Nach Marxscher Theorie hätte eigentlich der letzte Fall der -ste sein müssen (Dönhoff, Ära 104); unter der Nacht des lieben, wenn auch nicht -en *(wahrscheinlich nicht existierenden)* Gottes (Muschg, Gegenzauber 148); es ist nicht [sehr] w., daß er es war; ... so war es ... psychologisch weit -er, daß die übrigen drei ein Gleiches taten (Thieß, Reich 237); Darüber hinaus hat Naumann w. machen können *(Tatsachen angeführt, die sehr für die Hypothese sprechen),* daß die Kreuzfahrt erst 1301 entstanden ist (Curschmann, Oswald 215); Die Stunde, zu der sich Ulrich entschlossen hatte hinauszufahren, machte es nicht w. *(zu der Stunde war nicht anzunehmen),* daß er Walter zu Hause antreffen würde (Musil, Mann 352). **II.** ⟨Adv.⟩ *mit ziemlicher Sicherheit:* er wird w. erst morgen reisen; der Name ist w. keltischen Ursprungs; es war w. Selbstmord; „Kommst du morgen?" – „Wahrscheinlich [ja, nicht]."; Eine Dame, das sieht man. Wahrscheinlich Französin (Remarque, Obelisk 50); er hat sehr w. *(mit großer Sicherheit)* recht; **Wahr|schein|lich|keit**, die; -, (Fachspr.:) -en: *das Wahrscheinlichsein;* Einige W., daß Rambert zu Gefangenenbefreiungen beteiligt war, erscheint dem Staatsanwalt zwar erstellt, nicht aber der strikte Beweis (NZZ 5. 11. 82, 23); etw. hat eine hohe, geringe W.; Daß diese Frau eine Geisteskranke ist, hat für mich neunzig Prozent W. (Hauptmann, Schuß 53); auch das hatte wenig W. für sich *(war wenig wahrscheinlich;* Musil, Mann 341); Es gibt ... Bereiche, innerhalb deren ich ... geringe -en subjektiv unterschätze (Hofstätter, Gruppendynamik 77); Die Entscheidung fiel ... eigentlich gegen alle W. (Thieß, Reich 272); etw. wird mit hoher, großer W. eintreffen; * *aller W. nach (sehr wahrscheinlich);* **Wahr|schein|lich|keits|grad**, der: *Grad der Wahrscheinlichkeit;* **Wahr|schein|lich|keits|rech|nung**, die: *Teilgebiet der Mathematik, das sich mit der Untersuchung der Gesetzmäßigkeiten zufälliger Ereignisse befaßt;* **Wahr|schein|lich|keits|schluß**, der (Philos.): *Enthymem;* **Wahr|schein|lich|keits|theo|rie**, die: *philosophisch-mathematische Theorie der Wahrscheinlichkeitsrechnung;* **Wahr|spruch**, der (Rechtsspr. veraltet, noch österr.): *Verdikt* (1): *ein rich-*

terlicher W.; In den späten Abendstunden fällten die Geschworenen gestern ihren W.: Dr. Manfred Schmidt wurde ... des Verbrechens ... schuldig erkannt (Tiroler Tageszeitung 30. 4. 87, 4); Ü Er will einen nicht vernichten. Sein W. *(Urteil 2)* zur Person bleibt sein Geheimnis (Frisch, Montauk 45); **Wahr|traum**, der (Parapsych.): *Traum, dessen Inhalt auf Zukünftiges weist.*
Wah|rung, die; - [mhd. warunge]: **a)** *das Wahren* (a): Eine derart auf die Spitze getriebene W. der Distanz ergab eine Unverbindlichkeit, welche ... (A. Kolb, Daphne 94); daß der Informant auf die W. des Redaktionsgeheimnisses vertrauen kann (NJW 19, 1984, 1133); **b)** *das Wahren* (b): Auch bin ich bereit – im Interesse unseres häuslichen Friedens und in W. meines Ansehens anzunehmen, daß ... (Kirst, Aufruhr 135); zur W. des Allgemeinguts verpflichtet sein.
Wäh|rung, die; -, -en [mhd. werunge, urspr. = Gewährleistung (eines Rechts, einer Qualität, eines Maßes, eines Münzgehalts), zu: wern, ↑gewähren]: **1.** *gesetzliches Zahlungsmittel eines Landes:* eine freie, frei konvertierbare W.; in- und ausländische -en; manipulierte W. *(staatlich gesteuerte Währung ohne Deckung durch Gold, Silber o. ä.);* harte *(stabile, überall frei konvertierbare),* weiche W.; die W. Italiens ist die Lira; eine neue, eine europäische W. schaffen; die Touristen hatten nur deutsche W. *(deutsches Geld)* bei sich; in fremder W. *(ausländischem Geld)* bezahlen; Ü Die W. im Knast ist Tabak (Ossowski, Bewährung 20). **2.** *Währungssystem:* die W. stabil halten; **Wäh|rungs|aus|gleich**, der: *an Vertriebene im Rahmen des Lastenausgleichs gezahlte Entschädigung für Sparguthaben in Reichsmark;* **Wäh|rungs|aus|gleichs|fonds**, der: *Fonds, mit dessen Hilfe Schwankungen des Wechselkurses (im Interesse der Exportmöglichkeiten des Landes) ausgeglichen werden können;* **Wäh|rungs|block**, der ⟨Pl. ...blöcke, selten: -s⟩: *Zusammenschluß mehrerer Länder, die eine gemeinsame Währungspolitik verfolgen (z. B. Sterlingblock);* **Wäh|rungs|ein|heit**, die: *Einheit für das Geld einer bestimmten Währung* (1) *(z. B. Mark, Franc):* die italienische W. heißt Lira; die kleine W. ist der Rappen; **Wäh|rungs|fonds**, der: *Währungsausgleichsfonds;* **Wäh|rungs|ge|biet**, das: *Bereich, in dem eine bestimmte Währung* (1) *Zahlungsmittel ist;* **Wäh|rungs|hü|ter**, der (Wirtsch. Jargon): *jmd., der auf Grund seines Amtes für größtmögliche Währungsstabilität zu sorgen hat:* die W. der Bundesbank; Über die Bewegung des Dollarkurses wollte der oberste amerikanische W. keine Prognose abgeben (NZZ 12. 4. 85, 11); **Wäh|rungs|hü|te|rin**, die (Wirtsch. Jargon): w. Form zu ↑Währungshüter; **Wäh|rungs|kon|fe|renz**, die: *Konferenz, auf der währungspolitische Fragen behandelt [u. entsprechende Beschlüsse gefaßt] werden;* **Wäh|rungs|korb**, der (Fachspr.): *Zusammenfassung mehrerer Währungen zu einer Einheit;* **Wäh|rungs|kri|se**, die: *Krise innerhalb eines Währungssystems;* **Wäh|rungs|kurs**, der: *vgl. Kurs* (4); **Wäh-**

rungs|pa|ri|tät, die: *Parität* (2); **Wäh|rungs|po|li|tik**, die: *Gesamtheit aller staatlichen Maßnahmen, die die Währung eines Landes betreffen;* **wäh|rungs|po|li|tisch** ⟨Adj.⟩: *zur Währungspolitik gehörend, sie betreffend:* -e Fragen, Beschlüsse; w. bedeutsame Entscheidungen; **Wäh|rungs|re|form**, die: *Neuordnung eines (in eine Krise geratenen) Währungssystems:* Im Juni ... bekamen wir neues Geld. W. (Lentz, Muckefuck 330); vor, nach der W.; **Wäh|rungs|re|ser|ve**, die ⟨meist Pl.⟩: *Bestand eines Landes an Gold u. Devisen; Devisenreserve;* **Wäh|rungs|schlan|ge**, die (Wirtsch. Jargon früher): *Verbund der Währungen der EG-Länder hinsichtlich der Bandbreite, innerhalb deren die Wechselkurse schwanken dürfen;* **Wäh|rungs|sta|bi|li|tät**, die: *Stabilität einer Währung;* **Wäh|rungs|system**, das: **1.** *System des Geldwesens eines Landes:* das japanische W. **2.** *von dem Verhältnis mehrerer Währungen zueinander gebildetes System:* das internationale, europäische W.; **Wäh|rungs|uni|on**, die: *Union, die darin besteht, daß in einem bestimmten Gebiet eine einheitliche Währung gilt od. eine einheitliche Geld- u. Währungspolitik betrieben wird:* der politischen Vereinigung ging eine W. voraus; der Vertrag sieht eine europäische W. vor.
Wahr|zei|chen, das [mhd. warzeichen, zu veraltet Wahr (↑wahren), also eigtl. = Zeichen, das auf etw. aufmerksam macht]: *etw., was als Erkennungszeichen, als Sinnbild für etw. steht, bes. Kennzeichen einer Stadt, einer Landschaft:* der Kreml ist das W. Moskaus; Ü Die kleine agile Gestalt Max Brods bleibt in meiner Erinnerung ein W. des literarischen Prag dieser Epoche (K. Mann, Wendepunkt 292); ♦ Ach, ich hatte der guten W. noch mehr! Einhundert Schritte weiter fand ich einen weißen Schleier auf der Straße liegend (Cl. Brentano, Kasperl 370); **wahr|zei|chen|haft** ⟨Adj.; -er, -este⟩: *wie ein Wahrzeichen [wirkend]:* Das Schiahorn, die Grünen Türme, die Kuppe des Dorfberges standen unveränderlich w. vor der Bläue (Th. Mann, Zauberberg 586).

Waid, der; -[e]s, -e [mhd., ahd. weit]: *(zu den Kreuzblütlern gehörende) Pflanze mit kleinen, gelben, in Rispen wachsenden Blüten, bläulichgrünen Blättern u. Schotenfrüchten; Isatis.*
Waid|ge|nos|se usw.: ↑Weidgenosse usw.
Waisch|ja, der; -s, -s [sanskr.]: *Angehöriger der dritten Hauptkaste in Indien (Kaufleute, Bauern u. Handwerker).*
Waisch|na|wa, der; -s, -s [sanskr. Vaisnava = Anhänger des Gottes Wischnu]: *Angehöriger einer hinduistischen Sekte.*
Wai|se, die; -, -n [mhd. weise, ahd. weiso, verw. mit mhd. entwisen = verlassen von, leer von, ahd. wisan = meiden, wohl zu einem Verb mit der Bed. „trennen"]: **1.** *Kind, das einen Elternteil od. beide Eltern verloren hat:* W. sein; werden. **2.** (Verslehre) *reimlose Zeile innerhalb einer gereimten Strophe;* **Wai|sen|geld**, das: *monatlicher Betrag, den eine Waise (als bestimmte Versorgungsleistung) erhält;* **Wai|sen|ge|richt**, das (früher):

Gericht, das die Angelegenheit der Waisen regelt; **Wai|sen|haus,** *das (früher): Heim für elternlose Kinder;* **Wai|sen|kind,** *das (fam. veraltend): elternloses Kind; Waise [die in einem Heim lebt]:* *** gegen jmdn. ein W. sein** *(jmdm. bes. im Hinblick auf bestimmte negative Eigenschaften bei weitem nicht gleichkommen);* **Wai|sen|kna|be,** *der (geh., veraltend): männliche Waise:* *** gegen jmdn. ein [reiner, der reine, reinste] W. sein** *([im Hinblick bes. auf negative Eigenschaften o. ä. eines anderen] an jmdn. nicht heranreichen):* diese Leute sind immer noch -n gegen die Franzosen, die au Personalkenntnissen geradezu meisterhaft Kapital zu schlagen verstehen (Tucholsky, Werke II, 290); **ein [reiner, der reine, reinste] W. in etw. sein** *(von etw. [einer Fertigkeit o. ä.] sehr wenig verstehen);* **Wai|sen|ren|te,** *die: von der gesetzlichen Sozialversicherung an eine Waise zu zahlende Rente* (a); **Wai|sen|un|ter|stüt|zung,** *die: vgl. Waisengeld;* **Wai|sen|va|ter,** *der (früher): Vorstand eines Waisenhauses;* **Wai|sen|vogt,** *der (schweiz.): Vorsteher eines Amtes für Waisen.*

Wa|jang, *das; - [indon.]: traditionelles indonesisches Theaterspiel, das in verschiedenen Formen (z. B. als Schattenspiel, Puppen- od. Tanztheater) vorkommt.*

Wa|ka, *das; -, - [jap.]: japanische Gedichtform.*

Wa|ke, *die; -, -n [mniederd.* wake] *(nordd.): nicht od. nur oberflächlich zugefrorene Stelle in der Eisdecke eines Flusses od. Sees.*

Wa|kon|da, *das; -s [aus dem Indian.]: Orenda.*

Wal, *der; -[e]s, -e [mhd., ahd.* wal, H. u., viell. verw. mit apreuß. kalis = Wels u. lat. squalus = Meersau (= ein größerer, plump aussehender Mittelmeerfisch)]: *sehr großes Meeressäugetier mit massigem Körper, zu Flossen umgebildeten Vordergliedmaßen u. waagrecht stehender Schwanzflosse:* ein riesiger, weißer, gestrandeter W.; Delphine und -e; eine Schule -e; der W. bläst; -e jagen, fangen; einen W. harpunieren; die -e schützen, vor der Ausrottung bewahren.

Wa|la|che, *der; -n, -n: Ew.;* **Wa|la|chei,** *die; -:* 1. *rumänische Landschaft.* 2. *(ugs.) abgelegene Gegend, abgelegener Ort:* mitten in der W. ist uns der Sprit ausgegangen; Ich bin nach Volksdorf gezogen, in die W. (Eppendorfer, St. Pauli 87); **Wa|la|chin,** *die; -, -nen: w. Form zu* ↑Walache; **wa|la|chisch** ⟨Adj.⟩.

Wa|la|ri|um, *das; -s, ...ien: vgl. Delphinarium.*

Wal|chen|see, *der; -s: See in den bayerischen Voralpen.*

Wald, *der; -[e]s, Wälder* [1: mhd., ahd. walt, urspr. = nicht bebautes Land, viell. verw. mit lat. vellere = rupfen, zupfen, raufen, also eigtl. = gerupftes Laub; 2: LÜ von lat. silvae (Pl.)]: 1. *größere, dicht mit Bäumen bestandene Fläche:* ein lichter, tiefer, dunkler, verschneiter, winterlicher W.; ein naturnaher W.; endlose, undurchdringliche Wälder; für den Bau der Straße müssen 30 Hektar W. abgeholzt werden; Je mehr im Ruhrgebiet die Schlote rauchen, desto schneller stirbt im Sauerland der W. (FAZ 23. 4. 83, 13); einen W. roden, anpflanzen, forstlich nutzen; die Wälder durchstreifen; dort gibt es viel, kaum noch W.; durch W. und Feld, W. und Flur streifen; die Tiere des -es; in der Kühle des -es; sich im W. verirren; Aber die berühmte Liebe zum deutschen W. hat keineswegs dazu geführt, daß auch nur einer jener „Betreiber" ..., die ihn auf dem Gewissen haben, im Knast gelandet wäre (Enzensberger, Mittelmaß 194); ℞ wie man in den W. hineinruft, so schallt es heraus *(wie man andere behandelt o. ä., so werden sie einen selbst auch behandeln);* ich denk', ich steh' im W. (ugs.; *Ausdruck der Verwunderung, Entrüstung*); *** ein W. von .../**(seltener:) **aus ...** *(im allg. bezogen auf eine größere Menge nicht nebeneinanderstehender emporragender Dinge: eine große Menge von ...):* Auf den Dächern ein W. von Fernsehantennen (Berger, Augenblick 72); ... während der Brigantine durch einen dichten, seufzenden W. aus Masten und Rahen dem offenen Meer entgegen ... glitt (Ransmayr, Welt 33); **den W. vor [lauter] Bäumen nicht sehen** *(scherzh.; über zu viele Einzelheiten das größere Ganze nicht erfassen;* nach Chr. M. Wieland [1733-1813], Musarion, Buch 2): Die Teleologen werfen uns vor, wir sähen vor lauter Bäumen den W. nicht (Lorenz, Verhalten I, 385); **einen ganzen W. absägen** *(ugs. scherzh.; sehr laut schnarchen);* **wie für den W. voll Affen** *(ugs.; unter keinen Umständen, auf keinen Fall;* nach W. Shakespeare, Der Kaufmann von Venedig III, 1); **einen vom W. erzählen** *(ugs.; Unwahres erzählen).* 2. ⟨Pl.⟩ *(Literaturw. veraltet) Sammlung von Schriften, Dichtungen o. ä.: Poetische, Kritische Wälder;* **Wald|amei|se,** *die: in Nadelwäldern lebende Ameise;* **Wald|ar|beit,** *die: in der Forstwirtschaft verrichtete Arbeit im Wald;* **Wald|ar|bei|ter,** *der: forstwirtschaftlicher Arbeiter;* **Wald|ar|bei|te|rin,** *die: w. Form zu* ↑Waldarbeiter; **wald|arm** ⟨Adj.⟩: *wenig Wald aufweisend:* ein -es Land; **Wald|bad,** *das: im Wald gelegenes Freibad;* **Wald|bau,** *der* ⟨o. Pl.⟩ (Forstw.): *Lehre von der Anlage u. Pflege des Waldes;* **Wald|bau|er,** *der; -n u. (selten:) -s, -n:* ¹Bauer (1 a), *der Wald besitzt u. bewirtschaftet;* **Wald|bäue|rin,** *die: w. Form zu* ↑Waldbauer; **wald|bau|lich** ⟨Adj.⟩ (Forstw.): *zum Waldbau gehörend, ihn betreffend;* **Wald|bee|re,** *die* ⟨meist Pl.⟩: *im Wald wachsende Beere;* **Wald|be|stand,** *der: Bestand an Wald;* **wald|be|stan|den** ⟨Adj.⟩: *von Wald bedeckt:* -e Hänge; **Wald|blu|me,** *die: im Wald wachsende Blume;* **Wald|bo|den,** *der: Erdreich im Bereich des Waldes;* **Wald|brand,** *der: Brand in einem Wald:* verheerende Waldbrände; **Wäld|chen,** *das; -s, -: Vkl. zu* ↑Wald (1).

Wald|deck, -s: 1. *Gebiet des ehemaligen deutschen Fürstentums Waldeck in Hessen.* 2. *Landkreis in Hessen.* 3. *Stadt am Edersee.*

wald|ein ⟨Adv.⟩: *in den Wald hinein;* **Wald|ein|sam|keit,** *die* (dichter.): *Abgeschiedenheit des Waldes:* Während die Gedichte über die W. immer schlechter wurden ... (Enzensberger, Mittelmaß 193).

Wal|den|ser, *der; -s, -* [mlat. Waldenses, nach dem Begründer, dem Lyoner Kaufmann Petrus Waldes (12./13. Jh.)]: *Angehöriger einer Laienbewegung, die das Evangelium verkündet u. ein urchristliches Gemeinschaftsleben in Armut anstrebt;* **Wal|den|se|rin,** *die; -, -nen: w. Form zu* ↑Waldenser; **wal|den|sisch** ⟨Adj.⟩: *zu den Waldensern gehörend, sie betreffend;* **Wäl|der:** Pl. von ↑Wald; **Wald|erd|bee|re,** *die: bes. in Wäldern wachsende kleine, sehr aromatische Erdbeere;* **Wal|des|dun|kel,** *das* (dichter.): *Dunkel des Waldes;* **Wald|esel,** *der: in der Wendung* **scheißen wie ein W.** *(derb; mehrfach u. laut Blähungen entweichen lassen);* **Wal|des|rand,** *der* (dichter.): *Rand des Waldes;* **Wal|des|rau|schen,** *das; -s* (dichter.): *Rauschen des Waldes:* Posthorn und W. waren längst nur noch im Playback der Schlagerbranche zu hören (Enzensberger, Mittelmaß 193); **Wal|des|saum,** *der* (dichter.): *Saum, Rand des Waldes;* **Wald|eu|le,** *die: Waldkauz;* **Wald|fach|ar|bei|ter,** *der: Waldarbeiter;* **Wald|fach|ar|bei|te|rin,** *die: w. Form zu* ↑Waldfacharbeiter; **Wald|farn,** *der: Frauenfarn;* **Wald|fee,** *die: in dem Ausruf* **husch, husch, die W.!** *(ugs.;* 1. *Aufforderung, sich zu entfernen.* 2. *Kommentar, mit dem man das schnelle Vorbeihuschen einer Person begleitet*); **Wald|flä|che,** *die: von Wald eingenommene Landfläche:* die gesamte W. des Landes hat um 16 Prozent abgenommen; es werden immer neue -n gerodet; **Wald|fre|vel,** *der: Forstfrevel;* **Wald|ge|biet,** *das: mit Wald bestandenes, bewaldetes Gebiet:* das größte zusammenhängende W. Europas; **Wald|ge|bir|ge,** *das: bewaldetes Gebirge:* ein unwegsames W.; **Wald|geist,** *der* ⟨Pl. -er⟩: *in Märchen u. Mythen auftretender, im Wald hausender Geist;* **Wald|ge|nos|sen|schaft,** *die* (Forstw.): *Zusammenschluß von Personen, die Nutzungsrechte in einem Wald haben;* **Wald|glas,** *das: einfaches, meist grünliches Glas des 15. bis 17. Jh.s;* **Wald|gott,** *der* (Myth.): *Gottheit des Waldes, seiner Pflanzen u. Tiere;* **Wald|göt|tin,** *die* (Myth.): *w. Form zu* ↑Waldgott; **Wald|gren|ze,** *die: vgl.* Baumgrenze; **Wald|hei|ni,** *der* (ugs. abwertend): *wunderlicher Mensch; Spinner* (2); **Wald|ho|nig,** *der: Honig, den Bienen aus im Wald gesammeltem Nektar u. Honigtau produzieren;* **Wald|horn,** *das* ⟨Pl. ...hörner⟩: *Blechblasinstrument mit kreisförmig gewundenem Rohr, trichterförmigem Mundstück, ausladender Stütze u. drei Ventilen;* **Wald|hu|fen|dorf,** *das* [zu: Waldhufe = auf der Grundlage der ↑Hufe bemessenes Waldstück, das im Zuge der ma. Rodung vergeben wurde]: *Reihendorf, bei dem der jeweilige Land- u. Waldbesitz unmittelbar an die Rückseite des Gehöftes anschließt;* **Wald|huhn,** *das* (Jägerspr.): *Auer-, Birk-, Hasel- od. Schneehuhn (Sammelbezeichnung);* **Wald|hü|ter,** *der* (veraltend): *vgl.* Feldhüter; **Wald|hya|zin|the,** *die: Stendelwurz* (1); **wal|dig** ⟨Adj.⟩: *mit Wald bestanden; bewaldet:* eine -e Gegend; Noch waren gottlob die Karpaten w. und wild-

Waldinnere

reich genug (v. Rezzori, Blumen 186); Die erste Bungalowsiedlung sollte sich an w. gehügeltes Seeufer schmiegen (Grass, Unkenrufe 234); **Wald|in|ne|re,** das: *Inneres des Waldes;* **Wald|kan|te,** die (Holzverarb.): *durch den natürlichen Wuchs bedingte abgerundete [noch von Rinde bedeckte] Kante an Schnittholz;* **wald|kan|tig** ⟨Adj.⟩ (Holzverarb.): *eine Waldkante aufweisend:* -es Holz; **Waldkauz,** der: *(in Wäldern u. Parkanlagen lebender) Kauz mit auffallend großem, rundem Kopf und gelbbraunem bis grauem Gefieder mit dunklen Flecken od. Längsstreifen;* **Wald|land,** das ⟨o. Pl.⟩: *Land, Bereich, der von Wald bedeckt ist:* 10 Prozent der Fläche der Insel sind W.; **Waldlauf,** der: *Dauerlauf auf Waldwegen:* einen halbstündigen W. machen; **Waldläu|fer,** der (früher): *(in Nordamerika) jmd., der sich in den Wäldern aufhält (z. B. als Pelztierjäger, um mit Indianern Handel zu treiben o. ä.):* auf einem Bild, wo ein W. — einer der alten Pioniere — mit Axt und Winchesterbüchse durch den Urwald schritt (Fr. Wolf, Menetekel 95); **Wald|lehr|pfad,** der: vgl. Lehrpfad; **Wäld|ler,** der; -s, -: *Bewohner eines größeren Waldgebiets;* **Wäld|le|rin,** die; -, -nen: w. Form zu ↑Wäldler; **Wald|lich|tung,** die: *Lichtung im Wald;* **wald|los** ⟨Adj.⟩: *keinen Wald aufweisend:* eine [weitgehend] -e Gegend; **Wald|lo|sig|keit,** die: *das Waldlossein:* die W. der Mittelmeerländer ist größenteils eine Folge der Ziegenweide (Mantel, Wald 31); **Wald|mantel,** der (Forstw.): *Randzone eines Waldes; Trauf;* **Wald|mark,** die (früher): *von Ganerben gemeinschaftlich genutztes Waldgebiet;* **Wald|maus,** die: *bes. in Wäldern lebende Maus;* **Wald|meis|ter,** der; -s [viell. nach der „meisterlichen" Heilkraft]: *in Laubwäldern wachsende Pflanze mit kleinen weißen Blüten, die zum Aromatisieren von Bowlen verwendet wird;* **Wald|mei|ster|aro|ma,** das: *Aroma des Waldmeisters;* **Wald|meis|ter|bow|le,** die: *mit Waldmeister gewürzte Bowle;* **Wald|mei|ster|li|kör,** der: *Likör mit Waldmeisteraroma;* **Wald|meis|ter|sirup,** der: vgl. Waldmeisterlikör; **Waldnym|phe,** die: vgl. Waldgeist; **Wald|ohreu|le,** die: *(bes. in Wäldern lebende) Eule mit gelben Augen u. Federohren.*

Wal|dorf|päd|ago|gik, die; -: vgl. Waldorfschule; **Wal|dorf|sa|lat,** der; -[e]s, -e [nach dem Hotel Waldorf-Astoria in New York] (Kochk.): *Salat aus rohem, geraspeltem Sellerie, Äpfeln, Walnüssen u. Mayonnaise;* **Wal|dorf|schu|le,** die; -, -n [benannt vom Begründer der ersten Schule (1919) in Stuttgart, dem Leiter der Waldorf-Astoria-Zigarettenfabrik E. Molt]: *nach den Prinzipien anthroposophischer Pädagogik unterrichtende Privatschule, die auf die Entfaltung der kreativen Fähigkeiten der Schüler besonderes Gewicht legt.*

Wald|rand, der: *Rand des Waldes:* das Zelt stand auf einer Wiese direkt am W.; die Pflanze wächst vor allem an Waldrändern; **Wald|re|be,** die: *Klematis;* **wald|reich** ⟨Adj.⟩: *reich an Wald:* ein -es Land; **Wald|reich|tum,** der: *Reichtum an Wald:* der W. des Landes; **Wald|saum,** der (geh.): *Waldrand;* **Wald|scha|den,** der ⟨meist Pl.⟩: *Schaden an den Bäumen des Waldes, am Ökosystem Wald:* ... von Waldschäden, die durch Borkenkäfer, Luftverschmutzung und die Unwetter des letzten Winters entstanden sind (NZZ 13. 10. 84, 26); **Wald|schnei|se,** die: *Schneise im Wald;* **Wald|schrat, Wald|schratt,** der: *Schrat:* Der Rundfunkredakteur ... schielte auffällig und sah aus wie ein Waldschrat (Rolf Schneider, November 116); **Wald|schu|le,** die: *Freiluftschule;* **Wald|schutz,** der: *Schutz des Waldes vor Schäden;* **Wald|schutzge|biet,** das: *als Schutzgebiet ausgewiesenes Waldgebiet;* **Wald|see,** der: *in einem Wald gelegener [kleiner] See;* **Wald|spazier|gang,** der: *Spaziergang im Wald;* **Wald|sport|pfad,** der (selten): *im Wald angelegter Trimm-dich-Pfad;* **Wald|städte** ⟨nur mit Art.; Pl.⟩: *zusammenfassende Bez. für die am Hochrhein gelegenen Städte Laufenburg u. Rheinfelden (in der Schweiz) sowie Säckingen u. Waldshut (in Baden-Württemberg);* **Wald|statt,** die; -, ...stätte ⟨meist Pl.⟩ (schweiz. geh.): *Bez. für eine der am Vierwaldstätter See gelegenen Kantone Uri, Schwyz, Unterwalden, Luzern, auch für Einsiedeln:* die drei Waldstätte *(Uri, Schwyz u. Unterwalden);* die W. Einsiedeln; **Wald|step|pe,** die (Geogr.): *Bereich, Zone, in der die Steppe in ein geschlossenes Waldgebiet übergeht;* **Wald|ster|ben,** das; -s: *verstärkt auftretendes Absterben von Bäumen in Waldgebieten infolge zunehmender Verschmutzung der Luft:* Zu einem Expertenstreit mit politischen Hintergründen ist die Suche nach den Ursachen des -s geraten (ADAC-Motorwelt 2, 1983, 12); Maßnahmen gegen W. gefordert (MM 31. 8. 82, 10); **Wald|storch,** der: *in Wäldern, Auen u. Sümpfen lebender Storch mit oberseits bräunlichschwarzem, an der Unterseite weißem Gefieder; Schwarzstorch;* **Wald|streu,** die: *aus Laub u. Tannennadeln o. ä. bestehende Streu;* **Wald|stück,** das: **a)** *kleinerer Wald;* **b)** *Teil eines Waldes;* **Wald|tau|be,** die: *Ringeltaube;* **Wald|tier,** das: *im Wald lebendes Tier;* **wald|um|kränzt** ⟨Adj.⟩ (dichter.): *waldumsäumt;* **wald|umsäumt** ⟨Adj.⟩ (geh.): *von Wald umsäumt* (2); **Wald-und-Wie|sen-** (ugs. leicht abwertend): ↑Feld-Wald-und-Wiesen-: Wald-und-Wiesen-Arzt; **Wal|dung,** die; -, -en: *größerer Wald; Waldgebiet:* Die Stiftung, deren Vermögen aus -en bestand ... (NZZ 29. 4. 83, 27); **Wald|viertel,** das; -s: *niederösterreichische Landschaft;* **Wald|vo|gel,** der: *im Wald lebender Vogel;* **Wald|vögel|lein,** das: *(in lichten Buchenwäldern wachsende) Orchidee mit länglich-eiförmigen Blättern u. weißlichen od. violetten Blüten;* **wald|wärts** ⟨Adv.⟩ [↑-wärts]: *in Richtung zum Wald:* w. gehen; **Wald|weg,** der: *Weg im Wald:* ein unbefestigter, asphaltierter W.; **Wald|wei|de,** die (früher): *das Weiden des Viehs im Wald;* **Wald|wie|se,** die: *inmitten des Waldes gelegene Wiese;* **Waldwirt|schaft,** die: *Forstwirtschaft;* **Waldzo|ne,** die: vgl. Waldgebiet.

Wales [weilz]; Wales': *Halbinsel im Westen der Insel Großbritannien.*

Wal|fang, der ⟨o. Pl.⟩: *Fang von Walen;* **Wal|fang|boot,** das: *[zu einem Mutterschiff gehörendes] Boot für den Walfang;* **Wal|fän|ger,** der: **1.** *jmd., der Walfang treibt.* **2.** *kleineres Walfangschiff;* **Walfang|flot|te,** die: *Flotte für den Walfang;* **Wal|fang|schiff,** das: *Schiff für den Walfang;* **wal|fang|trei|bend** ⟨Adj.⟩: *Walfang betreibend:* -e Nationen; **Wal|fisch,** der (volkst.): *Wal;* **Wal|fisch|fang,** der ⟨o. Pl.⟩ (volkst.): *Walfang;* **Wal|fisch|fän|ger,** der (volkst.): *Walfänger.*

Wäl|ger|holz, das; -es, ...hölzer [zu ↑wälgern] (landsch.): *Nudelholz;* **wäl|gern** ⟨sw. V.; hat⟩ [Intensivbildung zu mhd. walgen, ahd. walagōn = (sich) wälzen, rollen] (landsch.): *(Teig) ausrollen.*

Wal|hall [auch: -'-], das; -s ⟨meist o. Art.⟩ [nach aisl. valholl; zum 1. Bestandteil vgl. Walstatt, 2. Bestandteil zu Halle, also eigtl. = Halle der auf dem Kampfplatz Gefallenen] (nord. Myth.): *Aufenthaltsort der in der Schlacht Gefallenen;* **Wal|hal|la,** das; -[s] od. die; - ⟨meist o. Art.⟩: *Walhall.*

¹Wa|li, der; -s, -s [türk. vali < arab. wālī = Provinzgouverneur, zu: waliya = benachbart sein; Freund sein; leiten, verwalten, regieren]: *höherer türkischer Verwaltungsbeamter; Statthalter;* **²Wa|li,** der; -[s], -s [arab. wālī = nahestehend; Wohltäter, Beschützer; (Gott) Nahestehender, Heiliger, zu: waliya, ↑¹Wali]: **1.** *mohammedanischer Heiliger.* **2.** *Grab eines mohammedanischen Heiligen als Wallfahrtsort.*

Wa|li|de, die; -, -s [türk. valide = Mutter, wohl zu arab. walada = gebären, erzeugen] (veraltet): *Titel der Mutter des regierenden türkischen Sultans.*

Wa|li|ser, der; -s, -: Ew. zu ↑Wales; **Wa|lise|rin,** die; -, -nen: w. Form zu ↑Waliser; **wa|li|sisch** ⟨Adj.⟩.

Wal|ke, die; -, -n (Fachspr.): **1.** ⟨o. Pl.⟩ *das Walken.* **2.** *Maschine, mit der Filze hergestellt werden;* **wal|ken** ⟨sw. V.; hat⟩ [mhd. walken, prügeln, ahd. walchan = kneten, zu ↑¹wallen]: **1.** (Textilind.) *(Gewebe) durch bestimmte Bearbeitung zum Verfilzen bringen.* **2.** *(in der Lederherstellung) Häute durch mechanisches Kneten u. ä. Bearbeitung geschmeidig machen.* **3.** (Hüttenw.) *Feinbleche zum Glätten über hintereinander angeordnete Walzen laufen lassen.* **4.** (landsch.) **a)** *(Gegenstände aus Leder, bes. Schuhe) durch kräftiges Einreiben mit Lederfett u. anschließendes Kneten o. ä. weich, geschmeidig machen:* „Du mußt sie (= die Stiefelspitzen) w.", schlug Ede vor. „Mit Lederfett." (Lentz, Muckefuck 10); Die Männer ... schmierten Koppel und Stiefel und walkten sie mit den Handballen (Strittmatter, Wundertäter 412); **b)** *(Teig) kräftig durchkneten:* den Teig kräftig w.; **c)** *kräftig massieren:* Lucien walkte und rieb meine Haut, meine Augenbrauen, mein Kinn, meine Wangen (Genet [Übers.], Tagebuch 168); Ü während den andern ... der Hirnmuskel mit mathematischen Formeln gewalkt wurde (Lynen, Kentaurenfährte 21); **d)** *(Wäsche beim Waschen mit der Hand) kräftig reibend, knetend bearbeiten:* Sie kniete ... am Flüßchen, walkte und knetete die Wä-

sche (Lenz, Suleyken 129); **Wal|ker,** der; -s, -: **1.** *jmd., der die Arbeit des Walkens (1, 2) ausführt* (Berufsbez.). **2.** (landsch.) kurz für ↑ *Nudelwalker.* **3.** *dem Maikäfer ähnlicher brauner Käfer mit unregelmäßigen gelblichweißen Flecken, der bes. auf sandigen Böden u. auf Dünen vorkommt;* **Wal|ker|de,** die ⟨o. Pl.⟩: *beim Walken (1) verwendeter Ton;* **Wal|ke|rin,** die; -, -nen: w. Form zu ↑ Walkerin (1).
Wal|kie-tal|kie ['wɔːkɪ'tɔːkɪ], das; -[s], -s [engl. walkie-talkie, zu: to walk = gehen u. to talk = sprechen]: *tragbares Funksprechgerät;* **Wal|king|bass** ['wɔːkɪŋbeɪs], der; -[engl. walking bass, eigtl. = gehender Baß]: *(im Jazz) sich wiederholende rhythmische Figur im Baß;* **Walk|man** Ⓦ ['wɔːkmən], der; -s, ...men [...mən; zu engl. to walk = gehen u. man = Mann]: *kleiner tragbarer Kassettenrecorder mit Kopfhörern: In den Gärten der königlichen Paläste wiegt sie sich bisweilen zu heißen Rhythmen aus dem W.* (Spiegel 26, 1982, 171).
Walk|müh|le, die (früher): *Anlage zum Walken (1):* ◆ *dann hörten sie seine W. und seinen Lohstampf, die er an seinem Bache für Tuchmacher und Gerber angelegt hatte* (Stifter, Bergkristall 22).
Wal|kü|re [auch: '- - -], die; -, -n [nach aisl. valkyria; zum 1. Bestandteil vgl. Walstatt, 2. Bestandteil zu ↑ Kür, also eigtl. = Wählerin der Toten auf dem Kampfplatz] (nord. Myth.): **1.** *eine der Botinnen Wodans, die die Gefallenen vom Schlachtfeld nach Walhall geleiten.* **2.** (scherzh.) *große, stattliche [blondhaarige] Frau: die Frau des Ministers ist eine W.; üppig und blond saß sie mir gegenüber, eine W. von imposantem Format und imposanter Unverfrorenheit* (K. Mann, Wendepunkt 447).
◆ **Walk|werk,** das: *Walkmühle: als die Kinder bis zu den Loh- und Walkwerken des Großvaters gekommen waren* (Stifter, Bergkristall 27).
¹Wall, der; -[e]s, -e ⟨aber: 2 Wall⟩ [aus dem Niederd. < älter schwed. val < aschwed. val = Stange, Stock, eigtl. wohl = Anzahl von Fischen, die auf einem Stock aufgesteckt werden können]: *(bes. von Fischen) Anzahl von 80 Stück:* drei W. Heringe.
²Wall, der; -[e]s, Wälle [mhd. wal, ahd. in: erdēwal = lat. vallum = Pfahlwerk auf dem Schanzwall, zu: vallus = (Schanz)pfahl]: *mehr od. weniger hohe Aufschüttung aus Erde, Steinen o. ä., mit der ein Bereich schützend umgeben od. abgeschirmt wird:* einen W. errichten, aufschütten, abtragen; eine von einem hohen W., von W. und Graben umgebene Burg; Ü *ein Wo von Schnee umgab das Haus; Diesen W. von Einsamkeit hatte Ulrich ... um sich aufgerichtet ...* (Musil, Mann 644); *Vom Flugplatz waren die Straßen gesäumt von einem W. winkender und grüßender Menschen* (Neues D. 5. 6. 64, 3).
Wal|la|by ['wɔləbɪ], das; -s, -s [engl. wallaby, aus einer Spr. der austral. Ureinwohner]: **1.** *mittelgroßes Känguruh.* **2.** *Fell verschiedener Känguruharten.*
Wal|lach, der; -[e]s, -e, österr. meist: -en, -en [urspr. = das aus der Walachei einge-

führte kastrierte Pferd]: *kastriertes männliches Pferd.*
Wall|an|la|ge, die (früher): *[im wesentlichen] aus einem ²Wall bestehende Befestigungsanlage;* **Wäl|le:** Pl. von ↑²Wall.
¹wal|len ⟨sw. V.⟩ [1-3: mhd. wallen, ahd. wallan, eigtl. = drehen, winden, wälzen]: **1. a)** *(von Flüssigkeiten, bes. von Wasser im Zustand des Kochens) in sich in heftiger Bewegung sein, die an der Oberfläche in einer beständigen Wellenbildung sichtbar wird* ⟨hat⟩: *das Wasser, die Milch wallt [im Topf]; die Soße kurze Zeit w. lassen;* ⟨subst.:⟩ *die Suppe zum Wallen bringen;* **b)** *jmds. Blut zum W. bringen* (geh.); *jmdn. heftig erregen, zornig machen);* **b)** (geh.) *(bes. von stehenden Gewässern) von Grund auf bewegt u. aufgewühlt sein u. sich an der Oberfläche in wilden Wellen bewegen; wogen* ⟨hat⟩: *die See schäumte und wallte; das Schiff versank in den wallenden Fluten; Siehe, aus wallendem Dunkel hebt sich der Flußgott ..., bedeckt mit Schlamm und Schaum* (K. Mann, Wendepunkt 107). **2.** (geh.) **a)** *sich in Schwaden hin u. her bewegen* ⟨hat⟩: *grauer Rauch wallte jäh, ein warmer Schleier* (Fühmann, Judenauto 101); *wenn die Kälte gar zu schlimm war oder wenn die Nebel in London wallten* (Maegerlein, Triumph 15); **b)** *wallend (2 a) in eine bestimmte Richtung ziehen o. ä.* ⟨ist⟩: *Nebel wallte in Schwaden über die Felder; Aus dem Kessel wallte Dampf* (Plievier, Stalingrad 222). **3.** (geh.) *wogend, in großer Fülle herabfallen, sich bewegen* ⟨ist⟩: *blonde Locken wallten [ihm] über die Schultern; ein wallender Bart; wallende Gewänder (Gewänder mit reichem Faltenwurf); Herein trat in wallendem Weiß Fahr ad-Din ibn as-Saih, der Emir von Jerusalem* (Stern, Mann 317).
²wal|len ⟨sw. V.; ist⟩ [mhd. wallen, ahd. wallōn, eigtl. = (umher)schweifen, unstet sein, wohl verw. mit ↑Wedel]: **a)** (geh. od. spött.) *feierlich, gemessen einherschreiten: Die Priester ... wallen in feierlicher Prozession ... mitten in das Gewühl des Straßenkampfes* (Thieß, Reich 531); **b)** (veraltet) *wallfahren:* Ü *Man wallte zu ihm, um seinen Predigten zu lauschen und bewunderte den Zauber seiner Rede* (Thieß, Reich 188).
wäl|len ⟨sw. V.; hat⟩ (landsch.): ¹*wallen (1 a) lassen; kochen [lassen]:* Fleisch w.
¹Wal|ler, der; -s, - [Nebenf. von älter: Waler, mhd. walre = Wels] (landsch.): *Wels.*
²Wal|ler, der; -s, - [zu ↑²wallen] (veraltet): *Wallfahrer:* ◆ *wohl bin ich ein Wanderer, ein W. auf der Erde!* (Goethe, Werther II, 16. Junius); **Wal|le|rin,** die; -, -nen (veraltet): w. Form zu ↑²Waller.
wall|fah|ren ⟨sw. V.; w wallfahrt, wallfahrte, ist gewallfahrt⟩ [im 16. Jh. bei Luther]: *eine Wallfahrt machen, pilgern:* Ü *Joachim Riedl wallfahrtete nach Braunau. Dort endete Adolf Hitlers 90. Geburtstag mit einer Kinderjause* (profil 17, 1979, 15); **Wall|fah|rer,** der: *jmd., der eine Wallfahrt macht, an einer Wallfahrt teilnimmt;* **Wall|fah|re|rin,** die; -, -nen: w. Form zu ↑ Wallfahrer; **Wall|fahrt,** die (mhd. wallevart]: *aus verschiedenen religiösen Motiven (z. B. Buße, Suche nach Heilung) unternommene Fahrt, Wanderung zu einem Wall-

fahrtsort, einer heiligen Stätte:* Ü *Am Eröffnungstag der Bayreuther Festspiele galt die W. der ... Wagner-Gemeinde zum grünen Hügel einer Wiederaufnahme ...* (Basler Zeitung 27. 7. 84, 29); **wall|fahr|ten** ⟨sw. V.⟩; *er wallfahrtet, wallfahrtete, ist gewallfahrtet)* (veraltend): **a)** *wallfahren:* ◆ *Einige werden als ein Trupp Pilgrime kommen, die nach Loretto w. gehen* (Schiller, Fiesco II, 15); ◆ **b)** *wandern, gehen: kommen Sie, ich leihe Ihnen die Tarnkappe hier ... und wir wallfahrten ungesehen nach dem Förstergarten* (Chamisso, Schlemihl 48); **Wall|fahrts|kir|che,** die: *vgl. Wallfahrtsort;* **Wall|fahrts|ort,** der: *Ort mit einer durch ein Gnadenbild, eine Reliquie o. ä. berühmten Kirche od. einer anderen heiligen Stätte, das Ziel von Wallfahrten ist:* Ü *Das Landtagsbüro des Bündnis 90 war während der Brandenburger Koalitionsverhandlungen W. für die realpolitisch orientierten West-Grünen* (natur 5, 1991, 40); **Wall|fahrts|stät|te,** die: *vgl. Wallfahrtsort:* Ü *seine Grabstätte kennzeichnet ein schlichtes Denkmal, das bis heute eine W. polnischer Patrioten geblieben ist* (NZZ 26. 10. 86, 26).
Wall|gang, der (Seemannsspr.): *wasserdichter Raum an der Innenseite der Bordwand auf Kriegsschiffen;* **Wall|gra|ben,** der (früher): *parallel zu einem eine Burg o. ä. umgebenden ²Wall verlaufender Graben: Vor dem W. von Fort Maui der Galgen aufgestellt* (Reinig, Schiffe 18); **Wall|hecke¹,** die (landsch.): *Knick (3).*
Wall|holz, das; -es, Wallhölzer [zu mundartl. wallen = (sich) wälzen] (schweiz.): *Nudelholz.*
Wal|lis, das; -: Schweizer Kanton; **¹Wal|li|ser,** der; -s, -: Ew.; **²Wal|li|ser** ⟨indekl. Adj.⟩; **Wal|li|ser Al|pen** ⟨nur mit Art.; Pl.⟩: *südlich des Walliser Rhonetals gelegener Teil der Schweizer Alpen;* **Wal|li|se|rin,** die; -, -nen: w. Form zu ↑¹Walliser; **wal|li|se|risch** ⟨Adj.⟩.
Wal|lo|ne, der; -n, -n: *Nachkomme romanisierter Kelten in Belgien u. Nordfrankreich;* **Wal|lo|ni|en:** *Gebiet, in dem Wallonisch gesprochen wird;* **Wal|lo|nin,** die; -, -nen: w. Form zu ↑ Wallone; **wal|lo|nisch** ⟨Adj.⟩; **Wal|lo|nisch,** das; -[s] u. ⟨nur mit best. Art.:⟩ **Wal|lo|ni|sche,** das; -n: *von den Wallonen gesprochenes Französisch.*
Wall|street ['wɔːlstriːt], die; -: *Geschäftsstraße in New York (Bankzentrum); Geld- u. Kapitalmarkt, Finanzzentrum der USA.*
Wal|lung, die; -, -en: **1.** *das ¹Wallen (1); heftige Bewegung [an der Oberfläche]: das Wasser im Topf kommt in W.; der Sturm brachte den See in W.; er, sein Gemüt, sein Blut geriet in W. (er geriet in heftige Erregung); etw. hatte sie in W. gebracht (zornig gemacht); eine heftige W. des Zorns, der Eifersucht; Der Pfarrer sagte das halb scherzend, mit welchem Ton er eine plötzliche W. von Ehrfurcht, ja Erschütterung zu dämpfen versuchte* (Andres, Die Vermummten 38). **2.** (Med.) **a)** *Blutwallung; etw. macht, verursacht -en u. -en leiden;* **b)** *Hitzewallung, fliegende Hitze:* -en haben, kriegen.
Wall|wurz, die; -: *Beinwell.*
¹Walm, der; -[e]s [spätmhd., ahd. walm, zu

Walm

↑ ¹wallen (1 b)] (landsch.): ¹*Wallen* (1 b) *des Wassers.*
²**Walm,** der; -[e]s, -e [mhd. walbe, ahd. walbo = Gewölbe, gewölbtes Dach, zu ↑wölben] (Bauw.): *dreieckige Dachfläche an den beiden Giebelseiten eines Walmdachs:* Das Zeltdach hat keinen First, die -e laufen in einem Punkt zusammen (Bild. Kunst III, 107); **Walm|dach,** das: *Dach, dessen abgeschrägte Giebelseiten dreieckige Dachflächen aufweisen;* **walmen** ⟨sw. V.; hat⟩ (Bauw.): *mit einem Walmdach versehen;* **Walm|kap|pe,** die (Bauw.): *besonders geformter Ziegel, der (bei einem Walmdach) am Übergang zwischen der Spitze eines ²Walms u. dem First verwendet wird .*
Wal|nuß, die; -, Walnüsse [aus dem Niederd. < mniederd. walnut; 1. Bestandteil zu ↑welsch, also eigtl. = welsche Nuß (nach der Herkunft aus Italien)]: **1.** *Nuß des Walnußbaums.* **2.** *Walnußbaum;* **Wall|nuß|baum,** der: *Baum mit großen, gefiederten Blättern u. kugeliger Steinfrucht mit grüner äußerer u. hellbrauner, holziger innerer Schale u. einem eßbaren, fettreichen Samen;* **wal|nuß|groß** ⟨Adj.⟩: *von der Größe einer Walnuß* (1): eine -e Geschwulst; **Wal|nuß|grö|ße,** die ⟨o. Pl.⟩: *Größe einer Walnuß* (1): ein Stein von W.; Der Dutt wechselte von W. bis zum Kürbisformat (Radecki, Tag 77); **Wal|nuß|kern,** der: *Kern einer Walnuß* (1); **Wall|nuß|scha|le,** die: *Schale einer Walnuß* (1).
Wall|öl, das: *aus dem Speck von Walen gewonnener Tran* (1).
Wal|lo|ne, die; -, -n [ital. vallonea, über das Mgriech. zu griech. bálanos = Eichel] (Bot.): *viel Gerbstoff enthaltender Fruchtbecher der Eiche.*
Wal|per|tin|ger: ↑ Wolpertinger.
Wal|platz [auch: 'val...], der; -es, -plätze (veraltet): vgl. Walstatt.
Wal|pur|gis|nacht, die; -, ...nächte [zu älter Walpurgis = Tag der Hl. Walpurga (= 1. Mai)]: *die Nacht zum 1. Mai, in der sich nach dem Volksglauben die Hexen auf dem Bocksberg treffen u. ihr Unwesen treiben.*
Wal|rat, der od. das; -[e]s [aus dem Niederd. < mniederd. walrāt, unter Einfluß von ↑ Rat umgedeutet aus spätmhd. walrām (zu mhd. rām = Schmutz), umgedeutet aus älter dän., norw. hvalrav, zu spätanord. raf = Amber (a)]: *aus dem Schädel des Pottwals gewonnene, in der pharmazeutischen u. kosmetischen Industrie verwendete weißliche, wachsartige Masse; Spermazet;* **Wal|rat|öl,** das: *Öl aus Walrat;* **Wal|roß,** das ⟨Pl. ...rosse⟩ [niederl. walrus, Umstellung u. Vermischung von aisl. hrossvalr = eine Art Wal u. aisl. rosmhvalr = Walroß. 2. Bestandteil der beiden aisl. Wörter zu ↑Wal, 1. Bestandteil von hrossvalr zu ↑Roß, 1. Bestandteil von rosmhvalr verw. mit ↑Rost, also eigtl. Mischung von „Roßwal" u. „Ro(s)twal"]: **1.** *gelbbraune bis braune, in Herden in nördlichen Meeren lebende Robbe mit langen, zu Hauern ausgebildeten Eckzähnen.* **2.** (ugs.) *schwerfälliger [dummer] Mensch:* so ein W.!; **Wal|schu|le,** die (Zool.): *Schule* (9) *von Walen.*

Wal|ser|tal, das; -[e]s: Tal in Vorarlberg: das Kleine, Große W.
Wall|statt [auch: 'val...], die; -, Walstätten [mhd. walstat, aus mhd., ahd. wal = Kampfplatz u. ↑Statt] (veraltet): *Kampfplatz; Schlachtfeld:* Ü Ist die Schweizer Maschinenindustrie somit im Begriff, auf der W. des Weltmarktes ein unsanftes Ende zu finden? (Schweizer Maschinenbau 16.8.83, 57); * **auf der W. bleiben** (veraltet; *im Kampf fallen*).
wal|ten ⟨sw. V.; hat⟩ [mhd. walten, ahd. waltan, eigtl. = stark sein, beherrschen] (geh.): **a)** (veraltend) *gebieten, zu bestimmen haben, das Regiment führen:* das König waltet über das Land; im Haus waltete die Mutter; Ü Doch über Rosinski waltet das Schicksal selbst (Bamm, Weltlaterne 113); Freundlichen ... Blickes waltet sie der massiven silbernen Teekanne und schenkt ein, sowie sie nur eine leere Tasse gewahrt (A. Kolb, Schaukel 32); **b)** *als wirkende Kraft o. ä. vorhanden sein, herrschen:* in diesem Haus waltet ein guter Geist, Frieden, Harmonie; über dieser Sache waltet ein Unstern; hier haben rohe Kräfte gewaltet *(sind rohe Kräfte am Werk gewesen);* Gnade, Milde, Vernunft, Vorsicht w. lassen *(seinem Handeln zugrunde legen);* Strenge waltete stets, und Strafe folgte auf dem Fuß (Dönhoff, Ostpreußen 154); Maßstab ist ... das Gewissen im Dienste der immanent waltenden Gerechtigkeit Gottes (NJW 19, 1984, 1081); Ich bezweifle, daß hier Zufall waltet (Th. Mann, Zauberberg 139); Allen Schülern werde nahegelegt, mannhaftes Schweigen w. zu lassen *(mannhaft zu schweigen;* Grass, Katz 107); ⟨subst.:⟩ sie spürten das Walten *(Wirken)* einer höheren Macht; **c)** * *das walte Gott (das gebe Gott);* **Wal|ter,** -s, - (veraltend): *jmd., der waltet* (1); **Wal|te|rin,** die; -, -nen (veraltend): w. Form zu ↑Walter: Lenkerin der häuslichen Geschicke, W. im trauten Heim (Fels, Gegenwart 41).
Wal|tier, das ⟨meist Pl.⟩: *(in vielen Arten vorkommendes) im Wasser, bes. im Meer lebendes Säugetier mit fischartiger Körperform, das vollkommen an das Leben im Wasser angepaßt u. an Land nicht lebensfähig ist* (z. B. Blauwal, Schwertwal, Tümmler). In zwei Gruppen lassen sich die -e unterteilen: in die Zahnwale ... und in die Bartenwale (BdW 9, 1987, 44).
Walz, die; - (bes. früher): ↑Walze (8): Die W. ist eine Lebensschule besonderer Art (MM 16./17./18. 6. 89, 3); Ü So war Rose bis zuletzt immer „auf der W.": Hausfrauennachmittage, Hörspiele, Fernsehen (Hörzu 11, 1976, 49); **Walz|blech,** das: *im Walzwerk* (2) *hergestelltes Blech;* **Walz|draht,** der: vgl. Walzblech; **Wal|ze,** die; -, -n [spätmhd. walze = Seilrolle, ahd. walza = Falle, Schlinge, zu ↑walzen u. eigtl. = Gedrehtes; 8: zu ↑walzen (3)]: **1.** (Geom.) *zylindrischer Körper mit kreisförmigem Querschnitt.* **2.** *walzenförmiger Teil an Geräten u. Maschinen verschiedener Art mit der Funktion des Transportierens, Glättens o. ä.* **3.** kurz für ↑Straßenwalze. **4.** kurz für ↑Ackerwalze. **5.** (ugs., auch Fachspr.) *Walzwerk* (2). **6.** *Teil eines mechanischen Musikinstruments, auf dem*

die Musik aufgezeichnet ist: Ü wo das Publikum nach einem Anfangserfolg den Autor zwingt, nun ewig dieselbe W. zu spielen (Tucholsky, Werke II, 213); Der Russe, die Roten, Moskaus Luftpiraten ... eine andere W. habt ihr nicht, was? (Fr. Wolf, Menetekel 309). **7.** *(bei der Orgel) mit den Füßen zu bedienende Vorrichtung, mit der ein Crescendo bzw. Decrescendo bewirkt werden kann.* **8.** ⟨o. Pl.⟩ (bes. früher) *Wanderschaft eines Handwerksburschen:* auf der W. sein, auf der W. gehen; ein Handwerksbursche auf der W.; Donath erzählte besonders gern, was ihm auf der W. passiert war (Bieler, Bär 117); **wal|zen** ⟨sw. V.⟩ [mhd. walzen = (sich) rollen, drehen, spätahd. walzan = rollen; erwägen, zu ↑ ¹wallen (1), 2: zu ↑Walze (3, 4); 3: eigtl. = müßig hin u. her schlendern; 4: eigtl. = mit drehenden Füßen auf dem Boden schleifen, tanzen]: **1.** *im Walzwerk bearbeiten u. in eine bestimmte Form bringen* ⟨hat⟩: Metall, Stahl w. **2. a)** *mit einer Walze* (3, 4) *bearbeiten u. glätten* ⟨hat⟩: den Asphalt, den Schotter, die Straße, den Acker w.; der Tennisplatz muß regelmäßig gewalzt werden; **b)** *durch Niederwalzen von etw. entstehen lassen* ⟨hat⟩: bis ... Planierraupen und Panzer einträchtig Schneisen in Getreidefelder walzten (Fels, Kanakenfauna 10). **3.** (veraltend, noch scherzh.) *wandern, auf Wanderschaft sein* ⟨ist⟩. **4.** (veraltend, noch scherzh.) *[Walzer] tanzen* ⟨ist/hat⟩: sogar ich tanzte eines Walzer mit Gusti, indes Fritz Strachow mit meiner Frau walzte. Bella walzt vortrefflich (Kesten, Geduld 43); Ein Mädchen walzt ausgelassen zu Tangoklängen durchs Gras (BZ am Abend 8. 11. 76, 8); **wäl|zen** ⟨sw. V.; hat⟩ [mhd. ahd. welzen]: **1. a)** *(meist schwere, plumpe Gegenstände [mit abgerundeten Formen]) langsam rollend auf dem Boden fortbewegen, an eine bestimmte Stelle schaffen:* einen Felsbrocken zur Seite w.; einen Verletzten auf den Bauch, auf die Seite w. *(auf den Bauch, auf die Seite drehen);* Ü Als sie aufwachte, fühlte sie sich um Jahre verjüngt und so leicht, als habe sie Steinlasten von ihrer Seele gewälzt (Hollander, Akazien 107); die Schuld, Verantwortung, Arbeit auf einen anderen w. *(einem anderen aufbürden);* **b)** ⟨w. + sich⟩ *sich [auf dem Boden o. ä. liegend] mit einer Abfolge von Drehungen um die eigene Achse fortbewegen od. in eine andere Lage bringen:* sich über den Boden hin und her, auf die Seite, aufs Gesicht w.; sich aus dem Bett w.; Teichmann wälzte sich ins Wasser (Ott, Haie 175); er wälzte sich aus dem Rollstuhl (Bastian, Brut 97); Ü eine Lawine wälzt sich zu Tal; ... auf die See, die ... herandröhnte ..., um sich irgendwo dahinten, weit dahinten, gegen den Deich zu w. (Hausmann, Abel 43); eine große Menschenmenge wälzte sich *(schob sich langsam)* durch die Straßen. **2. a)** ⟨w. + sich⟩ *(auf dem Boden o. ä. liegend) hin u. her drehen, hin u. her werfen:* sich schlaflos im Bett w.; sich im Schlamm, im Dreck, im Schnee w.; die Schöne wälzt sich in Bauchkrämpfen (Plievier, Stalingrad 315); ich, der aussah, als hätte ich mich in der Gosse gewälzt (Fallada, Trinker 63); sich in seinem Blut w. *(stark blutend sich am Boden wälzen);* Ü sie wälzten sich vor Lachen (ugs.; *mußten sehr lachen);* mit einem schäbigen Kanonier wälzt die sich (verhüll.; *hat sie Geschlechtsverkehr)* auf dem Teppich (Kirst, 08/15, 28); **b)** *(bei der Zubereitung) etw. in etw. hin u. her wenden, drehen, damit sich seine Oberfläche damit bedeckt:* etw. in Eigelb, in Öl, in Puderzucker, in gehackten Kräutern w.; das Fleisch in Paniermehl w. **3.** *(ugs.) (bei der Suche nach etw. Bestimmtem an verschiedenen Stellen lesend) eifrig, über längere Zeit durchblättern; studieren:* Lexika, Kursbücher, Kataloge w. **4.** *(ugs.) sich mit etw., worüber man Klarheit gewinnen möchte, im Geist beschäftigen:* Pläne, ein Problem w.; Ein Blick auf meine Frau und Töchter überzeugte mich, daß sie ähnliche Gedanken wälzten (Kesten, Geduld 42); **wal|zen|för|mig** ⟨Adj.⟩: *von der Form einer Walze (1); zylindrisch:* **Walzen|la|ger,** das (Technik): *Wälzlager;* **Walzen|müh|le,** die: *Mühle, bei der das Mahlgut von zwei (sich gegenläufig bewegenden) Walzen (2) zerkleinert wird;* **Walzen|spin|ne,** die: *Spinne mit walzenförmigem Hinterleib;* **Wal|zen|stra|ße,** die (Technik): *Walzstraße;* **Wal|zen|stuhl,** der (Technik): *Walzenmühle;* **Walzen|werk,** das (Technik selten): *Walzwerk;* **Wal|zer,** der; -s, - [1, 2: zu ↑walzen (4); 3: zu ↑Walzer (1)]: **1.** *Tanz im ¾-Takt, bei dem sich die Paare im Walzerschritt (sich rechtsherum um sich selbst drehend) bewegen:* ein langsamer, Wiener W.; W. linksherum; W., einen W. tanzen; Sie drehten sich im W. (Strittmatter, Wundertäter 223). **2.** *Instrumentalstück in der Art eines Walzers (1):* die Kapelle spielte einen W., er pfiff einen W. **3.** *Walzwerker:* Ich werde als W. an einer Maschine angelernt (Fels, Sünden 76); **Wäl|zer,** der; -s, - [eigtl. = Ding, das so schwer ist, daß man es nur durch Wälzen fortbewegen kann; wahrsch. scherzh. LÜ von lat. volumen, ↑Volumen] (ugs.): *großes, schweres Buch:* ein dicker W.; ein W. von über 1 200 Seiten; **Wal|ze|rin,** die; -, -nen: w. Form zu ↑Walzer (3); **Wal|zerme|lo|die,** die: *Melodie eines Walzers;* **Wal|zer|mu|sik,** die: *Tanzmusik, nach der man Walzer tanzt;* **Wal|zer|schritt,** der: *zum Walzer gehörender Tanzschritt;* **Walzer|takt,** der: *dem Walzer eigentümlicher Takt;* **Wal|zer|tän|zer,** der: *jmd. der Walzer tanzt;* **Wal|zer|tän|ze|rin,** die: w. Form zu ↑Walzertänzer; **Walz|gut,** das (Fachspr.): *zu walzendes Material;* **walzig** ⟨Adj.⟩: *walzenförmig:* ... als Schädling im kostbaren Dünndruckpapier ... als einer dieser kleinen Käfer mit -em Körper (Burger, Blankenburg 41); **Wälz|la|ger,** das (Technik): *Lager, bei dem die Reibung durch das Rollen eingebauter Walzen o. ä. erfolgt;* **Wälz|sprung,** der (Leichtathletik): *Art des Hochsprungs, bei der sich der Körper beim Überqueren der Latte so dreht, daß die Brust nach unten zeigt; Straddle;* **Wälz|stahl,** der: *gewalzter Stahl;* **Walz|stra|ße,** die: *technische Anlage, bestehend aus hintereinander angeordneten Walzen, über bzw. durch die

das zu bearbeitende Walzgut läuft;* **Walzwerk,** das: **1.** *mit Walzen (2) ausgestattete Maschine, die der Zerkleinerung von sprödem Material dient.* **2.** *Betrieb, Anlage, in der Metall, bes. Stahl, auf Walzstraßen bearbeitet wird;* **Walz|wer|ker,** der; -s, -: *Arbeiter in einem Walzwerk (2);* **Walz|werke|rin,** die: w. Form zu ↑Walzwerker.

Wam|me, die; -, -n [mhd. wamme, wambe, wampe, ahd. wamba, H. u.]: **1.** *von der Kehle bis zur Brust reichende Hautfalte an der Unterseite des Halses (z. B. bei Rindern).* **2.** (Kürschnerei) *Bauchseite der Felle.* **3.** (landsch.) ↑Wamme; **Wam|merl,** das; -s, -[n] [mundartl. Vkl. von ↑Wamme] (südd., österr.): *Bauchfleisch vom Kalb;* **Wam|pe,** die; -, -n [mhd. wampe, ↑Wamme] (ugs. abwertend): **a)** *dicker Bauch (bes. bei Männern):* eine fette, dicke W.; eine W. haben, kriegen; er hat sich eine ganz schöne W. angefressen; **b)** *Magen:* sich die W. vollschlagen; **wam|pert** ⟨Adj.⟩ (südd., österr. abwertend): *dickbäuchig; beleibt:* sie sei ein bissel w.

Wam|pum [auch: ...'pu:m], der; -s, -e [Algonkin (nordamerik. Indianerspr.) wampum]: *(bei den nordamerik. Indianern) Gürtel aus Muscheln u. Schnecken als Zahlungsmittel u. Urkunde.*

Wams, das; -es, Wämser [mhd. wams < afrz. wambais < mlat. wambasium, zu griech. pámbax, ↑Bombast]: **1.** *unter dem Panzer, der Rüstung getragenes Untergewand der Ritter.* **2.** *(veraltet, noch landsch.) (bes. bei bestimmten Trachten) den Oberkörper bedeckendes, meist hochgeschlossenes, enganliegendes, bis zur Taille reichendes Kleidungsstück für Männer;* **Wäms|chen,** das; -s, - (landsch.): *ärmellose Weste;* **wam|sen** ⟨sw. V.; hat⟩ [eigtl. = wams klopfen] (landsch.): *verprügeln;* ◆ **Wams|schoß,** der: *Rockschoß (1):* ... sagte der Junker, der sich die Wamsschöße frierend vor den Leib hielt (Kleist, Kohlhaas 7).

wand: ↑¹winden; **Wand,** die; -, Wände [mhd., ahd. want, zu ↑¹winden, also eigtl. = das Gewundene, Geflochtene (Wände waren urspr. geflochten)]: **1. a)** *im allgemeinen senkrecht aufgeführter Bauteil als seitliche Begrenzung eines Raumes, Gebäudes o. ä.:* eine dünne, massive, gemauerte, [nicht]tragende, gekachelte, unverputzte, gekalkte W.; die Wände sind sehr hellhörig; Der (= Vater) schoß ... gegen das Zelt, dessen elastisch wordene W. ihn wie einen Fußball zurückschleuderte (Schnurre, Bart 72); sie war, wurde weiß wie die/wie eine W. *(sehr bleich);* eine W. hochziehen, aufmauern, einreißen, tapezieren, isolieren, einreißen; er starrte die W. an; Die Wand gegenüber nahm ein großer ... Bücherschrank ein (Roehler, Würde 84); du mistest ja die ganze W. mit (ugs.; *beschmutzt dich, indem du die Wand streifst, mit der Kalkfarbe der Wand*); Die Straße ... führte ... an den weinumrankten Wänden der kleinen Häuser vorbei (Seidel, Sterne 60); eine große Sache, wie an der himmelhohen W. (Bordwand) „Europa" entlangschaukelten (Hausmann, Abel 173); [mit jmdm.] W. an W. *(unmittelbar nebeneinander)* wohnen

etw. an die W. werfen; etw., sich an die W. lehnen; Bilder an die W. hängen; gegen die W. schlagen, rennen; einen Nagel in die W. schlagen; ein Zimmer mit schrägen Wänden; der Schläfer drehte sich zur W. *(zur Wandseite);* Da wackelte die W.! (ugs.; *da geht es hoch her, da wird tüchtig gefeiert o. ä.);* die Wände haben Ohren *(hier gibt es Lauscher);* wenn die Wände reden könnten! *(in diesem Haus, dieser Wohnung haben sich sicherlich wechselvolle Schicksale o. ä. abgespielt);* scheiß die W. an! (derb; *Ausdruck der Enttäuschung, der Verärgerung);* Ü Seit jener Nacht weiß ich, wie gebrechlich die W. in uns ist, die uns von dem Chaos trennt (Fallada, Herr 250); „Sind Sie der Herr Professor?" fragte ich zitternd gegen die W. seines mächtigen Körpers (Jahnn, Geschichten 200); * **spanische W.** (veraltet; *Wandschirm;* H. u.); **die [eigenen] vier Wände** (ugs. *jmds. Wohnung od. Haus, jmds. Zuhause, in dem er sich wohl fühlt, in das er sich zurückzieht o. ä.):* So blieb er ein Fremder in seinen eigenen vier Wänden (Spiegel 34, 1976, 101); ... **daß die Wände wackeln** (ugs.; ↑²Heide 1): Heute abend wird ... gebumst, daß die Wände wackeln! (Ziegler, Labyrinth 209); **das/es ist, um die Wände/an den Wänden hochzugehen; da kann man die Wände/an den Wänden hochgehen!** (ugs.; *das ist doch unglaublich, empörend!);* **jmdn. an die W. drücken** (ugs.; *einen Konkurrenten o. ä. rücksichtslos beiseite, in den Hintergrund drängen):* als nicht konzerngestützter Verleger müsse er „alle Möglichkeiten wahrnehmen", um nicht „an die W. gedrückt zu werden" (Spiegel 19, 1977, 174); den drückte er auch als Redner glatt an die W. (Bredel, Väter 89); **jmdn. an die W. spielen** (1. *jmds. Können, bes. als Schauspieler, Sportler] überflügeln:* Jane Fonda in der Titelrolle spielt besonders die Männer an die W. [Hörzu 46, 1983, 67]. 2. *jmdn. durch geschickte Manöver ausschalten);* **jmdn. an die W. stellen** *(jmdn. [standrechtlich] erschießen):* standrechtliche Erschießungen wurden gewöhnlich vor einer Wand od. Mauer vorgenommen): die Deserteure wurden an die W. gestellt; **gegen eine W. reden** (*vergebens etw. zu erreichen suchen, jmdn. von etw. zu überzeugen suchen):* Der August merkte es meistens nicht, daß er gegen eine W. redete (Kühn, Zeit 149); **b)** *freistehend aufgerichtete wandähnliche Fläche:* eine W. zum Ankleben von Plakaten: zwischen den beiden benachbarten Terrassen steht als Sichtschutz eine mannshohe W. aus Kunststoff; Ü er sah sich einer W. von Schweigen, Mißtrauen gegenüber. **2. a)** *Seiten- bzw. rückwärtiges Teil von Schränken o. ä.:* die seitliche, hintere W. des Schranks, der Kiste, des Schubfachs; **b)** *[innere] umschließende Fläche von Hohlkörpern u. Hohlorganen:* die W. des Magens, des Darms, der Herzkammer; die Wände der Venen, Gefäße; die W. des Rohrs ist drei Millimeter stark; die Kalkablagerungen an den Wänden der Rohre. **3. a)** (bes. Bergsteigen) *nur kletternd zu überwindende, steil aufragende Felswand (bes. im Gebirge):* eine zerklüf-

Wandale

tete, fast senkrechte W.; eine W. bezwingen, erklettern; Unmittelbar vor seinem Blick bauen sich die Wände des Wilden Kaisers auf (Trenker, Helden 88); in eine W. einsteigen, gehen; in der W. hängen; **b)** (Bergbau) *[größeres] abgetrenntes Gesteinsstück;* **c)** kurz für ↑ Wolken-, Gewitterwand: *Eine schwarze W. steigt über den baumlosen Bergkamm auf der Lausanner Seite des Sees* (Strauß, Niemand 190); *das Flugzeug fliegt in eine W.* **4.** (Tennis) kurz für ↑ Tenniswand.

Wan|da|le, Vandale, der; -n, -n ⟨meist Pl.⟩ [nach dem ostgermanischen Volksstamm der Wandalen; vgl. Wandalismus] (abwertend): *zerstörungswütiger Mensch: diese -n haben alles zerstört;* **Wan|da|lin**, Vandalin, die; -, -nen (abwertend): w. Form zu ↑ Wandale; **wan|da|lisch**, vandalisch ⟨Adj.⟩ (bildungsspr.): *zerstörungswütig: w. hausen;* **Wan|da|lis|mus**, Vandalismus, der; - [frz. vandalisme, mit Bezug auf die Plünderung Roms durch die Wandalen im Jahre 455 n. Chr.]: *blinde Zerstörungswut.*

Wand|arm, der: *an der Wand angebrachter, armförmiger Halter, Leuchter:* -e mit Glasglocken aus der Jugendstilzeit sorgen für weiches Licht (Kinski, Erdbeermund 377); **Wand|bank**, die ⟨Pl. -bänke⟩: *an einer Wand stehende ¹Bank* (1); **Wand|be|hang**, der: vgl. Wandteppich; **Wand|be|klei|dung**, die: *Wandverkleidung;* **Wand|be|span|nung**, der: vgl. Wandverkleidung; **Wand|bett**, das: **a)** *Wandklappbett;* ◆ **b)** *in eine Wand eingebaute Bettstelle, die mit einer Schiebetür od. einem Vorhang verschlossen wird:* Und der erschütterte Sohn setzte sich dicht an das dunkle W.: „Sprecht, Vater, was Ihr noch zu sagen habt!" (Storm, Schimmelreiter 51); **Wand|be|wurf**, der: *Bewurf:* Er wollte die Risse im W. neu verputzen (Schnurre, Schattenfotograf 34); **Wand|bord**, das: *an der Wand angebrachtes ¹Bord:* vgl. Wandbord; **Wand|brett**, das: *Wandbord;* **Wand|de|ko|ra|ti|on**, die: vgl. Wandverkleidung; **wän|de**: ↑¹winden; **Wän|de**: Pl. von ↑ Wand.

Wan|del, der; -s [mhd. wandel, ahd. wandil, zu ↑wandeln]: **1.** *das Sichwandeln; Wandlung: ein allmählicher, rascher, plötzlicher, radikaler, tiefgreifender W.; ein W. der Ansichten, im Bewußtsein; politischer, sozialer, technologischer W.; ein W. vollzieht sich, tritt ein; Diese Politik fand Ausdruck in der Formel „W. durch Annäherung"* (Spiegel 6, 1990, 146); *hier muß W. geschaffen werden (muß etw. geändert werden); einen W. herbeiführen; einen W. erfahren* (geh.; *sich wandeln); ... um in ihm einen faren alten Herrschaftsdiener zu erkennen, die auf manchem Landsitz ... noch den W. der Zeiten zu überdauern scheinen* (Fallada, Herr 136); *die Mode ist dem W. (der ständigen Veränderung) unterworfen; etw. befindet sich im W.; im W. (im Verlauf) der Zeiten.* **2.** (veraltet) *Lebenswandel: ... wurde in W. mit nicht geringerer Aufmerksamkeit verfolgt als der der Mitglieder des großherzoglichen Hauses* (Th. Mann, Hoheit 137); *einen reinen, tugendhaften W. führen;* Martin Luther ... war ... ein Mann ... von heilig-

mäßigem W. (Goes, Hagar 107); **Wan|del|al|tar**, der: *Flügelaltar, der mehrere Flügel hat;* **Wan|del|an|lei|he**, die (Bankw.): *Wandelschuldverschreibung;* **wan|del|bar** ⟨Adj.⟩ [mhd. wandelbære] (geh.): *dem Wandel unterworfen; veränderlich; nicht beständig: das -e Glück; sie (= die Götter) waren ... immer treulos und w.* (unstet **b**) *wie die Menschen, zu denen sie gehörten* (Remarque, Obelisk 228); **Wan|del|bar|keit**, die; -: *das Wandelbarsein;* **Wan|del|ga|le|rie**, die: vgl. Wandelhalle; **Wan|del|gang**, der: vgl. Wandelhalle; **Wan|del|ge|schäft**, das (Börsenw.): *Termingeschäft, bei dem sich der Käufer od. Verkäufer ein Recht auf vorzeitige Lieferung vorbehält;* **Wan|del|hal|le**, die: *[offene] Halle, Vorraum (z. B. in Kurhäusern o. ä.), in dem man promenieren kann;* **Wan|del|mo|nat**, **Wan|del|mond**, der (veraltet): *April;* **wan|deln** ⟨sw. V.⟩ [mhd. wandeln, ahd. wantalōn, Iterativbildung zu ahd. wantōn = wenden, zu ↑¹winden, also eigtl. = wiederholt wenden] (geh.): **1.** ⟨w. + sich; hat⟩ **a)** *sich [grundlegend] verändern; eine andere Form, Gestalt o. ä. bekommen; in seinem Wesen, Verhalten o. ä. anders werden: du hast dich, dein Leben hat sich gewandelt; die Verhältnisse haben sich seitdem sehr gewandelt; die Zeit, das Bewußtsein der Menschen, die Mode hat sich gewandelt; Meinungen, Anschauungen, Ideale wandeln sich im Laufe der Zeit; die Bedeutung des Wortes hat sich im Laufe der Sprachgeschichte gewandelt; wie stark sich die Inhalte des Begriffs Monarchie gewandelt haben, bedarf keiner Erklärung* (Thieß, Reich 11); *Es vergehen zehn Jahre, ehe sich ... das Schicksal des Knaben zu w. beginnt* (Jens, Mann 149); *den gewandelten Bedürfnissen gerecht werden;* **b)** *zu etw. anderem werden; sich verwandeln:* Dann wandelte sich seine fordernde Schärfe langsam in tiefe Verachtung (Kirst, 08/15, 725); *... wandelt sich der Chemie-Saulus zum Öko-Paulus und entsagt der giftigen Chemie* (Spiegel 23, 1987, 240). **2.** ⟨hat⟩ **a)** *jmdn., etw. anders werden lassen: die Erlebnisse haben ihn gewandelt; Wer nicht ... aus der Tiefe seiner Seele her gewandelt wurde ...* (Thieß, Reich 295); *er ist ein gewandelter Mensch;* **b)** *zu etw. anderem werden lassen, verwandeln: das Chaos in Ordnung w.; ... habe er sich vorgenommen, die Kathedrale von Coventry von einem Symbol der Zerstörung zu einem Zeichen der Versöhnung zu w.* (Welt 9.11.65, 11); *Die Mehrheitsaktionäre ... haben ... ein Paket neuer Tosco-Vorzugsaktien erhalten, die in 1,7 Mio. Tosco-Stammaktien gewandelt werden können* (NZZ 9.12. 82, 16); **c)** (Rechtsspr.) *(einen Kauf- od. Werkvertrag als Käufer od. Besteller) durch einseitige Erklärung rückgängig machen:* Wird das Stück ... in unfunktionierter Weise aufgeführt, so ist die Werkleistung mangelhaft. Der Besucher kann deshalb w. oder mindern (NJW 19, 1984, 1078). **3.** *langsam, mit gemessenen Schritten, meist ohne einem Ziel zuzusteuern, gehen, sich fortbewegen* ⟨ist⟩: *in einem Park w.; auf und ab w.; daß ich durch eine Weltstadt geh' und gleichzei-*

tig *unter Palmen wandel'* (Fels, Kanakenfauna 132); *ein Somnambuler, der mit geschlossenen Augen auf dem Dache wandelt* (Thieß, Reich 561); *wie ein Versuch, auf dem Wasser zu w.* (Frisch, Stiller 405); Ü Früher ... wuschen sich Romanhelden grundsätzlich überhaupt nicht – sie wandelten durchs Leben, wie man heute noch bei Tagore durchs Leben wandelt (Tucholsky, Werke II, 274); *... wollen Sie nur Eindruck machen ... damit, daß Sie überall Zutritt haben und auf den Höhen der Menschheit wandeln* (zu den privilegiertesten Menschen gehören; Th. Mann, Krull 367); * **ein wandelnder, eine wandelnde** usw. ... (ugs. scherzh.; *eine Verkörperung eines, einer* usw. ...): *er ist ein wandelnder Vorwurf;* Die Gestalt aber – wie feiertäglich! Welch wandelnder Sonntag: weder knabenhaft, noch die eines Mädchens ...! (A. Kolb, Schaukel 151); *... hörte man den völlig genesenen Skandinavier, diese wandelnde Empfehlung des Ortes und der Heilanstalt, sich ... entfernen* (Th. Mann, Zauberberg 295). **4.** (bibl.) *in einer bestimmten Weise leben, seinen Lebenswandel führen* ⟨hat⟩: *jene, die nicht nach dem Fleisch wandeln, sondern nach dem Geist; wir haben in der Gnade Gottes gewandelt;* **Wan|del|ob|li|ga|ti|on**, die (Bankw.): *Wandelschuldverschreibung;* **Wan|del|schuld|ver|schrei|bung**, die (Bankw.): *Schuldverschreibung einer Aktiengesellschaft, die neben der festen Verzinsung das Recht auf Umtausch in Aktien verbrieft;* **Wan|del|rös|chen**, das: *als Strauch wachsende Pflanze mit zierförmigen Blättern u. kleinen Blüten in dichten Köpfchen, deren Farbe je nach Entwicklungsstadium von Orange über Gelb nach Rot wechselt;* **Wan|del|stern**, der (veraltet): *Planet;* **Wan|de|lung**, die; -, -en: **1.** (selten) ↑ Wandlung. **2.** (Rechtsspr.) *das Wandeln* (2 c).

Wan|der|amei|se, die: *räuberische Ameise im tropischen Südamerika u. Afrika, die in langen Kolonnen durch Wald, Busch u. Grasland zieht;* **Wan|der|ar|bei|ter**, der: *[Saison]arbeiter, der seinen Arbeitsplatz weit entfernt von seinem Wohnort aufsuchen muß;* **Wan|der|ar|bei|te|rin**, die: w. Form zu ↑ Wanderarbeiter; **Wan|der|aus|stel|lung**, die: *Ausstellung, die in verschiedenen Städten gezeigt wird;* **Wan|der|be|we|gung**, die: *Bewegung* (3 b), *die bestrebt ist, das Wandern zu fördern;* ◆ **Wan|der|buch**, das: *Buch* (2), *das der wandernde Handwerksgeselle mit sich trägt u. in das die jeweiligen Arbeitsstellen u. Arbeitszeiten als Nachweis für die spätere Meisterprüfung eingetragen werden: oder mochte der Schneider sein W. im Wagen hervorgezogen, es dort vergessen und der Kutscher es zu sich genommen haben* (Keller, Kleider 12); **Wan|der|bü|che|rei**, die (Bibliotheksw.): *Buchbestand von bestimmter Menge, der von einer Zentralstelle an kleinere od. ländliche Büchereien für eine bestimmte Zeit ausgeliehen wird;* **Wan|der|büh|ne**, die: *Theatergruppe, die im allgemeinen kein eigenes Haus besitzt u. an verschiedenen Orten Vorstellungen gibt;* **Wan|der|bur|sche**, der (bes. früher): *Handwerksgeselle auf Wanderschaft;* **Wan|der|dü|ne**, die: *sich* *verlagernde Düne;* **Wan|de|rer,** (seltener:) Wandrer, der; -s, -: *jmd., der [gerne, häufig] wandert* (1): *ein einsamer, müder W.; sie sind eifrige, leidenschaftliche W.; Ü er ist vielleicht der einsamste aller Kaiser gewesen, ein ruheloser Wanderer im Heiligen Palaste* (Thieß, Reich 438); *Wer die damalige Zeit miterlebt hat, wird bei Güstrow vielen bekannten Personen begegnen, ... Verbrechern und auch Wanderern zwischen vielen Welten* (NJW 19, 1984, 1096); **Wan|der|fah|ne,** die (ehem. DDR): *Fahne, die als Auszeichnung den jeweils Besten in einem sozialistischen Wettbewerb übergeben wird;* **Wan|der|fahrt,** die (veraltend): *Fahrt* (2 b); **Wan|der|fal|ke,** der: *Falke mit oberseits schiefergrauem, auf der Bauchseite weißlichem, dunkel gebändertem Gefieder;* **Wan|der|fisch,** der: *Fisch, der zum Laichen, aus Gründen der Nahrungssuche o. ä. weite Strecken zu geeigneten Plätzen zurücklegt:* -*e scheitern oft an unvollkommen konstruierten Fischpässen* (BdW 8, 1987, 108); **wan|der|freu|dig** ⟨Adj.⟩: *gern wandernd: ... folgte von Weizsäcker den Erfahrungen seines* -*en Amtsvorgängers Karl Carstens* (Hamburger Abendblatt 22. 7. 85, 2); **Wan|der|ge|sel|le,** der (bes. früher): vgl. *Wanderbursche;* **Wan|der|ge|sel|lin,** die (bes. früher): w. Form zu ↑ *Wandergeselle;* **Wan|der|ge|wer|be,** das: *ambulantes Gewerbe;* **Wan|der|ge|wer|be|schein,** der: *Gewerbeschein für ein Wandergewerbe;* **Wan|der|grup|pe,** die: *Gruppe, die sich zum Wandern zusammengefunden hat;* **Wan|der|heu|schrecke**[1], die: *(in tropischen Gebieten vorkommende) Heuschrecke, die oft in großen Schwärmen über die Felder herfällt u. alles Grün vernichtet;* **Wan|de|rin,** die; -, -nen: w. Form zu ↑ *Wanderer;* **Wan|der|jahr,** das ⟨meist Pl.⟩ (bes. früher): *auf Wanderschaft zugebrachtes Jahr bes. eines Handwerksgesellen;* **Wan|der|kar|te,** die: *Landkarte, in der Wanderwege u. andere für Wanderer wichtige Eintragungen enthalten sind;* **Wan|der|klas|se,** die: *Schulklasse, die keinen eigenen Klassenraum hat u. deshalb immer wieder den Raum wechseln muß;* **Wan|der|klei|dung,** die: *für Wanderungen* (1) *geeignete Kleidung;* **Wan|der|le|ben,** das ⟨o. Pl.⟩: *unstetes Leben mit häufigem Ortswechsel:* ein W. *führen; ich zeigte ihm die Stationen meines europäischen* -s (K. Mann, Wendepunkt 332); **Wan|der|le|ber,** die (Med.): *Senkung der Leber od. abnorm bewegliche Leber;* **Wan|der|leh|rer,** der (ehem. DDR): *Lehrer, der an verschiedenen Orten unterrichtet;* **Wan|der|leh|re|rin,** die (ehem. DDR): w. Form zu ↑ *Wanderlehrer;* **Wan|der|lei|ter,** der (bes. ehem. DDR): *Führer einer Wandergruppe;* **Wan|der|lei|te|rin,** die (bes. ehem. DDR): w. Form zu ↑ *Wanderleiter;* **Wan|der|lied,** das: *beim Wandern zu singendes Volkslied;* **Wan|der|lust,** die ⟨o. Pl.⟩: *Lust, Freude am Wandern;* **wan|der|lu|stig** ⟨Adj.⟩: *gern wandernd;* **Wan|der|milz,** die (Med.): *Verlagerung der Milz;* **Wan|der|mu|schel,** die [die Muschel wanderte in Flüsse Eurasiens ein]: *festsitzende, dreikantige, im Süßwasser lebende Muschel;* **wan|dern** ⟨sw. V.; ist⟩ [mhd. wandern,

Iterativbildung zu ahd. wantōn (↑ *wandeln*), eigtl. = *wiederholt wenden, dann: hin u. her gehen*]: **1.** *eine Wanderung* (1), *Wanderungen machen: gerne, oft, viel w.; einen ganzen Tag [in den Bergen] w.; am Wochenende wollen, gehen, waren wir w.; dort kann man gut, schön w.; er ist [durch den ganzen Odenwald] nach Heidelberg gewandert; diese Route bin ich noch nicht gewandert; mit dem Kajak w. (eine Wasserwanderung machen); mit dem Fahrrad w. (eine Radwanderung machen);* ⟨subst.:⟩ *zum Wandern in die Alpen fahren.* **2.** *ohne ein Ziel anzusteuern, [gemächlich] gehen; sich irgendwo ergehen: [ziellos] durch die Stadt, die Straßen w.; im Zimmer auf und ab w.; schlaflos wanderte er durch die Wohnung;* Lawkow *wanderte durch die Nacht* (Plievier, Stalingrad 144); Ü *die Wolken wanderten [am Himmel]* (dichter.; *ziehen [am Himmel] dahin); Die Sterne wanderten langsam in ihren gekrümmten Bögen über den Himmel* (Rehn, Nichts 64); *er ließ seinen Blick [von einem zum anderen] w.; während seine kleinen, runden, tiefliegenden Augen rastlos wanderten* (Th. Mann, Buddenbrooks 180); *Wir wandern mit ziemlich beschränkten Organen durch unser Dasein* (Remarque, Obelisk 133). **3.** *(nicht seßhaft, ohne festen Aufenthaltsort) umher-, von Ort zu Ort, zu einem bestimmten Ziel ziehen: sie wandern [als Nomaden] durchs Land; die Lachse wandern Tausende von Kilometern [weit], zum Laichen in die Flüsse; Die Tiere wandern ... auf festgetretenen Wegen, die jedermann zunächst für Menschenpfade hält* (Grzimek, Serengeti 313); *wandernde Handwerksburschen, Artisten, Mönche, Scherenschleifer;* Ü *Trotz seiner Krankheit wanderte (ging)* Esch *jeden zweiten Tag in die Lazarettbibliothek* (Ott, Haie 201); *er behauptet, seine Geschwüre wandern (verändern ihre Lage;* Bieler, Mädchenkrieg 405); *der Brief war von Hand zu Hand gewandert (war immer weitergegeben worden); 5,1 % der SPÖ-Wähler aus dem Jahr 1979 wanderten diesmal zur ÖVP* (Salzburger Nachrichten 30. 3. 84, 3); *eine wandernde Düne; Wenn der Stau hinter einer wandernden Baustelle zu lang wird ...* (ADAC-Motorwelt 7, 1979, 55). **4.** (ugs.) *(zu einem bestimmten Zweck) an einen bestimmten Ort geschafft, gebracht werden: etw. wandert in/auf den Müll, in den Papierkorb;* Brunies? *Der wird umgekommen sein. Wanderte dreiundvierzig ins* KZ (Grass, Hundejahre 433); *für dieses Delikt wandert er ins Gefängnis (wird mit Gefängnis bestraft);* **Wan|der|nie|re,** die (Med.): *Senkung der Niere;* **Wan|der|po|kal,** der: *Wanderpreis in Gestalt eines Pokals;* **Wan|der|pre|di|ger,** der: *Prediger, der an verschiedenen Orten (missionierend) auftritt;* **Wan|der|pre|di|ge|rin,** die: w. Form zu ↑ *Wanderprediger;* **Wan|der|preis,** der: *bei bestimmten [sportlichen] Wettbewerben vergebener Preis, der an den nächsten Sieger weitergegeben wird;* **Wan|der|rat|te,** die: *große, bes. am Wasser od. in der Kanalisation lebende Ratte mit braungrauem Fell;* **Wan|der|rou|te,** die: **1.** *von Wanderern benutzte*

Route: eine beliebte W.; in dem Buch werden 20 -n *ausführlich beschrieben.* **2.** *Route, der Tiere bei ihren Wanderungen folgen: die* -n *der Karibus, der Lachse, der Zugvögel;* **Wan|der|schaft,** die; -, -en ⟨Pl. selten⟩: *Zeit des Wanderns* (3), *Umherziehens od. -reisens, des Nichtseßhaftseins: Mit der ersten Reise nach China beginnt Teilhards große W. kreuz und quer über die Erde* (Natur 20); *die Zeit der W. ist für ihn vorüber; als Geselle ging er auf [die] W.; sich auf die W. machen; auf [der] W. sein; von der W. zurückkehren; den ganzen Sommer über sind die Tiere der Steppen auf W. (ziehen sie auf Nahrungssuche umher);* Ü *sie war den ganzen Vormittag auf W.* (ugs.; *unterwegs);* **Wan|der|schritt,** der ⟨o. Pl.⟩: *beim Wandern gewählte Gangart: selbst in wackerem W. brauchte man gute zwei Stunden hinauf* (NZZ 23. 10. 86, 41); **Wan|der|schuh,** der: *für Wanderungen geeigneter Schuh;* **Wan|der|schutt,** der (Geol.): *langsam sich hangabwärts bewegender Gesteinsschutt;* **Wan|ders|mann,** der; ⟨Pl. ...leute⟩: **1.** *jmd., der sich auf Wanderschaft befindet.* **2.** (scherzh.) *Wanderer;* **Wan|der|sport,** der: *als Sport betriebenes Wandern;* **Wan|der|stab,** der (veraltet): *Wanderstock:* Ü den W. nehmen, zum W. greifen (bildungsspr. scherzh.; *eine Wanderung machen; einen Ort verlassen; weggehen);* **Wan|der|stie|fel,** der: *Wanderschuh;* **Wan|der|stock,** der: *Stock des Wanderers;* **Wan|der|tag,** der: *Tag, an dem eine [Schul]wanderung unternommen wird;* **Wan|der|thea|ter,** das: vgl. *Wanderbühne;* **Wan|der|trieb,** der ⟨o. Pl.⟩: **1.** (Zool.) *instinkthaftes Verhalten, das bestimmte Tierarten dazu veranlaßt, zu bestimmten Zeiten ihren Aufenthaltsort zu wechseln.* **2.** (Med.) *zwanghaftes, krankhaftes Bedürfnis umherzuziehen, sein Zuhause zu verlassen:* Ü *er ist vom W. befallen* (scherzh.; *hat große Lust zu reisen o. ä.);* **Wan|der|trup|pe,** die: vgl. *Wanderbühne;* **Wan|de|rung,** die; -, -en [spätmhd. wanderunge]: **1.** *längerer Weg durch die Natur, der zu Fuß zurückgelegt wird: eine lange, weite, ganztägige W.; eine W. von vier Stunden; eine W. durch den Wald, durch das Watt, über einen Gletscher; eine W. machen, unternehmen.* **2.** *das Wandern* (3): *die* -en, *die W. der Nomaden, der Lachse, der Zugvögel, der Karibus, der Kröten; über die Stürme der nordwestpolnischen ("dorischen") W.* (Fraenkel, Staat 257); Ü *Dabei kam es vorwiegend zu einer W. der Wähler von der CDU zu FDP und FWG* (Rheinpfalz 27. 7. 87, 10). **3. a)** *das Wandern* (2): *auf seinen abendlichen* -en *durch die Altstadt; während meiner traurigen* -en *durch die Säle* (Hesse, Steppenwolf 190); **b)** *Fußmarsch, Gang:* Im Frankreichfeldzug *waren es* -en *durch taufrischen Wald oder ... entlang der Meeresküste gewesen* (Plievier, Stalingrad 256); *von unseren mühseligen* -en *durch die große und kaltherzige ... Stadt, auf der Suche nach einer erschwinglichen Wohnstätte* (Th. Mann, Krull 89); **Wan|de|rungs|be|we|gung,** die (Soziol.): vgl. *Migration* (1); **Wan|der|ver-**

Wandervogel

ein, der: *Verein, der das Wandern pflegt u. fördert;* **Wan|der|vo|gel,** der: **1.** (veraltet) *Zugvogel:* Ü *er ist ein W.* (veraltet scherzh.; *er wandert gerne*). **2. a)** ⟨o. Pl.⟩ *um 1895 gegründete, 1901 so benannte Vereinigung von Gymnasiasten in Berlin-Steglitz, die bes. das Wandern* (1) *pflegte u. zum Ausgangspunkt der deutschen Jugendbewegung wurde:* im W. sein; sie kennen sich vom W.; **b)** *Angehöriger des Wandervogels* (2 a); **Wan|der|weg,** der: *Weg zum Wandern;* **Wan|der|wel|le,** die (Elektrot.): *elektromagnetische Welle, die sich entlang einer elektrischen Leitung ausbreitet;* **Wan|der|wet|ter,** das: *(in einer bestimmten Weise) zum Wandern geeignetes Wetter:* gutes, schlechtes, das ideale W.; **Wan|der|zel|le,** die (Biol., Med.): *sich selbständig fortbewegende Zelle des tierischen u. menschlichen Organismus;* **Wan|der|ziel,** das: *Ziel einer Wanderung;* **Wan|der|zir|kus,** der: *Zirkus ohne festen Standort.*
Wand|fach, das: *in der Wand angebrachtes Fach* (1); **Wand|flä|che,** die: *Fläche einer Wand;* **Wand|flech|te,** die: *rosettenartige, gelbe Flechte* (2) *an nährstoffreichen Baumrinden, Felsen o. ä.;* **Wand|flie|se,** die: vgl. Wandplatte; **Wand|flu|ter,** der: vgl. Fluter (2); **Wand|fres|ko,** das: vgl. Wandgemälde; **Wand|fries,** der: vgl. Wandgemälde; **Wand|ge|mäl|de,** das: *unmittelbar auf die Wand eines Raumes gemaltes Bild;* **Wand|ha|ken,** der: *an der Wand anzubringender Haken;* **wand|hän|gend** ⟨Adj.⟩ (Fachspr.): *an der Wand aufgehängt:* -e WC-Anlagen; **Wand|hei|zung,** die: *Strahlungsheizung mit in der Wand verlegten Rohren;* -wan|dig: in Zusb., z. B. dickwandig; **Wand|ka|chel,** die: vgl. Wandplatte; **Wand|ka|len|der,** der: *aufzuhängender [Abreiß]kalender;* **Wand|kar|te,** die: *an der Wand aufzuhängende Landkarte;* **Wand|klapp|bett,** das: *an einer Wand aufzustellendes Klappbett;* **Wand|lam|pe,** die: *Wandleuchte.*
Wand|ler, der; -s, - (Technik): *Gerät, Vorrichtung, die eine [physikalische] Größe in ihrem Wert verändert od. in eine andere Größe umwandelt:* ein Lautsprecher, Mikrophon ist ein elektroakustischer W.
Wand|leuch|te, die: *an der Wand anzubringende Leuchte;* **Wand|leuch|ter,** der: *an der Wand anzubringender Leuchter:* ... diesem herrlichen ... Raum ... mit seinen rot beschirmten -n (Th. Mann, Krull 235).
Wand|lung, die; -, -en [mhd. wandelunge, ahd. wantalunga]: **1.** *das Sichwandeln; Gewandeltwerden:* gesellschaftliche -en; eine W. vollzieht sich; Denn wenn ein Schriftsteller einmal zu wirken anfängt, so tritt eine bedeutsame W. in seinem Leben ein (Musil, Mann 430); Ich wußte nicht, daß eine große W. mit mir vor sich ging (Nossack, Begegnung 346); eine äußere, innere W. durchmachen, erfahren; durch eine grundlegende W. der Staatsverfassung hin zur Führerherrschaft (Fraenkel, Staat 80); in W. begriffen sein. **2.** (kath. Rel.) *Transsubstantiation:* ich schau auf die Uhr und denk mir, bis zur W. bist du beim Friedhof (Innerhofer, Schattseite 173). **3.** (Rechtsspr.) *Wandelung* (2); *das Wandeln* (2); **wand-**

lungs|fä|hig ⟨Adj.⟩: **a)** *fähig, sich zu wandeln;* er ist nicht mehr w.; Die Einheitspartei ist den Beweis, daß ihr Staat w. ist in Richtung auf größere Freiheit, bisher schuldig geblieben (W. Brandt, Begegnungen 502); **b)** *fähig, in verschiedene Rollen zu schlüpfen:* ein -er Schauspieler; **Wand|lungs|fä|hig|keit,** die ⟨o. Pl.⟩: *das Wandlungsfähigsein;* **Wand|lungs|pro|zeß,** der: *Prozeß der Wandlung:* in tiefgreifender W.; einen W. durchmachen; für den geistigen W., der in Indien herbeigeführt wurde (Geist. Welt 12. 1. 63, 2); sich in einem W. befinden.
Wand|ma|le|rei, die: vgl. Deckenmalerei; **Wand|ni|sche,** die: *Nische in eine Wand;* **Wand|pfei|ler,** der: *Pilaster;* **Wand|pfei|ler|kir|che,** die (Kunstwiss.): *einschiffige Kirche, deren Seitenwände durch Wandpfeiler gegliedert sind, zwischen denen sich Kapellen befinden;* **Wand|plat|te,** die: *[keramische] Platte, Fliese für Wandverkleidungen.*
Wand|rer, der: ↑ Wanderer; **Wand|dre|rin,** die; -, -nen: w. Form zu ↑ Wandrer.
Wand|schirm, der: *aus mit Scharnieren verbundenen Holzplatten bzw. aus mit Stoff o. ä. bespannten Rahmen bestehendes Gestell, das (in Räumen) gegen Zugluft od. als Sichtschutz aufgestellt wird; Paravent;* **Wand|schmuck,** der: *etw., was zum Schmuck einer Wand dient:* ein schöner, origineller W.; sich etw. als W. aufhängen, übers Sofa hängen; **Wand|schrank,** der: *in einer Wand* (1 a) *eingebauter Schrank;* **Wand|schränk|chen,** das: *an der Wand zu hängendes Schränkchen;* **Wand|sockel[1],** der: *unten an einer Zimmerwand entlanglaufender schmaler Sockel;* **Wand|spie|gel,** der: *an der Wand zu befestigender Spiegel;* **Wand|ta|fel,** die: *(in Unterrichtsräumen) an der Wand angebrachte große Tafel zum Anschreiben o. ä. von Unterrichtsstoff;* **Wand|tä|fe|lung,** die: *Täfelung einer Wand.*
wand|te: ↑ wenden.
Wand|tel|ler, der: *als Schmuck an die Wand zu hängender Teller;* **Wand|tep|pich,** der: *als Schmuck an der Wand eines Raumes aufgehängter Teppich od. Behang;* **Wand|tisch,** der: *Konsole* (2); **Wand|tre|sor,** der: *in eine Wand eingelassener u. fest darin verankerter Tresor;* **Wand|uhr,** die: *an der Wand zu hängende Uhr;* **Wan|dung,** die; -, -en: *Wand* (2 b): Eine Überprüfung der Triebwerksbrennkammern hat Risse in der W. aufgezeigt (Göttinger Tageblatt 30. 8. 85, 3); Keramikgefäße mit dünner W. (Chic 9, 1984, 45); **Wand|va|se,** die: vgl. Wandteller; **Wand|ver|klei|dung,** die: *Verkleidung der Innen- bzw. Außenwände eines Gebäudes:* eine W. aus Holz, Marmor; **Wand|ver|tä|fe|lung,** die: *Vertäfelung einer Wand;* **Wand|zei|tung,** die [a: LÜ von russ. stengazeta]: **a)** *(bes. in Schulen, Betrieben, auch auf der Straße) an einer Wand angeschlagene Mitteilungen, aktuelle Informationen o. ä.:* Zur Kritik an der "Vierergruppe" werden weitgehend die ...Flugblätter benutzt (Junge Welt 5. 11. 76, 4); eine W. gestalten, machen, herstellen; **b)** *Wandbrett, an dem eine Wandzeitung* (a) *angeschlagen ist:* etw. an der W. bekanntmachen.

Wa|ne, der; -n, -n ⟨meist Pl.⟩ [anord. vanr (Pl. vanir)] (germ. Myth.): *Angehöriger eines Göttergeschlechts.*
Wan|ge, die; -, -n [mhd. wange, ahd. wanga, wahrsch. eigtl. = Biegung, Krümmung]: **1.** (geh.) [1]*Backe* (1): volle, feiste, fleischige, hagere, hohle, eingefallene, schlaffe, rote, gerötete, tränennasse -n; Stanislaus' -n wölbten sich nach innen, die des Meisters nach außen (Strittmatter, Wundertäter 261); Nur hatte er blaurasierte -n (H. Mann, Stadt 17); ein Kuß auf die W.; Man sah die fliegende Röte in seine gelben -n steigen (B. Frank, Tage 85); eine dicke Träne lief ihr über die W. **2.** (Fachspr.) **a)** *paariges, eine seitliche Begrenzung von etw. bildendes Teil; Seitenteil,* -*wand:* die -n einer Treppe, eines Regals; **b)** (Archit.) *auf einem [2]Kämpfer* (1 a) *ruhender seitlicher Teil eines Gewölbes;* **c)** *seitliche Fläche des Blattes einer Axt o. ä.:* **Wan|gen|bein,** das (Anat., Zool.): *Jochbein;* **Wan|gen|kno|chen,** der (geh.): *Jochbein:* ihr Gesicht mit der stumpfen Nase, den betonten W. (Fries, Weg 264); **Wan|gen|mus|kel,** der (geh., Anat., Zool.): *Backenmuskel:* Seine -n zuckten (Chr. Wolf, Himmel 311); **Wan|gen|rot,** das (selten): *Rouge zum Schminken der Backen;* **Wan|gen|rö|te,** die (geh.): *Röte der Backen;* **Wan|gen|streich,** der (veraltet): *Ohrfeige;* -**wan|gig** (geh.): in Zusb., z. B. rotwangig.
Wank, der [mhd., ahd. wanc = Schwanken, Zweifel, verw. mit ↑ winken]: in den Fügungen bzw. Wendungen **ohne/sonder W.** (veraltet; *ohne zu schwanken, fest, sicher*): ohne W. auf dem Hochseil stehen; sonder W. rückwärts auf dem Parkett bis zur Türe (A. Kolb, Daphne 114); **keinen W. tun** (schweiz.; 1. *sich nicht rühren:* Ja, es [= das Karussell] stand; seine milchweißen Gäule taten keinen W. [Muschg, Gegenzauber 346]. 2. *keine Anstalten machen, etw. zu tun*); **einen W. tun** (schweiz.; *etw. unternehmen, tun*).
Wan|kel|mo|tor, der; -s, -e[n] [nach dem dt. Ingenieur F. Wankel (1902–1988)]: *Rotationskolbenmotor.*
Wan|kel|mut, der; -[e]s [mhd. wankelmuot, zu mhd. wankel, ahd. wanchal = schwankend, unbeständig, zu ↑ Wank] (geh. abwertend): *wankelmütiges Wesen:* Wollen wir uns dem W. des Volkes unterwerfen, oder sind wir seine Führer ...? (Hagelstange, Spielball 55); **wan|kel|mü|tig** ⟨Adj.⟩ (geh. abwertend): *seinen Willen, seine Entschlüsse immer wieder ändernd; unbeständig, schwankend in der Gesinnung, in der Haltung:* ein -er Mensch; Frau Wetchy freilich wurde, als es ernst wurde, wieder w. (Broch, Versucher 154); **Wan|kel|mü|tig|keit,** die; - (geh. abwertend): *Wankelmut;* **wan|ken** ⟨sw. V.⟩ [mhd. wanken, ahd. wankōn, wohl zu ↑ Wank]: **1.** *sich schwankend bewegen u. umzufallen, zu stürzen, einzustürzen drohen* ⟨hat⟩: der Turm wankte bedenklich; er wankte unter der Last und brach zusammen; eine jähe Ermattung ließ seine Knie w. (Seidel, Sterne 152); der Boden unter ihren Füßen wankte (bebte); * **nicht w. und [nicht] weichen** (geh.; *nicht von der Stelle weichen*). **2.** *auf unsicheren Beinen, schwankenden Schrit-*

tes irgendwohin gehen ⟨ist⟩: benommen wankte er zur Tür; Aus einer finsteren Pinte ... wankte ein Besoffener (Frisch, Stiller 254). **3.** (geh.) *unsicher, erschüttert sein* ⟨hat⟩: die Monarchie, seine Stellung begann zu w.; der Glaube an die Götter wankt (Thieß, Reich 149); während die ... deutschen Truppen ... das wankende Regime ... am Leben erhielten (Fraenkel, Staat 86); besser war es, daß ein einmaliges Unrecht blieb, als daß ein ganzes, ewige Recht wankte (Mostar, Unschuldig 33); in seinem Glauben, seinen Entschlüssen w., wankend werden; der Vorfall machte ihn wankend *(ließ ihn schwanken* 3); ⟨subst.:⟩ das brachte seinen Mut, seinen Entschluß ins Wanken; In Amerika, wo alle bisherigen Vorstellungen ins Wanken geraten sind (Dönhoff, Ära 109).

wạnn [mhd. wanne, wenne, ahd. hwenne, zu ↑wer, was; vgl. wenn]: **I.** ⟨Adv.⟩ **1.** (temporal) **a)** (interrogativ) *zu welchem Zeitpunkt, zu welcher Zeit?:* w. kommt er?; w. bist du geboren?; w. bist du denn endlich soweit?; bis w. wirst du bleiben?; seit w. weißt du es?; von w. an bist du dort zu erreichen?; seit w. bin ich dein Laufbursche? (ugs.; *ich bin doch nicht dein Laufbursche!);* (mit besonderem Nachdruck auch in Fragesätzen ohne Inversion, der Personalform des Verbs nachgestellt:) du bist w. mit ihm verabredet?; du bist w. morgen in Rom?; (in indirekten Fragesätzen:) frag ihn doch, w. es ihm paßt; es findet statt, ich weiß nur noch nicht, w.; Es ist schwer zu sagen, w. genau diese Phase endete (Dönhoff, Ära 200); (in Ausrufesätzen:) w. dir so was immer einfällt! *(das paßt mir aber jetzt gar nicht!);* komm doch morgen oder w. immer *(irgendwann sonst);* **b)** leitet einen Relativsatz ein, durch den ein Zeitpunkt näher bestimmt od. angegeben wird: den Termin, w. die Wahlen stattfinden sollen, festlegen; du kannst kommen, w. du Lust hast; immer du willst *(jederzeit);* du bist mir jederzeit willkommen, w. [immer] es auch sei; bei ihm kannst du anrufen, w. du willst, er ist nie zu Hause; wir werden helfen, wo und w. immer es nötig ist. **2.** (konditional) *unter welchen Bedingungen:* w. ist der Tatbestand des Mordes erfüllt?; ich weiß nie genau, w. man rechts überholen darf [und w. nicht]. **II.** ⟨Konj.⟩ **1.** (temporal) (landsch., sonst veraltet) **a)** *wenn:* w. ich fertig bin, rufe ich dich gleich an; **b)** *als* (I 1 b): so daß des Todes Schwert über ihr schwebte, w. sie niederkam (Th. Mann, Joseph 346). **2.** (konditional) (landsch., bes. österr.) *wenn:* ja, w. ich das gewußt hätt'!; Wann's wahr ist, werden wir's eh früh genug erfahren! (Roth, Radetzkymarsch 219).

Wänn|chen, das; -s, -: Vkl. zu ↑Wanne.
Wạn|ne, die; -, -n [mhd. wanne = Wanne, Getreide-, Futterschwinge, ahd. wanna = Getreide-, Futterschwinge < lat. vannus]: **1. a)** *größeres, tieferes, längliches, offenes Gefäß, bes. zum Baden:* eine W. aus Plastik, Zink; eine flache, tiefe W.; die W. reinigen; sie ließ heißes Wasser in die W. laufen; er sitzt in der, steigt in die W. *(Badewanne);* Fotos in einer W. wässern; **b)** *etw. was die Form einer Wanne hat, eine Wanne ähnliches Gefäß:* noch heute ist die Karre (= die Schubkarre) in Betrieb, obwohl schon dreimal eine neue W. auf sie draufkam (Wimschneider, Herbstmilch 134); Viehfutter in die W. schütten; bei stehendem Motor sammelt sich das Öl in der W. *(Ölwanne);* einen verletzten Skiläufer in einer W. ins Tal bringen; **c)** *wannenartige Vertiefung, Mulde:* Es (= das Flugzeug) lag auf dem Bauch, ... in der W. festgerammt, die es sich selbst gegraben hatte (Gaiser, Jagd 196). **2.** (landsch.) *wannenartige Kabine für einen Pförtner o. ä.* **3.** (Jargon) *Einsatzwagen der Polizei:* Überall -n in der Stadt (Spiegel 40, 1981, 47).

Wạn|ne-Eickel[1]: Stadt im Ruhrgebiet.
wạn|nen ⟨Adv.⟩ [mhd. wannen, ahd. (h)wanan, zu mhd. wanne, ahd. wanna = woher]: *in der Fügung* **von w.** (veraltet; *woher):* Das Leben ist verwickelt, verknotet; man erkennt nicht, von w. der Faden kommt (Strittmatter, Laden 20); ♦ Frida, die bei Nacht am Zaune steht und rüttelt, um zu erfahren, von w. ihr ein Hausherr kommen wird (Freytag, Ahnen 9).
wan|nen|ar|tig ⟨Adj.⟩: *einer Wanne* (1 a) *ähnlich:* ein -es Gefäß; **Wạn|nen|bad,** das: **1.** *Bad in einer Badewanne:* ein W. nehmen. **2.** *öffentliches Bad, wo man Wannenbäder* (1) *nehmen kann:* ins W. gehen; **Wạn|nen|rand,** der: *Rand einer Wanne* (1 a), *einer Badewanne:* er setzte sich auf den W.
Wạnst, der; -[e]s, Wänste [mhd. wanst, ahd. wanast, eigtl. = (Fettablagerung am) Tierbauch] (salopp abwertend): **a)** *[dicker] Bauch (bes. eines Mannes):* sich den W. vollschlagen; Sie hatten ... sich einen kleinen W. angefressen (Lynen, Kentaurenfährte 26); Ich hätt' ihm das lange Messer in den W. rennen mögen (Leip, Klabauterflagge 49); **b)** *dicker Mann, Fettbauch* (2): ... mit dem Hauswirt, einem abstoßend fettleibigen Mann ..., über die ... notwendig vorzunehmenden Ausbesserungen zu verhandeln, welche zu bestreiten dieser W. sich jedoch hartnäckig weigerte (Th. Mann, Krull 90); **Wạnst|chen,** das; -s, -: Vkl. zu ↑Wanst.

Wạnt, die; -, -en, auch: das; -s, -en ⟨meist Pl.⟩ [vielleicht eigtl. = Gewundenes, vgl. Wand] (Schiffbau): *Seil od. Stange zur seitlichen Verspannung eines Masts:* ... der Wind, der ... die stählernen W. ... erbeben ließ (Hausmann, Abel 28); in die -en klettern.

Wạn|ze, die; -, -n [mhd. wanze, Kurzf. von mhd., ahd. wantlūs, eigtl. = Wandlaus; 3, 4: wohl nach der kleinen Form]: **1. a)** (Zool.) *(in vielen Arten vorkommendes) als Schädling lebendes Insekt mit meist abgeflachtem Körper;* **b)** *blutsaugende, auch den Menschen als Parasit befallende Wanze* (1 a); *Bettwanze:* wir waren von -n zerstochen. **2.** (abwertend) *widerlicher, ekelhafter Mensch:* Ich schmetterte die W. die Treppe hinunter (Dürrenmatt, Meteor 48). **3.** (Jargon) *Minispion, Abhörwanze:* eine W. einbauen, entdecken; ... wurde ein Funktionär der damals illega-len Kommunistischen Partei mit Hilfe einer W. belauscht (Welt 23. 3. 77, 1); er ließ sein Büro nach -n absuchen. **4.** (landsch. ugs.) *Reißzwecke;* **wạn|zen** ⟨sw. V.; hat⟩ (ugs.): *entwanzen:* ein Zimmer w.; **Wạn|zen|ver|til|gungs|mit|tel,** das; vgl. Insektenbekämpfungsmittel.

Wal|pi|ti, der; -[s], -s [engl. wapiti < Algonkin (nordamerik. Indianerspr.) wipit]: *bes. in Nordamerika vorkommender Rothirsch.*

Wạp|pen, das; -s, - [mhd. wāpen = Waffe, Wappen (eigtl. = Zeichen auf der Waffe) < mniederl. wāpen, niederl. Nebenf. von ↑Waffe, erst im 16. Jh. Scheidung zwischen „Waffe" als Kampfgerät u. „Wappen" als (Schild)zeichen]: *in stilisierender Darstellung, meist mehrfarbig gestaltetes, meist schildförmiges Zeichen, das symbolisch für eine Person, eine Familie, eine Dynastie, eine Körperschaft u. a. steht:* das W. der Habsburger, der Stadt Berlin, der Republik Österreich; ein gemeißeltes W.; ein W. führen; für den Hofdienst benötigt man gräfliches W. (muß man gräflicher Abstammung sein; St. Zweig, Fouché 5); ... nach einer Dame aus Amerika, welche die Lilien des ehrwürdigen -s sich in die Badehandtücher sticken ließ (Bamm, Weltlaterne 81); Sie hat die Familie, führt einen Adler im W.; **Wạp|pen|bild,** das: *Darstellung von etw.* (z. B. eines Tieres) *in einem Wappen;* **Wạp|pen|brief,** der: *Urkunde, in der die Verleihung od. Registrierung eines Wappens bescheinigt wird;* **Wạp|pen|buch,** das (Her.): *Armorial;* **Wạp|pen|de|vi|se,** die (Her.): *Wappenspruch;* **Wạp|pen|dich|tung,** die: *Heroldsliteratur;* **Wạp|pen|feld,** das (Her.): *eines der Felder, in die manche Wappen eingeteilt sind;* **Wạp|pen|kun|de,** die ⟨o. Pl.⟩: *Lehre von Geschichte, Gestaltung, Bedeutung usw. der Wappen; Heraldik;* **Wạp|pen|kunst,** die ⟨o. Pl.⟩: *Kunst der Gestaltung von Wappen;* **Wạp|pen|man|tel,** der (Her.): *mantelartige Drapierung um den Wappenschild;* **Wạp|pen|ring,** der: *Fingerring mit einem Wappen;* **Wạp|pen|rol|le,** die: (seit Mitte des 13. Jh.s übliches) *Verzeichnis von Wappen in Form einer langen Pergamentrolle;* **Wạp|pen|saal,** der: *mit Wappen geschmückter Saal (in einem Schloß o. ä.);* **Wạp|pen|schei|be,** die: *mit Wappen od. heraldischen Symbolen bemalte Fensterscheibe* (z. B. in einem Schloß, einem Kloster, einem Rathaus, einer Kirche); **Wạp|pen|schild,** der, auch: das (Her.): *schildförmiger, zentraler Teil eines Wappens;* **Wạp|pen|spruch,** der: *Sinnspruch auf einem Wappen;* **Wạp|pen|tier,** das: *als Wappenbild verwendetes Tier:* der Löwe ist ein beliebtes, häufig gewähltes W.; der Falke ist das W. der Familie; **Wạp|pen|zelt,** das: *Wappenmantel;* **Wạp|perl,** das; -s, -[n] [mundartl. Vkl. von ↑Wappen] (bayr., österr.): *Etikett;* **wạpp|nen** ⟨sw. V.; hat⟩ [mhd. wāpenen, nach der alten Bed. „Waffe" von Wappen, ↑Wappen] (geh.): **1.** ⟨w. + sich⟩ **a)** *sich auf etw. Unangenehmes o. ä., was einem möglicherweise bevorsteht, vorbereiten, einstellen:* sich gegen eine Gefahr, gegen Ränke w.; dagegen mußt du dich w.; sich für die bevorstehende Auseinandersetzung

war

w.; ich bin [für alle Eventualitäten] gewappnet; ich hatte mich gewappnet, mich seinen Anordnungen zu widersetzen (Jahnn, Geschichten 195); **b)** *etw. aufbieten, um eine schwierige, gefährliche o. ä. Situation bestehen zu können:* er wappnete sich mit Geduld, mit neuem Mut; Er versuchte sich mit Trotz zu w., was ihm aber nur schwer gelang (Danella, Hotel 111); Mit aller Kraft mußte er sich gegen diese düstere Aussicht w., um nicht in die schwermütigste Stimmung zu versinken (Nigg, Wiederkehr 44). **2.** *jmdm. etw. geben, was er voraussichtlich brauchen wird, um eine schwierige, gefährliche o. ä. Situation bestehen zu können:* Gott möge ihn [mit Kraft] für das Amt w.

war: ↑ ¹*sein.*

Walran, der; -s, -e [arab. waran]: *größere Echse mit massigem Körper, kräftigen Beinen u. langem Schwanz.*

warb: ↑ werben.

ward: ↑ werden.

Warldein, der; -[e]s, -e [mniederl. wa(e)rdijn < älter nordfrz. wardien (= frz. gardien) < mlat. guardianus = Aufsichtführender, aus dem Germ.] (früher): *Münzwardein;* **warldielren** ⟨sw. V.; hat⟩ [wohl unter Einfluß von niederl. waarderen = den Wert von etw. prüfen (zu: waarde = Wert), geb. zu ↑ Wardein] (früher): *eine Münze auf ihren Gehalt an Edelmetall prüfen.*

Walre, die; -, -n [mhd. war(e), H. u., viell. zu veraltet Wahr (↑ wahren), also eigtl. = in Verwahrung Genommenes]: **1.** *etw., was gehandelt, verkauft od. getauscht wird; Handelsgut:* eine hochwertige, teure, leichtverderbliche W.; die W. verkauft sich gut, wird morgen geliefert; reduzierte W. ist vom Umtausch ausgeschlossen; Die Bonbons waren prima W. (*waren von hoher Qualität;* Th. Mann, Krull 57); Warum wird der Roman ... überall verkauft? Weil er ein anständiges Stück W. ist (*weil er etwas taugt;* Tucholsky, Werke II, 267); seine W., -n anbieten, feilbieten, anpreisen; -n produzieren, exportieren; neue W. bestellen, bekommen; Neben dem Brunnen hielten ein paar Fischweiber ihre lebende W. feil (Hesse, Narziß 311); im Kapitalismus wird die menschliche Arbeitskraft zur W.; R erst die W., dann das Geld (*bezahlt wird erst, wenn die Ware im Besitz des Käufers ist*); Spr jeder Krämer lobt seine W.; gute W. lobt sich selbst; * heiße W. (Jargon; *illegale Ware*). **2.** (Fachspr.) *Erzeugnis [von einer bestimmten Beschaffenheit, mit bestimmten Eigenschaften]:* eine schwere, leichte, strapazierfähige, synthetische W.

wälre: ↑ ¹*sein.*

Walren|ab|kom|men, das: *internationales Abkommen über Warenhandel, -austausch;* **Walren|ab|satz,** der: *Absatz von Waren;* **Walren|an|ge|bot,** das: *Angebot (2); Sortiment (1);* **Walren|an|nah|me,** die: **1.** *Annahme (1 a) von Waren.* **2.** *Annahme (2) für Waren;* **Walren|art,** die: *Art von Waren;* **Walren|äs|the|tik,** die ⟨o. Pl.⟩ (bes. marx.): *Ästhetik (2) der Waren:* Doch geht die Kritik der W. von zwei isolierbaren Begriffen in der Praxis aus: von Inhalt und Form, von Sein und Schein (Südd. Zeitung 27. 2. 85, 41); **Walren|auf|zug,** der: *Aufzug zur Beförderung von Waren;* **Walren|aus|fuhr,** die: *Ausfuhr von Waren;* **Walren|aus|ga|be,** die: vgl. Warenannahme; **Walren|aus|gang,** der: **1.** ⟨o. Pl.⟩ *Auslieferung von Waren (bes. im Großhandel).* **2.** ⟨meist Pl.⟩ *zur Auslieferung vorbereitete Ware;* **Walren|aus|tausch,** der: *Austausch von Waren:* der zwischenstaatliche, internationale, bilaterale W.; **Walren|aus|wahl,** die: *Auswahl (3) an Waren;* **Walren|au|to|mat,** der: *Automat (1 a) zum Verkauf von Waren;* **Walren|be|gleit|schein,** der (Zollw.): *Begleitschein;* **Walren|be|lei|hung,** die: *Beleihung von Waren;* **Walren|be|reit|stel|lung,** die (bes. ehem. DDR): *Bereitstellung von Waren (durch den Staat);* **Walren|be|stand,** der: *Bestand an Waren;* **Walren|be|stands|auf|nah|me,** die: *Aufnahme des Warenbestands;* **Walren|bör|se,** die: **1.** *Produktenbörse.* **2.** (ehem. DDR) *Veranstaltung des Großhandels für den Verkauf bestimmter, schwer absetzbarer Waren;* **Walren|cha|rak|ter,** der: *Eigenschaft, Ware zu sein:* der W. der menschlichen Arbeitskraft; **Walren|durch|fuhr,** die: *Durchfuhr von Waren;* **Walren|ein|fuhr,** die: *Einfuhr von Waren;* **Walren|ein|gang,** der: **1.** ⟨o. Pl.⟩ *Anlieferung von Waren (bes. im Einzelhandel).* **2.** ⟨meist Pl.⟩ *angelieferte Ware;* **Walren|ein|gangs|buch,** das: *(in der kaufmännischen Buchführung) Nebenbuch zur Erfassung des Wareneingangs (2);* **Walren|ex|port,** der: *Export von Waren;* **Walren|fonds,** der (ehem. DDR): *Gesamtheit der in der Zeit eines ²Planes (1 c) für die Versorgung der Bevölkerung zur Verfügung stehenden Waren;* **Walren|gat|tung,** die: vgl. Warenart; **Walren|ge|nos|sen|schaft,** die: *Genossenschaft zum gemeinsamen Ein- u./od. Verkauf von Waren;* **Walren|ge|sell|schaft,** die (abwertend): *Gesellschaft, in der die Tendenz besteht, alles zur bloßen Ware zu reduzieren:* Diese (= die Angst, austauschbar zu sein) entstammt den Strukturen der W., wo Menschen sich gegenseitig bewerten nach den Eigenschaften und Fähigkeiten, die sie auf den Menschenmarkt bringen (Kelly, Um Hoffnung 173); **Walren|grup|pe,** die: *Gruppe von Warenarten;* **Walren|gut|schein,** der: *Gutschein, der zum Bezug einer bestimmten Ware, von Waren in einem bestimmten Wert berechtigt;* **Walren|han|del,** der: *Handel mit Waren:* der grenzüberschreitende W.; **Walren|haus,** das: *Kaufhaus:* ein großes, elegantes, billiges W.; der erbitterte Kampf der Einzelhändler gegen die Warenhäuser (Fraenkel, Staat 199); im W. einkaufen; **Walren|haus|ket|te,** die: *Kaufhauskette.*

Walre|ni|ki ⟨Pl.⟩ [russ. vareniki]: *(in Rußland) süße Pasteten od. Krapfen.*

Walren|im|port, der: *Import von Waren;* **Walren|ka|ta|log,** der: *Katalog, in dem die von einem Unternehmen angebotenen Waren verzeichnet sind;* **Walren|kenn|zei|chen,** das: *direkt an einer Ware od. auf ihrer Verpackung angebrachte Information über die Ware;* **Walren|klas|se,** die: vgl. Warenart; **Walren|knapp|heit,** die: *Knappheit an Waren;* **Walren|korb,** der: *Gesamtheit derjenigen Waren, die der Berechnung des Preisindexes zugrunde gelegt werden;* **Walren|kre|dit,** der: vgl. Warenbeleihung; **Walren|kre|dit|brief,** der (Bankw.): *Urkunde, die eine Teilzahlungsbank einem Kunden zum Kauf von Waren ausstellt u. die dieser in bestimmten Geschäften wie einen Scheck in Zahlung geben kann;* **Walren|kun|de,** die ⟨o. Pl.⟩: *Lehre von Herkunft, Herstellung, Beschaffenheit usw. von Waren;* **walren|kund|lich** ⟨Adj.⟩: *zur Warenkunde gehörend, sie betreffend;* **Walren|la|ger,** das: *Lager für Waren;* **Walren|lie|fe|rung,** die: *Lieferung von Waren;* **Walren|li|ste,** die: *Liste von Waren;* **Walren|mar|ke,** die: vgl. Warenzeichen; **Walren|mu|ster,** das: *Warenprobe (1);* **Walren|na|me,** der: vgl. Produktname; **Walren|num|mer,** die (ehem. DDR): *Nummer, unter der eine Ware in einem Warenverzeichnis registriert ist;* **Walren|pos|ten,** der: *Posten (3 a) einer Ware;* **Walren|pro|be,** die: **1.** *Probe, Muster einer Ware.* **2.** (Postw.) vgl. Warensendung; **Walren|pro|duk|ti|on,** die: *Produktion von Waren, Produktion für einen Markt;* **Walren|pro|du|zent,** der: *jmd., der Waren produziert, der für einen Markt produziert;* **Walren|pro|du|zen|tin,** die: w. Form zu ↑ Warenproduzent; **Walren|prü|fung,** die: *Prüfung von Waren (auf bestimmte Eigenschaften);* **Walren|re|gal,** das: *Regal zur Unterbringung von Waren;* **Walren|rück|ver|gü|tung,** die: *anteilige Auszahlung des Gewinnes einer Genossenschaft an die Mitglieder;* **Walren|sen|dung,** die: **1.** vgl. Sendung (1 b). **2.** (Postw.) *(zu ermäßigter Gebühr beförderte) Postsendung bes. zur Versendung von Warenproben o. ä.;* **Walren|sor|ti|ment,** das: vgl. Warenangebot; **Walren|streu|ung,** die (ehem. DDR): *Art der Verteilung der verfügbaren Waren unter die Bevölkerung, auf das Land;* **Walren|test,** der: *Test einer Ware;* **Walren|trä|ger,** der (ehem. DDR): *Gestell, auf das Waren übersichtlich u. leicht zugänglich zum Verkauf ausgelegt werden;* **Walren|um|satz,** der: *Umsatz (1) von Waren;* **Walren|um|satz|steu|er,** die: *(in der Schweiz) auf den Warenumsatz erhobene Steuer;* **Walren|um|schlag,** der: **1.** *Umschlag (5 a) von Waren.* **2.** *Einkauf u. Weiterverkauf einer Ware (durch einen Händler);* **Walren|um|schlie|ßung,** die (Fachspr.): **a)** *Verpackung einer Ware;* **b)** *Gewicht einer Warenumschließung;* **Walren|ver|kehr,** der: vgl. Güterverkehr; **Walren|ver|knap|pung,** die: *Verknappung von Waren;* **Walren|ver|zeich|nis,** das: *systematisches Verzeichnis von Waren (für statistische Zwecke);* **Walren|vor|rat,** der: *Vorrat an Waren;* **Walren|welt,** die: vgl. Warengesellschaft: Die Sender sollten 1949 unabhängig werden von Staat, unabhängig bleiben von kommerziellen Interessen. Davon ist in unserer Parteien- und W. nicht viel übriggeblieben (Zeit 25. 2. 94, 8); **Walren|wert,** der: *Wert einer Ware;* **Walren|zei|chen,** das: vgl. Markenzeichen: ein eingetragenes W.; Das bescheidene Verlagssignet auf dem Vorsatzblatt ist zum W. geworden (Enzensberger, Einzelheiten I, 137); **Wa-**

ren|zei|chen|recht, das: *den Warenzeichenschutz regelndes Recht;* **Wa|ren|zei|chen|schutz,** der: *rechtlicher Schutz für Warenzeichen;* **Wa|ren|zoll,** der: *auf Waren erhobener Zoll.*
warf: ↑werfen; **¹Warf,** der od. das; -[e]s, -e [mhd., ahd. warf, zu ↑werfen, eigentl. das Hin- u. Herwerfen des Schiffchens (4)] (Weberei): *Gesamtheit der Kettfäden.*
²Warf, die; -, -en [mniederd. warf, urspr. = Platz, wo man sich hin u. her bewegt, dann: aufgeworfener Hügel, zur Grundbed. von ↑werben], **Warft,** die; -, -en [mit sekundärem t zu ↑²Warf] (nordd.): *Wurt.*
warm 〈Adj.; wärmer, wärmste〉 [mhd., ahd. warm, wohl zu einem Wort mit der Bed. „(ver)brennen, schwärzen", also eigtl. = verbrannt]: **1. a)** *eine verhältnismäßig hohe Temperatur habend;* -e Luft; [angenehm] -es Wasser; [widerlich] -es Bier; ein -er Wind; ein -es Meer, Klima; -es Wetter; ein [verhältnismäßig] -er Winter; ein -er Sommerabend; -e Füße haben; in der Jahreszeit *(im Sommer);* die -en Länder des Mittelmeerraumes; bleib lieber im -en Bett liegen; im -en *(geheizten)* Zimmer; ein -es Essen *(etw. Gekochtes);* das Restaurant hat -e und kalte Küche *(führt warme u. kalte Speisen);* -e *(heiße)* Würstchen; am -en *(Wärme ausstrahlenden)* Ofen; Dann dachte sie an den -en Geruch im Kuhstall (Alexander, Jungfrau 16); -e Miete (ugs.; *Warmmiete);* ein ... Schreiben ... mit dem Angebot zum „-en Abbruch" (ugs. verhüll.; *zur Zerstörung durch Brandstiftung;* Spiegel 39, 1989, 88); eine -e (Jägerspr.; *frische)* Fährte; der Kaffee, die Leiche war noch w.; der Heizkörper ist w., fühlt sich w. an; hier, heute ist es sehr w.; das Wasser ist 26 Grad w.; der Motor ist noch nicht [richtig] w., sollte nach einem Kaltstart sofort w. gefahren werden; das Essen w. halten, stellen; die Suppe w. machen *(heiß machen, erhitzen);* ein Werkstück [mit dem Schweißbrenner] w. machen (Fachspr.; *stark erhitzen);* die Heizung auf „warm" stellen; heute abend esse ich w. *(nehme ich ein warmes Essen zu mir);* so ein Grog macht [schön] w. *(wärmt einen auf);* die Sonne scheint w.; w. *(mit warmem Wasser)* duschen; der Sportler läuft sich w. *(erwärmt sich durch Laufen);* ich schlafe gern w. *(in einem geheizten Raum);* ihr habt es schön w.; hast du w.? (landsch.; *ist dir warm?);* bei der Arbeit wird [es] einem ganz schön w.; der Mantel hält/gibt w.; du mußt dich w. halten *(deinen Körper vor Kälte schützen);* Sie (= die Unterhosen) werden w. halten (Remarque, Westen 132); das Zimmer kostet w. (ugs.; *einschließlich der Heizkosten)* 200 Mark [Miete]; 〈subst.:〉 etw. Warmes trinken; im Warmen sitzen; R mach dir doch ein paar -e Gedanken (salopp scherzh.; *Erwiderung auf die Feststellung eines anderen, ihm sei kalt);* Ü mir wurde ganz w. ums Herz *(ich empfand ein tiefes Gefühl der Rührung, des Glücks o. ä.);* ein -es *(angenehmgedämpft u. ruhig wirkendes)* Licht, Rot; das Instrument hat einen sehr -en Klang; mit seiner etwas rauhen und doch wohltuend -en Knabenstimme (Thieß, Legende 94); der Raum wirkt hell und w.

(behaglich); weich gesetzte, wunderbar w. timbrierte Klänge (Orchester 7/8, 1984, 659); ♦ Drum geschwind, eh' der ganze Eisklumpen auftaut; es macht w. (im südd. Sprachgebrauch; es ist warm; nach gleichbed. frz. il fait chaud) in der Nähe, und wir stehn da wie die Butter an der Sonne (Goethe, Götz III); **b)** *den Körper warm haltend, vor Kälte schützend:* -e Kleidung; eine -e Decke; sich w. anziehen, zudecken; 〈subst.:〉 sich etw. Warmes anziehen. **2. a)** *eifrig, lebhaft, nachdrücklich:* einer von jenen Leuten, für welche die Polizei ein -es Interesse hegte (Werfel, Himmel 123); ... versuchte Justinian ... eine Änderung zu schaffen, der man wärmste Zustimmung nicht versagen konnte (Thieß, Reich 506); Ein Herr im Cutaway, w. interessiert an der Frage, ob meine Reise in vollkommener Annehmlichkeit verlaufen sei ... (Th. Mann, Krull 323); ***weder w. noch kalt/ nicht w. und nicht kalt sein** (ugs.; *gleichgültig, uninteressiert sein);* **b)** *herzlich (1 b), tiefempfunden, von Herzen kommend:* -e Anteilnahme, Herzlichkeit; -e Dankesworte; Ich wurde mit -en kollegialen Gefühlen aufgenommen (Niekisch, Leben 113); **c)** *herzlich (1 a), freundlich:* jmdm. einen -en Empfang bereiten; er bedankte sich mit einem -en Händedruck; eine Handlungsweise, deren Hochherzigkeit der „Eilbote" und die übrige Presse in -en Worten zu würdigen wußten (Th. Mann, Hoheit 137); Sie war eine romantische, wunderbar -e Person (Dönhoff, Ostpreußen 65); Seine Briefe sind in der Regel wärmer, natürlicher und herzlicher, man möchte sagen: menschlicher (Reich-Ranicki, Th. Mann 176); Sie schüttelten Dohrn w. die Hand und gaben ihm den Abschied (Lenz, Brot 151); ***|mit jmdm.| w. werden** (ugs.; *[zu jmdm.] eine Beziehung finden, [mit jmdm.] vertraut werden):* die beiden müssen erst mal etwas w. werden [miteinander]; daß er mit diesen stocksteifen Hamburgern nicht w. werden konnte (Prodöhl, Tod 91); **mit etw., irgendwo w. werden** (ugs.; *Gefallen an etw. finden; sich irgendwo einleben, wohl zu fühlen beginnen):* als Norddeutsche ist sie im Schwäbischen nie richtig w. geworden; allmählich werde ich mit der neuen Arbeit, der Umgebung, dieser Stadt w.; **sich w. anziehen** (ugs.; *sich auf eine schwere Auseinandersetzung, eine unangenehme Erfahrung einstellen):* du willst den Konzern verklagen? Na, dann zieh dich bloß w. an. **3.** (ugs., oft abwertend) *schwul (1):* diese -e Sau; er ist w.; **Warm|ba|de|tag,** der: *Tag [in der Woche], an dem das Wasser im Becken eines Schwimmbads wärmer ist als an den übrigen Tagen:* Besonders beliebt sind ... die -e (MM 4. 4. 89, 18); donnerstags ist immer W.; **Warm|beet,** das (Gartenbau): *beheiztes Frühbeet;* **Warm|bier,** das: *aus erwärmtem Bier u. verschiedenen Zutaten bereitetes Getränk:* ♦ Hauke aber ging mit seinem Weibe in das Zimmer; ein W. hatte er für ihn bereit, und Brot und Butter waren auch zur Stelle (Storm, Schimmelreiter 82); **Warm|blut,** das: *durch Kreuzung von Vollblut- u. Kaltblutpferden gezüchtetes Rassepferd;* **Warm|blü|ter,**

der; -s, - (Zool.): *Tier, dessen Körpertemperatur weitgehend konstant bleibt:* Säugetiere sind W.; **warm|blü|tig** 〈Adj.〉: **1.** (Zool.) *in der Körpertemperatur weitgehend konstant bleibend:* -e Tiere. **2.** (selten) *ein Warmblut seiend:* -ein -es Pferd; **Warm|blü|tig|keit,** die; -: *das Warmblütigsein;* **Warm|blüt|ler,** der; -s, - (selten): **1.** *Warmblüter.* **2.** *Warmblut;* **Warm|blut|pferd,** das: *Warmblut;* **War|me,** der; -n, -n 〈Dekl. ↑Abgeordnete〉 (salopp abwertend): *Homosexueller;* **Wär|me,** die; - [mhd. werme, ahd. warmī]: **1. a)** *Zustand des Warmseins:* es herrschte eine angenehme, feuchte, sommerliche W.; ist das heute eine W.!; die W. von Zazas Bett und ihres süßen Körpers (Th. Mann, Krull 276); das Tier, die Pflanze, der Kranke braucht viel W.; er fühlte nun eine wohlige W. im Bauch (Ott, Haie 100); wir haben 20 Grad W.; der Ofen strahlt eine angenehme W. aus; sie spürte die W. seines Körpers; Er brachte noch die W. der Wachstube mit (Kuby, Sieg 129); Gehen Sie solange an die W. (ins Warme; Muschg, Gegenzauber 347); bei/in der W. verdirbt das Essen schnell; in meinem Magen entstand ein plötzliches Gefühl von W. (Fallada, Trinker 15); Ü die W. ihrer Stimme, des Klanges; Die untergehende Sonne gibt ihrem Gesicht eine Farbe von solcher W., daß ... (Remarque, Obelisk 268); **b)** (Physik) *Wärmeenergie:* durch Reibung entsteht W.; mechanische Energie in W. umwandeln. **2.** *Herzens-, Gefühlswärme, Warmherzigkeit, Herzlichkeit:* W. ausstrahlen; Gerade da hätte man Walter menschliche W. gebraucht (Musil, Mann 53); Dennoch konnte ich die W. des Händedrucks nicht vergessen, mit dem er mir versichert hatte, daß ... (Th. Mann, Krull 284); „Sie werden uns fehlen, lieber Herr Laufer!" versicherte mit W. Herr Pflaum (Kesten, Geduld 31); **Wär|me|ab|ga|be,** die: *Abgabe von Wärme;* **Wär|me|ab|strah|lung,** die: *Abstrahlung von Wärme;* **Wär|me|auf|nah|me,** die: *Aufnahme von Wärme;* **Wär|me|aus|deh|nung,** die (Physik): *durch Erhöhung der Temperatur erfolgende Ausdehnung eines Körpers;* **Wär|me|aus|tausch,** der (Fachspr.): *Übertragung, Übergang von Wärme von einem Medium auf ein anderes;* **Wär|me|aus|tau|scher,** der (Technik): *Wärmetauscher;* **Wär|me|be|darf,** der: *Bedarf an Wärme:* den W. eines Hauses berechnen; **wär|me|be|dürf|tig** 〈Adj.〉: *viel Wärme benötigend:* -e Tiere, Pflanzen, Organismen; der Kranke ist sehr w.; **wär|me|be|han|deln** 〈sw. V.; hat; nur im Inf. u. 2. Part.〉: *einer Wärmebehandlung unterziehen;* **Wär|me|be|hand|lung,** die: **1.** (Metallbearb.) *Erwärmung von Metall, metallenen Werkstücken zur Verbesserung der Eigenschaften des Werkstoffes.* **2.** (Med.) *therapeutische Anwendung von Wärme.* **3.** *Erhitzung von Lebensmitteln, bes. Milch, Milchprodukten, zur Haltbarmachung;* **Wär|me|bel|la|stung,** die: **1.** (Ökologie) *Umweltbelastung durch Abwärme:* die W. der Mosel. **2.** *Beanspruchung durch Wärme:* eine Zündkerze ist enormen -en ausgesetzt; **wär|me|be|stän|dig** 〈Adj.〉 (Fachspr.): vgl. *hitzebeständig;* **Wär|me-**

Wärmebett

be|stän|dig|keit, die: *das Wärmebeständigsein;* **Wär|me|bett,** das (Med.): *Couveuse;* **Wär|me|bi|lanz,** die (Fachspr.): *Gegenüberstellung von zu- u. abgeführten od. von erzeugten u. verbrauchten Wärmemengen:* Verstärkt wird die positive W. – mehr Zu- als Abfuhr – in den meisten Ballungsräumen zudem durch das Fehlen von Vegetation (BdW 9, 1987, 57); **Wär|me|bild,** das (Fachspr.): *Bild, das die in einem bestimmten Bereich vorhandenen Wärmequellen u. Temperaturunterschiede sichtbar macht; Thermogramm:* der Tumor war auf dem W. deutlich erkennbar; In den -ern ... beobachtet man noch eine feingliedrigere Temperaturverteilung als im Freiland: Heiße Dachflächen stehen im Gegensatz zu kalten Baumkronen (BdW 9, 1987, 52); **Wär|me|bil|dung,** die: *Wärmeentwicklung;* **wär|me|däm|mend** ⟨Adj.⟩: *vgl. wärmeisolierend;* **Wär|medämm|stoff,** der: *wärmedämmender Stoff;* **Wär|me|däm|mung,** die: vgl. Wärmeisolation; **Wär|me|deh|nung,** die (Physik): *Wärmeausdehnung;* **wär|medurch|läs|sig** ⟨Adj.⟩ (Fachspr.): *diatherman;* **Wär|me|ein|heit,** die: *Einheit (2) der Wärme:* die W. Kalorie; **Wär|me|einwir|kung,** die: *Einwirkung von Wärme:* das Material dehnt sich unter W. aus; **Wär|me|ener|gie,** die: *als Wärme (1 a) wahrnehmbare, auf der Bewegung der Atome bzw. Moleküle der Stoffe beruhende Energie:* W. in elektrische Energie umwandeln; **Wär|me|ent|wick|lung,** die: *Entstehung von Wärme:* die W. in einem Verbrennungsmotor; **Wär|me|er|zeugung,** die: vgl. Wärmeentwicklung; **Wärme|fla|sche,** die (österr.): *Wärmflasche:* Dann ist die Fritzi genau richtig für dich, sagt das Gipsbein ... Die ist froh, wenn sie was für die kalten Füße hat. - Ich bin keine W., sagt der Kurtl (Zenker, Froschfest 164); **wär|me|ge|dämmt** ⟨Adj.⟩: *gegen Wärme od. Wärmeverluste geschützt:* -e Fenster, Außenwände; **Wär|mege|wit|ter,** das (Met.): *durch starke Erwärmung bodennaher Luftschichten bei gleichzeitig hoher Luftfeuchtigkeit entstehendes Gewitter;* vgl. Kältegrad; **Wär|me|hal|le,** die: vgl. Wärmestube: In jedem Bezirk sind -n eingerichtet, in denen meist alte Leute um einen Eisenofen kauern (Kinski, Erdbeermund 100); Für Stunden kroch ich in einer W. unter (Kempowski, Uns 295); **Wär|me|haus|halt,** der (Physiol.): vgl. Wasserhaushalt (1): der W. des Körpers; **Wär|me|iso|la|ti|on,** die: **1.** *Schutz gegen Wärme od. gegen Wärmeverluste.* **2.** *etw., was zur Wärmeisolation (1) dient;* **wär|me|iso|lie|rend** ⟨Adj.⟩: *eine geringe Wärmeleitfähigkeit besitzend:* -e Stoffe; **Wär|me|iso|lie|rung,** die: vgl. Wärmeisolation; **Wär|me|ka|pa|zi|tät,** die (Physik): *für ein bestimmtes Material geltende feste Größe, die durch das Verhältnis der einem Körper zugeführten Wärmemenge zu der durch sie bewirkten Veränderung der Temperatur ausgedrückt wird;* **Wär|me|kraft|ma|schi|ne,** die (Technik): *Kraftmaschine, die Wärmeenergie in mechanische Energie umwandelt;* **Wär|me|kraft|werk,** das: *Kraftwerk, in dem auf dem Wege über die Verbrennung bestimmter Stoffe Elektrizität erzeugt wird;* **Wär|me|leh|re,** die (Physik): *Teilgebiet der Physik, das sich mit der Energieform Wärme befaßt; Kalorik;* **Wär|me|lei|ter,** der (Physik): *Stoff, der die Wärme in bestimmter Weise leitet:* Kupfer ist ein guter W.; **Wär|me|leit|fä|hig|keit,** die (Physik): *Fähigkeit (eines Stoffes), Wärme zu leiten;* **Wär|me|leit|zahl,** die (Physik): *den Grad der Wärmeleitfähigkeit (eines Stoffes) angebende Zahl;* **Wär|me|markt,** der: *Markt für Energieträger, die zur Wärmeerzeugung verwendet werden:* Der deutsche W. wird nach Schätzungen des Gesamtverbandes des Steinkohlebergbaus etwa 3 Mio. t weniger aufnehmen (NZZ 26. 10. 86, 17); **Wär|me|men|ge,** die: *Menge von Wärme (1 b);* **Wär|me|mes|ser,** der (Technik): *Wärmezähler;* **Wär|me|mes|sung,** die: **1.** *Messung der Wärmemenge.* **2.** *Messung der Temperatur;* **Wär|me|müll,** der (Jargon): *Die Umwelt belastende Abwärme:* ... die Einflüsse des s auf das Wettergeschehen ... zu bestimmen (MM 11. 6. 80, 14); **wär|men** ⟨sw. V.; hat⟩ [mhd., ahd. wermen]: **1. a)** *warm machen, erwärmen:* sich die Hände, Füße [am Ofen] w.; sich [am Feuer] w.; er nahm sie in die Arme, um sie zu w.; Die Offiziere haben sich natürlich in einem Wärmezelt den Arsch gewärmt (Spiegel 9, 1977, 44); Er trank ... ein paar große Gläser wasserhellen Aquavit, der ihn wärmte (Gaiser, Jagd 159); Der Raum war schön gewärmt (*geheizt;* Kronauer, Bogenschütze 131); Ṟ da kann man sich Hände u. Füße dran w. (ugs.; *das ist sehr gut/sehr schlecht*); Ü Grischa spürte ... eine Zustimmung, die ... ihm das Herz wärmte wie ein guter Schnaps (A. Zweig, Grischa 468); **b)** *warm machen, erhitzen, heiß machen, aufwärmen, anwärmen:* sie wärmt dem Baby die Milch, die Flasche; die Suppe muß nur noch gewärmt werden; Der Wein ... war gewärmt worden über Kerzenlicht (Bieler, Bonifaz 10); indem man ... das Wasser ... mit billigem Nachtstrom wärmt (NZZ 30. 6. 84, 25). **2. a)** *[in bestimmter Weise, in bestimmtem Maße] Wärme abgeben, entstehen lassen:* der Ofen wärmt gut; die Wintersonne wärmt kaum; so ein Whisky wärmt schön; ein wärmendes Feuerchen; **b)** *[in bestimmter Weise, in bestimmtem Grad] warm halten:* der Mantel, die Wolldecke, der Schlafsack wärmt [gut]; Wolle wärmt besser als Baumwolle; **Wär|me|pe|ri|ode,** die: *längerer Zeitraum mit warmem Wetter;* **Wärme|pol,** der (Geogr.): *Ort mit extrem hoher Lufttemperatur:* die -e der Erde liegen alle auf der Nordhalbkugel; **Wär|mepum|pe,** die (Technik): *Anlage, mit deren Hilfe man einem relativ kühlen Wärmespeicher (z. B. dem Grundwasser) Wärmeenergie entziehen u. als Heizenergie nutzbar machen kann;* vgl. Lichtquelle; **wär|mer:** ↑warm; **Wär|me|reg|ler,** der: vgl. Temperaturregler; **Wär|me|re|gu|la|ti|on,** die (Physiol.): *Regulation des Wärmehaushalts des Körpers;* **Wär|me|rück|ge|win|nung,** die: *Rückgewinnung (2) von Abwärme:* ein System, eine Anlage zur W.; **Wär|meschutz,** der: *Wärmeisolation;* **Wär|mesinn,** der (Physiol.): *Fähigkeit, Wärme wahrzunehmen;* **Wär|me|spei|cher,** der (Fachspr.): *Anlage zur Speicherung von Wärmeenergie;* **Wär|me|star|re,** die (Zool.): *(bei wechselwarmen Tieren) bei sehr hohen Temperaturen eintretender, zum Tode führender Zustand der Bewegungslosigkeit;* **Wär|me|stau,** der: **1.** (Med.) *das Sichstauen von hoher Temperatur im Körper (z. B. bei Fieber od. Hitzschlag).* **2.** *Wärmestauung (2);* **Wär|mestau|ung,** die: **1.** (Physiol., Med.) *Hyperthermie.* **2.** *übermäßiges Ansteigen der Temperatur (z. B. in einer Maschine);* **Wär|me|strahl,** der ⟨meist Pl.⟩: vgl. Wärmestrahlung: die -en werden von dunklen Körpern stärker absorbiert als von hellen; **Wär|me|strah|lung,** die (Physik, Met.): *Abgabe von Wärme in Form von Strahlen:* die von der Sonne ausgehende W.; **Wär|me|stu|be,** die: *geheizter Raum, in dem sich im Winter Bedürftige, bes. Wohnsitzlose, zeitweise aufhalten können:* Das Sozialreferat richtet auch diesen Winter wieder zehn verschiedene -n ein (Südd. Zeitung 28. 11. 86, 18); So ging ich ein paar Häuser weiter in die städtische W. (Bienek, Erde 73); **Wär|me|tauscher,** der (Technik): *Gerät zur Übertragung von Wärme von einem Medium auf ein anderes;* **Wär|me|tech|nik,** die (Technik): *Bereich der Technik, der sich mit der Erzeugung u. Anwendung von Wärme befaßt;* **wär|me|tech|nisch** ⟨Adj.⟩ (Technik): *die Wärmetechnik betreffend;* **Wär|me|the|ra|pie,** die (Med.): *Thermotherapie;* **Wär|me|tod,** der (Kosmologie): *(hypothetischer) Endzustand des Weltalls, in dem überall die gleiche minimale Temperatur herrscht, so daß es keine thermodynamischen Prozesse mehr gibt;* **Wär|me|trä|ger,** der (Fachspr.): *Stoff, mit dessen Hilfe sich Wärme gut übertragen läßt:* als W. verwendet man Wasser, Wasserdampf, Quecksilber; **Wär|me|über|tra|gung,** die: *Übertragung von Wärme von einem Ort höherer Temperatur zu einem Ort tieferer Temperatur;* **Wär|me|ver|brauch,** der: *Verbrauch von Wärme;* **Wär|me|ver|lust,** der: *Verlust von Wärme:* schlecht schließende Fenster führen zu erheblichen -en; **Wär|me|wert,** der (Technik): *Zahl, die angibt, wie groß die thermische Belastbarkeit einer Zündkerze ist;* **Wär|me|wirt|schaft,** die: vgl. Energiewirtschaft; **Wär|me|zäh|ler,** der (Technik): *Gerät zur Messung von [zum Heizen verwendeten] Wärmemengen:* der Wärmeverbrauch wird mit an den Heizkörpern angebrachten -n gemessen; **Wär|me|zu|fuhr,** die: *Zufuhr von Wärme;* **Warm|fe|stig|keit,** die (Technik): *Festigkeit von Werkstoffen bei stark erhöhter Temperatur:* eine hohe W.; **Wärm|fla|sche,** die: *meist aus Gummi o. ä. bestehender flacher, beutelartiger, mit heißem Wasser zu füllender Behälter, der zur Wärmebehandlung (2), zum Anwärmen von Betten o. ä. benutzt wird:* jmdm., sich eine W. machen; sich mit einer W. ins Bett legen; **Warm|for|mung,** die (Metallbearb.): *Formung von Metall unter Hitzeeinwirkung;* **Warm|front,** die (Met.): vgl. Kaltfront; **Warm|hal|te|fla|sche,** die: vgl. Thermosflasche; **Warm|hal|te|kan|ne,** die: vgl. Thermoskanne; **warm|hal|ten,**

sich ⟨st. V.; hat⟩ (ugs.): *sich jmds. Gunst, Wohlwollen erhalten:* den Baron halt' ich mir warm, ein Küßchen hier und da schadet nicht (Winckler, Bomberg 207); **Warm|hal|te|plat|te,** die: *[erhitzbare] [Metall]platte zum Warmhalten von Speisen, Getränken;* **Warm|haus,** das (Gartenbau): *beheizbares Gewächshaus;* **Warm|haus|pflan|ze,** die (Gartenbau): *im Warmhaus gezogene Pflanze;* **warm|her|zig** ⟨Adj.⟩: **a)** *zu starken menschlichen Gefühlen fähig, neigend; voller Herzenswärme:* ... ist sie eine sehr -e und natürliche Frau (Katia Mann, Memoiren 110); **b)** *von großer Herzenswärme zeugend:* Warmherziges Verständnis für den Menschen ist die Grundtendenz dieses Buches (Mehnert, Sowjetmensch 2); **Warm|her|zig|keit,** die; -: *warmherziges Wesen; Gefühlswärme;* **Wärm|kru|ke,** die (landsch.): *als Wärmflasche benutzte Kruke* (1); **warm|lau|fen** ⟨st. V.; ist⟩: *durch Laufen [im Leerlauf] warm werden:* den Motor w. lassen; ⟨selten w. + sich:⟩ der Motor muß sich erst w., hat sich warmgelaufen; **Warm|luft,** die (bes. Technik, Met.): *warme Luft;* **Warm|luft|ein|bruch,** der (Met.): *Einbruch von Warmluft;* **Warm|luft|ge|rät,** das (Technik): *Gerät zur Erzeugung von Warmluft (z. B. Haartrockner);* **Warm|luft|hei|zung,** die (Technik): *Zentralheizung, bei der die Luft unmittelbar erwärmt wird u. in dem zu heizenden Gebäude zirkuliert;* **Warm|luft|zu|fuhr,** die (bes. Technik, Met.): *Zufuhr von Warmluft;* **Warm|mie|te,** die: *Miete einschließlich Heizkosten;* **warm|nie|ten** ⟨sw. V.; hat; nur im Inf. u. 2. Part.⟩ (Technik): *mit erhitzten Nieten nieten;* **Warm|nie|tung,** die (Technik): *das Warmnieten;* **Warm|start,** der: **1.** (Kfz-W.) *Start mit warmem Motor.* **2.** (Datenverarb.) *erneutes Starten eines Computers nach einer Unterbrechung des laufenden Programms* (4), *das durch entsprechende vorherige Befehlseingabe ohne nochmaliges Booten erfolgt;* **wärm|ste:** ↑warm; **wärm|stens** ⟨Adv.⟩: *ausdrücklich, sehr:* ich kann nur w. empfehlen; **Wär|mung,** die; - (selten): *das Wärmen, Gewärmtwerden.*
Warm-up ['wɔːmʌp], das; -s, -s [engl. warm-up, zu: to warm up = warm werden, warmlaufen] (Motorsport): *das Warmlaufenlassen der Motoren (vor dem Start eines Rennens):* schon im W. löste sich ein Luftschlauch am Turbolader (rallye racing 10, 1979, 54); Ü *Beim W. (bei der vor der Sendung erfolgenden Einstimmung der Zuschauer im Studio)* bringt ein Assistent des Starmoderators den Leuten die richtigen Töne bei (Zeitmagazin 3, 1994, 26).
Warm|was|ser, das ⟨o. Pl.⟩: *warmes, heißes Wasser:* das Zimmer hat [fließend] W.; **Warm|was|ser|aqua|ri|um,** das: *Aquarium mit relativ warmem Wasser;* **Warm|was|ser|be|rei|ter,** der (Technik): *Heißwasserbereiter;* **Warm|was|ser|hahn,** der: *Wasserhahn für warmes Wasser;* **Warm|was|ser|hei|zung,** die (Technik): *[Zentral]heizung, bei der die Wärme von zirkulierendem Wasser transportiert wird;* **Warm|was|ser|spei|cher,** der (Technik): *Heißwasserspeicher;* **Warm|was|ser|ver-**

sor|gung, die: *Versorgung mit Warmwasser;* **Warm|zeit,** die (Geol.): *Interglazial;* **warm|zeit|lich** ⟨Adj.⟩ (Geol.): *interglazial.*

Warn|an|la|ge, die: *Anlage, die durch Signale vor Gefahren warnt:* ... wie der Mann die ausgeklügelten -n *(Alarmanlagen)* im Schloß umgangen hat (BM 15. 8. 75, 6); **Warn|ba|ke,** die (Verkehrsw.): *Bake* (1 b); **Warn|blink|an|la|ge,** die (Kfz-W.): *Anlage, die es ermöglicht, die linken u. rechten Blinkleuchten gleichzeitig blinken zu lassen;* **warn|blin|ken** ⟨sw. V.; hat; meist im Inf. u. 2. Part.⟩ (Kfz-W. Jargon): *die Warnblinkanlage einschalten, eingeschaltet haben;* **Warn|blin|ker,** der (ugs.): *Warnblinkanlage;* **Warn|blink|lam|pe,** die (Kfz-W.): *Warnblinkleuchte;* **Warn|blink|leuch|te,** die (Kfz-W.): *zur Warnung vor einer Gefahr dienende, Blinksignale aussendende Lampe;* **Warn|blink|licht,** das (Kfz-W.): *von einer Warnblinkanlage, einer Warnblinkleuchte ausgehendes Blinklicht:* mit W. fahren; **Warn|dienst,** der: *Einrichtung, deren Aufgabe es ist, vor bestimmten Gefahren zu warnen:* einen W. einrichten; **Warn|drei|eck,** das (Kfz-W.): *(im Falle einer Panne od. eines Unfalls auf der Straße aufzustellendes) Warnzeichen in Form eines weißen Dreiecks mit rotem Rand;* **Warn|ein|rich|tung,** die (bes. Verkehrsw.): *Einrichtung, Vorrichtung zur Warnung vor einer Gefahr (z. B. Martinshorn, Warndreieck, Warnblinkanlage);* **war|nen** ⟨sw. V.; hat⟩ [mhd. warnen, ahd. warnōn, eigtl. = (sich) vorsehen, verw. mit ↑wahren]: **1.** *auf eine Gefahr hinweisen:* jmdn. vor einer Gefahr, vor einem Attentat, vor einem Betrüger w.; die Unfallstelle sichern und den nachfolgenden Verkehr w.; Am Ende des Strandes stand ein roter Leuchtturm, der nachts die Schiffe vor den drei Sandbänken w. sollte (Lentz, Muckefuck 204); eine innere Stimme, ein Gefühl warnte mich; ⟨auch o. Akk.-Obj.:⟩ der Polizei warnt vor Trickbetrügern, vor Glatteis; auf dem Schild stand: „Vor Taschendieben wird gewarnt"; ich bin jetzt gewarnt; ein warnender Zuruf. **2.** *jmdm. nachdrücklich, dringend [u. unter Drohungen, unter Hinweis auf mögliche unangenehme Folgen] von etw. abraten:* ich habe ihn nachdrücklich, ausdrücklich davor gewarnt [es zu tun]; ich warne dich, du machst einen Fehler; ich warne dich! Laß sie in Ruhe!; der Kanzler warnte in seiner Rede vor zu großem Optimismus; Dringend warnte der Abt den Bischof, er solle sich ja nicht ... mit dem Luxemburger einlassen (Feuchtwanger, Herzogin 22); ein warnendes *(abschreckendes)* Beispiel; **War|ner,** der; -s, -: *jmd., vor etw. warnt;* **War|ne|rin,** die; -, -nen: w. Form zu ↑Warner; **Warn|fah|ne,** die: *auf eine Gefahr hinweisende Fahne;* **Warn|far|be,** die: **1.** *Signalfarbe.* **2.** (Zool.) vgl. *Warnfärbung;* **Warn|fär|bung,** die (Zool.): *(bes. bei Insekten) auffällige Färbung u. Zeichnung des Körpers, durch die Feinde abgeschreckt werden sollen;* **Warn|flag|ge,** die: *auf eine Gefahr hinweisende Flagge;* **Warn|ge|rät,** das: vgl. *Warnanlage;* **Warn|glocke[1],** die: vgl. *Warnsirene;* **Warn|hin|weis,** der: *Hinweis auf*

eine Gefahr: der W. des Gesundheitsministers darf auf keiner Zigarettenpackung fehlen; **Warn|klei|dung,** die (bes. Verkehrsw.): *auffällige Kleidung, die dafür sorgen soll, daß ihr Träger nicht übersehen wird:* die Straßenbauarbeiter tragen W.; **Warn|kreuz,** das (Verkehrsw.): *Andreaskreuz* (2); **Warn|lam|pe,** die: *Glühlampe, die durch [automatisches] Aufleuchten vor etw. warnt, auf etw. Wichtiges hinweist;* **Warn|laut,** der (Zool.): *Laut, durch den ein Tier seine Artgenossen od. auch andere Tiere vor einer drohenden Gefahr warnt;* **Warn|leuch|te,** die: vgl. *Warnlampe, Warnblinkleuchte;* **Warn|licht,** das ⟨Pl. -er⟩: vgl. *Warnsignal;* **Warn|li|nie,** die (Verkehrsw.): *in besonders kurzen Abständen unterbrochene Mittellinie* (2) *vor Kurven, Kreuzungen, Kuppen u.a.;* **Warn|mel|dung,** die: *auf eine bestimmte Gefahr hinweisende Meldung;* **Warn|ruf,** der: **1.** *warnender Zuruf.* **2.** (Zool.) *Warnlaut;* **Warn|schild,** das ⟨Pl. -er⟩: **1.** *Schild mit einer Warnung.* **2.** (Verkehrsw.) *auf eine Gefahr hinweisendes Verkehrsschild;* **Warn|schrei,** der: *Warnruf;* **Warn|schuß,** der: *in die Luft abgegebener Schuß, durch den einer Aufforderung, einer Drohung Nachdruck verliehen werden soll;* **Warn|si|gnal,** das: *auf eine Gefahr hinweisendes Signal:* Ein Funkwagen mit Blaulicht und akustischem W. (Bastian, Brut 167); Ü Doch sind die -e *(Warnzeichen* 3) für solche Ökokriege unübersehbar (natur 2, 1991, 23); **Warn|si|re|ne,** die: *Sirene zum Erzeugen akustischer Warnsignale;* **Warn|streik,** der: *kurz befristete Arbeitsniederlegung, durch die einer Forderung Nachdruck verliehen, Kampfbereitschaft demonstriert od. gegen etw. protestiert werden soll:* ein kurzer, befristeter, eintägiger W.; es kam an vielen Orten zu -s; **Warn|sy|stem,** das: *System von Einrichtungen, die dazu dienen, vor bestimmten Gefahren zu warnen;* vgl. *Warnschild;* **Warn|ta|fel,** die: vgl. *Warnschild;* **Warn|ton,** der: **a)** vgl. *Warnlaut:* Die Reaktion auf die Warntöne ... der Eltern ist den Jungvögeln ... angeboren (Lorenz, Verhalten I, 178); **b)** vgl. *Warnsignal;* **Warn|tracht,** die (Zool.): *Warnfärbung;* **Warn|ung,** die; -, -en [mhd. warnunge, ahd. warnunga]: **1.** *das Warnen, Gewarntwerden:* dank der rechtzeitigen W. der Bevölkerung gab es keine Todesopfer. **2. a)** *Hinweis auf eine Gefahr:* eine W. vor Glatteis, Sturm; auf dem Schild stand: „W. vor dem Hunde"; W.: Rauchen gefährdet die Gesundheit; er beachtete die -en nicht; **b)** *etw., wodurch jmd. vor etw. gewarnt* (2) *werden soll:* laß dir dies eine W. sein *(lerne daraus, wie man sich nicht verhalten soll);* das ist meine letzte W. *(wenn du jetzt nicht auf mich hörst, wird das für dich unangenehme Folgen haben);* Nimm dich in acht! Es verging kein Tag, ... an dem Benhard nicht diese W. vorbrachte (Kuby, Sieg 187); er hat die W. nicht gleich verstanden; Allen um ihn Trotz wählt Sebastian ... den Landweg (Schneider, Leiden 129); er hörte nicht auf ihre -en; **Warn|ungs|ruf** usw. (seltener): ↑*Warnruf* usw.; **Warn|ver|hal|ten,** das (Zool.): **a)** *der Einschüchterung od. Abschreckung*

Warnweste

von Feinden od. Rivalen dienendes Verhalten eines Tiers; **b)** *der Warnung von Artgenossen vor einer drohenden Gefahr dienendes Verhalten eines Tiers;* **Warn|we|ste,** die: vgl. Warnkleidung; **Warn|zei|chen,** das: **1.** vgl. Warnsignal. **2.** (Verkehrsw.) vgl. Warnschild (2). **3.** *vor einem Unheil warnende Erscheinung.* **¹Warp,** der od. das; -s, -e [engl. warp = Kette (3), zu: to warp = sich wellen, sich werfen] (Textilw.): **1.** *fest gedrehtes Kettgarn.* **2.** *billiger, bunt gewebter Baumwollstoff für Schürzen o. ä.;* **²Warp,** der; -[e]s, -e [mniederd. warp, zu: werpen = werfen] (Seemannsspr.): *kleinerer Anker zum Verholen eines Schiffes;* **Warp|an|ker,** der (Seemannsspr.): ²Warp; **war|pen** ⟨sw. V.⟩ (Seemannsspr.): **1.** *mit Hilfe eines Warpankers, mit Hilfe von Tauen fortbewegen* ⟨hat⟩. **2.** *sich durch Warpen* (1 a) *fortbewegen* ⟨ist⟩; **Warp|lei|ne,** die (Seemannsspr.): *Leine vom Warpen;* **Warpschiffahrt¹,** die (Seemannsspr.): *Schiffahrt mit Schiffen, die durch Warpen* (1) *bewegt werden;* **Warp|we|ber,** der: *Weber, der* ¹Warp (2) *herstellt.* **War|rant** [va'rant, 'vɔrənt, engl.: 'wɔrənt], der; -s, -s [engl. warrant < a(nord)frz. warant, ↑Garant] (Wirtsch.): **1.** *von einem Lagerhalter ausgestellte Bescheinigung über den Empfang von eingelagerten Waren (die im Falle einer Beleihung der Waren verpfändet werden kann).* **2.** *Optionsschein.* **War|schau:** Hauptstadt von Polen; **¹War|schau|er,** der; -s, -: Ew.; **²War|schau|er** ⟨indekl. Adj.⟩; **War|schaue|rin,** die; -, -nen: w. Form zu ↑¹Warschauer; **warschau|isch** ⟨Adj.⟩; **War|sza|wa** [var'ʃava]: polnische Form von ↑Warschau. **Wart,** der; -[e]s, -e [mhd., ahd. wart, zu ↑wahren] (veraltet, sonst nur als Grundwort in Zus.): *jmd., der für etw. Bestimmtes verantwortlich ist, der die Aufsicht über etw. Bestimmtes führt* (z. B. Gerätewart, Torwart); **War|te,** die; -, -n [mhd. warte, ahd. warta, zu ↑wahren]: **1.** (geh.) *hochgelegener Platz, von dem aus die Umgebung gut zu überblicken ist:* von der hohen W. des Hügels konnten wir alles gut überblicken; Ü von meiner W. *(von meinem Standpunkt) aus* [betrachtet] ...; Geschichtsbetrachtungen wären bisher nur von preußischer W. aus *(aus preußischer Sicht)* angestellt worden (Kempowski, Uns 158). **2.** *(im MA.) [zu einer Burg, einer Befestigungsanlage gehörender] befestigter Turm zur Beobachtung des umliegenden Geländes u. als Zufluchtsstätte;* **War|te|bank,** die: *Bank, auf der man beim Warten sitzen kann:* Dann saß er unruhig auf der W. vor dem Richterzimmer (Kühn, Zeit 71); **War|te|frau,** die: **1.** (veraltet) *Frau, die jmdn. wartet* (2 a), *bes. Kinderfrau, Pflegerin.* **2.** (veraltend) *Frau, deren Aufgabe es ist, etw. zu beaufsichtigen u. in Ordnung zu halten* (z. B. öffentliche Toiletten); **War|te|frist,** die: vgl. Wartezeit; **War|te|ge|bühr,** die (österr. früher): vgl. Wartegeld; **War|te|geld,** das (früher): *Geld, das einem in den Wartestand versetzten Beamten od. Offizier vom Staat gezahlt wird;* **War|te|hal|le,** die: vgl. Wartesaal; **War|te|haus,** das: *Wartehäuschen:* Der Straßenbahnhaltepunkt Lübkestraße soll ein W. mit Sitzgelegenheit erhalten (Ruhr-Nachr. 1. 8. 79, DO 2); **War|te|häus|chen,** das: *[offene] häuschenähnliche größere Kabine* (2 b) *an einer Haltestelle, in der Fahrgäste auf den Bus, die Straßenbahn o. ä. warten können:* das W. an der Bushaltestelle; **War|te|li|ste,** die: *Liste mit den Namen von Personen, die darauf warten, etw. geliefert, zugeteilt, bewilligt o. ä. zu bekommen:* sich auf die W. setzen lassen; auf der W. stehen; **war|ten** ⟨sw. V.; hat⟩ [mhd. warten, ahd. wartēn = ausschauen, aufpassen, erwarten, zu ↑Warte, also eigtl. = Ausschau halten; 2: aus der mhd. Bed. „auf etw. achthaben": **1. a)** *dem Eintreffen einer Person, einer Sache, eines Ereignisses entgegensehen, wobei einem oft die Zeit besonders langsam zu vergehen scheint:* geduldig, sehnsüchtig, vergeblich auf etw. w.; ich warte schon seit sechs Wochen auf Post von ihm, auf seine Rückkehr; es war nicht nett, sie so lange auf eine Antwort w. zu lassen; auf einen Studienplatz w.; er wartet nur auf eine Gelegenheit, sich zu rächen; ... warteten alle darauf, daß ich endlich zu erzählen anfinge (Jens, Mann 134); Alle warteten gespannt, was ich wohl tun würde (Nossack, Begegnung 377); darauf habe ich schon lange gewartet *(das habe ich vorausgesehen, geahnt);* der Erfolg läßt noch auf sich w. *(ist bislang nicht erreicht worden);* die Katastrophe ließ nicht lange auf sich w. *(es kam bald zur Katastrophe);* auf Typen wie dich haben wir hier gerade gewartet! (salopp iron.; *dich brauchen wir hier gar nicht);* worauf wartest du noch? *(warum handelst du nicht?);* worauf warten wir noch? *(laß[t] uns handeln!);* sie warten nur noch auf ihren Tod *(erwarten nichts mehr vom Leben);* ⟨auch o. Präp.-Obj.:⟩ Wir können w., die Zeit läuft für uns (Dönhoff, Ära 47); der soll ruhig/kann w. (ugs.; *ihn können wir ruhig warten lassen);* da kannst du lange w./wirst du vergebens w. (ugs.; *das, worauf du wartest, wird nicht eintreffen);* na, warte! (ugs.; *du kannst dich auf etwas gefaßt machen);* ⟨veraltet mit Gen.:⟩ einer Antwort w.; ... mit dem Ausdruck eines, der ... seine Pflicht getan hat und nun der Dinge wartet, die da kommen sollen (Maass, Gouffé 323); Ü das Essen kann w. *(damit ist es nicht so eilig);* ⟨subst.:⟩ Aber alles war besser als das zermürbende Warten auf jene unbekannte Stunde (Lederer, Bring 161); **b)** *sich, auf jmdn., etw. wartend* (1 a), *an einem Ort aufhalten u. diesen nicht verlassen:* am Hintereingang, im Foyer [auf jmdn.] w.; warte hier, ich bin gleich zurück; auf den Bus w.; [an der Ampel stehen und] auf Grün w.; ich werde mich in das Café setzen und dort w., bis du wiederkommst; beeilt euch, der Zug wartet nicht!; die Reifen können wir sofort montieren, Sie können gleich [darauf] w.; warten Sie, bis Sie aufgerufen werden!; Hallo, warten Sie einen Moment! *(bleiben Sie einen Moment stehen!;* Schnabel, Marmor 148); er stieg in das wartende Taxi; warte mal *(einen Augenblick Geduld bitte!),* es fällt mir gleich ein; Ü zu Hause wartete eine Überraschung auf uns *(erlebten wir, als wir eintrafen, eine Überraschung);* das Buch wartet darauf, daß du es abholst *(liegt für dich zur Abholung bereit);* ... aber der Infrastrukturaufgaben warten ... noch viele *(sind noch viele zu bewältigen;* NZZ 25. 10. 86, 34); ⟨veraltend mit Gen.:⟩ In Holland wartete ihrer eine neue Enttäuschung *(sollten sie eine neue Enttäuschung erleben;* Nigg, Wiederkehr 47); ♦ da saß ein Mann und wartete der Fähre (Schiller, Tell II, 2); **c)** *etw. hinausschieben, zunächst noch nicht tun:* sie wollen mit der Heirat noch [ein paar Monate, bis nach seinem Examen] w.; er wird so lange w. *(zögern),* bis es zu spät ist; Hurry wartete bis zum letzten Augenblick *(handelte erst im letzten Augenblick;* Hausmann, Abel 99); wir wollen mit dem Essen w., bis alle da sind; Allzulange ... dürfen Sie mit Ihrer Antwort jetzt aber nicht mehr w., sonst ... (Geissler, Wunschhütlein 104). **2. a)** (veraltend) *sich um jmdn., etw. kümmern, für jmdn., etw. sorgen; pflegen, betreuen:* Kranke, Kinder, Pflanzen w.; Bienen brachten ihm Honig, die Ziege Amalthea bot ihm Euter, die Nymphen warteten ihn (Ceram, Götter 77); Wenn ein Pferd sich ... wie toll benimmt, so wird es mit besonderer Sorgfalt gewartet, bekommt die weichsten Bandagen, die besten Reiter (Musil, Mann 242); ♦ ⟨mit Gen.:⟩ die Hälfte sollte bei den Buchen schaffen, die andere Hälfte Haber säen und des Viehes w. (Gotthelf, Spinne 38); ich habe meines Amtes schlecht gewartet (Storm, Schimmelreiter 140); **b)** (Technik) *(an etw.) Arbeiten ausführen, die zur Erhaltung der Funktionsfähigkeit von Zeit zu Zeit notwendig sind:* die Maschine, das Gerät, das Auto muß regelmäßig gewartet werden; wann ist die Batterie zuletzt gewartet worden?; nebenbei haben die Feuerwehrmänner den Gerätepark gewartet (Fels, Kanakenfauna 51); **c)** (selten) *(eine Maschine, eine technische Anlage) bedienen:* die ganze Anlage kann von einem einzigen Mann gewartet werden; **War|te|pflicht,** die: **1.** (Verkehrsw.) *Verpflichtung zu warten [um Vorfahrt zu gewähren].* **2.** (Rechtsspr.) *Verpflichtung, etw. nicht vor Ablauf einer bestimmten Frist zu tun;* **war|te|pflich|tig** ⟨Adj.⟩ (Verkehrsw., Rechtsspr.): *einer Wartepflicht unterliegend;* **Wär|ter,** der; -s, - [mhd. werter, ahd. wartari]: *jmd., der jmdn. betreut, auf jmdn., auf etw. aufpaßt:* der W. brachte den Gefangenen wieder in seine Zelle; der W. füttert die Affen; **War|te|raum,** der: **1.** *Raum, in dem sich Wartende aufhalten können* (z. B. beim Arzt). **2.** (Flugw.) *Luftraum in der Nähe eines Flugplatzes, in dem auf Landeerlaubnis wartende Flugzeuge kreisen müssen;* **Wär|ter|bu|de,** die: vgl. Wärterhäuschen; **War|te|rei,** die; -, -en (ugs., meist abwertend): *[dauerndes] Warten* (1): diese endlose W. kann einen ganz schön fertigmachen; ich hab' die W. satt; bei der fruchtlosen -en (Zorn, Mars 100); **Wär|ter|haus,** das: vgl. Wärterhäuschen; **Wär|ter|häus|chen,** das: *Häuschen, in dem sich ein Wärter während seines Dienstes aufhält;* **Wär|te|rin,** die; -, -nen:

w. Form zu ↑Wärter; **War|te|saal** (schweiz.:) Wartsaal, der: *größerer, oft mit einer Gaststätte verbundener Raum, in dem sich Reisende auf Bahnhöfen aufhalten können:* Ich ging ... zum Bahnhof und setzte mich dort in den Wartesaal zweiter Klasse (Fallada, Trinker 69); Ü im W. des Lebens; **War|te|schlan|ge**, die: *Schlange* (3a): an der Kasse, an der Parkhauseinfahrt hatte sich eine [lange] W. gebildet; daß Jon Randers das Recht hatte, die W. zu umgehen, sich ganz vorn hinzustellen (Tikkanen [Übers.], Mann 50); Ü daß zunächst der Auftrag in eine W. eingereiht wird, die dann ... abgearbeitet wird (Mathematik II, 50); **War|te|schlei|fe**, die: **1.** (Flugw.) *Schleife* (2), *die ein Flugzeug zieht, während es auf eine Landeerlaubnis warten muß:* Über Funk wurde Junginger vom Tower angewiesen, noch eine W. zu fliegen (MM 19.2.82, 10); Ü wenn sie ... wegen der schlechten Arbeitsmarktsituation für Akademiker noch -n einlegen *(mit dem Eintritt ins Berufsleben noch warten;* Welt 29.10.85, 3); Lang bleiben die Jugendlichen sowieso nicht bei St. Josef, die Notaufnahme ist nur „eine „Warteschleife" *(dient nur dazu, eine gewisse Zeit zu überbrücken),* ehe die Betroffenen weitergeschickt werden (MM 2./3. 9. 91, 15); Die Hochschullehrer der „abgewickelten" Institute ... werden ... in eine sogenannte W. *(in eine Art Wartestand)* versetzt (Spiegel 1, 1991, 24). **2.** (Fernspr.) *Anzahl von Fernsprechteilnehmern, die alle mit einem bestimmten Anschluß verbunden werden möchten u. darauf warten, an die Reihe zu kommen:* Beim Anruf in einer der ADAC-Notrufzentralen kommen Sie in eine W., und die Gespräche werden der Reihe nach angenommen (ADAC-Motorwelt 7, 1982, 37); **War|te|stand**, der ⟨o. Pl.⟩ (früher): *einstweiliger Ruhestand (eines Beamten, Offiziers):* Ü Berlins Anspruch, die deutsche Hauptstadt in W. zu setzen (W. Brandt, Begegnungen 13); **War|te|zeit**, die: **1.** *Zeit des Wartens:* so daß mir ... die uns auferlegte W. von gewiß vierzig Minuten recht schnell verging (Th. Mann, Krull 380); sich die W. mit etw. verkürzen; um lange -en zu vermeiden, vereinbaren Sie bitte einen Termin; daß wir Engländer während dieser W. nicht ganz stumm dasitzen wollen, sondern daß wir gern ein wenig nachhelfen wollen (Dönhoff, Ära 138); an den Grenzübergängen nach Österreich kann es zu längeren -en kommen. **2.** (bes. Versicherungsw.) *festgesetzte Frist, vor deren Ablauf etw. nicht möglich, nicht zulässig ist;* **War|te|zim|mer**, das: *Zimmer, in dem sich Wartende aufhalten können* (z. B. beim Arzt): als ich um halb neun zu seiner Praxis kam, war das W. schon voll; stundenlang im W. herumsitzen; nehmen Sie bitte [noch einen Moment] im W. Platz.

-wär|tig (mhd. -wertec, ahd. -wertig, zu mhd., ahd. -wert, ↑-wärts): drückt in Bildungen mit Substantiven aus, daß es sich um eine bestimmte Richtung handelt: see-, landwärtig; **-wärts** (mhd., ahd. -wertes, adv. Gen. von mhd., ahd. -wert, eigtl. = auf etw. hin gewendet, zu gerich-

tet, verw. mit ↑ werden]: drückt in Bildungen mit Substantiven aus, daß es sich um eine bestimmte Richtung handelt: pol-, sternen-, meer-, küsten-, wald-, südwärts. **Wart|saal:** ↑Wartesaal; **Wart|turm**, der: *(im MA.)* Warte (2); **War|tung**, die; -, -en: **a)** (veraltend) *das Warten* (2a), *Gewartetwerden:* ... war das Amt der W. des Pferdes ein edles Amt (Dwinger, Erde 206); **b)** *das Warten* (2b), *Gewartetwerden:* regelmäßige, sorgfältige, fachmännische, mangelhafte W.; Die Liegezeiten sind unsere Hauptarbeitszeit für -en *(Wartungsarbeiten)* (Hamburger Abendblatt 12.5. 84, 6); den Wagen zur W. bringen, zur W. in die Werkstatt bringen; **b)** (selten) *das Warten* (2c), *Gewartetwerden;* **War|tungs|ar|beit**, die ⟨meist Pl.⟩: *im Warten* (2b) *bestehende Arbeit:* kleinere Reparaturen und -en macht er an seinem Auto selbst; **wartungs|arm** ⟨Adj.⟩: *wenig Wartung erfordernd:* die Anlage ist robust und w.; Die Entwicklung hin zu wartungsärmeren Fahrzeugen (Allgemeine Zeitung 6.2. 85, 22); **mit Wartung verbundener Aufwand:** die Anlage erfordert einen hohen W.; **wartungs|auf|wen|dig** ⟨Adj.⟩: *einen großen Wartungsaufwand erfordernd:* ein sehr -es Gerät; **War|tungs|dienst**, der: *im Warten* (2b) *bestehende Dienstleistung:* einen W. vornehmen, machen lassen; der Wagen muß alle 10 000 km zum W.; **wartungs|frei** ⟨Adj.⟩: *keiner Wartung bedürfend:* das Lager, die Batterie, die Federung ist [weitgehend] w.; die Anlage läuft, arbeitet [fast, nahezu] w.; **War|tungs|frei|heit**, die ⟨o. Pl.⟩: *das Wartungsfreisein;* **war|tungs|freund|lich** ⟨Adj.⟩: *die Wartung erleichternd:* eine -e Konstruktion; **War|tungs|freund|lich|keit**, die: *wartungsfreundliche Beschaffenheit:* für die Maschine spricht nicht zuletzt ihre hohe W.; **War|tungs|hal|le**, die: *Halle, in der etw.* (z. B. Flugzeuge) *gewartet wird;* **war|tungs|in|ten|siv** ⟨Adj.⟩: *wartungsaufwendig:* die Anlage ist sehr w.; **War|tungs|in|ter|vall**, das: *Zeitraum zwischen zwei aufeinanderfolgenden Wartungen:* Auch die zunehmende Ausdehnung der -e wirkt sich positiv auf die Unterhaltskosten aus (ADAC-Motorwelt 7, 1986, 31); **War|tungs|ko|sten** ⟨Pl.⟩: *Kosten für die Wartung von etw.;* **War|tungs|per|so|nal**, das: *Personal, dessen Aufgabe es ist, etw. zu warten;* **War|tungs|ver|trag**, der: *Vertrag, in dem sich jmd., eine Firma dazu verpflichtet, die regelmäßige Wartung von etw. zu übernehmen.*
war|um [mit bes. Nachdruck: 'va:rʊm] ⟨Adv.⟩ [mhd. warumbe, spätahd. wār umbe, aus: wār (↑wo) u. umbe, ↑um]: **1.** ⟨interrogativ⟩ *aus welchem Grund?; weshalb?:* w. tust du das?; w. antwortest du nicht?; „Ich werde meine Reise verschieben." – „Warum [das denn]?"; „Machst du da mit?" – „Ja, w. nicht?" *(warum sollte ich nicht mitmachen?);* w. nicht gleich [so]? (ugs.; *das hätte man doch gleich so machen können);* w. er das wohl gesagt hat? *(ich frage mich, warum er das gesagt hat);* (mit besonderem Nachdruck auch in Fragesätzen ohne Inversion, der Personalform des Verbs nachgestellt) er

kam w. noch einmal zurück?; du verreist w.?; (in indirekten Fragesätzen:) ich frage mich, w., ich weiß nicht, ich begreife nicht, w. er das getan hat; kannst du mir erklären, w. das so ist?; ich weiß nicht, w., aber er hat abgesagt; Ich vermag auch nicht einzusehen, w. ein Bundeskanzler immer mit einer amerikanischen Sondermaschine fliegen muß (Spiegel 44, 1966, 82); daß ... sie ihm verziehen, ohne daß sie sich Rechenschaft gaben, w. eigentlich (R. Walser, Gehülfe 22); (w. + „immer", „auch", „auch immer":) Sie erließen einen Aufruf. Die Legionäre ... möchten sich melden, w. sie auch immer geflohen seien (Seghers, Transit 113); ⟨subst.:⟩ er fragt nicht nach dem Warum und Weshalb; die Schüler werden eine Tätigkeit praktisch ausführen, ohne das Warum und Wozu ... bereits erklärt zu bekommen (Klein, Bildung 103). **2.** (relativisch) *aus welchem Grund; weshalb:* der Grund, w. er es getan hat, ist uns allen unbekannt.
War|ve, die; -, -n [zu schwed. varv = Schicht] (Geol.): *durch den Wechsel der Jahreszeiten entstandene Schicht im Bänderton;* **War|vit**, **War|wit**, der; -s, -e (Geol.): *bändertonartige Ablagerung älterer Eiszeiten.*
Wärz|chen, das; -s, -: Vkl. zu ↑Warze.
War|ze, die; -, -n [mhd. warze, ahd. warza, eigtl. = erhöhte Stelle]: **1.** *kleine rundliche Wucherung der Haut mit oft stark verhornter, zerklüfteter Oberfläche:* eine W. am Finger haben; sich eine W. entfernen, wegätzen, wegmachen lassen; so wies tatsächlich der vordere Teil seiner Nase auch eine hornartig erhabene W. auf, die die Berechtigung des Namens (= des Spottnamens „Rhinozeros") vollendete (Th. Mann, Krull 70); Ich zupfte an meiner W., die seit einigen Wochen zwischen Daumen und Zeigfingerwurzel sproß (Lentz, Muckefuck 17). **2.** kurz für ↑Brustwarze; **war|zen|för|mig** ⟨Adj.⟩: *einer Warze ähnelnd;* **War|zen|fort|satz**, der (Anat.): *warzenförmiger Fortsatz des Schläfenbeins;* **War|zen|ge|schwulst**, die (Med.): *Papillom;* **War|zen|hof**, der: *durch seine dunklere Färbung von der umgebenden Haut sich abhebender runder Fleck, der die Brustwarze umgebend;* **War|zen|kak|tus**, der: *in vielen Arten bes. in Mexiko vorkommender, meist kugeliger Kaktus mit warzenartigen, mit Dornen besetzten Höckern;* **War|zen|schlan|ge**, die: (in Südostasien u. Australien heimische) *Schlange mit massigem, plumpem Körper, deren Haut von kleinen dicken Schuppen bedeckt ist;* **War|zen|schwein**, das: (in der Savanne lebendes) *großes Schwein mit warzenartigen Erhebungen an der Vorderseite des Kopfes;* **War|zen|stift**, der: *Ätzstift zum Entfernen von Warzen* (1); **war|zig** ⟨Adj.⟩: *Warzen* (1) *aufweisend:* -e Hände.
was [mhd. waʒ, ahd. (h)waʒ]: **I.** ⟨Interrogativpron.; Neutr. (Nom. u. Akk., gelegtl. auch Dativ)⟩ fragt nach etw., dessen Nennung od. Bezeichnung erwartet od. gefordert wird: w. ist das?; w. ist [alles, außerdem, noch] gestohlen worden?; w. sind Bakterien, die Dardanellen?; w. ist ein Modul?; w. heißt, w. bedeutet, w.

waschaktiv

meinst du mit „Realismus"?; „Was ist das denn?" – „Ein Transistor"; „Was ist in dem Koffer?" – „Kleider"; w. ist sie [von Beruf]?; wißt ihr, w. ihr seid? Feiglinge [seid ihr]!; als w. hatte er sich verkleidet?; „Hier gibt es keine Zeitungen." – „Und w. ist das?" (ugs.; *hier sind doch welche!*); w. ist schon dabei?; w. geht hier vor?; w. führt dich zu mir?; w. ist [los]?; w. ist [nun], kommst du mit? (ugs.; *hast du dich nun entschieden mitzukommen?*); und w. dann? (ugs.; *wie geht es dann weiter?*); w. weiter? (ugs.; *was geschah dann?*); hältst du mich für bekloppt oder w.? (ugs.; *oder was denkst du dir dabei?*); w. ist nun mit morgen abend? (ugs.; *was soll nun morgen abend geschehen?*); aber w. (ugs.; *was machen wir aber*), wenn er ablehnt?; w. denn? (ugs.; *was ist denn los?; was willst du denn?*); w. [denn] (ugs.; *ist das denn die Möglichkeit*), du weißt das nicht?; w. (ugs.; *ist das wirklich wahr*), du hast gewonnen?; w.? (salopp; *[wie] bitte?*); das gefällt dir, w.? (ugs.; *nicht wahr?*); w. ist die Uhr? (landsch.; *wie spät ist es?*); w. tust du da?; w. willst du?; w. gibt es Neues?; er fragte, w. sie vorhabe; ich weiß nicht, w. er gesagt hat; Dann wieder kommt es vor, daß sie plötzlich nicht wissen, w. reden (*was sie reden sollen*; Frisch, Montauk 114); w. glaubst du, wieviel das kostet?; w. haben wir noch an Wein? (*was für Wein u. wieviel haben wir noch?*); w. (*wieviel*) ist sieben minus drei?; w. (*welche Summe Geldes*) kostet das, verdienst du?; w. kann ich dafür?; w. gibt dich das an?; w. gibt's? (ugs.; *was möchtest du von mir?*); (mit besonderem Nachdruck auch in Fragesätzen ohne Inversion, der Personalform des Verbs nachgestellt:) er war w. gesagt?; er kaufte sich w.?; (vom Gesprächspartner die Wiederholung eines bestimmten Teils einer Äußerung erbittend:) ... begann der gesellschaftliche Regreß ... Der w., bitte? ... Na, wie ich sage, der Regreß (Spiegel 51, 1982, 87); ⟨Gen.:⟩ wessen rühmt er sich?; weißt du, wessen man ihn beschuldigt?; (ugs. in Verbindung mit Präp.:) an w. (*woran*) glaubst du?; auf w. (*worauf*) sitzt er?; aus w. (*woraus*) besteht das?; bei w. (*wobei*) ist das denn passiert?; durch w. (*wodurch*) ist der Schaden entstanden?; für w. (*wofür*) ist das gut?; um w. (*worum*) geht es?; zu w. (*wozu*) kann man das gebrauchen?; ⟨in Ausrufesätzen:⟩ w. hier wieder los ist!; w. es [nicht] alles gibt!; w. der alles weiß!; w. glaubst du [wohl], wie das weh tut! (ugs.; *das tut doch schließlich sehr weh!*); ⟨w. + „immer", „auch", „auch immer":⟩ Mag in der Welt w. immer geschehen (Molo, Frieden 29); w. du auch [immer] tust (*gleichgültig, was du tust*), denk an dein Versprechen!; * **ach w.!** (salopp; *keineswegs!; Unsinn!*): „Bist du beleidigt?" – „Ach w.! Wie kommst du darauf?"; **w. für [ein]** ... (↑für II); **w. ein** ... (ugs.; *was für ein* ..., *welch ein* ...): du weißt doch selbst, w. ein Aufwand das ist; w. 'n fieser Kerl!; w. 'n Glück!; **und w. nicht alles** (ugs.; *und alles mögliche*). **II.** ⟨Relativpron.; Neutr. (Nom. u. Akk., gelegtl. auch Dativ)⟩ **1.** bezeichnet in Relativsätzen, die sich nicht auf Personen beziehen, dasjenige, worüber im Relativsatz etw. ausgesagt ist: sie haben [alles] mitgenommen, w. nicht niet- und nagelfest war; ich glaube an das, w. in der Bibel steht; w. mich betrifft, so bin ich ganz zufrieden; Diese Angst ist es, w. sie hinhorchen läßt (Sloterdijk, Kritik 118); er hat alles abgestritten, w. ja sein gutes Recht ist; das ist etwas, w. ich gar nicht mag; vieles von dem, w. er gesagt hat, kann ich bestätigen; er will sich auf nichts einlassen, w. ich übrigens gut verstehen kann; ⟨Gen.:⟩ [das,] wessen er sich rühmt, ist kein besonderes Verdienst; (ugs. in Verbindung mit Präp.:) das ist das einzige, zu w. (*wozu*) er taugt; ⟨w. + „auch", „immer", „auch immer":⟩ w. er auch [immer] (*alles, was er*) anfing, wurde ein Erfolg. **2. a)** wer: w. ein richtiger Kerl ist, [der] wehrt sich; Drin lag nun, w. sich nach heißen Tanzbodennächten den Hintern im Gras verkühlt hatte (Bieler, Bonifaz 206); **b)** (landsch. salopp) *der, die, das:* die Frieda, w. unsere Jüngste ist; die vielen Diebstähle, w. hier vorkommen (Aberle, Stehkneipen 30); **c)** (landsch. salopp) *derjenige, der; diejenige, die:* w. unsere Mutter ist, die sagt immer ...; Was der Chauffeur dazu ist, der sitzt ... in Pinnebergs Laube (Fallada, Mann 240). **III.** ⟨Indefinitpron. (Nom. u. Akk., gelegtl. auch Dativ)⟩ **1.** (ugs.) *[irgend] etwas:* w. zum Lesen; das ist ja ganz w. anderes!; ist w. [Näheres] bekannt?; paßt dir w. nicht?; es ist kaum noch w. übrig; das ist doch wenigstens w.; ist w.? (*ist etwas geschehen?*); es soll ein bißchen w. (*etwas, ein wenig*) Ausgefallenes sein; ich weiß w.; du kannst w. erleben; erzähl doch ein bißchen w. (*ein wenig*); von mir aus kannst du so sonst w. (salopp; *irgend etwas Beliebiges*) tun, mir ist es egal; da haben wir uns w. [Schönes] eingebrockt; soll ich dir mal w. sagen?; er kann w.; taugt das w.?; tu doch w.; weißt du w.? Ich lade dich ein!; eine Flasche mit, ohne w. drin; das sieht doch nach w. aus; das geht niemanden w. an; Und für seinen Namen kann keiner w. (Kühn, Zeit 102); * **so w.** (ugs.; **1.** *so etwas:* so w. Dummes!; so w. von blöd!; so w. von Frechheit!; na so w.! **2.** abwertend; *so jmd.:* so w. schimpft sich Experte!); **[so] w. wie** ... (ugs.; *[so] etwas wie* ...): er ist so w. wie ein Dichter; gibt es hier [so] w. wie 'n Klo? **2.** (landsch.) *etwas* (2), *ein wenig:* hast du noch w. Geld?; ich werde noch w. schlafen; Ich glaube, ich bring ihn mal w. an die frische Luft (Chotjewitz, Friede 120). **IV.** ⟨Adv.⟩ (ugs.) **1.** *warum* (1): w. regst du dich so auf?; w. stehst du hier herum?; Was sollen wir die Natur erhalten? Die Menschen sterben sowieso (natur 6, 1991, 33); ⟨in Ausrufesätzen:⟩ w. mußtest du ihn auch so provozieren! **2. a)** *wie [sehr]:* wenn du wüßtest, w. das weh tut!; lauf w. (*so schnell wie*) du kannst!; ⟨meist in Ausrufesätzen:⟩ w. hast du dich verändert!; w. hat er sich gefreut!; Was du die Landschaftseinlagen im Lederstrumpf gehaßt habe! (Muschg, Gegenzauber 175); **b)** *inwiefern:* w. stört dich das?; w. interessiert das ihn?

wạsch|ak|tiv ⟨Adj.⟩: *schmutzlösend, reinigend:* -e Substanzen; **Wạsch|an|la|ge, die: a)** *Anlage zum maschinellen Waschen* (3 a) *von Autos:* den Wagen durch die, in die W. fahren; **b)** (Technik) vgl. Wäsche (4); **c)** (Jargon) *Geldwaschanlage:* etw. als W. für schmutziges Geld benutzen; Jedoch an -n und Spender und Empfänger kann er sich nicht mehr erinnern (Spiegel 32, 1985, 9); **Wạsch|an|lei|tung, die:** vgl. Waschanweisung, die (selten): *Wäscherei;* **Wạsch|an|wei|sung, die** (Textilind.): *Hinweise für die Behandlung von Textilien beim Waschen;* **Wạsch|au|to|mat, der** (Fachspr.): *Waschmaschine* (1); **Wạsch|bal|ge, die** (nordd.): vgl. Waschbottich, **wạsch|bar** ⟨Adj.⟩: *sich ohne Schaden waschen* (1 a) *lassend:* -es Leder; -e Bezüge; der Stoff, die Jacke ist [bei 60°] w.; **Wạsch|bär, der:** *(besonders in Nordamerika vorkommender) kleiner, grauer bis schwärzlicher Bär mit kurzer Schnauze u. langem, buschigem Schwanz, der seine Nahrung ins Wasser taucht u. mit waschenden Bewegungen zwischen den Vorderpfoten reibt;* **Wạsch|bär|hund, der:** *Marderhund;* **Wạsch|becken[1], das:** **1.** *[an der Wand befestigtes] Becken* (1) *zum Waschen der Hände, des Körpers:* sich am W. waschen; den Pullover wasche ich im W. **2.** (selten) *Waschschüssel;* **Wạsch|ben|zin, das:** *Benzin zum Reinigen von Textilien, zum Entfernen von Flecken u. ä.;* **Wạsch|ber|ge** (Bergmannsspr.): *Steine, die über Tage bei Aufbereitung der Kohle in der Wäsche* (4) *aussortiert werden;* **Wạsch|be|ton, der** (Bauw.): *Beton, aus dessen Oberfläche durch Abwaschen der obersten Schicht Kieselsteine o. ä. hervortreten:* eine Fassade aus W.; **Wạsch|beu|tel, der:** *Kulturbeutel;* **Wạsch|blau, das,** (früher): *bei der Wäsche* (3 a) *dem Spülwasser zugesetzter blauer Farbstoff, der vergilbten Stoff aufzuhellen vermag;* **Wạsch|bot|tich, der:** *Bottich zum Wäschewaschen;* **Wạsch|brett, das:** **a)** *in einen Holzrahmen gespanntes, gewelltes Blech, auf dem beim Waschen die Wäsche kräftig gerieben wird:* die Wäsche auf dem W. rubbeln; Von Wellenkreisen geriffelt wie -er lagen die Tümpel und Lachen vor ihr (Ransmayr, Welt 167); **b)** *als Rhythmusinstrument im Jazz benutztes Waschbrett* (a): W. spielen; **Wạsch|bür|ste, die:** *Bürste zum Wäschewaschen;* **Wạsch|büt|te, die:** vgl. Bütte (a); **Wạsch|creme, die:** *Creme zum Reinigen der Haut, bes. zum Entfernen von Schminken;* **Wạ̈|sche, die;** -, -n [1: mhd. wesche; 3: mhd. wesche, ahd. wesca; zu ↑waschen]: **1.** ⟨o. Pl.⟩ *Gesamtheit von aus Textilien bestehenden Dingen* (bes. *Kleidungsstücke, Bett- u. Tischwäsche, Handtücher), die gewaschen werden:* die W. ist noch nicht ganz trocken; die W. in die Maschine stecken; die W. einweichen, waschen, schleudern, aufhängen, abnehmen, bleichen, trocknen; Sie gehen mit Kleidern und Schuhen ins Bett, das ruiniert die W.! (*Bettwäsche;* Fallada, Trinker 57); sie macht ihm die W. (ugs.; *wäscht ihm seine Wäsche*); ein Beutel für schmutzige W.; das Handtuch tue ich in die/zur W. (*zur schmutzigen Wäsche*);

*[seine] schmutzige W. [vor anderen Leuten o. ä.] waschen (abwertend; unerfreuliche private od. interne Angelegenheiten vor nicht davon betroffenen Dritten ausbreiten): über jemanden ..., der seine sprichwörtliche W. in der Öffentlichkeit wäscht (Denneny [Übers.], Lovers 163). 2. ⟨o. Pl.⟩ Gesamtheit der Kleidungsstücke, die man unmittelbar auf dem Körper trägt, bes. Unterwäsche: feine, duftige, seidene W.; frische W. anziehen; die W. wechseln; daß er unter der Uniform nicht die grobe W. des gemeinen Soldaten ... getragen hatte (Zuckmayer, Fastnachtsbeichte 34); Ohne Kleid, aber in W. lag sie in meinen Armen (Grass, Hundejahre 321); *dumm o. ä. aus der W. gucken o. ä. (salopp; völlig verdutzt o. ä. gucken): Ich glaube nicht, daß er im Augenblick sehr glücklich ist. Er schaute ziemlich dumm aus der W. (Kuby, Sieg 195); jmdm. an die W. gehen, wollen (ugs.; 1. jmdn. tätlich angreifen, anfassen wollen. 2. sich jmdn. nähern, um Geschlechtsverkehr mit ihm zu haben). 3. a) das Waschen (1 a) von Wäsche: Ebenso wenig Mühe macht die W. Das Bleiband muß vorher nicht entfernt ... werden (Wohnfibel 149); bei uns ist heute große W. (bei uns wird heute eine große Menge Wäsche gewaschen); die kleine W. (das Waschen einzelner, kleinerer Wäschestücke) erledigt sie selbst; die Hose ist bei/in der W. eingelaufen; etw. in die, zur W. geben (waschen lassen, in die Wäscherei geben); die Bluse ist [gerade] in der W. (wird gerade gewaschen); Deshalb kann das Hemd nicht ... ausbleichen – auch nicht nach 50 -n (Herrenjournal 2, 1966, 31); b) das Waschen (2 a): er war gerade bei der morgendlichen W. (dem morgendlichen Sichwaschen); die frisch gefärbten Haare würden erst nach einigen -n überzeugen (Kronauer, Bogenschütze 206); c) das Waschen (3 a): das Auto unmittelbar nach der W. einwachsen. 4. (Technik) Anlage, Einrichtung zum Waschen (z. B. von Erz od. Kohle); **Wä|sche|band,** das ⟨Pl. ...bänder⟩: beim Schneidern, Nähen verwendetes Band aus Stoff (z. B. zur Herstellung von Aufhängern); **Wä|sche|berg,** der (ugs.): Berg (3) von Wäsche; **Wäsche|beu|tel,** der: größerer Beutel für schmutzige Wäsche; (früher:) Waschblau; **Wä|sche|bo|den,** der: Trokkenboden; **Wä|sche|bün|del,** das: Bündel Wäsche; **wasch|echt** ⟨Adj.⟩: 1. (Textilind.) sich beim Waschen (1 a) nicht verändernd: -e Stoffe, Farben, Kleidungsstücke. 2. a) alle typischen Merkmale (des Genannten) habend; richtig; echt: eine -e Berlinerin; ich fühlte mich nun als richtiger, -er Seemann (Leip, Klabauterflagge 15); Sie ist ein richtiges Londoner Mädchen und spricht ein -es Cockney (Kinski, Erdbeermund 361); b) der Abstammung nach echt, rein: sie ist eine -e Gräfin; Ein ganz -er Holländer bin ich nicht ... Habe auch deutsches Blut (Seidel, Sterne 75); **Wä|sche|er|zeu|gung,** die (österr.): Betrieb, in dem Wäsche hergestellt wird; **Wä|sche|fa|brik,** die: Fabrik, in der Wäsche hergestellt wird; **Wä|sche|fach,** das: Fach (1) für Wäsche in einem Schrank o. ä.; **Wä|sche|gar|ni|tur,** die:

vgl. Garnitur (1 a); **Wä|sche|ge|schäft,** das: Fachgeschäft für Wäsche (2), Bettwäsche u. ä.; **Wä|sche|ge|stell,** das: Trokkengestell für Wäsche; **Wä|sche|kam|mer,** die: vgl. Kleiderkammer; **Wä|sche|ka|sten,** der: 1. (südd., österr., schweiz.) Wäscheschrank. 2. **Wä|sche|ki|ste,** die: kisten-, truhenartiges Möbelstück zur Unterbringung schmutziger Wäsche; **Wä|sche|klam|mer,** die: Klammer zum Befestigen nasser Wäsche (1) an einer Wäscheleine; **Wä|sche|knopf,** der: (bes. für Bettwäsche verwendeter) mit Stoff überzogener Knopf; **Wä|sche|kom|mo|de,** die: vgl. Wäscheschrank; **Wä|sche|korb,** der: großer Korb o. ä. zum Aufbewahren od. Transportieren von Wäsche; **Wä|sche|lei|ne,** die: Leine, auf der die nasse Wäsche aufgehängt wird: eine W. spannen; etw. an/auf die W. hängen; **Wä|sche|man|gel,** die: ²Mangel; **wa|schen** ⟨st. V.; hat⟩ [mhd. waschen, weschen, ahd. wascan, wahrsch. verw. mit ↑Wasser u. eigtl. = benetzen, befeuchten; fließen]: **1. a)** unter Verwendung von Seife od. eines Waschmittels durch häufiges [maschinelles] Bewegen in Wasser [u. durch Reiben, Drücken, Walken] von Schmutz befreien: Wäsche, Hemden w.; den Pullover wasche ich mit der Hand; eine frisch gewaschene Bluse; ⟨auch o. Akk.-Obj.:⟩ heute muß ich w.; **b)** durch Waschen (2) in einen bestimmten Zustand bringen: etw. sauber, weiß w.; **c)** durch Waschen (1 a) entfernen: einen Fleck aus der Bluse, aus dem Tischtuch w. **2. a)** mit Wasser u. Seife o. ä. von anhaftendem Schmutz befreien, reinigen: sich [mit Wasser und Seife] w.; die Hände, die Füße, das Gesicht, die Haare w.; jmdm. den Rücken, den Kopf w.; **b)** durch Waschen (2 a) entfernen: den Schmutz aus den Ohren w.; wasch dir erst einmal den Dreck von den Knien! **3. a)** mit Wasser [u. einem Reinigungsmittel] von anhaftendem Schmutz od. unerwünschten Beimengungen befreien, säubern (1): das Gemüse putzen und w.; er wusch das Auto, das Fenster, die Scheiben; Sie ... wusch den Steinboden mit Essigwasser und Asche (Ransmayr, Welt 216); Geschirr w. (landsch.; spülen); Erz, Kohle w. (Fachspr.; durch Ausschwemmen bestimmter unerwünschter Beimengungen aufbereiten); ein Gas w. (Fachspr.; durch Hindurchleiten durch eine geeignete Lösung von Verunreinigungen befreien); * **sich gewaschen haben** (ugs.; von äußerst beeindruckender [u. unangenehmer] Art sein): die Klassenarbeit hatte sich gewaschen; eine Ohrfeige, Strafe, die sich gewaschen hat; **b)** durch Waschen (3 a) abscheiden u. a. gewinnen: Gold w.; daß jener Pechvogel ... eine ganze Menge Kilogramme guten reinen Goldes mit sich führt, das er ... aus einem Fluß im Innern gewaschen hat (Bamm, Weltlaterne 128). **4.** spülen (1 b): Rund 100 Millionen Tonnen Kohlenstoff werden Jahr für Jahr von Pflanzen aus der Luft gewaschen (natur 2, 1991, 89); die Insektizide werden [vom Regen] in den Boden, ins Grundwasser gewaschen. **5.** durch Auswaschen (2) zum Verschwinden bringen: Erst dann, wenn ihre Namen

aus dem Stein gewaschen sind, wird es sie (= die Toten) nicht mehr geben (Fels, Kanakenfauna 54). **6.** (Jargon) auf illegale Weise erworbenes Geld durch [komplizierte] Finanztransaktionen in den wirtschaftlichen Kreislauf wieder einschleusen u. dadurch legalisieren (2): Die meist registrierten Beutebanknoten schließlich sind zügig und spurlos zu „waschen", etwa durch ... Streuen auf Spielbankkassen oder ferne Bankschalter (Spiegel 53, 1976, 29); zehn Personen ... sollen über Scheinfirmen in Italien, der Bundesrepublik und Belgien aus Entführungen stammende Lösegelder „gewaschen" haben (Welt 20. 2. 81, 18); Erlöse im Drogenhandel, ... die „unter dem Anschein legaler Geschäfte und Unternehmungen angelegt, also gewaschen worden sind" (MM 3./4. 5. 86, 15). **7.** (landsch.) (jmdm.) zum Spaß, um ihn zu ärgern, Schnee ins Gesicht reiben; einseifen: jetzt wird er gewaschen. **8. a)** (vom Wasser der See, von Wellen) schlagen (2 b): Eine Woge wusch übers Oberdeck (Ott, Haie 127); ⟨subst.:⟩ Und weiter ist keine Stimme als das Heulen des Sturmes und das harte Waschen der Wellen, die ums Haus spülen (Nachbar, Mond 263); **b)** spülen (3 a): er wurde von einer See über Bord gewaschen; **Wä|sche|pa|ket,** das: vgl. Wäschebündel; **Wä|sche|pfahl,** der: Pfahl zum Befestigen einer Wäscheleine; **Wä|sche|platz,** der: Trockenplatz; **Wä|sche|puff,** der: ³Puff (1); **Wä|scher,** der, -s, -: (Technik:) Gaswascher; **Wä|scher,** der, -s, -: jmd., der [beruflich] Wäsche (1) wäscht; **Wa|sche|rei,** die; - (ugs. abwertend): [dauerndes, häufiges] Waschen; **Wä|sche|rei,** die; -, -en: Dienstleistungsbetrieb, in dem Wäsche gewaschen wird; **Wä|sche|rin,** die; -, -nen [mhd. wescherinne]: w. Form zu ↑Wäscher; **Wä|sche|rol|le,** die (landsch., österr.): Wäschemangel; **Wä|sche|sack,** der: Wäschebeutel; **Wä|sche|schapp,** der od. das (Seemannsspr.): Schapp zur Aufbewahrung von Wäsche (2); **Wä|sche|schleu|der,** die: (nach dem Prinzip einer Zentrifuge funktionierendes) Gerät, mit dessen Hilfe aus tropfnasser Wäsche (1) ein großer Teil des in ihr enthaltenen Wassers herausgeschleudert wird; **Wä|sche|schrank,** der: Schrank zur Aufbewahrung von Wäsche (2); **Wä|sche|söl|ler,** der (bes. westmd., südd.): Trockenboden; **Wä|sche|spin|ne,** die: zusammenklappbares, aus einem Pfahl u. mehreren strahlenförmig davon ausgehenden Streben bestehendes Trockengestell zum Trocknen von Wäsche (1); **Wä|sche|spren|ger,** der: Gefäß für Wasser mit einem mit vielen kleinen Löchern versehenen Deckel zum Einsprengen von Wäsche (1) vor dem Bügeln od. Mangeln; **Wä|sche|stamp|fer,** der: keulenförmiges o. ä. Gerät zum Stampfen der Wäsche (1) in der Waschlauge; **Wä|sche|stän|der,** der: vgl. Trockengestell; **Wä|sche|stär|ke,** die: Stärke (8) zum Stärken von Wäsche (1); **Wä|sche|stoff,** der: Stoff, aus dem bes. Unter-, Nacht-, Bettwäsche gefertigt wird; **Wä|sche|stück,** das: einzelnes Teil der Wäsche (1, 2); **Wä|sche|stüt|ze,** die: Stütze (2) für die Wäscheleine; **Wä|sche|tin|te,** die: tintenartige Flüssigkeit zum

Kennzeichnen von Wäschestücken; **Wä-sche|trock|ner,** *der:* **1.** *Maschine zum Trocknen von Wäsche* (1) *mit Heißluft.* **2.** *Trockengestell;* **Wä|sche|trom|mel,** *die: Waschtrommel;* **Wä|sche|tru|he,** *die: vgl.* Wäschekiste; **Wä|sche|wa|schen,** *das; -s: das Waschen* (1) *von Wäsche:* sie ist gerade beim W.; **Wä|sche|wech|sel,** *der: das Wechseln der Wäsche* (2); **Wä|sche-zei|chen,** *das: angenähtes, gesticktes od. mit Wäschetinte angebrachtes Kennzeichen (z. B. die Initialen des Besitzers) an einem Wäschestück;* **Wä|sche|zet|tel,** *der: der in einer Wäscherei zu waschenden Wäsche vom Auftraggeber beigefügtes Verzeichnis der einzelnen Wäschestücke;* **Wasch|faß,** *das: vgl.* Waschbottich; **wasch|fest** ⟨Adj.⟩ (selten): *waschecht* (1); **Wasch|fla|sche,** *die* (Technik): *in chemischen Laboratorien verwendete Glasflasche zur Gasreinigung;* **Wasch|fleck,** *der* (landsch.): *Waschlappen;* **Wasch|frau,** *die: Frau, die gegen Bezahlung für andere Wäsche wäscht;* **Wasch|gang,** *der: einzelne Phase des Waschprogramms einer Waschmaschine;* **Wasch|ge|le|gen|heit,** *die: etw. (ein Waschbecken, ein Waschtisch o. ä.), was die Möglichkeit bietet, sich zu waschen;* **Wasch|ge|schirr,** *das: Waschschüssel mit einem dazugehörenden Krug für Wasser;* **Wasch|gold,** *das: Gold in Form kleiner Körner u. Klumpen, das aus dem Sand eines Flusses ausgewaschen wird;* **Wasch|gut,** *das* (Fachspr.): *zu waschende Wäsche* (1), *zu waschendes Material;* **Wasch|hand|schuh,** *der: Waschlappen, den man sich wie einen Handschuh über die Hand ziehen kann;* **Wasch|haus,** *das:* **1.** *Gebäude, Gebäudeteil, in dem Wäsche* (1) *gewaschen wird.* **2.** *vgl.* Waschraum: denn wenige Sekunden später mußte, nur mit der Turnhose bekleidet, ins W. gelaufen werden (Bruyn, Zwischenbilanz 179); **Wasch|kaue,** *die* (Bergmannsspr.): *Kaue* (2); **Wasch|kessel,** *der: Kessel zum Kochen von Wäsche* (1); **Wasch|kom|mo|de,** *die: vgl.* Waschtisch; **Wasch|kon|ser|vie|rer,** *der: Mittel zum Waschen* (3 a) *von Autos, das gleichzeitig eine den Lack konservierende Wirkung hat;* **Wasch|korb,** *der: Wäschekorb:* Meine Mutter hatte ... einen ganzen W. brauner und weißer Pfeffernüsse gebacken (Kempowski, Tadellöser 110); **wasch|kör|be|wei|se** ⟨Adv.⟩ (ugs.): **a)** *in Waschkörben;* **b)** *in ganze Waschkörbe füllenden Mengen:* sie bekam w. Fanpost; **Wasch|kraft,** *die* (Werbespr.): *Wirksamkeit als Waschmittel:* unser neues Waschmittel hat noch mehr W.; **Wasch|kü|che,** *die:* **1.** *zum Wäschewaschen bestimmter, eingerichteter Raum:* die W. ist im Keller. **2.** (ugs.) *dichter Nebel:* die W. hat sich aufgelöst; „Wir fliegen direkten Kurs?" „Na klar. ... Auf der ganzen Strecke herrscht W. Da kann uns niemand sehen." (Bergius, Jenseits 17); **Wasch|kü|chen|wet|ter,** *das* (ugs.): *sehr nebliges Wetter:* Zugleich muß bei Fortdauer des -s für Berlin mit Smogalarm gerechnet werden (BM 5. 1. 77, 1); **Wasch|lap|pen,** *der:* **1.** *Lappen [aus Frotteestoff] zum Waschen* (2 a) *des Körpers.* **2.** (ugs. abwertend) *Feigling, Schwächling:* Schwarz ist ein W. ... Bei ihm zu Hause hat die Frau die Hosen an (Kemelman [Übers.], Freitag 11); **Wasch|lau|ge,** *die: Wasser mit darin gelöstem Waschmittel zum Wäschewaschen;* **Wasch|la|voir,** *das* (österr., sonst veraltet): *Lavoir;* **Wasch|le|der,** *das: waschbares Leder;* **wasch|le|dern** ⟨Adj.⟩: *aus Waschleder bestehend:* eine -e Jacke; **Wasch|ma|schi|ne,** *die:* **1.** *Maschine zum automatischen Wäschewaschen:* eine vollautomatische W.; das kann man in/mit der W. waschen. **2.** (Technik, bes. Hüttenw.) *Maschine zur Flotation von Gesteinen od. Mineralien;* **wasch|ma|schi|nen|fest** ⟨Adj.⟩: *beim Waschen* (3 a) *in der Waschmaschine keinen Schaden nehmend:* -e Wollpullover; **Wasch|mit|tel,** *das: meist aus synthetischen Substanzen bestehendes, gewöhnlich pulverförmiges Mittel, das, in Wasser gelöst, eine reinigende Wirkung entwickelt u. bes. zum Wäschewaschen gebraucht wird;* **Wasch|mu|schel,** *die* (österr.): *Waschbecken;* **Wasch|ni|sche,** *die: Nische mit einer Waschgelegenheit;* **Wasch|phos|phat,** *das* ⟨meist Pl.⟩ (Chemie): *als Builder dienendes Phosphat;* **Wasch|pilz,** *der: aus mehreren im Zentrum eines runden Bekkens kreisförmig angeordneten Wasserhähnen bestehende Waschgelegenheit, an der sich mehrere Personen gleichzeitig waschen können (z. B. auf Zeltplätzen);* **Wasch|platz,** *der: zum Waschen* (3 a) *von etw. eingerichteter, vorgesehener Platz:* die Firma will für ihren Wagenpark einen eigenen W. einrichten; **Wasch|programm,** *das: beim Waschen von Wäsche in einer Waschmaschine ablaufendes Programm* (1 d): das W. für Buntwäsche aus W. wählen; **Wasch|pul|ver,** *das: pulverförmiges Waschmittel;* **Wasch|raum,** *der: Raum mit mehreren Waschgelegenheiten;* **Wasch|rum|pel,** *der* (österr., südd.): *Waschbrett;* **Wasch|sa|chen** ⟨Pl.⟩ (ugs.): *Waschzeug;* **Wasch|sa|lon,** *der: Gewerbebetrieb, der durch Münzeinwurf in Betrieb zu setzende Maschinen zur Verfügung stellt, mit denen man als Kunde selbst Wäsche waschen u. trocknen kann;* **Wasch|samt,** *der: waschbarer Samt;* **Wasch|schaff,** *das* (österr., südd.): *vgl.* Waschbottich; **Wasch|sche|mel,** *der: vgl.* Waschtisch; **Wasch|schüs|sel,** *die: größere Schüssel zum Sichwaschen;* **Wasch|schwamm,** *der* (selten): *Badeschwamm;* **Wasch|sei|de,** *die: waschbare Halbseide;* **Wasch|sei|fe,** *die: Seife zum Wäschewaschen;* **Wasch|ser|vice,** *das: Waschgeschirr;* **wäschst:** ↑ waschen; **Wasch|stoff,** *der: waschbarer, bedruckter einfacher Baumwollstoff;* **Wasch|stra|ße,** *die* (Kfz-W.): *Waschanlage* (a), *durch die die zu waschenden Wagen mit Hilfe eines besonderen Mechanismus langsam hindurchgerollt werden;* **wäscht:** ↑ waschen; **Wasch|tag,** *der: Tag, an dem jmd. große Wäsche macht:* morgen habe ich W., ist bei mir W.; **Wasch|tisch,** *der:* **a)** *tischartiges Möbelstück, an dem man sich mit einer (in die Platte eingelassenen u. herausnehmbaren) Waschschüssel wäscht:* **b)** (Fachspr.) *mit integrierten Ablageflächen für Seife o. ä. versehenes Waschbecken:* Die -e sind in Schränke eingebaut (Wohnfibel 70); **Wasch|toi|let|te,** *die:* *Waschtisch;* **Wasch|trog,** *der:* **a)** *vgl.* Waschbottich; **b)** (landsch.) *vgl.* Waschschüssel; **Wasch|trom|mel,** *die: Trommel einer Waschmaschine;* **Wa|schung,** *die;* -, -en: **a)** (geh.) *das Waschen* (2 a) *des Körpers od. einzelner Körperteile:* rituelle -en; ... vollzog Gabriel die W., um zu zeigen, wie vor dem Gebet die Reinigung durchzuführen sei (Konzelmann, Allah 30); **b)** (Med.) *Abwaschung:* kalte -en machen, verordnen; **Wasch|uten|si|li|en** ⟨Pl.⟩: *Waschzeug;* **Wasch|voll|au|to|mat,** *der: vgl.* Waschautomat; **Wasch|vor|gang,** *der: Vorgang des Waschens* (3 a): den W. unterbrechen; **Wasch|wan|ne,** *die: vgl.* Waschbottich; **Wasch|was|ser,** *das* ⟨o. Pl.⟩: *Wasser, in dem, mit dem etw. gewaschen wird;* **Wasch|weib,** *das:* **1.** (veraltet) *Wäscherin.* **2.** (salopp abwertend) *geschwätziger, klatschsüchtiger Mensch:* Ich habe immer gewußt, daß der Ericke ein altes W. ist (Fallada, Herr 79); Da bei uns die Diskretion identisch ist wie bei Schweigsamkeit eines -s ... (Spiegel 49, 1976, 31); **Wasch|zet|tel,** *der* [urspr. = Liste der in die Wäscherei gegebenen Wäschestücke, dann allgemein: Verzeichnis, Zusammenstellung]: **1.** (Buchw.) *als separater Zettel od. als Klappentext einem Buch vom Verlag beigegebene kurze, Werbezwecken dienende Ausführung zum Inhalt des betreffenden Buches.* **2.** (Zeitungsw.) *kurze schriftliche Presseinformation* (a); **Wasch|zeug,** *das: Utensilien für die Körperpflege, bes. zum Sichwaschen;* **Wasch|zu|ber,** *der: Waschbottich;* **Wasch|zwang,** *der* (Psych.): *krankhafter Drang, sich übermäßig häufig zu waschen.*

[1]**Wa|sen,** *der;* -s, - [mniederd. wasem, wohl verw. mit ↑ [2]Wasen] (nordd.): *Wrasen.*

[2]**Wa|sen,** *der;* -s, - [1 a: mhd., mniederd. wase, ahd., asächs. waso, eigtl. = feuchter Boden; 2: eigtl. = Wurzelwerk einer Pflanze]: **1.** (südd. veraltet) **a)** *Rasen;* **b)** (landsch., ↑ [2]Washington): ⟨meist Pl.⟩ (nordd.) *Bündel von Reisig od. Stangenholz; Faschine;* **Wa|sen|mei|ster,** *der* (südd. veraltet, noch österr., schweiz.): *Abdecker.*

Wa|serl, *das;* -s, -n [eigtl. mundartl. Vkl. von ↑ Waise] (österr. ugs.): *unbeholfener, harmloser Mensch.*

wash and wear [ˈwɔʃ ənd ˈwɛə; engl., eigtl. = waschen und tragen] (Textilind.): *waschbar u. ohne Bügeln wieder zu tragen (als Hinweis für den Käufer);* **Wash-and-wear-Man|tel,** *der* (Textilind.): *waschbarer u. ohne Bügeln wieder zu tragender Mantel;* **Wash|board** [ˈwɔʃbɔːd], *das;* -s, -s [engl. washboard, zu: board = Brett] (Jazz): *Waschbrett* (b).

[1]**Wa|shing|ton** [ˈwɔʃɪŋtən]: *Hauptstadt der USA;* [2]**Wa|shing|ton;** -s: *Bundesstaat der USA;* [1]**Wa|shing|to|ner,** *der;* -s, -: Ew. zu ↑ [1]Washington, ↑ [2]Washington; [2]**Wa|shing|to|ner** ⟨indekl. Adj.⟩; **Wa|shing|to|ne|rin,** *die;* -, -nen: w. Form zu ↑ [1]Washingtoner; **Wa|shing|to|nia,** *die;* -, ...ien [nach dem amerik. Präsidenten G. Washington (1732-1799)]: *Zimmerpalme.*

Wash|pri|mer [ˈwɔʃpraɪmɐ], *der;* -s, - [engl. wash-primer, zu: to wash = waschen u. primer = Grundierlack]: *dünnflüssiges*

Mittel zur Vorbehandlung von Metalloberflächen, das für eine gute Haftung nachfolgender Anstriche sorgt.
♦ **was|ma|ßen** ⟨Adv.⟩ [zu ↑¹Maß]: *wie* (I 2 a): Er ließ sich denn erzählen, w. man bereits sichere Nachrichten gehabt, der gute König von Preußen reise unter dem Namen eines Grafen durch das Land; wie mein Adjutant erkannt worden sei ... (Chamisso, Schlemihl 36).
Wạs|ser, das; -s, - u. Wässer [mhd. waȝȝer, ahd. waȝȝar, eigtl. = das Feuchte, Fließende]: **1. a)** ⟨Pl. Wässer⟩ *(aus einer Wasserstoff-Sauerstoff-Verbindung bestehende) durchsichtige, weitgehend farb-, geruch- u. geschmacklose Flüssigkeit, die bei 0 °C gefriert u. bei 100 °C siedet*: klares, sauberes, frisches, abgestandenes, kaltes, lauwarmes, schmutziges, gechlortes, trübes, kalkhaltiges, hartes, weiches, enthärtetes W.; geweihtes W.; W. zum Waschen; ein Glas, ein Eimer W.; ein Tropfen, ein Liter W.; ein Zimmer mit fließendem W.; W. mit Geschmack (landsch.; *Limonade*); stilles W. *(Mineralwasser ohne, mit wenig Kohlensäure)*; schweres W. (Chemie; *Wasser, das statt des gewöhnlichen Wasserstoffs schweren Wasserstoff, Deuterium, enthält*); W. verdunstet, verdampft, gefriert; das W. kocht, siedet; das W. tropft, rinnt, fließt, sprudelt, spritzt [aus dem Hahn]; Die Bank war naß, W. stand auf den Brettern (Kuby, Sieg 31); W. holen, schöpfen, filtern, aufbereiten, destillieren; W. [für den Kaffee] aufsetzen; W. in die Badewanne einlaufen lassen; W. trinken; er hat beim Schwimmen W. geschluckt; das [heiße, kalte] W. *(den Hahn für [heißes, kaltes] Wasser)* aufdrehen, abdrehen; die Blumen ins W. *(in eine Vase mit Wasser)* stellen; weil die Au ... jedes Jahr nach der Schneeschmelze unter W. steht *(überschwemmt ist;* Zenker, Froschfest 109); der Keller steht unter W. *(im Keller steht Wasser);* etw. unter W. setzen *(überschwemmen, -fluten);* dadurch ..., daß unbelastete von den belasteten Wässern ferngehalten werden (Freie Presse 24. 11. 89, 6); R das wäscht kein W. ab *(diese Schande o. ä. ist durch nichts zu tilgen);* da wird auch nur mit W. gekocht, da kochen sie auch nur mit W. o.ä. *(sie vollbringen auch nichts Überdurchschnittliches;* urspr. bezogen auf die [wirtschaftlichen] Verhältnisse ärmerer Leute, bei denen mit Wasser statt mit Wein, Fleischbrühe o. ä. gekocht wurde); W. marsch! (Kommando zum Inbetriebsetzen einer Feuerspritze, einer Wasserkanone o.ä.); W. in ein Sieb/mit einem Sieb schöpfen *(sich mit etw. von vornherein Aussichtslosem, mit etw. Unmöglichem abmühen);* [jmdm.] W. in den Wein gießen, schütten *([bei jmdm.] die Begeisterung dämpfen);* jmdm. nicht das W. reichen können *(jmdm. an Fähigkeiten, Leistungen nicht annähernd gleichkommen;* im MA. wurde vor den Mahlzeiten Wasser zur Reinigung der Hände herumgereicht; die Wendung meinte urspr., daß jmd. es nicht einmal wert sei, diese niedrige Tätigkeit auszuüben); reinsten -s/von reinstem W. (1. *von besonders klarem Glanz, besonderer Leuchtkraft;* in der Fachsprache der Diamantenschleifer wird mit „Reinheitsgrad der Diamanten bezeichnet: ein Diamant von reinstem W. 2. *von besonderer Ausprägung:* ein Egoist reinsten -s; ein tiefreligiöser Mensch und ein Idealist von reinstem W. [Rothfels, Opposition 193]); bei W. und Brot sitzen (veraltend; *im Gefängnis sein);* zu W. werden *(sich in nichts auflösen):* und es müßte der Gottseibeiuns selbst die Hand im Spiele haben, damit alles wieder zu W. werde wie so oft in meinem Leben (Werfel, Himmel 44); **b)** ⟨Pl. -⟩ *Wasser* (1 a) *eines Gewässers; ein Gewässer bildendes Wasser* (1a): auflaufendes, ablaufendes W.; offenes *(eisfreies)* W.; das W. ist sehr tief; das W. steht, strömt, rauscht, plätschert, steigt, tritt über die Ufer, überschwemmt das Land; das W. des Bachs treibt eine Mühle; das W. trägt [nicht]; im Sommer führt der Fluß wenig W.; Jumbo meint, sie hätten noch allerhand W. unterm Kiel *(das Wasser sei noch recht tief;* Hausmann, Abel 148); ich höre das W. an die alte Barke schlagen (Kafka, Erzählungen 273); das Haus steht direkt am W. *(steht am Ufer, am Strand);* etw. schwimmt, treibt auf dem W.; der Transport auf dem W. *(mit Schiffen);* ins W. fallen; diese Tiere leben im W.; die Kinder planschten im W.; bist du heute schon im W. gewesen? *(hast du schon gebadet, geschwommen?);* die Flut kehrt zurück, und gurgelnd verderben Mann und Roß in verschlingenden -n (geh.; *Wassermassen;* Th. Mann, Tod u. a. Erzählungen 209); Du sollst die Pilgerzüge nach den heiligen -n (geh.; *Fluten*) des Ganges sehen (Langgässer, Siegel 398); er konnte sich kaum über W. halten *(drohte unterzugehen);* der Taucher blieb lange unter W.; die Boote wurden zu W. gelassen; man kann diesen Ort zu W. oder zu Land *(auf dem Wasser od. auf dem Land fahrend)* erreichen; R bis dahin fließt noch viel W. den Berg, den Bach, den Rhein o. ä. hinunter *(bis das eintritt, wird noch viel Zeit vergehen);* Spr W. hat keine/(selten:) keinen Balken *(im Wasser kann man leicht umkommen);* * **das W. steht jmdm. bis zum Hals/bis zur Kehle/bis an die Kehle** *(jmd. steckt in Schulden, ist in großen Schwierigkeiten):* Ja, dieser Brief. Rohdewald schrieb ihn kurz vor seiner Verhaftung, da stand ihm das W. bis zum Hals (Loest, Pistole 144); **W. auf jmds. Mühle sein** *(jmdm. zum Vorteil gereichen, für jmdn. eine Unterstützung darstellen);* **W. treten** (1. *sich durch schnelles Treten über Wasser halten.* 2. *in knöcheltiefem, kaltem Wasser umhergehen [als Heilverfahren]);* **jmdm. das W. abgraben** *(jmds. Existenzgrundlage gefährden, jmdn. seiner Wirkungsmöglichkeiten berauben;* wahrsch. urspr. auf den Betrieb der Wassermühle bezogen: Wer den Wasserzulauf verändert - z. B. durch das Graben eines neuen Bachbettes -, so daß das Mühlrad nicht mehr od. mit weniger Kraft angetrieben wird, kann die Mühle stillegen): Wir unterstützen den Nationalismus, weil er das beste Mittel ist, den Roten das W. abzugraben (Feuchtwanger, Erfolg 553); **nah[e] am/ans W. gebaut haben** (ugs.; *leicht in Tränen ausbrechen;* drückt aus, daß jmd. den Tränen so nahe ist wie ein am Ufer gebautes Haus dem Wasser): Einige haben nah am W. gebaut, andere sind durchs Leben gehärtet (Hörzu 1, 1980, 25); **wie aus dem W. gezogen sein** (ugs.; *völlig naßgeschwitzt sein);* **ins W. fallen** *(nicht stattfinden, durchgeführt werden können):* unsere Reise ist durch seine Krankheit leider ins W. gefallen; **ins W. gehen** (verhüll.; *sich ertränken);* **ins kalte W. springen, geworfen werden** (ugs.; *es wagen, sich gezwungen sehen, eine Tätigkeit aufzunehmen, die einem völlig neu, unvertraut ist u. von der man nicht weiß, ob man ihr gewachsen sein wird);* **mit allen -n gewaschen sein** (ugs.; *auf Grund bestimmter praktischer Erfahrungen sich nicht so leicht überrumpeln, überraschen lassen, sondern diese Erfahrungen schlau für seine Ziele ausnutzen;* urspr. in bezug auf Seeleute, die schon mit dem Wasser verschiedener Ozeane in Berührung gekommen waren, also weit gereist u. daher sehr erfahren waren): Aufsiepe, als alter Geheimdienstler mit allen -n gewaschen ... (Zwerenz, Quadriga 131); **sich,** (seltener:) **jmdn. über W. halten** *(durch etw. mühsam seine, jmds. Existenzgrundlage sichern):* sich mit Gelegenheitsjobs über W. halten; Sie hatte das Gefühl, daß sie selber es leidlich sein müßte, die jetzt die Familie über W. zu halten hätte (H. Kolb, Wilzenbach 101). **2.** ⟨Pl. -⟩ *Gewässer:* ein tiefes, [langsam, schnell] fließendes W.; an manchen Stellen waren es breite gemäßigte Bäche, und wieder an anderen waren es stehende W., die dennoch insgeheim flossen (Musil, Mann 1231); ... und irgendwo fuhr ein Raddampfer auf einem W. (Widmer, Kongress 42); Er trug ihn (= den Hut) an Bord, als wir übers große W. *(über den Atlantischen Ozean)* reisten, und er trug ihn in Amerika (Maass, Gouffé 171); Spr stille W. sind/gründen tief *(hinter stillen, ihre Gefühle u. Ansichten nicht äußernden Menschen verbirgt sich mehr, als man denkt);* * **ein stilles W. sein** *(still, zurückhaltend in der Äußerung seiner Gefühle u. Ansichten [u. schwer zu durchschauen] sein):* Ich weiß, daß du ein stilles W. bist und gerade in der Verstellung (Hacks, Stücke 287). **3.** ⟨Pl. Wässer⟩ *[alkoholische] wäßrige Flüssigkeit:* wohlriechende, duftende Wässer; Kölnisch[es] W. **4.** ⟨o. Pl.⟩ **a)** *wäßrige Flüssigkeit, die sich im Körper bildet; (eine krankhafte Ansammlung von Gewebsflüssigkeit)* [in den Beinen] haben; * **jmdm. läuft das W. im Mund zusammen** (ugs.; *jmd. bekommt bei verlockend zubereitetem Essen sogleich Appetit);* **jmdn. schleifen** o.ä., **bis ihm das W. im Arsch kocht** (derb; *jmdn. äußerst hart schleifen* 2): Schleifen Sie ihn meinetwegen, bis ihm das W. im Arsch kocht (Kirst, 08/15, 236); **b)** (ugs.) **c)** *Schweiß:* das W. lief ihm von der Stirn; **c)** (verhüll.) *Urin:* W. nicht halten können; W. lassen (verhüll.; *urinieren);* * **sein W./sich das W. abschlagen** (salopp; *[von Männern] urinieren);* **d)** *Tränenflüssigkeit:* Den Frauen trieb es das W. *(die Tränen)* in die Augen (Kem-

Wasserabfluß

powski, Tadellöser 103); **Was|ser|abfluß,** der ⟨o. Pl.⟩: *das Abfließen von Wasser:* für einen raschen W. sorgen; **wasser|ab|sto|ßend** ⟨Adj.⟩: *kein Wasser aufnehmend, eindringen lassend:* -e Gewebe; **was|ser|ab|wei|send** ⟨Adj.⟩: *wasserabstoßend;* **Was|ser|ader,** die: *kleiner, unterirdischer Wasserlauf:* eine W. suchen, anbohren; auf eine W. stoßen; **Was|seraloe,** die: *Krebsschere* (2); **Was|ser|amsel,** die: *braun, schwärzlich u. weiß gefärbter Singvogel mit kurzem Schwanz, der an Gebirgsbächen lebt;* **Was|ser|ansamm|lung,** die: *Ansammlung von Wasser:* eine W. im Körper; auf der Fahrbahn hatten sich gefährliche -en gebildet; **Was|ser|an|schluß,** der: *Anschluß an eine Wasserleitung;* **Was|ser|an|wendung,** die: *naturheilkundliches Verfahren, bei dem Wasser zur Anwendung kommt;* **was|ser|arm** ⟨Adj.⟩: *arm an Wasser, Feuchtigkeit:* eine -e Gegend; **Was|serarm,** der: *Arm* (2) *eines Gewässers, bes. eines Flusses:* In den Niederungen gibt es stillgelegte -e (Kempowski, Zeit 96); **Was|ser|ar|mut,** die: *Armut an Wasser, Feuchtigkeit;* **Was|ser|as|sel,** die: *in Süß- od. Meereswasser lebende Assel;* **Was|ser|auf|be|rei|tung,** die: *Aufbereitung von Wasser (z. B. zur Verwendung als Trinkwasser);* **Was|ser|auf|be|rei|tungsan|la|ge,** die: *Anlage zur Wasseraufbereitung;* **Was|ser|bad,** das: **1.** (Kochk.) *in einem großen Topf o. ä. befindliches Wasser, in das ein kleineres Gefäß, in dem sich die zuzubereitende Speise befindet, hineingestellt wird:* ein lauwarmes, kaltes W.; eine im W. abgeschlagene Zabaione; Der Pudding gart bei milder Hitze im leise brodelnden W. (e&t 4, 1983, 94); Sodann befahl er (= der Konditorgeselle) den Lehrlingen, Schokolade ins W. zu stellen (Strittmatter, Wundertäter 95). **2.** (Fot.) *Becken mit fließendem Wasser zum Wässern von Abzügen.* **3.** (veraltet) *Bad in Wasser;* **Was|ser|ball,** der: **1.** *großer aufblasbarer Ball, mit dem man im Wasser spielt.* **2.** *Lederball, mit dem Wasserball* (3) *gespielt wird.* **3.** ⟨o. Pl.⟩ *zwischen zwei Mannschaften im Wasser ausgetragenes Ballspiel, bei dem die Spieler kraulend den Ball führen u. mit der Hand ins Tor zu werfen versuchen;* **Was|ser|bal|ler,** der; -s, -: *jmd., der Wasserball* (3) *spielt;* **Was|serbal|le|rin,** die; -, -nen: w. Form zu ↑ Wasserballer; **Was|ser|ball|spiel,** das: *einzelnes Spiel beim Wasserball* (3); **Was|serbas|sin,** das: *Wasserbecken;* **Was|serbau,** der ⟨o. Pl.⟩: *Bau von Anlagen zur Nutzung des Wassers; Hydrotechnik;* **Was|ser|bau|er,** der; -s, -: *Techniker, Fachmann auf dem Gebiet des Wasserbaus, der Reparatur, Instandhaltung, des Baues o. ä. von Wasserstraßen, Uferbefestigungen, Hafenanlagen u. a.;* **Was|serbecken**[1], das: *künstlich angelegte, ausgemauerte Vertiefung für Wasser;* **Was|serbedarf,** der: *Bedarf an Wasser:* diese Pflanzen haben einen hohen W.; Drei Viertel des globalen -s resultieren aus der Landwirtschaft (natur 2, 1991, 25); **Wasser|be|häl|ter,** der: *Behälter für Wasser;* **Was|ser|be|hand|lung,** die: *Hydrotherapie* (2); **Was|ser|bett,** das: **a)** *Bett, dessen Matratze mit Wasser gefüllt ist;* **b)** *mit*

Wasser gefüllte, elektrisch beheizbare Matratze [zur Lagerung von Kranken]; **Wasser|bla|se,** die: *mit Wasser gefüllte Blase* (1 b); **Was|ser|blatt|ge|wächs,** das: *als Strauch od. Kraut weltweit in vielen Arten vorkommende Pflanze mit meist vielblütigen Blütenständen;* **was|ser|blau** ⟨Adj.⟩: *von einem Blau, das durchsichtig klar wie Wasser ist:* -e Augen; **Was|ser|blü|te,** die ⟨o. Pl.⟩ (Biol.): *massenhafte Ausbreitung von pflanzlichem Plankton in Gewässern, die dadurch grün, bläulich od. rot gefärbt werden;* **was|ser|blü|tig** ⟨Adj.⟩ [zu ↑Blüte] (Bot.): *hydrogam;* **Was|ser|blütig|keit,** die; - (Bot.): *Hydrogamie;* **Wasser|bock,** der: *Riedbock;* **Was|ser|bombe,** die (Milit.): *von Flugzeugen od. Schiffen abgeworfene, unter Wasser explodierende Bombe;* **Was|ser|bot|tich,** der: vgl. Wasserbehälter; **Was|ser|bruch,** der (Med.): *Hydrozele;* **Was|ser|büf|fel,** der: *(in sumpfigen Gebieten Süd[ost]asiens lebender) Büffel mit großen, sichelförmigen, flach nach hinten geschwungenen Hörnern;* **Was|ser|burg,** die: *(zum Zweck der Abwehr) von Wasser[gräben] umgebene Burg in einer Niederung;* **Was|ser|chemie,** die: *Teilgebiet der Chemie, das sich mit der Analyse u. der technischen Bedeutung von Inhaltsstoffen des Wassers befaßt;* **Was|ser|chen,** das; -s, -: **1. a)** Vkl. zu ↑Wasser (2); **b)** Vkl. zu ↑Wasser (3): Diese teuren W. *(Schönheitslotionen u. dgl.)* sind nichts als aufgelegter Schwindel (Kemelman [Übers.], Dienstag 158); der (= der Wodka) hatte dann keinen besonderen Namen, war eben nur das W. (Brinkmann, Zeit 293). **2.** * **kein W. trüben können** (ugs.; *harmlos, ungefährlich sein; nichts Böses tun können;* nach der Äsopischen Fabel vom Wolf u. dem Lamm, in der Wolf das Lamm mit der Begründung frißt, es habe sein Trinkwasser verunreinigt; in Wahrheit war das ausgeschlossen, da das Lamm weiter unten am Bach trinkend hatte als der Wolf); **Was|ser|dampf,** der: *Dampf* (1); **was|ser|dicht** ⟨Adj.⟩: **1.** *undurchlässig für Wasser:* ein -er Regenmantel; Die Uhr ist nicht w.; etw. w. verschließen. **2.** (ugs.) *unanfechtbar; hieb- und stichfest:* ein -es Alibi; er fühlte sich als Philosoph von -er Überlegenheit über das Wirkliche (A. Zweig, Grischa 488); einen Vertrag [rechtlich] w. machen; ... als ob die Beweise aus der Homoszene gegen Kießling w. seien (Spiegel 4, 1984, 16); **Wasser|druck,** der ⟨Pl. ...drücke, seltener:⟩ [1]*Druck* (1) *des Wassers;* **was|ser|durchläs|sig** ⟨Adj.⟩: *durchlässig für Wasser* (1 a); **Was|ser|durch|läs|sig|keit,** die: *Eigenschaft, wasserdurchlässig zu sein;* **Was|ser|ei|mer,** der: *Eimer für Wasser;* **Was|ser|ein|bruch,** der: *Einbruch von Wasser;* **Was|ser|ent|här|tung,** die: *Enthärtung von Wasser;* **Was|ser|fahrt,** die (selten): *[Ausflugs]fahrt auf dem Wasser;* **Was|ser|fahr|zeug,** das: *Fahrzeug, das sich auf dem Wasser fortbewegt;* **Was|serfall,** der: *[spätmhd.* waȝȝerval]: *über eine od. mehrere Stufen senkrecht abstürzendes Wasser eines Flusses:* In kleinen Wasserfällen von drei bis vier Metern wirft sich das Gewässer zum Grund der Schlucht (Fr. Wolf, Zwei 137); ** wie ein W. reden*

o. ä. (ugs.; *ununterbrochen u. hastig reden*); **Was|ser|fal|le,** die: *in stehenden Gewässern frei schwimmende Pflanze ohne Wurzeln mit quirlständigen Blättern, die zum Fang von Wasserflöhen u. kleinen Insekten ausgebildet sind;* **Was|ser|far|be,** die: *durchscheinender, wasserlöslicher, mit Bindemitteln vermischter Farbstoff, der vor dem Auftragen mit Wasser angerührt wird; Tuschfarbe:* mit -n malen; **Was|ser|far|ben|ma|le|rei,** die: *Aquarellmalerei;* **Was|ser|farn,** der: *auf dem Wasser, im od. am Wasser wachsender Farn;* **Was|ser|fas|sung,** die: vgl. Fassung (1 b): daß Langenthal auf einen weiteren Ausbau der -en angewiesen sei (Bund 9. 8. 80, 15); **Was|ser|fe|der,** die: *Wasserpflanze mit feinen kammartig gefiederten Blättern u. über die Wasseroberfläche ragenden Blütenständen;* **was|ser|fest** ⟨Adj.⟩: *Wasser nicht einwirken lassend, seiner Einwirkung gegenüber beständig:* eine -e Tapete, Sonnenmilch; ein -er Anstrich; die Kamera ist bis drei Meter Tiefe w.; Viele tausend Verbandspäckchen mußten sie in graues Segeltuch w. und luftdicht verpacken (Kühn, Zeit 370); **Was|ser|flä|che,** die: *große, von Wasser bedeckte, eingenommene Fläche:* eine gleißende, spiegelnde W.; Er sah ... immer wieder -n mitten in der Stadt (Simmel, Stoff 526); Trieben sie dann wieder in ihrem Kajak über die von einem leisen Windzug gerifffelte W. des ... Weserarmes (Hausmann, Abel 10); **Wasser|fla|sche,** die: **a)** *Flasche zum Mitführen von Trinkwasser (z. B. beim Wandern, Radfahren);* **b)** *Flasche für, mit Mineralwasser:* die -n kosten 30 Pfennig Pfand; **Was|ser|fleck,** **Was|ser|flecken**[1], der: *von verdunstetem Wasser hinterlassener Fleck:* auf dem Foto, der Tischplatte, der Tapete ist ein W.; **Was|ser|floh,** der: *kleines, vorwiegend im Wasser lebendes Krebstier;* **Was|ser|flug|ha|fen,** der: *Flughafen für Wasserflugzeuge;* **Was|serflug|zeug,** das: *Flugzeug mit Schwimmern* (3 a) *od. einem Boot ähnlichem Rumpf, das auf dem Wasser starten u. landen kann;* **Was|ser|flut,** die (oft emotional): *strömende Wassermasse:* während Rinnstein und Dachkandel ununterbrochen von der drängenden W. brausten und rauschten (Langgässer, Siegel 131); **Was|ser|fon|tä|ne,** die: *Fontäne* (a); **was|ser|frei** ⟨Adj.⟩: *frei von Wasser:* -er Gips; **Was|ser|frosch,** der: *(in Tümpeln u. Teichen lebender) Frosch von graugrüner bis bräunlicher Färbung mit dunklen Flecken;* **was|ser|füh|rend** ⟨Adj.⟩ (Fachspr.): *mit Wasser angefüllt, gesättigt:* periodisch -e Flüsse; eine -e Schicht; **Wasser|füh|rung,** die (Fachspr.): *das Vorhandensein von Wasser in einem Wasserlauf, im Untergrund, im Erdboden:* zu Zeiten mit geringer W. des Flusses (Fisch 4, 1984, 68); Die 50 Bohrungen, die bis 350 Meter Tiefe niedergebracht worden sind, sollen nun Aufschlüsse über ... -en geben (RNZ 10. 7. 87, 15); **Was|ser|gang,** der (Seew.): *äußerste, verstärkte Deckplanke, auf der aufs Deck gelangtes Wasser abläuft;* **Was|ser|gas,** das (Chemie): *bes. aus Wasserstoff u. Kohlenmonoxyd bestehendes Gas, das durch Umsetzung von*

Wasserdampf mit glühendem Kohlenstoff gewonnen wird; **was|ser|ge|fähr|dend** ⟨Adj.⟩: *die Gewässer u. das Grundwasser verseuchen könnend: die Straße ist für Fahrzeuge, die große Mengen einer -en Flüssigkeit geladen haben, gesperrt;* **Was|ser|ge|halt,** der: *Gehalt an Wasser: Obst mit hohem W.;* **Was|ser|geist,** der ⟨Pl. -er⟩ (Myth.): *Geist bzw. Gottheit, die im Wasser lebt;* **was|ser|ge|kühlt** ⟨Adj.⟩: *mit Wasser gekühlt:* ein -er Motor; **Was|ser|geld,** das (ugs.): vgl. Lichtgeld; **was|ser|ge|trie|ben** ⟨Adj.⟩: *mit Wasserkraft angetrieben:* eine -e Turbine; ♦ **Was|ser|geu|sen** ⟨Pl.⟩ [niederl. watergeusen (Pl.); aus: water = Wasser u. geus, ↑Geuse), *im Unterschied zu den wilde geusen od. bosgeusen, die sich in Waldgebieten od. Dünen aufhielten]: Geusen, die bes. zu Wasser gegen die Spanier kämpften: Den Krug erbeutete sich Childerich, der Kesselflicker, als Oranien Briel mit den W. überrumpelte* (Kleist, Krug 7); **Was|ser|ge|we|be,** das: *bei Pflanzen vorkommendes, Wasser speicherndes Gewebe aus meist großen, dünnwandigen Zellen;* **Was|ser|ge|win|nung,** die: *Gewinnung von Wasser, bes. Trinkwaser: Auch wird die W. bereits durch den Saar-Ausbau beeinträchtigt, so daß ... einen Brunnen verlegt werden müssen* (Saarbr. Zeitung 13. 7. 85, 1); **Was|ser|glas,** das: 1. *becherartiges* ¹*Glas* (2 a). **2.** (Chemie) *durch Schmelzen von Soda od. Pottasche mit Quarzsand hergestellte sirupartige Flüssigkeit aus kieselsaurem Natrium bzw. Kalium, die zur Herstellung von Kitt u. zur Konservierung verwendet wird;* **Was|ser|glät|te,** die (selten): Aquaplaning; **Was|ser|gra|ben,** der: 1. *mit Wasser angefüllter [Wasser ableitender] Graben: Ein W. und doppelte Drahtverhaue sollten das Areal vor einer Besetzung schützen* (Springer, Was 43). **2. a)** (Reiten) *Hindernis in Form eines Wassergrabens* (1); **b)** (Leichtathletik) *Hindernis in Form eines Wassergrabens* (1) *mit einer Hürde (beim Hindernislauf);* **Was|ser|grund|stück,** das: *am Wasser gelegenes Grundstück;* **Was|ser|gü|te,** die: *Güte des Wassers:* die W. in dem Fluß, dem See ist wieder gestiegen; **Was|ser|hahn,** der: *Hahn* (3) *an einer Wasserleitung:* der W. tropft; den W. auf-, zu-, an-, abdrehen; Man hielt den Kopf unter den laufenden W., spülte die Hände ab ... (Fallada, Trinker 145); **was|ser|hal|tig** ⟨Adj.⟩: *Wasser enthaltend;* **Was|ser|hal|tung,** die (Bergbau): *Trockenhaltung eines Grubenbaus durch Gräben u. Pumpen; Absenken des Grundwasserspiegels mit Brunnen;* **Was|ser|här|te,** die: *Härte* (1 c); **Was|ser|haus|halt,** der: 1. (Biol., Med.) *physiologisch gesteuerte Wasseraufnahme u. -abgabe in einem Organismus:* der W. einer Pflanze, des menschlichen Körpers; Ü der W. des Bodens; Denn die Wälder sind die unverzichtbare Grundlage für den W. der Natur (Gruhl, Planet 84). **2.** *haushälterische Bewirschaftung des in der Natur vorhandenen Wassers;* **Was|ser|heil|kun|de,** die ⟨o. Pl.⟩: Hydropathie; **Was|ser|heil|ver|fah|ren,** das: *hydropathisches Heilverfahren* (a); **was|ser|hell** ⟨Adj.⟩: *hell, klar wie Wasser:* ein -er Edel-

stein, Kristall; Mit -en blauen Augen blickt der Minister dem Frager gerade ins Gesicht (Spiegel 6, 1989, 37); **Was|ser|him|mel,** der: *dunkler Widerschein der offenen Stellen des Polarmeeres am Himmel;* **Was|ser|hin|der|nis,** das (Golf): *aus einer Wasseransammlung od. einem Wasserlauf bestehendes Hindernis;* **Was|ser|hö|he,** die: *Höhe des Wassers; Wasserstand;* **Was|ser|ho|se,** die: *Wirbelwind über einer Wasserfläche, der Wasser nach oben saugt;* **Was|ser|huhn,** das: *Bläßhuhn;* **Was|ser|hül|le,** die ⟨o. Pl.⟩ (Geol.): *die den Erdball umgebende Wasser; Hydrosphäre;* **Was|ser|hya|zin|the,** die: *in den Gewässern der Tropen u. Subtropen in großer Menge als Unkraut auftretende, auf der Wasserfläche schwimmende Pflanze mit blasenartig aufgetriebenen Blattstielen u. großen, purpurfarbenen bis blauen Blüten;* **was|se|rig** usw.: ↑wäßrig usw.; **Was|ser|in|sekt,** das: vgl. Wassertier.; **Was|ser|jung|fer,** die: *Libelle* (1); **Was|ser|kä|fer,** der: *im Wasser lebender Käfer unterschiedlichster Art;* **Was|ser|kal|ni|ster,** der: vgl. Wassereimer; **Was|ser|kan|ne,** die: vgl. Wassereimer; **Was|ser|ka|no|ne,** die: vgl. Wasserwerfer (a): die W. in Tätigkeit setzen, in Stellung bringen; ein Feuerlöschboot mit zwei -n; **Was|ser|kan|te,** die ⟨o. Pl.⟩ (selten): hochd. für ↑Waterkant; **Was|ser|ka|raf|fe,** die: vgl. Wassereimer; **Was|ser|ka|sten,** der: 1. *kastenförmiger Behälter für die Wasserspülung eines Wasserklosetts.* **2.** (ugs.) *Kasten* (2) *mit Wasserflaschen* (b); **Was|ser|kelch,** der: *zu den Aronstabgewächsen gehörende Wasser- od. Sumpfpflanze, die in einigen Arten als beliebte Aquarienpflanze gilt;* **Was|ser|kes|sel,** der: *bauchiges Metallgefäß mit Deckel zum Wasserkochen (für Tee, Kaffee o. ä.):* der W. summt, pfeift; **Was|ser|kis|sen,** das: vgl. Wasserbett (b); **was|ser|klar** ⟨Adj.⟩: *klar wie Wasser:* -er Quarz; ein -er Schnaps; **Was|ser|klo|sett,** das: *Klosett mit Wasserspülung,* Abk.: WC; **Was|ser|kopf,** der (Med.): Hydrozephalus: Ü der Verwaltungsapparat als W. des Staates; **Was|ser|kraft,** die: *in fließendem od. gespeichertem Wasser enthaltene Energie:* die W. nutzen; Elektrizität aus W.; eine mit W. angetriebene Turbine; **Was|ser|kraft|ma|schi|ne,** die (Technik): *hydraulische Maschine;* **Was|ser|kraft|werk,** das (Technik): *Anlage zur Umwandlung der Energie fließenden od. stürzenden Wassers in elektrische Energie;* **Was|ser|kreis|lauf,** der ⟨o. Pl.⟩ (Met.): *Kreislauf des Wassers zwischen Meer, Wasserdampf der Atmosphäre u. Niederschlägen;* **Was|ser|krug,** der: vgl. Wassereimer; **Was|ser|ku|gel,** die (Angeln): *kugel- od. eiförmiger Schwimmer aus glasklarem Material;* **Was|ser|küh|lung,** die (Technik): *Luftkühlung* (1); **Was|ser|kunst,** die: *(bes. in barocken Schloßparks) Bauwerk für künstliche Kaskaden, Springbrunnen, Wasserspiele;* **Was|ser|kur,** die: *Heilkur durch Wasserbehandlung;* **Was|ser|la|che,** die: ²*Lache von Wasser:* Schwarze -n füllten die Vertiefungen des Weges (Hauptmann, Thiel 15); **Was|ser|land|schaft,** die: *überwiegend von Wasser geprägte*

Landschaft: ... paddeln wir ... durch die Klippen und Untiefen dieser natürlichen W. (Frankfurter Rundschau 18. 7. 87, M 1); **Was|ser|las|sen,** das; -s: ↑Wasser (4 c); **Was|ser|lat|te,** die (salopp scherzh.): vgl. Morgenlatte; **Was|ser|lauf,** der: *[kleines] fließendes Gewässer:* so daß sich die Wasserläufe gewaltsam einen Weg durch die Hügel der Endmoränen gebahnt haben (Johnson, Mutmaßungen 122); mit seinen (= des Waldes) Eichhörnchen, Felsen ... und murmelnden Wasserläufen (K. Mann, Wendepunkt 39); **Was|ser|läu|fer,** der: 1. *(am Wasser u. in Sümpfen lebender) zu den Schnepfen gehörender Watvogel mit schlankem Körper u. langem, geradem Schnabel.* **2.** *Insekt, das sich mit seinen langen, dünnen Beinen über die Wasseroberfläche zu bewegen vermag;* **was|ser|le|bend** ⟨Adj.⟩ (Zool.): *im, am, auf dem Wasser lebend:* -e Säugetiere; **Was|ser|lei|che,** die (ugs.): *Leiche eines Ertrunkenen [die eine gewisse Zeit im Wasser gelegen hat u. aufgedunsen ist]:* er ist aufgedunsen wie eine W.; **Was|ser|lei|tung,** die: *[Rohr]leitung für Wasser:* eine oberirdisch geführte antike W.; die W. ist eingefroren; Sie drehte die W. (den Wasserhahn) wieder zu (Simmel, Affäre 87); **Was|ser|lei|tungs|rohr,** das: *Rohr einer Wasserleitung, für eine Wasserleitung;* **Was|ser|licht|or|gel,** die: *Beleuchtungsanlage mit verschiedenfarbigen Scheinwerfern, die im Rhythmus einer Musik in der Höhe sich verändernde Fontänen aufleuchten lassen;* **Was|ser|li|nie,** die (Seew.): *Linie, in der die Wasseroberfläche den Schiffsrumpf berührt;* **Was|ser|lin|se,** die *[nach der Form]: auf ruhigen Gewässern schwimmende, kleine Wasserpflanze mit blattartigem Sproß;* **Was|ser|loch,** das: *Erdloch, in dem sich Wasser angesammelt hat;* **was|ser|lös|lich** ⟨Adj.⟩: *in Wasser löslich:* -e Stoffe; die Farbe, Schminke ist w.; **Was|ser|man|gel,** der: *Mangel an Wasser:* unter W. leiden; **Was|ser|mann,** der ⟨Pl. ...männer⟩ [mhd. waʒʒerman = Schiffer; Wasserungetüm, ahd. waʒʒirman = Wasserträger]: 1. (Myth.) *männlicher Wassergeist [der den Menschen feindlich gesinnt ist].* **2.** (Astrol.) **a)** ⟨o. Pl.⟩ *Tierkreiszeichen für die Zeit vom 20. 1. bis 18. 2.;* **b)** *jmd., der im Zeichen Wassermann* (2 a) *geboren ist:* sie ist [ein] W.; **Was|ser|mas|se,** die ⟨meist Pl.⟩: *große Menge Wasser:* gewaltige -n; die in das Stollen einbrechenden -n; Es regnete ihm nur viel zu gelinde. Er hätte gern -n herunterstürzen sehen (M. Walser, Seelenarbeit 75); Ein Brausen und Sausen ..., wie von unermeßlichen -n (Hauptmann, Thiel 25); Diese ... flache Form und die Gesteinsabfolge konnten sich nur entwickeln, weil der entstehende Vulkan von der entsprechenden W. überdeckt war (BdW 8, 1987, 71); **Was|ser|me|lo|ne,** die: **a)** *Melone* (1 a) *mit großen, dunkelgrünen, glatten Früchten mit hellrotem, süß schmeckendem, sehr wasserhaltigem Fruchtfleisch u. braunschwarzen Kernen;* **b)** *Frucht der Wassermelone* (a); **Was|ser|men|ge,** die: *Menge Wasser;* **Was|ser|mes|ser,** der: *Wasserzähler;* **Was|ser-**

Wassermühle

mo|le|kül, das: *Molekül des Wassers* (1 a); **Wąs|ser|mühl|e**, die: *mit Wasserkraft betriebene Mühle;* **wąs|sern** ‹sw. V.; hat/ist›: *(von Vögeln, Flugzeugen o. ä.) auf dem Wasser niedergehen:* die Raumkapsel wird im Atlantik w.; **wąs|sern** ‹sw. V.; hat› [mhd. weȝȝeren]: **1.** *längere Zeit in Wasser legen, um bestimmte Stoffe herauszulösen o. ä.:* Salzheringe w.; die Kalbsniere vor der Zubereitung [zwei Stunden] w.; die Fotos sind nicht lange genug gewässert worden. **2.** *Pflanzen im Boden, dem Boden Wasser zuführen:* die Bäume, den Garten, die Stauden, den Rasen w.; ‹auch o. Akk.-Obj.:› in diesem Sommer mußten wir sehr viel, oft w. **3.** (geh.) *eine wäßrige Flüssigkeit absondern:* die rotrandigen Augen des Doktors wässerten nervös (Zuckmayer, Fastnachtsbeichte 11); ihm wässerte der Mund *(sein Mund sonderte Speichel ab);* **Wąs|ser|nä|he**, die: *Nähe des Wassers, eines Gewässers;* **Wąs|ser|na|se**, die: *nach unten etw. vorspringender Teil an einer Fensterbank o. ä., von dem das Regenwasser gut abtropfen kann;* **Wąs|ser|ni|xe**, die: *Nixe;* **Wąs|ser|not**, die: *bedrohlicher Wassermangel:* es herrschte große W.; **Wąs|ser|nym|phe**, die: *Quellnymphe;* **Wąs|ser|ober|flä|che**, die: *Oberfläche des Wassers:* dann sah er auf die silbern glitzernde, endlose W. (Ott, Haie 180); **Wąs|ser|paß**, der (Seew.): *Farbstreifen zwischen Über- u. Unterwasseranstrich eines Schiffs;* **Wąs|ser|per|le**, die: *kleiner Wassertropfen auf einer Oberfläche o. ä.;* **Wąs|ser|pest**, die [bei massenhaftem Vorkommen konnte die Pflanze für die Schiffahrt hinderlich sein]: *(in stehenden od. langsam fließenden Gewässern unter der Wasseroberfläche wachsende) meterlange Sprosse bildende Pflanze mit quirligen od. gegenständigen Blättern;* Elodea; **Wąs|ser|pfei|fe**, die: *orientalische Tabakspfeife [mit mehreren Mundstücken], bei der der Rauch zur Kühlung u. Filterung durch ein Gefäß mit Wasser geleitet wird;* **Wąs|ser|pflan|ze**, die: *im Wasser wachsende Pflanze;* **Wąs|ser|pfor|te**, die (Seemannsspr.): *größere Öffnung im Schanzkleid eines Schiffes, durch die an Deck gespültes Seewasser schnell abfließen kann;* **Wąs|ser|pfüt|ze**, die: *Pfütze;* **Wąs|ser|pi|sto|le**, die: *Spielzeug in Form einer Pistole zum Verspritzen von Wasser;* **Wąs|ser|pocken**[1] ‹Pl.›: *Windpocken;* ♦ **Wąs|ser|pol|lack**, der [urspr. Bez. für die poln. Flößer auf der Oder]: abwertende Bez. für *auf preußischem Gebiet lebender Pole:* sieh da den Bruder Schlesier, den -en (Keller, Kleider 37); **Wąs|ser|po|li|zei**, die (ugs.): kurz für ↑ Wasserschutzpolizei; **Wąs|ser|preis**, der: *Preis des Trinkwassers:* den W. erhöhen; **Wąs|ser|pro|be**, die: *zum Zweck der Untersuchung genommene Probe* (2) *Wasser:* -n nehmen, ziehen; **Wąs|ser|pum|pe**, die: **a)** *Pumpe* (1 a); **b)** (bes. Kfz-T.) *Pumpe* (1 b) *zum Umwälzen des Wassers im Kühlsystem eines Verbrennungsmotors:* die W. wird über den Keilriemen vom Motor angetrieben; **Wąs|ser|qua|li|tät**, die: *Wassergüte:* Der Rhein hatte vor der Katastrophe von Basel ... in seiner W. um zwei Güteklassen zugenommen (Spiegel 50,

1986, 21); denn Salmoniden finden sich nicht mit minderen -en ab (Fisch 2, 1980, 125); **Wąs|ser|quel|le**, die: **1.** *für die Wasserversorgung nutzbare Wasserreserve:* So sollen die Schüler ... das Bohren von Brunnen und Erschließen neuer -en erlernen (DLZ 20. 3. 81, 8). **2.** (selten) *Quelle* (1); **Wąs|ser|quirl**, der: *auf dem Grund stehender Gewässer untergetaucht lebende Wasserpflanze mit langen, schmalen, gezähnten, in mehreren Quirlen stehenden Blättern, die in Aquarien oft als Sauerstoff spendende Pflanze gehalten wird;* **Wąs|ser|rad**, das: *mit Schaufeln od. Zellen besetztes Rad, das unter Ausnutzung der Energie strömenden Wassers bes. zum Antrieb von Mühlen dient;* **Wąs|ser|rat|te**, die: **1.** *Schermaus* (1). **2.** (ugs. scherzh.) *jmd., der sehr gern schwimmt;* **Wąs|ser|recht**, das ‹o. Pl.›: *gesetzliche Bestimmungen bes. über Schutz u. Benutzung von Gewässern;* **wąs|ser|recht|lich** ‹Adj.›: *zum Wasserrecht gehörend, es betreffend:* die einschlägigen -en Vorschriften; **wąs|ser|reich** ‹Adj.›: *reich an Wasser, Feuchtigkeit;* **Wąs|ser|reich|tum**, der: *Reichtum an Wasser, Feuchtigkeit;* ¹**Wąs|ser|reis**, der: *bes. an See- u. Flußufern in Nordamerika u. Ostasien wachsendes, zu den Süßgräsern gehörendes Gras, dessen längliche, dunkle, eßbare, nußartig schmeckende Früchte als Wildreis in den Handel kommen;* ²**Wąs|ser|reis**, das: *(bes. bei Obstbäumen) auf Grund erhöhter Wasserzufuhr aus einem normalerweise nicht austreibenden Auge hervorgegangener, rutenartiger, unfruchtbarer Seitensproß;* **Wąs|ser|re|ser|ve**, die: *Reserve an Wasser;* **Wąs|ser|re|ser|voir**, das: **1.** *Reservoir für Wasser.* **2.** *Wasservorrat;* **Wąs|ser|ret|ter**, der (ugs.): *jmd., der im Wasserrettungsdienst tätig ist;* **Wąs|ser|ret|te|rin**, die (ugs.): w. Form zu ↑ Wasserretter; **Wąs|ser|ret|tungs|dienst**, der: *Rettungsdienst für im Wasser (bes. beim Schwimmen, beim Wassersport) in Not Geratene;* **Wąs|ser|rohr**, das: *Leitungsrohr für Wasser;* **Wąs|ser|rohr|bruch**, das: *Bruch eines Wasserrohrs;* **Wąs|ser|ro|se**, die: *Seerose* (1); **Wąs|ser|rü|be**, die: *[Futter]rübe mit einem sehr hohen Wassergehalt;* Herbstrübe; **Wąs|ser|sack**, der: *(bes. beim Zelten verwendeter) an unteren Ende mit einem Hahn versehener sackartiger Behälter für Trinkwasser;* **Wąs|ser|sa|la|man|der**, der: *(in Nordamerika heimischer) vorwiegend im Wasser lebender Molch mit gelblicher Färbung u. schwarzen Flecken od. Streifen;* **Wąs|ser|sa|lat**, der: *frei schwimmende Wasserpflanze der Tropen mit rosettenartig angeordneten Blättern, die sich durch ihre Ausläufer rasch vermehrt u. als gefürchtetes Unkraut große Wasserflächen bedeckt;* **Wąs|ser|säu|le**, die (Physik): *in der Form einer senkrecht stehenden Säule auf einer waagerechten Grundfläche ruhendes Wasser (etwa als Inhalt eines zylindrischen Gefäßes), dessen Höhe früher als Maß für den* ¹*Druck* (1) *verwendet wurde;* **Wąs|ser|scha|den**, der: *durch eindringendes Wasser entstandener Schaden;* **Wąs|ser|schaff**, das (südd., österr.): *Schaff für Wasser:* Die Sonne blendet mich, wenn ich in dem W. sitze, und ich

friere (Schwaiger, Wie kommt 167); **Wąs|ser|schei|de**, die (Geogr.): *Grenzlinie zwischen zwei Einzugsgebieten von Wasserläufen;* **Wąs|ser|sche|re**, die: *Krebsschere* (2); **wąs|ser|scheu** ‹Adj.›: *sich scheuend, ins Wasser zu gehen, mit Wasser in Berührung zu kommen:* das Kind ist furchtbar w.; **Wąs|ser|scheu**, die: *Scheu, mit Wasser in Berührung zu kommen:* seine W. überwinden; aus W. nicht schwimmen gehen; **Wąs|ser|schi** usw.: ↑ Wasserski usw.; **Wąs|ser|schicht**, die: *(durch bestimmte Eigenschaften gekennzeichnete) Schicht des Wassers eines Gewässers:* eine relativ sauerstoffarme, warme W.; **Wąs|ser|schild|krö|te**, die *Sumpfschildkröte;* **Wąs|ser|schlacht**, die (veraltet): *Seeschlacht;* **Wąs|ser|schlag**, der (Archit., Bauw.): *Schräge am Gesims zum Ablaufen des Regenwassers;* **Wąs|ser|schlan|ge**, die: **1.** *im Wasser lebende Schlange.* **2.** ‹o. Pl.› *ein Sternbild;* **Wąs|ser|schlauch**, der: **1.** *Schlauch* (1 a, c) *für Wasser.* **2.** *Wasserpflanze mit dem Insektenfang dienenden Blasen an den Blättern od. Seitensprossen;* **Wąs|ser|schloß**, das: vgl. Wasserburg; **Wąs|ser|schrau|be**, die: *unter der Wasseroberfläche wachsende Pflanze bes. der Tropen mit grasartigen Blättern u. auf der Wasseroberfläche auf spindlig gewundenen Stielen sitzenden Blüten, die als beliebte Aquarienpflanze gilt;* **Wąs|ser|schüs|sel**, die: vgl. Wasserbehälter; **Wąs|ser|schutz|ge|biet**, das: *zum Schutzgebiet* (1) *erklärtes Gebiet mit seinen Gewässern;* **Wąs|ser|schutz|po|li|zei**, die: *Polizei zur Überwachung des Verkehrs auf den Wasserstraßen;* **Wąs|ser|schutz|zo|ne**, die: vgl. Wasserschutzgebiet; **Wąs|ser|schwall**, der: *Schwall von Wasser;* ¹**Wąs|ser|ski**, der: *breiter Ski für* ²*Wasserski;* ²**Wąs|ser|ski**, das ‹o. Pl.›: *Sportart, bei der man auf* ¹*Wasserskiern im Schlepp eines Motorbootes über das Wasser gleitet;* **Wąs|ser|ski|läu|fer**, der: *jmd., der Wasserski läuft;* **Wąs|ser|ski|läu|fe|rin**, die: w. Form zu ↑ Wasserskiläufer; **Wąs|ser|ski|sport**, der: ²*Wasserski;* **Wąs|sers|not**, die (veraltet): *Überschwemmung;* **Wąs|ser|spei|er**, der; -s, - (Archit.): *über die Mauer vorspringendes Regenabflußrohr aus Blech od. Stein, das (bes. in der Gotik) künstlerisch mit Darstellungen von Fabelwesen, Tieren, Menschenköpfen gestaltet ist;* **Wąs|ser|spie|gel**, der: **a)** *Wasseroberfläche:* Ich schiebe die Bohlen vom Brunnen ... Wir ... blicken in die Tiefe. Der W. liegt weit unten (Zwerenz, Kopf 25); **b)** *Wasserstand:* der W. hat sich gesenkt; Ebenso schnurgerade lief neben dem Weg ein Graben mit hohem W. (Gaiser, Jagd 165); **Wąs|ser|spiel**, das ‹meist Pl.›: *durch eine Wasserkunst od. eine entsprechende Anlage bewirkte Bewegung von Fontänen unterschiedlicher Höhe in bestimmten Abständen [entsprechend dem Rhythmus der Musik];* **Wąs|ser|spin|ne**, die: *größere, braune, unter der Wasseroberfläche lebende Spinne;* **Wąs|ser|sport**, der: *im od. auf dem Wasser ausgeübte Sportart[en];* **Wąs|ser|sport|ler**, der: *Sportler, der Wassersport treibt;* **Wąs|ser|sport|le|rin**, die: w. Form zu ↑ Wassersportler; **wąs|ser|sport|lich**

⟨Adj.⟩: *in den Bereich des Wassersports gehörend:* -*e Disziplinen;* **Wąs|ser|springen,** *das* ⟨o. Pl.⟩: *Disziplin des Schwimmsports, in der Sprünge von Sprungbrettern od. Plattformen eines Sprungturms ausgeführt werden;* **Wąs|ser|spü|lung,** *die: Vorrichtung zum [Aus]spülen [des Toilettenbeckens] mit Wasser:* die W. betätigen; Er ... drückte die W. (M. Walser, Seelenarbeit 12); irgendwo zog jemand die W. eines Klosetts (Simmel, Affäre 44); ... hörte er ... drüben im Haus eine W. rauschen (Augustin, Kopf 213); **Wąs|serstand,** *der: (für die Schiffahrt wichtige) mit dem Pegel* (1 a) *gemessene Höhe der Wasseroberfläche:* ein hoher, niedriger W.; der W. ist gesunken, gestiegen, gefallen; **Wąs|ser|stands|an|zei|ger,** *der* (Technik): *Meßgerät, das den Wasserstand anzeigt; Pegel* (1 a); **Wąs|serstands|mel|dung,** *die* ⟨meist Pl.⟩: *[über den Rundfunk verbreitete] Meldung über den Wasserstand;* **Wąs|ser|stau,** *der: das Sichstauen von Wasser;* **Wąs|ser|staub,** *der: in Form feinster Tröpfchen in der Luft schwebendes, zerstäubtes Wasser:* unter mir war das Wehr ... Feiner W. hüllte mich ein (Strittmatter, Laden 581); nach den beiden vom W. der Brandung umflorten Gestalten (Ransmayr, Welt 170); **Wąs|ser|stein,** *der* ⟨o. Pl.⟩: *Kesselstein;* **Wąs|ser|stel|le,** *die: Stelle (z. B. Quelle), an der man in einem wasserarmen Gebiet Wasser findet:* Die Kämpfer warteten nun an der W. (Oase) Al Badr auf den nahenden Feind (Konzelmann, Allah 44); bis zur nächsten w. waren es noch fünfzig Kilometer; **Wąs|ser|stie|fel,** *der: bis zur Hüfte reichender, wasserdichter Stiefel, mit dem man ins Wasser gehen kann;* **Wąs|ser|stoff,** *der* ⟨o. Pl.⟩ [nach frz. hydrogène, ↑Hydrogen]: *farb-, geruchloses u. geschmackfreies Gas, das in der Verbindung mit Sauerstoff als Wasser vorkommt u. bes. zur Synthese von Ammoniak, Benzin, Salzsäure u. a., beim Schweißen, als Heizgas u. Treibstoff für Raketen verwendet wird (chemischer Grundstoff); Zeichen: H* (↑Hydrogen[ium]): *schwerer W. (Deuterium); überschwerer W. (Tritium);* **Wąs|ser|stoff|atom,** *das: Atom des Wasserstoffs;* **wąs|ser|stoff|blond** ⟨Adj.⟩ (ugs.): *mit Wasserstoffperoxyd blondiert:* -es Haar; Das -e Teufelsweib „Brischitt" (Heim, Traumschiff 252); **Wąs|ser|stoff|blon|di|ne,** *die* (ugs.): *wasserstoffblonde Frau:* So eine W., deren Haarturm höher als ihr Minirock lang war! (M. Walser, Seelenarbeit 42); **Wąsser|stoff|bom|be,** *die: Bombe, deren Sprengkraft hauptsächlich auf der Fusion der Atomkerne von Deuterium u. Tritium beruht; Kurzwort:* H-Bombe; **Wąs|serstoff|per|oxyd,** (chem. Fachspr.:) **Wąsser|stoff|per|oxid,** *das* (Chemie): *farblose, explosive Flüssigkeit (Wasserstoff-Sauerstoff-Verbindung), die stark oxydierend wirkt u. bes. als Bleichmittel verwendet wird;* **Wąs|ser|stoff|su|per|oxyd,** (chem. Fachspr.:) **Wąs|ser|stoff|su|per|oxid,** *das* (veraltet): *Wasserstoffperoxyd;* **Wąs|serstrahl,** *der: vgl. Wasserschwall:* ein breiter, armdicker W.; der W. hatte eine Polizistenmütze erwischt (Ossowski, Liebe 15); die dünnen stahlharten -en pfiffen schrill und wurden noch härter (Ott, Haie 328); **Wąs|ser|strahl|pum|pe,** *die* (Technik): *mit Hilfe eines in einer Düse stark beschleunigten Wasserstrahls arbeitende Pumpe zur Erzeugung eines Unterdrucks od. Vakuums;* **Wąs|ser|stra|ße,** *die: mit Schiffen befahrbares Gewässer als Verkehrsweg;* **Wąs|ser|strei|fen,** *der: streifenartige feuchte Schicht in einem nicht ausgebackenen Gebäck;* **Wąs|sersturz,** *der* (selten): *Wasserfall:* vor einer zerklüfteten Felswand, von der herab ... von Vorsprung zu Vorsprung hüpfende Wasserstürze sich ergössen (Kronauer, Bogenschütze 25); **Wąs|ser|sucht,** *die* ⟨o. Pl.⟩ [mhd. waȝȝersucht, ahd. waȝȝarsuht, für lat. hydrops = Wassersucht < griech. hýdrōps]: *Hydrops;* **wąs|sersüch|tig** ⟨Adj.⟩: *von Wassersucht befallen;* **Wąs|ser|sup|pe,** *die* (abwertend): *wäßrige Suppe, die kaum Nährwert hat;* **Wąs|ser|tank,** *der: Tank für Wasser;* **Wąs|ser|tem|pe|ra|tur,** *die: Temperatur des Wassers;* **Wąs|ser|tie|fe,** *die: Tiefe des Wassers;* **Wąs|ser|tier,** *das: im, am od. auf dem Wasser lebendes Tier;* **Wąsser|ton|ne,** *die: vgl. Wasserbehälter;* **Wąs|ser|trä|ger,** *der:* **1.** *(bes. früher) jmd., der [berufsmäßig] Wasser für die Trinkwasserversorgung herbeiträgt.* **2.** (bes. Politik, Sport Jargon) *jmd., der sich einem anderen bereitwillig unterordnet u. für ihn Hilfsdienste verrichtet:* er hat sich vom W. des Parteiführers zum Spitzenkandidaten hochgedient; er ist W. (Radsport; Domestik 2) im Team des Tour-de-France-Siegers; Ü Übersetzer – die W. des Literaturbetriebs (Spiegel 44, 1992, 8); **Wąs|ser|trä|ge|rin,** *die* (bes. Politik, Sport Jargon): *w. Form zu* ↑Wasserträger (2); **Wąs|ser|tret|becken¹,** *das: Becken zum Wassertreten;* **Wąs|ser|tre|ten,** *das,* -s: *(bes. im Rahmen einer Kneippkur angewandte) Heilbehandlung, die darin besteht, in kaltem, möglichst strömendem, bis zum knöchelhohen Wasser umherzugehen, wobei die Knie stark gehoben werden;* **Wąs|ser|trog,** *der: vgl. Wasserbehälter;* **Wąs|ser|trop|fen,** *der: vgl. Tropfen* (1 a); **Wąs|ser|tüm|pel,** *der: Tümpel;* **Wąs|ser|tur|bi|ne,** *die* (Technik): *die potentielle u. die kinetische Energie des Wassers ausnutzende Turbine, die zum Antrieb von Generatoren dient;* **Wąsser|turm,** *der: Turm eines Wasserwerks mit oben eingebautem Behälter, in dem das aufbereitete Wasser gespeichert wird, der Schwankungen im Verbrauch ausgleicht u. für den konstanten Wasserdruck in den Leitungen sorgt;* **wąs|ser|überron|nen** ⟨Adj.⟩ (selten): *von rinnendem Wasser bedeckt:* An einer dunklen, -en Felswand mußten sie vorbei (Trenker, Helden 14); **Wąs|ser|uhr,** *die:* **1.** (volkst.) *Wasserzähler.* **2.** *antikes Zeitmeßgerät, bei dem die durch eine kleine Öffnung aus einem Gefäß in ein anderes abfließende Menge als Maß für die verstrichene Zeit dient;* **wąs|ser|un|durch|läs|sig** ⟨Adj.⟩: *undurchlässig für Wasser* (1 a): eine -e Bodenschicht; **Wąs|ser|un|durch|lässig|keit,** *die: das Wasserundurchlässigsein;* **Wąs|se|rung,** *die;* -, -en: *das Wässern;* **Wäs|se|rung,** *die;* -, -en: *das Wässern;* **wąs|ser|un|lös|lich** ⟨Adj.⟩: *in Wasser nicht löslich:* -e Stoffe; die Farbe ist w.; **Wąs|ser|ver|brauch,** *der: Verbrauch an Wasser;* **Wąs|ser|ver|drän|gung,** *die: Wassermenge (in Tonnen), die ein Schiff mit dem unter der Oberfläche liegenden Teil verdrängt u. die der Masse des gesamten Schiffs entspricht;* **Wąs|ser|ver|käufer,** *der: jmd., der Trinkwasser verkauft:* Unter den -n, Fischfrauen ..., die sich im Hafen drängten, verbreitete sich die Nachricht rasch (Norfolk [Übers.], Lemprière 460); **Wąs|ser|ver|käu|fe|rin,** *die: w. Form zu* ↑Wasserverkäufer; **Wąs|server|lust,** *der: Verlust an Wasser:* Dickdarmdurchfälle ... führen ... zu bedrohlichen Wasser- und Mineralverlusten (Medizin II, 279); **Wąs|ser|ver|schmutzer,** *der,* -s, -: *jmd., der die Gewässer, das Grundwasser, die Wasserreserven verschmutzt:* Der Prozeßsieg ermutige die Stadtwerke ..., den kommerziellen -n ... neue Schadenersatzrechnungen zu schicken (Spiegel 50, 1986, 19); **Wąs|server|schmut|ze|rin,** *die;* -, -nen: *w. Form zu* ↑Wasserverschmutzer; **Wąs|ser|verschmut|zung,** *die; vgl.* Luftverschmutzung; **Wąs|ser|ver|sor|gung,** *die: Versorgung von Bevölkerung u. Industrie mit Wasser;* **Wąs|ser|vo|gel,** *der: auf dem od. am Wasser lebender Vogel;* **Wąs|servor|kom|men,** *das: von Natur aus an einem Ort befindliche größere Menge [Süß]wasser, das sich für die Wasserversorgung nutzen läßt:* unterirdische W. erschließen; **Wąs|ser|vor|rat,** *der: Vorrat an Wasser; Wasserreservoir* (2); **Wąs|serwaa|ge,** *die* (Bauw., Technik): *Meßinstrument mit eingesetzter Libelle* (2) *zur Prüfung der waagerechten, senkrechten, geneigten Lage; Richt-, Setzwaage;* **Wąsser|wan|de|rer,** *der: jmd., der eine Wasserwanderung, Wasserwanderungen unternimmt;* **Wąs|ser|wan|de|rin,** *die: w. Form zu* ↑Wasserwanderer; **Wąs|serwan|dern,** *das,* -s: *Wandern* (1) *mit dem Boot;* **Wąs|ser|wan|de|rung,** *die: Wanderfahrt mit dem Boot;* **Wąs|ser|weg,** *der: Weg über das Wasser, über eine Wasserstraße [im Binnenland]:* den W. wählen; etw. auf dem W. transportieren; **Wąs|ser|wei|he,** *die* (kath. Kirche): *Segnung des Taufwassers in der Liturgie der Osternacht, des Weihwassers, des Wassers zur Konsekration von Kirchen, Altären u. Glocken;* **Wąs|ser|wel|le,** *die: künstliche Wellung des Haars, das hierfür noch feucht auf Lockenwickler gewickelt u. anschließend getrocknet wird;* **Wąs|ser|werfer,** *der:* **a)** *[auf einem Fahrzeug, z. B. einem Einsatzfahrzeug der Polizei, installierte] Vorrichtung, aus der, z. B. zur Vertreibung von Demonstranten, zum Löschen eines Brandes, ein gezielter, scharfer Wasserstrahl abgegeben werden kann;* **b)** *Polizeifahrzeug mit einem Wasserwerfer* (a); **Wąs|ser|werk,** *das: [städtische] Anlage zur Wasserversorgung, in der das Wasser gefördert, aufbereitet u. in das Versorgungsnetz geleitet wird;* **Wąs|serwild,** *das: jagdbare Wassertiere (z. B.* Wildenten, Fischotter, Biber): W. auf das man mit Falken beizen könnte, fehlt ... ganz (Stern, Mann 331); **Wąs|ser|wirbel,** *der: Strudel* (1); **Wąs|ser|wirtschaft,** *die* ⟨o. Pl.⟩: *Maßnahmen zur Was-*

wasserwirtschaftlich

serversorgung u. zur Regulierung des Wasserhaushalts; **was|ser|wirt|schaft|lich** ⟨Adj.⟩: zur Wasserwirtschaft gehörend, sie betreffend: -e Maßnahmen, Erfordernisse; **Was|ser|wol|ke**, die (Met.): Wolke aus Wassertropfen (z. B. Kumulus); **Was|ser|wü|ste**, die (emotional): [jmdn. überall umgebende] unermeßlich große Wasserfläche: Sie sahen ringsum eine unendliche W. (Ott, Haie 242); **Was|ser|zäh|ler**, der: Gerät zur Ermittlung der durch eine Rohrleitung fließenden, verbrauchten Wassermenge; **Was|ser|zei|chen**, das: (als Markenzeichen einer Papiermühle, als Echtheitsnachweis bei Banknoten u. Wertpapieren) beim ²Schöpfen (5) angebrachtes Muster, das sich hell abhebt, wenn man das Papier gegen das Licht hält; **Was|ser|zu|fuhr**, die: Zufuhr von Wasser: die W. unterbrechen, stoppen; **wäß|rig**, wässerig ⟨Adj.⟩ [mhd. weʒʒeric, ahd. waʒʒirig]: 1. reichlich Wasser enthaltend [u. entsprechend fade schmeckend]: eine -e Suppe; -er Schnee; eine -e (Wasser als Hauptbestandteil enthaltende) Flüssigkeit; eine -e (Wasser als Lösungsmittel enthaltende) Lösung; das Eis war w. und viel zu süß; die Erdbeeren sind, schmecken w.; Wir fanden es (= das Rindfleisch) wäßrig und ziemlich geschmacklos (e & t 5, 1987, 37). 2. hell u. farblos; von blasser Farbe: Er ... hatte ... wäßrige Augen, deren Blau wie ausgelaugt wirkte (Schnurre, Bart 135); das ganze Zimmer war ... in wässeriges Grün getaucht (Musil, Mann 1508); w. blau. 3. wässernd (3): er bekam -e Augen; **Wäß|rig|keit**, Wässerigkeit, die; -: das Wäßrigsein; wäßrige Beschaffenheit, Art.
Wat, der; -[s], -s [sanskr.]: buddhistische Klosteranlage in Südasien.
wa|ten ⟨sw. V.; ist⟩ [mhd. waten, ahd. watan = gehen, verw. mit lat. vadere = gehen, schreiten u. vadum = Furt]: auf nachgebendem Untergrund gehen, wobei man ein wenig einsinkt u. deshalb die Beine beim Weitergehen anheben muß: ans Ufer w.; im Schlamm w.; durch das Wasser, einen Fluß, den Schnee, den Schlick, den Dünensand w.; ... wenn ich durch die Sümpfe wate, immerzu ..., wo komme ich hin? (Frisch, Nun singen 104); Die Wandmalereien zeigten ... Mädchen, die durch Felder von Lilien wateten (Ceram, Götter 81).
Wa|ter|jacket¹ [ˈwɔːtədʒækɪt], das; -[s], -s [engl. water-jacket, aus: water = Wasser u. jacket = Jacke; Mantel (2)] (Hüttenw.): Metallummantelung bei Hochöfen, in der herabrieselndes Wasser Kühlung erzeugt.
Wa|ter|kant, die; - [niederd. = Wasserkante] (scherzh.): norddeutsches Küstengebiet; Nordseeküste.
Wa|ter|loo, das; -, -s [nach der Schlacht bei Waterloo (18. 6. 1815), in der Napoleon I. vernichtend geschlagen wurde] (bildungsspr.): vernichtende Niederlage: ein, sein W. erleben; Tschernobyl dürfte nicht zum W. der Kernenergie werden (Basler Zeitung 21. 8. 86, 1).
wa|ter|proof [ˈwɔːtəpruːf] ⟨indekl. Adj.⟩ [engl. waterproof, aus: water = Wasser u. proof = dicht, undurchlässig] (Fachspr.): wasserdicht (Hinweis in Geweben

u. auf Uhren); **Wa|ter|proof**, der; -s, -s [engl. waterproof, zu: waterproof, ↑ waterproof]: 1. wasserdichter Stoff. 2. wasserdichter Regenmantel; **wa|ter|re|si|stant** [wɔːtəriˈzɪstənt] ⟨indekl. Adj.⟩ [engl. waterresitant, aus: water = Wasser u. resistant = widerstandsfähig]: wasserdicht (Hinweis auf Uhren als Qualitätsmerkmal, oft in Verbindung mit Angabe der Wassertiefe, bis zu der dies gilt).
Wat|fä|hig|keit, die; - (Kfz-W.): Fähigkeit eines Kraftfahrzeugs, bes. eines Militärod. Geländefahrzeugs, Gewässer zu durchqueren, ohne daß besondere Vorbereitungen getroffen werden müssen; **Wat|fi|schen**, das; -s (Angeln): Form des Angelns, bei der der Angler im Wasser steht, herumwatet; **Wat|fi|sche|rei**, die (Angeln): vgl. Watfischen; **Wat|ho|se**, die (bes. Angeln): wasserdichte, auch den Fuß umschließende Hose zum Waten im Wasser.
Wa|trusch|ki ⟨Pl.⟩ [russ. vatruški, Pl. von: vatruška = Quarkspitze]: (in Rußland) kleine Käse- od. Obstkuchen aus Hefeteig.
Wat|sche, die; -, -n [wohl lautm.] (bayr., österr. ugs.): Ohrfeige: jmdm. eine -e geben; ... schon gab es eine -n (Wimschneider, Herbstmilch 11); Ü Bei seinen Rundumschlägen bekommen auch endlich die Kärntner und Tiroler Parteirebellen ihre -n (Wochenpresse 13, 1984, 31).
Wat|schel|gang [auch: ˈva...], der ⟨o. Pl.⟩: ˈva...], watschlig ⟨Adj.⟩: (in bezug auf den Gang) watschelnd: w. gehen; **wat|scheln** [auch: ˈva...] ⟨sw. V.; ist⟩ [Vkl. von spätmhd. wakzen = hin u. her bewegen, Intensivbildung zu: wacken (↑ wackeln), eigtl. = sich ein wenig hin u. her bewegen]: sich schwerfällig fortbewegen, so daß sich das Gewicht sichtbar von einem Bein auf das andere verlagert: die Ente watschelt über den Hof; seine Frau watschelt wie eine Ente; An ihrem Gehstock trippelte und watschelte sie ... durch die langen Straßen der Hauptstadt (Werfel, Himmel 121); einen watschelnden Gang haben.
wat|schen ⟨sw. V.; hat⟩ [zu ↑ Watsche] (bayr., österr. ugs.): ohrfeigen: jmdn. w.; Ü alle zusammen watschen (kritisieren, schelten) die Arbeiter-Zeitung (Falter 12, 1984, 13); **Wat|schen**, die; -, - (bayr., österr. ugs.): Watsche; **Wat|schen|frau**, die (ugs.): weibliche Person in der Rolle des Prügelknaben; **Wat|schen|mann**, der [eigtl. = Figur im Wiener Prater, der man eine Ohrfeige gibt, deren Wucht man an einer Skala ablesen kann] (ugs.): Prügelknabe: Robert Badinter, Justizminister ..., ist der bevorzugte W. der französischen Rechten (Spiegel 3, 1986, 108); sich nicht zum W. machen lassen.
watsch|lig [auch: ˈva...]: ↑ watschelig.
Watschn, die; -, - (bayr., österr. ugs.): Watsche.
Wat|son-Crick-Mo|dell [ˈwɔtsnkrɪk...], das; -s [nach dem amerik. Biochemiker J. D. Watson (geboren 1928) u. dem britischen Biochemiker F. H. C. Crick (geboren 1916), die das Modell 1953 gemeinsam entwickelten] (Biochemie): Modell des Moleküls der DNS als einer Doppelhelix.

Wat|stie|fel, der (bes. Angeln): vgl. Wasserstiefel.
¹Watt, das; -[e]s, -en [aus dem Niederd. < mniederd. wat (vgl. ahd. wat = Furt), eigtl. = Stelle, die sich durchwaten läßt, zu ↑ waten]: seichter, von Prielen durchzogener Küstenstreifen, dessen Meeresboden aus Sand u. Schlick bei Ebbe nicht überflutet ist: das W. fällt bei Ebbe trocken; die Tiere des -s; der Hauptort der Insel liegt am W. (am Wattenmeer); ans W. fahren; eine Wanderung durchs W.; im W. nach Sandwürmern graben; Später allerdings fand sich bei Durchsicht der Unterlagen eine Meldung, auch eine zweite späte Lichtsignale draußen im W. (Gaiser, Jagd 197); in den -en der ostfriesischen Küste.
²Watt, das; -s, - [nach dem engl. Ingenieur J. Watt (1736-1819)] (Physik, Technik): Maßeinheit der [elektrischen] Leistung: die Glühbirne hat 60 W.; die Stereoanlage bringt, leistet zweimal hundert W.; Zeichen: W
Wat|te, die; -, ⟨Sorten:⟩ -n [niederl. watten ⟨Pl.⟩ < mlat. wadda, H. u.]: lose zusammenhängende Masse aus weichen, aufgelösten Baumwoll- od. Zellwollfasern, die bes. für Verbandszwecke, zur Polsterung o. ä. dient: weiche, sterilisierte W.; sich W. in die Ohren stopfen; etw. mit W. polstern, füttern; etw. in W. verpacken; eine Wunde mit W. abtupfen; Ü die Welt in grauweiße W., ... in Schneequalm und Nebeldunst dicht verpackt (Th. Mann, Zauberberg 650); *W. in den Ohren haben (ugs.; nicht hören wollen); jmdn. in W. packen (ugs.; jmdn. äußerst behutsam behandeln): Rabanus wird wie ein rohes Ei behandelt und in W. gepackt (Spoerl, Maulkorb 48); sich in W. packen lassen können, müssen (ugs.; allzu empfindlich sein); **Wat|te|bausch**, der: Bausch (2 a) Watte; Tampon (1 a); **Wat|te|fut|ter**, das: Futter aus Watte, Wattierung; **Wat|te|jacke¹**, die: wattierte Jacke; **Wat|te|li|ne**, die; -: leichtes, watteähnliches Zwischenfutter mit flaumiger Oberfläche.
Wat|ten|fi|sche|rei, die: Fang von Meerestieren (wie Fische, Garnelen u. a.) mit Kuttern, Netzen, Reusen o. ä.; **Wat|ten|kü|ste**, die: flache Küste mit einem ¹Watt; **Wat|ten|meer**, das: flaches Meer, das das ¹Watt bei Flut bedeckt: ein W. zwischen den Inseln und dem Festland; ein kleiner Ort am W.; Ein neuer Lotse kam an Bord, der uns ... über das W. nach Wilhelmshaven führen soll (Kisch, Reporter 32).
Wat|te|pfrop|fen, der: Pfropfen aus Watte: sich W. in die Ohren stecken; **Wat|te|pol|ster**, der: Polster (2 a) aus Watte.
Watt|füh|rer, der: Führer (1 b) bei Wattwanderungen; **Watt|füh|re|rin**, die: w. Form zu ↑ Wattführer; **Watt|ge|biet**, das: von Watt umgebenes Gebiet.
wat|tie|ren ⟨sw. V.; hat⟩: (von Kleidungsstücken) mit Watte o. ä. polstern, füttern: die Schultern [einer Jacke] w.; ein wattierter Morgenrock, Anorak; **Wat|tie|rung**, die; -, -en: 1. ⟨Pl. selten⟩ das Wattieren. 2. Polster, Futter aus Watte o. ä.; **wat|tig** ⟨Adj.⟩: weich [u. weiß] wie Watte: -er Schnee; Es schneite still. Alles verschwamm mehr und mehr. Der Blick, in

ein -es Nichts gehend, ... (Th. Mann, Zauberberg 652); Ü Aber das -e Grau, das über allem lag, milderte alles auch (Fest, Im Gegenlicht 230); Alles wurde erstickt von dieser -en Stille (Wellershoff, Körper 153); Die -e (abwertend; *verhüllende, verschleierende*) Prosa, in der ... (Enzensberger, Mittelmaß 143); ⟨subst.:⟩ sie hat immer nachgegeben. Ihr Wesen hatte etwas Wattiges (Becker, Amanda 371).

Watt|me|ter, das [zu ↑²Watt u. ↑-meter (1)] (Physik, Technik): *Gerät zur Messung elektrischer Leistungen.*

Watt|pflan|ze, die: *im ¹Watt wachsende Pflanze;* **Watt|schnecke¹,** die: *in großen Mengen in den Wattgebieten vorkommende kleine Schnecke mit bräunlicher, kegelförmiger Schale.*

Watt|se|kun|de, die (Physik, bes. Elektrot.): *Energiemenge, die bei einem ²Watt Leistung in einer Sekunde verbraucht wird (Einheit der Energie bzw. der Arbeit);* Zeichen: Ws

Watt|strom, der: *großer Wasserlauf im ¹Watt, der auch bei Niedrigwasser Wasser führt;* **-s:** *Wandern (1) im ¹Watt;* **Watt|wan|dern,** die: **Watt|wan|de|rung,** die: *Wanderung durchs ¹Watt;* **Watt|wurm,** der: *Köderwurm.*

Wa|tus|si|rind, das; -[e]s, -er [nach den Watussi, einem Volk in Ostafrika]: (*bes. in Ostafrika verbreitetes*) *sehr großwüchsiges, schlankes, meist braunes Hausrind mit langen, weit ausladenden Hörnern.*

Wat|vo|gel, der: *hochbeiniger Vogel, der im flachen Wasser watet bzw. in Sümpfen o. ä. lebt.*

Watz, der; -es, Wätze [H. u.] (bes. westmd.): 1. *Eber.* 2. (abwertend) *²Ekel.*

Watz|mann, der; -[e]s: *Gebirgsstock in Bayern.*

Wau, der; -[e]s, -e [niederl. wouw, wohl eigtl. = (Aus)gerupfter]: *Reseda.*

wau, wau ⟨Interj.⟩ (Kinderspr.): lautm. für das Bellen des Hundes: *w., w. machen;* **Wau|wau** [auch: -'-], der; -s, -s (Kinderspr.): *Hund.*

Wa|vel|lit [auch: ...'lɪt], der; -s, -e [nach dem britischen Arzt W. Wavell (gestorben 1829)]: *meist grünlichweißes, auch gelbliches od. bräunliches Mineral.*

WC [ve:'tse:], das; -[s], -[s] [Abk. für engl. watercloset = Wasserkloset, ↑Toilette (2); **WC-Becken¹,** das: *Toilettenbecken;* **WC-Bür|ste,** die: *Klosettbürste;* **WC-Rei|ni|ger,** der: *Reiniger für das Toilettenbecken;* **WC-Sitz,** der: *Klosettsitz.*

WDR = Westdeutscher Rundfunk.

Weal|den ['vi:ldən], das; -[s] [nach der engl. Landschaft The Weald] (Geol.): *unterste Stufe der unteren Kreide (3).*

Web|ar|beit, die: vgl. Näharbeit; **Web|art,** die: *Art zu weben, Art, in der etw. gewebt ist;* **We|be,** die; -, -n (österr.): *Leinwand (1 a), Leinzeug, Riet[blatt];* **We|be|blatt,** das (Weberei): *kammartiges Teil eines Webstuhls, das den jeweils letzten Schußfaden fest an das bereits Gewebte heranschiebt;* **We|be|feh|ler,** der: 1. *Webfehler (2): Der hatte einen kleenen W. (geistigen Defekt;* Döblin, Alexanderplatz 196); 2. *Webfehler (1).* 2. (ugs.) *Webfehler;* **We|be|kan|te,** die: **We|be|lei|ne,** die [zu veraltet weben = knüpfen] (Seemannsspr.):

Tau, das wie die Sprosse einer Leiter quer über den Wanten befestigt wird: Seeleute turnen prahlerisch die -n rauf und runter (Norfolk [Übers.], Lemprière 14); **we|ben** ⟨sw. u. st. V.; hat⟩ [mhd. weben, ahd. weban, eigtl. = sich hin u. her bewegen, wimmeln]: 1. ⟨sw. u. st. V.⟩ a) *Längs- u. Querfäden zu einem Gewebe kreuzweise verbinden:* sie webt [an einem Teppich]; Ü sie hat ... damit ein Stückchen an ihrer Legende gewoben (Hildesheimer, Legenden 168); b) *durch Weben (a) herstellen:* Leinen, Tuche, Spitze, Teppiche w.; der Stoff wurde auf, mit der Maschine gewebt; Sie wob ihm aus den buntesten Kniebänder (Jahnn, Geschichten 234); ein Muster [in einen Stoff] w.; Ü daß nicht einmal die Spinnen ihre Netze dazu hatten w. mögen (Geissler, Wunschhütlein 36). 2. ⟨st. V.⟩ (geh.) a) [*als geheimnisvolle Kraft*] *wirksam, am Werk sein:* Sagen woben um seine Gestalt; Flüche und Segenssprüche, Gebete und Furcht weben um diesen Gipfel (Bamm, Weltlaterne 105); Allein es weben in der Welt auch andere Mächte (A. Kolb, Schaukel 57); b) ⟨w. + sich⟩ *auf geheimnisvolle Weise allmählich entstehen:* um das Schloß webt sich manche Sage; **We|ber,** der; -s, - [mhd. webære, ahd. weberi]: 1. *Handweber.* 2. (Textilind. veraltet) *Textilmaschinenführer;* **We|bu|amei|se,** die: *in den Tropen verbreitete gelbbraune Ameise, die ihre Nester im Blattwerk von Bäumen anlegt, indem sie benachbarte Blätter mit dem Sekret ihrer Larven aneinanderheftet;* **We|ber|bock,** der: *dunkelgraubrauner, behaarter Bockkäfer, dessen Larven sich im Holz von Pappeln u. Weiden entwickeln;* **We|be|rei,** die; -, -en: 1. ⟨o. Pl.⟩ *das Weben (1).* 2. *Betrieb, in dem gewebt (1) wird.* 3. (selten) *Webarbeit; etw. Gewebtes;* **We|be|rin,** die; -, -nen: w. Form zu ↑Weber; **We|ber|kamm,** der: *Webeblatt;* **We|ber|knecht,** der: [vgl. Schneider (8 b)]: *Spinnentier mit extrem langen, dünnen Beinen; Kanker;* Schneider (8 b); **We|ber|kno|ten,** der: *Kreuzknoten;* **Weber|schiff|chen,** das (Weberei): *Schiffchen (4);* **We|ber|vo|gel,** der: *Singvogel, der oft kunstvoll gewebte beutel- od. kugelförmige Nester baut;* **Web|fa|den,** der: vgl. Webgarn; **Web|feh|ler,** der: 1. *falsch gewebte Stelle in einer Webarbeit;* Fehler im Gewebe: ein Teppich mit kleinen -n. 2. (ugs.) *von vornherein vorhandener, nicht zu behebender Fehler, mit dem jmd., etw. behaftet ist:* Er hat leider einen W. ist schwul (Spiegel 52, 1976, 123); Das Land hat einen W. ... Irgendwo haben die Konstrukteure einen enormen Schnitzer gemacht (Zwerenz, Kopf 147); **Web|garn,** das: *Garn zum Weben;* **Web|kan|te,** die: *beim Weben durch den Richtungswechsel des Schußfadens entstehender fester Rand eines Gewebes;* **Web|la|de,** die: *Vorrichtung am Webstuhl zur Aufnahme der Weberschiffchen;* **Web|ma|schi|ne,** die: *Maschine zum Weben;* **Web|mei|ster,** der: *Weber, der die Meisterprüfung abgelegt hat;* **Web|mei|ste|rin,** die: w. Form zu ↑Webmeister; **Web|mu|ster,** das: *beim Weben hervorgebrachtes Muster;* **Web|pelz,** der: *gewebte Pelzimitation;* **Web|rah|men,** der: (*bes. zum hobbymäßigen*

Weben, im Handarbeitsunterricht verwendete) *einfache Vorrichtung zum Weben, die im wesentlichen aus einer Art Rahmen besteht, auf den die Kette gespannt wird;* **Web|schiff|chen,** das: *Weberschiffchen;* **Web|schüt|zen,** der: *Weberschiffchen;* **Web|stuhl,** der: (*für die Handweberei stuhlartiges*) *Gestell od. Maschine zum Weben:* ein mechanischer, automatischer W.; **Web|wa|ren** ⟨Pl.⟩: *gewebte Waren.*

Wech|sel, der; -s, - [mhd. wehsel, ahd. wehsal, verw. mit ↑²weichen, eigtl. = das Weichen, Platzmachen; 2: gek. aus ↑Wechselbrief]: 1. ⟨Pl. ungebr.⟩ a) [*nach gewissen Gesetzen*] *öfter od. immer wieder vor sich gehende] Veränderung in bestimmten Erscheinungen, Dingen, Geschehnissen o. ä.:* ein rascher, dauernder W.; der W. der Ereignisse, der Gezeiten, der Jahreszeiten, des Tempos, der Szene, des Wetters, von Tag und Nacht, von Hell und Dunkel; es trat ein entscheidender W. ein; ... derart, daß der jähe W. seiner Laune für alle Mitbewohner das täglich zu kostende Brot wurde (R. Walser, Gehülfe 140); den W. (*die Abwechslung*) lieben; Man versteht darunter den W. zwischen Pfeiler und Säule (Bild. Kunst III, 19); alles ist dem W. unterworfen; etw. vollzieht sich in schnellem W.; Später nehmen zwei Hirten ... Aufstellung und singen im W. (*abwechselnd;* Chotjewitz, Friede 193); die Darbietungen folgten einander in buntem(/seltener:) im bunten W. (*in bunter Aufeinanderfolge*); die Geschichte der westlichen Welt mit ihrem stürmischen W. von Grauen und Freude, Verbrechen und Heiligkeit (Thieß, Reich 638); b) *das Wechseln:* der W. der Reifen, der Filmspule, der Wäsche, des Motoröls; der W. des Arbeitsplatzes, der Schule, der Konfession, des Wohnsitzes, der Fahrspur; der W. von einem Betrieb zum andern, [aus der Opposition] in die Regierung; Halten Sie ... einen W. des Berufs, auch des Partners für wünschenswert? (Schreiber, Krise 91); beim W. (*bes. Ballspiele: Seitenwechsel*) stand es 1 : 0; seit seinem W. [von Ulm] nach Erfurt; c) (bes. Ballspiele) *das Auswechseln; W. eines od. mehrerer Spieler;* der W. der Pferde; *fliegender W.* (Eishockey, Handball; Wechsel der Spieler, während das Spiel weiterläuft); einen W. (*Austausch*) im Regierungskabinett vornehmen; d) (bes. Staffellauf) *Stabwechsel;* e) (Literaturw.) (*im Minnesang*) *Kombination von Strophen, in denen je eine männliche u. eine weibliche Person im Wechsel übereinander sprechen.* 2. a) (Bankw.) *Papier (schuldrechtliches Wertpapier), in dem der Aussteller sich selbst od. einen Dritten zur Zahlung einer bestimmten Summe in einem bestimmten Zeitraum verpflichtet:* ein ungedeckter W.; ein gezogener (*auf einen Dritten ausgestellter*) W.; der W. ist fällig, verfällt, der W. ist geplatzt, ging zu Protest; einen W. ausstellen, unterschreiben, akzeptieren, diskontieren, präsentieren, prolongieren, protestieren, querschreiben, auf jmdn. ziehen; etw. auf W. kaufen; mit [einem] W. bezahlen; Ü Wir stellen uns ständig riesige W. auf die Zukunft aus (*erwarten alles von der Zukunft*); Gruhl,

Wechselbad

Planet 137); **b)** kurz für ↑ Monatswechsel. **3.** kurz für ↑ Wildwechsel: Vom W. her bellte heiser der Bock (Steimann, Aperwind 44); **Wech|sel|bad**, das: *kurzes Teilbad in kaltem u. warmem Wasser im Wechsel:* bei kalten Füßen Wechselbäder machen; Ü jmdn. einem W. aussetzen *(ihn mal so, mal so behandeln);* **Wech|sel|balg**, der [mhd. wehselbalc]: *(nach früherem Volksglauben einer Wöchnerin von bösen Geistern od. Zwergen untergeschobenes) häßliches, mißgestaltetes Kind;* **Wech|sel|bank**, die ⟨Pl. -en⟩ (Bankw.): *Bank, die bes. das Diskontgeschäft betreibt;* **Wech|sel|be|zie|hung**, die: *wechselseitige Beziehung:* Die -en zwischen Landschaft, Kultur und Mensch sind offensichtlich (Mantel, Wald 13); diese Themen stehen in enger W. [miteinander/zueinander]; von der Erkenntnis einer psychosomatischen W. (Sebastian, Krankenhaus 78); **Wech|sel|be|zug**, der; vgl. Wechselbeziehung: Geschäftserfolg und Unternehmenskultur sind ... in einem W. zu sehen (Höhler, Sieger 165); **wech|sel|be|züg|lich** ⟨Adj.⟩: *wechselseitig bezüglich;* **Wech|sel|be|züg|lich|keit**, die; vgl. Reziprozität; **Wech|sel|brief**, der [spätmhd. wehselbrief; die Urkunde ermöglicht den Wechsel zu barem Geld] (veraltet): *Wechsel* (2 a); **Wech|sel|bür|ge**, der (Bankw.): *Bürge für einen Wechsel* (2 a); **Wech|sel|bür|gin**, die (Bankw.): w. Form zu ↑ Wechselbürge; **Wech|sel|bürg|schaft**, die (Bankw.): *Bürgschaft für einen Wechsel* (2 a); **Wech|sel|chor**, der: *Wechselgesang von Chören;* **Wech|sel|dienst**, der; vgl. Wechselschicht: im W. arbeiten; **Wech|sel|fäl|le** ⟨Pl.⟩: *Situationen, in die man durch Veränderungen in seinem Leben geraten kann:* Gellert versucht in diesem Roman sozusagen alle W. des zivilen Lebens, die nur immer eintreten können, zu behandeln (Greiner, Trivialroman 30); wenn zwei Völker alle W. der Geschichte hinweg in einer so engen Berührung gelebt haben ... (W. Brandt, Begegnungen 535); **Wech|sel|fäl|schung**, die: *Fälschung eines Wechsels* (2 a); **Wech|sel|feld**, das (Physik): *Feld* (7), *in dem sich die Feldstärke periodisch ändert;* **wech|sel|feucht** ⟨Adj.⟩ (Geogr.): *(von den äußeren Tropen) durch ein Überwiegen der Trockenzeiten gegenüber den Regenzeiten gekennzeichnet;* **Wech|sel|fie|ber**, das ⟨o. Pl.⟩ [das Fieber tritt periodisch auf]: *Malaria;* **Wech|sel|ge|bet**, das (kath. Kirche): *von einem Vorbeter u. der Gemeinde im Wechsel gesprochenes, formelhaftes Gebet;* **Wech|sel|geld**, das: **a)** ⟨Pl. ungebr.⟩ *Geld, das man zurückerhält, wenn man mit einem größeren Geldschein, einer größeren Münze bezahlt, als der Preis erfordert:* das W. nachzählen; **b)** ⟨o. Pl.⟩ *[Klein]geld zum Wechseln* (2 a); **Wech|sel|geld|kas|se**, die: *Wechselkasse;* **Wech|sel|ge|sang**, der: *Gesang im Wechsel zwischen Vorsänger u. Solisten u. Chor, zwischen Chören o. ä.;* **Wech|sel|ge|spräch**, das: *Dialog* (a); **Wech|sel|ge|trie|be**, das (Technik): *Getriebe, bei dem die Übersetzung* (2) *[in Stufen] geändert werden kann;* **Wech|sel|guß**, der: *kalter u. warmer Guß im Wechsel zur Förderung der Durchblutung;* **wech|sel|haft** ⟨Adj.; -er, -este⟩: *öfter wechselnd: durch einen häufigen Wechsel gekennzeichnet:* -es Wetter; das Spiel hatte einen sehr -en Verlauf; in seinen Leistungen, Anschauungen w. sein; **Wech|sel|haf|tig|keit**, die; -: *das Wechselhaftsein:* Er wurde niemals müde, das Spiel ihrer Stimmungen zu registrieren, den Übergang von einer Erscheinung in die andere, die W. (Sontag [Übers.], Liebhaber 175); **Wech|sel|jah|re** ⟨Pl.⟩: **a)** *Zeitspanne etwa zwischen dem 45. u. 55. Lebensjahr der Frau, in der die Menstruation u. die Empfängnisfähigkeit allmählich aufhören; Klimakterium:* sie ist in den -n, kommt in die W.; **b)** *Zeitspanne etwa zwischen dem 45. u. 60. Lebensjahr des Mannes, die durch eine Minderung der körperlichen, sexuellen Funktion u. der geistigen Spannkraft, durch nervöse Spannung [u. Depressionen] gekennzeichnet ist:* die W. des Mannes; ein Mann in den -n; **Wech|sel|kas|se**, die: *Kasse, an der man Geld wechseln kann* (z. B. in einer Spielhalle o. ä.); **Wech|sel|klau|sel**, die (Bankw.): *Vermerk „gegen diesen Wechsel" als notwendiger Bestandteil des Textes der entsprechenden Urkunde;* **Wech|sel|kre|dit**, der (Bankw.): *durch einen Wechsel gesicherter, kurzfristiger Kredit; Akzeptkredit;* **Wech|sel|kurs**, der (Bankw.): *Preis einer (ausländischen) Währung, ausgedrückt in einer anderen (inländischen) Währung:* feste, flexible -e; die Freigabe des -es; **Wech|sel|licht|zei|chen**, das (Verkehrsw.): *Ampel* (2): W. mit der Farbfolge Grün – Gelb – Rot – Rot und Gelb (gleichzeitig) – Grün (Straßenverkehrsrecht, StVO 42); **Wech|sel|mar|ke**, die (Leichtathletik): *Ablaufmarke* (beim Staffellauf); **wech|seln** ⟨sw. V.⟩ [mhd. wehseln, ahd. wehsalōn, zu ↑ Wechsel]: **1.** ⟨hat⟩ **a)** *aus einer Überlegung, einem bestimmten Grund etw., was zu einem gehört, worüber man verfügt, durch etw. Neues derselben Art ersetzen od. die betreffende Sache aufgeben u. eine entsprechende neue wählen:* den Platz, die Straßenseite, die Fahrspur, die Schule, den Wohnsitz, die Adresse, die Stellung, den Beruf, die Branche, das politische Lager, den Verein, den Partner, den Namen, den Arzt, die Zigarettenmarke w.; den Ton, das Tempo, das Thema, seine Ansichten, seine Gesinnung, die Konfession w.; bei einem Auto die Reifen, das Öl w.; die Handtücher, die Wäsche, die Kleidung, die Socken, den Verband w.; die Pferde w.; das Standbein w.; Onkel Adolar ... wechselte verbotenerweise sein Feldgrau gegen das beliebte Zivil mit gepunkteter Fliege (Lentz, Muckefuck 153); die Mannschaften wechseln jetzt die Seiten; den Besitzer w. *(in den Besitz eines andern übergehen);* ⟨subst.:⟩ ein Hemd, ein Paar Strümpfe zum Wechseln; Ü Im Näherkommen wechselten diese Berge ihre Farbe von Blau nach Gelb (Stern, Mann 390); **b)** *jmdm. etw. zukommen lassen u. von ihm etw. derselben Art erhalten:* mit jmdm. Briefe, Blicke, Komplimente, einen Händedruck w.; ... und in dem Augenblick, da das Brautpaar die Ringe wechselte ... (Th. Mann, Hoheit 253); mit jmdm. den Platz w.; wir wechselten nur wenige Worte *(sprachen nur kurz miteinander)*. **2.** ⟨hat⟩ **a)** *in eine entsprechende Anzahl Scheine od. Münzen von geringerem Wert umtauschen:* kannst du [mir] einen Hundertmarkschein, hundert Mark [in zwei Fünfziger, in Münzen] w.?; ⟨auch o. Akk.-Obj.:⟩ ich kann leider nicht w. *(habe kein passendes Geld zum Herausgeben);* **b)** *in eine andere Währung umtauschen:* an der Grenze Geld w.; Mark gegen Schilling w. **3.** *sich [immer wieder in seinem Erscheinungsbild] verändern* ⟨hat⟩: seine Stimmung, seine Miene konnte sehr schnell w.; der Mond wechselt; die Ampel wechselte von Grün auf Gelb; Meine Bangnis wechselte *(schlug um)* in Übermut (Frisch, Stiller 189); langsam wechselten die Jahreszeiten (Grass, Hundejahre 43); das Wetter wechselt [zwischen Regen und Schnee]; Regen und Sonne wechselten *(lösten einander ab);* die Mitarbeiter wechseln häufig *(lösen einander häufig ab)* in dieser Firma; Seit ihrer Trennung von Thomas Kronberger hatte sie wechselnde *(sich einander ablösende)* Bekanntschaften (M. L. Fischer, Kein Vogel 76); Gesundheitlich ging es mir sehr wechselnd *(wechselhaft)* in diesen Tagen (Fallada, Trinker 58); der Himmel ist wechselnd *(zeitweilig)* bewölkt. **4. a)** *sich von seinem Ort, Platz an einen anderen begeben* ⟨ist⟩: von einer Veranstaltung zur anderen w.; Ich wechselte neben den Leutnant (Küpper, Simplicius 62); ... wo die Passagiere vom „Jumbo" in die 727 wechseln (Augsburger Allgemeine 6./7. 5. 78, 6); der Justizminister soll ins Auswärtige Amt w.; über die Grenze w. *(heimlich ins Ausland gehen);* das Wild, der Hirsch ist gewechselt (Jägerspr.; *hat seinen Standort, sein Revier verlassen);* der Bock ist über den Weg gewechselt (Jägerspr.; *hat ihn überquert);* Aus der Tschechoslowakei wechseln Luchse *(kommen sie herüber)* in den Nationalpark (natur 4, 1991, 56); Ü „Wir probieren es seit einer Stunde", sagte Amery, ins Deutsche wechselnd (Bieler, Mädchenkrieg 485); **b)** *an eine andere Stelle bringen, plazieren* ⟨hat⟩: Er wechselte sein Glas wieder in die rechte Hand (Bieler, Mädchenkrieg 239); Seine Frau wechselte das Kind an die andere Brust (Marchwitza, Kumiaks 13); ⟨auch o. Akk.-Obj.:⟩ ich muß jetzt mal w. *(den Koffer, die Tasche o. ä. in die andere Hand nehmen);* **Wech|sel|neh|mer**, der; -s, - (Geldw.): *Remittent;* **Wech|sel|neh|me|rin**, die; -, -nen (Geldw.): w. Form zu ↑ Wechselnehmer; **Wech|sel|ob|jek|tiv**, das (Fot.): *auswechselbares Objektiv;* **Wech|sel|op|tik**, die (Fot. Jargon): vgl. Wechselobjektiv; ◆ **Wech|sel|pfen|nig**, der: *(nach altem Volksglauben) Geldstück, das jedesmal, wenn es ausgegeben od. gewechselt worden ist, auf wundersame Weise zu seinem Vorbesitzer zurückkehrt:* ... überlasse ich ihm die Wahl unter allen Kleinodien, die ich in der Tasche bei mir führe: die echte Springwurzel, die Alraunwurzel, -e, Raubtaler ... (Chamisso, Schlemihl 23); **Wech|sel|pro|test**, der (Geldw.): *Protest* (2); **Wech|sel|pro|zeß**, der: *gerichtliches Verfahren zur Durchsetzung der aus einem Wechsel (2 a) resultierenden Ansprüche;* **Wech|sel|rah|men,** der: *Bilderrahmen, bei dem das Bild zwischen eine Glasscheibe u. eine Rückenplatte gelegt wird u. leicht ausgewechselt werden kann;* **Wech|sel|re|de,** die: *Dialog* (a): *Umsitzende lauschten dem Wortwechsel ..., gefesselt von Leidenschaft und Zierlichkeit der W.* (Th. Mann, Zauberberg 717); **Wech|sel|re|greß,** der (Geldw.): *Anspruch des Inhabers eines Wechsels (2 a) gegenüber sämtlichen Verpflichteten, wenn der Wechsel bis zum fälligen Termin nicht bezahlt od. angenommen worden ist;* **Wech|sel|reim,** der (Verslehre): *Kreuzreim;* **Wech|sel|rei|te|rei,** die (Geldw.): *Austausch, Verkauf von Wechseln* (2 a) *[in betrügerischer Absicht] zur Kreditbeschaffung als Verdeckung der Zahlungsunfähigkeit;* **Wech|sel|rich|ter,** der (Elektrot.): *Gerät zur Umwandlung von Gleichstrom in Wechselstrom;* **Wech|sel|schal|ter,** der (Elektrot.): *Schalter, der wechselweise mit einer od. mehreren anderen dasselbe Gerät o. ä. ein- od. ausschalten kann;* **Wech|sel|schal|tung,** die (Elektrot.): *Schaltung mit Wechselschaltern);* **Wech|sel|schicht,** die: *wechselnde Schichtarbeit;* **Wech|sel|schnee,** der (Fachspr.): *Schnee von wechselnder Beschaffenheit: Bei W., wenn man von der Sonnen- in die Schattenseite wechselt* (Eidenschink, Eis 93); **Wech|sel|schritt,** der: *auf halber Länge unterbrochener Schritt mit dem hinteren Bein, durch den man beim Gehen in den Gleichschritt, beim Tanzen mit Beginn des neuen Taktes jeweils auf den anderen Fuß überwechselt: einen W. machen;* **Wech|sel|schuld,** die (Geldw.): *Geldschuld auf Grund eines Wechsels* (2 a); **Wech|sel|schuld|ner,** der (Geldw.): *Schuldner auf Grund eines Wechsels* (2 a); **Wech|sel|schuld|ne|rin,** die (Geldw.): *w. Form zu* ↑ *Wechselschuldner;* **wech|sel|sei|tig** ⟨Adj.⟩: *von einer u. der anderen Seite in gleicher Weise aufeinander bezogen; gegenseitig:* eine -e *Abhängigkeit;* die -en *Beziehungen zwischen den Staaten Europas; nicht nur w. widersprachen sich die Disputanten, sondern sie lagen in Widerspruch auch mit sich selbst* (Th. Mann, Zauberberg 644); *der Eindruck ..., der Minister halte sich nicht an ein Gentlemen's Agreement mit dem Maestro über* -e *(beiderseitige) Diskretion in der Öffentlichkeit* (profil 26. 3. 84, 79); *sich w. bedingen; mir schien, es trieb uns w., einander zu verletzen* (Mayröcker, Herzzerreißende 70); **Wech|sel|sei|tig|keit,** die; -: *Gegenseitigkeit;* **Wech|sel|span|nung,** die (Elektrot.): *elektrische Spannung, deren Stärke sich periodisch ändert;* **Wech|sel|spiel,** das: *mannigfaltiger Wechsel einer Sache: das W. der Farben, von Licht und Schatten; So überraschend und vom W. des Zufalls abhängig wie die Verhaftung war auch die Befreiung Kotzebues* (Greiner, Trivialroman 91); **Wech|sel|sprech|an|la|ge,** die: *Sprechanlage, bei der im Unterschied zur Gegensprechanlage nur abwechselnd in jeweils eine Richtung gesprochen werden kann;* **wech|sel|stän|dig** ⟨Adj.⟩ (Bot.): *(von Laubblättern) in einem bestimmten Winkel gegeneinander versetzt:* die Blätter sind w. [angeordnet]; **Wech|sel|stel|le,** die: vgl. *Wechselstube;* **Wech|sel|steu|er,** die (Finanzw.): *Steuer auf im Inland umlaufende Wechsel* (2 a); **Wech|sel|strom,** der (Elektrot.): *elektrischer Strom, dessen Stärke u. Richtung sich periodisch ändern u. der sich im Unterschied zum Gleichstrom leichter transformieren u. mit geringerem Verlust fortleiten läßt;* **Wech|sel|strom|kreis,** der (Elektrot.): *von Wechselstrom durchflossener Stromkreis;* **Wech|sel|strom|wi|der|stand,** der (Elektrot.): *in einem Wechselstromkreis auftretender elektrischer Widerstand;* **Wech|sel|stu|be,** die: *Stelle, meist als Filiale einer Bank [an Bahnhöfen u. Grenzübergängen], wo Geld einer Währung in Geld einer anderen Währung umgetauscht werden kann;* **Wech|sel|sum|me,** die (Geldw.): *auf Grund eines Wechsels* (2 a) *zu zahlende Geldsumme;* **Wech|sel|tier|chen,** das; -s, - (Biol.): *Amöbe;* **Wech|se|lung:** ↑ *Wechslung;* **Wech|sel|ver|hält|nis,** das: *auf Wechselwirkung beruhendes Verhältnis;* **Wech|sel|ver|kehr,** der (Verkehrsw.): *Verkehr in einer u. der anderen Richtung im Wechsel;* **wech|sel|voll** ⟨Adj.⟩: *(bes. von Prozessen, Entwicklungen) durch häufigen Wechsel* (1 a) *gekennzeichnet:* -es *Schicksal, Leben;* **Wech|sel|wäh|ler,** der [LÜ von engl. floating voter]: *Wähler, der nicht für immer auf dieselbe Partei festgelegt ist: Beim Wettlauf um die Gunst der legendären W. im sozialen Mittelfeld* (Spiegel 39, 1976, 76); **Wech|sel|wäh|le|rin,** die: *w. Form zu* ↑ *Wechselwähler;* **wech|sel|warm** ⟨Adj.⟩ (Zool.): *kaltblütig* (2); **wech|sel|wei|se** ⟨Adv.⟩: 1. *im Wechsel, abwechselnd: der Preis wurde w. an Schriftsteller und bildende Künstler verliehen; Wechselweise wählte einer von ihnen das Menü. Diesmal war Hans an der Reihe* (Kronauer, Bogenschütze 65). 2. (veraltend) *wechselseitig* (a), *gegenseitig: so standen wir einander w. im Weg* (Mayröcker, Herzzerreißende 85); ⟨mit Verbalsubstantiven auch attr.:⟩ *daß für einen dauerhaften Frieden nicht das w. Abzählen von Waffen entscheidend ist* (Wochenpresse 43, 1983, 9); **Wech|sel|wild,** das (Jägerspr.): *Schalenwild, das das Revier wechselt, nur zeitweise in einem bestimmten Revier erscheint;* **wech|sel|wir|ken** ⟨sw. V.; hat⟩ (bes. Physik): *in einer Wechselwirkung stehen: Mit Gammastrahlen hingegen, die weit weniger stark mit Materie w., können ganze Paletten behandelt werden* (NZZ 27. 8. 86, 42); **Wech|sel|wir|kung,** die: a) *[Zusammenhang durch] wechselseitige Beeinflussung:* -en *zwischen Staat und Gesellschaft; diese Probleme stehen miteinander in W.; Der Übergang vom Rotulus zum Codex vollzieht sich ... in enger W. mit der Verdrängung des Papyrus durch das Pergament* (Bild. Kunst III, 62); b) (Physik) *gegenseitige Beeinflussung physikalischer Objekte (Austausch von Elementarteilchen od. Quanten);* **Wech|sel|wirt|schaft,** die ⟨Pl. selten⟩ (Landw.): *Fruchtfolge, bei der Feldfrüchte u. Gras, Klee miteinander wechseln;* **Wechs|ler,** der; -s, - [mhd. wehselære, ahd. wehselari]: *jmd.,*

der beruflich [in einer Wechselstube] Geld wechselt: Kleine Bildchen ..., auf denen man Jesus mit einer Geißel zwischen den -n *herumfuhrwerken sieht* (Kempowski, Zeit 37); **Wechs|le|rin,** die; -, -nen: *w. Form zu* ↑ *Wechsler;* **Wechs|lung,** die; -, -en (selten): *das Wechseln.*

Weck, der; -s, -e (bes. südd., österr.): ²*Wecken.*

Weck|amin, das [Kunstwort aus ↑ wecken u. ↑ **Amin**]: *Müdigkeit u. körperlich-geistiger Abspannung entgegenwirkendes, stimulierendes* ¹*Mittel* (2 a).

Weck|ap|pa|rat, der [↑ einwecken]: *Apparat zum Einwecken.*

Weck|auf|trag, der: *(dem Fernsprechamt erteilter) Auftrag, gemäß dem man telefonisch geweckt wird: einen W. erteilen;* **Weck|dienst,** der: *Einrichtung des Fernsprechamtes, durch die sich jmd. wecken lassen kann.*

Wecke¹, die; -, -n (bes. südd., österr.): ²*Wecken.*

wecken¹ ⟨sw. V.; hat⟩ /vgl. geweckt/ [mhd. wecken, ahd. wecchen, eigtl. = frisch, munter machen]: 1. *wach machen, zum Erwachen bringen: jmdn. vorsichtig, rechtzeitig, zu spät, um sechs Uhr, aus tiefem Schlaf, aus seinen Träumen, mitten in der Nacht, mit Musik w.; sich [telefonisch] w. lassen; mit deinem/durch dein Geschrei hast du die Kinder geweckt; er wurde durch den Lärm geweckt; Sie nickte ein, weckte sich wieder* (Handke, Frau 73); Ü *der Kaffee weckte seine Lebensgeister.* 2. *etw. [in jmdm.] entstehen lassen: jmds. Interesse, Neugier, Appetit, Verständnis w.; neue Bedürfnisse w. [bei jmdm.]; Erwartungen, Hoffnungen w.; in jmdm. einen Wunsch, Unbehagen w.; diese Begegnung weckte alte Erinnerungen [in ihm]; Diese Behauptung, die sofort meinen Ärger und Widerstand weckte ...* (Th. Mann, Krull 110); *Der Reichtum ... habe in Italien eine magische Aura und wecke mehr Bewunderung als Neid* (Fest, Im Gegenlicht 344); ¹**Wecken¹,** das; -s: *morgendliches Wecken* (1) *einer größeren Gemeinschaft: um 5 Uhr früh war W.;* (Milit.:) *Urlaub bis zum W.*

²**Wecken¹,** der; -s, - [mhd. wecke, ahd. wecki = Keil; keilförmiges Gebäck, viell. urverw. mit lat. vāgis = hölzerner Haken, nach der keilartigen Form] (bes. südd., österr.): a) *längliches Weizenbrötchen;* b) *längliches Weizenbrot.*

Wecker¹, der; -s, -: *Uhr zum Wecken, die zu einer vorher eingestellten Zeit klingelt o. ä.: ein elektrischer W.; der W. klingelt, rasselt, schrillt, geht; den W. aufziehen, [auf sechs] stellen, abstellen; ich habe den W. stellen; er hat den W. nicht gehört; sich einen neuen W.* (ugs. scherzh.; *eine neue [Armband]uhr) kaufen müssen; was hast du da für einen W.* (ugs. scherzh.; *eine [auffallend große] Armbanduhr)?;* * **jmdm. auf den W. fallen/gehen** (ugs.; *jmdm. äußerst lästig werden): die Musik geht mir langsam auf den W.; er geht mir ganz schön auf den W.; gehen mit seiner ewigen Meckerei; Ich sah mich schon als alte Jungfer, die völlig isoliert ist und allen Leuten nur auf den W. fällt* (Schwarzer, Unterschied 66).

Weckerl¹, das; -s, -n (bayr., österr.): ²Wekken (a).

Weckerluhr¹, die: *Wecker:* auch W., Stuhl und Waschgeschirr waren vorhanden (K. Mann, Wendepunkt 433).

Wecklglas ⓦ, das ⟨Pl. ...gläser⟩: *Einweckglas;* **Wecklglaslring, Wecklring,** der: *Einweckgummi.*

Wecklruf, der: **1.** *Ruf, mit dem jmd. geweckt werden soll.* **2.** *[durch einen Weckauftrag veranlaßter] Telefonanruf, durch den jmd. geweckt werden soll:* Ich ... bestelle einen telefonischen W. für acht Uhr früh (Sobota, Minus-Mann 275).

Wecklto pf, der: *Einwecktopf.*

Wecklu hr, die: *Wecker:* Mehrere -en gellten und rasselten fast gleichzeitig los (Th. Mann, Krull 162).

Welda, der; -[s], Weden u. -s [sanskr. veda = Wissen]: *die heiligen Schriften der altindischen Religion;* **Weldanlta,** der; - [sanskr. vedānta = Ende des Weda]: *auf den wedischen Upanischaden beruhende wichtigste philosophische Schule in Indien, die einen mehr od. minder strengen Monismus lehrt.*

Weldel, der; -s, - [mhd. wedel, ahd. wadil, verw. mit ↑wehen u. wohl eigtl. = (Hinundher)schwingendes]: **1.** *Gegenstand mit einem [Feder]büschel zum Wischen o. ä.; Staubwedel.* **2.** *großes, gefiedertes, fächerförmiges Blatt von Palmen, Farnen:* um durch das grüne Farnkraut zu stapfen, knietief in nassen -n (Frisch, Gantenbein 276). **3.** (Jägerspr.) *(beim Schalenwild mit Ausnahme des Schwarzwilds) Schwanz;* **Weldellkurs,** der (Ski): *Kurs im Wedeln* (3); **weldeln** ⟨sw. V.⟩ [mhd. wedelen, zu ↑Wedel]: **a)** *etw. Leichtes rasch hin u. her bewegen:* mit der Hand, einem Tuch, einem Bündel Geldscheinen w.; der Hund wedelt mit dem Schwanz; **b)** *etw. durch Wedeln (1 a) von irgendwo entfernen, irgendwohin befördern:* er wedelte mit einer Zeitung die Krümel vom Tisch, auf den Boden; **c)** *jmdm., sich etw. durch Wedeln (1 a) verschaffen:* sich, jmdm. mit einer Zeitung Kühlung w. **2.** *(von etw. Leichtem) sich rasch hin u. her bewegen* ⟨hat⟩: der Schwanz des Hundes wedelte; Ringsum wedelten die Fächer, die der Coiffeur als Reklame gestiftet hatte (Frisch, Stiller 227). **3.** (Ski) **a)** *die parallel geführten Skier in kurzen Schwüngen von einer Seite zur anderen bewegen:* schön w. können; ⟨subst.:⟩ Neue Pauschalziele im Norden und Süden – Wedeln auf harten Pisten (Hörzu 37, 1979, 133); **b)** *sich wedelnd (3 a) irgendwohin bewegen* ⟨ist⟩: sie wedelte zu Tal.

Welden: Pl. von ↑Weda.

welder ⟨Konj.⟩ [mhd. neweder (enweder) – noh, ahd. nihwedar – noch, eigtl. = keinen von beiden; mhd. weder, ahd. hwedar = welcher von beiden]: nur in der Verbindung *w. ... noch (nicht ... u. auch nicht):* dafür habe ich w. Zeit noch Geld [noch Lust]; w. er noch sie wußte/ (auch:) wußten Rat; es waren w. ein Hinweis noch Bestätigungen zu finden.; er war zur fraglichen Zeit w. am Tatort, noch hat er ein Motiv; „... weiß man, wo das Flugzeug abgeblieben ist und daß tatsächlich die Cosa Nostra dahinter-

steckt?" „Weder noch (ugs.; *weder das eine noch das andere*)", mußte Mr. High zugeben (Cotton, Silver-Jet 68).

Wedge [vɛdʒ], der; -[s], -s [engl. wedge, eigtl. = Keil, nach der Form der Schlagfläche] (Golf): *Schläger mit bes. breiter Schlagfläche für bestimmte Schläge.*

Wedglwood ['wɛdʒwʊd], das; -[s] [nach dem engl. Kunsttöpfer Wedgwood (1730–1795)]: *feines, verziertes Steingut;* **Wedglwoodlwalre,** die: *Wedgwood.*

weldisch ⟨Adj.⟩: *die Weden betreffend, darauf beruhend:* die -e Religion; **Wedislmus,** der; -: *die wedische Religion.*

Weldro, das; -, - [russ. vedro, eigtl. = Eimer]: *altes russisches Flüssigkeitsmaß (= 12,3 l).*

Weeklend ['wi:klɛnd], das; -[s], -s [engl. weekend, aus: week = Woche u. end = Ende] (bildungsspr.): *Wochenende:* Theo arrangierte ... luxuriöse -s in Garmisch oder am Tegernsee (K. Mann, Wendepunkt 118); über das W. aufs Land fahren; **Weeklendlhaus,** das (selten): *Wochenendhaus.*

Weft, das; -[e]s, -e [engl. weft, zu aengl. wefan = weben] (Weberei): *hart gedrehtes Kammgarn.*

weg [aus mhd. enwec, in wec = auf den Weg; urspr. identisch mit ↑Weg]: **I.** ⟨Adv.⟩ **1.** (ugs.) **a)** bezeichnet ein [Sich]entfernen von einem bestimmten Ort, Platz, einer bestimmten Stelle: *von diesem an einen anderen Ort, Platz, von dieser an eine andere Stelle; fort:* w. da!; w. mit euch, damit!; schnell, nichts wie w.!; Hände, Finger w. [von den Möbeln]!; Ich bin mit fünf Jahren aus Deutschland w. (ugs.; *weggegangen;* Spiegel 8, 1979, 7); ⟨als Verstärkung der Präp. „von":⟩ von ... w. (ugs.; *gleich, unmittelbar, direkt [von einer bestimmten Stelle]*): Sie haben ... einen Kanonier vom Tanzboden w. in die Kaserne geschickt (Kirst, 08/15, 86); **b)** bezeichnet das Ergebnis des [Sich]entfernens: *an einem bestimmten Ort, Platz, einer bestimmten Stelle nicht mehr anwesend, vorhanden, zu finden; fort:* zur Tür hinaus und w. war sie; die Schmerzen, die Flecken, meine Schlüssel sind w.; Ich bin in Zukunft Luft, verstehst du, w., gestorben, futschikato (H. Gerlach, Demission 175); Mein Gott, wie lange bin ich bloß von Berlin w. ...! (Borkowski, Wer 46); wir waren die ganzen Ferien über w. (*verreist);* * *w. sein* (ugs.; **1.** *in einem Zustand sein, in dem man von dem, was um einen herum vorgeht, nichts mehr wahrnimmt.* **2.** *überaus begeistert sein):* wir waren alle ganz w. [von der Aufführung, von der Frau]; *über etw. w. sein* (ugs.; *über etw. hinweggekommen sein);* **c)** bezeichnet [in bezug auf den Standpunkt des Sprechers] eine bestimmte räumliche Entfernung von etw.: *entfernt* [von der Hof liegt weit, 500 m w. [von der Straße]; das Gewitter ist noch ziemlich weit w.; die Bauern aus der Normandie und die Familien von ... (NZZ 30. 8. 86, 42). **2.** * *in einem w.* (ugs.; ↑fort 2). **II.** ⟨Konj.⟩ (landsch. veraltend) *als Ausdruck der Subtraktion: minus:* drei w. zwei ist eins.

Weg, der; -[e]s, -e [mhd., ahd. wec, verw.

mit ↑¹bewegen]: **1.** *etw., was wie eine Art Streifen – im Unterschied zur Straße oft nicht befestigt – durch ein Gebiet, Gelände führt u. zum Begehen [u. Befahren] dient:* ein unbefestigter, geteerter, geschotterter, schlechter, steiniger, steiler, holpriger, aufgeweichter, schattiger, stiller W.; privater W., verbotener W. (Aufschriften auf Schildern); der W. zum Strand; der W. gabelt sich, führt am Fluß entlang, schlängelt sich durch Wiesen; Die -e sind geharkt, die Beete wie an der Schnur gezogen (Ossowski, Flatter 144); einen W. mit Kies bestreuen, asphaltieren, verbreitern; zwischen den Beeten einen W. anlegen, treten; Wir haben einen kleinen W. bis zum Wasser ausgetreten (Nossack, Begegnung 46); Da bog Stanislaus in den Wald ab und mied die öffentlichen -e (Strittmatter, Wundertäter 119); er bahnte sich einen W. *(Durchgang)* durch das Gestrüpp; er saß am Weg[e] *(am Wegrand)* und ruhte sich aus; Spr der gerade W. ist [immer] der beste *(am besten verfolgt man sein Ziel mit Offenheit, Aufrichtigkeit);* Ü unsere -e *(Lebenswege)* haben sich mehrmals gekreuzt; hier trennen sich unsere -e *(hier gehen unsere Ansichten, Anschauungen so weit auseinander, daß unsere Zusammenarbeit o. ä. aufhört);* daran führt kein W. vorbei *(das ist unvermeidlich);* das ist der einzig gangbare W. *(die einzige Methode, die im gegebenen Fall zum gewünschten Ergebnis, Ziel führt);* den geraden W. gehen, verfolgen *(sich nicht beirren lassen);* krumme -e gehen *(etw. Unrechtmäßiges tun);* * *W. und Steg* (geh. veraltend; *das ganze Gelände, die ganze Gegend):* W. und Steg waren verschneit; sie kennt dort W. und Steg; **weder W. noch Steg** (geh. veraltend; *kein Weg):* es gab dort weder W. noch Steg; **jmdm., einer Sache den W./die -e ebnen** *(die für jmds. Vorhaben, Vorankommen, für die erfolgreiche Entwicklung einer Sache bestehenden Hindernisse beseitigen; jmdn., etw. fördern):* mein Vater, Großvater und Urgroßvater mir die -e geebnet haben (Th. Mann, Buddenbrooks 245); Den Besprechungen ... ebnete sich der W. (Niekisch, Leben 52); **auf W. und Steg** (veraltend; *überall).* **2. a)** *Richtung, die einzuschlagen ist, um an ein bestimmtes Ziel zu kommen:* jmdm. den W. [zum Bahnhof] zeigen; den [rechten] W. verfehlen, verlieren; ich habe denselben W.; wohin, woher des -[e]s? (veraltet, noch scherzh.; *wo gehst du gerade hin, kommst du gerade her?);* jmdn. nach dem W. fragen; [im Nebel] vom W. abkommen; Ü das ist der schnellste, sicherste W. zum Erfolg; neue -e einschlagen, gehen *(neue Methoden entwickeln, anwenden);* jmdn. auf den rechten/richtigen W. [zurück]bringen (geh.; *jmdn. dazu anleiten, das Rechte zu tun, ihn vor [weiteren] Fehlern, Verfehlungen bewahren);* auf dem falschen, richtigen W. sein *(das Falsche, Richtige tun);* er ist, befindet sich auf dem W. der Besserung *(er erholt sich allmählich von seiner Krankheit);* jmdn. einen W. aus einem Dilemma zeigen; * *den W. allen/*(auch:)* alles Fleisches gehen* (geh.; *sterblich sein, sterben;* wohl nach 1. Mos. 6, 12 f.); *den W. alles Irdi-*

schen gehen *(scherzh.; sich abnutzen, defekt u. unbrauchbar werden; entzweigehen):* ihre Seidenstrümpfe waren längst den W. alles Irdischen gegangen (Müthel, Baum 84); **seinen [eigenen] W./seine eigenen -e gehen** *(unbeirrt nach seiner eigenen Überzeugung entscheiden, handeln, leben);* **seines -es/seiner -e gehen** (geh.; *weitergehen, fortgehen [ohne sich um das, was um einen herum geschieht, zu kümmern]);* **lange -e gehen** (Sport; *im Spiel viel laufen);* **b)** *Strecke, die zurückzulegen ist, um an ein bestimmtes Ziel zu kommen:* der nächste, kürzeste W. zum Flughafen; bis zum nächsten Ort ist es ein W. von zwei Stunden/sind es zwei Stunden W.; wir haben noch einen W. von fünf Kilometern/noch fünf Kilometer W. vor uns; einen weiten, langen, kurzen W. zur Schule haben; einen W. abkürzen, abschneiden; jmdm. den W. vertreten, verlegen *(sich so vor jmdn. stellen, daß er nicht vorbeigehen kann),* freigeben *(zur Seite treten, um ihn vorbeizulassen);* jmdm. den W. abschneiden *(jmdn. überholen, jmdm. zuvorkommen, indem man seinen Weg nimmt);* ein gutes Stück W./(geh.:) -[e]s haben wir schon zurückgelegt; des/seines -[e]s kommen (geh.; *daherkommen);* das liegt an/auf meinem W. *(ich komme daran vorbei);* auf halbem W. umkehren; wir kamen uns auf halbem W. entgegen; du bist/stehst mir im W.! *(hinderst mich am Weitergehen, nimmst mir den Platz, den ich zum Hantieren o. ä. brauche);* er stellte sich, trat mir in *(vertrat mir)* den W.; R bis dahin ist [es] noch ein weiter W. *(bis zur Verwirklichung dessen muß noch viel geschehen, dauert es noch lange);* damit hat es/das hat noch gute -e *(noch Zeit);* viele -e führen nach Rom *(es gibt vielerlei Methoden, um an ein bestimmtes Ziel zu erreichen;* H. u., wohl nach der Vorstellung, daß Rom der [geistige] Mittelpunkt der Welt ist); Spr alle -e führen nach Rom *(münden in die katholische Kirche);* * **seinen W. machen** *(im Leben vorwärtskommen):* und jedem unter ihnen schien es ein Versprechen zu sein, daß es auch ihm einmal gelingen könnte, seinen W. zu machen (Lederer, Bring 100); **den W. des geringsten Widerstandes gehen** *(allen Schwierigkeiten möglichst ausweichen);* **den W. zwischen die Beine nehmen** (veraltet; *sich beeilen);* **auf dem besten Weg[e] [zu etw.] sein** (oft iron.: *durch sein Verhalten einen bestimmten [nicht wünschenswerten] Zustand bald erreicht haben):* er ist auf dem besten W., sich zu ruinieren; Diese Rohstoffe ... sind ... auf dem besten -e, der Kohle ihren Rang abzulaufen (Kosmos 3, 1965, 113); **sich auf halbem Weg[e] treffen** *(einen Kompromiß schließen):* Man hat sich auf halbem -e getroffen – dies war der Kommentar eines ... Beamten zu einem Gespräch zwischen Adenauer und de Gaulle (Dönhoff, Ära 122); **jmdm. auf halbem Weg[e] entgegenkommen** *(jmds. Forderungen o. ä. teilweise nachgeben);* **auf halbem Weg[e] stehenbleiben/umkehren** *(etw. in Angriff Genommenes mittendrin abbrechen);* **etw. auf den W. bringen** *(dafür sorgen, daß etw. stattfindet, entsteht, verwirklicht wird):* eine Reform, ein Gesetz auf den W. bringen; **jmdm., einer Sache aus dem Weg[e]** *(jmdn., etw. als unangenehm Empfundenes meiden):* sie gehen sich [gegenseitig] aus dem W.; Es ist ihm nicht mehr möglich, dem unseligen Schicksal aus dem -e zu gehen (Penzoldt, Mombour 18); **etw. aus dem Weg[e] räumen** *(etw., was einem bei der Verwirklichung eines angestrebten Zieles o. ä. hinderlich ist, durch bestimmte Maßnahmen beseitigen):* alle Hindernisse, Schwierigkeiten, Probleme aus dem W. räumen; **jmdn. aus dem Weg[e] räumen** (salopp; *jmdn., der einem bei der Verwirklichung eines Vorhabens o. ä. hinderlich ist, umbringen);* **jmdm., einer Sache nichts in den W. legen** *(jmdn., etw. nicht behindern, jmdm., einer Sache keine Schwierigkeiten machen);* **jmdm. in den W. treten/sich jmdm. in den W. stellen** *(jmdm. Widerstand leisten, sich jmdm. entgegenstellen);* **etw. in die -e leiten** *(etw. vorbereiten, in Gang bringen);* **jmdm. im Weg[e] stehen/sein** *(jmdn. [durch seine bloße Existenz] an der Verwirklichung seiner Pläne o. ä. hindern):* ich will dir nicht im -e stehen/sein; **sich selbst im Weg[e] stehen** *(sich selbst behindern):* mit seinem Drang nach Perfektion steht er sich manchmal selbst im -e; **einer Sache im Weg[e] stehen** *(bewirken, daß etw. nicht durchführbar ist, etw. verhindern):* Der Unmut über diejenigen, die den eigenen Ideen, Plänen und Wünschen im -e stehen (Dönhoff, Ära 114); seiner Teilnahme an dem Seminar steht nichts im -e; **jmdm. nicht über den W. trauen** *(jmdm. in keiner Weise trauen);* **jmdm., sich über/(auch:) in den W. laufen** *(jmdm., sich begegnen):* in einem kleinen Ort könntet ihr euch über den W. laufen, was peinlich wäre (Saarbr. Zeitung 14. 3. 80, 27/29). **3. a)** 〈o. Pl.〉 ¹*Gang* (2), *Fahrt* (2 a) *mit einem bestimmten Ziel:* mein erster W. führte mich zu ihm; einen schweren, unangenehmen W. vor sich haben; seinen W. fortsetzen *(nach einer Unterbrechung weitergehen, -fahren);* sich auf den W. machen *(aufbrechen);* einen Brief auf den W. schicken *(abschicken);* er ist, befindet sich auf dem W. nach Berlin; ich traf sie auf dem W. zur Schule; Ü Auf dem W. ins Unheil wurde Hitler die treibende Kraft (R. v. Weizsäcker, Deutschland 22); jmdm. gute Lehren, Ratschläge mit auf den W. *(für sein weiteres Leben)* geben; jmdn. auf seinem letzten W. begleiten (geh. verhüll.; *an jmds. Beerdigung teilnehmen);* **b)** (ugs.) ¹*Gang* (2) *irgendwohin, um etw. zu besorgen, zu erledigen:* ich muß noch einen W., einige -e machen, erledigen; jmdm. einen W. abnehmen; ich ... besorgte -e für Hausfrauen (Hilsenrath, Nazi 32); tagsüber hat er -e mit dem Auto (Chotjewitz, Friede 82). **4.** *Art u. Weise, in der man vorgeht, um ein bestimmtes Ziel zu erreichen; Möglichkeit, Methode zur Lösung von etw.:* dieser W. steht dir noch offen, scheidet für mich aus; ... und dann wird sich ein W. finden oder auch nicht (Dierichs, Männer 187); einen anderen, besseren W. suchen, finden; ich sehe nur diesen einen, keinen anderen W.; etw. auf schriftlichem, diplomatischem Weg[e] regeln; einen Streit auf friedlichem Weg[e] beilegen; sich auf gütlichem Weg[e] einigen; das muß auf schnellstem Weg[e] *(so schnell wie möglich)* erledigt werden; auf diesem Weg[e] danken wir allen, die uns geholfen haben; etw. auf dem Weg[e] eines Vergleichs *(durch einen Vergleich)* entscheiden; etw. im -e von *(durch)* Verhandlungen regeln; Er weist den Weg des westlichen, demokratischen Sozialismus zurück und spricht von einem dritten W. (Spiegel 27, 1981, 98); * **auf kaltem Weg[e]** (ugs.; *sich über die übliche Vorgehensweise ohne Skrupel hinwegsetzend):* etw. auf kaltem W. erledigen; **weg|ab** 〈Adv.〉 (veraltend): *den Weg* (1) *hinab;* **Weg|amei|se,** die: *Ameise einer weitverbreiteten Gattung, die ihre Nester in Holz od. im Boden baut u. sich vor allem vom Honigtau der Blattläuse ernährt.*

weg|an|geln 〈sw. V.; hat〉 (ugs.): *in listiger Weise an einen Fisch, für sich gewinnen u. dadurch einem anderen entziehen:* er hat ihm die Freundin weggeangelt; die Konkurrenz war schneller und hat ihm den Auftrag vor der Nase weggeangelt; **weg|ar|bei|ten** 〈sw. V.; hat〉 (ugs.): *durch [zügiges] Arbeiten erledigen:* er hat alles in zwei Stunden weggearbeitet; **weg|ät|zen** 〈sw. V.; hat〉: *durch Ätzen (1) entfernen:* Warzen w.; **weg|be|ge|ben,** sich 〈st. V.; hat〉 (geh.): *sich fortbegeben;* **weg|bei|ßen** 〈st. V.; hat〉: **1.** *durch Bisse vertreiben:* ... war doch 'ne Hündin, die keinen ranließ normalerweise, biß jeden Rüden gleich weg (Degenhardt, Zündschnüre 178); der Wolf biß die rangniedrigeren Tiere von der Beute weg; Ü Zweck der Übung war, die Konkurrenz ... wegzubeißen (Spiegel 50, 1965, 78). **2.** *abbeißen;* **weg|be|kom|men** 〈st. V.; hat〉: **1. a)** *wegbringen* (3 a): einen Fleck nicht w.; **b)** *wegbringen* (3 b): die Kinder nicht vom Fernseher w. **2.** *fortbringen:* die Kiste nicht w. **3.** *sich etw. (Unangenehmes, Schlimmes) zuziehen; abbekommen* (2): einen Schlag w.

Weg|be|rei|ter, der: *jmd., der durch sein Denken, Handeln o. ä. die Voraussetzungen für etw. schafft:* ein W. des Impressionismus, des Faschismus; Sie sind ... Aufrührer, W. eines Umsturzes der Gesellschaft (Stern, Mann 220); **Weg|be|rei|te|rin,** die: *w. Form zu* ↑ *Wegbereiter:* Alva Myrdal war und ist beredte W. des politischen Engagements der Frauen in ihrem Land (W. Brandt, Begegnungen 566).

weg|be|we|gen 〈sw. V.; hat〉: *fortbewegen* (a)*, entfernen:* etw., sich [von etw.] w. **Weg|bie|gung,** die: vgl. *Biegung* (1). **weg|bla|sen** 〈st. V.; hat〉: *fortblasen; etw. von etw. blasen w.:* Im Bahnhof Interlaken West hatte der Wind ... ein 20 Meter langes Stück des Perrondaches weggeblasen (NZZ 21. 12. 86, 7); die Kopfschmerzen waren wie weggeblasen *(hatten plötzlich aufgehört);* **weg|blei|ben** 〈st. V.; ist〉 (ugs.): **1.** *an einen bestimmten Ort o. ä. [wo man erwartet wird] nicht [mehr] kommen, dort nicht [mehr] erscheinen; fort-, fernbleiben:* von da an blieb er [von zu Hause] weg; wenn wir zu teuer sind, bleiben [uns] die Kunden weg; Anfangs gibt

wegblicken

es Krach, als Jürgen über Nacht wegbleibt (Chotjewitz, Friede 121); Am häufigsten fehlten Arbeiterjungen. Manchmal hatten sie Gründe ... Manchmal blieben sie einfach weg, gingen baden oder spielten Fußball (Loest, Pistole 48). **2.** *plötzlich aussetzen* (4a): der Strom blieb weg; jmdm. bleibt die Luft weg *(jmd. vergißt zu atmen);* Plötzlich blieb bei Schurtis Porsche der Sprit weg (rallye racing 10, 1979, 54). **3.** *[in einem größeren Ganzen] unberücksichtigt bleiben, fortgelassen werden:* dieser Absatz kann w.; **weg|blicken¹** ⟨sw. V.; hat⟩: *wegsehen* (1); **weg|bre|chen** ⟨st. V.; ist⟩: *abbrechen* (3): über eine ... Holztreppe, deren Geländer weggebrochen war (Fest, Im Gegenlicht 163); Ü mit dem chinesischen Importverbot ist den europäischen Herstellern ein wichtiger Markt weggebrochen *(plötzlich verlorengegangen);* **weg|bren|nen** ⟨unr. V.⟩: **1.** ⟨hat⟩ **a)** *verbrennen* (4): Ü um es der Revolution ..., die das trockene, tote Holz der alten Gesellschaft w. würde (Sontag [Übers.], Liebhaber 234); **b)** vgl. wegätzen: eine kleine Geschwulst w. **2.** *verbrennen* (1a) ⟨ist⟩: Ü ihr guter Wille war weggebrannt, weggepufft wie flüssiges Gas (Bastian, Brut 64); **weg|brin|gen** ⟨unr. V.; hat⟩: **1.** *fortbringen* (1): den Müll w.; Man möchte sie ... auf die Arme nehmen und sie w. von hier (Remarque, Westen 96). **2.** *fortbringen* (2). **3.** (ugs.) **a)** *dafür sorgen, daß etw. ...Störendes, Unangenehmes o. ä.) verschwindet, nicht mehr vorhanden ist:* ich bringe die Flecken nicht [ganz] weg; **b)** *dafür sorgen, daß jmd. sich von irgendwo entfernt:* die Kinder waren von dem Affenkäfig kaum wegzubringen; „Sieh zu, daß du ihn dort wegbringst." „Um diese Zeit?" „Versuche es! ..." (Remarque, Obelisk 125). **4.** (ugs.) *abbringen* (1): Bei diesen Kranken wird es nur dann gelingen, sie dauernd vom Rauchen wegzubringen, wenn man ... (Bruker, Leber 136); **weg|däm|mern** ⟨sw. V.; ist⟩ (ugs.): *eindämmern* (1): Aber vor ihnen noch schlief Krähenbühl ein ... Sally dämmerte als nächste weg (Widmer, Kongreß 188); **weg|den|ken** ⟨unr. V.; hat⟩: *sich jmdn., etw. als nicht vorhanden vorstellen:* wenn man sich die Hochhäuser wegdenkt, ist das Stadtbild recht hübsch; er ist aus unserem Team nicht [mehr] wegzudenken; Als einen „nicht mehr wegzudenkenden Bestandteil der sozialen Arbeit" bezeichnete der Arbeiterwohlfahrt die Tätigkeit der Zivildienstleistenden (Zivildienst 5, 1986, 16); **weg|dis|ku|tie|ren** ⟨sw. V.; hat⟩: *etw. durch Diskutieren [gleichsam] nicht mehr vorhanden sein lassen:* das ist eine Tatsache, die sich nicht einmal nicht w. läßt; Es ist nicht wegzudiskutieren, daß die vielgeschmähten Computer ... deutlich zuverlässiger arbeiten (Spiegel 11, 1983, 10); **weg|drän|gen** ⟨sw. V.; hat⟩: **1.** *von einer Stelle drängen* (2a): er drängte sie [von der Tür] weg. **2.** *den Drang haben, sich von jmdm., einem Ort zu entfernen:* Sobald die Kinder laufen und sprechen können, drängen sie weg von der fürsorglichen Obhut einer Mutter (Imog, Wurliblume 305); **weg|dre|hen** ⟨sw. V.; hat⟩: *drehend, mit einer Drehbewegung wegwenden:* den Kopf, das Gesicht w.; kann ich die Lampe ein bißchen w.? Sie drehte sich vor mir weg und gähnte (Seghers, Transit 45); **weg|drücken¹** ⟨sw. V.; hat⟩: vgl. wegdrängen (1): jmdn., etw. [von etw.] w.; **weg|ducken¹**, sich ⟨sw. V.; hat⟩ (ugs.): *in Deckung gehen, indem man sich duckt:* ... sagte der und holte aus, aber Xaver duckte sich weg (M. Walser, Seelenarbeit 250); **weg|dür|fen** ⟨unr. V.; hat⟩ (ugs.): **1.** *weggehen* (1), *-fahren* (a) *dürfen:* ich darf [hier] nicht weg, ich muß auf die Kinder aufpassen. **2.** vgl. wegmüssen (3).

We|ge|bau, der ⟨o. Pl.⟩: *Anlegen, Befestigen von öffentlichen Wegen* (1); *Straßenbau;* **We|ge|ga|bel:** ↑Weggabel; **We|ge|ga|be|lung:** ↑Weggabelung; **We|ge|geld**, Weggeld, das: **1.** *Geldbetrag, der jmdm. für den zur Arbeitsstätte od. im Rahmen einer Dienstleistung zurückgelegten Weg* (2b) *erstattet, gezahlt wird.* **2.** (veraltet) *Straßenzoll;* **We|ge|kar|te**, die: *Landkarte mit eingezeichneten [Wander]wegen.*

weg|ekeln ⟨sw. V.; hat⟩ (ugs.): vgl. hinausekeln: ... ging Peter Bantele zum Angriff über, noch bevor Anni ihn angiften und vom Tisch wieder w. konnte (Kühn, Zeit 292).

We|ge|ko|sten ⟨Pl.⟩: *Kosten, die für die Erstellung, Instandhaltung u. den Betrieb von Verkehrswegen anfallen;* **We|ge|la|ge|rei**, die; - (abwertend): *das Wegelagern;* **We|ge|la|ger|er**, der; -s, - (abwertend): *jmd., der anderen am Weg, auf dem Weg auflauert, um sie zu überfallen u. zu berauben;* **We|ge|la|ge|rin**, die; -, -nen (abwertend): w. Form zu †Wegelagerer; **we|ge|la|gern** ⟨sw. V.; hat⟩ (abwertend selten): *sich als Wegelagerer betätigen;* **We|ge|mar|kie|rung:** ↑Wegmarkierung; **We|ge|mes|ser**, das: †Wegmesser.

¹we|gen ⟨Präp. mit Gen.; bei alleinstehendem st. Subst. im Sg. auch mit unflekt. Form bzw. im Pl. mit Dativ; sonst nicht standardspr. mit Dativ⟩ [mhd. (von-)wegen = von seiten, eigtl. Dativ Pl. von ↑Weg]: **a)** *stellt ein ursächliches Verhältnis her: auf Grund von, infolge:* w. des schlechten Wetters/(geh.:) des schlechten Wetters w.; w. Umbau[s] geschlossen; w. Geschäften war er drei Tage verreist; Daß er und sein Kollege Friedrich beide ... w. gesundheitlicher Gründe zurücktreten mußten (NZZ 5. 9. 86, 25); w. meines Bruders neuem Auto/w. des neuen Autos meines Bruders; er wurde w. Diebstahls angezeigt, angeklagt, zu einer Geldstrafe verurteilt; (ugs. auch mit vorangestelltem „von"): Interniert von w. politischer Radikalität (Weiss, Marat 15); w. ihm (ugs.; *seinetwegen* b) haben wir den Zug verpaßt; **von ... w.* (*auf Grund od. Veranlassung, Anordnung von etw. Bestimmtem; von ... aus[gehend]):* etw. von Berufs w. tun; **b)** *drückt einen Bezug aus: bezüglich:* w. dieser Angelegenheit müssen Sie sich an den Vorstand wenden; (ugs. auch mit vorangestelltem „von"): Auch 'ne kleine eidesstattliche Erklärung von w. Stillschweigen ... wird er unterschreiben müssen (Grass, Katz 152); wegen ihm (ugs.; *seinetwegen* c) mache ich mir keine Sorgen; w. mir (ugs.; *von mir aus, meinetwegen* 2) kann er mitkommen; **von w. ...!* (ugs.; als Ausdruck des Widerspruchs, der Ablehnung, Zurückweisung: *[dem ist] keineswegs [so, wie du sagst, denkst o. ä.]):* von w. lauwarm! Eiskalt ist das Wasser!; **c)** *bezeichnet den beabsichtigten Zweck eines bestimmten Tuns, den Beweggrund für ein bestimmtes Tun:* um ... willen: er hat es w. des Geldes/(geh.:) des Geldes w. getan; w. (ugs.:) mir/(veraltet, noch landsch.:) meiner (*meinetwegen* 1) brauchst du nicht zu lügen; ♦ **²we|gen**, sich ⟨sw. V.; hat⟩ [mhd. (sich) wegen, ↑²bewegen]: *seine Lage verändern, sich* ¹*bewegen* (1b): wie es oben wohnt und thront, sich wechselnd wegt und regt (Goethe, Faust II, 8373 f.); oft schläft und ruht die magische Figur, ... dann quillt sie wie ein Gift plötzlich wieder hervor und wegt sich in allen Linien (Tieck, Runenberg 43).

We|ge|netz (schweiz.): *Wegnetz*, das: vgl. Straßennetz: das W. ausbauen; 112 000 km Wanderwege ... Das längste Wegenetz – 21 000 km – überwacht der Schwarzwaldverein (Kosmos 3, 1965, 76); Fahrzeuge werden sich strikt an das dazumal zur Verfügung stehende Wegnetz halten müssen (NZZ 11. 11. 87, 23); **Weg|en|ge**, die: *Engpaß* (1); **We|ge|ord|nung**, die: *Wegerecht.*

Wel|ger, der; -s, - [niederl. weger] (Schiffbau): *Schiffsplanke.*

We|ge|recht, das ⟨o. Pl.⟩: *Gesamtheit der Rechtsvorschriften, die sich auf den Bau, die Benutzung u. Unterhaltung öffentlicher Straßen u. Wege beziehen;* **We|ge|recht|schiff**, das (Schiffahrt): *Schiff, das auf Grund seines Tiefganges, seiner Ladung o. ä. auf Seestraßen u. Schiffahrtswegen die tiefste Fahrrinne benutzen muß oder Vorfahrtsrecht hat;* **We|ge|rich**, der; -s, -e [mhd. wegerich, ahd. wegarīh, zu ↑Weg; vgl. Knöterich]: *(an Wegen, auf Wiesen o. ä. wachsende) Pflanze mit unmittelbar über dem Boden rosettenförmig angeordneten Blättern, die längere Stengel hervortreibt, an deren Ende sehr kleine weiße Blüten sitzen.*

we|ger|klä|ren ⟨sw. V.; hat⟩: vgl. wegdiskutieren: Widersprüche w. wollen.

we|gern ⟨sw. V.; hat⟩ [zu ↑Weger] (Schiffbau): *die Innenseite der Spanten mit Wegern versehen;* **We|ge|rung**, die; -, -en (Schiffbau): **a)** *das Wegern;* **b)** *aus Wegern bestehende Verkleidung der Innenseite der Spanten.*

we|ges|kun|dig ⟨Adj.⟩ (geh.): *wegkundig;* **We|ges|rand**, der (geh.): *Wegrand.*

we|ges|sen ⟨unr. V.; hat⟩: **1.** *so viel essen, daß für andere nichts übrigbleibt:* jmdm. etw. w. **2.** (ugs.) *aufessen:* die Pralinen waren im Nu weggegessen.

We|ge|un|fall, der (Rechtsspr.): *Unfall, der sich auf dem Weg zwischen Wohnung u. Arbeits- od. Ausbildungsstätte ereignet;* **We|ge|war|te:** ↑Wegwarte; **We|ge|zei|chen:** ↑Wegzeichen; **We|ge|zoll**, der (früher): vgl. Zoll (1b): Ü ... wenn Italien ganz auf diese seit mittelalterlichen Zeiten (abwertend) *auf seine unzeitgemäßen Autobahngebühren*) verzichten würde (ADAC-Motorwelt 5, 1986, 117).

weg|fah|ren ⟨st. V.⟩: **a)** *fortfahren* (1a)

⟨ist⟩: von jmdm., einem Ort w.; sie ist hier vor einer Stunde weggefahren; fahrt ihr in den Ferien weg?; Nach einem Ampelhalt zügig w. *(losfahren;* ADAC-Motorwelt 1, 1982, 20); jmdm. w. *(für jmdn. zu schnell fahren, als daß er mithalten könnte);* **b)** *fortfahren* (1 b) *, im Schutt* [mit einer Schubkarre] *w.;* er wurde in einem Krankenwagen weggefahren; **Weg|fahr|sper|re,** die (Kfz.-T.): *Vorrichtung an einem Kraftfahrzeug, die ein unbefugtes Wegfahren verhindern soll:* eine elektronische W.; **Weg|fahrt,** die (bes. schweiz.): *das Wegfahren, Losfahren:* Der Chauffeur des Tanklastwagens hatte bei der W. ... nicht bemerkt, daß ... (Basler Zeitung 9. 10. 85, 21); **Weg|fall,** der ⟨o. Pl.⟩: *Fortfall:* über die Auswirkungen des -s der Sparförderung nach dem Unterhaltssicherungsgesetz (NJW 19, 1984, 1134); dieser Paragraph ist in W. gekommen (Papierdt.; *ist weggefallen);* **weg|fal|len** ⟨st. V.; ist⟩ [b: eigtl. = durch Fallen weniger werden]: **a)** *fortfallen:* Die erhellende Beschreibung des Textes fällt vielfach weg (Bild. Kunst III, 62); daß einige 10 Millionen Arbeitsplätze w. *(verlorengehen)* werden (Gruhl, Planet 335); ◆ **b)** *schwinden* (1 a): Mein Gedanke, sie eher wieder nicht zu sehen, zu sprechen, als bis ich sie die Meine nennen dürfe, fällt weg (Lessing, Nathan V, 5); **weg|fan|gen** ⟨st. V.; hat⟩ (ugs.): **1.** *durch Fangen* (1 a) *entfernen, beseitigen:* eine Fliege w.; Mehr Heringe, als die ... Fischer je w. können (Nachbar, Mond 322). **2.** *wegschnappen:* eine vorüberflitzende Schwalbe hatte ihm (= dem Frosch) ein Insekt von der stumpfen Nase weggefangen (Molo, Frieden 32); **weg|fau|sten** ⟨sw. V.; hat⟩: *faustend wegschlagen:* der Torwart konnte den Ball gerade noch w.; **weg|fe|gen** ⟨sw. V.⟩: **1.** (bes. nordd.) *durch Fegen* (1) *entfernen* ⟨hat⟩: den Schnee [vorm Haus] w. **2. a)** *kraftvoll wegschleudern, wegfliegen lassen* ⟨hat⟩: ... fegte ein Orkan das Satteldach weg (Burger, Brenner 45); **b)** *hinwegfegen* (2) ⟨hat⟩: ein Regime w. **3.** (ugs.) *hinwegfegen* (1) ⟨ist⟩: das Flugzeug fegte über uns weg; **weg|fet|zen** ⟨sw. V.; hat⟩: *wegreißen:* Wir ... sehen Soldaten laufen, denen beide Füße weggefetzt sind (Remarque, Westen 99); **weg|fil|tern** ⟨sw. V.; hat⟩: *ausfiltern:* die schädlichen UV-Strahlen w.; **weg|flat|tern** ⟨sw. V.; ist⟩: *flatternd wegfliegen;* **weg|flie|gen** ⟨st. V.; ist⟩: **1. a)** *sich fliegend* (1) *entfernen:* die Zugvögel sind schon weggeflogen; ihr ist ein Kanarienvogel weggeflogen; **b)** *weggeworfen, -geschleudert werden:* Der Schaum flog von Jumbos Ohren weg (Hausmann, Abel 144). **2.** (ugs.) *hinwegfliegen:* Die Cessna ... fliegt ... über mich weg (Grzimek, Serengeti 280); **weg|flie|ßen** ⟨st. V.; ist⟩: *sich fließend entfernen;* **weg|fres|sen** ⟨st. V.; hat⟩: **1.** vgl. *wegessen* (1): die Tauben fressen den anderen Vögeln alles weg; (derb, meist abwertend von Menschen:) ein Kind, das den Gästen sämtliche Salzmandeln wegfrißt (Frisch, Gantenbein 459). **2.** *auffressen* (1): der Hund hatte das Fleisch im Nu weggefressen; (derb, meist abwertend von Menschen:) Der

Uwe frißt die ganzen Semmeln weg (Brot und Salz 258); Ü Verzinsung und Amortisation fressen zwei Drittel ... weg (Tages Anzeiger 5. 11. 91, 2); **weg|füh|ren** ⟨sw. V.; hat⟩: **1.** *fortführen* (2): der Gefangene wurde wieder weggeführt; Der Mitfahrer mußte in einem Ambulanzwagen weggeführt ... werden (Vaterland 27. 3. 85, 33). **2.** *sich in seinem Verlauf, seiner Richtung von einem bestimmten Ort entfernen:* der Weg führt von der Siedlung weg; Ü die Ausführungen führen zu weit vom Thema weg; **weg|fut|tern** ⟨sw. V.; hat⟩ (ugs.): **1.** *wegessen* (1). **2.** *auffuttern.*
Weg|ga|bel, Weggabel, **Weg|ga|be|lung,** Wegegabelung, **Weg|gab|lung,** Wegegablung, die: *Gabelung eines Weges.*
Weg|gang, der ⟨o. Pl.⟩: *Fortgang* (1): In diesen Minuten zwischen dem W. der Gäste und der Festigung der zurückbleibenden Lage (Musil, Mann 182); seit ihrem W. aus Berlin; **weg|ge|ben** ⟨st. V.; hat⟩: **1.** *fortgeben:* den Wagen zur Reparatur w.; Gott sei Dank gibt Oma jetzt wenigstens die Wäsche weg (Fichte, Lob 113); Ich will mein Kind nicht w. (Spiegel 22, 1976, 223); dann hat er es (= das Grundstück) billig weggegeben *(verkauft;* Katia Mann, Memoiren 128). **2.** (österr.) *wegnehmen:* „Gib die Hand weg!" fuhr sie ihn an (Canetti, Augenspiel 255).
Weg|ge|fähr|te, der: *jmd., der mit einem eine längere Wegstrecke gemeinsam zurücklegt:* Ü er war sein politischer W.; **Weg|ge|fähr|tin,** die: w. Form zu ↑ Weggefährte: Ü Ethel S. Kennedy, 39, die W. des Mannes, der beschlossen hat, der nächste Präsident der Vereinigten Staaten zu werden (MM 3. 5. 68, 41).
weg|ge|hen ⟨unr. V.; ist⟩: **1.** *fortgehen* (1): geh mal weg [da], du stehst mir im Licht; er ging ein Stück [vom Weg, von den andern] weg; sie ist [hier] vor zehn Minuten weggegangen; er ist aus Berlin weggegangen *(weggezogen);* Warum geht sie nicht von ihm weg (ugs.; *trennt sie sich nicht von ihm?;* Remarque, Obelisk 321); Die CDU hat es zugelassen, daß dieser Mann wegging *(aus der Partei austrat;* natur 2, 1991, 28); selten w. *(ausgehen* 1 *);* Geh weg (ugs.; *rühr mich nicht an)* von deinen garstigen Pfoten (Fries, Weg 172); ⟨subst.:⟩ Im Weggehen bat er sie, Stefan von ihm zu grüßen (Handke, Frau 37); R geh mir [bloß, ja] weg damit! (ugs.; *als Ausruf des Unwillens: verschone mich damit!);* ... wird das schnelle Auto mit der Hinterachsen w. (Jargon; *wegrutschen;* Frankenberg, Fahren 16). **2.** (ugs.) **a)** *verschwinden:* die Warze, das Fieber ist schon weggegangen; von den Tabletten gehen die Kopfschmerzen schnell weg; **b)** *sich entfernen, beseitigen lassen:* der Fleck geht leicht, nur schwer, nicht mehr weg. **3.** (ugs.) *hinweggehen* (2): die Welle ging über das Boot weg. **4.** (ugs.) *hinweggehen* (1): über jmdn., jmds. unpassende Bemerkung w. **5.** (ugs.) **a)** *verkauft werden:* die Ware ging reißend weg; für den Preis geht der Wagen sofort weg; **b)** *verbraucht werden:* ein Drittel des Gehalts geht für die Miete weg.
Weg|geld: ↑ Wegegeld.
Weg|gen, der, -s, - [mhd. wegge, Nebenf.

von: wecke, ↑ Weck] (schweiz.): ²*Wecken* (a).
Weg|ge|nos|se, der: vgl. Weggefährte; **Weg|ge|nos|sin,** die: w. Form zu ↑ Weggenosse.
weg|ge|tre|ten ⟨Adj.⟩ (ugs.): *geistesabwesend, geistig verwirrt, geistlos, besinnungslos:* geistig w. sein; er war total w. in seinem Suff; „Ich war in der Klapsmühle", sagt er, „ich war ein bißchen w." (Wellershoff, Körper 118); Religionsstreß habe ich schon immer sehr w. *(dumm, unsinnig)* gefunden (Lindenberg, El Panico 23); sie guckte ziemlich w. aus der Wäsche.
weg|gie|ßen ⟨st. V.; hat⟩: *etw., was man nicht mehr braucht, in den Ausguß o. ä. gießen:* den kalten Kaffee w.; **weg|glei|ten** ⟨st. V.; ist⟩: *sich gleitend entfernen; fortgleiten.*
Weg|gli, das, -s, - [↑ Weggen] (schweiz.): *Brötchen:* daß jetzt keine Brote mehr auf dem Gestell lagen, nicht einmal W. (Frisch, Gantenbein 174).
weg|grau|len ⟨sw. V.; hat⟩ (ugs.): *(von einem Ort, einer Stelle o. ä.) graulen* (2): [jmdm.] die Kunden w.; ... daß die ihn aus seiner Stellung weggrault. Die will ihn in der Stadt nicht mehr haben (H. Mann, Unrat 131); **weg|gucken**[1] ⟨sw. V.; hat⟩ (ugs.): *wegsehen* (1): Er wollte mit ihr unbedingt was gehabt haben: „Mit Tulla ... Sogar bei ihr zu Hause ... Ihre Mutter guckt weg *(übersieht, ignoriert es geflissentlich)* ..." (Grass, Katz 161); R ich guck' dir nichts weg (fam.; *du brauchst dich nicht zu genieren;* bes. bei Kindern, die sich in Gegenwart anderer ausziehen sollen u. s. genieren); **weg|ha|ben** ⟨unr. V.; hat⟩ (ugs.): **1.** *entfernt, beseitigt haben:* es dauerte einige Zeit, bis sie den Fleck, Schmutz weghatte; der Nachbar will den Baum am liebsten w.; sie wollten ihn w. *(wollten sich seiner entledigen).* **2.** (bes. etw. *Unangenehmes) bekommen, erhalten haben:* bei so einem Wetter hat man schnell eine Erkältung weg; sie hat ihre Strafe weg; ehe sich's versah, hatte sie eine Ohrfeige weg; seit diesem Erlebnis hat sie einen Knacks weg; außerdem hatte sie ihren Urlaub schon weg *(haben sie ihren Urlaub schon genommen;* Brot und Salz 331); Seinen Spitznamen (= „Lumumba") hatte er gleich weg wegen seiner krausen schwarzen Haare (Loest, Pistole 194); * **einen w.** (ugs.; 1. *[leicht] betrunken sein.* 2. *nicht recht bei Verstand sein).* **3. a)** *geistig erfaßt, verstanden haben:* er hatte sofort weg, wie es gemacht werden muß; **b)** *in bezug auf etw. über beachtliche Kenntnisse verfügen; sich auf etw. verstehen:* auf diesem Gebiet, in Literatur hat er was weg; **weg|hal|ten** ⟨st. V.; hat⟩ (ugs.): *[in Händen Gehaltenes] von jmdm., sich, etw. entfernt halten;* **weg|hän|gen** ⟨sw. V.; hat⟩: *(1) u. an eine andere [dafür vorgesehene] Stelle hängen:* die Kleider, den Besen w.; **weg|har|ken** ⟨sw. V.; hat; bes. nordd.⟩: vgl. *wegschaufeln;* **weg|hau|en** ⟨unr. V.; hat⟩: vgl. *wegschlagen* (1).
weg|he|ben, sich ⟨st. V.; hat⟩ (veraltet): *sich hinwegheben;* **weg|hei|ra|ten** ⟨sw. V.; hat⟩ (ugs.): *den Zustand, daß jmd. (z. B.*

weghelfen 3864

für eine bestimmte Aufgabe) zur Verfügung steht, beenden, indem man die betreffende Person heiratet: Sekretärinnen werden weggeheiratet (Kant, Impressum 374); **weg|hel|fen** ⟨st. V.; hat⟩ (ugs.): *hinweghelfen:* jmdm. über ein Hindernis w.; Ü jmdm. über eine Krise w.; **weg|ho|len** ⟨sw. V.; hat⟩: **1.** *von dem Ort, wo sich der, das Betreffende befindet, [ab]holen u. mitnehmen:* die heruntergefallenen Äpfel kannst du dir meinetwegen alle w.; hol mich hier bitte weg!; sie denkt an die alte Jüdin Rosenthal ..., der die von der Gestapo ... den Mann weggeholt haben (Fallada, Jeder 8). **2.** ⟨w. + sich⟩ (ugs.) *holen* (4): sich eine Grippe w.; paß auf, daß du dir da nichts wegholst (verhüll.; *daß du dich dort nicht mit einer Geschlechtskrankheit ansteckst*); **weg|hoppeln** ⟨sw. V.; ist⟩: *sich hoppelnd entfernen:* der Hase hoppelte weg; **weg|hö|ren** ⟨sw. V.; hat⟩: *absichtlich nicht hin-, zuhören:* Hör nicht immer weg, wenn man dir die Wahrheit sagt und dir die Augen öffnet (Gabel, Fix 159); ⟨subst.:⟩ Nora schaute dann weg ..., aber Weghören ging eben nicht (Wohmann, Irrgast 93); **weg|huschen** ⟨sw. V.; ist⟩ (ugs.): *sich huschend entfernen:* ein halber Sack verschimmelten Mehls, von dem ein paar Ratten weghuschten (Böll, Haus 84); **weg|ja|gen** ⟨sw. V.; hat⟩: *fortjagen* (1): jmdn., ein Tier [von etw.] w.; Verschwinden Sie! ... Aber Sie können mich doch nicht w., bei dem Wolkenbruch! (v. d. Grün, Irrlicht 19); **weg|kar|ren** ⟨sw. V.; hat⟩: *auf einer Karre, einem Karren wegschaffen* (1): den Schutt w.; **weg|kau|fen** ⟨sw. V.; hat⟩: *kaufen u. so für andere unerreichbar machen:* die Touristen kaufen den Einheimischen alles weg; am zweiten Tag des Schlußverkaufs waren die besten Sachen schon weggekauft.
Weg|keh|re, die: *Kehre im Verlauf eines Weges.*
¹**weg|keh|ren** ⟨sw. V.; hat⟩: vgl. wegdrehen; ²**weg|keh|ren** ⟨sw. V.; hat⟩ (bes. südd.): *wegfegen* (1); **weg|kip|pen** ⟨sw. V.⟩: **1.** ⟨hat⟩ **a)** *weggießen:* das abgestandene Bier w.; **b)** (ugs.) *trinken, austrinken:* Er kippte seinen Whisky wie ein Wasser (Konsalik, Promenadendeck 178). **2.** (salopp) *ohnmächtig werden* ⟨ist⟩: Das Zittern des Körpers wurde stärker. Jetzt kippt er weg (Brasch, Söhne 14); **weg|klap|pen** ⟨sw. V.; hat⟩: vgl. wegschieben: die Armlehne [nach hinten] w.; **weg|knal|len** ⟨sw. V.; hat⟩ (salopp): *erschießen:* Wenn du uns rauslassen wolltest, hast du jemanden weggeknallt, so ungefähr (Stern 44, 1980, 132); **wegknicken¹** ⟨sw. V.; ist⟩ (ugs.): *(von den Beinen) mit einknickenden Knien erschlaffen u. den Dienst versagen:* vor Erschöpfung, Schreck knickten ihm die Beine weg; **weg|kom|men** ⟨sw. V.; ist⟩ (ugs.): **1. a)** *fortkommen* (1 a): wir müssen versuchen, hier wegzukommen, es ist so viel zu tun, daß ich heute sicher nicht vor sechs [vom Büro] wegkomme; als ob er einen Vorwand suchte, um wegzukommen *(aus dem Haus gehen zu können;* Gaiser, Schlußball 77); mach, daß du [hier] wegkommst!; **b)** *sich (von jmdm., etw.) befreien, lösen; loskommen:* vom Öl als

Energiequelle w.; von einem Vorurteil w.; vom Rauchen, vom Alkohol, von den Drogen w.; **c)** *fortkommen* (1 b): die alten Zeitungen kommen weg; entweder kommen die Geißen alle weg, oder ich hau' euch alle zusammen raus (Wimschneider, Herbstmilch 42). **2.** *(bes. durch Diebstahl) abhanden kommen:* mir ist im Betrieb noch nie etwas weggekommen; Wenn Wagen über 40 000 Mark wegkommen, steht fast immer eine Organisation dahinter (Spiegel 11, 1988, 157). **3. a)** *hinwegkommen* (a): über eine schwere Zeit, eine Durststrecke w.; **b)** *hinwegkommen* (b): über einen Schicksalsschlag, Verlust w.; daß Sie auch über das wegkommen, was ich Ihnen jetzt sagen muß: Ihr Manuskript ist unbrauchbar (Loest, Pistole 245); Da fiel es uns ... schwer, drüber wegzukommen, daß wir arbeitslos waren (Schnurre, Bart 51). **4. a)** *bei etw. in bestimmter Weise behandelt, berücksichtigt werden, in bestimmter Weise abschneiden:* er ist bei dem Geschäft gut weggekommen; der Kleinste ist [bei der Verteilung] am schlechtesten weggekommen; Ü Wer nicht gut wegkommt *(in keinem günstigen Licht erscheint)* in diesem Panegyrikus, das sind jene französischen Intellektuellen, die damals der Sache des Hauptmanns Dreyfus ... verräterisch in den Rücken fielen (K. Mann, Wendepunkt 56); **b)** *davonkommen:* glimpflich, nicht ungeschoren w.; er kam [noch einmal, gerade noch] mit einem Bußgeld weg; „Ich nehme das Urteil an." Was denn sonst? So billig kommen wir nie wieder weg (Bieler, Bär 353); **weg|kön|nen** ⟨unr. V.; hat⟩ (ugs.): **1.** *weggehen* (1), *-fahren* (a) *können:* Ich werde einfach sagen, ihr hättet der Jungens wegen nicht weggekonnt (Baldwin [Übers.], Welt 262). **2.** *entfernt, beseitigt werden können, dürfen:* die Zeitungen können weg; **weg|köp|fen** ⟨sw. V.; hat⟩: vgl. wegfausten: der Verteidiger konnte den Ball gerade noch w.; **weg|krat|zen** ⟨sw. V.; hat⟩: *durch Kratzen entfernen.*
Weg|kreuz, das: *am Weg stehendes Kreuz* (4 a), *Kruzifix;* **Weg|kreu|zung,** die: vgl. Straßenkreuzung.
weg|krie|chen ⟨st. V.; ist⟩: *fortkriechen:* Wir kriechen weg, so gut es geht in der Eile (Remarque, Westen 48); **weg|kriegen** ⟨sw. V.; hat⟩ (ugs.): **1. a)** *wegbringen* (3 a): einen Fleck w.; ich habe die Erkältung mit Hausmitteln weggekriegt; **b)** *wegbringen* (3 b): Ich kriege den Jungen doch nicht vom Rad weg (Hausmann, Abel 62). **2.** *fortbringen* (2): den Schrank, einen Stein nicht w. **3.** *sich etw. (Unangenehmes, Schlimmes) zuziehen; abkriegen* (2). **4.** *begreifen, erfassen:* sie hatte schnell weggekriegt, was die beiden vorhatten; **weg|kucken¹** ⟨sw. V.; hat⟩ (nordd.): *wegsehen.*
weg|kun|dig ⟨Adj.⟩: *die Wege (eines bestimmten Gebiets) genau kennend:* ein -er Begleiter.
weg|laß|bar ⟨Adj.⟩: *sich weglassen* (2) *lassend;* **weg|las|sen** ⟨st. V.; hat⟩: **1.** *fortlassen* (1): seine Frau ließ ihn nicht [von zu Hause] weg. **2.** (ugs.) *fortlassen* (2): die Anrede, den Vornamen, den Titel, ein Komma w.; können wir diesen Abschnitt

w.?; den Nachtisch, die Schlagsahne w.; den Weichspüler, den Vorwaschgang w.; Zur besseren Sichtbarmachung der ... Figurendarstellung sind Außenmauern weggelassen (Bild. Kunst III, 36). **3.** *mit etw. Bestimmtem nicht in Berührung bringen:* kannst du nicht mal den Fuß von der Kupplung w.?; du sollst die Finger [von dem Apparat] w.; **Weg|laß|pro|be,** die (Sprachw.): *Verfahren, bei dem durch Wegstreichen aller für den Sinn des Satzes entbehrlichen Satzglieder der Satz auf einen notwendigen, das Satzgerüst bildenden Restbestand an Gliedern reduziert wird;* **weg|lau|fen** ⟨st. V.; ist⟩: **1. a)** *sich laufend entfernen:* erschrocken w.; die Kinder liefen vor dem Hund weg; Ü du kannst doch nicht immer vor allen Problemen w.; *** jmdm. nicht w.** (ugs.; *auch später noch erledigt werden können, nicht eilen*): die Arbeit, das Essen, der Abwasch läuft uns nicht weg; **b)** (ugs.) *seine gewohnte Umgebung, jmdn. in einem gewohnten Augenblick auf den anderen u. ohne sich zu verabschieden, verlassen:* der Junge ist [schon zweimal] von zu Hause weggelaufen; ihm ist die Freundin, seine Frau weggelaufen; Regina kann nicht zu jeder beliebigen Stunde w., Haus und Hof verlassen (Waggerl, Brot 170); Wenn ich da nicht das Beste gebe, dann laufen mir die Kunden weg *(dann verliere ich meine Kunden;* Sebastian, Krankenhaus 81). **2.** *wegfließen:* paß auf mit dem Pfirsich, daß [dir] nicht der ganze Saft wegläuft; **weg|le|gen** ⟨sw. V.; hat⟩: **a)** *von einer Stelle an eine andere legen:* den Teppich ein bißchen mehr vom Kamin w.; könntest du das Werkzeug bitte gleich wieder w. *(wegräumen)?;* **b)** *aus der Hand legen:* die Zeitung, das Messer w.
Weg|lei|ter, der (schweiz.): *Wegweiser;* **Weg|lei|tung,** die (schweiz., österr.): *Anleitung:* In einer demnächst erscheinenden W. des Bundesamtes für Wasserwirtschaft über das Hochwasserschutz (NZZ 27. 1. 83, 25); die ausführliche Beschreibung dieser Maschine nebst zeichnerischen -en (R. Walser, Gehülfe 45).
weg|leug|nen ⟨sw. V.; hat⟩ (ugs.): *durch Leugnen aus der Welt schaffen:* diese Tatsache kann man nicht w.; **weg|lo|ben** ⟨sw. V.; hat⟩: *fortloben:* Selbst seinen Plan, den Intimfeind und Parteifreund Kurt Biedenkopf nach Brüssel wegzuloben, ließe Kohl dafür fallen (Spiegel 28, 1984, 20); **weg|locken¹** ⟨sw. V.; hat⟩: *fortlocken:* jmdn., ein Tier [von jmdm., etw.] w.; Ein Mitleidiger hat Frau d'Elbée vom Bett ihres Mannes mit einem Vorwand weggelockt (Sieburg, Blick 31).
weg|los ⟨Adj.⟩: *ohne Wege:* -es Gelände; In -er Steppe und Wüste müssen täglich Hunderte von Kilometern zurückgelegt werden (Berger, Augenblick 127); **Weg|lo|sig|keit,** die; -: *das Weglossein.*
weg|lot|sen ⟨sw. V.; hat⟩ (ugs.): *von einem Ort, einer Stelle o. ä. lotsen* (2): sie wollte ihn vom Tresen w.; **weg|lü|gen** ⟨st. V.; hat⟩ (ugs.): *vgl. wegleugnen:* eine Tatsache, Gegebenheit einfach w.; Ü Das Thema Alter wurde über Jahrzehnte mehr noch als der Tod aus der öffentlichen Diskussion weggelogen, verdrängt (Zivildienst 2, 1986, 5); **weg|ma|chen**

⟨sw. V.⟩: **1.** (ugs.) *entfernen* (1 a) ⟨hat⟩: einen Fleck, den Schmutz w.; Ich muß mir die Warze w. lassen (Jaeger, Freudenhaus 131); [sich] ein Kind w. (salopp; *abtreiben*) lassen. **2.** ⟨w. + sich⟩ (ugs.) *[schnell, unauffällig] einen Ort verlassen* ⟨hat⟩: sie hat sich von zu Hause weggemacht; mach dich weg!; ⟨landsch. auch ohne „sich"; ist:⟩ Vor einer Stunde sind sie schon weggemacht (Chotjewitz, Friede 247); Weshalb auch die Bauern ... nach Elbing und Danzig wegmachten (Grass, Butt 389). **3.** (derb) *sexuell befriedigen:* ich hab' sie dann noch drei-, viermal weggemacht (Schädlich, Nähe 52); * **einen w.** (derb; *koitieren*): vielleicht träfe er Marion ... Dann könnten sie ja mal einen w. (Kempowski, Tadellöser 43).
Weg|ma|cher, der, (schweiz.): *Straßenarbeiter einer ländlichen Gemeinde:* Daß die W. den Schnee nicht immer sofort wegräumten, weil zuerst das Floß drankomme ... (NZZ 17./18. 9. 88, 81); **Weg|ma|che|rin,** die, (schweiz.): w. Form zu ↑ Wegmacher.
weg|mä|hen ⟨sw. V.; hat⟩ (salopp): *niedermähen:* sie wurden von der Artillerie weggemäht (Plievier, Stalingrad 209).
Weg|mal|ve, die: *an Wegen, Mauern o. ä. wachsende Malve mit rosa od. weißen Blüten; Käsepappel;* **Weg|mar|ke,** die: *Wegzeichen:* Ü In seiner programmatischen Rede nannte Rau fünf Punkte, die für die Sozialdemokratie in den kommenden Jahren w. sein müßten (Münchner Merkur 19. 5. 84, 1); ... sucht Dagmar Hoffmann-Axthelm nach -n, die es dem ... Menschen möglich machen, dem eigenen Tod entgegenzuleben (Frankfurter Rundschau 7. 11. 94, 8); **Weg|mar|kie|rung,** Wegemarkierung, die: *Markierung* (a, b) *eines Wegs* (1): Ü „Spazio a 5" von Franco Evangelisti konzentriert in sich jene ... fünf Strömungen, die der Neuen Musik nach 1960 als Wegemarkierungen dienten: ... (Melos 1, 1984, 8).
weg|mar|schie|ren ⟨sw. V.; ist⟩: *fortmarschieren;* **weg|mei|ßeln** ⟨sw. V.; hat⟩: *durch Meißeln entfernen:* Das Hakenkreuz über dem Eingang hatten sie weggemeißelt (Kempowski, Uns 150).
Weg|mes|ser, Wegemesser, der: *mit einem Zählwerk versehenes Instrument, mit dem die Länge eines zurückgelegten Weges gemessen werden kann;* **weg|mü|de** ⟨Adj.⟩ (dichter.): *vom langen Weg* (2 b) *ermüdet.*
weg|müs|sen ⟨unr. V.; hat⟩ (ugs.): **1.** *weggehen* (1), *-fahren* (a) *müssen:* ich muß gleich [wieder] weg; Er erzählte dem Beamten ..., daß er aus Deutschland weggemußt habe (Drewitz, Eingeschlossen 63); Und wenn ich von dir wegmuß ... (H. Lenz, Tintenfisch 126). **2.** *weggebracht* (1) *werden müssen:* der Brief muß heute unbedingt noch weg. **3.** *entfernt, beseitigt werden müssen:* das Brot muß weg, es ist schimmelig; das Gesetz, die Steuer, das Verbot muß weg *(muß abgeschafft werden);* das Regime, der Diktator muß weg *(muß gestürzt werden);* **Weg|nah|me,** die; -, -n: **1.** (Papierdt.) *das Wegnehmen.* **2.** (schweiz.) *das Abholen, Mitnehmen (einer Ware durch einen Käu-* *fer):* VW GOLF GTI ..., bei sofortiger W. 5 500 Fr., sonst 6 500 Fr. (Tages Anzeiger 28. 7. 84, 26); **Weg|nah|me|recht,** das ⟨o. Pl.⟩ (Rechtsspr.): *Recht eines Mieters, etw., was er in ein gemietetes Objekt, eine Wohnung, eingebracht hat (z. B. einen Wandschrank, ein Waschbecken), wieder wegzunehmen;* **weg|neh|men** ⟨st. V.; hat⟩: **1.** *fortnehmen* (1): das Glas, die Zeitung [vom Tisch] w.; würden Sie bitte Ihre Sachen hier w.; wie viele bleiben übrig, wenn man davon 12 wegnimmt?; ein Kind von einer Schule w. (ugs.; *es dort abmelden*); [das] Gas w. *(aufhören, Gas zu geben);* Ü er nahm den Blick weg von dem Pflaster (Döblin, Alexanderplatz 15); Ich möchte es werden (= Dichter werden), Hauptmann: wenn der Krieg uns nicht wegnimmt (Frisch, Nun singen 117). **2.** *fortnehmen* (2): jmdm. [heimlich] sein Geld w.; einem Tier die Jungen, die Eier w.; einem Land ein Gebiet, eine Kolonie w.; einem Kind nehmen sich gegenseitig die Spielsachen weg; wer den Großen nichts w. will, kann dem kleinen Mann nichts geben (Kühn, Zeit 100); Ü er hat ihm die Frau weggenommen; der andern die Arbeitsplätze w.; Der stärkere Baum verdrängt den schwächeren und nimmt ihm das Sonnenlicht weg (Ott, Haie 344). **3.** *(durch sein Vorhandensein) bewirken, daß etw. nicht mehr vorhanden, verfügbar ist:* der Schrank nimmt viel Platz weg; die Ulme vor dem Fenster nimmt viel Licht weg *(hält es ab).*
Weg|netz: ↑ Wegenetz.
weg|ope|rie|ren ⟨sw. V.; hat⟩ (ugs.): *operativ entfernen:* [jmdm.] ein Überbein w.; Aber die andern Narben siehst du nicht. ... die sitzen tiefer, die kann man nicht einfach w. (Ziegler, Konsequenz 246); **weg|pa|cken**[1] ⟨sw. V.; hat⟩: **1.** *von einer Stelle wegnehmen* (1) *u. an eine andere [dafür vorgesehene] Stelle packen* (1 b): sein Schreibzeug w. **2.** ⟨w. + sich⟩ (ugs.) *sich fortpacken;* **weg|pla|nie|ren** ⟨sw. V.; hat⟩ (ugs.): *(Gebäude, eine Bebauung) vollständig abreißen:* Das Ottenser Osterkirchenviertel wird wider Erwarten nicht weggeplaniert (Hamburger Rundschau 11. 8. 83, 7); **weg|pul|sten** ⟨sw. V.; hat⟩: **1.** (ugs.) *fortblasen:* etw. [von etw.] w. **2.** (salopp) *erschießen:* die großen Schläger aus der Vorstadt können ihm mit zwei Mann Leibgarde w. (Zwerenz, Erde 272); **weg|put|schen** ⟨sw. V.; hat⟩ (ugs.): *durch einen Putsch stürzen:* Der von den Amerikanern 1970 weggeputschte Friedensfürst Prinz Sihanouk ... ist nur noch eine Galionsfigur (Spiegel 16, 1993, 20); **weg|put|zen** ⟨sw. V.; hat⟩ (ugs.): **1.** *durch Putzen* (1 a) *von etw. entfernen:* etw. [von etw.] w.; er putzte den Dreck, das verschüttete Bier mit einem Schwamm, Lappen weg; diese Flecken an den Zähnen lassen sich nicht w.; Ü Das Elend hat ihm sein republikanisches Gewissen gründlich weggeputzt (St. Zweig, Fouché 85). **2.** (ugs.) *bis auf den letzten Rest aufessen:* sie putzten alles weg. **3.** (salopp) *vorsätzlich [mit einer Schußwaffe] töten:* ... aber 'nen Menschen so einfach aus dem Dunkeln w., aus dem Hinterhalt ... (Fr. Wolf, Zwei 303). **4.** (ugs.) *(in einem sportlichen Wettkampf o. ä.) überlegen besiegen:* die deutsche Mannschaft wurde von den Brasilianern weggeputzt; **weg|ra|die|ren** ⟨sw. V.; hat⟩: **1.** *durch Radieren entfernen:* ein Wort, ein Komma w.; einen Flecken an der Tapete w. **2.** (salopp) *völlig zerstören, dem Erdboden gleichmachen:* Underdes radieren wir ihre Städte vom Erdboden weg! (Fallada, Jeder 83); **weg|raf|fen** ⟨sw. V.; hat⟩ (verhüll.): *dahin-, hinwegraffen:* daß auf Zypern ... die Pest herrsche und viele Menschen weggerafft habe (Th. Mann, Joseph 76).
Weg|rain, der: *Grasstreifen am Wegrand;* **Weg|rand,** der: *Rand eines Weges.*
weg|ra|sie|ren ⟨sw. V.; hat⟩: *abrasieren;* **weg|ra|tio|na|li|sie|ren** ⟨sw. V.; hat⟩: *durch Rationalisieren* (1 b) *[zwangsläufig] bewirken, daß etw. nicht mehr vorhanden ist:* Arbeitsplätze, Personal, eine Abteilung, eine Buslinie w.; Dann wurde weiter das wegrationalisiert, was kein Geld mehr brachte (elan 1, 1980, 32); **weg|räu|men** ⟨sw. V.; hat⟩: *beiseite, aus dem Wege, an seinen Platz räumen:* das Geschirr, das Werkzeug w.; die Trümmer, den Schnee, die Barrikaden, einen umgestürzten Baum [von der Straße] w.; Ü Stolpersteine w.; deshalb sollen wir weggeräumt *(umgebracht, aus dem Wege geräumt)* werden (Kirst, 08/15, 882).
Weg|recht, das (schweiz. Rechtsspr.): *Recht, den Weg über ein Nachbargrundstück zu benutzen.*
weg|rei|den ⟨sw. V.; hat⟩: vgl. wegdiskutieren: Deine Unterschrift auf dem Abschluß ... kannst du doch nicht w.! (Fallada, Trinker 41); **weg|rei|sen** ⟨sw. V.; ist⟩: *fortreisen:* Ich dachte, Sie sagten, er sei für immer weggereist? (Brecht, Mensch 96); **weg|rei|ßen** ⟨st. V.; hat⟩: *fortreißen:* er hat ihr die Handtasche einfach weggerissen; Sie ... riß das nasse Hemd von seiner Brust weg (Hausmann, Abel 116); das Geschoß riß ihm das Bein weg *(trennte es ihm gewaltsam ab);* Ü Man hat sie ... von ihren Eltern weggerissen (Hochhuth, Stellvertreter 144); **weg|rei|ten** ⟨st. V.; ist⟩: *fortreiten;* **weg|ren|nen** ⟨unr. V.; ist⟩: *fortrennen:* von einem Ort w.; vor jmdm., etw. w.; der Hund kniff den Schwanz ein und rannte weg.
weg|re|tu|schie|ren ⟨sw. V.; hat⟩: *durch Retuschieren zum Verschwinden bringen:* Falten w.; **weg|rol|len** ⟨sw. V.⟩: **1.** ⟨ist⟩ a) *fortrollen* (2): der Ball ist [ihm] weggerollt; Wir rollen *(fahren mit dem Flugzeug)* fünfzig Meter weit weg und sehen zu (Grzimek, Serengeti 321); b) *sich rollend über etw. hinwegbewegen:* Die Panzer rollen über die Hockgräber weg (Plievier, Stalingrad 181). **2.** *fortrollen* (1) ⟨hat⟩: die Fässer [von der Straße] w.; Ich muß die Maschine w. (Gaiser, Jagd 189).
weg|ro|sten ⟨sw. V.; ist⟩: *von Rost völlig zerfressen werden:* mein Exemplar (= eines bestimmten Automodells) ist mir unter dem Hintern weggerostet (natur 9, 1991, 3); **weg|rücken**[1] ⟨sw. V.⟩: **1.** *fortrücken* (1) ⟨hat⟩: den Schrank w. **2.** *fortrücken* (2) ⟨ist⟩: sie rückte ihn von sich weg; **weg|rüh|ren,** sich ⟨sw. V.; hat⟩: *sich fortrühren* (meist verneint): er hat sich die ganze Zeit nicht von seinem Platz weggerührt; sie würden mich verprügeln, wenn

wegrutschen 3866

ich mich da wegrührte (Kempowski, Immer 62); **weg|rut|schen** ⟨sw. V.; ist⟩: **1.** *von einer Stelle rutschen:* das Auto rutschte in der Kurve [hinten, mit den Hinterrädern] weg; paß auf, daß der Schlitten dir nicht wegrutscht; weil auf dem unberechenbaren Untergrund das Standbein beim Schuß ständig wegrutschte (Kicker 6, 1982, 45); Dann mußten sie sich festhalten, um nicht nach vorn wegzurutschen (Ott, Haie 234). **2.** (ugs.) *wegrücken:* sie rutschte [ein Stück] von ihm weg; **weg|sacken¹** ⟨sw. V.; ist⟩: **1.** (ugs.) **a)** *unter die Wasseroberfläche sinken:* Der Dampfer ... sackte ... achtern weg (Rehn, Nichts 67); ... begann das dritte Boot, ... Wasser zu machen, wegzusacken (Grass, Katz 35); als die „van Imhoff" ... über den Bug wegsackte und ... im Indischen Ozean versank (Spiegel 52, 1965, 44); **b)** ²*absacken* (1 c): das fremde Flugzeug schloff ein und sackte gleich weg (Gaiser, Jagd 11). **2. a)** *nach unten sinken:* Der Kopf sackte ihm weg, er dusselte ein (Kempowski, Uns 288); jmdm. sacken die Beine weg *(ihm knicken vor Schwäche o. ä. plötzlich die Knie ein [u. er fällt um]);* Ü Wenn ich den ... Kitsch der bourgeoisen Kultur sehe, sackt mir gleich der Blutdruck weg, sinkt die Stimmung auf Null (Zwerenz, Kopf 31); **b)** (ugs.) *in sich zusammensinken:* Unter meinem knallharten Uppercut sackte er weg wie ein aufgeschlitzter Mehlsack (Cotton, Silver-Jet 158); **c)** (ugs.) *in Schlaf fallen:* Und dann sind sie beide ... weggesackt in ihren Sesseln und erst sehr früh wieder wach geworden (Plenzdorf, Legende 235); **weg|sa|nie|ren** ⟨sw. V.; hat⟩ (meist abwertend): *im Zuge einer Sanierung beseitigen:* Baudenkmäler, preiswerte Wohnungen w.; daß mit derlei „Modernisierung" die urbanen Qualitäten zentraler Quartiere wegsaniert werden könnten (Spiegel 46, 1978, 246); In der ersten Firma hat er seinen eigenen Posten wegsaniert (Brückner, Quints 10); **weg|sau|fen** ⟨st. V.; hat⟩ (derb): vgl. *wegfressen;* **weg|schaf|fen** ⟨sw. V.; hat⟩: **1.** *fortschaffen, beseitigen:* belastendes Material, die Leiche w.; den Abfall hatten sie bestimmt eine Woche nicht weggeschafft (Chotjewitz, Friede 107). **2.** ⟨w. + sich⟩ (salopp verhüll.) *sich das Leben nehmen:* Sie hat immer gedroht, sich wegzuschaffen, wenn wir nicht parierten oder wenn der Vater betrunken war (Ossowski, Bewährung 59); **weg|schau|en** ⟨sw. V.; hat⟩ (landsch.): *wegsehen* (1): Jürgen schaut rasch weg, muß jedoch mehrmals wieder hinschauen (Chotjewitz, Friede 101); **weg|schau|feln** ⟨sw. V.; hat⟩: vgl. *wegfegen* (1): den Schnee [vom Weg] w.

Weg|scheid, der; -[e]s, -e, österr.: die; -, -en (österr., sonst veraltend): *Wegscheide;* **Weg|schei|de,** die, (geh.): *Weggabelung:* Ü vielleicht bin ich jetzt an einer W. angelangt; wo alles aufbricht (Mayröcker, Herzzerreißende 139).

weg|schen|ken ⟨sw. V.; hat⟩ (ugs.): *verschenken:* Diesen ungarischen Grafen, der ... alle seine Güter weggeschenkt hat (K. Mann, Vulkan 46); **weg|sche|ren,** sich ⟨sw. V.; hat⟩ (ugs.): *sich fortscheren:* Wegscheren soll er sich! Er soll verschwinden! Zur Hölle soll er fahren! (Imog, Wurliblume 291); **weg|scheu|chen** ⟨sw. V.; hat⟩: *fortscheuchen:* immer wieder scheuchte er die Fliegen [von dem Essen] weg; Ü erleichtert dreht ich mich zur Seite, scheuchte das Zittern in meinen Mundwinkeln mit einem Lächeln weg (Bieler, Bonifaz 64); **weg|schicken¹** ⟨sw. V.; hat⟩: *fortschicken;* **weg|schie|ben** ⟨st. V.; hat⟩: *von einer Stelle an eine andere schieben; beiseite schieben:* den Sessel [vom Tisch] w.; hilf mir mal schnell das Auto [hier] w.; Herr Belfontaine schob sein Glas von sich weg (Langgässer, Siegel 25); Ich hatte mich weder von Kühn noch von Bosch aufhalten lassen ... Ich hatte sie einfach weggeschoben und das Büro betreten (v. d. Grün, Glatteis 317); Ü den Gedanken daran schob er möglichst weit weg; **weg|schie|ßen** ⟨st. V.; hat⟩: **1.** vgl. *wegwerfen.* **2.** *durch einen Schuß von etw. entfernen od. abtrennen.* **3.** *durch Schießen töten:* Wenn aber die meisten Hähne weggeschossen sind, schlagen sich die Hennen beinahe um die letzten (Grzimek, Serengeti 144); **weg|schla|fen** ⟨st. V.; ist⟩ (ugs.): *einschlafen:* auf Urlaub muß er. Er schläft einem ja zwischen den Worten weg (A. Zweig, Grischa 303); **weg|schla|gen** ⟨st. V.; hat⟩ (ugs.): *durch einen Schlag, durch Schläge wegbefördern:* der Verteidiger konnte den Ball gerade noch w.; Zuzzi schlug ihm die Hand weg (Fels, Afrika 188); ... schlagen auf dem Autodeck die Schiffsarbeiter die Bremsklötze unter den Autoreifen weg (Chotjewitz, Friede 181); **weg|schlei|chen** ⟨st. V.⟩: **a)** *davonschleichen* (a) ⟨ist⟩; **b)** ⟨w. + sich⟩ *sich davonschleichen* (b) ⟨hat⟩; **¹weg|schlei|fen** ⟨st. V.; hat⟩: *abschleifen* (1 a): Unebenheiten, überschüssige Spachtelmasse w.; den Rost [von der zu behandelnden Stelle] w.; **²weg|schlei|fen** ⟨sw. V.; hat⟩: *an einer anderen Platz* ²*schleifen* (1); *schleifend wegschaffen;* **weg|schlep|pen** ⟨sw. V.; hat⟩ (ugs.): **1.** *fortschleppen* (1): eine schwere Kiste w.; die Einbrecher haben alles weggeschleppt *(mitgenommen),* was nicht niet- und nagelfest war; David Livingstone wurde einst von einem Löwen gepackt und weggeschleppt *(weggezogen;* Grzimek, Serengeti 75); Unser Nachbar ist der Papst. Der läßt nicht zu, daß man uns einfach wegschleppt *(wegbringt;* Hochhuth, Stellvertreter 103). **2.** ⟨w. + sich⟩ *sich fortschleppen* (2); **weg|schleu|dern** ⟨sw. V.; hat⟩: *fortschleudern;* **weg|schlie|ßen** ⟨st. V.; hat⟩: *einschließen* (1 a), *damit jmd. anderes nicht an das Betreffende herankommen kann:* das Geld, Schmuck, die Pistole, den Schnaps w.; ... werden heute ... entsprechend den Wünschen McCarthys Bücher ausgemerzt, eingestampft, verbrannt, weggeschlossen (Dönhoff, Ära 179); **weg|schmei|ßen** ⟨st. V.; hat⟩ (ugs.): **1. a)** *wegwerfen* (1 a): er zündete den Kracher an und schmiß ihn weg [soweit er konnte]; er schmiß einen Stock weg, und der Hund brachte ihn zurück; **b)** *wegwerfen* (1 b): alte Briefe w.; das verschimmelte Brot müssen wir w.; die Verpackung wird nach einmaligem Gebrauch weggeschmissen; die Waschmaschine kann man nur noch w. *(aussondern);* eine achtlos weggeschmissene Zigarettenkippe soll den Brand verursacht haben; Ü Dafür schmeißen diese Halunken das Geld weg! *(verschwenden sie es sinnlos!;* Bieler, Mädchenkrieg 244). **2.** ⟨w. + sich⟩ (abwertend): *wegwerfen* (2): „Jetzt schmeißen Sie sich auch noch für einen Hiwi weg", sagte der Chef, „für einen russischen Pferdeknecht!" (Schnurre, Fall 28); **weg|schmel|zen** ⟨st. V.⟩: **1.** *schmelzend* (1) *wegfließen, allmählich verschwinden* ⟨ist⟩: das Eis ist weggeschmolzen. **2.** *durch Schmelzen* (2) *schwinden machen, entfernen* ⟨hat⟩: die Sonne hat den Schnee [von den Bergen] weggeschmolzen; **weg|schnap|pen** ⟨sw. V.; hat⟩ (ugs.): *schnell an sich bringen, für sich gewinnen u. dadurch einem anderen entziehen:* jmdm. einen Posten, einen lukrativen Auftrag, die Kunden, eine Wohnung [vor der Nase] w.; Sowohl in Prag 1978 als auch in Athen 1982 schnappten ihm deutsche Athleten die Goldmedaille weg (NZZ 30. 8. 86, 33); ... weil ich dann Angst habe, daß die anderen Mädchen ihn (= einen Mann) mir wegschnappen (Hornschuh, Ich bin 54).

Weg|schnecke¹, die: *bes. in Wäldern u. Gärten vorkommende Nacktschnecke.*

weg|schnei|den ⟨unr. V.; hat⟩: *mit einer Schere, einem Messer entfernen, abschneiden:* störende Zweige w.; den Fettrand an dem Steak kann man ja w.; sich die Geschwulst w. *(operativ entfernen)* lassen; der Film, die Sendung ist zu lang, wir müssen noch zwei Minuten w. *(durch cutten entfernen);* **weg|schnel|len** ⟨sw. V.; ist⟩: *an eine andere Stelle schnellen* (1): der Frosch schnellte weg; **weg|schnip|pen** ⟨sw. V.; hat⟩: *von sich, beiseite schnippen:* er schnippte den Zigarettenstummel [mit dem Finger] weg; **weg|schrub|ben** ⟨sw. V.; hat⟩: vgl. *wegwischen:* Er schrubbte den silbernen Fleck weg, er schrubbte so lange, bis nichts mehr zu sehen war (v. d. Grün, Glatteis 287); vgl. *wegstoßen:* dann schrie er wieder los ... und schubste Fänä von sich weg (Degenhardt, Zündschnüre 79); **weg|schüt|ten** ⟨sw. V.; hat⟩: *weggießen;* die verdorbene Milch w.; **weg|schwem|men** ⟨sw. V.; hat⟩: *fortschwemmen:* der Regen schwemmt den Mutterboden [von den Hängen] weg; Weggeschwemmte Brücken, aufgerissene Straßen, Überschwemmungen (Grzimek, Serengeti 30); Ü Und die (= die Wirkung der Droge) kommt, schwemmt Schmerzen weg und Gedanken her (Gabel, Fix 20); **weg|schwim|men** ⟨st. V.; ist⟩: **a)** *fortschwimmen* (a): der Frosch schwamm schnell [vom Ufer] weg; der Fisch schwamm der Otter weg; **b)** *fortschwimmen* (b): der Wasserball ist [mir] weggeschwommen; Ü da schwammen seine Gedanken schon weg (Loest, Pistole 148); **weg|se|hen** ⟨st. V.; hat⟩: **1.** *den Blick abwenden:* verlegen w.; Nur zufällig, weil er nicht schnell genug wegsah, trafen sich ihre Blicke (Strauß, Niemand 38). **2.** (ugs.) *hinwegsehen;* **weg|set|zen** ⟨sw. V.⟩: **1.** ⟨hat⟩ **a)** ⟨w. +

sich) *sich von einer Stelle an eine andere setzen:* er hat sich [von mir, vom Fenster] weggesetzt; **b)** *von einer Stelle an eine andere [dafür vorgesehene] Stelle setzen:* den Strauch [ein Stück von der Mauer] w.; wenn du immer schwatzt, muß ich dich [von ihm] w. **2.** ⟨sich⟩ *sich hinwegsetzen* (1) ⟨ist, auch: hat⟩: *über einen Graben, Zaun* w. **3.** ⟨w. + sich⟩ (ugs.) *sich hinwegsetzen* (2) ⟨hat⟩: sich über ein Verbot w.; **weg|si|ckern**[1] ⟨sw. V.; ist⟩: *sickernd verschwinden:* das Wasser ist weggesickert; **weg|sin|ken** ⟨st. V.; ist⟩: *sinkend verschwinden:* Er betrachtet die Sonne, wie sie so allmählich wegsinkt (Kempowski, Zeit 169).
Weg|skiz|ze, die: *Skizze eines Wegs* (2 b).
weg|sol|len ⟨unr. V.; hat⟩ (ugs.): vgl. wegmüssen; **weg|sper|ren** ⟨sw. V.; hat⟩: **1.** (landsch.) *wegschließen:* die Wertsachen w.; weil man sämtlichen Alkohol vor dir weggesperrt hat (Jonke, Schule 128). **2.** *durch Einsperren von jmdm., etw. fernhalten:* den Hund w.; In der Strafanstalt werden sie ... mit dem geringsten Risiko für unsere Sicherheit weggesperrt (Spiegel 47, 1983, 77).
Weg|spin|ne, die (bes. Verkehrsw.): vgl. Spinne (3).
weg|sprin|gen ⟨st. V.; ist⟩: *zur Seite springen:* der Floh, der Frosch ist [mir] weggesprungen; ich konnte gerade noch [vor dem Auto] w.; Wir entdecken sie (= die Heuschrecken) erst, wenn wir durch das Gelände gehen und sie vor uns wegspringen (Grzimek, Serengeti 126); **weg|sprit|zen** ⟨sw. V.; ist⟩: vgl. wegfliegen (1 b): Er drehte das Wasser so stark auf, daß es von ihrem Kopf nur so wegspritzte (Dorpat, Ellenbogenspiele 193); Die weggespritzten Schalen (= Nußschalen) liegen unter dem Tisch (Müller, Fuchs 114); **weg|spü|len** ⟨sw. V.; hat⟩: **a)** *fortspülen* (a): der Regen hat den Mutterboden weggespült; bei der nächsten Flut wurde die Strandburg [von der Brandung] weggespült; Ü Die Kritik trifft ... die von den Oktober- und Novemberereignissen weggespülte politische Führung (NZZ 26. 10. 86, 7); **b)** *fortspülen* (b): den Schlamm mit dem Gartenschlauch w.; etw. in die Toilette werfen und w.; **weg|stecken**[1] ⟨sw. V.; hat⟩ (ugs.): **1.** *an eine andere Stelle stecken* (1 a) *u. so vor jmdm. verbergen:* steck dein Portemonnaie, dein Geld mal wieder weg, heute bezahle ich; damit er nicht so leicht in Versuchung komme, den Ehering wegzustecken (Ott, Haie 259); * **einen w.** (derb; *koitieren*): Ad hat außer der Reihe bei ihr einen weggesteckt (Lynen, Kentaurenfährte 21). **2.** *etw. Unangenehmes, Nachteiliges hinnehmen u. verkraften:* einen Schlag, einen Verlust, eine Niederlage w.; er kann eine Menge w.; ... dem fehle nie etwas, der halte alles aus, sogar die schwarze Pest stecke der weg (Süskind, Parfum 132); ⟨auch o. Akk.-Obj.:⟩ Wer keilt, muß auch w. können (Spiegel 34, 1979, 25); **weg|ste|hen** ⟨unr. V.; hat, südd., österr. u. schweiz.: ist⟩ (ugs.): *abstehen:* Janda drückt seine Haare feucht an, damit sie nicht wegstehen (Zenker, Froschfest 119); sein dünner Hals ragte aus dem wegstehenden Kragen heraus (Schnurre, Schattenfotograf 224); **weg|steh|len,** sich ⟨st. V.; hat⟩: *sich fortstehlen:* sich [aus dem Zimmer] w.; daß du dich wegstiehlst heimlich von mir (Th. Mann, Joseph 367); **weg|stel|len** ⟨sw. V.; hat⟩: *von einer Stelle wegnehmen* (1) *u. an eine andere [dafür vorgesehene] Stelle stellen:* das Geschirr w.; die Bücher, den Besen wieder w.; **weg|ster|ben** ⟨st. V.; ist⟩ (ugs.): *[in größerer Anzahl] einer nach dem anderen] plötzlich, unerwartet sterben:* sie starben einer nach dem andern weg; da starb ihr plötzlich der Mann weg, einfach so (Brot und Salz 346); er ist unter der Hand weggestorben; ⟨subst.:⟩ denn der schauervolle Tod des Fabrikanten, das schnelle Wegsterben des Seilers ... hatten sich zur allbekannten Moritat gestaltet (Hesse, Sonne 58); Ü aber nie gelang es uns, die Glut zu hüten, immer starb sie uns weg (*erlosch sie uns;* Grass, Butt 67); Ihre Heiterkeit überwältigte sie so, daß sie ihr darunter fast die Stimme wegstarb (*versagte;* Rolf Schneider, November 143); **weg|steu|ern** ⟨sw. V.; hat⟩: **1.** *einen Kurs steuern, der von etw. wegführt:* von den Klippen w. **2.** (Jargon) *durch die Erhebung von Steuern wegnehmen:* doppelverdienende Ehefrauen ..., die uns nicht verstehen konnten, warum sie ... 62 Prozent ihres Einkommens weggesteuert bekamen (Zeit 7. 2. 75, 5); **weg|sto|ßen** ⟨st. V.; hat⟩: *durch einen Stoß entfernen, beiseite stoßen:* jmdn., etw. [von etw., von sich] w.; als Heyne, auf dem Regal stehend, seinen Hals in die Schlinge gelegt und das Bücherregal mit den Füßen weggestoßen hatte (Ott, Haie 352); **weg|stre|ben** ⟨sw. V.⟩: **1.** *fortstreben* ⟨hat⟩: er strebt seit langem [von hier, aus dieser Stadt] weg; Ü Dann nahm er plötzlich ihre Hände ... und er fühlte, daß ihre Hände von ihm wegstrebten (Remarque, Triomphe 162). **2.** *sich unbeirrt, zügig wegbewegen, entfernen* ⟨ist⟩: daß das Boot draußen kleiner wurde und von der Insel wegstrebte (Strittmatter, Wundertäter 496).
Weg|strecke[1]**,** die: *Abschnitt eines zurückzulegenden Wegs:* wir hatten noch eine W. von fünf Kilometern zurückzulegen, vor uns; Ü Wir aber halten schäbige neunzehn Jahrhunderte bereits für eine weite W. (Werfel, Bernadette 115).
weg|strei|chen ⟨st. V.⟩: **1.** *mit einer streichenden Bewegung entfernen* ⟨hat⟩: Ein kleiner, bebrillter Mann lag zwischen den Kissen, strich sich die Haare von den Schläfen weg (Bieler, Bonifaz 104). **2.** *streichen* (3), *ausstreichen* ⟨hat⟩: ein Wort w. **3.** (Jägerspr. seltener) *abstreichen* (4) ⟨ist⟩.
Weg|stun|de, die: *Weg von einer Stunde:* die Schule ist eine halbe W. entfernt; Die ... Entfernungen konnten aber auch in -n angegeben werden (Thiering [Übers.], Jesus 54).
weg|stür|zen ⟨sw. V.; ist⟩ (ugs.): *fortstürzen;* **weg|tau|chen** ⟨sw. V.; ist⟩: **1. a)** *tauchend wegschwimmen:* das U-Boot tauchte weg; als der Seehund uns sah, tauchte er sofort weg; Ü Hermanns Nähe ... entspannt sie, so daß sie gleich wegtaucht in den Schlaf (Reitz, Zweite Heimat 636). **b)** (ugs.) *sich zurückziehen, sich nicht mehr sehen lassen, nichts mehr von sich hören lassen [um sich einer unangenehmen, schwierigen Situation zu entziehen]:* manchmal tauchte er weg für Tage (Eppendorfer, St. Pauli 209); Völlig weggetaucht sind die deutschen Sexualmediziner (Spiegel 45, 1984, 111); die Fingerabdrücke ihrer in den Untergrund weggetauchten (*abgetauchten*) Tochter und weiterer Terroristen (Welt 7. 9. 78, 1). **2.** *sich tauchend unter etw. hinwegbewegen:* unter einem Ponton w.; **weg|tau|en** ⟨sw. V.⟩: **1.** vgl. wegschmelzen (1) ⟨ist⟩. **2.** vgl. wegschmelzen (2) ⟨hat⟩; **weg|the|ra|pie|ren** ⟨sw. V.; hat⟩ (ugs.): *durch eine Therapie beseitigen:* eine psychische Störung w.; in der Hoffnung, sie könnten mir mein Schwulsein irgendwie w. (Siems, Coming out 182); **weg|tra|gen** ⟨st. V.; hat⟩: *forttragen:* die Demonstranten ließen sich von den Polizisten w.; die Beute war so schwer, daß der Löwe sie nicht w. konnte; Ü Sie wollte sich wehren, aber sie ließ sich w. von diesen Wogen des Wohlempfindens (Jaeger, Freudenhaus 130); **weg|trans|por|tie|ren** ⟨sw. V.; hat⟩: vgl. wegbefördern: jmdn., etw. [von einem Ort] w.; **weg|trei|ben** ⟨st. V.⟩: **1.** *vertreiben, forttreiben* (1) ⟨hat⟩: Die Büffel trieben die Löwen von ihrer Beute weg (Grzimek, Serengeti 119); dann soll man wissen, daß es nichts Böses war, was mich wegtrieb (Rinser, Mitte 11). **2.** *forttreiben* (2 b) ⟨ist⟩: das Boot ist [vom Ufer] weggetrieben; **weg|tre|ten** ⟨st. V.⟩ /vgl. weggetreten/: **1.** *von sich treten* (3 a) ⟨hat⟩: den Ball [von der Torlinie] w. **2.** ⟨ist⟩ **a)** (bes. Milit.) *abtreten* (1) u. er ließ die Kompanie w.; Na, nun treten Sie mal weg und legen Sie sich bis zum Abend hin (Hartung, Junitag 76); weg[ge]treten! (Kommando); Ü Er hätte wie ein Schlafmittel, meinte er noch, kurz bevor er wegtrat (ugs.; *in Schlaf fiel;* Praunheim, Sex 24); der hockt sich abends im Wirtshaus und tritt total weg (ugs.; *betrinkt sich völlig;* M. Walser, Seelenarbeit 20); **b)** *an eine andere Stelle treten, zurücktreten, beiseite treten:* bitte von Gleis w.!; **weg|trin|ken** ⟨st. V.; hat⟩: **1.** *so viel trinken, daß für andere nichts übrigbleibt:* jmdm. etw. w. **2.** (ugs.) vgl. wegessen (2): der Sekt war im Nu weggetrunken; er trinkt ganz schön was weg; **weg|trock|nen** ⟨sw. V.; ist⟩: *verdunsten:* das Kondenswasser ist wieder weggetrocknet; **weg|trump|fen** ⟨sw. V.; hat⟩: *abtrumpfen* (1); **weg|tun** ⟨unr. V.; hat⟩: **1.** *von einer Stelle wegnehmen* (1) *u. an eine andere Stelle tun, beiseite tun:* tu doch bitte deine Spielsachen [hier] weg!; Tiechmann sagte, er solle seine Schweißfüße w. (Ott, Haie 5). **2.** *wegwerfen* (1 b): das Essen müssen wir leider w., es ist verdorben. **3.** ⟨w. + sich⟩ (landsch.) *sich das Leben nehmen:* Er habe Leute dichte, die so täten, als wollten sich w., aber dann schaffen sie's nicht (M. Walser, Seelenarbeit 136).
Weg|über|füh|rung, die: vgl. Überführung (3); **Weg|un|ter|füh|rung,** die: vgl. Unterführung (1).
Weg|wahl, die (schweiz.): *das Wegwählen:* mit ... dem Wunsch nach W. bestimmter Richter (NZZ 26. 2. 86, 28); **weg|wäh|len** ⟨sw. V.; hat⟩ (schweiz.): *(ein Mitglied ei-*

wegwälzen

ner Behörde, eines Vereinsvorstands, einen Lehrer u. a.) abwählen, nicht wiederwählen: Gemeindepräsident Hans Ryser ... half im Gemeinderat mit, ... den parteilosen Schulvorsteher Rudolf Hürlimann wegzuwählen (Tages Anzeiger 14. 10. 85, 5); **weg|wäl|zen** ⟨sw. V.; hat⟩: *fortwälzen* (1): *etw. [von etw.] w.*

Weg|war|te, Wegewarte, die: *(zu den Korbblütlern gehörende) Pflanze mit dunkelgrünen, lanzettlichen Blättern u. zarten, strahlenförmigen, meist hellblauen Blüten;* **weg|wärts** ⟨Adv.⟩ [↑ -wärts]: *zum Weg* (1) *hin, auf den Weg zu.*

weg|wa|schen ⟨st. V.; hat⟩: **a)** *durch Waschen entfernen:* den Schmutz, das Blut, einen Flecken w.; **b)** *wegspülen, wegschwemmen:* läßt sich die ... Marmorfriese in Gips verwandelten und Schicht um Schicht vom Regen weggewaschen wurden (Fest, Im Gegenlicht 379); Ü Sie (= die Sparkasse) sollte ... längst verschwunden sein; weggeschunden von der Inflation (Remarque, Obelisk 199); **weg|we|hen** ⟨sw. V.⟩: **1.** *wehend* (1 a) *entfernen; von einem Ort fortblasen* ⟨hat⟩: *der Wind hat den Hut weggeweht.* **2.** *vom Wind weggetragen werden; an eine andere Stelle wehen* (c) ⟨ist⟩: *das Tuch ist weggeweht;* **weg|wei|sen** ⟨st. V.; hat⟩: vgl. wegschicken: *einen Hausierer w.*

weg|wei|send ⟨Adj.⟩: *richtungweisend: eine -e Tat; er war w. für die Medizin;* **Weg|wei|ser**, der [mhd. *wegewīser*]: *[pfeilförmiges] Schild, das angibt, welcher Weg, welche Straße zu einem bestimmten Ziel führt:* an der Einmündung stand ein W. nach Neudorf; Auf beiden Tafeln eines zweiarmigen -s stand zu lesen: St. Jules (Kuby, Sieg 376); **¹Weg|wei|sung**, die: *Ausschilderung mit Wegweisern:* die W. an Autobahnkreuzen; die W. verbessern.

²Weg|wei|sung, die (schweiz.): *Ausweisung:* ihm droht die W. [aus der Schweiz]; um die allfällige W. möglichst schnell vollziehen zu können (Tages Anzeiger 12. 11. 91, 2); **weg|wen|den** ⟨unr. V.; wandte/wendete weg, hat weggewandt/weggewendet⟩: *in eine andere Richtung, nach der anderen Seite wenden; abwenden* (1): den Blick, sich [von jmdm., etw.] w.; Lambon wendete beleidigt den Kopf weg (Baum, Bali 78); eine Art ... Unterwürfigkeitshaltung, bei der ... der Schnabel ... vom Angreifer weggewendet wird (Lorenz, Verhalten I, 43); **Weg|werf-** (emotional abwertend) drückt in Bildungen mit Substantiven aus, daß man sich einer Sache od. Person unter Mißachtung ihrer Würde, ihres Werts einfach entledigt, sobald man sie nicht mehr braucht: Wegwerfbeziehung, Wegwerfmensch, Wegwerftier; **Weg|werf|ar|ti|kel**, der: *Artikel, der nach einmaligem Gebrauch, nach kurzer Zeit weggeworfen wird:* Fotos sind W. geworden (BM 12. 9. 76, 64); Handwerkliche Meisterarbeiten sind keine W., die hat man jahrzehntelang (Garm.-Part. Tagblatt 1. 10. 86); **Weg|werf|be|häl|ter**, der: vgl. Wegwerfflasche; **weg|wer|fen** ⟨st. V.; hat⟩ /vgl. wegwerfend/: **1. a)** *von sich werfen, beiseite werfen:* wenn die Zündschnur brennt, mußt du den Kracher so-

fort [möglichst weit] w.; Regimenter ... warfen beim bloßen Anblick seines Mantels ihre Waffen weg (St. Zweig, Fouché 182); **b)** *etw., was man nicht mehr benötigt, nicht mehr haben möchte, irgendwohin werfen, zum Abfall tun:* alte Zeitungen w.; die Quittung habe ich längst weggeworfen; das alte Sofa kann man nur noch w.; der Brand ist vermutlich durch einen weggeworfenen Zigarettenstummel verursacht worden; Ü sein Leben w. *(Selbstmord begehen);* das ist doch weggeworfenes *(unnütz ausgegebenes)* Geld; Jetzt bedenkt er doch, und wenn er dich ausgebraucht hat, wirft er dich weg *(verläßt, verstößt er dich),* er denkt nie wieder an dich (Fallada, Herr 216); die alten Menschen werden wie Einwegflaschen weggeworfen *(abgeschoben;* Spiegel 33, 1983, 10). **2.** ⟨w. + sich⟩ (abwertend) *sich einer Person, Sache, die dessen nicht wert ist, ganz widmen, hingeben u. sich dadurch erniedrigen, entwürdigen:* wie kann man sich nur so, an solch eine Person w.!; Kind, wirf dich nicht weg! (Spiegel 8, 1991, 75); **weg|wer|fend** ⟨Adj.⟩: *Geringschätzung, Verachtung ausdrückend:* eine -e Geste, Handbewegung; aber ich bin von Herzen nicht sehr für Humanität, ich rede mit dem größten Vergnügen w. *(abschätzig, abfällig)* davon (Th. Mann, Hoheit 60); **Weg|werf|feu|er|zeug**, das: *Feuerzeug, das, wenn es leer ist, nicht nachgefüllt, sondern weggeworfen wird;* **Weg|werf|fla|sche**, die: *Flasche, die nicht wiederverwendet, sondern nach einmaligem Gebrauch weggeworfen wird;* **Weg|werf|ge|sell|schaft**, die (abwertend): *Wohlstandsgesellschaft, in der Dinge, die wiederverwendet, [nach einer Überholung, einer Reparatur o. ä.] weiterverwendet werden könnten, aus Überfluß, aus Bequemlichkeit od. zugunsten von Neuanschaffungen o. ä. weggeworfen* (1 b) *werden:* wir leben in einer W.; Recycling ist die einzige Alternative zur zukünftig nicht mehr tragbaren W. (Spiegel 50, 1975, 160); **Weg|werf|men|ta|li|tät**, die, ⟨o. Pl.⟩ (abwertend): vgl. Wegwerfgesellschaft: nicht gut aber ist es, daß die W. auch in geistige Bereiche vorgedrungen ist (MM 22. 9. 76, 32); ... stellte sich die Fraktion hinter Beckmann und warnte „vor einer W." gegenüber unliebsamen Mitarbeitern (Spiegel 19, 1983, 21); **Weg|werf|packung¹**, die: vgl. Wegwerfflasche; **Weg|werf|ra|ke|te**, die (Jargon): *Weltraumrakete, die nur einmal verwendet werden kann:* Um nicht gänzlich auf Shuttletransporte angewiesen zu sein, hatte sich das Pentagon ... die Modifikation alter -n vom Typ Titan genehmigen lassen (Spiegel 6, 1986, 123); **Weg|werf|ver|packung¹**, die: vgl. Wegwerfflasche; **Weg|werf|win|del**, die: *Windel* (2).

Weg|wes|pe, die: *häufig an Wegrändern lebende Wespe mit schwarzem, oft rot, auch gelb od. metallisch glänzend gezeichnetem Leib, die ihre Larven mit Spinnen ernährt.*

weg|wi|schen ⟨sw. V.⟩: **1.** *wischend entfernen* ⟨hat⟩: einen Satz an der Tafel, das verschüttete Bier [mit dem Schwamm] w.; einen Flecken, den Staub, die Fingerabdrücke w.; sich den Schweiß [von der

Stirn] w.; ihre Angst war wie weggewischt *(war plötzlich nicht mehr vorhanden);* seine Warnung wurde weggewischt *(als unbegründet abgetan, ignoriert;* NZZ 21. 1. 83, 4). **2.** ⟨ist⟩ **a)** *sich wischend* (3) *wegbewegen:* die Katze wischte weg; ah, du willst dich wegwischen ..., du feige Schleiereule ... wischst mir nicht weg (Fr. Wolf, Menetekel 257); **b)** (bes. Kfz-W. Jargon) *[unkontrolliert] wegrutschen:* Auf glatter Fahrbahn wischt das Heck gern mal weg (ADAC-Motorwelt 2, 1987, 23); **weg|wit|schen** ⟨sw. V.; ist⟩ (ugs.): *sich witschend wegbewegen:* die Katze witschte weg; der Fisch ist [mir] weggewitscht; **weg|wol|len** ⟨unr. V.; hat⟩ (ugs.): **1.** *fortwollen* (a): ich will hier, aus dieser Stadt weg; sie hat früh geheiratet, weil sie von zu Hause wegwollte; wann wollt ihr weg *(wann wollt ihr aufbrechen)?* **2.** *ausgehen* (1 b) *wollen:* Nur wenn er wegwill, dann schmeißt er sich in einen Anzug mit Schlips (Hornschuh, Ich bin 9); **weg|wün|schen** ⟨sw. V.; hat⟩: **a)** ⟨w. + sich⟩ *fortwünschen* (a): ich wünschte mich [weit] weg [von dort]; **b)** *durch Wünschen beseitigen, aus der Welt schaffen:* So etwas sollte es gar nicht geben, aber man kann es nicht w. (Th. Mann, Zauberberg 855); **Weg|wurf**, der ⟨o. Pl.⟩ (veraltet): *etw. als wertlos, unbrauchbar Weggeworfenes:* alte Kleider, morsche Möbel und anderer W.; Ü Wir müssen lieben und ehren den Herrn, ob wir in Zukunft auch nur ein W. sein werden in seinen Augen (Th. Mann, Joseph 335); **weg|zäh|len** ⟨sw. V.; hat⟩ (österr.): *subtrahieren;* **weg|zau|bern** ⟨sw. V.; hat⟩: *fortzaubern:* paß auf, jetzt zaubert er das Kaninchen wieder weg; ich wollte, ich könnte [dir] die Kopfschmerzen w.; Ü Wir wollen ja nicht mit einer ethischen Hochsprache Gegensätze w. (Heringer, Holzfeuer 238).

Weg|zeh|rung, die: **1.** (geh.) *auf eine Wanderung, Reise mitgenommener Vorrat an Nahrungsmitteln:* [eine kleine] W. mitnehmen; Und die beiden kleinen Päckchen nehmen Sie bitte als W. (Ott, Haie 13). **2.** (kath. Kirche) *Viatikum;* **Weg|zei|chen**, Wegezeichen, das: *Zeichen, das einen [Wander]weg markiert:* Während der Alte ... von Äolsharfen sprach, die er ... als W. an die Bäume gebunden habe (Ransmayr, Welt 184); **Weg|zeit**, die: *Zeit, die man zum Zurücklegen eines bestimmten Weges braucht:* Selbst in jenen Gebieten, wo die Bahn innerhalb von 10 Minuten W. erreichbar wäre (auto touring 2, 1979, 6).

weg|zer|ren ⟨sw. V.; hat⟩: vgl. wegziehen (1): da zerre ich röchelnd ebenfalls die Maske weg (Remarque, Westen 55); **weg|zie|hen** ⟨unr. V.⟩: **1.** *ziehend von einer Stelle entfernen, beiseite ziehen; fortziehen* (1) ⟨hat⟩: den Karren von der Einfahrt w.; die Gardinen w.; jmdm. die Bettdecke w.; er zog mir den Stuhl [unterm Hintern] weg; Der ... packte ihn am Ärmel, zog ihn vom Bunker weg (Plievier, Stalingrad 250). **2.** ⟨ist⟩ **a)** *fortziehen* (2): er ist letztes Jahr [aus Hamburg, von hier] weggezogen; **b)** *von einem Ort an einen anderen ziehen* (8): die Zugvögel kommen im Frühjahr und ziehen im

Herbst wieder weg. **3.** (ugs.) vgl. hinwegfliegen (2): der Rauch zog über ihre Köpfe weg (Plievier, Stalingrad 191); **Weg|zug**, der: **a)** *das Wegziehen* (2 a): seit seinem W. [aus Hamburg]; **b)** *das Wegziehen* (2 b): Nachdem wir bereits in der ersten Augusthälfte den W. der Mauersegler aus den städtischen Gefilden registrierten ... (NZZ 19. 9. 87, 3). **¹weh**: ↑wehe; **²weh** ⟨Adj.⟩ [mhd., ahd. wē (Adv.), zu ↑wehe]: **1.** (ugs.) *schmerzend*: -e Füße, einen -en Finger, einen -en Zahn haben; Die Ohren w. von Schreien, Flüchen, Gewimmer, Gestöhn (Stern, Mann 82); ⟨meist in Verbindung mit „tun":⟩ mein/der Kopf, Bauch tut [mir] w. *(ich habe Kopf-, Bauchschmerzen);* wo tut es [dir] denn w.? *(wo hast du Schmerzen?);* ich habe mir [an der scharfen Kante] w. getan *(habe mich [daran] so gestoßen, geritzt o. ä., daß es geschmerzt hat);* grelles Licht tut den Augen weh *(schmerzt in den Augen);* Ü Und doch hat mir die Army nicht weh getan *(habe ich nicht darunter gelitten, daß ich in der Army war;* K. Mann, Wendepunkt 450); ein Bußgeld von 100 Mark tut ihm doch nicht [im geringsten] weh *(es zu bezahlen, macht ihm nichts aus);* ich wollte dir [mit dieser Bemerkung] nicht w. tun *(dich damit nicht verletzen);* Jeder Ruf, jedes Wort tat ihr gut und w. zugleich (Bieler, Mädchenkrieg 443). **2.** (geh.) *von Weh* (1) *erfüllt, geprägt; schmerzlich*: ein -es Gefühl; -es Lächeln; auch den -en Zug um den Mund erkannte er wieder (Hohmann, Engel 215); Ich hatte Angst vor dem Gefühl, das mir die Brust mit -er Seligkeit zu sprengen drohte (K. Mann, Wendepunkt 111); jmdm. ist [so, ganz] w. zumute, ums Herz; Es war mir w. und angst dabei (Leip, Klabauterflagge 72); Ü es ist, als spüre man die Luft, die -e Erregung der Knospen (Frisch, Nun singen 152); **Weh**, das; -[e]s, -e ⟨Pl. selten⟩ [mhd. wē, wē(wo)] (geh.): **1.** *seelischer Schmerz; Leid*: [ein] tiefes W. erfüllte sie, ihr Herz; Aber Ulrich pflichtete, zu seiner Schwester ... größer werdendem W., bedingt bei (Musil, Mann 1086); * *mit/unter W. und Ach* (ugs.; *mit vielem Klagen, Stöhnen; höchst ungern).* **2.** (seltener) *körperlicher Schmerz;* **we|he**, weh ⟨Interj.⟩ [mhd., ahd. wē]: **a)** *als Ausruf der Klage, Bestürzung o. ä.*: w.! w.!; o weh! Wie konnte das nur geschehen?; Doch wehe, die Übermacht der Feinde war unbezähmbar gewesen (Th. Mann, Joseph 219); **b)** *als Ausruf, mit dem man etw. Schlimmes, Unheilvolles o. ä. ankündigt od. androht:* w. [dir], wenn du das kaputtmachst!; O diese arabischen Querelen! Und wehe dem, der sich da einmischt! (Dönhoff, Ära 168); weh mir, dreimal weh mir, wenn ich ein solcher Narr wäre! (Benrath, Konstanze 31); Solange du schaffen kannst ..., da kriegst du auf die Schulter geklopft ... Ja aber wehe, ich werd' mal krank; Wir sind doch kein Obdachlosenasyl hier ... (Klee, Pennbrüder 45); **¹We|he**, das; -s (veraltet): *Weh;* **²We|he**, die; -, -n ⟨meist Pl.⟩ [mhd. wēwē = Schmerz, Leid; Geburtswehe]: *Zusammenziehung der Muskulatur der Gebärmutter bei der Geburt* (1 a): die -n setzen ein, kommen, haben begonnen; Weil ... sich schon die nächste W. ankündigte, die das Kind aus ihrem Leib preßte (Ossowski, Flatter 7); [starke, schwache] -n haben; in den -n liegen *(beim Gebären sein).* **³We|he**, die; -, -n [zu ↑wehen]: *vom Wind Zusammengewehtes, durch den Wind entstandene haufenartige Ansammlung bes. von Schnee, Sand:* in einer W. aus vorjährigen Blättern und Schnee (Schnurre, Schattenfotograf 308); vom Walde her, wo ... der Wind den Schnee zu -n bläst (A. Zweig, Grischa 20); **we|hen** ⟨sw. V.⟩ [mhd. wæjen, ahd. wāen]: **1. a)** *(von der Luft) in spürbarer Bewegung sein* ⟨hat⟩: der Wind weht kühl, kalt, aus Norden, vom Wasser her; es weht ein laues Lüftchen; eine kräftige Brise wehte ihm ins Gesicht; die Luft wehe kräftig und rein von der Nordsee (Th. Mann, Krull 248); ⟨auch unpers.:⟩ draußen weht es heute tüchtig *(ist es sehr windig);* **b)** *wehend* (1 a) *von etw. entfernen, in eine bestimmte Richtung, an eine bestimmte Stelle treiben* ⟨hat⟩: ein Luftzug wehte die Zettel von Schreibtisch; Der Wind hatte ihm die glühende Zigarette ins Gesicht geweht (Ott, Haie 108); keine Ventilatoren wehten Kühlung *(sorgten für Kühlung;* Koeppen, Rußland 127); **c)** *von der Luft, dem Wind irgendwohin getragen werden* ⟨ist⟩: Schneeflocken wehten durch das geöffnete Fenster, uns ins Gesicht; der Duft der blühenden Linden wehte ins Zimmer; ... bemerkte Cotta dünne Rauchschwaden, die aus dem Schatten einer Klamm wehten (Ransmayr, Welt 238); Ü Die Blitze wehten *(huschten)* über die Dächer (Remarque, Triomphe 308); ... was irgendwann einmal ... vom Tonfall dieser Sprache an mein lauschendes Ohr gewogen war *(was ich irgendwann einmal davon gehört hatte;* Th. Mann, Krull 174). **2.** *durch Luftströmung bewegt werden* ⟨hat⟩: ihre Haare wehten im Wind; auf/von dem Gebäude wehte eine Fahne; die Flagge wehte auf Halbmast; Die Gardinen wehen, obwohl das Fenster geschlossen ist (Faller, Frauen 85); mit wehenden Rockschößen lief er hinaus; Ü Hier allein wehte *(herrschte)* noch höfischer Weltglanz, fürstliche Kultur (Winckler, Bomberg 229). **we|hen|ar|tig** ⟨Adj.⟩: *einer ²Wehe ähnlich:* mit einem -en Ziehen im Unterleib (Hilbig, Ich 296); **we|hen|för|dernd** ⟨Adj.⟩ (Med.): *das Einsetzen von ²Wehen fördernd:* ein -es Mittel; w. wirken; **we|hen|hem|mend** ⟨Adj.⟩ (Med.): *das Einsetzen von ²Wehen hemmend:* ein -es Mittel; w. wirken; **we|hen|mit|tel**, das (Med.): *wehenförderndes Mittel, das v. a. als Hilfsmittel zur Einleitung einer Geburt verwendet wird;* **we|hen|tropf**, der (Med.): *Tropf zur Verabreichung eines Wehenmittels:* am W. hängen; **Weh|frau**, die (veraltet): *Hebamme;* **Weh|ge|fühl**, das (geh.): *[seelisches] Schmerzgefühl;* **Weh|ge|schrei**, das: *lautes Klagen, Jammern:* da erhob sich ein [lautes] W.; Joseph, der Vasalle, hätte jetzt ... bitterlich weinen müssen, während die Kammerfrau Pauline ein W. ausgestoßen haben würde (R. Walser, Gehülfe 156); **Weh|kla|ge**, die (geh.): *laute Klage* (1) *(über einen großen Verlust, ein großes Unglück o. ä.)*: Alles hatte seine Zeit, die Zeit für die -n war um (Kronauer, Bogenschütze 151); **weh|kla|gen** ⟨sw. V.; hat⟩ (geh.): *einen seelischen Schmerz in Wehklagen äußern; klagen* (1 a): er wehklagte laut; Und wiederum hatte Tarzan tagelang ... wehklagend geheult, bis der ganze Urwald darin einstimmte (Fels, Kanakenfauna 152); ⟨subst.:⟩ Heute ... in scheinheiliges Wehklagen auszubrechen ... bedeutet nichts anderes als sich in eine lächerliche Lage zu versetzen (Leonhard, Revolution 64). **Wehl**, das; -[e]s, -e: ↑Wehle. **Weh|laut**, der (geh.): *Klagelaut, Schmerzenslaut:* Sie glitt aus und stürzte. Es gelang ihr nicht, einen leisen W. zu unterdrücken (Wendtland, Eisprinzeßchen 4). **Weh|le**, die; -, -n [mniederd. wēl] (nordd.): *(bei Deichbruch entstandene) teichähnliche Wasserfläche unmittelbar an der Binnenseite eines Deiches.* **weh|lei|dig** ⟨Adj.⟩ [wohl zusammengebildet aus der geläufigen Fügung „Weh und Leid"] (abwertend): **a)** *überempfindlich u. deshalb schon beim geringsten Schmerz klagend, jammernd:* ein -er Patient; das Kind ist sehr w.; sei nicht so w.!; ⟨subst.:⟩ Wehleidige, so fand ich heraus, führen meist Tagebuch (Hohmann, Engel 82); **b)** *eine wehleidige* (a) *Wesensart erkennen lassend:* mit -er Stimme; Das wies ihn auf seinen vermutlich -en Gesichtsausdruck hin (Kronauer, Bogenschütze 255); Die eine der Frauen wimmerte w. vor sich hin (Thorwald, Chirurgen 121); **Weh|lei|dig|keit**, die; -: *das Wehleidigsein;* ♦ **weh|lich** ⟨Adj.⟩ [mhd. wēlich, ahd. wēlīh, zu ↑Weh]: *(in landsch. Sprachgebrauch) klagend, schmerzerfüllt, jämmerlich:* die ja waren, hörten, wie in ihre Ställe die Not gebrochen, w. das Vieh seine Meister zu Hülfe rief (Gotthelf, Spinne 65); **Weh|mut**, die; - [spätmhd. wēmuot, rückgeb. aus: wēmōdich, ↑wehmütig] (geh.): *verhaltene Trauer, stiller Schmerz bei der Erinnerung an etw. Vergangenes, Unwiederbringliches:* eine leise W. erfaßte, befiel ihn; W. empfinden; Der Zorn ließ mir keine Zeit mehr, der W. nachzuhängen (Hesse, Steppenwolf 250); ... Stätten, von denen man eben in tiefster W. Abschied auf immer genommen, ... in derselben Stunde noch wiederzusehen! (Th. Mann, Tod 36); mit W. an etw. zurückdenken; **weh|mü|tig** ⟨Adj.⟩ [aus dem Niederd. < mniederd. wēmōdich]: **a)** *Wehmut empfindend:* Er verfaßt stimmungsvolle Verse über stimmungsvolle Winkel ... und seine -e Seele (Remarque, Obelisk 149); w. an etw. denken; **b)** *Wehmut zum Ausdruck bringend, von Wehmut geprägt:* -e Gedanken; ein -es Lied; Aber die -en Reminiszenzen hindern ihn nicht, bei Storm auch das „larmoyant Eigensinnige" zu sehen (Reich-Ranicki, Th. Mann 75); w. lächeln; **Weh|mü|tig|keit**, die; - [spätmhd. wēmüetecheit = Zorn]: *das Wehmütigsein;* **weh|muts|voll** ⟨Adj.⟩ (geh.): *voller Wehmut:* der um ... ihre -e Liebe zur Vergangenheit ... wußte (K. Mann, Mephisto 114); **Weh|mut|ter**, die (veraltet): *Heb-*

Wehr

amme: die ... schon im Labanshause manche Niederkunft als W. geleitet hatte (Th. Mann, Joseph 385); ◆ Man hört, es soll heute die Kindstaufe gehalten werden im Hause, und die Hebamme versieht das Amt der Köchin ebenso geschickt als früher das Amt der W. (Gotthelf, Spinne 6).

¹**Wehr,** die; -, -en [mhd. wer(e), ahd. werī, warī = Befestigung, Verteidigung, Schutzwaffe, zu ↑wehren]: **1.** ⟨o. Pl.⟩ (veraltet) *das Sichwehren; Verteidigung:* ohne jede W.; * *sich [gegen jmdn., etw.] zur W. setzen (sich wehren, verteidigen):* sie setzte sich energisch, nachdrücklich, auf das heftigste, erfolgreich dagegen zur W.; daß auch Georg ... sich oft allein gegen mehrere zur W. setzen mußte (Innerhofer, Schattseite 120). **2.** (dichter. veraltet) *Mittel, das zur Wehr (1) dient, eingesetzt wird:* Menschen, die gewohnt sind, eine W. *(eine Waffe)* zu tragen, fühlen sich ohne das unsicherer als andere (Musil, Mann 990); gegen die W. *(den Schutzwall)* anrennen; Ü Von den Logenplätzen ihrer Fensterbrüstungen, auf denen Blumen und Blätter eine stachlige W. nach außen bildeten (Jelinek, Lust 93). **3.** kurz für ↑Feuerwehr (1): Es handelt sich dabei um die W. eines Dorfes mit zirka 140 bis 150 Einwohnern (Freie Presse 15. 2. 90, 8). **4.** (Jägerspr.) *in gerader Linie vorgehende Schützen, Treiber bei der Treibjagd.* **5.** (veraltend) *Kampftruppe, Streitmacht, Armee:* erst wenn wir diese Armee und diese -en zerschlagen haben, darf niemand mehr sagen: „Deutschland – ein Kasernenhof!" (Tucholsky, Werke II, 123); Aus dem Argwohn gegen den Militarismus und die „schimmernde W." Wilhelms II. wurde unbemerkt die Aversion gegen alles Militärische (Dönhoff, Ära 18); ²**Wehr,** das; -[e]s, -e [mhd. wer, viell. mit ↑¹Wehr identisch u. dann eigtl. = Befestigung gegen das Wasser od. im Sinne von „Flechtwerk, Geflecht" zu ↑wehren u. urspr. = Fischwehr]: *Stauanlage zur Hebung des Wasserstands eines Flusses, zur Änderung des Gefälles, Regelung des Abflusses o. ä.; Stauwehr:* Unten am Stadtgraben braust das W. (Fr. Wolf, Zwei 34); das W. öffnen; Auch ältere Katzen schwammen manchmal ziellos und aufgedunsen, fingen sich endlich am W. und wurden ... herausgefischt (Grass, Hundejahre 312); **wehr|bar** ⟨Adj.⟩ (veraltet): *wehrfähig;* **Wehr|bau,** der ⟨Pl. -ten⟩: *durch Mauern, Bastionen o. ä. geschützter Bau (z. B. Festung):* Als Mischform zwischen W. und Wohnbau entwickelt sich ... die Burg, das Kastell (Bild. Kunst III, 41); **Wehr|be|auf|tragte,** der u. die: *jmd., der vom Bundestag beauftragt ist, die Wahrung der Grundrechte in der Bundeswehr zu überwachen;* **Wehr|be|reich,** der: *Verwaltungsbezirk der Bundeswehr;* **Wehr|be|reichs|kom|man|do,** das: *Kommandobehörde eines Wehrbereichs;* **wehr|be|reit** ⟨Adj.⟩: *bereit, entschlossen, Wehr-, Kriegsdienst zu leisten;* **Wehr|be|reit|schaft,** die: *das Wehrbereitsein:* die Regierungspartei zweifelt an der W. der SPD (Augstein, Spiegelungen 41); **Wehr|be|schwer|de|ord|nung,** die (Rechtsspr.): *Gesamtheit von Bestimmungen, die das Recht des Soldaten, sich zu beschweren, betreffen;* **Wehr|be|zirk,** der: *militärischer Verwaltungsbezirk;* **Wehr|be|zirks|kom|man|do,** das: vgl. Wehrbereichskommando; **Wehr|dienst,** der ⟨o. Pl.⟩: *Dienst, der auf Grund der Wehrpflicht beim Militär abgeleistet werden muß:* den W. [ab]leisten; aus dem W. entlassen, vom W. freigestellt, zum W. einberufen/eingezogen werden; **Wehr|dienst|ge|richt,** das: *Gericht des Bundes für Disziplinarverfahren gegen Soldaten u. für Beschwerden von Soldaten u.* **wehr|dienst|pflich|tig** ⟨Adj.⟩: *wehrpflichtig;* **wehr|dienst|taug|lich** ⟨Adj.⟩: *für den Wehrdienst tauglich* (a): w. sein; jmdn. für w. erklären; **Wehr|dienst|taug|lich|keit,** die: *Tauglichkeit zum Wehrdienst;* **wehr|dienst|un|taug|lich** ⟨Adj.⟩: *für den Wehrdienst untauglich:* w. sein; jmdn. für w. erklären; **Wehr|dienst|un|taug|lich|keit,** die: *Untauglichkeit zum Wehrdienst;* **Wehr|dienst|ver|wei|ge|rer,** der: *Kriegsdienstverweigerer;* **Wehr|dienst|ver|wei|ge|rung,** die: *Kriegsdienstverweigerung:* der sich ... verweigerte, von W. statt von Kriegsdienstverweigerung zu sprechen (MM 26. 5. 89, 2); **Wehr|dienst|zeit,** die: *Zeit, Dauer des Wehrdienstes;* **Wehr|drü|se,** die (Zool.): *Drüse verschiedener Tiere, bes. Insekten, die ein übelriechendes od. ätzendes Sekret zur Abwehr od. Abschreckung von Feinden produziert;* **wehren** ⟨sw. V.; hat⟩ [mhd. wern, ahd. werian, eigtl. = mit einem Flechtwerk, Schutz(wall) umgeben, verschließen, bedecken, schützen]: **1.** ⟨w. + sich⟩ **a)** *zu seiner Verteidigung jmdm. körperlich Widerstand leisten:* sich tapfer, heftig, erbittert, mit aller Kraft, verzweifelt [gegen einen Angreifer, einen Angriff] w.; du mußt dich w., wenn sie dich verprügeln; sie weiß sich zu w.; Ü Ich wehre mich gegen den schlimmsten Feind den wir haben ... dafür wohnt er in mir (Kirst, Aufruhr 210); **b)** *etw. nicht einfach hinnehmen, sondern dagegen angehen, sich dagegen verwahren:* sich gegen eine Unterstellung, eine Anschuldigung, gegen Verdächtigungen, Vorwürfe [heftig, mit aller Macht] w.; **c)** *sich widersetzen, sich gegen etw. sträuben:* er wehrte sich [dagegen], diese Arbeit zu übernehmen; Sie wehren sich verzweifelt dagegen, in die Abteilung des Todes gebracht zu werden (Thorwald, Chirurgen 189); die Sowjets, die sich lange gegen ein Außenministertreffen ... gewehrt haben (Dönhoff, Ära 93); Ü Stiller wollte nicht weinen, er wehrte sich dagegen und stand auf (Frisch, Stiller 511). **2.** (geh.) *jmdm., einer Sache entgegenwirken, dagegen angehen, einschreiten:* dem Bösen, feindlichen Umtrieben, einer Gefahr, einem Unheil w.; Er ... wehrte den Räubern (Th. Mann, Joseph 117); Von diesem Augenblick an, da Jeanne die geliebte Geneviève umfängt und die ihr nicht wehrt (Joho, Peyrouton 85); Werden wir der viel zu weit gehenden, der unmenschlichen Isolierung alter Menschen w.? (R. v. Weizsäcker, Deutschland 81); R wehret den Anfängen! **3.** (geh. veraltend) *verwehren, untersagen:* jmdm. den Zutritt w.; ich will, kann er es nicht w.; Der Portier wollte uns den Speisesaal aufschließen, aber ein Mann, der wohl der Direktor des Hotels war, wehrte es ihm (Koeppen, Rußland 122); **Wehr|er|fas|sung,** die: *der Einberufung zum Wehrdienst vorausgehende Erfassung der Wehrpflichtigen durch die Wehrersatzbehörde;* **Wehr|er|satz|be|hör|de,** die: *Behörde der Bundeswehrverwaltung, die für die Heranziehung der Wehrpflichtigen zum Wehrdienst zuständig ist;* **Wehr|er|satz|dienst,** der: *Ersatzdienst:* W. leisten; **Wehr|er|satz|we|sen,** das ⟨o. Pl.⟩: *Gesamtheit der Dienststellen u. Maßnahmen zur Erfassung, Einberufung u. Überwachung der Wehrpflichtigen;* **Wehr|er|tüch|ti|gung,** die: vgl. Wehrsport; **Wehr|er|tüch|ti|gungs|la|ger,** das: *das Wehrertüchtigung dienende Lager:* Vater kehrte als Schießlehrer nach Harburg ins W. zurück (Harig, Ordnung 354); **Wehr|er|zie|hung,** die (bes. ehem. DDR): *Erziehung zur [verstärkten] Bereitschaft zum Wehrdienst;* **Wehr|etat,** der: *Etat für militärische Zwecke;* **Wehr|ex|per|te,** der: *militärischer Sachverständiger, Experte;* **Wehr|ex|per|tin,** die: w. Form zu ↑Wehrexperte; **wehr|fä|hig** ⟨Adj.⟩: *in der Lage, Wehr-, Kriegsdienst zu leisten:* -e Männer; im -en Alter; **Wehr|fä|hig|keit,** die: *das Wehrfähigsein;* **Wehr|füh|rer,** der: *an der Spitze einer Feuerwehr stehender Feuerwehrmann:* W. Hauptbrandmeister Ewald Rech begrüßte unter den Gästen auch Bürgermeister Rudolf Müller (Saarbr. Zeitung 8. 10. 79, 6); **Wehr|füh|re|rin,** die: w. Form zu ↑Wehrführer; **Wehr|gang,** der ⟨Pl. ...gänge⟩: *zur Verteidigung dienender, mit Schießscharten o. ä. versehener [überdachter] Gang, der oben an der Innen- od. Außenseite einer Burg- od. Stadtmauer entlangführt;* **Wehr|ge|hän|ge,** das: **a)** (Jägerspr.) ¹Koppel; **b)** (früher) *Gurt, Schulterriemen, an dem die [Stich]waffe getragen wird;* **Wehr|ge|henk,** das; -[e]s, -e (veraltet): *Wehrgehänge* (b): Aber dieses W. da, das ist doch nicht troisch? (Hagelstange, Spielball 145); **Wehr|ge|rech|tig|keit,** die ⟨o. Pl.⟩: *Gleichbehandlung aller Wehrpflichtigen nach den Grundsätzen des Grundgesetzes:* Der Bundeswehrverband hat eine Reihe von Vorschlägen unterbreitet, mit deren Hilfe eine größere W. erzielt werden soll (MM 6. 11. 69, 21); **wehr|haft** ⟨Adj.; -er, -este⟩ [mhd. wer(e)haft]: **1.** *fähig, in der Lage sich zu wehren, zu verteidigen:* ein -es Volk, Tier; Hirten seien sie ... und also w., gewohnt, den Löwen und Räuber anzunehmen (Th. Mann, Joseph 605); Ü „Es geht darum", so der Polizeioberrat zackig, „daß die -e *(gegen ihre Feinde vorzugehen fähige u. bereite)* Demokratie einmal Flagge zeigt." (Spiegel 11, 1986, 62). **2.** *zu Zwecken der Verteidigung ausgebaut; befestigt:* eine -e Stadt; im schönen Mittelzell mit seinem alten, -en Münster (Gute Fahrt 3, 1974, 41); **Wehr|haf|tig|keit,** die; -: *das Wehrhaftsein;* **Wehr|ho|heit,** die ⟨o. Pl.⟩: *Recht des Staats zur Aufstellung, Unterhaltung u. zum Einsatz von Streitkräften;* **Wehr|kir|che,** die: *(im MA.) befestigte Kirche, die in Kriegszeiten als Zuflucht für die Gemeinde dient;* **Wehr|kleid,**

das (schweiz.): *Uniform des Soldaten;* **Wehr|kraft,** die ⟨o. Pl.⟩: *(auf dem Vorhandensein und Einsatz von Streitkräften beruhende) militärische Kraft, Stärke;* **wehr|kraft|zer|set|zend** ⟨Adj.⟩: *die Wehrkraft zersetzend:* -e Propaganda; **Wehr|kraft|zer|set|zung,** die ⟨o. Pl.⟩: *Zersetzung der Wehrkraft (durch geeignete Propaganda o. ä.):* W. und Feigheit vor dem Feinde waren die Schlagworte, mit denen jedes Todesurteil gerechtfertigt wurde (Noack, Prozesse 81); jmdn. wegen W. anklagen, verurteilen, hinrichten; **Wehr|kreis,** der: vgl. Wehrbezirk; **Wehrkreis|kom|man|do,** das: vgl. Wehrbereichskommando; **Wehr|kun|de,** die ⟨o. Pl.⟩: *Militärwissenschaft;* **Wehr|kun|de|un|ter|richt,** der: *Unterricht in Wehrkunde;* **wehr|los** ⟨Adj.; -er, -este⟩ [mhd. werlōs]: *nicht fähig, nicht in der Lage, sich zu wehren, zu verteidigen:* ein -es Opfer, Kind, Tier; wir akzeptieren die weitere rasante Verteuerung der Stromkosten auf dem Buckel der -en Konsumenten (Basler Zeitung 27. 7. 84, 31); gegen jmds. Vorwürfe, Verleumdungen völlig w. sein; jmdm. w. ausgeliefert sein; Der Vogel appelliert also gleichsam dadurch, daß er sich w. macht, an die sozialen Hemmungen des anderen (Lorenz, Verhalten I, 43); Ü Wehrlos war er der Schönheit dieses Mädchens ausgeliefert (Dürrenmatt, Grieche 19); **Wehr|lo|sig|keit,** die; -: *das Wehrlossein;* **Wehr|macht,** die ⟨o. Pl.⟩: *Gesamtheit der Streitkräfte eines Staates (bes. in bezug auf das Deutsche Reich von 1921 bis 1945);* ¹*Militär* (1); **Wehr|macht|an|ge|hö|ri|ge** usw.: ↑ Wehrmachtsangehörige usw.; **Wehr|machts|an|ge|hö|ri|ge,** der u. die: *Angehörige[r] der Wehrmacht;* **Wehr|machts|be|richt,** der: *während des 2. Weltkrieges täglich herausgegebener Bericht des Oberkommandos der deutschen Wehrmacht über die Ereignisse an der Front:* Was sagt der W.? (Kempowski, Tadellöser 92); den W. hören, lesen; die polnische Luftwaffe war am Boden zerstört, wie es in den -en hieß (Lentz, Muckefuck 141); **Wehr|machts|hel|fe|rin,** die: *(im 2. Weltkrieg) Frau, die als Helferin in der Wehrmacht Dienst tut:* ... ehe sie vor die Wahl gestellt worden wäre, Rüstungsarbeiterin oder W. zu werden (Loest, Pistole 103); **Wehr|machts|of|fi|zier,** der: *Offizier der Wehrmacht;* **Wehr|machts|pfar|rer,** der: *Militärpfarrer der Wehrmacht;* **Wehr|machts|teil,** der: *Truppengattung, Teilstreitkraft:* Dienstgrad: Hauptmann, W.: Heer, Zivilberuf: Kaufmann ... (Böll, Adam 38); **Wehr|mann,** der: **1.** ⟨Pl. ...männer u. ...leute⟩ *Feuerwehrmann:* Mit ... mehr als drei Dutzend Wehrmännern geht die Völklinger Feuerwehr gegen das Feuer vor (Saarbr. Zeitung 20. 12. 79, 19). **2.** ⟨Pl. ...männer⟩ (schweiz.) *Soldat:* Etwa 20 Soldaten ... haben sich ... Erfrierungen zugezogen. Bei zweien waren die Erfrierungen zweiten Grades, und ein W. mußte bei der Spitalpflege gebracht werden (NZZ 26. 1. 83, 5); **Wehr|ma|te|ri|al,** das: vgl. Kriegsmaterial; **Wehr|mau|er,** die: *(im MA.) mit einem Wehrgang versehene Burg-, Stadtmauer;* **Wehr|me|di|zin,** die ⟨o. Pl.⟩: *Medizin* (1), *die auf die militärischen Belange ausgerichtet ist;* **wehr|me|di|zi|nisch** ⟨Adj.⟩: *die Wehrmedizin betreffend;* **Wehr|paß,** der: *Dokument, das Eintragungen über die erfolgte Musterung u. den abgeleisteten Wehrdienst eines Wehrpflichtigen enthält:* seinen W. verbrennen; **Wehr|pflicht,** die ⟨o. Pl.⟩: *Pflicht, Wehrdienst zu leisten:* die allgemeine W. einführen, abschaffen; **wehr|pflich|tig** ⟨Adj.⟩: *unter die Wehrpflicht fallend;* **Wehr|pflich|ti|ge,** der u. die; -n, -n ⟨Dekl. ↑ Abgeordnete⟩: *jmd., der wehrpflichtig ist;* **Wehr|po|li|tik,** die: *Politik auf militärischem Gebiet, im Bereich des Wehrwesens;* **Wehr|po|li|ti|ker,** der: *Politiker, der sich mit Wehrpolitik befaßt;* **Wehr|po|li|ti|ke|rin,** die: w. Form zu ↑ Wehrpolitiker; **wehr|po|li|tisch** ⟨Adj.⟩: *die Wehrpolitik betreffend;* **Wehr|psy|cho|lo|gie,** die: *Zweig der angewandten Psychologie, der auf die militärischen Belange ausgerichtet ist;* **Wehr|sold,** der: *Sold* (2): den W. erhöhen; **Wehr|spar|ta|kia|de,** die: *(ehem. DDR): Spartakiade im Wehrsport;* **Wehr|sport,** der: *Sport, der der Stärkung der Verteidigungsbereitschaft, der militärischen Ausbildung dient:* so wird der W. für die Bürger, besonders für die Jugendlichen und Reservisten der NVA, breit entwickelt (Werftstimme 7, 1985, 2); **Wehr|sport|grup|pe,** die: *meist rechtsextrem ausgerichtete Gruppe, deren Mitglieder sich in ihrer Freizeit zu gemeinsamen wehrsportlichen Übungen o. ä. treffen;* **wehr|sport|lich** ⟨Adj.⟩: *zum Wehrsport gehörend, ihn betreffend:* -e Veranstaltungen, Wettbewerbe; **Wehr|stand,** der: ⟨o. Pl.⟩ (veraltet): **a)** *Stand* (5 b) *der Soldaten;* **b)** *Gesamtheit der zum Wehrstand* (a) *gehörenden Personen;* **Wehrstein,** der (schweiz.): *Prellstein;* **Wehr|straf|recht,** das (Rechtsspr.): *Gesamtheit der gesetzlichen Bestimmungen, die Straftaten von Soldaten betreffen;* **Wehrtech|nik,** die: *Bereich der Technik, der sich mit der Entwicklung u. Bereitstellung von Waffen u. anderem Kriegsmaterial befaßt;* **wehr|tech|nisch** ⟨Adj.⟩: *zur Wehrtechnik gehörend, sie betreffend:* -e Entwicklungen; **Wehr|turm,** der: *(im MA.) befestigter Turm;* **Wehr|übung,** die: *zur weiteren militärischen Ausbildung dienende Übung für Wehrpflichtige nach Ableistung des Grundwehrdienstes.* **Wehr|ruf,** der (geh.): *Klageruf, Schmerzensruf:* einen W. ausstoßen; **wehr|un|wil|lig** ⟨Adj.⟩: *nicht bereit, Wehrdienst zu leisten;* **Wehr|un|wil|lig|keit,** die: *das Wehrunwilligsein;* **wehr|un|wür|dig** ⟨Adj.⟩ (ns.): *(nach nationalsozialistischer Auffassung) des Wehrdienstes (bes. auf Grund der Abstammung od. der politischen Einstellung) unwürdig u. deshalb davon ausgeschlossen:* ... obwohl die nun wirklich keine Soldaten waren, der Kurt Liebermann schon gar nicht, er war w. (Kirsch, Panterfrau 34); **Wehr|un|würdig|keit,** die (ns.): *das Wehrunwürdigsein;* **Wehr|ver|band,** der: *paramilitärischer Verband;* **Wehr|ver|fas|sung,** die: *Gesamtheit der das Militärwesen eines Landes betreffenden [Verfassungs]normen, daraus sich ergebende Ordnung des Militärwesens;* **Wehr|we|sen,** das ⟨o. Pl.⟩: vgl. Militärwesen; **Wehr|wil|le,** die: vgl.

Wehrbereitschaft; **Wehr|wis|sen|schaft,** die ⟨o. Pl.⟩: vgl. Militärwissenschaft.

Weh|weh [auch: -ˈ-], das; -s, -s (Kinderspr.): *schmerzende Stelle; kleine Verletzung, Wunde:* ein W. haben; **Weh|wehchen,** das; -s, - (ugs.): *nicht allzu ernst zu nehmendes kleines Leiden:* er hat immer irgendein W.; er neigt dazu, seine W. zu übertreiben; sie geht mit/bei jedem W. gleich zum Arzt; Ü Aber weil der Schauspieler Harteisen ein ganz kleines W. hat *(weil er in eine etwas unangenehme Lage geraten ist),* entdeckt er plötzlich, daß Unrecht in der Welt geschieht (Fallada, Jeder 115).

Weib, das; -[e]s, -er [mhd. wīp, ahd. wīb, H. u., viell. eigtl. = die umhüllte Braut od. die sich hin u. her bewegende, geschäftige (Haus)frau]: **1. a)** (veraltend) *Frau* (1) *als Geschlechtswesen im Unterschied zum Mann:* ein schönes, prächtiges, stolzes, böses, tugendhaftes, zartes, schwaches W.; Vom fernen Walde her kam jemand gegangen, ein junges W. in einem verblichenen blauen Rock (Hesse, Narziß 98); Wie die Frauen hier in ihren schwarzen Spitzentüchern anders Kinder trugen als die -er der Heimat (Werfel, Himmel 174); Komm, mein Junge, sei kein empfindsames W. *(sei nicht so empfindsam!;* Fallada, Herr 22); zum W. erwachen, heranwachsen; **b)** (ugs.) *[junge] Frau* (1) *als Gegenstand sexueller Begierde, als [potentielle] Geschlechtspartnerin:* ein rassiges, tolles, scharfes, geiles W.; -er aufreißen; sie haben nichts als -er im Kopf; hinter den -ern hersein; ein Kalender mit Fotos von nackten -ern; Er ist verheiratet und erzählt ständig von -ern, mit denen er rumfickt (Ziegler, Konsequenz 79); **c)** (abwertend) *unangenehme weibliche Person, Frau:* ein versoffenes, schlampiges, aufgedonnertes, intrigantes, hysterisches, tratschsüchtiges W.; das W. hat ihn ruiniert; was will das W. schon wieder?; ich kann dieses W. nicht mehr sehen, ertragen; wie kann man nur auf so ein W. reinfallen?; (als Schimpfwort:) blödes W.! **2.** (veraltet) *Ehefrau:* mein geliebtes W.; W. und Kinder haben; er nahm sich ein W. *(heiratete);* Kommst du auf meinen Hof und schwätzest mit meinem -e, wird einiges geschehen, was dir unangenehm ist (Jahnn, Geschichten 66); er begehrte, nahm sie zum Weib[e]; * W. und Kind (scherzh.: *die Familie):* er hat für W. und Kind zu sorgen; **Weib|chen,** das; -s, -: **1.** *weibliches Tier:* das W. legt die Eier. **2. a)** *Frauchen* (1): jetzt nahm das W. ein Messer, schnitt die Zweige und Gräserchen kaputt und warf alles in die Schüssel (Lenz, Suleyken 134); **b)** (oft abwertend) *Frau im Hinblick auf ihre typisch weiblichen Eigenschaften u. Fähigkeiten bes. im Bereich des Erotischen u. Sexuellen:* meine ... Vorstellungen darüber, wie eine Frau beschaffen sein müsse, um sich zum W. zu eignen (Dierichs, Männer 80); er hält sich die W....; dabei die Frau zum anschmiegsamen W. erniedrigend (Bodamer, Mann 99). **3.** (veraltet, noch scherzh.) *Ehefrau:* mein W.

Wei|bel, der; -s, - [↑ Feldweibel]: **1.** (früher) *mittlerer Dienstgrad (b), der bes. Sol-*

daten ausbildete u. beaufsichtigte. **2.** (schweiz.) *untergeordneter Angestellter in einem Amt, bei Gericht;* **wei|beln** ⟨sw. V.; ist⟩ (schweiz.): *werbend umhergehen.* **Wei|ber|chen** ⟨Pl.⟩: Vkl. zu ↑Weib; **Wei|ber|fas[t]nacht,** die (landsch.): *Altweiberfas[t]nacht;* **Wei|ber|feind,** der: *Mann, der sich aus Abneigung od. Verachtung von Frauen fernhält; Frauenfeind;* **Wei|ber|ge|schich|te,** die ⟨meist Pl.⟩ (salopp, oft abwertend): *erotisches Abenteuer mit einer Frau, mit Frauen:* seine -n interessieren mich nicht; daß eine W. dahintersteckte, das habe ich an seinem Gesicht gesehen (Baum, Paris 131); Von da an besuchte Hubert regelmäßig Jimmys Bar, ... geriet in den Ruf eines Nachtschwärmers, ... dem -n zuzutrauen waren (Härtling, Hubert 276); er hat immer -n; mit seinen -n angeben; **Wei|ber|ge|schwätz,** das (abwertend): *für Weiber* (2 b) *typisches Geschwätz;* **Wei|ber|ge|tratsch, Wei|ber|ge|trat|sche,** das (abwertend): vgl. Weibergeschwätz; ♦ **Wei|ber|gut,** das: *Vermögen, das die Frau in die Ehe mitbringt; Mitgift:* Die an Frauennamen gehängten Täler und Burgen bedeuteten für den Kundigen immer ein schönes W. (Keller, Kleider 24); **Wei|ber|held,** der (oft abwertend): *Frauenheld:* Henry John Morgan war ... einer der größten -en seiner Zeit, ein gewaltiger Suffkopp dazu (Spiegel 13, 1983, 273); **Wei|ber|klatsch,** der (abwertend): vgl. Weibergeschwätz; **Wei|ber|knecht,** der (verächtl.): *Mann, der sich einer Frau [unterwürfig] unterordnet, von Frauen abhängig ist:* Komm, jetzt sollst du mir mal zeigen, ob du noch was anderes bist als ein W. (Fallada, Herr 194); **Wei|ber|kno|ten,** der (Seemannsspr.): *falsch geknüpfter Kreuzknoten;* **Wei|berl,** das; -s, -[n] (österr. salopp): *Frau;* **Wei|ber|lein** ⟨Pl.⟩: Vkl. zu ↑Weib; **Wei|ber|leu|te** ⟨Pl.⟩ (veraltend, meist abwertend): *Frauen:* für die ledigen W. an einem Tag, an einem anderen für die ledigen Mannspersonen (Wimschneider, Herbstmilch 58); **Wei|ber|list,** die (veraltend abwertend): *typisch weibliche List;* **Wei|ber|rock,** der (veraltend): *Frauenrock;* **Wei|ber|tratsch,** der (abwertend): vgl. Weibergeschwätz: Ein Kind und kein Vater dazu, blödes Gerede im Dorf ..., W. (Kant, Impressum 289); **Wei|ber|volk,** das ⟨o. Pl.⟩ (veraltend, meist abwertend): *Frauen:* Die haben den Dreh raus ..., die bringen ihrem W. bei zu dienen (Baldwin [Übers.], Welt 34); **Wei|ber|wirt|schaft,** die ⟨o. Pl.⟩ (abwertend): *unüblicherweise nur od. vorwiegend von Frauen ausgeführte Tätigkeiten:* Das weibliche Zugpersonal irritiert ihn, das ist ja hier die reinste W. (Kempowski, Zeit 417); Keine W., nicht einen von diesen verdammten Unterröcken will ich sehen (Fallada, Herr 204); **wei|bisch** ⟨Adj.⟩ [spätmhd. wībisch] (abwertend): *nicht die für einen Mann als charakteristisch erachteten Eigenschaften habend, nicht männlich; feminin* (1 c): ein -er Schönling; Der -e Pfaff in Seide, wie er im Buch steht (Benrath, Konstanze 139); Es war eigentlich ein männliches Gesicht, eher weichlich, um nicht zu sagen w. (Riess, Auch 15); seine Bewegungen wirkten w.; **Weib|lein,** das; -s, -: **1.** *kleine, alte Frau:* ein verhutzeltes, altes W.; Ludwig Karnickel schleppte das W. nach Hause (Lenz, Suleyken 139). **2.** (scherzh.) *Frau* (1): Männlein und W. befanden sich zusammen in der Sauna; unsere Jugend gibt uns keiner zurück. Man muß die W. nehmen, die jungen, solange sie uns locken (Frisch, Nun singen 135); **weib|lich** ⟨Adj.⟩ [mhd. wīplich, ahd. wiblīh]: **1.** *dem gebärenden Geschlecht* (1 a) *angehörend:* eine -e Person; -e Lehrlinge, Angestellte, Mitglieder; ... zu untersuchen, welche Rolle dabei -e Zuhälter einnehmen (Schwarzer, Unterschied 93); ein Kind -en Geschlechts; das -e Geschlecht *(die Frauen);* -e Wesen; ein -er *(eine Frau darstellender)* Akt; ein -es Tier; -e (Bot.: *die Frucht hervorbringende)* Blüten; -e Erbfolge *(Erbfolge, bei der auch weibliche Nachkommen berücksichtigt werden).* **2.** *zur Frau als Geschlechtswesen gehörend:* die -en Geschlechtsorgane; -e [Körper]formen; die -e Brust; -e Vornamen; eine -e Singstimme; eine -e Stimme *(Frauenstimme)* meldete sich am Telefon. **3.** *von der Art, wie es (in einer Gesellschaft) für die Frau, das weibliche Geschlecht als typisch, charakteristisch gilt; feminin* (1 a, b): eine typisch -e Eigenschaft; ein sehr -er Duft, durch den die süße Herbheit des Jasmins weht (Petra 10, 1966, 89); sie ist sehr w.; die Damenmode ist in dieser Saison wieder sehr w.; ich muß es auch tun (= sticken), ... weil ich endlich w. erzogen werden soll (Keun, Mädchen 132); ⟨subst.:⟩ sie hat wenig Weibliches. **4. a)** *(Sprachw.) dem grammatischen Geschlecht Femininum zugehörend; feminin* (2): -e Substantive, Endungen, Formen; der -e Artikel „la"; die Abstrakta auf -keit haben -es Geschlecht, sind w.; **b)** *(Verslehre) mit einer Senkung* (5) *endend; klingend;* **Weib|lich|keit,** die; -, -en: **1.** ⟨o. Pl.⟩ *weibliches Geschlecht, weibliches Wesen, weibliche Art:* Wird aber ihre (= der Hündin Minime) W. aktuell *(ist sie aber läufig),* so klappert er (= der Rüde Fripon) ... vor ... Verliebtheit derart mit den Zähnen, daß ... (Th. Mann, Krull 389); Ein ... Parfüm voller W. (Petra 10, 1966, 91). **2.** (scherzh.) **a)** ⟨o. Pl.⟩ *Gesamtheit der [anwesenden] Frauen:* ich trinke auf das Wohl der holden W.; Das schlechte Wetter ... und die Sorgen um das Haushaltsgeld wurden zunächst für diese Zurückhaltung der deutschen W. verantwortlich gemacht (Saarbr. Zeitung 6./7. X. 79, 15); **b)** *weibliches Wesen:* Die beiden -en allerdings, Mutter und Tochter (Kempowski, Zeit 161); **Weib|lich|keits|wahn,** der ⟨o. Pl.⟩: *übertriebener Kult mit der Weiblichkeit:* Mit dem Prozeß der Emanzipierung und Liberalisierung geht ein Kampf gegen die Verherrlichung der Mutterschaft, gegen den „Weiblichkeitswahn" ... einher (Ruthe, Partnerwahl 181); **Weibs|bild,** das [mhd. wībes bilde, urspr. = Gestalt einer Frau]: **1.** (ugs., bes. südd., österr.) *Frau:* ein strammes, schmuckes W.; Sie müssen sich vorstellen, daß meine Mutter ein kräftiges W. war (Hilsenrath, Nazi 15). **2.** (salopp abwertend) *Weib* (2 b): dieses verfluchte W. ist an allem schuld; (als Schimpfwort:) blödes W.!; **Weibsen,** das; -s, - ⟨meist Pl.⟩ (ugs. scherzh.): *Frau:* Zwei alte W. tuschelten (Henscheid, Madonna 380); **Weibs|leu|te** ⟨Pl.⟩ (ugs. veraltend): *Frauen:* Die Holzscheite wurden von Männern kleingehackt und dann von den -n zum Trocknen aufgerichtet (Wimschneider, Herbstmilch 47); **Weibs|per|son,** die: **1.** (ugs. veraltend) *Frau, weibliche Person:* ein anderer Mann, ein anderes Mädchen, und gleich darauf eine dritte, abermals eine W. (Fussenegger, Zeit 208). **2.** (salopp abwertend) *Weib* (2 b); **Weibs|stück,** das (salopp abwertend): *verachtenswerte weibliche Person:* ein verkommenes W.; die Frau, die ... ihm das eingebrockt hatte, erschien ihm als ein derbes böses W. (Musil, Mann 236); **Weib|stück,** das (landsch. veraltend): *Frau, weibliche Person:* Hast wohl ein W. *(eine* ²*Geliebte* 1 b) *hier wo?* (Strittmatter, Wundertäter 201); **Weibs|volk,** das ⟨o. Pl.⟩ (veraltend, meist abwertend): *Weibervolk.*
weich ⟨Adj.⟩ [mhd. weich, ahd. weih, eigtl. = nachgebend, verw. mit ↑²weichen]: **1. a)** *nicht hart od. fest, sondern einem Druck leicht nachgebend; so beschaffen, daß ein Verändern der Form leicht, mit geringem Kraftaufwand möglich ist:* -e Kissen, Polster, Matratzen; ein -er Kunststoff; ein relativ -er Stein, Stahl; Der Wagen ... überschlug sich im -en Akkerboden (Nossack, Begegnung 145); ein -er Bleistift *(Bleistift mit weicher Mine);* das Bett ist mir zu w.; die Butter ist ganz w. geworden; das Fleisch w. klopfen; das Gemüse ist noch nicht w. *(gar);* das Wachs ist w. *(formbar);* etw. ist w. wie Wachs, wie Butter; die Eier w. kochen; der Wagen ist zu w. gefedert; hier sitzt, liegt man w. *(sitzt, liegt man bequem, weil die Unterlage weich ist);* Ü er hat sich w. gebettet *(hat sich das Leben bequem gemacht);* **b)** *nicht hart od. rauh, sondern geschmeidig, sich schmiegsam, zart, wollig o. ä. anfühlend:* ein -er Pullover, Pelz; eine -e Zahnbürste; ein -es Fell; -e Federn, Daunen; Das Leder ihrer hohen Schaftstiefel ist wunderbar w., wie Juchten (Remarque, Westen 136); ein junges Mädchen ..., das -e schwarze Haar in zwei Zöpfen niederhängend (Seidel, Sterne 64); ihre Haut ist w.; der Stoff, die Wolle ist schön w.; etw. ist w. wie Seide, wie Samt; Ü der Cognac ist wunderbar w.*(mild);* **c)** *(von Wasser)* kalkarm: -es Wasser; **d)** (selten) *(von Geld o. ä.) nicht stabil:* eine -e Währung; -e Preise; **e)** *(von Drogen)* keine physische Abhängigkeit auslösend: Marihuana gilt als -e Droge; Ich hab's doch versucht! Ich hab's ja nicht einmal geschafft, von den -en Sachen runterzukommen (Gabel, Fix 126); **f)** *ohne Wucht erfolgend; nicht abrupt, sondern behutsam; sanft:* eine -e Landung; eine -e *(Fußball: mit mehr Gefühl als Wucht ausgeführte)* Flanke; Er wäre der erste auf dem Mars „weich" landen würden (MM 2. 2. 68, 15); bei glatter Straße muß man möglichst w. abbremsen; Ü -e *(umweltschonende)* Techniken; ... daß die Förderung der alternativen, -en *(umweltfreundlichen)* Energiequellen weit über

zwei Millionen qualitative Arbeitsplätze schaffen kann (Kelly, Um Hoffnung 202). **2. a)** *nicht entschlossen, nicht energisch, sondern leicht zu beeindrucken, zu bewegen; empfindsam u. voller Mitgefühl; nachgiebig:* ein -es Gemüt, Herz haben; er ist ein sehr -er Mensch; für dieses Geschäft ist er viel zu w.; Das Staunen stimmte uns -er, man konnte w. sein, ohne sentimental zu werden (Chr. Wolf, Nachdenken 208); ihm wurde w. ums Herz *(etw. rührte ihn;)* die Bitten der Kinder stimmten sie w. *(rührten sie);* das Spiel der Gäste war zu w. (Sport Jargon; *nicht energisch, aggressiv genug*); * **w. werden** (ugs.; *seinen Widerstand, Einspruch aufgeben*): die Kinder bettelten, bis die Mutter w. wurde; **b)** *(von jmds. Äußerem) nicht scharf u. streng, sondern Milde, Empfindsamkeit ausstrahlend:* -e Züge; sie hat ein -es Gesicht; frühes Fett an Kinn und Wangen, der Mund u. w., der Hals zu kurz ... (Stern, Mann 402); **c)** *durch das Fehlen von scharfen Konturen, Kontrasten, von Spitzen, Ecken, Kanten gekennzeichnet:* -e Linien, Übergänge; -e, verschwimmende Umrisse; -e, weibliche Körperformen; der -e Stil (Kunstwiss.; *etwa 1390–1430 in Mitteleuropa herrschende Stilrichtung bes. der gotischen Plastik, die sich durch zarte, elegante Linien, anmutige Gestalten u. reichen Faltenwurf auszeichnet*); Er erzeugt also keine Striche, sondern w. ineinander verlaufende Licht- und Schattenflächen (Bild. Kunst III, 82). **3. a)** *nicht schrill, sondern angenehm warm, gedämpft klingend:* er hat einen -en Tenor; die Geige hat einen -en Klang; die Tür fiel mit -em Klicken ... ins Schloß (Martin, Henker 81); -e *(stimmhafte)* Konsonanten; ihre Stimme ist plötzlich tief und w. (Remarque, Obelisk 230); w. klingen; **b)** *nicht grell, vom Auge als angenehm, warm o. ä. empfunden:* ein Kleid in -en Brauntönen; eine -e Beleuchtung; im -en Licht des Spätnachmittags (Fries, Weg 36). **4.** *(vom Klima o. ä.) mild* (2 a): eine -e Luft. **Weich|bild,** das; -[e]s, -er ⟨Pl. selten⟩ [mhd. wīchbilde, 1. Bestandteil mhd. wīch- (in Zus.), ahd. wīh = Wohnstätte, Siedlung < lat. vicus = Dorf, Gehöft, 2. Bestandteil im Sinne von „Recht" viell. verw. mit mhd. unbil (↑ Unbill), also eigtl. = Ortsrecht]: **1.** (hist.) **a)** *Orts-, Stadtrecht;* **b)** *Bezirk, der dem Orts-, Stadtrecht untersteht.* **2.** *Stadtgebiet (bes. einer größeren Stadt):* wir nähern uns dem W. von Köln; gerade außerhalb des -es der großen Stadt (Lentz, Muckefuck 18); Und erst viel später, schon im W. der Bundeshauptstadt, kehrte die Erinnerung noch einmal zurück (Weber, Tote 136). **Weich|blei,** das: *unlegiertes Blei;* ¹**Weiche,** die; -, -n [1: mhd. weiche, ahd. weihhī; 2: frühmhd. eigtl. = weicher Körperteil]: **1.** ⟨o. Pl.⟩ (selten) *Weichheit:* Und noch ein anderes Grün war da, an Zartheit und lieblicher W. das Grün des neuen Grases noch weit übertreffend (Th. Mann, Zauberberg 505). **2.** *Flanke* (1): Ich ... spürte weder meine wunde W. (dichter.; *Seite*) noch meinen geschundenen Hals (Hagelstange, Spielball 124); Der Junge ... hatte die Beine von sich gestreckt, so daß ein neuer Erguß schwarzen Blutes ... an seiner linken W. (dichter.; *Seite*) seitlich herabrann (Jahnn, Geschichten 135); dem Pferd die Sporen in die -n drücken.

²**Wei|che,** die; -, -n [urspr. = Ausweichstelle in der Flußschiffahrt, viell. zu (m)niederd. wīk = Bucht od. zu ↑ ²weichen]: *Konstruktion miteinander verbundener Gleise, mit deren Hilfe Schienenfahrzeugen der Übergang von einem Gleis auf ein anderes ohne Unterbrechung der Fahrt ermöglicht wird:* die -n stellen; die W. war falsch, richtig gestellt; der Waggon war aus der W. gesprungen; * **die -n [für etw.] stellen** *(die Entwicklung [auf etw. hin] im voraus festlegen):* mit diesem Beschluß hat das Kabinett die -n für die Steuerreform gestellt.

Weich|ei|sen, das: *unlegiertes, fast reines Eisen, das bes. wegen seiner guten Magnetisierbarkeit, seinen beständigen Eigenschaften u. a. vorzugsweise in der Elektrotechnik eingesetzt wird;* ¹**wei|chen** ⟨sw. V.⟩ [mhd., ahd. weichen]: **1.** *[durch Liegen in Flüssigkeit o. ä.] weich werden* ⟨ist⟩: die Wäsche, die Bohnen einige Stunden w. lassen; Im Waschbecken weichten blutverkrustete Tupfer (Sebastian, Krankenhaus 92). **2.** (seltener) *weich machen* ⟨hat⟩: Wäsche w. *(einweichen;)* Es war ... ein ägyptischer Papyrusstrick, wunderbar geweicht, geklopft und geschmeidigt (Th. Mann, Joseph 591).

²**wei|chen** ⟨st. V.; ist⟩ [mhd. wīchen, ahd. wīchan, eigtl. = ausbiegen, nachgeben, verw. mit ↑ ¹Weide]: **1.** *sich von jmdm., etw. entfernen; weggehen:* jmdm. nicht von der Seite/nicht von jmds. Seite w.; sie wich nicht von seinem [Kranken]bett; sie wichen keinen Schritt von ihrem Weg; Wie ein Gespenst blieb er stehen und wich nicht von der Stelle (Hesse, Narziß 168); Die erwachsenen Löwen weichen keinen Zoll von ihren Futterplätzen (natur N, 1991, 56); Ü Das Blut war aus ihrem Gesicht gewichen (geh.; *sie war blaß geworden*); Ihr Blick wich nicht so bald von mir (Th. Mann, Krull 300). **2.** *(bes. einer Übermacht o. ä.) Platz machen, das Feld überlassen:* der Gewalt, dem Feind w.; Er wich ihnen schrittweise (H. Mann, Stadt 280); Wir sind doch hinter den weichenden Gegnern, daß ... (Remarque, Westen 87); Ü sie wichen einem moralischen Druck (Kirst, Aufruhr 112); die alten Bäume mußten einem Neubau w.; Die Verstörung wich erst dann der Erleichterung ..., als ... (Ransmayr, Welt 121). **3.** (geh.) *allmählich nachlassen, seine Wirkung verlieren, schwinden, verschwinden:* die Beklommenheit, die Befangenheit, alle Unruhe war [von ihm] gewichen; Als meine Sonnenblindheit wich, sah ich, daß ... (Rinser, Mitte 98); Damit wich aber ... für Matthias Roth nicht der Geschmack des Liederlichen von der Szene (Kronauer, Bogenschütze 118).

Wei|chen|stel|ler, der: *Weichenwärter;* **Wei|chen|stel|le|rin,** die: w. Form zu ↑ Weichensteller; **Wei|chen|stel|lung,** die: *Maßnahme, Entscheidung, durch die eine zukünftige Entwicklung vorherbestimmt wird:* Die W. für das neue Regierungsbündnis ... hatte sich bereits angedeutet, als ... (W. Brandt, Begegnungen 297); in kaum einer anderen Bereich ... sind gesetzgeberische -en dringlicher als in der Krankenversicherung (Tages Anzeiger 12.11.91, 1); wichtige politische -en vornehmen; **Wei|chen|wär|ter,** der: *Bahnarbeiter, der die Weichen in einem bestimmten Bereich bedient;* **Wei|chen|wär|te|rin,** die: w. Form zu ↑ Weichenwärter.

Weich|fa|ser, die: *weiche, biegsame Faser;* **Weich|fut|ter,** das (bes. Viehzucht): *weiches, bes. eiweißhaltiges Tierfutter;* **weich|ge|dün|stet**¹ ⟨Adj.; weicher, am weichsten gedünstet⟩; vgl. weichgekocht (a); **weich|ge|klopft**¹ ⟨Adj.; weicher, am weichsten geklopft⟩: *durch Klopfen weich geworden:* -es Fleisch; **weich|ge|kocht**¹ ⟨Adj.; weicher, am weichsten gekocht⟩: **a)** *durch Kochen weich geworden:* -es Fleisch; **b)** *(von Eiern) so lange gekocht, bis das Eiweiß fest, das Eigelb aber noch flüssig ist;* **weich|ge|pol|stert**¹ ⟨Adj.; weicher, am weichsten gepolstert⟩: *eine weiche Polsterung habend:* -e Stühle; **weich|ge|sot|ten**¹ ⟨Adj.; weicher, am weichsten gesotten⟩ (landsch.): *weichgekocht;* **Weich|glas,** das: *Glas, das die Eigenschaft relativ großer Wärmeausdehnung aufweist;* **Weich|grund|ät|zung,** die (bild. Kunst): *Vernis mou;* **Weich|heit,** die; -, -en ⟨Pl. selten⟩ [mhd. weichheit]: *das Weichsein, weiche Beschaffenheit;* **weich|her|zig** ⟨Adj.⟩: *mitfühlend, vom Leid anderer schnell berührt:* ein -er Mensch; sie ist viel zu w.; **Weich|her|zig|keit,** die; - ⟨Pl. selten⟩: *weichherzige Art;* **Weich|holz,** das: **a)** *sehr weiches, leichtes Holz;* **b)** *Splint* (2); **Weich|käfer,** der: *in zahlreichen Arten vorkommender Käfer mit weichen Flügeldecken; Kantharide;* **Weich|kä|se,** der: *weicher, kremiger o. ä. Käse* (z. B. Camembert); **weich|kochen** ⟨sw. V.; hat⟩ /vgl. weichgekocht/ (salopp): *weichmachen:* Da kochen die Polizisten den Besitzer der Pizzeria weich (Lindlau, Mob 56); **weich|lich** ⟨Adj.⟩ [mhd. weichlich] (abwertend): **1.** *ein wenig weich; nicht ganz hart:* das Eis war schon w.; sie redeten darüber, wie verwunderlich fest Schnecken waren, wie gar nicht w., drei Stunden lang hatte Wallmann gekocht (Loest, Pistole 153). **2. a)** *(bes. von Männern) keiner [körperlichen] Anstrengung gewachsen; verzärtelt:* ein -er Mensch; er ist viel zu w. für diese Bergtour; **b)** *allzu nachgiebig u. schwankend; ohne [innere] Festigkeit:* ein -er Charakter; eine -e Haltung, Art; **Weich|lich|keit,** die; -: *weichliche Art;* **Weich|ling,** der; -s, -e [mhd. weicheling] (abwertend): *weichlicher Mann; Schwächling:* Er redet nicht viel, schlägt lieber zu. Für -e hat er nichts übrig (Spiegel 6, 1977, 154); **Weich|lot,** das (Technik): *beim Weichlöten verwendetes Lot;* **weich|lö|ten** ⟨sw. V.; hat; Zusschr. nur im Inf. u. 2. Part.⟩ (Technik): *mit bei verhältnismäßig niedrigen Temperaturen schmelzendem Lot löten;* **weich|ma|chen** ⟨sw. V.; hat⟩ (ugs.): *zum Nachgeben bewegen:* laß dich von ihm nicht w.!; er bot immer mehr Geld und machte Carr auf diese Weise schließlich weich (Grzimek, Serengeti

Weichmacher 3874

141); **Weich|ma|cher,** der (Chemie, Technik): *Substanz, die Kunststoffen od. Kautschuk zugesetzt wird, um sie elastischer zu machen;* **weich|mäu|lig** ⟨Adj.⟩: *(von Pferden) am Maul empfindlich, die Zügel leicht spürend u. daher leicht zu lenken;* **weich|mü|tig** ⟨Adj.⟩ (geh. veraltend): *weichherzig:* Er selbst war w. und zu Tränen geneigt, das war seine Natur (Th. Mann, Hoheit 36); **Weich|mü|tig|keit,** die; - (geh. veraltend): *Weichherzigkeit;* **Weich|por|zel|lan,** das: *Porzellan, das bei geringerer Temperatur gebrannt wird u. nicht sehr fest u. haltbar ist;* **weich|schal|lig** ⟨Adj.⟩: *eine weiche Schale (1) besitzend.*
¹**Weich|sel,** die; -: *Fluß in Polen.*
²**Weich|sel,** die; -, -n [mhd. wīhsel, ahd. wīhsela, verw. mit russ. višnja = Kirsche u. griech. ixós = Vogelleim, lat. viscum = Vogelleim (Kirschbaumharz diente als Vogelleim)] (landsch.): kurz für ↑Weichselkirsche (1); **Weich|sel|baum,** der: **1.** (landsch.) *Sauerkirsche.* **2.** *Weichselkirsche (2);* **Weich|sel|kir|sche,** die: **1.** (landsch.) **a)** *Sauerkirsche (1);* **b)** *Sauerkirsche (2).* **2.** *(zu den Rosengewächsen gehörende) Pflanze mit weißen, in Dolden stehenden Blüten u. kleinen schwarzen, bitteren Früchten;* **Weich|sel|pfei|fe,** die: *Pfeife aus Weichselrohr;* **Weich|sel|rohr,** das: *Holz der Weichselkirsche (2).*
Weich|sel|zopf, der [unter Anlehnung an den Flußnamen Weichsel volkset ym. umgebildet aus poln. wieszczyce = Weichselzopf, zu: wieszczyca = Nachtgespenst (nach altem Volksglauben rührt der Weichselzopf von diesem her)] (veraltet): *verfilzte Haare infolge starker Verlausung.*
Weich|spü|ler, der, **Weich|spül|mit|tel,** das: *Spülmittel (1), das dazu dient, Wäsche weicher zu machen;* **Weich|strahltech|nik,** die: *Verfahren der Röntgenuntersuchung mit Röhren von relativ niedriger Spannung, das bes. bei der Mammographie eingesetzt wird;* **Weich|tei|le** ⟨Pl.⟩: **a)** (Anat.) *Gesamtheit der knochenlosen Teile des Körpers (z. B. Muskeln, Eingeweide);* **b)** (ugs.) *[männliche] Genitalien:* Du wirst den Schlag ... kaum spüren, sofern er dich nicht in die W. trifft (Fels, Kanakenfauna 140); **Weich|tier,** das ⟨meist Pl.⟩ [für frz. mollusque]: *wirbelloses Tier mit wenig gegliedertem Körper; Molluske;* **Weich|wäh|rungs|land,** das (Wirtsch.): *Land mit einer weichen (1 d) Währung;* **Weich|zeich|ner,** der (Fot.): *Objektiv od. Filter, das dazu dient, die Konturen der abgebildeten Objekte, die Abgrenzung von Licht u. Schatten weniger scharf erscheinen zu lassen:* einen W. verwenden; etw. mit einem W. aufnehmen.
¹**Wei|de,** die; -, -n [mhd. wīde, ahd. wīda, eigtl. = die Biegsame, nach den biegsamen, zum Flechten dienenden Zweigen]: *(auf feuchtem Boden, am Wasser) als Strauch od. Baum wachsende Pflanze mit elliptischen od. lanzettlichen Blättern u. biegsamen Zweigen u. zweihäusigen Blüten in Kätzchen:* ... den verwehten Weg an den kahlen, gekappten -n entlang (Wiechert, Jeromin-Kinder 439); die Elfenkönigin hatte sich ... gewiß frierend in eine von den hohlen -n verkrochen (Geissler, Nacht 78).
²**Wei|de,** die; -, -n [mhd. weide, ahd. weida, eigtl. = Nahrungssuche, Jagd]: *grasbewachsenes Stück Land, auf dem das Vieh weiden kann, das zum Weiden genutzt wird:* eine grüne, fette, magere W.; die Kühe, die Schafe auf die/zur W. treiben; das Vieh grast auf der W., bleibt das ganze Jahr auf der W.; Wenn die Großmagd abends das Vieh von der W. rufen wollte ... (Radecki, Tag 116); Ü Eine fruchtbare W. für den Psychologen, der wissen will, welche Urbilder hier den Gläubigen bis zur Besessenheit beherrschten (Thieß, Reich 171); **Wei|de|flä|che,** die: vgl. Weideland; **Wei|de|gang,** der: *Nahrungssuche des Viehs auf der Weide;* **Wei|de|ge|rech|tig|keit,** die (bes. früher): *Recht, Vieh auf fremden Grundstücken weiden zu lassen;* **Wei|de|grund,** der: vgl. **Wei|de|land,** das: *zum Weiden des Viehs genutztes, sich dazu eignendes Grünland;* **Wei|de|gras,** das; -es [zu ↑²Weide, eine bestimmte Art ist ein gutes Weidegras]: *Lolch;* **Wei|de|mo|nat, Wei|de|mond,** der (veraltet): *Mai;* **wei|den** ⟨sw. V.; hat⟩ [mhd. weide(ne)n, ahd. weid(an)ōn = jagen, Futter suchen; weiden]: **1.** *(von pflanzenfressenden Tieren, bes. Haustieren) sich im Freien, auf einer ²Weide pflanzliche Nahrung suchen u. fressen; grasen:* die Schafe, Pferde weiden; das Vieh w. lassen; eine Graugans, die den ganzen Tag im Freien geweidet hat (Lorenz, Verhalten I, 323); Sie (= die Bienen) weideten auf der Wiese (Jünger, Bienen 88); Ü Es wird Zeit für mich, die Augen auf den grünen Ebenen ... und an den Ginsterhängen ... w. zu lassen, anders kommt mir keine substantielle Nahrung in den Geist (Stern, Mann 147). **2.** *(Tiere) grasen lassen [u. dabei beaufsichtigen]:* Kühe, Ziegen w. **3.** ⟨w. + sich⟩ **a)** (geh.) *sich an etw., bes. einem schönen Anblick, erfreuen, ergötzen:* sich an der schönen Natur w.; er weidete sich an ihren breiten, vollen Schultern, an ihren festen Hüften, an den langen, gutgewachsenen Beinen (Kirst, 08/15, 28); ihre Blicke weideten sich an dem herrlichen Anblick; **b)** (abwertend) *sich in hämischer od. sadistischer Weise an etw. ergötzen, was für einen andern unangenehm ist, worunter ein anderer leidet:* sich an jmds. Angst, Verzweiflung, Not, Pein, Qualen w.; Vierbein wurde flammend rot, und Schulz weidete sich an dessen Verlegenheit (Kirst, 08/15, 468); Prall weidete sich an der Überraschung des Dekorierten (Fallada, Jeder 157).
Wei|den|baum, der: vgl. ¹Weide; **Wei|den|boh|rer,** der: *(zu den Holzbohrern gehörender) großer Schmetterling, dessen rotbraune Raupe im Holz von Weiden, Pappeln u. Obstbäumen lebt;* **Wei|den|busch,** der: vgl. ¹Weide; **Wei|den|ger|te,** die: *dünner, vom Laub befreiter Zweig der Weide;* **Wei|den|kätz|chen,** das: *Kätzchen (4) der Weide;* **Wei|den|korb,** der: *aus Weidenruten geflochtener Korb;* **Wei|den|mei|se,** die: *in feuchten Wäldern u. an von Weiden bestandenen Flüssen lebende, in Höhlen brütende, der Sumpfmeise ähnliche Meise;* **Wei|den|rös|chen,** das [die Blätter ähneln denen der Weide]: *(als Staude wachsende) Pflanze mit länglichen [gezähnten] Blättern u. roten, purpurnen od. weißen Blüten;* **Wei|den|ru|te,** die: *Weidengerte;* **Wei|den|stumpf,** der: *Stumpf eines Weidenbaums.*
Wei|de|nut|zung, die: *Nutzung (einer Fläche) als Weide;* **Wei|de|platz,** der: *zum Weiden (1) geeignete Stelle:* ... traue ich einer alten Graugans die ungeheure Gedächtnisleistung durchaus zu, jeden Schlaf- und Weideplatz von Lappland bis zum Donaudelta wiederzuerkennen (Lorenz, Verhalten I, 33).
Wei|de|rich, der; -s, -e [die Blätter ähneln denen der ¹Weide; vgl. Knöterich]: *(in vielen Arten vorkommende) Pflanze mit an vierkantigen Stengeln sitzenden Blättern u. in Trauben od. Ähren stehenden Blüten.*
Wei|de|rind, das: vgl. Weidevieh; **Wei|de|vieh,** das: *auf der Weide gehaltenes Vieh;* **Wei|de|wirt|schaft,** die: *in der Haltung von Weidevieh bestehende Landwirtschaft.*
Weid|ge|nos|se, der (Jägerspr.): *Kamerad bei der Jagd;* **Weid|ge|nos|sin,** die (Jägerspr.): w. Form zu ↑Weidgenosse; **weid|ge|recht** ⟨Adj.⟩ (Jägerspr.): *der Jagd u. dem jagdlichen Brauchtum gemäß [handelnd]:* ein -er Jäger; ein Tier w. erlegen, aufbrechen; **Weid|ge|rech|tig|keit,** die (Jägerspr.): *das Weidgerechtsein;* **weid|lich** ⟨Adv.⟩ [mhd. weide(ne)n, wahrsch. zu: weide(ne)n, ahd. weid(an)ōn (↑weiden), demnach eigtl. = weidgerecht, dann = sehr, gehörig] (veraltend): *in kaum zu übertreffendem Maße; sehr, gehörig:* eine Gelegenheit w. ausnutzen; sich w. über jmdn., etw. lustig machen; Auf der Geschichte ... wird er w. herumgeritten (Mostar, Unschuldig 166); Man ... plagt sich freilich im Exil noch -er als zu Hause (K. Mann, Wendepunkt 271); **Weid|ling,** der; -s, -e [1: mhd. weidlinc, zu ↑²Weide in der Bedeutung „Fischfang"]: **1.** (landsch., bes. süd(west)d. u. schweiz.) *[Fischer]boot, kleines Schiff:* die Polizei, die kurz darauf mit einem grünen W. anruderte (Frisch, Gantenbein 489). **2.** (südd., österr.) *Weitling;* **Weid|loch,** das (Jägerspr.): *After von Wild u. Jagdhunden;* **Weid|mann,** der ⟨Pl. ...männer⟩ [mhd. weideman = Jäger; Fischer] (Jägerspr.): *[weidgerechter] Jäger:* „Sie sind W., nehme ich an", „Nur gelegentlich ..." (Th. Mann, Krull 345); **weid|män|nisch** ⟨Adj.⟩ (Jägerspr.): *in der Art eines [rechten] Weidmannes;* **Weid|manns|dank** (Jägerspr.): *Antwort auf den Gruß „Weidmannsheil!" (wenn jmd. ein Tier erlegt hat);* **Weid|manns|heil** (Jägerspr.): *Gruß der Jäger untereinander, Wunsch für guten Erfolg bei der Jagd u. Glückwunsch für Jagdglück;* **Weid|manns|spra|che,** die (Jägerspr.): *Sprache, Jargon der Jäger;* **Weid|mes|ser,** das (Jägerspr.): *Jagdmesser;* **Weid|sack,** das (Jägerspr.): *Pansen (1);* **Weid|spruch,** der (Jägerspr.): *alte Redensart der Jäger;* **Weid|werk,** das [mhd. weidewerc = Jägerei; die zur Jagd gehörigen Tiere] (Jägerspr.): *Jagdwesen; Handwerk des (weidgerechten) Jägers;* **weid|wund** ⟨Adj.⟩ [eigtl. wohl = an den Eingeweiden verwundet, urspr. vom Menschen gebr.] (Jägerspr.): *in die Eingeweide geschossen*

u. daher todwund: ein *-es* Tier; ein Reh w. schießen.
Weife, die; -, -n [zu ↑weifen] (Textilind.): *Haspel;* **weifen** ⟨sw. V.; hat⟩ [zu mhd. wīfen, ahd. wīfan = winden] (Textilind.): *haspeln.*
Weigand, der; -[e]s, -e [mhd., ahd. wīgant, zu mhd. wīgen, ahd. wīgan, ↑weigern] (veraltet): *Kämpfer, Held.*
Weigelie, die; -, -n [nach dem dt. Naturwissenschaftler Ch. E. Weigel (1748 bis 1831)]: *häufig als Zierstrauch kultivierte Pflanze mit ovalen gesägten Blättern u. roten od. rosafarbenen glockenförmigen Blüten.*
weigerlich ⟨Adj.⟩ (selten): *(in seinem Verhalten) ablehnend, widerstrebend:* sich w. stellen; **weigern** ⟨sw. V.; hat⟩ [mhd. weigeren, ahd. weigarōn, zu mhd. weiger, ahd. weigar = widerstrebend, tollkühn, zu mhd. wīgen, ahd. wīgan = kämpfen, streiten]: **1.** ⟨w. + sich⟩ *es ablehnen, etw. Bestimmtes zu tun:* sich beharrlich, standhaft, eisern, entschieden w.; einen Befehl auszuführen; ich weigere mich einfach, das zu glauben; ⟨auch ohne Inf. mit „zu":⟩ du kannst dich nicht länger w.; er hat sich doch glatt geweigert; ⟨veraltet mit Gen.:⟩ eines aber weigert er sich hartnäckig, solange ich nur angeht: ihn wieder einzusetzen (St. Zweig, Fouché 120); Ü daß meine Hand sich zu w. beginnt, noch ein Wort niederzuschreiben, das letzthin in diesen Gedanken allgegenwärtig war: Gott (Stern, Mann 374). **2.** (veraltet) **a)** *verweigern:* den Gehorsam w.; Weigert es nicht, Herzog. Es würde ein Prozeß anhängig gemacht beim Kaiser (Hacks, Stücke 58); Sie weigerte ihm jeden Kuß, jede Liebkosung, ja, eigentlich auch das Wiedersehn (A. Zweig, Claudia 58); ♦ *daß sein frommer Neffe ... als Geisel für den Frieden ... gar hart gehalten wird vom grimmen Feind, der jede Lösung unerbittlich weigert* (Grillparzer, Weh dem I); **b)** ⟨w. + sich⟩ *(einem Wunsch o. ä.) verschließen:* sich einem Wunsch, Begehren w.; Die ... Bischöfe ... weigerten sich den Bitten des Kaisers nach, daß nun sie Margaretes Ehe lösen sollten (Feuchtwanger, Herzogin 75); **Weigerung,** die; -, -en [mhd. weigerunge]: *das [Sich]weigern; Äußerung od. Handlung, mit der man zum Ausdruck bringt, daß man sich weigert, etw. Bestimmtes zu tun:* er hielt an seiner W. fest; Was hält Euch bei der W., das Tor zu öffnen nach seinem Gebot? (Hacks, Stücke 24); Mit der W. der Sowjets, zunächst über diese Kommission ... zu verhandeln, sind die Verhandlungen ... zum Stillstand gekommen (Dönhoff, Ära 208); **Weigerungsfall,** der: *in der Fügung* **im W./im -e** (Papierdt.; *für den Fall, daß jmd. sich weigert, etw. Bestimmtes zu tun*): im W. müssen Sie mit einer Geldbuße rechnen.
Weih, der; -[e]s, -e: ²*Weihe.*
Weihbischof, der (kath. Kirche): *Titularbischof, der den residierenden Bischof bei bestimmten Amtshandlungen vertritt od. unterstützt;* ¹**Weihe,** die; -, -n [mhd. wīhe, ahd. wīhī = Heiligkeit, zu mhd. wīch, ahd. wīh, ↑weihen]: **1.** (Rel.) **a)** *rituelle Handlung, durch die jmd. od. etw. in besonderer Weise geheiligt od. in den Dienst Gottes gestellt wird; Konsekration* (1): die W. einer Kirche, der Glocken; Meinen Großvater hatten sie 1154 ... in Palermo beigesetzt, weil der Kirche von Cefalù ... noch die W. gefehlt hatte (Stern, Mann 88); **b)** *Sakrament der katholischen Kirche, durch das jmdm. die Befähigung zum Priesteramt erteilt wird; rituelle Handlung, durch die jmd. in das Bischofsamt eingeführt wird:* die niederen, höheren -n (kath. Kirche früher; *die Weihen für die niederen, höheren Ränge des Klerus*); die W. zum Priester empfangen, erteilen. **2.** (geh.) *Erhabenheit, Würde; heiliger Ernst:* seine Anwesenheit verlieh der Feier [die rechte] W.; Man war überzeugt, in Markus einen Jünger Jesu selbst sprechen zu hören, und da gab seinem Bericht W. (Thieß, Reich 212); Auch Jörg, sonst so spitzbübisch und übermütig, schien sich der W. der Stunde bewußt zu sein (Kranz, Märchenhochzeit 25); Die Welt spricht von der W. und Würde des Todes (Musil, Mann 1141).
²**Weihe,** die; -, -n [mhd. wīe, ahd. wīo, H. u., viell. zu ↑²*Weide,* dann eigtl. = Jäger, Fänger]: *schlanker, mittelgroßer Greifvogel mit langen, schmalen Flügeln u. langem Schwanz, der seine Beutetiere aus dem Flug erjagt.*
Weiheakt, der: *Akt des Weihens* (1, 2 a); **Weihegabe,** die (bes. kath. Kirche): *Weihgabe;* **Weihegrad,** der (bes. kath. Kirche): vgl. *Weihehierarchie;* **Weihehandlung,** die: *rituelle Handlung, mit der etw., jmd. geweiht wird:* Da ergriff Philip Taads die Schale plötzlich mit beiden Händen und hob sie in die Höhe wie bei einer W. (Nooteboom [Übers.], Rituale 212); **Weihehierarchie,** die (bes. kath. Kirche): *der Hierarchie des Klerus entsprechende Rangfolge der Weihen* (1 b);
weihen ⟨sw. V.; hat⟩ [mhd., ahd. wīhen, zu mhd. wīch, ahd. wīh = heilig, also eigtl. = heilig machen]: **1.** (christl., bes. kath. Kirche) **a)** *durch* ¹*Weihe* (1 a) *heiligen, zu gottesdienstlichen Zwecken bestimmen:* einen Altar, Kerzen, Glocken, einen Friedhof w.; die Kirche wurde im Jahre 1140 geweiht; eine geweihte Stätte; ein geweihter Rosenkranz; Aber Pater! So etwas aus geweihtem Mund?! (Konsalik, Promenadendeck 150); ... forderte das Volk von Bigorre, daß die Grotte ... endlich zum Heiligtum geweiht werde (Werfel, Bernadette); Ü Der Zeugungsprozeß wird nur dadurch geadelt und über dumpfe Knechtschaft erhoben, daß man ihn durch Treue und Verantwortlichkeit weiht ...! (Musil, Mann 1352); Erstmals präsentiert sich Holographie in der geweihten Nähe alter ... Meister (Szene 8, 1985, 76); **b)** *jmdm. durch Erteilen der* ¹*Weihe[n]* (1 b) *ein geistliches Amt übertragen:* jmdn. zum Diakon, Priester, Bischof w.; Doch ehe es soweit kommt, hat Theodahad ... in Rom Silverius zum Papste w. lassen (Thieß, Reich 634). **2. a)** (Rel.) *in einer rituellen Handlung etw. (bes. ein Gebäude) nach einem Heiligen, einer Gottheit o. ä. benennen, um ihn, sie zu ehren [u. die betreffende Sache seinem bzw. ihrem Schutz zu unterstellen]:* die Kirche ist dem heiligen Ludwig geweiht; ein Zeus geweihter Tempel; **b)** (geh.) *widmen* (2): sich, seine ganze Kraft der Wissenschaft w.; er hat sein Leben Gott, der Kunst, dem Dienst an seinen Mitmenschen geweiht; um sich hier (= in einem Kloster) ganz einem verinnerlichten und schlicht-wahrhaftigen Leben zu w. (Thieß, Reich 434); Donnerstag war der Tag, der dem Dienst des „Alten" geweiht war (Baum, Paris 50); in einem guten Theater, sei es einem dem gesprochenen Drama geweihten oder der Opéra Comique (Th. Mann, Krull 266); **c)** (geh.) *widmen* (1), *zueignen:* das Denkmal ist den Gefallenen des Krieges geweiht. **3.** (geh.) *preisgeben* (1): etw. dem Untergang w.; ⟨meist im 2. Part.:⟩ sie waren dem Tod geweiht; daß alle Scheiben des Glaspalastes erglühen, der den Flammen geweiht ist (A. Kolb, Schaukel 54); ⟨selten auch w. + sich:⟩ sich dem Tode w.
Weiher, der; -s, - [mhd. wī(w)ære, wī(w)āri < lat. vivarium, ↑*Vivarium*] (bes. südd.): *kleiner, flacher See:* ein verschilfter W.; ... war der Bach so ruhig wie ein kleiner W. (M. Walser, Seelenarbeit 179); Sie sahen einen großen Tümpel oder W. mit flachen sandigen Ufern ausgebreitet (Doderer, Wasserfälle 6).
Weiherede, die: *bei der Einweihung von etw. gehaltene Rede:* das neue Gewerkschaftshaus ... sollte eingeweiht werden – und August Bebel ... sollte die W. halten (Bredel, Väter 126); **Weihestätte,** die (geh.): *geheiligter, in Ehren gehaltener Ort;* **Weihestunde,** die (geh.): *weihevolle Stunde;* **weihevoll** ⟨Adj.⟩ (geh.): *sehr feierlich:* -e Worte; in einem kleinen Raum ist Thomas Manns Totenmaske aufgebahrt (Münchner Merkur 21. 10. 87, 9); ⟨subst.:⟩ Alles verrät einen Hang zum Monumentalen, der inhaltliche Leere hinter der Fassade des Großartigen und Weihevollen verbirgt (Berger, Augenblick 85); **Weihgabe,** die, **Weihgeschenk,** das (bes. kath. Kirche): *Votivgabe; Exvoto;* **Weihkerze,** die (kath. Kirche): *Votivkerze;* **Weihkessel,** der (kath. Kirche): *Weihwasserkessel;* **Weihling,** der; -s, - (kath. Kirche): **a)** *jmd., der die* ¹*Weihe[n]* (1 b) *empfängt;* **b)** *Jugendlicher, der an der Jugendweihe teilnimmt;* **Weihnacht,** die; - [mhd. wīhenaht, zu: wīch, ↑*weihen*] (geh.): *Weihnachten:* ich wünsche dir eine frohe W.; Auch die andern gingen bald nach oben, und das war W. gewesen (R. Walser, Gehülfe 172); zwischen W. und Neujahr (Grass, Hundejahre 239); **weihnachten** ⟨sw. V.; hat; unpers.⟩: *auf Weihnachten zugehen* [u. *eine weihnachtliche Atmosphäre verbreiten*]: es weihnachtet bereits; Da es eben weihnachtet, haben wir den Strand für uns (Kant, Aufenthalt 9); **Weihnachten,** das; -, - ⟨meist o. Art., bes. südd., österr. u. schweiz. u. in bestimmten Wunschformeln u. Fügungen auch als Pl.⟩ [mhd. wīhennahten, aus: ze wīhen nahten = in den heiligen Nächten (*zu: die heiligen Mittwinternächte*)]: **1.** (am 25. Dezember begangenes) *Fest der christlichen Kirche, mit dem die Geburt Christi gefeiert wird:* W. steht vor der Tür; es ist bald W.; Es war ein stilles, kleines W. gewesen, mit einer

weihnachtlich 3876

Tanne im Topf (Fallada, Mann 136); W. näherten sich (R. Walser, Gehülfe 168); vorige, letzte W. waren wir zu Hause; Dabei hatten Sie zwei W. zuvor seine Tochter geheiratet (Bieler, Bonifaz 14); Hundertfünfzig Mark, mir ist wie W. So viel für nichts (Brot und Salz 161); gesegnete W.!; schöne, frohe, fröhliche W.!; dieses Jahr hatten wir grüne/weiße W. *(Weihnachten ohne/mit Schnee);* W. feiern; [nächstes Jahr] W./(bes. nordd. u. österr.:) zu W./(bes. südd.:) an W. wollen sie verreisen; kurz vor/nach W.; jmdm. etw. zu W. schenken. **2.** (landsch.) *Weihnachtsgeschenk:* ein reiches W.; etw. als W. bekommen; **weih|nacht|lich**, (schweiz. auch:) **weih|nächt|lich** ⟨Adj.⟩: *Weihnachten, das Weihnachtsfest betreffend, zu ihm gehörend:* -er Tannenschmuck; -e Motive; es herrschte -e Stimmung; Einzig Lilian teilte die weihnachtliche Ruhe und Sattheit der Familie nicht (Strittmatter, Wundertäter 300); Die weihnächtliche Illumination (National-Zeitung 558, 1968, 17); das Zimmer war w. geschmückt; ⟨subst.:⟩ Schon jetzt verkaufe sie Weihnachtliches, „wegen der Päckchen nach Polen und in die DDR". (Kronauer, Bogenschütze 104); **Weih|nachts|abend,** der: *Vorabend des Weihnachtsfestes; Heiliger Abend:* Lieber „glaubt" man weiter ans Christkind, das am W. emsig die Geschenke verteilt (K. Mann, Wendepunkt 37); **Weih|nachts|bäcke|rei[1]**, die: **a)** ⟨o. Pl.⟩ *das Backen zu Weihnachten:* sie fängt immer schon im November mit der W. an; **b)** (landsch., bes. österr.) *Weihnachtsgebäck;* **Weih|nachts|ba|sar,** der: *in der Weihnachtszeit abgehaltener Basar* (2), *bei dem bes. Geschenkartikel, Schmuck für den Weihnachtsbaum, Süßigkeiten o. ä. verkauft werden:* Die Pfarrei St. Anna veranstaltet ihren W. zugunsten der Franziskanermission in Bolivien (Südd. Zeitung 28. 11. 86, 20); **Weih|nachts|baum,** der: *[kleine] Tanne, Fichte, Kiefer, die man zu Weihnachten [ins Zimmer stellt u.] mit Kerzen, Kugeln, Lametta o. ä. schmückt:* ein W. mit elektrischen, echten Kerzen; einen W. besorgen, kaufen, aufstellen; den W. schmücken, plündern; jmdm. etw. unter den W. legen *(zu Weihnachten schenken);* Ü Am Himmel werden Weihnachtsbäume gepflanzt (ugs.; vgl. Christbaum; Zeller, Amen 174); **Weih|nachts|baum|schmuck,** der: *Christbaumschmuck;* **Weih|nachts|besche|rung,** die: *Bescherung* (1); **Weih|nachts|decke[1]**, die: *mit weihnachtlichen Motiven bestickte od. bedruckte Tischdecke;* **Weih|nachts|ein|kauf,** der ⟨meist Pl.⟩: *Einkauf für Weihnachten;* **Weih|nachts|en|gel,** der: vgl. Weihnachtsstern (1); **Weih|nachts|fei|er,** die: *anläßlich des [bevorstehenden] Weihnachtsfestes veranstaltete Feier:* die diesjährige W. der Firma findet am 20. Dezember statt; **Weih|nachts|fei|er|tag,** der: *der erste, zweite W. (der 25., 26. Dezember);* **Weih|nachts|fe|ri|en** ⟨Pl.⟩: vgl. Osterferien; **Weih|nachts|fest,** das: *Weihnachten* (1): Weihnachten 1945 – das erste W. nach Kriegsende (MM 23. 12. 65, 8); Zum W. 1890 wollte er bei seiner Frau und bei seinen Kindern sein (Ceram, Götter 75); ein gesegnetes, frohes W.!; **Weih|nachts|ga|be,** die (selten): *Weihnachtsgeschenk:* Von Dir erbitte ich mir als W., daß Du sehr auf dich achtgibst (K. Mann, Wendepunkt 409); **Weih|nachts|gans,** die: *gebratene Gans, die Weihnachten gegessen wird:* * jmdn. **ausnehmen wie eine W.** (ugs.; *sich in schamloser Weise an jmdm. bereichern, jmdn. schamlos ausbeuten, ausnutzen):* vom Vermieter, der sie ausgenommen hatte wie 'ne W. (Eppendorfer, St. Pauli 152); **Weih|nachts|ge|bäck,** das: *zu Weihnachten hergestelltes Gebäck;* **Weih|nachts|geld,** das: *zu Weihnachten zusätzlich zu Lohn od. Gehalt gezahltes Geld:* die Firma zahlt ein W. in Höhe eines Monatsgehalts; jmdm. W. kürzen, streichen; sich von seinem W. etw. kaufen; **Weih|nachts|ge|schäft,** das: *besonders rege Geschäftstätigkeit auf Grund verstärkter Nachfrage in der Weihnachtszeit:* der Einzelhandel ist mit dem diesjährigen W. sehr zufrieden; **Weih|nachts|geschenk,** das: *Geschenk zu Weihnachten:* -e besorgen; etw. ist ein schönes W. [für jmdn.]; Ü ... machten die Groniger mit dem 3 : 3-Unentschieden den Kutzhofern ein schönes W. (Saarbr. Zeitung 24. 12. 79, 18/20/22); **Weih|nachts|ge|schichte,** die ⟨o. Pl.⟩: *im Neuen Testament überlieferte Geschichte von der Geburt Christi;* **Weih|nachts|gra|ti|fi|ka|ti|on,** die: vgl. Weihnachtsgeld; **Weih|nachts|kak|tus,** der: *(als Zimmerpflanze gehaltener) um die Weihnachtszeit blühender Gliederkaktus;* **Weih|nachts|karp|fen,** der: vgl. Weihnachtsgans; **Weih|nachts|kar|te,** die: vgl. Neujahrskarte; **Weih|nachtsker|ze,** die: **a)** (landsch.) *Christbaumkerze;* **b)** *[mit weihnachtlichen Motiven verzierte] Kerze, die man zu Weihnachten aufstellt;* **Weih|nachts|krip|pe,** die: *Krippe* (2); **Weih|nachts|ku|gel,** die (landsch.): *[glänzend farbige, goldene, silberne o. ä.] Kugel als Schmuck des Weihnachtsbaums; Christbaumkugel;* **Weih|nachts|lied,** das: *Lied, das traditionsgemäß zur Weihnachtszeit gesungen wird (u. dessen Text sich auf Weihnachten bezieht);* **Weih|nachts|mann,** der ⟨Pl. ...männer⟩: **1.** (bes. in Norddeutschland) *volkstümliche, im Aussehen dem Nikolaus* (1) *ähnliche Gestalt, die nach einem alten Brauch den Kindern zu Weihnachten Geschenke bringt:* morgen kommt der W.; was hat der W. dir denn gebracht?; sich als W. verkleiden; ... kam ich meinem Bruder wohl vor wie einer, der noch an den W. glaubt (ugs.; *wie ein äußerst naiver Mensch;* Wilhelm, Unter 155); Ü Sie (= die Industrieländer) gefallen sich noch in der Rolle eines -es *(eines großzügigen Gönners, Geldgebers)* für die Welt (Gruhl, Planet 243). **2.** (ugs., bes. Schimpfwort) *trotteliger, einfältiger, dummer Mensch:* Besauf dich allein, du W.! Ich will jetzt nach Haus! (Imog, Wurliblume 265); **Weih|nachts|markt,** der: *in der Weihnachtszeit abgehaltener Markt mit Buden u. Ständen, an denen Geschenkartikel, Schmuck für den Weihnachtsbaum, Süßigkeiten o. ä. verkauft werden;* **Weih|nachts|pa|pier,** das: *mit weihnachtlichen Motiven bedrucktes Geschenkpapier;* **Weih|nachts|py|ra|mi|de,** die: *pyramidenförmiges [Holz]gestell aus mehreren übereinander angebrachten Scheiben o. ä. mit Figuren, die sich, von der Wärme auf der untersten Etage stehender Kerzen angetrieben, drehen;* **Weih|nachts|re|mu|ne|ra|ti|on,** die (österr.): vgl. Weihnachtsgeld; **Weih|nachts|rose,** die: *Christrose;* **Weih|nachts|schmuck,** der ⟨o. Pl.⟩: *weihnachtlicher Schmuck* (1 b): Im Gerümpelschrank steht ein Karton mit W. (Fels, Sünden 112); **Weih|nachts|spiel,** das (Literaturw.): *mittelalterliches geistliches Drama, das das in der Bibel berichtete Geschehen um die Geburt Christi zum Inhalt hat;* **Weih|nachts|stern,** der: **1.** *Stern aus buntem Papier, Stroh o. ä., bes. als Schmuck des Weihnachtsbaums.* **2.** *(als Zimmerpflanze gehaltenes) Wolfsmilchgewächs mit sternförmig ausgebreiteten, meist roten Hochblättern um einen unscheinbaren Blütenstand, der zur Weihnachtszeit blüht; Adventsstern;* **Weih|nachts|stil,** der ⟨o. Pl.⟩: *Nativitätsstil;* **Weih|nachts|stim|mung,** die: *weihnachtliche Stimmung:* In England habe man ja bloß die Mispel. ... Da könne doch gar keine W. aufkommen (Kempowski, Tadellöser 275); **Weih|nachts|stol|le,** die, **Weih|nachts|stol|len,** der: *[Christ]stolle[n];* **Weih|nachts|tag,** der: *einer der beiden zur Begehung des Weihnachtsfestes eingerichteten [gesetzlichen] Feiertage (25., 26. Dezember):* der erste, zweite W.; **Weih|nachts|tel|ler,** der: *zu Weihnachten [für jedes Familienmitglied] aufgestellter [Papp]teller mit Süßigkeiten, Nüssen o. ä.;* **Weih|nachts|tisch,** der: *Tisch, auf dem die Weihnachtsgeschenke liegen;* **Weih|nachts|ver|kehr,** der: vgl. Osterverkehr; **Weih|nachts|vor|be|rei|tun|gen** (Pl.): *Vorbereitungen für das Weihnachtsfest;* **Weih|nachts|zeit,** die ⟨o. Pl.⟩: *Zeit vom 1. Advent bis zum Jahresende, bes. der Heilige Abend u. die Weihnachtsfeiertage;* **Weih|nachts|zuwen|dung,** die: vgl. Weihnachtsgeld.

Weih|rauch, der; -[e]s, -e [mhd. wī(h)rouch, ahd. wīhrouch, zu mhd. wīch, ahd. wīh (↑weihen), also eigtl. = heiliger Rauch]: **a)** *körniges Harz in Arabien u. Indien wachsender Sträucher, das beim Verbrennen einen aromatisch duftenden Rauch entwickelt u. in verschiedenen Religionen bei Kulthandlungen verwendet wird:* sie brachten dem Kind Gold, W. und Myrrhe; Und so ward ... ausgebreitet im Grase, wie sie führten: die -e und schönbrüchigen Harze von jenseits des Stromes (Th. Mann, Joseph 613); * jmdm. W. streuen (geh.; *jmdn. übertrieben loben, ehren):* Alles besteht sich, den Herren von heute W. dafür zu streuen, daß sie „das Vaterland gerettet" ... haben (Sieburg, Robespierre 272); **b)** *Rauch, der sich beim Verbrennen von Weihrauch* (a) *entwickelt:* von dem Altar stieg W. auf; **weih|räu|chern** (sw. V.; hat) (selten): *beweihräuchern;* **Weih|rauch|faß,** das: *oft reichverziertes liturgisches Räuchergefäß, in dem Weihrauch verbrannt wird;* **Weih|re|li|ef,** das: *(in der Antike) in einem Heiligtum* (a) *als Weihgeschenk aufgestellte Platte aus Terrakotta od. Stein mit einem*

Relief, auf dem meist Götter u. Heroen dargestellt sind; **Weih|tum,** das; -s, ...tümer [zu ↑weihen] (selten): **a)** *Zustand der Heiligkeit;* **b)** *geweihter Gegenstand;* **Weihung,** die; -, -en: *das [Sich]weihen;* **Weih|was|ser,** das ⟨o. Pl.⟩ [mhd. wi(c)hwaʒʒer] (kath. Kirche): *geweihtes Wasser, das in der Liturgie verwendet wird u. in das die Gläubigen beim Betreten u. beim Verlassen der Kirche die Finger tauchen, bevor sie sich bekreuzigen:* jmdn., etw. mit W. besprengen; **Weih|was|ser|becken¹,** das (kath. Kirche): *Becken für Weihwasser;* **Weih|was|ser|kes|sel,** der (kath. Kirche): vgl. Weihwasserbecken; **Weih|was|ser|we|del,** der, **Weih|we|del,** der (kath. Kirche): **a)** *[Palm]wedel zum Versprengen von Weihwasser;* **b)** *mit Löchern versehene Kugel mit Handgriff, in der sich ein mit Weihwasser getränkter Schwamm befindet u. die zum Versprengen von Weihwasser verwendet wird.*
weil ⟨Konj.⟩ [spätmhd. wīle = während, eigtl. Akk. Sg. von ↑Weile, aus mhd. die wile, ahd. dia wila (so) = in der Zeitspanne (als)]: **1.** (kausal) gibt den Grund, die Ursache an **a)** *leitet begründende Gliedsätze ein, deren Inhalt neu od. bes. gewichtig ist u. nachdrücklich hervorgehoben werden soll:* sie ist [deshalb, daher] so traurig, w. ihr Vater gestorben ist; w. er eine Panne hatte, kam er zu spät; ⟨auch vor verkürzten Gliedsätzen, begründenden Attributen o. ä.⟩ er ist, w. Fachmann, auf diesem Gebiet versiert; eine schlechte, w. lückenhafte Darstellung; Solidarność in Polen – das war eine Friedensbewegung, weil ein gewaltloser Kampf für Gerechtigkeit und Freiheit (Alt, Frieden 103); ⟨standardspr. nicht korrekt auch mit Voranstellung des finiten Verbs:⟩ ich weiß das, in ihr schon das vierte Mal da (Zenker, Froschfest 52); **b)** *leitet begründende od. erläuternde Gliedsätze ein, auf den kein besonderer Nachdruck liegt: da:* mir ist gute Zensuren, w. er fleißig ist; ich werde nochmals anrufen, w. er sich nicht gemeldet hat; ich konnte nicht kommen, w. ja gestern meine Prüfung war; laß bitte, w. ich sonst böse werde; **c)** *leitet die Antwort auf eine direkte Frage nach dem Grund von etw. ein:* „Warum kommst du jetzt erst?" – „Weil der Bus Verspätung hatte."; „Warum tust du das?" – „Weil!" (als Verweigerung einer Begründung: „Darum!"). **2.** (mit temporalem Nebensinn) *jetzt, da:* w. wir gerade davon sprechen, möchte ich auch meinen Standpunkt erläutern; **weil.** = weiland; **weiland** ⟨Adv.⟩ [mhd. wīlen(t), ahd. wilōn, eigtl. Dat. Pl. von ↑Weile] (veraltet, noch altertümelnd): *einst, früher:* w. üblich; sein Urgroßvater, w. General in der kaiserlichen Armee; Du kannst, wie w. Caesar, eine Million Menschen hinschlachten lassen, und ... (Stern, Mann 332); zwischen dem malerischen Gemäuer der ... w. erzbischöflichen Burg (Th. Mann, Krull 44); ⟨auch attr.:⟩ ... befahl und Raubzüge gegen das Reich seines w. Wohltäters (Jahnn, Geschichten 48); **Weil|chen,** das; -s: Vkl. zu ↑ Weile; **Weile,** die; - [mhd. wīl(e), ahd. (h)wila, eigtl. = Ruhe, Rast, Pause]: *[kürzere]*

Zeitspanne von unbestimmter Dauer: eine kurze, kleine, lange W.; es dauerte eine [gute] W., bis sie antwortete; Er strebt nach der Erlösung, aber damit hat es noch gute W. (geh.; *das dauert noch einige Zeit;* Hesse, Steppenwolf 247); eine W. schlafen, warten; er ... hatte gute W. (geh.; *viel Zeit)* dazu, denn die Beratung der Geschworenen dauerte lange (Maass, Gouffé 324); Das damalige „Kasperle-Theater" wurde eine W. lang von Christian Morgenstern beliefert (Tucholsky, Werke II, 393); als hätte er hier besonders guter W. (veraltet, *in besonderen Spaß, ein besonderes Vergnügen o. ä.)* gehabt, als würde es ihm gerade hier oben ganz besonders wohl gefallen haben (R. Walser, Gehülfe 135); Aber Deutschland ist nicht nur – für eine ganze W. – vom Nationalsozialismus geheilt ... (Augstein, Spiegelungen 14); nach einer W. ging sie; denn seit geraumer W. ist mein Singvogel verstummt (Kusenberg, Mal 136); er ist schon vor einer W. gekommen; dann laß von W. zu W. (da u. zu, manchmal, gelegentlich) die Hörner blasen (Doderer, Abenteuer 97); ♦ **Die Zeit wird ihm lang;** und will er nicht müßige W. *(Langeweile)* haben, so muß er sich doch wohl etwas zu tun machen (Lessing, Der junge Gelehrte III, 1); **wei|len** ⟨sw. V.; hat⟩ [mhd. wīlen, ahd. wilōn] (geh.): *sich irgendwo aufhalten, irgendwo anwesend sein:* in der Hauptstadt, zur Erholung auf dem Lande, als Gast auf dem Schloß w.; Ich gab mich nicht der Illusion hin, in der Sommerfrische zu w. (Roehler, Würde 157); Ihr weilt in Gesellschaft der allereidelsten Herren (Hacks, Stücke 82); nicht mehr unter den Lebenden w. (verhüll.; *schon gestorben sein).*
Wei|ler, der; -s, - [mhd. wīler, ahd. -wīlāri (in Zus.) < mlat. villare = Gehöft, zu lat. villa, ↑Villa]: *aus wenigen Gehöften bestehende, keine eigene Gemeinde bildende Ansiedlung:* ein schmucker, verlassener W.; ein W. im Hessischen; er ... fand schließlich in einem entlegenen W. sogar ein Telefon (Ransmayr, Welt 264).
Wei|mar: Stadt in Thüringen; **¹Wei|marer,** der; -s, -: Ew.; **²Wei|ma|rer** ⟨indekl. Adj.⟩: die W. Republik (Bez. für die von 1919 bis 1933 dauernde Epoche der deutschen Geschichte, in der im Deutschen Reich eine republikanische Verfassung in Kraft war, bzw. für den deutschen Staat in dieser Epoche; nach dem ersten Tagungsort der verfassungsgebenden Nationalversammlung); **Wei|ma|re|rin,** die; -, -nen: w. Form zu ↑¹Weimarer; **wei|ma|risch** ⟨Adj.⟩.
Weil|muts|kie|fer: ↑Weymouthskiefer.
Wein, der; -[e]s, ⟨Sorten:⟩ -e [mhd., ahd. wīn < lat. vinum]: **1.** ⟨o. Pl.⟩ **a)** *Weinreben* (1): der W. blüht; in dieser Gegend gedeiht der W. sehr gut; W. bauen, anpflanzen; wilder W. *(rankender Strauch mit fünffach gegliederten, sich im Herbst rot färbenden Blättern u. in Trauben wachsenden, blauschwarzen Beeren);* **b)** *Weintrauben:* W. ernten, lesen; er konnte gut sehen, wie sie auf den gegenüberliegenden Höhen den W. einbrachten (Brecht, Geschichten 33). **2. a)** *aus*

dem gegorenen Saft der Weintrauben hergestelltes alkoholisches Getränk: weißer, roter, süßer, lieblicher, trockener, herber, spritziger, süffiger, schwerer, leichter W.; ein junger, edler, teurer, schlechter W.; in- und ausländische -e; eine Flasche, ein Glas, ein Schoppen W.; eine Kiste W. *(Kiste mit Wein in Flaschen);* W. vom Faß; offener W.; neuer W. (landsch.; *Federweißer);* der W. funkelt im Glas, ist sauer, ist zu warm, moussiert, steigt [mir] in den Kopf/zu Kopf; dort wächst ein guter W. *(dort reifen Trauben, aus denen ein guter Wein hergestellt wird);* W. keltern, ausbauen, abfüllen, auf Flaschen ziehen, panschen, trinken; ich bestelle mir einen W. *(ein Glas Wein);* das Bukett, die Blume, der Duft des -s; jmdn. auf ein/zu einem Glas W. einladen; gemütlich bei einem Glas W. zusammensitzen; Der Baron Torroni kam, vom W. brandrot, dazwischen (H. Mann, Stadt 240); R W. auf Bier, das rat' ich dir; Bier auf W., das laß sein!; Spr im W. ist/liegt Wahrheit (↑in vino veritas); * **jmdm. reinen/klaren W. einschenken** *(jmdm. die volle Wahrheit sagen, auch wenn sie unangenehm ist):* Ich habe Aimée eines Abends reinen W. eingeschenkt (Perrin, Frauen 289); Sind Sie schon so gefürchtet, daß Ihre nächsten Berater und Mitarbeiter Ihnen nicht mehr klaren W. einzuschenken wagen? (Benrath, Konstanze 108); **neuen W. in alte Schläuche füllen** *(etw. nicht grundlegend, durchgreifend erneuern, sondern nur notdürftig, halbherzig ändern, umgestalten o. ä.;* nach Matth. 9, 17); **b)** *gegorener Saft von Beeren-, Kernod. Steinobst;* Obstwein: Gustav überfiel auch sie mit Stachelbeerwein. Die Krämerfrau nippte. Der W. war sauer und kratzig (Strittmatter, Wundertäter 21); **Wein|an|bau,** der ⟨o. Pl.⟩: *Anbau von Wein;* **Wein|bau,** der ⟨o. Pl.⟩: *Weinanbau;* **Wein|bau|er,** der; -n u. (selten:) -s, -n: *Winzer;* **Wein|bäu|e|rin,** die: w. Form zu ↑Weinbauer; **Wein|bau|ge|biet,** das: *Gebiet, in dem Weinbau getrieben wird;* **Wein|be|cher,** der: vgl. Weinglas; **Wein|bee|re,** die; -, -n: **a)** *Weintraube;* **b)** (südd., österr., schweiz.): *Rosine;* **Wein|bei|ßer,** der [1: der Lebkuchen wird gern zum Wein gegessen; 2: der Weinkenner u. -genießer behält den Wein länger im Mund u. macht dabei eventuell Kaubewegungen, um den Geschmack voll auszukosten] (österr.): **1.** *mit weißer Glasur überzogener Lebkuchen in Form von Löffelbiskuits.* **2.** *anspruchsvoller, den Wein bewußt genießender Weintrinker u. -kenner:* ein passionierter W.; **Wein|bei|ße|rin,** die (österr.): w. Form zu ↑Weinbeißer; **Wein|berg,** der [mhd. wīnberc]: *[meist in Terrassen] ansteigendes, mit Weinreben bepflanztes Land:* Hinter den Fenstern ... stiegen die -e ... zu den geschwungenen Wäldern an (Musil, Mann 48); in den W. gehen; Ü mit dem Priester, der sich ... auf dem Friedhof einfand ..., um sein Tagewerk zu beginnen im W. des Herrn (Küpper, Simplicius 104); **Wein|berg|be|sit|zer,** Weinbergsbesitzer, der: *Besitzer eines Weinbergs;* **Wein|berg|be|sit|ze|rin,** die: w. Form zu ↑Weinbergbesitzer; **Wein|bergs|be|sit|zer:** ↑Wein-

bergbesitzer; **Wein|bergs|be|sit|ze|rin,** die: w. Form zu ↑Weinbergsbesitzer; **Wein|berg|schnecke**[1], die: *große, hellbraune Schnecke mit kugeligem, bräunlichem Gehäuse, die als Delikatesse geschätzt wird;* **Wein|brand,** der: *aus Wein destillierter Branntwein;* **Wein|brandboh|ne,** die: vgl. Kognakbohne; **Weinbrand|ver|schnitt,** der: vgl. Verschnitt (1 b); **Wein|chen,** das (fam.): *Wein* (2 a): ein feines W.; ich bestelle mir ein W. *(ein Glas Wein);* **Wein|de|gu|sta|ti|on,** die (bes. schweiz.): vgl. Degustation; **Weindorf,** das: vgl. Weinort.
wei|nen ‹sw. V.; hat› [mhd. weinen, ahd. weinōn, zu ↑¹weh u. eigtl. = weh rufen]: **a)** *(als Ausdruck von Schmerz, von starker innerer Erregung) Tränen vergießen* [u. *dabei in kurzen, hörbaren Zügen einatmen u. klagende Laute von sich geben]:* heftig, bitterlich, lautlos, wie ein Kind w.; um jmdn. w.; vor Wut, Freude, Glück, Angst, Erschöpfung w.; da brauchst du doch nicht zu w.; nun hör auf zu w.!; warum weinst du denn?; sie weinte beim geringsten Anlaß; Er weinte still vor sich hin (Ott, Haie 181); sie weint in die Kissen (Frisch, Cruz 40); ... weinte er über den Tod aller seiner Kameraden (Schnabel, Marmor 102); „Aber das ist doch schon dreißig Jahre her!" weint *(sagt weinend)* Tante Elke (Bieler, Bonifaz 130); mußt du beim Zwiebelnschneiden nicht w. (ugs.; *tränen dir dabei nicht die Augen)?;* er weinte zum Steinerweichen (ugs.; *sehr heftig);* er wußte nicht, ob er lachen oder w. sollte *(war von zwiespältigen Gefühlen erfüllt);* ‹subst.:› das Weinen unterdrücken; er war dem Weinen nahe; das ist doch zum W. *(es ist eine Schande);* Ü Wohl weinten die Geigen und Bratschen (Thieß, Legende 74); * **leise weinend** (ugs.; *recht kleinlaut*): er hat den Tadel leise weinend eingesteckt; ♦ die Ritter ... weinten, daß sie kein Fräulein war (Kleist, Käthchen I, 1); Nun, warum soll ich denn nicht w.? Ich weine wohl auf den Taler, ich weine auf die Bittschrift, auf alles weine ich (Cl. Brentano, Kasperl 354); **b)** *(sich od. etw.) durch Weinen* (a) *in einen bestimmten Zustand bringen:* sich in die Augen rot w.; das Kind hat sich müde, in den Schlaf geweint; Er hatte sich die Augen blind geweint über den Särgen der Kinder (Wiechert, Jeromin 336); **c)** *weinend hervorbringen:* heiße, dicke, bittere Tränen w.; Freudentränen, Krokodilstränen w.; ‹subst.:› das, (ugs., meist abwertend): *[dauerndes] Weinen:* die W. der Kinder macht einen ganz fertig; bei ihren überaus seltenen -en (Spiegel 19, 1979, 129); **wei|ner|lich** ‹Adj.› [für mhd. wein(e)lich, wohl geb. nach dem Muster von „jämmerlich"]: *kläglich* (1) *u. dem Weinen nahe:* ein übermüdetes, -es Kind; ein -es Gesicht machen; etw. mit -er Stimme sagen; Diotima geriet anfangs geradezu in eine -e Gemütsstimmung (Musil, Mann 298); seine Stimme klang w.; Ganz w. wird ihm zumute (Werfel, Bernadette 13); **Wei|ner|lich|keit,** die; -: *das Weinerlichsein; weinerliche Art:* Ü ... verbreitet sich ... eine W. (abwertend; *eine nicht angebrachte Neigung zu jammern* 1 b) unter

den Journalisten im öffentlich-rechtlichen System (Sonntagsblatt 20. 5. 84, 25).
Wein|ern|te, die: **1.** *das Ernten des Weins; Weinlese:* bei der W. helfen. **2.** *Gesamtheit des geernteten, zu erntenden Weins:* die W. war gut; wir hatten dieses Jahr nur eine mäßige W.; die Unwetter haben nahezu die gesamte W. vernichtet; **Weines|sig,** der: *aus Wein hergestellter Essig;* **wein|far|ben** ‹Adj.› (selten): *weinrot:* daß das berühmte -e Meer Homers ... sich ... schwarz färbt, obwohl es weithin unter einem wolkenlosen blauen Himmel liegt (Stern, Mann 49); **Wein|faß,** das: vgl. Bierfaß; **Wein|feld,** das: *Weingarten;* **Wein|fla|sche,** die: vgl. Bierflasche; **Wein|freund,** der: *jmd., der gern Wein trinkt:* -e haben etwas mit Schatzgräbern gemeinsam. Sie sind stets auf der Suche nach Kostbarkeiten (Haus 2, 1980, 73); **Wein|freun|din,** die: w. Form zu ↑Weinfreund; **Wein|gar|ten,** der: *ebene, mit Weinreben bepflanzte Fläche;* **Wein|gärt|ner,** der: *Weinbauer;* **Wein|gärt|ne|rin,** die: w. Form zu ↑Weingärtner; **Wein|ge|gend,** die: *Gegend, in der viel Wein wächst;* **Wein|geist,** der ‹o. Pl.›: *Alkohol* (2 a), *Äthanol;* **wein|gelb** ‹Adj.› (selten): *von hellem, blassem, ins Grünliche spielendem Gelb;* **Wein|ge|setz,** das: vgl. Lebensmittelgesetz; **Wein|glas,** das ‹Pl. ...gläser›: vgl. Bierglas; **Wein|gott,** der (antike Myth.): *Gott des Weins;* **Weingum|mi,** der od. das: **1.** *mit Essenzen aus Wein hergestellter Gummibonbon:* eine Tüte -s. **2.** ‹o. Pl.› *Substanz, aus der Weingummis* (1) *bestehen:* Schnuller, Schlangen und Colaflaschen aus W. (Wiener 11, 1993, 12); **Wein|gut,** das: *auf den Weinbau spezialisierter landwirtschaftlicher Betrieb;* **Wein|hal|le,** die (landsch.): vgl. Bierhalle: Vom Ministerium geht es schnurstracks in -n oder Branntweinbuden (Rosei, Verfahren 65); **Wein|händler,** der: *jmd., der mit Wein handelt;* **Wein|händ|le|rin,** die: w. Form zu ↑Weinhändler; **Wein|hand|lung,** die: *Geschäft, das Wein verkauft;* **Wein|hauer,** der (österr.): *Winzer;* **Wein|haue|rin,** die: -, -nen (österr.): w. Form zu ↑Weinhauer; **Wein|haus,** das (selten): **1.** *Gasthaus mit großem Weinkeller u. vorwiegendem Ausschank von Wein.* **2.** *Weinhandlung;* **Wein|he|ber,** der: *Heber* (1) *zur Entnahme von Wein aus Fässern;* **Wein|he|fe,** die: *auf bestimmten Weintrauben lebender, zur Gärung des Traubensaftes verwendeter Hefepilz;* **wei|nig** ‹Adj.›: **a)** *nach Wein schmeckend, riechend:* eine -e Soße, Creme; der Apfel schmeckt w.; **b)** *(von Weinen) in Geschmack u. Duft sehr ausgeprägt:* dieser Jahrgang schmeckt sehr w.; **Wein|jahr,** das: *Jahr hinsichtlich der Erträge im Weinbau:* ein gutes, schlechtes W.; **Wein|kar|te,** die: vgl. Speisekarte; **Wein|kauf,** der: **1.** *das Einkaufen von Wein* (2 a): beim W. ist darauf zu achten, daß ... **2.** (landsch.) *Leikauf;* **Wein|kel|ler,** der: **1.** vgl. Bierkeller (1): das Restaurant hat einen gut sortierten W. *(bietet eine gute Auswahl an Weinen an).* **2.** *Weinlokal in einem Keller:* Sie schlenderten bis zum nächsten Restaurant, einem alten, kleinen W. (Chr. Wolf, Himmel 109); **Wein|kel|le|rei,** die: vgl. Kellerei; **Wein|kel-**

ter, die: vgl. Kelter; **Wein|ken|ner,** der: *jmd., der die Eigenarten der verschiedenen Weinsorten u. -jahre gut kennt;* **Wein|ken|ne|rin,** die: w. Form zu ↑Weinkenner; **Wein|kü|fe|rin,** die: *jüngere Frau, die für die Dauer eines Jahres eine bestimmte Weingegend (bes. auf Festen) repräsentiert:* jmdn. zur W. wählen.
Wein|krampf, der: *krampfhaftes, heftiges Weinen (das jmdn. wie ein Anfall packt):* ein heftiger W. hindert ihn am Weitersprechen (Kinski, Erdbeermund 23); einen W. kriegen, haben; von Weinkrämpfen, einem W. geschüttelt werden.
Wein|küfer, der: *Handwerker, der die zur Erzeugung u. Lagerung von Wein benutzten Maschinen, Geräte u. Behälter instand hält sowie den Vorgang der Gärung überwacht* (Berufsbez.); **Wein|kü|fe|rin,** die: w. Form zu ↑Weinküfer; **Wein|küh|ler,** der: vgl. Sektkühler; **Wein|la|ge,** die (bes. Fachspr.): *für den Weinbau geeignetes Areal;* **Wein|land,** das: *Weingegend: das wichtigste W. Europas;* **Weinlaub,** das: *Laub der Weinreben* (1); **Weinlau|be,** die: *von [wildem] Wein überwachsene Laube;* **Wein|lau|ne,** die ‹o. Pl.› (scherzh.): vgl. Sektlaune: Mitterand hatte das nicht in einer W. gesagt (Spiegel 52, 1987, 20); **Wein|le|se,** die: *Ernte von Wein* (1 b): die W. hat begonnen; zur Zeit der, während der W.; **Wein|le|se|ma|schi|ne,** die: *Maschine zur Ernte von Weintrauben;* **Wein|lieb|ha|ber,** der: vgl. Weinfreund; **Wein|lieb|ha|be|rin,** die: w. Form zu ↑Weinliebhaber; **Wein|lied,** das: *volkstümliches Lied, dessen Text den Genuß, die Wirkung des Weins zum Inhalt hat* [u. *das in geselliger Runde beim Weintrinken gesungen wird];* **Wein|lo|kal,** das: *Lokal, das eine reichhaltige Auswahl an Weinen anbietet u. in dem vor allem Wein ausgeschenkt wird;* **Wein|mo|nat,** der (veraltet): *Oktober;* **Weinmond,** der (veraltet): *Oktober;* **Weinpan|scher,** der: *jmd., der Wein panscht* (1); **Wein|pan|sche|rin,** die: w. Form zu ↑Weinpanscher; **Wein|pfahl,** der (Weinbau): *Rebpfahl;* **Wein|pres|se,** die: *Kelter;* **Wein|prin|zes|sin,** die: vgl. Weinkönigin: Im Mittelpunkt ... steht die Kürung der neuen Harxheimer W. (Allgemeine Zeitung 19. 8. 88, 28); **Wein|pro|be,** die: **a)** *das Probieren des Weins vom Faß, um den Grad der Reife festzustellen;* **b)** *das Probieren verschiedener Weinsorten:* eine W. veranstalten; zu einer W. auf ein Weingut kommen; **Wein|ran|ke,** die: vgl. Weinrebe (2); **Wein|rausch,** der: *Rausch* (1) *durch übermäßigen Genuß von Wein;* **Wein|rau|te,** die [nach dem weinähnlichen Geruch]: *als Heil- u. Gewürzpflanze verwendete, aromatisch duftende* ¹*Raute;* **Wein|re|be,** die: **1.** *rankende Pflanze mit gelappten od. gefiederten Blättern, in Rispen stehenden Blüten u. in Trauben wachsenden Beerenfrüchten (aus deren Saft Wein hergestellt wird).* **2.** *(seltener) einzelner Trieb einer Weinrebe* (1); **Wein|re|ben|ge|wächs,** das (Bot.): *Pflanze aus einer artenreichen, bes. in den Tropen u. wärmeren Gebieten vertretenen u. den Kreuzdorngewächsen nahestehenden Familie von Pflanzen, zu der die Weinrebe* (1) *gehört;* **Wein|re|stau|rant,** das: vgl. Weinlokal; **wein|rot** ‹Adj.›: *von dunklem,*

leicht ins Bläuliche spielendem Rot; **wein|sau|er** ⟨Adj.⟩ (Chemie): *Weinsäure enthaltend, aus Weinsäure bestehend;* **Wein|säu|re,** die (bes. Chemie): *in vielen Pflanzen, bes. in den Blättern u. Früchten der Weinrebe vorkommende Säure;* **Wein|schaum,** der (Kochk.): *aus Eigelb, Zukker u. Weißwein hergestellte, schaumig geschlagene Süßspeise;* **Wein|schaum|creme,** die: vgl. Weinschaum; **Wein|schaum|so|ße,** die: vgl. Weinschaum; **Wein|schlauch,** der: *lederner Schlauch zum Aufbewahren u. zum Transport von Wein;* ♦ **Wein|schrö|ter,** der [zu ↑schroten (2)]: *Arbeiter, der Weinfässer verlädt:* Es sind Handwerker? – Schmiede, W., Zimmerleute, Männer mit geübten Fäusten (Goethe, Götz IV); **Wein|schwär|mer,** der: *(zu den Schwärmern gehörender) olivbraun u. rosa gezeichneter kleinerer Schmetterling, dessen braune Raupen u. a. an Weinreben leben;* **Wein|schwem|me,** die (Wirtsch.): *Überangebot an Wein;* **wein|se|lig** ⟨Adj.⟩: *(nach dem Genuß von Wein) rauschhaft glücklich, beschwingt:* -e Zecher; wir verbrachten einen -en Abend; **Wein|skan|dal,** der: *Skandal um unerlaubte Praktiken bei der Herstellung u. Vermarktung von Wein;* **Wein|sor|te,** die: *Sorte Wein* (2 a); **Wein|stein,** der: *in vielen Früchten, bes. in Weintrauben, enthaltene kristalline Substanz (die in Form farbloser harter Krusten od. Kristalle aus dem Wein ausflockt);* **Wein|stein|säu|re,** die: *Weinsäure;* **Wein|steu|er,** die: *Getränkesteuer;* **Wein|stock,** der: *[zur Erzeugung von Weintrauben veredelte] Weinrebe* (1); **Wein|stra|ße,** die: *(als touristische Route besonders gekennzeichnete) Landstraße, die durch eine Weingegend führt* (gew. in Namen): ein Dorf an der [Deutschen] W.; **Wein|stu|be,** die: *kleines Weinlokal;* **Wein|trau|be,** die: *einzelne Beerenfrucht der Weinrebe;* **Wein|trin|ker,** der: vgl. Biertrinker; **Wein|trin|ke|rin,** die: w. Form zu ↑Weintrinker; **Wein|wirt|schaft,** die: *Weinbau, Herstellung u. Vermarktung von Wein (als Wirtschaftszweig);* **Wein|zierl,** der; -s, -n [mhd. wīnzürl, ↑Winzer] (bayr., österr. mundartl.): *Winzer;* **Wein|zwang,** der: vgl. Verzehrzwang.

wei|se ⟨Adj.⟩ [mhd., ahd. wīs, zu ↑wissen u. eigtl. = wissend]: **a)** *Weisheit besitzend:* eine w. alte Frau; ein -r Richter; der w. König Salomon; ein -s Schicksal hat ihn davor bewahrt; Stanislaus tat w. „Die Menschen ändern sich mit ihrer Umgebung" (Strittmatter, Wundertäter 441); Vielleicht gelten auch darum die Eulen als w. (Stern, Mann 388); ⟨subst.:⟩ Das ist eine lange Fußreise ..., ein Weiser schont aber lieber seine Beine als seinen Kopf (Hacks, Stücke 107); die drei Weisen aus dem Morgenland *(die Heiligen Drei Könige);* **b)** *auf Weisheit beruhend, von Weisheit zeugend:* eine w. Antwort, Entscheidung; ein -r Richterspruch; er übte w. Zurückhaltung; Aber dann ... wäre es vielleicht -r gewesen, noch ein wenig im Bett zu bleiben (Th. Mann, Krull 243); sie lächelte, handelte w.; **Wei|se,** die; -, -n [mhd. wīs(e), ahd. wīsa, eigtl. = Aussehen, Erscheinungsform, zu ↑wissen; 2: schon ahd., wohl Kürz. aus *modulatio, ↑Modulation]:* **1.** *Art, Form, wie etw. verläuft, geschieht, getan wird:* In ... die „Birkenwäldchen" ... liegt eine gewandelte W. des Erzählens vor (Kasack, Birkenwäldchen 62); auf jede, dieselbe, [eine] andere, [eine] fatale, irgendeine verschiedene, vielerlei W.; das erledige ich auf meine W.; die Sachen sind auf geheimnisvolle W. verschwunden; Ihr Sohn ist nicht auf natürliche W. gestorben (Zuckmayer, Fastnachtsbeichte 61); Überall war es auf eine W. bezaubernd und auf eine W. entsetzlich (Kaschnitz, Wohin 85); Auf diese W. *(so, dadurch, damit)* werde dann die ganze Verantwortung den Allianzpartnern aufgebürdet (Dönhoff, Ära 147); Wir alle verfolgen Ziele, die wir auf tausend verschiedene -n ... zu erreichen suchen (Ruthe, Partnerwahl 18); in gleicher, derselben, ähnlicher/einer ähnlichen, anderer/einer anderen, gewohnter/der gewohnten W.; das geschieht in der W. *(so),* daß ...; das ist in keiner W. gerechtfertigt; da kann ich dir in keinster W. (ugs. scherzh.; *überhaupt nicht)* zustimmen; So wurde die Verbindung zwischen Theorie und Praxis in doppelter W. hergestellt (Leonhard, Revolution 171); Die Gottheit verehre du selbst immer und überall nach der W. der Väter (Thieß, Reich 492); häufig in intensivierender Verbindung mit „Art" (↑Art 2). **2.** *kurze, einfache Melodie [eines Liedes]:* eine bekannte, geistliche, volkstümliche, schlichte W.; Text und W. des Liedes sind von Martin Luther; Friesische -n ... sollen ... zu Gehör gebracht werden (Jeversches Wochenblatt 30. 11. 84, 5); Indessen sang ... die Geliebte meines Herzens ... ebenso unbekümmerte wie liederliche -n (Roth, Beichte 80); das Kirchenlied wird nach einer alten weltlichen W. gesungen; **-wei|se: 1.** *wird mit Adjektiven oder Partizipien und dem Fugenzeichen -er- zur Bildung von Adverbien verwendet/ was ... ist, wie es ... ist:* entlarvender-, höflicher-, realistischerweise. **2.** *wird mit Substantiven zur Bildung von Adverbien verwendet/ in Form von ..., als ...:* besuchs-, vorwandsweise. **3.** *drückt in Bildungen mit ersten Partizipien und dem Fugenzeichen -er- aus, daß etw. (ein Tun) das Mittel oder der Begleitumstand ist/ durch ..., bei ..., mit ...:* lesender-, radfahrenderweise. **4.** *wird mit Verben (Verbstämmen) zur Bildung von Adverbien verwendet/ in Form von ..., zum ...:* klecker-, miet-, schenkweise. **5.** *wird mit Substantiven zur Bildung von Adverbien verwendet, die dann eine Maß- od. Mengeneinheit ausdrücken/ in [jeweils] ..., nach ...:* familien-, löffel-, zentimeterweise; **Wei|sel,** der; -s, -, auch: die; -, -n [mhd. wisel, eigtl. = (An)führer, Oberhaupt, zu: wīsen, ↑weisen]: *Bienenkönigin;* **wei|sen** ⟨st. V.; hat⟩ [mhd., ahd. wīsen, zu ↑weise, eigtl. = wissend machen]: **1.** (meist geh.) **a)** *zeigen* (2 a): jmdm. den Weg, die Richtung w.; **b)** *in eine bestimmte Richtung, auf etw. zeigen, deuten:* mit der Hand, dem Kopf, dem Finger zur Tür w.; Der Knecht ... wies mit dem Feuerhaken auf eine Bettstatt zwischen zwei Bücherborden (Ransmayr, Welt 77); die Magnetnadel, der Pfeil weist nach Norden; Ü Es war keine Herde, denn fast jeder Schädel wies auf eine andere Tierart *(deutete auf eine andere Tierart hin;* Grzimek, Serengeti 324); ... auf dem ... Marktplatz, dessen Häuser ... auf vergangene Jahrhunderte weisen *(an vergangene Jahrhunderte erinnern;* Berger, Augenblick 100); **c)** (landsch.) *zeigen* (2 b), *vorzeigen:* Sie wies uns ein kleines Vogelgewehr, das man im Park gefunden hatte (Hauptmann, Schuß 63); ihr Begleiter wies einem Posten seinen Zettel (Fallada, Jeder 324); Ü ich wollte ihm die Grenzen seiner künstlerischen Freiheit w. (Stern, Mann 395); Stümpfe, zum Teil noch ganz frisch, wiesen die Arbeit *(zeugten von der Arbeit)* der Bandsäge (A. Zweig, Grischa 62). **2. a)** *schicken, verweisen:* jmdn. aus dem Zimmer, vom Hof, aus dem Land w.; als sie sich, vom Stewart gewiesen, an unseren Tisch setzt (Frisch, Gantenbein 437); Mit einer angewiesenen Bewegung wies er Fewkoobey an seine Arbeit (Brecht, Groschen 161); einen Schüler von der Schule w. *(ihm den weiteren Besuch der Schule verbieten);* Schon damals, als er aus dem Zisterzienserorden gewiesen *(ausgeschlossen)* wurde (Nigg, Wiederkehr 102); Ü es war ihm wieder auf den rechten Weg gewiesen; er hat diesen Gedanken, diese Vermutung weit von sich gewiesen *(aufs heftigste zurückgewiesen);* „Ich darf es verneinen; aber ich will es auch nicht empört von mir weisen", meinte Ulrich. „Es hätte sein können." (Musil, Mann 1132); Es war an der Zeit, den Sohn in die Grenzen zu w. (Ossowski, Liebe ist 330); **b)** (selten) *verweisen* (3 a): Er wies Vierbein an den Schreibstubenlöwen, der schleust ihn zum Adjutanten weiter (Kirst 08/15, 341); **c)** (veraltend) *verweisen* (5 b), *anweisen:* Die Mütter wiesen sie ärgerlich zur Ruhe (Brecht, Groschen 182); darum hat er mich im Traum gewiesen, zu ihm zu kommen, wie mein ist (Th. Mann, Joseph 361). **3.** (schweiz.) *zeigen, erweisen:* Die Resultate (der Präsidentenwahl) werden w., ob sich Griechischzypern für die Kontinuität oder den Wechsel entschieden hat (NZZ 14. 2. 83, 3); ⟨meist w. + sich:⟩ Ob das geflügelte Wort von den neuen Besen, die gut kehren, auch im Falle von Alfa Romeo zutreffen wird, muß sich erst noch w. (NZZ 12. 10. 85, 18); Es wird sich w., ob es nun doch zu einem Volksbegehren ... kommen wird oder nicht (Wochenpresse 48, 1983, 9). **4.** (schweiz.) (beim Jaß) *zu Spielbeginn bestimmte Kartenkombinationen, die man in der Hand hat, melden u. sich dafür Punkte gutschreiben lassen:* er konnte hundertfünfzig [Punkte] w. ♦ **5.** *belehren* (2): Laß dich w.! Geh behutsam! (Lessing, Nathan IV, 4); Das Mädel hätt' sich noch w. lassen. Es wäre noch Zeit gewesen (Schiller, Kabale II, 4); **Wei|ser,** der; -s, - (veraltet): *Uhrzeiger:* Ü Das Rad schwang. Der W. rückte *(die Zeit verging;* Th. Mann, Zauberberg 588); **Weis|heit,** die; -, -en [mhd., ahd. wīsheit]: **1.** ⟨o. Pl.⟩ *auf Lebenserfahrung, Reife [Gelehrsamkeit] u. Distanz gegenüber den Dingen beruhende, einsichtsvolle Klugheit:* göttliche W.; die

Weisheitsbuch

W. des Alters; Die einfache instinkthafte W. des Volkes wußte, daß ... derjenige Friede der beste war, der am frühesten geschlossen wurde (A. Zweig, Grischa 178); das Buch der W./die W. Salomos (Buch des A. T.); * **die W.** [auch nicht] mit Löffeln gefressen/gegessen haben (vgl. Löffel 1 a); glauben, die W. [allein] gepachtet zu haben (ugs.; *sich für besonders klug halten*): die große Idee, daß keiner die W. allein gepachtet hat (Musil, Mann 1267); **der W. letzter Schluß** (1. *die höchste Weisheit, Erkenntnis:* dieses Weltbild hält er für die W. letzten Schluß. 2. ugs.; *die ideale Lösung, die Lösung als Probleme:* das Sonnenhaus ist auch nicht der W. letzter Schluß; nach Goethe, Faust II, 11 574); **mit seiner W. am Ende sein** (*nicht mehr weiterwissen).* **2.** *(durch Weisheit* (1) *gewonnene) Erkenntnis, Lehre; weiser Rat, Spruch:* eine alte chinesische W.; das Buch enthält viele -en; ... über den Dichter, der seine -en und Meinungen in einen Becher lallte (Ransmayr, Welt 159); deine -en kannst du für dich behalten (spött.; *ich brauche deine Ratschläge nicht*); Ich für mein Teil halte es mit der volkstümlichen W., daß, wenn zweie dasselbe tun, es mitnichten dasselbe ist (Th. Mann, Krull 140); **Weis|heits|buch,** das (Fachspr.): vgl. Weisheitsliteratur: die altägyptischen, alttestamentlichen Weisheitsbücher; **Weis|heits|leh|re,** die (Fachspr.): *Gesamtheit, Zusammenstellung von [Lebens]weisheiten, Maximen o. ä.:* Im 25. Jahrhundert v. u. Z. schrieb der Ägypter Pta-Hotep für seinen Sohn ... eine W. zusammen (Bahro, Alternative 92); Ein angenehmer Zug des Buddhismus ist die von der ursprünglichen W. ausgehende Toleranz (Berger, Augenblick 147); **Weis|heits|li|te|ra|tur,** die (Fachspr.): *(in den altorientalischen Religionen) Literatur, deren Anliegen vor allem die Weitergabe von Lebensweisheit, -erfahrung o. ä. ist:* zur jüdischen W. gehören auch einige Psalmen; **weis|heits|voll** ⟨Adj.⟩ (geh. selten): *weise;* **Weisheits|zahn,** der [eigtl. = Zahn, der in einem Alter wächst, in dem der Mensch klug, verständig geworden ist]: *hinterster Backenzahn des Menschen (der erst im Erwachsenenalter durchbricht);* **weis|lich** ⟨Adv.⟩ [mhd. wisliche(n), ahd. wislîhho] (veraltend): *wohlweislich:* Hätte ... Gott nicht verschwiegen und w. für sich behalten, daß ... (Th. Mann, Joseph 46); ♦ Wenn sie nicht w. dort vorüberlenken, so wird das Schiff zerschmettert an der Fluh (Schiller, Tell IV, 1); **weis|ma|chen** ⟨sw. V.; hat⟩ [mhd. wis machen = klug machen, belehren, kundtun] (ugs.): *jmdm. etw. Unzutreffendes glauben machen:* das kannst du mir nicht w./machst du mir nicht weis; Man macht den Steuerzahlern weis, sie bräuchten eine U-Bahn-Verbindung zum Kaufhof (Fels, Kanakenfauna 30); Ü Auf einmal bewegte er sich grundlos schnell vorwärts. Sein Körper wollte ihm offenbar w., er wäre in Eile (Kronauer, Bogenschütze 182).

¹**weiß:** ↑ wissen.

²**weiß** ⟨Adj., -er, -este⟩ [mhd. wiȝ, ahd. (h)wiȝ, eigtl. = leuchtend, glänzend]: **1.** *von der hellsten Farbe; alle sichtbaren Far-* *ben, die meisten Lichtstrahlen reflektierend:* -e Lilien, Wolken; -e Gardinen; ein -es Kleid; strahlend, blendend -e Zähne; -e Haare; ein -er Hai, Hirsch; die Schachfiguren so aufstellen, daß die -e Dame auf einem -en Feld steht; w. wie Schnee; Er kann ... seine Zuhörer mit dem -esten Weiß entzücken (Dierichs, Männer 199); sein Gesicht war w. von Kalk; w. gekleidet sein; der Rock war rot und w. gestreift; die Wand w. tünchen; w. glühen; -es *(unbeschriebenes)* Papier; -e Weihnachten, Ostern *(Weihnachten, Ostern mit Schnee);* Du bist ja w. *(bleich)* wie die Wand, ist dir schlecht? (Kuby, Sieg 155); daß er dabei die Fäuste zusammenballte, bis die Knöchel w. wurden (Kühn, Zeit 146); er ist w. geworden *(hat weiße Haare bekommen);* der -e Sport *(Tennis);* -e Blutkörperchen (Med.; *Leukozyten);* die -e Substanz (Med.; *an Nervenfasern reicher, weißlicher Teil des Gehirns u. des Rückenmarks);* -es *(das ganze sichtbare Spektrum umfassendes)* Licht; ⟨subst.:⟩ das Weiße im Ei/des Eis; Weiß *(der Spieler, der die weißen Figuren hat)* eröffnet das Spiel; Ü In der -en Mittagshitze *(in der Helligkeit und Hitze des Mittags)* fuhr er mit der Stadtbahn über die leeren Grenzflächen nach Ostberlin (Johnson, Ansichten 35); * **jmdm. nicht das Weiße im Auge gönnen** (ugs.; *jmdm. gegenüber sehr mißgünstig sein).* **2. a)** *sehr hell aussehend:* -er Pfeffer; -e Bohnen, Johannisbeeren; -es Mehl; -es Brot *(Weißbrot);* -es Fleisch; -er Wein *(Weißwein);* Mit -em *(klarem, farblosem)* Rum spüle ich mir die Übelkeit weg (Sobota, Minus-Mann 201); ⟨subst.:⟩ ein Glas von dem Weißen (ugs.; *dem Weißwein);* **b)** *der Rasse der* ²*Weißen, der Europiden angehörend:* ein -er Amerikaner; der -e Minderheit - eine Mutter und einen schwarzen Vater; Menschen -er Hautfarbe; die -e Rasse (die ²*Weißen);* der -e Mann *(die* ²*Weißen);* -er *(von weißen Musikern geschaffener)* Blues, Jazz; Chinesische Kinder durften nicht in „weißes" *(den* ²*Weißen vorbehaltenes)* Bad in Johannesburg (MM 23. 10. 80, 35); der Vater ist w. **3.** (Kaufmannsspr.) *ohne Markennamen od. -zeichen; zu den No-name-Produkten gehörend:* auch die Tabakindustrie beliefert jetzt den Markt mit -en Zigaretten, **Weiß,** das; -[es], -: **1.** *weiße Farbe, weißes Aussehen:* ein strahlendes W.; die Braut trug W.; das W. ihrer Augen; in W. heiraten; Das ... Fachblatt „Gault-Millau" mußte mitunter schon vor Gericht aus der Küche plaudern, und die Männer in W. *(die Köche)* nehmen es sich zu Herzen (Spiegel 9, 1982, 72); Er kann ... seine Zuhörer mit dem weißesten W. entzücken (Dierichs, Männer 199). **2.** ⟨o. Pl.⟩ *etw. Weißes:* das durchs Fenster einsickernde W. *(weiße Schein)* des Mondlichts (Stern, Mann 332); Auf den Zäunen lag noch dünner Rauhreif. Aber die Sonne schmolz das pelzige W. (Lentz, Muckefuck 21); alles liegt unter dickem W. *(unter einer dicken Schneedecke;* Grass, Unkrufe 188); **Weiß|ab|gleich,** der (Elektronik): *für eine richtige Farbwiedergabe notwendiger elektronischer Abgleich, durch den eine Vi-* *deokamera an die vorhandenen Lichtverhältnisse angepaßt wird:* der W. erfolgt bei diesem Camcorder automatisch.

weis|sa|gen ⟨sw. V.; hat⟩ [mhd. wīssagen, unter volksetym. Anlehnung an ahd. wīs (↑ weise) u. sagēn (↑ sagen), umgedeutet aus ahd. wīȝago, zu: wīȝago = Prophet, zu: wīȝ(ȝ)ag = merkend, sehend, wissend, zu: wiiȝan (↑ wissen), also eigtl. = *als Prophet wirken*]: **a)** *etw. Künftiges vorhersagen; prophezeien:* Kassandra weissagte den Untergang Trojas; sie haben falsch geweissagt; Auch dem Augustus war, kurz bevor er dreiundsechzig wurde, der alsbaldige Tod geweissagt (Stern, Mann 326); Medizinmänner, die ... mit Hilfe von Steinchen weissagen, die sie aus einem Horn herausfallen lassen (Grzimek, Serengeti 275); **b)** *jmdn. etw. ahnen lassen:* seine Miene weissagte mir nichts Gutes; **Weis|sa|ger,** der; -s, -: *jmd., der etw. weissagt* (a): Überdies war der alte Seher ... ein besonders volkstümlicher ... W. (Th. Mann, Joseph 337); **Weis|sa|ge|rin,** die; -, -nen: w. Form zu ↑ Weissager; **Weis|sa|gung,** die; -, -en [mhd. wīssagunge, ahd. wīȝagunga]: **1.** *Prophezeiung* (1), *Orakel:* eine alte W.; die -en des Nostradamus; ihre W. hat sich nicht erfüllt; -en machen. **2.** (selten) *das Weissagen:* Er sah in ihr (= der Bibel) nun nicht mehr nur ein Buch der frommen Geschichten, sondern ... auch eines der W. weltlicher Zukunft (Stern, Mann 224).

Weiß|bart, der (ugs.): *Mann mit weißem Bart;* **weiß|bär|tig** ⟨Adj.⟩: *einen weißen Bart habend;* **Weiß|bier,** das: *Weizenbier;* **Weiß|bin|der,** der (landsch.): **a)** *Böttcher;* **b)** *Anstreicher;* **Weiß|bin|de|rin,** die (landsch.): *w. Form zu* ↑ *Weißbinder;* **Weiß|blech,** das: *verzinntes Eisenblech;* **Weiß|blei, Weiß|blei|erz,** das (Mineral.): *Zerussit;* **weiß|blond** ⟨Adj.⟩: **a)** *ein fast weißes Blond aufweisend:* -es Haar; **b)** *weißblondes* (a) *Haar habend:* seine Frau ist w.; **weiß|blu|ten** ⟨sw. V.; nur im Inf. gebr.⟩ [eigtl. = bis zum Erblassen bluten] (ugs.): *sich [finanziell] völlig verausgaben:* für sein neues Haus mußte er sich völlig w.; * ⟨subst.:⟩ **bis zum Weißbluten** (ugs.; *ganz u. gar);* **weiß|blü|tig** ⟨Adj.⟩ (Med. selten): **a)** *leukämisch* (a); **b)** *leukämisch* (b); **Weiß|blü|tig|keit,** die (Med. selten): *Leukämie:* Die von Rudolf Virchow zuerst erkannte bösartige „Weißblütigkeit", landläufig auch „Blutkrebs" genannt (Spiegel 33, 1984, 129); **Weiß|brot,** das: **a)** *Brot* (1 a) *aus sehr fein ausgemahlenem Weizenmehl:* ein Stück, eine Scheibe W.; iß nicht zuviel W.; **b)** *einzelner Laib Weißbrot* (a): Madame Merinette ... winkte den beiden Frauen zu, die auf der anderen Straßenseite standen, Milchkannen und lange -e in den Händen (Jens, Mann 161); **c)** *Weißbrotschnitte:* Sie bestreicht ein gebähtes W. mit Butter und Zucker (Schwaiger, Wie kommt 71); **Weiß|brot|ein|la|ge,** die (Kochk.): *Einlage* (3) *aus Weißbrot;* **Weiß|brot|schnit|te,** die: *Schnitte Weißbrot;* **Weiß|buch,** das [1: nach dem Vorbild der engl. ↑ Blaubücher]: **1.** (Dipl.) *mit weißem Einband od. Umschlag versehenes Farbbuch des ehemaligen Deutschen Rei-*

ches u. der Bundesrepublik Deutschland. **2.** (Politik) *Zusammenstellung von Dokumenten, Statistiken o. ä. zu einem bestimmten Bereich, die von einer staatlichen Stelle erarbeitet wurde u. der Öffentlichkeit vorgelegt wird:* wenn das von der Bundesregierung angekündigte verteidigungspolitische W. vorliegt (Bundestag 189, 1968, 10207); **Weiß|bu|che,** die [nach dem hellen Holz]: *Hainbuche;* **Weiß|bur|gun|der,** der: **a)** ⟨o. Pl.⟩ *Rebsorte mit ovalen, in dichten Trauben wachsenden grünen Beeren;* **b)** *aus den Trauben des Weißburgunders (a) hergestellter Weißwein mit vollmundigem Bukett;* **Weiß|dorn,** der ⟨Pl. ...dorne⟩: *als Strauch od. kleiner Baum wachsende Pflanze mit dornigen Zweigen, gesägten od. gelappten Blättern, u. weißen bis rosafarbenen, in Doldenrispen stehenden Blüten; Hagedorn;* **Weiß|dorn|hecke**[1]**,** die: *Hecke aus Weißdorn;* [1]**Wei|ße,** die; -, -n [mhd. wīʒe, ahd. (h)wīʒī]: **1.** ⟨o. Pl.⟩ *das Weißsein; weiße Farbe, weißes Aussehen:* die W. (Blässe) ihres Gesichts; Ihr Kleid erschien ... als eine wabernde W. vor ihm (Norfolk [Übers.], Lemprière 616); ein Blick zum Bruder hinüber, dort an der Wand, ... festgebannt in W. und Schwärze auf ... Papier (*auf einem Schwarzweißfoto;* Brinkmann, Zeit 165). **2.** (volkst.) *Weißbier:* eine Berliner W. [mit Schuß *(ein Glas Weißbier [mit Himbeersaft]);* [2]**Wei|ße,** der u. die; -n, -n ⟨Dekl. ↑ Abgeordnete⟩: *Mensch mit heller Hautfarbe; Europide;* **Wei|ßei,** das (landsch.): *Eiweiß;* **Wei|ße-Kra|gen-Kri|mi|na|li|tät,** die: *White-collar-Kriminalität;* **wei|ßeln** ⟨sw. V.; hat⟩ (süd[west]d., österr., schweiz.): *weißen:* Barblin weißelt die ... Mauer mit einem Pinsel an langem Stecken (Frisch, Andorra 7); Die geweißelten nackten Wände (Ossowski, Liebe ist 298); Ü Die letzte Mole, schwarz von Algen und von Möwen geweißelt *(mit weißem Kot bedeckt),* gleitet vorüber (Frisch, Gantenbein 435); **wei|ßen** ⟨sw. V.; hat⟩ [mhd. wīʒen, ahd. (h)wīʒan]: *mit weißer Tünche anstreichen:* ein Haus w.; frisch geweißte Wände; Ü „Ein Neger ist schwer zu verstecken: "Weißen läßt er sich nicht. Aber ..." (Muschg, Gegenzauber 291); **Weiß|er|le,** die: *Grauerle;* **Weiß|fäu|le,** die: **1.** *an Holz auftretende, durch Pilze verursachte Fäule, die zu einer grauen Verfärbung des Holzes führt.* **2.** *an Kartoffelknollen auftretende, durch Pilze verursachte Trockenfäule, die die Kartoffeln schrumpfen, völlig eintrocknen läßt;* **Weiß|fisch,** der: *in mehreren Arten vorkommender, silbrig glänzender Karpfenfisch* (z. B. Elritze, Ukelei); **Weiß|fluß,** der (Med.): *weißlicher Ausfluß* (3 b); **Weiß|fuchs,** der: *Polarfuchs;* **weiß|gar** ⟨Adj.⟩ [nach der hellen Farbe des gegerbten Leders] (Gerberei): *mit Alaun gegerbt;* **Weiß|gar|dist,** der: **1.** *jmd., der im russischen Bürgerkrieg nach der Oktoberrevolution auf seiten der „Weißen" gegen die Bolschewiki („die Roten") kämpfte.* **2.** (kommunist. abwertend) *Reaktionär;* **Weiß|gar|di|stin,** die: w. Form zu ↑ Weißgardist; **weiß|gar|di|stisch** ⟨Adj.⟩: *den Weißgardisten eigen, zu ihnen gehörend, sie kennzeichnend, betreffend;* **weiß|ge-**

deckt[1] ⟨Adj.⟩: *mit einem weißen Tischtuch gedeckt;* **weiß|ge|kalkt**[1]**,** (landsch.:) **weiß|ge|kälkt**[1] ⟨Adj.⟩: vgl. weißgetüncht: -e Wände, Häuser; Er lag rücklings auf dem ... Bett und starrte an die weißgekälkte Decke (Norfolk [Übers.], Lemprière 100); **weiß|ge|klei|det**[1] ⟨Adj.⟩: *in Weiß gekleidet;* **weiß|gelb** ⟨Adj.⟩: *hell-, blaßgelb;* **Weiß|ger|ber,** der [↑ Weißgerbung] (früher): *auf Alaungerbung spezialisierter Handwerker;* **Weiß|ger|be|rei,** die: **1.** *auf Weißgerbung spezialisierte Gerberei* (1). **2.** ⟨o. Pl.⟩ *auf Weißgerbung spezialisierte Gerberei* (2); **Weiß|ger|be|rin,** die; -, -nen (früher): w. Form zu ↑ Weißgerber; **Weiß|ger|bung,** die [nach der hellen Farbe des gegerbten Leders]: *das Gerben, Gerberei* (2) *mit alaunhaltigen Gerbmitteln;* **weiß|ge|tüncht**[1] ⟨Adj.⟩: *mit weißer Tünche gestrichen:* -e Häuser, Wände; **Weiß|glas,** das: *farbloses Glas:* ein Altglasbehälter ..., für Grünglas, Braunglas, W. (Harig, Ordnung 363); **weiß|glü|hend** ⟨Adj.⟩: (bes. von Metallen) *so stark erhitzt, daß der betreffende Stoff weiß leuchtet:* -es Eisen; Ü Als ein -es Bild allen Feuers stieg die Sonne in den Zenit (Ransmayr, Welt 286); **Weiß|glut,** die ⟨o. Pl.⟩ (Metallbearb.): *Stadium des Weißglühens:* Der Henker erhitzt die Schwertklinge bis zur W. (Stern, Mann 304); * **jmdn. [bis] zur W. bringen/reizen/treiben** (ugs.: *jmdn. in äußerste Wut versetzen):* als mich wie eine Wespe an der Fensterscheibe mich mit ihrem Gesurre dran bringt (Kinski, Erdbeermund 174); **Weiß|gold,** das: *mit Silber od. Platin legiertes, silbrig glänzendes Gold;* **weiß|grau** ⟨Adj.⟩: *sehr hellgrau;* **weiß|grun|dig** ⟨Adj.⟩: *einen weißen Grund* (4) *habend;* **weiß|haa|rig** ⟨Adj.⟩: *weißes Haar habend;* **weiß|häu|tig** ⟨Adj.⟩: *eine weiße Haut habend:* Die Tochter der Wirtin, ein auffallend -es Wesen (Frischmuth, Herrin 39); **Weiß|herbst,** der [der Wein wird aus einer Weißherbst vergoren; vgl. Herbst (2)] (südd.): *aus nur einer Rebsorte bereiteter deutscher Roséwein;* **Weiß|kal|bis,** der (schweiz.): *Weißkohl;* **Weiß|kalk,** der (Bauw.): *aus Kalkstein gewonnener, an der Luft hart werdender Kalk;* **Weiß|kä|se,** der (landsch.): *Quark:* Zum Frühstück ... wollte Reschke Herbata ... Konfitüre und Weißkäse mit (Grass, Unkenrufe 55); **Weiß|kit|tel,** der (ugs. spött.): **a)** *Person in weißem Arbeitskittel, bes. Arzt:* die meisten W. waren wohl Studenten (Christiane, Zoo 280); **b)** *Arzt:* Wenn etwa ein Irrenarzt und ein Patient über den Kosmos debattieren, hat erwartungsgemäß der Blöde recht und der W. die Macht (Basler Zeitung 2. 10. 85, 37); **Weiß|klee,** der: *Klee mit weißen od. rötlichweißen Blüten;* **Weiß|kohl,** der (bes. nordd.): *Kohl* (1 a) *mit grünlichweißen Blättern, die sich zu einem festen Kopf zusammenschließen;* **Weiß|kraut,** das (bes. südd., österr.): *Weißkohl;* **Weiß|lachs,** der: *(zu den Lachsfischen gehörender) großer Fisch mit dunkler Oberseite u. silbrig glänzender Bauchseite, der als Speisefisch geschätzt wird;* **Weiß|lacker**[1]**,** der; -s, -: *pikanter halbfester Käse mit etwas schmieriger, lackartiger Oberfläche;* **weiß|lackiert**[1] ⟨Adj.⟩: vgl. weißgetüncht: -e

Möbel; **weiß|lich** ⟨Adj.⟩: *sich im Farbton dem Weiß nähernd:* -es Licht; kleine, unscheinbare -e Blüten; ich liege auf dem Rücken und rauche meine Zigarre, so daß ihre -e Asche nicht abfällt, senkrecht (Frisch, Homo 247); Fußpilz hatte die Haut ... w. aufgeweicht (Hahn, Mann 46); w. schimmern; **Weiß|lie|gen|de,** das; -n (Geol.): *(weiße) oberste Schicht des Rotliegenden;* **Weiß|ling,** der; -s, -e: **1.** *in vielen Arten vorkommender Schmetterling mit meist weißen od. gelblichen, schwarz gezeichneten Flügeln.* **2.** *Ukelei.* **3.** *Wittling;* **Weiß|ma|cher,** der: *in Waschmitteln enthaltener Wirkstoff, der die Wäsche optisch aufhellt;* **Weiß|mehl,** das: *fein ausgemahlenes Weizenmehl;* **Weiß|me|tall,** das: *weißlich aussehende Legierung aus Zinn, Antimon, Blei u. Kupfer;* **Weiß|moos,** das: *(zu den Laubmoosen gehörendes), in Wäldern, auf Heiden u. Mooren vorkommendes) große Polster bildendes, weißlichgrünes Moos;* **weiß|nä|hen** ⟨sw. V.; hat⟩: *Haushalts-, Leibwäsche, Oberhemden u. Blusen nähen u. ausbessern;* **Weiß|nä|he|rei,** die ⟨o. Pl.⟩: *das Weißnähen; Anfertigung von Haushalts-, Leibwäsche o. ä.;* **Weiß|nä|he|rin,** die: *Frau, die beruflich weißnäht* (Berufsbez.); **Weiß|nickel|kies**[1]**,** der (Geol.): *Chloanthit;* **Weiß|öl,** das: *stark raffiniertes, wasserklares Mineralöl, das bei der Herstellung von pharmazeutischen u. kosmetischen Mitteln, als Weichmacher, Extender u. a. verwendet wird;* **Weiß|pap|pel,** die: *Silberpappel;* **Weiß|pfen|nig,** der [nach der hellen Farbe] (früher): *aus einer Legierung mit hohem Anteil an Silber hergestellte, kaum oxydierte Münze (Pfennig od. Groschen); Albus;* **Weiß|rus|se,** der; -n, -n: Ew. zu ↑ Weißrußland; **Weiß|rus|sin,** die; -, -nen: w. Form zu ↑ Weißrusse; **weiß|rus|sisch** ⟨Adj.⟩; **Weiß|ruß|land;** -s: *Staat in Osteuropa.*

Weiß|schim|mel|kä|se, der: *mit einer samtigen weißen Schicht aus Schimmel überzogener Edelpilzkäse* (z. B. Camembert); **Weiß|stein,** der (Mineral.): *Granulit;* **Weiß|sticke|rei**[1]**,** die (Handarb.): *auf weißem Gewebe mit weißem Garn ausgeführte Stickerei;* **Weiß|storch,** der: *Storch;* **Weiß|sucht,** die ⟨o. Pl.⟩ (seltener): *Albinismus.*

weißt: ↑ wissen.

Weiß|tan|ne, die: *Edeltanne;* **Weiß|tö|ner,** der: *Aufheller* (2); **Wei|ßung,** die; -, -en: **a)** *das Weißen;* **b)** *Anstrich aus weißer Tünche;* **Weiß|wal,** der: *weißer Wal mit rundlichem Kopf, stark gewölbter Stirn u. einem nackenartigen Absatz vor dem Rücken;* **Weiß|wand|rei|fen,** der: *Autoreifen, der an der äußeren Seite zur Verzierung entlang der Felge einen breiten weißen Streifen hat;* **Weiß|wan|gen|gans,** die: *(in nördlichen Ländern heimische) Wildgans mit dunkel gebändertem Ober-, weißer Unterseite, schwarzem Hals u. weißem Gesicht;* **Weiß|wa|ren** ⟨Pl.⟩ (Fachspr.): **a)** *weißes Gewebe aus Leinen, Halbleinen od. Baumwolle, auch Chemiefasern;* **b)** *aus Weißwaren* (a) *gefertigte Textilien, Wäsche;* **Weiß|wä|sche,** die ⟨o. Pl.⟩: *weiße [Koch]wäsche;* **weiß|wa|schen** ⟨st. V.; hat⟩ (ugs.): *reinwaschen;* **Weiß|wein,** der:

Weißwurst

[aus hellen Trauben hergestellter] heller, gelblicher Wein; **Weiß|wurst,** die: *aus passiertem Kalbfleisch u. Kräutern hergestellte Brühwurst von weißlicher Farbe;* **Weiß|wurst|äqua|tor,** der [südlich dieser Linie ist die Weißwurst ein beliebtes Essen] (scherzh.): *(als nördliche Grenze Bayerns od. Süddeutschlands gedachte) etwa dem Lauf des Mains entsprechende Linie:* Nicki ... hatte ... auch nördlich des -s Erfolg (Hörzu 4, 1986, 59); **Weiß|wurz,** ⟨o. Pl.⟩: *Salomonssiegel;* **Weiß|zeug,** das (veraltend): *Weißwaren;* **Weiß|zucker,** der: *sehr reiner, weißer Zucker.*

Weis|tum, das; -s, ...tümer [mhd., ahd. wistuom, zu ↑weise, urspr. = Weisheit, dann unter Einfluß von ↑weisen = Rechtsspruch, gesetzliche Bestimmung] (im MA.): **a)** *Auskunft, die rechtskundige Männer über Streitfragen gaben u. die dann rechtskräftig wurde;* **b)** *Sammlung schriftlich aufgezeichneter Weistümer* (a); **Wei|sung,** die; -, -en [mhd. wisunge]: **1. a)** (geh.) *Anordnung, Hinweis, wie etw. zu tun ist, wie man sich verhalten soll:* eine W. erhalten, empfangen, ausführen, mißachten; jmdm. W. geben, etw. zu tun; Alte, erfahrene Leute hatten kalte Umschläge angeraten, und Lena befolgte ihre W. mit Eifer und Umsicht (Hauptmann, Thiel 47); das Bohnerwachs, das auf Leos W. verschmiert wurde (Böll, Haus 2204); er handelte nicht nach ihrer W.; **b)** (Amtsspr.) *Befehl, Anweisung; Direktive:* Demgegenüber besitzen z. B. ... die -en des Volkswirtschaftsrates praktisch Gesetzeskraft (Fraenkel, Staat 354); Die W., wohin er zu bringen sei, stand noch aus (Erh. Kästner, Zeltbuch 183); er hat W., niemanden vorzulassen. **2.** (Rechtsspr.) *seine Lebensführung betreffende gerichtliche Anweisung, die ein Straftäter erhält, dessen Strafe zur Bewährung ausgesetzt ist:* ... dem Angeklagten als Bewährungsauflage die W. zu erteilen, sich einer Entziehungskur zu unterziehen (Saarbr. Zeitung 8. 10. 79, 14). **3.** (schweiz.) *erhellender Bericht, mit dem eine Kantonsregierung od. ein Gemeinderat dem Parlament (od. dem Stimmbürgern eine Vorlage unterbreitet:* Der Stadtrat versucht in seiner W. darzustellen, daß es sich nicht um eine eigentliche Erhöhung der Subvention ... handle, sondern ... (NZZ 19. 12. 86, 35); **Wei|sungs|be|fug|nis,** die; vgl. Weisungsrecht; **wei|sungs|be|fugt** ⟨Adj.⟩: *eine Weisungsbefugnis habend:* Siebert ist sportlicher Leiter des Vereins und w. gegenüber Trainer Gyula Lorant (Saarbr. Zeitung 4. 12. 79, 7); **wei|sungs|be|rech|tigt** ⟨Adj.⟩: vgl. weisungsbefugt; **wei|sungs|ge|bun|den** ⟨Adj.⟩: *an Weisungen gebunden:* fast sämtliche Gutachter ... sind mithin w. und nicht unabhängig, wie das Prozeßrecht es verlangt (Spiegel 21, 1975, 44); **wei|sungs|ge|mäß** ⟨Adj.⟩: *der erhaltenen Weisung gemäß:* etw. w. durchführen; Mühmchen war w. angebunden (Ossowski, Liebe ist 202); **Wei|sungs|recht,** das: *Recht, Weisungen zu erteilen:* von seinem W. Gebrauch machen.

weit ⟨Adj.; -er, -este⟩ [mhd., ahd. wīt, eigtl. = auseinandergegangen]: **1. a)** *eine beträchtliche Weite (4) habend:* eine -e Öffnung; ein ziemlich -er Schacht; ihr oben knappes, unten -es Sommerfähnchen (Grass, Hundejahre 542); ein -es *(breites) Tal;* dort, wo die Höhle am -esten ist; das Mittel macht die Blutgefäße -er; das Hemd ist schön w.; Bugenhagen trägt einen Trenchcoat, der ihm an den Schultern zu w. ist (Jens, Mann 11); eine Hose, einen Ring -er machen; den Mund ganz w. aufmachen; w. geöffnete Fenster; **b)** ⟨wird Maßangaben o. ä. nachgestellt⟩ *eine bestimmte Weite (4) habend:* ein drei Zoll -es Rohr; den Stollen einige Fuß -er machen; die Tür stand eine Handbreit, einen Spalt w. offen; die Hose, den Bund, den Kragen ein paar Zentimeter -er machen. **2. a)** *(streckenmäßig) ausgedehnt, lang; über eine große Strecke, Entfernung [gehend], sich über eine große, bis zu einer großen Entfernung erstreckend:* eine -e Reise; das war ihr bisher -ester Wurf; Für die Fahrgäste bedeutete die Umstellung -ere Fußwege (natur 9, 1991, 83); Der VfL ... überlistete mit -en Diagonalpässen immer wieder die ... Nürnberger Abwehrkette (Kicker 6, 1982, 34); mit -en *(großen)* Schritten; in -er *(großer)* Ferne; in -em *(großem)* Abstand, Bogen; der Weg dahin ist w.; w. hinausschwimmen; sich nicht zu w. hineinwagen, hinüberbogen; sie wohnen nicht w. entfernt/(ugs.:) w. weg [von uns]; wie w. ist es bis dorthin?; die Marmelade steht -er rechts; wir fuhren immer -er nach Norden; w. hinter der Stadt; von w. her kommen; hast du [es] noch w. (ugs.; *noch weit zu gehen, zu fahren)?*; Ü Aber er war w. entfernt, schön zu sein *(er war ganz und gar nicht schön;* Th. Mann, Hoheit 40); eine genauere Erklärung würde zu w. führen *(zu lang, zu detailliert werden);* die Meinungen gingen w. auseinander; er war seiner Zeit w. voraus; w. nach Mitternacht; Bis w. in den hellen Tag hinein weicht das Schwammige ... nicht aus meinem Gesicht (Stern, Mann 17); mit Höflichkeit kommt man am -esten; er ist zu w. gegangen *(über das Angemessene, Zumutbare, Erträgliche hinausgegangen);* das geht zu w. *(das geht über das Zumutbare, Erträgliche hinaus);* R so w., *so gut (bis hierhin [ist alles] in Ordnung);* * **von -em** *(aus weiter Entfernung):* von -em sieht es aus wie ...; **b)** ⟨wird Maßangaben o. ä. nachgestellt⟩ *eine bestimmte streckenmäßige Ausdehnung, Länge habend; über eine bestimmte Strecke, Entfernung [gehend], sich über eine bestimmte, bis zu einer bestimmten Entfernung erstreckend:* ein paar Schritte w., -er; zwei Meter w., -er; der Ort liegt nur einen Kilometer w. von hier; sie wohnt drei Straßen -er; Er knattert durchs Dorf ... Sieben Häuser w. die Dorfstraße entlang (Fels, Kanakenfauna 59). **3.** *(über eine große Fläche, einen großen Bereich hin) ausgedehnt, von großer Erstreckung nach allen Seiten:* -e Wälder; die -e Landschaft, Ebene; mich lockte das -e Rußland (Koeppen, Rußland 111); das -e Geviert der Grundmauern stand bereits (Kühn, Zeit 220); das -e Meer; in die -e Welt ziehen; in -em Umkreis; w. [in der Welt] herumgekommen sein; w. verbreitet sein; ⟨subst.:⟩ Vielmehr sieht er über ihn hinweg ins Weite (Hildesheimer, Tynset 104); Ü ein -es Betätigungsfeld; -e Kreise, Teile der Bevölkerung; wenn seine (= des Gemeinwesens) Verwaltung immer -ere Lebensbereiche erfaßt (Fraenkel, Staat 160); * **w. und breit** *(in der ganzen Umgebung, ringsum):* es ist ein verschlafener Vorortbahnhof, kein Mensch w. und breit (Bekker, Irreführung 9); **das Weite suchen** *(sich eilig, fluchtartig entfernen):* Anna aber fand nicht die Zeit, das Weite zu suchen (A. Kolb, Daphne 171); **das Weite gewinnen** *(entkommen):* in einem unbewachten Augenblick hatte er das Weite gewonnen (Th. Mann, Herr 29). **4.** *[großen] Spielraum lassend od. ausnutzend:* ein -es Gewissen, Herz haben; ein -er Begriff; eine sehr -e Definition; im weiten Sinne (Abk.: i. w. S.); eine Vorschrift w. auslegen; damit würde der begriffliche Rahmen sehr w. gespannt (Fraenkel, Staat 35). **5.** *zeitlich entfernt:* Es war nicht mehr w. bis Weihnachten (Bieler, Bonifaz 172); etw. liegt w., -er zurück. **6.** *in der Entwicklung, in seinem Handeln, in seiner Wirkung bis zu einem fortgeschrittenen Maß, Grad, Stadium, Zustand [gelangt]:* wie w. seid ihr [mit eurem Projekt]?; wir sind in Latein schon -er als die Parallelklasse; ... und die Sowjets zweifellos entschlossen, noch -er zu gehen (Dönhoff, Ära 207); wir wollen es gar nicht erst so weit *(dazu)* kommen lassen; so w. ist es schon mit ihr gekommen *(so schlimm ist es schon mit dir geworden)?* **7. weitaus,** *um ein beträchtliches Maß:* w. größer, besser, mehr; es sind ihrer -e über tausend; das ist w. unter seinem Niveau, über dem Durchschnitt; jmdn. w. übertreffen; w. unterlegen sein; daß die technischen Schwierigkeiten ... w. geringer sind (Dönhoff, Ära 71); * **bei -em** *(weitaus):* das ist bei -em nicht besser; die bei -em billigste Methode; **bei -em nicht** *(nicht einmal annähernd, längst nicht):* das ist bei -em nicht alles; ¹**Weit,** das; -[e]s, -e (Fachspr.): *größte Weite (z. B. eines Schiffs);* ²**Weit,** der; -[e]s (schweiz. Sport Jargon): *kurz für ↑Weitsprung;* **weit|ab: I.** ⟨Adv.⟩ *weit entfernt:* w. [vom Bahnhof] wohnen; Die Figuren w. auf dem Strand hatten sich inzwischen noch weiter verlaufen (Grass, Butt 693); Nicht w. steht der runde Tisch (Berger, Augenblick 47); Ü der Vorschlag ... „w. von jeder Realität" (FAZ 26. 9. 89, 49); Dieser Roman, so w. er zu spielen scheint, ist im höchsten Sinne aktuell (Reich-Ranicki, Th. Mann 132). **II.** ⟨Präp. mit Gen.⟩ *weit entfernt von:* an verschiedenen Stellen w. des Tellico-Damms (natur 8, 1991, 56); w. der Verkehrsverbindungen (Klee, Pennbrüder 95); **weit|är|me|lig, weit|ärm|lig** ⟨Adj.⟩: *weite Ärmel habend:* eine -e Bluse; **weit|aus** ⟨Adv.⟩: *verstärkend bei Komp. od. Sup.⟩:* *mit großem Abstand, Unterschied:* w. älter; am w. besten; der w. schnellste Reiter; das war bei w. Schwerere (Th. Mann, Hoheit 42); jedenfalls beruhen w. die meisten Äußerungen unseres Lebens auf geistiger Unsicherheit (Musil, Mann 1244); die anderen w. übertreffen; **weit|be|kannt**[1] ⟨Adj.; weiter bekannt, am weitesten bekannt⟩: *withhin, weiten Kreisen,* bei vielen Menschen bekannt; **Weit|blick,** der ⟨o. Pl.⟩: **1.** *Fähigkeit, vorauszublicken, künftige Entwicklungen u. Erfordernisse zu erkennen u. richtig einzuschätzen:* politischen W. haben; Die Gründung einer Bibliothek war zu jener Zeit ein Akt erstaunlichen -s (Thieß, Reich 89). **2.** *Fernblick:* Blockhaus, 5 Zimmer ..., herrlicher W. (Hamburger Abendblatt 24. 8. 85, 31); ein Hanggrundstück mit unverbaubarem W.; **weit|blickend**[1] ⟨Adj.; Komp.: weiter blickend u. -er⟩: *Weitblick* (1) *habend, zeigend:* ein -er Staatsmann; Der Chronist hat sich später bisweilen einen Vater gewünscht, der politisch -er gewesen wäre (Loest, Pistole 58); **Wei|te,** die; -, -n [mhd. wīte, ahd. wītī]: **1. a)** *weiter Raum, weite Fläche:* unermeßliche, unendliche -n; Kein Dorf. Keine Stadt. Nur W. Endlose W. (Koeppen, Rußland 139); die W. des Meeres; in die offene, unbegrenzte W. des Himmels (Schneider, Leiden 35); Ü Zwischen ihm und Lilian lagen frostige -n (Strittmatter, Wundertäter 464); **b)** ⟨o. Pl.⟩ *Ferne* (1 a): Albert, der während meiner Verrichtung taktvoll in die W. geschaut hatte (Stern, Mann 410). **2.** (bes. Sport) *(erreichte, durchmessene) Entfernung:* beim Skispringen beachtliche -n erreichen; für das Überspannen großer -n werden verschiedene technische Methoden entwickelt (Bild Kunst III, 15). **3.** *Größe, Umfang eines Körpers, Durchmesser eines Hohlraums, einer Öffnung o. ä.:* die W. beträgt 80 cm; die [lichte] W. einer Tunnelröhre messen; Jeans in allen Längen und -n; in der W. paßt der Rock; **wei|ten** ⟨sw. V.; hat⟩ [mhd., ahd. witen]: **1.** (bes. Schuhe) *weiter machen:* Schuhe w. lassen; die Frau des Gutsvogtes, deren Blusen Lena ... w. mußte (Strittmatter, Wundertäter 19); ein plötzlicher Ernst weitet ihre Augen (A. Zweig, Claudia 133); Ü Der Schmerz ... Wie das Wort ihm die Brust weitete! (Th. Mann, Tod u. a. Erzählungen 188); ... Reisen in fremde Länder zu unternehmen, um den Gesichtskreis ihrer Schüler zu w. (Natur 42); Sie werden noch viel sehen, was Ihnen das Herz weitet *(was Sie beglückt;* Konsalik, Promenadendeck 187). **2.** ⟨w. + sich⟩ *weiter werden, sich dehnen:* die Schuhe haben sich mit der Zeit geweitet; die Pupillen weiten sich im Dunkeln; ihre Augen weiteten sich (Seidel, Sterne 47); Ü sein Horizont hat sich durch zahlreiche Reisen geweitet; sie (= Sekunden) weiteten sich zu einer kleinen Ewigkeit (Th. Mann, Zauberberg 401); **Weiten|jä|ger,** der (Sport Jargon): *Skispringer, dem es vor allem um die Erreichung großer Weiten* (2) *geht;* **Wei|ten|jä|ge|rin,** die (Sport Jargon): w. Form zu ↑Weitenjäger; **wei|ter** ⟨Adv.⟩ [eigtl. adv. Komp. von ↑ weit, mhd. wīter, ahd. wītōr]: **1.** bezeichnet die Fortsetzung, Fortdauer einer Bewegung, einer Handlung: halt, nicht w.!; w. *(vorwärts, voran)!;* daß die neuen Herren in Bagdad w. *(weiterhin)* mit dem Westen zusammenarbeiten wollen (Dönhoff, Ära 170); Die anderen müssen w. *(weiterhin)* mit dem Auto kommen oder selbst für die Monatskarte löhnen (natur 3, 1991, 74); *** und so w.** (nach abgebrochenen Aufzählungen, deren weitere Glieder man nicht mehr nennen will): Rosen, Nelken usw. **2.** *im weiteren, anschließenden Verlauf; weiterhin; [als Fortsetzung] anschließend:* ermüdet, aber doch gespannt, was nun w. geschehen würde (Leonhard, Revolution 153); ich werde mich dann w. darum kümmern; w. heißt es, ... **3.** *außerdem (noch), sonst:* w. weiß ich nichts von der Sache/ ich weiß nichts w. von der Sache; er wollte w. nichts als sich verabschieden; das ist nichts w. als eine Ausrede; ... ist auch Hanning ... helfen gekommen. Weiter kam niemand (Nachbar, Mond 278); was w.?; kein Wort w.!; die Stadt hat einen Zoo, w. gibt es einen botanischen Garten; das ist nicht w. (ugs.; *eigentlich gar nicht)* schlimm, verwunderlich; das stört nicht w.; Ich bedaure es nicht w. (Berger, Augenblick 102); was ist da w. (ugs.; *denn schon)* dabei?; R wenn es w. nichts ist! *(das macht [mir] nichts aus; das ist [mir] ohne weiteres möglich);* **wei|ter...** ⟨Adj.⟩: *(anschließend) hinzukommend, hinzutretend; sich als Fortsetzung ergebend; zusätzlich:* haben Sie noch weitere Fragen?; weitere Informationen, Einzelheiten entnehmen Sie bitte unserer Broschüre; sie mußten weitere zwei Jahre warten; jedes weitere Wort ist überflüssig; er war ohne weitere *(ohne irgendwelche)* Umstände gezahlt; die weitere *(sich anschließende nach u. nach ergebende)* Entwicklung abwarten; im weiteren *(späteren)* Verlauf stellte sich, daß ...; weiteres *(weiter fortgesetztes)* Zaudern wäre verderblich; ⟨subst.:⟩ Weiteres, alles Weitere erfahren Sie morgen; im weiteren *(im folgenden);* *** bis auf weiteres** *(vorerst, vorläufig [solange nichts anderes bestimmt wird]);* **ohne weiteres** *(ohne daß es Schwierigkeiten macht):* das ist [nicht so] ohne weiteres möglich zu erkennen; das gebe ich ohne weiteres *(ohne zu zögern)* zu; **des weiteren** (geh.)/(schweiz.): **im weiteren** *(darüber hinaus, im übrigen, außerdem):* er antwortete, daß man ... ihn des weiteren nicht belästigte (Süskind, Parfüm 12); Im weiteren ist der Gemeinderat ... nicht bereit, ... (NZZ 27. 1. 83, 30); **Wei|ter|arbeit,** die ⟨o. Pl.⟩: *das Weiterarbeiten* (1); **wei|ter|ar|bei|ten** ⟨sw. V.; hat⟩: **1.** *fortfahren zu arbeiten:* nach kurzer Unterbrechung w. **2.** ⟨w. + sich⟩ *sich weiter vorwärts arbeiten:* Er arbeitete sich Schritt um Schritt weiter (Plievier, Stalingrad 313); **Wei|ter|bau,** der ⟨o. Pl.⟩: *das Weiterbauen;* **wei|ter|bau|en** ⟨sw. V.; hat⟩: *das Bauen fortsetzen:* Ü ein Fabelanfang ..., aber da konnte einer w. (Loest, Pistole 232); **wei|ter|be|för|dern** ⟨sw. V.; hat⟩: *die Beförderung von* (1) *(bes. nach einem Wechsel des Beförderungsmittels) fortsetzen:* vom Flughafen werden die Passagiere mit Bussen weiterbefördert; Waren per LKW, auf dem Luftweg an ihre Bestimmungsorte w.; ... trocknen die Wilddiebe das Fleisch ... an der Luft, um es dann w. zu können (Grzimek, Serengeti 214); **Wei|ter|be|för|de|rung,** die ⟨o. Pl.⟩: *das Weiterbefördern;* **Wei|ter|be|hand|lung,** die: *weitere, die bisherige Behandlung fortsetzende Behandlung* (2, 3); **Wei|ter|be|stand,** der ⟨o. Pl.⟩: *das Weiterbestehen:* den W. des Betriebes sichern; **wei|ter|be|ste|hen** ⟨unr. V.; hat⟩: *fortbestehen, bestehenbleiben;* **wei|ter|be|we|gen** ⟨sw. V.; hat⟩: **a)** *weiter fortbewegen* (a): der Stein ließ sich kein Stück mehr w.; **b)** ⟨w. + sich⟩ *sich weiter fortbewegen; seine Bewegung fortsetzen:* der Zeiger hat sich [ein Stück] weiterbewegt; **wei|ter|bil|den** ⟨sw. V.; hat⟩: **1. a)** *(nach Abschluß bzw. zur Erweiterung der Ausbildung) weiter ausbilden; fortbilden:* ... wurden die Reservisten ... an Infanteriewaffen weitergebildet (Saarbr. Zeitung 5. 12. 79, 30); **b)** ⟨w. + sich⟩ *seine Ausbildung erweitern:* sich beruflich, fachlich w. **2.** (selten) *[umgestaltend] weiterentwickeln:* Der moderne Staat hat dieses Erbe mittelalterlicher Kirchenfreiheit ... um- und weiterzubilden (Fraenkel, Staat 151); **Wei|ter|bil|dung,** die: *das [Sich]weiterbilden:* fachliche, berufliche, politische W.; Weiterbildungsleiter in Polikliniken ... haben mit ihren Ärzten in W. aber häufiger Kontakt als mit den in anderen Einrichtungen (DÄ 47, 1985, 20); **Wei|ter|bildungs|kurs,** **Wei|ter|bil|dungs|kur|sus,** der: *Fortbildungskurs;* **Wei|ter|bildungs|lehr|gang,** der: *Weiterbildungskurs;* **Wei|ter|bil|dungs|ver|an|stal|tung,** die: vgl. Weiterbildungskurs; **wei|ter|bohren** ⟨sw. V.; hat⟩: **1. a)** *fortsetzen* (bes. 1 a, b) *zu bohren;* **b)** *das Sichbohren fortsetzen.* **2.** (ugs.) *weiter hartnäckig fragen, Fragen stellen:* „Wie war das mit der Härte?" bohrt der Stuttgarter weiter (Noack, Prozesse 184); **wei|ter|brin|gen** ⟨unr. V.; hat⟩: *voran-, vorwärtsbringen:* diese Diskussion bringt uns nicht weiter; Ich finde, daß das Christentum die Welt in zweitausend Jahren nicht wesentlich weitergebracht hat (Remarque, Obelisk 154); **wei|ter|den|ken** ⟨unr. V.; hat⟩: *einen Gedanken fortsetzen, weiterentwickeln, -verfolgen:* einen Gedanken w.; ... den familiären Konflikt weiterzudenken. Bis zu der Konsequenz, daß man sich gegenseitig tötet (natur 6, 1991, 33); ⟨auch o. Akk.-Obj.:⟩ ihr darf es nicht w. (Remarque, Westen 138); **wei|ter|dür|fen** ⟨unr. V.; hat⟩ (ugs.): *weitergehen, -fahren usw. dürfen;* **wei|ter|emp|feh|len** ⟨st. V.; hat⟩: *weiteren Personen empfehlen:* ein Buch, ein Restaurant, einen Klempner w.; **wei|ter|ent|wickeln**[1] ⟨sw. V.; hat⟩: **1.** *fortentwickeln:* eine Theorie, ein System, eine Methode, eine Konstruktion, einen Motor w.; Die Linguistik hat ... eigene Terminologie weiterentwickelt ... (Hofmann, Fistelstimme 172). **2.** ⟨w. + sich⟩ *sich fortentwickeln:* das Spezialgebiet hat sich zu einer eigenständigen Disziplin weiterentwickelt; ich hörte auf, mich weiterzuentwickeln (Männerbilder 22); **Wei|ter|ent|wick|lung,** die: **1.** *das [Sich]weiterentwickeln:* Die W. des vorgeschichtlichen Bauens führt zu technischen Vervollkommnungen und zu Formdifferenzierungen (Bild. Kunst III, 15). **2.** *etw. durch Weiterentwicklung Geschaffenes:* der neue Motor ist eine W. der bewährten 90-PS-Maschine; **wei|ter|er|zäh|len** ⟨sw. V.; hat⟩: **1.** *[einem] Dritten, anderen erzählen (was einem selbst erzählt worden ist):* erzähl das bloß nicht weiter!; sie hat die Geschichte sofort ihrer Freundin weitererzählt. **2.** *mit dem*

weiteressen

Erzählen fortfahren: erzähl doch weiter; **wei|ter|es|sen** ⟨st. V.; hat⟩: *mit dem Essen fortfahren;* **Wei|ter|exi|stenz,** die ⟨o. Pl.⟩: *das Weiterexistieren;* **wei|ter|exi|stie|ren** ⟨sw. V.; hat⟩: *weiterhin existieren;* **wei|ter|fah|ren** ⟨st. V.⟩: **1.** *die Fahrt* (2 a) *fortsetzen* ⟨ist⟩: nach kurzem Aufenthalt fuhren wir [nach Hamburg] weiter; in Ordnung, Sie können w.; der Unfallverursacher ist einfach weitergefahren. **2.** (südd., schweiz.) *fortfahren* (2) ⟨hat/ist⟩: ... und ich mußte w., seine Hörfolgen rühmen (Muschg, Sommer 57); Egli fuhr weiter, der Schutz des Lebens ... müsse ... konsequenter andern Zielsetzungen übergeordnet werden (NZZ 5. 9. 86, 25); **Wei|ter|fahrt,** die ⟨o. Pl.⟩: *Fortsetzung der Fahrt* (2 a): Er gab die Papiere zurück. „Gute W. ...." (Bastian, Brut 141); **wei|ter|fei|ern** ⟨sw. V.; hat⟩: *fortfahren zu feiern;* **wei|ter|flie|gen** ⟨st. V.; ist⟩: vgl. weiterfahren (1); **Wei|ter|flug,** der ⟨o. Pl.⟩: vgl. Weiterfahrt; **wei|ter|for|schen** ⟨sw. V.; hat⟩: **a)** *fortfahren zu forschen* (a): „Kannst du dich noch an die Zeit erinnern, als ...?" forschte er weiter *(fragte er weiter;* Musil, Mann 1200); **b)** *fortsetzen zu forschen* (b): in dieser Richtung w.; **wei|ter|fra|gen** ⟨sw. V.; hat⟩: *fortfahren zu fragen, weiter Fragen stellen:* ... ließ Tante Ellen es mir nicht durchgehen, sondern fragte so lange weiter, bis ich die Blume in allen Einzelheiten beschrieben hatte (Jens, Mann 133); **wei|ter|fres|sen** ⟨sw. V.; hat⟩: **1.** vgl. weiteressen. **2.** ⟨w. + sich⟩ vgl. fressen (2 d): Inzwischen hat das Feuer des brennenden Prätoriums sich weitergefressen und die Kirche ... ergriffen (Thieß, Reich 530); Ü der Kommunismus hatte sich allmählich und unaufhaltsam weitergefressen (abwertend; *weiter ausgebreitet)* (Dönhoff, Ära 196); **wei|ter|füh|ren** ⟨sw. V.; hat⟩: **1. a)** *etw. fortsetzen, indem man es in bestimmter Richtung führt* (7 a): eine Trasse [am Fluß entlang] w.; **b)** *als Fortsetzung in bestimmter Richtung führen, verlaufen, sich fortsetzen:* Auf der Landstraße, die ... am Boden der Schlucht weiterführte (Plievier, Stalingrad 135). **2. a)** *fortsetzen, fortführen:* eine Verhandlung, eine Firma, eine Tradition, seine Aktivitäten w.; so daß andre, die nach mir kommen, weiterführen, was ich begonnen (Weiss, Marat 132); Er ... versuchte, seinen Gedanken von der Nützlichkeit des Reisens noch ein wenig weiterzuführen (H. Weber, Einzug 119); **b)** *voran-, vorwärtsbringen:* dieser Vorschlag führt uns nicht weiter; ihre Worte sind bewahrt worden und haben die Menschheit weitergeführt (Plievier, Stalingrad 101); **c)** *über etw. Bestimmtes hinausgehen, -führen:* ein weiterführender Gedanke; weiterführende Schulen (Schulw.; *allgemeinbildende Schulen, die eine über die allgemeine Schulpflicht hinausführende Ausbildung vermitteln);* **Wei|ter|füh|rung,** die ⟨o. Pl.⟩: *das Weiterführen;* **Wei|ter|ga|be,** die ⟨o. Pl.⟩: *das Weitergeben;* **Wei|ter|gang,** der ⟨o. Pl.⟩: *Fortgang;* **wei|ter|ge|ben** ⟨st. V.; hat⟩: *etw., was einem gegeben, überreicht usw. worden ist, an einen anderen geben:* ein Buch, einen Umlauf w.; Sie (= die Bank) gibt den Wechsel sofort an die Reichsbank weiter (Remarque, Obelisk 45); Ich habe es (= das Geschäft) von meinem Vater geerbt und muß es an meinen Sohn w. (Kemelman [Übers.], Mittwoch 121); Ü eine Information, sein Wissen, eine Erbanlage, einen Vorschlag, eine Anregung, eine Beschwerde [an jmdn.] w.; ein geheimes Rezept von Generation zu Generation w.; einen Ball w. (Sport; *einem anderen zuspielen);* eine Kostensenkung an den Verbraucher w.; **wei|ter|ge|hen** ⟨unr. V.; ist⟩ /vgl. weitergehend/: **1.** *sein Gehen fortsetzen, (nach einer Unterbrechung) wieder vorwärts gehen:* nun wollen wir w.; Hier liegenbleiben und keinen Schritt w., Herr Oberst! (Plievier, Stalingrad 80). **2. a)** *sich in seinem [Ver]lauf fortsetzen:* der Weg geht nicht mehr weiter; wo geht hier die Straße weiter?; ⟨unpers.:⟩ plötzlich ging es *(der Weg)* nicht mehr weiter; Ü Er sah, daß ... es auf diesem Wege nicht mehr weiterging (Thieß, Reich 533); **b)** [*nur unterbrochen gewesen, aber] noch nicht zu Ende sein, nicht aufhören, fortgesetzt werden, sich fortsetzen:* die Geschichte ist noch nicht weiter; wie geht das Lied weiter?; Die Stänkerei ging weiter (Innerhofer, Schattseite 115); die Entwicklung ist inzwischen [ein gutes Stück] weitergegangen; Dann, als die Zeit weiterging *(im Laufe der Zeit),* zeigte sich ein ... Schimmer um die Kronen der Bäume (Wiechert, Jeromin-Kinder 140); so kann es nicht w.; In zwei Stunden sind wir bankrott, wenn das so weitergeht (Remarque, Obelisk 51); wann geht es *(die Fahrt, die Reise)* weiter?; **wei|ter|ge|hend:** ↑ weitgehend; **wei|ter|hel|fen** ⟨st. V.; hat⟩: **1.** *jmdm. behilflich sein u. über Schwierigkeiten hinweghelfen, so daß er mit etw. weiterkommt* bzw. *seinem Ziel näher kommt:* jmdm. [bei einem Problem] w.; da kann ich Ihnen leider auch nicht w.; Ich möchte mal Menschen erleben, die mir ... seelisch, moralisch weiterhelfen (Klee, Pennbrüder 23). **2.** *jmdm. nützlich, dienlich sein, ihm über Schwierigkeiten hinweghelfen u. ihn weiter-, dem Ziel näher bringen:* dein Hinweis hat mir weitergeholfen; ich kann Ihnen bestimmt nichts erzählen, was Ihnen weiterhilft (Kemelman [Übers.], Dienstag 87); **wei|ter|hin** ⟨Adv.⟩: **1.** *immer noch, auch jetzt noch:* er ist w. skeptisch; wir haben ihn trotz allem w. unterstützt; So blieb ich NSDAP ... w. von der Staatsorganisation getrennt (Fraenkel, Staat 208). **2.** *(auch) künftig, (auch) in Zukunft:* ich werde mich w. daran beteiligen; daß die Fälle von Amtsmißbrauch und Korruption w. strikt aufgeklärt werden (Freie Presse 30. 12. 89, 1); [auch] w. alles Gute! **3.** *ferner, außerdem [noch]:* w. ist folgendes zu bedenken; Eier gebärende Säugetiere ... gab es auch nahebei und stumpfgesichtige Riesengürteltiere ... (Th. Mann, Krull 349); **wei|ter|kämp|fen** ⟨sw. V.; hat⟩: *fortfahren zu kämpfen:* unsere klugen Militärs ... werden trotzdem w., bis zur letzten Granate (Ott, Haie 348); **wei|ter|kau|en** ⟨sw. V.; hat⟩: *fortfahren zu kauen:* Fuchs ... las mürrisch, indem er weiterkaute (Gaiser, Jagd 145); **wei|ter|kom|men** ⟨st. V.; ist⟩: **1. a)** *vorankommen*

(1), *vorwärts kommen:* von da aus kommt man nur noch mit dem Taxi weiter; Man ist ein gutes Stück weitergekommen. Schon steht man vor den Mauern des inneren Palastes (Thieß, Reich 528); **b)** **[zu]sehen/machen, daß man weiterkommt* (ugs.; *zusehen, daß man sich schnell entfernt, schleunigst weggehen):* In einer Stunde ist es Nacht ... Wir müssen sehen, daß wir weiterkommen (Frisch, Nun singen 97). **2.** *vorankommen* (2): mit einem Problem, mit einer Arbeit [nicht] w.; so kommen wir nicht weiter; die Ermittler sind seit Tagen kein Stück, nicht einen Fußbreit weitergekommen; im Leben, im Beruf w.; die Mannschaft ist [in dem Turnier] eine Runde weitergekommen; Mein Arzt hat ... auch gesagt, daß er bei mir nicht mehr weiterkommt (Sebastian, Krankenhaus 30); **wei|ter|kön|nen** ⟨unr. V.; hat⟩ (ugs.): **1.** *weiter[hin] vorwärts gehen, fahren usw. können, sich weiter[hin] vorwärts bewegen können:* da vorne kann man nicht weiter, da ist die Grenze; als sie an der Straße lag und nicht mehr weiterkonnte (Gaiser, Schlußball 164); Es dauerte zwei Minuten, ehe der Wagen weiterkonnte (Böll, Adam 40). **2.** *imstande sein, sein Tun, Leben usw. fortzusetzen* (meist verneint): Ich war jedenfalls fast so weit, daß ich Old Werther verstand, wenn er nicht mehr weiterkonnte (Plenzdorf, Leiden 147); er löste die Aufgabe halb, dann konnte *(wußte)* er nicht weiter; **wei|ter|krie|chen** ⟨st. V.; hat⟩: vgl. weitergehen (1); **wei|ter|lau|fen** ⟨st. V.; ist⟩: **1.** vgl. weitergehen (1): daß sie laufen, ... hinfallen, wieder aufspringen, weiterlaufen, solange der Atem anhält (Plievier, Stalingrad 239). **2.** *in Gang, in Betrieb bleiben:* eine Maschine, den Motor, das Radio, die Klimaanlage w. lassen; Ü die Fabrik, das Geschäft muß w. **3.** *weiter vor sich gehen, weiter vonstatten gehen, ablaufen:* die Ermittlungen, die Planungen, die Vorbereitungen, die Arbeiten laufen weiter; die Produktion muß auch am Wochenende w.; damit der Verkehr zügig weiterläuft (ADAC-Motorwelt 10, 1980, 7); Ü die Gehaltszahlungen laufen weiter; Steuer und Versicherung laufen weiter *(werden weiterhin bezahlt;* Chotjewitz, Friede 139); der Vertrag läuft weiter *(bleibt weiter in Kraft);* **wei|ter|le|ben** ⟨sw. V.; hat⟩: **1. a)** *weiterhin leben, am Leben bleiben:* er wurde wieder gesund und lebte noch viele Jahre weiter; laß das Tier doch w.!; Aber warum soll, warum darf so einer w.? (Mostar, Unschuldig 17); **b)** *sein Leben, seine Existenz (in einer bestimmten Weise) fortsetzen:* einfach w., als wäre nichts geschehen; ich kann so nicht w. **2.** *fortleben* (1): in seinem Werk, seinen Kindern w.; sie glauben nicht, daß der Mensch nach dem Tode weiterlebt (Grzimek, Serengeti 274); Ü Dieser Geist lebt ... in allen europäischen Völkern weiter (Thieß, Reich 25); das alte Holland lebt weiter in seiner Straßenjugend (Koeppen, Rußland 62); **wei|ter|lei|ten** ⟨sw. V.; hat⟩: *etw., was man erhalten hat, einer anderen Person, Stelle zuleiten:* eine Anfrage, einen Antrag [an den zuständigen Sachbearbeiter] w.; London werde die ... als EG-Zölle eingenommenen Gelder ... nicht vor dem 20. April nach Brüssel w. (Salzburger Nachrichten 30. 3. 84, 1); eine Postsendung w.; eine Vorlage, einen Ball w. (Sport; *weitergeben*); **Wei|ter|lei|tung**, die ⟨o. Pl.⟩: *das Weiterleiten*; **wei|ter|ma|chen** ⟨sw. V.; hat⟩ (ugs.): *sein Tun [nach einer Unterbrechung] fortsetzen:* mit etw. w.; der Kanzler will noch bis zum Ende der Legislaturperiode w. *(weiter im Amt bleiben);* Sie werden bald im Zuchthaus sitzen, wenn Sie so weitermachen (Remarque, Obelisk 318); mach nur so weiter! (iron.; *so solltest du besser nicht weitermachen*); ⟨auch mit Akk.-Obj.:⟩ Man macht einfach die gleiche Politik weiter (Dönhoff, Ära 168); Warum hast du die Oberschule nicht weitergemacht? (Fichte, Wolli 393); **Wei|ter|marsch**, der ⟨o. Pl.⟩: vgl. Weiterfahrt; **wei|ter|mar|schie|ren** ⟨sw. V.; ist⟩: vgl. weitergehen (1); **wei|ter|mel|den** ⟨sw. V.; hat⟩: vgl. weiterleiten (1): Den ganzen Vorgang hat aber ein Krankenträger ... pflichtgemäß weitergemeldet (Ott, Haie 204); **wei|ter|müs|sen** ⟨unr. V.; hat⟩ (ugs.): vgl. weiterdürfen: ich muß leider gleich weiter; **wei|tern** ⟨sw. V.; hat⟩ (selten): *erweitern;* **wei|ter|paf|fen** ⟨sw. V.; hat⟩ (ugs.): *weiterrauchen;* **wei|ter|pen|nen** ⟨sw. V.; hat⟩ (ugs.): *weiterschlafen:* Der Leutnant der Artillerie würde w. oder weiter Skat spielen oder ... (Kirst, 08/15, 745); **wei|ter|pol|fen** ⟨sw. V.; hat⟩ (ugs.): *weiterschlafen:* laß ihn doch w.; **wei|ter|qual|men** ⟨sw. V.; hat⟩ (ugs.): *weiterrauchen;* **wei|ter|rau|chen** ⟨sw. V.; hat⟩: **a)** *seine Zigarette, Pfeife o. ä. brennen lassen u. weiterhin daran ziehen:* von mir aus kannst du [deine Zigarre] ruhig w.; willst du meine Zigarette w.?; **b)** *weiterhin rauchen, die Gewohnheit des Rauchens beibehalten:* er hat auch nach seinem Infarkt unverdrossen weitergeraucht; **wei|ter|re|den** ⟨sw. V.; hat⟩: *sein Reden [nach einer Unterbrechung] fortsetzen:* er redete einfach weiter; **wei|ter|rei|chen** ⟨sw. V.; hat⟩: *etw. weitergeben [indem man es einem anderen reicht]; weiterleiten:* etw. an jmdn. w.; ein Flugblatt wurde an jmdn. w.; Ich erlaube mir, die Frage an Sie weiterzureichen (Erné, Fahrgäste 197); Ü daß das Fremdgen in ihr Erbgut eingebaut und an die Folgegenerationen weitergereicht wird (natur 1, 1991, 92); **wei|ter|rei|chend:** ↑ weitreichend; **Wei|ter|rei|se**, die ⟨o. Pl.⟩: vgl. Weiterfahrt: der beträchtliche Aufschub, den Deine W. nach Argentinien erlitten (Th. Mann, Krull 399); der Grenzer gab uns die Pässe zurück und wünschte uns eine gute W.; **wei|ter|rei|sen** ⟨sw. V.; ist⟩: vgl. weiterfahren (1); **wei|ter|rei|ten** ⟨sw. V.; ist⟩: vgl. weiterfahren (1); **wei|ter|rol|len** ⟨st. V.; hat/ist⟩: *[sich] rollend weiterbewegen;* **wei|ter|rücken** ⟨sw. V.; hat/ist⟩: vgl. weiterrollen; **wei|ter|rü|sten**[1] ⟨sw. V.; hat⟩: *das Rüsten fortsetzen:* daß weder Ost noch West jetzt w. oder nachrüsten dürften (Alt, Frieden 61); **wei|ter|rut|schen** ⟨sw. V.; ist⟩: *sich rutschend weiterbewegen;* **wei|ters** ⟨Adv.⟩ (österr.): *außerdem, ferner; weiterhin* (3), *weiter* (3): Weiters wird er wegen Mordversuches ... angezeigt (Express 12. 10.

68, 5); Und w. frage ich mich, was ... (Mayröcker, Herzzerreißende 18); **wei|ter|sa|gen** ⟨sw. V.; hat⟩: vgl. weitererzählen: ... erreicht mich seine Stimme: „Gas – Gaaas – Gaaas – w. –!" (Remarque, Westen 53); **wei|ter|sau|fen** ⟨st. V.; hat⟩ (salopp): *weitertrinken;* **wei|ter|schen|ken** ⟨sw. V.; hat⟩: vgl. weitergeben; **wei|ter|schicken**[1] ⟨sw. V.; hat⟩: **1.** *(Zugesandtes) an eine andere Person, Stelle schicken.* **2.** *jmdn. wegschicken, indem man ihn an eine andere Person od. Stelle verweist;* **wei|ter|schie|ben** ⟨st. V.; hat⟩: *vorwärts schieben;* **wei|ter|schla|fen** ⟨st. V.; hat⟩: vgl. weiterarbeiten (1); **wei|ter|schie|ßen** ⟨st. V.; hat⟩: vgl. weiterarbeiten (1): die Russen schossen weiter (Plievier, Stalingrad 327); **wei|ter|schlep|pen** ⟨sw. V.; hat⟩: **1. a)** vgl. weiterarbeiten (1); **b)** *fortgesetzt (vorwärts) schleppen:* Ü einen Fehler von Auflage zu Auflage w. *(mitschleppen).* **2.** ⟨w. + sich⟩ *fortfahren, sich irgendwohin zu schleppen:* Ü während die Verhandlungen zwischen London, Paris und Moskau sich ergebnislos weiterschleppten (K. Mann, Wendepunkt 351); **wei|ter|schlur|fen** ⟨sw. V.; ist⟩: *sich schlurfend weiterbewegen;* **wei|ter|schrei|ben** ⟨st. V.; hat⟩: *mit dem Schreiben fortfahren;* **wei|ter|schrei|ten** ⟨st. V.; ist⟩: **1.** *sich schreitend weiterbewegen:* Der Oberstleutnant schritt kerzengerade weiter (Plievier, Stalingrad 285); Ü Die ... Reformen ... hätten die Regierung ermutigt, auf diesem Weg weiterzuschreiten (NZZ 30. 8. 86, 19). **2.** *fortschreiten;* **wei|ter|se|geln** ⟨sw. V.; ist⟩: vgl. weiterfahren (1); **wei|ter|se|hen** ⟨st. V.; hat⟩: *vgl. weitersprechen (1); entscheiden, was weiter zu tun ist:* Kannst du heute nacht erst mal im Wohnzimmer schlafen; morgen seh'n wir dann weiter (Schnurre, Ich 155); der Anfang war gemacht. Jetzt konnte man w. (Jens, Mann 51); **wei|ter|sin|gen** ⟨st. V.; hat⟩: vgl. weitersprechen (1); **wei|ter|sol|len** ⟨unr. V.; hat⟩ (ugs.): vgl. weiterdürfen; **wei|ter|spe|die|ren** ⟨sw. V.; hat⟩: vgl. weiterbefördern; **wei|ter|spie|len** ⟨sw. V.; hat⟩: **1.** vgl. weiterarbeiten (1). **2.** *abspielen, weitergeben:* den Ball w.; **wei|ter|spin|nen** ⟨st. V.; hat⟩: **1.** *fortfahren mit Spinnen* (1). **2.** *fortfahren, etw. zu verfolgen* (2): den Faden einer Erzählung, einen Gedanken w.; Gregor überlegte, ob er das Thema w. sollte (Andersch, Sansibar 96); **wei|ter|spre|chen** ⟨st. V.; hat⟩: vgl. weiterreden: Sie konnte vor Traurigkeit nicht w. (Hausmann, Abel 126); **wei|ter|stol|pern** ⟨sw. V.; ist⟩ (ugs.): *stolpernd weitergehen;* **wei|ter|strei|ken** ⟨sw. V.; hat⟩: vgl. weiterarbeiten (1): sie wollen [noch ein paar Tage] w.; **wei|ter|stu|die|ren** ⟨sw. V.; hat⟩: vgl. weiterarbeiten (1); **wei|ter|su|chen** ⟨sw. V.; hat⟩: *sein Suchen fortsetzen:* ich werde w., bis ich es gefunden habe; **wei|ter|tan|zen** ⟨sw. V.; hat⟩: *sein Tanzen fortsetzen:* Ellis tanzte ... mit Mandiaro, bis sie müde war und ... den Kopf auf einen Stein legte, während Mandiaro ohne sie weitertanzte (Reinig, Schiffe 24); **wei|ter|ta|sten**, sich ⟨sw. V.; hat⟩: *sich weiter vortasten:* ... konnten sie sich nachher nur von Wand zu Wand w. (Plievier, Stalingrad 250); **wei|ter|tra|gen** ⟨st. V.; hat⟩: **1.** vgl. weiterarbeiten

(1). **2.** (ugs.) *weitererzählen u. dadurch verbreiten:* ein Gerücht, eine Kunde w.; Bröcker, dieser Tratscher, der jeden Seitensprung weitertrug (Loest, Pistole 139); die Söhne der Vornehmen ... trugen seine Lehre ... weiter (Thieß, Reich 156); **wei|ter|trat|schen** ⟨sw. V.; hat⟩ (ugs. abwertend): vgl. weitererzählen: Wehner lastet Brandt an, dies in Berlin weitergetratscht zu haben (Spiegel 38, 1974, 24); **wei|ter|trei|ben** ⟨st. V.; hat⟩: **1.** *fortfahren zu treiben* (1, 5, 7 a, b) ⟨hat/ist⟩. **2.** *fortsetzen, fortführen* (2 a) ⟨hat⟩: Der Wüstling durfte sein Spiel w., weil er dem Kaiser ... unersetzlich schien (Thieß, Reich 513). **3.** *vorantreiben, fördern* ⟨hat⟩: eine Entwicklung w.; **wei|ter|trin|ken** ⟨st. V.; hat⟩: **a)** *das Trinken von Alkohol fortsetzen:* wenn die Kneipen zumachen, trinken sie zu Hause weiter; **b)** *die Gewohnheit des Trinkens von Alkohol beibehalten:* er trinkt trotz aller Warnungen der Ärzte weiter; **Wei|te|rung**, die; -, -en ⟨meist Pl.⟩ [mhd. witerunge = *Erweiterung*]: *unerwünschte, unangenehme Folge:* allen -en vorbeugen; **wei|ter|ver|ar|bei|ten** ⟨sw. V.; hat⟩: *in einem od. mehreren weiteren Arbeitsgängen verarbeiten, verwerten:* Halbfabrikate [zu etw.] w.; die weiterverarbeitende Industrie; **Wei|ter|ver|ar|bei|tung**, die: *das Weiterverarbeiten;* **wei|ter|ver|äu|ßern** ⟨sw. V.; hat⟩: vgl. weiterverkaufen; **wei|ter|ver|bin|den** ⟨st. V.; hat⟩: *jmdn., mit dem man telefoniert, mit einem Dritten verbinden* (7): würden Sie mich bitte w.?; **wei|ter|ver|brei|ten** ⟨sw. V.; hat⟩: *weitergeben:* eine Nachricht, Atomwaffen w.; **Wei|ter|ver|brei|tung**, die: *das Weiterverbreiten;* **wei|ter|ver|er|ben** ⟨sw. V.; hat⟩: **1.** *vererbend weitergeben:* einen Besitz, ein Amt, ein Talent w. **2.** ⟨w. + sich⟩ *weitervererbt werden;* **wei|ter|ver|fol|gen** ⟨sw. V.; hat⟩: *fortfahren zu verfolgen* (bes. 1 d, 1 e, 2, 3); **Wei|ter|ver|fol|gung**, die: *das Weiterverfolgen;* **wei|ter|ver|hö|kern** ⟨sw. V.; hat⟩ (ugs.): *weiterverkaufen:* Er soll gestohlene Kunstschätze weiterverhökert haben! (BM 20. 3. 77, 12); **Wei|ter|ver|kauf**, der: *das Weiterverkaufen;* **wei|ter|ver|kau|fen** ⟨sw. V.; hat⟩: *(wiederum) an einen anderen, Dritten verkaufen;* **wei|ter|ver|mie|ten** ⟨sw. V.; hat⟩: **1.** *(Gemietetes) an einen anderen, Dritten vermieten; untervermieten.* **2.** *(Vermietetes) nach der Beendigung eines Mietverhältnisses erneut vermieten:* in dem Zustand, in dem der Mieter die Wohnung hinterlassen hat, kann ich sie auf keinen Fall w.; **wei|ter|ver|mit|teln** ⟨sw. V.; hat⟩: *(wiederum) einem anderen, Dritten vermitteln;* **wei|ter|ver|scher|beln** ⟨sw. V.; hat⟩ (ugs.): *weiterverkaufen:* So wollten die Franzosen nicht preisgeben, an wen sie die Austro-Panzer w. wollten (profil 30, 1987, 63); **wei|ter|ver|scheu|ern** ⟨sw. V.; hat⟩ (ugs.): *weiterverkaufen:* ... durch den er ... Teppiche bezieht, um sie an Amerikaner weiterzuverscheuern (Kinski, Erdbeermund 109); **Wei|ter|ver|si|che|rung**, die (Versicherungsw.): *freiwillige Versicherung bei der gesetzlichen Krankenversicherung (wenn keine Versicherungspflicht mehr besteht);* **wei|ter|ver|wen|den** ⟨unr. V.; hat⟩: *noch zu anderen, weiteren Zwecken verwenden;*

Wei|ter|ver|wen|dung, die: *das Weiterverwenden;* **wei|ter|wach|sen** ⟨st. V.; ist⟩: *fortfahren zu wachsen;* **wei|ter|wan|dern** ⟨sw. V.; ist⟩: vgl. weitergehen (1); **wei|ter|wal|ten** ⟨sw. V.; ist⟩: vgl. weitergehen (1); **wei|ter|win|ken** ⟨sw. V.; hat⟩: *durch Winken auffordern weiterzufahren, -gehen:* Dann winkt er uns weiter. Wir sind in Ostberlin (Becker, Amanda 271); **wei|ter|wir|ken** ⟨sw. V.; ist⟩: *fortfahren zu wirken, weiterhin wirken;* **wei|ter|wirt|schaf|ten** ⟨sw. V.; hat⟩: vgl. weitermachen: daß ich ... mir selber glaube und w. werde wie bisher (Brot und Salz 164); **wei|ter|wis|sen** ⟨unr. V.; hat⟩: *in einer schwierigen Lage (selbst) wissen, was weiter zu tun ist; einen Ausweg wissen:* nicht mehr w.; **wei|ter|wol|len** ⟨unr. V.; hat⟩ (ugs.): *weitergehen, -fahren usw. wollen;* **wei|ter|wurscht|eln, wei|ter|wur|steln** ⟨sw. V.; hat⟩ (salopp): vgl. weitermachen: willst du so w.?; **wei|ter|zah|len** ⟨sw. V.; hat⟩: *weiterhin zahlen:* das Gehalt wird weitergezahlt; **wei|ter|ze|chen** ⟨sw. V.; hat⟩: vgl. trinken (1): ... und abends wird weitergezecht (Th. Mann, Joseph 321); **wei|ter|zie|hen** ⟨unr. V.⟩: **1.** vgl. weitergehen (1) ⟨ist⟩: der Zirkus zog weiter; die Nomaden, die Wildgänse sind weitergezogen; das Tief zieht nach Südosten weiter. **2.** (schweiz. Rechtsspr.) *(einen Fall) durch Revision vor eine höhere Instanz bringen, gegen ein Urteil, eine Entscheidung Revision einlegen* ⟨hat⟩: Ein allfälliger Auslieferungsentscheid der Bundesbehörden könnte ... von den Betroffenen an das Bundesgericht weitergezogen werden (Vaterland 1. 8. 85, 1); daß ein solches Urteil ... unweigerlich an die nächsthöhere Instanz weitergezogen würde (Ziegler, Kein Recht 301); **Wei|ter|zug,** der: **1.** *das Weiterziehen* (1). **2.** (schweiz. Amtsspr.) *das Weiterziehen* (2), *Berufung (gegen ein Gerichtsurteil, einen Entscheid einer Behörde):* Allenfalls kann der W. der Beschwerde an das zuständige Verwaltungsgericht Folgen haben (Basler Zeitung 12. 5. 84, 1); **wei|test|ge|hend:** ↑ weitgehend; **weit|flä|chig** ⟨Adj.⟩: *sich über eine große Fläche erstreckend:* die bessere Versorgung -er ländlicher US-Landesteile mit geringer Bevölkerungsdichte (Volksblatt 5. 12. 84, 5); **weit|ge|fä|chert¹** ⟨Adj.; weiter gefächert, am weitesten gefächert⟩: *breitgefächert:* Wir sind der führende Hersteller technischer Spezialpapiere mit einem -en Programm (Saarbr. Zeitung 1. 12. 79, 58); daß man selbst so -e Bedürfnisse hat, die ein Mensch allein schwer erfüllen kann (Wohngruppe 76); **weit|ge|hend** ⟨Adj.; weiter gehend (österr.: weitergehend) u. -er, weitestgehend u. -ste⟩: *umfangreich (was Erstreckung, Geltung o. ä. betrifft):* -e Unterstützung; Die -e Zweckfreiheit führt oft zu aufschlußreichen ... Architekturformen (Bild. Kunst III, 43); seine Befugnisse, Möglichkeiten, Vollmachten sind sehr w.; der Vorschlag scheint mir zu w.; einen Plan w. verwirklichen; auf schmückendes Beiwerk wurde weitestgehend verzichtet; Die Verpackung entfällt weitgehendst (natur 6, 1991, 72); **weit|ge|reist¹** ⟨Adj.; weiter gereist, am weitesten gereist⟩: *durch Reisen weit herumgekommen:* sie ist eine -e Frau; ⟨subst.:⟩ Die Aura, mit welcher Romantik den Weitgereisten umgab, gefriert zum Warenzeichen (Enzensberger, Einzelheiten I, 202); Ü Hermlins Urbanität und Zungenfertigkeit, die -e Vielsprachigkeit, ist Schutzschicht (Raddatz, Traditionen I, 151); **weit|ge|spannt** ⟨Adj.; weiter gespannt, am weitesten gespannt⟩: *so angelegt, daß es weit ausgedehnt ist, sich weit erstreckt; umfassend;* **weit|grei|fend** ⟨Adj.⟩: *vieles umfassend, umgreifend:* -e Folgen, Pläne; **weit|her** ⟨Adj.⟩ (geh.): *von weit her:* Wie sollte man nicht w. kommen, um ein Wesen zu sehen, das ...! (Th. Mann, Hoheit 104); manche Leute haben ihr Dach alt-neu decken lassen und die Patina, die sie nötig haben, w. geholt (Muschg, Gegenzauber 21); **weit|her|um** ⟨Adj.⟩ (schweiz.): **a)** *weithin* (1): sie haben w. Konzerte gegeben, und es gibt schon eine ganze Reihe Schallplattenaufnahmen (NZZ 20. 6. 88, 7); **b)** *bei vielen Menschen, in weiten Kreisen:* w. bekannt sein, Besorgnis auslösen, die Gemüter erhitzen; ein Bauprojekt, das w. Kopfschütteln und Zweifel hervorrief (NZZ 11. 4. 85, 37); **weit|her|zig** ⟨Adj.⟩: *großzügig* (1): ein -er Mensch; Oft sind Väter, die selbst eine sehr -e *(vieles zulassende, freie)* Liebespraxis hatten ..., mit ihren Töchtern besonders streng (Sommerauer, Sonntag 57); Ganz so w. *(weit)* lege er diese Theorie gar nicht aus (Chr. Wolf, Himmel); Ü Es gibt Grenzwerte für die Emissionen, aber die sind recht w. (verhüll.; lax; Deutsches Allgemeines Sonntagsblatt 20. 5. 84, 5); **Weit|her|zig|keit,** die; -: *Großzügigkeit;* **weit|hin** ⟨Adv.⟩: **1.** *weit umher, weit im Umkreis bzw. bis in weite Entfernung:* w. sichtbar, zu hören sein; w. hallen; So erfüllte der Duft von Glühwein w. die Luft (Saarbr. Zeitung 15./16. 12. 79, 21); im Schatten einer Eiche, des einzigen Baumes w. (Ransmayr, Welt 63). **2.** *in weitem Umfang, weitgehend:* es ist w. sein Verdienst; Über die prowestliche Arbeit schwieg man sich w. aus (Zwerenz, Quadriga 110); Für Graeme Clifford ... ist „Frances" die erste eigene, w. überzeugende Regiearbeit (Szene 8, 1983, 46); **weit|hin|aus** ⟨Adv.⟩ (selten): **1.** *weit außerhalb:* w. wohnen. **2.** * **auf w.** *(auf lange Zeit);* **weit|läu|fig** ⟨Adj.⟩: **1.** *[weit] ausgebreitet, ausgedehnt u. nach wechselnden Richtungen verlaufend:* eine -e Halle, Terrasse; -e Baulichkeiten, Grünanlagen; obwohl ich ... immer gerne in -en Quartieren gewohnt hätte (Mayröcker, Herzzerreißende 98); von seinen vielen und -en Wanderschaften, die ihn durch das ganze große Deutschland getrieben hatten (R. Walser, Gehülfe 130); Die Hofwohnung der Tischlersfamilie ist recht w. (Sieburg, Robespierre 49); ein w. angelegter Garten. **2.** *ausführlich u. umständlich:* Was Mendelssohn über die Vorfahren mitzuteilen hat, mag, gibt er zu, „w. und umständlich" scheinen (Reich-Ranicki, Th. Mann 258); etw. w. schildern. **3.** *(auf den Grad der Verwandtschaft bezogen) entfernt:* Sie (= die Möhre) hat einen -en, aber gefährlichen Verwandten, den Schierling (e&t 5, 1987, 23); weitläufig verwandt sein; Ü ... das Ganze ein ziemlich pfuscherhaftes Produkt, als Bildnis seinem Gegenstande nur w. verwandt (Th. Mann, Zauberberg 358); **Weit|läu|fig|keit,** die; -, -en: **1.** ⟨o. Pl.⟩ *das Weitläufigsein:* Ü nachdem Cyparis wieder in der W. der Zeit verschwunden war (Ransmayr, Welt 24). **2.** *etw. Weitläufiges* (2); **Weit|ling,** der; -s, -e (bayr., österr.): *große, sich nach oben stark verbreiternde Schüssel:* in riesigen -en hob sich der Teig blasig auf (Fussenegger, Haus 515); **weit|ma|schig** ⟨Adj.⟩: *mit weiten Maschen:* ein -es Netz; Ü das Schienen-, Versorgungsnetz ist noch zu w.; dorthin, wo unser Sternsystem w. wird (Hildesheimer, Tynset 185); **weit|mög|lichst** ⟨Adj.⟩ (Papierdt.): *so weit wie möglich:* in -em Abstand; während er ... sich von dem als korrupt und grausam bekannten Diktator Sachsens w. ferngehalten habe (Heym, Schwarzenberg 151); daß er als tun wird, Ihnen das Leben w. erträglich zu machen (Bergius, Jenseits 152); **weit|räu|mig** ⟨Adj.⟩: **1.** *eine große Fläche einnehmend, einbeziehend, betreffend, über große Entfernungen erfolgend:* ein -es Land, Gebiet; Weil Los Angeles ... fast keine Hochhäuser hat ..., wurde die Stadt zur -sten der Welt (Weltwoche 26. 7. 84, 25); Der Golfkrieg hat eine neue Dimension der Kriegsführung gezeigt: die -e ... Schädigung der Lebensgrundlage einer ganzen Region (natur 5, 1991, 38); die Ebene lag tief und w. hingebettet (Geissler, Wunschgeblein 65); die Polizei hat die Unglücksstelle w. abgesperrt; der Verkehr wird w. umgeleitet. **2.** *viel Raum, viel Platz bietend, großzügig dimensioniert:* eine -e Halle; ein -es Zimmer; Vielmehr ist auch die Stadt (= Rom) im ganzen von -em ... Zuschnitt (Fest, Im Gegenlicht 325). **3.** (Sport, bes. Fußball) *den auf dem Spielfeld zur Verfügung stehenden Platz in hohem Maße nutzend, über große Teile des Spielfeldes hinweg erfolgend:* -e Pässe; Der Aufsteiger ... setzte dann mit -en Kontern die Hamburger Abwehr unter Druck (Kicker 6, 1982, 34); Die ... Körpricher Mannschaft spielte schnell, w. und direkt (Saarbr. Zeitung 24. 12. 79, 17/19/21); **Weit|räu|mig|keit,** die; -: **1.** *weiträumiger* (1) *Charakter:* daß die Nonchalance dieser Menschen (= der Russen) im Verhältnis zur Zeit mit der wilden W. ihres Landes zusammenhängt (Th. Mann, Zauberberg 339). **2.** *weiträumiger* (2, 3) *Charakter;* **weit|rei|chend** ⟨Adj.⟩: *weiter reichend (österr.: weiterreichend) u. -er, weitestreichend u. -ste⟩: **1.** *in weite Entfernung reichend:* ein -es Geschütz. **2.** *sich auf einen weiten Bereich erstreckend:* -e Konsequenzen; -e Vollmachten, Kompetenzen, Befugnisse; sein Einfluß ist sehr w.; **weit|schau|end** ⟨Adj.; Komp.: weiter schauend u. -er⟩ (geh.): *weitblickend:* ein -er Politiker; Deine -e Weisheit (Reinig, Schiffe 9); Und dabei glauben sie noch, besonders w. und fortschrittlich zu sein (Dönhoff, Ära 127); **weit|schich|tig** ⟨Adj.⟩: **1.** (bes. österr.) *weitläufig* (3). **2.** *weitläufig* (2) *u. vielschichtig:* Das Thema ist also w. und muß daher eingeengt werden (Natur 88); **Weit|schuß,** der (Sport):

aus verhältnismäßig weiter Entfernung abgegebener Schuß aufs Tor: unerlaubter W. (Eishockey; *Befreiungsschlag; Icing*); **weit|schwei|fig** ⟨Adj.⟩ [mhd. witsweific, zu ↑ schweifen]: *(beim Erzählen, Schildern usw.)* breit u. umständlich, viel Nebensächliches, *Überflüssiges mit darstellend:* ein -er Vortrag, Roman; ein -er *(weitschweifig schreibender)* Autor; Die Passage ist zu w. und nichtssagend, um hier zitiert zu werden (Enzensberger, Einzelheiten I, 45); er ist *(redet, schreibt)* mir zu w.; Diese Frage habe ich zu beantworten versucht, ein wenig w. vielleicht, aber ... (Weber, Tote 171); **Weit|schwei|fig|keit,** die; -, -en: 1. ⟨o. Pl.⟩ *das Weitschweifigsein.* 2. *etw. Weitschweifiges:* Sie könnten meinen (wenigstens zuhören (Norfolk [Übers.], Lemprière 358); **Weit|sicht,** die ⟨o. Pl.⟩: 1. *Weitblick* (1): *politische* W. haben; Dank der W. von Franzosen wie Jean Monnet und Robert Schuman und Deutschen wie Konrad Adenauer endete eine alte Feindschaft ... für immer (R. v. Weizsäcker, Deutschland 29). 2. *Fernblick:* bevorzugter Platz mit W. in der Berge (NZZ 30. 4. 83, 18); **weit|sich|tig** ⟨Adj.⟩: 1. *an Weitsichtigkeit leidend:* hochgradig w. sein. 2. *Weitsicht besitzend, zeigend:* ein -er Politiker; eine -e Planung; es war sehr w. [von ihm], so zu entscheiden; w. handeln; **Weit|sich|tig|keit,** die; -: 1. *Fehlsichtigkeit, bei der man Dinge in der Ferne deutlich, Dinge in der Nähe undeutlich od. gar nicht sieht.* 2. (selten) *weitsichtiges* (2) *Denken, Handeln;* **weit|sprin|gen** ⟨st. V.; ist; meist nur im Inf. u. Part.⟩ (Sport): *Weitsprung betreiben:* er ... stand dabei, als die anderen weitsprangen. Er durfte Sand rechen und das Bandmaß halten (Loest, Pistole 63); **Weit|sprin|ger,** der; *jmd., der Weitsprung betreibt;* **Weit|sprin|ge|rin,** die; -: w. Form zu ↑ Weitspringer; **Weit|sprung,** der (Sport): 1. ⟨o. Pl.⟩ *Disziplin der Leichtathletik, bei der es darum geht, möglichst weit zu springen:* der Rekord im W. 2. *einzelner Sprung beim Weitsprung* (1): Die am meisten bestaunte Leistung aber war ... sein W. von 8,13 m (Welt 25. 5. 65, 6); **weit|spu|rig** ⟨Adj.⟩ (Eisenb.): *mit großer Spurweite;* **Weit|strah|ler,** der (Kfz-W.): *starker Scheinwerfer zur Verstärkung des Fernlichtes;* **Weit|strecken|wa|gen**[1], der (Eisenb.): *Wagen für den Fernverkehr;* **weit|tra|gend** ⟨Adj.; weiter tragend u. -er, weitesttragend u. -ste⟩: 1. *weitreichend* (1): ein -es Gebrüll (Grzimek, Serengeti 143). 2. *große Tragweite* (1) habend, *weitreichend* (2), *weitgehend:* -e Maßnahmen; Die Absicht, die hier so offen geäußert wurde, war in ihren Folgen dermaßen w. ..., daß ihm schwindelte (Stories 72 [Übers.], 30); **weit|um** ⟨Adv.⟩ (landsch., bes. südd.): **a)** *im weiten Umkreis:* Nirgends im Tal w., nur auf einem kleinen kümmerlichen Südhang ... blüht der ... Gebirgsenzian (Molo, Frieden 26); ... stieg ein mächtiger Hügelrücken empor, der höchste w. (Kuby, Sieg 399); **b)** *in weiten Kreisen, bei vielen Menschen:* w. bekannt sein; ein w. beachteter Premierenerfolg an der Deutschen Oper Berlin (Orchester 5, 1983, 475); Alfred

Dick ist w. ein gern gesehener ... Gast (Bayernkurier 19. 5. 84, 2); **Wei|tung,** die; -, -en [mhd. witunge = Weite]: 1. *das* [*Sich*]*weiten.* 2. *Stelle, Abschnitt, wo sich etw. weitet:* die W. eines Glases; **weit|ver|brei|tet**[1] ⟨Adj.; weiter verbreitet u. -er, weitestverbreitet (am weitesten verbreitet) u. -ste⟩: 1. *an vielen Orten verbreitet:* eine -e Pflanze; Allen erwähnten Arten ist gemeinsam, daß sie w. fast in der gesamten Bundesrepublik vorkommen (natur 2, 1991, 54). 2. *bei vielen verbreitet:* eine -e Meinung; ein -er Irrtum; In der Folge wurde der „Martini" zum bekanntesten und „einem (meistgekauften) Schweizer Personenauto (NZZ 1. 2. 83, 7); **Weit|ver|kehr,** der ⟨o. Pl.⟩ (Funkw.): *Funkverkehr über große Entfernungen;* **weit|ver|zweigt**[1] ⟨Adj.; weiter verzweigt u. -er, weitestverzweigt (am weitesten verzweigt) u. -este⟩: 1. *über einen weiten Bereich ausgedehnt u. vielfach verzweigt:* ein -es Eisenbahnnetz. 2. *vielfach verzweigt:* eine -e Verwandtschaft haben; ein -es Unternehmen mit starker Marktposition (Frankfurter Rundschau 1. 3. 85, A 48); **Weit|wan|der|weg,** der: *über eine große Entfernung verlaufender Wanderweg;* **Weit|win|kel,** das; -s, - (Fot. Jargon): Kurzf. von ↑ Weitwinkelobjektiv; **Weit|win|kel|ob|jek|tiv,** das (Fot.): *Objektiv mit weitem Bildwinkel* (2); **Weit|win|kel|spi|on,** der: *Spion* (2 a), *der mit einer Optik ausgestattet ist, die einen weiten Bildwinkel* (1) *ermöglicht:* In den Häusern fehlen häufig ... -e mit 180 Grad Sicht (Spiegel 2, 1989, 80).

¹**Wei|zen,** der; -s, ⟨Sorten:⟩ - [mhd. weize, ahd. (h)weizi, eigtl. = Weiße, nach der Farbe des Mehls]: **a)** *Getreideart mit langem Halm* [*u. Grannen*]*, deren Frucht bes. zu weißem Mehl* (*für Brot u. feines Backwerk*) *verarbeitet wird:* der W. steht gut, ist reif; * *jmds.* W. *blüht (jmds. Sache, Geschäft usw. geht sehr gut;* bezogen auf den erfolgreichen Getreideanbau; blühender Weizen verspricht gute Ernte): Der Hartl lächelte impertinent, ja, der sah seinen W. blühen (Feuchtwanger, Erfolg 644); **b)** *Frucht des Weizens* (a): W. importieren; ²**Wei|zen,** das; -s, -: kurz für ↑ Weizenbier: *helles, dunkles* W.; Herr Ober, bitte noch zwei W.!; **Wei|zen|bier,** das (meist helles) *obergäriges Bier, zu dessen Herstellung zur Hälfte aus Gerste u. aus Weizen gewonnenes Malz verwendet wird; Weißbier;* **wei|zen|blond** ⟨Adj.⟩: **a)** *von hellem, gelblichem Blond:* -es Haar: sie ist w.; **b)** *mit weizenblondem* (a) *Haar:* sie ist w.; **Wei|zen|brot,** das: *Brot aus Weizenmehl;* **Wei|zen|ern|te,** das: vgl. Getreideernte; **Wei|zen|feld,** das: vgl. Getreidefeld; **wei|zen|gelb** ⟨Adj.⟩: *hellgelb wie reifer Weizen:* ein -es Sommerkleid; **Wei|zen|halm,** der: *Halm eines Weizenkorns;* **Wei|zen|keim|öl,** das: *aus Weizenkeimen gewonnenes Öl;* **Wei|zen|kleie,** die: vgl. Weizenmehl; **Wei|zen|klima,** das: *Klimazone mit Wetter, in der Weizen als charakteristische Getreidepflanze;* **Wei|zen|korn,** das: ¹*Korn* (1) *des* ¹*Weizens;* **Wei|zen|malz,** das: *aus Weizen hergestelltes Malz;* **Wei|zen|mehl,** das: *aus Weizenkörnern hergestelltes Mehl;* **Wei-zen|schlag,** der (landsch.): *Weizenfeld:* Manche Weizenschläge sehen heute schon aus wie sonst im April (NNN 1. 3. 88, 1); **Wei|zen|schrot,** der das: od. das: vgl. Weizenmehl.

Wel|ka, der; -[s], -s (schweiz.): *Wiederholungskurs.*
Wel|kil, der; -[s], Wukela [1: türk. vekil, eigtl. = Stellvertreter < arab. wakīl = Bevollmächtigter, zu: wakala = beauftragen; 2: arab. wakīl]: 1. *türk. Bez. für Minister.* 2. (hist.) *stellvertretender ägyptischer Gouverneur.*

welch: ↑ welcher; **wel|che:** ↑ welcher; **wel|cher,** welche, welches (welch) [mhd. wel(i)ch, ahd. (h)welich, zu ↑ wer u. dem Suffix ...lich, eigtl. = was für eine Gestalt habend]: **I.** ⟨Interrogativpron.⟩ 1. *dient der Frage nach einem Einzelnen, -ding usw. aus einer Gesamtheit, Gruppe, Gattung o. ä.:* welcher Mantel gehört dir?; auf welche Weise kann man das erreichen?; welcher [der/von den/von beiden] ist besser?; welches/(seltener:) welcher ist dein Hut?; welches war der eigentliche Beweggrund?; welches Mannes Haus?; welches sind die schönsten Rosen? (in bezug auf Arten, Sorten); welche sind die schönsten Rosen? (in bezug auf konkret vorhandene Rosen); Welcher *(welcher Tag des Jahres)* ist heute, fragte ich ... Der 25. Juli ..., gähnte ... Herr Betterfield (Leip, Klabauterflagge 72); ⟨in Ausrufsätzen:⟩ welches/welchen Kindes Wunsch wäre das nicht!; ⟨in indirekten Fragesätzen:⟩ er fragte mich, welcher [Teilnehmer] das gesagt habe, ⟨in anderen abhängigen Sätzen:⟩ es ist gleichgültig, welcher [von beiden] es getan hat; Zu welcher Stunde sie ... zurückkehrte, blieb mir verborgen (Th. Mann, Krull 201); ⟨in Verbindung mit „auch [immer]", „immer":⟩ welcher [Verantwortliche] auch [immer] *(gleichgültig, welcher* [*Verantwortliche*]*)* zugestimmt hat, es war nicht recht; welches [auch] immer *(gleichgültig, welches)* deine Gründe waren, du hättest es nicht tun dürfen; Der Kummer, von welcher Art *(welcherart)* er auch sein mag, ... feit einen auch gegen vieles (Seghers, Transit 198). 2. (geh.) drückt in Ausrufen od. abhängigen Sätzen eine besondere Art, einen besonderen Grad, ein besonderes Ausmaß aus: *was für* [*ein, eine*]*:* welcher [schöne, unglückliche] Tag ist das heute!; Jedesmal, wenn man diese Stadt wiedersieht, verschlägt es einem von neuem den Atem. Welche Dimensionen! (Dönhoff, Ära 73); ich bewundere, mit welchem Geschick er das machte; ⟨oft unflektiert:⟩ welch ein [Un]glück!; ich bewunderte, mit welchem Geschick er das machte. **II.** ⟨Relativpron.; o. Gen.⟩ (seltener) *der* (III 1 a), *die, das:* Personen, für welche das gilt; die, welche harte Arbeit geleistet hatten; So hatte er einen Vertrag geschlossen, gemäß welchem die iranische Staatsbank ... der Banque de France 300 Mio. $ auslieh (NZZ 9. 12. 82, 13); Äpfel, Birnen, Pfirsiche, welch letztere (Papierdt.; *von denen die letzteren*) besonders schmackhaft waren, ⟨in weiterführenden Relativsätzen o. ä.:⟩ sie nickte, welche Gebärde/welches er als

Zustimmung auffaßte (Papierdt.; *was er als Zustimmung auffaßte*); In welchem Fall ... *uns nichts anderes übrigbleibt (in diesem Fall bleibt uns nichts anderes übrig), als* ... (Hofmann, Fistelstimme 170). **III.** ⟨Indefinitpron.⟩ steht bes. stellvertretend für ein vorher genanntes Subst.; bezeichnet eine unbestimmte Menge, Anzahl: *ich habe keine Zigaretten, hast du welche?; jedes Leben auf dieser Erde kann nur dadurch leben, daß es selber welches zerstört* (Grzimek, Serengeti 236); *Der ... hatte 'n Rohrstock, da hab ich auch mal welche (Schläge) gekriegt* (Kempowski, Immer 201); (ugs. auch auf Personen bezogen:) *An der Chausseestraßen-Ecke ist ein Zeitungsstand ..., da stehen welche, quasseln* (Döblin, Alexanderplatz 67); *Was sind denn das für welche? ... Als ich ... in die Stadt kam, waren sie meine ersten Wirtsleute* (Brecht, Mensch 19); *Wir warteten auf den großen Krach, aber die Eltern sagten nur: „Ihr seid vielleicht welche!"* (Augsburger Allgemeine 27./28. 5. 78, XVIII); ⟨im Pl. auch attr. vor einem Subst.:⟩ *Es lagen welche (einige) Burschen da, die schon wochenlang saßen* (R. Walser, Gehülfe 128); **wel|cher|art** ⟨Adv.⟩: *wie geartet, von welcher Art, wie [auch immer] beschaffen*: w. *Leute waren es?; es ist [mir] gleichgültig, w. seine Überlegungen waren; es bestand ein Unterschied zwischen dem Tod in der Schlacht und einem feierlichen Erschossenwerden um nichts und wieder nichts; Welcherart Unterschied, vermochte Grischa weder auszusprechen noch auch nur zu denken* (A. Zweig, Grischa 365); **wel|cher|ge|stalt** ⟨Adv.⟩ (Papierdt.): *welcherart;* **wel|cher|lei** ⟨Adv.⟩ [↑-lei]: *welche Art von ..., welche [auch immer]:* w. *Gründe er auch [immer] gehabt haben mag, er hätte es nicht tun sollen;* **wel|cher|wei|se** ⟨Adv.⟩ (selten): *auf Grund welcher Voraussetzung*: w. *soll das geschehen?;* **wel|ches:** ↑welcher.
Welf, der; -[e]s, -e od. das; -[e]s, -er [mhd. welf(e), ahd. welph, wohl eigtl. = winselnder (junger Hund), lautm.]: Nebenf. von ↑Welpe.
wel|gern: ↑wälgern.
welk ⟨Adj.⟩ [mhd. welc, ahd. welk, urspr. =, Bedeutungswandel wohl unter Einfluß von ahd. arwelkēn = die Feuchtigkeit verlieren]: *nicht mehr frisch u. daher schlaff, faltig o. ä.: -es Laub, Gemüse; -e Haut; aus dem nicht sehr hohen Schnee schauten noch -e Grasspitzen und bogen sich im Wind* (Handke, Frau 104); *irgendwo zwischen den -en Brüsten tief verborgen unter dem hochgeschlossenen Kleid* (Hilsenrath, Nazi 303); *die Blumen werden schnell* w.; *der Salat ist schon ganz* w.; *sein Gesicht sah* w. *aus wie das eines hundertjährigen Schimpansen* (Schnurre, Bart 148); Ü *Seine westliche Orientierung sei „veraltet und* w." (Reich-Ranicki, Th. Mann 175); **Wel|ke|krank|heit,** die: *durch fortschreitendes Welken gekennzeichnete Pflanzenkrankheit;* **wel|ken** ⟨sw. V.; ist⟩ [mhd. welken, ahd. welkēn]: *welk werden: die Rose welkt schon; Die Kränze waren in ein paar Stunden zu Heu gewelkt* (Hollander, Akazien 6); Ü *ihre Schönheit begann zu* w.; *eine nie welkende Freude an allem Schönen* (Thieß, Reich 54); **Wel|ke|punkt,** der (Bodenk.): *Wassergehalt des Bodens, bei dem die meisten Pflanzen zu welken beginnen;* **Welk|heit,** die; -: *das Welksein.*
Well|baum, der (veraltet): *Welle* (5) (*z. B. am Mühlrad);* **Well|blech,** das: *steifes, sehr tragfähiges gewelltes Blech*: *ein Dach aus* W.; **Well|blech|dach,** das: *Dach aus Wellblech;* **Well|blech|ga|ra|ge,** die: *Garage aus Wellblech;* **well|blech|ge|deckt** ⟨Adj.⟩: *mit Wellblech gedeckt: In einer warmen, erleuchteten Stationsbaracke,* w. *und gut verschalt* (A. Zweig, Grischa 26); **Well|blech|ho|se,** die (ugs. scherzh.): 1. *Manchester-, Cordhose.* 2. *zu lange Hose mit Querfalten;* **Well|blech|hüt|te,** die: *Hütte aus Wellblech;* **Well|chen,** das; -s, -: Vkl. zu ↑Welle (1): *Da hüpften sie, in Damen und Herren getrennt, ... kreischten entsetzlich, wenn ein handhohes* W. *kam* (Fallada, Herr 110); **Wel|le,** die; -, -n [mhd. welle = Reisebündel; zylindrischer Körper; Wasserwoge, ahd. wella = Wasserwoge, zu mhd. wellen, ahd. wellan = wälzen, zu ↑wallen]: 1. *der aus der Wasseroberfläche sich für kurze Zeit hervorwölbende Teil bei bewegtem Wasser*: *hohe, schäumende -n; die -n gehen hoch; die -n rollen, schlagen, klatschen ans Ufer, brechen sich an den Klippen, branden gegen die Küste; der Kamm einer* W.; *das Heulen des Sturmes und das harte Waschen der -n* (Nachbar, Mond 263); *das Boot treibt, schaukelt auf den -n; Auf den kurzen kabbeligen -n tanzten weiße Schaumkronen auf und nieder* (Ott, Haie 321); *in den -n versinken, ertrinken; sich von den -n tragen lassen; von den -n fortgerissen, verschlungen werden;* Ü *eine* W. *der Wut stieg in ihm hoch; die -n [der Begeisterung] gingen hoch (es herrschte große Begeisterung); die -n [der Erregung] haben sich wieder geglättet.* 2. a) *etw., was in großem Ausmaß bzw. in mehr od. weniger dichter Folge in Erscheinung tritt [u. sich ausbreitet, steigert]*: *etw. löst eine* W. *von Protesten aus; Düsenbomber flogen in vier -n Angriffe gegen die Stadt; *grüne* W. *(zeitlich in der Weise abgestimmte Einstellung der Verkehrsampeln auf einer Strecke, daß ein Autofahrer bei entsprechend eingehaltener Geschwindigkeit nicht an den Ampeln zu halten braucht, also er immer grünes Licht hat): grüne* W. *bei 70 km/h;* -n *schlagen (Auswirkungen haben; Erregung, Aufsehen verursachen): Der Untergang des „Optimist" drohte größere* -n *zu schlagen* (Brecht, Groschen 324); *hohe* -n *schlagen (allgemein große Erregung auslösen);* b) *etw., was plötzlich u. in größerem Ausmaß aktuell ist: die neue* W. *in der Mode betont das Weibliche; die weiche* W. *(ugs.; allgemein vorherrschende Nachgiebigkeit, Konzilianz, z. B. in der Politik, im Strafvollzug).* 3. a) *wellige Stelle des [Kopf]haars: eine* W. *Haares, die mir über das eine Auge fiel* (Th. Mann, Krull 26); *sich* -n *legen lassen; Den Kopf mit dem blonden* W. *trug er stark erhoben* (Muschg, Gegenzauber 338); b) *flache wellenförmige [Boden]erhebung:* -n *im Gelände, im Teppich[boden]; Gleichgültig blickte er auf den Boden, auf Wurzeln, auf die -n im grauen Sand* (Rolf Schneider, November 44). 4. a) (Physik) *Schwingung, die sich fortpflanzt: elektromagnetische* -n; *kurze, lange -n (Wellen mit kleiner, großer Wellenlänge); die -n des Lichtes, Schalls; An manchen Tagen klirrte das Geschirr in den Schränken ... unter seismischen* -n (Ransmayr, Welt 245); b) (Rundf.) *Wellenlänge, Frequenz: die Station sendet ab morgen auf einer anderen* W. 5. (Technik) *stabförmiges Maschinenteil zur Übertragung von Drehbewegungen: die* W. *ist gebrochen; das auf der* W. *sitzende Schwungrad; das Aggregat wird über eine* W. *angetrieben.* 6. (Turnen) *Umschwung* (2). 7. (landsch.) *Bündel (z. B. von Reisig, Holz, Stroh);* **-wel|le,** die; -, -n: 1. a) *drückt in Bildungen mit Substantiven – seltener mit Verben (Verbstämmen) – aus, daß etw. sich plötzlich in starkem Maße ausbreitet, daß etw. plötzlich verstärkt in Erscheinung tritt: Ausreise-, Drogen-, Rücktrittswelle;* b) *bezeichnet in Bildungen mit Substantiven eine plötzlich anwachsende Zahl in bezug auf jmdn.: Urlauber-, Asylanten-, Flüchtlingswelle.* 2. *drückt in Bildungen mit Substantiven – seltener mit Verben (Verbstämmen) – aus, daß plötzlich etw. in verstärktem Maße [von vielen] betrieben wird, daß plötzlich ein großes Interesse an jmdm., etw. besteht (u. deshalb jmd., etw. sehr in Mode ist): Fitneß-, Freß-, Gesundheits-, Jesuswelle;* **wel|len** ⟨sw. V.; hat⟩: 1. *wellig formen:* Blech w.; *sich das Haar* w. *lassen; gewelltes Haar.* 2. ⟨w. + sich⟩ a) *nicht (wie gewünscht) glatt liegen, sondern wellenförmige Erhebungen aufweisen: der Teppich hat sich gewellt; Sie führte Georg ... gewellte Holzstiegen hoch* (Fels, Unding 139); b) *wellige Form zeigen: ihr Haar wellt sich; gewelltes Gelände; Zur Locke gewellt, ging die weiße Strähne von ihr nicht mehr furchenfreien Stirn zurück* (Th. Mann, Krull 201); **wel|len|ar|tig** ⟨Adj.⟩: *einer Welle (1) ähnlich;* **Wel|len|aus|brei|tung,** die (Physik): *Ausbreitung einer Welle (4a);* **Wel|len|bad,** das: *Schwimmbad mit künstlich erzeugtem Wellengang;* **Wel|len|band,** das ⟨Pl. ...bänder⟩; vgl. Frequenzband; **Wel|len|be|reich,** der: vgl. Frequenzbereich: *ein Radio mit den* -en *UKW und Mittelwelle;* **Wel|len|berg,** der: *oberer Teil einer Welle (1);* **Wel|len|be|we|gung,** die: *Bewegung, wie sie eine Welle (1) ausführt: daß das Licht eine* W. *des Äthers sei* (Natur 42); **Wel|len|bil|dung,** die: *Bildung von Wellen (1);* **Wel|len|bre|cher,** der: 1. *dem Uferschutz dienende Anlage (Damm o. ä.), die anlaufende Wellen (1) brechen soll.* 2. (Schiffbau) *auf dem Vordeck von Schiffen angebrachtes, V-förmig gewinkeltes Stahlblech, das überkommende Wellen (1) brechen u. seitlich ablenken soll;* **wel|len|för|mig** ⟨Adj.⟩: vgl. wellenartig: -e *Linien, Erhebungen;* w. *verlaufen;* **Wel|len|funk|ti|on,** die (Physik): *Funktion (3), die Lösung einer Wellengleichung ist;* **Wel|len|fur|che,** die (Geol.): vgl. Rippeln; **Wel|len-**

gang, der 〈o. Pl.〉: *das Vorhandensein von Wellen* (1): *bei starkem W.;* **Wel|len|glei|chung,** die (Physik): *Differentialgleichung, deren Lösung eine Welle* (4a) *beschreibt;* **Wel|len|kamm,** der: *höchster Teil des Wellenberges:* Helmut ... suchte die weißen Wellenkämme und die dunklen Wellentäler ab (M. Walser, Pferd 121); **Wel|len|kraft|werk,** das: *Kraftwerk, in dem die Energie der Wellen* (1) *des Meeres zur Stromerzeugung genutzt wird:* Das W. ... produziert mit Hilfe der Wellen der Nordsee und des Eismeers 350 Kilowatt (BNN 30. 12. 85, 3); **Wel|len|kreis,** der: *kreisförmige Welle* (1): Träge, flache -e gingen von ihm (= dem Schlauchboot) aus und verschwanden zum Horizont hin (Rehn, Nichts 51); **Wel|len|län|ge,** die (Physik): *räumlicher Abstand zweier aufeinanderfolgender Orte gleicher Phase, wie er bei einer Welle* (4a) *gemessen werden kann:* Wir stellen seine W. ein und bitten ihn ... (Grzimek, Serengeti 321); anstelle des Tageslichtes eine Licht kürzerer W. zu verwenden (Medizin II, 62); Kurzwellen mit -n zwischen 30 und 50 m; Ü wo kann man besser Leute seiner W. *(Leute, die denken und fühlen wie man selbst, mit denen man sich gut versteht)* kennenlernen ...? (Saarbr. Zeitung 27. 6. 80, V); * **dieselbe/die gleiche W. haben, auf derselben/der gleichen W. liegen/sein** *(die gleiche Art haben, zu fühlen u. zu denken, sich gut verstehen; stammt aus dem Funkverkehr, wo Sender u. Empfänger auf der gleichen Wellenlänge liegen müssen);* **Wel|len|läu|fer,** der: *(zu den Sturmschwalben gehörender) bes. auf dem Nordatlantik u. Nordpazifik lebender Vogel mit einem tief gegabelten Schwanz;* **Wel|len|lei|stung,** die (Technik): *an der Antriebswelle eines Verbrennungsmotors, einer Gas- od. Dampfturbine od. eines Elektromotors abgegebene Nutzleistung;* **Wel|len|lei|ter,** der (Physik): ¹*Leiter* (2) *zur Führung elektromagnetischer Wellen* (4a) *in axialer Richtung;* **Wel|len|li|nie,** die: *wellenförmige Linie;* **Wel|len|plan,** der: *international vereinbarter Plan über die Aufteilung der einzelnen Wellenlängen unter den einzelnen Staaten bzw. der dort jeweils betriebenen Sendern zur Vermeidung von Überlagerungen u. dadurch bedingten Empfangsstörungen;* **Wel|len|rei|ten,** das; -s (Sport): *Surfing* (1); **Wel|len|rei|ter,** der: *Surfer* (1); **Wel|len|rei|te|rin,** die: w. Form zu ↑ Wellenreiter; **Wel|len|rip|peln** 〈Pl.〉: *Rippeln;* **Wel|len|sa|lat,** der 〈o. Pl.〉 (ugs.): *Durcheinander, Nebeneinander sich gegenseitig störender [Mittelwellen]sender, die auf [fast] gleicher Welle* (4b) *senden:* Entzerrung des „Wellensalats" heißt zwar das Ziel der Vertreter aus rund 100 Rundfunkländern ... (Hörzu 36, 1975, 12); **Wel|len|schlag,** der: *Rhythmus der Wellenbewegung u. ihrer Geräusche;* **Wel|len|schliff,** der: *welliger* ¹*Schliff* (2 b): *ein Messer mit W.;* **Wel|len|sit|tich,** der: *(in Australien heimischer) gelbgrüner Sittich mit wellenförmiger dunkler Zeichnung auf der Oberseite, der als Stubenvogel beliebt ist;* **Wel|len|ska|la,** die: *Skala eines Radios, auf der die eingestellte Wellenlänge, Frequenz abzulesen ist;* **Wel|len|strah|len** 〈Pl.〉 (Phy-

sik): *Strahlen, bei denen die Energie in Form von Wellen* (4a) *transportiert wird;* **Wel|len|strah|lung,** die: vgl. Wellenstrahlen; **Wel|len|tal,** das: *tiefste Stelle zwischen zwei Wellen:* Helmut ... suchte die weißen Wellenkämme und die dunklen Wellentäler ab (M. Walser, Pferd 121); Ü Ist die Oppositionsbewegung erst einmal aus dem W. heraus *(hat sie erst einmal ihren Tiefstand überwunden)* ... (NZZ 23. 12. 83, 5); **Wel|len|theo|rie,** die 〈o. Pl.〉: **1.** (Physik früher) *Undulationstheorie.* **2.** (Sprachw.) *Theorie, nach der sich sprachliche Veränderungen von einem Mittelpunkt aus in Form einer Wellenbewegung nach allen Seiten hin gleichmäßig ausbreiten;* **Wel|len|tun|nel,** der: **1.** (Schiffbau) *tunnelähnlicher Gang, in dem sich die den Schiffspropeller antreibende Welle* (5) *befindet.* **2.** *Kardantunnel;* **Wel|len|zug,** der (Physik): *Linie des wellenförmigen Verlaufs einer Welle* (4a): wenn sich zwei Wellenzüge überlagern (Haber, Welten 37); Im Laser ist es gelungen, Licht zu erzeugen, das ... aus einem einzigen in sich zusammenhängenden W. besteht (Kosmos 3, 1965, 105); **Wel|ler,** der; -s, 〈Sorten:〉 - [zu ↑ wellern] (Fachspr.): *mit kurzgeschnittenem Stroh u. a. vermischter Lehm, bes. zum Ausfüllen von Fachwerk.*

Wel|le|ris|mus, der; -, ...men [engl. wellerism, nach der Figur Samuel Weller in Charles Dickens' „Pickwick Papers" (1837)] (Literaturw.): *kurzer ironischer, grotesker o.ä. Text, in dem ein bekanntes Sprichwort o.ä. spielerisch verarbeitet wird, indem es einem Sprecher in den Mund gelegt, dieser dann genannt u. abschließend in einem Satz die Sprechsituation beschrieben wird; Sagwort* (z. B.: „Aller Anfang ist schwer", sagte der Dieb, als er einen Amboß stahl).

wel|lern 〈sw. V.; hat〉 [Intensivbildung zu ↑ wellen (1), urspr. vom Formen einer zähen Masse] (Fachspr.): **1.** *Weller herstellen.* **2.** *(Fachwerk) mit Weller ausfüllen;* **Wel|ler|wand,** die: *Wand aus Fachwerk, das mit Weller ausgefüllt ist;* **Well|fleisch,** das; -[e]s [zu veraltet wellen = (auf)kochen, eigtl. = wallen, kochen machen, Veranlassungswort zu ↑ ¹wallen]: *gekochtes Bauchfleisch von frisch geschlachteten Schweinen;* **Well|horn|schnecke**¹, die: *(im Meer lebende) Schnecke mit gelbbraunem, länglichem, spitzem Gehäuse;* **wel|lig** 〈Adj.〉 [mhd. wellec, urspr. = rund, zylindrisch]: *in Wellen verlaufend, wellenförmig:* -es Haar, Gelände; die Pappe ist w. geworden; an solchen Stellen, wo die Rennstrecke sehr w. ist (Frankenberg, Fahren 64); **Wel|lig|keit,** die; -: das Welligsein; **Wel|li|né** [...'ne:], der; -[s], -s [Kunstwort zu ↑ Welle mit französierender Endung]: *angerauhter Wollstoff mit wellenartig gemusterter Oberfläche.*

Wel|ling|ton ['wɛlɪŋtən]: Hauptstadt von Neuseeland.

Wel|ling|to|nia, die; -, ...ien [nach dem Herzog von Wellington (1769–1852)]: *Sequoia.*

Well|pap|pe, die: *Pappe aus gewelltem Papier, das ein- od. beidseitig mit glatter Papierbahn beklebt ist;* **Well|rad,** das (Technik): *fest auf einer Welle sitzendes Rad;*

Wel|lung, die; -, -en: **1.** *wellige Form.* **2.** *wellige Stelle.*

Wel|pe, der; -n, -n [aus dem Niederd. < mniederd. welp, (m)niederd. Form von ↑ Welf]: *Junges bei Hunden, Wölfen, Füchsen:* die Schäferhündin Thekla von Schüddelkau ... habe fünf Welpen geworfen (Grass, Hundejahre 180).

Wels, der; -es, -e [spätmhd. wels, verw. mit ↑ Wal]: *(in Binnengewässern lebender) schuppenloser, Barteln aufweisender, großer Fisch mit dunklem Rücken, hellerem Bauch u. sehr langer Afterflosse, der als Speisefisch sehr geschätzt wird.*

welsch 〈Adj.〉 [mhd. welsch, walhisch, ahd. wal(a)hisc = romanisch; urspr. Bez. auf den kelt. Stamm der Volcae]: **1.** (schweiz.) *zum französisch sprechenden Teil der Schweiz gehörend; welschschweizerisch:* die -e Schweiz; die -en Kantone, Zeitungen; das -e Fernsehen; die Schweizer -er Zunge; 〈subst.:〉 sie stammt aus dem Welschen *(aus der französischsprachigen Schweiz).* **2. a)** (veraltet) *romanisch, bes. französisch, italienisch:* -e Nüsse (veraltet; *Walnüsse);* ♦ In seinen Reden kocht der feurige -e *(italienische)* Wein, den er damals von Rom mitgebracht hatte (Novalis, Heinrich 14); **b)** (veraltend abwertend) *fremdländisch, bes. romanisch, südländisch:* -e Sitten; Cäsar überwand in ihm angeborene Aversion gegen -e Unmoral und begab sich in das zweifelhafte Etablissement am Montmartre (K. Mann, Mephisto 341); **Wel|sche,** der u. die; -n, -n 〈Dekl. ↑ Abgeordnete〉 (schweiz.): *Schweizer[in] mit Französisch als Muttersprache;* **wel|schen** 〈sw. V.; hat〉 (veraltet): **1.** *welsch* (2 b), *unverständlich reden.* **2.** *viele entbehrliche Fremdwörter gebrauchen;* **Welsch|kohl,** der 〈o. Pl.〉 [eigtl. = welscher Kohl] (landsch.): *Wirsing;* **Welsch|korn,** das 〈o. Pl.〉 (landsch.): *Mais;* **Welsch|kraut,** das 〈o. Pl.〉 (landsch.): *Wirsing;* **Welsch|land,** das 〈o. Pl.〉: **1.** (schweiz.) *französischsprachige Schweiz:* ... und eine große Entrüstung ging durch das W. (Bund 18. 10. 68, 3). **2.** (veraltet) **a)** *Italien;* ♦ Die Nachbarschaft von W. zeigt sich in dem ungezwungenen Betragen und den einnehmenden Gesprächen (Novalis, Heinrich 22); der Hans ..., der weit drin in W. ist bei den Soldaten (Rosegger, Waldbauernbub 124); **b)** (seltener) *Frankreich;* **Welsch|ries|ling,** der: **a)** 〈o. Pl.〉 *bes. in Österreich, Nordostitalien u. auf der Balkanhalbinsel angebaute Rebsorte;* **b)** *aus den Trauben des Welschrieslings* a) *hergestellter Weißwein;* **Welsch|schweiz,** die (schweiz.): *französischsprachige Schweiz;* **Welsch|schwei|zer,** der (schweiz.): *Schweizer mit Französisch als Muttersprache;* **Welsch|schwei|ze|rin,** die (schweiz.): w. Form zu ↑ Welschschweizer; **welsch|schwei|ze|risch** 〈Adj.〉 (schweiz.): *die französischsprachige Schweiz betreffend, zu ihr gehörend, aus ihr stammend.*

Wels|fi|let, das: *Filet vom Wels.*
Welsh rab|bit ['wɛlʃ 'ræbɪt; engl., eigtl. = walisisches Kaninchen, viell. nach der Form], **Welsh rare|bit** ['wɛlʃ 'rɛəbɪt], der; -s, -s [engl., eigtl. = Waliser Leckerbissen, 2. Bestandteil wohl volksetym. Um-

Welt

deutung von: rabbit = Kaninchen zu: rare bit = Leckerbissen] (Kochk.): *mit einer aus geschmolzenem Hartkäse, Bier u. verschiedenen Gewürzen bestehenden heißen Masse übergossene geröstete Weißbrotscheibe.*
Welt, die; -, -en [mhd. we(r)lt, ahd. weralt, eigtl. = Menschenalter, -zeit]: **1.** ⟨o. Pl.⟩ *Erde, Lebensraum des Menschen:* die große, weite W.; die [gesamte] damals bekannte W.; Europa und die übrige W.; die W. erobern, beherrschen wollen; die W. *(viel von der Welt)* gesehen haben; diese Briefmarke gibt es nur zweimal auf der W.; allein auf der W. sein *(keine Angehörigen, Freunde haben);* er ist viel in der W. herumgekommen; in der ganzen W. bekannt sein; eine Reise um die W.; wenn Filmberichte über Zusammenstöße zwischen der Volkspolizei und Tausenden von Demonstranten um die W. gehen *(in aller Welt gezeigt werden;* MM 10. 10. 89, 2); etwas von der W. gesehen haben; nicht um die W. *(um keinen Preis)* gebe ich das her; Ṟ die W. ist klein/ist ein Dorf (Äußerung, die man tut, wenn man irgendwo an einem entfernten Ort zufällig einen Bekannten trifft od. wenn man jmdm. begegnet, mit dem man gemeinsame Bekannte hat); hier, da ist die W. mit Brettern zugenagelt/vernagelt (ugs.; 1. *hier, da kommt man nicht weiter, endet der Weg o. ä.* 2. *hier ist ein sehr abgelegener, langweiliger Ort;* nach einer Lügengeschichte in der "Ethographia mundi" [1608] des Erzählers Johannes Olorinus Variscus [eigtl.: Johann Sommer; 1559–1622], in der berichtet wird, daß jmd. bis ans Ende der Welt gelangt sei u. gesehen habe, daß die Welt „mit Brettern daselbst sei unterschlagen" [= abgeteilt]); deswegen/davon geht die W. nicht unter (ugs.; *das ist noch so schlimm, nicht so tragisch);* was kostet die W.? (scherzh.; *mich kann nichts zurückhalten);* * **die Alte W.** *(Europa;* eigtl. = die vor der Entdeckung Amerikas bekannte Welt); **die Neue Welt** *(Amerika;* eigtl. = die neuentdeckte Welt); **die dritte W.** (Politik, Wirtsch.; *die Entwicklungsländer);* **die vierte W.** (Politik, Wirtsch.; *die ärmsten Entwicklungsländer);* **nicht die W. sein** (ugs.; *nicht viel Geld sein, nicht viel ausmachen):* außerdem sind zwei Tage nicht die W., und länger dauerte es nicht, bis der erste Postbus wieder fuhr (Augsburger Allgemeine 29./30. 4. 78, XXXII); **nicht die W. kosten** (ugs.; *nicht viel kosten);* **auf die W. kommen** *(geboren werden);* **auf der W. sein** *(geboren sein u. leben):* da warst du noch gar nicht auf der W.; **etw. mit auf die W. bringen** *(mit einer Veranlagung o. ä. geboren werden):* diese Fähigkeit hat er [schon] mit auf die W. gebracht; **aus aller W.** *(von überall her):* Teilnehmer, Nachrichten, Briefmarken aus aller W.; **nicht aus der W. sein** (ugs.; *nicht entfernt, nicht abgelegen sein, wohnen);* **in aller W.** *(überall [in der Welt]):* in aller W. bekannt sein; **in alle W.** *(überallhin).* **2.** ⟨o. Pl.⟩ **a)** *Gesamtheit der Menschen:* die [ganze] W. hielt den Atem an; die ganze W. (ugs. übertreibend; *alles)* um sich herum vergessen; die halbe W. hat (ugs. übertreibend; *sehr viele haben)* nach dir gefragt; er würde der W. zeigen, wozu Willenskraft fähig war (Loest, Pistole 61); vor der W. *(vor der Öffentlichkeit);* in den Augen der W. ein Verbrecher sein; Ṟ die W. ist schlecht; nobel/vornehm geht die W. zugrunde (ugs. spött.; Ausspruch bei großer Verschwendung); so etwas hat die W. noch nicht gesehen! (ugs.; *so etwas ist noch nicht dagewesen!);* ich könnte [vor Freude] die ganze W. umarmen!; * **alle W.** (ugs.; *jedermann, alle):* alle W. weiß das; Noch viele Jahre nach dem Ende der Napoleonischen Kriege lebte in Ostpreußen alle W. in größter Armut (Dönhoff, Ostpreußen 131); sich vor aller W. blamieren; **b)** ⟨mit adj. Attr.⟩ (geh. veraltend) *größere Gruppe von Menschen, Lebewesen, die durch bestimmte Gemeinsamkeiten verbunden sind, bes. gesellschaftliche Schicht, Gruppe:* die gelehrte W.; die vornehme W. *(die Vornehmen);* ... zu einer Garden Party auf ihrer prächtigen Besitzung in der Stadt, wo denn ... viel schöne W. *(eine Menge vornehme, reiche Leute)* mich umgab (Th. Mann, Krull 404); ein Hausball, zu dem er auch Repräsentanten der großen W. *(einflußreiche, hochgestellte, prominente Persönlichkeiten)* lädt (NJW 19, 1984, 1059); die weibliche W. *(die Frauen);* die junge W. *(die Kinder);* die gefiederte W. *(die Vogelwelt).* **3.** *(gesamtes) Leben, Dasein, (gesamte) Verhältnisse [auf der Erde]:* die reale W.; die antike W.; unsere W.; die W. des Mittelalters; eine fiktive, von Computern und Robotern beherrschte W.; die W. von morgen; die W., in der wir leben; imaginäre -en; die W. verändern; jmdm. eine heile W. vorgaukeln; ... wirst du immer mehr W., wirst schließlich die ganze W. in deine schmerzlich erweiterte Seele aufnehmen müssen (Hesse, Steppenwolf 29); das ist der Lauf der W.; ... ist es die Welt die schlechteste aller -en (Bachmann, Erzählungen 117); aus der W. gehen/scheiden (geh. verhüll.; *sterben, bes. sich das Leben nehmen);* was man da zu lesen bekam, schien aus einer anderen W. zu stammen; einer W. von vorgestern (Dönhoff, Ära 119); mit offenen Augen durch die W. gehen; Ja, Mann, in was für einer W. leben Sie eigentlich? (Bieler, Bonifaz 190); mit sich und der W. zufrieden sein; verkehrte W. *(Verkehrung der normalen Verhältnisse, des normalen Laufs der Dinge);* das Dümmste, Beste in der W. (ugs.; *überhaupt);* um nichts in der W./nicht um alles in der W. *(um keinen Preis, auf keinen Fall)* würde ich das hergeben; * **die W. nicht mehr verstehen** *(nicht verstehen, daß so etwas geschehen bzw. daß es so etwas geben kann;* nach Meister Antons Schlußwort in F. Hebbels „Maria Magdalena"); **etw. aus der W. schaffen** *(bereinigen, endgültig beseitigen);* **sich durch die W. schlagen** *(sich mühsam im Daseinskampf behaupten);* **jmdn. in die W. setzen** (ugs.; *zeugen; gebären):* Kinder in die W. setzen; **etw. in die W. setzen** (ugs.; *in Umlauf bringen):* ein Gerücht in die W. setzen; **um alles in der W.** (ugs.; *um Gottes willen);* **in aller W.** (ugs.; in Fragesätzen zum Ausdruck der Verwunderung, der Beunruhigung, des Unwillens: ... *denn überhaupt):* wie in aller W. war das [nur] möglich?; **nicht von dieser W. sein** (geh.; *dem Jenseits, der jenseitigen, himmlischen, übernatürlichen Welt angehören;* nach Joh. 8, 23): Aber des Geistes Herrschaft ist nie von dieser W. (Thieß, Reich 147); **zur W. kommen** *(geboren werden);* **jmdn. zur W. bringen** *(jmdn. gebären):* ein Kind zur W. bringen. **4.** *in sich geschlossener [Lebens]bereich; Sphäre:* die W. der Religion, der Kunst; die W. des Zirkus, der Arbeit, des Sports; die W. der Mythen, des Märchens; die W. der Erscheinungen, der Ideen; die W. des Kindes, der Erwachsenen; die religiöse W. [des Islams]; die geistige W. [dieses Autors]; die arabische, die zivilisierte, kapitalistische W. *(die arabischen, zivilisierten, kapitalistischen Länder);* die freie W. (Politik; *die Länder mit einem freiheitlichen politischen System);* die westliche W. (Politik früher; *der Westen* 3); eine völlig neue W. tat, ganz neue -en taten sich ihm auf; wenn ich Rugby im Fernsehen sah, dachte ich immer: das wäre meine W. *(Rugbyspieler zu sein würde mir gefallen;* Loest, Pistole 186); Bücher sind seine W. *(sein Lebensinhalt);* die Stadt, durch deren Herz seit 15 Jahren eine Grenze geht, die zwei -en voneinander scheidet (Dönhoff, Ära 75); Der Steppenwolf stand ... gänzlich außerhalb der bürgerlichen W. (Hesse, Steppenwolf 12); So lebten Herrscher und Volk in getrennten -en (Thieß, Reich 244). **5. a)** ⟨o. Pl.⟩ *Weltall, Universum:* die Entstehung, Erschaffung der W.; **b)** *Stern-, Planetensystem:* das Hauptmotiv des geschilderten Weltraumfluges ist die Begegnung mit den intelligiblen Wesen ferner -en (Reinig, Schiffe 140); Ü zwischen uns liegen -en, uns trennen -en (emotional; *wir haben nichts gemeinsam);* Beides ist echter Wein, und doch liegen -en dazwischen (emotional; *bestehen dazwischen gewaltige Unterschiede;* Konsalik, Promenadendeck 224); **welt|ab|ge|kehrt** ⟨Adj.; -er, -este⟩: *weltabgewandt:* Melancholie und Pessimismus als die eigentliche, wenn auch -e Seite des italienischen Wesens (Fest, Im Gegenlicht 273); **Welt|ab|ge|kehrt|heit,** die; -: *das Weltabgekehrtsein;* **welt|ab|ge|schie|den** ⟨Adj.⟩: *von der Welt u. ihrem Getriebe abgeschieden, weit entfernt:* ein -es Dorf; **Welt|ab|ge|schie|den|heit,** die: *das Weltabgeschiedensein;* **welt|ab|ge|wandt** ⟨Adj.; -er, -este⟩ *von der Welt, vom Leben abgewandt:* ein -er Gelehrter; **Welt|ab|ge|wandt|heit,** die; -: *das Weltabgewandtsein;* **Welt|agen|tur,** die: *Agentur* (2), *die Nachrichten mit eigenen Korrespondenten in (nahezu) allen Ländern der Erde sammelt u. in mehreren Sprachen verbreitet;* **Welt|all,** das: *der ganze Weltraum u. die Gesamtheit der darin existierenden materiellen Dinge, Systeme; Kosmos, Universum:* das unendliche W.; das W. erforschen; Als der erste Mensch aus dem W. zurückkam (Reinig, Schiffe 139); er sprach mir von dem Riesenschauplatz dieses Festes, dem W., diesem sterblichen Kinde des ewigen Nichts, angefüllt mit materiellen Körpern ohne Zahl, Me-

teoren, Monden ... (Th. Mann, Krull 314); **Welt|al|ter**, das: *Epoche in der Geschichte des Universums;* Äon: *Ganze W. von Liebe werden notwendig sein, um den Tieren ihre Dienste an uns zu entgelten* (Grzimek, Serengeti 190); **welt|anschau|lich** ⟨Adj.⟩: *auf einer Weltanschauung beruhend:* jmds. -e Einstellung; -e Gründe; eine w. neutrale Schule; w. so heterogene Gesellschaften wie unsere europäischen (Zeit 3. 3. 95, 3); **Welt|anschau|ung**, die [urspr. = subjektive Vorstellung von der Welt]: *Gesamtheit von Anschauungen, die die Welt u. die Stellung des Menschen in der Welt betreffen:* eine idealistische, marxistische W.; seine W. verbietet es ihm, Gewalt anzuwenden; Denn -en des 20. Jahrhunderts begnügen sich nicht damit, subjektive Anschauungen der Welt zu sein (profil 46, 1983, 10); politisch dagegen verfocht er eine durch und durch verbrecherische W. (Weber, Tote 193); **Welt|at|las**, der: *Atlas, der alle Teile der Welt umfaßt;* **Welt|auf|fas|sung**, die: vgl. Weltbild: Ist die W. der Philosophie demnach eine rein apriorische Konstruktion des ... Verstandes ...? (Natur 13); **welt|auf|ge|schlos|sen** ⟨Adj.; -er, -este⟩: *weltzugewandt:* Ein -er Mensch macht, seines eigentlichen Lebensinhaltes beraubt, nicht plötzlich ein finster diabolisches Gesicht (Kaschnitz, Wohin 7); während Nehru w. und allen neuen Ideen zugänglich war (Wochenpost 27. 6. 64, 11); **Welt|aus|stel|lung**, die: *internationale Ausstellung, die einen Überblick über den Stand in Technik u. Kultur auf der Welt geben soll;* **Welt|auswahl**, die (Ballspiele, bes. Fußball): *internationale Auswahl[mannschaft];* **Weltbank**, die ⟨o. Pl.⟩: *Internationale Bank für Wiederaufbau und Entwicklung (Sonderorganisation der UN);* **Welt|be|darf**, der: *weltweiter Bedarf:* der W. an Energie, Rohstoffen, Trinkwasser; Ein hoher Prozentsatz des -s an Kokain wird durch die Anpflanzungen in Peru und in Bolivien gedeckt (Lindlau, Mob 292); **Welt|bedeu|tung**, die: *Bedeutung für die gesamte Welt:* etw. erlangt W.; ... der Entwicklung Dresdens zu einem kulturellen Zentrum von W. (Neues D. 25. 3. 78, 4); **welt|be|kannt** ⟨Adj.⟩: *überall, weltweit bekannt:* in der Literatur, Konzern; **weltbe|rühmt** ⟨Adj.⟩: *in der ganzen Welt berühmt:* ... von überaus erfolgreichen Menschen umgeben – hier der -e Vater ..., dort die tüchtige ... Schwester ... (Reich-Ranicki, Th. Mann 225); **Weltbe|rühmt|heit**, die: **1.** ⟨o. Pl.⟩ *Berühmtheit in der ganzen Welt.* **2.** *weltberühmte Person:* Heute ist die Sopranistin ... besonders als Wagner- und Strauss-Sängerin eine W. (BZ am Abend 6. 3. 81, 3); **weltbest...** ⟨Adj.⟩: *am besten in der ganzen Welt (hinsichtlich bestimmter [sportlicher] Leistungen):* die -en Sprinter; ⟨subst.:⟩ die Weltbesten im Maschinenschreiben; **Welt|best|lei|stung**, die (Sport): *sportliche Leistung, die in der ganzen Welt Bestleistung ist;* **Welt|best|sel|ler**, der: *etw., was weltweit ein Bestseller ist:* mit seinem autobiographischen W. „Das dritte Auge" (W. Schneider, Sieger 33); **Weltbest|zeit**, die (Sport): vgl. Weltbestleistung: W. laufen; **Welt|be|völ|ke|rung**, die ⟨o. Pl.⟩: *Bevölkerung der gesamten Erde;* **welt|be|we|gend** ⟨Adj.⟩: *für die Welt, die Menschen von Bedeutung:* eine -e Idee; ein -es Ereignis; die Sache ist nicht w. (ugs. spött.; *nicht von Wichtigkeit);* ⟨subst.:⟩ es ist nichts Weltbewegendes (ugs.; *nichts Besonderes, nichts von Bedeutung*) passiert; **Welt|be|we|gung**, die: *über die ganze Welt verbreitete Bewegung* (3): die kommunistische W.; die moçambiquanische Revolution ist Bestandteil der revolutionären W. (horizont 12, 1977, 25); **Welt|bild**, das: *umfassendes Bild, umfassende Vorstellung von der Welt [auf Grund wissenschaftlicher bzw. philosophischer Erkenntnisse]:* das moderne, das marxistische W.; ein christliches, romantisches, geschlossenes W.; das W. der Antike; Deutsche Kultur hatte mein W., mein geistiges Wesen geformt oder doch entscheidend beeinflußt (K. Mann, Wendepunkt 230); ... verlieren die dominierenden Bestandteile der kulturellen Überlieferung den Charakter von -ern, also von Interpretationen der Welt ... (Habermas, Spätkapitalismus 112); **Welt|blatt**, das: *weltweit verbreitete Zeitung, Zeitung mit Weltgeltung:* ein französisches W.; die berühmte ... „Allgemeine Zeitung", das W. jener Tage (Augsburger Allgemeine 29./30. 4. 78, 24); **Welt|brand**, der (geh.): *weltweite, durch einen Weltkrieg verursachte Katastrophe:* Oldenburg sagte zu Hindenburg gesagt: „Dies (= der Reichstagsbrand) ist der Auftakt zu einem W., den Hitler anrichten wird." (Niekisch, Leben 234); **Welt|bumm|ler**, der: ↑ Weltenbummler usw.; **Welt|bür|ger**, der: *Bürger der Erde u. nicht nur Glied eines bestimmten Volkes od. Staates, womit sich Vorstellungen von Toleranz, Freiheit u. Gleichheit verbinden;* Kosmopolit (1): dieser W. französischer Nation (K. Mann, Wendepunkt 205); **Welt|bür|ge|rin**, die: w. Form zu ↑ Weltbürger; **welt|bür|ger|lich** ⟨Adj.⟩: *kosmopolitisch;* **Welt|bür|ger|tum**, das: *das Weltbürgersein;* Kosmopolitismus (1); **Welt|chri|sten|tum**, das: vgl. Weltreligion: Ohne Jesus gibt es keinen Paulus ..., aber ohne Paulus konnte es kein W. geben (NZZ 5. 11. 82, 34); **Welt|chro|nik**, die: *mittelalterliche Darstellung der Weltgeschichte anhand literarischer Vorlagen:* auf einen ersten universalgeschichtlichen Überblick zielen -en und Historienbücher ab (Bild. Kunst III. 65); **Weltcup**, der (Sport): *weltweit gültiger Europacup;* **Weltda|me**, die: vgl. Weltmann; **Welt|eis|leh|re**, die ⟨o. Pl.⟩: *Glazialkosmogonie;* **Weltelf**, die (Fußball): vgl. Weltauswahl; **Welte|li|te**, die (bes. Sport): *aus den Besten der Welt bestehende Elite:* Er hat ... den Abfahrtslauf ... gegen die gesamte W. gewonnen (Maegerlein, Piste 98); sie zählt zur W.; **Welt|emp|fän|ger**, der: *Rundfunkgerät für den Empfang sehr weit entfernter Sender, bes. Kurzwellensender;* **Welt|en|brand**, der (selten): *Weltbrand;* **Welt|en|bumm|ler**, der; *jmd., der (bes. als Tourist) in der Welt herumreist;* Globetrotter; **Welt|en|bumm|le|rin**, die: w. Form zu ↑ Weltenbummler; **Welt|en|de**, das (bes. Rel., Theol.): *Ende* (1 b) *der Welt:* die intensive Naherwartung der Wiederkunft Christi und des -s (Ranke-Heinemann, Eunuchen 46); **wel|ten|fern** ⟨Adj.⟩ (geh.): *sehr fern:* Der klimatische Komfort von Saigon ist w. (Zeit 26. 5. 67, 3); Ü daß ihr Mann, ihr eigener Mann, so w. von ihr lebte, so gar nichts von ihr wußte oder ahnte (Baum, Paris 62); **Wel|tenraum**, der (dichter.): *Weltraum:* eine ... Angst, es könnten die Sterne ... mich ... mit einem durch den W. hallenden Lachen in einen nichtigen Tod entlassen (Stern, Mann 154); **wel|ten|ent|le|gen** ⟨Adj.⟩: vgl. weltabgeschieden; **welt|entrückt** ⟨Adj.⟩ (geh.): *(mit seinen Gedanken, mit seinem Bewußtsein) der Welt entrückt:* 1986 hörte sie auf, sich auf -es Forschen zu beschränken und wurde zur Lobbyistin der Schimpansen (natur 10, 1991, 102); w. der Musik lauschen; **wel|tenum|span|nend** ⟨Adj.⟩ (dichter.): *weltumspannend:* -e Gedanken; **wel|ten|weit** ⟨Adj.⟩ (geh.): *sehr weit:* w. getrennt sein; **Wel|ten|wen|de**, die (geh.): *grundlegende Wende, einschneidende Veränderung, bes. in den gesellschaftlichen Verhältnissen auf der Welt:* von jener W. am Beginn der mit der Oktoberrevolution eingeleiteten Epoche (Freie Presse 4. 11. 88, Beilage, S. 3). **Wel|ter**, das; -s (Sport): *kurz für ↑ Weltergewicht.* **Wel|ter|be**, das ⟨o. Pl.⟩: *Gesamtheit der besonders erhaltenswerten Kultur- u. Naturdenkmäler der Welt:* die Altstadt ist von der UNESCO als Teil des -s anerkannt; **Welt|er|eig|nis**, der: *für die gesamte Welt bedeutendes, wichtiges, interessantes Ereignis;* **welt|er|fah|ren** ⟨Adj.⟩: *weit in der Welt herumgekommen u. Lebenserfahrung, -klugheit besitzend:* eine -e Frau; w. sein; **Welt|er|folg**, der: *großer Erfolg in der ganzen Welt:* sein Buch wurde ein W.; Mattels Handler ... ließ sie (= die Puppe) in Japan billig produzieren und hatte einen W. (Spiegel 15. 12. 65, 56). **Wel|ter|ge|wicht**, das [engl. welterweight, 1. Bestandteil H. u., 2. Bestandteil engl. weight = Gewicht] (Boxen, Ringen): **1.** ⟨o. Pl.⟩ *Körpergewichtsklasse (z. T. zwischen Mittel- u. Leichtgewicht).* **2.** *Weltergewichtler;* **Wel|ter|ge|wicht|ler**, der; -s, -: *Sportler der Körpergewichtsklasse Weltergewicht.* **Welt|er|näh|rung**, die: *Versorgung der Weltbevölkerung mit Nahrungsmitteln:* das Problem der W.; **welt|er|schüt|ternd** ⟨Adj.⟩: *die Menschen, die Welt erschütternd, bewegend:* -e Ereignisse; Er hat zwar keine -en (spött.; *keine bedeutenden*) Leistungen hervorgebracht ... Aber er wird bald große Bedeutung erlangen (Hasenclever, Die Rechtlosen 397); die Sache ist nicht w; **welt|erst...** ⟨Adj.⟩: *erster, erste, erstes der Welt:* Eine Asiatin – Ceylons ... Witwe Banderanaike – wurde welterste Ministerpräsidentin (Spiegel 5, 1966, 72); **Welt|esche**, die ⟨o. Pl.⟩ (nord. Myth.): *riesige Esche, die Ursprung u. Achse der Welt ist;* Yggdrasil; **welt|fern** ⟨Adj.⟩ (geh.): *weltabgewandt:* allerdings war er oft auch so w. entrückt, daß selbst Vater besorgt den Kopf schütteln mußte (Schnurre, Bart 136); **Welt|fest|spie|le** ⟨Pl.⟩ (ehem. DDR): *großes, in mehrjähri-*

Weltfirma

gen Abständen stattfindendes, ein- bis zweiwöchiges Treffen von Jugendlichen u. Studenten aus den sozialistischen Ländern mit politischen, kulturellen u. sportlichen Veranstaltungen; Festival (2): In wenigen Monaten ist das sozialistische Kuba ... Schauplatz der XI. W. der Jugend und Studenten (horizont 13, 1978, 7); **Welt|fir|ma,** die: vgl. Weltkonzern; **Welt|flucht,** die ⟨o. Pl.⟩: *Flucht vor der Welt u. ihrem Getriebe; Abkehr, Sichzurückziehen von der Welt;* **Welt|for|mat,** das: vgl. Weltrang: *das Orchester hat W.; ein Film, ein Fußballer von W.;* **welt|fremd** ⟨Adj.⟩: *wirklichkeits-, lebensfremd: ein -er Mensch, Idealist; Er nutzte politisch Dein -es Schwärmertum (Stern, Mann 221); Die Funktion des Ideologiebegriffs ist, jede rationale Sozialkritik als wirklichkeitsfern und w. zu verdächtigen (Fraenkel, Staat 138);* **Welt|fremd|heit,** die ⟨o. Pl.⟩: *das Weltfremdsein: Inzwischen geht mir diese W. gewaltig auf die Nerven. Amanda tut so, als könnten die Notwendigkeiten des Lebens sie nicht erreichen (Becker, Amanda 28);* **Welt|frie|de** (älter), **Welt|frie|den,** der: *Frieden zwischen den Völkern der Welt: er hat sich um den Weltfrieden verdient gemacht;* **Welt|frie|dens|la|ger,** das (ehem. DDR): *Friedenslager;* **Welt|frie|dens|rat,** der (ehem. DDR): *Friedensrat;* **Welt|ge|bäu|de,** das ⟨o. Pl.⟩ (geh.): *das Weltall (in seinem Gefüge):* Das Sterben jedes Grashalmes ... verwandelt ihn das W., und es bleibt doch unverändert (Molo, Frieden 133); Ü ... und er begann mit der Schilderung seines moralischen -s (Dürrenmatt, Grieche 23); **Welt|ge|fühl,** das: *Gefühl, mit dem die Welt erlebt wird:* Ein neues W. schien uns ergriffen zu haben (Becher, Prosa 7); **Welt|ge|gend,** die: *Gegend, Teil der Erde:* Noch die mühevollste Expedition in die entferntesten -en ist heute von vornherein touristischer Art (Enzensberger, Einzelheiten I, 193); in den entlegensten -en; **Welt|geist,** der ⟨o. Pl.⟩ (Philos.): *die Weltgeschichte steuernder, in ihr waltender Geist:* Was sich in Deutschland abspielt, nennt er „eine Riesenungezogenheit gegen den Willen des -es" (Reich-Ranicki, Th. Mann 42); **Welt|geist|li|che,** der (kath. Kirche): *Geistlicher, der nicht Mitglied eines Mönchsordens ist;* **Welt|geist|lich|keit,** die (kath. Kirche): *Gesamtheit der Weltgeistlichen;* **Welt|gel|tung,** die: *weltweite Geltung, Bedeutung, Wertschätzung:* W. erlangen; Warum mußte Kairo bombardiert werden ...? ... Dieser unmotivierte Überfall ... könnte sehr wohl das Ende britischer W. markieren (Augstein, Spiegelungen 76f.); eine Zeitung von W.; **Welt|ge|mein|schaft,** die: *Gemeinschaft der Völker, der Staaten der Erde:* ... tat sich ... ein neuer Kriegsschauplatz auf, an dem die Hilflosigkeit der W. deutlich wurde (R. Schmidt, Mut 112); ... das Land zu einem anpassungsfähigen Mitglied der W. zu machen (NZZ 21. 1. 83, 2); **Welt|ge|richt,** das ⟨o. Pl.⟩ (Rel.): *das Jüngste Gericht;* **Welt|ge|sche|hen,** das: *[gesamtes] Geschehen in der Welt;* **Welt|ge|schich|te,** die: **1. a)** ⟨o. Pl.⟩ *das Weltgeschehen umfassende Geschichte; Universalge-*

schichte: das infamste Regierungssystem der W. hat die Juden zum Freiwild degradiert (K. Mann, Wendepunkt 441); R da hört [sich] doch die W. auf (ugs.; *das ist unerhört)!;* **b)** *Werk, [Lehr]buch über die Weltgeschichte (1 a):* van Loon ... war Popularhistoriker, hatte eine W. geschrieben (Katia Mann, Memoiren 117). **2. * in der W.** (ugs. scherzh.; *in der Welt [herum], überall [herum]):* in der W. herumreisen, -fliegen; **welt|ge|schicht|lich** ⟨Adj.⟩: *die Weltgeschichte betreffend:* -e Ereignisse; **Welt|ge|sell|schaft,** die: *von der Weltbevölkerung gebildete Gesellschaft* (1): Die Bewohner der westlichen Hemisphäre bilden die Oberschicht der W. (E + Z 7, 1981, 7); Der prognostizierten W. des Herrn Chatterjee werde eine zukünftige Weltkultur entsprechen (Grass, Unkenrufe 48); **Welt|ge|trie|be,** das ⟨o. Pl.⟩: *Getriebe* (2) *auf der Welt;* **Welt|ge|tüm|mel,** das (geh.): vgl. Weltgetriebe: wir sind mitten im W., das nicht leicht zu ertragen ist (Molo, Frieden 28); **welt|ge|wandt** ⟨Adj.⟩: *gewandt im Auftreten u. Umgang;* **Welt|ge|wandt|heit,** die: *das Weltgewandtsein;* **Welt|ge|wis|sen,** das ⟨o. Pl.⟩: *Gewissen der Menschheit, der Welt:* an das W. appellieren; **weltgrößt...** ⟨Adj.⟩: *größter, größte, größtes der Welt:* bei der Fertigung der weltgrößten Teleskopspiegel (Welt 16. 3. 91, 32); **welt|hal|tig** ⟨Adj.⟩ (bildungsspr.): *weltlich* (1), *irdisch* (1): Du gleichst einem ..., der es unternimmt, den -en Landregen, mit dem Lukrez ... den Fall der Atome im Universum verglich, durch das eiserne Sieb Deiner cäsarisch ordnenden Macht zu zwingen (Stern, Mann 298); **Welt|haltig|keit,** die; - (bildungsspr.): *das Welthaltigsein;* **Welt|han|del,** der ⟨o. Pl.⟩: *Handel zwischen den Ländern der Welt;* **Welt|han|dels|platz,** der: *für den Welthandel bedeutender Platz* (2); **Welt|herrschaft,** die ⟨o. Pl.⟩: *Herrschaft über die Welt:* nach der W. streben; Nimm an, daß sich eine Räuberbande der W. bemächtigt hätte ...! (Musil, Mann 1102); **Welt|hilfs|spra|che,** die: *künstlich geschaffene, zum internationalen Gebrauch bestimmte Sprache;* **Welt|hi|sto|rie,** die (bildungsspr. veraltend): *Weltgeschichte;* **welt|hi|sto|risch** ⟨Adj.⟩: *weltgeschichtlich:* -e Entwicklung, -e Ereignisse; ein Vorgang von großer -er Bedeutung; Die Herrschaft der Bolschewiki ... bietet vielmehr das w. einmalige Beispiel einer permanenten „Revolution von oben" (Fraenkel, Staat 299); **Welt|hit,** der (ugs.): *weltweiter Hit* (1, 2); **Welt|im|pe|ria|lis|mus,** der (bes. ehem. DDR): *Gesamtheit der imperialistischen Kräfte der Welt;* **Welt|in|nen|po|li|tik,** die (Politik): *Politik auf globaler Ebene, die den gemeinsamen Interessen aller Länder der Erde den Vorrang vor nationalen Belangen einräumt:* „Weltinnenpolitik", ... von Carl Friedrich von Weizsäcker in die Diskussion eingeführt, war auch zuerst ein befremdliches Wort (Eppler, Kavallerieopferde 240); daß die traditionelle ... Außenpolitik in ihrer Bedeutung zugunsten einer W. in den Hintergrund treten wird (J. Fischer, Linke 49); **Welt|jahres|bet|lei|stung,** die (Sport): *beste in dem*

betreffenden Jahr auf der Welt erzielte Leistung; **Welt|jah|res|best|zeit,** die (Sport): vgl. Weltjahresbestleistung; **Welt|ju|den|tum,** das (bes. ns.): *gesamte jüdische Bevölkerung der Erde:* Er sagte, daß das W. zum Kampf gegen die germanische Rasse angetreten sei, Deutschland ... solle ausgerottet werden (Borkowski, Wer 16); Hitler ... sprach über die Verschwörung des -s (Hilsenrath, Nazi 49); **Welt|kar|rie|re,** die: *mit weltweitem Erfolg einhergehende große Karriere (bes. im Showgeschäft, in der Filmwirtschaft, als Musiker o.ä.):* der Hit, die Filmrolle bedeutete für sie den Beginn einer W.; **Welt|kar|te,** die: vgl. Weltatlas; **Welt|ka|ta|stro|phe,** die: *weltweite, globale Katastrophe:* die laufende Aufrüsterei wird ... in die nukleare W. führen (Basler Zeitung 23. 8. 86, 5); **Welt|kennt|nis,** die ⟨o. Pl.⟩: *Kenntnis der Welt, des Lebens, des Weltgeschehens;* **Welt|kind,** das (dichter.): *die Welt bejahender u. genießender Mensch:* Er liebte das Dasein ... Und doch war er ... ein Selbstmordkandidat: kein W. war je vom Tode stärker fasziniert als er (Reich-Ranicki, Th. Mann 203); **Welt|klas|se,** die (bes. Sport): **1.** *weltweit höchste Klasse, Qualität:* diese Sportler sind W.; dieses Produkt ist W. **2.** *Gesamtheit von Personen, bes. Sportlern, die Weltklasse* (1) *sind:* zur W. gehören; **Welt|klas|se|fah|rer,** der (Sport): vgl. Weltklassespieler; **Welt|klas|se|fah|re|rin,** die (Sport): w. Form zu ↑ Weltklassefahrer; **Welt|klas|se|frau,** die (Sport): vgl. Weltklassespieler; **Welt|klas|se|läu|fer,** der (Sport): vgl. Weltklassespieler; **Welt|klas|se|läu|fe|rin,** die (Sport): w. Form zu ↑ Weltklasseläufer; **Welt|klas|se|leu|te** ⟨Pl.⟩: **1.** (Sport) vgl. Weltklassemann. **2.** (bes. Sport) *Personen, die zur Weltklasse* (2) *gehören;* **Welt|klas|se|mann,** der ⟨Pl. ...männer u. ...leute⟩ (Sport): vgl. Weltklassespieler; **Welt|klas|se|spie|ler,** der (Sport): *Spieler, der zur Weltklasse* (2) *gehört;* **Welt|klas|se|spie|le|rin,** die (Sport): w. Form zu ↑ Weltklassespieler; **Welt|kli|ma,** das ⟨o. Pl.⟩: *Klima der gesamten Erde;* **weltklug** ⟨Adj.⟩: *lebensklug u. welterfahren;* **Welt|klug|heit,** die ⟨o. Pl.⟩: *das Weltklugsein;* **Welt|kom|mu|nis|mus,** der: *Gesamtheit der kommunistischen Kräfte der Welt:* Man wisse nicht, ob die Saudis in erster Linie die Revolution und den W. abwehren oder ... eher den Weltislam fördern wollten (NZZ 16. 10. 83, 5); **Welt|kon|fe|renz,** die: *Konferenz mit Teilnehmern aus aller Welt:* ... auf der Moskauer W. der kommunistischen Parteien (Fraenkel, Staat 54); Sie begrüßen ... den Beschluß der W. der Vereinten Nationen (Freiheit 29. 6. 78, 3); **Welt|kon|flikt,** der: vgl. Weltkrieg: in der Erkenntnis, daß Berlin in einem W. verwickelt ist (Welt 11. 11. 61, 4); **Welt|kon|greß,** der: vgl. Weltkonferenz: August 1897 - Erster zionistischer W. in Basel (horizont 13, 1978, 18); ... die Komintern auf ihrem II. W. in eine zentralistisch organisierte Weltpartei umzuwandeln (Fraenkel, Staat 54); **Welt|kon|zern,** der: *weltweit operierender [multinationaler] Konzern:* Dabei ist es der W. Nissan, der seit 50 Jahren Datsun-Automobile baut (ADAC-Motorwelt 1, 1983, 35); **Welt|kör|per,** der (selten): *Himmelskörper:* Zur Erde und zu ihrem Fortbestehen gehören alle anderen W. (Molo, Frieden 155); **Welt|kreis,** der (geh.): *die ganze Welt; Erdkreis:* Mehr und mehr werde man sich der Begrenzung unseres -es bewußt (W. Brandt, Begegnungen 555); **Welt|krieg,** der: *Krieg, an dem viele Länder der Welt, bes. die Großmächte beteiligt sind:* ... ist in Korea ein lokal begrenzter W. geführt worden (Dönhoff, Ära 175); W. I war hier noch unvergessen (Kuby, Sieg 237); Ein Dritter W.! (Hilsenrath, Nazi 371); einen [neuen] W. anzetteln; Der Oberbefehlshaber – eine hohe schlanke Erscheinung, schon im ersten W. Generalstabsoffizier ... (Plievier, Stalingrad 221); in eine Gegend, die vor dem W. zu Rußland gehörte (Seghers, Transit 214); zwischen den beiden -en; **Welt|kri|se,** die: *weltweite, große Teile der Welt betreffende Krise:* vor dem Hintergrund der W. um Kuba (Welt 27. 10. 62, 9); **Welt|ku|gel,** die ⟨o. Pl.⟩: *Erdkugel;* **Welt|kul|tur,** die: *über die ganze Erde verbreitete Kultur:* Der prognostizierten Weltgesellschaft des Herrn Chatterjee werde eine zukünftige W. entsprechen (Grass, Unkenrufe 48); **Welt|kul|tur|er|be,** das ⟨o. Pl.⟩: *Gesamtheit der Weltkulturgüter;* **Welt|kul|tur|gut,** das: *zum Welterbe gehörendes Kulturgut;* **welt|kun|dig** ⟨Adj.⟩ (geh.): 1. *welterfahren:* Den -en Bildhauer aus Budapest ... lockte es ... nach Lübeck (Hamburger Abendblatt 20. 5. 85, 1). 2. *w. werden (in der Welt bekannt werden):* etw. wird w.; **Welt|la|ge,** die ⟨o. Pl.⟩: *allgemeine (bes. politische) Lage in der Welt:* daß es ... wahrscheinlich Krieg geben würde und daß die W. alles in allem durchaus nicht war zum Lachen war (K. Mann, Wendepunkt 282); **Welt|lauf,** der (selten): *Geschehen, allgemeine Entwicklung in der Welt:* ... der mit Freunden und Bekannten von früher ein paar Worte über die Weltläufe wechselt (Fest, Im Gegenlicht 244); **welt|läu|fig** ⟨Adj.⟩ (geh.): *weltgewandt:* Er ... war Diplomat gewesen, ... ein -er, gebildeter Mann (Dönhoff, Ostpreußen 7); Wenn sie ... die einzelnen Gäste ... zu sich herbeordert mit den -en Verneigen, Zuneigen des weißen Hauptes (Kronauer, Bogenschütze 233); **Welt|läu|fig|keit,** die: *Weltgewandtheit:* Diese Dreizehnjährige ... zeigt eine auffällige W. Sie macht einen artigen Knicks (Werfel, Bernadette 38); **welt|lich** ⟨Adj.⟩ [mhd. wereltlich, ahd. weraltlīh]: 1. *der (diesseitigen, irdischen) Welt angehörend, eigentümlich; irdisch, sinnlich:* -e Freuden, Genüsse; Obwohl es Sabbat war, die Zeit der Ruhe ..., in der -e Gedanken aus dem Geist des frommen Juden verbannt sein sollten (Kemelman [Übers.], Dienstag 161). 2. *nicht geistlich, nicht kirchlich:* -e Musik, Kunst; -e Lieder; Kirchliche und -e Macht finden wieder zu einer Synthese (Bild. Kunst III, 26); Auch nach -er Scheidung ist eine zweite kirchliche Heirat ... nicht möglich (Eltern 2, 1980, 129); geistliche und -e Fürsten; sakrale und -e (profane) Bauwerke; **Welt|lich|keit,** die

-: *das Weltlichsein;* **Welt|li|te|ra|tur,** die ⟨o. Pl.⟩: *Gesamtheit der hervorragendsten Werke der Nationalliteraturen aller Völker u. Zeiten:* Werke der W.; zur W. gehören, zählen; **Welt|macht,** die: *Großmacht mit weltweitem Einflußbereich:* eine europäische W.; die W. China; zur W. aufsteigen, werden; **Welt|mann,** der ⟨Pl. ...männer⟩ [mhd. werltman = weltlich Gesinnter, ahd. weraltman = irdischer Mensch]: *weltgewandter u. welterfahrener Mann [der Überlegenheit ausstrahlt]:* er ist ein [vollendeter] W.; ... eines Altersgenossen ..., der offenbar noch weit mehr W. ist als ich (Th. Mann, Krull 270); ... entschuldigte er sich mit der Höflichkeit des weitgereisten -es (Menzel, Herren 53); **welt|män|nisch** ⟨Adj.⟩: *in der Art eines Weltmannes:* -es Auftreten; -e Manieren; seine -e Art; Eduard macht eine -e Verbeugung (Remarque, Obelisk 121); Er sagte es mit -er Gewandtheit (Jahnn, Geschichten 132); ... über die verschiedensten Erscheinungen w. hinwegzusehen (Th. Mann, Krull 269); **Welt|mar|ke,** die: *weltweit verbreitete Marke* (2 a); **Welt|markt,** der (Wirtsch.): *Markt für Handelsgüter, der sich aus der Wechselwirkung der nationalen Märkte im Rahmen der Weltwirtschaft ergibt:* der W. für Kaffee, Rohöl; wenn das Ziel tatsächlich ... die Öffnung der Weltmärkte sei (Vaterland 27. 3. 85, 5); **Welt|markt|preis,** der: *Preis einer Ware auf dem Weltmarkt;* **Welt|maß|stab,** der ⟨o. Pl.⟩ (bes. ehem. DDR): 1. (Wirtsch.) vgl. Weltniveau. 2. * im W. *(auf der ganzen Erde, weltweit):* Die Gefahr des Ausbruchs eines Krieges nicht nur im lokalen, sondern auch im W., kann nicht ausgeschlossen werden (Freiheit 21. 6. 78, 4); daß ... im W. auch das Holz ein sehr wertvoller Rohstoff ist (Werftstimme 9. 8. 84, 1); **Welt|meer,** das: 1. ⟨o. Pl.⟩ *zusammenhängende, die Kontinente umgebende, den größten Teil der Erdoberfläche bedeckende Wassermasse:* das W. gliedert sich in die drei Ozeane und deren zahlreiche Nebenmeere. 2. (selten) *Ozean;* **Welt|mei|ster,** der: *Sieger in einer Weltmeisterschaft:* er ist W. im Federgewicht; Ü Die Deutschen sind W. im Verbrauch von Putz- und Waschmitteln (Hörzu 32, 1989, 43); * wie ein W., wie die W. (ugs.: *sehr häufig, sehr intensiv, mit großem Eifer [bezogen auf eine (gewohnheitsmäßige) Tätigkeit]):* Ich habe Appetitzügler gefressen wie ein W. (Eppendorfer, St. Pauli 86); Die Bürger ... sparten Wasser wie die W. (MM 16. 10. 91, 10); **Welt|mei|ste|rin,** die: w. Form zu ↑ Weltmeister; **welt|mei|ster|lich** ⟨Adj.⟩: *zu einem Weltmeister gehörend, einem Weltmeister gemäß:* -es Können; um das Paar wieder in -e Form zu bringen (Maegerlein, Triumph 64); **Welt|mei|ster|schaft,** die: 1. *periodisch stattfindender Wettkampf, bei dem der weltbeste Sportler, die weltbeste Mannschaft in einer Disziplin ermittelt u. mit dem Titel „Weltmeister" ausgezeichnet wird:* die W. im Fußball austragen, gewinnen. 2. *Sieg u. Titelgewinn in der Weltmeisterschaft* (1): um die W. spielen, kämpfen; **Welt|mei|ster|ti|tel,** der: *Titel eines Weltmeisters;* **Welt|neu|heit,** die: *etw. Neues, was*

es bislang nirgends auf der Welt gegeben hat: *auf der Messe wurden auch einige -en gezeigt;* Hospental bietet mit einer Kombination von Skilanglauf und Tontaubenschießen eine W. an (NZZ 23. 10. 86, 43); **Welt|ni|veau,** das (ehem. DDR): *[Leistungs]niveau, das der internationalen Spitzenqualität, der Stufe der internationalen Spitzenleistungen entspricht:* der Betrieb, der Autor hat W.; Die Forschungsergebnisse kamen vielfach nicht an das W. heran (Neues D. 6. 6. 64, 1); Ein Frisiersalon mit W. – auf dem Dorf! (Brot und Salz 234); nach W. streben; Erzeugnisse von W.; **welt|of|fen** ⟨Adj.⟩: 1. *offen, aufgeschlossen für Leben u. Welt:* ein -er Mensch; in einem so liberalen, -en, demokratischen Land wie der Schweiz (Geist. Welt 12. 5. 62, 1). 2. (seltener) *für alle Welt offen[stehend], zugänglich:* eine Stadt des -en Handels; **Welt|of|fen|heit,** die: *das Weltoffensein:* daß nicht Liberalität und W. das Bild der Stadt prägen, sondern kulturelles Banausentum und Provinzialismus (Szene 6, 1983, 30); **Welt|öf|fent|lich|keit,** die: *die Öffentlichkeit (1) [in] der ganzen Welt:* die W. informieren; die Regierung hat unter dem Druck der W. eingelenkt; Doch der herrschende Likud-Block ... setzte sich stets über die Meinung der W. hinweg (DLZ 20. 3. 81, 6); an die W. appellieren; **Welt|ord|nung,** die: 1. (Philos.) *die Welt in ihrem Gang ordnendes Prinzip:* die göttliche W. 2. (Politik) *politische Ordnung der Welt:* eine W. müßte zustande kommen ..., in deren Rahmen auch Deutschland ... seinen Platz und seine Würde hätte (K. Mann, Wendepunkt 454); eine neue W. schaffen; **Welt|or|ga|ni|sa|ti|on,** die: *viele Länder der Erde umfassende, multinationale Organisation:* Amnesty International und andere -en; August 1897 – ... Gründung der „Zionistischen W." (horizont 13, 1978, 18); ... könnte die spezielle Verantwortung der UNO mit der Aufnahme des ... selbständigen Namibia in die W. *(in die UNO)* ihren krönenden Abschluß finden (Schweriner Volkszeitung 4. 8. 78, 5); **Welt|pe|ri|o|de,** die: *Weltzeitalter;* **Welt|pokal,** der (Sport): *Worldcup;* **Welt|po|li|tik,** die: *Politik im weltweiten Rahmen; internationale Politik:* W. machen; Hier in Bandung betraten die Farbigen die Bühne der W. (Welt 2. 6. 62, 6); in die W. eingreifen; ... konnte weder Athen noch Sparta ... je wieder eine führende Rolle in der W. des Mittelmeerraumes spielen (Fraenkel, Staat 259); **welt|po|li|tisch** ⟨Adj.⟩: *die Weltpolitik betreffend:* die -e Entwicklung, Lage; -e Ereignisse, Krisen; ... sind die Völker der Welt vor die Frage gestellt, welche Rollen ihnen in diesem Akt auf der -en Bühne zugedacht sind (Bundestag 190, 1968, 10302); eine ... zur -en Passivität verurteilte Nation (K. Mann, Wendepunkt 454); **Welt|po|li|zist,** der (Politik Jargon): *Staat, der seine militärische Macht dazu benutzt, auf internationaler Ebene dem Recht Geltung zu verschaffen:* sich als W. aufspielen; Deutschland wird zu einem Staat unter Staaten – aber längst nicht zu einem -en (Zeit 15. 7. 94, 1); **Welt|pre|mie|re,** die:

Weltpresse

Welturaufführung: Ü Diese sportliche Version soll am 5. März 1980 auf dem Automobilsalon in Genf W. feiern (*erstmals der Öffentlichkeit vorgestellt werden;* Saarbr. Zeitung 20. 12. 79, IV); **Weltpres|se,** die ⟨o. Pl.⟩: *internationale Presse* (2): Die W. brachte die Nachricht über unsere Landung mit großen Schlagzeilen (Hilsenrath, Nazi 276); **Welt|prie|ster,** der: *Weltgeistlicher;* **Welt|pro|duk|ti|on,** die: *weltweite Produktion, weltweit produzierte Menge:* die W. an Lebensmitteln erhöhen; **Welt|pro|le|ta|ri|at,** das: *Proletariat der Welt;* **Welt|pro|zeß,** der (DDR): *weltweiter, die ganze Erde betreffender Prozeß:* der revolutionäre W.; Tito unterstrich, daß der Sozialismus sich als W. unaufhaltsam verstärkt (Freiheit 21. 6. 78, 1); **Welt|rang,** der: *weltweit anerkannter hoher Rang* (2): ein Wissenschaftler, ein Unternehmen, ein Orchester von W.; **Welt|rang|li|ste,** die (Sport): *Rangliste der besten Sportler einer bestimmten Disziplin:* Ü Wir leben im Bestreben, weit vorn in der W. von Wirtschaft und Technik zu stehen (R. v. Weizsäcker, Deutschland 75); **Welt|rang|li|sten|drit|te,** der u. die (Sport): *jmd., der in einer Weltrangliste den dritten Platz einnimmt;* **Welt|rang|li|sten|er|ste,** der u. die (Sport): vgl. Weltranglistendritte; **Welt|rang|li|sten|zwei|te,** der u. die (Sport): vgl. Weltranglistendritte; **Weltraum,** der ⟨o. Pl.⟩: *Raum des Weltalls:* der erdnahe W.; den W. erforschen, erobern; in den W. vorstoßen; **Welt|raum|auf|ent|halt,** der: *Aufenthalt im Weltraum;* **Welt|raum|bahn|hof,** der: *Anlage für den Start von Weltraumraketen [u. die Landung von Raumfähren]:* Wenn ... eine kostbare Fracht vom W. in Kourou ... ins All katapultiert wird, soll „ein neuer Stern" am Satellitenhimmel aufgehen (Welt 9. 12. 88, 21); **Welt|raum|be|hör|de,** die: *für die Weltraumfahrt zuständige Behörde:* die amerikanische W.; **Welt|raum|fah|rer,** der: *Astronaut;* **Welt|raum|fah|re|rin,** die: w. Form zu ↑ Weltraumfahrer; **Weltraum|fahrt,** die: *Raumfahrt;* **Welt|raumfahr|zeug,** das: *Raumfahrzeug;* **Weltraum|flug,** der: *Raumflug:* Der erste amerikanische Astronaut ... ist am Freitag ... zu einem kurzen W. gestartet (FAZ 6. 5. 61, 1); **Welt|raum|for|scher,** der: *jmd., der Weltraumforschung betreibt;* **Welt|raum|for|sche|rin,** die: w. Form zu ↑ Weltraumforscher; **Welt|raum|forschung,** die: *Raumforschung* (1); **weltraum|ge|stützt** ⟨Adj.⟩ (Milit.): *(von Raketen* (1 a) *o. ä.) im Weltraum, auf einer Erdumlaufbahn stationiert:* ein -es Raketenabwehrsystem; Ein erd- oder weltraumgestützter Kampflaser (BdW 9, 1987, 13); **Welt|raum|kap|sel,** die: *Raumkapsel;* **Welt|raum|mis|si|on,** die: *im Weltraum zu erfüllende Mission* (1); **Welt|raummüll,** der: vgl. Weltraumschrott: Die Kamera kreist seitdem als ungeplanter Satellit um die Erde. Bei der Nasa wurde sie als „space junk" (Weltraummüll) abgebucht (Spiegel 32, 1967, 41); **Weltraum|or|ga|ni|sa|ti|on,** die: *Weltraumbehörde;* **Welt|raum|pi|lot,** der: vgl. Weltraumfahrer: Es handelt ... von den ersten Erdumkreisungen der amerikanischen -en (Geist. Welt 17. 11. 62, 3); **Welt|raumpi|lo|tin,** die: w. Form zu ↑ Weltraumpilot; **Welt|raum|pro|dukt,** das: *im Weltraum entstandenes Produkt:* Die ersten -e, gefertigt unter dem Vorteil der Schwerelosigkeit, existieren bereits (Welt 22. 8. 85, 1); **Welt|raum|ra|ke|te,** die: *Rakete, mit der sich etw. in den Weltraum transportieren läßt;* **Welt|raum|recht,** das: *den Weltraum betreffendes Völkerrecht;* **Weltraum|sa|tel|lit,** der (selten): vgl. Satellit (2): ... hatte Chruschtschow den Start eines neuen -en bekanntgegeben (Welt 17. 3. 62, 1); **Welt|raum|schiff,** das: *Raumschiff;* **Welt|raum|schrott,** der: *nutzlos im Weltraum umherfliegendes, durch den Menschen dorthin gelangtes Material:* ... entstand durch den Einsatz von Raumfähren gegenüber konventionellen Trägermitteln auch weniger W. (Freie Presse 16. 11. 88, 4); **Welt|raumson|de,** die: *Raumsonde;* **Welt|raumsta|ti|on,** die: *Raumstation;* **Welt|raumte|le|skop,** das: *im Weltraum auf einer Erdumlaufbahn stationiertes Teleskop:* das W. Hubble; **Welt|raum|waf|fe,** die: *im Weltraum stationierte, im Weltraum wirkende Waffe;* **Welt|reich,** das: *großes Teile der Welt beherrschendes Reich:* das römische W.; ein W. errichten; **Welt|reise,** die: *Reise um die Welt:* eine [einjährige] W. planen, machen; Seit meiner W. liebte ich es, in planetaren Maßstäben zu denken (K. Mann, Wendepunkt 195); **Welt|rei|sen|de,** der u. die: *jmd., der eine Weltreise macht;* **Welt|re|kord,** der: *offiziell als höchste Leistung der Welt anerkannter Rekord:* den W. [im Weitsprung] halten, brechen; einen neuen W. aufstellen; Hans-Joachim Klein schwamm ... W. (Welt 1. 6. 65, 19); **Welt|re|kord|halter,** der: *jmd., der einen Weltrekord hält;* **Welt|re|kord|hal|te|rin,** die: w. Form zu ↑ Weltrekordhalter; **Welt|re|kord|in|haber,** der: *Weltrekordhalter;* **Welt|re|kordin|ha|be|rin,** die: w. Form zu ↑ Weltrekordinhaber; **Welt|re|kord|ler,** der, -s, -: *Weltrekordhalter;* **Welt|re|kord|le|rin,** die: w. Form zu ↑ Weltrekordler; **Welt|rekord|ma|nn,** der ⟨Pl. ...männer u. ...leute⟩: *Weltrekordhalter:* Satori machte Klein zum W. (Welt 1. 6. 65, 19); **Welt|re|li|gion,** die: *in weiten Teilen der Welt verbreitete Religion;* **Welt|re|vo|lu|ti|on,** die ⟨o. Pl.⟩ (kommunist.): *revolutionäre Umgestaltung der Welt, die zur Verwirklichung des Sozialismus führt:* ... um die W. im Leninschen Sinne ... voranzutreiben (Fraenkel, Staat 54); **welt|re|vo|lu|tio|när** ⟨Adj.⟩ (kommunist.): *die Weltrevolution betreffend, zu ihr gehörend, auf sie abzielend;* **Welt|ruf,** der ⟨o. Pl.⟩: *(auf guter Qualität bzw. hervorragenden Leistungen beruhender) guter Ruf in der ganzen Welt:* Eine Reihe von erfolgreichen Eingriffen ... hatten ihm W. eingetragen (Zuckmayer, Herr 8); Erzeugnisse von W.; **Welt|ruhm,** der: vgl. Weltruf: Auch Erika Mann hat vom W. des Vaters gern profitiert (Reich-Ranicki, Th. Mann 181); **Welt|schmerz,** der ⟨o. Pl.⟩ (bildungsspr.): *die seelische Grundstimmung prägender Schmerz, Traurigkeit, Leiden an der Welt u. ihrer Unzulänglichkeit im Hinblick auf eigene Wünsche, Erwartungen:* Heute wird der einst verteufelte W., unter der klinischen Bezeichnung Depression, von manchen Ärzten als „die Krankheit der Epoche" beschrieben (Spiegel 23, 1981, 196); W. haben; **welt|schmerz|lich** ⟨Adj.⟩ (bildungsspr. selten): *mit Weltschmerz einhergehend, von Weltschmerz herrührend;* **Welt|schöp|fer,** der ⟨o. Pl.⟩: ¹*Schöpfer* (b) *der Welt;* **Welt|see|le,** die ⟨o. Pl.⟩ (Philos.): *Lebens-, Vernunftsprinzip der Welt:* andere Philosophen sprachen ... von kosmischer Vernunft, W. (W. Schneider, Sieger 74); **Welt|sen|sa|ti|on,** die: *Sensation für die gesamte Welt;* **Weltsi|cher|heits|rat,** der ⟨o. Pl.⟩: *Sicherheitsrat der Vereinten Nationen;* **Welt|sicht,** die: *Sicht* (2) *der Welt:* Ich gebe meine W. kund ..., wenn auch oft in kontroverser Weise (Lindenberg, El Panico 134); **Welt|si|tua|ti|on,** die: *Weltlage;* **Weltspar|tag,** der: *(auf den letzten Arbeitstag im Oktober festgesetzter) weltweit von den Banken als Werbeaktion eingeführter Tag zur Förderung des Sparens;* **Welt|spie|le** ⟨Pl.⟩: World Games; **Welt|spit|ze,** die: vgl. Weltelite: Die gesamte W. der Rennschlittensportler wird ... dabeisein (Freie Presse 26. 11. 87, 5); die Cellistin darf zur absoluten W. gerechnet werden (Saarbr. Zeitung 14. 3. 80, 5); daß dieser intelligente Läufer immer mal zur W. vorstieß (Maegerlein, Piste 111); **Welt|spra|che,** die: *international bedeutende, im internationalen Verkehr gebräuchliche Sprache;* **Welt|stadt,** die: *Großstadt, bes. Millionenstadt, mit internationalem Flair:* diese Stadt ist immer noch W.: groß, lebendig, geschichtserfüllt (Dönhoff, Ära 67); Völlig ablehnend gegenüber allen Anfechtungen der W. Paris vergräbt er sich in die Bibliotheken (Ceram, Götter 108); **welt|städ|tisch** ⟨Adj.⟩: *für eine Weltstadt charakteristisch:* ein -es Flair; **Weltstand,** der (ehem. DDR): vgl. Weltniveau: Dieses den W. mitbestimmende neue Verfahren entwickelten Wissenschaftler und Studenten der Bergakademie Freiberg (Freie Presse 16. 11. 88, 1); **Welt|star,** der: *weltbekannter ²Star* (1); **Welt|sy|stem,** das: **1.** *den Aufbau der Welt betreffendes philosophisches System:* das ptolemäische W. **2.** (bes. ehem. DDR) *Staatensystem, zu dem Staaten in aller Welt gehören:* das sozialistische W.; das Kernstück des friedlichen ökonomischen Wettkampfes mit dem imperialistischen W. (Neues D. 13. 6. 64, 5); **Weltteil,** der (seltener): *Erdteil;* **Welt|thea|ter,** das ⟨o. Pl.⟩ (bes. Literaturw.): *die Welt, aufgefaßt als ein Theater, auf dem die Menschen [vor Gott] ihre Rolle spielen;* **Welt|tour|nee,** die: *Tournee durch weite Teile der Welt;* **welt|um|fas|send** ⟨Adj.⟩: vgl. weltumspannend; **Welt|um|se|gelung:** ↑ Weltumsegelung; **Welt|um|segler,** der: *jmd., der die Welt umsegelt [hat];* **Welt|um|seg|le|rin,** die: w. Form zu ↑ Weltumsegler; **Welt|um|seg|lung, Weltumsegelung,** die: *Umseglung der Welt;* **welt|um|span|nend** ⟨Adj.⟩: *die gesamte Welt umspannend; global:* ein -es Spionagenetz; eine -e Atomstromversorgung (Spiegel 44, 1991, 63); Stonehouse ... gab seine -e Odyssee ohne Umschweife ...zu (Pródohl 282, Tod 282);

Welt|un|ter|gang, der: *(zu erwartender) Untergang, Ende dieser Welt;* **Welt|un|ter|gangs|stim|mung,** die: 1. *bes. durch den sich verfinsternden Himmel vor einem Gewitter od. Unwetter hervorgerufene düstere Stimmung* (2) *in der Natur:* draußen herrscht eine wahre W. 2. *seelische Verfassung, die durch Pessimismus, Mutlosigkeit o. ä. gekennzeichnet ist;* **Welt|un|ter|gangs|sze|na|rio,** das: *Szenario* (4) *eines Weltuntergangs:* Der Kanzler ... entwarf eine Art W. (E + Z 7, 1981, 37); ... für das von Kernkraftgegnern gern heraufbeschworene W. (NZZ 5. 9. 86, 13); **Welt|ur|auf|füh|rung,** die: *Uraufführung (als allererste in der Welt):* Ü die fliegenden Scheren zur freien Stützwaage am Boden ... waren eine W. (Saarbr. Zeitung 7. 12. 79, 6); **welt|ver|än|dernd** ⟨Adj.⟩: *die Welt verändernd:* -e Ideen; von dem -en Geheimnis der letzten Worte Christi am Kreuz (Orchester 5, 1983, 491); **Welt|ver|bes|se|rer,** der (meist spött.): *jmd., der glaubt, nach seinen Vorstellungen könne die Welt bzw. vieles in der Welt verbessert werden:* aggressiv, humorvoll, enthusiastisch, ein echter Weltfreund und W. (K. Mann, Wendepunkt 278); ein linker Parasit und W. (Ziegler, Liebe 178); **Welt|ver|bes|se|rin,** die (meist spött.): w. Form zu ↑Weltverbesserer; **welt|ver|ges|sen** ⟨Adj.⟩ (geh.): 1. (geh.) *weltentrückt:* Ulli hantierte w., schraubte, blinzelte ... (Faller, Frauen 33). 2. *weit entfernt von Getriebe der Welt, einsam [gelegen]:* in -en Orten wie Spello, Subiaco, Vigevano (Fest, Im Gegenlicht 399); **Welt|ver|ges|sen|heit,** die: *das Weltvergessensein;* **welt|ver|lo|ren** ⟨Adj.⟩: 1. (geh.) *weltentrückt.* 2. *weit entfernt vom Getriebe der Welt, einsam [gelegen]:* Sein Ideal sei es, in einer -en Pfarre oder in einer Arbeitergemeinde den armen Menschen ... beizustehen (Werfel, Himmel 34); **Welt|ver|nunft,** die (Philos.): vgl. Weltgeist; **Welt|ver|ständ|nis,** das: vgl. Weltsicht; **Welt|vor|rat,** der: *gesamter auf der Erde vorhandener Vorrat:* die Weltvorräte an Rohstoffen; **Welt|wäh|rungs|sy|stem,** das: vgl. Währungssystem (2); **Welt|weis|heit,** die ⟨o. Pl.⟩ (Philos. veraltet): *Philosophie;* **welt|weit** ⟨Adj.⟩: *die ganze Welt umfassend, in der ganzen Welt:* -e Bedeutung haben; im Inferno einer -en Katastrophe (Kühn, Zeit 135); w. verbreitet, bekannt, berühmt sein; etw. nimmt w. zu; die Stadt mit der w. am schnellsten wachsenden Bevölkerung (natur 1, 1991, 26); **Welt|wirt|schaft,** die ⟨o. Pl.⟩: *internationale Wirtschaft;* **welt|wirt|schaft|lich** ⟨Adj.⟩: *die Weltwirtschaft betreffend:* -e Gegebenheiten; daß alle Länder w. miteinander verflochten sind (Fraenkel, Staat 378); **Welt|wirt|schafts|gip|fel,** der (Politik): *Gipfeltreffen zur Erörterung von Fragen der Weltwirtschaft;* **Welt|wirt|schafts|kri|se,** die: *weltweite Wirtschaftskrise;* **Welt|wun|der,** das [nach lat. mirabilia mundi od. miraculum orbis]: *etw. ganz Außergewöhnliches, das allgemeine Bewunderung erregt:* jmdn., etw. bestaunen wie ein W.; die Sieben W. *(sieben außergewöhnliche Bau- u. Kunstwerke des Altertums);* **Welt|zeit,** die ⟨o. Pl.⟩: *zum nullten Längengrad (Meridian von Greenwich) gehörende (Uhr)zeit, die die Basis der Zonenzeiten bildet;* Abk.: WZ; **Welt|zeit|al|ter,** das: *Zeitabschnitte, in die nach mythologischen od. religiösen Vorstellungen die menschliche Geschichte eingeteilt wird;* **Welt|zeit|uhr,** die: *Uhr, auf der neben der Ortszeit des Standorts die Uhrzeiten der verschiedenen Zeitzonen abgelesen werden können;* **welt|zu|ge|wandt** ⟨Adj.; -er, -este⟩: *der Welt, dem Leben zugewandt:* ein -er Mensch.

Well|wit|schia, die; -, ...ien [nach dem österr. Botaniker u. Arzt F. Welwitsch (1806–1872)]: *Wüstenpflanze mit wenig aus dem Erdboden hervortretender Sproßachse u. zwei bandförmigen Blättern.* **wem:** Dativ Sg. von ↑wer; **Wem|fall,** der (Sprachw.): *Dativ;* **wen:** Akk. Sg. von ↑wer.

¹**Wen|de,** die; -, -n [mhd. wende, ahd. wentī, zu ↑wenden]: 1. *einschneidende Veränderung, Wandel in der Richtung eines Geschehens od. einer Entwicklung:* eine radikale, dramatische, schicksalhafte W.; eine historische, weltgeschichtliche, verkehrspolitische, ökologische W.; eine W. zum Guten, Schlecht[er]en; die W. [des Jahres 1989 in der DDR] *(der große politische u. gesellschaftliche Umbruch des Jahres 1989 in der ehem. DDR);* eine W. trat ein, bahnte sich an, zeichnete sich ab; damals vollzog sich in meinem Leben eine W.; Aber die entscheidende W. kam erst, als es ihm (= dem Menschen) gelang, Kraftmaschinen zu bauen (Kosmos 3, 1965, 112); die Offensive der Roten Armee bei Stalingrad, die die W. des Krieges einleiten sollte (Leonhard, Revolution 189); In dieser Phase der Verhandlung schien es plötzlich, als würde der Prozeß doch noch eine W. nehmen (Prodöhl, Tod 115); Es könnte sein ..., daß wir an einer W. stehen (Dönhoff, Ära 230). 2. *Übergang von einem bestimmten Zeitabschnitt zum nächsten gleichartigen:* die W. des Jahres, des Jahrhunderts; [vom 15.] zum 16. Jahrhundert, zur Neuzeit; die W. der Zeit *(die Zeitwende* 1); an der W. zu einem neuen Zeitalter, einer neuen Zeit stehen; an der, seit, um die, bis zur W. des Jahrzehnts, Jahrtausends. 3. a) (Schwimmen) *das Wenden* (2b): eine gekonnte W.; die W. trainieren; b) (Seemannsspr.) *das Wenden* (2c): Es fing damit an, daß sein Kutter nach einer unfreiwilligen W. ... abgetrieben ... wurde (Ott, Haie 33); klar zur W.! (Kommando beim Segeln); c) (Turnen) *Übersprung mit Schwung über das Gerät hinweg od. vom Gerät herunter, bei dem die Beine rückwärts schwingen u. die Brust dem Gerät zugeteilt ist:* eine W. am Pferd; d) (Eiskunstlauf) *Figur, bei der ein Bogen auf der gleichen Kante vorwärts u. rückwärts ausgeführt wird;* e) *Richtungsänderung um 180°:* Er (= Moor) marschierte auf dem Deck ... auf und ab ... Dr. Schwarme lief ... neben Moor. Die dritte W. hatte er schon hinter sich (Konsalik, Promenadendeck 79). 4. *(Sport) Stelle an der Richtung um 180° geändert wird:* die Spitzengruppe hat die W. erreicht; an der W. lag die holländische Schwimmerin noch knapp vorn.

²**Wen|de,** der; -n, -n: *Angehöriger eines westslawischen Volkes.*
Wen|del|ge|trie|be, das (Technik): *Rädergetriebe z. B. bei in beiden Fahrtrichtungen verkehrenden Triebfahrzeugen der Schienenbahnen;* **Wen|del|hals,** der: 1. *kleinerer, auf der Oberseite graubrauner, auf der Unterseite weißlicher u. gelblicher Specht, der Dreh- u. Pendelbewegungen mit dem Kopf macht.* 2. (ugs. abwertend) *jmd., der aus Opportunismus [plötzlich] ins politische Lager wechselt:* der Ausdruck „Wendehals", mit dem unter anderem der frühere SED-Chef Egon Krenz auf den Arm genommen wurde (Welt 12. 12. 89, 26); Sie (= die Mehrheit der Wähler) stürzte die alte kommunistische Nomenklatura um den nationalen W. Krawtschuk (Zeit 15. 7. 94, 1); **Wen|de|ham|mer,** der [die Draufsicht stellt sich als Hammerstiel mit Hammerkopf dar] (Verkehrsw.): *T-förmiger Wendeplatz am Ende einer Sackgasse;* **Wen|de|jacke¹,** die (Mode): *Jacke, die man von beiden Seiten tragen kann;* **Wen|de|kreis,** der [1: LÜ von griech. tropikòs kýklos]: 1. (Geogr.) *nördlichster bzw. südlichster Breitenkreis, über dem die Sonne zur Zeit der Sonnenwende gerade noch im Zenit steht.* 2. (Technik) *Kreis, den die äußeren Räder eines mit stärkstem Einschlag des Lenkrades drehenden Fahrzeugs beschreiben.* 3. (selten) *runder Wendeplatz;* **Wen|del,** die; -, -n [zu ↑wenden] (Technik): *schraubenförmig gewundenes Gebilde;* **Wen|del|bohrer,** der: vgl. Bohrer (1); **wen|del|för|mig** ⟨Adj.⟩ (Fachspr.): *schraubenförmig gewunden:* Diese Rohrpakete sind für den senkrechten Speichereinbau w. ... gewickelt (Haus 2, 1980, 57); **wen|deln** ⟨sw. V.; hat⟩ (selten): *(bes. beim Bau von Treppen) eine Wendel, Wendeln herstellen:* den oberen Teil einer Treppe w.; die unten einmal gewendelte, steil aufsteigende Treppe (Burger, Brenner 276); **Wen|del|rut|sche,** die (Technik): *spiralförmige Rutsche zum Abwärtsbefördern von Schüttgut;* **Wen|del|stein,** der (Archit.): 1. *gewendelte Treppe in einem Treppenturm.* 2. *Treppenturm;* **Wen|del|trep|pe,** die: *Treppe mit spiralig um eine Achse laufenden Stufen;* **Wen|de|ma|nö|ver,** das: *Manöver* (2), *mit dem ein Fahrzeug, Schiff o. ä. gewendet wird:* ein äußerst gewagtes W.; **Wen|de|man|tel,** der (Mode): vgl. Wendejacke; **Wen|de|mar|ke,** die (Sport, bes. Segeln): *Markierung, durch die die zum Wenden vorgesehene Stelle gekennzeichnet wird;* **wen|den;** *wendete, hat gewendet* ⟨unr. V.⟩ [mhd. wenden, ahd. wenten, Veranlassungswort zu ↑¹winden u. eigtl. = winden machen]: 1. ⟨wendete, hat gewendet⟩ a) *auf die andere Seite drehen, umwenden:* den Braten, die Gans im Ofen, das Omelett in der Pfanne w.; das Heu muß gewendet werden *(mit dem Rechen, mit der Harke gedreht)* werden; den Mantel w. *(die bisher innere Seite nach außen nehmen);* lesen die Seiten w.; ⟨auch o. Akk.-Obj.:⟩ bitte w.! (Aufforderung am Schluß einer beschriebenen od. bedruckten Seite, sie umzudrehen; Abk.: b. w.!); Ü Und immer trat die nächste Generation mit dem Vorsatz an, das Schicksal zu w., dem Fatum zu entgehen (Brot und

Wendeplatz

Salz 216); **b)** (Kochk.) *wälzen* (2b): die Schnitzel zunächst in Eiweiß, dann in Paniermehl w. **2.** ⟨wendete, hat gewendet⟩ **a)** *in die entgegengesetzte Richtung bringen:* das Auto w.; Danach wünschte er ihnen „Gute Nacht", wendete sein Rad und fuhr dann nach (Bieler, Mädchenkrieg 154); ... wurden Vorortzüge in Altstetten und Oerlikon gewendet, wobei die Reisenden auf andere Züge umsteigen mußten (NZZ 26. 2. 86, 33); **b)** *drehen u. die entgegengesetzte Richtung einschlagen; die Richtung um 180° ändern:* das Auto wendet; in der schmalen Straße konnte er [mit seinem Wagen] kaum w.; der Schwimmer hat gewendet; **c)** (Seemannsspr.) *den Kurs eines Segelschiffs ändern, indem es mit dem Bug durch die Richtung gedreht wird, aus der der Wind weht.* **3.** ⟨wandte/wendete, hat gewandt/ gewendet⟩ **a)** *in eine andere Richtung drehen:* den Kopf, sich [zur Seite] w.; keinen Blick von jmdm. w.; sie wandte ihre Blicke hin und her, hierhin und dorthin; er wandte sich, seine Schritte nach links, zum Ausgang; den Rücken zum Fenster w.; zu seinem Nachbarn gewandt; erging es sich in Lobreden; Ü May hat das Wort Option nie gehört, wendet es hin und her (Loest, Pistole 32); er konnte das Unheil von uns w. *(abwenden);* etw. wendet sich ins Gegenteil; das Glück wendete sich von ihm; etw. hat sich zum Guten gewendet; **b)** ⟨w. + sich⟩ *sich (zu etw.) anschicken:* sich zum Gehen, zur Flucht w.; Als Cotta sich zur Umkehr wandte, ... (Ransmayr, Welt 177). **4.** ⟨wandte/wendete sich, hat sich gewandt/gewendet⟩ **a)** *eine Frage, Bitte an jmdn. richten:* sich vertrauensvoll, hilfesuchend an jmdn. w.; ich habe mich schriftlich dorthin gewandt; Schon in ihrer Jugend hat sich Petra Kelly mit einer verblüffenden Unerschrockenheit an prominente Politiker ... gewendet (Spiegel 3, 1984, 69); Ü das Buch wendet sich nur an die Fachleute; **b)** *jmdm., einer Sache entgegentreten:* er wendet sich [mit seinem Artikel] gegen die Vorwürfe der Opposition; Auch wandte er sich in aller Schärfe gegen die „Kooperationsbereitschaft" der Sozialisten mit einer eventuellen bürgerlichen Regierung vom kommenden Frühjahr (Basler Zeitung 2. 10. 85, 7). **5.** ⟨wandte/ wendete, hat gewandt/gewendet⟩ *(für jmdn., etw.) aufwenden, benötigen, verbrauchen:* viel Kraft, Sorgfalt, Geld, Arbeit auf etw. w.; er hat all seine Ersparnisse an seine Kinder, an ihre Ausbildung gewandt; So wendet der Literat in mir die von den Staatsgeschäften eingeforderte Zeit des Kaisers an ein Tun, das diesem eitel und unnütz erscheinen muß (Stern, Mann 270); **Wen|de|platz**, der: *Platz für das Wenden von Fahrzeugen;* **Wen|de|punkt**, der: **1.** *Zeitpunkt, zu dem eine Wende (1) eintritt:* ein W. der Geschichte; der W. in seinem Leben; er war an einem W. angelangt. **2.** *Punkt, an dem eine Richtungsänderung eintritt, sich etw. in die entgegengesetzte Richtung wendet:* der nördliche, südliche W. der Sonne; (Math.:) der W. einer Kurve; **Wen|der**, der; -s, -: *Gerät, mit dem man etw. umdreht;* **Wen|de|schal|tung**, die (Elektrot.): *Schaltung, die in der Weise funktioniert, daß z. B. für eine Lampe Schalter an verschiedenen Stellen eines Raumes unabhängig voneinander betätigt werden können;* **Wen|de|schlei|fe**, die (Verkehrsw.): vgl. Schleife (2); **Wen|de|zug**, der: *Personenzug (2), der vom Triebfahrzeug sowohl gezogen als auch geschoben werden kann, so daß ein Umsetzen des Triebfahrzeugs an die Spitze des Zuges nicht erforderlich ist;* **wen|dig** ⟨Adj.⟩ [mhd. wendec, ahd. wendîg = rückgängig; abwendig; beendet; gerichtet, hingewandt]: **a)** *sich leicht steuern lassend; auf Grund besonderer Beweglichkeit schnell auf entsprechende Handhabung reagierend:* ein -es Auto; Ein Barkas – eine Art Kleinbus – dröhnte heran. Er ... war ein -es Fahrzeug und schnell (Bastian, Brut 75); **b)** *geistig beweglich, schnell erfassend, reagierend u. sich auf etw. einstellend:* ein -er Verkäufer; einen -en Verstand haben; Darüber hinaus muß die Bewerberin w., zuverlässig und belastbar sein (Westd. Zeitung 12. 5. 84, DN 30); Durch so eine kleine Frage kann man in größte Bedrängnis geraten. Da muß man w. reagieren (Konsalik, Promenadendeck 107); **Wen|dig|keit**, die; -: *das Wendigsein.*

Wen|din, die; -, -nen: w. Form zu ↑²Wende; **wen|disch** ⟨Adj.⟩: zu ↑²Wende. **Wen|dung**, die; -, -en: **1.** *das [Sich]wenden; Drehung, Änderung der Richtung:* eine scharfe, rasche W.; eine W. des Kopfes; eine W. nach rechts, um 180°. **2.** (selten) *Biegung, scharfe Kurve:* der Fluß macht hier eine W. **3.** ¹Wende (1): die Ereignisse nahmen eine unerwartete W.; die mit komplizierten elektrischen Einrichtungen ausgestattete Raketenwunderwaffe, die die große W. bringen sollte (Delius, Siemens-Welt 29). **4.** *Redewendung:* das Pathos wird immer simpler und die Vorliebe für hochherzig-feierliche -en immer unerträglicher (Reich-Ranicki, Th. Mann 140).

Wen|fall, der (Sprachw.): *Akkusativ.*
we|nig [mhd. weinic, wēnec = klein, gering, schwach, beklagenswert, ahd. wēnag = beklagenswert, zu ↑weinen u. eigtl. = beweinenswert]: **I.** ⟨Indefinitpron. u. unbest. Zahlw.⟩ **1.** *weniger, wenige, weniges* ⟨Sg.⟩ **a)** *bezeichnet eine geringe Zahl von Einzeldingen, -teilen, aus denen sich eine kleine Menge o. ä. zusammensetzt:* ⟨attr.:⟩ -er, aber echter Schmuck; -es erlesenes Silber; er fand -es Gute *(wenige gute Stellen)* in dem Buch; ⟨alleinstehend:⟩ der Prüfling konnte -es *(wenige Fragen)* richtig beantworten; er hat von dem Vortrag nur -es *(wenige Passagen)* verstanden; Weniges *(wenige Dinge)* beelendete mich so sehr wie die Punktsiegstrategie seines trüben Gewissens (Meckel, Suchbild 86); seine **b)** ⟨oft unflekt.:⟩ *wenig; bezeichnet eine geringe Menge, ein niedriges Maß von etw.; nicht viel:* ⟨attr.:⟩ es ist [zu] w. Regen gefallen; das -e Geld reicht nicht weit; w. Zeit, Glück haben; die Legierung enthält w. Silber; w. Gutes; -er Bier trinken; der -e, heftige Regen; nach -em kurzen Üben; ich habe nicht w. *(ziemlich viel)* Arbeit damit gehabt; auf w. Verständnis stoßen; Ach, es war w. Verkehr ... Wollen Sie mir eine Strafe wegen zu schnellen Fahrens geben, Sergeant? (Kemelman [Übers.], Dienstag 111); ⟨alleinstehend:⟩ das ist [ziemlich, sehr, erschreckend] w.; das -e, was ich habe; Es gab ... so gut wie keine freie Zeit für sie. Die -e, über die sie verfügte, und das knappe Geld ... waren für das Theater bestimmt (Danella, Hotel 88); sie wird immer -er (ugs.; *magert ab*); das ist das -ste, was man erwarten kann; dazu kann ich w. sagen; er verdient -er als ich; aus -em mehr machen; mit -em zufrieden sein; R -er wäre mehr *(hätte mehr Wirkung, mehr Qualität).* **2.** *wenige,* ⟨unflekt.:⟩ *wenig* ⟨Pl.⟩: *eine geringe Anzahl von Personen od. Sachen; nicht viele, nur einzelne:* ⟨attr.:⟩ -e Leute; er hatte w./-e Zuhörer; noch [einige] -e Äpfel hingen am Baum; es gab nur w./-e solcher Steine; einige -e Burschen werden jährlich als Au-pairs an österreichische Familien vermittelt (profil 39, 1993, 41); die Hilfe -er guter Menschen, -er Angestellter/(seltener:) Angestellten; in -en Stunden; mit -en Ausnahmen; etwas mit w./-en Worten erklären; nach -en Augenblicken *(ganz schnell);* An den -en Tagen ohne Arbeit besetzten sie die Steinbalkone (Ransmayr, Welt 160); Dabei wußte er tagsüber von den -sten Sachen, was sie kosteten (Kronauer, Bogenschütze 205); ⟨alleinstehend:⟩ -e, die -sten *(nur ganz wenige)* haben den Vortrag verstanden; der Reichtum -er, von wenigen; Ich glaube, daß hier das Sicherheitsbedürfnis der Allgemeinheit höher zu bewerten ist als der Wunsch einiger -er (ADAC-Motorwelt 3, 1986, 141); Und die Reichen zu schonen, weil es ihrer so -e sind, daß das Recht sich nicht lohnt? (Stern, Mann 196); er ist einer von, unter [den] -en; viele sind berufen, aber -e sind auserwählt (Matth. 20, 16); ⟨subst.:⟩ Spr viele Wenig machen ein Viel. **3.** ⟨mit vorangestelltem, betontem Gradadverb⟩ *wenige,* ⟨unflekt.:⟩ *wenig; bezeichnet eine erst durch eine bekannte Bezugsgröße näher bestimmte kleine Anzahl, Menge:* ⟨attr.:⟩ sie haben gleich w. Geld; es waren so w./-e Zuhörer da, daß der Vortrag nicht stattfinden konnte; waren zu -e Anwohner vorher informiert worden; heute habe ich noch -er Zeit als gestern; ⟨alleinstehend:⟩ zu -e wissen, wie schädlich das ist; so w., wie du glaubst, ist es auch wieder nicht; das ist doch gar nicht so w. *(ist doch recht viel);* was hir da gebracht habt, ist nur w.; die Betten waren zu w., obwohl in jedem Bett zwei Kinder lagen (Wimschneider, Herbstmilch 32). **II.** ⟨Adv.⟩ **1.** ⟨bei Verben⟩ *drückt aus, daß etw. nicht häufig, nicht ausdauernd geschieht:* kaum, selten, in geringem Maße: w. essen, trinken; die Medizin hilft w.; du hast dich [zu] w. darum gekümmert; sie haben auf dem Fest [nur] w. getanzt; Nach Kriegsende haben die Amerikaner ihn ... eingesperrt ..., ausgerechnet den, der von den Parteileuten am wenigsten dafür konnte (Wimschneider, Herbstmilch 81). **2.** ⟨bei Adjektiven, Adverbien u. Verben⟩ *in geringem Grad, nicht sehr, unwesentlich:* eine w. ergiebige Quelle; da ich in jenen Jah-

ren diese „Krakauer Zeitung" zu lesen das w. beneidenswerte Vergnügen hatte (Reich-Ranicki, Th. Mann 183); das ist -er *(nicht so)* schön/w. schön *(häßlich)*/nichts -er als schön *(sehr häßlich);* er freut sich nicht w. *(sehr);* diese Antwort ist -er dumm als frech; es geht ihm [nur] w. besser; ein Mädchen, ungefähr paar Wochen -er alt als ich (Bastian, Brut 27); * ein w. *(etwas):* es ist ein w. laut hier; ich habe ein w. geschlafen; **we̱|ni|ger:** I. Komp. von ↑ wenig. II. ⟨Konj.⟩ *minus* (I); **We̱|nig|keit,** die; -: *etw. ganz Unscheinbares, Wertloses; Kleinigkeit:* das kostet nur eine W.; eine W. an Mühe; * **meine W.** (scherzh., in scheinbarer Bescheidenheit; *ich*): Da gibt es jemanden, der interessiert sich für meine W. (Brot und Salz 235); **we̱|nig|stens** ⟨Adv.⟩: **a)** *zumindest, immerhin:* du könntest w. anrufen!; w. regnet es nicht mehr; Sie zog mit ihren zwei Kindern zu einem Bauern in Dienst, damit sie w. zu essen hatten (Wimschneider, Herbstmilch 96); w. etwas!; jetzt weiß ich w., warum; **b)** ⟨in Verbindung mit Zahlwörtern⟩ *mindestens:* ich habe w. dreimal geklopft; das kostet w. 300 Mark; Zweihundert Millionen w., wenn du mich fragst (Prodöhl, Tod 35).

wenn ⟨Konj.⟩ [mhd. wanne, wenne, ahd. hwanne, hwenne, zu dem ↑ wer, was zugrundeliegenden Pronominalstamm; erst seit dem 19. Jh. unterschieden von ↑wann]: **1.** ⟨konditional⟩ *unter der Voraussetzung, Bedingung, daß ...; für den Fall, daß ...; falls:* w. es dir recht ist; w. das wahr ist, [dann] trete ich sofort zurück; w. er nicht kommt/nicht kommen sollte, [so] müssen wir die Konsequenzen ziehen; was würdest du machen, w. ich dich verlassen würde?; w. wir uns nicht seit zehn Jahren kennen würden, könntest du mich nicht hinters Licht führen (Becker, Tage 21); wir wären viel früher dagewesen, w. es nicht so geregnet hätte; ich könnte nicht, selbst w. ich wollte; w. nötig, komme ich sofort; wehe [dir], w. du das noch einmal tust!; daß ist seit drei Jahren nebeneinander Urlaub machen und einander nie gesehen haben. Also, w. das nicht lustig ist *(das ist doch wirklich lustig;* M. Walser, Pferd 22); R w. nicht, dann nicht!; w. das Wörtchen w. nicht wär' [wär' mein Vater Millionär] (als leicht zurückweisende Entgegnung; *was nützen mir diese erklärenden Entschuldigungen, es ist eben nicht so).* **2.** ⟨temporal⟩ **a)** *sobald:* sag bitte Bescheid, w. du fertig bist!; w. die Ferien anfangen, [dann] werden wir gleich losfahren; Später, w. die Weichen bereits gestellt sind, wird man ... auch handgreiflich (Ziegler, Gesellschaftsspiele 174); **b)** drückt mehrfache [regelmäßige] Wiederholung aus; *sooft:* w. Weihnachten naht, duftet es immer nach Pfefferkuchen; jedesmal, w. wir kommen. **3.** ⟨konzessiv in Verbindung mit „auch", „schon" u. a.⟩ *obwohl, obgleich:* w. es auch anstrengend war, Spaß hat es doch gemacht; es war nötig, w. es ihm auch/auch w. es ihm schwerfiel; Wenn auch heimlich, wurde Echo doch von vielen Einwohnern der Küste geliebt (Ransmayr, Welt 103); [und] w. auch! (ugs.; *das ist trotzdem kein Grund,* keine ausreichende Entschuldigung); Und w. schon (ugs.; *was macht das schon, was spielt das für eine Rolle*)! Dazu haben sie doch das Recht, oder nicht? (Kemelman [Übers.], Mittwoch 100); ⟨mit kausalem Nebensinn:⟩ w. er schon *(da er)* nichts weiß, braucht er [wenigstens] den Mund halten. **4.** ⟨in Verbindung mit „doch" od. „nur"⟩ leitet einen Wunschsatz ein: w. er doch endlich käme!; w. ich nur wüßte, ob sie es wirklich war!; ach, w. ich doch aufgepaßt hätte. **5.** ⟨in Verbindung mit „als" od. „wie"⟩ leitet eine irreale vergleichende Aussage ein: der Hund schaute ihn an, als w. er alles verstanden hätte; Es ist wie w. kleine Kinder Weihnachten dieselben süßen Geschenke bekommen (Sommer, Und keiner 149); **Wenn,** das; -s, -, ugs.: -s: *Bedingung, Vorbehalt, Einschränkung:* Die echten -s sind nicht gar so dicht gesät (Radecki, Tag 26); * **W. und Aber** *(Einwände, Vorbehalte, Zweifel):* Da gibt es aber noch viele W. und Aber (Spiegel 25, 1977, 103); Jeder weiß, für jeden stehen Dutzende andere auf der Straße, die ohne W. und Aber an die Stelle treten würden (Wallraff, Ganz unten 184); **wenn|gleich** ⟨Konj.⟩: *obgleich, obwohl, wenn ... auch:* er gab sich große Mühe, w. ihm die Arbeit wenig Freude machte; Das ist nicht die feine Art, w. erlaubt (Saarbr. Zeitung 19. 12. 79, 2); ihr zentrales, w. vorerst noch verschwiegenes Motiv (Pohrt, Endstation 114); **wenn|schon** ⟨Konj.⟩: **a)** [-'-] (seltener) wenngleich; **b)** ['- -] * **[na] w.!** (ugs.; *das macht nichts, stört mich nicht*); **w., dennschon** (ugs.: *wenn man es schon tun will, dann aber auch gründlich*); **We̱n|zel,** der; -s, - [nach dem (böhm.) Personenn. Wenzel (= Wenzeslaus), Verallgemeinerung der appellativischen Bed. zu „Knecht"]: *Unter.*

wer [mhd. wer, ahd. (h)wer, alter idg. Pronominalstamm]: **I.** ⟨Interrogativpron. Mask. u. Fem. (Neutr. ↑ was)⟩ **a)** fragt unmittelbar nach einer od. mehreren Personen: ⟨Nom.:⟩ w. war das?; w. kommt mit?; w. hat etwas gesehen?; er fragte, w. das getan habe; man könne auf die Frage, w. die Krankheit an der Wurzel wolle, ohne Zögern antworten: niemand (NZZ 10. 8. 84, 5); w. alles ist *(wie viele, welche Leute sind)* dabeigewesen?; wer da? (Frage eines Postens); ⟨Gen.:⟩ wessen erinnerst du dich?; wessen Buch ist das?; auf wessen Veranlassung kommt er?; ⟨Dativ:⟩ wem hast du das Buch gegeben und wem gehört es?; mit wem spreche ich?; bei wem *(in welchem Geschäft)* hast du das Kleid gekauft?; ⟨Akk.:⟩ wen stört das?; an wen soll ich mich wenden?; für wen ist der Pullover?; **b)** kennzeichnet eine rhetorische Frage, auf die keine Antwort erwartet wird: w. könnte das verhindern!; w. hat das nicht schon einmal erlebt!; w. anders als du kann wieviel Geld gekostet; Was glaubt er eigentlich, w. er ist? (Rocco [Übers.], Schweine 127); R wem sagst du das, das habe ich längst gewußt, das brauchst du gerade mir nicht erst zu erzählen). **II.** ⟨Relativpron.⟩ bezeichnet in Relativsätzen, die sich auf Personen beziehen, diejenige Person, über die im Relativsatz etwas ausgesagt ist: ⟨Nom.:⟩ w. das tut, hat die Folgen zu tragen; Niemand von den Zuschauern wußte zu sagen, w. diese Leute waren (Fest, Im Gegenlicht 236); Solche Schuhe trug in Griechenland damals nur, w. ganz arm war (Basler Zeitung 12. 5. 84, 35); Wer regiert, dem wird nach auf die Finger gesehen (profil 17, 1979, 18); ⟨Gen.:⟩ wessen man bedurfte, der wurde gerufen; ⟨Dativ:⟩ wem es nicht gefällt, der soll es bleibenlassen; ⟨Akk.:⟩ wen man in seine Wohnung läßt, dem muß man auch vertrauen können; ⟨zur bloßen Hervorhebung eines Satzteils:⟩ wer nicht mitspielte, war Petrus *(das Wetter spielte nicht mit);* wen man vergeblich suchte, das war er. **III.** ⟨Indefinitpron.⟩ (ugs.) **a)** *irgend jemand:* ist da w.?; auf mich hat ja nie w. hören wollen (Grass, Butt 401); Ob das noch w. verwaltet, das ist eine andere Frage (Wochenpresse 13, 1984, 49); **b)** *jemand Besonderes; jemand, der es zu etwas gebracht hat u. der allgemein geachtet wird:* in seiner Firma ist er w.; das ganze Land ... konnte damals ... kaum mehr als Provisorium sein ... man mußte erst wieder w. werden (Augsburger Allgemeine 27./28. 5. 78, VII).

Wer|be|ab|tei|lung, die: *Abteilung eines Betriebes, die für die Werbung zuständig ist;* **Wer|be|agen|tur,** die: vgl. Werbeabteilung; **Wer|be|ak|ti|on,** die: *der Werbung dienende Aktion* (1); **Wer|be|an|ge|bot,** das: *Sonderangebot zur Werbung für eine bestimmte Ware, eine bestimmte Firma;* **Wer|be|an|teil,** der: *einem Vertreter, Makler o. ä. als Provision zustehender Anteil am Verkaufspreis;* **Wer|be|ant|wort,** die (Postw.): *[Aufdruck auf einer] Postkarte o. ä., die einer Werbung beigefügt ist, die ein Interessent an entsprechenden Informationen infrankiert an die jeweilig werbende Firma zurücksenden kann;* **Wer|be|an|zei|ge,** die: *zur Werbung bestimmte Anzeige;* **Wer|be|aus|sa|ge,** die: *in einer Werbung gemachte Aussage* (1): die bekannte pfiffige W. der Bundesbahn: Alle reden vom Wetter – wir nicht! (Südd. Zeitung 17. 3. 88, Beilage Erziehung, o. S.); **Wer|be|ra|ter,** der: *jmd., der berufsmäßig Firmen in Fragen des Marketing berät u. für sie Werbekampagnen durchführt* (Berufsbez.); **Wer|be|ra|te|rin,** die: w. Form zu ↑Werbeberater; **Wer|be|block,** der ⟨Pl. ...blöcke⟩: *aus mehreren Werbespots bestehende Einlage* (7) *in einer Fernsehsendung;* **Wer|be|brief,** der: *an verschiedene Haushalte verschicktes Schreiben, in dem für etw. Werbung gemacht wird;* **Wer|be|bü|ro,** das: *Werbeagentur;* **Wer|be|chef,** der: *Leiter einer Werbeabteilung;* **Wer|be|che|fin,** die: w. Form zu ↑Werbechef; **Wer|be|ele|ment,** das: vgl. Werbemittel; **Wer|be|etat,** der: *Etat für Werbekosten;* **Wer|be|fach|frau,** die: vgl. Werbefachmann; **Wer|be|fach|mann,** der: *Fachmann auf dem Gebiet der Werbung* (1 a); **Wer|be|feld|zug,** der: *Werbekampagne;* **Wer|be|fern|se|hen,** das: *für bezahlte Werbung vorgesehener Teil des Fernsehprogramms;* **Wer|be|film,** der: *(im Fernsehen od. als Beiprogramm im Kino gezeigter) kurzer Film, mit dem für etw. Reklame*

Werbefirma

gemacht wird; **Wer|be|fir|ma,** die: vgl. Werbeabteilung; **Wer|be|flä|che,** die: *Fläche, die für das Ankleben von Werbeplakaten od. für Werbemittel anderer Art vorgesehen od. geeignet ist;* **Wer|be|fo|to,** das: vgl. Werbegraphik; **Wer|be|fo|to|graf,** der: vgl. Werbegraphiker (Berufsbez.); **Wer|be|fo|to|gra|fin,** die: w. Form zu ↑Werbefotograf; **Wer|be|funk,** der: vgl. Werbefernsehen; **Wer|be|ga|be,** die: *Werbegeschenk;* **Wer|be|gag,** der: *einzelne Maßnahme der Werbung, die sich durch besonderen Witz auszeichnet;* **Wer|be|ge|schenk,** das: *Gegenstand, der (zu Weihnachten, zum Geschäftsjubiläum u. ä.) in entsprechender Stückzahl an Kunden u. Geschäftsfreunde verteilt wird;* **Wer|be|gra|phik,** die: *der Werbung dienende Graphik;* **Wer|be|gra|phi|ker,** der: *Graphiker, der sich auf das Anfertigen von Werbegraphiken spezialisiert hat* (Berufsbez.); **Wer|be|gra|phi|ke|rin,** die: w. Form zu ↑Werbegraphiker; **Wer|be|idee,** die: *einer Werbung (1a) zu Grunde liegende Idee* (3); **Wer|be|kam|pa|gne,** die: *der Werbung dienende Kampagne* (1): Eine großangelegte W. soll zudem helfen, den Deutschen die schönen Seiten des Clublebens à la française nahezubringen (Spiegel 16, 1986, 94); **Wer|be|kauf|frau,** die: vgl. Werbekaufmann; **Wer|be|kauf|mann,** der: *jmd., der über eine kaufmännische Ausbildung verfügt u. in einer Werbeagentur, in der Werbeabteilung eines Unternehmens o. Ä. tätig ist;* **Wer|be|ko|sten** 〈Pl.〉: *Kosten für die Werbung* (1a); **wer|be|kräf|tig** 〈Adj.〉: *der Werbung (1a) sehr wirkungsvoll dienend:* Dieser Verein sammelte steuerabzugsfähige Spenden und teilte den Firmen dafür das -e Etikett „Olympia-Lieferant" zu (Delius, Siemens-Welt 64); **Wer|be|lei|ter,** der: *Werbechef;* **Wer|be|lei|te|rin,** die: w. Form zu ↑Werbeleiter; **Wer|be|me|di|um,** das: *Werbeträger* (1); **Wer|be|me|tho|de,** die: *bei der Werbung (1a) angewandte Methode;* **Wer|be|mit|tel,** das: *der Werbung dienendes Mittel* (1); **Wer|be|mu|sik,** die: *(im Fernsehen u. Hörfunk) einen Werbespot begleitende Musik, die der Kennzeichnung einer Ware u. als Kaufanreiz dient;* **wer|ben** 〈st. V.; hat〉 [mhd. werben, ahd. hwerban = sich drehen; sich bewegen; sich umtun, bemühen; 3: eigtl. = sich um jmdn. bewegen]: **1.** *jmdn. für etw. (bes. eine Ware, Dienstleistung) zu interessieren suchen, ihre Vorzüge lobend hervorheben; (für etw.) Reklame machen:* für eine Zeitschrift, Partei w.; die Agentur wirbt für verschiedene Firmen *(für die Produkte verschiedener Firmen);* Das Nordseebad wirbt *(für das Nordseebad geworben)* mit einem grünen und einem Sandstrand (Frankfurter Rundschau 13. 6. 87, M 1); wir müssen mehr w.; Ü er warb für seine Idee; Sie spekulierten mit der „unsinnigen" Angst vor der Gefährlichkeit von Kernanlagen und würben für Umweltschutz (NZZ 20. 8. 83, 21). **2.** *durch Werben (1) zu gewinnen suchen:* neue Abonnenten, neue Kunden w.; Freiwillige w. *(anwerben).* **3.** (geh.) *sich um jmdn., etw. bemühen, um ihn, es [für sich] zu gewinnen:* um jmds. Vertrauen w.; Ein Leben lang hat der Sohn um des Vaters Sympathie geworben, um seine Anerkennung gekämpft (Reich-Ranicki, Th. Mann 210); er wirbt schon lange um sie *(sucht sie [zur Frau] zu gewinnen);* **Wer|be|plakat,** das: *Plakat, mit dem für jmdn., etw. geworben wird;* **Wer|be|preis,** der: vgl. Werbeangebot; **Wer|be|pro|spekt,** der: vgl. Werbeplakat; **Wer|be|psy|cho|lo|gie,** die: vgl. Verkaufspsychologie; **Wer|ber,** der; -s, - [mhd. werbære]: **1.** (veraltet) *jmd., der Soldaten anwirbt:* die W. ziehen durchs Land. **2.** (veraltet) *jmd., der um eine Frau wirbt; Bewerber.* **3.** (ugs.) *Werbefachmann;* **Wer|be|rei|ter,** der (Jargon): *Reiter* (3c); **Wer|be|rin,** die; -, -nen: w. Form zu ↑Werber; **wer|be|risch** 〈Adj.〉: *die Werbung betreffend, der Werbung dienend:* mit -em Geschick; **Wer|be|rum|mel,** der: vgl. Reklamerummel; **Wer|be|schrift,** die: *Prospekt, Faltblatt, kleine Broschüre o. ä., worin für etw. geworben wird;* **Wer|be|sen|dung,** die: *Sendung des Werbefernsehens od. -funks;* **Wer|be|slo|gan,** der: *der Werbung dienender Slogan;* **Wer|be|spot,** der: *Spot,* 〈o. Pl.〉: *für Werbetexte charakteristische Sprache* (3b); **Wer|be|spruch,** der: vgl. Werbeslogan; **Wer|be|text,** der: *Text, der über ein Produkt werbend informieren soll;* **Wer|be|tex|ter,** der: *jmd., der Werbetexte entwirft u. gestaltet;* **Wer|be|tex|te|rin,** die: w. Form zu ↑Werbetexter; **Wer|be|trä|ger,** der: **1.** ¹*Medium* (2c), *durch das Werbung verbreitet werden kann (wie Litfaßsäule, Zeitung, Rundfunk usw.).* **2.** *prominente Person bes. aus dem Bereich des Sports, die durch das Tragen bestimmter Artikel einer Firma, durch Aufdrucke auf Kleidungsstücken o. ä. Werbung macht;* **Wer|be|trä|ge|rin,** die: w. Form zu ↑Werbeträger (2); **Wer|be|trick,** der: *Reklametrick;* **Wer|be|trom|mel,** die [urspr. = Trommel des Werbers (1)]: in der Wendung **die W. rühren/schlagen** (ugs.; *für etw., jmdn. kräftig Reklame machen*); **Wer|be|ver|tre|ter,** der: *Kundenwerber;* **Wer|be|ver|tre|te|rin,** die: w. Form zu ↑Werbevertreter; **wer|be|wirk|sam** 〈Adj.〉: *in der Art der Werbung (1a) wirksam, die beabsichtigte Wirkung erzielend:* ein -er Slogan; die Anzeige ist sehr w.; **Wer|be|wirk|sam|keit,** die: *werbewirksame Beschaffenheit;* **Wer|be|wirt|schaft,** die: *Gesamtheit der Werbung treibenden Einrichtungen u. Unternehmen (bes. Werbeagenturen);* **werb|lich** 〈Adj.〉: *die Werbung betreffend, für die Werbung:* das -e Angebot; -e Initiative; Ozonreicher Wald und ozonreiche Luftkurorte, das war ein -es Argument, das noch stach, wenn alles sonst versagt hatte (Weltwoche 26. 7. 84, 19); **Wer|bung,** die; -, -en [mhd. werbunge]: **1.** 〈o. Pl.〉 **a)** *das Werben* (1); *Gesamtheit werbender Maßnahmen; Reklame, Propaganda:* geschickte, aufdringliche, störende W.; diese W. kommt [nicht] an; die W. für ein Produkt [im Fernsehen]; die Firma treibt W., mach gute W. für ihr neues Produkt; die Schauspielerin macht jetzt W. für ein Waschmittel (ugs.; *tritt in Werbespots, -sendungen für ein Waschmittel auf*); **b)** *Werbeabteilung:* er arbeitet in der W. der Firma X. **2.** *das Werben* (2): die W. neuer Kunden, Mitglieder. **3.** (geh.) *das Werben* (3) *um jmdn.; Bemühen, jmds. Gunst, bes. die Liebe einer Frau zu gewinnen:* die W. um ein Mädchen, eine Frau; sie schlug seine W. (veraltet; *seinen Heiratsantrag*) aus, nahm seine W. an; jmds. -en nachgeben; **Wer|bungs|ko|sten** 〈Pl.〉 [1: eigtl. = Erwerbungskosten]: **1.** (Steuerw.) *bestimmte bei der Berufsausübung anfallende Kosten, die bei der Ermittlung des [steuerpflichtigen] Einkommens abgezogen werden können.* **2.** (seltener) *Werbekosten.*

Wer|da, das; -[s], -s [eigtl. = Wer (ist) da?] (Milit.): *Anruf durch einen Posten:* ein hartes W.

Wer|dan|di (nord. Myth.): *Norne der Gegenwart.*

Wer|de|gang, der 〈Pl. selten〉: **1.** *Vorgang, Ablauf des Werdens, Entstehens von etw.; Entwicklungsprozeß:* der W. einer Nation; der W. einer Dichtung. **2.** *Verlauf der geistigen Entwicklung u. beruflichen Ausbildung eines Menschen:* der W. eines Künstlers; jmdm. kurz seinen beruflichen W. schildern; Nacheinander ... erzählen die Darsteller von ihrem persönlichen W. (Praunheim, Sex 242); **wer|den** 〈unr. V.; ist〉 [mhd. werden, ahd. werdan, eigtl. = (sich) drehen, wenden u. verw. mit ↑Wurm; vgl. auch lat. vertere, ↑Vers]: **I.** 〈2. Part.: geworden〉 **1. a)** *in einen bestimmten Zustand kommen, eine bestimmte Eigenschaft bekommen:* arm, reich, krank, müde, frech, zornig, böse w.; ich bin zu spät wach geworden; sind die beiden glücklich geworden?; warum wirst du denn immer gleich rot? das Wetter wurde schlechter; sie ist 70 [Jahre alt] geworden; 〈unpers.:〉 heute soll, wird es sehr heiß w.; es ist sehr spät geworden; in den letzten Jahren ist es still geworden um ihn; **b)** 〈unpers.〉 *als ein bestimmtes Gefühl bei jmdm. auftreten:* jmdm. wird [es] übel, schwindelig, kalt, heiß; Mir wird, als bade ich in verdorrten, modernden Blumen (Fels, Kanakenfauna 122). **2. a)** 〈in Verbindung mit einem Gleichsetzungsnominativ〉 *eine Entwicklung durchmachen:* Arzt w.; was willst du w.?; ich erachte die Gabe der Bewunderung für die allernötigste, um selbst etwas zu w. (Reich-Ranicki, Th. Mann 73); ein ordentlicher Mensch w.; er will keine seine Frau; Vater w.; er will kein Held w.; daß ich gerade dadurch mehr ich selbst geworden bin (mich stärker verwirklichen, meine Fähigkeiten entwickeln konnte) als je zuvor (Denneny [Übers.], Lovers 85); etw. wird Mode; ein Traum ist Wirklichkeit geworden; wenn das kein Erfolg wird!; 〈1. Part.:〉 eine werdende Mutter *(eine Frau, die ein Kind erwartet);* **b)** *sich zu etw. entwickeln:* das Kind ist zum Mann geworden; über Nacht wurde das Wasser zu Eis; das wird bei ihm zur fixen Idee; das wurde ihm zum Verhängnis; Eine Ideologiekritik jedoch ... kann von einem Instrument der Wahrheitsfindung zu einem der Rechthaberei w. (Sloterdijk, Kritik 60); **c)** *sich aus etw. entwickeln:* aus Liebe wurde Haß; aus diesem Plan wird nichts; was soll bloß aus dir w.!; Ich komme erst zurück, wenn etwas aus mir geworden ist (Ziegler, Labyrinth 88); **d)** ⟨unpers.:⟩ *sich einem bestimmten Zeitpunkt nähern:* in wenigen Minuten wird es 10 Uhr; es wird [höchste] Zeit zur Abreise; morgen wird es ein Jahr, seit unserem letzten Treffen. **3. a)** *entstehen:* es werde Licht!; (veraltet, noch dichter.:) es ward *(wurde)* Licht; jeder Tag, den Gott w. läßt; Nachdem ich den Mörtel von den Händen gerieben habe, gehe ich, bevor dieser Tag wird (Frisch, Montauk 142); werdendes Leben; Wie oft ... gehen dieselben Kräfte, die sich heute so sehr um den Schutz des ungeborenen Lebens sorgen, verantwortungslos mit dem gewordenen Leben um! (Kelly, Um Hoffnung 109); R was nicht ist, kann noch w.; ⟨subst.:⟩ das Werden und Vergehen; Im Zentrum der bürgerlichen Bildung stand das geschichtliche Werden unserer nationalen Kultur (Rhein. Merkur 8, 1976, 29); große Dinge sind im Werden; **b)** (ugs.) *sich so im Ergebnis zeigen, darstellen, wie es auch beabsichtigt war:* das Haus wird allmählich; sind die Fotos geworden?; Alle Fotos ... sind etwas geworden. Das beste schicke ich euch (Freizeitmagazin 10, 1978, 53); die Zeichnung ist nichts geworden *(ist mißlungen);* Was sie sich wünschte, wurde *(gelang),* traf in (Grass, Butt 157); wird's bald? (energische Aufforderung, sich zu beeilen); die Pflanze wird nicht wieder *(geht ein);* das wird [etw]as w.! *(das wird großen Spaß geben);* was soll bloß w. *(geschehen),* wenn ...; mit den beiden scheint es etwas zu w. *(sie scheinen ein Paar zu werden);* * nicht mehr/nicht wieder werden (salopp; *aus dem Staunen nicht mehr herauskommen, fassungslos sein):* plötzlich hängt sie mir am Hals, als wär' sie zwanzig. Ich denk', ich werd' nicht wieder (Brot und Salz 199). **4.** (geh.) *jmdm. zuteil werden:* jedem Bürger soll sein Recht w. ♦ **5.** ⟨Prät. ward, 2. Part. worden:⟩ Alles andere, was zur Sicherheit und Trocknis des Gebäudes dienen konnte, ward beraten und ausgeführt (Goethe, Tag- und Jahreshefte 1818); der Müller ward nach und nach an, wie sehr auch seine arme Frau dagegen sich wehrte (Gotthelf, Elsi 121); Er zog bei dem Pachter ein und ward zu dessen Familie gerechnet (Tieck, Runenberg 37); Wohl Euch, daß Ihr mit dem Verräter nicht näher verwandt worden (Goethe, Götz III); Schatzmeister bin ich bei ihm worden (Lessing, Nathan I, 3); Hauptmann! Was machst du? Bist du wahnsinnig worden? (Schiller, Räuber V, 2). **II.** ⟨2. Part.: worden⟩ **1.** ⟨w. + Inf.⟩ **a)** zur Bildung des Futurs; drückt Zukünftiges aus: es wird [bald] regnen; wir werden nächste Woche in Urlaub fahren; das Kind wird für diese Arbeit gelobt werden; ⟨2. Futur:⟩ bis du zurückkommst, werde ich meine Arbeit beendet haben, wird sie bereits fortgegangen sein; **b)** kennzeichnet ein vermutetes Geschehen: sie werden bei dem schönen Wetter im Garten sein; sie wird schon wissen, was sie tut; ⟨2. Futur:⟩ er wird den Brief inzwischen bekommen haben. **2.** ⟨w. + 2. Part. zur Bildung des Passivs⟩ du wirst gerufen; der Künstler wurde um eine Zugabe gebeten; Die Neigung wurde gefördert (Lentz, Muckefuck 100); Denn geschossen und getroffen wurde (Grass, Butt 145); ⟨unpers.⟩, oft statt einer aktivischen Ausdrucksweise mit „man": es wurde gemunkelt *(man munkelte),* sie hätte in einer Nacht ein Vermögen verspielt; jetzt wird aber geschlafen! (energische Aufforderung; *ihr sollt jetzt schlafen!).* **3.** ⟨Konjunktiv „würde" + Inf.⟩ zur Umschreibung des Konjunktivs, bes. bei Verben, die keine unterscheidbaren Formen des Konjunktivs bilden können; drückt vor allem konditionale od. irreale Verhältnisse aus: sonst würden wir dort nicht wohnen; wenn sie mich rufen würden, käme ich sofort; ich würde kommen/gekommen sein, wenn das Wetter besser wäre/gewesen wäre; würdest du das bitte erledigen? (höfliche Umschreibung des Imperativs; *bitte erledige es!);* ich würde sagen *(ich bin der Meinung),* hier haben alle versagt.

Wer|der, der, selten: das; -s, - [mniederd. werder, Nebenf. von mhd. wert, ahd. warid, werid = Insel, eigtl. = gegen Wasser geschütztes od. schützendes Land]: **a)** *Insel in einem Fluß;* **b)** *[entwässerte] Niederung zwischen Flüssen u. Seen.*

Wer|fall, der (Sprachw.): Nominativ.

wer|fen ⟨st. V.; hat⟩ [mhd. werfen, ahd. werfan, eigtl. = drehen, winden, dann: mit drehend geschwungenem Arm schleudern]: **1. a)** *etw. mit einer kräftigen, schwungvollen Bewegung des Arms durch die Luft fliegen lassen:* den Ball, einen Stein w.; er hat den Speer, den Diskus sehr weit geworfen; ⟨auch o. Akk.-Obj.:⟩ laß mich mal w.!; er kann gut w., wirft fast 90 m weit; **b)** *etw. als Wurfgeschoß benutzen:* mit Steinen, Schneebällen [nach jmdm.] w.; die Demonstranten warfen mit Tomaten; **c)** (Sport) *einen Wurf* (1 b) *ausführen:* die Fünfkämpfer müssen noch w.; hast du schon geworfen?; ⟨subst.:⟩ im Werfen ist der Finne sehr gut; **d)** (bes. Sport) *durch Werfen* (1 a), *mit einem Wurf* (1 b) *erzielen:* die größte Weite, neuen Weltrekord w.; er hat schon drei Tore geworfen; eine Sechs w. *(würfeln).* **2. a)** *mit Schwung irgendwohin befördern:* den Ball an die Latte, in die Höhe, ins Tor, gegen die Wand, über den Zaun w.; Müll auf einen Haufen w.; jmdn. auf den Boden w.; das Pferd warf ihn aus dem Sattel; die Kinder warfen Steine ins Wasser; Sie warf Papiere und Bücher in einen Abfallsack (Handke, Frau 87); Haugk zerriß die Maske und warf die Schnipsel in Richtung Papierkorb (H. Gerlach, Demission 167); wütend die Tür ins Schloß w. *(zuschlagen);* die Kleider von sich w. *(sich hastig ausziehen);* Ü Bilder an die Wand w. (ugs.; *projizieren);* Truppen an die Front w.; Ware auf den Markt w. *(in den Handel bringen);* eine schwere Grippe warf ihn aufs Krankenlager; jmdn. aus dem Zimmer w. (ugs.; *hinausweisen);* Der 25jährige Linkshänder ... warf jetzt einen Konkurrenten aus dem Wettbewerb (NZZ 13. 10. 84, 45); einen [kurzen] Blick in die Zeitung w.; eine Frage in die Debatte w. *(in der Debatte aufwerfen);* so sage mir, wie es kommt, daß ... die Scharlacheiche immergrün ist, ihr Laub also behält, die Korkeiche das ihre indessen periodisch von sich wirft (Stern, Mann 50); Liebe und Freundschaft wird man oft geworfen (Erné, Fahrgäste 17); **b)** ⟨w. + sich⟩ bes. *aus einer starken Gemütserregung o. ä. heraus sich unvermittelt, ungestüm irgendwohin fallen lassen:* sich jmdm. an die Brust, in die Arme w.; er warf sich *(stürzte sich)* wütend auf seinen Gegner; sich aufs Bett, in einen Sessel w.; der Kranke warf sich schlaflos hin und her; er wollte sich vor den Zug w. *(in selbstmörderischer Absicht überfahren lassen);* sich jmdm. zu Füßen, vor jmdm. auf die Knie w.; sich in andere Kleider w. *(sich rasch umziehen);* Seit dem Fall des Eisernen Vorhangs haben sich die beiden Washingtoner Organisationen voll Eifer in ihre neue Mission geworfen *(gestürzt;* profil 39, 1993, 59); abends kam ein Sturm auf ... Die Wellen warfen sich *(brandeten)* über die Uferstraße (Fels, Kanakenfauna 87); **c)** (Ringen, Budo) *(den Gegner) niederwerfen [so daß er mit beiden Schultern den Boden berührt]:* er hat den Herausforderer schnell geworfen; **d)** *einen Körperteil o. ä. ruckartig, mit Schwung in eine Richtung bewegen:* mit einer raschen Kopfbewegung warf er [sich] die Haare aus dem Gesicht; den Kopf in den Nacken w. *(ihn zurückwerfen);* die Arme in die Höhe w.; ... von einem alten Sessel vom Fenster aus, wo er die Beine über die Seitenlehne w. konnte (Kronauer, Bogenschütze 36); die Tänzer warfen die Beine. **3. a)** *(durch bestimmte natürliche Vorgänge) hervorbringen, bilden:* der Stoff wirft Falten; der See warf leichte Wellen; Dort brodelte ein zäher Brei, rumorte es in Röhren, wallte in Bauchflaschen auf, warf Blasen (Harig, Weh dem 86); Die Bäume werfen lange Schatten; die Straßen sind staubig (Weber, Tote 262); Halogenstrahler gibt es sogar ..., die einen richtigen Lichtkegel werfen (Basler Zeitung 2. 10. 85, 27); Ü die Genfer Drogenaufklärungsschrift ..., die bis in die Deutschschweiz Wellen warf (Brückenbauer 11. 9. 85, 15); **b)** ⟨w. + sich⟩ *(durch Feuchtigkeit, Kälte o. ä.) uneben werden, sich krümmen, sich verziehen:* der Rahmen wirft sich; das Holz hat sich geworfen. **4.** *(von Säugetieren) Junge zur Welt bringen:* die Katze hat [sechs Junge] geworfen; (salopp, meist abwertend von Menschen:) Sie war dazu erzogen worden, einen ... Spießbürger zu heiraten und ... Kinder zu werfen (Perrin, Frauen 205). **5.** (salopp) *ausgeben, spendieren:* eine Runde w.; Da setzte er sich an meinen Tisch und warf ein paar Lagen. Bier und Schnaps (Weber, Tote 42). **Wer|fer,** der; -s, -: **1. a)** (Hand-, Wasser-, Basketball) *Spieler, der den Ball auf das Tor bzw. den Korb wirft;* **b)** (Baseball) *Spieler, der den Ball dem Schläger* (2) *zuzuwerfen hat; Pitcher;* **c)** (Leichtathletik) kurz für ↑ Hammer-, Diskus-, Speerwerfer. **2.** (Milit.) kurz für ↑ Granat-, Raketenwerfer. **Wer|fe|rin,** die; -, -nen: w. Form zu ↑ Werfer (1).

Werft, die; -, -en [aus dem Niederd. < niederl. werf, verw. mit ↑ werben u. eigtl.

Werftanlage

wohl = Ort, wo man sich geschäftig bewegt; vgl. Warft]: *industrielle Anlage für Bau u. Reparatur von Schiffen od. Flugzeugen:* das Schiff muß auf die W.; **Werft|an|la|ge**, die: vgl. Werkanlage; **Werft|ar|bei|ter**, der: *Arbeiter auf einer Werft;* **Werft|ar|bei|te|rin**, die: w. Form zu ↑Werftarbeiter; **werft|ei|gen** ⟨Adj.⟩: vgl. werkeigen; **Werft|ge|län|de**, das: vgl. Werftanlage.
Werg, das; -[e]s [mhd. werc, ahd. werich, eigtl. = das, was bei jmdm. durch Werk (= Arbeit) abfällt]: *[bei der Verarbeitung] von Hanf od. Flachs abfallende Fasern:* etw. aus W. spinnen; etw. mit W. füllen.
Wer|geld, das; -[e]s, -er [mhd. wergelt, ahd. weragelt, wergelt(um); zu ahd. wer (↑Werwolf) u. ↑Geld]: *(nach germanischem Recht) Sühnegeld für einen Totschlag.*
wer|gen ⟨Adj.⟩: *aus Werg:* -e Stricke.
Werk, das; -[e]s, -e [mhd. werc, ahd. werc(h), wahrsch. eigtl. = Flechtwerk]: **1.** ⟨o. Pl.⟩ *einer bestimmten [größeren] Aufgabe dienende Arbeit, Tätigkeit; angestrengtes Schaffen, Werken:* mein W. ist vollendet; endlich unterschreibt der Junge. Der Revierinspektor ... ist zufrieden. Sein W. ist getan (Sobota, Minus-Mann 48); ein W. beginnen, durchführen; wir sind bereits am W. *(haben damit begonnen);* wir sollten uns jetzt ans W. machen *(sollten damit beginnen);* er lebt von seiner Hände W.; Ü hier waren zerstörerische Kräfte am W. *(haben zerstörerische Kräfte gewütet);* * *etw.* ins W. setzen (geh.; *etw. ausführen, verwirklichen*): mit stiller Umsicht begann Jakob seine Flucht ... ins W. zu setzen (Th. Mann, Joseph 360); im -e sein (geh.; *[von noch Unbekanntem, Geheimnisvollem] vorgehen, vorbereitet werden*): möglich auch, daß der alle Wanderer erst jetzt bemerkte, daß da drunten etwas im -e sei (Schröder, Wanderer 88); zu -e gehen (geh.; *verfahren, vorgehen*): bei etw., in einer Angelegenheit vorsichtig, umsichtig, planmäßig, geschickt zu -e gehen; Nach einer unglücklichen 56:78-Niederlage ... ging die ... Mannschaft dreimal sehr konzentriert zu -e (Saarbr. Zeitung 28. 12. 79, 21). **2.** *Handlung, Tat:* -e der Nächstenliebe, der Barmherzigkeit; diese ganze Unordnung ist dein W. (ugs.; *hast du gemacht, verschuldet*); die Zerstörung war das W. weniger Sekunden; damit hat er ein großes W. vollbracht; du tätest ein gutes W. (ugs.; *tätest mir einen Gefallen*), wenn du das Paket mit zur Post nehmen könntest, wenn du das letzte Stück Kuchen noch essen würdest. **3.** *Geschaffenes, durch [künstlerische] Arbeit Hervorgebrachtes:* große Künstler und ihre -e; die bekannten -e der Weltliteratur; Nietzsches gesammelte -e; Sein Roman ist ein Werk der Phantasie, schon das zentrale Motiv hat das Werk erfunden (Reich-Ranicki, Th. Mann 148); ein wissenschaftliches W. schreiben. **4.** (früher) *mit Wall u. Graben befestigter, in sich geschlossener [äußerer] Teil einer größeren Festung.* **5. a)** *technische Anlage, Fabrik, [größeres] industrielles Unternehmen:* ein W. der Metallindustrie; ein neues W. im Ausland errichten; in diesem W. werden Traktoren hergestellt; **b)** ⟨o. Pl.⟩ *Belegschaft eines Werkes* (5a): das W. macht im Juli Urlaub. **6.** *Mechanismus, durch den etw. angetrieben wird; Antrieb, Uhrwerk o.ä.:* das W. einer Uhr; die alte Orgel hat noch ein mechanisches W.; Erst gegen neun Uhr abends ließ sie das W. (= eines Küchenweckers) endgültig für den jeweiligen Tag ablaufen (Lentz, Muckefuck 14); **-werk**, das; -[e]s: **1.** kennzeichnet in Bildungen mit Substantiven die Gesamtheit von etw.: Blätter-, Karten-, Mauerwerk. **2.** kennzeichnet in Bildungen mit Substantiven ein Werk, das etw. darstellt oder herbeiführt, als groß, umfangreich: Einigungs-, Reform-, Vertragswerk; **Werk|ana|ly|se**, die: *Untersuchung, Analyse* (1) *eines Kunstwerks;* **Werk|an|ge|hö|ri|ge**, Werksangehörige, der u. die: *Angehörige[r]* (b) *eines Werks* (5a): die: *Angehörige[r]* (b) *eines Werks* (5a); **Werk|an|la|ge**, Werksanlage, die: *Gelände mit den zu einem Werk* (5a) *gehörenden Gebäuden u. Einrichtungen;* **Werk|ar|beit**, die: **a)** ⟨o. Pl.⟩ *Werkunterricht;* **b)** *im Werkunterricht hergestellte Arbeit;* **Werk|arzt**, Werksarzt, der: *für die gesundheitliche Betreuung der Belegschaft u. für Arbeits- u. Unfallschutz in einem größeren Betrieb eingesetzter Arzt;* **Werk|ärz|tin**, Werksärztin, die: w. Form zu ↑Werkarzt; **werk|ärzt|lich**, werksärztlich ⟨Adj.⟩: *den Werkarzt betreffend, von ihm ausgehend, durchgeführt:* eine -e Untersuchung, **Werk|bank**, die ⟨Pl. ...bänke⟩: *stabiler [festmontierter] Arbeitstisch [mit Schraubstock] in einer Werkstatt, Fabrik o.ä.;* **Werk|bi|blio|thek**, Werksbibliothek, die: vgl. Werkbücherei; **Werk|bü|che|rei**, Werksbücherei, die: *werkeigene Bücherei;* **Werk|bus**, Werksbus, der: *werkeigener Bus, der Werkangehörige transportiert:* weil die meisten Frauen und Mädchen um fünf mit dem Werkbus in die Munitionsfabrik nach Buckau müssen (Zeller, Amen 23); **Werk|druck**, der ⟨Pl. -e⟩ (Druckw.): *Druck von Büchern u. Broschüren, die keine od. nur wenige Abbildungen enthalten;* **werk|ei|gen**, werkseigen ⟨Adj.⟩: *[zu] einem Werk* (5a) *gehörend:* eine -e Wäscherei; -e Grundstücke; **Wer|kel**, das; -s, -[n] [eigtl. mundartl. Vkl. von ↑Werk] (österr. ugs.): *Leierkasten, Drehorgel;* **Werk|elf**, Werkself, die (Sport Jargon): *werkeigene Fußballmannschaft;* **Wer|kel|frau**, die (österr. ugs.): w. Form zu ↑Werkelmann: Während die W. die Kurbel des Leierkastens dreht, ... (Wochenpresse 25. 4. 79, 2); **Wer|kel|mann**, der ⟨Pl. ...männer⟩ (österr. ugs.): *Leierkastenmann;* **wer|keln** ⟨sw. V.; hat⟩ [vieII. in Anlehnung an ↑Werkeltag]: **a)** *sich als Nichtfachmann zum Zeitvertreib mit einer handwerklichen Arbeit beschäftigen:* er werkelt in seinem Hobbyraum; Gewerkelt wird auch noch im Jungendzentrum mitten in der Stadt (Freie Presse 4. 11. 88, Beilage, S. 1); **b)** (landsch.) *werken:* Sechs Arbeitsgruppen werkeln in seinem Haus und wollen bis Ende 1985 fertig sein (Rhein. Merkur 15. 5. 84, 8); **Wer|kel|tag**, der (veraltet): *Werktag;* **wer|ken** ⟨sw. V.; hat⟩ [mhd. werken, ahd. werkōn]: *[handwerklich, körperlich] arbeiten; praktisch tätig sein, schaffen:* In der Wohnung der verstorbenen Witwe Düsenengel werkte drei Tage lang der Maler (Augsburger Allgemeine 6./7. 5. 78, IV); Lehrer müssen als Kellner oder Taxifahrer w. (Furche 6. 6. 84, 6); **Wer|ken**, das; -s: *Werkunterricht;* **Wer|ker**, der; -s, - (veraltet, noch in Zus.): *Arbeiter;* **Wer|ke|rin**, die; -, -nen (veraltet): w. Form zu ↑Werker; **Wer|kes|sen**, das: *Kantinenessen eines Werks* (5a); **Wer|ke|ver|zeich|nis**: ↑Werkverzeichnis; **Werk|fah|rer**, Werksfahrer, der (Motorsport): *für ein Automobilwerk arbeitender Rennfahrer, der die Modelle erprobt u. mit ihnen auf Rennen startet;* **Werk|fah|re|rin**, Werksfahrerin, die: w. Form zu ↑Werkfahrer; ↑Werksfahrer; **Werk|fe|ri|en**, Werksferien ⟨Pl.⟩: *Betriebsferien;* **Werk|feu|er|wehr**, Werksfeuerwehr, die: *werkeigene Feuerwehr;* **Werk|für|sor|ge**, Werksfürsorge, die: *Einrichtungen u. Maßnahmen zur sozialen Betreuung von Werkangehörigen u. ihren Familien;* **Werk|ga|ran|tie**, Werksgarantie, die: ↑Werksgarantie; **Werk|ge|län|de**, Werksgelände, das: *Gelände einer Werkanlage;* **werk|ge|prüft**, werksgeprüft ⟨Adj.⟩: *vom [Hersteller]werk besonders geprüft [u. mit Garantie versehen];* **werk|ge|recht** ⟨Adj.⟩: *dem Wesen eines Kunstwerks entsprechend, ihm gerecht werdend:* eine -e Interpretation; **Werk|ge|rech|tig|keit**, die (Theol.): *Auffassung, nach der der Mensch durch gute Werke vor Gott gerechtfertigt wird;* **werk|ge|treu** ⟨Adj.⟩: *dem originalen Kunstwerk entsprechend [wiedergegeben]:* die -e Aufführung, Inszenierung eines Theaterstücks; der Pianist spielte [die Sonate] sehr w.; **Werk|hal|le**, Werkshalle, die: *als Produktionsstätte dienende Halle eines Werks* (5a); **werk|im|ma|nent** ⟨Adj.⟩ (Literaturw.): *(in bezug auf die Deutung eines literarischen Werks) aus sich selbst heraus, ohne literaturgeschichtliche, biographische o.a. Bezüge herzustellen od. in die Interpretation einzubeziehen:* eine -e Deutung; Der Besucher darf ... mit einer Inszenierung rechnen, die auf eine -e Aussage gerichtet ist (NJW 19, 1984, 1075); **Werk|kin|der|gar|ten**, Werkskindergarten, der: *werkeigener Kindergarten;* **Werk|kü|che**, Werksküche, die: *werkeigene Küche;* **Werk|leh|rer**, der: *Fachlehrer für den Werkunterricht* (Berufsbez.); **Werk|leh|re|rin**, die: w. Form zu ↑Werklehrer; **Werk|lei|ter**, Werksleiter, der: ¹*Leiter* (1) *eines Werks* (5a); **Werk|lei|te|rin**, Werksleiterin, die: w. Form zu ↑Werkleiter; **Werk|lei|tung**, Werksleitung, die: *Leitung* (1) *eines Werks* (5a); **Werk|leu|te** ⟨Pl.⟩ (veraltet): *Arbeiter, Werktätige;* **werk|lich** ⟨Adj.⟩ (veraltet): **1.** *arbeitsam, geschäftig.* **2.** *kunstgerecht, kunstvoll.* **3.** *wunderlich, seltsam;* **Werk|lie|fe|rungs|ver|trag**, der (Rechtsspr.): *Vertrag, durch den sich ein Partner verpflichtet, ein Werk, eine Sache o.ä. aus einem von ihm zu beschaffenden Stoff, Material o.ä. für den anderen herzustellen;* **Werk|mann|schaft**, Werksmannschaft, die: *werkeigene Sportmannschaft, bes. Fußballmannschaft;* **Werk|mei|ster**, der [mhd. wercmeister, ahd. wercmeistar = Handwerker]: *als Leiter einer Arbeitsgruppe od. Werkstatt eingesetzter erfahre-

ner Facharbeiter; **Werk|raum,** der: *Raum für den Werkunterricht;* **Werks|an|gehö|ri|ge** (österr. nur so): ↑Werkangehörige; **Werks|an|la|ge** (österr. nur so): ↑Werkanlage; **Werks|arzt** (österr. nur so): ↑Werkarzt; **Werks|ärz|tin** (österr. nur so): ↑Werkärztin; **werks|ärzt|lich** (österr. nur so): ↑werkärztlich; **Werks|bi|blio|thek** (österr. nur so): ↑Werkbibliothek; **Werks|bü|che|rei** (österr. nur so): ↑Werkbücherei; **Werks|bus** (österr. nur so): ↑Werkbus; **Werk|schau,** die: *Veranstaltung, Schau (1), Ausstellung (2), die einen Überblick über das Gesamtwerk eines Künstlers bietet: Ansonsten eine W. mit Wenders-Filmen vorgesehen* (tango 9, 1984, 50); **Werk|schu|le,** die: *werkeigene Berufsschule zur Ausbildung der in dem betreffenden Werk arbeitenden berufsschulpflichtigen Lehrlinge od. zur beruflichen Weiterbildung der Werkangehörigen;* **Werk|schutz,** der: **1.** *Betriebsschutz* (1). **2.** *Gesamtheit der mit dem Werkschutz* (1) *befaßten Personen:* Uniformierte Truppen umzingelten das Gelände, der W. ... war in stahlblauer Tracht angetreten (Spiegel 25, 1983, 50); **werkseigen** (österr. nur so): ↑werkeigen; **werk|sei|tig,** werksseitig (Adj.): *von seiten des Werks* (5 a); **Werks|elf** (österr. nur so): ↑Werkelf; **Werks|es|sen** (österr. nur so): ↑Werkessen; **Werks|fah|rer** (österr. nur so): ↑Werkfahrer; **Werks|fah|re|rin** (österr. nur so): ↑Werkfahrerin; **Werks|fe|ri|en** (österr. nur so): ↑Werkferien; **Werks|feu|er|wehr** (österr. nur so): ↑Werkfeuerwehr; **Werks|für|sor|ge** (österr. nur so): ↑Werkfürsorge; **Werks|ga|ran|tie,** die: *Garantie, die eine Firma auf ihre Produkte gibt;* **Werks|ge|län|de** (österr. nur so): ↑Werkgelände; **werks|ge|prüft** (österr. nur so): ↑werkgeprüft; **Werks|hal|le** (österr. nur so): ↑Werkhalle; **Werk|sied|lung,** Werkssiedlung, die: *von einem Werk* (5 a) *für seine Mitarbeiter u. ihre Familien errichtete Siedlung* (1 a); **Werks|kin|der|gar|ten** (österr. nur so): ↑Werkkindergarten; **Werks|kü|che** (österr. nur so): ↑Werkküche; **Werks|lei|ter** (österr. nur so): ↑Werkleiter; **Werks|lei|te|rin** (österr. nur so): ↑Werkleiterin; **Werks|mann|schaft** (österr. nur so): ↑Werkmannschaft; **Werks|lei|tung** (österr. nur so): ↑Werkleitung; **Werk|spio|na|ge,** die: *Werksspionage, d. i. Spionage in bezug auf Betriebsgeheimnisse;* **werks|sei|tig** (österr. nur so): ↑werkseitig; **Werks|sied|lung** (österr. nur so): ↑Werksiedlung; **Werks|spio|na|ge** (österr. nur so): ↑Werkspionage; **Werk|statt,** die; -, ...stätten [spätmhd. wercstat]: *Arbeitsraum eines Handwerkers mit den für seine Arbeit benötigten Geräten:* die W. eines Schreiners, Schneiders; in der W. arbeiten; den Wagen in die W. (zur Wartung, Reparatur in die Autowerkstatt) bringen; Ü als der Schweriner Regisseur ... eine W. junger Theaterschaffender vorschlug (NNN 2. 7. 85, 3); **Werk|statt|büh|ne,** die: *[an größeren Theatern eingerichtete] Experimentierbühne;* **Werk|stät|te,** die (geh.): *Werkstatt;* **Werk|statt|fer|ti|gung,** die ⟨o. Pl.⟩: *Fertigung* (1), *bei der jeweils gleichartige Maschinen u. Vorrichtungen räumlich zusammengefaßt sind;* **werk|statt|ge|pflegt** ⟨Adj.⟩ (Kfz-W.): *in der Autowerkstatt regelmäßig fachmännisch gewartet:* -e Fahrzeuge; der Wagen ist w.; **Werk|statt|ge|spräch,** das: *Veranstaltung, bei der in Gesprächen, Diskussionen bestimmten Themen erarbeitet, abgehandelt, bes. bestimmte künstlerische, wissenschaftliche o. ä. Projekte besprochen werden;* **Werk|statt|thea|ter,** das: *Werkstattbühne;* **Werk|statt|zeich|nung,** die (Fertigungst.): *in bezug auf Maße, Angaben zur Toleranz* (3) *o. ä. vollständige Zeichnung einer Maschine o. ä., nach der die Ausführung od. Montage vorgenommen werden kann;* **Werk|stein,** der (Bauw.): *bearbeiteter, meist quaderförmig behauener Naturstein;* **Werk|stoff,** der: *Substanz, [Roh]material, aus dem etwas hergestellt werden soll;* **werk|stoff|ge|recht** ⟨Adj.⟩: *dem betreffenden Werkstoff entsprechend, angemessen;* **Werk|stoff|in|ge|nieur,** der: *(bes. in Forschungsabteilungen der Industrie tätiger) Ingenieur, der mechanische, technologische u. physikalische Prüfungen an Stahl, Nichteisenmetallen u. Kunststoffen in bezug auf Eigenschaften, Zusammensetzung u. Fehler vornimmt* (Berufsbez.); **Werk|stoff|in|ge|nieu|rin,** die: w. Form zu ↑Werkstoffingenieur; **Werk|stoff|kun|de,** die ⟨o. Pl.⟩: *Teilbereich der Technik, die die speziellen Eigenschaften u. Verhaltensweisen von Werkstoffen untersucht;* **Werk|stoff|prü|fer,** der: *jmd., der berufsmäßig Werkstoffprüfungen vornimmt* (Berufsbez.); **Werk|stoff|prü|fe|rin,** die: w. Form zu ↑Werkstoffprüfer; **Werk|stoff|prü|fung,** die: *Untersuchung der in Industrie u. Handwerk verwendeten Materialien auf ihre technologischen, physikalischen u. chemischen Eigenschaften;* **Werks|tor** (österr. nur so): ↑Werktor; **Werk|stück,** das: *Gegenstand, der noch [weiter] handwerklich od. maschinell verarbeitet werden muß;* **Werk|stu|dent,** der (veraltend): *Student, der sich neben seinem Studium od. in den Semesterferien durch Lohnarbeit Geld verdient;* **Werk|stu|den|tin,** die (veraltend): w. Form zu ↑Werkstudent; **Werks|woh|nung** (österr. nur so): ↑Werkwohnung; **Werks|zeit|schrift** (österr. nur so): ↑Werkzeitschrift; **Werks|zei|tung** (österr. nur so): ↑Werkzeitung; **Werk|tag,** der [mhd. werctac]: *Tag, an dem allgemein gearbeitet wird (im Unterschied zu Sonn- u. Feiertagen); Wochentag;* **werk|täg|lich** ⟨Adj.⟩: **1.** *an Werktagen [stattfindend]:* der -e Zugverkehr. **2.** *dem Werktag entsprechend, für den Werktag bestimmt:* der -e Betrieb; w. gekleidet sein; **werk|tags** ⟨Adv.⟩: *an Werktagen:* der Zug verkehrt nur w.; Werktags standen wir jeden Morgen um 5 Uhr 15 vor dem Waschbecken (Fels, Kanakenfauna 23); **Werk|tags|ar|beit,** die (seltener): *(im Unterschied zur Sonntagsarbeit allgemein übliche) an Werktagen verrichtete Erwerbstätigkeit;* **werk|tä|tig** ⟨Adj.⟩ (bes. ehem. DDR): *arbeitend, einen Beruf ausübend:* die -e Bevölkerung, Klasse; Wie sieht nun heute der Kontakt zwischen Theaterschaffenden und ihren -en Zuschauern aus? (Wochenpost 23. 7. 76, 14); **Werk|tä|ti|ge,** der u. die; -n, -n ⟨Dekl. ↑Abgeordnete⟩ (bes. ehem. DDR): *jmd., der werktätig ist;* **Werk|tisch,** der: *Werkbank;* **Werk|tor,** Werkstor, das: *Eingangstor zu einem Werk* (5 a): Heute morgen versammelten sich die 600 Arbeiter der Frühschicht vor dem Werktor (B. Vesper, Reise 343); **Werk|treue,** die: *werkgetreue Interpretation u. Wiedergabe bes. eines Musikstückes;* **Werk|un|ter|richt,** der: *Unterrichtsfach (an allgemeinbildenden od. Berufsschulen), durch das die Schüler zu handwerklicher u. künstlerischer Beschäftigung mit verschiedenen Werkstoffen angeleitet werden sollen;* **Werk|ver|kehr,** der: *Beförderung von Gütern mit betriebseigenen Fahrzeugen für eigene Zwecke des Unternehmens;* **Werk|ver|trag,** der (Rechtsspr.): *Vertrag, durch den sich ein Partner zur Herstellung eines (versprochenen) Werks* (3), *einer Sache, der andere zur Zahlung der vereinbarten Vergütung verpflichtet;* **Werk|ver|zeich|nis,** das (seltener auch:) Werkeverzeichnis, das (Musik, auch bild. Kunst): *Verzeichnis der Werke eines Künstlers;* **Werk|woh|nung,** Werkswohnung, die: *in werkeigenen Gebäuden an Werkangehörige vermietete Wohnung;* **Werk|zeich|nung,** die (Fertigungst.): *Werkstattzeichnung;* **Werk|zeit|schrift,** Werkszeitschrift, die: *betriebsinterne Zeitschrift;* **Werk|zei|tung,** Werkszeitung, die: *betriebsinterne Zeitung;* **Werk|zeug,** das [mhd. wercziug, für älter (ge)ziüc]: **1. a)** *einzelner, für bestimmte Zwecke geformter Gegenstand, mit dessen Hilfe etwas [handwerklich] bearbeitet od. hergestellt wird:* -e wie Hammer und Zange; Im Laufe der Jahrtausende lernte der Mensch zunächst sehr langsam, mit dem Feuer immer bessere Waffen und -e zu schmieden (Gruhl, Planet 50); Ü (meist abwertend) Die Frau war auf den Jungen angesetzt, sie war ein W., vermutlich bezahltes W. (Danella, Hotel 385); man wollte ihn zu einem gefügigen W. der Partei machen; **b)** ⟨o. Pl.⟩ *Gesamtheit von Werkzeugen* (a), *die für die Arbeit gebraucht werden:* das W. des Klempners. **2.** (Fachspr.) kurz für ↑Werkzeugmaschine; **Werk|zeug|ka|sten,** der: *stabiler Kasten zur Aufbewahrung von Werkzeug;* **Werk|zeug|ki|ste,** die: vgl. Werkzeugkasten; **Werk|zeug|ma|cher,** der: *Handwerker, Facharbeiter, der Werkzeuge* (2) *herstellt* (Berufsbez.); **Werk|zeug|ma|che|rei,** die; -, -en: **1.** ⟨o. Pl.⟩ *Handwerk des Werkzeugmachers.* **2.** *Werkstatt, Fabrikhalle o. ä. eines Werkzeugmachers;* **Werk|zeug|ma|che|rin,** die; -, -nen: w. Form zu ↑Werkzeugmacher; **Werk|zeug|ma|schi|ne,** die: *Maschine (wie Drehbank, Hobel-, Schleifmaschine, Presse o. ä.) zur Formung od. Oberflächenbehandlung von Werkstücken;* **Werk|zeug|me|cha|ni|ker,** der: *jmd., der Werkzeuge, Vorrichtungen,* ²*Lehren o. ä. fertigt, montiert, überprüft, wartet u. repariert;* **Werk|zeug|me|cha|ni|ke|rin,** die: w. Form zu ↑Werkzeugmechaniker; **Werk|zeug|schlit|ten,** der: *Schlitten* (4) *an einer Werkzeugmaschine;* **Werk|zeug|schlos|ser,** der: *Werkzeugmacher;* **Werk|zeug|schlos|se|rin,** die: w. Form zu ↑Werkzeugschlosser; **Werk|zeug|schrank,** der: *Schrank [aus Metall], in dem Werkzeuge*

Werkzeugstahl 3902

aufbewahrt werden; **Werk|zeug|stahl,** der: *bes. gehärteter, verschleißfester Stahl für Werkzeuge* (1 a); **Werk|zeug|ta|sche,** die: *Tasche für kleinere Werkzeuge.* **Wer|mut,** der; -[e]s, -s [mhd. wermuot, ahd. wer(i)muota; H. u.]: **1.** *aromatisch duftende, ätherische Öle u. Bitterstoffe enthaltende Pflanze mit seidig behaarten, graugrünen gefiederten Blättern u. kleinen gelben, in Rispen stehenden Blüten, die als Gewürz- u. Heilpflanze verwendet wird.* **2.** *mit Wermut* (1) *u. anderen Kräutern aromatisierter Wein; Wermutwein;* **Wer|mutbru|der,** der (ugs. abwertend): *reichlich Alkohol trinkender Stadtstreicher:* Am frühen Morgen hält sich am westlichen Rand des Parks meist eine große Gruppe von Fixern und Wermutbrüdern auf (Spiegel 46, 1985, 261); **Wer|mutex|trakt,** der, (Fachspr. auch:) das: *Extrakt* (1) *aus der Wermutpflanze;* **Wer|mut|öl,** das: *aus der Wermutpflanze gewonnenes ätherisches Öl;* **Wer|mut|pflan|ze,** die: *Wermut* (1); **Wer|mut|schwe|ster,** die (ugs. abwertend): vgl. Wermutbruder; **Wer|muts|trop|fen,** Wermuttropfen, der [wegen der Bitterstoffe im Wermut] (geh.): *etw., was zwischen sonst Schönem doch ein wenig schmerzlich berührt, was den positiven Gesamteindruck von etw. beeinträchtigt:* Der große Wermutstropfen der Feierlichkeiten: An diesem Tag muß Oberelchingen seine Selbständigkeit aufgeben (Augsburger Allgemeine 22./23. 4. 78, 4); **Wer|mut|tee,** der: *Tee aus dem Kraut* (3) *der Wermutpflanze;* **Wer|muttropfen:** ↑ Wermutstropfen; **Wer|mutwein,** der: *Wermut* (2).
Wer|ra, die; -: *Quellfluß der Weser.*
Wer|re, die; -, -n [1: spätmhd. werre, wohl lautm.; 2: H. u.] (südd., österr., schweiz. mundartl.): **1.** *Maulwurfsgrille.* **2.** *Gerstenkorn* (2).
Werst, die; -, -en (aber: 5 Werst) [russ. versta, eigtl. = Wende des Pfluges]: *altes russisches Längenmaß* (= 1,067 km; Zeichen: W). **wert** ⟨Adj., -er, -este⟩ [mhd. wert, ahd. werd, viell. eigtl. = gegen etw. gewendet, dann: einen Gegenwert habend]: **1.** (veraltend) *jmds. Hochachtung besitzend, teuer* (2): mein -er Freund; Was, -er Herr, haben Sie dazu zu sagen? (Spiegel 8, 1989, 88); wie war noch Ihr -er Name?; Besonderen Dank der Geistlichkeit ... sowie den -en Hausinwohnern (Augsburger Allgemeine 27./28. 5. 78, 38); -e Frau Meyer (veraltete Anrede im Brief). **2.** * *etwas* w. *sein (eine bestimmten Wert, Preis haben):* das ist viel, wenig, nichts w.; der Schmuck ist einige Tausende w.; Aber sein bißchen Geld war nichts w., es war noch vor der Währungsreform (Wimschneider, Herbstmilch 113); der Teppich ist nicht das/sein Geld w.; deine Hilfe, dein Urteil ist mir viel w. *(bedeutet viel für mich);* wieviel sind Ihnen diese alten Stücke w.? *(was bieten Sie dafür?);* **jmds., einer Sache/**(seltener:) **eine Sache** w. **sein** *(jmds., einer Sache würdig sein; jmdn., etw. verdienen; eine bestimmte Mühe lohnen):* sie ist dieses Mannes nicht w.; dieses Thema wäre einer näheren Betrachtung w.; das ist nicht der Erwähnung w.; Ihr Artikel ist sehr des Nachdenkens w. (ADAC-Motor-

welt 7, 1979, 64); sie sind [es *(dessen)]* nicht w., daß man sie beachtet; Berlin ist immer eine Reise w.; das ist der Mühe, die Sache nicht w.; Dann beratschlagt er mit den Einheimischen, ob der Fremdling eine Freimaß w. sei (Fels, Kanakenfauna 148); **jmdn., etw. jmds., einer Sache [für] w. befinden, halten, erachten** (geh.; jmdn., etw. für würdig halten): sie wurde einer öffentlichen Belobigung w. erachtet; Die entsetzlich hohe Blinddarmsterblichkeit hält er für nicht der Erläuterung w. (Hackethal, Schneide 45); Niemand hält ihn einer Antwort für w. (Frischmuth, Herrin 88); **Wert,** der; -[e]s, -e [mhd. wert, ahd. werd]: **1.** ⟨Pl. selten⟩ **a)** *[Kauf]preis, [in Zahlen ausgedrückter] Betrag, zu dem etw. gekauft wird od. werden könnte; Marktwert:* der W. dieses Schmuckstücks ist hoch, gering; der W. des Geldes schwankt; den W. einer Handelsware festsetzen; etw. behält seinen W., bekommt wieder W., gewinnt an W.; Aktien steigen, fallen im W.; Exporte im W. von mehreren Millionen Mark; etw. unter seinem W. verkaufen; der Außenstürmer werde unter W. gehandelt (Kicker 6, 1982, 4); Da sonst kaum ernsthafte Bieter gekommen waren, ging das meiste zu einem Preis weit unter dem halben W. an Georg Glasl (Kühn, Zeit 52); **b)** (marx.) *in einer Ware vergegenständlichte, als Tauschwert erscheinende gesellschaftliche Arbeit, deren Maß die gesellschaftlich notwendige Arbeitszeit ist:* Nicht nur die Arbeitszeit, in der die in der Gesellschaft entstehen, ist kostbar (Freiheit 21. 6. 78, 1); Im Rahmen der Gemeinschaftsaktion ... wollen die Bürger dieses Jahr -e in Höhe von 24 Millionen Mark schaffen (Freie Presse 9. 2. 89, 2). **2.** ⟨Pl.⟩ *Dinge, Gegenstände von großem Wert, die zum persönlichen od. allgemeinen Besitz gehören:* bleibende, dauernde -e; Dabei wurde ganz übersehen, daß nicht nur -e geschaffen, sondern auch in einem immer schneller werdenden Tempo vernichtet werden (Gruhl, Planet 93); -e erhalten; der Krieg hat unersetzbare kulturelle -e zerstört. **3.** *positive Bedeutung, die jmdm., einer Sache [für jmdn., etw.] zukommt; an einem [ethischen] Maßstab gemessene Wichtigkeit:* der persönliche, gesellschaftliche, erzieherische W.; der künstlerische W. eines Films; geistige, ideelle, ewige W.; man hat der Entscheidung großen W. beigemessen; diese Erfindung hat keinen [praktischen] W.; Doch auch das hat ausschließlich statistischen W. (Kicker 82, 1981, 7); diese Untersuchung ist ohne jeden W. für meine Arbeit; sie ist sich ihres eigenen -es bewußt; die ewige Jagd nach dem Erfolg, den Sebastian brauchte zur Bestätigung seines eigenen -es (Schreiber, Krise 159); es ist eine Umkehrung der W. hat doch keinen W.! (ugs.; *das nützt gar nichts);* jmdn. nach seinen inneren -en beurteilen; In Augen de Gaulles verlor der Vertrag damit von seinem W. (W. Brandt, Begegnungen 53); über W. oder Unwert dieses Vertrages kann man streiten; * W. **auf etw. legen** *(etw. für sehr wichtig halten, einer Sache für sich selbst Bedeutung beimessen):* viel, wenig, gro-

ßen, gesteigerten, keinen W. auf Kontakte legen. **4.** *in Zahlen od. Zeichen ausgedrücktes Ergebnis einer Messung, Untersuchung o. ä.; Zahlenwert:* meteorologische, arithmetische, mathematische, technische -e; die mittleren -e des Wasserstandes; der gemessene W. stimmt mit dem errechneten überein; In der Zuschauerresonanz wurden gleichfalls nicht die -e des vergangenen Spieljahres erreicht (Freie Presse 21. 8. 89, 5); die Messung ergab den W. 7,5; den W. ablesen, eintragen; eine Gleichung auf den W. null bringen. **5. a)** *Briefmarke (mit aufgedruckter Angabe des Wertes* 1 a): Allerdings kam es mitunter vor, daß sich zwei oder drei gesuchte -e darunter befanden, Fehldrucke, Farbabweichungen und anderes mehr (Bastian, Brut 122); von der Serie gibt es noch einen W. zu 50 Pf.; **b)** ⟨Pl.⟩ *kurz für* ↑ Wertpapiere: Angesichts der widrigen Umstände mußten praktisch alle Titel Federn lassen. Besonders betroffen waren -e in den zyklischen Industriesegment (Tages Anzeiger 3. 12. 91, 5); **-wert:** *drückt in Bildungen mit substantivierten Verben aus, daß sich etw. lohnt oder daß die beschriebene Person oder Sache es verdient, daß etw. gemacht wird:* anhörens-, bestaunenswert; **wert|ach|ten** ⟨sw. V.; hat⟩ (veraltet): *hochachten;* **Wert|ach|tung,** die (geh.): *Hochachtung;* **Wert|an|ga|be,** die (Postw.): *Angabe des (zu versichernden) Wertes bei Wertsendungen;* **Wert|ar|beit,** die: *mit größter Präzision durchgeführte Arbeit, die einen hohen Gebrauchswert schafft; Qualitätsarbeit:* Die „MS Berlin". Siebeneinhalbtausend Bruttoregistertonnen, brandneue, deutsche W. (Heim, Traumschiff 19); **Wert|ausgleich,** der: *finanzieller Ausgleich beim Tausch von Gegenständen unterschiedlichen Werts;* **Wert|be|rich|ti|gung,** die (Betriebswirtsch.): *Passivposten in der Bilanz zur Korrektur eines zu hoch ausgewiesenen Wertes;* **wert|be|stän|dig** ⟨Adj.⟩: *immer seinen Wert behaltend:* -e Anleihen; Gold bleibt immer w.; **Wert|be|stän|dig|keit,** die: *wertbeständige Beschaffenheit;* **Wert|be|stim|mung,** die: vgl. Wertermittlung; **Wert|brief,** der (Postw.): vgl. Wertsendung; **Wer|temen|ge,** die (Math.): *Zielmenge;* **wer|ten** ⟨sw. V.; hat⟩ [mhd. werden, ahd. werdōn]: *jmdm., einer Sache einen bestimmten [ideellen] Wert zuerkennen; (etw.) im Hinblick auf einen Wertmaßstab betrachten:* eine Entwicklung kritisch w.; ich werte dies als besonderen Erfolg; Vor Gericht wird ein Fluch immer als Schuldbeweis gewertet (Kemelman [Übers.], Mittwoch 201); Er möchte ... sein Werk vor einer rational analysierenden, wertenden und fordernden Kritik schützen (Reich-Ranicki, Th. Mann 74); (Sport:) der schlechteste Sprung wird nicht gewertet *(nicht mitgezählt);* die Punktrichter werten *(benoten)* sehr unterschiedlich; **Werter|hal|tung,** die: *Erhaltung von Werten (wie Gebäuden, Wohnungen, Maschinen) durch Pflege, Reparatur, Instandhaltung;* **Wert|er|mitt|lung,** die: *Ermittlung eines Wertes* (1 a, 4); **Wer|te|ska|la:** ↑ Wertskala; **Wer|te|sy|stem:** ↑ Wertsystem;

Wer|te|wan|del, der: *auf den Veränderungen der Lebensverhältnisse, der Ausweitung des Wissens, dem Wandel von Weltanschauungen, Ideologien o. ä. beruhende Veränderung der Vorstellung von Werten (3), Wertsystemen, Wertorientierungen;* **wert|frei** ⟨Adj.⟩: *nicht wertend, ohne Werturteil:* er suchte nach einer -en Bezeichnung für diese zweifelhafte Angelegenheit; **Wert|frei|heit,** die: *das Wertfreisein;* **Wert|ge|gen|stand,** der: *Gegenstand, der einen gewissen materiellen Wert darstellt:* diese Uhr ist kein W.; **wert|ge|min|dert** ⟨Adj.⟩: *in seinem Wert (1 a) gemindert:* ein durch Unfall -er Wagen; **Wert|gleich|heit,** die ⟨o. Pl.⟩: *Gleichwertigkeit;* **wert|hal|ten** ⟨st. V.; hat⟩ (veraltend): *hochhalten* (2).

Wer|ther|tracht, die; -, -en [nach dem Titelhelden in Goethes Briefroman „Die Leiden des jungen Werthers"]: *Kleidung des Mannes im 18. Jh., die aus einem blauen Frack mit Messingknöpfen, einer gelben Weste, Kniehosen aus gelbem Leder, Stulpenstiefeln u. einem runden, grauen Filzhut besteht.*

-wer|tig: in Zusb.: **1.** drückt die Wertigkeit (1, 2) von etw. aus: zweiwertig, mehrwertig, vielwertig. **2.** drückt aus, daß etw. einen bestimmten Wert (1 a, 3) besitzt, darstellt: hochwertig, neuwertig, minderwertig; **Wer|tig|keit,** die; -, -en: **1.** (Chemie) *Verhältnis der Mengen, in denen sich ein chemisches Element mit einem anderen zu einer Verbindung umsetzt; Valenz* (2). **2.** (Sprachw.) *Valenz* (1). **3.** *Wert* (3): Die pflanzlichen Eiweiße sind billig, aber ihre biologische W. ist mit wenigen Ausnahmen niedrig (NZZ 2. 2. 83, 43); Jeden Samstag finden Darbietungen verschiedener Art und W. statt (Szene 6, 1983, 54); **Wert|kar|te,** die: *als Zahlungsmittel verwendete [Magnet]karte, auf der bestimmte Geldeinheiten gespeichert sind, die sich bei der Benutzung um den verbrauchten Betrag verringern; z. B. Telefonkarte;* **wert|kon|ser|va|tiv** ⟨Adj.⟩: *bestimmte Werte (3), Wertvorstellungen bewahrend; konservativ (1 a) im Hinblick auf bestimmte Wertvorstellungen, Ideologien:* Produkt eines Wandels, der vor zehn Jahren -e wie feministische Kreise gleichermaßen in Aufruhr brachte (Spiegel 12, 1989, 248); ... welche Motive -er Art dazu führen, daß immer noch in dem Ausmaß konservative Parteien gewählt werden (Spiegel 24, 1983, 27); **Wert|leh|re,** die; -. **1.** (Philos.) *Lehre von der Geltung u. [Rang]ordnung der Werte* (3). **2.** (marx.) *Werttheorie;* **wert|los** ⟨Adj.; -er, -este⟩: **1.** *ohne Wert* (1 a): -es Geld; die Münzen sind w. geworden. **2.** *ohne Wert* (3): ein künstlerisch -es Buch; Die Vivisektion ... sei Mord und wissenschaftlich -er noch als die Sektion eines Toten (Stern, Mann 266); diese Angaben sind für mich w. *(nützen mir nichts);* **Wert|lo|sig|keit,** die; -: *das Wertlossein;* **Wert|mar|ke,** die: *Marke, die einen bestimmten, durch Aufdruck gekennzeichneten Wert repräsentiert;* **Wert|maß,** das: *Maß für einen bestimmten Wert (1 a);* **wert|mä|ßig** ⟨Adj.⟩: *den Wert (1 a) betreffend, in bezug auf den Wert:* Die Einfuhr billiger Kleidung stieg w. im Jahr 1983 um 26%

(NZZ 30. 8. 86, 17); **Wert|maß|stab,** der: *Maßstab für den tatsächlichen od. ideellen Wert einer Sache;* **Wert|mes|ser,** der: *Maßstab* (1); **Wert|min|de|rung,** die: *(durch Gebrauch od. wirtschaftliche Entwertung verursachte) Minderung des Wertes* (1 a); **wert|neu|tral** ⟨Adj.⟩: *nicht wertend; wertfrei:* das alte und -e Wort „Außenpolitik" (Heringer, Holzfeuer 224); **Wert|ob|jekt,** das: vgl. *Wertgegenstand;* **Wert|ord|nung,** die: vgl. *Wertsystem:* Wir gehören in den Kreis der westlichen Demokratien. Es ist die innere W., es sind die Verfassungsgrundsätze, die uns denen verbinden, welche denselben inneren Prinzipien verpflichtet sind (R. v. Weizsäcker, Deutschland 52); **wert|ori|en|tiert** ⟨Adj.⟩: *an bestimmten Werten (3) orientiert, auf ein Wertesystem ausgerichtet:* eine -e Gesellschaft; **Wert|ori|en|tie|rung,** die: *das Wertorientiertsein:* wir sind ... an einem Punkt angekommen, wo wir neu nachdenken müssen über Ideale und -en (Sonntag 16. 10. 88, 7); **Wert|paket,** das: vgl. *Wertsendung;* **Wert|pa|pier,** das (Wirtsch.): *Urkunde über ein privates, meist mit regelmäßigen Zins- od. Dividendenerträgen verbundenes [Vermögens]recht;* **Wert|pa|pier|ab|tei|lung,** die: *Effektenabteilung;* **Wert|pa|pier|bör|se,** die: *Effektenbörse;* **Wert|pa|pier|ge|schäft,** das: *Effektengeschäft;* **Wert|pa|pier|ver|kehr,** der: vgl. *Effektenbörse;* **Wert|pro|dukt,** das: *Neuwert* (2); **Wert|sa|che,** die ⟨meist Pl.⟩: *Wertgegenstand, bes. Schmuck;* **wert|schät|zen** ⟨sw. V.; hat⟩ (veraltend): *hochachten, respektieren, anerkennen:* man schätzte den Künstler wert; man wertschätzte ihn; um wertzuschätzen; eine wertgeschätzte Persönlichkeit; **Wert|schät|zung,** die (geh.): *Ansehen, Achtung, Anerkennung, hohe Einschätzung:* große W. genießen; So hat gerade unsere Altstadt ... in den letzten Jahren eine neue W. erlangt (Augsburger Allgemeine 27./28. 5. 78, 43); **Wert|schöp|fung,** die ⟨o. Pl.⟩ (Wirtsch.): *in den einzelnen Wirtschaftszweigen, den einzelnen Unternehmen erbrachte wirtschaftliche Leistung, Summe der in diesen Wirtschaftsbereichen entstandenen Einkommen (die den Beitrag der Wirtschaft zum Volkseinkommen darstellen);* **Wert|schrift,** die (schweiz.): *Wertpapier;* **Wert|sen|dung,** die (Postw.): *einen Wertgegenstand, Dokumente o. ä. enthaltende Postsendung in Form eines Briefes od. Pakets, deren in der Aufschrift angegebener Wert bei Beschädigung od. Verlust der Sendung von der Post ersetzt wird;* **Wert|ska|la,** die: *Rangordnung von [ideellen] Werten;* **Wert|stei|ge|rung,** die: *Steigerung, Erhöhung des materiellen Wertes;* **wert|stel|len** ⟨sw. V.; hat⟩ (Bankw.): *eine Wertstellung vornehmen:* Die Stadtsparkasse Kaiserslautern und die Raiffeisenbank Ludwigshafen stellen nach drei Arbeitstagen wert (Rheinpfalz 1. 4. 89, 5); **Wert|stel|lung,** die (Bankw.): *Festsetzung des Tages, der dem auf ein Konto eine Gutschrift od. Belastung vorgenommen wird; Valuta (2); Valutierung;* **Wert|stoff,** der: *im Abfall, Müll enthaltener Altstoff, der als Rohstoff erneut verwendet werden kann:* -e wie Glas, Aluminium, Holz,

Blech, Textilien, Kunststoffe und Papier kommen in die „grüne Tonne" (Salzburger Nachrichten 17. 2. 86, 4); **Wert|stück,** das: *einzelner Wertgegenstand;* **Wert|system,** das: *Ordnung der Werte (3) in einer Gesellschaft, Wirtschaft o. ä.;* **Wert|theo|rie,** die (marx.): *Theorie vom Tauschwert der Waren im Verhältnis zu der bei ihrer Produktion aufgewendeten Arbeit;* **Wer|tung,** die; -, -en: *das Werten, Bewertung:* Das ist beileibe keine Wertung, sondern nur eine Feststellung (Saarbrücker Zeitung 30. 11. 79, 38); (Sport:) im Skispringen erreichte er -en *(Benotungen)* über 16; 6 Fahrer stehen noch in der W. *(können noch gewertet werden, noch Wertungspunkte erhalten);* **wer|tungs|gleich** ⟨Adj.⟩ (bes. Sport): *gleich (1 a) in der Wertung, Benotung;* **Wer|tungs|lauf,** der (Motorsport): *Wettkampf, dessen Ergebnis sich zugleich in Punkten für die Meisterschaft niederschlägt;* **Wer|tungs|punkt,** der (Sport): *bei der Punktwertung zur Ermittlung eines Siegers vergebener Punkt;* **Wer|tungs|rich|ter,** der (Sport): *Kampfrichter, der bes. für die Bewertung der sportlichen Leistungen zuständig ist;* **Wer|tungs|rich|te|rin,** die (Sport): w. Form zu ↑*Wertungsrichter;* **Wert|ur|teil,** das: *wertendes Urteil* (2): ein W. abgeben; **Wert|ver|lust,** der: *Verringerung des materiellen Werts:* der W. des Geldes; der W. eines Autos beim Wiederverkauf; **wert|voll** ⟨Adj.⟩: **a)** *von hohem [materiellen, künstlerischen od. ideellen] Wert, kostbar:* -er Schmuck; -e Bücher; Eine auffällig -e Armbanduhr, die die Tote am linken Handgelenk trug (Prodöhl, Tod 251); die Frucht enthält -e Vitamine; Man hatte ihm etwas genommen ... seine Heimat, -e Jahre seines Lebens (Danella, Hotel 20); der Film ist künstlerisch w.; **b)** *sehr gut zu verwenden, nützlich u. hilfreich:* -e Ratschläge; ein -er Hinweis; England verbuchte einen -en *(sehr wichtigen)* 2 : 0-Erfolg (NNN 14. 11. 80, 6. S.); **Wert|vor|stel|lung,** die ⟨meist Pl.⟩: *Vorstellung (2 a) von Wert (3);* **Wert|wan|del:** ↑*Wertewandel;* **Wert|zei|chen,** das: *Wertmarke od. einer Wertmarke entsprechender Aufdruck;* **Wert|zoll,** der: *nach dem Wert einer Ware festgesetzter Zoll;* **Wert|zu|wachs,** der: *Zuwachs, Zunahme des materiellen Wertes:* Kaum eine andere Anlage hat ... einen vergleichbaren W. aufzuweisen (Saarbrücker Zeitung 12./13. 7. 80, 13); **Wert|zu|wachs|steu|er,** die (Steuerw.): *Steuer, die den Wertzuwachs bemißt, der bei einem Vermögen (im Vergleich mit einem Stichtag in der Vergangenheit) eingetreten ist.*

wer|wei|ßen ⟨sw. V.; hat⟩ [aus „wer weiß ... (ob, wann, wo ...)"] (schweiz.): *hin und her raten, sich überlegen:* dort rotteten sie sich auf Stöcke abgestützt zusammen, disputierten, verweißten über Vergangenes (P. Weber, Wettermacher 13); alle haben gewerweißt, was zu tun sei; ⟨subst.:⟩ wir sind also ganz auf das Werweißen angewiesen (Burger, Brenner 86).

Wer|wolf, der [mhd. werwolf, aus: ahd. wer = Mann, Mensch (verw. mit lat. vir = Mann) u. ↑*Wolf*, also eigtl. = Mannwolf, Menschenwolf]: *(im alten Volksglauben) Mensch, der sich von Zeit*

wes [mhd. wes] (veraltet): Gen. von ↑ wer (II); wessen.

we|sen ⟨sw. V.; hat⟩ [mhd. wesen, ahd. wesan = sein; sich aufhalten; dauern; geschehen, urspr. = verweilen, wohnen] (veraltet, noch geh.): *[als lebende Kraft] vorhanden sein:* Indes es weste doch ein gewisser Zauber im Rüstzeug für die Wirklichkeit des großen Lebensraumes (v. Rezzori, Blumen 73); ein All, in dem das Nichts weste und wirklich war (Stern, Mann 279); **We|sen,** das; -s, - [mhd. wesen, ahd. wesan = Sein; Aufenthalt; Hauswesen; Wesenheit; Ding, Subst. von mhd. wesen, ahd. wesan, ↑ wesen]: **1. a)** ⟨o. Pl.⟩ *das Besondere, Kennzeichnende einer Sache, Erscheinung, wodurch sie sich von anderem unterscheidet:* das ist nicht das W. der Sache; ... symbolisiert die Eiche nur zu genau deutsches W., das zwischen streitsüchtiger Roheit und monastischer Verinnerlichung schwankt (Stern, Mann 42); das liegt im W. der Kunst; **b)** (Philos.) *etw., was die Erscheinungsform eines Dinges prägt, ihr zugrunde liegt, sie [als innere allgemeine Gesetzmäßigkeit] bestimmt:* das W. der Dinge, der Natur; W. und Erscheinung eines Dinges; Sein W. ist uns wie das W. aller Dinge unbekannt und wird es bleiben, weil wir die Einzelheiten seines Seins, deren Summe erst sein W. ausmacht, nicht kennen (Stern, Mann 334). **2.** ⟨o. Pl.⟩ *Summe der geistigen Eigenschaften, die einen Menschen auf bestimmte Weise in seinem Verhalten, in seiner Lebensweise, seiner Art, zu denken u. zu fühlen u. sich zu äußern, charakterisieren:* ihr W. blieb ihm fremd; sein ganzes W. strahlt Zuversicht aus; ein freundliches, einnehmendes, angenehmes, aufdringliches W. haben; sein wahres W. zeigte er nie; seinem [innersten] W. nach ist er eher scheu und zurückhaltend; von liebenswürdigem W. sein. **3. a)** *etw., was in bestimmter Gestalt, auf bestimmte Art u. Weise (oft nur gedacht, vorgestellt) existiert, in Erscheinung tritt:* phantastische, irdische, körperliche W.; das höchste W. *(Gott);* der Mensch ist ein vernunftbegabtes W.; der Mensch als gesellschaftliches W.; höhere W., die noch nicht Gott sind, doch auch nicht mehr Mensch (Stern, Mann 196); Das einzige W., das er je damit erschossen hatte, war eine Krähe (Kronauer, Bogenschütze 210); weit u. breit war kein menschliches W. *(Mensch)* zu sehen; sie glaubten nicht an ein höheres W.; **b)** *Mensch (als Geschöpf, Lebewesen):* sie ist ein freundliches, stilles W.; das arme W. wußte sich nicht zu helfen; Elfriede, das sanfte, kränkliche W., war nicht wiederzuerkennen (Danella, Hotel 189); das kleine W. *(Kind)* wimmerte kläglich; weil außer der Stewardeß ... kein weibliches W. *(keine Frau)* in Siebtweite war (Ziegler, Labyrinth 119). **4.** ⟨o. Pl.⟩ (veraltet) *Tun und Treiben:* das war ein W.!; ** sein W. treiben (sich tummeln, herumtreiben; Unfug treiben):* Die Possenreißer, die hier ihr W. treiben, machen dennoch schlechte Geschäfte (Schädlich, Nähe 173); **viel -s/kein W. [aus/um/von etw.] machen** (ugs.; *einer Sache [keine] große Bedeutung beimessen, sie [nicht] sehr wichtig nehmen, [nicht] viel Aufhebens von ihr machen*): Die literarische Öffentlichkeit hatte ... Fräulein Bernadette eben erst für sich entdeckt und so gleich ein gehöriges W. gemacht um die ausgefallene ... Autorin (Strauß, Niemand 159); Orangenkübel, Zwergpalmen und Kakteen ..., an denen Lustig eine besondere Freude hatte, ohne viel -s daraus zu machen (Bieler, Mädchenkrieg 43). ♦ **5.** *Besitztum, Anwesen:* Denn ich habe auch noch in Rom eine offene Werkstatt, Arbeiter und verschiedene Geschäfte. Habe ich nur einmal erst den Ablaß, so will ich das ganze römische W. einem meiner Zöglinge überlassen (Goethe, Benvenuto Cellini I, 2, 4); Ich habe mich aber bedankt, das verwilderte W. für einen andern herzustellen, und sagte, sie sollten den Acker nur verkaufen (Keller, Romeo 6); **-we|sen,** das; -s: *bezeichnet in Bildungen mit Substantiven einen Bereich, eine Gesamtheit, die etw. in seiner Vielfalt umfaßt:* Bildungs-, Gesundheits-, Fernmelde-, Hochschulwesen; **we|sen|haft** ⟨Adj.; -er, -este⟩ (geh.): **1.** *das Wesen* (1) *ausmachend; im Wesen begründet:* das ist ein -es Kennzeichen der Poesie; gehört w. zur Poesie; bei Wörtern wie „Hund" und „Liebe" spricht man von -en Bedeutungsbeziehungen. **2.** *wirkliches Sein habend, real existent:* es zählen für ihn nur die -en Dinge, Größen; **We|sen|heit,** die; -, -en (geh.): **1.** *Wesen* (1): die W. der Dinge. **2.** *Wesen* (3 a): Sein Vater erklärte ihm, der Stern heiße nach König David, in der Kabbala symbolisiere er die Vereinigung zweier verschiedener -en (Rolf Schneider, November 218). **3.** *reales Vorhandensein, Stofflichkeit;* **we|sen|los** ⟨Adj.; -er, -este⟩ (geh.): **1.** *unwirklich; nicht von Leben, Stofflichkeit zeugend:* -e Träume, Schatten. **2.** *bedeutungslos, unwichtig (im Vergleich zu anderem):* in dieser Not wird alles andere w.; Recht und Unrecht erscheinen ihm als gleichermaßen w., weshalb auch seine Verurteilung keine Bedeutung für ihn hat (NJW 19, 1984, 1064); **We|sen|lo|sig|keit,** die; -: *das Wesenlossein;* **We|sens|art,** die: *Wesen* (2); *Charakter* (1): die besondere W. eines Menschen; er ist von anderer W. als sein Freund; die Sarazenin und Anna ... wollte bestreiten, daß sie ... in Erscheinung und W. weit mehr trennt (Stern, Mann 32); **we|sens|ei|gen** ⟨Adj.⟩: *zum Wesen einer Sache, Person gehörend, dafür charakteristisch:* Die der Satire -e Übertreibung und Verzerrung (NJW 19, 1984, 1093); etw. ist jmdm., einer Sache w.; **we|sens|fremd** ⟨Adj.⟩: *dem Wesen einer Sache, Person fremd, nicht dazu passend:* Die beiden -en Koalitionspartner (NZZ 25. 10. 86, 2); Bevensen redete sich in eine ihm sonst -e Wut hinein (Prodöhl, Tod 205); **we|sens|ge|mäß** ⟨Adj.⟩: *dem Wesen* (1, 2) *entsprechend;* **we|sens|gleich** ⟨Adj.⟩: *von gleichem Wesen, gleicher Wesensart:* sie sind sich w.; **We|sens|gleich|heit,** die: *das Wesensgleichsein;* **We|sens|kern,** der: *entscheidender, bestimmender Wesenszug;* **we|sens|mä|ßig** ⟨Adj.⟩: *das Wesen* (1, 2) *betreffend, in Hinblick auf das Wesen;* **We|sens|merk|mal,** das; vgl. Wesenszug; **we|sens|not|wen|dig** ⟨Adj.⟩: *durch das Wesen* (1 a) *einer Sache zwangsläufig bedingt:* eine -e Entscheidung; **We|sens|un|ter|schied,** der: *Unterschied im Wesen, in der Wesensart;* **we|sens|ver|schie|den** ⟨Adj.⟩: *von verschiedenem Wesen, verschiedener Wesensart:* -e Schwestern; **We|sens|ver|wand|lung,** die (kath. Kirche): *Transsubstantiation;* **we|sens|ver|wandt** ⟨Adj.⟩: *im Wesen, in der Wesensart verwandt, ähnlich;* **We|sens|ver|wandt|schaft,** die: *das Wesensverwandtsein;* **We|sens|zug,** der: *charakteristisches Merkmal eines Wesens, Bestandteil einer Wesensart:* ein charakteristischer, markanter, hervorstechender W.; **we|sent|lich** [mhd. wesen(t)lich, ahd. wesentlîho (Adv.)] ⟨Adj.⟩: **1.** *den Kern einer Sache ausmachend u. daher bes. wichtig; von entscheidender Bedeutung, grundlegend:* -er Bestandteil von etw. sein; ein -er Unterschied; -e Mängel aufweisen; etw. ist von -er Bedeutung; Bis die Biotechnik -e Beiträge zur Welternährung liefern kann, vergehen Jahrzehnte (natur 9, 1991, 37); Das Motiv war immer das gleiche. Ist mein -ster (wichtigster) Zeuge tatsächlich tot ...? (Bastian, Brut 117); für die ganze Auseinandersetzung war dies sehr w.; das Programm enthielt nichts w. Neues; ⟨subst.:⟩ daß ich weder von den Eltern noch von den häufig wechselnden Erzieherinnen Wesentliches gelernt habe (Dönhoff, Ostpreußen 75); sich auf das Wesentliche beschränken; *** im -en** (1. *aufs Ganze gesehen, ohne ins einzelne zu gehen:* das ist im -en dasselbe. 2. *in erster Linie, in der Hauptsache:* die Probleme sind im -en gelöst; dies ist im -en zu verdanken; Der Nationalpark Hochharz ... umfaßt 5 862 Hektar, im -en Wald [natur 5, 1991, 56]); **um ein -es** (veraltend; *erheblich*): Die Ausbeute war noch um ein -es geringer als bei der Mazeration (Süskind, Parfum 228). **2.** ⟨intensivierend bei Adjektiven im Komp. u. Verben⟩ *um vieles; in hohem Grade; sehr:* w. ist w. schöner, größer, besser als etw. Vergleichbares; die Herstellung von Recyclingprodukten spart Rohstoffe und verbraucht w. weniger Energie als die von Neuprodukten (natur 10, 1991, 60); sich von etw. w. unterscheiden; sie hat sich w. verändert.

We|ser, die; -: *deutscher Fluß;* **We|ser|berg|land,** das; -[e]s: *Berg- u. Hügelland beiderseits der oberen Weser;* **We|ser|ge|bir|ge,** das; -s: *Höhenzug im Weserbergland.*

Wes|fall, der; -[e]s, Wesfälle (Sprachw.): *Genitiv.*

wes|halb ⟨Adv.⟩: **1.** ⟨interrogativ⟩ *aus welchem Grund?; warum?:* w. hast du das getan?; ich verstehe nicht, w. er das getan hat; ich weiß nicht, w., aber er hat es getan; Das Geschäftliche ist erledigt - w. sollten wir nicht noch ein bißchen plaudern? (Bieler, Mädchenkrieg 270); Ich verstand nicht, w. das Sterben immer hinter den Wänden der Häuser blieb (Müller, Niederungen 26); „Ich werde nicht mitkommen." - „Weshalb [das denn]?"; „Kommst du mit?" – „Ja, w. nicht?" *(weshalb sollte ich nicht mitkommen?)*; ⟨subst.:⟩ *er fragte nicht nach dem Weshalb und Warum.* **2.** ⟨relativisch⟩ *aus welchem Grund; das ist der Grund dafür, daß; weswegen:* das Motiv, w. er so handelte, kannte keiner von uns; Einen schlechten Start hatte Brysgin, w. er nie in die Entscheidung eingreifen konnte (NZZ 29. 8. 86, 43); Wer etwa mein Geld oder meine Macht will, will beides aus dem gleichen Grund, w. ich es ihm nicht freiwillig gebe (Pohrt, Endstation 125). **We|sir,** der; -s, -e [türk. vezir < arab. wazīr, eigtl. = Helfer]: **a)** *Großwesir;* **b)** *(früher) Minister (eines islamischen Herrschers);* **We|si|rat,** das; -[e]s, -e: *Amt, Würde eines Wesirs.*

Wes|le|ya|ner [vɛsli'a:nɐ, vɛsle'ja:nɐ], der; -s, - [nach dem engl. Theologen u. Begründer des Methodismus J. Wesley (1703–1791)]: *Methodist;* **Wes|le|ya|ne|rin** [...li'a:..., ...le'ja:...], die; -, -nen: w. Form zu ↑ Wesleyaner.

Wes|pe, die; -, -n [mhd. wespe, wefse, ahd. wefsa, wafsi, zu ↑ weben, eigtl. = die Webende, nach dem gewebeartigen Nest]: *einer Biene ähnliches Insekt mit einem schlankeren, nicht behaarten Körper, schwarzgelb gezeichnetem Hinterleib u. auffallend schmalem Teil zwischen Brust u. Hinterleib:* er wurde von einer W. gestochen; **Wes|pen|nest,** das: *Nest der Wespen:* ein W. ausräuchern; auf dem Dachboden entdeckten sie zwei -er, * **in ein W. stechen/greifen** (ugs.; *große Aufregung durch [unerwartetes] Berühren einer heiklen Angelegenheit auslösen*): mit der scheinbar harmlosen Frage nach der Verwendung der Spendengelder hatte er in ein W. gegriffen; Junge, wir müssen in ein verdammt großes W. gestochen haben (Simmel, Stoff 323); **sich in ein W. setzen** (ugs.; *sich durch sein Verhalten unversehens Gegner schaffen, viele gegen sich aufbringen*); **Wes|pen|schwarm,** der: *Schwarm von Wespen;* **Wes|pen|stich,** der: *Stich einer Wespe;* **Wes|pen|tail|le,** die: *sehr schlanke Taille:* eine W. haben.

wes|sen: Gen. von ↑ wer (I a, II) u. ↑ was (I, II 1); **wes|sent|hal|ben** ⟨Interrogativadv.⟩ (veraltet): *weshalb;* **wes|sent|we|gen** ⟨Interrogativadv.⟩: *weswegen;* **wes|sent|wil|len** ⟨Interrogativadv.⟩: in der Wendung **um w.** (veraltend): *wem zuliebe*): sie fragten sich alle, um w. er dies wohl getan habe.

¹**Wes|si,** der; -s, -s (ugs.): *männliche Person, die aus den alten Bundesländern stammt; Westdeutscher;* ²**Wes|si,** die; -, -s (ugs.): *weibliche Person, die aus den alten Bundesländern stammt; Westdeutsche;* **West,** der; -[e]s, -e [spätmhd. west, geb. in Analogie zu Nord, Süd]: **1.** ⟨o. Art.⟩ unflekt.; o. Art.⟩ **a)** (bes. Seemannsspr., Met.) *Westen* (1) *(gewöhnlich in Verbindung mit einer Präp.):* der Wind kommt aus/von W.; die Menschen kamen aus Ost und W. *(von überall her);* die Grenze zwischen Ost und W. *(zwischen östlichen und westlichen Gebieten, Landesteilen o. ä.);* der Konflikt zwischen Ost und W. (Politik früher; *zwischen den sozialistischen Ländern Osteuropas u. Asiens u.* *den kapitalistischen Ländern der westlichen Welt);* **b)** als nachgestellte nähere Bestimmung bei geographischen Namen o. ä. zur Bezeichnung des westlichen Teils od. zur Kennzeichnung der westlichen Lage, Richtung: Autobahnausfahrt Frankfurt-W.; die Arbeiter kamen aus dem Tor W.; er wohnt in Neustadt (W)/Neustadt-W.; Abk.: W; **c)** (salopp) kurz für ↑ Westmark, ↑ Westgeld: 10 Mark W.; die unzufriedenen Leute sind raus und werden auch noch in W. bezahlt (tip 12, 1984, 90). **2.** ⟨Pl. selten⟩ (Seemannsspr., dichter.) *Westwind:* ein frischer W. kam auf; **West|afri|ka;** -s: *westlicher Teil Afrikas;* **West|ber|lin:** *westlicher Teil Berlins;* ¹**West|ber|li|ner,** der: Ew.; ²**West|ber|li|ner** ⟨indekl. Adj.⟩; **West|ber|li|ne|rin,** die: w. Form zu ↑ ¹Westberliner; **West|block,** der ⟨o. Pl.⟩: *Gruppe der in der Zeit des kalten Krieges von den USA geführten u. in der Nato verbündeten Staaten des westlichen Europas u. Nordamerikas;* **West-coast-Jazz** ['wɛst'koʊst-ˈdʒɛz], der; - [engl. West Coast jazz, aus: west = Westen; West, -coast = Küste u. ↑ Jazz] (Musik): *um die Mitte der 50er Jahre an der Westküste der USA entstandene, dem Cool Jazz ähnliche Stilrichtung des Jazz;* **west|deutsch** ⟨Adj.⟩: **a)** *Westdeutschland* (a) *betreffend, von dort stammend, kommend;* **b)** *(früher im nichtoffiziellem Sprachgebrauch) Westdeutschland* (b) *betreffend, dazu gehörend, von dort stammend:* Sie drehte noch im -en Fernsehen die Spätausgabe der politischen Nachrichten an (Rolf Schneider, November 107); **West|deut|sche,** der u. die: Ew.; **West|deutsch|land;** -s: **a)** *westlicher Teil Deutschlands;* **b)** *(früher im nichtoffiziellem Sprachgebrauch) Bundesrepublik Deutschland (bes. im Unterschied zur DDR).*

We|ste, die; -, -n [frz. veste = ärmelloses Wams < ital. veste < lat. vestis = Kleid, Gewand]: **1.** *bis zur Taille reichendes, ärmelloses, vorne meist [einreihig] durchgeknöpftes Kleidungsstück, das [enganliegend] über dem Oberhemd, einer Bluse getragen wird:* ein Anzug mit W., * **eine weiße/reine/saubere W. haben** (ugs.; *nichts getan haben, was rechtlich nicht einwandfrei ist*): Ich will niemandem, der eine reine W. hat, am Zeug flicken (Maass, Gouffé 146); **jmdm. etw. unter die W. jubeln** (ugs.; *erreichen, daß jmd. gegen seinen Willen etw. bekommt, hat, machen muß*): seine Kollegen hatten ihm wieder die ganze Monatsabrechnung unter die W. gejubelt; Kosten können nicht so einfach über die Preise an den Verbraucher weitergegeben werden, wie bare Herr Blüm ... den Bürgern unter die W. jubelt (MM 11. 3. 85, 24). **2.** *gestrickte, gewirkte dünnere Jacke aus Wolle bzw. einer Kunstfaser; Strickweste.* **3. a)** *ärmellose Schutzbekleidung für den Oberkörper:* eine schußsichere W.; Die Beamten trugen kugelsichere -n (Chotjewitz, Friede 274); **b)** kurz für ↑ Schwimmweste.

We|sten, der; -s [mhd. westen, ahd. westan, subst. aus mhd. westen(e), ahd. westana = von, nach, im Westen]: **1.** ⟨meist o. Art.⟩ *Himmelsrichtung, in der (bei Tagundnachtgleiche) die Sonne untergeht* (gewöhnlich in Verbindung mit einer Präp.): Der W. blendete im Sonnenuntergang (Rehn, Nichts 58); Während die Sonne schon tief im W. stand, bewegte sich die Prozession ... den steilen Klippenweg ... hinauf (Zuckmayer, Herr 107); das Zimmer geht nach W.; in der unmittelbaren Nachbarschaft der Kommunisten, die eben erst die Grenzen ihres Machtbereichs tausend Kilometer weiter nach W. vorgeschoben hatten (Dönhoff, Ära 196); die Wolken kommen von/vom W. [her]; Abk.: W **2.** *gegen Westen* (1), *im Westen gelegener Bereich, Teil (eines Landes, Gebietes, einer Stadt o. ä.):* der W. des Landes, des Bezirks; der W. der Stadt war bevorzugtes Wohngebiet der Reichen; im W. Frankfurts; im W. Afrikas; das Gebirge liegt im W.; * **der Wilde W.** *(Gebiet im Westen Nordamerikas zur Zeit der Kolonisation im 19. Jh.; nach engl. Wild West, Bez. des westlichen Teils der Vereinigten Staaten z. Z. der Landnahme u. des Goldrausches, als dort noch Gesetzlosigkeit herrschte).* **3.** *Westeuropa u. die USA, bes. im Hinblick ihre politische, weltanschauliche o. ä. Gemeinsamkeit:* eine Stellungnahme des -s liegt noch nicht vor; der in den Ländern des modernen -s vorherrschende Rechtstyp (Fraenkel, Staat 36); Rostow ist der Meinung, daß die Entwicklung der letzten Jahre für den W. gearbeitet hat (Dönhoff, Ära 196); noch 55 Jahre nach der Oktoberrevolution muß die Sowjetunion im W. Getreide kaufen (Gruhl, Planet 45). **4.** (früher) *von Bewohnern der DDR verwendete Bez. für Westdeutschland:* die Pakete aus dem W. waren damals begehrt; Trotzdem ist es komisch, sagte er, viele von Ihnen, die in den W. gegangen sind, wollen jetzt nichts anderes als zurück (Brasch, Söhne 55); **West|end,** das; -s, -s [nach dem vornehmen Londoner Stadtteil West End]: *vornehmer, meist im Westen gelegener Stadtteil einer Großstadt:* das W. Frankfurts; sie wohnen im W.

We|sten|fut|ter, das: ²*Futter* (1) *einer Weste* (1); **We|sten|ta|sche,** die: *kleine Tasche in einer Weste* (1): Geld in die W. stecken; Ü das zahlt er aus der W. (ugs.; *mit Leichtigkeit*); Da ist der Hausmeister - ein Playboy aus der W. (ugs.; *Westentaschenplayboy;* Hörzu 1, 1977, 34); ein Abhörgerät für die W. (ugs.; *das sehr klein ist*); * **etw. wie seine W. kennen** (ugs.; *[einen Ort o. ä.] sehr genau kennen*): ... war St. Pauli mein Bezirk. Ich kannte ihn wie meine W. (Eppendorfer, St. Pauli 30); **We|sten|ta|schen-** (spött.): drückt in Bildungen mit Substantiven aus, daß eine Person jmdn. nachahmt, ihm nacheifert, aber nicht dessen Format hat und somit unbedeutend bleibt [und dadurch lächerlich wirkt]: Westentaschenmachiavelli, -playboy, -revolutionär; **We|sten|ta|schen|for|mat,** das: in der Fügung **im W.** (**1.** *sehr klein u. handlich:* ein Rechner im W.; Miniaturschweißgerät im W. [CCI 11, 1985, 56]. **2.** ugs.; *von lächerlich wirkender Unbedeutendheit:* ein Politiker im W.).

We|stern, der; -[s], - [engl. western, zu: western = West-]: *Film, der im Wilden*

Westerner

Westen spielt: Dieser W. schildert einen gefahrvollen Viehtreck von Texas nach Montana (Hörzu 16, 1979, 55); **We̱ǀsterner**, der; -s, - [engl. westerner = jmd., der im Westen der USA lebt od. geboren ist]: *Held* (3) *eines Westerns:* Seine Figur (= Tom Mix) fügte der Legende um den rauhen W. Glamour und Romantik hinzu (Augsburger Allgemeine 13./14. 5. 78, 22); **We̱ǀsternǀgriff**, der [engl. Western grip, vgl. Easterngriff] (Tennis): *Griff* (1 a) *bes. für die Rückhand, bei dem sich das Handgelenk teils auf u. teils vor dem Schlägergriff befindet;* **We̱ǀsternheld**, der: *Westerner;* **We̱ǀsternǀhut**, der: *Cowboyhut, Stetson;* **We̱ǀsternǀmuǀsik**, die ⟨o. Pl.⟩: *Country-music;* **We̱ǀsternpferd**, das: *bes. aus Nordamerika stammendes, für die besonderen Bedürfnisse der Cowboys gezüchtetes Pferd;* **We̱sternǀreiǀten**, das; -: *ursprünglich von den nordamerikanischen Cowboys entwickelte, heute als Sport betriebene Art des Reitens.*
We̱ǀsterǀwald, der; -[e]s: Teil des Rheinischen Schiefergebirges.
We̱stǀeuǀroǀpa, -s: westlicher Teil Europas; **We̱stǀeuǀroǀpäǀer**, der; Ew.; **We̱stǀeuǀroǀpäǀeǀrin**, die; w. Form zu ↑ Westeuropäer; **we̱stǀeuǀroǀpäǀisch** ⟨Adj.⟩.
We̱stǀfaǀle, der; -n, -n: Ew. zu ↑ Westfalen; **We̱stǀfaǀlen**, -s: nordöstl. Teil von Nordrhein-Westfalen; **We̱stǀfäǀlin**, die; -, -nen: w. Form zu ↑ Westfale; **we̱stǀfälisch** ⟨Adj.⟩; vgl. badisch.
We̱stǀfernǀseǀhen, das (ehem. DDR): *Fernsehen der Bundesrepublik Deutschland;* **We̱stǀflanǀke**, die: vgl. Ostflanke; **We̱stǀflüǀgel**, der: vgl. Ostflügel (a, b); **We̱stǀfront**, die: *(bes. im 1. u. 2. Weltkrieg) im Westen verlaufende Front* (2); **We̱stǀgeld**, das ⟨o. Pl.⟩ (bes. ehem. DDR): vgl. Westmark: *Doch selbst dort, wo Verwandte oder Freunde W. geschickt haben, ist es ja allenfalls so viel, daß im Intershop ein kleiner Teil der Bedürfnisse erfüllt werden kann* (Saarbr. Zeitung 24. 12. 79, IV); **We̱stǀgerǀmaǀne**, der: *ältere Bez. für Angehörigen eines zum westlichen Zweig der Germanen gehörenden Stammes;* **We̱stǀgerǀmaǀnin**, die; w. Form zu ↑ Westgermane; **we̱stǀgerǀmaǀnisch** ⟨Adj.⟩: *die Westgermanen betreffend, zu ihnen gehörend;* **We̱stǀgrenǀze**, die: vgl. Ostgrenze; **We̱stǀhang**, der: vgl. Osthang; **We̱stǀinǀdiǀen**, -s: *Gebiet der Westindischen Inseln;* **we̱stǀindisch** ⟨Adj.⟩: *die Westindischen Inseln (die Antillen sowie die Bahamas).*
Weǀstingǀhouseǀbremǀse ['vɛstɪŋhaʊs...], die; -, -n [Westinghouse ⓦ; nach dem amerikanischen Ingenieur J. Westinghouse (1846–1914)]: *Druckluftbremse bei Eisenbahnen.*
We̱stǀinǀteǀgraǀtiǀon, die ⟨o. Pl.⟩: *Integration* (2) *in den Westen* (3): *es trat der EG als assoziiertes Mitglied bei ... Die W. ... soll zu hundert Prozent verwirklicht werden* (Merian, Türkei 34); **we̱stisch** ⟨Adj.⟩ (Anthrop.): *einem europiden Menschentypus angehörend, entsprechend, der bes. im mediterranen Raum vorkommt u. für den schlanker Körperbau, länglicher Kopf u. zierliche, scharf konturierte Nase typisch sind:* -e Rasse; **We̱stǀkonǀtakt**, der (bes. ehem. DDR): *(verbotener) Kontakt* (1) *zum westlichen Ausland, bes. zur Bundesrepublik Deutschland:* Ein Cousin schreibt aus der DDR über einen anderen Vetter, der Offizier bei der Nationalen Volksarmee geworden sei und ihn vor -en gewarnt habe (Saarbr. Zeitung 11. 10. 79, 12); **We̱stǀküǀste**, die: vgl. Westteil. **We̱stǀler**, der; -s, - (früher, oft abwertend): *von Bewohnern der DDR verwendete Bez. für Bewohner der Bundesrepublik Deutschland;* **We̱stǀleǀrin**, die; -, -nen (früher, oft abwertend): w. Form zu ↑ Westler; **we̱stǀleǀrisch** ⟨Adj.⟩ (oft abwertend): *betont westlich* (1 3) *eingestellt;* **we̱stǀlich: I.** ⟨Adj.⟩ **1.** *im Westen* (1) *gelegen:* die -e Grenze; der -ste Teil, Zipfel des Landes; Beide Objekte in sehr schöner Lage mit Blick auf die -en Wälder (Augsburger Allgemeine 6./7. 5. 78, 18); das -e Frankreich *(der westliche Teil Frankreichs);* (Geogr.:) 15 Grad -er Länge; (in Verbindung mit „von"): w. von Zürich; das Dorf liegt w. von hier. **2. a)** *nach Westen* (1) *gerichtet, dem Westen zugewandt:* in -er Richtung; einen noch -eren Kurs einschlagen; die Grenze verläuft genau w.; **b)** *aus Westen* (1) *kommend:* -e Winde. **3. a)** *den Westen* (3) *betreffend, zum Westen* (3) *gehörend, für ihn charakteristisch:* -es Denken; -e Kunst, Tradition; die -e Kultur; -er Geist; die -en Völker, Überlieferungen; -e Journalisten, Nachrichtenagenturen; Gleichzeitig trennten sich auch für den Reichsteilung von 395 die Wege der östlichen und der -en Kirche (Fraenkel, Staat 150); Westlich orientierte Heilkundige dachten sogleich an eine genitale Infektion (natur 4, 1991, 86); Man hatte nur die Wahl, „westlich" oder „japanisch" zu essen (Muschg, Sommer 259); **b)** (bes. ehem. DDR) *den Westen* (4) *betreffend, zum Westen* (4) *gehörend; für ihn charakteristisch; westdeutsch* (b): die -e Dekadenz; Ähnelte der „Neue Kurs" nicht eher den -en Parolen, die gegen alles hetzten ...? (Bieler, Bär 277). **II.** ⟨Präp. mit Gen.⟩ *weiter im, gegen Westen* (1) *[gelegen] als ...; westlich von ...:* w. der Grenze; **We̱stmächǀte** ⟨Pl.⟩ (Politik): **a)** *die gegen Deutschland verbündeten Staaten Frankreich, Großbritannien [u. USA] vor u. im ersten Weltkrieg;* **b)** *die alliierten Staaten Frankreich, Großbritannien, USA nach 1945;* **We̱stǀmark**, die; -, - (bes. ehem. DDR): ¹*Mark der Bundesrepublik Deutschland:* Selbst Alltägliches ist sehr viel schneller für W. als für „Kosakenrubel" ... zu haben (Spiegel 41, 1977, 67); **we̱stǀmitǀtelǀdeutsch** ⟨Adj.⟩ (Sprachw.): *die Mundarten des westlichen Mitteldeutschlands betreffend;* **We̱stǀmitǀtelǀdeutsch**, das u. ⟨nur mit best. Art.⟩ **We̱stǀmitǀtelǀdeutǀsche**, das: *westmitteldeutsche Sprache;* **We̱stǀnordǀwe̱st**, der: **1.** ⟨o. Pl.⟩; unflekt. ⟨o. Art.⟩ (Seemannsspr., Met.) *Westnordwesten* (gewöhnlich in Verbindung mit einer Präp.); Abk.: WNW **2.** ⟨Pl. selten⟩ (Seemannsspr.) *von Westnordwesten wehender Wind;* **We̱stnordǀwe̱sten**, der ⟨meist o. Art.⟩: *Richtung zwischen Westen u. Nordwesten* (gewöhnlich in Verbindung mit einer Präp.); Abk.: WNW **We̱stonǀeǀleǀment** ['wɛstən...], das; -[e]s, -e [nach dem amerik. Physiker E. Weston (1850–1936)] (Physik): *H-förmiges galvanisches Element, das eine konstante Spannung liefert u. daher als Normal für die Einheit der elektrischen Spannung festgelegt wurde.*
we̱stǀöstǀlich ⟨Adj.⟩: *von Westen nach Osten [verlaufend]:* in -er Richtung. **We̱stǀover**, der; -s, - [aus engl. vest = Weste u. over = über, geb. nach ↑ Pullover]: *ärmelloser Pullover mit [spitzem] Ausschnitt.*
We̱stǀpunkt, der (Geogr.): *in exakt westlicher Richtung liegender (gedachter) Punkt am Horizont;* **We̱stǀrand**, der: vgl. Ostrand; **We̱stǀrom**, -s: *das Weströmische Reich;* **we̱stǀröǀmisch** ⟨Adj.⟩; **We̱stsaǀmoa**, -s: *Inselstaat im Pazifischen Ozean;* **We̱stǀseiǀte**, die: *nach Westen zu gelegene Seite:* die W. des Hauses, des Berges, des Flusses, des Sees; **we̱stǀseitig** ⟨Adj.⟩: *an, auf der Westseite [gelegen, befindlich]:* der Himmel hellte sich w. auf; **We̱stǀsekǀtor**, der (früher): *westlicher Sektor* (3): Die Einwohner der -en ... seien deutsche Staatsangehörige unter Verwaltung der drei Westalliierten (MM 14. 2. 75, 1); **We̱stǀspitǀze**, die: vgl. Ostspitze; **We̱stǀsüdǀwe̱st**, der: **1.** ⟨o. Pl.⟩; unflekt. ⟨o. Art.⟩ (Seemannsspr., Met.) *Westsüdwesten* (gewöhnlich in Verbindung mit einer Präp.); Abk.: WSW **2.** ⟨Pl. selten⟩ (Seemannsspr.) *von Westsüdwesten wehender Wind;* **We̱stǀsüdǀwe̱sten**, der ⟨meist o. Art.⟩: *Richtung zwischen Westen u. Südwesten* (gewöhnlich in Verbindung mit einer Präp.); Abk.: WSW; **We̱stǀteil**, der: vgl. Ostteil; **We̱st Virǀgiǀnia**, - -s: *Bundesstaat der USA;* **We̱stǀwand**, die: vgl. Ostwand; **we̱stǀwärts** ⟨Adv.⟩ [↑-wärts]: **a)** *in westliche[r] Richtung, nach Westen:* w. ziehen, blicken; Alle Fahrzeuge fuhren w. (Freie Presse 22. 12. 89, 9); **b)** (seltener) *im Westen:* w. zog ein Gewitter auf; Westwärts findet gerade ein schleimiger Sonnenuntergang statt (Frisch, Montauk 14); **We̱stǀwind**, der: *von Westen wehender Wind:* der W. griff sich die Segel (M. Walser, Pferd 40); **we̱stǀzoǀnal** ⟨Adj.⟩ (veraltet): *eine der Westzonen betreffend, dazu gehörend, von dort stammend;* **We̱stǀzoǀne**, die ⟨meist Pl.⟩ (veraltet): *(nach dem zweiten Weltkrieg) britische, französische bzw. amerikanische Besatzungszone:* eine dritte Flüchtlingswelle, die der Zuwanderer aus der „sowjetischen Besatzungszone" in die -en (Kraushaar, Lippen 44). **wesǀweǀgen** ⟨Adv.⟩: **1.** (interrogativ) *weshalb* (1): w. hast du das getan?; w. erzähle ich dir das eigentlich; Und ganz zwanglos könnte man Onkel Lothar fragen, w. sich die Erwachsenen neuerdings so komisch benahmen (Bieler, Bär 372). **2.** (relativisch) *weshalb* (2): das Motiv, w. er so handelte, blieb uns verborgen; Ihm schwante, daß er widerlegt war, w. seine Rede sich gegen Ende nur noch in hohles Pathos steigern konnte (Süskind, Parfum 108); Meine Mutter war eine musische Frau, voller Phantasie, ein wenig romantisch, w. sie von ihren Brüdern oft geneckt worden ist (Dönhoff, Ostpreußen 43).
wett ⟨Adj.⟩ [mhd. wette, rückgeb. aus

↑Wette] (selten): *quitt:* meist in der Verbindung **[mit jmdm.] w. sein** (↑quitt); **Wett|an|nah|me,** die: *Stelle (Geschäft, Kiosk o. ä.), die Wetten (2), bes. Rennwetten, annimmt;* **Wett|be|werb,** der: **1.** *etw., woran mehrere Personen im Rahmen einer ganz bestimmten Aufgabenstellung, Zielsetzung in dem Bestreben teilnehmen, die beste Leistung zu erzielen, Sieger zu werden:* ein internationaler W.; einen W. gewinnen; einen W. für junge Musiker ausschreiben; an einem W. teilnehmen; aus einem W. ausscheiden; Der 25jährige Linkshänder ... warf jetzt einen Konkurrenten aus dem W., der ... in der ersten Runde ... großartig gespielt hatte (NZZ 13. 10. 84, 45); sehr gut im W. liegen; in einem W. siegen; Sie kennen doch auch die Probleme, vor allem die Auswirkungen auf die Spielstärke unserer Mannschaften in den großen internationalen -en (Kicker 6, 1982, 16); aufgerufen zum journalistischen W. um eine gute Reportage (CCI 11, 1986, 13). **2.** ⟨o. Pl.⟩ (Wirtsch.) *Kampf um möglichst gute Marktanteile, hohe Profite, um den Konkurrenten zu überbieten, auszuschalten; Konkurrenz:* unter den Firmen herrscht ein harter, heftiger W.; unlauterer W. (Rechtsspr.; *Wettbewerb mit Methoden, die von der Rechtsprechung für unzulässig erklärt worden sind);* im [freien]/in [freiem] W. miteinander stehen; **Wett|be|wer|ber,** der: **1.** *jmd., der an einem Wettbewerb (1) teilnimmt:* alle W., die an dieser Veranstaltung teilnehmen, haben die gleichen Bedingungen. **2.** (Wirtsch.) *jmd., der mit anderen im Wettbewerb (2) steht; Konkurrent:* Außerhalb Europas haben die Japaner ihre deutschen und europäischen W. in vielen Teilen der Welt buchstäblich von der Landkarte entfernt (Capital 2, 1980, 128); der klassische Dienstleister, der nicht kopflos vorwärtshastet, sondern immer ... den W. im Auge behält (Höhler, Sieger 69); **Wett|be|wer|be|rin,** die: w. Form zu ↑Wettbewerber; **Wett|be|werbs|be|din|gung,** die: *bestimmte, für einen Wettbewerb geltende Bedingungen;* **Wett|be|werbs|be|schrän|kung,** die (Wirtsch.): *auf Verträgen od. Absprachen zwischen Unternehmen beruhende Beschneidung der Konkurrenz;* **wett|be|werbs|fä|hig** ⟨Adj.⟩: *geeignet, fähig, mit andern zu konkurrieren:* Auf diesem Markt haben sie jedenfalls bewiesen, daß sie -e Produkte herzustellen in der Lage sind (Schweizer Maschinenbau 16. 8. 83, 35); Um die US-Produkte auf den Außenmärkten tatsächlich w. zu machen, müsse der Dollar weiter fallen (Freie Presse 25. 11. 87, 2); **Wett|be|werbs|fä|hig|keit,** die ⟨o. Pl.⟩: *Fähigkeit, mit andern zu konkurrieren; das Wettbewerbsfähigsein:* Eine auf Stabilität und W. bedachte Sparkassenpolitik (Sparkasse 6, 1981, 194); **Wett|be|werbs|teil|neh|mer,** der: *Teilnehmer eines Wettbewerbs (1);* **Wett|be|werbs|teil|neh|me|rin,** die: w. Form zu ↑Wettbewerbsteilnehmer; **Wett|be|werbs|ver|bot,** das (Wirtsch.): *arbeitsrechtliches Verbot für einen Arbeitnehmer, dem Arbeitgeber Konkurrenz zu machen;* **Wett|be|werbs|ver|zer|rung,** die (Wirtsch.): *Ungleichmäßigkeit der Wettbewerbsbedingungen:* Vor W. in Europa bei der Nutzung der Gentechnik wurde ... gewarnt (MM 13. 10. 89, 1); **wett|be|werbs|wid|rig** ⟨Adj.⟩ (Wirtsch.): *gegen die Gesetze des Wettbewerbs (2) verstoßend:* Eine Gratisverteilung (= von Zeitungen und Zeitschriften) ist nicht regelmäßig w. (NJW 19, 1984, 1122); **Wett|be|werbs|wirt|schaft,** die ⟨o. Pl.⟩: *Wirtschaftsordnung mit freier, uneingeschränkter Marktwirtschaft, Konkurrenz;* **Wett|bü|ro,** das: vgl. Wettannahme; **Wet|te,** die; -, -n [mhd. wet(t)e = Wette; Pfand, Einsatz, Preis; Bezahlung; Geldbuße, ahd. wet(t)i = Pfand]: **1.** *Abmachung zwischen zwei Personen, nach der derjenige, der mit seiner Behauptung recht behält, vom anderen etw. (z. B. Geld) bekommt, der W.* ging um 100 Mark; was gilt die W.? *(was gibst du mir, wenn ich recht habe?);* jmdm. eine W. anbieten; eine W. [mit jmdm.] abschließen; die W. gewinnen, verlieren; ich gehe jede W. ein/ich mache jede W. *(ich bin fest davon überzeugt),* daß er das nicht durchhält; Aloisia wird einverstanden sein, jede W. *(da bin ich ganz sicher)* (M. Walser, Seelenarbeit 208); ich könnte, möchte eine W. abschließen (ugs.; *bin überzeugt, [fast] sicher),* daß das nicht stimmt; auf diese, eine solche W. lasse ich mich nicht ein. **2.** (bes. bei Pferderennen) *mit dem Einsatz von Geld verbundener Tip (2).* **3. * um die W.** (**1.** *mit der Absicht, schneller, besser als die andere zu sein, sich mit etw. messen:* um die W. fahren, rennen. **2.** ugs.; *[in bezug auf das Ausmaß, die Intensität o. ä. bei einer Tätigkeit] jeweils einander übertreffend:* sie aßen, arbeiteten, sangen um die W.); **Wett|ei|fer,** der: *Bestreben, andere zu übertreffen, zu überbieten:* seinen W. übertreiben; er hat in seinem W. alles andere vergessen; **Wett|ei|fe|rer,** der (selten): *jmd., der mit jmdm. wetteifert;* **wett|ei|fern** ⟨sw. V.; hat⟩: *danach streben, andere zu übertreffen, zu überbieten:* miteinander w.; sie haben gewetteifert, wetteiferten um den besten Platz; Zwei westdeutsche Verlage wetteifern in der Bemühung (iron. *überbieten sich darin),* auch noch die unerheblichsten ... Bücher Heinrich Manns ... zugänglich zu machen (Reich-Ranicki, Th. Mann 115); **wet|ten** ⟨sw. V.; hat⟩ [mhd. wetten, ahd. wettōn]: **1. a)** *eine Wette (1) abschließen:* mit jmdm. [um etw.] w.; worum/um wieviel wetten wir?; er wird nicht kommen, [wollen wir] w.? *(davon bin ich überzeugt);* Kurtchen stellt Ansprüche, w.? *(stellt mit Sicherheit Ansprüche;* Schnurre, Ich 42); w., daß er dich früher oder später betrügen wird? *(dessen kannst du gewiß sein);* w. [daß]! (ugs.; *das ist ganz sicher so);* ich wette [hundert zu eins] (ugs.; *bin überzeugt),* daß du das nicht kannst; sie wetten, wer zuerst fertig sein würde; Er wettet ausgerechnet um eine Flasche Gin (Grzimek, Serengeti 137); ℝ so haben wir nicht gewettet (ugs.; *das kann so nicht abgemacht, so geht es nicht, das kommt nicht in Frage);* so haben wir nicht gewettet, mein lieber Freund, gib mir sofort mein Geld zurück; **b)** *als Preis für eine Wette (1) einsetzen:* 10 Mark, einen Kasten Bier w.; ℝ darauf wette ich meinen Kopf/Hals! (ugs.; *davon bin ich fest überzeugt!).* **2.** *einen Tip (2) abgeben,* ²*tippen* (2 a): auf ein Pferd w.; auf Platz, Sieg w.; ¹**Wet|ter,** der; -s, -: *jmd., der [regelmäßig] wettet (2):* Es sind echte Zokker, W. aus Leidenschaft (Welt 3./4. 11. 79, 3).

²**Wet|ter,** das; -s, - [mhd. weter, ahd. wetar, eigtl. = Wehen, Wind, Luft]: **1.** ⟨o. Pl.⟩ *Zustand der Atmosphäre zu einem bestimmten Zeitpunkt, an einem bestimmten Ort, der in der Gestalt von Sonnenschein, Regen, Wind, Wärme, Kälte, Bewölkung o. ä. in Erscheinung tritt:* es ist, herrscht, wir haben gutes, strahlendes, frühlingshaftes, hochsommerliches, schlechtes, kaltes, regnerisches, nebliges, stürmisches W.; das W. verspricht besser zu werden; das W. schlug um; mildes W. setzte nach und nach ein; das W. ist beständig, hält sich, wird schlechter; falls das W. es zuläßt, gehen wir schwimmen; das W. voraussagen; wir bekommen anderes W.; bei günstigem W. fliegen; bei klarem Wetter kann man von hier aus die Alpen sehen; er muß bei jedem *(auch bei schlechtem)* W. raus; Auch bei schwerem W. gibt es keine Schwierigkeiten (Skipper 8, 1979, 29); was haben wir heute für W.?; nach dem W. sehen; vom W. reden; ℝ alles aufessen, den Teller leer essen o. ä., damit es schönes Wetter gibt, das Wetter schön wird o. ä. (scherzh.; als Ermahnung); und mach den Teller leer, damit schönes W. wird (scherzh.; Harig, Weh dem 94); bei solchem W. jagt man keinen Hund vor die Tür; *** ein W. zum Eierlegen/Heldenzeugen** (salopp; *besonders schönes, herrliches Wetter);* [die folgenden Wendungen knüpfen an „Wetter" in der veralteten Bed. „Stimmung, Gemütszustand" an:] **bei jmdm. gut W. machen** (ugs.; *jmdn. günstig, gnädig stimmen);* **um gut[es]/schön[es] W. bitten** (ugs.; *um Wohlwollen, Verständnis bitten).* **2.** (emotional) *als bes. schlecht empfundenes* ²*Wetter* (1) *mit starkem Regen, Wind; Gewitter:* ein W. braut sich, zieht sich zusammen, zieht herauf, bricht los, entlädt sich; das W. tobt, zieht ab, hat sich verzogen; Sie (= die Flugsamen der Kiefern auf der Heide) sind von klein auf ungeschützt, der Sonne, den -n, den Winden ... ausgesetzt (Strittmatter, Laden 277); **alle W.!** (ugs.; *Ausruf des Erstaunens, der Bewunderung).* **3.** ⟨Pl.⟩ (Bergbau) *in einer Grube vorhandenes Gasgemisch:* *** schlagende**/(seltener:) **böse/matte W.** *(explosives Gasgemisch als Ursache von Grubenunglücken);* **wet|ter|ab|hän|gig** ⟨Adj.⟩: *vom Wetter abhängig, auf günstiges Wetter angewiesen:* Ich habe damals noch zum Teil unter freiem Himmel trainiert ... und man war sehr w. (elan 2, 1980, 15); **Wet|ter|amt,** das: *Einrichtung zur Beobachtung, Erforschung u. Vorhersage des Wetters;* **Wet|ter|än|de|rung,** die: *Wetterwechsel:* er hatte manchmal, hauptsächlich vor W. bevorstand, ein schmerzhaftes Ziehen im rechten Arm (H. Gerlach, Demission 203); **Wet|ter|an|sa|ge,** die: vgl. Wetterbericht; **Wet|ter|aus|sicht,** die ⟨meist Pl.⟩: *voraussichtliche Entwicklung des*

Wetteraustausch

Wetters; **Wet|ter|aus|tausch,** der (Bergbau): *Bewetterung;* ◆ **Wet|ter|bach,** der [zu ↑²Wetter (2): *infolge heftigen Gewitterregens entstandener od. angeschwollener Bach:* Wetterbäche stürzten herunter (Goethe, Werther I, 18. August); ◆ **Wet|ter|baum,** der: *dicke, die Form einer Baumkrone aufweisende Wolke, die Regen erwarten läßt:* Der rauhe Donner schallt ... hinter den unzähligen Wolken hervor ... Zwischen den ungeheuren Wetterbäumen lagen unzählige Luftschlösser von überraschender Bauart ... Große Herden von Schäfchen, mit silberweißer, goldner und rosenfarbner Wolle irrten umher (Novalis, Heinrich 131); **Wet|ter|be|richt,** der: *(bes. in Presse, Rundfunk od. Fernsehen veröffentlichter) Bericht des Wetterdienstes über die voraussichtliche Entwicklung des Wetters;* **Wet|ter|be|ru|hi|gung,** die: *Beruhigung (b) des Wetters:* Böige Winde, weitere Aussichten: langsame W. (Loest, Pistole 182); **Wet|ter|bes|se|rung,** die: *Besserung der Wetterlage;* **wet|ter|be|stän|dig** ⟨Adj.⟩: vgl. wetterfest; **wet|ter|be|stim|mend** ⟨Adj.⟩: *für das ²Wetter (1) bestimmend:* das Hoch, Tief bleibt weiterhin w.; **Wet|ter|bo|je,** die: *meist fest verankerte, als automatische Wetterstation dienende Boje in wenig od. gar nicht befahrenen Seegebieten, die in regelmäßigen Abständen Meßergebnisse über Funk sendet;* **Wet|ter|chen,** das; -s ⟨ugs.⟩: *besonders gutes ²Wetter* (1): das ist [vielleicht] ein W. heute!; Am Wochenende herrschte ein W., das geeignet war, Besucherrekorde purzeln zu lassen (MM 27. 4. 81, 19); **Wet|ter|dach,** das: *Schutzdach gegen Regen o. ä.;* **Wet|ter|dienst,** der: *[Gesamtheit der Einrichtungen zur] Beobachtung, Erforschung u. Voraussage des Wetters;* **Wet|ter|ecke¹,** die ⟨ugs.⟩: *Schlechtwettergebiet;* **wet|ter|emp|find|lich** ⟨Adj.⟩ *wetterfühlig;* **Wet|ter|ent|wick|lung,** die: *Entwicklung der Wetterlage:* die Funkübwachung ... sendet Informationen über die W. (BZ am Abend 6. 3. 81, 8); **Wet|ter|fah|ne,** die: *auf Dächern od. Türmen befindlicher metallener Gegenstand in Form einer Fahne, der die Windrichtung anzeigt;* **wet|ter|fest** ⟨Adj.⟩: *so beschaffen, präpariert o. ä., daß durch Einwirkungen des Wetters keine Beeinträchtigung erfolgt; gegen Einwirkungen des Wetters geschützt:* -e Kleidung; Immer mehr -e Straßen durchqueren den Urwald (NZZ 14. 4. 85, 7); **Wet|ter|fleck,** der (österr.): *weiter Regenmantel ohne Ärmel;* **Wet|ter|front,** die: *Front (4);* **Wet|ter|frosch,** der: a) ⟨ugs.⟩ *Laubfrosch, der in einem Glas mit einer kleinen Leiter gehalten wird u. der angeblich, wenn er die Leiter hochklettert, damit schönes Wetter voraussagt;* b) ⟨scherzh.⟩ *Meteorologe:* Die Wetterfrösche würden wieder einen langen und strengen Winter voraussagen, und der Dezember würde mild wie ein März sein (H. Gerlach, Demission 287); **wet|ter|füh|lig** ⟨Adj.⟩: *auf Wetterumschlag empfindlich (z. B. mit Kopfschmerzen, Müdigkeit, Nervosität) reagierend:* Wie jeder Erwachsene mehr oder weniger w. ist, so sind es auch unsere Kinder (Hörzu 9, 1976, 95); **Wet|ter|füh|lig|keit,** die; -: *das Wetterfühligsein;*

Wet|ter|füh|rung, die: a) *natürliche Luftbewegung in einer Höhle;* b) (Bergbau) *Bewetterung;* **wet|ter|ge|bräunt** ⟨Adj.⟩: *vom ständigen Aufenthalt im Freien gebräunt:* ein -es Gesicht; **wet|ter|ge|gerbt** ⟨Adj.⟩: vgl. wettergebräunt: die Hand, die w. war und braun (Norfolk [Übers.], Lemprière 330); **Wet|ter|ge|sche|hen,** das: *Verlauf des Wetters;* **wet|ter|ge|schützt** ⟨Adj.⟩: vgl. windgeschützt; **Wet|ter|glas,** das (veraltet): *Barometer;* -e **Wet|ter|gott,** der (Rel., Myth.): *Gottheit des Wetters:* der Stier, das heilige Tier Rammans ..., des -es (Ceram, Götter 315); Ü wenn der W. ⟨scherzh.⟩ *das Wetter*) mitspielt, können wir das Fest im Garten feiern; **Wet|ter|hahn,** der: vgl. Wetterfahne; **wet|ter|hart** ⟨Adj.⟩ (selten): a) *gegen rauhes Wetter, Kälte abgehärtet:* -e Seeleute; b) *vom ständigen Aufenthalt im Freien geprägt:* -e Gesichtszüge; **Wet|ter|häus|chen,** das: *Modell eines kleinen Häuschens mit nebeneinanderliegenden Türen, in denen als Symbol für gutes bzw. schlechtes Wetter die Figuren einer Frau u. eines Mannes auf einer Achse stehen, die bei Luftfeuchtigkeit schwankt, so daß die Frau od. der Mann vor das Häuschen gedreht wird;* **Wet|ter|kar|te,** die: *kartographische Darstellung, stark vereinfachte Landkarte, auf der die Wetterlage eines bestimmten Gebietes dargestellt ist;* **Wet|ter|krank|heit,** die: *Wetterleiden;* ◆ **Wet|ter|küh|len** das; -s [man glaubte, das Wetterleuchten kühle die Luft ab]: *Wetterleuchten:* als die Blitze, ... die ich immer für W. ausgegeben hatte, viel stärker zu werden anfingen (Goethe, Werther I, 16. Junius); **Wet|ter|kun|de,** die ⟨o. Pl.⟩: *Zweig der Meteorologie, der sich mit dem Wettergeschehen, der Wettervorhersage befaßt;* **wet|ter|kun|dig** ⟨Adj.⟩: *durch Wetterbeobachtung auf die weitere Entwicklung des Wetters schließen könnend:* ein -er Bauer; **wet|ter|kund|lich** ⟨Adj.⟩: *die Wetterkunde betreffend, zu ihr gehörend:* -e Messungen, Untersuchungen; **Wet|ter|la|ge,** die (Met.): *über einem größeren Gebiet in einem bestimmten Zeitraum vorherrschender Zustand des Wetters:* eine ruhige, längere Zeit anhaltende W.; Ohne Rücksicht auf die W. trug Xaver an solchen Tagen eine Sonnenbrille (M. Walser, Seelenarbeit 11); **Wet|ter|lam|pe,** die (Bergbau): *Sicherheitslampe;* **Wet|ter|lei|den,** das: *in Zusammenhang mit bestimmten Witterungseinflüssen auftretende Beschwerden;* **wet|ter|leuch|ten** ⟨sw. V.; hat; unpers.⟩: *(als Blitz) in weiter Entfernung hell aufleuchten:* an der Küste wetterleuchtet es, hat es gewetterleuchtet; Ü ihr Gesicht wetterleuchtete *(es war bewegt)* von Rührung (Schröder, Wanderer 12); **Wet|ter|leuch|ten,** das; -s [unter Einfluß von ↑leuchten umgedeutet aus mhd. weterleich = Blitz, 2. Bestandteil zu ↑¹Leich in der älteren Bed. „Tanz, Spiel", also eigtl. = Wettertanz, -spiel]: *Widerschein der Blitze eines fernen Gewitters am Himmel:* ein fahles, fernes W.; Ü W. am politischen Horizont; **Wet|ter|loch,** das ⟨ugs.⟩: *Gebiet, in dem häufig schlechtes Wetter herrscht;* **Wet|ter|ma|cher,** der: 1. vgl. Regenmacher. 2. ⟨ugs. scherzh.⟩ *Meteorologe:* „Cray One" ... ist

nach den Worten des obersten deutschen -s ein „Superding" (Hamburger Abendblatt 30. 5. 79, 44); **Wet|ter|ma|che|rin,** die: w. Form zu ↑Wettermacher; **Wet|ter|man|tel,** der: *Regenmantel:* Sie war mit einem grauen W. bekleidet, ihre Füße steckten in schwarzen Galoschen (Bieler, Mädchenkrieg 290); **wet|ter|mä|ßig** ⟨Adj.⟩: *das Wetter betreffend:* gute -e Bedingungen, Voraussetzungen; ◆ **Wet|ter|maul,** das [zu ↑²Wetter (2)]: *Läster-, Schandmaul:* Willst du Arm und Bein entzwei haben, W. (Schiller, Kabale I, 2); **Wet|ter|mi|se|re,** die: *sich unangenehm auswirkende, als sehr unangenehm empfundene [anhaltende] Schlechtwetterperiode:* Von dieser permanenten W., ein Blick in den Grau-in-Grau-Himmel bestätigt das, wurde auch das Saarland nicht verschont (Saarbr. Zeitung 12./ 13. 7. 80, 18); **wet|tern** ⟨sw. V.; hat⟩ [zu ↑²Wetter (2); mhd. wetern = an der Luft trocknen]: 1. ⟨unpers.⟩ ⟨veraltend⟩ *gewittern.* 2. ⟨ugs.⟩ *laut u. heftig schimpfen; furchtbar w.;* gegen alles Neue w.; Einmal in Rage, wettert Geschwender jedoch über die „Einheitsplörre" der Teekampagne (natur 2, 1991, 72); **Wet|ter|pflan|ze,** die: *Pflanze, bei der sich, abhängig von Schwankungen der Luftfeuchtigkeit, die Stellung od. Form mancher Teile ändert;* **Wet|ter|pro|gno|se,** die: *oft auf einen längeren Zeitabschnitt bezogene Wettervoraussage:* Vor allem die spannende Frage, ob den -n des Offenbacher Wetterdienstes zu trauen sei, bewegt manche Stammtischbesatzung zu ellenlangen Erörterungen (Zivildienst 2, 1986, 27); **Wet|ter|pro|phet,** der: a) *jmd., der das Wetter vorhersagt;* b) ⟨scherzh.⟩ *Meteorologe;* **Wet|ter|pro|phe|tin,** die: w. Form zu ↑Wetterprophet; **Wet|ter|ra|ke|te,** die: vgl. Wetterballon; **Wet|ter|re|gel,** die; vgl. Bauernregel; **Wet|ter|reiz,** der: *vom Wetter ausgehender, auf ein Lebewesen wirkender Reiz;* **Wet|ter|sa|tel|lit,** der: *der Beobachtung u. Erforschung des Wetters dienender Satellit:* Der erste W. der sogenannten vierten Generation soll Mitte dieser Woche auf seine polnahe Umlaufbahn gehen (Spiegel 39, 1978, 248); daß wir bei Bedarf beispielsweise ... einen W. auf militärische Ziele umpolen können (Delius, Siemens-Welt 40); **Wet|ter|schacht,** der (Bergbau): *Schacht zum Absaugen der verbrauchten Luft aus unterirdischen Grubenbauen;* **Wet|ter|scha|den,** der: *durch Unwetter verursachter Schaden;* **Wet|ter|schei|de,** die: *Gebiet, bes. Gebirge, Gewässer, das die Grenze zwischen Zonen verschiedenartigen Wetters bildet;* **Wet|ter|schiff,** das: *für meteorologische u. aerologische Beobachtungen ausgerüstetes Schiff in fester Position auf dem Ozean, von dem aus regelmäßig Meldungen über die Wetterlage abgegeben werden:* Mit ihrer Forderung nach einem eigenen W. auf dem Atlantik konnten sich die Meteorologen bisher in Bonn nicht durchsetzen (Welt 4. 2. 77, 16); **Wet|ter|schutz,** der: vgl. Regenschutz; **Wet|ter|se|gen,** der: *bes. im Mittelalter verbreiteter Brauch, einem aufkommenden Unwetter unter Glockengeläut u. betend mit einer Reliquie od. dem*

Allerheiligsten entgegenzuziehen u. damit die Wolken zu segnen; **Wet̜|ter|sei|te,** die: **a)** *dem Wind zugekehrte Seite (eines Berges, Hauses o. ä.):* die Zehnjährigen ... lernten, wie man sich tarnte ... und was es mit der W. der Bäume auf sich hatte (Loest, Pistole 39); **b)** *Richtung, aus der schlechtes, stürmisches Wetter kommt:* ... die Wände zur W. hin feucht (Eppendorfer, St. Pauli 210); **wet̜|ter|si|cher** ⟨Adj.⟩: **1.** *bei schlechtem Wetter sicheren Schutz bietend:* ein -es Zelt, Dach. **2.** *Gewähr für gutes Wetter bietend:* Das trifft auch für so ein vielfältig lohnendes -es Reiseziel wie Israel zu (Rhein. Merkur 2. 2. 85, 28); **Wet̜|ter|sta|ti|on,** die: *meteorologische Station;* **Wet̜|ter|strom,** der (Bergbau): *Luftstrom in unterirdischen Grubenbauen;* **Wet̜|ter|sturz,** der: *plötzliches Sinken der Lufttemperatur;* **Wet̜|ter|um|schlag,** der: *plötzliche Veränderung (meist Verschlechterung) des Wetters;* **Wet̜|ter|um|schwung,** der: *Wetterumschlag:* Ein W. Donath spürte ihn in den Schläfen (Bieler, Bär 71); Trecker, die, da ein W. drohte, jetzt noch das Grummet einführen (B. Vesper, Reise 385); **Wet̜|ter|ver|hält|nis|se** ⟨Pl.⟩: *das ²Wetter (1) betreffende Gegebenheiten, Umstände; wetterbedingte Verhältnisse* (4): gute, günstige, schlechte, widrige W.; **Wet̜|ter|ver|schlech|te|rung,** die: vgl. Wetterumschlag; **Wet̜|ter|vor|aus|sa|ge,** die, **Wet̜|ter|vor|her|sa|ge,** die: *[vom Wetterdienst herausgegebene] Vorhersage der voraussichtlichen Entwicklung des Wetters;* **Wet̜|ter|wand,** die: *Gewitterwand;* **Wet̜|ter|war|nung,** die: *Warnung vor einem heranziehenden Unwetter;* **Wet̜|ter|war|te,** die: *Wetterstation, die regelmäßig lokale Wetterberichte an die Wetterämter gibt;* **Wet̜|ter|wech|sel,** der: *Veränderung des Wetters;* **wet̜|ter|wen|disch** ⟨Adj.⟩ [eigtl. = sich wie das Wetter wendend]: *so veranlagt, daß stets mit plötzlichem Umschwung des Verhaltens zu rechnen ist:* Der Chefkoch, w. wie er war, bevorzugte auf einmal die Türken (Fels, Unding 120); **Wet̜|ter|wol|ke,** die: *Gewitterwolke;* **Wet̜|ter|zei|chen,** das: *atmosphärische Erscheinung, die auf eine Änderung od. auf den Fortbestand der Wetterlage hinweist (z. B. Form der Wolken, fallender od. steigender Luftdruck);* **Wet̜|ter|zo|ne,** die: *größeres Gebiet, über dem eine bestimmte Wetterlage herrscht.*

Wet̜teu|fel¹, der: vgl. Spielteufel; **Wett̜fah|rer,** der: *jmd., der an einer Wettfahrt teilnimmt;* **Wett̜|fah|re|rin,** die: w. Form zu ↑Wettfahrer; **Wett̜|fahrt,** die: *Fahrt um die Wette;* **Wett̜|kampf,** der (bes. Sport): *Kampf um die beste [sportliche] Leistung:* einen W. veranstalten, durchführen, austragen; **Wett̜|kampf|be|din|gun|gen** ⟨Pl.⟩: *Bedingungen (2), wie sie bei einem Wettkampf herrschen, gegeben sind:* die Anspannung der teilnehmenden Sportler wird unter W. immer größer; **Wett̜|kämp|fer,** der (Sport): *jmd., der an einem Wettkampf teilnimmt;* **Wett̜|kämp|fe|rin,** die (Sport): w. Form zu ↑Wettkämpfer; **Wett̜|kampf|gym|na|stik,** die (veraltet): *rhythmische Sportgymnastik;* **Wett̜|kampf|stät|te,** die: vgl. Kampfstätte; **Wett̜|lauf,** der: *Lauf um die Wette; im Laufen (5 a) ausgetragener Wettkampf:* einen W. machen, gewinnen; Ü der W. mit der Zeit; Der W. der Pharmafirmen um Machtanteile hat schon begonnen (Spiegel 23, 1987, 66); **wett̜|lau|fen** ⟨st. V.; nur im Inf.⟩: *um die Wette laufen; einen Wettlauf machen, absolvieren:* sie wollen noch einmal w.; **Wett̜|läu|fer,** der: *jmd., der an einem Wettlauf teilnimmt;* **Wett̜|läu|fe|rin,** die: w. Form zu ↑Wettläufer; **Wett̜|lo|kal,** das: vgl. Wettannahme; **wett̜|ma|chen** ⟨sw. V.; hat⟩ (ugs.): **1.** *einer nachteiligen, negativen Sache, Erscheinung durch etw., was sich günstig, positiv auswirkt, entgegenwirken, sie ausgleichen:* das Versäumte wieder w.; mangelnde Begabung durch Fleiß w.; Was ein Vater, indem er die Familie verlassen hat, seelisch seinen Kindern schuldig geblieben ist, läßt sich nicht w. mit Geld (Frisch, Montauk 72); Eine geschickte Automatisierung vermag also den Lohnkostennachteil der schweizerischen Wirtschaft völlig wettzumachen (Brückenbauer 11. 9. 85, 2); Die Neubrandenburger konnten ... das 0 : 1 vom Hinspiel w. (NNN 18. 3. 85, 3); einen Fehler w. (wiedergutmachen). **2.** *sich für etw. erkenntlich zeigen;* **wett̜|ren|nen** ⟨unr. V.; nur im Inf.⟩: vgl. wettlaufen; **Wett̜|ren|nen,** das: vgl. Wettlauf; **Wett̜|ru|dern** ⟨sw. V.; nur im Inf.⟩: vgl. wettlaufen; **Wett̜|rudern,** das; -s: vgl. Wettlauf; **Wett̜|rü|sten,** das; -s: *wechselseitige Steigerung der Rüstung (2) seitens mehrerer Staaten:* atomares W.; Wer Krieg und W. wolle, habe durch diesen Vertrag etwas verloren (W. Brandt, Begegnungen 431); eine neue Runde des -s, perfektere Waffensysteme (elan 2, 1980, 13); **wett̜|schwim|men** ⟨st. V.; nur im Inf.⟩: vgl. wettlaufen; **Wett̜|schwim|men,** das; -s: vgl. Wettlauf; **wett̜|se|geln** ⟨sw. V.; nur im Inf.⟩: vgl. wettlaufen; **Wett̜|se|geln,** das; -s: vgl. Wettlauf; **Wett̜|spiel,** das: *unterhaltendes Spiel, das bes. von Kindern als Wettbewerb, Wettkampf gespielt wird:* für die Jüngeren wurden -e organisiert; **Wett̜|streit,** der: *Bemühen, einander in etw. zu übertreffen, einander den Vorrang streitig zu machen:* es entspann sich ein edler W. zwischen ihnen; eine Geschmacklosigkeit, die ... den sportlichen W. von vornherein verfälscht (Kicker 6, 1982, 41); sich im W. messen; mit jmdm. in W. treten; Ü Die ersten Lichter, im W. mit dem Tageslicht, gingen schon überflüssigerweise an (Kronauer, Bogenschütze 51); **wett̜|strei|ten** ⟨st. V.; nur im Inf.⟩: *mit jmdm. in Wettstreit treten;* **wet̜tur|nen¹** ⟨sw. V.; nur im Inf.⟩: vgl. wettlaufen; **Wet̜tur|nen¹,** das: vgl. Wettlauf.

wet̜|zen ⟨sw. V.⟩ [mhd. wetzen, ahd. wezzen, zu ahd. hwaz = scharf, eigtl. = scharf machen]: **1.** ⟨hat⟩ **a)** *durch Schleifen an einem harten Gegenstand [wieder] scharf machen, schärfen:* das Messer, die Sense mit einem Stein w.; **b)** *etw. an, auf etw. reibend hin u. her bewegen:* der Vogel wetzt seinen Schnabel an einem Ast; ⟨auch o. Akk.-Obj.:⟩ In den Sträuchern wetzten die Zikaden (M. Walser, Seelenarbeit 230); Ü um seine Wut über die Welt an seinen Nächsten zu w. (Gior-dano, Die Bertinis 512). **2.** (ugs.) *rennen* ⟨ist⟩: er wetzte um die Ecke; Die Tänzerin war damals bereits halbnackt ... über die Bühne gewetzt (Bravo 42, 1988, 75).

Wet̜z|lar: *Stadt an der Lahn.*

Wet̜z|stahl, der; -[e]s, ...stähle, selten: -e: *Stück aufgerauhter Stahl zum Wetzen von Messern o. ä.;* **Wet̜z|stein,** der; -[e]s, -e: *Stein zum Wetzen von Messern o. ä.:* In den Pausen ... dengelte er die Sense, zog sie mit dem W. ab (Bieler, Mädchenkrieg 364).

WEU = *Westeuropäische Union (kollektiver Beistandspakt im Rahmen der NATO zwischen Großbritannien, Frankreich, Benelux, Italien u. der Bundesrepublik Deutschland).*

Wey|mouths|kie|fer ['vaimu:ts...], die; -, -n [nach Th. Thynne, 1. Viscount of Weymouth, gest. 1714]: *nordamerikanische Kiefer mit kegelförmiger Krone, langen, weichen blaugrünen Nadeln u. hängenden Zapfen.*

WEZ = *westeuropäische Zeit (die Zonenzeit des Meridians von Greenwich).*

WG [ve:'ge:], die; -, -s, selten: - (Jargon): *Wohngemeinschaft:* Er entdeckt, daß es mit einem alternativen Fahrradtypen aus einer WG hat (Spiegel 3, 1986, 179).

WGB = *Weltgewerkschaftsbund.*

Wheat|stone|brücke¹ ['wi:tstən...], die; -, -n [nach dem brit. Physiker Sir Ch. Wheatstone (1802–1875)] (Physik): *spezielle Schaltung (1 b) zur Messung elektrischer Widerstände, wobei vier Widerstände (einschließlich der zu messenden) zu einem geschlossenen Stromkreis verbunden werden.*

Whig, der; -s, -s [engl. Whig, wahrsch. gek. aus Whiggamer = Bez. für einen schottischen Rebellen des 17. Jh.s]: **a)** *(früher) Angehöriger einer Gruppe im englischen Parlament, aus der sich im 19. Jh. die liberale Partei entwickelte;* **b)** *Vertreter der liberalen Politik in England.*

Whip, der; -s, -s [engl. whip, eigtl. = Peitsche]: *Einpeitscher (2);* **Whip|cord,** der; -s, -s [engl. whipcord, eigtl. = Peitschenschnur]: *dem Gabardine ähnlicher, grober Stoff mit schrägen Rippen.*

Whirl|pool ['wəːlpuːl], der; -s, -s [engl. whirlpool, eigtl. = Strudel]: *Bassin mit warmem, durch Düsen in brodelnde Bewegung gebrachtem Wasser, in dem sich der Benutzer sitzend od. liegend aufhält:* Ein Bad im W. kann gefährlich sein. In den blubbernden Warmwassertümpeln gedeihen ... vielerlei Krankheitskeime (Spiegel 48, 1983, 247).

Whis|ker ['vɪskɐ], der; -s, - [engl. whisker, eigtl. = Schnurrhaar] (Fachspr.): *sehr dünnes, haarförmiges Kristall, aus dem Werkstücke mit außerordentlich hoher Zerreißfestigkeit hergestellt werden.*

Whis|key [...ki], der; -s, -s: *irischer od. amerikanischer Whisky, der aus Roggen od. Mais hergestellt ist:* Irischer W. ist bei den Bundesbürgern mittlerweile zum Ausweis gehobener Lebensart geworden (Spiegel 10, 1981, 228); Ein scharfer Geruch nach W. und Kneipe ging von ihm aus (Hörzu 47, 1981, 18); **Whis|ky** [...ki], der; -s, -s [engl. whiskey, whisky, gek. aus älter whiskybae, Nebenf. von: usquebaugh < gäl. uisgebeatha = Lebenswas-

Whiskyflasche

ser]: *aus Gerste od. Malz hergestellter [schottischer] Branntwein mit rauchigem Geschmack:* einen W. pur, mit Eis trinken; bitte drei *(drei Gläser)* W.; jetzt möchte ich doch erst einen W. Soda *(einen Whisky mit Sodawasser)* zur Brust nehmen (Borell, Romeo 251); **Whis|ky|fla|sche**, die: vgl. Bierflasche.
Whist, das; -[e]s [engl. whist, älter: whisk, viell. beeinflußt von veraltet, noch mundartl. whist = Stillschweigen]: *Kartenspiel für vier Spieler mit 52 Karten, bei dem jeweils zwei Spieler gegen die beiden anderen spielen.*
Whist|ler ['wɪslɐ] ⟨Pl.⟩ [engl. whistler, eigtl. = Pfeifer; beim Wiedererreichen der Erdoberfläche erzeugen die Wellen einen im Lautsprecher hörbaren Pfeifton] (Physik): *von Blitzen ausgesandte elektromagnetische Wellen, die an den magnetischen Feldlinien der Erde entlanglaufen.*
Whist|spiel, das: *Whist.*
White|coat ['waɪtkoʊt], der; -s, -s [engl. whitecoat, eigtl. = weißer Mantel]: *weißes Fell junger Robben.*
White-col|lar-Kri|mi|na|li|tät ['waɪt'kɒlə...], die; - [nach engl. white-collar crime, eigtl. = Verbrechen (das) im weißen Kragen (ausgeführt wird)]: *weniger offensichtliche strafbare Handlungsweise, wie sie in höheren Gesellschaftsschichten, bes. bei Vertretern der Politik, Wirtschaft u. Industrie, vorkommt* (z. B. Steuerhinterziehung, Bestechung).
Whit|worth|ge|win|de ['wɪtwə:θ...], das; -s, - [nach dem brit. Ingenieur J. Whitworth (1803-1887)]: *genormtes, in Zoll gemessenes Schraubengewinde.*
WHO, die; - [Abk. für engl. World Health Organization]: *Weltgesundheitsorganisation der Vereinten Nationen.*
Who's who ['hu:z 'hu:; engl.]: *wer ist wer?* (Titel biographischer Lexika).
wib|be|lig ⟨Adj.⟩ [zu: wibbeln, Nebenf. von ↑ ¹wiebeln] (landsch.): *zappelig, kribbelig:* jmd. ist, wird w.; dein ständiges Umherlaufen macht mich ganz w.
wich: ↑ ²weichen.
Wichs, der; -es, -e od. (bes. österr.:) die; -, -en [eigtl. = Putz, Staat]: **1.** (Verbindungswesen) *Festkleidung von Korporationsstudenten:* In ihrer traditionellen Tracht, der W. mit Schärpe und Schläger, ... waren Studentenverbindungen ... erschienen (MM 9. 6. 80, 13); in vollem/im vollen W.; das Gespräch zwischen Göring (im vollen W. *[in Uniform]* mit Schäferhund) und seinem US-Bewacher bei einem Gartenspaziergang (Spiegel 4, 1979, 172). **2.** *kurze Lederhose alpenländischer Männertrachten aus glänzend geriebenem Leder;* **Wichs|bru|der**, der (derb abwertend): *Wichser* (2): Hier werden die Polizisten generell für Schweine gehalten, etwa: Wichsbrüder, Impotente ... Dorfbulle (Spiegel 42, 1977, 10); **Wichs|bür|ste**, die (ugs.): *Bürste zum Wichsen* (1) *(bes. der Schuhe);* **Wichs|se**, die; -, -n [rückgeb. aus ↑ wichsen] (ugs.): **1.** *wachsartiges Putzmittel, das eine glänzend macht (bes. Schuhcreme):* W. auf die Reitstiefel schmieren; **[alles] eine W.! (ein und dasselbe).* **2.** ⟨o. Pl.⟩ *Prügel, Schläge:* W. kriegen. **3.** (derb) *Ejakulat:* da waren alle Vorhänge vom Separée verwichst von den Freiern. Die ganze W., die wurde am Vorhang abgeschmiert (Eppendorfer, St. Pauli 63); **wich|sen** ⟨sw. V.; hat⟩ [Nebenf. von mundartl. wächsen = mit Wachs bestreichen]: **1.** (ugs.) *mit Wichse einreiben, um es dadurch blank, glänzend zu machen:* die Schuhe [auf Hochglanz] w.; Abends hörte man Herrn Kampf hinter der Wohnungstür mit müdem Strich die Stiefel w. (Sommer, Und keiner 31); die Parkettböden waren blank gewichst. **2.** (landsch.) *schlagen, prügeln:* jmdm. kräftig w.; **jmdm. eine w. (jmdm. eine Ohrfeige geben).* **3.** (derb) *onanieren:* Wer kein Girl hat, der wichst (Henscheid, Madonna 320); Aber ich leg' mir ein Magazin auf den Tisch und wichse (Fichte, Wolli 146); ⟨auch mit Akk.-Obj.:⟩ Der Masseur ... darf auf keinen Fall anfangen, seinen Partner zu w. (Silverstein, Freuden 163); **Wich|ser**, der; -s, -: **1.** (derb) *jmd., der onaniert:* Logo! Ist unser Puff hier. Wir sind keine W.! (Ziegler, Kein Recht 361); Wenn Sie keine Frau oder Freundin haben ist das der klare Beweis, daß Sie ein W. sind (Henscheid, Madonna 321). **2.** (derb abwertend) *männliche Person (deren Verhaltensweise, Meinung abgelehnt wird):* ein bürgerlicher, linker W.; hau ab, du alter W.!; „Du verdammtes Schwein", schrie Rita, „du Schuft, du Wichser, du grenzenloses Miststück" (Heidenreich, Kolonien 129); **Wichs|grif|fel**, der ⟨meist Pl.⟩ [zu ↑ wichsen (3)] (derb abwertend): *Finger;* **Wichs|lein|wand**, die (österr. ugs.): *Wachstuch* (1); **Wichs|vor|la|ge**, die; -, -n [zu ↑ wichsen (3)] (derb): *pornographisches Heft, Bild (als sexueller Anreiz beim Onanieren).*
Wicht, der; -[e]s, -e [mhd., ahd. wiht = Kobold, eigtl. = Ding, Sache, Tabuwort]: **1.** (fam.) *kleines Kind, bes. kleiner Junge:* dein Vater ... wird dich auf die Schultern heben, du kleiner W. (Frisch, Nun singen 105). **2.** (abwertend) *männliche Person (die verachtet wird):* er ist ein jämmerlicher, feiger W. **3.** *Wichtelmännchen.*
Wich|te, die; -, -n [vgl. wichtig] (Physik): *spezifisches Gewicht.*
Wich|tel, der; -s, - [mhd. wihtel = kleiner Wicht (3)], **Wich|tel|männ|chen**, das: *Zwerg, Kobold; Heinzelmännchen:* Wichtelmännchen gibt es in einer gutmütigen, glückbringenden Version und in einer bösartigen, schadenfreudigen mit geradezu teuflischen Extras (Spiegel 43, 1984, 246).
Wich|te|zahl, die (Physik): *Zahlenwert der Wichte;* **wich|tig** ⟨Adj.⟩ [mhd. (md.) wihtec, mniederd. wichtich(t), zu wicht(e) = Gewicht, urspr. = abgewogen, volles Gewicht besitzend]: **1.** *für jmdn., etw. von wesentlicher Bedeutung [so daß viel davon abhängt]:* eine -e Neuigkeit, -e Entscheidungen, Gründe, Beschlüsse; Zahlreiche mehr oder weniger -e, doch in der Regel charakteristische Vorfälle und Ereignisse, Affären und Prozesse aus jener Epoche wurden in den Roman integriert (Reich-Ranicki, Th. Mann 127); eine -e Meldung, Mitteilung machen; einen -en Brief schreiben; er ist ein -er Mann; -e Persönlichkeiten des öffentlichen Lebens haben den Aufruf unterschrieben; die Anregungen waren sehr, besonders w.; *Vitamine sind für die Ernährung überaus w.;* etw. für sehr w. halten; Der Kommandant: hält sich für w. (Sobota, Minus-Mann 76); es ist mir/für mich w. zu wissen, was du davon hältst; weil mir die Sache, um die es ging, nicht persönlich, sondern nur politisch w. war (Stern, Mann 113); das ist nicht, ist halb so w.; nimm die Sache nicht [so] w.!; Ruhe ist jetzt -er als alles andere; das -ste, am -sten ist, daß du bald wieder gesund wirst; ⟨subst.:⟩ hast du nichts Wichtigeres zu tun?; ich habe noch etw. Wichtiges zu erledigen; Der Beruf ist für viele nicht mehr das Wichtigste im Leben (MM 3./4. 9. 93, 37); **sich w. machen/tun/haben;* sich w. ⟨Dativ⟩ vorkommen (ugs., oft abwertend; *sich aufspielen*): sie taten, hatten sich w., kamen sich w. vor mit ihrer Erfahrung; da sie schon Stoff gerauckt hatten, man erwähnte es, teils um sich w. zu machen, teils aus Interesse (Hohmann, Engel 341); *sich [zu] w. nehmen* (ugs.; *sich, seine Probleme, Schwierigkeiten o. ä. in ihrer Bedeutung überschätzen*): „Alle Qual um die Dinge", heißt es dort, „ist Selbstquälerei, und nur der quält sich, der sich w. nimmt" (Reich-Ranicki, Th. Mann 58). **2.** (spött.) *Bedeutsamkeit erkennen lassend:* ein -es Gesicht machen; er sprach mit -er Miene; **Wich|tig|keit**, die; -, -en: **1.** ⟨o. Pl.⟩ *das Wichtigsein* (1); *Bedeutsamkeit:* einer Angelegenheit besonderer W. beimessen, beilegen; diese Aufgabe ist von [höchster] W. **2.** *wichtige, bedeutende Angelegenheit:* er hat ihm bestimmt eine W. zugeflüstert; Gespräche, in denen er ... unterrichtet wird in umfassender Weise, aber kurz, geordnet nach den -en (Schädlich, Nähe 7). **3.** (spött. abwertend) *Ausdruck des Wichtigseins* (2): die W. seiner Gesten reizte zum Lachen; **Wich|tig|ma|cher**, der (südd., österr. ugs. oft abwertend): *Wichtigtuer;* **Wich|tig|ma|che|rin**, die (südd., österr. ugs. of abwertend): w. Form zu ↑ *Wichtigmacher;* **wich|tig|tu|end** ⟨Adj.⟩: *wichtigtuerisch;* **Wich|tig|tu|er**, der; -s, - (ugs. oft abwertend): *jmd., der sich wichtig tut:* Die Folge: Hamburg wäre „Mediendrehscheibe der Bundesrepublik" ... W. hätten das Sagen, und es gäbe eine Menge Arbeitsplätze für Möchtegernjournalisten (Szene 8, 1984, 27); **Wich|tig|tue|rei**, die (ugs. oft abwertend): ⟨o. Pl.⟩ *das Sichwichtigtun:* seine W. war für die Mitarbeiter höchst unangenehm und peinlich. **2.** *wichtigtuerische Rede, Handlung:* seine -en imponierten niemandem mehr; **Wich|tig|tue|rin**, die; -, -nen (ugs. oft abwertend): w. Form zu ↑ *Wichtigtuer;* **wich|tig|tue|risch** ⟨Adj.⟩ (ugs. oft abwertend): *sich wichtig tuend, von Wichtigtuerei zeugend:* eine -e Person, e Reden; w. sein; Adjutanten und Referenten laufen w. herum (Weber, Tote 126).
Wicke[1], die; -, -n [mhd. wicke, ahd. wicca < lat. vicia]: *(zu den Schmetterlingsblütlern gehörende) rankende Pflanze mit Fiederblättern u. [in Trauben stehenden] blauen, violetten, roten od. weißen Blüten:*

* in die -n gehen (landsch.; *mißlingen;* H. u., viell. nach der früher üblichen Verwendung von „Wicke" als Bez. für etw. Minderwertiges, Wertloses [entwickelt aus dem Gegensatz zu „Weizen"] od. in Analogie zu „in die Binsen gehen" [↑Binse], also eigtl. = im Wickenfeld verschwinden, untertauchen).

Wickel¹, der; -s, - [mhd., ahd. wickel = Faserbündel, Vkl. von mhd. wicke, ahd. wich(a) = Geknüpftes; Gespinst]: **1.** *Umschlag* (2): ein W. um die Brust; dem Kranken einen feuchten, warmen, kalten W. machen; ich gebe ihm Medikamente, die das Fieber senken sollen, mache ihm heiße W. und sorge dafür, daß er gut zugedeckt bleibt (Hartlaub, Muriel 141). **2.** *etw. Gewickeltes, Zusammengerolltes:* der W. *(das Innere, die Einlage)* der Zigarre; ein W. *(Knäuel)* Wolle. **3. a)** *Gegenstand, bes. Rolle, auf die etw. gewickelt wird; Spule;* **b)** kurz für ↑*Lockenwickel.* **c) * jmdn., etw. am/beim W. packen/kriegen/haben/nehmen** (ugs.; 1. *jmdn. packen, ergreifen:* einen der beiden Lausbuben kriegte er am W.; Die beiden Räuber kamen nicht weit, die Polizei hatte sie bald am W. [BM 27. 2. 76, 5]. 2. *etw. aufgreifen u. ausführlich behandeln:* ein bestimmtes Vorkommnis am W. haben; Hatte er ein Thema beim W., so baute er es weidlich aus [Bastian, Brut 54]. 3. *jmdn. zur Rede stellen, zur Rechenschaft ziehen:* der Chef hatte wieder einmal den Stift am W.; zu veraltet Wickel = Band um den [Männer]zopf). **5.** *Blütenstand, der abwechselnd nach links u. rechts verzweigt ist;* **Wickel|blu|se¹,** die: *Bluse, die vorne nicht zugeknöpft, sondern um den Oberkörper gewickelt u. gebunden wird;* **Wickel|ga|ma|sche¹,** die: *zu Kniehosen getragenes u. spiralförmig um die Unterschenkel gewickeltes Stoffband:* ... sah sie ihren Vater als Frontoffizier mit Helm und Schnurrbart und -n (Bieler, Mädchenkrieg 341); **Wickel|ge|wand¹,** das: vgl. Wickelrock; **Wickel|kind¹,** das (veraltend): *Kind, das noch gewickelt* (3 b) *wird; Baby:* Soeft strahlte wie ein zufriedenes W. (Kirst, 08/15, 429); da sind die meisten von denen ... noch gar nicht auf der Welt gewesen, bestenfalls waren sie -er (Bredel, Prüfung 185); Evelyn ist kein W. Wie behandelst du mich immer wie ein W. (Baum, Paris 160); **Wickel|kleid¹,** das: *Kleid in der Art einer Wickelbluse od. eines Wickelrocks:* -er W. der gepflegten jungen Frauen (MM 27. 10. 72, 50); **Wickel|kom|mo|de¹,** die: *Kommode mit einem entsprechenden Aufsatz* (2 a), *auf der Säuglinge gewickelt* (3 b) *werden;* **wickeln¹** ⟨sw. V.; hat⟩ [mhd. wickeln, zu: wickel, ↑Wickel]: **1. a)** *etw. (Schnur, Draht o. ä.) durch eine drehende Bewegung der Hand so umeinanderlegen, daß es in eine feste, meist runde Form gebracht wird:* Garn, Wolle [zu einem Knäuel] w.; **b)** *etw., was sich wickeln* (1 a) *läßt, [in mehreren Lagen] um etw. legen, winden, binden:* die Schnur auf eine Rolle w.; Sie zog eine neue Faser aus dem Gewebe und wickelte sie um ihren Finger (Hausmann, Abel 64); Das Haltetau am Land wurde fester um den Uferpfahl gewickelt (Klepper, Kahn 12); ich wickelte mir einen Schal um den Hals; **c)** *durch Wickeln* (1 b) *hervorbringen, machen:* einen Turban w.; aus Draht und buntem Garn wickelte sie kunstvoll kleine Tiere und Puppen. **2.** *auf Wickler* (1) *aufdrehen:* sie wickelte ihr Ringelhaar (Winckler, Bomberg 35). **3. a)** *etw. als Umhüllung um sich, jmdn., etw. wickeln* (1 b): Wir schneiden eine Portion ab und wickeln sie sorgfältig in Zeitungspapier (Remarque, Westen 74); mit einer Pferdedecke, die er ... um die Füße gewickelt ... hatte (Plievier, Stalingrad 94); Sie hatten sich in die flauschigen mohnroten Decken gewickelt (Gaiser, Jagd 20); **b)** *(einem Säugling) eine Windel umlegen:* der Kleine war frisch gewickelt; Du hast mich als Säugling gewickelt, jetzt will ich dich auch rasieren dürfen (Chotjewitz, Friede 177); **c)** *mit einem Verband, einer Bandage versehen:* das Bein muß gewickelt werden. **4. a)** *von der Umhüllung befreien, die um jmdn., etw. gewickelt* (1 b) *war:* Sie ... wickelten die Blumen aus dem Papier (Ott, Haie 215); sie wickelte das Kind wieder aus dem wärmenden Tuch; Er wickelt sich umständlich aus seiner Decke, die er sich um Beine und Unterleib gewunden hatte (Kirst, 08/15, 316); **b)** *etw., was um etw. gewickelt* (1 b) *ist, wieder auflösen u. entfernen:* Ich ließ Kreti zuerst einsteigen, wickelte das Tauende vom Pflock und sprang ihm nach (Bieler, Bonifaz 142). **5. * schief/falsch gewickelt sein** (ugs.; *sich gründlich geirrt, getäuscht haben):* Da kannst du lange warten, ... wenn du glaubst, ich geb' dir die Aussicht frei, du bist ja schief gewickelt (Zwerenz, Kopf 42); **Wickel|raum¹,** der: *Raum in öffentlichen Gebäuden, Einrichtungen, wie Raststätten, Flughäfen, Kaufhäusern o. ä., in dem Kinder frisch gemacht u. gewickelt* (3 b) *werden können;* **Wickel|rock¹,** der: *um die Hüfte gewickelter u. gebundener* ¹*Rock* (1); **Wickeltisch¹,** der: vgl. Wickelkommode: Markus saß ganz still auf dem cremefarbenen W. und betrachtete aus großen Kinderaugen seinen nackten Vater (Grossmann, Beziehungsweise 81); **Wickel|tuch¹,** das ⟨Pl. -tücher⟩: **1.** *[dreieckiges] Umschlagtuch.* **2.** (landsch.) *Windel;* **Wickel|lung¹,** Wicklung, die; -, -en: **1.** *das Wickeln.* **2. a)** *etw. Gewickeltes;* **b)** (Fachspr.) *dichtgewickelter Draht;* **Wick|ler,** der; -s, -: **1.** kurz für ↑*Lockenwickler.* **2.** *Schmetterling oft mit bunten, trapezförmigen Vorderflügeln, dessen Raupen meist in eingerollten Blättern leben;* **Wick|lung:** ↑*Wickelung.*

Wid|der, der; -s, - [mhd. wider, ahd. widar, eigtl. = Jährling]: **1. a)** *Schafbock;* (Jägerspr.) *männliches Muffelwild.* **2.** (Astrol.) **a)** ⟨o. Pl.⟩ *Sternbild des nördlichen Himmels;* **b)** ⟨o. Pl.⟩ *Tierkreiszeichen für die Zeit vom 21. 3. bis 20. 4.;* **c)** *jmd., der im Zeichen Widder* (2 a) *geboren ist:* er, sie ist [ein] W. **3. * hydraulischer W.** (Technik; *mit der Energie von strömendem Wasser betriebene Pumpe);* **Wid|der|punkt,** der. (Astron.): *Frühlingspunkt.*

wi|der ⟨Präp. mit Akk.⟩ [mhd. wider, ahd. widar(i) ⟨Präp., Adv.⟩, eigtl. = mehr auseinander, weiter weg; vgl. wieder]: **1.** (geh.) *drückt einen Widerstand, ein Ent-*gegenwirken gegen jmdn., etw. aus; gegen* (I 2 a): w. die Ordnung, die Gesetze handeln; w. jmdn. Anklage erheben; das junge Theatervolk, das w. die Langeweile am Theater murrt (Raddatz, Traditionen II, 405); Jetzt nehme er die Herausforderung an und schlage w. diese frechen Parvenus zurück (Süskind, Parfum 115). **2.** (geh.) *drückt einen Gegensatz aus; entgegen:* es geschah w. seinen Willen; w. Erwarten; Lange Zeit hatte ich w. alle Vernunft gehofft, irgendein Wunder werde geschehen (Dönhoff, Ostpreußen 220); Ausdruck solcher Härte ist es, wenn in diesem tierlieben Land w. die Natur die Väter die Söhne überleben (Pohrt, Endstation 26). **3.** (landsch.) *gegen* (1): w. eine Wand laufen.

wi|der|bor|stig ⟨Adj.⟩ [spätmhd. widerborstig, mniederd. wedderborstich, urspr. = (von Tieren) mit borstigen Haaren, struppig]: **a)** *(vom Haar) nicht leicht zu glätten, zu frisieren:* Die Farbe der Augen hatte ich vergessen, sie waren hellgraugrün unter den -en, jedenfalls ungekämmten ... Haar (Erné, Kellerkneipe 285); **b)** *sich gegen jmds. Willen, Absicht sträubend, sich durch Nichtbefolgen o. ä. dem widersetzend:* ein -es Kind; Mit -en Branchen hat der energische Ministeriale einschlägige Erfahrungen (Capital 2, 1980, 17); Als er dahinterkam, schlug sein Charakter ins Gegenteil um. Er wurde w. und stur (H. Gerlach, Demission 158); w. sein; w. sich zeigen; Ü Dafür ist dieser Marsch, abgesehen von seinem Trio, der -ste Satz (Melos 1, 1984, 54); **Wi|der|bor|stig|keit,** die; -, -en: **1.** ⟨o. Pl.⟩ *das Widerborstigsein, widerborstige Art:* er fühlte, wie die ersten Wallungen von Wut über die W. der Person in ihm aufstiegen (Süskind, Parfum 15). **2.** *widerborstige* ⟨o.⟩ *Äußerung, Handlung.*

Wi|der|christ: 1. der; -[s]: *Antichrist* (1): Joachim von Fiore, so hieß es, habe Konstanze mit einem Dämon schwanger gesehen und bezeichnete nun den Neugeborenen als den kommenden W. (Fest, Im Gegenlicht 121). **2.** der; -en, -en (selten): *Antichrist* (2).

Wi|der|druck, der; -[e]s, -e (Druckw.): **a)** *das Bedrucken der Rückseite eines zweiseitigen Druckbogens;* **b)** *bedruckte Rückseite eines zweiseitigen Druckbogens.*

wi|der|ein|an|der ⟨Adv.⟩ (geh.): *gegeneinander:* Man kann in vielen Fällen w. streiten, wenn es die Sache erfordert (Tucholsky, Werke II, 402); Am richtigsten ist es wohl, sie w. erregt zu halten, damit sie sich im Kampf gegenseitig steigern (Molo, Frieden 235).

wi|der|fah|ren ⟨st. V.; ist⟩ (geh.): *wie etw. Schicksalhaftes (jmdm.) zuteil werden, von jmdm. erlebt, erfahren werden:* ihm widerfuhr Schlimmes, viel Leid; Die einschneidendsten Veränderungen ... widerfahren dem Menschen in der Lebensmitte (Schreiber, Krise 147); Hoffentlich widerfährt *(passiert, geschieht)* ihm nichts auf den nächtlichen Straßen (Frisch, Montauk 125); ihm war es noch nie widerfahren *(er hatte noch nie erlebt),* daß ein Mädchen ihm so viel bedeutete (Danella, Hotel 96); jmdm. Gerechtigkeit w. *(zuteil werden)* lassen.

wi|der|ge|setz|lich ⟨Adj.⟩ (seltener): *gesetzwidrig, gegen das Gesetz verstoßend:* -e Methoden; er hat sich auf -e Weise bereichert; w. handeln.

Wi|der|ha|ken, der; -s, - [mhd. widerhāke]: *Haken, dessen Ende in der Art einer Speerspitze mit zurücklaufendem Teil gestaltet ist, der das Zurück-, Herausziehen aus etw. unmöglich macht:* Die Treibermannschaft fuchtelte mit Stöcken und Latten, an die W. und Stachel angeschraubt waren (Fels, Sünden 8); Ü Ein Werk voller W. – Zeichnungen und Aquarelle von Max Beckmann (MM 17. 2. 78, 28).

Wi|der|hall, der; -[e]s, -e [spätmhd. widerhal]: *Laut, Ton, Hall, der auf eine Wand o. ä. aufgetroffen ist u. zurückgeworfen wird; Echo:* der W. des Donners, der Orgelmusik; Wir kommen zum Spreetunnel, aus dessen Schlund die schauerlich schrillen Schreie von Kindern tönen, die da unten Hall und W. ausprobieren (Berger, Augenblick 37); Wir sind hier in einer Art Halle. Ich höre es am Klang, am W. (Konsalik, Promenadendeck 8); Ü der W. *(die Resonanz)* auf seine Schriften kam aus ganz Europa; seine vier Symphonien ... blieben ohne nennenswerten W. (ohne *Resonanz, Zustimmung;* Saarbr. Zeitung 30. 11. 79, 6); * **W. finden** *(mit Interesse, Zustimmung aufgenommen werden):* die Initianten ... fanden mit ihrem Anliegen einen breiten W. in der betroffenen Bevölkerung (NZZ 31. 8. 86, 29); **wi|der|hal|len** ⟨sw. V.; hat⟩: **a)** *als Widerhall zurückkommen:* der Schuß hallte laut [von den Bergwänden] wider/ (seltener:) widerhallte laut [von den Bergwänden]; Ü In der Ruhe liegt die Kraft, dieser Satz ... hallte in ihr wider (Freizeitmagazin 12, 1978, 10); **b)** (selten) *echoartig zurückgeben, zurückwerfen:* die Wände hallten die Schritte, den Schuß wider; **c)** *vom Widerhall eines bestimmten Lautes, Schalles o. ä. erfüllt sein:* die Bahnhofshalle hallte vom Lärm wider; Ü Die Welt hallt wider von dem Geschrei über die menschliche Not in den Entwicklungsländern (Gruhl, Planet 263).

Wi|der|halt, der; -s: *Widerstand, Gegenkraft.*

Wi|der|hand|lung, die; -, -en (schweiz.): *Zuwiderhandlung:* ein qualifizierter Fall von -en gegen das Betäubungsmittelgesetz (Basler Zeitung 26. 7. 84, 21).

Wi|der|kla|ge, die; -, -n (Rechtsspr.): *Gegenklage:* W. erheben; die W. wurde abgewiesen; etw. in einer W. fordern;

Wi|der|klä|ger, der; -s, - (Rechtsspr.): *Gegenkläger;* **Wi|der|klä|ge|rin,** die; - (Rechtsspr.): w. Form zu ↑Widerkläger.

Wi|der|klang, der; -[e]s, ...klänge (selten): *Klang, der noch einmal, als Widerhall ertönt;* **wi|der|klin|gen** ⟨st. V.; hat⟩ (selten): *als Widerklang ertönen.*

Wi|der|la|ger, das; -s, - (bes. Bauw.): *massive Fläche, massiver Bauteil, auf dem ein Bogen, Gewölbe od. eine Brücke aufliegt;* **wi|der|leg|bar** ⟨Adj.⟩: *sich widerlegen lassend:* -e Argumente; etw. ist [nicht] w.;

wi|der|le|gen ⟨sw. V.; hat⟩ [mhd. widerlegen = ersetzen, vergelten]: *(bes. von Aussagen, Argumenten, Ideen o. ä.) beweisen, nachweisen, daß etw. nicht zutrifft:* eine Hypothese, sich selbst w.; es war nicht schwer, den Zeugen zu w.; er sah vorerst keine Möglichkeit, ihre Behauptungen zu w.; Andere Zeugen gab es nicht, und die Auswertung der gesicherten Tatortspuren widerlegte ihre Geschichte ebenfalls nicht (Prodöhl, Tod 262); **wi|der|leg|lich** ⟨Adj.⟩ (selten): *widerlegbar;* **Wi|der|le|gung,** die; -, -en [mhd. widerlegunge = Gegengabe]: **a)** *das Widerlegen;* **b)** *Rede, Text, Theorie, durch die etw. widerlegt wird:* Alle philosophischen Systeme sind samt ihren -en unter den Professoren aufgeteilt (Hofmann, Fistelstimme 85).

wi|der|lich ⟨Adj.⟩: **1.** (abwertend) *physischen Widerwillen, Ekel hervorrufend:* ein -er Geruch, Geschmack, Anblick; Tatsächlich würde sie bald aus einem Kühlschrank tote Mäuse oder Ratten nehmen, Tabellen ausfüllen in einem -en Labor (Kronauer, Bogenschütze 24); w. schmecken; die unsauberen Räume sind mir w. **2.** (abwertend) *in hohem Maße unsympathisch, abstoßend:* ein -er Typ; Im Unterschied zu Diederich Heßling ist Unrat nicht nur w., sondern auch bedauernswert (Reich-Ranicki, Th. Mann 130); sein Verhalten war w. *(unerträglich).* **3.** (abwertend) ⟨intensivierend bei Adjektiven⟩ *in einem als äußerst unangenehm empfundenen hohen Grad, Maß; überaus:* der Kuchen ist w. süß; Der Schnaps ist w. warm (Maron, Überläuferin 218); ein w. feuchtes Klima; **Wi|der|lich|keit,** die; -, -en (abwertend): **a)** ⟨o. Pl.⟩ *das Widerlichsein;* **b)** *etw. Widerliches* (1, 2); **Wi|der|ling,** der; -[e]s, -e (abwertend): *widerlicher, durch seine unangenehmen Eigenschaften abstoßender Mensch:* Das Unglück wollte, daß Haik diesen Jonny liebte – diesen arroganten Schnösel, diesen Hohlkopf, diesen ausgemachten W. (Frau im Spiegel 30, 1978, 32).

wi|der|mensch|lich ⟨Adj.⟩ (seltener): *gegen die menschliche Natur, Würde verstoßend; unmenschlich* (1): sie begannen mit mir zu sprechen, welches -e und todbringende Unglück der Faschismus in ihr Land gebracht hatte (NNN 6. 12. 88, 5).

wi|dern ⟨sw. V.; hat⟩ [mhd. wider(e)n, ahd. widarōn = entgegen sein; entgegentreten; sich sträuben] (veraltet): *ekeln* (1 b, c).

wi|der|na|tür|lich ⟨Adj.⟩ (abwertend): *nicht den biologischen Anlagen entsprechend, dem natürlichen Empfinden zuwiderlaufend, gegen die ungeschriebenen Gesetze menschlichen Verhaltens verstoßend:* Ich erfahre, daß man mich ... wegen -er Unzucht mit einem Kind ... verurteilt hat (Ziegler, Konsequenz 311); **Wi|der|na|tür|lich|keit,** die; -, -en (abwertend): **a)** ⟨o. Pl.⟩ *das Widernatürlichsein;* **b)** *etw. Widernatürliches.*

Wi|der|part, der; -[e]s, -e [mhd. widerpart(e)] (geh. veraltend): **1.** *Widersacher; Gegner:* Der Gastgeber ... war mehr als ein ebenbürtiger W., der sogar auf dem Wege zu zwei Pluspunkten war (NNN 21. 9. 87, 3); ... schlug ihn ein Matrose seinen W. ... einen Besenstiel auf den Kopf (MM 3. 2. 69, 6). **2.** * **jmdm. W. bieten/geben** *(jmdm. Widerstand leisten);* ♦ **W. halten** *(widersprechen):* ich halte W., ... und dadurch wird die Sache nur schlimmer (Goethe, Werther II, 24. Dezember 1771).

wi|der|ra|ten ⟨st. V.; hat⟩ (geh.): *(jmdm.) von etw. abraten:* jmdm. eine Geschäftsverbindung w.; ich habe [es] ihm widerraten zu reisen; die Mutter widerriet einer Ehe; Die Stadt Augsburg gab ... bekannt, daß sie das Baden im Lech widerrät wegen möglicher gesundheitlicher Schädigung (Augsburger Allgemeine 10./11. 6. 78, 43).

wi|der|recht|lich ⟨Adj.⟩: *gegen das Recht verstoßend:* Außerdem ist dem Staat Bern für den w. erlegten Hirsch Wertersatz zu leisten (Bund 11. 10. 83, 17); **Wi|der|recht|lich|keit,** die; -, -en: **a)** ⟨o. Pl.⟩ *das Widerrechtlichsein;* **b)** *widerrechtliche Handlung o. ä.*

Wi|der|re|de, die; -, -n: **1.** *Äußerung, mit der jmdm. widersprochen wird:* [ich dulde] keine W.!; Wir bekommen immer Schläge ..., wenn wir der Tante -n geben (Ziegler, Gesellschaftsspiele 168); Enderle aber wußte aus Erfahrung, daß man bei ihm mit -n und Streit an kein Ende kam (Augsburger Allgemeine 6./7. 5. 78, 21); etw. ohne W. tun; ohne [ein Wort der] W. einwilligen. **2.** *Gegenrede* (1): Rede und W.; **wi|der|re|den** ⟨sw. V.; hat⟩ (selten): *widersprechen* (1 a): Wie ihm da die Landstürmer ... nach Brauch und Herkommen widerreden, kennt sich der Unteroffizier Kohler nicht mehr aus (Kühn, Zeit 278).

Wi|der|rist, der; -[e]s, -e: *(bes. von Pferden u. Rindern) vorderer, erhöhter Teil des Rückens:* Rentiere ... erreichen ... am W. eine Höhe von 1,1 Metern (Brückenbauer 11. 9. 85, 17).

Wi|der|ruf, der; -[e]s, -e [mhd. widerruof(t) = Widerspruch, Weigerung]: *das Widerrufen; Zurücknahme einer Aussage o. ä.:* [öffentlich] W. leisten; der Durchgang ist [bis] auf W. *(bis es widerrufen wird)* gestattet; Der ... Ehemann ... fühlte sich durch diese Äußerungen in seiner Ehre verletzt und hat auf W. geklagt (NJW 19, 1984, 1103); Gerhardt war vom Kurfürsten seines Amtes als Diakon in Berlin enthoben worden und trotz gnädigen -s nicht dorthin zurückgekehrt (Berger, Augenblick 59); **wi|der|ru|fen** ⟨st. V.; hat⟩ [mhd. widerruofen = zurückrufen; für ungültig erklären]: *für nicht mehr geltend, unrichtig erklären; [öffentlich] zurücknehmen:* eine Erklärung, Erlaubnis, Behauptung w.; der Angeklagte hat sein Geständnis widerrufen; Danach soll die Pensionszusage widerrufen werden können (Kurier 2. 10. 93, 6); ⟨auch o. Akk.-Obj.:⟩ Wie oft hat man über jemanden ein endgültiges Verdikt gesprochen und muß schon wenig später w. (Strauß, Niemand 201); **wi|der|ruf|lich** [auch: - - ́- -] ⟨Adj.⟩: *[bis] auf Widerruf:* etw. ist w. gestattet; - - ́- - -], die; -: *das Widerruflichsein;* **Wi|der|ru|fung,** die; -, -en: *das Widerrufen.*

Wi|der|sa|cher, der; -s, - [zu mhd. widersachen = widerstreben, ahd. widarsachan = rückgängig machen, zu mhd. sachen, ahd. sahhan (↑Sache), urspr. = Gegner in einem gerichtlichen Streitfall]:

persönlicher Gegner, der versucht, die Bestrebungen o. ä. des anderen zu hintertreiben, ihnen zu schaden: ein gefährlicher, erbitterter W.; Die von Krenn provozierten Demonstrationen ... um die Weihe der Kirche seines heftigsten -s (profil 39, 1993, 35); (Sport:) Schon damals war die chilenische Elf ein hartnäckiger W. für unsere Nationalmannschaft (Kicker 6, 1982, 53); **Wi|der|sa|che|rin**, die; -, -nen: w. Form zu ↑Widersacher.

wi|der|sa|gen ⟨sw. V.; hat⟩ (selten): *widersprechen* (1 b): Das Bundesarbeitsgericht hat ... einer „Angriffsaussperrung" widersagt (FAZ 6. 6. 84, 1).

wi|der|säs|sig ⟨Adj.⟩ (veraltet): *aufsässig:* Der Landwirtsohn aus Ruh im Bergischen Land, nach eigenem Urteil ein „bockiger und etwas -er Menschenschlag" ... (Spiegel 38, 1983, 34).

wi|der|schal|len ⟨sw. V.; hat⟩ (veraltend): *widerhallen.*

Wi|der|schein, der; -[e]s, -e: *Helligkeit, die durch reflektiertes Licht entstanden ist:* der W. des Mondes auf dem Schnee; Das blasse Licht war der W. der Straßenlampe (H. Gerlach, Demission 202); ein gelber W. zeigt am Horizont die tiefstehende Sonne an (Berger, Augenblick 51); Im W. der Lampe sieht Onkel Gregor viel älter aus (Hartlaub, Muriel 22); Ü der W. des Glücks lag auf ihrem Gesicht;

wi|der|schei|nen ⟨st. V.; hat⟩: *als Schein reflektiert werden:* das Licht scheint wider in den Scheiben.

Wi|der|see, die; -, -n (Seemannsspr.): *bei der Brandung zurücklaufende ²See (2).*

wi|der|set|zen, sich ⟨sw. V.; hat⟩: *jmdm., einer Sache Widerstand entgegensetzen, sich dagegen auflehnen:* sich einer Maßnahme, einem Beschluß [offen] w.; sich jmds. Bitte, Wunsch nicht w. können; Erst allmählich begriff sie den Vorteil, ihn so lange reden zu lassen, bis er zu erschöpft war, sich ihrer Ansicht zu w. (Bieler, Mädchenkrieg 155); er hat sich mir widersetzt; Ü Dem schwarze Lavagestein, aus dem sie (= die Stadt Catania) neu aufgebaut wurde, widersetzt sich hartnäckig der barocken Stilgebärde (Fest, Im Gegenlicht 66); **wi|der|setz|lich** [auch: '- - - -] ⟨Adj.⟩: **a)** *sich widersetzend:* ein -es Mädchen; die beiden Gefangenen zeigten sich w.; **b)** *Widersetzlichkeit zum Ausdruck bringend:* ein -es Gesicht machen; er sprach in -em Ton; **Wi|der|setz|lich|keit** [auch: '- - - - -], die; -, -en: **a)** ⟨o. Pl.⟩ *das Widersetzlichsein:* Es existierte eigentlich nicht genug in der Welt (Kronauer, Bogenschütze 338); **b)** *Handlung o. ä., mit der sich jmd. widersetzt:* Übrigens steckte damals jedem Soldaten der Militarismus derartig in den Knochen, daß -en kaum oder nie vorgekommen sind (Kempowski, Zeit 362).

Wi|der|sinn, der; -[e]s: *in sich selbst widersprüchlicher, der Vernunft zuwiderlaufender Sinn von etw.:* den W. von etw. aufdecken; In seinem revueartigen historischen Bilderbogen ... hat ... Heiner Müller den W. deutscher Feindseligkeiten und Bürgerkriege collagenhaft zu einer Vision des Schreckens ausgebreitet (Augsburger Allgemeine 22./23. 4. 78, 24); **wi|der|sin|nig** ⟨Adj.⟩: *der Vernunft zuwiderlaufend; völlig absurd:* -e Behauptungen; Diese -e Reinlichkeit machte ihn wütend (Härtling, Hubert 89); das ist doch w.; Die Sitte, bei Sekt die Kohlensäure ... zu entfernen, ist völlig w. (Horn, Gäste 91); Jedenfalls erscheint es ... w., daß zum Beispiel Alkohol, Nikotin und Schmerzmittel gesellschaftlich toleriert ... sind, während der Haschischraucher verfolgt wird (NZZ 26. 1. 83, 21); **Wi|der|sin|nig|keit**, die; -, -en: **a)** ⟨o. Pl.⟩ *das Widersinnigsein;* **b)** *etw. Widersinniges.*

wi|der|spen|stig ⟨Adj.⟩ [für mhd. widerspæne(c), -spen(n)ic, zu ↑spannen (vgl. mhd. span, spān = Spannung, Streitigkeit, widerspān = Streit, Zank; Härte des Holzes), wurde aber früher vom Sprachgefühl auch mit ↑Span verbunden]: **a)** *sich gegen jmds. Willen, Absicht sträubend, sich jmds. Anweisung [mit trotziger Hartnäckigkeit] widersetzend:* ein -es Kind; der Gaul ist furchtbar w.; sich w. zeigen; Er reagiert ... mit hilflosem Protest, also bockig und ... w. (Reich-Ranicki, Th. Mann 226); Ü -es (nicht leicht zu glättendes, zu frisierendes) Haar; Pythagoras, ein w. flatterndes, blaues Tuch über die Knie gebreitet (Ransmayr, Welt 238); **b)** *Widerspenstigkeit ausdrückend, erkennen lassend:* ein -es Verhalten an den Tag legen; **Wi|der|spen|stig|keit**, die; -, -en: **a)** ⟨o. Pl.⟩ *das Widerspenstigsein;* **b)** *widerspenstige Handlung.*

wi|der|spie|geln ⟨sw. V.; hat⟩: **1. a)** *das Spiegelbild von jmdm., etw. zurückwerfen:* das Wasser spiegelt die Lichter wider/(seltener:) widerspiegelt die Lichter; **b)** ⟨w. + sich⟩ *als Spiegelbild erscheinen; sich spiegeln* (2 a): der Himmel spiegelt sich in der Lagune wider/(seltener:) widerspiegelt sich in der Lagune. **2. a)** *zum Ausdruck bringen, erkennbar werden lassen:* der Roman spiegelt die Verhältnisse wider/(seltener:) widerspiegelt die Verhältnisse; seine Augen spiegelten seine Freude wider; Dieses Beispiel ist im Einzelfall, es widerspiegelt den Alltag (NZZ 26. 2. 86, 45); **b)** ⟨w. + sich⟩ *erkennbar werden:* dieses Erlebnis spiegelt sich in seinem Werk wider/(seltener:) widerspiegelt sich in seinem Werk; Die gesellschaftlichen Veränderungen der vergangenen Monate widerspiegeln sich in den verschiedensten Ausdrucksformen (Freie Presse 30. 12. 89, 4); **Wi|der|spie|ge|lung**, Widerspiegelung, die; -, -en: *das [Sich]widerspiegeln;* **Wi|der|spie|ge|lungs|theo|rie**, die (Philos.): *Lehre, die davon ausgeht, daß die Erkenntnis eine Widerspiegelung der objektiven Realität ist;* **Wi|der|spieg|lung**: ↑Widerspiegelung.

Wi|der|spiel, das; -[e]s: **1.** (geh.) *das Gegeneinanderwirken verschiedener Kräfte:* das W. von Regierung und Opposition; das W. von Hoch- und Volkskulturen (Sloterdijk, Kritik 401). **2.** (veraltet) *Gegenteil:* Und warum liebt Tonio den Hans? Weil er schön war und weil er „in allen Stücken als sein eigenes W. erschien" (Reich-Ranicki, Th. Mann 95); ** im W. mit (im Gegensatz zu).*

wi|der|spre|chen ⟨st. V.; hat⟩ [mhd. widersprechen, ahd. widarsprechan = Einspruch erheben; ablehnen, leugnen; sich lossagen]: **1. a)** *eine Äußerung, Aussage o. ä. als unzutreffend bezeichnen u. Gegenargumente vorbringen:* jmdm. heftig, energisch, sachlich, vorsichtig, höflich w.; dieser Behauptung muß ich mit Nachdruck w.; Man braucht bei uns glücklicherweise nicht viel Mut, um den Mächtigen zu w. (Reich-Ranicki, Th. Mann 233); „So geht das nicht", widersprach er *(sagte er widersprechend);* du widersprichst dir ja ständig selbst; **b)** *einer Sache nicht zustimmen, gegen etw. Einspruch erheben:* der Betriebsrat hat seiner Wiedereinstellung widersprochen (Chotjewitz, Friede 84); Wird das versäumt, kann die Partei der Verwendung des Sachverständigengutachtens als Entscheidungsgrundlage im Hauptprozeß nicht erfolgreich w. (NJW 18, 1984, 1020). **2.** *nicht übereinstimmen [mit etw., jmdm.], sich ausschließen, im Widerspruch stehen:* dies widerspricht den Tatsachen, allen bisherigen Erfahrungen; die Darstellungen, Zeugenaussagen widersprechen sich/(geh.:) einander; Es widersprach allen Gepflogenheiten, daß sie sein Zimmer in seiner Anwesenheit säuberte (Kronauer, Bogenschütze 81); eine Taktik, die jeder Vernunft zu w. schien (NZZ 31. 8. 86, 33); ⟨oft im 1. Part.:⟩ widersprechende Aussagen; die widersprechendsten *(gegensätzlichsten)* Nachrichten trafen ein; **Wi|der|spruch**, der; -[e]s, ...sprüche [spätmhd. widerspruch]: **1.** ⟨o. Pl.⟩ **a)** *das Widersprechen* (1 a); *Widerrede* (1): sein W. war berechtigt; es erhob sich allgemeiner W.; dieser Vorschlag hat W. von seiten der Opposition erfahren; keinen, nicht den geringsten W. dulden, vertragen, aufkommen lassen; jeden W. zurückweisen; seine Äußerungen stießen überall auf W.; Ich möchte einmal erleben, daß er etwas ohne W. hinnimmt (Brot und Salz 340); etw. reizt zum W.; **b)** (bes. Rechtsspr.) *das Widersprechen* (1 b): W. gegen die einstweilige Verfügung einlegen; Gemeinderat beschließt W. gegen Entscheidung des Regierungspräsidiums (MM 10. 6. 75, 13); der Vorschlag wurde ohne W. angenommen. **2.** *das Sichwidersprechen* (2), *Sichausschließen; fehlende Übereinstimmung zweier od. mehrerer Aussagen, Erscheinungen o. ä.:* das ist ein nicht zu übersehender W.; worin liegt der W.?; etw. ist ein W. in sich; hier zeigt sich, welche Widersprüche im Menschen sich vereinigen kann; ein Lächeln steht im W. zu der Furcht in den Augen (Loest, Pistole 30); in W. zu jmdm., etw. geraten; sich in Widersprüche verwickeln *(widersprüchliche Aussagen machen);* seine Taten stehen mit seinen Reden in krassem W. **3.** (Philos.) *Gegensatz zwischen zwei Erscheinungen, Prozessen, Systemen o. ä., die einander bedingen, sich zugleich ausschließen; widerstreitende Einheit der Gegensätze:* ein antagonistischer W.; der W. zwischen Natur und Gesellschaft, Wesen und Erscheinung, Form und Inhalt, Kapital und Arbeit; **wi|der|sprüch|lich** ⟨Adj.⟩: **a)** *sich widersprechend:* -e Aussagen, Meldungen; die Namen von Bewohnern Tomis, deren Schicksale sie

Widersprüchlichkeit

in langen, oft -en Erzählungen ausbreitete (Ransmayr, Welt 255); ihr Bericht war recht w.; **b)** *Widersprüche* (2) *aufweisend:* der schwere Chor des dreitürmigen Doms und die drei hochgezogenen, überschlanken Spitztürme der Severikirche. Es ist eine -e architektonische Einheit (Berger, Augenblick 90); die Formulierung ist w.; sein Verhalten war w.; Zu Jahresbeginn war die Beschäftigungslage w. (Capital 2, 1980, 10); **Wi|der|sprüch|lich|keit,** die; -, -en: **a)** ⟨o. Pl.⟩ *das Widersprüchlichsein:* die W. einer Aussage; **b)** *etw. [in sich] Widersprüchliches:* Huber zeigt die -en der neueren Ökologiedebatten (natur 10, 1991, 99); **wi|der|spruchs|frei** ⟨Adj.⟩: *ohne [logischen] Widerspruch* (2): eine -e Theorie; mit der Illusion einer -en „vollkommenen Gesellschaft" (Bahro, Alternative 8); **Wi|der|spruchs|geist,** der ⟨Pl. -er⟩: **1.** ⟨o. Pl.⟩ *Neigung zu widersprechen:* in ihm regte sich W.; Er war nicht mehr verlegen, vielmehr erwachte in ihm W. (H. Weber, Einzug 374); er reizte, weckte ihren W. **2.** (ugs.) *jmd., der oft u. gern widerspricht;* **Wi|der|spruchs|kla|ge,** die (Rechtsspr.): *(bei Zwangsvollstreckungen) Klage, mit der ein Dritter an dem beschlagnahmten Gegenstand ein die Vollstreckung ausschließendes Recht (z. B. Eigentum) geltend macht;* **wi|der|spruchs|los** ⟨Adj.⟩: *ohne zu widersprechen* (1 a): w. gehorchen; Kritik w. hinnehmen; Als alter Soldat, Jahrgang 1921, fügte er sich w. (Hackethal, Schneide 71); **Wi|der|spruchs|lo|sig|keit,** die; -: *widerspruchslose Art u. Weise;* **wi|der|spruchs|voll** ⟨Adj.⟩: *voller Widersprüche* (2): Schillernde, zwiespältige und -e Persönlichkeiten waren sie freilich beide (Reich-Ranicki, Th. Mann 167).

Wi|der|stand, der; -[e]s, ...stände [1: spätmhd. *widerstant*]: **1.** *das Sichwidersetzen, Sichentgegenstellen:* hartnäckiger, zäher, heldenhafter W.; organisierter, antifaschistischer W.; aktiver W. *(Widerstand mit Anwendung von Gewalt);* passiver W. *(Widerstand durch Nichtbefolgung von Befehlen ohne Anwendung von Gewalt);* der W. der Bevölkerung gegen das Regime wächst, erlahmt; der W. der Rebellen erlosch; W. gegen die Staatsgewalt (Rechtsspr.; *das Sichwidersetzen bes. gegen die Festnahme durch einen Polizeibeamten);* nicht bereit sein, irgendwelchen W., irgendwelche Widerstände zu dulden; offenen W. leisten *(sich widersetzen, auflehnen);* einige Truppenteile leisteten noch W. *(Gegenwehr);* jmds. W. gegen ein Reformprogramm überwinden; etw. ist an dem W. von jmdm. gescheitert; bei jmdm. [mit etw.] auf W. stoßen; Ohne W. läßt er sich festnehmen und Handschellen anlegen (Ossowski, Flatter 181); von bewaffneten W. aufrufen. **2.** ⟨o. Pl.⟩ *kurz für* ↑ *Widerstandsbewegung:* dem W. angehören; im W. sein; Es war übrigens das Traditionsregiment für das spätere IR 9, das Regiment, das die meisten Offiziere im W. gegen Hitler verloren hat (Dönhoff, Ostpreußen 68). **3. a)** *etw., was jmdm., einer Sache entgegenwirkt, sich als hinderlich erweist:* beim geringsten W. aufgeben; er schaffte es allen Widerständen zum Trotz; **b)** ⟨o. Pl.⟩ (Mech.) *Druck, Kraft, die der Bewegung eines Körpers entgegenwirkt:* im absolut leeren Raum stürzten alle Körper ... mit derselben Fallgeschwindigkeit, anders als in Luft oder Wasser, worin unterschiedlich schwere Körper unterschiedliche Widerstände zu überwinden hätten (Stern, Mann 294); gegen den W. der Strömung kämpfen. **4.** (Elektrot.) **a)** ⟨o. Pl.⟩ *Eigenschaft von bestimmten Stoffen, das Fließen von elektrischem Strom zu hemmen;* **b)** *elektrisches Schaltungselement:* der W. ist überlastet; einen W. einbauen; **wi|der|stän|dig** ⟨Adj.⟩: (selten) *Widerstand* (3 a) *bietend:* Er war ein Fremdkörper, ein -es Teilchen, das das glatte Arbeiten ihrer Maschine verheizte und verdarb (Norfolk [Übers.], Lemprière 563); **Wi|der|ständ|ler,** der; -s, -: *jmd., der einer Widerstandsbewegung angehört:* Auch die Andersen war mittlerweile wegen Kollaboration mit -n ... bei den Nazis in Ungnade gefallen (Augsburger Allgemeine 27./28. 5. 78, VIII); **Wi|der|ständ|le|rin,** die; -, -nen: w. Form zu ↑ Widerständler; **Wi|der|stands|be|we|gung,** die: *Bewegung* (3 b), *die den Kampf gegen ein unrechtmäßiges, unterdrückerisches o. ä. Regime führt,* den Widerstand (1) organisiert; sich einer W. anschließen; einer W. angehören; zu einer W. gehören; **wi|der|stands|fä|hig** ⟨Adj.⟩: *von einer Konstitution, Beschaffenheit o. ä. die Belastungen standhält:* trotz seiner seit je nicht sehr -en Konstitution (Heym, Schwarzenberg 271); Buchenhecken, Eichenäste, -e Zierbüsche (Kronauer, Bogenschütze 123); Es gibt ... Erbanlagen, die Getreide besonders w. gegen Unkrautvernichter ... machen (natur 8, 1991, 33); w. sein [gegen Ansteckungen]; das Material ist sehr w.; **Wi|der|stands|fä|hig|keit,** die ⟨o. Pl.⟩: *das Widerstandsfähigsein;* **Wi|der|stands|geist,** der: vgl. Oppositionsgeist; **Wi|der|stands|grup|pe,** die: vgl. Widerstandsbewegung: Von seiner Tätigkeit in einer W. schwieg Wolf auch dann noch (Erné, Kellerkneipe 87); **Wi|der|stands|kampf,** der ⟨o. Pl.⟩: *Kampf einer Widerstandsbewegung;* **Wi|der|stands|kämp|fer,** der: *Angehöriger einer Widerstandsbewegung;* **Wi|der|stands|kämp|fe|rin,** die: w. Form zu ↑ Widerstandskämpfer; **Wi|der|stands|kraft,** die: *Widerstandsfähigkeit;* **Wi|der|stands|li|nie,** die: *Linie* (5 a), *entlang der Widerstand* (1) *geleistet wird;* **wi|der|stands|los** ⟨Adj.⟩: **a)** *ohne Widerstand* (1) *zu leisten:* sich w. festnehmen lassen; **b)** *ohne auf Widerstand* (3 a) *zu stoßen:* w. seine Pläne durchsetzen können; **Wi|der|stands|lo|sig|keit,** die; -: **a)** *widerstandsloses* (a) *Verhalten;* **b)** (selten) *Fehlen von Widerstand* (3 a); **Wi|der|stands|mes|ser,** der (Elektrot.): *Ohmmeter;* **Wi|der|stands|me|tall,** das (Elektrot.): *Metall, Legierung mit relativ hohem Widerstand* (4 a); **Wi|der|stands|nest,** das: *kleiner militärischer Stützpunkt, der [noch] Widerstand* (1) *leistet:* so kann es passieren, daß sich in diesen Bergen ein W. bildet, ... das ... zum Asyl für allerhand hartnäckige Nazis ... werden würde (Heym, Schwarzenberg 14); **Wi|der|stands|or|ga|ni|sa|ti|on,** die: vgl. Widerstandsbewegung; **Wi|der|stands|pflicht,** die ⟨o. Pl.⟩: vgl. Widerstandsrecht; **Wi|der|stands|recht,** das ⟨o. Pl.⟩: *[moralisches] Recht, [entgegen der herrschenden Gesetzgebung] Widerstand* (1) *zu leisten;* **Wi|der|stands|wil|le,** der ⟨o. Pl.⟩: *Wille zum Widerstand* (1); **wi|der|ste|hen** ⟨unr. V.; hat⟩ [mhd. *widerstēn,* ahd. *widarstēn*]: **1.** *der Neigung, etw. Bestimmtes zu tun, nicht nachgeben:* einer Versuchung, dem Alkohol [nicht] w. [können]; er konnte ihr, ihrem freundlichen Lächeln nicht länger w.; er verbreitete einen Optimismus, dem niemand w. konnte; Während meiner Collegezeit hab' ich Pfeife geraucht. Als Student konnte man dem kaum w. (Kemelman [Übers.], Dienstag 136); Ich widerstand dem Abenteuer nicht genug (Reich-Ranicki, Th. Mann 166); wer hätte da w. können? **2. a)** *etw. aushalten können:* das Material widersteht allen Belastungen; Zu allem Unglück ... widerstehe der Kalkstein aus Brescia der Zeit und nehme keine Alterspatina an (Fest, Im Gegenlicht 324); Kaum ein Mauerrest, kaum ein Fundament hatte solcher Gewalt (= Lawine) widerstanden (Ransmayr, Welt 236); **b)** *jmdm., einer Sache erfolgreich Widerstand entgegensetzen:* dem Gegner, einem feindlichen Angriff w. **3.** *bei jmdm. Widerwillen, Abneigung, Ekel hervorrufen:* das Fett widersteht mir; es ist wie mit jenen Getränken, einem von Grund auf widerstehen, man gewöhnt sich schließlich daran (Mayröcker, Herzzerreißende 8); mir widersteht es zu lügen. **Wi|der|strahl,** der; -[e]s, -en: vgl. Widerschein; **wi|der|strah|len** ⟨sw. V.; hat⟩: vgl. widerscheinen.

wi|der|stre|ben ⟨sw. V.; hat⟩ [mhd. *widerstreben* = Widerstand leisten]: **a)** *jmdm. zuwider sein:* es widerstrebt mir, darüber zu reden; ihr widerstrebt jegliche Abhängigkeit; Stehenzubleiben und den freundlichen Leuten zuzusehen widerstrebt mir (Berger, Augenblick 20); **b)** (geh.) *sich widersetzen:* einem Ansinnen w.; ⟨häufig im 1. Part.:⟩ etw. mit widerstrebenden Gefühlen tun; Otto starb ... in religiöser Verwirrung auf der Harzburg, von widerstrebenden Priestern auf seinen Befehl hin mit Ruten blutig ins Jenseits gepeitscht (Stern, Mann 174); Matthias Roth marschierte auf die kleine Erhöhung zu ..., aber er tat es widerstrebend (*ungern;* Kronauer, Bogenschütze 278); **wi|der|stre|ben,** das; -s: *entschiedene Abneigung, innerliches Sichsträuben gegen etw.:* Sie erfüllte ihm ... seine Bitte ..., aber er spürte deutlich das W. ihrer Stimme (Kronauer, Bogenschütze 306); etw. mit W. tun; nach anfänglichem W. stimmten sie zu.

Wi|der|streit, der; -[e]s, -e: *konfliktgeladenes Gegeneinandergerichtetsein, Konflikt* (2): ein W. der Interessen, Meinungen; Kein Wunder, daß auch das Regime den W. von Hierarchie und Franziskanern propagandistisch ausnützt (Furche 6. 84, 10); im W. zwischen Pflicht und Neigung leben; wo meine Spottlust in W. gerät mit der Schicklichkeit (Stern, Mann 147); **wi|der|strei|ten** ⟨st. V.; hat⟩: **a)** *im*

Widerspruch stehen: etw. widerstreitet allen herkömmlichen Begriffen; ⟨häufig im 1. Part.:⟩ widerstreitende Empfindungen; widerstreitende Interessen abwägen; Folglich bestanden mannigfaltige Beziehungen und sich widerstreitende Verhältnisse (Weber, Tote 138); **b)** (veraltet) *sich jmdm., einer Sache widersetzen:* er hat ihm widerstritten.
wi|der|wär|tig ⟨Adj.⟩ [mhd. widerwertec = entgegengesetzt, feindlich; unangenehm, abstoßend, ahd. widarwartig = entgegengesetzt, feindlich, zu mhd. widerwert, ahd. widarwert = entgegen; verkehrt]: **a)** *dem Wollen od. Handeln sehr zuwider, hinderlich:* -e Umstände; **b)** *der Empfindung, Neigung widerstrebend, höchst unangenehm:* eine -e Person; Es war ihm eine unselig -e Beschäftigung (Süskind, Parfum 83); Widerwärtig sei die Sektion und ohne jeden Erkenntniswert (Stern, Mann 286); dieser Geruch ist mir w.; Die Graupen schmeckten so w., daß er nur wenige Löffel über die Zunge brachte (Loest, Pistole 113); **Wi|der|wär|tig|keit**, die; -, -en [mhd. widerwerticheit = Gegensatz, Unglück]: **a)** ⟨o. Pl.⟩ *das Widerwärtigsein;* **b)** *etw. Widerwärtiges:* Die Landschaft ist mit architektonischen -en durchsetzt (NZZ 22. 12. 83, 32).
Wi|der|wil|le, der; -ns, (seltener:) **Wi|der|wil|len**, der; -s [mhd. widerwille = Ungemach, Widersetzlichkeit]: *Gefühl des Angewidertseins; heftige Abneigung:* ein physischer W. stieg in ihm auf; Ein körperlicher Widerwille macht sich gegen die krankhaft anmutenden Ausschweifungen der Seele bemerkbar (Stern, Mann 374); Der Widerwillen, mit dem Helga jede Mahlzeit betrachtet hatte, war verschwunden (Danella, Hotel 141); Widerwillen [bei etw.] empfinden, gegen jmdn., etw. haben, hegen; seinen Widerwillen unterdrücken; etw. erregt, weckt jmds. Widerwillen; Ich überwand meinen Widerwillen, kniete nieder bei dem Toten (Heym, Heimsuchung 171); etw. nur mit Widerwillen essen, tun können; Er wird früher oder später von Unmut und Zorn, ja auch von Abscheu und Widerwillen befallen (Reich-Ranicki, Th. Mann 257); **wi|der|wil|lig** ⟨Adj.⟩: **a)** *ziemlich widerstrebend; sehr ungern:* etw. nur w. tun, essen; w. ging sie mit, folgte sie ihm; diese w. eingegangene politische Ehe (Stern, Mann 144); **b)** *Unmut, Widerwillen ausdrückend:* eine -e Gebärde, Antwort; „Schon gut", sagte Jo Heinrich, und es hörte sich nach einer -en Entschuldigung an (Bastian, Brut 58); er sagte das recht w.; Seither spricht sie nicht mehr, antwortet nur, wenn man sie fragt, und das w. (Frischmuth, Herrin 21); **Wi|der|wil|lig|keit**, die; -: *das Widerwilligsein.*
Wi|der|wort, das; -[e]s, -e: *ein gegen etw. gerichtetes Wort, Widerspruch:* keine -e!; Mein Vater duldete keine -e (B. Vesper, Reise 127); Ich durfte keinen Beruf erlernen und hatte kein W. zu gehorchen (Hörzu 41, 1978, 171).
wid|men ⟨sw. V.; hat⟩ [mhd. widemen, ahd. widimen, zu mhd. wideme, ahd. widimo (↑Wittum), eigtl. = mit einer Schenkung ausstatten]: **1.** *jmdm. etw., bes. ein künstlerisches, wissenschaftliches Werk, als Ausdruck der Verbundenheit, Zuneigung, des Dankes o. ä. symbolisch zum Geschenk machen; jmdm. etw. zueignen:* jmdm. ein Buch, Gedicht, eine Sinfonie w.; Eine der aufgeschlagenen Ausgaben ist Julius Streicher handschriftlich gewidmet (Gregor-Dellin, Traumbuch 134). **2. a)** *ausschließlich für jmdn. od. zu einem gewissen Zweck bestimmen, verwenden:* sein Leben der Kunst w.; Er ... machte nicht einmal in seinem Leben Urlaub, um seine freie Zeit ganz der Bundeself w. zu können (Kicker 82, 1981, 42); er widmete den ganzen Abend seinen Kindern; einer Sache nicht die richtige Aufmerksamkeit w.; Sechs Seiten werden der Frage gewidmet *(befassen sich mit der Frage),* ob Thomas Mann schon vor dem Ersten Weltkrieg in Paris war (Reich-Ranicki, Th. Mann 259); **b)** ⟨w. + sich⟩ *sich intensiv mit jmdm., etw. beschäftigen:* sich wissenschaftlichen Arbeiten w.; ... jener Klöppeleien und Gebirgsbauern und deren Frauen und Kinder winters sich widmeten (Heym, Schwarzenberg 152); heute kann ich mich dir ganz w.; Er hatte braune Augen, erkannte sie, obwohl sie sie selten ansah, sondern sich ganz Frau Sellmann widmete *(sich ganz auf sie konzentrierte;* Bieler, Mädchenkrieg 85). **3.** (Amtsspr.) *einer bestimmten öffentlichen Benutzung o. ä. übergeben:* Namens der Stadt Saarbrücken ... widme ich hiermit förmlich ... folgende Straßen dem Stadtteil Bübingen (Saarbr. Zeitung 5./6. 4. 80, 24); **Wid|mung**, die; -, -en [spätmhd. widemunge = Ausstattung]: **1.** *persönliche, in ein Buch, unter ein Bild o. ä. geschriebene Worte [durch die kenntlich gemacht wird, daß es sich um ein Geschenk o. ä. handelt]:* in dem Buch stand eine W. des Verfassers; ein Foto des Künstlers mit persönlicher W. **2.** *Schenkung:* eine unerwartete W. von 50000 Mark. **3.** (Amtsspr.) *Verwaltungsakt, durch den etw. zur öffentlichen Benutzung freigegeben u. dem öffentlichen Recht unterstellt wird:* W. von Straßen für den öffentlichen Verkehr (MM 12. 7. 78, 10).
wid|rig ⟨Adj.⟩ [zu ↑wider]: **1.** *gegen jmdn., etw. gerichtet u. sich dadurch äußerst ungünstig, behindernd auswirkend:* mit -en Umständen fertig werden müssen; Laubbäume vertragen die -en Winde im Herbst und Spätwinter besser (natur 2, 1991, 61); Widrige Marktbedingungen bei Stahl und Guß (NZZ 30. 4. 83, 15); In diesem wichtigen Spiel hofft man in Völklingen trotz der derzeit -en Witterungsverhältnisse auf eine richtige Zuschauerunterstützung (Saarbr. Zeitung 15./16. 12. 79, 19). **2.** (abwertend veraltend) *Widerwillen auslösend:* ein -er Geruch; **-wid|rig** drückt in Bildungen mit Substantiven – selten mit Adjektiven – aus, *daß die beschriebene Person oder Sache gegen etw. gerichtet ist, verstößt, in Widerspruch zu etw. steht:* absprache-, befehls-, rechts-, vernunftwidrig; **wid|ri|gen|falls** ⟨Adv.⟩ (bes. Amtsspr.): *wenn dies nicht geschieht; andernfalls:* es wird angeordnet, daß sie vor Gericht erscheint, w. wird sie vorgeführt/w. wird vorgeführt; Schließlich wurde ein Vertrag gemacht, wer dort schliefe, der sollte nicht angepflaumt werden, w. derjenige, der da anpflaumt, von den anderen verhauen werden sollte (Kempowski, Zeit 289); **wid|ri|gens** ⟨Adv.⟩ (bes. österr. Amtsspr., sonst veraltet): *widrigenfalls:* Rechte, die diese Versteigerung unzulässig machen würden, sind ... anzumelden, w. sie ... nicht mehr geltend gemacht werden können (Tiroler Tageszeitung 30. 4. 87, 14); **Wid|rig|keit**, die; -, -en: *etw., was jmdn. in einem Tun o. ä. hemmt, behindert; Schwierigkeit; Unannehmlichkeit:* überall mit -en zu kämpfen haben; Dabei bleibe ich trotz aller -en, die es gibt (NZZ 3. 4. 81, 5).
Wi|dum, das; -s, -e [↑ Wittum] (österr. veraltet): *Kirchengut.*
wie [mhd. wie, ahd. (h)wio]: **I.** ⟨Adv.⟩ **1.** ⟨interrogativ⟩ **a)** *auf welche Art u. Weise, auf welchem Wege, mit welchen Mitteln?:* w. funktioniert das?; w. hast du das gemacht?; w. kommt man von hier aus zum Bahnhof?; w. kann ich es am besten erklären?; ich weiß nicht, w. es dazu gekommen ist; ich frage mich, w. er das so schnell fertiggebracht hat; wir müssen es machen, ich frage mich nur noch w.; w. man es auch macht *(gleichgültig, wie man es macht),* es ist ihm nie recht; w. kommst du dazu *(was veranlaßt dich dazu,* ihn zu schlagen?; w. kommt es *(was sind die Ursachen dafür),* daß heute alle Züge Verspätung haben?; w. *(woher)* soll ich das wissen?; w. *(in welchem Sinne)* ist das zu interpretieren?; w. *(in welcher Form)* kommt Eisen in der Natur vor?; „Er ist zurückgetreten." – „Wie das?" (ugs.; *was sind die näheren Umstände, die Gründe, die Ursachen o. ä.?);* wie soll man da nicht lachen! *(da muß man doch lachen!);* w. heißt er? *(welchen Namen er?);* w. sagt man dafür *(welchen Ausdruck gibt es dafür)* in der Schweiz?; w. *[bitte]?* (was sagtest du?); w. war das? (ugs.; *würdest du das bitte wiederholen?);* du sagst, ich hätte schneller kommen müssen. Wie denn? Wie konnte ich denn? *(auf welche Weise denn?);* das war doch gar nicht möglich); Der innerdeutsche Dialog, begrüßenswert und ertragreich, war ... „nicht immer ausgewogen". Wie sollte er? *(das konnte er gar nicht sein;* Spiegel 1, 1984, 22); steht im Satzinnern od. am Satzende, wenn mit einem weiteren Nachdruck gefragt wird: er hat w. lange auf uns gewartet, sagtest du?; das Mädchen war damals w. alt?; in Ausrufesätzen: w. er sich doch blamieren!; w. konnte er sich nur so blamieren!; **b)** *durch welche Merkmale, Eigenschaften gekennzeichnet?:* w. war das Wetter?; w. ist dein neuer Chef?; w. ist euer gegenseitiges Verhältnis?; w. war es in Spanien?; w. geht es ihm?; w. läuft der neue Wagen?; w. findest du das Bild?; w. gefällt es dir?; w. wär's mit einem Whisky? *(hast du Lust auf einen Whisky?);* [na, und] wie? (landsch.; *wie geht es denn?);* in Ausrufesätzen: w. du aussiehst!; w. er wieder daherkommt!; w. sich das Kind wieder zugerichtet hat!; **c)** *in welchem Grade?:* w. groß ist das

Wiebel

Grundstück?; w. teuer war der Mantel?; w. hoch ist der Kleiderschrank?; w. gut kennst du ihn?; w. spät *(welche Uhrzeit)* ist es?; w. *(wieviel Jahre)* alt bist du?; w. oft habt ihr euch getroffen?; w. sehr liebst du ihn?; in Ausrufesätzen: w. er sich freut!; w. *(wie schnell)* er läuft!; den haben sie reingelegt, aber w. (ugs.; *und zwar ganz schlimm),* kann ich dir sagen!; „Ist es kalt?" – „Und w.!" (ugs.; *ja, und zwar sehr!);* Fünfunddreißig Gäste hat er bewirtet. Fünfunddreißig! Und w.! *(und zwar hervorragend;* Brot und Salz 243); **d)** (ugs.) als bekräftigende, bestätigende Frage nach einer Feststellung; *so ist es doch; nicht wahr:* das ärgert dich wohl, w.?; du kannst nicht genug bekommen, w.?; Hast mir wohl nicht geglaubt, daß ich die Moneten auftreibe, w.? (Ziegler, Labyrinth 98). **2.** ⟨relativisch⟩ **a)** *auf welche Art u. Weise, auf welchem Wege, in welcher Weise; mit welchen Mitteln:* die Art, w. es sich entwickelt hat; mich stört nur [die Art u. Weise], w. er es macht; in dem Stil, w. er jetzt angewandt wird, kann es nicht weitergehen; **b)** *in welchem Grad, Ausmaß:* die Preise steigen in dem Umfang, w. die Löhne erhöht werden; in dem Maße, w. der Markt sich entwickelt, kann die Produktion ausgebaut werden. **II.** ⟨Konj.⟩ **1.** ⟨Vergleichspartikel⟩ **a)** schließt, oft in Korrelation zu „so" u. a., ein Satzglied od. ein Attribut an: [so] weiß w. Schnee; stark w. ein Bär; mit Hüten w. *(so groß wie)* Wagenräder; er macht Armbewegungen w. beim Brustschwimmen; dann rief sie laut ... und hielt die Arme w. eine Schüssel (Grass, Butt 693); hier geht es zu w. in einem Irrenhaus; das riecht w. Benzin; Das Drakul bellt w. wild (Frischmuth, Herrin 127); es gibt w. keine rauhen Stellen, alles ist von der Flut ... w. geschliffen (natur 8, 1991, 48); seine Hand streifte w. zufällig ihren Nacken; da geht es dir w. mir; w. durch ein Wunder blieb er unverletzt; ein Mann w. er; So einen Saufkumpel w. ihn werd' ich wohl nie wieder finden (Bukowski [Übers.], Fuck 119); in einer Zeit w. der heutigen; ich fühle mich w. gerädert; er macht es [genauso] w. du; er ist doppelt, nur halb so alt w. sie; so schnell w. möglich; w. immer; das schreibt man mit „N" w. „Nordpol"; er kann spielen w. keiner, w. selten einer; R w. du mir, so ich dir *(was du mir Übles antust, das tue ich dir auch an);* **b)** schließt ein od. mehrere zur Veranschaulichung eines vorher genannten Begriffs angeführte Beispiele an: Entwicklungsländer w. [zum Beispiel, beispielsweise, etwa, meinetwegen] Somalia oder Tansania; bei den Regierungen und Notenbanken der Industrieländer w. Japans und der Bundesrepublik (NZZ 24. 8. 83, 9); Die Sächsische Landesbibliothek möchte ... das ... entsprechende Material w. Aufrufe, Flugblätter und dergleichen in den Bestand aufnehmen (Freie Presse 30. 12. 89, 4); Haustiere w. Rind[er], Schwein[e], Pferd[e]; **c)** schließt, oft in Korrelation zu „so" u. a., einen Nebensatz an: er ist jetzt so alt, w. ich damals war; es kam, w. ich es erwartet hatte; er trinkt den Wein, w. andere Leute Wasser trinken; ich ging so, w. ich war, mit ihm hinaus; raffiniert, w. er ist, hat er mich darüber im unklaren gelassen; alle, w. sie da sitzen *(ausnahmslos alle, die da sitzen),* haben mit dem Fall zu tun; die Formel lautet[,] w. folgt *(folgendermaßen);* w. verabredet *(wie wir verabredet haben),* sehen wir uns morgen; er schlief, w. gewöhnlich *(wie er es gewöhnlich tut),* nur eine halbe Stunde; w. schon der Name sagt *(worauf schon das Wort hindeutet);* Doch, w. auch immer *(sei es, wie es wolle, wie es sich auch verhält)* – es hat nicht genügt (Spiegel 5, 1979, 24); **d)** in Verbindung mit „wenn": *als ob:* es sieht aus, w. wenn es regnen wollte; er torkelt, w. wenn er betrunken wäre. **2. a)** (nicht standardsprachlich) steht bei Vergleichen nach dem Komparativ sowie nach „ander...", „anders" u. Zusammensetzungen mit diesen; *als* (II 1): er ist größer w. du; du frißt mehr w. eine Sau, friß nicht so viel, es bleibt ja nichts mehr für die Sau (Wimschneider, Herbstmilch 12); er macht es anders w. ich; er wohnt ganz woanders w. ich; Der eine ist verrückter w. der andere. Im Endeffekt sind wir alle gleich (Spiegel 48, 1982, 81); **b)** (ugs.) steht nach „nichts"; *außer, als* (II 1 b): er hat nichts w. *(hat nur)* Dummheiten im Kopf; nichts w. hin! *(laß uns schnellstens hinlaufen, -fahren o. ä.!);* Nichts w. *(nur)* Ärger (Hörzu 6, 1978, 68); nichts w. *(nur schnell)* hinaus (M. Walser, Seelenarbeit 70). **3.** verknüpft die Glieder einer Aufzählung: *sowie, und [auch, gleichermaßen, ebenso o. ä.]:* Männer w. Frauen nahmen teil; Dennoch warnen Mediziner w. Strahlenschützer vor der Bagatellisierung des Problems (Freie Presse 15. 2. 90, 3); Dieses Buch dürfte grünen w. konservativen Wirtschaftsideologen sauer aufstoßen (natur 10, 1991, 99); das Haus ist außen w. innen renoviert. **4.** leitet, gewöhnlich nur bei Gleichzeitigkeit u. in Verbindung mit dem historischen Präsens, einen temporalen Nebensatz ein: *als* (I 1): w. ich an seinem Fenster vorbeigehe, höre ich ihn singen; Wie sie ins Hotel kommen, treten plötzlich zwei Bullen ... vor (B. Vesper, Reise 219); ⟨bes. ugs.; landsch. auch im Prät.:⟩ Wie ich vier war, ist die Familie auseinandergerissen worden (Klee, Pennbrüder 23); Wie ich tief beschämt — ... mich aufrichtete ..., öffnete sich die Tür (Jahnn, Geschichten 29). **5.** leitet nach Verben der Wahrnehmung o. ä. einen Objektsatz ein: ich hörte, w. die Haustür ging; ich spürte, w. es kälter wurde; Allerdings hatte er nicht gesehen, w. Andreas kam (Danella, Hotel 30).

Wie|bel, der; -s, - [mhd. wibel, ahd. wibil, eigtl. = der sich schnell Hinundherbewegende] (landsch.): *sehr kleiner, in Getreidesilos lebender Käfer, dessen Larven Getreidekörner von innen auffressen; Kornkäfer;* ¹**wie|beln** ⟨sw. V.; hat⟩ (landsch.): *sich lebhaft bewegen.*

²**wie|beln** ⟨sw. V.; hat⟩ (md.): *wiefeln.*

Wie|de, die; -, -n [mhd. wide, verw. mit ↑¹Weide] (südd., südwestd.): *Zweig zum Binden, Flechten.*

Wie|de|hopf, der; -[e]s, -e [mhd. witehopf(e), ahd. witihopfa, lautm.]: *mittelgroßer, hellbrauner, an Flügeln u. Schwanz schwarzweiß gebänderter Vogel mit langem, dünnem Schnabel u. großer Haube:* der W. ist in Deutschland sehr selten geworden; * **stinken wie ein W.** (salopp; *einen sehr unangenehmen u. durchdringenden Geruch an sich haben; nach dem stark riechenden Kot der Nestlinge):* er stinkt wie ein W.

wie|der ⟨Adv.⟩ [mhd. wider, ahd. widar(i), erst im 17. Jh. orthographisch u. nach der Bed. von ↑wider unterschieden]: **1. a)** drückt eine Wiederholung aus; *ein weiteres Mal, wie früher schon einmal; erneut:* wir fahren dieses Jahr w. an die See; ob wir je w. Gelegenheit dazu haben werden?; wann siehst du ihn w. *(das nächste Mal)?;* ich will ihn nie w. *(nie mehr)* belügen; nie w. *(nie mehr)* Krieg!; es regnet ja schon w.!; willst du schon w. verreisen?; er war w. nicht zu Hause; wir sollten mal/mal w. ins Kino gehen; sie streiten sich wegen nichts u. w. nichts *(ohne den geringsten Grund);* er macht immer w. denselben Fehler; ich habe ihn w. und w. (geh.; *immer wieder)* ermahnt; Ceyx ... wandte sich auf diesem kurzen, steilen Weg w. und w. um (Ransmayr, Welt 33); er kam w. und immer w. angelaufen; du mußt es versuchen und w. versuchen (geh.; *immer wieder versuchen);* sein neustes Buch ist w. *(wie schon das vorige)* ein Bestseller; (emotional:) wie du w. aussiehst!; wie er das w. geschafft hat!; was ist denn jetzt schon w. los?; **b)** drückt, in Verbindung mit Ausdrücken wie „anders", „ander..." o. ä., aus, daß eine weitere, zusätzliche Unterscheidung gemacht wird: *noch [einmal]:* einige sind dafür, andere dagegen, und w. andere haben keine Meinung; So sah er im Rubin ein Antidot gegen Gifte, in einem anderen Stein ein Mittel, einen Gerichtsprozeß zu gewinnen, in w. anderen die Kraft, den Blitz abzuwehren (Stern, Mann 409); das ist w. etwas anderes. **2.** drückt die Rückkehr in einen früheren Zustand aus; drückt aus, daß etw. rückgängig gemacht wird: w. gesund sein; er fiel und stand sofort w. auf; er wurde w. freigelassen; Überraschend schnell legte sich die allgemeine Heiterkeit w. (Sommer, Und keiner 148); Gitta hat sich w. gefaßt und kann jetzt auch gehen (Kinski, Erdbeermund 260); stell das w. an seinen Platz!; ich bin gleich w. hier; alles ist w. beim alten; (ugs. auch in pleonastischen Verwendungen wie:) das kann man w. kleben *(durch Kleben wieder in seinen alten Zustand bringen);* gib es ihm w. zurück! *(gib es ihm zurück!);* der Schnee ist w. getaut *(ist getaut und damit verschwunden);* willst du schon w. gehen? *(willst du wirklich jetzt schon gehen?).* **3.** gleichzeitig, andererseits *[aber auch]:* es gefällt mir und gefällt mir [andererseits] w. nicht; da hast du auch w. recht; so schlimm ist es [nun ja auch] w. nicht; Auch w. wahr. Es ist ja nicht gesagt, daß er unbedingt hier leben muß (Danella, Hotel 7). **4.** *wiederum* (3): Contessa Paolina Centurione, die a. Stamm. Und der ist w. mit den Széchényis ... versippt (Th. Mann, Krull 304). **5.** (ugs.) drückt aus, daß etw. als Reaktion auf etw. Glei-

ches od. Gleichartiges hin erfolgt; *auch, ebenso:* wenn er dir eine runterhaut, haust du ihm einfach w. eine runter!; er hat mir eine Rose geschenkt, da habe ich ihm am nächsten Tag w. eine [Rose] geschenkt. **6.** (ugs.) *noch* (6): *wie heißt er w.?; wo war das* [gleich] *w.?*
Wie|der|ab|druck, der; -[e]s, -e: **1.** ⟨o. Pl.⟩ *erneuter Abdruck (eines Textes).* **2.** *Reprint:* das Buch ist jetzt als W. lieferbar.
Wie|der|an|nä|he|rung, die; -, -en: *Annäherung, durch die ein vorheriger Zustand wiederhergestellt wird.*
Wie|der|an|pfiff, der; -[e]s, -e (Sport): *Anpfiff zur Eröffnung der zweiten Halbzeit.*
Wie|der|an|schaf|fung, die; -, -en: *erneute Anschaffung.*
Wie|der|an|spiel, das; -[e]s, -e (Sport): *Anspiel zur Eröffnung der zweiten Halbzeit.*
Wie|der|an|stoß, der; -es, ...anstöße (Fußball): *Anstoß zur Eröffnung der zweiten Halbzeit.*
wie|der|auf|ar|bei|ten ⟨sw. V.; hat⟩: *wiederaufbereiten;* **Wie|der|auf|ar|bei|tung,** die; -, -en: *Wiederaufbereitung:* Erst 100 000 Tonnen Altreifen rollen nach W. erneut über die Straße (natur 8, 1991, 61); **Wie|der|auf|ar|bei|tungs|an|la|ge,** die: *Wiederaufbereitungsanlage:* Als im vorletzten Jahr die W. Wackersdorf aufgegeben wurde (Spiegel 44, 1991, 51).
Wie|der|auf|bau, der; -[e]s: *das Wiederaufbauen:* Erst die schlechte Zeit nach dem Krieg, dann der W. (Chotjewitz, Friede 277); Die alte Orgel wurde sofort demontiert ... Hier sei noch erwähnt, daß ein W. des alten Instruments unmöglich wäre (NZZ 30. 8. 86, 8); **Wie|der|auf|bau|ar|beit,** die: *beim Wiederaufbau von etw. zu leistende Arbeit;* **wie|der|auf|bau|en** ⟨sw. V.; hat⟩: *den früheren Zustand von etw. wiederherstellen:* nach dem Krieg die Industrie w.; Der Barockbau war ... wiederaufgebaut worden (W. Brandt, Begegnungen 534).
wie|der|auf|be|rei|ten ⟨sw. V.; hat⟩: *zur Wiederverwendung aufbereiten* (1): Brennelemente w.; Gewerbeabfälle sollen wiederaufbereitet werden (Tagesspiegel 13. 6. 84, 13); **Wie|der|auf|be|rei|tung,** die; -, -en: *das Wiederaufbereiten:* die W. von Altöl; Viel mehr falle zum Beispiel die forcierte W. von Wolfram ins Gewicht (NZZ 12. 12. 83, 13); **Wie|der|auf|be|rei|tungs|an|la|ge,** die: *Anlage zur Wiederaufbereitung (bes. von abgebrannten Brennelementen).*
wie|der|auf|er|ste|hen ⟨unr. V.; ist; meist im Inf. u. 2. Part. gebr.⟩ (Rel., nachdrücklich): *auferstehen:* er ist wiederauferstanden von den Toten; **Wie|der|auf|er|ste|hung,** die; -, -en (Rel., nachdrücklich): *Auferstehung:* der Leib wurde unversehrt für eine W. im Fleisch gebraucht (Stern, Mann 288); Ü Die Dadaisten – wer zweifelt noch an ihrer W. – halten Einzug (tango 9, 1984, 54).
wie|der|auf|füh|ren ⟨sw. V.; hat⟩ (Theater): *nach längerer Pause in derselben Inszenierung u. Ausstattung erneut aufführen;* **Wie|der|auf|füh|rung,** die; -, -en (Theater): *das Wiederaufführen.*
Wie|der|auf|nah|me, die; -, -en: **1.** *erneute Aufnahme* (1): die W. von diplomatischen Beziehungen, eines Verfahrens, der Arbeit. **2.** *erneute Aufnahme* (3) *in eine Organisation.* **3.** (Theater) *nochmalige Aufnahme (einer Inszenierung) in den Spielplan;* **Wie|der|auf|nah|me|ver|fah|ren,** das (Rechtsspr.): *Verfahren, in dem ein bereits rechtskräftig entschiedener Fall neu verhandelt wird;* **wie|der|auf|neh|men** ⟨st. V.; hat⟩: **1.** *erneut aufnehmen* (2): die Arbeit w.; ein Verfahren w. (Rechtsspr.; *ein Wiederaufnahmeverfahren einleiten).* **2.** *erneut in eine Organisation aufnehmen.* **3.** (Theater) *(eine bereits abgesetzte Inszenierung) wieder in den Spielplan aufnehmen.*
wie|der|auf|rich|ten ⟨sw. V.; hat⟩: *(nachdrücklich): aufrichten* (3 a): deine tröstenden Worte haben mich wiederaufgerichtet; **Wie|der|auf|rich|tung,** die; -: *erneutes Aufrichten* (1, 2).
Wie|der|auf|rü|stung, die; -, -en: *erneutes Aufrüsten.*
Wie|der|auf|stieg, der; -[e]s, -e (Sport): *Rückkehr in eine höhere Spiel-, Leistungsklasse:* Mit dem W., den Erfolgen in der Bundesliga ... änderte sich alles (Kicker 82, 1981, 28).
wie|der|auf|tau|chen ⟨sw. V.; ist⟩: *sich wiederfinden:* das Buch ist wiederaufgetaucht.
wie|der|be|geg|nen ⟨sw. V.; ist⟩: *nach längerer Zeit, Abwesenheit, Trennung o. ä. begegnen* (1): erst nach zwanzig Jahren ist er ihm, sind sie sich/(geh.:) einander wiederbegegnet; **Wie|der|be|geg|nung,** die; -, -en: *Begegnung* (1) *nach längerer Zeit, Abwesenheit, Trennung o. ä.:* die W. des erwachsenen Tonio mit seiner Vaterstadt (Reich-Ranicki, Th. Mann 99).
Wie|der|be|ginn, der; -[e]s: *erneuter Beginn.*
wie|der|be|kom|men ⟨st. V.; hat⟩: *zurückbekommen* (1): Sie läßt Janda etwas Geld für Zigaretten ab. Das bekomme ich aber wieder, sagt sie (Zenker, Froschfest 62).
wie|der|be|le|ben ⟨sw. V.; hat⟩: *jmds. lebensbedrohlich gestörte od. bereits zum Stillstand gekommene Atmung u. Herztätigkeit durch gezielte Maßnahmen wieder in Gang bringen:* man versuchte vergebens, ihn wiederzubeleben; Ü Sie haben in Deutschland den heißen, heilen Rock der fünfziger Jahre wiederbelebt (Freizeitmagazin 10, 1978, 5); **Wie|der|be|le|bung,** die; -, -en: *das Wiederbeleben;* **Wie|der|be|le|bungs|ver|such,** der ⟨meist Pl.⟩: *Versuch, jmdn. wiederzubeleben.*
wie|der|be|schaf|fen ⟨sw. V.; hat⟩: *erreichen, dafür sorgen, daß man etw., was man früher schon einmal hatte, besaß, worüber man verfügte, wiederbekommt:* ich werde dir deine Arbeitsstelle, dein Fahrrad w.; **Wie|der|be|schaf|fung,** die; -: *das Wiederbeschaffen;* **Wie|der|be|schaf|fungs|wert,** der (Wirtsch.): *Wert eines Wirtschaftsgutes am Tag der Wiederbeschaffung.*
wie|der|be|waff|nen ⟨sw. V.; hat⟩: *remilitarisieren;* **Wie|der|be|waff|nung,** die; -, -en: *Remilitarisierung.*
wie|der|brin|gen ⟨unr. V.; hat⟩: *zurückbringen* (1 a): du mußt mir das Buch nächste Woche w.
Wie|der|druck, der; -[e]s, -e: *Neudruck.*
Wie|der|ein|bür|ge|rung, die; -, -en: *erneutes Einbürgern* (1, 2), *Eingebürgertwerden.*
wie|der|ein|fal|len ⟨st. V.; ist⟩: *jmdm. ins Gedächtnis zurückkommen:* der Name ist mir endlich wiedereingefallen.
wie|der|ein|füh|ren ⟨sw. V.; hat⟩: *etw. erneut einführen* (3), *so daß es sich damit verhält wie früher:* ein altes Recht w.; **Wie|der|ein|füh|rung,** die; -, -en: *das Wiedereinführen:* die Ignoranten verlangten die W. der Todesstrafe.
wie|der|ein|glie|dern ⟨sw. V.; hat⟩: vgl. *wiedereinsetzen:* Strafentlassene ins normale Berufsleben w.; **Wie|der|ein|glie|de|rung,** die; -, -en: vgl. *Wiedereinsetzung:* Auf die Art hat Paul nicht viel von seiner W. in die Dienststelle erlebt (Plenzdorf, Legende 235).
Wie|der|ein|pflan|zung, die; -, -en (Med.): *erneute Einpflanzung eines (gewaltsam od. zu therapeutischen Zwecken) abgetrennten Körperteils o. ä.*
wie|der|ein|set|zen ⟨sw. V.; hat⟩: *erneut mit einem früher bereits innegehabten Amt, Posten betrauen;* **Wie|der|ein|set|zung,** die; -, -en: *das Wiedereinsetzen, Wiedereingesetztwerden.*
wie|der|ein|stel|len ⟨sw. V.; hat⟩: vgl. *wiedereinsetzen;* **Wie|der|ein|stel|lung,** die; -, -en: vgl. *Wiedereinsetzung:* Der Betriebsrat hat seiner W. widersprochen (Chotjewitz, Friede 84).
Wie|der|ein|stieg, der; -[e]s, -e: *erneuter Einstieg* (3 b): Reserven liegen vor allem im beruflichen W. von Frauen (NZZ 16. 10. 81, 21).
Wie|der|ein|tritt, der; -[e]s, -e: **1.** *erneuter Eintritt (in eine Organisation o. ä.):* seit ihrem W. in die Partei ist sie für Frauenfragen zuständig. **2.** *Eintreten* (5) *in etw., was vorher verlassen wurde:* beim W. der Raumkapsel in die Atmosphäre.
wie|der|ent|decken¹ ⟨sw. V.; hat⟩: *etw., was in Vergessenheit geraten, verschwunden, verborgen war, erneut entdecken:* er hat ein altes Hobby wiederentdeckt; **Wie|der|ent|deckung¹,** die; -, -en: **a)** *das Wiederentdecken:* Damit dürfte 1980 ... zum Jahr der W. eines Filmkomikers werden (ran 2, 1980, 38); **b)** *etw. Wiederentdecktes.*
Wie|der|er|grei|fung, die; -, -en ⟨Pl. selten⟩: *Ergreifung* (2) *einer zuvor entkommenen inhaftierten, festgenommenen Person.*
wie|der|er|hal|ten ⟨st. V.; hat⟩: *zurückerhalten.*
wie|der|er|in|nern, sich ⟨sw. V.; hat⟩ (nachdrücklich): *sich erinnern* (1): ich kann mich einfach an diesen Vorfall nicht w.
wie|der|er|ken|nen ⟨unr. V.; hat⟩: *eine Person od. Sache, die jmd. von früher kennt, als die Betreffende erkennen* (2 a): ich habe dich sofort wiedererkannt; eine Gegend, Landschaft w.; er war kaum wiederzuerkennen; er hat sich auf dem Foto wiedererkannt; Ü weil sie in der Armut noch des zerlumptesten Obdachlosen ihre eigene Vergangenheit wiedererkannten (Ransmayr, Welt 256).
wie|der|er|lan|gen ⟨sw. V.; hat⟩ (geh.): *zurückerlangen;* **Wie|der|er|lan|gung,** die; -: *das Wiedererlangen.*
wie|der|er|obern ⟨sw. V.; hat⟩: *zurücker-*

Wiedereroberung

obern; **Wie|der|er|obe|rung,** die; -, -en: **a)** *das Wiedererobern;* **b)** *etw. Wiedereroberter.*
wie|der|er|öff|nen ⟨sw. V.; hat⟩: *nach einer Zeit der Schließung erneut eröffnen* (1): das Lokal wird unter neuer Führung wiedereröffnet; **Wie|der|er|öff|nung,** die; -, -en: *das Wiedereröffnen, Wiedereröffnetwerden:* die feierlich-festliche W. des Suezkanals (Zeit 6. 6. 75, 1).
wie|der|er|schei|nen ⟨st. V.; ist⟩: **1.** *(von einer verschwundenen, verlorenen, verschollenen Person od. Sache) erscheinen* (1 a, b), *wiederauftauchen:* das vermißte Boot ist wiedererschienen; dem Kind ist die verstorbene Mutter im Traum wiedererschienen. **2.** *ein zweites, weiteres Mal erscheinen* (2): das vergriffene Buch soll demnächst w.
wie|der|er|star|ken ⟨sw. V.; ist⟩ (geh.): *so stark werden wie früher, die frühere Stärke wiedererlangen:* der Staat ist wirtschaftlich wiedererstarkt.
wie|der|er|stat|ten ⟨sw. V.; hat⟩: *rückerstatten;* **Wie|der|er|stat|tung,** die; -, -en: *Rückerstattung.*
wie|der|er|ste|hen ⟨unr. V.; ist⟩: **1.** (geh.) *auferstehen.* **2.** (geh.) *von neuem entstehen:* die Republik ist aus den Trümmern wiedererstanden. **3.** *zurückkaufen:* es gelang ihm nicht, sein Elternhaus wiederzuerstehen.
wie|der|er|wecken¹ ⟨sw. V.; hat⟩: *wieder zum Leben erwecken:* Tote kann man nicht w.; **Wie|der|er|weckung¹,** die; -, -en: *das Wiedererwecken, Wiedererwecktwerden.*
wie|der|er|wer|ben ⟨st. V.; hat⟩: *wiedererstehen* (3), *zurückkaufen.*
wie|der|er|zäh|len ⟨sw. V.; hat⟩: **1.** *erzählend wiedergeben:* er wollte den Kindern das Märchen w., aber er hatte die Hälfte vergessen. **2.** (ugs.) *wiedersagen:* du darfst ihm das auf keinen Fall w.
wie|der|fin|den ⟨st. V.; hat⟩: **1. a)** *finden* (1 a) *u. dadurch wiedererlangen:* hast du den Schlüssel wiedergefunden?; sie haben sich nach Jahren wiedergefunden; Ü seine Fassung w.; Die Stufe ... nahm er mit einem kleinen Sprung, mußte dann aber ... das Gleichgewicht w. (Fest, Im Gegenlicht 244); nach dem Zusammenstoß fand sich der Radfahrer im Straßengraben wieder (scherzh.; *befand er sich plötzlich zu seiner eigenen Überraschung im Straßengraben*); **b)** ⟨w. + sich⟩ *wiedergefunden* (1 a) *werden:* das Buch hat sich wiedergefunden. **2. a)** *(etw. von irgendwoher Bekanntes) auch anderswo finden, vorfinden:* dieses Stilelement findet man auch in der französischen Architektur wieder; Die Menschen tun es, weil sie in Dir etwas wiederfinden, das ihnen längst verlorengegangen ist (Stern, Mann 244); ich habe ihn, Züge von ihm in dem Porträt wiedergefunden; daß keineswegs alle Frauen sich im oben skizzierten Frauenbild wiederfinden (Frings, Fleisch 187); **b)** ⟨w. + sich⟩ *wiedergefunden* (4 a) *werden [können]:* ... daß sich beide Verhaltensweisen bei Vögeln wiederfinden (Lorenz, Verhalten I, 217). **3.** ⟨w. + sich⟩ *zu seinem inneren Gleichgewicht, seiner inneren Ruhe gelangen, sich wieder fangen, wieder zu sich selbst finden:* erst Jahre nach diesem Schock hat sie sich wiedergefunden.
wie|der|for|dern ⟨sw. V.; hat⟩: *zurückfordern.*
Wie|der|fund, der; -[e]s (Verhaltensf.): *das Wiederfinden eines zu Forschungszwecken markierten freilebenden Tiers (nach längerer Zeit):* Daß sie (= die beringten Jungstörche) den richtigen Kurs einschlagen, beweisen -e in Spanien (FAZ 1. 8. 79, 21).
Wie|der|ga|be, die; -, -n: **1.** *Darstellung, Bericht, Schilderung (von etw.):* eine genaue, detaillierte W. der Vorgänge. **2.** *Reproduktion* (2). **3.** *Aufführung, Interpretation (eines musikalischen Werkes):* eine W. des Brandenburgischen Konzerts mit alten Instrumenten. **4.** *das Wiedergeben* (5): eine einwandfreie W. der Musik durch das Tonbandgerät; **Wie|der|ga|be|treue,** die: *originalgetreue Wiedergabe bei elektroakustischen Geräten.*
Wie|der|gän|ger, der; -s, - (Volksk.): *ruheloser, umgehender Geist eines Verstorbenen; Geist, Gespenst:* der Tote hat als W. sein Grab verlassen; Ü Der alte Mann auf der Bühne ist Heideggers theatralischer W. (Spiegel 39, 1992, 310); **Wie|der|gän|ge|rin,** die; -, -nen (Volksk.): w. Form zu ↑ Wiedergänger.
wie|der|ge|ben ⟨st. V.; hat⟩: **1.** *zurückgeben* (1 a): gib ihm das Buch sofort wieder!; Ü Echo hatte ... die Tapisserien vom Staub eines ganzen Jahres befreit und den Behängen damit ihre leuchtenden Farben wiedergegeben (Ransmayr, Welt 104). **2. a)** *berichten, erzählen, schildern:* einen Vorgang [falsch, richtig, wahrheitsgetreu, entstellt] w.; **b)** *ausdrücken* (3 a): das läßt sich mit Worten gar nicht [richtig] w.; eine Partizipialkonstruktion im Englischen wird im Deutschen oft durch einen Nebensatz wiedergegeben; **c)** *anführen, zitieren:* einen Text, eine Rede wörtlich, in gekürzter Form w.; in seinem hier auszugsweise wiedergegebenen Tagebuch vom Juni 1933 (Reich-Ranicki, Th. Mann 224). **3.** *darstellen* (1): erstaunlich, wie lebensecht der Maler die Szene wiedergegeben hat; Die Prägung des Medaillons hatte die seltsam große Nase des unglücklichen Dichters mit einer fast spöttischen Genauigkeit wiedergegeben (Ransmayr, Welt 95). **4.** *reproduzieren* (2): der Text wird im Hochdruck ... wiedergegeben (Bild. Kunst III, 60). **5.** *(mit technischen Hilfsmitteln) hörbar, sichtbar machen:* der Fernseher gibt die Farben sehr natürlich wieder; der Lautsprecher gibt die Höhen sehr schlecht wieder.
wie|der|ge|bo|ren ⟨Adj.⟩ (selten): *nach dem Tode nochmals geboren;* **Wie|der|ge|burt,** die; -, -en: **1.** (Rel.) *das Wiedergeborenwerden des Menschen, der menschlichen Seele:* Er erzählt uns etwas über Seelenwanderung und W. (Hartlaub, Muriel 171). **2.** ⟨o. Pl.⟩ (christl. Rel.) *das Neuwerden des gläubigen Menschen durch die Gnade Gottes.* **3.** (geh.) *Renaissance* (3): In einer Erklärung wird kritisiert, daß dabei der W. monarchistischer Ideen Raum geboten wurde (Freie Presse 14. 2. 90, 4); diese Mode erlebt gerade eine W.; ... unter den -en nationaler Musikkulturen im 19. Jahrhundert (NZZ 10. 8. 84, 27).
wie|der|ge|win|nen ⟨st. V.; hat⟩: *zurückgewinnen:* verspieltes Geld w.; Ü Als er zurückkehrte ..., war Betty die erste, die ihre Fassung wiedergewann (Bieler, Mädchenkrieg 458); **Wie|der|ge|win|nung,** die; -, -en ⟨Pk. selten⟩: *das Wiedergewinnen.*
wie|der|grü|ßen ⟨sw. V.; hat⟩: *jmds. Gruß erwidern.*
wie|der|gut|ma|chen ⟨sw. V.; hat⟩: *etw., was jmd. versäumt, verschuldet hat, bes. einen Schaden, den jmd. angerichtet hat, wieder ausgleichen:* wie willst du [das] je w., was du da angerichtet hast?; Menschen, die Unrecht erlitten haben ... und denen keine Abrechnung von Unrecht ... w. kann, was ihnen angetan worden ist (R. v. Weizsäcker, Deutschland 26); ein nicht wiedergutzumachendes Unrecht; **Wie|der|gut|ma|chung,** die; -, -en: **1.** *das Wiedergutmachen.* **2.** *zur Wiedergutmachung von etw. gezahlte Geldsumme, erbrachte Leistung:* W. zahlen; **Wie|der|gut|ma|chungs|lei|stung,** die: vgl. Wiedergutmachung (2); **Wie|der|gut|ma|chungs|zah|lung,** die: vgl. Wiedergutmachung (2).
wie|der|ha|ben ⟨unr. V.; hat⟩: *wieder in seinem Besitz haben, wiederbekommen haben:* hast du das [verlorene, verliehene] Buch wieder?; wann kann ich das Geld w. *(zurückbekommen)?;* Ü wir wollen unseren alten Lehrer w. *(wollen, daß er wieder unser Lehrer ist);* Die Richter in der Weimarer Republik wollten ihren Kaiser Wilhelm w. (Spiegel 22, 1981, 89); nach langer Trennung haben sie sich wieder *(sind sie wieder zusammen).*
Wie|der|hei|rat, die; -: vgl. *Wiederverheiratung:* Der Anwalt ... sagt, daß eine W. erst nach völliger Beendigung des Verfahrens möglich sei (MM 14./15. 6. 1980, 64).
wie|der|her|rich|ten ⟨sw. V.; hat⟩: vgl. *wiederherstellen* (3): er hat sein Haus wiederhergerichtet.
wie|der|her|stel|len ⟨sw. V.; hat⟩: **1. a)** *(etw., was es früher schon einmal gab) aufs neue* (1 a) *herstellen* (2 a): den Kontakt, die Ruhe, das Gleichgewicht w.; jmds. Gesundheit, den Status quo ante w.; **b)** ⟨w. + sich⟩ *wiederhergestellt werden:* Tatsächlich stellten sich dann Ordnung und Recht nahezu selbsttätig wieder her (Thieß, Reich 397). **2.** *wieder gesund machen, werden lassen:* die Ärzte haben ihn wiederhergestellt; er ist wiederhergestellt. **3.** *(etw. Beschädigtes, Zerstörtes) wieder in einen intakten Zustand versetzen; reparieren, restaurieren:* das ausgebrannte Rathaus soll im ursprünglichen Zustand wiederhergestellt werden; Schuhe, Fahrräder, Kofferradios werden von ihnen in kürzester Frist wiederhergestellt (NNN 18. 8. 84, 1); **Wie|der|her|stel|lung,** die; -, -en: *das Wiederherstellen, Wiederhergestelltwerden;* **Wie|der|her|stel|lungs|ko|sten** ⟨Pl.⟩: *Kosten für die Wiederherstellung eines beschädigten o. ä. Gegenstandes.*
wie|der|hol|bar ⟨Adj.⟩: *sich wiederholen* (1 a) *lassend:* Da sind manche Experimente grundsätzlich nicht w. – also kann sie keiner nachprüfen (elan 2, 1980, 30); **Wie|der|hol|bar|keit,** die; -: *das Wiederholbarsein;* **wie|der|ho|len** ⟨sw. V.; hat⟩:

zurückholen: sie hat den Ball vom Nachbargrundstück wiedergeholt; Ü wir werden uns den Weltmeistertitel w. **wie|der|ho|len** ⟨sw. V.; hat⟩ [15. Jh.; mhd. nicht bezeugt, ahd. widarholōn = zurückrufen]: **1. a)** *nochmals ausführen, durchführen, veranstalten o. ä.:* ein Experiment w.; die Aufführung, die Radiosendung wird nächsten Dienstag, noch einmal, ein zweites Mal, zum drittenmal wiederholt; das Fußballspiel muß wiederholt werden; Der so rasch wiederholte Besuch machte ihn niedergeschlagen (Kronauer, Bogenschütze 415); Dort hat sie ... nicht den Erfolg der Tutanchamun-Ausstellung w. können *(hat sie nicht ebenso erfolgreich sein können wie diese;* Vaterland 27. 3. 85, 15); der Chorleiter ließ uns die letzte Strophe w. *(noch einmal singen;* **b)** *nochmals (an etw.) teilnehmen, nochmals absolvieren:* der Schüler muß die Klasse w.; die Prüfung kann bei Nichtbestehen [zweimal] wiederholt werden; ⟨auch o. Akk.-Obj.:⟩ der Schüler hat schon einmal wiederholt *(eine Klasse zweimal besucht).* **2. a)** *nochmals sagen, vorbringen, aussprechen:* eine Frage [noch einmal] w.; er wiederholte seine Forderungen, sein Angebot; ich will seine Worte hier nicht w.; Sein enthusiastisches Bekenntnis trotzig wiederholend, hatte sich also Benn noch einmal von dem ganzen nach 1903 entstandenen Werk Heinrich Manns distanziert (Reich-Ranicki, Th. Mann 112); ich kann nur w. *(noch einmal sagen, betonen),* daß ich nichts darüber weiß; **b)** ⟨w. + sich⟩ *etw. noch einmal sagen:* der Redner hat sich oft wiederholt; du wirst mich nicht ständig w.; du wiederholst dich *(das hast du schon einmal gesagt).* **3.** *(Lernstoff o. ä.) nochmals durchgehen, sich von neuem einprägen, repetieren* (1): ein Kapitel aus der Geschichte, Vokabeln, eine Lektion w. **4. a)** ⟨w. + sich⟩ *(in bezug auf einen Vorgang o. ä.) ein weiteres Mal geschehen:* das kann sich täglich, jederzeit w.; diese Katastrophe darf sich niemals w.; In der Geschichte aber wiederholt sich nichts wirklich (Stern, Mann 9); **b)** ⟨w. + sich⟩ *in Abfolge mehrmals, immer wiederkehren:* die Muster, die Figuren wiederholen sich; Ich platz' nicht vor Neuigkeiten. Hier wiederholen sich alle Tage *(folgt ein Tag unverändert dem andern;* Fels, Kanakenfauna 65); **c)** *an anderer Stelle ebenfalls erscheinen lassen:* das Überholverbotszeichen muß nach jeder Kreuzung wiederholt werden; Wird ein Anhänger mitgeführt, so ist die Erkennungsnummer des Versicherungskennzeichens an der Rückseite des Anhängers so zu w., daß sie ... lesbar ist (Straßenverkehrsrecht, StVZO 194); **wie|der|holt** ⟨Adj.⟩: *mehrfach, mehrmalig; nicht erst [jetzt] zum ersten Mal erfolgend:* trotz -er Aufforderungen zahlte er nicht; Dieses Interview zeigt leider zum -en Male, wie schwierig es ist, Politikern die Probleme ... begreiflich zu machen (Augsburger Allgemeine 3./4. 6. 78, XXI); darauf habe ich [schon] w. hingewiesen; Wiederholt wurde zum Ausdruck gebracht, das Vertrauen in die Leistungsfähigkeit der Kantone sei berechtigt (NZZ 27. 1. 83, 23); **Wie|der|ho|lung,** die; -, -en: **1. a)** *das Wiederholen* (1 a), *Wiederholtwerden:* eine W. ist notwendig geworden; in der W. *(im Wiederholungsspiel)* erreichten sie ein 1 : 0; die Sendung ist eine W. *(ist früher schon einmal ausgestrahlt worden);* **b)** *das Wiederholen* (1 b), *Wiederholtwerden:* eine W. der Prüfung ist nicht möglich. **2. a)** *das Wiederholen* (2 a): auf eine wörtliche W. seiner Äußerung verzichte ich; **b)** *das Sichwiederholen* (2 b): seine Rede war voller -en. **3.** *das Wiederholen* (3): bei der W. der unregelmäßigen Verben. **4. a)** *das Sichwiederholen* (4 a): die stete W. geschichtlicher Ereignisse (Menzel, Herren 14); **b)** *das Sichwiederholen* (4 b): Die ... Tapete zeigte in unermüdlicher W. zwei Papageien (Roth, Beichte 112); **c)** *das Wiederholen* (4 c): die W. eines Motivs als künstlerisches Stilmittel; **Wie|der|ho|lungs|fall,** der: *in der Verbindung im W.* (bes. Amtsspr.): *für den Fall, daß sich etw. wiederholt, daß jmd. etw. noch einmal tut):* im W. erfolgt Strafanzeige; **Wie|der|ho|lungs|imp|fung,** die: *Wiederimpfung;* **Wie|der|ho|lungs|kon|zert,** das: vgl. Wiederholungssendung; **Wie|der|ho|lungs|kurs,** der: **1.** *Kurs, in dem etw. wiederholt* (3) *wird:* ein W. für Examenskandidaten. **2.** (Milit. schweiz.) *Reserveübung;* Abk.: WK; **Wie|der|ho|lungs|prü|fung,** die: *nochmalige Prüfung, bes. eines Prüflings, der eine Prüfung beim ersten Versuch nicht bestanden hat;* **Wie|der|ho|lungs|sen|dung,** die (Rundf., Ferns.): *zum zweiten od. wiederholten Male erfolgende Ausstrahlung eines Programms;* **Wie|der|ho|lungs|spiel,** das (Sport): *Spiel, das wiederholt wird [weil im ersten Spiel keine Entscheidung erzielt wurde];* **Wie|der|ho|lungs|tä|ter,** der (Rechtsspr.): *jmd., der eine strafbare Handlung bereits zum zweiten, zum wiederholten Male begangen hat:* Der Vielfahrer war W. Er war vorbestraft – und zwar einschlägig wegen einer Promillefahrt 4 Jahre zuvor (ADAC-Motorwelt 12, 1986, 97); **Wie|der|ho|lungs|tä|te|rin,** die (Rechtsspr.): w. Form zu ↑Wiederholungstäter; **Wie|der|ho|lungs|zahl|wort,** das (Sprachw.): *Multiplikativum;* **Wie|der|ho|lungs|zei|chen,** das: *Zeichen mit der Bedeutung „Wiederholung", „zu wiederholen"* (z. B. |:‎:| in der Notenschrift); **Wie|der|ho|lungs|zwang,** der (Psych.): *neurotischer Zwang, auch als unsinnig erkannte Gedankengänge od. Handlungen wiederholen zu müssen.* **Wie|der|hö|ren,** das: *in der Fügung [auf] W.!* (Abschiedsformel beim Telefonieren, im Hörfunk). **Wie|der|imp|fung,** die; -, -en: *zweite, weitere Impfung (gegen dieselbe Krankheit).* **Wie|der|in|be|sitz|nah|me,** die; -, -n (Papierdt.): *erneute, abermalige Inbesitznahme.* **Wie|der|in|be|trieb|nah|me,** die; -, -n (Papierdt.): *erneute, abermalige Inbetriebnahme.* **Wie|der|in|stand|set|zung,** die; -, -n (Papierdt.): *[abermalige] Instandsetzung.* **wie|der|käu|en** ⟨sw. V.; hat⟩: **1.** *(bereits teilweise verdaute, aus dem Magen wieder ins Maul beförderte Nahrung) nochmals kauen:* Kühe käuen ihre Nahrung wieder; ⟨auch o. Akk.-Obj.:⟩ Schafe käuen wieder. **2.** (abwertend) *(Gedanken, Äußerungen o. ä. anderer) noch einmal sagen, ständig wiederholen:* alte Thesen w.; Kritiklos wiedekäuen sie in Zwischen- und Diplomprüfungen das Stoffgebirge meterhoher Skriptenstapel (Wiener 11, 1989, 21); **Wie|der|käu|er,** der; -s, - (Zool.): *Tier, das seine Nahrung wiederkäut;* **Wie|der|käu|er|ma|gen,** der (Zool.): *in mehrere Kammern* (4 a) *aufgeteilter Magen der Wiederkäuer.*
Wie|der|kauf, der; -[e]s, ...käufe (Rechtsspr.): *Kauf einer Sache, die der Käufer dem Verkäufer zu einem früheren Zeitpunkt selbst verkauft hat; Rückkauf;* **wie|der|kau|fen; Wie|der|käu|fer,** der; -s, - (Rechtsspr.): *jmd., der etw. zurückkauft;* **Wie|der|käu|fe|rin,** die (Rechtsspr.): w. Form zu ↑Wiederkäufer; **Wie|der|kaufs|recht,** das (Rechtsspr.): *dem Verkäufer im Kaufvertrag vorbehaltenes Recht, die verkaufte Sache innerhalb einer bestimmten Frist zurückzukaufen.*
Wie|der|kehr, die; - (geh.): **1.** *Rückkehr:* Als Tereus am Tag von Philomelas W. in den Hafen Tomis einlief (Ransmayr, Welt 279). **2.** *das Wiederkehren* (2): ich lausche noch lange in die Finsternis und warte ... auf eine W. des Geräuschs (Hofmann, Fistelstimme 164); **wie|der|keh|ren** ⟨sw. V.; ist⟩ (geh.): **1. a)** *wiederkommen* (1 a): aus dem Krieg nicht w.; Schloß und Park waren immer noch Eigentum des Herzogs. Man wußte ja nicht, ob die Familie w. würde (Danella, Hotel 69); Ü Da kehrte wie der Gedanke wieder (Th. Mann, Krull 208); **b)** *wiederkommen* (2): die alten Zeiten kehren nicht wieder; eine nie wiederkehrende Gelegenheit. **2.** *sich wiederholen, (an anderer Stelle) ebenfalls auftreten:* verschiedene allgemeine Mißstände, die immer wiederkehren (Erfolg 11/12, 1983, 52); wiederkehrende Motive; hat er selber die ständig wiederkehrenden Phrasen ernst gemeint? (Reich-Ranicki, Th. Mann 146). **Wie|der|ken|nen** ⟨unr. V.; hat⟩ (ugs.): *wiedererkennen:* ihn kennt man kaum wieder! **wie|der|kom|men** ⟨st. V.; ist⟩: **1. a)** *zurückkommen* (1 a): wann kommst du [von der Arbeit] wieder?; Ü die Erinnerung kommt allmählich wieder; die Schmerzen sind seitdem nicht wiedergekommen; wenn die Traurigkeit wiederkam, sagt er, das sei vielleicht eine vererbte Neigung zur Schwermut (Schwaiger, Wie kommt W 30); wir kommen nach einer kurzen Pause mit den Nachrichten wieder *(melden uns wieder);* **b)** *noch einmal kommen:* könntest du ein anderes Mal w.? **2.** *noch einmal auftreten, sich noch einmal ereignen:* die gute alte Zeit, so eine Gelegenheit kommt nicht wieder. **wie|der|krie|gen** ⟨sw. V.; hat⟩ (ugs.): *wiederbekommen:* das Geld kriegst du von der Kasse wieder. **Wie|der|kunft,** die; - (geh.): *Wiederkehr* (1): die W. Christi [auf Erden]. **wie|der|lie|ben** ⟨sw. V.; hat⟩: *jmds. Liebe erwidern:* Niemals habe ich dort geliebt,

Wiederportierung

wo die Hoffnung oder Gefahr bestand, daß man Ernst machte, daß ich gebunden würde, daß man mich wiederliebte (Reich-Ranicki, Th. Mann 218).
Wie|der|por|tie|rung, die; -, -en (schweiz.): *erneute Portierung.*
wie|der|sa|gen ⟨sw. V.; hat⟩ (ugs.): *(etw., was über jmdn. gesagt wurde) dem Betreffenden gegenüber wiederholen:* das darfst du ihm aber auf keinen Fall w.!
Wie|der|schau|en, das: in der Fügung [auf] W. (landsch.; *auf Wiedersehen!*).
wie|der|schen|ken ⟨sw. V.; hat⟩ (geh.): vgl. wiedergeben (1): einem Tier die Freiheit w.
wie|der|schla|gen ⟨st. V.; hat⟩: *jmdn., der geschlagen hat, seinerseits schlagen, zurückschlagen:* als sie ihm eine Ohrfeige gab, hat er [sie] nicht wiedergeschlagen.
wie|der|schrei|ben ⟨st. V.; hat⟩: *jmdn., der an jmdn. geschrieben hat, seinerseits schreiben:* er hat mehrmals versucht, schriftlichen Kontakt mit ihr aufzunehmen, aber sie hat [ihm] nicht wiedergeschrieben.
wie|der|se|hen ⟨st. V.; hat⟩: *jmdn., etw. nach kürzerer od. längerer Trennung, Abwesenheit wieder treffen, aufsuchen:* einen alten Freund [nach vielen Jahren] w.; ich würde ihn gern einmal w.; In einer Woche sehen wir uns wieder, hoffentlich in einer anderen Verfassung (Fels, Sünden 126); seine Heimat w.; Ü das Geld, das du ihm geliehen hast, siehst du nicht wieder (ugs.; *bekommst du nicht wieder*).
Wie|der|se|hen, das; -s, -: *das Wiedersehen, Sichwiedersehen:* ein fröhliches W.; es war ein langersehntes W. [mit dem Freund]; er hatte sich das W. mit seiner Vaterstadt ein wenig anders vorgestellt; das W. feiern, auf ein baldiges W. anstoßen; R W. macht Freude (scherzh.; *Äußerung, mit der jmd., der einem anderen etw. leiht, zum Ausdruck bringen will, daß der andere das Zurückgeben nicht vergessen soll*); *[auf] W.!* (Abschiedsformel; *jmdm. auf W. sagen;* [auf] W. [nächsten Montag, in London]!; **Wie|der|se|hens|fei|er**, die: *Feier anläßlich eines Wiedersehens:* Wieder wartet er, besorgt Essen und Wein für die W. (Spiegel 49, 1977, 228); **Wie|der|se|hens|freu|de**, die ⟨o. Pl.⟩: *Freude über ein Wiedersehen.*
Wie|der|tau|fe, die; - (Rel.): *nochmalige Taufe eines bereits getauften Christen;*
Wie|der|täu|fer, der; -s, -: *Anhänger einer christlichen theologischen Bewegung (in der Zeit der Reformation), für die nur die Erwachsenentaufe zulässig u. gültig ist.*
wie|der|tun ⟨unr. V.; hat⟩: *noch einmal tun, in gleicher Weise handeln:* versprich mir, daß du das nie w. wirst!
wie|der|um ⟨Adv.⟩: **1.** *ein weiteres Mal, erneut; wieder* (1 a): am Abend hatten wir w. eine Aussprache; die Inflationsrate ist w. gestiegen; Bei Strahlenalarm ist ... der Schutzraum aufzusuchen, wo w. Anweisungen und Mitteilungen zu erwarten sind (NZZ 24. 8. 83, 20). **2.** *wieder* (3), *andererseits:* so weit würde ich nicht gehen; War es zu bedauern, so erfreute w. die stets peinlich saubere ... Rasur (Th. Mann, Krull 246); er mochte sie wirklich gut leiden, aber auch w. nicht (Kronauer, Bogenschütze 102). **3.** *meinerseits, deiner-*

seits, seinerseits usw.: er hatte von Martin erfahren, was dieser w. von seinem Onkel Albert erfahren hatte (Böll, Haus 17); die Exoten gefährden tatsächlich eine Reihe bedrohter Pflanzenarten, die w. als Nahrungsquelle für diverse bedrohte Insektenarten ... dienen (natur 2, 1991, 54).
wie|der|ver|ei|ni|gen ⟨sw. V.; hat⟩: *(etw. Geteiltes, bes. ein geteiltes Land) wieder zu einem Ganzen vereinigen:* unter diesen Bedingungen könnte Korea wiedervereinigt werden; in einem wiedervereinigten Deutschland; **Wie|der|ver|ei|ni|gung**, die; -, -en: *das Wiedervereinigen:* eine/die friedliche W. beider Landesteile; „In tausend Jahren wird es keine W. geben", seufzte er (B. Vesper, Reise 461).
wie|der|ver|gel|ten ⟨st. V.; hat⟩ (seltener): *vergelten:* er vergalt es ihm wieder, hat es ihm wiedervergolten; **Wie|der|ver|gel|tung**, die; -, -en: *das Wiedervergelten.*
wie|der|ver|hei|ra|ten, sich ⟨sw. V.; hat⟩: *sich nach einer Scheidung noch einmal verheiraten:* sie hatten beide schlechte Erfahrungen mit der Ehe gemacht und zögerten deshalb, sich wiederzuverheiraten; **Wie|der|ver|hei|ra|tung**, die; -, -en: *das Sichwiederverheiraten.*
Wie|der|ver|kauf, der; -[e]s, ...verkäufe (Wirtsch.): *Weiterverkauf;* **Wie|der|ver|käu|fer**, der; -s, - (Wirtsch.): *(Zwischen-, Einzel)händler:* nur W. können hier Waren erwerben; **Wie|der|ver|käu|fe|rin**, die; -, -nen (Wirtsch.): *w. Form zu ↑ Wiederverkäufer;* **Wie|der|ver|kaufs|wert**, der (Wirtsch.): *Wert* (1 a), *den eine gebrauchte Sache beim Verkauf noch hat:* der W. eines Bootes, eines Motorrads; Eine geschätzte Verdopplung der Lebenserwartung eines ... Pkw ... rechtfertigt den höheren Anschaffungspreis, da ja auch der W. steigt (Frankfurter Rundschau 9. 9. 87, Beilage Auto).
wie|der|ver|wend|bar ⟨Adj.⟩: *zur Wiederverwendung geeignet, sich wiederverwenden lassend:* -e Materialien; Das bedeutet für die Grünen: Einsparung von Energie und Rohstoffen, ... Verarbeitung -er Naturprodukte (Kelly, Um Hoffnung 202); **wie|der|ver|wen|den** ⟨unr. V.; hat⟩: *verwendete/verwandte wieder, hat wiederverwendet/wiederverwandt⟩: nach Gebrauch [für einen anderen Zweck] weiterhin verwenden:* Altmetall w.; was geschieht, wenn die Verpackung ausgedient hat: Wird sie wiederverwendet oder recycelt? (natur 10, 1991, 76); wenn das Wasser nach der Abwasserreinigung beispielsweise in der Industrie oder zur Bewässerung wiederverwendet werden soll (Rhein. Merkur 18. 5. 84, 26); **Wie|der|ver|wen|dung**, die; -, -en: *das Wiederverwenden, Wiederverwendetwerden:* Die Betriebe haben sich auf einseitige Produktionen spezialisiert. Damit nimmt die umweltschonende W. ständig ab (Gruhl, Planet 82); *zur W.* (reaktiviert 1 a *werden könnend;* Abk.: z. W.); **wie|der|ver|wen|dungs|fä|hig** ⟨Adj.⟩: *wiederverwendbar:* die Tätigkeit der Raumtransporter (Demokrat 4./5. 9. 82, 2).
wie|der|ver|wert|bar ⟨Adj.⟩: vgl. wiederverwendbar: -er Kunststoff; Das Altauto wird nach Demontage aller -en Komponenten ... rückstandsfrei ... entsorgt (na-

tur 3, 1991, 85); vgl. wiederverwenden: Abfälle trennen und nach Möglichkeit w. (NZZ 23. 10. 86, 36); **Wie|der|ver|wer|tung**, die; -, -en: vgl. Wiederverwendung.
Wie|der|vor|la|ge, die; - (bes. Amtsspr.): *nochmalige Vorlage (eines Schriftstücks):* * zur W. (Vermerk auf einem Schriftstück; Abk.: z. Wv.).
Wie|der|wahl, die; -, -en: *das Wiederwählen, -gewähltwerden:* sich zur W. stellen; **wie|der|wäh|len** ⟨sw. V.; hat⟩: *in das bisher ausgeübte Amt, die ausgeübte Funktion o. ä. für eine weitere Periode wählen:* man wählte ihn zum Vorsitzenden wieder, hat ihn nicht wiedergewählt.
wie|feln ⟨sw. V.; hat⟩ [mhd. wifelen, zu: wefel = Einschlag (5)] (landsch., schweiz.): *sorgfältig ausbessern, stopfen* (1).
wie|fern (veraltet): **I.** ⟨Adv.⟩ *inwiefern.* **II.** ⟨Konj.⟩ *sofern, wenn.*
Wie|ge, die; -, -n [mhd. wige, wiege, spätahd. wiga, wiega, wahrsch. verw. mit ↑²bewegen u. eigtl. = *das Sichbewegende, Schwingende*]: **1.** *in der Form einem Kasten ähnliches Bettchen für Säuglinge, das auf zwei abgerundeten, parallel zu Kopf- u. Fußende verlaufenden Kufen steht od. in ein Gestell beweglich eingehängt ist, so daß man das Kind darin* ²wiegen (1 a) *kann:* ein Kind in die W. legen; in der W. schaukeln; Ü die W. der Menschheit; Das Haus bleibe. Es sei eine W. der Kunst (*eine Stätte, in der Kunst gefördert werde, sich entwickeln könne;* Muschg, Gegenzauber 246); * *jmds. W. steht/stand irgendwo* (geh.; *jmd. ist irgendwo, an einem bestimmten Ort geboren:* weiß man, wo seine W. steht?; ihre W. stand in Berlin; *jmdm. nicht an der W. gesungen worden sein* (für *jmdn. keine für eine erwartbare berufliche o. ä. Entwicklung darstellen;* wohl darauf bezogen, daß manche Wiegenlieder von der schönen Zukunft des kleinen Kindes handeln): daß er einmal im Gefängnis enden würde, eine solche Karriere ist ihm nicht an der W. gesungen worden; *jmdm. in die W. gelegt worden sein* (*jmdm. angeboren sein):* Das Talent war dem kleinen Fritz ... in die W. gelegt (Kicker 6, 1982, 12); *von der W. an* (*von Geburt an*); *von der W. bis zur Bahre* (meist scherzh.; *das ganze Leben hindurch*): Wir alle – Kaiser und Papst, Bischöfe und Fürsten – trieben mit ihm unser Machtspiel von seiner W. bis zur Bahre (Stern, Mann 202). **2.** (Gymnastik) *Übung, bei der in der Bauchlage Oberkörper u. Beine angehoben werden u. der Körper in eine schaukelnde Bewegung gebracht wird.* **3.** *Wiegestahl;* **Wie|ge|bra|ten**, der (landsch.): *Hackbraten;* **Wie|ge|brett**, das: vgl. Hackbrett (1); **Wie|ge|ei|sen**, das: *Wiegestahl;* **Wie|ge|kar|te**, die: *von einer durch Münzeinwurf zu betätigenden Personenwaage ausgegebene Karte, auf der das Gewicht der gewogenen Person angegeben ist;* **wie|geln** ⟨sw. V.; hat⟩ [mhd. wigelen, Intensivbildung zu, wgme. ↑¹,²bewegen]: **1.** (landsch.) *leicht* ²wiegen (1). **2. a)** (veraltend) *aufwiegeln;* **b)** *sich aufwiegelerisch betätigen:* sie hetzten und wiegelten so lange, bis schließlich die

Masse in Bewegung kam; **Wie|ge|messer,** das; -: **1.** *aus einer od. zwei parallel angeordneten, bogenförmigen Schneiden mit zwei an den Enden befestigten, nach oben stehenden Griffen bestehendes Küchengerät zum Zerkleinern von Kräutern o. ä.* **2.** *Wiegestahl;* ¹**wie|gen** ⟨st. V.; hat⟩ [aus den flektierten Formen „wiegst, wiegt" von ↑wägen]: **1.** *ein bestimmtes Gewicht haben:* das Paket wiegt 5 Kilo, mindestens seine 25 Pfund; er wiegt knapp zwei Zentner; sie wiegt zuviel, zuwenig *(hat Über-, Untergewicht);* er wiegt doppelt soviel wie ich; die Tasche wog schwer, leicht (geh.; *war schwer, leicht);* die geklauten Zigaretten in seiner Hosentasche wogen immer schwerer *(schienen ihm immer schwerer zu werden;* Fels, Sünden 71); Ü sein Wort, Urteil, Rat wiegt [nicht] schwer, viel *(hat [kein] großes Gewicht, [keinen] großen Einfluß);* etwas, was mehr wiegt *(mehr Bedeutung, größeren Wert hat)* als Güte (Seghers, Transit 140); Und was noch schwerer wog *(noch wichtiger war)* – er war offensichtlich glücklich, „zu Hause" zu sein (H. Weber, Einzug 279); Er wußte, das wog als Anklage *(kam einer Anklage gleich),* in solchem Tone gesprochen (A. Zweig, Claudia 108); Der ... am schwersten wiegende *(schwerwiegendste)* Einwand (Lorenz, Verhalten I, 286). **2. a)** *mit Hilfe einer Waage das Gewicht (von etw., jmdm.) feststellen:* ein Paket, Zutaten, einen Säugling w.; die Patienten wurden alle gewogen; er wiegt sich jeden Tag; ⟨auch o. Akk.-Obj.:⟩ die Verkäuferin hat großzügig gewogen; R gewogen und zu leicht befunden *(geprüft u. für zu schlecht, für ungenügend befunden;* nach Daniel 5, 27 im Alten Testament, wo sich die Worte „Man hat dich gewogen und zu leicht befunden" als Deutung des Wortes „Tekel" aus der warnenden Schrift an der Wand finden; vgl. Menetekel); Ü Die Byzantiner ... waren in Teilen des Volkes, die von der Geschichte gewogen *(beachtet, für wichtig befunden)* werden, Philosophen und Ärzte (Stern, Mann 102); **b)** *etw. in die Hand nehmen u. sein Gewicht schätzen:* er wog den Beutel mit den Nuggets in/auf der Hand; Meysenburg ... wog die 180 Schreibmaschinenseiten des Manuskripts in den Händen (B. Vesper, Reise 231). ²**wie|gen** ⟨sw. V.; hat⟩ [zu ↑Wiege]: **1. a)** *(ein kleines Kind, bes. in der Wiege) sanft schwingend hin u. her bewegen:* ein Kind [in der Wiege, in den Armen] w.; sein Kind in den Schlaf w. *(durch Wiegen zum Schlafen bringen);* **b)** *sanft hin u. her bewegen, in schwingende, schaukelnde Bewegung bringen:* die Wellen wiegen den Kahn; der Wind wiegt die Ähren [hin u. her]; [zweifelnd] den Kopf w. *(ihn langsam [wiederholt] von einer Seite zur anderen neigen);* Ü So gelang es ihm, Baldini zu der Illusion zu w. (geh.; *ihm vorzutäuschen),* es gehe letzten Endes alles doch mit rechten Dingen zu (Süskind, Parfum 121); **c)** ⟨w. + sich⟩ *sich leicht schwingend hin u. her bewegen:* sich im Tanz, im Takt, zu den Klängen der Musik w.; das Boot wiegt sich sanft auf den Wellen *(wird von den Wellen gewiegt* 1 b); die Halme wiegen sich im Wind *(werden vom Wind hin u. her gewiegt* 1 b); Er nähert sich lässig, wiegt sich in den Hüften (Koeppen, Rußland 53); ⟨seltener auch ohne „sich":⟩ die Äste wiegen im Wind; einen wiegenden Gang haben; rasch verrinnende Spuren eines schnaubenden gleichwohl wiegenden Galopps (Stern, Mann 82); Ü ich wiege mich in der Hoffnung (geh.; *hoffe zuversichtlich),* daß bald eine entscheidende Wende eintreten wird. **2.** *mit einem Wiegemesser zerkleinern:* Petersilie [fein] w.; fein gewiegte Kräuter; 200 g grob gewiegte Geflügelreste (Horn, Gäste 174). **3.** *(beim Kupferstich die Platte) mit einem Wiegestahl aufrauhen;* **Wie|gen|druck,** der ⟨Pl. -e⟩ (Buchw., Literaturw.): Inkunabel; **Wiegen|fest,** das (geh.): Geburtstag (1); **Wiegen|lied,** das: *Schlaflied;* **Wie|ge|stahl,** der: *Instrument mit bogenförmiger, gezähnter Schneide aus Stahl, mit dem beim Kupferstich die Platte aufgerauht wird.* **wie|hern** ⟨sw. V.; hat⟩ [mhd. wiheren, Iterativbildung zu: wihen = wiehern, lautm.]: **1.** *(von bestimmten Tieren, bes. vom Pferd) eine Folge von zusammenhängenden, in der Lautstärke an- u. abschwellenden hellen, durchdringenden Lauten hervorbringen:* das Pferd wieherte; ⟨subst.:⟩ das Wiehern eines Esels in der Nacht (Frisch, Homo 212); Ü vor Lachen w.; am Ende wiehert er wie ein Pferd (ugs.; *lacht er laut u. in dem Wiehern eines Pferdes ähnlichen Tönen;* Hacks, Stücke 165); wiehernde (ugs.; *schallendes)* Gelächter. **2.** (ugs.) *schallend lachen:* Die drei Hitlerjungen wieherten schadenfroh (Bieler, Bonifaz 13); Einige pfiffen jeder Frau hinterher ..., hieben sich wiehernd auf die Schenkel (Fels, Sünden 45); ¹**Wiek,** die; -, -en [mniederd. wik] (nordd.): *(an der Ostsee) [kleine] Bucht.* ²**Wiek,** die; -. das; -[e]s, -e [lat. vicus = Dorf; Gehöft]: *(vom 7. bis 9. Jh.) Handels- u. Umschlagplatz.* **Wie|ling,** die; -, -e [zu niederd. wiel, mniederd. wēl] (Seemannsspr.): *um das gesamte Boot herumlaufender, ganz oben an der äußeren Bordwand befestigter Fender.* **Wie|men,** der; -s, - [mniederd. wime < mniederl. wieme, über das Roman. < lat. vimen = Rute, Flechtwerk] (nordd., westd.): **1.** *Latte[ngerüst] zum Aufhängen von Fleisch o. ä. zum Räuchern.* **2.** *Sitzstange für Hühner.* **Wien:** Hauptstadt Österreichs; ¹**Wie|ner,** der; -s, -: Ew.; ²**Wie|ner** ⟨Adj.⟩: - Würstchen; ³**Wie|ner,** die; -, - ⟨meist Pl.⟩ [H. u.]: *kleine, dünne Wurst (aus Schweine- u. Rindfleisch), die in siedendem Wasser heiß gemacht wird;* Wiener Würstchen: ein Paar W.; Sie saßen eine Stunde in den tiefen Sesseln nebeneinander und aßen W. mit Salat (H. Gerlach, Demission 186); **Wie|ne|rin,** die; -, -nen: w. Form zu ↑¹Wiener; **Wie|ner|le,** das; -s, - (landsch.): ³*Wiener;* **Wie|ner|li,** das; -s, - (schweiz.): ³*Wiener;* **wie|nern** ⟨sw. V.; hat⟩ [aus der Soldatenspr., eigtl. = Metall, Leder mit Wiener Putzkalk reinigen] (ugs.): *intensiv reibend putzen u. so zum Glänzen bringen:* die Fensterscheiben, den Fußboden w.; er hat die Schuhe blank gewienert; Wie im stillen erhofft, hatte Jonny den Volkswagen aufgetankt ..., auch den verkratzten Lack so gut es ging gewienert (Danella, Hotel 38); Ü Finanzminister wienern die Konjunktur *(stellen sie besser hin, machen sie besser, als sie ist;* MM 24. 3. 75, 1); **Wie|nerstadt,** die; -: volkstümliche Bez. für *Wien;* **Wie|ner|wald,** der; -[e]s: nordöstlicher Ausläufer der Alpen.

Wie|pe, die; -, -n [mniederd. wippe, eigtl. = Gewundenes] (nordd.): *Strohwisch.*

wies: ↑weisen.

Wies|ba|den: Landeshauptstadt von Hessen; ¹**Wies|ba|de|ner,** Wiesbadner, der; -s, -: Ew.; ²**Wies|ba|de|ner** ⟨Adj.⟩; **Wies|ba|de|ne|rin,** die; -, -nen: w. Form zu ↑¹Wiesbadener; **wies|badensch** ⟨Adj.⟩; **wies|ba|disch** ⟨Adj.⟩; ¹**Wies|bad|ner:** ↑¹Wiesbadener; ²**Wiesbad|ner** ⟨Adj.⟩: ↑²Wiesbadener; **Wiesbad|ne|rin,** die; -, -nen: w. Form zu ↑¹Wiesbadner.

Wies|baum: ↑Wiesebaum.

wie|scheln: ↑wiescherln.

Wies|chen, das; -s, -: Vkl. zu ↑Wiese.

wie|scherln, wiescheln ⟨sw. V.; hat⟩ [lautm.] (österr. Kinderspr.): *urinieren.*

Wie|se, die; -, -n [mhd. wise, ahd. wisa, H. u.]: *[zur Heugewinnung genutzte] mit Gras bewachsene größere Fläche:* eine grüne, saftige, blühende W.; -n und Wälder; die W. ist feucht, naß; eine W. mähen; auf einer W. liegen, spielen; Ich hatte gesehen, wie ein Lämmchen ... geboren wurde und ein Fohlen mitten auf der W. (Kinski, Erdbeermund 260); * **auf der grünen W.** *(in nicht bebautem Gelände, außerhalb der Stadt):* ein Supermarkt auf der grünen W.; **Wie|se|baum,** Wiesbaum, der: *Heubaum.*

wie sehr (österr. auch: wiesehr): *sosehr.*

Wie|sel, das; -s, - [mhd. wisele, ahd. wisula, H. u., eigtl. = Stinker]: *kleines, zu den Mardern gehörendes, kleine Wirbeltiere jagendes Raubtier mit oberseits braunrotem, unterseits weißem Fell:* er ist flink wie ein W. *(sehr flink);* ... zuckte er zusammen und blickte sich schnell wie ein W. nach allen Seiten um (Konsalik, Promenadendeck 41); **wie|sel|flink** ⟨Adj.⟩: *sehr flink u. wendig, behende:* ein -er Spieler; Wieselflinke Ausländer formieren sich zur Gegenattacke (Degener, Heimsuchung 175); Forman korrigiert mit seinen w. agierenden Tom Hulce in der Mozart-Rolle das ... Bild ... Mozarts (Nordschweiz 27. 3. 85, 1); **wie|se|lig** ⟨Adj.⟩ (landsch.): *flink, behende:* Ein dicker -er Conférencier ..., eine maskenhaft lächelnde Soubrette und ein Hellseher (G. Vesper, Lichtversuche 47); **wie|seln** ⟨sw. V.; ist⟩: *sich mit flinken, behenden Bewegungen schnell fortbewegen:* er wieselte durch den Korridor; **wie|sel|schnell** ⟨Adj.⟩: vgl. wieselflink: sie ... lief an ihm vorbei zur Tür, so plötzlich und w., daß er sie nicht mehr erwischen konnte (Konsalik, Promenadendeck 221).

Wie|sen|blu|me, die: *auf Wiesen wachsende Blume;* **Wie|sen|cham|pig|non,** der: *Feldchampignon;* **Wie|sen|erz,** das: *Raseneisenerz;* **Wie|sen|flä|che,** die: vgl. Rasenfläche: Anreisende finden zu-

Wiesengrund

nächst große -n und ein ausgedehntes rasenbewachsenes Ufer vor (Rheinpfalz 17. 7. 87, 10); **Wie|sen|grund**, der 〈geh. veraltend〉: *mit Wiesen bewachsene Niederung;* vgl. Wiesental; **Wie|sen|hang**, der: vgl. Wiesental; **Wie|sen|klee**, der: *purpurrot od. rosafarben blühender Klee, der vielfach als Futterpflanze angebaut wird;* **Wie|sen|land**, das: *Grasland;* **Wie|sen|pflan|ze**, die: vgl. Wiesenblume; **Wie|sen|plan**, der; -[e]s, ...pläne 〈Pl. selten〉 [zu ¹Plan] 〈geh. veraltend〉: *Wiese:* ... kam sie ... über einen kleinen W. daher (Doderer, Wasserfälle 5); **Wie|sen|rain**, der: vgl. Feldrain; **Wie|sen|schaum|kraut**, das: *auf feuchten Wiesen wachsendes Schaumkraut mit gefiederten Blättern u. kleinen, traubigen, blaßlila bis weißen Blüten;* **Wie|sen|schna|ke**, die: *langbeinige, nicht stechende Schnake;* **Wie|sen|tal**, das: *mit Wiesen bewachsenes Tal;* **Wie|sen|wachs**, Wieswachs, der; -es 〈veraltet, noch landsch.〉: *Ertrag an Heu, den eine Wiese bringt;* **Wies|land**, das 〈schweiz.〉: *mit Wiesen bewachsenes Land:* In Dorfnähe fanden sich ... große Teile des -es (NZZ 12. 4. 85, 27); **Wies|lein**, das; -s, -: Vkl. zu ↑Wiese.

wie|so 〈Adv.〉: **1.** 〈interrogativ〉 *warum* (1), *aus welchem Grund?:* w. tut er so etwas?; ich frage mich, w. er nicht nachgibt; „Ärgerst du dich?" – „Nein, w. *(wie kommst du darauf)?*"; „Warum hast du das getan?" – „Wieso ich *(wie kommst du darauf, daß ich es war)?*"; ich habe eigentlich nie so recht begriffen, w. *(wie es dazu kam, daß)* Sie in den Besitz dieser Pillen kamen (Kemelman [Übers.], Mittwoch 137). **2.** 〈relativisch〉 〈selten〉 *warum* (2): der Grund, w. er es getan hat, wurde nicht genannt.

Wies|wachs: ↑ Wiesenwachs.

wie|ten 〈sw. V.; hat〉 [mniederd. wēden, H. u.] 〈landsch.〉: *jäten.*

wie|viel [auch: '- -] 〈mhd. wie vil, ahd. wio filu] 〈Interrogativadv.〉: **1.** *welche Menge, Anzahl?:* w. Personen sind wir?; w. Geld hast du noch?; Wieviel Tiere wirklich in der Feuerlohe ... verbrannten, weiß bis jetzt niemand genau (Hörzu 38, 1975, 6); ich weiß nicht, w. Zeit du hast; w. ist *(was ergibt)* acht mal acht?; w. Uhr *(wie spät)* ist es?; w. *(wieviel Geld)* kostet das?; w. *(wieviel Alkohol)* hast du schon getrunken?; w. bin ich Ihnen schuldig *(was muß ich zahlen)?*; w. *(wieviel Kilogramm o. ä.)* wiegst du?; steht im Satzinnern od. am Satzende, wenn mit einem gewissen Nachdruck gefragt wird: das hat w. gekostet?; Letzte Woche zum Beispiel hast du w. geschlafen? (Fichte, Wolli 349); in Verbindung mit „auch", „immer", „auch immer": w. er auch *(gleichgültig, wieviel er)* verdient, er ist nie zufrieden; w. du auch immer zugenommen hast, man sieht es dir kaum an; gibt in Ausrufesätzen einen hohen Grad, ein hohes Maß an: w. Zeit das wieder kostet!; mit w. Liebe er sich doch dieser Menschen angenommen hat!; w. Armut es doch immer noch gibt! **2.** 〈ugs.〉 *welche Nummer?:* Zeppelinstraße w. wohnt er?; Band w. soll jetzt erscheinen? **3.** *in welchem Grade, Maße?:* w. jünger ist er [als du]?; gibt in Ausrufesätzen einen hohen Grad, ein hohes Maß

ein hohes Maß an: w. schöner wäre das Leben, wenn dies gelingen würde!; Der Verbannte hatte unter den Rätseln dieser Küste gewiß ebenso gelitten wie er – aber w. mehr mußte Naso ... über diese Rätsel und ihre Lösungen in Erfahrung gebracht haben (Ransmayr, Welt 223); **wie|vie|ler|lei** [auch: -'- - -] 〈Interrogativadv.〉 [↑-lei]: *wieviel verschiedene?:* w. Sorten Käse gab es?; **wie|viel|mal** [auch: -'- -] 〈Interrogativadv.〉: *wie viele Male, wie oft?:* w. warst du schon in Florenz?; **wie|vielt**: in der Fügung **zu w.** *(zu wie vielen):* zu w. wart ihr?; **wie|vielt...** [auch: -'-] 〈Adj.〉 [geb. analog zu den Ordinalzahlen]: beim wievielten Versuch hat es geklappt?; das wievielte Mal bist du jetzt dort gewesen?; Mutter hatte mir zum wievielten Mal *(unzähligemal, mehrmals)* gesagt, daß ich endlich schlafen gehen sollte (Saarbr. Zeitung 24. 12. 79, II)| 〈subst.:〉 der Wievielte *(wievielte Tag des Monats)* ist heute?; **wie|weit** 〈Interrogativadv.〉: leitet einen indirekten Fragesatz ein; *inwieweit* (b): wir wissen nicht, w. ich das tun kann; Wieweit man sich auf solche Prospektangaben verlassen kann, haben ADAC-Techniker ... nachgewogen und verglichen (ADAC-Motorwelt 2, 1982, 42); **wie|wohl** 〈Konj.〉 〈geh.〉: *obwohl; wenn auch:* sein Schlaf, w. von todesähnlicher Tiefe, war diesmal nicht traumlos (Süskind, Parfum 170); Diese zweidimensionale Aussage ist ... ziemlich einleuchtend, w. der Beweis nicht ganz einfach ist (NZZ 27. 8. 86, 40).

Wig|wam, der; -s, -s [über engl. wigwam < Algonkin (nordamerik. Indianerspr.) wikiwam, zu: wig = wohnen]: *kuppelförmiges Zelt, zeltartige Hütte (nordamerikanischer Indianer).*

Wik: ↑ ²Wiek.

Wi|king [auch: 'vɪ...], der; -s, -er, **Wi|kin|ger** [auch: 'vɪ...], der; -s, -: *Normanne;* **Wi|kin|ge|rin** [auch: 'vɪ...], die; -, -nen: w. Form zu ↑ Wikinger; **Wi|kin|ger|sa|ge**, die: *Sage aus dem Lebensbereich der Wikinger;* **Wi|kin|ger|schiff** [auch: 'vɪ...], das: *langes, offenes Kriegsschiff der Wikinger;* **wi|kin|gisch** [auch: 'vɪ...] 〈Adj.〉.

Wi|kli|fit, der; -en, -en: *Anhänger der theologischen u. kirchenpolitischen Lehre des englischen Theologen u. Kirchenpolitikers J. Wyclif (von etwa 1320 bis 1384).*

Wil|la|jet, das; -[e]s, -s [türk. vilâyet, zu arab. wilāyaʰ = Provinz]: *Verwaltungsbezirk im Osmanischen Reich.*

wild 〈Adj.; -er, -este〉 [mhd. wilde, ahd. wildi, H. u., viell. verw. mit ↑Wald u. eigtl. = im Wald wachsend, nicht angebaut]: **1.** *nicht domestiziert; nicht kultiviert, nicht durch Züchtung verändert; wildlebend; wildwachsend:* -e Erdbeeren, Rosen, Pferde; -er Apfel *(Holzapfel);* -e Birnen *(Holzbirnen);* dann gab es Applaus für das Steinbuttfilet im Gemüsekleid auf Currybutter mit -em Reis (Kochk.); Wildreis; Heller, Mann 24); -e *(nicht veredelte)* Triebe; -er Honig *(Honig von wilden Bienen);* -es Tier *(größeres, gefährlich wirkendes, nicht domestiziertes Tier, bes. größeres Raubtier);* er stürzte sich auf sie wie ein -es Tier *(völlig enthemmt u. nur dem Trieb folgend);* Draußen, in der sogenannten Freiheit, führten

sie sich wie -e Säue auf (Fels, Sünden 38); die Himbeeren wachsen hier w. **2. a)** 〈veraltend, noch abwertend〉 *nicht zivilisiert; auf niedriger Kulturstufe stehend:* -e Stämme; das Fräulein, das Religion lehrte, ... wollte -e Heiden bekehren (Fels, Kanakenfauna 7); **b)** *unzivilisiert, nicht gesittet:* ein -er Haufen; -e Gesellen; dort herrschen -e Sitten; Sind doch ziemlich -e Typen drunter (Brot und Salz 379). **3. a)** *im natürlichen Zustand befindlich, belassen; vom Menschen nicht verändert; urwüchsig:* eine -e Schlucht, Gegend; Ein -es, einsames Tal ging es langsam aufwärts bis nach Spoleto (Gregor-Dellin, Traumbuch 128); An der sofort eingeleiteten Suchaktion in dem -en Gewässer beteiligten sich ... Taucher der Kantonspolizei (NZZ 26. 8. 86, 5); **b)** *wuchernd, unkontrolliert wachsend:* eine -e Mähne; Männer mit -en Bärten; die Haare standen ihm w. vom Kopf; w. wucherndes Unkraut; -es (Med.; *bei der Wundheilung entstandenes überschüssiges)* Gewebe; **c)** 〈Bergmannsspr.〉 *taub* (3): -es Erz, Gestein; **d)** *(von Land) nicht urbar gemacht:* -es Land. **4.** *unkontrolliert, nicht reglementiert [u. oft ordnungswidrig od. gesetzwidrig]; offiziell nicht gestattet:* -e Streiks; -e *(nicht lizenzierte)* Taxis; eine -e *(durch wildes Ablaufen von Müll entstandene)* Deponie; das Verbot des -en Bauens (Bieler, Bär 116); Allerdings wird das w. Kampieren im Parkgebiet in Zukunft verboten sein (natur 4, 1991, 57); w. *(an einem nicht dafür vorgesehenen Platz)* baden, parken, zelten; damit nicht anschließend mehr Müll wieder w. abgelagert werde, weil einzelne unbedingt Geld sparen wollten (Rheinpfalz 2. 6. 89, 18). **5. a)** *heftig, stürmisch, ungestüm, ungezügelt, durch nichts gehemmt, abgeschwächt, gemildert:* eine -e Verfolgungsjagd; eine -e Flucht; -e Panik; ein -es Chaos; Von der Straße hörte er -es Autohupen (Bastian, Brut 98); Sofort brach -es Durcheinander im Innern des Wagens aus (Dönhoff, Ostpreußen 214); eine -e Leidenschaft erfüllte sie; der -e Wunsch nach Überwindung aller Hemmnisse (Lenz, Brot 132); in -em Zorn; in -er Entschlossenheit; das w. bewegte Wasser; er stach w. auf ihn ein; alles lag w. durcheinander; w. fluchend lief er durchs Haus; Es herrschte Panik. Leute rannten in alle Richtungen, manche gar nach draußen, woher die Schüsse kamen (Saarbr. Zeitung 28. 12. 79, 24/26); In keiner zweiten Sportart wird so w. entschlossen (ugs.; *skrupellos)* gedopt wie bei den Rennradlern (Spiegel 27, 1980, 184); ** w. auf jmdn., etw. sein* (ugs.; *versessen auf jmdn., etw. sein):* w. auf Lakritzen, aufs Skilaufen sein; er ist ganz w. auf sie; ich war nicht w. auf ihren Besuch (Kemelman [Übers.], Dienstag 179); **b)** *wütend, rasend, tobend, erregt:* -e Kämpfe, Auseinandersetzungen, Wortgefechte, Debatten; Ich ... machte ihm -e Vorwürfe (Danella, Hotel 153); ein -er, w. gewordener Bulle; wenn du ihm das sagst, wird er w.; Er hat es abgestritten, und das macht mich so w. (Frings, Männer 287); mit beiden Fäusten trommelte er w. gegen die Tür; **wie w.** (ugs.; *mit äu-*

ßerster Heftigkeit, Intensität o. ä.): er schrie wie w.; Der anwesende Pressefotograf knipste wie w. (Chotjewitz, Friede 265); c) *(von Tieren) in ängstliche Erregung versetzt u. scheuend:* das Feuer hat die Pferde w. gemacht; **d)** *äußerst lebhaft, temperamentvoll:* eine -e Rasselbande; ein -es Kind; Sie muß eine ziemlich -e Reiterin gewesen sein (Danella, Hotel 304); seid nicht so w.! **e)** (ugs.) *äußerst bewegt, ereignisreich:* -e Partys feiern; Das waren die -en Jahre, so habe ich mich geweigert, erwachsen zu werden (Mayröcker, Herzzerreißende 116); Carol Lehndorf hatte eine ziemlich -e Jugend hinter sich gebracht (Dönhoff, Ostpreußen 72); Auch damit gab es vor zehn oder zwölf Jahren mehr Probleme als heute, die Zeit war -er (Gregor-Dellin, Traumbuch 140). **6.** *das erträgliche Maß überschreitend, maßlos, übermäßig, übertrieben; wüst:* die -esten Spekulationen, Behauptungen, Anschuldigungen, Verwünschungen; von diesem Gefängnisbau waren -e Gerüchte von Beamtenwillkür, schlechtest Essen und harter Unterbringung im Umlauf (Kühn, Zeit 53); er stieß -e Flüche aus; -e *(ausschweifende)* Orgien; Die Kollegen hielten ihn für einen -en Streber (Frisch, Stiller 269); seine Haßtiraden klangen w. und bedrohlich; * **halb/nicht so w.** (ugs.; *nicht schlimm*): Daher kam auch mein schlechter Ruf. Playboy und Verführer und alles mögliche. Aber das ist alles halb so w. (Bravo 29, 1976, 29); „Na, gar so w. ist es nicht mit mir", sagte er fast stimmlos, und sein Gesicht erlag den Farbton Dunkelrot (Bastian, Brut 66); **Wild**, das; -[e]s [mhd. wilt, ahd. wild, H. u., viell. Kollektivbildung zu ↑wild]: **1. a)** *jagdbare wildlebende Tiere:* das W. ist sehr scheu, wird im Winter gefüttert, wechselt das Revier; ein Stück W.; **b)** *zum Wild (1 a) gehörendes Tier:* ein gehetztes, scheues W.; er zog sich zurück wie ein verwundetes W. **2.** *Fleisch von Wild (1 a):* er ißt gern W.; sie verkaufen vor allem W. und Geflügel; **Wild|acker**[1], der: *zur Ergänzung der natürlichen Nahrungsquellen des Wildes mit geeigneten Futterpflanzen bebautes Feld:* Durch die Anlage und Pflege von Wildwiesen, Wildäckern und Verbißgehölzen konnte die Sommeräsung für Rehwild wesentlich ... bereichert werden (Pirsch 18, 1984, 24); **Wild|bach**, der: *nicht regulierter, reißender Gebirgsbach mit starkem Gefälle;* **Wild|bad**, das (veraltet): *Thermalbad;* **Wild|bahn**, die: in der Fügung **freie W.** *(freie Natur): Tiere in freier W. beobachten;* Ü Natürlich gibt's massenhaft Affären im Büro – für Hohlköpfe, die in freier W. nichts ergattern (Spiegel 50, 1991, 7); **Wild|bann**, der: *(im MA.) Recht (bes. eines Landesherrn), in einem bestimmten Gebiet zu jagen;* **Wild|bestand**, der: vgl. Fischbestand; **Wild|beuter**, der ⟨bes. meist Pl.⟩ [Prähist., Völkerk.]: *Mensch, der sich nur von wildlebenden Tieren u. wildwachsenden Pflanzen ernährt; Jäger u. Sammler;* **Wild|bra|ten**, der: *Braten aus Wild (2);* **Wild|bret** [-brɛt], das; -s [mhd. wildbræte, wildbrāt, **2.** Bestandteil zu ↑Braten]: **1.** (geh., Fachspr.) *Wild (2): die Entwicklung gesunder Wildbestände mit guten Trophäen und starkem W.* (Jagd 5, 1987, 130). **2.** (veraltet) *Wild (1 b).*
Wild card [waɪld kɑːd], die; -, -s [engl. wild card, eigtl. = wilde (= beliebig verwendbare) Spielkarte] (Tennis): *freier Platz (7) bei einem Turnier, den der Veranstalter nach Gutdünken vergeben kann.*
Wild|dieb, der: *Wilderer;* **wild|die|ben** ⟨sw. V.; hat⟩: *wildern (1 a);* **Wild|die|be|rei**, die: *Wilderei;* **Wil|de**, der u. die; -n, -n ⟨Dekl. ↑Abgeordnete⟩(veraltend, noch abwertend): *Angehörige[r] eines Stammes von Eingeborenen:* Der „edle W." findet seine Entsprechung in der „blonden Bestie" faschistischer Provenienz (Amory [Übers.], Matten 184); * **wie ein -r/wie eine W./wie die -n** (ugs.; *wie wild*): Am vierten oder fünften Tag begann ich wie eine W. das Haus zu putzen (Grossmann, Liebe 58); **wil|de|ln** ⟨sw. V.; hat⟩ [1: zu ↑Wild; 2: zu ↑wild]: **1.** (landsch.) *Hautgout haben:* das Fleisch wildet stark. **2.** (österr. ugs.) *sich wild, ausgelassen gebärden:* die Kinder wildeln im Garten; **Wil|den|te**, die: *wildlebende Ente, bes. Stockente;* **wil|den|zen** ⟨sw. V.; hat⟩ (landsch.): *wildeln (1);* **Wil|de|rei**, die; -, -en: *das Wildern;* bei der W. einen Jäger (NJW 19, 1984, 1065); **Wil|de|rer**, der; -s, - [mhd. wilderære = Jäger]: *jmd., der wildert (1):* Bei ihren Patrouillen kamen sie -n auf die Schliche (Wilhelm, Unter 19); **wil|dern** ⟨sw. V.; hat⟩: **1. a)** *(strafbarerweise) ohne Jagderlaubnis Wild schießen, fangen:* er geht w.; **b)** *wildernd (1 a) erlegen:* er hat einen Hasen gewildert; Wie viele Wildziegen in Samariá gewildert werden, wissen nur die alten Männer in Omalos (Merian, Kreta 56); Nebenbei handelte er mit gewildertem Fleisch (Fleisch von gewilderten Tieren; G. Vesper, Nördlich 49). **2.** *(von Hunden, Katzen) herumstreunen u. dabei wild, wildlebende Tiere töten:* Der Blinddarm ist ... wie eine wildernde Katze zum Abschuß freigegeben (Hackethal, Schneide 53). **3.** (veraltet) *ein ungebundenes Leben führen;* **Wild|esel**, der: *wildlebender Esel;* **Wild|fang**, der; -[e]s, Wildfänge [spätmhd. wiltvanc = jmd., der umherirrte u. eingefangen wurde, urspr. = eingefangenes (wildes) Tier]: **1.** *wildes, lebhaftes Kind:* er, sie ist ein W. **2.** *eingefangenes Wildtier.* **3.** (Jägerspr.) *für die Beizjagd eingefangener, ausgewachsener Greifvogel.* Falke: *nur einzeln jung aufgezogene Vögel oder scheue Wildfänge* (Lorenz, Verhalten I, 13); **Wild|fleisch**, das (seltener): *Wild (2);* **Wild|fol|ge**, die: (früher): *Verfolgung gehetzten od. angeschossenen Wildes auf fremdem Gebiet;* **Wild|form**, die (Biol.): *wildlebende ursprüngliche Form einer Art, von der es auch eine od. mehrere domestizierte Formen gibt;* **wild|fremd** ⟨Adj.⟩ [zu veraltet wild = fremd, eigtl. tautologisch] (emotional): *(bes. von Personen) jmdm. völlig unbekannt, fremd* (3 a): man lernt irgendwo -e Menschen kennen, und Minuten später ist man beim Bier in der herrlichsten Diskussion (Frings, Fleisch 39); **Wild|fre|vel**, der: *Jagdfrevel;* **Wild|frev|ler**, der: *Jagdfrevler;* **Wild|frev|le|rin**, die: w. Form zu ↑Wildfrevler; **Wild|frucht**, die: *eßbare Frucht einer wildwachsenden Pflanze;* **Wild|frucht|saft**, der: *aus Wildfrüchten gewonnener Fruchtsaft;* **Wild|füt|te|rung**, die: *Bereitstellung geeigneter Futtermittel für das Wild in Notzeiten, bes. im Winter bei hohem od. gefrorenem Schnee;* **Wild|gans**, die: *wildlebende Gans, bes. Graugans;* **Wild|gat|ter**, das: *Gatter zum Schutz (z. B. einer Schonung) vor Wild;* **Wild|ge|flü|gel**, das (Kochk.): *Fleisch von Federwild;* **Wild|ge|he|ge**, das: *Gehege zur Haltung von Wild;* **Wild|ge|mü|se**, das: *als Gemüse od. Salat genutzte wildwachsende Kräuter, wie Löwenzahn, Sauerampfer, Brennessel;* **Wild|ge|richt**, das: *Gericht, zu dem zubereitetes Wild gehört;* **Wild|ge|ruch**, der: *Hautgout;* **Wild|ge|schmack**, der: vgl. Hautgout; **Wild|ha|fer**, der: *Windhafer;* **Wild|ha|se**, der: *Hase (1 c);* **Wild|hel|ge**, die: *Hege des Wildes;* **Wild|hel|ger**, der: *Wildhüter;* **Wild|hel|ge|rin**, die: w. Form zu ↑Wildheger; **Wild|heit**, die; -, -en: *das Wildsein, wilde Art;* **Wild|heu**, das: *Heu von steilen, schwer zugänglichen, abgelegenen u. daher nicht gepflegten [Alpen]wiesen;* **Wild|heu|er**, der; -s, - (landsch.): *Heuer, der das Wildheu macht, erntet;* **Wild|huhn**, das: *wildlebender Hühnervogel;* **Wild|hund**, der: *in mehreren Arten vorkommendes wildlebendes, hundeartiges Raubtier (z. B. Dingo);* **Wild|hü|ter**, der: *jmd., dem die Hege des Wildes obliegt;* **Wild|hü|te|rin**, die: w. Form zu ↑Wildhüter; **Wild|kalb**, das (Jägerspr.): *junger weiblicher Hirsch zum Ende seines ersten Lebensjahres;* **Wild|ka|nin|chen**, das: *wildlebendes kleines Kaninchen;* **Wild|kan|zel**, die (Jägerspr.): *Hochsitz;* **Wild|kat|ze**, die: *wildlebende, in vielen Unterarten vorkommende Katze;* **Wild|kir|sche**, die: *wildwachsende Süßkirsche;* **Wild|krank|heit**, die: *Krankheit, die besonders das Wild befällt;* **Wild|kraut**, das: *wildwachsendes Kraut (2);* **wild|le|bend** ⟨Adj.⟩: *(von Tieren, Tierarten) nicht domestiziert;* **Wild|le|der**, das: **1.** *Leder aus Häuten wildlebender Tiere (bes. Hirsch, Reh, Antilope).* **2.** *Leder mit rauher Oberfläche, bes. Veloursleder,* **Wild|le|der|jacke**[1], die: *Jacke aus Wildleder (2);* vgl. Wildledermantel, der: Wildlederjacke; **wild|le|dern** ⟨Adj.⟩: *aus Wildleder (2) [bestehend, gefertigt]:* eine -e Jacke; **Wild|le|der|schuh**, der: vgl. Wildlederjacke; **Wild|ling**, der; -s, -e: **1.** *durch Aussaat entstandene Pflanze, die als Unterlage (3) für ein Edelreis dient.* **2.** (Fachspr.) *nicht gezähmtes gefangenes Wildtier.* **3.** (Forstw.) *durch natürliche Aussaat entstandener Baum.* **4.** (veraltend) *sich wild gebärdender Mensch, bes. ein Kind;* **Wild|ma|ri|na|de**, die: *Marinade (1 a) zum Einlegen von Wild (2);* **Wild|mar|kie|rung**, die: *Kennzeichnung freilebender Tiere (z. B. mit einem Fußring od. einer Ohrmarke) zum Zwecke der Beobachtung;* **Wild|nis**, die; -, -se [mhd. wiltnisse]: *unwegsames, nicht bebautes, besiedeltes Gebiet:* eine unberührte W.; die Tiere der W.; Die Straße wurde nun abrupt steiler, als sollte es endlich in die gebirgige W. gehen (Kronauer, Bogenschütze 224); **Wild|park**, der: *parkähnli-*

Wildpastete

ches Areal, eingezäuntes Waldstück, in dem Wild gehalten wird; **Wild|pa|stel|te,** die: *Pastete* (c) *aus Wild* (2); **Wild|pfad,** der: *Wildwechsel* (1); **Wild|pferd,** das: **1.** *wildlebendes Pferd (von dem das Hauspferd abstammt).* **2.** *verwildertes od. in freier Natur lebendes Hauspferd (z. B. Mustang);* **Wild|pflan|ze,** die: *wildwachsende Pflanze:* Inzwischen siedelten sich an Straßenrändern und Gräben wieder zahlreiche -n an ...: Wiesenmalve, Knabenkraut, Wegwarte, ... Kornblume, Akelei (Pirsch 22. 9. 84, 1401); **Wild|pfle|ge,** die: *Wildhege;* **Wild|ra|gout,** das: *Ragout aus Wild* (2); **wild|reich** ⟨Adj.⟩: *einen reichen Wildbestand aufweisend;* **Wildreich|tum,** der ⟨o. Pl.⟩: *Reichtum an Wild;* **Wild|reis,** der (Kochk.): *Frucht des Wasserreises, längliche schwarzbraune Körner mit nussigem Geschmack, die als Delikatesse gelten;* **Wild|re|ser|vat,** das; vgl. Reservat (1); **Wild|rind,** das: *wildlebendes Rind;* **wild|ro|man|tisch** ⟨Adj.⟩: *wild* (3 a) *u. sehr romantisch* (2 b): *eine -e Landschaft;* **Wild|sau,** die: **1.** ⟨Pl. -en⟩ *[weibliches] Wildschwein* (a): eine W. mit ihren Frischlingen; er fährt wie eine W. (derb abwertend; *äußerst rücksichtslos, unverantwortlich).* **2.** ⟨Pl. Wildsäue⟩ (derb abwertend, oft als Schimpfwort) *Schwein* (2 a): hat dir der Hotte alles haarklein erzählt? Die W.? Geht damit auch noch hausieren (Degener, Heimsuchung 89); **Wild|scha|den,** der: **1.** *durch Wild verursachter forst-* od. *landwirtschaftlicher Schaden.* **2.** (Versicherungsw.) *Sachschaden bei einem durch Wildwechsel verursachten Verkehrsunfall;* **Wild|schaf,** das: *wildlebendes Schaf (z. B. Mufflon).*
Wild|schur, die; -, -en [poln. wilczura = Wolfspelz, volksetym. angelehnt an ↑Wild u. ↑¹Schur] (veraltet): *schwerer [Herren]pelzmantel.*
Wild|schütz, der; -en, -en, **Wild|schüt|ze,** der; -n, -n: **1.** (veraltet) *Jäger.* **2.** (veraltend) *Wilderer;* **Wild|schutz|ge|biet,** das: *Wildreservat;* **Wild|schwein,** das [mhd. wiltswīn]: **a)** *wildlebendes Schwein* (4) *mit braunschwarzem bis hellgrauem, langhaarigem, borstigem Fell, großem, langgestrecktem Kopf u. starken (seitlich aus der Schnauze hervorstehenden) Eckzähnen;* **b)** ⟨o. Pl.⟩ *als Speise dienendes od. zubereitetes Fleisch vom Wildschwein* (a); **Wildsperr|zaun,** der: *Wildzaun;* **Wild|stand,** der (Jägerspr.): *Wildbestand in einem Revier, in einem Gebiet, Land;* **Wild|tau|be,** die: *wildlebende Taube;* **Wild|tier,** das: *wildlebendes Tier:* Das mächtige W. wird von seinen domestizierten Nachkommen verdrängt (natur 8, 1991, 17); **Wild|typ,** der (Genetik): *Organismus, der die Normalform repräsentiert;* **Wild|un|fall,** der: *durch Wildwechsel* (2) *verursachter Verkehrsunfall.*
Wil|dun|gen: ↑ Bad Wildungen.
Wild|ver|biß, der: vgl. Verbiß; **wild|wachsend** ⟨Adj.⟩: *(von Pflanzen, Pflanzenarten) in der freien Natur vorkommend, nicht gezüchtet, nicht domestiziert;* **Wild|wasser,** das ⟨Pl. -⟩: **1.** *Wildbach.* **2.** ⟨o. Pl.⟩ kurz für ↑ Wildwasserrennen; **Wild|waser|fahrt,** die: *Fahrt in Kajaks u. Kanadiern auf Wildwasser;* **Wild|was|ser|ka|jak,** der, selten: das: *für das Wildwasser geeigneter Kajak;* **Wild|was|ser|ren|nen,** das: *auf Wildwasser ausgetragener Kanusport für Kajaks u. Kanadier;* **Wild|wechsel,** der: **1.** *vom Wild regelmäßig benutzter Weg, Pfad zum Ort der Nahrungsaufnahme, der Tränke u. a.* **2.** *das Überwechseln des Wildes, bes. über einen Verkehrsweg;* **Wild|west** ⟨o. Art.; o. Pl.⟩: *der Wilde Westen:* die Story spielt in W.; Ü W. in Frankfurt; **Wild|west|film,** der: *Western;* **Wild|west|ma|nie,** die: vgl. Wildwestmethode: -en rügt auch der Heidelberger Rechtsanwalt (MM 25. 1. 94, 13); nach W. um sich schießen; **Wildwest|me|tho|de,** die ⟨meist Pl.⟩: *rauhe, oft ungesetzliche, durchs Faustrecht bestimmte Art des Handelns, wie sie in Wildwestfilmen gezeigt wird:* das sind ja die reinsten -n; **Wild|west|ro|man,** der: vgl. Wildwestfilm; **Wild|wie|se,** die: vgl. Wildacker; **Wild|wuchs,** der: **a)** *vom Menschen nicht beeinflußtes Wachsen (von Pflanzen):* den W. selten geworderer Pflanzen fördern; Ü Dann haben Spekulation und W. riesige Vorstädte entstehen lassen (Fest, Im Gegenlicht 331); **b)** *durch Wildwuchs* (a) *entstandene Pflanzen:* Wiesen und W. statt Rasen mit Rabatten sollen mehr Natur in die Städte bringen (Spiegel 29, 1980, 170); vom W. besetzte Friedhöfe (Grass, Unkenrufe 223); Ü der Text sei verständlich genug, ein gewisser W. sollte nicht zugunsten einer größeren Verständlichkeit zurechtgestutzt werden (Mayröcker, Herzzerreißende 150); **wild|wüch|sig** ⟨Adj.⟩ (selten): *wildwachsend:* -e Pflanzen; **Wildzaun,** der: vgl. Wildgatter; **Wild|zie|ge,** die: *wildlebende Ziege (z. B. Steinbock).*
Wil|helm, der; -s, -s [1: nach dem früher häufigen m. Vorn. Wilhelm] (ugs. scherzh.): **1. * falscher W.** (1. veraltend; *falscher Zopf.* 2. ugs. scherzh.: *Toupet).* **2.** kurz für ↑ Friedrich Wilhelm; **wil|hel|minisch** ⟨Adj.⟩: *die Regierungszeit Kaiser Wilhelms II. betreffend, in dieser Zeit üblich, für diese Zeit charakteristisch;* -e Prüderie: Die vernichtende Satire auf die -e Welt war ... das richtige Buch zur richtigen Zeit (Reich-Ranicki, Th. Mann 174); **Wilhelms|ha|ven:** Stadt an der Nordsee.
will: ↑²wollen; **Wil|le,** der; -ns, -n [mhd. wille, ahd. willio, zu ↑²wollen]: *jmds. Handlungen, Verhaltensweise leitendes Streben, Wollen, bes. als Fähigkeit des Menschen, sich bewußt für od. gegen etw. zu entscheiden; durch bewußte geistige Entscheidung gewonnener Entschluß zu etw.; bestimmte feste Absicht:* ein starker, eiserner, entschlossener, unbeugsamer, unerschütterlicher, schwankender, schwacher W.; unser aller W.; der W. des Volkes zum Frieden; der W. zur Macht *(Machtwille);* Gottes unerforschlicher W.; dies war der des Verstorbenen; es war mein freier W., dies zu tun; es war kein böser W. von mir; der gute W. allein reicht nicht aus; da in allen Lebewesen ein unbewußter W. zum Leben und zur Vermehrung mächtig ist (Gruhl, Planet 38); auch mein W. war nun gebrochen (Innerhofer, Schattseite 82); guten, den besten -n zeigen, mitbringen; jmds. -n erfüllen, ausführen, beeinflussen, lenken, leiten, beugen, lähmen; seinen -n durchsetzen; jmdm. seinen -n aufzwingen; es ist sicher nicht gut, wenn man dem Kind immer den/seinen/allen -n tut *(wenn man immer das tut, was das Kind will);* laß ihm seinen -n *(laß ihn das tun, was er unbedingt will, auch wenn es nicht einzusehen ist);* er hat den festen -n *(ist fest entschlossen),* sich zu ändern; er hat seinen eigenen -n *(weiß, was er will;* ist willensstark); er hat seinen -n *(ist unentschlossen, willensschwach);* sich einem fremden -n beugen; einem fremden Willen gehorchen; die Unbeugsamkeit seines -ns; er ist voll guten -ns *(ist sehr bemüht, das zu tun, was erwartet wird);* am guten -n *(an der Bereitschaft, dem Sichbemühen)* hat es bei ihm nicht gefehlt; auf seinem -n beharren; etw. aus freiem -n tun; bei/mit einigem guten -n wäre es gegangen; Penner seid ihr, mehr beim besten -n *(bestimmt, mit Sicherheit)* nicht (Degener, Heimsuchung 61); das geschah gegen/wider meinen -n, ohne [Wissen und] -n seiner Eltern; es steht ganz in deinem -n *(in deinem Ermessen),* dies zu tun; es wird nach dem -n der Mehrheit entschieden; wenn es nach meinem -n gegangen wäre *(wenn es so gemacht worden wäre, wie ich es vorhatte, wie ich wollte),* hätten wir alles längst hinter uns; trotz seines guten -ns *(seiner Bereitschaft, seinen großen Bemühungen)* wurde aus der Sache nichts; Spr wo ein W. ist, ist auch ein Weg; *** der Letzte W.** *(Testament* 1); **den guten -n für die Tat nehmen** *(annehmen, daß sich jmd. bemüht hat, auch wenn es ohne Erfolg blieb);* **mit -n** (veraltend, noch landsch.: ↑ Fleiß 2); **wider -n** *(ungewollt, unbeabsichtigt);* **jmdm. zu -n sein** (1. geh. veraltend; *sich jmdm. unterwerfen; ausführen, tun, was jmd. will, verlangt.* 2. veraltet: *sich jmdm. hingeben* 2 b).
Wil|le|mit [auch: ...'mɪt], der; -s -e [nach dem niederl. König Wilhelm (Willem) I. (1772–1843)]: *farbloses bis gelbbraunes, auch grünliches od. bläulich-rotes Mineral.*
willen ⟨Präp. mit Gen.⟩ [eigtl. erstarrter Akk. Sg. von ↑ Wille]: nur in der Fügung **um jmds., einer Sache w.** *(jmdm., einer Sache zuliebe; mit Rücksicht auf jmdn., etw.; im Interesse einer Person, Sache):* er hat es um seines Bruders, seiner selbst, des lieben Friedens w. getan; Wer sich um der Kinder w. einen Garten zulegt, sollte konsequenterweise auch auf deren Wünsche eingehen (natur 10, 1991, 110); Aber die Wälder werden keineswegs nur um des Nutzholzes w. gefällt (Gruhl, Planet 85); **Wil|len,** der; -s, - (selten): ↑ Wille; **wil|len|los** ⟨Adj.; -er, -este⟩: *keinen festen Willen zeigend; ohne eigenen Willen:* ein -es Geschöpf; er war völlig w., ließ alles w. über sich ergehen; Wahrscheinlich injizierte man ihm Liogen, das macht w. (Zwerenz, Quadriga 270); **Wil|len|lo|sig|keit,** die; -: *das Willenlossein;* **wil|lens** ⟨Adj.⟩ [aus: des Willens sein]: in der Verbindung **w. sein, etw. zu tun** (geh.; *bereit, entschlossen sein, etw. zu tun):* er war w., sich zu bessern; Hierfür benötigen wir erstklassige Mitarbeiter, die ehrgeizig und w. sind, diese Aufgabe anzupacken (Saarbr. Zeitung 15./16. 12. 79, XIII); **Wil|lens|akt,**

der: *durch den Willen ausgelöste Tat, Handlung;* **Wil|lens|an|span|nung,** die: *Konzentration des Willens zur Erreichung eines Ziels;* **Wil|lens|an|stren|gung,** die: vgl. Willensanspannung: *so blieb sie körperlich fit, kompensierte durch ungeheure* W. *ihre Blessur* (Zwerenz, Quadriga 65); **Wil|lens|äu|ße|rung,** die: *Äußerung des Willens, eines Entschlusses:* Wahlen nach Einheitslisten verhindern eine echte W. der Bevölkerung (Fraenkel, Staat 349); **Wil|lens|be|kun|dung,** die 〈geh.〉: vgl. Willensäußerung: *eine überwältigende internationale* W. *für das Recht der Völker auf Leben* (horizont 13, 1978, 7); **Wil|lens|bil|dung,** die 〈o. Pl.〉: *das Sichherausbilden dessen, was jmd., eine Gemeinschaft will: eine Verständigung über das weitere Vorgehen, ... dazu bedürfe es einer politischen* W. (W. Brandt, Begegnungen 340); **Wil|lens|bil|dungs|pro|zeß,** der: *Prozeß* (2) *der Willensbildung;* **Wil|lens|er|klä|rung,** die 〈bes. Rechtsspr.〉: *Willensäußerung mit dem Ziel, rechtlich etw. zu erreichen;* **Wil|lens|frei|heit,** die 〈o. Pl.〉 〈bes. Philos., Theol.〉: *Fähigkeit des Menschen, nach eigenem Willen zu handeln, sich frei zu entscheiden;* **Wil|lens|kraft,** die 〈o. Pl.〉: *Fähigkeit eines Menschen zur Willensanspannung: seine* W. *befähigte ihn dazu, diese schwierige Aufgabe zu lösen;* **Wil|lens|kund|ge|bung,** die: vgl. Willensäußerung; **wil|lens|schwach** 〈Adj.〉: *einen Mangel an Willenskraft aufweisend:* ein *-er Mensch; Abnorm unselbständige und -e Persönlichkeit* (Klee, Pennbrüder 33); **Wil|lens|schwä|che,** die 〈o. Pl.〉: *Mangel an Willenskraft;* **wil|lens|stark** 〈Adj.〉: *ein hohes Maß an Willenskraft aufweisend:* ein *-er Mensch;* **Wil|lens|stär|ke,** die 〈o. Pl.〉: *hohes Maß an Willenskraft;* **wil|lent|lich** 〈Adj.〉 〈geh.〉: *mit voller Absicht, ganz bewußt: Der unterlegene NPP-Gouverneur ... klagte Shagaris Vizepräsidenten ... offen des *-en* Wahlbetrugs an* (NZZ 20. 8. 83, 3); w. *gegen etw. verstoßen; weil er Schlaflosigkeit für das Eingeständnis einer Verfehlung hielt, beschloß er, sich den Schlaf* w. *zu verstatten* (Bieler, Mädchenkrieg 186); **will|fah|ren** [auch: ' - -] 〈sw. V.; willfahrte, hat willfahrt/(bei Betonung auf der ersten Silbe:) gewillfahrt〉 [spätmhd. willenvarn, mhd. eines willen varen = auf jmds. Willen achten] 〈geh.〉: *jmds. Willen, Wunsch, Bitten, Forderungen entsprechen: was sie auch verlangte, er willfahrte ihr immer; jmds. Bitte* w. *(nachkommen); er willfahrte ihrem Wunsch; Der Hausherr, unter ihnen sitzend, willfahrte gern* (Jacob, Kaffee 79); **will|fäh|rig** [auch: -' - -] 〈Adj.〉 〈geh., oft abwertend〉: *ohne sich Gedanken zu machen, [würdelos] den Absichten anderer dienend:* -e *Handlanger; Jahrelang hatte die Regierenden in die Funkhäuser hineinregiert, unverfroren haben machtbewußte Politiker -e Parteigänger in Schlüsselpositionen befördert* (Spiegel 7, 1984, 19); *er war dem Minister stets* w.; *seine Frau mußte ihm stets* w. *sein* 〈geh. veraltet〉: *seinen sexuellen Wünschen nachkommen);* **Will|fäh|rig|keit** [auch: -' - - -], die; -, -en (Pl. selten) 〈geh., oft abwertend〉: *willfährige Art:* Mit *der ganzen Kraft ihrer* (= der Politiker) *Verwaltungsmaschinerie und der* W. *ihrer Helfershelfer ist es ihnen inzwischen gelungen, den aktiven Widerstand sehr vieler Menschen zu brechen* (Hamburger Rundschau 15. 3. 84, 1).

Wil|liams Christ, der; - -, - -: *aus Williams Christbirnen hergestellter Branntwein;* **Wil|liams Christ|bir|ne,** die; - -, - -n [H. u.]: *große Birne mit gelber, bräunlich gepunkteter Schale u. gelblichweißem, zartem, fein aromatischem Fruchtfleisch.*

Wil|liam|sit [auch: ...'sɪt], der; -s, -e [nach dem amerik. Mineraliensamler L. W. Williams (19. Jh.)]: *apfelgrüner, oft mit schwarzen Flecken durchsetzter Serpentin, der zur Herstellung von Schmucksteinen verwendet wird.*

wil|lig 〈Adj.〉 [mhd. willec, ahd. willig, zu ↑Wille]: *gerne bereit, zu tun, was gefordert, erwartet wird:* ein *-er Zuhörer;* ein *sehr -es Kind;* Ich habe gut ausgebildete, -e *Männer. Aber wir brauchen dringend ein schnelleres Boot* (natur 8, 1991, 55); *der Schüler ist sehr* w.; *sich* w. *fügen; So ließ et sich denn* w. *unterweisen* (Süskind, Parfum 122); Ü *In mit sandigem Erdreich gefüllten, nicht zu großen Töpfen wurzelt der Steckling* w. (NNN 25. 2. 88, 5); **-wil|lig:** 1. drückt in Bildungen mit Substantiven – seltener mit Verben (Verbstämmen) – aus, daß die beschriebene Person zu etw. bereit ist, etw. gerne machen will: ausreise-, einsatz-, rückkehr-, verhandlungswillig. 2. drückt in Bildungen mit Substantiven oder Verben (Verbstämmen) aus, daß die beschriebene Person gerne etw. mit sich machen läßt, dazu bereit ist: impf-, therapiewillig; **wil|li|gen** 〈sw. V.; hat〉 [mhd. willigen = willig machen; bewilligen, einwilligen] 〈geh.〉: *sich mit etw. einverstanden erklären; (in etw.) einwilligen: in eine Scheidung, Reise* w.; **Wil|lig|keit,** die; -: *das Willigsein; williges Wesen, Verhalten;* **Will|komm,** der; -s, -e [1. wohl subst. Begrüßungsruf „willkomm!"]: 1. (seltener) *Willkommen: Die Ausflügler finden hier ein herzliches* W. *zu ihrem Angebot an Speis und Trank* (NZZ 23. 10. 86, 43). 2. (früher) *Pokal für den einem Ehrengast gereichten Willkommenstrunk;* **will|kom|men** 〈Adj.〉 [mhd. willekomen, spätahd. willechomen, eigtl. = (du bist) nach Willen (= nach Wunsch) gekommen]: *jmdm. sehr passend, angenehm; erwünscht:* eine -e *Gelegenheit zum Feiern;* eine -e *Abwechslung;* -e *Gäste; Das war eine sehr -e Nachricht* (Stories 72 [Übers.], 6); *ihr Haus war das einzige ..., in dem ein Römer nicht geduldet, sondern* w. *war* (Ransmayr, Welt 194); *das Angebot war* [ihm] *sehr* w.; *Sie sind uns jederzeit* w. *(wir freuen uns immer, wenn Sie zu uns kommen); in Formeln zur Begrüßung bei jmds. Empfang:* [sei] w.!, *herzlich* w.!, *bei uns!;* w. *in der Heimat!;* * *jmdn.* w. *heißen (jmdn. zum Empfang begrüßen):* er *hieß seine Gäste* w., *selten auch:* w. -s, -: *Begrüßung zum Empfang: jmdm. ein fröhliches, kühles, ziemlich frostiges* W. *bereiten, entbieten; Rektor Adolf Theobald entbot den jungen Leichtathleten ... ein herzliches* W. (Saarbr. Zeitung 10. 7. 80, 23); **Will|kom|mens|gruß,** der: *Gruß zum Empfang:* ein *fröhlicher, recht zurückhaltender* W.; **Will|kom|mens|trunk,** der 〈geh.〉: *Getränk, das jmdm. zur Begrüßung gereicht wird;* **Will|kür,** die; - [mhd. wil(le)kür, aus ↑Wille u. ↑Kür, eigtl. = Entschluß, Beschluß des Willens (= freie Wahl od. Entschließung)]: *allgemein geltende Maßstäbe, Gesetze, die Rechte, Interessen anderer mißachtendes u. die eigene Macht nutzendes Handeln, Verhalten:* schrankenlose, gesetzlose, hemmungslose, brutale, absolutistische W.; *das ist die reine* W.; *überall herrschte* W.; *die* W. *der Herrschenden eindämmen; der* W. *eines andern preisgegeben sein; der Schriftsetzer Kiefer berichtete über die Härte der Strafen und die* W. *der Verhandlungsführung* (Kühn, Zeit 59); *von der* W. *anderer abhängig sein; Es ... wird genährt von der Sehnsucht nach Freiheit von fürstlicher* W. (Stern, Mann 355); **Will|kür|akt,** der: vgl. Willkürmaßnahme: ... *bringt das Unterlassen das Amt in den Verdacht behördlicher* -e (DÄ 47, 1985, 22); **Will|kür|herr|schaft,** die: *durch Willkür geprägte Herrschaft, unumschränkte Gewaltherrschaft:* daß *eine universalistische Geschichtsphilosophie keineswegs notwendig zur Legitimation fortschrittlich verbrämter* W. *taugt* (Frankfurter Rundschau 13. 9. 88, 11); **will|kür|lich** 〈Adj.〉 [spätmhd. willekürlich]: 1. a) *auf Willkür beruhend:* -e *Anordnungen, Maßnahmen; Zusammenhalt, Solidarität ... das war die Waffe, mit der man eine -e ... Obrigkeit überwinden würde* (Kühn, Zeit 134); *Dabei setzt sich die Regierung ... nicht über die Interessen ihrer Nachbarstaaten hinweg* (natur 2, 1991, 23); *jmdn.* w. *benachteiligen.* b) *nicht nach einem System erfolgend, sondern wie es sich zufällig ergibt:* eine -e *Auswahl; Die Stundenzahlen sind natürlich -e Schätzungen, d. h. -e Annahmen* (Richartz, Büroroman 27); *etw. ganz* w. *festlegen.* 2. *vom eigenen Willen gesteuert; bewußt erfolgend; gewollt:* -e *Bewegungen; bestimmte Muskeln lassen sich nicht* w. *in Tätigkeit setzen;* **Will|kür|maß|nah|me,** die: *durch Willkür gekennzeichnete, rücksichtslose Maßnahme:* eine *Handhabe für -n staatlicher Machthaber* (Fraenkel, Staat 128); **Will|kür|ver|bot,** das (Rechtsspr.): *für die Verwaltung u. den Gesetzgeber geltendes Verbot, bei Entscheidungen willkürlich vorzugehen.*

willst: ↑²wollen.

wim|meln 〈sw. V.; hat〉 [mhd. wimelen, Iterativbildung zu: wimmen = sich schnell hin und her bewegen, H. u.]: a) *sich [in großer Menge] rasch, lebhaft durcheinanderbewegen, irgendwohin bewegen: die Fische wimmelten im Netz; in den Warteräumen wimmelten Hunderte von Fluggästen* (Grzimek, Serengeti 25); *er schaute von oben auf die wimmelnde Menge von Menschen und Fahrzeugen; Hat ihn die wimmelnde Schafherde angelockt, der wir bald darauf begegnen?* (Berger, Augenblick 144); b) *voll, erfüllt sein von einer sich rasch, lebhaft durcheinanderbewegenden Menge: die Straßen*

wimmen

wimmeln von Menschen; wie sein Strohlager von Läusen gewimmelt habe (Mostar, Unschuldig 37); ⟨auch unpers.:⟩ Das ist im Sommer gewesen. Dann wimmelt es hier von Leuten (Frisch, Montauk 83); Ü seine Arbeit wimmelt von Fehlern (emotional; *ist voller Fehler*); Deutschland wimmelt von Vereinen (emotional; *in Deutschland gibt es eine große Menge von Vereinen*); weil die Alltagswelt ... von Symbolen der Werbung wimmelt (emotional; *davon übervoll ist*; natur 10, 1991, 89); ⟨auch unpers.:⟩ auf der Straße ... wimmelt es (emotional; *gibt es eine Unmenge*) von Schlaglöchern (Becker, Irreführung 62).

wim|men ⟨sw. V.; hat⟩ [mhd. wimmen, windemen, ahd. windemōn < lat. vindemiare, zu: vinum = Wein u. demere = herab-, wegnehmen] (schweiz. ugs.): *Trauben lesen:* morgen beginnen sie zu w., Trauben zu w. *(zu lesen);* **¹Wim|mer,** der; -s, - (landsch., bes. schweiz.): *Winzer;* **²Wim|mer,** die; -, -n (landsch., bes. schweiz.): *Weinlese.*

³Wim|mer, der; -s, - [mhd. wimmer, H. u.]: **1.** *(veraltend)* harte, knorrige, schwer zu bearbeitende Stelle im Holz. **2.** (landsch., bes. südd.) *Schwiele, kleine Warze.*

Wim|mer|holz, das; -es, ...hölzer (ugs. abwertend): *Geige, Gitarre, Laute o. ä.:* leg doch endlich dein W. weg; auf einem solchen W. *(schlechten, billigen Instrument)* spiele ich nicht; **Wim|mer|ka|sten,** der; -s, ...kästen: vgl. Klimperkasten.

wim|me|rig ⟨Adj.⟩: *von, in wimmernder Art.*

Wim|me|rin, die; -, -nen (landsch., bes. schweiz.): w. Form zu ↑¹Wimmer.

Wim|merl, das; -s, -n [zu ↑³Wimmer] (bayr., österr. ugs.): **1.** *Hitze-, Eiterbläschen;* ²*Pickel.* **2.** *Täschchen für Skiläufer u. Wanderer, das an einem Gurt um die Taille getragen wird.*

wim|mern ⟨sw. V.; hat⟩ [zu mhd. wimmer = Gewinsel, lautm.]: *leise, hohe, zitternde, kläglich klingende Laute von sich geben; in zitternden Tönen jammern, unterdrückt weinen:* leise, kläglich, jämmerlich vor sich hin w.; sie wimmerte vor Schmerzen; Blacky versucht immer wieder auf die Füße zu kommen. Zweimal klappt er wimmernd zusammen (Degener, Heimsuchung 180); „Ich war es nicht", wimmerte leise *(sagte leise wimmernd)* der Bursch (Langgässer, Siegel 58); sie wimmerten *(bettelten wimmernd)* um Gnade; ⟨subst.:⟩ er hörte das klägliche Wimmern eines Kindes; Ü (meist abwertend:) nebenan wimmerte eine Geige; * **zum Wimmern [sein]** (ugs.; ↑ piepen).

Wim|met, der; -s [zu ↑wimmen] (schweiz. ugs.): *Weinlese.*

Wim|pel, der; -s, - [mhd. wimpel = Kopfschutz, -binde, ahd. wimpal = Frauengewand, Schleier, wohl urspr. = Hülle, Binde, H. u.]: **1.** *kleine, meist dreieckige od. länglich-trapezförmige Fahne (bes. als Kennzeichen eines Sportvereins, einer Jugendgruppe o. ä. u. als Signalflagge auf Schiffen):* seidene, bestickte W.; Janes tauschte mit dem rumänischen Spielführer den W. (Walter, Spiele 49); Wandervogelgruppen mit Klampfe und W. kreu-

zen singend den Weg (Kempowski, Zeit 61); das Festzelt war mit bunten -n geschmückt. **2.** *breites, leinenes Brusttuch der Nonnen.*

Wim|per, die; -, -n [mhd. wintbrā(we), ahd. wintbrāwa, **2.** Bestandteil zu ↑Braue, 1. Bestandteil mhd., ahd. wint-, H. u., viell. verw. mit griech. ionthos = junger Bart, Flaum u. mir. find = Haupthaar u. eigtl. = Haarbraue od. zu ↑¹winden u. eigtl. = gewundene od. sich windende (= sich auf u. ab bewegende) Braue]: **1.** *kräftiges, relativ kurzes, meist leicht gebogenes Haar, das meist zusammen in zwei bis drei Reihen angeordnet am vorderen Rand des Augenlids sitzt:* lange, seidige, dichte, helle, blonde, dunkle -n; künstliche -n; mir ist eine W. ins Auge geraten; sich ⟨Dativ⟩ die -n tuschen, bürsten; die -n senken; mit den -n klimpern (ugs.; *blinzeln*); * **nicht mit der W. zucken** *(sich eine Gefühlsregung nicht anmerken lassen; keine Reaktion zeigen):* als man ihm von dem Unglück berichtete, zuckte er nicht mit der W.; **ohne mit der W. zu zucken** *(ohne sich etwas anmerken zu lassen; ungerührt, kaltblütig):* er ging auf diesen gefährlichen Vorschlag sofort und ohne mit der W. zu zucken ein; Ohne mit der W. zu zucken, hatte er sich meine Absage angehört (Ziegler, Labyrinth 105); **sich** ⟨Dativ⟩ **nicht an den -n klimpern lassen** *(salopp; sich nichts gefallen, nichts nachsagen lassen).* **2.** (Biol.) *feiner, kurzer Fortsatz des Protoplasmas, der der Nahrungsaufnahme, der Ausscheidung od. der Fortbewegung dient.*

Wim|perg, der; -[e]s, -e, **Wim|per|ge,** die; -, -n [mhd. wintberge, ahd. wintberga, zu ↑Wind u. ↑bergen] (Archit.): *verzierter, meist über Maßwerk gegliederter Giebel (2) über Fenstern, Portalen o. ä. gotischer Bauwerke.*

Wim|per|haar, das: *einzelne Wimper;* **wim|per|los** ⟨Adj.⟩: *keine Wimpern aufweisend:* -e Lider; seine Augen waren fast w.; **Wim|pern|tu|sche,** die; -, -n: *Paste, die mit einem Bürstchen auf die Wimpern aufgetragen wird, um sie dichter u. länger erscheinen zu lassen:* W. auftragen; unterhalb der Augen wurden die Tränen von der W. schwarz (Ossowski, Flatter 71); **Wim|per|tier|chen,** das: *einzelliges Lebewesen, das ganz od. teilweise mit Wimpern (2) bedeckt ist, die der Fortbewegung u. der Nahrungsaufnahme dienen.*

Wi|na, Vina, die; -, -s [sanskr.]: *altindisches Saiteninstrument, das aus einem auf zwei ausgehöhlten Kürbissen liegenden Bambusrohr mit vier Drahtsaiten besteht.*

wind ⟨Adj.⟩ [viell. zu landsch. veraltet *Winde,* mhd. winde = Schmerz]: in der Fügung **w. und weh** (südwestd., schweiz.; *höchst unbehaglich, elend*).

Wind, der; -[e]s, -e [mhd. wint, ahd. wind, verw. mit ↑wehen u. eigtl. = der Wehende]: **1.** *spürbar stärker bewegte Luft im Freien:* ein sanfter, lauer, warmer, frischer, stürmischer, heftiger, starker, böiger, kalter, eisiger, schneidender W.; günstige, ungünstige, widrige -e; auffrischende -e aus Ost; W. und Wetter; ein leichter W. erhob sich, kam auf, wehte, kam von Osten; der W. bläst, pfeift, braust, weht ums Haus; der W. dreht

sich, schlägt um, legt sich, flaut ab, hat aufgehört; der W. brachte Regen, blähte die Segel, zerrte an ihren Kleidern; der heiße trockene W. strich über sein Gesicht; Scharfer W. beugte die Pappeln (Springer, Was 98); Der W. kann hier die Humusschicht ungehindert abtragen (Gruhl, Planet 87); Weiter oben sirrte der W., in einem sehr hohen Ton, der fast den Ohren wehtat (Handke, Frau 103); beim Gehen den W. im Rücken haben; den W., die Kräfte des -es für etw. nutzen; der Jäger hat schlechten, guten W. (Jägerspr.; *steht so, daß das Wild Witterung, keine Witterung von ihm bekommt*); auf günstigen W. warten; gegen den W. ankämpfen; in der zweiten Halbzeit spielte die Mannschaft mit dem W., hatte die Mannschaft den W. im Rücken *(wehte der Wind in Richtung des Gegners, des gegnerischen Tors);* (Seemannsspr., bes. Segeln:) [hart] am W., gegen den W., mit halbem, vollem W. vor gehen den W. segeln; ℝ daher weht [also] der W. *(so verhält es sich also unerfreulicherweise);* Spr wer W. sät, wird Sturm ernten *(wer etw. Böses tut, wird durch ein weit größeres Übel bestraft;* nach Hosea 8, 7); Ü seine Erzählungen sind nicht ernst zu nehmen, das ist alles nur W.; ein glücklicher W. *(Umstand)* habe sie an den Rand von Rom getrieben (Loest, Pistole 103); Der Juni-Aufstand in Posen hat bestimmt seine Nachwirkungen. Wir könnten's gerade schaffen, ehe der W. umschlägt *(die Umstände ungünstig werden;* Bieler, Bär 333); * **[schnell] wie der W.** (↑ Blitz 1); **irgendwo weht [jetzt] ein anderer, schärfer, schärferer o. ä. W.; der W. pfeift [jetzt] aus einem anderen Loch** (ugs.; *irgendwo werden [jetzt] andere, strengere o. ä. Methoden angewandt, Maßstäbe angelegt*): seit der neue Chef da ist, weht in der Firma ein anderer W.; **wissen/erkennen/spüren/merken o. ä., woher der W. weht** (ugs.; *wissen, merken, wie sich etw. unerfreulicherweise wirklich verhält*); [in beiden folgenden Wendungen steht „Wind" als Bild für das Ungreifbare, Leere:] **W. machen** (ugs.; *sehr übertreiben; angeben*): Mit diesem Extrablatt ließ sich schon W. machen (Muschg, Gegenzauber 253); **viel W. um etw. machen** (ugs.; *viel Aufhebens um etw. machen; etw. sehr aufbauschen*); **W. von etw. bekommen/kriegen/haben** (ugs.; *von etw., was eigentlich unbemerkt bleiben, nicht bekannt werden sollte, auf irgendeine Weise doch Kenntnis erhalten;* aus der Jägerspr.; Wind = Witterung): Die Kripo hatte schon vor geraumer Zeit von der Existenz des Spielclubs W. bekommen (MM 20. 5. 75, 17); Wie hatte Lehnau davon W. gekriegt? (Springer, Was 135); **jmdm. den W. aus den Segeln nehmen** (ugs.; *jmdm. den Grund für sein Vorgehen, die Voraussetzungen für seine Argumente nehmen;* aus der Seemannsspr., v. a. bei Seegefechten kam es früher darauf an, durch geschickte Manöver das gegnerische Schiff in den Windschatten zu bringen); **sich** ⟨Dativ⟩ **den W. um die Nase wehen, um die Ohren wehen/pfeifen lassen** (ugs.; *sich in der Welt umsehen; das Leben kennenlernen*); **bei/in W. und Wetter** *(bei je-*

dem, auch bei schlechtestem Wetter): er ist bei W. und Wetter draußen bei seinen Tieren; Der Mantel ist sehr praktisch und wird in jedem W. und Wetter gute Dienste leisten (Schädlich, Nähe 107); **gegen den W., mit dem W. segeln** *(sich der herrschenden Meinung widersetzen, anschließen; sich [nicht] anpassen);* [„Wind" steht in den drei folgenden Wendungen als Bild für Leere, Vergeblichkeit, Verlust, auch zum Ausdruck der Geringschätzigkeit, die einer Sache gegenüber deutlich wird:] **etw. in den W. schlagen** *(dem [gutgemeinten] Rat eines andern keine Beachtung schenken):* er hat alle Warnungen, Ratschläge des Freundes in den Wind geschlagen; ein so arger Theoretiker war er nun doch nicht, daß er alle Erfahrung in den W. geschlagen hätte (Loest, Pistole 52); **in den W. reden/sprechen** *(mit seinen Worten kein Gehör finden):* Doch alle Resolutionen und Appelle waren in den W. gesprochen (Berliner Zeitung 25. 3. 78, 11); **etw. in den W. schreiben** (ugs.; ↑Schornstein): das Geld kannst du in den W. schreiben, er hat seine Schulden noch nie bezahlt; Jetzt konnte er den Frühschoppen in den W. schreiben (Bieler, Bär 162); **in alle -e** *(überallhin, in alle Himmelsrichtungen):* die Geschwister sind in alle -e zerstreut. **2. a)** *(bei der Orgel) durch ein elektrisches Gebläse od. einen Blasebalg in Bewegung versetzte Luft, die den Pfeifen zugeführt wird;* **b)** (Hüttenw.) *bei bestimmten Prozessen (z. B. der Eisengewinnung im Hochofen) zugeführte, meist vorgewärmte und mit Sauerstoff angereicherte Luft.* **3.** kurz für ↑Darmwind; **Wind|ab|wei|ser,** der: *Vorrichtung in Form einer Blende aus Plexiglas o. ä. am Auto, die bei geöffnetem Fenster, Dach den Fahrtwind ableitet;* **Wind|an|la|ge,** die: vgl. Windkraftwerk: Außerdem möchten die Physiker mit vergleichenden Messungen optimale Standorte für -n finden (Welt 14. 11. 91, 25); **Wind|bäcke|rei**[1], die, (österr.): *Schaumgebäck;* **Wind-band** ['wɪndbænd], die; -, -s [engl. wind band, aus: wind = Wind u. band, ↑Band]: engl. Bez. für *Blasorchester;* **Wind|be|häl|ter,** der: *Windkasten;* **Wind|be|stäu|bung,** die: *Bestäubung durch den Wind;* **Wind|beu|tel,** der [1: eigtl. = mit Luft gefüllter Beutel]: **1.** *aus Brandteig hergestelltes, leichtes, mit Sahne gefülltes Gebäckstück.* **2.** (veraltend abwertend) *oberflächlicher, leichtlebiger, unzuverlässiger Mensch:* Sie haben Dich ja lange nicht für voll genommen, ein Söhnchen in Dir gesehen und einen W. (Reich-Ranicki, Th. Mann 215); **Wind|beu|te|lei,** die; -, -en (veraltend abwertend): *leichtfertiges, wenig verantwortungsvolles Handeln:* wenn sich hinter politischer Betriebsamkeit mehr W. als ernster und verantwortungsvoller Wille verbirgt (Saarbr. Zeitung 21. 12. 79, 3); **Wind|blu|se,** die (veraltend): *Windjacke in der Form eines Blousons;* **Wind|blütler,** der; -s, -: *Pflanze, die durch den Wind bestäubt wird (z. B. Gräser, Buche, Eiche);* **Wind|bö[e],** die: *Bö;* **Wind|bruch,** der: *durch heftigen Wind verursachter Schaden im Wald:* So hatte sich ... längst gezeigt, daß großflächige Windbrüche

den Boden vor Hitze und Auswaschung schützen (natur 2, 1991, 61); **Wind|büchse,** die (selten): *Luftgewehr;* **wind|dicht** ⟨Adj.⟩: *undurchlässig für Wind:* -e Skikleidung; Diese Maßnahme ist aber nur wirksam, wenn ... das gesamte Gebäude w. ist (Handelsblatt 1. 8. 79, 15); **Wind|drift,** die: *Drift* (1 a).
Win|de, die; -, -n [1: mhd. winde, ahd. in: waʒʒarwinda = Wasserwinde; 2: mhd. winde, ahd. winda, eigtl. = die Sichwindende, zu ↑¹winden]: **1.** *Vorrichtung zum Heben u. Senken od. zum Heranziehen von Lasten:* die Balken werden mit einer W. nach oben gebracht. **2.** *kletternde Pflanze mit einzelstehenden, trichterförmigen, weißen od. rosa Blüten.*
Win|de|ei, das [LÜ von lat. ova hypenemia od. zephyria (Pl.), die Eier sollen vom Wind empfangen worden sein]: **1.** *nur von einer Haut umgebenes Ei ohne Schale.* **2.** *unbefruchtetes Ei:* eins der Eier erwies sich nach einiger Zeit als W.; Ü ist das einzige, was dieses W. (abwertend) *dieser Versager)* kann (Heller, Mann 390); eine tote Idee war ein W. (abwertend) *war unbrauchbar).* **3.** (Med.) ²*Mole;* **Wind|ei|sen,** das (Archit.): *in das Gewände* (1) *eines Kirchenfensters (in bestimmten Abständen mit anderen) horizontal eingelassenes Eisen zum Schutz des Fensters gegen den Druck des Windes.*
Win|del, die; -, -n [mhd. windel, ahd. windila, eigtl. = Binde zum Umwinden, Wickeln, zu ↑¹winden]: **1.** *aus weichem, saugfähigem Material bestehendes Tuch, das um den Unterkörper eines Säuglings gewunden wird u. das dessen Ausscheidungen aufnimmt:* weiche, trockene, nasse, frische -n; -n waschen, kochen; das Kind in -n wickeln; Max Schulz, gerade sieben Wochen alt, ... lag eingehüllt in warme -n (Hilsenrath, Nazi 20); damals lagst du noch in [den] -n *(warst du noch ganz klein);* **★ noch in den -n liegen/stecken/ sein** (↑Kinderschuh). **2.** *als Windel* (1) *verwendete Lage aus Zellstoff* (2) *o. ä. mit Kunststoffolie, die, von Klebestreifen zusammengehalten, wie ein Höschen den Unterleib des Säuglings umgibt u. nach Gebrauch weggeworfen wird;* **Win|del|aus|schlag,** der: *bei Säuglingen am Gesäß u. im Genitalbereich auftretende, durch unzureichende Luftdurchlässigkeit der Windeln verursachte Hautentzündung;* **Win|del|der|ma|ti|tis,** die: *Windelausschlag;* **Win|del|hös|chen,** das: *kleine Hose aus wasserundurchlässigem Material, die einem Säugling über die Windeln* (1) *gezogen wird;* **win|deln:** *(einem Säugling) eine Windel anlegen:* ein Baby w.; Sie windelte die Kleinen dreimal am Tag und nur bis zum zweiten Geburtstag (Süskind, Parfum 26); ♦ **Win|del|trep|pe,** die [zu: Windel, Nebenf. von ↑Wendel]: ↑Wendeltreppe: während ... niedelte die W., in den Turm der Vogtei eilte (Kleist, Kohlhaas 31); **win|del|weich** ⟨Adj.⟩ [eigtl. = weich wie eine aus zartem Leinen gefertigte Windel] (ugs.): **1.** (oft abwertend) **a)** *ängstlich u. nachgiebig, gefügig, bereit, alles hinzunehmen o. ä.:* er redete so lange auf ihn ein, bis er w. war; **b)** *nicht die notwendige, erwartete Festigkeit, Eindeutigkeit, keinen festumrissenen*

Standpunkt erkennen lassend: -e Erklärungen, Argumente; Die -en Ausreden der Offiziere (Spiegel 5, 1992, 43). **2.** ⟨nur in Verbindung mit Verben des Schlagens⟩ *sehr heftig u. langanhaltend:* Der Krimiheld prügelt den Bösewicht w. (Wilhelm, Unter 10); Er hat den armen Kerl so w. gehauen, daß er mir fast leid getan hat (Hilsenrath, Nacht 115); ¹**winden** ⟨st. V.; hat⟩ [mhd. winden, ahd. wintan, eigtl. = drehen, wenden, flechten; 5: zu ↑Winde (1)]: **1.** (geh.) **a)** *durch Schlingen, Drehen, Flechten o. ä. an, in etw. befestigen, zu etw. verbinden:* Blumen in einen Kranz w.; sie wand dem Kind Schleifen ins Haar; die Frauen wanden Zweige und Blumen zu Girlanden; **b)** *durch Schlingen, Drehen, Flechten o. ä. herstellen, anfertigen:* aus Blumen Kränze w.; sie wand bunte Girlanden aus Papier; **c)** *um etw. legen, binden, knüpfen, auch durch Darumlegen, -binden anbringen, befestigen:* sie windet ein Band um das Buch; das Kind wand (selten; *legte, schlang*) seine Arme um den Hals der Mutter; sie wand sich, den Kind ein Tuch um den Kopf; Die Friseurin nimmt eine Rundbürste aus der Tasche und strählt und fönt und windet ihr kunstvoll das Haar um den Kopf (Frischmuth, Herrin 46); **d)** ⟨w. + sich⟩ *sich um etw. herumschlingen; um etw. gelegt, geschlungen sein:* die Bohnen winden sich um die Stangen; die Zöpfe winden sich kranzförmig um ihren Kopf. **2.** (geh.) *durch heftige drehende Bewegungen aus den Händen reißen, gewaltsam wegnehmen:* einem Angreifer den Stock, die Waffe aus der Hand w.; sie wanden der weinenden Mutter das Kind aus den Armen. **3.** ⟨w. + sich⟩ **a)** *sich in schlangenartigen Bewegungen, in einer Schlangenlinie gleitend fortbewegen:* die Schlange windet sich im Sand; Karl sitzt am Fenster und sieht hinunter, wie sich der Zug da durch die Straßen windet (Kempowski, Zeit 284); die wie graue Raupen sich durch den Schnee windenden Infanteriekolonnen (Plievier, Stalingrad 106); **b)** *sich krümmen, krampfhafte Bewegungen machen: sich in Krämpfen w.;* zwei Körbe schöner Fische, von denen sich einige immer noch wanden (Ransmayr, Welt 280); sie wand sich vor Schmerzen, vor Weinen und Schluchzen; er wand sich vor Verlegenheit, vor Scham, vor Lachen; Ü Der windet sich *(sucht nach Ausflüchten)* und muß es schließlich zugeben (Remarque, Westen 69); Ravens, der frühere Lehrmeister, dreht und windet sich, bis er endlich einem Gehalt zustimmt (Bieler, Bär 41); eine gewundene *(nach Ausflüchten klingende)* Erklärung abgeben; gewundene *(umständlich gedrechselte, verschlungene)* Sätze; sich sehr gewunden *(umständlich u. gekünstelt)* ausdrücken. **4.** ⟨w. + sich⟩ **a)** *sich durch etw. irgendwohin schlängeln* (2): er versuchte sich durch die Menge zu w.; er wand sich durch die Absperrung nach vorn; **b)** *in einer unregelmäßigen Schlangenlinie, in unregelmäßigen Bogen irgendwo verlaufen; sich schlängeln* (1 b): ein schmaler Pfad windet sich bergaufwärts; bei dieser letzten Kehre, mit der sich die Straße aus der

winden

Ortschaft wand (Kronauer, Bogenschütze 223); an dem sich windenden Band der Spree entlang (Plievier, Stalingrad 104); eine gewundene Treppe; ein gewundener Flußlauf. **5.** *mit einer Winde* (1) *irgendwohin befördern:* eine Last aufs Baugerüst, nach oben w.; die Netze aus dem Meer w.

²**win|den** ⟨sw. V.; hat⟩ [spätmhd. winden, zu ↑Wind]: **1.** ⟨unpers.⟩ (seltener) *(vom Wind) spürbar, mit einer gewissen Heftigkeit wehen:* Ich lebte in den Seealpen, auf jenen kahlen Höhen, wo es immer windet (Widmer, Kongreß 109); ihr Roßschwanz wollte einfach nicht hinten bleiben, so windete es (Frisch, Homo 127). **2.** (Jägerspr.) *(vom Wild u. von Hunden) Witterung nehmen; wittern* (1 a): das Reh, der Hund windet mit gehobener Nase; **W|nd|ener|gie,** die ⟨o. Pl.⟩: *durch Nutzung des Windes gewonnene Energie* (2): W. muß in kleinen und mittleren Anlagen genutzt werden (CCI 9, 1985, 9); **W|nd|ener|gie|an|la|ge,** die: vgl. Windkraftwerk; **W|nd|ener|gie|park,** der: *Gelände mit einer aus mehreren Windkraftwerken bestehenden Anlage.*
Win|der ['vaɪndɐ], der; -s, - ⟨engl. winder, zu: to wind (auf)wickeln⟩ (Fot.): *Vorrichtung in Kleinbildkameras zum automatischen Transport des Films:* Gute W. ermöglichen Serien von bis zu fünf Bildern in der Sekunde (Hamburger Morgenpost 23. 5. 85, 17).
W|nd|er|hit|zer, der (Hüttenw.): *Vorrichtung am Hochofen in Form eines feuerfest ausgekleideten Turmes, in der die zur Verbrennung eingeblasene Luft erhitzt wird;* **W|nd|ero|si|on,** die (Geol.): *durch den Wind bewirkte Erosion;* **W|n|des|ei|le,** die: in der Verbindung **in/mit W.** (oft emotional; *sehr schnell, in großer Eile*): das Gerücht hatte sich in/mit W. verbreitet; während die einen fiedelnd einen Kreis ziehen, baut ein anderer in W. das Zymbal auf (Frischmuth, Herrin 62); **W|nd|fah|ne,** die: *Wetterfahne;* **W|nd|fang,** der [mhd. wintvanc, ahd. wintvanga, vgl. Rauchfang]: **1.** *vor der eigentlichen Flur o. ä. gelegener Raum zwischen Haustür u. Windfangtür, auch kleiner Vorbau an Türen, Fenstern, der das Eindringen kalter Luft vermeiden soll.* **2.** (Jägerspr.) *(beim Schalenwild außer dem Schwarzwild) Nase;* **W|nd|fang|tür,** die: *den Windfang gegen den eigentlichen Flur o. ä. abschließende [Pendel]tür;* **W|nd|farm,** die: vgl. Windenergiepark: Ziel ist es, Rotorkonstruktionen und Aufbauten von -en zu verbessern (Welt 14. 11. 91, 25); ♦ **W|nd|fuß,** der: *Windbeutel* (2): Worauf kann so ein W. wohl sonst sein Absehen richten (Schiller, Kabale I, 1); **W|nd|ge|räusch,** das: *durch den Wind verursachtes Geräusch:* die verbesserte Aerodynamik der neuentwickelten Karosserie vermindert weitestgehend alle -e; **w|nd|ge|schützt** ⟨Adj.; -er, -este⟩: *so gelegen, abgeschirmt, daß der Wind nicht einwirken kann:* ein -er Hang; w. hinter der Glaswand sitzen; **W|nd|ge|schwin|dig|keit,** die: *Geschwindigkeit, mit der sich der Wind fortbewegt:* die W. messen; **W|nd|ha|fer,** die: *wilder Hafer, Süßgras mit begrannten, dicht behaarten Spelzen,*

dessen Rispen bei der Reife zerfallen und das sich als Unkraut im Getreide rasch verbreitet; **W|nd|har|fe,** die: *Äolsharfe:* In die Krone einer Kiefer ... hatte er drei -n gehängt und hörte an der Harmonie der ... Klänge, wann Sturm zu erwarten war (Ransmayr, Welt 252); **W|nd|hauch,** der: *kaum spürbare Luftbewegung:* ein sanfter W.; **W|nd|ho|se,** die (Met.): *Wirbelwind über erhitztem Boden, der große Mengen Sand, Staub aufwirbelt, nach oben saugt.*
W|nd|huk: Hauptstadt von Namibia.
W|nd|hund, der [verdeutlichende Zus. mit gleichbed. älter: Wind, (mhd., ahd. wint), wohl zu mhd. Winden, ahd. Winida = germ. Bez. der Slawen, also eigtl. = wendischer (= slawischer) Hund]: **1.** *großer Hund mit langem, schmalem Körper, schmalem Kopf, langem, kräftigem Schwanz u. seidigem [langhaarigem] Fell.* **2.** (ugs. abwertend) *leichtsinniger, oberflächlicher, unzuverlässiger Mann:* wenn sie irgendeinem Lackaffen, W., Strizzi oder Zuhälter aufgesessen war (Bieler, Mädchenkrieg 60); **W|nd|hund|ren|nen,** das: *Hunderennen.*
win|dig ⟨Adj.⟩ [mhd. windic]: **1.** *durch einen stets herrschenden, immer wieder wehenden Wind gekennzeichnet:* -es Wetter; ein -er Tag; eine -e Ecke; Die beiden waren angeseilt – angesichts der -en Höhe ... eine notwendige Sicherheitsmaßnahme (Hamburger Abendblatt 22. 5. 85,6); es ist w. draußen; Es dämmerte, es wurde w., und sie waren fast allein (Handke, Frau 99). **2.** (ugs. abwertend) *keinen soliden Eindruck machend; zweifelhaft:* ein -er Bursche; Windige Verkäufer, überhöhte Zinsen, vergebliche Reklamationen (Hörzu 23, 1975, 13); Meine Kunden sind keine -en Spekulanten, sondern echte Sammler (Wiener 11, 1983, 94); eine -e Angelegenheit; die Tracht jener Jahre, die sie trägt, das -e Sackfähnchen (Muschg, Gegenzauber 34); **W|n|dig|keit,** die; -: *das Windigsein;* **W|n|djacke**¹**,** die: *sportliche Jacke aus leichtem, meist wasserundurchlässigem Material, die gegen Wind und Regen schützt;* **W|nd|jam|mer,** der; -s, - [engl., eigtl. etwa = Windpresser, zu: wind = Wind u. to jam, ↑Jam] (Seemannsspr.): *großes Segelschiff;* **W|nd|kam|mer,** die: *Windkasten;* **W|nd|ka|nal,** der; **1.** *Vorrichtung, in der Modelle von Körpern, bes. von Fahrzeugen, einem Luftstrom ausgesetzt werden, um ihre aerodynamischen Eigenschaften zu bestimmen:* Es bestimmte allein der W. die Linie der Karosserie (rallye racing 10, 1979, 100). **2.** *(bei der Orgel) Röhre aus Holz, durch die der Wind* (2 a) *vom Gebläse od. Blasebalg zum Windkasten geleitet wird;* **W|nd|kan|ter,** der; -s, - (Geol.): *durch Korrasion kantig zugeschliffener Stein;* **W|nd|kap|sel,** die (Musik): *hölzerne Kapsel, die das doppelte Rohrblatt bestimmter Blasinstrumente umschließt;* **W|nd|ka|sten,** der: *(bei bestimmten Musikinstrumenten, bes. bei der Orgel) luftdichter [kastenförmiger] Behälter, in dem die zum Spielen benötigte Luft gespeichert wird;* **W|nd|kraft,** die ⟨o. Pl.⟩: vgl. Windenergie: Leider sei es aber gar nicht so einfach, die deutsche Industrie für W. zu interessieren (Husu-

mer Nachrichten 2. 7. 86, 12); einige Stellen ..., die sich für die Nutzung von W. eigneten (Rheinpfalz 9. 3. 88, 1); **W|nd|kraft|werk,** das: *Anlage zur Gewinnung elektrischer Energie aus der natürlichen Energie der Strömung des Windes mit Hilfe von Rotoren, Turbinen, Windrädern o. ä.;* **W|nd|la|de,** die: *(bei der Orgel) flacher, rechteckiger, luftdichter Kasten aus Holz, auf dem die Pfeifen stehen u. in dem durch Ventile die Zufuhr des Windes* (2 a) *zu den Pfeifen gesteuert wird;* **W|nd|last,** die: *vom Wind auf eine Fläche eines Bauwerks ausgeübter Druck od. Sog;* **W|nd|licht,** das: *durch einen Behälter aus Glas geschütztes Wachslicht;* **W|nd|ma|cher,** der (ugs. abwertend): *Wichtigtuer, Prahler:* Er ist ein Aufschneider und Phantast. Ein Großsprecher und ein Spinner. Ein W. (Strauß, Niemand 99); **W|nd|ma|che|rei,** die; - (ugs. abwertend): *Wichtigtuerei, Prahlerei* (1); **W|nd|ma|che|rin,** die (ugs. abwertend): w. Form zu ↑Windmacher; **W|nd|ma|schi|ne,** die: **1.** (Theater) *Gerät, mit dessen Hilfe die Geräusche des Windes nachgeahmt werden.* **2.** (Film) *Maschine, mit der künstlich Wind erzeugt wird;* **W|nd|mes|ser,** der: *Meßgerät zur Bestimmung der Geschwindigkeit des Windes; Anemometer;* **W|nd|mo|tor,** der: *Windrad;* **W|nd|müh|le,** die: *Mühle* (1 a), *die mit Hilfe großer, an einem Rad befestigter Flügel* (2 b) *durch den Wind angetrieben wird:* eine alte, holländische W.; * **gegen -n/mit -n kämpfen** (*einen aussichtslosen, sinnlosen Kampf führen;* nach einem Abenteuer des Don Quichote); **W|nd|müh|len|be|cher,** der: *(im 17. u. 18. Jh. von niederländischen Goldschmieden hergestellter) Sturzbecher aus Silber in Form einer Windmühle;* **W|nd|müh|len|flügel,** der: *Flügel* (2 b) *einer Windmühle:* * **gegen W./mit -n kämpfen** (↑Windmühle).
Win|dow ['wɪndoʊ], das; -[s], -s ⟨engl. window, eigtl. = Fenster (1), < mengl. windoge, windowe, aus dem Anord.⟩ (Datenverarb.): *Fenster* (3); **Win|dow|dres|sing,** das; -, -[s] ⟨engl. window-dressing, eigtl. = Schaufensterdekoration, zu ↑ Dressing⟩ (Wirtsch.): *alle (gesetzlich erlaubten) Maßnahmen, die dazu dienen, die im Jahresabschluß ausgewiesene wirtschaftliche Lage eines Unternehmens möglichst günstig erscheinen zu lassen;* **Win|dow|shop|ping,** das; -s, -s ⟨engl. window-shopping, zu ↑Shopping⟩: *Schaufensterbummel:* W. machen; **Win|dow|tech|nik,** die ⟨o. Pl.⟩ (Datenverarb.): *Verfahren, das es erlaubt, den Inhalt mehrerer Dateien od. mehrere Programme* (4) *gleichzeitig auf dem Bildschirm darzustellen.*

W|nd|park, der: *Windenergiepark:* Der Forschungsminister in Bonn hatte im Dezember 1985 die Errichtung des ersten deutschen -s ausgeschrieben (Husumer Nachrichten 2. 7. 86, 12); **W|nd|pocken**¹ ⟨Pl.⟩: *bes. bei Kleinkindern auftretende Infektionskrankheit mit einem Hautausschlag in Form kleiner, roter Flecken u. Bläschen:* W. haben, bekommen; **W|nd|rad,** das: *Kraftmaschine zum Antreiben anderer Maschinen, Generatoren o. ä., die ihrerseits mit Hilfe verschieden geformter,*

an einem Rad befestigter Flügel (2 b) durch den Wind angetrieben wird; **Wind|räd|chen,** *das: Spielzeug für kleine Kinder, bei dem sich ein drehbar an einem Stöckchen befestigtes kleines Rad mit Flügeln (2 b) aus leichtem, buntem Material im Wind dreht;* **wind|reich** ⟨Adj.⟩: *durch häufig wehenden Wind gekennzeichnet:* eine -e Gegend; **Wind|rich|tung,** die: *Richtung, aus der ein Wind weht:* die W. bestimmen; viele von ihnen waren auch weitergezogen und hatten sich in alle -en *(in alle Himmelsrichtungen)* verstreut (Hilsenrath, Nacht 11); **Wind|rös|chen,** *das: Anemone;* **Wind|ro|se,** die [die Darstellung erinnert entfernt an eine Rosenblüte]: *(bes. auf einem Kompaß) auf einem Kreis, einer runden Scheibe eingezeichnete sternförmige Darstellung der Himmelsrichtungen, die häufig auch mit einer kreisförmig angeordneten Gradeinteilung versehen ist;* **Wind|ro|tor,** der: *Windrad;* **Winds** ⟨Pl.⟩ [engl. winds, Pl. von: wind = Wind]: engl. Bez. für *Blasinstrumente des Orchesters;* **Wind|sack,** der: *an einem Mast drehbar angebrachter, leicht konisch geformter, an beiden Seiten offener Sack, der (bes. an Autobahnen u. Flugplätzen) die Windrichtung u. -stärke anzeigt;* **Winds|braut,** die; - ⟨nur mit best. Art.⟩ [mhd. windesbrut, ahd. wintes prūt, eigtl. = Braut, Geliebte des Windes; im alten Volksglauben wurde der Wirbelwind auch als weibl. Wesen aufgefaßt] (dichter.): *Wirbelwind; heftig brausender Wind;* **Wind|scha|den,** der ⟨meist Pl.⟩: vgl. Sturmschaden; **Wind|schat|ten,** der: *windgeschützte Seite; windgeschützter Bereich:* der W. eines Berges, Waldes; im W. eines Lastwagens fahren; Ü betagte Robenträger aus den Oberlandesgerichten, die seit Jahrzehnten im W. friedlicher Revisionsprozesse judiziert hatten (Spiegel 21, 1975, 44); Wir leben momentan im W. der Geschichte (Danella, Hotel 426); **Wind|sche|rung,** die (Met.): *das Aneinandervorbeigleiten zweier unmittelbar benachbarter Luftschichten.*
wind|schief ⟨Adj.⟩ [eigtl. = gewunden schief (auf Bäume mit Drehwuchs bezogen), zu ↑¹winden]: **1.** *(oft abwertend) nicht [mehr] richtig gerade, aufrecht, sondern schief verzogen:* eine -e Hütte; der geschlossene kleine Bahnhof mit den -en Rollos (H. Weber, Einzug 164); ... mit dem höchsten etwas w. gebuckelten Turm (Kempowski, Zeit 9); die Pfosten stehen ganz w. **2.** (Geom.) *(von Geraden im Raum) nicht parallel u. sich nicht schneidend:* Der Abstand zweier -er Geraden ... ist gleich der Länge der Strecke, die zu beiden Geraden rechtwinklig ist (Mathematik I, 12).
Wind|schirm, der (Völkerk.): *aus bogenförmig od. geradlinig in die Erde gesteckten Zweigen bestehende, mit Gras, Rinde, Fellen o. ä. abgedichtete, gegen den Wind schützende Wand;* **wind|schlüp|fig, wind|schnit|tig** ⟨Adj.⟩: *eine Form aufweisend, die dem Wind, einem Luftstrom nur geringen Widerstand bietet:* ein -es Modell; eine w. gebaute Karosserie; Die Modelle von morgen werden noch windschlüpfiger sein (ADAC-Motorwelt 9, 1985, 48); Die Neuauflage der fünfsitzigen Limousine wird deutlich windschnittiger und geräumiger ausfallen (ADAC-Motorwelt 5, 1986, 54); **Wind|schrei|ber,** der: *Anemograph;* **Wind|schur,** die: *durch starken Wind verursachte Deformation der Kronen (2 b) von Bäumen;* **Wind|schutz,** der ⟨o. Pl.⟩: **a)** *Schutz vor der Einwirkung des Windes:* die Hütte steht im W. eines Hügels; **b)** *etw., was einen Windschutz (a) bietet:* Durch den ledergesäumten W. trat er in die Halle (Bieler, Mädchenkrieg 557); **Wind|schutz|schei|be,** die: *vordere Scheibe eines Kraftfahrzeugs:* die W. reinigen; an der W. zerplatzten Insekten (Rolf Schneider, November 56); er prallte mit dem Kopf gegen die W.; **Wind|sei|te,** die: *dem Wind zugekehrte Seite:* die W. eines Hauses.
Wind|sor|kno|ten, der; -s, - [nach dem Herzog v. Windsor (1894–1972), der den Knoten populär machte]: *in bestimmter Weise doppelt geschlungener Krawattenknoten.*
Wind|spiel, das [mhd. wintspil, aus: wint (↑Windhund) u. spil, ↑Spiel]: *Windhund (bes. einer kleineren Rasse);* **Wind|stär|ke,** die: *(in verschiedene Stufen eingeteilte) Stärke des Windes:* zur Zeit herrscht, haben wir W. 4; **wind|still** ⟨Adj.⟩: *ohne Luftbewegung, Wind:* ein -er Tag; es war völlig w.; **Wind|stil|le,** die; -, -n: *das Fehlen jeder Luftbewegung:* die Sundainseln mit ihren -n und Regengüssen (Hamburger Abendblatt 24. 8. 85, 7); Ü In der wirtschaftlichen W., die schon länger als ein Jahr dauert (Zeit 6. 6. 75, 1); **Wind|stoß,** der: *plötzlich auftretende, starke Luftbewegung;* **Wind|stoß|fri|sur,** die: *dem Bubikopf ähnliche Kurzhaarfrisur für Damen;* **wind|sur|fen** ⟨sw. V.; meist im Inf. gebr.⟩: *Windsurfing betreiben, surfen (2 a);* **Wind|sur|fer,** der: *jmd., der Windsurfing betreibt;* **Wind|sur|fe|rin,** die: w. Form zu ↑Windsurfer; **Wind|sur|fing,** das: *das Segeln auf einem mit Segel ausgerüsteten Surfbrett;* **Wind|tur|bi|ne,** die: vgl. Windrad: Die neuen -n haben computerkontrollierte Propeller (Welt 22. 10. 92, 9); **Wind|turm,** der: *(bes. in den Küstengebieten des Persischen Golfs verbreiteter) meist rechteckiger turm- od. kaminförmiger Aufbau auf Gebäuden, durch dessen seitliche Öffnungen der Wind eingefangen u. in die darunterliegenden Räume geleitet wird.*
Win|dung, die; -, -en: **1. a)** *Bogen des unregelmäßig gekrümmten Verlaufs von etw.:* die -en eines Baches, des Darms; der Weg macht zahlreiche -en, führt in -en *(Serpentinen)* ins Tal; **b)** *kreisförmiger Bogen des spiralförmigen Verlaufs von etw.:* die -en einer Spule; die -en um die Säulen geschlungenen Girlanden; die Treppe führt in engen -en in den ersten Stock hinauf. **2.** (seltener) *schlangenartige Bewegung:* die -en eines Wurmes beobachten; Ü welche -en dann, welche Verrenkungen ... in ihren engen Sätzen, die ... sich aufbäumen wie ein getretener Wurm (Strauß, Niemand 58).
Wind|ver|hält|nis|se ⟨Pl.⟩: *durch die Art, Stärke, Richtung o. ä. des Windes gegebene Verhältnisse, davon abhängiger Zustand:* es herrschten günstige, ideale W.; die W. prüfen; **Wind|wurf,** der: *Windbruch:* Wegen des -s der diesjährigen Stürme ... müsse bei Greifvögeln ... mit einem Totalausfall der Brut gerechnet werden (Welt 2. 4. 90, 23); **Wind|zug,** der ⟨o. Pl.⟩: vgl. Luftzug.
Wine|sap ['waɪnsæp], der; -s, -s [engl. winesap]: *dunkelroter amerikanischer Winterapfel.*
Win|gert, der; -s, -e [mundartl. Form von ↑Weingarten] (westmd., schweiz.): *Weinberg, -garten.*
Wink, der; -[e]s, -e [mhd. wink, ahd. winch, zu ↑winken]: **1.** *durch eine Bewegung bes. der Hand, der Augen, des Kopfes gegebenes Zeichen, mit dem jmdm. etw. angedeutet, ein Hinweis o. ä. gegeben wird:* ein kurzer, kleiner, wortloser, unmißverständlicher, deutlicher, stummer W.; ein W. mit den Augen, mit dem Daumen; er gab ihm mit dem Kopf einen heimlichen W.; auf einen W. hin kam er herbeigeeilt; Worauf Herr Friedrich lacht und mit einem W. an sein Gefolge einen Falken heraufschickt (Stern, Mann 426). **2.** *Äußerung, mit der jmd., meist unauffällig, auf etw. hingewiesen, auf etw. aufmerksam gemacht wird; Fingerzeig:* ein wichtiger W.; nützliche -e *(Hinweise, Ratschläge)* für die Hausfrau; jmdm. einen W. geben; von jmdm. einen W. bekommen, erhalten; jmds. W. dankbar aufgreifen, befolgen; Dank dieses -s mit zukünftigem Vermögen können wir den Mitarbeitern 312 % des Nominalwerts der Aktien abfordern (Delius, Siemens-Welt 91); Ü ein W. des Schicksals *(ein Ereignis, Vorkommnis o. ä., das als nützlicher Hinweis, als Warnung aufgefaßt wird);* * **ein W. mit dem Zaunpfahl** (scherzh.): *indirekter, aber sehr deutlicher Hinweis; überaus deutliche Anspielung;* **Win|kel,** der; -s, - [mhd. winkel, ahd. winkil, eigtl. = Biegung, Krümmung; Knick, verw. mit ↑winken]: **1.** (Math.) *geometrisches Gebilde aus zwei von einem Punkt ausgehenden u. in einer Ebene liegenden Geraden:* ein spitzer, stumpfer, rechter, gestreckter W.; die beiden Linien bilden einen W. von 45°; einen W. messen, konstruieren, übertragen, verschieben; der Scheitelpunkt, die Schenkel eines -s; Die Entscheidung fiel eigentlich schon in der 13. Minute mit dem aus spitzem W. (Sport; *Schußwinkel*) erzielten Tor (Kicker 6, 1982, 44); die Geraden, die Straßen treffen sich in einem W. von 75°; die Straße biegt dort in scharfem W. nach Norden ab; * **toter W.** *(Gesichtswinkel a, aus dem heraus etw. Bestimmtes nicht wahrgenommen werden kann):* der Seitenspiegel muß so eingestellt sein, daß kein toter W. entsteht; das eigentliche Objekt dagegen – das Fenster – lag vermutlich rechts im toten W. (Augustin, Kopf 185); **rosa W.** (ns.; *aus rosa Stoff gefertigtes Kennzeichen in Form eines auf der Spitze stehenden Dreiecks, das die gefangenen Homosexuellen in den Konzentrationslagern während der Herrschaft des Nationalsozialismus auf der Kleidung tragen mußten):* Er starb, wie so viele als „Männer mit dem rosa W." stigmatisierte Homosexuelle (Hohmann, Engel 311). **2.** *Ecke, auch Nische eines Raumes:* die Lampe leuchtet alle W. des Raumes

Winkeladvokat

gut aus; er suchte in allen -n; im Haus des Seilers, das er bis in die letzten W. und Nischen nach Geheimnissen durchforscht ... hatte (Ransmayr, Welt 248); ein Vorzimmer ..., in dessen einem W. sich ein Gestell mit Standarten befand (Th. Mann, Hoheit 117). **3.** *etwas abgelegene, verborgene Gegend:* ein stiller, malerischer W.; er kannte die entlegensten W. der Stadt, des Landes; Das Örtchen ... nimmt sofort für sich ein. Zur Zeit muß man es einen vergessenen W. nennen (Berger, Augenblick 54); sie kamen aus den entferntesten -n; Ü im verborgensten W. seines Herzens. **4.** *kurz für* ↑ Winkelmaß (2). **5.** *militärisches Dienstgradabzeichen von der Form eines spitzen Winkels* (1). **6.** (landsch.) *(bes. in Kleidungsstücken) Riß in Form eines rechten Winkels* (1): er hat sich schon wieder einen W. in die Hose gerissen; **Win|kel|ad|vo|kat,** der [eigtl. = der im Winkel (= heimlich u. unbefugt) arbeitende Advokat] (abwertend): *Anwalt, Rechtsberater, der [ohne rechtliche Befugnis] mit fragwürdigen Mitteln [ohne die erforderlichen Kenntnisse] arbeitet:* Sie wissen ja, wie es ist: Einen -en, der Klage erhebt, findet er allemal (Kemelman [Übers.], Mittwoch 69); **Win|kel|ad|vo|ka|tin,** die (abwertend): w. Form zu ↑ Winkeladvokat; **Win|kel|an|schlag,** der (Handw.): *Anschlagwinkel;* **Win|kel|band,** das ⟨Pl. ..bänder⟩ (Technik): *Winkeleisen;* **Win|kel|ei|sen,** das (Technik): **1.** *Profilstahl, der im Querschnitt einen Winkel* (1) *aufweist.* **2.** *Flacheisen, das in einem Winkel* (1) *gebogen ist u. bes. als Beschlag zum Schutz von Ecken dient;* **Win|kel|ele|ment,** das (ehem. DDR): *Papierfähnchen, kleiner Wimpel, buntes Tuch o.ä. zum Schwenken, Winken bes. bei Großkundgebungen;* **win|kel|för|mig** ⟨Adj.⟩: *die Form eines Winkels* (1) *aufweisend:* eine -e Metallschiene; **Win|kel|funk|ti|on,** die (Math.): *Funktion* (2) *eines Winkels* (1) *im rechtwinkligen Dreieck, die durch das Verhältnis zweier Seiten dieses Dreiecks ausgedrückt ist;* **Win|kel|ge|schwin|dig|keit,** die (Math.): *Geschwindigkeit, in der sich bei einer Drehbewegung ein Winkel* (1) *je Zeiteinheit ändert;* **win|kel|ge|treu** ⟨Adj.⟩ (Math.): *winkeltreu;* **Win|kel|ha|ken,** der: **1.** (Druckw.): *beim Handsatz zum Setzen einzelner Zeilen verwendeter Rahmen aus Metall in Gestalt einer winkelförmigen, die Lettern aufnehmenden Schiene mit einem feststehenden Endstück u. einem verschiebbaren Teil zum Einstellen der Breite einer Zeile.* **2.** (landsch.) *Winkel* (6); **Win|kel|hal|bie|ren|de,** die; -n, -n ⟨Dekl. ↑ Abgeordnete⟩ (Math.): *vom Scheitel* (3 a) *eines Winkels* (1) *ausgehender Strahl* (4), *der den Winkel* (1) *in zwei gleiche Teile teilt;* **win|ke|lig,** winklig ⟨Adj.⟩ [älter: winklicht]: *viele Winkel* (2) *aufweisend:* ein altes, -es Haus; eine -e Wohnung; ein -es Städtchen; das Atelier war schräg und winklig (Spoerl, Maulkorb 92); **Win|kel|klam|mer,** die: *Klammer* (2 a) *von der Form eines spitzen Winkels* (1); **Win|kel|maß,** das: **1.** *Maßeinheit des Winkels* (1): das W. ist der Grad. **2.** *Gerät zum Zeichnen u. Messen von Winkeln* (1) *in Form eines rechtwinkligen Dreiecks aus Holz, Metall o.ä.;* **Win|kel|mes|ser,** der: *Gerät zum Messen u. Übertragen von Winkeln* (1), *meist mit einer [halb]kreisförmigen Skala mit Einteilung in Grade* (3 a); **Win|kel|meß|ge|rät,** das: *Gerät zur Bestimmung, Messung eines Winkels* (1); **Win|kel|meß|in|stru|ment,** das: vgl. Winkelmeßgerät; **Win|kel|mes|sung,** die: *Bestimmung, Messung eines Winkels* (1); **win|keln** ⟨sw. V.; hat⟩: *zu einem Winkel* (1) *beugen, biegen:* die Arme, ein Bein w.; mit stark gewinkeltem Handgelenk; **win|kel|recht** ⟨Adj.⟩ (veraltet): *rechtwinklig;* **Win|kel|riß,** der (landsch.): *Winkel* (6); **Win|kel|stahl,** der (Technik): *Winkeleisen;* **Win|kel|stütz,** der (Turnen): *Schwebestütz;* **win|kel|treu** ⟨Adj.⟩ (Math.): *Winkeltreue aufweisend, auf Winkeltreue beruhend;* **Win|kel|treue,** die (Math.): *(bes. bei bestimmten Kartennetzentwürfen) genaue Übereinstimmung der Winkel geometrischer Figuren, Abbildungen;* ♦ **win|kel|zie|hend** ⟨Adj.⟩: *auf Winkelzügen basierend; undurchsichtig* (2): ... in dem das Gericht wegen arglistiger und -er Einwendungen der Gegenpart seiner Aussagen und Erörterungen ... bedürfe (Kleist, Kohlhaas 77); **Win|kel|zug,** der ⟨meist Pl.⟩: *schlaues, nicht leicht zu durchschauendes Vorgehen zur Erreichung eines bestimmten, dem eigenen Interesse dienenden Ziels:* geschickte, undurchsichtige, krumme, juristische Winkelzüge; er macht gern Winkelzüge; er hat sich durch einen raffinierten W. aus der Affäre gezogen; Warum versuchte sie ständig, ihr Schicksal mit Tricks und Winkelzügen zu gestalten? (H. Weber, Einzug 277); Die neue Zeit, sagte er sich, dürfe nicht mit Winkelzügen beginnen (Becker, Tage 34); **win|ken** ⟨sw. V.; hat; 2. Part. standardspr. nicht korrekt: gewunken⟩ [mhd., ahd. winken = schwanken, winken, eigtl. = sich biegen, schwankende Bewegungen machen]: **1. a)** *durch Bewegungen bes. mit der Hand od. einem darin gehaltenen Gegenstand ein Zeichen geben:* freundlich, mit der Hand, einem Taschentuch, zum Abschied w.; sie winkte schon von weitem zur Begrüßung; die Kinder standen am Straßenrand und winkten mit Fähnchen; sie winkten den vorbeiziehenden Sportlern; sie winkte nur leicht [mit dem Kopf, mit den Augen], und sofort verließen sie den Raum; weil es einfach zum Gesicht gehört, möglichst viele Freunde um sich zu haben, die auf Wiedersehen winken (Eppendorfer, Ledermann 165); **b)** *jmdn. durch eine Handbewegung auffordern heranzukommen:* dem Kellner w.; sie winkte einem Taxi; **c)** *durch eine od. mehrere Bewegungen mit der Hand od. einem darin gehaltenen Gegenstand veranlassen, sich irgendwohin zu bewegen:* jmdn. zu sich w.; der Polizist winkte den Wagen zur Seite; **d)** *etw. durch eine od. mehrere Bewegungen mit der Hand od. einem darin gehaltenen Gegenstand bedeuten, anzeigen:* jmdn. w., sich still zu verhalten, zu schweigen; Ohnehin gewohnt, daß sein Machtwort befolgt wurde, hatte der Selbstherrscher ... mit unwilliger Hand Entlassung gewinkt (Giordano, Die Bertinis 273); der Linienrichter winkte Abseits. **2.** *für jmdn. in Aussicht stehen, jmdm. geboten werden:* dem Sieger winkt ein wertvoller Preis; Es winken bis zu 30 Prozent Ermäßigung (elan 2, 1980, 24); Wenn der Film winkt *(Möglichkeiten bietet),* hört ihre Erschöpfung auf (Lenz, Brot 114); dann könnte ihm verantwortlichen ... eine Freiheitsstrafe bis zu drei Jahren w. *(drohen);* MM 18.6.75,2); **Win|ker,** der; -s, -: *(früher bei Kraftfahrzeugen) hochklappbarer od. sich auf u. ab bewegender Fahrtrichtungsanzeiger in Form eines kleinen Arms* (2); **Win|ke|rei,** die; - (oft abwertend): *[dauerndes] Winken* (1); **Win|ker|flag|ge,** die (Seew.): *Flagge, mit der bestimmte Signale gegeben werden;* **win|ke, win|ke:** in der Verbindung **w., w. machen** (Kinderspr.; *mit der Hand winken* 1 a): mach schön w., w.!; **win|k|lig:** ↑ winkelig.

Winsch, die; -, -en [engl. winch, verw. mit ↑ winken] (Seew.): *Winde zum Heben schwerer Lasten.*

Win|se|lei, die; -, -en (abwertend): *[dauerndes] Winseln;* **win|seln** ⟨sw. V.; hat⟩ [mhd. winseln, Intensivbildung zu: winsen, ahd. winsôn, wohl lautm.]: **1.** *(vom Hund) hohe, leise klagende Laute von sich geben:* der Hund winselte vor der Tür; Ü Der nimmt so ein Bürschchen beim Kragen, daß es nur noch w. kann (H. Weber, Einzug 270). **2.** (abwertend) *in unwürdiger Weise um etw. flehen:* um Gnade w.; Ich finde es fair, daß dieser Ullo sich zu seinen Taten bekennt, daß er nicht um sein Leben winselt, wie all die KZ-Schergen (Erné, Kellerkneipe 172); die Frau winselte, man solle sie zu ihrem Mann lassen.

♦ **Wins|pel,** der; -s, - [Nebenf. von: Wispel, aus dem Niederd., entstellt aus mniederd. wich-, wikschepel, 1. Bestandteil niederd. wīk, ahd. wīh (↑ Weichbild), 2. Bestandteil mniederd. schepel = Scheffel]: *Hohlmaß für Getreide:* Ich muß jetzt auf den Markt; ich habe zwei W. Roggen hereingeschickt; was ich daraus löse, kann er gleichfalls haben (Lessing, Minna I, 12).

Win|ter, der; -s, - [mhd. winter, ahd. wintar, viell. verw. mit ↑ Wasser u. eigtl. = feuchte Jahreszeit]: *Jahreszeit zwischen Herbst u. Frühling als kälteste Zeit des Jahres, in der die Natur abgestorben ist:* ein langer, kurzer, kalter, harter, strenger, schneereicher, nasser, trockener, milder W.; es ist tiefer W.; der W. kommt, dauert lange; auf einmal ist es ganz schnell W. geworden; der W. geht langsam zu Ende; er ist W. wie Sommer *(das ganze Jahr über)* mit dem Fahrrad unterwegs; den W. über, den ganzen W. lang waren sie im Süden; den W. in den Bergen verbringen; ich bin schon den dritten W. hier; die Freuden des -s; gut durch den W. kommen; er ist W. für W. *(jedes Jahr im Winter)* hier; es war im W. 1994/95, mitten im W.; im W. verreisen; vor dem nächsten W., vor W. nächsten Jahres, dieses Jahres wird die Brücke nicht fertig; über den W., den W. über, während des -s bleibt er hier; vor unserer Unterbrechung, die ... mir so endlos erscheint wie ein nordischer W. (Strauß, Niemand 36); Ü Nuklearer W. *(mögliche*

Abkühlung der erdnahen Atmosphäre nach dem Einsatz von Kernwaffen) nach einem Atomkrieg? (MM 16. 7. 84, 12); **Win|ter|abend,** der: *Abend im Winter:* an -en streift er durch die Straßen (Chotjewitz, Friede 37); **Win|ter|an|fang,** Wintersanfang, *der: Anfang, Beginn des Winters* (zwischen 20. u. 23. Dezember); **Win|ter|an|nu|el|le,** die ⟨meist Pl.⟩ (Bot.): *Kraut, dessen Samen im Herbst keimt u. das im folgenden Sommer blüht u. fruchtet* (z. B. Wintergetreide); **Win|ter|an|zug,** der: *warmer, für den Winter geeigneter Anzug;* **Win|ter|ap|fel,** der: *Apfel, der sich bei entsprechender Lagerung den Winter über hält;* **Win|ter|aus|klang,** der ⟨o. Pl.⟩ (geh.): *Zeit des zu Ende gehenden Winters:* traditioneller Zeitpunkt für eine Schlankheitskur waren schon immer W. und Vorfrühling (Augsburger Allgemeine 11./12. 2. 78, I); **Win|ter|bau,** der ⟨o. Pl.⟩: *das Bauen im Winter;* **Win|ter|bir|ne,** die: vgl. Winterapfel; Charles hatte sich die Taschen mit saftigen -n aus Limoges vollgestopft (Norfolk [Übers.], Lemprière 308); **Win|ter|blü|her,** der; -s, -: *Pflanze, die im Winter blüht;* **Win|ter|cam|per,** der: *jmd., der Wintercamping betreibt;* **Win|ter|cam|pe|rin,** die: w. Form zu ↑Wintercamper; **Win|ter|cam|ping,** das: *Camping im Winter;* **Win|ter|dienst,** der: **a)** *Dienst* (2) *zur Gewährleistung eines reibungslosen Ablaufs des Verkehrs auf öffentlichen Straßen bei Schnee u. Eis;* **b)** *Gesamtheit der Maßnahmen, die vom Winterdienst* (a) *ergriffen werden;* **Win|ter|ein|bruch,** der: *plötzlicher Beginn des Winters;* **Win|ter|en|di|vie,** die: *Endivie mit breiten, nicht gekrausten Blättern; Eskariol;* **Win|ter|fahr|plan,** der: *während des Winterhalbjahres geltender Fahrplan* (1); **Win|ter|fell,** das: vgl. Winterkleid (2 a); **win|ter|fest** ⟨Adj.⟩: **1.** *für winterliches Wetter mit Schnee, Frost o. ä. geeignet:* -e Kleidung; eine -e Blockhütte; wir wollen ja nicht undankbar sein, aber wenn die Laube unterkellert wäre und w. ... (Brot und Salz 272); Machen Sie Ihr Auto w.! (Vogelstang Echo 12, 1984, 11). **2.** *winterhart;* **Win|ter|fri|sche,** die; -, -n ⟨Pl. selten⟩ (veraltet): *Sommerfrische;* **Win|ter|frucht,** die ⟨o. Pl.⟩: *Wintergetreide;* **Win|ter|fur|che,** die (Landw.): *Umbruch* (2) *des Ackerbodens im Herbst* (vor Einsetzen des winterlichen Wetters) *zur Vorbereitung der Aussaat im Frühjahr; Herbstfurche;* **Win|ter|füt|te|rung,** die: vgl. Wildfütterung: Äsungsverbesserung und artgerechte W. (Pirsch 18, 1984, 27); **Win|ter|gar|ten,** der: *heller, heizbarer Raum od. Teil eines Raums* (wie Erker o. ä.) *mit großen Fenstern od. Glaswänden für die Haltung von Zimmerpflanzen;* **Win|ter|ger|ste,** die (Landw.): vgl. Wintergetreide; **Win|ter|ge|trei|de,** das (Landw.): *winterhartes Getreide, das im Herbst gesät u. im Sommer des folgenden Jahres geerntet wird;* **Win|ter|ge|wit|ter,** das: *im Winter auftretendes Gewitter:* In der Ferne hörte er das dumpfe Rollen eines -s (Bienek, Erde 27); **Win|ter|grün,** das: *als Kraut od. kleiner Halbstrauch wachsende Pflanze mit immergrünen Blättern u. kleinen, einzeln od. in Trauben wachsenden Blüten;* **Win|ter|haar,** das:

vgl. Winterkleid (2); **Win|ter|ha|fen,** der: *Hafen, der auch im Winter eisfrei, befahrbar ist;* **Win|ter|halb|jahr,** das: *die Wintermonate einschließende Hälfte des Jahres;* **win|ter|hart** ⟨Adj.⟩ (Bot.): *(von Pflanzen) winterliche Witterung gut zu überstehen vermögend:* So schön blühen -e Rhododendren auch im nächsten Jahr, wenn der Boden vor Frostbeginn gründlich gewässert wird (MM 30. 6./1. 7. 79, 48); **Win|ter|hil|fe,** die (ns. ugs.): *Winterhilfswerk:* ... hat er ... nie einen Pfennig für die W. spendiert, der ostpreußische Piepenzähler (Bieler, Bär 74); **Win|ter|hilfs|werk,** das (ns.): *Hilfswerk zur Beschaffung von Kleidung, Heizmaterial u. Nahrungsmitteln für Bedürftige im Winter:* Tannenzweige, an denen sie die bunten Holzfigürchen aufhängt, die zugunsten des -s verkauft worden sind (Zeller, Amen 112); **Win|ter|him|mel,** der: *im Winter üblicher Himmel:* ein blauer, klarer, grauer, verhangener W.; **Win|ter|jas|min,** der: *Jasmin* (1); **Win|ter|käl|te,** die: *winterliche* (a) *Kälte;* **Win|ter|kar|tof|fel,** die: *Einkellerungskartoffel;* **Win|ter|kleid,** das: **1.** *warmes Kleid für den Winter.* **2. a)** *längere, dichtere [andersfarbige] Behaarung vieler Säugetiere im Winter;* **b)** *Gefieder einiger Vogelarten im Winter im Unterschied zum andersfarbigen Gefieder im Sommer (z. B. beim Schneehuhn);* **Win|ter|klei|dung,** die: vgl. Winterkleid (1); **Win|ter|knos|pe,** die: *Hibernakel;* **Win|ter|kohl,** der: *Grünkohl;* **Win|ter|kol|lek|ti|on,** die: vgl. Herbstkollektion; **Win|ter|kur|ort,** der: *Kurort für den Winter, an dem auch Wintersport getrieben werden kann;* **Win|ter|land|schaft,** die: *winterliche Landschaft; Schneelandschaft;* **win|ter|lich** ⟨Adj.⟩ [mhd. winterlich, ahd. wintarlih]: **a)** *zur Zeit des Winters üblich, herrschend:* -e Temperaturen, Kälte; Der -e Spätnachmittag ist dunkel und kalt (Ossowski, Flatter 50); Noch mal zu den -en Verhältnissen. Wie gestalten Sie in dieser Zeit das Training? (Kicker 6, 1982, 16); eine -e *(mit Schnee bedeckte) Landschaft;* es ist w. [kalt]. **b)** *dem Winter gemäß, dafür angebracht, passend:* -e Kleidung; die Briaukup ... steckt noch immer in den Stiefeln aus Kriegszeiten (Grass, Unkenrufe 203); sich w. anziehen; **c)** *im Winter stattfindend, sich ereignend, vorkommend:* ein -es Gewitter; der -e Verkehr setzt ein; Manche dieser Arten ... sind heute bei Stadtplanern hochgeschätzt, weil sie trotz Abgasen und -er Salzstreuung an stark befahrenen Straßen gedeihen (natur 2, 1991, 54); **Win|ter|ling,** der; -s, -e: *(zu den Hahnenfußgewächsen gehörende) im Winter blühende Pflanze mit handförmig geteilten Blättern u. gelben od. weißen Blüten;* **Win|ter|luft,** die ⟨o. Pl.⟩: *winterliche Luft:* kalte, klare W.; **Win|ter|man|tel,** der: vgl. Winterkleid; **Win|ter|mo|de,** die: vgl. Herbstmode; **Win|ter|mo|nat,** der: **a)** ⟨o. Pl.⟩ (veraltet) *Dezember;* **b)** *einer der ins Winterhalbjahr fallenden Monate, bes. Dezember, Januar, Februar;* **Win|ter|mond,** der ⟨o. Pl.⟩ (veraltet): *Wintermonat* (a); **Win|ter|mor|gen,** der: vgl. Winterabend; **Win|ter|mücke**[1], die: *schnakenähnliche Mücke, deren Männchen an sonnigen Wintertagen*

in Schwärmen tanzen; **win|ter|mü|de** ⟨Adj.⟩ *durch die unangenehmen Auswirkungen des Winters gekennzeichnet, strapaziert:* Wie -r Rasen wieder fit wird (MM 28. 3. 79, 11); Die noch etwas w. und strapazierte Haut (Solothurner Zeitung 25. 3. 87, 29); **win|tern** ⟨sw. V.; hat; unpers.⟩ [mhd. winteren, ahd. wintaran] (selten): *Winter werden:* als es winterte und die Vorsorge für Weihnachten begann (Grass, Butt 640); **Win|ter|nacht,** die: vgl. Winterabend; **Win|ter|obst,** das: vgl. Winterapfel; **win|ter|of|fen** ⟨Adj.⟩: *auch während der Wintermonate für den Verkehr geöffnet:* -e Pässe; **Win|ter|olym|pia|de,** die: *im Winter in den Disziplinen des Wintersports stattfindende Olympiade;* **Win|ter|pau|se,** die: vgl. Sommerpause: Lange W. in der Bundesliga (MM 22./23. 2. 86, 1); **Win|ter|quar|tier,** das: **1.** *Standquartier von Truppen während der Wintermonate.* **2.** *Ort, an dem sich bestimmte Tiere während der Wintermonate aufhalten;* **Win|ter|ram|bur,** der: *gelblichgrüner, rot gestreifter od. gesprenkelter, schwach säuerlicher Winterapfel;* **Win|ter|rei|fen,** der: *den Straßenverhältnissen u. Witterungsbedingungen in den Wintermonaten angepaßter Autoreifen mit grobem Profil:* Sie testeten W. und kamen zu verwirrenden Ergebnissen (Spiegel 51, 1977, 209); **Win|ter|rei|se,** die (veraltet): *im Winter angetretene [Fuß]reise;* **Win|ter|re|si|denz,** die: *Residenz eines Fürsten, einer prominenten Persönlichkeit o. ä. als Aufenthaltsort während des Winters:* wieder die W. beziehen; **Win|ter|rog|gen,** der: vgl. Wintergetreide; **Win|ter|ru|he,** die (Zool.): *nicht allzu tiefer, zur Nahrungsaufnahme öfter unterbrochener Ruhezustand bei verschiedenen Säugetieren während der Wintermonate;* **win|ters** ⟨Adv.⟩ [mhd. (des) winters, ahd. winteres]: *im Winter; während des Winters:* Für die einzelnen Stufen der Berechtigung, auf See zu segeln, sitzen sie w. monatelang und büffeln (NBI 36, 1983, 36); die Eichkatze, die w. die fütternde Hand nicht scheut (Stern, Mann 53); Und daß er jeden Tag, w. wie sommers, auch bei dem allerschlimmsten Wetter ins Geschäft geht? (Kemelman [Übers.], Mittwoch 26); **Win|ter|saat,** die: **1.** *Saatgut von Wintergetreide, das im Herbst gesät wird.* **2.** *aufgegangene Pflanzen der Wintersaat* (1): die W. steht gut, ist ausgefroren; **Win|ter|sa|chen** ⟨Pl.⟩: *Winterkleidung;* **Win|ter|sai|son,** die: *Saison* (a) *während der Wintermonate;* **Win|ters|an|fang:** ↑Winteranfang; **Win|ter|schlaf,** der (Zool.): *schlafähnlicher Zustand, in dem sich manche Säugetiere im Winter befinden:* Von einer Erneuerung bzw. Reinigung des Organismus kann deshalb beim Menschen, der keinen W. hält, nicht gesprochen werden (KKH-Rundbrief 1, 1976, 6); die Bären erwachen langsam aus ihrem W., befinden sich noch im W.; **Win|ter|schluß|ver|kauf,** der: *im Winter stattfindender Saisonausverkauf;* **Win|ter|schna|ke,** die: *Wintermücke;* **Win|ter|schuh,** der: vgl. Winteranzug; **Win|ter|se|me|ster,** das: *im Winterhalbjahr liegendes Semester;* **win|ter|si|cher** ⟨Adj.⟩: *gegen winter-*

Wintersmog

liches Wetter mit Schnee u. Frost geschützt, gesichert: -e Behausungen; Am dringendsten aber ist die -e Zufahrt auf der Schöllenenstraße (NZZ 27.1.83, 35); Der Arlberg-Straßentunnel ist aber mehr als nur eine -e Verbindung (auto touring 12, 1978, 3); **Win|ter|smog**, der: *bes. an naßkalten Herbst- u. Winterabenden sich bildender, vorwiegend durch Hausbrand u. Industrieabgase entstehender, in der Hauptsache mit Schwefeldioxyd beladener Smog;* **Win|ter|son|ne**, die: *winterliche* (a) *Sonne:* eine matte, bleiche W.; **Win|ter|son|nen|wen|de**, die: *Zeitpunkt, an dem die Sonne während ihres jährlichen Laufs ihren tiefsten Stand erreicht;* **Win|ter|speck**, der (ugs. scherzh.): *während der Wintermonate höher gewordenes Körpergewicht, größer gewordenes Fettpolster:* ich muß jetzt dringend etwas gegen den W. tun; **Win|ter|spie|le** ⟨Pl.⟩: *im Winter abgehaltene Wettkämpfe der Olympischen Spiele;* **Win|ter|sport**, der: *auf Eis u. Schnee bes. während der Wintermonate betriebener Sport;* **Win|ter|sport|art**, die: *Disziplin* (3) *des Wintersports;* **Win|ter|sport|ge|rät**, das: *Sportgerät (wie Schlitten, Ski) für eine Wintersportart;* **Win|ter|sport|ler**, der: *jmd., der Wintersport betreibt;* **Win|ter|sport|le|rin**, die: w. Form zu ↑Wintersportler; **Win|ter|star|re**, die (Zool.): *schlafähnlicher, völlig bewegungsloser Zustand, in dem sich wechselwarme Tiere während der Wintermonate befinden;* **Win|ter|stoff**, der: *Stoff, aus dem Winterkleidung hergestellt wird:* ein gedeckter, dunkler, schwerer W.; **win|ters|über** ⟨Adv.⟩: *den Winter über:* w. wohnen sie in der Stadt; **Win|ters|zeit**: ↑Winterzeit; **Win|ter|tag**, der: *Tag im Winter:* ein klarer, grauer, sonniger, kalter W.; **win|ter|taug|lich** ⟨Adj.⟩: *winterfest* (1): eine -e Ausrüstung; -e Reifen; 3 bis 5 mm mehr wären hier angebracht, um den Wagen voll w. zu machen (Caravan 1, 1980, 45); **Win|ter|taug|lich|keit**, die: *das Wintertauglichsein:* Ein Reifen mit überdurchschnittlicher W. (ADAC-Motorwelt 10, 1980, 50); **Win|ter|ur|laub**, der: *Urlaub im Winter:* den W. im Gebirge verbringen; **Win|ter|vor|rat**, der: *Vorrat für die Wintermonate;* **Win|ter|wei|de**, die: *Weide, auf der das Vieh auch während der Wintermonate weiden kann;* **Win|ter|wei|zen**, der (Landw.): vgl. Wintergetreide; **Win|ter|wet|ter**, das ⟨o. Pl.⟩: *kaltes Wetter, wie es im Winter herrscht;* **Win|ter|zeit**, Winterszeit, die ⟨o. Pl.⟩: *Zeit, in der es Winter ist.*

Win|zer, der; -s, - [spätmhd. winzer, mhd. winzürl, ahd. winzuril < lat. vinitor = Weinleser, zu: vinum = Wein]: *jmd., der Wein anbaut, aus den Trauben Wein herstellt u. verkauft:* Europas W. kosten die EG inzwischen über eine Milliarde Mark jährlich (Spiegel 9, 1982, 153); **Win|zer|dorf**, das: *vorwiegend von Winzern bewohntes Dorf;* **Win|zer|ge|nos|sen|schaft**, die: *Genossenschaft, zu der sich Winzer zusammengeschlossen haben;* **Win|ze|rin**, die; -, -nen: w. Form zu ↑Winzer; **Win|zer|mes|ser**, das: ¹Hippe (1).

win|zig ⟨Adj.⟩ [mhd. winzic, intensivierende Bildung zu ↑wenig]: *überaus klein; von erstaunlich geringer Größe:* ein -es Bild, Zimmer; in einer Gegend mit -en Mietwohnungen (natur 10, 1991, 121); die -en Fäustchen eines Babys; Und wieder blieb der -e Wicht stehen und bekam Angst (Sommer, Und keiner 78); ein zartes, schwaches, -es *(kaum wahrnehmbares)* Lächeln (Fels, Kanakenfauna 128); ein w. *(außerordentlich)* kleines Tier; eine -e *(sehr geringe)* Menge; ein -er *(sehr kurzer)* Augenblick; auch die -ste *(minimalste, geringste)* Chance durfte nicht ungenutzt verstreichen (Bastian, Brut 117); von hier oben sieht alles w. aus; **Win|zig|keit**, die; -, -en: **1.** ⟨o. Pl.⟩ *das Winzigsein, winzige Beschaffenheit.* **2.** (ugs.) *völlig unbedeutende, unwichtige Sache; winzige Kleinigkeit:* er ist bei Besinnung, registriert jede W. (Weber, Tote 130); mit solchen -en gibt er sich gar nicht ab; **Winz|ling**, der; -s, -e (salopp): *winzige Person od. Sache; etw. von erstaunlicher Kleinheit:* das sind elektronische -e, mit denen Sie rechnen können (Funkschau 20, 1971, 2071); Zu dieser Stunde purzeln die -e *(die kleinen Kinder)* zur Tür herein (Welt 24/25.8.85, 3).

Wip|fel, der; -s, - [mhd. wipfel, ahd. wiphil, zu mhd. wipfen (↑wippen), eigtl. = das Hinundherschwingende]: *oberer Teil der Krone, Spitze eines meist hohen Baumes:* die im Winde rauschenden, schwankenden W.; Man hörte ... den Wind, der die Wipfel der Blaufichten in Nachbargarten bewegte (H. Gerlach, Demission 268); **Wip|fel|dür|re**, die ⟨o. Pl.⟩: *von der Spitze ausgehendes Verdorren von Bäumen u. Sträuchern;* **Wip|fel|spros|se**, die: *oberster, die Spitze bildender Sproß eines Baumes;* **Wipp|chen**, das; -s, - [zu ↑wippen, eigtl. = possenhafte Bewegung] (landsch. ugs.): **1.** *Spaß, Scherz, Streich:* Solche W. kannst du dir in deinem Franciseum erlauben, hier nicht. Geh stiften, Freundchen! (Bieler, Bär 158). **2.** *leere Redensart, Ausflucht, Ausrede:* mach keine W.!; mir macht man keine W. vor *(mir macht man nichts vor;* Hacks, Stücke 253); **Wip|pe**, die; -, -n [aus dem Niederd., rückgeb. aus ↑wippen]: *(als Spielgerät für Kinder) aus einem in der Mitte auf einem Ständer aufliegenden, kippbar angebrachten Balken, Brett o. ä. bestehende Schaukel, auf deren beiden Enden sitzend man wippend auf u. ab schwingt:* beide Kinder sind von der W. gefallen; **wip|pen** (sw. V.; hat) [aus dem Niederd. < mniederd. wippen = mhd. wipfen) = springen, hüpfen]: **a)** *auf einer Wippe, einer federnden Unterlage o. ä. auf u. ab schwingen:* die Kinder wippten auf dem überstehenden Brett; er ließ das Kind auf seinen Knien w.; **b)** *sich federnd, ruckartig auf u. ab bewegen:* auf den Zehen, in den Knien w.; Matthias Roth schob die Hände in die Hosentaschen und wippte (Kronauer, Bogenschütze 15); Mein lieber Sohn, sagte Herbert im Stand wippend (Ossowski, Liebe ist 58); **c)** *federnd, ruckartig auf u. ab, hin u. her bewegen, schwingen lassen:* mit dem Fuß w.; Der Vogel wippt mit dem Schwanz; ⟨selten auch mit Akk.-Obj.:⟩ er begann langsam das Bein zu w.; **d)** *in federnde, ruckartige, auf u. ab, hin u. her schwingende kurze Bewegungen geraten:* die Hutfedern, ihre Locken, ihre Brüste wippten bei jedem Schritt; die Beine über Kreuz, der rechte Fuß wippt angeregt (Strauß, Niemand 7); **Wip|per**: ↑Kipper und Wipper; **Wip|pe|rin**: ↑Kipperin und Wipperin; **Wipp|schau|kel**, die: *Wippe;* **Wipp|sterz**, der [zu ↑wippen u. ↑²Sterz (1), nach der Vorstellung vom ständig wippenden Schwanz des Vogels] (landsch.): *Bachstelze.*

wir ⟨Personalpron.; 1. Pers. Pl. Nom.⟩ [mhd., ahd. wir]: **1.** steht für mehrere Personen, zu denen die eigene gehört, für einen Kreis von Menschen, in den die eigene Person eingeschlossen ist: w. kommen sofort; w. schenken es euch; Unser Kind ist ein Mädchen, und w. nennen es Aglaja (Kinski, Erdbeermund 260); w. Deutschen/(veraltend:) Deutsche; w. klugen Menschen; Wir Älteren könnten uns ein Beispiel daran nehmen (Hörzu 20, 1985, 116); Was w. Trauernden empfinden (Hörzu 10, 1990, 105); Wir jüngeren Offiziere beherrschen auch das Kommando (Spiegel 43, 1983, 7); w. beide, drei treffen uns regelmäßig; w. anderen gehen zu Fuß; ⟨Gen.:⟩ sie erinnerten sich unser; in unser aller Namen; ⟨Dativ:⟩ er hat uns alles gesagt; hier sind w. ganz unter uns; von uns erfährst du nichts; ⟨Akk.:⟩ er hat uns gesehen; für uns gilt dies nicht. **2. a)** *ich* (als Pluralis modestiae): im nächsten Kapitel werden w. auf diese Frage noch einmal zurückkommen; **b)** *ich* (als Pluralis majestatis; in Großschreibung): Wir, Kaiser von Österreich. **3.** (fam.) in vertraulicher Anrede, bes. gegenüber Kindern u. Patienten an Stelle von *du, ihr, Sie:* das wollen w. doch vermeiden, Kinder; nun, wie fühlen w. uns denn heute?; Janda versuchte die Bücher hinter sich zu verstecken, doch der Pfleger hat sie schon entdeckt ... Was haben w. denn da? sagt er. Aha, Goethe, Marcuse (Zenker, Froschfest 63); Das große Geschäft, sagte der Lehrer, erledigen w. zu Hause (M. Walser, Seelenarbeit 27).

wirb: ↑werben.

Wir|bel, der; -s, - [mhd. wirbel, ahd. wirbil, zu ↑werben in der alten Bed. „sich drehen"]: **1. a)** *sehr schnell um einen Mittelpunkt kreisende Bewegung von Wasser, Luft o. ä.:* der Strom hat starke W.; der Rauch steigt in dichten -n auf; Wolken aus feurigem Schaum stoben ... hinaus in den schwarzen, denkfreien Raum, wo sie sich, mit saugenden -n in der Mitte, zu Lichtnebeln wandelten (Stern, Mann 372); Ü sie wollte sich nicht vom W. der Leidenschaften fortreißen lassen; **b)** *sehr schnell ausgeführte Bewegungen, bes. Drehungen:* ein schwindelnder W. beendete den Tanz, den Vortrag der Eisläuferin; alles drehte sich in einem W. um ihn. **2. a)** *rasche, verwirrende Aufeinanderfolge; hektisches Durcheinander, Trubel:* der wilde W. von Ereignissen, Zwischenfällen verwirrte ihn völlig; zwei Stunden, ehe Rita nach Hause kam und der ganze W. losbrach (Chr. Wolf, Himmel 29); Am Abend erleben wir auf festlicher Bühne einen W. von Tanz, Gesang und Theater (Berger, Augenblick 119); In einem Telefongespräch erzählte er uns, wie es zu dem ganzen W. kam: „Auf der Rückfahrt haben uns Terroristen eine Bombe ins Auto geworfen ..." (Hörzu 47, 1975, 22); **b)** *großes Aufsehen; Aufregung, die um jmdn., etw.* entsteht: W. um entwurzelte Platane (MM 8. 3. 79, 22); Der W. um die Idee des Kanzlers geht weiter (Hörzu 24, 1978, 12); [einen] W. um jmdn., etw. machen; er verursachte mit seiner Rede einen furchtbaren W.; er hat sich ohne großen W. aus der Öffentlichkeit zurückgezogen; Auch ohne großen W. haben wir in den letzten Jahren unsere Umsätze jährlich verdoppelt (Frankfurter Rundschau 1. 3. 85, A 54). **3.** kurz für ↑ Haarwirbel: ◆ * **vom W. bis zur Sohle/zur Zehe** (↑ Scheitel 1 b): du, die Ungerechtigkeit selbst, vom W. bis zur Sohle erfüllt (Kleist, Kohlhaas 44); vom W. bis zur Zehe füllt mich an mit Tigers Grimm (Schiller, Macbeth I, 10). **4.** *einzelner, mit mehreren Fortsätzen versehener, runder, das Rückenmark umschließender Knochen der Wirbelsäule:* sich einen W. verletzen, brechen. **5.** *kleiner, in einem entsprechenden Loch sitzender Pflock, Stift, um den bei Saiteninstrumenten das eine Ende einer Saite gewickelt ist u. mit dessen Hilfe die entsprechende Saite gespannt u. gestimmt wird:* die W. anziehen, lockern. **6.** *(bei Schlaginstrumenten) schnelle Aneinanderfolge kurzer gleichmäßiger Schläge mit beiden Schlegeln:* auf der Trommel, der Pauke einen W. schlagen; Der Primas nimmt die Melodie auf, die Klarinette variiert, und das Zymbal schlägt einen melodiösen W. (Frischmuth, Herrin 64); **Wir|bel|bo|gen,** der (Anat.): *ringförmiger Teil eines Wirbels (4), der das Rückenmark nach hinten umgibt;* **Wir|bel|bo|gen|re|sek|ti|on,** die (Med.): *Laminektomie;* **Wir|bel|bruch,** der (Med.): *Bruch (2 a) des Wirbelkörpers;* **Wir|bel|ent|zün|dung,** die (Med.): *Knochenentzündung im Bereich eines Wirbels (4), der Wirbelsäule, Spondylitis;* **Wir|bel|er|kran|kung,** die (Med.): *Erkrankung im Bereich eines Wirbels (4), der Wirbelsäule;* **Wir|bel|fort|satz,** der (Anat.): *einer der vom Wirbelkörper bzw. von den Wirbelbogen ausgehenden Fortsätze;* **Wir|bel|ge|lenk,** das (Anat.): *Verbindung zwischen zwei Wirbeln (4) od. zwischen Wirbel u. Rippe;* **wir|be|lig, wirblig** ⟨Adj.⟩ (selten): **1. a)** *quirlig; äußerst lebhaft u. unruhig:* ein -es Kind; Raymond Blanc selbst, ein wirbeliger Franzose aus Besançon (e&t 6, 1987, 162); **b)** *durch hektisches Getriebe, großen Trubel gekennzeichnet:* die wirblige Zeit des Karnevals (Zuckmayr, Fastnachtsbeichte 21). **2.** *schwindlig (1); wirr; konfus:* vor Freude w. sein; der Schnaps ... machte ... ein wenig wirblig im Kopf (Bernstorff, Leute 21); **Wir|bel|ka|nal,** der (Anat.): *das Rückenmark enthaltender, von den Wirbelbogen gebildeter Kanal (3);* **Wir|bel|kas|ten,** der (Musik): *am Ende des Halses [bestimmter Saiteninstrumente unterhalb der Schnecke (5) befindliche Öffnung, durch die quer die Wirbel (5) geführt sind;* **Wir|bel|kno|chen,** der (Anat.): *einzelner Knochen der Wirbelsäule: Wirbel (4);* **Wir|bel|kör|per,** der (Anat.): *nach vorn liegender kompakter Teil eines Wirbels (4), von dem zwei nach hinten gerichtete Teile des Wirbelbogens mit verschiedenen Fortsätzen ausgehen;* **wir|bel|los** ⟨Adj.⟩ (Zool.): *keine Wirbel (4), keine Wirbelsäule aufweisend; zu den Wirbellosen gehörend:* -e Tiere; **Wir|bel|lo|se** ⟨Pl.⟩: *Tiere ohne Wirbel (4), ohne Wirbelsäule;* **wir|beln** ⟨sw. V.⟩: **1. a)** *sich in Wirbeln (1 a) bewegen* ⟨ist⟩: an den Pfeilern wirbelte das Wasser; die Schneeflocken wirbelten immer dichter; Dampf wirbelt aus den Schächten, aus Gittern im Asphalt (Frisch, Montauk 187); Der schwarze Rauch wirbelte hoch über das Dach hinüber zur Autobahn und wirbelte verwehend vor dem Wassertum (H. Gerlach, Demission 31); **b)** *sich schnell, heftig bewegen* ⟨ist⟩: die Absätze der Tänzerin wirbelten; dieses blaue Himmelsgestade, ... in welchem die Schwalben steigen und stürzen, kreisen und schwärmen, schnellen, segeln und w. (Mayröcker, Herzzerreißende 78); bei der Explosion wirbelten ganze Dächer durch die Luft; Ein wirbelndes Handgemenge (Thieß, Reich 547); Ü Sie ließ ihre Gedanken ziehen und w., wie sie wollten (Hausmann, Abel 132); **c)** *sich in schnell drehender, kreisender Bewegung befinden* ⟨hat/ist⟩: die Schiffsschraube wirbelte immer schneller; ich sah flache, platte ... Fische in Schwärmen am Grund liegen, währenddessen das Plastikseil mörderisch wirbelte und das Tau zu Trauben aufwickelte (Fels, Kanakenfauna 137); er betrachtete die wirbelnden Räder der Maschine; Ü ihm wirbelte der Kopf (ihm war schwindlig). **2.** *sich mit sehr schnellen, hurtigen, lebhaften Bewegungen irgendwohin bewegen* ⟨ist⟩: die Pferde wirbeln über die Steppe; die tanzenden Paare wirbeln durch den Saal; er ... wirbelte wie ein Derwisch über die Bühne (Freizeitmagazin 12, 1978, 7); Schon wirbeln die Damen zum Schützentanz (Winckler, Bomberg 33). **3.** *in schnelle [kreisende] Bewegung versetzen, in schneller Drehung irgendwohin bewegen* ⟨hat⟩: der Wind wirbelt die Blätter durch die Luft, vor sich her; das Licht wirbelt ihm Staubschnüre vor die Augen (Müller, Fuchs 110); er wirbelte seine Partnerin über die Tanzfläche. **4.** *einen Wirbel (6) ertönen lassen* ⟨hat⟩: der Trommler wirbelte kommen zu w.; **Wir|bel|säu|le,** die: *aus gelenkig durch Bänder u. Muskeln miteinander verbundenen Wirbeln (4) u. der dazwischen liegenden Bandscheiben gebildete Achse des Skeletts bei Wirbeltieren u. Menschen, die den Schädel trägt u. dem Rumpf als Stütze dient:* (Med.): vgl. Wirbelentzündung; **Wir|bel|säu|len|ent|zün|dung,** die (Med.): vgl. Wirbelentzündung; **Wir|bel|säu|len|er|kran|kung,** die (Med.): *Erkrankung im Bereich der Wirbelsäule;* **Wir|bel|säu|len|lei|den,** das (Med.): vgl. Wirbelsäulenerkrankung; **Wir|bel|säu|len|ver|krüm|mung,** die (Med.): *Verformung der Wirbelsäule entlang ihrer Längsrichtung;* **Wir|bel|säu|len|ver|stei|fung,** die (Med.): *Versteifung der Wirbelsäule;* ◆ **wir|bel|sin|nig** ⟨Adj.⟩: *(im alem. Sprachgebrauch) betäubt; irrsinnig:* ⟨subst.:⟩ da stürzte sie einer Wirbelsinnigen gleich den Weg entlang, den der Priester kommen mußte (Gotthelf, Spinne 62); **Wir|bel|strom,** der (Elektrot.): *in Wirbeln (1 a) verlaufender elektrischer Strom im Innern eines elektrischen Leiters (der durch ein Magnetfeld bewegt wird od. sich in einem veränderlichen Magnetfeld befindet);* **Wir|bel|sturm,** der: *(bes. in den Tropen auftretender) starker Sturm, der sich um einen Mittelpunkt kreisend fortbewegt:* ein verheerender, tobender, heftiger W.; der W. peitschte die Wellen über die Kaimauer, hat großen Schaden angerichtet; **Wir|bel|tier,** das (Zool.): *Tier mit einer Wirbelsäule, das zwei Paar Gliedmaßen besitzt u. dessen Körper in Kopf u. Rumpf [u. Schwanz] gegliedert ist;* **Wir|bel|wind,** der: **1.** *heftiger, in Wirbeln (1 a) wehender Wind;* ein W. riß die Blätter vom Boden und trieb sie vor sich her; Sie fuhr wie ein W. (sehr schnell u. heftig) auf mich zu (Salomon, Boche 105). **2.** (veraltend, meist scherzh.) *lebhafte, heftig u. ungestüm sich bewegende Person (bes. Kind, Jugendlicher):* sie ist ein richtiger W.; **wirb|lig:** ↑ wirbelig.

wirbst, wirbt: ↑ werben.
wird: ↑ werden.
wirf, wirfst, wirft: ↑ werfen.
Wir|ge|fühl, das: *Gemeinschafts-, Zusammengehörigkeitsgefühl:* Das gemeinsame „Wirgefühl" ... kann heute nicht mehr in der Schule ... vermittelt werden (Spiegel 2, 1986, 10); Lafontaine ist es gelungen, im Saarland ein „Wirgefühl" zu erzeugen (MM 29. 1. 90, 1).
Wirk|be|reich, der: *Bereich, in dem ein Medikament o. ä. wirkt:* Die -e ... ergänzen sich systematisch und sorgen so aktiv für festes Zahnfleisch (Eltern 2, 1980, 156); **wir|ken** ⟨sw. V.; hat⟩ [mhd., ahd. wirken, wahrsch. zu ↑ Werk]: **1.** *in seinem Beruf, Bereich an einem Ort mit gewisser Einflußnahme tätig sein:* in einem Land als Missionar, Arzt w.; er wirkt an dieser Schule schon seit 20 Jahren als Lehrer; ... verspricht den Ärmsten, für ihre Zukunft zu w. (Werfel, Bernadette 427); Für ein solches Ziel mit friedlichen Mitteln zu w., ist vor allem Sache der Deutschen (R. v. Weizsäcker, Deutschland 56); Nachdem Helga und Antje mit großem Eifer in der Küche gewirkt hatten, aßen sie zu Mittag (Danella, Hotel 183); ich habe heute schon ganz schön gewirkt (ugs. scherzh.; emsig u. ergebnisreich gearbeitet); ⟨subst.:⟩ er kann auf ein langes Wirken zurückblicken; Sein Hauptaugenmerk hat er ohnehin auf sein Wirken im Verein gelegt (Kicker 82, 1981, 28). **2.** (geh.) *durch geistige Tätigkeit etw. vollbringen, zustande bringen:* er hat in seinem Leben viel Gutes gewirkt; Wir ... wollen die Mächte, die unsern Aufstieg wirkten, um uns versammeln (Benn, Stimme 33); ein von dunklen Mächten gewirktes Verhängnis. **3.** *durch eine innewohnende Kraft, auf Grund seiner Beschaffenheit eine bestimmte Wirkung haben, ausüben:* das Medikament wirkt [schmerzstillend, gut, schlecht, nicht]; sein Zuspruch wirkte ermunternd [auf uns]; ihre Heiterkeit wirkte ansteckend; das Getränk wirkte berauschend; der Sturm wirkte verheerend; Eine Platte ... wirkt (fungiert) als Photoelektrode (natur 4, 1991,

64); man muß diese Musik zunächst auf sich w. lassen; diese Ankündigung hatte [bei ihm] schließlich gewirkt *(hatte eine Verhaltensänderung bewirkt);* Es war Ihre Persönlichkeit, die gewirkt hat. Wo haben Sie das her? (Danella, Hotel 128). **4.** *durch seine Erscheinungsweise, Art einen bestimmten Eindruck auf jmdn. machen:* heiter, fröhlich, traurig, unausgeglichen, müde, abgespannt, gehetzt w.; neben jmdm. klein, zierlich w.; Ich finde, wir wirken ziemlich altmodisch (Bieler, Mädchenkrieg 469); Was aus der Ferne wie ein Menschengedränge gewirkt hatte, stellte sich beim Näherkommen als disziplinierte Schlange heraus (Kronauer, Bogenschütze 336); Im falschen Augenblick ausgesprochen kann die Wahrheit provozierend wirken (H. Gerlach, Demission 223); dieses Vorgehen wirkte rücksichtslos; das wirkt geradezu lächerlich; ein südländisch, sympathisch wirkender Mann. **5.** *nicht unbeachtet bleiben, sondern eine positive Wirkung erzielen; beeindrucken:* die Bilder wirken in den kleinen Räumen nicht; das Muster wirkt nur aus der Nähe; mit ihrem Charme wirkt sie [auf andere]; In einem Armstuhl hinter dem Schreibtisch saß Edi Heßheimer. Saß da und wirkte mit seinem verschmitzten Lächeln. So einer zog andere Menschen an (Bastian, Brut 59); Mir haben diese Parteileute keine Angst machen können, ich habe mit ihnen ganz normal geredet, da wirkte ihre Uniform nicht (Wimschneider, Herbstmilch 79). **6. a)** *(Textilien)* herstellen durch Verschlingen von Fäden zu Maschen mit speziellen Nadeln, wobei im Unterschied zum Stricken eine ganze Maschenreihe auf einmal gebildet wird: Pullover, Unterwäsche w.; Aber gerade die (= Strümpfe) waren das Thema, egal ob gewirkt, gekettelt, zusammengenäht (Ossowski, Liebe ist 118); **b)** *einen Teppich (bes. Gobelin) weben, wobei farbige Figuren u. Muster eingearbeitet werden:* Irgendwo habe ich von einer griechischen Fürstin gelesen, die den Teppich, den sie tagsüber wirkte, über Nacht wieder aufdröselte (Heym, Schwarzenberg 126); er ... starrte ... auf die Wandteppiche ... verlor sich in den fein gewirkten Bildern schwarzgrüner Urwälder (Ransmayr, Welt 154). **7.** (landsch.) *durchkneten* (a): den Teig w.; **Wir|ker,** der; -s, -: *jmd., der Textilien wirkt* (6 a) (Berufsbez.); **Wir|ke|rei,** die; -, -en: **1.** ⟨o. Pl.⟩ *Herstellung von Wirkwaren.* **2.** *Betrieb, in dem Wirkwaren hergestellt werden;* **Wir|ke|rin,** die; -, -nen: w. Form zu ↑ Wirker; **Wirk|kraft,** die: *Wirkungskraft;* **Wirk|lei|stung,** die (Elektrot.): *in einem Wechselstromkreis maximal erzielbare Nutzleistung;* **wirk|lich** [spätmhd. wirkelich, mhd. würke[n]lich, würklich, eigtl. = tätig; wirksam; wirkend]: **I.** ⟨Adj.⟩ **1.** *in der Wirklichkeit vorhanden; der Wirklichkeit entsprechend:* eine -e Begebenheit; das -e Leben sieht ganz anders aus; Schließlich können Sie durch echte Bewerbungen Ihren -en Marktwert ermitteln (Capital 2, 1980, 44); Du hast offenbar keine Ahnung von der -en Situation, Hans. Verzeih, aber als Freund muß ich dir das sagen (Prodöhl, Tod 34);

der Autor schrieb später unter seinem -en Namen; manchmal ist ein Traum -er *(sagt er mehr über die Wirklichkeit aus)* als die äußerlich greifbaren Dinge; Er nimmt etwas vorweg, was denkbar, w. und glaubhaft ist: eine Katastrophe in einem Kernkraftwerk (natur 5, 1991, 94); was empfindet, denkt, will er w. *(in Wirklichkeit)?;* die Kinder hörten am liebsten Geschichten, die sich w. zugetragen hatten; sich nicht w., sondern nur zum Schein für etw. interessieren; ⟨subst.:⟩ Also kann es nichts Wirkliches geben, nichts Geschaffenes, das von Grund auf böse ist (Stern, Mann 251). **2.** *den Vorstellungen, die mit etw. verbunden werden, genau entsprechend; im eigentlichen Sinne:* -e Freunde sind selten; ihr fehlt eine -e Aufgabe; Es gab also keinerlei Zerstreuung in des Wortes -er Bedeutung (Dönhoff, Ostpreußen 104); das war für mich eine *-e (spürbare)* Hilfe; er verstehe w. etwas von der Sache. **II.** ⟨Adv.⟩ *dient zur Bekräftigung, Verstärkung; in der Tat:* da bin ich w. neugierig; ich weiß w. nicht, wo er ist; er ist w. zu ihm hingegangen und hat sich entschuldigt; Dieser Mann konnte unheimlich nett sein, also w. (M. Walser, Seelenarbeit 79); hier stand doch nun w. gleich am Anfang eine große Theorie (Gruhl, Planet 210); w., so ist es!; nein, w.? *(ist es so?);* darauf kommt es nun w. *(ganz bestimmt)* [nicht] an; er ist es w. *(jetzt erkenne ich ihn);* es tut mir w. *(mir wahrhaft)* leid, aber nun Schwamm drüber (Bieler, Mädchenkrieg 266); **Wirk|lich|keit,** die; -, -en [spätmhd. wirkelicheit]: *[alles] das, Bereich dessen, was als Gegebenheit, Erscheinung wahrnehmbar, erfahrbar ist:* die rauhe, harte, heutige, gesellschaftliche, politische W.; die graue W. des Alltags; sein Traum ist W. geworden *(hat sich verwirklicht);* so war sie doch W., meine Begegnung mit Löffel-Franz (Loest, Pistole 121); Am Ende des Films greift sie, daß W. und Phantasie einander nicht ausschließen dürfen (Wilhelm, Unter 114); die W. verfälschen, entstellen, verklären; Wozu da ... noch fremde -en an sich herankommen lassen? (Böll, Erzählungen 344); Jeanne dachte darüber nach, ob sie mit diesen schlichten Worten die W. traf (H. Weber, Einzug 427); die Erkenntnis der W.; Dabei werde die Polizei ständig ihre Taktik auf die W. einzustellen haben (Volksblatt 5. 12. 84, 11); unsere Erwartungen blieben hinter der W. zurück *(erfüllten sich nicht ganz);* in W. *(wie sich die Dinge verhalten)* ist alles ganz anders; Jenny heißt ja in W. *(eigentlich)* Norbert Bugdal (Praunheim, Sex 226); sich mit der W. auseinandersetzen; was er sagte, war von der W. weit entfernt, hatte nichts mit der W. zu tun; **wirk|lich|keits|fern** ⟨Adj.⟩: *wirklichkeitsfremd:* Den -en Romantizismus ... hatte ich mir freilich an den Schuhsohlen abgelaufen (W. Brandt, Begegnungen 263); **Wirk|lich|keits|form,** die (Sprachw.): *Indikativ;* **wirk|lich|keits|fremd** ⟨Adj.⟩: *nicht an der Wirklichkeit u. ihren [gerade geltenden] Forderungen orientiert:* -e Ideale; Die Autofahrer dagegen sollen aufgrund -er Gesetze bezahlen müssen

(Volksblatt 17. 6. 84, 23); als w. gelten; Denken unsere Politiker schon so w.? (NZZ 25. 12. 83, 31); **wirk|lich|keits|getreu** ⟨Adj.⟩: *der Wirklichkeit genau entsprechend;* eine -e Schilderung, Zeichnung; ... die Verzögerungen und die Beschleunigung im Simulator gleich w. wie in der Luft zu fühlen (NZZ 4. 4. 84, 9); **Wirk|lich|keits|mensch,** der: *Realist* (1); **wirk|lich|keits|nah** ⟨Adj.⟩: *der Wirklichkeit nahekommend, annähernd entsprechend:* eine -e Erzählweise, Darstellung; Unser künftiger Mitarbeiter muß -e Lösungen erarbeiten und umsetzen können (Saarbr. Zeitung 15./16. 12. 79, XI); **Wirk|lich|keits|sinn,** der ⟨o. Pl.⟩: *Realitätssinn;* **wirk|lich|keits|treu** ⟨Adj.⟩: *wirklichkeitsgetreu;* **Wirk|lich|keits|treue,** die: *Treue* (2) *gegenüber der Wirklichkeit (in bezug auf eine Wiedergabe o. ä.):* Die Bilder von Jagd, Ernte und Sport, von Fischfang und häuslichem Dasein besitzen die naive W. und Fabulierlust der Genremalerei (Fest, Im Gegenlicht 39); **wirk|mäch|tig** ⟨Adj.⟩: *sehr groß, stark, mächtig in seiner Wirkung, seiner Wirksamkeit, seiner Auswirkung:* Cholera und Diphtherie ... könnten dank des prall gefüllten Arsenals -er Substanzen aus den Pharmaküchen künftig in Schach gehalten werden (Spiegel 38, 1992, 218); Scott hat 1820 einen überaus erfolgreichen und -en Roman ... geschrieben (Rheinpfalz 19. 10. 91, 38); **Wirk|ma|schi|ne,** die: *Maschine zur Herstellung von Wirkwaren;* **Wirk|me|cha|nis|mus,** der: *Wirkungsmechanismus;* **wirk|sam** ⟨Adj.⟩: *eine beabsichtigte Wirkung erzielend; mit Erfolg wirkend:* ein -es Mittel; ein -er Schutz, Vertrag; eine -e Unterstützung, Kontrolle, Behandlung, Schädlingsbekämpfung, Hilfe; Größere Mengen -er Energie könnte die Kohle liefern (Gruhl, Planet 50); eine latent w. gebliebene Strömung; die neuen Bestimmungen werden mit 1. Juli w. (Amtsspr.; *gelten ab 1. Juli);* Handwerker und Gewerbetreibende forderten nachdrücklich, endlich Reformen w. zu machen (Freie Presse 10. 11. 89, 2); jmds. Interessen w. vertreten; jmdm. w. *(rechtsgültig)* kündigen; **-wirk|sam: 1.** drückt in Bildungen mit Substantiven aus, daß die beschriebene Sache Wirkung bei jmdm., etw. erzielt, wirkungsvoll ist, etw. beeinflußt: medien-, öffentlichkeits-, wählerwirksam. **2.** drückt in Bildungen mit Substantiven aus, daß etw. gefördert wird, auf etw. hingewirkt wird: beschäftigungs-, erfolgswirksam; **Wirk|sam|keit,** die; -: **a)** *das Wirksamsein:* mit einem speziellen Wirkstoff ... seine W. ist klinisch bewiesen (Freizeitmagazin 12, 1978, 15); **b)** (seltener) *das Wirken* (1): Die spektakuläre W. des Sohnes, dessen Wirkung der Vater offenbar von Anfang an ... doch mit einiger Skepsis beobachtet hatte (Reich-Ranicki, Th. Mann 209): der Arzt war bereits vertraut mit dem Ort seiner späteren W.; **Wirk|stoff,** der: *körpereigene od. -fremde Substanz, die in biologische Vorgänge eingreift od. als Arzneimittel wirkt:* ein biologischer, chemischer W.; spezifische -e in Arznei- und Giftpflanzen; Doch sei es heute außerordentlich schwierig, -e zu finden, die Wachstum und Ausbreitung veränderter Zellen beeinflussen (Blick auf Hoechst 8, 1984, 8); **Wirk|sub|stanz,** die (bes. Fachspr.): *Wirkstoff:* Wenn allerdings in Blut und Gehirn ein gleichmäßig hoher Spiegel der W. vorhanden ist, entfällt der suchtauslösende Mechanismus (Zeit 7. 1. 94, 33); **Wirk|tep|pich,** der: *[in gobelinähnlicher Technik] handgewebter [orientalischer] Teppich;* **Wir|kung,** die; -, -en [spätmhd. wirkunge]: **1.** *durch eine verursachende Kraft bewirkte Veränderung, Beeinflussung, bewirktes Ergebnis:* eine nachhaltige, wohltuende, schnelle W.; die erhoffte W. blieb aus; etw. erzielt [nicht] die gewünschte W.; seine Worte hatten keine W., verfehlten ihre W., übten keine W. aus, ließen keine W. erkennen; das Medikament tat seine W.; Burghausen lag auf dem Rücken und fühlte die beruhigende W. von fast drei Flaschen Bier (Loest, Pistole 170); der Boxer zeigte W. (Jargon; *Reaktion in Form von körperlicher, geistiger Beeinträchtigung nach erhaltenem Treffer);* Haig zeigt W. (ugs.; *läßt in seinem Verhalten, in seinen Äußerungen erkennen, daß er betroffen ist, sich getroffen fühlt),* er fühlt sich auf der Abschußliste (Spiegel 46, 1981, 144); er ist stets auf W. bedacht *(darauf bedacht, auf andere zu wirken 5, andere zu beeindrucken);* Man muß das im Zusammenhang mit der aufklärerischen W. sehen, die das Fernsehen überhaupt leistet (Petersen, Resonanz 157); diese Verfügung wird mit W. vom 1. Oktober (Amtsspr.; *wird ab 1. Oktober)* ungültig; etw. bleibt ohne W.; das Mittel kam dadurch verstärkt zur W. *(wirkte dadurch besonders stark);* zwischen Ursache und W. unterscheiden müssen. **2.** (Physik) *physikalische Größe der Dimension Energie mal Zeit;* **Wir|kungs|be|reich,** der: *Bereich, in dem jmd. wirkt, tätig ist:* einen kleinen, großen W. haben; sie findet sich in ihrem häuslichen W. sehr wohl; **Wir|kungs|dau|er,** die: *Dauer einer Wirkung (1):* allerdings hat Heroin mit drei bis vier Stunden eine deutlich kürzere W. (Zeit 3. 4. 92, 97); **Wir|kungs|feld,** das: *Betätigungsfeld, Wirkungsbereich:* ein neues W. finden; In das kleinere W. der dank wachsender Enkelschar größer werdenden Familie ... begleiten ihn unsere herzlichen Wünsche (NZZ 21. 12. 86, 32); **Wir|kungs|ge|schich|te,** die (Literaturw.): *literaturgeschichtliche Darstellung der Rezeption (2) eines Werkes;* **wirkungs|ge|schicht|lich** ⟨Adj.⟩ (Literaturw.): *die Wirkungsgeschichte betreffend:* Der Erzählband 2 erhält aber insofern noch einen weiteren Akzent, als der Herausgeber ... auch auf -e Probleme und die Lebensbedingungen der Autoren eingeht (NZZ 5. 11. 82, 38); **Wir|kungs|grad,** der: **a)** (Physik, Technik) *Verhältnis von aufgewandter zu nutzbarer Energie:* eine Maschine mit einem W. von 90%; **b)** *Grad einer Wirkung (1):* dieses Verfahren hat einen höheren W.; **Wir|kungs|kraft,** die: *Wirkung (1) ausübende Kraft:* die W. dichterischer Texte, eines Dichters; **Wir|kungs|kreis,** der: *Einfluß-, Wirkungsbereich:* ihr (= Augsburger Frühjahrsausstellung) W. geht weit über die schwäbischen Grenzen hinaus (Augsburger Allgemeine 29./30. 4. 78, XXXVII); seinen W. erweitern; **wir|kungs|los** ⟨Adj.; -er, -este⟩: *ohne Wirkung (1) [bleibend]:* ein -es Theaterstück; bei der Spülung bleiben die Benzinzusätze ... an der Kohle kleben, der Filter wird zum -en Zierat (natur 3, 1991, 71); sein Appell verhallte w.; **Wir|kungs|lo|sig|keit,** die; -: *das Wirkungslossein;* **wir|kungs|mäch|tig** ⟨Adj.⟩: *wirkmächtig;* **Wir|kungs|me|cha|nis|mus,** der: *Mechanismus (2 b) einer Wirkung (1):* der W. des Insulins; tiefere Einblicke in den W. der Medikamente (Saarbr. Zeitung 14. 3. 80, 11); **Wirkungs|ort,** der: vgl. Wirkungsbereich; **Wir|kungs|quer|schnitt,** der (Kernphysik): *als Maß für die Wahrscheinlichkeit einer Wechselwirkung zwischen Elementarteilchen verschiedener Sorten geltende gedachte Fläche, die ein Teilchen einer Sorte einem Strom einfallender Teilchen einer anderen Sorte senkrecht entgegenstellt;* **Wir|kungs|ra|di|us,** der: *Reichweite einer Wirkung (1);* **wir|kungs|reich** ⟨Adj.⟩: *große Wirkung (1) ausübend; einflußreich:* ein -er Autor; **Wir|kungs|stät|te,** die (geh.): *Stätte, an der jmd. wirkt* (1): Schoß Zschopau ... war früher W. eines Oberforstmeisters (Freie Presse 25. 11. 87, 5); **Wir|kungs|tref|fer,** der (Boxen): *Treffer, nach dem ein Boxer körperlich u. geistig sichtlich beeinträchtigt ist:* Schon am Ende der ersten Runde gab sein Gegner ... nach einem W. auf (Freiheit 29. 6. 78, 6); Ü Er sah seinen Vater völlig hilflos, dachte Andreas (H. Weber, Einzug 353); **wir|kungs|voll** ⟨Adj.⟩: *große, starke Wirkung (1) erzielend:* eine -e Drapierung; einleitende Worte in seinem Vortrag w. herausheben; ... mußte die Tse-Tse-Fliege bekämpft werden, was mit Hilfe von DDT w. geschah (natur 3, 1991, 63); **Wir|kungs|wei|se,** die: *Art u. Weise, in der etw. wirkt (3), funktioniert, in der Wirkung (1) ausgeübt wird:* die W. eines Medikaments; Baudirektor ... erläuterte vor Vertretern der Polizei ... Sinn und Zweck dieser Anlage (ADAC-Motorwelt 10, 1980, 68); **Wirk|wa|ren** ⟨Pl.⟩: *gewirkte Waren.*

wirr ⟨Adj.⟩ [rückgeb. zu ↑wirren]: **a)** *ungeordnet, durcheinandergebracht* (a): ein -es Geflecht von Baumwurzeln; Baruch musterte den jungen Mann ... mit unverkennbarer Mißbilligung: sein langes Haar, den im blonden Bart (Kemelman [Übers.], Mittwoch 9); Auf weite Strecken liege das Holz in einem einzigen -en Haufen, kein Baum stehe (Berger, Augenblick 40); die Haare hingen ihm w. ins Gesicht; **b)** *unklar, verworren u. nicht leicht zu durchschauen, zu verstehen:* -e Gedanken; sein -es Gekritzel; ein -er Traum; Aber sonst sagt er meist nur -es Zeug (Kronauer, Bogenschütze 403); auch wenn ... die Tagesordnung ein -es Durcheinander war (Heym, Schwarzenberg 69); er sprach ziemlich w.; **c)** *[durch etw.] verwirrt:* der Brief machte ihn ganz w.; Manchmal ist sie w. ... und dann wieder klar: Ich sterbe jetzt, sagt sie (Frisch, Montauk 111); mir war ganz w. im Kopf (ich war ganz konfus) von all den Eindrücken; Mann. Mach mich nicht w. im Kopf. Sag, was ich tun soll (Brot und Salz 164); **Wir|re,** die; -, -n: **1.** ⟨nur Pl.⟩ *Unruhen; ungeordnete politische, gesellschaftliche Verhältnisse:* das Land war durch innere -n bedroht; in den -n der Nachkriegszeit. **2.** ⟨o. Pl.⟩ (geh. veraltet) *Verworrenheit eines Geschehens o. ä.:* Überlieferungen, die uns von dunklen Zeiten ... Kunde geben von großer Not und W. (Kantorowicz, Tagebuch I, 16); **wir|ren** ⟨sw. V.; hat⟩ [mhd. werren, ahd. werran = verwickeln, durcheinanderbringen, viell. urspr. = drehen, (ver)wickeln] (geh. selten): *wirr durcheinanderwogen:* die absonderlichsten Gedanken wirrten in meinem Kopf; ⟨auch unpers.:⟩ Im Innern der Pferdeställe summte und wirrte es wie in einem Bienenstock (Apitz, Wölfe 209); **Wirr|heit,** die; -, -en: *das Wirrsein;* **wir|rig** ⟨Adj.⟩ (landsch.): **a)** *verworren, wirr* (b); **b)** *zornig;* **Wirr|kopf,** der (abwertend): *jmd., dessen Denken u. Äußerungen wirr (b) erscheinen:* ein politischer W.; wie machen wir das diesen Wirrköpfen klar?; Rathenau ... wurde von nationalistischen Wirrköpfen exekutiert (W. Brandt, Begegnungen 457); **wirr|köp|fig** ⟨Adj.⟩ (abwertend): *einem Wirrkopf ähnlich, entsprechend:* als ich versuchte, Dich ... aus der Solidarität mit deinen -en fundamentalistischen Ordensbrüdern zu vertreiben (Stern, Mann 243); **Wirr|köp|fig|keit,** die; -: *wirrköpfige Art;* **Wirr|nis,** die; -, -se (geh.): **a)** *Verworrenheit, Durcheinander von etw. Geschehendem:* die -se der Revolution; so schirmte sie mich erfolglos von den -sen dieser Welt ab (Mayröcker, Herzzerreißende 26); **b)** *Verworrenheit im Denken, Fühlen o. ä.:* es war eine W. in meinen Gedanken; **c)** *ungeordnete Menge, Masse:* durch die W. uralter Bäume gehen; Es ist die durch Denken erzwungene Ordnung in der Fülle und W. der irdischen Gestalten (Stern, Mann 134); **Wirr|sal,** das; -[e]s, -e od. die; -, -e (geh.): *Wirrnis;* **Wir|rung,** die; -, -en (dichter.): *Verwicklung:* Irrungen, -en (Titel eines Buches von Fontane); **Wirr|warr,** der; -s [lautspielerische verdoppelnde Bildung zu ↑wirren]: *wirres Durcheinander:* ein W. von Stimmen, Vorschriften; der W. *(die chaotischen Zustände)* im Ministerium; Wie durch ein Wunder wächst Organisation aus dem W., Gruppen formieren sich (Heym, Schwarzenberg 259); er empfing sich inmitten eines fürchterlichen -s *(einer fürchterlichen Unordnung);* ein Eckgeschäft, dessen unergründliche Tiefen angefüllt waren mit einem W. von Möbeln, Jacken, Öfen, Fellen (Kronauer, Bogenschütze 104); **wirsch** ⟨Adj.; -er, -este⟩ [älter: wirrisch, zu ↑wirr] (landsch.): *ärgerlich; aufgeregt.*

Wir|sing, der; -s, **Wir|sing|kohl,** der; -[e]s [lombard. verza < lat. viridia = grüne Gewächse, zu: viridis = grün]: *Kohl (1 a) mit [gelb]grünen, krausen, sich zu einem lockeren Kopf zusammenschließenden Blättern.*

Wirt, der; -[e]s, -e [mhd., ahd. wirt = Ehemann, Gebieter; Gastfreund, -wirt, wohl eigtl. = Gunst, Freundlichkeit (Erweisender)]: **1.** *Gastwirt:* der W. kocht selbst,

Wirtel

hat uns persönlich bedient; beim W. bezahlen. **2. a)** *Hauswirt* (1); ◆ **b)** *Hauswirt* (2):... wie er den Gewinst... anlegen wolle: teils, nach Art guter -e, auf neuen Gewinst (Kleist, Kohlhaas 3); **c)** *Zimmervermieter.* **3.** (veraltet) *Gastgeber:* ein liebenswürdiger W. **4.** (Biol.) *Lebewesen, tierischer od. pflanzlicher Organismus, in od. auf dem ein bestimmter Parasit lebt, der aus diesem Zusammenleben einseitig Nutzen zieht:* manche Parasiten wechseln im Laufe ihrer Entwicklung mehrmals den Wirt. **Wir|tel,** der; -s, - [spätmhd. wirtel, zu ↑werden in der alten Bed. „(sich) drehen"]: **1.** *Spinnwirtel.* **2.** (Bot.) *Quirl* (3). **3.** (Archit.) *ringförmiger Binder* (3 a) *am Schaft einer Säule, der sie mit der Wand verbindet;* **wir|te|lig,** wirtlig 〈Adj.〉 (Bot.): *quirlständig.*
wir|ten 〈sw. V.; hat〉 [mhd. wirten = bewirten] (landsch., bes. schweiz.): *als Gastwirt tätig sein, eine Gastwirtschaft führen:* Weil die Veranstalter in der Regel nicht selbst w. können, sind... auch die eigentlichen Volksfeste rar geworden (Basler Zeitung 27. 8. 80, 21); Noch im vorigen „Hirschen" wirtete Johann Hämmerle (Vorarlberger Nachr. 28. 11. 68, 4); **Wir|tin,** die; -, -nen: **1.** w. Form zu ↑Wirt (1). **2. a)** w. Form zu ↑Wirt (2 a); ◆ **b)** w. Form zu ↑Wirt (2 b): Bleibt doch, bis meine W. (= meine Frau) kommt (Schiller, Tell I, 2); **c)** w. Form zu ↑Wirt (2 c). **3.** (veraltet) w. Form zu ↑Wirt (3); **Wir|tin|nen|vers,** der [nach den Strophen des wohl urspr. stud. Volksliedes „Es steht ein Wirtshaus an der Lahn" (Anfang 18. Jh.)]: *zotiger Vers, Vierzeiler, der mit den Worten beginnt: „Frau Wirtin hatte ...";* **wirt|lich** 〈Adj.〉 [mhd. wirtlich = einem Wirt angemessen] (veraltend): **a)** *gastlich:* ein -es Haus; sie war eine -e Hausmutter; **b)** *einladend, freundlich* (b); *lieblich anmutend:* Er... lebt heute mit seiner Familie in einer -eren Gegend, in einem kleinen Haus am Fluß (NZZ 30. 8. 86, 42); 〈subst.:〉 Nein, diese Welt ... hatte nichts Wirtliches (Th. Mann, Zauberberg 657); ◆ **c)** *wirtschaftlich* (2 a): eine brave, anständige Person ... und noch jetzt als sehr klug und w. geachtet (Droste-Hülshoff, Judenbuche 8); **Wirt|lich|keit,** die; - (veraltend): *das Wirtlichsein.*
wirt|lig: ↑wirtelig.
Wirt|schaft, die; -, -en [mhd. wirtschaft, ahd. wirtscaft, zu ↑Wirt, urspr. = Tätigkeit des Hausherrn u. Wirtes, Bewirtung, dann auch: Gastmahl]: **1.** *Gesamtheit der Einrichtungen u. Maßnahmen, die sich auf Produktion u. Konsum von Wirtschaftsgütern beziehen:* eine hochentwickelte, florierende, expandierende W.; die kapitalistische, sozialistische W.; die W. eines Landes; die W. wird von Krisen erschüttert, liegt darnieder; Diese Tatsache verschweigen alle -en des Westens (Gruhl, Planet 66); die W. ankurbeln, anheizen, staatlich lenken, planen; für die Prosperität der W. sorgen (Gruhl, Planet 251); in der freien *(auf freiem Wettbewerb u. privater Aktivität beruhenden)* W. tätig sein. **2.** kurz für ↑*Gastwirtschaft:* in einer W. einkehren; wer die Kämpfe um den Ball bei einem Bier in der W. verfolgen will, kann eine böse Überrraschung erleben ... In manchen -en werden keine Fernsehapparate aufgebaut (Augsburger Allgemeine 27./28. 5. 78, 44). **3.** kurz für ↑*Landwirtschaft* (2): eine kleine W. haben; Es war schwer, ... die winzige W. in Gang zu halten (Brecht, Geschichten 154); Nur wer in der Lage war, sich eine ausreichende Futterreserve anzulegen, konnte die Kühe kalben lassen ... Das waren in der Regel die Inhaber der großen -en (Wochenpost 6. 8. 76, 3). **4.** *Haushalt* (1), *Hauswirtschaft* (1 b): eine eigene W. gründen; jmdm. die W. führen. **5.** 〈o. Pl.〉 **a)** *das Wirtschaften* (1 a): extensive, intensive W.; Weil er aber kein Geld hatte, in der W. war er grad nicht der Tüchtigste, hat er vorher die große Eiche abgehauen (Wimschneider, Herbstmilch 80); **b)** (ugs. abwertend) *unordentliche Art, Arbeitsweise:* was ist denn das für eine W.!; es wird Zeit, daß diese W. aufhört; * **polnische W.** (ugs. abwertend; *Schlamperei, Durcheinander, Unordnung;* beruht auf einem alten Vorurteil, nach dem die Polen – ähnlich wie die Balkanbewohner u. andere Volksgruppen – in ihren Lebensverhältnissen als unordentlich, nachlässig angesehen werden); **reine W. machen** (landsch. ugs.; ↑Tisch 1 a); **c)** (veraltend) *Umstände wegen einer Person, Sache:* Das Volk mit seinem berühmten „gesunden Empfinden" hätte es verstanden, wenn ... man alle Größen des Dritten Reiches ... ohne weiteres aufgehängt hätte. Da hörte man immer wieder die Meinung: wozu die lange W., bringt sie um (NJW 19, 1984, 1085); mach nicht soviel W.! **6.** 〈o. Pl.〉 (veraltend) *Bedienung* (1): [hallo] W.!; **wirt|schaf|ten** 〈sw. V.; hat〉 [mhd. wirtschaften, wirtscheften, ahd. wirtskeften = ein Gastmahl ausrichten, abhalten; schmausen]: **1. a)** *in einem bestimmten wirtschaftlichen Bereich die zur Verfügung stehenden Mittel möglichst rational verwenden:* gut, schlecht, mit Gewinn w.; Es wurde solid gearbeitet und sparsam gewirtschaftet (Loest, Pistole 39); Allerdings wirtschaften nur 0,5 Prozent der Betriebe umweltfreundlich (natur 9, 1991, 19); sie versteht zu w.; wenn weiter so gewirtschaftet wird wie bisher, dann sind wir bald ruiniert; sie muß sehr genau w., um mit dem Geld auszukommen; und bei ihm zu Hause wirtschaftete die Frau *(führte sie die Landwirtschaft)* mit kriegsgefangenen Russen und Polen (Plievier, Stalingrad 79); **b)** *etw. durch [schlechtes] Wirtschaften* (1 a) *in einen bestimmten Zustand bringen:* eine Firma konkursreif, in den Ruin, in die roten Zahlen w.; er hat den Hof zugrunde gewirtschaftet. **2.** *sich im Haushalt, im Haus o. ä. betätigen, dort mit einer Arbeit beschäftigt sein:* Die Köchin wirtschaftete in großem Eifer (Musil, Mann 1026); Er hatte in seiner Loge gesessen und emsig mit allen möglichen Papieren gewirtschaftet *(hantiert, herumgewirtschaftet;* Brinkmann, Zeit 7); **Wirt|schaf|ter,** der; -s, -: **1.** (Wirtsch.) *Unternehmer; leitende Persönlichkeit im Bereich der Wirtschaft:* Die Regierungsmethoden ... verlangen eine ... enge Zusammenarbeit von Behörden und -n (Rittershausen, Wirtschaft 58). **2.** *Angestellter, der einen landwirtschaftlichen Betrieb führt* (Berufsbez.). **3.** (Jargon) *männliche Person, die die Aufsicht über die Prostituierten in einem Bordell führt:* Der W. des Hauses war aufmerksam geworden, als die Frau längere Zeit nicht wieder im Kontakthof erschienen war (MM 2. 1. 73, 13); **Wirt|schaf|te|rin,** die; -, -nen: *Haushälterin;* **Wirt|schaftler,** der; -s, -: **1.** kurz für ↑*Wirtschaftswissenschaftler.* **2.** *Wirtschafter* (1); **Wirt|schaft|le|rin,** die; -, -nen: w. Form zu ↑*Wirtschaftler;* **wirt|schaft|lich** 〈Adj.〉: **1. a)** *die Wirtschaft* (1) *betreffend:* die -en Verhältnisse eines Landes; -e Interessen, Fragen, Probleme, Maßnahmen, Erfolge; der -e Aufschwung eines Landes; Rolf erklärt mir alles Wissenswerte über den Hafen und seine -e Bedeutung (Schwaiger, Wie kommt 33); Betriebsschließungen infolge -er Konzentration (Chotjewitz, Friede 269); **b)** *geldlich, finanziell:* sich in einer -en Notlage befinden; den Eltern ging es w. ausgezeichnet (Loest, Pistole 123); Ihr Onkel in Kairo ... kann es w. ermöglichen, daß sie in Basel studiert (Frisch, Montauk 169); w. *(in finanzieller Hinsicht)* von jmdm. abhängig sein; es geht dieser Schicht jetzt w. weitaus besser. **2. a)** *gut wirtschaften könnend; sparsam mit etw. umgehend:* eine -e Hausfrau; die Mittel sind so w. *(ökonomisch)* wie möglich auszugeben; Die Hausfrauen putzen, wischen, kehren und bürsten den ganzen Tag, was im Dorf häuslich und w. sein genannt wird (Müller, Niederungen 123); **b)** *dem Prinzip der Wirtschaftlichkeit entsprechend:* ein -es Auto; eine -e Fahrweise; während für die Swissair die im Treibstoffverbrauch -eren ... Airbusse angekündigt sind (NZZ 29. 1. 83, 26); Wie w. ein Reifen ist, hängt natürlich auch vom Verschleiß ab (ADAC-Motorwelt 12, 1986, 35); **Wirt|schaft|lich|keit,** die; -: *Übereinstimmung mit dem Prinzip, mit den gegebenen Mitteln den größtmöglichen Ertrag zu erwirtschaften od. für einen bestimmten Ertrag die geringstmöglichen Mittel einzusetzen:* die W. eines Betriebes; die Zentralkokerei mit Stampftechnik, deren W. nachgewiesen sei (Saarbr. Zeitung 5. 12. 79, 1); **Wirt|schafts|ab|kom|men,** das: *gegenseitiges staatliches Abkommen über wirtschaftliche Beziehungen;* **Wirt|schaftsasy|lant,** der: *jmd., der aus wirtschaftlichen Gründen sein Land verläßt, jedoch für sich in Anspruch nimmt, politisches Asyl Suchender zu sein* ↑*Wirtschaftsasylant;* **Wirt|schafts|asylan|tin,** die: w. Form zu ↑*Wirtschaftsasylant;* **Wirt|schafts|auf|schwung,** der: *wirtschaftlicher* (1) *Aufschwung* (3); **Wirt|schafts|aus|schuß,** der: *Ausschuß* (2), *der wirtschaftliche Angelegenheiten berät;* **Wirt|schafts|be|ra|ter,** der: *Berater in wirtschaftlichen Fragen;* **Wirt|schafts|be|ra|te|rin,** die: w. Form zu ↑*Wirtschaftsberater;* **Wirt|schafts|be|zie|hun|gen** 〈Pl.〉: *wirtschaftliche Beziehungen [zwischen Staaten];* **Wirt|schafts|block,** der 〈Pl. ...blöcke, selten: -s〉: vgl. Block (4 b); **Wirt|schafts|blocka|de**[1], die: vgl. Wirt-

schaftsboykott; **Wirt|schafts|boy|kott,** der: *über ein Land verhängter wirtschaftlicher Boykott;* **Wirt|schafts|buch,** das: *Buch, in das die Einnahmen u. Ausgaben im Zusammenhang mit der Haushaltsführung eingetragen werden;* **Wirt|schafts|de|likt,** das: *Wirtschaftsstraftat;* **Wirt|schafts|ein|heit,** die: *in sich geschlossenes wirtschaftliches Gebilde in Form von Haushalt, Unternehmen, Körperschaft;* **Wirt|schafts|em|bar|go,** das: *die Wirtschaft* (1) *betreffendes Embargo;* **Wirt|schafts|ethik,** die ⟨o. Pl.⟩: *Teilgebiet der Wirtschaftswissenschaft u. der Philosophie, auf dem man sich mit den moralischen Aspekten wirtschaftlichen Handelns befaßt;* **Wirt|schafts|ex|per|te,** der: *Experte in wirtschaftlichen* (1 a) *Fragen, Angelegenheiten;* **Wirt|schafts|ex|per|tin,** die: *w. Form zu* ↑ Wirtschaftsexperte; **Wirt|schafts|fach|schu|le,** die: *Fachschule für kaufmännische Berufe;* **Wirt|schafts|fak|tor,** der: *die Wirtschaft* (1) *mitbestimmender maßgeblicher Faktor* (1): *für das nördlichste Bundesland sind die Häfen so etwas wie ein Lebensnerv ... für die Bevölkerung sind sie W. Nummer eins* (Frankfurter Rundschau 13. 6. 87, M 1); **Wirt|schafts|flücht|ling,** der; *Flüchtling, der nicht aus politischen, sondern aus wirtschaftlichen Gründen sein Land verläßt: Das westdeutsche Asylrecht verbietet es, sogenannte -e aufzunehmen* (Spiegel 43, 1981, 90); **Wirt|schafts|för|de|rung,** die ⟨o. Pl.⟩: *Gesamtheit der wirtschaftspolitischen Maßnahmen zur Steigerung der Leistungs- u. Wettbewerbsfähigkeit von Unternehmen;* **Wirt|schafts|form,** die: a) *Form der Wirtschaft* (1): *die kapitalistische, sozialistische W.;* b) *Form der Wirtschaft* (5 a): *daß Forstwirtschaft diejenige ... W. ist, die am meisten Geduld erfordert* (Mantel, Wald 73); **Wirt|schafts|fra|gen** ⟨Pl.⟩: *wirtschaftliche Fragen* (2); **Wirt|schafts|füh|rer,** der: *leitende Persönlichkeit im Bereich der Wirtschaft;* **Wirt|schafts|füh|re|rin,** die: *w. Form zu* ↑ Wirtschaftsführer; **Wirt|schafts|füh|rung,** die: *Führung* (1 a, c) *der Wirtschaft* (1) *eines Betriebs, Unternehmens, Staates o. ä.;* **Wirt|schafts|funk|tio|när,** der: *Funktionär* (a) *im Bereich der Wirtschaft* (1), *bes. in der Planwirtschaft;* **Wirt|schafts|funk|tio|nä|rin,** die: *w. Form zu* ↑ Wirtschaftsfunktionär; **Wirt|schafts|ge|bäu|de,** das ⟨meist Pl.⟩: *zu einem Kloster, Schloß, Gut gehörendes Gebäude mit Küche, Stall, Scheune, Brauhaus, Schmiede o. ä. (in der Nähe des Wohngebäudes);* **Wirt|schafts|ge|biet,** das ⟨Wirtsch.⟩: *Gebiet einer einheitlichen Wirtschaft: sich zu einem gemeinsamen W. zusammenschließen;* **Wirt|schafts|geld,** das: *Haushaltsgeld: ... verlangen ... noch viele Männer, daß die Frau ihr schwer verdientes Geld abliefert. Bekommt sie den W., damit muß sie auskommen* (MM 14./15. 6. 80, 16); **Wirt|schafts|ge|mein|schaft,** die ⟨Wirtsch.⟩: *Gemeinschaft, Zusammenschluß von Wirtschaftsgebieten: Die W. muß außenpolitisch handlungsfähig werden* (W. Brandt, Begegnungen 641); *die Europäische W.* (Abk.: EWG); **Wirt|schafts|geo|gra|phie,** die: *Teilgebiet der Geographie, dessen Forschungsgegenstand die von der Wirtschaft* (1) *gestaltete Erdoberfläche ist;* **Wirt|schafts|ge|schich|te,** die: 1. ⟨o. Pl.⟩ *Geschichte der Wirtschaft als Zweig der Geschichtswissenschaft.* 2. *Werk, das die Wirtschaftsgeschichte* (1) *zum Thema hat;* **Wirt|schafts|gip|fel,** der: *Gipfeltreffen zur Erörterung von Wirtschaftsfragen;* **Wirt|schafts|gut,** das ⟨meist Pl.⟩ (Wirtsch.): *Gut, das der Befriedigung menschlicher Bedürfnisse dient;* **Wirt|schafts|gym|na|si|um,** das: *Aufbaugymnasium mit volks- u. wirtschaftswissenschaftlichem Schwerpunkt;* **Wirt|schafts|hil|fe,** die: *finanzielle Unterstützung (eines Staates), die für wirtschaftliche Zwecke bestimmt ist: Israel soll von den USA ferner eine W. in Höhe von 785 Mill. Dollar erhalten* (horizont 13, 1978, 19); **Wirt|schafts|hoch|schu|le,** die: *wissenschaftliche Hochschule zur akademischen Ausbildung in Wirtschaftswissenschaften;* **Wirt|schafts|hof,** der: 1. *Bauernhof; Gutshof.* 2. *durch die Anordnung der Wirtschaftsgebäude gebildeter Hof* (1); **Wirt|schafts|in|for|ma|tik,** die ⟨o. Pl.⟩: *interdisziplinäre Wissenschaft, die sich mit der Entwicklung, Einführung, Wartung u. Nutzung betrieblicher Informationssysteme befaßt;* **Wirt|schafts|in|ge|nieur,** der: *Ingenieur mit abgeschlossenem technischem u. wirtschaftswissenschaftlichem Studium;* **Wirt|schafts|in|ge|nieu|rin,** die: *w. Form zu* ↑ Wirtschaftsingenieur; **Wirt|schafts|in|te|gra|ti|on,** die: *wirtschaftliche Integration;* **Wirt|schafts|jahr,** das ⟨Wirtsch.⟩: *Geschäftsjahr: Die -e für Milch und Rindfleisch verlängerten sie bis zum 22. Mai* (NZZ 30. 4. 83, 17); **Wirt|schafts|jour|na|list,** der: *Journalist, der über Entwicklungen in der Wirtschaft berichtet;* **Wirt|schafts|jour|na|li|stin,** die: *w. Form zu* ↑ Wirtschaftsjournalist; **Wirt|schafts|ka|pi|tän,** der (emotional): *Großunternehmer; Wirtschaftsführer;* **Wirt|schafts|ka|pi|tä|nin,** die (emotional): *w. Form zu* ↑ Wirtschaftskapitän; **Wirt|schafts|kar|te,** die: *geographische Karte, auf der Themen aus der Wirtschaft (z. B. der Land-, Forst-, Energiewirtschaft) dargestellt sind;* **Wirt|schafts|kraft,** die ⟨o. Pl.⟩: *vgl. Finanzkraft;* **Wirt|schafts|kreis|lauf,** der: *als Kreislauf* (1) *dargestelltes, wirtschaftswissenschaftliches Modell von den auf dem Tausch von Gütern o. ä. beruhenden Beziehungen u. Verflechtungen innerhalb einer Volkswirtschaft;* **Wirt|schafts|krieg,** der: *wirtschaftliche [u. militärische] Kampfmaßnahmen gegen die Wirtschaft eines anderen Staates: Damals brach der W. zwischen den USA und dem Iran offen aus* (Saarbr. Zeitung 1. 12. 79, 4); **Wirt|schafts|kri|mi|na|li|tät,** die: *Kriminalität im Wirtschaftsleben: Die W. ... dürfte jedes Jahr größere Schäden verursachen als die gesamte andere Kriminalität* (horizont 13, 1978, 21); **wirt|schafts|kri|mi|nell** ⟨Adj.⟩: *die Wirtschaftskriminalität betreffend, auf ihr beruhend, zu ihr gehörend: Selbstbewußtsein des -en Mobs* (Lindlau, Mob 275); *Wenn es ... nicht gelingt, das Risiko -er Betätigung deutlich zu erhöhen* (Vorwärts 17. 5. 84, 22); **Wirt|schafts|kri|mi|nel|le,** der u. die: *jmd., der im Bereich der Wirtschaftskriminalität straffällig geworden ist: Das Fürstentum Liechtenstein gewährt westdeutschen -n und Steuerbetrügern ein fast sicheres Asyl* (Spiegel 34, 1976, 5); **Wirt|schafts|kri|se,** die (Wirtsch.): *Umschwung der Hochkonjunktur in eine Phase wirtschaftlicher Zusammenbrüche;* **Wirt|schafts|la|ge,** die: *wirtschaftliche* (1) *Lage:* eine [anhaltend] gute W.; *Die allgemeine schlechte W. zwingt auch die Politiker zum Sparen* (Kicker 6, 1982, 10); **Wirt|schafts|le|ben,** das ⟨o. Pl.⟩: *wirtschaftliches Geschehen in einem bestimmten geographischen Bereich;* **Wirt|schafts|leh|re,** die: [Grundlagen der] Wirtschaftswissenschaften [als Schulfach]; **Wirt|schafts|len|kung,** die: *staatliche Lenkung der Wirtschaft: Sie haben alle Instrumente der staatlichen W. eingesetzt und dabei kurzfristig auch durchaus Erfolge erzielt* (Enzensberger, Mittelmaß 171); **Wirt|schafts|ma|ga|zin,** das: *Zeitschrift, die wirtschaftliche Themen, Entwicklungen o. ä. darstellt u. kommentiert;* **Wirt|schafts|ma|the|ma|ti|ker,** der: *auf Wirtschaftswissenschaften spezialisierter Mathematiker;* **Wirt|schafts|ma|the|ma|ti|ke|rin,** die: *w. Form zu* ↑ Wirtschaftsmathematiker; **Wirt|schafts|mi|ni|ster,** der: *vgl. Finanzminister;* **Wirt|schafts|mi|ni|ste|rin,** die: *w. Form zu* ↑ Wirtschaftsminister; **Wirt|schafts|mi|ni|ste|ri|um,** das: *vgl. Finanzministerium;* **Wirt|schafts|ober|schu|le,** die: *Schule, die die fachgebundene Hochschulreife vermittelt, die zu einem wirtschaftswissenschaftlichen Studium berechtigt;* **Wirt|schafts|ord|nung,** die: *Art, in der die Wirtschaft eines Landes aufgebaut ist:* eine kapitalistische, sozialistische W.; **Wirt|schafts|päd|ago|gik,** die: *Berufspädagogik;* **Wirt|schafts|part|ner,** der: *Partner in Wirtschaftsbeziehungen;* **Wirt|schafts|part|ne|rin,** die: *w. Form zu* ↑ Wirtschaftspartner; **Wirt|schafts|plan,** der: *für einen bestimmten Zeitraum aufgestellter wirtschaftlicher* (1 a) *Plan;* **Wirt|schafts|pla|nung,** die: *Erstellung eines Wirtschaftsplans: Mit dem Jahre 1948 begann die zentrale W.* (Fraenkel, Staat 351); **Wirt|schafts|po|li|tik,** die: *Gesamtheit der staatlichen Maßnahmen zur Gestaltung der Wirtschaft;* **wirt|schafts|po|li|tisch** ⟨Adj.⟩: *die Wirtschaftspolitik betreffend;* **Wirt|schafts|po|ten|ti|al,** das: *Wirtschaftskraft, wirtschaftliches Potential* (1); **Wirt|schafts|pra|xis,** die: *wirtschaftliche* (1 a) *Praxis;* **Wirt|schafts|pres|se,** die ⟨o. Pl.⟩: *wirtschaftliche Fachzeitschriften u. andere Organe im Hinblick auf ihren Wirtschaftsteil;* **Wirt|schafts|pro|gno|se,** die: *die Wirtschaft* (1) *betreffende Prognose:* eine positive, optimistische W.; **Wirt|schafts|prü|fer,** der: *öffentlich bestellter u. vereidigter Prüfer von Jahresabschlüssen wirtschaftlicher Unternehmen* (Berufsbez.); **Wirt|schafts|prü|fe|rin,** die: *w. Form zu* ↑ Wirtschaftsprüfer; **Wirt|schafts|prü|fung,** die (Wirtsch.): *Prüfung des Jahresabschlusses eines wirtschaftlichen Unternehmens;* **Wirt|schafts|pu|bli|zi|stik,** die: *vgl. Wirtschaftspresse;* **Wirt|schafts|rat,** der: *aus Vertretern von Arbeitnehmern u. Arbeitgebern bestehendes Gremium mit beratender Funktion ge-

Wirtschaftsraum

genüber dem Parlament, der Regierung; **Wirt|schafts|raum**, der: **1.** ⟨meist Pl.⟩ vgl. Wirtschaftsgebäude. **2.** *großes Wirtschaftsgebiet;* **Wirt|schafts|recht**, das ⟨o. Pl.⟩: *Recht* (1a) *für den Bereich der Wirtschaft* (1); **Wirt|schafts|sa|bo|ta|ge**, die: vgl. Wirtschaftsspionage; **Wirt|schafts|sank|ti|on**, die ⟨meist Pl.⟩ (Völkerr.): *wirtschaftliche* (1a) *Sanktion* (2a); **Wirt|schafts|sek|tor**, der: *Sektor* (1) *innerhalb der Wirtschaft* (1a) *eines Landes;* **Wirt|schafts|spio|na|ge**, die: *Spionage im Bereich der Wirtschaft* (1); **Wirt|schafts|stand|ort**, der (Wirtsch.): *Standort* (3) *bes. im Hinblick auf ein Land, einen Staat:* Es geht um die Qualität des -es Deutschland (Spiegel 34, 1993, 82); **Wirt|schafts|sta|ti|stik**, die: *Teilgebiet der Statistik, das die Erscheinungen des Wirtschaftslebens erfaßt u. beschreibt;* **Wirt|schafts|straf|recht**, das ⟨o. Pl.⟩: vgl. Wirtschaftsrecht; **Wirt|schafts|straf|tat**, die: *Straftat im Bereich der Wirtschaft* (1); **Wirt|schafts|sy|stem**, das (Wirtsch.): *wirtschaftliches System, Form des Wirtschaftslebens in einer Epoche, Kultur;* **Wirt|schafts|teil**, der: *wirtschaftlichen Themen o. ä. gewidmeter Teil einer Zeitung;* **Wirt|schafts|ter|ri|to|ri|um**, das: *Wirtschaftsgebiet;* **wirt|schafts|theo|re|tisch** ⟨Adj.⟩: *die Wirtschaftstheorie betreffend, auf ihr beruhend, zu ihr gehörend;* **Wirt|schafts|theo|rie**, die: *Theorie der wirtschaftlichen Prozesse;* **Wirt|schafts|trakt**, der: vgl. Wirtschaftsgebäude; **Wirt|schafts|trei|ben|de**, der u. die; -n, -n ⟨Dekl. ↑ Abgeordnete⟩ (österr.): *Gewerbetreibende;* **Wirt|schafts|uni|on**, die: *enge Wirtschaftsgemeinschaft;* **Wirt|schafts|un|ter|neh|men**, das: *Unternehmen* (2) *bes. im Hinblick auf seine Rolle als Wirtschaftsfaktor;* **Wirt|schafts|ver|band**, der: *Interessenverband von Unternehmern eines Wirtschaftszweigs;* **Wirt|schafts|ver|bin|dung**, die ⟨meist Pl.⟩: vgl. Wirtschaftsbeziehungen; **Wirt|schafts|ver|bre|chen**, das: *Wirtschaftsstraftat;* **Wirt|schafts|ver|ei|ni|gung**, die: *Wirtschaftsverband;* **Wirt|schafts|ver|fas|sung**, die: *Gesamtheit der Normen, die das Wirtschaftsleben regeln;* **Wirt|schafts|ver|ge|hen**, das: *Wirtschaftsstraftat;* **Wirt|schafts|wachs|tum**, das: *wirtschaftliches Wachstum;* **Wirt|schafts|wis|sen|schaft**, die ⟨meist Pl.⟩: *Wissenschaft, die sich (als Betriebs-, Volkswirtschaftslehre, Finanzwissenschaft) mit der Wirtschaft beschäftigt;* **Wirt|schafts|wis|sen|schaft|ler**, der: *Wissenschaftler auf dem Gebiet der Wirtschaftswissenschaft[en];* **Wirt|schafts|wis|sen|schaft|le|rin**, die; -, -nen: w. Form zu ↑ Wirtschaftswissenschaftler; **wirt|schafts|wis|sen|schaft|lich** ⟨Adj.⟩: *die Wirtschaftswissenschaft[en] betreffend;* **Wirt|schafts|wun|der**, das (ugs.): *überraschender wirtschaftlicher Aufschwung (bes. nach der Währungsreform von 1948):* das deutsche W.; In zwei bis drei Jahren wird auch Ägypten sein W. haben (Capital 2, 1980, 150); **Wirt|schafts|zei|tung**, die: *Zeitung, die vorwiegend über die Vorgänge in der Wirtschaft* (1) *orientiert;* **Wirt|schafts|zweig**, der: *Gesamtheit der Betriebe, die auf Grund ihrer Produktion zu einem bestimm-*ten wirtschaftlichen Bereich gehören; **Wirts|haus**, das [mhd. wirtshūs]: *Gasthaus [auf dem Lande]:* ein bescheidenes W.; Wenn sich die Männer im W. zum Kartenspielen setzten, steckte jeder sein Messer von unten her in die Tischplatte (Erné, Fahrgäste 119); **Wirts|haus|schild**, das: *Aushängeschild* (1) *eines Gasthauses;* **Wirts|kör|per**, der (Biol.): *Körper eines Wirts* (4); **Wirts|leu|te** ⟨Pl.⟩: **1.** *Ehepaar als jmds. Zimmervermieter:* seine W. waren sehr entgegenkommend. **2.** *Ehepaar, das eine Gastwirtschaft führt;* **Wirts|or|ga|nis|mus**, der (Biol.): *Wirt* (4); **Wirts|pflan|ze**, die (Biol.): *Pflanze als Wirt* (4); **Wirts|schild**, das (veraltet): *Gasthausschild;* **Wirts|stu|be**, die: *Gaststube;* **Wirts|tier**, das (Biol.): vgl. Wirtspflanze; **Wirts|wech|sel**, der (Biol.): *nach einem bestimmten Entwicklungsstadium erfolgender Übergang eines Parasiten von einem Wirt* (4) *auf einen anderen;* **Wirts|zel|le**, die (Biol.): vgl. Wirtspflanze; **Wirts|zim|mer**, das: *Gaststube.*

Wirz, der; -es, -e [mhd. wisch, ahd. -wisc (in Zus.), urspr. = zusammengedrehtes Bündel; Strohbüschel (mit dem gewischt wird)]: **1.** (salopp abwertend) *[wertloses] Schriftstück:* gib den W. her!; ich habe den W. weggeworfen; Die Sekretärin ... sagt, daß ich einen Vertrag bekomme. Ich gehe mit ihr zurück, unterschreibe den W. (Kinski, Erdbeermund 91). **2.** (veraltet) *kleines Bündel [Stroh]:* ein W. Stroh; **Wisch|arm**, der: *Arm* (2), *an dem der Scheibenwischer befestigt ist;* **Wisch|blatt**, das: *Wischerblatt:* Fahren Sie sicher in den Herbst und Winter. Wechseln Sie deshalb jetzt die Wischblätter (rallye racing 10, 1979, 111); **wi|schen** ⟨sw. V.⟩ [mhd. wischen = wischen, sich schnell bewegen, ahd. wisken = wischen]: **1.** *eine od. mehrere Bewegungen bes. mit der Hand leicht reibend über eine Oberfläche hin machen* ⟨hat⟩: mit der Hand über den Tisch w.; ⟨Dativ⟩ mit dem Ärmel über die Stirn w.; du sollst nicht immer in den Augen w.; Ü Auf dem Weg in die Werkstatt ... wischte ihr die Luft aus einem fahlgrauen Himmel durchs Gesicht (Hahn, Mann 157); * *jmdm. eine w.* (ugs.; *jmdm. eine Ohrfeige geben*); **einen gewischt kriegen** (ugs.; 1. *einen elektrischen Schlag bekommen.* 2. *verwundet werden*). **2.** ⟨hat⟩ **a)** *durch Wischen* (1) *entfernen, von einer Stelle weg an eine andere Stelle bewegen:* den Staub von der Glasplatte w.; jmdm. ;mit einem Tuch] den Schweiß von der Stirn w.; sich den Schlaf aus den Augen w.; Unter herabhängenden Zweigen, die man aus dem Gesicht w. mußte, fühlte auch Ingeborg sich wohl (H. W. Richter, Etablissement 47); Staub w. *(durch Wischen beseitigen);* **b)** *durch Wischen* (1) *säubern, von etw. Unerwünschtem, Störendem o. ä. befreien:* jmdm., sich [mit der Serviette] den Mund w.; es (= das Pferd) fährt mit den Lippen über den Barrenrand, eine Geste, als wische es sich das Maul, erst dann taucht es in den Hafer (Frischmuth, Herrin 16); sich die Stirn w.; sie wischte sich die Augen [um ihre Tränen zu verbergen]; * **[nur] zum Wischen sein** (salopp nichts wert sein, nichts taugen); **c)** (bes. nordd.) *mit einem [feuchten] Tuch säubern:* den Fußboden, die Treppe w.; Zum Glück wischen die schwarzen Zimmermädchen in jenem Hotel nicht unter den Betten *(machen sie darunter nicht sauber;* Frisch, Montauk 115). **3.** *sich schnell, leise u. unauffällig irgendwohin bewegen* ⟨ist⟩: Kradräder wischten durch Pfützen (Degenhardt, Zündschnüre 191); eine Katze wischte um die Ecke; Nur dem Drakul gelingt es immer wieder, dicht an der Theke entlang und unbemerkt, unter den Tisch zu w. (Frischmuth, Herrin 33); **Wi|scher**, der; -s, -: **1.** kurz für ↑ Scheibenwischer: den W. einschalten; Der Schädiger klemmte einen Zettel unter den W. (BM 9. 11. 75, 24). **2.** kurz für ↑ Tintenwischer. **3.** (Graphik) *an beiden Enden zugespitztes Gerät aus weichem, gerolltem Leder, Zellstoff o. ä., mit dem Kreide, Rötel o. ä. verwischt wird, um weiche Töne zu erzielen.* **4. a)** (Soldatenspr.) *Streifschuß;* **b)** (ugs.) *leichte Verletzung, Schramme.* **5.** (landsch. ugs.) *Tadel, Verweis, Rüffel;* **Wi|scher|blatt**, das: *Schiene mit Gummieinlage am Scheibenwischer:* schmierende Wischerblätter; **wisch|fest** ⟨Adj.⟩: *sich durch Wischen nicht ohne weiteres entfernen, verwischen lassend:* -e Farbe; ♦ **Wisch|ha|der**, der [↑ ²Hader]: *Wischlappen:* ein altes Weib mit der Küchenschürze und einem W. in der Hand (Droste-Hülshoff, Judenbuche 50); **Wi|schi|wa|schi**, das; -s [wohl zu ↑ Wisch (1) u. veraltet waschen = schwatzen, vgl. Gewäsch] (salopp abwertend): *unklares, verschwommenes Gerede; unpräzise Äußerung, Darstellung, Ausführung:* politisches, ideologisches W.; Man schätzt klare politische Aussagen, kein W. (Hörzu 43, 1976, 12); **Wisch|lap|pen**, der (landsch.): **a)** *Aufwischlappen;* **b)** *Wischtuch* (a).

Wisch|nu: *einer der Hauptgötter des Hinduismus.*

Wisch|tuch, das ⟨Pl. ...tücher⟩: **a)** *Tuch zum [feuchten] Abwischen von Möbeln o. ä.;* **b)** (landsch.) *Aufwischlappen:* Ein Kübel Wasser und ein W. für den Boden (Sobota, Minus-Mann 128).

¹**Wis|con|sin** [wɪsˈkɔnsɪn], der; -[s]: linker Nebenfluß des Mississippi; ²**Wis|con|sin**, -s: Bundesstaat der USA.

Wi|sent [...ɛnt], der; -s, -e [mhd. wisent, ahd. wisant, viell. eigtl. = der Stinkende (nach dem eigentümlichen Moschusgeruch während der Brunstzeit)]: *(dem Bison eng verwandtes) großes, dunkelbraunes Rind mit wollig behaartem Kopf u. Vorderkörper und kurzen, nach oben gebogenen Hörnern, das heute fast nur noch in Tiergärten u. Reservaten vorkommt.*

Wis|mut, (chem. Fachspr. auch:) Bismut, das; -[e]s [spätmhd. wismāt, H. u., viell. bezogen auf den ersten *Mutungsort „in den Wiesen" bei St. Georgen (Schneeberg, Erzgebirge), spätmhd. Form wohl volksetym. umgebildet aus mhd. wismat = Wiese, die gemäht wird]: *rötlichweißes, glänzendes Schwermetall (chemischer Grundstoff); Zeichen:* Bi (↑ Bismutum); **Wis|mut|ma|le|rei**, die: **a)** ⟨o. Pl.⟩ *(vom 16. bis 18. Jh. zur Dekoration von kleinen Möbeln, Kästchen o. ä. ange-*

wandte) Technik des Malens mit Tempera- od. Lackfarben auf einem Kreidegrund, der mit einer dünnen, glänzend polierten, als grauer Ton hindurchschimmernden Wismutschicht überzogen ist; **b)** *in der Technik der Wismutmalerei* (a) *hergestelltes Kunstwerk.*

wis|peln ⟨sw. V.; hat⟩ [mhd. wispeln, lautm.] (landsch.): *wispern;* **wis|pern** ⟨sw. V.; hat⟩ [lautm.]: **a)** *[hastig] flüstern* (a): *die Kinder wisperten [miteinander]; wispernde Stimmen;* **b)** *[hastig] flüstern* (b): „Er kommt!" *wisperten sie; Die Kleine hatte ihn gemustert, sehr ernst. „Guten Tag", hatte sie gewispert* (Bastian, Brut 171); *Aber woanders gab es einiges zu w. und zu tuscheln* (Bieler, Bär 45); *jmdm. etw. ins Ohr w.*

Wiß|be|gier, Wiß|be|gier|de, die ⟨o. Pl.⟩: *Begierde, Verlangen, etw. zu wissen, zu erfahren: kindliche W.; Jeder Mensch in meinem Land ist mir nahe ... Meine Wißbegier über sein Leben ist nicht zu sättigen* (Brot und Salz 27); *sie war von W. besessen;* **wiß|be|gie|rig** ⟨Adj.⟩: *voller Wißbegierde; begierig, etw. zu wissen, zu erfahren: er war äußerst w. hinsichtlich ihrer Person;* **wis|sen** ⟨unr. V.; hat⟩ [mhd. wiʒʒen, ahd. wiʒʒan, eigtl. = gesehen haben, urspr. = erblicken, mit Bedeutungsentwicklung über „gesehen haben [u. daher wissen]")]: **1.** *durch eigene Erfahrung od. Mitteilung von außen Kenntnis von etw., jmdm. haben, so daß zuverlässige Aussagen gemacht werden können: etw. [ganz] genau, sicher, mit Sicherheit, bestimmt, nur ungefähr, im voraus, in allen Einzelheiten w.; ich weiß (das ist mir ein ganz vertrauter Sachverhalt); den Weg, die Lösung, ein Mittel gegen etw. w.; Gegen Ameisen, ja, da weiß ich was* (Brot und Salz 327); *jmds. Adresse, Namen o. etw. aus jmds. eigenem Munde, aus zuverlässiger Quelle w.; weißt du schon das Neu[e]ste?; Er ist wichtig, weiß dauernd Neuigkeiten* (Fels, Kanakenfauna 56); *das Schlimmste,* (iron.:) *Beste, Schönste weißt du noch gar nicht; Was Sie schon immer über Wirtschaft w. wollten* (Neue Solidarität 25. 7. 85, 9); *nichts von einer Sache w.; das hätte ich w. sollen, müssen; wenn ich das gewußt hätte!; woher soll ich das w.?; in diesem/für diesen Beruf muß man viel w.; soviel ich weiß, ist er verreist; er weiß alles, wenig, [rein] gar nichts; als sie ihm verriet, daß sie alle seine Briefe auswendig wußte (kannte), wandte sie sich ab* (Bieler, Mädchenkrieg 506); *wenn ich nur wüßte, ob er kommt; Die wußten genau, wo sie einen packen können* (Kühn, Zeit 55); *jmdn. etw. w. lassen (jmdn. von etwas benachrichtigen); ich weiß ein gutes Lokal (ich weiß, wo es ein gutes Lokal gibt); Ich wüßte der Zeitung eine neue Schlagzeile* (schweiz.; *hätte eine neue Schlagzeile für die Zeitung, könnte ihr eine nennen), die ... auf den geschilderten Fall eher zutreffen würde* (Ziegler, Kein Recht 187); *er weiß es nicht anders (er hat es in seinem Leben nicht anders gelernt); was weiß denn der überhaupt? (er hat doch gar keine Kenntnis von diesen Dingen!); ich weiß, was ich weiß (auf Grund meiner Kenntnis, meiner Erfahrungen bleibe ich bei meinem Standpunkt); ich weiß, daß ich nichts weiß (Grundsatz des Sokrates); er weiß immer alles besser* (iron.; *er hat immer noch überflüssige Ratschläge zu erteilen); er weiß, was er will (er geht mit festem Willen auf sein Ziel zu); ihr wißt [auch] nicht, was ihr wollt (bald entscheidet ihr euch für dies, bald für jenes); du mußt w. (dir im klaren darüber sein), was du tun hast; ich weiß nicht (bin unsicher, unentschlossen hinsichtlich dessen), was ich tun soll; ich weiß, wovon ich rede (ich kann mich bei dem, was ich sage, auf Tatsachen o. ä. stützen); ich wüßte nicht (mir ist keineswegs bekannt, ich habe nie die Erfahrung gemacht), daß er mir je die Unwahrheit gesagt hat; wieviel Geld das alles gekostet hat (das war alles sicher sehr teuer u. als Ausgabe kaum zu verantworten); Möchte nicht w., wer mit der Arbeit von Knastis außerdem noch seinen Schnitt macht (es gibt davon mit Sicherheit einige, eine ganze Menge;* Eppendorfer, Kuß 24); *vielleicht ist er schon wieder geschieden, was weiß ich* (ugs.; *ich weiß es nicht, u. es interessiert mich auch nicht); Weiß ich* (ugs.; *kann ich wissen), wie oft du schon mit dem Sattelschlepper hier warst oder auf andern Kippen?* (Prodöhl, Tod 206); *weißt du [was] (ich schlage vor), wir fahren einfach dorthin; Sie läßt dich zwar vorläufig in Ruhe. Aber man kann nie w.* (ugs.; *man kann nichts voraussagen u. muß daher vorsichtig sein;* Hilsenrath, Nazi 305); *bei dem weiß man nie* (ugs.; *man kann nie wissen, voraussagen, wie er reagieren wird, was er vorhat); er wollte es. (er wußte angeblich, er sagte), daß die Entscheidung bereits gefallen sei; nicht, daß ich [etwas davon] wüßte (davon ist mir nichts bekannt); mit einem wissenden (gewisse Kenntnis ausdrückenden) Lächeln, Blick; die Frau Mutter steht wissend (die Situation genau kennend), weil eigenes Leid erinnernd, mit ihren Tüchern bereit* (Stern, Mann 349); *gewußt, wie!* (ugs.; *man muß nur wissen, wie es richtig gemacht werden muß); Spr es weiß nicht, macht mich nicht heiß (wenn man von unangenehmen, unerfreulichen Dingen nichts erfährt, braucht man sich wenigstens nicht darüber aufzuregen);* *** von jmdm., etw. nichts [mehr] w. wollen** (*an jmdm., etwas kein Interesse [mehr] haben*): *Hat sich in eine Marokkanerin verknallt, aber die will nichts von ihm w.* (Ziegler, Labyrinth 152); **sich** ⟨Dativ⟩ **mit etw. viel w.** (geh.; *sich auf etw. etwas einbilden, auf etw. stolz sein*); **es w. wollen** (ugs.; *bei etw. seine Fähigkeiten energisch unter Beweis stellen wollen*): *Als ... Rugbyspieler hat Howard gelernt, gegen Niederlagen anzukämpfen: „Ich wollte es unbedingt noch einmal w." (Hörzu 43, 1978, 22).* **2.** *über jmdn., etw. unterrichtet sein; sich einer Sache in ihrer Bedeutung, Tragweite, Auswirkung bewußt sein:* *um jmds. Nöte, jmds. Schwierigkeiten w.; Wir wissen um die sehr große Bedeutung der Erfassung von Sekundärstoffen* (Freiheit 21. 6. 78, 5); *Könige wissen voneinander* (Stern, Mann 412). **3.** (geh.) *davon Kenntnis haben, sicher sein, daß sich jmd., etw. in einem bestimmten Zustand, etw. in einem bestimmten Ort o. ä. befindet, sich etw. in bestimmter Weise verhält: jmdn. zu Hause w.; Haus und Garten in guter Obhut w.; sich in Sicherheit, geborgen, krank w.; Wenn ich es aus Versehen trotzdem tue, so weiß ich mich im Unrecht* (Frisch, Montauk 119); *seine Kinder bei jmdm. in guten Händen w.; er wollte diese Äußerung ganz anders verstanden w.; Werner Siemens wußte sich von konjunkturellen Schwankungen unabhängig* (Delius, Siemens-Welt 8). **4.** ⟨mit Inf. mit „zu"⟩ *in der Lage sein, etw. zu tun:* *sich zu benehmen, zu behaupten w.; etw. zu schätzen w.; Diese wußte das Vertrauen zu rechtfertigen und erreichte in drei von vier Disziplinen Noten von deutlich über Neun* (Vaterland 1. 8. 84, 18); *sich zu helfen w.; nichts mit jmdm. anzufangen w.; sie weiß etwas aus sich zu machen; er weiß manches zu berichten (konnte manches berichten, berichtete manches); Niemand von den Zuschauern wußte zu sagen, wer diese Leute waren* (Fest, Im Gegenlicht 236). **5.** (ugs.) *in verstärkenden, floskelhaften Einschüben: so tun, als ob die Angelegenheit wer weiß wie (als ob sie äußerst) wichtig sei; daß ein Vormittag über alle Einzelheiten eines Gesuchs ... geredet hatte ..., als ginge es um wer weiß was (um etwas ungeheuer Wichtiges);* Kronauer, Bogenschütze 128); *dies und noch wer weiß was alles (u. noch alles mögliche) hat er erzählt; dies und ich weiß nicht was noch alles;* **Wis|sen,** das; -s [mhd. wiʒʒen]: **a)** *Gesamtheit der Kenntnisse, die jmd. [auf einem bestimmten Gebiet] hat: ein umfangreiches, umfassendes, gründliches, gesichertes W.; jmds. praktisches, theoretisches, politisches W.; das menschliche W.; Da ist mein W. begrenzt* (Spiegel 2, 1982, 91); *ein großes W. haben, besitzen; Diese Frau hatte nun ein wenig mehr W. als die Hiesigen und belehrte die anderen* (Wimschneider, Herbstmilch 39); *er mußte unbedingt sein W. anbringen; die Redakteure setzen beim Zuschauer zu viel Vorinformation und W. um die Zusammenhänge voraus* (Hörzu 9, 1982, 13); *Spr W. ist Macht* (nach dem engl. Philosophen Francis Bacon, 1561–1626); **b)** *Kenntnis, das Wissen* (1) *von etw.: ein wortloses, untrügliches W.; meines -s (soviel ich weiß;* Abk.: m. W.) *ist er verreist; Gleich darauf versuchte er, sich alle die Personen ins Gedächtnis zu rufen, die seines -s ein Herzleiden hatten* (Becker, Tage 9); *im W. um diese Dinge; jmdn. mit W. (während man sich seines Handelns voll bewußt ist) benachteiligen; etw. nach bestem W. und Gewissen tun; das geschah ohne mein W.; etw. wider besseres/(seltener:) gegen [sein] besseres W. (obwohl man weiß, daß es falsch ist) tun;* **wis|sens|ba|siert** ⟨Adj.⟩ (Datenverarb.): *eine Wissensbasis enthaltend, auf einer Wissensbasis beruhend, mit ihr arbeitend: ein -es System; Wissensbasierte Programmiertechniken werden sich ... durchsetzen* (Welt 19. 12. 88, 21); **Wis|sens|ba|sis,** die (Datenverarb.): *die Grundlage für künstliche Intelligenz (bes. in Expertensystemen) bildendes,* *in Rechnern gespeichertes Wissen, das Zusammenhänge, Fakten u. Regeln enthält;* **Wis|sens|be|reich,** der: vgl. Wissensgebiet; **Wis|sen|schaft,** die; -, -en [(früh)nhd. für lat. scientia; mhd. wi3-3en[t]schaft = (Vor)wissen; Genehmigung]: **1.** *(ein begründetes, geordnetes, für gesichert erachtetes) Wissen hervorbringende forschende Tätigkeit in einem bestimmten Bereich:* reine, angewandte W.; die ärztliche, mathematische, politische W.; die W. der Medizin, von den Fischen; exakte -en *(Wissenschaften, deren Ergebnisse auf mathematischen Beweisen, genauen Messungen beruhen,* z. B. Mathematik, Physik); ein Hearing ..., zu dem die Energiewirtschaft und die W. *(Wissenschaftler)* eingeladen wurden (Hamburger Abendblatt 20. 3. 84, 15); die W. fördern; der W. dienen; die Akademie der -en; alles atmet den Geist hoher W. *(Wissenschaftlichkeit);* er ist in der W. *(im Bereich der Wissenschaft)* tätig; Vertreter von Kunst und W.; Ü Die Entzifferung der Tafeln ist eine kleine W. für sich *(ist so kompliziert, daß man dazu über besondere Kenntnisse verfügen muß;* ADAC-Motorwelt 3, 1986, 119). **2.** *jmds. Wissen in einer bestimmten Angelegenheit o. Ä.:* es dauerte, bis er mit seiner W. herauskam. ♦ **3.** *Kenntnis* (1): da er sein Anerbieten ... zur W. des Volkes bringen würde (Kleist, Kohlhaas 52); **Wis|sen|schafter,** der; -s, - (österr., schweiz.): *Wissenschaftler;* **Wis|sen|schaf|te|rin,** die; -, -nen (österr., schweiz.): w. Form zu ↑Wissenschafter; **Wis|sen|schaft|ler,** der; -s, -: *jmd., der eine abgeschlossene Hochschulbildung verfügt u. im Bereich der Wissenschaft tätig ist:* ein namhafter, bedeutender, großer, ernsthafter W.; **Wis|sen|schaft|le|rin,** die; -, -nen: w. Form zu ↑Wissenschaftler; **wis|sen|schaft|lich** ⟨Adj.⟩: *die Wissenschaft betreffend, dazu gehörend, darauf beruhend:* eine -e Arbeit, Abhandlung; -e Methoden, Erkenntnisse, Ergebnisse, Bücher; -e Literatur; eine -e *(mit bestimmten wissenschaftlichen Arbeiten beauftragte)* Hilfskraft; ein -er *(aus Wissenschaftlern bestehender)* [Bei]rat; Eine verstärkte Förderung des -en Nachwuchses durch eine Rückkehr zum Stipendiensystem (MM 3. 8. 79, 5); Der Zweck dieses Tests war rein w.; w. arbeiten; diese Theorie ist w. nicht haltbar; das ist w. erwiesen; etw. w. untersuchen; Beide würden ihre Nachwuchskräfte viel -er ausbilden (Grosser, Deutschland 86); **Wis|sen|schaft|lich|keit,** die; -: *das Wissenschaftlichsein; den Prinzipien der Wissenschaft entsprechende Art:* ohne Anspruch auf W.; **Wis|sen|schafts|be|griff,** der: vgl. Ideologiebegriff; **Wis|sen|schafts|be|trieb,** der ⟨o. Pl.⟩ (ugs.): *Tätigkeiten u. Abläufe in einem wissenschaftlichen Bereich:* der deutsche, medizinische W.; Unerläßlich zur Aufrechterhaltung eines freien -es ist jedoch die Offenlegung sämtlicher vom Staat verwahrter Urkunden (NJW 19, 1984, 1136); **Wis|sen|schafts|ethik,** die: *Ethik* (1 a), *die den Sinn u. die Verantwortung von Wissenschaft untersucht;* **Wis|sen|schafts|frei|heit,** die ⟨o. Pl.⟩: *Freiheit der Wissenschaft,*

Forschung u. Lehre vor staatlichen Eingriffen; **Wis|sen|schafts|ge|schich|te,** die: *Geschichte* (1 a) *der Wissenschaften, ihrer Theorien, Methoden u. Verfahren;* **wis|sen|schafts|ge|schicht|lich** ⟨Adj.⟩: *die Wissenschaftsgeschichte betreffend, auf ihr beruhend, zu ihr gehörend;* **Wis|sen|schafts|glau|be,** der: *[allzu] großes Vertrauen in die Wissenschaft;* **wis|sen|schafts|gläu|big** ⟨Adj.⟩: *[allzu] großes Vertrauen in die Wissenschaft setzend:* Wer in einer -en Zeit „die Wissenschaft" auf seiner Seite wußte, fühlte sich anderen überlegen (Eppler, Kavalleriepferde 34); **Wis|sen|schafts|gläu|big|keit,** die: *das Wissenschaftsgläubigsein;* **Wis|sen|schafts|jour|na|lis|mus,** der: *Bereich des Journalismus, in dem [natur]wissenschaftliche Themen behandelt, dargestellt werden:* der W. kennt ein Gebiet, das besonders spröde ist, will man es allgemeinverständlich machen: die Archäologie (MM 11. 5. 79, 32); **Wis|sen|schafts|jour|na|list,** der: *Journalist mit entsprechender wissenschaftlicher Ausbildung, der [natur]wissenschaftliche Themen behandelt;* **Wis|sen|schafts|jour|na|li|stin,** die: w. Form zu ↑Wissenschaftsjournalist; **Wis|sen|schafts|or|ga|ni|sa|ti|on,** die: *Organisation zur Förderung wissenschaftlicher Forschung;* **Wis|sen|schafts|preis,** der: *für herausragende wissenschaftliche Leistungen vergebener Preis* (2 a); **Wis|sen|schafts|pres|se,** die: *Gesamtheit der periodisch erscheinenden Publikationen, in denen Fragen, Probleme bestimmter Wissenschaften* (1) *abgehandelt werden;* **Wis|sen|schafts|so|zio|lo|gie,** die: *Teilgebiet der Soziologie, das sich mit den Wechselbeziehungen von Gesellschaft u. Wissenschaft beschäftigt;* **Wis|sen|schafts|theo|rie,** die ⟨o. Pl.⟩: *Teilgebiet der Philosophie, in dem die Voraussetzungen, Methoden, Strukturen, Ziele u. Auswirkungen von Wissenschaft untersucht werden;* **Wis|sen|schafts|zweig,** der: *Teilgebiet einer Wissenschaft;* **Wis|sens|drang,** der ⟨o. Pl.⟩: *Drang nach Wissen;* **Wis|sens|durst,** der: *Wissensdrang:* seinen W. befriedigen, stillen; **wis|sens|dur|stig** ⟨Adj.⟩: *von Wissensdurst erfüllt;* **Wis|sens|fra|ge,** die: *Frage, deren Beantwortung reines Wissen erfordert;* **Wis|sens|ge|biet,** das: *Gebiet menschlichen Wissens, auf dem wissenschaftliche Erkenntnisse vorliegen;* **Wis|sens|gut,** das ⟨o. Pl.⟩: *zur Verfügung stehendes Wissen (eines bestimmten Wissensgebietes);* **Wis|sens|lücke[1],** die: *lückenhafte Kenntnisse auf einem Wissensgebiet;* **Wis|sens|schatz,** der ⟨o. Pl.⟩: *im Laufe der Zeit erworbenes, aufgehäuftes Wissen;* **Wis|sens|stand,** der: *(zu einem bestimmten Zeitpunkt erreichter) Stand des Wissens;* **Wis|sens|stoff,** der ⟨o. Pl.⟩: *zu verarbeitendes Wissen [auf einem Gebiet]:* ein stets ansteigender W. [in den Naturwissenschaften]; **Wis|sens|trans|fer,** der (Fachspr.): vgl. Technologietransfer: Christiani nannte als wichtig auch den W. von der Grundlagenforschung an den Universitäten zur Industrie (Hamburger Abendblatt 5. 9. 84, 31); **Wis|sens|ver|mitt|lung,** die: *das Vermitteln* (4) *von Wissen;* **Wis|sens|vor|sprung,** der ⟨o. Pl.⟩:

größeres Maß an Wissen, Kenntnissen, Informationen in einem bestimmten Zusammenhang: die Leser unserer Zeitung haben einen W. gegenüber anderen; **wis|sens|wert** ⟨Adj.⟩: *von solchem Interesse, daß man die betreffende Sache wissen sollte:* -e Neuigkeiten; ⟨subst.:⟩ das Buch enthält viel Wissenswertes; Rolf erklärt mir alles Wissenswerte über den Hafen und seine wirtschaftliche Bedeutung (Schwaiger, Wie kommt 33); **Wis|sens|zweig,** der: vgl. Wissensbereich; **wis|sent|lich** ⟨Adj.⟩ [mhd. wi3zen(t)lich = bewußt, bekannt, offenkundig]: *in vollem Bewußtsein der negativen Auswirkung [handelnd, geschehend]:* eine -e Kränkung; w. in sein Unglück rennen; eine solche Form der Werbung mit w. falschen Aussagen (CCI 10, 1992, 2); er war ohne Kopfbedeckung hier, obschon er die Aufforderung gelesen hatte, w. hatte er gegen sie verstoßen (Rolf Schneider, November 218).

wist ⟨Interj.⟩ [zu ahd. winistar = links] (landsch.): hüst!

Wi|ste|ria, die; - [nach dem amerik. Anatomen C. Wistar (1761–1818)]: *Glyzine.*

Wit|frau, die; -, -en (landsch., schweiz., sonst veraltet): *Witwe;* **Wi|tib,** (österr.:) Wittib, die; -, -e [spätmhd. wit(t)ib] (veraltet): *Witwe;* **Wit|mann,** der; -[e]s, ...männer (veraltet): *Witwer.*

wit|schen ⟨sw. V.; ist⟩ [laut- u. bewegungsnachahmend] (ugs.): *schlüpfen* (1 a): Kater Murr ... wehrte sich wild, kratzte und biß, sprang runter und witschte aus der Tür (B. Vesper, Reise 338).

Wit|ten|berg: *Stadt an der mittleren Elbe;* **[1]Wit|ten|ber|ger,** der; -s, -: *Ew.;* **[2]Wit|ten|ber|ger** ⟨indekl. Adj.⟩; **Wit|ten|ber|ge|rin,** die; -, -nen: w. Form zu ↑[1]Wittenberger; **wit|ten|ber|gisch** ⟨Adj.⟩.

wit|tern ⟨sw. V.; hat⟩ [mhd. witeren = ein bestimmtes Wetter sein od. werden; weidm.: Geruch in die Nase bekommen, zu ↑[2]Wetter]: **1.** (Jägerspr.) **a)** *durch den Geruchssinn etw. aufzuspüren od. wahrzunehmen suchen; einen durch den Luftzug herangetragenen Geruch mit feinem Geruchssinn zu erkennen suchen:* das Reh, der Luchs wittert; Ü sie ... führte ihn aus der Küche zurück, nachdem sie vorher an der Kellertür nach draußen gewittert hatte (Giordano, Die Bertinis 633); **b)** *etw. durch den Luftzug mit dem Geruchssinn wahrnehmen:* der Hund wittert Wild, eine Spur; das Pferd lief schneller, als es den Stall witterte. **2.** *mit feinem Gefühl etw., was einen angeht, ahnen:* überall Böses, Unheil, Verrat, Gefahr w.; ein Geschäft, eine Möglichkeit, eine Sensation w.; Zum ersten Mal in seinem Leben mußte er nicht mit jedem Atemzug darauf gefaßt sein, ein Neues, Unerwartetes, Feindliches zu w. oder ein Angenehmes zu verlieren (Süskind, Parfum 147); in jmdm. einen neuen Kunden, den kommenden Politiker, einen Feind w.; er wittert, daß ihm da eine Verantwortung zugeschoben werden soll (Heym, Schwarzenberg 185); **Wit|te|rung,** die; -, -en: **1.** *Wetter während eines bestimmten Zeitraums:* eine warme, kühle, feuchte, naßkalte, wechselnde W.; der W. ausgesetzt sein; allen Unbilden der W. trotzen;

Markt ab morgens 8 Uhr bei jeder W. (Bund 9.8.80, 10); die Aussaat hängt von der W. ab; Ü Es gab keine Garantie dafür, daß der besänftigende Dunst einer bewährten Zuneigung die beständige W. ihrer Zusammenkünfte sein würde (Kronauer, Bogenschütze 55). **2.** (Jägerspr.) **a)** *(von Tieren) Geruchssinn:* das Tier, der Hund hat eine feine W.; **b)** *durch den Luftzug mit dem Geruchssinn wahrgenommener spezieller Geruch:* W. nehmen, die W. aufnehmen; dem Hund W. geben; es passiert nie etwas, die Tiere behalten einander in W. (Frischmuth, Herrin 31); Es roch ... nach der herben, scharfen W. des Schilfes (Schröder, Wanderer 104); Ü ... nahm er von diesem Frieden W. *(spürte, empfand er ihn;* Musil, Mann 648); er bekam W. von ihrer Fürsorge *(wurde ihrer gewahr).* **3. a)** ⟨Pl. selten⟩ *Ahnungsvermögen, feiner Spürsinn in bezug auf etw.:* eine W. für die Zukunft, für Stimmungsumschwünge; eine sichere W. für etw. besitzen; **b)** *das Wittern (2):* die W. naher Gefahr; **wit|te|rungs|be|dingt** ⟨Adj.⟩: *durch die Witterung (1) bedingt:* -e Schäden, Krankheiten; **Wit|te|rungs|be|din|gun|gen** ⟨Pl.⟩: vgl. Witterungsverhältnisse; **wit|te|rungs|be|stän|dig** ⟨Adj.⟩: *unempfindlich gegenüber Witterungseinflüssen:* Gartenmöbel zum Verwöhnen: bequem, absolut w. und pflegeleicht (Westd. Zeitung 7.7.84, o. S.); **Wit|te|rungs|ein|fluß,** der; ⟨meist Pl.⟩: *Einwirkung durch die Witterung (1);* **Wit|te|rungs|um|schlag,** der: *Umschlag der Witterung (1);* **Wit|te|rungs|ver|hält|nis|se** ⟨Pl.⟩: *durch die Witterung (1) gegebene Verhältnisse, Bedingungen.*
Wit|tib: ↑Witib; **Wit|ti|ber,** der; -s, - (österr.): *Witwer.*
Witt|ling, der; -s, -e [aus dem Niederd., zu: wit = weiß, eigtl. = Weißling]: *(im Nordatlantik u. in der westlichen Ostsee vorkommender) mittelgroßer, grünlich silberglänzender, auf dem Rücken bräunlicher Fisch.*
Wit|tum ['vɪtu:m], das; -[e]s, Wittümer [mhd. wideme, ahd. widimo = Brautgabe; Dotierung einer Kirche mit Grundstücken; seit dem 15. Jh. stellt sich neben die alte Form mhd. wideme die in Anlehnung an die Wörter auf -tum gebildete neue Form „Wittum" mit der Bed. „Brautgabe"; seitdem volksetym. an „Witwe" angelehnt u. als „Witwengut" verstanden]: **1.** *(im germanischen Recht) Vermögensleistung des Bräutigams an die Braut bei der Eheschließung [zugleich zum Zwecke der Versorgung der Witwe].* **2.** (kath. Kirche landsch.) *mit einem Kirchenamt verbundenes, zum Unterhalt des Amtsinhabers bestimmtes Vermögen.*
Wit|we, die; -, -n [mhd. witewe, ahd. wituwa, eigtl. wohl = die (ihres Mannes) Beraubte]: *Frau, deren Ehemann gestorben ist* (Abk.: Wwe.): früh W. werden; als zwiefache W. *(zweimal Verwitwete;* Bergengruen, Rittmeisterin 71); Auguste Quiex, ... W. nach (österr., zum *von, des)* Leopold Quiex (Presse 9.7.69, 5); * **grüne W.** (ugs. scherzh.; *sich tagsüber in ihrer Wohnung außerhalb der Stadt allein fühlende Ehefrau*): Sie führte das typische Leben einer grünen W. am Rande der Stadt, abgeschnitten von allen menschlichen Kontakten, versehen mit allem Nötigen für ein erfülltes Frauendasein (Dierichs, Männer 159); **Wit|wen|ball,** der (ugs. veraltend): *von Damen ohne Herrenbegleitung besuchte Tanzveranstaltung;* **Wit|wen|blu|me,** die: *Knautie;* **Wit|wen|buckel[1],** der (volkst.): *durch einen Abbau der Knochensubstanz hervorgerufene Verkrümmung der Wirbelsäule bei älteren Frauen;* **Wit|wen|geld,** das: *Geldbetrag, den die Witwe eines Beamten monatlich erhält;* **Wit|wen|ren|te,** die: *Hinterbliebenenrente für Witwen;* **Wit|wen|schaft,** die; -: *Zustand des Witweseins, in den eine Frau durch den Tod ihres Ehemannes versetzt wird:* Edith ... bereitet das Haus auf ihre bevorstehende W. vor (Chotjewitz, Friede 272); **Wit|wen|schlei|er,** der: *Trauerschleier einer Witwe;* **Wit|wen|stand,** der: *Stand, Status des Witweseins;* **Wit|wen|trö|ster,** der (ugs. scherzh.): *jmd., der sexuelle Kontakte zu Witwen hat:* Sein offensichtlicher Hang zu älteren Frauen ... verleiht ihm das Flair eines Witwentrösters -s (Spiegel 42, 1978, 230); **Wit|wen|tum,** das; -s [mhd. witewentuom]: *das Witwesein; das Leben als Witwe;* **Wit|wen|ver|bren|nung,** die (früher): *hinduistischer Brauch, nach dem eine Witwe zusammen mit der Leiche des verstorbenen Ehemannes verbrennen läßt;* **Wit|wer,** der; -s, - [mhd. witewære, zu: ↑Witwe]: *Mann, dessen Ehefrau gestorben ist:* als Annemarie drei Jahre alt war, wurde ihr Vater W., und sie kam zu den Großeltern (Schreiber, Krise 181); Abk.: Wwr.; **Wit|wer|ren|te,** die: vgl. Witwenrente; **Wit|wer|schaft,** die; -: vgl. Witwenschaft; **Wit|wer|tum,** das; -s: vgl. Witwentum.
Witz, der; -es, -e [mhd. witz(e), ahd. wizzi, urspr. = Wissen; 2 a: unter Einfluß von frz. esprit (↑Esprit) u. engl. wit = Geist, Witz]: **1.** *[prägnant formulierte] kurze Geschichte, die mit einer unerwarteten Wendung, einem überraschenden Effekt, einer Pointe am Ende zum Lachen reizt:* ein guter, schlechter, geistreicher, alberner, platter, abgedroschener, zweideutiger, unanständiger -; jüdische, politische, faule, dreckige -e; -e über die Bayern; dieser W. ist uralt; und was, wo ist jetzt der W. *(das eigentlich Witzige)* [dabei]?; einen W. zum besten geben; Dem erzähl' ich einen schweinischen W. – und die Welt ist wieder in Ordnung (Ziegler, Kein Recht 183); kennst du schon den neuesten W.?; sie machten ihre -e mit dem alten Lehrer *(amüsierten sich auf seine Kosten);* über diesen W. kann ich nicht lachen; Ü das ist der [ganze] W. [bei der Sache] (ugs.; *darauf allein kommt es dabei an*); das ist [ja] gerade der W. (ugs.; *darauf kommt es gerade an*); *(der besondere Effekt)* des Films (Szene 6, 1983, 60); Der allergrößte W. ist aber der *(das Empörende, Absurde ist),* daß man diesen ganzen Betrieb damit begründet, man arbeite für eine „bessere Zukunft" (Gruhl, Planet 96); das ist doch [wohl nur] ein [schlechter] W., soll wohl ein W. sein *(das kann doch nicht wahr, möglich, dein Ernst sein; das stellt eine Zumutung dar);* sein Hut war ein W. (ugs.; *ein seltsames Gebilde, das förmlich zum Lachen reizte*); etw. geradezu als einen W. (ugs.; *als paradox*) empfinden; sich einen W. *(Spaß)* aus etw. machen; sich mit jmdm. einen W. *(Scherz)* erlauben; mach keine -e! (ugs.; *was du sagst, möchte man nicht für wahr, möglich halten*); er hat es nur aus W. *(aus Spaß, zum Scherz)* gesagt; * **-e reißen** (ugs.; *[derbe] Witze erzählen*): Sie dürfen ... keine -e über Politgrößen reißen (Spiegel 10, 1977, 124). **2.** ⟨o. Pl.⟩ **a)** *Gabe, sich geistreich, witzig, in Witzen zu äußern:* sein beißender W.; sein W. *(Spott)* macht vor nichts halt; der Redner hat viel, entschieden W. *(Esprit);* Gründgens sollte in der Gestalt des Höfgen als ein Mann erscheinen, dem es zwar an W. und Brillanz nicht mangelt, der jedoch skrupellos, opportunistisch und gemein ist (Reich-Ranicki, Th. Mann 196); etw. mit W. und Laune vortragen; Der Garagenwärter fügte eine Bemerkung hinzu, die von soviel W. wie mediterraner Lebensklugheit zeugte (Fest, Im Gegenlicht 264); **b)** (veraltend) *Klugheit; Findigkeit:* ich war am Ende meines -es, was die Miete betraf; ♦ **c)** *Scharfsinn, Verstand; Einsicht:* Nun sind wir schon wieder an der Grenze unsres -es (Goethe, Faust I, Trüber Tag – Feld); ausgemittelt mit verruchtem -e (Kleist, Käthchen V, 1); Hui da! Betet! Du hast den W. (iron.; *die richtige Auffassung*) davon (Schiller, Kabale I, 1); **Witz|blatt,** das: *Zeitung, Zeitungsbeilage o. ä. mit Witzen, humoristischen Zeichnungen o. ä.:* Das böse Eheweib mit dem Nudelholz hinter der Tür verschwände endlich aus unseren Witzblättern (Bruder, Homosexuelle 14); **Witz|blatt|fi|gur,** die: *Figur aus einem Witzblatt:* das berühmteste der Zeichners hat sich bis heute gehalten; Ü Ihr Chef ist doch keine W. (abwertend; *jmd., der nicht ernst zu nehmen ist, über den sich andere lustig machen;* Kirst, 08/15, 757); **Witz|bold,** der; -[e]s, -e [2. Bestandteil das urspr. in m. Vorn. wie Balduin, Theobald verwendete, später zum leeren Suffixoid erstarrte „bald", eigtl. = stolz, kühn (↑bald); vgl. Lügen-, Rauf-, Scherz-, Trunken-, Tugendbold] (ugs.): **a)** *jmd., der liebt, Witze (1) zu machen:* er gilt bei ihnen als W.; **b)** (abwertend) *jmd., der sich einen Scherz mit einem anderen erlaubt, etw. Dummes, absurd Erscheinendes, für andere Ärgerliches tut:* welcher W. hat denn seinen Wagen direkt vor meiner Einfahrt geparkt!; ein W. hat den Mantel versteckt; **Wit|ze|lei,** die; -, -en: **a)** ⟨o. Pl.⟩ *[dauerndes] als lästig empfundenes Witzeln:* seine alberne W. ging ihr allmählich auf die Nerven; **b)** ⟨meist Pl.⟩ *witzige, spöttische Anspielung: frivole, bösartige -en;* **wit|zeln: a)** *witzige Anspielungen machen; spötteln:* Er ... witzelte über die frommen Schwestern, die ihn umsorgten (Bund 9.8.80, 29); Christine fühlte, daß Mrs. Gray stets wie sich selber witzelte, wenn sie ihren Mann auf den Arm nahm (Bieler, Mädchenkrieg 208); **b)** *witzelnd* (a) *äußern:* „Da wohnen eigentlich keine Leute, sondern Herrschaften", witzelt der Vater (Kühn, Zeit 119); **Witz|fi|gur,** die: *in Witzen auf-*

witzig

tretende Figur: Studienrat Stielau, der seit ein paar Wochen Uniform trägt, sieht darin aus wie eine W. (Borkowski, Wer 118); Ü Geht heute ein Mann zwischen sechzig und siebzig noch einmal eine Ehe ein, gilt er schon fast als W. (ugs. abwertend; *jmd., der nicht ernst zu nehmen ist, über den sich andere lustig machen;* Hörzu 39, 1980, 126); **wit|zig** ⟨Adj.⟩ [mhd. witzec, ahd. wizzig = kundig, verständig, klug]: **1.** *die Gabe besitzend, durch [scherzhafte] treffende, schlagfertige Äußerungen andere zum Lachen zu bringen; diese Gabe erkennen lassend:* ein -er Kabarettist, Moderator, Erzähler; eine -e Bemerkung; -e Einfälle; eine -e Art haben; der Redner, sein Vortrag war recht w.; das ist alles andere als w. *(ist ganz u. gar nicht zum Lachen);* Es wird Zeit, nicht bloß an den Tod zu denken, sondern davon zu reden. Weder feierlich noch w. (Frisch, Montauk 202). **2.** (ugs.) *seltsam, merkwürdig:* Wir haben uns gegenseitig angemacht, wobei das für mich ein ganz -es Gefühl war (Grossmann, Beziehungsweise 121); das ist ja w. **3.** *einfallsreich; Einfallsreichtum erkennen lassend:* Langweilig fanden wir ihn zwar nicht, aber seine Klamotten durften wirklich etwas -er sein (Freizeitmagazin 10, 1978, 51); **wit|zi|ger|wei|se** ⟨Adv.⟩ (ugs.): *merkwürdigerweise, seltsamerweise, groteskerweise:* **Wit|zig|keit,** die; -: *das Witzigsein, witzige Art;* ◆ **Wit|zi|gung,** die; -, -en [zu: witzigen = jmdn. witzig (= klug) machen, belehren]: *Lehre; Lebenserfahrung:* Man wird dich auf die Tortur schrauben. Den ersten Grad stehst du aus. Diese W. kannst du auf Konto deines Meuchelmords hinnehmen (Schiller, Fiesco II, 9); **Witz|ling,** der; -s, -e (ugs.): *Witzbold;* **witz|los** ⟨Adj.⟩ -er, -este): **1.** *ohne Witz* (2 a): ein -er Bursche; in der Wortwahl ist er recht w. **2.** (ugs.) *sinnlos:* Ohne Therapie sei ein Entzug ziemlich w. (Christiane, Zoo 158); **Witz|sei|te,** die; vgl. Witzblatt: die W. einer Zeitung; **Witzwort,** das ⟨Pl. -e⟩: *witzige Bemerkung:* Im Übermut meines Glanzes war ich schnell fertig mit ihm W. (Stern, Mann 174).

WK = Wiederholungskurs.

w. L. = westlicher Länge.

Wla|di|ka, der; -s, -s [aus dem Slaw.]: **1.** *Bischofstitel der russisch-orthodoxen Kirche.* **2.** *(früher) Titel des Herrschers u. Kirchenoberhaupts von Montenegro.*

Wla|di|wo|stọk [auch: ...'vɔs...]: *Stadt in Rußland.*

WM = Weltmeisterschaft.

WNW = Westnordwest[en].

wo [mhd. wā, ahd. (h)wār, eigtl. = an was (für einem Ort), dann (für einem Ort)]: **I.** ⟨Adv.⟩ **1.** ⟨interrogativ⟩ *an welchem Ort, an welcher Stelle?:* wo warst du?; wo wohnt er?; wo ist er geboren?; wo können wir uns treffen?; wo liegt das Buch?; Wo ist denn mein süßes Jungelchen, na wo ist er denn (Schädlich, Nähe 137); „Wo gibt's denn so was (ugs.; *das ist unglaublich, so etwas gibt es doch nicht*)!", antwortete der Meister. „Weiß der Kerl doch tatsächlich nicht, daß morgen Feiertag ist ..." (Fels, Sünden 84); steht in Satzinnern od. am Satzende, wenn mit einem gewissen Nachdruck gefragt wird: er hat w. auf uns gewartet, sagtest du?; Und seine Macht lag wo? (Denneny [Übers.], Lovers 134). **2.** ⟨relativisch⟩ **a)** ⟨räumlich⟩ *an welchem Ort, an welcher Stelle:* die Stelle, wo der Unfall passiert ist; überall, wo Menschen wohnen; bleib, wo du bist!; Am Rande der Festplätze gibt es immer einen Verkaufsstand, wo die Gedichte der teilnehmenden Autoren angeboten werden (Chotjewitz, Friede 194); paß auf, wo er hingeht! (ugs.; *wohin er geht!*); wo immer er auch sein mag, ich werde ihn finden; wo ich auch hinblickte (ugs.; *wohin ich auch blickte*), es wimmelte von Ameisen; ein Bier zu brauen, wo (ugs.; *bei dem*) man nach jedem Schluck ... genüßlich seufzt (MM 11. 12. 65, 40); **b)** ⟨zeitlich⟩ *zu welcher Zeit:* in dem Augenblick, wo er hier ankam; Jetzt, wo Du so krank bist (Chotjewitz, Friede 139); Schocker sehnt sich den Tag heran, wo auch er mit seinem Laster hier Pause machen wird (Ossowski, Flatter 20); **c)** ⟨in bezug auf jmdn., etw.⟩ (landsch. salopp, nicht standardspr.) *der, die, das:* das ist der Mann, wo am Steuer gesessen hat; Wem sagen Se 'n das. – Schlimmsten sind immer die, wo ein' bekehrn wolln (Schnurre, Ich 39); das war das beste Gerät, wo ich kriegen konnte. **3.** ⟨indefinit⟩ (ugs.) *irgendwo:* Haube auf, ein bißchen wo rumgedreht, und den Motor kriegt keiner mehr an (H. Kolb, Wilzenbach 144); Wenn ich irgend jemand was versprochen hab', um eine Zeit wo zu sein, daß ich da unbedingt da wär' (Fichte, Wolli 150). **II.** ⟨Konj.⟩ **1.** ⟨konditional⟩ (veraltend) *wenn:* die Konkurrenz wird uns bald einholen, wo nicht übertreffen; Was die Leutchen über Balthasar schrieben, ... besaß, wo nicht schon den vollen Ernst des Amtlichen, so doch die liebliche Würde des Halbamtlichen (Muschg, Gegenzauber 255); er hilft überall, wo möglich, wo immer er kann. **2. a)** ⟨kausal⟩ *zumal da, angesichts der Tatsache, daß ...:* was wollt ihr verreisen, wo ihr es [doch] zu Hause wie im Urlaub habt; warum hast du das gesagt, wo du doch weißt, wie empfindlich er ist; **b)** ⟨konzessiv⟩ *obwohl, während:* sie erklärte sich rundweg außerstande, wo sie [doch] nur keine Lust hatte. **3.** ⟨temporal⟩ (landsch. salopp, nicht standardspr.) **a)** *als* (I 1): Ich bin geblieben, und wo drei Jahre rum war'n, da hab' ich auch keine Lust mehr gehabt (Schmidt, Strichjungengespräche 115); **b)** *als* (I 2): Früher, ich meine jetzt ganz früher, wo hier noch die Germanen waren (Brot und Salz 334); ... macht ihr meine blau wie im Winter, wo mir die Briketts gekriegt habt (Bieler, Bär 270). **4.** ⟨als Teil eines Pronominaladverbs in getrennter Stellung:⟩ ↑wobei (3), ↑wofür (3), ↑wogegen (3), ↑womit (3), ↑wonach (3), ↑wovon (3), ↑wovor (3), ↑wozu (3); **wo|ạn|ders** ⟨Adv.⟩: *an einem anderen Ort, an einer anderen Stelle:* er wollte es nun w. versuchen; sie wohnen inzwischen w.; Schenk beschwerte sich nicht, schlief aber jede Nacht w. (Bieler, Bär 143); sie ist mit ihren Gedanken ganz w. *(überhaupt nicht bei der Sache);* **wo|ạn|ders|hin** ⟨Adv.⟩: *an einen anderen Ort, an eine andere Stelle:* sie schüttelte den Kopf und blickte w.; ich muß noch w.; Viele sagen, ich würde ... eher nach Berlin oder w. passen (Sonntag 16. 10. 88, 4).

wob: ↑weben.

wọb|beln ⟨sw. V.; hat⟩ [engl. to wobble, eigtl. = wackeln, zittern] (Nachrichtent.): *eine stetige periodische Änderung der Frequenz eines Oszillators zwischen zwei Grenzwerten bei gleichbleibender Spannung vornehmen;* **Wọb|bel|sen|der,** der: *Wobbler* (1, 2); **Wọb|bler,** der; -s, - [engl. wobbler, zu: to wobble, ↑wobbeln] (Nachrichtent.). **a)** *Gerät zur Verursachung stetiger periodischer Schwankungen der Frequenz;* **b)** *zu Prüfzwecken dienender Sender, dessen Frequenz regelmäßig geändert werden kann.* **2.** (Angelsport) *buntbemalte Nachbildung eines Fisches aus Kunststoff als Köder.*

wölbe: ↑weben.

wọl|be ⟨Adv.⟩ [spätmhd. wa(r)bei]: **1.** ⟨interrogativ⟩ [mit bes. Nachdruck: 'voːbai]: *bei welcher Sache?:* w. ist die Vase denn entzweigegangen?; Was sagen Sie? Die Resel was dem Fenster gestürzt? Aber wie denn, w. denn? (Prodöhl, Tod 131). **2.** ⟨relativisch⟩ *bei welcher (gerade erwähnten) Sache:* Sie gab mir das Buch, w. sie vermied, mich anzusehen; In Schiers GR stürzte ein 53jähriger Mofafahrer am Samstagabend über eine Stützmauer, w. er sich tödliche Kopfverletzungen zuzog (Tages Anzeiger 14. 10. 85, 12); Die Position ist entsprechend dotiert, w. *(hinzu kommt, daß)* zusätzliche soziale Leistungen gewährt werden (Saarbr. Zeitung 5./6. 4. 80, XVIII). **3.** (nordd. ugs.) in bestimmten Verwendungen in getrennter Stellung: das ist etwas, wo ich nichts finde.

Wọche, die; -, -n [mhd. woche, ahd. wohha, wehha, verw. mit ↑weichen u. ↑Wechsel, eigtl. = das Weichen, Platzmachen, Wechseln, dann: Reihenfolge (in der Zeit), regelmäßig wiederkehrender Zeitabschnitt]: **1.** *(ständig wiederkehrende) Folge von 7 Tagen (die als Kalenderwoche mit Montag, in der christlichen Liturgie mit Sonntag beginnt):* diese, die letzte, vergangene, kommende W.; die dritte W. des Monats; die W. vor, nach Pfingsten; die Kieler W. *(die sich über eine Woche erstreckende internationale Kieler Segelregatta);* die W. ging schnell vorüber, herum; die W. verlief ruhig; -n und Monate vergingen; das Kind ist drei -n alt; nächste, in der nächsten W. bin ich verreist; drei -n lang, vorige W. war sie krank; alle vier -n, jede vierte W. treffen sie sich; Die Frau berichtete, daß sie zweimal die W. einkaufen gehe (Becker, Tage 13); die W. über, während der W. ist sie nicht zu Hause; Doch auch, was so nebenbei in der W. von den Hausbewohnern bereitgelegt wird, bleibt nicht liegen (Freie Presse 26. 11. 87, 8); im Laufe der W.; Mitte, Anfang, gegen Ende der W.; Die Seebäder waren auf -n hinaus ausgebucht; die Arbeit muß noch in dieser W. fertig werden; heute in, vor einer W.; Unter der W. sind die Kneipen leer (Frings, Liebesdinge 173); * **englische W.** (Fußball; *Zeitraum von acht Tagen [von*

Sonnabend bis Sonnabend], in dem eine Mannschaft drei Punktspiele austragen muß; nach der vielgeübten Praxis der britischen Fußballigen, aus Termingründen drei statt zwei Spiele innerhalb von acht Tagen anzusetzen); **in die andere W. gucken** (ugs. scherzh.; *abwesend, in Gedanken verloren irgendwohin sehen):* ... *dazusitzen und aus dem Fenster zu schauen, dazuliegen und an die Decke zu starren, als Mutter sagte: „Guckst du wieder in die andere W."* (Harig, Weh dem 36). **2.** ⟨Pl.⟩ (ugs. veraltend) *Wochenbett:* in den -n sein, liegen; in die -n kommen *(niederkommen);* Sie war ... eben aus den -n erstanden *(hatte das Wochenbett hinter sich;* Fussenegger, Zeit 16); **Wo|chen|ar|beits|zeit,** die: *(für den Arbeitnehmer) festgelegte wöchentliche Arbeitszeit:* eine Verkürzung der W. fordern, beschließen; **Wo|chen|bett,** das ⟨Pl. selten⟩: *Zeitraum von 6 bis 8 Wochen nach der Entbindung, in dem es zur Rückbildung der durch Schwangerschaft u. Geburt am weiblichen Körper hervorgerufenen Veränderungen kommt:* seine erste Frau war im W. gestorben; **Wo|chen|bett|de|pres|si|on,** die: *in den ersten Tagen nach einer Geburt bei Wöchnerinnen öfter auftretende, vorübergehende depressive Verstimmung, verbunden mit der Angst zu versagen;* **Wo|chen|bett|fie|ber,** das ⟨o. Pl.⟩: *bei Wöchnerinnen auftretende, meist vom Geschlechtsorgan ausgehende Infektionskrankheit;* **Wo|chen|blatt,** das (veraltend): *wöchentlich erscheinende Zeitschrift, Zeitung;* **Wo|chen|end|ar|rest,** der: *am Wochenende vollzogener [Jugend]arrest;* **Wo|chen|end|aus|flug,** der: *Ausflug über das Wochenende:* meine Eltern sind bei einem W. im Auto umgekommen (H. Lenz, Tintenfisch 69); **Wo|chen|end|aus|flüg|ler,** der: *jmd., der einen Wochenendausflug macht:* die W. kehren heim; **Wo|chen|end|aus|ga|be,** die: *am Wochenende erscheinende, umfangreichere Ausgabe einer Tageszeitung;* **Wo|chen|end|bei|la|ge,** die: *meist der Wochenendausgabe einer Tageszeitung beiliegender, unterhaltender Teil;* **Wo|chen|en|de,** das: *Sonnabend u. Sonntag (als arbeitsfreie Tage):* ein langes, verlängertes W. *(ein Wochenende mit zusätzlicher Freizeit, meist Feiertagen);* ich hab' nur alle 14 Tage ein freies W.; was hab' ich denn davon? Kein Familienleben, keine -n *(keine arbeitsfreie Zeit an den Wochenenden),* keine Freizeit (Spiegel 7, 1977, 102); (Wunschformel:) [ein] schönes W.!; **Wo|chen|end|ehe,** die: *Ehe, bei der beide Partner (weil sie an verschiedenen Orten arbeiten) nur am Wochenende zusammenleben;* **Wo|chen|end|fahrt,** die: vgl. Wochenendausflug; **Wo|chen|end|grund|stück,** das: vgl. Wochenendhaus; **Wo|chen|end|haus,** das: *vorwiegend für den Aufenthalt am Wochenende genutztes, kleines Haus auf einem Grundstück am Stadtrand od. außerhalb der Stadt;* **Wo|chen|end|kurs,** der: *Kurs* (3 a), *der an einem Wochenende abgehalten wird;* **Wo|chen|end|pend|ler,** der: *jmd., der nicht täglich, sondern nur an Wochenenden pendelt* (2): Ich gab auch mein Dasein als W. auf und bezog eine kleine Wohnung in der Zürcher Altstadt (Zorn, Mars 120); **Wo|chen|end|pend|le|rin,** die: w. Form zu ↑Wochenendpendler; **Wo|chen|end|se|mi|nar,** das: vgl. Wochenendkurs; **Wo|chen|fluß,** der ⟨o. Pl.⟩ (Med.): *Absonderung aus der Gebärmutter während der ersten Tage u. Wochen nach der Entbindung;* Lochien; **Wo|chen|geld,** das (veraltet): *Mutterschaftsgeld;* **Wo|chen|heim,** das: *Heim, in dem die Woche über untergebracht sind;* **Wo|chen|hil|fe,** die (veraltet): *Mutterschaftshilfe;* **Wo|chen|ka|len|der,** der: *Kalender mit wöchentlichem Kalendarium* (2); **Wo|chen|kar|te,** die: vgl. Monatskarte; **Wo|chen|krip|pe,** die: vgl. Wochenheim; **wo|chen|lang** ⟨Adj.⟩: vgl. monatelang; **Wo|chen|lohn,** der: *wöchentlich gezahlter Lohn;* **Wo|chen|markt,** der: *regelmäßig an einem od. mehreren Wochentagen stattfindender Markt (bes. für Gemüse, Obst, Geflügel, Blumen);* **Wo|chen|pfle|ge|rin,** die: *weibliche Person, die für die Pflege von Mutter u. Kind in den ersten Wochen nach der Geburt verantwortlich ist* (Berufsbez.); **Wo|chen|schau,** die (bes. früher): *im Beiprogramm der Filmtheater gezeigte, wöchentlich wechselnde Zusammenstellung kurzer Filme über aktuelle Ereignisse;* **Wo|chen|schrift,** die (veraltend): *wöchentlich erscheinende Zeitschrift;* **Wo|chen|spiel|plan,** der: *Spielplan für eine bestimmte Woche;* **Wo|chen|sta|ti|on,** die: *Wöchnerinnenstation;* **Wo|chen|stu|be,** die (veraltet): *Raum, in dem sich eine Wöchnerin aufhält;* **Wo|chen|stun|de,** die: *[in einem Fach] pro Woche erteilte Unterrichtsstunde:* in Religion sind zwei -n vorgesehen; der Lehrer kommt auf 23 -n; **Wo|chen|tag,** der: *Tag der Woche außer Sonntag;* Werktag; **wo|chen|tags** ⟨Adv.⟩: *an einem Wochentag, an Wochentagen:* Ich habe den Gottesdiensten auch w. oft beigewohnt (Brandstetter, Altenehrung 103); **wö|chent|lich** ⟨Adj.⟩ [mhd. wochenlich]: vgl. monatlich; **-wö|chent|lich:** vgl. -monatlich; **Wo|chen|töl|pel,** der [die Krankheit dauert etwa eine Woche; das entstellte aussehende Gesicht des Erkrankten läßt den tölpelhaft aussehen] (landsch.): *Mumps;* **wo|chen|wei|se** ⟨Adv.⟩: vgl. monatsweise; **Wo|chen|zeit|schrift,** die: *wöchentlich erscheinende Zeitschrift;* **Wo|chen|zei|tung,** die: vgl. Wochenzeitschrift; **-wö|chig:** vgl. -monatig; **Wöch|ne|rin,** die; -, -nen [gekürzt aus älterem Sechswöchnerin]: *Frau während des Wochenbetts:* Eine stark vermehrte Milchbildung bei -nen wird häufig ... (Hörzu 12, 1973, 147).

Wocken¹, der; -s, - [mniederd. wocke, wohl zu einem Verb mit der Bed. „weben", vgl. asächs. wocco = Flachsbündel; Docht] (nordd. selten): *Spinnrocken.*

Wo|dan: (in der germ. Myth.) *höchster Gott;* **Wo|da|nit** [auch: ...'nit], der; -s, -e [nach ↑Wodan]: *zu den Glimmern gehörendes Mineral (Varietät des Biotits);*

Wod|ka, der; -s, - [russ. vodka, eigtl. = Wässerchen, Vkl. von: voda = Wasser]: *[russischer] Korn- od. Kartoffelbranntwein:* eine Flasche, ein Glas W.; einen *(ein Glas)* W., zwei W. bestellen.

wo|dran [mit bes. Nachdruck: 'vo:dran], usw. (ugs.): ↑woran usw.

wo|drauf [mit bes. Nachdruck: 'vo:drauf] usw. (ugs.): ↑worauf usw.

Wo|du, Voodoo, Voudou, der; - [kreol. voudou, aus dem Westafrik.]: *aus Westafrika stammender, synkretistischer, mit katholischen Elementen durchsetzter, magisch-religiöser Geheimkult [auf Haiti].*

wo|durch ⟨Adv.⟩: **1.** [mit bes. Nachdruck: 'vo:dʊrç] ⟨interrogativ⟩ *durch welche Sache?:* w. ist das passiert? **2.** ⟨relativisch⟩ *durch welche (gerade erwähnte) Sache:* sie schlief sich erst einmal aus, w. es ihr schon besserging; Sie verstärken die Wirbelbildung der See, w. nur noch mehr Sand gelöst wurde (Spiegel 33, 1985, 48); **wo|fern** ⟨Konj.⟩ (veraltend) *sofern:* Unter den andern, die, w. sie nicht wirklich jung waren, ... sich wenigstens jugendlich aufführten (Muschg, Gegenzauber 232); **wo|für** ⟨Adv.⟩: **1.** [mit bes. Nachdruck: 'vo:fy:ɐ̯] ⟨interrogativ⟩ *für welche Sache?:* w. interessierst du dich? w. hältst du mich? *(glaubst du etwa, daß ich das tue?).* **2.** ⟨relativisch⟩ *für welche (gerade erwähnte) Sache:* er wurde bestraft und wußte nicht w.; er hatte sich Verdienste erworben, w. er geehrt wurde; ich werde dir sagen, w. ich dich halte *(wie negativ ich dich einschätze);* da weiß ich doch auch, w. ich das alles so mache (Spiegel 39, 1984, 42). **3.** (nordd. ugs.) in bestimmten Verwendungen in getrennter Stellung: das ist etwas, wo ich nichts für kann.

wog: ↑¹wiegen.

Wo|ge, die; -, -n [aus dem Niederd. < mniederd. wage, verw. mit mhd. wāc, ahd. wāg = (bewegtes) Wasser, Fluß, See, zu ↑²bewegen, eigtl. = bewegtes Wasser] (geh.): *hohe, starke Welle:* schäumende -n; die -n schlugen über ihm zusammen, Vier Fischer seien in den -n umgekommen, als ihr Boot gegen einen Felsen prallte (Weltwoche 17. 5. 84, 16); von den -n hin und her geworfen werden; Ü die der Begeisterung, Erregung gingen hoch; sie schwammen auf den -n des Ruhms; * **die -n glätten** *[bei einer Auseinandersetzung o. ä.] vermittelnd, ausgleichend auf die Kontrahenten einwirken;* **die -n glätten sich** *(die Erregung, Empörung klingt ab, es kehrt wieder Ruhe ein).*

wö|ge: ↑¹wiegen.

wo|ge|gen ⟨Adv.⟩: **I.** ⟨Adv.⟩ **1.** [mit bes. Nachdruck: 'vo:ge:gn̩] ⟨interrogativ⟩ *gegen welche Sache?:* w. sollten wir uns wehren? **2.** ⟨relativisch⟩ *gegen welche (gerade erwähnte) Sache:* er bat um Aufschub, w. nichts einzuwenden war; dann mußten sie auf ihre Kammern, w. sich Wilhelm regelmäßig wehrte (Härtling, Hubert 25); ein Penicillin, w. der Alte allergisch war (Kemelman [Übers.], Mittwoch 195). **3.** (nordd. ugs.) in bestimmten Verwendungen in getrennter Stellung: das ist ein Argument, wo man nichts gegen sagen kann. **II.** ⟨Konj.⟩ *wohingegen:* er war immer ganz pünktlich, w. die andern öfter einmal zu spät kamen.

wo|gen ⟨sw. V.; hat⟩ [zu ↑Woge] (geh.): *sich in Wogen [gleichmäßig] auf u. nieder bewegen:* das Meer wogt; die wogende See; Ü der Weizen wogt im Wind; Der Hirsch stand im wogenden Gras, das ihm bis dicht unter den Bauch reichte (Stern,

Wogenkamm

Mann 411); die Menge wogte in den Straßen; mit wogendem Busen stürmte sie herein; zur Zeit wogt noch ein heftiger Kampf; es wogte in ihr vor Empörung und Scham; **Wo|gen|kamm,** der (geh.): vgl. Wellenkamm.
wo|her 〈Adv.〉: **1.** [mit bes. Nachdruck: 'vo:he:ɐ̯] 〈interrogativ〉 **a)** *von welchem Ort, welcher Stelle, aus welcher Richtung o. ä.?:* w. kommt der Lärm?; w. stammst du?; Echo wußte nicht, w. sie kam (Ransmayr, Welt 100); 〈subst.:〉 jmdn. nach dem Woher und Wohin fragen (geh.; *ihn hinsichtlich seiner Vergangenheit u. seiner Pläne für die Zukunft befragen);* er war ihm nichts schuldig geblieben, hatte tapfer Bescheid über das Woher gegeben (Kühn, Zeit 13); **[aber/ach] w. denn!; ach/w.!; i w.!* (ugs.; verneint mit Nachdruck eine vorangegangene Behauptung od. Frage; *keineswegs; bestimmt nicht*): „Hatten Sie denn Streit?" – „Ach w. denn!"; **b)** *aus welcher Quelle?; von wem, wovon (herrührend o. ä.)?:* w. bist du so braun?; ich weiß nicht, w. er das hat; Woher weißt du, daß es keinen Zweck hat? Hast du es schon einmal versucht? (Brot und Salz 326); Ernst war kein Profi, w. auch (*das war auch nicht zu erwarten;* Petersen, Resonanz 149). **2.** 〈relativisch〉 *von welchem [gerade genannten] Ort, von welcher [gerade genannten] Stelle o. ä.:* geh hin, w. du gekommen bist; der Laden, w. (*aus dem)* die Sachen stammen; **wo|her|um** [mit bes. Nachdruck: 'vo:herʊm] 〈Adv.〉: *an welcher Stelle, in welcher Richtung herum?:* w. mußt man gehen, um zum Bahnhof zu kommen?; **wo|hin** 〈Adv.〉: **1.** [mit bes. Nachdruck: 'vo:hɪn] 〈interrogativ〉 *an welchen Ort, in welche Richtung?:* w. gehst du?; er weiß noch nicht, w. er im Urlaub fahren wird; Marianne, von der niemand wußte, w. sie verschwunden war (Kronauer, Bogenschütze 331); w. so spät?; w. damit? (ugs.; *was soll ich damit machen?; wohin soll ich das stellen, legen o. ä.?);* Wohin mit den Gläsern? Wohin mit dem Messer? (Frisch, Montauk 101); Sie haben geschwommen im Geld, sagt Marlies. Ihr Vater hat nicht mehr gewußt, w. damit (*hatte es im Überfluß;* Brot und Salz 243); er muß noch w. (ugs.; *hat noch irgendeine Besorgung zu machen;* auch ugs. verhüll.: *muß noch zur Toilette).* **2.** 〈relativisch〉 *an welchen [gerade genannten] Ort; an welche [gerade genannte] Stelle:* er eilte ins Zimmer, w. ihm die anderen folgten; ihr könnt gehen, w. ihr wollt; Aussicht, w. man schaut (Caravan 1, 1980, 27); Groß-Wasserburg in Unterspreewald, w. die Verlobten ihre erste Reise unternommen hatten (Bruyn, Zwischenbilanz 7). **3.** 〈indefinit〉 (ugs.) *irgendwohin:* Alle meine Freind, die doch mich w. kommen san, ham sich bewährt (profil 17, 1979, 28); **wo|hin|auf** 〈Adv.〉: **1.** [mit bes. Nachdruck: 'vo:hɪnaʊf] 〈interrogativ〉 *an welchen Ort o. ä. hinauf?:* w. führt der Weg? **2.** 〈relativisch〉 *an welchen [gerade genannten] Ort o. ä. hinauf:* die Burg, w. sie sich begeben hatten; **wo|hin|aus** [mit bes. Nachdruck: 'vo:hɪnaʊs] 〈Adv.〉: vgl. wohinauf; **wo|hin|ein** [mit bes. Nach-

druck: 'vo:hɪnaɪ̯n] 〈Adv.〉: vgl. wohinauf; **wo|hin|ge|gen** 〈Konj.〉: *im Unterschied wozu; während:* er hat blondes Haar, w. seine Geschwister alle dunkelhaarig sind; Wenigstens hat dies den Vorteil, realistisch zu sein und unsere Aufmerksamkeit auf diese Welt zu lenken ..., w. man sagen kann, daß sich der christliche Blick auf die nächste Welt richtet (Kemelman [Übers.], Dienstag 151); **wo|hin|ter** [mit bes. Nachdruck: 'vo:hɪntɐ] 〈Adv.〉: vgl. woneben (1, 2 a); **wo|hin|un|ter** [mit bes. Nachdruck: 'vo:hɪnʊntɐ] 〈Adv.〉: vgl. wohinauf.
wohl [mhd. wol(e), ahd. wola, wela, zu ↑wollen u. eigtl. = erwünscht, nach Wunsch]: **I.** 〈Adv.〉: **1.** (meist geh.) **a)** *in einem von keinem Unwohlsein, keiner Störung beeinträchtigten, guten körperlichen, seelischen Zustand befindlich:* w. aussehen; sich [nicht] w. fühlen; Dorski hat seinen Freund losgeschickt, weil einem von uns nicht w. ist (Berger, Augenblick 150); ist dir jetzt -er?; so ist mir am -sten; **b)** *angenehm; behaglich:* sich in jmds. Gegenwart w. fühlen; sie haben es sich w. sein *(gutgehen)* lassen; mir ist nicht recht w. bei der Sache *(ich habe ein unangenehmes Gefühl dabei);* Mir wäre -er, wenn auf diese Spurschlitten verzichtet würde (natur 3, 1991, 47); die uralte Frage ..., warum die Guten leiden, während es den Bösen so oft w. ergeht (Kemelman [Übers.], Dienstag 150); als Wunschformel: schlaf w.!; w. bekomm's!; (veraltet, noch scherzh.:) [ich] wünsche w. gespeist, geruht zu haben; als Abschiedsgruß: leb w.!; ** w. oder übel (ob jmd. will od. nicht):* für welche junge schwäbische Adlige muß ich w. oder übel singen (Stern, Mann 177); **c)** 〈besser, best...〉 (geh.) *gut, in genügender Weise:* jmdm. w. gefallen, zustatten kommen; etw. w. *(genau, sorgfältig)* überlegen; er tat es, w. wissend, daß es nicht erlaubt war; jmdm. w. leiden mögen; Alles, was aus Berlin komme ..., werde von ihm w. aufgenommen (W. Brandt, Begegnungen 136). **2.** bekräftigt nachdrücklich etw. [was von anderer Seite in Zweifel gezogen wird]; *durchaus:* das weiß ich [sehr] w.; ich bin mir dessen w. bewußt; Dem Chefportier entging nichts. Er hatte Andreas sehr w. gesehen (Danella, Hotel 30). **3.** bekräftigt in Verbindung mit „aber" eine Aussage, in der etw. Bestimmtes eingeräumt wird; *jedoch:* hier kommen diese Tiere nicht vor, w. aber in wärmeren Ländern; mir mußt du das nicht mehr sagen, w. aber den Kindern. **4.** bezeichnet ein geschätztes Maß o. ä. von etw.; *etwa, ungefähr:* es waren w. 100 Menschen anwesend; es wird w. 14 Uhr werden, bis ich zurückkomme. **5.** (geh. veraltend) als Ausruf des Glücklichpreisens; *glücklich der (die, das) ...:* w. dem, der dies gesund überstanden hat; w. dem Haus, das einen solchen Gast beherbergen darf. **6.** einschränkend, meist in Verbindung mit „aber" od. „allein"; *zwar, allerdings:* er sagte es, w. wolle kommen, aber wer weiß, ob er Wort hält; Wohl ist das nabatäische Grundmuster der Run-off-Bewässerung ... beibehalten, aber manche Techniken sind verbessert und

modernisiert worden (natur 8, 1991, 46); Cotta hatte ... w. gelegentlich von diesen Expeditionen gehört, das verbeulte Gefährt ... aber noch nie zu Gesicht bekommen (Ransmayr, Welt 230). **7.** (veraltend) als bejahende Antwort auf eine Bitte, eine Bestellung od. einen Befehl; *gewiß; jawohl:* sehr w., mein Herr! **II.** 〈Partikel; unbetont〉 **1.** drückt in Aussage- u. [rhetorischen] Fragesätzen eine Annahme, Vermutung des Sprechers aus; *vermutlich;* das wird w. so sein, wird w. wahr sein; das wird w. das beste sein; die Zeit wird w. kaum reichen; er wird w. kommen; Der Schwester von einem amerikanischen Sergeanten ähnlich zu sehen, ist das w. ein Glück für ein armes, besiegtes deutsches Schwein? (Danella, Hotel 27); „Gehst du hin?" – „Wohl kaum!"; du hast w. keine Zeit?; das ist w. dein Auto?; du bist w. nicht recht bei Verstand?; du hast w. zuviel Geld?; (ugs.; als Gegenfrage:) „Was will er nur hier?" – „Ja, was w.?"; „Ich möchte wissen, weshalb er zurückgekommen ist." – „Warum w.?" **2.** drückt in Aussage- u. Aufforderungssätzen eine Bekräftigung, Verstärkung aus: man wird doch w. fragen dürfen; siehst du w.!; willst du w. hören!; das kann man w. sagen; hast du jetzt w. genug!; das mag w. sein; „Die Situation der Deutschen ist nicht leicht." Wohl wahr (Spiegel 1, 1984, 23); **Wohl,** das; -[e]s: *das Wohlergehen, Wohlbefinden; Zustand, in dem sich jmd. in seinen persönlichen Verhältnissen wohl fühlt:* das öffentliche, allgemeine W. *(das Wohlergehen der Menschen);* das W. des Staates liegt in der Hand seiner Bürger; auf jmds. W. bedacht sein; für jmds. W. *(Wohlergehen),* für das leibliche W. *(für Essen und Trinken)* der Gäste sorgen; um das eigene W. besorgt sein *(aufpassen, daß man selbst nicht zu kurz kommt);* es geschieht alles nur zu eurem W. *(Besten);* auch die Betreuer und Helfer wurden für ihre Leistungen zum -e der Jugendarbeit des Vereins bei der Bescherung bedacht (Saarbr. Zeitung 28. 12. 79, 20); in Trinksprüchen: dein W.!; auf Ihr [ganz spezielles] W.!; [sehr] zum -[e]!; auf jmds. W. das Glas erheben, leeren; auf jmds. W. trinken; ** das W. und Wehe (das* ¹*Geschick):* das W. und Wehe vieler Menschen hängt von dieser Entscheidung ab; **wohl|ab|ge|wo|gen** 〈Adj.〉 (geh.): vgl. wohlausgewogen: ein -es Urteil; **Wohl|ab|ge|wo|gen|heit,** die; (geh.): *das Wohlabgewogensein;* **wohl|an** 〈Adv.〉 (geh. veraltet): drückt eine Aufforderung aus, alleinstehend am Anfang od. Ende einer Aussage; *nun gut, nun denn; frischauf:* w., laßt uns gehen!; **wohl|an|stän|dig** 〈Adj.〉 (geh., oft iron.): *dem schicklichen Benehmen entsprechend; mit feinem Anstand:* die -e Gesellschaft; **Wohl|an|stän|dig|keit,** die; (geh., oft iron.): *das Wohlanständigsein;* **wohl|auf** 〈Adv.〉 [zusger. aus ↑wohl u. ↑auf]: **1.** (geh. veraltet) *wohlan.* **2.** (geh.) *bei guter Gesundheit, gesund:* sein; Ich habe nicht getrunken ... und finde mich w. (Frisch, Montauk 151); **wohl|aus|ge|wo|gen** 〈Adj.〉 (geh.): *sehr gut ausgewogen:* ein -es Urteil; ein -es Programm; **Wohl|aus|ge|wo|gen|heit,** die (geh.): *das Wohlausgewogensein;* **wohl|be|dacht** ⟨Adj.⟩ (geh.): *gründlich, sorgfältig überlegt:* eine -e Handlung; Wohlbedacht leitete er aus diesem Grunde mit einem „Vorbericht des Verfassers" die Erzählung ein (NJW 19, 1984, 1093); **Wohl|be|dacht,** das: nur in der Fügung **mit W.** (geh.; *mit genauer, reiflicher Überlegung, sehr überlegt):* er hatte sich im Ausleselager von Tholey mit W. uns zweiunddreißig Burschen ausgesucht (Harig, Weh dem 161); **Wohl|be|fin|den,** das: *gutes körperliches, seelisches Befinden:* Luftverschlechterung, die von der Minderung des -s bis zur Erregung tödlicher Krankheiten reicht (Gruhl, Planet 124); etw. ist wichtig für jmds. W.; sich nach jmds. W. erkundigen; **wohl|be|grün|det** ⟨Adj.⟩ (geh.): *sehr gut begründet:* eine -e Auffassung, Meinung; daß Kinderaugen wie eh und je in der Lage sind, -e Sparvorsätze in Nu vergessen zu machen (NZZ 19. 12. 86, 7); **Wohl|be|ha|gen,** das: *großes Behagen:* in den Wandleuchten brannten Kerzen, ... Kandiszukker knisterte im Tee, W. breitete sich aus (Brückner, Quints 50); W. empfinden, schaffen; etw. mit W. genießen; Das Gesicht des Freundes glühte vor W. (Kronauer, Bogenschütze 155); **wohl|be|hal|ten** ⟨Adj.⟩: **a)** *ohne Schaden zu nehmen; ohne Unfall; unverletzt:* sie sind w. zurückgekehrt; wie sorgen Sie dafür, daß Ihre Gäste w. nach Hause kommen? (ADAC-Motorwelt 7, 1979, 37); **b)** *unbeschädigt, unversehrt* (b): die Pakete sind w. eingetroffen; **wohl|be|hü|tet** ⟨Adj.⟩ (geh.): *sorgsam behütet:* Sie hatte eine -e Kindheit genossen (Jaeger, Freudenhaus 171); w. aufwachsen; **wohl|be|kannt** ⟨Adj.; besser, am besten bekannt, bestbekannt⟩ (geh.): *gut, genau bekannt:* eine -e Stimme; alles hier ist uns w.; **wohl|be|leibt** ⟨Adj.⟩ (geh.): *sehr beleibt:* ein -er kleiner Mann; er ist w.; **Wohl|be|leibt|heit,** die (geh.): *das Wohlbeleibtsein;* **wohl|be|merkt** ⟨Adv.⟩ (seltener): *wohlgemerkt;* **wohl|be|ra|ten** ⟨Adj.; besser, am besten beraten⟩ (geh.): *gut beraten:* du bist w., wenn du von der Sache Abstand nimmst; **wohl|be|stallt** ⟨Adj.⟩ (geh. veraltend, noch scherzh.): *eine gute berufliche Position habend:* er ist -er Amtsrat; **wohl|do|siert** ⟨Adj.; besser, am besten dosiert⟩ (geh.): *in der richtigen Menge, im richtigen Maß;* **wohl|duf|tend** ⟨Adj.⟩ (seltener): *wohlriechend:* Konservativ denkende Zeitgenossen schwören auch auf -es Nelkenöl (FAZ 9. 7. 87, 8); **wohl|durch|dacht** ⟨Adj.; besser, am besten durchdacht⟩ (geh.): *genau überlegt, bedacht:* bald wurde deutlich, daß er eine -e Konzeption vortrug (Heym, Schwarzenberg 39); **wohl|er|fah|ren** ⟨Adj.⟩ (veraltend): *große Erfahrung besitzend:* ein -er Mann; **Wohl|er|ge|hen,** das; -s: *Zustand, in dem es jmdm. gutgeht:* Ich wollte für das W. der Betriebsangehörigen arbeiten (Brückner, Quints 10); sich nach jmds. W. erkundigen *(sich danach erkundigen, ob es jmdm. gutgeht);* **wohl|er|hal|ten** ⟨Adj.; besser, am besten erhalten⟩ (geh.): *gut erhalten:* heraus kamen -e, absonderliche Fresken (Dönhoff, Ostpreußen 204); **wohl|er|wo|gen** ⟨Adj.⟩ (geh.): *wohl-*

bedacht: In umgekehrter Weise behandelt das Grundgesetz das Amt des Bundespräsidenten, und zwar aus -en Gründen (R. v. Weizsäcker, Deutschland 63); **wohl|er|zo|gen** ⟨Adj.⟩ (geh.): *sehr gut erzogen:* ein -es Kind; Bundeswehrsoldaten, die w., immer paarweise, um eine Spende baten (Kronauer, Bogenschütze 50); **Wohl|er|zo|gen|heit,** die; - (geh.): *das Wohlerzogensein;* **Wohl|fahrt,** die ⟨o. Pl.⟩ [unter Einfluß von ↑Hoffart für spätmhd. wolvarn = Wohlergehen]: **1.** (geh. veraltend) *das Wohl, Wohlergehen des einzelnen, der Gemeinschaft* (bes. in materieller Hinsicht): die W. der Menschen, eines Landes im Auge haben; in jenen Ländern ..., deren W. vom Verkauf des heimischen Rohöls abhängt (ADAC-Motorwelt 4, 1986, 3). **2.** (früher) **a)** *öffentliche Fürsorge* (2 a), *Sozialhilfe; Wohlfahrtspflege:* von der W. betreut, unterstützt werden; **b)** (ugs.) *Wohlfahrtsamt;* **Wohl|fahrts|amt,** das (früher): *Einrichtung, Amt der Wohlfahrt* (2 a); **Wohl|fahrts|emp|fän|ger,** der (früher): *jmd., der durch das Wohlfahrtsamt unterstützt wird;* **Wohl|fahrts|emp|fän|ge|rin,** die (früher): w. Form zu ↑Wohlfahrtsempfänger; **Wohl|fahrts|mar|ke,** die (Postw.): *Briefmarke mit erhöhter Gebühr zugunsten wohltätiger Institutionen;* **Wohl|fahrts|or|ga|ni|sa|ti|on,** die: *der Wohlfahrtspflege dienende Organisation;* **Wohl|fahrts|pfle|ge,** die ⟨o. Pl.⟩: *alle privaten u. öffentlichen Maßnahmen zur Unterstützung notleidender u. sozial gefährdeter Menschen; Sozialhilfe;* **Wohl|fahrts|pfle|ger,** der (veraltet): *Fürsorger, Sozialarbeiter;* **Wohl|fahrts|pfle|ge|rin,** die (veraltet): w. Form zu ↑Wohlfahrtspfleger; **Wohl|fahrts|staat,** der (Politik, häufig abwertend): *Staat, der mittels Gesetzgebung u. sonstiger Maßnahmen für die soziale Sicherheit, das Wohl seiner Bürger Sorge trägt;* **wohl|feil** ⟨Adj.⟩ [mhd. wol veile, wolveil] (veraltend): **1.** *billig, preiswert:* eine -e Ausgabe von Goethes Werken; Wohlfeile Unterhaltung um zehn Schilling (Presse 23. 2. 79, 13); etw. w. erwerben; Ü eine -e *(sich bietende)* Gelegenheit. **2.** *abgedroschen; platt:* -e Redensarten; **wohl|ge|bo|ren** ⟨Adj.⟩ (veraltet): vgl. hochwohlgeboren; **Wohl|ge|fal|len,** das: *innere Freude u. Befriedigung in bezug auf jmdn., etw.:* ein, sein W. an jmdm., etw. haben; W. an etw. finden; Das Münchner Filmfest ... erntete beim Europäischen Parlament solches W., daß es sich nun mit einem „Europäischen Filmfestival" schmücken darf (zitty 13, 1984, 83); sie betrachtete ihre Kunden mit W.; * **sich in W. auflösen** (ugs.; **1.** *zur allgemeinen Zufriedenheit ausgehen, überwunden werden:* Der Skandal hat sich in W. aufgelöst [Saarbr. Zeitung 6./7. 10. 79, 30]. **2.** *[von Gegenständen] sich in ihre Bestandteile auflösen; auseinanderfallen, entzweigehen:* den Pulli mußt du wegwerfen, bevor er sich ganz in W. auflöst. **3.** *[von Gegenständen] verschwinden; nicht mehr aufzufinden sein:* der Schlüssel kann sich doch nicht einfach in W. aufgelöst haben); **wohl|ge|fäl|lig** ⟨Adj.⟩: **1.** *Wohlgefallen ausdrückend:* ein -er Blick; jmdn. w. betrachten; er lächelte gar

(selbstzufrieden). **2.** (geh. veraltend) *angenehm; Wohlgefallen erregend:* Als -e Melodienfolge mit besonderer Note erwies sich die „Tanzrhapsodie auf dem Akkordeon" (Saarbr. Zeitung 7. 12. 79, 26); die Folge der erzwungenen Absicht ..., ein Gott -es Werk zu tun (Stern, Mann 236); ein Duft, der ihm w. war; **wohl|ge|formt** ⟨Adj.; -er, -este⟩: *von guter, vollkommener Form; ästhetisch ansprechend geformt:* Ihr -er, noch eben umarmter, selbstzufriedener Körper (Kronauer, Bogenschütze 386); sein Kopf ist w.; **Wohl|ge|fühl,** das ⟨o. Pl.⟩: *angenehmes Gefühl; Gefühl des Behagens:* jmdn. überkommt ein W.; Weshalb sollte also die Möwe, der Segler über den Wellen, nicht ein W. genießen beim Flug? (Strauß, Niemand 219); **wohl|ge|launt** ⟨Adj.⟩ (geh.): *besser, am besten gelaunt* (geh.): *besonders gut gelaunt, guter Laune:* sie kehrten w. von ihrem Ausflug zurück; **wohl|ge|lit|ten** ⟨Adj.⟩: *beliebt; gern gesehen:* er ist überall w.; **wohl|ge|merkt** [auch: ˈ---ˈ-] ⟨Adv.; alleinstehend am Anfang od. Ende eines Satzes od. als Einschub⟩: *damit kein Mißverständnis entsteht; das sei betont:* w., so war es; er, w., nicht sein Bruder war es; hinter seinem Rücken, w.; **wohl|ge|mut** ⟨Adj.; -er, -este⟩ [mhd. wolgemuot] (geh.): *fröhlich u. voll Zuversicht:* sie machte sich w. auf den Weg; **wohl|ge|nährt** ⟨Adj.⟩ (meist spött.): *dick* [u. rundlich]: seine Frau hatte ihn bald nach dem Krieg mit einem -en Ami verlassen (Danella, Hotel 238); **wohl|ge|ord|net** ⟨Adj.⟩ (geh.): *gut geordnet:* -e Verhältnisse; in seinem Haus war alles w.; **wohl|ge|ra|ten** ⟨Adj.⟩ (geh.): **1.** *gut gelungen, geraten, ausgefallen:* das Werk war w. **2.** *(von Kindern) erfreulich gut entwickelt, gut erzogen:* sie haben drei -e Kinder; **Wohl|ge|ruch,** der (geh.): *angenehmer Geruch, Duft:* der Raum war von einem W. erfüllt; alle Wohlgerüche Arabiens (scherzh. od. iron.: *alle möglichen Gerüche, Düfte;* nach Shakespeare, Macbeth V, 1; all the perfumes of Arabia); **Wohl|ge|schmack,** der ⟨o. Pl.⟩ (geh.): vgl. Wohlgeruch; **wohl|ge|setzt** ⟨Adj.; -er, -este⟩ (geh.): *formvollendet formuliert:* eine -e Rede; Sie ... reagiert auf jede Frage mit wacher Intelligenz und mit -en Worten (Schreiber, Krise 223); **wohl|ge|sinnt** ⟨Adj.; -er, -este⟩: *jmdm. freundlich gesinnt:* bald kamen sie zu den dreien an den Tisch, die sie als w. kannten (Hohmann, Engel 215); jmdm. w. sein; Obwohl unter den ersten Wiener Restaurants gesunder Konkurrenzkampf herrscht, ist man einander doch w. (Presse 16. 2. 79, 20); **wohl|ge|stalt** ⟨Adj.⟩ (geh. veraltend): *wohlgestaltet;* **Wohl|ge|stalt,** die ⟨o. Pl.⟩ (geh.): *schöne Gestalt, Form:* Nur wenigen Berliner Neubauten der jüngsten Zeit können so angemessene und zeitgemäße W., so optimale funktionale Qualitäten und ... eine so zutiefst humane Grundhaltung attestiert werden (Tagesspiegel 23. 6. 87, 10); **wohl|ge|stal|tet** ⟨Adj.⟩ (geh.): *von schöner Gestalt od. Form:* ein -er Körper; ich habe ein interessiertes Aufflackern entdeckt, wenn eine -e Kommilitonin vorüberschritt (Kemelman [Übers.], Diens-

wohlgetan

tag 30); **wohl|ge|tan: 1.** ↑wohltun. **2.** in der Verbindung **w. sein** (veraltend; *gut, richtig gemacht sein*): es ist alles w., es ist alles recht, wie es ist (Molo, Frieden 8); **wohl|ha|bend** ⟨Adj.⟩ [zu mhd. wol haben = sich wohl befinden]: *Vermögen besitzend; begütert:* eine -e Familie; ein finanziell gesundes, wenn nicht gar -es Staatswesen (Heym, Schwarzenberg 10); sie sind w.; **Wohl|ha|ben|heit,** die; -: *das Wohlhabendsein:* ein gutaussehendes Paar, was ihm an Jugend fehlt, gleicht es durch W. aus (Brückner, Quints 67); **wohl|lig** ⟨Adj.⟩: *Wohlbehagen bewirkend, ausdrückend:* eine -e Wärme; ein -es Gefühl; sich w. ausstrecken; weiche alte Ledersessel, in denen man w. versank (Erné, Fahrgäste 219); **Wohl|lig|keit,** die; -: *das Wohligsein:* es schauderte ihn vor W., als er die Wärme auf dem Rücken spürte (Süskind, Parfum 172); **Wohlklang,** der (geh.): **1.** *angenehmer, schöner Klang:* liebliche Wohlklänge drangen an sein Ohr. **2.** ⟨o. Pl.⟩ *wohlklingende Art:* der W. eines Instruments, einer Stimme; **wohl|klin|gend** ⟨Adj.⟩ (geh.): *schön klingend; Wohlklang habend, melodisch:* eine -e Stimme; einen -en Namen haben; **Wohl|laut,** der (geh.): vgl. Wohlklang; **wohl|lau|tend** ⟨Adj.⟩ (geh.): vgl. wohlklingend; **Wohl|le|ben,** das ⟨o. Pl.⟩ (geh.): *sorgloses Leben im Wohlstand;* **wohl|löblich** ⟨Adj.⟩ (veraltend, noch spött.): *lobenswert, sehr achtbar:* ein -es Unterfangen; **wohl|mei|nend** ⟨Adj.⟩ (geh.): **1.** *wohlgemeint:* ein -er Rat; mit -er Strenge erzog sie ihre Kinder (Vaterland 26. 7. 84, 27). **2.** *es gut meinend; wohlwollend:* ein -er Mensch hatte uns gewarnt; ein -er Nachbar wollte den Generator wieder in Gang setzen (Ransmayr, Welt 216); **wohl|pro|por|tio|niert** ⟨Adj.; -er, -este⟩ (geh.): vgl. wohlgeformt; **wohl|rie|chend** ⟨Adj.⟩ (geh.): *angenehm duftend:* eine -e Pflanze; wohlriechendes Veilchen *(Märzveilchen);* **wohl|schmeckend**[1] ⟨Adj.⟩ (geh.): *sehr gut schmeckend:* die Salzwasserforellen ... erwiesen sich als sehr w. (NNN 11. 11. 85, o. S.); **Wohlsein,** das (geh.): *Wohlgefühl:* Das sichere und umfassende W., zu dem seine Frau gelangt war, nachdem sie ihn verlassen hatte (Strauß, Niemand 82); [zum] W.! *(zum Wohl!);* **wohl|sin|nig** ⟨Adj.⟩ (schweiz.): *wohlgesinnt;* **Wohl|stand,** der ⟨o. Pl.⟩: *Maß an Wohlhabenheit, die jmdm. wirtschaftliche Sicherheit gibt;* hoher Lebensstandard: ein bescheidener W.; während marktwirtschaftliche Systeme den größtmöglichen W. für alle Bürger mit Hilfe des Privatkapitals erstrebten (Gruhl, Planet 68); im W. leben; Die eingesessenen Herren, soweit sie wegen angeheiratetem W. nicht Familienrücksichten zu nehmen brauchten (Kühn, Zeit 175); R bei dir, euch usw. ist wohl der W. ausgebrochen! (scherzh. od. spött. Kommentar, mit dem eine [bescheidene] Anschaffung o. ä. zur Kenntnis genommen wird); **Wohl|stands|bür|ger,** der (abwertend): *jmd., für den der Wohlstand das einzig Erstrebenswerte in seinem Leben ist;* **Wohl|stands|bür|ge|rin,** die (abwertend): w. Form zu ↑Wohlstandsbürger; **Wohl|stands|den|ken,** das; -s (abwer-

tend): *nur auf Erlangung bzw. Vermehrung des Wohlstands ausgerichtetes Denken;* **Wohl|stands|ge|fäl|le,** das ⟨o. Pl.⟩: *den Grad des Wohlstands innerhalb einer Gesellschaft betreffendes Gefälle* (2); **Wohl|stands|ge|sell|schaft,** die: vgl. Wohlstandsbürger; **Wohl|stands|krankheit,** die: *Zivilisationskrankheit;* **Wohlstands|kri|mi|na|li|tät,** die (Rechtsspr.): *Form der Kriminalität, die eine Wohlstandsgesellschaft hervorbringt;* **Wohlstands|müll,** der (abwertend): *Müll einer Wohlstandsgesellschaft;* **Wohl|standsspeck,** der (scherzh. od. iron.): *Beleibtheit eines Wohlstandsbürgers:* Immer mehr Wunder-, Roß- und Radikalkuren gegen W. (MM 18./19. 8. 79, 37); **Wohlstands|sym|bol,** das: vgl. Statussymbol; **Wohl|tat,** die [mhd. woltāt, ahd. wolatāt, LÜ von lat. beneficium]: **1.** *Handlung, durch die jmdm. von anderen selbstlose Hilfe, Unterstützung o. ä. zuteil wird:* jmdm. eine W. erweisen; -en empfangen, genießen, austeilen; auf die -en anderer angewiesen sein; jmdn. mit -en überhäufen. **2.** ⟨o. Pl.⟩ *etw., was jmdm., einer Sache wohltut, was jmdm. Erleichterung, Linderung o. ä. verschafft:* die Ruhe als große W. empfinden; etw. ist eine W. für jmdn.; das Pflegemittel ist eine wahre W. für Ihre von der Sonne strapazierte Haut; Ü auch wenn der Garten nur ein wenig davon (= Kompost) bekommt, ist er eine W. für jeden Garten (natur 2, 1991, 82); **Wohl|tä|ter,** der [mhd. woltæter]: *jmd., der anderen Wohltaten* (1) *erweist:* seinem W. dankbar sein; er war ein W. der Menschheit; zahlreiche Grabplatten ..., unter denen vor Zeiten Kleriker, Gelehrte und fromme W. bestattet wurden (Fest, Im Gegenlicht 404); **Wohltä|te|rin,** die: w. Form zu Wohltäter; **wohl|tä|tig** ⟨Adj.⟩ [mhd. woltætic = rechtschaffen; milde]: **1.** (veraltend) *karitativ:* eine Sammlung für -e Zwecke. **2.** (geh. veraltend) *wohltuend:* ein -er Schlaf umfing ihn; etw. hat einen -en Einfluß ... „Und hilft es?" – „Oh gewiß – als Mittel zur -en Entspannung ..." (Kemelman [Übers.], Mittwoch 92); **Wohl|tä|tig|keit,** die ⟨o. Pl.⟩ (veraltend): *das Wohltätigsein* (1); **Wohl|tä|tig|keits|ball,** der: [2]*Ball, dessen Erlös für wohltätige Zwecke verwendet wird;* **Wohl|tä|tig|keits|ba|sar,** der: vgl. Wohltätigkeitsball; **Wohl|tä|tig|keitskon|zert,** das: vgl. Wohltätigkeitsball; **Wohl|tä|tig|keits|mar|ke,** die (Postw.): *Wohlfahrtsmarke;* **Wohl|tä|tig|keits|veran|stal|tung,** die: vgl. Wohltätigkeitsball; **Wohl|tä|tig|keits|ver|ein,** der (veraltet): *Verein für wohltätige Zwecke;* **wohl|tem|pe|riert** ⟨Adj.; besser, am besten temperiert⟩: **1.** (geh.) *richtig temperiert* (1): ein -er Raum; der Wein ist w. **2.** (bildungsspr.) *ausgewogen; ohne Überschwang:* jmdn. einen -en Empfang bereiten; Ingrimmig gebrauchte Peter Fabrizius Worte, die nicht zu seinem immer noch -en Sprachschatz paßten (Erné, Kellerkneipe 278). **3.** (Musik selten) *eine Temperatur* (3), *temperierte Stimmung aufweisend:* Es ist erwiesen, daß ein Blinder ... ein Klavier meistens -er stimmen kann als ein Sehender (Janke, Schule 147); **wohl|tu|end** ⟨Adj.⟩: *(in seiner Wir-

kung) angenehm, erquickend, lindernd:* -e Ruhe, Wärme; etw. als w. empfinden; es ist w. ruhig im Haus; Es ist w., mit dir zu reden (Danella, Hotel 72); Sein Konzept ... hebt sich w. *(positiv, vorteilhaft)* von den Szenarien vieler Hersteller ab (natur 5, 1991, 104); **wohl|tun** ⟨unr. V.; hat⟩ (geh. veraltend): **1.** *jmdm. Gutes tun, Wohltaten erweisen:* er hat vielen wohlgetan; ⟨subst.:⟩ Wenn nämlich die Spender weiter von umständlichen Zollbürokraten am Wohltun gehindert würden, sei das natürlich eine demotivierende Sache (Gremliza, Volk 55). **2.** *jmdm. (in physischer od. psychischer Hinsicht) guttun:* das Bad hat ihm wohlgetan; die tröstenden Worte taten uns wohl; **wohl|über|legt** ⟨Adj.; besser, am besten überlegt, bestüberlegt⟩ (geh.): *durchdacht:* Wenn man sich Zeit nimmt und w. einkauft (Falter 23, 1983, 28); **wohl|un|ter|rich|tet** ⟨Adj.; besser, am besten unterrichtet, bestunterrichtet⟩ (geh.): *gutunterrichtet:* aus -en Kreisen verlautete etwas ganz anderes; **wohl|ver|dient** ⟨Adj.⟩: *jmdm. in hohem Maße zukommend, zustehend:* seine -e Ruhe haben; Stadtpräsident Wagner ist in den -en Ferien (NZZ 21. 1. 83, 23); **Wohl|ver|hal|ten,** das: *schickliches, pflichtgemäßes Verhalten:* Wegen kriminellen Vorlebens ist ein W. in Freiheit nicht zu erwarten (Sobota, Minus-Mann 110); **Wohl|ver|leih,** der: *Arnika;* **wohl|ver|se|hen** ⟨Adj.; besser, am besten versehen⟩ (geh.): *ausreichend, reichlich versehen, ausgestattet mit etw.:* w. mit Vorräten; w. mit den Sterbesakramenten (in Todesanzeigen); **wohl|ver|sorgt** ⟨Adj.; besser, am besten versorgt, bestversorgt⟩ (geh.): vgl. wohlversehen; **wohl|verstan|den** ⟨Adv.⟩ (geh.): *wohlgemerkt:* „Die Prosa von Thomas Mann, die Prosa, nicht das Thematische, ist mir von jeher ... konträr ..." (Reich-Ranicki, Th. Mann 266); **wohl|ver|traut** ⟨Adj.; besser, am besten vertraut, bestvertraut⟩ (geh.): vgl. wohlbekannt: alte, -e Lieder; eine -e Stimme; ein Verständnis von Kultur, das uns aus der deutschen Geistesgeschichte w. ist (R. v. Weizsäcker, Deutschland 104); **wohl|ver|wahrt** ⟨Adj.; besser, am besten verwahrt, bestverwahrt⟩ (geh.): *gut, sicher verwahrt:* etw. liegt w. im Safe; **wohl|vor|be|rei|tet** ⟨Adj.; besser, am besten vorbereitet⟩ (geh.): *sehr gut vorbereitet:* w. ins Examen gehen; **wohl|weislich** [auch: '–'– –] ⟨Adv.⟩: *aus gutem Grund:* w. tun, unterlassen; w. nicht auf etw. eingehen; Wir können auch die beiden Entlüftungsstutzen in Augenschein nehmen, w. immer mit dem Wind im Rücken (Hamburger Rundschau 15. 5. 85, 5); **wohl|wol|len** ⟨unr. V.; hat⟩ [↑Wohlwollen] (veraltend): *jmdm. wohlgesinnt sein:* alle wollten ihm wohl in diesem Kreis; ich ... erstarre im Absicht: mir in Ewigkeit wohlzuwollen (Stern, Mann 336); **Wohl|wol|len,** das; -s [LÜ von lat. benevolentia]: *freundliche, wohlwollende Gesinnung:* jmds. W. genießen; sich jmds. W. verscherzen, erobern, erwerben; Viele Frauen haben wohl auch Angst ..., höhere Zahlungen geltend zu machen, weil sie Streit und den Verlust väterlichen -s gegenüber den Kindern fürchten (Saarbr. Zeitung 21. 12. 79, II); **wohl|wol|lend** ⟨Adj.⟩: *Wohlwollen zeigend, erkennen lassend:* eine -e Haltung, Beurteilung; ein rechtes Bündnis, das sehr w. auch von den USA betrachtet wird (elan 1, 1980, 39); etw. w. prüfen; jmdm., einer Sache w. gegenüberstehen. **Wohn|an|hän|ger**, der: *Wohnwagen* (1); **Wohn|an|la|ge**, die: *Gebäudekomplex mit Wohnungen, umgeben von Grünanlagen u. bestimmten, dem Zusammenleben der Mieter dienenden Einrichtungen;* **Wohn|bau**, der ⟨Pl. ...bauten⟩: *Wohngebäude;* **Wohn|be|bau|ung**, die: *Bebauung eines Bereiches mit Wohngebäuden;* **wohn|be|rech|tigt** ⟨Adj.⟩ (Amtsspr.): *berechtigt, die Erlaubnis habend, an einem bestimmten Ort zu wohnen; heimatberechtigt* (a); **Wohn|be|rech|ti|gung**, die (Amtsspr.): *das Wohnberechtigtsein;* **Wohn|be|reich**, der (Fachspr.): *Teil einer Wohnung, eines Hauses, in dem sich die Wohnräume befinden:* Es ist mir ein Bedürfnis, mich im W. mit schönen Dingen zu umgeben (Heller, Mann 86); **Wohn|be|völ|ke|rung**, die (Statistik): *mit festem Wohnsitz in einem bestimmten Bereich lebende Bevölkerung;* **Wohn|be|zirk**, der: vgl. Wohngebiet; **Wohn|block**, der ⟨Pl. -s, selten, schweiz.: ...blöcke⟩: vgl. Block (3); **Wohn|con|tai|ner**, der: *einem großen Container* (1) *ähnlicher, nicht unterkellerter Behelfsbau mit genormten Abmessungen, der als provisorische Unterkunft zum Wohnen dient:* Baubewilligung für eine Notunterkunft für Asylbewerber, die aus -n ... errichtet werden sollte (NZZ 13. 1. 93, 35); **Wohn|dich|te**, die (Amtsspr.): *Anzahl der Bewohner pro Hektar Bauland;* **Wohn|die|le**, die: vgl. Diele (2); **Wohn|ebe|ne**, die: *auf einem Niveau liegende Wohnfläche:* ein Haus mit mehreren, drei, sieben -n; ein Einfamilienhaus mit versetzten -n *(bei dem die Wohnfläche auf unterschiedlich hohem Niveau verläuft);* **Wohn|ei|gen|tum**, das: *Eigentum in Form einer Wohnung, eines Wohnhauses;* **Wohn|ein|heit**, die (Archit.): *(in sich abgeschlossene) Wohnung:* ein Neubau mit 40 -en; **wohnen** ⟨sw. V.; hat⟩ [mhd. wonen, ahd. wonēn = sich aufhalten, bleiben, wohnen; gewohnt sein, verw. mit ↑gewinnen u. eigtl. = nach etw. trachten, gern haben, dann: Gefallen finden, zufrieden sein, sich gewöhnen]: **a)** *seine Wohnung, seinen ständigen Aufenthalt haben:* in der Stadt, auf dem Land, im Grünen, in einer vornehmen Gegend, in einem Neubau, im Nachbarhaus, in der Rheinstraße w.; wo wohnst du?; parterre, zwei Treppen [hoch], im vierten Stock, bei den Eltern, zur Miete, in Untermiete, möbliert, billig, primitiv, menschenunwürdig, komfortabel, schön w.; sie wohnt in ihren eigenen Möbeln (Heym, Nachruf 751); er wohnt nur zehn Minuten vom Büro entfernt; Tür an Tür, über/unter jmdm. w.; Egal, ob sie um die Ecke w. oder 1 000 km entfernt (Hörzu 13, 1976, 13); Ü die tiefen ... Schläfen, hinter denen der Wahnsinn wohnte (Langgässer, Siegel 470); **b)** *vorübergehend eine Unterkunft haben, untergebracht sein:* er konnte bei Freunden w.; sie wohnen im Hotel; **Wohn|flä|che**, die: *dem Wohnen dienende Grundfläche von*

Wohnungen od. Wohnhäusern: Immer mehr Bauherren gewinnen so durch Dachausbau zusätzliche W. (Haus 2, 1980, 71); **Wohn|ge|bäu|de**, das: *zum Wohnen genutztes Gebäude;* **Wohn|ge|biet**, das: **1.** *Gebiet, das vorzugsweise Wohnbauten aufweist.* **2.** (ehem. DDR) *territoriale u. politisch-organisatorische Einheit in größeren Städten;* **Wohn|ge|biets|fest**, das (ehem. DDR): *von einer Wohngebietsgruppe organisiertes Fest;* **Wohn|ge|biets|grup|pe**, die (ehem. DDR): *Parteiorganisation einer der Blockparteien innerhalb eines Wohngebiets* (2); **Wohn|ge|gend**, die: *Gegend zum Wohnen im Hinblick auf ihre Qualität:* Haus in bester W. zu verkaufen; **Wohn|geld**, das (Amtsspr.): *vom Staat gewährter Zuschuß bes. zur Wohnungsmiete;* **Wohn|ge|mach**, das (geh. veraltend): vgl. Wohnzimmer; **Wohn|ge|mein|schaft**, die: *Gruppe von Personen, die als Gemeinschaft [mit gemeinsamem Haushalt] ein Haus od. eine Wohnung bewohnen:* in einer W. leben; Mit -en und Kinderläden fing diese Inbesitznahme an (Kraushaar, Lippen 109); Abk. WG; **Wohn|gru|be**, die (Archäol., Völkerk.): *wohl überwiegend zum Wohnen genutzte muldenförmige Vertiefung in vorgeschichtlichen Ansiedlungen;* **Wohn|grup|pe**, die: **1.** *in einer Wohngemeinschaft lebende Gruppe von Personen.* **2.** (ehem. DDR) *organisatorische Einheit einer Partei, gesellschaftlichen Organisation innerhalb eines Wohngebiets* (2). **3.** (ehem. DDR) *kleinste städtebauliche Einheit, die aus mehreren Wohngebäuden u. dazugehörigen gesellschaftlichen Einrichtungen besteht;* **wohn|haft** ⟨Adj.⟩ [mhd. wonhaft = ansässig; bewohnbar] (Amtsspr.): *irgendwo wohnend, seinen Wohnsitz habend:* in Berlin w. sein; Hans Mayer, w. in München; **Wohn|haus**, das: vgl. Wohngebäude; **Wohn|heim**, das: vgl. Heim (2); **Wohn|hoch|haus**, das: vgl. Wohngebäude; **Wohn|hü|gel**, der (Archäol., Völkerk.): *infolge immer wieder erneuerter Bebauung entstandener Hügel aus vor- u. frühgeschichtlicher Zeit;* **Wohn|klo**, das (ugs. scherzh. übertreibend): *sehr kleine Einzimmerwohnung;* **Wohn|kol|lek|tiv**, das: vgl. Kollektiv (1 a); **Wohn|ko|lo|nie**, die: vgl. Kolonie (3); **Wohn|kom|fort**, der: *Komfort einer Wohnung u. ihrer Einrichtung;* **Wohn|kom|plex**, der: vgl. Komplex (1 b); **Wohn|kü|che**, die: *Küche, die gleichzeitig als Wohn- u. Aufenthaltsraum dient:* Maria Holzmann ... hieß uns in ihrer gemütlichen W. willkommen (Erné, Kellerkneipe 255); **Wohn|kul|tur**, die ⟨o. Pl.⟩: *auf den Bereich des Wohnens bezogene Kultur* (2 a): Andererseits wachsen die Ansprüche der Bevölkerung an die W. weiter (NNN 9. 8. 86, o. S.); **Wohn|la|ge**, die: *Lage* (1 a) *einer Wohnung, eines Hauses o. ä.:* eine gute, teure W.; **Wohn|land|schaft**, die: *Ensemble von Polsterelementen für eine großzügige Ausgestaltung von Wohnräumen;* **Wohn|lau|be**, die: *zeitweise bewohnte Gartenlaube (einer Laubenkolonie);* **wohn|lich** ⟨Adj.⟩: *durch seine Einrichtung, Ausstattung o. ä. behaglich, anheimelnd, wohltuend wirkend, so daß ein*

Aufenthalt als sehr angenehm empfunden wird: ein -es Zimmer; Ein ebenso ungewöhnliches wie -es Haus für Strafentlassene wurde vorgestellt (Saarbr. Zeitung 11. 10. 79, 17); der Raum ist sehr w. [eingerichtet]; die Holzdecke macht den Raum noch -er; **Wohn|lich|keit**, die; -: *das Wohnlichsein;* **Wohn|ma|schi|ne**, die (abwertend): *Wohnhochhaus:* statt alter Gemäuer fand ich im wesentlichen häßliche -n vor (Hörzu 33, 1985, 94); **Wohn|mo|bil**, das; -s, -e: *größeres Automobil, dessen hinterer Teil wie ein Wohnwagen gestaltet ist:* Als Bauleiter war der 38jährige häufig unterwegs, er lebte und reiste in einem W. (MM 12. 3. 80, 14); **Wohn|mo|bi|list**, der; -en, -en: *jmd., der ein Wohnmobil fährt, darin reist:* Ich ... habe daher die Möglichkeit, auf Parkplätzen übernachtende -en zu beobachten (ADAC-Motorwelt 4, 1985, 157); **Wohn|mo|bi|li|stin**, die; -, -nen: w. Form zu ↑Wohnmobilist; **Wohn|ob|jekt**, das (bes. österr. Amtsspr.): *Wohngebäude;* **Wohn|ort**, der ⟨Pl. -e⟩: *Ort, an dem jmd. seinen Wohnsitz hat;* **wohn|ört|lich** ⟨Adj.⟩ (schweiz.): *den Wohnort betreffend;* **Wohn|par|tei**, die: vgl. Mietpartei; **Wohn|par|tei|or|ga|ni|sa|ti|on**, die (ehem. DDR): *Grundeinheit der SED innerhalb eines Wohngebiets* (2); **Wohn|qua|li|tät**, die ⟨o. Pl.⟩: *durch bestimmte Merkmale, Eigenschaften (wie Lage, Ausstattung, Einkaufsmöglichkeiten, Anbindung ans Verkehrsnetz) gekennzeichnete Qualität* (3 a) *des Wohnens;* **Wohn|quar|tier**, das (bes. schweiz., österr.): *Wohnviertel;* **Wohn|raum**, der: **1.** *Raum* (1) *zum Wohnen:* die Wohnräume liegen im Erdgeschoß des Hauses. **2.** ⟨o. Pl.⟩ *Wohnungen:* es fehlt an W.; **Wohn|raum|be|schaf|fung**, die: *Beschaffung von Wohnraum* (2); **Wohn|raum|be|wirt|schaf|tung**, die: (bes. im Rahmen des sozialen Wohnungsbaus) *behördliche Regelung der Verteilung, Zuteilung von Wohnungen;* **Wohn|raum|len|kung**, die ⟨o. Pl.⟩ (ehem. DDR): *von staatlicher Seite zentral gelenkte Erfassung u. Verteilung des verfügbaren Wohnraums* (2); **Wohn|recht**, das ⟨o. Pl.⟩: *Anrecht darauf, in einer bestimmten Wohnung, einem bestimmten Haus zu wohnen;* **Wohn|schiff**, das: *Schiff, Boot, das als Wohnung dient u. entsprechend eingerichtet ist;* **Wohn|schlaf|zim|mer**, das: *Schlafzimmer, das gleichzeitig als Wohnraum dient;* **Wohn|sied|lung**, die: *Siedlung* (1 a); **Wohn|sitz**, der: ¹*Ort* (2), *an dem jmd. seine Wohnung hat:* in seinem Personalausweis war Hamburg als zweiter W. eingetragen; den W. wechseln; seinen W. in Berlin haben, nehmen; er ist ohne festen W.; Das Haus, in dem wir untergekommen sind, hat früher dem letzten Bürgermeister ... als W. gedient (Fels, Kanakenfanta 48); **wohn|sitz|los** ⟨Adj.⟩ (bes. Amtsspr.): *ohne festen Wohnsitz;* **Wohn|sitz|lo|se**, der u. die; -n, -n ⟨Dekl. ↑Abgeordnete⟩ (bes. Amtsspr.): *jmd., der ohne festen Wohnsitz ist:* ... hat ein 26jähriger -r in der Nacht zum Donnerstag die Frankfurter Oper in Brand gesteckt (MM 13. 11. 87, 1); **Wohn|stadt**, die: *größeres Wohngebiet am Rande einer Großstadt, das vorwiegend aus Siedlungen besteht u. dem die Vielfalt der gewachse-*

Wohnstatt

nen Stadt fehlt; **Wohn|statt,** die (geh. veraltet): *Wohnstätte;* **Wohn|stät|te,** die (geh.): *Stelle, Platz, wo jmd. seine Wohnung hat; Haus, in dem jmd. wohnt, Wohnung:* wenn sie in Frankreich über eine ständige W. verfügen (LNN 31. 7. 84, 3); **Wohn|stift,** das: ²*Stift* (2 b); **Wohn|stra|ße,** die: *Straße (bes. in der Wohngegend einer Stadt), in der der Verkehr weitgehend eingeschränkt ist;* vgl. Wohnzimmer; **Wohn|stu|be,** die (veraltend): vgl. Wohnzimmer; **Wohn|turm,** der (Archit.): **1.** *zum Wohnen genutzter mittelalterlicher Turm.* **2.** *turmartiges Hochhaus;* **Wohn|um|feld,** das: *auf die Art u. Weise des Wohnens unmittelbar einwirkendes Umfeld:* Ermöglicht wird damit ein lebendiges W., das jedem Bereich eine private und unverwechselbare Atmosphäre verleiht (Hamburger Abendblatt 22. 5. 85, 29); **Wohn|um|welt,** die: vgl. Wohnumfeld; **Woh|nung,** die; -, -en [mhd. wonunge = Wohnung, Unterkunft; Gegend; Gewohnheit]: **a)** *meist aus mehreren Räumen bestehender, nach außen abgeschlossener Bereich in einem Wohnhaus, der einem einzelnen od. mehreren Personen als ständiger Aufenthalt dient:* eine große, helle, schöne, dunkle, feuchte, menschenunwürdige, möblierte, abgeschlossene W.; eine W. mit Bad und Balkon; eine eigene W. haben; eine W. suchen, beziehen, [ver]mieten; die W. wechseln; -en bauen; eine W. kaufen; Übrigens verstärkt auch die Enge der -en solche Probleme (Schreiber, Krise 97); aus seiner W. ausziehen; **b)** *Unterkunft:* für Nahrung und W. sorgen; freie W. haben; **W.* **nehmen** (geh. veraltend; ↑ Quartier 1): Immer wieder nehme ich in Lucera W., inmitten der Kinder derer, die ich einst von der Insel entfernte (Stern, Mann 235); **Woh|nungs|amt,** das: *Amt für Wohnungswesen;* **Wohnungs|bau,** der ⟨o. Pl.⟩: *das Bauen von Wohnungen:* der private, öffentliche W.; der soziale W. (Amtsspr.: *durch öffentliche Mittel geförderter Bau von Sozialwohnungen);* **Woh|nungs|bau|för|de|rung,** die ⟨o. Pl.⟩: *staatliche Förderung des Wohnungsbaus durch Gewährung finanzieller Mittel, Hilfen, Prämien o. ä.;* **Wohnungs|bau|ge|nos|sen|schaft,** die: *Baugenossenschaft;* vgl. **Woh|nungs|bau|ge|sell|schaft,** die; vgl. Baugesellschaft; **Wohnungs|bau|kom|bi|nat,** das (ehem. DDR): *Kombinat für den Wohnungsbau:* Die Vorfertigungswerke der -e haben 1971 eine Kapazität von 45 300 Wohnungseinheiten (Freiheit 11. 7. 78, 3); **Woh|nungs|bau|mi|ni|ster,** der (ugs.): *Minister für Raumordnung, Bauwesen u. Städtebau;* **Woh|nungs|bau|mi|ni|ste|rin,** die (ugs.): w. Form zu ↑ Wohnungsbauminister; **Woh|nungs|bau|pro|gramm,** das: *staatliches Programm zur Förderung des Wohnungsbaus;* **Woh|nungs|brand,** der: *Brand* (1 a) *in einer Wohnung;* **Woh|nungs|ei|gen|tum,** das; -s, -e (Rechtsspr.): *Eigentum an einer Wohnung u. dem zugehörigen Anteil an Gebäude u. Grundstück;* **Woh|nungs|ei|gen|tü|mer,** der: *Eigentümer einer Eigentumswohnung;* **Woh|nungs|ei|gen|tü|me|rin,** die: w. Form zu ↑ Wohnungseigentümer; **Woh|nungs|ein|bruch,** der: *Einbruch* (1 a, b) *in eine Wohnung;* **Woh|nungs|ein|heit,** die (seltener): *Wohneinheit;* **Woh|nungs|ein|rich|tung,** die: *Einrichtung* (2 a); **Woh|nungs|geld,** das: *Zuschuß zur Wohnungsmiete für Beamte;* **Woh|nungs|in|ha|ber,** der: *Mieter einer Wohnung;* **Woh|nungs|in|ha|be|rin,** die: w. Form zu ↑ Wohnungsinhaber; **Woh|nungs|in|stand|set|zung,** die: *Instandsetzung einer Wohnung;* **Woh|nungs|knapp|heit,** die: vgl. Wohnungsmangel; **woh|nungs|los** ⟨Adj.⟩: *ohne Wohnung; ohne Obdach;* **Woh|nungs|mak|ler,** der: *Makler für Verkauf od. Vermietung von Wohnungen;* **Woh|nungs|mak|le|rin,** die: w. Form zu ↑ Wohnungsmakler; **Woh|nungs|man|gel,** der: *Mangel an verfügbaren Wohnungen;* **Woh|nungs|markt,** der: *Markt* (3 a) *für Wohnungen:* Der W. wird bestimmt von den Vorstellungen und der Individualität des Bewohners (Spiegel 15, 1983, 10); **Woh|nungs|mie|te,** die: ¹*Miete* (1) *für eine Wohnung;* **Woh|nungs|not,** die ⟨o. Pl.⟩: *großer Wohnungsmangel;* **Woh|nungs|po|li|tik,** die: *Gesamtheit der staatlichen Maßnahmen auf dem Gebiet des Wohnungswesens;* **woh|nungs|po|li|tisch** ⟨Adj.⟩: *die Wohnungspolitik betreffend:* die Lösung -er Aufgaben; **Woh|nungs|recht,** das (Rechtsspr.): *im Grundbuch eingetragenes Recht, ein Gebäude od. einen Teil davon als Wohnung zu benutzen;* **Woh|nungs|schlüs|sel,** der: *Schlüssel für eine Wohnung:* Ich fordere Sie auf, mir Ihren W. für eine Hausdurchsuchung zu übergeben (Brasch, Söhne 27); **Woh|nungs|su|che,** die: *Suche nach einer Wohnung;* **woh|nungs|su|chend** ⟨Adj.⟩: *eine Wohnung suchend;* **Woh|nungs|su|chen|de,** der u. die; -n, -n ⟨Dekl. ↑ Abgeordnete⟩: *jmd., der eine Wohnung sucht;* **Woh|nungs|tausch,** der: *Tausch einer Wohnung gegen eine andere;* **Woh|nungs|tür,** die: *Tür zu einer Wohnung:* Eines Tages steht die politische Kripo vor der W. (Chotjewitz, Friede 159); **Woh|nung|su|che** usw.: ↑ Wohnungssuche usw.; **Woh|nungs|un|ter|neh|men,** das: *Unternehmen, das den Bau, die Bewirtschaftung, Betreuung von Wohnungen u. dazugehörigen Einrichtungen betreibt;* **Woh|nungs|ver|mitt|lung,** die: *berufsmäßige Vermittlung von Wohnungen zur Vermietung;* **Woh|nungs|wech|sel,** der: *das Umziehen in eine andere Wohnung;* **Woh|nungs|we|sen,** das ⟨o. Pl.⟩: *Gesamtheit der Einrichtungen u. Vorgänge im Zusammenhang mit dem Bau, der Bewirtschaftung, Finanzierung o. ä. von Wohnungen;* **Woh|nungs|wirt|schaft,** die: *Wirtschaftszweig, der die Erstellung, Verwaltung, Vermietung u. ä. von Wohnungen umfaßt;* **Woh|nungs|zins,** der (österr.): *Wohnungsmiete;* **Woh|nungs|zwangs|wirt|schaft,** die (früher): *Bewirtschaftung des Wohnraums in Zeiten von Wohnungsnot;* **Wohn|vier|tel,** das: *Stadtteil, in dem sich hauptsächlich Wohnhäuser befinden;* **Wohn|wa|gen,** der: **1.** *zum Wohnen auf Campingreisen ausgestatteter Anhänger für einen Pkw:* Wir mußten oft stehenbleiben ... oder langsam ... hinter einem W. herfahren (Innerhofer, Schattseite 190). **2.** *meist von einer Zugmaschine ge*zogener großer Wagen, in dem Schausteller, Zirkusleute o. ä. wohnen u. von Ort zu Ort ziehen. **3.** (Eisenb.) *Eisenbahnwaggon für die Übernachtung von Bautrupps;* **Wohn|wand,** die: *Anbauwand für ein Wohnzimmer;* **Wohn|wert,** der ⟨o. Pl.⟩: *Wohnqualität:* höchsten W. bieten: Überzeugen Sie sich von dem W. dieser Häuser (Heilbronner Stimme 12. 5. 84, 35); **Wohn|zim|mer,** das: **a)** *Zimmer einer Wohnung für den Aufenthalt während des Tages;* **b)** *Möbel für ein Wohnzimmer* (a); **Wohn|zim|mer|ein|rich|tung,** die: *Einrichtung* (2 a) *für ein Wohnzimmer* (a); **Wohn|zim|mer|mö|bel,** das ⟨meist Pl.⟩: vgl. Wohnzimmereinrichtung; **Wohn|zim|mer|schrank,** der: *zu einem Wohnzimmer* (b) *gehörender Schrank bes. für Geschirr, Gläser, Tischwäsche o. ä.;* **Wohn|zim|mer|tür,** die: *Tür zu einem Wohnzimmer* (a).

Wöhr|de, die; -, -n [Nebenf. von ↑ Wurt] (nordd.): *um das Wohnhaus gelegenes Ackerland.*

Woi|lach, der; -s, -e [russ. vojlok = Filz, älter = Satteldecke ⟨turkotat. oilyk = Decke⟩]: *wollene [Pferde]decke.*

Woi|wod, Woi|wo|de, der; ...den, ...den [poln. wojewoda, zu: wojna = Krieg u. wodzić = führen]: **1.** (früher) *Heerführer (in Polen, in der Walachei).* **2.** *oberster Beamter einer polnischen Provinz;* **Woi|wod|schaft,** die; -, -en: *Amt, Amtsbezirk eines Woiwoden.*

Wok, der; -, -s [chin. (kantonesisch) wōk]: *(bes. in der chinesischen Küche verwendeter) Kochtopf mit kugelförmig gerundetem Boden u. hochgezogenem Rand, in dem die Speisen durch ständiges Umrühren od. Schütteln gegart werden.*

wöl|ben ⟨sw. V.; hat⟩ [mhd. welben]: **1.** *in einem Bogen [über etw.] spannen; bogenförmig anlegen, machen; mit einem Gewölbe versehen:* eine Decke w.; eine gewölbte Decke. **2.** ⟨w. + sich⟩ *bogenförmig verlaufen, sich erstrecken:* sich nach außen, nach oben, nach vorn w.; eine Brücke wölbte sich über den Fluß; Ein Tag von derart glücklicher Bläue, daß man die Rundung der Erdoberfläche ausnehmen kann, so flach wie die Felder sich hier in die Breite wölben (Frischmuth, Herrin 94); eine gewölbte *(vorgewölbte)* Stirn; **Wöl|bung,** die; -, -en: *das Gewölbtsein:* die W. der Decke, des Torbogens; die Linie von der äußersten Handkante über die winzige W. des Gelenkknochens den entblößten Unterarm hinan (Rolf Schneider, November 200).

Wolf, der; -[e]s, Wölfe [mhd., ahd. wolf, wahrsch. eigtl. = der Reißer; 2, 3: nach dem reißenden, gierig fressenden Tier]: **1.** *(in Wäldern u. Steppen der nördlichen Halbkugel vorkommendes) einem Schäferhund ähnliches, häufig in Rudeln lebendes Raubtier:* ein Rudel Wölfe; die Wölfe heulen; er war hungrig wie ein W. (ugs.; hatte großen Hunger); R der W. in der Fabel (↑ Lupus in fabula); **ein W. im* **Schafspelz/**(auch:) **Schafsfell/**(auch:) **Schafskleid sein** *(sich harmlos geben, freundlich tun, aber dabei böse Absichten hegen u. sehr gefährlich sein;* nach Matth. 7, 15); **mit den Wölfen heulen** (ugs.; *sich aus Opportunismus u. wider* besseres Wissen dem Reden od. Tun anderer anschließen); **unter die Wölfe geraten [sein]** (brutal behandelt, ausgebeutet werden). **2. a)** (ugs.) kurz für ↑ Fleischwolf: etw. durch den W. drehen; sie fühlten sich wie durch den W. gedreht (ganz zerschlagen, zermürbt); * **jmdn. durch den W. drehen** (salopp; jmdm. hart zusetzen): wer sich daran erinnert, wie der ... Bundesinnenminister ... noch ein Jahr vor und vom gleichen Publikum durch den W. gedreht wurde, kann ermessen, was sich in diesem Jahr verändert hat (Rheinischer Merkur 2. 2. 85, 31); **b)** (ugs.) kurz für ↑ Reißwolf: alte Akten im W. vernichten. **3.** ⟨o. Pl.⟩ (volkst.) kurz für ↑ Hautwolf (2): der W. war sehr schmerzhaft, lästig, hinderlich; sich einen W. laufen (sich durch langes Laufen einen Hautwolf zuziehen); Ü sich einen W. reden (salopp; lange [vergeblich] auf jmdn. einreden [u. dabei heiser werden]); Wir spielen uns hier 'nen W. (salopp; spielen uns nach Leibeskräften bemühend) vor einem Rudel sich amüsierender Menschen (Gong 48, 1990, 16); **Wölf|chen**, das; -s, -: Vkl. zu ↑ Wolf (1); **wöl|fen** ⟨sw. V.; hat⟩ [mhd. welfen = Junge werfen, zu ↑ Welf; heute angelehnt an ↑ Wolf]: (von Wolf, Fuchs u. Hund) Junge werfen; **Wölf|fin**, die; -, -nen [mhd. wülvinne]: w. Form zu ↑ Wolf (1); **wöl|fisch** ⟨Adj.⟩: einem Wolf (1) ähnlich, eigen: eine -e Gier; die -e Natur des Hundes; ... wurde er von mindestens fünfzehn Schäferhunden umringt ... er selbst sah sich aber ganz dem Wohlwollen des -en Rudels ausgeliefert (Kronauer, Bogenschütze 174); **Wölf|ling**, der; -s, -e [eigtl. wohl = Junges (vom Wolf)]: der jüngsten Altersgruppe angehörender Pfadfinder; **Wolf|ram**, das; -s [älter = Wolframit, zu ↑ Wolf (das Erz sollte als Beimengung zu Zinn in den Schmelzofen eine verringernde [= „auffressende"] Wirkung auf das Metall) u. mundartl. Rahm (↑ Eisenrahm, bezogen auf die schwärzliche Farbe u. die leichte Zerreibbarkeit des Schwermetalls), also urspr. ein Scheltwort mit der Bed. „Wolfsschmutz"]: weißglänzendes, säurebeständiges Schwermetall (chemischer Grundstoff); Zeichen: W; **Wolf|ra|mat**, das; -[e]s, -e (Chemie): Salz der Wolframsäure; **Wolf|ram|fa|den**, der (Technik): in Glühlampen u. Radioröhren verwendeter Draht aus Wolfram; **Wolf|ra|mit** [auch: ...'mɪt], das; -s: dunkelbraunes bis schwarzes, metallisch glänzendes Mineral, das ein wichtiges, Wolfram enthaltendes Erz darstellt; **Wolf|ram|säu|re**, die (Chemie): Säure, die sich aus einer Verbindung des Wolframs mit Sauerstoff (unter Anlagerung von Wasser) ableitet; gelbe, pulvrige Substanz; **Wolfs|an|gel**, die: Fanggerät für Wölfe; **Wolfs|ei|sen**, das: Wolfsangel; **Wolfs|ge|sell|schaft**, die ⟨o. Pl.⟩ (seltener): Ellbogengesellschaft; **Wolfs|gru|be**, die: mit Reisig bedeckte Grube zum Fangen von Wölfen; **Wolfs|hund**, der (volkst.): Schäferhund; **Wolfs|hun|ger**, der (ugs.): sehr großer Hunger: die Kinder kamen mit einem W. nach Hause; **Wolfs|klaue**, die: am Hinterlauf von Hunden als atavistische (a) Anomalie vorkommende fünfte Zehe; **Wolfs|kind**, das

(Myth.): von Wölfen o. ä. aufgezogenes Kind; **Wolfs|mensch**, der: Werwolf; **Wolfs|milch**, die ⟨o. Pl.⟩ [mhd. wolf(s)milch, ahd. wolvesmilih; 1. Bestandteil zur Bez. von etw. Minderwertigem (vgl. Zus. mit Hunds-)]: Euphorbia; **Wolfs|milch|ge|wächs**, das: (überwiegend in den Tropen u. Subtropen vorkommender) Vertreter einer Pflanzenfamilie mit bisweilen giftigem Milchsaft; **Wolfs-milch|schwär|mer**, der: großer, olivbraun, rostrot u. schwarz gezeichneter Schmetterling, dessen bunte Raupe an verschiedenen Arten von Wolfsmilch lebt; **Wolfs|pelz**, der: Pelz eines Wolfs; **Wolfs-ra|chen**, der (volkst.): angeborene, von der Oberlippe zum Gaumenzäpfchen verlaufende Gaumenspalte; **Wolfs|ru|del**, das: Rudel von Wölfen; **Wolfs|schlucht**, die: Schlucht, in der Wölfe hausen; **Wolfs-spin|ne**, die: am Boden lebende, mittelgroße, gelbbraune bis schwarze Spinne, die ihre Beute im Sprung fängt; **Wolfs|spitz**, der: großer Spitz mit grauem Fell. **Wol|ga**, die; -: Fluß in Rußland; **Wol|go|grad**: Stadt in Rußland. **Wol|hy|ni|en** usw.: ↑ Wolynien usw. **Wölk|chen**, das; -s, -: Vkl. zu ↑ Wolke (1): am Himmel schwebten nur einzelne W.; Ü kein W. trübte die, unsere Stimmung; **Wol|ke**, die; -, -n [mhd. wolke, ahd. wolka, eigtl. = die Feuchte (d. h. „die Regenhaltige")]: **1.** sichtbar in der Atmosphäre schwebende Ansammlung, Verdichtung von Wassertröpfchen od. Eiskristallen (von verschiedenartiger Form u. Farbe): weiße, schwarze, tiefhängende, dicke -n; -n ziehen auf, türmen sich auf, regnen sich ab; die Sonne bricht durch die -n; der Gipfel ist in -n [gehüllt]; der Himmel war mit/von -n bedeckt; das Flugzeug fliegt über den -n; Die Discoliebe, fast 30 Jahre jünger, habe ihn „verzaubert, immer nur gelacht, getanzt wie auf -n, so leicht, so unbeschwert" (Spiegel 43, 1992, 125); Ü dunkle -n ziehen am Horizont auf (geh.; unheilvolle Ereignisse bahnen sich an); * **'ne W. sein** (berlin. salopp; Ausdruck der Bewunderung, Anerkennung): die neue Freundin, die neue Disko ist 'ne W.!; Ich finde, der Typ ist einfach 'ne W. (Hörzu 37, 1975, 43); **auf -n/in den -n/über den -n schweben** (geh.; verträumt, realitätsfern, unrealistisch sein); **auf W. sieben schweben** (ugs.; überglücklich, in Hochstimmung sein; wahrsch. LÜ von engl. „be on cloud seven"): sie haben die Meisterschaft gewonnen und schweben jetzt auf W. sieben; **aus allen -n fallen** (ugs.; völlig überrascht sein; eigtl. = aus der Welt der Träume, der Phantasie auf den Boden der Realität absinken): sie fielen aus allen -n, als die Polizei ihnen das Doppelleben ihrer Sprößlinge mitteilte (MM 4./5. 4. 81, 16). **2.** Menge von etw., - wie einer Wolke (1) ähnlich - in der Luft schwebt, sich quellend, wirbelnd o. ä. in der Luft od. in einer flüssigen Substanz ausbreitet: eine W. von Zigarrenrauch; eine W. von Mücken, Möwen; aus dem Schornstein stiegen schwarze -n (Rauchwolken); Der Meister erschien mit seiner Spraydose und sprühte -n schweren Parfüms über ihn (Fels, Sünden 94). **3.** (scherzh.) (in bezug auf ein Kleidungs-

stück) bauschig drapierte Menge Stoff: sie trug eine W. von Tüll und Spitzen. **4.** (Mineral.) Ansammlung mikroskopisch kleiner Bläschen od. anderer Einschlüsse (in Edelsteinen); **wöl|ken** ⟨sw. V.; hat⟩ (selten): **a)** Wolken bilden; in Wolken (2) herausdringen: der Dampf wölkte aus den Rohren; Getreidestaub, der aus der Dreschmaschine wölkt (Strittmatter, Der Laden 203); mein Zigarettenrauch wölkte pompös durch die Strahlen der tiefstehenden Sonne (Rothmann, Stier 300); **b)** ⟨w. + sich⟩ sich bewölken: der Himmel wölkt sich; **Wol|ken|band**, das ⟨Pl. ...bänder⟩ (bes. Met.): (häufig bei der Beschreibung einer Wetterlage) große, langgestreckte, sich wie ein breites Band über weite Gebiete hinziehende Wolkenmasse; **Wol|ken|bank**, die ⟨Pl. ...bänke⟩: ausgedehnte, sich über dem Horizont in der Waagerechten erstreckende Wolkenmasse; **wol|ken|be|deckt** ⟨Adj.⟩: bedeckt (1): ein -er Himmel; **Wol|ken|bil|dung**, die: Bildung (3) von Wolken: die W. beobachten; **Wol|ken|blitz**, der (Met.): Blitz, der sich innerhalb einer Wolke entlädt; **Wol|ken|bruch**, der ⟨Pl. ...brüche⟩: heftiger Regen, bei dem innerhalb kurzer Zeit große Niederschlagsmengen fallen: ein W. geht nieder; In Berlin kam es vor allem in Friedenau und Wilmersdorf zu wahren Wolkenbrüchen (BM 25. 6. 75, 1); R es klärt sich auf zum W.! (ugs. scherzh.; es fängt heftig an zu regnen); **wol|ken|bruch|ar|tig** ⟨Adj.⟩: einem Wolkenbruch ähnlich: -e Regenfälle; ein -er Regen; **Wol|ken|decke¹**, die ⟨o. Pl.⟩: den Himmel mehr od. weniger vollständig bedeckende Wolkenmasse: eine geschlossene W.; die W. reißt auf; In der Dämmerung und nachts oder bei niedriger W. glühte der Himmel (Lentz, Muckefuck 18); **Wol|ken|feld**, das ⟨meist Pl.⟩ (Met.): den Himmel teilweise bedeckende Wolken; **Wol|ken|fet|zen**, der ⟨meist Pl.⟩ (geh.): einzelne, wie abgerissen wirkende, vom Wind über den Himmel gejagte Wolke; **Wol|ken|form**, die: Form von Wolken (nach der in der Meteorologie verschiedene Gattungen von Wolken unterschieden werden); **wol|ken|frei** ⟨Adj.⟩: wolkenlos: als der -e Himmel hinter den großen Fenstern aufdämmerte (Hohmann, Engel 155); **Wol|ken|him|mel**, der: bewölkter Himmel; **Wol|ken|hö|hen|mes|ser**, der: Gerät zur Bestimmung der Höhe der Wolkendecke bei Nacht; **Wol|ken|krat|zer**, der [nach engl. skyscraper, eigtl. = Himmelskratzer]: sehr hohes Hochhaus; **Wol|ken|kuckucks|heim¹**, das [nach griech. nephelokokkygía = von Vögeln in der Luft gebaute Stadt in der Komödie „Die Vögel" des griech. Dichters Aristophanes (um 445–385 v. Chr.), zu: nephélē = Wolke u. kókkyx = Kuckuck] (geh.): Phantasiewelt von völliger Realitätsferne, in die sich jmd. eingesponnen hat: Dein Vater ist ein Materialist! Deine Mutter lebt im W. (Schwaiger, Wie kommt 94); **wol|ken|los** ⟨Adj.⟩: (vom Himmel) ohne Wolken: ein -er, strahlend blauer Himmel; Ü Wolkenlose Erinnerungen bringen uns nicht weiter (Becker, Amanda 43); **Wol|ken|mas|se**, die: Masse von Wolken; **Wol|ken|rand**, der: Rand einer

Wolke: ein glatter, zerfaserter W.; **wol̲ken|reich** ⟨Adj.⟩: *viele Wolken aufweisend, mit sich führend:* ein -er Tag; -e Meeresluft; **Wol̲ken|schat|ten,** der: *Schatten, den eine Wolke auf die Erde wirft:* ein W. flog über die Felder; **Wol̲ken|schie|ber,** der ⟨scherzh.⟩: *Vagabund, Herumtreiber; Phantast:* Den mußtet wir in Schutzhaft nehmen. Kriegt er wenigstens regelmäßig was zu beißen, der W. (Bieler, Bär 42); **Wol̲ken|schlei|er,** der: *leichte Bewölkung;* **Wol̲ken|sto|re,** der: *geraffter Store;* **wol̲ken|ver|han|gen** ⟨Adj.⟩: *verhangen* (1): Es war eine blaß kolorierte, vom Meer aufgenommene Ansicht -er Gebirgszüge (Ransmayr, Welt 136); **Wol̲ken|wand,** die: *Wolkenmasse, die wie eine Wand einen Teil des Himmels bedeckt:* ein Mondstrahl, der eine W. durchbricht (Erné, Fahrgäste 253); **Wol̲ken|zug,** der: *das Durchziehen der Wolken am Himmel;* **wol̲kig** ⟨Adj.⟩: 1. *zum größeren Teil mit Wolken bedeckt:* ein -er Himmel; morgen soll es w. bis heiter sein. 2. *Wolken* (2), *Schwaden bildend:* -er Dunst. 3. *trübe, undeutlich, verwaschen:* Die Wände glänzten matt in einem transparenten, sehr hellen Türkis, nach einigem Üben war mir der -e Farbauftrag gelungen, den ich auf Fotos ... gesehen hatte (Heller, Mann 116); -e *(flekkige)* Fotos. 4. (Mineral.) *Wolken* (4) *aufweisend:* ein -es Mineral. 5. *verschwommen, unklar; nebulos:* -e Vorstellungen, Ideen von etw. haben; -e Worte, Argumente; Die -e Suada des Kanzlers (Spiegel 7, 1985, 195); der Mut, ... kritische Punkte zu benennen, statt w. darum herumzureden (Saarbr. Zeitung 12./13. 7. 80, I).

Wol|la|sto|nit [auch: ...'nɪt], der; -s, -e [nach dem britischen Naturforscher W. H. Wollaston (1766-1828)]: *weißes, glas- od. perlmutterartig glänzendes Mineral.*

Wol|l|af|fe, der: *(in Südamerika heimischer) Affe mit massigem Körper, rundem Kopf u. dichtem, wolligem, bräunlichem od. schwarzem Fell;* **Wol̲laus**[1], der: *Schildlaus, die in kleinen, weißen Klümpchen an Pflanzen sitzt;* **Wol̲l|baum,** der: *Kapokbaum;* **Wol̲l|baum|ge|wächs,** das (Bot.): *in den Tropen vorkommender Baum mit einem oft dicken, Wasser speichernden Stamm, gefingerten od. ungeteilten Blättern u. zuweilen großen Blüten;* **Wol̲l|blu|me,** die: *Königskerze;* **Wol̲l|decke**[1], die: *Decke aus Wolle* (1 b); **Wol̲le,** die; -, (Fachspr.:) -n [mhd. wolle, ahd. wolla, viell. eigtl. = die (Aus)gerupfte od. die Gedrehte, Gekräuselte]: 1. **a)** *(bes. von Schafen) durch Scheren o. ä. des Haars* (1) *gewonnenes natürliches Produkt, das zu Garn versponnen wird:* W. waschen, spinnen; -n *(Wollsorten)* von verschiedener Qualität; Ü du mußt dir mal deine W. scheren (ugs. scherzh.; *dein dichtes, langes, zottiges o. ä. Haar schneiden)* lassen; bevor du zur Oma fährst, kommt die W. runter (Loest, Pistole 170); * **in der W. gefärbt [sein]** (ugs.; *etw. Bestimmtes in besonders ausgeprägter Form [sein]; ein überzeugter Vertreter von etw. [sein];* eigtl. von einem farbigen Stoff, der nicht erst als Tuch, sondern schon als unverarbei-

tete Wolle gefärbt worden ist): In der W. gefärbte Nazis waren der Sportlehrer und der Chemielehrer (Loest, Pistole 53); Ein Theaterkind, in der W. gefärbt (Hörzu 44, 1990, 10); Dialekt, mit der Kroetzens Sprache in der W. gefärbt ist, ... war nicht zugelassen (MM 27. 9. 78, 36); **|warm| in der W. sitzen** (ugs. veraltend; *in gesicherten Verhältnissen leben;* früher stellte Schafwolle einen großen wirtschaftlichen Wert dar; [in den beiden folgenden Wendungen steht „Wolle" für das Kopfhaar des Menschen:] **sich in die W. kriegen** (ugs.; *Streit miteinander bekommen, anfangen*): Ich hatte im stillen befürchtet, wir beide würden uns in die W. kriegen (Borell, Lockruf 82); **sich in der W. haben/liegen** (ugs.; *sich heftig streiten, zanken*); [die beiden folgenden Wendungen knüpfen wohl an die heute nicht mehr gebräuchliche Bed. „Pflanzenhaar, flaumiger Blütenstand" von „Wolle" an; vgl. die veraltete Wendung „in der W. sein" = zornig sein, eigtl. = ausschlagen, treiben (von Pflanzen):] **in die W. kommen/geraten** (ugs.; *wütend werden*): als er von dem heimlichen Plan hörte, geriet er heftig in die W.; **jmdn. in die W. bringen** (ugs.; *jmdn. ärgern, reizen, wütend machen*): Bei ausgesprochener Gutherzigkeit ... konnte ihn ein Wort oder eine taktlose Wendung derart in die W. bringen, daß er seine Seelenruhe nicht wiedergefunden hätte (Zuckmayer, Herr 19); **b)** *aus Wolle* (1 a) *gesponnenes Garn:* feine, dicke, rote, melierte, reine W.; ein Knäuel W.; die W. kratzt; die W. läuft weit, ist ergiebig; ein Pullover, Strümpfe aus W.; **c)** ⟨o. Pl.⟩ *aus Wolle* (1 b) *hergestelltes Gewebe o. ä.:* ein Mantel, Anzug aus W. *(Wollstoff);* der Stoff besteht aus reiner, ist reiner W. 2. (Jägerspr.) **a)** *Haarkleid von Hasen, Kaninchen, Schwarz- u. Haarraubwild;* **b)** *Flaum junger Wasservögel;* **¹wol̲|len** ⟨Adj.⟩ [mhd. wullin, ahd. wullinen]: *aus Wolle* (1 b, c): -e Strümpfe, Unterwäsche; Organisten tragen -e Fingerwärmer, das habe ich einmal im Kino gesehen, sie sind immer arm und frieren (Schwaiger, Wie kommt 18).

²wol̲|len ⟨unr. V.; hat⟩ [mhd. wollen, ahd. wellen]: 1. ⟨mit Inf. als Modalverb; wollte, hat ... wollen⟩ **a)** *die Absicht, den Wunsch, den Willen haben, etw. Bestimmtes zu tun:* er will uns morgen besuchen; wir wollten gerade gehen; Ich wollte längst Feierabend gemacht haben *(hätte gern längst Feierabend gemacht)* und hatte nun die drei Zuhälter da (Eppendorf, St. Pauli 95); das Buch habe ich schon immer lesen w.; er will ins Ausland gehen; willst *(möchtest)* du mitfahren?; **b)** ⟨Prät.⟩ *dient der Umschreibung einer Bitte, eines Wunsches:* ich wollte Sie bitten, uns ein Stück zu begleiten; wir wollten Sie fragen, ob Sie uns nicht helfen können; **c)** ⟨Konjunktiv Präs.⟩ (veraltend) *drückt einen zugleich eine höfliche, aber zugleich bestimmte Aufforderung aus:* wenn Sie bitte Platz nehmen wollen; man wolle bitte darauf achten, daß nichts verlorengeht; Die Öffnungszeiten der Staatsbank wollen Sie bitte dem dortigen Aushang entnehmen (Freie

Presse 30. 12. 89, 8); Es wollen sich nur Bewerber melden, die diese Aufgabe erfüllen können (Saarbr. Zeitung 15./16. 12. 79, XII); *als einem Befehl ähnliche Aufforderung:* Sie wollen sich bitte sofort melden; **d)** *drückt aus, daß der Sprecher die von ihm wiedergegebene Behauptung eines anderen mit Skepsis betrachtet, für fraglich hält:* er will es nicht gewußt, gesehen haben *(behauptet, es nicht gewußt, gesehen zu haben);* Nach dieser Nachricht will sie einen Herzanfall bekommen haben (MM 14. 3. 79, 14); Gäste des Lokals wollen zu später Stunde Nazilieder gehört haben (Chotjewitz, Friede 154); **e)** *meist verneint; drückt aus, daß etw. [nicht] in der im Verb genannten Weise funktioniert, geschieht, abläuft o. ä.:* die Wunde will [und will] nicht heilen; der Motor wollte nicht anspringen; etw. will nicht gelingen, kein Ende nehmen; es will Abend werden (geh.; *es wird allmählich Abend);* verblaßt: das will nichts heißen, will nicht viel sagen *(heißt, bedeutet nicht viel);* das will ich hoffen, meinen; ein nicht enden wollender Beifall; **f)** ⟨in Verbindung mit einem 2. Part. u. „sein" od. „werden"⟩ *drückt aus, daß etw. eine bestimmte Bemühung, Anstrengung o. ä. verlangt;* **müssen**: etw. will gekonnt sein; dieser Schritt will gut überlegt werden; Unsere große Passion war es, Pferde zu putzen. Das wollte gelernt sein (Dönhoff, Ostpreußen 85); **g)** *einen bestimmten Zweck haben; einem bestimmten Zweck dienen:* die Aktion will über die Lage der religiösen Minderheiten in Asien aufklären; das Buch will ein Ratgeber für alle Lebenslagen sein, will allen helfen, sich überall schnell zurechtzufinden. 2. ⟨Vollverb; wollte, hat gewollt⟩ **a)** *die Absicht, den Wunsch haben, etw. zu tun:* das habe ich nicht gewollt; Donnerwetter, siehst du das! Das wollte ich nicht *(das war keine Absicht;* Hohmann, Engel 234); sie wollen ans Meer, ins Gebirge (ugs.; *wollen dorthin fahren);* er hat über die Grenze gewollt (ugs.; *hat über die Grenze gehen wollen),* sie haben ihn erwischt (Kunze, Jahre 15); sie will zum Theater (ugs.; *will Schauspielerin werden);* da war ich so deprimiert, ich wollte zur Fremdenlegion (ugs.; *wollte in die Fremdenlegion eintreten;* Schmidt, Strichjungengespräche 168); wenn du willst, wollen wir gleich gehen; ohne [es] zu w. *(ohne daß es seine Absicht gewesen war),* hatte er alles verraten; du mußt nur w. *(den festen Willen haben),* dann geht es auch; wollt ihr wohl/gleich/endlich! (ugs.; *in gegenüber Kindern gebrauchten Aufforderungen mit leicht drohendem Unterton;* ihr sollt aufhören, anfangen, fortgehen o. ä.); [na] dann wollen wir mal! (ugs.; *wollen wir anfangen, beginnen mit etw. Bestimmtem*); Gut. Wollen wir? *(können wir die Sache in Angriff nehmen?;* Brot und Salz 12); das ist, wenn man so will *(man könnte es so einschätzen),* ein einmaliger Vorgang; Das war zunächst, wenn Sie so wollen *(könnte man sagen),* eine entfernte Bekanntschaft (Spiegel 46, 1984, 24); **b)** *zu haben, zu bekommen wünschen; erstreben:* er hat alles bekommen, was er wollte; er hat für seine Arbeit nichts, kein Geld gewollt (ugs.; *haben wollen, verlangt);* den Fortschritt, sein Recht w.; ich will nur dein Bestes; er will nur seine Ruhe; was willst du [noch] mehr? *(du hast doch erreicht o. ä., was du wolltest!);* er will es [ja] nicht anders, hat es so gewollt; dieses Preußentum, so wollten es die Geschichtsbücher und Lehrer (so stellten sie es hin), war der Vorläufer von Hitlers Ideen (Loest, Pistole 54); ich will *(wünsche, verlange),* daß du das tust; Als er durchkam, schrie er die Sekretärin an, er wolle noch einen Termin bei Dr. Meichle (M. Walser, Seelenarbeit 108); Wir haben das Kind gewollt *(haben es uns gewünscht;* Schwarzer, Unterschied 43); er will nicht *(ist nicht damit einverstanden),* daß man ihm hilft; nimm dir, soviel du willst *(haben möchtest);* er weiß [nicht], was er will; ich weiß nicht, was du willst (ugs.; *warum du dich aufregst),* es ist doch alles in Ordnung; er wollte etwas von dir (ugs.; *hatte ein Anliegen);* ich mache alles, was du von mir willst *(verlangst);* Er wollte mich (ugs.; *hätte mich gerne engagiert)* für einige Filme (Praunheim, Sex 21); du kannst es halten, wie du willst *(hast völlig freie Hand);* da ist nichts [mehr] zu w.! (ugs.; *da läßt sich nichts mehr ändern);* Mit Gerede und mit Ideologien ist da nichts zu w. (ugs.; *zu erreichen;* Eppendorfer, Ledermann 96); nichts zu w.! (ugs.; Ausdruck der Zurückweisung); es wird so werden, ob du willst *(ob es nach deinem Wunsch ist)* oder nicht; ob man will oder nicht *(es ist einfach Tatsache, ist einfach so),* eine andere Lösung ist nicht mehr möglich; R wer nicht will, der hat schon; Spr was du nicht willst *(haben willst, wünschst),* daß man dir tu', das füg auch keinem andern zu; Ü der Zufall wollte es *(hat es so gefügt),* daß wir gleichzeitig in Berlin ankamen; **c)** ⟨Konjunktiv Prät.⟩ drückt einen irrealen Wunsch aus: ich wollte *(wünschte),* es wäre alles vorüber; **d)** (ugs.) drückt – meist verneint – aus, daß etw. nicht funktioniert, nicht in der gewünschten Weise abläuft o. ä.: der Motor will nicht [mehr]; seine Beine wollten nicht mehr *(versagten ihm den Dienst);* **e)** (ugs.) *für sein Gedeihen o. ä.* brauchen, verlangen: diese Blume will Sonne; Tiere wollen ihre Pflege; **f) *** *jmdm. etw. w.* (ugs.; *etw. Übles gegen jmdn. im Sinne haben, jmdm. etw. anhaben wollen):* was soll er dir schon w.?; er kann uns gar nichts w.

wöl|len ⟨sw. V.; hat⟩ [vgl. Gewölle] (Jägerspr.): *(von Raubvögeln) das Gewölle ausspeien.*

♦ **Wol|len|pol|ster,** das [1. Bestandteil in Zus. = Woll-]: *Polster, Kissen mit einer Füllung aus Wolle:* Der ... Hauswirt saß ... im Lehnstuhl auf seinem bunten W. (Storm, Schimmelreiter 26); **Woll|fa|den,** der: *Faden aus Wolle* (1 a); **Woll|fett,** das: *beim Waschen der noch ungereinigten Schafwolle gewonnenes Fett, das gereinigt Lanolin ergibt;* **Woll|filz|pap|pe,** die: *als Unterlage für Fußbodenbeläge verwendete filzartige Pappe;* **Woll|garn,** das: *Garn aus Wolle* (1 a); **Woll|geor|gette,** die: *Georgette aus Wolle* (1 b); **Woll|ge|strick,**

das: *Gestrick aus Wolle* (1 b); **Woll|ge|we|be,** das: *Gewebe* (1) *aus Wolle* (1 b); **Woll|gras,** das: *Riedgras, dessen Hüllblätter sich nach der Blüte in einen weißen, wie Wolle aussehenden Schopf verwandeln;* **Woll|haar,** das: **1.** *dichtes, gekräuseltes, welliges Haar (bei Menschen u. Tieren).* **2.** (Anat.) *Lanugo;* **woll|hal|tig** ⟨Adj.⟩: *(von Geweben, Garnen o. ä.) Wolle enthaltend:* -e Gewebe; **Woll|hand|krab|be,** die: *Krabbe mit großen, bes. beim Männchen dichtbehaarten Scheren;* **Woll|hand|schuh,** der: *Handschuh aus Wolle* (1 b); **Woll|hau|be,** die (österr.): *Wollmütze;* **Woll|hemd,** das: *Hemd aus Wolle* (1 b, c); **wol|lig** ⟨Adj.⟩: **a)** *aus Wolle bestehend, mit Wolle bedeckt:* ein -es Fell; Oft wandern langsam auf einem Hügel -e Schafe und grasen die reiche Weide ab (Stern, Mann 282); **b)** *von flauschig weicher Oberfläche:* ein -es Gewebe; **c)** *(in bezug auf das Haar des Menschen) dicht u. gekraust:* die -en Haare der Schwarzen; Sein -er *(mit wolligen Haaren bedeckter)* Schädel stieß durch die Hemdschlaufe, tauchte in der Kragenöffnung auf (Lentz, Muckefuck 24); **d)** *(von der behaarten Oberfläche von Pflanzen[teilen]) weich u. dichtbehaart:* -e Blätter, Samen; **Woll|jacke[1],** die: *aus Wolle* (1 b) *gefertigte Jacke;* **Woll|kamm,** der (Fachspr.): *Gerät zum Bearbeiten von Wolle* (1 a); **Woll|käm|mer,** der; -s, -: *Facharbeiter in einer Wollkämmerei* (Berufsbez.); **Woll|käm|me|rei,** die: *Betrieb, in dem die gewaschene Wolle maschinell weiterverarbeitet wird;* **Woll|käm|me|rin,** die; -, -nen: w. Form zu ↑Wollkämmer; **Woll|kleid,** das: *Kleid aus Wolle* (1 c); **Woll|knäu|el,** das: *Knäuel Wolle* (1 b); **Woll|krab|be,** die: *Wollhandkrabbe;* **Woll|kraut,** das: *Königskerze;* **Woll|man|tel,** der: vgl. *Wollkleid;* **Woll|maus,** die: **1.** [1]*Chinchilla.* **2.** (landsch. scherzh.) *größere Staubflocke auf dem Fußboden, bes. in Ecken u. unter Möbelstücken;* **Woll|milch|sau,** die in der Fügung **eierlegende W.** (ugs. scherzh.; *Person od. Sache, die keinerlei Nachteile aufweist, alle Bedürfnisse befriedigt, allen Ansprüchen genügt;* hierher ein Phantasienutztier, das die Eigenschaften von Huhn, Schaf, Kuh u. Schwein in sich vereinigt): Der Späth scheint das zu sein, wonach immer wieder gesucht wird: eine eierlegende W. (Sonntag Aktuell 10. 10. 93, 3); ein umfassend tauglichus Allroundauto ..., ein laut Projektleiter Heiland „eierlegende W." des Autowesens (Spiegel 48, 1990, 286); **Woll|mus|se|lin,** der: vgl. *Musselin;* **Woll|müt|ze,** die: *wollene Mütze;* **Woll|pap|pe,** die: *Wollfilzpappe;* **Woll|pull|over,** der: vgl. *Wolljacke;* **Woll|rest,** der: *übriggebliebene Wolle* (1 b); **Woll|rock,** der: *Rock aus Wolle* (1 b, c); **Woll|sa|chen** ⟨Pl.⟩: *gestrickte Kleidungsstücke aus Wolle;* **Woll|sack|schild|laus,** die: *Wollschildlaus;* **Woll|schaf,** das (Landw.): *Schaf, das im Unterschied zum Haarschaf seiner Wolle wegen gehalten wird;* **Woll|schal,** der: *wollener Schal;* **Woll|schild|laus,** die: *weltweit verbreitete, rötlichgelbe Schildlaus, die auf vielen verschiedenen Pflanzen lebt u. beträchtliche Schäden anrichten kann;* **Woll-**

schweiß, der: *neben dem Wollfett in der noch ungereinigten Schafwolle vorhandene, von den Schweißdrüsen des Schafs gebildete Substanz;* **Woll|sie|gel,** das: *Gütezeichen für Erzeugnisse aus reiner Schurwolle;* **Woll|socke[1],** die: *wollene Socke;* **Woll|sor|te,** die: *Wolle* (1 b) *einer bestimmten Sorte* (1); **Woll|spin|ne|rei,** die: *Spinnerei für Wolle* (1 b); **Woll|stoff,** der: *Stoff aus Wolle* (1 b); **Woll|strumpf,** der: vgl. *Wollsocke;* **Woll|tuch,** das ⟨Pl. ...tücher⟩: **1.** *wollenes Tuch.* **2.** vgl. *Wolllappen.*

Woll|lust, die; -, Wollüste [mhd. wollust = Wohlgefallen, Freude, Genuß; Wollust, spätahd. wollust = Wohlgefallen, Freude, Genuß, zu ↑wohl u. ↑Lust]: **a)** (geh.) *sinnliche, sexuelle Begierde, Lust:* W. empfinden; sie provoziert ihn zu einer kräftezehrenden W. (Stern, Mann 346); *** mit wahrer W.** [etw. tun] *(mit als seltsam, abwegig, böse o. ä. einzuschätzender Lust, mit einem seltsamen Vergnügen an etw. [etw. tun]):* mit wahrer W. rächte er sich an dem Wehrlosen; ♦ **b)** ⟨o. Pl.⟩ *Lust* (1 b): Es ist eine W., einen großen Mann zu sehn (Goethe, Götz I); **wol|lü|stig** ⟨Adj.⟩ [mhd. wollustec = Freude erweckend, reizend] (geh.): *mit Wollust* (a); *von Wollust* (a) *erfüllt; Wollust* (a) *erregend:* Sie war nicht da. Ein -er Körper, aber abwesend (Kronauer, Bogenschütze 387); da war das starke Leuchten im Blick, vor dem nicht wenige meiner Kommilitoninnen w. erschauert waren (Erné, Kellerkneipe 73); **Woll|lüst|ling,** der; -s, -e (geh. selten): *wollüstiger Mann.*

Woll|wachs, das: vgl. *Wollfett;* **Woll|wa|re,** die ⟨meist Pl.⟩: *aus Wolle* (1 b, c) *hergestelltes Erzeugnis.*

Wol|per|tin|ger, der; -s [viell. zu mundartl. Walper = Entstellung von: Walpurgis, ↑Walpurgisnacht] (bayr.): *Fabeltier mit angeblich sehr wertvollem Pelz, das zu fangen man Leichtgläubige mit einem Sack u. einer brennenden Kerze ausschickt:* Doch inzwischen ist das intellektuelle Jagdfieber nach dem „Lebenszusammenhang" gesunken, weil er ein mindestens ebenso seltenes Wesen darstellt wie der W., der in Bayern lebende Hase mit dem Rehgeweih (Sloterdijk, Kritik 202).

Wol|pry|la, das; -s [Kunstwort] (ehem. DDR): *wollige synthetische Faser, die zur Herstellung von Textilien verwendet wird.*

Wo|ly|ni|en: ukrainische Landschaft; **wo|ly|nisch** ⟨Adj.⟩: in der Fügung **-es Fieber** (Med.): *Infektionskrankheit mit periodischen, meist im Abstand von fünf Tagen auftretenden Fieberschüben.*

Wom|bat, der; -s [engl. wombat, aus einer australischen Eingeborenenspr.]: *in Australien u. Tasmanien heimisches Beuteltier.*

Wo|men's Lib ['wɪmɪnz 'lɪb], die; - - [engl. kurz für: Women's Lib*eration Movement*]: *innerhalb der Bürgerrechtsbewegung der 1960er Jahre entstandene amerik. Frauenbewegung.*

wo|mit ⟨Adv.⟩ [mhd. wōmit]: **1.** [mit bes. Nachdruck: 'vo:mɪt] ⟨interrogativ⟩ *mit welcher Sache?:* w. hast du den Flecken weggebracht?; w. soll ich meine Kinder ernähren?; w. hat er das verdient *(hat er*

womöglich

das wirklich verdient, hat er verdient, daß man so mit ihm verfährt)? **2.** ⟨relativisch⟩ *mit welcher (gerade erwähnten) Sache:* das ist etwas, w. ich nicht einverstanden bin; man fand die Waffe, w. der Schuß abgefeuert worden war; er ... macht dann das weiter, w. er gerade beschäftigt war (Missildine [Übers.], Kind 219); Die Naturschützer wollen ... den Marinstützpunkt einfach versanden lassen, w. *(was zur Folge hätte, daß)* die ursprüngliche Landschaft wiederhergestellt wäre (natur 2, 1991, 57). **3.** (nordd. ugs.) in bestimmten Verwendungen in getrennter Stellung: das ist eine Sache, wo ich nicht mit gerechnet hatte; **wo|mög|lich** ⟨Adv.⟩: *vielleicht; möglicherweise:* er kommt w. schon heute; war das nicht w. ein Fehler?; w. gehört zu allen Reisen seit zweihundert Jahren das Motiv der Flucht (Fest, Im Gegenlicht 24); er ... achtete aber peinlich darauf, nicht w. als arrogant ... zu gelten (Süskind, Parfum 231); **wo|nach** ⟨Adv.⟩ [mhd. warnāch]: **1.** [mit bes. Nachdruck: 'vo:na:x] ⟨interrogativ⟩ *nach welcher Sache?:* w. hat sie dich gefragt?; weißt du, w. es hier riecht?; Er wußte aber nicht recht, w. er suchen sollte (Fels, Unding 8). **2.** ⟨relativisch⟩ **a)** *nach welcher (gerade erwähnten) Sache:* etw., w. sie großes Verlangen hatten; das Gesetz, w. sie angetreten waren; etwas, w. zu fragen bereits zeigt, daß du es nicht weißt (B. Vesper, Reise 511); **b)** *dem-, derzufolge:* es gibt eine Darstellung, w. er nicht an der Sache beteiligt war; die alte römische Baumaxime, w. das Große nicht kolossalisch wirken dürfte (Fest, Im Gegenlicht 346). **3.** (nordd. ugs.) in bestimmten Verwendungen in getrennter Stellung: es war eine Angelegenheit, wo ich lieber nicht nach gefragt habe; **wo|ne|ben** ⟨Adv.⟩ (selten): **1.** [mit bes. Nachdruck: 'vo:ne:bn] ⟨interrogativ⟩ *neben welche, welcher Sache?:* w. soll ich den Stuhl stellen?; w. soll der Stuhl stehen? **2.** ⟨relativisch⟩ **a)** *neben welche (gerade erwähnte), welcher (gerade erwähnten) Sache:* das Haus, w. sie den Baum pflanzten, w. der Baum steht; **b)** *worüber hinaus:* er arbeitet in einer Fabrik, w. er aber noch viel Zeit auf sein Steckenpferd verwendet.

Won|ne, die; -, -n [mhd. wünne, wunne, ahd. wunn(i)a, verw. mit ↑ gewinnen, urspr. = Verlangen, Lust, Genuß, Freude, dann: etw., was Genuß, Freude bereitet] (geh.): *hoher Grad der Beglückung, des Vergnügens, der Freude:* es war eine W., diesem Künstler, seinem Spiel zuzuhören; alles war reine W.; die -n der Liebe, des Glücks; Er kam am städtischen Hallenbad vorbei ... Da krebsten sie, schnaufend, kreischend vor W. (Kronauer, Bogenschütze 183); es ist für ihn eine wahre W. (abwertend; *er hat daran seinen Spaß*), andere zu schikanieren; * **mit W.** (ugs.; *mit dem größten Vergnügen*); **Won|ne|bib|ber**, der; -s, - [zu ↑ bibbern] (ugs. scherzh.): *Götterspeise* (2); **Won|ne|ge|fühl**, das (geh.): *Gefühl der Beglückung, des Vergnügens, der Freude;* **Won|ne|grun|zen**, das in der Fügung mit W. (ugs. scherzh.; *mit Freuden; sehr gern*); **Won|ne|kloß**, der (ugs. scherzh.): *Wonne-*

proppen; **Won|ne|mo|nat, Won|ne|mond**, der [frühnhd. Neubelebung von ahd. winnimānōd = Weidemonat; ahd. winne = Weide(platz), schon in ahd. Zeit umgedeutet zu wunnia (↑ Wonne), danach wunnimānōd = Wonnemonat] (veraltet): *Mai:* ... findet am Sonntag ... im „Grünen Kranz" ein Tanz in den Wonnemonat statt (Augsburger Allgemeine 29./30. 4. 78, 46); **Won|ne|prop|pen**, der [mundartl. Nebenf. von ↑ Pfropfen] (ugs. scherzh.): *wohlgenährtes Baby, kleines Kind:* Zwar wurde ich von Vater manchmal noch „Dickie" genannt, weil ich als Baby ein W. war (Wilhelm, Unter 45); Mindestens 10 Prozent unserer Babys sind viel zu dicke W. (BM 5. 12. 76, Journal 3); **Won|ne|schau|der** (geh.); **Won|ne|schau|er**, der (geh.): *Schauer hervorrufendes Gefühl der Wonne;* **won|ne|trun|ken** ⟨Adj.⟩ (dichter.): *trunken* (2) *vor Wonne;* **won|ne|voll** ⟨Adj.⟩ (dichter.): *voller Wonne, ein Wonnegefühl hervorrufend, lustvoll;* **won|nig** ⟨Adj.⟩ [mhd. (md.) wunnic]: **1.** (fam.) *Entzücken hervorrufend:* ein -es Baby; ist das w. *(schön)!;* Der sensible Martin, den all die Tanten und Omis ja gar zu w. fanden (Siems, Coming out 173). **2.** (geh. selten) *von Wonne erfüllt: in-en Gefühlen schwelgen;* **won|nig|lich** ⟨Adj.⟩ (geh. veraltend): *beseligend; Wonne gewährend:* eine -e Zeit.

Wood [wʊd], der; -s, -s [engl. wood, eigtl. = Holz] (Golf): *Golfschläger mit einem Kopf aus Holz.*

Wood|cock|spa|ni|el ['wʊdkɔk...], der; -s, - [aus engl. woodcock (↑ Cockerspaniel) u. ↑ Spaniel] (selten): *Cockerspaniel.*

Woog, der; -[e]s, -e [mhd. wāc, ahd. wāg = (bewegtes) Wasser, verw. mit ↑ Woge] (landsch.): **a)** *kleiner See;* **b)** *tiefe Stelle in einem Fluß.*

wor|an ⟨Adv.⟩ [mhd. waran, ahd. wārana]: **1.** [mit bes. Nachdruck: 'vo:ran] ⟨interrogativ⟩ **a)** *an welchem Gegenstand o. ä.?:* w. hast du dich verletzt?; er wußte nicht, w. er sich festhalten sollte; **b)** *an welchen Gegenstand o. ä.?:* w. hat er sich gelehnt?; **c)** *an welcher sich in bestimmter Weise auswirkenden Sache?:* w. ist er gestorben?; man weiß nicht, w. man ist; Woran liegt es, daß die Eingliederung Behinderter ins Berufsleben so schwierig ist? (Hörzu 9, 1985, 68); Woran krankt das Gesundheitswesen? (Spiegel 46, 1984, 274); **d)** *an welche sich in bestimmter Weise auswirkende Sache?:* Was glaubst du, w. die Leute denken (Bravo 42, 1988, 23); Die Luft roch hier anders als in der trockenen Prärie ... Woran erinnerte sie mich nur? (Hörzu 6, 1986, 115). **2.** ⟨relativisch⟩ **a)** *an welchem (gerade genannten) Gegenstand o. ä.:* der Nagel, w. das Bild hing; **b)** *an welchen (gerade genannten) Gegenstand o. ä.:* die Wand, w. das Bild gehängt wurde; **c)** *an welcher (gerade erwähnten), sich in bestimmter Weise auswirkenden Sache:* das Buch, w. er gerade arbeitet; Jugend braucht Widerstand, w. sie sich wetzen kann (Spiegel 29, 1982, 70); das einzige, w. hier niemals Mangel geherrscht hatte (Ransmayr, Welt 10); **d)** *an welche (gerade erwähnte), sich in bestimmter Weise auswirkende Sache:* er

wußte vieles, w. sich sonst niemand mehr erinnerte; Das einzige, w. ich mich gehalten habe (G. Roth, Winterreise 14); **wor|auf** ⟨Adv.⟩: **1.** [mit bes. Nachdruck: 'vo:rauf] ⟨interrogativ⟩ **a)** *auf welcher Stelle, welchem Platz o. ä.?:* w. steht das Haus?; **b)** *auf welche Stelle, welchen Platz o. ä.?:* w. darf ich mich setzen?; **c)** *auf welche sich in bestimmter Weise auswirkende, welcher sich in bestimmter Weise auswirkenden Sache?:* w. wartest du?; w. fußt seine Annahme?; Worauf kommt es vor allem an? (Wiedemann, Liebe 37); Wie sollten sie wissen, w. sie sich überhaupt verlassen kann (Spiegel 25, 1982, 20). **2.** ⟨relativisch⟩ **a)** *auf welchen (gerade genannten) Gegenstand o. ä.:* der Zettel, w. er seinen Namen geschrieben hatte; Genau das ist es, w. ich verzichten wollte (Spiegel 42, 1981, 238); **b)** *auf welchem gerade genannten Gegenstand o. ä.:* die Bank, w. ich saß; weil der Pfad, w. sie krabbelt, vielleicht eine Privatstraße ist (Zorn, Mars 207); **c)** *auf welchen (gerade erwähnten) Vorgang folgend; woraufhin:* er klingelte, w. unverzüglich die Tür geöffnet wurde; Ich hab' ihm eine geknallt, w. er mir eins gegen das Schienbein getreten hat (Zenker, Froschfest 150); **wor|auf|hin** ⟨Adv.⟩: **1.** [mit bes. Nachdruck: 'vo:raufhɪn] ⟨interrogativ⟩ *auf welche Sache hin?:* w. hat er das getan? *(was hat ihn dazu veranlaßt, was war der Grund dafür?);* ich weiß nicht, w. er so plötzlich seine Meinung geändert hat. **2.** ⟨relativisch⟩ *worauf* (2 c): er spielte vor, w. man ihn sofort engagierte; Kurz vor Feierabend winkte ihnen der Aufseher, w. er und Hofer vom Brückenpfeiler herunterkletterten (Hilsenrath, Nazi 175); **wor|aus** ⟨Adv.⟩ [spätmhd. woraus]: **1.** [mit bes. Nachdruck: 'vo:raus] ⟨interrogativ⟩ **a)** *aus welcher Sache, bes. welchem Material o. ä.?:* w. ist das Gewebe hergestellt?; er fragte, w. *(aus welchen Teilen)* sich das Ganze zusammensetze; Woraus bestand Zivilisation, wenn nicht aus Mord und Hurerei? (Singer [Übers.], Feinde 107); **b)** *aus welcher Sache, bes. aus welchem Umstand o. ä.?:* w. schließt du das? **2.** ⟨relativisch⟩ *aus welchem (gerade genannten) Gegenstand, Material o. ä.:* das Holz, w. die Möbel gemacht sind; das Buch, w. sie lernt.

Worb, der; -[e]s, Wörbe u. die; -, -en, **Wor|be**, die; -, -n [mhd., ahd. worp, eigtl. = Krümmung] (landsch.): *Griff am Sensenstiel.*

Worce|ster|so|ße ['vʊstɐ...], die; -, -n [nach der engl. Stadt Worcester] (Kochk.): *pikante Soße zum Würzen.*

wor|den: ↑ werden (II).

wor|ein [mit bes. Nachdruck: 'vo:raɪn] ⟨Adv.⟩: vgl. wohinein.

wor|feln (sw. V.; hat) [Iterativbildung zu veraltet gleichbed. worfen, mhd. (md.) worfen, zu ↑ Wurf] (Landw. früher): *das ausgedroschene Getreide mit Hilfe der Worfschaufel von Spreu u. Staub reinigen;* **Worf|schau|fel**, die; -, -n (Landw. früher): *Schaufel, mit der das Getreide beim Worfeln gegen den Wind geworfen wird.*

wor|in ⟨Adv.⟩: **1.** [mit bes. Nachdruck: 'vo:rɪn] ⟨interrogativ⟩ *in welcher Sache?:* w. besteht der Vorteil?; Worin besteht die Sichtbehinderung (Spiegel 25, 1985,

168); ich weiß nicht, w. der Unterschied liegt; Ich beginne langsam zu begreifen, w. in den neuen Ländern unser Hauptproblem besteht (Spiegel 38, 1991, 7). **2.** ⟨relativisch⟩ *in welcher (gerade erwähnten) Sache:* das Haus, w. sie wohnen; es gibt mancherlei, w. sie sich unterscheiden.

Wö|ris|ho|fen: ↑ Bad Wörishofen.

Work|aho|lic [wɔːkəˈhɔlɪk], der; -s, -s [engl. workaholic, zusgez. aus: work = Arbeit u. alcoholic = Alkoholiker] (Psych.): *jmd., der unter dem Zwang steht, ununterbrochen arbeiten zu müssen:* sie ist ein W.; jene Erklärungsversuche, die die Japaner ... zu -s stempeln, zu Wesen, die nur für die Produktion leben und von einer geradezu krankhaften Arbeitswut besessen sind (Zeit 17. 4. 81, 24); **Workshop** [ˈwɔːkʃɔp], der; -s, -s [engl. workshop, eigtl. = Werkstatt, zu: shop, ↑Shop]: *Seminar o. ä., in dem in freier Diskussion bestimmte Themen erarbeitet werden, ein Erfahrungsaustausch stattfindet:* einen W. veranstalten, durchführen; Spezielle -s für Architekten sollen den Einstieg in computerunterstützte Zeichentechnik erleichtern (CCI 3, 1985, 50); **Work-Song** [ˈwɔːkˌsɔŋ], der; -s, -s [engl.-amerik. work song, zu: song, ↑Song]: *Arbeitslied (1), bes. der afrikanischen Sklaven in Nordamerika;* **Work|sta|tion** [ˈwɔːkˌsteɪʃn], die; -, -s [engl. work-station, eigtl. = Arbeitsstation, zu: station = Station]: *sehr leistungsfähiger, an einem Arbeitsplatz installierter, meist an ein lokales Netz angeschlossener Computer, der bes. beim Einsatz u. bei der Entwicklung umfangreicher Systeme von Programmen benötigt wird.*

World|cup [ˈwɔːldkʌp], der; -s, -s [engl. world cup, aus: world = Welt u. cup, ↑Cup] (Sport): **1.** *interkontinentaler [Weltmeisterschafts]wettbewerb.* **2.** *Siegestrophäe beim Worldcup (1);* **World Games** [wɔːld geɪmz] ⟨Pl.⟩ [engl., zu: game = Spiel]: *sportliche Wettkämpfe in zahlreichen nichtolympischen Sportarten mit Teilnehmern aus aller Welt; Weltspiele;* **World|wide Fund for Na|ture** [ˈwɔːldwaɪd fʌnd fɔː ˈneɪtʃə]; engl., aus: world-wide = weltweit, fund = Fonds u. nature = Natur]: *internationaler Verband zum Schutz wildlebender Tiere u. Pflanzen.*

Worms: Stadt am Rhein; **¹Worm|ser,** der; -s, -: Ew.; **²Worm|ser** ⟨indekl. Adj.⟩; **Worm|se|rin,** die; -, -nen: w. Form zu ↑¹Wormser; **worm|sisch** ⟨Adj.⟩.

♦ **wor|nach:** ↑wonach: Doch zeige mir den Mann, der das erreicht, wie ich strebe (Goethe, Torquato Tasso II, 3); Wornach blickst du auf der Heide? (Goethe, Werther II, Der Herausgeber an den Leser [Ossian]).

Worps|we|de: Ort (Künstlerkolonie) bei Bremen.

Wort, das; -[e]s, Wörter u. Worte [mhd. ahd. wort, eigtl. = feierlich Gesprochenes]: **1. a)** ⟨Pl. Wörter; gelegtl. auch: Worte⟩ *kleinste selbständige sprachliche Einheit von Lautung (2) u. Inhalt (2 a) bzw. Bedeutung:* ein ein-, mehrsilbiges, kurzes, langes, zusammengesetztes, deutsches, fremdsprachliches, fachsprachliches, veraltetes, umgangssprachliches, vulgäres, mundartliches W.; dieses W. ist ein Substantiv, das andere ist ein Verb; Das deutsche W. für Substitution, nämlich „Ersatz", ist infolge der beiden Weltkriege in Deutschland bestens bekannt (Gruhl, Planet 102); ein W. buchstabieren, richtig/falsch schreiben, aussprechen, gebrauchen, übersetzen; bestimmte Wörter [im Text] unterstreichen; du mußt dir die Wörter merken; wieviel Wörter hat diese Zeile?; diese beiden Wörter kenne ich nicht; Zu diesem Zeitpunkt kannte sie kein einziges schlechtes oder schmutziges W., was schlimmer anzuhören war als Arschloch (Alexander, Jungfrau 101); einen Text W. für W. abschreiben; das ist im wahrsten Sinne des -es, in des -es wahrster Bedeutung *(das ist wirklich)* wunderbar; 2 000 Mark, in W. (auf Quittungen, Zahlungsanweisungen o. ä.; *in Buchstaben ausgeschrieben*): zweitausend; **b)** ⟨Pl. Worte⟩ *Wort (1 a) in speziellem Hinblick auf seinen bestimmten Inhalt, Sinn; Ausdruck, Begriff:* Liebe ist ein großes W.; Angst ist ein zu hartes W. dafür (Stern, Mann 68); Er nahm das W. Kultur bitter ernst wie alles, womit er in Berührung kam (H. Gerlach, Demission 155); nach dem passenden, treffenden W. suchen. **2.** ⟨Pl. Worte⟩ *etw., was man als Ausdruck seiner Gedanken, Gefühle o. ä. zusammenhängend äußert; Äußerung:* Worte des Dankes, Trostes; aufmunternde, beschwichtigende, freundliche, anerkennende, verletzende, scharfe, harte, unvorsichtige, unnötige, überflüssige -e; das waren goldene *(beherzigenswerte)* -e; zwischen uns ist kein böses W. gefallen; ihm ist ein unbedachtes W. entschlüpft; Nun mögen starke -e auch in einem so feinsinnigen Bereich wie dem der Kunst durchaus angemessen sein (NJW 19, 1984, 1091); das ist das erste W., ich davon höre *(das ist mir ganz neu);* bei jmdm. ist jedes zweite, dritte W. „Geld" *(jmd. spricht sehr häufig über Geld);* mir fehlen die -e, ich habe/finde keine -e [dafür]! *(ich bin vor Entrüstung o. ä. sprachlos);* daran/davon ist kein W. wahr, daran ist kein wahres W. *(nichts von dem Gesagten stimmt);* darüber ist kein W. gefallen *(das wurde überhaupt nicht erwähnt);* ein W. einwerfen, dagegen sagen; mit jmdm. ein paar -e wechseln; ein offenes/ernstes W. reden, sprechen; Fischerwilm hat sie besorgt, dachte Otto Brasch, aber über den rede ich kein W. *(sage ich gar nichts;* Loest, Pistole 160); Mama liest man nie ein wahres W. *(die Wahrheit)* über einen solchen Literaten! Warum sind alle diese Zustände bei uns so verlogen? (Reich-Ranicki, Th. Mann 113); das ist jmdm. aus dem Herzen gesprochen; seine -e sorgsam wählen, abwägen; die richtigen, passenden -e für etw. finden; [zur Begrüßung] ein paar -e sprechen *(eine kleine Ansprache halten);* vor Angst kein W. herausbringen; die -e gut zu setzen wissen (geh.; *gut reden können);* viel[e] -e machen *(viel reden, ohne dabei zum Wesentlichen zu kommen);* er hat mir kein [einziges] W. *(gar nichts)* davon gesagt; spar dir deine -e!; bei dem Lärm kann man ja kaum sein eigenes W. verstehen; er hat kein W. mit mir gesprochen; davon weiß ich kein W. *(das ist mir ganz neu);* ich verstehe kein W. *(kann deinen, seinen usw. Gedankengängen, Ausführungen nicht folgen);* bei dem Lärm kann man ja sein eigenes W. kaum verstehen; sie schien beleidigt zu sein darüber, daß ihr Muslim ihr das W. abgeschnitten (sie unterbrochen, am Weitersprechen gehindert) hatte (Stern, Mann 322); er sollte seinen -en Taten folgen lassen; Irgendwann wirst du noch mal im Dunkeln hinfallen und dir das Bein brechen. Denk an meine -e (Singer [Übers.], Feinde 35); majestätisches Pathos, verschwenderische Rhetorik, hämmernder Rhythmus und die hemmungslose Lust an großen -en (Reich-Ranicki, Th. Mann 136); auf ein W.! *(ich möchte Sie/dich kurz sprechen);* auf jmds. W., -e *(Rat)* hören/[nicht] viel geben; der Hund hört, gehorcht [ihm] aufs W. *(befolgt [s]einen Befehl auf der Stelle);* [jmdm.] etw. aufs W. glauben *([jmdm.] die Gesagte ohne Einschränkungen glauben);* ich möchte durch kein/mit keinem W. mehr daran erinnert werden; etw. in -e kleiden; Das Grausige verschlägt beim Versuch schon, es in -e zu fassen, die Sprache (Stern, Mann 270); etw. in/mit wenigen, knappen -en sagen, ausdrücken, erklären, darlegen; eine Sprache in W. und Schrift *(mündlich u. schriftlich)* beherrschen; in/mit W. und Tat *(in [jmds.] Reden u. Handeln);* jmdn. mit leeren -en abspeisen; Er sparet dabei nicht mit kräftigen -en (NJW 19, 1984, 1091); jmdn., etw. mit keinem W. *(überhaupt nicht)* erwähnen; davon war mit keinem W. die Rede; mit einem W. *(als Einleitung einer resümierenden Aussage; kurz gesagt),* es war skandalös; mit anderen -en (in bezug auf eine unmittelbar vorausgegangene Aussage; *anders ausgedrückt, formuliert);* mit diesen -en *(indem, während er das sagte)* verließ er das Zimmer; etw. läßt sich nicht mit zwei -en sagen (läßt sich nicht so knapp sagen, bedarf einer längeren Ausführung); nach -en suchen, ringen; ohne viel -e *(ohne viel darüber zu reden; ohne lange Vorreden)* etw. tun; er, sie ist ein Mensch von wenig -en *(ist wortkarg, redet nicht viel);* jmdn. [nicht] zu W. kommen lassen *(jmdm. [keine] Gelegenheit geben, sich zu äußern);* Franz Jacob drängte sich zu W. (Kühn, Zeit 24); R dein Wort in Gottes Ohr/(scherzh.:) Gehörgang! *(möge sich bewahrheiten, was du sagst!);* das ist ja mein erstes W.! (landsch.; *davon höre ich ja zum ersten Mal!);* ein W. gibt/gab das andere *(Rede u. Gegenrede werden/wurden immer heftiger, u. es entsteht/entstand Streit);* hast du [da noch] -e? *(als Ausdruck höchsten Erstaunens o. ä.; was soll man dazu sagen?; das ist ja unglaublich);* du sprichst ein großes W. gelassen aus *(so einfach ist das nicht;* nach Goethe, „Iphigenie", I, 3); * **das letzte/jmds. letztes W.** *(die/jmds. endgültige Entscheidung):* Die Erklärungen können noch nicht das letzte W. gewesen sein (Strauß, Niemand 151); **[immer] das letzte W. haben/behalten wollen, müssen** *([ständig] darauf aussein, recht zu behalten, u. deshalb immer noch einmal ein Gegenargument vorbringen);* **das W.**

Wortakzent

haben *(in einer Versammlung o. ä. an der Reihe sein, zum Thema zu sprechen);* das W. ergreifen/nehmen *(in einer Versammlung o. ä. in die Diskussion eintreten, zu sprechen beginnen):* Doch ich ergriff in der Ratifizierungsdebatte noch einmal das W. (W. Brandt, Begegnungen 139); Bevor er aber das W. nehmen konnte, begann Lustig zu sprechen (Bieler, Mädchenkrieg 45); das W. führen *(in einer Gruppe [von Gesprächspartnern] der Bestimmende, Maßgebende sein; im Namen mehrerer als Sprecher auftreten);* das große W. haben/führen *(in einer Runde großsprecherisch reden):* Da gab es doch noch ... einen, der bei der Innung das große W. führte (Kühn, Zeit 67); jmdm. das W. geben/erteilen *(als Vorsitzender einer Versammlung o. ä. jmdn. zum Thema sprechen lassen, als [nächsten] Sprecher aufrufen);* jmdm. das W. entziehen *(als Vorsitzender einer Versammlung o. ä. jmdn. untersagen, in seiner Rede fortzufahren):* Wie er einen Nachruf sprechen wollte, ist ein Polizeikommissär da gewesen, sagte: „Ich entziehe Ihnen das W.!" (Kühn, Zeit 170); jmdm. das W. verbieten *(jmdm. untersagen, sich zu äußern):* ich lasse mir doch von dem nicht das W. verbieten; jmdm., einer Sache das W. reden (geh.; *sich [unverständlicherweise] nachdrücklich für jmdn., etw. aussprechen):* Wer heute noch einem höheren Wasserverbrauch das W. redet, verbreitet „aberwitzigen Unsinn" (natur 10, 1991, 8); für jmdn. ein [gutes] W. einlegen *(für jmdn. als Fürsprecher auftreten),* etw. nicht W. haben wollen *(veraltend; etw. nicht eingestehen, wahrhaben wollen);* jmdm. das W. aus dem Munde/von der Zunge nehmen *(jmdm. mit etw., was er gerade sagen wollte, zuvorkommen);* jmdm. das W. im Munde [her]umdrehen *(jmds. Aussage absichtlich falsch, gegenteilig auslegen);* kein W. über etw. verlieren *(etw. nicht erwähnen, sich nicht über etw. äußern, nicht über etw. sprechen);* jmdm. ins W. fallen *(jmdn. in der Rede unterbrechen):* Welcher Gott, bitte? fiel mir der Bischof von Arezzo ins W. (Stern, Mann 318); ums W. bitten *(in einer Versammlung o. ä. um die Erlaubnis bitten, zum Thema sprechen zu dürfen);* sich zu W. melden *(in einer Versammlung o. ä. zu erkennen geben, daß man zur Sache sprechen möchte).* **3.** ⟨Pl. Worte⟩ *Ausspruch:* ein wahres, weises, viel zitiertes W.; dieses W. ist, stammt von Goethe; * geflügeltes W. *(bekannter, viel zitierter Ausspruch;* LÜ von griech. épea pteróenta [Homer]. **4.** ⟨Pl. Worte⟩ (geh.) *Text von, zu etw.:* W. und Weise; man weiß nicht, wer die -e zu dieser Melodie schrieb, von wem die -e stammen; etw. in W. und Bild darlegen; Lieder ohne -e. **5.** ⟨o. Pl.⟩ *förmliches Versprechen; Versicherung:* jmdm. das W. abnehmen zu schweigen; sein W. einlösen, halten, brechen, zurücknehmen, zurückziehen; ich gebe Ihnen mein W. *(Ehrenwort)* darauf; auf mein W. *(dafür verbürge ich mich!);* jmdn. beim W. nehmen *(von jmdm. erwarten, verlangen, das, was er versprochen hat, auch zu tun);* weil er zu seinem W. gestanden hat, bis zuletzt im Landtag geblieben war (Kühn, Zeit 359); * bei jmdm.

im W. sein *(jmdm. durch ein Versprechen o. ä. verpflichtet sein):* Doch für die unbedingte Preisstabilität ist Honecker beim Bürger stärker im W. als jeder andere seiner Politbürokollegen (Spiegel 4, 1977, 26). **6.** ⟨o. Pl.⟩ **a)** (Rel.) *Kanon, Sammlung heiliger Schriften, bes. die darin enthaltene Glaubenslehre:* das W. Gottes *(Gottes Offenbarung im Wort der Heiligen Schrift);* Averroes zielte auf die Versöhnung von religiöser Offenbarung und wissenschaftlicher Vernunft. Im Zweifelsfall galt ihm das W. des Korans (Stern, Mann 140); **b)** (Theol.) *Logos* (4): das W. ward Fleisch (Joh. 1, 14); **Wort|ak|zent,** der (Sprachw.): Hauptbetonung eines Wortes (1a); **wort|arm** ⟨Adj.⟩ (geh.): *wortkarg* (b); **Wort|art,** die (Sprachw.): *Klasse* (3), *der ein Wort* (1a) *nach grammatischen Gesichtspunkten zugeordnet wird* (z. B. Verb); **Wort|as|so|zi|a|ti|on,** die (Psych.): *als Reaktion auf ein bestimmtes Reizwort* (1) *sich einstellende gedankliche Verbindung;* **Wort|at|las,** der (Sprachw.): *Kartenwerk, in dem die Verbreitung der landschaftlich unterschiedlichen Bezeichnungen für bestimmte Begriffe verzeichnet ist;* **Wort|aus|wahl,** die: vgl. *Wortwahl;* **Wort|be|deu|tung,** die: *Bedeutung* (1b); **Wort|be|deu|tungs|leh|re,** die ⟨o. Pl.⟩ (Sprachw.): *Semasiologie;* **Wort|bei|trag,** der: *gesprochener Beitrag* (3b): das Radio lief wieder, fast alle Wortbeiträge hatten immer noch die Ausbürgerung Bodakovs zum Inhalt (Rolf Schneider, November 137); **Wort|be|stand,** der (Sprachw.): *lexikalisierter Bestand* (2) *an Wörtern in einer Sprache;* **Wort|beugung,** die (Sprachw.): *Flexion* (1); **Wortbil|dung,** die (Sprachw.): **a)** ⟨o. Pl.⟩ *Bildung neuer Wörter durch Zusammensetzung od. Ableitung bereits vorhandener Wörter;* **b)** *durch Zusammensetzung od. Ableitung gebildetes neues Wort;* **Wortbil|dungs|leh|re,** die ⟨o. Pl.⟩ (Sprachw.): *sprachwissenschaftliche Disziplin, die sich mit Bildung u. Bau des Wortschatzes einer Sprache befaßt;* **Wort|blind|heit,** die (Med.): *Buchstabenblindheit;* **Wortbruch,** der: *Nichterfüllung eines gegebenen Wortes* (5): alles war gelungen mit Lüge, W. und Mord, aber ohne einen Kanonenschuß (Loest, Pistole 50); **wortbrü|chig** ⟨Adj.⟩: *sein gegebenes Wort* (5) *brechend:* gegen jmdn. w. sein; [an jmdm.] w. werden; **Wört|chen,** das, -s, -: **1.** Vkl. zu ↑ Wort (1): Anfang April 1945 heißt es knapp: „Das Mißraten des Romans kann wohl keinem Zweifel mehr unterliegen." Freilich findet sich hier noch das W. „wohl" (Reich-Ranicki, Th. Mann 86). **2.** Vkl. zu ↑ Wort (2): davon ist kein W. wahr; du hast den ganzen Abend noch nicht ein W. geredet *(noch gar nichts gesagt);* * noch ein W. mit jmdm. zu reden haben (ugs.; *mit jmdm. noch etw. zu bereinigen haben, ihm noch die Meinung sagen, ihn noch zur Rede stellen wollen);* ein W. mitzureden haben (ugs.; *bei einer Entscheidung mitzubestimmen haben):* bei dieser Sache habe ich ja wohl auch noch ein W. mitzureden; An allen Schulen der Bundesrepublik haben Elternbeiräte ein W. mitzureden (Hörzu 1, 1979, 56); **wörteln** ⟨sw. V.; hat⟩ (österr. mundartl.): *in*

einen Wortwechsel geraten, mit Worten streiten; **Wor|te|ma|cher,** der; -s, - (abwertend): *jmd., der viel redet, was aber ohne Belang ist u. ohne Folgen bleibt;* **Wor|te|ma|che|rei,** die; - (abwertend): *nichtssagendes Reden;* **Wor|te|ma|che|rin,** die (abwertend): w. Form zu ↑ Wortemacher; **wor|ten** ⟨sw. V.; hat⟩ (Sprachw. selten): *in Sprache umsetzen u. dadurch dem Bewußtsein erschließen, sich anverwandeln:* ⟨subst.:⟩ das Worten der Welt; **Wör|ter:** Pl. von ↑ Wort; **Wör|ter|buch,** das: *Nachschlagewerk, in dem die Wörter einer Sprache nach bestimmten Gesichtspunkten ausgewählt, angeordnet u. erklärt sind:* ein ein-, zweisprachiges, etymologisches W.; ein W. der deutschen Umgangssprache; **Wör|ter|li|ste,** die (seltener): *Wortliste;* **Wör|ter|ver|zeich|nis,** das: *Wortindex, Vokabular* (2); **Wort|fa|mi|lie,** die (Sprachw.): *Gruppe von Wörtern, die sich aus ein u. derselben etymologischen Wurzel entwickelt haben od. von ein u. demselben Lexem herzuleiten sind;* **Wort|feld,** das (Sprachw.): *Gruppe von Wörtern, die inhaltlich eng benachbart bzw. sinnverwandt sind;* **Wort|fet|zen** ⟨Pl.⟩: *einzelne aus dem Zusammenhang einer Rede* (2a) *gerissene Wörter [die jmd. über eine Entfernung hört]:* abgerissene W. drangen an sein Ohr; Sie reden laut, denn der Sturm heult, und so fliegen W. auch zu ihr (Weber, Tote 292); **Wort|fol|ge,** die (Sprachw.): *Wortstellung;* **Wortform,** die (Sprachw.): *Lautgestalt eines Wortes (bes. in bezug auf die Flexion);* **Wort|for|schung,** die ⟨o. Pl.⟩ (Sprachw.): *Teilbereich der Sprachforschung, in dem das Wort in bezug auf seine Herkunft, Bedeutung, räumliche Verbreitung, soziale Zuordnung o. ä. untersucht wird;* **Wortfre|quenz,** die (Sprachw.): *Häufigkeit, mit der ein bestimmtes Wort in einem bestimmten Text auftaucht;* **Wort|fuch|se|rei,** die; -, -en [zu ↑ fuchsen] (veraltet): *Wortklauberei;* **Wort|fü|gung,** die (Sprachw.): *Fügung* (2); **Wort|füh|rer,** der: *jmd., der eine Gruppe, eine Richtung, Bewegung o. ä. öffentlich vertritt, repräsentiert, als ihr Sprecher, führender Vertreter auftritt:* Die Dissidentengruppe mit Freddy als W. (Chotjewitz, Friede 217); Der Generalsekretär redete selbst mit -n und konnte so den Aufruhr erst einmal besänftigen (Spiegel 10, 1988, 164); sich zum W. einer Gruppe, Sache machen; **Wort|füh|re|rin,** die: w. Form zu ↑ Wortführer: Nach einigen Jahren im Geschäft engagierte sie sich in der amerikanischen Hurenbewegung und wurde schnell zur prominenten W. (Spiegel 38, 1992, 254); **Wort|ge|brauch,** der: *Gebrauch eines Wortes* (1a); **Wort|ge|fecht,** das: *mit Worten* (2) *ausgetragener Streit:* Ein kleines, bangloses W. zwischen der Großmutter und Harald entsteht (Zenker, Froschfest 85); **Wort|ge|klin|gel,** das (abwertend): *schön klingende, aber nichtssagende Worte* (2): leeres W.; Sie merken selten, daß diese wohlklingenden Stanzen die Wirklichkeit nicht besser, sondern oberflächlicher darstellen und daß dieses W. viel Unheil anrichtet (Hörzu 49, 1976, 5); **Wort|geo|gra|phie,** die: *Wissenschaft von der geographischen*

Verbreitung von Wörtern, Bezeichnungen (b) *u. Namen als Teilgebiet der Sprachgeographie;* **Wort|ge|plän|kel,** *das: Geplänkel* (2); **Wort|ge|schich|te,** die (Sprachw.): 1. ⟨o. Pl.⟩ a) *geschichtliche Entwicklung des Wortschatzes einer Sprache in seiner Gesamtheit bzw. in seinen einzelnen Wörtern;* b) *Wissenschaft von der Wortgeschichte* (1 a) *als Teilgebiet der Sprachgeschichte.* 2. *Werk, das die Wortgeschichte* (1 a) *einer Sprache zum Thema hat;* **wort|ge|treu** ⟨Adj.⟩: *dem Wortlaut des Originals getreu* (2): *eine -e Übersetzung; einen Text w. wiedergeben; Will man einem Bericht von Tass glauben, den am Dienstag alle Zeitungen w. abdruckten* (NZZ 3. 2. 83, 3); **Wort|ge|walt,** die ⟨o. Pl.⟩: *Sprachgewalt;* **wort|ge|waltig** ⟨Adj.⟩: *Wortgewalt besitzend, von Wortgewalt zeugend: ein -er Redner; Der angestaute Zorn des Untergebenen entlädt sich in einem -en Scherbengericht* (Brandstetter, Altenehrung 1); *Die Humanität, von der du mir w. gepredigt hast?* (Erné, Kellerkneipe 50); **wort|gewandt** ⟨Adj.⟩: *redegewandt;* **Wort|gewandt|heit,** die: *Redegewandtheit;* **Wort|got|tes|dienst,** der (christl. Kirche): *Gottesdienst, in dem die Lesung aus der Bibel mit der Predigt im Mittelpunkt steht;* **Wort|grup|pe,** die (Sprachw.): *Gruppe von Wörtern, die zusammengehören;* **Wort|grup|pen|le|xem,** das (Sprachw.): *Idiom* (2); **Wort|gut,** das ⟨o. Pl.⟩: *Wortbestand einer Sprache.*

Wör|ther See, der; - -s (auch:) **Wör|thersee,** der; -s: *See in Kärnten.*

Wort|hül|se, die (abwertend): *seines Inhalts, des eigentlichen Sinngehalts entleertes Wort* (1 b): *da predigte man Kooperation, Aktion, Vertrauen, Dialog, Stabilität und was der -n mehr sind* (NZZ 1. 2. 83, 9); **Wort|in|dex,** der: *alphabetisches Verzeichnis der in einer wissenschaftlichen Arbeit untersuchten, erwähnten Wörter, Begriffe;* **Wort|in|halt,** der (Sprachw.): *Inhalt* (2 a) *eines Wortes;* **wort|karg** ⟨Adj.⟩: a) *mit seinen Worten* (2) *sparsam umgehend; wenig redend:* ein -er Mensch; *Überhaupt ist er auf eine Weise w., die Witz verrät* (Schreiber, Krise 217); *Der Trainer kontrolliert w. die Boxen* (Frischmuth, Herrin 86); b) *nur wenige Worte enthaltend:* eine -e Antwort; *Man begrüßte sich mit ... -er Herzlichkeit* (Bieler, Mädchenkrieg 142); *wo die Aufzeichnungen besonders w. werden oder plötzlich verstummen* (Reich-Ranicki, Th. Mann 88); **Wort|karg|heit,** die ⟨o. Pl.⟩: *das Wortkargsein, wortkarge Art;* **Wort|klas|se,** die (Sprachw. seltener): *Wortart;* **Wort|klau|ber,** der: *jmd., der wortklauberisch ist;* **Wort|klau|be|rei,** die (abwertend): *pedantisch enge Auslegung der Worte* (1 b, 2), *kleinliches Festhalten an der wortwörtlichen Bedeutung von etw. Gesagtem, Geschriebenem:* Hier gibt es keine W. ..., kein Gerangel, wer was, wann, wie und wo zu sagen hat (Hörzu 8, 1976, 24); **Wort|klau|be|rin,** die; -, -nen (abwertend): w. Form zu ↑ Wortklauber; **wort|klau|be|risch** ⟨Adj.⟩ (abwertend): *die Wortklauberei betreffend, ihrer Art entsprechend;* **Wort|kör|per,** der (Sprachw.): *Lautung* (2) *eines Wortes;* **Wort|kreu|zung,** die (Sprachw.): *Kontamination* (1); **Wort|laut,** der ⟨o. Pl.⟩: *wörtlicher Text von etw.:* der W. eines Telegramms; auf den genauen W. lasse ich mich jetzt nicht mehr festnageln (Erné, Fahrgäste 275); eine Rede im [vollen] W. veröffentlichen; **Wort|leh|re,** die: 1. *Lehre von den Wortarten, der Flexion u. Bildung der Wörter als Teilgebiet der Grammatik.* 2. *wissenschaftliche Darstellung, Lehrbuch der Wortlehre;* **Wört|lein,** das; -s, - [mhd. wortelîn] (seltener): *Wörtchen;* **wört|lich** ⟨Adj.⟩ [mhd. wortlich, ahd. wortlicho ⟨Adv.⟩)]: 1. a) *dem [Original]text genau entsprechend:* eine -e Übersetzung; die -e Rede; etw. w. wiederholen; das ist w. abgeschrieben; „Das hat er w. gesagt", erklärte Fine voller Entzücken (Kemelman [Übers.], Dienstag 29); Usan-Agatsch heißt w. „langer Baum" (Berger, Augenblick 124); b) *in der eigentlichen Bedeutung des Wortes:* du darfst nicht alles so w. nehmen; auch er nehme die Bibel nicht immer w. (Stern, Mann 297). 2. (veraltend) *durch Worte* (1) *erfolgend, verbal* (1): eine -e Beleidigung; **Wort|liste,** die: *Liste* (a), *Verzeichnis von Wörtern* (1 a); **wort|los** ⟨Adj.⟩: *ohne Worte; schweigend:* -es Verstehen; sich w. ansehen; w. gingen sie nebeneinander her; **Wort|lo|sig|keit,** die; -: *das Wortlossein:* sie beklagte meine insistierende W. während der Disputation (Jonke, Schule 50); **wort|mäch|tig** ⟨Adj.⟩: *sprachgewaltig:* Die Deutung der bildenden Künste durch -e Apologeten (W. Schneider, Sieger 467); **Wort|mäch|tig|keit,** die (Sprachw.): *das Wortmächtigsein;* **Wort|mel|dung,** die: *Meldung [durch Handzeichen* (1 a)*] in einer Versammlung o. ä., mit der jmd. anzeigt, daß er sprechen möchte:* gibt es noch weitere -en?; seine W. zurückziehen; „Liegt es an?" fragte er, hob aber sofort die rechte Hand, um irgendwelche -en zu bremsen (H. Weber, Einzug 390); der Diskussionsleiter bat um -en; **Wort|mi|schung,** die (Sprachw.): *Kontamination* (1); **Wort|müll,** der (abwertend): *unqualifizierte, unsinnige, überflüssige Worte, Äußerungen, Bemerkungen:* Kampf gegen die Flut an W. und Gesinnungsschrott (natur 10, 1991, 92); **Wort|paar,** das (Sprachw.): *aus zwei Wörtern gleicher Wortart bestehende feste Redewendung; Zwillingsformel* (z. B. „frank und frei"); **Wort|prä|gung,** die: *Prägung* (3) *eines Wortes: lebensfähige -en sind nicht häufig. ... ist nicht jedermanns Sache* (Eppler, Kavalleriepferde 240); **Wort|re|gi|ster,** das: *Wortindex;* **wort|reich** ⟨Adj.⟩: 1. *mit vielen [überflüssigen] Worten [verbunden]:* eine -e Entschuldigung, Rechtfertigung; ein -es und bedächtiges Dankschreiben (Reich-Ranicki, Th. Mann 83); w. gegen etwas protestieren. 2. *einen großen Wortschatz aufweisend:* eine -e Sprache; **Wort|reich|tum,** der ⟨o. Pl.⟩: *das Wortreichsein;* **Wort|sal|lat,** der (Med., sonst abwertend): *wirre Ungeordnetheit, logisch-begriffliche Zusammenhanglosigkeit einer Rede* (2 a); **Wort|schatz,** der ⟨Pl. selten⟩: 1. *Gesamtheit der Wörter einer Sprache; Lexik:* der deutsche, englische W.; der W. einer Fachsprache, einer Sondersprache. 2. *Gesamtheit der Wörter, über die ein einzelner verfügt:* aktiver *(vom Sprecher, Schreiber tatsächlich verwendeter),* passiver *(vom Hörer, Leser verstandener, aber nicht selbst verwendeter)* W.; einen großen W. haben; dieses Wort gehört nicht zu seinem W. *(wird von ihm nicht benutzt);* **Wort|schatz|test,** der: *(zu den Intelligenztests gehörender) Test, der durch die Erkundung des Wortschatzumfangs einer Person Rückschlüsse auf das sprachliche Verständnis, die sprachliche Intelligenz gestattet;* **Wort|schöp|fer,** der: *jmd., der sich wortschöpferisch betätigt;* **Wort|schöp|fe|rin,** die: w. Form zu ↑ Wortschöpfer; **wort|schöp|fe|risch** ⟨Adj.⟩: *in bezug auf Wortprägungen, neue Wortbildungen schöpferisch;* **Wort|schöp|fung,** die: *geprägtes, neu gebildetes Wort:* Der Feminist ... Mit Sicherheit handelt es sich um eine W., die für Sebastian keine Bedeutung hat (Becker, Amanda 113); **Wort|schrift,** die: vgl. Silbenschrift; **Wort|schwall,** der ⟨Pl. selten⟩ (abwertend): *Redeschwall:* Ihr Gesicht war rot vor Aufregung. Sie umarmte den Flüchtling und ein W. prasselte auf ihn nieder (Weber, Tote 173); jmdn. mit einem [wahren] W. überschütten; **Wort|sinn,** der ⟨o. Pl.⟩: *Sinn, Bedeutung eines Wortes* (1 a): den eigentlichen W. hat er nicht erfaßt; das ist im wahrsten W. *(das ist wirklich)* eine Glanzleistung; **Wort|sip|pe,** die (Sprachw. seltener): *Wortfamilie;* **Wort|spal|te|rei,** die (abwertend): *Haarspalterei;* **Wort|spiel,** das ⟨o. Pl.⟩: *Spiel mit Worten, dessen witziger Effekt bes. auf der Doppeldeutigkeit des gebrauchten Wortes od. auf der gleichen bzw. ähnlichen Lautung zweier aufeinander bezogener Wörter verschiedener Bedeutung beruht;* **Wort|stamm,** der (Sprachw.): *Stamm* (5); **Wort|stel|lung,** die (Sprachw.): *Aufeinanderfolge der Wörter im Satz;* **Wort|streit,** der: 1. *Wortgefecht.* 2. *Streit um Worte* (1 b), *Begriffe;* **Wor|tung,** die; -, -en (Sprachw. selten): *das Worten;* **Wort|un|ge|heu|er,** das (emotional): *Wortungetüm;* **Wort|un|ge|tüm,** das (emotional): *auf Grund seiner übermäßigen Länge als monströs empfundenes [zusammengesetztes] Wort;* **Wort|ver|bin|dung,** die (Sprachw.): *Einheit von zwei od. mehreren Wörtern, die häufig od. ständig zusammen gebraucht werden;* **Wort|ver|dre|her,** der (abwertend): *jmd., der jmds. Worte verdreht;* **Wort|ver|dre|he|rin,** die (abwertend): w. Form zu ↑ Wortverdreher; **Wort|ver|dre|hung,** die (abwertend): *das Verdrehen, Verfälschen von jmds. Worten;* **Wort|ver|zeich|nis,** das: *Wörterverzeichnis;* **Wort|vor|rat,** der (veraltend): *Wortschatz;* **Wort|wahl,** die ⟨o. Pl.⟩: *[Aus]wahl der Wörter, die jmd. beim Sprechen, Schreiben trifft;* **Wort|wech|sel,** der: a) *Wortgefecht;* es kam zwischen den beiden zu einem scharfen W.; b) (veraltend) *Gespräch, ein gewisser Ernst mischte sich in unseren freundlichen W.* (Sieburg, Blick 156); **Wort|wis|sen,** das (bes. Päd. abwertend): *leeres, auf der Kenntnis des Wortes beruhendes Wissen ohne Bezug auf die Wirklichkeit;* **Wort|witz,** der: *auf einem Wortspiel beruhender Witz;* **wort-**

wört|lich ⟨Adj.⟩ (verstärkend): **a)** *ganz wörtlich* (1 a): *eine -e Übereinstimmung beider Texte;* Stefan George hatte es w. Jahrzehnte vor Kranz verfaßt (Spiegel 41, 1976, 237); **b)** *ganz wörtlich* (1 b): *Sonja Grünberg ... kniete neben Bierstekker, der sie w.* aufs Kreuz gelegt hatte (Weber, Tote 287); **Wort|zei|chen**, das: *als Warenzeichen schützbares Merkzeichen in Form eines Wortes;* **Wort|zu|sam|men|set|zung**, die (Sprachw.): **a)** ⟨o. Pl.⟩ *das Zusammensetzen von Wörtern zu einem neuen Wort;* **b)** *zusammengesetztes Wort.*

wor|über ⟨Adv.⟩: **1.** [mit bes. Nachdruck: 'voːryːbɐ] ⟨interrogativ⟩ **a)** *über welchem Gegenstand o. ä.?:* w. war das Tuch ausgebreitet?; **b)** *über welchen Gegenstand o. ä.?:* w. bist du gestolpert?; **c)** (selten) *über welcher Sache, Angelegenheit o. ä.?:* w. hast du denn tagelang gebrütet?; **d)** *über welche Sache, Angelegenheit o. ä.?:* w. habt ihr euch unterhalten?; ich frage mich, w. sie so traurig ist?; Was soll ich nur sagen, vor allem, w. soll ich nun weinen, es ist alles so furchtbar (Maron, Überläuferin 39). **2.** ⟨relativisch⟩ **a)** *über welchem (gerade genannten) Gegenstand o. ä.:* ein Vogelkäfig, w. ein Tuch hing; **b)** *über welchen (gerade genannten) Gegenstand o. ä.:* eine Grube, w. man vorsichtshalber Bretter gelegt hatte; **c)** (selten) *über welcher (gerade erwähnten) Sache, Angelegenheit o. ä.:* ein Problem, w. er nun schon seit Tagen brütet; **d)** *über welche (gerade erwähnte) Sache, Angelegenheit o. ä.:* das Thema, w. er spricht, ist ziemlich brisant; Wenigstens darüber sollen sie sich Gedanken machen, w. ich mir welche mache (Spiegel 40, 1984, 108); Renate A. und ich, wir müssen beide lachen, weil er so treu genau das bestätigt, w. sie sich beschwert (Schwarzer, Unterschied 35); **wor|um** ⟨Adv.⟩ [wohl urspr. identisch mit ↑*warum*]: **1.** [mit bes. Nachdruck: 'voːrʊm] ⟨interrogativ⟩ **a)** *um welchen Gegenstand o. ä. herum?:* w. gehört diese Schutzhülle?; **b)** *um welche Sache, Angelegenheit o. ä.?:* w. handelt es sich denn?; Ich muß hartnäckig sein, damit klar wird, w. es eigentlich geht (Spiegel 12, 1985, 29); ich weiß nicht, w. er sich noch alles kümmern soll. **2.** ⟨relativisch⟩ **a)** *um welchen (gerade genannten) Gegenstand o. ä. herum:* der Knöchel, w. sie eine elastische Binde trug; **b)** *um welche (gerade erwähnte) Sache, Angelegenheit o. ä.:* alles, w. er bat, wurde erledigt; das Erbe, w. der Streit ging, war beträchtlich; Eigentlich das, w. sich alles dreht (Dierichs, Männer 244); **wor|un|ter** ⟨Adv.⟩: **1.** [mit bes. Nachdruck: 'voːrʊntɐ] ⟨interrogativ⟩ **a)** *unter welchem Gegenstand o. ä.?:* w. hatte er sich versteckt?; **b)** *unter welchen Gegenstand o. ä.?:* w. soll ich den Untersatz legen?; **c)** *unter welcher Sache, Angelegenheit o. ä.?:* w. hat er zu leiden? **2.** ⟨relativisch⟩ **a)** *unter welchem (gerade genannten) Gegenstand o. ä.:* das ist ja der Baum, w. wir damals gepicknickt haben; **b)** *unter welchen (gerade genannten) Gegenstand o. ä.:* die Heizung, w. er seine nassen Schuhe stellte; **c)** *unter welcher (gerade erwähnten) Sache, Angelegenheit o. ä.:* etwas, w. sie sich gar nichts vorstellen konnte; daß wohl alle Eltern ihren Kindern im Verlauf der Erziehung auch einmal etwas antun werden, w. die Kinder später leiden müssen (Zorn, Mars 42); **d)** *unter welcher (gerade genannten) Menge:* die Briefe, w. etliche Mahnungen waren, hat sie verbrannt; In einem Reisehandbuch ... werden in Genf bloß sieben Hotels aufgeführt, w. ein „Metropole et National" mit hundertfünfzig Betten (NZZ 27. 1. 83, 37); **wo|selbst** ⟨Adv.; relativisch⟩ (geh.): *an welchem (eben genannten) Ort, Platz o. ä.; wo:* Er sah die Kaufmannschaft ... zur Börse strömen, w. es scharf herging (Th. Mann, Zauberberg 47).

Wo|tan: ↑ *Wodan*.

wo|von ⟨Adv.⟩ [mhd. wor-, warvon]: **1.** [mit bes. Nachdruck: 'voːfɔn] ⟨interrogativ⟩ **a)** *von welchem Gegenstand o. ä. weg?:* w. hast du das Schild entfernt?; **b)** *von welcher Sache, Angelegenheit, Ursache, welchen Mitteln o. ä.?:* w. ist die Rede?; w. soll er denn leben?; w. ist er müde, krank?; er hatte gewußt, w. er sprach; Sie wußte jetzt auch, w. sie wach geworden war (H. Weber, Einzug 411); Ulrike träumt. Wovon? Von Show! (Hörzu 38, 1984, 7). **2.** ⟨relativisch⟩ **a)** *von welchem (gerade genannten) Gegenstand o. ä. weg:* die Mauer, w. er heruntergesprungen war; **b)** *von welcher (gerade genannten) Sache, Angelegenheit o. ä.:* es gibt vieles, w. ich nichts verstehe; dieses dreiste Dreinreden in Politik, Staat, Gesellschaft, in alles, w. er nicht die Bohne versteht (Spiegel 37, 1984, 217); Was ist Geld? Ich wußte es nicht. Das, w. man nicht redet (B. Vesper, Reise 497); **c)** *durch welchen (gerade erwähnten) Umstand o. ä. [verursacht]:* er hatte fünf Stunden trainiert, w. er ganz erschöpft war; **d)** *von welcher (gerade genannten) Menge:* er besaß viele Bücher, w. er die wenigsten gelesen hatte; 2 300 Mitarbeiter, w. 1 100 in der Schweiz (NZZ 12. 10. 85, 13). **3.** (nordd. ugs.) in bestimmten Verwendungen in getrennter Stellung: ein Luxus, wo ich nun von träumte (Eppendorfer, St. Pauli 64); **wo|vor** ⟨Adv.⟩: **1.** [mit bes. Nachdruck: 'voːfoːɐ̯] ⟨interrogativ⟩ **a)** *vor welchem Gegenstand o. ä.?:* w. stand er?; **b)** *vor welchen Gegenstand o. ä.?:* w. soll ich den Tisch schieben?; **c)** *vor welcher Sache, Angelegenheit o. ä.?:* w. scheut er sich?; Wovor flieht er? (Riess, Auch 60). **2.** ⟨relativisch⟩ **a)** *vor welchem (gerade genannten) Gegenstand o. ä.:* der Eingang, w. sich die Menge drängte; **b)** *vor welchen (gerade genannten) Gegenstand o. ä.:* ihr Schreibtisch, w. sie den neuen Stuhl stellte; **c)** *vor welcher (gerade erwähnten) Sache, Angelegenheit o. ä.:* das war das einzige, w. sie sich wirklich fürchtete; Ich war in etwas gestolpert, w. es mir die Sprache verschlug (Pilgrim, Mensch 10). **3.** (nordd. ugs.) in bestimmten Verwendungen in getrennter Stellung: das ist eine Sache, wo ich nur vor warnen kann, wo ihn Angst vor habe.

wow [vau] ⟨Interj.⟩ [engl.]: Ausruf der Anerkennung, des Staunens, der Überraschung, der Freude: w., ist das vielleicht ein Haus!; Paul schrie wie vor Vergnügen: „Wir entkommen! Wir kommen durch! Wow! ..." (Fels, Afrika 148).

wo|zu ⟨Adv.⟩ [mhd., ahd. warzu(o)]: **1.** [mit bes. Nachdruck: 'voːtsuː] ⟨interrogativ⟩ **a)** *zu welchem Zweck, Ziel?:* w. hat man ihn rufen lassen?; weißt du, w. das gut sein soll?; niemand kam ernstlich auf die Idee, mit ihr Kontakt aufzunehmen, w. auch? (B. Vesper, Reise 287); **b)** *welche Sache, Angelegenheit o. ä. betreffend?:* w. hat er ihr gratuliert?; alle wissen, wie ihm mit ihren Beziehungen verholfen hat. **2.** ⟨relativisch⟩ **a)** *zu welchem (gerade genannten) Zweck, Ziel:* Im ersteren Fall verläßt der Bergsteiger die Hütte schon mit dem Vorsatz, die Nacht am Berg im Freien zu verbringen, w. er die notwendige Ausrüstung mit sich führt (Eidenschink, Fels 124) **b)** *welche (gerade erwähnte) Sache, Angelegenheit o. ä. betreffend:* ein Thema, w. sie sich nicht äußern wollte; das sei doch wirklich das Höchste, w. es unter Menschen kommen könne (M. Walser, Seelenarbeit 127); **c)** *zu welcher (gerade erwähnten) Sache o. ä. als Ergänzung o. ä. hinzu:* eine Summe, w. noch etwa achtzig Mark Zinsen kommen. **3.** (nordd. ugs.) in bestimmten Verwendungen in getrennter Stellung: das ist eine Krawatte, wo ich dir nur zu raten kann; Da hab ich übrigens einen ganz irren Katalog, hier von dieser Sammlung, wo der Artmann die Gedichte zu gemacht hat (Fichte, Wolli 133); **wo|zwischen** ⟨Adv.⟩ (selten): **1.** [mit bes. Nachdruck: 'voːtsvɪʃn̩] ⟨interrogativ⟩ **a)** *zwischen welchen Gegenständen o. ä.?:* w. lag der Brief?; **b)** *zwischen welche Gegenstände, Angelegenheiten o. ä.?:* w. ist es gerutscht, gefallen? **2.** ⟨relativisch⟩ **a)** *zwischen welchen (gerade genannten) Gegenständen, Angelegenheiten o. ä.:* die Buchseiten, w. etwas lag; Erst alle Beiträge zusammengenommen lassen den Unterschied deutlich werden zwischen Fortschritt und Beharrung, das also, w. die Wähler werden wählen müssen (Spiegel 40, 1980, 261); **b)** *zwischen welche (gerade genannten) Gegenstände, Angelegenheiten o. ä.:* die Buchseiten, w. ich etwas legte.

wrack ⟨Adj.⟩ [aus dem Niederd. niederd. wrack]: *(bes. von Schiffen, Flugzeugen) so defekt, beschädigt, daß das Betreffende nicht mehr brauchbar, tauglich ist:* ein -es Schiff, Flugzeug; (Kaufmannsspr. veraltend:) -e Ware; w. werden; **Wrack**, das; -[e]s, -s, selten: -e [aus dem Niederd. < mniederd. wrack, verw. mit ↑*rächen*, eigtl. = herumtreibender Gegenstand]: *mit deutlich sichtbaren Zeichen des Verfalls, der Beschädigung unbrauchbar gewordenes [nur noch als Rest vorhandenes] Schiff, Flugzeug, Auto o. ä.:* das W. eines Schiffes heben, verschrotten; Erst am nächsten Morgen ist die Autobahn wieder frei. Die Polizei hat die -s in das nahegelegene Gewerbegebiet ... schleppen lassen (ADAC-Motorwelt 10, 1986, 75); Ü *ein menschliches W. (jmd., dessen körperliche Kräfte völlig verbraucht sind);* sie muß damals nur noch ein seelisches W. gewesen sein (Weber, Tote 213).

wrang, wrän|ge: ↑ *wringen*.

Wra|sen, der; -s, - [vgl. ¹*Wasen*] (nordd.): *Dampf, dichter Dunst:* Der W. einer Mee-

reswelle (Strauß, Niemand 179); die Waschküche war von W. erfüllt; **Wra-sen|ab|zug,** der: *Abzug* (4b) *für den Wrasen:* W. mit 3-Stufen-Gebläse als Umluftgerät (MM 1./2. 2. 75, 13).
Wrest|ling ['reslɪŋ], *das;* -s [engl. wrestling, zu: to wrestle = ringen]: *in bes. Maße auf Show ausgerichtetes Catchen:* W. im Fernsehen – eine wüste Show, aber immer mit Happy-End (Hörzu 17, 1994, 30).
◆ **wrib|beln** ⟨sw. V.; hat⟩ [zu (m)niederd. wriven = reiben]: *(im nordd. Sprachgebrauch) [sich] drehen, [zwischen den Fingern] reiben:* Wer solchen rotblonden Schnurrbart hat und immer wribbelt (Fontane, Effi Briest 202).
wri|cken[1]**, wrig|geln, wrig|gen** ⟨sw. V.; hat⟩ [aus dem Niederd., eigtl. = (hin und her) drehen, biegen] (Seemannsspr.): *(ein leichtes Boot) durch Hinundherbewegen eines am Heck eingelegten* [2]*Riemens fortbewegen:* Kleine Schwimmdocks ... Ein sein Boot wriggender Postzusteller (Frankfurter Rundschau 29./30. 12. 84, ZB 1).
wrin|gen ⟨st. V.; hat⟩ [aus dem Niederd. < mniederd. wringen, verw. mit ↑ würgen u. ↑ renken]: **a)** *mit beiden Händen in gegenläufiger Bewegung zusammendrehen u. drücken, um das Wasser herauszupressen:* die Wäsche w.; Da stand sie ... nun, wrang das Wischtuch mit beiden Händen (Kronauer, Bogenschütze 82); **b)** *durch Wringen (a) herauspressen:* das Wasser aus dem nassen Laken w.
Wroc|ław ['vrɔtsu̯af]: poln. Form von ↑ Breslau.
Wru|ke, die; -, -n [H. u.] (nordostd.): *Kohlrübe:* Die Bäuerin hockte ... zwischen anderen Bäuerinnen und dem Ertrag ihrer Kleingärten: Sellerie, kindskopfgroße -n, Lauch und rote Beete (Grass, Unkenrufe 7).
Ws = Wattsekunde.
WSW = Westsüdwest[en].
Wu|cher, der; -s [mhd. wuocher, ahd. wuochar, auch = Frucht, Nachwuchs, (Zins)gewinn, verw. mit ↑¹wachsen u. eigtl. = Vermehrung, Zunahme; seit mhd. Zeit abwertend im Sinne von „unverhältnismäßig hoher Gewinn von ausgeliehenem Geld" verwendet] (abwertend): *Praktik, beim Verleihen von Geld, beim Verkauf von Waren o. ä. einen unverhältnismäßig hohen Gewinn zu erzielen:* 18 Prozent Zinsen, das ist ja W.!; W. treiben; Bauern, die einem Land, einem System des -s ... ausgeliefert, ihr Dasein fristen (Wochenpost 23. 7. 76, 12); **Wu-cher|blu|me,** die: *zu den Korbblütlern gehörende, in vielen Arten verbreitete Pflanze, für die ein besonders üppiges Wachstum charakteristisch ist* (z. B. Margerite, Chrysantheme); **Wu|che|rei,** die; -, -en (abwertend): *das Wuchern* (2); **Wu-che|rer,** der; -s, - [mhd. wuocheraere, ahd. wuocherari] (abwertend): *jmd., der Wucher treibt:* Ein W. war er. Hat Geld auf große Risiken verliehen (Kemelman [Übers.], Mittwoch 66); **Wu|che|rin,** die; -, -nen (abwertend): w. Form zu ↑ Wucherer: Er ermordet eine böse alte W., weil Napoleon ja auch gemordet habe (W. Schneider, Sieger 89); **wu|che|risch** ⟨Adj.⟩ (abwertend): *nach der Art des Wuchers; auf Wucher beruhend:* -e Preise, Zinsen; Die Verbraucherzentrale Hamburg erklärte ... einen Zins dann für w. und sittenwidrig, wenn er die „Zinsnorm" um 100 Prozent überschreitet (Rhein. Merkur 18. 5. 84, 10); **Wu|cher-mie|te,** die: vgl. Wucherpreis; **wu|chern** ⟨sw. V.⟩ [mhd. wuochern, ahd. wuocherōn = Gewinn erstreben; Frucht bringen, sich vermehren]: **1.** *sich im Wachstum übermäßig stark ausbreiten, vermehren* ⟨ist/hat⟩: das Unkraut wuchert; Der Bart wucherte und machte ihr Gesichter noch grausiger (Apitz, Wölfe 327); im Schatten eines ungeheuren Felsblocks ... sah Cotta noch einen Rest jenes wuchernden Dickichts (Ransmayr, Welt 236); eine wuchernde Geschwulst; Ü Tatsächlich wuchert an der Küste Gambias die Prostitution (Basta 6, 1984, 54). **2.** *mit etw. Wucher treiben* ⟨hat⟩: mit seinem Geld, Vermögen w. ◆ **3.** *Gewinn bringen:* Was bringt dir deine Stelle? – Mir? Nicht viel. Doch Euch, Euch kann sie trefflich wuchern (Lessing, Nathan I, 3); **Wu|cher|preis,** der (abwertend): *wucherischer Preis für eine Ware o. ä.;* **Wu-che|rung,** die; -, -en [mhd. (md.) wocherunge, ahd. wuocherunga = das Wuchern]: **a)** *krankhaft vermehrte Bildung von Gewebe im, am menschlichen, tierischen od. pflanzlichen Körper;* **b)** *durch Wucherung (a) entstandener Auswuchs, entstandene Geschwulst:* eine W. entfernen; Die hohen, viele Jahrhunderte alten Zypressen, zeigen an den Stämmen -en und offene Stellen (Fest, Im Gegenlicht 300); **Wu|cher|zins,** der ⟨meist Pl.⟩ (abwertend): vgl. Wucherpreis: Er hat Geld auf -en verliehen (G. Vesper, Laterna 38).
wuchs: ↑¹wachsen; **Wuchs,** der; -es, (Fachspr.:) Wüchse [zu ↑¹wachsen]: **1.** ⟨o. Pl.⟩ *das* ¹*Wachsen* (1); *Wachstum:* die Bäume stehen in vollem W.; Pflanzen mit/von schnellem, üppigem W. **2.** ⟨o. Pl.⟩ *Art, Form, wie jmd., etw. gewachsen ist; Gestalt:* der schlanke, hohe W. der Zypresse; klein von W. sein; Mit ihrem gedrungenen W. sah sie aus, als versuche sie dauernd, die Schultern über den Kopf zu stemmen (Fels, Sünden 19). **3.** *gewachsener Bestand von Pflanzen:* ein W. junger Tannen; **wüchlse:** ↑¹wachsen; **Wuchs|form,** die (Biol.): vgl. Wuchs (2): die unterschiedliche W. der Bäume; Die begrenzte Haltbarkeit von Gemüse und Obst ... oder auch -en, die die Ernte oder Verarbeitung verkomplizieren, sind ein Dorn im Auge (Todt, Gentechnik 95); **wüch|sig** ⟨Adj.⟩ (Biol.): *gut, kräftig wachsend; starkes Wachstum aufweisend:* -e Pflanzen; -e Stiermütter (Passauer Neue Presse 3. 10. 87, 30); Ist eine Hecke im unteren Drittel vollkommen verkahlt, oben aber noch w., dann hilft nur ein radikaler Verjüngungsschnitt (Haus 2, 1980, 80); **Wüch-sig|keit,** die (Biol.): *das Wüchsigsein;* **Wuchs|stoff,** der ⟨meist Pl.⟩ (Fachspr.): **1.** *Phytohormon.* **2.** *Auxin.*
Wucht, die; -, -en [mundartl. Nebenf. von niederd. wicht = Gewicht]: **1.** ⟨o. Pl.⟩ *durch Gewicht, Kraft, Schwung o. ä. erzeugte Heftigkeit, mit der sich ein Körper gegen jmdn., etw. bewegt, auf jmdn., etw. auftrifft:* eine ungeheure W. steckte hinter den Schlägen des Boxers; der Hieb, Stein traf ihn mit voller W. [am Kopf]; ich konnte nicht mehr bremsen und flog mit aller W. an einen alten Birnbaum (Wimschneider, Herbstmilch 49); Mit voller W. haue ich in die Tasten (Fels, Kanakenfauna 32); unter der W. der Schläge zusammenbrechen; Ü die geistige W. *(beeindruckende, zwingende Kraft, Macht)* Nietzsches; Mit doppelter W. schlagen nun eine jahrelang verfehlte Wirtschafts- und Sozialpolitik zurück (Freie Presse 14. 2. 90, 1). **2.** ⟨o. Pl.⟩ (landsch. salopp) *heftige Schläge, Prügel:* eine W. *(Tracht Prügel)* bekommen. **3.** (landsch. salopp) *große Menge, Anzahl von etw.:* von W. Bretter; ich habe gleich eine ganze W. gekauft. **4.** * **eine W. sein** (salopp; *beeindruckend, großartig sein*): das Essen war eine W.! (Hörzu 25, 1975, 11); Dieser neue Küchenchef ist eine W. (Danella, Hotel 346); **Wucht|baum,** der (landsch.): *Hebebaum;* **Wücht|brum|me,** die; -, -n [Brumme = Käfer (2)] (Jugendspr. veraltend): *Mädchen, von dem man wegen seines attraktiven Äußeren u. seines Temperaments sehr beeindruckt ist:* Sie (= Marika Röck) war die W. der dreißiger und vierziger Jahre (BM 29. 11. 84, 1); **wuch|ten** ⟨sw. V.⟩ [zu ↑ Wucht (1)] (ugs.): **1.** ⟨hat⟩ **a)** *mit großem Kraftaufwand von einer bestimmten Stelle wegbewegen, heben, schieben, irgendwohin bringen:* einen Schrank auf den Speicher, schwere Kisten auf den/vom Wagen w.; Hammer holte seinen Koffer, wuchtete ihn ins Auto (Henscheid, Madonna 12); Acht Stunden täglich wuchtet sie schwere Brote vom Fließband ins Regal (Hörzu 38, 1978, 123); auch in der Freizeit wurde gejoggt, wurden Hanteln gewuchtet *(gestemmt;* Freie Presse 24. 6. 89, 5); **b)** *mit voller Wucht irgendwohin stoßen, schlagen:* den Ball [mit einem Kopfstoß] ins Tor w.; viele dieser Aufschläge wuchtet er ins Netz, zwei Doppelfehler pro Spiel sind normal (tennis magazin 10, 1986, 58); jmdm. die Faust unters Kinn w. **2. a)** *wuchtig* (2) *irgendwo stehen, liegen, aufragen* ⟨hat⟩: an der Kreuzung wuchtete der Riesenbau aus schwarzem Gebälk (A. Kolb, Schaukel 31); beim Nachbarn Nummer 4 wuchten zwei dicke Halbsäulen über einer Fleischverkaufsstelle in die Höhe (BZ am Abend 8. 11. 76, 3); **b)** *sich mit voller Wucht irgendwohin bewegen* ⟨ist⟩: eine neue Böe wuchtete durch die Häuserzeilen; **c)** ⟨w. + sich⟩ *sich mit schweren, schwerfälligen Bewegungen irgendwohin bewegen* ⟨hat⟩: sich in den Sessel w.; ⟨auch ohne „sich":⟩ Pflugmair blinzelte kumpelhaft, rieb sich die Hände und wuchtete (ging mit schweren Schritten) zur Tür (Konsalik, Promenadendeck 410). **3.** (selten) *schuften* ⟨hat⟩; **wuch|tig** ⟨Adj.⟩: **1.** *mit voller Wucht [ausgeführt], mächtig:* ein Schlag, Sprung; Die vielen -en Angriffsaktionen kamen vom KSV (Freie Presse 11. 11. 88, 4); Ingo sorgt für den -en Beat (Bravo 42, 1988, 30); Ü eine allfällige -e *(heftige)* Ablehnung der Bankeninitiative (Basler

Wuchtigkeit

Zeitung 12. 5. 84, 17); Was Bergmann w. *(heftig, gewaltig)* attackiert, ist bei Allan natürlich satirisch-witzig überhöht (Neue Kronen Zeitung 2. 8. 84, 20). **2.** *durch seine Größe, Breite den Eindruck lastenden Gewichts vermittelnd; schwer u. massig:* ein Mann von -er Statur; ein -er Bau aus Natursteinquadern (Weber, Tote 243); der Schreibtisch ist, wirkt [für das Zimmer] zu w.; **Wuch|tig|keit,** die; -: *das Wuchtigsein.*
Wu|du: ↑ Wodu.
Wühl|ar|beit, die: **1.** *das Wühlen* (1): die W. des Maulwurfs. **2.** ⟨o. Pl.⟩ *(abwertend) im verborgenen betriebene Tätigkeit, mit der jmd. (bes. in politischer Hinsicht) Feindseligkeit zu erzeugen, jmds. Autorität, Ansehen zu untergraben sucht:* Sie (= die Nazis) überschwemmten das Land mit Agenten, die durch ihre W. die deutschsprachigen Gebiete Böhmens für die Annexion reif machen sollten (Berger, Augenblick 103); **Wühl|ech|se,** die: *Skink;* **wüh|len** ⟨sw. V.; hat⟩ [mhd. wüelen, ahd. wuol(l)en, eigtl. = (um)wälzen, verw. mit ↑ ¹wallen]: **1. a)** *mit etw. (bes. den Händen, Pfoten, der Schnauze) in eine weiche, lockere Masse o. ä. hineingreifen, eindringen u. sie mit [kräftigen] schaufelnden Bewegungen aufwerfen, umwenden:* sie wühlte in der Kiste mit den gesammelten Münzen; Maulwürfe wühlen im Garten; Cotta humpelte ... durch den Schutt einer geschleiften Stadt, ... bereit, im Geröll nach brauchbaren Resten zu w. (Ransmayr, Welt 243); er wühlte in ihren Locken; Ü der Schmerz wühlte in seiner Brust; Die Kehlen trocken wie ein Schraubstock, Angst wühlt im Magen (Müller, Fuchs 89); **b)** *(ugs.) nach etw. suchend in einer Menge an-, aufgehäufter einzelner Sachen mit der Hand herumfahren [u. dabei die Sachen durcheinanderbringen]:* in der Schublade, im Koffer w.; Jetzt wird am anderen Ende des Telefons der Hörer abgelegt, es wird murmelnd und schimpfend in Papierstößen gewühlt (Richartz, Büroroman 30). **2. a)** *durch Wühlen* (1 a) *entstehen lassen, machen:* ein Loch [in die Erde] w.; die Feldmäuse wühlen sich unterirdische Gänge; **b)** *durch Wühlen* (1) *hervorholen:* den Schlüssel aus der vollen Einkaufstasche w. **3. a)** ⟨w. + sich⟩ *sich wühlend* (1 a) *tief in etw. hineinbewegen, in etw. eingraben:* der Maulwurf wühlte sich in die Erde; die Kinder wühlten sich lachend und schreiend ins Heu; **b)** (seltener) *sich in eine weiche, lockere Masse o. ä. drücken, darein vergraben:* den Kopf in das Kissen w.; **c)** ⟨w. + sich⟩ *sich [wühlend* (1 a)*] durcharbeiten* (5): Die Wege werden immer grundloser, mühsam wühlen sich die Gespanne durch den aufgeweichten Rübenacker (Dönhoff, Ostpreußen 110); Munitionslaster wühlten sich hier durch den Dreck (Kirst, 08/15, 597); Ü er hat sich durch die Aktenstöße gewühlt. **4.** *(abwertend) Wühlarbeit* (2) *betreiben:* gegen die Regierung w. **5.** (ugs.) *rastlos, verbissen, unter Einsatz aller Kräfte arbeiten;* **Wüh|ler,** der; -s, -: **1.** *Nagetier, das unter der Erde Gänge wühlt, in denen es lebt u. seine Vorräte sammelt* (z. B. Hamster). **2.** (abwertend) *jmd., der Wühlarbeit* (2) *betreibt.* **3.** (ugs.) *jmd., der wühlt* (5): der neue Mitarbeiter ist ein W.; Überall hat er Schornsteine hochgezogen. Ein W. Einer, der nur aufs Geld aus war (Brot und Salz 203); **Wühl|le|rei,** die; -, -en (oft abwertend): *[dauerndes] Wühlen* (1, 2, 4, 5); **Wüh|le|rin,** die; -, -nen: w. Form zu ↑ Wühler (2, 3); **wüh|le|risch** ⟨Adj.⟩ (abwertend): *in der Art eines Wühlers* (2); **Wühl|maus,** die: **1.** *kleine, plumpe Maus mit stumpfer Schnauze u. kurzem Schwanz, die unter der Erde Gänge wühlt u. dadurch Schaden anrichtet.* **2.** (ugs. scherzh.) *Wühler* (2); **Wühl|tä|tig|keit,** die ⟨o. Pl.⟩ (abwertend): *Wühlarbeit:* Eine direkte Folge der W. der Kräfte des Imperialismus ... ist der brudermörderische Konflikt in Libanon (horizont 45, 1976, 8); **Wühl|tisch,** der (ugs.): *(bes. in Kaufhäusern) Verkaufstisch, an dem die Käufer zwischen den zum Sonderpreis ausliegenden Waren (bes. Textilien) zwanglos herumsuchen können.*
Wuh|ne: ↑ Wune.
Wuhr, das; -[e]s, -e, **Wuh|re,** die; -, -n [mhd. wuor(e), ahd. worī (landsch., schweiz.): ²*Wehr.*
Wu|ke|la: Pl. von ↑ Wekil.
Wul|fe|nit [auch: ...'nɪt], das; -s [nach dem österr. Mineralogen F. X. v. Wulfen (1728–1805)]: *gelbes bis [orange]rotes Mineral.*
Wulst, der; -[e]s, Wülste u. (bes. Fachspr.:) -e, auch: die; -, Wülste [mhd. wulst(e), ahd. wulsta, H. u., vielI. verw. mit ¹wallen u. eigtl. = das Gedrehte, Gewundene]: **a)** *längliche, gerundete Verdickung an einem Körper:* der W. einer vernarbten Wunde; die Wülste des Nackens; er ... saß da, abseits, mit bleichem, auf den Wülsten sacht gerötetem Bauch (Kronauer, Bogenschütze 218); **b)** *dickeres, wurstförmiges Gebilde, das durch Zusammenrollen o. ä. von weichem Material entsteht:* der W. eines Helmes (Her.; wurstförmig zusammengedrehte Unterlage einer Helmzier); Der Kollege hat seine Lederhose vor dem Bauch zu einem W. gerollt, damit sie besser hält (Chotjewitz, Friede 155); **c)** (Archit.) *(an Säulen, Gesimsen, Friesen) zur Verzierung dienendes, in der Form eines Viertelkreises gerundetes Bauglied;* **wulst|ar|tig** ⟨Adj.⟩: *in der Art eines Wulstes* (a, b), *einem Wulst ähnlich;* **Wulst|bug,** der ⟨Pl. -e⟩ (Schiffbau): *Bug, bei dem der untere Teil des Stevens wulstartig gewölbt ist;* **Wülst|chen,** das; -s, -: Vkl. zu ↑ Wulst; **wul|sten** ⟨sw. V.; hat⟩: **a)** *machen, bewirken, daß etw. wulstig wird:* seine Zunge arbeitete von innen gegen die Oberlippe und wulstete die Oberlippe (M. Walser, Pferd 46); **b)** ⟨w. + sich⟩ *einen Wulst* (a, b), *Wülste bilden, sich wulstartig wölben;* **wul|stig** ⟨Adj.⟩: *einen Wulst* (a, b), *Wülste bildend, aufweisend:* -e Narbe; -e *(dicke, aufgeworfene)* Lippen; die -n Pumpenschläuche hingen tief im Wasser (Prodöhl, Tod 235); Nun war ihm der Mund trocken, und die Zunge empfand er als w. und dick (Bastian, Brut 82); den fleischigen, in sich gewundenen Leib der älteren (= Steinpilze) beschatten breitrandige, w. mal nach innen, mal nach außen gerollte Krempen (Grass, Unkenrufe 12); **Wulst|ling,** der; -s, -e: *Blätterpilz mit weißen Lamellen u. unten wulstig verdicktem Stiel* (z. B. Fliegenpilz); **Wulst|nacken**¹, der (ugs.): *Wülste bildender Nacken;* **Wulst|nar|be,** die (Med.): *Keloid.*
wumm ⟨Interj.⟩: lautm. für einen plötzlichen, dumpfen Laut od. Knall, Aufprall.
wüm|men usw. ↑ wimmen usw.
wum|mern ⟨sw. V.; hat⟩ (ugs.): **1.** *dumpf dröhnen:* Auf dem freigeschossenen Gelände wummern, kreischen, klirren, quietschen alle Arten von Motoren, Robotergelenken, Ketten, Trommeln und Scharnieren (Köhler, Hartmut 77); ⟨subst.:⟩ Das Wummern der Maschinen in der großen Halle (H. Gerlach, Demission 84). **2.** *wummernd* (1) *gegen etw. heftig schlagen:* mit den Fäusten gegen die Tür w.; Inge wummert gegen die Wand, weil sie schlafen will (Bieler, Bär 256).
wund ⟨Adj.; -er, -este⟩ [mhd., ahd. wunt, eigtl. = geschlagen, verletzt]: **1.** *durch Reibung o. ä. der Haut verletzt; durch Aufscheuern o. ä. der Haut entzündet:* -e Füße; die -en Stellen mit Puder bestreuen; sich w. laufen, reiten; seine Fersen sind ganz w.; ich habe mir die Finger w. geschrieben (ugs. übertreibend; *habe sehr viele Briefe geschrieben),* um noch ein Quartier zu bekommen; Dafür gibt es eine eigne Redaktion. Die telefonieren sich die Finger w. (ugs. übertreibend; *telefonieren überaus viel, anhaltend;* Hörzu 6, 1976, 13); Ü Ich träume jede Nacht von ihr und erwache mit einem völlig -en (geh.; *von Weh erfüllten)* Herzen (Reich-Ranicki, Th. Mann 240). **2.** (Jägerspr. selten): *krank* (2); **Wundarzt,** der [mhd. wuntarzāt] (früher): *Chirurg;* **Wund|be|hand|lung,** die: *medizinische Behandlung einer Wunde;* **Wundben|zin,** das: *zur Reinigung von Wundrändern geeignetes Benzin;* **Wund|bett,** das (Jägerspr.): *Stelle, an der sich ein angeschossenes Stück Wild niedergelegt hat;* **Wund|brand,** der ⟨o. Pl.⟩ (Med.): *durch Wundinfektion bedingter feuchter Brand* (5 a); **Wun|de,** die; -, -n [mhd. wunde, ahd. wunta, eigtl. = Schlag, Verletzung]: *durch Verletzung od. Operation entstandene offene Stelle in der Haut [u. im Gewebe]:* eine frische, offene, leichte, tiefe, klaffende, tödliche W.; die W. blutet, eitert, näßt, heilt, verschorft, schließt sich, schmerzt, brennt; seine schlecht vernarbten -n im Gesicht und auf der Kopfhaut wiesen seine SS-Bewacher in Dachau genug als Leuteschinder, als Sadisten aus (Kühn, Zeit 366); Die W. muß blitztrokken getupft werden ist und zwar blitzartig (Hackethal, Schneide 91); eine W. untersuchen, behandeln, reinigen, desinfizieren, verbinden, klammern, nähen; eine W. am Kopf haben; aus einer W. bluten; Ü Dem Wald rechts der Autobahn ... droht eine klaffende W. für immer (Saarbr. Zeitung 15./16. 12. 79, 31); er hat durch seine Worte alte -n wieder aufgerissen *(hat die Erinnerung an erlittenes Leid wieder wachgerufen);* der Krieg hat dem Land tiefe -n geschlagen (geh.; *schweren Schaden zugefügt);* du hast damit an eine alte W. gerührt *(etw. berührt, was den Betreffenden einmal sehr gekränkt, verletzt hat);* nach der erlittenen

Niederlage müssen sie erst einmal ihre -n lecken *(sich ein wenig selbst bedauern u. zu trösten suchen).*

wun|der: ↑ Wunder (2); **Wun|der,** das; -s, - [mhd. wunder, ahd. wuntar, H. u.]: **1.** *außergewöhnliches, den Naturgesetzen od. aller Erfahrung widersprechendes u. deshalb der unmittelbaren Einwirkung einer göttlichen Macht od. übernatürlichen Kräften zugeschriebenes Geschehen, Ereignis, das Staunen erregt:* ein W. geschieht, ereignet sich; nur ein W. kann sie retten; es war ein wahres W., daß er unverletzt blieb; die Geschichte seiner Rettung klingt wie ein W.; Als ein W. erscheint es, wie dieses hin und her gestoßene Flüchtlingskind ... schließlich den Ausbruch wagen kann (Richter, Flüchten 309); Jesus tat/wirkte W.; an W. glauben; auf ein W. hoffen; wie durch ein W. hat er überlebt; R o. W.!; W. über W.! (als Ausrufe höchster Überraschung; *wer hätte das gedacht!);* * **ein/kein W. [sein]** (ugs.; *[nicht] verwunderlich, erstaunlich sein*): ist es vielleicht ein W., wenn/daß er nach fünf Stunden Training erschöpft ist?; Eigentlich ein W., wenn es mit dem Computerfachmann zu einem guten Ausgang kommt, ein W., daß er bis hierhin gekommen ist (Kronauer, Bogenschütze 400); kein W., daß man sich bei solchem Wetter erkältet; **was W.?** *(wen sollte das schon wundern?):* was W., wenn/daß sie erleichtert ist?; **W. wirken/ (auch:) tun** (ugs.; *erstaunlich gut wirken):* dieses Medikament wirkt W.; ein gutes Wort wirkt manchmal W.; Eine Tracht Prügel hat bisweilen schon W. getan (Loest, Pistole 28); **sein blaues W. erleben** (ugs.; *eine böse Überraschung erleben;* Blau ist in älterem Sprachgebrauch die Farbe der Täuschung, Lüge; in dieser Wendung hat sich die Bed. auf den Aspekt der Überraschung [des Getäuschten] verlagert). **2.** *etw., was in seiner Art, durch sein Maß an Vollkommenheit das Gewohnte, Übliche so weit übertrifft, daß es große Bewunderung, großes Staunen erregt:* die W. der Natur; dieser Apparat ist ein W. an Präzision; Die unscheinbaren Stachelpflanzen entpuppen sich als W. an Vielseitigkeit (natur 10, 1991, 59); ⟨in Verbindung mit bestimmten interrogativen Wörtern als Substantiv verblaßt u. klein geschrieben⟩ drückt aus, daß von etw. Besonderem, Außerordentlichem die Rede ist: er meint, wunder was *(etw. ganz Besonderes)* geleistet zu haben; er bildet sich ein, er sei wunder wie *(ganz besonders)* klug/wunder wer *(etw. ganz Besonderes);* Dabei denkt man wunder was Edles (ugs.; *sehr edel)* von ihm (Brot und Salz 131); wir dachten wunder warum (ugs.; *es habe einen ganz besonderen Grund, daß)* du so lange fortgeblieben bist; **Wun|der-** (ugs. emotional verstärkend): drückt in Bildungen mit Substantiven aus, daß etw. in kaum vorstellbarer Weise gut, wirksam o. ä. ist: Wunderdroge, Wunderkur, Wundermannschaft, Wunderwaffe; **wun|der|bar** ⟨Adj.⟩ [mhd. wunderbære]: **1.** *wie ein Wunder (1) erscheinend:* eine -e Fügung, Begebenheit, Rettung; er hatte gebetet ... und sofort am Tag darauf war ihm auf -e Weise dieses schwere, drückende Gewicht von der Seele genommen worden (Kemelman [Übers.], Mittwoch 98); sie wurden w. errettet; ⟨subst.:⟩ etw. grenzt ans Wunderbare. **2. a)** (emotional) *überaus schön, gut u. deshalb Bewunderung, Entzücken o. ä. hervorrufend:* ein -er Abend, Tag; eine -e Stimme; er ist ein -er Mensch; Trotz dieses -en Wirtschaftsklimas sieht Volcker Gefahren am Horizont (Basler Zeitung 27. 7. 84, 11); das ist ja wirklich w.!; das Wetter war einfach w.; das hast du w. gemacht; Ein kleiner Jahrgang mit leichten frischen Weinen, die ... w. werden können (Blick auf Hoechst 8, 1984, 9); sie war w. in dieser Rolle; sie kann w. tanzen, singen; **b)** (ugs.) ⟨intensivierend bei Adjektiven⟩ *in beeindruckender, Entzücken o. ä. hervorrufender Weise:* der Sessel ist w. bequem; die Wäsche ist w. weich geworden; ein hoch aufgeschossener Narziß mit w. ruhigen Augen (Ziegler, Labyrinth 182). ♦ **3.** *sonderbar, seltsam:* ... ob er das -e Weib, das ihm den Zettel übergeben, kenne (Kleist, Kohlhaas 115); **wun|der|ba|rer|wei|se** ⟨Adv.⟩: *wie durch ein Wunder (1):* ich sauste die steile Treppe hinunter, w. ohne zu stolpern (Frisch, Stiller 229); Der ... macht Voraussagen, die w. fast immer eintreffen (Heym, Nachruf 154); **Wun|der|blu|me,** die: **1.** *(bes. in wärmeren Gebieten Amerikas) als Staude wachsende Pflanze mit trichterförmigen, mehrfarbigen, oft nur die Nacht blühenden Blüten.* **2.** *(im Volksglauben) wunderkräftige Pflanze;* **Wun|der|ding,** das ⟨Pl. -e⟩: **a)** ⟨meist Pl.⟩ *außergewöhnliche, staunenerregende Sache:* von jmdm., fernen Ländern -e erzählen; **b)** (emotional) *erstaunlicher, wunderbarer (2 a) Gegenstand:* dieser Apparat ist ein wahres W.!; **Wun|der|dok|tor,** der (spött.): **Wun|derheiler; Wun|der|er|zäh|lung,** die: *Erzählung, die von Wundern (1), z. B. Wunderheilungen, berichtet:* weil bereits ihre (= der Kirche) frühe Auslegung der -en des Neuen Testaments zu sehr am Äußeren orientiert war (Drewermann, Und legte 7); **Wun|der|ge|schwulst; Wun|der|glau|be,** der: *Glaube an Wunder (1);* **wun|der|gläu|big** ⟨Adj.⟩: *an Wunder (1) glaubend:* ein -es Volk; -e Menschen; **Wun|der|hei|ler,** der: *jmd., dem auf Wunderkräften beruhende Heilerfolge zugeschrieben werden:* obskure W. und schlechtriechende Handauflegerinnen (Sobota, Minus-Mann 19); **Wun|der|hei|le|rin,** die: w. Form zu ↑ Wunderheiler; **Wun|der|hei|lung,** die: *durch ein Wunder (1) bewirkte Heilung;* **Wun|derhorn,** das (scherzh.): *Penis:* Das männliche W. dagegen wurde niedergemacht als vieltausendjähriges Unterwerfungsinstrument (Spiegel 9, 1984, 198); **wun|der|hübsch** ⟨Adj.⟩ (emotional verstärkend): vgl. wunderschön; **Wun|der|ker|ze,** die: *Draht, der bis auf das als Griff dienende Ende mit einem Gemisch aus leicht brennbaren Stoffen überzogen ist, das zum Funkensprühen abbrennt;* **Wun|der|kind,** das: *Kind, dessen außergewöhnliche geistige, künstlerische Fähigkeiten ein Wunder (2) darstellen:* ein musikalisches, mathematisches W.; Ü mit dem erst dreißigjährigen Rechtsanwalt ..., dem politischen W. der Stadt (Prodöhl, Tod 29); **Wun|der|kna|be,** der: vgl. Wunderkind; **Wun|der|kraft,** die: *(im Volksglauben) Kraft, Wunder zu [be]wirken;* **wun|der|kräf|tig** ⟨Adj.⟩: *(im Volksglauben) Wunderkraft besitzend, davon zeugend;* **Wun|der|kraut,** das: *(im Volkskräftiges Heilkraut:* er hörte sie von Pflanzenzauber reden, von Wunderkräutern, Waldgeistern, verwandelten Tieren (Rolf Schneider, November 230); **Wun|der|lam|pe,** die: **1.** *(im Märchen) wunderkräftige Öllampe.* **2.** *Tintenfisch mit Leuchtorganen an Körper u. Armen;* **Wun|der|land,** das: *an Wunderdingen (1) reiches Fabelland;* **wun|der|lich** ⟨Adj.⟩ [mhd. wunderlich, ahd. wuntarlîh = wunderbar]: *vom Üblichen, Gewohnten, Erwarteten in befremdlicher Weise abweichend:* -e Einfälle; ein -er Mensch; man kann schon die -sten Dinge erleben!; er schrieb mir fast täglich -e Briefe, deren Verrücktheiten mich mächtig anzogen (Mayröcker, Herzzerreißende 31); er ist ein wenig w.; Aber der Kantor ... war seit Ralfs Festnahme w. geworden (Bieler, Bär 142); **Wun|der|lich|keit,** die; -, -en: **a)** ⟨o. Pl.⟩ *das Wunderlichsein, wunderliche [Wesens]art;* **b)** *etw., was wunderlich ist:* Nachrichten über indische ... -en (Th. Mann, Krull 414); **wun|der|mild** ⟨Adj.⟩ (geh. veraltend): *überaus, ungewöhnlich mild, freundlich;* **Wun|der|mit|tel,** das: *Mittel, dem ans Wunderbare grenzende Heilkräfte zugeschrieben werden;* **wundern** ⟨sw. V.; hat⟩ [mhd. wundern, ahd. wuntarōn]: **1.** *ganz anders als gewohnt od. erwartet sein u. jmdn. in Erstaunen versetzen:* etw. wundert jmdn. sehr, nicht im geringsten; sein Verhalten wunderte sie; es wundert mich/mich wundert, daß er nichts von sich hat hören lassen; es sollte mich w., wenn sie käme *(ich glaube nicht, daß sie kommt);* Es ist in dieser Autobiographie – und wen könnte das w.? *(das ist nicht verwunderlich)* – viel Schwermut und auch Bitterkeit (Reich-Ranicki, Th. Mann 236). **2.** ⟨w. + sich⟩ *über jmdn., etw. verwundert, erstaunt sein, über etw. nicht Erwartetes in Erstaunen geraten, sich verwundern:* sich über jmds. Verhalten w.; ich wundere mich über gar nichts mehr; Alis Herr ... hatte sich schon lange über die hohe Stromrechnung gewundert (Richartz, Büroroman 8); sie wunderte sich, daß er erst so spät nach Hause kam; Sie brauchen sich gar nicht zu w. Geht in Ihrem Alter vielen so (Loest, Pistole 159); ich muß mich wirklich/doch sehr über dich w. *(hätte dein Verhalten o. ä. nicht für möglich gehalten);* er konnte sich nicht genug darüber w., daß so alles verlaufen war. **3.** (bes. schweiz.) **a)** *jmds. Neugier erregen:* es wundert mich/mich wundert, woher er das weiß; **b)** ⟨w. + sich⟩ *sich verwundert, zweifelnd fragen:* ich wundere mich, ob es damit einverstanden sein wird; **wun|der|neh|men** ⟨st. V.; hat⟩ (geh.): **1.** *in Verwunderung setzen:* es wunderte mich nicht w., wenn er das täte; Es ist alles dargelegt, ... darüber hinaus gibt es nichts, was wundernähme (Strauß, Niemand 194); Wen nimmt es wunder, daß dieses Juwel seit Jahrhunderten umworben und auch umkämpft war (Augsburger Allgemeine 3./4. 6. 78, VI). **2.** (schweiz.) ↑wundern (3a): es nimmt mich nur w., wie Sie mich hier aufgestöbert haben; **Wun|der|quel|le,** die: vgl. Wunderkraut; **wun|ders** (ugs.): seltener für ↑wunder; **wun|der|sam** ⟨Adj.⟩ (geh.): *(so wie ein Wunder) seltsam, rätselhaft, geheimnisvoll:* ein -er Traum; eine -e Melodie; daneben waren der Name des Kranken und das Datum der -en Genesung vermerkt (Fest, Im Gegenlicht 262); Wie solche -en Verordnungen, die allen nützen und niemandem schaden sollen, konkret aussehen, darüber schweigt der Autor aus (Basler Zeitung 26. 7. 84, 27); ihr wurde ganz w. zumute; Der Sammelbegriff für die w. (merkwürdig) wohlfeilen Computerprogramme ... lautet „Shareware" (Spiegel 13, 1993, 270); **wun|der|schön** ⟨Adj.⟩ (emotional verstärkend): *überaus, ungewöhnlich schön und deshalb Bewunderung, Entzücken erregend:* ein -er Strauß; daß -e Torten in Schaufenstern standen (Alexander, Jungfrau 51); das Gemälde ist w.; Der Ball kam w. *(sehr genau, exakt)* herein ... da habe ich ihn einfach eingenickt (Kicker 82, 1981, 49); **Wun|der|tat,** die: *(im Volksglauben) Wunder* (1), *das jmd. tut;* **Wun|der|tä|ter,** der: *(im Volksglauben) jmd., der Wunder* (1) *tut;* **Wun|der|tä|te|rin,** die: w. Form zu ↑Wundertäter; **wun|der|tä|tig** ⟨Adj.⟩: *(im Volksglauben) wunderkräftig:* an einem Pilgerpfad, ... auf dem man mühevoll unterwegs sein sollte zu einem -en Wallfahrtsort (Kronauer, Bogenschütze 265); **Wun|der|tier,** das: *durch sein ungewöhnliches Aussehen, seine ungewöhnlichen Eigenschaften Staunen erregendes [Fabel]tier:* jmdn. wie ein W. bestaunen; Der Mensch – ein W.? (Hörzu 22, 1982, 68); **Wun|der|tü|te,** die: *Tüte, die [zwischen Süßigkeiten versteckt] Überraschungen in Form von kleinen Spielsachen o. ä. enthält;* **wun|der|voll** ⟨Adj.⟩: **a)** *(emotional) wunderbar* (2a), *wunderschön:* Das ist die -ste Platte, die ich seit Monaten gehört habe (Szene 8, 1984, 42); Sein Geburtshaus ist heute w. restauriert (NNN 21. 3. 87, 1); **b)** ⟨intensivierend bei Adjektiven⟩ *wunderbar* (2b): sie hat w. blaue Augen; **Wun|der|welt,** die: **1.** vgl. Wunderland. **2.** *Welt* (4), *die voller Wunder* (3) *ist;* **Wun|der|werk,** das: *Werk, das ein Wunder* (2) *darstellt:* ein W. der Baukunst, Technik; diese Uhr ist ein wahres W. **Wund|fähr|te,** die (Jägerspr.): *Schweißfährte;* **Wund|fie|ber,** das (Med.): *durch Wundinfektion bedingtes Fieber;* **Wund|hei|lung,** die: *Heilung* (2) *einer Wunde:* Komplikationen waren nicht aufgetreten. Weder bei der W. noch sonst (Hackethal, Schneide 66); **Wund|in|fek|ti|on,** die (Med.): *Infektion einer Wunde;* **Wund|klam|mer,** die (Med.): *zum Zusammenhalten der Wundränder dienende kleine Klammer aus Metall;* **wund|lie|gen** ⟨st. V.; hat⟩: *durch lange Bettlägerigkeit an einer bestimmten Körperpartie wund werden:* der Patient hat sich am Rücken wundgelegen; er sagt zu mir, ich solle das Fell aus seinem Bett nehmen ... Ich tue das, obwohl er sich dann leichter w. kann (Spiegel 13, 1985, 222); ich habe mir den Rücken wundgelegen; wir ... rollen sie dann zur Seite, um ihren wundgelegenen Rücken mit Öl abzutupfen (Zivildienst 5, 1986, 18); **Wund|mal,** das ⟨Pl. -e⟩ (meist geh.): *von einer [geheilten] Verletzung, Wunde herrührendes* ²*Mal* (1): die -e Christi *(die fünf Wunden des gekreuzigten Christus);* **Wund|naht,** die (Med.): *Naht der* ¹*Ränder* (4) *einer Wunde;* **Wund|pfla|ster,** das: *Pflaster mit einer Auflage aus Mull* (1b) *als Schutz für eine Wunde;* **Wund|pul|ver,** der: *als Heilu. Desinfektionsmittel für Wunden dienender Puder;* **Wund|rand,** der: ¹*Rand* (4) *einer Wunde;* **Wund|rei|ni|gung,** die: *das Reinigen einer Wunde;* **Wund|ro|se,** die (Med.): *von einer Wunde ausgehende Infektion, Entzündung der Haut mit Rötung, Schwellung u. hohem Fieber;* **Wund|sal|be,** die: *Heilsalbe;* **Wund|schmerz,** der (Med): *Schmerz im Bereich einer Wunde;* **Wund|schorf,** das: *Schorf* (1); **Wund|starr|krampf,** der ⟨o. Pl.⟩ (Med.): *Tetanus;* **Wund|ver|band,** der: *Verband* (1) *auf einer Wunde;* **Wund|ver|sor|gung,** die: *medizinische Versorgung einer Wunde;* ♦ **Wund|was|ser,** das ⟨Pl. ...wässer⟩: *Alkohol u. Kräuterauszüge enthaltende wäßrige Flüssigkeit zur Pflege von Verletzungen u. zum Einreiben:* hole der Flasche mit dem W. herunter! (Hebbel, Agnes Bernauer I, 7).

Wu|ne, die; -, -n [spätmhd. wune, H. u.]: *in Eis* (1a) *gehauenes Loch.*

Wunsch, der; -[e]s, Wünsche [mhd. wunsch, ahd. wunsc, verw. mit ↑gewinnen]: **1.** *Begehren, das jmd. bei sich hegt od. äußert, dessen Erfüllung mehr erhofft als durch eigene Anstrengungen zu erreichen gesucht wird:* ein großer, bescheidener, unerfüllbarer, brennender, verständlicher, alberner, törichter, geheimer, heimlicher, aufrichtiger W.; sein sehnlichster W. war in Erfüllung gegangen; in ihm regte sich der W. nach Ruhe; es war sein W. und Wille *(er wollte unbedingt),* daß alle dabeisein sollten; mit der Wut kommt der W. in ihm hoch, es Charli heimzuzahlen (Ossowski, Flatter 12); einen W. haben, hegen, äußern, unterdrücken, zu erkennen geben; jmds. Wünsche erraten, befriedigen; jmdm. jeden W. von den Augen ablesen; sich einen W. erfüllen, versagen; Wünsche aufgeben heißt, Kapazität freisetzen (Becker, Tage 27); noch einen W. frei haben *(sich von jmdm. noch etw. wünschen dürfen);* haben Sie sonst noch einen W.? *(darf ich Ihnen außerdem noch etw. verkaufen?);* das Material entsprach [nicht ganz] seinen Wünschen, ließ einige, viele Wünsche offen *(war nicht, sehr unvollkommen);* die Vereinbarung ließ keinen W., keine Wünsche offen *(war völlig befriedigend);* er widerstand dem W., sich ein neues Auto zu kaufen; etw. kommt jmds. Wünschen entgegen; wenige Wochen später distanzierte er sich (abermals einem dringenden W. seines Verlegers folgend) von der Zeitschrift (Reich-Ranicki, Th. Mann 17); etw. auf jmds. [ausdrücklichen] W. tun; er wurde auf eigenen W. versetzt; es ging, lief alles nach W. *(verlief so, wie man es erhofft, sich vorgestellt hatte);* R Ihr W. sei/ist mir Befehl (scherzh.; *selbstverständlich entspreche ich Ihrer Bitte);* der W. ist/war hier der Vater des Gedankens (scherzh.; *die Sache, von der jmd. spricht, beruht auf einem [unrealistischen] Wunsch;* nach Shakespeare, König Heinrich IV., 2. Teil, IV, 4); * etw. ist ein frommer W. (etw., *was zu haben od. zu erreichen schön wäre, wird sich nicht verwirklichen lassen;* nach lat. pia desideria = fromme Wünsche, dem Titel einer Schrift des belg. Jesuiten H. Hugo, 1588–1639). **2.** ⟨Pl.⟩ *jmdm. aus bestimmtem Anlaß wohlmeinend Gewünschtes:* Meine Wünsche begleiten Sie! (Roth, Beichte 40); herzliche, beste, alle guten Wünsche zum Geburtstag, zum Jahreswechsel!; in Briefschlußformeln: mit den besten Wünschen Ihr ...; **Wunsch-:** drückt in Bildungen mit Substantiven aus, daß jmd. od. etw. die gewünschte, erhoffte, ersehnte Person oder Sache ist: Wunschelf, -kandidat, -partner; **wünsch|bar** ⟨Adj.⟩ (bes. schweiz.): *von solcher Art, so beschaffen, daß der Wunsch danach berechtigt erscheint:* Werden drückende Ertrags- und Finanzierungspläne ... die laufend -e Modernisierung beeinträchtigen? (Schweizer Maschinenbau 16. 8. 83, 5); daß eine Fortsetzung der gegenwärtigen demographischen Entwicklung nicht w. sei (Basellandl. Zeitung 27. 3. 85, 3); **Wünsch|bar|keit,** die: -, -en (bes. schweiz.): **1.** ⟨o. Pl.⟩ *das Wünschbarsein:* die W. einer Zusammenarbeit. **2.** *etw. Wünschbares:* was ist parat an -en? (Gaiser, Schlußball 207); **Wunsch|bild,** das: *von den eigenen Wünschen bestimmte Darstellung, Vorstellung von etw., jmdm.;* **Wunsch|den|ken,** das; -s: *Annahme, daß sich etw. in einer bestimmten Weise verhält, was aber nicht der Realität entspricht, sondern nur dem Wunsch, daß es so sein möge:* Vielmehr triebe sie die Hoffnung, mögliche Zusammenhänge könnten sich als real erweisen, ihr W. war gleichsam der Strohhalm, nach dem der Ertrinkende greift (Bastian, Brut 153); **Wün|schel|ru|te,** die [mhd. wünschelruote, aus: wünschel- (in Zus.) = *Mittel, einen Wunsch zu erfüllen* (zu ↑wünschen) u. ↑*Rute*]: *gegabelter Zweig od. gebogener Draht, der in den Händen eines Wünschelrutengängers über einer Wasserod. Erzader ausschlagen soll:* Er fing an, selbst Versuche mit der W. zu machen, die ihm aber nicht gelungen sind (Plenzdorf, Legende 201); **Wün|schel|ru|ten|gän|ger,** der: *jmd., der mit einer Wünschelrute nach Wasser- od. Erzadern sucht;* **Wün|schel|ru|ten|gän|ge|rin,** die: w. Form zu ↑Wünschelrutengänger; **wün|schen** ⟨sw. V.; hat⟩ [mhd. wünschen, ahd. wunsken, wohl zu ↑Wunsch]: **1.** *in bezug auf jmdn., etw. einen bestimmten Wunsch* (1) *hegen; sich sehnlich etw. erhoffen:* etw. aufrichtig, heimlich, von Herzen w.; jmdm. nichts Gutes w.; ich wünschte schon vielen Menschen den Tod und wenigen die Wiedergeburt (Fels, Kanakenfauna 170); Sie möchte keinem den Unfall an den Hals w. (Alexander, Jungfrau 128); im dritten Ehejahr wünschten sie sich ein Kind; sich jmdn. als/zum Freund w.; er wünschte nichts sehnlicher, als daß er wieder zu Hause wäre; was wünschst du dir zum Geburtstag, zu Weihnachten, von deiner Großmutter [als Geschenk]?; Ob sie sich etwas von mir w. dürfe, fragt sie (Strittmatter, Der Laden 884); inbrünstig wünschte sie sich, niemals das Innere eines anderen zu verletzen (Alexander, Jungfrau 113); er war so, wie man sich einen Lehrer wünscht; Der Junge, den sich jede Mutter zum Schwiegersohn wünscht (Hörzu 23, 1990, 18); sie hätten sich kein besseres Wetter w. können *(es war das ideale Wetter);* ⟨im Konjunktiv Prät. als Ausdruck eines irrealen Wunsches:⟩ ich wünschte, wir könnten gehen. **2.** *von jmdm. mit einem gewissen Anspruch auf Verwirklichung des entsprechenden Wunsches haben wollen:* eine Änderung, gewisse Garantien w.; sich an etw. zu beteiligen w.; wir wünschen [und hoffen], daß der Vertrag unterzeichnet wird; er wünscht eine baldige Antwort; er wünscht, daß man sich an die Vorschriften hält; er wünscht Sie jemand zu sprechen; was wünschen Sie [zum Abendbrot]?; Sie wünschen ein Zimmer?; Sie können dort bleiben, solange Sie [es] wünschen; seine Mitwirkung wurde nicht gewünscht; ich wünsche das nicht *(dulde das nicht);* die gewünschte Auskunft haben wir nicht erhalten; Dann stehen die mächtigen Länder vor der Frage, ob sie jeden gewünschten Preis zahlen ... wollen (Gruhl, Planet 316); ⟨auch o. Akk.-Obj.:⟩ Sie wünschen bitte? *(womit kann ich Ihnen dienen?; was darf ich Ihnen verkaufen?);* es verlief alles wie gewünscht; * **etw. läßt [sehr, viel]/etw. läßt nichts zu w. übrig** *(etw. ist durchaus nicht/ist durchaus hinreichend):* nur das Gesamtverhalten läßt zu w. übrig (H. Weber, Einzug 304); wenn auch mein Appetit noch zu w. übrigließ (Hilsenrath, Nazi 143). **3.** *jmdm. gegenüber aus bestimmtem Anlaß wohlmeinend einen entsprechenden Wunsch hinsichtlich des guten Verlaufs o. ä. ausdrücken:* jmdm. gute Nacht, angenehme Ruhe, guten Appetit, gute Besserung, alles Gute, Gottes Segen, gutes Gelingen, [eine] gute Reise, [viel] Glück, ein gutes neues Jahr, fröhliche Weihnachten w.; Der Standesbeamte erklärt Vera und Janda für verheiratet ... und wünscht ihnen schließlich ..., was sie sich selber wünschen (Zenker, Froschfest 212); ⟨auch o. Dativ-Obj.:⟩ [ich] wünsche, wohl zu speisen, wohl geruht zu haben. **4.** wünschen (1), *daß jmd. an einem anderen Ort wäre:* jmdn. weit fort w.; ich wünschte mich auf eine einsame Insel; **wün|schens|wert** ⟨Adj.⟩: *wert, als Tun, Verhalten, Denken o. ä. erstrebt zu werden, es sich zu wünschen; erstrebenswert:* Anzeichen einer täglich -en körperlichen Anstrengung (Kronauer, Bogenschütze 53); aus Gründen einer politisch -en Annäherung (Stern, Mann 211); Wünschenswert wäre ein partnerschaftliches Verhältnis (Freie Presse 14. 2. 90, 6); Halten Sie in diesem Betracht ... einen Wechsel des Partners für w.? *(ratsam, empfehlenswert;* Schreiber, Krise 91); **Wunsch|form,** die ⟨Pl. selten⟩

(Sprachw.): *Optativ;* **Wunsch|geg|ner,** der: *jmd., den man sich aus bestimmten Gründen als Gegner in einem Spiel, einer Diskussion wünscht;* **Wunsch|geg|ne|rin,** die: *w.* Form zu ↑Wunschgegner; **wunsch|ge|mäß** ⟨Adv.⟩: *jmds. Wunsch gemäß:* die -e Ausführung eines Auftrags; etw. w. erledigen; Daß die Institution intern nicht w. funktioniert, ist bekannt (Tages Anzeiger 14. 10. 85, 45); ◆ **Wunsch|hüt|lein,** das: *(nach altem Volksglauben) zauberkräftiger Hut, der seinen Besitzer an jeden gewünschten Ort versetzen kann:* ... überlasse ich ihm die Wahl unter allen Kleinodien, die ich in der Tasche bei mir führe: die echte Springwurzel, die Alraunwurzel, Wechselpfennige, Raubtaler ...; doch das wird wohl nichts für Sie sein: besser Fortunati W., neu und haltbar wieder restauriert (Chamisso, Schlemihl 23); **Wunsch|ka|ta|log,** der: vgl. Wunschliste; **Wunschkind,** das: *Kind, das sich die Eltern gewünscht haben:* unsere Tochter war ein W.; **Wunsch|kind|pil|le,** die (ehem. DDR): *Antibabypille;* **Wunsch|kon|zert,** das: *aus Hörerwünschen, Wünschen aus dem Publikum zusammengestelltes Konzert [im Rundfunk]:* W. dröhnte aus dem Volksempfänger (Lentz, Muckefuck 130); **Wunsch|li|ste,** die: *Liste mit jmds. Wünschen:* eine W. anlegen, anfertigen; noch etw. auf seine W. setzen; Ü der letzte Kandidat stand auf seiner Wunschliste ganz oben *(war ihm der liebste, der als der geeignetste);* **wunsch|los** ⟨Adj.; -er, -este⟩: *keine Wünsche habend; ohne irgendwelche Wünsche:* er fühlte sich eigentlich w., beruhigte sich aber nicht ganz (Kronauer, Bogenschütze 185); ich bin w. glücklich (scherzh.; *entbehre im Augenblick nichts);* **Wunsch|satz,** der (Sprachw.): *Satz, der einen Wunsch ausdrückt* (z. B. Wäre er doch hier!); **Wunsch|traum,** der: *etw. äußerst Erstrebenswertes, Verlockendes, was sich [bisher] nicht hat verwirklichen lassen:* die Rückkehr in seine Heimat blieb für ihn ein W.; **Wunsch|vor|stel|lung,** die: *von den eigenen Wünschen geprägte, nicht an der Wirklichkeit orientierte Vorstellung:* einfach ein bißchen von der Welt zu sehen. Das ist einfach eine W. bei mir (Eppendorfer, Ledermann 129); Wie können Sie Ihre -en in die Wirklichkeit umsetzen? (Hörzu 6, 1978, 67); **Wunschzet|tel,** der: vgl. Wunschliste.

wupp, wupps ⟨Interj.⟩ (ugs.): *wuppdich:* wupp war er weg!; **wupp|dich** ⟨Interj.⟩ (ugs.): *als Ausdruck einer schnellen, schwunghaften Bewegung;* **Wupp|dich:** in der Wendung **mit [einem] W.** (ugs.; *schnell u. mit Schwung):* mit einem W. war sie aus dem Bett.

Wup|per: Nebenfluß des Rheins; * **über die W. gehen** (salopp; 1. sterben. 2. vernichtet werden, zugrunde gehen; entzweigehen: in Nordrhein-Westfalen gingen bei der Umstrukturierung ... die Lebensmittelabteilungen über die W. [MM 24. 9. 87, 5]; wohl landsch. Abwandlung zu „über den Jordan gehen", ↑Jordan); **Wup|per|tal:** Stadt an der Wupper. **wupps:** ↑wupp. **wu|ra|chen** ⟨sw. V.; hat⟩ [H. u.] (ostdt.):

körperlich schwer arbeiten: sie kann glaubhaft proletarisch w. in der Etagenküche am Hinterhof (Welt 23. 1. 76, 19). **wür|be:** ↑werben. **wur|de, wür|de:** ↑werden. **Wür|de,** die; -, -n [mhd. wirde, ahd. wirdī, zu ↑wert]: **1.** ⟨o. Pl.⟩ **a)** *Achtung gebietender Wert, der einem Menschen innewohnt u. die ihm deswegen zukommende Bedeutung:* die menschliche, persönliche W.; die W. des Menschen, der Frau; jmds. W. verletzen, antasten, angreifen; die Arbeit als die Quelle der menschlichen W. (NZZ 3. 5. 83, 2); **b)** *Bewußtsein des eigenen Wertes [u. dadurch bestimmte Haltung]:* eine steife, natürliche W.; W. ausstrahlen; die W. wahren; „Ich bin Landgerichtsdirektor", erklärt der Herr mit W. (Heim, Traumschiff 258); um W. bemüht sein; * **unter jmds. W.** *(eine Zumutung für jmdn.):* es war unter, er hielt, fand es für unter seiner W., gegen ihn anzutreten; **unter aller W.** *(nicht zumutbar):* eine solche Behausung ist unter aller W.; **c)** *Achtung gebietende Erhabenheit einer Sache, bes. einer Institution:* die nationale W. eines Staates; die W. des Gerichts; die W. des Alters; Der stand auf, so ungelenk, daß es die W. der geschichtsträchtigen Stunde störte (Stern, Mann 200); ihr Elternhaus, ein großes Landgut, verbindet herrschaftliche W. mit Sparsinn (Frisch, Montauk 175). **2.** *mit Titel, bestimmten Ehren, hohem Ansehen verbundenes Amt, verbundener Rang, verbundene Stellung:* akademische -n erwerben, besitzen; der Stab ist das Zeichen seiner neuen W.; zu hohen -n gelangen, emporsteigen; **wür|de|los** ⟨Adj.; -er, -este⟩: *ohne Würde; mit der Würde unvereinbar, sie verletzend:* ein -es Benehmen; eine -e Behandlung; auch dies ein ungeschriebenes Gesetz: Betteln wäre w. gewesen (Dönhoff, Ostpreußen 155); **Würde|lo|sig|keit,** die; -: *würdelose Art;* **Würden|trä|ger,** der (oft geh.): *jmd., der ein hohes Amt, eine ehrenvolle Stellung innehat:* hohe geistliche W.; Mit einer Grundsatzrede vor einigen hundert -n der Partei (Spiegel 52, 1985, 24); **Würden|trä|ge|rin,** die (oft geh.): w. Form zu ↑Würdenträger; **wür|de|voll** ⟨Adj.⟩: *Würde ausstrahlend, zum Ausdruck bringend:* einer Feier einen -en Rahmen geben; mit -er *(gravitätischer)* Miene; sein Haar war inzwischen graumeliert, was seine Erscheinung noch -er machte (Danella, Hotel 30); **wür|dig** ⟨Adj.⟩ [mhd. wirdec, ahd. wirdīg]: **1.** *Würde ausstrahlend; dem [feierlichen] Anlaß, Zweck angemessen:* ein -er alter Herr; Die Trauerfeier war w. (Reich-Ranicki, Th. Mann 152); w. einhergehen; w. empfangen; seit Jahren ist der Vorabend zum Erntedanktag ... der Anlaß, diesen Tag w. zu begehen (Saarbr. Zeitung 6./7. 10. 79, 23). **2.** *jmds., einer Sache wert; die entsprechende Ehre, Auszeichnung o. ä. verdienend:* einen -en Nachfolger suchen; er war für ihn der einzig -e Gegner; Nach rund 5 Jahren hat die ... AG endlich einen aus ihrer Sicht -en Käufer für Teile des Aktienpakets gefunden (Allgemeine Zeitung 4. 6. 85, 4); sie ist seines Vertrauens w.; w. sein, für w. befunden werden, etw. zu tun; sie fühlte sich seiner nicht w.; Sie ... tragen damit auch eine höhere Verantwortung im gesellschaftlichen Leben, der sie sich ständig aufs neue w. erweisen müssen (Freie Presse 10. 11. 83, Lokalseite); die Szene wäre eines Shakespeare w. gewesen *(hätte von einem Dichter wie ihm geschrieben sein können);* jmdn. w. *(wie man es ihm schuldig ist, wie es sich gebührt)* vertreten; **-wür|dig:** drückt in Bildungen mit Substantiven aus, daß die beschriebene Person oder Sache es verdient, daß etw. gemacht wird, daß sie dessen wert, würdig ist, die Voraussetzungen dafür erfüllt: auszeichnungs-, koalitions-, veröffentlichungswürdig; **würdi|gen** ⟨sw. V.; hat⟩ [mhd. wirdigen]: **1.** *jmds. Leistung, Verdienst, den Wert einer Sache erkennen u. in gebührender Weise lobend hervorheben:* solche Aufmerksamkeiten wußte sie zu w.; dieser Dichter ist zu seiner Zeit nicht voll gewürdigt worden; Beide Persönlichkeiten würdigten die großen Leistungen von Straßen- und Forstarbeitern (Freie Presse 3. 1. 90, 1). **2.** *jmdn.,* (selten:) *etw. einer Sache für wert erachten u. dies ihm zuteil werden lassen:* jmdn. keines Grußes, keiner Antwort w.; Wie ein Schauspieler war er stets um sein Kostüm besorgt, ohne die Garderobe der Mitwirkenden auch nur eines Blickes zu w. (Reich-Ranicki, Th. Mann 55); **Würdig|keit,** die; -: **1.** würdige (1) Art. **2.** das Würdigsein (2); **Wür|di|gung,** die; -, -en: *das Würdigen* (1), *würdigende Äußerung, Rede o. ä.:* eine literarische, geschichtliche W.; ... erschienen in den Zeitungen ... Nachrufe, schließlich sogar vorsichtige -en seines ... Werkes (Ransmayr, Welt 137); in W. *(Anerkennung)* seiner Arbeit wurde ihm der Preis zuerkannt.

Wurf, der; -[e]s, Würfe (als Mengenangabe auch: -) [mhd., ahd. worf, zu ↑werfen]: **1. a)** *das Werfen:* ein kraftvoller, geschickter W.; der. W. ging ins Ziel, in die Fensterscheibe; Gegen Würfe mit Lehmklütern zeigten sie sich unempfindlich (Lentz, Muckefuck 86); zum W. ausholen; **b)** (Leichtathletik) *das Werfen (von Speer, Diskus, Hammer o. ä.) in möglichst große Weite; Weitwurf:* ein W. von 80 Metern; der W. mißlang; beim letzten W. ist er übergetreten; **c)** (Kegeln) *das Werfen u. Rollenlassen der Kugel:* wer hat den ersten W.?; ein W. in die Vollen; es werden Wettbewerbe mit 50 bis 200 W. ausgetragen; **d)** (Spiel) *das Werfen, Rollenlassen eines od. mehrerer Würfel:* schon der erste W. brachte eine Sechs; So blickt dieser Spada, wenn er würfelt – während er den W. *(die geworfenen Würfel)* auf den Tresen stehenläßt, verdeckt, kurz bevor er den ledernen Becher lüftet (Geiser, Fieber 98); *** alles auf einen W. setzen** *(mit vollem Risiko alles auf einmal wagen).* **2.** *gelungenes* [*künstlerisches*] *Werk, etw. Bedeutendes; Erfolgreiches:* mit dieser Erfindung ist ihm ein [neuer] W. gelungen; Der heute erreichte Zustand unserer Zivilisation ist das andere als ein großer W. (Gruhl, Planet 257); es ist für die Dichter der Sturm-und-Drang-Bewegung bezeichnend, daß sie ... ihre größten Würfe im jugendlichen Alter taten (Friedell, Aufklärung 98). **3.** *Faltenwurf.* **4.** *(von bestimmten Säugetieren) Gesamtheit der auf einmal geborenen Jungen eines Muttertieres:* ein W. Katzen, Hunde, Kaninchen; Ü Sie sind ein schmaler W. (salopp; *schmaler, schmächtiger Mensch*), treiben wohl kein Sport, wie? (Ziegler, Konsequenz 105); **Wurf|bahn,** die: *von einem geworfenen Gegenstand beschriebene Bahn; ballistische Bahn;* **Wurf|bu|de,** die: vgl. Schießbude; **Wurf|dis|zi|plin,** die: *sportliche Disziplin, bei der ein Speer, Hammer, Gewicht o. ä. geworfen wird;* **würf|fe:** ↑werfen; **Wurf|eisen,** das: *kunstvoll geschmiedete Waffe zum Werfen, aus Zentralafrika, mit abgebogenen od. hakenförmigen Klingen;* **Würf|fel,** der; -s, - [mhd. würfel, ahd. wurfil, zu ↑werfen, eigtl. = Mittel zum Werfen]: **1.** *rechtwinkliger geometrischer Körper mit sechs gleichen quadratischen Flächen; Kubus* (1): ein gläserner W.; ein W. aus Holz als Bauklotz. **2.** *kleiner Würfel* (1) *für [Glücks]spiele, dessen sechs Seiten in bestimmter Anordnung mit 1 bis 6 Punkten versehen sind:* der W. zeigt eine Sechs, ist unter den Tisch gerollt; W. spielen; R W. sind gefallen (nach lat. ↑alea iacta est). **3.** *etw. in der Art eines geometrischen Würfels Geformtes, Würfelförmiges:* Hans bewohnte mit seiner Frau ein Haus ... Es war aus grauem Stein gebaut ..., ein eigentlich derber, ungemein massiv wirkender W. (Kronauer, Bogenschütze 55); Es gibt Kaltverpflegung ... Zwei Brötchen, ... ein W. Butter in Stanniol (Richartz, Büroroman 139); Zucker in -n; ein Stück Brot, das in saubere W. geschnitten war (Sommer, Und keiner 293); **Wür|fel|be|cher,** der: *Becher [aus Leder], in dem die Würfel* (2) *geschüttelt werden können, bevor sie geworfen werden;* **Wür|fel|bin|dung,** die (Weberei): *Panamabindung;* **Wür|fel|brett,** das: *Spielbrett für Würfelspiele;* **Wür|fel|bu|de,** die: *Jahrmarktsbude, an der um Gewinne gewürfelt wird;* **wür|fel|för|mig** ⟨Adj.⟩: *die Form eines Würfels* (1) *aufweisend:* das alles wurde bestrahlt vom warmen Licht einer Stehlampe mit -em, rauchgetöntem Schirm (Erné, Kellerkneipe 276); **wür|fe|lig** ⟨Adj.⟩: **a)** *in Würfeln:* W. geschnittener Schinken; **b)** *(von Geweben)* gewürfelt, kariert: ein -es Muster; **Wür|fel|ka|pi|tell,** das (Kunstwiss.): *würfelförmiges Kapitell;* **Wür|fel|mus|ter,** das: *Muster* (3) *aus regelmäßig abwechselnden Vierecken;* **wür|feln** ⟨sw. V.; hat⟩ /vgl. gewürfelt/: **1. a)** *mit Würfeln* (2) *spielen:* es wurde gewürfelt *(mit Würfeln geknobelt* 1 a*),* wer anfangen sollte; um Geld w.; **b)** *(eine bestimmte Augenzahl) mit dem Würfel* (2) *werfen:* eine Sechs w.; wer die höchste Zahl würfelt, darf anfangen. **2.** *in kleine Würfel zerschneiden:* Das Suppengrün putzen, waschen und klein w. (e & t 6, 1987, 19); das Fleisch wird gewürfelt und angebraten; **Wür|fel|nat|ter,** die: *(vorwiegend im Wasser lebende) Natter mit würfelförmigen Flecken auf dem graubraunen Rücken u. weißlicher [nach dem würfelähnlichen Schirm]: Feuerqualle;* **Wür|fel|spiel,** das: **a)** *Glücksspiel mit Würfeln;* **b)** *mit Würfeln zu spielendes Brettspiel, bei dem Figuren um soviel Felder vorwärts bewegt werden, wie der od. die Würfel Augen zeigen;* **Wür|fel|zucker¹,** der: *Zucker in Form von kleinen Würfeln;* **Wurf|ge|schoß,** das: *geschleuderter Gegenstand, der jmdn. od. etw. treffen soll;* **Wurf|geschütz,** das: *(in der Antike u. im MA.) geschützartige Vorrichtung zum Schleudern von Wurfgeschossen;* **Wurf|griff,** der (Budo): *Griff, mit dem der Gegner niedergeworfen werden soll;* **Wurf|ham|mer,** der (Leichtathletik): svw. ↑Hammer (5); **Wurf|holz,** das: *Wurfgeschoß aus Holz* (z. B. Bumerang); **Wurf|keil,** der: *keilförmiges Wurfgeschoß;* **Wurf|keu|le,** die: *keulenförmiges Wurfgeschoß;* **Wurf|klin|ge,** die: *Wurfeisen;* **Wurf|kreis,** der: **1.** (Leichtathletik) *Wurfring* (1). **2.** (Handball) *von der Torauslinie begrenzter Halbkreis vor dem Tor;* **Wurf|lei|ne,** die: *beim Anlegen od. Schleppen von Schiffen verwendete dünne, lange Leine, die an Land od. zu einem anderen Schiff geworfen u. an der dann die Trosse befestigt u. herübergeholt wird;* **würf|lig** (Adj.): ↑würfelig; **Wurf|ma|schi|ne,** die (früher): **1.** *Kriegsmaschine zum Schleudern von schweren Kugeln* (z. B. Katapult 3). **2.** *beim Skeetschießen verwendetes Gerät;* **Wurf|pfeil,** der: *(zu einem Spiel gehörender) kurzer Pfeil, der geworfen wird;* **Wurf|ring,** der (Leichtathletik): **1.** *mit einem Bandeisen od. Metallband eingefaßter Kreis, von dem aus der Sportler Diskus, Hammer o. ä. wirft.* **2. a)** *Gummiring* (b); **b)** *Ring, der (auf dem Rummelplatz) gezielt auf einen großen, senkrecht nach oben stehenden Nagel od. Stab geworfen wird, an dem er hängenbleiben soll;* **Wurf|schei|be,** die: **1.** *Diskus* (1 a). **2.** *Wurftaube;* **Wurf|sen|dung,** die: *Postwurfsendung;* **Wurf|stern,** der: *aus einer sternförmigen metallenen Scheibe mit scharfgeschliffenen Rändern u. Spitzen bestehende Waffe zum Werfen:* Bei einem anderen fanden sie einen messerscharf geschliffenen W., wie er im Kino bei den Ninjas, einer japanischen Killerorganisation, zu sehen ist (Spiegel 8, 1991, 109); **Wurf|tau|be,** die (Schießsport): *aus einer asphaltartigen Masse (früher aus Ton) hergestellte tellerartige Scheibe als Ziel beim Wurftaubenschießen;* **Wurf|tau|ben|schie|ßen,** das: **1.** *das Schießen nach Wurftauben, die in die Luft geschleudert werden.* **2.** *als Trapschießen od. Skeetschießen durchgeführter Wettbewerb.*

Wür|ge|en|gel: ↑Würgengel; **Wür|ge|griff,** der: *Griff, mit dem jmd. gewürgt, jmdm. die Kehle zugedrückt wird:* einen W. ansetzen; Ü die Revolution im Iran hat ihren W. gelockert (Spiegel 37, 1985, 5); im W. des Todes; **wür|geln** ⟨sw. V.; hat⟩ (Textilind.): *nitscheln;* **Wür|ge|mal,** das: *durch Würgen entstandenes* ²*Mal* (1); **wür|gen** ⟨sw. V.; hat⟩ [mhd. würgen, ahd. wurgen, eigtl. = drehend (zusammen)pressen, schnüren]: **1.** *jmdm. die Kehle zudrücken:* jmdn. am Hals w.; der Mörder hat seine Opfer gewürgt; Ü die Krawatte, der enge Kragen würgte ihn; Die Verzweiflung würgte sie und drückte ihr die Stimmbänder ab (Bastian, Brut 108). **2. a)** *einen starken Brechreiz haben:*

Meiner Frau wurde schlecht, sie mußte w., war nahe an einem Herzanfall (Konsalik, Promenadendeck 26); **b)** *bei jmdm. einen heftigen Brechreiz erzeugen:* der Magen würgte ihn; etw. würgt jmdn. in der Kehle; Er war ein abgebrühter Bursche, das brachte sein Beruf mit sich, aber jetzt würgte ihn etwas im Hals (Danella, Hotel 449). **3.** *etw. nur mühsam hinunterschlucken können:* an zähem Fleisch w.; das Kind würgt an seinem Essen *(es schmeckt ihm nicht).* **4.** (ugs.) **a)** *mühsam hinein-, hindurchzwängen:* er würgte die Knöpfe in die engen Löcher; SS-Leute ... haben ihr einen Knebel in den Mund gewürgt (Bredel, Prüfung 229); **b)** *schwer, mühsam arbeiten:* den ganzen Tag w.; **Würg|en|gel,** Würgeengel, der (bes. christl. Rel.): *(im AT.) zum Töten ausgesandter Engel;* **Wür|ger,** der; -s, - [1: spätmhd. würger]: **1.** *jmd., der jmdn. [in mörderischer Absicht] würgt.* **2.** *auffallend gefärbter Singvogel mit hakenförmigem Schnabelspitze, der seine Beute an Dornbüschen aufspießt;* **Wür|ge|rin,** die; -, -nen: w. Form zu ↑Würger (1); **Würg|schrau|be,** die; -, -n: *Garrotte.*
wur|len ⟨sw. V.; ist/hat⟩ [mundartl. Iterativbildung zu spätmhd. wurren, laut- u. bewegungsnachahmend] (bes. bayr., österr. mundartl.): **1.** *durcheinanderlaufen, wimmeln:* Zwischen den vollbepackten „Standln" die den Münchner Christkindlmarkt bilden, „wurlt" das Volk und schaut und kauft (Speyerer Tagespost 7.12.82, 17). **2.** *geschäftig arbeiten:* Wenn wir den Winter hierbleiben, müssen wir noch ganz schön w., sonst verrecken wir (Kuby, Sieg 15).
Wur|lit|zer|or|gel, die; -, -n [nach der nordamerik. Herstellerfirma Wurlitzer]: *Kinoorgel.*
¹**Wurm,** der; -[e]s, Würmer u. Würme [mhd., ahd. wurm = Kriechtier, Schlange, Insekt, eigtl. = der Sichwindende]: **1.** ⟨Pl. Würmer⟩ *wirbelloses Tier mit langgestrecktem Körper ohne Gliedmaßen, das sich meist unter Windungen durch Zusammenziehen u. Strecken des Körpers voranschiebt:* im Apfel sitzt ein W.; die Amsel hat einen fetten W. im Schnabel; das Kind hat Würmer *(Spulwürmer),* leidet an Würmern; der Hund ist von Würmern befallen; in diesem Holz sitzt der W. *(es ist von Holzwürmern 1 befallen);* die Angel wird mit einem W. *(Regenwurm)* als Köder versehen; der Käse wimmelt von Würmern *(Maden);* Spr auch der W. krümmt sich, wenn er getreten wird; * **in etw. ist/sitzt der W. drin** (ugs.; *etw. ist nicht in Ordnung, nicht so, wie es sein sollte;* bezogen auf den Wurm im Obst): Im ganzen Strafwesen ist doch der W. drin (Eppendorfer, Kuß 87); [die folgenden drei Wendungen gehen auf den alten Volksglauben von Krankheitsdämonen in Wurmgestalt im menschlichen Körper zurück, die sog. Wurmsegen beschwören wurden, den Menschen zu verlassen]: **jmdm. die Würmer aus der Nase ziehen** (ugs.; *durch wiederholtes, geschicktes Fragen etw. von jmdm. zu erfahren suchen, jmdn. aushorchen);* **einen [nagenden] W. in sich, im Herzen tragen/haben** *(einen geheimen Groll haben);* **jmdm. den W. segnen** (ugs. veraltend; *jmdn. zurechtweisen, ihm gründlich die Meinung sagen);* **jmdm. den W. schneiden** (ugs. veraltend; *jmdn. von einer Torheit, einer fixen Idee abbringen;* früher wurde jungen Hunden eine angeblich Tollwut verursachende wurmförmige Sehne unter der Zunge weggeschnitten); **den W./Würmer baden** (ugs. scherzh.; *angeln;* mit „Wurm" ist in dieser Wendung der Regenwurm gemeint, der beim Angeln als Köder dient). **2.** ⟨Pl. Würme⟩ (veraltet) *Lindwurm;* ²**Wurm,** das; -[e]s; Würmer (fam.): *kleines, unbeholfen-hilfsbedürftiges [bemitleidenswertes] Kind, Wesen:* ein liebes, niedliches, elendes W.; die armen Würmchen haben nichts zu essen; Die ärmsten Würmer dieser Kindertransporte waren die Säuglinge aus den städtischen und kirchlichen Findelheimen (Courage 2, 1978, 17); **Wurm|al|ge,** die: *(an den Küsten verbreitete) gallertartige Rotalge mit rundem, seitlich verzweigtem Stiel;* **wurm|ar|tig** ⟨Adj.⟩: *wie ¹Wurm (1) ähnlich, wie ein Wurm;* **Wurm|be|fall,** der: *Befall (von Menschen u. Tieren) mit Bandwürmern, Spulwürmern o. ä.;* **Würm|chen,** das; -s, -: Vkl. zu ↑¹Wurm, ²Wurm; ♦ **Wurmdok|tor,** der: *umherziehender Arzt od. Heilgehilfe, der Wurmmittel verkauft:* Ich geh' letzthin in die Druckerei, geb' vor, ich hätte den Spiegelberg gesucht, und diktier' einem Skrizler, der dort saß, das leibhafte Bild von einem dortigen W. in die Feder (Schiller, Räuber II, 3); **Wurm|ei,** das: *Ei eines Wurmes;* **wur|men** ⟨sw. V.; hat⟩ [eigtl. = wie ein Wurm im Darm nagen, bohren] (ugs.): *jmdn. innerlich mit Groll, Kummer, Mißmut erfüllen:* Die Niederlage wurmt mich; Der hohe Preis wurmte Hubert nachträglich (Härtling, Hubert 330); Thompson wurmt nur, daß er nicht der Weltrekordler ist (Luzerner Tagblatt 31.7.84, 16); es wurmte mich sehr, daß niemand mir helfen wollte; **Wür|mer:** Pl. von ↑¹,²Wurm; **Wurm|erkran|kung,** die: *Wurmleiden;* **Wurm|farn,** der: *(in Wäldern wachsender) Farn mit büschelig angeordneten, vielfach gefiederten, großen Wedeln (2), aus dessen Wurzelstock ein Mittel gegen Bandwürmer gewonnen wird;* **wurm|för|mig** ⟨Adj.⟩: *wie ein ¹Wurm (1) geformt, an einen Wurm erinnernd;* **Wurm|fort|satz,** der [LÜ von nlat. processus vermiformis] (Med.): *wurmförmiger Fortsatz am Blinddarm; Appendix (3 a):* der W. gehört zu den lymphatischen Organen, ebenso wie die Rachenmandeln (Hackethal, Schneide 52); Ü ... statt diese erste proletarische Revolution in der Geschichte der Menschheit in fünf Minuten w. *(Anhängsel)* des Deutsch-Französischen Krieges abzuhaspeln (Eulenspiegel 26, 1977, 13); **Wurm|fraß,** der ⟨o. Pl.⟩: *durch Befall von Würmern entstandener Schaden (z. B. im Holz);* **wur|mig** ⟨Adj.⟩ [mhd. wurmec]: *(von Obst) wurmstichig:* -es Obst; die Kirschen sind fast alle w.; ♦ **wur|misch** ⟨Adj.⟩ [zu ↑wurmen]: *ärgerlich, verdrießlich:* Ihr wißt ja, was mich w. macht (Lessing, Nathan V, 5); **Wurm|krankheit,** die: *Wurmleiden;* **Wurm|kur,** die: *Kur gegen Wurmleiden;* **Wurm|lei|den,** das: *durch einen Bandwurm, Spulwürmer o. ä. verursachtes Leiden;* **Wurm|loch,** das: *durch den Befall von Maden od. Holzwürmern verursachtes kleines Loch an der Oberfläche (von Obst, Gemüse o. ä. bzw. von Holz);* **Wurm|mit|tel,** das: *Mittel gegen Wurmleiden;* **wurm|sti|chig** ⟨Adj.⟩: **a)** *angestochen, von Würmern zerfressen:* der Apfel ist w.; **b)** *vom Holzwurm befallen:* -s Holz; Man konnte einem technischen Leiter natürlich nicht zumuten, an einem -en Schreibtisch zu sitzen (H. Gerlach, Demission 93); **Wurm|tang,** der: *(als Aquarienpflanze verwendete) Rotalge mit knorpeligem, rundem, wiederholt gabelig verzweigtem Stiel.*

Wurst: ↑Wurst (1); **Wursch|tel** usw.: ↑Wurstel usw.; **Würsch|tel:** ↑Würstel; **Wurst,** die; -, Würste [mhd., ahd. wurst, H. u., viell. verw. mit ↑wirren u. eigtl. = etw. Gemischtes, Vermengtes od. verw. mit ↑Werk u. eigtl. = etw. Gemachtes od. verw. mit ↑werden u. eigtl. = etw. Gedrehtes]: **1.** *Nahrungsmittel aus zerkleinertem Fleisch [mit Innereien, Blut] u. Gewürzen, das in [künstliche] Därme (2) gefüllt wird:* frische, geräucherte, grobe, feine, hausgemachte W.; eine Scheibe, ein Stück W.; Würste füllen, stopfen; W. [auf]schneiden, braten; die neue Metzgerei bietet vielerlei W. *(Wurstsorten)* an; W. am/im Stück kaufen; ein Brötchen mit W. belegen, bestreichen; R (scherzh.:) alles [Gute] hat ein Ende, bloß die W. hat zwei; W. wider W. (ugs.; *so wird Gleiches mit Gleichem vergolten;* nach dem früheren Brauch unter Nachbarn, sich beim Schlachtfest gegenseitig jeweils etwas Fleisch u. Wurst abzugeben); verschwinde wie die W. im Spinde! *(verschwinde rasch!, geh schnell weg!);* es geht um die W. (ugs.; *es geht um die Entscheidung, kommt auf vollen Einsatz an;* bei ländlichen Wettbewerben war früher eine Wurst als Preis ausgesetzt); * **jmdm. W./Wurscht sein** (ugs.; *jmdm. gleichgültig, für jmdn. nicht interessant sein;* H. u., viell. nach der Vorstellung, daß „Wurst" hier – im Gegensatz etwa zu „Braten" – für etw. nicht besonders Wertvolles, etw. Alltägliches steht): es war ihm ziemlich W., ob er gewann oder nicht; dieser Mensch ist mir W.; Mensch, Doktor, das ist mir doch Wurscht, was hier in zwei Jahren passiert (Prodöhl, Tod 142); **sich nicht die W. vom Brot nehmen lassen** (↑Butter); **jmdm. die W. auf dem Brot nicht gönnen** (↑Butter); **mit der W. nach dem Schinken/nach der Speckseite werfen** (ugs.; *mit kleinem Einsatz, kleinen Geschenken etw. Großes zu erreichen versuchen;* bezieht sich darauf, daß eine Wurst einen geringeren Wert hat als ein Schinken bzw. eine Speckseite); **mit dem Schinken nach der W. werfen** (ugs.; *etw. Größeres für etw. Geringeres wagen).* **2.** *etw., was wie eine Wurst aussieht, die Form einer länglichen Rolle hat:* den Teig zu einer W. formen; der Hund hinterließ dicke Würste *(Exkremente)* auf der Straße; **Wurst|blatt,** das (salopp abwertend): *Käseblatt;* **Wurst|bra|te|rei,** die; -, -en: *Würstchenbude;* **Wurst|brot,** das: *mit Wurst belegtes od. bestrichenes Brot (1 b):* Die Mutter richtet zwei -e für Janda

Wurstbrühe

her (Zenker, Froschfest 134); **Wurst|brühe,** die: *Wurstsuppe;* **Würst|chen,** das; -s, -: **1.** Vkl. zu ↑Wurst (1): *Wiener, Frankfurter W.* **2.** (ugs., oft abwertend): *armseliger, unbedeutender Mensch:* Du bist der Boß, der immer recht hat, und ich nur kleines W., das nach deiner Pfeife zu tanzen hat (Ziegler, Gesellschaftsspiele 180); Es gibt nichts Trübseligeres als diese liberalen W. (Erné, Kellerkneipe 55); **Würst|chen|bu|de,** die, **Würst|chen|stand,** der: *Verkaufsstand für heiße Würstchen u. Bratwürste;* **Wurstel,** Wurschtel, der; -s, - (bayr., österr.): *Hanswurst;* **Wür|stel,** Würschtel, das; -s, - (bes. österr.): *[Wiener] Würstchen:* W. mit Kren; * **bei etw. gibt es keine W.** (österr. ugs.; *bei etw. können keine Ausnahmen gemacht, keine besonderen Rücksichten genommen werden*); **Würst|el|bude,** die (bes. österr.): *Würstchenbude;* **Wur|stel|ei,** Wurschtelei, die; -, -en (ugs. abwertend): *[dauerndes] Wursteln;* **wursteln,** wurschteln (sw. V.; hat) [eigtl. Intensivbildung zu ↑wursten] (ugs.): *in einem gewissen Trott u. ohne rechten Plan vor sich hin arbeiten:* er wurstelt wieder im Garten; die souveränen internationalen Sportverbände ... wursteln seit jeher in einträchtiger Disharmonie nebeneinanderher (BM 13.4.76, 1); **wur|sten** (sw. V.; hat): *Wurst herstellen:* nach dem Schlachten wurde gewurstet; **Wur|ster,** der; -s, - (südd.): *Fleischer, der bes. Würste herstellt;* **Wur|ste|rei,** die; -, -en: *Fleischerei, in der bes. Wurst hergestellt wird;* **Wurst|fin|ger,** der ⟨meist Pl.⟩ (ugs.): *dikker, plumper Finger:* W. haben; Der Antiquar nahm das Geld an sich und legte die W. seiner schmierigen Hand auf Karlchens Mappe (Erné, Fahrgäste 57); **Wurst|fülle,** die (landsch.): *Wurstfüllung;* **Wurstfül|lung,** die: *Füllung* (2a) *für Wurst;* **Wurst|haut,** die: *Haut aus Darm od. Kunststoff, in die die Wurst gefüllt ist;* **wur|stig,** wurschtig ⟨Adj.⟩ (ugs.): *gleichgültig, uninteressiert:* -es Benehmen; er ist w.; **Wur|stig|keit,** Wurschtigkeit, die; - (ugs.): *das Wurstigsein;* **Wurst|kammer,** die: *Vorratskammer, in der Würste aufgehängt sind;* **Wurst|kes|sel,** der: *Kessel zum Herstellen, Kochen von Wurst;* **Wurst|kraut,** das (landsch.): *Majoran;* **Wurst|küche,** die: *Raum, in dem Wurst hergestellt wird;* **Wurst|ler,** der; -s, - (landsch.): *Wurster;* **Wurst|le|rei,** die; -, -en: **1.** (ugs.) *das Wursteln.* **2.** (landsch.) *Wursterei;* **Wurst|ma|xe,** der (salopp): *jmd., der in einer Würstchenbude o. ä. heiße Würstchen, Bratwürste o. ä. verkauft:* Gleich um die Ecke hat ein W. seinen Stand (Eulenspiegel 23, 1976, 10); **Wurst|pel|le,** die (landsch., bes. nordd.): *Wursthaut;* **Wurst|plat|te,** die: *Schlachtplatte;* **Wurst|sal|lat,** der: *pikanter Salat, bes. aus kleingeschnittener Wurst;* **Wurst|schei|be,** die: *Scheibe Wurst;* **Wurst|sor|te,** die: *Wurst einer bestimmten Sorte;* **Wurst|sup|pe,** die: *Brühe, in der am Schlachttag bes. Leberwurst, Blutwurst u. Wellfleisch gekocht worden ist u. die als Suppe gegessen wird;* **Wurst|ver|gif|tung,** die: *vgl. Fleischvergiftung;* **Wurst|wa|ren** ⟨Pl.⟩: *verschiedenerlei zum Verkauf bestimmte Sorten von Wurst;* **Wurst|zip|fel,** der: *Zipfel einer Wurst.*

Wurt, die; -, -en [mniederd. wurt, asächs. wurth = Boden] (nordd.): *Aufschüttung im Küstengebiet od. in Flußniederungen, auf der ein Einzelhof od. ein ganzes Dorf steht; Warft;* **Wur|te,** die; -n, -: *Wurt.*

Würt|tem|berg: *-s: östlicher Landesteil von Baden-Württemberg;* **¹Würt|tember|ger,** der; -s, -: Ew.; **²Würt|temberger** ⟨indekl. Adj.⟩; **Würt|tem|ber|ge|rin,** die; -, -nen: *w. Form zu ↑¹Württemberger;* **würt|tem|ber|gisch** ⟨Adj.⟩.

Wurt|zit [auch: ...'tsɪt], der; -s, -e [nach dem frz. Chemiker A. Wurtz (1817-84)]: *braunes Zinkerz.*

Wurz, die; -, -en [mhd., ahd. wurz] (veraltet, noch landsch.): *Wurzel.*

Würz|burg: *Stadt am Main;* **¹Würz|burger,** der; -s, -: Ew.; **²Würz|bur|ger** ⟨indekl. Adj.⟩; **Würz|bur|ge|rin,** die; -, -nen: *w. Form zu ↑¹Würzburger;* **würz|burgisch** ⟨Adj.⟩.

Wür|ze, die; -, -n [mhd. würze, zu ↑Wurz, beeinflußt von mhd. wirz = Bierwürze, H. u.]: **1. a)** *Substanz aus Extrakten von Fleisch, Gewürzen, Gemüse, Hefe o. ä., mit der der Geschmack einer Speise verstärkt od. verfeinert wird:* eine scharfe, süße, bittere W.; **b)** *würziger, aromatischer Geschmack od. Geruch:* die besondere W. von Wildbret; ein Wein mit W.; Ü in der Geschichte ist keine W. *(sie ist langweilig);* Gefahr, die W. des Lebens (Brand [Übers.], Gangster 81). **2.** (Fachspr.) *Bierwürze;* **Wur|zel,** die; -, -n [mhd., ahd. wurzala, zu ↑Wurz, 2. Bestandteil zu ↑Wurz, 2. Bestandteil eigtl. = das Gewundene (zu ↑¹wallen)]: **1. a)** *im Boden befindlicher, oft fein verästelter Teil der Pflanze, mit dem sie Halt findet u. der zugleich Organ der Nahrungsaufnahme ist:* dicke, weitverzweigte, flach sitzende -n; die Pflanzen haben neue -n ausgebildet; er ist über die -n einer alten Eiche gestolpert; * **-n schlagen** (1. *[von Pflanzen] Wurzeln ausbilden u. anwachsen.* 2. *[vom Menschen] sich eingewöhnen, einleben*); **b)** kurz für ↑Zahnwurzel: der Zahn hat noch eine gesunde W.; **c)** kurz für ↑Haarwurzel: ihr gefärbtes Haar war schwarz in den -n (Seghers, Transit 189). **2.** *etw., worauf etw. als Ursprung, Ursache zurückzuführen ist:* die geistigen -n; die W. der ganzen Aktion ist: Meiner Meinung nach handelt es sich um eine gekränkte Eitelkeit (profil 39, 1993, 22); Das alles hatte seine alten geschichtlichen -n (R. v. Weizsäcker, Deutschland 21); Seine ... Gier nach Macht hat ihre -n ... in seiner heimlichen Sehnsucht nach menschlicher Zuwendung (Reich-Ranicki, Th. Mann 131); das rührt an die -n seiner Existenz; das Übel an der W. packen, mit der W. ausrotten *(von seiner Ursache her energisch angehen, bis aufs letzte beseitigen).* **3.** (landsch.) *Möhre.* **4.** *Ansatzstelle eines Körperteils od. Gliedes:* die schmale W. der Nase. **5.** (Sprachw.) *[erschlossene, durch einen Asterisken gekennzeichnete] mehreren verwandten Sprachen gemeinsame Form eines Wortstammes:* die indogermanische W. für „Salz" ist * sal anzusetzen. **6.** (Math.) **a)** *Zahl, die einer bestimmten Potenz zugrunde liegt:* die vierte W. aus 81 ist 3; **b)** *Quadratwurzel:* die W. ziehen; **wur|zel|ar|tig** ⟨Adj.⟩: *einer Wurzel* (1a) *ähnlich;* **Wur|zel|bal|len,** der: *gesamte Wurzel einer Pflanze mit allen Verästelungen u. der daran haftenden Erde:* Setzlinge, am besten kurze und gedrungene mit W. (natur 5, 1987, 83); **Wur|zelbe|hand|lung,** die: *Behandlung einer erkrankten Zahnwurzel;* **Wur|zel|bohrer,** der: *meist in der Dämmerung fliegender, graubraun, gelblich od. weiß gefärbter Schmetterling unterschiedlicher Größe, dessen Raupen von Wurzeln verschiedener Gräser, Kräuter, Farne bes. auch von Hopfen leben;* **Wur|zel|brand,** der ⟨o. Pl.⟩ (Landw.): *Brand* (5b) *an der Wurzel von Rüben, Kohl u. anderen Kulturpflanzen;* **Wur|zel|bür|ste,** die: *Bürste mit sehr harten [aus den Wurzeln von Reispflanzen gewonnenen] Borsten;* **Wür|zel|chen,** das; -s, -: Vkl. zu ↑Wurzel; **wur|zel|echt** ⟨Adj.⟩: *(von Obstbäumen, Rosen u. ä.) aus der eigenen Wurzel gewachsen, nicht gepfropft od. veredelt;* **Wur|zel|ex|po|nent,** der (Math.): *Exponent* (2b); **Wur|zel|faser,** die: *feinste Verästelung einer Wurzel* (1a); **Wur|zel|funk|ti|on,** die (Math.): *Umkehrfunktion einer Potenzfunktion;* **Wur|zel|fü|ßer,** der ⟨meist Pl.⟩: *in vielen Arten vorkommendes einzelliges Lebewesen, das sich mit Hilfe von Scheinfüßchen fortbewegt u. ernährt; Rhizopode;* **Wurzel|ge|flecht,** das: *Gesamtheit der Verästelungen, Geflecht der Wurzeln einer Pflanze;* **Wur|zel|ge|mü|se,** das: *Gemüse, bei dem die Wurzeln od. Knollen verwendet werden;* **Wur|zel|haar,** das ⟨meist Pl.⟩ (Bot.): *sehr dünner, haarähnlicher Teil an der Spitze der Wurzeln, der bes. der Aufnahme von Wasser u. Nährungen dient;* **Wur|zel|haut,** die (Med.): **1.** *die Zahnwurzel umgebende bindegewebige Knochenhaut.* **2.** *Rhizodermis;* **Wur|zel|haut|ent|zün|dung,** die: *Entzündung der Wurzelhaut;* **Wur|zel|holz,** das: *in besonderer, vielfältiger Weise gemasertes Holz des Wurzelstocks verschiedener Bäume;* **wur|zel|ig:** ↑wurzlicht|leit|rer, der (Bot.): *Kletterpflanze, die mit Hilfe fest haftender Wurzeln an etw., einer Mauer, einem Baum, hochklettert (z. B. Efeu);* **Wur|zel|knöll|chen,** das ⟨meist Pl.⟩ (Bot.): *an Wurzeln verschiedener Pflanzen, bes. bei Hülsenfrüchten auftretende knöllchenartige Verdickung, die durch Bakterien, bes. Knöllchenbakterien gebildet wird u. die bei der Versorgung der Pflanzen u. des Bodens mit Stickstoff eine wichtige Rolle spielt;* **Wur|zel|knol|le,** die (Biol.): *verdickter Seitensproß an der Wurzel (z. B. bei der Dahlie), in dem Reservestoffe gespeichert werden;* **Wur|zel|laus,** die: *Blattlaus, die die Wurzeln der Pflanzen befällt;* **wur|zel|los** ⟨Adj.⟩, -er, -este): *ohne Wurzel;* **Wur|zel|lo|sig|keit,** die; -: *das Wurzellossein;* **wur|zeln** (sw. V.; hat) [mhd. wurzeln, ahd. wurzellōn]: **1.** *Wurzeln schlagen, ausbilden; mit der Wurzel festwachsen:* die Eiche wurzelt tief im Boden; Fichten und Pappeln wurzeln flach; In mit sandigem Erdreich gefüllten, nicht zu großen Töpfen wurzelt der Steckling willig (NNN 25.2.88, 5); Ü mein Mißtrauen wurzelt tief in ihm. **2.** *in jmdm., etw. seinen Ursprung, seine Ursa-*

che haben: diese Gedanken wurzeln im demokratischen Sozialismus; Ich wurzele im traditionellen Judentum und wollte ein Rabbi ... werden (Kemelman [Übers.], Freitag 41). **3.** (landsch.) *sich [geschäftig] hin u. her bewegen:* Auf der Landenge waberte, wabbelte und wurzelte Wanda Puvogel (Lentz, Muckefuck 37); **Wur|zel|pa|ra|sit,** der (Biol.): *an den Wurzeln von Pflanzen schmarotzender Parasit* (1); **Wur|zel|raum,** der (Bodenk.): *gesamter von Wurzeln durchdrungener Bereich des Bodens;* **Wur|zel|schöß|ling,** der: *Wurzelsproß;* **Wur|zel|sil|be,** die (Sprachw.): vgl. Wurzel (5); **Wur|zel|sproß,** der (Bot.): *Sproß, Schößling, der (bei einigen Pflanzen) unmittelbar aus der Wurzel kommt u. der vegetativen Vermehrung dient;* **Wur|zel|stock,** der ⟨Pl. ...stöcke⟩: **1.** (Bot.) *Rhizom.* **2.** vgl. ¹Stock (2), Stubben (1); **Wur|zel|werk,** das ⟨o. Pl.⟩: *Gesamtheit der Wurzeln einer Pflanze:* Die Stiftung entdeckte, daß sie (= Kakteen) in kürzester Zeit unter der Erdoberfläche ein weitgefächertes W. ausbilden (natur 10, 1991, 59); **Wur|zel|wort,** das ⟨Pl. ...wörter⟩ (Sprachw.): *Etymon;* **Wur|zel|zei|chen,** das (Math.): *Zeichen, das angibt, daß von der darunterstehenden Zahl eine Wurzel* (6) *gezogen werden soll;* Zeichen: √ ...; **Wur|zel|zie|hen,** das; -s (Math.): *das Radizieren;* **wur|zen** ⟨sw. V.; hat⟩ [eigtl. wohl = an der Wurzel abschneiden] (bayr., österr.): *ausnutzen, übervorteilen:* der Kaufmann hat wieder gewurzt; **wür|zen** ⟨sw. V.; hat⟩ [mhd. würzen, zu ↑Wurz, schon seit frühnhd. Zeit bezogen auf ↑Würze]: *mit Gewürzen, Kräutern o. ä. schmackhaft od. wohlriechend machen:* das Gulasch, die Suppe w.; Reis mit Curry w.; er versteht richtig zu w.; die Soße ist pikant gewürzt; Ü er würzte seine Rede mit Wortspielen; die Schlagzeilen der anderen bundesrepublikanischen Presse waren mit ähnlichen Effekten des Geständnisses ... gewürzt (Prodöhl, Tod 104); **Würzfleisch,** das; vgl. Ragout; **wür|zig** ⟨Adj.⟩: *kräftig schmeckend od. duftend:* -es Bier; eine -e Suppe; die -e Landluft; ein Parfüm mit einer -en Note; Dazu hatten sie chilenischen Wein getrunken, einen im Weißen (Konsalik, Promenadendeck 317); Sie kochte nicht so w. wie Annemarie (Bieler, Bär 312); Ü seine Erzählungen, Witze sind sehr w. *(pikant);* **Wür|zig|keit,** die; -: *würzige Beschaffenheit;* **Würz|kraut,** das: *Gewürzkraut;* **wurz|lig** ⟨Adj.⟩: *voller Wurzeln:* -er Boden; **Würz|mi|schung,** die: *fertig zusammengestellte Mischung verschiedener Gewürze in flüssiger od. fester Form;* **Würz|mit|tel,** das: *würzendes Mittel, würzende Substanz:* W. können Salz, Pfeffer, Zucker, Essig und frische Küchenkräuter sein (NBI 39, 1989, 32); **Würz|so|ße,** die: *tafelfertige, meist scharfe Soße;* **Würz|stoff,** der: *würzende Substanz;* **Würzung,** die; -, -en: *das Würzen, Art des Würzens;* **Würz|wein,** der: *Wein, dem Gewürze zugesetzt sind;* **Würz|wort,** das ⟨Pl. ...wörter⟩ (Sprachw.): *[Abtönungs]partikel.*
wusch, wü|sche: ↑ waschen.
Wu|schel|haar, das -[e]s, -e [zu wuschel-, noch landsch. Wuschel = Haarbüschel,

Strähne, rückgeb. aus ↑ wuscheln] (ugs.): *stark gelocktes, dichtes Haar;* **wu|sche|lig** ⟨Adj.⟩ (ugs.): *(von Haar) dicht u. stark gelockt;* **Wu|schel|kopf,** der (ugs.): **a)** *Kopf mit wuscheligem Haar:* Der Vater greift ihm in den W. (Hörzu 3, 1979, 34); **b)** *jmd., der einen Wuschelkopf* (a) *hat:* Es waren ein paar Tausend Wuschelköpfe versammelt (Zeit 14. 3. 75, 26); **wu|schelköp|fig** ⟨Adj.⟩: *einen Wuschelkopf* (a) *habend;* **wu|scheln** ⟨sw. V.; hat⟩ [laut- u. bewegungsnachahmend, viell. beeinflußt von ↑ wischen] (landsch.): *mit der Hand durch die vollen Haare fahren:* sie wuschelt in seinem Haar.
wu|se|lig ⟨Adj.⟩ (landsch.): *in wuselnder Art:* Im Bonner Parlament ist der -e Multifunktionär bislang mit sachkundigen Beiträgen nicht aufgefallen (Spiegel 34, 1984, 23); **wu|seln** ⟨sw. V.⟩ [laut- u. bewegungsnachahmend] (landsch.): **a)** *sich schnell, unruhig-flink hin u. her bewegen* ⟨ist⟩: über den Gang, um die Ecke w.; **b)** *sich wuselnd betätigen* ⟨hat⟩: er hat im Keller gewuselt; auf dem Platz der Hallen etwa, wo in den Gerüchen abends noch den Tag fortlebte, ... als wuselten da noch im Gedränge die Händler (Süskind, Parfum 45).
wußte, wüß|te: ↑ wissen.
WUSt, Wust = Warenumsatzsteuer (in der Schweiz).
Wust, der; -[e]s [mhd. wuost, rückgeb. aus ↑ wüst u. ↑ wüsten, also eigtl. = Wüstes, Verwüstetes] (abwertend): *Durcheinander, ungeordnete Menge, Gewirr:* ein W. von Akten; er erstickte fast in dem W. von Papieren; Ü ein W. von Vorurteilen; Dies innere Wissen ist ... bei Erwachsenen oft mit einem W. von bösen Erfahrungen zugeschüttet (natur 9, 1991, 7); **wüst** ⟨Adj.; -er, -este⟩ [mhd. wüeste, ahd. wuosti, eigtl. = leer, öde]: **1.** *nicht von Menschen bewohnt, ganz verlassen u. unbebaut:* eine -e Gegend; und die Erde war w. und leer (1. Mos. 1, 2); Es gab kein Land, das weit genug, ... kein Gebirge, das w. genug gewesen wäre, um einen flüchtigen Verbannten vor der Wut ... Roms zu schützen (Ransmayr, Welt 186). **2.** *höchst unordentlich:* -e Haare; eine -e Unordnung; und daß Neapel eine barocke Stadt sei und dieses Wesen, wenn auch auf stillos -e und vitale Weise, bis auf die Gegenwart bewahrt hat (Fest, Im Gegenlicht 261); hier sieht es w. aus. **3.** (abwertend) **a)** *wild, ungezügelt:* ein Kerl, Geselle; ein -es Treiben; eine -e Schlägerei; -e *(ausschweifende)* Orgien feiern; w. toben; Vorm Fenster plärrte es in allen möglichen Sprachen, Dialekten, Idiomen w. durcheinander (Fels, Kanakenfauna 113); **b)** *rüde, sehr derb; unanständig:* -e sangen -e Lieder; w. fluchen; Man trug mir zu, du habest ein Schwein ... zornig in eine Kotgrube gestoßen, es dann w. verflucht und gar als Teufel geschmäht (Stern, Mann 260); **c)** *schlimm, furchtbar:* eine -e Hetze; -e *(sehr heftige, starke)* Schmerzen haben; w. gebärdet sich der Fahrzeugverkehr (Fels, Kanakenfauna 114); **d)** *häßlich, abscheulich:* eine -e Narbe; ein -es Wetter; ein -er Sturm; Dann haben Spekulation und Wildwuchs riesige Vorstädte entstehen

lassen, die -er und häßlicher sind als jede Stadt im Mittleren Osten (Fest, Im Gegenlicht 331); du siehst ja w. *(stark mitgenommen o. ä.)* aus; er wurde w. beschimpft, zugerichtet; **Wü|ste,** die; -, -n [mhd. wüeste, ahd. wuosti]: **a)** *durch Trockenheit, Hitze u. oft gänzlich fehlende Vegetation gekennzeichnetes Gebiet der Erde, das über weite Strecken mit Sand u. Steinen bedeckt ist:* die heißen -n der Tropen u. Subtropen; mit Kamelen die W. durchqueren; Die Grenze der W. hat sich bereits 300 km vorgeschoben. Dieses Wachsen der W. findet nicht nur in Afrika ... statt (Gruhl, Planet 86); eine Oase in der W.; * jmdn. in die W. schicken (ugs.; *jmdn. hinauswerfen, fortschicken, entlassen;* der Wendung liegen alttestamentliche Vorstellungen zugrunde: nach 3. Mos. 16, 21 ff. wurde ein mit den Sünden des jüd. Volkes beladener Bock am großen Versöhnungstag in die Wüste gejagt); **b)** *ödes, verlassenes od. verwüstetes Gebiet:* das Land zur W. machen, in eine W. verwandeln; Als ich ... aus dem hochgelegenen Bahnhof trat, sah ich an der Stelle der Innenstadt eine W. Gleich verwittertem Gestein reihten sich die Schutthaufen zerstörter Häuser (Berger, Augenblick 35); Ü Es droht eine soziale W. in Wedding (Rheinpfalz 13. 4. 91, 33); **wü|sten** ⟨sw. V.; hat⟩ [mhd. wüesten, ahd. wuosten]: *verschwenderisch [mit etw.] umgehen; leichtsinnig verbrauchen, vergeuden:* mit dem Geld, mit seiner Gesundheit w.; **Wü|sten|be|woh|ner,** der: *Bewohner der Wüste* (a); **Wü|sten|be|woh|ne|rin,** die; -, -nen [mhd. wüestenie]: **1.** (geh.) *Wüste* (b), *Einöde, öde, wilde Gegend:* auf dem Gelände des ehemaligen Anhalter Bahnhofs, einst ein Inbegriff weltstädtischen Verkehrs und heute eine öde W. (tip 12, 1984, 23). **2.** (scherzh.) *große Unordnung:* in seinem Zimmer herrscht eine schreckliche W.; **Wü|sten|fuchs,** der: *Fennek;* **wü|sten|haft** ⟨Adj.⟩: *die Beschaffenheit einer Wüste aufweisend:* eine -e Landschaft; **Wü|sten|kli|ma,** das ⟨o. Pl.⟩: *trockenes Klima der tropischen Wüsten mit großer Hitze am Tag u. kalten Nächten;* **Wü|sten|kö|nig,** der (dichter.): *Löwe;* **Wü|sten|pflan|ze,** die: *in der Wüste* (a) *wachsende, heimische Pflanze;* **Wü|sten|ritt,** der: *Ritt durch eine Wüste* (a); **Wü|sten|sand,** der: *Sand der Wüste;* **Wü|sten|schiff,** das (scherzh.): *Kamel;* **Wü|sten|step|pe,** die (Geogr.): *Gebiet mit schwacher Vegetation im Übergang zwischen Wüste* (a) *und Steppe;* **Wü|sten|tier,** das: *in der Wüste lebendes Tier;* **Wüst|ling,** der; -s, -e (abwertend): *zügellos, bes. sexuell ausschweifend lebender Mensch;* **Wü|stung,** die; -, -en [mhd. wüestunge = Verwüstung]: **a)** (Geogr.) *ehemalige, aufgegebene od. zerstörte Siedlung od. landwirtschaftliche Nutzfläche:* In der Nähe soll nach der Karte eine W., eine vor Jahrhunderten verlassene Dorfstelle, liegen (Berger, Augenblick 14); **b)** (Bergbau) *verlassene Lagerstätte.*
Wut, die; - [mhd., ahd. wuot, zu ahd. wuot = unsinnig]: **1.** *heftiger, unbeherrschter, durch Ärger o. ä. hervorgeru-*

ner *Gefühlsausbruch, der sich in Miene, Wort u. Tat zeigt:* aufgestaute, dumpfe, sinnlose W.; jmdm. erfaßt jähe W.; eine wilde W. stieg in ihm auf, erfüllte ihn; Eine W. packt ihn, und mit der W. kommt der Wunsch in ihm hoch, es Charli heimzuzahlen (Ossowski, Flatter 12); Moser stand plötzlich eine gefährliche W. im Gesicht (Kühn, Zeit 377); die W. des Volkes richtete sich gegen den Diktator; W. auf jmdn. haben; seine W. an jmdm., an einer Sache auslassen; Ich hab' lange meine W. in mich reingefressen (Richartz, Büroroman 215); in W. kommen, geraten; in heller W.; sich in W. *(Rage)* reden; in seiner W. wußte er nicht mehr, was er tat; voller W.; schäumend vor W.; oft sitze ich nämlich bloß im Schlafzimmer und koche vor W. (Missildine [Übers.], Kind 324); Ü wie schwierig wurde es, der W. des Wassers ausgesetzt zu sein (Ransmayr, Welt 147); mit W. *(großem Eifer, Arbeitswut)* machten sie sich ans Werk; **[eine] W. im Bauch haben* (ugs.; *sehr wütend sein*). **2.** kurz für ↑Tollwut; **-wut,** die; -: bezeichnet in Bildungen mit Substantiven oder Verben (Verbstämmen) einen sehr großen, vehementen, leidenschaftlichen Eifer bei etw., in Hinblick auf etw.: Bau-, Reform-, Tanzwut; **Wut|an|fall,** der; vgl. Wutausbruch: einen W. bekommen; Harald reagiert jetzt auf jede Kleinigkeit mit einem W. (Zenker, Froschfest 99); **Wut|aus|bruch,** der: *plötzlich ausbrechende, heftige Wut:* seine irrsinnigen Wutausbrüche wurden immer häufiger (Christiane, Zoo 18); **wü|ten** ⟨sw. V.; hat⟩ [mhd. wüeten, ahd. wuoten]: *im Zustand der Wut toben, rasen, zerstören:* sie haben gewütet wie die Berserker; gegen die Obrigkeit w.; Naturen, die wider sich selbst wüten (Musil, Mann 1295); Ü der Sturm, das Feuer, das Meer wütet; hier hat der Krieg furchtbar gewütet; Die Inflation wütet mit einer Rate von mehr als 13 Prozent (Saarbr. Zeitung 6. 12. 79, 2); **wütend** ⟨Adj.⟩: **a)** *voller Wut:* mit -er Stimme; je ruhiger ich dastand, desto -er wurde er; jmdn. w. anschreien; w. auf/über jmdn. sein *(sehr ärgerlich, erzürnt sein);* Ü warum die See unter der steilen Südküste Kretas weithin glatt ist, obwohl der Sturm, der von den hohen Inselbergen herunter w. über sie herfällt (Stern, Mann 49); **b)** *außerordentlich groß, heftig:* mit -em Haß, Eifer; er hatte -e Schmerzen; Herzog ließ durch einen Sprecher ein -es Dementi ... veröffentlichen (Vaterland 1. 8. 85, 2); **wut|entbrannt** ⟨Adj.⟩: *von heftiger Wut ergriffen:* w. rannte er hinaus; Wutentbrannt tötete er ihren mutmaßlichen Liebhaber (Spiegel 6, 1978, 135); **Wü|ter,** der; -s, - (veraltet): *jmd., der wütet;* **Wü|te|rei,** die; -, -en (abwertend): *[andauerndes] Wüten;* **Wü|te|rich,** der; -s, -e [mhd. wüeterich, ahd. wuoterīch] (abwertend): *jmd., der wütet:* Die Sekretärin schien schon jetzt vor einer brutalen Besatzungsmacht aus langhaarigen -en zu zittern (Springer, Was 314); **Wü|te|rin,** die; -, -nen (veraltet): w. Form zu ↑Wüter; **Wut|ge|heul,** das: *wütendes Heulen* (1 a): meine Fügsamkeiten sind in Wahrheit ein zurückgehaltenes W., von dem keiner was zu hören bekommen wird (Mayröcker, Herzzerreißende 148); **wü|tig** ⟨Adj.⟩ [mhd. wuotic, ahd. wuotac] (veraltend): *voller Wut, wütend:* ein -er Blick; Bevor sie krachend zubissen, stießen sie kurze -e Schreie aus (Grass, Butt 91); Paula konnte auch w. sein ... es war keinem geraten, ihr in den Weg zu kommen (Plenzdorf, Legende 13); er setzte sich w. zur Wehr; **-wü|tig** (emotional verstärkend): drückt in Bildungen mit Substantiven oder Verben (Verbstämmen) aus, daß die beschriebene Person leidenschaftlich und vehement etw. erstrebt, etw. gern und häufig und fast mit einer Art Versessenheit macht: kauf-, schieß-, bildungs-, neuerungswütig. **wutsch** ⟨Interj.⟩ [lautm.]: *Ausruf zur Kennzeichnung einer schnellen, plötzlichen Bewegung:* w., weg war er!; **wut|schäu|mend** ⟨Adj.⟩: *außer sich vor Wut.* **wut|schen** ⟨sw. V.; ist⟩ [laut- u. bewegungsnachahmend, wohl beeinflußt von ↑wischen; vgl. witschen] (ugs.): *sich schnell u. behende bewegen:* aus dem Zimmer, durch die Tür w. **wut|schnau|bend** ⟨Adj.⟩: *wutschäumend:* Haben Sie mal zwei Minuten Zeit für eine -e Großmutter? (Hörzu 6, 1985, 97); Er geht w. gegen das Haus (Ziegler, Kein Recht 374); **Wut|schrei,** der: *lauter, aus Wut ausgestoßener Schrei;* **wut|ver|zerrt** ⟨Adj.⟩: *vor Wut verzerrt:* Die Gummiknüppel der Taxifahrer, ihre -en Gesichter, ihre Schläge (B. Vesper, Reise 421). **Wutz,** die; -, -en, auch: der; -, -en [lautm.] (landsch., bes. westmd.): *Schwein* (1 a, 2 a, b); **wut|zen** ⟨sw. V.; hat⟩ (landsch., bes. westmd.): *ferkeln* (2). **wu|zeln** ⟨sw. V.; hat⟩ [laut- u. bewegungsnachahmend] (bayr. österr. ugs.): **a)** *drehen, wickeln:* Dröse wuzelte sich, außerordentlich geschickt, eine Zigarette, steckt sie in die Tasche und dreht sich eine zweite (Härtling, Hubert 213); **b)** ⟨w. + sich⟩ *sich drängen:* er wuzelt sich durch die Menge. **Wu|zerl,** das; -s, -n [mundartl. Vkl. von ↑Butzen] (österr.): **1.** *rundliches Kind.* **2.** *Fussel (aus Wolle, vom Radieren o. ä.).*
Wwe. = Witwe.
WWF = World Wide Fund for Nature.
Wwr. = Witwer.
Wy|an|dot ['waɪəndɔt], der; -, -s: Angehöriger eines kanadischen Indianerstammes; **Wy|an|dot|te** [...'dɔt(ə)], das; -, -s od. die; -, -n [...tn; engl. wyandotte, viell. nach dem Indianerstamm]: *Huhn einer kräftigen, mittelschweren, aus Amerika stammenden Rasse mit meist weißem Gefieder u. dunkler Zeichnung im Bereich der Hals- u. Schwanzfedern.*
Wyk auf Föhr ['vi:k - -]: *Stadt auf der nordfriesischen Insel Föhr.*
Wyo|ming [waɪ'oʊmɪŋ]; -s: *Bundesstaat der USA.*
WZ = Weltzeit.

X

x, X [ɪks; ↑a, A], das; -, - [mhd., ahd. x (selten) < lat. x]: **1.** *vierundzwanzigster Buchstabe des Alphabets; ein Konsonant:* ein kleines x, ein großes X schreiben; ** jmdm. ein X für ein U vormachen (jmdn. auf plumpe, grobe Weise täuschen;* im lat. Alphabet steht für U das V, das zugleich Zahlzeichen für „fünf" ist; dieses V ist ein halbes X [das für „zehn" steht]; die Wendung bedeutete also urspr., daß jmdm., z B. auf der Schuldentafel, doppelt so viel berechnet wurde, wie er eigentlich zu zahlen hatte). **2.** (groß geschrieben) für einen unbekannten Namen, eine unbekannte Größe eingesetztes Zeichen: Auch, daß er den Passanten ... den Rücken zukehrt, ... verhindert nicht die Begegnung mit Herrn X, dem Verfasser halb vaterländischer Novellchen (Schädlich, Nähe 167); die Währungsreform war auf einen Tag X *(einen bis zum letzten Augenblick geheimgehaltenen Tag)* angesetzt worden. **3.** (klein geschrieben) **a)** (Math.) einen bestimmten Wert repräsentierende Unbekannte in einer Gleichung: $3x = 15$; die Gleichung muß nach x aufgelöst werden; **b)** (ugs.) Zeichen für eine unbestimmte, aber als ziemlich hoch angesehene Zahl: das Stück hat x Aufführungen erlebt; sie hat x Kleider im Schrank, weiß aber angeblich nie, was sie anziehen soll.
X [urspr. nicht identisch mit dem Buchstaben X]: römisches Zahlzeichen für 10
χ, X: ↑Chi.
ξ, Ξ = Xi.

x-Ach|se, die (Math.): *Waagerechte im Koordinatensystem; Abszissenachse:* Die beiden Knopfreihen seines langen Uniformmantels entsprachen den oberhalb der x-Achse ausgreifenden Ästen einer Hyperbel (Bieler, Mädchenkrieg 267).
Xan|ten: Stadt am Niederrhein; **Xan|tener,** der; -s, -: Ew.; **Xan|te|ne|rin,** die; -, -nen: w. Form zu ↑ Xantener.
Xan|tha|lin, das; -s [zu griech. xanthós, ↑ Xanthin] (Chemie): *Alkaloid des Opiums;* **Xan|than,** das; -s (Biochemie): *biotechnisch hergestelltes Polysaccharid, das zur Verdickung u. Stabilisierung von Pflanzenschutzmitteln, Putzmitteln, Suppen u. als Hilfsmittel bei der Gewinnung von Erdöl verwendet wird;* **Xan|that,** das; -[e]s, -e (Chemie): *Xanthogenat;* **Xanth|el|as|ma,** das; -s, -ta u. ...men [zu griech. xanthós (↑Xanthin) u. élasma = mit dem Hammer getriebene Metallplatte] (Med.): *gelber Fleck od. Knötchen an den Augenlidern;* **Xan|then,** das, -s (Chemie): *kristallisierende Substanz in Form farbloser Blättchen, die die Grundlage bestimmter Farbstoffe bildet;* **Xan|thin,** das; -s [zu griech. xanthós = gelb(lich); bei Verbindung mit Salpetersäure tritt die Gelbfärbung ein] (Biochemie): *als Zwischenprodukt beim Abbau der Purine im Blut, in der Leber u. im Harn auftretende physiologisch wichtige Stoffwechselverbindung;* **Xan|thin|oxy|da|se,** die; -, -n (Biochemie): *Enzym, das Xanthin in Harnsäure überführt;* **Xan|thin|urie,** die; - [zu griech. oûron = Harn] (Med.): *vermehrte Ausscheidung von Xanthin im Urin.*
Xan|thip|pe, die; -, -n [nach dem Namen von Sokrates' Ehefrau (griech. Xanthíppē), die in der griech. Literatur, speziell in Xenophons „Gastmahl", als zanksüchtig geschildert wird] (abwertend): *unleidliche, streitsüchtige, zänkische Frau:* Wenn eine Frau knallhart auftritt, hat sie Haare auf den Zähnen oder ist eine X., der Mann hingegen weiß, was er will, und steht wie ein Fels in der Brandung (Dierichs, Männer 249).
xan|tho|chrom ⟨Adj.⟩ [zu griech. xanthós = gelb(lich) u. chrōma = Farbe] (Fachspr.): *gelb(lich), hellfarbig;* **Xan|tho|chro|mie,** die; -, -n (Med.): *Gelb-Braun-Färbung der Gehirn-Rückenmarks-Flüssigkeit durch Beimengung von Blutfarbstoffen;* **xan|tho|derm** ⟨Adj.⟩ [zu griech. dérma = Haut] (Med.): *gelbhäutig;* **Xan|tho|der|mie,** die; -, -n (Med.): *Gelbfärbung der Haut bei Xanthomen;* **Xanth|odon|tie,** die; -, -n [zu griech. odoús (Gen.: odóntos) = Zahn] (Med.): *(durch äußere Einflüsse, Stoffwechselstörungen o. ä. bewirkte) braungelbe Verfärbung der Zähne;* **Xan|tho|ge|nat,** -[e]s, -e (Chemie): *Salz der Xanthogensäure;* **Xan|tho|gen|säu|re,** die; - [↑ -gen] (Chemie): *Ester einer von der Kohlensäure durch Ersatz von zwei Sauerstoffatomen durch zwei Schwefelatome abgeleiteten Verbindung, ölige, in Wasser kaum lösliche Flüssigkeit;* **Xan|thom,** das; -s, -e (Med.): *gutartige, gelbgefärbte Geschwulst der Haut;* **Xan|tho|ma|to|se,** die; -, -n (Med.): *ausgedehnte Bildung von Xanthomen;* **Xan|tho|phyll,** das; -s [zu griech. phýllon = Blatt] (Bot.): *gelber bis bräunlicher Farbstoff, der in allen grünen Teilen der Pflanzen vorkommt u. besonders bei der herbstlichen Verfärbung der Laubbäume in Erscheinung tritt;* **Xan|tho|phyl|lit** [auch: ...'lɪt], der; -s, -e: *in gelbgrünen bis graubraunen Kristallen auftretendes Mineral;* **Xanth|op|sie,** die; -, -n [zu griech. ópsis = das Sehen] (Med.): *das Gelbsehen aller Gegenstände bei gestörtem Farbensehen;* **Xan|tho|zy|an|opie, Xan|tho|zy|an|op|sie,** die; -, -n [zu griech. kyáneos = dunkelblau, schwarzblau u. óps (Gen.: ōpós) = Auge; Gesicht bzw. ópsis = das Sehen] (Med.): *gestörtes Farbensehen, bei dem nur die Farben Gelb u. Blau richtig gesehen werden.*
X-Bei|ne ⟨Pl.⟩: *Beine, bei denen die Oberschenkel leicht einwärts u. die Unterschenkel auswärts gekrümmt sind:* sie ... sah, wie die Marilli mit den leichten x-Beinen dem Bubi die ersten Schritte beibrachte (Sommer, Und keiner 173); **X-bei|nig** ⟨Adj.⟩: *X-Beine habend;* **x-bel|ie|big** ⟨Adj.⟩ (ugs.): *irgendein; gleichgültig, wer od. was für ein; irgendwie:* ein -es Buch; Deine und meine Fragen können nicht -e Menschen beantworten (Gabel, Fix 106); Ein Aperitif, der diesen Namen verdient, kein -er Drink (e&t 5, 1987, 152); er zeigte diese Dinge nicht jedem -en (H. Weber, Einzug 376); das kannst du x-beliebig verwenden; **X-Chro|mo|som,** das [nach der Form] (Biol.): *eines der beiden Chromosomen, durch die das Geschlecht bestimmt wird.*
Xe = Xenon.
X-Ein|heit, die (Physik): *Längeneinheit für Röntgenstrahlen.*
Xe|nie, die; -, -n, **Xe|ni|on,** das; -s, ...ien [lat. xenium (Pl. xenia = Begleitverse zu Gastgeschenken) < griech. xénion = Gastgeschenk, zu: xénos = Gast; Fremder] (Literatur.): *[satirisches] epigrammatisches Distichon;* **Xe|ni|os** [zu griech. xénios = gastlich, zu: xénos, ↑ Xenion]: *Beiname des Zeus als Schützer des Gastrechts;* **Xe|ni|zi|tät,** die; -, -en (Physik): *Fremdartigkeit des Verhaltens von [neuen] Elementarteilchen;* **xe|no-, Xe|no-** [kseno-; zu griech. xénos, ↑ Xenie] (Best. in Zus. mit der Bed.): *Gast, Fremder; fremd* (z. B. xenophob, Xenokratie); **xe|no|bla|stisch** ⟨Adj.⟩ [zu griech. blastós, ↑Blastom] (Mineral.): *(von Mineralien bei der Metamorphose 4) eine andere als kristalline Form entwickelnd;* **Xe|no|do|chi|um,** das; -s, ...ien [lat. xenodochium < griech. xenodocheîon, zu: déchesthai = aufnehmen]: *(in der alten Kirche) Ort zur Aufnahme von Fremden, Herberge, Vorläufer des mittelalterlichen Hospizes* (1); **Xe|no|ga|mie,** die; -, -n [zu griech. gámos = Befruchtung] (Bot.): *Fremdbestäubung der Blüten;* **Xe|no|glos|sie,** die; -, -n [zu griech. glōssa, ↑ Glosse] (Psych.): *Glossolalie;* **Xe|no|kra|tie,** die; -, -n [spätgriech. xenokrateîn = von Fremden beherrscht werden, zu: krateîn = herrschen] (selten): *Fremdherrschaft;* **Xe|no|lith** [auch: ...'lɪt], der; -s, -e u. -en, -e[n] [↑-lith] (Geol.): *Fremdkörper, Einschluß in Ergußsteinen;* **Xe|no|lo|gie,** die; - [↑-logie] (Okkultismus): **Xe|no|markt,** der (Wirtsch.): *Markt für internationale Bankgeschäfte in fremder Währung;* **xe|no|morph** ⟨Adj.⟩ [zu griech. morphē = Gestalt] (Geol.): *allotriomorph;* **Xe|non,** das; -s [eigtl. = das Fremde; das Element war bis dahin nicht bekannt]: *bes. zur Füllung von Glühlampen verwendetes farb- u. geruchloses Edelgas (chemischer Grundstoff);* Zeichen: Xe; **Xe|non|lam|pe,** die; -, -n (Elektrot.): *für Flutlichtanlagen, auch für Bühnenscheinwerfer verwendete, mit Xenon gefüllte Gasentladungslampe, deren Beleuchtungsfarbe der des Tageslichts entspricht;* **xe|no|phil** ⟨Adj.⟩ [zu griech. phileîn = lieben] (bildungsspr.): *allem Fremden, allen Fremden gegenüber positiv eingestellt, aufgeschlossen;* **Xe|no|phi|lie,** die; - [zu griech. philía = Zuneigung] (bildungsspr.): *xenophile Haltung;* **xe|no|phob** ⟨Adj.⟩ [zu griech. phobeîn = fürchten] (bildungsspr.): *allem Fremden, allen Fremden gegenüber negativ, feindlich eingestellt:* Eine Bemerkung ... goß zusätzlich Öl ins Feuer der ohnehin teilweise -e Züge annehmenden Beziehungen der französischen Öffentlichkeit gegenüber den Einwanderern (NZZ 1. 2. 83, 9); **Xe|no|pho|bie,** die; - [↑ Phobie] (bildungsspr.): *xenophobe Haltung:* Um die Jahrhundertwende seien die Italiener so massiv zugewandert, daß sich eine Welle haßerfüllter X. gegen die lateinischen Vettern erhoben habe (Scholl-Latour, Frankreich 261); **Xe|no|tim,** der; -s: *Hauptmineral der Yttererden;* **Xe|no|trans|plan|ta|ti|on,** die (Med.): *Heterotransplantation;* **xe|no|zön** ⟨Adj.⟩ [zu griech. koinós = gemeinsam] (Biol.): *nur selten in einem Biotop vorkommend, sonst anderswo lebend.*
xer-, Xer-: ↑ xero-, Xero-; **Xer|an|the|mum,** das; -s, ...men [kseran'te:mən; zu griech. xerós = trocken u. ánthemon = Blume]: *Papierblume.*
Xe|res ['çɛrɛs] usw.: ↑ Jerez usw.
xe|ro-, Xe|ro-, (vor Vokalen auch:) **xer-, Xer-** [griech. xerós ⟨Best. in Zus. mit der Bed.⟩: *trocken* (z. B. xerophil, Xerokopie, Xeranthemum); **Xe|ro|der|ma,** das; -s, -ta u. ...men [zu griech. dérma = Haut] (Med.): *erblich bedingte u. meist schon in früher Kindheit tödlich endende Hautkrankheit mit Flecken- u. Warzenbildung, Entzündungen u. Karzinomen;* **Xe|ro|dermie,** die; -, -n (Med.): *Trockenheit der Haut;* **Xe|ro|form** ⓦ, das; -s [Kunstwort]: *Pulver zur Wundbehandlung;* **Xe|ro|gra|phie,** die; -, -n [↑ -graphie; die Kopien werden ohne Entwicklungsbad, also „trocken", hergestellt] (Druckw.): *Verfahren zur Herstellung von Papierkopien sowie zur Beschichtung von Druckplatten für den Offsetdruck;* **xe|ro|gra|phie|ren** ⟨sw. V.; hat⟩: *das Verfahren der Xerographie anwenden;* **xe|ro|gra|phisch** ⟨Adj.⟩: *die Xerographie betreffend;* **Xe|ro|ko|pie,** die; -, -n: *xerographisch hergestellte Kopie;* **xe|ro|ko|pie|ren** ⟨sw. V.; hat⟩: *xerographieren;* **xe|ro|morph** ⟨Adj.⟩ [zu griech. morphē = Gestalt] (Bot.): *an Trockenheit angepaßt (von Pflanzen);* **xe|ro|phil** ⟨Adj.⟩ [zu griech. phileîn = lieben] (Bot.): *(von bestimmten Pflanzen) Trockenheit, trockene Standorte bevorzugend;* **Xe|ro|phi|lie,** die; - [zu griech. philía = Zuneigung] (Bot.): *(von bestimmten*

Pflanzen) Bevorzugung der Trockenheit, trockener Standorte; **Xe|ro|mor|pho|se,** die; -, -n (Bot.): *(sich morphologisch äußernde) Anpassung bestimmter Pflanzen an Trockenheit, trockene Standorte;* **Xer|oph|thal|mie,** die; -, -n, **Xer|oph|thal|mus,** der; -, ...men [zu griech. ophthalmós = Auge] (Med.): *Austrocknung der Binde- u. Hornhaut des Auges;* **Xe|ro|phyt,** der; -en, -en [zu griech. phytón = Pflanze] (Bot.): *an trockene Standorte angepaßte Pflanze;* **Xe|ro|ra|dio|gra|phie,** die; -: *nach dem Prinzip der Xerographie arbeitende Radiographie* (2); **Xe|ro|se,** die; -, -n (Med.): 1. *Xerophthalmie.* 2. *Trockenheit der Schleimhäute der oberen Luftwege;* **Xe|ro|sto|mie,** die; -, -n [zu griech. stóma = Mund] (Med.): *abnorme Trockenheit der Mundhöhle;* **xe|ro|therm** ⟨Adj.⟩ [zu griech. thermós = warm, heiß] (Geogr.): *ein trockenwarmes Klima aufweisend;* **Xe|ro|therm|re|likt,** das: *(in der Tier- u. Pflanzengeographie) Tier- od. Pflanzenart, die während einer klimatischen Verschlechterung (z. B. einer Eiszeit) unter besonders günstigen Bedingungen überleben konnte;* **xe|ro|tisch** ⟨Adj.⟩ (Med.): *trocken, eingetrocknet.*
x-fach ⟨Vervielfältigungsz.⟩ (ugs.): *tausendfach* (b): *ein x-fach erprobtes Mittel;* **X-fache,** das; -n: *x-fache Anzahl.*
X-för|mig ⟨Adj.⟩: *die Form eines X aufweisend.*
X-Ha|ken, der: *einfacher, mit einem Nagel an der Wand befestigter Haken zum Aufhängen von Bildern.*
Xi, das; -[s], -s [griech. xĩ]: *vierzehnter Buchstabe des griechischen Alphabets* (Ξ, ξ).
Xi|mé|nez [xi'meneθ], der; -: *Pedro Ximénez.*
X-Kon|takt, der; -[e]s, -e (Fot.): *durch den Synchronverschluß geschlossener elektrischer Kontakt.*
XL-Ka|me|ra [ɪksˈɛl...], die; -, -s [gek. aus engl. existing light = vorhandenes Licht]: *Filmkamera, mit der man noch bei schwachem Licht ohne zusätzliche künstliche Beleuchtung filmen kann.*

x-mal ⟨Wiederholungsz., Adv.⟩ (ugs.): *unzählige Male: das habe ich dir doch schon x-mal gesagt!; wir haben schon x-mal darüber gesprochen; Auch er betrachtet es als nicht ganz fair, daß das Fernsehen in Zeitlupe x-mal eine Situation zeigt, die der Mann in Schwarz innerhalb von Sekunden entscheiden muß* (Rheinpfalz 7. 7. 84, 14).
Xo|a|non, das; -s, ...ana [griech. xóanon, zu: xeĩn = polieren]: *meist aus Holz, seltener auch aus Stein, Gold u. Elfenbein gefertigte, Menschen od. Götter darstellende altgriechische Figur.*
X-Strah|len ⟨Pl.⟩ [für W. C. Röntgen (↑röntgen) waren die von ihm entdeckten Strahlen zunächst unbekannt („x-beliebig"); daher auch engl. X-rays] (Physik): *Röntgenstrahlen.*
x-t... [ˈɪkst...] ⟨Ordinalz. zu ↑x (3)⟩: **a)** (Math.) bezeichnet die als Exponent auftretende Unbekannte: *die x-te Potenz von ...;* **b)** (ugs.) steht an Stelle einer nicht näher bekannten, aber als sehr groß angesehenen Zahl: *der x-te Versuch; während sie dann im Trainerzimmer saßen und zum x-ten Mal den Verlauf des Rennens beschrieben, fing sie an, sich nützlich zu machen* (Frischmuth, Herrin 91); **x-te|mal** ⟨Adv.⟩: *in der Verbindung* **das x-temal** *(das x-te Mal);* **x-ten|mal** ⟨Adv.⟩: *in den Verbindungen* **beim x-tenmal** *(beim x-ten Mal);* **zum x-tenmal** *(zum x-ten Mal): sie hat es ihm schon zum x-tenmal verboten.*
xyl-, Xyl-: ↑xylo-, Xylo-; **Xy|lan,** das; -s [zu griech. xýlon = Holz]: *eine der wichtigsten Hemizellulosen;* **Xy|lem,** das; -s, -e (Bot.): *wasserleitender Teil des Leitbündels bei höheren Pflanzen;* **Xy|le|nol,** das; -s: *ein Phenol;* **Xy|li|din,** das; -s, -e (Chemie): *aus Xylol gewonnener Ausgangsstoff zur Synthese* (2) *bestimmter Teerfarbstoffe;* **Xy|lit** [auch: ...'lɪt], der; -s, -e [1: zu ↑Xylose; 2: zu griech. xýlon = Holz]: 1. (Chemie) *von der Xylose abgeleiteter, vom menschlichen Organismus leicht zu verwertender fünfwertiger Alkohol.* 2. *holziger Bestandteil der Braunkohle; Lignit* (2);

xy|lo-, Xy|lo- (vor Vokalen auch:) xyl-, Xyl- [griech. xýlon] ⟨Best. in Zus. mit der Bed.⟩: *Holz-* (z. B. xylographisch, Xylophon); **Xy|lo|graph,** der; -en, -en [zu griech. gráphein = einritzen, -schneiden]: *Holzschneider;* **Xy|lo|gra|phie,** die; -, -n [↑-graphie]: **a)** ⟨o. Pl.⟩ *Holzschneidekunst;* **b)** *Holzschnitt* (2); **Xy|lo|gra|phin,** die; -, -nen: w. Form zu ↑Xylograph; **xy|lo|gra|phisch** ⟨Adj.⟩: **a)** *in Holz geschnitten;* **b)** *die Xylographie betreffend;* **Xy|lol,** das; -s [zu griech. xýlon = Holz u. ↑Alkohol] (Chemie): *in drei isomeren Formen vorliegende aromatische Kohlenstoffverbindung, die bes. als Lösungsmittel sowie u. a. als Zusatz zu Auto- u. Flugbenzin verwendet wird;* **Xy|lo|lith** ⓌⓏ [auch: ...'lɪt], der; -s u. -en, -e[n] [↑-lith]: *Steinholz;* **Xy|lo|me|ter,** das; -s, - [↑-meter (1)]: *Gerät zur Bestimmung des Rauminhalts unregelmäßig geformter Hölzer;* **Xy|lo|pha|ge,** der; -en, -en [zu griech. phageĩn = essen, fressen] (Zool.): *Pflanzenfresser, der an od. in Holz lebt u. sich davon ernährt* (↑z. B. Termiten, Borkenkäferlarven); **Xy|lo|phon,** das; -s, -e [zu griech. phōnḗ, ↑Phon]: *Musikinstrument aus ein- od. mehrreihig über einem Resonanzkörper angebrachten Holzstäben, die mit Schlegeln angeschlagen werden:* X. spielen lernen, spielen, üben; etwas auf dem X. spielen, vortragen; **Xy|lo|se,** die; -: *in vielen Pflanzen enthaltener Zucker (der einen wichtigen Bestandteil der Nahrung pflanzenfressender Tiere darstellt); Holzzucker;* **Xy|lo|thek,** die; -, -en [↑-thek]: *Zusammenstellung von in Buchform gefertigten Präparaten u. Beschreibungen verschiedenster Hölzer.*
Xy|sti: Pl. von ↑Xystus; **Xy|stos,** der; -, Xysten [griech. xystós, eigtl. = der geglättete (Boden)]: *(im Griechenland der Antike) gedeckter Säulengang als überdachte Laufbahn für die Athleten;* **Xy|stus,** der; -, Xysti [lat. xystus < griech. xystós, ↑Xystos]: *(im Rom der Antike) offene Terrasse od. Gartenanlage vor einem Portikus, der Säulenhalle am Haupteingang eines Gebäudes.*

Y

y, Y [ˈʏpsilɔn; ↑a, A], das; -, - [mhd., ahd. y, urspr. zur Bez. des i-Lauts in best. Fremdwörtern]: 1. *fünfundzwanzigster Buchstabe des Alphabets; Vokal u. Konsonant: ein kleines y, ein großes Y schreiben.* 2. *(klein geschrieben; Math.) Zeichen für die zweite Unbekannte in Gleichungen.*
Y = Yttrium.
Y = Yen.
υ, Y: ↑Ypsilon (2).
y. = Yard.

y-Ach|se, die (Math.): *Senkrechte im Koordinatensystem; Ordinatenachse.*
Yacht: ↑Jacht.
Ya|gi|an|ten|ne, die; -, -n [nach dem jap. Ingenieur H. Yagi, geb. 1886] (Elektrot.): *Antenne für UKW- u. Fernsehempfang mit besonderer Richtwirkung.*
Yak: ↑Jak.
Ya|ki, das; -[s] [jap.]: *jap. Bez. für keramische Erzeugnisse.*
Ya|ku|za [...za], die; -, - [jap., aus: ya = acht, ku = neun u. za = drei, bezogen auf das schlechteste Blatt (4 b) in einem Glücksspiel]: *der organisierten Kriminalität (bes. Erpressung, Zuhälterei, Drogenhandel, Glücksspiel) in Japan angehörende Gruppe, Organisation: die chinesischen Triaden und die japanischen Y. beteiligten sich an der Kooperation ebenso wie die türkische Mafia und die Rauschgiftkartelle Lateinamerikas* (Sonntag Aktuell 9. 5. 93, 8).
Ya|ma|shi|ta [...ˈʃiːta], der; -[s], -s [nach dem jap. Kunstturner H. Yamashita, geb.

1938] (Turnen): *Sprung am Langpferd mit Überschlag aus dem Handstand.*

Ya|ma|toe [...toe], das; - [jap., aus: Yamato = Japan u. e = Bild]: *älteste (im 10. Jh. durch Ablösung vom chinesischen Stil entstandene) eigenständige japanische Malerei in Tusche u. Deckfarben.*

Ya|men, der; -[s], - [chin.]: *Palast des Siegelbewahrers in der chinesischen Kaiserzeit.*

Ya|mous|sou|kro [jamusu'kro]: *Hauptstadt der Elfenbeinküste (2).*

Yams|wur|zel: ↑ Jamswurzel.

Yang, das; -[s] [chin.]: *lichte männliche Urkraft, schöpferisches Prinzip in der chinesischen Philosophie (als polares Grundprinzip im Wechselspiel mit Yin).*

Yan|kee ['jɛŋki], der; -s, -s [engl., urspr. Spitzname für die (niederl.) Bewohner der amerik. Nordstaaten; H. u.] (oft abwertend): *US-Amerikaner:* Vielleicht würde Havanna ganz gern seinen Frieden mit den -s machen (MM 2. 6. 77, 2); **Yan|kee-doo|dle** ['jæŋkidu:dl], der; -[s] [engl. Yankee Doodle, zu: to doodle (bes. schott.) = Dudelsack spielen; urspr. engl. Spottlied auf die amerik. Truppen im Unabhängigkeitskrieg]: *nationales Lied der Amerikaner aus dem 18. Jh.*

Yan|tra, das; -[s], -s [sanskr., eigtl. = Instrument; Stütze]: *in den indischen Religionen bes. als Meditationshilfe dienendes mystisches Diagramm.*

Yard, das; -s, -s ⟨aber: 4 Yard[s]⟩ [engl. yard, eigtl. = Maßstab; Rute]: *Längeneinheit in Großbritannien u. den USA* (= 3 Feet = 91,44 cm; Abk.: y., yd., Pl.: yds.).

Ya|stik: ↑ Jastik.

Yawl [jɔːl], die; -, -e u. -s [engl. yawl, wohl < niederd. jolle (↑ Jolle) od. mniederl. jol]: *Segelboot mit einem großen Mast u. einem kleinen im Bereich des Hecks.*

Yb = Ytterbium.

Y-Chro|mo|som, das [nach der Form] (Biol.): *eines der beiden Chromosomen, durch die das Geschlecht bestimmt wird.*

yd. = Yard; **yds.** = Yards.

Yel|low press ['jɛloʊ 'prɛs], die; - - [engl. yellow press, eigtl. = gelbe Presse] (Jargon): *Regenbogenpresse.*

Yen, der; -[s], -[s] ⟨aber: 4 Yen⟩ [jap. yen < chin. yuan = rund, also eigtl. = runde (Münze)]: *Währungseinheit in Japan* (1 Yen = 100 ²Sen).

Yeo|man ['jɔːmən], der; -, ...men [...mən; engl. yeoman < mengl. yoman, yuman, yeman, H. u., viell. zusgez. aus: yongman, yungman, yengman = *junger Mann*]: **1.** *(im MA. in England) Gemeinfreier unterhalb des Ritterstandes.* **2.** *kleiner Gutsbesitzer od. Pächter;* **Yeo|man|ry** [...ri], die; - [engl. yeomanry, zu: yeoman, ↑ Yeoman]: *berittene Freiwilligentruppe in Großbritannien.*

Yer|ba, die; - [amerik.-span. yerba (mate)]: ¹*Mate.*

Ye|ti, der; -s, -s [tib.]: *legendäres menschenähnliches Wesen im Himalajagebiet.*

Y-för|mig ⟨Adj.⟩: *die Form eines Y aufweisend:* Ein winziges Land, ... in einem -en Hochtal gelegen (Rheinpfalz 25. 7. 87, Umschau).

Ygg|dra|sil, der; -s ⟨meist o. Art.⟩ [eigtl. = Pferd des Schrecklichen, zu anord. yggr = schrecklich (Beiname Odins) u. drasill = Pferd] (nord. Myth.): *Weltesche.*

Yin, das; - [chin.]: *dunkle weibliche Urkraft, empfangendes Prinzip in der chinesischen Philosophie (als polares Grundprinzip im Wechselspiel mit Yang).*

Yip|pie ['jɪpi], der; -s, -s [engl. yippie, zu den Anfangsbuchstaben von Youth International Party geb. nach hippie, ↑ Hippie]: *(bes. in den USA) aktionistischer, ideologisch radikalisierter Hippie.*

Yips, der; -s, -s [engl. yips, H. u.] (Golf Jargon): *wohl mental bedingtes Zittern, Jucken, das beim Golfen, bes. beim Putten auftritt:* der Amerikaner ... war am Ende seiner Karriere ein Opfer des Y. (Spiegel 34, 1988, 152).

Ylang-Ylang-Baum ['iːlaŋ'iːlaŋ...], der; -[e]s, Ylang-Ylang-Bäume [malaii.] *(in Süd- u. Südostasien heimischer) Baum mit Strauch mit großen, wohlriechenden Blüten;* **Ylang-Ylang-Öl,** das; -s: *fruchtigblumig riechendes, ätherisches Öl des Ylang-Ylang-Baumes, das in der Parfümindustrie verwendet wird.*

YMCA [waɪ-ɛmsi:'eɪ], die, auch: der; - [Abk. von engl.: Young Men's Christian Association]: *Christlicher Verein Junger Männer.*

Ymir, der; -s ⟨meist o. Art.⟩ (nord. Myth.): *aus dem Eis der Urwelt entstandener Riese, aus dem Himmel, Erde u. Meer geschaffen wurden.*

Yol|ga, Joga, der od. das; -[s] [aind. yōga-ḥ, eigtl. = Verbindung, Vereinigung, zu: yugá-m = Joch]: **a)** *indische philosophische Lehre, die durch Meditation, Askese u. bestimmte körperliche Übungen den Menschen vom Gebundensein an die Last der Körperlichkeit befreien will:* Anhänger des Y. sein; **b)** *Gesamtheit der Übungen, die aus dem Yoga (a) herausgelöst wurden u. die zum Zwecke einer gesteigerten Beherrschung des Körpers, der Konzentration u. Entspannung ausgeführt werden:* Y. betreiben; **Yo|ga|übung,** die: *einzelne Übung des Yoga:* wir werden mit den einfacheren u. beginnen.

Yo|ghurt: ↑ Joghurt.

Yo|gi, Jogi, **Yo|gin,** Jogin, der; -s, -s [sanskr. yogi(n)]: *Anhänger des Yoga:* Wenn Sie einem Yogi beim tiefen Atmen zusehen, werden Sie bemerken, daß sich sein Brustkasten kaum bewegt (Devi, Tantra 30).

Yo|him|bin, das; -s [afrik. Wort]: *Alkaloid aus der Rinde eines westafrikanischen Baumes, das gefäßerweiternde Wirkung besitzt u. daher als Mittel gegen Durchblutungsstörungen sowie als Aphrodisiakum verwendet wird.*

Yo|ko|ha|ma: *Stadt in Japan.*

Yol|dia, die; - [nach dem span. Grafen A. d'Aguirre de Yoldi (1764–1852)]: *bes. in den antarkten Küstenregionen aller Meere vorkommende Muschel;* **Yol|diameer,** das ⟨o. Pl.⟩: *Vorform der Ostsee mit Verbindung zum Atlantik u. zum Weißen Meer.*

Yo|mud, der; -[s], -s [nach dem turkmenischen Volksstamm der Yomuden]: *Teppich aus Zentralasien mit hakenbesetzten Rhomben als kennzeichnender Musterung.*

Yo|ni, das od. die; -, - [sanskr.]: *als heilig geltendes Symbol des weiblichen Geschlechts in Indien.*

York|shire|ter|ri|er ['jɔːkʃə...], der; -s, - [nach der engl. Grafschaft Yorkshire]: *englischer Zwerghund mit langen, glänzenden, seidigen Haaren von stahlblauer, an Kopf, Brust u. Beinen rotbrauner Färbung, kurzer Schnauze u. schwarzem Nasenspiegel (2).*

Young|ster ['jʌŋstə], der; -s, -[s] [engl. youngster, zu: young = jung]: *junger Nachwuchssportler, Neuling in einer Mannschaft erprobter Spieler:* die beiden -[s] müssen in der Mannschaft erst noch Fuß fassen; Der Y. entwickelt sich immer mehr zum Leistungsträger (Kicker 6, 1982, 34); Ü Bei den Delikten macht Pädagogen vor allem die Kaltblütigkeit zu schaffen, mit der manche Y. zu Werke gehen (Spiegel 42, 1992, 40).

Yo-Yo: ↑ Jo-Jo.

Yp|si|lon, das; -[s], -s [griech. ỹ psilon = bloßes y]: **1.** ↑ y, Y (1). **2.** *zwanzigster Buchstabe des griechischen Alphabets* (Y, υ); **Yp|si|lon|eu|le,** die: *Eulenfalter mit braunen, Y-förmig gezeichneten Vorderflügeln u. weißlichen Hinterflügeln.*

Ysat ⓦ, das; -[e]s, -e [gek. aus Dialysat] (Pharm.): *durch Dialyse gewonnener frischer Pflanzensaft.*

Ysop ['iːzɔp], der; -s, -e [mhd. ysope, ahd. hysop < lat. hys(s)opum < griech. hýssōpos, aus dem Semit.]: *(im Mittelmeergebiet heimische) Pflanze mit länglichen Blättern u. blauen, seltener auch rosafarbenen Blüten, die als Heil- u. Gewürzpflanze kultiviert wird.*

Ytong ⓦ, der; -s, -s [Kunstwort, geb. aus den Anfangsbuchstaben des Firmennamens Yxhults stenhuggeri AB u. schwed. gasbetong = Gasbeton] (Bauw.): *Leichtbaustoff, bes. Leichtbausteine aus gehärtetem, feinkörnigem Gasbeton.*

Yt|ter|bi|um, das; -s [nach dem schwed. Ort Ytterby]: *Seltenerdmetall (chemischer Grundstoff);* Zeichen: Yb; **Yt|ter|er|den** ⟨Pl.⟩ (Chemie): *seltene Erden, die hauptsächlich in den Erdmineralien von Ytterby vorkommen;* **Yt|tri|um,** das; -s [in seinen chemischen Eigenschaften dem Aluminium ähnliches eisengraues Seltenerdmetall (chemischer Grundstoff);* Zeichen: Y

Yu|an, der; -[s], -[s] ⟨aber: 5 Yuan⟩ [chin.]: *Währungseinheit der Volksrepublik China.*

Yuc|ca, die; -, -s [span. yuca, wahrsch. aus einer zentralamerik. Indianerspr.]: *Palmlilie.*

Yup|pie ['jʊpi, engl.: 'jʌpi], der; -s, -s [engl. yuppie, geb. aus den Anfangsbuchstaben von: young urban professional (people)]: *junger, karrierebewußter, großen Wert auf seine äußere Erscheinung legender Stadtmensch, Aufsteiger:* 1984 war der Y. aus dem Nichts aufgetaucht (Tempo 12, 1988, 27); So wie damals Newsweek den Y. aus der Taufe gehoben hat, so hat nun die Zeitung „USA Today" das Ende der -s verkündet (MM 18. 11. 87, 8).

Yü|rük: ↑ Jürük.

YWCA ['waɪdʌblju:si:'eɪ], die, auch: der; - [Abk. für engl.: Young Women's Christian Association]: *Christlicher Verein Junger Mädchen.*

Z

z, ¹Z [tsɛt; ↑a, A], das; -, - [mhd., ahd. z (3)]: sechsundzwanzigster Buchstabe des Alphabets; ein Konsonant: ein kleines z; zwei große Z.
²Z, das; -, -s (Jargon veraltend): **1.** ⟨o. Pl.⟩ *Zuchthaus* (2): auf Banküberfall steht Z; er hat drei Jahre Z gekriegt; der hat ja Z beantragt (Fichte, Wolli 401). **2.** *Zuchthaus* (1): im Z hier können die Karten spielen (Fichte, Wolli 401).
ζ, Z: ↑Zeta.
Z. = Zahl; Zeile.
Za|ba|glio|ne [...bal'jo:nə], **Za|ba|io|ne**, die; -, -s [ital. zaba(gl)ione]: *Weinschaumsoße, -creme.*
Za|bel, das; -s, - [entstellt aus lat. tabula, ↑ Tafel] (veraltet): *Spielbrett.*
Za|big, das, auch: der; -s, -s [mundartl. zusgez. aus: zu Abend (essen)] (schweiz.): *kleinere Zwischenmahlzeit am Nachmittag; Vesper* (2): man traf sich zu einem gemeinsamen Z.
zach ⟨Adj.⟩ [mhd., ahd. zāch, Nebenf. von ↑zäh]: **1.** (südd.) **a)** *zäh:* eine -e, klebrige Masse; das Fleisch ist aber z.!; **b)** *ausdauernd, zäh.* **2.** (ostmitteld.) *knauserig, geizig:* ein -er Kerl. **3.** (nordd.) *schüchtern, übermäßig zurückhaltend, zaghaft:* du darfst nicht so z. sein, sonst wirst du immer untergebuttert.
z-Ach|se, die (Math.): *(in einem Koordinatensystem im Raum) mit dem Buchstaben z gekennzeichnete dritte Koordinatenachse.*
zack ⟨Interj.⟩ (salopp): drückt aus, daß ein Vorgang, eine Handlung ohne die geringste Verzögerung einsetzt u. in Sekundenschnelle abläuft, beendet ist: z., weg war er; da mußte man bloß mit 'm Schraubenschlüssel z. rein, ohne Beschädigung (Spiegel 33, 1989, 62); Zack, Schnitt – erledigt, der Fall (Schnurre, Ich 95); bei ihm muß alles z., z. gehen; noch ein Bier, aber 'n bißchen z., z.!; **Zack** [wohl aus der Soldatenspr.]: in Wendungen wie **auf Z. sein** (ugs.; 1. *seine Sache sehr gut machen:* der neue Mitarbeiter ist schwer auf Z. 2. *bestens funktionieren:* seit sie Chefin ist, ist der Laden immer auf Z.); **jmdn. auf Z. bringen** (ugs.; *dafür sorgen, daß jmd. tut, was von ihm erwartet wird*): von den Burschen werden wir schon auf Z. bringen; **etw. auf Z. bringen** (ugs.; *dafür sorgen, daß etw. bestens funktioniert*): diesen Sauladen muß mal jemand wieder auf Z. bringen; **Zäck|chen**, das;

-s, -: Vkl. zu ↑Zacke; **Zącke¹**, die; -, -n [mhd. (md.) zacke, H. u.]: *aus etw. hervorragende Spitze, spitzer Vorsprung:* die -n des Bergkamms; die -n *(Zähne)* eines Sägeblatts; an der Briefmarke fehlen einige -n *(Zähne);* an dem Kamm, der Gabel, der Harke ist eine Z. *(Zinke)* abgebrochen; die Blätter haben am Rand viele spitze -n; Hans Castorp hatte eine schlechte Fieberlinie gehabt, in steiler Z. ... war seine Kurve damals emporgestiegen (Th. Mann, Zauberberg 487); eine Krone, ein Stern, eine Geweihstange mit fünf -n; **zącken¹** ⟨sw. V.; hat⟩: *(am Rand) mit Zacken versehen; so formen, beschneiden o. ä., daß eine Reihe von Zacken entsteht:* du mußt den Rand gleichmäßig z.; ⟨meist im 2. Part.:⟩ die Blätter sind [unregelmäßig] gezackt; **Zącken¹**, der; -s, - (landsch.): **Zacke:** bei dem Rechen fehlt ein Z. *(eine Zinke);* ... nahm ... Herr Mitterdank einen silbernen kleinen Z. *(spitzen Gegenstand),* – und damit zog er die Schneckentiere aus ihrem Haus (Keun, Mädchen 112); * **sich keinen Z. aus der Krone brechen** (ugs.; *sich [bei etw.] nichts vergeben*): du brichst dir keinen Z. aus der Krone, wenn du ihn deinerseits anrufst; **jmdm. bricht/fällt kein Z. aus der Krone** (ugs.; *jmd. vergibt sich [bei etw.] nichts*); **einen Z. haben/weghaben** (ugs.; *betrunken sein*); **einen [ganz schönen o. ä.] Z. draufhaben** (salopp; *ziemlich schnell fahren*); **zącken|ar|tig¹** ⟨Adj.⟩: *einer Zacke ähnlich:* ein -er Vorsprung; eine z. vorspringende Felsspitze; **Ząckenbarsch¹**, der: *(in tropischen u. warmen Meeren heimischer) Barsch mit gezackter vorderer Rückenflosse;* **Zącken|firn¹**, der; (Geogr.): **Büßerschnee; zącken|för|mig¹** ⟨Adj.⟩: *die Form einer Zacke aufweisend;* **Zącken|kro|ne¹**, die (bes. Her.): *Krone mit hohen dreieckigen Zacken (bes. als Bekrönung von Wappen);* **Zącken|lit|ze¹**, die: *gezackte Litze;* **Zącken|mu|ster¹**, das: vgl. Zackenornament: eine Decke mit orange-braunem Z. (Heller, Mann 49); **Zącken|or|na|ment¹**, das (bes. Archit.): *Ornament aus zackenförmigen Elementen;* **Zącken|schnee¹**, der (Geogr.): **Büßerschnee.**
zacke|rie|ren¹ ⟨sw. V.; hat⟩ [zu frz. sacré = verflucht] (nordd. ugs.): *herumnörgeln:* sie hat [stundenlang] mit ihrem Mann zackeriert.

zackern¹ ⟨sw. V.; hat⟩ [zusgez. aus mhd. z'acker gēn, varn = zu Acker gehen, fahren] (südwestd.): *pflügen.*
ząckig¹ ⟨Adj.⟩ [1: älter zackicht; 2: aus der Soldatenspr., geht wohl von der Bed. „schroff" aus, wird aber auf die Interjektion „zack, zack" bezogen]: **1.** *[viele] Zacken, Spitzen habend:* ein -er Felsen; ich ... reiße mir die Hände wund an den -en Splittern (Remarque, Westen 151); Sie (= die Berge) wuchsen in -en Konturen aus dem Nebel (natur 10, 1991, 52). **2.** (ugs.) *schneidig* (1): ein -er Bursche; -e Bewegungen; -e Musik; draußen hörte man die -en Befehle, den Stechschritt der Leibwache (Dürrenmatt, Grieche 136); z. salutieren (...Es geht darum", so der Polizeioberrat z., „daß die wehrhafte Demokratie einmal Flagge zeigt." (Spiegel 11, 1986, 62); **Zącki|keit¹**, die; -: *das Zackigsein:* Am Heck eine schmaler Kerl, der mit britischer Z. heraufgrüßt (Heim, Traumschiff 192).
Ząd|der, der; -s, -n [H. u.] (landsch.): *sehnige Fleischfaser;* **ząd|de|rig**, zaddrig ⟨Adj.⟩ (landsch.): *(von Fleisch) in unangenehmer Weise zäh u. sehnig:* ein -es Steak.
Ząd|dik, der; -s, -im [hebr. Ṣaddîq = der Gerechte]: *(als heilig verehrter) Lehrer im Chassidismus.*
ząddlrig: ↑zadderig.
zag, za|ge ⟨Adj.⟩ [mhd. zage = furchtsam, feige] (geh.): *aus Furcht zögernd, zaghaft:* Er ging mit zagen, lautlosen Schritten über den Teppich (Roth, Radetzkymarsch 206); Mit zager Hand berührt sie einige Gegenstände (Joho, Peyrouton 54); „Ich möchte zum Fürsten!" sagte ich, sehr zag und ganz leise (Roth, Beichte 43); Ü eine zage Hoffnung; Draußen war es, trotz zager Märzsonne, zu kühl (Grass, Butt 437); Die Knospen ... zeigten zage die ersten zarten ... Spitzen (Salomon, Boche 5).
Zą|gel, der; -s, - [1: mhd. zagel, ahd. zagal] (landsch.): **1.** *Schwanz.* **2.** *[Haar]büschel.*
zą|gen ⟨sw. V.; hat⟩ [mhd. zagen = feige, furchtsam sein, ahd. in: erzagēn = furchtsam werden, H. u.] (geh.): *aus Unentschlossenheit, Ängstlichkeit zögern; auf Grund von Bedenken unentschlossen sein:* Hinab und nicht gezagt! (Th. Mann, Joseph 54); **zag|haft** ⟨Adj.⟩; -er, -este [mhd. zag(e)haft]: *in ängstlicher, unsicherer Weise zögernd; nur zögernd vorgehend, handelnd:* -e Gemüter; einen

-en Annäherungsversuch machen; Worauf wartest du noch? ... Du bist doch sonst nicht so z. (Freizeitmagazin 12, 1978, 26); z. an die Tür klopfen; wenn die privaten Unternehmer zu z. investieren (Fraenkel, Staat 378); Ü Die Zuwachsrate ... widerspiegelt die -e Belebung der ... Konjunktur (NZZ 27. 8. 84, 17); **Zag|haf|tig|keit**, die; -: *das Zaghaftsein, zaghaftes Wesen:* Wenn er zu diesem Unternehmen auch durch nichts anderes legitimiert war als durch seinen Mangel an Z. (Werfel, Himmel 212); **Zag|heit**, die; - [mhd. zag(e)heit, ahd. zagaheit] (geh.): *das Zagsein.*
Za|greb ['za:grɛp]: Hauptstadt von Kroatien; **¹Za|gre|ber**, der; -s, - ⟨Ew.⟩; **²Za|greber** ⟨indekl. Adj.⟩; **Za|gre|be|rin**, die; -, -nen: w. Form zu ↑¹Zagreber.
zäh, (selten:) **zä|he** ⟨Adj.; zäher, zäh[e]ste⟩ [mhd. zæhe, ahd. zāhi, H. u., viell. verw. mit ahd. gizengi = eindringend, beharrend, aengl. getenge = drückend, auf etw. ruhend, eigtl. = fest anliegend]: **1. a)** *von zwar biegsam-weicher, aber in sich fester, kaum dehnbarer Konsistenz:* zähes Leder; Der Schaft des Spießes war römisch, aus dem zähen Holz der Esche gemacht (Stern, Mann 413); der Werkstoff, der Kunststoff ist extrem z.; das Steak ist ja z. wie Leder!; **b)** *von zähflüssiger, teigiger Beschaffenheit:* ein zäher Hefeteig; eine zähe Masse, Paste; zäher Lehmboden; eine zähe Konsistenz haben; das Motoröl wird bei solchen Temperaturen z.; **c)** *nur sehr mühsam, langsam [vorankommend], schleppend:* eine furchtbar zähe Unterhaltung; die Arbeit kommt nur z. voran; Auf der Straße vor dem Haus bewegt sich nur z. der dichte Ausflugsverkehr (Strauß, Niemand 15); Ü Vier zähe Tage *(vier Tage, an denen einem die Zeit lang werden konnte)* sind vergangen ... (Basler Zeitung 2. 10. 85, 37). **2. a)** *von einer Konstitution, die auch stärkere Belastungen u. Beanspruchungen nicht wesentlich zu beeinträchtigen vermögen:* ein zäher Mensch, Bursche; eine besonders genügsame und zähe [Pferde-, Ziegen]rasse; eine zähe Gesundheit; Katzen haben ein zähes Leben *(sind zählebig);* Frauen sind oft zäher als Männer; Der deutsche Junge muß zäh wie Leder ... und hart wie Kruppstahl sein! (Borkowski, Wer 21); **b)** *ausdauernd, beharrlich:* ein zäher Unterhändler, Kämpfer; mit zähem Fleiß; in zähen Verhandlungen; nach zähem Kampf, Ringen; zähen Widerstand leisten; ... wo ihr Vater sich in zäher Arbeit eine Existenz aufgebaut hat (ran 3, 1980, 37); Beispiellos zäh in der Verfolgung seiner Ziele ... (Thieß, Reich 592); zäh an seinen Forderungen festhalten; *Ü* Im letzten besonders zähen *(lange nicht endenden)* Winter mit niedrigen Temperaturen (Saarbr. Zeitung 24. 12. 79, 11/13/15); **Zä|he**, die; - (selten): *Zäheit, Zähigkeit;* die *das Zähsein;* **zäh|flie|ßend** ⟨Adj.⟩: *(vom Straßenverkehr)* nur sehr langsam fließend, immer wieder stockend: Staus oder -er Verkehr auf längeren Strecken ...; **zäh|flüs|sig** ⟨Adj.⟩: zäh (1 b): -es Öl; Ü im Verlauf des -en Zeugenverhörs (Noack, Prozesse 50); Diese graue Masse, die schmierige, -e Tagtäglichkeit (Strauß, Niemand 194); Der Autostrom ist noch dichter und -er geworden (Zeit 19. 9. 75, 1); ... verliefen die Verhandlungen dennoch unerwartet z. (Prodöhl, Tod 185); **Zäh|flüs|sig|keit**, die ⟨o. Pl.⟩: *zähflüssige Beschaffenheit;* **Zä|hig|keit**, die; -: **1. a)** *zähes* (2 a) *Wesen; große Widerstandsfähigkeit:* Unter der Sonne dieses Monats (= des Augusts) verbrannte, was nicht die Z. von Kakteen, Disteln oder Tamarisken besaß (Ransmayr, Welt 199); Seine (= des Lebens) Z. ist freilich enorm, besonders in seinen untersten Formen (Th. Mann, Krull 308); **b)** *zähes* (2 b) *Wesen; Ausdauer, Beharrlichkeit:* Hier braucht man Stärke und Beharrlichkeit, Erfahrung und Willenskraft, Z. und Fleiß (Olymp. Spiele 21); Unverzüglich ging Teta mit der ihr eigenen unbeugsamen Z. an die Verwirklichung des großen Lebensplans (Werfel, Himmel 32). **2.** (selten) *zähe* (1) *Beschaffenheit.*
Zahl, die; -, -en [mhd. zal, ahd. zala = Zähl; Menge; Aufzählung; Bericht, Rede, eigtl. = eingekerbtes (Merkzeichen), man pflegte früher Merkstriche auf Holz einzukerben]: **1. a)** *auf der Grundeinheit Eins basierender Mengenbegriff:* die Z. Drei, Tausend; die -en von eins bis hundert, von 1 bis 100; eine hohe, große, niedrige, kleine, krumme, runde, magische, heilige Z.; eine dreistellige Z. *(eine der Zahlen von 100 bis 999, die mit drei Ziffern geschrieben werden);* genaue -en *(Zahlenangaben)* liegen uns bislang nicht vor; etliche erschreckende -en *(statistische Daten)* über den westdeutschen Pillenkonsum (Spiegel 15, 1984, 72); In Englisch nehmen wir gerade die -en *(die Zahlwörter)* durch; er sprach von erheblichen Gewinnen, nannte jedoch keine -en *(bezifferte die Gewinne nicht);* *[die folgenden Wendungen beziehen sich auf die kaufmännische Bilanz, in der traditionell die Ziffern eines Defizits mit roten Zahlen geschrieben werden, die Gewinne dagegen in Schwarz stehen:] **rote -en schreiben** *(Verluste machen);* **schwarze -en schreiben** *(Gewinne machen);* die Firma schreibt wieder schwarze -en; **aus den roten -en [heraus]kommen [heraus]sein** *(dahin kommen, daß man Gewinne macht; Gewinne machen):* die Firma kommt aus den roten -en gar nicht mehr heraus; **in die roten -en kommen/geraten** o. ä. *(anfangen, Verluste zu machen):* [immer weiter, tiefer] in die roten -en kommen, geraten; **in die schwarzen -en kommen** o. ä. *(dahin kommen, daß man Gewinne macht):* Das ... Unternehmen hat sich ... erholt und wieder in die schwarzen -en vorgearbeitet (NZZ 13. 10. 84, 17); **in den roten -en sein** *(Verluste machen);* **in den schwarzen -en sein** *(Gewinne machen);* **b)** *für eine Zahl* (1 a) *stehende Ziffer, Folge von Ziffern, Zahlzeichen:* eine vierstellige, mehrstellige Z.; arabische, römische -en; eine Z. aus mehr als drei Ziffern; ein elektrischer Spielapparat mit Kugeln, die an verschiedene Kontakte anschlugen, worauf farbige -en aufleuchteten (Sommer, Und keiner 336); der Taxameter tickte und warf die -en mit einem leichten Knack hoch (Böll, Haus 31). **2.** (Math.) *durch ein bestimmtes Zeichen od. eine Kombination von Zeichen darstellbarer abstrakter Begriff, mit dessen Hilfe gerechnet, mathematische Operationen durchgeführt werden können:* eine durch 3 teilbare Z.; algebraische, ganze, gerade, imaginäre, irrationale, komplexe, natürliche, negative, positive, reelle -en; eine gemischte Z.; die Z. π; die Eulersche Z.; -en addieren, zusammenzählen, dividieren/teilen, [voneinander] abziehen/subtrahieren; eine Z. mit sich selbst multiplizieren/malnehmen; die Quersumme, das Quadrat einer Z.; Der Begriff der Z. ist im Laufe der Geschichte ständig erweitert worden (Mathematik I, 503); die Summe zweier -en; die Wurzel aus einer Z. **3.** ⟨o. Pl.⟩ *Anzahl, Menge:* die Z. der Mitglieder, der Unfälle wächst ständig; eine große Z. Besucher war/(auch:) waren gekommen; eine große Z. hübscher/(seltener:) hübsche Sachen; Uralt war er ..., aber niemand wußte genau die Z. seiner Jahre (Frank, Tage 34); sie/es waren sieben an der Z. *(waren sieben);* solche Bäume wachsen dort in großer Z.; die Mitglieder sind in voller Z. *(vollzählig)* erschienen; Leiden ohne/(veraltend:) sonder Z. (geh.; *zahllose Leiden);* das hängt von der Z. der Interessenten ab. **4.** (Sprachw.) *Numerus:* Das Eigenschaftswort richtet sich in Geschlecht und Z. nach dem Hauptwort; **Zahl|ad|jek|tiv**, das (Sprachw.): vgl. Zahlwort; **Zahl|lap|pa|rat**, der: *Zähler* (1); **Zähl|ap|pell**, der (Milit.): *Appell* (2), *bei dem die Anzahl der anwesenden Personen festgestellt wird:* Ü Die drei Fraktionen der Bundesversammlung hatten ihre Mitglieder zu -en befohlen, um sicherzustellen, daß auch jede Stimme ausgenutzt wurde (MM 25. 5. 79, 2); **zahl|bar** ⟨Adj.⟩ (Kaufmannsspr.): *fällig zu zahlen:* z. bei Erhalt, binnen sieben Tagen, in drei Monatsraten; **zähl|bar** ⟨Adj.⟩: **1.** *sich zählen lassend:* während es ... zu schneien begann, -e Flocken, die auf der frostgedörrten Straße einzeln liegenblieben (Muschg, Sommer 187). **2. a)** *(von Mengen) durch eine bestimmte Stückzahl, Anzahl angebbar:* Mengenbezeichnungen wie „Dutzend" lassen sich nur auf -e Mengen anwenden; -e Erfolge (Sport; *Tore)* gab es nicht (Freie Presse 21. 8. 89, 5); **b)** (Sprachw.) *(von Substantiven) etw. bezeichnend, wovon zählbare* (2 a) *Mengen denkbar sind:* „Schnitzel" ist im Gegensatz zu „Fleisch" z.; **Zähl|bar|keit**, die; -: *das Zahlbarsein;* **Zähl|bar|keit**, die; -: *das Zählbarsein;* **Zahl|box**, die: *Behälter (z. B. in öffentlichen Verkehrsmitteln), in den man eine zu zahlenden Geldbetrag einwirft;* **Zahl|brett**, das: *Brett o. ä. auf das beim Zahlen das zu zahlende Geld gelegt wird (z. B. früher in Gasthäusern);* **Zähl|brett**, das: *Brett o. ä. mit Vertiefungen, die auf die verschiedenen Münzarten zugeschnitten sind, zum leichteren Zählen größerer Mengen von Hartgeld;* **zäh|le|big** ⟨Adj.⟩: *sehr widerstandsfähig gegen ungünstige Einflüsse, Verletzungen, Krankheiten o. ä.:* -e Organismen, Pflanzen, Tiere; Und was geschehen solle, wenn die -e Dorothea auch Rom und das

Zählebigkeit

fiebrige Klima dort überstehe? (Grass, Butt 199); Ü Als noch -er erwies sie (= die vordere Starrachse) sich freilich beim englischen Bruder des Taunus ...: Hier hielt sie sich bis 1959! (auto 6, 1965, 30); **Zäh|le|big|keit,** die; -: *das Zählebigsein.*
Zahl|e|mann: in der Verbindung **Z. und Söhne** (ugs. scherzh.; *es muß [viel] gezahlt werden;* scherzh. Nachahmung von [früher üblichen] Firmennamen, wobei das Verb „zahlen" zugrunde gelegt wird): wenn sie sich mit diesem Tempo blitzen, dann [heißt es] aber Z. und Söhne!; Ein Auto für die Dame, angemessene Wohnung, mindestens zwei Mille Unterhalt ... Z. und Söhne, ein Leben lang! (Hörzu 32, 1981, 90); **zah|len** ⟨sw. V.; hat⟩ [mhd. zal(e)n, ahd. zalōn = zählen, (be)rechnen; die Bed. „eine Geldsumme hingeben" gewann das Verb, weil das mittelalterliche Zahlbrett zugleich ein Rechengerät war]: **1. a)** *(einen Geldbetrag) als Gegenleistung o. ä. geben, bezahlen* (2): 50 Mark, eine bestimmte Summe, einen bestimmten Preis für etw. z.; an wen muß ich das Geld z.?; den Betrag zahle ich [in] bar, in Raten, mit einem Scheck, per Überweisung; Unsummen werden für Gemälde und Skulpturen berühmter Meister gezahlt (Thieß, Reich 52); aber wer zahlte wohl etwas für eine so verrufene Substanz, wie unser Schaumwein es war! (Th. Mann, Krull 68); was, wieviel habe ich zu z.? *(wieviel bin ich schuldig?);* ⟨auch o. Akk.-Obj.:⟩ z. muß der Verursacher des Schadens; die Versicherung will nicht z.; ich zahle in/mit Dollars, mit [meiner] Kreditkarte; er zahlt für uns mit *(bezahlte unsere Zeche mit);* er kann nicht z. *(ist bankrott, hat kein Geld);* Herr Ober, [ich möchte] bitte z.! *(ich möchte meine Rechnung bezahlen);* er zahlt immer noch an seinem Auto *(er ist immer noch dabei, es abzubezahlen);* zahlende Gäste *(Gäste, die für Unterkunft u. Verpflegung zahlen);* ⟨z. + sich:⟩ Der Verschleiß an so einem Wagen. Da zahlst du dich dumm und dämlich (ugs.; *das kostet dich sehr viel Geld;* Chotjewitz, Friede 126); R wer zahlt, schafft an *(wer die Kosten trägt, das Geld investiert, der hat das Sagen);* Ü immer zahlt der andere mit seinem Blut für ... die Politik Fouchés (St. Zweig, Fouché 79); **b)** *eine bestehende Geldschuld tilgen; etw., was man [regelmäßig] zu entrichten hat, bezahlen:* Miete, Steuern, Abgaben, Löhne, Versicherungsbeiträge, Rundfunkgebühren, den Mitgliedsbeitrag z.; [eine] Strafe z.; Deutschland mußte Reparationen z.; er muß ihr Unterhalt, eine Rente z.; sie hat ihm eine Abfindung, ein Schmerzensgeld, einen Finderlohn gezahlt; ... sollten die USA ... ihren Bauern nicht länger Prämien dafür z., daß sie weniger produzieren (Dönhoff, Ära 227). **2.** (ugs.) **a)** *(eine Ware, eine Dienstleistung) bezahlen* (1 a): das Hotelzimmer, das Taxi, die Reparatur z.; den Schaden zahlt die Versicherung *(für den Schaden kommt die Versicherung auf);* die Rechnung habe ich längst gezahlt *(beglichen);* kannst du mir die Fahrt, ein Bier z.?; ⟨auch o. Akk.-Obj.:⟩ welcher Antiquar zahlt denn am besten *(zahlt beim Ankauf die höchsten Preise)?;* **b)** *bezahlen* (1 b): die Putzfrau z.; er nennt das Geheimnis seines Erfolges: „Dem Gast das Beste geben, das Personal gut z. und selbst bescheiden sein." (Presse 16. 2. 79, 20); ⟨auch o. Akk.-Obj.:⟩ die Firma zahlt miserabel, recht ordentlich; Unter Tarif kann er ja nicht z. (Fallada, Mann 101); **zäh|len** ⟨sw. V.; hat⟩ [mhd. zel(le)n, ahd. zellan = (er-, auf)zählen; rechnen]: **1.** *eine Zahlenfolge [im Geiste] hersagen:* das Kind kann schon [bis hundert] z.; ich zähle bis drei. Wenn du dann nicht verschwunden bist, gibt es Ärger! **2.** *[zählend* 1 *u. addierend] die Anzahl (von etw.), den Betrag (einer Geldsumme) feststellen:* die Anwesenden z.; damit wir nicht dieselben Stellen zweimal überfliegen und die Tiere doppelt zählen (Grzimek, Serengeti 61); sein Geld z.; wie viele hast du gezählt *(wie viele sind es nach deiner Zählung)?;* Bundesweit werden ... über 100 000 Mitglieder gezählt *(gibt es über 100 000 Mitglieder;* Hamburger Rundschau 15. 5. 85, 4); er zählte das Geld auf den Tisch *(legte es in einzelnen Scheinen, Münzen hin u. zählte es dabei);* sie zählt schon die Stunden bis zu seiner Ankunft *(kann seine Ankunft kaum mehr erwarten);* Das Haus ist gebaut worden. Aber man kann die Nächte z., die sie unter seinem Dach geschlafen hat *(sie hat nur wenige Male darin genächtigt;* Chr. Wolf, Nachdenken 192); ⟨auch o. Akk.-Obj.:⟩ du hast offenbar falsch gezählt; Ü die Standuhr zählte ächzend die Zeit (Schnurre, Bart 192). **3.** (geh.) **a)** *eine bestimmte Anzahl von etw. haben:* die Stadt zählt 530 000 Einwohner; ein 1 000 Mann starkes Bataillon (Plievier, Stalingrad 144); er zählt 40 Jahre *(ist 40 Jahre alt);* man zählte das Jahr] 1880 (veraltend; *es war das Jahr 1880);* **b)** *in einer bestimmten Anzahl vorhanden sein:* die Opfer der Katastrophe zählten nach Tausenden; eine nach Millionen zählende Fangemeinde. **4. a)** *als zu einer bestimmten Kategorie zugehörend betrachten; rechnen* (4 a): ich zähle ihn zu meinen Freunden/(seltener:) unter meine Freunde; Unter der Harnorgane zählen wir die Nieren (Medizin II, 21); Außerdem werden oft auch die Hausbesitzer und Pensionäre zum Mittelstand gezählt (Fraenkel, Staat 196); **b)** *zu etw., zu einer bestimmten Kategorie gehören; rechnen* (4 b): die Menschenaffen zählen zu den Primaten; er zählt zu den bedeutendsten Autoren seiner Zeit; diese Tage zählen zu den schönsten seines Lebens; daß sogar Bischöfe zu seinen Schülern zählten *(unter seinen Schülern waren;* Thieß, Reich 216); auf der zu Frankreich zählenden Insel Réunion (Freie Presse 3. 1. 90, 5); die Pause zählt *(gilt)* nicht als Arbeitszeit. **5. a)** *wert sein:* das As zählt 11 [Punkte]; ein Turm zählt mehr als ein Läufer; Ein Ball, der nicht ... zurückgeschlagen wird, zählt einen Punkt für die Gegenpartei (Salomon, Boche 74); Ü das Leben eines Menschen zählt nicht mehr viel; **b)** *gewertet werden, gültig sein:* das Tor zählt nicht; es zählt nur der dritte Versuch; für die Wertung zählten die Ergebnisse von etwa 12 großen Rallyes (Frankenberg, Fahren 8); **c)** *als gültig ansehen, werten:* einen Versuch z.; das Tor wurde nicht gezählt; **d)** *Bedeutung haben, wichtig sein:* bei ihm/für ihn zählt nur die Leistung eines Mitarbeiters; nicht das Lebensalter zählt, sondern das Dienstalter; Die Leute meinen doch alle nur Stellung und Besitz, sonst zählt doch nichts (Brückner, Quints 9); er ..., dessen Worte mir so sehr zählten wie die der Bibel (Canetti, Augenspiel 174). **6.** *sich verlassen* (1): ich zähle auf dich, deine Hilfe, deine Verschwiegenheit; können wir heute abend auf dich z.? *(wirst du mitmachen, dabeisein?);* **Zäh|len|an|ga|be,** die: *Angabe* (1) *von Zahlen:* genaue -n machen; **Zäh|len|bei|spiel,** das: *Beispiel, in dem etw. mit Zahlen veranschaulicht wird;* **Zäh|len|dar|stel|lung,** die: *Darstellung einer Zahl mit Hilfe von Zahlzeichen;* **Zäh|len|fol|ge,** die (Math.): vgl. *Folge* (3): Z. nennt man jede Folge, die aus Zahlen besteht (Mathematik I, 510); **Zäh|len|ge|dächt|nis,** das: *Gedächtnis* (1) *für Zahlen:* sie hat ein phänomenales Z.; **Zäh|len|ge|ra|de,** die (Math.): *Gerade, deren Punkte zur Darstellung der reellen Zahlen dienen;* **Zäh|len|ko|lon|ne,** die: *Kolonne* (2) *von Zahlen:* Und während er dort wieder -n addierte, dressierte er in seiner Freizeit einen ... Spitz (Jaeger, Freudenhaus 9); Bis spät abends sitzen Wunderlich und Höfel über -n und Konstruktionszeichnungen (Spiegel 21, 1994, 62); **Zäh|len|kom|bi|na|ti|on,** die: [1]*Kombination* (1 a) *aus mehreren Zahlen:* ein grauer Safe ..., der mit einer Z. *(durch das Einstellen einer bestimmten Zahlenkombination)* zu öffnen war (M. L. Fischer, Kein Vogel 171); **Zäh|len|lot|te|rie,** die, **Zäh|len|lot|to,** das: *Lotto* (1): Z. spielen; Die verbreitetste Form des Zahlenlottos ist das Spiel „6 aus 49" (Mathematik II, 441); sie hat im Zahlenlotto [eine Million] gewonnen; **zah|len|mä|ßig** ⟨Adj.⟩: *bezüglich der Anzahl; an Zahl; numerisch:* eine -e Unterlegenheit; daß künftig bei den diplomatischen Vertretungen in beiden Ländern -e Parität gewahrt werden müsse (NZZ 23. 10. 86, 1); der Gegner ist z. weit überlegen; Nach Lenins Tod wuchs die Organisation zwar z. schnell ..., gleichzeitig aber verlor sie an revolutionärem Elan (Leonhard, Revolution 55); **Zäh|len|ma|te|ri|al,** das ⟨o. Pl.⟩: *vorliegende Zahlen, Zahlenangaben:* das vorliegende Z. reicht noch nicht aus; Z. sammeln; das Z. auswerten; **Zäh|len|my|stik,** die: *Form der Mystik, in der den Zahlen besondere Bedeutung zugeschrieben wird;* **Zäh|len|paar,** das: *Gesamtheit von zwei zusammengehörenden Zahlen;* **Zäh|len|rät|sel,** das: *Rätsel, bei dem bestimmte Zahlen ermittelt werden müssen;* Arithmograph; **Zäh|len|rei|he,** die: *Reihe von [aufeinanderfolgenden] Zahlen;* **Zäh|len|schloß,** das: *Schloß, das man durch Einstellen einer bestimmten Zahlenkombination öffnet;* **zäh|len|schwach** ⟨Adj.⟩: *zahlenmäßig schwach:* eine -e Bevölkerung von rund dreißigtausend Menschen (Scholl-Latour, Frankreich 506); **Zäh|len|ska|la,** die: vgl. *Skala* (1); **zäh|len|stark** ⟨Adj.⟩: *zahlenmäßig stark:* die -en

Jahrgänge durch die Bildungseinrichtungen zu führen (Rhein. Merkur 2. 2. 85, 22); **Zahlenstrahl**, der (Math.): *Strahl, dessen Punkte zur Darstellung der positiven Zahlen dienen;* **Zahlensymbolik**, die: *sinnbildliche Deutung, Anwendung bestimmter Zahlen;* **Zahlensystem**, das: *System von Zahlzeichen u. Regeln für die Darstellung von Zahlen:* „Duales" oder „dyadisches" Z. im Gegensatz zu unserem „dezimalen" Z., das auf den Potenzen von 10 aufbaut (Noelle, Umfragen 218); **Zahlentheorie**, die (Math.): *Teilgebiet der Mathematik, das sich mit den Zahlen, ihrer Struktur, ihren Beziehungen untereinander u. ihrer Darstellung befaßt;* **Zahlentripel**, das (Math.): *Gesamtheit von drei zusammengehörenden Zahlen;* **Zahlenwert**, der (Physik): *durch eine Zahl ausgedrückter Wert;* **Zahler**, der; -s, - : *jmd., der (in einer bestimmten Weise) seine Rechnungen o. ä. zahlt:* er ist ein pünktlicher, säumiger, guter, schlechter Z.; **Zähler**, der; -s, - [mhd. zel(l)er = Zählender, Rechner; 2: LÜ von mlat. numerator]: **1.** *mit einem Zählwerk arbeitendes, aus einem Zählwerk bestehendes Instrument (z. B. Wasseruhr, Kilometerzähler):* den Z. ablesen. **2.** (Math.) *bei Brüchen) Zahl, Ausdruck über dem Bruchstrich.* **3.** *jmd., der etw. zählt, der bei einer Zählung mitwirkt:* Das Amt für Verkehrsplanung ... sucht Z. (MM 11. 3. 78, 25). **4.** (Sport Jargon) **a)** *Treffer;* **b)** *Punkt:* Acht Z. beträgt der Vorsprung gegenüber dem Zweitplazierten (BNN 29. 6. 77, 5); einen Z. holen; **Zahlerin**, die; -, -nen: w. Form zu ↑ Zahler; **Zählerin**, die; -, -nen: w. Form zu ↑ Zähler (3); **Zählerstand**, der: *Stand (4c) eines Zählers (1):* den Z. ablesen, notieren; **Zahlform**, die (Sprachw. selten): *Numerus (1);* **Zählgerät**, das (Tischtennis): *Anzeigetafel, auf der der jeweilige Spielstand angezeigt wird;* **Zählgrenze**, die (Verkehrsw.): *(bei öffentlichen Nahverkehrsmitteln) Grenze eines bestimmten Bereichs, innerhalb dessen ein bestimmter Fahrpreis gilt;* **Zählkammer**, die (Med.): *aus zwei aufeinanderliegenden Glasplättchen, von denen das untere in viele sehr kleine Quadrate eingeteilt ist, bestehendes Hilfsmittel zum Zählen von Blutzellen unter dem Mikroskop;* **Zählkandidat**, der (Politik): *Kandidat, der keine Aussicht hat, gewählt zu werden, u. dessen Kandidatur z. B. den Zweck hat, die Zahl seiner Anhänger festzustellen:* ... daß Annemarie Renger in letzter Minute noch die Aufgabe des -en übernommen hatte (MM 25. 5. 79, 2); **Zählkandidatin**, die (Politik): w. Form zu ↑ Zählkandidat; **Zahlkarte**, die (Postw.): *Formblatt für Einzahlungen auf Postämtern;* **Zählkarte**, die (Golf): *Scorekarte;* **Zahlkellner**, der: *Kellner, bei dem der Gast bezahlt; Oberkellner;* **Zahlkellnerin**, die: w. Form zu ↑ Zahlkellner; **zahllos** ⟨Adj.⟩ (emotional): *sehr viele:* dafür gibt es -e Beispiele; -e Angestellte; ein Inselgewirr, z. *(zahlreich 2)* wie eines Erdteils Trümmer (Jacob, Kaffee 107); **Zahlmaß**, die, *Mengenmaß, mit dem sich Stückzahlen angeben lassen (z. B. Dutzend);* **Zahlmeister**, der: *jmd., der in einem bestimm-*

ten Bereich für die finanziellen Angelegenheiten, für den Einkauf von Proviant u. a. zuständig ist, der Gelder verwaltet u. im Auftrag [Aus]zahlungen vornimmt: er war Z. beim Heer, am Hofe des Fürsten, auf einer Kanalfähre; Ü Die Stromwirtschaft ist für milliardenschwere Abenteuer exakt so lange zu haben, wie der Staat den Z. macht *(die Kosten trägt;* natur 5, 1991, 11); **Zahlmeisterin**, die: w. Form zu ↑ Zahlmeister; **Zählmuster**, das (Handarb.): *als Vorlage zur Anfertigung mehrfarbig gemusterter Handarbeiten dienendes Muster (1), aus dem zu ersehen ist, wie sich die verschiedenen Farben auf die Maschen verteilen;* **zahlreich** ⟨Adj.⟩: **1.** *sehr viele:* -e schwere Unfälle; -e Beamte; -e Male hätten Mutschmann und dessen Ehefrau Minna ... gastliche Aufnahme gefunden (Heym, Schwarzenberg 151); solche Fälle sind nicht sehr z. *(häufig);* ich freue mich, daß ihr so z. *(in so großer Zahl)* gekommen seid. **2.** *aus vielen einzelnen Personen od. Dingen bestehend, umfangreich, groß:* seine -e Nachkommenschaft; Sie blieben in guter -er Gesellschaft zurück (Seghers, Transit 263); dazu noch die -e Post, die gewissenhaft gelesen ... werden soll (Mayröcker, Herzzerreißende 130); **Zählreim**, der (selten): *Abzählreim;* **Zählrohr**, das (Technik): *Geigerzähler;* **Zählschalter**, der: *Schalter, an dem Ein-, Auszahlungen vorgenommen werden;* **Zählspiel**, das (Golf): *Spiel, bei dem derjenige Sieger wird, der die wenigsten Schläge benötigt;* **Zahlstelle**, die: **1.** vgl. Zahlschalter. **2.** (Bankw.) *Domizil (2);* **Zahlstellenwechsel**, der (Bankw.): *unechter Domizilwechsel;* **Zahlsubstantiv**, das (Sprachw.): vgl. *Zahlwort:* das Z. „Million" wird immer groß geschrieben; **Zahltag**, der: *Tag, an dem etw., bes. ein Arbeitsentgelt, [aus]gezahlt wird;* **Zahlteller**, der: *Zahlbrett;* **Zahltisch**, der: vgl. Zahlschalter. **Zahlung**, die; -, -en: **1.** *das Zahlen:* die Z. erfolgte in bar; eine Z. leisten; Tapezierer und Schreiner ... lieferten ihre Arbeiten und Waren, ohne sofortige Z. zu fordern (R. Walser, Gehülfe 67); die Firma hat die -en eingestellt (verhüll.; *hat Konkurs gemacht);* er wurde zur Z. einer Entschädigung verurteilt; * **etw. in Z. nehmen** (Kaufmannsspr.; 1. *beim Verkauf einer Ware gleichzeitig vom Käufer eine gebrauchte Ware übernehmen u. dafür den Verkaufspreis um einen bestimmten Betrag ermäßigen:* der Händler hat meinen alten Wagen [für 1 000 Mark] in Z. genommen. 2. *etw. als Zahlungsmittel akzeptieren:* Essenmarken in Z. nehmen); **etw. in Z. geben** (Kaufmannsspr.; *etw. hingeben, was das andere in Zahlung nimmt);* **an -s Statt** (veraltet; *an Stelle einer Zahlung von Geld).* **2.** *gezahlter Geldbetrag:* die Z. ist noch nicht auf meinem Konto eingegangen; **Zählung**, die; -, -en: *das Zählen:* eine Z. durchführen; **Zahlungsabkommen**, das (Wirtsch.): *Abkommen über den Zahlungsmodus bei einem bestimmten Geschäft;* **Zahlungsanweisung**, die: *Anweisung für eine Zahlung;* **Zahlungsart**, die: *Art, in der eine Zahlung erfolgt:* das Abbuchungsverfahren ist eine wichtige Z.; **Zah-**

lungsaufforderung, die: *Aufforderung, eine [schon längst fällige] Zahlung zu leisten;* **Zahlungsaufschub**, der: *Aufschub einer fälligen Zahlung:* jmdm. Z. gewähren; **Zahlungsbedingungen** ⟨Pl.⟩ (Wirtsch.): *Vereinbarungen über die Zahlungsweise;* **Zahlungsbefehl**, der (Rechtsspr. veraltet): *Mahnbescheid:* einen Z. erlassen, bekommen; jmdm. einen Z. schicken; etw. per Z. eintreiben; **Zahlungsbilanz**, die (Volkswirtschaft): *zusammengefaßte Bilanz über alle zwischen dem In- und Ausland erfolgten Transaktionen:* Verteidigungsminister Watkinson verweist auf die britische Z. (FAZ 3. 6. 61, 3); **Zahlungsboykott**, der: *[organisierte, kollektive] Verweigerung einer Zahlung (bes. als Ausdruck des Protests, als Druckmittel in einer politischen Auseinandersetzung):* Die Arbeitsgemeinschaft bayrischer Krankenkassen rief sogar zu einem Z. auf (Zeit 16. 5. 86, 39); **Zahlungseinstellung**, die (Wirtsch.): *Einstellung der Zahlungen (durch ein Unternehmen bei Konkurs);* **Zahlungsempfänger**, der: *jmd., an den etw. gezahlt wird;* **Zahlungsempfängerin**, die: w. Form zu ↑ Zahlungsempfänger; **Zahlungserinnerung**, die (Amtsspr.): *Mahnung (2b);* **Zahlungserleichterung**, die: *Erleichterung (b) bei der Zahlung einer Schuld, bes. bei der Bezahlung eines Kaufpreises (z. B. die Vereinbarung von Ratenzahlung):* -en tragen zur Umsatzsteigerung bei; -en vereinbaren; **zahlungsfähig** ⟨Adj.⟩: *in der Lage zu zahlen; solvent, liquid (2);* **Zahlungsfähigkeit**, die ⟨o. Pl.⟩: *Solvenz, Liquidität (1);* **Zahlungsfrist**, die: *Frist, innerhalb deren eine bestimmte Zahlung zu leisten ist;* **zahlungshalber** ⟨Adv.⟩ (Papierdt.): *zum Zwecke einer Zahlung;* **zahlungskräftig** ⟨Adj.⟩ (ugs.): *finanziell so gestellt, daß eine höhere Summe ohne weiteres gezahlt werden kann; sich hohe Ausgaben leisten könnend:* -e Kunden, Touristen, Kaufinteressenten; dann würde der Brauereibesitzer auf -ere Mieter als auf den Güterhallenarbeiter Kühn schauen (Kühn, Zeit 108); **Zahlungsmittel**, das: *etw., womit man etw. bezahlen kann (z. B. Geld, Scheck):* ein gesetzliches Z.; **Zahlungsmodalität**, die ⟨meist Pl.⟩ (bildungsspr.): vgl. Zahlungsbedingungen: *schriftliche Verträge, aus denen sich nicht allein ... Preis und -en ergeben* (tennis magazin 10, 1986, 131); **Zahlungsmodus**, der (bildungsspr.): *Zahlungsart;* **Zahlungsmoral**, die: *Verläßlichkeit beim Bezahlen fälliger Beträge:* eine schlechte Z.; ... die Z. der Kunden sei im übrigen „hervorragend" (Saarbr. Zeitung 14. 3. 80, 4); **Zahlungsort**, der: *[festgelegter, vereinbarter] Ort, an dem eine Zahlung erfolgt, bes. ein Wechsel ausbezahlt wird;* **Zahlungspflicht**, die: *Pflicht zu zahlen;* **zahlungspflichtig** ⟨Adj.⟩: *verpflichtet zu zahlen;* **Zahlungsschwierigkeiten** ⟨Pl.⟩: *Schwierigkeiten bei der Zahlung einer Schuld, beim Bezahlen fälliger Beträge o. ä.:* in Z. geraten; in Z. sein; **Zahlungstermin**, der: *Termin, zu dem eine Zahlung geleistet werden muß;* **zahlungsunfähig** ⟨Adj.⟩: *nicht in der Lage zu zahlen; insolvent, illiquid;* **Zahlungs-**

un|fä|hig|keit, die: *das Zahlungsunfähigsein;* **zah|lungs|un|wil|lig** ⟨Adj.⟩: *sich weigernd, nicht bereit zu zahlen:* ob da nun ein Gangster von einem Rivalen fertiggemacht worden sei oder vielleicht ein -er Freier vom Freund des betreffenden Mädchens (Erné, Fahrgäste 263); **Zahlungs|ver|kehr,** der ⟨o. Pl.⟩: vgl. Geldverkehr: im bargeldlosen Z.; **Zah|lungs|verpflich|tung,** die: *das Verpflichtetsein zu einer Zahlung:* seinen -en [nicht] nachkommen; **Zah|lungs|ver|zug,** der: *Verzug (1) der Zahlung:* Nein, von einem Bruch der Peruaner mit der Weltbank könne gar keine Rede sein, der Z. sei technisch motiviert (Enzensberger, Mittelmaß 174); in Z. geraten, kommen; er ist [bei der Miete] in Z.; **Zah|lungs|weise,** die: **a)** vgl. Zahlungsart; **b)** (Kaufmannsspr.) *die Fälligkeit[en] betreffende Zahlungsmodalitäten:* eine vierteljährliche Z. vereinbaren; **zah|lungs|wil|lig** ⟨Adj.⟩: *bereit zu zahlen;* **Zah|lungs|ziel,** das (Kaufmannsspr.): *Zahlungsfrist:* Z. 1 Monat *(zahlbar einen Monat nach Lieferung);* **Zahl|va|ter,** der: *jmd., der auf Grund seiner Vaterschaft zur Zahlung von Unterhalt* (1 b) *verpflichtet ist:* Weil das Kind ... unehelich ist, darf der Vater nur „Zahlvater" sein. Über die Erziehung bestimmt allein die Mutter (Stern 46, 1981, 69); **Zähl|werk,** das: *[mechanische] Vorrichtung, die automatisch Stückzahlen, Durchflußmengen od. andere Größen ermittelt u. anzeigt;* Zähler (1): ein mechanisches, elektronisches Z.; **Zahl|wort,** das ⟨Pl. ...wörter⟩ [nach lat. nomen numerale] (Sprachw.): *Wort, bes. Adjektiv, das eine Zahl, eine Anzahl, eine Menge o. ä. bezeichnet;* Numerale: „ein" ist hier nicht Artikel, sondern Z.; unbestimmte Zahlwörter; bei den Zahlwörtern unterscheidet man Kardinal- und Ordinalzahlen; **Zahl|zei|chen,** das: *Zeichen, das für eine Zahl steht;* Ziffer: arabische, römische Z.; **Zähl|zwang,** der (Psych.): *krankhafter Zwang, irgend etwas zu zählen:* einen Z. haben; unter Z. leiden.

zahm ⟨Adj.⟩ [mhd., ahd. zam, rückgeb. aus mhd. zamen = zähmen, vertraut werden, ahd. zamōn = zähmen od. unmittelbar zu ↑zähmen]: **1. a)** *an die Nähe von Menschen, an das Leben unter Menschen gewöhnt, keine Scheu vor dem Menschen habend, zutraulich:* eine -e Dohle; die Eichhörnchen im Park sind ganz z.; bei sämtlichen in Gefangenschaft oder z. in Freiheit brütenden Vögeln (Lorenz, Verhalten I, 201); **b)** *(von Tieren) sich nicht wild, nicht angriffslustig zeigend u. deshalb nicht gefährlich:* ich gebe dir das -ste unserer Pferde; der Ziegenbock ist ganz z., du kannst ihn ruhig streicheln; Ü ... präsentiert sich die Aare um Bern herum ... nur noch als -es Flüßchen (Bund 11. 10. 83, 32); der Vulkan ist nicht immer so z., wie du ihn erlebt hast. **2.** (ugs.) **a)** *gefügig, brav, sich nicht widersetzend:* eine ausgesprochen -e Klasse; Es geht ... alles dahin, die liebe Jugend frühzeitig z. zu machen und der Natur ... und alle Wildheit auszutreiben (Kunze, Jahre 46); Sollte er diesen widerspenstigen Lehrling nicht z. kriegen? (Strittmatter, Wundertäter 142); **b)** *gemäßigt, milde:* eine sehr -e Kritik; jmdn. nur z. zurechtweisen; Ü Der 190 E kam bei nicht allzu -er *(verhaltener, gemächlicher)* Fahrweise ... mit insgesamt 9,5 Litern auf hundert Kilometer aus (NZZ 23. 12. 83, 39); **zähm|bar** ⟨Adj.⟩: *sich zähmen* (1) *lassend:* diese Tiere sind nur schwer z.; **Zähm|bar|keit,** die; -: *das Zähmbarsein;* **zäh|men** ⟨sw. V.; hat⟩ [mhd. zem(m)en, ahd. zemmen, wohl eigtl. = ans Haus fesseln]: **1.** *(ein Tier) zahm machen, ihm seine Wildheit nehmen:* ein wildes Tier z.; Torfspitze, die der Mensch der Pfahlbauzeit als erster gezähmt hatte (Th. Mann, Krull 353); Ü die Natur, die Naturgewalten z.; Wie Jan es zuwege gebracht hatte, dieses Kind zu z. in so kurzer Zeit, das ist mir unerklärlich (Rinser, Jan Lobel 43); daß sich der Fürst auf das Bürgertum stützt, bis er den Adel gezähmt hat (Fraenkel, Staat 32). **2.** (geh.) *bezähmen* (1): seine Begierden, seine Neugier, seinen Trieb z.; Er hätte nur seinen Überlegenheitsfimmel ein wenig z. ... müssen (Feuchtwanger, Erfolg 705); er wußte sich kaum noch zu z.; **Zähm|heit,** die; -: **1. a)** *das Zahmsein, zahmes* (1 a) *Wesen:* ein zu spätes Erlöschen aller Triebe, die auf die Eltern Bezug haben, und eine damit einhergehende übergroße Z. (Lorenz, Verhalten I, 48); **b)** *das Zahmsein, zahmes* (1 b) *Wesen:* van meine ... Sicherheit im Umgang mit Raubkatzen zu zeigen, löste sich im Vertrauen auf die Z. ... des Tieres Kette und Halsband (Stern, Mann 70). **2.** *das Zahmsein, zahmes* (2) *Wesen;* **Zäh|mung,** die; -, -en ⟨Pl. selten⟩: *das Zähmen, Gezähmtwerden.*

Zahn, der; -[e]s, Zähne [mhd. zan(t), ahd. zan(d), eigtl. = der Kauende; 4: wohl nach dem mit Zähnen (3) versehenen Teil, an dem früher der Handgashebel entlanggeführt wurde]: **1.** *in einem der beiden Kiefer entstehendes, gewöhnlich in die Mundhöhle ragendes [spitzes, scharfes] knochenähnliches Gebilde, das bes. zur Zerkleinerung der Nahrung dient:* scharfe, spitze, strahlend weiße, regelmäßige, schöne, gepflegte, gesunde, schlechte, stumpfe, gelbe, kariöse, faule Zähne; ein hohler, lockerer, kranker Z.; die Zähne kommen, brechen durch; der Z. wackelt, schmerzt; mir ist ein Z. abgebrochen; der Z. muß gezogen werden; ihm fallen die Zähne aus; Meine Zähne schlugen aufeinander vor Erregung (Simmel, Affäre 32); du mußt [dir] öfter die Zähne putzen; er hat noch die ersten, schon viele bleibende Zähne; der Hund zeigte, fletschte, bleckt die Zähne; einen Z. plombieren, füllen; jmdm. einen Z. ausschlagen; jmdm. die Zähne einschlagen; Nimm die Zähne auseinander, Kerl. Laut und deutlich sprechen (B. Vesper, Reise 319); Paß auf, Alter, du spuckst gleich Zähne (salopp; *ich schlage dir gleich die Zähne ein;* Hornschuh, Ich bin 26); falsche Zähne haben *(ein Gebiß tragen);* durch die Zähne pfeifen; „Schlimm genug", sagte Nello hinter geschlossenen Zähnen (H. Mann, Stadt 58); mit den Zähnen knirschen; Ich fing an, mir den Salat zwischen die Zähne zu schieben (salopp; *den Salat zu essen;* Plenzdorf, Leiden 69); er murmelte etwas zwischen den Zähnen *(artikulierte nicht deutlich);* Ü Der Z. des Zweifels und der Sorge nagt nicht an ihnen *(keine Zweifel u. Sorgen zehren an ihnen;* Remarque, Obelisk 218); * **dritte Zähne** *(künstliches Gebiß):* Wenn die „dritten Zähne" zur Reparatur müssen ... (Hörzu 6, 1974, 108); **der Z. der Zeit** (ugs.; *die in Verfall, Abnutzung sich zeigende zerstörende Kraft der Zeit;* wohl LÜ von engl. tooth of time, Shakespeare, Maß für Maß, V, 1): dem Z. der Zeit zum Opfer fallen; der Z. der Zeit nagt auch an diesem Baudenkmal; **jmdm. tut kein Z. mehr weh** (ugs.; *jmd. ist tot);* **jmdn. den Z. ziehen** (ugs.; *jmdm. eine Illusion, Hoffnung nehmen);* **[jmdm.] die Zähne zeigen** (ugs.; *[jmdm. gegenüber] Stärke demonstrieren, [jmdm.] zeigen, daß man entschlossen ist, sich durchzusetzen;* nach der Drohhaltung von Hunden u. bestimmten Raubtieren, die das Maul weit aufreißen od. bei geschlossenem Maul die Lippen auseinanderziehen, so daß die Zähne als bedrohlich sichtbar werden): Der Rechtsstaat darf nicht ... daran gehindert werden, politisch motivierten Terroristen die Zähne zu zeigen (MM 29. 9. 92, 1); **die Zähne zusammenbeißen** (ugs.; *ein Höchstmaß an Selbstbeherrschung aufbieten, um etw. sehr Unangenehmes, Schmerzhaftes ertragen zu können;* nach der Beobachtung, daß Menschen bei großer Anstrengung, bei Schmerz, Wut o. ä. die Zähne fest zusammenbeißen): Werden Sie nicht schwach. Beißen Sie die Zähne zusammen. Dann schaffen Sie es (Petra 11, 1966, 73); **die Zähne nicht auseinanderkriegen** (ugs.; *sich nicht äußern, nichts sagen, schweigen):* Der stand immer nur dumm rum ... und hat die Zähne nicht auseinandergekriegt (Hölscher, Keine 68); **sich** ⟨Dativ⟩ **an etw. die Zähne ausbeißen** (ugs.; *an einer schwierigen Aufgabe trotz größter Anstrengungen scheitern);* **sich** ⟨Dativ⟩ **an jmdm. die Zähne ausbeißen** (ugs.; *mit jmdm. nicht fertig werden; sich vergeblich bemühen, jmdn. zu etw. Bestimmtem zu veranlassen);* **lange Zähne machen/mit langen Zähnen essen**/(selten:) **die Zähne heben** (ugs.; *beim Essen erkennen lassen, daß es einem nicht schmeckt;* nach der Beobachtung, daß man bei Widerwillen das Gesicht verkrampft u. dabei die oberen Zähne entblößt); **jmdm. auf den Z. fühlen** (ugs.; *jmdn. einer sehr kritischen Prüfung, Überprüfung unterziehen;* der Zahnarzt versuchte früher an der Reaktion des Patienten zu erkennen, welcher Zahn der kranke war, indem er mit den Fingern die in Frage kommenden Zähne beklopfte od. beklopfen ließ): die Kommission fühlte den Bewerbern gründlich auf den Z.; Man fühlte mir politisch auf den Z. (Niekisch, Leben 120); **bis an die Zähne bewaffnet** *(schwer bewaffnet);* **[nur] für einen/den hohlen Z. reichen/sein** (salopp; *[von Eßbarem] bei weitem nicht ausreichend, allzu wenig sein):* das Steak war für einen hohlen Z.; **etw. mit Zähnen und Klauen verteidigen** (ugs.; *etw. äußerst entschlossen u. mit allen verfügbaren Mitteln verteidigen):* seine Privilegien, Besitzstände mit Zähnen und Klauen verteidigen; [et]was, nichts, nichts Ordentliches o. ä. zwischen die Zähne kriegen (ugs.; etwas, nichts, nichts Nahrhaftes o. ä. zu essen bekommen); ♦ einen Z. auf jmdn., etw. haben (*über jmdn., etw. sehr verärgert, wütend sein;* wohl LÜ von frz. avoir une dent contre quelqu'un): Die weltlichen Stände, meine Nachbarn, haben alle einen Z. auf mich (Goethe, Götz II); der Nordostwind, der auch seinen Z. auf die Stadt haben muß, kam uns trefflich zustatten und half die Flamme bis hinauf in die obersten Giebel jagen (Schiller, Räuber II, 3). **2.** (Zool.) *einem spitzen Zahn* (1) *gleichendes Gebilde auf der Haut eines Haifisches; Plakoidschuppe.* **3.** zackenartiger Teil, Zacke: die Zähne einer Säge, eines Kamms, einer Briefmarke, eines Laubblatts; an dem Ritzel fehlt ein Z.; die Räder stehen dann Z. auf Z. im Getriebe (Frankenberg, Fahren 55); Das Schärfen der Säge erfolgt Z. um Z. mit einer Dreikantfeile (Freie Presse 4. 11. 88, Beilage, S. 6). **4.** (ugs.) *hohe Geschwindigkeit:* der Wagen hatte einen ziemlichen, einen ganz schönen Z. drauf; er kam mit einem höllischen Z. um die Kurve; * **einen Z. zulegen** (ugs.; *seine Geschwindigkeit, sein [Arbeits]tempo [deutlich] steigern*): Leg noch 'nen Z. zu, Emil, ich hab' das eilig! (Fallada, Jeder 43). **5.** (Jugendspr. veraltend) *junges Mädchen, junge Frau:* ein heißer, steiler Z.; Ich bin mit dem Z. ungefähr 'ne Stunde da dringeblieben. Wir haben zwei Nummern geschoben (Bukowski [Übers.], Fuck 75); **Zahn|al|veo|le**, die (Zahnmed.): Alveole (a); **Zahn|ar|me**, der ⟨meist Pl.⟩ (Zool.): *Vertreter einer Ordnung sehr primitiver Säugetiere, bei denen die meisten Arten keine od. nur wenige Zähne haben;* **Zahnarzt**, der: *Arzt, der Zähne behandelt:* er ist Z.; zum Z. gehen, müssen; **Zahn|ärz|te|kam|mer**, die: vgl. Ärztekammer; **Zahn|ärz|te|schaft**, die: vgl. Ärzteschaft; **Zahn|arzt|hel|fer**, der: vgl. Arzthelfer; **Zahn|arzt|hel|fe|rin**, die: w. Form zu ↑Zahnarzthelfer; **Zahn|arzt|ho|no|rar**, das: *für eine zahnärztliche Leistung zu zahlendes Honorar;* **Zahn|ärz|tin**, die: w. Form zu ↑Zahnarzt ⟨Pl.⟩: vgl. Arztkosten; **zahn|ärzt|lich** ⟨Adj.⟩: vgl. ärztlich: in -er Behandlung sein; ♦ **zahn|arzt|mä|ßig** ⟨Adj.⟩ [die ma. „Zahnbrecher" machten bes. auf Jahrmärkten lautstark für ihre Dienste Werbung]: *in der Art eines [marktschreierischen] Zahnarztes:* Der Ruf ... hatte Euch so z. herausgestrichen, daß ich mich überreden ließ zu wünschen: möchtest du doch diese Quintessenz des männlichen Geschlechts, den Phönix Weislingen, zu Gesicht kriegen (Goethe, Götz II); **Zahn|arzt|pra|xis**, die: vgl. Arztpraxis; **Zahn|arzt|rech|nung**, die: vgl. Arztrechnung; **Zahn|arzt|stuhl**, der: *Behandlungsstuhl eines Zahnarztes;* **Zahn|aus|fall**, der ⟨o. Pl.⟩ (Zahnmed.): *das Ausfallen von Zähnen;* **Zahn|be|cher**, der: *Zahnputzbecher;* **Zahn|be|hand|lung**, die: *zahnärztliche Behandlung;* **Zahn|be|hand|lungs|schein**, der: *Krankenschein für eine Zahnbehandlung;* **Zahn|bein**, das ⟨o. Pl.⟩ (Zahnmed.): *Knochensubstanz,*

aus der das Innere der Zähne besteht; Dentin (1); **Zahn|be|lag**, der (Zahnmed.): *grauweißer Belag auf den Zähnen; Plaque* (2): harte, weiche Zahnbeläge: Die allmähliche Zerstörung von Bindegewebe und knöchernem Zahnbett geht auf bakteriellen Z. (Plaque) zurück (Spiegel 50, 1981, 223); **Zahn|bett**, das (Zahnmed.): *Knochen- u. Bindegewebe, in dem ein Zahn wurzelt;* **Zahn|bett|ent|zün|dung**, die (Zahnmed.): *Parodontitis;* **Zahn|bett|er|kran|kung**, die (Zahnmed.): *Erkrankung des Zahnbetts;* **Zahn|bett|schwund**, der (Zahnmed.): *Parodontose;* **Zahn|bo|gen**, der (Zahnmed.): *bogenförmige Zahnreihe:* die obere, untere Z.; Außerdem laufen Bläser mit Aufbiß ... Gefahr, ... Mißbildungen der Zahnbögen zu erleiden (Orchester 7/8, 1984, 618); **Zahn|boh|rer**, die (Zahnmed.): *Bohrer des Zahnarztes;* ♦ **Zahn|bre|cher**, der [im 14. Jh. zanbrecher, urspr. allgemeine Bez. für einen Zahnarzt, aber schon bald in verächtlichem Sinne verwendet; vgl. zahnarztmäßig]: *umherziehender [u. seine Heilkünste anpreisender] Arzt:* Und es kommt alle Tage ein neuer Z., der unsere Hoffnungen und Wünsche mißbraucht (Goethe, Lila 1); **Zahn|bür|ste**, die: *kleine, langstielige Bürste zum Reinigen der Zähne:* eine weiche, harte, elektrische Z.; **Zahn|chen**, das: Vkl. zu ↑Zahn (1–3); **Zahn|creme**, die: *Zahnpasta;* **Zahn|durch|bruch**, der (Zahnmed.): *das Durchbrechen eines sich entwickelnden Zahnes durch das Zahnfleisch; Dentition;* **Zäh|ne|blecken**[1], das; -s: *das Blecken* (2) *der Zähne;* **zäh|ne|bleckend**[1] ⟨Adj.⟩: *die Zähne bleckend* (2); **Zäh|ne|flet|schen**, das; -s: *das Zähneblecken;* **zäh|ne|flet|schend** ⟨Adj.⟩: vgl. zähnebleckend: Die Frau hielt den Hund am Halsband zurück, eine nackte -e Dogge (Rolf Schneider, November 213); Ü Abel Ruan lachte sein breites -es Lachen (Stories 72 [Übers.], 72); **Zäh|ne|klap|pern**, das; -s: *das Klappern* (1 b) *mit den Zähnen;* **zäh|ne|klap|pernd** ⟨Adj.⟩: *mit den Zähnen klappernd:* zitternd und z. stand sie in der Kälte; **Zäh|ne|knir|schen**, das; -s: *das Knirschen mit den Zähnen;* **zäh|ne|knir|schend** ⟨Adj.⟩: **1.** *mit den Zähnen knirschend* (b). **2.** *seinen Unmut, Ärger, Zorn, Widerwillen unterdrückend:* schließlich zahlte er z. z.; führte er den Befehl aus; Als einfacher Bauer hätte er das erlittene Unrecht z. hinnehmen müssen (NJW 19, 1984, 1088); **zäh|neln** ⟨sw. V.; hat⟩: **a)** (selten) *zähnen;* **b)** (landsch.) *zahnen;* **zah|nen** ⟨sw. V.; hat⟩: *die ersten Zähne bekommen:* Setzte man zahnende Kinder auf ein Pferd, so zahnten sie sofort schmerzlos (Dwinger, Erde 204); **zäh|nen** ⟨sw. V.; hat⟩: *mit Zähnen* (3) *versehen:* ist die Briefmarke gezähnt od. geschnitten?; der Baum hat kleine ovale Blätter mit gezähntem Rand; **Zäh|ne|put|zen**, das; -s: *das Putzen der Zähne, das Sich-die-Zähne-Putzen:* nach dem Essen das Z. nicht vergessen; **Zahn|er|kran|kung**, die: vgl. Zahnkrankheit; **Zahn|er|satz**, der: *Ersatz für einen od. mehrere Zähne; künstlicher Zahn:* herausnehmbarer, festsitzender Z.; Z. eingliedern;

Zahn|ex|trak|ti|on, die (Zahnmed.): *Extraktion eines Zahns;* **Zahn|fach**, das (Zahnmed.): Alveole (a); **Zahn|fäu|le**, die (Zahnmed.): *Karies* (2); **Zahn|fehl|stel|lung**, die (Zahnmed.): *falsche Zahnstellung;* **Zahn|fie|ber**, das [zu ↑zahnen] (Med.): *beim Zahnen auftretende [fiebrige] Erkrankung;* **Zahn|fi|stel**, die: *durch eine eitrige Entzündung in der knöchernen Umgebung eines Zahnes hervorgerufene Fistel;* **Zahn|fleisch**, das [mhd. zan(t)vleisch, spätahd. zandfleisc]: *Teil der Mundschleimhaut, der die Kieferknochen bedeckt u. die Zahnhälse umschließt:* das Z. ist entzündet; Ich entblöße nicht beim Lachen das obere Z. (Handke, Kaspar 68); * **auf dem Z. gehen** (ugs.; *in höchstem Maße erschöpft sein, keine Kraft mehr haben*); **Zahn|fleisch|ab|szeß**, der, (österr. auch): das: *Abszeß an der Zahnwurzel;* **Zahn|fleisch|blu|ten**, das; -s: *das Bluten des Zahnfleisches:* Z. haben; **Zahn|fleisch|ent|zün|dung**, die (Zahnmed.): *Entzündung des Zahnfleischs;* **Zahn|fleisch|ge|schwulst**, die: *Geschwulst am Zahnfleisch;* **Zahn|fleisch|schwund**, der (Zahnmed.): *Parodontose:* der Z. ist schon weit fortgeschritten; **Zahn|fleisch|ta|sche**, die (Zahnmed.): *als Folge einer Erkrankung des Zahnfleischs, des Zahnbetts entstandener Hohlraum zwischen Zahnhals u. Zahnfleisch;* **Zahn|for|mel**, die (Biol.): *(für eine bestimmte [Tier]art geltende) aus zwei übereinanderstehenden Zahlenreihen bestehende Formel, die angibt, aus wieviel Zähnen das Gebiß besteht u. wie viele von jeder einzelnen Art (Schneidezahn, Mahlzahn usw.) vorhanden sind:* Rind und Rothirsch haben dieselbe Z.; **Zahn|füll|ung**, die (Zahnmed.): *Füllung* (2 b); *Plombe* (2); **Zahn|ge|sund|heit**, die: *Gesundheit der Zähne:* die Erhaltung der Z.; **Zahn|glas**, das: *Zahnputzglas;* **Zahn|gold**, das: *für Zahnfüllungen od. -ersatz verwendetes Gold;* **Zahn|hals**, der: *Teil des Zahnes zwischen Zahnkrone u. Zahnwurzel;* **Zahn|hal|te|ap|pa|rat**, der (Zahnmed.): *Gesamtheit der Teile des Mundes, die den Zähnen festen Halt geben;* **Zahn|heil|kun|de**, die: *Zahnmedizin, Dentologie;* **Zahn|höh|le**, die (Zahnmed.): *im Innern eines Zahns liegender (mit Zahnmark ausgefüllter) Hohlraum;* **zah|nig** ⟨Adj.⟩ (veraltet) **a)** *Zähne* (1) *habend, aufweisend;* **b)** *gezähnt;* **-zah|nig**, (seltener): **-zäh|nig**: in Zusb., z. B. fünfzahnig *(fünf Zähne habend),* scharfzahnig *(scharfe Zähne habend);* **Zahn|im|plan|tat**, das (Zahnmed.): *die Zahnwurzel ersetzendes Implantat, das, in den Kieferknochen eingepflanzt, zur Aufnahme einer künstlichen Zahnkrone [u. zur Verankerung von Abstützung weiterer Zahnersatzes] dient;* **Zahn|ka|ri|es**, die (Zahnmed.): *Karies* (2); **Zahn|karp|fen**, der [im Gegensatz zu den Karpfenfischen hat dieser Fisch Zähne]: *(in vielen Arten in tropischen u. subtropischen Gewässern vorkommender) meist kleiner, oft prächtig gefärbter Knochenfisch;* **Zahn|keim**, der (Zahnmed.): *noch nicht voll entwickelter, noch nicht durchgebrochener Zahn;* **Zahn|klam|mer**, die: *Zahnspange;* **Zahn|klemp|ner**, der (ugs. scherzh., auch abwertend): *Zahnarzt;* **Zahn|klemp|ne|rin**,

Zahnklinik

die (ugs. scherzh., auch abwertend): w. Form zu ↑Zahnklempner; **Zahn|kli|nik,** die: *zahnmedizinische Klinik;* **zahn|krank** ⟨Adj.⟩: *an einer Zahnkrankheit leidend;* **Zahn|krank|heit,** die: *die Zähne befallende Krankheit;* **Zahn|kranz,** der (Technik): *ringförmiger, außen mit Zähnen (3) versehener Teil einer Maschine o. ä.;* **Zahn|kro|ne,** die (Zahnmed.): *oberer, aus dem Zahnfleisch ragender, mit Schmelz überzogener Teil eines Zahns;* **Zahn|labor,** das (ugs.): *zahntechnisches Labor:* Im Z. des Doktor Truitt, der akademische Titel ist vom Volke verliehen, laufen die Fäden zusammen (Heym, Nachruf 478); **Zahn|laut,** der (Sprachw.): *Konsonant, der mit Hilfe der Zungenspitze an den oberen Schneidezähnen od. in ihrer Nähe artikuliert wird; Dental;* **Zähn|lein,** das; -s, -: Vkl. zu ↑Zahn (1–3); **Zahn|li|lie,** die (Bot.): *Hundszahn;* **zahn|los** ⟨Adj.⟩: *keine Zähne habend:* ein -er Greis; Auch der -e Mund ging dabei auf und nieder (Werfel, Himmel 118); Ü Dieses Programm des „Lachbretts" ist allzu z. (ist nicht bissig 2 genug; Wochenpost 13. 6. 64, 16); **Zahn|lo|sig|keit,** die; -: *das Zahnlossein;* **Zahn|lücke**[1], die: *[durch Verlust eines Zahnes entstandene] Lücke in einer Zahnreihe;* **Zahn|lücker**[1], der; -s, - (Zool.): *Säugetier mit natürlichen Zahnlücken im Gebiß;* **zahn|lückig**[1] ⟨Adj.⟩ (selten): *eine od. mehrere Zahnlücken habend;* **Zahn|mark,** das (Zahnmed.): *weiches Gewebe im Innern eines Zahns; Pulpa* (1 a); **Zahn|mark|ent|zün|dung,** die: *Pulpitis;* **Zahn|me|di|zin,** die ⟨o. Pl.⟩: *Teilgebiet der Medizin, das sich mit den Erkrankungen der Zähne, des Mundes u. der Kiefer sowie mit Kiefer- od. Gebißanomalien befaßt;* **Zahn|me|di|zi|ner,** der: *jmd., der sich, bes. als Wissenschaftler, mit der Zahnmedizin beschäftigt;* **Zahn|me|di|zi|ne|rin,** die: w. Form zu ↑Zahnmediziner; **zahn|me|di|zi|nisch** ⟨Adj.⟩: *die Zahnmedizin betreffend, auf ihr beruhend;* **Zahn|pa|sta,** (seltener:) *Zahnpaste,* die: *reinigende u. desinfizierende, meist in Tuben abgefüllte Paste (2) zur Zahnpflege;* **Zahn|pa|stal|lä|cheln,** das; -s (ugs. spött.): *strahlendes, aber ein wenig dümmlich od. gekünstelt wirkendes Lächeln:* Sandy ergriff den Arm eines blonden Riesen mit Z. und drehte sich um (Heller, Mann 172); **Zahn|pa|sta|tu|be,** die: *Tube für Zahnpasta;* **Zahn|pa|ste:** ↑Zahnpasta; **Zahn|pfle|ge,** die: *Pflege der Zähne;* **Zahn|pfle|ge|mit|tel,** das: *Mittel zur Reinigung der Zähne;* **Zahn|plom|be,** die (veraltend): *Plombe* (2); **Zahn|pra|xis,** die: *Zahnarztpraxis;* **Zahn|pro|the|se,** die: *herausnehmbarer Zahnersatz;* **Zahn|pul|pa,** die (Zahnmed.): *Zahnmark;* **Zahn|pul|ver,** das; vgl. Zahnpasta; **Zahn|putz|be|cher,** der: *beim Zähneputzen verwendeter Becher;* **Zahn|putz|glas,** das; vgl. Zahnputzbecher; **Zahn|putz|mit|tel,** das: *Zahnpflegemittel;* **Zahn|rad,** das (Technik): *ringsum mit Zähnen (3) versehenes* ²*Rad (2);* **Zahn|rad|bahn,** die (Technik): *Bergbahn, die durch ein sich drehendes Zahnrad angetrieben wird, das in eine zwischen den beiden Schienen liegende Zahnstange greift;* **Zahn|rad|ge|trie|be,** das (Technik): *mit ineinandergreifenden Zahnrädern arbeitendes Getriebe;* **Zahn|re|gu|lie|rung,** die (Zahnmed.): vgl. Gebißregulierung; **Zahn|rei|he,** die (bes. Zahnmed.): *Reihe von nebeneinanderstehenden Zähnen:* eine vollständige, geschlossene, einseitig verkürzte Z.; Ricki neigte dazu, ... seine beiden starken, ... leuchtend weißen - gegeneinander zu wetzen (K. Mann, Wendepunkt 120); **Zahn|rei|ni|gungs|pul|ver,** das: vgl. Zahnpasta; **Zahn|re|plan|ta|ti|on,** die: *Replantation eines Zahnes;* **Zahn|rie|men,** der (Technik): *gezähnter Treibriemen;* **Zahn|scha|den,** der ⟨meist Pl.⟩: *Schaden am Gebiß;* **Zahn|schei|be,** die (Technik): *zur Sicherung einer Schraube dienende, ringförmige Unterlegscheibe mit spitzen Zähnen am Rand;* **Zahn|schein,** der (ugs.): *Zahnbehandlungsschein;* **Zahn|schmelz,** der: *sehr harte, glänzende Substanz, mit der ein Zahn überzogen ist;* **Zahn|schmerz,** der ⟨meist Pl.⟩: *von einem kranken Zahn od. der Umgebung eines Zahns ausgehender Schmerz;* **Zahn|sei|de,** die: *feiner Faden, mit dem man zwischen den Zähnen befindliche Speisereste u. Zahnbeläge entfernen kann;* **Zahn|span|ge,** die: *spangenartige Vorrichtung aus Draht mit einer Gaumenplatte, die getragen wird, um eine anomale Zahnstellung zu korrigieren:* eine Z. haben, tragen; Dr. Gunter Müllenmeister ... hatte ... dem zehnjährigen Kai Henning gerade mal wieder die Z. nachgestellt (Spiegel 31, 1983, 41); **Zahn|spie|gel,** der (Zahnmed.): *kleiner, runder, an einem langen Stiel sitzender Spiegel des Zahnarztes zum Betrachten der Zähne;* **Zahn|spin|ner,** der: *in vielen Arten vorkommender Schmetterling mit einem zahnförmigen Fortsatz am hinteren Rand der Vorderflügel;* **Zahn|stan|ge,** die (Technik): *als Teil von Maschinen o. ä. dienende [Metall]stange mit Zähnen (3), in die ein Zahnrad greifen kann;* **Zahn|stan|gen|ge|trie|be,** das (Technik): *mit einer Zahnstange arbeitendes Getriebe;* **Zahn|stein,** der: *feste Ablagerungen (bes. aus Kalkverbindungen) an den Zähnen:* sich den Z. entfernen lassen; **Zahn|stel|lung,** die: *Stellung der Zähne in einem Gebiß;* **Zahn|stel|lungs|an|oma|lie,** die: *Gebißanomalie;* **Zahn|sto|cher,** der: *spitzes feines [Holz]stäbchen zum Entfernen von Speiseresten zwischen den Zähnen;* **Zahn|stum|mel,** der: *Stummel eines Zahns:* Er grinst mich mit seinen gelben -n an (Kinski, Erdbeermund 92); Prott reißt lachend den Mund auf, May starrt auf schwarze Z. (Loest, Pistole 17); **Zahn|stumpf,** der: *Stumpf eines Zahns:* die Krone wird auf den beschliffenen Z. aufzementiert; **Zahn|ta|sche,** die (Zahnmed.): *Zahnfleischtasche;* **Zahn|tech|nik,** die ⟨o. Pl.⟩: *Technik, die sich mit der Anfertigung, Änderung u. Reparatur von Zahnersatz, Zahnspangen u. a. befaßt;* im Labor für Z.; **Zahn|tech|ni|ker,** der: *jmd., der auf dem Gebiet der Zahntechnik tätig ist* (Berufsbez.); **Zahn|tech|ni|ke|rin,** die: w. Form zu ↑Zahntechniker; **zahn|tech|nisch** ⟨Adj.⟩: *zur Zahntechnik gehörend, sie betreffend:* ein -es Labor; **Zahn|trans|plan|ta|ti|on,** die (Zahnmed.): *Transplantation eines Zahns;* **Zahn|trost,** der: *(zu den Rachenblütlern gehörende) Pflanze mit roten, in langen Trauben stehenden Blüten, der in der Volksmedizin eine lindernde Wirkung bei Zahnschmerzen zugesprochen wird;* **Zahn|ung,** die; -, -en (Technik, Philat.): *Gesamtheit einer größeren Anzahl nebeneinanderstehender Zähne* (3): *die Z. einer Säge, eines Ritzels, einer Briefmarke;* **Zäh|nung,** die; -, -en: **1.** *das Zähnen.* **2.** (bes. Philat.) *Zahnung;* **Zäh|nungs|schlüs|sel,** der (Philat.): *Hilfsmittel zur Ausmessung der Zähnung von Briefmarken;* **Zahn|ver|fall,** der: *Zahnkaries;* **Zahn|ver|let|zung,** die: *Verletzung eines Zahns;* **Zahn|ver|lust,** der: *Verlust eines od. mehrerer Zähne;* **Zahn|wal,** der: *(in zahlreichen Arten vorkommendes) Waltier mit Zähnen:* In zwei Gruppen lassen sich die Waltiere unterteilen: in die -e ... und in die Bartenwale (BdW 9, 1987, 44); **Zahn|wech|sel,** der: *natürliche Erneuerung von Zähnen;* **Zahn|weh,** das ⟨o. Pl.⟩ (ugs.): *Zahnschmerz;* **Zahn|wur|zel,** die (Zahnmed.): *in eine od. zwei Spitzen auslaufender, im Zahnfach steckender unterster Teil eines Zahns;* **Zahn|wur|zel|be|hand|lung,** die (Zahnmed.): *Wurzelbehandlung;* **Zahn|wur|zel|haut,** die (Zahnmed.): *Wurzelhaut* (1); **Zahn|wur|zel|haut|ent|zün|dung,** die: *Periodontitis;* **Zahn|wur|zel|zy|ste,** die: *Zyste an der Zahnwurzel;* **Zahn|zan|ge,** die (Zahnmed.): *Zange zum Ziehen von Zähnen;* **Zahn|ze|ment,** das (Zahnmed.): *harte Substanz, von der die Zahnwurzel überzogen ist;* **Zahn|zwi|schen|raum,** der: *Zwischenraum zwischen zwei benachbarten Zähnen;* **Zahn|zy|ste,** die: *Zahnwurzelzyste.*

Zäh|re, die; -, -n [mhd. zeher, zaher, ahd. zah(h)ar] (dicht. veraltet, noch landsch.): *Träne:* bittere -n weinen; ... in einer Welt der Getrenntheit und Vereinzelung, daß einem die -n kommen könnten (Th. Mann, Krull 420).

Zähr|te, die; -, -n (Fachspr.): ¹*Zärte.*

Zai|dit, der; -en, -en [nach dem fünften Imam Zaid Ibn Ali (8. Jh.), um den sich die Sekte bildete]: *Angehöriger einer schiitischen Sekte, die nur die ersten fünf Imame (2) des Zaid anerkennt.*

Zain, der; -[e]s, -e [1: mhd., ahd. zein]: **1.** (landsch.) *Zweig, [Weiden]gerte, Rute.* **2.** (Münztechnik früher) *gegossener Metallstreifen, aus dem Münzen gestanzt wurden.* **3.** (Jägerspr.) **a)** *Schwanz (beim Dachs);* **b)** (selten) *Penis (beim Rotwild).*

Zai|ne, die; -, -n [mhd. zeine, ahd. zein(a)a] (veraltet, noch landsch.): **1.** *Flechtwerk.* **2.** *Korb; korbartiger Behälter:* Als die fabrikmäßige Herstellung von -n und Körben aufgenommen wurde, verschwand der Beruf des Korbers mehr und mehr (NZZ 10. 6. 73, 39); **zai|nen** (sw. V.; hat) [mhd., ahd. zeinen] (veraltet, noch landsch.): *flechten.*

Za|ire [za'i:r]; -s: *Staat in Afrika;* **Za|irer,** der; -s, -: Ew.; **Za|ire|rin,** die; -, -nen: w. Form zu ↑Zairer; **za|irisch** ⟨Adj.⟩.

Za|kat, die; - [arab. zakāʰ, eigtl. = Reinheit; Rechtfertigung]: *als Steuer eingezogene, für Almosen (1) bestimmte Abgabe im Islam.*

Zä|ko|sto|mie, Zökostomie, die; -, -n [zu

↑Zäkum u. griech. stóma = Mund; Mündung] (Med.): *operative Herstellung einer künstlichen Verbindung zwischen Blinddarm u. äußerer Bauchhaut;* **Zä|ko|to|mie,** Zökotomie, die; -, -n [zu griech. tomḗ = das Schneiden; Schnitt] (Med.): *operative Öffnung des Blinddarms;* **Zä|kum,** Zökum, das; -s, ...ka [zu lat. caecus = nicht sehend, blind] (Med.): **1.** *Blinddarm.* **2.** *blind endender Teil eines röhrenförmigen Organs.*
Za|mak ⓦ, das; - [Kunstwort aus ↑Zink, ↑Aluminium, ↑Magnesium u. ↑Kupfer]: *Zinklegierung.*
Zam|ba ['sa...], die; -, -s [span. zamba]: w. Form zu ↑Zambo; **Zam|bo** ['sa...], der; -s, -s [span. zambo, eigtl. = X-beinig, H. u.]: *(männlicher) Nachkomme eines negriden u. eines indianischen Elternteils.*
Za|mia, Za|mie, die; -, ...ien [gedeutet als Entstehung aus lat. azaniae (nuces) = zu lange am Baum gebliebene u. daher sich von selbst spaltende Pinienkerne]: *Palmfarngewächs mit kurzem, unterirdischem od. nur wenig aus dem Erdboden ragendem Stamm, einfach gefiederten, rosettenförmig angeordneten Blättern u. in Zapfen stehenden Blüten im tropischen u. subtropischen Amerika.*
Zam|pa|no, der; -s, -s [nach der gleichnamigen Gestalt in Fellinis Film „La Strada" (1954)]: *sich lautstark in Szene setzender Mann, der durch übertriebenes, prahlerisches Gebaren beeindrucken will od. den Eindruck erweckt, Unmögliches möglich machen zu können:* er spielt sich auf wie der große Z.; wir brauchen hier keinen Z., sondern einen soliden Arbeiter; Während Norbert Steger gerade alles daransetzt, daß jeder Österreicher in ihm den neuen großen Z. der Ökonomie und des Handelns erkennt ... (profil 46, 1983, 14).
Zam|perl, das; -s, -[n] [H. u.] (bayr.): *kleinerer Hund:* Bolzplätze ... würden leider nur noch „von Hundehaltern benutzt, um ihre in Gassi zu führen" (Augsburger Allgemeine 22./23. 4. 78, 45).
Zan|der, der; -s, - [mniederd. sandāt, aus dem Slaw.]: *räuberisch lebender Barsch mit silbrig glänzendem Bauch u. graugrünem, dunkle Bänder aufweisendem Rücken, der auch als Speisefisch geschätzt wird;* **Zan|der|fi|let,** das: *Filet vom Zander.*
Za|nel|la, der; -s, (Sorten:) -s [ital. zanella, H. u.] (Textilind.): *(bes. als Futter- u. Schürzenstoff verwendeter) fester, glänzender Baumwollstoff.*
Zan|ge, die; -, -n [mhd. zange, ahd. zanga, eigtl. = die Beißende]: **1.** *bes. zum Greifen, Festhalten, Durchtrennen o. ä. dienendes Werkzeug, das aus zwei durch ein Scharnier verbundenen* ¹*Backen (2), die in Schenkel (3) übergehen, besteht:* eine Z. zu Hilfe nehmen; die Z. ansetzen; etw. mit einer Z. fassen, greifen, packen, [fest]halten; einen Nagel mit einer Z. herausziehen; den Draht mit der Z. abkneifen; Wenn eine Brandbombe einschlägt, nehmt ihr sie mit einer großen Z. und steckt sie in einen der großen Sandkästen (Leonhard, Revolution 99); eine [spezielle] Z. zum Entwerten von Fahrkarten, zum Ziehen von Zähnen; eine Z. für den Kandis, das Gebäck, die Eiswürfel; das Kind mußte mit der Z. *(Geburtszange)* geholt werden; Ü Die Alliierten! Die Z. griff zu! *(die in einer Zangenbewegung vorrückenden Truppen erreichten ihr gemeinsames Ziel;* Apitz, Wölfe 9); [die beiden folgenden Wendungen bezogen sich urspr. auf das Schmieden, bei dem der Schmied das glühende Eisen mit der Zange festhält]: * **jmdn. in die Z. nehmen** (1. ugs.; *jmdn. hart unter Druck setzen, ihm mit Fragen zusetzen:* zu fressen wird's bei den Bauern schon geben, man muß sie nur richtig in die Z. nehmen [Heym, Schwarzenberg 49]; Er wird jetzt die Alte noch einmal sanft in die Z. nehmen [Fr. Wolf, Zwei 331]. 2. Fußball: *einen gegnerischen Spieler zu zweit von zwei Seiten her so bedrängen, daß er erheblich behindert wird*); **jmdn. in der Z. haben** (ugs.; *Gewalt über jmdn. haben, ihn zu etw. zwingen können*): doch Witigis weiß nun erst, wie hart der Gegner ist, den er in der Z. hat (Thieß, Reich 604); **jmdn., etw. nicht mit der Z. anfassen mögen** (ugs.; *jmdn., etw. als äußerst abstoßend empfinden*). **2.** (ugs.) *zangenartiger Körperteil mancher Tiere:* Der Käfer hat riesige -n (Imog, Wurliblume 172); **Zan|gen|an|griff,** der (Milit.): *von zwei Seiten gleichzeitig erfolgender Angriff;* Ü Die deutschen Autohersteller befürchten deshalb einen Z. auf den europäischen Markt: von der einen Seite die Amerikaner, von der anderen die Japaner (ADAC-Motorwelt 8, 1980, 16); **Zan|gen|be|we|gung,** die (bes. Milit.): *von zwei Seiten gleichzeitig erfolgende Vorwärtsbewegung auf ein Ziel hin:* von den Russen hätten bei Cosel in einer großen Z. das Industriegebiet einschließen (Bienek, Erde 140); **Zan|gen|ent|bin|dung,** die: *Entbindung mit Hilfe einer Geburtszange;* **zan|gen|för|mig** ⟨Adj.⟩: *die Form einer Zange aufweisend;* **Zan|gen|ge|burt,** die: vgl. Zangenentbindung: eine Z. ist mit gewissen Risiken verbunden; Ü Das war die reinste Z. (ugs.; *das war äußerst kompliziert, schwierig;* Apitz, Wölfe 111); **Zan|gen|griff,** der: **1.** *Griff (2) einer Zange (1).* **2.** (Sport) *von beiden Seiten fest umschließender Griff (1 b);* **Zäng|lein,** das; -s, -: Vkl. zu ↑Zange.
Zank, der; -[e]s [zu ↑zanken]: *mit gegenseitigen Beschimpfungen, Vorwürfen, Gehässigkeiten ausgetragener Streit (meist aus einem geringfügigen Anlaß):* Z. kommt auf, wenn Mann und Frau zusammenhocken (Degenhardt, Zündschnüre 222); in jene Zeit fiel auch ein außerordentlich heftiger, ja brutaler Z. mit seiner wieder aufgetauchten Geliebten (Hesse, Steppenwolf 29); zwischen den Geschwistern gibt es viel Z.; in diesem Haus herrschen ständig Streit und Z.; in Z. um, über etw. geraten; ein Abend, an dem es nach einem häuslichen Z. mit glitzerndem Geschmeide zum Fährhaus ging (Strittmatter, Wundertäter 153); **Zank|ap|fel,** der [nach lat. pomum Eridis = Apfel der Eris, ↑Erisapfel]: *Gegenstand eines Streites, eines Zankes:* Das leidige Geld war der ewige Z. (Bredel, Väter 89); **zan|ken** ⟨sw. V.; hat⟩ [spätmhd. zanken = sich mit jmdm. streiten, H. u., viell. verw. mit ↑Zahn u. eigtl. = mit den Zähnen reißen od. zu mhd. zanke = Spitze, Nebenf. von ↑Zacke]: **1.** ⟨z. + sich⟩ *mit jmdm. einen Zank haben, sich mit jmdm. streiten:* die Geschwister zanken sich schon wieder; du sollst dich nicht immer mit ihm z.; die Kinder zanken sich um einen Spielzeug, den Fensterplatz; ⟨auch ohne „sich":⟩ hört endlich auf zu z.!; einen Stock tiefer zankten zwei Stimmen (Remarque, Triomphe 116); Ü man hörte sie um die Stulle zankten auf dem Dach, sich um die Stulle zankten (Schnurre, Bart 7). **2.** (landsch.) *(mit jmdm.) schimpfen (1 b):* Die Mutter zankt, wenn man Ungezogenheiten begeht (K. Mann, Wendepunkt 23); Zank nicht mit mir! Wir müssen uns vertragen! (Hilsenrath, Nazi 262); muß ich schon wieder z.?; ⟨abwertend⟩: *zänkischer Mensch;* **Zan|ke|rei,** die; -, -en ⟨ugs. abwertend⟩: *[dauerndes] Zanken:* Er munte die Z. zwischen den beiden um Katholischem vertragen (Degenhardt, Zündschnüre 20); **Zän|ke|rei,** die; -, -en ⟨meist Pl.⟩: *kleinerer Zank:* ihre ständigen -en; Und nun entspann sich eine jener närrischen -en, in die die Verhöre Gorons so leicht ausarteten (Maass, Gouffé 25); **Zän|ke|rin,** die; -, -nen (abwertend): w. Form zu ↑Zänker; **zän|kisch** ⟨Adj.⟩: *zu häufigem Zanken (1) neigend:* ein -es altes Weib; Sie ist scharf, redselig und z. geworden und eigentlich bereits eine ziemliche Pest (Remarque, Obelisk 112); Ü Am Weiher verfüttert Marthe häufig unser altes Brot an die -en Gänse (Strauß, Niemand 215); **Zank|sucht,** die ⟨o. Pl.⟩ ⟨abwertend⟩: vgl. Streitsucht; **zank|süch|tig** ⟨Adj.⟩ ⟨abwertend⟩: vgl. streitsüchtig; - spielten wir beide manchmal Schach miteinander. Auch dabei war er z. und rechthaberisch (Fallada, Trinker 150); **Zank|teu|fel,** der, (ugs. abwertend): *zanksüchtiger Mensch;* **Zank|teu|fe|lin,** die, (ugs. abwertend): w. Form zu ↑Zankteufel.
Zä|no|ge|ne|se, Zä|no|ge|ne|sis, die; -, ...nesen [zu griech. kainós = neu u. ↑Genese bzw. ↑Genesis] (Zool.): *Embryonalentwicklung, in deren Verlauf der Embryo Eigentümlichkeiten ausbildet, die nach dem biogenetischen Grundgesetz nicht zu erwarten sind;* **zä|no|ge|ne|tisch** ⟨Adj.⟩ (Zool.): *die Zänogenese betreffend.*
Zan|te|des|chia [...'dɛskia], die; -, ...ien [...iən; nach dem ital. Botaniker G. Zantedeschi (1773–1846)]: *Zimmercalla.*
Zan|za, die; -, -s [arab. ṣang =, pers. ṣang = Becken, Zimbal, Zimbel]: *afrikanisches Zupfinstrument.*
Za|pa|tea|do, der; -[s], -s [span. zapateado, zu: zapatear = im Takt der Musik mit dem Fuß aufstampfen, beim Tanzen den Takt abwechselnd mit den Händen u. auf den Schuhsohlen schlagen, zu: zapato = Schuh, H. u.]: *(meist von einer Frau aufgeführter) spanischer Solotanz im ³/₄-Takt, bei dem der Rhythmus durch Händeklatschen u. Stampfen mit den Hacken angezeigt wird.*
Za|pa|tist, der; -en, -en [nach dem mex. Revolutionär E. Zapata (1883–1919)]: *Anhänger, Angehöriger, Kämpfer der von aufständischen Indios im Süden Mexikos*

Zapatistin

gegründeten „Nationalen Zapatistischen Befreiungsarmee"; **Za|pa|tj̣|stin**, die; -, -nen: w. Form zu ↑Zapatist; **za|pa|tj̣stisch** ⟨Adj.⟩: *zu den Zapatisten gehörend, sie betreffend.*
Zapf, der; -[e]s, Zäpfe: 1. (selten) *Zapfen.* 2. (südd. selten) *Ausschank.* 3. (österr. Schülerspr.) *mündliche Prüfung:* heute haben wir in Latein einen Z. gehabt; **Zäpf|chen**, das; -s, -: 1. Vkl. zu ↑Zapfen (1, 2a, 4). 2. *Medikament in Form eines kleinen Zapfens od. Kegels, das in den After od. in die Scheide eingeführt wird;* Suppositorium. 3. (Anat.) *in der Mitte des hinteren Randes des Gaumens in die Mundhöhle herabhängendes, zapfenartiges Gebilde;* Gaumenzäpfchen; Uvula; **Zäpfchen-R**, das; - (Sprachw.): *mit Hilfe des Zäpfchens* (3) *artikulierter R-Laut;* **zapfen** ⟨sw. V.; hat⟩ [mhd. zapfen, zepfen, zu ↑Zapfen]: **1.** *mit Hilfe eines Hahns* (3) *o.ä. aus einem Behälter, einer Leitung herausfließen lassen* [u. *in einem Gefäß auffangen]:* Bier, Wein, Benzin z.; kannst du mir mal zwei Pils z.?; Unten zapfte er sich erst mal einen Becher voll Wasser aus dem Tank (Hausmann, Abel 61). **2.** (Fachspr. selten) *mit Zapfen* (3a) *verbinden, zusammenfügen:* die Leisten müssen gezapft werden. **3.** (österr. Schülerspr.) *mündlich prüfen:* heute wird in Biologie gezapft; **Zapf|fen**, der; -s, - [mhd. zapfe, ahd. zapho, eigtl. = spitzer Holzpflock, der ein Loch verschließt u. herausgezogen werden kann, verw. mit ↑Zipfel u. ↑Zopf]: **1.** (Bot.) *bes. für Nadelbäume charakteristischer Blüten- bzw. Fruchtstand, der sich aus vielen um eine Längsachse herum angeordneten, verholzenden Schuppen aufbaut, zwischen denen sich die Samen befinden:* Nadelbäume mit stehenden, hängenden Z. **2. a)** *länglicher [nach einem Ende hin sich verjüngender], meist aus einem Stück Holz bestehender Stöpsel zum Verschließen eines Fasses o.ä.:* einen Z. in das Faß schlagen; *** über den Z. hauen/wichsen** (Soldatenspr.; *den Zapfenstreich* 2 *nicht einhalten*); **b)** (schweiz.) *Korken.* **3.** (Technik) **a)** (Holzverarb.) *(zur Verbindung zweier Holzteile dienender) vorspringender Teil an einem Kantholz, Brett o.ä., der in einen entsprechenden Schlitz an einem anderen Kantholz, Brett o.ä. greift;* **b)** *[dünneres] Ende einer Welle, Achse, mit dem sie im Lager läuft; Bolzen o.ä.* **4.** *längliches, an einem Ende spitz zulaufendes Gebilde* (z.B. Eiszapfen). **5.** (Weinbau) *auf zwei Augen gekürzter Trieb, an dem sich die fruchttragenden Triebe bilden.* **6.** (Anat.) *zapfenförmige Sinneszelle in der Netzhaut des Auges.* **7.** (landsch.) *[leichter] Rausch:* er hat einen Z. **8.** ⟨o. Pl.⟩ (österr. ugs.) *große Kälte:* heute hat es aber einen Z.!; **zapfen|ar|tig** ⟨Adj.⟩: vgl. zapfenförmig; **zapfen|för|mig** ⟨Adj.⟩: *von der Form eines langgestreckten Kegelstumpfes, Kegels, eines Tannenzapfens, Eiszapfens o.ä.;* **Zapfen|geld**, das (südwestd., schweiz. früher): *Korkengeld;* **Zapf|fen|streich**, der [eigtl. = Streich (Schlag) auf den Zapfen des Fasses als Zeichen dafür, daß der Ausschank beendet ist, dann: Begleitmusik dazu; vgl. Tattoo (Milit.): **1.** (früher) *musikalisches Signal für das Ende der Ausgehzeit:* den Z. blasen; *** der Große Z.** (1. *Potpourri aus den Zapfenstreichen der verschiedenen Truppengattungen.* 2. *Militärkonzert, bei dem u.a. der Große Zapfenstreich gespielt wird*). **2.** ⟨o. Pl.⟩ *Ende der Ausgehzeit:* um 24 Uhr ist Z.; kurz vor Z.; Ü in dem Internat ist um 10 Uhr Z. (ugs.; *beginnt um 10 Uhr die Nachtruhe*); **Zapf|fen|trä|ger**, der (Bot. selten): *Konifere;* **Zapf|fen|zie|her**, der (südwestd., schweiz.): *Korkenzieher;* **Zapf|fer**, der; -s, -: **1.** *jmd., der in einer Gaststätte Getränke zapft:* er arbeitet als Z. im „Weißen Bock". **2.** (landsch.) *Gastwirt;* **Zapf|fe|rin**, die; -, -nen: w. Form zu ↑Zapfer; **Zapf|hahn**, der: *Hahn* (3) *zum Zapfen* (1); **Zapf|pi|sto|le**, die: *metallenes Endstück eines Zapfschlauchs, das in Form u. Betätigungsweise an eine Pistole erinnert;* **Zapf|säu|le**, die: *den Zapfen von Kraftstoff dienendes, zu einer Tankstelle gehörendes Gehäuse, meist in Form eines hochgestellten Kastens, mit verschiedenen, hinter einer Glasscheibe sichtbaren Anzeigen für die gezapfte Menge Kraftstoff u. den zu zahlenden Betrag;* **Zapf|schlauch**, der; vgl. Zapfhahn; **Zapf|stelle**, die: *Stelle mit einer Einrichtung zum Zapfen;* **Zapf|wel|le**, die (Technik): *Welle, mit deren Hilfe sich der Motor eines Fahrzeugs zusätzlich zum Antreiben von Geräten nutzen läßt.*
za|po|nie|ren ⟨sw. V.; hat⟩: *mit Zaponlack behandeln, streichen;* **Za|pon|lack**, der; -[e]s, (Sorten:) -e [Kunstwort]: *farbloser Nitrolack* (bes. für Metall).
Zap|pe|ler: ↑Zappler; **Zap|pe|le|rin**, die; -, -nen: w. Form zu ↑Zappeler; **zap|pelig**, zapplig ⟨Adj.⟩ (ugs.): **a)** *(bes. von Kindern) ständig unruhig [hin u. her] bewegend:* ein -es Kind; was bist du denn so z.?; **b)** *aufgeregt, innerlich unruhig, nervös:* Julietta setzte sich zwar, aber sie war viel zu zappelig, um in Ruhe lesen zu können (Wendtland, Eisprinzeßchen 33); Gustav wurde zappelig – neue Kundschaft? (Strittmatter, Wundertäter 66); er war ganz z. vor Ungeduld; **Zap|pe|lig|keit**, Zappligkeit, die; - (ugs.): *das Zappeligsein;* **zap|peln** ⟨sw. V.; hat⟩ [landsch. Form von mhd. zabelen, ahd. zabalōn. H.u.]: *(mit den Gliedmaßen, mit dem ganzen Körper) schnelle, kurze, heftige, stoßartige Hinundherbewegungen ausführen:* ein Fisch zappelte an der Angel, im Netz; hör auf zu z.!; die Kinder zappelten vor Ungeduld; mit den Beinen, Armen z.; Ü und schon zappelte das Leder im Netz (Sport Jargon; *war der Ball im Tor;* Walter, Spiele 163); *** jmdn. z. lassen** (ugs.; *jmdn. absichtlich länger als nötig auf eine ungeduldig erwartete Nachricht, Entscheidung o.ä. warten lassen, über etw. im ungewissen lassen*): Er stellte ihr erneut nach, wo sie sich zeigte. Aber Mimi ließ ihn z. (Winckler, Bomberg 208); **Zap|pel|phi|lipp**, der; -s, -e u. -s [nach der Geschichte im „Struwwelpeter"] (ugs. abwertend): *zappeliges* (a) *Kind:* sitz endlich still, du Z.!; „Sei kein Z.", sagt Mama zu mir (Hartlaub, Muriel 39).
zap|pen ['zɛp...] ⟨sw. V.; hat⟩ [engl. to zap, zur lautm. Interjektion zap] (ugs.): *(beim Fernsehen) mit der Fernbedienung den Kanal wechseln, auf einen anderen Kanal umschalten:* auf einen anderen Kanal z.; ständig zwischen zwei Programmen hin und her z.; Immer mehr Zuschauer „zappen" wild durch die Kanäle (Welt 8.12. 93, 11).
zap|pen|du|ster ⟨Adj.⟩ [wohl eigtl. = so dunkel wie nach dem Zapfenstreich, wenn auf den Stuben die Lichter gelöscht waren] (ugs.): *sehr, völlig dunkel:* eine -e Nacht; durch einen Ausfall der Straßenbeleuchtung war es in dem Viertel plötzlich z.; Ü Bei Vox ist es z. *(ist es ganz schlecht Lage aussichtslos)* – Der Kölner Sender wird liquidiert (MM 30.3.94,6); mit Jobs sieht es zur Zeit z. aus *(ist es ganz schlecht bestellt).*
Zap|ping ['zɛp...], das; -s [engl. zapping, zu: to zap, ↑zappen] (ugs.): *das Zappen:* Dem Massenkonsumenten aber bleibt die Ein- und Umschalttaste: Das Z. ist die einzige Methode, mit der er sich wehren kann gegen das Programm (Spiegel 50, 1991, 262).
Zapp|ler, Zappeler, der; -s, - : **1.** (ugs.) *zappeliger* (a), *unruhiger Mensch.* **2.** *kleine Uhr mit einem Pendel, das sich sehr schnell vor dem Zifferblatt hin- u. herbewegt;* **Zapp|le|rin**, die; -, -nen: w. Form zu ↑Zappler; **Zapp|ler|uhr**, die: *Zappler* (2); **zapp|lig**: ↑zappelig; **Zapp|lig|keit**: ↑Zappeligkeit.
zapp|za|rapp ⟨Interj.⟩ [wohl entstellt aus russ. zabrat' = packen, wegnehmen] (ugs.): *bezeichnet eine rasche, unauffällige Bewegung, mit der etw. weggenommen, entwendet wird:* doch bei nächster Gelegenheit würde der flink danach grapschen. Zappzarapp, war etwas – nein! (Bastian, Brut 126); *** z. machen** (ugs.; *wegnehmen, entwenden*).
Zar, der; -en, -en [russ. car' < got. kaisar, ↑Kaiser]: **a)** ⟨o. Pl.⟩ *Titel des Monarchen im vorrevolutionären Rußland (zeitweise auch Herrschertitel in Bulgarien u. Serbien);* **b)** *Träger des Titels Zar:* Z. Peter der Große; das Rußland der -en; Ü Trotz Lyssenkos Aufstieg zum eigentlichen -en *(zum einflußreichsten, mächtigsten Exponenten)* der Naturwissenschaften (Spiegel 45, 1967, 129); **-zar**, der; -en, -en: *kennzeichnet in Bildungen mit Substantiven jmdn. als führend, beherrschend,* [wirtschaftlich] *sehr mächtig auf einem bestimmten Gebiet:* Medienzar, Zigarrenzar.
Za|ra|go|za [sara'gɔsa]: *Stadt in Spanien.*
Za|ren|fa|mi|lie, die: *Familie eines, des Zaren;* **Za|ren|herr|schaft**, die ⟨o. Pl.⟩: *Herrschaft der Zaren:* das Ende der Z. im Jahre 1917; **Za|ren|reich**, das: *Reich, in dem ein Zar herrscht* (bes. *das zaristische Rußland);* **Za|ren|tum**, das; -s: **a)** *monarchische Staatsform, bei der der Herrscher ein Zar ist;* **b)** *das Zarsein;* **Za|re|witsch**, Zessarewitsch, der; -[e]s, -e [russ. carevič]: *Sohn eines russischen Zaren, russischer Kronprinz;* **Za|rę|wna**, die; -, -s [russ. carevna]: *Tochter eines russischen Zaren.*
Zar|ge, die; -, -n [mhd. zarge, ahd. zarga = Seitenwand] (Fachspr.): **a)** *Einfassung einer Tür-, Fensteröffnung;* **b)** *waagerechter rahmenartiger Teil eines Tisches, Stuhles, einer Bank o.ä., an dessen*

Ecken die Beine befestigt sind; **c)** *die senkrechten Wände bildender Teil einer Schachtel, eines Gehäuses o. ä.:* die Z. des Plattenspielers ist aus Kunststoff, Holz; **d)** *Seitenwand eines Saiteninstruments mit flachem Korpus, einer Trommel.*
Za|rin, die; -, -nen: **1. a)** ⟨o. Pl.⟩ w. Form zu ↑Zar (1 a); **b)** w. Form zu ↑Zar (1 b): Z. Katharina die Große. **2.** *Ehefrau eines Zaren;* **Za|ris|mus,** der; -: *Zarenherrschaft, Zarentum* (a): alle, die in ihrer Jugend gegen den Z. gekämpft und schon damals in Verbannung gelebt hatten (Leonhard, Revolution 44); unter dem Z.; **za|ri|stisch** ⟨Adj.⟩: *zum Zarismus gehörig, für ihn charakteristisch, ihn betreffend, von ihm geprägt:* das -e Rußland;
Za|ri|za, die; -, -s u. ...zen [russ. carica]: *Ehefrau od. Witwe eines russischen Zaren.*
zart ⟨Adj.; -er, -este⟩ [mhd. zart = lieb, geliebt, wert, vertraut; lieblich, fein, schön; zart, weich, schwächlich, ahd. zart = schwächlich, H. u.]: **1. a)** *[auf anmutige Weise] empfindlich, verletzlich, zerbrechlich [wirkend] u. daher eine besonders behutsame, vorsichtige, schonende, pflegliche Behandlung verlangend:* ein -es Gebilde, Geschöpf; ein -es Kind; -e Knospen, Triebe, Blätter, Blüten; -e Haut; -es Porzellan; ihre -en Glieder, Hände, Finger; Am Wegrand hatten Panzer die -e Saat in breiten Spuren aufgerissen (Kronauer, Bogenschütze 173); ein -er *(feiner, weicher)* Flaum; -e *(feine)* Spitzen; ein Tuch aus -er *(duftiger)* Seide; Ü eine -e *(schwache, labile)* Gesundheit, Konstitution; das Kind starb in -en (geh.; *sehr jungen*) Alter von vier Jahren; seit seiner -esten (geh.; *frühesten*) Jugend; daß ... Frau Salomon, dem Zuge ihrer Jahre folgend, sich den -eren Semestern *(den Jüngeren)* zugewandt ... hatte (Th. Mann, Zauberberg 331); **b)** *sehr empfindlich [reagierend], sensibel; mimosenhaft:* ein -es Gemüt; diese Frau, die das -e Empfinden mit der Muttermilch einsog (R. Walser, Gehülfe 61). **2.** *auf angenehme Weise weich, mürbe od. locker, leicht zu kauen, im Mund zergehend od. zerfallend:* -es Fleisch, Gemüse, Gebäck; Pralinen mit einer -en Cremefüllung; -e Vollmilchschokolade; das Steak war sehr schön z. **3.** *durch einen niedrigen Grad von Intensität o. ä. die Sinne od. das ästhetische Empfinden auf angenehm sanfte, milde, leichte Art u. Weise reizend, ansprechend:* ein -es Blau, Rosa; das -e Gelbgrün der Buchen und Birken, das hier und da zwischen den Nadelbäumen schimmerte (Geissler, Wunschhütlein 138); ein -er *(heller)* Teint; -e Klänge; eine -e Berührung; ein -er Kuß; sie zeichnete mit -en *(feinen, weichen)* Strichen; ein -es Aquarell; Leicht, z., elegant ... ist dieser Duft (Petra 10, 1966, 97); sie strich ihm z. über den Kopf; ihre Stimme ist, klingt weich und z.; z. getöntes Glas. **4. a)** (veraltend) *zärtlich* (1): Zum einen kann er den harten Killer spielen, zum anderen den -en Liebhaber (Freizeitmagazin 12, 1978, 46); so galt meine Neugier und -e Anteilnahme der Mutter, der Tochter, – denn in diesem Verhältnis sah ich die beiden (Th. Mann, Krull 330); **b)** *zartfühlend, einfühlsam, rücksichtsvoll:* er geht nicht gerade z. mit ihm um; Du hast mich immer sehr z. angefaßt (Brot und Salz 232); **c)** *zurückhaltend, nur angedeutet, nur andeutungsweise, dezent* (a): eine -e Andeutung; es kam vor, daß die -e Erkundigung nach dem Hausbock übel aufgenommen wurde (Muschg, Gegenzauber 120); Ich unterstützte sie z. beim Hinaustreten, als ob es da irgend etwas zu unterstützen gegeben hätte (Th. Mann, Krull 198); **zart|be|sai|tet** ⟨Adj.; -er, -este; am zartesten besaitet⟩ [urspr. = mit zarten Saiten bespannt] (oft scherzh.): *sehr empfindsam, sensibel, in seinen Gefühlen sehr leicht zu verletzen, leicht zu schockieren:* ein -es Gemüt; du wußte gar nicht, daß du so z. bist!; **zart|bit|ter** ⟨Adj.⟩: *(von Schokolade) dunkel u. von leicht bitterem Geschmack:* -e Schokolade; **Zart|bit|ter|scho|ko|la|de,** die: *zartbittere Schokolade;* **zart|blau** ⟨Adj.⟩: *einen zarten Blauton aufweisend.*
¹Zär|te, die; -, -n [mniederd. serte, czerte, wohl < russ. syrt']: *schlanker Karpfenfisch mit einer nasenartig verlängerten Schnauze.*
²Zär|te (veraltet): *Zartheit;* **Zär|te|lei,** die; -, -en (selten): *[dauerndes] Zärteln;* **zär|teln** ⟨sw. V.; hat⟩ [mhd. zerteln] (selten): *Zärtlichkeiten austauschen:* In Leningrad ... zärtelten die Liebespaare im „Garten der Werktätigen" (Spiegel 28, 1966, 69); Ü Der blaue Himmel zärtelte mit der milden Luft (Apitz, Wölfe 360); **zart|far|big** ⟨Adj.⟩ (selten): *einen zarten Farbton aufweisend;* **zart|füh|lend** ⟨Adj.⟩: **a)** *Zartgefühl* (a), *Taktgefühl habend:* es war nicht sehr z. von dir, dieses Thema anzuschneiden; **b)** (selten) *empfindlich:* solche brutalen Szenen sind nichts für -e Gemüter; **Zart|ge|fühl,** das ⟨o. Pl.⟩: **a)** *ausgeprägtes Einfühlungsvermögen, Taktgefühl:* Daraufhin löste ich mich von der Gruppe und ging allein weiter. Das war wohl das mindeste, was das Z. von mir verlangte (Nossack, Begegnung 12); ich hätte ihm eigentlich etwas mehr Z. zugetraut; er ging mit dem größten Z. zu Werke; **b)** (selten) *Empfindlichkeit:* Um ihr Z. zu schonen, trank ich von der anderen Seite (= von der anderen Seite des Kruges) (Hartung, Piroschka 136); **zart|gelb** ⟨Adj.⟩: vgl. zartblau; **zart|glie|de|rig,** **zart|glied|rig** ⟨Adj.⟩: *von feinem, zartem Gliederbau; grazil:* -e Finger, Hände; weil sie noch fraulicher war ... waren als die plappernden zartgliedrigen Vietnamesinnen (Perrin, Frauen 31); **zart|grün** ⟨Adj.⟩: vgl. zartblau; **zart|häu|tig** ⟨Adj.⟩: *eine zarte Haut habend:* ein bleicher, -er Junge mit einem hellblonden Flaum auf der Oberlippe (Harig, Weh dem 220); **Zart|heit,** die; -, -en [mhd. zartheit]: **1.** ⟨o. Pl.⟩ **a)** *zarte* (1, 4, 5) *Beschaffenheit, zartes Wesen, das Zartsein;* **b)** *zartes* (2) *Wesen, das Zartsein:* und sie zerschnitt es, verschlang es, die Z. des Fleisches preisend (Böll, Haus 105); **c)** *zartes* (3) *Wesen, das Zartsein:* Doch blieb alles gelöst in geisterhafter Z. und Blässe ... Gipfelkonturen verschwammen (Th. Mann, Zauberberg 650); Mit großer Z. schob er die rechte Hand unter Philipps Schädel (Werfel, Himmel 67); Seit du ... in dem alten „Buch der Welt" ein Hortensienbild fandest, handkoloriert, von märchenhafter Z. (Seidel, Sterne 91). **2.** (selten) *etw. Zartes, zart Gesprochenes, Ausgeführtes;* **zärt|lich** ⟨Adj.⟩ [mhd. zertlich, zartlich, ahd. zartlich = anmutig, liebevoll, weich]: **1.** *starke Zuneigung ausdrückend, von starker Zuneigung zeugend, liebevoll* (2): ein -er Blick, Kuß, Brief; -e Worte; z. zu jmdm. sein; Er ... erinnerte sich, wie doch er Marianne z. zugeneigt gewesen war (Kronauer, Bogenschütze 225); z. [miteinander] werden (verhüll.; *ein Liebesspiel beginnen*); sich z. küssen, streicheln, in die Augen sehen; Ursula ..., die aber überall kurz und z. Tulla gerufen wurde (Grass, Hundejahre 78); Ü Die Luft legte sich ihm Hauch z. gegen sein Gesicht (Rehn, Nichts 88). **2.** (geh.) *fürsorglich, liebevoll* (1 a): ein -er Gatte; ... ist diese sonderbare Mann daheim der rührendste Gatte, der -ste Familienvater (St. Zweig, Fouché 68); für -e Sorge um ihn war dies jedenfalls nicht der Augenblick (Th. Mann, Krull 121); sie sorgte z. für ihre alte Mutter. ◆ **3.** *zart* (1 a): Die -e Nerve hält Freveln fest, die die Menschheit an ihren Wurzeln zernagen (Schiller, Kabale V, 7); **Zärt|lich|keit,** die; -, -en [spätmhd. zertlicheit = Anmut]: **1.** ⟨o. Pl.⟩ *starkes Gefühl der Zuneigung u. damit verbundener Drang, dieser Zuneigung Ausdruck zu geben; das Zärtlichsein:* aus ihrem Blick sprach Z.; er empfand eine große Z. für sie; er kannte ... ein wunderhübsches Mädel, eine Hamburgerin, von der er mit Rührung und Z. sprach (A. Zweig, Claudia 56); ... füllte sich sein Herz mit einer wehmütigen Z. (Edschmid, Liebesengel 55); sich nach [jmds.] Z. sehnen; z., umarmten sie sich. **2.** ⟨meist Pl.⟩ *zärtliche* (1) *Liebkosung:* -en austauschen; weil ich in ihren Augen zu alt für -en bin (Gabel, Fix 135); Und hoch ... soll unter meinen glühenden -en den königlichen Busen wogen (Th. Mann, Krull 442); es ist zwischen den beiden auch z. nicht gekommen. **3.** ⟨o. Pl.⟩ (geh.) *Fürsorglichkeit:* er pflegte seine alte Mutter mit der größten Z.; **Zärt|lich|keits|be|dürf|nis,** das: *Bedürfnis nach Zärtlichkeit, nach Zärtlichkeiten;* **zärt|lich|keits|be|dürf|tig** ⟨Adj.⟩: *ein Zärtlichkeitsbedürfnis habend;* **Zärt|ling,** der; -s, -e [spätmhd. zertelinc] (veraltend): *verzärtelte, verweichlichte männliche Person:* da er ein Z. war und ein Kind der Hütte, so erkältete er sich im Schlafe sofort (Th. Mann, Joseph 218); **zart|li|la** ⟨Adj.⟩: vgl. zartblau; **Zart|ma|cher,** der (Chemie): *Substanz, die dazu verwendet wird, Fleisch zarter zu machen:* Proteasen, die einen begrenzten Eiweißabbau bei Fleisch bewirken, werden als Z. eingesetzt (Todt, Gentechnik 46); Das Rindfleisch enthält ... keine ... Z. ... oder sonstige Zusätze (natur 7, 1991, 56); **zart|ro|sa** ⟨Adj.⟩: vgl. zartblau; **Zart|sinn,** der ⟨o. Pl.⟩ (veraltend): *vgl. Zartgefühl:* Im prächtigen Brief lag bei, der für den Z. des Geweihten kein schlechteres Zeugnis ablegte, als es das seinerzeit war (Werfel, Himmel 36); **zart|sin|nig** ⟨Adj.; veraltend⟩: vgl. zartfühlend; **zart|vio|lett** ⟨Adj.⟩: vgl. zartblau.
Zar|zue|la [sar'sue:la], die; -, -s [span. zar-

zuela, zu: zarza = Brombeerstrauch, Dornbusch; 1: wohl nach dem Lustschloß La Zarzuela bei Madrid, wo die Singspiele zuerst aufgeführt wurden]: **1.** *(Musik) spanisches Singspiel.* **2.** *spanische Fischsuppe;* **Zar|zue|le|ro** [sarsu̯e'leːro], der; -s, -s [span. zarzuelero]: *Komponist einer Zarzuela* (1).
Za|sel, die; -, -n [wohl eigtl. = die Gezupfte] (veraltet, noch landsch.): *Faser;* **Za|ser,** die; -, -n (veraltet, noch landsch.): *Faser;* **Zä|ser|chen,** das; -s, -: Vkl. zu ↑Zaser; **za|se|rig** ⟨Adj.⟩ (veraltet, noch landsch.): *faserig;* **za|sern** ⟨sw. V.; hat⟩ (veraltet, noch landsch.): *fasern.*
Zä|si|um: ↑Cäsium.
Zas|pel, die; -, -n [spätmhd. (md.) za(l)spille, zalspinnel, zu mhd. zal (↑Zahl) u. spinnel (↑Spindel), also eigtl. = Spindel, auf die eine bestimmte Menge Garn geht]: *früheres Garnmaß.*
Za|ster, der; -s [aus der Gaunerspr. < Zigeunerspr. sáster = Eisen < aind. śastra = Waffe aus Eisen] (salopp): *Geld:* Ich werd' bestimmt keinen Zigarettenautomaten knacken, wenn mir der Z. ausgeht (Ziegler, Kein Recht 227); ich brauch' dringend Z., hab' keinen Z. mehr; rück den Z. raus!; Willst dir wohl den Z. allein unter den Nagel reißen (Degener, Heimsuchung 43).
Zä|sur, die; -, -en [lat. caesura, eigtl. = das Hauen; Hieb; Schnitt, zu: caesum, 2. Part. von: caedere = hauen, schlagen]: **a)** *(Verslehre) metrischer Einschnitt innerhalb eines Verses;* **b)** *(Musik) durch eine Pause od. ein anderes Mittel markierter Einschnitt im Verlauf eines Musikstücks;* **c)** *(bildungsspr.) Einschnitt (bes. in einer geschichtlichen Entwicklung; markanter Punkt:* eine markante, deutlich sichtbare Z.; Jenes Unglück ... war natürlich eine erschreckende Z. in meinem bis dahin ziemlich unbekümmerten Dasein (Dönhoff, Ostpreußen 216); eine Z. setzen; dieses Werk bildet eine Z. in seinem Schaffen; ... des Chores, zu dem man über Stufen, die eine entschiedene Z. darstellen, hinaufgelangt (Bild. Kunst III, 18).
Zat|tel|tracht, die; - [Nebenf. von ↑Zottel; nach den gezackten Kleiderrändern]: *(im MA.) Tracht, bei der die Kleidungsstücke durch regelmäßige, eingeschnittene od. angesetzte Zacken verziert sind.*
Zau|ber, der; -s, - [mhd. zouber, ahd. zaubar = Zauberhandlung, -spruch, -mittel, H. u.]: **1.** ⟨Pl. selten⟩ **a)** *Handlung des Zauberns* (1 a), *magische Handlung, magisches Mittel:* Vielleicht hat der Z. schon geholfen? (Geissler, Wunschhütlein 15); einen Z. anwenden; Z. treiben; Mit welchem Z. hatte er den Sohn verhext ...? (Hesse, Narziß 51); ** fauler Z.* (ugs. abwertend; *Schwindel*): diese Wundermittel sind doch nur fauler Z.; die Gäste hörten ihm zu, weil er einen keinen blauen Dunst und keinen faulen Z. vormachte, sondern die Wahrheit sagte (Bieler, Bär 223); **b)** *Zauberkraft; magische Wirkung:* in dem Amulett steckt ein geheimer Z.; der uralte Z., daß der Besitz des richtigen Wortes Schutz ... gewährt (Musil, Mann 1088); einen Z. *(Zauberspruch)* über jmdn. aussprechen; den Z.

(Zauberbann) lösen, bannen. **2.** ⟨o. Pl.⟩ **a)** *auf gleichsam magische Weise anziehende Ausstrahlung, Wirkung; Faszination, Reiz:* der Z. der Landschaft, der Berge; der Z. der Manege; alles, was es hier gab, hatte für Sybille den Z. des Provisorischen (Frisch, Stiller 301); ihr Gesang übt einen großen Z. aus; er ist ihrem Z. erlegen. **3.** ⟨o. Pl.⟩ (ugs. abwertend) *etw., was man für übertrieben, unnötig, lästig hält:* einen mächtigen Z. veranstalten; ich mache den Z. nicht mit; dann werden wir ihm hier einen Z. bereiten *(werden wir ihm hier heftig zusetzen),* daß dagegen seine Fronterlebnisse harmlose Kinderspiele sind (Kirst, 08/15, 471); sie wollte keine kirchliche Trauung, sie hielt nichts von dem ganzen Z.; was kostet der [ganze] Z. *(das Zeug, alles zusammen)?;* **Zau|ber|bann,** der (geh.): *durch Zauberkraft bewirkter Bann* (2); **Zau|ber|buch,** das: *Buch mit Anleitungen für die Ausübung von Zauberei* (1), *mit Zaubersprüchen, Zauberformeln u. a;* **Zau|be|rei,** die; -, -en [mhd. zoubere̅ı]: **1.** ⟨o. Pl.⟩ *das Zaubern* (1 a), *Magie:* er glaubt an Z.; was er da macht, grenzt schon an Z. **2.** *Zauberkunststück, Zaubertrick:* er führte allerlei -en vor; Ü Ganz verblüffend ist auch die Z., die Ultraschall ... zustande bringt (Menzel, Herren 78); von ... den kleinen -en ihrer schwarzen Augen (Th. Mann, Krull 263); **Zau|be|rer,** (seltener:) *Zauberer,* der, -s, - [mhd. zoubere, ahd. zaubarari]: **1.** *jmd., der Zauberkräfte besitzt; Magier* (a): ein böser Z. hatte den Prinzen in einen Frosch verwandelt; Ü Igor Markevitch war ... ein Zauberer am Pult *(ein begnadeter, genialer Dirigent;* Orchester 5, 1983, 497). **2.** *jmd., der Zaubertricks ausführt, vorführt:* der Z. zog plötzlich eine Taube aus dem Hut; **Zau|ber|flö|te,** die: *Flöte, der Zauberkräfte innewohnen;* **Zau|ber|for|mel,** die: *beim Zaubern* (1 a) *zu sprechende Formel* (z. B. „Abrakadabra"). **2.** *Patentlösung;* ¹*Parole* (1): „Katalysator" heißt die neue Z. zum Umweltproblem; daß es keine Patentschlüssel zum Frieden gäbe und auch keine Z. (Dönhoff, Ära 230); **Zau|ber|glau|be,** der: *Glaube an Magie, Zauberei;* **zau|ber|haft** ⟨Adj.; -er, -este⟩: *bezaubernd, entzückend:* ein -es Kleid; eine -e Wohnung; es war ein -er Abend; da fanden Publikum und Presse, ich sei ein -er Clown (Abendzeitung 23. 1. 85, 19); die Stimmung war ganz z.; sie sah z. aus, hat ganz z. getanzt; sie ist z. natürlich, unbefangen; **Zau|ber|hand,** die: in der Fügung *wie von/durch Z. (auf unerklärliche Weise plötzlich):* die Tür öffnete sich wie von Z.; Ich schnupfe das weiße Pulver, und meine Atemwege sind wie durch Z. befreit (Kinski, Erdbeermund 122); **Zau|be|rin,** die; -, -nen [mhd. zouberærinne, ahd. zoubararīn]: w. Form zu ↑Zauberer; **zau|be|risch,** (seltener:) *zauberisch* ⟨Adj.⟩: **1.** (veraltet) *zauberkräftig:* ein -er Trank; er blickte auf die granitenen Platten des Gehsteigs, als könne dort zwischen den Ritzen ein zaubrisches Kraut wachsen (Rolf Schneider, November 103). **2.** (geh.) **a)** *traumhaft-unwirklich:* eine -e Stimmung, Szenerie; Sterne zogen auf, ... zauberisch war ihr Schein

(Harig, Weh dem 194); **b)** *bezaubernd:* ein -es Lächeln; eine -e Landschaft; **Zau|ber|ka|sten,** der: *Kasten mit Utensilien zur Durchführung von Zaubertricks (als Kinderspielzeug);* **Zau|ber|kraft,** die: *übernatürliche Kraft, Wirkung eines Zauberers:* das Amulett hat Z.; Entweder ... war die vorherige Lehrerin eine absolute Null, oder die jetzige verfügte über Zauberkräfte (H. Weber, Einzug 169); **zau|ber|kräf|tig** ⟨Adj.⟩: *Zauberkraft besitzend:* ein -es Wort; **Zau|ber|kunst,** die: **1.** ⟨o. Pl.⟩ *Kunst des Zauberns* (1): ein Meister der Z. **2.** ⟨meist Pl.⟩ *magische Fähigkeit:* all seine Zauberkünste versagten; Er ... bezichtigte sie der Bosheit und der bösen Zauberkünste (Strauß, Niemand 71); **Zau|ber|künst|ler,** der: *jmd., der Zauberkunststücke vorführen kann:* er tritt im Varieté als Z. auf; **Zau|ber|künst|le|rin,** die: w. Form zu ↑Zauberkünstler; **Zau|ber|kunst|stück,** das: *Zaubertrick;* **Zau|ber|land,** das ⟨Pl. ...länder; Pl. selten⟩: *Land, in dem Zauberkräfte wirksam sind:* die Fee entführte ihn in ein Z.; **Zau|ber|la|ter|ne,** die: vgl. Zauberflöte; **Zau|ber|lehr|ling,** der: vgl. Zaubermeister; **Zau|ber|macht,** die: vgl. Zauberkraft; **zau|ber|mäch|tig** ⟨Adj.⟩ (selten): vgl. zauberkräftig: Meist ist es sein unwillkürlich richtiges Verhalten, das ihm die Hilfe eines -en Tiers ... gewinnt (Lüthi, Es 110); **Zau|ber|mär|chen,** das (Literaturw.): *Märchen, in dem Zauberei* (1) *eine wesentliche Rolle spielt;* **Zau|ber|meister,** der: *Meister der Zauberei* (1); **Zau|ber|mei|ste|rin,** die: w. Form zu ↑Zaubermeister; **Zau|ber|mit|tel,** das: **1.** *Hilfsmittel zum Zaubern* (1) (z. B. Zauberstab). **2.** *Mittel* (2 a), *das durch Zauberkraft wirkt;* **zau|bern** ⟨sw. V.; hat⟩ [mhd. zoubern, ahd. zouberōn, zu ↑Zauber]: **1. a)** *übernatürliche Kräfte einsetzen u. dadurch etw. bewirken:* die alte Hexe kann z.; ⟨subst.:⟩ er versteht sich aufs Zaubern; R ich kann doch nicht z. (ugs.; *so schnell kann ich das nicht; das ist doch ganz unmöglich*); **b)** *Zaubertricks ausführen, vorführen:* er zaubert im Varieté; Ü in der zweiten Halbzeit begannen die Brasilianer zu z. (Sport Jargon; *mit Tricks, erstaunlicher Leichtigkeit u. großem Können zu spielen*): Wolfram Wuttke zauberte beim Turnier in Südfrankreich und bekam immer wieder Sonderbeifall (Hamburger Morgenpost 22. 5. 85, 9). **2.** *durch Magie, durch einen Trick hervorbringen, erscheinen, verschwinden lassen:* die Fee sollte ihr einen Bräutigam z.; sie zauberte ihn in eine Flasche; er zauberte eine Taube aus dem Hut; Ü Der Wind ... zauberte weiße Schaumköpfe (Ott, Haie 113); Es gab sogar einen akademischen Kunstmaler, der deutsche Landschaften auf die Wände zauberte (Kuby, Sieg 304); Auf diesen Bildschirm kann sich der Manager ... die aktuellen Einkaufspreise oder die Aktienkurse „zaubern" (Hamburger Abendblatt 21. 5. 85, Beilage, S. 8). **3. a)** *wie durch Zauberkraft od. einen Zaubertrick schaffen, mit großem Können, Geschick od. Leichtigkeit hervorbringen, entstehen lassen:* einen Kuchen im Essen z.; sie hat sich aus den Stoffresten ein Kleid gezaubert; Daraus (= aus soviel Hubraum) lassen sich heute 140 PS z. (ADAC-Motorwelt 4, 1983, 116); **b)** (selten) *durch Zauberei verwandeln, verzaubern:* Ü du bist auch jener Knabe, ... dessen Tränen er (= der Mond) zu weißem Silber zauberte (A. Zweig, Claudia 121); **Zau|ber|nuß,** die: *(in Amerika u. Asien heimische) der Haselnuß ähnliche Pflanze, aus deren Rinde ein zu pharmazeutischen u. kosmetischen Präparaten verwendeter Extrakt gewonnen wird u. aus deren Zweigen Wünschelruten geschnitten werden; Hamamelis;* **Zau|ber|nuß|gewächs,** das ⟨meist Pl.⟩ (Bot.): *(v. a. in Ostasien heimischer) Baum od. Strauch mit einfachen Blättern u. in Köpfchen, Ähren od. Trauben stehenden Blüten;* **Zau|ber|oper,** die (Theater): vgl. Zauberstück; **Zau|ber|pos|se,** die (Theater): vgl. Zauberstück; **Zau|ber|prie|ster,** der (Völkerk.): *Priester, der über magische Fähigkeiten verfügt:* aus den Wäldern dröhnte die Pauke des großen -s von Maui (Reinig, Schiffe 18); *w.* Form zu ↑ Zauberpriester; **Zau|ber|reich,** das: vgl. Zauberland: in Frau Holles Z.; Ü das Z. der Operette, der Träume; **Zau|ber|schau,** die: *Vorführung von Zaubertricks, Zauberkunststücken;* **Zau|ber|schlag,** der: *plötzlich wirksam werdender Zauber:* daß die sozialen ... Spannungen nicht mit einem Z. aus der Welt zu schaffen sind (W. Brandt, Begegnungen 271); Alles, was sie sagt, hat wie durch einen Z. *(auf unerklärliche, wunderbare Weise plötzlich)* einen neuen Klang (Remarque, Obelisk 199); Ü Kein anderes Buch hatte ihn je wieder so aufund umgerührt, ... hatte ihm mit einem Z. gezeigt, was das ist: Poesie (Erné, Fahrgäste 157); **Zau|ber|schloß,** das: *verzaubertes Schloß;* **Zau|ber|spie|gel,** der: vgl. Zauberflöte; **Zau|ber|spiel,** das (Theater): vgl. Zauberstück; **Zau|ber|spruch,** der: *Spruch (1 a), der eine bestimmte magische Wirkung hervorbringen soll:* Unsere Telegramme wirkten, als hätten wir Zaubersprüche in die Welt hinausgesandt (K. Mann, Wendepunkt 176); **Zau|ber|stab,** der: *von Zauberern, Magiern verwendeter Stab, dem Zauberkraft zugesprochen wird:* Ü Du bist die schönste aller Hexen. Wenn ich dich kriege, zeigt dir mein Z. (salopp verhüll.; *Penis*) die Liebe (Hörzu 3, 1983, 78); **Zau|ber|stück,** das (Theater): *Stück, in dem Zauberei (1) eine wesentliche Rolle spielt:* ein barockes Z.; **Zau|ber|trank,** der: vgl. Zaubermittel (: der Druide brauste einen Z.; **Zau|ber|trick,** der: *Trick (c), durch den der Anschein erweckt wird, der Ausführende bringe mit übernatürlichen Kräften Wirkungen hervor:* einen Z. vorführen; **Zau|ber|trom|mel,** die: *Trommel, die Schamanen, Wahrsager u. a. schlagen, um sich selbst in Trance zu versetzen od. um ihren Schutzgeist herbeizurufen;* **Zau|ber|welt,** die: vgl. Zauberland; **Zau|ber|we|sen,** das: *durch Zauberei (1), durch Verzauberung hervorgebrachtes Wesen* (3 a); **Zau|ber|wir|kung,** die: *durch Zauberkraft hervorgebrachte Wirkung;* **Zau|ber|wort,** das ⟨Pl. -e⟩: vgl. Zauberformel (2): Wirtschaftlichkeit der Verwaltung war und ist ein Z. aller Bundes-, Landes-

und Kommunalregierungen (Hörzu 45, 1976, 5); **Zau|ber|wür|fel,** der: *(als eine Art Spielzeug hergestellter) Würfel, der aus einzelnen, in drei mal drei jeweils gegeneinander verdrehbaren Schichten angeordneten kleineren Würfeln aufgebaut ist u. bei dem, solange nichts verdreht ist, jede der sechs Flächen eine andere (einheitliche) Farbe aufweist:* der Rubiksche Z.; **Zau|ber|wur|zel,** die (Volksk.): *zauberkräftige Wurzel* (z. B. Alraunwurzel); **Zaub|rer:** ↑ Zauberer; **Zaub|re|rin,** die; -, -nen: w. Form zu ↑ Zauberer; **zaub|risch:** ↑ zauberisch.

Zau|che, die; -, -n [landsch. Nebenf. von ↑ Zohe] (veraltet, noch landsch.): **1.** *Hündin.* **2.** (abwertend) *liederliche Frau.*

Zau|de|rei, die; -, -en (meist abwertend): *[dauerndes] Zaudern;* **Zau|de|rer,** (auch:) Zaudrer, der; -s, -: *jmd., der [häufig] zaudert;* **Zau|de|rin,** die; -, -nen: w. Form zu ↑ Zauderer; **zau|dern** ⟨sw. V.; hat⟩ [Iterativbildung zu mhd. (md.) zūwen = (weg)ziehen, sich wegbegeben, wohl verw. mit ablautend mhd. zouwen, ahd. zawēn = vonstatten gehen, eilen; aus der Vorstellung eines wiederholten schnellen Tuns wurde die Bedeutung des langsamen Vorankommens entwickelt]: *unentschlossen zögern; unschlüssig sein:* nur kurz, zu lange, nicht länger z.; sie zauderten mit der Ausführung des Planes; ich zaudere zu keinem Gang hinaus ins Freie (Handke, Kaspar 84); du würdest nicht z., ihm eine Granate gegen die Brust zu werfen (Remarque, Westen 85); sie tat es, ohne zu z.; er hielt zaudernd inne; ⟨subst.:⟩ Es war ein kaum wahrnehmbares ... Zaudern in seinem Schritt (Seidel, Sterne 16); ohne Zaudern willigte sie ein (A. Kolb, Daphne 57); **Zaud|rer:** ↑ Zauderer; **Zaud|re|rin,** die; -, -nen: w. Form zu ↑ Zauderer.

Zaum, der; -[e]s, Zäume [mhd. zoum, ahd. zaum = Seil, Riemen; Zügel, zu ↑ ziehen, eigtl. = das, womit man zieht]: *aus dem Riemenwerk für den Kopf u. der Trense (1 a) bestehende Vorrichtung zum Führen u. Lenken von Reit- od. Zugtieren, bes. Pferden:* einem Pferd den Z. anlegen; * **jmdn., sich, etw. im Z.**/⟨geh.:⟩ **-e**/⟨auch:⟩ **in Z. halten** *(jmdn., sich, etw. zügeln, mäßigen, unter Kontrolle halten):* seine Gefühle, seine Leidenschaften im Z. halten; ich war so zornig, daß ich mich nicht mehr im Z. halten konnte; die rebellierenden Massen im Z. halten; Ihre ... Neugier wird durch die ... Ahnung in Z. gehalten, daß die Wahrheit störend sein kann (K. Mann, Wendepunkt 37); **zäu|men** ⟨sw. V.; hat⟩ [mhd. zöumen, zoumen]: *einem Reit- od. Zugtier den Zaum anlegen:* die Pferde sattelt und z.; daß die Pferde statt auf Trense auf Kandare gezäumt werden (Bergengruen, Rittmeisterin 266); **Zäu|mung,** die; -, -en: *Art u. Weise des Zäumens, des Zäumtseins:* Z. noch nicht endgültig begutachten; **Zaum|zeug,** das; [e]s, -e: *Zaum:* Ich streife dem Tier ... die Zügel des -s über den Hals (Dwinger, Erde 48).

Zaun, der; -[e]s, Zäune [mhd., ahd. zūn = *Umzäunung, Hecke, Gehege*]: *Abgrenzung, Einfriedigung aus (parallel angeordneten, gekreuzten o. ä.) Metall- od. Holz-

stäben od. aus Drahtgeflecht:* ein hoher, niedriger, elektrischer Z.; ein Z. aus Maschendraht, aus Latten; einen Z. ziehen, errichten, reparieren, erneuern, anstreichen; die Kinder schlüpften durch den Z., kletterten über den Z.; * **ein lebender Z.** *(eine* ¹*Hecke b):* Ein letzter Duft von Flieder, aus dem ein Teil des lebendes besteht, der Haus, Stallungen und Innenkoppeln umgibt (Frischmuth, Herrin 94); **mit etw. [nicht] hinter dem/hinterm Z. halten** *(etw. Wesentliches [nicht] verschweigen):* Ruhig sagen, warum nicht, nicht hinterm Z. halten, mit Offenheit wird alles besser (Döblin, Alexanderplatz 203); **einen Streit/Zwist/Krieg o. ä. vom Z./**⟨geh.:⟩ **-e brechen** *(heraufbeschwören, plötzlich damit beginnen;* eigtl. = so unvermittelt mit einem Streit beginnen, wie man eine Latte [als Waffe] von der nächsten Umzäunung bricht); **zaun|dürr** ⟨Adj.⟩ (österr. ugs.): *sehr dünn, sehr mager:* sie ist eine -e Person; **Zaun|ei|dech|se,** die [nach dem häufigen Nistplatz unter Zäunen]: *größere Eidechse von braungrüner Farbe mit stumpfer Schnauze u. kurzem, dickem Schwanz;* **zäu|nen** ⟨sw. V.; hat⟩ [mhd. ziunen, ahd. zūnen = einen Zaun errichten] (selten): *ein-, umzäunen:* Holzarten wie Buche, Eiche oder Douglasie ... sind zu z. (Jagd 5, 1987, 130); **Zaun|gast,** der ⟨Pl. ...gäste⟩: *jmd., der sich nicht als offizieller Besucher bei etw. aufhält, sondern nur aus einiger Entfernung zusieht (ohne eingeladen zu sein, ohne dafür bezahlt zu haben):* bei der Feier hatten sich viele [ungebetene] Zaungäste eingefunden; Die Zaungäste bekamen schon vom Zuschauen eine Gänsehaut: Bei Dreharbeiten ... mußte Walter Giller in die Ostsee (Hörzu 43, 1970, 18); Ü Europa – Z. in Nahost? – Die Beziehungen der Europäischen Gemeinschaft zur arabischen Welt (Hörzu 43, 1976, 70); **Zaun|kö|nig,** der [spätmhd. (md.) czune künnyck für mhd. künīclīn, ahd. kuningilīn, eigtl. = Königlein, LÜ von lat. regulus (↑ Regulus); der Name nimmt Bezug auf die schon antike Sage von der Königswahl der Vögel, bei der der Zaunkönig gewinnen wollte, indem er sich im Gefieder des Adlers verbarg. noch höher flog als dieser]: *kleiner, gerne in Unterholz, Dickichten, Hecken lebender Singvogel mit bräunlichem, heller gezeichnetem Gefieder;* **Zaun|lat|te,** die: *Latte eines Zauns:* Die dreißig Skinheads näherten sich Mahlsdorf mit Eisenstangen, ... und herausgebrochenen -n (Mahlsdorf, Ich bin 7); **Zaun|li|lie,** die: *Graslilie;* **Zaun|pfahl,** (landsch.) Zaunspfahl, der: *Pfahl eines Zauns:* ein morscher Z.; * **mit dem Z. winken** *(jmdm. etw. indirekt, aber doch sehr deutlich zu verstehen geben;* vgl. Wink 1; *mit „Zaunpfahl" ist in dieser Wendung wohl lediglich etw. Großes, das man nicht übersehen kann, gemeint);* **Zaun|pfo|sten,** der: vgl. Zaunpfahl; **Zaun|re|be,** die (volkst.): *Kletterpflanze (wie Geißblatt, Zaunrübe, Zaunwinde u. a.), die bes. an Zäunen u. Hecken wächst;* **Zaun|rü|be,** die: *kletternde Pflanze mit grünlichweißen Blüten, roten od. schwarzen Beerenfrüchten u. einer rübenförmigen Wurzel;* **Zaun|schlüp|fer,**

Zaunspfahl

der [mhd. zūnslüpfel] (landsch.): *Zaunkönig;* **Zauns|pfahl:** ↑Zaunpfahl; **Zaun|win|de,** die: *Winde mit großen, trichterförmigen, meist weißen, seltener rosafarbenen Blüten.*
Zau|pe, die; -, -n [mhd. zūpe] (landsch.): **1.** *(bei Hunden) weibliches Tier; Hündin.* **2.** (abwertend) *unordentliche, liederliche Frau.*
Zau|sel, der; -s, - [eigtl. wohl = Person mit zerzaustem Haar] (landsch., oft abwertend): *[alter] Mann:* was will der Z. hier?; Macht hin und stellt mich alten Z. wieder auf die Beine (Frösi 4, 1976, 23); Sein Chef war ein widerlicher alter Z., der von morgens bis abends auf die Verkommenheit der Jugend schimpfte (Borell, Verdammt 300); **zau|sen** ⟨sw. V.; hat⟩ [mhd. in: zerzūsen, ahd. in: zerzūsōn]: **a)** *an etw. leicht zerren, reißen, darin wühlen u. dabei in Unordnung bringen, durcheinandermachen:* jmds. Haar z.; er zauste ein wenig das Fell, im Fell des Hundes; Ü der Wind hat die Baumkronen gezaust; **b)** *an den Haaren, am Fell zupfen, leicht zerren, darin wühlen:* sie zauste ihn liebevoll; Ich würde dich härter strafen und dich vielleicht sogar schmerzhaft am Haare z. (Mann, Joseph 520); Ü das Leben, das Schicksal hat sie mächtig gezaust *(hat ihr ziemlich übel mitgespielt);* Die sozial-liberale Regierung in Bonn wird böse gezaust *(ihr wird sehr zugesetzt;* Zeit 7. 2. 75, 1); **zau|sig** ⟨Adj.⟩ (österr.): *zerzaust, strubbelig, struppig:* Schließlich fanden wir den Hund ..., und seinem -en Gesichte war die ... Frage abzulesen ... (Molo, Frieden 20); seine Haare waren ganz z.
Za|wi|ja ['zaː...], die; -, -s [arab. zāwiyaʰ, eigtl. = Ecke, Winkel; Betraum]: *Niederlassung eines Sufi od. einer islamischen Bruderschaft.*
Za|zen, das; - [jap., aus: za = das Sitzen; Sitzplatz u. ↑Zen]: *im Zen übliche Meditation im Sitzen.*
Za|zi|ki, Tsatsiki, der u. das; -s, -s [ngriech.]: *dickflüssige kalte Soße aus Joghurt, Salatgurkenstückchen u. Knoblauch.*
z. B. = zum Beispiel.
z. b. V. = zur besonderen Verwendung.
z. D. = zur Disposition.
z. d. A. = zu den Akten (erledigt).
ZDF = Zweites Deutsches Fernsehen.
z. E. = zum Exempel.
Zea, die; - [↑Zein] (Bot.): *Mais;* **Zea|tin,** das; -s (Biol.): *(im Mais entdecktes) Pflanzenhormon, das die Zellteilung fördert;* **Zea|xan|thin,** das; -s (Bot.): *im Maiskorn u. in anderen Früchten enthaltenes Xanthophyll.*
Ze|ba|ot (ökum.), **Ze|ba|oth** [↑Sabaoth]: in der Fügung **der Herr/**(auch:) **Gott Z.** (Name Gottes im A. T.).
Ze|be|dä|us, der; -, -se [wohl aus der Studentenspr., nach Zebedäus, dem Vater der Apostel Johannes u. Jakobus d. Ä.] (ugs.): *Penis:* der Eber, der uns seinen knallroten, spiralförmigen Z. zeigte (Eppendorfer, Monster 47).
Ze|bra, das; -s, -s [(viell. über engl. zebra od. frz. zèbre) < span. cebra, urspr. = Wildesel, über das Vlat. < lat. equiferus = Wildpferd (zu: equus = Pferd u. ferus = wild)]: *(in Afrika heimisches) meist in größeren Herden lebendes, dem Pferd ähnliches Tier, dessen Fell querverlaufende schwarze u. weiße, auch bräunliche Streifen aufweist;* **Ze|bra|fell,** das: *Fell eines Zebras;* **Ze|bra|holz,** das: *Zebrano;* **Ze|bra|no,** das; -s [port., zu: zebra = Zebra]: *dunklere wellige Streifen auf hellbraunem Grund aufweisendes Holz bestimmter westafrikanischer Bäume;* **Ze|bra|streifen,** der: *durch breite, weiße Streifen auf einer Fahrbahn markierte Stelle, an der die Fußgänger beim Überqueren der Fahrbahn Vorrang gegenüber den Autofahrern haben:* den Z. benutzen; Das Auto hielt vor einem, am Z.; **Ze|bri|na,** die; -, ...nen [nlat., zu ↑Zebra]: *(in Mittelamerika heimische) Pflanze mit auf der Unterseite roten, auf der Oberseite grün u. silbrig gestreiften Blättern u. purpurfarbenen Blüten;* **Ze|bro|id,** das; -[e]s, -e [zu griech. -oeidés = ähnlich, zu: eĩdos = Aussehen, Form]: *aus Zebra u. Pferd bzw. Esel gekreuztes Tier.*
Ze|bu, der od. das; -s, -s [frz. zébu, H. u.]: *Buckelrind.*
Zech|bru|der, der (ugs., oft abwertend): **1.** *Trinker:* er ist ein ziemlicher Z. **2.** *Zechgenosse;* **Ze|che,** die; -, -n [mhd. zeche = reihum gehende Verrichtung; (An)ordnung; Reihenfolge; Einrichtung; Gesellschaft, Genossenschaft (vgl. mhd zechen = veranstalten; anordnen, ahd. [gi]zehōn = in Ordnung bringen, [wieder]herstellen, färben), wohl urspr. = Ordnung, geordneter Kreis, Versammlung; 1: spätmhd. = Beitrag für ein gemeinsames Essen, Trinken; 2: mhd., eigtl. = an einer Zeche beteiligte bergmännische Genossenschaft]: **1.** *Rechnung für genossene Speisen u. Getränke in einer Gaststätte:* eine kleine, teure Z.; eine hohe, große Z. machen *(viel verzehren);* seine Z. bezahlen, begleichen; Eduard, der den Sekt säuft wie Wasser, um die Z. zu erhöhen (Remarque, Obelisk 201); bei jmdm. die Z. *(den Betrag der Zeche)* kassieren; er hat den Wirt um die Z. *(den Betrag der Zeche)* betrogen; * **die Z. prellen** (ugs.; *in einer Gaststätte seine Rechnung nicht bezahlen);* **die Z. [be]zahlen** (ugs.; *die unangenehmen Folgen von etw. tragen; für einen entstandenen Schaden aufkommen):* Entgegen dem Votum des Bundesrats ... soll ... die Z. in voller Höhe der Versicherte zahlen (DÄ 47, 1985, 18). **2.** *Grube* (3): eine Z. stillegen; auf einer Z. arbeiten; **ze|chen** ⟨sw. V.; hat⟩ [spätmhd. zechen, wohl in, mhd. zeche (↑Zeche in der Bed. „gemeinsamer Schmaus"] (veraltend, noch scherzh.): *[gemeinsam mit andern] große Mengen Alkohol trinken:* ausgiebig, fröhlich, die Nacht hindurch, bis zum frühen Morgen z.; **Ze|chen|ster|ben,** das; -s: *Folge, Welle von Zechenstillegungen:* An der Ruhr wachsen die Kohlehalden, die Kumpel befürchten ein großes Z. (Spiegel 48, 1982, 55); **Ze|chen|stille|gung[1],** das ⟨o. Pl.⟩: *Stillegung einer Zeche* (2); **Ze|cher,** der; -s, - (veraltend, noch scherzh.): *jmd., der [gerne u. häufig] zecht: ein fröhlicher, lustiger, stiller Z;* **Ze|che|rei,** die; -, -en (veraltend, noch scherzh.): *ausgiebiges Zechen; Trinkgelage;* **Ze|che|rin,** die; -, -nen (veraltend, noch scherzh.): w. Form zu ↑Zecher: Die Z. wurde ... mit Verdacht auf eine Alkoholvergiftung ins Westkrankenhaus gebracht (Augsburger Allgemeine 29./30. 4. 78, 44); **zech|freu|dig** ⟨Adj.⟩ (veraltend, noch scherzh.): *trinkfreudig;* **Zech|ge|la|ge,** das (veraltend): *Trinkgelage;* **Zech|ge|nos|se,** der (veraltend): *jmd., der mit einem anderen, mit anderen zusammen trinkt;* **Zech|ge|nos|sin,** die (veraltend): w. Form zu ↑Zechgenosse.
Ze|chi|ne, die; -, -n [ital. zecchino, zu: zecca = Münzstätte (in Venedig), aus dem Arab.]: *frühere venezianische Goldmünze (13. bis 17. Jh.).*
Zech|kum|pan, der, (ugs., oft abwertend): *Zechgenosse:* er erzählte mit heftigem Donnern der Faust seinen -en eine Geschichte (Fallada, Herr 95); **Zech|kum|pa|nin,** die, (ugs., oft abwertend): w. Form zu ↑Zechkumpan; **Zech|prel|ler,** der: *jmd., der Zechprellerei begeht:* Sie Lump, Sie verdammter Z., Sie! (Fallada, Trinker); einen Z. anzeigen; **Zech|prel|le|rei,** die: *das Nichtbezahlen der Rechnung für genossene Speisen u. Getränke in einer Gaststätte:* er wurde wegen wiederholter Z. bestraft; **Zech|prel|le|rin,** die: w. Form zu ↑Zechpreller.
Zech|stein, der; -[e]s [wohl zu mundartl. zech = zäh, nach der bitumenartigen Konsistenz der Schichten] (Geol.): *jüngere Abteilung des ¹Perms.*
Zech|tour, die: *[gemeinsam mit anderen unternommener] Besuch mehrerer Gaststätten, bei dem große Mengen Alkohol getrunken werden:* eine Z. unternehmen; machen; er war an dem Abend mit Freunden auf einer Z.
¹Zeck, das; -s, -s [urspr. wohl lautm.] (berlin.): kurz für ↑Einkriegezeck.
²Zeck, der; -[e]s, -e (südd., österr. ugs.): *Zecke:* Er war ... genügsam wie ein Z., der still auf einem Baum sitzt und von einem winzigen Blutströpfchen lebt (Süskind, Parfum 27); **Zecke¹,** die; -, -n [mhd. zecke, ahd. cecho, viell. verw. mit lit. dègti = stechen u. eigtl. = stechendes, zwickendes Insekt]: *große Milbe, die sich auf der Haut von Tieren u. Menschen festsetzt u. deren Blut saugt:* ich habe eine Z.; ... nahm er sich Dorle vor und drehte ihr die vollgesogene Z. aus dem Gesicht (M. Walser, Seelenarbeit 148); Ü diese elenden -n (abwertend; *Schmarotzer);* Zwar wird weiterhin gegen sogenannte „linke -n" gehetzt, aber ... (Zeit 13. 1. 95, 11).
zecken¹ ⟨sw. V.; hat⟩ [urspr. wohl lautm.] (landsch.): **1.** (berlin.) *Fangen spielen:* wollen wir z.?. **2. a)** *neckend, stichelnd reizen, ärgern:* mußt du immer die Kinder z.?; **b)** ⟨z. + sich⟩ *sich zanken:* ihr sollt euch nicht immer z.!
Zecken|biß¹, der: *Biß einer Zecke:* Die per Z. übertragene „Frühsommer-Meningoenzephalitis" (Saarbr. Zeitung 10. 7. 85, 18/19); **Zecken|en|ze|pha|li|tis¹,** die (Med.): *durch Zecken übertragene, virusbedingte Enzephalitis.*
Zeck|spiel, das (berlin.): *Fangspiel.*
Ze|dent, der; -en, -en [zu lat. cedens (Gen.: cedentis, 1. Part. von: cedere, ↑zedieren) (Rechtsspr.): *Gläubiger, der*

seine Forderung an einen Dritten abtritt: Die Änderung des Urlaubsverlaufs hat bei dem Kläger und den -en keinen Vermögensschaden entstehen lassen (MM 24. 1. 74, 13); **Ze|den|tin,** die; -, -nen (Rechtsspr.): w. Form zu ↑ Zedent. **Ze|der,** die; -, -n [mhd. zēder, cēder(boum), ahd. cēdar(boum) < lat. cedrus = Zeder(wacholder) < griech. kédros = Wacholder; Zeder]: **1.** *(im Mittelmeerraum heimischer) hoher, immergrüner Nadelbaum mit unregelmäßig ausgebreiteter Krone, steifen, meist dreikantigen Nadeln u. aufrecht stehenden, eiförmigen bis zylindrischen Zapfen.* **2.** ⟨o. Pl.⟩ *fein strukturiertes, hellrötliches bis graubraunes, aromatisch duftendes Holz der Zeder* (1) *(u. einiger anderer nach Zeder duftender Bäume):* ein Schrank aus [echter] Z.; **ze|dern** ⟨Adj.⟩ [mhd. zēd(e)rin]: *aus Zedernholz [bestehend]:* ein -er Schrank; **Ze|dern|holz,** das: *Zeder* (2); **Ze|dern|holz|öl,** das: *fast farbloses, mild aromatisch duftendes Öl aus Zedernholz, das bes. bei der Herstellung von Parfüms, Seifen o. ä. verwendet wird.*
ze|die|ren ⟨sw. V.; hat⟩ [lat. cedere = überlassen] (bes. Rechtsspr.): *abtreten; jmdm. übertragen:* eine Forderung, einen Anspruch z.; jmdm. etw., etw. an jmdn. z.
Ze|drach|ge|wächs, das; -es, -e [arab. azadaraḥt, aus dem Pers.]: *Baum od. Strauch einer Pflanzenfamilie mit vielen, bes. in den Tropen wachsenden Arten, die oft wertvolle Nutzhölzer liefern.*
Ze|drat, das; -[e]s, -e [zu ital. cedrato = mit dem Aroma von Zitronen versehen, mit Zitronensaft vermischt, zu: cedro = Zitronatbaum; Zitrone < lat. citrus, ↑ Zitrone] (veraltet): *Zitronat.*
Ze|drel|la|holz, das; -es: *rotes, leicht spaltbares, aromatisch riechendes Holz der Zedrele, das bes. für die Herstellung von Zigarrenkisten verwendet wird;* **Ze|drel|le,** die; -, -n [zu lat. cedrelate < griech. kedrelátē = eine Zedernart]: *(zu den Zedrachgewächsen gehörender) tropischer Baum, der Zedrelaholz liefert.*
Zee|man|ef|fekt ['ze:man...], der; -[e]s [nach dem niederl. Physiker P. Zeeman (1865–1943)] (Physik): *Aufspaltung jeder Spektrallinie in mehrere Komponenten verschiedener Frequenz im starken Magnetfeld.*
Zees|boot, das (Fischereiw. landsch.): *Zeesenboot;* **Zee|se,** die; -, -n [mniederd. sēse] (Fischereiw. landsch.): **1.** *(in der Fischerei der Ostsee verwendetes) Schleppnetz.* **2.** *Zeesenboot:* für ein komplettes neues Segelwerk einer Z. (NNN 26. 2. 85, 2); **Zee|sen|boot,** das (Fischereiw. landsch.): *mit Zeesen ausgerüstetes Boot;* **Zee|sen|netz,** das (Fischereiw. landsch.): *Zeese* (1).
Zeh, der; -s, -en, **Ze|he,** die; -, -n [mhd. zēhe, ahd. zēha, wohl verw. mit ↑ zeihen u. eigtl. = Zeiger, also urspr. Bez. des Fingers, die auf die Zehe als „Finger des Fußes" übertragen wurde]: **1.** *eines der (beim Menschen u. vielen Tieren) beweglichen Glieder am Ende des Fußes:* aus seinem Strumpf schaute eine Zehe, ein Zeh hervor; auf dem Steinboden krümmten sich ihre Zehen vor Kälte (Hesse, Narziß 164); ich habe mir zwei Zehen, den gro-ßen Zeh, die kleine Zehe gebrochen; Das Tier ... hatte bestimmt noch vier gut ausgebildete Zehen an den Vorderfüßen und drei an den Hinterfüßen (Th. Mann, Krull 340); er stellte sich auf die Zehen, schlich auf [den] Zehen durchs Zimmer; Der Neger war weiß vom Zeh bis zum Wirbel *(am ganzen Körper;* Reinig, Schiffe 41); * **jmdm. auf die Zehen treten** (1. ugs.; *jmdm. zu nahe treten; jmdn. beleidigen.* 2. *jmdn. unter Druck setzen, zur Eile antreiben);* **etw. im kleinen Zeh spüren** (ugs.; *etw. voraussahnen*): geht darauf zurück, daß sich bei Menschen mit rheumatischen o. ä. Beschwerden ein Wetterumschlag durch vermehrte Schmerzen ankündigen kann). **2.** ⟨nur Zehe⟩ *(beim Knoblauch) einzelner kleiner Teil einer Knolle:* eine halbe Z. Knoblauch zerdrücken.
♦ **ze|hen:** ↑ zehn: mehr Perlen und Brillanten ... als z. Könige in ihren Diademen getragen (Schiller, Kabale II, 2).
Ze|hen|bruch, das: *Bruch einer Zehe;* **Ze|hen|gän|ger,** der (Zool.): *Säugetier, das beim Gehen nur mit den Zehen auftritt;* **Ze|hen|glied,** das: *Glied einer Zehe;* **Ze|hen|na|gel,** der: *Fußnagel:* jmdm., sich die Zehennägel schneiden; **Ze|hen|ring,** der: *(bei manchen Völkern üblicher) an einer Zehe getragener Schmuckring;* **Ze|hen|spit|ze,** die: *Ende der letzten Gliedes einer Zehe:* ... fragte Marion alles auf einmal und stellte sich auf die -n, um ihn zu küssen (Baum, Paris 44); auf [der] *(ganz leise u. nur mit der Fußspitze auftretend)* hinausschleichen; Jemand kam auf -n das Treppenhaus herauf (Simmel, Stoff 699).
♦ **ze|hent...:** ↑ zehnt...: Gibt ja jeder Verleger seinem Sammler das zehente Exemplar gratis (Schiller, Räuber II, 3); **Ze|hent,** der; -en, -en (österr.): *Zehnt:* Ü Weil der Z. auf Getränke ... eine Verbrauchssteuer ist ... (Wochenpresse 13, 1984, 33); **zehn** ⟨Kardinalz.⟩ [mhd. zehen, ahd. zehan (in Ziffern: 10): vgl. acht: die z. Finger der beiden Hände; **Zehn,** die; -, -en: **a)** *Ziffer 10:* eine Z. an die Tafel schreiben; **b)** *Spielkarte mit zehn Zeichen;* **c)** (ugs.) *Wagen, Zug der Linie 10:* wo hält die Z.?; **Zehn|ar|mer,** der; -s, - (Zool.): *Kopffüßer mit zehn Fangarmen;* **zehn|bän|dig** ⟨Adj.⟩: vgl. achtbändig; **Zehn|eck,** das: *Achteck;* **zehn|eckig**[1] ⟨Adj.⟩: vgl. achteckig; **zehn|ein|halb** ⟨Bruchz.⟩ (in Ziffern: 10½): vgl. achteinhalb; **Zehn|en|der,** der; -s, - (Jägerspr.): vgl. Achtender; **zehn|er** ⟨indekl. Adj.⟩ (mit Ziffern: 10er): vgl. achtziger; **[1]Zeh|ner,** der; -s, -: **1.** (ugs.) **a)** *Zehnpfennigstück;* **b)** *Zehnmarkschein.* **2.** (Math.) *(im Dezimalsystem) Zehn als zweitkleinste Einheit, deren Anzahl durch die vorletzter Stelle einer mehrstelligen Zahl stehende Ziffer angegeben wird:* nach den Einern werden die Z. addiert. **3.** (landsch.) *Zehn* (a, c). **4.** *Achtziger* (2); **[2]Zeh|ner,** die; -, - (ugs.): *Zehnpfennigbriefmarke;* **Zeh|ner|bruch,** der: *Dezimalbruch;* **Zeh|ner|jau|se,** die (österr. ugs.): *gegen zehn Uhr vormittags eingenommener Imbiß;* **Zeh|ner|kar|te,** die: *Fahrkarte, Eintrittskarte o. ä., die zehnmal zum Fahren, zum Eintritt o. ä. berechtigt;* **zeh|ner|lei** ⟨best. Gattungsz.; indekl.⟩ [↑ -lei]: vgl. achterlei; **Zeh|ner|logarith|mus,** der (Math.): *dekadischer Logarithmus;* **Zeh|ner|packung**[1], die: *Packkung, die zehn Stück von etw. enthält;* **Zeh|ner|po|tenz,** die (Math.): *Potenz* (3) *der Zahl Zehn:* eine Zahl als Z. schreiben; **Zeh|ner|rei|he,** die: *Dreierreihe;* **Zeh|ner|stel|le,** die (Math.): *Stelle* (3 b) *der Zehner* (2) *in einer Zahl (mit mehr als einer Stelle);* **Zeh|ner|sy|stem,** das, (Math.): *Dezimalsystem;* **zehn|fach** ⟨Vervielfältigungsz.⟩ ⟨mit Ziffern: 10fach⟩: vgl. achtfach; **Zehn|fa|che,** das; -n ⟨mit Ziffern: 10fache⟩: vgl. Achtfache; **Zehn|fin|ger-Blind|schrei|be|me|tho|de, Zehn|fin|ger-Blind|schreib|me|tho|de,** die, **Zehn|fin|ger|sy|stem,** das ⟨o. Pl.⟩: *Methode, mit allen zehn Fingern auf der Schreibmaschine zu schreiben, ohne dabei auf die Tasten zu sehen;* **Zehn|flach,** das (Math.): *Dekaeder;* **zehn|flä|chig** ⟨Adj.⟩: *zehn Flächen habend;* **Zehn|flä|ch|ner,** der; -s, - (Math.): *Zehnflach;* **Zehn|fü|ßer,** der; -s, -, **Zehn|fuß|krebs,** der: *Krebs mit zehn Beinen, von denen die beiden vordersten meist Scheren tragen (z. B. Garnele, Krabbe);* **zehn|ge|schos|sig** ⟨Adj.⟩: vgl. achtgeschossig; **Zehn|jah|res|fei|er,** die (mit Ziffern: 10-Jahres-Feier): *Zehnjahrfeier;* **Zehn|jahr|es|plan,** der: *Fünfjahresplan;* **Zehn|jahr|fei|er,** die (mit Ziffern: 10-Jahr-Feier): vgl. Hundertjahrfeier; **zehn|jäh|rig** ⟨Adj.⟩ (mit Ziffern: 10jährig): vgl. achtjährig; **zehn|jähr|lich** ⟨Adj.⟩ (mit Ziffern: 10jährlich): vgl. achtjährlich; **Zehn|jahr|plan,** der: *Zehnjahresplan;* **Zehn|kampf,** der (Sport): *Mehrkampf in der Leichtathletik für Männer, der in zehn einzelnen Disziplinen ausgeführt wird;* **Zehn|kämp|fer,** der (Sport): *Leichtathlet, der Zehnkämpfe bestreitet;* **Zehn|ka|rä|ter,** der; -s, -: *Edelstein von zehn Karat* (1); **zehn|ka|rä|tig** ⟨Adj.⟩: *(von einem Edelstein) ein Gewicht von zehn Karat aufweisend:* ein -er Saphir; **Zehn|klas|sen|schu|le,** die (ehem. DDR): *zehn Klassen umfassende, allgemeinbildende, polytechnische Oberschule;* **zehn|köp|fig** ⟨Adj.⟩: *aus zehn Personen bestehend, zusammengesetzt:* eine -e Kommission; **zehn|mal** ⟨Wiederholungsz.; Adv.⟩: **a)** vgl. achtmal; **b)** (ugs.) vgl. hundertmal (b): das hab' ich dir schon z. gesagt!; **c)** (ugs.) vgl. hundertmal (c): Sie können z. Nadines Freund sein, ich kann nicht um Ihretthalben meine Stelle riskieren (Seghers, Transit 260); und wenn wir z. über Frankreich gesiegt haben, gerecht geht es nicht bei uns zu (Fallada, Jeder 8); **zehn|ma|lig** ⟨Adj.⟩: vgl. achtmalig; **Zehn|mark|schein,** der (mit Ziffern: 10-Mark-Schein): vgl. Fünfmarkschein; **Zehn|me|ter|platt|form,** die (mit Ziffern: 10-Meter-Plattform) (Wasserspringen): vgl. Fünfmeterplattform; **zehn|mo|na|tig** ⟨Adj.⟩ (mit Ziffern: 10monatig): vgl. achtmonatig; **zehn|mo|nat|lich** ⟨Adj.⟩ (mit Ziffer: 10monatlich): vgl. achtmonatlich; **Zehn|mo|nats|kind,** das (volkst.): *Kind, das erst im zehnten Monat der Schwangerschaft geboren wird;* **Zehn|pfen|nig|brief|mar|ke,** die (mit Ziffern: 10-Pfennig-Briefmarke, 10-Pf-Briefmarke): *Briefmarke mit dem Wert von*

zehn Pfennig; **Zehn|pfen|nig|stück,** das (mit Ziffern: 10-Pfennig-Stück, 10-Pf-Stück): *Münze im Wert von zehn Pfennig;* **zehn|sei|tig** ⟨Adj.⟩: vgl. achtseitig; **zehn|sil|big** ⟨Adj.⟩: vgl. achtsilbig; **zehn|stel|lig** ⟨Adj.⟩: vgl. achtstellig; **zehn|stöckig**[1] ⟨Adj.⟩: vgl. achtstöckig; **zehn|stün|dig** ⟨Adj.⟩: vgl. achtstündig; **zehn|stünd|lich** ⟨Adj.⟩: vgl. achtstündlich; **zehnt:** in der Fügung **zu z.** *(als Gruppe von zehn Personen):* sie waren, kamen zu z.; **Zehnt,** der; -en, -en [mhd. zehende, zehent, ahd. zehanto, zu ↑zehnt...]: *(vom MA. bis ins 19.Jh. bes. an die Kirche zu leistende) Abgabe des zehnten Teils vom Ertrag eines Grundstücks;* **zehnt...** ⟨Ordinalz. zu ↑zehn⟩ [mhd. zehende, ahd. zehanto] (in Ziffern: 10.): vgl. acht...; **zehn|tä|gig** ⟨Adj.⟩: vgl. achttägig; **zehn|täg|lich** ⟨Adj.⟩: vgl. achttäglich; **zehn|tau|send** ⟨Kardinalz.⟩ (in Ziffern: 10000): vgl. tausend; *⟨subst.:⟩* **die oberen Zehntausend** *(die reichste, vornehmste Gesellschaftsschicht);* **Zehn|tau|sen|de** ⟨Pl.⟩: vgl. ²Tausend (2): Z. von ihnen nahmen teil am Aufbau ... (Leonhard, Revolution 55); Das schwere Erdbeben ... hat ... Z. Opfer gefordert (NNN 9. 12. 88, 1); **Zehn|te,** der; -n, -n (hist.): *Zehnt;* **zehn|tei|lig** ⟨Adj.⟩ (mit Ziffern: 10teilig): vgl. achtteilig; **zehn|tel** ⟨Bruchz.⟩ (als Ziffer: 1/10): vgl. achtel; **¹Zehn|tel,** das, schweiz. meist: der; -s, - [mhd. zehenteil]: vgl. Achtel (a); **²Zehn|tel,** die; - (ugs.): kurz für ↑Zehntelsekunde: Blende 16 bei einer Z.; **zehn|teln** ⟨sw. V.; hat⟩: vgl. achteln; **Zehn|tel|no|te,** die: *zehnter Teil einer ganzen Note* (2): den Kampf um -n vor Augen, der unter den Bedingungen des Numerus clausus ... typisch geworden ist (Spiegel 38, 1981, 65); **Zehn|tel|se|kun|de,** die: *zehnter Teil einer Sekunde:* er gewann das Rennen mit einer Z. Vorsprung; **zehn|tens** ⟨Adv.⟩ (in Ziffern: 10.): vgl. achtens; ♦ **Zehnt|gar|be,** die: *jede zehnte Garbe* (1), *die als Abgabe dem Grundherrn zufällt:* Der Ritter fragte nach keinem vor der Jahreszeit gebotenen Werk ... Dazu schenkte er keine Z., kein Mäß Bodenzins (Gotthelf, Spinne 30); **Zehnt|ton|ner,** der; -s, - (mit Ziffern: 10tonner): vgl. Achttonner; **Zehnt|recht,** das: *Recht, rechtlicher Anspruch auf den Zehnten;* **Zehn|uhr|vor|stel|lung,** die: vgl. Achtuhrvorstellung; **Zehn|uhr|zug,** der: vgl. Achtuhrzug; **zehn|und|ein|halb** ⟨Bruchz.⟩ (in Ziffern: 10½): vgl. achtundeinhalb; **zehn|wö|chent|lich** ⟨Adj.⟩: vgl. achtwöchentlich; **zehn|wö|chig** ⟨Adj.⟩: vgl. achtwöchig; **Zehn|zei|ler,** der: *zehnzeiliger Text, zehnzeilige Strophe o.ä.;* **zehn|zei|lig** ⟨Adj.⟩: vgl. achtzeilig.
zeh|ren ⟨sw. V.; hat⟩ [1: mhd. zern = für Essen u. Trinken aufwenden; sich nähren; (essend) verbrauchen, zu ahd. zeran = zerreißen; kämpfen, Bedeutungsentwicklung über „vernichten, vertilgen" zu „verbrauchen"]: **1.** *etw. Vorhandenes aufbrauchen, um davon zu leben:* sie zehrten bereits von den letzten Reserven, von ihren Ersparnissen, von der Substanz; Ü der Vorsprung, von dem sie z. konnte, reichte noch für den zweiten Platz (Olymp. Spiele 1964, 29); Er zehrt eben von seinem alten Ruhm *(sein alter Ruhm kommt ihm immer noch zugute;* Sebastian, Krankenhaus 105); von schönen Erinnerungen, Eindrücken z. *(sich daran nachträglich noch erfreuen);* Ach, ein wunderschönes Jahr ... Davon werd' ich noch lange z. (Grass, Hundejahre 539). **2. a)** *die körperlichen Kräfte stark angreifen, verbrauchen; schwächen:* Fieber zehrt; da die Seeluft zu sehr zehrte, reiste sie wieder ab; eine zehrende Krankheit; denn Lampenfieber sei eben doch eine äußerst zehrende Erscheinung, eine Art Krankheit (Wohmann, Irrgast 78); Die Berliner Pythia hat einen einträglichen, aber sichtbar zehrenden Job (e&t 6, 1987, 73); Ü *starke, verzehrende* Leidenschaft; **b)** *jmdm. sehr zusetzen, sich bei jmdm. schädigend auswirken, etw. stark in Mitleidenschaft ziehen:* der Kummer, die Sorge hat sehr an ihr gezehrt; die Krankheit zehrt an seinen Kräften; der Streß zehrt an seiner Gesundheit; der Lärm, die Ungewißheit, die ständigen Aufregungen zehrten an ihren Nerven; Exploitationen, Abbrennen, Verwüstung zehren ... am Wald (Mantel, Wald 72); **Zehr|ge|biet,** das (Fachspr.): *unterer Teil des Gletschers, in dem die Abschmelzung größer ist als der Niederschlag;* **Zehr|geld,** das (veraltet): *Geld, das auf einer Reise bes. für die Ernährung bestimmt ist:* der Meister gab dem Gesellen einen Groschen Z. und schickte ihn weiter; Die paar Mark ... bewilligen Sie mir vielleicht gütigst als Z. für den Heimweg (Fallada, Herr 117); den Inhalt des Opferstocks ... nahmen sie noch als Z. mit (Prodöhl, Tod 175); **Zehr|pfen|nig,** der (veraltet): vgl. Zehrgeld: weil so ein ... Schneidergeselle bei einem Meistern fürs Vorsprechen nur magere -e bekam (Kühn, Zeit 344); **Zeh|rung,** die; -, -en ⟨Pl. selten⟩ [mhd. zerunge] (veraltet): *etw. zum Essen, bes. auf einer Reise:* Stanislaus suchte in seinem Handbündel nach etwas Z. (Strittmatter, Wundertäter 234); **Zehr|wes|pe,** die: *Wespe, deren Larven sich als Parasiten in den Eiern, Larven od. Puppen anderer Insekten entwickeln.*
Zei|chen, das; -s, - [mhd. zeichen, ahd. zeihhan, verw. mit ↑zeihen]: **1. a)** *etw. Sichtbares, Hörbares (bes. eine Geste, Gebärde, ein Laut o.ä.), das als Hinweis dient, mit dem deutlich macht, mit dem jmd. auf etw. aufmerksam gemacht, zu etw. veranlaßt o.ä. wird:* ein leises, heimliches, unmißverständliches Z.; das Z. zum Aufbruch, Anfang, Angriff ertönte; jmdm. mit der Taschenlampe ein Z. geben; sie machte [ihm] ein Z., er solle sich entfernen; sich durch Z. miteinander verständigen; zum Z. *(um erkennen zu lassen),* daß er ihn verstanden habe, nickte er mit dem Kopf; zum Z./als Z. *(zur Besiegelung, Verdeutlichung)* ihrer Versöhnung umarmten sie sich; **b)** *der Kenntlichmachung von etw., dem Hinweis auf etw. dienende Kennzeichnung, Markierung od. als solche dienender Gegenstand:* ein kreisförmiges, dreieckiges, rätselhaftes Z.; mach dir lieber ein Z. auf die Seite, kerbte, schnitt ein Z. in den Baum; sie brannten den Rindern ihr Z. ein; sie legte sich als Z. einen Zettel, legte sich ein Z. in das Buch; setzen Sie bitte Ihr Z. *(das Abkürzungszeichen Ihres Namens)* unter das Schriftstück; Ü Menschen ..., denen die Schwindsucht ein tödliches Z. aufgedrückt hatte (Thieß, Reich 354); * **Z., ein Z. setzen** *(Richtungweisendes tun; Anstöße, einen Anstoß geben):* Man müsse aber in der Öffentlichkeit wenigstens „Z. setzen" (Spiegel 6, 1986, 40); es sei ... notwendig, auf dieser Konferenz ein Z. zu setzen und konkrete Beschlüsse zu fassen (W. Brandt, Begegnungen 356); **seines/ihres** usw. **-s** (veraltend, noch scherzh.; *von Beruf, in seiner/ihrer Funktion, Stellung als ...;* nach den alten Hausmarken od. Zunftzeichen): er war seines -s Schneider/war Schneider seines -s; Erwin Ristau, seines -s Ratsvorsitzender im Kreis Calau (Jagd 5, 1987, 134); **c)** *(für etw.) festgelegte, mit einer bestimmten Bedeutung verknüpfte, eine ganz bestimmte Information vermittelnde graphische Einheit; Symbol* (2): mathematische, chemische, diakritische Z.; die Z. der chinesischen Schrift; das Z. für „Paragraph", „Dollar"; mit der Tastatur kann man über 80 verschiedene Z. schreiben; das magische Z. der Drudenfußes; das Z. des Kreuzes; das Z. *(Verkehrszeichen)* für Überholverbot; du mußt die Z. *(Satzzeichen)* richtig setzen; bei der Klavierübung die Z. *(Versetzungszeichen, Vortragszeichen)* nicht beachten; die Sprache ist ein System von Z. (Sprachw.; *von sprachlichen Einheiten aus Lautung u. Bedeutung).* **2.** *etw.* (Sichtbares, Spürbares, bes. *eine Verhaltensweise, Erscheinung, ein Geschehen, Vorgang, Ereignis o.ä.), was jmdm. etw. zeigt, für jmdn. einen Anzeichen, Symptom, Vorzeichen darstellt:* ein sicheres, eindeutiges, untrügliches, klares, deutliches, bedenkliches, böses, alarmierendes Z.; das ist kein gutes Z.; die ersten Z. einer Krankheit; das ist ein Z. dafür, daß er ein schlechtes Gewissen hat; die Z. des Verfalls sind nicht zu übersehen; wenn nicht alle Z. trügen, wird es besser; das ist ja wie ein Z. des Himmels; sie nahm dies als ein günstiges Z.; gerade dann sollten wir diese Z. aus Moskau nicht überhören (R. v. Weizsäcker, Deutschland 32); Solange die ... Festlichkeiten währten, hat der Regent kein Z. von Müdigkeit gegeben (geh.; *keine Müdigkeit erkennen lassen;* A. Kolb, Daphne 80); sie beteten und warteten auf ein Z.; er hielt es für ein Z. von Schwäche; Ü Es scheint mir ein Z. der Zeit *(etwas für diese Zeit Bezeichnendes)* zu sein, daß einen das Leben mit solchen Namen nicht mehr in Berührung bringt (Hildesheimer, Legenden 67); ℝ es geschehen noch Z. und Wunder! (Ausruf des Erstaunens, der Überraschung, bes. über ein nicht mehr erwartetes, für möglich gehaltenes Geschehen; z.B. in Daniel 6, 28 u. Joh. 4, 48); * **die Z. der Zeit** *(die augenblickliche, bestimmte zukünftige Entwicklungen betreffende Lage, Situation;* nach Matth. 16, 3): er hat damals die Z. der Zeit erkannt, die Zeichen nicht diese gewußt; **die Z. stehen auf Sturm** *(es deutet alles darauf hin, daß es zu einem offen ausgetragenen Konflikt o.ä. kommen wird):* In den Häusern, die ... Bübi ver-

waltet, stehen die Z. auf Sturm. Investiert, repariert wird nicht (Chotjewitz, Friede 130). **3.** *Tierkreiszeichen, Sternzeichen:* aufsteigende, absteigende Z.; die Z. *(Sternbilder) des Tierkreises;* die Sonne steht im Z. des Widders; er ist im Z. des Löwen geboren; Ü War ich doch nicht im Z. des Mars geboren *(war es doch nicht meine Bestimmung, Soldat zu werden;* Th. Mann, Krull 126); * **im/unter dem Z. von etw. stehen, geschehen, leben** o. ä. (geh.; *von etw. geprägt, entscheidend beeinflußt werden):* die ganze Stadt lebte, stand im Zeichen der Olympischen Spiele; **unter einem guten/glücklichen/ [un]günstigen** o. ä. **Z. stehen** (geh.; *in bezug auf Unternehmungen o. ä. [un]günstige Voraussetzungen haben, einen guten, glücklichen, [un]günstigen Verlauf nehmen)* ... womit seine militärische Laufbahn von vornherein unter einem ungünstigen Z. stand (Böll, Erzählungen 41); **Zei|chen|au|to|mat,** der; **Zei|chen|block,** der ⟨Pl. ...blöcke u. -s⟩: *Block* (5) *mit Zeichenpapier, dessen Bogen oft an mehreren Seiten befestigt sind;* **Zei|chen|brett,** das: *als Unterlage beim Zeichnen dienendes großes Brett;* **Zei|chen|cha|rak|ter,** der: *Eigenschaft, Zeichen* (1 c) *zu sein:* die Sprache hat, trägt Z.; **Zei|chen|dreieck,** das: *Winkelmaß* (2); **Zei|chen|er|ken|nung,** die (Datenverarb.): *automatische maschinelle Erkennung optischer od. akustischer Sprachzeichen od. Signale od. der Zeichen eines Codes;* **Zei|chen|er|klä|rung,** die: *Legende* (3); **Zei|chen|fe|der,** die: *zum Zeichnen (bes. mit Tusche) verwendete Feder* (2a); **Zei|chen|film,** der: *Zeichentrickfilm;* **Zei|chen|fol|ge,** die: *Folge von Zeichen;* **Zei|chen|ge|bung,** die: *das Zeichengeben:* Der junge Dirigent Stephan Cardon bewies ... pakkende Gestaltungskraft bei ökonomischer Z. (NZZ 5. 11. 82, 40); **Zei|chen|geld,** das (Fachspr.): *Geld, das einen Wert nur repräsentiert, weil der Wert des Materials, aus dem es besteht, belanglos ist (z. B. Papiergeld);* **Zei|chen|ge|ne|ra|tor,** der (Datenverarb.): *Funktionseinheit zur Erzeugung von Buchstaben od. Zahlen auf dem Bildschirm od. Drucker;* **Zei|chen|haft** ⟨Adj.⟩ (geh.): *als Sinnbild, wie ein Sinnbild wirkend; in der Weise eines Sinnbildes:* ein -es Geschehen, Tun; Naturereignisse z. deuten; wenn das, was in seinem menschlichen Leben z. aufblitzte, zum ewigen Licht geworden ist (Thielicke, Ich glaube 206); **Zei|chen|haf|tig|keit,** die; -: *das Zeichenhaftsein;* **Zei|chen|heft,** das: vgl. Zeichenblock; **Zei|chen|kette,** die: *Zeichenfolge;* **Zei|chen|koh|le,** die: **1.** ⟨o. Pl.⟩ vgl. *Malkunst* (1): die Z. beherrschen. **2.** (ugs.) vgl. *Malkunst* (2): mit seinen Zeichenkünsten ist es nicht weit her; **Zei|chen|leh|rer,** der: **a)** *Lehrer für Zeichenunterricht* (a); **b)** (veraltend) *Kunsterzieher;* **Zei|chen|leh|re|rin,** die: w. Form zu ↑ Zeichenlehrer; **Zei|chen|le|ser,** der (Datenverarb.): *Gerät zur Erkennung von Schriftzeichen;* **Zei|chen|ma|schi|ne,** die: *Vorrichtung, die das technische Zeichnen an einem Reißbrett erleichtert;* **Zei|chen|ma|te|ri|al,** das: vgl. Schreibmaterial; **Zei|chen|pa|pier,** das: *zum Zeichnen bes. geeignetes Papier;* **Zei|chen|rol|le,** die: *vom Patentamt geführtes Register, in das die Warenzeichen eingetragen werden;* **Zei|chen|saal,** der: *Saal in einer Schule für den Unterricht in Kunsterziehung;* **Zei|chen|satz,** der (Datenverarb.): *Gesamtheit von zusammengehörigen Zeichen, die auf dem Bildschirm u. im Ausdruck dargestellt werden können; Font* (1 c): es gibt im Handel Zeichensätze nicht nur für Griechisch, Kyrillisch ..., sondern auch für Japanisch (Rhein. Merkur 27. 2. 87, 17); **Zei|chen|schie|fer,** der: *zum Zeichnen verwendeter weicher Schiefer;* **Zei|chen|schrift,** die: *aus einem System von Zeichen bestehende Schrift* (1 a); **Zei|chen|schutz,** der: *Warenzeichenschutz;* **Zei|chen|set|zung,** die ⟨o. Pl.⟩: *bestimmten Regeln folgende Setzung von Satzzeichen; Interpunktion;* **Zei|chen|spra|che,** die: *Verständigung durch leicht deutbare od. durch bestimmte, mit feststehender Bedeutung verknüpfte Zeichen* (1a): Z. der Gehörlosen; sich mit/in Z. verständigen; **Zei|chen|steu|er,** die: *Banderolensteuer;* **Zei|chen|stift,** der: *zum Zeichnen geeignetes bzw. vorgesehenes Schreibgerät:* Ü Wenn Napoleon Ägypten mit Bajonetten erobert hatte ..., so eroberte uns Denon das Land der Pharaonen mit dem Z. (Ceram, Götter 93); **Zei|chen|stun|de,** die: vgl. Zeichenunterricht; **Zei|chen|ta|blett,** das (Datenverarb.): *Gerät zur maßstabgetreuen digitalisierten Eingabe von Zeichnungen, Diagrammen, Karten o. ä. in eine Datenverarbeitungsanlage;* **Zei|chen|test,** der (Psych.): *Test, bei dem Probanden Zeichnungen anfertigen, die dann ausgewertet werden;* **Zei|chen|tisch,** der: *tischähnliches Gestell mit einem verstellbaren Reißbrett;* **Zei|chen|trick|film,** der: *Trickfilm in einer Folge gefilmter Zeichnungen;* **Zei|chen|tu|sche,** die: *Tusche* (1) *zum Zeichnen;* **Zei|chen|un|ter|richt,** der: **a)** *Unterricht im Zeichnen;* **b)** (Schulw. früher) *Unterricht in Kunsterziehung;* **Zei|chen|vor|la|ge,** die: *zum Zeichnen benutzte Vorlage* (3 a); **Zei|chen|wett|be|werb,** der: *Wettbewerb im Zeichnen;* **Zei|chen|win|kel,** der: *Winkelmaß* (2); **zeich|nen** ⟨sw. V.; hat⟩ [mhd. zeichenen, ahd. zeihhannen, zeihhonōn, zu ↑ Zeichen]: **1. a)** *mit einem* ¹*Stift* (2), *einer Feder* (2 a), *in Linien, Strichen [künstlerisch] gestalten; mit zeichnerischen Mitteln herstellen:* ein Bild [mit dem Bleistift, aus/nach dem Gedächtnis, nach der Natur] z.; einen Akt, eine Karikatur, einen Comic, ein Muster, einen Grundriß, eine Landkarte z.; die Pläne für einen Neubau z.; etwas auf ein Blatt Papier z.; eine Reiseroute in eine Karte z. *(einzeichnen);* Ü Es ist unmöglich, in wenigen Worten ein Bild von diesem mächtigen Geschehen zu z. (Nigg, Wiederkehr 50); ... wie vorzüglich sauber sie ihre Pflichtfiguren auf das Eis zeichnete (Maegerlein, Triumph 15); Die Sonne ... zeichnete fein und scharf die Schatten der leichten Gartenmöbel auf den Asphaltboden (Maass, Gouffé 175); **b)** *von jmdm., etw. zeichnend* (1 a) *ein Bild herstellen; mit zeichnerischen Mitteln darstellen, nachbilden:* jmdn. in Kohle, mit Tusche, mit ein paar Strichen z.; sie mußten einen Stuhl, eine Landschaft z.; Ü er zeichnete in einer oft künstlich anmutenden Sprache Welten, in denen alles künstlich ist (Reich-Ranicki, Th. Mann 122); die Figuren des Romans sind sehr realistisch gezeichnet; Durchsichtig präsent zeichnet das Orchester die böhmische Landschaft (Orchester 5, 1983, 474); ⟨z. + sich:⟩ die vier Propeller zeichneten sich *(hoben sich ab)* wie Striche gegen den Winterhimmel (Plievier, Stalingrad 151); **c)** *zeichnerisch, als Zeichner tätig sein; Zeichnungen verfertigen:* gerne z.; mit Kohle, nach Vorlagen z.; Während des Sprechens zeichnete ich mit einem Zweig in Kies (Frisch, Stiller 479); Sie zeichnete nicht schwungvoll, eher zittrig und ungeschickt (Handke, Frau 131); an diesem Plan zeichnet er schon lange; ⟨subst.:⟩ künstlerisches, technisches Zeichnen; er hatte in Zeichnen (Schulw. früher; *Kunsterziehung)* eine Zwei. **2.** *mit einem Zeichen* (1b), *einer Kennzeichnung, Markierung versehen:* die Wäsche [mit dem Monogramm] z.; Waren z.; Bäume zum Fällen z.; die Rinder wurden mit dem Brenneisen gezeichnet; ⟨häufig im 2. Part.:⟩ von den mit dem roten Kreuz gezeichneten ... Waggons (Plievier, Stalingrad 186); der Hund, das Fell ist schön gezeichnet *(weist eine schöne Musterung, Zeichnung* 2 *auf);* ein auffallend gezeichneter Schmetterling; Ü Auch wenn Gott ihn schon gezeichnet hat (geh.; *obwohl er bald sterben wird),* Wiechert, Jeromin-Kinder 540); Sorgen hatten sein Gesicht gezeichnet (geh.; *waren darin erkennbar;* Kirst, 08/15, 537); er war vom Alter, von der Krankheit gezeichnet (geh.; *das Alter, die Krankheit hatte deutliche Spuren bei ihm hinterlassen);* ihr Gesicht war von Schmerzen gezeichnet; ⟨subst.:⟩ ein vom Tode Gezeichneter (geh.; *jmd., der deutlich erkennbar dem Tod nahe ist).* **3.** (bes. Kaufmannsspr.) **a)** (veraltend) *seine Unterschrift unter ein Schriftstück setzen:* es zeichnet, wir zeichnen hochachtungsvoll ...; Wie zeichnen Sie, wenn Sie an Ihre Eltern schreiben? (Th. Mann, Krull 288); sie zeichnet ... *(ihre Unterschrift lautet ...);* ⟨im 2. Part.:⟩ gezeichnet H. Meier (vor dem nicht handschriftlichen Namen unter einem maschinegeschriebenen, vervielfältigten Schriftstück: *das Original ist von H. Meier unterzeichnet;* nur als Abk.: gez.); **b)** *durch seine Unterschrift gültig machen, anerkennen, übernehmen, sein Einverständnis für etw. erklären o. ä.:* einen Scheck, Wechsel z.; neue Aktien, eine Anleihe z. *(sich zu ihrer Übernahme durch Unterschrift verpflichten);* er zeichnete bei der Sammlung einen Betrag von fünfzig Mark *(trug sich mit fünfzig Mark in die Sammelliste ein);* einen Vertrag z. (selten; *unterzeichnen);* Niemand konnte ohne einen von ihm gezeichneten Passierschein ... das Institut ... betreten (Leonhard, Revolution 236); ein gezeichneter Beitrag *(mit der Angabe des Verfassers versehener)* Beitrag. **4.** (Amtsdt.) *für etw. die Verantwortung tragen:* für diesen Artikel zeichnet der Chefredakteur; Ich zeichne nur für Ton und Technik (Gaiser, Jagd 147); wer

Zeichner

zeichnet *(ist)* für diese Sendung verantwortlich?; er zeichnet selbst als Herausgeber des Werkes. **5.** (Jägerspr.) *(von einem Tier) deutlich die Wirkung eines Schusses zeigen:* Der Schwarzkittel hatte im Schuß gezeichnet und war flüchtig abgegangen (Jagd 5, 1987, 141); Ü Es knallt, und der Mann in dem grünen Kittel zeichnet und geht zu Boden (Gaiser, Jagd 137); **Zeich|ner,** der; -s, - [mhd. zeichenære = Wundertäter]: **1. a)** *jmd., der etw. zeichnet, gezeichnet hat:* der Z. der Karikatur; wer ist der Z. dieses Comics?; ich bin kein guter Z. *(kann nicht gut zeichnen);* **b)** *jmd., der bes. berufsmäßig zeichnet* (1 c): ein bekannter, ein in der Kartographie tätiger Z.; er ist technischer Z., Z. in einem Studio für Zeichentrickfilme. **2.** (Kaufmannsspr.) *jmd., der Aktien, Anleihen zeichnet* (3 b); **Zeich|ne|rin,** die; -, -nen: w. Form zu ↑Zeichner; **zeich|ne|risch** ⟨Adj.⟩: *das Zeichnen, Zeichnungen betreffend, dazu gehörend, dafür charakteristisch:* ein -es Talent; die Arbeit hat -e Mängel; er ist z. begabt; etw. z. darstellen; eine Mathematikaufgabe z. lösen; **Zeich|nung,** die; -, -en [mhd. zeichenunge, ahd. zeichenunga = Be-, Kennzeichnung]: **1. a)** ⟨o. Pl.⟩ *das Zeichnen* (1 a) *als Verfahren der Darstellung, des künstlerischen Ausdrucks, als Kunstform o. ä.:* Z. und Malerei ... gehen nun getrennte Wege (Bild. Kunst I, 157); **b)** *mit den Mitteln des Zeichnens* (1 a) *verfertigte bildliche Darstellung; etw. Gezeichnetes:* eine saubere, flüchtige, naturgetreue, pornographische, künstlerische, technische, geometrische, maßstabgetreue Z.; eine Z. entwerfen, anfertigen, ausführen; eine Mappe mit -en; etw. nach einer Z. anfertigen; ... wird bei der Radierung die Z. auf chemischem Wege, durch Ätzung, in die Platte gebracht (Bild. Kunst III, 81); Ü die lebendige, realistische Z. *(Darstellung)* der Figuren des Romans. **2.** *natürliche, in einem bestimmten Muster verteilte Färbung bei Tieren u. Pflanzen:* die farbenfrohe, kräftige Z. einer Blüte, eines Schmetterlings; die Schlange, der Fisch hat eine auffallende Z.; ein Fell, Pelz mit einer besonders hübschen Z. **3.** (Kaufmannsspr.) *(bes. in bezug auf neu auszugebende Wertpapiere) das Zeichnen* (3 b): die Z. von Aktien; eine Anleihe zur Z. auflegen; **Zeich|nungs|be|rech|tigt** ⟨Adj.⟩ (Kaufmannsspr.): *Zeichnungsberechtigung besitzend;* **Zeich|nungs|be|rech|ti|gung,** die; -, -en (Kaufmannsspr.): *Berechtigung, etw. zu zeichnen* (3 b): der Prokurist der Firma hat [eine] Z. bis 500 DM.

Zei|del|mei|ster, der; -s, - [↑Zeidler] (veraltet): *Bienenzüchter, Imker;* **Zei|del|mei|ste|rin,** die (veraltet): w. Form zu ↑Zeidelmeister; **zei|deln** ⟨sw. V.; hat⟩ (veraltet): *(Honigwaben) aus dem Bienenstock herausschneiden:* die mit Honig gefüllten Waben z.; **Zeid|ler,** der; -s, - [mhd. zidelære, ahd. zidaläri, zu mhd. zidel-, ahd. zidal- = Honig-] (veraltet): *Imker;* **Zei|de|lei,** die; -, -en (veraltet): **1.** ⟨o. Pl.⟩ *Imkerei* (1). **2.** *Imkerei* (2); **Zeid|le|rin,** die; -, -nen (veraltet): w. Form zu ↑Zeidler.

Zei|ge|fin|ger, (schweiz.:) Zeigfinger, der [zu ↑zeigen]: *zweiter Finger der Hand zwischen Daumen u. Mittelfinger:* der linke Z., der Z. der rechten Hand; Sein Z. krümmte sich. Das Hämmern der Schüsse wuchs zu einem infernalischen Stakkato (Cotton, Silver-Jet 11); warnend den Z. erheben; „Guten Tag", sagt der Arbeiter und führt den Z. zur Mütze (Jägersberg, Leute 23); mit dem Z. auf etw. deuten, zeigen; jmdm. mit dem Z. drohen; Ü in seinen Stücken spürt man zu sehr den erhobenen Zeigefinger *(die moralisierende Belehrung);* **Zei|ge|für|wort,** das (selten): *Demonstrativpronomen;* **zei|gen** ⟨sw. V.; hat⟩ [mhd. zeigen, ahd. zeigōn, verw. mit ↑zeihen]: **1.** *mit dem Finger, Arm eine bestimmte Richtung angeben, ihn auf jmdn., etw., auf die Stelle, an der sich jmd., etw. befindet, richten u. damit darauf aufmerksam machen:* mit dem Finger, einem Stock, dem Schirm auf etw. z.; er zeigte auf den Täter; sie zeigte nach oben, hinter sich, in die andere Richtung; Ü der Zeiger zeigt auf zwölf; die Magnetnadel zeigt immer nach Norden; der Wegweiser zeigte nach Süden; Die Flinte hing ... so über einer Schulter, daß ihr Lauf senkrecht aufwärts zeigte (Gaiser, Jagd 70); der Schreibtisch zeigt zur Wand *(steht so, daß der Benutzer die Wand vor sich hat);* das Thermometer zeigt null Grad *(zeigt null Grad an);* Seine Uhr zeigte uns (Böll, Adam 54). **2. a)** *jmdm. etw. mit Hinweisen, Erläuterungen, Gesten o. ä. deutlich machen, angeben, erklären:* jmdm. den richtigen Weg, die Richtung z.; jmdm. einen Kniff, einen Trick z.; er ließ sich die Unfallstelle zeigen; ich werde dir die Frau z.; er zeigte mir den Ort auf der Landkarte; sie hat mir genau gezeigt, wie man das Gerät bedient; er zeigte an seinem Körper, wie hoch das Wasser gestanden habe (Ott, Haie 193); das hängt aber, wie sich leicht z. läßt, ... von der Art der Beschreibung ab (Musil, Mann 1276); **b)** *jmdm. etw. ansehen, betrachten lassen; etw. vorführen, vorzeigen:* jmdm. seine Bücher, seine Wohnung, die Sehenswürdigkeiten der Stadt, die Stadt z.; sie hat mir den Brief gezeigt; ich kann es dir schwarz auf weiß z.; Wenn ich Ihnen da einmal etwas z. darf, mein Herr (Kant, Impressum 202); er ließ sich sein Zimmer z. *(ließ sich zu seinem Zimmer führen);* ⟨auch ohne Dativobj.:⟩ Zeigen Sie mal Ihren Ausweis (Chotjewitz, Friede 279); er zeigt gern, was er hat, was er kann; das Kino zeigt einen Western *(im Kino wird ein Western gespielt);* weil heute die Neuaustragung des Fußballspiels in einer Aufzeichnung gezeigt *(vom Fernsehen ausgestrahlt)* wird (Zenker, Froschfest 31); Ü weil sie alles enthielt, was er erlebt hat und was die Welt ihm gezeigt hatte (Ransmayr, Welt 266); Er zeigt mir den Rücken *(kehrt mir den Rücken zu;* Frisch, Stiller 500); ⟨auch ohne Dativobj.:⟩ Sie zeigten *(ließen sehen)* Arme und Beine und viel Busen (Simmel, Affäre 36); wenn sie lachte und die spitzen Eckzähne zeigte *(sehen ließ;* Langgässer, Siegel 102); * **es jmdm. z.** (ugs.; 1. *jmdm. gründlich die Meinung sagen, seinen Standpunkt klarmachen:* dem habe ich es aber gezeigt! 2. *jmdm. von sich, von seinem wahren Können überzeugen:* er hat es ihnen allen gezeigt); **c)** ⟨z. + sich⟩ *von andern zu sehen sein, irgendwo gesehen werden, sich sehen lassen:* sich in der Öffentlichkeit z.; er zeigte sich am Fenster, auf dem Balkon; die Königin zeigte sich der Menge; er zeigte sich einer Frau nicht gern in seiner ältesten Unterhose (H. Gerlach, Demission 63); in diesem Aufzug kannst du dich unmöglich in der Stadt z. *(kannst du unmöglich in der Stadt umhergehen, auftreten);* mit ihm kann man sich überall z. *(kann man überall hingehen, auftreten);* dann rief sie nach den Hunden, aber keiner zeigte sich *(keiner kam herbei;* Frischmuth, Herrin 71); er will sich nur z. *(die Aufmerksamkeit auf sich lenken);* Ü die Stadt zeigte *(präsentierte)* sich im Festglanz; Ganz neu zeigte sich die Welt, als wäre sie plötzlich aus Glas (Kronauer, Bogenschütze 259). **3. a)** (geh.) *sehen lassen, zum Vorschein kommen lassen; sichtbar werden lassen:* die Bäume zeigen das erste Grün; ihr Gesicht zeigt noch keine Falten; Ich stellte fest, daß meine Fingernägel eine bläuliche Färbung zeigten (Th. Mann, Krull 45); das Bild zeigt eine Landschaft *(stellt sie dar);* der Platz zeigte *(bot)* wieder das alte Bild, den gewohnten Anblick; der Spiegel zeigte ihr *(sie sah darin)* ein müdes Gesicht; Ü die Arbeit zeigt Talent *(läßt Talent erkennen);* sein Verhalten zeigt einen Mangel an Reife, Erziehung *(macht ihn deutlich);* die Erfahrung hat gezeigt *(man weiß aus Erfahrung),* daß ...; dieser Fall, dieses Beispiel zeigt *(veranschaulicht)* besonders drastisch, wohin so etwas führen kann; seine Antwort zeigt mir *(macht mir klar),* daß er nichts begriffen hat; Der Vogelflug zeigte ihm, wie sehr er sich verirrt hatte (Ransmayr, Welt 227); **b)** ⟨z. + sich⟩ *zum Vorschein kommen; sichtbar, erkennbar werden:* am Himmel zeigten sich die ersten Sterne; auf ihrem Gesicht zeigte sich ein schwaches Lächeln; Linker Hand zeigten sich die beiden Leuchttürme (Hausmann, Abel 151); Es zeigten sich schon nach einer Stunde Flecken (Alexander, Jungfrau 157); Ü endlich zeigte sich ein Hoffnungsschimmer; die Folgen zeigen sich später; jetzt zeigt sich, daß deine Entscheidung falsch war; ⟨auch unpers.:⟩ es wird sich ja z., wer im Recht ist. **4. a)** *in seinem Verhalten, seinen Äußerungen zum Ausdruck bringen, andere merken, spüren lassen; an den Tag legen:* Verständnis, Interesse für etw. z.; seine Ungeduld, Verärgerung, Freude z.; keine Einsicht, Reue z.; er will seine Gefühle nicht z.; Er gab sich Mühe, seine Angst nicht z. (Ott, Haie 63); Um ihm aber meinen guten Willen zu z., gab ich ihm ein bißchen Butter (Normann, Tagebuch 87); jmdm. seine Zuneigung, seine Liebe, sein Wohlwollen z.; damit will er nur seine Macht, Überlegenheit z. *(demonstrieren);* sie hat bei der ganzen Sache Haltung gezeigt *(verblaßt; eine gute Haltung bewahrt);* Ihr Sohn hier zeigt *(verblaßt; hat)* einen gesunden Appetit (Brecht, Mensch 107); **b)** *einen Beweis von etw. geben; andern vor Augen führen, offenbar machen:* großen Fleiß, Mut z.; Er ... zeigte unübertreffliche Umsicht (Niekisch, Leben 156); um hier zu bestehen, muß man schon sein ganzes Können z.; nun zeige einmal, was du kannst; **c)** ⟨z. + sich⟩ *in bestimmter Weise wirken, einen bestimmten Eindruck machen; sich als etw. erweisen, herausstellen:* sich freundlich, anständig, großzügig z.; er zeigte sich darüber sehr befriedigt, erfreut, enttäuscht; er zeigte sich ein wenig erstaunt, besorgt, gekränkt; sie zeigte sich ⟨war⟩ dieser Aufgabe nicht gewachsen; ... zeigte er sich willens, seine Würde zu wahren (Thieß, Reich 316); er wollte sich von seiner besten Seite z. *(wollte den besten Eindruck machen);* Markian zeigte sich als ganzer Mann (Thieß, Reich 388); ⟨veraltet auch mit Akk.:⟩ Erst zeigen Sie sich als Höfling und nun auch noch als frommen, gottesfürchtigen Mann (Frank, Tage 47); **Zeiger,** der; -s, - [mhd. zeiger = Zeigefinger; An-, Vorzeiger; seit dem 14. Jh. auch: Uhrzeiger, ahd. zeigari = Zeigefinger]: **1.** *beweglicher, schmaler, langgestreckter, oft spitzer Teil an Meßgeräten, bes. an Uhren, der etw. anzeigt:* der große, kleine Z. der Uhr; Zu allem Überfluß schoben sich die Z. der Turmuhr langsam auf zwölf (Kirst, 08/15, 808); die Z. standen auf kurz nach zwölf (Schnabel, Marmor 115); der Z. des Seismographen schlägt [nach links] aus; Der Mann ... warf das Bündel ... auf die Waage. Der Z. zitterte (Strittmatter, Wundertäter 299); R [da] ist kein Z. dran! ⟨ugs.; unwillige, ablehnende Antwort auf die Aufforderung, einem etw. Betimmtes zu zeigen⟩; * **jmdm. auf den Z. gehen** (salopp; *jmdm. lästig sein, auf die Nerven gehen):* Diese Art von Getue und Gezicke geht mir völlig auf den Z. (Lindenberg, El Panico 155). **2.** (Datenverarb.) *mit Hilfe einer Maus ⟨⟩ steuerbare Markierung auf dem Bildschirm.* **3.** (Datenverarb.) *Anzeige über den aktuellen Stand der Verarbeitung einer bestimmten Datenmenge;* **Zeiger|pflan|ze,** die (Biol.): *Indikatorpflanze;* **Zei|ger|te|le|graph,** der (Technik früher): *Telegraph, bei dem die Nachrichten mittels eines durch unterschiedliche elektrische Impulse bewegten Zeigers Buchstabe für Buchstabe übermittelt werden;* **Zei|ge|stock,** der: *längerer Stock, mit dem auf etw., was auf einer größeren Fläche, einer Tafel o. ä. dargestellt ist, gezeigt wird;* **Zeig|fin|ger:** ↑Zeigefinger; **zei|hen** ⟨st. V.; hat⟩ [mhd. zīhen, ahd. zīhan, urspr. = (an)zeigen, kundtun, dann: auf einen Schuldigen hinweisen] (geh.): *bezichtigen, beschuldigen:* jmdn. des Meineids, des Verrats, des Mordes, des Verbrechens, der Heuchelei, der Feigheit, einer Lüge, einer Sünde z.; Sie aber weinte nur ..., zieh mich schluchzend der Grausamkeit (Th. Mann, Krull 245); Kaum einer in ihrem Umkreis, der sich dann nicht seiner Schuld oder Versäumnis z. müßte (A. Kolb, Daphne 184); Er zeiht sich selber der Ungerechtigkeit (Wohmann, Absicht 304).

Zei|le, die; -, -n [mhd. zīle, ahd. zīla, wohl verw. mit ↑Zeit u. eigtl. = abgeteilte Reihe]: **1.** *geschriebene, gedruckte Reihe von nebeneinanderstehenden Wörtern eines Textes:* die erste Z., die drei ersten -n eines Gedichtes; der Brief war nur wenige -n lang, hatte nur wenige -n; eine Z. unterstreichen, umstellen, streichen; beim Lesen eine Z. auslassen; jeweils die erste Z. einrücken; eine neue Z. anfangen; jmdm. ein paar -n *(eine kurze schriftliche Mitteilung, einen kurzen Brief o. ä.)* schreiben, schicken, hinterlassen; haben Sie besten Dank für Ihre -n *(für Ihren Brief o. ä.);* er hat mir keine Z. *(überhaupt nicht)* geschrieben; davon habe ich noch nicht eine Z. *(noch gar nichts)* gelesen; Der Stil war knapp ..., Moltkes Vorbild schimmerte aus jeder Z. (Niekisch, Leben 172); er hat das Buch [von der ersten] bis zur letzten Z. *(ganz)* gelesen; einen Text Z. für Z. durchgehen; in der fünften Z. von oben; etw. auf der Schreibmaschine mit zwei -n Abstand *(mit doppeltem Zeilenabstand)* schreiben; * **zwischen den -n lesen** *(in einem Text auch etw. nicht ausdrücklich Gesagtes, etw. verhüllt Ausgedrücktes erkennen, verstehen):* Ich bin zu alt für die Aufgabe. Es steht zwar nicht so da, aber es ist laut und deutlich zwischen den -n zu lesen (Ruark [Übers.], Honigsauger 495); **zwischen den -n stehen** *(in einem Text auf eine indirekte, nicht jedem Leser ohne weiteres verständliche Weise zum Ausdruck kommen):* Es war ... von einem Mangel an Angriffsgeist die Rede. Das Wort Feigheit war nicht benutzt, aber es stand zwischen den -n (Gaiser, Jagd 123). **2.** *meist längere Reihe gleichmäßig nebeneinanderstehender, nebeneinander angeordneter, gewöhnlich gleichartiger, zusammengehörender Dinge:* mehrere -n junger Bäume, kleiner Häuser; Sie hatten eine Z. von Gärtchen hinter sich (Gaiser, Jagd 130); An den schaurigen Z. gläserner Versicherungsklötze vorbei (Lenz, Brot 159); Durch sorgfältige Planung ließ sich jedoch alles in einer Z. *(Küchenzeile)* unterbringen (Wohnfibel 24); ... zogen sie in ein anderes Tal, der Alte voran, die anderen hinterdrein in gestreckter Z. (Th. Mann, Joseph 588); die einzelnen -n (Fernsehtechnik; *Reihen von Rasterpunkten)* des Fernsehbildes; **Zei|len|ab|stand,** der: *Abstand zwischen den Zeilen eines Textes:* ein kleiner, großer Z.; einfacher, doppelter, anderthalbfacher Z.; **Zei|len|ab|stand|ein|stel|ler,** der: *Zeileneinsteller;* **Zei|len|an|fang,** der: *Anfang einer Zeile;* **Zei|len|bau,** der ⟨o. Pl.⟩: *das Bauen in Zeilenbauweise;* **Zei|len|bau|wei|se,** die: *Bauweise, bei der gleiche od. ähnliche Häuser aneinandergereiht in einer Straße liegen;* **Zei|len|dis|play,** das: *Display (2), das nur eine Textzeile darstellen kann (z. B. bei einfachen elektronischen Schreibmaschinen u. Taschenrechnern;* **Zei|len|dorf,** das: *langgestrecktes Dorf, dessen Häuser meist an nur einer Straße liegen;* **Zei|len|drucker**[1], der (Datenverarb.): *Drucker, bei dem alle Zeichen einer Zeile gleichzeitig gedruckt werden;* **Zei|len|durch|schuß,** der (Druckw.): *Durchschuß (2);* **Zei|len|ein|stel|ler,** der: *Hebel, Knopf o. ä. an einer Schreibmaschine, mit dem der Zeilenabstand eingestellt wird;* **Zei|len|en|de,** das: *Ende einer Zeile;* **zei|len|frei** ⟨Adj.⟩ (Fernsehtechnik): *die einzelnen Zeilen des Fernsehbildes nicht erkennen lassend:* -es Fernsehen; das Bild ist z.; **Zei|len|fre|quenz,** die (Fernsehtechnik): *Horizontalfrequenz;* **Zei|len|gieß|ma|schi|ne,** (auch:) **Zei|len|guß|ma|schi|ne,** die (Druckw.): *Gießmaschine, mit der eine Zeile auf einmal gegossen (u. gesetzt) wird;* **Zei|len|ho|no|rar,** das: *Honorar pro Zeile eines Textes (bes. bei einem Beitrag für eine Zeitung, Zeitschrift, ein Nachschlagewerk o. ä.);* **Zei|len|län|ge,** die: *Länge einer Zeile;* **Zei|len|norm,** die (Fernsehtechnik): *Norm für die Zeilenfrequenz;* **Zei|len|schal|ter,** der: *Hebel, Knopf o. ä. an einer Schreibmaschine, mit dem die nächste Zeile eingestellt wird;* **Zei|len|schin|der,** der (ugs. abwertend): *jmd., der für ein Zeilenhonorar arbeitet u., nur um mehr zu verdienen, unnötig lange Texte abliefert;* **Zei|len|schin|de|rin,** die (ugs. abwertend): w. Form zu ↑Zeilenschinder; **Zei|len|setz|ma|schi|ne,** die (Druckw.): vgl. Zeilengießmaschine; **Zei|len|sprung,** der (Verslehre): *Enjambement;* **Zei|len|sprung|ver|fah|ren,** das (Fernsehtechnik): *Verfahren der Abtastung eines Fernsehbilds, bei dem die geraden u. die ungeraden Zeilen im Wechsel abgetastet u. im Empfangsgerät entsprechend wieder aufgebaut werden;* **Zei|len|stel|ler,** der: *Zeileneinsteller;* **Zei|len|stil,** der ⟨o. Pl.⟩ (Metrik): *(bes. in der germanischen Stabreimdichtung) Kongruenz von metrischer u. syntaktischer Gliederung;* **zei|len|wei|se** ⟨Adv.⟩: *in, nach Zeilen:* der Text wird z. berechnet; ⟨mit Verbalsubstantiven auch attr.:⟩ daß eine z. Ausgabe direkt auf die Druckplatte möglich ist (Südd. Zeitung 20. 10. 87, Beilage Zukunft); **-zei|ler** ⟨Suffixoid⟩ in Zusb.: z. B. Achtzeiler *(aus acht Zeilen bestehender Text);* **-zei|lig** in Zusb.: z. B. achtzeilig *(aus acht Zeilen bestehend).*

Ze|in, das; -s [zu lat. zea < griech. zeá = Spelt, Dinkel]: *bes. im Mais enthaltenes Eiweiß.*

Zei|ne, die; -, -n [↑Zaine] (schweiz.): *großer Korb mit zwei Griffen.*

Zeis|chen, das; -s, -: Vkl. zu ↑Zeisig.

Zei|sel|bär, der; -en, -en [zu ↑¹zeiseln in der Bed. „zausen, zerren"] (landsch.): *Tanzbär;* **¹zei|seln** ⟨sw. V.; hat⟩ [verw. mit ↑zeisen] (landsch.): *eilen, geschäftig sein.*

²zei|seln ⟨sw. V.; hat⟩ [wohl eigtl. = wie einen Zeisig (in den Käfig) locken] (schwäb.): *[an]locken, herbeilocken.*

Zei|sel|wa|gen, der [zu ↑¹zeiseln] (landsch.): *Leiterwagen [mit Brettern zum Sitzen];* **zei|sen** ⟨sw. V.; hat⟩ [mhd. zeisen, ahd. zeisan] (bayr.): *(etw. Verworrenes, bes. Wolle o. ä.) auseinanderziehen, -zupfen;* Flachs, Baumwolle z.

Zei|sig, der; -s, -e [spätmhd. zīsic < tschech. čížek, Vkl. von älter: číž, lautm.]: *(zu den Finkenvögeln gehörender) kleinerer, bes. in Nadelwäldern lebender Singvogel, der auf der Oberseite grünlich u. auf der Unterseite gelb u. weiß gefärbt ist:* der Z. nistet gern in Fichten; * **lockerer Z.** ⟨ugs. scherzh.: *leichtlebiger, liederlicher Mensch).*

Zei|sing, der; -s, -e [zu niederd. seisen = zwei Taue miteinander verbinden] (Segeln): *kurzes Band aus einem vernähten*

zeit

Streifen Segeltuch od. aus Tauwerk zum Befestigen, Zusammenbinden von Segeln.
zeit ⟨Präp. mit Gen.⟩ [erstarrter Akk. Sg.]: nur in der Verbindung **z. meines, deines** usw. **Lebens** (*mein, dein* usw. *Leben lang; solange ich lebe, du lebst* usw.): das werde ich z. meines Lebens nicht vergessen; wir haben uns z. unseres Lebens gesiezt (Katia Mann, Memoiren 36); **Zeit,** die; -, -en [mhd., ahd. zīt, eigtl. = Abgeteiltes, Abschnitt]: **1.** ⟨o. Pl.⟩ *Ablauf, Nacheinander, Aufeinanderfolge der Augenblicke, Stunden, Tage, Wochen, Jahre:* die Z. vergeht [schnell, wie im Fluge], verstreicht, verrinnt, scheint stillzustehen; Das Paradies ist nicht Raum und ist nicht Z. (Thielicke, Ich glaube 187); die Z. anhalten, zurückdrehen wollen; im Laufe der Z. *(mit der Zeit);* ich war kein moderner Mensch noch auch ein altmodischer, ich war aus der Z. herausgefallen (Hesse, Steppenwolf 185); Spr die Z. heilt [alle] Wunden; kommt Z., kommt Rat *(mit der Zeit findet sich eine Lösung, ein Ausweg);* Ü die Z. arbeitet für jmdn. *(die Entwicklung nimmt mit der Zeit für jmdn. ohne sein Zutun eine günstige Richtung, dient seinen Zwecken);* Wir sind am Ende veraltet und von der Z. überholt worden (Strittmatter, Wundertäter 303); *** mit der Z.** *(im Laufe der Zeit, nach u. nach, allmählich):* mit der Z. wird er es schon lernen; Doch mit der Z. zogen viele Flüchtlinge weg in die Stadt (Wimschneider, Herbstmilch 108); **für Z. und Ewigkeit** (geh.; *für immer).* **2. a)** *Zeitpunkt; [eng] begrenzter Zeitraum (in bezug auf seine Stelle im Zeitablauf):* feste -en; die Z. der Ernte; die Z. für etw. ist gekommen, steht bevor; es ist jetzt nicht die Z., das zu erörtern; ihre Z. (geh. verhüll.; *die Zeit ihrer Niederkunft)* ist gekommen; seine Z. war gekommen (geh. verhüll.; *sein Tod stand bevor);* seine Z. *(die für jmdn., für sein Handeln, sein erfolgreiches Wirken günstigste Zeit)* für gekommen halten; eine Z., Z. und Ort mit jmdm. vereinbaren; Jungsein hat seine Z., und Älterwerden hat seine Z. (Gregor-Dellin, Traumbuch 133); etw. auf unbestimmte Z. vertagen; außer der Z./außerhalb der üblichen Z.; seit der, dieser Z.; ich bin schon über die Z. *(in Verzug, verspätet;* Becker, Amanda 126); um diese Z.; vor der Z. *(vor der festgelegten Zeit, verfrüht);* sie ruft immer zu den unmöglichsten -en an; zu jeder Z. *(jederzeit, immer);* Zur rechten Z. *(rechtzeitig)* erfuhr er, daß ihm die Gestapo auf der Spur war (Niekisch, Leben 358); zur selben/zur gleichen/zu gleicher Z. *(gleichzeitig);* zu gegebener *(passender, dafür vorgesehener)* Z.; nur zu bestimmten -en; zur Z. der Tat; zu der Z., als/ (geh.:) da ...; R alles zu seiner *(zu passender)* Z. (nach Pred. 3, 11); Spr wer nicht kommt zur rechten Z., der muß nehmen/essen/sehen, was übrigbleibt; * **es ist, wird Z.** *(der Zeitpunkt ist gekommen, kommt, etw. zu tun):* es ist Z., wird allmählich Z. [für mich]; Die Genossen meinen, für mich wird es Z. wegzukommen (Kühn, Zeit 84); Bei uns erzählen sie, der Krieg ist aus. Wird auch Z. (Bieler, Bonifaz 53); **es ist hohe/[die] höchste/ allerhöchste Z.** *(es ist dringend [notwendig], es eilt sehr):* es ist [die] höchste Z. [damit anzufangen]; Außerdem mußte er jetzt wirklich daran denken, sich davonzumachen. Es war allerhöchste Z. (Thieß, Legende 49); **alle heiligen -en einmal** (österr.; *[bedauerlicherweise] sehr selten; eigtl. =* nur zu den kirchlichen Feiertagen): Ehe du alle heiligen -en einmal zu mir kamst, mußte ich dir lange Bittsuche einreichen (Brod, Annerl 52); **es ist an der Z.** *(es ist soweit, der Zeitpunkt ist gekommen):* es ist an der Z., daß wir uns darüber einigen; Ich finde, daß es für die Regierung hoch an der Z. ist, sich zu einer entschlossenen Haltung aufzuraffen (Musil, Mann 840); **es an der Z. halten** *(den richtigen Zeitpunkt für gekommen halten):* Carl Brenton hielt es an der Z., die allgemeine Besorgnis zu zerstreuen (Bredel, Väter 113); Herr Coax hielt es noch nicht an der Z., seine Karten aufzulegen (Brecht, Groschen 54); **von Z. zu Z.** *(ab und zu, manchmal, gelegentlich):* ich treffe ihn von Z. zu Z.; **zur Z.** (1. *im Augenblick, augenblicklich, jetzt, gegenwärtig:* wir haben zur Z. Betriebsferien; Zur Z. wächst die Erdölproduktion jährlich etwa um 10% [Kosmos 3, 1965, 113]; Abk.: z. Z[t]. 2. *zu einer Zeit:* weil ... er annahm, daß ein vernünftiger Mensch nur ein einziges Abonnement zur Z. habe [Remarque, Obelisk 21]. 3. veraltend; *frühzeitig genug, rechtzeitig:* Ich sage es dir schon zur Z. [Remarque, Obelisk 208]; wir waren miteinander ins Theater gekommen und beinahe zur Z. [Frisch, Gantenbein 147]); **zu guter Z.** (veraltet; *zeitig, frühzeitig):* Wir kamen überein, daß ich ihn ... zu guter Z. ... am Fuß der Seilbahn erwarten solle (Th. Mann, Krull 427); **zu/**(selten auch:) **bei nachtschlafender Z.** (ugs.; *nachts, wenn man eigentlich schläft bzw. schlafen möchte, sollte):* das Verlassen unserer Betten bei nachtschlafender Z. (Bergengruen, Rittmeister 278); **b)** *Uhrzeit:* die Z.: [Es wird] dreizehn Uhr; welche Z. ist es?; hast du [die] genaue Z.?; die Z. ansagen; ich habe mir die -en notiert; jmdn. nach der Z. fragen; einen Tag um dieselbe Z.; zu welcher Z.?; **c)** *[der jeweiligen Zonenzeit entsprechende] Einheitszeit, Normalzeit:* in Saudi-Arabien gilt Moskauer Z.; die in New York gültige Z. heißt Eastern Standard Time; Um zehn Uhr zwanzig mitteröstlicher Z. landeten wir (Habe, Namen 319). **3. a)** *Zeitraum (in seiner Ausdehnung, Erstreckung, in seinem Verlauf); Zeitabschnitt, Zeitspanne:* die Z. des Studiums; die schönste Z. des Lebens/im Leben; es verging viel Z., bis ...; er hat -en, in denen er sehr reizbar ist; eine schöne Z. verbringen, verleben; der Vorfall liegt schon einige Z. zurück; sie sind schon längere Z. verheiratet; er hat die ganze Z. (ständig, ununterbrochen) telefoniert; das Auto steht die meiste Z. *(während des größten Teils der Zeit)* in der Garage; Aglaja wird die erste Z. *(in der ersten Zeit)* in ihrem Kinderwagen schlafen (Kinski, Erdbeermund 260); [eine] kurze Z. warten; sich erst eine Z. *(eine Zeitlang)* erholen; eine kurze Z. lang; für einige, längere Z. verreist sein; ich kenne ihn aus meiner Berliner Z. *(aus der Zeit, als ich in Berlin lebte);* jmdn. für die Z. (Boxen; *bis er ausgezählt ist)* auf die Bretter schicken; für alle Z./-en *(für immer);* in der vorlesungsfreien Z.; in kurzer Z. fertig sein; in der nächsten/in nächster/die nächste Z.; in absehbarer Z.; in den letzten/in letzter/die letzte Z.; er war, lag in der Z. (bes. Sport; *hat das Zeitlimit nicht überschritten);* nach kurzer Z.; seit, vor langer Z.; während dieser Z.; zu aller Z./allen -en *(allezeit);* * **die längste Z.** (ugs.; *[lange genug u. daher] künftig nicht mehr):* Wenn es nach Ihnen ginge, dann wäre ich die längste Z. Kommandant gewesen (Apitz, Wölfe 242); **auf Z.** *(für eine befristete Zeit):* ein Vertrag auf Z.; er ist Soldat, Beamter auf Z.; zur Entziehung der Fahrerlaubnis durch Richterspruch für immer oder auf Z. (Straßenverkehrsrecht 15); **b)** *verfügbarer Teil des Nacheinanders, der Abfolge von Augenblicken, Stunden, Tagen usw.:* uns bleibt noch Z., es ist noch Z. genug, das zu erledigen; dafür ist mir meine Z. zu schade; daß Z. zu kostbar ist, um sie dem Geldverdienen zu opfern (Bruyn, Zwischenbilanz 47); jmdm. wird die Z. lang; drängt *(es ist Eile geboten);* [keine, wenig, eine Stunde] Z. [für jmdn., für etw.] haben; Die Seeleute hatten viel freie Z. (Ott, Haie 76); er gönnt sich kaum [die] Z. zum Essen; noch nicht die Z. [dazu] gefunden haben, etw. zu tun; seine Z. einteilen, nutzen, hinbringen, mit etw. verbringen; viel Z. [und Mühe] an etw. wenden, auf etw. verwenden; seine Z. vergeuden; Z. sparen; etw. braucht, kostet, erfordert Z., dauert seine Z., nimmt Z. in Anspruch; es dauerte seine Zeichen (ugs. scherzh.; *seine Zeit),* bis er zu einem einigermaßen reißfesten Gesprächsfaden fand (Freie Presse 22. 6. 89, 6); wir dürfen jetzt keine Z. verlieren *(müssen uns beeilen);* sie verloren keine Z. mit Höflichkeiten *(hielten sich nicht mit Höflichkeiten auf);* jmdm. die Z. stehlen (ugs.; *jmdn. unnötig lange aufhalten);* mit einer möglichst kurzen Z. (Fot.; *Belichtungszeit)* fotografieren; Spr spare in der Z., so hast du in der Not; Z. ist Geld *(man soll die Zeit nicht ungenutzt lassen; Zeitverlust bedeutet materiellen Verlust;* viell. nach der antiken Vorstellung, wonach Zeit ein kostbares Gut ist od LÜ von engl. „time is money"); * **jmdm., sich die Z. [mit etw.] vertreiben** *(eine bestimmte Zeitspanne durch unterhaltsame, ablenkende o. ä. Beschäftigung überbrücken):* Jeder vertreibt sich die Z., so gut er eben kann (Langgässer, Siegel 49); **die Z. vertreiben** (schweiz.; *sich die Zeit vertreiben);* **die Z. totschlagen** (ugs. abwertend; *seine Zeit nutzlos verbringen).* **Z. gewinnen** *(es erreichen, daß sich das Eintreten bestimmter, bes. ungünstiger Umstände verzögert u. man Zeit für entsprechendes Handeln hat);* wir müssen Z. gewinnen; **Z. nehmen [müssen]** (Boxen Jargon; *sich anzählen lassen [müssen]):* Breitbarth ... mußte zweimal Z. nehmen (NNN 28. 9. 87, 3); **jmdm. Z. lassen** *(jmdm. Gelegenheit lassen, etw. in Ruhe zu tun, zu erwägen);* **sich** ⟨Dativ⟩ **Z. lassen** *(etw. ohne Überstürzung tun);* **sich** ⟨Dativ⟩ **[für**

jmdn., etw.] Z. nehmen *(sich ohne Übereilung, Überstürzung mit jmdm., etw. beschäftigen);* etw. hat/mit etw. hat es [gute] Z. *(etw. eilt nicht, verträgt Aufschub):* er brauche mit Schuldenabzahlen gar nicht zu eilen, das habe gute Z. (R. Walser, Gehülfe 40); **auf Z. spielen** (1. Sport Jargon; *das Spiel verzögern, um ein bestimmtes Ergebnis zu halten.* 2. *darauf setzen, daß man sein Ziel erreichen wird, indem man einfach Zeit verstreichen läßt):* Die Russen spielen auf Z. [Dönhoff, Ära 214]); c) (Sport) *für eine Leistung, bes. zum Zurücklegen einer Strecke benötigter Zeitraum:* das war bisher meine beste Z.; eine gute Z. laufen, fahren; die Z. stoppen, nehmen; **d)** (Sport) *Dauer eines Spiels, Wettkampfs:* einen Vorsprung über die Z. bringen *(bis zum Ende des Spiels, Wettkampfs halten);* über die Z. kommen (Boxen; *nicht vorzeitig, nicht durch K. o. besiegt werden).* **4.** *Zeitraum, Zeitabschnitt des Lebens, der Geschichte, Naturgeschichte usw. (einschließlich der herrschenden Verhältnisse):* eine vergangene, eine neue, die heutige, die wilhelminische, die Weimarer Z.; kommende, künftige -en; die Z. Goethes, des Barocks; die Z., als es noch kein elektrisches Licht gab; Die Z. ist zu ernst geworden für dergleichen Scherze (St. Zweig, Fouché 167); das waren böse, finstere -en; das waren [noch] -en *(das war eine schöne Zeit)!;* die Z. war noch nicht reif dafür *(die Entwicklung war noch nicht genug fortgeschritten);* Die Z. war erfüllt (geh.; *es war soweit;* Feuchtwanger, Erfolg 661); sie hat schon bessere -en gesehen, gekannt *(es ging ihr früher besser);* dieser Schrank hat auch schon bessere -en gesehen, gekannt (scherzh.; *war einmal in einem besseren Zustand);* Die Verrückten haben ihre hohe Z. (²*Hochzeit;* Strauß, Niemand 206); er ist seiner Z. weit voraus; das größte Genie aller -en *(das je gelebt hat);* das ist ein Zug der Z. *(der gegenwärtigen Zeit);* der Geist der Z. *(Zeitgeist);* aus vorgeschichtlicher Z. stammen; eine Sage aus alter Z.; Auch in unseren wehrpolitischen Vorstellungen sind wir 30 Jahre hinter der Z. zurück (Augstein, Spiegelungen 65); in jüngster Z.; in früheren -en; in der guten alten Z., da es das Kaisertum Österreich noch gab (Musil, Mann 32); das war in seinen besten -en *(als es ihm noch sehr gut ging);* in -en der Not; in der schlechten *(durch Entbehrungen, Mangel geprägten)* Z. nach dem Krieg; das war nach, vor meiner Z. (ugs.; *damals war ich nicht mehr, noch nicht dabei, dort; damals hatte ich das Amt, die Position o. ä. nicht mehr, noch nicht inne);* seit ewigen -en (ugs. übertreibend; *schon lange)* nicht mehr; zu jener Z.; zu allen -en *(immer);* zu keiner Z. *(niemals);* zu seiner Z. *(als er noch lebte);* Ŗ die -en ändern sich *(die Verhältnisse ändern sich);* andere -en, andere Sitten; *[ach] du liebe Z.! *(Ausruf der Verwunderung, Bestürzung, des Bedauerns o. ä.):* Und wenn da ein paar rauhe Worte gefallen sind, du liebe Z., wenn Not am Mann ist, dann wählt man seine Worte doch nicht so fein (Hausmann, Abel 105); **mit der Z. gehen** *(sich der Entwicklung, den jeweiligen Verhältnissen anpassen, fortschrittlich sein):* „Man geht mit der Z.", erklärte Frau Hohlfeld nicht ohne Stolz (Erich Kästner, Fabian 36); **seit, vor undenklicher Z./undenklichen -en** *(seit, vor unvorstellbar langer Zeit);* **vor -en** (dichter.; *vor langer Zeit):* Grabplatten ..., unter denen vor -en Kleriker, Gelehrte und fromme Wohltäter bestattet wurden (Fest, Im Gegenlicht 404); **zu jmds. -en, zu -en einer Sache** *(in einer Zeit, in der eine bestimmte Person, Sache noch gab, etw. Bestimmtes noch üblich war):* zu Cäsars -en, zu -en Cäsars; zu -en der Postkutsche; zu -en der Weimarer Republik (Fraenkel, Staat 256). **5.** (Sprachw.) *Zeitform, Tempus:* die mit dem Perfektstamm gebildeten -en; in welcher Z. steht dieser Satz, das Prädikat?; **zeit|ab|hängig** ⟨Adj.⟩: *von der Zeit abhängig:* Die Digitaluhr kann z. Meßvorgänge auslösen (Elektronik 10, 1971, nach A 10); **Zeitab|lauf,** der: *zeitlicher Ablauf:* Sie (= die Arbeit) bestimmte meinen Z. nach und vor dem Schlaf (Fels, Kanakenfauna 12); die Erscheinung des Professors brachte Herrn Dr. Blach zurück in gewisse Zeitabläufe (Johnson, Mutmaßungen 177); **Zeit|ab|schnitt,** der: *Abschnitt im Zeitablauf; Periode* (1): ... wurden sie ... aus Spanien in den Jahren 1492 bis 1498 und während desselben des ... aus zahlreichen deutschen Territorien vertrieben (Fraenkel, Staat 141); **Zeit|ab|stand,** der: *Abstand zwischen zwei Zeitpunkten, zeitlicher Abstand:* im Z. von einer Stunde; eine Serie von Tests ..., denen er sich fortan in bestimmten Zeitabständen würde unterziehen müssen (Rolf Schneider, November 166); **Zeit|al|ter,** das: **1.** *größerer Zeitraum in der Geschichte; Ära* (1 b): das technische, atomare, elektronische, digitale Z.; das Z. der Raumfahrt, des Computers, der Dampfmaschine; Das Z. eines Leibniz und Molière ist weit humaner gewesen als das eines Savonarola oder Thomas Münzer (Thieß, Reich 177); der Beginn eines neuen -s; * **das Goldene/Saturnische Z.** *(ideale Vorzeit der antiken bzw. römischen Sage).* **2.** (Geol.) *Erdzeitalter, Ära* (2); **Zeit|an|ga|be,** die: **1.** *Angabe über die Uhrzeit bzw. den Zeitpunkt.* **2.** (Sprachw.) *Adverbialbestimmung der Zeit; temporale Umstandsbestimmung;* **Zeit|an|sa|ge,** die: **1.** *Ansage der genauen Uhrzeit, bes. im Rundfunk:* Volksmusik spielte im Radio; dazwischen kamen -n (Fels, Sünden 80). **2.** *vom Fernsprechansagedienst, durch den man jederzeit die genaue Uhrzeit erfahren kann:* die telefonische Z.; die Z. anrufen; Sie wählte den Anschluß der automatischen Z. (Rolf Schneider, November 168); **Zeit|an|sa|ge|ge|rät,** das: *(bes. in Fernsprechzentralen eingesetztes) Gerät, das auf Anfrage die Uhrzeit bekanntgibt;* **Zeit|ar|beit,** die (Wirtsch.): *befristete Arbeit (auf Grund eines entsprechenden [Leih]arbeitsverhältnisses);* **Zeit|at|mo|sphä|re,** die: *eine bestimmte Zeit kennzeichnende Atmosphäre:* seine Fähigkeit, mit wenigen Impressionen und Streiflichtern Lokalkolorit und Z. anzudeuten (Reich-Ranicki, Th. Mann 197); **Zeit|auf|nah|me,** die: **1.** (Fot.) *Aufnahme* (7 a) mit langer Belichtungszeit. **2.** *(in der REFA-Lehre) Aufnahme* (6), *Ermittlung der für bestimmte Tätigkeiten, Arbeitsvorgänge usw. effektiv gebrauchten Zeiten;* **Zeit|auf|wand,** der: *Aufwand an Zeit:* etw. ist mit großem Z. verbunden; das lohnt den Z. nicht; **zeit|auf|wen|dig** ⟨Adj.⟩: *mit großem Zeitaufwand verbunden, viel Zeit beanspruchend:* eine -e Arbeit; das Verfahren ist zu z.; **Zeit|ausschluß,** der (Ballspiele): *zeitweiliger Ausschluß aus dem Spiel wegen regelwidrigen Verhaltens;* **Zeit|ball,** der (Seew.): *(in Seehäfen) an einem Signalmast befestigter* ¹*Ball* (4), *dessen Fallen eine bestimmte Uhrzeit signalisiert;* **Zeit|be|darf,** der: *Bedarf an Zeit, für etw. benötigte Zeit:* Die Norm, im Ermittlungsbogen als Z. bezeichnet, beträgt acht Minuten für 100 Streifen (Chotjewitz, Friede 166); **zeitbedingt** ⟨Adj.; -er, -este⟩: *durch die Gegebenheiten der Zeit* (3 b, 4) *bedingt:* weil das Milieu so z. ist und damals aktuellen Probleme nicht mehr unsere Probleme sind (Greiner, Trivialroman 37); ⟨subst.:⟩ Damals wurde allerdings gerade das Zeitbedingte an Darwins Lehre ... hervorgehoben (Natur 18); **Zeit|be|griff,** der: *Begriff, Vorstellung von der Zeit[dauer];* **Zeit|be|stim|mung,** die: vgl. *Ortsbestimmung* (2); **Zeit|be|wußt|sein,** das: *Bewußtsein des Zeitablaufs; Zeitbegriff, -gefühl;* **zeit|be|zo|gen** ⟨Adj.⟩: *auf die Gegebenheiten der Zeit bezogen:* ⟨subst.:⟩ Der Baron hat ja alles Zeitbezogene rausgestrichen (Schnurre, Bart 165); **Zeit|bild,** das: *(literarisches, filmisches o. ä.) Bild, anschauliche Darstellung zeitbedingter Umstände, Verhältnisse:* Ein Schwarzweißvideo als Z. unserer Gegenwart (Oxmox 8, 1984, 41); **Zeit|bom|be,** die: *Bombe mit Zeitzünder:* in dem Gebäude soll eine Z. versteckt sein; Ü die ökologische Z. tickt *(eine ökologische Katastrophe bahnt sich an;* MM 9. 6. 72, 6); Doch Israel hat auch eine Z. *(etw., was sich eines Tages verhängnisvoll auswirken könnte)* im eigenen Land: die Rivalität zwischen den Westjuden ... und den orientalischen Juden (Augsburger Allgemeine 13./14. 5. 78, 3); Bericht über die Z. Giftmüll (tip 12, 1984, 94); **Zeit|bud|get,** die: *Gesamtheit der jmdm. zur Verfügung stehenden Zeit:* das läßt mein Z. nicht zu; **Zeit|dau|er,** die: *Zeit, die etw. dauert; Dauer;* **Zeit|deh|ner,** der; -s: *Zeitlupe;* **Zeit|dif|fe|renz,** die: *Differenz zwischen zwei Zeiten:* 1960 lag zwischen den beiden siegreichen Finnen ... nur eine Z. von 20 Sekunden (Olymp. Spiele 1964, 24); **Zeit|do|ku|ment,** das: *Dokument* (2) *einer Zeit* (4): photographische, filmische -e; der Bericht ist ein eindrucksvolles, erschütterndes Z.; **Zeit|druck,** der ⟨o. Pl.⟩: ¹*Druck* (3), *Bedrängtsein, dem sich jmd. durch einzuhaltende bevorstehende Termine ausgesetzt sieht:* in Z. sein; in Z. geraten, kommen; etw. ohne Z. tun können; unter Z. stehen, arbeiten müssen; **Zeit|ebe|ne,** die: *zeitlicher Rahmen, in dem sich etw. abspielt:* in dem Roman gibt es mehrere -n; Der Pendelzustand zwischen -n und Identitäten (NZZ 5. 11. 82, 41); **Zeit|ein|heit,** die: *Einheit* (2) *zur Messung od. Ein-, Unterteilung der Zeit;*

Zeit|ein|spa|rung, die: vgl. Zeitersparnis; **Zeit|ein|tei|lung,** die: *Einteilung der verfügbaren Zeit:* eine gute Z.; **Zeit|emp|fin|den,** das: vgl. Zeitgefühl; **zei|ten** ⟨sw. V.; hat⟩ (schweiz. Sport): *[mit der Uhr] stoppen* (3); **Zei|ten|fol|ge,** die (Sprachw.): *geregeltes Verhältnis der Zeiten* (5) *von Haupt- u. Gliedsatz in einem zusammengesetzten Satz; Consecutio temporum;* **zei|ten|wei|se** ⟨Adv.⟩ (selten): *zeitweise:* daß Wehner parteiintern z. Bilder aus dem Sexualbereich bemühte, die ... jenseits des guten Geschmacks angesiedelt waren (Eppler, Kavalleriepferde 217); **Zei|ten|wen|de,** die: **1.** *Wende der Zeit* (4), *der Zeiten, Zeitpunkt des Endes einer Epoche, Ära u. des Beginns einer neuen Zeit:* da hab' ich mich blöd machen lassen, an Z. geglaubt, Welterneuerung (Erné, Kellerkneipe 54). **2.** *Zeitwende* (1): „Alles fließt", hatten die Griechen vor der Z. gesagt (Menzel, Herren 117); **Zeit|er|eig|nis,** das ⟨meist Pl.⟩: *bedeutsames Ereignis einer, der Zeit;* **Zeit|er|fas|sung,** die: vgl. Datenerfassung; **Zeit|er|fas|sungs|ge|rät,** das: *[elektronisches] Gerät zur Zeiterfassung* (z. B. Stechuhr): ein elektronisches Z.; **Zeit|er|schei|nung,** die: *an die Gegebenheiten einer Zeit* (4) *gebundene, für eine Zeit typische Erscheinung:* Was die Wandervögel betrifft: eine sonderbare Z. (Kempowski, Zeit 61); **Zeit|er|spar|nis,** die: *Ersparnis an Zeit:* dieses zweite Verfahren ... brachte aber eine Z. von fast zehn Minuten (Rolf Schneider, November 98); **Zeit|fah|ren,** das; -s, - (Radsport): *Wettkampf, bei dem die Fahrer in Abständen starten u. bei dem es auf die benötigte Zeit od. die in einer bestimmten Zeit gefahrene Strecke ankommt;* **Zeit|fak|tor,** der ⟨o. Pl.⟩: *die Zeit als zu berücksichtigender Faktor;* **Zeit|feh|ler,** der (Pferdesport): *Fehler durch Überschreiten der festgelegten Mindestzeit im Springreiten;* **Zeit|fol|ge,** die: *zeitliche Folge, zeitliches Nacheinander;* **Zeit|form,** die (Sprachw.): *grammatische Form des Verbs, durch die Gegenwart, Vergangenheit od. Zukunft eines Geschehens, eines Sachverhaltes usw. ausgedrückt wird; Zeit* (5); *Tempus:* das Plusquamperfekt ist die Z. der Vorzeitigkeit; diese Geschichte ist schon sehr lange her, sie ist ... unbedingt in der Z. der tiefsten Vergangenheit vorzutragen (Th. Mann, Zauberberg 9); **Zeit|fra|ge,** die: **1.** ⟨o. Pl.⟩ *Frage der Zeit* (3 b): das ist nur eine Z. *(das hängt nur davon ab, wann ich Zeit habe);* ... handelt es sich bei der 20jährigen Toggenburgerin lediglich um eine Z., bis ihr der endgültige Durchbruch gelingt (NZZ 1. 2. 83, 35). **2.** *zeitbedingte Frage, Problem einer Zeit* (4): er sei in Z. in Stellung nehmen; **zeit|fremd** ⟨Adj.⟩: vgl. gegenwartsfremd: Allerlei Literaten seiner Generation ... haben erstaunlich z. weiter (Meckel, Suchbild 29); **zeit|ge|bun|den** ⟨Adj.⟩: vgl. zeitbedingt; **Zeit|ge|fühl,** das ⟨o. Pl.⟩: *Gefühl für Zeitablauf u. Zeitdauer, dafür, welche Tages-, Uhrzeit es ist:* das Z. verlieren; **Zeit|geist,** der ⟨o. Pl.⟩ [1769 erstmals bei Herder]: *für eine bestimmte geschichtliche Zeit charakteristische allgemeine Gesinnung, geistige Haltung:* eine Kirche ..., die sich dem Z. weit geöffnet hat (Welt 8. 9. 76, 1); Mußtest du denn, in Anbiederung an einen vermeintlichen Z., ... die deutschen Fürsten in ihren ... Rechten beeinträchtigen? (Stern, Mann 198); **Zeit|ge|mäl|de,** das: vgl. Zeitbild; **zeit|ge|mäß** ⟨Adj.⟩: *einer Zeit* (4) *gemäß, entsprechend:* -er Komfort; ein -es *(aktuelles)* Thema; ob bei einem solchen Wagen ein 5-Gang-Getriebe überhaupt noch z. ist (ADAC-Motorwelt 1, 1987, 37); die Überzeugung ..., Hausaufgaben seien nicht mehr z. (NZZ 2. 9. 86, 22); **Zeit|ge|nos|se,** der: **1.** *mit jmdm. in der gleichen Zeit* (4) *lebender Mensch:* ein Z. Goethes; sie waren -n; nach dieser Devise werden die Politiker beurteilt, nicht nur von ihren -n, sondern auch von der Geschichte (Dönhoff, Ära 69). **2.** (ugs., häufig abwertend) *[Mit]mensch:* ein mürrischer, rücksichtsloser, unangenehmer, sonderbarer Z.; Im Grunde war Esch ein braver, harmloser Z. (Ott, Haie 206); daß gewisse Parties nur deshalb in den Wohnungen prominenter -n gegeben wurden, weil ... (Wolfe [Übers.], Radical 64); **Zeit|ge|nos|sen|schaft,** die: **1.** *zwischen Zeitgenossen* (1) *bestehendes Verhältnis, das Zeitgenossesein:* Zu meinem 75. Geburtstag hielt er ... eine Rede, in der er diese unsere Z. beschwor (H. W. Richter, Etablissement 221). **2.** *Gesamtheit der Zeitgenossen, der in einer bestimmten Zeit Lebenden:* mit der Kritik ..., über die unsere Z. nicht hinausgekommen ist (Musil, Mann 960); **Zeit|ge|nos|sin,** die: w. Form zu ↑Zeitgenosse; **zeit|ge|nös|sisch** ⟨Adj.⟩: **1.** *zu den Zeitgenossen gehörend, ihnen eigentümlich, von ihnen stammend:* -e Dokumente, der Bericht eines -en Autors; ... geht Sokrates von dem harmonischen Bau des menschlichen Körpers aus, wie dies auch die ... -e philosophische Literatur lehrt (Thieß, Reich 80). **2.** *gegenwärtig, heutig, derzeitig:* die -e Musik, Literatur, Kunst; die islamische Religion in ihrer -en Form in Bosnien (NZZ 19. 8. 83, 3); Das ist die Geschichte vom Leben und vom gewaltsamen Ende einer -en Unternehmerpersönlichkeit (Prodöhl, Tod 5); **zeit|ge|recht** ⟨Adj.⟩: **1.** *den Anforderungen u. Erwartungen der heutigen Zeit angemessen, entsprechend:* -es Wohnen; Die moderne Betriebsorganisation mit -er Hardund Software (Augsburger Allgemeine 10./11. 6. 78, VIII); ein z. ausgestatteter Wagen. **2.** (österr., schweiz.) *rechtzeitig:* um ihm, wenn es sein müßte, -e Hilfe bringen zu können (Trenker, Helden 15); wir werden Sie z. informieren; **Zeit|ge|schäft,** das (Börsenw.): *Termingeschäft;* **Zeit|ge|sche|hen,** das ⟨o. Pl.⟩: *aktuelles Geschehen der [gegenwärtigen] Zeit* (4): über das Z. berichten; **Zeit|ge|schich|te,** die ⟨o. Pl.⟩: **1.** *geschichtliche Gegenwart u. jüngste Vergangenheit:* Persönlichkeiten der Z. **2.** *Geschichte* (1 b) *der gegenwärtigen u. jüngstvergangenen Zeit* (4); **Zeit|ge|schicht|ler,** der; -s, -: *auf die Zeitgeschichte spezialisierter Historiker;* **Zeit|ge|schicht|le|rin,** die; -, -nen: w. Form zu ↑Zeitgeschichtler; **zeit|ge|schicht|lich** ⟨Adj.⟩: *die Zeitgeschichte betreffend:* -e Dokumente, Quellen; **Zeit|ge|schmack,** der ⟨o. Pl.⟩: *Geschmack* (3 b, 4) *der Zeit* (4), *für eine bestimmte geschichtliche Zeit charakteristischer Geschmack:* etw. entspricht dem Z.; **Zeit|ge|setz,** das (Rechtsspr.): *Gesetz, das nur für eine bestimmte Zeit gilt;* **Zeit|ge|winn,** der ⟨o. Pl.⟩: *Zeitersparnis:* Eine Weiterführung von TGV-Verbindungen nach Zürich ... lehnen die SBB wegen des zu geringen -s ab (NZZ 1. 2. 83, 15); **zeit|gleich** ⟨Adj.⟩: **1.** *gleichzeitig:* -e Vorgänge; sie (= die Wahl in Nordrhein-Westfalen) ist fast z. mit unserer Wahl (Saarbr. Zeitung 5. 10. 79, 28); Die Programme laufen jeweils z. (NNN 3. 3. 88, 3). **2.** (Sport) *mit gleicher Zeit* (3 c): er siegte vor seinem -en Landsmann; z. ins Ziel kommen; ... wurde sie durch das Zielgericht z. mit Sabine Brandstatter ... auf Platz 2 gesetzt (Göttinger Tageblatt 30. 8. 85, 15); **Zeit|gleich|heit,** die: *das Zeitgleichsein;* **Zeit|glocke¹,** die (schweiz.): *Turmuhr;* **Zeit|grün|de** ⟨Pl.⟩: *Gründe, die darin liegen, daß es an Zeit fehlt:* daß er nicht gekommen ist, hatte lediglich Z.; ich konnte aus -en leider nicht an der Sitzung teilnehmen; **zeit|her** ⟨Adv.⟩ (veraltet, noch mundartl.): *seither:* ◆ ... als sie sagen, daß z. wenig getan wird (Goethe, Werther I, 24. Julius); **zeit|he|rig** ⟨Adj.⟩ (veraltet, noch landsch.): *seitherig;* **Zeit|hin|aus|stel|lung,** die (Sport): *Hinausstellung für eine bestimmte Zeit;* **Zeit|hi|sto|ri|ker,** der: *Zeitgeschichtler;* **Zeit|hi|sto|ri|ke|rin,** die: w. Form zu ↑Zeithistoriker; **zeit|hi|sto|risch** ⟨Adj.⟩: *zeitgeschichtlich:* -e Dokumente, Quellen; **Zeit|ho|ri|zont,** der (bildungsspr.): *zeitliche Grenze, bis zu der man vorausschaut, -plant, Zeitraum, den man in Betracht zieht, für den man plant:* daß letzterer bei seiner ... Untersuchung praktisch nicht über den Z. des Jahres 2000 hinausgeht (Wochenpresse 25. 4. 79, 14); auf konservative Planungswiderstände, die den Z. der Planung beschränken (Habermas, Spätkapitalismus 103); **zei|tig** ⟨Adj.⟩ [mhd. zîtig = zur rechten Zeit geschehend; reif, ahd. zîtec = zur rechten Zeit geschehend]: **1.** *zu einem verhältnismäßig frühen Zeitpunkt; früh[zeitig]:* ein -er Winter; am -en Nachmittag; Die Mühe lohnt sich für den -sten aller Kopfsalate (natur 3, 1991, 83); z. aufstehen, zu Bett gehen; du hättest -er kommen müssen; Zum Glück sah ich den Lastwagen noch z. genug (Frisch, Homo 182). **2.** (veraltet, noch landsch.) *reif* (1): das Getreide ist z.; Ü als Mädchen ohne Kind konnte man die Zähne zusammenbeißen ..., aber jetzt, wo das Ding in ihr reifte und bald z. war ... (A. Zweig, Grischa 425); ◆ Die Republik ist zu einem Umgusse z. (Schiller, Fiesco II, 18); **zei|ti|gen** ⟨sw. V.; hat⟩ [mhd. zîtigen = reifen]: **1.** (geh.) *(Ergebnisse, Folgen) hervorbringen, nach sich ziehen:* etw. zeitigt [reiche] Früchte, [schöne] Erfolge, [nur] Mißerfolge, [keine] Ergebnisse, [schlimme] Folgen; Die großangelegte Suchaktion ... hat bis zum Sonntagabend keine konkreten Resultate gezeitigt (Tages Anzeiger 14. 10. 85, 12); ... habe man entdeckt, daß das schreckliche Getränk in dem Magen der Unglücklichen an hundert Geschwüre gezeitigt habe ...! (Jacob, Kaffee

73); *Scheinbar geringe Ursachen zeitigen scheinbar inkommensurable Wirkungen* (Muschg, Gegenzauber 102). **2.** (österr.) *reif* (1) *werden;* **Zeit|im|puls|zäh|lung,** die: *(im Fernsprechverkehr) Zählung von im Zeittakt ausgesendeten Impulsen zur Berechnung der Gebühren;* **zeit|in|ten|siv** ⟨Adj.⟩: *eine sehr - e ehrenamtliche Tätigkeit; das Verfahren ist zu z.;* **Zeit|in|ter|vall,** das (bildungsspr.): *Zeitabstand: wenn wir einen stationären Vorgang ... in gleichbleibenden -en fotografieren* (Fotomagazin 8, 1968, 16); **Zeit|kar|te,** die (Verkehrsw.): *Fahrkarte für beliebig viele Fahrten während eines bestimmten Zeitabschnitts* (z. B. Wochen-, Monats-, Netzkarte); **Zeit|kar|ten|in|ha|ber,** der (Amtsdt.): *Besitzer einer Zeitkarte;* **Zeit|kar|ten|in|ha|be|rin,** die (Amtsdt.): w. Form zu ↑Zeitkarteninhaber; **Zeit|ki|no,** das (regional): *Aktualitätenkino;* **Zeit|ko|lo|rit,** das (bildungsspr.): *das einer Zeit eigentümliche Kolorit* (3): *Er ... verwendet aber außerordentliche Sorgfalt auf die Rekonstruktion des -s* (Gregor, Film 280); **zeit|kon|form** ⟨Adj.⟩: vgl. zeitgemäß: *... beim Benzinverbrauch, mit 11,61/100 km nicht mehr z. ist* (Basler Zeitung 26. 7. 84, 29); **Zeit|kon|trol|le,** die (Wirtsch.): *Kontrolle der für eine bestimmte Arbeit benötigten Zeiten;* **Zeit|krank|heit,** die: *ein Übel, einen Mißstand darstellende Zeiterscheinung: diese Z. ..., die die niedrigsten Eigenschaften des Menschen zu guten zulügt* (Tucholsky, Werke II, 181); *gegen jenen Nihilismus, den Kraus in seinem vorigen Buch als Z. diagnostiziert hat* (Tagesspiegel 20. 10. 85, 59); **Zeit|kri|tik,** die ⟨Pl. ungebr.⟩: *Kritik an den Verhältnissen, Erscheinungen u. Ereignissen der Zeit, in der man lebt: Z. üben, äußern;* **Zeit|kri|ti|ker,** der: *jmd., der Zeitkritik übt;* **Zeit|kri|ti|ke|rin,** die: w. Form zu ↑Zeitkritiker; **zeit|kri|tisch** ⟨Adj.⟩: *Zeitkritik enthaltend, äußernd, zum Ausdruck bringend: ein -er Film; die -e Tendenz und Potenz des Dramatikers* (Welt 14. 7. 65, 5); **Zeit|lang:** in der Verbindung *eine Z. (einige Zeit lang, eine Weile): eine Z. schweigen; er hat eine Z. als Taxifahrer gearbeitet;* **Zeit|lauf,** der; -[e]s, *...läuf[t]e:* **1.** ⟨Pl.⟩ (geh.) *[die gegenwärtige, damalige, jeweilige Zeit u.] der zeitbedingte Lauf der Ereignisse: Männer, die miteinander einmal unangenehme Zeitläufte durchlebten* (A. Zweig, Grischa 171); *in diesen, in den damaligen unsicheren Zeitläuf[t]en; Die Zeitläufe seien für Geistliche ungünstig. Die Zukunft gehöre den Advokaten* (NJW 19, 1984, 1057); *... war die Sebastianskirche ein Spielball der Zeitläufe* (Augsburger Allgemeine 29./30. 4. 78, 48). **2.** ⟨o. Pl.⟩ (selten) *[Ab]lauf der Zeit;* **zeit|le|bens** ⟨Adv.⟩: *zeit meines, deines usw. Lebens:* er hat z. schwer gearbeitet; *daran werde ich mich z. erinnern; Zur ersehnten Aussprache gelangte Helga z. nicht mit ihm* (A. Kolb, Daphne 24); **zeit|lich** ⟨Adj.⟩ [mhd. *zitlich,* ahd. *zitlih*]: **1.** *die Zeit* (1–4) *betreffend:* die -e *Ablauf,* die -e *Reihenfolge von etw.;* die -e *Abstimmung;* in großem, kurzem; -em *Abstand;* Darum muß endlich die -e Dimension in alle Überlegungen einbezo-

gen werden (Gruhl, Planet 23); *Am Martinstag ... erneuerte Sophie ... ihre -en* (kath. Kirche; *für eine begrenzte Zeit geltenden*) *Gelübde* (Bieler, Mädchenkrieg 416); *die Erlaubnis ist z. begrenzt; Die Anfänge des Kupferstichs werden geographisch nach Deutschland, z. in das vierte Jahrzehnt des 15. Jhs. verlegt* (Bild. Kunst III, 83). **2.** (Rel.) *vergänglich, irdisch:* -e und ewige Werte; *... beantwortet Bunyan alle Fragen des -en Daseins durch die schroffste Alternative* (Nigg, Wiederkehr 75); ⟨subst.:⟩ * *das Zeitliche segnen* (1. veraltet verhüll.; *sterben:* ... außer daß der Herr Pfarrer leider das Zeitliche gesegnet hat [Heym, Schwarzenberg 48]. 2. scherzh.; *entzweigehen:* dann segnete sein Motor das Zeitliche [Welt 6. 10. 79, 25]; nach den alten Sitte, daß ein Sterbender für alles, was er zurückläßt [= das Zeitliche], Gottes Segen erbittet). **3.** (österr. ugs.) *zeitig* (1); **Zeit|lich|keit,** die; -: **1.** (Philos.) *zeitliches [Da]sein, [Da]sein in der Zeit.* **2.** (Rel., sonst veraltet) *die zeitliche* (2), *irdische Welt:* die z. verlassen; **Zeit|li|mit,** das: **a)** (Sport) *(für das Erreichen des Ziels) festgelegte Höchstzeit, bei deren Überschreitung keine Wertung mehr stattfindet;* **b)** *zeitliches Limit* (a): *... nannte er unter anderem ... die Festlegung eines z. für die Aussprache* (Saarbr. Zeitung 4. 12. 79, 1); **Zeit|lohn,** der (Wirtsch.): *nur für die Arbeitszeit gezahlter Lohn (im Unterschied zum Akkordlohn, Stücklohn usw.);* **zeit|los** ⟨Adj.⟩: -er, -este): **1.** *(in Stil, Form, Gehalt o. ä.) nicht zeitgebunden: eine -e Kunst, Dichtung;* -en *Charakter haben; -e (zeitlosen Stil zeigende, nicht der Mode unterworfene) Mäntel, Formen.* **2.** (selten) *unabhängig von der Zeit u. ihrem Ablauf [existierend], ewig: Der Himmel ist hier durchaus kein „-es Jenseits"* (Thielicke, Ich glaube 241); *in Sagenschiff, ewig unterwegs, dem Fahrt und Untergang z. anhaften* (Seghers, Transit 289); **Zeit|lo|se,** die; -, -n [↑ Herbstzeitlose]: **1.** (Bot.) *(zu den Liliengewächsen gehörende) Pflanze mit einzeln stehenden, lilafarbenen, rötlichen od. weißen Blüten auf sehr kurzem Schaft.* **2.** (veraltet) *Herbstzeitlose;* **Zeit|lo|sig|keit,** die; -: **1.** *das Zeitlossein* (1): die Z. der Formen. **2.** *das Zeitlossein* (2): *Raum- und Z. aber, das sei die Bestimmung des Nichts* (Th. Mann, Krull 313); *auf daß das Schachspiel wieder eingehe in seine geistige Heimat, aus dem Land der Zeit in das Land der Z.* (Reinig, Schiffe 136); **Zeit|lu|pe,** die ⟨o. Pl.⟩ (Film): *Verfahren, bei dem die auf einem Film, einem Video aufgenommenen Vorgänge, Szenen bei der Wiedergabe in stark verlangsamtem Tempo erscheinen:* durch die Z. wurde klar erkennbar, daß ...; etw. in Z. aufnehmen, filmen; sich eine Szene in Z. ansehen;; Ü *doch schluckte er beim Beten in Z.* (scherzh.; *ganz langsam;* Grass, Katz 37); **zeit|lu|pen|ar|tig** ⟨Adj.⟩: *zeitlupenhaft: Sie* (= seine Bewegungen) *verlaufen in -er Verlangsamung* (Reitz, Zweite Heimat 617); **Zeit|lu|pen|auf|nah|me,** die (Film): *Aufnahme* (7 a) *in Zeitlupe;* **zeit|lu|pen|haft** ⟨Adj.; -er, -este⟩: *wie in einer Zeitlupenaufnahme [erscheinend, ablaufend]: Sie setzte sich z.* (Dorpat, El-

lenbogenspiele 11); *... waren ihm Phasen seines Lebens z. verlangsamt erschienen* (Kronauer, Bogenschütze 387); **Zeit|lu|pen|tem|po,** das ⟨o. Pl.⟩: *sehr langsames, stark verzögertes Tempo:* im Z. ablaufende Bewegungen; Bilder mit unscharfen Umrissen, die sich im Z. an mir vorbeibewegten (Hartlaub, Muriel 9); *Der Tag vergeht im Z.* (Tikkanen [Übers.], Mann 96); im Z. (scherzh.; *sehr, auffallend langsam*) arbeiten; **Zeit|man|gel,** der ⟨o. Pl.⟩: *Mangel an verfügbarer Zeit: aus Z.; wegen -[s];* **Zeit|ma|schi|ne,** die: *(fiktive) Maschine, mit deren Hilfe man sich in eine andere Zeit versetzen kann;* **Zeit|maß,** das: **1.** *Tempo, das der zeitlichen Aufeinanderfolge von Bewegungen, Vorgängen, Klängen usw. zukommt bzw. gegeben wird: so stand das schleppende Z. sowie der leise, kühle Ton seiner Rede in seltsamsten Gegensatz zu dem kreischenden Gekeif seiner Frau* (Hauptmann, Thiel 6); *... durch plötzlich lebhafte Empfindung meinem Herzschlage ein stockendes und stürzendes Z. zu geben* (Th. Mann, Krull 52). **2.** (selten) *Maß für die Zeit[dauer];* **Zeit|mes|ser,** der: *Gerät zum Messen u. Anzeigen der Uhrzeit* (z. B. Uhr, Chronometer): *Die Uhrenindustrie ... verzeichnet eine Renaissance der mechanischen Z.* (Freie Presse 30. 12. 89, 5); **Zeit|mes|sung,** die: **1.** *Registrierung von Uhrzeit, Zeitpunkten, Zeitdauer durch Zeitmesser.* **2.** *Chronologie* (1); **Zeit|miet|ver|trag,** der: *zeitlich befristeter Mietvertrag;* **zeit|nah, zeit|na|he** ⟨Adj.⟩: *gegenwartsnah [u. zeitkritisch]: ein zeitnahes Bühnenstück;* **Zeit|nä|he,** die: *das Zeitnahsein;* **Zeit|nah|me,** die (Sport): *Messung, Ermittlung der Zeiten* (3 c): *automatische, elektrische Z.;* **Zeit|neh|mer,** der; -s, -: **1.** (Sport) *jmd. (bes. Offizieller), der die Zeit nimmt, stoppt.* **2.** (Wirtsch.) *jmd., der die Zeitaufnahme vornimmt* (Berufsbez.); **Zeit|neh|me|rin,** die; -, -nen: w. Form zu ↑Zeitnehmer; **Zeit|neh|mer|trep|pe,** die (bes. Leichtathletik): *eine Art Treppe, von der aus die Zeitnehmer aus unterschiedlicher Höhe freien Blick auf die Ziellinie haben;* **Zeit|not,** die ⟨o. Pl.⟩: *Bedrängtsein, Notlage durch Zeitmangel:* in Z. geraten; *Vielbeschäftigte Hausfrauen, die immer ein bißchen in Z. sind, können aufatmen* (Brückenbauer 37, 1985, 23); **Zeit|pe|ri|ode,** die: *Zeitraum;* **Zeit|per|so|nal,** das: *Personal, das Zeitarbeit verrichtet;* **Zeit|plan,** der: *Plan für den zeitlichen Ablauf:* einen Z. aufstellen; den Z. einhalten; wir sind ... eindreiviertel Stunden hinter dem Z. zurück (Menzel, Herren 71); im Z. sein; **Zeit|pol|ster,** das: *Zeitreserve: Dieses Z. hilft Ihnen, auch im Stau gelassen zu bleiben* (ADAC-Motorwelt 4, 1986, 72); **Zeit|pro|blem,** das: vgl. Zeitfrage (2); **Zeit|punkt,** der: *kurze Zeitspanne (in bezug auf ihre Stelle im Zeitablauf); Augenblick, Moment:* ein günstiger Z.; der Z. seines Todes; der Z., zu dem/in dem/(veraltend:) da ...; *Jetzt nämlich ist der Z. gekommen, wo wir die beiden Taktiken gemeinsam anwenden sollte* (Dönhoff, Ära 207); *wenn du mich auf den Arm nehmen willst, dann ist das jetzt nicht der Z.* (ugs.; *kein passender Moment; Brot* und Salz 420); den richtigen Z. [für etw.] abwarten, verpassen; etw. im geeigneten Z. tun; zu diesem Z. war er schon abgereist; zum jetzigen Z.; **Zeit|raf|fer**, der ⟨o. Pl.⟩ (Film): *Verfahren, bei dem die auf einem Film, einem Video aufgenommenen Vorgänge, Szenen bei der Wiedergabe in stark beschleunigtem Tempo erscheinen;* **Zeit|raf|fer|auf|nah|me**, die (Film): *Aufnahme* (7 a) *in Zeitraffer;* **Zeit|raf|fer|tem|po**, das ⟨o. Pl.⟩: *stark beschleunigtes Tempo;* **Zeit|rah|men**, der: *zeitlicher Rahmen* (3 c); **zeit|rau|bend** ⟨Adj.⟩: *übermäßig viel Zeit in Anspruch nehmend:* eine -e Arbeit, Prozedur; -e Recherchen; ... wenn der Entwurf als Regierungsvorlage den -en Instanzenweg bis zum Bundestag durchlaufen müßte (Welt 27. 10. 65, 2); **Zeit|raum**, der: *mehr od. weniger ausgedehnter, vom Wechsel der Ereignisse u. Eindrücke, vom Verlauf der Geschehnisse erfüllter Teil der Zeit; Zeitabschnitt:* etw. umfaßt, umspannt einen Z. von mehreren Tagen; Der langsame Baumwuchs umschließt große Zeiträume (Mantel, Wald 47); die Möglichkeit ..., riesige geschichtliche Zeiträume zu überschauen (Thieß, Reich 381); im selben Z. des Vorjahres; über einen längeren Z. abwesend sein; **Zeit|re|ak|ti|on**, die (Chemie): *chemische Reaktion, die erst im Verlauf einer größeren Zeitspanne erfolgt;* **Zeit|rech|nung**, die: **1.** *für Datumsangaben maßgebende Zählung der Jahre u. Jahrhunderte von einem bestimmten [geschichtlichen] Zeitpunkt an:* in den Jahrhunderten unserer/christlicher/der christlichen Z. *(nach Christi Geburt);* im Jahre 900 unserer Z. (Abk. u. Z.); das Jahr 328 vor unserer Z. (Abk. v. u. Z.); nach *(gemäß)* unserer Z. war die Oktoberrevolution im November. **2.** *Berechnung der Zeit, des Zeitablaufs, des Tages-, Uhrzeit [orientiert an astronomischen Gegebenheiten];* **Zeit|rei|se**, die: *(mit Hilfe einer Zeitmaschine erfolgendes) Sichversetzen in eine andere Zeit:* eine Z. unternehmen; **Zeit|rei|sen|de**, der u. die: *jmd., der sich mit einer Zeitmaschine in eine andere Zeit versetzt, versetzt hat;* **Zeit|re|ser|ve**, die: *Reserve an verfügbarer Zeit;* **Zeit|ro|man**, der: *die Zeitverhältnisse in den Mittelpunkt stellender Roman;* **Zeit|schal|ter**, der: *Schaltuhr;* **zeit|schnell** ⟨Adj.⟩ (Sport): *der Zeit* (3 c) *nach (nicht nur im Verhältnis zu den anderen Läufern, Fahrern usw.) schnell:* der -ste Läufer qualifiziert sich für den Zwischenlauf; **Zeit|schrift**, die: **1.** *meist regelmäßig (wöchentlich bis mehrmals jährlich) erscheinende, geheftete, broschierte o. ä. Druckschrift mit verschiedenen Beiträgen, Artikeln usw. [über ein bestimmtes Stoffgebiet]:* eine medizinische, wissenschaftliche, satirische Z.; eine Z. für Mode, Kunst; eine illustrierte Z. (veraltet; *eine Illustrierte);* sie blätterte in einer Z. **2.** *Redaktion bzw. Unternehmung, die eine Zeitschrift* (1) *zusammenstellt, gestaltet, herstellt, herausbringt:* Zwei Jahre später druckt eine gelehrte Z. diesen Vortrag ... ab (Hofstätter, Gruppendynamik 169); **Zeit|schrif|ten|auf|satz**, der: *in einer Zeitschrift erschienener Aufsatz;* **Zeit|schrif|ten|le|se|saal**, der: *Lesesaal für die Lektüre von Zeitschriften;* **Zeit|schrif-**

ten|map|pe, die: *Lesemappe;* **Zeit|schriften|ver|le|ger**, der: *Verleger einer od. mehrerer Zeitschriften;* **Zeit|schrif|ten|ver|le|ge|rin**, die: w. Form zu ↑Zeitschriftenverleger; **Zeit|schrif|ten|wer|ber**, der: *jmd., der für eine od. mehrere Zeitschriften Abonnenten wirbt;* **Zeit|schrif|ten|wer|be|rin**, die: w. Form zu ↑Zeitschriftenwerber; **Zeit|schuß**, der (Segeln): **1.** *Startschuß.* **2.** *Schuß, der bei Regatten die genaue Zeit signalisiert;* **Zeit|sinn**, der ⟨o. Pl.⟩: vgl. Zeitgefühl: Äonen nennen wir das, Zeitspannen, die der Mensch wohl errechnen, aber mit seinem Z. nicht erfassen ... kann (Frisch, Stiller 193); **Zeit|sol|dat**, der: *Soldat (bes. bei der Bundeswehr), der sich freiwillig verpflichtet hat, für eine bestimmte Zeit Wehrdienst zu leisten;* **Zeit|sol|da|tin**, die: w. Form zu ↑Zeitsoldat; **Zeit|span|ne**, die: *Spanne Zeit, [kürzerer] Zeitabschnitt:* wenn zwischen dem Ende des Unterrichts und dem Beginn der Nachmittagsveranstaltung nur eine kurze Z. lag (Rolf Schneider, November 99); in dieser Z., in einer Z. von 12 Tagen; **zeit|spa|rend** ⟨Adj.⟩: *Zeitersparnis bewirkend:* ein -es Verfahren; **Zeit|sprin|gen**, das (Pferdesport): *Springprüfung, bei der ein Fehler in Zeit umgerechnet wird u. die kürzeste Gesamtzeit den Sieg bringt;* **Zeit|stil**, der: vgl. Zeitgeschmack; **Zeit|stra|fe**, die (Sport): *Strafe in Form einer zeitlich begrenzten Hinausstellung;* **Zeit|strecke[1]**, die: *Zeitabschnitt:* Die immer selteneren, immer kürzeren Z., in welchen unser Vater zu Hause war (v. Rezzori, Blumen 16); **Zeit|strö|mung**, die: *(geistige, politische o. ä.) Strömung der gegenwärtigen od. einer vergangenen Zeit:* der monarchische Gedanke ... mußte sich, wollte er nicht den national-revolutionären -en zum Opfer fallen, in ... Volkskönigtum verwandeln (Fraenkel, Staat 215); **Zeit|stück**, das: vgl. Zeitroman; **Zeit|stu|die**, die (Wirtsch.): *[auf Grund von Arbeitsstudien durchgeführte] Ermittlung der für bestimmte Arbeiten benötigten Zeiten;* **Zeit|stun|de**, die: *Stunde* (1) *(im Unterschied zur Stunde* 3): Nach sechs Stunden Unterricht (4,5 -n) ... (Saarbr. Zeitung 1. 12. 79, 34); **Zeit|ta|fel**, die: *Tafel, Übersicht mit zeitlich geordneten wichtigen Daten eines Zeitraums;* **Zeit|takt**, der: **1.** (Fernspr.) *festgelegte Dauer der Zeiteinheit, in der für eine Gebühreneinheit telefoniert werden kann.* **2.** (bes. Verkehrsw.) *(stets gleiche) Länge des Zeitabstands zwischen regelmäßig sich wiederholenden Vorgängen (z. B. Zugabfahrten):* den Z. einer Buslinie [auf 10 Minuten] verkürzen; **Zeit|ten|denz**, die: vgl. Zeitströmung: Rousseau hatte ... der Forderung genügt, die Ernst Bloch an den Utopisten richtet: nicht zu weit vorauszuträumen, sondern nur der Quartiermacher einer Z. zu sein (W. Schneider, Sieger 268); **Zeit|trai|ning**, das (Motorsport): *Training, bei dem die Zeiten der Teilnehmer genommen werden (bes. im Hinblick auf die Vergabe der Pole-position im eigentlichen Rennen):* Um anderthalb Sekunden steigerte sich René Arnoux vom ersten zum zweiten Z. (rallye racing 10, 1979, 10); **zeit|ty|pisch** ⟨Adj.⟩: *für eine Zeit* (4) *typisch:* Es ist je-

denfalls eine -e Konstellation, daß vom Tode gezeichnete Menschen sich in absoluter innerer Einsamkeit auf ihr Ende vorbereiten (Richter, Flüchten 134); **Zeit|über|schrei|tung**, die: *Überschreitung einer zeitlichen Begrenzung, eines Zeitlimits:* Rudolf bemerkte die Z. und drängte trotzdem nicht zur Eile (Becker, Amanda 206); **Zeit|um|stän|de** ⟨Pl.⟩: *zeitbedingte Umstände:* das erklärt sich aus den [damaligen] -n; die Behauptungen irgendeines durch ganz günstige Z. zum Offizier beförderten Ehrabschneiders (Kirst, 08/15, 882); **Zei|tung**, die; -, -en [mhd. (westmd.) zidunge = Nachricht, Botschaft < mniederd., mniederl. tidinge, zu: tiden = vor sich gehen, vonstatten gehen, sich ereignen, zu mniederd. tide, ↑Tide]: **1. a)** *täglich bzw. regelmäßig in kurzen Zeitabständen erscheinende (nicht gebundene, meist nicht geheftete) Druckschrift mit Nachrichten, Berichten u. vielfältigem anderem aktuellem Inhalt:* eine gute, seriöse, linke, bürgerliche, unabhängige, überregionale, italienische, ausländische, wöchentlich erscheinende Z.; die heutige Z.; die Z. von gestern; ein Stapel alte -en; diese Z. hat ihr Erscheinen eingestellt; eine Z. gestalten, machen, herausgeben, verlegen, drucken; [die] Z. lesen; die Z. aufschlagen; eine Z. abonnieren, abbestellen, halten, beziehen, [regelmäßig] lesen; -en austragen; er hat immer eine zusammengelegte Z. in der linken Tasche (Sommer, Und keiner 262); O'Hara faltete die Z. sorgfältig zusammen (Brecht, Groschen 284); etw. aus der Z. erfahren, wissen, haben; etw. in die Z. *(durch eine Anzeige in der Zeitung)* finden; er versteckte sich hinter einer Z.; [kurz] in die Z. gukken; in einer Z. blättern; in der Z. steht, daß ...; eine Anzeige, eine Notiz in die Z. setzen *(in der Zeitung erscheinen lassen);* Ich erbat mir einen Teil von Herrn Mummerts Z. (Bieler, Bonifaz 87); **b)** *Redaktion bzw. Unternehmung, die eine Zeitung* (1 a) *gestaltet, herstellt:* Ein paar -en brachten Glossen über dieses Verschwinden (Feuchtwanger, Erfolg 8); man muß nicht alles glauben, was in der Z. schreiben; ein Mitarbeiter der Z.; bei einer Z. arbeiten; für eine Z. schreiben; sie ist, kommt von der Z.; ... erhält Wolfgang Bugenhagen von seiner Z. den Auftrag, ... nach Paris zu gehen (Jens, Mann 152). **2.** *(veraltet) Nachricht von einem Ereignis:* [eine] gute, schlechte Z. bringen; Aber die Zeit ist unruhig. Aus Paris kommen böse -en (Trenker, Helden 25); **Zei|tung|le|sen**, das; -s: *das Lesen in einer Zeitung:* ich komme kaum noch zum Z.; **Zei|tungs|ab|la|ge**, die: *Ablage* (2) *für Zeitungen;* **Zei|tungs|abon|ne|ment**, das: *Abonnement auf eine Zeitung;* **Zei|tungs|agen|tur**, die (selten): *Zeitungsladen;* **Zei|tungs|an|non|ce**, die: *Zeitungsanzeige:* Sie hätte dort auf eine Z. eine Stellung ... bekommen (Sommer, Und keiner 37); sie haben sich durch eine Z. kennengelernt; **Zei|tungs|an|zei|ge**, die: *Anzeige* (2 b) *in einer Zeitung:* eine Z. aufgeben; **Zei|tungs|ar|ti|kel**, der: *in einer Zeitung veröffentlichter Artikel* (1); **Zei|tungs|aus|schnitt**, der: *Ausschnitt*

(1 a) *aus einer Zeitung:* Ein weiterer Saal war mit Ordnern angefüllt, die -e enthielten (Leonhard, Revolution 236); **Zei|tungs|aus|schnitt|bü|ro,** das: *Büro, das auf Bestellung Zeitungsausschnitte sammelt, die sich auf bestimmte Personen, Gegenstände, Themen beziehen;* **Zei|tungs|aus|trä|ger,** der: *Austräger von Zeitungen;* **Zei|tungs|aus|trä|ge|rin,** die: w. Form zu ↑ Zeitungsausträger; **Zei|tungs|be|richt,** der: vgl. Zeitungsartikel; **Zei|tungs|blatt,** das: *Blatt einer Zeitung;* **Zei|tungs|bu|de,** die: vgl. Zeitungskiosk; **Zei|tungs|deutsch,** das: vgl. Zeitungsstil; **Zei|tungs|en|te,** die (ugs.): vgl. Ente (2); es könne sich um einen „Moskauer Versuchsballon" handeln ... oder um „eine ganz gewöhnliche Z." (Spiegel 44, 1979, 144); **Zei|tungs|fo|to,** das: *in einer Zeitung wiedergegebenes Foto;* **Zei|tungs|frau,** die: *Frau, die Zeitungen austrägt, verkauft;* **Zei|tungs|frit|ze,** der (salopp abwertend): *Zeitungsjournalist:* Damit hielt irgendwelche -n sie aufspüren (Prodöhl, Tod 145); **Zei|tungs|hal|ter,** der: *einfaches stabförmiges Gerät mit Griff, in das der linke Rand einer Zeitung gespannt wird, damit sie (immer wieder) bequem gelesen werden kann;* **Zei|tungs|händ|ler,** der: *jmd, der Zeitungen verkauft;* **Zei|tungs|händ|le|rin,** die: w. Form zu ↑Zeitungshändler; **Zei|tungs|in|se|rat,** das: *Zeitungsanzeige:* ein Z. aufgeben; etw. durch den Z. finden; **Zei|tungs|jour|na|list,** der: *für eine Zeitung arbeitender Journalist;* **Zei|tungs|jour|na|li|stin,** die: w. Form zu ↑Zeitungsjournalist; **Zei|tungs|jun|ge,** der: 1. *Junge, der auf der Straße Zeitungen verkauft.* 2. *Junge, der als Zeitungsausträger arbeitet;* **Zei|tungs|ki|osk,** der: *Kiosk, an dem Zeitungen verkauft werden;* **Zei|tungs|kor|re|spon|dent,** der: *Korrespondent* (1); **Zei|tungs|kor|re|spon|den|tin,** die: w. Form zu ↑ Zeitungskorrespondent; **Zei|tungs|kun|de,** die ⟨o. Pl.⟩ (veraltend): *Zeitungswissenschaft;* **Zei|tungs|la|den,** der: *Laden, in dem Zeitungen verkauft werden;* **Zei|tungs|le|ser,** der: *Leser* (1 b) *einer Zeitung:* Der Fall, seit Wochen spaltenlang in allen Blättern behandelt, ist jedem Z. bekannt (Frisch, Gantenbein 421); **Zei|tungs|le|se|rin,** die: w. Form zu ↑Zeitungsleser; **Zei|tungs|lied,** das (Literaturw.): *historisches Lied in Versform, das über aktuelle Ereignisse berichtet;* **Zei|tungs|ma|cher,** der (Jargon): vgl. Blattmacher: Locarnini führte sodann als erster Tessiner Z. eine Wirtschaftsrubrik ein (NZZ 16. 10. 81, 21); **Zei|tungs|ma|che|rin,** die (Jargon): w. Form zu ↑Zeitungsmacher; **Zei|tungs|mann,** der (Pl. ...männer u. ...leute) (ugs.): 1. ⟨Pl. meist ...leute⟩ *Zeitungsjournalist:* die Zeitungsleute werden das Ihre dazugemacht oder weggelassen haben (Gaiser, Schlußball 198); es waren Zeitungs- und Theaterleute (Harig, Weh dem 48). 2. *Zeitungsausträger.* 3. *Zeitungsverkäufer, -händler;* **Zei|tungs|mel|dung,** die: *Meldung* (2) *in der Zeitung;* **Zei|tungs|no|tiz,** die: vgl. Notiz (2); **Zei|tungs|num|mer,** die: *Nummer* (1 b) *einer Zeitung;* **Zei|tungs|pa|pier,** das: 1. *Papier von Zeitungen:* etw. in Z. einwickeln. 2. *Papier, auf dem Zeitungen gedruckt werden;* **Zei|tungs|re|dak|teur,** der: *Redakteur einer Zeitung;* **Zei|tungs|re|dak|teu|rin,** die: w. Form zu ↑Zeitungsredakteur; **Zei|tungs|re|dak|ti|on,** die: *Redaktion einer Zeitung;* **Zei|tungs|re|por|ter,** der: *Reporter einer Zeitung:* das versprach Schlagzeilen und lockte die Z. zu Dutzenden in den Schwurgerichtssaal (Prodöhl, Tod 147); **Zei|tungs|re|por|te|rin,** die: w. Form zu ↑ Zeitungsreporter; **Zei|tungs|ro|man,** der: *in einer Zeitung abgedruckter Fortsetzungsroman;* **Zei|tungs|schlag|zei|le,** die: *Schlagzeile;* **Zei|tungs|schrei|ber,** der (ugs., häufig abwertend): *Zeitungsjournalist:* Die Phantasielosigkeit der Z. findet ihren Höhepunkt in der Titelseitenüberschrift (Kinski, Erdbeermund 276); **Zei|tungs|schrei|be|rin,** die (ugs., häufig abwertend): w. Form zu ↑Zeitungsschreiber; **Zei|tungs|sei|te,** die: *Seite einer Zeitung;* **Zei|tungs|spal|te,** die: *Spalte einer Zeitungsseite;* **Zei|tungs|span|ner,** der: vgl. Zeitungshalter; **Zei|tungs|stand,** der: *Verkaufsstand für Zeitungen;* **Zei|tungs|stän|der,** der: *Ständer* (1) *zum Aufbewahren von Zeitungen;* **Zei|tungs|stil,** der: *Stil der Zeitungsjournalisten, journalistischer Stil;* **Zei|tungs|trä|ger,** der: *Zeitungsausträger;* **Zei|tungs|trä|ge|rin,** die: w. Form zu ↑ Zeitungsträger; **Zei|tungs|über|schrift,** die: *Überschrift eines Zeitungsartikels;* **Zei|tungs|ver|käu|fer,** der: *jmd., der Zeitungen verkauft:* Während draußen ... die Z. mit monotoner Insistenz ihre Litanei wiederholten ... (K. Mann, Wendepunkt 135); **Zei|tungs|ver|käu|fe|rin,** die: w. Form zu ↑Zeitungsverkäufer: Zwei alte -nen schrien den Paris Soir aus (Seghers, Transit 15); **Zei|tungs|ver|lag,** der: *Verlag, der eine od. mehrere Zeitungen verlegt;* **Zei|tungs|ver|le|ger,** der: *jmd., der eine od. mehrere Zeitungen verlegt;* **Zei|tungs|ver|le|ge|rin,** die: w. Form zu ↑Zeitungsverleger; **Zei|tungs|ver|schlei|ßer,** der (österr.): *Zeitungshändler;* **Zei|tungs|ver|schlei|ße|rin,** die (österr.): w. Form zu ↑Zeitungsverschleißer; **Zei|tungs|ver|trä|ger,** der (schweiz.): *Zeitungsausträger:* Vor allem ist nicht damit zu rechnen, daß bei Ausfall von C-Kampfstoff ein Z. noch in der Lage ist, seine Blätter in die Haushalte ... zu bringen (NZZ 24. 8. 83, 20); **Zei|tungs|ver|trä|ge|rin,** die (schweiz.): w. Form zu ↑Zeitungverträger; **Zei|tungs|wer|bung,** die ⟨o. Pl.⟩: *Werbung durch Zeitungsanzeigen, durch Beilagen in Zeitungen;* **Zei|tungs|we|sen,** das ⟨o. Pl.⟩: *alles, was mit der Tätigkeit der Zeitungsjournalisten, mit der Herstellung u. Verbreitung von Zeitungen zusammenhängt;* **Zei|tungs|wis|sen|schaft,** die: *Wissenschaft vom Zeitungs- u. Nachrichtenwesen:* er hat Z. studiert; ein Institut für Z.; **Zei|tungs|zu|stel|ler,** der: *Zeitungsausträger;* **Zei|tungs|zu|stel|le|rin,** die: w. Form zu ↑Zeitungszusteller; **Zeit|un|ter|schied,** der: *Unterschied in der Zeit* (2 c, 2 e); **Zeit|ver|geu|dung,** die ⟨o. Pl.⟩ (emotional): *Zeitverschwendung;* **Zeit|ver|hält|nis|se** ⟨Pl.⟩: vgl. Zeitumstände; **Zeit|ver|lauf,** der (selten): *Verlauf* (2) *der Zeit:* das Unwesen, sich für den bloßen Z. eine Prämie zahlen zu lassen, nämlich den Zins (Th. Mann, Zauberberg 558); **Zeit|ver|lust,** der ⟨o. Pl.⟩: *Verlust an verfügbarer Zeit:* den Z. aufholen; die Arbeiten ohne weitere -e zum Abschluß bringen; **Zeit|ver|säum|nis,** das, (geh. veraltend): *Zeitverlust;* **Zeit|ver|schie|bung,** die: *zeitliche Verschiebung;* **zeit|ver|scho|ben** ⟨Adj.⟩: *zeitlich verschoben:* eine -e Übertragung; Ob Sie live sehen oder die Spiele aufzeichnen und z. sehen ... (Hörzu 42, 1982, 25); **Zeit|ver|schwen|dung,** die (emotional): *schlechte Ausnutzung von verfügbarer Zeit:* es wäre [reine] Z., auch das noch zu versuchen; da wird gearbeitet ... und zwar mit Volldampf und ohne Z. (Hilsenrath, Nazi 303); **zeit|ver|setzt** ⟨Adj.⟩: *zeitlich jeweils um eine bestimmte Spanne versetzt:* eine -e Übertragung; ich nenn' als Beispiele unsere Filialen in New York und Tokio, mit denen wir z. kommunizieren müssen (Presse 30. 3. 84, 12); etw. z. senden; **Zeit|ver|trag,** der: *zeitlich befristeter Arbeitsvertrag;* **Zeit|ver|treib,** der; -[e]s, -e: *etw., womit man sich die Zeit vertreibt:* Darin waren Silbenrätsel enthalten und andre schöne -e (Tucholsky, Zwischen 121); Lesen ist mein liebster Z./ist mir der liebste Z.; Das Gehalt unseres Vaters stand ... in keinem annehmbaren Verhältnis zu seinen kostspieligen -en (v. Rezzori, Blumen 246); etw. [nur] zum Z. tun; **Zeit|ver|zö|ge|rung,** die: *Verzögerung:* Eine wertvolle Hilfe also, mit behinderten Kindern ohne Z. Beistand zu leisten (Saarbr. Zeitung 18. 12. 79, 11); **Zeit|ver|zug,** der: *Verzug:* in Z. kommen, geraten; daß der Arbeitsmarkt mit einer gewissen Z. auf den schleppenden Wirtschaftsgang reagiere (Tages Anzeiger 19. 1. 91, 5); **Zeit|vor|ga|be,** die: *Vorgabe* (4); **Zeit|vor|sprung,** der: *zeitlicher Vorsprung;* **Zeit|vor|teil,** der: *in einer Zeitersparnis, einem Zeitgewinn bestehender Vorteil:* Selbst unter Berücksichtigung der heutigen Reisezeiten auf der Bahn besteht ein Z. gegenüber der gegenwärtigen Busbeförderung (Augsburger Allgemeine 11./12. 2. 78, 39); **Zeit|waa|ge,** die (Technik): *elektronischer Chronograph;* **Zeit|wahl,** die: *Methode der Empfängnisverhütung, bei der die Phasen der natürlichen Unfruchtbarkeit der Frau genutzt werden;* **zeit|wei|lig** ⟨Adj.⟩: 1. *auf eine kürzere Zeit beschränkt, zeitlich begrenzt, vorübergehend; momentan:* -e Schwierigkeiten; daß ich mir das Schloß als -en Wohnsitz gewählt hatte (K. Mann, Wendepunkt 128); eine -e (vorläufige) Maßnahme: wegen des Hochwassers mußte die Straße z. gesperrt werden. 2. *hin u. wieder für eine kürzere Zeit; gelegentlich* (1 b): Durch ein Schneefall ist es zu leichten Behinderungen gekommen (NNN 1. 3. 88, 2); er ist z. nicht zurechnungsfähig; Die Augen öffnete er nur, wie er vor Stunden z. getan, wenn er sich allein im Zimmer gefühlt hatte (Jahnn, Geschichten 98); **zeit|wei|se** ⟨Adv.⟩: 1. *von Zeit zu Zeit, hin u. wieder:* [nur] z. anwesend sein; z. schien auch die Sonne; diese z. *(zum Teil)* informative, z. *(zum Teil)* fade Eisenbahnfahrt (Furche 6. 6. 84, 20); ⟨mit Verbalsubstan-

tiven auch attr.:> *zähfließender Verkehr mit -m Stillstand.* **2.** *zeitweilig* (1), *vorübergehend, eine Zeitlang:* z. schien es so, als sei alles wieder in Ordnung; ... hätten nicht fürchterliche Schneestürme den Ort z. von der Außenwelt abgeschnitten (natur 2, 1991, 44); <mit Verbalsubstantiven auch attr.:> ... *waren alle kriegführenden Staaten zur -n Einführung diktaturähnlicher Regierungsformen gezwungen* (Fraenkel, Staat 194); **Zeit|wen|de,** die: **1.** *Anfang der christlichen Zeitrechnung:* vor, nach, seit der Z. **2.** *Zeitenwende* (1); **Zeit|wert,** der: **1.** *Wert, den ein Gegenstand zur fraglichen, zur jeweiligen Zeit gerade hat:* die Versicherung ersetzt nur den Z. **2.** (Musik) *relative Dauer des durch eine Note dargestellten Tones; die relative Zeitdauer betreffender Notenwert;* **Zeit|wert|ver|si|che|rung,** die (Versicherungsw.): *Versicherung, bei der im Schadensfall der Zeitwert der versicherten Sache erstattet wird;* **Zeit|wir|ren** ⟨Pl.⟩: *Wirren* (1) *der Zeit:* Seither sind die pommerschen Gerichtsakten in den Z. verlorengegangen (Mostar, Unschuldig 34); **Zeit|wirt|schaft,** die (Wirtsch.): *Planung von Produktionsprozessen unter zeitlichen Gesichtspunkten:* Wir sind ein ... Unternehmen im stark expandierenden Markt der computergestützten Z. und Betriebsdatenerfassung (Frankfurter Rundschau 1. 3. 85, A44); **Zeit|wort,** das ⟨Pl. ...wörter⟩ (Sprachw.): *Verb:* schwache, starke, unregelmäßige Zeitwörter; die Beugung des -s; **zeit|wört|lich** ⟨Adj.⟩ (Sprachw. selten): *verbal* (2); **Zeit|zei|chen,** das (Rundf., Funkw.): *[Ton, Tonfolge als] Signal, das die genaue Zeit anzeigt:* ein Z. senden; **Zeit|zeu|ge,** der: *jmd., der als Zeitgenosse Zeugnis geben kann von bestimmten Vorgängen (von historischer Bedeutsamkeit):* mit dem Tod der Menschen, die -n waren, geht das Schicksal des einzelnen als Informationsquelle verloren (Spiegel 18, 1993, 10); **Zeit|zeu|gin,** die: w. Form zu ↑Zeitzeuge; **Zeit|zeug|nis,** das: *Zeugnis* (4) *einer bestimmten Zeit:* Am liebsten möchte man alles bewahren, als Z. für die Nachwelt konservieren (Freie Presse 16. 11. 88, 3); **Zeit|zo|ne,** die: *Zone der Erde, in der an allen Orten dieselbe Uhrzeit gilt:* 20 Flugstunden und acht -n von seinem Heimatland Japan entfernt (Capital 2, 1980, 120); die Erde ist in 24-n aufgeteilt; Es (= Alaska) erstreckt sich über vier -n (NBI 36, 1983, 14); **Zeit|zo|nen|ta|rif,** der: *Tarif für die Benutzung öffentlicher Fernmeldenetze, dessen Höhe durch die Dauer der Benutzung u. die nach Zonen gemessene Entfernung bestimmt wird;* **Zeit|zün|der,** der: *Zünder, der eine Bombe o. ä. nach bzw. zu einer bestimmten Zeit zur Detonation bringt:* eine mit einem Z. versehene Bombe; Ü aber Grenzverschiebungen sind wie Z., die manchmal erst in der nächsten Generation explodieren (Dönhoff, Ära 155); **Zeit|zün|der|bom|be,** die: *Zeitbombe:* Seine ... PKW war von einer Z. in die Luft gejagt worden (Pröhl, Tod 275); **Zeit|zün|dung,** die: *Zündung durch einen Zeitzünder;* **Zeit|zwang,** der ⟨meist Pl.⟩: *aus dem Knappwerden der verfügbaren Zeit erwachsender Zwang* (f): Kohls Absichtserklärungen sollen ... Modrow in Zeitzwänge bringen (Freie Presse 15. 2. 90, 1).

Ze|le|brant, der; -en, -en [zu lat. celebrans (Gen.: celebrantis), 1. Part. von: celebrare, ↑zelebrieren] (kath. Kirche): *Priester, der die* ¹*Messe* (1) *zelebriert;* **Ze|le|bra|ti|on,** die; -, -en [lat. celebratio = Feier, zu: celebrare, ↑zelebrieren] (kath. Kirche): *das Zelebrieren der* ¹*Messe* (1); **Ze|le|bret,** das; -s, -s [lat. celebret = er möge zelebrieren, 3. Pers. Sg. Präs. Konjunktiv von: celebrare, ↑zelebrieren] (kath. Kirche): *einem Priester ausgestellte Erlaubnis, in fremden Kirchen zu zelebrieren;* **ze|le|brie|ren** ⟨sw. V.; hat⟩ [lat. celebrare = häufig besuchen; festlich begehen; feiern, preisen, zu: celeber = häufig; berühmt, gefeiert]: **1.** (kath. Kirche) *eine kirchliche Zeremonie abhalten, durchführen:* die Messe z.; ..., um dann schon die heiligen Ämter der Karwoche zu z. (Werfel, Himmel 98); obwohl der Pater noch in der Nacht ihrer Ankunft ... die königliche Trauung ... zelebriert *(vollzogen)* hatte (Schneider, Erdbeben 83). **2.** (bildungsspr., oft scherzh.) *(bewußt) feierlich, weihevoll tun, ausführen:* ein Essen z.; Eine Jazzband zelebriert die allerneuesten Synkopen (Bamm, Weltlaterne 119); Romy Schneider zelebriert die Titelrolle des gefühligen Opus (MM 22. 5. 71, 57). **3. a)** (bildungsspr. selten) *feiern* (1 c), *feierlich ehren:* einen Jubilar z.; er wurde mit einer umfangreichen Festschrift zelebriert; **b)** (bildungsspr.) *feiern* (1 a), *feierlich begehen:* Als 1978 der 200. Todestag von Rousseau ... zelebriert wurde (LNN 31. 7. 84, 7); Weltweit mit Ausstellungen und Publikationen zelebriert, wirkt sich das Jubiläum (= der 90. Geburtstag Joan Mirós) auch hierzulande aus (Weltwoche 48, 1983, 40); **Ze|le|brie|rung,** die; -, -en: *das Zelebrieren;* **Ze|le|bri|tät,** die; -, -en [lat. celebritas, zu: celeber, ↑zelebrieren] (bildungsspr.): **1.** *berühmte Person; Berühmtheit:* wenn ... sich die großen und mittleren in jener Zeit einfanden: Schriftsteller, Maler und manchmal Politiker (Fest, Im Gegenlicht 339). **2.** (veraltet) *Feierlichkeit, Festlichkeit.*

Ze|le|ri|tät, die; - [lat. celeritas (Gen.: celeritatis), zu: celer = schnell, rasch] (veraltet): *Schnelligkeit, Geschwindigkeit.*

Zel|ge, die; -, -n [mhd. zelge, eigtl. = bearbeitetes (Land)] (südd.): *Stück Ackerland; [bestelltes] Feld.*

Zel|la: ↑Cella; **Zell|at|mung,** die (Biol.): *biochemische Verwertung des (bei der Atmung) aufgenommenen Sauerstoffs durch die Körperzellen;* **Zell|bau,** der ⟨o. Pl.⟩ (Biol.): *Bau, Struktur einer Zelle* (5); **Zell|bil|dung,** die (Biol.): *Bildung, das Sichbilden von Zellen* (5); **Zell|bio|lo|gie,** die (Biol.): *Zweig der Biologie, der sich mit der Zelle, ihrem Aufbau u. ihren Funktionen befaßt;* **Zell|dia|gno|stik,** die: *Zytodiagnostik;* **Zel|le,** die; -, -n [1: mhd. zelle = Kammer, Zelle, kleines Kloster, ahd. (in Ortsn.) < celle = Wohnraum eines Mönches, Klause < lat. cella, ↑Keller]: **1.** *kleiner, nur sehr einfach ausgestatteter Raum innerhalb eines Gebäudes, der für Personen (z. B. Mönche,* Strafgefangene) bestimmt ist, die darin abgeschieden od. abgetrennt von anderen leben: der Festgenommene wurde in eine Z. gesperrt; der Wärter brachte ihn wieder in seine Z.; der Gefangene hat sich in seiner Z. erhängt; ... wo Männer und Frauen ... ihr großes Haus in Constantinopel mit der kargen Z. eines Klosters vertauschten (Thieß, Reich 434); Sie bekommen ... heute abend einen neuen Mann auf Z. (Loest, Pistole 119). **2.** *kurz für* ↑Telefonzelle: Ich hatte kein Geld zum Nachwerfen mehr. Also hängte ich den Hörer ein und trat aus der Z. (Simmel, Stoff 578). **3. a)** *abgetrennte Höhlung (unter vielen), durch Abteilung, Trennung entstandener Hohlraum:* die -n einer Honigwabe; Mit ... dem in -n aufgeteilten Doppelboden war sie (= die „Titanic") ... ein riesiges, sicheres Rettungsboot (Menzel, Herren 62); **b)** (Flugw.) *Gesamtheit aller Teile eines Flugzeugs mit Ausnahme von Ausrüstung u. Triebwerk[en]:* Mit seiner bewährten Z., den zwei Triebwerken und einer modernen Avionik entspreche der Tiger F-SE ... den Raumschutzbedürfnissen ... sehr gut (Vaterland 27. 3. 85, 25). **4.** (Elektrot.) *einzelnes Element einer Batterie od. eines Akkumulators.* **5.** *kleinste lebende Einheit in einem pflanzlichen od. tierischen Lebewesen:* lebende, tote -n; die -n teilen sich, sterben ab; Ü Der gleichgültige, abstrakte Ton seiner Stimme drang ins Mark und zermürbte alle -n (Nossack, Begegnung 79); * *die [kleinen] grauen -n* (ugs. scherzh.; *die Gehirnzellen, das Gehirn, Denkvermögen;* nach der grauen Substanz der Großhirnrinde): Es gab wohl auch nichts, was es wert gewesen wäre, in den grauen -n gespeichert zu werden (Christiane, Zoo 140). **6.** *geschlossene kleine Gruppe durch gleiche Ziele verbundener [gemeinschaftlich agierender] Personen; kleinste Einheit bestimmter Organisationen, Vereinigungen:* Dadurch zerfielen manche -n der Organisation, die politische Arbeit lag brach (Bredel, Prüfung 7); eine kommunistische Z. bilden, gründen; die revolutionären -n bekämpfen; ... die Familie ist eine Z. eines Volkes, des Staates, aber auch der Kirche (Glaube 46, 1966, 14); **Zel|leh|re**¹, die: *Zytologie;* **zell|ei|gen** ⟨Adj.⟩: *zur Zelle* (5) *gehörend;* **Zel|len|bil|dung,** die: **1.** (Biol.) *Zellbildung.* **2.** (bes. Politik) *Bildung von Zellen* (6); **Zel|len|ge|fan|ge|ne,** der u. die: *Gefangener, der in einer Zelle* (1) *untergebracht ist;* **Zel|len|ge|mein|schaft,** die: *gemeinsam in einer Zelle* (1) *untergebrachte, lebende Menschen;* **Zel|len|ge|nos|se,** der: *jmd., der mit anderen gemeinsam in einer Zelle* (1) *untergebracht ist:* mein Z.; wir waren -n; **Zel|len|ge|nos|sin,** die: w. Form zu ↑Zellengenosse; **Zel|len|ge|wöl|be,** das (selten): *Zellgewölbe;* **Zel|len|ge|wöl|be,** das (Archit.): *spätgotische Gewölbeform mit vielen tief eingeschnittenen Abteilungen, Zellen, die durch Grate gegeneinander abgegrenzt sind;* **Zel|len|in|sas|se,** der: *Insasse einer Zelle* (1); **Zel|len|in|sas|sin,** die: w. Form zu ↑Zelleninsasse; **Zel|len|kol|ler,** der: vgl. Lagerkoller: Manchmal schreist du deshalb Z., sagt der Anstaltsarzt (Hohmann, Engel 17); **Zel̲l|len|leh|re**, die: *Zytologie;* **Zel̲l|len|lei|ter**, der (ns.): *Leiter einer Zelle (6);* **Zel̲l|len|lei|te|rin**, die (ns.): w. Form zu ↑Zellenleiter; **Zel̲l|len|schmelz**, der: *Cloisonné;* **Zel̲l|len|tür**, die: *Tür einer Zelle (1).* **Zel̲l|ler**, der; -s [gek. aus landsch. Zellerie] (österr. ugs.): *Sellerie.* **Zel̲l|fett**, das (Biol.): *Organfett;* **Zel̲l|forschung**, die: *Zytologie;* **Zel̲l|fu|si|on**, die (Biol.): *Fusion (2) von Zellen (5);* **Zel̲l|ge|we|be**, das (Biol.): *Gewebe aus gleichartigen Zellen (5);* **Zel̲l|ge|webs|ent|zün|dung**, die (Med. seltener): *Phlegmone;* **Zel̲l|gift**, das (Biol., Med.): *chemischer Stoff, der schädigend auf die physiologischen Vorgänge in der Zelle (5) einwirkt bzw. die Zelle abtötet:* ein starkes Z.; als Z. wirken; **Zel̲l|glas**, das ⟨o. Pl.⟩ (Fachspr.): *(aus Zellstoff hergestellte) sehr dünne, glasklare od. gefärbte Folie (z. B. Cellophan);* **Zel̲l|gum|mi**, der (seltener): *Schaumgummi;* **Zel̲l|haut**, die ⟨o. Pl.⟩ (seltener): *Zellglas;* **Zel̲l|horn**, das ⟨o. Pl.⟩ (seltener): *Zelluloid;* **zel̲l|lig** ⟨Adj.⟩ [zu ↑Zelle] (Biol.): *aus Zellen [bestehend];* **-zel̲l|lig** in Zusb.: z. B. *mehrzellig (aus mehreren Zellen bestehend); kleinzellig (kleine Zellen habend);* **Zel̲l|kern**, der (Biol.): *im Zellplasma eingebettetes [kugeliges] Gebilde, das die Chromosomen enthält; Nukleus (1); Zytoblast;* **Zel̲l|klon**, der (Biol.): *durch Klonieren entstandene Ansammlung von genetisch einheitlichen Zellen (5);* **Zel̲l|ko|lo|nie**, die (Biol.): *Zönobium (2);* **Zel̲l|kör|per**, die (Biol.): *Zelle (5) ohne Kern u. Fortsätze;* **Zel̲l|kul|tur**, die (Biol., Med.): vgl. *Kultur (5):* Diese -en bilden dann ein ausgezeichnetes Substrat zur Züchtung der Viren (Medizin II, 135); **Zel̲l|me|cha|nik**, die: *Teilgebiet der Biophysik, das die mechanischen Eigenschaften von Zellen untersucht;* **Zel̲l|mem|bran**, die (Biol.): *Membran, die das Zellplasma außen begrenzt;* **Zel̲l|mund**, der: *Zytostom;* **Zel̲l|o|bio|se**, die; - [zu lat. bi- = zwei] (Chemie): *aus zwei Molekülen Glucose aufgebautes Disaccarid, das beim Abbau von Zellulose entstehen kann u. eine gut kristallisierende, farb- u. geschmacklose Substanz bildet;* **Zel̲l|o|i|din|pa|pier** [...oi...], das; -s [zu ↑Zellulose u. griech. -oeidḗs = ähnlich, zu: eĩdos = Aussehen, Form] (Fot.): *mit Kollodium beschichtetes spezielles Fotopapier;* **Zel̲l|o|phan**, das; -s: *Cellophan;* **Zel̲l|o|phan|beu|tel**, der: *Beutel aus Cellophan;* **Zel̲l|o|phan|fol|lie**, die: *Cellophan;* **Zel̲l|o|phan|hül|le**, die: *Hülle aus Cellophan;* **zel̲l|o|pha|nie|ren** ⟨sw. V.; hat⟩: *cellophanieren:* Die ... zellophanierten Zigarettenpackungen (Schnurre, Schattenfotograf 439); **Zel̲l|o|phan|packung**[1], die: *Packung aus Cellophan:* Mehl, Dauerbrot, schön eingepackt in Z., hm! (Plievier, Stalingrad 226); **Zel̲l|o|phan|pa|pier**, das (ugs.): *Cellophan;* **Zel̲l|o|phan|tü|te**, die: *Tüte aus Cellophan;* **Zel̲l|or|ga|nell**, das, **Zel̲l|or|ga|nel|le**, die (Biol.): *Organelle;* **Zel̲l|plas|ma**, das (Biol.): *Zytoplasma;* **Zel̲l|stoff**, der: **1.** *(aus Holz od. ähnlichem Materialien durch chemischen Aufschluß gewonnenes, feinfaseriges) weitgehend aus Zellulose bestehendes Produkt, das zur Herstellung von Papier u.*

Kunstfasern dient. **2.** *aus Zellstoff (1) hergestellter, sehr saugfähiger Stoff, der bes. in der Medizin u. Hygiene verwendet wird;* **Zel̲l|stof|fa|brik**[1], die: *Fabrik, in der Zellstoff hergestellt wird;* **Zel̲l|stoff|tuch**, das: *Tuch aus Zellstoff (2);* **Zel̲l|stoff|wech|sel**, der (Biol.): *Stoffwechsel einer Zelle (5);* **Zel̲l|sub|stanz**, die (Biol.): *Zytoplasma;* **Zel̲l|tei|lung**, die (Biol.): *Teilung einer lebenden Zelle (5) in zwei neue, selbständige Zellen bei der Vermehrung der Zellen (5)* (Med.): *Zellulartherapie;* **zel̲lu|lar, zel|lu|lär** ⟨Adj.⟩ [zu lat. cellula, ↑Zellulose] (Biol.): **1.** *aus Zellen (5) gebildet:* ... läßt sich ... gezeigen, daß letztlich ein zellulärer Verband den Auftakt zur Ausbildung solcher Gewebe gegeben hat (Medizin II, 59). **2.** *zu den Zellen (5) gehörend, den Zelle[n] betreffend:* Emotionen ... lösen ... ganz erhebliche Störungen in der zellulären Immunität ... aus (NZZ 26. 2. 86, 51); **Zel̲l|u|lar|pa|tho|lo|gie**, die: *Lehre, nach der die krankhaften Veränderungen ihre Ursache in den physikalisch-chemischen Veränderungen der Zelle (5) haben;* **Zel̲l|u|lar|the|ra|pie**, die ⟨o. Pl.⟩ (Med.): *Injektion körperfremder (tierischer) Zellen (5) zum Zwecke der Regeneration von Organen u. Geweben;* **Zel̲l|u|la|se**, die; -, -n (Chemie): *bei Pflanzen u. Tieren (außer Wirbeltieren) vorkommendes, Zellulose spaltendes Enzym;* **Zel̲l|u|li|tis**, die; -, ...itiden (Med.): *durch Orangenhaut (2) gekennzeichnete Veränderung des Bindegewebes der Unterhaut, bes. an den Oberschenkeln bei Frauen;* **Zel̲l|u|lo|id**, ⟨chem. Fachspr.⟩: *Celluloid* [seltener auch: ...lo- 'i:t], das; -[e]s [engl.-amerik. celluloid, zu: cellulose = Zellulose u. griech. -oeidḗs = ähnlich, zu: eĩdos = Aussehen, Form]. **1.** *durchsichtiger, elastischer Kunststoff aus Nitrozellulose [u. Kampfer].* **2.** (Jargon) *Filmstreifen, -material:* Der Sheriff bewies es ... über die ganzen letzten tausend Meter Z. (Martin, Henker 98); Phil hatte ... eine Kleinbildkamera ... bei sich, um besondere Ereignisse auf Z. zu bannen (Cotton, Silver-Jet 98); **Zel̲l|u|lo|id|held**, der: *Filmheld;* **Zel̲l|u|lo|id|schön|heit**, die: *Filmschönheit;* **Zel̲l|u|lo|id|strei|fen**, der: *Filmstreifen;* **Zel̲l|u|lo|se**, ⟨chem. Fachspr.⟩: *Cellulose* die; -, (Arten:) -n [zu lat. cellula = kleine Kammer, kleine Zelle, Vkl. von: cella, ↑Zelle]: *bes. von Pflanzen gebildeter Stoff, der Hauptbestandteil der pflanzlichen Zellwände ist;* **Zel̲l|u|lo|se|ni|trat**, das ⟨o. Pl.⟩ (Chemie): *Schießbaumwolle; Nitrozellulose;* **Zel̲l|ver|meh|rung**, die (Biol.): *Vermehrung der Zellen durch Zellteilung;* **Zel̲l|ver|schmel|zung**, die (Biol.): *Zellfusion;* **Zel̲l|wachs|tum**, das (Biol.): *Wachstum der Zellen (5);* **Zel̲l|wand**, die (Biol.): *Wand der pflanzlichen Zelle (5), die die Zellmembran in Form einer starren Hülle umgibt;* **Zel̲l|wol|le**, die: *aus Zellulose bzw. Viskose hergestellte woll- od. baumwollähnliche Spinnfaser[n];* **Zel̲l|wu|che|rung**, die: *wuchernde Zellvermehrung;* **Zel̲l|zy|klus**, der: *Gesamtheit der Wachstumsvorgänge zwischen zwei Zellteilungen.*
ze|lo|sa|men|te, ze|lo|so ⟨Adv.⟩ [ital., zu:

zelo = Eifer < spätlat. zelus < griech. zẽlos, ↑Zelot] (Musik): *eifrig, feurig, hastig;* **Ze|lot**, der; -en, -en [lat. zelotes < griech. zēlōtḗs = Nacheiferer, Bewunderer, zu: zēlóein = (nach)eifern, zu: zẽlos = Eifer(sucht), Neid]: **1.** (bildungsspr.) *Eiferer, [religiöser] Fanatiker:* Dabei war ihr Curé beileibe kein Z.; ich sah ihn oft ..., ein heiterer, immer lächelnder junger Mann, der die seidene Hemden unter seiner Soutane trug (Salomon, Boche 61); Ich kümmere mich ... nicht um die Sexualtabus bourgeoiser oder marxistischer -en (K. Mann, Wendepunkt 381). **2.** *Angehöriger einer radikalen antirömischen altjüdischen Partei;* **Ze|lo|tin**, die; -, -nen: w. Form zu ↑Zelot; **ze|lo|tisch** ⟨Adj.⟩: **1.** (bildungsspr.) *in der Art eines Zeloten (1):* von denkfaulem Schematismus, -em Dogmatismus (Kantorowicz, Tagebuch I, 561). **2.** *die Zeloten (2) betreffend, zu ihnen gehörend;* **Ze|lo|tis|mus**, der; - (bildungsspr.): *[religiöser] Fanatismus.* [1]**Zelt**, das; -[e]s, -e [mhd., ahd. zelt, eigtl. = (ausgebreitete) Decke, Hülle]: *meist sehr einfache hausähnliche Konstruktion aus Stangen, Stoffbahnen, Fellen o. ä., die relativ leicht auf- u. wieder abgebaut u. mitgenommen werden kann u. zum vorübergehenden Aufenthalt od. als Behausung dient:* die -e der Nomaden; auf der Wiese steht ein Z.; ein Z. aufstellen, aufschlagen, [auf]bauen, abbauen, abbrechen; ein Zirkus errichtete sein Z. auf dem Festplatz; der Regen prasselte aufs Z.; in einem, im Z. schlafen, übernachten; Der Schauplatz: ein riesenhaftes Z. (Festzelt) ... Im -e drängt sich das Volk (K. Mann, Wendepunkt 216); ins Z. kriechen; mit dem Z. in die Ferien fahren, Urlaub machen; Ü das himmlische Z. (dichter.; *Himmelszelt*); *** die/seine -e irgendwo aufschlagen** (meist scherzh.; *sich irgendwo niederlassen*); **die/seine -e abbrechen** (meist scherzh.; *den Aufenthaltsort, den bisherigen Lebenskreis aufgeben*). [2]**Zelt**, das; -[e]s [mhd. zelt, H. u.] (veraltet): *Paß[gang].*
Zelt|bahn, die: *Zeltplane:* Sie schleppten ihn auf einer Z. zum Feldlazarett (Remarque, Triomphe 103); Dann betrachtete er den hohen, mit -en abgedeckten Munitionsstapel (Kirst, 08/15, 372); **Zelt|bau**, der ⟨o. Pl.⟩: *Errichtung eines Zelts:* beim Z. helfen; für den Z. geeignete Planen; Z. helfen; für den Z. geeignete Planen; **Zelt|ba|che** die; (schweiz.): *Zeltplane;* **Zelt|blatt**, das (österr.): *Zeltplane:* ... zu dem kleinen Zelt, das sich bestürzend liederlich ausnahm ...: graue und grüne und tarnfarbene Zeltblätter zusammengeknöpft (Brinkmann, Zeit 42); **Zelt|dach**, das (Archit.): **1.** *pyramiden-, zeltförmiges Dach:* Das Z. hat keinen First, die Walme laufen in einem Punkt zusammen (Bild. Kunst III, 107). **2.** *Dach mit einer einem Zelt ähnlichen tragenden Konstruktion:* Das Z. eines der Münchner Olympiagelände (MM 30. 3. 72, 14); **Zelt|ein|gang**, der: *Eingang eines Zelts;* **zel|ten** ⟨sw. V.; hat⟩: *ein Zelt aufschlagen u. darin übernachten, wohnen: an einem See z.;* im Urlaub z.; geht, fahrt Ihr dieses Jahr wieder z.?; Warum zeltete er wie ein Ismaelit und Beduine der Wüste außer der Stadt ...? (Th. Mann, Joseph 51);

Zel|ten, der; -s, - [mhd. zelte, ahd. zelto, eigtl. = flach Ausgebreitetes] (veraltend): **1.** (südd., österr.) *kleiner flacher Kuchen, bes. Lebkuchen.* **2.** (bes. westösterr.) *Früchtebrot;* **¹Zel|ter,** der; -s, -: *jmd., der zeltet; Camper:* auf das Gästebuch des Zeltplatzes, in dem ... alle Z. mit Namen, Adresse und Paßnummer eingetragen sein mußten (Stern 11, 1970, 192).
²Zel|ter, der; -s, - [mhd. zelter, ahd. zeltāri, zu ↑²Zelt] (früher): *auf Paßgang dressiertes Reitpferd [für Damen]:* Helena thronte auf einem purpurgesattelten Z. (Hagelstange, Spielball 296); ♦ Da gesellte sich, auf zierlichem Z. desselben Weges ziehend, ein anderer Reiter in bunter Tracht ... zu ihm (Eichendorff, Marmorbild 5). **Zel|te|rin,** die; -, -nen: w. Form zu ↑¹Zelter; **Zelt|frei|zeit,** die: *Freizeit (2), bei der die Teilnehmer in Zelten, in einem Zeltlager (1) wohnen:* Das Evangelische Jugendwerk Heidelberg gibt bekannt, daß für die Z. ... auf der Nordseeinsel Neuwerk noch Plätze frei sind (MM 4. 7. 67, 6); **Zelt|la|ger,** das ⟨Pl.⟩: **1.** *Lager (1) mit Zelten:* an dem See hatten Pfadfinder ein Z. errichtet. **2.** *Aufenthalt in einem Zeltlager (1):* bis wann geht euer Z.?; ein [dreiwöchiges] Z. planen, organisieren, durchführen; **Zelt|lein|wand,** die ⟨o. Pl.⟩: *sehr starke, segeltuchartig dichte, wasserabweisend imprägnierte Leinwand;* **Zelt|ler,** der; -s, -: *¹Zelter:* ... findet der Z. auf dem Campingplatz Prerow eine Hinweistafel mit Informationen über den Urlaubsservice vor Ort (NNN 1. 8. 86, o. S.); **Zelt|le|rin,** die; -, -nen: w. Form zu ↑Zeltler; **Zelt|mast,** der: *tragender Mast im Innern eines Zeltes;* **Zelt|mis|si|on,** die: *evangelische Volksmission, die an wechselnden Orten in großen Zelten stattfindet,* **Zelt|pflock,** der: *Hering (3);* **Zelt|pla|ne,** die: *[als Teil eines Zelts hergestellte] Plane aus Zeltleinwand o. ä.; Zeltbahn:* ... auf eine Scheune zu, über deren Dach eine grobe Z. gespannt war, die im Wind knatterte (Fels, Sünden 95); etw. mit einer Z. abdecken; **Zelt|platz,** der: **1.** *Platz zum Zelten:* diese Stelle eignet sich hervorragend als Z. **2.** *Campingplatz:* der Z. ist voll, ausgebucht, von Oktober bis März geschlossen; **Zelt|stadt,** die: *großes Zeltlager (1);* **Zelt|stan|ge,** die: vgl. Zeltmast; **Zelt|stock,** der: vgl. Zeltmast; **Zelt|stoff,** der: vgl. Zeltleinwand; **Zelt|ur|laub,** der: *Urlaub, in dem man zeltet:* Wie ist das eigentlich, wenn man zum ersten Mal Z. macht? (ADAC-Motorwelt 8, 1979, 40); **Zelt|wand,** die: *Wand eines Zelts:* An den erleuchteten Zeltwänden zeichneten sich die Silhouetten der Männer ab, die sich darin aufhielten (Cotton, Silver-Jet 152).
¹Ze|ment, der; -[e]s, (Sorten:) -e [spätmhd. cēment (unter Einfluß von frz. cément), mhd. zīment(e) < afrz. ciment < spätlat. cīmentum < lat. caementum = Bruchstein, zu: caedere = (mit dem Meißel) schlagen; Bruchstein wurde, mit Kalkmörtel u. Lehm vermischt, als Bindemasse beim Bauen verwendet]: **1.** *aus gebranntem, vermahlenem Kalk, Ton o. ä. hergestellter, bes. als Bindemittel zur Herstellung von Beton u. Mörtel verwendeter Baustoff, der bei Zugabe von Wasser erhärtet:* schnellbindender Z.; Z. anrühren, mischen; Seine Schritte hallten auf dem Z. (Zementboden; Remarque, Triomphe 197). **2.** (Zahnmed.) *zementähnliches Pulver zur Herstellung von Zahnfüllungen:* Unterdessen trocknet der Z. im Munde des Patienten (Nossack, Begegnung 416); **²Ze|ment,** der; -[e]s, -e (Zahnmed.): *Zahnzement;* **Ze|men|tal|ti|on,** die; -, -en [zu „Zement" in der fachspr. Bed. „pulverisierte Masse, die Erzen beim Verhüttungsprozeß beigegeben wird"]: **1.** (Chemie) *Ausfällung eines Metalls aus der Lösung seines Salzes durch Zusetzen eines unedleren Metalls.* **2.** (Metallbearb.) *das Zementieren (3);* **Ze|ment|bahn,** die (Sport): *zementierte Radrennbahn;* **Ze|ment|be|ton,** der: *Beton mit Zement als Bindemittel;* **Ze|ment|bo|den,** der: *zementierter Boden;* **ze|men|ten** ⟨Adj.⟩: **1.** *aus Zement (1) [bestehend]:* -e Röhren. **2.** (dichter.) *grau wie Zement (1):* irgendwo am -en Himmel sprach die Sonne heraus (v. d. Grün, Irrlicht 21); **Ze|ment|fa|brik,** die: *Fabrik, in der Zement (1) hergestellt wird;* **Ze|ment|far|be,** die: *zum Färben von Zement u. Beton dienende Farbe;* **Ze|ment|fül|lung,** die (Zahnmed.): *Zahnfüllung aus ¹Zement (2);* **Ze|ment|fuß|bo|den,** der: *zementierter Fußboden;* **ze|ment|grau** ⟨Adj.⟩: *grau wie Zement (1);* **ze|men|tie|ren** ⟨sw. V.; hat⟩ [älter auch zimentieren]: **1.** *mit ¹Zement (1), Beton versehen u. dadurch einen festen Untergrund für etw. schaffen:* einen Weg, den Boden z. **2.** (bildungsspr.) *[etw., was nicht günstig, gut o. ä. angesehen wird] festigen, unverrückbar u. endgültig machen:* die bestehenden [politischen] Verhältnisse, den Status quo, die traditionelle Rollenverteilung, seine Macht z.; Der „real existierende Sozialismus" der DDR habe ... soziale Ungleichheit zementiert statt beseitigt (Spiegel 43, 1977, 49); Reisen bildet nicht, es zementiert die alten Vorurteile (natur 9, 1991, 97). **3.** (Metallbearb.) *(Stahl) durch Glühen unter Zusatz von Kohlenstoff härten; aufkohlen;* **Ze|men|tie|rung,** die; -, -en: *das Zementieren;* **Ze|men|tit** [auch: ...'tɪt], der; -s [zu ↑¹Zement, nach der Härte] (Chemie): *in bestimmter Weise kristallisiertes, sehr hartes u. sprödes Eisenkarbid;* **ze|men|ti|tisch** ⟨Adj.⟩ (Chemie): *den Zementit betreffend, aus ihm bestehend;* **Ze|ment|mör|tel,** der: *unter Verwendung von ¹Zement (1) hergestellter Mörtel;* **Ze|ment|platz,** der (Sport): *zementierter [Tennis]platz;* **Ze|ment|röh|re,** die: *Röhre aus ¹Zement (1);* **Ze|ment|sack,** der: *Sack für ¹Zement (1);* **Ze|ment|si|lo,** auch: das: *Silo für ¹Zement (1);* **Ze|ment|skulp|tur,** die: *Skulptur aus ¹Zement (1);* **Ze|ment|werk,** das: *Werk, in dem ¹Zement (1) hergestellt wird.*
Zen [zɛn, auch: tsɛn], das; -[s] [jap. zen < chin. -jap. < sanskr. dhyāna = Meditation] (Rel.): *japanische Richtung des Buddhismus, die durch Meditation die Erfahrung der Einheit allen Seins u. damit tätige Lebenskraft u. größte Selbstbeherrschung zu erreichen sucht.*
Ze|na|na, die; -, -s [pers. zanānaʰ, eigtl. = Frauen betreffende Angelegenheit, zu: zan = Frau]: *(in Indien bei Moslems u. Hindus) Wohnbereich der Frauen (zu denen Fremde keinen Zutritt haben):* Sie hatten die Audienzhalle gequert, an den Privaträumen und der Z. vorbei (Norfolk [Übers.], Lemprière 97).
Zen|bud|dhis|mus, der; -: *Zen.*
Zend|awe|sta, das; - [pers. Zand Awistā, zu: zand = groß u. ↑Awesta] (veraltet): *Awesta.*
Ze|ner|di|ode, die; -, -n [nach dem amerik. Physiker C. M. Zener, geb. 1905] (Elektrot.): *Diode, die in einer Richtung bei Überschreiten einer bestimmten Spannung einen sehr starken Anstieg des Stromes (3) zeigt.*
Ze|nit [auch: ...'nɪt], der; -[e]s [ital. zenit(h) < arab. samt (ar-ra's) = Weg, Richtung (des Kopfes)]: **1.** *gedachter höchster Punkt des Himmelsgewölbes senkrecht über dem Standort des Beobachters bzw. über einem bestimmten Bezugspunkt auf der Erde; Scheitel (2 b), Scheitelpunkt:* erreicht die Sonne den Z., so entzündet sich das Pulver (Bergengruen, Rittmeisterin 284); der Stern hat den Z. überschritten, steht im Z.; Als ein weißglühendes Bild allen Feuers stieg die Sonne in den Z. (Ransmayr, Welt 286). **2.** (bildungsspr.) *[Zeit]punkt der höchsten Entfaltung, Wirkung; Höhepunkt:* den Z. seiner Karriere erreichen, überschreiten; er stand im Z. seines Ruhms, seiner Schaffenskraft; Als der Krieg 1939 begann, stand sie (= die Skiläuferin C. Cranz) im Z. ihres Könnens (Maegerlein, Piste 9); **ze|ni|tal** ⟨Adj.⟩: *den Zenit betreffend, auf den Zenit bezogen;* **Ze|ni|tal|re|gen,** der (Met.): *(in den Tropen) zur Zeit des höchsten Standes der Sonne auftretender Regen;* **Ze|nit|di|stanz,** die ⟨o. Pl.⟩ (Astron.): *(auf den Ort der Beobachtung bezogener) in Grad gemessener Abstand eines Sternes vom Zenit;* **Ze|nit|hö|he,** die ⟨o. Pl.⟩: **1.** *Höhe des Zenits (1).* **2.** *Zenit (2):* Die Stätte der verlorenen Schlacht ..., der Z. deutschen Machtstrebens (Plievier, Stalingrad 283); **Ze|nit|te|le|skop,** das: *fast senkrecht aufgestelltes Teleskop, mit dem relative Höhen von Sternen in der Nähe des Zenits (1) gemessen werden.*
Zen|ma|le|rei ⟨zen-, auch: tsen-...⟩, die: **1.** ⟨o. Pl.⟩ *aus der Tradition des Zen hervorgegangene Tuschmalerei (1).* **2.** *Werk der Zenmalerei (1).*
Ze|no|taph: ↑Kenotaph; **Ze|no|ta|phi|on, Ze|no|ta|phi|um,** das; -s, ...ien (veraltet): *Zenotaph.*
zen|sie|ren ⟨sw. V.; hat⟩ [lat. censere = begutachten, schätzen, beurteilen]: **1.** *mit einer Zensur (1), Note bewerten:* ihr Aufsatz wurde mit „gut" zensiert; Die schulischen Leistungen konnten nicht zensiert werden, da der Schüler 48 Stunden ... gefehlt hat (Hornschuh, Ich bin 57); ⟨auch o. Akk.-Obj.:⟩ der Lehrer zensiert streng, milde. **2.** *einer Zensur (2 a) unterwerfen:* jmds. Post, einen Brief z.; die Tageszeitungen werden in diesem Land scharf zensiert; ... wurde der Film ... mit einer Schnittauflage von 30 Minuten zensiert (Praunheim, Sex 234); **Zen|sie|rung,** die; -, -en: *das Zensieren, Zensiertwerden;* **Zen|sor,** der; -s, ...oren [2: lat. censor, zu: censere, ↑zensieren]: **1.** *jmd., der von Staats, Amts wegen die Zensur*

ausübt: Etwas lächerlich, Dir auf englisch zu schreiben; ... der Z. besteht darauf (K. Mann, Wendepunkt 408); dieser Satz ist dem Rotstift des -s zum Opfer gefallen. **2.** *hoher altrömischer Beamter, der u. a. die Aufgabe hatte, den Zensus (3) durchzuführen u. das staatsbürgerliche u. sittliche Verhalten der Bürger zu überwachen;* **zen|so|risch** ⟨Adj.⟩ [lat. censorius, zu: censor, ↑Zensor]: *den Zensor betreffend; auf der Tätigkeit des Zensors beruhend;* **Zen|sur,** die; -, -en [lat. censura = Prüfung, Beurteilung, zu: censere, ↑zensieren]: **1.** *Benotung (bes. in Schule od. Hochschule):* jmdm. [in einer Prüfung, für eine Klassenarbeit] eine gute Z. geben; eine schlechte Z. in Deutsch bekommen, haben; bald gibt es -en *(Zeugnisnoten);* Ü -en austeilen (abwertend; *in der Rolle einer Autorität Lob u. Tadel austeilen).* **2.** ⟨o. Pl.⟩ **a)** *von zuständiger, bes. staatlicher Stelle vorgenommene Kontrolle, Überprüfung von Briefen, Druckwerken, Filmen o. ä., bes. auf politische, gesetzliche, sittliche od. religiöse Konformität:* in diesem Staat findet eine Z. nicht statt, gibt es keine Z. der Presse; eine scharfe, strenge Z. ausüben; etw. unterliegt der Z.; ... arbeitete er ... an den wenigen Zeilen des Briefes, sie so zu machen, daß sie die Z. des Direktors passierten (Feuchtwanger, Erfolg 274); **b)** *Stelle, Behörde, die die Zensur ausübt:* die Z. hat den Film verboten, [für Erwachsene] freigegeben; Was von seinen Elegien und Erzählungen veröffentlicht ... worden war, lag ... in den Archiven der Z. (Ransmayr, Welt 19). **3.** (Psych.) *Kontrollinstanz der Persönlichkeit an der Grenze zwischen Bewußtem u. Unbewußtem, die Wünsche u. Triebregungen kontrolliert u. reguliert;* **Zen|sur|be|hör|de,** die: *Behörde, die die Zensur ausübt;* **Zen|su|ren|durch|schnitt,** der: *Notendurchschnitt;* **Zen|su|ren|kon|fe|renz,** die: *Lehrerkonferenz, bei der über die Zeugniszensuren entschieden wird;* **zen|su|rie|ren** ⟨sw.; hat⟩: **1.** (österr., schweiz.) *zensieren (2):* In ... Stellungnahmen in der zensurierten pakistanischen Presse macht Zia kein Hehl daraus, daß ... (NZZ 23. 12. 83, 5). **2.** (Schulw. schweiz.) *zensieren (1);* **Zen|sus,** der; -, - [...u:s; lat. census, zu: censere, ↑zensieren]: **1.** (Fachspr.) *Volkszählung:* Dort scheiterte 1971 ein Z., weil 30 Prozent der Niederländer falsche oder gar keine Angaben machten (Spiegel 8, 1983, 105). **2.** *(bes. im MA.) Abgabe, Pachtzins, Steuerleistung.* **3.** *(im alten Rom) Aufstellung der Liste der Bürger u. Vermögensschätzung durch die Zensoren (2).* **4.** (Bibliothekswesen) *Verzeichnis aller bekannten Exemplare von Frühdrucken;* **Zen|sus|wahl|recht,** das; (früher:) *an Besitz, Einkommen od. Steuerleistung gebundenes Wahlrecht [mit entsprechend abgestuftem Gewicht der Wählerstimme];* **Zent,** die; -, -en [mhd. zent, cent < mlat. centa < spätlat. centena = Hundertschaft, zu lat. centenus = hundertmalig, zu: centum = hundert]: **1.** *(in fränkischer Zeit) mit eigener Gerichtsbarkeit ausgestatteter territorialer Verband von Hufen [zur Besiedelung von Neuland].* **2.** *(im Hoch- u. Spätmittelalter) Unterbezirk einer Grafschaft (in Hessen, Franken u. Lothringen).*

Zen|taur, (auch:) **Kentaur,** der; -en, -en [lat. Centaurus < griech. Kéntauros] (Myth.): *vierbeiniges Fabelwesen der griechischen Sage mit Pferdeleib u. menschlichem Oberkörper.*

Zen|te|nar, der; -s, -e [mhd. zentener, ahd. zentenäri < (m)lat. centenarius, ↑Zentner]: **1.** (bildungsspr. selten) *Hundertjähriger.* **2.** *[gewählter] Vorsteher der Zent (1) u. Vorsitzender ihrer Gerichtsbarkeit;* **Zen|te|nar|aus|ga|be,** die (bildungsspr.): *Jubiläumsausgabe, die hundert Jahre nach dem ersten Erscheinen eines Werkes herausgegeben worden ist;* **Zen|te|nar|fei|er,** die (bildungsspr.): *Zentenarium: Nur eine Woche nach seiner glanzvollen Z. ist der Verein ... von der rauhen Wirklichkeit wieder eingeholt worden (NZZ 27. 8. 84, 13);* **Zen|te|na|ri|um,** das; -s, ...ien [mlat. centenarium = Jahrhundert] (bildungsspr.): *Hundertjahrfeier.*

Zen|ter|half, der; -s, -s [engl. centrehalf, aus centre (↑Center) u. half (↑Half)] (Ballspiele österr. veraltet): *Mittelläufer;* **zen|tern** ⟨sw. V.; hat⟩ [engl. to centre, zu: centre, ↑Center] (Fußball österr. veraltet): *den Ball zur Mitte spielen:* der Linksaußen zenterte; **Zen|ter|stür|mer,** der; -s, - (Ballspiele österr. veraltet): *Mittelstürmer;* **Zen|ter|stür|me|rin,** die; -, -nen (Ballspiele österr. veraltet): w. Form zu ↑Zenterstürmer.

zen|te|si|mal ⟨Adj.⟩ [zu lat. centesimus = der hundertste, geb. nach ↑dezimal] (Fachspr.): *auf die Grundzahl 100 bezogen;* **Zen|te|si|mal|po|tenz,** die (Med.): *die im Verhältnis 1:100 fortschreitenden Stufen der Verdünnung bei homöopathischen Arzneien;* **Zen|te|si|mal|waa|ge,** die: *Waage, bei der die zum Wiegen erforderlichen Gewichte ein Hundertstel des Gewichtes der zu wiegenden Sache haben;* **zent|frei** ⟨Adj.⟩: *dem Zentgericht nicht unterworfen;* **Zent|ge|richt,** das: *Gericht der Zent (1, 2);* **Zent|graf,** der: *Vorsteher der Zent (2) u. Vorsitzender ihrer Gerichtsbarkeit;* **Zent|gräfin,** die: w. Form zu ↑Zentgraf; **Zen|ti|fo|lie,** die [eigtl. = die Hundertblättrige]: *Rose mit beiderseits behaarten Blättern u. gefüllten roten od. weißen Blüten;* **Zen|ti|grad** [auch: '- - -], der: *hundertstel Grad;* **Zen|ti|gramm** [auch: '- - -], das: *hundertstel Gramm;* Zeichen: cg; **Zen|ti|li|ter** [auch: '- - -], der (schweiz. nur so), auch: das: *hundertstel Liter;* Zeichen: cl; **Zen|ti|me|ter** [auch: '- - -], der, auch: das [frz. centimètre]: *hundertstel Meter:* ein Z. weiße (geh.:) weißer Schnur; 20 Z. Stoff reichen für den Einsatz; so stark wie möglich werden und keinen Z. *(nicht das kleinste bißchen)* Gelände preisgeben (Dönhoff, Ära 188); Zeichen: cm; **zen|ti|me|ter|ge|nau** ⟨Adj.⟩: *auf den Zentimeter genau:* die Z. der Vermessung der Räume; ... sein Schiff an die Pier. Zentimetergenau schob er sie (= die „Atlantis") breitseits an die Mauer (Konsalik, Promenadendeck 449); **Zen|ti|me|ter-Gramm-Se|kun|den-Sy|stem,** das ⟨o. Pl.⟩: *CGS-System;* **Zen|ti|me|ter|maß,** das: *Band mit einer Einteilung in Zentimeter [u. Millime-*

ter] zum Messen von Längen; **Zent|ner,** der; -s, - [mhd. zentenære, ahd. centenäri < spätlat. centenarium = Hundertpfundgewicht, zu lat. centenarius = aus hundert bestehend, zu: centum = hundert]: **1.** *Maßeinheit von 50 Kilogramm:* ein Z. kanadischen Weizen/(geh.:) kanadischen Weizens; 2 Z. Weizen genügt/genügen; mit einem Z. kanadischem Weizen; ein Schwein von 3 Zentner[n] Lebendgewicht, von 3 -n; Abk.: Ztr. **2.** (österr., schweiz.) *Maßeinheit von 100 Kilogramm;* Zeichen: q; **Zent|ner|gewicht,** das: **1.** ⟨o. Pl.⟩ *Gewicht von einem od. mehreren Zentnern.* **2.** *Gewicht (2), das einem Zentner entspricht (z. B. bei der Dezimalwaage);* **Zent|ner|last,** die: *zentnerschwere Last:* -en heben; diese Sorge lag ihm wie eine Z. auf der Seele; Ü jmdm. fällt eine Z. vom Herzen, von der Seele *(jmd. fühlt sich sehr erleichtert);* **Zent|ner|sack,** der: *einen Zentner (einer bestimmten Substanz) fassender Sack:* der Zement wird in Zentnersäcken verkauft; **zent|ner|schwer** ⟨Adj.⟩: *mit einem Gewicht von einem od. mehreren Zentnern:* eine -e Last; Ü Am Morgen wachte Kurt de Jongh auf, mit einem Kopf voller Blei und -en Gliedern (Konsalik, Promenadendeck 180); es liegt, lastet jmdm. z. *(sehr schwer)* auf der Seele, auf ...; **zent|ner|wei|se** ⟨Adv.⟩: *in Zentnern [u. damit in großer Menge]:* es wurden z. Akten abtransportiert; ⟨mit Verbalsubstantiven auch attr.:⟩ die z. Vernichtung von überschüssigem Obst.

zen|tral ⟨Adj.⟩ [lat. centralis = in der Mitte befindlich, zu: centrum, ↑Zentrum]: **1. a)** *im Zentrum [gelegen]:* ein -er Ort, Punkt; Superangebot eines Büros in -ster Lage *(genau im Mittelpunkt der Innenstadt gelegen);* Kronen-Zeitung 22. 11. 83, 49); seine Wohnung ist z. gelegen, liegt [sehr] z.; **b)** *das Zentrum, den Mittelpunkt (von, für etw.) bildend:* der -e Fluchtpunkt der Perspektive; Das Innere der Jurte ist mit ... -er Feuerstelle, Kesseln und Kleidungsstücken ausgestattet (Berger, Augenblick 142); Die Berge der -en *(mittleren)* Ost- und Westalpen hat das Urgesteinsbaumaterial geformt (Eidenschink, Fels 82); Auch S. Andrea in Mantua (1470) hat stark -e Tendenz (Archit.; läßt eine starke Tendenz zum Zentralbau erkennen; Bild. Kunst III, 23); **c)** *im Mittelpunkt stehend* u. *alles andere mitbestimmend, für alles andere von entscheidendem Einfluß, von bestimmender Bedeutung:* die -e Figur in diesem Drama; ein -es Thema, Problem, Anliegen; etw. ist von -er Bedeutung; die Bewässerung, eine der -sten *(wichtigsten* u. *deshalb im Mittelpunkt stehenden)* Maßnahmen zur Steigerung der Nahrungsmittelproduktion (NZZ 9. 12. 82, 25). **2.** *von einer übergeordneten, leitenden, steuernden Stelle ausgehend, die Funktion einer solchen Stelle ausübend:* eine -e Lenkung, Planung, Warenversorgung, Verbrechensbekämpfung; die -en Staatsorgane; eine z. geleitete Industrie; Es bleibt z. B. nicht bei einem einfachen Austausch von Daten, die später z. ausgewertet werden (Kosmos 3, 1965, 116); doch würden gefährliche Verkehrssün-

Zentralabitur

der dennoch z. erfaßt (Tages Anzeiger 26. 11. 91, 4); das -e Nervensystem (Med.; *Zentralnervensystem*); **Zen|tral|ab|itur**, das (Schulw.): *zentral durchgeführtes Abitur mit einheitlicher Bewertung;* **Zen|tral|afri|ka**, -s: *mittlerer Teil Afrikas;* **zen|tral|afri|ka|nisch** ⟨Adj.⟩; **Zen|tral|ame|ri|ka**, -s: *festländischer Teil Mittelamerikas;* **zen|tral|ame|ri|ka|nisch** ⟨Adj.⟩; **zen|tral|asia|tisch** ⟨Adj.⟩; **Zen|tral|asi|en**, -s: *Bereich der großen (zumeist zu China u. der Mongolei gehörenden) Hochländer im Innern Asiens;* **Zen|tral|aus|schuß**, der: *zentraler (2) Ausschuß;* **Zen|tral|bank**, die ⟨Pl. -en⟩ (Bankw.): *Notenbank, die zugleich Träger der Währungspolitik des betreffenden Landes ist;* **Zen|tral|bank|rat**, der ⟨o. Pl.⟩: *oberstes Organ der Deutschen Bundesbank, das bes. die Währungs- u. Kreditpolitik bestimmt;* **Zen|tral|bau**, der ⟨Pl. -ten⟩ (Archit.): *Bauwerk mit annähernd gleichen Hauptachsen bzw. mit Teilräumen, die um einen zentralen Raum gleichmäßig angeordnet sind:* Langhausbau und Z. finden gleicherweise Verwendung (Bild. Kunst III, 34); **zen|tral|be|heizt** ⟨Adj.⟩: **1.** *durch eine Zentralheizung beheizt.* **2.** *durch Fernheizung beheizt;* **Zen|tral|be|hör|de**, die: *zentrale (2) Behörde eines Landes;* **Zen|tral|be|we|gung**, die (Physik): *Bewegung eines Körpers unter dem Einfluß einer Zentralkraft;* **Zen|tral|bi|blio|thek**, die: **1.** *(im kommunalen Bibliothekswesen) Hauptbibliothek, die für die Zweig- od. Stadtteilbibliotheken die Erwerbung, Inventarisierung u. Katalogisierung der Bücher übernimmt.* **2.** *zentrale Stelle einer Hochschulbibliothek, die die Anschaffung u. Katalogisierung der Bücher für die Bibliotheken einzelner Fachbereiche durchführt;* **Zen|tra|le**, die; -, -n: **1. a)** *zentrale Stelle, von der aus etw. organisiert, verwaltet, geleitet, gesteuert wird:* die Z. einer Partei, einer Organisation, eines Konzerns, einer Bank; Sie fuhr ... in die Berliner Innenstadt, um die Z. ihres Berufsverbandes aufzusuchen (Rolf Schneider, November 154); die Z. *(Taxizentrale)* wird Ihnen einen Wagen schicken; das Gehirn ist die Z. für das Nervensystem; Ü der Stadtpark wurde zur Z. *(zum Mittelpunkt, Sammelpunkt)* der Aussteiger; **b)** *kurz für* ↑ *Telefonzentrale:* die Z. meldet sich nicht; die Nummer der Z.; jmdn. über die Z. zu erreichen versuchen; sich von der Z. verbinden lassen. **2.** (Geom.) *Gerade, die durch die Mittelpunkte zweier Kreise geht:* die Z. zweier Kreise; **Zen|tral|ein|heit**, die (Datenverarb.): *zentraler Teil eines Datenverarbeitungssystems;* **Zen|tral|eu|ro|pa**; -s: *Mitteleuropa;* **zen|tral|eu|ro|pä|isch** ⟨Adj.⟩; **Zen|tral|fi|gur**, die: *zentrale Figur (5 a, c):* die Z. eines Dramas, in einem politischen Skandal; **Zen|tral|flug|ha|fen**, der: *allen Fluggesellschaften dienender, nach allen Flugrichtungen offener Flughafen;* **zen|tral|ge|heizt** ⟨Adj.⟩: *zentralbeheizt (1);* **Zen|tral|ge|nos|sen|schaft**, die (Wirtsch.): *gemeinsam von vielen Genossenschaften betriebenes wirtschaftliches Unternehmen;* **zen|tral|ge|steu|ert** ⟨Adj.⟩: *zentral (2) gesteuert:* Das Einbinden aller Maschinen in einen -en Fertigungsprozeß wollte man verhindern (FAZ 4. 2. 86, 14); Die -e Polizeiaktion richtete sich vornehmlich gegen weiße Kritiker der Apartheidpolitik (Volk 8. 7. 64, 5); **Zen|tral|ge|stirn**, das (Astron.): *zentrales Gestirn (z. B. die Sonne);* **Zen|tral|ge|walt**, die (Politik): *zentrale (2) Gewalt (bes. in einem Bundesstaat);* **Zen|tral|hei|zung**, die: **1.** *Heizung, bei der die Versorgung der Räume eines Gebäudes mit Wärme zentral von einer Stelle (bes. vom Keller) aus geschieht; Sammelheizung:* das Haus hat, wir haben Z.; die Z. anstellen, abschalten; er war also gezwungen, seine Fotokopien mühsam in einem Marmeladeneimer zu verkohlen, da sein Zimmer an die Z. des Kinos angeschlossen war (Johnson, Ansichten 298). **2.** *Heizkörper der Zentralheizung:* etw. zum Trocknen auf die Z. legen; **Zen|tral|hoch**, das (Met.): *vgl. Zentraltief;* **Zen|tral|li|de**, der u. die; -n, -n ⟨Dekl. ↑ Abgeordnete⟩: *Angehörige[r] einer zum mongoloiden Rassenkreis gehörenden indianischen Rasse;* **Zen|tral|in|sti|tut**, das: *zentrales (2) Institut;* **Zen|tra|li|sa|ti|on**, die; -, -en [frz. centralisation, zu: centraliser, ↑ zentralisieren]: **1.** *das Zentralisieren, Zentralisiertwerden:* die Z. der Verwaltung, der Wirtschaft. **2.** *das Zentralisiertsein:* staatliche, wirtschaftliche Z.; daß im Kriege ... eine stärkere Z. erforderlich ist (Fraenkel, Staat 370); **zen|tra|li|sie|ren** ⟨sw. V.; hat⟩ [frz. centraliser, zu: central = zentral < lat. centralis, ↑ zentral]: **a)** *(durch organisatorische Zusammenfassung) einer zentralen Leitung, Verwaltung u. Gestaltung unterwerfen:* die Wirtschaft, den Staat z.; Selten sei eine Verwaltung stärker zentralisiert ... als die byzantinische (Thieß, Reich 627); **b)** ⟨z. + sich⟩ *zentralisiert werden:* Der Leistungssport muß sich z. (Hamburger Abendblatt 5. 9. 84, 10); **Zen|tra|li|sie|rung**, die; -, -en: *Zentralisation;* **Zen|tra|lis|mus**, der; -: *das Streben nach Konzentration aller Kompetenzen in [Bundes]staat, in Verbänden o. ä.) bei einer zentralen obersten Instanz:* ein bürokratischer, autoritärer, straffer Z.; Politisch ergibt sich daraus ein Kampf gegen jeden staatlichen Z. (Fraenkel, Staat 153); Der Komsomol ist nach dem Prinzip des demokratischen Z. aufgebaut (Leonhard, Revolution 57); **zen|tra|li|stisch** ⟨Adj.⟩: *den Zentralismus betreffend, auf ihm beruhend, zu ihm gehörend, ihm eigentümlich:* ein -er Staat; -e Strukturen, Tendenzen; Einzelne Formulierungen des Initiativetextes hätten eine deutlich -e Stoßrichtung (NZZ 2. 2. 83, 18); eine z. organisierte Wirtschaft; **Zen|tra|li|tät**, die; - (Fachspr.): *das Zentralsein; zentrale Beschaffenheit:* Das Papier nennt auch Vorschläge für die Ausstattung solcher Orte verschiedener Z. im kulturellen Sektor (MM 2. 2. 74, 13); **Zen|tral|ka|ta|log**, der (Buchw.): *zentraler Katalog, in dem die Bestände mehrerer Bibliotheken erfaßt sind;* **Zen|tral|ko|mi|tee**, das: *Führungsgremium (bes. einer kommunistischen Partei):* das Z. der KPdSU; *Abk.:* ZK; **Zen|tral|kör|per|chen**, das; -s, - (Biol.): *paarig ausgebildetes Körperchen, Organell im Zytoplasma tierischer Zellen, von dem die Kernteilung ausgeht;* **Zen|tral|kraft**, die (Physik): *zentrale, auf ein festes Zentrum gerichtete od. von diesem weg gerichtete Kraft;* **Zen|tral|ner|ven|sy|stem**, das (Med., Zool.): *übergeordneter Teil des Nervensystems, das gebildet ist durch Zusammenballung von Nervenzellen des Gehirns u. des Rückenmarks;* **zen|tral|ner|vös** ⟨Adj.⟩ (bes. Med.): *das Zentralnervensystem betreffend, zu ihm gehörend, dadurch erfolgend:* -e Vorgänge, Automatismen; **Zen|tral|or|gan**, das: *offizielles Presseorgan einer politischen Partei od. einer anderen Organisation:* Das Z. der chinesischen Kommunisten, die Pekinger „Volkszeitung" (Welt 7. 11. 64, 5); Ü daß die „Stern" seine Rolle als Z. des Sozialliberalismus nicht weiter spielen konnte (Szene 6, 1983, 13); **Zen|tral|per|spek|ti|ve**, die (Fachspr.): *Perspektive als ebene bildliche Darstellung räumlicher Verhältnisse mit Hilfe einer Zentralprojektion;* **zen|tral|per|spek|ti|visch** ⟨Adj.⟩ (Fachspr.): *die Zentralperspektive betreffend, sich ihrer bedienend;* **Zen|tral|pro|blem**, das (bildungsspr.): *zentrales Problem;* **Zen|tral|pro|jek|ti|on**, die (Fachspr.): *Projektion (2, 3), bei der die Projektionsstrahlen (2) durch ein Zentrum gehen;* **Zen|tral|rat**, der: *Spitzengremium (in Namen von Verbänden):* der Z. der Juden in Deutschland; der Z. Deutscher Sinti und Roma; eine mehrstündige Sitzung des -s der Gewerkschaften (Basler Zeitung 27. 8. 80, 1); **Zen|tral|raum**, der: **1.** (Archit.) *vgl. Zentralbau:* in der Kunst des Ostens ... findet sich häufig der meditative Z. (Bild. Kunst III, 92). **2.** (österr.) *zentraler Raum (6 a),* Ballungsraum: die Forcierung von Verkehrsverbundsystemen für Zentralräume (Wochenpresse 5. 6. 84, 15); Diese Atomfabrik soll nur hundert Kilometer vom oberösterreichischen Z. errichtet werden (Oberösterr. Nachrichten 10. 3. 87, 7); **Zen|tral|rech|ner**, der (Datenverarb.): *vgl. Zentraleinheit;* **Zen|tral|re|gie|rung**, die: *vgl. Zentralgewalt;* **Zen|tral|re|gi|ster**, das: *zentrales (2) Register:* ... von Verkehrssündern ..., die ... in das Z. in Flensburg eingetragen werden (Welt 2. 12. 61, 8); **Zen|tral|schaf|fe**, die (Jugendspr. veraltend): *außerordentlich eindrucksvolle Sache;* **Zen|tral|schu|le**, die: *Mittelpunktschule;* **Zen|tral|se|kun|den|zei|ger**, der (Uhrmacherei): *zentraler Sekundenzeiger;* **Zen|tral|stel|le**, die: *zentrale Stelle; Zentrale;* **Zen|tral|the|ma**, das (bildungsspr.): *zentrales Thema;* **Zen|tral|tief**, das (Met.): *Tief (1), das seine geographische Lage nur wenig ändert u. eine große räumliche Ausdehnung besitzt;* **Zen|tral|uhr|an|la|ge**, die: *Anlage, die aus einer Normaluhr (1) u. einem angeschlossenen System zentralgesteuerter Uhren besteht;* **Zen|tral|ver|band**, der: *Spitzen-, Dachverband;* **Zen|tral|ver|mitt|lungs|stel|le**, die (Fernspr.): *zentrale Vermittlungsstelle im Fernsprechnetz; Abk.:* ZVSt; **Zen|tral|ver|rie|ge|lung**, die (Kfz-T.): *Einrichtung aller Türen eines Autos durch einfaches Betätigen nur eines Schlosses;* **Zen|tral|ver|schluß**, der (Fot.): *Kameraverschluß, der sich von der Mitte her öffnet;* **Zen|tral-**

ver|wal|tung, die: *zentrale* (2) *Verwaltung;* Zen|tral|ver|wal|tungs|wirt|schaft, die: *Planwirtschaft;* Zen|tral|wert, der (Statistik): *der mittlere in einer Reihe von statistischen Werten, die nach der Größe geordnet sind; Medianwert;* Zen|tral|zy|lin|der, der (Bot.): *innerer Teil der Sproßachse u. der Wurzel;* zen|trie|ren ⟨sw. V.; hat⟩: 1. (bildungsspr.) a) *um einen Mittelpunkt herum anordnen:* etw. um etw. z.; Ü *Zerstörung einer hierarchisch und patriarchalisch zentrierten (ausgerichteten) Kultur* (Spiegel 33, 1993, 180); b) ⟨z. + sich⟩ *um einen Mittelpunkt angeordnet, darauf ausgerichtet sein, werden:* Ü *... zentriert sich der friedensbewegte Patriotismus um Vokabeln wie Nationalgefühl* (Pohrt, Endstation 123). 2. (Technik) *auf das Zentrum, den Mittelpunkt einstellen, ausrichten:* 15 Prozent der Speichen sind ... Ausschuß. Das stelle ich aber erst fest, wenn ich das Rad montiert habe und es z. muß (Freie Presse 14. 10. 89, 3); **-zentriert:** *drückt in Bildungen mit Substantiven – seltener mit Wörtern anderer Wortart – aus, daß die beschriebene Person oder Sache ganz speziell auf jmdn., etw. ausgerichtet ist, daß jmd. oder etw. im Mittelpunkt steht:* gewalt-, ich-, patientenzentriert; Zen|trie|rung, die; -, -en: *das Zentrieren, Sichzentrieren;* Zen|trier|vor|rich|tung, die (Technik): *Vorrichtung, mit der etw. zentriert* (2) *werden kann;* zen|tri|fu|gal ⟨Adj.⟩ [zu ↑Zentrum u. lat. fugere = fliehen, meiden]: 1. (Physik) *auf der Wirkung der Zentrifugalkraft beruhend:* eine -e Bewegung; Ü *... die zentrale Staatsmacht zu festigen, also den Einfluß der* (bildungsspr.; *gegen die Zentralgewalt gerichteten*) *Kräfte – der Stammesführer – zurückzudrängen* (horizont 12, 1977, 20). 2. (Biol., Med.) *vom Zentrum zur Peripherie verlaufend* (z. B. *von den motorischen Nerven*): ein „Reflexbogen" ..., der aus einer zentripetalen und einer -en Leitung besteht (Lorenz, Verhalten I, 330); Zen|tri|fu|gal|kraft, die (Physik): *bei Drehbewegungen auftretende, nach außen (vom Mittelpunkt weg) gerichtete Kraft; Fliehkraft; Schwungkraft:* Ü *Das Dilemma der ... Kongreßpartei liegt darin, daß sie der derzeit einzige Alternative zu den ins Kraut schießenden Zentrifugalkräften* (bildungsspr.; *dem Zentralismus entgegenwirkenden Kräften*) *ist* (NZZ 30. 8. 86, 5); Zen|tri|fu|gal|pum|pe, die (Technik): *Kreiselpumpe, bei der die Strömung von innen nach außen gerichtet ist;* Zen|tri|fu|ge, die; -, -n [frz. centrifuge; vgl. zentrifugal]: *Gerät zur Trennung von Gemischen durch Ausnutzung der bei Drehbewegungen auftretenden Zentrifugalkraft:* Butter in der Z. erzeugen; ... gelangt der Brei in mehrstufige -n, die Öl, Fruchtwasser und Feststoffe separat ausschludern (natur 8, 1991, 67); zen|tri|fu|gie|ren ⟨sw. V.; hat⟩ (Fachspr.): *(bes. ein Gemisch, um es zu trennen) in einer Zentrifuge rotieren lassen:* Blut, Milch z.; ⟨subst.:⟩ ... wurde ein Teil der Keime durch Zentrifugieren ... während 4 Stunden einer künstlichen Schwerkraft von 0,3 G unterworfen (NZZ 26. 2. 86, 51); Zen|tri|fu|gie|rung, die; -, -en (Fachspr.):

das Zentrifugieren; Zen|tri|ol, das; -s, -e [nlat. Vkl., zu ↑Zentrum] (Biol.): *Zentralkörperchen;* zen|tri|pe|tal ⟨Adj.⟩ [zu ↑Zentrum u. lat. petere = nach etw. streben]: 1. (Physik) *auf der Wirkung der Zentripetalkraft beruhend.* 2. (Biol.) *von der Peripherie zum Zentrum verlaufend* (z. B. *von den sensiblen Nerven*): ein „Reflexbogen" ..., der aus einer -en und einer zentrifugalen Leitung besteht (Lorenz, Verhalten I, 330); Zen|tri|pe|tal|kraft, die (Physik): *bei Drehbewegungen auftretende, zum Mittelpunkt der Bewegung hin gerichtete Kraft;* zen|trisch ⟨Adj.⟩ [zu ↑Zentrum] (Fachspr.): 1. *einen Mittelpunkt besitzend; auf einen Mittelpunkt bezogen.* 2. *im Mittelpunkt [befindlich], durch den Mittelpunkt [gehend]:* z. verlaufen; Zen|tris|mus, der; - (kommunist. abwertend): *vermittelnde linkssozialistische Richtung innerhalb der Arbeiterbewegung;* Zen|trist, der; -en, -en (kommunist. abwertend): *Anhänger des Zentrismus;* Zen|tri|stin, die; -, -nen (kommunist. abwertend): w. Form zu ↑Zentrist; zen|tri|stisch ⟨Adj.⟩ (kommunist. abwertend): *den Zentrismus betreffend, zu ihm gehörend;* Zen|tri|win|kel, der; -s, - (Geom.): *von zwei Radien eines Kreises gebildeter Winkel (dessen Scheitel der Kreismittelpunkt ist);* zen|trol|le|zi|thal ⟨Adj.⟩ [zu griech. lékithos = Eigelb] (Biol.): *(von Eiern) einen zentral gelegenen, von Zellplasma umschlossenen Dotter aufweisend;* Zen|tro|mer, das; -s, -e [zu griech. méros = (An)teil] (Biol.): *Ansatzstelle der bei der Kernteilung sich ausbildenden Spindelfasern am Chromosom;* Zen|tro|som, das; -s, -e, Zen|tro|so|ma, das; -s, ...men [zu griech. sōma = Körper] (Biol.): *Zentralkörperchen;* zen|tro|ver|tiert ⟨Adj.; -er, -este⟩ [zu lat. vertere, ↑Vers] (Psych.): *selbstbezogen;* Zen|trum, das; -s, ...tren [mhd. zenter < lat. centrum = Mittelpunkt < griech. kéntron, eigtl. = Stachel(stab); ruhender Zirkelschenkel, zu: kenteīn (= ein)stechen; 4: nach den Plätzen der Partei in der Mitte des Sitzungssaales im Parlament]: 1. *Mittelpunkt, Mitte:* das Z. eines Kreises, einer Kugel; wo liegt das Z. des Erdbebens?; das Z. (Zool., Med.) *der innere, mittlere Bezirk*) *eines Organs;* Jeder Seiende, der nach oben in den Himmel sieht, fühlt sich als das Z. des Universums (Strauß, Niemand 138); der Bergfried ..., ein turmartiger Bau, meist im Z. der Anlage (Bild. Kunst III, 41); wir waren, ... im Z. des Gewitters, wo Blitz auf Blitz folgte (Eidenschink, Fels 100); im Z. (*Stadtzentrum*) wohnen; Ü etw. steht im Z. des öffentlichen Interesses, der Diskussion; ... stehen Verfahren zur Rückgewinnung von Wertstoffen ... und die maximale Nutzung von Sekundärrohstoffen im Z. der Arbeit (Freie Presse 15. 2. 89, 5). 2. a) *zentrale Stelle, der Ausgangs- u. Zielpunkt ist; Bereich, der in bestimmter Beziehung eine Konzentration aufweist u. daher von erstrangiger Bedeutung ist:* das industrielle Z. des Landes; ein bedeutendes wirtschaftliches, kulturelles, geistiges Z.; die Zentren der Macht; In Deutschland ist besonders das Rheinland Z. der romanischen Architektur (Bild. Kunst III, 19);

Die Küche wird so zum Z. vieler Aktivitäten (Wohnfibel 10); Die freiwillige Anerkennung der Autorität eines -s (*einer Zentralgewalt*) durch die herrschenden Parteien souveräner Staaten (Fraenkel, Staat 54); b) *einem bestimmten Zweck dienende zentrale Einrichtung; Anlage, wo bestimmte Einrichtungen (für jmdn., etw.) konzentriert sind:* ein Z. für die Jugend; Der Klubrat legt seine Gedanken für den Jahresplan dar: Exkursion mit der Filmkamera, Ausbau eines technischen -s ... (Wochenpost 6. 6. 64, 8); Honeywell eröffnet europäisches Z. für Gebäudeautomation (CCI 4, 1978, 80). 3. (Anat., Physiol.) *Nervenzentrum:* daß der Gesamtrhythmus durch automatische Zentren im Rückenmark gesteuert wird (Wieser, Organismen 135). 4. ⟨o. Pl.⟩ *Partei des politischen Katholizismus im Bismarckreich u. in der Weimarer Republik.* 5. (Schach) *Mittelfeld des Schachbretts;* zen|trums|nah ⟨Adj.⟩: *nah am Zentrum bes. einer Stadt gelegen:* eine -e Wohnung; ein Haus in ruhiger und doch -er Lage; z. gelegen sein; Zen|trums|nä|he, die: *Nähe zum Zentrum bes. einer Stadt:* ein Haus in Z.; In Z. ließ er Georg aussteigen (Fels, Unding 301).

Zen|tu|rie, die; -, -n [lat. centuria, zu: centum = hundert]: *militärische Einheit von hundert Mann im altrömischen Heer;* Zen|tu|rio, der; -s, ...onen [lat. centurio, zu: centuria, ↑Zenturie]: *Befehlshaber einer Zenturie;* Zen|tu|ri|um, das; -s [zu lat. centum = hundert, nach der Ordnungszahl des Elements] (veraltet): *Fermium;* Zeichen: Ct

Ze|o|lith [auch: ...'lɪt], der; -s u. -en, -e[n] [zu griech. zeīn = kochen, wallen u. ↑-lith]: *dem Feldspat ähnliches Mineral, das für die Enthärtung von Wasser verwendet wird.*

Ze|phal|hä|ma|tom, das; -s, -e [zu griech. kephalē = Kopf u. ↑Hämatom] (Med.): *bei der Geburt entstandener Bluterguß am Kopf eines Neugeborenen;* Ze|pha|lo|me|trie, die; - [↑-metrie] (Med., Anthrop.): *Bestimmung von Umfang u. Durchmesser des Schädels;* ze|pha|lo|me|trisch ⟨Adj.⟩ (Med., Anthrop.): *die Zephalometrie betreffend, auf ihr beruhend, zu ihr gehörend;* Ze|pha|lo|po|de, der; -n, -n ⟨meist Pl.⟩ [zu griech. -podós (Gen.: podós) = Fuß] (Zool.): *Kopffüßer;* Ze|pha|lo|spo|rin, das; -s, -e ⟨meist Pl.⟩ [zu ↑Spore (1); das Antibiotikum wird aus bestimmten Pilzen gewonnen] (Med.): *dem Penizillin ähnliches Antibiotikum.*

Ze|phir, Zephyr, der; -s, -e [lat. zephyrus < griech. zéphyros]: 1. ⟨o. Pl.⟩ (dichter. veraltet) *milder Wind.* 2. *meist farbig gestreiftes Baumwollgewebe;* Ze|phir|garn, das: *weiches, schwach gedrehtes Kammgarn* (1) *aus feiner Wolle;* ze|phi|risch ⟨Adj.⟩ (dichter. veraltet): (*vom Wind*) *sanft, säuselnd:* ein -er Windhauch; Ze|phir|wol|le, die: *Zephirgarn;* Ze|phyr usw.: ↑Zephir usw.

Zep|pe|lin, der; -s, -e [nach dem Konstrukteur F. Graf von Zeppelin (1838–1917)]: *Luftschiff mit einem starren inneren Gerüst aus Leichtmetall u. einer [textilen] Außenhaut;* Zep|pe|lin|luft|schiff, das: *Zeppelin.*

Zep|ter, das, auch: der; -s, - [mhd. cepter < lat. sceptrum < griech. skēptron = Stab, Zepter, Stütze, zu: skēptein = stützen]: *mit besonderen Verzierungen ausgeschmückter Stab als Zeichen der Würde u. Macht eines Herrschers:* das Z. des Kaisers, Königs; Ü Der ... Präsident möchte, ehe er das politische Z. an einen Nachfolger übergibt, sein Land wieder in guter ökonomischer Verfassung sehen (NZZ 26. 10. 86, 4); Danach übernahm unsere Elf das Z. *(die dominierende Rolle;* Werftstimme 8, 1985, 7); Unter ihrem (= der Forscher) wohltätigen und unsichtbaren Z. blüht der Handel der Welt (Bamm, Weltlaterne 121); * *das/* auch: *den Z.* **führen/schwingen** (scherzh.; *die Führung haben, die Herrschaft ausüben).*
Zer: ↑ Cer.
zer- [mhd. zer-, ahd. zar-, zur-, wohl Verquickung von ahd. zi-, ze- = entzwei, auseinander (wahrsch. zu ↑zwei) u. ir-, ↑er-]: **1.** drückt in Bildungen mit Substantiven – seltener mit Adjektiven – und einer Endung aus, daß eine Sache in. oder zu etw. wird: zerfasern, zerkleinern, zerkrümeln. **2.** drückt in Bildungen mit Substantiven und einer Endung oder mit Verben aus, daß eine Sache durch etw., mit Hilfe von etw. aufgelöst, beschädigt, zerstört wird: zerbeulen, zerbomben, zersägen. **3.** drückt in Bildungen mit Verben aus, daß eine Sache, die erfolgversprechend o. ä. ist, durch etw. verhindert, zunichte gemacht wird: zerdenken, zerfiedeln, zerklatschen.
Ze|ra|pha|nie, Zerophanie, die; -, -n ⟨meist Pl.⟩ [zu lat. cera = Wachs u. griech. phaínein = ans Licht bringen, erscheinen lassen]: *durchscheinendes Bild, das aus einer auf Glasscheiben aufgetragenen Wachsschicht mit Griffeln so herausgearbeitet wird, daß helle u. dunkle Effekte entstehen.*
◆ **zer|ar|bei|ten** ⟨sw. V.; hat⟩ [eigtl. = (vom Gesicht, von den Händen) durch Arbeiten entstellen]: **1.** ⟨z. + sich⟩ *sich abarbeiten, sich abmühen:* Sogleich nimmt er die Stellung eines Violinspielers ein ... Er tritt den Takt, zerarbeitet sich mit dem Kopf, den Füßen, den Händen, den Armen, dem Körper, wie ihr manchmal ... einen andern Virtuosen in solchen Zuckungen gesehen habt (Goethe, Rameau's Neffe, Weimarer Ausgabe 45, 36, 5 ff. I). **2.** *quälen, (mit Gedanken, Sorgen o. ä.) beunruhigen:* Während ich so meinen Kopf zerarbeitete ... (C. F. Meyer, Amulett 65).
Ze|rat, das; -[e]s, -e [zu lat. cera = Wachs]: *als Salbengrundlage dienendes, wasserfreies Wachs-Fett-Gemisch.*
Zer|be: ↑ Zirbe.
zer|bei|ßen ⟨st. V.; hat⟩: **1.** *beißend zerkleinern:* eine Nuß, ein Bonbon, die Kerne der Trauben z. **2.** *durch Bisse, Stiche (von Insekten) o. ä. verletzen:* Flöhe hatten ihn zerbissen.
zer|ber|sten ⟨st. V.; ist⟩: *berstend auf- od. auseinanderbrechen:* das Flugzeug, der Tank zerbarst; Mauern und Säulen zerbarsten; Ab und zu zerbarst eine Flasche mit dumpfem Knall. Dann regnete es Splitter (Kempowski, Tadellöser 18);

sein Kopf schien ihm vor Schmerzen zu z.; die zerrissene, zerborstene, braune Erde (Remarque, Westen 86); Ü er zerbarst fast vor Wut; Schulz schien vor Gelächter schier zu z. (Kirst, 08/15, 369).
Zer|be|rus, der; -, -se [lat. Cerberus < griech. Kérberos = Name des Hundes, der nach der griech. Mythologie den Eingang der Unterwelt bewacht] (scherzh.): **1.** *Hund, der [den Zugang zu] etw. bewacht.* **2.** *Pförtner, Türhüter o. ä., der streng od. unfreundlich ist:* Aber eine Stunde vor Beginn sperrten die -se die Tür nicht etwa auf, sondern erst einmal wieder zu (Spiegel 45, 1977, 268).
zer|beu|len ⟨sw. V.; hat⟩ (seltener): *verbeulen:* Zerbeultes Blechgeschirr (Sobota, Minus-Mann 74).
zer|blät|tern ⟨sw. V.; ist⟩ (selten): *in einzelne Blätter zerfallen:* die Rose zerblätterte.
zer|bom|ben ⟨sw. V.; hat⟩: *durch Bomben zerstören:* Industrieanlagen z.; zerbombte Häuser, Städte; niemand wußte genau, wo die Straße war, da sie bis zur Unkenntlichkeit zerbombt und irgendwo in den Trümmerfeldern begraben lag (Hilsenrath, Nacht 76); der Flughafen war total zerbombt.
zer|bre|chen ⟨st. V.⟩ [mhd. zerbrechen, ahd. zibrehhan]: **1.** *[splitternd] entzweigehen, entzweibrechen* (b) ⟨ist⟩: das Glas, der Teller fiel auf die Erde und zerbrach; der Havarist zerbrach in zwei Teile; der Stuhl lag zerbrochen in einer Ecke; zerbrochenes Spielzeug, Porzellan, Geschirr; Ü So zerbricht die junge Liebe (Mehnert, Sowjetmensch 94); eine zerbrochene Ehe; das Bündnis, die Koalition ist endgültig zerbrochen; Jetzt erst zerbricht die Totenstille (Werfel, Bernadette 459); sie ist an ihrem Kummer zerbrochen (geh.; *ist daran seelisch zugrunde gegangen).* **2.** *etw. entzweibrechen* (a) ⟨hat⟩: er hat die Tasse, das Spielzeug zerbrochen; voller Wut zerbrach er den Stock; Ü eine Staatsmaschine ..., wie sie Marx in der Revolution z. wollte (Bahro, Alternative 36); Die türkischen Herren hatten den Stadtvorstehern ... jeglichen Willen zum Kampf um Unabhängigkeit zerbrochen (Konzelmann, Allah 211); **zer|brech|lich** ⟨Adj.⟩: **1.** *leicht zerbrechend:* -es Geschirr; zart und z. sind sie (= die Kelche) wie Eierschalen (Waggerl, Brot 147). **2.** (geh.) *von sehr zarter, schmächtiger Gestalt, Figur:* ein -es Persönchen; sie ist, wirkt sehr z.; Ein edles Tier, nicht groß, von zierlichem Bau und z. scheinenden Fesseln, ein Schimmel ... (Gaiser, Schlußball 64); **Zer|brech|lich|keit,** die; -. **1.** *das Zerbrechlichsein* (1). **2.** (geh.) *körperliche Zartheit:* ... eine ... Dame, deren Schönheit und Z. mir vollkommen vor Augen stehen (Gregor-Dellin, Traumbuch 143).
zer|bröckeln[1] ⟨sw. V.⟩: **1.** *sich in kleine Stückchen, Bröckchen auflösen, bröckelnd zerfallen* ⟨ist⟩: die Mauer, das Gestein ist nach und nach zerbröckelt; Ü Die Deutsche Demokratische Republik befindet sich im Übergang zu Neuem ... Alte Strukturen zerbröckeln (geh.; *lösen sich auf, vergehen;* Freie Presse 30. 12. 89, 3); die Fähigkeit ..., das zerbröckelnde

(geh.; *zerfallende)* Reich zu schützen (Thieß, Reich 358). **2.** *etw. mit den Fingern bröckelnd, zu Bröckeln zerkleinern* ⟨hat⟩: Brot z.; **Zer|brö|cke|lung**[1], **Zer|bröck|lung,** die; -: *das Zerbröckeln.*
zer|brö|seln ⟨sw. V.⟩: **1.** *sich in Brösel auflösen, zu Bröseln zerfallen* ⟨ist⟩: die Kekse zerbröseln leicht; Ü während die riesige Stadt langsam unter Air-Force-Bomben zerbröselte (Lentz, Muckefuck 235); Also erzählte die Äbtissin ihren ... Nonnen ..., was es Leben ist und wie rasch es zerbröselt (Grass, Butt 248). **2.** *zu Bröseln zerreiben* ⟨hat⟩: Brot z.; getrocknete Kräuter, ein zwischen den Fingern zerbröselte (Böll, Haus 108); Ü Die hätten den Herrn Georg von Waldburg doch einfach z. (salopp; *völlig aufreiben* 3) können (M. Walser, Seelenarbeit 194); Meine Freunde denken sonst noch, mich hat's zerbröselt (ugs. scherzh.; *ich habe aufgehört zu existieren;* M. L. Fischer, Kein Vogel 131).
zer|chen ⟨sw. V.; hat⟩ (westmd.): zergen.
zer|deh|nen ⟨sw. V.; hat⟩ [mhd. zerdenen, ahd. zíden(n)en] (selten): **1. a)** *übermäßig dehnen* (1 a) *u. dadurch aus seiner Form bringen):* ein Gewebe z.; **b)** ⟨z. + sich⟩ *sich im Übermaß dehnen* (2 a) *(u. dadurch seine Form verlieren):* Rauchwolken zerdehnen sich langsam in der Luft. **2.** *übermäßig dehnen* (3 a), *in die Länge ziehen:* Die Vokale konnte auch er z., nicht nur Dora Martin brachte dies fertig (K. Mann, Mephisto 52); die Stripteasetänzerin ... zerdehnte ihre Show ins Unendliche (Reitz, Zweite Heimat 146).
zer|dep|pern, zerteppern ⟨sw. V.; hat⟩ [mundartl. döppe = Topf, eigtl. = wie Töpfe zerschlagen] (ugs.): *[mutwillig]* [1]*zerschlagen* (1 a): Fensterscheiben z.; ... harte, unerschrockene ... Burschen: Für eine Beleidigung wird eine Bar im Handumdrehen zerdeppert (Zeit 8. 5. 64, 16); Aber ich kann es mir nicht leisten, daß sie mir Nacht für Nacht mein Porzellan zerteppern (Erné, Fahrgäste 212); zerdeppertes Geschirr.
zer|dre|schen ⟨st. V.; hat⟩ (ugs.): *mutwillig, mit Gewalt* [1]*zerschlagen* (1 c): Das Wespennest zerdrosch und zertrat ich (Molo, Frieden 112); ◆ indessen andere auf ihn wacker losschlugen und ihn im Finstern so zerdraschen (Goethe, Lehrjahre III, 9).
zer|drücken[1] ⟨sw. V.; hat⟩: **1. a)** *unter Anwendung von Druck zerkleinern, in eine breiige Masse verwandeln:* die Kartoffeln [mit der Gabel] z.; sie fütterte das Kind mit einer zerdrückten Banane; **b)** *zusammendrücken, unter Anwendung von Druck zerstören:* die Zigarette im Aschenbecher z.; er zerdrückte die Fliege zwischen den Fingern, in der Hand; Ü bei der Feierlichkeit zerdrückte sie ein paar Tränen (*weinte sie ein wenig vor Rührung).* **2.** (ugs.) *zerknittern, zerknautschen, durch Druck aus der Form bringen:* das Kleid, die Bluse z.; Die Frau mit ihrer vom Schlaf zerdrückten Frisur gähnte (Strauß, Niemand 84).
Ze|re|alie, die; -, -n ⟨meist Pl.⟩ [lat. cerealia, zu: Cerealis = zu Ceres (römische Göttin des Getreidebaus) gehörig] (selten): *Getreide, Feldfrucht:* Die Umstel-

lung auf eine vorwiegend auf -n basierte Kost (NZZ 2. 2. 83, 43).

ze|re|bel|lar ⟨Adj.⟩ (Anat.): *das Zerebellum betreffend;* **Ze|re|bel|lum,** (med. Fachspr.:) Cerebellum, das; -s, ...bella [lat. cerebellum, Vkl. von: cerebrum = Gehirn] (Anat.): *Kleinhirn;* **ze|re|bral** ⟨Adj.⟩: **1.** (Fachspr., bes. Med.) *das Großhirn betreffend, zum Großhirn gehörend, von ihm ausgehend.* **2.** (Sprachw.) *(von Lauten) mit der zurückgebogenen Zungenspitze am Gaumen gebildet.* **3.** (bildungsspr. selten) *intellektuell, geistig;* **Ze|re|bral,** der; -s, -e [zu lat. cerebrum (↑ Zerebellum) in der Bed. „Spitze, oberes Ende"] (Sprachw.): *mit der zurückgebogenen Zungenspitze am Gaumen gebildeter Laut;* **Ze|re|bra|li|sa|ti|on,** die; -: **1.** (Med.) *Ausbildung u. Differenzierung des Gehirns beim Embryo u. Fetus.* **2.** (Anthrop.) *Entwicklung des Groß- u. Kleinhirns im Verlauf der Evolution des Menschen;* **Ze|re|bra|li|sie|rung,** die; -, -en (Sprachw.): *Artikulation eines Verschlußlautes als Zerebral;* **Ze|re|bral|laut,** der: *Zerebral;* **Ze|re|bral|pa|re|se,** die (Med.): *durch einen vor, während od. nach der Geburt erlittenen Hirnschaden verursachte Bewegungsstörung; zerebrale Kinderlähmung;* **Ze|re|bral|skle|ro|se,** die (Med.): *Verhärtung der Gehirnsubstanz;* **Ze|re|bro|sid,** das; -[e]s, -e (Med.): *stickstoffhaltiger, zu den Lipoiden gehörender Stoff im Gehirn, in Milz, Leber, Niere u. Blutzellen;* **ze|re|bro|spi|nal** ⟨Adj.⟩ (Med.): *Gehirn u. Rückenmark betreffend, dazu gehörend;* **Ze|re|bro|to|nie,** die; - [zu ↑ Tonus] (Psych.): *zum ektomorphen Menschentyp gehörende Temperament, das sich durch Zurückhaltung, Gehemmtheit, Überempfindlichkeit u. Unfähigkeit zu wirklicher Entspannung auszeichnet;* **Ze|re|brum,** das; -s, ...bra [lat. cerebrum] (Anat.): *Großhirn, Gehirn.*

Zer|ei|sen, das; -s (Chemie): *Legierung aus Cer, Lanthan u. Eisen (aus der z. B. Feuersteine bestehen).*

Ze|re|mo|ni|a|le, das; -, ...lien u. ...lia [zu ↑ Zeremonie] (kath. Kirche): *liturgisches Buch mit den Texten, Vorschriften u. Regeln der kirchlichen Zeremonien;* **Ze|re|mo|ni|al|ge|setz,** das; -es: *in der Thora enthaltene (v. a. rituelle) Vorschriften;* **Ze|re|mo|ni|ar,** der; -s, -e [zu ↑ Zeremonie] (kath. Kirche): *Geistlicher, der für die Liturgie vorbereitet u. leitet;* **Ze|re|mo|nie** [auch, österr. nur: ...'mo:niə], die; -, -n [unter Einfluß von frz. cérémonie < mlat. ceremonia, cerimonia < lat. caerimonia = religiöse Handlung, Feierlichkeit]: *in bestimmten festen Formen bzw. nach einem Ritus ablaufende feierliche Handlung:* eine kirchliche, feierliche, prunkvolle, kleine Z.; die Z. der Taufe, der Amtseinführung; eine Z. vollziehen; Naso ... schritt nach den Regeln der Z. die Stufen zur Aschenbahn hinab (Ransmayr, Welt 65); Ü als die Z. (scherzh.; *das Ritual* 2) des Zähneputzens zu Ende war (Baum, Paris 24); dieses Honigtranchieren war die wichtigste Z. (*das wichtigste Ritual* 2) des Sonntagmorgens (Borchert, Geranien 86); **ze|re|mo|ni|ell** ⟨Adj.⟩ [frz. cérémonial < spätlat. caeri-

monialis = zur Gottesverehrung gehörig; feierlich, zu lat. caeremonia, ↑ Zeremonie] (bildungsspr.): *mit einer förmlichen, steifen Feierlichkeit ablaufend:* ein -er Empfang; ... beschränken sich die Funktionen des Königs und der Sultane weitgehend auf -e Aufgaben (NZZ 23. 12. 83, 5); bei Staatsempfängen geht es sehr z. zu; z. grüßen, sich verneigen; Ü Ted Boernes setzte, nahezu z. (scherzh.; rituell 2), seine Brille wieder auf (Kirst, 08/15, 754); **Ze|re|mo|ni|ell,** das; -s, -e [frz. cérémonial] (bildungsspr.): *(Gesamtheit der) Regeln u. Verhaltensweisen, Formen, die zu bestimmten feierlichen Handlungen im gesellschaftlichen Verkehr notwendig gehören:* ein feierliches, militärisches, höfisches Z.; Die Friedhofskirche ... dient dem Z. der kirchlichen Begräbnisses (Bild. Kunst III, 39); Gäste des festlichen -s ... waren die Mitglieder des Politbüros (Freie Presse 23. 11. 87, 1); der Empfang erfolgt nach einem strengen Z.; Seine sterblichen Reste wurden ... ohne jedes Z. auf einem städtischen Friedhof beigesetzt (Rolf Schneider, November 89); Ü Das Frühstück ging vor sich mit dem üblichen Z. (scherzh.; *Ritual* 2; Baum, Paris 158); **Ze|re|mo|ni|en|meister,** der: *für das Hofzeremoniell verantwortlicher Beamter an einem Hof;* **Ze|re|mo|ni|en|meis|te|rin,** die; w. Form zu ↑ Zeremonienmeister: Ü Linda de Mol, die holländische Z. (scherzh.; *Präsentatorin der Show*) lächelt dazu wie der Frau Antje (Spiegel 34, 1992, 216); **ze|re|mo|ni|ös** ⟨Adj.⟩; -er, -este) [frz. cérémonieux, zu: cérémonie < lat. caerimonia, ↑ Zeremonie] (bildungsspr.): *steif, förmlich, gemessen, feierlich:* seit jenem -en Abschied de Gaulles von den Weiten der Taiga im Juli 1966 (Scholl-Latour, Frankreich 335); er war z. (die letzten Handgriffe am angerichteten Teetisch vornehmen (v. Rezzori, Blumen 63).

Ze|re|sin, das; -s [zu lat. cera = Wachs] (Chemie): *gebleichtes Erdwachs aus hochmolekularen Kohlenwasserstoffen.*

Ze|re|vis, das; -, - [**1**: übertr. von (2), das Käppchen wurde bes. bei der Kneipe (2 a) getragen; **2**: lat. cerevisia = ein bierähnliches Getränk]: **1.** *gold- od. silberbesticktes rundes Käppchen der Verbindungsstudenten.* **2.** (Studentenspr. veraltet) *Bier.*

¹zer|fah|ren ⟨st. V.; hat⟩ /vgl. ²zerfahren/ [**1**: mhd. zervarn, ahd. zu-, zifaran = zerfallen]: **1.** *durch vieles Befahren völlig ausfahren* (7), *beschädigen, zerstören, verwüsten:* Zahlreiche Spaziergänger hatten sich über den zerfahrenen und matschigen Weg geärgert (Kieler Nachrichten 13. 8. 87, 23); das Gelände war von Panzern zerfahren. **2.** (selten) *durch Darüberfahren zerquetschen, zermalmen, töten:* von Autos zerfahrene Tiere; **²zer|fah|ren** ⟨Adj.⟩: *nervös u. unkonzentriert:* er macht einen -en Eindruck; sie war z. und hektisch; Nach einer guten ersten Halbzeit spielten die Einheimischen im zweiten Durchgang sehr z. (Saarbr. Zeitung 8. 10. 79, 22); **Zer|fah|ren|heit,** die; -: *das Zerfahrensein.*

Zer|fall, der; -[e]s, Zerfälle. **1.** ⟨o. Pl.⟩ *das Zerfallen* (1); *allmähliche Auflösung, Zer-*

störung: der Z. vieler Baudenkmäler ist nicht aufzuhalten; Vielleicht erhält der Staubgürtel fortwährend Nachschub durch den Z. von Kometen (Kosmos 1, 1965, 18); Ü ein Z. von Moral und Kultur. **2.** (Kernphysik) *das Zerfallen* (2); *Vorgang des Zerfallens:* Der radioaktive Z. schafft neue Substanzen (Menzel, Herren 118); die beim Z. der Radionuklide emittierten Strahlen; Rund 70 Prozent der ... Wärme ist durch radioaktive Zerfälle entstanden (MM 17. 9. 75, 3). **3.** ⟨o. Pl.⟩ *das Zerfallen* (3): der Z. des Reichs, des Vielvölkerstaats; Was Hildegard ... zu schaffen macht, das ist der ... unaufhaltsam gewordene Z. der Familie (Schreiber, Krise 168). **4.** ⟨o. Pl.⟩ (selten) *Verfall* (1 b): Nur die Alte ... saß reglos, als sei sie mumifiziert, mit allen Zeichen ihres -s und nahen Endes (Seghers, Transit 208); **zer|fal|len** ⟨st. V.; ist⟩ [mhd. zervallen, ahd. za-, zifallen]: **1.** *in einem fortschreitenden Auflösungs-, Zersetzungsprozeß begriffen sein; in seine Bestandteile auseinanderfallen:* das alte Gemäuer, das Gebäude zerfällt [allmählich]; Die Stachelbeeren ... garen, bis die Früchte leicht zerfallen (breiig, weich werden; e & t 6, 1987, 69); in/zu Staub z.; in nichts z. (*sich vollständig auflösen*); mit dem Tode zerfällt der Körper; zerfallende Mauern, Ruinen; eine zerfallene Stadt; Ü Moral und Kultur waren zerfallen; daß Hermanns Hoffnung, bei Helga unterzukommen, zerfällt (Reitz, Zweite Heimat 358). **2.** (Kernphysik) *sich spontan spalten:* radioaktive Atomkerne zerfallen; das Plutonium zerfällt in Americium. **3.** *seinen inneren Zusammenhalt verlieren u. dadurch nicht länger fortbestehen können; seinen Niedergang erleben; untergehen:* das einst mächtige Reich zerfiel [in viele Kleinstaaten]; die 1914 zerfallene Internationale (Fraenkel, Staat 307). **4.** *gegliedert sein in (bestimmte Abschnitte, Teile o. ä.), sich zusammensetzen aus (bestimmten einzelnen Abschnitten, Teilen o. ä.):* der Ablauf zerfällt in mehrere Abschnitte, Phasen; der Aufsatz zerfällt in die Teile Einleitung, Hauptteil und Schluß; Die Lebensgruppen zerfallen in solche erster Ordnung ... und solche höherer Ordnung (Fraenkel, Staat 109); daß prinzipiell das tierische Verhalten in Appetenzverhalten und Instinktausübung zerfällt (Lorenz, Verhalten I, 315). **5.** *mit jmdm. uneinig werden, brechen, sich zerstreiten:* Kaum eine Familie, in der er nicht zerfiel (G. Vesper, Nördlich); ⟨meist im 2. Part.:⟩ der mit seiner Familie zerfallene Millionärssohn; mit sich [und der Welt] z. sein (*mit sich selbst unzufrieden u. unfroh, unglücklich sein*). **6.** (selten) *verfallen* (1 b): der Kranke zerfällt immer mehr; mit ihren großen ... Augen ..., die immer mehr Platz in dem zerfallenden Gesicht einnahmen (Maass, Gouffé 48); der alte zerfallene Mann mit dem zerzausten Bart (R. Walser, Gehülfe 81); sein Gesicht sah plötzlich grau alt und zerfallen aus (Schnurre, Bart 146); **Zer|falls|erschei|nung,** die: *den Zerfall anzeigende, begleitende Erscheinung:* Die Institution der Ehe zeigt immer mehr -en (Wohngruppe 120); **Zer|falls|kon|stan|te,** die

Zerfallsprodukt

(Physik): Materialkonstante, aus der sich bei einer radioaktiven Strahlung die Halbwertszeit berechnet; Abklingkonstante; **Zer|falls|pro|dukt**, das (Kernphysik): Produkt eines Zerfalls (2): durch Radon ..., ein kurzlebiges Z. des Radiums (Medizin II, 332); **Zer|falls|pro|zeß**, der: Prozeß des Zerfallens; **Zer|falls|rei|he**, die (Kernphysik): Folge von radioaktiven Stoffen bzw. Atomkernen, die durch Kernzerfall auseinander hervorgehen; **Zer|falls|stoff**, der (bes. Med.): beim Zerfall, der Auflösung, Zersetzung anderer Stoffe entstehender Stoff: In zerstörten Geweben entstehen giftige körpereigene -e (Medizin II, 143).

zer|fa|sern ⟨sw. V.⟩: 1. sich in einzelne Fasern auflösen; ausfransen ⟨ist⟩: der Stoff, das Papier, das Holz ist an den Rändern zerfasert; Ü Die Diskussion zerfasert (Spiegel 48, 1981, 101); der Himmel mit zerfasertem Gewölk (Rolf Schneider, November 129). 2. in Fasern auflösen ⟨hat⟩: Holz, Lumpen z.; Kat zerfaserte zwei Verbandspäckchen so breit wie möglich (Remarque, Westen 56); Ü Während der Butt so sprach und während später seine Rede von der Anklägerin zerfasert (zerpflückt 2) ... wurde ... (Grass, Butt 96); ⟨subst. 2. Part.:⟩ Schrie ein von Schmerzen Zerfaserter (völlig Zermürbter): „Morphium!" (Plievier, Stalingrad 290); **Zer|fa|se|rung**, die; -, -en: das Zerfasern, Zerfasertwerden.

zer|fet|zen ⟨sw. V.; hat⟩: 1. in Fetzen reißen u. damit zerstören: die Zeitung, einen Brief z.; der Sturm hat die Fahne zerfetzt; Eine explodierende Tretmine hatte ihm den rechten Fuß zerfetzt (Spiegel 3, 1970, 31); Ü monotone elektrische Zehn-Minuten-Stücke, deren Bässe das Trommelfell z. können (Freie Presse 24. 6. 89, 6). 2. verreißen (2): der Kritiker hat den Roman zerfetzt; Seine (= Schostakowitschs) Werke wurden von der „Prawda" zerfetzt, danach nicht mehr aufgeführt (Capital 2, 1980, 171).

zer|flat|tern ⟨sw. V.; ist⟩: sich auflösen; verlieren; verschwinden: daß seine schon jetzt minimale Chance, die Spur Esthers je aufzugreifen, gänzlich z. wird (Heym, Schwarzenberg 186).

zer|fled|dern, zer|fle|dern ⟨sw. V.; hat⟩ [zu mhd. vledern, ↑ Fledermaus]: mit etw. (bes. einem Buch o. ä.) unsorgfältig umgehen, so daß es unansehnlich wird, einreißt, sich einzelne Teile davon lösen, es aus dem Leim geht: ein Buch, seine Schulhefte z.; eine völlig zerfled[d]erte Zeitung; Auf der Türschwelle lag ein zerfleddertes Handtäschchen (Strittmatter, Wundertäter 422).

zer|flei|schen ⟨sw. V.; hat⟩ [schon ahd. zufleiscōn]: mit den Zähnen, dem Schnabel, den Klauen in Stücke reißen, zerreißen: der Löwe zerfleischte die Gazelle; sie würden die Hunde auf dich hetzen, damit sie dich zerfleischen (Habe, Namen 195); die Raubkatze hat den Dompteur den Arm, das Gesicht zerfleischt; Ü sie zerfleischt (geh.) ⟨qüält⟩ sich in Selbstvorwürfen; **Zer|flei|schung**, die; -, -en: das Zerfleischen, Zerfleischtwerden.

zer|flie|ßen ⟨st. V.; ist⟩ [mhd. zervliezen, ahd. zafliuzan]: 1. sich durch den Einfluß von Wärme auflösen; schmelzen, flüssig werden: die Butter, das Eis zerfließt in der Sonne; Ü das Geld war ihnen unter den Händen zerflossen (sie hatten das Geld sehr schnell ausgegeben); sie zerfloß in/vor Großmut, Mitleid (zeigte sich in einer theatralischen Weise großmütig, mitleidig); Seine dürftige Hoffnung, ... die alte Stellung antreten zu können, zerfloß nicht minder (Thieß, Legende 148). 2. sich (auf einem besonders saugfähigen Untergrund) über die beabsichtigte Konturen hinaus ausbreiten; auseinanderfließen (c): die Farbe, Tinte ist zerflossen; Ü die Grenzen, Umrisse, Formen zerfließen; Der Horizont begann zu flimmern, zerfloß (Ransmayr, Welt 119); zerfließende (unscharfe) Konturen; ⟨subst.:⟩ ein jungfräuliches Korsett um die ein wenig zum Zerfließen neigende (ein wenig füllige) Vermieterin (Kronauer, Bogenschütze 7).

zer|fran|sen ⟨sw. V.⟩: 1. völlig ausfransen (a) ⟨ist⟩: der Teppich zerfranst immer mehr; daß ... die Ärmel seiner Uniformjacke an einigen Stellen zerfranst waren (Ott, Haie 175); Er setzte sich in den zerfransten Clubsessel (Heller, Mann 360); Ü Sind die Ränder dieser Wolkentürme zerfranst, läßt das Gewitter nicht mehr lange auf sich warten (Eidenschink, Fels 116). 2. etw. in Fransen zerlegen, auflösen; fransig machen ⟨hat⟩: er hat sich an dem Stacheldraht die Hosenbeine zerfranst. 3. ⟨z. + sich⟩ (ugs. selten) sich (bei, mit etw.) sehr abmühen.

zer|fres|sen ⟨st. V.; hat⟩: 1. durch Fraß beschädigen, zerstören; fressend durchlöchern: die Motten haben die Wollsachen, den Pelz zerfressen; der Schrank war von Holzwürmern zerfressen; von Mäusen zerfressene Vorräte. 2. zersetzen, zerstören: die Säure zerfrißt das Metall; der Eiter hat schließlich den Knochen zerfressen; von Rauch und Flammen zerfressen, bricht seine herrliche Stadt zusammen (Thieß, Reich 530); Ü Kummer, Gram zerfrißt ihr das Herz (quält sie sehr); die Eifersucht zerfraß ihn (Thielicke, Ich glaube 138).

zer|fur|chen ⟨sw. V.; hat⟩: 1. mit Furchen (1) durchziehen u. dadurch beschädigen, zerstören: Panzer zerfurchen die Wege; Ü als er ein Hochplateau erreichte, das von den verwitterten Spuren des Bergbaus zerfurcht war (Ransmayr, Welt 228). 2. mit Furchen (2 a) versehen: düstere Gedanken zerfurchten seine Stirn; in dem fahlen, von Laster und Leid zerfurchten Gesicht (Maass, Gouffé 190); Der tief zerfurchte Stamm des alten Ölbaums (Stern, Mann 41).

zer|ge|hen ⟨unr. V.; ist⟩ [mhd. zergān, ahd. za-, zi(r)gān]: seine feste Konsistenz verlieren; sich auflösen (1 b); schmelzen; sich verflüssigen: Fett in der Pfanne, eine Tablette in Wasser, eine Lutschpastille langsam im Munde z. lassen; der Braten zergeht einem auf der Zunge (ist sehr zart); Ü ... fühlte ich, wie schon Haß und Abneigung gegen Gregor in mir zergingen (schwanden; Fallada, Herr 246); in dem er die heimatlichen Silben langsam auf der Zunge z. ließ (genüßlich artikulierte; Th. Mann, Zauberberg 136).

zer|geln ⟨sw. V.; hat⟩ (ost[m]d.): zergen;

zer|gen ⟨sw. V.; hat⟩ [mniederd. tergen, verw. mit ↑ zerren] (landsch.): necken; durch Neckereien o. ä. ärgern, reizen: jmdn., mit jmdm. z.; müßt ihr euch dauernd z.?; die Kinder zergten den Hund.

zer|glie|dern ⟨sw. V.; hat⟩: 1. etw. (bes. ein organisches Ganzes) in seine Teile zerlegen (um seine Beschaffenheit zu ergründen): eine Pflanze, ein Tier z.; einen Leichnam z. (sezieren). 2. analysieren: ein Verhalten, einen Prozeß z.; Sätze z. (in ihre grammatischen Bestandteile zerlegen); Nicht ein scharfsinnig zergliedernder Analytiker ..., sondern ein engbrüstiger Logiker (Thieß, Reich 465); **Zer|glie|de|rung**, die; -, -en: das Zergliedern; **Zer|glie|de|rungs|kunst**, die (veraltend): 1. Anatomie (1 a). 2. Kunst der Analyse (1).

zer|grü|beln ⟨sw. V.; hat⟩: 1. durch dauerndes fruchtloses Grübeln sehr anstrengen: Frau Hete sah ihm an, daß er seinen Kopf zergrübelte nach einem Ausweg (Fallada, Jeder 192); ich habe mir den Kopf/das Hirn [darüber] zergrübelt (habe angestrengt [darüber] nachgedacht). 2. a) ⟨z. + sich⟩ bis zur Erschöpfung grübeln: zergrübelte dich nicht; sie sah ganz zergrübelt aus; b) (Zeit) grübelnd vertun: Ein neuer Tag mit zerzausten, zergrübelten Stunden begann (Strittmatter, Wundertäter 306).

zer|hacken[1] ⟨sw. V.; hat⟩ [mhd. zerhakken]: a) durch Hacken (mit dem Beil o. ä.) zerteilen, zerkleinern: Äste [zu Brennholz] z.; die Kräuter, die Mandeln z.; die zerhackten Suppenknochen mit kaltem Wasser aufsetzen; Ü Die Standuhr tickte hart und schien die Zeit zu z. (Kirst, 08/15, 180); „Untersuchung!" schreit er und zerhackt das Wort, indem er jede Silbe einzeln hervorstößt (Bieler, Bär 141); b) hackend beschädigen, verletzen: der Vogel zerhackte die Schale des Eis mit dem Schnabel; **Zer|hacker**[1], der; -s, - (Elektrot.): Vorrichtung zum Zerlegen von Teilchenstrahlen od. einer zeitlich konstanten elektrischen Spannung in einzelne Impulse; **zer|häck|seln** ⟨sw. V.; hat⟩: häckseln, mit einer Häckselmaschine o. ä. zerkleinern: das Stroh, das Reisig [fein] z.; Wanderfische scheitern an unvollkommen konstruierten Fischpässen oder werden von Turbinenschaufeln zerhäckselt (getötet, indem sie in viele kleine Stücke zerhackt werden; BdW 8, 1987, 108).

zer|hau|en ⟨unr. V.; zerhieb/zerhaute, hat zerhauen⟩ [mhd. zerhouwen]: entzwei-, in Stücke hauen: ein Brett z.; er zerhieb ihm den Schädel.

Ze|rin, das; -s [zu lat. cera = Wachs] (Chemie): Fettsäure (Bestandteil des Bienenwachses).

Ze|rit [auch: tse'rit], der; -s, -e [zu ↑ Zer]: meist in dichten Aggregaten auftretendes, graubraunes bis rötlichgraues rhombisches Mineral; Cer. **Ze|ri|um**, das; -s (Chemie veraltet): Cer.

Zer|ka|rie, die; -, -n [zu griech. kérkos = Schwanz] (Zool.): geschwänzte Larve des Leberegels.

zer|kau|en ⟨sw. V.; hat⟩: durch Kauen zerkleinern; zermahlen: die Speisen gut z.; ein Bonbon z.; Am nächsten Morgen sind die Stricke ... von Hyänen zerkaut

(Grzimek, Serengeti 304); er hat immer völlig zerkaute Fingernägel. **Zer|klei|ne|rer,** der; -s, - (Zool.): *Tier, das die Nahrung mit Hilfe von Zähnen o. ä. zerkleinert;* **zer|klei|nern** ⟨sw. V.; hat⟩: *in kleine Stücke zerteilen:* etw. grob, fein, zu einem Granulat z.; das Stroh mit einem Häcksler z.; die Nahrung mit den Zähnen z.; Holz mit der Axt z.; üb dein Gewerb, Müller, zerkleinere mein Korn (Hacks, Stücke 294); ... die Nährstoffe so weit zu z., daß die resultierenden Moleküle klein genug sind, um zu diffundieren (Medizin II, 234); ⟨subst.:⟩ *eine Maschine zum Zerkleinern von Gemüse, Schrott, recycelbaren Kunststoffabfällen;* **Zer|klei|ne|rung,** die; -: *das Zerkleinern:* Zur Z. der aufgenommenen Nahrung bedarf es der mechanischen Zusammenarbeit von Lippen und Backen, Zähnen, Zunge und Gaumen (Medizin II, 20); **Zer|klei|ne|rungs|ma|schi|ne,** die: *Maschine zum Zerkleinern.*
zer|klir|ren ⟨sw. V.; ist⟩: *klirrend (1 a) zerspringen, zerbrechen:* Scheiben zerklirrten; Manchmal weckte mich eine am Pflaster zerklirrende Flasche oder ein Schrei (Ransmayr, Welt 248).
zer|klop|fen ⟨sw. V.; hat⟩: a) *durch Klopfen zerkleinern, zerstören:* einen Ziegelstein z.; mit einem Schusterhammer zerklopfte ich Ameisen (Fels, Kanakenfauna 7); ... und siehe, aus den zerklopften Nüssen rollen Goldstücke (Strittmatter, Laden 417); b) (Kochk.) *(Eier) schlagen* (1 l): ... werden die Figuren noch mit Milch oder zerklopftem Ei bestrichen (Horn, Gäste 245).
zer|klüf|ten ⟨sw. V.; hat⟩ /vgl. zerklüftet/: *zerklüftet machen, erscheinen lassen:* Ü Den Hals zerklüfteten tiefe Risse (Steimann, Aperwind 16); **zer|klüf|tet** ⟨Adj.⟩: *von tiefen ²Klüften* (1), *Rissen, Spalten durchzogen:* eine -e Felswand, Küste; über die weite, kuppige und teilweise -e Landschaft (Berger, Augenblick 57); Ü Die Backenzähne ... hatten ihm ungeheuer groß und z. vor (Rehn, Nichts 33); Es (= sein Antlitz) war angenehm und doch z. (Jahnn, Geschichten 165); zerklüftete (Med.; *mit Fissuren behaftete*) Mandeln; **Zer|klüf|tung,** die; -, -en: *das Zerklüftetsein:* Das Anseilen ... ist bei größerer Z. zweckmäßig (Eidenschink, Eis 34).
zer|knacken¹ ⟨sw. V.⟩: 1. a) *aufknacken; in Stücke knacken* (3 a) ⟨hat⟩: eine Nuß, eine Krebsschere z.; die Schale einer Muschel z.; der Hund zerknackte den Knochen; die leicht ordinär verzerrten Mundwinkel, wenn sie das Frittierte mit den Zähnen zerknackt (Strauß, Niemand 96); b) *knacken* (3 b) ⟨hat⟩: eine Wanze z.; zerknackte die Läuse zwischen, mit den Daumennägeln; Ü Sie werden euch z. wie eine Laus (*unnachsichtig u. ohne daß ihr euch wehren könnt;* Wiechert, Jeromin-Kinder 832). 2. a) *knackend* (2) *zerbrechen* ⟨ist⟩: die dürren Äste zerknackten beim Darauftreten; b) *mit einem Knacks zerbrechen:* Äste z.
zer|knal|len ⟨sw. V.⟩: 1. *mit einem Knall zerplatzen, zerspringen* ⟨ist⟩: der Luftballon zerknallte; die Whiskyflasche, die im Kamin zerknallt (Frisch, Gantenbein

361). 2. *mit einem Knall zerplatzen lassen* ⟨hat⟩: Knallerbsen im Treppenhaus z.; sie hat die Vase zerknallt (ugs.; *durch Fallenlassen zerstört*).
zer|knäu|eln, zer|knäu|len ⟨sw. V.; hat⟩ (landsch.): *zerknüllen.*
zer|knaut|schen ⟨sw. V.; hat⟩ (ugs.): *zerknittern:* ich habe mir den Mantel zerknautscht; Wie können Sie mein Kleid so z., wo ich ohnehin nichts anzuziehen habe! (Keun, Die kunstseidene Mädchen 25); Er riß sich die Mütze vom Kopf ... und zerknautschte sie vor Wut (Salomon, Boche 67); zerknautschte Klamotten; Ü ein etwas zerknautschtes Gesicht.
zer|knicken¹ ⟨sw. V.⟩: 1. *mehrfach knicken* (1 a) ⟨hat⟩: Zweige, Stengel, Halme z. 2. *mehrfach knicken* (2 a) *u. dadurch beschädigt od. zerstört werden* ⟨ist⟩: ganze Wälder zerknickten unter den Sturmböen.
◆ **zer|knir|schen** ⟨sw. V.; hat⟩ [wohl vermischt aus mhd. zerknürsen, zerknüs(t)en = zerdrücken, zerquetschen u. ↑ knirschen]: *zermalmen, vernichten:* ... gewaltsam jedes Herz, das nach der Freiheit sich regt, auf ewig z. (Goethe, Egmont V); **zer|knirscht** ⟨Adj., -er, -este⟩ [eigtl. adj. 2. Part. von veraltet ↑ zerknirschen]: *von Reue erfüllt; seiner Schuld bewußt:* in -er Sünder; ein -es Gesicht machen; dann wäre eine große Geste, ... -e Reue zu zeigen (Konsalik, Promenadendeck 315); völlig z. sein; **Zer|knirscht|heit,** die; -: *das Zerknirschtsein; Schuldbewußtsein:* doch es war nicht klar, ... ob ihre Z. ihn überzeugte (Becker, Amanda 210); **Zer|knir|schung,** die; -: *Zerknirschtheit:* In einer Anwandlung selbstkritischer Z. hatte Golch diese Methode gewählt, den Wert seines gesamten Schaffens ... in Frage zu stellen (Hildesheimer, Legenden 40); der König verbrachte ... den Abend in Einkehr und Z. (Schneider, Erdbeben 21).
zer|knit|tern ⟨sw. V.; hat⟩: *durch Zusammendrücken o. ä. [ganz] knittrig machen:* Papier, Stoff z.; du hast dir den Rock zerknittert; Ü Der dritte, wohl der Älteste im Saal, zerknitterte die Stirn (Bieler, Bär 304); Es (= Die Neugeborene) war gelb, gelbsüchtig, zerknittert, erbarmungswürdig (Bachmann, Erzählungen 114); Die schwarzen, zerknitterten Oliven (Woelk, Freigang 113); ein zerknittertes Gesicht; er war nach der Strafpredigt ganz zerknittert (ugs.; *niedergeschlagen, betroffen*).
zer|knül|len ⟨sw. V.; hat⟩: *in der Hand (zu einer Kugel) zusammendrücken:* einen Zettel, einen Brief z.; Ihre dicklichen Hände zerknüllten unentwegt ein weißes Taschentuch (Noack, Prozesse 137); den Ofen mit zerknülltem Zeitungspapier anmachen.
zer|ko|chen ⟨sw. V.⟩: 1. *durch zu langes Kochen ganz zerfallen, breiig werden* ⟨ist⟩: das Gemüse zerkocht auf dem Herd; die entsteinten Aprikosen in kleine Stücke schneiden, damit sie gut zerkochen (e & t 6, 1987, 141); die Kartoffeln waren [total, zu Brei] zerkocht. 2. *bis zum Zerfallen kochen lassen* ⟨hat⟩: paß bitte auf, daß du die Nudeln nicht zerkochst; ... werden sie (= Pflaumen) ... unter unauf-

hörlichem Rühren zu einem dicken braunvioletten Brei zerkocht (Fussenegger, Zeit 47).
zer|kör|nen ⟨sw. V.; hat⟩ (Fachspr.): *granulieren* (1).
zer|kra|chen ⟨sw. V.; ist⟩: *mit einem krachenden Geräusch auseinandergehen, zerbersten:* als das Tor zerkrachte und gleichzeitig die ersten der Unseren die Brustwehr überstiegen (Hagelstange, Spielball 264); Schädel zerkrachen wie Eierschalen (Plievier, Stalingrad 182).
zer|krat|zen ⟨sw. V.; hat⟩ [mhd. zerkratzen]: a) *durch Kratzen beschädigen; durch Kratzer verunstalten:* die Möbel, einen Spiegel z.; jmdm. [mutwillig] das Auto, den Lack z.; die Schallplatte ist total zerkratzt; zerkratzte Brillengläser; b) *durch Kratzen verletzen:* jmdm., sich den Rücken z.; Dornen hatten ihm die Beine zerkratzt; Mein Gesicht ist zerkratzt, weil ich hingefallen bin in die eisigen Zweige! (Imog, Wurliblume 279); zerkratzte Hände.
zer|krie|gen, sich ⟨sw. V.; hat⟩ (österr. ugs.): *sich zerstreiten:* sie hat sich mit ihm zerkriegt; ... die sich nach Jahrzehnten gemeinsamer Erfolge zerkriegten (MM 27. 12. 73, 36).
zer|krü|meln ⟨sw. V.⟩: 1. *mit den Fingern zu Krumen, Krümeln zerkleinern* ⟨hat⟩: Zwieback fein z., mit den gemahlenen Haselnüssen mischen (e & t 6, 1987, 62); Derna knetete nervös mit seinen Fingern. Er zerkrümelte eine Zigarette (Kirst, 08/15, 245). 2. *in Krumen, Krümel zerfallen* ⟨ist⟩: das Gebäck ist beim Versand zerkrümelt.
zer|las|sen ⟨st. V.; hat⟩ [mhd. zerlāzen, ahd. za(r)-, zilāzan] (Kochk.): *(Butter, Schmalz o. ä.) zergehen, schmelzen, sich auflösen lassen:* Margarine in der Pfanne z.; zerlassene Butter.
zer|lat|schen ⟨sw. V.; hat⟩ (ugs.): a) *durch Darübergehen in einen unansehnlichen Zustand bringen, zerdrücken, zerstören:* wegen der Kinder, die den Vorgarten zerlatschen (BZ am Abend 6. 3. 81, 2); b) *(Schuhwerk) durch häufiges, langes Tragen in einen kaum mehr brauchbaren Zustand bringen:* völlig zerlatschte Schuhe.
zer|lau|fen ⟨st. V.; ist⟩ [mhd. zerloufen, ahd. zahloufan]: *zerfließen:* das Eis zerläuft innerhalb von Minuten; Zugleich läßt man 1 Dreieck Schmelzkäse in einem Topf mit etwas ... Olivenöl z. (Horn, Gäste 205); Der Asphalt zerläuft und Mauern bersten (Hofmann, Fistelstimme 245).
zer|leg|bar ⟨Adj.⟩: *so beschaffen, daß es in Einzelteile, in seine Bestandteile zerlegt werden kann:* -e Möbel, **zer|le|gen** ⟨sw. V.; hat⟩ [mhd. ze(r)legen, ahd. ze(r)leg(g)en]: 1. *ein zusammengesetztes Ganzes auseinandernehmen, in seine [Einzel]teile auflösen:* eine Maschine, eine Uhr, einen Motor [in seine Bestandteile] z.; der Schrank läßt sich z.; Ü ein Prisma zerlegt den Lichtstrahl in die Farben des Spektrums; Im natürlichen Kreislauf gibt es für jedes organische Molekül ein Enzym, das imstande ist, es zu z. (*es aufzuspalten*; Gruhl, Planet 32). 2. *in Teile schneiden; zerteilen:* das geschlachtete Schwein z.; die gebratene Gans z. (*tran-*

Zerlegspiel

chieren); *die Forelle auf dem Teller z. (Haut u. Gräten vom Fleisch lösen).* **3.** (Sprachw.) *analysieren: Sätze grammatisch z.;* **Zer|leg|spiel,** *das: Geduldspiel, bei dem ein aus mehreren ineinander verschachtelten Teilen zusammengefügtes Ganzes zu zerlegen ist;* **Zer|le|gung,** die; -, -en: *das Zerlegen.*

zer|le|sen ⟨st. V.; hat⟩: *durch bestimmte Handhabungen, die zum Lesen dazugehören, abnutzen, zerfleddern u. unansehnlich werden lassen: Ein Buch in der Hand zu wiegen, das man selber zerlesen hat* (Schnurre, Schattenfotograf 437); ⟨meist im 2. Part.:⟩ *zerlesene Illustrierte.*

zer|lie|gen ⟨st. V.; hat⟩: *durch Daraufliegen, Darinliegen zerdrücken: sein Bett z.;* ⟨meist im 2. Part.:⟩ *ein zerlegenes Kissen, Bettuch; die Matratze ist schon ganz zerlegen.*

zer|lö|chern ⟨sw. V.; hat⟩: *völlig durchlöchern; durch viele Löcher verderben: seine Strümpfe waren zerlöchert; eine von Einschüssen zerlöcherte Mauer.*

zer|lö|sen ⟨sw. V.; hat⟩ (geh. selten): **a)** *auflösen* (1 a); **b)** ⟨z. + sich⟩ *auflösen* (1 b): *sie* (= die Rauchschwaden) *wehten hoch über den vereisten Strom hin, bis sie sich in den Wolken ... zerlösten* (Klepper, Kahn 163); *Der Taubenschlag und die Scheune haben sich zu Wasser zerlöst* (Strittmatter, Der Laden 104).

zer|lumpt ⟨Adj.; -er, -este⟩ [2. Part. von veraltet *zerlumpen* = in Fetzen reißen]: **a)** *sehr abgetragen, zerrissen:* -e *Kleider; seine Hosen waren z.;* **b)** *in Lumpen* (2) *gekleidet:* -e *Kinder; weil sie in der Armut noch des* -esten *Obdachlosen ihre eigene Vergangenheit wiedererkannten* (Ransmayr, Welt 256); *z. sein, aussehen, herumlaufen.*

zer|mah|len ⟨unr. V.; hat⟩ [mhd. zermaln]: *durch Mahlen zerkleinern: die Mühle zermahlt das Getreide [zu Mehl]; Kaffeebohnen zu Pulver z.; die Nahrung mit den Backenzähnen z.;* Ü *Die Reste der Großdeutschen Wehrmacht zermahlen* (*zerfahren* 1) *die strapazierten Straßen* (Kirst, 08/15, 699).

zer|mal|men ⟨sw. V.; hat⟩: *mit großer Gewalt völlig zerdrücken, zerquetschen: eine Geröllawine zermalmte die Ställe; die furchtbaren Ungeheuer der finsteren See, die das Schiff zermalmt hatten* (Schnabel, Marmor 52); *Ich sah mich schon von den Panzerketten zermalmt* (Spiegel 9, 1977, 46); Ü *Staaten prallen auf Staaten, zerschreien ihren eisernen Schilden den Frieden der Dörfer und Städte zermalmend* (Thieß, Reich 148).

zer|man|schen ⟨sw. V.; hat⟩ (ugs.): *zu einer breiigen Masse zerdrücken: die Kartoffeln z.; zermanschte Erdbeeren; Lastwagen ... zermanschen den Schnee* (Köhler, Hartmut 6); Ü *Der Untermieter dagegen fühlt sich „seelisch zermanscht, wie im Gefängnis"* (Spiegel 37, 1977, 100).

zer|mar|tern ⟨sw. V.; hat⟩: **1.** (geh.) *aufs äußerste peinigen, quälen: entsetzliche Schmerzen zermarterten ihn; der zermarterte Leib des Gekreuzigten;* Ü *Schweidnitz war so müde, so zermartert* (*zerschlagen*) *..., daß er ... seinen Stabszahlmeister ... nicht erkannte* (Plievier, Stalingrad 202). **2.** (*den Verstand*) *durch langes u. dennoch zu keinem Ergebnis führendes Nachdenken sehr anstrengen: Er zermartert sein Gehirn, um eine Erklärung dafür zu finden* (Thorwald, Chirurgen 189); *wenn Mütter und Väter sich die Köpfe nach einem Ausweg zermarterten* (Loest, Pistole 48).

zer|mat|schen ⟨sw. V.⟩ (ugs.): **1.** *zu einer breiigen Masse zerdrücken* ⟨hat⟩: *zermatschtes Obst.* **2.** *zu einer breiigen Masse zerdrückt werden* ⟨ist⟩: *Die schwarzen, zerknitterten Oliven, die unter den Schuhen zermatschen* (Woelk, Freigang 113).

Zer|matt: *Kurort im schweizerischen Kanton Wallis.*

zer|mür|ben ⟨sw. V.; hat⟩ [spätmhd. zermürfen]: **1.** (selten) *mürbe* (2) *machen: zermürbtes Leder.* **2.** *völlig mürbe* (3) *machen, jmds. körperliche, seelische Kräfte, seine Fähigkeit, einer Belastung standzuhalten, brechen: Sorgen, Kummer zermürben jmdn.; Der wiederholte Diebstahl der Manuskripte ... war eines der ... Mittel der sowjetischen Geheimdienstes KGB, um Sacharow zu z.* (natur 10, 1991, 100); ⟨auch o. Akk.-Obj.:⟩ *die Zwischenspurts zermürben. Ja, durch Zwischenspurts machte Wladimir Kuz seine Gegner fertig* (Lenz, Brot 34); *das Warten, die Ungewißheit war zermürbend; ein vom Leid zermürbter Mensch;* **Zer|mür|bung,** die; -, -en: *das Zermürben;* **Zer|mür|bungs|krieg,** der (emotional): *auf eine Zermürbung des Kontrahenten, des Gegners angelegte Auseinandersetzung über einen längeren Zeitraum hin: Das Bemühen ..., wenigstens einen Rest an Gemeinsamkeit zu retten, ist verkommen zum Z. nächtelanger ... Streitgespräche* (Schreiber, Krise 13).

zer|na|gen ⟨sw. V.; hat⟩: vgl. *zerfressen: diese Mäuse zernagen aber auch alles!;* Ü *Wie eine Ratte zernagte die Unruhe all seine Gedanken* (Apitz, Wölfe 145); *Der Mensch ist ein prekäres, komplexes ... Wesen, ... von Begierde getrieben, von Sehnsucht zernagt* (R. v. Weizsäcker, Deutschland 101).

zer|narbt ⟨Adj.⟩: *mit* [*entstellenden*] *Narben bedeckt:* -in -es *Gesicht.*

zer|nepft ⟨Adj.; -er, -este⟩ [eigtl. = verträumt, verdattert, zu mhd. nafzen = schlummern] (österr. ugs.): *zerzaust; unansehnlich.*

zer|nich|ten ⟨sw. V.; hat⟩ (dichter. veraltet): *vernichten:* ♦ *Zernichtet die Lästrer, verherrlicht Gott* (Goethe, Satyros IV); *So zernicht' ich sein letztes Gedächtnis* (Schiller, Kabale V, 1); **Zer|nich|tung,** die, -, -en (dichter. veraltet): *das Zernichten:* ♦ *Zernichtet wird die Seele, sag' ich nur, und sie will nicht darauf antworten! ... Z.! Z.!* (Schiller, Räuber V, 1).

zer|nie|ren ⟨sw. V.; hat⟩ [frz. cerner < lat. circinare = einen Kreis bilden, zu: circinus, ↑Zirkel] (bildungsspr. veraltend): *durch Truppen einschließen, umzingeln: eine Festung z.; Paris war zerniert* (Fussenegger, Zeit 111); Ü *Rund hundert Gendarmeriebeamte zernieren Braunau* (*sind um Braunau herum postiert*) *profil 17, 1979, 15);* **Zer|nie|rung,** die, -, -en (bildungsspr. veraltend): *das Zernieren.*

Ze|ro ['ze:ro], die; -, -s od. das; -s, -s [eigtl. = Null, frz. zéro < ital. zero < arab. ṣifr, zu: ṣafira = leer sein; vgl. Ziffer]: **1.** (*im Roulett*) *Gewinnfeld des Bankhalters.* **2.** (Sprachw.) *Nullmorphem;* **Ze|ro|bond,** der (Bankw.): *Anleihe, für die während der Laufzeit keine Zinsen gezahlt werden u. die statt dessen zu einem weit unter dem Nennwert liegenden Kurs emittiert u. bei Fälligkeit zum Nennwert eingelöst wird;* **Ze|ro|form,** die (Sprachw.): *Zero* (2).

Ze|ro|graph, der; -en, -en [zu griech. kērographía = mit Wachs malen, zu: kērós = Wachs u. gráphein = schreiben]: *jmd., der Zerographien* (2) *anfertigt;* **Ze|ro|gra|phie,** die; -, -n [griech. kērographía]: **1.** ⟨o. Pl.⟩ *Kunst der Gravierung in Wachs.* **2.** *Produkt der Zerographie* (1); **Ze|ro|gra|phin,** die; -, -nen: w. Form zu ↑*Zerograph;* **ze|ro|gra|phisch** ⟨Adj.⟩: *die Zerographie betreffend;* **Ze|ro|pha|nie,** die: ↑*Zeraphanie;* **Ze|ro|pla|stik,** Keroplastik, die; -, -en: **1.** ⟨o. Pl.⟩ *Kunst der Herstellung von* ¹*Plastiken* (1 a) *aus Wachs; Wachsbildnerei.* **2.** *Produkt der Zeroplastik* (1); **ze|ro|pla|stisch** ⟨Adj.⟩: *die Zeroplastik betreffend;* **Ze|ro|tin|säu|re,** die; -: *Zerin.*

zer|pfei|fen ⟨st. V.; hat⟩ (bes. Fußballjargon): (*als Schiedsrichter*) *zu häufig pfeifen u. damit den Rhythmus des Spiels zerstören: ein Spiel z.*

zer|pflücken[1] ⟨sw. V.; hat⟩: **1.** *zupfend, brechend in kleine Stücke reißen, zerteilen: eine Blüte z.; vor Nervosität zerpflückt sie die Papierserviette; den Kopfsalat z. und waschen; Ein ... Kopf Blumenkohl wird weich gekocht und dann in nicht zu kleine Röschen zerpflückt* (Horn, Gäste 176); *Heilbutt häuten, von den Gräten lösen, etwas z., zum Gemüse geben* (e&t 6, 1987, 69). **2.** *in kleinlicher Weise Punkt für Punkt untersuchen u. schließlich negativ beurteilen: jmds. Rede, ein Theaterstück z.; wir werden das Alibi z.* (*beweisen, daß das Alibi falsch ist*), *glauben Sie mir* (Kemelman [Übers.], Dienstag 171).

zer|pflü|gen ⟨sw. V.; hat⟩: vgl. *zerfurchen* (1): *Panzer zerpflügten die Felder, die Sandwege; durch einen kläglichen Wald mit zerrissenen Stämmen und zerpflügtem Boden* (Remarque, Westen 147).

zer|plat|zen ⟨sw. V.; ist⟩: *auseinanderplatzen, zerspringen, zerbersten: der Luftballon, die Seifenblase, die Glühbirne, die Flasche ist zerplatzt; Ein Feuerwerk stieg ... auf. Raketen zerplatzten* (Koeppen, Rußland 134); *an der Windschutzscheibe zerplatzten Insekten* (Rolf Schneider, November 56); Ü *Ein Lieblingsplan ist mir zerplatzt* (*hat sich unversehens als nicht realisierbar erwiesen;* Thielicke, Ich glaube 48); *vor Wut, Zorn, Neid [schier] z.* (*sehr wütend, zornig, neidisch sein*).

♦ **zer|prü|geln** ⟨sw. V.; hat⟩: *mit einem Prügel übel zurichten, verprügeln: ... daß sein Knecht ... zerprügelt und weggejagt worden sei* (Kleist, Kohlhaas 8).

zer|pul|vern ⟨sw. V.; hat⟩ (selten): *pulverisieren.*

zer|quäl|len ⟨sw. V.; hat⟩: *durch seelische Qual aufreiben: die lange Ungewißheit hatte ihn zerquält;* ⟨auch z. + sich:⟩ *Nie hat ein Mensch ... sich heftiger zerquält* als Franz Kafka (W. Schneider, Sieger 327); ⟨meist im 2. Part.:⟩ so wirkt er ... seltsam zerquält, unsicher und zerrissen (Mostar, Unschuldig 73); ein zerquältes *(von seelischer Qual gezeichnetes)* Gesicht; Das gilt auch für Brandt, der sonst so schön zerquält dreinschauen kann (Spiegel 23, 1979, 33).

zer|quat|schen ⟨sw. V.; hat⟩ (salopp abwertend): zerreden.

zer|quet|schen ⟨sw. V.; hat⟩ [mhd. zerquetschen]: *durch heftig einwirkenden Druck völlig zerdrücken:* Kartoffeln [zu Brei] z.; eine Ameise zwischen den Fingern z.; ... wenn sie die noch lange nicht ausgerauchte Zigarette zerquetscht (Frisch, Stiller 64); der umstürzende Wagen zerquetschte ihm das Bein; Was alles an dem Mann zerbrochen und zerquetscht war, ließ sich hier überhaupt nicht feststellen (Broch, Versucher 400); Ü Angebot und Nachfrage regle die Wirtschaft, der Schwache werde zerquetscht *(gehe im Konkurrenzkampf unter;* Kempowski, Tadellöser 50); ⟨subst. 2. Part.:⟩ das Buch kostet 20 Mark und ein paar Zerquetschte (ugs.; *etwas über 20 Mark).*

zer|rau|fen ⟨sw. V.; hat⟩: *(das Haar) völlig zerzausen:* jmdm., sich die Haare z.; ⟨meist im 2. Part.:⟩ wie er da ... mit zerrauftem Haar und händeringend vor ihr hin und her lief (M. L. Fischer, Kein Vogel 214); Sie sah ungewaschen und zerrauft aus (Hilsenrath, Nacht 171).

Zerr|bild, das ⟨im 18. Jh. für ↑ Karikatur⟩: *Vorstellung, Bild, Darstellung von jmdm., etw., die die Wirklichkeit [bewußt] verzerrt, entstellt wiedergibt:* die Darstellung ist ein Z. der wirklichen Verhältnisse; Tereus' Maske war ein Z., eine rohe Karikatur, ... erinnerte an eine Darstellung des Sonnengottes (Ransmayr, Welt 92); Fort ... mit Ihrem gekreuzigten Gott ... Aus den Augen mit diesem Z. des Menschen (Langgässer, Siegel 258).

zer|re|den ⟨sw. V.; hat⟩: *zu lange, bis zum Überdruß, bis zum Abstumpfen gegenüber dem Gegenstand über etw. reden:* ein Thema, eine Frage, ein Gedicht z.; Er ist ... damit beschäftigt, ihre Liebe zu z. (Joho, Peyrouton 142); Pläne, Möglichkeiten, Aussichten wurden hier in Endlose zerredet, ohne daß etwas geschah (A. Kolb, Schaukel 43).

zer|reib|bar ⟨Adj.⟩: *so beschaffen, daß es zerrieben werden kann;* **zer|rei|ben** ⟨st. V.; hat⟩ [mhd. zerrīben]: *in kleine, kleinste Teile, zu Pulver reiben:* getrocknete Blätter, Gewürze z.; etw. zwischen den Fingern, zu Pulver z.; Ü Die Truppenverbände wurden vom Feind zerrieben *(völlig vernichtet);* sie zerreibt sich, wird von ihrer Arbeit, ihren Sorgen völlig zerrieben *(aufgerieben);* Karl Marx hat ... die Voraussage gemacht, daß der Mittelstand ... zwischen Bourgeoisie und Proletariat zerrieben werde (Fraenkel, Staat 198); **Zer|rei|bung,** die; -: *das Zerreiben, Zerriebenwerden.*

zer|reiß|bar ⟨Adj.⟩: *so beschaffen, daß es zerrissen werden kann;* **zer|rei|ßen** ⟨st. V.⟩ /vgl. zerrissen/ [mhd. zerrīȥen]: **1.** ⟨hat⟩ **a)** *mit Gewalt in Stücke reißen; auseinanderreißen* (1 a): Papier, einen Brief, einen Fahrschein z.; sie zerriß das Foto in kleine Stücke; paß auf, daß du den Faden nicht zerreißt; ein großer Käfer hat das Netz der Spinne zerrissen; Richy spürt ein Verlangen, auf die Frau zuzugehen und ihr den Unterrock zu z. (Ossowski, Flatter 163); das Raubtier zerreißt seine Beute mit den Zähnen; daß eines Tages ein Europäer in Tanganjika von Hyänenhunden zerrissen *(getötet u. zerfleischt)* worden sei (Grzimek, Serengeti 210); Einige Flaschen ... hat es zerrissen (landsch.; *einige Flaschen sind da zerborsten;* Wimschneider, Herbstmilch 135); ich könnte ihn z. (ugs.; *bin sehr wütend auf ihn);* Für seine Kunden zerreißt sich Käfer (ugs.; *tut er alles nur Erdenkliche;* e &t 5, 1987, 81); ich kann mich doch nicht z. (ugs. scherzh.; *kann doch nicht an mehreren Stellen zugleich sein, mich zugleich für Verschiedenes einsetzen o. ä.);* es hat mich fast zerrissen (ugs.; *ich mußte furchtbar lachen),* als ich das erfuhr; Ü Die Bande einer solchen Liebe können nicht einfach zerrissen werden (Brecht, Groschen 329); Der ... Wind zerriß die Wolkendecke (Plievier, Stalingrad 19); ... meine Familien zerrissen (ADAC-Motorwelt 4, 1986, 12); ein Knall, ein Schuß, ein Schrei zerriß die Stille; ein zerrissenes Land; **b)** *(durch ein Mißgeschick) ein Loch, Löcher in etw. reißen:* ich habe [mir] an den Dornen meine Strümpfe zerrissen; er zerreißt seine Sachen, alle seine Schuhe (ugs.; *nutzt sie beim Tragen schnell ab, macht sie kaputt).* **2.** ⟨ist⟩ **a)** *(einem Zug od. Druck nicht standhaltend) mit einem Ruck (in [zwei] Teile) auseinandergehen:* der Faden, das Seil zerriß (in [zwei Stücke]); eine zerrissene Saite; Ü der Nebel zerreißt (geh.; *löst sich rasch auf);* Da sind alle Bindungen zerrissen *(haben sich alle Bindungen gelöst),* die dem Menschen gelten sich sind (Hacks, Stücke 61); ⟨subst.:⟩ meine Nerven waren zum Zerreißen gespannt *(aufs äußerste gespannt);* **b)** *Löcher, Risse bekommen:* der Stoff, das Papier zerreißt leicht; Damen in Reifröcken ..., von denen der einen das Kleid hinten zerrissen war (Th. Mann, Krull 324); er läuft mit ganz zerrissenen Kleidern, Schuhen umher; **zer|reiß|fest** ⟨Adj.⟩ (Technik): *widerstandsfähig gegenüber der Gefahr des Zerreißens;* ein hohes Maß ist z. Druck aushaltend; **Zer|reiß|fe|stig|keit,** die; - (Technik): *zerreißfeste Beschaffenheit;* **Zer|reiß|pro|be,** die: **1.** (Technik) *Zerreißversuch.* **2.** *sehr große Belastung, der jmd. ausgesetzt wird:* etw. ist eine Z.; Jeder Staatsnotstand bedeutet eine Z. für die Verfassungsordnung (Fraenkel, Staat 323); **Zer|rei|ßung,** die; -, -en: *das Zerreißen, Zerrissenwerden:* von -en (Med.; *Rupturen)* und Blutungen an der Muskulatur (Medizin II, 51); **Zer|reiß|ver|such,** der (Technik): *an einem Material o. ä. vorgenommene Prüfung auf Zerreißfestigkeit.*

zer|ren ⟨sw. V.; hat⟩ [mhd., ahd. zerren, verw. mit ↑ zehren, eigtl. = (zer)reißen]: **1.** *mühsam od. mit Gewalt, gegen einen Widerstand, meist ruckartig ziehen, ziehend fortbewegen:* jmdn. aus dem Bett, auf die Straße, in ein Auto z.; Er ... zerrte die leblose Gestalt an Bord (Hausmann, Abel 57); Entnervt zerrte sich die Kriminalistin die Perücke vom Haupt (Bastian, Brut 64); Die Trage zerrte *(schleifte)* er hinter sich her durch den Kies des Weges (Sebastian, Krankenhaus 86); Ü jmdn. vor Gericht, etw. an die Öffentlichkeit z.; schon hatte Majie ihn zum Tanzplatz gezerrt (Salomon, Boche 68); ⟨auch o. Akk.-Obj.:⟩ vom Podium hinabgelangt, zog und zerrte sie in andere Richtung (Maass, Gouffé 273). **2.** *(aus Widerstreben, Unmut, Ungeduld o. ä.) heftig reißen, ruckartig ziehen:* er zerrte an der Glocke, der Kordel; der Hund zerrt an der Leine; Die Frau zerrte an Kunks rechtem Arm (Molsner, Harakiri 111); noch einmal zerrte der Fallschirm an ihm (Gaiser, Jagd 198); Ü der Lärm zerrt an meinen Nerven *(ist eine große Belastung für meine Nerven).* **3.** *zu stark dehnen, durch Überdehnen verletzen:* wann hast du dir die Sehne, den Muskel gezerrt?; die Bänder sind bei der Verstauchung glücklicherweise nur leicht gezerrt worden; **Zer|re|rei,** die; -, -en (meist abwertend): *[dauerndes] Zerren.*

zer|rin|nen ⟨st. V.; ist⟩ [mhd. zerinnen, ahd. zariunan] (geh.): *langsam zerfließen* (1), *sich auflösen:* der Schnee zerrinnt [an der Sonne]; Ü die Zeit zerrann; die Jahre zerrannen; so nehme ich die Spuren des Sommers wieder auf, der einem in unseren Regionen stets unter der Hand zu z. scheint (Hildesheimer, Legenden 62); ihre Hoffnungen, Träume, Pläne sind in nichts; zerronnen; Vor Erricos Blick schob sich flüchtig und geisterhaft die Erscheinung der Dame Tivaldi, doch zerrann sie sofort und machte der eines ... Herrn Platz (Thieß, Legende 132).

zer|ris|sen ⟨Adj.⟩: *mit sich selbst zerfallen, uneins:* ein innerlich -er Mensch; einen -en Eindruck machen; so wirkt er ... auf alle seine Freunde seltsam zerquält und zerrissen (Mostar, Unschuldig 73); **Zer|ris|sen|heit,** die; -: *Zustand inneren Zerrissenseins:* Seine innere Z. in den Jahren des Exils (Reich-Ranicki, Th. Mann 62).

Zerr|spie|gel, der: *Vexierspiegel:* Ü Und wenn mich bei ihrem Anblick ein leichter Schauer überläuft, dann deswegen, weil ich mich plötzlich im Z. der Zukunft erblicke (Perrin, Frauen 145).

Zer|rung, die; -, -en: **1.** *das Zerren, Überdehnen (von Sehnen, Muskeln, Bändern), wobei meist schmerzhafte Verletzungen im Gewebe entstehen.* **2.** (Geol.) *durch Druck od. Zug verursachte Dehnung eines Gesteins.*

zer|runst ⟨Adj.⟩: *von Runsen durchzogen:* Zerrunste Bergrücken, kahl und braun wie alles dort unten (Berger, Augenblick 117).

zer|rup|fen ⟨sw. V.; hat⟩: *in kleine Stücke, Büschel o. ä. auseinanderrupfen:* eine Blume, ein Blatt Papier z.; Basilikumblätter grob z. und mit den übrigen Zutaten in den Mixer geben (Brückenbauer 11.9. 85, 26); Schnell zerrupfte Georg ein paar Zigaretten (Böll, Tagebuch 116); etw. sieht ganz zerrupft aus; Ü David hätte es vor Lachen ... fast auseinandergerupft. „Das zerrupft mich (salopp; *ich kann mich vor Lachen nicht mehr hal-*

zerrütten

ten)", hatte er geschrien (Kant, Impressum 111).

zer|rüt|ten ⟨sw. V.; hat⟩ [mhd. zerrütten, zu: rütten, ↑rütteln]: **1.** *(körperlich u./od. geistig) völlig erschöpfen* (2): *etw. zerrüttet jmdn. seelisch, körperlich; Eine Frau ..., deren Körper und Geist Entbehrungen, Mühsale und Überanstrengungen aller Art zerrüttet hatten* (Hauptmann, Schuß 58); *die Aufregungen haben ihre Gesundheit zerrüttet (untergraben, ruiniert); sie hat völlig zerrüttete Nerven; er war innerlich noch zu zerrüttet* (Geissler, Wunschhütlein 85). **2.** *völlig in Unordnung bringen; das Gefüge, den Zusammenhalt, Bestand von etw. zerstören:* die dauernden Streitigkeiten haben ihre Ehe zerrüttet; Und doch hatte die Sklaverei ausgereicht, das Stammesgefüge der Eingeborenen ... ganz zu z. (Grzimek, Serengeti 94); *zerrüttete Familienverhältnisse;* **Zer|rüt|tung,** die; -, -en ⟨spätmhd. zerrüttunge]: **1.** *das Zerrütten* (1), *Zerrüttetsein:* Ich fühle, daß ich schnell einer geistigen Z. entgegengehe (Thorwald, Chirurgen 130). **2.** *das Zerrütten* (2), *Zerrüttetsein:* Das weströmische Reich ist nicht an dem Einfluß fremden Blutes zugrunde gegangen, nicht an wirtschaftlicher Z. (Thieß, Reich 284); **Zer|rüt|tungs|prin|zip,** das ⟨o. Pl.⟩ (Rechtsspr.): *Grundsatz, nach dem eine Ehe geschieden werden kann, wenn sie als gescheitert anzusehen ist.*

zer|sä|beln ⟨sw. V.; hat⟩ (ugs.): *zerschneiden:* einen Braten z.; ... weil er womöglich 15 Frauen vergewaltigt und dann zersäbelt hatte (Spiegel 29, 1979, 89).

zer|sä|gen ⟨sw. V.; hat⟩: *mit der Säge zerteilen, zerkleinern, in Stücke sägen:* einen Baumstamm, einen Knochen z.; er zersägte das Stahlrohr in handliche Stücke.

zer|scha|ben ⟨sw. V.; hat⟩: *stark abschaben* (2): ... als hätt' ich's (= den Sofa) schmutzig gemacht und den Seidenstoff zerschabt (Keun, Mädchen 138); eine alte zerschabte Hose.

zer|schel|len ⟨sw. V.; ist⟩ [mhd. zerschellen (st. V.) = schallend zerspringen]: *bei einem heftigen Aufprall völlig in Trümmer gehen, in Stücke auseinanderbrechen:* das Schiff ist an einem Riff zerschellt; das Flugzeug zerschellte an einem Berg; Emils Körper zerschellt siebenhundert Meter tiefer auf dem Etanconsgletscher (Trenker, Helden 101); Ü Noch immer zerschellten die Alliierten am Westwall (Küpper, Simplicius 154); an seinem Widerstand zerschellten alle Pläne; Ruhig wird Fouché dienen ... Robespierre und Napoleon, beide zerschellen sie an dieser steinernen Ruhe wie Wasser am Fels (St. Zweig, Fouché 11).

zer|scher|ben ⟨sw. V.; ist⟩: *(durch einen Hieb, Stoß, Sturz o. ä.) in Scherben zerfallen; in Scherben gehen:* als dann sogar eine Urne, ohne allerdings zu z., umgestoßen ... wurde (Grass, Unkenrufe 152); Gott weiß, ob nicht der große Spiegel zerscherbt ist (Strittmatter, Der Laden 12); zerscherbte Fensterscheiben; ♦ Den Krug find' ich zerscherbt im Zimmer liegen (Kleist, Krug 7).

zer|schie|ßen ⟨st. V.; hat⟩: *mit Schüssen durchlöchern; durch Schüsse zerstören:* Fensterscheiben z.; im nächsten Moment zerschoß Turner den Scheinwerfer (Simmel, Stoff 617); ... zog der Major den Revolver und zerschoß ihm seine Reifen (Kuby, Sieg 230); zerschossene Häuser.

¹zer|schla|gen ⟨st. V.; hat⟩ /vgl. ²zerschlagen/ [mhd. zerslahen, -slān, ahd. zislahan]: **1. a)** *durch Hinwerfen, Fallenlassen o. ä. zerbrechen* (2): eine Tasse, einen Teller z.; zerschlagenes Geschirr; **b)** *durch Aufprallen, Darauffallen o. ä. stark beschädigen, zerstören:* Ob auch der Pavillon halb zerstört, das Dach von einem niedergestürzten Kamine zerschlagen war ... (Schneider, Erdbeben 108); ein Stein zerschlug die Windschutzscheibe; das Geschoß zerschlug ihm das Knie; Der Blitz hatte sie (= die große Eiche) in lauter kleine Stücke zerschlagen (Wimschneider, Herbstmilch 32); **c)** *mit Gewalt entzweischlagen, durch Schlagen zerstören:* etw. mit dem Beil z.; in seiner Wut hat er das ganze Mobiliar zerschlagen; Als ich erwachte, hatte er meine Laterne zerschlagen (Frisch, Stiller 199); er drohte, ihm alle Knochen zu z. (ugs.; *ihn furchtbar zu verprügeln*); Ü den Feind z. (*im Krieg vernichtend schlagen*); Die beiden anderen hatten der zerschlagenen (aufgeriebenen) 29. motorisierten Division angehört (Plievier, Stalingrad 161); **d)** (Kochk.) *(Eier) schlagen* (11): Zuletzt bestreicht man den Teig ... mit ... zerschlagenem Ei (Horn, Gäste 233); **e)** *(eine Einrichtung, Organisation o. ä.) [gewaltsam, durch Zwangsmaßnahmen] auflösen, beseitigen, abschaffen:* einen Spionagering, ein Kartell, ein Verbrechersyndikat, die Mafia z.; die Monarchie, den Rechtsstaat, den Staatsapparat z.; ehe sie (= die Gewerkschaften) ... von den Nationalsozialisten ... zerschlagen wurden (Fraenkel, Staat 29); wenn ... die großen Bauernkaiser ... mit den radikalen Maßnahmen die Macht des Großgrundbesitzes zu z. suchen (Thieß, Reich 88). **2. a)** ⟨z. + sich⟩ *sich nicht erfüllen; nicht zustande kommen:* der Plan, das Geschäft, die Sache hat sich leider zerschlagen; Wieder zerschlug sich eine Friedenshoffnung (Kühn, Zeit 252); **b)** *zunichte machen:* jmds. Hoffnung z.; ... gab es nun ein blutiges Zwischenakt, der um ein Haar alle großen Pläne des Kaisers auf immer zerschlagen hätte (Thieß, Reich 504); Wir hatten nun die Aufgabe, ... die eventuell unter der Bevölkerung aufkommenden Illusionen zu z. (Leonhard, Revolution 168). ♦ **3.** ⟨z. + sich⟩ *(in der alten Bergmannsspr. von Gängen* 8) *sich [auf]teilen:* Hier ist der Gang mächtig und gebräch ... Oft zerschlägt er sich vor dem Bergmann in tausend Trümmer (Novalis, Heinrich 69); **²zer|schlagen** ⟨Adj.⟩: *körperlich völlig erschöpft, ermattet, kraftlos; gerädert:* nach dem anstrengenden Tag kam er ganz z. nach Hause; Er hatte geträumt ..., und am nächsten Morgen hatte er sich am ganzen Körper z. gefühlt (Musil, Mann 237); Sie fühlte sich müde, wie z. (Kirst, 08/15, 76); **Zer|schla|gen|heit,** die; -: *das ²Zerschlagensein; das Sichzerschlagenfühlen;* **Zer|schla|gung,** die; -, -en ⟨Pl. selten⟩: **a)** *das Zerschlagen* (1e): die Z. der Gewerkschaften; daß Scheuten ... durch persönliches Eingreifen in die Polizeifahndung die Z. der Bande immer wieder verhindert hatte (Prodöhl, Tod 169); Rudolf Scharping hat die Kampagne gegen die ARD-Fernsehen als „Vorstoß zur Z. des öffentlich-rechtlichen Rundfunks" verurteilt (Frankfurter Rundschau 4. 2. 95, 1); **b)** *mit militärischen Mitteln vernichten:* die Z. des Feindes; bis zur Z. des Faschismus durch die Sowjetarmee (Neues D. 25. 3. 78, 9).

zer|schlei|ßen ⟨st. V.⟩: **1.** *verschleißen* (1 a) ⟨hat⟩: ... lehnte sie an einer Taurolle, die sich von einem ... Pflock abspulte und ihr Kleid zerschliß (Zuckmayer, Herr 158); ⟨meist im 2. Part.:⟩ ein zerschlissener Mantel, Teppich; ein zerschlissenes Sofa, Polster; An den Wänden waren alte, manchmal etwas zerschlissene kostbare Tapeten (Dürrenmatt, Grieche 96); ein zerschlissenes Portemonnaie (Böll, Haus 36); Ü daß er den anderen mehr liebte als sich selbst; – weil jener jünger war, noch nicht zerschlissen durch die ungewisse Zukunft (Jahnn, Nacht 97); Vergeblich kämpfte er gegen die Verleumder, er zerschliß sich in zahlreichen Prozessen (ran 2, 1980, 29). **2.** (selten) *verschleißen* (2) ⟨ist⟩: bei dem Jungen zerschleißen die Hosen immer sehr schnell; der Mantel war ... auf Wachen und in Gefechten zerschlissen (Plievier, Stalingrad 176).

zer|schlit|zen ⟨sw. V.; hat⟩: *durch Schlitzen* (b), *Aufschlitzen stark beschädigen, schwer verletzen, zerstören:* sie hatten ihm die Reifen, das Verdeck seines Cabrios zerschlitzt; Er war der Verwesung entrissen worden, um vor den Augen Khosros zerfetzt, zerschlitzt zu werden (Jahnn, Geschichten 49).

zer|schmei|ßen ⟨st. V.; hat⟩: **1.** (ugs.) **a)** *durch Hinwerfen, Fallenlassen zerbrechen:* paß auf, daß du die Vase nicht zerschmeißt; da man mir ... im Verlauf einer Schlägerei die Petroleumlampe zerschmiß (Lynen, Kentaurenfährte 140); **b)** *durch Bewerfen, Einwerfen zerstören:* sie haben ihm das Schaufenster zerschmissen. **2.** (veraltet) *zerschlagen, zerschmettern, zertrümmern:* Je nach Glück würde ihm eine Kugel den Rücken z. oder auch nicht (A. Zweig, Grischa 364); Er war es, der Tiamat zerschmissen, den Chaosdrachen gespalten hatte (Th. Mann, Joseph 429).

zer|schmel|zen ⟨st. V.⟩: **1.** *vollständig schmelzen* (1) ⟨ist⟩: die Schokolade zerschmilzt; Ü unter Justinian ist sie (= die Goldreserve) ... wie Schnee an der Sonne zerschmolzen (Thieß, Reich 509); Wie dann ... der Sänger ... flockenleicht zum hohen C anstieg, zerschmolz Ricos Herz in Hingabe für diesen Faust (Thieß, Legende 68); Wenn ihn der (= sein Hund) ansieht, zerschmilzt er (= der Hundebesitzer) vor Lyrik (Tucholsky, Werke I, 30). **2.** (selten) *vollständig schmelzen* (2) ⟨hat⟩: die Sonne zerschmilzt den Schnee.

zer|schmet|tern ⟨sw. V.; hat⟩: *mit großer Wucht zertrümmern:* Die Knechte banden ihn aufs Rad und zerschmetterten ihm die Knochen (Bieler, Mädchenkrieg 196); die Bomben, die ... die Häuser ... bis zum Keller hinab zerschmetterten

(Kühn, Zeit 379); ein Geschoß hatte sein Bein zerschmettert; Ihr genialer junger Freund lag, mit zerschmettertem Kopf, tot am Boden (Menzel, Herren 9); Ü wenn er an der Spitze seiner Truppen ... ganze Länder überrennt, Armeen zerschmettert (*vernichtet*; St. Zweig, Fouché 129); **Zer|schmet|te|rung,** die; -, -en: *das Zerschmettern, Zerschmettertwerden:* Ü Die Z. der staatlichen Souveränität eines ... Kleinstaates (Presse 12./13. 10. 68, 5).

zer|schnei|den ⟨unr. V.; hat⟩ [mhd. zersnīden, ahd. zasnīden]: **1.** *in [zwei] Stücke schneiden, durch einen Schnitt, durch Schnitte zerteilen:* einen Braten z.; die Schnur mit der Schere z.; sie zerschnitt die Torte in zwölf Stücke; die Einbrecher haben die Zäune zerschnitten (v. d. Grün, Glatteis 119); Ü Eine unsichtbare ... Schere hatte sämtliche Bande, die ihn an diese Stadt fesselten, zerschnitten (Erich Kästner, Fabian 164); Die Bahntrasse würde die Lebensräume von Zwergtrappe, Spießflughuhn und Triel z. (natur 8, 1991, 22); das Schiff zerschneidet (geh.; *zerfurcht*) die Wellen. **2.** *durch Schnitte, einen Schnitt verletzen, beschädigen, zerstören:* sie haben ihm die Reifen zerschnitten; Das Gebirge ... verwickelte ihn in schmerzhafte Kämpfe gegen das Dornengestrüpp und zerschnitt ihm die Hände mit Messern aus gesplittertem Stein (Ransmayr, Welt 226); Ü Ein scharfer Schmerz zerschnitt ihm die Brust (Frank, Tage 113); kein Möwenschrei zerschnitt die dumpfe Stille (Wiechert, Jeromin-Kinder 29).

zer|schnip|peln ⟨sw. V.; hat⟩ (ugs.): *in kleine Schnippel zerschneiden:* Papier z.

zer|schram|men ⟨sw. V.; hat⟩: *durch Schrammen beschädigen, verletzen, verderben:* die Tischplatte z.; sie hat sich bei ihrem Sturz die Beine, die Brille zerschrammt; eine zerschrammte Tür; zerschrammte Knie, Schuhe.

zer|schro|ten ⟨sw. V.; hat⟩: *zu Schrot zerkleinern:* Hülsen, Körner z.; Ü er war in ihr (= der Liebe) zerschrotet worden wie zwischen zwei Mühlsteinen (Jahnn, Geschichten 93).

zer|schrun|den ⟨Adj.⟩ [zu ↑Schrunde]: *rissig, schrundig* (1): -e Hände; auf ihrer Stirn waren Schweißperlen, ihre Lippen z. und ausgetrocknet (Handke, Frau 67);

zer|schrun|det, zer|schrün|det ⟨Adj.⟩: **a)** *von Schründen* (1)*, Rissen durchzogen, zerfurcht:* ein -es Gletscherfeld; Die stark zerschrundeten Karrenfelder ... sind interessante Studienobjekte für den Geologen (NZZ 11. 4. 85, 38); **b)** *zerschrunden:* Die (= die Hände) sind zerschrundet (Berger, Augenblick 2).

zer|schun|den ⟨Adj.⟩ [zu ↑schinden]: *durch Abschürfungen, Schrammen o. ä. verletzt:* -e Knie, Hände; aufmerksam verfolgten die Aasvögel jede Bewegung dieses -en Wanderers (Ransmayr, Welt 227); seine Füße waren vom Barfußlaufen in dem steinigen Gelände ganz z.; Ü Welch ein Platz! Zerschunden die Grasnarbe, verrottet die Absprungbalken ... (Lenz, Brot 24); die vom Tagebau zerschundene Landschaft.

zer|schür|fen ⟨sw. V.; hat⟩: *durch Schürfen verletzen:* beim Sturz hat sie sich die Arme ganz zerschürft; sein Brustkorb war zerschürft (Rothmann, Stier 304).

zer|set|zen ⟨sw. V.; hat⟩: **1. a)** *in verschiedene Bestandteile zerfallen* (1) *lassen, auflösen:* die Säure zersetzt das Metall; die organischen Substanzen werden von Bakterien und Pilzen zersetzt; die Fäulnis hatte den Körper schon zersetzt; indem sie (= die Insekten) altes Laub zersetzen (Basler Zeitung 12. 5. 84, 3); Ü Der alte Cato ... sah in griechischen Sitten ein Gift, das die guten alten Ideale des Römertums wie Salz angriff und zersetzte (Thieß, Reich 136); **b)** ⟨z. + sich⟩ *in verschiedene Bestandteile zerfallen, sich auflösen:* die pflanzlichen Abfälle zersetzen sich bei der Kompostierung; der Geruch entsteht, wenn sich der Schweiß an der Luft zersetzt; Rindenmulch zersetzt sich zwar langsam, aber ... (natur 8, 1991, 71). **2.** *[durch Agitation o. ä.] eine zerstörende Wirkung auf etw. ausüben; den Bestand von etw. untergraben:* die Moral, die Widerstandskraft z.; etw. wirkt zersetzend; zersetzende Schriften, Reden; ein Künstler ..., dessen Mentalität ... auf höchst sympathische Weise an den zersetzenden Geist der Asphaltliteraten erinnert (Reich-Ranicki, Th. Mann 194);

zer|setz|lich ⟨Adj.⟩: *sich zersetzen* (1 a) *lassend:* [leicht, nur schwer] -e Stoffe;

Zer|set|zung, die; -: **1.** *das Zersetzen* (1 a), *das Sichzersetzen:* Die Blausäure war allerdings schon in Z. geraten (Hochhuth, Stellvertreter 53); Ü Ein Kleinbürgerglaube an die Schule hatte den Satz diktiert. Dieser Glaube ist heute in Z. (Sloterdijk, Kritik 12). **2.** *das Zersetzen* (2)*, Zersetztwerden:* den wegen Z. der Kampfmoral im Gefängnis gesessen habe (Küpper, Simplicius 60); **Zer|set|zungs|er|schei|nung,** die ⟨meist Pl.⟩: *die Zersetzung* (1) *begleitende, begleitende Erscheinung;* **Zer|set|zungs|pro|dukt,** das: *aus einer chemischen Zersetzung hervorgegangener Stoff:* giftige -e; **Zer|set|zungs|pro|zeß,** der: *Prozeß der Zersetzung* (1).

zer|sie|ben ⟨sw. V.; hat⟩ (ugs.): *vielfach durchschlagen, durchschießen, mit vielen Schüssen durchlöchern:* der ist ... von kleinen Splittern zersiebt worden (Plievier, Stalingrad 181); als ... die beiden Geiselnehmer ... das von Schüssen zersiebte Bungalowgebäude verließen (Kieler Nachrichten 30. 8. 84, 18).

zer|sie|deln ⟨sw. V.; hat⟩: *(in einer das Landschaftsbild schädigenden Weise) mit zahlreichen, einzelnstehenden Wohnhäusern bebauen:* eine Gegend, ein Gebiet, eine Landschaft z.; öde, flache Sandwüste, zersiedelt und gespickt mit Bohrtürmen (natur 3, 1991, 32); **Zer|sie|de|lung, Zer|sied|lung,** die; -, -en: *das Zersiedeln, Zersiedeltwerden:* die rapide, fortschreitende Z. der Landschaft; Die deutschen Alpen ... sind bedroht ... von Zersiedlung und Landschaftszerstörung (Spiegel 9, 1977, 62).

zer|sin|gen ⟨st. V.; hat⟩: **1.** *im Laufe der Zeit in Text u. Melodie verändern, abwandeln:* viele der Volkslieder sind ganz zersungen. **2.** *durch Hervorbringen eines Tones von bestimmter Schwingung zerspringen lassen:* eine Fensterscheibe, eine Glühbirne z.; wenn ich schrie, zersprang Kostbares: ich war in der Lage, Glas zu z. (Grass, Blechtrommel 71).

zer|sit|zen ⟨st. V.; hat⟩: *durch häufiges Daraufsitzen stark abnutzen:* Polster z.; ⟨meist im 2. Part.:⟩ in dem tiefen, schon recht zersessenen Ledersofa (Fussenegger, Zeit 48).

zer|sor|gen, sich ⟨sw. V.; hat⟩ (geh. veraltend): *sich mit Sorgen quälen:* Genscher als der sich zersorgende Vater aller Arbeitslosen (Spiegel 41, 1982, 68).

zer|spal|ten ⟨unr. V.⟩; zerspaltete, hat zerspalten/⟨auch:⟩ zerspaltet [mhd. zerspalten, ahd. zispaltan]: *vollständig spalten* (1 a): das zersägte Holz wird mit dem Beil [in kleine Scheite] z.; Witterungseinflüsse haben das Gestein zerspalten/zerspaltet; Ü die Partei hatte sich in zwei Lager zerspalten; Barbara zerspaltete sich in Hinstreben und Widerstreben (Bergengruen, Feuerprobe 52); er (= der organische Stoff) wird durch die Bakterien wieder in die einfachsten Stoffe, aus denen er aufgebaut war, zerspalten (Thienemann, Umwelt 89); **Zer|spal|tung,** die; -, -en: *das Zerspalten.*

zer|spa|nen ⟨sw. V.; hat⟩: **1.** *(Holz) in Späne zerschneiden.* **2.** (Technik) *ein Werkstück spanend bearbeiten;* **Zer|spa|nung,** die; -, -en: *das Zerspanen;* **Zer|spa|nungs|me|cha|ni|ker,** der: *jmd., der (als Dreher, Fräser, Schleifer o. ä.) zur spanabhebenden Metallbearbeitung ausgebildet ist* (Berufsbez.); **Zer|spa|nungs|me|cha|ni|ke|rin,** die: w. Form zu ↑ Zerspanungsmechaniker.

zer|spel|len ⟨sw. V.; hat⟩ [zu älter spellen = spalten, zum Niederd.] (selten): *zerspalten:* Der Unbegreifliche zerspellt das Holz (Jahnn, Geschichten 50); eine mächtige, vom Blitz zerspellte Pappel (Bergengruen, Rittmeisterin 125); Ü Der Schein seiner Taschenlampe zerspellte das Dunkel (Strittmatter, Wundertäter 371); ◆ ... mußte sich Vrenchen nun abquälen, ... seine Wäscherein in den seichten Sammlungen am Boden vorzunehmen statt in dem vertrockneten und zerspellten Troge (= des Brunnens) (Keller, Romeo 37).

zer|splei|ßen ⟨st. V.; hat⟩ (selten): *zerspalten:* farbiger Bast, gezaust und zersplissen (Drewitz, Eingeschlossen 115).

zer|split|tern ⟨sw. V.⟩: **1.** *(durch einen Hieb, Stoß, Sturz o. ä.) in Splitter zerfallen; sich in Splitter auflösen* ⟨ist⟩: bei dem Aufprall zersplitterte die Windschutzscheibe, sie fielen, mit Aufschlagen zersplitterten Knochen (Plievier, Stalingrad 99); zersplittertes Holz; Ü Deutschland ist in viele Kleinstaaten zersplittert. **2.** *in Splitter zerschlagen* ⟨hat⟩: der Sturm hatte den Mast zersplittert; Ü Die Kritik ... zersplittert sich in eine Fülle von Schulen, Fraktionen, Strömungen, Avantgarden (Sloterdijk, Kritik 160); ... sollten wir dies gemeinsam tun und uns nicht z. in Träumer und Realisten (R. v. Weizsäcker, Deutschland 57); sich, seine Kräfte, seine Zeit, seine Mittel z. (*verzetteln*); **Zer|split|te|rung,** die; -, -en: *das Zersplittern, Zersplittertsein:* Ü In Deutschland, das infolge der staatlichen Z. für eine große politische Bewe-

zerspratzen

gung noch keine Voraussetzung bot (Fraenkel, Staat 184). **zer|sprat|zen** ⟨sw. V.; ist⟩ (Geol.): *(von glühender Lava) durch plötzliches Entweichen von Gasen u. Dämpfen zerplatzen;* **Zer|sprat|zung,** die; -, -en (Geol.): *das Zerspratzen.*
zer|spren|gen ⟨sw. V.; hat⟩ [mhd. zersprengen]: **1. a)** *auseinandersprengen* (1 a), *in Stücke sprengen:* Gesteinsblöcke z.; ... als er sein Auto über die Loire jagte auf halb zersprengten Brückenbögen (Seghers, Transit 219); Ü *unvergeßliche Worte, die, wie Funken ins Pulverfaß geworfen, mit einem Schlag die letzte Hoffnung Napoleons zersprengen* (St. Zweig, Fouché 198); **b)** *auseinandersprengen* (1 b): *indes meine Rippen die Haut z. zu wollen schienen* (Th. Mann, Krull 122). **2.** *auseinandersprengen* (2), *auseinandertreiben* (1): die Truppen waren zersprengt worden; **Zer|spren|gung,** die; -, -en: *das Zersprengen.*
zer|sprin|gen ⟨st. V.; ist⟩ [mhd. zerspringen, ahd. zispringan]: **a)** *in [viele] Stücke auseinanderbrechen:* das Glas fiel zu Boden und zersprang [in tausend Stücke, Scherben, Splitter]; der Herd stand qualmend vor ihm; die Feuertür war zersprungen, im gußeisernen Mantel klaffte ein Riß (Ransmayr, Welt 239); der Spiegel ist zersprungen *(hat viele Sprünge bekommen);* Ü *der Kopf wollte mir z. vor Schmerzen* (geh.; *ich hatte heftigste Kopfschmerzen*); *das Herz zersprang ihr beinahe vor Freude* (geh.; *sie freute sich unbändig*); **b)** (geh.) *zerreißen:* die Saite zersprang.
zer|stamp|fen ⟨sw. V.; hat⟩: **1.** *durch Stampfen* (1 a) *beschädigen od. zerstören:* die Pferde zerstampften die Wiese; Ü *... der Inkakultur, die ... Francisco Pizarro im Goldrausch und zur Ehre Gottes z. wollte* (Konsalik, Promenadendeck 346). **2.** *durch Stampfen* (2 b) *zerkleinern:* Kartoffeln [mit dem Stampfer] z.; Gewürze im Mörser z.; *... wie sie in steinernen Trögen Körner zerstampfen* (Böll, Und sagte 40).
zer|stäu|ben ⟨sw. V.; hat⟩ [mhd. zerstouben = auseinanderscheuchen]: **1.** *staubfein in der Luft verteilen, versprühen* ⟨hat⟩: Wasser, Parfüm, ein Mittel gegen Insekten z. **2.** (geh.) *zerstäubt* (1) *werden* ⟨ist⟩: das Wasser zerstäubte [zu Gischt]; Ü *indes ein Mondstrahl aus Bäumen hervor auf ihrem offenen Haar zerstäubte* (H. Mann, Stadt 171); *Es gibt große Steine, die leicht sind ..., Petrefakten einer deklamatorischen Phraseologie, deren Großartigkeit zerstäubt (sich in nichts auflöst), wenn man sie beklopft* (Maass, Gouffé 297); **Zer|stäu|ber,** der; -s, -: *Gerät zum Zerstäuben;* **Zer|stäu|bung,** die; -, -en: *das Zerstäuben, Zerstäubtwerden.*
zer|ste|chen ⟨st. V.; hat⟩ [mhd. zerstechen, ahd. zistehhan]: **1.** *durch Hineinstechen beschädigen, zerstören:* jmdm. die Reifen z.; eine Stickerei, für die tausendundzweihundert arme Japanerinnen sich in einem Jahr lang die Finger zerstochen haben (Koeppen, Rußland 72); die Venen des Junkies sind ganz zerstochen *(weisen viele Einstichstellen von Injektionen auf);* zerstochene und aufgeschlitzte Polster. **2.** *jmdm. viele Stiche* (2) *beibringen:* Die Mücken umschwärmten den jungen Liebhaber. Er saß reglos und ließ sich z. (Strittmatter, Wundertäter 205); wir waren ganz zerstochen.

zer|stie|ben ⟨st. u. sw. V.; zerstob/(auch:) zerstiebte, ist zerstoben/(selten:) zerstiebt⟩ [mhd. zerstieben, ahd. zistioban] (geh.): *auseinanderstiebend verschwinden, sich zerstreuen, verlieren:* die Funken zerstieben; die Menschenmenge war zerstoben; die Kameraden von damals waren in alle Winde zerstoben *(hatten sich ganz aus den Augen verloren);* Ü *der ganze Spuk, ihre Traurigkeit war zerstoben (war plötzlich nicht mehr vorhanden);* Vorbei der anheimelnde Gedanke, es handle sich ums eigene Fleisch und Blut. Zerstoben das sentimentale Idyll von Vater und Sohn (Süskind, Parfum 23).
zer|stör|bar ⟨Adj.⟩: *so beschaffen, daß eine Zerstörung möglich ist;* **zer|stö|ren** ⟨sw. V.; hat⟩ [mhd. zerstœren, ahd. zestōren]: **1.** *etw. so stark beschädigen, daß davon nur noch Trümmer übrig sind, daß es kaputt, unbrauchbar ist:* etw. mutwillig, sinnlos, systematisch z.; ein Gebäude, eine Brücke, technische Anlagen, eine Anpflanzung z.; die Stadt ist durch den Krieg/im Krieg, durch ein/bei einem Erdbeben, durch Feuer zerstört worden; Befehl vom Chef: Funkgeräte z.! (Plievier, Stalingrad 322); der Sehnerv ist nicht völlig zerstört (v. d. Grün, Glatteis 271); [von Bomben] zerstörte Städte; die zerstörende Kraft des Feuers; Ü die Natur, die Landschaft, die Umwelt z.; gewachsene gesellschaftliche Strukturen z.; Manchem zerstört der Schmerz das Gehirn, so daß er der Wohltat des Wahnsinns anheimfällt (Stern, Mann 305); die von den Konquistadoren zerstörten Kulturen. **2.** *zunichte machen, zugrunde richten; ruinieren* (a): jmds. Existenz, Leben, Ehe z.; Hoffnungen, Träume z.; etw. zerstört jmds. Glück, Glauben; der Alkohol hat seine Gesundheit zerstört; „Das Amt", sagte Reißer, „zerstört das Familienleben ..." (Kirst, Aufruhr 213); Mit diesem höchst törichten Gespräch habe ich mir Ninas Zuneigung zerstört (Rinser, Mitte 208); zerstörte Illusionen; **Zer|stö|rer,** der; -s, - [1: spätmhd. zerstœrer]: **1.** *jmd., der etw. zerstört [hat]:* zerbrochene Fenster, deren Z. man nicht mehr ermitteln kann (Sommer, Und keiner 50). **2.** *mittelgroßes, vielseitig einsetzbares Kriegsschiff.* **3.** *(im 2. Weltkrieg) schweres Jagdflugzeug;* **Zer|stö|re|rin,** die; -, -nen: w. Form zu ↑Zerstörer (1); **zer|stö|rerisch** ⟨Adj.⟩: *Zerstörung verursachend:* -e Eigenschaften, Einflüsse, Kräfte; z. wirken, sein; **Zer|stö|rung,** die; -, -en: **1.** ⟨o. Pl.⟩ **a)** *das Zerstören* (1), *Zerstörtwerden:* Zweimal wurde der Palast wieder aufgebaut, das drittemal war die Z. endgültig (Ceram, Götter 84); Warum bringt er allen Völkern Europas Tod und Z.? (Leonhard, Revolution 98); Ü die Z. der Umwelt, der Auwälder, der Lebensräume; **b)** *das Zerstören* (2), *Zerstörtwerden:* die Z. der Illusionen; er wirft ihr die Z. seines Lebens vor. **2.** ⟨meist Pl.⟩ *durch Zerstörung entstandener Schaden:* die von dem Erdbeben hinterlassenen, bewirkten -en; Sind die -en im Gewebe nicht allzu groß, so kann sich der Ausgangszustand des Gewebes wiederherstellen (Medizin II, 173); **zer|störungs|frei** ⟨Adj.⟩ (Technik): *ohne Zerstörung* (1 a) *[erfolgend]:* -e Werkstoffprüfung; die Untersuchung des Materials erfolgt z.; **Zer|stö|rungs|kraft,** die: *zerstörerische Kraft:* die Angst vor der ungeheuren Z. der Bombe (Alt, Frieden 59); **Zer|stö|rungs|lust,** die ⟨o. Pl.⟩: *Lust am Zerstören;* **Zer|stö|rungs|po|ten|ti|al,** das: vgl. Vernichtungspotential: ... welches Z. mit der sogenannten Nachrüstung neu auf die Sowjetunion gerichtet wird (BZ am Abend 6. 3. 81, 2); **Zer|stö|rungs|trieb,** der; ⟨o. Pl.⟩: *starker Hang, etw. zu zerstören:* bei allem Wissen um die unterschwelligen Zusammenhänge zwischen Geschlechts- und Z. (K. Mann, Wendepunkt 329); **Zer|stö|rungs|werk,** das ⟨o. Pl.⟩: *zerstörerisches Tun, Wirken:* das Z. des Meeres, des Rosts; Die Ruhe ..., mit der er planvoll sein Z. vorantrieb (Erné, Kellerkneipe 213); Die eifersüchtige Natur will uns das Z. nicht allein vollenden lassen (K. Mann, Wendepunkt 411); **Zer|stö|rungs|wut,** die: *heftige, unbeherrschte Lust, Drang, etw. zu zerstören:* Aus aller Welt wird berichtet, daß die Z. in den Schulen zunimmt (Hörzu 43, 1977, 153); sie haben in blinder Z. alles zerschlagen; **zer|stö|rungs|wü|tig** ⟨Adj.⟩: *von Zerstörungswut erfüllt:* Die Toilettentür ist zum Schutz vor -en Rowdies verschlossen (ADAC-Motorwelt 1, 1983, 68).
zer|sto|ßen ⟨st. V.; hat⟩: *mit einem Stößel o. ä. zerkleinern; zerstampfen* (2): die Körner, Nüsse, Kräuter in einem Mörser z.; grob, fein zerstoßener Pfeffer.
zer|strah|len ⟨sw. V.; ist⟩ (Kernphysik): *eine Zerstrahlung erfahren;* **Zer|strah|lung,** die; -, -en (Kernphysik): *die beim Zusammentreffen eines Elementarteilchens mit seinem Antiteilchen erfolgende vollständige Umsetzung ihrer Massen in elektromagnetische Strahlungsenergie.*
zer|strei|ten, sich ⟨st. V.; hat⟩: *sich streitend, im Streit entzweien:* sich über eine Frage [mit jmdm.] gründlich z.; ein zerstrittenes Ehepaar; Die unter sich zerstrittenen politischen Grüppchen links von der SPD (Chotjewitz, Friede 219).
zer|streu|en ⟨sw. V.; hat⟩ /vgl. zerstreut/ [mhd. zerströuwen]: **1.** *verstreuen* (3): der Wind zerstreut das welke Laub über den ganzen Hof; viele Kleider lagen auf dem Boden, im ganzen Raum zerstreut; die Linse zerstreut das Licht (Optik; *lenkt die Strahlen in verschiedene Richtungen*); Ü zerstreut liegende Gehöfte; die Familie war, lebte in alle Welt zerstreut. **2. a)** *(eine Menge von Personen) auseinandertreiben:* die Polizei zerstreute die Menge, die Demonstranten mit Wasserwerfern; Jede Zusammenrottung ist zu z. (Bieler, Bär 281); **b)** ⟨z. + sich⟩ *auseinandergehen* (1 a); *sich verlaufen* (7 a): die Menge hat sich [wieder] zerstreut; Darauf begruben sie den Toten und zerstreuten sich in die Häuser des Dorfes (Wiechert, Jeromin-Kinder 199); Ü Das späte Licht zerstreute sich *(wurde zerstreut)* in den unge-

putzten Scheiben (Hahn, Mann 175). **3.** *(durch Argumente, durch Zureden o. ä.) beseitigen:* Besorgnisse, Befürchtungen, Bedenken z.; Mit Mühe und Not hatte sie diesen Verdacht z. können (Mostar, Unschuldig 111); Matthieu, weniger bedenklich als sein Gefährte, zerstreute die Einwände (Jahnn, Nacht 91). **4.** *zur Entspannung, Erholung ablenken* (2 b): jmdn. mit/durch etw. z.; sich beim Spiel z.; sie ging ins Kino, um sich ein wenig zu z.; er versuchte, mit allerlei Scherzen zu z.; sich durch die Wunder der Natur zu z., wie dies die Reisenden zu tun pflegen (Nigg, Wiederkehr 105); **zer|streut** ⟨Adj., -er, -este⟩ [unter Einfluß von frz. distrait = abgezogen, abgelenkt]: *mit seinen Gedanken nicht bei der Sache; abwesend u. unkonzentriert:* ein -er Mensch; einen -en Eindruck machen; Ich war einen Augenblick etwas z. (Th. Mann, Krull 123); z. zuhören; auf die Frage nickte er nur z.; **Zer|streut|heit,** die; - : *das Zerstreutsein; Unaufmerksamkeit:* Prof. Rubner war für seine Z. bekannt. Einmal hatte er im Leib einer Patientin sogar ein Handtuch vergessen (Menzel, Herren 25); **Zer|streu|ung,** die; -, -en [spätmhd. zerströuwunge]: **1.** ⟨o. Pl.⟩ **a)** *das Zerstreuen* (2 a), *Auseinandertreiben:* die Z. der Demonstranten; **b)** *das Zerstreuen* (3): die Z. eines Verdachts. **2.** *(ablenkende) Unterhaltung; Zeitvertreib:* kleine, angenehme, harmlose -en; Z. suchen, haben) daß Seine Majestät die unschuldige Z., die ich ihm bot, ganz außerordentlich genoß (Th. Mann, Krull 390). **3.** ⟨o. Pl.⟩ (selten) *Zerstreutheit:* er hat es in seiner Z. einfach vergessen; **Zer|streuungs|lin|se,** die (Optik): *konkave Linse, die Lichtstrahlen zerstreut.*
Zer|strit|ten|heit, die; - : *das Zerstrittensein:* Zu den Finanzproblemen kommt die tiefe Z. im Klub (Hamburger Morgenpost 24. 5. 85, 14).
zer|strub|beln ⟨sw. V.; hat⟩ (ugs.): *ganz struwwelig machen:* sie zerstrubbelte ihm die Haare; Der junge Mann ... hatte zerstrubbeltes, dunkelblondes Haar (M. L. Fischer, Kein Vogel 86).
zer|stückeln[1] ⟨sw. V.; hat⟩: *in kleine Stücke zerteilen:* eine Leiche z.; Ü Darüber hinaus hätten sie das Ziel verfolgt, ... die Sowjetunion zu z. (Leonhard, Revolution 41); Für das Fernsehen soll die ... Geschichte ... nun in zwölf Folgen zerstückelt werden (Saarbr. Zeitung 3. 10. 79, 10); **Zer|stücke|lung**[1], Zerstücklung, die; -, -en [das Zerstückeln, Zerstückeltwerden; ◆ **zer|stücken**[1] ⟨sw. V.; hat⟩: *zerstückeln:* was man von dem Stück (= Hamlet) weglassen könne, ohne es zu z., darüber waren beide sehr verschiedener Meinung (Goethe, Lehrjahre V, 5); **Zer|stück|lung:** ↑ Zerstückelung.
zer|talt ⟨Adj., -er, -este⟩ (Geogr.): *durch Täler stark gegliedert:* ein -es Gebirge.
Zer|ta|men, das; -s, ...mina [lat. certamen, zu: certare = kämpfen, streiten, zu: certus, ↑ zertifizieren] (bildungsspr. veraltet): *Wettkampf, -streit.*
zer|tei|len ⟨sw. V.; hat⟩ [mhd. zerteilen, ahd. ziteilen]: **1.** *(durch Brechen, Schneiden, Reißen o. ä.) in Stücke teilen, aufteilen, zerlegen:* den Braten, ein Stück Stoff z.; Ü das Boot begann das ... Wasser zu z. (Hartung, Junitag 58); ein schwarzer Strich, der eine Strecke weit die selige Bläue zerteilte (Gaiser, Jagd 199); So saß sie ..., während sie das Pendel die Zeit z. hörte (A. Zweig, Claudia 82); ich kann mich doch nicht z. (ugs. scherzh.; *kann doch nicht mehrere Sachen zugleich tun, an verschiedenen Stellen zugleich sein*). **2.** ⟨z. + sich⟩ *auseinandergehen, sich auflösen* (1 b): der Nebel zerteilt sich; auf die Wasserfläche, die in stetem Sog sich zerteilte und furchte und um die Brückenpfeiler spülte (Fries, Weg 156); **Zer|tei|lung,** die; -, -en: *das [Sich]zerteilen.*
zer|tep|pern: ↑ zerdeppern.
zer|tie|ren ⟨sw. V.; hat⟩ [lat. certare, zu: certus, ↑ zertifizieren] (veraltet): *wettstreiten, wetteifern;* **Zer|ti|fi|kat,** das; -[e]s, -e [viell. unter Einfluß von frz. certificat < mlat. certificatum = Beglaubigung, subst. 2. Part. von: certificare = gewiß machen, beglaubigen, zu lat. certus, ↑ zertifizieren]: **1.** (veraltend) *[amtliche] Bescheinigung, Beglaubigung.* **2.** *Zeugnis über eine abgelegte Prüfung; Diplom:* ein benotetes Z.; -e irgendwelcher Weiterbildungsseminare (Capital 2, 1980, 50); ein Z. bekommen, erhalten, ausstellen; daß die Neigung, das recht schwierige Z. Russisch zu erwerben, wieder wächst (Saarbr. Zeitung 7. 7. 80, 5). **3.** (Bankw.) *Investmentzertifikat;* **Zer|ti|fi|ka|ti|on,** die; -, -en: *das Zertifizieren;* **zer|ti|fi|zie|ren** ⟨sw. V.; hat⟩ [spätlat. certificare, zu lat. certus = sicher, gewiß]: *[amtlich] beglaubigen, bescheinigen; mit einem Zertifikat versehen:* bevor Sortenunreinheiten und Krankheiten beim Kauf von neuem, zertifiziertem Saatgut notwendig machen (natur 8, 1981, 33); **Zer|ti|fi|zie|rung,** die; -, -en: *das Zertifizieren.*
zer|tram|peln ⟨sw. V.; hat⟩: *mit Wucht zertreten:* ein Beet ⟨achtlos, mutwillig⟩ z.; jmdm. den Rasen z.; voller Wut warf er die Sachen auf den Boden und zertrampelte sie; In den Koppeln, in denen die Grasnarbe längst zertrampelt ist (Frischmuth, Herrin 68); Ü Sie zertrampeln dein Ich (Werfel, Himmel 149).
zer|tren|nen ⟨sw. V.; hat⟩ [mhd. zertrennen, ahd. zitrennen]: *trennend* (1 b) *zerlegen; auseinandertrennen:* das Kleid z.; etw. mit einem Schneidbrenner z.; Zum Lösen der Wellasbestdachplatten müßten Haltebügel zertrennt werden (NNN 7. 12. 88, 6); **Zer|tren|nung,** die; -: *das Zertrennen, Zertrenntwerden.*
zer|tre|ten ⟨st. V.; hat⟩ [mhd. zertreten, ahd. zitretan]: *durch heftiges [mutwilliges] Darauftreten, Darüberlaufen zerdrücken, zerstören:* etw. achtlos, mutwillig z.; zertrat den Käfer, die Glut, das Feuer, die Zigarettenkippe; ein völlig zertretener Rasen; Ü Andronikos zertrat Menschen wie Schaben (Thieß, Reich 460).
zer|trüm|mern ⟨sw. V.; hat⟩: *mit Gewalt zerschlagen, zerstören [so daß nur Trümmer übrigbleiben]:* Fensterscheiben, das Mobiliar z.; die schweren Brecher hatten das Boot zertrümmert; jmdm. den Schädel z.; Die Porzellansammlung ... ist zu kläglichen Scherben zertrümmert (Erh. Kästner, Zeltbuch 87); Atomkerne z. (so zerstören, daß sie in Bruchstücke entzwei-*brechen*); einen Stein, ein Konkrement z. (Med.; *[mechanisch od. mit Hilfe von Stoßwellen] fein zerkleinern*); Erst vor dem Anblick ... zertrümmerter Städte ... erklärt sich der Hunger nach authentischer Wirklichkeit für befriedigt (Enzensberger, Einzelheiten I, 116); Ü jmdn. seelisch z.; seine Feinde z.; Die ... aztekische Kultur hat Cortez ... zertrümmert (Bamm, Weltlaterne 107); **Zer|trüm|me|rung,** die; -, -en: *das Zertrümmern, Zertrümmertwerden.*
Ze|ru|men, das; -s [nlat., zu lat. cera = Wachs] (Med.): *Ohrenschmalz.*
Ze|rus|sit ⟨auch: ...'sit⟩, der; -s, -e [zu lat. cerussa = Bleiweiß]: *sprödes, farbloses bis schwarzes, meist durchsichtiges Mineral.*
Zer|vel|at|wurst [auch: zɛr...], die; -, ...würste [zu ital. cervellata = Hirnwurst, zu: cervello = Gehirn < lat. cerebellum, ↑ Zerebellum]: *Dauerwurst aus Schweinefleisch, Rindfleisch u. Speck; Schlackwurst.*
zer|vi|kal ⟨Adj.⟩ (Anat.): *die Zervix betreffend, zu ihr gehörend;* **Zer|vi|kal|schleim,** der (Med.): *Zervixschleim;* **Zer|vix,** die; -, Zervices [...e:s; lat. cervix = Hals, Nacken] (Anat.): **1.** *Hals, Nacken.* **2.** *halsförmiger Teil eines Organs, z. B. der Gebärmutter;* **Zer|vix|in|suf|fi|zi|enz,** die (Med.): *muskuläre Schwäche des Verschlußmechanismus des Gebärmutterhalses in der Schwangerschaft;* **Zer|vix|kar|zi|nom,** das (Med.): *Kollumkarzinom;* **Zer|vix|schleim,** der (Med.): *von Drüsen in der Gebärmutter gebildetes schleimiges Sekret.*
zer|wal|zen ⟨sw. V.; hat⟩: *durch Niederwalzen, Plattwalzen zerstören, vernichten:* Die schweren Wagen fuhren über sie hinweg und zerwalzten sie zu Brei (Kirst, 08/15, 602); Erst vor dem Anblick zerwalzter Leichen ... erklärt sich der Hunger nach authentischer Wirklichkeit für befriedigt (Enzensberger, Einzelheiten I, 116).
Zer|wa|nis|mus, der; - [nach der altpers. Gottheit Zerwan]: *monistische Richtung der persischen Religion des frühen Mittelalters* (3.-7. Jh.).
zer|wei|chen ⟨sw. V.⟩: **1.** *völlig aufweichen* (1) ⟨hat⟩: der Regen hat den Boden, den Weg ganz zerweicht. **2.** *völlig aufweichen* (2) ⟨ist⟩: Nimm's lieber rein, sonst zerweicht es (= das Buch) hier draußen (H. Gerlach, Demission 82).
zer|wer|fen ⟨st. V.; hat⟩ [mhd. zerwerfen] (selten): **1.** ⟨z. + sich⟩ *sich mit jmdm. überwerfen, zerstreiten:* Großvater bleibt bis über den Frühlingsanfang hinaus mit meinen Eltern zerworfen (Strittmatter, Laden 296). **2. a)** *durch Hinwerfen, Fallenlassen zerbrechen:* Geschirr z.; **b)** *durch Bewerfen, Einwerfen zerstören:* sie haben ihm das Schaufenster zerworfen.
zer|wir|ken ⟨sw. V.; hat⟩ (Jägerspr.): *(Schalenwild) enthäuten u. zerlegen.*
zer|wüh|len ⟨sw. V.; hat⟩ [mhd. zerwüelen]: *stark aufwühlen, wühlend durcheinanderbringen:* Maulwürfe, Wildschweine haben den Boden zerwühlt; ein zerwühltes Bett; zerwühltes Haar; sie (= die Hauptstraße) war wie alle Wege ... ausgewalzt, zerwühlt (Kirst, 08/15, 709).

Zer|würf|nis, das; -ses, -se [zu ↑zerwerfen] (geh.): *durch ernste Auseinandersetzungen, Streitigkeiten verursachter Bruch einer zwischenmenschlichen Beziehung; Entzweiung:* eheliche, häusliche -se; es kam zu einem schweren Z. zwischen den Freunden; Ü ... daß das Z. des Menschen mit Gott das Problem unseres Lebens ist (Thielicke, Ich glaube 150); Sein Z. mit dem Körper, scheint es, betraf nur seinen eigenen (Frisch, Stiller 128).

zer|zau|sen ⟨sw. V.; hat⟩ [mhd. zerzūsen, ahd. zerzūsōn]: *zausend* (a) *in Unordnung bringen, wirr machen:* jmdm. die Haare z.; das Haar, das Fell, das Gefieder war zerzaust; sie sahen ganz zerzaust aus *(hatten zerzaustes Haar);* eine zerzauste Frisur; Ü Die Blumenpracht vor den Fenstern ... ist völlig zerzaust (Basler Zeitung 27. 7. 84, 3); In der Vernehmlassung wurde der Gesetzentwurf arg zerzaust (*zerpflückt* 2; Tages Anzeiger 12. 11. 91, 4).

zer|zup|fen ⟨sw. V.; hat⟩: *zupfend zerteilen, zerstören; in einzelne Teile auseinanderzupfen:* eine Blüte z.; Watte z.; Ü er begann ..., Lychows politische Theologie ganz vorsichtig zu z. (*zerpflücken* 2; A. Zweig, Grischa 331).

Zes|sa|lien: ↑Zissalien.

Zes|sa|re|witsch: ↑Zarewitsch.

zes|si|bel ⟨Adj.⟩ [zu ↑zessieren] (Rechtsspr.): *(von Forderungen o. ä.) übertragbar, abtretbar;* **Zes|si|bi|li|tät**, die; - (Rechtsspr.): *Abtretbarkeit (von Forderungen o. ä.);* **zes|sie|ren** ⟨sw. V.; hat⟩ [lat. cessare, Intensivbildung zu: cedere, ↑zedieren] (veraltet): *aufhören; wegfallen;* **Zes|si|on**, die; -, -en [lat. cessio, zu: cessum, 2. Part. von: cedere, ↑zedieren] (Rechtsspr.): *Übertragung eines Anspruchs [von dem bisherigen Gläubiger auf einen Dritten]:* in einem Abkommen ..., das die Z. an die Regierung von nur 15% der ... Gloria-Aktien vorgesehen hatte (NZZ 27. 8. 86, 15); **Zes|sio|nar**, der; -s, -e [mlat. cessionarius] (Rechtsspr.): *jmd., an den eine Forderung abgetreten wird; neuer Gläubiger;* **Zes|sio|na|rin**, die; -, -nen (Rechtsspr.): w. Form zu ↑Zessionar.

Zęt, das; -s, -s [Jargon veraltend]: ²Z.

Zę|ta, das; -[s] -s [griech. zēta]: *sechster Buchstabe des griechischen Alphabets* (Z, ζ); **Ze|ta|zis|mus**, der; -, ...men: 1. (Sprachw.) *Entwicklung von k vor einem hellen Vokal zu z.* 2. (Med., Sprachw.) *fehlerhaftes Aussprechen des Z-Lautes.*

Ze|ter [mhd. zet(t)er = Hilferuf bei Raub, Diebstahl usw.; H. u.; viell. aus: ze æhte her = „zur Verfolgung her!"; mordi(g)ō = Hilferuf bei Mord, zu: mort = Mord]: in der Wendung **Z. und Mord[io] schreien** (ugs.; *[im Verhältnis zum Anlaß übermäßig] großes Geschrei erheben, lautstark protestieren):* Wir alle schrien Z. und Mordio, als dieses kleine ... Land von der großen ... Sowjetunion überfallen wurde (K. Mann, Wendepunkt 386); **Ze|ter|ge|schrei**, das (ugs.): *zeterndes Geschrei;* **ze|ter|mor|dio**, in der Wendung **z. schreien** (ugs.; ↑Zetermordio); **Ze|ter|mor|dio**, das; -s (ugs. veraltend): *Zetergeschrei:* ... geht da drinnen ein Z. an, ein Gekreisch (Th. Mann, Zauberberg 79); * **Z. schreien** (ugs.; *[im Verhältnis zum Anlaß übermäßig] großes Geschrei erheben, lautstark protestieren*); **ze|tern** ⟨sw. V.; hat⟩ [zu ↑Zeter] (emotional abwertend): *vor Wut, Zorn o. ä. mit lauter, schriller Stimme schimpfen, jammern:* sie zetert den ganzen Tag; Die Kartenspieler ... zeterten gegen Bogdan. „Weg mit dem Kiebitz!" (Strittmatter, Wundertäter 408); „Werft sie raus!" zetert *(sagt zeternd)* der Vorsteher (Remarque, Obelisk 347); Ü die Spatzen zeterten um jeden Brocken.

Ze|te|ti|ker, der; -s, - [griech. zētētikoi (Pl.), zu: zētētikós = zum Untersuchen geneigt, zu: zētēes = Aufsucher, Forscher, zu: zētein = suchen] (Philos.): *Skeptiker* (2); **Ze|te|ti|ke|rin**, die; -, -nen (Philos.): w. Form zu ↑Zetetiker.

Ze|tin, das; -s [zu lat. cetus, ↑Cetaceum]: *Hauptbestandteil des Cetaceums.*

¹Zęt|tel, der; -s, - [spätmhd. zettel, zu mhd. zetten, ↑²verzetteln] (Textilind.): *Kette* (3).

²Zęt|tel, der; -s, - [mhd. zedel(e) < ital. cedola < mlat. cedula < spätlat. schedula, Vkl. von lat. scheda = Blatt, Papier < spätgriech. schídē]: **1.** *kleines, meist rechteckiges Stück Papier, bes. Notizzettel o. ä.:* ein Z. hing, klebte an der Tür; ich habe den Z. verloren, verlegt; Tante Galupo schrieb ich einen Z.: ... (Bieler, Bonifaz 25); Z. *(Handzettel)* verteilen; einen Z. *(Vordruck o. ä.)* ausfüllen; ... schrieb mir meine Mutter auch manchmal einen Z. *(Entschuldigungszettel),* den diktierte ich ihr (Kempowski, Tadellöser 325); etw. auf einen Z. schreiben; sich etw. auf einem Z. notieren. ◆ **2.** *Schriftstück, [längerer] Schriftsatz* (2): da legt' er mir einen Z. aus der Kanzlei vor (Goethe, Götz III); **Zęt|tel|bank**, die ⟨Pl. -en⟩ (veraltet): *Notenbank;* **Zęt|te|lei**, die; -, -en: **1.** ¹*Verzettelung.* **2.** (ugs. abwertend) *Zettelwirtschaft;* **Zęt|tel|kar|tei**, die: *mit Zetteln angelegte Kartei;* **Zęt|tel|ka|sten**, der: *Kasten für [die] Zettel [einer Kartei];* **Zęt|tel|ka|ta|log**, der: *Katalog in Form einer Kartei;* **Zęt|tel|kram**, der (ugs. abwertend): *Gesamtheit von Zetteln, Notizen, Karteikarten o. ä.*

zęt|teln ⟨sw. V.; hat⟩ [zu ↑¹Zettel]: **1.** (Textilind.) *die Kette* (3) *auf den Webstuhl aufspannen.* **2.** (landsch.) *anzetteln.* **3.** (landsch.) *verstreuen, weithin ausbreiten.*

Zęt|tel|wirt|schaft, die (ugs. abwertend): *großes Durcheinander an Notizen, Aufzeichnungen auf zahlreichen, unsystematisch angeordneten Zetteln, Karteikarten o. ä.:* ich kann diese Z. nicht mehr leiden; Eigentlich hatte sie die wachsende Unordnung ihrer wochenlangen Z. beseitigen wollen (Wellershoff, Körper 260).

Zętt|ler, der; -s, - (Textilind.): *jmd., der zettelt* (1); **Zętt|le|rin**, die; -, -nen (Textilind.): w. Form zu ↑Zettler: Z. Manja Lehmann muß ihre Schärmaschine mehrmals anhalten. Immer wieder sind Fäden neu zu knüpfen (Freie Presse 30. 11. 89, 1).

zeuch, zeuchst, zeucht: veraltete Formen von ziehen; ziehst, zieht.

Zeug, das; -[e]s, -e [mhd. (ge)ziuc, ahd. (gi)ziuh, verw. mit ↑ziehen u. eigtl. = das (Mittel zum) Ziehen]: **1.** ⟨o. Pl.⟩ (ugs., oft abwertend) **a)** *etw., dem man keinen besonderen Wert beimißt, was man für mehr od. weniger unbrauchbar hält u. deshalb nicht mit seiner eigentlichen Bezeichnung benennt:* das Z. stinkt verdammt widerlich, schmeckt verdammt gut, ist irrsinnig teuer; nimm das Z. da weg!; ein furchtbares Z. zu essen, trinken kriegen; Ich esse selbst recht gerne süßes Z. *(Süßigkeiten, Kuchen o. ä.;* K. Mann, Wendepunkt 228); der Händler ist sein Z. *(seine Ware)* nicht losgeworden; was soll ich mit dem Z. [anfangen]?; Unter lauter wertlosem Z. hängt an der Wand ein völlig verdrecktes Venedig-Bild (Gregor-Dellin, Traumbuch 148); ich hab' genug von dem Z.; von dem Z. kannst du süchtig werden; R das ist viel/'ne Menge Z. (ugs.; *das ist viel*); **b)** *Unsinn, bes. unsinniges Geschwätz:* [das ist doch] dummes Z.!; lauter wirres, nur albernes Z. reden; was liest du denn da für ein Z.?; den ganzen Tag dummes Z. treiben; Ich hatte ... fürchterliches Z. geträumt (Borell, Verdammt 86); müssen Sie sich das Z. bei voller Lautstärke anhören? (Brasch, Söhne 20). **2. a)** (veraltet) *Tuch, Stoff, Gewebe:* Bettücher aus feinem Z.; **b)** (veraltend) *Kleidung, Wäsche, die jmd. besitzt:* Auch die Schulkinder wurden naß, und ihr Z. sollte auch trocknen (Wimschneider, Herbstmilch 45); sie tragen der Kälte wegen dickes Z.; sein Z. in Ordnung halten; ... war das doch ein Datum, an dem man sein gutes Z. anlegte (Giordano, Die Bertinis 83); jemand ..., der sich eines neues Stück Z. *(Kleidungsstück)* gekauft hatte (Hornschuh, Ich bin 6); * **jmdm. etwas am Z./-e flicken** (ugs.; *jmdm. etw. Nachteiliges nachsagen;* eigtl. = sich an jmds. Kleidung zu schaffen machen): Toller hatte sich ... würdig benommen; auch die Böswilligen konnten ihm nichts am -e flicken (Niekisch, Leben 100); **c)** (veraltet) *Arbeitsgerät, Werkzeug:* sein Z. holen, auspacken; * **in jmdm. steckt das Z. zu etw., jmd. hat/besitzt das Z. zu etw.** (ugs.; *jmd. hat das Talent, die Begabung, die Fähigkeit o. ä. für etw., etw. Bestimmtes zu werden;* im Sinne von „wer gutes Werkzeug hat, kann gute Arbeit leisten"): Robespierre besaß das Z. zu einem großen Moralphilosophen und Staatstheoretiker (Sieburg, Robespierre 88); Der hätte das Z. dazu, Obergefreiter zu werden (Kirst, 08/15, 893); **d)** (Seemannsspr.) *Takelage:* Die „Scharhörn" brauste ... dahin mit vollem Z. (Hausmann, Abel 147); **e)** (Jägerspr.) *Lappen* (5): dunkle -e *(Tücher o. ä.);* lichte -e *(Netze o. ä.).* **3.** (veraltet) *Geschirr der Zugtiere:* * **was das Z. hält** (ugs.; *kräftig, heftig, intensiv*): ich krieg' 'nen unheimlichen Grant. Dann hau' ich drauf, was das Z. hält (Degener, Heimsuchung 131); **sich ins Z. legen/**(seltener:) **werfen** (ugs.; *sich nach Kräften anstrengen, bemühen*): Den (= den Wein) haben nämlich Ihre Schuljungen gestiftet. Die legen sich mächtig ins Z., sag' ich Ihnen (H. Mann, Unrat 42); Als sich Brasilien ins Z. warf, größter Kaffeeproduzent zu werden (Jacob, Kaffee 228); **sich für jmdn., etw. ins Z. legen/für jmdn., etw. ins Z. gehen** (ugs.; *sich für jmdn., etw. einsetzen*): Johann Schweiger legte sich für ihn ins Z. „Das ist ein Verwandter von mir, den kannst du laufenlassen." (Kühn, Zeit 240); **mit jmdm., etw. [scharf] ins Z. gehen** *(jmdn. [sehr] streng behandeln):* der Staatsanwalt ist mit dem Angeklagten scharf ins Z. gegangen. **4.** (Fachspr.) *Bierhefe;* **-zeug,** das; -[e]s: **1.** bezeichnet in Bildungen mit Verben (Verbstämmen) die Gesamtheit von Dingen, mit denen man etw. macht, die zu etw. gebraucht werden: Rasier-, Schreib-, Strickzeug. **2.** bezeichnet in Bildungen mit Substantiven die Gesamtheit von Dingen, die im Hinblick auf etw. gebraucht werden: Nacht-, Schulzeug; **Zeug|amt,** das (Milit. früher): *Behörde, die die Aufsicht über das Kriegsmaterial hat;* **Zeug|druck,** der ⟨Pl. -e⟩ (Textilind.): **1.** ⟨o. Pl.⟩ *Stoffdruck.* **2.** *Gewebe, das durch Stoffdruck gemustert worden ist;* **Zeu|ge,** der; -n, -n [mhd. (ge)ziuc, geziuge = Zeugnis, Beweis; Zeuge, verw. mit ↑ziehen u. eigtl. = das Ziehen (vor Gericht), dann: vor Gericht gezogene Person]: **a)** *jmd., der bei einem Ereignis, Vorfall o. ä. zugegen ist od. war, darüber aus eigener Anschauung od. Erfahrung etw. sagen kann:* Z. eines Ereignisses, Vorfalls, Unfalls sein; dann herrscht wieder Eintracht. Ich wollte, das Väterchen wäre des einmal Z. (Th. Mann, Joseph 517); ich wäre [unfreiwilliger] Z. des Gesprächs, ihres Streites; als er einmal zufällig Z. wurde, wie Stefan seinen Vormann ablöste (Kuby, Sieg 128); [für etw.] -n haben; jmdn. als -n mitnehmen; Für das, was ich nun zu erzählen habe, kann ich keinen -n anführen (Buber, Gog 168); etw. im Beisein von -n sagen, tun; das Testament wurde vor -n eröffnet; Ü Der Mond verhüllt sein Angesicht, um nicht Z. des Frevels zu werden (Kusenberg, Mal 66); die Ruinen sind [stumme] -n einer längst vergangenen Zeit; * **jmdn. als -n/zum -n anrufen** *(sich auf jmdn. berufen):* Er hat ... in seinem Wörterbuch der Philosophie ... Goethe als -n gegen die Unsterblichkeitsthese angerufen (Andres, Liebesschaukel 53); **b)** (Rechtsspr.) *jmd., der vor Gericht geladen wird, um Aussagen über ein von ihm persönlich beobachtetes Geschehen zu machen, das zum Gegenstand der Verhandlung gehört:* ein glaubwürdiger, falscher Z.; sachverständiger Z. *(Zeuge, der auf Grund besonderer Sachkunde über etw. aussagen kann);* Da fällt er der Z. plötzlich um (Noack, Prozesse 194); es werden noch -n gesucht; als Z. der Anklage, Verteidigung [gegen jmdn.] aussagen; als Z. auftreten, erscheinen, [vor]geladen werden; einen -n benennen, beibringen, stellen, vernehmen, verhören, befragen, vereidigen, zwangsweise vorführen; jmdn. als -n hören; das Verfahren wurde ohne Anhörung von -n eingestellt (Schwaiger, Wie kommt 91); Spr ein Z. - kein Z.; **¹zeu|gen** ⟨sw. V.; hat⟩ [mhd. ziugen, ahd. giziugōn]: **1.** *als Zeuge aussagen:* vor Gericht z.; „Zeugin!" rief Greifer ... „Die kann doch weder für noch gegen etwas z. - die kann überhaupt nicht z.!" (Kirst, 08/15, 879); Ü das zeugt *(spricht)* für seine Uneigennützigkeit. **2.** * **von etw. z.** *(auf Grund von Beschaffenheit, Art etw. erkennen lassen, zeigen):* ihre Arbeit

zeugt von großem Können; sein Verhalten zeugt nicht gerade von Intelligenz, guter Erziehung; Die Krater zeugen von den Flächenbombardements während des Krieges (natur 5, 1991, 36); Irgendwann werden sie ... auf Spuren stoßen, die von unseren Leiden und Kämpfen zeugen (K. Mann, Wendepunkt 338). ◆ **3.** *als Zeuge erklären, bezeugen:* Wenn das die Muhme Briggy zeugt, so hängt mich (Kleist, Krug 9); **²zeu|gen** ⟨sw. V.; hat⟩ [mhd. (ge)ziugen, ahd. giziugōn, zu ↑Zeug u. urspr. = Zeug (Gerät) anschaffen, besorgen, dann: herstellen, erzeugen]: *(vom Mann, auch von Paaren) [im Geschlechtsakt] durch Befruchtung ein Kind entstehen lassen, hervorbringen:* er hat [mit ihr], sie haben [zusammen] ein Kind gezeugt; Denn derselbe Vater zeugte sie in derselben Mutter (Th. Mann, Joseph 307); ⟨auch o. Akk.-Obj.:⟩ Bevor gezeugt wurde, gab es Hammelschulter zu Bohnen und Birnen (Grass, Butt 9); Ü ... vom Nichts, aus dem alles gezeugt *(erschaffen)* sei und in das alles zurückkehren werde (Th. Mann, Krull 313); das zeugt (geh.; *verursacht)* nur Unheil; ◆ ... als sie jetzt noch fünfzehn Kinder zeugte *(gebar;* Kleist, Krug 7); **Zeu|gen|aus|sa|ge,** die: *Aussage eines Zeugen* (b): einander widersprechende -n; wohl seien u., nach denen die Prostituierte noch am späten Abend gesehen worden sei, nicht überzeugend (Noack, Prozesse 38); **Zeu|gen|bank,** die ⟨Pl. ...bänke⟩: *Sitzgelegenheit im Gericht, die für Zeugen* (b) *bestimmt ist:* der Gerichtsdiener wies ihr einen Platz auf der Z. an (Baum, Paris 122); auf der Z. sitzen *(Zeuge* b *sein);* **Zeu|gen|be|ein|flus|sung,** die: *Beeinflussung eines Zeugen* (b), *der Zeugen, um eine für sich günstige Aussage zu erwirken;* **Zeu|gen|be|fra|gung,** die: vgl. Zeugenvernehmung; **Zeu|gen|berg,** der (Geol.): *isoliert vor dem Rand einer Schichtstufe stehender Berg, der aus denselben Gesteinsschichten besteht wie diese u. deren frühere Ausdehnung erkennen läßt;* **Zeu|gen|be|weis,** der: *Beweis, der sich auf Zeugenaussagen stützt;* **Zeu|gen|ein|schüch|te|rung,** die: *Einschüchterung eines Zeugen* (b), *von Zeugen:* Zu den Methoden der Z. gehören ... „wortlose" Anrufe (Lindlau, Mob 326); **Zeu|gen|ein|ver|nah|me,** die (österr.; schweiz.): *Zeugenvernehmung:* Es ist der Vormittag der letzten -n (Frisch, Gantenbein 421); **Zeu|gen|ge|bühr,** die: *Zeugengeld;* **Zeu|gen|geld,** das: *Erstattung der Unkosten eines Zeugen* (b); **Zeu|gen|schaft,** die; -, -en: **1.** ⟨o. Pl.⟩ *das Zeugesein, das Auftreten als Zeuge:* Der bevorstehende Tod der Wundertäterin von Lourdes erfordert die Z. des Bischofs (Werfel, Bernadette 404); jeden Augenblick ... konnten sie meine Z. ihn fordern (Habe, Namen 397); Ü Vergebens rief ich des Himmels Z. an für die Schönheit des Topasschmuckes (Th. Mann, Krull 189). **2.** ⟨Pl. selten⟩ *Gesamtheit der Zeugen eines Prozesses:* so paßte nicht nur der Gerichtsdiener, sondern die ganze Z. eifrig auf den kleinen Mann auf (Fallada, Jeder 365); **Zeu|gen|schutz,** der: *Schutz von gefährdeten, be-*

drohten Zeugen (b); **Zeu|gen|stand,** der ⟨o. Pl.⟩: *Platz, an dem der Zeuge* (b) *[stehend] seine Aussage macht:* den Z. betreten; in den Z. treten, gerufen werden; im Z. stehen *(Zeuge* b *sein);* **Zeu|gen|ver|hör,** das: vgl. Zeugenvernehmung; **Zeu|gen|ver|neh|mung,** die: *Vernehmung eines Zeugen* (b), *von Zeugen (durch das Gericht, den Staatsanwalt od. die Anwälte);* **Zeu|gen|vor|la|dung,** die: *Vorladung eines Zeugen* (b), *von Zeugen;* **Zeu|ger,** der; -s, -: *jmd., der jmdn. zeugt, gezeugt hat; Erzeuger:* du biederer Z. von vier schulpflichtigen Kindern (Böll, Haus 29); **Zeug|haus,** das, (bes. Milit. früher): *Lager für Waffen u. Vorräte;* **Zeu|gin,** die; -, -nen: w. Form zu ↑Zeuge. **Zeug|ma,** das; -s, -s u. -ta [lat. zeugma < griech. zeũgma] (Sprachw.): *Beziehung des gleichen Wortes in verschiedener Bedeutung auf zwei Satzteile* (z. B. nimm dir Zeit und nicht das Leben!). **Zeug|nis,** das; -ses, -se [mhd. (ge)ziugnisse, zu ↑Zeuge]: **1. a)** *urkundliche Bescheinigung, Urkunde, die meist in Noten ausgedrückte Bewertung der Leistungen eines Schülers o. ä. enthält:* ein glänzendes, mäßiges, schlechtes Z.; das Z. der Reife (veraltend; *Abiturzeugnis);* gute Noten im/(landsch.:) auf dem Z. haben; am Ende des Schuljahres gibt es -se; **b)** *[abschließende] Beurteilung eines Beschäftigten, Bediensteten o. ä.; Arbeitszeugnis:* ausgezeichnete -se haben; -se vorlegen, vorweisen müssen; ein Z. verlangen, ausstellen; ein Mann, der als Sergeant mit glänzendem Z. seinen Abschied genommen hatte (Mostar, Unschuldig 24); Ü ich kann meinem Kollegen nur das beste Z. ausstellen *(mich nur sehr positiv über ihn äußern).* **2.** *Gutachten:* Sie bringt -se der besten Hirnspezialisten ... bei (Mostar, Unschuldig 63); nach ärztlichem Z. ist er arbeitsfähig. **3.** (veraltend) *Aussage vor Gericht:* [falsches] Z. [für, gegen jmd.] ablegen; Ü Um der Glaubwürdigkeit des christlichen -ses *(Bekenntnisses)* willen (R. v. Weizsäcker, Deutschland 56); Dir aber geht es nach eigenem Z. *(Bekunden)* umgekehrt (Stern, Mann 219); weil er zu den Bildern gestanden war, die er für richtig hielt (Feuchtwanger, Erfolg 49); Z. für seinen Glauben ablegen *(seinen Glauben bekennen).* **4.** (geh.) *etw., was das Vorhandensein von etw. anzeigt, beweist:* Die -se über einen regelmäßigen Fernhandel reichen ... bis in die Vorgeschichte zurück (Fraenkel, Staat 135); Die -se *(erhaltenen Beispiele)* der vorikonoklastischen Buchmalerei (Bild. Kunst III, 65); diese Entscheidung ist [ein] Z. seines politischen Weitblicks; etw. ist ein untrügliches Z. für etw.; Keine Stadt der Welt ist so reich an -sen der Vergangenheit wie Paris (Sieburg, Paris 10); An -sen, die uns über den Bruderzwist im Hause Mann unterrichten, ist kein Mangel (Reich-Ranicki, Th. Mann 153); * **von etw. Z. ablegen/geben** *(von etw.* ¹zeugen 2)*: daß die Liebe der Jungen zum freien Spiele ohne Noten von einer nicht ganz gewöhnlichen Veranlagung Z. gab (Th. Mann, Buddenbrooks 422); **Zeug|nis|ab|schrift,** die:

Zeugnispflicht

Abschrift eines Zeugnisses: eine beglaubigte Z.; **Zeug|nis|pflicht,** die (Rechtsspr.): *Verpflichtung zur Zeugenaussage;* **Zeug|nis|ver|wei|ge|rung,** die (Rechtsspr.): *Weigerung, eine Aussage vor Gericht zu machen:* das Recht der/auf Z.; **Zeugnis|ver|wei|ge|rungs|recht,** das (Rechtsspr.): *Recht der Zeugnisverweigerung;* **Zeugs,** das; - (ugs. abwertend): *Zeug* (1): Die (= die Verkäufer) notzüchtigen einen ja, damit man ihnen ihr Z. abkauft (Fallada, Mann 219); gib mir auch mal einen Schluck von dem Z.; was soll ich mit dem ganzen Z. da?; **Zeu|gung,** die; -, -en [mhd. ziugunge = das Machen, Tun]: *das ²Zeugen:* Ü jener Kurzschluß ..., aus dem in jäher und unbegreiflicher Z. der Funke des Glaubens entsprang (Thielicke, Ich glaube 219); **Zeu|gungs|akt,** der: *Akt der Zeugung;* **zeu|gungs|fä|hig** ⟨Adj.⟩: *fähig, Kinder zu zeugen;* **Zeugungs|fä|hig|keit,** die ⟨o. Pl.⟩: *Fähigkeit, Kinder zu zeugen;* **Zeu|gungs|glied,** das: *Glied* (2); **Zeu|gungs|kraft,** die: vgl. Zeugungsfähigkeit; **zeu|gungs|un|fä|hig** ⟨Adj.⟩: *nicht zeugungsfähig;* **Zeu|gungsun|fä|hig|keit,** die: *Unfähigkeit, Kinder zu zeugen.*
Zeus: (in der griech. Myth.) höchster Gott; R was tun, spricht Z. [die Götter sind besoffen] (scherzh.; *was sollen wir tun?;* nach Schillers Gedicht „Teilung der Erde").
Ze|zi|die, die; -, -n [zu griech. kēkídion = Galläpfelchen, Vkl. von: kēkís = Gallapfel, eigtl. = etw. Hervorquellendes, Hervorsprudelndes] (Bot.): *Wucherung an Pflanzen;* **Ze|zi|dio|lo|gie,** die; - [↑-logie]: *Teilgebiet der Botanik, das sich mit den Zezidien befaßt.*
ZGB = Zivilgesetzbuch (in der Schweiz).
z. H., z. Hd. = zu Händen, zuhanden.
Zib|be, die; -, -n [vgl. mniederd. teve, eigtl. wohl = Hündin] (nordd., md.): **1.** *(bes. von Ziegen, Schafen, Kaninchen) Muttertier.* **2.** (Schimpfwort) *Zicke* (2): dumme, blöde Z.
Zi|be|be, die; -, -n [ital. zibibbo < arab. zibīb = Rosine] (österr., südd.): *große Rosine.*
Zi|bel|li|ne, die; - [frz. zibeline < ital. zibellino, eigtl. = Zobel(pelz), vgl. Zobel] (Textilind.): *Kleiderstoff mit dunklem Grund u. stark abstehenden hellen Fasern.*
Zi|bet [...εt], der; -s [ital. zibetto < arab. zabād = Zibet(katze), zu: zabad = Schaum]: **a)** *Drüsensekret der Zibetkatze mit starkem, moschusartigem Geruch, das bes. bei der Herstellung von Parfüm verwendet wird;* **b)** *aus Zibet* (a) *hergestellter Duftstoff;* **Zi|bet|drü|se,** die: *Zibet* (a) *absondernde Drüse der Zibetkatze;* **Zibet|kat|ze,** die: *in Afrika u. Asien heimische Schleichkatze mit dunkel gezeichnetem Fell u. sehr langem Schwanz, die aus einer Afterdrüse Zibet* (a) *absondert;* **Zibe|ton,** das; -s: *im Zibet* (a) *enthaltener Riechstoff.*
Zi|bo|ri|um, das; -s, ...ien [lat. ciborium < griech. kibōrion = Trinkbecher]: **1.** (kath. Kirche) *[kostbar verziertes] mit einem Deckel zu verschließendes, kelchförmiges Behältnis, in dem die geweihte Hostie auf dem Altar aufbewahrt wird.* **2.** (Archit.) *kunstvoll verzierter, auf Säulen ruhender, Figuren aufweisender Überbau über einem Altar in Form eines Baldachins.*
Zi|cho|rie, die; -, -n [ital. cicoria < mlat. cichorea < lat. cichorium < griech. kichórion = Wegwarte; Endivie]: **1.** *Wegwarte.* **2.** *Kaffeezusatz, Kaffee-Ersatz, der aus den getrockneten u. gemahlenen Wurzeln der Zichorie* (1) *gewonnen wird;* **Zicho|ri|en|kaf|fee,** der: *aus den getrockneten u. gemahlenen Wurzeln der Zichorie* (1) *gewonnener Kaffee-Ersatz;* **Zi|cho|rien|wur|zel,** die: *Wurzel der Zichorie* (1).
Zicke¹, die; -, -n [**1:** mhd. nicht belegt, ahd. zikkin = junge Ziege, (junger) Bock, zu ↑Ziege; **3:** zu (1), nach den unberechenbaren Sprüngen der Ziege od. zu ↑Zickzack (= sprunghafte Bewegung hin u. her)]: **1.** *weibliche Ziege:* manchmal haben wir uns angestellt wie die Z. am Strick (Bieler, Bär 119). **2.** *Frau, über deren zickiges* (a) *Verhalten sich der Sprecher/Schreiber ärgert:* eine dumme, ungebildete Z.; seine Frau ist eine furchtbare Z.; ihm frißt der Star, der einst bei Plattenbossen als „launische Z." verschrien war, aus der Hand (Hörzu 37, 1972, 6). **3.** ⟨Pl.⟩ (ugs.) *Dummheiten:* nur -n im Kopf haben; Ich mache die -n nicht mit (Apitz, Wölfe 23); Sie helfen ihm noch bei seinen -n? (Fallada, Herr 128); * **-n machen** *(Unsinn, Schwierigkeiten machen):* wenn er wieder -n macht, hole ich die Polizei; mach bloß keine -n!; Sie waren sonst doch ein ganz ordentlicher, solider Mann, und nun machen Sie solche -n! (Fallada, Trinker 95); **Zickel,** das; -s, -[n] [mhd. zickel]: *junge Ziege;* **Zickel|chen¹,** das; -s, -: Vkl. zu ↑Zickel; **zickeln¹** ⟨sw. V.; hat⟩ *(von Ziegen) Junge werfen;* **zickig¹** ⟨Adj.⟩ [zu ↑Zicke (2)] (ugs. abwertend): **a)** *(bes. in bezug auf Frauen) überspannt, launisch, eigensinnig:* Ich spiele ein -es Mädchen, unheimlich snobbt (Bild 20. 3. 84, 9); wegen ... Unklarheiten liefen in Bremen die Telefone heiß. Kein Grund für die Telefonistinnen, z. zu werden! (BM 3. 11. 74, 11); George, telegener Bernhardiner, wird ... immer -er: In letzter Zeit bemüht er sich nur noch vor die Kamera, wenn man ihn mit ... Lammkotelett ködert (Hörzu 38, 1974, 12); ... verbot ihm Dorothy z., das Musikinstrument auch nur anzufassen (Büttner, Alf 180); Ü Das Showbusiness ist nun mal ein durch und durch -es *(durch Überspanntheiten gekennzeichnetes) Gewerbe* (Szene 8, 1984, 45); **b)** *ziemlich prüde u. verklemmt:* eine -e Zimmerwirtin; In der Beziehung war sie unerhört z. ... Mit einem Mann wollte sie erst in der Hochzeitsnacht schlafen (Chotjewitz, Friede 67); Mach doch mal die Bluse auf ... Um nicht als z. angesehen zu werden, machen sie mit (Hörzu 12, 1994, 16); **Zickig|keit¹,** die; -, -en: **a)** ⟨o. Pl.⟩ *das Zickigsein;* **b)** *zickiges Verhalten, zickige Handlung, Äußerung;* **Zick|lein,** das; -s, -[mhd. zickelīn]: Vkl. zu ↑Zicke (1).
zick|zack ⟨Adv.⟩: *im Zickzack:* z. den Berg hinunterlaufen; **Zick|zack,** der; -[e]s, -e [verdoppelnde Bildung mit Ablaut zu ↑Zack]: *Zickzacklinie:* der Gegner flog einen wilden Z. (Gaiser, Jagd 84); im Z. gehen, fahren; Die kleinen Kerle flitzten im Z. mit Hakenschlagen nach allen Richtungen auseinander (Grzimek, Serengeti 132); Ü Damit ist der Z. der Gedanken schnell wieder zu seinem Ausgangspunkt zurückgekehrt (Werfel, Himmel 224); **zick|zacken¹** ⟨sw. V.; hat/ist⟩: *sich im Zickzack bewegen; im Zickzack laufen, fahren o. ä.:* als der Donner ganz nah über unserem Haus grollte, der Blitz zickzackte, ... (Berndorff, Himmelbett 7); **zick|zack|för|mig** ⟨Adj.⟩: *in Zickzacklinie verlaufend;* **Zick|zack|fries,** der: *(bes. von Backsteinkanten)* ¹*Fries mit einem zickzackförmigen Ornament;* **Zick|zackkurs,** der: *im Zickzack verlaufender Kurs* (1): er steuerte das Auto im Z. durch die Straße; Ü Enzensberger, Prototyp für den Z. vieler Altlinker nach rechts (natur 5, 1991, 97); **Zick|zack|li|nie,** die: *Linie, die in schnellem Wechsel in spitzen Winkeln verläuft:* Wieder einmal torkelt Krause in den frühen Morgenstunden in -n nach Hause (Rheinpfalz 4. 12. 85, 6); **Zick|zack|naht,** die (Näherei): *im Zickzack verlaufende Naht;* **Zick|zack|schere,** die (Näherei): *Schere, deren Klingen gezähnt sind.*
Zi|der, der; -s [frz. cidre, ↑Cidre]: *Apfelwein.*
Zie|che, die; -, -n [mhd. ziech(e), ahd. ziahha, über das Roman. < lat. theca, ↑Theke] (österr. ugs., südd.): *Bett-, Kissenbezug.*
Ziech|ling, der; -s, -e (Fachspr.): *Ziehklinge.*
Zie|fer, das; -s, - [wohl rückgeb. aus ↑(Un)geziefer] (südwestd.): *Federvieh.*
zie|fern ⟨sw. V.; hat⟩ [urspr. wohl laut- u. bewegungsnachahmend] (md.): **1.** *wehleidig sein.* **2.** *vor Schmerz, Kälte zittern.*
Zie|ge, die; -, -n [mhd. zige, ahd. ziga, H. u., viell. verw. mit griech. díza = Ziege u. armen. tik = Schlauch aus Tierfell (wohl urspr. aus Ziegenfell) od. unabhängige Bildung aus einem Lockruf]: **1.** *mittelgroßes Säugetier mit [kurzhaarigem] rauhem, weißem bis braunschwarzem Fell u. großen, nach hinten gekrümmten Hörnern beim männlichen bzw. kleinen, wenig gekrümmten Hörnern beim weiblichen Tier (das bes. wegen seiner Milch als Haustier gehalten wird)* -n halten, hüten, melken; sie ist mager, neugierig wie eine Z.; ... wußten Geschichten von salzleckenden -n (Bieler, Bonifaz 23); R die Z. ist die Kuh des kleinen Mannes. **2.** (Schimpfwort) *Zicke* (2): alte Z.!; so eine blöde, sentimentale Z.!; Sie denkt, wir haben den Gobelin versteckt, diese Z.! (Bieler, Mädchenkrieg 492); Hast du gehört, wie die Z. vor Gericht auf mir rumgehackt hat? (Ziegler, Kein Recht 224). **3.** *(bes. in osteuropäischen Binnengewässern u. der Ostsee vorkommender) dem Hering ähnlicher Karpfenfisch mit unregelmäßig gewellter Seitenlinie u. auffällig langer Afterflosse.*
Zie|gel, der; -s, - [mhd. ziegel, ahd. ziegal < lat. tegula, zu: tegere = (be)decken]: **a)** *[roter bis bräunlicher] Baustein* (1) *aus gebranntem Ton, Lehm:* Z. brennen; **b)** *roter bis bräunlicher, flacher, mehr od. weniger stark gewellter Stein zum Dachdecken aus gebranntem Ton, Lehm; Dachziegel:* ein Dach mit -n decken; **Zie|gel|bau,**

der: **1.** ⟨o. Pl.⟩ *das Errichten von Bauten aus Ziegeln* (a). **2.** ⟨Pl. -ten⟩ *Gebäude aus Ziegeln* (a); **Zie|gel|bren|ner**, der: *jmd., der Ziegel brennt* (Berufsbez.); **Zie|gel|bren|ne|rei**, die: *Ziegelei;* **Zie|gel|bren|ne|rin**, die: w. Form zu ↑ Ziegelbrenner; **Zie|gel|dach**, das: *Dach, das mit Ziegeln* (b) *gedeckt ist;* **Zie|ge|lei**, die; -, -en [aus dem Niederd.]: *Industriebetrieb, der Ziegel u. ähnliche Erzeugnisse herstellt;* **zie|gel|far|ben** ⟨Adj.⟩: *ziegelrot;* **zie|gel|n** ⟨sw. V.; hat⟩ (veraltet): *Ziegel herstellen;* **Zie|gel|ofen**, der: *Ofen, in dem Ziegel gebrannt werden;* **Zie|gel|pres|se**, die: *Vorrichtung zum Formen von Ziegeln;* **zie|gel|rot** ⟨Adj.⟩: *von warmem, trübem Orangerot:* Der Boden hier war von feinem, -em Staub bedeckt (Simmel, Stoff 59); **Zie|gel|stein**, der: *Ziegel* (a): ... wie zwei hart gebrannte -e, aus denen jeder Tropfen Wasser entwichen ist (Musil, Mann 1425); **Zie|gel|strei|cher**, der: *jmd., der Ziegel formt* (Berufsbez.); **Zie|gel|strei|che|rin**, die: w. Form zu ↑ Ziegelstreicher.

Zie|gen|bart, der [2: nach der Form]: **1.** *bartähnliche, lang nach unten wachsende Haare unterhalb des Unterkiefers der männlichen Ziege:* Ü er hat einen Z. (ugs.; *Spitzbart*). **2.** *meist grüngelblicher bis fahlbrauner, einer Koralle ähnelnder Pilz; Korallenpilz;* **Zie|gen|bock**, der: *männliche Ziege;* **Zie|gen|her|de**, die: *Herde von Ziegen;* **Zie|gen|hirt**, der: *jmd., der Ziegen hütet;* **Zie|gen|hir|tin**, die: w. Form zu ↑ Ziegenhirt; **Zie|gen|kä|se**, der: *unter Verwendung von Ziegenmilch hergestellter Käse;* **Zie|gen|lamm**, das (bes. Fachspr.): *junge Ziege;* **Zie|gen|le|der**, das: *aus dem Fell der Hausziege gefertigtes Leder (das bes. zur Herstellung von Schuhen, Taschen u. Handschuhen verwendet wird); Chevreau;* **Zie|gen|lip|pe**, die [nach der Form des Hutes]: *olivbrauner Pilz mit breitem, halbkugeligem bis flachem Hut u. leuchtendgelben Röhren;* **Zie|gen|mel|ker**, der [der Vogel liest u. a. am Euter von Ungeziefer ab]: *in der Dämmerung u. nachts fliegende Schwalbe mit kurzem, breitem Schnabel u. baumrindenartig gefärbtem Gefieder;* **Zie|gen|milch**, die: *Milch von der Ziege;* **Zie|gen|pe|ter**, der; -s, - [H. u., viell. nach einer ähnlichen Krankheit bei Ziegen, 2. Bestandteil ↑ Peter] (ugs.): *Mumps.*

Zie|ger, der; -s, - [mhd., ahd. ziger, H. u.] (österr., südd.): **a)** *Kräuterkäse;* **b)** *Molke, Quark;* **Zie|ger|kä|se**, der: *Zieger* (a).

Zieg|ler, der; -s, - (veraltet): *Ziegelbrenner.*

zieh: ↑ ziehen.

Zieh|bank, die ⟨Pl. ...bänke⟩ (Technik): *Maschine zum Ziehen von dicken Drähten;* **Zieh|brun|nen**, der: *Brunnen* (1) *[mit einer Kurbel], aus dem das Wasser in einem Eimer hochgezogen wird;* **Zie|he**, die; - (landsch., bes. sächs.): *Erziehung, Pflege (bes. eines fremden Kindes):* ein Kind in Z. nehmen, haben; **Zieh|ei|sen**, das (Technik): *Vorrichtung an der Ziehbank mit verschieden großen Löchern, durch die Metall zu Draht gezogen wird;* **Zieh|el|tern** ⟨Pl.⟩ (landsch.): *Pflegeeltern;* **zie|hen** ⟨unr. V.⟩ [mhd. ziehen, ahd. zio-

han]: **1.** *hinter sich her in der eigenen Bewegungsrichtung in gleichmäßiger Bewegung fortbewegen* ⟨hat⟩: einen Handwagen, die Rikscha z.; sich auf einem Schlitten z. lassen; die Pferde, Ochsen zogen den Pflug; ... wo ein Kind über den schneefreien Gehsteig einen Schlitten zog (Handke, Frau 9); Ü etw. nach sich z. (*etw. zur Folge haben*). **2.** ⟨hat⟩ **a)** *in gleichmäßiger Bewegung [über den Boden od. eine Fläche] zu sich hin bewegen:* z.! (als Aufschrift an Pendeltüren); den Stuhl an den Tisch z.; das Boot an Land z.; die Angel aus dem Wasser z.; den Verunglückten aus dem Auto, die Leiche aus dem Wasser z.; sie zog die Tür leise ins Schloß; Nach unruhigem Herumwälzen zog er sich wieder die Decke über den Kopf (Fels, Sünden 24); **b)** *jmdn. [an der Hand] mit sich fortbewegen; jmdn. anfassen, packen u. bewirken, daß er sich mit an eine andere Stelle bewegt:* Junge, laß dich nicht so z.; die Pferde aus dem Stall z.; sie zog ihn [an der Hand] ins andere Zimmer; er zog sie neben sich aufs Sofa; Katjas Mutter zog mich in eine Sitzecke und lud mich zu einem Kognak ein (H. Weber, Einzug 240); sie zogen ihn mit Gewalt ins Auto; Sie hängte sich jetzt in seinen Arm und zog ihn über die Straße (Hilsenrath, Nacht 362); Ü er war alle möglichen Personen an seinen Hof gezogen, Dichter, Philosophen (Thieß, Reich 242); er ... war mit siebzehn regulär zur Waffen-SS gezogen (ugs.; *einberufen*) worden (Bruyn, Zwischenbilanz 258); Der SPD-Abgeordnete ... wurde wegen Untauglichkeit aus gesundheitlichen Gründen nicht z. (ugs.; *einberufen*; MM 28. 12. 82, 5); **c)** *mit einer sanften Bewegung bewirken, daß jmd. ganz dicht an einen herankommt; jmdn. an sich drücken:* er zog sie liebevoll, zärtlich an sich; **d)** *durch Einschlagen des Lenkrades, Betätigen des Steuerknüppels in eine bestimmte Richtung steuern:* er zog den Wagen in letzter Sekunde scharf nach links, in die Kurve; der Pilot zog die Maschine wieder nach oben. **3.** ⟨hat⟩ **a)** *Zug* (3) *auf etw. [was an einem Ende beweglich befestigt ist] ausüben:* an der Klingelschnur z.; der Hund zieht [an der Leine] (*drängt ungestüm vorwärts*); **b)** *etw. anfassen, packen u. daran zerren, reißen:* jmdn. am Ärmel z., der Lehrer zog ihn an den Haaren, an den Ohren; **c)** *etw. durch Ziehen* (3 a) *betätigen:* die Notbremse, Wasserspülung, die Orgelregister z.; **d)** *durch Herausziehen eines Faches o. ä.] einem Automaten* (1 a) *entnehmen:* Zigaretten, Süßigkeiten, Blumen aus einem Automaten z.; Ich zog ihn ein Päckchen Lord Extra (Grass, Butt 185). **4.** *anziehen* (7), *Anzugsvermögen haben* ⟨hat⟩: der Wagen, der Motor zieht ausgezeichnet. **5.** ⟨hat⟩ **a)** *in eine bestimmte Richtung bewegen:* die Rolläden in die Höhe z.; er zog die Knie bis unters Kinn; der Sog zog ihn in die Tiefe; er wurde in den Strudel gezogen; die schwere Last zog ihn fast zu Boden; die Ruder kräftig durchs Wasser z.; die Strümpfe kurz durchs Wasser z. (*schnell auswaschen*); Die Gemüse und Hummerkrabben in dem restlichen Mehl wenden, abklopfen und durch den Teig z. (e & t 6, 1987, 118); Ü ⟨unpers.:⟩ es zog ihn in die Ferne, an den Ort des Verbrechens; es zieht ihn doch immer wieder zu ihr; Den jungen, unternehmungslustigen Juristen zog es schon sehr bald in die Wirtschaft (Vaterland 27. 3. 85, 19); **b)** *an eine bestimmte Stelle, in eine bestimmte Lage, Stellung bringen:* Perlen auf eine Schnur z.; Fleischstücke abtropfen lassen und auf Holzspieße z. (e & t 5, 1987, 67); die Tante hat einmal einen Heidelbeerwein auf Flaschen gezogen (*in Flaschen abgefüllt;* Wimschneider, Herbstmilch 135); den Faden durchs Nadelöhr, den Gürtel durch die Schlaufen z.; den Hut [tief] ins Gesicht z.; er zog die Schutzbrille über die Augen; eine Decke fest um sich z.; sie zog den Gürtel stramm um die Hüften; den Schleier vor das Gesicht, die Gardinen vor das Fenster z.; Ü Schäuble übernahm es, die streitbaren CDU-Ministerpräsidenten in Sachgespräche z. (Spiegel 6, 1993, 22); **c)** *über od. unter etw. anziehen:* einen Pullover über die Bluse, ein Hemd unter den Pullover z.; **d)** (*bes. von Spielfiguren*) *von einer Stelle weg zu einer anderen bewegen, verrücken:* den Springer auf ein anderes Feld z.; ⟨auch o. Akk.-Obj.:⟩ du mußt z.!; **e)** *durch Ziehen* (3 a) *aus, von etw. entfernen, es von einer bestimmten Stelle wegbewegen:* jmdm. einen Zahn z.; er zog ihm den Splitter aus dem Fuß; Er kam und wollte mir einen Stachel aus der Armbeuge z. (Schwaiger, Wie kommt 31); einen Nagel aus dem Brett, den Korken aus der Flasche z.; den Stiefel vom Fuß z.; den Ring vom Finger z.; den Hut [zum Gruß] z. (*lüften*); nach der Operation müssen die Fäden gezogen werden. **6.** ⟨hat⟩ **a)** *mit einer ziehenden Bewegung aus etw. herausnehmen, herausholen:* die Brieftasche, den Presseausweis [aus der Jackentasche] z.; den Degen, das Schwert z.; die Pistole [aus dem Halfter] z.; ⟨auch o. Akk.-Obj.:⟩ (*zieh deine Waffe*) endlich, du Feigling!; Ü die Wurzel aus einer Zahl z. (Math.; *die Grundzahl einer Potenz errechnen*); **b)** *aus einer bestimmten Menge auswählen u. herausholen:* ein Los z.; du mußt eine Karte z.; sie hat einen Gewinn gezogen; (Fachspr.:) wobei in größeren Arztpraxen täglich bis zu 100 Blutproben gezogen werden (MM 24. 11. 93, 1); In 53 der gezogenen Proben spürten die Prüfer giftige Lösungsmittel auf (Spiegel 16, 1994, 220). **7.** *seinen [Wohn]sitz irgendwohin verlegen, irgendwohin unterwegs sein* ⟨ist⟩: durch die Lande z.; dann zog er mit Christa durch die Gegend (Loest, Pistole 204); jmdn. ungern z. (*fortgehen*) lassen; von dannen, in die Fremde, heimwärts z.; Ich hatte mich westlich des Rheins gehalten, weil auf seiner anderen Seite ... der Welfe Otto nordwärts zog (Stern, Mann 389); auf Wache, ins Manöver, in den Krieg, an die Front z.; In der Frühe zogen die

Gendarmen auf Posten vor den Abstimmlokalen (Kühn, Zeit 158); die Demonstranten zogen [randalierend] durch die Straßen, zum Rathaus; die Hirsche ziehen zum Wald; die Aale ziehen flußaufwärts; die Schwalben ziehen nach Süden; Nebel zieht über die Wiesen; Eine Bise zog scharf über die Kuppe (Steimann, Aperwind 33); die Wolken ziehen [schnell]; der Qualm, Gestank zog durch das ganze Haus, ins Zimmer; das ... Haus ..., durch das bald in allen Etagen blaue Rauchschwaden ziehen (Kinski, Erdbeermund 362); die Feuchtigkeit ist in die Wände gezogen *(gedrungen)*; Ü die verschiedensten Gedanken zogen durch ihren Kopf; * **einen z. lassen** (↑ fahren 12). **9.** ⟨z. + sich; hat⟩ **a)** *sich [auf irgendeine Weise] irgendwohin erstrecken, bis irgendwohin verlaufen:* die Straße zieht sich bis zur Küste; die Grenze zieht sich quer durchs Land; eine rote Narbe zog sich über sein ganzes Gesicht; der Weg zieht sich aber (ugs.; *ist ziemlich lang, so daß man länger als erwartet dafür braucht*); **b)** *sich hinziehen* (4 b): Der Januar zieht sich (Sobota, Minus-Mann 264). **10.** ⟨hat⟩ **a)** *durch entsprechende Behandlung, Bearbeitung in eine längliche Form bringen; [durch Dehnen, Strecken] herstellen:* Draht, Röhren, Kerzen z.; Werner zog auch Kopien von verschlüsselten Computerdisketten (Spiegel 16, 1990, 16); Die Filmcooperative Zürich hat unter beträchtlichem finanziellem Aufwand ... eine neue Kopie z. lassen (NZZ 27. 1. 83, 39); **b)** *etw. [an beiden Enden] so ziehen* (3 a), *daß entsprechend lang wird; dehnen:* die Bettücher, Wäschestücke [in Form] z.; Kaugummi läßt sich gut z.; **c)** *(meist von etw. Zähflüssigem) entstehen lassen, erzeugen, bilden:* der Leim, Honig zieht Fäden; bei der Hitze zog das Pflaster Blasen; Dann stand die Suppe im Teller und zog ... eine dünne Haut (Müller, Fuchs 259); **d)** *aufziehen* (3): eine neue Saite auf die Geige z.; das Bild auf Pappe z.; **e)** *beim Singen, Sprechen o. ä. die Töne, Laute, Silben [unangenehm] breit [hebend u. senkend] dehnen:* dann setzte ein Geräusch ein, ein langes, ziehendes Pfeifen entrang sich dem Schnabel (Harig, Weh dem 196). **11.** *ausrollen, ausbreiten, irgendwo entlanglaufen lassen u. an bestimmten Punkten befestigen; spannen* ⟨hat⟩: eine [Wäsche]leine, Schnüre z.; Leitungen z. **12.** *[als Ausdruck bestimmter Gefühle, Meinungen o. ä.] bestimmte Gesichtspartien so verändern, daß sie vom sonst üblichen Aussehen abweichen* ⟨hat⟩: eine Grimasse, einen Flunsch z.; [nachdenklich] die Stirn in Falten z.; den Mund in die Breite z.; [mißmutig] die Mundwinkel nach unten z.; die Augenbrauen nach oben z. **13.** ⟨z. + sich⟩ *verziehen* (2 b) ⟨hat⟩: das Brett zieht sich; der Rahmen hat sich gezogen. **14.** ⟨hat⟩ **a)** *Anziehungskraft* (1) *haben:* der Magnet zieht nicht mehr; **b)** (ugs.) *die gewünschte Wirkung, Erfolg haben; ankommen* (4): der Film, die neue Zeitschrift zieht enorm; Er bemühte sich, den Prospekt so kitschig wie möglich zu machen – „Kitsch zieht", behauptete er (Augsburger Allgemeine 14. 2. 78, 11);

diese Masche zieht immer noch; deine Tricks, Ausreden ziehen nicht mehr; das zieht bei mir nicht; Wo Argumente nicht ziehen, endet Argumentation (Heringer, Holzfeuer 98); Alle Bonner Beteuerungen, deutsche Waffen würden nicht in Spannungsgebiete geliefert, ziehen nicht (Spiegel 6, 1978, 4); **c)** *bewirken, daß sich etw. (als Reaktion auf ein bestimmtes Verhalten o. ä.) auf einen bzw. etw. richtet:* alle Blicke auf sich z.; jmds. Unwillen, Zorn auf sich z.; ... studierte er die Speisekarte und zog damit die Aufmerksamkeit einiger Passanten auf die angekündigten Delikatessen (Kronauer, Bogenschütze 162); Sie ... wollte sein Interesse nur auf den Fall z., der sie beschäftigte (M. L. Fischer, Kein Vogel 164). **15.** ⟨hat⟩ **a)** *mit einem [tiefen] Atemzug in sich aufnehmen; einatmen:* die frische Luft, den Duft der Blumen durch die Nase z.; ich lächelte zum Wirt, der ... höflich Luft durch die Zähne zog (Muschg, Sommer 40); er zog den Rauch tief in die Lungen; **b)** *etw. in den Mund nehmen u. unter Anspannung der Mundmuskulatur Rauch, Flüssigkeit daraus entnehmen, in sich hineinziehen:* an der Pfeife, [hastig, nervös] an der Zigarette z.; Er zog an seiner dicken Zigarre und blies den Rauch über Sylvias Kopf hinweg (Konsalik, Promenadendeck 175); „Möchtest du auch eine rauchen?" fragte er. „Nein, laß mich einmal z." (Wellershoff, Körper 88); an einem Strohhalm z.; an etw. z. (Jargon; *raucht Haschisch o. ä.*). **16.** ⟨hat⟩ **a)** *(von Pflanzen) bestimmte Stoffe in sich aufnehmen:* Nahrung aus dem Boden z.; der Feigenbaum zieht viel Wasser; **b)** *gewinnen* (5 b): Öl aus bestimmten Pflanzen z.; Erz aus Gestein z.; Ü Profit, Nutzen, einen Vorteil aus etw. z.; ebenso wie wir ... Leute sehen, die man Christen nennt, wie sie aus Gleichnissen und Wundern ihren Glauben ziehen (Ranke-Heinemann, Eunuchen 13). **17.** ⟨hat⟩ **a)** *etw., bes. ein Schreibgerät, von einem bestimmten Punkt ausgehend, ohne abzusetzen, über eine Fläche bewegen u. dadurch (eine Linie) entstehen lassen:* eine Senkrechte, einen Kreis, Bogen z.; Linien [mit dem Lineal] z.; **b)** *nach einer bestimmten Linie anlegen, bauen, entstehen lassen:* einen Graben, eine Grenze z.; sie zogen eine Mauer [um die Stadt]; Zäune [um die Parks] z.; So wurden Wege gepflastert, Malerarbeiten durchgeführt, Drainagen gezogen (Freie Presse 22. 6. 89, 8); sie zog sich einen Scheitel; **c)** *eine bestimmte Linie beschreiben:* seine Bahn z.; mit dem Flugzeug eine Schleife z.; beim Schlittschuhlaufen Figuren z.; Über schwarzgrünen, unbetretbaren Wäldern zogen Gerfalken und Milane ihre Spiralen (Ransmayr, Welt 196). **18.** *aufziehen, züchten* ⟨hat⟩: etw. aus Samen, Stecklingen z.; Rosen, Spargel z.; ... einen Garten, in dem sie Lebensmittel wie Obst, Gemüse und Kartoffeln ziehen (Chotjewitz, Friede 161); Schweine, Gänse z.; Ü Den Jungen werde ich mir noch z. (ugs.; *so formen, so erziehen, daß er meinen Vorstellungen entspricht*). **19.** ⟨hat⟩ **a)** *mit kochendem, heißem Wasser o. ä. übergossen sein u. so lange eine Weile stehenbleiben,*

bis die übergossene Substanz ihre Bestandteile, ihren Geschmack u. ihr Aroma an das Wasser abgibt: den Tee 3 Minuten z. lassen; der Kaffee hat lange genug gezogen; **b)** (Kochk.) *etw. in einer Flüssigkeit knapp unter dem Siedepunkt halten u. langsam garen lassen:* die Klöße z. lassen; der Fisch soll nicht kochen, sondern z. **20.** ⟨unpers.⟩ *als Luftzug in Erscheinung treten, unangenehm zu verspüren sein* ⟨hat⟩: [Tür zu] es zieht!; in der Halle zieht es; es zieht aus allen Ecken, vom Fenster her, an die Beine, mir an den Beinen; Die Äcker sind voll Schnee, und durch die Fensterritze zieht's (Kempowski, Zeit 262). **21.** *den nötigen Zug haben, um entsprechend zu funktionieren* ⟨hat⟩: der Ofen, Kamin, Schornstein zieht [gut, schlecht]; die Pfeife zieht nicht mehr. **22.** *einen Schmerz, der sich in einer bestimmten Linie ausbreitet, haben* ⟨hat⟩: es zieht [mir] im Rücken; ziehende Schmerzen in den Beinen, in den Gliedern haben; ⟨subst.:⟩ sie verspürte ein leichtes, starkes Ziehen im Bauch; Otto Brasch spürte wieder dieses quälende Ziehen zwischen den Schulterblättern (Loest, Pistole 161). **23.** (Geldw.) *auf eine dritte Person, auf einen Wechselnehmer ausstellen* ⟨hat⟩: einen Wechsel auf jmdn. z.; ein gezogener Wechsel. **24.** *mit einem Gegenstand ausholend schlagen* ⟨hat⟩: jmdm. eine Latte, eine Flasche über den Kopf z.; Dabei zog ihm einer der Täter einen Holzknüppel über den Kopf (MM 22. 7. 88, 15); er zog ihm eins über die Rübe. **25.** (Waffent.) *mit schraubenlinienartigen Zügen* (15) *versehen* ⟨hat; meist im 2. Part.⟩: ein Gewehr mit gezogenem Lauf. **26.** (in verblaßter Bed., auch als Funktionsverb; hat): Lehren aus etw. z. *(aus etw. lernen);* den Schluß aus etw. z. *(aus etw. schließen);* falsche, voreilige Schlüsse z.; Folgerungen, Konsequenzen z.; Vergleiche z. *(etwas miteinander vergleichen);* jmdn. zur Rechenschaft, zur Verantwortung z. *(für etw. verantwortlich machen).* ◆**27.** ⟨im Präs. 2. Pers. auch zeuchst, 3. Pers. zeucht, Imperativ zeuch:⟩ Zeuch dein Schwert und erbarme dich! (Schiller, Räuber V, 2); **Zie|her**, der; -s, - (Jargon): *jmd., der beim Taschendiebstahl jmdm. das Portemonnaie o. ä. aus der Tasche* (2) *zieht:* Derweil rempelt ein zweites Bandenmitglied den Ahnungslosen, ihn nennt man den Z., denn während der Aktion fischt er den Geldbeutel aus Jacke oder Hose (MM 25. 3. 93, 19); **Zie|he|rin**, die; -, -nen (Jargon): w. Form zu ↑Zieher; **Zieh|fel|der**, die: *Reißfeder;* **Zieh|har|mo|ni|ka**, die: *einfachere Handharmonika;* **Zieh|kind**, das (landsch.): *Pflegekind;* **Zieh|klin|ge**, die (Holzverarb.): *einem Messer ähnliches Stück Stahl mit scharfer Schneide, mit dem Späne abgehobelt werden u. das Holz geglättet wird;* **Zieh|leu|te** ⟨Pl.⟩ (landsch.): *Möbelpacker;* **Zieh|mes|ser**, das (Holzverarb.): *Ziehklinge;* **Zieh|mut|ter**, die: **1.** (landsch.) *Pflegemutter.* **2.** *Mentorin;* **Zieh|pfla|ster**, das: *Zugpflaster;* **Zieh|schleif|ah|le**, die (Technik): *Werkzeug, mit dem Metall glattgeschliffen wird;* **zieh|schlei|fen** (st. V.; hat): *honen;* **Zieh|sohn**, der: **1.** (landsch.) *Pflegesohn.* **2.** *Protegé;* **Zieh-**

toch|ter, die: **1.** (landsch.) *Pflegetochter.* **2.** *weiblicher Protegé:* Fraktionschef Solms vergab der Z. Genschers das vorlaute Auftreten (Spiegel 35, 1993, 27); **Zie|hung,** die; -, -en: *das Ziehen einzelner Lose zur Ermittlung der Gewinner (bei einer Lotterie):* Wenn Edith ihn zur Z. der Lottozahlen zu wecken vergißt (Chotjewitz, Friede 79); **Zieh|hungs|li|ste,** die: *Gewinnliste;* **Zieh|hungs|recht,** das ⟨meist Pl.⟩ [engl. drawing right] (Finanzw.): *den Mitgliedsländern des Internationalen Währungsfonds zustehendes Recht, sich bei Zahlungsbilanzschwierigkeiten benötigte Fremdwährungen beim Internationalen Währungsfond zu beschaffen;* **Zieh|va|ter,** der: **1.** (landsch.) *Pflegevater.* **2.** *Mentor* (a): Ferner galt der engagierte Recherchuer als Vorbild vieler jüngerer Kollegen, deren journalistischer Z. er wurde (Chemische Rundschau 21. 8. 92, 2); **Zieh|wa|gen,** der: *Handwagen:* Man sah nur schleppende Menschen, mit dicken Taschen, vermummt, Z. hinter sich voll Holz (Kempowski, Uns 173). **Ziel,** das; -[e]s, -e [mhd., ahd. zil, viell. verw. mit ↑Zeit u. eigtl. = Eingeteiltes, Abgemessenes]: **1. a)** *Punkt, Ort, bis zu dem man kommen kann, den man erreichen will:* unser heutiges Z. ist Freiburg; das Z. einer Reise, Wanderung, Expedition; [endlich] am Z. [angelangt] sein; mit unbekanntem Ziel abreisen; [kurz] vor dem Z. umkehren; R wer langsam geht, kommt auch zum Z.; Ü so manches Wege kommen wir nie zum Z. *(so erreichen wir nichts, nie etwas);* **b)** (Sport) *Ende einer Wettkampfstrecke (das durch eine Linie, durch Pfosten o. ä. markiert ist):* [als erster] das Z. erreichen; als letzter durchs Z. gehen, ins Z. kommen. **2.** *etw., was beim Schießen, Werfen o. ä. anvisiert wird, getroffen werden soll:* bewegliche, ein Z. anvisieren, treffen, verfehlen; ein Z. unter Beschuß nehmen; die Ölraffinerien boten (dem Feind) ein gutes Z.; denn für MGs und Schützenfeuer gab es keine erkennbaren -e (Plievier, Stalingrad 16); am Z. vorbeischießen; etw. dient als Z.; Kat und Albert brauchten nur die glimmenden Zigarettenköpfe als Z. zu visieren (Remarque, Westen 149); Z. aufsitzen lassen (Schießsport; *auf den unteren Rand des ³Schwarzen zielen);* * **|weit| über das Z. |hinaus|schießen** (ugs.; *die Grenze des Vernünftigen, Zulässigen [weit] überschreiten;* nach dem Bild des Schützen, der das Ziel nicht trifft, weil er den Bogen zu stark gespannt hat [sich zu sehr bemüht hat] u. der Pfeil weit über das Ziel hinausfliegt): wie oft habe ich erlebt, daß der ... Ehrgeiz des Kriminalbeamten über das Z. hinausschoß und nicht mehr die Wahrheit um jeden Preis suchte, sondern die Überführung um jeden Preis (Mostar, Unschuldig 103). **3.** *etw., worauf jmds. Handeln, Tun o. ä. ganz bewußt gerichtet ist, was man als Sinn u. Zweck, angestrebtes Ergebnis seines Handelns, Tuns zu erreichen sucht:* erklärtes Z. ist es ...; die politischen -e eines Landes; die Philosophie eines Aristippas, in der in der höchsten Lustgewinnung das Z. des Daseins sieht (Thieß, Reich 51); ein [klares] Z. vor Augen haben; weitgesteckte, kühne -e verfolgen; Was Maria Theresia anlangt, so hat sie in diesem Kampfe nur antideutsche -e verfochten (Friedell, Aufklärung 12); sein Z. im Auge behalten, aus dem Auge verlieren; ein bestimmtes Z. ins Auge fassen; Alle meine Gefühle, meine Sehnsucht, meine Wünsche hatten auf einmal ein Z. (Roth, Beichte 50); Ich und meine Mitarbeiter haben das gesteckte Z. auch in diesem Quartal erreicht (Richartz, Büroroman 10); der Schüler hat das Z. der Klasse *(Klassenziel)* nicht erreicht; sich ein Z. setzen, stecken; [unbeirrbar] auf sein Z. lossteuern (ugs.; *etw. planmäßig verwirklichen);* jmdn. für seine -e einspannen, mißbrauchen; sie studiert mit dem Z. *(der Absicht),* in die Forschung zu gehen; sich von seinem Z. nicht abbringen lassen; sich etw. zum Z. setzen; diese Aktion führte nicht zum Z.; R Beharrlichkeit führt zum Z. **4.** (Kaufmannsspr. veraltend): *Zahlungsfrist, Termin:* das Z. der Zahlung ist 30 Tage; etw. gegen 3 Monate Z. kaufen; **b)** (selten) *Endpunkt eines Zeitraums; Ende:* einer Sache ein Z. setzen; **Ziel-: 1.** drückt in Bildungen mit Substantiven aus, daß etw. der Ort, Punkt ist, den man als letzten erreichen will: Zielflughafen. **2.** kennzeichnet in Bildungen mit Substantiven etw. als das, was man erreichen will, was man anstrebt: Zielwert. **3.** kennzeichnet in Bildungen mit Substantiven jmdn. oder etw. als Person oder Sache, auf die alle Bestrebungen gerichtet sind, die angesprochen werden sollen: Zielpublikum; **Ziel|an|spra|che,** die (Milit.): *Ansprache* (2); **Ziel|bahn|hof,** der: *Bahnhof, in dem eine Zugverbindung endet;* **Ziel|band,** das ⟨Pl. ...bänder⟩ (Sport früher): *über der Ziellinie gespanntes [weißes] Band;* **ziel|be|wußt** ⟨Adj.⟩: *genau wissend, was man erreichen will, u. entsprechend handelnd:* Sie war eines jener reizend -en heutigen Mädchen (Musil, Mann 309); Seine expansiven Ziele verfolgte Stalin unter -er *(Zielbewußtheit erkennen lassender)* Ausnutzung der „imperialistischen Gegensätze" (Fraenkel, Staat 52); jmd. ist sehr z.; handeln; z. auf etw. zusteuern; **Ziel|be|wußt|heit,** die: *zielbewußte Art;* **Ziel|dra|ma,** das (Literaturw.): *Drama, in dem die Handlung von den konfliktauslösenden Ereignissen beginnt und geradlinig auf das Ende (die Katastrophe) hingeführt wird;* **Ziel|ein|rich|tung,** die: *Zielvorrichtung;* **zie|len** ⟨sw. V.; hat⟩ /vgl. zielend, gezielt/ [mhd. zil(e)n, ahd. zilēn, zilōn]: **1.** *(etw., womit man schießt, wirft o. ä.) genau auf ein bestimmtes Ziel (2) richten:* gut, genau, scharf z.; über Kimme und Korn z.; auf die Scheibe, [mit der Steinschleuder] auf Spatzen z.; Ich ziele zwar mit der Steinschleuder auf die Kastanien im Baum, ... (Imog, Wurliblume 19); Amelie ... ergreift ein Gewehr, zielt sorgfältig auf den Mann, der ihren Vater getötet hat (Sieburg, Blick 84); [mit dem Revolver] auf jmdn. z.; ein gut gezielter Schuß, Wurf; Ü Er hob seinen Zeigefinger, zielte auf die Knaben (Lenz, Suleyken 105). **2. a)** *sich auf jmdn., etw. beziehen, sich gegen jmdn., etw. richten:* er zielte mit seiner Kritik auf die Mißstände; Sohnemann schluckte den leisen Vorwurf, der auf seine Geldgier zielte (Sebastian, Krankenhaus 144); Alles, was Sie bisher kritisiert haben, zielt stark auf die Person des Wirtschaftsministers (Saarbr. Zeitung 5. 10. 79, 28); **b)** *etw. Bestimmtes zum Ziel (3) haben, einen bestimmten Zweck verfolgen:* der Plan zielt auf eine schnelle Lösung; seine Bemühungen zielten auf eine Veränderung der politischen Verhältnisse; Um selbst an Statur zu gewinnen, zielt Sinowatz auf Schwächung seiner Stellvertreter (Wochenpresse 43, 1983, 12); Alle Schritte, die er bisher unternommen habe, zielten doch dahin, die abessinische Frage aufzurollen (Niekisch, Leben 264); **zie|lend** ⟨Adj.⟩ (Sprachw.): *transitiv;* **Ziel|fahn|dung,** die (Kriminologie): *gezielte Fahndung, die sich auf eine bestimmte verdächtige Person konzentriert;* **Ziel|fahrt,** die (Motorsport): *kleinere Sternfahrt;* **Ziel|feh|ler,** der: *ungenaues Anvisieren des Ziels;* **Ziel|fern|rohr,** das: *Fernrohr [mit Fadenkreuz] bes. auf dem Lauf von Gewehren, das auch über größere Entfernungen genaues Zielen ermöglicht;* **Ziel|film,** der: **1.** *auf eine Rolle gewickeltes Transparent* (2) *an [der Stirnseite von] Straßenbahnen u. Bussen, auf dem bes. das Ziel der jeweiligen Linie* (6) *angegeben ist:* bitte Z. des Zuges beachten (Hinweis an Haltestellen). **2.** (Sport) vgl. Zielfoto; **Ziel|flug|ge|rät,** das: *Peilgerät für Flugzeuge;* **Ziel|flug|ha|fen,** der: vgl. Zielbahnhof: alles, was zwischen der Buchung im Reisebüro und der Ankunft auf dem Z. passiert (Hörzu 21, 1982, 58); **Ziel|fo|to,** das (Sport): *mit einer im Ziel (1 b) installierten Kamera aufgenommenes Foto, auf dem die genaue Reihenfolge der einlaufenden Wettkämpfer festgehalten ist;* **ziel|füh|rend** ⟨Adj.⟩ (bes. österr.): *zum Ziel führend; erfolgreich, erfolgversprechend:* Was ... zu einer -en Gemeinschaftsaktion in diesem Jugendzentrum fehlte, das waren ... (Brandstetter, Altenehrung 66); ... daß ohne eine exakte Diagnose eine -e Therapie nicht möglich ist (Wochenpresse 5. 6. 84, 9); Graff sprach sich jedoch gegen eine Klage Waldheims in den USA aus, da dies nicht z. wäre (Tiroler Tageszeitung 30. 4. 87, 2); **Ziel|ge|biet,** das (Milit.): *Gebiet, Fläche als Ziel militärischer Angriffe;* **ziel|ge|nau** ⟨Adj.⟩: **a)** *genau, exakt das Ziel treffend:* -e Waffen; Dafür benötigten die USA unter anderem ein -eres Nachfolgemodell der „Lance"-Kurzstreckenrakete (NZZ 29. 8. 86, 2); **b)** (Werbespr.) *genau:* eine -e Kfz-Lenkung; **Ziel|ge|ra|de,** die (Sport): *gerade Strecke einer Lauf-, Rennbahn kurz vor dem Ziel:* als erster in die Z. einlaufen, einbiegen; Ü Auf der -n befinden sich die Münchner Bayern, nachdem alle Verfolger am Wochenende Punkte abgeben mußten (MM 21. 4. 69, 13); **ziel|ge|recht** ⟨Adj.⟩: *einem klaren Ziel entsprechend;* **zielgerichtet:** Qualifizierte Bewerber finden bei uns ein interessantes Betätigungsfeld, welches es ermöglicht, vorhandenes Wissen z. einzusetzen (Saarbr. Zeitung 5./6. VI. 80, XVIII); **ziel|ge|rich|tet** ⟨Adj.⟩: *an einem klaren Ziel orientiert:*

Zielgerichtetheit

Für uns ist dieses Turnier der Auftakt für die -e Vorbereitung auf die Olympischen Spiele (NNN 21. 9. 87, 4); ... daß die Gewerkschaftsarbeit in letzter Zeit bewußter und -er betrieben werde (Basler Zeitung 12. 5. 84, 35); **Ziel|ge|rich|tet|heit,** die: *das Zielgerichtetsein;* **Ziel|grup|pe,** die: *Gruppe von Personen (mit vergleichbaren Merkmalen), die gezielt auf etw. angesprochen, mit etw. erreicht werden soll:* -n der Werbung; Z.: alle Inhaber von Zweitwohnungen (Hamburger Rundschau 15. 3. 84, 8); so sind diese neuen Fonds doch deutlich mehr als die klassischen Investmentfonds auf eine definierte -n ausgerichtet (Wochenpresse 43, 1983, 30); **Ziel|ha|fen,** der: vgl. Zielbahnhof; **Ziel|ka|me|ra,** die (Sport): *im Ziel* (1 b) *installierte Kamera, mit der ein Zielfilm od. Zielfoto aufgenommen wird;* **Ziel|kauf,** der (Wirtsch.): *Kauf, bei dem die Rechnung erst nach Lieferung zu einem bestimmten Zeitpunkt zur Zahlung fällig wird;* **Ziel|kon|flikt,** der: *Konflikt, der entsteht, wenn zwei Ziele gesetzt werden, deren gleichzeitige, volle Erfüllung sich ausschließt:* Hier gibt es schon den ersten Z.: Einerseits wäre es ideal, in jeder bedeutenden Frage alle Bürger mitentscheiden zu lassen; andererseits sind wir darauf angewiesen, ... (Zeit 47, 1974, 9); Zwischen Militär und Naturschutz ... besteht ein Z. (NZZ 30. 1. 83, 19); **Ziel|kor|ri|dor,** der (Geldw.): *Spanne zwischen oberer u. unterer Grenze bei der Festsetzung des Geldmengenziels:* Der obere Rand des -s wurde demnach um 4,4 Prozent übertroffen (Rheinpfalz 26. 1. 93, 4); nach dem Überschießen der Geldmengenziele versucht man eher wieder in den Z. zurückzukehren (Weltwoche 17. 9. 87, 29); **Ziel|kur|ve,** die (Sport): *Kurve, die vor der Zielgeraden liegt;* **Ziel|land,** das ⟨Pl. ...länder⟩: *Land* (5 a), *das das Ziel* (1 a) *einer Reise, Flucht o. ä. darstellt:* Alle Vertreter der westeuropäischen Zielländer wiesen auf die explosionsartige Zunahme der Asylsuchenden ... hin (Tages Anzeiger 5. 11. 91, 8); **Ziel|lan|dung,** die: *Landung in einem markierten Feld;* **Ziel|li|nie,** die (Sport): **a)** *über eine Lauf-, Rennbahn gezogene Linie, die das Ziel* (1 b) *markiert;* **b)** *Ziel* (1 b): Santé, dem schließlich und endlich noch vor der Z. das Benzin ausgeht, wird letzter (Zivildienst 2, 1986, 37); **Ziel|loch,** das (Golf): *Loch, in das der Ball gebracht, geschlagen werden muß;* **ziel|los** ⟨Adj.; -er, -este⟩ [urspr. = endlos]: *ohne festes, erkennbares Ziel; ohne [genau] zu wissen, wohin es gehen soll:* z. durch die Straßen irren; Die Träger rechtsradikaler Tendenzen ... verharrten in -er (planloser) Opposition (Fraenkel, Staat 205); **Ziel|lo|sig|keit,** die; -: *das Ziellossein;* **Ziel|mar|ke,** die: *Markierung an einem Zielgerät, die man beim Zielen mit dem Ziel optisch in eine Linie bringt;* **Ziel|men|ge,** die (Math.): *Menge der Elemente y, die der Menge der Elemente x in einer Abbildung 5 zugeordnet ist; Wertemenge;* **Ziel|prä|mie,** die (ehem. DDR): *Prämie für eine termin- u. qualitätsgerechte Planerfüllung;* **Ziel|pro|jek|ti|on,** die: *im voraus erfolgende Einschätzung der gesamtwirtschaftlichen Entwicklung durch die Bundesregierung im Jahreswirtschaftsbericht;* **Ziel|punkt,** der: *Punkt, Stelle, auf die man zielt;* **Ziel|rich|ter,** der (Sport): *Kampfrichter, der (bes. bei Wettbewerben im Laufen) die Reihenfolge der Plazierung im Ziel ermittelt;* **Ziel|rich|te|rin,** die (Sport): w. Form zu ↑Zielrichter; **Ziel|schei|be,** die: *Schießscheibe:* auf eine Z., nach einer Z. schießen; Ü er war Z. des Spottes der Kollegen; Der Innenminister diente der Opposition als Z. für ihre Angriffe; Daphne, die ... die Z. der Fragen und der Bewunderung bildete (A. Kolb, Daphne 100); **Ziel|schiff,** das: **1.** (Milit.) *Schiff, das als Ziel für Schieß- u. Bombenwurfübungen dient.* **2.** (Rennsegeln) *Schiff, das die Ziellinie* (b) *markiert;* **Ziel|schild,** das: vgl. Zielfilm (1); **Ziel|set|zung,** die: *Festsetzung, Bestimmung dessen, was erreicht werden soll; Plan; Vorhaben; Absicht:* eine klare, realistische Z.; Die traditionelle finanzpolitische Z. ist die ökonomische Beschaffung und Verwendung der ... erforderlichen Mittel (Fraenkel, Staat 93); ein Projekt mit sozialen -en; **ziel|si|cher** ⟨Adj.⟩: **a)** *das Zielen, Treffen sicher beherrschend:* ein -er Schütze; z. sein; **b)** *genau das Ziel vor Augen habend:* mit -en Schritten auf jmdn. zugehen; z. den Hafen ansteuern; **Ziel|si|cher|heit,** die ⟨o. Pl.⟩: **a)** *das Zielsichersein* (a); **b)** *zielsichere Art;* **Ziel|spra|che,** die (Sprachw.): **1.** *Sprache, in die übersetzt wird.* **2.** *Sprache, die einem Nichtmuttersprachler zu vermitteln ist, von ihm zu erlernen ist;* **Ziel|stel|lung,** die (ehem. DDR): *Zielsetzung;* **ziel|stre|big** ⟨Adj.⟩: **1.** *unbeirrt seinem Ziel zustrebend:* z. etw. verfolgen; er ... trank sein Quantum am Ort und Stelle und wankte z. in die Nacht davon (Fels, Kanakenfauna 76). **2. a)** *immer auf ein festes Ziel hinarbeitend, nicht aus den Augen verlierend:* ein -er junger Mann; Sie hat ihre Berufsausbildung als Zahnarzthelferin z. betrieben (Schreiber, Krise 168); In England erkämpften sich Ritter und noble Bürgerliche langsam, aber z. politische Macht (Wochenpresse 25. 4. 79, 19); **b)** *auf ein Ziel ausgerichtet:* ... daß er ... somit seiner Verpflichtung zum -en Studiumabschluß nicht voll nachgekommen war (Rheinpfalz 7. 7. 84, 25); Die -e und planmäßige Intensivierung der bilateralen Beziehungen sei ... (NZZ 26. 8. 83, 2); Diese künftigen Maßnahmen sollen z. auf die Förderung ... des leistungsfähigen bäuerlichen Familienbetriebes ausgerichtet sein (Basler Zeitung 9. 10. 85, 2); **Ziel|stre|big|keit,** die; -: *das Zielstrebigsein;* **Ziel|ver|kehr,** der (Verkehrsw.): *in einem Ort[steil] als Berufsverkehr o. ä. endender Verkehr;* **Ziel|vor|ga|be,** die: *Vorgabe* (3), *die zu erreichen angestrebtes Ziel ist:* Eine europäische Z. fordert, bis zum Jahr 2000 rund zehn Prozent der Landesfläche unter Naturschutz zu stellen (natur 10, 1991, 11); Wir brauchen endlich klare -n, auf denen die Planer im Verkehrskonzept aufbauen können (Wochenpresse 4. 4. 79, 6); Die Bundesbahn habe -n des Bundesverkehrsministeriums zu erfüllen (Hamburger Rundschau 15. 5. 85, 4); **Ziel|vor|rich|tung,** die: *Vorrichtung zum Zielen:* die Z. eines Panzers; **Ziel|vor|stel|lung,** die: *Vorstellung* (2 a), *auf die jmds. Handeln, Tun o. ä. ganz bewußt gerichtet ist, die jmd. in der Tat umzusetzen trachtet;* Ziel (3): „Du mußt dein Leben ändern" ist die Z. (Zeit 28. 6. 85, 41); Divergenzen in den wirtschaftspolitischen -en ... waren Realitäten (W. Brandt, Begegnungen 322); Dies ... lasse die immer wieder geäußerten politischen -en zur Resozialisierung in einem trüben Licht erscheinen (MM 23. 5. 1975, 12); **Ziel|was|ser,** das [beim Preisschießen wurde früher Schnaps als Anregungsmittel ausgeschenkt] (scherzh.): *Schnaps, Alkohol (im Hinblick auf ein zu treffendes Ziel):* Ihn finde man sonntags eher beim außerdienstlichen Vergleichsschießen mit örtlichen Schützenvereinen ... Dabei werde die Runde unter Z. gesetzt (Spiegel 30, 1974, 43); *kein Z. getrunken haben (ugs.; nicht treffen):* der Mittelstürmer, der Schützenkönig hatte an diesem Tag kein Z. getrunken.

Ziem, der; -[e]s, -e [↑Ziemer] (veraltet): *oberes Stück der Keule [vom Rind].*

zie|men ⟨sw. V.; hat⟩ [mhd. zemen, ahd. zeman, verw. mit ↑Zimmer, eigtl. = sich fügen, passen] (geh., veraltend) **1.** ⟨z. + sich⟩ *sich gehören* (5), *sich geziemen* (2): es ziemt sich nicht, den Gesprächen anderer heimlich zu lauschen; Für den ersten Mann der Welt ziemt sich solch ein Benehmen nicht (profil 39, 1993, 15); Er stellt die erste Tasse, wie es sich ziemt, auf den Teller unsrer Contessa (Frisch, Gantenbein 331). **2.** *passend, angemessen sein; geziemen* (1): dieser Platz ziemt dir nicht; es ziemt ihm nicht zu klagen; An Stelle eines klassischen Stoffes, wie er allein dem Theater ziemte, ... (Jacob, Kaffee 84).

Zie|mer, der; -s, - [mhd. zim(b)ere, H. u.]: **1.** (bes. Jägerspr.) *Rückenstück [vom Wild].* **2.** kurz für ↑Ochsenziemer.

ziem|lich [I 2: mhd. zimelich, ahd. zimilīh = schicklich, gebührend, geziemend, angemessen, zu ↑ziemen u. urspr. = was sich ziemt]: **I.** ⟨Adj.⟩ **1.** (ugs.) *(in Ausmaß, Menge o. ä.) nicht gerade gering; beträchtlich:* eine -e Menge; das ist eine -e Frechheit; Er hatte eine -e Berühmtheit erlangt (Süskind, Parfum 204); sich mit -er Lautstärke unterhalten; etw. mit -er Sicherheit *(so gut wie sicher)* wissen. **2.** (geh., veraltend) *schicklich:* ein -es Benehmen; die Vorladung müsse dem Bischof noch einmal „auf -e Weise" übergeben werden (Flensburger Tageblatt, Ostern 1984, 24); diese Szene erschien ihm nicht z.; daß ein derartiges Vorhaben eigentlich nicht z. sei (RNZ 9. 5. 87, 45). **II.** ⟨Adv.⟩ **1.** *in verhältnismäßig hohem, großem, reichlichem o. ä. Maße:* es ist z. kalt; ich kenne ihn z. gut; du kommst z. spät; z. viele Leute; in ... seiner dunkelroten, z. neuen, wenn auch gebraucht gekauften Hausjacke (Kronauer, Bogenschütze 98); wir müssen uns z. beeilen; „Hat's weh getan?" – „Ziemlich" (Loest, Pistole 177). **2.** (ugs.) *annähernd, fast; ungefähr:* ich bin mit der Arbeit z. fertig; er ist so z. in meinem Alter; alles verlief z. nach Wunsch; Am Samstagabend geht man vielleicht zum Essen aus oder ins Kino.

Und damit hat sich's dann schon z. (Kemelman [Übers.], Mittwoch 7).

Ziep|chen, Zie|pel|chen, das; -s, - [lautm., zu ↑ziepen (1)] (landsch.): *junges Hühnchen, Küken;* **zie|pen** ⟨sw. V.; hat⟩ [lautm.] (landsch., bes. nordd.): **1.** *einen hohen, feinen pfeifenden Ton hören lassen:* Der Kanarienvogel ziepte aufgeregt (Strittmatter, Wundertäter 280). **2. a)** *jmdn. an der Haut, den Haaren so ziehen, daß er einen kurzen, feinen, leicht stechenden Schmerz empfindet:* jmdn. an den Haaren z.; Manchmal ziepte er, daß sie schrie (Dorpat, Ellenbogenspiele 141); **b)** *kurz u. stechend schmerzen:* das Abreißen des Heftpflasters hat ein bißchen geziept; au, das ziept!; ⟨auch unpers.:⟩ es ziepte ihn im Kreuz.

Zier, die; - [mhd. ziere, ahd. ziarī = Schönheit, Pracht, Schmuck, zu mhd. ziere, ahd. ziari = glänzend, herrlich, prächtig] (veraltend): *Zierde:* Der Blumengarten, leuchtende Z. des Anwesens, gedeiht (Hamburger Abendblatt 24. 8. 85, 74); **Zier|af|fe,** der (veraltend abwertend): *jmd., der übertriebenen Wert auf sein Äußeres legt, immer herausgeputzt aussieht [u. sich affektiert benimmt]:* sie, ihr Freund ist ein richtiger Z.; **Zie|rat** [...a:t], der; -[e]s, -e [mhd. zierōt, zu: ziere (↑ Zier) mit dem Suffix -ōt] (geh.): *Verzierung* (b): die Knöpfe sind bloßer Z.; dann wieder ertrug der Seiler den Rost nicht mehr, mußte Echo ... alle Gitter, Türangeln, Gerätschaften und eisernen Z. abschmirgeln (Ransmayr, Welt 103); Die Flinte, ein schweres Ding mit viel Z., hatte er von seinen Vorfahren ererbt (Frisch, Stiller 83); die Fassaden sind reich an -en; **Zier|baum,** der: vgl. Zierpflanze; **Zier|ben|gel,** der (veraltend abwertend); *Zieraffe;* **Zier|blu|me,** die: vgl. Zierpflanze; **Zier|de,** die; -, -n [mhd. zierde, ahd. zierida]: *etw., was etw. ziert, schmückt; Verzierung* (b): zur Z. Blumen auf den Tisch stellen; Ü sie ist eine Z. ihres Geschlechts, die Z. des Turnvereins; der Dom ist eine Z. für die Stadt; Nasos Schimmel gedieh ohne Sattel und Zaumzeug und stürmte als bloße Z. des Anwesens durch den Park (Ransmayr, Welt 73); Stets schreibt sie ... überapart. Benutzt Schmuckformen, die verunstalten, versieht das herzlich Schlichte mit philiströser Z. (Strauß, Niemand 58); seine Bescheidenheit gereicht ihm zur Z.; **zie|ren** ⟨sw. V.; hat⟩ /vgl. geziert/ [mhd. zieren, ahd. ziarōn]: **1. a)** (geh., selten) *mit etw. schmücken* (a): ein Zimmer mit Bildern, Blumen z.; ihre Hände waren mit Ringen geziert; **b)** *bei jmdm., etw. als Zierde vorhanden sein; schmücken* (b): eine Goldbrosche zierte ihr Kleid; Orden zierten seine Brust; adlige Namen zierten den Briefkopf; die Gipswalküren, die den Eingang der „Walhalla" zieren (Remarque, Obelisk 260); Der alte Dirigent Grimm, ... dessen Denkmal jetzt den Stadtwald ziert (Winckler, Bomberg 201); Ü Kutschkes Stirn zierte ein roter Druckstreifen vom Stahlhelm (Lentz, Muckefuck 219); Heute zieren über 250 verschiedene Weine die Kellereien an der Merkurstraße (Vaterland 27. 3. 85, 34). **2.** ⟨z. + sich⟩ (abwertend) *mit gekünstelter Zurückhaltung, Schüchternheit o. ä. etw.* [zunächst] *ablehnen, was man eigentlich gern tun, haben möchte:* sich beim Essen z.; zier dich nicht so!; Elisabeth hatte sich erst ein wenig geziert, aber nun war sie doch mitgekommen (Danella, Hotel 365); er nannte die Dinge beim Namen, ohne sich zu z. (ohne Umschweife); **Zie|re|rei,** die; -, -en (abwertend): *[dauerndes] Sichzieren;* **Zier|farn,** der; vgl. Ziergras; **Zier|fisch,** der: *in Aquarien u. Teichen bes. wegen seiner Schönheit gehaltener Fisch;* **Zier|gar|ten,** der: *Garten, in dem (im Gegensatz zum Nutzgarten) lediglich Zierpflanzen angepflanzt sind;* **Zier|ge|gen|stand,** der: *Zierstück;* **Zier|gie|bel,** der (Archit.): *bes. dekorativ ausgestalteter Giebel;* **Zier|glas,** das ⟨Pl. ...gläser⟩: *bes. schönes, zur Zierde hergestelltes* ¹*Glas* (2); **Zier|gras,** das: *als Zierpflanze gezogene Grasart;* **Zier|kir|sche,** die: *als Zierbaum gezogener, schönblühender Kirschbaum;* **Zier|kür|bis,** der: *bes. wegen seiner dekorativen Form gezogener, im Winter getrocknet als Zimmerschmuck dienender Kürbis;* **Zier|laus,** die: *bes. an Laubbäumen lebende Blattlaus, die keinen Wirtswechsel hat;* **Zier|lei|ste,** die: **1.** *Leiste* (1) *als Verzierung.* **2.** (Druckw.) *dekorativ ausgestaltete Linie, ornamentierter Streifen zur Verzierung einer Buchseite;* **zier|lich** ⟨Adj.⟩ [mhd. zierlich = strahlend, prächtig]: *(auf anmutige, ansprechende Weise) klein u. fein* [gestaltet]; *graziös:* eine -e (grazile) Figur, Gestalt; -e Hände; ein -es Sesselchen; eine -e Handschrift; sie ist sehr z.; das Haus an Frauenplan in Weimar mutet vor diesem Hintergrund eher z. an, jedenfalls bescheiden (Reich-Ranicki, Th. Mann 52); Der Mann ... sah auf die kleine, zierliche, viereckige Uhr, die für das kräftige, behaarte Handgelenk viel zu z. war (Kemelman [Übers.], Dienstag 76); **Zier|lich|keit,** die; -, -en ⟨Pl. selten⟩: *das Zierlichsein; zierliche Beschaffenheit;* **Zier|mo|tiv,** das (bes. Kunstwiss.): *dekoratives Motiv, Verzierung* (b); **Zier|na|del,** die: *[längliches] Schmuckstück zum Anstecken;* **Zier|naht,** die (Handarb.): *als Verzierung dienende Naht;* **Zier|pflan|ze,** die: *zur Zierde gezogene od. gehaltene Pflanze;* **Zier|pup|pe,** die (veraltend abwertend): *Mädchen, junge Frau, die übertriebenen Wert auf ihr Äußeres legt, immer herausgeputzt aussieht;* **Zier|rand,** der: *verzierter, schmückender* ¹*Rand* (1 b, 2 a, 3) *von etw.;* **Zier|schrift,** die: *dekorativ ausgestaltete Schrift;* **Zier|stab,** der (Archit.): *meist wie ein* [halb]*runder Wulst hervorspringende Verzierung an der Fassade eines Gebäudes;* **Zier|stich,** der (Handarb.): *als Verzierung dienender, z. B. farblich abgesetzter od. dekorativ ausgestalteter Stich;* **Zier|strauch,** der: vgl. Zierpflanze; **Zier|strei|fen,** der: *Streifen* (1 a, c) *als Verzierung;* **Zier|stück,** das (veraltend): *als Schmuck* (1 a), *zur Zierde von etw. dienender Gegenstand;* **Zier|vo|gel,** der: *in Volieren od. im Käfig bes. wegen seiner Schönheit gehaltener Vogel.*

Zie|sel, der, österr. meist: das; -s, - [mhd. zisel, wohl < tschech. sysel]: *(in den Steppen Osteuropas u. Nordamerikas heimisches) in Erdhöhlen lebendes Nagetier mit graubraunem Fell, rundlichem Kopf, kleinen Ohren u. großen Backentaschen.*

Ziest, der; -[e]s, -e [aus dem Slaw., obersorb. čist, eigtl. = Reinigungskraut, nach der blutreinigenden Wirkung]: *Pflanze mit ganzrandigen od. gezähnten Blättern u. kleinen, rötlichen, gelben od. weißen Blüten, die als Heilpflanze verwendet wird.*

Zie|ten: in der Wendung *wie Z. aus dem Busch* (ugs.; *plötzlich und unerwartet;* nach Fontanes Ballade „Der alte Zieten" über den Reitergeneral Hans Joachim von Zieten (1699–1786), der im Ruf stand, schnell u. für den Feind unerwartet auf dem Kriegsschauplatz zu erscheinen).

Ziff. = Ziffer; **Zif|fer,** die; -, -n [spätmhd. zifer = Ziffer; Null < afrz. cifre < mlat. cifra < arab. ṣifr = Null (zu: ṣafira = leer sein), Lehnübertragung von altind. sūnya-m = das Leere; zur Bedeutungsentwicklung: als im Ital. das Wort ital. nulla = Nichts an die Stelle von ital. cifra = Null trat, übernahm ital. cifra die Aufgabe von ital. figura, das bisher „Zahlzeichen" bedeutet hatte; entsprechend verlor im Deutschen das Wort „Ziffer" mit der Übernahme von ital. nulla (↑ Null) die Bed. „Null" ebenso die übliche Bed. „Zahlzeichen"]: **1.** *schriftliches Zeichen, das für eine Zahl steht; Zahlzeichen, Chiffre* (1): arabische, römische -n; eine Zahl mit drei -n; Janda versucht sich an die zweite Telefonnummer zu erinnern, kommt aber nur bis zur vierten Z. (Zenker, Froschfest 137). **2.** *mit einer Ziffer* (1) *gekennzeichneter Unterabschnitt in einem Gesetzes-, Vertragstext:* Paragraph 8 Z. 4 des Gesetzes; **Zif|fer|blatt,** das: *Scheibe (als Teil der Uhr), auf der die Stunden* [in Ziffern] *markiert sind u. auf sich die Zeiger drehen;* **-zif|fe|rig:** ↑ ziffrig; **Zif|fer|ka|sten, Zif|fern|ka|sten,** der (Druckw.): *Setzkasten, in dem nur Ziffern* (1) *befinden;* **Zif|fern|ko|lon|ne,** die: *Kolonne* (2) *von Ziffern* (1); **zif|fern|mä|ßig** ⟨Adj.⟩: *in, als Ziffer[n]* (1) [ausgedrückt]; **Zif|fern|schrift, Zif|fer|schrift,** die: *Geheimschrift, bei der Buchstaben, Silben o. ä. durch Ziffern wiedergegeben werden;* **-zif|frig,** (seltener:) **-ziferig** in Zusb., z. B. vierziffrig (aus vier Ziffern bestehend).

-zig, (auch als selbständiges Wort:) **zig** ⟨unbest. Zahlwort⟩ [mhd. -zec, ahd. -zig, -zug, Endung der Zehnerzahlen von 20 bis 90, zu ↑ zehn u. eigtl. = Zehner, Zehnheit] (ugs.): *steht an Stelle einer nicht genau bekannten, aber als sehr hoch angesehenen Zahl:* z. Leute; mit -zig Sachen in die Kurve gehen; ich kenne sie schon z. Jahre; Zwei seiner besten Freunde nehmen sich das Leben, -zig andere müssen hinter Gitter (tip 13, 1983, 26); Die Auswertung der -zig Millionen Einzeldaten besorgte der ADAC-Computer (ADAC-Motorwelt 5, 1986, 42).

Zi|ga|rẹtt|chen, das; -s, - (fam.): vgl. Bierchen (1); **Zi|ga|rẹt|te,** die; -, -n [frz. cigarette, eigtl. = kleine Zigarre, Vkl. von: cigare < span. cigarro, ↑ Zigarre]: *zum Rauchen* (2 a) *dienende etwa fingerlange dünne Hülse aus Papier, die mit feingeschnittenem Tabak gefüllt ist:* selbstge-

Zigarettenanzünder

drehte -n; -n mit, ohne Filter; eine Packung, Schachtel, Stange -n; eine Z. rauchen; sich eine Z. drehen, anstecken, anzünden; Sie machte einen Spaziergang ..., um sich an einem Automaten -n zu ziehen (Wellershoff, Körper 108); jmdm. eine Z. anbieten; die Z. im Aschenbecher ausdrücken; dann trat er seine Z. aus (Wellershoff, Körper 113); er raucht eine Z. nach der anderen *(raucht fast pausenlos; ist Kettenraucher);* an der Z. ziehen; ... sagt Richy und fummelt nach einer Z. (Ossowski, Flatter 31); **Zi|ga|ret|ten|an|zün|der,** der: *am Armaturenbrett des Autos angebrachte Vorrichtung in Form einer kleinen Heizspirale, die auf Knopfdruck zu glühen beginnt u. an der man sich Zigaretten ansteckt;* **Zi|ga|ret|ten|asche,** die: *Asche von einer Zigarette, von Zigaretten;* **Zi|ga|ret|ten|au|to|mat,** der: *Automat* (1 a), *an dem man Zigaretten zieht:* Er hatte ... einen -en geknackt (Ziegler, Konsequenz 16); **Zi|ga|ret|ten|bild,** das (früher): *einer Packung Zigaretten beiliegendes Bild zum Sammeln (bes. für Kinder);* **Zi|ga|ret|ten|etui,** das: *Etui für Zigaretten;* **Zi|ga|ret|ten|fa|brik,** die: *Fabrik, in der Zigaretten hergestellt werden;* **Zi|ga|ret|ten|ge|schäft,** das (ugs.): *Tabakgeschäft;* **Zi|ga|ret|ten|hül|se,** die: *aus dünnem Papier bestehende Hülse* (1) *der Zigarette;* **Zi|ga|ret|ten|kä|fer,** der: *Tabakkäfer;* **Zi|ga|ret|ten|kip|pe,** die: ¹*Kippe;* **Zi|ga|ret|ten|län|ge,** die, (ugs.): *Zeit, die man zum Rauchen einer Zigarette benötigt:* sie kam auf eine Z. herüber; die Tram wendete im Kreis, der Fahrer stieg für eine Z. aus (Härtling, Hubert 122); Ein übereifriger Kellner leert während einer Z. dreimal den Aschenbecher (Sobota, Minus-Mann 379); **Zi|ga|ret|ten|li|nie,** die (Mode): *vom Oberschenkel bis zum Saum gerade verlaufender Schnitt bei Hosenbeinen;* **Zi|ga|ret|ten|packung**¹**,** die: vgl. Zigarettenschachtel; **Zi|ga|ret|ten|pa|pier,** das: *dünnes Papier, in das der Tabak der Zigaretten gepreßt wird;* **Zi|ga|ret|ten|pau|se,** die (ugs.): *kurze Pause, in der man eine Zigarette rauchen kann:* Nur auf den Hügel geht es noch hinauf, auf den höchsten Punkt dieser Hochalm, dort werden wir eine Z. machen (Dwinger, Erde 171); **Zi|ga|ret|ten|qualm,** der: *durch das Rauchen von Zigaretten entstandener Qualm;* **Zi|ga|ret|ten|rauch,** der: *Zigarettenqualm;* **Zi|ga|ret|ten|rau|cher,** der: *jmd., der vorwiegend, regelmäßig Zigaretten raucht;* **Zi|ga|ret|ten|rau|che|rin,** die: w. Form zu ↑Zigarettenraucher; **Zi|ga|ret|ten|rest,** der: ¹*Kippe;* **Zi|ga|ret|ten|schach|tel,** die: *Schachtel zum Abpacken u. Aufbewahren von Zigaretten;* **Zi|ga|ret|ten|sor|te,** die: *Sorte von Zigaretten;* **Zi|ga|ret|ten|spit|ze,** die: *sich verjüngendes Röhrchen, in dessen breiteres Ende man zum Rauchen die Zigarette [mit dem Mundstück] steckt;* **Zi|ga|ret|ten|stum|mel,** der: *Stummel einer gerauchten Zigarette;* **Zi|ga|ret|ten|ta|bak,** der: *Feinschnitt für Zigaretten;* **Zi|ga|ril|lo** [selten auch: ...'rıljo], der, auch: das; -s, -s, ugs. auch: die; -, -s [span. cigarrillo, Vkl. von: cigarro, ↑Zigarre]: *kleinere, dünne Zigarre;* **Zi|gärr|chen,** das; -s, - (ugs.): Vkl. zu ↑Zigarre (1); **Zi|gar|re,** die; -, -n [älter Cigarr < span. cigarro, H. u.; 2: H. u.]: **1.** *zum Rauchen* (2 a) *dienende dickere, an beiden Enden sich leicht verjüngende Rolle aus fest zusammengedrücktem, grobgeschnittenem od. gerissenem Tabak, der mit einem entsprechend vorbereiteten Tabakblatt od. einer aus gemahlenem Tabak hergestellten Hülle umhüllt ist:* eine leichte, milde, schwere, starke, dunkle, helle Z.; die Z. zieht nicht; eine Z. mit Bauchbinde (ugs.; Streifband); die [Spitze einer] Z. abschneiden, abbeißen; sich eine Z. anstecken; Schwarze -n wurden angezündet (Gaiser, Jagd 34); Einem Pockennarbigen hing der schwarze Stummel einer erloschenen Z. im Mundwinkel (Simmel, Affäre 14); Damme betrachtete die Asche seiner langsam abbrennenden Z. (Plievier, Stalingrad 34). **2.** (ugs.) *grobe Zurechtweisung, Rüffel:* eine Z. bekommen; der Chef hat ihm eine Z. verpaßt; **Zi|gar|ren|ab|schnei|der,** der: *Gerät zum Abschneiden der Zigarrenspitze;* **Zi|gar|ren|asche,** die: vgl. Zigarettenasche; **Zi|gar|ren|fa|brik,** die: vgl. Zigarettenfabrik; **Zi|gar|ren|kä|fer,** der: *Tabakkäfer;* **Zi|gar|ren|ki|ste,** die: *kleinerer Kasten aus dünnem Holz zum Verpacken u. Aufbewahren von Zigarren;* **Zi|gar|ren|qualm,** der: vgl. Zigarettenqualm; **Zi|gar|ren|rauch,** der: vgl. Zigarettenrauch; **Zi|gar|ren|rau|cher,** der: vgl. Zigarettenraucher; **Zi|gar|ren|rau|che|rin,** die: w. Form zu ↑Zigarrenraucher; **Zi|gar|ren|sche|re,** die: *Zigarrenabschneider;* **Zi|gar|ren|sor|te,** die: vgl. Zigarettensorte; **Zi|gar|ren|spit|ze,** die: **1.** *spitz zulaufendes Mundstück der Zigarre.* **2.** vgl. Zigarettenspitze; **Zi|gar|ren|stum|mel,** der: *Stummel einer gerauchten Zigarre;* **Zi|gar|ren|ta|bak,** der: *Rauchtabak für Zigarren.*

Zi|ger, der; -s, - (schweiz.): *Zieger.*

Zi|geu|ner, der; -s, - [spätmhd. ze-, ziginer, H. u.]: **1.** *Angehöriger eines über viele Länder verstreut lebenden, meist nicht seßhaften u. mit seinen Wohnwagen o. ä. umherziehenden Volkes (Bez. wird von den Betreffenden selbst oft als abwertend empfunden;* vgl. ²Rom, Sinto). **2.** (ugs.) *jmd., der ein unstetes Leben führt, wie ein Zigeuner lebt:* er ist ein [richtiger] Z.; Herr Schneider, sehen Sie: Ich bin nur ein Z., mal da, mal dort (Heim, Traumschiff 241); **zi|geu|ner|haft** ⟨Adj.; -er, -este⟩: **a)** *(in seinem Äußeren, z. B. im Hinblick auf seine schwarze Haarfarbe, bräunliche Haut) einem Zigeuner ähnelnd:* ein -es Aussehen; **b)** *unstet:* ein -es Leben führen; **Zi|geu|ne|rin,** die; -, -nen: w. Form zu ↑Zigeuner; **zi|geu|ne|risch** ⟨Adj.⟩: *zigeunerhaft;* **Zi|geu|ner|ka|pel|le,** die: *aus Zigeunern bestehende [Zigeunermusik spielende] Kapelle;* **Zi|geu|ner|kind,** das: *Kind von Zigeunern;* **Zi|geu|ner|la|ger,** das: *aus [Zelten u.] Wohnwagen bestehendes Lager von Zigeunern;* **Zi|geu|ner|le|ben,** das: *unstetes, ungebundenes Wanderleben [der Zigeuner];* **Zi|geu|ner|mu|sik,** die: *Musik der Zigeuner;* **zi|geu|nern** ⟨sw. V.⟩: **1.** *unstet umherziehen, vagabundieren* (2) ⟨ist⟩: er ist durch die halbe Welt zigeunert. **2.** *ein Zigeunerleben führen* ⟨hat⟩: Dabei hatte es ihr geschmeichelt, daß dieser junge Mensch ... alle seine Bekannten liegenließ, um mit ihr zu z. und sein Geld auszugeben (H. Mann, Unrat 119); **Zi|geu|ner|pri|mas,** der: *Primas* (2); **Zi|geu|ner|schnit|zel,** das (Kochk.): *unpaniertes Kalbs- od. Schweineschnitzel in einer Soße mit in Streifen geschnittenen Paprikaschoten, Zwiebeln, Tomaten o. ä.;* **Zi|geu|ner|spra|che,** die ⟨o. Pl.⟩: *Sprache der Zigeuner; Romani;* **Zi|geu|ner|ton|lei|ter,** die: *in Teilen Mittel- u. Südosteuropas in der Volksmusik verbreitete siebenstufige Tonleiter;* **Zi|geu|ner|wa|gen,** der (früher): *Wagen* (1 a), *den die Zigeuner bei ihren Wanderfahrten benutzen:* Urlaub im Z. *(in einem Wagen, der einem Zigeunerwagen nachgebildet ist);* **Zi|geu|ner|wirt|schaft,** die ⟨ugs. abwertend⟩: *planlose, unordentliche Wirtschaft* (5).

zig|fach [geb. nach den Vervielfältigungszahlwörtern] ⟨ugs.⟩: *vielfach* (1): die -e Menge; etw. z. vergrößern; Selbstverständlich war das Projekt z. geprüft und begutachtet worden (Erfolg 11/12, 1983, 71); ⟨subst.:⟩ die Waren haben sich um ein Zigfaches verteuert; **zig|hun|dert** ⟨unbest. Zahlwort⟩ (ugs.): *viele hundert:* z. Urlaubsgäste. ⟨subst.:⟩ vor Zighunderten von Jahren; **zig|mal** ⟨Adv.⟩ (ugs.): *viele Male, oft:* ich habe ihn schon z. darum gebeten; „Kennst du das Land, wo die Kanonen blühen?" Das hat uns ein Lehrer z. vorgetragen (Kempowski, Immer 88); **zigst...** ⟨geb. analog zu den Ordinalzahlen, zu ↑-zig, zig⟩ (ugs.): steht an Stelle einer nicht genau bekannten Zahl, aber als sehr hoch angesehenen Zahl: das ist heute schon der -e Anruf; **zig|tau|send** ⟨unbest. Zahlwort⟩ (ugs.): *viele tausend:* z. Jahre liegt das zurück; ⟨subst.:⟩ Zigtausende nahmen an der Friedensdemonstration teil; In Deutschland werden jährlich durch Organtransplantation Zigtausende von Menschenleben gerettet (natur 9, 1991, 12).

Zi|ka|de, die; -, -n [lat. cicada, aus einer Mittelmeerspr.]: *kleines, der Grille ähnliches Insekt, dessen Männchen laute, zirpende Töne hervorbringt.*

Zik|ku|rat [...a:t, auch: ...'ra:t], die; -, -s [akkad. ziqqurratu]: *stufenförmiger Tempelturm in der babylonischen Baukunst.*

zi|li|ar ⟨Adj.⟩ [zu lat. cilium, ↑Zilie] (Med.): *an den Wimpern befindlich, sie betreffend;* **Zi|li|ar|kör|per,** der (Med.): *aus feinen Fasern bestehender, die Linse des Auges ringförmig umgebender Abschnitt der gefäßreichen, mittleren Hautschicht des Auges; Strahlenkörper;* **Zi|li|ar|mus|kel,** der (Med.): *Muskel des Ziliarkörpers, der die Augenlinse zur Naheinstellung wölbt;* **Zi|li|ar|neur|al|gie,** die (Med.): *Schmerzen im Augapfel u. in der Augenhöhle;* **Zi|li|a|te,** die; -, -n: *Wimpertierchen;* **Zi|lie,** die; -, -n [lat. cilium = Augenlid, Wimper] (Med.): *feines Haar (z. B. Augenwimper).*

Zil|le, die; -, -n [spätmhd. zülle, aus dem Slaw.]: **a)** *(ostmd., österr.) flacher Lastkahn für die Flußschiffahrt;* **b)** *(österr.) kleiner, flacher Kahn [der nur mit einem Ruder gesteuert wird]* (z. B. als Rettungsboot); **Zil|len|schlep|per,** der (ostmd., österr.): *Schleppschiff für Zillen* (a).

Zim|bal, Zymbal, das; -s, -e u. -s [älter ungar. cimbale, poln. cymbały <] lat. cymbalum, ↑Zimbel]: bes. *in der osteuropäischen Volksmusik gespieltes, auf 4 Füßen stehendes Hackbrett* (2); **Zim|bel,** die; -, -n [1: mhd. zimbel; ahd. zimbala < lat. cymbalum < griech. kýmbalon, Vkl. von: kýmbos = Hohlgefäß, Schüssel, Becken]: **1.** *kleines Becken* (2 d). **2.** *Orgelregister von heller, silberner Klangfarbe.*
Zim|ber, Kimber, der; -s, -n: Angehöriger eines germanischen Volksstammes; **zimbrisch,** kimbrisch ⟨Adj.⟩.
Zi|me|lie, ...lium, das; -s, ...ien [1: mlat. cimelium < griech. keimélion = Schatz] (bildungsspr. veraltend): *wertvolles Stück, Kleinod (in einer kirchlichen Schatzkammer, in einer Bibliothek):* Zu den Zimelien der Ausstellung zählen ... (Rheinpfalz 14. 11. 86, 6).
Zi|ment, das; -[e]s, -e [ital. cimento = Probe, eigtl. = Zement < spätlat. cimentum, ↑¹Zement; Bedeutungswandel über „Masse zur Lösung od. Läuterung von Metallen" zu „Eichmaß"] (bayr., österr. veraltend): *zylindrisches Hohlmaß* (b); **zi|men|tie|ren** ⟨sw. V.; hat⟩ (bayr., österr. veraltend): **1.** *(ein Hohlmaß) eichen.* **2.** *mit dem Ziment messen.*
Zi|mier, das; -s, -e [mhd. zimier < (a)frz. cimier, zu: cime = Spitze, Gipfel < lat. cyma < griech. kŷma = Sproß]: *Helmschmuck.*
Zim|mer, das; -s, - [mhd. zimber, ahd. zimbar = Bau(holz), Bedeutungsentwicklung über „(Holz)gebäude"]: **1.** *(für den Aufenthalt von Menschen bestimmter) einzelner Raum (1) in einer Wohnung od. in einem Haus:* ein großes, kleines, geräumiges, helles, dunkles, hohes, freundliches Z.; Ein Mädchen ... geleitete mich in den Salon, ein ganz in grüne Farbe getauchtes Z. mit Empiremöbeln (Jens, Mann 32); die Z. gehen ineinander über *(sind durch eine Tür verbunden)*; das Z. geht nach vorn, nach hinten *(hat Fenster auf der Vorder-, Rückseite des Hauses)*; *(in Annoncen o.ä.:)* Z. frei/zu vermieten!; ein Z. mit Balkon, mit fließend warm und kalt Wasser; Berliner Z. *(in älteren Mietshäusern übliches einfenstriges Zimmer, das den Durchgang zwischen Vorderhaus u. Seitenflügel bildet)*; ein [möbliertes] Z. mieten; das Z. betreten, verlassen, aufräumen, heizen, lüften, tapezieren; jedes Kind hat sein eigenes Z.; ein Z. (Hotelzimmer) bestellen; ich habe mir ein Z. im Hotel genommen; Er bezog ... ein Z. im Dachgeschoß (Lentz, Muckefuck 100); sich das Frühstück aufs Z. *(Hotelzimmer)* bringen lassen; auf/in sein Z. gehen; sie zog sich in ihr Z. zurück, schloß sich in ihrem Z. ein; eine Wohnung mit drei -n, Küche, Bad; * *das Z. hüten müssen* (↑Bett 1). **2.** *kurz für* ↑*Zimmereinrichtung:* das neue Z. war sehr teuer; **Zim|mer|an|ten|ne,** die: *Antenne, die im Zimmer aufgestellt od. angebracht wird;* **Zim|mer|a|ra|lie,** die: *(in Japan heimische) als Strauch wachsende, immergrüne Pflanze mit ledrigen, gelappten, glänzenden Blättern u. in Dolden stehenden weißen Blüten u. schwarzen Beerenfrüchten; Fatsia;* **Zim|mer|ar|beit,** die: *von einem Zimmermann, von Zimmerleuten ausgeführte Arbeit;* **Zim|mer|ar|rest,** der (ugs.): *Stubenarrest;* **Zim|mer|be|leuchtung,** die: *Beleuchtung eines Zimmers;* **Zim|mer|blu|me,** die: vgl. Zimmerpflanze; **Zim|mer|brand,** der: *Brand in einem Zimmer;* **Zim|mer|cal|la,** Zimmerkalla, die: *Calla, die als Zimmerpflanze gehalten wird;* **Zim|mer|chef,** der (schweiz. Soldatenspr.): *Stubenältester;* **Zim|mer|decke¹,** die: *Decke* (3) *eines Zimmers;* **Zim|me|rei,** die; -, -en: **1.** *Zimmerwerkstatt.* **2.** ⟨o. Pl.⟩ *Zimmerhandwerk;* **Zim|mer|ein|rich|tung,** die: *Einrichtung eines Zimmers* (1); **Zim|merer,** der; -s, -: *Zimmermann;* **Zim|me|rer|ar|beit,** die: *Zimmerarbeit;* **Zim|mer|erge|sel|le,** die: *Zimmergeselle;* **Zim|mer|er|ge|sel|lin,** die: w. Form zu ↑Zimmerergeselle, **Zim|me|rer|hand|werk,** das ⟨o. Pl.⟩: *Zimmerhandwerk;* **Zim|mer|er|mei|ster,** der: *Zimmermeister;* **Zim|mer|er|mei|ste|rin,** die: w. Form zu ↑Zimmerermeister; **Zim|me|rer|tracht,** die: *Zimmermannstracht;* **Zim|mer|werk|statt,** die: *Zimmerwerkstatt;* **Zim|mer|fen|ster,** das: *Fenster eines Zimmers;* **Zim|mer|flak,** die (salopp scherzh.): *Pistole, Revolver;* **Zim|mer|flucht,** die ⟨Pl. -en⟩: ²*Flucht* (2); **Zim|mer|frau,** die: **1.** *Zimmermädchen.* **2.** (österr.) *Zimmervermieterin, Wirtin;* **Zim|mer|ge|nos|se,** der: *Stubengenosse;* **Zim|mer|ge|nos|sin,** die: w. Form zu ↑Zimmergenosse; **Zim|mer|ge|sel|le,** der: vgl. Zimmermeister; **Zim|mer|ge|sel|lin,** die: w. Form zu ↑Zimmergeselle; **Zim|mer|hand|werk,** das: *Handwerk des Zimmermanns;* **Zim|mer|herr,** der (veraltend): *Untermieter:* Frau Stoll hatte einen starken Verschleiß an -en, denn sie war stark geübt im Errechnen von Nebenspesen (Sommer, Und keiner 28); -**zim|me|rig:** ↑-zimmrig; **Zim|me|rin,** die; -, -nen: w. Form zu ↑Zimmerer; **Zim|mer|kal|la:** ↑Zimmercalla; **Zim|mer|ka|me|rad,** der: *Stubenkamerad;* **Zim|mer|ka|me|ra|din,** die: w. Form zu ↑Zimmerkamerad; **Zim|mer|kell|ner,** der: *Kellner, der im Hotel in den Zimmern bedient;* **Zim|mer|kell|ne|rin,** die: w. Form zu ↑Zimmerkellner; **Zim|mer|laut|stär|ke,** die: *gedämpfte Lautstärke, bei der einerseits die Musik, die Stimmen etc. nicht außerhalb des Zimmers, der Wohnung gehört werden kann (so daß kein Nachbar belästigt wird):* das Radiogerät auf Z. stellen; **Zim|mer|lin|de,** die: *(zu den Linden gehörende) Pflanze mit großen, herzförmigen, behaarten Blättern u. weißen, in Dolden stehenden Blüten mit gelbbraunen Staubfäden; Sparmannie;* **Zim|mer|ling,** der; -s, -e (Bergmannsspr.): *Zimmermann, der die Zimmerarbeiten in Gruben ausführt;* **Zim|mer|luft,** die: *[schlechte] Luft in einem Zimmer;* **Zim|mer|mäd|chen,** das: *Angestellte in einem Hotel o.ä., die die Zimmer saubermacht u. in Ordnung hält;* **Zim|mer|mann,** der ⟨Pl. ...leute⟩ [mhd. zimberman, ahd. zimbarman]: *Handwerker, der bei Bauten die Teile aus Holz (bes. den Dachstuhl) herstellt:* * *jmdm. zeigen, wo der Z. das Loch gelassen hat* (ugs.: *jmdn. auffordern, den Raum zu verlassen*); **Zim|mer|manns|blei|stift,** der: *(von Zimmerleuten zum Anzeichnen der Holzteile benutzter) dicker Bleistift mit starker Mine;* **Zim|mer|manns|bock,** der: *hellbrauner Bockkäfer mit feiner, grauer Behaarung u. langen Fühlern, dessen Larve unter der Rinde von Kiefern lebt;* **Zim|mer|manns|stift,** der: *Zimmermannsbleistift;* **Zim|mer|manns|tracht,** die: *aus weiten, schwarzen Manchesterhosen u. Schlapphut bestehende Tracht der Zimmerleute;* **Zim|mer|mei|ster,** der: *Meister im Zimmerhandwerk;* **Zim|mer|mei|ste|rin,** die: w. Form zu ↑Zimmermeister; **zim|mern** ⟨sw. V.; hat⟩ [mhd. zimbern, ahd. zimb(e)rōn]: **a)** *aus Holz bauen, herstellen:* einen Tisch, einen Sarg z.; Oben auf dem Dachboden, ... da hat er einen Lattenverschlag gezimmert (Kempowski, Zeit 308); eine grob gezimmerte Bank; Ü sich ein neues Leben z.; Er versuchte, eine Art afrikanisches Musical zu z. (Perrin, Frauen 62); Da habt ihr Männer euch ein schönes neues Scheidungsgesetz gezimmert (Konsalik, Promenadendeck 408); **b)** *an einer Konstruktion aus Holz arbeiten:* an einem Regal z. in seiner Freizeit zimmert er gern; **Zim|mer|nach|bar,** der: *jmd., der das Zimmer nebenan bewohnt, innehat;* **Zim|mer|nach|ba|rin,** die: w. Form zu ↑Zimmernachbar; **Zim|mer|num|mer,** die: *Nummer des Zimmers (bes. in Hotels, Krankenhäusern, Bürogebäuden o.ä.);* **Zim|mer|pal|me,** die: *Palme, die in Wohnräumen gehalten wird;* **Zim|mer|pflan|ze,** die: *Zierpflanze, die in Wohnräumen gehalten wird;* **zim|mer|rein** ⟨Adj.⟩ (bes. österr.): *stubenrein;* **Zim|mer|schmuck,** der: *etw., womit ein Zimmer geschmückt wird;* **Zim|mer|ser|vice,** der, auch: das; [...sə:vɪs], der, auch: das: ²*Service* (1 a) *durch Zimmermädchen, Zimmerkellner;* **Zim|mer|su|che,** die: *Suche nach einem Zimmer [zur Untermiete];* **Zim|mer|tan|ne,** die: *Araukarie, die als Zimmerpflanze gehalten wird;* **Zim|mer|tem|pe|ra|tur,** die: **a)** *in einem Zimmer herrschende Temperatur;* **b)** *normale, mittlere Temperatur, die gewöhnlich für das Bewohnen eines Zimmers als ausreichend empfunden wird;* **Zim|mer|thea|ter,** das: **1.** *kleines [privates] Theater mit nur wenigen Plätzen.* **2.** *Ensemble, das in einem Zimmertheater* (1) *dafür geeignete Theaterstücke o.ä. aufführt;* **Zim|mer|ther|mo|me|ter,** das, österr., schweiz. auch: der: *Thermometer zum Messen der Zimmertemperatur* (a); **Zim|mer|trakt,** der: *aus mehreren Zimmern bestehender Trakt eines Gebäudes;* **Zim|mer|tür,** die: *Tür eines Zimmers;* **Zim|me|rung,** die; -, -en: **1.** *das Zimmern.* **2.** (Bergbau) *Holzkonstruktion zum Abstützen einer Grube;* **Zim|mer|ver|mie|ter,** der: *Vermieter eines Zimmers, von Zimmern;* **Zim|mer|ver|mie|te|rin,** die: w. Form zu ↑Zimmervermieter; **Zim|mer|wand,** die: *Wand eines Zimmers;* **zim|mer|warm** ⟨Adj.⟩: *Zimmertemperatur* (b) *habend;* **Zim|mer|werk|statt,** die: *Werkstatt eines Zimmerers;* **Zim|mer|wirt,** der: *Zimmervermieter;* **Zim|mer|wir|tin,** die: w. Form zu ↑Zimmerwirt.

Zim|met, der; -s (veraltet): *Zimt* (1).

-**zimm|rig,** zimmrig: in Zusb., z.B. zweizimmrig *(aus zwei Zimmern bestehend).*

Zi|mo|lit [auch: ...'lɪt], der; -s [nach der griech. Insel Kimolos]: *hellgrauer Ton.*
zim|per|lich ⟨Adj.⟩ [zu älter mundartl. gleichbed. *zimper,* H. u.] (abwertend): **1. a)** *übertrieben empfindlich* (1): *ein -es Kind; sei nicht so z., es tut doch gar nicht weh/ist doch gar nicht kalt;* **b)** *rücksichtsvoll, feinfühlig, zurückhaltend* ⟨meist verneint⟩: *er ist nicht [gerade] z. (rücksichtsvoll), wenn es um die Durchsetzung seiner Interessen geht; Solche Brüder sind nicht z. im Umgang mit der Polente!* (Martin, Henker 92); *Nicht so z. ... ging das Düsseldorfer Schwurgericht mit seinem Komplizen Hermann von der Ahe um. Es verurteilte ihn zu lebenslänglicher Freiheitsstrafe!* (Prodöhl, Tod 199); *Bei den Preisen ist man nicht z.* (ADAC-Motorwelt 10, 1986, 26). **2.** *[auf gezierte Weise] prüde, übertrieben schamhaft:* warum dieses *-e Getue?*; *stell dich nicht so z. an!;* **zim|per|lich|keit,** die; -, -en ⟨Pl. selten⟩ (abwertend): *das Zimperlichsein;* **Zim|per|lie|se,** die; -, -n [↑ Liese] (ugs. abwertend): *zimperliche Person:* Tibor war ein kleines, zartes, aber blitzhelles Kerlchen, ganz und gar unsportlich und im Grunde eine Z. (Borell, Romeo 72); **zimpern** ⟨sw. V.; hat⟩ (landsch. abwertend): *zimperlich sein, tun.*
Zimt, der; -[e]s, (Sorten:) -e [spätmhd. zimet, mhd. zinemīn, zinment < lat. cinnamum < griech. kinnamon, kinnámōmon, aus dem Semit.]: **1.** *Gewürz aus der getrockneten Rinde des aus Sri Lanka stammenden Zimtbaumes, das zum Würzen von Süßspeisen, Glühwein o. ä. verwendet wird:* Milchreis mit Z. und Zukker. **2.** (ugs. abwertend) *etw., was man für dumm, unsinnig, wertlos hält, was einem lästig ist o. ä:* Wozu der ganze Z.? (Fr. Wolf, Menetekel 144); rede nicht solchen Z.!; laß mich doch mit dem ganzen Z. in Ruhe!; warum wirfst du den alten Z. nicht weg?; **Zimt|ap|fel,** der: **a)** *(auf den Westindischen Inseln heimischer) Baum mit nach Zimt schmeckenden, Äpfeln ähnlichen Früchten mit schuppiger Oberfläche;* **b)** *Frucht des Zimtapfels* (a); **Zimt|baum,** der: *auf Sri Lanka heimischer immergrüner Baum, aus dessen Rinde Zimt* (1) *gewonnen wird;* **zimt|braun** ⟨Adj.⟩: *zimtfarben;* **zimt|far|ben, zimt|far|big** ⟨Adj.⟩ *von blasser, gelblich-rotbrauner Farbe;* **Zimt|öl,** das: *bes. aus der Rinde des Zimtbaumes gewonnenes ätherisches Öl;* **Zimt|rin|de,** die: *Rinde des Zimtbaumes; Zimt* (1); **Zimt|säu|re,** die: *im Zimtöl enthaltene aromatische Säure;* **Zimt|stan|ge,** die: *zu einer dünnen Stange gerollte u. als Gewürz verwendete getrocknete Rinde des Zimtbaumes;* **Zimt|stern,** der: *mit Zimt gewürztes, sternförmiges Kleingebäck (das bes. zu Weihnachten gebacken wird);* **Zimt|zicke¹, Zimt|zie|ge,** die [zu ↑ Zimt (2)] (Schimpfwort): *Zicke* (2): *Als würden die Weiber nicht auch nur das eine wollen, diese Zimtzicken, die ...!* (Bastian, Brut 139).
Zin|cke|nit [auch: ...'nɪt], der; -s [nach dem dt. Bergdirektor K. J. Zincken (1790–1862)]: *aus Blei, Antimon u. Schwefel bestehendes Mineral.*
Zin|cum, das; -s [latinis. Form von ↑ ¹Zink]: *Zink;* Zeichen: Zn

Zin|del, das; -s [mhd. zindel, zindāl < mlat. cendalum = dünner Seidenstoff, H. u.]: **1.** *im Mittelalter verwendetes kostbares, schleierartiges Seidengewebe.* **2.** *Zindeltaft;* **Zin|del|taft,** der: *Futterstoff aus Leinen od. Baumwolle.*
Zin|der, der; -s, - [engl. cinder] ⟨meist Pl.⟩: *ausgeglühte Steinkohle.*
Zi|ne|ra|ria, Zi|ne|ra|rie, die; -, ...ien [zu lat. cinis (Gen.: cineris) = Asche; häufiger starker Befall von Blattläusen läßt die Pflanze wie mit Asche bedeckt aussehen]: *(auf den Kanarischen Inseln heimische) Pflanze mit großen, herzförmigen, behaarten Blättern u. zahlreichen, in Doldentrauben stehenden, roten, weißen od. blauen Blüten.*
Zin|ga|res|ca, die; -, -s [ital. zingaresca, zu: zingaresco = zigeunerisch, zu: zingaro = Zigeuner] (Musik): *Zigeunertanzlied;* **zin|ga|re|se:** ↑ alla zingarese.
¹Zin|gel, der; -s, - [wohl mundartl. Nebenf. von: Zindel, Vkl. von mhd. zind, eigtl. = Zacken, Zinke]: *in der Donau u. ihren Nebenflüssen vorkommender, kleiner, gelbbrauner Barsch mit dunkelbraunen Flecken.*
²Zin|gel, der; -s, - [mhd. zingel < mniederl. cingele < afrz. (altnorm.) cengle < lat. cingula = Gurt, Gürtel (veraltet): *Ringmauer;* **zin|geln** ⟨sw.V.; hat⟩ [mhd. zingelen = eine Schanze bauen] (veraltet): *umzingeln;* **Zin|gu|lum,** das; -s, -s u. ...la [lat. cingulum = Gürtel, zu: cingere = (um)gürten]: **a)** *(meist weißes) Band zum Schürzen der ¹Albe;* **b)** *breite, von kath. Geistlichen zum Talar od. zur Soutane um die Taille getragene Binde (deren Farbe dem Rang des Trägers entspricht).*
¹Zink, das; -[e]s [zu ↑ Zinke; das Destillat des Metalls setzt sich in Form von Zinken (= Zacken) an den Wänden des Schmelzofens ab]: *bläulichweiß glänzendes Metall, das – gewalzt od. gezogen bzw. in Legierungen – als Werk- u. Baustoff vielfach verwendet wird (chemischer Grundstoff);* Zeichen: Zn; **²Zink,** der; -[e]s, -en [wohl zu ↑ Zinke]: *(vom MA. bis ins 18. Jh. gebräuchliches) meist aus mit Leder überzogenem Holz gefertigtes Blasinstrument in Form eines [geraden] konischen Rohrs mit Grifflöchern u. Mundstück;* **Zink|ät|zung,** die (Druckw.): *Ätzung von Zinkplatten für den Zinkdruck;* **Zink|ba|de|wan|ne,** die (früher): *Badewanne aus Zinkblech;* **Zink|blech,** das: *Blech aus Zink;* **Zink|blen|de,** die (Mineral.): *metallisch glänzendes, honiggelbes, rotes, grünes od. braunschwarzes Mineral;* **Zink|chlo|rid,** das: *Verbindung aus Zink u. Chlor;* **Zink|druck,** der ⟨Pl. -e⟩: **a)** ⟨o. Pl.⟩ *Flachdruck* (1), *bei dem eine Platte aus Zink als Druckform verwendet wird;* **b)** *durch Zinkdruck* (a) *hergestelltes Erzeugnis;* **Zin|ke,** die; -, -n [1: mhd. zinke, ahd. zinko, wohl zu mhd. zint = Zahn, Zacke, also eigtl. = Zahn]: **1.** *einzelnes spitz hervorstehendes Teil, Zacke einer Gabel, eines Kammes o. ä.:* einige *-n* des Kammes waren abgebrochen; *er war in die -n des Rechens getreten.* **2.** (Holzverarb.) *(zur Verbindung dienender) trapezförmig vorspringender Teil an einem Brett, Kantholz o. ä., der in eine entsprechende*

Ausarbeitung an einem anderen Brett, Kantholz o. ä. paßt; **Zink|ei|mer,** der: *Eimer aus Zinkblech;* **¹zin|ken** ⟨sw. V.; hat⟩ [zu ↑ Zinken (1)] (Jargon): **1.** *Spielkarten in betrügerischer Absicht auf der Rückseite unauffällig markieren:* Karten *z.;* mit gezinkten Karten spielen. **2.** *etw. verraten* (1 a): *die Sache kam heraus, einer hatte gezinkt;* **²zin|ken** ⟨Adj.⟩: *aus Zink:* eine *-e* Wanne; **Zin|ken,** der; -s, - [1: aus der Gaunerspr., wohl urspr. zu ↑ Zinke in der Bed. „Zweig (der als Zeichen am Weg aufgesteckt wird)"; 2: zu ↑ Zinke, nach der Form]: **1.** (Gaunerspr.) *geheimes [Schrift]zeichen (von Landstreichern o. ä.):* an der Tür hatten Landstreicher Z. angebracht. **2.** (ugs. scherzh.) *auffallend große, unförmige Nase:* der hat vielleicht einen Z.!; *... ein furchtbarer Schlag auf die Nase. Karl prallt zurück, faßt an seinen Z., um zu prüfen, ob Blut kommt* (Remarque, Obelisk 305); **Zin|ken|blä|ser,** der: *jmd., der den* ²Zink *bläst;* **Zin|ken|blä|se|rin,** die: w. Form zu ↑ Zinkenbläser; **Zin|ke|nist,** der; -en, -en [zu ²Zink]: **1.** Zinkenbläser. **2.** (früher) Musikant, *der das Privileg hatte, bei feierlichen Anlässen zu spielen; Stadtpfeifer;* **Zin|ke|ni|stin,** die; -, -nen: w. Form zu ↑ Zinkenist; **Zin|ker,** der; -s, - [zu ↑ ¹zinken] (Jargon): **1.** *jmd., der Spielkarten* ¹zinkt (1). **2.** *jmd., der* ¹zinkt (2); *Spitzel:* Eine große Anzahl von Gefangenen ... steckten in der Block- und Kommandoführern unter einer Decke, wurden zu deren Zuträgern und zu -n (Apitz, Wölfe 25); **Zin|ke|rin,** die; -, -nen (Jargon): w. Form zu ↑ Zinker; **Zin|k|erz,** das: *zinkhaltiges Erz;* **Zink|far|be,** die: *zinkhaltige Farbe;* **Zink|fo|lie,** die: *Folie aus Zink;* **zink|hal|tig** ⟨Adj.⟩: *Zink enthaltend;* **-zinkig:** in Zusb., z. B. dreizinkig *(drei Zinken habend);* **Zin|kit** [auch: ...'kɪt], der; -s, -e [zu ↑ ¹Zink] (Mineral.): *rotes, durchscheinendes Mineral; Rotzinkerz;* **Zink|le|gie|rung,** die: *Legierung mit Zink als hauptsächlichem Bestandteil;* **Zink|leim|ver|band,** der (Med.): *mit einer beim Erkalten fest, aber nicht hart werdenden Zinksalbe versteifter Verband;* **Zin|ko,** das; -s, -s: Kurzf. von ↑ Zinkographie; **Zin|ko|gra|phie,** die; -, -n [zu ↑ ¹Zink u. ↑-graphie] (Druckw.): *Zinkdruck;* **Zin|ko|ty|pie,** die; -, -n (Druckw.): *Hochätzung der für den Druck verwendeten Zinkplatten;* **Zink|oxyd,** (chem. Fachspr.:) Zinkoxid, das: *Zink-Sauerstoff-Verbindung;* **Zink|plat|te,** die: *Platte* (1) *aus Zink;* **Zink|prä|pa|rat,** das: *für medizinische Zwecke verwendetes Zinksalz;* **Zink|sal|be,** die (Med.): *Zinkoxyd enthaltende, desinfizierende u. adstringierende Salbe;* **Zink|salz,** das: *durch Verbindung von Zink mit einer Säure entstandenes Salz;* **Zink|sarg,** der: *zum Transportieren von Toten verwendetes Behältnis aus Zinkblech;* **Zink|spat,** der (Mineral.): *Galmei;* **Zink|sul|fat,** das (Chemie): *Zinksalz der Schwefelsäure;* **Zink|ver|gif|tung,** die: *Vergiftung mit Zink;* **Zink|wan|ne,** die: *Wanne aus Zinkblech;* **Zink|weiß,** das: *weiße Farbe aus Zinkoxyd.*
Zinn, das; -[e]s [mhd., ahd. zin, H. u., viell. verw. mit ↑ Zain (das Metall wurde in

Stabform gegossen) u. eigtl. = Stab(förmiges)]: **1.** *sehr weiches, dehnbares, silberweiß glänzendes Schwermetall (chemischer Grundstoff);* Zeichen: Sn (↑Stannum). **2.** *Gegenstände, bes. Geschirr aus Zinn* (1): *altes Z. sammeln.*
Zin|na|mom, das; -s [lat. cinna(mo)mum, ↑Zimt]: **1.** (veraltet) *Zimt* (1). **2.** *Zimtbaum.*
Zinn|be|cher, der: *Becher aus Zinn;* **Zinn|berg|werk**, das: *Bergwerk, in dem Zinnerz abgebaut wird;* **Zinn|blech**, das: *Blech aus Zinn.*
Zin|ne, die; -, -n [mhd. zinne, ahd. zinna, verw. mit ↑Zinke, eigtl. = Zahn, Zacke]: **1.** *(im MA als Deckung für die Verteidiger dienender) in einer Reihe mit anderen auf Wehrmauern sitzender, meist quaderförmig emporragender Teil der Mauerkrone, neben dem sich die Schießscharte befindet:* die -n der Burg; Ü ...das Vorgebirge, über dessen kahlen -n die Raubvögel kreisten (Schneider, Taganrog 34). **2.** (schweiz.) *Dachterrasse:* ... Wäsche flatternd auf einer Z. (Frisch, Gantenbein 231).
zin|nen, zin|nern ⟨Adj.⟩ [mhd., ahd. zinīn]: *aus Zinn;* **Zinn|erz**, das: *zinnhaltiges Erz; Kassiterit;* **Zinn|fi|gur**, die: *aus Zinn gegossene Figur* (2); **Zinn|fo|lie**, die: *Folie* (1) *aus Zinn;* **Zinn|ge|fäß**, das: vgl. Zinnbecher; **Zinn|ge|schrei**, das: *charakteristisches knirschendes Geräusch, das beim Biegen eines Stabes aus Zinn auftritt;* **Zinn|gie|ßer**, der: *Handwerker, der erhitztes Zinn in Formen gießt u. nach dem Guß bearbeitet (Berufsbez.);* **Zinn|gie|ße|rei**, die: *Gießerei, in der Zinn gegossen wird;* **Zinn|gie|ße|rin**, die; -, -nen: w. Form zu ↑Zinngießer; **zinn|gla|siert** ⟨Adj.⟩: *mit Zinnglasur [versehen];* **Zinn|gla|sur**, die: *weiße, undurchsichtige, mit Zinnoxyd hergestellte Glasur;* **Zinn|guß**, der: **1.** ⟨o. Pl.⟩ *das Gießen von Zinn.* **2.** *aus Zinn gegossener Gegenstand;* **zinn|hal|tig** ⟨Adj.⟩: *Zinn enthaltend.*
Zin|nie, die; -, -n [nach dem dt. Arzt u. Botaniker J. G. Zinn (1727–1759)]: *(zu den Korbblütlern gehörende) Pflanze mit breiten, vorn spitz zulaufenden behaarten Blättern, die direkt an dem kräftigen Stengel sitzen, u. meist gefüllten weißen, gelben od. roten bis violetten Blüten.*
Zinn|kies, der (Mineral.): *sprödes, metallisch glänzendes, Zinn u. Kupfer enthaltendes, olivgrünes bis stahlgraues Mineral;* **Zinn|kraut**, das ⟨o. Pl.⟩ (volkst.): *Ackerschachtelhalm;* **Zinn|krug**, der: vgl. Zinnbecher; **Zinn|le|gie|rung**, die: *Legierung von Zinn mit einem anderen Metall, mit anderen Metallen;* **Zinn|leuch|ter**, der: vgl. Zinnbecher; **Zinn|löf|fel**, die: vgl. Zinnbecher.
Zin|no|ber, der; -s, - [mhd. zinober < afrz. cenobre < lat. cinnabari(s) < griech. kinnábari(s); 3: H. u.]: **1.** (Mineral.) *[hell]rotes, schwarzes od. bleigraues, Quecksilber enthaltendes Mineral.* **2.** ⟨österr.: das; -s; o. Pl.⟩ **a)** *leuchtend gelblichroter Farbe* (2); **b)** *leuchtend gelblichroter Farbton.* **3.** ⟨o. Pl.⟩ (salopp abwertend) **a)** *wertloses Zeug:* wirf doch den ganzen Z. weg!; **b)** *Unsinn, dummes Zeug:* rede nicht solchen Z.; Wie du geboren warst, hat deiner Mutter wer eingeblasen, daß sich Trunksucht meistens in der zweiten Generation vererbt. Z.! (Bieler, Bär 220); Z. *(großes Aufheben)* machen; **zin|no|ber|rot** ⟨Adj.⟩: *von leuchtend gelblichrotem Farbton.*
Zinn|oxyd, (chem. Fachspr.:) Zinnoxid, das: *Verbindung von Zinn u. Sauerstoff in Form einer pulvrigen Substanz;* **Zinn|pest**, die: *Zerfall reinen Zinns zu Pulver (bei Temperaturen unter 13 °C);* **Zinn|schale**, die: vgl. Zinnbecher; **Zinn|schrei**, der (seltener): *Zinngeschrei;* **Zinn|schüs|sel**, die: vgl. Zinnbecher; **Zinn|sol|dat**, der: *kleine, einen Soldaten darstellende Zinnfigur (als Kinderspielzeug):* mit -en spielen; sie blieben noch immer steif wie -en und sahen einander prüfend in die Augen (Faller, Frauen 49); **Zinn|stein**, der: *glänzendes schwarzes, braunes od. dunkelgelbes Mineral;* **Zinn|tel|ler**, der: vgl. Zinnbecher.
Zinn|wal|dit [auch: ...'dɪt], der; -s [nach dem Ort Zinnwald im Erzgebirge]: *perlmutten glänzendes, violett, grau, schwarz od. braun gefärbtes Mineral.*
Zins, der; -es, -en u. -e [mhd. zins = Abgabe, Tribut, (Pacht-, Miet)zins; (nach Prozenten berechneter) Betrag für die Überlassung von Kapital, ahd. zins = Abgabe, Tribut, (Pacht-, Miet)zins < lat. census, ↑Zensus]: **1.** ⟨Pl. -en; meist Pl.⟩ *(nach Prozenten berechneter) Betrag, den jmd. von der Bank für seine Einlagen erhält od. den er für zeitweilig ausgeliehenes Geld bezahlen muß:* hohe, niedrige, 4 % -en; die -en sind gefallen, gestiegen; Hypothekenschuldner von Sparkassen müssen damit rechnen, daß die -en für ihre Darlehen heraufgesetzt werden (Welt 20. 8. 65, 11); die Wertpapiere tragen, bringen -en; er lebt von den -en seines Vermögens; * **jmdm. etw. mit -en/mit Z. und Zinseszins zurückzahlen** *(sich gehörig an jmdm. rächen);* ♦ **am Z.** (in landsch. Sprachgebrauch; *[von einer Geldsumme] auf der Bank liegend u. Zinsen bringend):* denn er hatte keine Kinder und einen bezahlten Hof und hunderttausend Schweizerfranken am Z. (Gotthelf, Spinne 23). **2.** ⟨Pl. -e⟩ (veraltet, bes. südd., schweiz.) *¹Miete* (1): Sie ging nur aus, um bei der Genossenschaft, der die Häuser ... gehören, den Z. zu bezahlen (Presse 8. 7. 69, 5). **3.** ⟨Pl. -e⟩ kurz für ↑Grundzins: ... verpachtete ihnen wohl auch um billigem Z. ein Stückchen Land (Zuckmayer, Fastnachtsbeichte 202); **Zins|ab|schlag**, der (Fachspr.), **Zins|ab|schlags|steu|er**, die (Steuerpr.): *Steuer, die auf die Einkünfte (Zinsen) aus Kapitalvermögen* (a) *erhoben wird;* **Zins|ab|schnitt**, der (Börsenw.): *einzelner Abschnitt, Coupon des Zinsbogens, gegen dessen Einreichung zu einem bestimmten Termin die fälligen Zinsen ausgezahlt werden;* **Zins|an|lei|he**, die (Wirtsch.): *Anleihe, die zu einem bei der Ausgabe festgelegten Termin in einer Summe zurückgezahlt wird;* **Zins|ar|bi|tra|ge**, die (Börsenw.): *Börsengeschäft, das sich mit zwischen Zinssätzen verschiedener Orte (bes. zweier Länder) bestehenden Unterschiede auszunutzen sucht;* **zins|bar** ⟨Adj.⟩ (selten): **1.** *verzinslich.* **2.** *der Zinspflicht unterliegend;* **Zins|bau|er**, der: *(im MA.) zinspflichtiger Bauer;* **Zins|bo|gen**, der (Börsenw.): *(bei festverzinslichen Wertpapieren u. Aktien) Bogen, der sich aus mehreren Zinsabschnitten zusammensetzt;* **Zins|ein|nah|me**, die ⟨meist Pl.⟩: *Einnahme aus Zinsen;* **zin|sen** ⟨sw. V.; hat⟩ [mhd., ahd. zinsen] (schweiz.; sonst veraltet): *Abgaben, Zins* (3) *zahlen:* Zum Unterhalt der Herden bedurfte es geschäftsfreundlicher Beziehungen zu den Ansässigen ..., die ihnen fronten oder zinsten (Th. Mann, Joseph 397); **Zin|sen|be|rech|nung**, die: *Berechnung der Zinsen;* **Zin|sen|dienst**, der (Wirtsch. Jargon): *Verpflichtung, Zinsen zu zahlen;* **Zin|se|ner**, Zinsner, der; -s, - (veraltet): *Zinsbauer;* **Zin|sen|kon|to**, das: *Konto für Zinsen;* **Zin|sen|last**, die: *finanzielle Belastung durch das Zahlen von Zinsen;* **zin|sen|los** ⟨Adj.⟩ (bes. österr.): *zinslos:* So kommt man in den Genuß eines -en Einkaufskredits (Neue Kronen Zeitung 31. 3. 92, 24); **Zins|er|hö|hung**, die: *Erhöhung der Zinsen;* **Zins|er|trag**, der: vgl. Zinseinnahme; **Zin|ses|zins**, der; -es, -en ⟨meist Pl.⟩: *Zins von Zinsen, die — wenn sie fällig werden — nicht ausgezahlt, sondern dem Kapital hinzugefügt werden;* **Zin|ses|zins|rech|nung**, die: *Berechnung des sich bei der Verzinsung eines Kapitals ergebenden Endkapitals unter Berücksichtigung der Zinseszinsen;* **zins|frei** ⟨Adj.⟩: **1.** *zinslos:* Im Laufe der Zeit wird das vorgestreckte Geld abgestottert, z. versteht sich (Frings, Männer 363). **2.** (österr.) *mietfrei;* **Zins|fuß**, der ⟨Pl. ...füße⟩: *die in Prozent ausgedrückte Höhe der Zinsen;* **Zins|gro|schen**, der: *(im MA.) Grundzins in Form von Geld;* **zins|gün|stig** ⟨Adj.⟩ (Bankw.): **a)** *(von Darlehen o. ä.) günstig im Hinblick auf die zu zahlenden Zinsen:* Der Staat stellte sogar 500 Millionen Mark an -en Krediten bereit (Zeit 16. 5. 86, 36); **b)** *(von Sparverträgen, Wertpapieren o. ä.) günstig im Hinblick auf die Zinsen, die man erhält;* **Zins|gut**, das: *(im MA.) Grundstück, das jmdm. vom Grundherrn gegen bestimmte Leistungen zur Pacht gegeben wurde;* **Zins|hahn**, der (früher): *Hahn als Grundzins:* * **rot wie ein Z.** (landsch. *[vor Erregung] puterrot im Gesicht;* da der Kamm des abzuliefernden Hahnes gut durchblutet sein müsse, versetzten die Bauern ihn oft in Erregung, bevor sie ihn ablieferten); **Zins|haus**, das (schweiz. veraltet, sonst bes. südd., österr.): *Mietshaus:* er war der Sohn eines reichen, längst verstorbenen Vaters, der ihm eine Reihe stattlicher Zinshäuser ... hinterlassen hatte (Fallada, Trinker 102); Heute ist Rentenauszahlung. In einem Z. macht im Parterre eine alte Frau auf (Zenker, Froschfest 79); **Zins|herr**, der: *Grundherr;* **Zins|herr|schaft**, die ⟨o. Pl.⟩: *Grundherrschaft;* **Zins|knecht|schaft**, die ⟨o. Pl.⟩ *(im MA.) Abhängigkeit des Zinsbauern vom Grundherrn:* Ü Brechung der Z. (ns.; *Beseitigung der Abhängigkeit von unter jüdischem Einfluß stehenden Banken, von jüdischen Kapitalgeldnern o. ä.);* **Zins|lei|ste**, die (Börsenw.): *Erneuerungsschein;* **Zins|leu|te** ⟨Pl.⟩: *Zinsbauern;* **zins|los** ⟨Adj.⟩: *nicht verzinslich:* ein -es Darlehen; **Zins|ner:** ↑Zinsener;

Zins|ni|veau, das (Wirtsch.): *Höhe der Zinsen:* Die Anleger werden ihre Dispositionen von dem dann gegebenen Z. abhängig machen (Sparkasse 6, 1981, 190); **Zins|pflicht,** die ⟨o. Pl.⟩: *(im MA.) Pflicht des Zinsbauern, an den Zinsherrn Grundzins zu entrichten;* **zins|pflich|tig** ⟨Adj.⟩: *(im MA.) verpflichtet, an den Zinsherrn Grundzins zu entrichten;* **Zins|po|li|tik,** die ⟨o. Pl.⟩: *Gesamtheit der Maßnahmen der Zentralbank zur Beeinflussung des Geldumlaufs u. der Kreditgewährung mit Hilfe des Zinssatzes;* **Zins|rech|nung,** die: *Berechnung der Zinsen;* **Zins|satz,** der: *Zinsfuß;* **Zins|schein,** der (Börsenw.): *(bei festverzinslichen Wertpapieren) Urkunde über den Anspruch auf Zinsen;* **Zins|schwan|kung,** die: *Schwankung der Zinsen;* **Zins|sen|kung,** die: *Senkung der Zinsen;* **zins|si|cher** ⟨Adj.⟩ (schweiz.): *finanziell zuverlässig;* **Zins|spanne,** die (Bankw.): *Unterschied zwischen den für Kredite zu zahlenden Zinsen u. denen, die man für Einlagen (8 a) erhält;* **Zins|sub|ven|ti|on,** die ⟨meist Pl.⟩: *Verbilligung der Zinsen durch staatliche Subventionen in bestimmten als förderungswürdig angesehenen Wirtschaftsbereichen:* Mit der Kürzung der -en für Bauvorhaben ... befaßt sich der Gemeinderat heute (RNZ 15. 12. 87, 3); **Zins|ta|bel|le,** die: *Tabelle, auf der man Zinsen ablesen kann;* **Zins|ter|min,** der (Bankw.): *Termin, zu dem Zinsen fällig werden;* **zins|va|ria|bel** ⟨Adj.; ...bler, -ste⟩ (Bankw.): *(von Anleihen o. ä.) variabel im Hinblick auf die Zinsen (1);* **zins|ver|billigt** ⟨Adj.⟩ (Bankw.): vgl. zinsgünstig (a); **Zins|woh|nung,** die (schweiz. veraltet, sonst bes. südd., österr.): *Mietwohnung;* **Zins|wu|cher,** der: *Forderung überhöhter Zinsen;* **Zins|zahl,** die: *nach einer bestimmten Formel berechnete Zahl, mit der die Zinsrechnung erstellt wird;* Abk.: Zz.
Zio|nis|mus der; - [zu Zion, im A. T. einer der Hügel Jerusalems, den David eroberte (2. Sam. 5. 6ff.)]: **a)** *(Ende des 19. Jh.s entstandene) jüdische Bewegung mit dem Ziel, einen nationalen Staat für Juden in Palästina zu schaffen;* **b)** *(partei)politische Strömung im heutigen Israel u. innerhalb des Judentums (1) in aller Welt, die eine Stärkung des Staates Israel befürwortet u. zu erreichen sucht;* **Zio|nist,** der; -en, -en: *Vertreter, Anhänger des Zionismus;* **Zio|ni|stin,** die; -, -nen: w. Form zu ↑Zionist; **zio|ni|stisch** ⟨Adj.⟩: *dem Zionismus angehörend, ihn betreffend, auf ihm beruhend;* **Zio|nit,** der; -en, -en: *Angehöriger einer schwärmerischen christlichen Sekte des 18. Jh.s.;* **Zio|ni|tin,** die; -, -nen: w. Form zu ↑Zionit.
¹**Zipf,** der; -[e]s [südd., md. Nebenf. von ↑Pips] (landsch.): *Pips.*
²**Zipf,** der -[e]s, -e [mhd. zipf, verw. mit ↑Zapfen, ↑Zopf]: **1.** (bayr., österr.) *Zipfel.* **2.** (österr. abwertend) *männliche Person, die man langweilig, fade findet;* **Zip|fel,** der; -s, - [spätmhd. zipfel, zu mhd. zipf, ↑²Zipf]: **1.** *spitz od. schmal zulaufendes Ende bes. eines Tuchs, eines Kleidungsstücks o. ä.:* die Z. des Tischtuchs, der Schürze, des Kissens; Sie packte ein Bettuch an zwei -n (Alexander, Jungfrau 289); ein Z. *(kleines Endstück)* von der Wurst ist noch übrig; Ü der Ort liegt am äußersten Z. des Sees; das ist erst ein kleiner Z. der ganzen Wahrheit; *etw. am/beim rechten Z. anfassen/anpacken* (ugs.; *etw. auf geschickte Weise beginnen*); *etw. an/bei allen vier -n haben* (ugs.; *etw. fest, sicher haben*). **2.** kurz für ↑Bierzipfel. **3.** (fam.) *Penis:* Die Rolle des Kindes wird, besagtem Z. zum Trotz, in eine weibliche Richtung gedrängt (Bruder, Homosexuelle 27); **Zip|fel|chen,** das; -s, -: **1.** Vkl. zu ↑Zipfel. **2.** (fam.) *Zipfel* (3); **zip|fe|lig,** zipflig ⟨Adj.⟩: *(in unerwünschter Weise) Zipfel habend:* ein -er Saum; der Mantel ist z. *(hat einen zipfeligen Saum);* Juttas Haare waren zipfelig und hatten keine Form (Freizeitmagazin 12, 1978, 42); **Zip|fel|müt|ze,** die: *Wollmütze, die in einen langen, herunterhängenden Zipfel (1) ausläuft;* **zip|feln** ⟨sw. V.; hat⟩ (ugs.): *einen zipfeligen Saum haben:* der Rock zipfelt; **zipf|lig:** ↑zipfelig.
Zi|pol|le, die; -, -n [mhd. zibolle, ↑Zwiebel] (landsch.): *Zwiebel* (1 c).
Zipp ⓌⒶ, der; -s, -s [zu engl. to zip = mit einem Reißverschluß schließen] (österr.): *Reißverschluß:* Er sah zu, wie eine Frau ... die Pluderhose hinaufschob, den Z. der hochhackigen Stiefel öffnete (G. Roth, Winterreise 95).
Zipp|dros|sel, die [lautm.] (landsch.): *Singdrossel;* **Zip|pe,** die; -, -n (landsch.): **1.** *Singdrossel:* Er deutete nach dem Birkenwäldchen, in dem der Kuckuck läutete und die Z. schlug (Löns, Gesicht 238). **2.** (abwertend) *weibliche Person [über die man verärgert ist].*
Zip|pen: Pl. von ↑Zippus.
Zip|per, der; -s, - [engl. zipper, zu: zip = Reißverschluß] (salopp): *Reißverschluß:* Trainingsanzug ... mit zahlreichen -n in oranger Orange (MM 20./21. 6. 92, 64).
Zip|per|lein, das; -s, - [spätmhd. zipperlin, zu mhd. zipfen = trippeln, eigtl. spottend für den Gang des Erkrankten] (ugs. scherzh.): **a)** *Gicht:* Das „Zipperlein" ist stark im Kommen. Die Zahl der Gichterkrankungen stieg innerhalb von zwanzig Jahren ... (MM 9. 7. 73, 11); **b)** *Gebrechen, Wehwehchen:* Dazu kommen die vielen Z.: Bewegen kann man sich kaum noch, ... der Blutdruck, der Zucker ... (Saarbr. Zeitung 24. 12. 79, 15/17/19); dann müßte man wegen der vielen Alten ... wegen jedes -s ins Krankenhaus eingewiesen werden (Stern 46, 1981, 164).
Zip|pus, der; -, Zippi u. Zippen [lat. cippus]: *antiker Gedenk-, Grenzstein.*
Zipp|ver|schluß, der [zu ↑Zipp] (österr.): *Reißverschluß.*
Zir|be, Zir|bel, die; -, -n [wohl zu mhd. zirben, ahd. zerben = drehen, in bezug auf die Form des Zapfens]: *Zirbelkiefer;* **Zir|bel|drü|se,** die [zu Zirbel = Zapfen der Zirbelkiefer; nach der Form]: *am oberen Abschnitt des Zwischenhirns liegende Drüse; Epiphyse* (1); **Zir|bel|holz,** das: *Holz der Zirbelkiefer* (a); **Zir|bel|kie|fer,** die: **a)** *(im Hochgebirge wachsende) Kiefer mit eßbaren Samen u. wertvollem Holz; Arve;* **b)** *Zirbelholz;* **Zir|bel|nuß,** die: *eßbarer Samen der Zirbelkiefer.*
Zir|co|ni|um: ↑Zirkonium.
zir|ka ⟨Adv.⟩ [lat. circa (Adv. u. Präp.) = ringsherum, nahe bei; ungefähr, gegen zu: circus, ↑Zirkus]: *(bei Maß-, Mengen- u. Zeitangaben) ungefähr, etwa:* z. zwei Stunden, zehn Kilometer, fünf Kilo; z. 90% aller Mitglieder waren anwesend; sie verdient z. 3 000 Mark; Etwa vier Wochen nach dem Einmarsch der Amerikaner finden sich z. 50 Mann vom alten Stamm wieder ein (Chotjewitz, Friede 150); **Zir|ka|auf|trag,** der (Börsenw.): *Auftrag zum Ankauf von Wertpapieren, bei dem der Kommissionär (a) vom Kurs um ein geringes abweichen kann;* **zir|ka|di|an,** (auch:) **zir|ka|dia|nisch** ⟨Adj.⟩ [zu ↑zirka u. lat. dies = Tag] (bes. Med.): *sich über einen Zeitraum von 24 Stunden erstreckend:* -er Rhythmus *(Schlaf-wach-Rhythmus im Zeitraum von 24 Stunden):* So wertvoll es sein kann, tagesperiodische oder ... „zirkadianische" Schwankungen bestimmter Merkmale zu erkennen (MM 26. 5. 71, 3); An allen 3 Tagen der Urinkontrolle konnte ein konstanter zirkadianer Verlauf der Urinmenge beobachtet werden (Neue Ärztliche 24./25. 7. 85, 4);
Zir|kel, der; -s, - [mhd. zirkel, ahd. circil < lat. circinus = Zirkel, wohl unter Einfluß von: circulus = Kreis(linie), zu: circus, ↑Zirkus; 3: wohl unter Einfluß von frz. cercle < gleichbed. lat. circulus]: **1.** *Gerät zum Zeichnen von Kreisen, Abgreifen von Maßen o. ä., das aus zwei beweglich miteinander verbundenen Schenkeln (3) besteht, von denen der eine am unteren Ende eine nadelförmige Spitze, der andere eine Bleistiftmine, eine Reißfeder o. ä. hat:* mit dem Z. einen Kreis ziehen, schlagen. **2.** *Kreis* (2), *Ring:* die Pfadfinder standen in einem Z. um das Feuer; Ü Der Z. dieses elften Februars schließt sich (Werfel, Bernadette 78). **3.** *auf irgendeine Weise eng miteinander verbundene Gruppe von Personen:* ein intellektueller, schöngeistiger Z.; der engste Z. war versammelt; ein ... unerschöpfliches Thema immer wieder in den literarischen -n Roms (Ransmayr, Welt 44); dann können sich an solche Wahnsinnige Z. und Sekten von Hörigen scharen, die ihrem Oberhaupt blindlings überallhin zu folgen bereit sind (Richter, Flüchten 95). **4.** (Reiten) *Figur, bei der im Kreis geritten wird.* **5.** *einem Monogramm ähnliches kreisförmiges Symbol einer studentischen Korporation.* **6.** (ehem. DDR) *Arbeitsgemeinschaft:* ... betreut Parteifreund Dr. Thomas Koppe einen Z. von 12 Studenten, die er bei der Arbeit an ihrem Diplom unterstützt (NNN 10. 12. 88, 8); Seit mehr als zehn Jahren gibt es in Roßlau einen Z. schreibender Arbeiter (Freiheit 24. 6. 78, 5); in einem Z. lernen. **7.** (Musik) kurz für ↑Quintenzirkel. **8.** (Wissensch.) kurz für ↑Zirkelschluß. **Zir|kel|abend,** der (ehem. DDR): *abendliches Treffen eines Zirkels* (6): beim letzten Z. hatte einer sogar Mao zitiert (Loest, Pistole 230); **Zir|kel|arbeit,** die (ehem. DDR): *Arbeit in einem Zirkel* (6): ... weil die Z. auch dem Betrieb zugute kommt (Freiheit 24.6.78,5); **Zir|kel|be|weis,** der (Wissensch.): *Zirkelschluß;* **Zir|kel|de|fi|ni|ti|on,** die (Wissensch.): *Definition, die einen Begriff enthält, der seinerseits mit dem an dieser Stelle zu erklärenden Begriff definiert wurde;* **Zir|kel|ka|non,** der (Musik): ¹*Ka-*

non (1), bei dem jede Stimme nach dem Schluß der Melodie von vorn beginnt; **Zir̲kel|ka|sten,** der: *kleinerer, flacher, mit Filz o. ä. ausgelegter Kasten zum Aufbewahren des Zirkels* (1); **Zir̲|kel|kon|struk|ti|on,** die (Geom.): *nur mit dem Zirkel auszuführende geometrische Konstruktion* (2 b); **Zir̲|kel|lei|ter,** der (ehem. DDR): *Leiter eines Zirkels* (6); **Zir̲|kel|lei|te|rin,** die (ehem. DDR): w. Form zu ↑ Zirkelleiter; **Zir̲|kel|mit|glied,** das (ehem. DDR): *Mitglied eines Zirkels* (6); **zir̲|keln** ⟨sw. V.; hat⟩: **1. a)** *genau abmessen* ⟨meist im 2. Part.⟩: *gezirkelte Gärten; Vor dem Haus ein kleiner Garten mit gezirkelten Wegen* (Kempowski, Zeit 205); *Nur so Stühle standen zu gezirkelt* (Bieler, Mädchenkrieg 430); **b)** (ugs.) *genau ausprobieren:* Aber die Fotografen hatten zu z., wollten sie die (= Giebel) auf die Platte bekommen (Kempowski, Tadellöser 24); **c)** (ugs.) *genau an eine bestimmte Stelle bringen, befördern:* Der Libero zirkelte den Ball ins Tor; Bonhof, der ... Schüsse weit über die Latte zirkelte (Saarbr. Zeitung 24. 12. 79, 13/15/17). **2.** (seltener) *kreisen:* Die Biene flog auf. Sie zirkelte einige Male um das Glas (Remarque, Triomphe 263); Ü Wendts Fragen zirkeln um einen Punkt (Heym, Nachruf 688); **zir̲|kel|rund** ⟨Adj.⟩ (veraltet): *kreisrund;* **Zir̲|kel|schluß,** der [nach lat. probatio circularis, eigtl. = sich im Kreis drehender Beweis] (Wissensch.): *Beweisführung, zu der das zu Beweisende bereits als Voraussetzung herangezogen wird; Kreisschluß, Circulus vitiosus;* **Zir̲|kel|teil|neh|mer,** der (ehem. DDR): *Teilnehmer an einem Zirkel* (6); **Zir̲|kel|teil|neh|me|rin,** die (ehem. DDR): w. Form zu ↑ Zirkelteilnehmer; **Zir̲|kel|trai|ning,** das (Sport): *Circuittraining.*

Zir̲|kon, der; -s, -e [H. u.] (Mineral.): *Zirkonium enthaltendes, meist braunes od. braunrotes, durch Brennen blau werdendes Mineral, das als Schmuckstein verwendet wird;* **Zir̲|ko|ni|um,** *f* (chem. Fachspr.): Zirconium, das; -s [zu ↑ Zirkon; das Element wurde darin entdeckt]: *wie Stahl aussehendes, glänzendes, als säurebeständiger Werkstoff verwendetes Metall (chemischer Grundstoff);* Zeichen: Zr

zir̲|ku|lar, zir̲|ku|lär ⟨Adj.⟩ [frz. circulaire < spätlat. circularis, zu lat. circulus, ↑ Zirkel] (meist Fachspr.): *kreisförmig:* zirkuläres Irresein (Med. veraltend: manisch-depressives Irresein); **Zir̲|ku|lar,** das; -s, -e [vgl. frz. lettre circulaire]: *Rundschreiben:* ... wenn er in seinem Z. über Luftschutz gegen die Atomwaffe in den Schulen schreibt ... (Fr. Wolf, Menetekel 529); Als sie das Z. sahen, in dem die Direktion mitteilt, daß ... (Basler Zeitung 2. 10. 85, 2); **Zir̲|ku|lar|kre|dit|brief,** der (Bankw.): *Anweisung einer Bank an sämtliche anderen Korrespondenzbanken, dem genannten Begünstigten Geldbeträge bis zu der ebenfalls genannten Höchstsumme auszuzahlen;* **Zir̲|ku|lar|no|te,** die (Völkerrecht): *mehreren Staaten gleichzeitig zugestellte Note* (4); **Zir̲|ku|la|ti|on,** die; -, -en [1: lat. circu(m)latio = zirculatum, 2. Part. von: circumferre = im Kreis herumtragen]: **1. a)** *das Zirkulieren; Umlauf:* die Z. des Geldes; die Z.

der Luft; **b)** ⟨o. Pl.⟩ (marx.) *den gesamten Prozeß des Warenaustauschs umfassender gesellschaftlicher Bereich:* ... wird die Last der Schuld von der Produktionssphäre abgewälzt auf Agenten der Z. (Adorno, Prismen 267); **c)** ⟨o. Pl.⟩ (Med.) *Blutzirkulation, -kreislauf:* Wechselduschen regen die Z. an. **2.** (Fechten) *Umgehung der gegnerischen Klinge mit kreisenden Bewegungen; Kreisstoß;* **Zir̲|ku|la|ti|ons|mit|tel,** das (marx.): *(die Zirkulation 1 b beherrschendes) Zahlungsmittel, bes. Geld;* **Zir̲|ku|la|ti|ons|pe|ri|ode, Zir̲|ku|la|ti|ons|pha|se,** die (Limnologie): *Zeitraum im Frühjahr u. Herbst, in dem in stehenden Gewässern die Temperatur der oberen u. der unteren Schichten etwa gleich ist;* **Zir̲|ku|la|ti|ons|stö|rung,** die (Med.): *Störung des Blutkreislaufs, der Zirkulation* (1 c); **zir̲|ku|lie|ren** ⟨sw. V.; ist/(seltener:) hat⟩ [lat. circulare = im Kreis herumgehen, zu: circulus, ↑ Zirkel]: **a)** *in einer bestimmten Bahn kreisen:* die Luft zirkuliert im Raum; das im Körper zirkulierende Blut; Der Regierungsrat gehe fehl, wenn er in seiner Antwort erkläre, „zirkulierende Motorfahrzeuge beleben die Innenstadt" (Basler Zeitung 12. 5. 84, 31); **b)** *im Umlauf* (3) *sein, kursieren:* über ihn zirkulieren allerlei Gerüchte; in einer Fachzeitschrift z. lassen; ... daß einer eine wirklich selbständige Person ist und sich nicht beeindrucken läßt von den ständig zirkulierenden Rundschreiben betreffs der genauen Einhaltung der Dienststunden (Plenzdorf, Legende 234); **zir̲|kum-, Zir̲|kum-** [lat. circum = um ... herum, zu: circus, ↑ Zirkus] ⟨Best. in Zus. mit der Bed.⟩: *um ... herum* (z. B. zirkumskript, Zirkumzision); **Zir̲|kum|fe|renz,** die; -, -en [spätlat. circumferentia, zu lat. circumferre = rings herumtragen, aus: circum = ringsum (zu: circus, ↑ Zirkus) u. ferre = tragen] (Fachspr.): *Umfang, Ausdehnung;* **zir̲|kum|flek|tie|ren** ⟨sw. V.; hat⟩: *(einen Buchstaben) mit einem Zirkumflex versehen;* **Zir̲|kum|flex,** der; -es, -e [spätlat. (accentus) circumflexus, ↑ Accent circonflexe] (Sprachw.): *[Dehnungs]zeichen, Akzent* (ˆ od. ˜) *bes. für lange Vokale und Diphthonge;* **zir̲|kum|lu|nar** ⟨Adj.⟩ (Astron., Raumf.): *im Umkreis des Mondes* (1 a); *den Weltraum in Mondnähe betreffend:* die e-Satellitenbahn; **zir̲|kum|po|lar** ⟨Adj.⟩: *in der Umgebung des Nord- od. Südpols der Erde befindlich;* **Zir̲|kum|po|lar|stern,** der (Astron.): *Stern, der in der Nachbarschaft des Himmelspols steht u. für Orte bestimmter geographischer Breiten nie unter dem Horizont verschwindet;* **zir̲|kum|skript** ⟨Adj.⟩ [zu lat. circumscriptum, 2. Part. von: circumscribere = mit einem Kreis umschreiben, zu: scribere = schreiben] (Med.): *[scharf] abgegrenzt, umschrieben;* **Zir̲|kum|skrip|ti|on,** die; -, -en [lat. circumscriptio = Beschreibung eines Kreises; Begrenzung, zu: circumscribere, ↑ zirkumskript] *Abgrenzung kirchlicher Gebiete;* **Zir̲|kum|stanz,** die; -, -en [lat. circumstantia, zu: circumstare = im Kreise herumstehen, stehend umringen, zu: stare = stehen] (veraltet): *Umstand, Beschaffenheit;* **zir̲|kum|stan|zi|ell** ⟨Adj.⟩ (veraltet): *den Umständen entsprechend; durch die Umstände geschaffen, die Umstände betreffend;* **zir̲|kum|ter|re|strisch** ⟨Adj.⟩ (Astron., Raumf.): *im Umkreis der Erde; den Weltraum in Erdnähe betreffend;* **zir̲|kum|ve|nie|ren** ⟨sw. V.; hat⟩ [lat. circumvenire, zu: venire = kommen] (veraltet): **1.** *umgeben.* **2.** *überlisten, hintergehen;* **Zir̲|kum|ven|ti|on,** die; -, -en [lat. circumventio, zu: circumvenire, ↑ zirkumvenieren] (veraltet): *Umgehung, Überlistung, Hintergehung;* **Zir̲|kum|zi|si|on,** die; -, -en [spätlat. circumcisio = Beschneidung, zu lat. circumcidere = rings um-, ab-, beschneiden, zu: caedere (in Zus. -cidere) = schneiden, stutzen, abhauen, abschlagen] (Med.): **1.** *ringförmige Entfernung der Vorhaut des männlichen Gliedes.* **2.** *Entfernung eines am Rand eines kreisförmigen Geschwürs liegenden Teiles;* **Zir̲|kum|zi|si|ons|stil,** der ⟨o. Pl.⟩: *Jahreszählung, bei der das Jahr mit dem 1. Januar, dem Tag der Beschneidung Jesu, beginnt;* **Zir̲|kus,** der; -, -se [(2: unter Einfluß von engl. circus u. frz. cirque <) lat. circus (maximus) = Arena für Wettkämpfe, Spiele; Rennbahn, eigtl. = Kreis; Ring, < griech. kírkos = Ring]: **1.** *(in der röm. Antike) langgestreckte, an beiden Schmalseiten halbkreisförmig abgeschlossene, von stufenartig ansteigenden Sitzreihen umgebene Arena für Pferde- u. Wagenrennen, Gladiatorenkämpfe o. ä.* **2. a)** *Unternehmen, das meist in einem großen Zelt mit Manege Tierdressuren, Artistik, Clownerien o. ä. darbietet:* der Z. kommt, gastiert in Köln, geht auf Tournee; Artist beim Z. sein; er will als Clown zum Z. gehen; **b)** *Zelt od. Gebäude mit einer Manege u. stufenweise ansteigenden Sitzreihen, in dem Zirkusvorstellungen stattfinden:* der Z. füllte sich rasch; der Z. brannte ab; **c)** ⟨o. Pl.⟩ *Zirkusvorstellung:* der Z. beginnt um 20 Uhr; wir gehen heute in den Z.; **d)** ⟨o. Pl.⟩ *Publikum einer Zirkusvorstellung:* der ganze Z. klatschte. **3.** ⟨o. Pl.⟩ (ugs. abwertend) *großes Aufhebens, Trubel, Wirbel:* das war vielleicht ein Z. heute in der Stadt!; Was soll der Z. mit den Unterhosen? (Ziegler, Kein Recht 356); mach nicht so einen Z.!; na ja, das wird innen schönen Z. (Krach 2) geben; **-zir̲|kus,** der; -, -se: *drückt in Bildungen mit Substantiven aus, daß etw. in vielfältiger, bunter, abwechslungsreicher Weise auftritt, vorgeführt wird:* Leichtathletik-, Literatur-, Medienzirkus; **Zir̲|kus|bau,** der (Pl. -ten): *für Zirkusvorstellungen bestimmter Bau;* **Zir̲|kus|blut,** das: *Veranlagung zu der Arbeit, dem Leben beim Zirkus;* **Zir̲|kus|clown,** der: *im Zirkus auftretender Clown;* **Zir̲|kus|clow|nin,** die: w. Form zu ↑ Zirkusclown; **Zir̲|kus|di|rek|tor,** der: *Direktor eines Zirkus;* **Zir̲|kus|di|rek|to|rin,** die: w. Form zu ↑ Zirkusdirektor; **Zir̲|kus|kunst,** die ⟨o. Pl.⟩: *im Zirkus dargebotene Kunst* (z. B. Artistik, Akrobatik; **Zir̲|kus|künst|ler,** der: *jmd., der Zirkuskunst darbietet;* **Zir̲|kus|künst|le|rin,** die: w. Form zu ↑ Zirkuskünstler; **Zir̲|kus|kup|pel,** die: *Kuppel eines Zirkusbaus, -zelts;* **Zir̲|kus|luft,** die: *Atmosphäre in einem Zirkus;* **Zir̲|kus|ma|ne|ge,** die: *Manege eines Zirkus;* **Zir̲|kus|num|mer,** die: *Nummer* (2 a) *innerhalb einer Zirkus-*

Zirkuspferd 4024

vorstellung; **Zir|kus|pferd,** das: *für Auftritte im Zirkus auf bestimmte Kunststücke dressiertes Pferd:* Ü *Ich bin nun mal ein altes Z. (jmd., der die Bühne, den Beifall des Publikums braucht, sich dem Publikum verpflichtet fühlt u. sich deswegen keine Ruhe, Pause gönnt, immer weiter spielt). Ich singe, solange mich das Publikum hören will* (Hörzu 6, 1976, 10); **Zir|kus|rei|ter,** der: *Reiter, der im Zirkus akrobatische Kunststücke auf dem Pferd vorführt;* **Zir|kus|rei|te|rin,** die: w. Form zu ↑Zirkusreiter; **Zir|kus|un|ter|nehmen,** das: *Zirkus* (2a); **Zir|kus|vor|stellung,** die: *Vorstellung eines Zirkus* (2a); **Zir|kus|wa|gen,** der: *Wohnwagen* (2) *der Zirkuskünstler;* **Zir|kus|zelt,** das: *großes Zelt für Zirkusvorstellungen.*
Zir|pe, die; -, -n [zu ↑zirpen] (landsch.): *Grille, Zikade;* **zir|pen** ⟨sw. V.; hat⟩ [lautm.]: **a)** *eine Folge von kurzen, feinen, hellen, leicht vibrierenden Tönen von sich geben:* die Grillen, Heimchen zirpen; Es war still. Die Meisen zirpten leise in den Kiefern (Strittmatter, Wundertäter 442); **b)** *etw. in kurzen, feinen, hellen, leicht vibrierenden Tönen sagen:* „Weil ich mir aus Charakter nichts mache", zirpt Renée mit einer zimperlichen Altjungfernstimme (Remarque, Obelisk 98); „Du bist ein Tolpatsch", zirpte der Kleine (Strittmatter, Wundertäter 29).
Zir|ren: Pl. von ↑Zirrus.
Zir|rho|se, die; -, -n [frz. cirrhose, zu griech. kirrhós = gelb, orange; nach der Verfärbung der erkrankten Leber] (Med.): *auf eine Wucherung im Bindegewebe eines Organs* (z. B. Leber, Lunge) *folgende narbige Verhärtung u. Schrumpfung;* **zir|rho|tisch** ⟨Adj.⟩ (Med.): *durch Zirrhose bedingt, die Zirrhose betreffend:* Allerding muß bei Karzinomen in -en Lebern eine möglichst gewebesparende Segmentresektion ... angestrebt werden, da die Kompensationsfähigkeit der z. veränderten Restlebern vermindert ist (DÄ 47, 1985, 41).
Zir|ro|ku|mu|lus, der; -, ...li [zu ↑Zirrus u. ↑Kumulus] (Met.): *meist mit anderen in Feldern auftretende, in Rippen od. Reihen angeordnete, kleine, flockige weiße Wolke in höheren Luftschichten; Schäfchenwolke;* **Zir|ro|stra|tus,** der; -, ...ti [zu ↑Zirrus u. ↑Stratus] (Met.): *den Himmel ganz od. teilweise bedeckende, vorwiegend aus Eiskristallen bestehende Wolkenschicht in höheren Luftschichten;* **Zir|rus,** der; -, - u. Zirren [lat. cirrus = Federbüschel; Franse]: **1.** (Met.) *Federwolke in höheren Luftschichten.* **2.** (Zool.) **a)** *Begattungsorgan der Plattwürmer;* **b)** *rankenartiger Körperanhang vieler Wassertiere* (z. B. zum Herbeistrudeln der Nahrung); **Zir|rus|wol|ke,** die (Met.): *Zirrus* (1).
zir|zen|sisch ⟨Adj.⟩ [lat. circensis = zur Arena gehörig, zu: circus, ↑Zirkus]: *den Zirkus* (1, 2) *betreffend, in ihm abgehalten:* -e Darbietungen; -e Spiele (*in der röm. Antike im Zirkus 1 abgehaltene Wagenrennen, Faust- u. Ringkämpfe o. ä.*).
zis|al|pin, zis|al|pi|nisch ⟨Adj.⟩ [aus lat. cis = diesseits u. ↑alpin(isch)]: *(von Rom aus gesehen) diesseits der Alpen; südlich der Alpen.*
Zi|schel|lei, die; -, -en (meist abwertend):

[dauerndes] Zischeln; **zi|scheln** ⟨sw. V.; hat⟩ [zu ↑zischen]: **a)** *[in ärgerlichem Ton] leise flüstern:* etw. durch die Zähne z.; jmdm. etw. ins Ohr z.; Christine ... zischelte: „Na, nun hast du sie ja endlich." (Bieler, Mädchenkrieg 63); Ü ⟨subst.:⟩ eine Brandung, ein schwaches Zischeln von Wellen (Frisch, Homo 22); **b)** *heimlich [Gehässiges] über jmdn., etw. reden:* die beiden haben dauernd etwas miteinander zu z.; hinter seinem Rücken wurde über ihn gezischelt; Deine Gäste ziehen über mich her. Sie lästern und zischeln (Strauß, Niemand 35); **zi|schen** ⟨sw. V.⟩ [lautm.]: **1.** ⟨hat⟩ **a)** *einen scharfen Laut hervorbringen, wie er beim Aussprechen eines s, z, sch entsteht:* die Gans, die Schlange zischt; dann zischte ein Streichholz, und ich hatte die brennende Zigarette im Mund (Böll, Mann 28); das Wasser zischte auf der heißen Platte; Gestänge der Barhocker, Metallbeschläge der Theke, die zischende Espressomaschine (Koeppen, Rußland 12); Das Boot glitt jetzt schnell und zischend durch das Wasser (Kirst, 08/15, 104); das Publikum zischte (*bekundete durch Zischen sein Mißfallen*); **b)** *[ärgerlich] mit unterdrückter Stimme sagen* (*wobei die zischenden* 1 a *Laute hervortreten*): einen Fluch durch die Zähne z.; „Laß das!" zischte er; „Die Angelegenheit! Die Angelegenheit!" zischte sie gereizt (Danella, Hotel 115). **2.** *sich schnell mit zischendem Geräusch irgendwohin bewegen* ⟨ist⟩: der Dampf zischt aus dem Kessel; der Federball zischte durch die Luft; Schräg über die Ecke zischt der nächste Wurf und schafft freie Bahn (Remarque, Westen 87); Ü sie ist gerade um die Ecke gezischt (ugs.; *eilig gelaufen*). **3.** (*bes. ein Bier*) *mit zischendem Geräusch trinken:* ein Bier, ein Pils z.; eine kühle Molle z.; ... der alten Kneipe gegenüber, wo wir früher Limo schlauchten und jetzt manchmal ein Helles zischen (Loest, Pistole 179); * **einen z.** (salopp; *ein alkoholisches Getränk, bes. ein Bier, trinken*); **Zisch|laut,** der (Sprachw.): *Sibilant.*
Zi|se|leur [...'lø:ɐ̯], der; -s, -e [frz. ciseleur, zu: ciseler, ↑ziselieren]: *jmd., der Ziselierarbeiten ausführt* (Berufsbez.); **Zi|se|leu|rin** [...'lø:rɪn], die; -, -nen: w. Form zu ↑Ziseleur; **Zi|se|lier|ar|beit,** die; -, -en (o. Pl.): **1.** *das Ziselieren.* **2.** *mit Ziselierungen* (2) *verzierter Gegenstand;* **zi|se|lie|ren** ⟨sw. V.; hat⟩ [frz. ciseler, zu: ciseau = Meißel, über das Vlat. zu lat. caesum (in Zus. -cisum), 2. Part. von: caedere, ↑Zäsur]: *Figuren, Ornamente, Schrift mit Meißel, Punze o. ä. [kunstvoll] in Metall einarbeiten:* Blumenmotive in Silber z.; ein Messer mit ziselierter Klinge; Ü das von einer leichten Brise ziselierte Wasser (Ransmayr, Welt 197); Er bietet ... Erfindungen und faßt sie in eine behutsam ziselierte (*kunstvoll gestaltete*) Sprache (Welt 14. 7. 62, 1); **Zi|se|lie|rer,** der; -s, -: *Ziseleur;* **Zi|se|lie|re|rin,** die; -, -nen: w. Form zu ↑Ziselierer; **Zi|se|lier|kunst,** die ⟨o. Pl.⟩: *Kunst des Ziselierens;* **Zi|se|lierung,** die; -, -en: **1.** *das Ziselieren.* **2.** *ziselierte Schrift, Verzierung.*
Zis|la|weng, Cislawéng [viell. berlin. entstellt aus frz. ainsi cela vint = so ging das

zu]: in der Fügung **mit einem Z.** (ugs.; *mit Schwung; mit einem besonderen Kniff, Dreh*): er hat die Sache mit einem Z. erledigt.
Zis|lei|tha|ni|en; -s: ehem. Bez. für den österr. Anteil der habsburgischen Doppelmonarchie im Land diesseits der Leitha.
zis|pa|da|nisch ⟨Adj.⟩ [zu lat. cis = diesseits u. Padanus = am od. im ¹Po, zu: Padus = lat. Name des ¹Po]: *diesseits des ¹Po liegend (von Rom aus gesehen).*
Zis|sa|li|en, Zessalien ⟨Pl.⟩ [zu lat. cessare = aussetzen]: *fehlerhafte Münzen, die eingeschmolzen werden.*
Zis|so|i|de, die; -, -n [zu griech. kissós = Efeu u. -oeidḗs = ähnlich, zu: eĩdos = Aussehen, Form] (Math.): *ihrem Verlauf nach der Spitze eines Efeublatts gleichende algebraische Kurve; Efeublattkurve.*
Zi|sta, Zi|ste, die; -, Zisten [lat. cista, ↑Kiste]: **a)** *aus frühgeschichtlicher Zeit stammender zylindrischer od. ovaler, reich verzierter Behälter meist aus Bronze (zum Aufbewahren von Schmuck, Toilettenartikeln o. ä.);* **b)** *einer Ziste (a) ähnliche etruskische Urne aus Ton;* **Zi|ster|ne,** die; -, -n [mhd. zisterne < lat. cisterna, zu: cista, ↑Kiste]: **1.** *unterirdischer, meist ausgemauerter Hohlraum zum Auffangen u. Speichern von Regenwasser.* **2.** (Anat.) *Hohlraum in Organen od. Zellen;* **Zi|ster|nen|was|ser,** das ⟨o. Pl.⟩: *Wasser in, aus einer Zisterne* (1).
Zi|ster|zi|en|ser, der; -s, - [nach dem frz. Kloster Cîteaux, mlat. Cistercium]: *Angehöriger des Zisterzienserordens;* **Zi|ster|zi|en|ser|bau|kunst,** die (Kunstwiss.): *vom Zisterzienserorden geprägte Baukunst;* **Zi|ster|zi|en|se|rin,** die; -, -nen: *Angehörige des weibl. Zweiges der Zisterzienser;* **Zi|ster|zi|en|ser|klo|ster,** das: *Kloster des Zisterzienserordens;* **Zi|ster|zi|en|ser|or|den,** der ⟨o. Pl.⟩: *1098 von reformerischen Benediktinern gegründeter Orden* (1); **zi|ster|zi|en|sisch** ⟨Adj.⟩: *die Zisterzienser, den Zisterzienserorden betreffend.*
Zist|ro|se, die; -, -n [1. Bestandteil lat. cisthos < griech. kist(h)os = Zistrose]: (*bes. im Mittelmeergebiet verbreitete*) *immergrüne, als Strauch wachsende Pflanze mit behaarten Zweigen, oft ledrigen Blättern u. großen weißen, rosafarbenen od. roten, der Buschrose ähnlichen Blüten;* **Zist|ro|sen|ge|wächs,** das: (*bes. in den gemäßigten Gebieten der Nordhalbkugel verbreitete*) *als Strauch od. Kraut wachsende Pflanze mit einfachen, meist ätherische Öle enthaltenden Blättern u. großen Blüten.*
Zi|ta|del|le, die; -, -n [unter Einfluß von frz. citadelle < ital. cittadella, eigtl. = kleine Stadt, Vkl. von aital. cittade = Stadt < lat. civitas, zu: civis = ¹Bürger]: *selbständiger, in sich geschlossener Teil einer Festung od. befestigten Stadt; Kernstück einer Festung.*
Zi|tat, das; -[e]s, -e [zu lat. citatum = das Angeführte, Erwähnte, subst. 2. Part. von: citare, ↑zitieren]: **a)** *[als Beleg] wörtlich zitierte Textstelle:* ein längeres Z. aus der Rede des Präsidenten; etw. mit einem Z. belegen; Ü Gleichwohl befinden sich in meinem Stück weder -e noch Ein-

flüsse Brahmsscher Musik (Melos I, 1984, 45); Mein Chef persönlich hat dafür plädiert, daß der Aufzug als zentrales Element erhalten bleibt, also habe ich ihn als dekoratives Z. in die moderne Struktur integriert (Heller, Mann 356); **b)** bekannter Ausspruch, geflügeltes Wort: das ist ein [bekanntes] Z. aus Goethes „Faust"; klassische -e auswendig kennen; **Zi|ta|ten|le|xi|kon,** das: Lexikon, in dem Zitate (a, b) gesammelt sind; **Zi|ta|ten|schatz,** der: **1.** Zitatenlexikon (bes. als Buchtitel). **2.** Kenntnis vieler Zitate (b): einen reichen Z. haben; **Zi|ta|ti|on,** die; -, -en [1: spätlat. citatio, zu lat. citare, ↑zitieren]: **1.** (veraltet) [Vor]ladung vor Gericht. **2.** das Zitieren (1).

Zi|ther, die; -, -n [mhd. nicht belegt (dafür mhd. zitōl < afrz. citole), ahd. zitara < lat. cithara, ↑ Kithara]: Zupfinstrument, bei dem die Saiten über einen flachen, länglichen, meist auf einer Seite geschwungenen Resonanzkörper mit einem Schalloch in der Mitte gespannt sind; **Zi|ther|spiel,** das ⟨o. Pl.⟩: Spiel auf der Zither.

zi|tier|bar ⟨Adj.⟩: sich zitieren (1) lassend; so beschaffen, daß man es zitieren kann: Natürlich gab es ... Männer, die ein kühnes und -es Wort gegen den Krieg riskiert haben (Grass, Butt 661); **zi|tie|ren** ⟨sw. V.; hat⟩ [lat. citare = herbeirufen; vorladen; sich auf jmds. Zeugenaussage berufen; anführen, erwähnen, eigtl. = in Bewegung setzen od. halten, zu: ciere (2. Part.: citum) = in Bewegung setzen, erregen, antreiben; aufrufen, herbeirufen]: **1.** eine Stelle aus einem gesprochenen od. geschriebenen Text unter Berufung auf die Quelle wörtlich wiedergeben: etw. falsch, ungenau z.; eine Stelle aus einem Buch, ein Gedicht von Brecht, einen Lehrsatz z.; Es klingt so ungeheuerlich, daß es notwendig ist, eine Quelle zu z. (Thieß, Reich 303); Er legte Wert auf ihr Urteil, zitierte es manchmal im Seminar (Kronauer, Bogenschütze 127); auswendig z.; aus einer Rede, aus einem Gesetz, aus der Bibel z.; ich kann ihre Ausführungen hier nur sinngemäß z.; seinen Chef, seinen alten Lehrer z. (das anführen, was dieser immer sagt); Zur Bekräftigung wird Lenin zitiert (das angeführt, was Lenin gesagt, geschrieben hat); Dönhoff, Ära 92); ein oft zitierter Satz. **2.** jmdn. auffordern, irgendwohin zu kommen, um ihn für etw. zur Rechenschaft zu ziehen: jmdn. zu sich, aufs Rathaus, vor Gericht, zum Kadi z.; Der Diplomat wurde ins Kanzleramt zitiert; Nach einigen Minuten kommt ein Grenzbeamter und zitiert den im Auto sitzenden Nigerianer aus dem Fahrzeug (Hamburger Rundschau 22. 8. 85, 2); **Zi|tie|rung,** die; -, -en: das Zitieren (1, 2).

Zi|tral, das ⟨chem. Fachspr.⟩: Citral, das; -s, -e ⟨Chemie⟩: ungesättigter Aldehyd, Bestandteil zahlreicher ätherischer Öle (z. B. des Zitronenöls); **Zi|trat,** ⟨chem. Fachspr.⟩: Citrat, das; -[e]s, -e ⟨Chemie⟩: Salz der Zitronensäure; **¹Zi|trin,** der; -s, -e: hellgelbes Mineral, das als Schmuckstein verwendet wird; **²Zi|trin,** das; -s [Gewinnung aus der Schale von Zitrusfrüchten]: Wirkstoff im Vitamin P; **Zi|tro|nat,** das;

-[e]s, ⟨Sorten:⟩ -e [frz. citronnat < älter ital. citronata, zu: citrone, ↑ Zitrone]: [zum Backen verwendete, in Würfel geschnittene] kandierte Schale der Zitronatzitrone; **Zi|tro|nat|zi|tro|ne,** die: Zitrusfrucht mit sehr dicker, warzig-runzeliger Schale u. wenig Fruchtfleisch; **Zi|tro|ne,** die; -, -n [älter ital. citrone, zu lat. citrus = Zitronenbaum, Zitronatbaum]: **a)** gelbe, länglichrunde Zitrusfrucht mit saftigem, sauer schmeckendem Fruchtfleisch u. dicker Schale, die reich an Vitamin C ist; Frucht des Zitronenbaums; eine Z. auspressen; heiße Z. (heißes Getränk aus Zitronensaft [Zucker] u. Wasser); *⁕ mit -n gehandelt haben (ugs.; mit einer Unternehmung o. ä. Pech gehabt, sich verkalkuliert haben; viell. nach der Vorstellung, daß man beim Essen einer Zitrone wegen deren Säure das Gesicht in ähnlicher Weise verzieht wie bei einem Mißerfolg): wer nicht spurt, keine profihafte Einstellung bekommt, der hat eben mit -n gehandelt (Blick 27. 7. 84, 13); **jmdn. auspressen/ausquetschen wie eine Z.** (ugs.; 1. jmdn. in aufdringlicher Weise ausfragen. 2. jmdn. viel Geld aus der Tasche ziehen); **b)** kurz für ↑ Zitronenbaum; **c)** Auszeichnung [in Form einer Zitrone a], die jmdm. zugedacht wird, dessen Verhalten o. ä. negativ bewertet wird: Für ihre Pressefreundlichkeit bekam sie die „Goldene Z." (Hörzu 5, 1992, 136); „Zitronen" haben die Kulturredakteure ... an vier an der „documenta 7" beteiligte Künstler verliehen (MM 24. 8. 82, 22); **d)** (Kfz-W. Jargon): Montagsauto; Augen auf beim Autokauf. Auch Vorführwagen kann „Zitrone" sein (MM 19./20. 7. 80, 29); **Zi|tro|nen|au|to,** das (Kfz-W. Jargon): Zitrone (d); **Zi|tro|nen|baum,** der: (in warmem Klima wachsender, zu den Zitruspflanzen gehörender) Baum mit großen, rosafarbenen bis weißen Blüten u. Zitronen als Früchten; **Zi|tro|nen|creme,** die: mit Zitronen[saft] zubereitete Creme (2 a, b); **Zi|tro|nen|fal|ter,** der: Schmetterling mit (beim Männchen) leuchtendgelben u. (beim Weibchen) grünlichweißen Flügeln mit orangefarbenen Tupfen in der Mitte; **zi|tro|nen|far|ben,** **zi|tro|nen|far|big** ⟨Adj.⟩: zitronengelb; **zi|tro|nen|gelb** ⟨Adj.⟩: von hellem, leuchtendem Gelb; **Zi|tro|nen|holz,** das: Holz des Zitronen- u. des Orangenbaumes; **Zi|tro|nen|kern,** der: Samenkern der Zitrone; **Zi|tro|nen|kraut,** das ⟨o. Pl.⟩: **1.** Zitronenmelisse. **2.** Eberraute; **Zi|tro|nen|li|mo|na|de,** die: mit Zitronensaft hergestellte Limonade; **Zi|tro|nen|me|lis|se,** die: Melisse; **Zi|tro|nen|öl,** das: aus Zitronenschalen gewonnenes ätherisches Öl; **Zi|tro|nen|pres|se,** die: zum Auspressen von Zitronen, Orangen o. ä. verwendetes kleines Haushaltsgerät; **Zi|tro|nen|rol|le,** die: Biskuitrolle mit einer Füllung aus Zitronencreme; **Zi|tro|nen|saft,** der: Saft (2 a) der Zitrone; **zi|tro|nen|sau|er** ⟨Adj.⟩ (Chemie): Zitronensäure enthaltend: zitronensaures Salz; **Zi|tro|nen|säu|re,** die (Chemie): in vielen Früchten enthaltene, in Wasser leicht lösliche, farblose Kristalle bildende Säure; **Zi|tro|nen|säu|re|zy|klus,** der (Biochemie): in den Mitochondrien ablaufender Prozeß, bei dem Nährstoffe abge-

baut werden u. dadurch Energie für den Aufbau anderer Stoffe gewonnen wird; **Zi|tro|nen|scha|le,** die: Schale der Zitrone; **Zi|tro|nen|schei|be,** die: einzelne Scheibe einer Zitrone; **Zi|tro|nen|schnitz,** der (landsch.): Schnitz einer Zitrone; **Zi|tro|nen|spal|te,** die: Spalte (3) einer Zitrone; **Zi|tro|nen|spei|se,** die: mit Zitronen[saft] zubereitete [schaumige] Süßspeise; **Zi|tro|nen|vo|gel,** der: Zitronenfalter; **Zi|tro|nen|was|ser,** das ⟨o. Pl.⟩: Getränk aus Zitronensaft, Zucker u. Wasser; **Zi|trul|le,** die; -, -n [frz. citrouille < mfrz. citrole < älter ital. (toskanisch) citrullo < mlat. citrullus = Wassermelone, zu spätlat. citrium = Zitrusgurke, zu lat. citrus, ↑ Zitrone] (veraltend): Wassermelone; **Zi|trus|frucht,** die: Frucht einer Zitruspflanze mit meist dicker Schale u. sehr saftigem, aromatischem Fruchtfleisch (z. B. Apfelsine, Zitrone, Pampelmuse); **Zi|trus|ge|wächs,** das: Zitruspflanze; **Zi|trus|öl,** das: aus der Schale einer Zitrusfrucht gewonnenes ätherisches Öl; **Zi|trus|pflan|ze,** die: (in warmen Gebieten als Kulturpflanze angebauter) immergrüner Baum od. Strauch mit duftenden weißen od. rosa Blüten in Doldentrauben u. kugeligen bis eiförmigen Früchten (Zitronen, Orangen, Mandarinen u. a.).

Zit|ter|aal, der: (in Südamerika heimischer) dem Aal ähnlicher Fisch von brauner Färbung, der an den Schwanzflossen elektrische Organe besitzt u. seine Beute durch Stromstöße tötet; **Zit|ter|gras,** das: Gras (1) mit kleinen Ähren an sehr dünnen Stielen, die schon bei ganz leichter Luftbewegung in eine zitternde Bewegung geraten; **zit|te|rig:** ↑ zittrig; **Zit|ter|läh|mung,** die (Med.): Parkinsonsche Krankheit; **Zit|ter|laut,** der (Sprachw.): Vibrant; **zit|tern** ⟨sw. V.⟩ [mhd. zit(t)ern, ahd. zittarōn, H. u.]: **1.** ⟨hat⟩ **a)** unwillkürliche, in ganz kurzen, schnell aufeinanderfolgenden Rucken erfolgende Hinundherbewegungen machen (⟩; vor Kälte, Wut, Aufregung u. Freude zittern; die Frauen zitterten vor Erregung und Freude (Thieß, Legende 189); am ganzen Körper z.; ihre Hände zitterten/ihr zitterten die Hände; ... obwohl meine Finger kalt wurden und sie anfingen zu zittern (Gaiser, Schlußball 174); **b)** sich in ganz kurzen, schnellen Schwingungen hin u. her bewegen; vibrieren: bei der Explosion zitterten die Wände; die Nadel des Kompasses zitterte; Charlemagne ... warf einen Stoß Hefte auf den Tisch, daß der Kronleuchter zitterte (Wiechert, Jeromin-Kinder 292); Obersturmbannführer Richter röhrte, daß die Gläser zitterten (Bieler, Bonifaz 166); wenn ... bei einem Vanillepudding auf dem Tisch zitterte (zitternd auf dem Tisch stand; Grass, Blechtrommel 325); Ü etw. mit zitternder (brüchiger, rasch in der Tonhöhe wechselnder) Stimme sagen. ⟨hat⟩ **a)** vor jmdm., etw. große Angst haben: er zittert vor seinem Vater, vor der Prüfung; vor seinem Namen zittert immer noch die Welt (Thieß, Reich 612); Sie drehte zwei saubere Pirouetten und wagte den Grand Pas de Basque, vor dem selbst gefuchste Ballerinen zittern (Grass, Hundejahre 279); ⟨auch o. Präp.-Obj.:⟩ während des Ver-

Zitterpappel

hörs habe ich ganz schön gezittert; zitternd und bebend *(voller Furcht)* kam er angelaufen; ⟨subst.:⟩ ***mit Zittern und Zagen** *(voller Furcht);* **b)** *sich um jmdn., etw. große Sorgen machen:* um sein Vermögen z.; wie eine Kriegerwitwe, die um ihre Rente zittert (Fischer, Wohnungen 53); Wenn ich ein Kind zur Welt brächte, würde ich Tag und Nacht um sein Leben z. *(bangen;* Danella, Hotel 48); während seiner Prüfung habe ich für ihn gezittert. **3.** (salopp) *irgendwohin gehen* ⟨ist⟩: er zitterte um die Ecke; **Zit|ter|pap|pel,** die: *zu den Pappeln gehörender hoher Baum mit eiförmigen od. kreisrunden Blättern, gelblichgrauem Stamm und kleiner Krone;* **Zit|ter|par|tie,** die: vgl. Zitterspiel; **Zit|ter|prä|mie,** die (ugs. scherzh.): *Gefahrenzulage;* **Zit|ter|ro|chen,** der: *(in tropischen u. subtropischen Meeren heimischer) Rochen mit paarigen elektrischen Organen; Torpedofisch;* **Zit|ter|spiel,** das (Sport Jargon): *Spiel, dessen Ausgang bis zum Schluß ungewiß ist;* **zitt|rig,** zitterig ⟨Adj.⟩: *[häufig] zitternd* (1 a): -e Hände; ein -er Greis; eine -e *(mit zittriger Hand geschriebene)* Schrift; Ich schäme mich auch jedesmal, wenn ich einen solchen braunen Bändel, besprochen in meiner Abwesenheit, in diese teuflische Maschine einschlaufe mit zittrigen Fingern (Frisch, Gantenbein 413); sich z. *(schwach, unsicher auf den Beinen)* fühlen; Nach 12 Minuten Anstrengung steigt die Fahrerin zittrig aus und atmet auf (ADAC-Motorwelt 10, 1986, 80); etw. mit -er *(zitternder* 1 b) Stimme sagen. **Zit|wer,** der; -s, - [spätmhd. zitwar < arab. ġadwār]: *aromatisch duftende Pflanze mit gefiederten Blättern u. kleinen Blütenköpfchen, deren Blüte u. Samen als Wurmmittel verwendet werden;* **Zit|wer|blü|te,** die: *Blüte des Zitwers;* **Zit|wer|sa|men,** der: **a)** *Zitwerblüte;* **b)** *Samen des Zitwers.*
Zitz, der; -es [niederl. sits, zu einer Nebenf. von Hindi chīṇṭ, ↑Chintz]: *Chintz.*
Zit|ze, die; -, -n [mhd. zitze, urspr. Lallwort der Kinderspr.; vgl. Titte]: **a)** *Milch bildendes, paarig angeordnetes Organ bei weiblichen Säugetieren:* die Welpen sogen an den -n der Hündin; **b)** (derb) *[weibliche] Brust[warze].*
Zi|vet|te, die; -, -n [frz. civette < ital. zibetto, ↑Zibet]: *Zibetkatze.*
Zi|vi, der; -s, -s (Jargon): **1.** *Zivildienstleistender:* Ohne die Mitarbeit der -s wären wir hier aufgeschmissen (Zivildienst 2, 1986, 12). **2.** *Polizeibeamter in Zivil* (1); *Zivile:* Die acht -s sind selten gemeinsam unterwegs (zitty 13, 1984, 18); **zi|vil** ⟨Adj.⟩ [wohl unter Einfluß von frz. civil < lat. civilis = bürgerlich, zu: civis = Bürger]: **1.** *nicht militärisch; bürgerlich* (1): der -e Luftfahrt; im -en Leben, Beruf ist er Maurer; Bewußt vermied man es an Bord, sich mit Militärmärschen zu verabschieden. Man war ein -es Schiff (Konsalik, Promenadendeck 23); Zögernd beginnt die deutsche Wirtschaft mit der ... Umwandlung von wehrtechnischen in -e Arbeitsplätze (natur 6, 1991, 74); Verstöße gegen das gemeinsame Abkommen zum Verzicht auf Angriffe auf -e Ziele (NZZ 30. 6. 84, 3); die -e *(nicht zum Militär gehörende)* Bevölkerung; -er Ersatzdienst (früher; *Zivildienst*); -er Bevölkerungsschutz *(Zivilschutz* a); -e Kleidung *(Zivil)* tragen; die -e Ehe *(Zivilehe);* das -e Recht *(Zivilrecht);* -er Ungehorsam *(gegen eine als ungerecht empfundene Politik bzw. deren Gesetze gerichteter Widerstand, der in zwar gesetzwidrigen, aber gewaltlosen öffentlichen Handlungen besteht;* nach engl. civil disobedience). **2.** *anständig, annehmbar:* ein -er Chef; -e Bedingungen; das Wetter ist schön, und heute kann ich in einem -en Bett schlafen (Danella, Hotel 177); das Lokal hat -e *(nicht zu hohe)* Preise; jmdn. z. behandeln; ⟨Zus.:⟩ das; -s [nach frz. (tenue) civile]: **1.** *Zivilkleidung:* Z. tragen, anziehen, anlegen; er kam in, war in Z.; Bei unserem Polizeirevier holte ich einen Kriminalbeamten in Z. ab (Simmel, Affäre 162); nebenbei haben die Feuerwehrmänner den Gerätepark gewartet, sind ... in Z. herumgestanden (Fels, Kanakenfauna 51). **2.** (selten) *nicht zum Militär gehörender gesellschaftlicher Bereich, Teil der Bevölkerung:* zum Z. übertreten; Heinrich Graf Dohna ..., der in Z. und Militär gleichermaßen hochgeachteten, respektgebietenden Mann (Dönhoff, Ostpreußen 140). **3.** (schweiz.) *Familienstand:* er mußte vor Gericht sein Z. angeben; **Zi|vil|an|ge|stell|te,** der u. die: *Zivilbeschäftigte;* **Zi|vil|an|zug,** der: vgl. Zivilkleidung; **Zi|vil|be|hör|de,** die: *nicht der Militärhoheit unterstehende Behörde;* **Zi|vil|be|ruf,** der: *(von Soldaten) Beruf, den jmd. außerhalb seiner Militärzeit ausübt:* der Leutnant ist im Z. Arzt; **Zi|vil|be|schä|dig|te,** der u. die: *jmd., der im Krieg als Zivilist einen bleibenden gesundheitlichen Schaden erlitten hat;* **Zi|vil|be|schäf|tig|te,** der u. die: *jmd., der beruflich bei den Streitkräften beschäftigt ist, aber nicht Mitglied der Streitkräfte ist;* **Zi|vil|be|völ|ke|rung,** die: *nicht den Streitkräften angehörender Teil der Bevölkerung;* **Zi|vil|cou|ra|ge,** die [gepr. 1864 von Bismarck]: *Mut, der jmd. beweist, indem er seine Meinung offen äußert u. sie ohne Rücksicht auf eventuelle Folgen in der Öffentlichkeit, gegenüber höhergestellten Personen, Vorgesetzten o. ä. vertritt;* **Zi|vil|die|ner,** der (österr.): *Zivildienstleistende;* **Zi|vil|dienst,** der ⟨o. Pl.⟩: *Dienst, den ein Kriegsdienstverweigerer an Stelle des Wehrdienstes leistet;* **Zi|vil|dienst|be|auf|trag|te,** der u. die: *Beauftragte[r] des Arbeitsministeriums, der bzw. die für den Zivildienst zuständig ist;* **Zi|vil|dienst|leis|ten|de,** der; -n, -n ⟨Dekl. ↑Abgeordnete⟩: *jmd., der Zivildienst leistet;* Abk.: ZDL; **Zi|vil|dienst|ler,** der; -s, - (Jargon): *Zivildienstleistender;* **Zi|vil|le,** der; -n, -n ⟨Dekl. ↑Abgeordnete⟩ (Jargon): *Polizeibeamter in Zivil:* Ich selbst bin zweimal von -n angehalten worden (ADAC-Motorwelt 1, 1983, 73); **Zi|vil|ehe,** die (Rechtsspr.): *standesamtlich geschlossene Ehe;* **Zi|vil|fahn|der,** der: *Beamter in Zivil, der polizeiliche Ermittlungen anstellt;* **Zi|vil|fahn|de|rin,** der: w. Form zu ↑Zivilfahnder; **Zi|vil|fahn|dung,** die: *von Beamten in Zivil angestellte polizeiliche Ermittlungen;* **Zi|vil|flug|ha|fen,** der: *Flughafen, der nicht militärischen Zwecken dient;* **Zi|vil|flug|zeug,** das: *ziviles Flugzeug;* **Zi|vil|ge|fan|ge|ne,** der u. die (Völkerrecht): *im Krieg gefangengenommener Zivilist;* **Zi|vil|ge|richt,** das: *für zivilrechtliche Fälle zuständiges Gericht;* **Zi|vil|ge|richts|bar|keit,** die: *Gerichtsbarkeit* (2) *im Bereich des Zivilrechts;* **Zi|vil|ge|setz|buch,** das (schweiz.): *Gesetzbuch des bürgerlichen Rechts;* Abk.: ZGB; **Zi|vil|in|ge|nieur,** der: *freiberuflich tätiger, selbständiger Ingenieur od. Techniker;* **Zi|vil|in|ge|nieu|rin,** die: w. Form zu ↑Zivilingenieur; **Zi|vi|li|sa|ti|on,** die; -, -en [frz. civilisation, engl. civilization]: **1. a)** *Gesamtheit der durch den technischen u. wissenschaftlichen Fortschritt geschaffenen u. verbesserten sozialen u. materiellen Lebensbedingungen:* dieses Land hat eine hohe, niedrige Z.; Wir ... hatten ihr Land urbar gemacht und ihnen die Z. gebracht (Welt 9. 6. 62, 3); ... einen, der ausgezogen ist, die christliche Z. zu retten (Augstein, Spiegelungen 20); Taube ließ heißes Wasser ein, dachte daran, daß man die Segnungen der Z. schon für selbstverständlich hielt (H. Weber, Einzug 73); ... kannte ich damals schon die erdrückende Überlegenheit der Kultur und ebenso der Z. der Länder des Ostens über die in einem Glauben gefangene Welt des christlichen Westens (Stern, Mann 236); die Expedition kehrte glücklich in die Z. *(in besiedeltes Gebiet)* zurück; **b)** *Zivilisierung.* **2.** ⟨o. Pl.⟩ (selten) *durch Erziehung, Bildung erworbene [verfeinerte] Lebensart:* Chic ist nur eine gegeben, die ein gewisses Maß an Z. ... besitzen (Dariaux [Übers.], Eleganz 33); **Zi|vi|li|sa|ti|ons|krank|heit,** die ⟨meist Pl.⟩: *durch die mit der Zivilisation* (1 a) *verbundene Lebensweise hervorgerufene Krankheit;* **Zi|vi|li|sa|ti|ons|kri|tik,** die ⟨o. Pl.⟩: *Kritik an den Folgeerscheinungen der Zivilisation* (1 a); **zi|vi|li|sa|ti|ons|mü|de** ⟨Adj.⟩: *der Zivilisation* (1 a) *u. der mit ihr verbundenen Lebensweise überdrüssig:* Der heute 49jährige Guru und sein Meditationszentrum ... werden seit etwa fünf Jahren vor allem von -n Amerikanern und Europäern auf dem Erlösungstrip angelaufen (Spiegel 43, 1979, 260); **Zi|vi|li|sa|ti|ons|müllig|keit,** die: *Überdruß an der Zivilisation* (1 a); **Zi|vi|li|sa|ti|ons|müll,** der: *durch die mit der Zivilisation* (1 a) *verbundene Lebensweise anfallender Müll:* Daneben leere Konservendosen, Plastikbehälter, Limonadenflaschen; Z. überall (Fest, Im Gegenlicht 173); **Zi|vi|li|sa|ti|ons|scha|den,** der: vgl. Zivilisationskrankheit; **Zi|vi|li|sa|ti|ons|stu|fe,** die: *Entwicklungsstufe der Zivilisation* (1 a); **zi|vi|li|sa|to|risch** ⟨Adj.⟩: *die Zivilisation* (1 a) *betreffend, auf sie beruhend:* -e Schäden; Drei Wochen Sommerferien in Finnland in einem Blockhaus am See ..., abgelegen, einsam, ohne -e Errungenschaften (Saarbr. Zeitung 24. 12. 79, III); Die Möglichkeit, alle Länder auf das -e Niveau der Industrieländer zu heben, ... (Gruhl, Planet 185); die Geschichte vom Sterben eines bewundernden, politisch wie z. überlegenen Reiches (Fest, Im Gegenlicht 381); **zi|vi|li|sie|ren** ⟨sw. V.; hat⟩ [frz. civiliser, zu: civil, ↑zivil]: **1.** *(bes. ein auf einer niedrigeren Zivilisationsstufe lebendes Volk) dazu bringen,*

die moderne [westliche] Zivilisation (1 a) *anzunehmen:* einen Stamm z. **2.** (selten) *verfeinern, besser ausbilden; jmdm., einer Sache Zivilisation* (2) *verleihen:* Beziehungen z.; **zi|vi|li|siert** ⟨Adj.; -er, -este⟩ [nach frz. civilisé]: **a)** *moderne [westliche] Zivilisation* (1 a) *habend od.* -en Länder; *das aber sei „die größte Katastrophe für die -e Welt seit dem Rückzug der römischen Legionen"* (Dönhoff, Ära 125); **b)** *Zivilisation* (2) *habend od. zeigend; gesittet, kultiviert* (b): ein -er Mensch; *die Namen konnte kein -er* (ugs.; *normaler*) *Mensch behalten* (Rehn, Nichts 79); sich z. benehmen; **zi|vi|li|sie|ren** ⟨sw. V.; hat⟩ ⟨o. -, -en-⟩: *das Zivilisieren, Zivilisiertwerden;* **Zi|vi|list**, der; -en, -en: *jmd., der nicht den Streitkräften angehört; Bürger (im Gegensatz zum Soldaten); Zivilperson:* in dem Krieg wurden auch -en gefangengenommen; *Hitler war ein Z. und doch ein militaristischer Diktator* (Fraenkel, Staat 196); *Der Oberst empfing keine* -en (Bieler, Bär 77); *neben dem General standen zwei* -en *(zwei Personen in Zivilkleidern);* **zi|vi|li|stisch** ⟨Adj.⟩: *nichtmilitärisch:* eine Militärverwaltung z. umorganisieren; *Selbst Staatenlenker mit einwandfreier -er Vergangenheit lobten ... die erhebenden Werte der Marschmusik* (Kirst, 08/15, 955); **Zi|vi|li|tät**, die; -, -en [wohl unter Einfluß von frz. civilité < lat. civilitas, eigtl. = Stand eines Bürgers, zu civilis, ↑zivil] (bildungsspr.): *Anständigkeit, Höflichkeit (im Umgang mit anderen);* **Zi|vil|kam|mer**, die (Rechtsspr.): *für Zivilsachen* (1) *zuständige Kammer;* **Zi|vil|kla|ge**, die (Rechtsspr.): *Privatklage;* **Zi|vil|kleid**, das, **Zi|vil|klei|dung**, die: *Kleid, das Kleidung die jmd. (im Unterschied zur Uniform) im Privatleben trägt;* **Zi|vil|le|ben**, das: *Leben außerhalb des Militärdienstes;* **Zi|vil|lis|te**, die [nach engl. civil list]: *für den Monarchen bestimmter Betrag im Staatshaushalt;* **Zi|vil|luft|fahrt**, die: *zivile Luftfahrt;* **Zi|vil|per|son**, die: *Zivilist;* **Zi|vil|pro|zeß**, der (Rechtsspr.): *Prozeß, in dem über eine Zivilsache entschieden wird;* **Zi|vil|pro|zeß|ord|nung**, die (Rechtsspr.): *die einen Zivilprozeß regelnden Rechtsvorschriften;* Abk.: **ZPO;** **Zi|vil|pro|zeß|recht**, das ⟨o. Pl.⟩ (Rechtsspr.): *Zivilprozeßordnung;* **Zi|vil|recht**, das ⟨o. Pl.⟩ (Rechtsspr.): *Privatrecht;* **Zi|vil|rech|tler**, der; -s, - (Rechtsspr.): *Jurist, der auf Zivilrecht spezialisiert ist;* **Zi|vil|recht|le|rin**, die; -, -nen: w. Form zu ↑Zivilrechtler; **zi|vil|recht|lich** ⟨Adj.⟩ (Rechtsspr.): *das Zivilrecht betreffend;* **Zi|vil|re|gie|rung**, die: *aus Zivilisten zusammengesetzte Regierung (im Gegensatz zur Militärregierung);* **Zi|vil|rich|ter**, der: *Richter an einem Zivilgericht;* **Zi|vil|rich|te|rin**, die: w. Form zu ↑Zivilrichter; **Zi|vil|sa|che**, die: **1.** (Rechtsspr.) *von einem Zivilgericht zu entscheidende Streitfrage.* **2.** ⟨Pl.⟩ *Zivilkleidung:* Eine Stunde später konnte Speer in der Kleiderkammer den Anstaltsdrillich ablegen und seine vor drei Jahren in Paris gekauften piekfeinen -n in Empfang nehmen (Prodöhl, Tod 83); **Zi|vil|schutz**, der: **a)** *Maßnahmen zum Schutz der Zivilbevölkerung im Kriegs- od. Katastrophenfall:* den Z. verbessern; **b)** *kurz für* ↑Zivilschutzkorps;

Zi|vil|schutz|korps, das: *nichtmilitärische Hilfstruppe für den Zivilschutz* (a); **Zi|vil|se|nat**, der: *für Zivilsachen* (1) *zuständiger Senat* (5): *Der erste Z. des Bundesgerichtshofs hat entschieden, ...* (Welt 2. 2. 63, 1); **Zi|vil|stand**, der (schweiz.): *Familien-, Personenstand;* **Zi|vil|stands|amt**, das (schweiz.): *Standesamt;* **zi|vil|stands|amt|lich** ⟨Adj.⟩ (schweiz.): *standesamtlich;* **Zi|vil|trau|ung**, die: *standesamtliche Trauung;* (zur Rel.): vgl. Zivilprozeß; **Zi|vil|ver|tei|di|gung**, die: *Maßnahmen zum Schutz der Bevölkerung u. des Staates im Kriegsfall;* **Zi|vis|mus**, der; - [frz. civisme, zu lat. civis, ↑Zivil] (veraltet): *Bürgersinn, Gemeinsinn.*
zi|zerl|weis ⟨Adv.⟩ [wohl zu mundartl. Zitzerl = etwas Kleines, eigtl. = Zaunkönig] (bayr./österr.): *nach u. nach; ratenweise:* das bringst du ihr besser z. bei; etw. z. zahlen.
Zi|zit ⟨Pl.⟩ [hebr. zîzît, Pl. von: zîzä = Quaste, Franse] (jüd. Rel.): *die vier an den Enden des Tallit[h] angebrachten Troddeln; Schaufäden.*
ZK, das; -[s], -s, selten: - (bes. kommunist.): Zentralkomitee; **ZK-Mit|glied**, das (bes. kommunist.): *Mitglied des ZKs.*
Zlo|ty ['zlɔti, 'slɔti], der; -s, -s ⟨aber: 5 Zloty⟩ [poln. złoty, zu: złoto = Gold]: *Währungseinheit in Polen* (1 Zloty = 100 Grosze); Abk.: Zl, Zł
Zmit|tag [auch: –'–], der od. das; -s [mundartl. zusger. aus: zu Mittag (Gegessenes)] (schweiz.): *Mittagessen.*
Zmor|ge, der od. das; -[s], **Zmor|gen**, der od. das; - [mundartl. zusger. aus: zu Morgen (Gegessenes)] (schweiz.): *Frühstück:* so konnten sich die Kinder in den Freizeitanlagen zu einem Zmorge treffen (NZZ 25. 12. 83, 21).
Zn = Zink.
Znacht, der od. das; -s [mundartl. zusger. aus: zu Nacht (Gegessenes)] (schweiz.): *Abendessen.*
Znü|ni, der od. das; -s [mundartl. zusger. aus: zu neun (Uhr Gegessenes)] (schweiz.): *Imbiß am Vormittag; zweites Frühstück.*
Zo|bel, der; -s, - [mhd. zobel, ahd. zobil, aus dem Slaw., vgl. russ. sobol']: **1.** *(zur Familie der Marder gehörendes) hauptsächlich in Sibirien heimisches, kleines Raubtier mit glänzend weichem u. dichtem, dunklem, an Kehle u. Brust mattorange bis gelblichweißem Fell.* **2. a)** *Fell des Zobels* (1); **b)** *Pelz aus Zobelfellen;* **Zo|bel|fell**, das: *Zobel* (2a); **Zo|bel|jacke**, die: *Jacke aus Zobelfellen;* **Zo|bel|pelz**, der: *Zobel* (2).
Zol|ber, der; -s, - (md.): Zuber.
Zoc|col|li ⟨Pl.⟩ [ital. zoccoli, Pl. von: zoccolo = Holzschuh, -sandale, über das Vlat. zu lat soccus, ↑Soccus] (schweiz.): *Holzsandalen.*
zockeln¹ ⟨sw. V.; ist⟩ (ugs.): *zuckeln:* Am anderen Morgen zockelte Donath ... ins Landratsamt, wieder zu Fuß (Bieler, Bär 178); Die Eifelbäuerchen ... hatten ihre Kühlein und Öchslein vor die Treckerchen oder die Karren gespannt ... und zockelten nun gemächlich in die Stadt (Küpper, Simplicius 93); ... als er mit Familie im Wohnmobil nach Istanbul zokkelte (Welt 16. 9. 85, 3); Eine Lokomotive

zockelte über Eisenschienen (Strittmatter, Wundertäter 364).
zocken¹ ⟨sw. V.; hat⟩ [jidd. z(ch)ocken] (ugs.): *Glücksspiele machen:* In Las Vegas, wo der besessene Spieler Parker zu Sonderkonditionen z. durfte (Spiegel 1, 1985, 100); Ü In dieser Woche wird koalitionär um Jungwähler gezockt (profil 39, 1993, 33); **Zocker¹**, der; -s, - [jidd. z(ch)ocker] (ugs.): *Glücksspieler;* **Zockerin¹**, die; -, -nen (ugs.): w. Form zu ↑Zocker.
♦ **Zod|del**, die: *(im md. mundartl. Sprachgebrauch) Zottel* (1 a): ... und streifte den Rappen die -n aus (Kleist, Kohlhaas 10).
zo|dia|kal ⟨Adj.⟩: *den Zodiakus betreffend;* **Zo|dia|kal|licht**, das (Astron.): *schwacher, pyramidenförmiger Lichtschein am Nachthimmel entlang der scheinbaren Sonnenbahn;* **Zo|dia|kus**, der; - [lat. zodiacus < griech. zōdiakós (kýklos)] (Astron., Astrol.): *Tierkreis.*
Zöf|chen, das; -s, -: Vkl. zu ↑Zofe; **Zo|fe**, die; -, -n [älter: Zoffe, wohl zu md. zoffen = hinterhertrotten, eigtl. = die Hinterhertrottende] (früher): *weibliche Person, die für die persönliche Bedienung einer vornehmen, meist adligen Dame da war;* **Zo|fen|dienst**, der (früher): *Dienst einer Zofe.*
Zoff, der; -s [jidd. (mieser) zoff = (böses) Ende < hebr. sôf] (ugs.): *Streit, Zank u. Unfrieden:* er hatte Z. mit seinen Freunden; Die Krankheit eines Indianermädchens löst ihre Wut aus über die miesen sozialen Verhältnisse. Sie machen Z. (elan 1, 1980, 47); trotz allen -s bei der Arbeit und in der Liebe will Sigi ein bißchen Glück ergattern (Hörzu 28, 1973, 50).
zog, zö|ge: ↑ziehen; **Zö|ge|rer**, der; -s, -: *jmd., der zögert, der sich zögerlich, abwartend verhält:* man unterscheidet die Typen des Helden, des -s und des Feiglings (Sloterdijk, Kritik 404); **Zö|ge|rin**, die; -, -nen: w. Form zu ↑Zögerer; **zö|ger|lich** ⟨Adj.⟩: *nur zögernd [durchgeführt]:* Der eher -e Beginn am ersten verkaufsoffenen Sonnabend ... (BM 5. 12. 76, 13); Bei der Investitionsgüterkonjunktur kommt der Frühling etwas z. (MM 22. 6. 72, 20); Wahr ist freilich, daß auch eine veränderte Parteiführung unter Krenz nur z. den Weg der Erneuerung mittrug (Freie Presse 8. 12. 89, 1); er verhält sich z. (abwartend); **Zö|ger|lich|keit**, die; -, -en: *das Zögerlichsein; zögerliches Verhalten:* Die Z. auch der alten sozialliberalen Bundesregierung in der Frage der wissenschaftlichen Nachwuchsförderung ... (Spiegel 8, 1984, 47); **zö|gern** ⟨sw. V.; hat⟩ [Iterativbildung zu frühnhd. zogen = sich von einem Ort zu einem anderen bewegen, mhd. zogen, ahd. zogōn = gehen, ziehen; (ver)zögern, zu ↑ziehen, also eigtl. = wiederholt hin u. her ziehen]: *mit einer Handlung od. Entscheidung unschlüssig warten, etw. hinausschieben, nicht sofort tun, nur langsam beginnen:* einen Augenblick, bis zum letzten Augenblick, zu lange z.; Nun werden Sie bei Ihrer eigenen Wahl z. (Dariaux [Übers.], Eleganz 101); mit der Antwort, mit der Abreise z.; Er zögerte vor den letzten Worten, denn sie logen jetzt

Zögerung 4028

(A. Zweig, Claudia 114); er zögerte nicht, die Operation durchzuführen; Sie zögerte, den Hörer abzunehmen (Sebastian, Krankenhaus 115); ohne zu z., folgte er ihm; Adenauer zeigte sich, ohne zu z., bereit, ... (Dönhoff, Ära 26); zögernd einwilligen; Das Fräulein ... begab sich zögernd ins Kinderzimmer (Baum, Paris 65); ein zögernder Beginn; zögernde Zustimmung; ⟨subst.:⟩ ohne Zögern stimmte sie zu; nach einigem Zögern kam er mit; „Ich glaube – ", begann sie mit merklichem Zögern (Langgässer, Siegel 176); ♦ **Zö|ge|rung**, die; -, -en: *Verzögerung:* Die Z. habe sie verdrossen (Droste-Hülshoff, Judenbuche 41); wozu er sich ... nach großer Z. entschloß (Kleist, Kohlhaas 84); **Zög|ling**, der; -s, -e [LÜ von frz. élève = ↑ Eleve), zu: zog, Prät. von ↑ ziehen (im Sinne von „erziehen")] (veraltend): *jmd., der in einem Internat, Heim o. ä. erzogen wird:* er war als Z. eines vornehmen Internats aufgewachsen; Der obligatorische Unterricht in der zweiklassigen Kinderschule dauerte von sieben bis elf Uhr, und wenn die -e *(Schüler)* nicht bei der Ernte helfen mußten, kamen sie am Nachmittag wieder (Bieler, Mädchenkrieg 374); Noch am gleichen Tag konnte die ... Väter bei der Kriminalpolizei ihre -e *(Kinder)* wieder in Empfang nehmen (MM 11. 10. 66, 5); Ü Seine spiegelnden Lackschuhe standen im Sand der Manege, während er leise persönliche Worte an diesen und jenen seiner prachtvollen -e mit den von weißem Zaumzeug stolz angezogenen Köpfen richtete (Th. Mann, Krull 225); ... Altgaullisten, die in dem Bürgermeister von Paris einen allzu ehrgeizigen Z. Georges Pompidous sehen (Saarbr. Zeitung 28. 12. 79, 3).
Zo|he, die; -, -n [mhd. zōhe, ahd. zōha] (südwestd.): *Hündin.*
Zoi|dio|ga|mie [tsoi...], die; - [zu griech. zōídios = Tierkreis u. gámos = Hochzeit] (Biol.): *Blütenbestäubung durch Tiere;* **Zoi|dio|phi|lie** [tsoi...], die; - [zu griech. philía = Liebe] (Biol.): *Zoidiogamie.*
Zoi|sit [tsɔy..., auch: ...'zɪt], der; -s, -e [nach dem slowen. Adligen Žige Zois v. Edelstein (1747–1819)]: *aschgraues, braungraues od. grünliches, glas- bis perlmuttglänzendes, meist undurchsichtig trübes Mineral.*
Zö|ko|sto|mie: ↑ Zäkostomie; **Zö|ko|to|mie**: ↑ Zäkotomie; **Zö|kum**: ↑ Zäkum.
Zöl|len|te|rat, der; -en, -en ⟨meist Pl.⟩ [zu griech. koῖlos = hohl u. ↑ Enteron] (Zool.): *Hohltier.*
Zö|le|stin, der; -s, -e [zu lat. caelestis (coelestis) = himmlisch, zu: caelum (coelum) = Himmel; nach der Farbe]: *meist bläuliches (auch farbloses), strontiumhaltiges Mineral;* **Zö|le|sti|ner**, der; -s, - [nach dem Stifter, Papst Zölestin V., um 1215–1296]: *Angehöriger eines im 18. Jh. untergegangenen Benediktinerordens in Italien u. Frankreich;* **zö|le|stisch** ⟨Adj.⟩ (bildungsspr. veraltet): *himmlisch.*
Zö|li|a|kie, die; -, -n [...i:ən; zu griech. koilía = Bauchhöhle] (Med.): *chronische Verdauungsstörung im späten Säuglingsalter:* Z. ... ruft bei den meisten Leuten unwissendes Schulterzucken hervor (Saarbr. Zeitung 29. 12. 85, 13).
Zö|li|bat, das od. (Theol.:) der; -[e]s [spätlat. caelibatus = Ehelosigkeit (des Mannes), zu lat. caelebs = ehelos; die heute übliche ö-Form des Wortes resultiert aus einer irrtümlichen Lesung]: *religiös begründete Standespflicht bes. der katholischen Geistlichen, sexuell enthaltsam zu leben und nicht zu heiraten:* das, den Z. befolgen; er ist auch noch so unverschämt und behauptet, daß andere katholische Theologen ... ebenso versagen und den Z. brechen würden, wie er getan hat (Spiegel 11, 1978, 8); im Z. *(in der Lebensform der sexuellen Enthaltsamkeit u. Ehelosigkeit als religiös begründeter Standespflicht)* leben; **zö|li|ba|tär** ⟨Adj.⟩: *im Zölibat [lebend]:* -e Priester; z. leben; **Zö|li|ba|tär**, der; -s, -e: *jmd., der im Zölibat lebt.*
¹Zoll, der; -[e]s, Zölle [mhd., ahd. zol < mlat. telonium < griech. telōnion = Zoll(haus), zu: télos = Ziel; Grenze]: **1. a)** *Abgabe, die für bestimmte Waren beim Transport über die Grenze zu zahlen ist:* der Staat erhebt, verlangt Z.; Z. bezahlen; auf dieser Ware liegt kein, ein hoher Z.; die Zölle senken, abschaffen; **b)** (früher) *Abgabe für die Benutzung bestimmter Straßen, Brücken o. ä.:* die Räuber ... zogen jedem, der hindurchmußte, den Z. aus den Rippen (Reinig, Schiffe 48). **2.** ⟨o. Pl.⟩ *Behörde, die den* ¹*Zoll (1 a) erhebt:* das Paket liegt beim Z.; Sie hielten ihre Bordkarten und kamen zum Z. *(zur Zollstelle;* Kant, Impressum 264).
²Zoll, der; -[e]s, - [mhd. zol = zylindrisches Stück, Klotz, eigtl. = abgeschnittenes Holz]: **a)** *veraltete Längeneinheit unterschiedlicher Größe (2,3 bis 3 cm;* Zeichen: "): zwei Z. starke Bretter; Wir weichen keinen Z. *(kein bißchen;* Kirst, 08/15, 464); Ludwig ... gibt keinen Z. *(kein bißchen)* nach (Sieburg, Robespierre 83); * **jeder Z./Z. für Z./in jedem Z.** (geh., veraltend) *ganz u. gar, vollkommen):* jeder Z. ein Gentleman; sie ist Z. für Z. eine Dame; Lotte grinste nicht, sondern verschenkte Lächeln, ein Königin Luise in jedem Z. (K. Mann, Mephisto 26); Ihre Begleiter, Z. für Z. Beherrschung und Verantwortungsbewußtsein, baten taktvoll, ein wenig aus jener Zeit zu erzählen (Müthel, Baum 218); **b)** *Inch.*
Zoll|ab|fer|ti|gung, die: *Abfertigung von Reisenden, Gepäck, Waren durch die Zollbehörde;* **Zoll|amt**, das: **a)** *Büro, Dienststelle der Zollbehörde;* **b)** *Gebäude, in dem das Zollamt (a) untergebracht ist;* **zoll|amt|lich** ⟨Adj.⟩: *das Zollamt betreffend, vom Zollamt [ausgehend]:* Die Sendung wurde z. geöffnet; **Zoll|an|ge|le|gen|heit**, die: *Angelegenheit des* ¹*Zolls (2);* **Zoll|an|mel|dung**, die: *Anmeldung von Waren zur Verzollung;* **Zoll|an|schluß**, der: *Einbeziehung eines angrenzenden Staatsgebietes in die (eigenen) Zollgrenzen;* **Zoll|aus|land**, das: *außerhalb der (eigenen) Zollgrenzen liegendes Gebiet;* **Zoll|aus|schluß**, der: vgl. Zollanschluß; **zoll|bar** ⟨Adj.⟩: *zollpflichtig;* **Zoll|bar|rie|re**, die: *Zollschranke;* **Zoll|be|am|te**, der: *Beamter der Zollbehörde;* **Zoll|be|am|tin**, die: w. Form zu ↑ Zollbeamte; **Zoll|be|hör|de**, die: *für den* ¹*Zoll (1 a), die Erhebung des Zolls zuständige Behörde;* **Zoll|be|stim|mung**, die ⟨meist Pl.⟩: *Bestimmung für die Erhebung von* ¹*Zöllen (1 a).*
zoll|breit ⟨Adj.⟩: *etwa von, in der Breite eines* ²*Zolls (a);* **Zoll|breit**, der; -, -: vgl. Fingerbreit.
Zoll|bürg|schaft, die: *Bürgschaft (z. B. einer Bank) beim Zollamt für zu entrichtenden* ¹*Zoll (1 a);* **Zoll|de|kla|ra|ti|on**, die: *Zollerklärung;* **Zoll|dienst|stel|le**, die: *Dienststelle der Zollbehörde;* **Zoll|ein|neh|mer**, der (früher): *jmd., der* ¹*Zölle (1 b) einzog;* **Zoll|ein|neh|me|rin**, die; -, -nen (früher): w. Form zu ↑ Zolleinnehmer; **zoll|en** ⟨sw. V.; hat⟩ [mhd. zollen = Zoll zahlen]: **1.** (geh.) *erweisen, entgegenbringen, zuteil werden lassen:* jmdm. Anerkennung, Dank, Verehrung, den schuldigen Respekt z.; Die Bewunderung, die ein Publikum ja nur zu gerne zollt, ... (Gregor-Dellin, Traumbuch 119); Die Unterhaltung beschränkt sich daher auf ein reichliches Lob, das dem Mahle gezollt wird (Werfel, Bernadette 76); das Publikum zollte dem neuen Stück Applaus. **2.** (altertümelnd) *entrichten, bezahlen:* sie ... zollte sogar jede Woche brav ihr Scherflein von einer harten Silbermark (Emma 5, 1978, 46); **Zoll|er|klä|rung**, die: *Erklärung über zu verzollende Waren;* **Zoll|fahn|der**, der: *Beamter, der in der Zollfahndung tätig ist;* **Zoll|fahn|de|rin**, die: w. Form zu ↑ Zollfahnder; **Zoll|fahn|dung**, die: *[routinemäßige] staatliche Überprüfung der Einhaltung der Zollgesetze;* **Zoll|for|de|rung**, die: *das Fordern der Zahlung von* ¹*Zoll (1 a);* **Zoll|for|ma|li|tät**, die ⟨meist Pl.⟩: *am* ¹*Zoll (2) zu erledigende Formalität:* die -en erledigen; **zoll|frei** ⟨Adj.⟩ [mhd. zollvrī]: *keinem* ¹*Zoll (1 a) unterliegend:* -e Waren; kleine Mengen von Zigaretten und Alkohol sind z., können z. mitgenommen werden; **Zoll|frei|ge|biet**, das: *zollfreies Gebiet* (z. B. Freihafen); **Zoll|frei|heit**, die ⟨o. Pl.⟩: *das Freisein von* ¹*Zoll (1 a);* **Zoll|ge|bäu|de**, das: *Gebäude, in dem das Zollamt (a), die Zollbehörde untergebracht ist;* **Zoll|ge|biet**, das: *Gebiet, das hinsichtlich des* ¹*Zolls (1 a) eine Einheit bildet;* **Zoll|ge|setz**, das: *Gesetz, in dem die Vorschriften u. Bestimmungen für die Erhebung von* ¹*Zöllen (1 a) innerhalb des Zollgebiets festgelegt sind;* **Zoll|grenz|be|zirk**, der: *entlang der Zollgrenze sich erstreckender (von den Zollbeamten überwachter) Bezirk;* **Zoll|gren|ze**, die: *geschlossenes Zollgebiet allseitig umschließende Grenze;* **Zoll|gut**, das (Amtsspr.): *zollpflichtige Ware;* **Zoll|haus**, das: *Zollamt* (b).
zoll|hoch ⟨Adj.⟩: *etwa von, in der Höhe eines* ²*Zolls.*
Zoll|ho|heit, die: *das Recht des Staates,* ¹*Zölle (1 a) zu erheben;* **Zoll|hund**, der: vgl. Polizeihund; **Zoll|in|halts|er|klä|rung**, die: *einer Postsendung in ein anderes Land beizugebende Erklärung für den* ¹*Zoll (2) mit Angaben über den Inhalt*

der Sendung; **Zoll|li|nie**[1], *die: Zollgrenze;* **Zoll|kon|trol|le,** *die: von Zollbeamten durchgeführte Kontrolle (von Reisenden) nach zollpflichtigen Waren;* **Zoll|krieg,** *der: Wirtschaftskrieg, bei dem die Exportgüter des [wirtschaftlichen] Gegners mit hohen Importzöllen od. auch eigene Exportgüter mit hohen Exportzöllen belegt werden.*
Zoll|maß, *das: Zollstock.*
Zöll|ner, der; -s, - [mhd. zolnære, ahd. zolōnāri < mlat. telonarius, zu: telonium, ↑ ¹Zoll]: **a)** *(früher): Einnehmer von* ¹*Zoll* (1 b) *od. Steuern: Jesus nahm sich der verachteten Z. an;* **b)** (ugs. veraltend) *Zollbeamter: die* z. *haben das Gepäck gründlich durchsucht;* **Zöll|ne|rin,** die; -, -nen (ugs. veraltend): w. Form zu ↑ Zöllner (b); **Zoll|ord|nung,** *die; vgl. Zollgesetz;* **Zoll|or|gan,** *das: Zollbehörde;* **zoll|pflich|tig** ⟨Adj.⟩: *der Verzollung unterliegend:* -e *Kunstgegenstände;* **Zoll|po|li|tik,** *die: Gesamtheit der die* ¹*Zölle* (1 a) *betreffenden Überlegungen u. Maßnahmen eines Staates: Nicht minder große außenpolitische Bedeutung hat die Zollunion, die vertragliche Bindung mehrerer souveräner Staaten zu gemeinsamer Zoll- und Handelspolitik* (Fraenkel, Staat 133 f.); **Zoll|recht,** *das* ⟨o. Pl.⟩: *Gesamtheit der Gesetze u. Vorschriften für das Zollwesen;* **Zoll|schran|ke,** *die* ⟨meist Pl.⟩: *durch hohen* ¹*Zoll* (1 a) *gegen zu starke Einfuhren gerichtete Beschränkung;* **Zoll|sta|ti|on,** *die: zollamtliche Dienststelle an einem Grenzübergang;* **Zoll|stel|le,** *die: zollamtliche Dienststelle.*
Zoll|stock, der; -[e]s, ...stöcke [nach der früheren Einteilung nach Zoll]: *zusammenklappbarer Meßstab mit Einteilung nach Zentimetern u. Millimetern; Gliedermaßstab.*
Zoll|straf|recht, *das: Teil des Steuerstrafrechts, der sich auf das Zollgesetz bezieht;* **Zoll|stra|ße,** *die: Transitweg zum Transport zollpflichtiger Güter;* **Zoll|ta|rif,** *der: amtlicher Tarif zur Berechnung von* ¹*Zöllen* (1 a); **Zoll|uni|on,** *die: Zusammenschluß mehrerer Staaten zu einem Zollgebiet mit einheitlichem Zolltarif;* **Zoll|ver|ge|hen,** *das: Vergehen gegen das Zollgesetz; vgl. Zollabkommen;* **Zoll|ver|trag,** *der; vgl. Zollabkommen;* **Zoll|ver|wal|tung,** *die: Verwaltung des Zollwesens;* **Zoll|we|sen,** *das* ⟨o. Pl.⟩: *Gesamtheit der Einrichtungen u. Vorgänge, die den* ¹*Zoll* (1 a) *betreffen.*
Zöl|lom, das; -s, -e [griech. koílōma = Vertiefung] (Biol.): *Hohlraum zwischen den einzelnen Organen im Körper (von Tier u. Mensch);* **Zö|lo|stat,** der; -[e]s u. -en, -en [zu griech. koîlos = hohl u. statós = stehend] (Astron.): *Vorrichtung aus zwei Spiegeln, die das Licht eines Himmelskörpers immer in die gleiche Richtung lenkt.*
Zom|bie [...bi], der; -[s], -s [engl. zombi(e), westafrik. Wort]: **1.** *(im Wodukult) wiederbelebter Toter.* **2.** *(in Horrorfilmen o. ä.) Toter, der ein willenloses Werkzeug dessen ist, der ihn zum Leben erweckt hat:* -s *und lebende Skelette auf der Leinwand; Die knapp vom Alkoholismus Genesene wirkte dabei freilich kaum eine glückliche Gattin, sondern eher wie ein* Z. *mit aufziehbarer Sprechautomatik* (Spiegel 43, 1982, 204); Ü *mit diesen* -s (ugs.; *inaktiven, unselbständigen Men-*

schen) kann ich nicht arbeiten; Die Hamburger haben die einzigartige Gabe, sich innerhalb von Minuten aus der Regenhaut zu schälen, wenn der Sommer es erfordert. Plötzlich werden aus trostlosen -s *fröhliche Coca-Cola-Menschen* (Szene 8, 1985, 20).
zom|big ⟨Adj.⟩ [H. u.] (Jugendspr.): *stark* (8): *Ganz* z. *ist da die Werbung: Probleme mit der Knete? Prima Giro* (Hörzu 36, 1983, 94/III).
Zö|me|te|ri|um, Cömeterium, das; -s, ...ien [kirchenlat. coemeterium < griech. koimētḗrion]: **1.** *frühchristliche Grabstätte, Friedhof.* **2.** *Katakombe.*
Zö|na|kel, das; -s, - [lat. cenaculum = Speisezimmer, zu: cenare = speisen, zu: cena = Essen] (kath. Kirche): *Refektorium.*
zo|nal, zo|nar ⟨Adj.⟩ [spätlat. zonalis, zu lat. zona, ↑ Zone]: *zu einer Zone gehörend, eine Zone betreffend:* ein -er *Aufbau;* **Zo|ne,** die; -, -n [lat. zona = (Erd)gürtel < griech. zṓnē, zu: zṓnnýnai = sich gürten]: **1. a)** *nach bestimmten Merkmalen unterschiedenes, abgegrenztes, geographisches Gebiet: die heiße, kalte, [sub]tropische, gemäßigte, arktische Z.; die baumlosen -n der Hochgebirge; In dieser nach europäischen Erfahrungen schon vegetationslosen Z. traf an die Expedition sogar noch Elefantenherden an* (Trenker, Helden 127); *eine entmilitarisierte Z.; Der erste Schritt müßte es sein, in Zentraleuropa ... eine Z. begrenzter und kontrollierter Rüstung zu schaffen* (Dönhoff, Ära 141); **b)** *festgelegter Bereich (z. B. im Straßenbahn-, Telefonverkehr), für den einheitliche Fahrpreise bzw. Gebühren o. ä. gelten:* in der „blauen Z." *darf nur eine beschränkte Zeit geparkt werden; der Bahnhof Roßmarkt liegt noch in der ersten Z.; für die zweite Z. gilt tagsüber eine Gesprächseinheit von 30 Sekunden;* **c)** *bestimmter Bereich: Sie ... senkte die rasiermesserscharfe Klinge in Richtung auf die Z. zwischen Schulterblatt und Wirbelsäule* (Cotton, Silver-Jet 110); *Die hervorragendsten der Körperstellen, von denen diese Libido ausgeht, zeichnet man durch den Namen erogene* -n *aus* (Freud, Abriß 14); Ü *eine Z. des Schweigens; da sind wir auch in der innersten Z. des Problems* (Musil, Mann 197). **2. a)** *einer der vier militärischen Befehls- u. Einflußbereiche der Siegermächte, in die Deutschland nach dem zweiten Weltkrieg aufgeteilt war; Besatzungszone: die französische, amerikanische Z.; Die Engländer und Amerikaner demontieren auch in ihren* -n (Bieler, Bär 119); **b)** ⟨o. Pl.⟩ (ugs. früher) kurz f. ↑ Ostzone: *Ein Drittel der 9 000 Studenten ... kommen aus der* Z. (Dönhoff, Ära 72); **Zo|nen|gren|ze,** die: **1. a)** *Grenze zwischen den Besatzungszonen nach dem zweiten Weltkrieg;* **b)** (ugs. früher) *Grenze zur ehem. DDR.* **2.** (Verkehrsw.) *Zahlgrenze;* **Zo|nen|rand|för|de|rung,** die ⟨o. Pl.⟩ (früher): *Gesamtheit der durch Gesetz festgelegten Maßnahmen von seiten der Bundesrepublik Deutschland zur wirtschaftlichen Förderung des Zonenrandgebietes;* **Zo|nen|rand|ge|biet,** das (früher): *entlang der Grenze zur ehem. DDR sich erstreckendes Gebiet;* **Zo|nen|ta|rif,** der (Verkehrsw.;

Post): *nach Zonen festgelegte Gebühren od. Fahrpreise;* **Zo|nen|tur|nier,** das (Schach): *Turnier zur Qualifikation für ein im folgenden Jahr stattfindendes Interzonenturnier;* **Zo|nen|zeit,** die: *die in der jeweiligen, 15 Breitengrade umfassenden Bereich als Normalzeit gültige Uhrzeit;* **zo|nie|ren** ⟨sw. V.; hat⟩ (selten): *in Zonen gliedern;* **Zo|nie|rung,** die; -, -en: *das Zonieren; eine klare funktionelle Z. des städtischen Territoriums* (Jugend und Technik 12, 1968, 1100).
Zö|no|bi|ont, der; -en, -en [zu griech. koinós (↑ Zönobium) u. bíōn (Gen.: bioũntos), 1. Part. von: bioũn = leben] (Ökologie): *Organismus, der [nahezu] ausschließlich einer bestimmten Biozönose angehört;* **Zö|no|bit,** der; -en, -en [kirchenlat. coenobita, zu: coenobium, ↑ Zönobium] *in ständiger Klostergemeinschaft nach strengen Regeln lebender christlicher Mönch;* **zö|no|bi|tisch** ⟨Adj.⟩: *die Zönobiten betreffend; den Zönobiten gemäß;* **Zö|no|bi|um,** das; -s, ...ien [1: kirchenlat. coenobium = Kloster < griech. koinóbion = Leben in einer Gemeinschaft, zu: koinós = gemeinsam u. bíos = Leben]: **1.** *Lebensweise in einem zönobitischen Kloster.* **2.** (Biol.) *in Form von Ketten, Platten od. Kugeln gebildeter und durch Gallerte verbundener Zusammenschluß von Einzellern; Zellkolonie;* **Zö|no|karp,** das; -s, -e [zu griech. karpós = Frucht] (Bot.): *aus mehreren Fruchtblättern zusammengewachsener Fruchtknoten;* **Zö|no|phi|le** ⟨Pl.⟩ [zu griech. phílos = Freund] (Ökologie): *Tier- od. Pflanzenarten, die in bestimmten Biotop bevorzugen, in dem sie sich optimal entwickeln;* **Zö|no|se,** die; -, -n (Ökologie): *Lebensgemeinschaft von tierischen od. pflanzlichen Organismen;* **Zö|no|top,** das; -s, -e [zu griech. tópos = Ort, Gegend] (Ökologie): *Lebensraum einer Zönose.*
Zoo, der; -s, -s [kurz für: zoologischer Garten]: *großes, meist parkartiges Gelände, in dem viele, bes. tropische Tierarten gehalten u. öffentlich gezeigt werden:* den Z. *besuchen; sie gingen oft in den* Z.; **Zoo|arzt,** der: *Tierarzt im Zoo;* **Zoo|ärz|tin,** die: w. Form zu ↑ Zooarzt; **Zoo|bi|os** [tsoo...], der; - [zu griech. zōon = Lebewesen, Tier u. bíos = Leben]: *Gesamtheit der an u. in Tieren lebenden Organismen;* **Zoo|chlo|rel|le** [tsookl...], die; -, -n [↑ Chlorella] (Biol.): *Grünalge, die in einer Lebensgemeinschaft mit Schwämmen, Hohltieren u. niederen Würmern lebt;* **Zoo|cho|rie** [tsooko...], die; - [zu griech. chōreĩn = (weg)gehen, weichen] (Biol.): *Verbreitung von Pflanzensamen u. -früchten durch Tiere;* **Zoo|di|rek|tor,** der: *Direktor eines Zoos;* **Zoo|di|rek|to|rin,** die: w. Form zu ↑ Zoodirektor; **Zoo|era|stie** [tsoo...], die; -, -n [griech. erastḗs = -te Liebhaber] (Med., Sexualk.): *Sodomie* (1); **Zoo|ga|mie** [tsoo...], die; - [zu griech. gámos = Hochzeit] (Biol.): *Zoidiogamie;* **zoo|gen** [tsoo...], ⟨Adj.⟩ [↑ -gen] (Geol.): *aus tierischen Resten gebildet: Kalkstein ist* z.; **Zoo|geo|gra|phie,** die: *Geozoologie;* **zoo|geo|gra|phisch** ⟨Adj.⟩: *geozoologisch;* **Zoo|ge|schäft,** das: *Tierhandlung;* **Zoo|glö|en** [tsoo...] ⟨Pl.⟩ [zu griech.

Zoographie

gloiá = Leim] (Biol.): *Zusammenballungen von Bakterien;* **Zoo|gra|phie** [tsoo...], die; -, -n [zu griech. gráphein = schreiben]: *Benennung u. Einordnung der Tierarten;* **Zoo|hand|lung,** die: *Tierhandlung;* **Zoo|la|trie** [tsoo...], die; -, -n [zu griech. latreía = (Opfer)dienst]: *Tierkult;* **Zoo|lith** [tsoo...; auch: ...'lɪt], der; -s u. -en, -e[n] [↑ -lith] (Geol.): *aus Überresten urzeitlicher Tiere bestehendes Sedimentgestein;* **Zoo|lo|ge** [tsoo...], der; -n, -n: *Wissenschaftler auf dem Gebiet der Zoologie;* **Zoo|lo|gie** [tsoo...], die; - [frz. zoologie, zu griech. zōion = Lebewesen, Tier (zu: zēn, zóein = leben) u. lógos, ↑ Logos]: *Lehre u. Wissenschaft von den Tieren als Teilgebiet der Biologie; Tierkunde;* **Zoo|lo|gin** [tsoo...], die; -, -nen: w. Form zu ↑ Zoologe; **zoo|lo|gisch** [tsoo...] ⟨Adj.⟩: *die Zoologie betreffend, in ihren Bereich gehörend:* -e Untersuchungen; die -e Nomenklatur; **Zoo|lo|gi|sche** [tsoo...], der; -n, -n (ugs. veraltend): *Zoo;* **¹Zo|om,** das; -s, -e [Analogiebildung zu ↑ Biom] (Ökologie): *Bestand eines Bioms an Tieren.*
²Zoom [zu:m], das; -s, -s [engl. zoom (lens), aus: to zoom = schnell ansteigen lassen (in bezug auf die Brennweiten) u. lens = Linse (2)]: **1.** kurz für ↑ Zoomobjektiv: Die Kleinkameras ... haben Wechseloptik, Z. (Spiegel 38, 1976, 208). **2.** (Film) *Vorgang, durch den der Aufnahmegegenstand (im Bild) näher an den Betrachter herangeholt od. weiter von ihm entfernt wird:* Begeistert von den Kulissen, drehte ich zu viele unübersichtliche Totale, idiotische Schwenks und -s (*gezoomte Ansichten* 2; Praunheim, Sex 159); Z. auf die Eingangshalle (*die Eingangshalle wird gezoomt;* Enzensberger, Mittelmaß 107); **zoo|men** [ˈzuːmən] ⟨sw. V.; hat⟩ [engl. to zoom] (Film, Fot.): *den Aufnahmegegenstand (im Bild) mit Hilfe eines Zoomobjektivs näher heranholen od. weiter wegrücken:* du mußt den Vogel z.; **Zoom|ob|jek|tiv,** das: *Objektiv mit stufenlos verstellbarer Brennweite; Varioobjektiv; Gummilinse.*
Zoo|no|se [tsoo...], die; -, -n [zu griech. zōon = Tier u. nósos = Krankheit] (Med.): *bei einem Tier vorkommende Krankheit, die auch auf den Menschen übertragen werden kann;* **Zo|on po|li|ti|kon,** das; - - [griech.; nach Aristoteles, Politika III, 6] (Philos.): *der Mensch als soziales, politisches Wesen, das sich in der Gemeinschaft handelnd entfaltet;* **Zoo-Or|ga|ni|sa|ti|on,** die: *Organisation eines Zoos;* **Zoo|pa|ra|sit** [tsoo...], der; -en, -en (Biol.): *Schmarotzer, der in od. auf Tieren lebt;* **zoo|phag** [tsoo...] ⟨Adj.⟩ [zu griech. phageīn = essen; fressen] (Biol.): *fleischfressend:* eine -e Pflanze; **Zoo|pha|ge** [tsoo...], der; -n, -n (Biol.): *Fleischfresser;* **Zoo|phi|lie** [tsoo...], die; - [zu griech. philía = Liebe]: **1.** (Med., Sexualk. selten): *Sodomie* (1). **2.** (Biol.) *Zoogamie;* **Zoo|pho|bie** [tsoo...], die; -, -n (Psych.): *krankhafte Angst vor Tieren* (z. B. Spinnen); **Zoo|phyt** [tsoo...], der od. das; -en, -en [zu griech. phytón = Pflanze] (Zool. veraltet): *an einen festen Ort gebundenes Tier* (Hohltier od. Schwamm); **Zoo|phy|ten|in|sel** [tsoo...], die: *Koralleninsel;* **Zoo|plank|ton** [tsoo...], das; -s: *Gesamtheit der im Wasser schwebenden tierischen Organismen;* **Zoo|se|man|tik** [tsoo...], die; -: *Teilgebiet der Zoologie, das sich mit der Zeichensprache der Tiere befaßt;* **Zoo|sper|mie** [tsoo...], die; -, -n [zu ↑ Sperma] (Med.): *das Vorhandensein lebensfähiger, beweglicher Spermien im Ejakulat;* **Zoo|spo|re** [tsoo...], die; -, -n ⟨meist Pl.⟩ (Biol.): *der ungeschlechtlichen Fortpflanzung dienende, bewegliche Spore* (z. B. der Algen); **Zoo|tech|nik** [tsoo'tɛçnɪk, auch: 'tsoːtɛçnɪk], die; -, -en [nach russ. zootehnika] (ehem. DDR): *Technik der Tierhaltung u. Tierzucht;* **Zoo|tech|ni|ker** [tsoo'tɛç..., auch: 'tsoːtɛç...], der; -s, - (ehem. DDR): *Fachmann auf dem Gebiet der Zootechnik* (Berufsbez.); **Zoo|tech|ni|ke|rin** [tsoo'tɛç..., auch: 'tsoːtɛç...], die; -, -nen (ehem. DDR): w. Form zu ↑ Zootechniker; **zoo|tech|nisch** [tsoo'tɛç..., auch: 'tsoːtɛç...] ⟨Adj.⟩ (ehem. DDR): *die Zootechnik betreffend;* **Zoo|tier,** das: *in einem Zoo lebendes Tier;* **Zoo|to|mie** [tsoo...], die; - [geb. nach ↑ Anatomie]: *Lehre vom Bau tierischer Organismen; Tieranatomie;* **Zoo|to|xin** [tsoo...], das; -s, -e: *tierisches Gift;* **Zoo|zö|no|lo|gie** [tsoo...], die; - [zu griech. koinós = gemeinsam u. ↑-logie]: *Tiersoziologie;* **Zoo|zö|no|se** [tsoo...], die; -, -n (Ökologie): *Gesamtheit der Tiere in einer Biozönose.*

Zopf, der; -[e]s, Zöpfe [mhd. zopf = Zopf (1, 2); Zipfel, ahd. zoph = Locke, wohl urspr. = Spitze, dann: Gipfel, Wipfel, aufgestecktes Haar, Haarbüschel (bes. auf dem Scheitel); 3: vgl. Spitz (2)]: **1.** *aus mehreren (meist drei) Strängen geflochtenes [herabhängendes] Haar:* lange, kurze, dicke, schwere, blonde Zöpfe; abstehende Zöpfchen; einen falschen Z. tragen; sich Zöpfe flechten; ich habe mir den Z. abschneiden lassen; den Z. trug sie rund um den Kopf gewunden (Geissler, Wunschbüchlein 96); *[in den folgenden Wendungen steht „Zopf" für Überholtes, nicht mehr Zeitgemäßes; nach der Französischen Revolution wurde die Mode des 18. Jh.s, nach der Männer (Perücken mit) Zopf trugen, nur noch von Konservativen beibehalten; daher galt der Zopf in späterer Zeit als Sinnbild für Rückständigkeit:]* **ein alter Z.** (ugs.; *eine längst überholte Ansicht; rückständiger, überlebter Brauch*); **den alten Z./die alten Zöpfe abschneiden** (ugs.; *Überholtes abschaffen*); **sich am eigenen Z. aus dem Sumpf ziehen** (*sich ohne fremde Hilfe aus einer fast ausweglosen Lage befreien, retten;* nach einer Lügenerzählung des Freiherrn K. F. H. von Münchhausen); ♦ **den Z. hinaufschlagen** (*sich marschbereit, sich fertig zum Aufbruch machen;* eigtl. = [von Soldaten] den Zopf über die Schulter nach vorn legen, damit er beim Marschieren nicht hindert): Was will Er? Will er itzt gleich den Z. hinaufschlagen und mit mir zum Teufel gehn? (Schiller, Kabale II, 3). **2.** *Backwerk (Brot, Kuchen o. ä.) in der Form eines Zopfes od. mit einem Zopfmuster belegt.* **3.** (landsch.) *leichter Rausch:* sich einen Z. antrinken. **4.** (Forstw.) *dünneres Ende eines Baumstammes od. Langhol-* *zes;* **Zopf|band,** das ⟨Pl. ...bänder⟩: *Band, das den Zopf am unteren Ende zusammenhält;* **Zopf|bart,** der: *zum Zopf geflochtenes Barthaar;* **Zöpf|chen,** das; -s, -: Vkl. zu Zopf (1); **Zopf|hal|ter,** der: vgl. Zopfband; **zop|fig** ⟨Adj.⟩ (abwertend): *rückständig, überholt:* -e Anordnungen, Vorstellungen; **Zopf|mu|ster,** das: *Muster, das wie ein Zopf aussieht:* ein Pullover mit Z.; **Zopf|pe|rücke¹,** die: *Perücke mit Zopf;* **Zopf|stil,** der ⟨o. Pl.⟩ (Kunstwiss.): *zeitlich zwischen Rokoko u. Klassizismus liegender, etwas pedantisch-nüchterner Kunststil:* ♦ Der ... Steig führte nach etwa hundert Schritten zu einem im Z. erbauten Pavillon (Storm, Söhne 6); **Zopf|zeit,** die ⟨o. Pl.⟩ (Kunstwiss.): *Zeit des Zopfstils (etwa 1760–1780).*

Zo|pho|ros, Zo|pho|rus, der; -, ...phoren [lat. zophorus, zu griech. zōophóros = Tiere tragend, zu: zōon = Lebewesen, Tier u. phorós = tragend] (Archit.): *mit figürlichen Reliefs geschmückter Fries des altgriechischen Tempels.*

zop|po ⟨Adv.⟩ [ital. zoppo] (Musik): *lahm, schleppend.*

Zop|pot: polnische Stadt an der Danziger Bucht; **¹Zop|po|ter,** der; -s, -: Ew.; **²Zoppo|ter** ⟨indekl. Adj.⟩; **Zop|po|te|rin,** die; -, -nen: w. Form zu ↑ ¹Zoppoter.

Zo|res, der; - ⟨österr. auch als Pl.⟩ [jidd. zores (Pl.) = Sorgen, zu hebr. zarā = Kummer] (landsch.): **1.** *Ärger; Gezänk; Wirrwarr:* [jmdm.] Z. machen; Kein Wunder, daß Sie Z. haben mit Ihrer Frau, wenn Sie fremden Damen solche Komplimente machen (Danella, Hotel 279); Zusätzlich muß sich der geplagte Landeshauptmannstellvertreter mit parteiinternen Z. herumschlagen (Österr. Wochenpresse 5. 6. 84, 27). **2.** *Gesindel.*

Zo|ril|la, die; -, -s, auch: die; -, -s [span. zorrilla, Vkl. von: zorra = Fuchs]: *(in Trockengebieten Afrikas u. Vorderasiens heimisches) ein übelriechendes Sekret verspritzendes kleines Raubtier mit weißen Längsstreifen auf schwarzem Fell u. buschigem, weißem Schwanz.*

Zorn, der; -[e]s [mhd., ahd. zorn, H. u.]: *heftiger, leidenschaftlicher Unwille über etw., was man als Unrecht empfindet od. was den eigenen Wünschen zuwiderläuft:* ein heller, lodernder, flammender, heiliger, ohnmächtiger Z.; jmdn. packt der Z.; ihn traf gerechter Z., der Z. der Götter, des Himmels; Z. kam in ihm hoch, wallender, giftiger Z. (Kühn, Zeit 57); In Johannes stieg Z. auf (Danella, Hotel 133); ihr Z. hat sich gelegt, ist abgeklungen, ist vererbt; jmds. Z. erregen; sein Z. richtete sich gegen die Bonzen; [einen] mächtigen Z. auf jmdn. haben; seinen Z. an jmdm. auszulassen; in Z. geraten: Ich hatte mich während dieses Selbstgespräches immer mehr in einen heftigen Z. hineingeredet (Fallada, Trinker 37); von Z. [auf, gegen jmdn.] erfüllt sein; sie kochte, weinte vor Z.; dann schleuderte sie plötzlich ihren Mantel irgendwohin ins Zimmer, stampfend, außer sich vor Z. (Frisch, Homo 85); **Zorn|ader:** ↑ Zornesader; **Zorn|aus|bruch,** der (selten): ↑ Zornesausbruch; **zorn|be|bend** ⟨Adj.⟩: *bebend vor Zorn;* **Zorn|bin|kel,** der (österr. ugs.): *jähzorniger Mensch;* **zorn|ent-**

brannt ⟨Adj.⟩: vgl. wutentbrannt; **Zor̲nes|ader,** Zornader, die: in der Wendung *jmdm.* **schwillt die Z. [an]** (geh.; *jmd. wird sehr zornig*): Ihm schwoll die Zornesader, wenn er nur daran dachte (K. Mann, Wendepunkt 439); **Zor̲nesaus|bruch,** Zornausbruch, der: *plötzlicher, sich mit Heftigkeit äußernder Zorn:* zu Zorn[es]ausbrüchen neigen; **Zor̲|nesfal|te,** die (geh.): *[zum ausdrücken, vor Zorn zusammengezogene] senkrechte Falte auf der Stirn;* **Zor̲|nes|röte,** Zornröte, die: in der Wendung **das treibt einem die Z. ins Gesicht** (geh.; *darüber muß man sehr zornig werden*); **zorn|fun|kelnd** ⟨Adj.⟩: *funkelnd vor Zorn;* **zor̲|nig** ⟨Adj.⟩ [mhd. zornec, ahd. zornac]: *voll Zorn; durch Ärger u. ä. erregt, erzürnt:* -e Blicke, Worte; ein -er Mensch; er ist sehr z. auf mich, über meine Worte; wegen meiner Andeutung wurde er gleich z. *(rabiat);* z. aufstampfen; „Aber mein Vater macht keinen Schwindel", versetzte Elfriede z. (Langgässer, Siegel 286); **zorn|mü|tig** ⟨Adj.⟩ (geh.): **a)** *zu Zorn neigend, leicht zornig werdend:* ein -er Mensch; **b)** *zornig, sehr heftig:* Zornmütig focht er gegen die Möglichkeit, daß ein Recht seiner Mündel untertreten würde (Fussenegger, Haus 250); **zorn|rot** ⟨Adj.⟩: *rot vor Zorn:* Er ... sah abwesend lächelnd an Friedas -em linken Ohrläppchen vorbei (Schnurre, Bart 82); **Zor̲nröte:** ↑ Zornesröte; **zorn|schnau|bend** ⟨Adj.⟩: *sehr zornig.*

Zo|roa|stri|er, der; -s, - [zu Zoroaster, verderbte gräzisierende Namensform des pers. Propheten Zarathustra um 600 v. Chr.)]: *Anhänger des Zoroastrismus;* **Zo|roa|strie|rin,** die; -, -nen: w. Form zu ↑ Zoroastrier; **zo|roa|strisch** ⟨Adj.⟩ *den Zoroastrismus betreffend;* **Zoroa|stris|mus,** der; -: *Parsismus.*

Zort|zi|co, der; -[s] [aus dem Bask.]: *baskischer Tanz im* ³⁄₄-*Takt.*

Zos|se, der; -n, -n, **Zos|sen,** der; -, - [jidd. zosse(n), suss < hebr. sûs = Pferd] (landsch., bes. berlin.): *[altes] Pferd:* hier ... ist der General mit seinem Zossen rumgeritten (Kant, Impressum 152); „Los, hüsta, ihr Zossen!" rief der Fahrer und trieb die Pferde an (Schnurre, Fall 36).

Zo|ster, der; -[s] - (Med.): *kurz für* ↑ *Herpes zoster.*

Zo|te, die; -, -n [wahrsch. identisch mit ↑ Zotte in der Bed. „Schamhaar; Schlampe"] (abwertend): *derber, obszöner Witz, der als gegen den guten Geschmack verstoßend empfunden wird:* -n und Zynismen pornographischer Literatur; Als Tereus eine Z. ... grölte, blieb ihm die Zustimmung versagt (Ransmayr, Welt 29); ***-n reißen** (ugs.; *Zoten erzählen);* **zo|ten** ⟨sw. V.; hat⟩ (selten, abwertend): *Zoten reißen:* die Soldaten essen aus ihrer Gamelle und zoten (Frisch, Nun singen 157); **zo|ten|haft** ⟨Adj.⟩ -er, -este): *zotig;* **Zo|ten|erzäh|ler,** *der: der Zoten erzählt;* **Zo|ten|reiße|rin,** die; -, -nen (abwertend): w. Form zu ↑ Zotenreißer; **zo|tig** ⟨Adj.⟩ (abwertend): *derb, unanständig, obszön:* -e Ausdrücke, Redensarten; ..., dabei die -e Anspielung Jouys auf Helmckes Bettenaus-

lastung elegant ignorierend (Prodöhl, Tod 27); **Zo|tig|keit,** die; -, -en: **1.** ⟨o. Pl.⟩ *das Zotigsein, zotige Art:* Es waren Ausdrücke ... von einer so unverblümten und plumpen Z. (Frisch, Stiller 240). **2.** *Zote, zotiger Witz:* er erzählt nur zwei.

Zot|te, die; -, -n [**1**: mhd. zot(t)e, ahd. zota, zata = herabhängendes (Tier)haar, Flausch]: **1.** ⟨meist Pl.⟩ **a)** *[herabhängendes] Haarbüschel (bes. bei Tieren):* der Bär blieb mit seinen dicken -n an den Drähten hängen; **b)** (Anat.) *schleimige Ausstülpung eines Organs od. Organteils.* **2.** (landsch., bes. südwestd.) *Schnabel* (3); **Zot|tel,** die; -, -n: **1.** (ugs.) **a)** ⟨meist Pl.⟩ *Zotte* (1 a): Der Größte der Hunde, ein Komondor mit langen schmutzigweißen n, ... (Frischmuth, Herrin 6); **b)** ⟨Pl.⟩ (abwertend) *wirre, unordentliche Haare:* die -n hingen ihr ins Gesicht; er hat sich seine -n abschneiden lassen; strohige -n rollten sich über den Film am Hemdkragen (Fels, Sünden 46); **c)** *Quaste* (1 a): ein altes Sofa mit dicken -n. **2.** (landsch.) *Schlampe;* **Zot|tel|bär,** der (Kinderspr.): *zottiger Bär;* **Zot|tel|lei,** die; -, -en (ugs., meist abwertend): *[dauerndes] Zotteln* (1); **Zot|tel|haar,** das (ugs.): *zottiges Haar;* **zot|tel|ig, zott|lig** ⟨Adj.⟩: **a)** *aus dichten Haarbüscheln bestehend, zottig:* ein -es Fell; er macht unter zottligen Augenbrauen verängstigte Äugelchen (Grass, Hundejahre 307); **b)** (abwertend) *wirr, unordentlich:* die Haare hängen ihr z. ins Gesicht; **Zot|tel|kopf,** der (ugs.): **a)** *unordentliche, zottelige Frisur;* **b)** *jmd., der unordentliche, zottelige Haare hat;* **zot|teln** ⟨sw. V.⟩ [**1**: zu ↑ Zotte] (ugs.): **1.** *langsam, nachlässig, mit schlenkernden Bewegungen [hinter jmdm. her] gehen* ⟨ist⟩: Mit dickem Kopf zottelte Otto Hardekopf an diesem schicksalsschweren Tag nach Hause (Bredel, Väter 272). **2.** *in Zotteln herabhängen* ⟨hat⟩: die Haare hingen ihm bis über die Augen; **Zot|ten|haut,** die (Med.): *Chorion* (1); **Zot|ten|krebs,** der (Med.): **1.** *bösartige Geschwulst aus Chorionzotten, die nach der Geburt in der Gebärmutter zurückgeblieben sind.* **2.** *zottenförmiges Karzinom der Haut- u. Schleimhaut;* **Zot|ten|ma|gen,** der: *Pansen* (1); **zot|tig** ⟨Adj.⟩ [16. Jh., für mhd. zoteht, ahd. zatoht]: **a)** *struppig, dicht u. kraus:* ein -es Fell; Man rüstete die Kompanien auch wieder mit Pferden aus. Es waren -e (*ein zottiges Fell habende), kleine Gäule* (Strittmatter, Wundertäter 424); **b)** (abwertend) *wirr, strähnig, unordentlich:* ihre Haare sind ungekämmt und z.; **zott|lig:** ↑ zottelig.

Zö|tus, der; -, Zöten [lat. coetus = Zusammentreffen, Zusammenkunft, zu: Coitum, 2. Part. von: coire = *zusammenkommen, -treffen*] (veraltet): *Jahrgang, Schulklasse.*

ZPO = Zivilprozeßordnung.

Zr = Zirkonium.

Z-Sol|dat, der (Jargon): *Kurzwort für* ↑ *Zeitsoldat.*

z. T. = zum Teil.

Ztr. = Zentner.

zu [mhd. zuo, ze, ahd. zuo, zi, wahrsch. verw. mit griech. -de — zu, lat. devon, über, betreffs u. russ. do = bis]: **I.** ⟨Präp. mit Dativ⟩ **1.** (räumlich) **a)** *gibt die Richtung (einer Bewegung) auf ein bestimmtes Ziel hin an:* das Kind läuft zu der Mutter, zu dem nächsten Haus; Jener rostzerfressene Bus, der in den Sommermonaten manchmal eine Horde Kupfersucher ... zu den Schutthalden von Limyra brachte (Ransmayr, Welt 229); er kommt morgen zu mir; sie hat ihn zu sich gebeten; sich zu jmdm. beugen, wenden; Er meinte zu Thomas, nun habe er Gelegenheit, ... (Ziegler, Konsequenz 242); das Vieh wird zu *(ins)* Tal getrieben; das Blut stieg ihm zu (geh.; *in den*) Kopf; er stürzte zu Boden (geh.; *fiel um*); Pythagoras ... stellte seine Essigkaraffe zu *(auf den)* Boden (Ransmayr, Welt 49); zu Bett gehen (geh.; *ins Bett gehen*); *zum Essen an den Tisch* setzen; gehst du auch zu diesem Fest *(nimmst du auch daran teil)?;* (auch nachgestellt:) der Hof des Bauern Uhlig, der, auf der Anhöhe dem Hochmoor zu gelegen, ... (Heym, Schwarzenberg 163); **b)** *drückt aus, daß etw. zu etw. anderem hinzukommt, hinzugefügt, -gegeben o. ä. wird:* zu dem Essen gab es einen trockenen Wein; zu Obstkuchen nehme ich gern ein wenig Sahne; das paßt nicht zu Bier; du sollst das Kleid kannst du diese Schuhe nicht tragen; **c)** *kennzeichnet den Ort, die Lage des Sichbefindens, Sichabspielens o. ä. von etw.:* zu ebener Erde; sie saß auf beiden Seiten des Gebäudes; sie saß zu seiner Linken (geh.; *links von ihm, an seiner linken Seite*); sie saßen zu Tisch (geh.; *beim Essen*); sie siehe bereits zu Bett (geh.; *sich schlafen gelegt*); er ist zu Hause *(in seiner Wohnung);* man erreicht diesen Ort zu Wasser und zu Lande *(auf dem Wasser- und auf dem Landweg);* sie kam zu dieser *(durch diese)* Tür herein; vor Ortsnamen: der Dom zu (veraltet; *in*) Speyer; geboren wurde sie zu (veraltet; *in*) Frankfurt am Main; im Namen von Gaststätten: Gasthaus zu den drei Eichen; als Teil von Eigennamen: Graf zu Mansfeld. **2.** (zeitlich) *kennzeichnet den Zeitpunkt einer Handlung, eines Geschehens, die Zeitspanne, in der sich etw. abspielt, ereignet o. ä.:* zu Anfang des Jahres, zu früher Morgenstunde; zu Lebzeiten seiner Mutter; zu gegebener Zeit; zu meiner Zeit war das anders; Zu unserer Kinderzeit begann gerade ein neuer Sport: das Eissegeln (Dönhoff, Ostpreußen 121); das Gesetz tritt zum *(am)* 1. Januar in Kraft; zu (regional; *über, die Zeit um*) Ostern verreisen; von gestern zu *(auf)* heute; Ein schwerer Verkehrsunfall ereignete sich in der Nacht zu *(auf)* gestern (NNN 14. 1. 84, 2). **3.** (modal) **a)** *kennzeichnet die Art u. Weise, in der etw. geschieht, sich abdarbietet o. ä.:* er erledigte alles zu meiner Zufriedenheit; Du hast dich zu deinem Vorteil verändert; sie verkauft alles zu niedrigsten Preisen; Sie kann jetzt fürs erste zu Hause bleiben, weil sie zu so einem Billigtarif geflogen ist (Kronauer, Bogenschütze 285); er wohnt im Souterrain, zu deutsch *(das heißt übersetzt, in deutscher Sprache ausgedrückt)* „im Kellergeschoß"; **b)** *kennzeichnet die Art u. Weise einer Fortbewegung:* wir gehen zu Fuß; sie kamen zu Pferd; sie wollen zu (geh. veraltend; *mit dem*) Schiff reisen. **4. a)** kennzeichnet, meist in Verbindung mit Mengen- od. Zahlenangaben, die Menge, Anzahl, Häufigkeit o. ä. von etw.: zu Dutzenden, zu zweien; Die Leute liefen zu Hunderten zusammen, um ihn zu begaffen (Süskind, Parfum 177); zu einem großen Teil, zu einem Drittel, zu 50%; Ich denke, daß der menschliche Körper zu einem hohen Prozentsatz aus Wasser besteht (Schwaiger, Wie kommt 39); **b)** kennzeichnet ein in Zahlen ausgedrücktes Verhältnis: die Mengen verhalten sich wie drei zu eins; das Spiel endete 2 zu 1 (mit Zeichen: 2:1); sie haben schon wieder zu null gespielt (Sport Jargon; *kein Tor hinnehmen müssen*); **c)** steht in Verbindung mit Zahlenangaben, die den Preis von etw. nennen; *für:* das Pfund wurde zu einer Mark angeboten; es gab Stoff zu zwanzig, aber auch zu hundert Mark der Meter; fünf Briefmarken zu fünfzig [Pfennig]; er raucht eine Zigarre zu vier Mark achtzig; **d)** steht in Verbindung mit Zahlenangaben, die ein Maß, Gewicht o. ä. von etw. nennen; *von:* ein Faß zu zehn Litern; Portionen zu je einem Pfund. **5.** drückt Zweck, Grund, Ziel, Ergebnis einer Handlung, Tätigkeit aus: jmdm. etw. zu Weihnachten schenken; jmdn. zu seinem Geburtstag einladen; zu seinen Ehren, zu deinem Vergnügen; er mußte zu einer Behandlung in die Schweiz fahren; er rüstet sich zu einer Reise; sie kaufte Stoff zu einem (*für ein*) Kleid; es kam zu einem Eklat; „... wer bezahlt die Konventionalstrafe?" ... „Ich red' mit René. Zu was (ugs.; *wozu*) ist der Millionär?" (Heim, Traumschiff 229). **6.** kennzeichnet das Ergebnis eines Vorgangs, einer Handlung, die Folge einer Veränderung, Wandlung, Entwicklung o. ä.: das Eiweiß zu Schaum schlagen; Obst zu Schnaps verarbeiten; die Kartoffeln zu einem Brei zerstampfen; zu Staub zerfallen; Gleichzeitig sah ich ... meinen Paß zu Asche verbrannt (Fels, Kanakenfauna 121); Er ... drehte die Blätter zu einer Rolle zusammen (Lentz, Muckefuck 100); dieses Erlebnis hat ihn zu seinem Freund gemacht. **7.** kennzeichnet in Abhängigkeit von anderen Wörtern verschiedener Wortart eine Beziehung: das war der Auftakt zu dieser Veranstaltung; Je größer das Land aber ist, desto mehr unterliegt es ... der Versuchung zu Alleingängen (H. Schmidt, Strategie 12); zu diesem Thema wollte er sich nicht äußern; freundlich zu jmdm. sein; er hat ihm zu einer Stellung verholfen; er gehört zu ihnen. **II.** ⟨Adv.⟩ **1.** kennzeichnet ein (hohes od. geringes) Maß, das nicht mehr angemessen od. akzeptabel erscheint: das Kleid ist zu groß, zu teuer; du kommst leider zu spät; er ist zu alt, zu jung, zu unerfahren; du bist, arbeitest zu langsam; dafür bin ich mir zu schade; Goethe sei zu sehr Dichter (Reich-Ranicki, Th. Mann 64); (betont; *zur bloßen Steigerung:*) das ist ja zu schön (*überaus schön, wunderschön*). **2.** kennzeichnet die Bewegungsrichtung auf einen bestimmten Punkt, ein Ziel hin: gegen die Grenze zu, zur Grenze zu verschärften sich die Kontrollen; Er besaß Latifundien ... auch bei Vence und gegen Antibes zu (Süskind, Parfum 254); der Balkon geht nach dem Hof zu. **3.** ⟨elliptisch⟩ (ugs.) **a)** drückt als Aufforderung aus, daß etw. geschlossen werden, bleiben soll: Tür zu!; Augen zu!; **b)** drückt aus, daß etw. geschlossen ist: die Flasche stand, noch fest zu, auf dem Tisch. **4.** (ugs.) drückt als Aufforderung aus, daß mit etw. begonnen, etw. weitergeführt werden soll: na, dann zu!; immer zu, wir müssen uns beeilen! du kannst damit beginnen, nur zu! **5.** ⟨als abgetrennter Teil von den Adverbien „dazu, wozu"⟩ (ugs., bes. nordd.): da hab' ich keine Lust zu; wo hast du denn Vertrauen zu? **III.** ⟨Konj.⟩ **1.** in Verbindung mit dem Inf. u. abhängig von Wörtern verschiedener Wortart, bes. von Verben: er bat ihn zu helfen; sie lehnte es ab, nach Berlin zu kommen; hilf mir bitte, das Gepäck zu tragen; Wir müssen unsere Verführbarkeit und die verführenden Autoritäten zu kontrollieren lernen (Richter, Flüchten 100); er ist heute nicht zu sprechen; dort gibt es eine Menge zu sehen; die Fähigkeit zuzuhören; die Möglichkeit, sich zu verändern; er sah nur zu, anstatt ihm zu helfen; er nahm das Buch, ohne zu fragen; er kam, um sich zu vergewissern. **2.** drückt in Verbindung mit einem 1. Part. eine Möglichkeit, Erwartung, Notwendigkeit, ein Können, Sollen od. Müssen aus: die zu gewinnenden Preise; die zu erledigende Post; der zu erwartende Protest; es gab noch einige zu bewältigende Probleme.

zu|al|ler|al|ler|erst ⟨Adv.⟩ (emotional verstärkend): zuallererst; **zu|al|ler|al|ler|letzt** ⟨Adv.⟩ (emotional verstärkend): zuallerletzt; **zu|al|ler|erst** ⟨Adv.⟩ (emotional verstärkend): *ganz zuerst, an allererster Stelle:* Zuallererst laß uns mal das Fenster aufmachen (A. Zweig, Grischa 428); Der Arzt ... und der Praktiker der Psychotherapie selber sind z. an der Frage interessiert, ob ... (NZZ 9. 12. 82, 25); **zu|al|ler|letzt** ⟨Adv.⟩ (emotional verstärkend): vgl. zuallererst; **zu|al|ler|meist** ⟨Adv.⟩ (emotional verstärkend): zumeist, am allermeisten; **zu|al|ler|oberst** ⟨Adv.⟩ (emotional verstärkend): *ganz zuoberst;* **zu|al|ler|un|terst** ⟨Adv.⟩ (emotional verstärkend): *ganz zuunterst.*

zu|ar|bei|ten ⟨sw. V.; hat⟩: *für jmdn. Vorarbeiten leisten u. ihm damit bei seiner Arbeit helfen:* er braucht zwei Leute, die ihm zuarbeiten; **Zu|ar|bei|ter**, der: *jmd., der einem andern zuarbeitet:* Z. brauchen, haben; **Zu|ar|bei|te|rin**, die: w. Form zu ↑Zuarbeiter.

zu|äu|ßerst ⟨Adv.⟩ (selten): *an der äußersten Stelle, ganz außen.*

Zu|a|ve, der; -n, -n [frz. zouave < arab. (berberisch) zawāwaʰ, nach dem Kabylenstamm der Zuaven]: *Angehöriger einer von den Franzosen zuerst in Algerien aufgestellten (ursprünglich nur aus Einheimischen bestehenden) Kolonialtruppe.*

zu|bal|lern ⟨sw. V.; hat⟩ (ugs.): *heftig, laut zuschlagen* (1 a): die Tür z.

Zu|bau, der; -[e]s, -ten (österr.): *Anbau* (1 b): Das Gestüt sei ohnehin erheblich belastet, anders habe man die -ten ... nicht finanzieren können (Frischmuth, Herrin 76); Mit der vor einiger Zeit erfolgten feierlichen Eröffnung eines sieben Millionen Schilling teuren -es der Polytechnischen Schule (Kronen-Zeitung 22. 11. 83, 44); **zu|bau|en** ⟨sw. V.; hat⟩: *durch Bauen, Errichten von Gebäuden o. ä. ausfüllen:* Am Markt baut die Zuckerfabrik eine Lücke zu (NNN 27. 6. 84, 2); dieses freie Gelände wird auch bald zugebaut sein.

Zu|be|hör, das, seltener auch: der; -[e]s, -e, schweiz. auch: -den [wohl aus dem Niederd. ⟨mniederd.⟩ tobehore, zu: (to)behören = zukommen, gebühren, zu ↑hören]: **a)** *zur Ausstattung, Einrichtung o. ä. von etw. gehörende, etw. vervollständigende Teile, Gegenstände:* das Z. eines Bades, einer Küche, einer Werkstatt; ein Haus mit allem Z.; Normalerweise erfolgte der Umzug von Ostpreußen nach Berlin ... mit dem ganzen Familie und allem Z. (Dönhoff, Ostpreußen 36); **b)** *ein Gerät, eine Maschine o. ä. ergänzende bewegliche Teile, mit deren Hilfe bestimmte Verrichtungen erleichtert od. zusätzlich ermöglicht werden:* das Z. eines Staubsaugers, eines Fotoapparates, einer Bohrmaschine; sie hat ein Fahrrad mit allem Z. geschenkt bekommen; **Zu|be|hör|handel**, der: *Handel mit Zubehörteilen für bestimmte Geräte, Maschinen o. ä.;* **Zu|be|hör|in|du|strie**, die: vgl. Zubehörhandel; **Zu|be|hör|ka|ta|log**, der: *Versandhauskatalog für Zubehörteile;* **Zu|be|hör|teil**, das: *einzelnes Teil des Zubehörs von etw.*

zu|bei|ßen ⟨st. V.; hat⟩: *mit den Zähnen packen u. beißen, schnell u. kräftig irgendwohin beißen* (2 a): der Hund biß plötzlich zu; Würden sie strampeln und sich wehren, dann bisse der Löwe sofort fester zu (Grzimek, Serengeti 74).

zu|be|kom|men ⟨st. V.; hat⟩ (ugs.): **1.** (*nur mit Mühe*) *schließen können:* den Koffer, die Tür nicht z. **2.** (landsch.) *dazubekommen:* Er ist bestimmt nicht verhungert, er hat immer etwas zubekommen (H. G. Adler, Reise 150).

zu|be|namt, zu|be|nannt ⟨Adj.; als nachgestelltes Attr.⟩ (veraltet): *mit dem Beinamen; genannt:* Friedrich, z. der Große.

Zu|ber, der; -s, - [mhd. zuber, ahd. zubar, zwipar, zu ↑zwei u. ahd. beran = tragen, eigtl. = Gefäß mit zwei Henkeln] (landsch.): *Bottich:* sich im Z. waschen; Erst haben wir die Wäsche über Nacht eingeweicht, dann wurde sie von mir und Vater ausgewrungen, aufgelockert und in den Z. gelegt (Wimschneider, Herbstmilch 13).

zu|be|rei|ten ⟨sw. V.; hat⟩: *(von Speisen o. ä.) vorbereiten, herrichten, fertig-, zurechtmachen:* das Frühstück, eine Suppe, den Karpfen z.; die Speisen waren lieblos, mit Liebe zubereitet; bei ungestörten Nachtmahl, das sie uns, waren wir bei ihr, stets eigenhändig zubereitete (Stern, Mann 78); der Apotheker war gerade dabei, eine Salbe zuzubereiten; **Zu|be|rei|tung**, die; -, -en ⟨Pl. selten⟩: **1.** *das Zubereiten:* die Art der Z. ist wichtig; Die Erzeugung eines mittelalterlichen Buches beginnt schon mit der Z. des Pergaments (Bild. Kunst III, 62). **2.** etw. Zube-

reitetes: Von den 48 -en, die ich kostete, fand ich, daß drei ... (e & t 5, 1987, 35).
zu|be|to|nie|ren ⟨sw. V.; hat⟩: **1.** *mit einer Betonschicht bedecken:* die Straße z. **2.** *freie Flächen mit Betonbauten bebauen, völlig bedecken:* eine Landschaft z.; die Bundesrepublik mit Straßen und Autobahnen z.; Man ... sieht, daß die hügelige, grüne, buchtenreiche Insel Ibiza noch nicht überall zubetoniert wurde (Hamburger Abendblatt 12. 5. 84, 61); **Zu|be|to|nie|rung,** die; -, -en: *das Zubetonieren, Zubetoniertwerden.*
Zu|bett|ge|hen, das; -s: *abendliches Schlafengehen:* vor dem Z. die Zähne putzen!
zu|be|we|gen ⟨sw. V.; hat⟩: **a)** *in Richtung auf jmdn., etw. bewegen:* er bewegte seine Hand vorsichtig auf den Falter zu; **b)** ⟨z. + sich⟩ *sich in Richtung auf jmdn., etw. bewegen:* sich auf die Stadt, das Haus, den Wald z.; Ü Kaum jemand macht sich klar, daß ... die Industrieländer sich am schnellsten auf den Abgrund zubewegen (Gruhl, Planet 263).
zu|bil|li|gen ⟨sw. V.; hat⟩: *jmdm. etw., bes. ein Recht, einen Vorteil o. ä., zuteil werden lassen, zugestehen, gewähren:* jmdm. eine Entschädigung, mildernde Umstände z.; den Gemeinden Autonomie z.; Man billigte mir ... einem Abteil zweiter Klasse zu (Niekisch, Leben 83); Einem Kandidaten der ... ÖVP werden kaum Chancen zugebilligt *(eingeräumt;* Wochenpresse 48, 1983, 14); Mangold, dem man guten Glauben wohl z. mußte *(nicht absprechen konnte;* Chr. Wolf, Himmel 205); **Zu|bil|li|gung,** die; -, -en: *das Zubilligen:* unter Z. mildernder Umstände.
zu|bin|den ⟨st. V.; hat⟩: *durch Binden mit einer Schnur o. ä. verschließen:* ein Bündel, einen Sack z.; du mußt dir, dem Kind die Schnürsenkel [fester] z.
Zu|biß, der: Zubisses, Zubisse: *das Zubeißen; kräftiger Biß:* das Tier ... knurrt wütend vor dem Z. (Fr. Wolf, Zwei 195).
zu|blei|ben ⟨st. V.; ist⟩ (ugs.): *geschlossen bleiben:* die Tür, das Fenster, die Kiste bleibt zu.
zu|blin|zeln ⟨sw. V.; hat⟩: *jmdm. durch Blinzeln ein Zeichen geben, etw. andeuten:* jmdm. freundlich, aufmunternd, verschmitzt z.; Die Mutter hatte dem Jungen noch schnell ein bißchen Geld zugesteckt und ihm zum Abschied mit Verschwörermiene zugeblinzelt (Fels, Sünden 40).
zu|brin|gen ⟨unr. V.⟩: **1.** *eine Zeitspanne irgendwo in bestimmter Weise* (unter oft ungünstigen Umständen) *verbringen, sich für eine bestimmte Zeit irgendwo* (unter oft ungünstigen Umständen) *aufhalten:* einige Monate auf Reisen, eine Nacht im Freien z.; von dort werde sie dann ... auf das Haus hinübersehen, in dem sie mehr als ihr halbes Leben zugebracht hat (Strauß, Niemand 16); Auch brachte ich fast die Hälfte meines abgelaufenen Lebens im Sattel zu (Stern, Mann 63); er mußte einige Wochen im Bett z.; *(aus Krankheitsgründen im Bett liegen);* er hat längere Zeit im Gefängnis zugebracht. **2.** (ugs.) *(nur mit Mühe) schließen können:* die Tür, den Koffer, den Deckel nicht z.; (scherzh.:) vor Bewunderung, Staunen, Überra-

schung brachte er den Mund nicht zu. **3.** (seltener) *für jmdn.* [*zu etw. Vorhandenem*] *mitbringen, jmdm.* [*zusätzlich*] *verschaffen:* auch sie müßten, wie andere Verleger, ihr Scherflein an Devisen dem bedrängten Haushalt der Republik z. (Heym, Nachruf 721); Die Mutter brachte ihn aus erster Ehe zu *(brachte mit in die Ehe;* Gaiser, Jagd 139). ◆ **4.** *zutrinken:* der letzte Trunk sei nun, mit ganzer Seele, als festlich hoher Gruß, dem Morgen zugebracht (Goethe, Faust I, 735 f.); Der alte Bergmann ... trank, indem er seine aufmerksamen Zuhörer ein fröhliches „Glückauf" zubrachten (Novalis, Heinrich 65); **Zu|brin|ger,** der; -s, - (Verkehrsw.): **1.** *Straße, die den Verkehr an eine übergeordnete Straße, bes. an die Autobahn, heranführt. die Verbindung zwischen einer Stadt u. einem besonderen Ziel, wie Messegelände, Stadion o. ä., herstellt:* auf dem Z. zu der kleinen Stadt am Abhang des Mittelgebirges (Handke, Frau 13). **2.** *Verkehrsmittel, das Passagiere zur Weiterbeförderung an einen bestimmten Ort bringt* (z. B. vom Schiff zum Bahnhof); **Zu|brin|ger|bus,** der: *als Zubringer* (2) *dienender Bus;* **Zu|brin|ger|dienst,** der: *Verbindung zwischen zwei Orten durch regelmäßig verkehrende Zubringer* (2); **Zu|brin|ger|li|nie,** die: *von Zubringern* (2) *befahrene Verkehrsstrecke, Linie* (6 a); **Zu|brin|ger|stra|ße,** die: *Zubringer* (1); **Zu|brin|ger|ver|kehr,** der: *Verkehr von Zubringern* (2).
Zu|brot, das; -[e]s: **1.** (veraltet) *zu Brot od. anderen Speisen gereichte Beilage, zusätzliche Kost.* **2.** (oft scherzh.) *zusätzlicher Verdienst, Nebenverdienst:* sich [durch Heimarbeit, mit Schwarzarbeit] ein Z. verschaffen; Zur Zeit verdient er sich ein Z. als Schwimmlehrer (MM 8. 1. 75, 8).
zu|brül|len ⟨sw. V.; hat⟩: *jmdm. etw. sehr laut, brüllend* (2 b) *zurufen.*
Zu|bu|ße, die; -, - n [mhd. zuobuoʒ(e), urspr. Bergmannsspr., eigtl. = von den Gewerken (2) zu zahlender Zuschuß zum Betrieb eines Bergwerks] (selten): *finanzieller Zuschuß.*
zu|but|tern ⟨sw. V.; hat⟩ [urspr. = Speisen mit Butter verbessern] (ugs.): (meist größere Geldsummen) *zu etw. beisteuern, jmdm. zu etw. dazugeben* [*ohne daß es sich auszahlt*]*:* der Staat hat Millionen zugebuttert; solange sie in der Ausbildung ist, buttern die Eltern gehörig zu.
Zuc|chet|to [tsʊ'kɛto] (schweiz.): *Zucchino;* **Zuc|chi|no** [tsʊ'ki:no], der; -s, -ni ⟨meist Pl.⟩ [ital. zucchetto, Vkl. von: zucca, ↑Sukkade]: *(bes. in Italien gezogene) gurkenähnliche Frucht einer bestimmten Kürbisart, die als Gemüse gekocht wird.*
Zü|chen, die; -s, - (landsch.): *Zieche.*
Zucht, die; -, -en [mhd., ahd. zuht, zu ↑ziehen u. eigtl. = das Ziehen]: **1. a)** ⟨o. Pl.⟩ *das Pflegen, Aufziehen, Züchten* (von Tieren od. Pflanzen); *Züchtung* (1): sie half ihm bei der Z. seiner Orchideen; er beschäftigt sich mit der Z. von Rauhhaardackeln; wenn Ihr Pferd siebenjährig in die Z. geht *(als Zuchthengst verwendet wird;* Frischmuth, Herrin 111); **b)** *Gesamtheit von Tieren od. Pflanzen, die*

das Ergebnis des Züchtens, einer Zucht (1 a) *darstellt:* eine Z. Windspiele; -en von Bakterien; Rosen aus einer Z., aus verschiedenen -en; Hunderte von ihnen waren Drohnen ..., und zu Tausenden waren sie Arbeiter, bauten die Zellen ..., sorgten für die junge Z. (Döblin, Märchen 40); Ü So ein Sauvolk, solche verdammte Z. *(abwertend; gemeine, niederträchtige Bande;* Fallada, Jeder stirbt 204); **c)** *kurz für* ↑ *Zuchtstätte.* **2.** ⟨o. Pl.⟩ **a)** (veraltend) [strenge] *Erziehung, Disziplinierung:* eine eiserne Z. ausüben; er ist in strenger Z. aufgewachsen *(hatte eine strenge Erziehung);* er hat den Jungen in strenge Z. genommen *(hat ihn streng erzogen);* **b)** (geh., oft abwertend) *das Gewöhntsein an strenge Ordnung, Disziplin; das Diszipliniertsein, Gehorsamkeit:* eine straffe, eiserne Z.; hier herrscht preußische Z.; in dieser Klasse ist wenig Z.; (iron.:) das ist ja eine schöne Z. hier; Man hatte gedacht, daß euer Staatschef Pinochet endlich Z. in die Bude bringt *(für Disziplin sorgt;* Konsalik, Promenadendeck 371); jmdn. an Z. [und Ordnung] gewöhnen; es ist schwer, diese Horde einigermaßen in Z. zu halten *(zu disziplinieren);* *** **in Züchten** (veraltet, noch scherzh.; mit Sitte u. Anstand.). **Zucht|buch,** das: *Buch, in das alle nötigen Angaben über Zuchttiere bzw. über Pflanzenzüchtungen eingetragen sind;* **Zucht|bul|le,** der: vgl. Zuchttier; Ü Macht euch klar, daß ein Mann kein Z. ist (Jaeggi, Fummeln 25); **Zucht|eber,** der: vgl. Zuchttier; **züch|ten** ⟨sw. V.; hat⟩ [mhd. zühten, ahd. zuhten = aufziehen, nähren]: **1.** *(Tiere, Pflanzen) aufziehen, bes. mit dem Ziel, durch Auswahl, Kreuzung, Paarung als bestimmte Vertreter von Arten od. Rassen mit Vertretern, die andere, besondere, erwünschte Merkmale u. Eigenschaften haben, eine Verbesserung zu erreichen:* Hühner z., Schweine mit fettarmem Fleisch; Du kannst dir dann wieder ein Aquarium anlegen und Fische z. (Remarque, Westen 28); Rosen, Blumen z.; bestimmte Sorten von Getreide, Äpfeln z.; In La Gacilly werden Kräuter zur Kosmetikproduktion auf 50 Hektar gezüchtet (Salzburger Nachr. 17. 2. 86, 7); Bakterien auf Nährböden z. *(heranziehen);* Ü den preußischen Beamtentypus haben die Hohenzollern gezüchtet; Damit züchten sie ja nur den Haß *(bringen ihn hervor, zur Entfaltung;* Kempowski, Uns 92); Man züchtet im Ostblock systematisch Spitzensportler (Bayernkurier 19. 5. 84, 6). **2.** (Zool., Jägerspr.) *sich paaren:* die Wildenten haben gezüchtet; **Züch|ter,** der; -s, - [mhd. zühter = Züchter, ahd. zuhtari = Lehrer, Erzieher]: *jmd., der Tiere, Pflanzen züchtet:* sie ist ein hervorragender Z. von Rosen; sie hat ihren Hund beim Z. gekauft; **Zucht|er|folg,** der: *Erfolg bei der Zucht* (1 a) *bestimmter Tiere od. Pflanzen;* **Züch|te|rin,** die; -, -nen: *w. Form zu* ↑ *Züchter;* **züch|te|risch** ⟨Adj.⟩: *die Zucht* (1 a) *betreffend, darauf beruhend, dazu gehörend:* über -es Können verfügen; Das Usambaraveilchen ... wurde erst um 1920 nach Europa gebracht und wird seit dieser Zeit z. bearbeitet (BNN 30. 12. 85, 4);

Zucht|form, die (Biol.): *durch Züchtung erreichte spezielle Form einer Tier- od. Pflanzenart;* **Zucht|haus,** das (früher, noch schweiz.): **1.** *Gebäude, Anstalt für Häftlinge mit einer schweren Freiheitsstrafe:* aus dem Z. ausbrechen; im Z. sein, sitzen *(eine Zuchthausstrafe verbüßen);* ins Z. kommen *(mit Zuchthaus 2 bestraft werden);* Ein zwölfjähriger blonder Engel hatte einen Familienvater durch meineidige ... Bezichtigungen ins Z. gebracht *(bewirkt, daß er mit Zuchthaus bestraft wurde;* Baum, Paris 165). **2.** ‹o. Pl.› *Zuchthausstrafe:* Als Gesamtstrafe verlangt er lebenslanges Z. für drei Morde (Noack, Prozesse 124); zu 10 Jahren Z. verurteilt werden; dieses Verbrechen wird mit Z. [nicht unter 5 Jahren] bestraft; **Zucht|häus|ler,** der; -s, - (früher, noch schweiz., abwertend): *jmd., der eine Zuchthausstrafe verbüßen muß, verbüßt hat;* **Zucht|häus|le|rin,** die; -, -nen (früher, noch schweiz., abwertend): w. Form zu ↑Zuchthäusler; **Zucht|hausstra|fe,** die (früher, noch schweiz.): *im Zuchthaus zu verbüßende Freiheitsstrafe in ihrer schwersten Form;* **Zucht|hengst,** der: vgl. Zuchttier; **züch|tig** ‹Adj.› [mhd. zühtec, ahd. zuhtig = gesittet, wohlerzogen] (veraltend, noch scherzh.): *(von Frauen) sich in den Schranken des Anstands, der Sitte, der Moral haltend; anständig, sittsam, zurückhaltend:* ein -es Mädchen; z. die Augen niederschlagen; z. lächeln; Ihr Kleid ... war z. geschlossen (Roehler, Würde 97); **züch|ti|gen** ‹sw. V.; hat› [mhd. zühtegen, zu ↑Zucht] (geh.): *durch Schlagen hart bestrafen [bes. um den Betreffenden an Zucht (2) u. Ordnung zu gewöhnen]:* Kinder mit einem Stock z.; Ü Alle hoffen sie, Napoleon werde diese Überhebung z. (geh.; *streng ahnden*) und Fouché entlassen (St. Zweig, Fouché 140); **Züch|tig|keit,** die; - (veraltet, noch scherzh.): *das Züchtigsein; züchtiges Wesen, Verhalten;* **Züch|ti|gung,** die; -, -en (geh.): *das Züchtigen, Gezüchtigtwerden:* Die fällige Z. mit dem Stock ertrug er ohne Schmerzensäußerung (Süskind, Parfum 35); Solange ich mich erinnern kann, habe ich immer eine Abneigung gegen körperliche Z. gehabt (Böll, Und sagte 50); **Züch|ti|gungs|recht,** das ‹o. Pl.› (Rechtsspr.): *Recht der Eltern (u. bestimmter Erzieher) zur Züchtigung;* ◆ **Zucht|knecht,** der: *Aufseher im Zuchthaus:* du siehst bei den Bettelvögten, Stadtpatrollanten und -en Kundschaft ein, wer so am fleißigsten bei ihnen einspreche (Schiller, Räuber II, 3); **Zücht|ling,** der; -s, -e (früher, abwertend): *Zuchthäusler;* **zucht|los** ‹Adj.; -er, -este› (veraltend, oft abwertend): *ohne Zucht* (2 b), *undiszipliniert:* eine -e Gesellschaft; eine -es Leben führen; Die Magd aber ward schwanger; sie gebar einen Knaben, der z. aufwuchs und ein Taugenichts wurde (Kusenberg, Mal 107); **Zucht|lo|sig|keit,** die; -, -en (veraltend, oft abwertend): **1.** ‹o. Pl.› *das Zuchtlossein.* **2.** *zuchtloses Verhalten;* **Zuchtmei|ster,** der: **a)** (veraltet, noch scherzh.) *strenger Erzieher:* Ü Herbert Wehner, der Z. der Partei; ◆ **b)** *Aufseher im Zuchthaus:* Und wenn sie (Herzog Albas Soldaten) auf der Schildwache stehen und du gehst an ihnen vorbei, ist's, als wenn er dich durch und durch sehen wollte, und sieht so steif und mürrisch aus, daß du auf allen Ecken einen Z. zu sehen glaubst (Goethe, Egmont IV); **Zuchtmei|ste|rin,** die (veraltet, noch scherzh.): w. Form zu ↑Zuchtmeister (a); **Zuchtmit|tel,** das (Rechtsspr.): *Erziehungsmittel im Jugendstrafrecht* (z. B. Verwarnung); **Zucht|per|le,** die: *durch Einsetzen eines Fremdkörpers in eine Muschel entstandene Perle;* **Zucht|re|gi|ster,** das: vgl. Zuchtbuch; **Zucht|reif** ‹Adj.› (Tierzucht): *Zuchtreife besitzend:* ein -er Hengst; **Zucht|rei|fe,** die (Tierzucht): *Zeitpunkt, von dem an Zuchttiere erstmals zur Zucht herangezogen werden können;* **Zucht|rennen,** das (Pferdesport): *der Auswahl der für die Zucht* (1 a) *geeigneten Tiere dienendes Pferderennen;* **Zucht|ru|de,** der: vgl. Zuchttier; **Zucht|ru|te,** die (geh. veraltend): *Rute, Stock zum Züchtigen:* die Z. zu spüren bekommen; Ü unter jmds. Z. stehen *(in sehr strenger Zucht gehalten, sehr streng erzogen werden);* die Regierung will die Z. schwingen; **Zuchtstamm|baum,** der: vgl. Zuchtbuch; **Zucht|stät|te,** die: *Betrieb, Institut o. ä., in dem die Zucht bestimmter Tiere od. Pflanzen betrieben wird;* **Zucht|stier,** der: vgl. Zuchttier; **Zucht|stu|te,** die: vgl. Zuchttier; **zucht|taug|lich** ‹Adj.›: *geeignet für die Zucht* (1 a), *das Züchten, Aufziehen:* -e Tiere, Pflanzen; **Zucht|tauglich|keit,** die: *das Zuchttauglichsein;* **Zucht|tier,** das: *für das Züchten, die Erzeugung der Nachkommenschaft geeignetes, verwendetes Tier;* **Züch|tung,** die; -, -en: **1.** *das Züchten* (1): Durch gute Bodenbearbeitung und Z. wurde in Mitteleuropa schon ein beträchtlicher Überschuß an Nahrung erzielt (Gruhl, Planet 41). **2.** *Ergebnis einer Züchtung* (1), *gezüchtetes Exemplar:* sie zeigte uns im Garten ihre neueste Z.; vgl. Zuchttier; **Zucht|vieh,** das: vgl. Zuchttier; **zucht|voll** ‹Adj.› (veraltet): *an Zucht* (2), *Ordnung, Gehorsam, Disziplin gewöhnt;* **Zucht|wahl,** die ‹Pl. selten› (Biol.): *Selektion* (1).

zuck: ↑ruck, zuck; **Zuck,** der; -[e]s, -e [rückgeb. aus ↑zucken] (seltener): *abrupt einsetzende, schnelle, kurze Bewegung:* ein Z., und das Insekt war verschwunden; in einem, mit einem Z. schnellte ihr Finger nach vorn; **zuckeln¹** ‹sw. V.; ist› (ugs.): *sich ohne jede Hast, mit oft etwas träge wirkenden Bewegungen [auf unregelmäßigem Untergrund] langsam, gemächlich irgendwohin bewegen:* der Karren zuckelte über das Feld; sie zuckelten mit müden Schritten zur Jugendherberge; Kamen auf ihren noch abgedunkelten Maschinen über Haupt- und Nebenwege gezuckelt (Grass, Butt 623); **Zuckel|trab¹,** der (ugs.): *langsamer, gemächlich wirkender Trab:* Er lief in einem richtigen Z. durch die Menschen auf der Frankfurter Allee (Fallada, Jeder 152); Weiter geht's im Z. (Kempowski, Zeit 62); **zucken¹** ‹sw. V.› [mhd. zucken, ahd. zucchōn, zu ↑ziehen u. eigtl. = heftig od. wiederholt ziehen]: **1.** ‹hat› **a)** *eine plötzliche, jähe, oft unwillkürliche, schnelle, ruckartige Bewegung machen:* sie zuckte, als sie die Nadel spürte; er ertrug den Schmerz, ohne zu z.; Es wurde an die Tür gepocht. Vater Pöschel zuckte verschreckt (Strittmatter, Wundertäter 281); ihre Hand zuckte, sie zuckte mit der Hand bei dieser Berührung; Dann brach Brahm zusammen. Er sackte auf die Erde, zuckte noch kurz mit den Beinen (Kirst, 08/15, 802); der Hund zuckte noch einmal und verendete; seine Lippen, Mundwinkel zuckten [spöttisch]; sein ganzer Körper zuckte von unterdrücktem Schluchzen (Schneider, Erdbeben 54); zuckende Brauen ‹auch unpers.:› es zuckte in seinem Gesicht; um ihren Mund; ‹subst.:› ein Zucken ging durch ihren Körper; sie spürte ein Zucken in seiner Hand; Ü es zuckte ihm in den Händen, Fäusten *(er hätte am liebsten zugeschlagen),* als er das sah; Sie durfte hier wohl nichts ändern, sosehr es ihr auch in den Fingern z. mochte *(so gern sie es auch hätte tun mögen;* Fallada, Herr 154); bei solchen Klängen zuckte es ihr in den Beinen, Füßen *(hätte sie tanzen mögen);* In der Schüpp zuckte eine Entgegnung, doch unterließ er sie (Apitz, Wölfe 116); **b)** *plötzlich u. für kurze Zeit in einer od. mehreren schnellen, kurzen Bewegungen sichtbar sein:* Blitze zuckten; auf der Tapete zuckte schwach der Widerschein des Kaminfeuers; die zuckenden Blitzlichter der Fotografen. **2.** *sich in einer od. mehreren kurzen, schnellen, oft ruckartigen Bewegungen irgendwohin, in eine bestimmte Richtung bewegen* ‹ist›: die Flammen zuckten bereits aus dem Dach; Blitze zuckten über den Himmel; Seine Peitsche zuckte nach ihrem Rücken (Langgässer, Siegel 545); sie war unwillkürlich zur Seite gezuckt; Ü plötzlich zuckte ein Gedanke, eine Erkenntnis durch seinen Kopf; Ein Stich von grundloser Eifersucht zuckte ihr durch die Brust (Zuckmayer, Fastnachtsbeichte 17); **zücken¹** ‹sw. V.; hat› [mhd. zücken, ahd. zucchen, zu ↑ziehen u. eigtl. = heftig ziehen od. reißen]: **1.** (geh.) *zum Kämpfen rasch hervorziehen:* den Dolch, den Degen, ein Messer z.; er ging mit gezückter Waffe auf ihn los. **2.** (scherzh.) *etw. aus etw. herausnehmen, hervorholen u. für etw. bereithalten:* die Geldbörse, die Brieftasche, das Scheckbuch z.; er zückte Bleistift und Notizblock; bei jeder Sehenswürdigkeit zückte er den Fotoapparat; alle zückten ihre Zigarettenschachteln, Feuerzeuge flammten auf (Fels, Sünden 97).

Zucker¹, der; -s, ‹Sorten:› - [mhd. zuker < ital. zucchero < arab. sukkar < aind. śárkarā = Kieselsteine; gemahlener Zucker]: **1.** *aus bestimmten Pflanzen (bes. Zuckerrüben u. Zuckerrohr) gewonnene, süß schmeckende [feinkörnige, lockere, weiß aussehende] Substanz, die in Nahrungsmittel darstellt:* weißer, brauner, feiner, gestoßener, gemahlener Z.; ein Pfund Z.; ein Eßlöffel [voll] Z.; ein Stück Z. *(Würfelzucker);* die Früchte sind süß wie Z.; Z. herstellen, gewinnen, raffinieren; nimmst du Z. in den, zum Kaffee?; etw. mit Z. süßen, zubereiten; Kaffee mit Milch und Z.; Statt Tee gibt's Wasserkakao, sehr heiß, mit viel Z. (Dorpat, Ellenbogenspiele 25); den Tee ohne Z. trinken; * Z. sein (salopp; *in Begeisterung, Bewunderung hervorrufender Weise schön, gut, wunderbar, herrlich sein*): das Mädchen, deine Idee ist Z.; **jmdm. Z. in den Hintern/Arsch blasen** (derb; *jmdn. [in schmeichlerischer Weise] übermäßig verwöhnen*): Andere rackern sich ab, und dir blasen sie Z. in den Hintern (Bieler, Bär 255); **b)** (Chemie) *kristalline, wasserlösliche Verbindung aus Saccharien*: Diese einfachen Z. entstehen bei der Photosynthese der Pflanzen (MM 29. 10. 70, 3); das Hormon Insulin, das für die Glykogenbildung in den Körperzellen und die Verbrennung des -s notwendig ist (Medizin II, 158). **2.** ⟨o. Pl.⟩ **a)** (Med. Jargon) *kurz für* ↑ Blutzuckerspiegel: den Z. bestimmen; **b)** (volkst.) *kurz für* ↑ Zuckerkrankheit: Mein Onkel hat hochgradig Z. (Ott, Haie 24); sie ist an Z. erkrankt; **Zucker|aus|tausch|stoff**[1], der: *Stoff, der bes. in der Diabetikerdiät anstelle von Zucker verwendet wird;* **Zuckerbäcker**[1], der (veraltet, noch südd., österr.): *Konditor:* Eiskrapfen wie vom Z. Dehmel (Werfel, Himmel 206); **Zucker|bäcke|rei**[1], die (veraltet, noch südd., österr.): *Konditorei*; **Zuckerbäcke|rin**[1], die (veraltet, noch südd., österr.): w. Form zu ↑Zuckerbäcker; **Zucker|bäcker|stil**[1], der ⟨o. Pl.⟩ (abwertend): *durch meist überladene, unorganisch u. aufgepfropft wirkende Verzierung gekennzeichnete sowjetischer Baustil der Nachkriegsjahre (bis etwa 1955)*: ◆ **Zucker|beck**[1], der; -en, -en: alemann. Form für *Zuckerbäcker*: geschwind soll die Lise zum Z. laufen und frisches Backwerk holen (Keller, Kleider 7); **Zuckerbrot**[1], das: **1.** (veraltet) *feines süßes Gebäck*: Z. backen; * **Z. und Peitsche** (oft scherzh.; *in einer oft willkürlich wirkenden Weise zwischen Milde u. Strenge wechselnd*): er trainiert die Mannschaft mit Z. und Peitsche. **2.** (fam.) *mit Zucker bestreutes Butterbrot*; **Zucker|chen**[1], das; -s, - (fam. veraltend): *Bonbon*; **Zuckercou|leur**[1], die ⟨o. Pl.⟩: *durch Erhitzen von Zucker gewonnene, tiefbraune, wasserlösliche Substanz, die bes. zum Färben von Lebensmitteln verwendet wird;* **Zuckerdo|se**[1], die: *Dose für den Zucker, der zu Kaffee, Tee o.ä. genommen wird;* **Zucker|erb|se**[1], die: *süß schmeckende Erbse, die (unreif) als Gemüse gegessen wird;* **Zucker|fa|brik**[1], die: *Fabrik, in der Zucker aus Zuckerrüben od. Zuckerrohr gewonnen wird;* **Zucker|gast**[1], der (landsch.): *Silberfischchen;* **Zucker|gehalt**[1], der: *Gehalt an Zucker;* **Zucker|gewin|nung**[1], die: *Gewinnung von Zucker;* **Zucker|gla|sur**[1], die: *vorwiegend aus Zucker hergestellte Glasur;* **Zucker|guß**[1], der: *Zuckerglasur:* die Torte wird mit einem ... Z. überzogen (Horn, Gäste 142); Ü Er suchte sich anspruchsvollere Texte, ... Lieder vom Leben und von Liebe, aber ohne Z. (Hörzu 18, 1973, 32); **zucker|haltig**[1] ⟨Adj.⟩: *Zucker enthaltend;* **Zucker|harn|ruhr**[1], die: *Diabetes mellitus;* [1]**Zucker|hut**[1], der: *zu einer festen Masse gegossener Zucker von der Form eines an der Spitze abgerundeten Kegels* (1); [2]**Zucker|hut**[1], der; -[e]s [nach der Form]: Berg in Rio de Janeiro; **zucke|rig**[1], zuckrig ⟨Adj.⟩: **a)** *mit Zucker bestreut, bedeckt; voller Zucker*: ein -er Fastnachtskrapfen; seine Finger waren ganz z.; Ü Ein rundes Rockvergnügen, nie zuckrig *(süßlich),* nie zickig, wie Dings, das man sich gern mal anhört (Hörzu 8, 1977, 15); **b)** *aus Zucker [hergestellt]:* das Gebäck war mit einer -en Masse gefüllt; z. B. -[e]s (ugs.), **Zucker|kan|dis**[1], der (ugs.), **Zucker|kandl**[1], das; -s (österr. veraltend): *Kandiszucker*; **zucker|krank**[1] ⟨Adj.⟩: *an Diabetes mellitus leidend:* ein -er Patient; **Zucker|krank|heit**[1], die: *Diabetes mellitus;* **Zucker|krin|gel**[1], der: *Fondant od. kleines, süßes Gebäckstück in Form eines Kringels;* **Zucker|krü|mel**[1], der: *kleines* [1]*Korn* (3) *aus Zucker;* **Zucker|ku|chen**[1], der: *mit einer vorwiegend aus Zucker bestehenden Schicht bedeckter, flacher Kuchen;* **Zucker|erl**[1], das; -s, -[n] (südd., österr.): *Bonbon*: ein Z. lutschen; Ü ein echtes Z. (ugs.; *etw. ganz Besonderes*) für Museumsbesucher; Im GL gibt's noch ein paar Z. drauf, wie Drehzahlmesser, Fahrersitz-Höhenverstellung, elektrische Fensterheber vorn (ADAC-Motorwelt 6, 1985, 23); **Zuckerlecken**[1], das: in der Wendung **kein Z. sein** (ugs.; ↑Honiglecken); **Zucker|lö|sung**, die: *Wasser, in dem Zucker gelöst ist;* **Zucker|man|gel|syn|drom**[1], das: *Hypoglykämie;* **Zucker|mas|se**[1], die: *vorwiegend aus Zucker bestehende Masse;* **zuckern**[1] ⟨sw. V.; hat⟩: **1.** *mit Zucker süßen:* den Brei z.; Wein z. *(ihm bei der Herstellung Zucker zusetzen).* **2.** *mit Zucker bestreuen:* einen Kuchen z.; **Zuckerplätz|chen**[1], das: *Plätzchen* (3); **Zuckerpup|pe**[1], die (ugs., fam.): *hübsches, niedliches Mädchen, hübsche, wohlgeformte, junge Frau;* **Zucker|raf|fi|na|de**[1], die: *Raffinade;* **Zucker|raf|fi|ne|rie**[1], die: *Betrieb, in dem Zucker raffiniert wird;* **Zucker|rohr**[1], das: *(in tropischen u. subtropischen Gebieten angebaute, zu den Süßgräsern gehörende) sehr hoch wachsende Pflanze mit dicken Halmen, aus deren weißem Mark Zucker gewonnen wird;* **Zucker|rohr|an|bau**[1], der: *Anbau von Zuckerrohr;* **Zucker|rohr|plan|ta|ge**[1], die: *Plantage, auf der Zuckerrohr angebaut wird;* **Zucker|rü|be**[1], die: *(zu den Runkelrüben gehörende) Pflanze, aus deren keilförmiger Wurzel Zucker gewonnen wird;* **Zucker|rü|ben|an|bau**[1], der: *Anbau von Zuckerrüben;* **Zucker|rü|ben|si|rup**[1], der: *zähflüssige, braune, viel Zucker enthaltende Masse, die bei der Herstellung von Zucker aus Zuckerrüben entsteht;* **Zucker|schlecken**[1], das: vgl. Zuckerlecken; **Zucker|spie|gel**[1], der: *Blutzuckerspiegel;* **Zucker|stan|ge**[1], die: *Süßigkeit in Form einer kleinen Stange aus gefärbter Zuckermasse;* **Zucker|star**[1], der: *als Spätfolge des Diabetes mellitus auftretender grauer* [2]*Star;* **Zucker|stein**[1], der (landsch. veraltend): *Bonbon;* **Zuckersteu|er**[1], die: *Verbrauchsteuer auf Zucker;* **Zucker|streu|er**[1], der: *Gefäß mit bestimmter Vorrichtung zum Streuen von Zucker;* **Zucker|stück**[1], das: *[würfelförmiges] Stück Zucker;* **zucker|süß**[1] ⟨Adj.⟩ (emotional): *sehr süß; süß wie Zucker:* -e Birnen, Trauben; Ü das Neue Testament mit -n (abwertend; *kitschigen*) Bildchen (Fries, Weg 12); Die Sekretärin ist z. (abwertend; *übertrieben liebenswürdig*) zur Gattin des Chefs (Tucholsky, Werke I, 56); **Zucker|tü|te**[1], die (landsch.): *Schultüte:* ..., als der Sohn das erste Mal mit der Z. in der Schule gewesen war (H. Gerlach, Demission 191); **Zucke|rung**[1], die; -, -en: *(bei der Herstellung von Wein) das Zusetzen von Zucker;* **Zucker|wa|ren**[1] ⟨Pl.⟩: *Süßwaren;* **Zucker|was|ser**[1], das ⟨o. Pl.⟩: *Wasser, in dem [Traubenzucker] aufgelöst ist;* **Zucker|wat|te**[1], die: *aus Zucker bestehende Süßigkeit von der Form einer Art feinen Gespinstes, das wie Watte aussieht;* **Zucker|werk**[1], das ⟨o. Pl.⟩ (veraltend): *Süßigkeiten;* **Zucker|zan|ge**[1], die: *kleine Greifzange für Würfelzucker;* **Zucker|zeug**[1], das ⟨o. Pl.⟩ (veraltend): *Süßigkeiten.*

Zuck|fuß, der ⟨o. Pl.⟩: *Hahnentritt* (3); **Zuck|mücke**[1], die: *nicht stechende, kleinere Mücke, die in großen Schwärmen bes. über Wasserflächen schwebend auftritt.*

zuck|rig[1]: ↑zuckerig.

Zuckung[1], die; -, -en: *zuckende, ruckartige Bewegung:* nervöse, leichte -en; Da ... eine unwillkürliche Z. mein Gesicht durchfuhr (Kafka, Erzählungen 234); Ü Das sind Englands letzte -en *(letztes Aufbäumen vor dem Ende;* Kempowski, Tadellöser 451).

Zu|deck, der; -[e]s, -e, **Zu|decke**[1], die; -, -n (landsch.): *Decke zum Zudecken:* Die Schwester ... geht dann jäh aufs Bett zu, greift unters Zudeck und holt die Schere hervor (Strittmatter, Der Laden 872); Jürgen zieht die dünne Zudecke über seinen aufgesunenen Leib (Chotjewitz, Friede 8); **zu|decken**[1] ⟨sw. V.; hat⟩: **a)** *(mit etw. Schützendem, Verhüllendem) bedecken:* das Kind, den Kranken [mit einer Decke, einem Mantel] z.; ich deckte mich zu; bist du auch gut, warm zugedeckt?; die Rabatten werden im Winter mit Tannenzweigen zugedeckt; Ü die Stellungen wurden mit Artillerfeuer zugedeckt; die Brecher decken das ganze Boot zu; Mißstände zuzudecken versuchen; jmdn. mit Fragen, Vorwürfen z. *(überhäufen, überschütten):* Bißchen verlegen war er und deckte das mit Ruppigkeit zu (*verbarg es hinter Ruppigkeit;* Loest, Pistole 196); ein Dösen, das ihre immer noch vorhandenen Befürchtungen zudeckte *(überdeckte;* Kühn, Zeit 355); **b)** *etw. über etw. [nach oben] Offenes legen [damit nichts durch die Öffnung hineingeraten kann]:* den Topf [mit einem Deckel] z.; die Grube mit Brettern, Latten, mit einem Rost z.; der Brunnen muß immer zugedeckt sein.

zu|dem ⟨Advz.⟩ (geh.): *außerdem, überdies [noch] dazu:* es war kalt und regnete z. [noch]; Ihre dicken Fahrermäntel waren schwer, z. so lang, daß ... (Plievier, Stalingrad 50); Schwabing, das noch ein wirkliches Zentrum geistigen Lebens und z. ein Tummelplatz exzentrischer Originale war (K. Mann, Wendepunkt 12).

zu|den|ken ⟨unr. V.; hat; meist im Perf.⟩ (geh.): *(für jmdn.) vorsehen, bestimmen:* ...

zudienen

wenn dieser Krieg das Ende nehmen sollte, das unsere Feinde uns zudenken (Hagelstange, Spielball 8); man hatte ihm den Ehrenplatz zugedacht; ..., war den Gewerkschaften eine wesentliche Rolle zugedacht (Rothfels, Opposition 114); jmdm. zugedachte Blumen.
zu|die|nen ⟨sw. V.; hat⟩ (schweiz.): **1. a)** *zur Hand gehen:* dem Senn bei der Milchverarbeitung z.; **b)** *zuliefern:* zudienende Handwerksbetriebe. **2.** (veraltet) *zugehören:* Acker- und Wiesenland mit zudienenden Gebäulichkeiten.
zu|dik|tie|ren ⟨sw. V.; hat⟩: *als Aufgabe, Strafe o. ä. auferlegen:* jmdm. eine Arbeit, Rolle z.; Wegen Beleidigung ... bekam ich viereinhalb Monate zudiktiert (Kühn, Zeit 59).
Zu|drang, der; -[e]s (veraltet): *Andrang, Zulauf.*
zu|dre|hen ⟨sw. V.; hat⟩: **1. a)** *durch Drehen schließen:* einen Hahn, die Wasserleitung z.; die Heizung z. *(durch Drehen am Ventil abstellen);* **b)** (ugs.) *durch Zudrehen eines Hahns o. ä. am weiteren Ausströmen, Ausfließen hindern:* dreh das Wasser zu!; **c)** *(eine Mutter o. ä.) festdrehen, anziehen:* nicht vergessen, die Muttern fest zuzudrehen. **2.** *in einer Drehbewegung zuwenden:* jmdm. den Rücken z.; sie drehte mir ihren Kopf zu; Oberhof drehte sich ihm zu (Seidel, Sterne 40).
zu|dring|lich ⟨Adj.⟩ [zu veraltet zudringen, mhd. zuodringen = sich (mit Gewalt) hinzudrängen]: *durch aufdringliches Verhalten lästig fallend; in belästigender Weise sich jmdm. körperlich nähernd:* ein -er Papagallo; ihre -e Art geht mir auf die Nerven; der Vertreter war sehr z.; Schülerinnen beklagen sich bei mir, daß er z. wird *(sich ihnen in grober Weise körperlich nähert;* Brot und Salz 383); **Zu|dring|lich|keit,** die; -, -en: **1.** ⟨o. Pl.⟩ *zudringliches Wesen, zudringliche Art:* Die Melodie des Liedes ist höchst ansprechend, wenn auch von einer liebenswürdigen Z. (Thieß, Legende 139). **2.** *Zudringlichkeit* (1) *ausdrückende Handlung:* sie wehrte sich gegen seine -en; es kümmerte ihn nicht, daß Doreen ... seine brutalen -en ... völlig apathisch ertrug (Cotton, Silver-Jet 92).
zu|dröh|nen ⟨sw. V.; hat⟩ (Jargon): *sich durch Dröhnen* (3 a) *in einen solchen Rauschzustand versetzen, daß man nichts mehr wahrnimmt:* Der Mann (= Dennis Hopper), der sich ... mit allen Drogen der Welt bis zum Exzeß zudröhnte? (Brigitte 24, 1988, 110); Ich kenne Kollegen, die ... fliegen zugedröhnt ins nächste Spielkasino und verzocken die Gage (Lindenberg, El Panico 104).
zu|drücken¹ ⟨sw. V.; hat⟩: **1.** *durch Drücken schließen [u. geschlossen halten]:* die Tür, einen Druckknopf, ein Vorhängeschloß, einen Deckel z.; dem Toten die Augen z.; Lawkow drückte ihm auch noch die nur halbgeschlossenen Lider zu (Plievier, Stalingrad 247); er drückte ihr die Gurgel, die Kehle zu *([er]würgte sie).* **2.** *(umschließend) kräftig drücken:* sie drückt ganz schön [fest] zu, wenn sie einem die Hand gibt; Wenn er hereinkommt, packst du ihn sofort an der Kehle und drückst zu (Apitz, Wölfe 372).

zu|eig|nen ⟨sw. V.; hat⟩: **1.** (geh.) *widmen, dedizieren* (1): jmdm. ein Buch z. **2.** (veraltet) *als Geschenk geben.* **3.** ⟨z. + sich⟩ (bes. Rechtsspr.) *sich [fremdes Eigentum widerrechtlich] aneignen:* sich herrenloses Gut z.; **Zu|eig|nung,** die; -, -en: **1.** *das [Sich]zueignen.* **2.** *Widmung;* **Zu|eig|nungs|ab|sicht,** die (bes. Rechtsspr.): *Absicht, sich etw. zuzueignen;* **Zu|eig|nungs|ti|tel,** der (Buchw.): *Dedikationstitel.*
zu|ei|len ⟨sw. V.; ist⟩: *sich eilig in Richtung auf jmdn., etw. zubewegen* (b): Helmut machte, als Klaus Buch sie zueilte, ein möglichst kompliziertes Gesicht (M. Walser, Pferd 39); Das Hochland der Riesenkrater, dem wir zueilen (Grzimek, Serengeti 58).
zu|ein|an|der ⟨Adv.⟩: *der, die, das eine zum, zur anderen:* sich z. verhalten; z. passen; z. sprechen; ihr Verhältnis z.; Kontrollen, die wenig Vertrauen z. zeigten (Freie Presse 8. 12. 89, 2); seid nett z.!; **zu|ein|an|der|dür|fen** ⟨unr. V.; hat⟩: *zusammenkommen dürfen;* **zu|ein|an|der|fin|den** ⟨st. V.; hat⟩: *sich nahekommen* (2): die beiden haben zueinandergefunden; **zu|ein|an|der|hal|ten** ⟨st. V.; hat⟩: *einer zum andern halten* (11 a): in guten und in schweren Zeiten z.; **zu|ein|an|der|kom|men** ⟨st. V.; ist⟩: *sich einander nähern u. zusammenkommen:* sie konnten nicht z.; **zu|ein|an|der|kön|nen** ⟨unr. V.; hat⟩: *zusammenkommen können;* **zu|ein|an|der|las|sen** ⟨st. V.; hat⟩ (ugs.): *zueinanderkommen lassen:* sie wollten uns nicht z.; **zu|ein|an|der|le|gen,** sich ⟨sw. V.; hat⟩: *sich zusammen an einer Stelle hinlegen;* **zu|ein|an|der|set|zen,** sich ⟨sw. V.; hat⟩: *sich zusammen an einer Stelle hinsetzen;* **zu|ein|an|der|ste|hen** ⟨unr. V.; hat⟩: *wie zueinandergehalten:* die Bündnispartner standen treu zueinander; **zu|ein|an|der|stel|len,** sich ⟨sw. V.; hat⟩: *sich zusammen an einer Stelle hinstellen;* **zu|ein|an|der|stre|ben** ⟨sw. V.; ist⟩: *aufeinander zustreben;* **zu|ein|an|der|trei|ben** ⟨st. V.; hat⟩: *aufeinander zutreiben:* Menschen, die ihr Gefühl zueinandertreibt (A. Zweig, Grischa 271); **zu|ein|an|der|wol|len** ⟨unr. V.; hat zueinandergewollt⟩: *zusammenkommen wollen:* Längst wollen die Bürger zueinander (Dönhoff, Ära 89).
zu|er|ken|nen ⟨unr. V.; erkennt zu/(selten auch:) zuerkennt, erkannte zu/(selten auch:) zuerkannte, hat zuerkannt⟩: **a)** *[durch einen (Gerichts)beschluß] zusprechen:* jmdm. eine Entschädigung z.; die Jury erkannte ihm einen Preis zu; die Fakultät hat ihm den Doktortitel zuerkannt; nachdem die Verfassung ... der Nationalversammlung das alleinige Recht zuerkannt hatte, über die staatlichen Einnahmen und Ausgaben zu bestimmen (Fraenkel, Staat 57); **b)** *beimessen, zuschreiben* (1 b): Das Gefühl ... sich in den Glauben an einen Entwicklungsvorsprung verwandelt, das man ... gegenüber Lateinamerika zuerkennen (R. v. Weizsäcker, Deutschland 93); Damals erkannte man dem Traum eine ... tiefe Weisheit zu (Nigg, Wiederkehr 69); **Zu|er|ken|nung,** die; -, -en: *das Zuerkennen.*

zu|erst ⟨Adv.⟩ [mhd. zērist, ahd. zi ērist]: **1. a)** *(in bezug auf eine Tätigkeit o. ä.) als erstes, vor den übrigen:* ich war z. am Bahnhof und dann auf der Post; ich muß z. einmal etwas essen; was wollen wir z. machen?; Er schritt ... auf das Feld, bekreuzigte sich z. und verneigte sich dann ... tief zur Erde (Nigg, Wiederkehr 192); **b)** *als erster, erste, erstes:* wer z. kommt, wird z. bedient; wollen mal sehen, wer z. ausgezogen ist! (Küpper, Simplicius 52); Nach dem alten Gesetz, die Führer z. erledigen, ... (Remarque, Obelisk 329); er ist mit dem Kopf z. *(voraus)* ins Wasser gesprungen. **2.** *anfangs; in der ersten Zeit:* z. fand sie ihn ganz sympathisch; z. hatte er Probleme bei der Arbeit; Schnee fiel vom Himmel, z. in dicken, schweren Flocken (Plievier, Stalingrad 226); Die Spur des 30-km-Langlaufs freilich mußte anders geführt werden, als man z. geplant hatte (Olymp. Spiele 21). **3.** *erstmals:* Parlamentarische Untersuchungsausschüsse wurden im englischen Parlament z. am Ende des 17. Jhs. eingesetzt (Fraenkel, Staat 238). **4.** *erst:* daran muß man sich z. gewöhnen.
zu|er|tei|len ⟨sw. V.; hat⟩ (selten): *zuteilen:* jmdm. eine Aufgabe z.; **Zu|er|tei|lung,** die; -, -en: *das Zuerteilen.*
Zu|er|werb, der; -[e]s: *Nebenerwerb:* der Weinbau ist für viele hier nur ein Z.; Bei den Landwirten im Rheintal aber gilt Spargel als glänzender Z. (Welt 10. 6. 80, 20); **Zu|er|werbs|be|trieb,** der (Landw.): *landwirtschaftlicher Betrieb, dessen Besitzer zusätzlich einer Erwerbstätigkeit im nichtlandwirtschaftlichen Bereich nachgeht, da sein Betrieb keine ausreichende Existenzgrundlage darstellt.*
zu|fä|cheln ⟨sw. V.; hat⟩: *in Richtung auf jmdn., einen Körperteil fächeln* (2); *jmdm., sich [mit einer Zeitung] Kühlung z.;* Sie fächelte sich mit der Speisekarte Luft zu (Becker, Tage 65); ♦ **zu|fa|chen** ⟨sw. V.; hat⟩ [zu ↑ fachen]: *zufächeln:* Es glühten füreinander, und sie fachte selbst Odem ihren Leidenschaften zu (Goethe, Mahomet II, 4); Er (= der Haß) wuchs mit uns, und böse Menschen fachten der unglücksel'gen Flamme Atem zu (Schiller, Maria Stuart III, 4).
zu|fah|ren ⟨st. V.⟩: **1.** *sich fahrend* (1 a, 2 a) *zubewegen* (b) ⟨ist⟩: er, der Wagen fuhr auf ihn, auf die Schranke zu; ... den Mittelgang, auf dem ein Elektrokarren dem hinteren Ausgang zufuhr (H. Gerlach, Demission 16). **2.** *zustürzen, zuspringen* (a) ⟨ist⟩: Sie fuhr wie ein Wirbelwind auf mich zu (Salomon, Boche 105). **3.** (selten) *mit einem Fahrzeug bringen* ⟨hat⟩: die Ware wird [den Kunden] frei Haus zugefahren. **4.** (ugs.) *nicht länger langsam od. zögernd, sondern schnell[er] (auf das Ziel zu) fahren* ⟨ist; bes. im Imperativ gebr.⟩: fahr doch mal ein bißchen zu; **Zu|fahrt,** die; -, -en: **1.** ⟨o. Pl.⟩ *Möglichkeit des Fahrens bis zu einem bestimmten Ziel:* die Z. [zum Stadion aus östlicher Richtung] erfolgt über die Ebertbrücke. **2.** *Fahrweg, auf dem man mit einem Fahrzeug zu einem bestimmten Ort gelangt:* die Z. zur Burgruine ist gesperrt; **Zu|fahrts|ram|pe,** die: *die Zufahrt zu etw. ermöglichende Rampe;* **Zu|fahrts|stra|ße,** die: vgl. Zu-

fahrtsrampe: die Polizei sperrte alle -n; dort, wo die Z. in die Dürener Chaussee einbiegt (Grass, Hundejahre 507); Sie fuhren durch die Vororte, auf der Z. zu einer der Flußbrücken (Wellershoff, Körper 39); **Zu|fahrts|weg**, der: vgl. Zufahrtsrampe: die -e nach Berlin.

Zu|fall, der; -[e]s, Zufälle [zu ↑zufallen, mhd. zuoval = das, was jmdm. zufällt, zuteil wird, zustößt; Abgabe, Einnahme; Beifall, Zustimmung; Anfall; bei den Mystikern des 14.Jh.s wurde es im Anschluß an lat. accidens, accidentia (↑ Akzidens, Akzidenz) für „äußerlich Hinzukommendes" gebraucht]: **1.** *etw., was man nicht vorausgesehen hat, was nicht beabsichtigt war, was unerwartet geschah:* ein seltsamer, glücklicher, dummer, ärgerlicher, merkwürdiger Z.; etw. ist [reiner] Z.; das ist aber ein Z. *(eine freudige Überraschung)!;* es ist kein Z. *(ist nicht zufällig, hat seinen Grund),* daß ...; der Z. hat uns dorthin geführt; der Z. wollte es, daß ... *(es war völlig unerwartet, daß ...);* der Z. kam uns zu Hilfe *(die Sache entwickelte sich ohne unser Zutun in der gewünschten Weise);* das verdankt er einem Z. *(einem Umstand, der nicht vorauszusehen war);* etw. dem Z. überlassen *(nicht beeinflussen o.ä., sondern so nehmen, wie es sich von selbst ergibt);* ich habe durch Z. *(zufällig)* davon gehört. **2.** ⟨meist Pl.⟩ (veraltet) *plötzlich auftretender Anfall* (1): ohne Rücksicht ... auf die Damen, die sonst leicht Zufälle bekommen (Th. Mann, Zauberberg 77); **zu|fal|len** ⟨st. V.; ist⟩ [2a: mhd. zuovallen]: **1.** *sich [mit einem Schlage] von selbst schließen:* die Tür fiel krachend zu; Kirchner stieß mit der ausgestreckten Faust ans Fenster. Es fiel polternd zu (Sebastian, Krankenhaus 80); ihr fallen [vor Müdigkeit] die Augen zu. **2. a)** *(ohne eigenes Dazutun, durch glückliche Umstände) zuteil werden, gegeben, geschenkt, vererbt werden:* das Vermögen fällt der Tochter des Verstorbenen, dem Staat zu; der erste Preis ist dem Finnen zugefallen; Eines Tages fiel ihm aus der Lotterie ein Gewinn von tausend Mark zu (Baum, Weltlaterne 153); Nach Tische ... fiel mir wie von selbst der Platz neben dem hohen Gaste zu (Th. Mann, Krull 375); ihm fällt alles [nur so] zu *(er ist, ohne sich anstrengen zu müssen, stets erfolgreich);* **b)** *zugeteilt, zugewiesen werden; zukommen:* diese Aufgabe, Rolle ist mir zugefallen; die Entscheidung, die Verantwortung fällt dir zu; Die Nachfolge des ersten Parteivorsitzenden war ihm ... mit großer Selbstverständlichkeit zugefallen (W. Brandt, Begegnungen 163); **zu|fäl|lig** ⟨Adj.⟩ [spätmhd. zuovellic]: *auf Zufall beruhend, durch Zufall sich ergeben habend; unvorhergesehen, unbeabsichtigt:* eine -e Begegnung, Bekanntschaft; Wilhelm hatte sie nicht wissen lassen, wie er -er Mithörer eines Treppenhausgespräches von Hausnachbarinnen geworden war (Kühn, Zeit 367); ein -er Bekannter von mir *(jmd., den ich einmal durch Zufall kennengelernt habe);* Ähnlichkeiten mit lebenden Personen sind rein z.; die Kellnerin ist wieder mal freundlich zu Vater, und das bestimmt nicht z. (Müller, Niederungen 135);

jmdn. z. treffen, sehen; 1492 zog Columbus nach Westen aus, um den Seeweg nach Indien zu finden, und entdeckte z. Amerika (Jacob, Kaffee 106); wie z. öffnete sich ihr Bademantel (v. d. Grün, Glatteis 107); Er fragte mich, ob ich z. (ugs.; *vielleicht*) wisse, wohin seine Frau verschwunden sei (Seghers, Transit 98); **zu|fäl|li|ger|wei|se** ⟨Adv.⟩: *durch Zufall:* jmdn. z. treffen; **Zu|fäl|lig|keit**, die; -, -en: **1.** ⟨o. Pl.⟩ *das Zufälligsein:* ich glaube nicht an die Z. dieser Begegnung. **2.** *etw., was auf Zufall beruht, zufälliges Ereignis, zufällig gegebene Tatsachen;* Leben wird oft von -en bestimmt; **zu|falls|ab|hän|gig** ⟨Adj.⟩: *vom Zufall abhängig;* **Zu|falls|aus|wahl**, die (Statistik): *vom Zufall bestimmte Auswahl;* **zu|falls|be|dingt** ⟨Adj.⟩: *durch Zufall bedingt:* das zeitliche Zusammenfallen beider Ereignisse ist z.; **Zu|falls|be|kannt|schaft**, die: **1.** *jmd., den man durch Zufall kennengelernt hat:* Seine Opfer waren -en (Noack, Prozesse 244). **2.** ⟨Pl. ungebr.⟩ (selten) *auf Zufall beruhende Bekanntschaft* (1): diese Z. stimmte ihn nachdenklich; **Zu|falls|be|ob|ach|tung**, die: vgl. Zufallsergebnis; **Zu|falls|er|geb|nis**, das: *auf Zufall beruhendes Ergebnis;* **Zu|falls|ex|pe|ri|ment**, das: *Zufallsversuch;* **Zu|falls|fund**, der: *zufällig gemachter Fund:* archäologische -e; **Zu|falls|ge|ne|ra|tor**, der: *Gerät od. Computerprogramm, das etw., bes. Zahlen, mit Hilfe der Zufallsauswahl auswählt;* **Zu|falls|grö|ße**, die (Math.): *Zufallsvariable;* **Zu|falls|haf|tung**, die (Rechtsspr.): *Haftung für einen Schaden, den der Betreffende nicht verschuldet hat;* **Zu|falls|prin|zip**, das ⟨o. Pl.⟩: *Prinzip, das besagt, daß etw. nicht planmäßig geschieht, gemacht wird, sondern auf Zufall beruht:* jmdn. nach dem Z. auswählen; Angesichts jener Absurditäten in der Gegenwart Europas ist die Frage nicht unberechtigt, ob denn am Ende die Geschichte ... nicht völlig nach dem Z. verfährt (J. Fischer, Linke 149); **Zu|falls|streu|ung**, die (Statistik): *durch Zufall bedingte Streuung* (3 c); **Zu|falls|tor**, das: vgl. Zufallstreffer; **Zu|falls|tref|fer**, der: *durch Zufall erzielter Treffer;* **Zu|falls|va|ria|ble**, die (Math.): *variable Größe, deren Werte vom Zufall abhängig sind;* **Zu|falls|ver|such**, der: *Versuch* (3), *dessen Ausgang vom Zufall abhängt.*

zu|fas|sen ⟨sw. V.; hat⟩: **1.** *[in einer raschen Bewegung] nach etw. greifen u. es festhalten:* fest, kräftig, blitzschnell z.; Plötzlich warf sich der Junge zur Seite, und ehe Herr Schmidt z. konnte, rannte er die Böschung hinauf (Schnurre, Fall 11). **2.** (ugs.) *zupacken* (2): Kollegen, wie müssen kräftiger z. (Simmel, Affäre 83).

zu|fa|xen ⟨sw. V.; hat⟩ (ugs.): *jmdm. mit Hilfe eines Fernkopierers übermitteln, zugehen lassen.*

zu|fei|len ⟨sw. V.; hat⟩: *durch Feilen in eine gewünschte Form bringen:* einen Schlüssel z.; spitz zugefeilte Fingernägel.

zu|feu|ern ⟨sw. V.; hat⟩ (salopp): *zuwerfen* (1): sie feuerte ihm die Tür z.

zu|flat|tern ⟨sw. V.; ist⟩: vgl. zufliegen (1, 2).

zu|fleiß ⟨Adv.⟩ (bayr., österr. ugs.): *absichtlich, bewußt:* er hat z. übertrieben:

* **jmdm. z.** *(um jmdn. zu ärgern):* das hat er mir z. getan.

zu|flicken[1] ⟨sw. V.; hat⟩ (ugs.): *flickend, durch einen Flicken verschließen:* ein Loch [notdürftig] z.

zu|flie|gen ⟨st. V.; ist⟩: **1.** *sich fliegend auf jmdn., etw. zubewegen* (b): das Flugzeug flog genau auf den Berg zu; der Ball kam auf mich zugeflogen. **2.** *(zu jmdm.) geflogen kommen:* mir ist ein Kanarienvogel zugeflogen; Hans durfte die Tauben behalten, die zugeflogen waren (Wimschneider, Herbstmilch 22); Ü ihm fliegen die Herzen [der Mädchen] zu; Indem er nun die Wiederaufersthung des römischen Imperiums ... verkündete, flogen die Hoffnungen aller „Unterdrückten" ihm zu (Thieß, Reich 585); die Einfälle fliegen ihm nur so zu *(er hat, ohne angestrengt nachdenken zu müssen, eine Fülle von Einfällen);* ihm fliegt in der Schule alles zu *(er lernt sehr leicht).* **3.** (ugs.) *(durch einen [Wind]stoß zufallen* (1): Die Tür flog zu; Ich hörte noch, wie er dem Chauffeur das Fahrtziel Flughafen angab, dann flog der Schlag zu (Simmel, Stoff 201).

zu|flie|ßen ⟨st. V.; ist⟩: **1. a)** *sich fließend auf etw. zubewegen* (b): der Strom fließt dem Meer zu; **b)** *(in etw.) hineinfließen:* dem Bassin fließt ständig frisches Wasser zu; Der ... See hat keinen Abfluß. Was zufließt, verdunstet (Berger, Augenblick 125); Ü In alten Zeiten wurden Kranke in Ackerfurchen gelegt, damit ihnen Kraft zuflösse (Molo, Frieden 155); Was ihm in seiner Kindheit zugeflossen ist an moralischen und ethischen Anschauungen, ... (Kirsch, Pantherfrau 43). **2.** *zufallen* (2a), *zuteil, zugeführt werden:* das Geld fließt der Caritas zu; Eine Wohltätigkeitsveranstaltung. Der Erlös soll dem Winterhilfswerk z. (Grass, Hundejahre 306); mögen auch in Zukunft reiche Trinkgelder Ihnen von allen Seiten z. (Th. Mann, Krull 151).

Zu|flö|te, die; -, -n [mhd. zuovluht, scherzh.]: *Souffleuse.*

Zu|flucht, die; -, -en [mhd. zuovluht (für lat. refugium)]: *Ort, jmd., den man in der Not aufsucht, um Schutz, Hilfe zu bekommen; Sicherheit (für einen Verfolgten, in Not Geratenen):* du bist meine Z.; er suchte [bei Freunden] Z. vor den Verfolgern; sie fanden in einer Scheune Z. vor dem Unwetter; jmdm. Z. geben, gewähren; ich biete Ihnen ein schlichtes Junggesellenheim ... als Z. an (Fallada, Herr 108); Was sich ... auf Schiffe und Flöße retten konnte, trieb auf solchen und kümmerlicheren -en längst über versunkene Städte und Wälder dahin (Ransmayr, Welt 163);

* **[seine] Z. zu etw. nehmen** *(in seiner Not von etw. Gebrauch machen, sich einer Sache bedienen):* in seiner Verzweiflung nahm er Z. zum Alkohol; was wiederum die Opposition dazu verleitet, ... Z. zu taktischen Manövern zu nehmen (Dönhoff, Ära 31); **Zu|flucht|nah|me**, die; -: *das Zufluchtnehmen;* **Zu|fluchts|ha|fen**, der: vgl. Zufluchtsort; **Zu|fluchts|ort**, der: *Zuflucht bietender Ort:* dienten nicht gerade Laubenkolonien allem Gelichter als Z.? (Kant, Impressum 331); **Zu-**

Zufluchtsstätte

fluchts|staat, der: vgl. Zufluchtsort; **Zu-fluchts|stät|te,** die (geh.): vgl. Zufluchtsort.

Zu|fluß, der; Zuflusses, Zuflüsse: **1.** ⟨o. Pl.⟩ *das Zufließen* (1 b): *der ständige Z. frischen Wassers.* **2.** *in ein anderes Gewässer fließender Bach, Fluß:* dieser Bach ist der einzige Z. des Sees.

zu|flü|stern ⟨sw. V.; hat⟩: *flüsternd mitteilen:* der Schüler flüsterte seinem Nachbarn die Antwort zu; Der Tänzer hätte ihr immer zugeflüstert, welche Schritte sie machen soll (Kempowski, Uns 95).

zu|fol|ge ⟨Präp.; nachgestellt mit Dativ, seltener vorangestellt mit Gen.⟩: *nach, gemäß,* ²*laut:* einem Gerücht z. will er heiraten; den Berichten seiner Mutter z. mußte es eine leidvolle Zeit gewesen sein (Danella, Hotel 48); man muß nur behaupten, daß der Vulkan, dem Urteil der Fachleute z., erloschen sei (Fest, Im Gegenlicht 242); Zufolge des späten Termins war er ... (Basler Zeitung 9. 10. 85, 31).

Zu|fol|lo, der; -s, -s u. ...li [ital. zufolo, zu: zufolare = pfeifen]: *Hirtenflöte, -pfeife; Flageolett* (1).

zu|frie|den ⟨Adj.⟩ [zusger. aus älteren Wendungen wie „zu Frieden setzen" = zur Ruhe bringen]: *sich mit dem Gegebenen, den gegebenen Umständen, Verhältnissen in Einklang befindend u. daher innerlich ausgeglichen u. keine Veränderung der Umstände wünschend:* ein -er Mensch; ein -es *(Zufriedenheit ausdrückendes)* Gesicht machen; solange sie ihre Arbeit machen kann, ist sie z.; er ist immer fröhlich und z.; wir können z. sein; z., einen so beharrlichen Zuhörer gefunden zu haben, schritt er dahin (Ransmayr, Welt 188); Sie ist nicht z. in ihrem Job (Schwarzer, Unterschied 79); bist du jetzt [endlich] z.? (ugs.: *ist jetzt alles so, wie du es haben wolltest?*); er ist mit sehr wenig z. (*er ist sehr anspruchslos, bescheiden*); damit mußt du z. sein *(mehr kannst du nicht bekommen);* sie lebten glücklich und z.; z. lächeln; ich bin es z. (veraltend; *mir ist es recht, ich bin einverstanden*); er ist mit der Ergebnis ganz z. (*findet es akzeptabel*); ich bin mit dem neuen Wagen, mit meinem Stellvertreter sehr z. (*habe nichts daran, an ihm auszusetzen*); **zu|frie|den|ge|ben,** sich ⟨st. V.; hat⟩: *keine weiteren Ansprüche, Forderungen stellen, etw. als ausreichend, als gut genug akzeptieren:* mit 100 Mark, mit diesem Kompromiß wollte sich nicht z.; endlich gab er sich zufrieden; Wer jetzt Sommerreifen braucht, muß sich jedoch mit dem z., was zur Zeit auf dem Markt ist (ADAC-Motorwelt 3, 1986, 38); **Zu|frie|den|heit,** die; -: *das Zufriedensein:* Immer war die Sorge für den nächsten Tag größer als die Z. über das Erreichte (v. d. Grün, Glatteis 157); er strahlt Z. aus; der Erfolg erfüllte ihn mit tiefer Z.; eine Aufgabe zu jmds. voller Z. erledigen; **zu|frie|den|las|sen** ⟨st. V.; hat⟩: *in Ruhe, in Frieden lassen; nicht behelligen:* laß mich [mit deinem Gejammer] zufrieden; wenn du die Kleine nicht zufriedenläßt, kriegst du es mit mir zu tun; **zu|frie|den|stellen** ⟨sw. V.; hat⟩: *zufrieden machen, jmds. Wünsche, Erwartungen, Ansprüche erfül-*

len: seine Kunden z.; wir werden immer bemüht sein, Sie zufriedenzustellen; Der Längsverstellbereich der Vordersitze ist sehr groß und dürfte auch 2-Meter-Riesen z. (NZZ 23. 12. 83, 39); sie ist leicht zufriedenzustellen; zufriedenstellende Leistungen; sein Befinden ist zufriedenstellend.

zu|frie|ren ⟨st. V.; ist⟩: *von einer Eisschicht überzogen werden:* der See ist zugefroren.

zu|fü|gen ⟨sw. V.; hat⟩: **1.** *mit jmdm. so verfahren, daß ihm geschadet wird, daß er etw. Unangenehmes, Nachteiliges erleiden muß; jmdm. etw. antun:* jmdm. Schaden, [ein] Leid, einen schweren Verlust, [ein] Unrecht z.; jmdm. Schmerzen, Qualen, Pein z.; ... mit dem schwersten Schlag, der der entstehenden atlantischen Einheit je zugefügt wurde (Dönhoff, Ära 125); Spr was du nicht willst, daß man dir tu', das füg auch keinem andern zu! **2.** *hinzufügen:* sie fügte der Suppe noch einen Schuß Wein zu; **Zu|fü|gung,** die; -, -en: *das Zufügen.*

Zu|fuhr, die; -, -en: **1.** *das Zuführen* (1 a), *Zugeführtwerden:* die Z. [von Benzin] zum Vergaser; Hormone können bei Z. zum Organismus den Verlauf der Krebsentstehung modifizieren (Medizin II, 109); dem Feind die Z. (Milit.; *den Nachschub*) abschneiden; Er kaufte nicht mehr die Ernte auf – aber er diktierte das Maß der täglichen -en an die Küste (Jacob, Kaffee 254); die Z. *(der Zustrom)* feuchter Meeresluft. **2.** (selten) *auf einmal zugeführte Menge:* er mußte eine neue Z. von Wein und Kuchen besorgen (A. Kolb, Daphne 111); **zu|füh|ren** ⟨sw. V.; hat⟩: **1. a)** *zu etw. gelangen lassen; zuleiten* (1): einer Maschine Strom, dem Vergaser über die Benzinleitung Kraftstoff z.; Er kaufte ihr Fräulein Engel Sauerstoff zu (Sebastian, Krankenhaus 177); der Erlös wird einer karitativen Organisation zugeführt; Das Grundwasser wurde der Industrie zugeführt als Kesselwasser, Kühlwasser ... (Loest, Pistole 246); Ü dem Unternehmen muß frisches, neues Blut zugeführt werden *(das Unternehmen braucht neue [jüngere] Mitarbeiter);* **b)** *mit jmdm., etw. zusammenbringen, zu jmdm., etw. bringen, führen:* jmdm., einer Firma Kunden z.; einer Partei Mitglieder z.; die Stute dem Hengst z.; es gab ein Mädchen, das sich um ihn kümmerte ... wir waren es, die sie unserem Ricki zugeführt hatten (K. Mann, Wendepunkt 176); verblaßt: etw. einem Zweck, einer Verwendung z. *(für einen Zweck verwenden [lassen]);* jmdn. seiner gerechten Strafe z. *(gerecht bestrafen [lassen]);* ein Problem einer Lösung z. *(dafür sorgen, daß es gelöst wird):* etw. seiner Bestimmung z. *(es für seinen eigentlichen Zweck verwenden [lassen]);* Das Ergebnis dieser Prüfung durch die Dienststelle kann der Personalrat ... einer gerichtlichen Nachprüfung z. *(kann es gerichtlich nachprüfen lassen;* NJW 19, 1984, 1134). **2.** *in Richtung auf etw. hin verlaufen:* der Weg führt auf das Dorf zu; Der Mann steht vor einer kleinen Brücke, die auf das Tor zuführt (Carossa, Aufzeichnungen 19); ♦ **Zu|füh|rer,** der; -s, -: *Zuhälter:* Ich habe Eingang bei ei-

ner gewissen Diana Bononi und bin gegen fünf Vierteljahr ihr Z. gewesen (Schiller, Fiesco II, 15); **Zu|füh|rung,** die; -, -en: **1.** ⟨o. Pl.⟩ *das Zuführen; Zugeführtwerden.* **2.** *Zuleitung* (2): die Z. ist verstopft; **Zu|füh|rungs|lei|tung,** die: *Zuleitung* (2); **Zu|füh|rungs|rohr,** das: *als Zuleitung* (2) *dienendes Rohr.*

zu|fül|len ⟨sw. V.; hat⟩: **1.** *(eine Grube o. ä.) durch Füllen zum Verschwinden bringen:* eine mit Müll zugefüllte Kiesgrube. **2.** (landsch.) *zu etw. bereits Vorhandenem in etw. füllen* (2): wenn der Kaffee zu stark ist, kann ich noch heißes Wasser z.

Zu|fuß|ge|hen, das; -s: *Fortbewegung zu Fuß.*

zu|füt|tern ⟨sw. V.; hat⟩: **a)** *(einem Baby) neben der Muttermilch noch andere Nahrung (z. B. Brei) zuführen:* die Milch reicht, Sie brauchen nicht zuzufüttern; **b)** *(einem Tier) neben der Grundnahrung noch anderes Futter zuführen:* im Winter z. müssen; **Zu|füt|te|rung,** die; -, -en: *das Zufüttern.*

¹**Zug,** der; -[e]s, Züge [mhd., ahd. zuc, zu ↑ziehen u. eigtl. = das Ziehen; 1 a: nach engl. train]: **1. a)** *Lokomotive od. Triebwagen mit den zugehörigen (angekoppelten) Wagen (bei der Eisenbahn, Straßenbahn o. ä.):* ein überfüllter, leerer, fahrplanmäßiger, verspäteter Z.; der Z. nach Frankfurt läuft auf Gleis 2 ein; der Zug hält, fährt gleich ab, kommt voraussichtlich zehn Minuten später an; dieser Z. hat keinen Anschluß *(es fährt kein Anschlußzug in die gewünschte Richtung);* der Z. donnert vorbei, rattert, hält an, hält auf freier Strecke; dieser Z. führt nur Wagen erster, hat nur erste Klasse, einen Speisewagen; mein Z. geht in einer Stunde; bei Glatteis nehme ich lieber den Z. *(fahre ich lieber mit der Bahn statt mit dem Auto);* einen Z. benutzen, verpassen, versäumen, gerade noch erreichen; Vorsicht bei der Abfahrt des -es!; jmdn. an den Z. bringen; auf den fahrenden Z. aufspringen; im Zug sitzen; sich nach den Zügen *(dem Fahrplan der Züge)* erkundigen; jmdn. vom Z. abholen, zum Z. bringen; R der Z. ist abgefahren (ugs.: *es ist zu spät, man kann nichts mehr ändern);* * **im falschen Z. sitzen** (ugs.; *sich nicht richtig entschieden haben);* **b)** *Lastzug;* **c)** *Feuerlöschzug;* die Feuerwehr war mit drei Zügen ausgerückt; **d)** *Gespann:* ein Z. Ochsen, Schlittenhunde. **2. a)** *sich fortbewegende Gruppe, Schar, Kolonne:* ein langer Z. von Demonstranten, Trauernden; endlose Züge von Flüchtlingen; Auch Cotta war ... dem Z. der Neugierigen bis an den äußersten Rand der Stadt gefolgt (Ransmayr, Welt 113); Ein Z. Stare fiel ein und saß auf einmal in den Büschen (Schröder, Wanderer 18); fröhliche Musikanten schritten dem Z. voran; im Z. mitmarschieren; sich zu einem Z. formieren; **b)** *das Ziehen, Sichfortbewegen [in einer Gruppe]:* der Z. der Wildgänse nach Norden hat begonnen; der Z. der Wolken beobachten; der Z. der dort wurden bei einem Z. *(Diebeszug)* verhaftet; Ü im -e *(Papierdt.; im Zusammenhang mit)* der neuen Entwicklung; ... vermerkt zwar einen kräftigen Aufschwung der Weltwirtschaft, muß aber im gleichen Z. (Pa-

pierdt.; *im gleichen Zusammenhang*) feststellen, daß sich die konjunkturelle Belebung in der Schweiz noch nicht positiv auf die Beschäftigung auswirkte (Baselland. Zeitung 27. 3. 85, 3); * **einen Z. durch die Gemeinde machen** (ugs.; *von Lokal zu Lokal ziehen*): ich wollte mich umziehen, um noch 'n Z. durch die Gemeinde zu machen (Eppendorfer, St. Pauli 135). **3.** *das Einwirken auf etw., um es zu sich hin zu bewegen; gegen die Kräfte des Festhaltens od. des inneren Zusammenhalts wirkende Kraft:* ein starker Z. nach unten, nach der Seite; Z. ausüben; durch das Gewicht des Seiles und den damit verbundenen Z. in die Tiefe (Eidenschink, Fels 65); Ü das ist der Z. der Zeit; sie hat einen Z. ins Gemeine; Kannst du mir sagen, von wem er diesen Z. ins Verbrechertum hat? (H. Weber, Einzug 345); dem Z. des Herzens folgen; * **im etw. ist Z.** (ugs.; *in einer Sache ist Schwung*); **gut im -e/im besten -e mit etw. sein** (*gut mit etw. vorankommen; arbeitend weiterkommen;* wohl urspr. bezogen auf das Ziehen der Zugtiere; die Arbeit geht gut voran, wenn das Gespann tüchtig „im Zug" liegt, kräftig zieht). **4.** a) *Vorrichtung (z. B. Band, Hebel, Griff), mit der ein Zug (3) ausgeübt wird, um ein Auseinander- oder zusammenzuziehen, zu öffnen od. zu schließen o. ä.:* der Z. am Rolladen, an der Gardine; der Z. *(ausziehbares Mittelteil)* der Posaune; **b)** (landsch.) *ausziehbares Fach, Schubfach:* die Züge im Schreibtisch. **5.** (Brettspiele) *das Bewegen, Weiterrücken einer Figur:* ein kluger, [un]überlegter Z.; wer hat den ersten Z.?; Schwarz ist am Z.; matt in drei Zügen?; Z. taktische Züge; jetzt ist die andere Seite am Z. *(muß sie handeln, etw. unternehmen)*; etwas Z. um Z. *(eins nach dem andern ohne Unterbrechung)* erledigen; * **zum Zug[e] kommen** (*entscheidend aktiv werden können, die Möglichkeit zum Handeln bekommen*): er ist bei seiner Freundin nicht zum -e gekommen; Falls der Sturm das Dach abgedeckt hat und jetzt Regenwasser ins Haus strömt und die Hausratversicherung kommt zum -e (Hörzu 5, 1976, 85). **6. a)** *Schluck:* einen kräftigen Z. aus der Flasche tun; einen tiefen Z. nehmen; er stürzte das Bier in einem Z. hinunter, leerte das Glas auf einen/in einem Z. *(ohne abzusetzen)*; er setzt das Glas an, trinkt es in einem Z. *(ohne abzusetzen)* aus (Innerhofer, Schattseite 177); * **einen guten Z. haben** (ugs.; *viel auf einmal trinken, ohne abzusetzen*); **in einem Zug[e]** (*ohne Unterbrechung*)*: ich habe den Roman in einem Z. gelesen;* **b)** *das Einziehen von Rauch:* ein gieriger, hastiger Z. an der Zigarette; er tat einige Züge; Martin reicht Thomas von sich aus die Zigarette. Thomas nimmt zwei Züge (Ziegler, Kein Recht 317); ein paar Züge [aus der Pfeife] rauchen; **c)** *tiefes Atmen, Atemzug:* die Luft in tiefen, vollen Zügen einatmen; * **in vollen Zügen genießen** *(etw. voll u. ganz genießen, auskosten);* **in den letzten Zügen liegen** (ugs.; *im Sterben liegen;* eigtl. *=* die letzten Atemzüge tun). **7.** *Bewegung des kräftigen Durchziehens beim Schwimmen od. Rudern, Schlag:* Damals bin ich ein paar Züge geschwommen (Bravo 29, 1976, 36); in langen Zügen rudern. **8.** ⟨o. Pl.⟩ **a)** *als unangenehm empfundener Luftzug:* hier herrscht [ein] ständiger Z.; keinen Z. vertragen; die Fenster müssen gegen Z. abgedichtet werden; im Z. *(an einer Stelle, an der es zieht)* sitzen; sie hat am Wartehäuschen im Z. gestanden; du mußt dich vor Z. schützen; **b)** *nach außen, zum Schornstein führender Luftzug im Ofen:* der Ofen hat [keinen] guten Z.; In der Nacht steckte man große Holzstücke in den Ofen und drosselte den Z., dann ging's bis zum Morgen nicht aus (Wimschneider, Herbstmilch 124); bei zuviel Z. brennt das Feuer schnell herunter. **9.** *Durchgang, Kanal, Rohr für die Luft im Ofen od. Kamin:* der Z. ist nicht richtig abgedichtet; man muß die Züge von Zeit zu Zeit entschlacken. **10.** *Linie[nführung] einer Schrift od. Zeichnung; Schriftzug:* die Züge der Schrift können etwas über den Charakter des Schreibers aussagen; ... setzte ... in hochmütig hohen, aber zerrissenen Zügen die Anschrift auf das Papier (Langgässer, Siegel 468); * **in großen/groben Zügen** (*nur in Umrissen, skizzenhaft, ohne auf Einzelheiten einzugehen*): etw. in großen Zügen darstellen; das ist in groben Zügen die Vorgeschichte. **11.** *typische Linie des Gesichts, Gesichtsschnitt, Ausdruck:* sympathische, jungenhafte, scharfe, feingeschnittene, brutale Züge; seine Züge hellten *(seine Miene hellte)* sich auf; in seinem Gesicht lag ein Z. von Strenge; er hat einen energischen Z. um den Mund; ihr Gesicht nimmt einen bekümmerten Z. an; mit dem Verstreichen der Zeit drängte sich ein grüblerischer Z. in Kraus' Gesicht (Erné, Fahrgäste 173); Ü diese Stadt trägt noch dörfliche Züge. **12.** *charakteristische Art, Wesenszug:* ein eigenartiger, charakteristischer Z. an ihm; Ein angenehmer Z. des Buddhismus ist die ... Toleranz und Offenheit gegenüber Andersdenkenden (Berger, Augenblick 147); das war kein schöner Z. von dir *(das ist nicht nett)*; Das ist ein schöner Z. *(das ist nett)* von dir, daß du an mich gedacht hast (Hilsenrath, Nacht 458); das Werk hat romantische Züge; Unterdessen nahm das nationale Selbstbewußtsein der europäischen Völker gefährliche Züge an (R. v. Weizsäcker, Deutschland 47); Windisch, Sie bekommen ja menschliche Züge (Härtling, Hubert 358). **13.** (ugs.) *durch Erziehung erreichte Ordnung, Ausrichtung; Disziplin:* militärischer Z.; der Trainer hat Z. in die Mannschaft gebracht; * **jmdn. gut im Z. haben** (*jmdn. so erzogen o. ä. haben, daß der Betreffende den an ihn gestellten Anforderungen in jeder Weise nachkommt*). **14. a)** *unter dem Kommando eines Zugführers stehende kleinste militärische Abteilung:* ein Z. Infanterie; **b)** *durch fachliche Merkmale gekennzeichnete Abteilung:* der altsprachliche, neusprachliche, mathematisch-naturwissenschaftliche, musische Z. eines Gymnasiums. **15.** *spiralig gewundene Vertiefung im Innern des Laufs einer Feuerwaffe:* die Züge eines Gewehres, Geschützrohrs; * **jmdn. auf dem Z. haben** (ugs.; *auf jmdn. böse sein, immer etw. an ihm auszusetzen haben;* wohl nach dem auf einen anderen gerichteten Gewehrlauf). **16.** (selten) *langgestreckte landschaftliche Formation (z. B. Gebirgszug, Höhenzug):* die Züge des Odenwaldes.

²**Zug**: Kanton u. Stadt in der Schweiz.

Zu|ga|be, die; -, -n: **1. a)** *etw. [bei einem Kauf] zusätzlich Gegebenes:* Ein jüdischer Kaufmann war in der Stadt, bei dem gab es damals schon -n beim Einkauf (Wimschneider, Herbstmilch 79); Ich schlinge die Erbsensuppe hinunter, und der Wirt bringt mir freiwillig, als Z., noch einen Kanten Brot (Remarque, Obelisk 288); **b)** *bei einer künstlerischen Veranstaltung zusätzlich dargebotenes Musikstück o. ä.:* der Pianist gab noch eine Z. **2.** ⟨o. Pl.⟩ *das Zugeben* (1): das Gemüse unter sparsamer Z. von Wasser dünsten.

Zug|ab|stand, der: *zeitlicher Abstand zwischen Zügen, die hintereinander auf derselben Strecke verkehren;* **Zug|ab|teil**, das: *Abteil* (1 a).

Zu|gang, der; -[e]s, Zugänge: **1. a)** *Stelle, Weg, der in einen Raum, Ort hineinführt:* ein unterirdischer Z. zur Burg; die Polizei ließ alle Zugänge sperren, besetzen; der freie Z. nach Berlin war gesichert worden; Ein Zahlkellner mit weißem Backenbart wartete am Z. zum Restaurant (Bieler, Mädchenkrieg 557); **b)** *das Betreten, Hineingehen:* Z. verboten!; Mit dem Einsatz von mindestens 3 000 Polizisten ist gestern ... das Recht der Arbeitswilligen auf Z. zu den Zechen durchgesetzt worden (Hamburger Abendblatt 20. 3. 84, 10); er hat jederzeit Z. zum Chef *(darf jederzeit zu ihm hineingehen);* Ü zu jmdm., einer Sache keinen Z. haben *(jmdn., etw. nicht verstehen, sich nicht in jmdn., etw. einfühlen können);* Das alles spielt sich in fünf Sprachen ab, was dem Zuschauer dem Z. zu dem knapp 75 Minuten dauernden Werk nicht eben erleichtert (Orchester 5, 1983, 468); sie hat keinen Z. zur Musik. **2. a)** ⟨o. Pl.⟩ *das Hinzukommen:* Z. zu offenen Stellen: Auf der anderen Seite beobachtete die Arbeitsverwaltung, daß der Z. an Arbeitslosen dadurch erhöht wurde, daß ... (Saarbr. Zeitung 5./6. VI. 80, 4); der Z. an neuen Büchern in der Bibliothek; das Krankenhaus verzeichnete einen geringen Z. *(Zuwachs)* von Geburten; **b)** *hinzugekommene Person od. Sache:* es gab viele Zugänge im Lazarett; die Zugänge nahmen bereits am Training teil; unter den Zugängen der Bibliothek sind wichtige Fachbücher; **zu|gän|ge** (in den Verbindungen **mit jmdm., einer Sache z. sein** (ugs.; *sich mit jmdm., etw. befassen, beschäftigt sein*): Jeden dritten Tag war er mit Wasser und Poliermitteln zu, rieb die Ledersitze ein, wischte sie blank (Johnson, Ansichten 8); **irgendwo z. sein** (ugs.; *irgendwo eine bestimmte Tätigkeit o. ä. ausüben, mit etw. beschäftigt sein*): **zu|gän|gig** ⟨Adj.⟩ (seltener): **1. a)** *zugänglich* (1 a), *betretbar:* ... Gelegenheit, junge Leute an ihren Arbeitsplätzen zu sehen, die ansonsten nicht jedermann z. sind (NNN 21. 9. 85, o. S.); **b)** *zugänglich* (1 b):

zugänglich

frei -e Heizkörper. **2.** *zugänglich* (2): ... war sie brummig, böse und mit tief herabgezogenen Mundwinkeln ... herumgegangen, kaum einer Anrede z. (Maass, Gouffé 229); Seine Pädagogik ging von der Voraussetzung aus, daß der Mensch fundamental gut oder doch dem Guten z. sei (K. Mann, Wendepunkt 93); **zu|gäng|lich** ⟨Adj.⟩: **1. a)** *Zugang bietend; betretbar:* ein schwer z. -es Bergdorf; Verantwortlich für die jedermann -en Weihnachtsveranstaltungen ist ... (NZZ 25. 12. 83, 23); Feuerlöscher sind ... an gut sichtbarer und leicht -er Stelle unterzubringen (Straßenverkehrsrecht, StVZO 160); die Zimmer sind von der Terrasse her z.; Das Schloß ... ist jedoch Touristen z. (Augsburger Allgemeine 3./4. 6. 78, VI); Syrien habe den sowjetischen Marine den Hafen von Tartus z. gemacht (NZZ 30. 4. 83, 2); **b)** *für die Benutzung o. ä. zur Verfügung stehend:* eine ständig -e Datenbank; Der Polizei steht ein Recht zu, ... sich aus allgemein -en Quellen über Art, Ort und Zeitpunkt der Veranstaltung zu informieren (NJW 19, 1984, 1141); diese Informationen sollten jedem/für jeden z. sein. **2.** *gegenüber anderen Menschen u. für Eindrücke, Ideen, Vorstellungen aufgeschlossen; kontaktfreudig:* ein -er Mensch; erst ganz allmählich wurde ich -er; für alles Schöne z. sein; Der für solche Gelegenheitsamouren immer -e Scheuten ... (Prodöhl, Tod 164); Allerdings hat ... auch Thomas Mann dem Tadel nicht gerade z. (Reich-Ranicki, Th. Mann 28); **Zu|gäng|lich|keit**, die; -: *das Zugänglichsein;* **Zu|gangs|stra|ße**, die: *Straße, die als Zugang zu einem Ort, einer Stelle dient;* **Zu|gangs|weg**, der: vgl. Zugangsstraße: alle -e waren verschneit.

Zug|an|schluß, der: vgl. Anschluß (2); **Zug|band**, das ⟨Pl. ...bänder⟩ (Technik): *waagrechtes, auf Zug beanspruchtes Bauteil;* **Zug|be|glei|ter**, der: **1. a)** *jmd., der einen Transport im Zug begleitet;* **b)** *Angehöriger des Zugpersonals.* **2.** *in einem Fernzug ausliegendes Faltblatt, in dem die einzelnen Stationen mit Ankunfts- u. Abfahrtszeiten sowie die Anschlußzüge verzeichnet sind;* **Zug|be|glei|te|rin**, die: w. Form zu ↑Zugbegleiter (1); **Zug|be|la|stung**, die: *Belastung auf Zug;* **Zug|brücke¹**, die: *Brücke über einen Graben o. ä., bes. bei alten Burgen, die vom Endpunkt her [an Ketten] hochgezogen werden kann;* **Zug|dich|te**, die: *Dichte der Zugabstände.*

zu|ge|ben ⟨st. V.; hat⟩ [mhd. zuogeben = jmdm. zusetzen]: **1. a)** *hinzufügen, als Zugabe geben:* ein Probefläschchen Parfüm z.; ... daß den gesunden Körper ein wenig Fett zugegeben worden war (Jahnn, Geschichten 193); der Sänger gab noch ein Volkslied zu *(sang es als Zugabe);* er forderte ... den Besuch auf, zwei Tage zuzugeben *(länger zu bleiben;* Gaiser, Jagd 146); **b)** (Kartenspiel) *die geforderte Farbe dazulegen:* er mußte eine Drei z. **2. a)** *[nach längerem Zögern] gestehen* (a): der Angeklagte hat die Tat, das Verbrechen, seine Schuld zugegeben; **b)** *als zutreffend anerkennen, zugestehen:* ich gebe zu, daß ich mich geirrt habe; sie gab zu, diese Tatsache verschwiegen zu haben;

du wirst mir z., du wirst doch z. müssen, daß es so nicht geht; etw. offen, aufrichtig z.; Scheuten sie sich, eine Niederlage zuzugeben? (Loest, Pistole 115); Soviel, ich gebe es zu, habe ich darüber niemals nachgedacht (Frisch, Cruz 83); es war, zugegeben, viel Glück dabei. **3.** *erlauben, (einer Sache) zustimmen* (meist verneint od. fragend): er wollte nicht z., daß er allein reist; glaubst du wirklich, deine Eltern werden es z.?

zu|ge|dacht: ↑zudenken.

zu|ge|ge|be|ner|ma|ßen ⟨Adv.⟩: *wie man zugeben muß:* ich hatte mich z. mit diesem Kauf übernommen; daher der Ausflug in das noch unabhängige Gebiet Schwarzenberg, eine Hoffnung, z. eine geringe (Heym, Schwarzenberg 239).

zu|ge|gen ⟨Adj.⟩: in der Verbindung *z. sein* (geh.; *bei etw. anwesend sein, dabeisein*): er war bei dem Festakt z.; War ich z., so wechselten sie nur selten ein Wort (Fallada, Herr 185); Neben den schweizerischen Chartergesellschaften ... waren zahlreiche ausländische Flugunternehmen im Berner Kursaal mit Ständen z. (NZZ 27. 1. 83, 38).

zu|ge|hen ⟨unr. V.; ist⟩: **1.** *in Richtung auf jmdn., etw. gehen; sich nähern:* er ging auf mich, auf das Haus zu; die Henne aber ging auf die Hyäne zu, schlug sie in die Flucht (Grzimek, Serengeti 143); Ludwig ging drohend auf Gustav zu (Strittmatter, Wundertäter 245); Ü er ging schon auf die Achtzig zu *(wird bald achtzig Jahre alt);* es geht auf Weihnachten zu; Es ging schon auf den Abend zu (Maass, Gouffé 326); Jedesmal, wenn es auf irgendein Fest zuging (Schnurre, Bart 25); die Arbeit geht dem Ende zu *(ist bald beendet, fertig);* sie sollten endlich aufeinander z. *(einander zu verstehen suchen)* und den Streit beenden. **2.** (ugs.) *schnell, schneller gehen:* ihr müßt tüchtig z., wenn ihr rechtzeitig dort sein wollt. **3.** (Amtsspr.) *jmdm. zugestellt, geschickt, übermittelt werden:* die Bescheinigung geht Ihnen in Kürze zu; Ich gehorche nur den Befehlen, Majestät, die mir von der Regierung zugegangen sind (Benrath, Konstanze 82); jmdm. etw. z. lassen *(schicken, zusenden).* **4.** *in einer bestimmten Form auslaufen:* der Turm geht spitz/in einer Spitze zu. **5.** ⟨unpers.⟩ *in bestimmter Weise vor sich gehen, geschehen, verlaufen:* hier geht es ruhig, fröhlich, harmonisch, gesellig zu; Nicht immer geht es so ordentlich zu wie hier (Sieburg, Robespierre 165); es müßte seltsam z., wenn ...; Es war gut gewesen, daß der Amtsrichter nicht wußte, wie es bei den kleinen Leuten zuging (Kühn, Zeit 192). **6.** (ugs.) *sich schließen:* Türen gingen auf und zu; Passen Sie auf, gleich gehen die Vorhänge zu (Brot und Salz 328); der Reißverschluß geht so schwer zu *(läßt sich schwer schließen);* ich weiß nicht, ob der Koffer überhaupt zugeht *(ob er sich schließen läßt),* **Zu|ge|he|rin**, die; -, -nen, **Zu|ge|frau**, die. (bes. südd., westösterr.): *Putzfrau.*

Zu|ge|hör, das; -[e]s, schweiz.: die; - (österr. u. schweiz. Rechtsspr., sonst veraltet): *Zubehör:* ◆ Melina hatte schon die Garderobe mit allem Z. übernommen

(Goethe, Lehrjahre III, 1); ◆ **Zu|ge|hö|re**, das; -s, -: ↑Zugehör: ... sind auch Scheibengewehre und Jagdbüchsen nebst ihrem Z. in einem eigenen ... Kasten aufgehängt (Stifter, Bergkristall 14); **zu|ge|hö|ren** ⟨sw. V.; hat⟩ (geh.): *(einer Sache) angehören, zu jmdm. od. etw. gehören:* einem Verschwörerkreis, einer Partei z.; Eine Mammutsiedelung wie Paris setzt sich aus vielen Quartieren und Gemeinden zusammen, von denen die wenigsten die Majestät des Ganzen erraten lassen, dem sie zugehören (Th. Mann, Krull 181); die beiden gehörten einander zu; **zu|ge|hö|rig** ⟨Adj.⟩: *zu jmdm., etw. gehörend, dazugehörend:* die -en Dinge; einen Wagen mit dem -en Kraftfahrzeugbrief abliefern; Blumen und Gras ... sind der Wiese z., nicht der Heide (Stern, Mann 377); Gefangen, es Rechtlos. Keinem Land z. (Hasenclever, Die Rechtlosen 421); Hier fühlte er sich wohl und z. (Ossowski, Bewährung 76); Als Polen, das immer sehr bewußt zu Europa, zum Westen z. fühlte, ... (Dönhoff, Ära 152); **Zu|ge|hö|rig|keit**, die; -: *das Dazugehören; Verbundenheit, Mitgliedschaft:* die Z. zur Familie, zu einem Verein, einer Partei; **Zu|ge|hö|rig|keits|ge|fühl**, das ⟨o. Pl.⟩: *Gefühl dazuzugehören.*

zu|ge|knöpft ⟨Adj.; -er, -este⟩ (ugs.): *reserviert; von leicht abweisend-unzugänglicher, nicht entgegenkommender Art; abweisend u. auf Gespräche o. ä. nicht leicht eingehend:* er war, zeigte sich sehr z.; mit Auskünften darüber ... geben sich fast alle befragten Behörden z. (Wiesbadener Kurier 6. 2. 85, 15); **Zu|ge|knöpft|heit**, die; - (ugs.): *das Zugeknöpftsein.*

Zü|gel, der; -s, - [mhd. zügel, ahd. zugil, zu ↑ziehen, eigtl. = Mittel zum Ziehen]: *an Trense od. Kandare befestigter Lederriemen zum Lenken od. Führen des Pferdes:* dem Pferd die Z. anlegen; die Z. ergreifen, halten, schleifen lassen; Sie nahm ihr Pferd, ... setzte sich auf und nahm die Z. in die Hand (Böll, Adam 40); ein Reittier am Z. führen; drei feurige Rappen, sie tänzelten, und jeder wurde sehr kurz am Z. gehalten (Schnurre, Bart 106); das Pferd geht gegen den Z. *(gibt im Genick nicht nach u. läßt sich nicht lenken);* er fiel dem Pferd in die Z. *(packte es am Zügel u. konnte es zum Stehen bringen);* * **die Z. [fest] in der Hand haben** *(die Führung, Befehlsgewalt innehaben u. dabei für straffe Ordnung sorgen);* **die Z. straffer anziehen** *(die Z. schießen lassen/lockern (weniger streng sein, nicht jede Kleinigkeit bestimmen u. regeln);* **jmdm., einer Sache Z. anlegen** *(jmdn. in seinen Aktivitäten einschränken, etw. einer gewissen einschränkenden Ordnung unterwerfen):* er sollte seiner Phantasie Z. anlegen; die Länder haben ... dem schrankenlosen Egoismus der Parteien Z. angelegt (Augstein, Spiegelungen 15); **[jmdm., einer Sache] die Z. schießen lassen** *(den Dingen freien Lauf lassen):* Man muß der Jugend die Z. schießen lassen (Zeit 3. 4. 64, 8); **jmdn., etw. am langen Z. führen** *(jmdn., etw. vorsichtig leiten, so daß Raum zur freien Entfaltung bleibt);* **Zü|gel|füh|rung**,

die (Reiten): *Art u. Weise, wie der Reiter die Zügel führt;* **Zü|gel|hand,** die (Reiten): *den Zügel führende [linke] Hand des Reiters;* **Zü|gel|hil|fe,** die (Reiten): *Hilfe, die der Reiter dem Pferd bei der Gangart mit dem Zügel gibt;* **zü|gel|los** ⟨Adj.; -er, -este⟩: *a) der Sittlichkeit außer acht lassend, ohne jedes Maß, hemmungslos:* ein -es Leben führen; Die Arbeitslosigkeit ... bot den Nazis Anlässe zu immer zügelloserer Agitation (Loest, Pistole 46); Wedelmann brach in ein -es Gelächter aus (Kirst, 08/15, 248); er trank z.; **Zü|gel|lo|sig|keit,** die; -, -: *das Zügellossein;* **¹zü|geln** ⟨sw. V.; hat⟩ [zu ↑Zügel]: **a)** *(ein Reittier) durch das Anziehen, Straffen des Zügels zurückhalten, zur Ruhe bringen:* das scheuende Pferd z.; **b)** *zurückhalten, beherrschen, unter Kontrolle bringen:* seine Wut, Neugier z.; sie setzten Menschen voraus, die bereit und imstande waren, ihre Leidenschaften zu z. (Heym, Schwarzenberg 139); hier galt es, seinen Charme im rechten Moment zu z. (Kronauer, Bogenschütze 112); er konnte sich kaum z.; Allmählich gelang es ihm, den Atem zu z. (Süskind, Parfum 168); **²zü|geln** ⟨sw. V.⟩ [zu ziehen] (schweiz. mundartl.): **a)** *umziehen* ⟨ist⟩: sie sind [in eine andere Wohnung] gezügelt; Arnold Schneider, welcher bekanntlich ins Baselbiet gezügelt ist (Nordschweiz 29. 3. 85, 5); **b)** *(bei einem Umzug) irgendwohin transportieren* ⟨hat⟩: das Klavier in den 2. Stock z.; **Zü|gelung, Züglung,** die; -, -en: *das Zügeln.*
Zu|ge|mü|se, das; -s, - (veraltet): *Gemüse als Beilage zum Fleisch.*
Zu|gen|de, das: *Ende* (2 a), *letzter Abschnitt eines Zuges:* der Kurswagen nach Rom befindet sich am Z.
Zu|ger, der; -s, -: Ew. zu ↑²Zug.
zu|ge|reist ⟨Adj.⟩: *aus einer anderen Gegend zugezogen u. aus der Sicht der Alteingesessenen noch nicht zugehörig:* die Familie Carstens ... war in der standesbewußten Stadt ... nach wie vor die Familie eines -en Aufsteigers (Spiegel 21, 1979, 39); **Zu|ge|rei|ste,** der u. die; -n, -n ⟨Dekl. ↑Abgeordnete⟩: *jmd., der zugereist ist:* Flüchtlinge (die, wenn sie inzwischen auch längst eingegliedert sind, doch als Z. betrachtet werden und sich selbst als solche empfinden) ... (Dönhoff, Ära 200).
Zu|ge|rin, die; -, -nen: w. Form zu ↑Zuger; **zu|ge|risch** ⟨Adj.⟩: zu ↑²Zug.
zu|ge|sel|len ⟨sw. V.; hat⟩: **a)** ⟨z. + sich⟩ *sich einer Person, Gruppe, Richtung anschließen:* auf der Reise hatte er sich [mir] zugesellt; er hat als Führer einer Ausrottungsgruppe in Rußland gewütet, ehe er sich den Verschwörern des 20. Juli zugesellte (Hochhuth, Stellvertreter 40); Ü ... aus finanziellen Gründen, denen sich aber noch weitere zugesellten (zu denen weitere hinzukamen; Noack, Prozesse 152); **b)** *hinzufügen, -geben:* dem Vogel im Käfig wurde ein Weibchen zugesellt.
zu|ge|stan|de|ner|ma|ßen ⟨Adv.⟩ (Papierdt.): *wie man zugestehen muß:* z. wäre es auch anders gegangen; er hätte sich mehr bemühen können, aber die Aufgabe war auch sehr schwer; **Zu|geständ|nis,** das; -ses, -se: *Entgegenkommen in einer bestimmten Angelegenheit unter Berücksichtigung von Wünschen u. Bedürfnissen der anderen Seite:* -se verlangen, anbieten, machen; ich bin doch davon überzeugt, daß dies ein Z. an England und Amerika ist (Leonhard, Revolution 212); *sich nach der jeweils geltenden modischen Strömung richten);* Überall sehen Sie Spuren der Liebe, Andeutungen von ihr, -se an sie (Th. Mann, Krull 421); **zu|geste|hen** ⟨unr. V.; hat⟩: **a)** *jmds. berechtigtem Anspruch auf etw. stattgeben; konzedieren:* jmdm. ein Recht, einen Rabatt, eine Provision z.; Peres ist bereit, der Sowjetunion eine „Rolle" bei den Friedensverhandlungen zuzugestehen (Südd. Zeitung 22. 10. 85, 9); sie gestand mir zu, noch ein paar Tage zu bleiben; **b)** *zugestehen, einräumen, zugeben; anerkennen:* daß die Sache nicht billig war, wirst du mir z. müssen; Streible gestand zu, daß Bayern es schwer haben wird, mit seiner Position im Bundesrat durchzudringen (Hamburger Abendblatt 22. 5. 85, 12).
zu|ge|tan: 1. ↑zutun. **2.** ⟨Adj.⟩ in den Verbindungen **jmdm. z. sein** (geh.; *Zuneigung, Sympathie für jmdn. empfinden*): sie ist ihm in Liebe z.; Jan schwieg betroffen. Ich war ihm in diesen Sekunden ganz besonders z. (Leonhard, Revolution 199); ⟨auch attr.:⟩ Wilhelm Puff, ... der mir bis in die Gegenwart hinein ein herzlich zugetaner Freund geblieben ist (Niekisch, Leben 18); **einer Sache z. sein** (oft spöttisch; *etw. mögen, gern haben*): Er war der Sohn eines Klempners, der dem Alkohol allzusehr z. war (Niekisch, Leben 22); daß die Menschen eben mehr oder weniger dem sportlichen Wettkampf z. sind (Frankenberg, Fahren 89); ⟨auch attr.:⟩ ein dem Familienleben sehr zugetaner Mann.
Zu|ge|winn, der; -[e]s, -e: *etwas zusätzlich Gewonnenes, Erreichtes:* ein Z. an Freiheit, Vermögen; Was wäre der Z. an Raum ohne ein Mehr an Wohnbehagen (Wohnfibel [Reklame] 7); die Partei erzielte bei den Wahlen leichte -e; **Zu|gewinn|aus|gleich,** der (Rechtsspr.): *gleichmäßige Aufteilung der während der Ehe zusätzlich erworbenen Vermögenswerte im Falle der Scheidung;* **zu|ge|winnen** ⟨st. V.; hat⟩: *hinzugewinnen;* **Zu|gewinn|ge|mein|schaft,** die (Rechtsspr.): *Güterstand, bei dem zwar die beiderseitigen Vermögenswerte während des Bestehens der Ehe getrennt bleiben können, bei einer Auflösung aber dem Zugewinnausgleich unterliegen.*
Zug|fahrt, die: *Fahrt mit dem Zug;* **Bahnfahrt;* **Zug|fel|der,** die (Technik): *Stahlfeder mit engliegenden Drähten für Belastung auf Zug;* **zug|fest** ⟨Adj.⟩ (Technik, Werkstoffprüfung): *durch Zug nicht zu zerreißen;* **Zug|fe|stig|keit,** die: *das Zugfestsein;* **Zug|fol|ge,** die: *Folge von Zügen, die hintereinander auf derselben Strecke verkehren;* **Zug|för|derung,** die (Eisenb.): *Trektion* (2); **zug|frei** ⟨Adj.⟩: *ohne Zug* (8 a): *ideal zur Lüftung, verwendbar als -er Ventilator* (Funkschau 20, 1971, 2062); *die Pflanzen müssen z. aufgestellt werden;* Es ist die einzige Einrichtung, mit der sich frische Luft auch für die hinteren Sitze des Wagens z. einregulieren läßt (Gute Fahrt 4, 1974, 30); **Zug|füh|rer,** der: **1.** *Bahnbeamter, der im Zug die Aufsicht führt.* **2.** (Milit.) *Führer eines Zuges* (14 a); **Zug|füh|re|rin,** die: w. Form zu ↑Zugführer; **Zug|funk,** der: *in einem Zug eingebaute Funkanlage;* **Zug|gar|ni|tur,** die (Eisenb.): *(als Einheit eingesetzte) zusammengehörige Eisenbahnfahrzeuge [gleicher Bauart];* **Zug|gewicht,** das: *Zuglast.*
zu|gie|ßen ⟨st. V.; hat⟩: *zu einer Flüssigkeit etwas dazugießen:* weil die Suppe zu fett war, goß ich noch etwas Wasser zu; ⟨auch o. Akk.-Obj.:⟩ darf ich z. *(nachgießen* 1 a)?
zu|gig ⟨Adj.⟩ [zu ↑¹Zug (8 a)]: *der Zugluft ausgesetzt; an der Bahnstelle;* Sie hausen in -en Dachkammern oder schäbigen Pensionen (Pohrt, Endstation 8); Er verbeugte sich in dem -en Hausflur (Bieler, Mädchenkrieg 531); hier ist es mir zu z.; **zü|gig** ⟨Adj.⟩: **1.** *schnell u. stetig, ohne Stockung:* ein -es Tempo; Doch den -en (zügig fahrenden) Fahrer zeichnen im Gegensatz zum Raser Verkehrsbewußtsein, Verantwortungsgefühl und Überblick aus (NNN 3. 11. 87, 3); Noch immer ging es z. voran durch den Schnee (Kronauer, Bogenschütze 396); Wer bei z. fließendem Verkehr anhält, ... (ADAC-Motorwelt 1, 1982, 20). **2.** (schweiz.) **a)** *Kraft zum Ziehen habend:* ein -er Ochse; **b)** *zugkräftig:* ein -es Schlagwort; **Zü|gig|keit,** die; -: *das Zügigsein.*
zu|gip|sen ⟨sw. V.; hat⟩: *mit Gips verschließen:* ein Loch in der Wand z.
Zug|klap|pe, die: *Klappe zum Regulieren des Zuges* (8 b) *am Ofen;* **Zug|kon|trol|le,** die: **1.** *im Zug durchgeführte Kontrolle* (Fahrkarten-, Ausweis-, Gepäckkontrolle). **2.** *Personen, die diese Zugkontrolle* (1) *durchführen;* **Zug|kraft,** die: **1.** (Physik) *Kraft, mit der ein Körper in eine bestimmte Richtung gezogen wird:* relativ viel Z. im mittleren Drehzahlbereich (ADAC-Motorwelt 4, 1981, 10); Das Biegen der Stahlstäbe ermöglicht es, den Stahl in jene Zonen zu legen, in welchen Zugkräfte auftreten (Bild. Kunst III, 100). **2.** ⟨o. Pl.⟩ *Anziehungskraft, die jmd. od. etw. auf viele Menschen ausübt:* die Z. eines Bühnenstücks, eines Filmstars, eines Politikers; Da das Wort „Freiheit" eine große Z. hat, ... (Thieß, Reich 458); **zug|kräf|tig** ⟨Adj.⟩: *Zugkraft* (2) *ausübend; viel Publikum anziehend, anreizend:* ein -er Titel; Aber die Sache brauchte ... einen -en Namen (Bieler, Bär 229); Der -ste und reichste Klub des Landes feierte 1967 den letztmaligen Gewinn der Meisterschaft (NZZ 27. 8. 86, 35); das Stück, der Film ist nicht sehr z.; **Zug|länge,** die: *Länge eines Eisenbahn- od. Lastzuges;* **Zug|last,** die: *zu ziehende Last.*
zu|gleich ⟨Adv.⟩: **a)** *im selben Augenblick, gleichzeitig* (1): sie griffen beide z. danach; Hitler ... hätte die Welt erobert, wenn er sich mit den Russen und den Amerikanern z. angelegt hätte (Heym, Schwarzenberg 49); ... die Schlafsäle, deren Trennwände für Kanonenöfen durchbrochen sind, um mehrere Zimmer z. zu heizen (Bieler, Bär 166); „Du lernst es schon noch", hatte sie ge-

Zugleine

antwortet und z. gewußt, daß er es wohl nie lernen würde (Danella, Hotel 94); **b)** *in gleicher Weise; ebenso, auch:* er ist Maler und Dichter z.; Die Thermen waren z. Stätten der Unterhaltung und des geselligen Müßiggangs (Fest, Im Gegenlicht 359); ein verschlafenes, fast geringschätziges, z. lauernd hinterhältiges Lächeln (Kronauer, Bogenschütze 359); Erschrocken und z. erleichtert, eine vertraute Gestalt erkannt zu haben, rief Cotta seinen Zimmerherrn an (Ransmayr, Welt 84). **Zug|lei|ne**, die: **a)** *Leine, an der man zieht, um etw. mechanisch zu betätigen;* **b)** (selten) *Zügel.* **Züg|le|te**, die; -, -en [↑ ²zügeln] (schweiz. mundartl.): *Umzug, Wohnungswechsel, Übersiedlung.* **Zug|luft**, die ⟨o. Pl.⟩: *Luft, die als Zug* (8) *spürbar ist:* jetzt auch verspürte er eine Z. an den linken Bein (Gaiser, Jagd 94); die scharfe Z., die oben von der Straße her in den Vorraum drang (Nossack, Begegnung 13). **Züg|lung:** ↑ Zügelung. **Zug|ma|schi|ne**, die: *Kraftfahrzeug zum Ziehen von Anhängern o.ä.;* **Zug|mit|tel**, das: **1.** (Med.) vgl. Zugpflaster. **2.** *zugkräftiges Mittel, mit dem jmd. od. etw. angelockt werden soll;* **Zug|netz**, das (Fischereiw.): *Schleppnetz;* **Zug|num|mer**, die: **1.** *besondere Attraktion, zugkräftige Nummer (eines Zirkus-, Varieté-, Theaterprogramms o.ä.).* **2.** *im Fahrplan verzeichnete amtliche Nummer eines Eisenbahnzuges;* **Zug|och|se**, der: vgl. Zugpferd (1); **Zug|per|so|nal**, das: *Begleitpersonal eines Eisenbahnzuges;* **Zug|pferd**, das: **1.** *als Zugtier dienendes Pferd.* **2. a)** *jmd. od. etw. besonders zugkräftig Wirkendes; Magnet* (2): *der Schlagerstar ist ein Z.;* McEnroe ist für die Amerikaner zusammen mit Boris Becker Z. der morgen beginnenden US-Open (tennis magazin 10, 1986, 28); **b)** *jmd., der durch seine Aktivität andere mitreißt;* **Zug|pfla|ster**, das (Med.): *Pflaster, das die Durchblutung der Haut anregt u. dadurch (z.B. bei einem Furunkel) zusammenziehend wirkt; Vesikatorium* (b). **zu|grei|fen** ⟨st. V.; hat⟩: **1. a)** *nach etw. greifen u. es festhalten:* nicht richtig z. können; sie hat mit beiden Händen zugegriffen; der Graf, der gerade neben ihr war, hatte zugegriffen und sie vor einem Sturz bewahrt (Danella, Hotel 88); **b)** *nach etw. greifen u. es an sich nehmen:* überall lagen Kostbarkeiten, man brauchte nur zuzugreifen; greif tüchtig zu *(iß reichlich)!;* Ü bei diesen Preisen sollte man sofort z. *(kaufen);* Wer greift nicht zu, wenn er auf bequeme Weise Geld haben kann? (Niekisch, Leben 166); man bot ihr eine Stelle als Pressesprecherin, und sie griff zu *(nahm das Angebot an);* ehe der Dieb seine Beute in Sicherheit bringen konnte, hatte die Polizei schon zugegriffen; Ob die Daten sich nun auf einem PC-Server im PC-Netz befinden oder ... auf dem Großrechner, ... Hauptsache, er (= der Anwender) kann schnell darauf z. *(die Daten abrufen* (2a; Welt 24.3.93, WR 7). **2.** (landsch.) *tüchtig arbeiten; mithelfen:* sie hat im Haushalt tüchtig zugegriffen; ... daß ich sparsam und häuslich bin und auch z. kann, wenn es darauf ankommt (Augsburger Allgemeine 29./30. 4. 78, XXVIII). **Zug|rich|tung**, die: *Richtung, in die etw. gezogen wird.* **Zu|griff**, der; -[e]s, -e: *das Zugreifen; Griff nach jmdm. od. etw.:* sich dem Z. der Polizei entziehen; Devisen sind so rar, daß begehrte Auslandswaren dem Z. des Normalbürgers entzogen bleiben und im Schwarzhandel versickern (Basler Zeitung 27. 7. 84, 2); der Z. auf/zu etw.; Versuche der Sowjets, sich einen Z. auf Erdöl zu sichern, ... (Saarbr. Zeitung 29./30. 12. 79, 2); Im „START"-System hat der Reisebüromitarbeiter vom selben Terminal aus Z. zu den Angeboten der Deutschen Bundesbahn (Blickpunkt 4, 1983, 3); **zu|grif|fig** ⟨Adj.⟩ (schweiz.): *zugreifend, tatkräftig, wirksam;* **Zu|griffs|be|rech|ti|gung**, die: *Berechtigung* (a) *sich etw. zu beschaffen, auf etw., bes. Daten, zuzugreifen;* **zu|griffs|be|rech|tigt** ⟨Adj.⟩: *die Zugriffsberechtigung habend;* **Zu|griffs|mög|lich|keit**, die: *Möglichkeit, auf etw. zuzugreifen;* **Zu|griffs|zeit**, die (Datenverarb.): *Zeit zwischen der Ausgabe eines Befehls u. seiner Ausführung.* **zu|grun|de** ⟨Adv.⟩: in den Verbindungen **z. gehen** (1. *vernichtet, zerstört werden, untergehen:* ihre Ehe ging daran z.; viele Kulturen sind schon z. gegangen; Selten nur werden die Starken von ihren Gegnern erledigt. Gewöhnlich gehen sie an ihren eigenen Fehlern z. [Dönhoff, Ära 22]. **2.** *sterben, umkommen:* er ist elend zugrunde gegangen; ein Zebra ..., das an einer Drahtschlinge der Wilddiebe z. gegangen ist [Grzimek, Serengeti 320]; eigtl. = auf den Grund eines Gewässers sinken); **z. legen** *([für etw.] als Grundlage nehmen):* er legte seiner Predigt einen Text aus dem Johannesevangelium z.; **z. liegen** *([einer Sache] als Grundlage dienen, die Grundlage [für etw.] bilden):* In der Tat lag dem Begriff Demokratie ursprünglich die Vorstellung von der antiken Polis. (Fraenkel, Staat 75); Das Ziel, das unserer Außenpolitik z. lag, ... (Dönhoff, Ära 205); das diesem Urteil z. liegende Gesetz; ⟨als nicht erweitertes attr. Part. zusammengeschrieben:⟩ die zugrundeliegenden Erkenntnisse; **z. richten** (*ruinieren, vernichten, ins Verderben stürzen;* eigtl. = dem Grunde [= Erdboden] gleichmachen): der Sohn hat die Firma z. gerichtet; Gehorcht er den Befehlen, so richtet er die Truppe z. (Plievier, Stalingrad 274); Die Steppen und Halbwüsten der Serengeti kann man bestenfalls ... mit Rinder- und Schafherden z. richten (Grzimek, Serengeti 231); ⟨als nicht erweitertes attr. Part. zusammengeschrieben:⟩ zugrundegerichtete Existenzen; **Zu|grun|de|le|gung**, die; -, -en ⟨Pl. selten⟩: *das Zugrundelegen:* unter/bei Z. dieser Tatsachen. **Zugs|ab|teil**, das, (österr., schweiz.): *Zugabteil;* **Zug|sal|be**, die (Med.): vgl. Zugpflaster; **Zug|schaff|ner**, der: *Eisenbahnschaffner;* **Zug|schaff|ne|rin**, die: w. Form zu ↑ Zugschaffner; **Zug|scheit**, das (landsch.): *Querholz am Sielengeschirr;* **Zug|seil**, das (bes. Technik, Bauw.): *[Draht]seil, mit dem eine Last (z.B. Kabine einer Schwebebahn) gezogen wird;* **Zug|se|kre|ta|ri|at**, das (früher): *in einem Schnellzug eingerichtetes Sekretariat für Reisende;* **Zug|se|kre|tä|rin**, die (früher): *weibliche Person, die im Zugsekretariat Schreibarbeiten für Reisende erledigt;* **Zugs|füh|rer**, der (österr., schweiz.): *Zugführer;* **Zugs|füh|re|rin**, die (österr., schweiz.): w. Form zu ↑ Zugsführer; **Zug|si|che|rung**, die: *Gesamtheit der Einrichtungen u. Maßnahmen, die zur Sicherung des Zugverkehrs nötig sind;* **Zug|si|gnal**, das: *Eisenbahnsignal;* **Zug|span|nung**, die (Physik, Technik): *durch Spannung hervorgerufene Zugkraft in einem festen Körper;* **¹Zug|spit|ze**, die: *Spitze* (2a) *eines Zuges* (1, 2a). **²Zug|spit|ze**, die; -: *höchster Berg Deutschlands.* **Zug|stan|ge**, die: vgl. Zugleine; **Zug|stie|fel**, der (früher): *elastischer [Uniform]stiefel, der hochgezogen, aber nicht geschnürt wird;* **Zug|strang**, der: *Strang* (1b); **Zug|stück**, das: *zugkräftiges Theaterstück;* **Zugs|un|glück**, das (österr., schweiz.): *Zugunglück;* **Zugs|ver|bin|dung**, die (österr., schweiz.): *Zugverbindung;* **Zugs|ver|kehr**, der (österr., schweiz.): *Zugverkehr;* **Zugs|ver|spä|tung**, die (österr., schweiz.): *Zugverspätung;* **Zug|te|le|fon**, das: *den Reisenden in einem Schnellzug zur Verfügung stehender Münzfernsprecher;* **Zug|tier**, das: *Tier (Pferd, Ochse, Esel), das zum Ziehen von Lasten gebraucht wird;* **Zug|trom|pe|te**, die: *Trompete, bei der die Tonhöhe durch ineinandergesteckte Rohre verändert werden kann.*

zu|gucken¹ ⟨sw. V.; hat⟩ (ugs.): *zusehen:* neugierig z.; Geredet wurde kaum was beim Essen, Willi war zu sehr vertieft. Es macht Freude, ihm zuzugucken (Schnurre, Bart 81).

Zug-um-Zug-Lei|stung, die (Rechtsspr.): *Leistung bei gleichzeitig erfolgender Gegenleistung.*

Zug|un|glück, das: *Eisenbahnunglück.* **zu|gun|sten** [zu ↑ Gunst]: **I.** ⟨Präp. mit Gen., seltener auch nachgestellt mit Dativ⟩ *für jmdn., etw.; zum Vorteil, Nutzen von jmdm. od. etw.:* eine Sammlung z. der Erdbebenopfer; er hat z. seines Sohnes verzichtet; mir z. verzichtete er auf die Eintrittskarte; Man hatte sich entschlossen, die Villa in Mendon z. einer Etagenwohnung aufzugeben (Brückner, Quints 67). **II.** ⟨Adv.⟩ (in Verbindung mit „von") *zum Vorteil, Nutzen von jmdm.:* z. von Herrn Müller hat er nicht kandidiert; die sehr weitgespannte Tätigkeit des vatikanischen Informations- und Nachrichtendienstes z. von Flüchtlingen und Kriegsgefangenen (Hochhuth, Stellvertreter, Nachwort 251).

zu|gut ⟨Adv.⟩: in der Verbindung **z. haben** (schweiz., auch südd.; *zu bekommen haben, guthaben):* du hast [bei mir] noch 10 Mark z.; **zu|gu|te** ⟨Adv.⟩: in den Wendungen **jmdm. etw. z. halten** (ugs. *etw. zu jmds. Entschuldigung berücksichtigen):* man muß ihm seine Unerfahrenheit z. halten; man müsse Flugzeugführern vieles z. halten (Gaiser, Jagd 21); **sich** ⟨Dativ⟩ **etw. auf eine Sache z. tun/halten**

(geh.; *auf etw. stolz sein; sich etwas auf etw. einbilden*): wie andere Leute sich etwas auf ihr Gedächtnis oder ihre eiserne Verdauung z. tun (Musil, Mann 443); Gewisse Schriftsteller ... taten sich auf ihre Beziehungen zur Macht viel z. (K. Mann, Wendepunkt 196); **sich** ⟨Dativ⟩ **etwas z. tun** (1. *sich einen Genuß gönnen*): das Geld ist für dich persönlich bestimmt, damit sollst du dir etwas z. tun; Setzen Sie sich da in eine Kneipe, und tun Sie sich was z. [Fallada, Herr 70]. ♦ 2. *sich [über jmdn., etw.] amüsieren:* Da ward sie dem Männlein so rot am Hals wie ein Krebs vor Zorn ... Wir haben nachher uns oft was drüber z. getan [Goethe, Götz I]); **jmdm., einer Sache z. kommen** (*nützlich für jmdn., etw. sein, sich positiv auswirken*): seine Erfahrung kommt ihm z.; Türkenkriege waren Sache der Österreicher und der Russen, denen eine Schwächung des Sultans z. kam (Jacob, Kaffee 162); Sein Gerechtigkeitssinn und seine Vorurteilslosigkeit kommen naturgemäß den historischen Kapiteln des Buches besonders z. (Reich-Ranicki, Th. Mann 233); sein Vermögen einer Stiftung z. kommen lassen; ... daß Sie nicht möchten, daß ein Teil der Gewinne, die der Wirtschaft macht, den Arbeitern z. kommt (Kurier 12. 5. 84, 22); ♦ **sich z. geben** (*sich beruhigen*): ... rief der Geistliche und konnte sich noch immer vor Lachen nicht z. geben (Eichendorff, Taugenichts 94).

Zug|ver|band, der (Med.): *Streckverband;* **Zug|ver|bin|dung,** die: a) *Verbindung zwischen zwei Orten durch die Eisenbahn [Eisen]bahnverbindung:* eine schnelle Z. durch den Intercity-Zug; b) *Verbindung, Anschluß von einem Zug zum andern:* mittags gibt es eine günstige Z. nach Bonn über Köln; **Zug|ver|kehr,** der: *Eisenbahnverkehr;* **Zug|ver|spä|tung,** die: *Verspätung eines Eisenbahnzuges:* durch den starken Schneefall kam es zu vr. Z.; **Zug|vieh,** das; vgl. Zugtier; **Zug|vo|gel,** der: *Vogel, der vor Einbruch des Winters in wärmere Gegenden zieht u. im Frühjahr zurückkehrt;* **Zug|vor|rich|tung,** die: *Vorrichtung zum Ziehen (z. B. bei einer Gardine);* **zug|wei|se** ⟨Adv.⟩: 1. *Zug um Zug:* die Kriegsparteien wollen die schweren Waffen z. abziehen. 2. (Eisenb. Jargon) *nach ¹Zügen* (1 a); *als ¹Zug* (1 a) *angeordnet:* ... werden die Stückgutwagen in den Umladestellen bereits z. für die einzelnen Rangierbahnhöfe aufgestellt (Bundesbahn 1, 1988, 13); **Zug|wind,** der: *starke Zugluft;* **Zug|zeit,** die: *Zeit, in der die Zugvögel wegfliegen od. zurückkehren.* **Zug|zwang,** der [urspr. im Schachspiel]: *Notwendigkeit, sich zu einem bestimmten Zeitpunkt [in bestimmter Weise] zu entscheiden, etw. Bestimmtes zu unternehmen od. zu erreichen; in Z. geraten;* Die hartnäckige Kritik der Ökobewegung und schärfere Umweltbestimmungen ... brachten die Konzernmanager in Z. (natur 7, 1991, 53); Deutschlands Olympiafußballer sind in Z. (Saarbr. Zeitung 9. 10. 79, 9); unter Z. stehen.

zu|ha|ben ⟨unr. V.; hat⟩ (ugs.): *nicht geöffnet haben.*

zu|ha|ken ⟨sw. V.; hat⟩: *einen Hakenverschluß, etw. Aufgehaktes [wieder] schließen:* den Rock z.

zu|hal|ten ⟨st. V.; hat⟩: 1. a) *geschlossen halten; nicht öffnen:* die Tür, das Fenster z.; bei der kalten Luft den Mund z.; b) *mit der Hand bedecken:* [sich] die Nase, die Ohren, die Augen z.; „Hör auf!" keuchte Ellen und hielt ihm den Mund zu (Aichinger, Hoffnung 81); der Gefreite Hirschmann hielt sich die Ohren zu (Gaiser, Jagd 177); c) *fest-, zusammenhalten, so daß sich etw. nicht öffnen kann:* die Tür von innen z. 2. *auf jmdn., etw. zusteuern; Richtung, Kurs auf ein bestimmtes Ziel nehmen:* das Schiff hält auf die Landungsbrücke zu. 3. (schweiz., bes. Amtsspr.) *jmdm. etw. zuteilen, zuweisen, zusprechen;* **Zu|häl|ter,** der; -s, - [zu spätmhd. zuohalten = geschlossen halten; sich aufhalten; außerehelichen Geschlechtsverkehr mit jmdm. haben, also eigtl. = Geliebter, außerehelicher Geschlechtspartner]: *jmd., der Zuhälterei betreibt;* **Zu|häl|te|rei,** die; - (Rechtsspr.): *Ausbeutung von Prostituierten od. Strichjungen meist durch eine männliche Person, die ihre Vermittlung u. ihren Schutz gegen eine Teilhabe an ihren Einkünften übernimmt;* **Zu|häl|te|rin,** die; -, -nen: w. Form zu ↑Zuhälter; **zu|häl|te|risch** ⟨Adj.⟩: *die Zuhälterei betreffend;* **Zu|hal|tung,** die; -, -en (Technik): *Teil eines Türschlosses, durch den die Schließung bewirkt wird.*

zu|han|den [eigtl. = zu den Händen]: I. ⟨Präp. mit Gen., seltener auch Adv. in Verbindung mit „von"⟩ (schweiz.) 1. *zur Weiterbehandlung, Beschlußfassung durch:* In diesem Sinne hat der Gemeinderat einen Antrag z. der nächsten Gemeindeversammlung verabschiedet (NZZ 29. 8. 86, 28); ... hat die Schulbaukommission dem Stadtrat zu den Gemeinderates unlängst den Antrag unterbreitet (NZZ 23. 10. 86, 36). 2. a) *gegenüber:* Damit er nicht in den Verdacht gerät, ... müßte sich Nationalrat Euler z. der Öffentlichkeit näher erklären (NZZ 2. 2. 83, 20); Das Gremium aus angesehenen Wissenschaftlern empfiehlt z. des Wirtschaftsministerium ... (NZZ 26. 8. 86, 7); Die Kommission sollte z. von Gemeinderat beziehungsweise Verwaltung zu den Geschäften Stellung nehmen können (Basler Zeitung 2. 10. 85, 34); b) *anläßlich:* Er war ... geradezu erheitert von der Anekdote, die er da z. geselliger Abende erlebte (Frisch, Stiller 252); Ich will die Läden schließen, ... mein Haus z. des Gewitters ... bestellen (Muschg, Sommer 66). 3. a) *zu Händen* (↑Hand 1): an unsere Personalabteilung, z. Herrn U. Kaufmann (Weltwoche 17. 5. 84, 58); b) *für:* Huldvolles Lob z. der anwesenden Auslandsschweizer bestimmte auch den Tenor der übrigen Reden (Basler Zeitung 12. 5. 84, 31); fünf Millionen Dollar für Kriegsmaterial z. von Son Sann und Norodom Sihanouk (NZZ 12. 4. 85, 4). II. * **jmdm. z. sein** (selten): *jmdm. verfügbar, erreichbar sein:* fast alles ist uns heute z.

zu|hän|gen ⟨sw. V.; hat⟩: (*durch Darüber-, Davorhängen von etw.*) *bedecken, so daß es ganz zugedeckt ist; verhängen:* ein Fenster, eine Öffnung, ein Vogelbauer z.

zu|hau|en ⟨unr. V.; haute zu, hat zugehauen⟩ (ugs.): *zuschlagen* (1 a, 2, 3, 5 a).

zu|hauf ⟨Adv.⟩ (geh.): *in großer Menge, Zahl:* z. kommen; Ungereimtes, Widersprüchliches liefert der Autor z. (Szene 8, 1985, 62); bundesdeutsche und amerikanische Stützpunkte gab es in der Pfalz z. (Loest, Pistole 127).

Zu|hau|se, das; -s: *Wohnung, in der jmd. zu Hause ist [und sich wohl fühlt]; Heim, Wohnung:* Wo finde ich ein Z.? (Augsburger Allgemeine 29./30. 4. 78, 30); er hat ein schönes Z.; kein Z. haben (*keine Familie haben, in der man geborgen ist*); Ü Hier ist mein politisches Z. (NNN 14. 11. 86, o. S.); **Zu|hau|se|ge|blie|be|ne,** der u. die; -n, -n ⟨Dekl. ↑Abgeordnete⟩: *jmd., der seine Wohnung od. seine Heimat (im Unterschied zu anderen) nicht verlassen hat.*

zu|hef|ten ⟨sw. V.; hat⟩: *mit Heftstichen schließen:* einen Riß, einen Triangel z.

zu|hei|len ⟨sw. V.; ist⟩: *heilend schließen:* der Schnitt, die Schürfwunde ist zugeheilt.

Zu|hil|fe|nah|me, die; -: *Verwendung von etw. als Hilfsmittel:* erst die Z. von elektronischen Geräten brachte einen Erfolg; es ging nicht ohne, nur mit/unter Z. *(mit Hilfe)* von ...; alles, was man ohne Z. des Messers zerkleinern kann (Horn, Gäste 64); Im Gegensatz zu den meisten anderen Solokünstlern, die ihre Platten unter Z. *(mit Hilfe)* von Studiomusikern produzieren, ... (Oxmox 6, 1983, 22).

zu|hin|terst ⟨Adv.⟩: *ganz hinten; an letzter Stelle:* z. stehen, sitzen; eine Lok, ein paar Güterwagen und z. ein ehemaliger Drittklaßwaggon (Widmer, Kongreß 216).

zu|höchst ⟨Adv.⟩: *ganz oben, an oberster Stelle.*

zu|hor|chen ⟨sw. V.; hat⟩ (landsch.): *zuhören.*

zu|hö|ren ⟨sw. V.; hat⟩: a) (*etw. akustisch Wahrnehmbarem*) *hinhörend folgen, ihm seine Aufmerksamkeit zuwenden:* gut, genau, interessiert, höflich, aufmerksam, nur mit halbem Ohr z.; Der Fremde, der mit Interesse zuzuhören schien, ... (R. Walser, Gehülfe 49); du hast nicht richtig zugehört; er kann nicht, kann gut z. *(folgt [nicht] dem, was ein anderer ihm sagen, mitteilen möchte);* als einleitende Floskel vor einer Mitteilung: hör mal zu, ...; jetzt hör[e] mal [gut] zu, ... (ugs.; leicht drohend; *ich bitte dich dringend, das Folgende zu beherzigen*); b) *etw. anhören; mit Aufmerksamkeit hören; hörend in sich aufnehmen:* dem Gesang der Vögel z.; einer Unterhaltung, einer Verhandlung, einem Gespräch z.; Sie saßen im Dunkeln und hörten der Musik zu (Ott, Haie 350); **Zu|hö|rer,** der; -s, -: *jmd., der jmdm., einer Sache zuhört* (b); **Zu|hö|rer|bank,** die ⟨Pl. ...bänke; meist Pl.⟩: *Bank, Reihe von Sitzen für Zuhörer bei einer öffentlichen Sitzung, Gerichtsverhandlung o. ä.;* **Zu|hö|re|rin,** die; -, -nen: w. Form zu ↑Zuhörer; **Zu|hö|rer|schaft,** die; -: *Gesamtheit der Zuhörer; Auditorium* (2).

zu|in|nerst ⟨Adv.⟩ (geh.): **a)** *im tiefsten Innern* (2 a); *zutiefst:* z. von etw. überzeugt, getroffen sein; ... daß eine Sache sittlich erst vertretbar wird, wenn ihre Träger selbst z. daran glauben (Muschg, Gegenzauber 220); **b)** *im tiefsten Innern* (2 b), *im tiefsten Kern, Wesen:* Askese und Enthaltsamkeit, dem Christentum z. nicht fremd, ... (Jacob, Kaffee 17).
zu|jauch|zen ⟨sw. V.; hat⟩: vgl. zujubeln.
zu|ju|beln ⟨sw. V.; hat⟩: *jmdm. jubelnd begrüßen, feiern:* die Menge jubelte den Stars zu; Ü Die Leute werden seiner These z. (Tucholsky, Werke II, 181).
Zu|kauf, der; -[e]s, Zukäufe (bes. Börsenw.): *das Ergänzen von etw. durch weiteren Kauf entsprechender Stücke:* ein Z. von Bezugsrechten; **zu|kau|fen** ⟨sw. V.; hat⟩ (bes. Börsenw.): *einen Zukauf tätigen; hinzukaufen.*
zu|keh|ren ⟨sw. V.⟩: **1.** *zudrehen* ⟨hat⟩: jmdm. den Rücken z.; Ich sah ihr Gesicht, denn sie hielt es uns zugekehrt (Erné, Kellerkneipe 207); Joachim drehte sich auf dem Absatz um, und als er sich seinem Vetter wieder zukehrte, ... (Th. Mann, Zauberberg 241); sage mir, wie es kommt, daß ... die Blätter der Pflanzen sich stets dem Licht zukehren (Stern, Mann 50); Ü Hinter der Prachtfassade, die die Metropole dem Fremden zukehrt, ... (Th. Mann, Krull 181). **2.** (österr.) ⟨ist⟩: **a)** *einkehren* (1): in einem Gasthaus z.; **b)** *einen kurzen Besuch machen:* der alte Doktor Curie, der jetzt so oft bei ihnen zukehrt (Fussenegger, Zeit 429).
zu|kif|fen, sich ⟨sw. V.; hat⟩ (Jargon): *sich durch Kiffen in einen solchen Rauschzustand versetzen, daß man nichts mehr wahrnimmt:* er saß in der Ecke und war total zugekifft.
zu|kit|ten ⟨sw. V.; hat⟩: *(eine offene Stelle, ein Loch o. ä.) mit Kitt verschließen.*
zu|klap|pen ⟨sw. V.⟩: **a)** *mit klappendem Geräusch schließen* ⟨hat⟩: den Kofferraum, den Koffer, den Schirm, die Uhr z.; Und Sie, lieber Oberstleutnant, klappen Sie das Gesangbuch getrost zu (Plievier, Stalingrad 264); er brach manchmal plötzlich mitten in der Rede ab, sperrte den Mund auf, klappte ihn hörbar zu (Thieß, Legende 149); **b)** *sich mit klappendem Geräusch schließen* ⟨ist⟩: der Deckel ist zugeklappt.
zu|kle|ben ⟨sw. V.; hat⟩: **1.** *mit einem [bereits aufgebrachten] Klebstoff verschließen:* den Brief, den Umschlag z. **2.** *eine Fläche o. ä. vollständig mit etw. bekleben:* die Plakatwand ist mit Zigarettenwerbung zugeklebt.
zu|klei|stern ⟨sw. V.; hat⟩ (salopp): *zukleben* (2): Ü sachliche Gegensätze werden auch jetzt keinesfalls zugekleistert (Spiegel 8, 1985, 46).
zu|klin|ken ⟨sw. V.; hat⟩: *durch Betätigen einer Klinke schließen:* die Tür z.
zu|knal|len ⟨sw. V.⟩ (ugs.): **a)** *mit Wucht zuschlagen, ins Schloß werfen* ⟨hat⟩: sie knallte die Tür vor Wedelmanns Nase zu (Kirst, 08/15, 687); **b)** *geräuschvoll ins Schloß fallen; sich schließen* ⟨ist⟩: bei dem Luftzug knallte das Fenster zu.
zu|knei|fen ⟨st. V.; hat⟩: *durch Zusammenkneifen fest schließen:* ein Auge, den Mund z.
zu|knip|sen ⟨sw. V.; hat⟩ (ugs.): *mit einem knipsenden Geräusch schließen:* die Geldbörse z.
zu|knöp|fen ⟨sw. V.; hat⟩ /vgl. zugeknöpft/: *durch Knöpfen* **(a)** *schließen:* den Mantel, die Bluse z.; du hast dir noch nicht das Hemd zugeknöpft; ... daß ihnen der Schweiß über die fest zugeknöpften Uniformkragen rann (Bieler, Bonifaz 59).
zu|kno|ten ⟨sw. V.; hat⟩: *mit [einem] Knoten verschließen:* einen Sack z.
zu|kom|men ⟨st. V.; ist⟩ [mhd. zuokomen = heran-, herzukommen, ahd. zuoqueman]: **1.** *sich jmdm., einer Sache nähern:* sie kam [freudestrahlend, mit schnellen Schritten] auf uns zu; da seh' ich im Dunkel eine Gestalt auf uns z. (Imog, Wurliblume 276); Die Tiere werden so zahm, daß sie neugierig auf jeden Menschen zukommen (Frischmuth, Herrin 34); Ü er ahnte nicht, was noch auf ihn z. sollte *(was ihm noch bevorstand);* Zewe, Düsseldorfs erfahrenster Spieler, sieht schwere Zeiten auf seinen Verein z. (Kicker 82, 1981, 26); du mußt die Sache auf dich z. lassen *(warten, wie sich die Sache entwickelt);* wir werden in der Angelegenheit noch auf Sie z. *(werden uns zu gegebener Zeit an Sie wenden).* **2.** (geh.) **a)** *jmdm., einer Sache zuteil werden:* ihm war eine Erbschaft zugekommen; von ihm war mir ja nur Freundschaft zugekommen *(entgegengebracht worden;* Kantorowicz, Tagebuch I, 591); jmdm. etw. z. lassen *(zuwenden, geben, schenken);* unser väterlicher Freund Sami Fischer, der uns etwas Geld als Vorschuß auf ein Reisebuch z. ließ (K. Mann, Wendepunkt 179); Ich protestiere gegen die Behandlung, die man meinem Mann z. läßt *(entgegenbringt;* Sebastian, Krankenhaus 163); **b)** *zugestellt, übermittelt werden:* es war ihm die Nachricht zugekommen, daß ...; Die verlangten Meldungen sollen auch der Bankaufsicht z. (NZZ 23. 12. 83, 16); jmdm. eine Mitteilung, eine Botschaft z. lassen *(zustellen);* Lassen Sie uns Ihre Bewerbungsunterlagen mit Lichtbild z. (Saarbr. Zeitung 5./6. VI. 80, XV). **3. a)** *jmdm. gebühren; sich für jmdn. gehören:* ein Urteil kommt dir nicht zu; das einzige, was ihm zukommt, ist ...; Es kommt meinem Amt zu, Fragen zu stellen (R. v. Weizsäcker, Deutschland 76); es kommt ihm nicht zu *(er hat kein Recht dazu),* sich hier einzumischen; **b)** *jmdm. auf Grund seiner Eigenschaften, Fähigkeiten angemessen sein:* ihr kommt eine Führungsrolle zu; ... angesichts der Tatsache, daß die Befehlsgewalt dem Kapitän zukomme (NZZ 29. 4. 83, 7); Er hat wohl erkannt, daß in dieser Konstruktion dem Christentum kein Platz zukam (Thieß, Reich 325); **c)** *beizumessen sein:* dieser Entdeckung kommt eine große Bedeutung zu; Der Bau neuer Straßen, denen wirtschaftlich wachsende Bedeutung zukommt (natur 10, 1991, 90); ... und wonach überhaupt den Aussagen einer so schwer Hirnverletzten nicht der geringste Beweiswert zukomme (Mostar, Unschuldig 64).
zu|kor|ken ⟨sw. V.; hat⟩: *mit einem Korken verschließen:* eine Flasche z.
Zu|kost, die; -, (selten): *Beikost:* Gebackene Bananen sind ... eine beliebte Z. zu kaltem Fleisch (Horn, Gäste 226).
zu|krie|chen ⟨st. V.; ist⟩: *sich kriechend auf jmdn., etw. zubewegen.*
zu|krie|gen ⟨sw. V.; hat⟩ (ugs.): *zubekommen.*
zu|kucken[1] (nordd. ugs.): ↑zugucken.
Zu|kunft, die; -, (selten:) Zukünfte [mhd. zuokunft, ahd. zuochumft, eigtl. = das auf jmdn. Zukommende]: **1. a)** *Zeit, die noch bevorsteht, die noch nicht da ist; die erst kommende Zeit. künftige Zeit (u. das in ihr zu Erwartende):* eine unsichere, ungewisse Z.; denkbare Zukünfte; die Z. wird uns lehren, ob die Handlungsweise richtig war; die Z. des Landes, der Menschheit; wir wissen nicht, was die Z. bringen wird; Wenn wir die Partie gegen diese Topmannschaft auch noch gut über die Runden bringen, sieht die Z. wieder rosiger aus (Kicker 6, 1982, 47); beruhigt der Z. entgegensehen; viele Fachleute sehen darin den Polizisten der Z. *(den Polizisten, wie er künftig sein, aussehen wird;* Weser Kurier 20. 5. 85, 12); auf eine bessere Z. hoffen; auf eine glückliche Z. anstoßen; auf die Z. bauen, vertrauen; ängstlich in die Z. schauen, blicken; für die Z., für alle Z. *(für alle Zeit);* in naher, nächster, absehbarer Z. *([sehr] bald);* in ferner Z. *(in einer noch weit entfernten Zeit);* er lebt schon ganz in der Z. *(beschäftigt sich im Geist mit der kommenden Zeit);* in eine unbekannte Z. gehen; sich vor der Z. *(vor dem, was jetzt an;* **künftig); [keine] Z. haben** *(eine, keine günstige, aussichtsreiche Entwicklung erwarten lassen):* dieser Beruf hat Z.; Hat der Kinofilm als Massenmedium noch eine Z.? (Hörzu 42, 1983, 93); **einer Sache gehört die Z.** *(etw. wird eine bedeutende Entwicklung nehmen):* den Mikroprozessoren gehört die Z.; die entschiedene Absage an die Demokratie, der freilich ... die Z. gehören werde (Reich-Ranicki, Th. Mann 170); **mit/ohne Z.** *(mit/ohne Zukunftsperspektive):* ein Beruf mit/ohne Z.; Alle sagten aus, was für ein liebenswürdiger, anständiger junger Mann er gewesen war, ein Schauspieler mit Z. (Danella, Hotel 181); **b)** ⟨o. Pl.⟩ *jmds. persönliches, zukünftiges Leben; jmds. noch in der Zukunft* (1 a) *liegender Lebensweg:* die gemeinsame Z. planen; er schildert, wie er im Frühjahr 1933 ... damit beschäftigt war, seine berufliche Z. vorzubereiten (Reich-Ranicki, Th. Mann 234); eine gesicherte Z. haben; man prophezeit ihm eine große, eine glänzende Z. *(eine glanzvolle berufliche Laufbahn);* diese habe ihr Naso ... aus dem Feuer gelesen (Ransmayr, Welt 169); wie stellst du dir deine Z. vor *(was hast du für Pläne)?;* er seine ganze Z. verbauen; so wie er sprach, hatte seine Z. schon hinter sich *(hatte keine Zukunftsperspektiven mehr;* Tempo 10, 1993, 3); an seine Z. denken; Wenn man ihn auf seine Z. als Fußballspieler anspricht (Chotjewitz, Friede 124); Vorsorge für seine Z. treffen; um deine Z. *(dein Fortkommen)* brauchst du dich nicht zu sorgen. **2.**

(Sprachw.) *Zeitform, die ein zukünftiges Geschehen ausdrückt; Futur;* **zu|künf|tig** [mhd. zuokünftic]: **I.** ⟨Adj.⟩: *künftig* (I): *die -e Entwicklung; -e Zeiten; Mit der Übernahme und dem exklusiven Vertrieb -er Technologien ...* (Münchner Merkur 19. 5. 84, 25); *das Ausmaß der Verantwortlichkeit, welche die heutige für -e Generationen aufzubringen bereit ist* (Gruhl, Planet 129); *seine -e Frau (Frau in spe).* **II.** ⟨Adv.⟩ *künftig* (II): *ich bitte dies z. zu unterlassen; Für die Mitglieder der Arbeitsgemeinschaft besteht jetzt und z. die wichtige Aufgabe, ...* (NNN 12. 8. 86, 2); **Zu|künf|ti|ge,** der u. die; -n, -n ⟨Dekl. ↑ Abgeordnete⟩ (ugs.): *jmds. Verlobter, Verlobte;* **Zu|kunfts|ab|sicht,** die ⟨meist Pl.⟩: vgl. Zukunftsplan; **Zu|kunfts|angst,** die: *Angst vor der Zukunft;* **Zu|kunfts|aus|sich|ten** ⟨Pl.⟩: *Aussichten (2) für die Zukunft; etw. eröffnet jmdm. Z.;* **zu|kunfts|be|zo|gen** ⟨Adj.⟩: *bezogen auf die Zukunft; die Zukunft betreffend: -e Aktionen, Konzepte;* **Zu|kunfts|bild,** das: *Bild (3) der Zukunft;* **Zu|kunfts|ent|wurf,** der: *die Zukunft betreffender Entwurf (2);* **Zu|kunfts|er|war|tung,** die: *die Zukunft betreffende Erwartung (2); Erwartung an die Zukunft;* **Zu|kunfts|for|scher,** der: *Futurologe;* **Zu|kunfts|for|sche|rin,** die: w. Form zu ↑ Zukunftsforscher; **Zu|kunfts|for|schung,** die ⟨o. Pl.⟩: *Futurologie;* **zu|kunfts|froh** ⟨Adj.⟩ (geh.): *optimistisch im Hinblick auf die Zukunft;* **zu|kunfts|ge|rich|tet** ⟨Adj.⟩: *zukunftsorientiert: eine -e Tätigkeit; -e Überlegungen;* **Zu|kunfts|glau|be, Zu|kunfts|glau|ben,** der (geh.): *jmds. Vertrauen in die Zukunft;* **zu|kunfts|gläu|big** ⟨Adj.⟩: *Vertrauen in die Zukunft setzend;* **Zu|kunfts|hoff|nung,** die: *in die Zukunft (1a) gesetzte Hoffnung;* **Zu|kunfts|mu|sik,** die ⟨o. Pl.⟩ [urspr. polemisch gegen Richard Wagners Musik gerichteter Begriff]: *etw., dessen Realisierung noch in einer fernen Zukunft liegt, was noch als utopisch angesehen werden muß: dieses Projekt ist einstweilen Z.; ... weil eine solche Diskussion uns damals noch als ferne Z. erschien* (Leonhard, Revolution 193); **zu|kunfts|ori|en|tiert** ⟨Adj.⟩: *auf die Zukunft (1 a) hin orientiert; -e Forschung; zur Schaffung neuer Arbeitsplätze in -en Unternehmen gewährt der Bund ...* (Brückenbauer 11. 9. 85, 4); **Zu|kunfts|per|spek|ti|ve,** die: *Perspektive (3a);* **Zu|kunfts|plan,** der: *Plan für die Zukunft;* **zu|kunfts|reich** ⟨Adj.⟩ (selten): *mit Zukunft: ein -er Beruf;* **Zu|kunfts|ro|man,** der (Literaturw.): *utopischer Roman, der in einer erdachten Zukunft spielt; Sciencefiction-Roman;* **zu|kunfts|si|cher** ⟨Adj.⟩: *Bestand auch in der Zukunft versprechend: eine -e Existenz; Wir bieten Ihnen neben einem -en Arbeitsplatz ...* (Express, 12. 5. 84, 16); **Zu|kunfts|si|che|rung,** die ⟨o. Pl.⟩: *Absicherung seiner Existenz in bezug auf die Zukunft;* **Zu|kunfts|staat,** der: *Staat mit idealen Lebensbedingungen, dessen Realisierung man für die Zukunft erhofft;* **Zu|kunfts|tech|nik,** die: *zukunftsorientierte Technik; Technik, die Zukunft hat: die Jugendlichen erwarten, daß die Z. das umweltverträgliche Auto bereitstellt* (Höhler, Horizont 238); **Zu|kunfts|tech|no|lo|gie,** die: vgl. Zukunftstechnik: *Der Vorsprung der USA und Japans in den -n ist jetzt schon enorm* (Hörzu 15, 1985, 57); **zu|kunfts|träch|tig** ⟨Adj.⟩: *mit guten Zukunftsaussichten: eine -e Entwicklung; ... wobei es vor allem darauf ankommt, wirklich neue Arbeitsplätze in -en Branchen zu schaffen* (Südd. Zeitung 1. 3. 86, 149); **Zu|kunfts|traum,** der: *utopische Wunschvorstellung: alle diese Verbesserungen sind Zukunftsträume;* **Zu|kunfts|ver|hei|ßung,** die (geh.): vgl. Zukunftstraum; **Zu|kunfts|vi|si|on,** die: *Vision (c): Unsere Nachfahren werden nicht fragen, welche -en wir für sie bereithielten* (R. v. Weizsäcker, Deutschland 75); **zu|kunfts|wei|send** ⟨Adj.⟩: *fortschrittlich; auf die Zukunft bezogen: -e Technologien;* **zu|kunft|wei|send:** ↑ zukunftsweisend.

Zu|kurz|ge|kom|me|ne, der u. die; -n, -n ⟨Dekl. ↑ Abgeordnete⟩ (*jmd., der zu kurz gekommen ist, benachteiligt worden ist: fünf Episoden über Einsame und Z., über Arme in Kreuzberg und Wohlhabende in Dahlem* (Hörzu 16, 1976, 67). **zu|lä|cheln** ⟨sw. V.; hat⟩: *(jmdm.) etw. durch Ansehen u. Lächeln signalisieren: jmdm. freundlich, aufmunternd z.; sie lächelten sich/*(geh.:) *einander zu; aus Verlegenheit lächelte er ihnen zu, was von den beiden nur die Frau erwiderte* (Musil, Mann 743); **zu|la|chen** ⟨sw. V.; hat⟩: *jmdn. lachend ansehen: dem Publikum z.; er lachte ihr freundlich zu.* **zu|la|den** ⟨st. V.; hat⟩: *als Ladung (1 a) zu etw. anderem, schon Vorhandenem hinzufügen: weitere Frachtgut z.; Am Straßenbahnhof wurden weitere Gefangene zugeladen* (Bieler, Mädchenkrieg 461); **Zu|la|dung,** die; -, -en: **1.** *das Zuladen.* **2.** *zugeladenes Gut:* 10 Zentner Z. **Zu|la|ge,** die; -, -n: **a)** *etw., was zusätzlich zu etw. gegeben, gezahlt wird: -n für Schwerarbeiter;* **b)** (landsch.) *zum Fleisch dazugelegte u. mitgewogene Knochen (beim Einkauf im Fleischladen):* Rindfleisch mit, ohne Z. **zu|lan|de** ⟨Adv.⟩: in der Verbindung **bei jmdm. z.** (veraltend): *in jmds. Heimat, Gegend o. ä.): bei ihnen z. ist vieles anders; Es gab seltsame Früchte, „Grapefruit" genannt, ... die man bei uns z. noch nicht kannte* (K. Mann, Wendepunkt 164). **zu|lan|gen** ⟨sw. V.; hat⟩: **1. a)** (ugs.) *(bes. beim Essen) vom Angebotenen reichlich nehmen; sich reichlich bedienen: die Kinder hatten großen Hunger und langten kräftig zu; der Schmuck kommt in den Tresor, auch da langst du nicht* (greifst) *zu* (Konsalik, Promenadendeck 439); Ü *Häufig wurde beim Auswuchten geschlampt und dennoch ungeniert zugelangt. Wir zahlten zwischen 56 und 179 DM* (ADAC-Motorwelt 7, 1986, 42); **b)** *(bei der Arbeit) kräftig zupacken: der Neue kann z.; ... der ihr die Schlafkammer ließ, auch wenn sie schon nicht mehr in seiner Wirtschaft z. konnte* (Kühn, Zeit 325); **c)** *zuschlagen; jmdm. einen Schlag versetzen: ... verurteilten 86 Prozent die Gewalt in der Ehe. Doch entgegen allen Beteuerungen langen Männer immer noch zu* (Spiegel 8, 1986, 99). **2.** (landsch.) *ausreichen: langt das zu?;* *wenn die eigene Kraft nicht mehr zulangt, muß man die Hilfe annehmen* (Broch, Versucher 108); **zu|läng|lich** ⟨Adj.⟩ (geh.): *genügend, ausreichend, hinreichend: er hat keine -en Kenntnisse, Erfahrungen; etw. z. unterstützen;* **Zu|läng|lich|keit,** die; -, -en: **1.** ⟨o. Pl.⟩ *das Zulänglichsein.* **2.** *etw., was zulänglich ist.*

zu|las|sen ⟨st. V.; hat⟩ [mhd. zuolāzen = gestatten, erlauben]: **1.** *nichts unternehmen, um etw. Bestimmtes zu verhindern; geschehen lassen; dulden (1 a); tolerieren: wie konntest du z., daß die Kinder auf der Straße spielen!; so etwas würde sie niemals z.; Die vornehmeren Kameraden „... fanden ihn unmöglich und ließen ihn in ihrer Gesellschaft nicht zu"* (Reich-Ranicki, Th. Mann 22); *Ich werde den Antrag z.* (Kemelman [Übers.], Mittwoch 149); *eine sensible Frau, die sich traut, Gefühle zuzulassen* (Spiegel 10, 1990, 286); *Die CDU hat es zugelassen, daß dieser Mann wegging* (natur 2, 1991, 28). **2.** *jmdm. zu etw. Zugang gewähren; jmdm. zur Ausübung von etw., zu bestimmtem Zweck, für eine bestimmte Betätigung o. ä. die amtliche Erlaubnis erteilen: jmdn. als Prozeßbeobachter, für das/zum Studium, zur Teilnahme an etw. z.; Gleich darauf ... zum Auswärtigen Dienst zugelassen und als Attaché an die Botschaft in Paris geschickt worden* (Dönhoff, Ostpreußen 29); *einen Arzt, als Anwalt z.; der Film ist für Jugendliche nicht zugelassen (der Besuch ist Jugendlichen nicht gestattet); ein Kraftfahrzeug [zum Verkehr] z.; die Straße ist nur für Anlieger zugelassen; Aktien an der Börse z.* (Bankw.: *ihren Handel an der Börse genehmigen*); *ein Tier zur Zucht z.* (Landw.: *es für Zwecke der Zucht geeignet erklären*); *Molsidomin wurde in der Bundesrepublik Deutschland 1978 zugelassen* (*wurde die amtliche Erlaubnis zur Ingebrauchnahme erteilt;* DÄ 47, 1985, 21). **3.** *die Möglichkeit zu etw. geben; ermöglichen, gestatten: etw. läßt mehrere Interpretationen zu; die Vorgänge lassen den Schluß zu, daß ...; etw. läßt keine Ausnahme zu; etw. läßt keinen Zweifel zu (ist ganz eindeutig); die Straßenverhältnisse ließen kein höheres Tempo zu (machten es nicht möglich); Jetzt geht es dorthin, sooft es die Schule zuläßt* (ADAC-Motorwelt 1, 1982, 42); *Wir setzten diese Arbeit fort, solange Hitze und Qualm es zuließen* (Lenz, Heimatmuseum 11). **4.** (ugs.) *etw. Geschlossenes od. Verschlossenes nicht öffnen (1 a); geschlossen lassen: einen Brief, eine Schublade, das Fenster z.; du mußt den Mantel z.; Konntest du die Augen nicht geschlossen lassen, verdammt, konntest du sie nicht z.?* (Rocco [Übers.], Schweine 158); **zu|läs|sig** ⟨Adj.⟩: *(meist von amtlicher Seite, von einer amtlichen Stelle) zugelassen, erlaubt: eine -e [Höchst]menge; die -e Höchstgeschwindigkeit; in der Regel kennt der Laie weder die notwendigen noch die -en Methoden der biologischen Forschung* (Natur 76); *bestimmte Hilfsmittel, Zusatzstoffe sind* [nicht] *z.; etw. ist rechtlich* [nicht] *z.; Hoheitliche Maßnahmen der Verwaltung*

Zulässigkeit

sind jedoch nur z., wenn ... (Fraenkel, Staat 347); ein Verfahren für z. erklären *(es genehmigen);* Zu|läs|sig|keit, die; -: *das Zulässigsein;* Zu|las|sung, die; -, -en: **1.** ⟨o. Pl.⟩ *das Zulassen* (2). **2.** (ugs.) *Kraftfahrzeugschein;* Zu|las|sungs|pa|pier, das: *Dokument, das die polizeiliche Zulassung eines Kraftfahrzeugs o. ä. beurkundet* (Kraftfahrzeugschein, Kraftfahrzeugbrief); zu|las|sungs|pflich|tig ⟨Adj.⟩: *einer amtlichen od. polizeilichen Zulassung bedürftig:* ein -es Fahrzeug; Zu|las|sungs|prü|fung, die: *Prüfung, die über die Zulassung* (1) *einer Person, Sache entscheidet;* Zu|las|sungs|schein, der: *Zulassung* (2); Zu|las|sungs|stel|le, die: *amtliche Stelle, die für Zulassungen bestimmter Art zuständig ist;* Zu|las|sungs|ver|fah|ren, das: *Verfahren, in dem über bestimmte Zulassungen entschieden wird.*

Zu|lauf, der; -[e]s, Zuläufe: **1.** ⟨o. Pl.⟩ *Zuspruch, den jmd., etw. hat, erfährt:* der Arzt, Anwalt, das Lokal hat großen Z. *(viele Leute suchen den Arzt usw. auf);* er kann sich nicht über mangelnden Z. *(über Mangel an Kundschaft, Interessenten o. ä.)* beklagen; Um dem Z. zu den Jugendsekten zu begegnen, ... (Flensburger Tageblatt, Ostern 84, 2). **2.** (seltener) *Zufluß* (2): ein Z. des Bodensees. **3.** (Fachspr.) **a)** *zuströmende Wassermenge:* der Z. muß gedrosselt werden; **b)** *Stelle an, in einer technischen Anlage, an der Wasser zuläuft, einströmt:* der Z. ist verstopft; zu|lau|fen ⟨st. V.; ist⟩: **1.** *in Richtung auf jmdn., etw. laufen; sich im Laufschritt auf jmdn., etw. zubewegen:* mit Riesenschritten auf das Ziel z.; Statt eines Wagens sah ich einen Lakaien der Botschaft stracks auf mich z. (Roth, Beichte 157); auf jmdn. zugelaufen kommen; wir laufen *(gehen)* jetzt dem Dorf zu. **2.** (ugs.) *sich (beim Laufen 1) beeilen:* lauf zu, sonst ist der Zug weg! **3.** *in einer bestimmten Richtung verlaufen, sich in eine bestimmte Richtung erstrecken:* der Weg läuft auf den Wald zu. **4.** *(von entlaufenen, streunenden Haustieren) sich jmdm. anschließen:* ein Hund ist uns zugelaufen; Eine Bäuerin rief im Gestüt an, ... ein Pferd sei ihr zugelaufen (Frischmuth, Herrin 58). **5.** *(in bezug auf eine größere Zahl von Personen) jmdm. in einer bestimmten Erwartung aufsuchen:* Kunden, Patienten, Schüler laufen ihm [in hellen Scharen] zu. **6.** *zu einer vorhandenen Flüssigkeitsmenge zusätzlich in ein Gefäß fließen:* warmes Wasser z. lassen. **7.** *in eine bestimmte Form auslaufen:* das getürmte, spitz zulaufende Gebäude der „New York Times" (K. Mann, Wendepunkt 163); Hosen mit schmal, eng zulaufenden *(nach unten schmal, eng werdenden)* Beinen.

zu|le|gen ⟨sw. V.; hat⟩: **1.** ⟨z. + sich⟩ (ugs.) *sich etw. kaufen, anschaffen:* sich ein Auto, einen Hund z.; er hatte sich unterdessen das Nebenhaus auf dem Pont au Change zugelegt (Süskind, Parfum 139); Ü er hat sich einen Bauch, einen Bart, eine neue Frisur zugelegt (ugs. scherzh.; hat einen Bauch bekommen, trägt jetzt einen Bart, eine neue Frisur); er hat sich eine Freundin zugelegt; Wann legt ihr euch mal Kinder zu!? (Bieler, Bär 432);

sich einen Künstlernamen z. *(annehmen);* Eine Subkultur legt sich mit der Zeit nach ihren eigenen Gesetzen eine eigene Sprechweise zu (Brückenbauer 11. 9. 85, 12). **2.** (ugs.) **a)** *(bes. beim Laufen, Fahren, Arbeiten) sein Tempo steigern:* die Läufer hatten tüchtig zugelegt; wenn du pünktlich fertig werden willst, mußt du etwas z.; **b)** *an Umfang, Volumen o. ä. zunehmen; sich vergrößern, wachsen:* ... eines der ganz wenigen Printprodukte in der Schweiz, das an Anzeigenvolumen nicht sinkend, sondern massiv zulegt (Tages Anzeiger 12. 11. 91, 6); ... hat die Kreditbranche noch einmal kräftig zugelegt *(ihren Umsatz noch einmal kräftig gesteigert;* Spiegel 49, 1985, 125); Die Häfen von Singapur haben 1984 kräftig zugelegt (Hamburger Abendblatt 22. 5. 85, 31); Die Union hat zwar kaum zugelegt *(Stimmen bei der Wahl gewonnen),* aber ... (Nürnberger Nachrichten 8. 3. 84, 2); er hat in den letzten Monaten ziemlich zugelegt *(an Gewicht zugenommen).* **3.** (landsch. ugs.) *dazulegen, zu etw. hinzufügen:* legen Sie noch ein Stück, ein paar Scheiben zu!; seine Eltern haben zu dem Kauf 1 000 Mark zugelegt *(beigesteuert);* wenn Sie noch etwas zulegen, bekommen Sie einige nützliche Extras; Ü einen Schritt z. *(etwas schneller gehen).*

zu|leid, zu|lei|de: in der Verbindung **jmdm. etwas z. tun** *(jmdm. einen Schaden, ein Leid zufügen; jmdm. verletzen, kränken o. ä.):* er hat nie jemandem etwas z. getan; hat sie jemandem etwas z. getan?

zu|lei|ten ⟨sw. V.; hat⟩: **1.** *etw. an eine bestimmte Stelle leiten, gelangen lassen:* der Mühle, dem Kraftwerk Wasser z.; Ü der Erlös der Veranstaltung soll dem Kinderhilfswerk zugeleitet *(übergeben)* werden; Hackethal hatte kürzlich öffentlich eingestanden, einer unheilbar krebskranken Patientin auf deren Wunsch hin Zyankali für ihren Selbstmord zugeleitet zu haben (Badische Zeitung 12. 5. 84, 16). **2.** *(etw. Schriftliches) übermitteln, zustellen* (2): jmdm. eine Nachricht, eine Mitteilung, ein Schreiben [auf dem Amtswege] z.; Zu|lei|tung, die; -, -en: **1.** ⟨o. Pl.⟩ **a)** *das Zuleiten* (1): die Z. wurde unterbrochen, blockiert; **b)** *das Zuleiten* (2); *Übermittlung:* die Z. einer Nachricht. **2.** *Leitung* (3 a, b), *die etw. zuleitet* (1): eine Z. verlegen; Zu|lei|tungs|rohr, das: *Rohr für die Zuleitung* (1 a) *von etw.*

zu|ler|nen ⟨sw. V.; hat⟩: **1.** (ugs.) *dazulernen:* Lassen Sie Andeutungen einfließen, aus denen hervorgeht, daß Sie zugelernt haben (Muschg, Sommer 104). ♦ **2.** *anlernen* (1): ... müssen, wie etwas besser zugelernte Hunde, sowohl aus Feuer als aus Wasser holen (Lessing, Nathan III, 2).

zu|letzt ⟨Adv.⟩: **1.** *an letzter Stelle; als letztes; nach allem übrigen:* diese Arbeit werde ich z. machen; er hatte in Berlin, in Paris, in New York und z. in Argentinien gearbeitet (Koeppen, Rußland 149); sie denkt an sich selbst z.; (ugs.:) sich etw. bis/für z. aufheben; er war z. *(am Ende seiner Laufbahn)* Major; daran hätte ich z. gedacht *(darauf wäre ich nicht so leicht gekommen);* *** nicht z.** *(ganz be-*

sonders auch): nicht z. seiner Hilfe ist dies zu verdanken; nicht z. deshalb, darum, weil ...; Es dauerte eine Weile, bis Cornelius sich in der Familie zurechtfand, nicht z. bedingt durch Sprachschwierigkeiten (Danella, Hotel 19). **2.** *als letzter, letzte, letztes:* er kommt immer z.; das z. geborene Kind; Keiner kann ihr gebieten. Ich z. *(am wenigsten;* Kaiser, Villa 91). **3.** (ugs.) *das letzte Mal:* er war z. vor fünf Jahren hier; wann hast du ihn z. gesehen?; die vielen westlichen Beratungen – bei denen, wie z. in Paris, weit über hundert Sachverständige zusammenkamen – ... (Dönhoff, Ära 78). **4.** *schließlich* (1 a); *zum Schluß:* wir mußten z. doch umkehren; ein Verhalten, das sich z. als Fehler erwies; Hitler hat z. ein Versagen der Generale und des deutschen Volkes für die Katastrophe verantwortlich gemacht (Fraenkel, Staat 210).

zu|lieb (bes. österr.), zu|lie|be ⟨Präp. mit vorangestelltem Dativ⟩: *um jmdm. (mit etw.) einen Gefallen zu tun; um jmds., einer Sache willen:* nur dir z. bin ich hiergeblieben; bloß Thomas zuliebe schaute er sich jetzt manchmal wieder Fernsehübertragungen von sportlichen Veranstaltungen an (Rolf Schneider, November 100); der Wahrheit z.; Meine Mutter, die ich der Kürze zulieb Mum nenne, ... (Muschg, Gegenzauber 11).

Zu|lie|fe|rant, der; -en, -en: *Zulieferer;* Zu|lie|fe|ran|tin, die; -, -nen: w. Form zu ↑ Zulieferant; Zu|lie|fer|be|trieb, der, Zu|lie|fe|rer, der; -s, -: *Industriebetrieb bzw. Händler, der Unternehmen mit Produkten beliefert, die von diesen weiterverarbeitet werden;* Zu|lie|fe|rer|in|du|strie, die: *Zulieferindustrie;* Zu|lie|fe|rin, die; -, -nen: w. Form zu ↑ Zulieferer; Zu|lie|fer|in|du|strie, die: *die Zulieferbetriebe umfassender Industriezweig;* zu|lie|fern ⟨sw. V.; hat⟩: **1. a)** *als Zulieferer arbeiten;* **b)** *Waren liefern; ausliefern* (2): Wir Verkaufsfahrer müssen oftmals an den unmöglichsten Stellen halten, um die schweren Pakete z. zu können (MM 11. 4. 70, 45). **2.** (Rechtsspr.) *jmdn. ausliefern* (1): einen Terroristen z.; Zu|lie|fe|rung, die; -, -en: *das Zuliefern.*

zul|len ⟨sw. V.; hat⟩ [lautm.] (landsch., bes. ostmd.): *(bes. von Säuglingen) saugen, lutschen;* Zul|ler, der; -s, - (landsch., bes. ostmd.): *Sauger, Schnuller.*

zu|lo|sen ⟨sw. V.; hat⟩ (Sport): *jmdm. durch Losen einen bestimmten Gegner zuweisen:* Jeder Teilnehmer erhält den Namen eines Kantons zugelost (Burger, Brenner 317); ..., während die Italiener erbleichten, als sie neben den ebenfalls gesetzten Argentinien noch Ungarn und Frankreich zugelost bekamen (Augsburger Allgemeine 27./28. 5. 78, IV).

zu|lö|ten ⟨sw. V.; hat⟩: *durch Löten verschließen.*

Zulp, der; -[e]s, -e [zu mundartl. Zulpen (Pl.) = Abfall beim Flachsbrechen; nach der urspr. Herstellung aus Leinwandresten] (landsch., bes. ostmd.): *Sauger, Schnuller;* zul|pen ⟨sw. V.; hat⟩ (landsch., bes. ostmd.): *zullen.*

¹Zu|lu, der; -[s], -[s] u. die; -, -[s]: Angehörige[r] eines Bantustammes in Natal; ²Zu|lu, das; -[s]: *die Sprache der Zulus.*

Zu|luft, die; - (Technik): *(in klimatisierten Räumen) Luft, die zugeführt wird:* Aseptische Operationsräume sollen gegenüber der Umgebung einen kleinen Überdruck erhalten. Dies erreicht man, indem man diesem Raum mehr Z. zuführt als Abluft abgesaugt wird (Handelsblatt 1. 8. 79, 15).

zum ⟨Präp. + Art.⟩: *zu dem:* die Tür z. Wohnzimmer; sie lief z. Telefon; nicht auflösbar in festen Verbindungen: z. Schluß; z. Spaß; z. Beispiel; ⟨nicht auflösbar in Verbindung mit einem subst. Inf.:⟩ etw. z. Kochen bringen; etw. z. Liebhaben; sie verlangte etwas z. Essen (südd., österr. ugs.; *zu essen*); (österr.:) er ist Abgeordneter z. Nationalrat.

zu|ma|chen ⟨sw. V.; hat⟩: **1.** (ugs.) *schließen* (1): die Tür, den Koffer, einen Deckel z.; ich habe die ganze Nacht kein Auge zugemacht *(nicht schlafen können).* **2.** (ugs.) *schließen* (7): wann machen die Geschäfte zu? **3.** (landsch.) *sich beeilen:* du mußt z., sonst kommst du zu spät; mach zu!

zu|mal: I. ⟨Adv.⟩ [mhd. ze mâle = zugleich] *besonders* (2 a), *vor allem, namentlich]* alle, z. die Neuen, waren begeistert/ alle waren begeistert, z. die Neuen; Die rechte Hand weiß recht oft nicht, was die linke tut. Zumal in der Sowjetunion (NZZ 29. 8. 86, 5); sie nimmt die Einladung gern an, z. da/wenn sie allein ist. II. ⟨Konj.⟩ *besonders da, weil; vor allem da:* sie nimmt die Einladung gern an, z. sie allein ist; Die Öffentlichkeit weiß von den Arbeiterkolonien überhaupt nichts, z. sie weitab ... versteckt liegen (Klee, Pennbrüder 95).

zu|mar|schie|ren ⟨sw. V.; ist⟩: *in Richtung auf jmdn., etw. marschieren; sich marschierend auf jmdn., etw. zubewegen:* sie marschierten auf den Wald zu; Ü ... daß die Tschechoslowakei auf den Kapitalismus zumarschierte (MM 26. 8. 68, 20).

zu|mau|ern ⟨sw. V.; hat⟩: *mauernd, mit Mauerwerk verschließen:* ein Loch, eine Türöffnung z.; zugemauerte Fenster.

zu|meist ⟨Adv.⟩ (selten): *meist, meistens:* Sie war z. im westlichen Berlin gewesen (Johnson, Ansichten 189); es waren z. geistig geschulte Menschen, die sich für den „Widerstand" gewinnen ließen (Niekisch, Leben 140); tiefliegende, z. von den Lidern halb bedeckte Augen (Heym, Schwarzenberg 45); Es gibt viele Volksdichter in Sardinien. Zumeist Bauern und Hirten (Chotjewitz, Friede 193).

zu|mes|sen ⟨st. V.; hat⟩ (geh.): **1.** *genau abmessend zuteilen* (b): den Häftlingen ihre Essensration, den Tieren [ihr] Futter z.; ein reichlich zugemessenes Taschengeld; Ü jmdm. die Schuld an etw. z. *(anlasten);* es war ihm nur eine kurze Zeit für seine Lebensarbeit zugemessen *(er mußte früh sterben).* **2.** *beimessen:* einer Sache, jmds. Worten große Bedeutung z.; ..., während ... den Printmedien eine zumindest gleichwertige Rolle zugemessen werde (Presse 7. 6. 84, 4); **Zu|messung,** die; -, -en: *das Zumessen.*

zu|min|dest ⟨Adv.⟩: **a)** *zum mindesten; auf jeden Fall; jedenfalls* (b): es ist keine schwere, z. keine bedrohliche Krise; sie war verloren, so schien es z.; das z. be-

haupten seine Gegner; Ob man ihr Toleranz nachrühmen kann, ist z. zweifelhaft (Reich-Ranicki, Th. Mann 182); **b)** *als wenigstes; wenigstens:* z. hätte er sich entschuldigen müssen; Danach hätte sie z. Anspruch auf Arbeitslosengeld gehabt (elan 1, 1980, 13).

zu|mi|schen ⟨sw. V.; hat⟩ (selten): *mischend zusetzen; beimischen:* dem Teig ein Treibmittel z.; **Zu|mi|schung,** die; -, -en: **1.** *das Zumischen.* **2.** *als Zusatz zu anderem verwendete Mischung* (2 a).

Zumpf|erl, das; -s, -n [Vkl. von älter mundartl. Zumpf = Penis < mhd. zump(f), verw. mit ↑Zapfen, ↑Zipfel u. ↑Zopf] (österr. ugs.): *Penis:* „Ich gelobe dem Herrgott", feixt Deix, „daß ich weiterhin ... die -n zeichnen werde." (Spiegel 47, 1985, 243).

zu|mut (ugs.): *zumute:* Welchem Badenden und Schwimmenden ... ist es nicht wohl z.? (R. Walser, Gehülfe 20); **zumut|bar** ⟨Adj.⟩: *so beschaffen, daß es jmdm. zugemutet werden kann:* eine -e Belastung; das ist für sie nicht z.; das ist sicherlich kein Vergnügen und eigentlich auch niemandem z. (MM 27. 12. 73, 21); **Zu|mut|bar|keit,** die; -, -en: **1.** ⟨o. Pl.⟩ *das Zumutbarsein.* **2.** (selten) *etw. Zumutbares;* **zu|mu|te:** in den Verbindungen **jmdm. z. sein/werden** *(jmdn. in einer bestimmten inneren Verfassung sein lassen; jmdn. als eine bestimmte Gemütsstimmung ergreifen):* jmdm. ist beklommen, ängstlich, komisch, wohlig z.; es war ihm nicht wohl z. bei dieser Sache; Weißt du auch, wie mir z. war ...? (Frisch, Cruz 82); So war mir auch ... bald zum Weinen, bald zum Lachen (Musil, Mann 755); **jmdm. z. sein nach jmdm., etw.** *(nach jmdm., etw. verlangen, jmdn., etw. haben, tun wollen):* Wenn einem von uns nach einem festlichen Abendessen im Hotel Vier Jahreszeiten z. war (K. Mann, Wendepunkt 118); wem es nach Großstadt z. ist, der fährt eben mal nach Lübeck (Danella, Hotel 197); **zu|mu|ten** ⟨sw. V.; hat⟩ [spätmhd. zuomuoten]: **1.** *von jmdm. etw. verlangen, was eigentlich unzumutbar, zu schwer, zu anstrengend ist:* das kannst du ihm nicht z.; den Anblick, den Lärm, die Arbeit wollte er uns nicht z.; Nachmittags werden nur Privatpatienten behandelt, denen keine Wartezeit zugemutet werden kann (Gabel, Fix 151); ich möchte Ihnen nicht z., daß ...; du hast dir zuviel zugemutet *(dich übernommen, überanstrengt mit etwas).* **2.** (landsch., schweiz.) *zutrauen:* ich kann ihm wirklich nichts Schlechtes z. (Marchwitza, Kumiaks 220); **Zu|mu|tung,** die; -, -en: *etw. Unzumutbares:* der Lärm ist eine Z.; Für den Pfarrer ist das eine Z. (Sonntagsblatt 20. 5. 84, 11); es doch ist eine Z. *(Rücksichtslosigkeit, Unverschämtheit),* das Radio so laut zu stellen; eine Z. *(ein unbilliges Ansinnen)* zurückweisen; viele dieser merkwürdigen Berichte, die ... eine Z. an unsere Aufgeklärtheit zu bedeuten scheinen (Thielicke, Ich glaube 94); sich gegen eine Z. verwahren.

zu|nächst: I. ⟨Adv.⟩ [mhd. ze næhste] **a)** *am Beginn von etw.; anfangs; am Anfang, zuerst* (2): es war z. nicht aufgefallen; sah es so aus, als ob ...; die Arbeit zeigte

z. keinen Erfolg; Vom plötzlichen Lichteinfall geblendet, sah Cotta z. nur mit Tüchern und Decken verhängte Möbel (Ransmayr, Welt 195); **b)** *vorerst, einstweilen* (a); *in diesem Augenblick:* daran denke ich z. noch nicht; das wollen wir z. beiseite lassen; Wer als Privatpatient zum Arzt geht, erhält eine Rechnung. Die muß er z. bezahlen, bevor ihm die Versicherung das Geld erstattet (Capital 2, 1980, 179). II. ⟨Präp. mit Dativ⟩ (geh.) *in nächster Nähe (von etw. gelegen o. ä.):* die Bäume, die der Straße z./z. der Straße stehen; In dem unteren Zimmer, dem Eingang z. lag ... (Bieler, Mädchenkrieg 171); **Zu|nächst|lie|gen|de,** das; -n (seltener): *das Nächstliegende.*

zu|na|geln ⟨sw. V.; hat⟩: *nagelnd, mit Hilfe von Nägeln verschließen:* eine Kiste z.; die Türöffnung mit Brettern z.; die Fenster waren zugenagelt (Wiechert, Jeromin-Kinder 213).

zu|nä|hen ⟨sw. V.; hat⟩: *durch eine Naht schließen:* eine aufgeplatzte Naht z.; eine Kissenhülle z.; ..., während ich Sohnemann das Loch in der Aorta zunähte (Med. Jargon; Sebastian, Krankenhaus 130).

Zu|nah|me, die; -, -n: **1.** *das Zunehmen* (1): eine geringfügige, beträchtliche Z.; die Z. beträgt 5%, die Z. um, von 5%; die Z. an Geburten soll gestoppt werden; Durch eine ... Z. der Bevölkerungsdichte im 19. Jh. wird die Massierung des städtischen Wohnens gefördert (Bild. Kunst III, 40); mit der Z. des Wissens nehmen nicht etwa die Fragen ab (Gruhl, Planet 245). **2.** (Handarb.) *das Zunehmen* (3): die Z. von Maschen am Rücken.

Zu|na|me, der; -ns, -n: **1.** *neben dem Vornamen stehender Familienname* (bes. in Formularen o.ä.): wie heißt er mit -n?; bitte unterschreiben Sie mit Vor- und Zunamen. **2.** (veraltend) *Beiname; Übername.*

Zünd|an|la|ge, die (Kfz-T.): *elektrische Anlage, die den zur Entzündung des Kraftstoff-Luft-Gemischs nötigen Zündfunken hervorbringt;* **zünd|bar** ⟨Adj.⟩: *sich zünden lassend;* **Zünd|blätt|chen,** das: *aus zwei runden Papierblättchen mit einer zwischen ihnen befindlichen kleinen Menge Pulver* (1 c) *bestehende Munition für Spielzeugpistolen o. ä.;* **Zyn|del,** der; -s (veraltet): *Zunder* (1); **zün|deln** ⟨sw. V.; hat⟩ (südd., österr.): *mit Feuer spielen; gokeln:* die Kinder haben gezündelt; Ich habe an mehreren Stellen Feuer gelegt, es mich überkam, mal zu z. (BM 24. 8. 76, 16); Ü die Supermächte sollten aufhören zu z.; **zün|den** ⟨sw. V.; hat⟩ [mhd. zünden, ahd. zunten, zu einem ursprünglich intransitiven Verb mit der Bed. „glühen"]: **1. a)** (Technik) *in Brand setzen, entzünden* (1 a); *den Verbrennungsprozeß eines Gasgemischs o. ä. entzünden; das Explodieren eines Sprengstoffs bewirken:* eine Sprengladung, eine Bombe z.; ein Triebwerk, eine Rakete z. *(ihren Antrieb in Gang setzen);* durch den Zündfunken wird das Kraftstoff-Luft-Gemisch im Motor gezündet; Die in den letzten Jahren aufkommende „merkwürdige Unsitte", Knallkörper bereits lange vor und nach dem Nationalfeiertag ... zu z., treffe nicht nur Haustiere und Vögel (Tages Anzei-

Zunder

ger 30. 7. 84, 12); **b)** (veraltet, noch südd.) *anzünden:* Feuer, eine Kerze, ein Zündholz z.; ⟨ohne Akk.-Obj.:⟩ *der Blitz hat gezündet (hat etw. in Brand gesetzt, ein Feuer verursacht).* **2. a)** (Technik) *durch Zündung in Gang kommen, sich in Bewegung setzen:* das Triebwerk, die Rakete hat nicht gezündet; **b)** (veraltend) *zu brennen beginnen:* das Streichholz, das Pulver will nicht z.; Ü sein Witz, sein Gedanke zündete *(inspirierte, weckte Begeisterung);* irgendwie fehlte es doch an Kontakt zwischen Parkett und Bühne, das Programm zündete nicht (K. Mann, Wendepunkt 320); Jetzt hat die Idee gezündet *(eingeschlagen* 11 b); ADAC-Motorwelt 7, 1979, 9); er hielt eine zündende Rede *(er begeisterte, riß die Zuhörer mit);* *** bei jmdm. hat es gezündet** (ugs. scherzh.; *jmd. hat etw. endlich begriffen);* **Zun|der,** der; -s, - [mhd. zunder, ahd. zuntra, zu ↑zünden w. eigtl. = Mittel zum Anzünden]: **1.** (früher) *bes. aus dem getrockneten u. präparierten Fruchtkörper des Zunderschwamms bestehendes, leicht brennbares Material, das zum Feueranzünden verwendet wurde:* etw. brennt, zerbröckelt wie Z. *(brennt, zerbröckelt sehr leicht);* das Holz ist trocken wie Z. *(sehr trocken);* *** jmdm. Z. geben** (ugs.; 1. *jmdn. zu größerer Eile antreiben;* 2. *jmdn. schlagen, prügeln.* 3. *jmdn. beschimpfen, zurechtweisen;* **es gibt Z.** (1. ugs.; *als drohende Ankündigung: es gibt Schläge, Prügel.* 2. Soldatenspr.: *es gibt Beschuß);* **Z. bekommen/kriegen** (1. ugs.; *Schläge, Prügel bekommen.* 2. ugs.; *beschimpft, zurechtgewiesen werden.* 3. Soldatenspr.: *unter Beschuß liegen).* **2.** (Technik) *durch Einwirkung oxydierender Gase auf metallische Werkstoffe entstehende, abblätternde Oxydschicht;* **Zün|der,** das, -s, -: **1.** (Waffent.) *Teil eines Sprengkörpers, der den in ihm enthaltenen Sprengstoff entzündet.* **2.** ⟨Pl.⟩ (österr.) *Zündhölzer;* **zunder|be|stän|dig** ⟨Adj.⟩ (Technik): *(in bezug auf metallische Werkstoffe) beständig gegenüber einer Verzunderung;* **Zun|der|be|stän|dig|keit,** die (Technik): *das Zunderbeständigsein;* **Zun|der|pilz, Zun|der|schwamm,** der: *als Parasit an Stämmen von Laubbäumen wachsender schwarzbrauner Pilz, aus dessen lockerfilzartigem Fruchtkörper früher Zunder* (1) *hergestellt wurde; Feuerschwamm;* **Zünd|fun|ke, Zünd|fun|ken,** der (Kfz-T.): *in der Zündanlage hervorgebrachter Funke, der für die Zündung* (1) *nötig ist;* **Zünd|hil|fe,** die (Kfz-T.): *Vorrichtung od. Mittel, das das Zünden erleichtert;* **Zünd|holz,** das (Fachspr., sonst südd., österr.): *Streichholz;* **Zünd|holz|schach|tel,** die (südd., österr.): *Streichholzschachtel;* **Zünd|hüt|chen,** das: **1.** *Sprengkapsel.* **2.** (ugs. scherzh.) *sehr kleine Kopfbedeckung;* **Zünd|ka|bel,** das (Kfz-T.): *Kabel, das eine Verbindung zwischen Zündspule u. Zündkerze herstellt;* **Zünd|kap|sel,** die: *Sprengkapsel;* **Zünd|ker|ze,** die (Kfz-T.): *auswechselbarer Teil der Zündanlage, mit dessen Hilfe das Kraftstoff-Luft-Gemisch elektrisch gezündet wird;* **Zünd|ler,** der; -s, - (südd., österr.): *jmd., der zündelt;* **Zünd|le|rin,** die; -, -nen (südd., österr.): w. Form zu ↑Zündler; **Zünd|mit|tel,** das

(Fachspr.): *Vorrichtung, mit deren Hilfe eine Zündung, ein Verbrennungsvorgang herbeigeführt wird;* **Zünd|na|del|gewehr,** das (früher): *Gewehr, dessen Patronen durch einen auftreffenden Stahlstift gezündet wurden;* **Zünd|pfan|ne,** die (früher): *Pfanne* (2); **Zünd|plätt|chen,** das: *Zündblättchen;* **Zünd|punkt,** der (Technik): *niedrigste Temperatur, bei der sich ein brennbarer Stoff im Gemisch mit Luft selbst entzündet u. weiterbrennt;* **Zünd|satz,** der (Technik): *Vorrichtung od. Mittel, mit dem ein Sprengsatz gezündet wird;* **Zünd|schloß,** das (Kfz-T.): *mit dem Zündschlüssel zu betätigender Schalter, der den Stromkreis der Zündanlage eines Kraftfahrzeugs einschaltet:* ich ... ziehe den Schlüssel aus dem Z. (Sobota, Minus-Mann 246); **Zünd|schlüs|sel,** der (Kfz-T.): *Schlüssel, mit dem das Zündschloß betätigt wird;* **Zünd|schnur,** die: *an einem Ende mit einer Sprengladung verbundene Schnur aus leicht brennbarem Material, die, wenn sie angezündet wird u. in ihrer ganzen Länge abgebrannt ist, die Sprengladung zur Zündung bringt;* **Zünd|span|nung,** die: *kleinste elektrische Spannung, bei der eine Entladung einsetzt;* **Zünd|sprengstoff,** der ⟨meist Pl.⟩: *Initialsprengstoff;* **Zünd|spu|le,** die (Kfz-T.): *Spule, die in der für die Zündung der Zündkerze notwendige elektrische Spannung erzeugt;* **Zündstäb|chen,** das: *Zündholz;* **Zünd|stein,** der: *Feuerstein* (2); **Zünd|stoff,** der: *leichtentzündlicher Sprengstoff, der einen schwerentzündlichen zur Explosion bringt; Initialsprengstoff:* Ü das Theaterstück enthält eine Menge Z. *(Konfliktstoff);* Der Exodus in Richtung Norden brachte zwangsläufig neuen sozialen Z. in die Industriezentren (Zivildienst 2, 1986, 21); Der Streit um den NDR sorgt seit Jahren für politischen Z. zwischen CDU und SPD (Spiegel 38, 1978, 41); **Zünd|tempe|ra|tur,** die (Technik): *Zündpunkt;* **Zün|dung,** die; -, -en (Technik): **1.** *das Zünden:* die Z. einer Sprengladung, des Kraftstoff-Luft-Gemischs im Ottomotor; eine Z. auslösen. **2.** *Zündanlage:* die Z. überprüfen, ein-, ausschalten; Die Karre zieht nicht richtig, Karl, du mußt vielleicht die Z. neu einstellen (v. d. Grün, Glatteis 244); **Zünd|ver|tei|ler,** der (Kfz-T.): *Vorrichtung, die die Spannung der Zündspule an die Zündkerzen der verschiedenen Zylinder verteilt;* **Zünd|vor|rich|tung,** die (Technik): *Vorrichtung, die dem Zünden eines explosiven Stoffes dient;* **Zünd|wa|re,** die ⟨meist Pl.⟩ (Kaufmannsspr.): *Zündhölzer; Feuerzeuge u. a.;* **Zünd|wa|ren|mo|no|pol,** das: *Monopol* (1) *auf Vertrieb, Import u. Export von Zündwaren;* **Zünd|wa|ren|steu|er,** die: *Steuer, die auf Zündwaren erhoben wird;* **Zünd|zeit|punkt,** der (Kfz-T.): *Zeitpunkt, bei dem die Zündung* (1) *einsetzt:* den richtigen Z. einstellen.

zu|neh|men ⟨st. V.; hat⟩: **1. a)** *sich vergrößern, sich erhöhen, sich verstärken, sich vermehren; wachsen, steigen:* die Windstärke nimmt zu; die Schmerzen nehmen wieder zu; die Bevölkerung nimmt immer noch zu; In einem Staat mit einer hochentwickelten Wirtschaft muß auch der Behördenapparat zwangsläufig z.

(Gruhl, Planet 155); seine Erregung nahm immer mehr zu; daß inzwischen im Gefolge von Aufklärung und Information auch das Umweltbewußtsein deutlich zunahm (natur 8, 1991, 12); die Gefahr nahm zu, er müßte wieder Soldat werden (Loest, Pistole 58); Wenn Sie von Ihrer Arbeit sprechen, nimmt Ihr Puls zu *(schlägt Ihr Puls schneller, heftiger;* Brot und Spiele 197); die Tage nehmen zu *(werden länger);* der Mond nimmt zu *(es geht auf Vollmond zu);* ⟨oft im 1. Part.:⟩ in zunehmendem Maße; mit zunehmendem Alter wurde er immer geiziger; Dann setzte zunehmende Trockenheit dem Austausch ein Ende (natur 3, 1991, 32); zunehmender Mond; **b)** *von etw. mehr erhalten; gewinnen* (4 b): an Größe, Höhe, Stärke z.; er hat an Erfahrung, Macht, Ansehen zugenommen; der Wind hat an Stärke zugenommen; er hat an Gewicht zugenommen; die Kämpfe nehmen an Heftigkeit zu; Gleichwohl nahm von nun an das Gespräch an Schärfe zu (Stern, Mann 332); **c)** *sein Körpergewicht vermehren; schwerer, dicker werden:* sie hat stark, sehr, beträchtlich zugenommen; Einmal bin ich im Referat Sport tätig gewesen. Dort hab' ich so viel zugenommen (Brot und Salz 408). **2.** (ugs.) *hinzunehmen:* ich werde noch ein Zucker z. **3.** (Handarb.) *zusätzlich aufnehmen:* Maschen z.; ⟨auch o. Akk.-Obj.:⟩ von der zwanzigsten Reihe an muß man z.; **zu|neh|mend** ⟨Adv.⟩: *deutlich sichtbar, immer mehr:* sich z. vergrößern, verengen, verschlechtern; Im Vergleich zu den Vorjahren werden nämlich z. die Kinderwünsche erfüllt (Saarbr. Zeitung 1. 12. 79, 17); weil August ihre z. unberechenbare Bosheit fürchten mußte (Kühn, Zeit 179).

zu|nei|gen ⟨sw. V.; hat⟩ [mhd. zuoneigen]: **1. a)** *einen Hang zu etw., eine Vorliebe für etw. haben, zu etw. neigen:* dem Konservatismus z.; einer von zwanzig ... Zeitgenossen neigt dem eigenen Geschlecht zu (Spiegel 50, 1966, 166); ich neige mehr dieser Ansicht zu *(finde sie besser, richtiger);* **b)** ⟨z. + sich⟩ (geh.) *Sympathie, Zuneigung zu jmdm. fassen, sich von jmdm. angezogen fühlen:* er neigte sich ihr [in Liebe] zu; ⟨häufig im 2. Part.:⟩ er ist ihr sehr zugeneigt *(mag sie sehr gern);* der den Künsten zugeneigte Landesherr. **2.** (geh.) **a)** *in Richtung auf jmdn., etw. neigen:* er neigte mir seinen Kopf zu; **b)** ⟨z. + sich⟩ *sich in Richtung auf jmdn., etw. neigen:* sie neigte sich mir zu; die am Ufer stehenden Bäume neigen sich dem Fluß zu; Ü das Jahr neigt sich dem Ende zu *(ist bald zu Ende);* wenn das Leben, das er reflektiert, sich dem Ende zuneigt (Stern, Mann 249); **Zu|nei|gung,** die; -, -en: *deutlich empfundenes Gefühl, jmdn., etw. zu mögen, gern zu haben; Sympathie:* ihre Z. wuchs rasch; Z. zu jmdm. empfinden; jmdm. [seine] Z. schenken, beweisen; Er zeigte eine schwärmerische Z. für mich (Fichte, Lob 54); jmds. Z. gewinnen; zu jmdm. Z. haben, hegen, fassen; ich glaube, sie hat ... die ihr entgegengebrachte Z. kaum wahrgenommen (Richter, Etablissement 7); er erfreute sich ihrer wachsenden Z.

Zunft, die; -, Zünfte [mhd. zunft, ahd. zumft, zu ↑ziemen u. eigtl. = das, was sich fügt, was paßt od. sich schickt; Übereinkommen, Ordnung, Vertrag]: *(bes. im MA.)* Zusammenschluß von dasselbe Gewerbe treibenden Personen *(bes. von selbständigen Handwerkern u. Kaufleuten)* zur gegenseitigen Unterstützung, zur Wahrung gemeinsamer Interessen, zur Regelung der Ausbildung u. a.: die Z. der Bäcker; Ü *(oft scherzh.:)* die Z. der Journalisten, der Junggesellen; Beide sind Astrophysiker ... Den neuesten Erkenntnissen ihrer Z. *(ihrer Kollegenschaft, ihres Berufsstandes)* widmen sie ebensoviel Raum (natur 10, 1991, 105); Regisseur Umgelter, einer der besten seiner Z. *(seiner Branche, der Filmbranche;* Saarbr. Zeitung 24. 12. 79, 9/11/13); * **von der Z. sein** *(vom Fach sein);* **Zunft|brief,** der: *Urkunde, in der die Satzung, die Zunftordnung einer Zunft niedergelegt ist;* **Zunftbru|der,** der: *Zunftgenosse;* **Zunft|geist,** der ⟨o. Pl.⟩ *(abwertend): gruppenegoistisches Denken innerhalb der Zünfte;* **Zunft|ge|nos|se,** der: *Angehöriger einer Zunft;* **zunft|ge|recht** ⟨Adj.⟩ *(veraltend): fachgerecht:* Die Innung verlangte es, daß man in allen Betrieben der Branche auf -es Arbeiten sehe (Kühn, Zeit 51); **Zunft|haus,** das: vgl. Gildehaus, Gewandhaus; **zünf|tig** ⟨Adj.⟩ [mhd. zünftic = zur Zunft gehörig, ahd. zumftig = friedlich]: **1.** *(veraltend) fachmännisch, fachgerecht:* eine -e Arbeit; Wochenendhäuser auf zwei Rädern, z. umzäunt (Freizeitmagazin 12, 1978, 11). **2.** *ordentlich* (4 a, b), *urig:* eine -e Campingausrüstung, Kluft, Kneipe, Fete, Lederhose; Fünf Tage lang -es Lagerleben (Saarbr. Zeitung 12./13. 7. 80, 19); einen -en Skat kloppen; eine -e *(gehörige)* Ohrfeige; er sieht richtig z. aus in seiner Tracht; Die Bewohner wollen dieses Ereignis mit einer morgen beginnenden Festwoche z. begehen (NNN 1. 8. 86, o. S.). **3. a)** *zu einer Zunft, den Zünften gehörend;* **b)** *mit dem Zunftwesen zusammenhängend, von ihm geprägt, auf ihm beruhend;* **Zünft|ler,** der; -s, -: *Angehöriger einer Zunft;* **Zunft|meis|ter,** der: *Vorsteher, Repräsentant einer Zunft:* der Z. der Bäcker; Ü Reschke, dieser Z. erhobener Rede (Grass, Unkenrufe 26); **Zunft|ord|nung,** die: *Satzung einer Zunft;* **Zunft|rolle,** die: *Zunftbrief, Zunftordnung;* **Zunft|wap|pen,** das: *Wappen einer Zunft;* **Zunft|we|sen,** das ⟨o. Pl.⟩: *Gesamtheit dessen, was mit den Zünften, ihren Gesetzen, Gebräuchen o. ä. zusammenhängt;* **Zunft|zei|chen,** das: vgl. Zunftwappen; **Zunft|zwang,** der ⟨o. Pl.⟩: *Zwang, als Gewerbetreibender einer Zunft anzugehören.*

Zun|ge, die; -, -n [mhd. zunge, ahd. zunga, H. u.]: **1.** *bes. beim Schmecken u. der Hervorbringung von Lauten (beim Menschen bes. dem Sprechen) dienendes u. an der Nahrungsaufnahme, am Kauen u. am Schlucken beteiligtes, am Boden der Mundhöhle befindliches, oft sehr bewegliches, mit Schleimhaut bedecktes, muskulöses Organ der meisten Wirbeltiere u. des Menschen:* eine belegte, pelzige Z.; er klebt [vor Durst] die Z. am Gaumen; Das Kind ... schrieb mit kratzender Füllfeder, wobei seine Z. zwischen den Lippen hervorleckte (Handke, Frau 8); jmdm. die Z. herausstrecken; zeig mal deine Z.!; ich habe mir die Z. verbrannt; der Hund läßt die Z. aus dem Maul hängen; der Pfeffer brennt auf der Z.; das Fleisch zergeht auf der Z. *(emotional; ist äußerst zart);* ich habe mir auf die Z. gebissen; sie schnalzte mit der Z.; er stößt mit der Z. an. *(ugs.; er lispelt);* Die Graupen schmeckten so widerwärtig, daß er nur wenige Löffel über die Z. brachte *(essen, schlucken konnte;* Loest, Pistole 113); Ü sie hat eine spitze, scharfe, lose, böse o. ä. Z. *(sie neigt zu spitzen, scharfen usw. Äußerungen, Bemerkungen);* er hat eine glatte Z. *(geh.; er ist ein Schmeichler [u. Heuchler]);* er hat eine falsche Z. *(geh.; ist ein Lügner);* bei dem Namen bricht man sich die Z. ab/verrenkt man sich die Z. *(ugs.; er ist sehr schwer auszusprechen);* er spricht mit doppelter/gespaltener Z. *(geh.; sie ist unaufrichtig, doppelzüngig);* Da redet der Papst mit gespaltener Z. (Stern, Mann 219); er hat eine schwere Z. *(geh.; hat [infolge übermäßigen Alkoholgenusses] sichtlich Schwierigkeiten beim Artikulieren);* eine feine, verwöhnte Z. *(geh.; einen feinen, verwöhnten Geschmack)* haben; ihm hing die Z. aus dem Hals *(ugs.; er war sehr durstig);* nach dem Rennen hing mir die Z. aus dem Hals *(ugs.; war ich ganz außer Atem)* und nach lösten sich die -n *(geh.; wurde man redseliger);* mit [heraus]hängender Z. *(ugs.; ganz außer Atem)* auf dem Bahnsteig ankommen; es nutzt nichts, ... wie leblos hier zu hocken mit gelähmter Z. *(völlig sprachlos, nicht in der Lage zu reden)* ohne die simpelste Erwiderung (Kronauer, Bogenschütze 310); sie ließ den Namen auf der Z. ergehen *(sprach ihn genüßlich aus);* * **böse -n** *(boshafte Menschen, Lästerer):* Böse -n werden nun zu ausgleichender Gerechtigkeit sprechen (Kicker 6, 1982, 36); **seine Z. hüten/im Zaum halten/zügeln** *(vorsichtig in seinen Äußerungen sein);* **seine Z. an etw. wetzen** *(abwertend; sich über etw. in gehässiger Weise auslassen):* Einige Leute gab es immer, die sich an solchen Geschichten noch lüstern die Z. wetzten (Bastian, Brut 147); **sich die Z. verbrennen** (seltener; ↑¹Mund 1 a); **jmdm. die Z. lösen** *(jmdn. zum Sprechen, Reden bringen):* der Wein hat ihm die Z. gelöst; die Folter wird ihm schon die Z. lösen; **sich eher/lieber die Z. abbeißen [als etw. zu sagen** o. ä.] *(unter keinen Umständen bereit sein, eine bestimmte Information preiszugeben);* **sich auf die Z. beißen** *(an sich halten, um etw. Bestimmtes nicht zu sagen):* Gustl biß sich auf die Z. Sonst wäre ihm herausgefahren: „Sie wären damit so bel011056 auch nicht zufrieden ..." (Kühn, Zeit 207); **jmdm. auf der Z. liegen/schweben** (1. *jmdm. beinahe, aber doch nicht wirklich wieder einfallen:* der Name liegt mir auf der Z. 2. *beinahe von jmdm. ausgesprochen, geäußert werden:* ich habe es nicht gesagt, obwohl es mir auch die ganze Zeit auf der Z. lag; der letzte ... murmelte vor sich hin, um ... den einzigen Namen nicht aussprechen zu müssen, der allen auf der Z. lag [Ransmayr, Welt 276]); **etw. auf der Z. haben** (1. *das Gefühl haben, etw. Bestimmtes müsse einem im nächsten Moment wieder einfallen:* ich habe den Namen auf der Z. 2. *nahe daran sein, etw. Bestimmtes auszusprechen, zu äußern;* ich hatte schon eine entsprechende Bemerkung auf der Z.); **jmdm. auf der Z. brennen** *(jmdn. heftig drängen, etw. zu sagen, zu äußern):* es brannte mir auf der Z., ihm das zu sagen; **jmdm. leicht/glatt, schwer** o. ä. **von der Z. gehen** *(von jmdm. ganz leicht, nur schwer ausgesprochen, geäußert werden können):* es ist immer wieder erstaunlich, wie glatt ihm solche Lügen von der Z. gehen; Es geht dem Beamten schwer von der Z.: Er soll sich von seiner Familie verabschieden ... Haftbefehl (Spoerl, Maulkorb 124). **2.** (Zool.) *(bei den Mundgliedmaßen der Insekten) paariger Anhang der Unterlippe.* **3.** (Musik) *(bei der Orgel, beim Harmonium, bei bestimmten Blasinstrumenten) dünnes, längliches Plättchen aus Metall, Schilfrohr o. ä., das in einem Luftstrom schwingt u. dadurch einen Ton erzeugt: durchschlagende od. freie -n; aufschlagende -n.* **4.** *(bei bestimmten Waagen)* Zeiger. **5.** (Technik) *länglicher, keilförmig sich verjüngender, beweglicher Teil einer Weiche.* **6.** *(an Schnürschuhen) zungenförmiger mittlerer Teil des vorderen Oberleders, Obermaterials, über den die seitlichen Teile durch den Schnürsenkel zusammengezogen werden,* Lasche. **7.** (meist Pl.) (Zool.) *zur Familie der Seezungen gehörender Plattfisch;* Seezunge. **8.** *etw., was in seiner Form an eine Zunge* (1) *erinnert:* die Blütenblätter mancher Pflanzen heißen -n; Unter uns ... Sümpfe — dazwischen -n von Land (Frisch, Homo 20); Da seh ich sich durch die -n der Flammen ... eine Gestalt stehen (Imog, Wurliblume 222); der Gletscher läuft in einer langen Z. aus. **9.** ⟨Pl. selten⟩ *Fleisch von Zungen* (1) *(bes. vom Kalb od. Rind) als Gericht:* ein Stück gepökelte, geräucherte Z.; Z. in Madeira. **10.** (geh.) *Sprache:* so weit die deutsche Z. klingt *(überall, wo man Deutsch spricht);* ... tritt er, verschiedener -n mächtig, gern als amüsante Plaudersche vor sein Auditorium (Spiegel 42, 1983, 261); Eggly ... referiert als Kommissionsberichterstatter französischer Z *(als französisch sprechender Kommissionsberichterstatter;* NZZ 21. 12. 86, 25) * **in -n reden** (geh., oft scherzh.; *sich [hastig, überstürzt, erregt, verwirrt o. ä. u. daher] akustisch wie inhaltlich unverständlich äußern;* mit diesem Ausdruck wird im N. T. an verschiedenen Stellen das ekstatische Reden bes. in der Versammlungen der christl. Urgemeinde bezeichnet: Markus 16, 17; Apostelgeschichte 2, 4. 10, 46; 19, 6; 1. Korinther 14, 2ff.; in griech. Urtext: glõssais lalein): beruhig dich erst einmal, du redest in -n; **etw. mit tausend -n predigen** (geh.; *auf etw. nachdrücklich hinweisen);* **zün|geln** ⟨sw. V. hat:⟩ **a)** *(bes. von Schlangen) mit der ausgestreckten Zunge wiederholt unregelmäßige, schnelle Bewegungen ausführen u. sie rasch vor- u. zurückschnellen lassen:* die Schlange züngelt; **b)** *in einer Weise in Bewegung sein, die an eine züngelnden Schlange erinnert; sich wieder*

Zungenakrobatik

holt schnell u. unruhig bewegen: das Wasser begann an der Bootswand zu z. (Fallada, Herr 67); Aus ... dem Dachstuhl züngelten Flammen (Plievier, Stalingrad 192); Lara mißt bereits mit lodernden, wie Flammen züngelnden Locken ... die Abendration in die Kübel (Frischmuth, Herrin 46); **Zun|gen|akro|ba|tik,** die (ugs. scherzh.): *gleichsam akrobatische Bewegungen der Zunge bei der Artikulation ungewohnter Wörter, Wortfolgen:* diese ausländischen Namen auszusprechen ist die reinste Z.; **Zun|gen|bänd|chen,** das (Anat.): *senkrecht zwischen der Unterseite der Zunge u. dem Boden der Mundhöhle verlaufende Falte der Mundschleimhaut;* **Zun|gen|bein,** das (Anat., Zool.): *kleiner, hufeisenförmiger Knochen im Bereich des Schlundes;* **Zun|gen|be|lag,** der: *Belag (1) auf der Zunge;* **Zun|gen|blü|te,** die (Bot.): *bei Korbblütlern vorkommende Blüte, bei der mehrere Kronblätter zu einer zungenförmigen Krone (5) verwachsen sind;* **Zun|gen|bre|cher,** der (ugs.): *etw., was sehr schwer auszusprechen ist:* dieser exotische Name ist ein [wahrer] Z.; **zun|gen|bre|che|risch** ⟨Adj.⟩ (ugs.): *schwer aussprechbar;* **Zun|gen|ent|zün|dung,** die (Med.): *Glossitis;* **zun|gen|fer|tig** ⟨Adj.⟩: *sprach-, wort-, redegewandt:* ein -er Abgeordneter, Verteidiger; Selbst Schauspieler und Sänger, war Nestroy einer der -sten Interpreten seiner Rollen (BM 6. 11. 77, 11); **Zun|gen|fer|tig|keit,** die ⟨o. Pl.⟩: *Sprach-, Wort-, Redegewandtheit;* **zun|gen|för|mig** ⟨Adj.⟩: *wie eine Zunge (1) geformt, an eine Zunge erinnernd:* eine -e Lasche; **zun|gen|ge|wandt** ⟨Adj.⟩: *zungenfertig;* **Zun|gen|ge|wandt|heit,** die: *Zungenfertigkeit;* **Zun|gen|krampf,** der (Med.): *Glossospasmus;* **Zun|gen|krebs,** der: *Krebs (3 a) an der Zunge;* **Zun|gen|kuß,** der: *Kuß, bei dem die Zunge des einen Partners in den Mund des anderen eindringt;* **Zun|gen|läh|mung,** die (Med.): *Glossoplegie;* **Zun|gen|laut,** der (Sprachw.): *Lingual;* **Zun|gen|man|del,** die: *(beim Menschen) den Grund der Zunge bedeckendes, unpaariges Organ;* **Zun|gen|pa|pil|le,** die (Anat.): *auf dem Zungenrücken befindliche Papille;* **Zun|gen|pfei|fe,** die (Musik): *Lingualpfeife;* **Zun|gen-R,** das; - (Sprachw.): *als Lingual artikulierter R-Laut;* **Zun|gen|ra|gout,** das (Kochk.): *Ragout aus Zunge (9);* **Zun|gen|re|den,** das; -s (Psych.): *Glossolalie;* **Zun|gen|red|ner,** der (Psych.): *Glossolale;* **Zun|gen|red|ne|rin,** die (Psych.): w. Form zu ↑Zungenredner; **Zun|gen|re|gi|ster,** das (Musik): *aus Lingualpfeifen bestehendes Orgelregister;* **Zun|gen|rücken¹,** der (Anat.): *Oberseite der Zunge;* **Zun|gen|schlag,** der: **1.** *rasche, schlagende o. ä. Bewegung der Zunge (1):* ... und stieß den Rauch mit einem ganz charakteristischen Z. schräg nach oben (Kempowski, Zeit 220). **2.** (Musik) *beim Blasen von Blasinstrumenten übliche Artikulation bestimmter Silben od. Konsonanten.* **3.** (seltener) **a)** *Akzent (2):* Der Junge sprach mit amerikanischem Z. (Habe, Namen 7); Mit den harten Verschlußlaut steigerte er seinen mildem Hunsrücker Z. (Harig, Weh dem

158); **b)** *für eine bestimmte Haltung, Einstellung, Gesinnung o. ä. charakteristische Ausdrucksweise, Redeweise, Sprache:* ein modischer Z.; der Z. der Jugend; in einer Sprache, die frei von jedem agitatorischen Z. (Blick auf Hoechst 8, 1984, 2); Ebenso lehrreich ... ist der Z. der deutschen Nachkriegsjustiz (Spiegel 20, 1986, 87); ***falscher Z.** *(Äußerung, die dem entspricht, was der Betreffende wirklich denkt, meint);* **Zun|gen|spa|tel,** der (Med.): *Spatel (1) zum Hinabdrücken der Zunge;* **Zun|gen|spit|ze,** die: *vorderster Teil der Zunge (1);* **Zun|gen|stim|me,** die (Musik): *Zungenregister;* **Zun|gen|stoß,** der (Musik): *Zungenschlag (2);* **Zun|gen|wurst,** die (Kochk.): *Blutwurst mit großen Stücken Zunge (9);* **Zun|gen|wur|zel,** die (Anat.): *hinterster Teil der Zunge;* **Züng|lein,** das; -s, -: Vkl. zu ↑Zunge (1, 4, 8): ***das Z. an der Waage** *(Person od. Sache, die bei etw. den Ausschlag gibt;* mit „Zünglein" bezeichnete man eine Art kleinen Zeiger in der Mitte des Waagebalkens, der anzeigt, nach welcher Seite sich die Waage neigt).

zu|nich|te [mhd. ze nihte]: in den Verbindungen **etw. z. machen** *(etw. zerstören, vernichten; etw. vereiteln):* seine Krankheit hat all unsere Pläne z. gemacht; Ich kandidiere in drei Monaten für den Posten des Parteivorsitzenden! Eine Mordaffäre würde jede Chance z. machen (Prodöhl, Tod 141); **z. werden/sein** *(zerstört, vernichtet werden, sein; vereitelt werden, sein):* seine Hoffnungen waren, wurden z.; Vielleicht würde mit dem Imperator ... auch das Verbannungsurteil z. (Ransmayr, Welt 134).

zu|nicken¹ ⟨sw. V.; hat⟩: *(jmdm.) etw. durch Ansehen u. Nicken signalisieren:* jmdm. aufmunternd, freundlich z.; sie nickten sich zu.

zu|nie|derst ⟨Adv.⟩ (landsch.): *zuunterst.*

zu|nie|ten ⟨sw. V.; hat⟩: *nietend, mit ²Nieten verschließen.*

Züns|ler, der; -s, - [zu mundartl. zünseln = flimmern, flackern]: *(in vielen Arten, teilweise als Schädling auftretender) kleiner Schmetterling.*

zu|nut|ze: in der Verbindung **sich** ⟨Dativ⟩ **etw. z. machen** *(etw. für seine Zwecke anwenden; Nutzen, einen Vorteil aus etw. ziehen):* sie macht sich seine Unerfahrenheit z.; seine Technik haben sich viele andere z. gemacht; Er macht sich die Vorlieben des Zeitgeistes z., der nach humaner Rhetorik verlangt (Fest, Im Gegenlicht 310).

zu|oberst ⟨Adv.⟩: **a)** *ganz oben auf einem Stapel, in einem Fach, einem Raum o. ä.:* die Hemden lagen im Koffer z.; Großmutter hat eine Schatulle, in der z. ein Zettel liegt (Schwaiger, Wie kommt 60); Nicht weniger als sechsmal standen US-Sportler z. auf dem Treppchen (Ostschweiz 31.7. 84, 6); **b)** *der oberen Begrenzung am nächsten:* ganz z. [auf dem Briefbogen] steht gewöhnlich die Anschrift des Absenders; **c)** *am Kopf (einer Tafel):* z. [an der Tafel] saß der Vater; **d)** *ganz oben in einer Rangordnung, Hierarchie o. ä.:* Ungelöste strukturelle Probleme stehen z. auf der Skala der Mißerfolgsursachen (NZZ 30. 6. 84, 15); eine Hierarchie im Universum der Lebendigen, bei welcher der Mensch z. steht (NZZ 12. 4. 85, 25).

zu|or|den|bar ⟨Adj.⟩ (seltener): *sich zuordnen lassend;* **zu|ord|nen** ⟨sw. V.; hat⟩: *zu etw., was als klassenmäßig zugehörig, als mit dem Betreffenden zusammengehörig angesehen wird, stellen; bei, unter etw. einordnen:* die Schnabeltiere werden den Säugetieren zugeordnet; es läßt sich keiner politischen Richtung eindeutig z.; Die Division wurde den Verbänden zugeordnet, die die Flankendeckung zu übernehmen hatten (Kuby, Sieg 235); **Zu|ord|nung,** die; -, -en: *das Zuordnen, Zugeordnetsein.*

zu|packen¹ ⟨sw. V.; hat⟩: **1.** *zugreifen; schnell u. fest packen:* schnell, mit beiden Händen z. **2.** *energisch ans Werk gehen; nach Kräften arbeiten, mittun:* bei dieser Arbeit müssen alle kräftig z.; sie kann z.; er hat eine zupackende *(resolute, zielbewußte)* Art; Seine Unbefangenheit erinnerte an die zupackende Frische junger amerikanischer Politiker (W. Brandt, Begegnungen 44). **3.** (ugs.) *mit etw. ganz bedecken:* sie hatte das Kind ordentlich zugepackt; Ü ... merke ich, wie ich mit Ängsten zugepackt bin (Frings, Männer 271).

Zu|pan ['ʒupan], der; -s, -e [ʒu'paːnə; aus dem Slaw.] (früher): *slawischer Gerichtsbeamter.*

zu|pap|pen ⟨sw. V.; hat⟩ (ugs.): *zukleben.*

zu|par|ken ⟨sw. V.; hat⟩: *durch Parken (1) versperren:* eine Ausfahrt z.; zugeparkte Bürgersteige; Bei uns sind die Gehwege zugeparkt (MM 22./23. 11. 86, 23).

zu|paß, (seltener:) **zu|pas|se:** in der Verbindung **jmdm. z. kommen** (geh.): *jmdm. sehr gelegen, gerade recht kommen;* wohl zu veraltet Paß = angemessener Zustand): er, seine Hilfe, das Geld kam mir sehr, gut z.; Das rechtskräftige Urteil kommt vielen Eltern wie Schülern ... z. und Schulleitern und Schulbehörden in die Quere (Spiegel 45, 1975, 52).

zu|pas|sen ⟨sw. V.; hat⟩ (Ballspiele, bes. Fußball): *mit einem Paß (3) zuspielen:* dem mitgelaufenen Mann den Ball z.

Züp|fe, die; -, -n [mundartl. Nebenf. von ↑Zopf] (schweiz. mundartl.): *Zopf (2):* Eine besondere Attraktion bildet der Marktstand auf dem Bundesplatz, wo ab 8 Uhr Bauernbrote und -n verkauft werden (Bund 14. 10. 68, 32).

zup|fen ⟨sw. V.; hat⟩ [spätmhd. zupfen, H. u., viell. verw. mit ↑Zopf u. eigtl. = Flachs, Hanf raufen]: **1.** *vorsichtig u. mit einem leichten Ruck an etw. ziehen:* an jmds. Bart z.; er zupfte nervös an seiner Krawatte; ⟨auch mit Akk.-Obj.:⟩ sie zupfte ihn am Ärmel. **2.** *lockern u. mit einem leichten Ruck [vorsichtig] herausziehen, von etw. trennen:* Unkraut z.; sie zupfte einen losen Faden aus dem Gewebe; Der Seiler hockte auf einem Dreifuß und zupfte Werg aus alten Tauen (Ransmayr, Welt 99); er zupfte sich ein Haar aus dem Bart; sich die Augenbrauen [mit der Pinzette] z. *(durch Entfernen störender Haare in eine bestimmte Form bringen);* Dagmar Kowalski zog sich ihre gezupften Augenbrauen hoch (Fischer, Kein Vogel 195). **3.** *bei einem Saiteninstrument mit den Fingerspitzen an* *den Saiten reißen u. sie so zum Erklingen bringen:* die/an den Saiten z.; die Klampfe z.; **Zupf|gei|ge,** die (volkst. veraltet): *Gitarre;* **Zupf|in|stru|ment,** das: *Saiteninstrument, dessen Saiten durch Zupfen zum Tönen gebracht werden* (z. B. Harfe, Gitarre).

zu|pfla|stern ⟨sw. V.; hat⟩: *pflasternd vollständig bedecken, ausfüllen:* den ganzen Platz z.; Ü (abwertend:) man hat die Landschaft mit häßlichen Bauten zugepflastert; Jede Mauer, jedes Trottoir schien mit den Bildern des Pariser Bürgermeisters zugepflastert (Scholl-Latour, Frankreich 602).

zu|pfrop|fen ⟨sw. V.; hat⟩: *zukorken.*

zu|plin|kern ⟨sw. V.; hat⟩ (nordd.): *zublinzeln.*

zu|pre|schen ⟨sw. V.; ist⟩: *in Richtung auf jmdn., etw. preschen:* Ohne zu zögern, senkt die Kuh ihre Hornlanze und prescht auf die Löwen zu (natur 9, 1991, 54).

zu|pres|sen ⟨sw. V.; hat⟩: *pressend zusammendrücken:* die Augen, die Lippen, den Mund z.

zu|pro|sten ⟨sw. V.; hat⟩: *prostend zutrinken:* er prostete ihr mit erhobenem Glas zu; Wir setzten uns auf sein Bett und prosteten uns zu (Ziegler, Labyrinth 101).

zur [tsuːɐ̯, tsʊr] ⟨Präp. + Art.⟩: *zu der:* z. Post gehen; das Gasthaus z. Linde; ⟨nicht auflösbar in festen Verbindungen:⟩ z. Genüge; z. Ruhe kommen; z. Neige gehen.

zu|ra|sen ⟨sw. V.; ist⟩ (ugs.): *in Richtung auf jmdn., etw. rasen:* um den auf den Abgrund zurasenden Zug zu stoppen (Frankfurter Rundschau 27. 8. 91, 13).

zu|ra|ten ⟨st. V.; hat⟩: *raten, auf etw. einzugehen, etw. anzunehmen, zu tun o. ä.:* zu diesem Kauf kann ich dir nur z.; er riet mir zu hinzugehen.

zu|rau|nen ⟨sw. V.; hat⟩ (geh.): *raunend, leise etw. zu jmdm. sagen, jmdm. etw. mitteilen:* jmdm. leise eine Neuigkeit z.

¹Zür|cher (schweiz. nur so), Züricher, der; -s, -: Ew. zu ↑ Zürich; **²Zür|cher** (schweiz. nur so), Züricher ⟨indekl. Adj.⟩; **Zür|cherin,** die; -, -nen (schweiz. nur so), Züricherin; die; -, -nen: w. Form zu ↑ Zürcher; **zür|che|risch** (schweiz. nur so), züricherisch ⟨Adj.⟩.

zu|re|chen|bar ⟨Adj.⟩: *sich zurechnen lassend;* **Zu|re|chen|bar|keit,** die; -: *das Zurechenbarsein;* **zu|rech|nen** ⟨sw. V.; hat⟩: **1.** *zuordnen:* dieses Tier wird den Säugetieren zugerechnet; In der Regel ist aber nur rund ein Drittel des Sammelgutes dieser Kategorie zuzurechnen (Basler Zeitung 12. 5. 84, 57). **2.** *zur Last legen, zuschreiben, anrechnen:* die Folgen hast du dir selbst zuzurechnen; Haben Kettenfahrzeuge die Fahrbahn stark verschmutzt, so ist ihnen ein dadurch verursachter Unfall ... zuzurechnen (ADAC-Motorwelt 1, 1983, 14). **3.** (seltener) *hinzurechnen, rechnend hinzufügen:* diese Stimmen werden den Kandidaten zugerechnet; **Zu|rech|nung,** die; -, -en: *das Zurechnen, Zugerechnetwerden;* **zu|rech|nungs|fä|hig** ⟨Adj.⟩: **1.** (Rechtsspr. früher) *schuldfähig.* **2.** *geistig normal, bei klarem Verstand seiend:* Bist du eigentlich noch z.? Eben hast du gesagt, ein Mann ist der größte Idiot, wenn er heiratet (Danella, Hotel 362); **Zu|rech|nungs|fä|hig|keit,** die ⟨o. Pl.⟩ [zu veraltet Zurechnung = (sittliche) Verantwortlichkeit]: **1.** (Rechtsspr. früher) *Schuldfähigkeit.* **2.** *klarer Verstand:* Die Wahrheit ist, daß jener ... ein Neurotiker war, der wochen- und monatelang in der Angst lebte, die Z. einzubüßen (Reich-Ranicki, Th. Mann 37); in Zweifel an deiner Z.; **zu|rech|nungs|un|fä|hig** ⟨Adj.⟩ (Rechtsspr. früher): *nicht schuldfähig:* die sexualpsychologischen Untersuchungen -er oder erheblich zurechnungsfähiger Sexualtäter (NJW 24, 1977, 1111); **Zu|rech|nungs|un|fä|hig|keit,** die ⟨o. Pl.⟩ (Rechtsspr. früher): *Schuldunfähigkeit;* **Zu|rech|nungs|zeit,** die: *in der gesetzlichen Rentenversicherung Zeit zwischen dem Eintritt der Berufs- od. Erwerbsunfähigkeit u. der Vollendung des 60. Lebensjahres eines Versicherten, die auf die Rente [zu einem Teil] angerechnet wird.*

zu|recht|ba|steln ⟨sw. V.; hat⟩: *bastelnd herrichten, anfertigen:* ein Gestell z.; Ü (ugs.:) ein Programm z.; er hat sich eine Ausrede zurechtgebastelt; die Besessenheit, mir etwas anzuhängen, um sich einen glaubwürdigen Grund für eine Schlägerei zurechtzubasteln (Innerhofer, Schattseite 115); **zu|recht|bie|gen** ⟨st. V.; hat⟩: *in die passende Form biegen:* du mußt den Draht noch ein wenig z.; Ü er wird die Sache schon wieder z. (ugs.; *in Ordnung bringen*); Natürlich wußte er genau, daß er sich etwas einredete, daß er sich etwas zurechtbog (Bastian, Brut 82); **zu|recht|brin|gen** ⟨unr. V.; hat⟩: *in Ordnung bringen:* sie hat alles wieder zurechtgebracht, was er verdorben hat; **zu|recht|fei|len** ⟨sw. V.; hat⟩: vgl. *zurechtbiegen;* **zu|recht|fin|den,** sich ⟨st. V.; hat⟩: *die räumlichen, zeitlichen o. ä. Zusammenhänge, die gegebenen Verhältnisse, Umstände erkennen, sie richtig einschätzen, damit vertraut, fertig werden:* sich irgendwo schnell, nur langsam, mühsam z.; mit der Zeit fand er sich in der neuen Umgebung zurecht; sich nicht im Leben z.; Offenbar stammte er aus Österreich oder Bayern, aus Ländern, mit deren Dialekt sich Lutz ohnehin schwer zurechtfand (Loest, Pistole 109); **zu|recht|flicken¹** ⟨sw. V.; hat⟩: *durch Flicken wieder brauchbar machen:* jmds. alte Kleider, Schuhe notdürftig z.; einen Gartenzaun z. (*ausbessern*); Ü im Lazarett wurde er zurechtgeflickt; (salopp: *durch chirurgische Eingriffe wiederhergestellt*); **zu|recht|kom|men** ⟨st. V.; ist⟩: **1.** *für etw. ohne große Schwierigkeiten einen möglichen Weg, die richtige Lösung finden, es bewältigen; mit jmdm., etw. fertig werden:* Schon in der Schule war Hans ... zurechtgekommen (Hörzu 40, 1976, 72); Hier in der Wohnung kam er ohne Rollstuhl zurecht (Bastian, Brut 59); wie soll ich mit einer solchen Maschine z.?; es kommt mit den Kindern nicht mehr zu-; Er wollte versuchen, mit dem Bauunternehmer auf gütliche Weise zurechtzukommen (Prodöhl, Tod 17). **2.** (seltener) *rechtzeitig, zur rechten Zeit kommen:* wir kamen gerade noch zurecht, bevor das Spiel begann; Wir stiefelten gleich zu und kamen gerade zurecht, als vier Burschen ihre Ski schulterten und hinaufstiegen (Loest, Pistole 214); **zu|recht|le|gen** ⟨sw. V.; hat⟩: **1.** *bereitlegen:* ich habe [mir] die Unterlagen schon zurechtgelegt. **2.** *sich für einen bestimmten Fall im voraus etw. überlegen u. sich so dafür rüsten, darauf einstellen:* ich habe mir schon einen Plan für heute abend zurechtgelegt; Sie legte sich einen sachlichen Begrüßungssatz zurecht (H. Weber, Einzug 250); sich eine Antwort, Entschuldigung z.; Er beginnt sich eine Ausrede zurechtzulegen, warum er so spät komme (Chotjewitz, Friede 213); **zu|recht|ma|chen** ⟨sw. V.; hat⟩ (ugs.): **1.** *für den Gebrauch herrichten, fertigmachen:* den Salat, das Essen z.; für jmdn. das Bett, ein Bad z. **2.** *mit kosmetischen Mitteln, Kleidern, Frisuren o. ä. jmds. od. sein Äußeres in einen ordentlichen Zustand bringen, verschönen:* das Kind ist nett, sorgfältig, etwas zu auffällig z.; die Kosmetikerin machte die Kundin geschickt zurecht; Bin eben erst aufgestanden, sagt Lilo, hab' mich gerade zurechtgemacht (Degener, Heimsuchung 67). **3.** (seltener) *zurechtlegen* (2), *ausdenken:* ich habe mir schon einen Plan, eine Ausrede zurechtgemacht; Der Uhrmacher hatte sich eine Theorie zurechtgemacht (Fest, Im Gegenlicht 179); **zu|recht|rücken¹** ⟨sw. V.; hat⟩: *an die passende, an eine für einen bestimmten Zweck geeignete Stelle rücken:* ein Kissen, die Krawatte, den Hut, seine Brille z.; Sie arrangierte ein Gedeck, rückte unvermittelt einen Stuhl zurecht, glättete eine Tischdecke (Gregor-Dellin, Traumbuch 121); Ü du mußt diese Sache wieder z. (ugs.; *in Ordnung bringen*) Überraschend rückt der Bericht die Euphorie über die Biotechnologie als Wunderwaffe gegen den Hunger zurecht (er dämpfte sie; natur 9, 1991, 37); **zu|recht|schnei|den** ⟨unr. V.; hat⟩: *durch Schneiden in die passende, in eine für einen bestimmten Zweck geeignete Form bringen:* sich einen Bogen Geschenkpapier z.; **zu|recht|schnei|dern** ⟨sw. V.; hat⟩ (ugs., oft abwertend): *(ein Kleidungsstück) dilettantisch nähen, anfertigen:* ein Kleid z.; Ü ein Programm z.; **zu|recht|schu|stern** ⟨sw. V.; hat⟩ (ugs. abwertend): vgl. *zurechtschneidern;* **zu|recht|set|zen** ⟨sw. V.; hat⟩: **1.** ⟨z. + sich⟩ *sich an die passende Stelle, sich so hinsetzen, wie es für einen bestimmten Zweck am geeignetsten, wie es am angenehmsten ist:* sich bequem z.; alle setzten sich zurecht, um zuzuhören. **2.** vgl. *zurechtrücken:* den Hut, die Brille z.; **zu|recht|stau|chen** ⟨sw. V.; hat⟩ (ugs.): *heftig zurechtweisen:* es wäre an der Zeit, diesen spinnerten Fatzken mal richtig zurechtzustauchen (Schnurre, Bart 34); **zu|recht|stel|len** ⟨sw. V.; hat⟩: vgl. *zurechtrücken:* die Gläser, den Tisch, ein Stativ, eine Staffelei z.; er stellte den Stuhl zurecht; Abendbrot hätt' man schon morgens z. (*vorrichten u. hinstellen*) können (Schnurre, Ich 8); **zu|recht|strei|chen** ⟨st. V.; hat⟩: *durch Streichen, Darüberfahren ordnen, glätten:* das Tischtuch z.; streich dir das Haar noch etwas zurecht!;

zu|recht|stut|zen ⟨sw. V.; hat⟩: vgl. zurechtschneiden: die Hecke z.; Ü Die alten Gasthöfe wurden auf modern zurechtgestutzt (Vaterland 1. 8. 84, 16); **zu|recht|wei|sen** ⟨st. V.; hat⟩: jmdm. gegenüber wegen seiner Verhaltensweise sehr deutlich seine Mißbilligung ausdrücken, ihn nachdrücklich tadeln: jmdn. scharf, barsch, streng z.; er wies ihn wegen seines undisziplinierten Verhaltens zurecht; Du scheinst auch deinen Verstand ausgespien zu haben, wies er mich ungehalten zurecht (Stern, Mann 123); **Zu|recht|weisung,** die; -, -en: **1.** *das Zurechtweisen:* er bedauerte die ungerechtfertigte Z. des Kindes; So ist dieser Brief ungleich mehr als ... die strenge Z. eines auf Abwege geratenen Autors (Reich-Ranicki, Th. Mann 159). **2.** *zurechtweisende Äußerung, Tadel:* diese -en kannst du dir sparen; **zu|recht|zie|hen** ⟨unr. V.; hat⟩: vgl. zurechtstreichen; **zu|recht|zim|mern** ⟨sw. V.; hat⟩: *dilettantisch zimmern; zimmernd anfertigen:* die Gartenmöbel habe ich mir selbst zurechtgezimmert; Ü sich eine passende Ideologie z.; Er zimmerte sich eine Überzeugung zurecht (Weber, Tote 192); **zu|recht|zup|fen** ⟨sw. V.; hat⟩: vgl. zurechtstreichen.

zu|re|den ⟨sw. V.; hat⟩: *bei jmdm. mit eindringlichen Worten etw. zu bewirken, eine bestimmte Entscheidung herbeizuführen versuchen; jmdm. durch sein Reden zu etw. raten:* jmdm. gut, eindringlich, lange, mit ernsten Worten z.; ich habe ihm zugeredet, so gut ich konnte, aber er ließ sich nicht von seinem Plan abbringen; ich habe ihm zugeredet, noch zu warten (Kemelman [Übers.], Dienstag 54); Sie sprachen lange, sie fragend mit hellen Spitzen, er väterlich zuredend (Grass, Butt 693); ⟨subst.:⟩ ein lautes Kreuzverhör eine Nacht hindurch, ein gütiges Z. am Morgen: Auf einmal war das Geständnis da (Loest, Pistole 81); erst nach langem Zureden fand er sich dazu bereit.

zu|rei|chen ⟨sw. V.; hat⟩ /vgl. zureichend/: **1.** *jmdm. etw., was er für einen Zweck, seine Arbeit gerade benötigt, nacheinander, aus der einen in die andern reichen, hinhalten:* dem Arzt bei der Operation die Instrumente z.; du kannst mir die Nägel z. **2.** (landsch.): *ausreichen* (1), *genügen:* der Stoff wird gerade z.; Offensichtlich reichen dem Regierenden Bürgermeister von Westberlin seine eigenen Sagen nicht zu (iron.; *hat er nicht genug davon*), wenn er sich so eifrig um Dinge zu kümmern sucht, die ihn überhaupt nichts angehen (horizont 12, 1977, 5); **zu|reichend** ⟨Adj.⟩ (geh.): *hinreichend, genügend:* Wie immer bei der Bewertung historischer Vorgänge kann keine Erklärung z. sein, die einzelne Bedingungen zur alles entscheidenden Ursache erhebt (Fest, Im Gegenlicht 385).

zu|rei|ten ⟨st. V.⟩: **1.** *durch Reiten, entsprechende Übungen zum Reitpferd ausbilden* ⟨hat⟩: einen wilden Hengst z.; schlecht zugerittenes Pferd; Sie stehlen eine Herde frisch zugerittener Pferde (Hörzu 25, 1990, 64). **2.** *sich reitend in Richtung auf jmdn., etw., auf ein Ziel zubewegen* (b) ⟨ist⟩: sie ritten dem Wald auf/auf den Wald zu; **Zu|rei|ter,** der; -s, -: *jmd.,*

der im Reiten ausgebildet ist, um Pferde zuzureiten; **Zu|rei|te|rin,** die; -, -nen: w. Form zu ↑Zureiter.

Zü|rich: Kanton u. Stadt in der Schweiz; **Zü|rich|biet,** das; -s: Kanton Zürich; **¹Zü|ri|cher:** ↑¹Zürcher; **²Zü|ri|cher:** ↑²Zürcher; **Zü|ri|che|rin,** die; -, -nen: w. Form zu ↑¹Züricher; **zü|ri|che|risch:** ↑zürcherisch; **Zü|rich|see,** der; -s: See in der Schweiz.

zu|rich|ten ⟨sw. V.; hat⟩: **1.** (landsch., Fachspr.) *für einen bestimmten Zweck aufbereiten, bearbeiten, zurechtmachen; zum Gebrauch, zur Benutzung herrichten:* nach einem ausgiebigen Frühstück, das ... Mutter Meusche zugerichtet hatte (Brinkmann, Zeit 276); eine Wohnstätte, die für den Empfang meiner Mieter in Eile zugerichtet wird (Werfel, Bernadette 178); er war dabei, die Bretter für die Regale zuzurichten; eine Druckform z. (Druckw.; *für den Druck bereitmachen u. dabei vor allem die Unebenheiten ausgleichen*); Leder z. (Lederverarbeitung; *nach dem Gerben durch Färben, Fetten o. ä. weiterbearbeiten*); Rauchwaren, Felle z. (Kürschnerei; *in verschiedenen Arbeitsgängen veredeln*); Stoffe, Gewebe z. (Textilind.; *ausrüsten 2, appretieren*); Bleche z. (Technik; *zuschneiden u. richten* 4a, *adjustieren* 1a). **2. a)** *verletzen; durch Verletzungen in einen üblen Zustand bringen:* sie haben ihn bei der Schlägerei schrecklich zugerichtet; er erinnert sich noch, wie die Farmersfamilien in ihrem Blute schwammen, hingestreckt und gräßlich zugerichtet (Kempowski, Zeit 146); **b)** *stark beschädigen, abnutzen:* die Kinder haben die Möbel schon ziemlich zugerichtet; **Zu|rich|ter,** der; -s, -: *jmd., der je nach Fachgebiet berufsmäßig Leder, Rauchwaren, Gewebe o. ä. zurichtet;* **Zu|rich|te|rin,** die; -, -nen: w. Form zu ↑Zurichter; **Zu|rich|tung,** die; -, -en: *das Zurichten; fachgerechtes Bearbeiten, Behandeln, Herrichten.*

zu|rie|geln ⟨sw. V.; hat⟩: *durch Vorschieben des Riegels verschließen:* das Tor, Fenster z.

Zur|na [z...], die; -, -s [türk. zurna < pers. surnā]: *in arabischen Ländern verbreitete Oboe.*

zür|nen ⟨sw. V.; hat⟩ [mhd. zürnen, ahd. zurnen, zu ↑Zorn] (geh.): *zornig, ärgerlich auf jmdn. sein, ihm grollen, böse sein:* tagelang hat sie ihm/(auch:) mit ihm gezürnt; soll ich ihm deswegen z.?; daß Gott dies als eine schwere Sünde betrachtete und daß er denen, die so redeten, zürnte (Stern, Mann 105).

zu|rol|len ⟨sw. V.⟩: **1.** *rollend in Richtung auf jmdn., etw. hinbewegen* ⟨hat⟩: sie rollten das schwere Faß langsam auf den Wagen zu. **2.** *sich rollend in Richtung auf jmdn., etw. zubewegen* (b) ⟨ist⟩: der Ball rollte auf das Tor zu.

zur|ren ⟨sw. V.; hat⟩ [älter: sorren < niederl. sjorren]: **1.** (bes. Seemannsspr.) *festbinden, [mit etw.] befestigen:* die Matrosen zurrten die Hängematten; Kein Fleck? Halstuch hinten zum Dreieck gezurrt? (Kempowski, Tadellöser 55); Seine Hände und Füße zurrte sie so nahe an die Bettpfosten, daß er sich nicht mehr zu rühren vermochte (Hahn, Mann

74). **2.** (landsch.) *zerren, schleifen, ziehen:* er zurrte den schweren Sack über die Stufen; **Zur|ring,** der; -s, -s u. -e (Seemannsspr.): *kurzes Tau, Seil, Leine zum Zurren* (1).

Zur|schau|stel|lung, die; -, -en: *das Zurschaustellen:* der große Unbekannte richtet mit seinen gewaltlosen -en vergleichsweise geringen Schaden an (MM 9. 12. 88, 25).

zu|rück ⟨Adv.⟩ [mhd., ahd. ze rucke = nach dem Rücken, auf den Rücken, im Rücken; schon im Mhd. gelegentlich zusammengeschrieben zerucke mit der Bed. „rückwärts"]: **1. a)** *wieder auf den, zum Ausgangspunkt, -ort, in Richtung auf den Ausgangsort, -punkt:* hin sind wir gelaufen, z. haben wir ein Taxi genommen; die Fahrt [von Paris] z. war etwas strapaziös; Sie beschrieb ihm den Weg z. zum Pförtner (Gerlach, Demission 153); eine Stunde hin und eine Stunde z. *(für den Rückweg);* New York hin und z. *(ein Tikket für Hin- u. Rückflug);* einmal Hamburg hin und z. *(eine Rückfahrkarte nach Hamburg),* bitte!; Einmal Frankreich und z. (Hörzu 25, 1980, 66); mit vielem Dank z. *(hiermit gebe ich es zurück u. bedanke mich vielmals);* **b)** *wieder am Ausgangsort, -punkt:* er ist noch nicht z. [aus dem Urlaub, von der Reise] z.; ich bin in zehn Minuten z. *(wieder da).* **2.** [*weiter*] *nach hinten, rückwärts:* [einen Schritt, einen Meter] z.!; vor und z.; Einen Meter z. In der zweiten Stuhlreihe schon, saß Helmcke (Prödöhl, Tod 30); Längen z. behauptete der Luzerner Sieger ... den 2. Platz (NZZ 9. 86, 38); z., marsch, marsch! (militär. Kommando). **3.** [*weiter*] *hinten:* seine Frau folgte etwas weiter z., einen Meter z. **4.** (landsch.) *vorher:* ein Vierteljahr z. war er hier angekommen; In dem kleinen Küstenort hat man, eine Generation z., mitten unter ärmlichen Fischerhäusern eine Fabrik errichtet (Fest, Im Gegenlicht 164); Es ist alles etwa 14 Tage z. (Hamburger Abendblatt 12. 5. 84, 11). **5.** (ugs.) *in der Entwicklung, im Fortschritt zurückgeblieben, im Rückstand:* er ist mit seinem Arbeitspensum ziemlich z.; in den Bergen ist alles noch viel weiter z. *(sind die Pflanzen seit dem Winter erst sehr viel weniger gewachsen)* als an der Küste; Oskar ... ist überhaupt reichlich z. für sein Alter (Grass, Blechtrommel 85); **Zu|rück,** das; -[s]: *Möglichkeit zur Umkehr, umzukehren:* es gibt [für uns] kein Z. mehr; Ein Z. auf die Bahn werden wir selbst mit massiven Straßenabgaben nicht erreichen (NZZ 9. 12. 82, 27); **zu|rück|bau|en** ⟨sw. V.; hat⟩ (Fachspr.): *ein allzu großes, überflüssig gewordenes o. ä. Bauwerk, bes. eine zu großzügig ausgebaute Straße durch geeignete Maßnahmen verkleinern, beseitigen:* ... wird die Straße, die durch die Ortschaft führt, zur Dorfstraße zurückgebaut (ADAC-Motorwelt 10, 1983, 150); **zu|rück|be|för|dern** ⟨sw. V.; hat⟩: *wieder an den, in Richtung auf den Ausgangsort befördern:* etw., jmdn. [irgendwohin] z.; **zu|rück|be|ge|ben,** sich ⟨st. V.; hat⟩: *sich wieder an den Ausgangsort begeben:* ich begab mich sofort [nach Hause] zurück; **zu|rück|be|glei|ten** ⟨sw. V.; hat⟩: vgl. zurückbefördern; **zu-**

rück|be|hal|ten ⟨st. V.; hat⟩: **1.** *nicht herausgeben, nicht weitergeben, bei sich behalten:* etw. vorläufig, als Pfand z.; einen Teil des Betrags hat er zurückbehalten. **2.** *behalten* (2 b): er hat [von dem Unfall] eine Narbe zurückbehalten; 43 bis 48 Prozent behielten Lähmungen an Armen und Beinen zurück (Nds. Ä. 22, 1985, 36); **Zu|rück|be|hal|tungs|recht,** das ⟨o. Pl.⟩ (Rechtsspr.): *Retentionsrecht;* **zu|rück|be|kom|men** ⟨st. V.; hat⟩: **1.** *zurückgegeben* (1 a) *bekommen, wiederbekommen:* hast du dein [gestohlenes, verliehenes] Fahrrad zurückbekommen?; während ich zu Hause unverdrossen erklärte, die letzte Klassenarbeit hätten wir noch nicht zurückbekommen (Eppendorfer, Monster 101); Sie bekommen noch 10 Mark zurück *(10 Mark Wechselgeld).* **2.** (ugs.) *wieder in die Ausgangslage bekommen:* er bekam den Hebel nicht zurück; **zu|rück|be|or|dern** ⟨sw. V.; hat⟩: *jmdn. anweisen, ihm befehlen zurückzukommen:* sie wurden in die Garnison zurückbeordert; Feuerwehren waren aufgefahren, Wetterfrösche kontrollierten Wind- und Sichtbedingungen, ... die ersten Urlauber wurden zurückbeordert (Spiegel 11, 1976, 65); **zu|rück|be|ru|fen** ⟨st. V.; hat⟩: *zurückbeordern;* **zu|rück|be|sin|nen,** sich ⟨st. V.; hat⟩: **a)** *sich wieder (auf etw.) besinnen* (2 a): er kann, mochte sich nicht z. an jene Zeit; **b)** *sich wieder (auf etw.) besinnen* (2 b); **zu|rück|beu|gen** ⟨sw. V.; hat⟩: **1.** *nach hinten beugen:* den Kopf z. **2.** ⟨z. + sich⟩ *sich nach hinten beugen:* warum beugst du dich so z.; **zu|rück|be|we|gen** ⟨sw. V.; hat⟩: **a)** *wieder an den, in Richtung auf den Ausgangspunkt bewegen:* den Hebel langsam [wieder] z.; **b)** ⟨z. + sich⟩ *sich wieder an den Ausgangspunkt, in Richtung auf die Ausgangslage bewegen:* die Tachonadel bewegt sich [auf Null] zurück; **zu|rück|be|zah|len** ⟨sw. V.; hat⟩: *zurückzahlen* (1): Ihre Kredite müssen verzinst und bei Fälligkeit zurückbezahlt werden (Enzensberger, Mittelmaß 154); **zu|rück|be|zie|hen,** sich ⟨unr. V.; hat⟩: *auf etw. Vorhergegangenes, Zurückliegendes beziehen, damit gedanklich verknüpfen, in Beziehung setzen:* sich auf die Äußerungen eines Vorredners z.; diese kritischen Bemerkungen beziehen sich auf ein weit in der Vergangenheit liegendes Ereignis zurück; **zu|rück|bie|gen** ⟨st. V.; hat⟩: vgl. *zurückbeugen;* **zu|rück|bil|den** ⟨sw. V.; hat⟩: **a)** *wieder an Größe, Umfang abnehmen u. somit allmählich wieder zu einem früheren Zustand zurückkehren:* das Geschwür hat sich [weitgehend, vollständig] zurückgebildet; **b)** *schrumpfen, immer kleiner werden [u. allmählich verschwinden]:* die Hinterbeine haben sich im Laufe von Jahrmillionen [völlig] zurückgebildet; Die Besucherfrequenz scheint sich denn auch zurückgebildet zu haben *(scheint zurückgegangen zu sein;* NZZ 28. 1. 83, 18); **Zu|rück|bil|dung,** die; *das Sichzurückbilden, Zurückgebildetsein;* **zu|rück|bin|den** ⟨st. V.; hat⟩: *nach hinten binden:* Vorsichtshalber beschloß ich aber, mir Freitagabend eine andere Frisur zu machen, vielleicht die Haare z.? (Heller, Mann 298); **zu|rück|blät|tern** ⟨sw. V.; hat⟩: *durch Blättern in einem Buch o. ä. zu einer weiter vorn liegenden Seite zu gelangen suchen:* er blätterte noch einmal auf Seite 7 zurück; Ich nickte und blätterte in meinen Papieren zurück, bis ich die Stelle fand (Stern, Mann 312); **zu|rück|blei|ben** ⟨st. V.; ist⟩ /vgl. *zurückgeblieben/:* **1. a)** *nicht mitkommen, nicht mitgenommen werden u. an seinem Standort, an seinem Platz bleiben:* das Gepäck muß im Hotel z.; als Wache bei jmdm. z.; alle liefen davon, und ich blieb als einziger zurück; Beim Ausatmen bleibt mehr Luft als normal in der Lunge zurück (Simmel, Stoff 217); die Stadt blieb hinter uns zurück *(wir entfernten uns von ihr);* **b)** *nicht im gleichen Tempo folgen:* ich blieb ein wenig [hinter den anderen] zurück. **2. a)** *als Rest, Rückstand o. ä. übrigbleiben:* von dem Fleck ist ein häßlicher Rand zurückgeblieben; So bleibt denn nur eine Leere zurück (Bloch, Wüste 81); **b)** *als dauernde Schädigung bleiben:* von dem Unfall ist [bei ihm] nichts, ein Gehörschaden zurückgeblieben; der Horrorfilm ist vorbei, aber es ist so eine leichte Verwirrung zurückgeblieben (Rocco [Übers.], Schweine 161). **3.** *nicht näher kommen:* bleiben Sie bitte von der Kaimauer zurück!; Treten Sie von der Bahnsteigkante! Bleiben zurück! (Maron, Überläuferin 183). **4. a)** *sich nicht wie erwartet [weiter]entwickeln, mit einer Entwicklung nicht Schritt halten:* ihre Gehälter blieben weit hinter der allgemeinen Einkommensentwicklung zurück; Sowohl Umsatz als auch Gewinn ... blieben im Geschäftsjahr 1983 hinter den Erwartungen zurück (CCI 7, 1984, 11); Ich blieb in der Schule zurück *(machte nicht die von mir erwarteten Fortschritte;* Th. Mann, Krull 116); **b)** *(mit einer Arbeit o. ä.) nicht wie geplant, wie erwartet vorankommen:* Simon ist mit mancher Arbeit ein wenig zurückgeblieben (Waggerl, Brot 189); **zu|rück|blen|den** ⟨sw. V.; hat⟩ (Film): *eine Rückblende (auf etw.) einsetzen, folgen lassen:* nach der Flughafenszene wird zurückgeblendet; Ü Ich muß, bevor ich auf meine erste Begegnung mit Thomas Manzoni zu sprechen komme, in die Strafanstalt Gnomenau z. (Ziegler, Konsequenz 14); **zu|rück|blicken**[1] ⟨sw. V.; hat⟩: **1. a)** *nach hinten, bes. in Richtung auf etw., was man soeben verlassen hat, blicken:* er drehte sich noch einmal um und blickte [auf die Stadt] zurück; **b)** *sich umblicken:* er hat, ohne zurückzublicken, die Spur gewechselt. **2.** *sich Vergangenes, früher Erlebtes noch einmal vergegenwärtigen, vor Augen führen:* Wenn ich auf die letzten Wochen zurückblickte, hatte ich allen Grund, zufrieden ... zu sein (Jens, Mann 51); * **auf etw. z. können** *(etw., was man als Anerkennung, Bewunderung o. ä. verdient, hinter sich haben, erlebt haben):* er kann auf ein reiches Leben z.; der Verein kann auf eine lange Tradition z.; **zu|rück|brin|gen** ⟨unr. V.; hat⟩: **1. a)** *zurück an den Ausgangspunkt, an seinen Platz bringen:* Pfandflaschen z.; ich werde dir das Buch z., sobald ich es gelesen habe; der Wagen muß nach Hamburg zurückgebracht werden; von der Reise hat er noch 200 DM zurückgebracht; Ü jmdn. ins Leben z. *(wiederbeleben);* erst das Klingeln des Telefons brachte sie in die Wirklichkeit zurück; **b)** *zurückführen* (1), *zurückbegleiten:* er brachte die Dame an ihren Platz zurück; der Angeklagte wurde in seine Zelle zurückgebracht. **2.** (ugs.) *zurückwerfen* (4): die lange Krankheit hat ihn [in der Schule] ganz schön zurückgebracht. **3.** (landsch.) *zurückbekommen* (2): ich bringe den Hebel nicht mehr zurück; **zu|rück|brül|len** ⟨sw. V.; hat⟩ (ugs.): *jmdn., der einen anbrüllt, seinerseits anbrüllen:* wenn er mich anbrüllt, brülle ich zurück; **zu|rück|buch|sta|bie|ren** ⟨sw. V.; hat⟩ (schweiz.): *zurückstecken* (3): Man glaubt, daß der Kreml in etlichen Punkten z. könnte (Bund 3. 10. 62, 1); **zu|rück|däm|men** ⟨sw. V.; hat⟩: **1.** *eindämmen* (1): das Hochwasser z. **2.** *eindämmen* (2): die Inflation, die Seuche z.; in ihrem Bestreben, den Motorfahrzeugverkehr in der Stadt auf ein erträgliches Maß zurückzudämmen und zu kanalisieren (NZZ 12. 10. 85, 47); **zu|rück|da|tie|ren** ⟨sw. V.; hat⟩: **1.** *mit einem früheren Datum versehen:* eine Rechnung z. **2.** *für etw., für die Entstehung von etw. einen früheren Zeitpunkt ansetzen:* die Statue wird heute um etwa 200 Jahre zurückdatiert. **3.** *zurückgehen* (6): Hofmannsthals „organische" und Georges „plastische" Formgesinnung ... datieren auf den gleichen geschichtsphilosophischen Sachverhalt zurück (Adorno, Prismen 194); **zu|rück|den|ken** ⟨unr. V.; hat⟩: *an etw. Zurückliegendes, an jmdn. aus früheren Zeiten denken:* an seine Jugend z.; an jmdn. gern z.; Wann immer Cotta später an diese Augenblicke seiner Besinnungslosigkeit zurückdachte, fror er vor Scham (Ransmayr, Welt 150); wenn ich so zurückdenke, es war doch eine schlimme Zeit; **zu|rück|drän|gen** ⟨sw. V.; hat⟩: **1. a)** *wieder an den, in Richtung auf den Ausgangsort drängen* (2 a): die Demonstranten wurden von Polizisten [hinter die Absperrung] zurückgedrängt; **b)** *nach hinten [weg]drängen:* er drängte ihn [immer weiter, ein Stück] zurück; Ü er versuchte die Angst zurückzudrängen *(zu unterdrücken).* **2.** *wieder an der, in Richtung auf den Ausgangspunkt drängen* (2 b) ⟨auch: ist⟩: die Menge drängte ins Freie zurück. **3.** *in seiner Wirksamkeit, Ausbreitung, Verbreitung zunehmend einschränken:* den Drogenmißbrauch z.; Früher gefürchtete Infektionskrankheiten ... konnten zurückgedrängt oder eliminiert werden (NBI 39, 1989, 2); **Zu|rück|drän|gung,** die; -, -*en: das Zurückdrängen;* **zu|rück|dre|hen** ⟨sw. V.; hat⟩: **1. a)** *wieder in die Ausgangsstellung drehen:* den Knopf auf Null z.; Während bei den ... zurückgekauften Autos der Kilometerstand zurückgedreht wurde (Presse 8. 6. 84, 8); Ü Dies alles läßt sich nicht mehr z. *(rückgängig machen;* Hörzu 18, 1977, 5); **b)** *rückwärts drehen:* beim Stellen der Uhr soll man [die Zeiger] nicht z.; **c)** *durch Zurückdrehen (1 b) eines Reglers o. ä. drosseln:* die Lautstärke [etwas] z.; Ü Honecker könne in Gesprächen mit dem Bundeskanzler die Nachrüstung des Westens z. (Kieler Nachrichten 30. 8. 84, 1).

zurückdrücken

2. ⟨z. + sich⟩ *sich rückwärts drehen:* die Räder drehen sich zurück; die Autos, das Hupen, der Lärm, das Laute. Wie ein Film, der sich zurückdreht (Hörzu 6, 1976, 5); **zu|rück|drücken**[1] ⟨sw. V.; hat⟩: **a)** *nach hinten drücken:* er versuchte mich zurückzudrücken; **b)** *wieder in die Ausgangslage, an den Ausgangspunkt, -ort drücken:* den Hebel [in die Nullstellung] z.; **zu|rück|dür|fen** ⟨unr. V.; hat⟩: **a)** *zurückkommen, -gehen, -kehren dürfen:* er darf nie mehr [in seine Heimat] zurück; **b)** (ugs.) *zurückgelegt, -gebracht o. ä. werden dürfen:* das aufgetaute Fleisch darf nicht in die Kühltruhe zurück; **zu|rück|ei|len** ⟨sw. V.; ist⟩: *sich eilig zurückbegeben:* er eilte [ins Haus] zurück; **zu|rück|ent|wickeln**[1] ⟨sw. V.; hat⟩: *sich in einer Weise verändern, daß dadurch eine bereits durchlaufene Entwicklung wieder rückgängig gemacht wird:* seit dem Putsch hat sich das Land wirtschaftlich zurückentwickelt; **zu|rück|er|bit|ten** ⟨st. V.; hat⟩ (geh.): vgl. zurückfordern: die Liebesbriefe, die er schrieb, hat er sich bald zurückerbeten (Reich-Ranicki, Th. Mann 21); **zu|rück|er|hal|ten** ⟨st. V.; hat⟩: vgl. zurückbekommen: Bulgarische Bürger islamischen Glaubens sollen ihre moslemischen Namen z. (Freie Presse 30. 12. 89, 5); **zu|rück|er|in|nern**, sich ⟨sw. V.; hat⟩: *sich erinnern, etw. ins Gedächtnis zurückrufen; zurückdenken:* sich an eine Begegnung z.; wenn ich mich an damals zurückerinnere, muß ich heute noch lachen; **zu|rück|er|lan|gen** ⟨sw. V.; hat⟩ (geh.): vgl. zurückbekommen: Den afrikanischen Hungerstaaten muß geholfen werden, die Fähigkeit zur landwirtschaftlichen Selbstversorgung zurückzuerlangen (Basler Zeitung 12. 5. 84, 5); **zu|rück|er|obern** ⟨sw. V.; hat⟩: *durch Eroberung zurückerhalten:* ein Gebiet, eine Stadt z.; Ü einen Wahlkreis z.; Die Geißböcke hätten dann erstmals nach 43 Spieltagen die Tabellenspitze zurückerobert (Kicker 82, 1981, 18); **Zu|rück|er|obe|rung**, die: *das Zurückerobern;* **zu|rück|er|stat|ten** ⟨sw. V.; hat⟩: *rückerstatten:* Die Summe, die mir seinerzeit ein Studium ermöglicht hat, habe ich nie zurückerstattet (Frisch, Montauk 50); **Zu|rück|er|stat|tung**, die: *das Zurückerstatten;* **zu|rück|er|war|ten** ⟨sw. V.; hat⟩: *das Zurückkommen einer Person od. Sache erwarten:* ich erwarte ihn zum Abendessen, nächsten Montag zurück; Ein Antrag ... ist an das Straßenbauamt Flensburg geschickt worden, wird aber noch zurückerwartet (Husumer Nachrichten 27. 2. 85, 17); **zu|rück|fah|ren** ⟨st. V.⟩: **1.** ⟨ist⟩ **a)** *wieder an den, in Richtung des Ausgangspunkt fahren:* mit der Bahn [nach Hause] z.; **b)** *sich fahrend rückwärts, nach hinten bewegen:* fahr doch mal ein Stück zurück! **2.** ⟨hat⟩ **a)** *mit einem Fahrzeug zurückbefördern:* ich kann dich, die Geräte dann [mit dem Auto] z.; **b)** *an den Ausgangspunkt fahren* (3 b): ich muß den Leihwagen heute noch [nach] Köln] z. **3.** *sich plötzlich rasch nach hinten bewegen, zurückweichen* ⟨ist⟩: er fuhr entsetzt, mit einem Schrei, erschrocken zurück; sie fuhr vor der Schlange zurück. **4.** (Technik Jargon) *(eine Produktionsanlage o. ä.*

auf geringere Leistung, auf geringeren Ausstoß einstellen ⟨hat⟩: ein Kraftwerk z.; Bei einem Regierungswechsel in Australien soll die Uranförderung zurückgefahren werden (Spiegel 29, 1982, 110); Ü daß man ... die Ausweitung des Numerus clausus, die Quote der Hochschulabsolventen wieder auf zehn bis zwölf Prozent z. wolle (MM 22./23. 10. 83, 23); Die Überlegungen über die Ausgewogenheit der ... steuerlichen Regelungen wurden bereits in der Vordiskussion sehr stark zurückgefahren (Sparkasse 6, 1981, 192); **zu|rück|fal|len** ⟨st. V.; hat⟩: **1. a)** *wieder an den Ausgangspunkt fallen:* er ließ den angehobenen Vorhang wieder z. (Plievier, Stalingrad 325); **b)** *nach hinten fallen, sinken:* er ließ sich [in den Sitz] z.; dann fiel sie ... in die Sommerpolster zurück (Langgässer, Siegel 133). **2.** (bes. Sport) **a)** *in Rückstand geraten:* der Läufer ist [weit, eine Runde] zurückgefallen; die Verfolger fielen immer weiter zurück; **b)** *auf ein niedrigeres Leistungsniveau o. ä. sinken:* die Mannschaft fiel auf den fünften Platz zurückgefallen; Eine stagnierende Universität fällt de facto zum Schaden von Staat und Gesellschaft zurück (Tages Anzeiger 5. 11. 91, 11). **3.** (Milit.) *zurückweichen; zurückgeschlagen werden:* die Front fiel weiter nach Westen zurück. **4.** *in einen früheren [schlechteren] Zustand, zu einer alten [schlechten] Gewohnheit o. ä. zurückkehren:* in den alten Trott, in seine alte Lethargie, in die Bedeutungslosigkeit z.; Ich bemerkte, daß ich wieder in die alte Gewohnheit zurückgefallen war (Stern, Mann 144); Fielen diese Voraussetzungen weg, dann müßte die landwirtschaftliche Produktion ... auf das vorindustrielle Niveau z. (Gruhl, Planet 82). **5.** *wieder in jmds. Eigentum, Verfügungsgewalt o. ä. übergehen:* das Grundstück fällt an den Staat zurück; Die Souveränität über ganz Hongkong fällt an China zurück (Weltwoche 17. 5. 84, 7). **6.** *jmdn. angelastet werden; sich ungünstig, nachteilig auf jmdn. auswirken:* sein Auftreten fällt auf die ganze Mannschaft zurück; Fällt es denn wirklich auf die Mutter zurück, wenn jemand über ihr Kind in der Schule die Nase rümpft (Eltern 2, 1980, 18); **zu|rück|fin|den** ⟨st. V.; hat⟩: *den Weg zum Ausgangsort finden:* ich finde allein [zum Bahnhof] zurück; da er hatte seine Tauben an Leute verkauft, er wußte, daß die Tauben wieder zu uns z. würden (Wimschneider, Herbstmilch 36); ⟨auch mit Akk.-Obj.:⟩ den Weg zur Unterkunft nicht z.; Ü er hat [wieder] zu seiner Frau zurückgefunden; ich zu sich selbst z. ⟨*sich wiederfinden* 3⟩; dann werden auch die Tiere z. zu ihrem ursprünglichen, sanften Wesen (Stern, Mann 258); **zu|rück|flie|gen** ⟨st. V.⟩: **1.** *wieder an den, in Richtung auf den Ausgangspunkt fliegen* (4) ⟨ist⟩: ich fliege heute noch [nach Paris] zurück. **2.** **a)** *mit einem Flugzeug zurückbefördern:* Hilfsmannschaften z.; Bisher wurden erst 200 (= unerwünschte Flüchtlinge) nach Kuba zurückgeflogen (Hamburger Abendblatt 22. 5. 85, 12); **b)** *an den Ausgangspunkt fliegen* (5 b): der Pilot muß die Maschine nach Rom z. **3.**

(ugs.) *zurückgeworfen, -geschleudert werden, zurückprallen, zurückschnellen* ⟨ist⟩: der Ball prallte ab und flog [ins Spielfeld] zurück; **zu|rück|flie|ßen** ⟨st. V.; ist⟩: **1.** *wieder an den Ausgangsort fließen:* das Wasser fließt [ins Becken] zurück. **2.** *(bes. von Geld) zurückgelangen:* ein Teil des Geldes fließt [über den Tourismus] in das Land zurück; Von Januar bis Mai 1981 flossen netto etwa 5 Mrd. DM an den Bundesfinanzminister zurück (Sparkasse 6, 1981, 192); **zu|rück|for|dern** ⟨sw. V.; hat⟩: *die Rückgabe (von etw.) fordern; reklamieren* (2): seine Bücher z.; Ü Zuschauer forderten ihr Eintrittsgeld zurück; **zu|rück|fra|gen** ⟨sw. V.; hat⟩: **1.** *eine Gegenfrage stellen, mit einer Gegenfrage antworten:* „Und was machst du?" fragte sie zurück; „Und Jan?" – „Jan?", fragte Sophie zurück (Bieler, Mädchenkrieg 221). **2.** (seltener) *rückfragen:* Das Foreign Office fragte beim englischen Konsul in Sansibar zurück (Grzimek, Serengeti 102); **zu|rück|führ|bar** ⟨Adj.⟩: *sich zurückführen* (4) *lassend:* diese Formen sind alle auf eine Grundform z.; **zu|rück|füh|ren** ⟨sw. V.; hat⟩: **1.** *jmdn. an den Ausgangsort führen:* jmdn. [nach Hause] z.; Ü Männer, die nicht in das Arbeitsleben zurückgeführt werden können (Klee, Pennbrüder 66); daß er seine Studenten zur Religion ihrer Väter zurückführte (Kemelman [Übers.], Dienstag 25); Das Werk wurde 1906 an eine englische Gesellschaft verkauft, 1908 aber wieder in schweizerischen Besitz zurückgeführt (NZZ 1. 2. 83, 7). **2.** *zum Ausgangspunkt führen* (7 b): es führt [von dort] kein anderer Weg zurück; die Linie führt in vielen Windungen zum Anfangspunkt zurück. **3.** *zurückbewegen* (a): den Hebel z. **4.** *etw. von etw. ab-, herleiten:* alle diese Formen kann man auf eine gemeinsame Grundform z.; etw. auf seinen Ursprung z. *(feststellen, was der Ursprung von etw. ist).* **5.** *als Folge (von etw.) auffassen, erkennen:* das Unglück ist auf menschliches Versagen zurückzuführen; die Bauern führen die schlechte Ernte darauf zurück, daß es im Sommer sehr wenig geregnet hat; Erbkrankheiten, die zweifelsohne auf genetische Defekte zurückzuführen sind (natur 2, 1991, 47); Sein Selbstmord wurde in der Regel politisch gedeutet und auf zeitgeschichtliche Umstände zurückgeführt (Reich-Ranicki, Th. Mann 199). **6.** *bewirken, daß sich etw. auf eine frühere Stufe zurückbewegt, auf einen früheren Zustand wieder erreicht:* Fettwiesen ..., die durch extensivere Nutzung in Magerwiesen zurückgeführt wird (NZZ 23. 10. 86, 31); den unumstößlichen Willen, bis Mitte der achtziger Jahre den Rohölverbrauch auf das Niveau von 1978 zurückzuführen (Saarbr. Zeitung 18. 12. 79, 4); die Binnenzölle sind auf Null zurückgeführt *(gesenkt, herabgesetzt, reduziert);* Sonntagsblatt 20. 5. 84, 18); **Zu|rück|füh|rung**, die: -, -en: *das Zurückführen, Zurückgeführtwerden;* **zu|rück|ge|ben** ⟨st. V.; hat⟩: **1. a)** *wieder dem [ursprünglichen] Besitzer o. ä. übergeben:* jmdm. ein geliehenes Buch z.; etw. freiwillig z.; sein Parteibuch z. *(aus der Partei austreten);* seinen Führerschein z. *(auf seinen Führerschein verzichten);* (auch o. Akk.-Obj.:) Wir geben zurück (Rundf., Ferns.; *geben die Sendung wieder ab)* zu den Regionalprogrammen (Hörzu 42, 1989, 28); Ü jmdm., einem Tier seine Freiheit z.; dieser Erfolg hat ihm sein Selbstbewußtsein zurückgegeben; Würde den Ärger an ihn z. (Loest, Pistole 162); **b)** *etw. Gekauftes wieder zurückbringen, um den Kauf rückgängig zu machen:* nicht benutzte Fahrkarten z.; den verschimmelten Käse würde ich z.; **c)** *etw., was einem zuerkannt, verliehen, übertragen wurde, wieder an die verleihende, beauftragende o. ä. Stelle abgeben u. es nicht länger beanspruchen:* sein Mandat [an die Partei], den Vorsitz in einem Gremium z.; Wenn Sie das gelesen haben, müssen Sie Ihr Ordinariat z. (Spiegel 40, 1978, 153). **2.** (Ballspiele) **a)** *(den Ball, Puck) wieder demjenigen Spieler zuspielen, von dem man angespielt wurde:* der Libero gibt [den Ball] an den Torwart zurück; **b)** *zurückspielen* (b): er gab den Ball zurück. **3. a)** *auf die gleiche Art beantworten, mit gleichem Blick z.;* Die Attacke z.; **b)** *antworten, erwidern* (1): „Danke gleichfalls!" gab er zurück; „Seien Sie nicht zu sicher, David", gab Brooks von oben herab zurück (Kemelman [Übers.], Mittwoch 31); **zu**|**rück**|**ge**|**blie**|**ben: 1.** ↑zurückbleiben. **2.** ⟨Adj.⟩ *geistig nicht normal entwickelt:* ein -es Kind; er ist [geistig] etwas z.; **zu**|**rück**|**ge**|**hen** ⟨unr. V.; ist⟩: **1. a)** *wieder an den, in Richtung auf den Ausgangsort gehen:* auf seinen Platz z.; Dann ist sie nochmals zum Wagen zurückgegangen. Er wartet (Frisch, Montauk 7); **b)** *rückwärts gehen, sich nach hinten bewegen:* geh bitte ein Stück zurück; der Feind geht zurück *(weicht zurück);* Ü weit in die Geschichte z.; Zunächst muß ich ganz raus viel weiter z. als vierzig Jahre. Denn unsere Identität beginnt ja nicht 1945 (R. v. Weizsäcker, Deutschland 44). **2.** *sich zurückbewegen* (1 b): der Zeiger geht langsam auf Null zurück; der Hebel geht automatisch [in seine Ausgangslage] zurück; Ü der Fahrer ging mit dem Tempo zurück *(verlangsamte das Tempo auf 80 km/h).* **3. a)** (ugs.) *seinen Wohnsitz zurückverlegen in seine Heimat, seine alte Umgebung o. ä. zurückkehren:* nach dem Examen ging er [wieder] nach München zurück; Geh mit Katja nach Deutschland zurück! (Bieler, Mädchenkrieg 494); **b)** *wieder wie früher in einem bestimmten Bereich [beruflich] tätig werden:* er geht in den Staatsdienst, zum Theater zurück; **c)** *die Rückfahrt beginnen:* unser Bus geht um 11 Uhr zurück; **d)** *(von einer Fahrt, Reise o. ä.) in Richtung auf den Ausgangsort, -punkt erfolgen, angetreten werden:* wann soll die Reise z.?; ⟨unpers.:⟩ anschließend geht es dann [ins Hotel] zurück; **e)** *zurückgehen* (5): das habe zur Folge, daß die Musikschule mit Wirkung vom 1. Januar 1980 an das Land zurückgeht (Saarbr. Zeitung 30. 11. 79, 17). **4. a)** *sich verkleinern [u. schließlich verschwinden]:* die Entzündung, die Schwellung geht allmählich zurück; **b)** *abnehmen, sich verringern:* die Fischbestände gehen immer mehr zurück; Die Zuschauerzahlen gingen merklich zurück (Kicker 6, 1982, 8); Geht aber das

Leserinteresse zurück, ... bewirkt das in aller Regel ein Sinken der Auflage (NJW 19, 1984, 1124); das Fieber, das Hochwasser ist etwas zurückgegangen *(gesunken);* die Produktion, der Umsatz geht kontinuierlich zurück. **5.** *[nicht angenommen u.] zurückgeschickt werden:* die beschädigten Bücher an den Verlag z. lassen; die Unterlagen gehen an den Bewerber zurück; Die Suppe ließ sie z. *(aß sie nicht u. ließ sie wieder wegtragen),* weil sie ihr nicht heiß genug war (M. Walser, Seelenarbeit 213). **6.** *seinen Ursprung in etw. haben; von jmdm., etw. herstammen:* diese Redensart geht auf Luther zurück; beim „Zauberberg" ... gehe sehr vieles auf ihre Beobachtungen und Erlebnisse in Arosa und in Davos zurück (Reich-Ranicki, Th. Mann 242); **zu**|**rück**|**ge**|**lan**|**gen** ⟨sw. V.; ist⟩: vgl. zurückkommen (2); **zu**|**rück**|**ge**|**lei**|**ten** ⟨sw. V.; hat⟩: vgl. zurückbegleiten; **zu**|**rück**|**ge**|**win**|**nen** ⟨st. V.; hat⟩: **1.** *(etw., was verloren wurde) wiedergewinnen, wieder in seinen Besitz bringen:* verspieltes Geld z.; er konnte viele Wählerstimmen z.; nun gewann er mit überzeugenden Leistungen ... den Titel wieder zurück (NZZ 27. 8. 83, 33); Ü sein Selbstvertrauen, seine Freiheit z.; Der Rabbi gab sich große Mühe, seine Selbstsicherheit zurückzugewinnen (Kemelman [Übers.], Mittwoch 148). **2.** *durch bestimmte Verfahren, Methoden, Vorgehensweisen etw. bereits in irgendeiner Form Verarbeitetes zur erneuten Nutzung gewinnen, aus etw. herausholen:* Damit können Galvanikbetriebe wertvolle Rohstoffe wie Kupfer, Nickel oder Silber aus Spülbädern z. (Rhein. Merkur 2. 2. 85, 34); Bei der BASF ist heute ein Siebtel des Werkes Grünfläche, mit den Kollegen und ich als Lebensraum für Pflanzen und Tiere zurückgewonnen haben (natur 4, 1991, 23); **zu**|**rück**|**ge**|**zo**|**gen: 1.** ↑zurückziehen. **2.** ⟨Adj.⟩ *in Zurückgezogenheit, Abgeschiedenheit [vor aller Öffentlichkeit, lebend]:* ein -es Leben führen; **Zu**|**rück**|**ge**|**zo**|**gen**|**heit**, die; -: *Zustand des Sich-zurückgezogen-Habens, Abgeschiedenheit, Kontaktlosigkeit:* in [völliger] Z. leben; **zu**|**rück**|**glei**|**ten** ⟨st. V.; ist⟩: *sich gleitend* (1 a) *zurückbewegen:* das Segelflugzeug gleitet zur Erde zurück; Ü er ließ sich in das Bassin z. lassen; Ü in Entschlußlosigkeit z.; **zu**|**rück**|**grei**|**fen** ⟨st. V.; hat⟩: **1.** *beim Erzählen in der Vergangenheit beginnen, auf zeitlich weiter Zurückliegendes zurückgehen:* um das zu erklären, muß ich ein wenig z.; werdet nicht wieder zornig, wenn ich wieder zurückgreife. Im Jahre fünfundvierzig ... (Hacks, Stücke 351). **2.** *von etw. für den Bedarfsfall Verfügbarem, einer Art [bisher unangetasteter] Reserve o. ä. Gebrauch machen:* auf seine Ersparnisse z.; auf ein altes Hausmittel z.; sofern nicht im Alter noch etwas hinzuverdient oder auf andere Einnahmequellen zurückgegriffen werden kann (Augsburger Allgemeine 3./4. 6. 78, 15); ... müßte die Obdachlosenpolizei dann wieder auf das alte Herrensohrer Schulhaus z. (Saarbr. Zeitung 10. 7. 80, 18); **zu**|**rück**|**grü**|**ßen** ⟨sw. V.; hat⟩ (seltener): *wiedergrüßen:* ich hätte, falls ich gegrüßt hätte, auch nicht zurückgegrüßt (Hofmann, Fi-

stelstimme 107); **zu**|**rück**|**ha**|**ben** ⟨unr. V.; hat⟩ (ugs.): *wiederhaben:* hast du das Buch inzwischen zurück?; ich will das Buch aber z. *(ich will es nur verleihen);* weil er sein Geld für die aufgehobene Buchung z. will (Hörzu 9, 1976, 30); **zu**|**rück**|**hal**|**len** ⟨sw. V.; hat⟩: *(von Schall) reflektiert werden;* **zu**|**rück**|**hal**|**ten** ⟨st. V.; hat⟩: **1.** *daran hindern, sich zu entfernen, wegzugehen, davonzulaufen:* jmdn. am Arm z.; Kriegsgefangene widerrechtlich z.; wer gehen will, den soll man nicht z.; der Verein versuchte, den Spieler mit allen Mitteln zurückzuhalten *(von einem Wechsel zu einem anderen Verein abzuhalten).* **2.** *am Vordringen hindern, (jmdn.) den Weg versperren; aufhalten* (1 a): Demonstranten z.; die Ordner versuchten die Menge zurückzuhalten. **3.** *bei sich behalten, nicht weitergeben, nicht herausgeben:* Nachrichten z.; die Sendung wird noch vom Zoll zurückgehalten; Er (= ein Brief) enthält nichts Anstößiges, doch ich wollte ihn bis zu deinem Entschluß z. (Bieler, Mädchenkrieg 381); sein Wasser, den Stuhl [künstlich] z. **4.** *an etw. hindern, von etw. abhalten:* du hättest ihn von diesem Schritt z. müssen; er war durch nichts davon zurückzuhalten *(abzubringen).* **5. a)** *nicht äußern, nicht zum Ausdruck bringen:* seinen Zorn, seine Gefühle nicht länger z. können; er hielt seine Meinung mit seiner Meinung nicht zurück; **b)** *(mit etw.) warten, zögern:* er hält mit dem Verkauf der Aktien noch zurück. **6.** ⟨z. + sich⟩ **a)** *sich beherrschen; sich dazu zwingen, etw. nicht zu tun:* ich mußte mich [gewaltsam] z. [um ihm nichts anzutun]; du sollst dich beim Essen, Trinken etwas z.; **b)** *sich (gegenüber anderen) im Hintergrund halten, sich bei etw. nicht stark beteiligen:* er hielt sich in der Diskussion sehr zurück; Von fußballtechnischen Dingen verstehe ich nichts. Deshalb hab ich mich auf diesem Gebiet stets zurückgehalten (Hamburger Morgenpost 23. 5. 85, 11); Wir sollten ... vorsichtig sein und uns mit Ratschlägen aller Art z. (R. v. Weizsäcker, Deutschland 50); **zu**|**rück**|**hal**|**tend** ⟨Adj.⟩: **a)** *dazu neigend, sich im Hintergrund zu halten, bescheiden, unaufdringlich, still:* er ist ein -er Mensch; sie ist ein -es *(unaufdringliches)* Grün; **b)** *reserviert:* man bereitete dem Staatsgast einen eher -en Empfang; er ist [mir gegenüber] immer sehr z.; der Beifall des Premierenpublikums war recht z. *(mäßig);* Ü die derzeit sehr -e *(schwache)* Nachfrage; Wir werden bei den Ausgaben besonders z. *(maßvoll)* sein müssen (Augsburger Allgemeine 13./14. 5. 78, 12); er ist mit Lob sehr z. *(spricht nur selten ein Lob aus);* **Zu**|**rück**|**hal**|**tung**, die; -⟨o. Pl.⟩: **1.** (selten) *das [Sich]zurückhalten.* **2. a)** *zurückhaltendes* (a) *Wesen, Verhalten, zurückhaltende Art:* seine vornehme Z.; Z. üben, beobachten; **b)** *zurückhaltendes* (b) *Wesen, Verhalten, zurückhaltende Art; Reserve* (3): seine kühle, fast verletzende Z.; die Kritik hat seinen neuen Roman mit Z. aufgenommen; Ü an der Börse herrschte große Z.; Die Spieler legten sich allerdings nach dem 1:0-Erfolg ... keine vornehme Z. auf *(sie spielten weiter-*

zurückhauen

hin offensiv; Kicker 6, 1982, 36); **zu|rück|hau|en** ⟨unr. V.; haute zurück, hat zurückgehauen⟩ (ugs.): vgl. zurückschlagen (1); **zu|rück|ho|len** ⟨sw. V.; hat⟩: **1.** *holen* (1) *u. so wieder zurückbringen.* **2.** vgl. zurückrufen (1, 2); **zu|rück|ja|gen** ⟨sw. V.⟩: **1.** vgl. zurücktreiben ⟨hat⟩. **2.** vgl. zurückeilen ⟨ist⟩; **zu|rück|käm|men** ⟨sw. V.; hat⟩: *nach hinten kämmen:* er kämmt [sich] das Haar zurück; **zu|rück|kau|fen** ⟨sw. V.; hat⟩: *etw. Verkauftes, Weggegebenes, Verlorengegangenes o. ä. käuflich erwerben u. so zurückholen:* ich würde das Grundstück gerne z.; Schon drei Jahre später konnte ein Mittelsmann das Evangeliar für König Georg V. im Gebiet Heinrichs des Löwen z. (Spiegel 49, 1983, 229); **zu|rück|keh|ren** ⟨sw. V.; ist⟩ (geh.): **1.** *zurückkommen* (1 a): *von einer Reise, aus dem Urlaub, aus dem Exil, von einem Spaziergang* [nach Hause] z.; Ü zum Ausgangspunkt der Diskussion z.; Doch ich will zum engeren Thema z. (NJW 19, 1984, 1086); er ist zu ihr zurückgekehrt. **2.** *wieder an den Ausgangspunkt gelangen:* der Zeiger kehrt in die Nullstellung zurück. **3.** *sich wieder einstellen* (5 b): allmählich kehrte das Bewußtsein, die Erinnerung zurück; Unter der Brause kehrten alle Gedanken zurück, und er machte sich klar, daß Rita recht hatte (Loest, Pistole 149). **4.** *auf etw. zurückgreifen; etw. wieder aufgreifen:* zu klassischen Formen z.; Giorgio Armani ist zu kurzen Röcken zurückgekehrt (Nordschweiz 29. 3. 85, 27); **zu|rück|klap|pen** ⟨sw. V.; hat⟩: *nach hinten klappen:* die Lehne z.; ein Deckel aus Zink, den man z. konnte ... war mit verziert (Sommer, Und keiner 99); **zu|rück|kom|man|die|ren** ⟨sw. V.; hat⟩: vgl. zurückrufen; **zu|rück|kom|men** ⟨st. V.; ist⟩: **1. a)** *wieder am Ausgangsort, -punkt ankommen, wiederkommen:* aus dem Urlaub z.; wann kommt ihr [nach Hause] zurück?; der Brief ist [als unzustellbar] zurückgekommen; das Gewitter kam noch einmal zurück; **b)** *sich wieder einstellen* (5 b): die Schmerzen kommen zurück; allmählich kam [ihm] die Erinnerung zurück; **c)** (ugs.) *zurückgelegt, -gebracht o. ä. werden:* die Bücher kommen alle in mein Zimmer zurück. **2.** *wieder an den Ausgangspunkt gelangen:* und wie soll ich dann [von da] ohne Auto z.?; kommt man denn da so spät noch zurück? **3.** *etw. wieder aufgreifen; auf jmdn., etw. wieder Bezug nehmen:* auf ein Thema, eine Frage, einen Punkt z.; Kommen wir noch einmal auf die Todeszeit zurück (Weber, Tote 194); ich werde eventuell auf Sie, auf Ihr Angebot z.; Darf ich ein andermal auf die Einladung z., Al? (Kemelman [Übers.], Freitag 38); **zu|rück|kön|nen** ⟨unr. V.; hat⟩: **1. a)** vgl. zurückdürfen (a); **b)** (ugs.) vgl. zurückdürfen (b). **2.** *eine Entscheidung o. ä. wieder rückgängig machen können:* wenn du erst mal unterschrieben hast, kannst du nicht mehr zurück; Sie mußte sich wehren, und dann konnte sie nicht mehr zurück. Unmöglich einzulenken (Strauß, Niemand 12); **zu|rück|krie|gen** ⟨sw. V.; hat⟩ (ugs.): vgl. zurückbekommen; ♦ **Zu|rück|kunft,** die; -: *Rückkehr:* ... die Pferde, bis zu seiner Z., wohl in acht zu nehmen

(Kleist, Kohlhaas 7); **zu|rück|lä|cheln** ⟨sw. V.; hat⟩: *jmdn., der einem zulächelt, ebenfalls zulächeln; seinerseits anlächeln:* die Alte lächelte freundlich zurück; **zu|rück|la|chen** ⟨sw. V.; hat⟩: vgl. zurücklächeln: Sie dreht sich zu mir, lacht und winkt. Ich kann nicht z., ich habe einen Kloß in der Kehle (Sobota, Minus-Mann 12); **zu|rück|las|sen** ⟨st. V.; hat⟩: **1. a)** *jmdn., etw. an einem Ort lassen u. sich entfernen; nicht mitnehmen:* das Gepäck im Hotel z.; ich lasse dir/für dich eine Nachricht zurück; Sie fügte sich still in alles und ließ den sehr geliebten Sohn ... bei Menschen zurück, deren Sprache sie nicht einmal verstand (Stern, Mann 205); Ü der tödlich Verunglückte ließ eine Frau und zwei Kinder zurück; **b)** *hinterlassen* (3): eine Spur z.; die Wunde hat eine Narbe zurückgelassen. **2.** *zurückgehen, -fahren, -kehren lassen:* sie wollten ihn nicht [nach Hause, in seine Heimat] z.; **Zu|rück|las|sung,** die; -: *das Zurücklassen* (1 a): Wir waren unter Z. unserer Begleitung und der Reittiere heraufgestiegen (Stern, Mann 419); **zu|rück|lau|fen** ⟨st. V.; ist⟩: **1.** vgl. zurückgehen (1 a). **2.** *zurückfließen* (1 a): das Wasser läuft [von dort] in den Behälter zurück. **3.** *sich laufend* (7 b) *zurückbewegen:* das Tonband z. lassen; das Förderband läuft zurück; **zu|rück|le|gen** ⟨sw. V.; hat⟩: **1.** *wieder an einen* [*früheren*] *Platz legen* (3): er legte den Hammer [an seinen Platz] zurück. **2.** *(einen Körperteil) nach hinten beugen:* wie der ... die Flüssigkeit in die Kehle schwappen ließ, ehe er mit zurückgelegtem Kopf schluckte (Fels, Sünden 47). **3.** ⟨z. + sich⟩ **a)** *sich nach hinten legen, lehnen:* er legte sich [im Sessel] bequem zurück; **b)** *seinen Körper aus der aufrechten Haltung in eine schräg nach hinten geneigte Lage bringen:* beim Wasserskifahren muß man sich [mit dem ganzen Körper] z. **4.** vgl. zurückschieben (3): den Riegel z. **5.** *(Geld) nicht verbrauchen, sondern aufbewahren, sparen:* er verdient so gut, daß er [sich] jeden Monat ein paar hundert Mark z. kann; Gibst du mehr aus als du hast, oder legst du was zurück? (Fichte, Wolli 35). **6.** *für einen bestimmten Kunden aufbewahren u. nicht anderweitig verkaufen:* [mir] den Mantel [gegen eine Anzahlung] bis morgen z.? **7.** *(eine Wegstrecke) gehend, fahrend usw. hinter sich lassen, bewältigen:* eine Strecke [zu Fuß, im Dauerlauf] z.; Er legte so viele Flugkilometer zurück, daß es viermal um diese Erde reichen würde (Kicker 82, 1981, 42); Ü Er hatte nie bemerkt, welche Strecke Zeit, welches Leben er zurückgelegt hatte (Strauß, Niemand 210); (Fachspr.:) die Höhe der Leistungen hängt von den zurückgelegten Versicherungszeiten ab. **8.** (österr.) *(ein Amt o. ä.) niederlegen:* er hat überraschend seinen Posten zurückgelegt; Broesigke hat alle seine Parteifunktionen bei Amtsantritt zurückgelegt (Presse 30. 3. 84, 4); daß Dr. Moser unter keinen Umständen das ihm verbriefte „Wasserrecht" z. *(darauf verzichten)* will (Wochenpresse 46, 1983, 4); Diese Anzeige wurde von der Staatsanwaltschaft zurückgelegt (*niederschlagen*; Kurier

2. 10. 93, 20). **9.** (schweiz. Amtsspr.) *(von den Lebensjahren eines Menschen)* vollenden: Bewerberinnen müssen das 18. Lebensjahr zurückgelegt und die Sekundarschule abgeschlossen haben (NZZ 27. 8. 83, 28); **zu|rück|leh|nen** ⟨sw. V.; hat⟩: *nach hinten lehnen:* den Kopf z.; er lehnte sich [im Sessel] zurück; Ü ist der Kaufvertrag unterschrieben und die Finanzierung gesichert, dann kann er sich zu Recht im Sessel z. *(dann braucht er dafür nichts mehr zu tun;* IWZ 38, 1993, 58); **zu|rück|lei|ten** ⟨sw. V.; hat⟩: *wieder an den Ausgangsort, -punkt leiten:* unzustellbare Sendungen zum Absender z.; durch dieses Zeichen wird man auf die Autobahn zurückgeleitet; **zu|rück|len|ken** ⟨sw. V.; hat⟩: **1.** *wieder an den Ausgangsort, -punkt lenken* (1 a). **2.** *wieder auf etw. lenken* (2 a): das Gespräch auf das eigentliche Thema z.; **zu|rück|lie|gen** ⟨st. V.; hat, südd., österr., schweiz. ist⟩: **1.** *seit einer bestimmten Zeit der Vergangenheit angehören; hersein* (a): das Ereignis liegt inzwischen schon lange, noch keine acht Tage zurück; das letzte Erdbeben hatte schon Jahre zurückgelegen; als ob es zehn oder höchstens zwanzig Jahre zurückgelegen war (G. Roth, Winterreise 88); Hier werden Erinnerungen an weit zurückliegende Erlebnisse aufgefrischt (Reich-Ranicki, Th. Mann 75); in den zurückliegenden *(letzten)* Jahren. **2.** (bes. Sport) *(in einem Wettbewerb o. ä.) im Rückstand liegen, weiter hinten liegen:* der Läufer liegt [weit] zurück; die Mannschaft lag [um] fünf Punkte, 0 : 3 zurück. **3.** (selten) *hinter jmdm. liegen:* die Küste liegt jetzt schon fünf Meilen zurück; **zu|rück|ma|chen** ⟨sw. V.⟩: **1.** (ugs.) *zurückbewegen, -klappen o. ä.* ⟨hat⟩: den Riegel z. **2.** (landsch.) *zurückgehen, -fahren, -kehren* ⟨ist⟩: sie sind nach Hause zurückgemacht; **zu|rück|mar|schie|ren** ⟨sw. V.; hat⟩: vgl. zurückgehen; **zu|rück|mel|den** ⟨sw. V.; hat⟩: **a)** (z. + sich) *seine Rückkehr, sein Zurückgekehrtsein melden:* sich in der Schreibstube, beim Vorgesetzten z.; **b)** *jmdm. melden, daß jmd. zurück ist:* der Hauptmann meldete sein Kompanie zurück; **zu|rück|müs|sen** ⟨unr. V.; hat⟩: **a)** vgl. zurückdürfen (a); **b)** (ugs.) vgl. zurückdürfen (b); **Zu|rück|nah|me,** die; -, -n: *das Zurücknehmen;* **zu|rück|neh|men** ⟨st. V.; hat⟩: **1.** *etw., was ein Käufer zurückgeben* (1 b) *möchte, wieder annehmen* [*u. den Kaufpreis zurückerstatten*]: der Händler hat das defekte Gerät anstandslos zurückgenommen; Auf Wunsch finanzieren wir langfristig ... Ihren Altwagen nehmen wir zurück (Saarbr. Zeitung 9. 7. 80, 9). **2. a)** *(eine Behauptung, Äußerung) widerrufen:* er wollte die Beleidigung nicht z.; nimm das sofort zurück!; Ihm wurde bewußt, daß er Buch gesagt hatte, und hätte dieses Wort gern zurückgenommen (Loest, Pistole 247); R ich nehme alles zurück und behaupte das Gegenteil (scherzh.; *ich nehme es zurück*); **b)** *eine selbst getroffene Anordnung o. ä. für nichtig erklären, eine bestimmte Maßnahme rückgängig machen:* Ich hatte mich geirrt, aber ... ich konnte die Entscheidung nicht z. (Kicker 6, 1982, 41); einen Antrag, eine Klage

z. (zurückziehen). **3. a)** (Milit.) (Truppen) weiter nach hinten verlegen, zurückziehen: eine Einheit z.; Die ganze Front wird in unserem Abschnitt zurückgenommen (Kirst, 08/15, 510); **b)** (Sport) (einen Spieler) zur Verstärkung der Verteidigung nach hinten beordern: nach dem 2:0 nahm der Trainer die Halbstürmer zurück. **4.** (Brettspiele) (einen Zug) rückgängig machen: darf ich den Zug [noch einmal] z.? **5. a)** (einen Körperteil) nach hinten bewegen: er nahm den Kopf, die Schultern zurück; **b)** wieder in seine vorherige Lage bewegen: nimm sofort deinen Fuß zurück! **6.** auf eine niedrigere Stufe o. ä. regulieren (1), reduzieren, drosseln: das Gas, die Lautstärke [etwas, ganz] z.; der Filmvorführer ... nahm über die Lichtregelung einen Teil der Saalbeleuchtung zurück (Konsalik, Promenadendeck 185); das Pferd ... kommt, langsam das Tempo zurücknehmend, auf ihn zugetrabt (Frischmuth, Herrin 85); Im vergangenen Jahr hatte die SRN ... die Dividende von 6 auf 4% z. müssen (NZZ 22. 12. 83, 11). **7.** ⟨z. + sich⟩ Zurückhaltung üben, an sich halten, sich bezähmen, zügeln: Ich nehme mich ganz bewußt zurück, schließlich sollen ja die Journalisten die Fragen stellen (Hörzu 45, 1989, 16); Wenn es der Partei dient, daß sich der Parteivorsitzende in dieser Frage zurücknimmt (seine Meinung dazu nicht lautstark vertritt; Spiegel 37, 1993, 22); ⟨häufig im 2. Part.:⟩ Die Frau war herzlich, ohne Arg, von leicht ordinärer Burschikosität ... Herbert Möstling ... war gelassen, zurückgenommen (zurückhaltender, verhaltener; Giordano, Die Bertinis 702); **zu|rück|nei|gen** ⟨sw. V.; hat⟩: vgl. zurückbeugen; **zu|rück|pas|sen** ⟨sw. V.; hat⟩ (Ballspiele): mit einem Paß (3) zurückspielen: den Ball zum Torwart z.; **zu|rück|pfei|fen** ⟨st. V.; hat⟩: **1.** durch einen Pfiff, Pfiffe auffordern zurückzukommen: Ihre Hunde ... mußten von den Soldaten zurückgepfiffen werden (Rolf Schneider, November 128). **2.** (salopp) (jmdm.) befehlen, eine begonnene Aktion abzubrechen, ein Ziel nicht weiterzuverfolgen: der Polizeipräsident wurde vom Innenminister zurückgepfiffen; Ich wollte den Friedhof sperren lassen, aber eurretwegen habe ich meine Leute zurückgepfiffen (Bieler, Bär 287); **zu|rück|pral|len** ⟨sw. V.; ist⟩: **1.** von etw. abprallen u. sich wieder in Richtung auf den Ausgangspunkt bewegen: der Ball prallte von der Bande zurück. **2.** auf dem Wege irgendwohin plötzlich, bes. vor Schreck, innehalten u. zurückweichen: er prallte vor dem entsetzlichen Anblick zurück; **zu|rück|rei|chen** ⟨sw. V.; hat⟩: **1.** wieder zurückgeben: der Zöllner reichte mir den Paß zurück. **2.** (zu einem bestimmten Zeitpunkt in der Vergangenheit) angefangen haben, entstanden sein: die Tradition reicht [bis] ins Mittelalter zurück; Die Entwicklung der SS-20 ... reicht 18 Jahre zurück (NZZ 11. 4. 85, 1); **zu|rück|rei|sen** ⟨sw. V.; ist⟩: vgl. zurückfahren; **zu|rück|rei|ßen** ⟨st. V.; hat⟩ nach hinten reißen: er konnte den Lebensmüden gerade noch [von der Brüstung] z.; **zu|rück|ren|nen** ⟨unr. V.; ist⟩: vgl. zurücklaufen; **zu|rück|rol|len** ⟨sw.

V.⟩: **a)** wieder an den Ausgangspunkt rollen ⟨hat⟩: er hat das Faß zurückgerollt; **b)** nach hinten rollen ⟨ist⟩: der Ball ist zurückgerollt; **zu|rück|ru|fen** ⟨st. V.; hat⟩: **1. a)** rufend auffordern zurückzukommen: jmdn. [ins Zimmer, zu sich] z.; Ü jmdn. ins Leben z. (wiederbeleben); **b)** zurückordern: einen Botschafter z.; Bei uns gibt es kein allgemeines Gesetz, das einen Warenhersteller zwingen kann, Produkte mit gefährlichen Fehlern zurückzurufen (zurückzuziehen, aus dem Handel zu nehmen; ADAC-Motorwelt 51, 1982, 54). **2.** wieder (ins Bewußtsein) bringen: sich, jmdm. etw. ins Gedächtnis, Bewußtsein, in die Erinnerung z.; Er versuchte die Gedanken zurückzurufen, die ihn ausgefüllt hatten, als er vor einer Stunde im Dreieck marschiert war (Loest, Pistole 117). **3.** als Antwort rufen: er hat noch zurückgerufen, er werde auf mich warten. **4.** bei jmdm., der angerufen hat, seinerseits anrufen: kann ich ihn später z.?; Ich hätte gerne zurückgerufen, aber ich fand keinen Eintrag im Telefonbuch (Ziegler, Liebe 193); ⟨Bürow. Jargon, auch mit Akk.-Obj.:⟩ wir rufen Sie zurück; Da sagte er, ich rufe Sie in einer halben Stunde zurück, ich bin in einer Besprechung mit dem Minister (Spiegel 5, 1984, 21); **zu|rück|rut|schen** ⟨sw. V.; ist⟩: vgl. zurückgleiten; **zu|rück|schaf|fen** ⟨sw. V.; hat⟩: vgl. zurückbefördern; **zu|rück|schal|ten** ⟨sw. V.; hat⟩: **1.** wieder auf etw. schalten, was vorher eingeschaltet war: schalte doch bitte aufs dritte Programm zurück!; wir schalten zurück (Rundf., Ferns.) die Sendung wieder ab) in die Sendezentrale, nach Köln. **2.** auf eine niedrigere Stufe, bes. in einen niedrigeren Gang schalten: er schaltete vor der Steigung [in/(seltener:) auf den 2. Gang] zurück; Hummerkrabben ... so lange braten, bis sie rot werden. Hitze z. (e & t 6, 1987, 61); Ü Tobias reagierte deshalb nur langsam, als Stefan ... auf heitere Erregung zurückschaltete (Muschg, Gegenzauber 95); **zu|rück|schau|dern** ⟨sw. V.; ist⟩: **1.** von einem Schauder ergriffen zurückweichen: er schauderte [bei, vor dem Anblick] zurück; Ü vor einem Gedanken z. **2.** (selten) ²zurückschrecken (1); er schauderte vor der Tat zurück; **zu|rück|schau|en** ⟨sw. V.; hat⟩ (bes. südd., österr., schweiz.): zurückblicken; **zu|rück|sche|ren,** sich ⟨sw. V.; hat⟩ (ugs.): sich unverzüglich, schleunigst zurückbegeben: scher dich gefälligst [auf deinen Platz] zurück!; **zu|rück|scheu|chen** ⟨sw. V.; hat⟩: vgl. zurücktreiben; **zu|rück|scheu|en** ⟨sw. V.; ist⟩: **1.** (aus Angst, Scheu vor etw. Unangenehmen, vor unangenehmen Folgen) von etw. Abstand nehmen: nicht vor Mord z.; Sie scheuen davor zurück, erst auf den Zubringerbus und dann auch noch auf die Bahn warten zu müssen (Saarbr. Zeitung 3. 10. 79, 11); er scheut vor nichts zurück (ist zu allem imstande, kennt keine Skrupel). **2.** (selten) aus Scheu zurückweichen: der Junge scheute vor dem Doktor zurück; **zu|rück|schicken**[1] ⟨sw. V.; hat⟩: **1.** wieder an den Ausgangsort, -punkt ¹schicken (1): einen Brief [an den Empfänger] z. **2.** veranlassen, sich zurückzubegeben: er schickte

den Boten mit einer Nachricht [wieder zu ihr] zurück; da wir keine gültigen Pässe hatten, wurden wir an der Grenze zurückgeschickt (ließ man uns nicht einreisen); **zu|rück|schieb|bar** ⟨Adj.⟩: sich zurückschieben, nach hinten schieben lassend: ein -es Dach, Verdeck; **zu|rück|schie|ben** ⟨st. V.; hat⟩: **1. a)** wieder an den Ausgangspunkt, an seinen [früheren] Platz schieben: den Teller z.; er schob sie ins Zimmer zurück; **b)** nach hinten schieben: den Schrank [ein Stück] z.; er schob seine Mütze zurück. **2.** ⟨z. + sich⟩ sich nach hinten schieben (3 c): der Sitz hat sich ein ganzes Stück zurückgeschoben. **3.** zur Seite schieben: die Vorhänge, den Riegel z.; **zu|rück|schie|ßen** ⟨st. V.⟩: **1.** seinerseits auf jmdn. schießen ⟨hat⟩: sie hatten Befehl, sofort zurückzuschießen. **2.** sich sehr rasch wieder an den Ausgangspunkt bewegen ⟨ist⟩: er ist blitzschnell ins Haus zurückgeschossen; **zu|rück|schla|gen** ⟨st. V.⟩: **1.** jmdn. wieder, seinerseits schlagen ⟨hat⟩: er war sehr aufgebracht, aber er schlug nicht zurück; Ü dem Feind darf keine Zeit bleiben zurückzuschlagen (einen Vergeltungsschlag zu führen). **2.** mit einem Schlag, Tritt zurückbefördern ⟨hat⟩: er schlug den Ball zum Torwart zurück. **3.** ⟨ist⟩ **a)** sich in einer schlagenden (2 a) Bewegung zurückbewegen (b): das Pendel schlägt zurück; der Rauch des brennenden Haufens Sägespäne ..., mit dem er das Feuer anfachte, schlug ins Zimmer zurück (Hilsenrath, Nacht 460); **b)** schlagend (2 a) zurückprallen: die Wellen schlugen von den Klippen zurück. **4.** ⟨hat⟩ **a)** nach hinten schlagen (5 a), umschlagen: er schlug seinen Kragen zurück; **b)** beiseite schlagen (5 a): einen Vorhang, den Teppich z.; dann hörte sie, wie ihr Sohn hastig die Decke zurückschlug und aus dem Bett sprang (H. Weber, Einzug 146). **5.** durch geeignete Gegenwehr zum Rückzug zwingen ⟨hat⟩: den Feind z. **6.** sich nachteilig auswirken: dieser Schritt der Regierung wird mit Sicherheit auf die internationalen Beziehungen z.; das ... gibt meiner Kritik eine Heftigkeit, die indessen auf mich zurückschlägt (Stern, Mann 157); Mit doppelter Wucht schlagen nun eine jahrelang verfehlte Wirtschafts- und Sozialpolitik zurück (Freie Presse 14. 2. 90, 1); **zu|rück|schlep|pen** ⟨sw. V.; hat⟩: **1.** zurücktragen: er schleppte den Sack [in den Keller] zurück. **2.** ⟨z. + sich⟩ sich wieder zum Ausgangspunkt, -ort schleppen (6): er schleppte sich [zum Haus] zurück; **zu|rück|schnei|den** ⟨unr. V.; hat⟩ (Gartenbau): etw., was gewachsen ist, wieder kürzer schneiden: die Rosen müssen [etwas] zurückgeschnitten werden; **zu|rück|schnel|len** ⟨sw. V.⟩: **1.** sich schnellend (1) zurückbewegen ⟨ist⟩: der Ast bog sich und schnellte zurück. **2.** mit Schnellkraft o. ä. zurückschleudern ⟨hat⟩: er schnellte die Papierkugel zurück; **zu|rück|schrau|ben** ⟨sw. V.; hat⟩: **1.** reduzieren, verringern, kürzen: seine Ansprüche, Erwartungen [auf ein realistisches Maß] z.; Die Energieverbrauch muß zurückgeschraubt werden; Die Menschen sollen ihre Bedürfnisse gefälligst etwas z. (Erfolg 11/12, 1983, 34); ⟨auch o. Akk.-Obj.:⟩ Ich bin zwar ein

zurückschrecken

anspruchsvoller Mensch geworden, aber ich kann auch wieder z. (Hörzu 18, 1976, 10); ¹zu|rück|schrecken¹ ⟨sw. V.; hat⟩ (seltener): *von etw. abhalten, vor etw.* ²zu*rückschrecken* (2) *lassen:* seine Drohungen schrecken mich nicht zurück; ²**zu|rück|schrecken¹** ⟨st. u. sw. V.; schreckt zurück/(veraltet:) schrickt zurück, schreckte zurück/(veraltend:) schrak zurück, ist zurückgeschreckt⟩: **1.** *vor Schreck zurückfahren, -weichen:* sie schreckte zurück, als sie sein entstelltes Gesicht sah; Die Elefanten schrecken zurück und drängeln sich um ihre Jungen (Saarbr. Zeitung 11. 7. 80, 12); Jetzt begriff sie, warum Belmondo vorhin zurückgeschreckt war, denn der Ehemann seiner Geliebten befand sich noch im Zimmer (H. Weber, Einzug 207). **2.** *zurückscheuen* (1): er schreckt vor nichts zurück; er schreckt nicht davor zurück, die Stadt zu zerstören; Im März kam es zu einem Angebot, vor dem die Gewerbebank zurückschreckte (Bieler, Mädchenkrieg 329); Vor keinem Mittel schreckt der Autor des „Mephisto" zurück *(jedes Mittel ist ihm recht),* um der Protagonisten ... zu kompromittieren (Reich-Ranicki, Th. Mann 196); **zu|rück|schrei|ben** ⟨st. V.; hat⟩: *auf einen Brief o. ä. wieder schreiben, jmdm. schriftlich antworten:* jmdm. sofort z.; ich habe zurückgeschrieben, daß ich einverstanden bin; **zu|rück|schwim|men** ⟨st. V.; ist⟩: *wieder an den, in Richtung auf den Ausgangsort schwimmen;* **zu|rück|schwin|gen** ⟨st. V.; ist⟩: *sich schwingend zurückbewegen:* das Pendel schwingt zurück; **zu|rück|se|hen** ⟨st. V.; hat⟩: *zurückblicken;* **zu|rück|seh|nen**, sich ⟨sw. V.; hat⟩: *sich danach sehnen, wieder bei jmdm., an einem bestimmten Ort, in einer bestimmten Lage zu sein:* ich sehne mich nach Italien, zu ihr zurück; **zu|rück|sen|den** ⟨unr. V.; sandte/(seltener:) sendete zurück, hat zurückgesandt/(seltener:) zurückgesendet⟩ (geh.): vgl. zurückschikken; **zu|rück|set|zen** ⟨sw. V.⟩: **1.** ⟨hat⟩ **a)** *wieder an seinen [früheren] Platz setzen:* den Topf auf die Herdplatte z.; er setzte den Fisch ins Aquarium zurück; Ich hatte gerade den sechsten Karpfen gelandet und zurückgesetzt, als ein Auto hielt (Fisch 2, 1980, 123); **b)** ⟨z. + sich⟩ *sich wieder setzen, wo man vorher gesessen hat:* er setzte sich an den Tisch zurück. **2.** *nach hinten versetzen* ⟨hat⟩: einen Fuß [ein Stück, einen Schritt] z.; wir könnten die Trennwand ein Stück z. **3.** ⟨hat⟩ **a)** ⟨z. + sich⟩ *sich erheben u. weiter hinten wieder setzen:* ich setze mich [ein paar Reihen] zurück; **b)** *nach hinten setzen:* der Lehrer setzte den Schüler zwei Reihen zurück. **4.** ⟨hat⟩ **a)** *(als Fahrer ein Fahrzeug) nach hinten bewegen:* er setzte den Wagen [zwei Meter] zurück; So seien die vier Wagen ... über den Bahnsteig hinausgefahren und der Fahrer habe den Zug z. müssen (Augsburger Allgemeine 6./7. 5. 78, 6); **b)** *rückwärts fahren:* der Fahrer, der Lkw setzte [fünf Meter] zurück; Ich mußte das ganze Stück bis zur Baird Street z., ehe ich wenden konnte (Kemelman [Übers.], Mittwoch 54). **5.** *(gegenüber anderen, Gleichberechtigten)*

in kränkender Weise benachteiligen ⟨hat⟩: ich kann ihn nicht so z.; er fühlte sich [gegenüber seinen älteren Geschwistern] zurückgesetzt. **6.** (landsch.) *(den Preis einer Ware) herabsetzen* (1) ⟨hat⟩: etw. [im Preis] z.; der Mantel war fast um 100 Mark zurückgesetzt. **7.** (Jägerspr.) *ein kleineres Geweih bekommen als im Vorjahr* ⟨hat⟩: der Hirsch hat zurückgesetzt; Man kann ihn (= den Hirsch) nicht mehr gut nach der Endenzahl seines Geweihs benennen, er setzt darin Jahr für Jahr zurück *(er bekommt davon Jahr für Jahr weniger;* Stern, Mann 411); **Zu|rück|set|zung,** die: **1.** *das Zurücksetzen, Zurückgesetztwerden.* **2.** *Handlung, durch die jmd. zurückgesetzt* (5) *wird, Kränkung:* durch dieses Manuskript hatte er sich befreien und alle -en auslöschen wollen (Loest, Pistole 240); **zu|rück|sin|ken** ⟨st. V.; ist⟩: **1.** *nach hinten sinken:* er sank in seinen Sessel zurück. **2.** (geh.) *zurückfallen* (4): in Bewußtlosigkeit z.; er ist wieder in seinen Fatalismus zurückgesunken; **zu|rück|sol|len** ⟨unr. V.; hat⟩: **a)** vgl. zurückdürfen (a); **b)** (ugs.) vgl. zurückdürfen (b); **zu|rück|spie|len** ⟨sw. V.; hat⟩ (Ballspiele): **a)** *zurückgeben* (2 a): den Ball zum Torwart z.; **b)** *nach hinten befördern:* er spielte den Ball zurück; **zu|rück|sprin|gen** ⟨st. V.; ist⟩: **1. a)** *wieder an den Ausgangspunkt springen:* auf Zuruf sprang der Hund sofort zurück ins Haus; **b)** *nach hinten springen:* er mußte vor dem heranrasenden Motorrad z. **2. a)** *sich ruckartig zurückbewegen:* der Zeiger sprang plötzlich [auf 25] zurück; **b)** *sich springend* (5 b) *zurückbewegen:* der Ball prallte gegen die Latte und sprang ins Feld zurück. **3.** *nach hinten versetzt sein:* der mittlere, etwas zurückspringende Teil der Fassade; **zu|rück|spu|len** ⟨sw. V.; hat⟩: *spulend zurücklaufen lassen:* das Tonband z.; **zu|rück|stau|en** ⟨sw. V.; hat⟩: **a)** *stauen, aufstauen:* durch das Wehr wird das Wasser zurückgestaut; **b)** ⟨z. + sich⟩ *sich stauen:* das Wasser staut sich zurück; **zu|rück|stecken¹** ⟨sw. V.; hat⟩: **1.** *wieder an seinen [früheren] Platz stecken:* er steckte den Kugelschreiber in seine Tasche, ins Etui z. **2.** *nach hinten stecken, versetzen:* einen Pfosten ein Stück z. **3.** *in seinen Ansprüchen, Zielvorstellungen o. ä. bescheidener werden, sich mit weniger zufriedengeben:* sie ist [nicht] bereit zurückzustecken; Freiwillig wird wahrscheinlich niemand von der Pharmaindustrie z. (Hamburger Abendblatt 27. 8. 85, 8); ⟨auch mit Akk.-Obj.:⟩ Er ist offenbar durch das Verfahren reifer geworden, steckt seine gefährlichen Liebhabereien zurück (Vaterland 1. 8. 84, 15); **zu|rück|ste|hen** ⟨unr. V.; hat, südd., österr., schweiz.: ist⟩: **1.** *weiter hinten stehen:* das Haus steht [etwas] zurück. **2.** *hinter jmdm., etw. rangieren, geringer, schlechter, weniger wert sein:* keiner wollte da natürlich z.; wir dürfen keinesfalls hinter der Konkurrenz z.; Das Waadtland brachte zu einer gewissen Prosperität, die allerdings hinter derjenigen zurückstand (NZZ 30. 8. 86, 28). **3.** *(anderen) den Vortritt lassen, (zugunsten anderer) Zurückhaltung üben, verzichten:* er war nicht bereit zurückzuste-

hen; Als die überlebenden Männer heimkehrten, mußten Frauen oft wieder z. (R. v. Weizsäcker, Deutschland 17); Ü dies ist eine Frage, hinter der alle anderen Probleme z. müssen; **zu|rück|stel|len** ⟨sw. V.; hat⟩: **1.** *wieder an den [früheren] Platz stellen:* stell das Buch [ins Regal] zurück! **2.** *nach hinten stellen:* wir können den Tisch noch einen Meter weiter z. **3.** *kleiner stellen, niedriger einstellen:* ich werde die Heizung [etwas] z.; wir müssen die Uhren eine Stunde z. *(die Zeiger, die Anzeige auf eine Stunde früher einstellen).* **4.** vgl. zurücklegen (6): können Sie mir von dem Wein eine Kiste z.? **5.** *vorläufig von etw. befreien:* sollen wir den Jungen schon einschulen oder lieber noch z. lassen?; der älteste, der damals – wie nicht der Brüder gefallen waren – vom Frontdienst zurückgestellt worden war (Dönhoff, Ostpreußen 154). **6. a)** *zunächst nicht machen, ausführen, behandeln; aufschieben:* der geplante Neubau wird wegen der angespannten Finanzlage zurückgestellt; Die kleine Reise ..., die ich vorgehabt hatte, habe ich zurückgestellt (Mayröcker, Herzzerreißende 93); **b)** *vorerst nicht geltend machen, nicht darauf bestehen, um Wichtigeres, Vordringlicheres nicht zu beeinträchtigen:* wir sollten Bedenken, Wünsche z.; Die Beschäftigten haben ihre Forderungen zurückgestellt (Hamburger Abendblatt 5. 9. 84, 30); Es wird interessant sein zu beobachten, ob gerade er sein parteipolitisches Engagement hinter die journalistische Arbeit zurückstellt (Saarbr. Zeitung 11. 7. 80, 2). **7.** (österr.) *(etw., was sich jmd. geliehen hat, dem Besitzer) zurückgeben, -schicken, -bringen:* hast du [ihm] das Geld, das Buch schon zurückgestellt?; **Zu|rück|stel|lung,** die; -, -en: *das Zurückstellen* (3–7); **zu|rück|sto|ßen** ⟨st. V.⟩: **1.** ⟨hat⟩ **a)** *wieder an seinen [früheren] Platz stoßen* (1 d): er stieß ihn [in das Zimmer] zurück; mit einem Feuerhaken, mit dem er eine leere Aschenlade in den Herd zurückgestoßen hatte (Ransmayr, Welt 46); **b)** *nach hinten stoßen* (1 d): Er steht steil auf, stößt den Rollstuhl zurück, schnelle Schritte – er ist draußen (Richartz, Büroroman 37); **c)** *(eine Person od. Sache) von sich stoßen u. so abwehren:* als er sie küssen wollte, stieß sie ihn zurück; Ü er stieß die Hand, die sie ihm zur Versöhnung reichte, zurück. **2.** (selten) *abstoßen* (5) ⟨hat⟩: seine aalglatte Art stößt mich zurück. **3.** ⟨ist⟩ **a)** *ein Stück rückwärts fahren:* der Busfahrer, der Lkw mußte zweimal z.; ich ging zum Wagen, schloß auf und stieß zurück (Vesper, Reise 229); **b)** (seltener) *(als Fahrer ein Fahrzeug) ein Stück rückwärts fahren:* Seinen Wagen z. wollte ein 60jähriger (MM 18. 9. 89, 19); **zu|rück|strah|len** ⟨sw. V.; hat⟩: **a)** *(Strahlen, Licht, Wärme o. ä.) zurückwerfen, reflektieren:* die Leinwand strahlt das Licht zurück; Was ECS 1, der Satellit, zur Erde zurückstrahlt, kann offensichtlich von jedermann direkt empfangen werden (Blick auf Hoechst 8, 1984, 5); **b)** *(von Strahlen, Licht, Wärme o. ä.) zurückgeworfen, reflektiert werden:* das Licht der Sonne wird reflektiert und strahlt in den Weltraum zurück; Die Hitze wurde regelrecht von Beton, Asphalt und Steinen gespeichert und zurückgestrahlt (Christiane, Zoo 25); **Zu|rück|strah|lung,** die; -, -en (seltener): *das Zurückstrahlen;* **zu|rück|strei|chen** ⟨st. V.; hat⟩: *nach hinten streichen* (1 b): ich strich mir das Haar zurück; **zu|rück|strei|fen** ⟨sw. V.; hat⟩: *nach hinten streifen* (3); **zu|rück|strö|men** ⟨sw. V.; ist⟩: vgl. zurückfließen (1): das Wasser strömt zurück; Ü nach der Pause strömte das Publikum in den Saal zurück; **zu|rück|stu|fen** ⟨sw. V.; hat⟩: *wieder in einen niedrigeren Rang, bes. in eine niedrige Lohn-, Gehaltsgruppe versetzen:* jmdn. [in eine niedrigere Lohngruppe] z.; Manche Tanzbar stuften die Behörden in jüngster Zeit zum Café oder zur profanen Imbißstube zurück (Spiegel 41, 1983, 211); **Zu|rück|stu|fung,** die; -, -en: *das Zurückstufen;* **zu|rück|stut|zen** ⟨sw. V.; hat⟩: vgl. zurückschneiden: Platanen z.; Ü die Sozialleistungen z. *(reduzieren);* der bisherige gewaltige Preisauftrieb, der die Realeinkommen auf das Niveau von 1970 zurückstutzte (NZZ 30. 1. 83, 9); **zu|rück|tau|meln** ⟨sw. V.; ist⟩: **1.** *sich taumelnd* ⟨a⟩ *auf den Ausgangspunkt hinbewegen:* er taumelte zum Bett zurück. **2.** *nach hinten taumeln* (b): benommen taumelte er zurück und fiel zu Boden; **zu|rück|tra|gen** ⟨st. V.; hat⟩: vgl. zurückbringen (1 a); **zu|rück|trans|por|tie|ren** ⟨sw. V.; hat⟩: vgl. zurückbringen (1 a); **zu|rück|trei|ben** ⟨st. V.; hat⟩: *wieder an den [früheren] Platz, an den Ausgangsort treiben:* die Kühe auf die Weide z.; **zu|rück|tre|ten** ⟨st. V.⟩: **1.** vgl. zurückschlagen (1) ⟨hat⟩. **2.** *nach hinten treten* ⟨ist⟩: einen Schritt z.; bitte von der Bahnsteigkante z.! **3.** (seltener) *zurückspringen* (3) ⟨ist⟩: eine weite Buchtung, zu der hier die Ufer ... zurücktritt (Th. Mann, Krull 326). **4.** *weniger wichtig werden, an Bedeutung verlieren, in den Hintergrund treten* ⟨ist⟩: kleine Betriebe treten immer mehr zurück; Die Kirche als Bauaufgabe tritt zurück (Bild. Kunst III, 34); der Egoismus muß hinter der Solidarität z.; demgegenüber tritt alles andere stark zurück. **5.** *sein Amt niederlegen, abgeben* ⟨ist⟩: die Regierung, der Kanzler soll z. *(demissionieren);* er ist [als Vorsitzender] zurückgetreten; von einem Amt z. **6.** *(auf ein Recht o. ä.) verzichten* ⟨ist⟩: ich trete von meinem Kaufrecht zurück. **7.** *(eine Vereinbarung o. ä.) für ungültig erklären, rückgängig machen* ⟨ist⟩: von dem Vertrag, Kauf kannst du innerhalb einer Woche z.; **zu|rück|tun** ⟨unr. V.; hat⟩ (ugs.): *zurücklegen* (1), *zurückstellen* (1), *zurücksetzen* (1 a): tu das sofort [an seinen Platz] zurück!; **zu|rück|über|set|zen** ⟨sw. V.; hat⟩: *rückübersetzen:* eine französische Übersetzung ins Deutsche z.; Diese Schwingungen können von Spezialgeräten aufgenommen und in lebendige Sprache zurückübersetzt werden (Spiegel 1, 1983, 21); **zu|rück|ver|fol|gen** ⟨sw. V.; hat⟩: *etw. in Richtung auf seinen Ausgangspunkt, seinen Ursprung, in die Vergangenheit verfolgen:* eine Tradition, die sich bis ins Mittelalter z. läßt; Greta war in unehelicher Kind gewesen, ihr Leben, soweit es sich z. ließ, höchst unerfreulich (Danella, Hotel 455); **zu|rück|ver|lan|gen** ⟨sw. V.; hat⟩: **1.** *zurückfordern:* die Zuschauer verlangten das Eintrittsgeld zurück. **2.** (geh.) *(jmdn., etw.) wiederhaben wollen:* er verlangte sehnlich nach ihr, nach ihrer Liebe zurück; **zu|rück|ver|le|gen** ⟨sw. V.; hat⟩: **1.** *wieder an seinen [früheren] Standort, Platz* ¹*verlegen* (3): sie haben ihre Zentrale nach Köln zurückverlegt. **2.** *auf einen früheren Zeitpunkt* ¹*verlegen* (2): Auf der Fahrt nach Marienborn sind die Abfahrtszeiten der Linie 13 um zwei Minuten zurückverlegt worden (Allgemeine Zeitung 4. 6. 85, 11); **zu|rück|ver|set|zen** ⟨sw. V.; hat⟩: **1.** *wieder an seinen [früheren] Platz, Standort versetzen* (1 b): der Lehrer wurde an seine alte Schule zurückversetzt; Aus gesundheitlichen Gründen ließ sich der Sekretär der Parteileitung ... wieder in die Reihen der Basis z. (Vaterland 27. 3. 85, 27). **2. a)** *in eine vergangene Zeit, Situation versetzen* (2 a): das Erlebnis versetzte ihn in seine Jugend zurück; sie fühlte sich um Jahre zurückversetzt; Ich hab' mich auf einmal richtig in meine Kinderzeit zurückversetzt gefühlt (Freizeitmagazin 26, 1978, 37); **b)** ⟨z. + sich⟩ *sich in eine vergangene Zeit, Situation hineindenken:* du mußt dich nur einmal in jene Zeit z.; **Zu|rück|ver|set|zung,** die: *das Zurückversetzen, Zurückversetztwerden;* **zu|rück|ver|wan|deln** ⟨sw. V.; hat⟩: *wieder zu dem umwandeln, verwandeln, was jmd., etw. früher war:* am Ende des Märchens werden alle erlöst, die Vögel verwandeln sich in Kinder zurück; das Mekong-Delta ... muß in eine Sumpflandschaft zurückverwandelt werden (natur 5, 1991, 36); **zu|rück|ver|weisen** ⟨st. V.; hat⟩: *wieder an eine frühere Stelle verweisen:* eine Gesetzesvorlage an einen Parlamentsausschuß z.; Das Oberste Gericht hat das Urteil kassiert und die Sache ans Bezirksgericht zurückverwiesen (Bieler, Bär 355); **zu|rück|wei|chen** ⟨st. V.; ist⟩: **1.** (*um Abstand von jmdm., etw. zu gewinnen*) *einige Schritte zurücktreten, sich von jmdm., etw. wegbewegen:* unwillkürlich, entsetzt, erschrocken [vor dem grausigen Anblick] z.; die Menge wich ehrfürchtig zurück; Ü die Vegetation weicht immer weiter [nach Norden] zurück; Endlich, vor einem auszehrenden Wind ... wich die Flut zurück (Ransmayr, Welt 164). **2.** *sich auf etw. nicht einlassen, etw. meiden:* vor einer Schwierigkeit z.; **zu|rück|wei|sen** ⟨st. V.; hat⟩: **1. a)** *wieder an den Ausgangspunkt, -ort weisen* (2): jmdn. an seinen Platz z.; Am ersten Wochenende ... sind an den Grenzübergängen in Bayern und Hessen insgesamt 36 Reisende von DDR-Grenzorganen zurückgewiesen worden (MM 15. 3. 83, 1); **b)** *nach hinten weisen* (1 a): er wies mit dem Daumen [auf sich, auf das Haus] zurück. **2.** *von sich weisen, abweisen:* Bittsteller z.; einen Vorschlag, ein Angebot [schroff, entrüstet] z.; Die portugiesischen Professionalfußballer wollen Berufungen in die Nationalmannschaft z. (NZZ 29. 8. 86, 45); eine Klage, einen Antrag z. *(ablehnen);* eine Frage z. *(ihre Beantwortung verweigern, sie nicht zulassen).* **3.** *sich (gegen etw.) verwahren, (einer Sache) widersprechen; für falsch, für unwahr erklären:* eine Behauptung, eine Beschuldigung [entschieden] z.; Zu hohe Geschwindigkeit? Diesen Vorwurf wies er aufs schärfste zurück (Loest, Pistole 232); **Zu|rück|wei|sung,** die; -, -en: *das Zurückweisen, Zurückgewiesenwerden;* **zu|rück|wen|den** ⟨unr. V.; hat⟩: wandte/wendete zurück, hat zurückgewandt/zurückgewendet): **a)** *wieder in die vorherige Richtung wenden* (3 a): den Blick z.; er wandte sich ins Zimmer zurück; **b)** *nach hinten wenden* (3 a): er wandte den Kopf, wandte sich in der Tür noch einmal zurück; **zu|rück|wer|fen** ⟨st. V.; hat⟩: **1. a)** *an den, in Richtung auf den Ausgangspunkt, -ort werfen:* den Ball z.; Ü die Brandung warf ihn ans Ufer zurück; daß die eigene Phantasie, stofflos und auf sich selbst zurückgeworfen *(auf sich selbst angewiesen, ohne Hilfe von außen),* einem ein Schnippchen schlagen könnte (Reich-Ranicki, Th. Mann 228); **b)** *nach hinten werfen:* den Kopf z.; er warf sich [in die Polster] zurück. **2.** *(Strahlen, Wellen, Licht) reflektieren:* der Schall, das Licht, die Strahlen werden von der Wand zurückgeworfen. **3.** (Milit.) *zurückschlagen* (5): sie haben den Feind [weit] zurückgeworfen. **4.** *in Rückstand bringen; in die Lage bringen, an einem früheren Punkt nochmals von neuem beginnen zu müssen:* seine Krankheit hat ihn [beruflich, in der Schule] zurückgeworfen; eine Reifenpanne warf den Europameister auf den fünften Platz zurück; Wir hatten große Schwierigkeiten mit dem Baugrund ... das hat uns zeitlich etwas zurückgeworfen (Flensburger Tageblatt, Ostern 1984, 13); **zu|rück|win|ken** ⟨sw. V.; hat⟩: vgl. zurückgrüßen: Brigitte winkte zwischen den Buchenstämmen zurück (Harig, Weh den 248); **zu|rück|wir|ken** ⟨sw. V.; hat⟩: *auf denjenigen, dasjenige, von dem die ursprüngliche Wirkung ausgeht, seinerseits [ein]wirken:* die Reaktion des Publikums wirkt auf die Schauspieler zurück; **zu|rück|wol|len** ⟨unr. V.; hat⟩: **1.** vgl. zurückkönnen (1): er will [nach Italien] zurück. **2.** (ugs.) *zurückhaben wollen:* er will mein Geld zurück!; **zu|rück|wün|schen** ⟨sw. V.; hat⟩: **1.** *wünschen, daß etw. Vergangenes, etw., was man nicht mehr hat, zurückkehrt, daß man es wieder hat:* wünschst du [dir] nicht auch manchmal deine Jugend zurück?; dann würde er den Augenblick z., mit dem er jetzt nichts anfangen konnte (M. Walser, Seelenarbeit 217). **2.** ⟨z. + sich⟩ vgl. zurücksehen: ich wünsche mich manchmal [dorthin, zu ihr] zurück; **zu|rück|zah|len** ⟨sw. V.; hat⟩: **1.** *Geld zurückgeben:* jmdm. eine Summe z.; er hat das Darlehen [an die Bank] zurückgezahlt; er hat seine Schulden immer wieder zurückgezahlt. **2.** (ugs.) *heimzahlen* (a): das werde ich ihm z.!; **Zu|rück|zah|lung,** die; (selten): *Rückzahlung;* **zu|rück|zie|hen** ⟨unr. V.⟩ /vgl. zurückgezogen/: **1.** ⟨hat⟩ **a)** *wieder an den Ausgangspunkt, an seinen [früheren] Platz ziehen:* den Karren [in den Schuppen] z.; er zog mich [auf den Gehsteig, ins Zimmer] zurück; **b)** *nach hinten ziehen:* wir müssen den Schrank [ein Stück] z.; sie zog ihre Hand zurück. **2.** *zur*

Zurückzieher

Seite ziehen ⟨hat⟩: er zog den Riegel, die Gardine zurück. **3.** *ein Grund sein für den Wunsch, den Entschluß, irgendwohin zurückzukehren* ⟨hat⟩: das Klima zieht ihn immer wieder nach Italien zurück; ⟨unpers.:⟩ es zieht mich zu ihr, dorthin zurück. **4.** *zurückbeordern, wieder zum Ausgangspunkt zurückkehren lassen* ⟨hat⟩: der Einsatzleiter zog die Wasserwerfer zurück; einen Botschafter [aus einem Land] z.; einen Posten z.; der König soll seine Truppen [aus der Provinz] z. **5.** *für nichtig, für nicht mehr gültig erklären; rückgängig machen, wieder aufheben, widerrufen* ⟨hat⟩: einen Auftrag, einen Antrag, eine Bestellung, eine Klage, Anzeige, eine Kündigung, Wortmeldung z.; Im neuen Prozeß stellte sich heraus, daß der Staatsanwalt die im Vorjahr diskutierten Anklagepunkte zurückgezogen hatte (Bund 11. 10. 83, 32); nun ziehe der Enkel des Komponisten die Rechte zurück, weil der Regisseur ihm nicht gefalle (NJW 19, 1984, 1080); seine Kandidatur z. *(erklären, daß man doch nicht kandidiert).* **6.** *wieder aus dem Verkehr ziehen, einziehen* ⟨hat⟩: der Hersteller hat das neue Medikament wieder zurückgezogen. **7.** ⟨z. + sich; hat⟩ **a)** *sich nach hinten, in einer Rückwärtsbewegung irgendwohin entfernen:* die Schnecke zieht sich in ihr Haus zurück; **b)** (bes. Milit.) *[um sich in Sicherheit zu bringen] eine rückwärtige Position beziehen:* der Feind zieht sich [auf sein eigenes Territorium, hinter den Fluß, in die Berge] zurückgezogen; Ü sie zieht sich auf den Standpunkt zurück, sie habe keine andere Wahl gehabt; Wo der Sachverhalt ... falsch dargestellt ist, kann der Kritiker sich nicht darauf z., er habe seine Äußerung nur polemisch überzogen (NJW 19, 1984, 1103); **c)** *sich irgendwohin begeben, wo man allein, ungestört ist:* ich zog mich [zum Arbeiten] in mein Zimmer zurück; Im Herbst zieht man sich ins Haus zurück (Kempowski, Zeit 222); Das Gericht zieht sich zur Beratung zurück (Ziegler, Labyrinth 311); Eine Partei des demokratischen Sozialismus kann sich doch nicht hinter verschlossene Türen z. (Freie Presse 3. 1. 90, 3); Ü sich ins Privatleben z.; in sich selbst z. *(sich abkapseln u. sich nur noch mit sich selbst beschäftigen);* **d)** *aufhören (an etw.) teilzunehmen; (etw.) aufgeben:* sich aus der Politik, von der Bühne, von der Lehrtätigkeit z.; Ich möchte mich auf möglichst elegante Art und Weise aus dem Showgeschäft z. (Freizeitmagazin 10, 1978, 14); **e)** *sich (von jmdm.) absondern, den Kontakt (mit jmdm.) aufgeben:* sich von den Menschen, seinen Freunden z.; um auf diese Weise zu vermeiden, daß er sich weiter von ihr zurückziehe (Mayröcker, Herzzerreißende 60). **8.** *wieder dorthin ziehen, wo man schon einmal gewohnt hat* ⟨ist⟩: er will wieder [nach Köln] z.; **Zu|rück|zie|her**, der; -s, - (selten): *Rückzieher;* **zu|rück|zucken**[1] ⟨sw. V.; ist⟩: *zusammenzucken u. zurückfahren* (3): er zuckte erschrocken zurück; Der zehnjährige Murat ..., der jedesmal zurückzuckt, sobald ein Erwachsener den Arm um ihn legen ... will (Spiegel 29, 1992, 73); Ü eine Lösung, vor der die Genossen in Regierungsverantwortung immer zurückgezuckt *(zurückgeschreckt, zurückgescheut)* sind (Spiegel 49, 1982, 20).

Zu|ruf, der; -[e]s, -e: *an jmdn. (aus einem bestimmten Anlaß) gerichteter Ruf:* anfeuernde, höhnische -e; auf keinen Z. hören; die Hunde gehorchten ihm auf Z., als sie unter den Balkonen der Bürgerinnen auf deren laute -e der Bewunderung hin den Schleier von Kopf und Schultern genommen hatte (Stern, Mann 366); die Wahl des Vorstands erfolgte durch Z. *(Akklamation* 2); **zu|ru|fen** ⟨st. V.; hat⟩: *rufend mitteilen:* jmdm. einen Befehl, etwas [auf französisch] z.; ich rief ihm zu, er solle auf mich warten.

zu|rü|sten ⟨sw. V.; hat⟩ (seltener): *vorbereiten, bereitmachen:* alles Viehzeug wurde von Hof entfernt, das man für ein ... Zeremoniell zurüstete (Hartung, Piroschka 132); **Zu|rü|stung,** die; -, -en (seltener): *das Zurüsten, vorbereitende Maßnahme, Tätigkeit:* eines Tages von traf er selbst umfangreiche -en, mit dem kleinen Segelboot des Feriendorfes in See zu stechen (Gregor-Dellin, Traumbuch 115); ♦ ... mit welchen Saladins vorsicht'ger Vater das Heer besoldet und die -en des Krieges bestritten (Lessing, Nathan I, 5).

zur Zeit (schweiz. meist u. österr.: zurzeit): ↑Zeit (2 a).

Zu|sa|ge, die; -, -n: **a)** *zustimmender Bescheid auf eine Einladung hin:* seine Z., bei der Eröffnung anwesend zu sein, geben; seine Z. einhalten; **b)** *Zusicherung, sich in einer bestimmten Angelegenheit jmds. Wünschen entsprechend zu verhalten:* die Z. des Ministers, ein Projekt staatlich zu fördern; bindende -n geben; Benötigt man ein Dutzend Beiträge, dann empfiehlt es sich nach mindestens zwei Dutzend auszuschauen. Denn erstens muß man mit Absagen rechnen und zweitens mit -n, die nie eingehalten werden (Reich-Ranicki, Th. Mann 265); **zu|sa|gen** ⟨sw. V.; hat⟩ [mhd. zuosagen]: **1. a)** *versichern, einer Einladung folgen zu wollen:* sein Kommen z.; sie hat [ihnen ihre Teilnahme] fest zugesagt; Bei den Damen wird der letztjährigen Gewinnerin ... das Siegen nicht leicht gemacht, hat doch auch die dänische Weltklasseläuferin ... ihren Start zugesagt (Basler Zeitung 12. 5. 84, 53); **b)** *jmdm. zusichern, sich in einer bestimmten Angelegenheit seinen Wünschen entsprechend zu verhalten:* schnelle Hilfe, einem Staat Kredite z.; ... haben am Montag die letzten drei RAF-Häftlinge ... zugesagt, wieder Nahrung zu sich zu nehmen (Neue Presse 6. 2. 85, 1). **2.** *jmds. Vorstellung, Geschmack entsprechen, jmdm. gefallen, ihm angenehm willkommen sein:* die Wohnung sagte ihm zu; dein Vorschlag sagt mir zu; Ich habe mich in der ersten Zeit entmündigt gefühlt; Das hat mir nicht zugesagt, auch die Arbeit hat mir nicht zugesagt (Klee, Pennbrüder 52); der Bewerber sagte ihnen [nicht] zu; dieser Wein sagt mir mehr zu.

zu|sam|men ⟨Adv.⟩ [mhd. zesamen(e), ahd. zasamane, aus ↑zu u. mhd. samen, ahd. saman = gesamt, zusammen, urspr. = eins, in eins zusammen, einheitlich, aus; vgl. ↑sammeln, ↑-sam]: **1.** *nicht [jeder] für sich allein, sondern mit einem od. mehreren anderen; gemeinsam, miteinander:* z. spielen, verreisen; sie bestellten z. eine Flasche Wein; z. sieht das sehr schön aus; Die Küche benutzen wir z. (Brot und Salz 368); Paare, die schon vor der Ehe z. schlafen (Dunkell, Körpersprache 130); schönen Urlaub z.! **2.** *als Einheit gerechnet, miteinander addiert; als Gesamtheit; insgesamt:* sie besitzen z. ein Vermögen von 50000 Mark; alles z. kostet 100 Mark; Ruf die Bedienung. Helmut brüllte förmlich alarmiert: Zahlen. Alles z.! (M. Walser, Pferd 63); er weiß mehr als alle andern z.; **Zu|sam|men|ar|beit,** die; ⟨o. Pl.⟩: *das Zusammenarbeiten:* eine enge, internationale, wirtschaftliche Z.; Zu rühmen auch die Z. mit dem Betriebsrat. Vertrauensvoll (Richartz, Büroroman 143); sie bemängelte die Z. von Bund und Ländern, zwischen beiden Staaten; **zu|sam|men|ar|bei|ten** ⟨sw. V.; hat⟩: *mit jmdm. gemeinsam für bestimmte Ziele arbeiten, zur Bewältigung bestimmter Aufgaben gemeinsame Anstrengungen unternehmen:* in einer Organisation z.; beide Staaten wollen auf diesem Sektor künftig enger z.; er will nicht mehr länger mit ihm z.; **zu|sam|men|backen**[1] ⟨sw. V.; hat⟩ [vgl. [2]backen] (landsch.): *zu einer [einheitlichen] Masse verkleben:* Dabei backen sie (= Eisstückchen zu sogenannten Eiskonglomeraten zusammen (Freie Presse 15. 11. 88, 5); **zu|sam|men|bal|len** ⟨sw. V.; hat⟩: **a)** *zu einer festen, einheitlichen Masse ballen:* Schnee, Papier z.; die Fäuste z. *(fest schließen, zusammenpressen);* zusammengeballt *(zusammengedrängt)* zu einem Klumpen, warteten sie am Eingang; **b)** ⟨z. + sich⟩ *sich zu einer festen, einheitlichen Masse ballen:* dunkle Wolken ballten sich am Himmel zusammen; Ü (geh.:) über seinem Haupt ballen sich drohende Wolken zusammen; wir müssen uns bewußt sein, meine Herren, daß ... sich ein Fait accompli über uns zusammenballt (Muschg, Gegenzauber 259); **Zu|sam|men|bal|lung,** die; *(sich in bestimmter Weise auswirkende) Anhäufung, Ansammlung von etw.:* die Z. von Atomreaktoren in der Grenzregion (Saarbr. Zeitung 21. 12. 79, 2); Selten war in einer Weltmeisterschaft eine derart große Z. von Titelanwärtern gegeben (NZZ 26. 2. 86, 39); **zu|sam|men|bas|teln** ⟨sw. V.; hat⟩: *aus einzelnen Teilen basteln* (1 b): sich Lautsprecheranlagen z.; Ü (ugs.:) In den Zellen hatte sich der Mann seine Weltanschauung zusammengebastelt (Fels, Sünden 13); **Zu|sam|men|bau,** der; ⟨Pl. -e⟩: *das Zusammenbauen; Montage:* Für unsere Maschinenfabrik ... suchen wir mehrere Maschinenschlosser mit abgeschlossener Berufsausbildung für den Z. (Saarbr. Zeitung 5./6. 4. 80, XIV); **zu|sam|men|bau|en** ⟨sw. V.; hat⟩: *aus den entsprechenden Teilen bauen, zusammensetzen:* ein Radio, Auto z.; **zu|sam|men|bei|ßen** ⟨st. V.; hat⟩: *beißend aufeinanderpressen:* [vor Schmerz, trotzig] die Zähne, die Lippen z.; **zu|sam|men|be|kom|men** ⟨st. V.; hat⟩: **a)** svw. *zusammenbringen*

(1 a): die Miete z. müssen; **b)** (ugs.) svw. zusammenbringen (1 b): einen Text nicht mehr [ganz] z.; **Zu|sạm|men|bil|dung,** die (Sprachw.): *Art der Wortbildung, bei der eine syntaktische Fügung als Ganzes zur Grundlage einer Ableitung od. Zusammensetzung gemacht wird* (z. B. beidarmig = mit beiden Armen; Einfamilienhaus = Haus für eine Familie); **zu|sạm|men|bin|den** ⟨st. V.; hat⟩: *durch Binden vereinigen:* sich das Haar [mit einer Schleife] z.; Blumen [zu einem Strauß] z.; sich das Kopftuch im Nacken z. *(seine Enden verknüpfen);* **zu|sạm|men|blei|ben** ⟨st. V.; ist⟩: **a)** *[mit jmdm.] gemeinsam irgendwo bleiben u. die Zeit verbringen:* wir sind [mit den Freunden] noch etwas zusammengeblieben; **b)** *[mit jmdm.] in einer privaten Beziehung vereint bleiben, sie nicht abbrechen od. sich auflösen lassen:* die Frauen wollten, das Paar wollte [für immer] z.; **zu|sạm|men|brau|en** ⟨sw. V.; hat⟩: **1.** (ugs.) *[aus verschiedenen Bestandteilen] ein Getränk zubereiten:* was hast du denn da zusammengebraut? **2.** ⟨z. + sich⟩ *sich als etw. Unangenehmes, Bedrohliches, Gefährliches entwickeln:* etwas, ein Unwetter schien sich zusammenzubrauen; das, was sich in jüngster Zeit über seinem Kopf zusammenbraute, hat es in sich (Wochenpresse 13, 1984, 20); ... tat er dies mit Unlust und der dumpfen Ahnung, irgendwas Verhängnisvolles braue sich zusammen (Brot und Salz 272); **zu|sạm|men|bre|chen** ⟨st. V.; ist⟩: **1.** *einstürzen; in Trümmer gehen:* das Gerüst, die Brücke ist zusammengebrochen; Burghausen setzt sich so behutsam, als habe er Angst, der Sessel breche unter ihm zusammen (Loest, Pistole 176); Ü die Lügengebäude der Gegner brachen zusammen; das ganze Unglück brach über ihr zusammen *(brach über sie herein).* **2.** *einen Schwächeanfall, Kräfteverlust erleiden u. in sich zusammenfallen, sich nicht aufrecht halten können u. niedersinken:* auf dem Marsch, vor Erschöpfung, ohnmächtig, tot z.; unter der Last der Beweise brach der Angeklagte zusammen; der Vater brach bei der Todesnachricht völlig zusammen *(war dadurch völlig gebrochen).* **3.** *sich nicht aufrechterhalten, nicht fortsetzen lassen; zum Erliegen kommen:* die Front, der Verkehr, der Terminplan brach zusammen; binnen Jahresfrist brach die Firma zusammen (Strauß, Niemand 50); Das Telefonnetz der australischen Millionenstadt Sidney ist am Sonnabend zusammengebrochen (Freie Presse 23. 11. 87, 2); jmds. Kreislauf ist zusammengebrochen; an diesem Tag brach für ihn eine Welt zusammen *(sah er sich in seinem Glauben an bestimmte ideelle Werte enttäuscht);* **zu|sạm|men|brin|gen** ⟨unr. V.; hat⟩: **1. a)** *etw. Erforderliches, für einen bestimmten Zweck Notwendiges beschaffen:* nicht einmal das Geld für einen neuen Anzug z.; In jener Zeit ... konnte jemand, der etwas davon verstand, auch ohne viel Geld großartige Sammlungen z. (Dönhoff, Ostpreußen 31); er brachte beim jährlichen Sportwettbewerb ... nicht einmal die Punktzahl zusammen (Loest, Pistole 49); **b)** (ugs.) *es schaffen, einen Text o. ä. vollständig wiederzugeben, bestimmte Zusammenhänge o. ä. herzustellen, zu erläutern, sich an etw. vollständig zu erinnern:* die Verse nicht mehr z.; er brachte keine drei Sätze, Worte zusammen *(konnte vor Erregung nichts sagen);* Welche Ursachen es dafür gab, bringe ich heute nicht mehr zusammen (Lemke, Ganz 204); **c)** *es schaffen, daß etw. Zusammengehörendes [wieder] als Einheit vorhanden ist:* ein gut geschulter Schäferhund muß eine versprengte Schafherde wieder z. **2.** *Kontakte zwischen zwei od. mehreren Personen herstellen, ihre Bekanntschaft stiften:* Und doch war es Bobby, der die beiden zusammenbrachte (Freizeitmagazin 26, 1978, 38); ihr Beruf hatte sie mit vielen Menschen zusammengebracht; Das Fest in der Mensa der Universität, das vor allen Dingen Professoren und Assistenten mit den neuimmatrikulierten Studenten z. sollte (Saarbr. Zeitung 6. 12. 79, 26/28/30). **3.** *etw. mit etw. in Verbindung bringen, etw. zu etw. in Beziehung setzen:* zwei verschiedene Dinge z.; Der Taxifahrer konnte das hohe Trinkgeld nicht z. mit dem Benehmen seines Fahrgastes (Johnson, Ansichten 16); **Zu|sạm|men|bruch,** der: **1.** *das Zusammenbrechen* (2); *schwere gesundheitliche Schädigung:* Es ist kein Infarkt, nur ein Z. (Danella, Hotel 473); einen [körperlichen] Z. erleiden; er war dem Z. nahe. **2.** *das Zusammenbrechen* (3): *der politische, wirtschaftliche Z. eines Landes;* ein geschäftlicher Z.; Beide Briefschreiber prophezeien wiederholt Deutschlands baldigen Z. (Reich-Ranicki, Th. Mann 177); Wasserverschlechterung, die bis zum Z. der Trinkwasserversorgung führen kann (Gruhl, Planet 124); **zu|sạm|men|drän|gen** ⟨sw. V.; hat⟩: **1. a)** *durch Drängen* (2 a) *bewirken, daß eine Menschenmenge sich auf engem Raum schiebt u. drückt:* die Menge wurde von der Polizei zusammengedrängt; **b)** ⟨z. + sich⟩ *[von allen Seiten] zusammenkommen u. sich immer dichter auf engem Raum drängen* (1 b): Die Bauernfamilie saß verängstigt zusammengedrängt (Loest, Pistole 18); sie drängten sich wie die Schafe zusammen. **2. a)** *etw. in gedrängter Form darstellen, zusammenfassen:* eine Schilderung auf wenige Sätze z.; **b)** ⟨z. + sich⟩ *in einem sehr kurzen Zeitraum dicht aufeinanderfolgend vor sich gehen:* sie (= die Entscheidungen) drängten sich auf den engen Raum weniger Stunden zusammen (Apitz, Wölfe 268); **zu|sạm|men|dre|hen** ⟨sw. V.; hat⟩: *etw. um etw. anderes drehen u. dadurch zu einem Ganzen verbinden:* Fäden, Drähte z.; Er ... drehte die Blätter zu einer Rolle zusammen *(formte aus ihnen durch Drehen eine Rolle;* Lentz, Muckefuck 100); **zu|sạm|men|drück|bar** ⟨Adj.⟩ (Physik): *kompressibel;* **Zu|sạm|men|drück|bar|keit,** die; - (Physik): *Kompressibilität;* **zu|sạm|men|drücken**[1] ⟨sw. V.; hat⟩: **1.** *von zwei od. mehreren Seiten auf etw. drücken u. es dadurch [flacher u.] kleiner an Volumen machen:* das Boot wurde [wie eine Streichholzschachtel] zusammengedrückt; er drückte ihm den Brustkorb, die Rippen zusammen. **2.** *aneinanderdrücken* (1): die mit Klebstoff bestrichenen Teile fest z.; **zu|sạm|men|fah|ren** ⟨st. V.⟩: **1.** (seltener) *im Fahren zusammenstoßen* ⟨ist⟩: das Auto ist mit dem Lkw zusammengefahren. **2.** *vor Schreck zusammenzucken* ⟨ist⟩: bei einem Geräusch, Knall [heftig, erschrocken] z.; Und immer, wenn jemand den Korridor betritt, fahre ich zusammen (Hofmann, Fistelstimme 154). **3.** (ugs.) *kaputtfahren* ⟨hat⟩: ein zusammengefahrenes Auto; **Zu|sạm|men|fall,** der ⟨o. Pl.⟩: *das Zusammenfallen* (4 a); **zu|sạm|men|fal|len** ⟨st. V.; ist⟩: **1. a)** *den Zusammenhalt verlieren u. auf einen Haufen fallen; einstürzen:* das Gebäude fiel wie ein Kartenhaus zusammen; **b)** *zusammensinken* (2 b): Erregt wendet sie sich an Adolf. Der fällt in sich zusammen, als er Giovanna sieht (Chotjewitz, Friede 242). **2.** *an Umfang verlieren, gänzlich in sich einsinken* (2): der Ballon, der Teig ist zusammengefallen; Danach wird der Grünkohl portionsweise in wenig kochendes Wasser getan, damit er zusammenfällt (Freie Presse 1. 12. 89, 6); Ü Pläne fallen in sich zusammen *(erweisen sich als unrealisierbar);* oft flammte nur eine kurze Begierde auf, die rasch in sich zusammenfiel *(verging;* Kronauer, Bogenschütze 47). **3.** *abmagern, zunehmend schwach, kraftlos werden:* er ist in letzter Zeit sehr zusammengefallen. **4. a)** *gleichzeitig sich ereignen; zu gleicher Zeit geschehen, stattfinden:* sein Geburtstag fällt dieses Jahr mit Ostern zusammen; beide Termine fallen zeitlich zusammen; Das laute Klirren ... fiel zusammen mit dem röhrenden, die Kirche bis zum Dach füllenden Schrei (Stern, Mann 417); **b)** (bes. in bezug auf geometrische Figuren, Linien o. ä.) *sich decken* (6 a): Linien, Flächen fallen zusammen *(sind kongruent).* **5.** (österr.) *hinfallen* (1 a): das Kind ist zusammengefallen; **zu|sạm|men|fal|ten** ⟨sw. V.; hat⟩: **1.** *durch [mehrfaches] Falten* (1) *auf ein kleineres Format bringen, zusammenlegen:* einen Brief, die Serviette, Zeitung z.; etw. zweimal z.; eine zusammengefaltete Landkarte. **2.** *falten* (3): die Hände z.; **zu|sạm|men|fas|sen** ⟨sw. V.; hat⟩: **1.** *in, zu einem größeren Ganzen vereinigen:* die Teilnehmer in Gruppen, zu Gruppen von 10 Personen z.; Vereine in einem Dachverband z.; Fütterungsstellen müssen zusammengefaßt werden. Statt vieler kleiner gut unterhaltene große (ADAC-Motorwelt 1, 1987, 69); verschiedene Dinge unter einem Oberbegriff z. *(sie darunter subsumieren).* **2.** *auf eine kurze Form bringen, als Resümee formulieren:* seine Eindrücke kurz, in einem Bericht, in Stichworten z.; er hat es dahin zusammengefaßt, alle seien zufrieden nach Hause gegangen; etw. in einem/(auch:) in einen Satz z.; zusammenfassend läßt sich feststellen, daß damit keinem so recht gedient ist; **Zu|sạm|men|fas|sung,** die: **1.** *das Zusammenfassen* (1): die Z. der einzelnen Gruppen in Dachverbänden. **2.** *kurz zusammengefaßte schriftliche od. mündliche Darstellung von etw.:* am Schluß des Buches steht eine Z. der Ereignisse; **zu|sạm|men|fe|gen** ⟨sw. V.; hat⟩ (bes. nordd.): *auf einen Haufen fegen:* die Pa-

zusammenfinden

pierschnipsel z.; Meine Aufzeichnungen wurden zusammengefegt, einfach in eine Ecke hinein (Hofmann, Fistelstimme 199); zu|sam|men|fin|den ⟨st. V.; hat⟩: 1. ⟨z. + sich⟩ a) *sich vereinigen, zusammenschließen:* sie haben sich zu einer Wohngemeinschaft zusammengefunden; Daß sie sich dann doch wieder zusammenfanden, verdanken die Bee Gees ihren Frauen (Freizeitmagazin 26, 1978, 4); ⟨auch ohne „sich":⟩ Was bin ich froh, daß ihr wieder zusammengefunden habt, sagt meine Mutter (Gabel, Fix 154); Ü daß die beiden großen Epochentendenzen, der sozialrevolutionäre Gedanke und die moderne Kunst, nie wirklich zusammengefunden hätten (Fest, Im Gegenlicht 368); b) *an einem bestimmten Ort zu einem bestimmten Tun zusammentreffen:* Vier Skatfreunde hatten sich dort zu einer Runde zusammengefunden (Freie Presse 22. 8. 89, 5). 2. (selten) *[wieder]finden u. zusammenfügen:* nicht mehr alle Teile des Spiels z.; zu|sam|men|flicken¹ ⟨sw. V.; hat⟩ (ugs., oft abwertend): 1. *dilettantisch, notdürftig flicken:* die Schuhe z.; Ü Der Typ von der Küste wurde jedenfalls vorsorglich erst mal ins Lazarett gekarrt und zusammengeflickt (Eppendorfer, Kuß 49). 2. *aus einzelnen Teilen mühsam, kunstlos zusammenfügen:* einen Artikel z.; und flickte (= als Moderator) das bunte Allerlei mit eigenen Kommentaren und Gesprächen ... mehr oder weniger mühselig zusammen (Rhein. Merkur 18. 5. 84, 16); zu|sam|men|flie|ßen ⟨st. V.; ist⟩: *eines ins andere fließen* (1 b, c); *sich fließend (zu einem größeren Ganzen) vereinigen:* zwei Flüsse, Bäche fließen hier zusammen; weil hier die Verkehrsströme zusammenfließen (Tages Anzeiger 28. 7. 84, 13); Ü zusammenfließende Klänge; Zu|sam|men|fluß, der: 1. *das Zusammenfließen:* der Z. von Brigach und Breg zur Donau. 2. *Stelle, an der zwei Flüsse zusammentreffen:* am Z. der beiden Flüsse; zu|sam|men|fü|gen ⟨sw. V.; hat⟩ (geh.): 1. *(Teile zu einem Ganzen) miteinander verbinden; zusammensetzen:* Werkstücke, die einzelnen Bauteile z.; Steine zu einem Mosaik z.; Falls jetzt die numerierten, gereinigten und eingelagerten Steine nicht wieder zum alten Bau zusammengefügt würden, wäre das Versprechen ... gebrochen (NZZ 30. 8. 86, 29). 2. ⟨z. + sich⟩ *sich zu einer Einheit, einem Ganzen verbinden:* die Bauteile fügen sich nahtlos zusammen; zu|sam|men|füh|ren ⟨sw. V.; hat⟩: *zueinanderkommen lassen; miteinander, mit jmdm. in Verbindung bringen:* getrennte Familien wieder z.; das Schicksal, der Zufall hat die beiden zusammengeführt *(hat sie einander begegnen lassen);* Zu|sam|men|füh|rung, die: *das Zusammenführen;* zu|sam|men|ge|ben ⟨st. V.; hat⟩ (geh. veraltend): *miteinander verheiraten:* zwei Menschen z.; zu|sam|men|ge|hen ⟨unr. V.; ist⟩: 1. *sich vereinen, zusammen handeln:* die beiden Parteien gehen zusammen; Sie waren die einzige politische Gruppe, die bereit war, mit den Afrikanern für die Erlangung politischer Rechte ... zusammenzugehen (Neues D. 18. 7. 78, 6). 2. *zueinander passen; sich miteinander vereinbaren lassen:* Weihnachten und Musik, das ging gut zusammen (Fries, Weg 40). 3. (landsch.) a) *an Menge geringer werden, schwinden, abnehmen:* die Vorräte sind zusammengegangen; b) *schrumpfen, kleiner werden:* der Pullover ist beim Waschen zusammengegangen *(eingelaufen);* Ü er ist sehr zusammengegangen (ugs.; *körperlich zurückgegangen, schmäler, älter geworden).* 4. (ugs.) *sich treffen, zusammenlaufen* (2): die Linien gehen an einem entfernten Punkt zusammen. 5. (ugs.) *(beim Zusammenwirken, -spielen) gelingen:* die beiden spielen zum ersten Mal im Doppel miteinander, da geht noch manches nicht zusammen; Daß im Schlußdrittel kaum noch etwas zusammenging, lag denn auch daran, daß bei den Spielern ... die Kräft nachließen (Augsburger Allgemeine 11./12. 2. 78, 25); zu|sam|men|ge|hö|ren ⟨sw. V.; hat⟩ (ugs.): a) *zueinander gehören:* die drei gehören zusammen; wir gehören nicht zusammen *(haben nichts miteinander zu tun);* b) *eine Einheit bilden:* die Schuhe, Strümpfe gehören [nicht] zusammen; zu|sam|men|ge|hö|rig ⟨Adj.⟩: a) *zusammengehörend* (a); *eng miteinander verbunden:* sie fühlen sich z.; Die beiden wirkten in der Art, wie einer neben dem anderen herging, auffallend z. (Ossowski, Liebe ist 75); b) *zusammengehörend* (b): -e Teile; etw. ist nicht z.; Zu|sam|men|ge|hö|rig|keit, die, -: *das Zusammengehören* (a); Zu|sam|men|ge|hö|rig|keits|ge|fühl, das ⟨o. Pl.⟩: *das Bewußtsein der Zusammengehörigkeit:* Mich hat es irgendwie fertiggemacht, daß es überhaupt kein Z. unter den Mädchen gab (Christiane, Zoo 326); zu|sam|men|ge|ra|ten ⟨st. V.; hat⟩ (ugs.): *aneinandergeraten;* zu|sam|men|ge|wür|felt ⟨Adj.⟩: a) *beliebig (u. daher aus ungleichartigen Teilnehmern) zusammengesetzt:* eine [bunt] -e Reisegruppe, Gesellschaft; Wie sehen diese Kinder, kreuz und quer aus der Welt z., ihr Gastgeberland Deutschland? (Augsburger Allgemeine 13./14. 5. 78, 22); b) *nicht aufeinander abgestimmt:* ein sehr -es Inventar; zu|sam|men|gie|ßen ⟨st. V.; hat⟩: *Flüssigkeiten aus verschiedenen Gefäßen in eins gießen:* die Reste aus den Flaschen z.; zu|sam|men|glucken¹ ⟨sw. V.; hat⟩ (ugs.): *ständig zusammensein [und sich gegen andere abkapseln]:* Ihr wohnt jetzt alle zusammen und ihr gluckt zusammen (Männerbilder 155); zu|sam|men|ha|ben ⟨unr. V.; hat⟩ (ugs.): *zusammengebracht, -bekommen haben; beisammenhaben* (1): das Geld, die Mitspieler z.; Die für eine Bombe ausreichende Menge an waffentauglichem Uran hat er jedenfalls längst zusammen (natur 3, 1991, 31); zu|sam|men|halt, der ⟨o. Pl.⟩: 1. *das Zusammenhalten* (1), *das Festgefügtsein:* die Teile haben zu wenig Z. 2. *das Zusammenhalten* (2); *feste innere Bindung:* ein enger, fester Z. der Gruppe, der Familie; der Z. lockert sich, geht verloren; Der Z., der macht die Truppe stark (Degener, Heimsuchung 74); Was wären Freundschaften ohne Z.? (Freie Presse 11. 11. 88, Beilage 4); zu|sam|men|hal|ten ⟨st. V.; hat⟩: 1. *(von den Teilen eines Ganzen) fest miteinander verbunden bleiben:* die verleimten Teile halten zusammen. 2. *fest zueinanderstehen; eine (gegen äußere Gefahren o. ä.) festgefügte Einheit bilden:* die Freunde halten fest, treu zusammen; Frauen müssen z.! (Kühn, Zeit 181); Meine Geschwister und ich haben immer zusammengehalten, auch heute halten wir noch zusammen (Wimschneider, Herbstmilch 139). 3. a) *(Teile) miteinander verbinden; in einer festen Verbindung halten:* eine Schnur hält das Bündel zusammen; Ü die Gruppe wird von gemeinsamen Interessen zusammengehalten; b) *am Auseinanderstreben hindern, beisammenhalten:* die Schafherde, eine Gruppe z.; Er sucht seine Tiere. Bei dem Sturm ist es schwer, sie zusammenzuhalten (Chotjewitz, Friede 200); sein Geld z. *(sparen, nicht ausgeben);* Ihr Hof war groß, mit viel Wald und Vermögen, das sie fest zusammenhielt *(von dem sie nichts weggab);* Wimschneider, Herbstmilch 37); Ü ich muß meine Gedanken z. 4. *vergleichend eins neben das andere halten, nebeneinanderhalten:* zwei Bilder, Gegenstände vergleichend z.; Zu|sam|men|hang, der: *zwischen Vorgängen, Sachverhalten o. ä. bestehende innere Beziehung, Verbindung:* ein direkter, historischer Z.; es besteht ein z. zwischen beiden Vorgängen; einen Z. herstellen; die größeren Zusammenhänge sehen; das ist aus dem Z. gerissen; die beiden Dinge stehen miteinander in [keinem] Z.; man nannte ihn in/im Z. mit einem Verbrechen; Möglicherweise würde es sich können, wenn Else ... ihr mit Fragen half, die Dinge in einen Z. zu bringen (Frischmuth, Herrin 79); nur noch eins möchte ich in diesem Z. *(zugleich mit dieser Sache)* erwähnen; zu|sam|men|hän|gen ⟨unr. V.; hat⟩: 1. *mit etw., miteinander fest verbunden sein:* die Teile hängen miteinander nur lose zusammen; Ü etw. zusammenhängend *(in richtiger Abfolge, im Zusammenhang)* darstellen. 2. *mit etw. in Beziehung, in Zusammenhang stehen:* halte ich nicht mehr Schritt mit den Jahreszeiten? Hängt es mit dem Alter zusammen, daß ich so hinterherhinke? (Kronauer, Bogenschütze 173); alle mit der Angelegenheit zusammenhängenden *(mit ihr in Beziehung stehenden)* Fragen; zu|sam|men|hang|los ⟨Adj.⟩: *keinen Zusammenhang erkennen lassend:* -e Reden; Je -er er sprach, um so undeutlicher wurde seine Aussprache (Wellershoff, Körper 17); Zu|sam|men|hang|lo|sig|keit, die, -: *das Zusammenhanglossein;* zu|sam|men|hangs|los: ↑zusammenhanglos; Zu|sam|men|hangs|lo|sig|keit: ↑Zusammenhanglosigkeit; zu|sam|men|hau|en ⟨unr. V.; haute zusammen, hat zusammengehauen⟩ (ugs.): 1. *etw.* ¹*zerschlagen* (1 c), *zertrümmern:* er hat in betrunkenem Zustand seine ganze Wohnung zusammengehauen. 2. *zusammenschlagen* (2 a): Rowdys hatten ihn nachts auf der Straße zusammengehauen. 3. *dilettantisch, kunstlos herstellen:* eine Bank [roh, grob] aus Brettern z.; Ü einen Aufsatz eilig z.; Ein kleiner Roman von zweihundert Seiten. Dazu brauchte er zwei Jahre, er war keiner, der das in ein paar Wochen zusammenhaute (Loest, Pistole 236); **zu|sam|men|hef|ten** ‹sw. V.; hat›: *Teile durch Heften (1, 3) zusammenfügen;* **zu|sam|men|hei|len** ‹sw. V.; ist›: *heilend wieder zusammenwachsen; verheilen:* der klaffende Schnitt ist wieder zusammengeheilt; **zu|sam|men|hocken**[1] ‹sw. V.; hat› (ugs.): *zusammensitzen;* **zu|sam|men|ho|len** ‹sw. V.; hat›: *von verschiedenen Orten, Stellen herbeiholen, beschaffen:* Helfer z.; **zu|sam|men|kau|ern,** sich ‹sw. V.; hat›: *sich hockend in eine geduckte Haltung bringen:* sich in einer Ecke zusammengekauert; **zu|sam|men|kau|fen** ‹sw. V.; hat›: *von verschiedenen Orten, Stellen kaufend beschaffen:* sie hat eine Menge überflüssiges Zeug zusammengekauft; die Preise eines „Warenkorbes", wie er von einem Vierpersonenhaushalt ... zusammengekauft würde (Saarbr. Zeitung 11. 10. 79, 17); **zu|sam|men|keh|ren** ‹sw. V.; hat› (bes. südd.): *auf einen Haufen kehren:* Adam ... macht sich daran, den Dreck vor dem Haus zusammenzukehren (Ossowski, Flatter 139); **zu|sam|men|ket|ten** ‹sw. V.; hat›: *aneinanderketten;* **zu|sam|men|kit|ten** ‹sw. V.; hat›: *kitten* (1); **Zu|sam|men|klang,** der ‹Pl. selten›: *das Zusammenklingen;* **zu|sam|men|klapp|bar** ‹Adj.›: *sich zusammenklappen (1) lassend:* ein -es Messer; der Kinderwagen ist z.; **zu|sam|men|klap|pen** ‹sw. V.›: **1.** *(etw. mit einer Klappvorrichtung, mit Scharnieren o. ä. Versehenes) durch Einklappen seiner Teile verkleinern* ‹hat›: das Klapprad, Taschenmesser, den Liegestuhl z. **2.** (ugs.) *zusammenschlagen* (1) ‹hat›: die Hacken z. **3.** *zusammenbrechen* (2) ‹ist›: sie war vor Erschöpfung zusammengeklappt; Im Finish beider Durchgänge, wo andere fast zusammenklappten, holte die entscheidenden Zehntelsekunden (Saarbr. Zeitung 7. 12. 79, 8); **zu|sam|men|klau|ben** ‹sw. V.; hat› (landsch., bes. südd., österr.): *klaubend (2 a) auflesen, aufsammeln:* die Eier kullerten unter der Bank herum. Eilig versuchte ich, alle zusammenzuklauben (Wimschneider, Herbstmilch 124); **zu|sam|men|klau|en** ‹sw. V.; hat› (ugs.): *zusammenstehlen;* **zu|sam|men|kle|ben** ‹sw. V.; hat›: *aneinanderkleben;* **zu|sam|men|klei|stern** ‹sw. V.; hat› (ugs.): **1.** *zusammenkleben.* **2.** *zusammenkitten:* mühsam die Einheit der Organisation z.; **zu|sam|men|klin|gen** ‹st. V.; hat›: *(von mehreren Tönen o. ä.) gleichzeitig [harmonisch] erklingen:* die Gläser z. lassen; die Stimmen, Glocken klangen zusammen; **zu|sam|men|klit|tern** ‹sw. V.; hat›: *klittern* (1 a): ein zusammengeklittertes Referat; **zu|sam|men|knal|len** ‹sw. V.›: **1.** *zusammenschlagen* (1) ‹hat›: die Hacken z. **2.** (salopp) *heftig aneinandergeraten; einen Zusammenstoß mit jmdm. haben* ‹ist›: er ist mit dem Chef zusammengeknallt; **zu|sam|men|knei|fen** ‹st. V.; hat›: *zusammenpressen:* die Lippen, den Mund z.; sie kniff die Augen zusammen *(schloß sie bis auf einen kleinen Spalt);* **zu|sam|men|knül|len** ‹sw. V.; hat›: *knüllen* (1): den Brief hastig z.; **zu|sam|men|knüp|peln** ‹sw. V.; hat›: *brutal mit einem Knüppel zusammenschlagen:* Straßenschlachten, bei denen Polizisten ... jeden zusammenknüppelten (Spiegel 14, 1978, 108); **zu|sam|men|kom|men** ‹st. V.; ist›: **1. a)** *sich versammeln:* zu einer Kundgebung z.; wir sind hier nicht zusammengekommen, um uns zu amüsieren; **b)** *sich treffen:* die Mitglieder kommen [im Klub] zusammen; er ist mit vielen Leuten zusammengekommen *(hat viele Leute kennengelernt);* R so jung kommen wir nie wieder/ nicht noch einmal zusammen. **2. a)** (meist von etw. Unangenehmem) *sich gleichzeitig ereignen:* an diesem Tag ist [aber auch] alles zusammengekommen; Ich glaub' nicht, daß ich schlechter geworden bin, und ganz bestimmt ist eine Reihe von Dingen zusammengekommen, daß ich allmählich die Lust verloren habe (Loest, Pistole 199); **b)** *sich anhäufen, ansammeln:* es ist wieder einiges an Spenden, Geschenken zusammengekommen; Wie Lara läßt sie den Großteil ihrer freien Tage z. zu einem langen Urlaub (Frischmuth, Herrin 52); **zu|sam|men|kra|chen** ‹sw. V.; ist›: **1.** *mit einem Krach zusammenfallend entzweigehen:* der Stuhl, das Gestell, das Dach ist zusammengekracht; Ü zur gleichen Zeit ... drohte in den USA eine ganze Bank zusammenzukrachen ..., das achtgrößte Finanzinstitut der Vereinigten Staaten (profil 23, 1984, 21). **2.** *mit lautem Krach zusammenstoßen:* die Fahrzeuge sind auf der Kreuzung zusammengekracht; Ein Lkw-Lenker, der in derselben Richtung wie der Mopedlenker ... unterwegs war ..., krachte mit dem einspurigen Fahrzeug zusammen (auto touring 12, 1978, 53); **zu|sam|men|kramp|fen,** sich ‹sw. V.; hat›: *krampfen* (1 a): sofort war ihm, als krampfe sich ein ganzer Kopf zusammen (Kemelman [Übers.], Mittwoch 113); **zu|sam|men|krat|zen** ‹sw. V.; hat› (ugs.): *etw., bes. Geld, von dem kaum [mehr] vorhanden ist, mühsam zusammenbringen:* ich habe mein letztes Geld zusammengekratzt; Ich habe mit Mühe fünfzehn Kopeken für Bast zusammengekratzt (Afanasjew, Märchen 18); Ü wir haben unser ganzes Englisch zusammengekratzt; **zu|sam|men|krie|gen** ‹sw. V.; hat› (ugs.): *zusammenbekommen, zusammenbringen* (1 a); **zu|sam|men|krüm|men,** sich ‹sw. V.; hat›: *krümmen* (2 a): ihr ganzer Körper krümmte sich vor Schmerzen zusammen; Lara saß in sich zusammengekrümmt und mit starrem Blick (Frischmuth, Herrin 66); **Zu|sam|men|kunft,** die; -, ...künfte: *Treffen, Versammlung; Sitzung:* heimliche, gesellige Zusammenkünfte; irgendwo eine Z. haben, halten; **zu|sam|men|läp|pern,** sich ‹sw. V.; hat› (ugs.): *sich aus kleineren Mengen nach u. nach zu einer größeren Menge anhäufen:* die Beträge läppern sich schnell zusammen; **zu|sam|men|las|sen** ‹st. V.; hat›: **a)** *nicht trennen:* die Klassenkameraden z.; **b)** *zueinanderlassen:* Jungtiere und Eltern z.; **zu|sam|men|lau|fen** ‹st. V.; ist›: **1. a)** *von verschiedenen Seiten an einen bestimmten Ort laufen, eilen; herbeistürmen:* Menschen liefen [neugierig, auf dem Platz] zusammen; **b)** *von verschiedenen Seiten zusammen-, ineinanderfließen:* an dieser Stelle laufen die Flüsse zusammen; das Wasser ist in der Vertiefung zusammengelaufen; Ü Bei ihm laufen alle Daten über gestohlene Fahrzeuge im Saarland zusammen *(werden dort gesammelt u. registriert;* Augsburger Allgemeine 27./28. 5. 78, VI); **c)** (ugs.) *(von Farben) ineinanderfließen u. sich vermischen.* **2.** *sich an einem bestimmten Punkt vereinigen, treffen:* an diesem Punkt laufen die Linien zusammen. **3.** (landsch.) *(von Milch) gerinnen.* **4.** (ugs.) *eingehen* (4). **5.** (ugs.) *zusammengehen* (5); **zu|sam|men|le|ben** ‹sw. V.; hat›: **a)** *gemeinsam (mit einem Partner) leben:* Heiraten wollen sie nicht, aber z. (Hörzu 47, 1980, 137); Die Frau, mit der er gewiß nicht als lautester Liebe zusammenlebt (Fels, Kanakenfauna 57); Auseinandersetzungen mit dem Nachbarstaat, mit dem man einst freundschaftlich zusammenlebte *(in freundschaftlicher Gemeinschaft lebte);* natur 2, 1991, 26); **b)** ‹z. + sich› *sich im Laufe der Zeit, durch längeres Miteinanderleben aneinander gewöhnen:* wir haben uns [mit unserem Vermieter] gut zusammengelebt; **Zu|sam|men|le|ben,** das ‹o. Pl.›: *Leben in der Gemeinschaft:* die Erfordernisse menschlichen -s; die Frage ... nach unserer Fähigkeit zum Z. mit anderen Völkern (R. v. Weizsäcker, Deutschland 40); **zu|sam|men|leg|bar** ‹Adj.›: *sich zusammenlegen* (1, 3) *lassend;* **zu|sam|men|le|gen** ‹sw. V.; hat›: **1.** *zusammenfalten* (1): die Zeitung, die Kleider ordentlich z. **2.** *verschiedene Gegenstände von irgendwoher zusammentragen u. an eine bestimmte Stelle legen:* alles, was man für die Reise braucht, bereits zusammengelegt haben. **3.** *miteinander verbinden; verschiedene Teile o. ä. zu einem Ganzen, einer Einheit werden lassen; vereinigen:* Schulklassen, Abteilungen, Veranstaltungen z.; Die Tiere sollen in gut gesicherten Reservaten zusammengelegt werden (natur 9, 1991, 56). **4.** *in einem gemeinsamen Raum, Zimmer unterbringen:* die Kranken z. **5.** *gemeinsam die erforderliche Geldsumme aufbringen:* wir legten für ein Geschenk zusammen; Mehrere haben zusammengelegt, damit der Oskar ... ein Dach über dem Kopf hat (Klee, Pennbrüder 11). **6.** *(von Händen, Armen) übereinanderlegen:* der Großvater legte die Hände vor dem Bauch zusammen; **Zu|sam|men|le|gung,** die; -, -en: *das Zusammenlegen* (3, 4); **zu|sam|men|lei|men** ‹sw. V.; hat›: *leimen* (1 a): die Stuhllehne z.; **zu|sam|men|le|sen** ‹st. V.; hat›: ²*lesen* (a) *u. zu einer größeren Menge vereinigen; sammeln* (1 a): Kartoffeln [in Haufen] z.; **zu|sam|men|lie|gen** ‹st. V.; hat, südd., österr., schweiz.: ist›: **1.** *sich nebeneinander befinden: zusammenliegende Zimmer.* **2.** *in einem gemeinsamen Raum, Zimmer untergebracht sein:* Ich habe mit Leuten zusammengelegen (= im Gefängnis), denen möchte ich heute kaum die Hand schütteln (Eppendorfer, Kuß 77); **zu|sam|men|lü|gen** ‹st. V.; hat› (ugs.): *dreist erdichten, lügen* (b): was lügst du denn da zusammen?; das doch wieder alles zusammengelogen!; **zu|sam|men|mi|schen** ‹sw. V.; hat›: *miteinander vermischen;* **zu|sam|men|nä|hen** ‹sw. V.;

zusammennehmen

hat): *durch Nähen miteinander verbinden:* Es (= das Fähnchen) war wohl aus schwarzen, weißen und roten Stoffteilen ... zusammengenäht (Harig, Weh dem 71); **zu|sạm|men|neh|men** ⟨st. V.; hat⟩: **1.** *etw. konzentriert verfügbar machen, einsetzen:* alle seine Kraft, seinen ganzen Verstand, Mut z.; Ebenso plane ich einen Mutterband ..., nur muß ich für dieses Buch alle meine Liebe z. (Fels, Kanakenfauna 105). **2.** ⟨z. + sich⟩ *sich beherrschen, unter Kontrolle haben, sich angestrengt auf etw. konzentrieren:* sich z., um die Rührung nicht zu zeigen; bitte nehmen Sie sich sehr zusammen. Ihre Tochter ist bewußtlos (Prodöhl, Tod 132); nimm dich [gefälligst] zusammen! **3.** *insgesamt betrachten, berücksichtigen:* ich denke, daß alle diese Dinge zusammengenommen zum Erfolg führen; alles zusammengenommen *(alles in allem)* macht es 50 Mark; **zu|sạm|men|packen¹** ⟨sw. V.; hat⟩: **1. a)** *verschiedene Gegenstände zusammen in etw., was zum Transportieren geeignet ist, legen, verstauen:* seine Sachen, Habseligkeiten z.; **b)** *mehrere Gegenstände zusammen verpacken, zusammen in etw. einwickeln:* kann ich die Hemden z.? **2.** *etw. abschließend [irgendwohin] wegräumen:* ich werde jetzt z. und Feierabend machen; **zu|sạm|men|passen** ⟨sw. V.; hat⟩: **1.** *aufeinander abgestimmt sein; miteinander harmonieren:* die beiden Farben passen großartig zusammen; Rock und Bluse passen nicht zusammen; ob die beiden zusammenpassen? **2.** *passend zusammensetzen:* er hat die Einzelteile zusammengepaßt; **zu|sạm|men|pfer|chen** ⟨sw.; hat⟩: **a)** *Vieh in einen Pferch sperren:* die Schafe z.; **b)** *eine große Anzahl, Menge auf zu engem Raum dicht gedrängt sein lassen:* Gefangene in Waggons z.; wir saßen alle zusammengepfercht in einer Zelle; **Zu|sạm|men|prall**, der: *das Zusammenprallen:* Der stämmige Vorstopper, am Auge und im Gesicht nach einem unglücklichen Z. ... verletzt, mußte ... in der Kabine bleiben (Kicker 6, 1982, 39); Ü *Der Z. (die heftige Auseinandersetzung)* zwischen Friedrich Wilhelm I. und seinem Sohn Friedrich war nicht der erste Vater-Sohn-Konflikt der Hohenzollern (NJW 19, 1984, XII); **zu|sạm|men|pral|len** ⟨sw. V.; ist⟩: *nicht ausweichen [können] u. [mit Wucht] gegeneinanderprallen:* wir sind an der Ecke zusammengeprallt; **zu|sạm|men|pressen** ⟨sw. V.; hat⟩: **a)** *fest gegeneinanderpressen:* die Lippen, Hände z.; **b)** *mit Kraft zusammendrücken:* etw. in der Hand z.; **zu|sạm|men|raf|fen** ⟨sw. V.; hat⟩: **1.** *raffen* (1 b): hastig die Sachen aus dem Schrank z.; er raffte seine Unterlagen zusammen. **2.** (abwertend) *raffen* (1 a): er hat in kurzer Zeit ein großes Vermögen zusammengerafft. **3.** *raffen* (2): den Mantel, das Kleid z. **4.** ⟨z. + sich⟩ (ugs.) *aufraffen:* Da raffe ich mich zusammen und stolpere zum Vorplatz (Remarque, Westen 115); **zu|sạm|men|rau|fen**, sich ⟨sw. V.; hat⟩ (ugs.): *sich nach mehr od. weniger heftigen Auseinandersetzungen nach u. nach verständigen:* sich in der Frage der Mitbestimmung z.; sich mit jmdm. z.; sie mußten sich in der Ehe

erst z.; **zu|sạm|men|rech|nen** ⟨sw. V.; hat⟩: *addieren; zusammenzählen:* wobei alle Schadenfälle für ein bestimmtes Produkt zusammengerechnet werden (Basler Zeitung 9. 10. 85, 15); **zu|sạm|men|rei|men** ⟨sw. V.; hat⟩ (ugs.): **a)** *[auf Grund von bestimmten Anhaltspunkten, Überlegungen, Erfahrungen o. ä.] kombinieren* (2), *daß sich etw. in bestimmter Weise verhält:* ich kann mir das nur so z.; Was Sie sich da zusammenreimen ist konfus (Ziegler, Gesellschaftsspiele 79); Dort waren beide, wenn ich die Sache richtig zusammenreimte, vom Vater der Frau überrascht worden (Fest, Im Gegenlicht 212); **b)** ⟨z. + sich⟩ *sich erklären* (1 c): wie reimt sich das wohl zusammen?; **zu|sạm|men|rei|ßen** ⟨st. V.; hat⟩ (ugs.): **1.** ⟨z. + sich⟩ *sich [energisch] zusammennehmen* (2): reiß dich zusammen!; der Mann ist Alkoholiker. Ich weiß schon länger Bescheid, aber er hat sich in letzter Zeit ziemlich zusammengerissen (Heim, Traumschiff 129). **2.** (Soldatenspr.) *energisch aneinander-, gegeneinanderschlagen:* die Hacken z.; die Glieder, Knochen z. *(strammstehen);* **zu|sạm|men|rin|geln**, sich ⟨sw. V.; hat⟩: *sich [spiralförmig] in sich zusammenkrümmen:* die Schlange ringelte sich zusammen; Das Bettzeug war klamm ... Er ringelte sich zusammen, um sich zu wärmen (Fels, Sünden 20); **zu|sạm|men|rol|len** ⟨sw. V.; hat⟩: **a)** *einrollen* (1 a): den Schlafsack z.; zusammengerollte Landkarten; **b)** ⟨z. + sich⟩ *einrollen* (1 b): der Hund rollte sich vor dem Ofen zusammen; Charli schläft zusammengerollt wie ein Straßenköter (Ossowski, Flatter 171); **zu|sạm|men|rot|ten**, sich ⟨sw. V.; hat⟩: *(von größeren Menschenmengen) sich [in Aufruhr] öffentlich zusammentun, zusammenschließen, um [mit Gewalt] gegen etw. vorzugehen:* Könnte es wieder so kommen, daß ihre Bürger sich zusammenrotten und die Parteibüros stürmen? (Spiegel 4, 1977, 68); **Zu|sạm|men|rot|tung**, die; -, -en: **a)** *das Sichzusammenrotten:* Die -en seien alle nach dem gleichen Szenarium abgelaufen (Freie Presse 24. 6. 89, 4); **b)** *Menschenmenge, die sich zusammengerottet hat:* Jede Z. ist zu zerstreuen (Bieler, Bär 281); **zu|sạm|men|rücken¹** ⟨sw. V.⟩: **1.** ⟨hat⟩ *durch Rücken [enger] aneinanderstellen* ⟨hat⟩: die Stühle, Tische z. **2.** *sich enger nebeneinandersetzen* ⟨ist⟩: wir sollten z.; sie rückten noch näher zusammen [auf der Bank]; Ü die Krise ließ die Nachbarstaaten z.; in einer Zeit, da Europa zusammenrückt (Tages Anzeiger 12. 11. 91, 9); **Zu|sạm|men|rückung¹**, die; -, -en (Sprachw.): *Wortzusammensetzung, bei der die Glieder unverändert bleiben* (z. B. Gottesmutter); **zu|sạm|men|ru|fen** ⟨st. V.; hat⟩: **a)** *veranlassen, auffordern, daß sich alle Angesprochenen gemeinsam irgendwo einfinden:* die Schüler, die Abteilung [zu einer kurzen Besprechung] z.; **b)** *einberufen* (1): das Parlament z.; **zu|sạm|men|sacken¹** ⟨sw. V.; ist⟩ (ugs.): **1.** *zusammenbrechen* (1), *zusammenfallen* (1): das notdürftig wiedererrichtete Haus, Dach sackte [in sich] zusammen. **2.** *zusammenbrechen* (2), *zusammensinken* (2 a): unter der Last z. **3.** *zusammensin-*

ken (2 b): er sackte zusammen, als er das Urteil hörte; Der Trainer ist in sich zusammengesackt und spielt mit seinem Vierfarbendrehbleichstift (Frischmuth, Herrin 134); Ü Seine Erregung sackt in sich zusammen. Er ist auf einmal ganz ruhig (Chotjewitz, Friede 249); **zu|sạm|men|sam|meln** ⟨sw. V.; hat⟩: *auf-, einsammeln;* **zu|sạm|men|schal|ten** ⟨sw. V.; hat⟩: **1.** *(Teile zu einem Ganzen) durch Schalten miteinander verbinden:* Dort werden sie (= die fertiggestellten Einheiten) zu Kraftwerken zusammengeschaltet (NZZ 27. 8. 86, 40). **2.** ⟨z. + sich⟩ *sich durch Schalten zu einer Einheit, einem Ganzen verbinden:* die Sender haben sich zusammengeschaltet; **zu|sạm|men|scha|ren**, sich ⟨sw. V.; hat⟩: *sich um jmdn., etw. scharen:* seine Anhänger hatten sich [um ihn] zusammengeschart; **zu|sạm|men|schar|ren** ⟨sw. V.; hat⟩: *durch Scharren an eine bestimmte Stelle, auf einen Haufen bringen:* er scharrte mit den Füßen das übrige Laub zusammen; Ü im Jahre 1797 ... hatte sie ihr gesamtes, in mühevoller säkularer Arbeit zusammengescharrtes (ugs. abwertend; *zusammengerafftes*) Vermögen verloren (Süskind, Parfum 39); **Zu|sạm|men|schau**, die ⟨o. Pl.⟩: *zusammenfassender Überblick; Synopse* (2): eine großartige Z. alles Lebendigen; **zu|sạm|men|schei|ßen** ⟨st. V.; hat⟩ (derb): *jmdn. äußerst hart, scharf [mit groben Worten] maßregeln; abkanzeln:* hat der mich vielleicht zusammengeschissen!; dann hat ihr Lehrer sie vor der ganzen Klasse zusammengeschissen (Ziegler, Kein Recht 48); **zu|sạm|men|schieb|bar** ⟨Adj.⟩: *sich [in seinen Teilen] zusammen-, ineinanderschieben lassend:* eine -e Tischplatte, Trennwand; **zu|sạm|men|schie|ben** ⟨st. V.; hat⟩: **a)** *durch Schieben [enger] aneinanderstellen, näher zusammenbringen:* die Bänke z.; **b)** ⟨z. + sich⟩ *sich ineinanderschieben* (2): der Vorhang schob sich zusammen; **zu|sạm|men|schie|ßen** ⟨st. V.; hat⟩: **1. a)** *durch Beschuß zerstören:* alles z.; ganze Dörfer wurden damals rücksichtslos zusammengeschossen. **b)** (ugs.) *niederschießen:* sie haben ihn ohne Vorwarnung kaltblütig zusammengeschossen. **2.** *sehr schnell, rasch [an einem bestimmten Ort] zusammenkommen, -laufen, -strömen:* von allen Seiten schoß das Wasser im Tal zusammen; Ü wo ein Gesetz unterwegs ist, schießen ... Dutzende von weiteren Gesetzen zusammen (Schnurre, Schattenfotograf 197); **zu|sạm|men|schla|gen** ⟨st. V.⟩: **1.** *[kräftig] aneinander-, gegeneinanderschlagen* ⟨hat⟩: die Absätze, Hacken z. **2.** ⟨hat⟩ (ugs.) **a)** *auf jmdn. so [brutal] einschlagen, daß er [ohne sich wehren zu können] zusammenbricht:* er wurde von drei Männern zusammengeschlagen und beraubt; Polizisten, die Studenten brutal zusammengeschlagen hatten (Ossowski, Liebe ist 178); **b)** *zertrümmern:* in seiner Wut schlug er alles, die halbe Einrichtung zusammen. **3.** *zusammenfalten* (1) ⟨hat⟩: die Zeitung wieder z. **4.** *sich über etw., jmdn. hinwegbewegen u. auf diese Weise [vorübergehend] unter sich begraben* ⟨ist⟩: die Wellen schlugen über dem Schwimmer, dem sinkenden Boot zusammen; ich ... sah in den Himmel, dort flatterte Laub und schlug über mir zusammen (*wirbelte über mir umeinander;* Meckel, Suchbild 9); Ü jetzt schlug das Verhängnis über ihm zusammen. ♦ **5.** *zu[sammen]klappen:* ... zusammenschlug und über den Rücken warf (Kleist, Kohlhaas 105); **zu|sạm|men|schlep|pen** ⟨sw. V.; hat⟩: vgl. zusammentragen; **zu|sạm|men|schlie|ßen** ⟨st. V.; hat⟩: **1.** *aneinanderketten* (1): die Fahrräder z.; die Gefangenen waren mit Handschellen zusammengeschlossen. **2.** ⟨z. + sich⟩ *sich vereinigen:* sich in einem Verein, zu einer Mannschaft z.; die beiden Firmen haben sich zusammengeschlossen; sich [im Kampf für, gegen etw.] z.; wenn Europas Nationen sich zusammenschlössen, statt sich zu bekriegen (Tages Anzeiger 12. 11. 91, 2); **Zu|sạm|men|schluß,** der: *Vereinigung:* übernationale, wirtschaftliche, genossenschaftliche Zusammenschlüsse; der Z. der Landgemeinden; **zu|sạm|men|schmel|zen** ⟨st. V.⟩: **1.** ⟨hat⟩ **a)** *verschmelzen* (1): Metalle [zu einer Legierung] z.; **b)** *einschmelzen.* **2.** *durch Schmelzen weniger werden* ⟨ist⟩: der Schnee ist [an der Sonne] zusammengeschmolzen; Ü das Geld, der Vorrat ist auf einen kleinen Rest zusammengeschmolzen; Das Lager derjenigen ..., die bei der Parteiarbeit der nächsten Monate etwas bremsen werden, ist weiter zusammengeschmolzen (Saarbr. Zeitung 3. 12. 79, 2); **zu|sạm|men|schnei|den** ⟨unr. V.; hat⟩ (Film, Rundf., Ferns.): *so schneiden* (5), *cutten, daß das vorhandene Material gekürzt, verändert, verfälscht o. ä. wird:* einen Film auf die Hälfte z.; Darüber hinaus stellen Tonbandaufnahmen nicht einmal eigentliche Beweismittel dar! Allzuleicht können sie zusammengeschnitten und verfälscht werden (Brückenbauer 11. 9. 85, 8); **Zu|sạm|men|schnitt,** der (Film, Rundf., Ferns.): *durch Zusammenschneiden vorhandenen Materials entstandene Aufzeichnung* (b): der Z. eines Live-Konzerts; ein Z. der besten Szenen eines Fußballspiels; **zu|sạm|men|schnor|ren** ⟨sw. V.; hat⟩ (ugs.): *schnorrend beschaffen, zusammenbringen:* Grace ... wird unstet, ... schnorrt ihren Lebensunterhalt zusammen (natur 10, 1991, 95); 85 Prozent des Haushaltes müssen also an der Kasse eingespielt oder bei Mäzenen zusammengeschnorrt werden (Orchester 7/8, 1984, 645); **zu|sạm|men|schnü|ren** ⟨sw. V.; hat⟩: **1. a)** *schnüren* (1 b): die Zeitungen z.; **b)** *schnüren* (1 c): ein Bündel z. **2.** *so einengen, zusammenrücken, daß es schneidet:* mit dem Korsett die Taille z.; Ü Die Angst schnürte mir die Kehle zusammen; **zu|sạm|men|schnur|ren** ⟨sw. V.; ist⟩ (ugs.): *rapid zusammenschrumpfen:* die Vorräte sind zusammengeschnurrt; **zu|sạm|men|schrau|ben** ⟨sw. V.; hat⟩: *durch Schrauben miteinander verbinden:* die beiden Platten z.; **zu|sạm|men|schrecken**[1] ⟨sw. u. st. V.⟩: **1.** *schreckt/* (veraltend:) *schrickt zusammen, schreckte/schrak zusammen, ist zusammengeschreckt⟩: vor Schreck zusammenzucken:* bei jedem Geräusch schreckte er unwillkürlich zusammen; Er schrak zu-

sammen, lauschte im Dunkel des Raums: Paula hatte im Schlaf gesprochen (Heym, Schwarzenberg 141); **zu|sạm|men|schrei|ben** ⟨st. V.; hat⟩: **1.** *in einem Wort schreiben:* man kann „auf Grund" auch z. **2.** *etw.* (z. B. *Thesen, Aussagen*) *zusammentragen, zusammenstellen u. daraus [in kürzerer Form] eine schriftliche Arbeit anfertigen:* ein Referat, eine Rede z. **3.** (ugs. abwertend) *schreibend hinschreiben* (1 b): Unsinn z.; Detlev Richter blättert in der Zeitung. „Die schreiben vielleicht einen Scheißdreck zusammen", sagte er (Fels, Sünden 34). **4.** (ugs.) *durch Schreiben erwerben:* sie hat [sich ⟨Dativ⟩] mit ihren Romanen ein Vermögen zusammengeschrieben; **Zu|sạm|men|schrei|bung,** die: *das Zusammenschreiben* (1), *Zusammengeschriebenwerden;* **zu|sạm|men|schrump|fen** ⟨sw. V.; ist⟩: *schrumpfen* (2): die täglichen Rationen schrumpften zusammen; sein Vermögen ist auf die Hälfte zusammengeschrumpft; Die Klasse war auf acht Jungen und ein Mädchen zusammengeschrumpft (Loest, Pistole 74); Ü Selbst der Rest ihrer guten Laune schrumpfte mehr und mehr zusammen (Ossowski, Liebe ist 245); **zu|sạm|men|schu|stern** ⟨sw. V.; hat⟩ (ugs. abwertend): *dilettantisch, notdürftig herstellen, anfertigen:* eine Ablage z.; Die lieblos zusammengeschusterte Aufzeichnung ihres Galaabends muß man allein den Machern der Schweizer Fernsehen ankreiden (Hörzu 32, 1976, 24); **zu|sạm|men|schwei|ßen** ⟨sw. V.; hat⟩: *durch Schweißen miteinander verbinden:* Rohre, Metallstücke z.; Ü der gemeinsame Erfolg ... hat Anna und Björn nur noch mehr zusammengeschweißt (Freizeitmagazin 10, 1978, 22); **zu|sạm|men|sein** ⟨unr. V.; nur im Inf. u. Part. zusammengeschrieben⟩: *eine bestimmte Zeit miteinander verbringen:* wir werden den ganzen Tag z.; Ü sie ist drei Jahre mit ihm zusammengelebt) (hat mit ihm zusammengelebt); **Zu|sạm|men|sein,** das: *das Beisammensein, [zwanglose, gesellige] Zusammenkunft:* das Z. mit ihm war nicht sehr erfreulich; ein gemütliches, geselliges Z.; **zu|sạm|men|set|zen** ⟨sw. V.; hat⟩: **1. a)** *zusammenfügen* (1): Unsere Kinder mußten die Garben halten, damit wir sie umfielen, bis das Mandl fertig zusammengesetzt war (Wimschneider, Herbstmilch 64); **b)** *durch Zusammenfügen herstellen, funktionstüchtig machen:* Er hat das Fahrrad ... auseinandergenommen und wieder zusammengesetzt (Hilsenrath, Nazi 100). **2.** ⟨z. + sich⟩ *als Ganzes aus verschiedenen Bestandteilen, Gliedern, Personen bestehen:* die Uhr setzt sich aus vielen Teilen zusammen; die Kommission setzt sich aus zwölf Mitgliedern zusammen; Sozial setzen sich die Gäste ... aus allen Schichten zusammen (Saarbr. Zeitung 5. 10. 79, 15); ein zusammengesetztes *(aus mehreren Wörtern gebildetes)* Wort. **3.** ⟨z. + sich⟩ **a)** *sich an einem gemeinsamen Platz zueinandersetzen:* in der Schule will sie sich mit ihrer Freundin z.; wir sollten uns einmal z. und ein Glas Wein trinken; **b)** *sich treffen; zusammenkommen [um gemeinsam zu beraten]:* Man muß sich ... und die Sa-

che gemeinsam besprechen (Kemelman [Übers.], Mittwoch 121); es hieß, man werde sich demnächst zu Verhandlungen z.; **Zu|sạm|men|set|zung,** die: **1.** ⟨o. Pl.⟩ *das Zusammensetzen* (1). **2.** *Art u. Weise, wie etw. als Ganzes zusammengesetzt ist:* die chemische Z. eines Präparates; die Z. der Mannschaft erwies sich als ungünstig; Einfluß auf die soziale, personelle Z. des Ausschusses nehmen. **3.** (Sprachw.) *Wort, das aus mehreren Wörtern zusammengesetzt ist; Kompositum* (z. B. Tischbein, friedliebend); **zu|sạm|men|sin|ken** ⟨st. V.; ist⟩: **1.** *zusammenbrechen* (1), *zusammenfallen* (1): das Dach sank langsam in sich zusammen. **2. a)** *sich durch Kräfteverlust, infolge eines Schwächeanfalles nicht mehr aufrecht halten können u. zu Boden sinken:* ohnmächtig, tot z.; Er versuchte nun ... sich selbst vom Boden aufzurichten, sank aber in sich zusammen (Kronauer, Bogenschütze 137); **b)** *völlig kraft-, energielos werden [u. mit gesenktem Kopf, hängenden Schultern eine schlaffe Haltung einnehmen];* sie saß ganz in sich zusammengesunken da. **3.** *langsam erlöschen:* die Glut war in sich zusammengesunken; **zu|sạm|men|sit|zen** ⟨unr. V.; hat, südd., österr., schweiz: ist⟩: **a)** *an einem gemeinsamen Platz nebeneinandersitzen:* im Theater z.; **b)** *gemeinsam irgendwo sitzen:* sie haben stundenlang zusammengesessen und diskutiert; Sie waren am 2. Juni ... bei Kartenspiel und Getränken zusammengesessen (MM 4./5. 7. 81, 28); **zu|sạm|men|span|nen** ⟨sw. V.; hat⟩: **1.** *als ein Gespann* (1 a) *einspannen:* vier Pferde z. Ü Schließlich kann man nicht eine 50jährige Frau mit jungen Mädchen z. (Erfolg 11/12, 1983, 90). **2.** (schweiz.) *sich mit jmdm. zusammentun, zusammenschließen:* Die zweitgrößte Bankholding in Texas ... spannt mit der InterFirst Corp. zusammen (NZZ 19. 12. 86, 15); **zu|sạm|men|spa|ren** ⟨sw. V.; hat⟩: *durch Sparen zusammenbringen, ansammeln:* du mußt dir das Fahrrad selbst z.; **zu|sạm|men|sper|ren** ⟨sw. V.; hat⟩: *in einem gemeinsamen Raum einsperren:* die Hunde z.; **Zu|sạm|men|spiel,** das ⟨o. Pl.⟩: **a)** *das Zusammenspielen:* die Mannschaft bot ein hervorragendes Z.; **b)** *das wechselseitige Zusammenwirken von zwei od. mehreren Kräften:* das Z. von Nachricht und Kommentar; **zu|sạm|men|spie|len** ⟨sw. V.; hat⟩: **1. a)** *gut aufeinander abgestimmt spielen:* die beiden haben nicht sonderlich gut zusammengespielt; **b)** *wechselseitig zusammenwirken:* merkwürdige Zufälle spielten dabei zusammen; Die Justiz spielt mit der Ausländerbehörde zusammen, vermutet er. **2.** (ugs. abwertend) *beim Spielen, dem Austragen eines Spiels nur Schlechtes zustandebringen, Unzumutbares bieten:* Das war eine Unverschämtheit, was die meisten meiner Mannschaftskameraden zusammengespielt haben (Hamburger Abendblatt 30. 5. 79, 17); **zu|sạm|men|stau|chen** ⟨sw. V.; hat⟩: **1.** *etw. durch Stauchen zusammendrücken:* die Kühlerfront des Wagens war völlig zusammengestaucht. **2.** (ugs.) *jmdn. maßregeln:* die Rekruten wurden zusammengestaucht; Er hat in meinem Beisein seine Chefsekretärin mal zusammengestaucht, daß es mir in der Seele weh tat (Spiegel 39, 1987, 44); **zu|sạm|men|steck|bar** ⟨Adj.⟩: *sich zusammenstecken (1) lassend:* ein Gerüst aus -en Bambusstäben (Strittmatter, Der Laden 657); **zu|sạm|men|stecken¹** ⟨sw. V., bei intr. Gebrauch im Imperfekt seltener auch st. V.; hat⟩: **1.** *etw. durch Feststecken miteinander verbinden:* den Stoff mit Nadeln z. **2.** (ugs.) *oft [von anderen abgesondert] zusammensein [u. dabei etw. aushecken]:* die beiden steckten/(seltener:) staken immer zusammen; Katharina stieg aus dem Auto ... Die beiden hatten also zusammengesteckt (Ossowski, Liebe ist 245); **zu|sạm|men|ste|hen** ⟨unr. V.; hat, südd., österr., schweiz.: ist⟩: **1.** *gemeinsam irgendwo stehen:* in Gruppen z. **2.** *zusammenhalten (2), einander beistehen:* wir sollten alle z.; wenigstens in der Familie müßte man z. (Kühn, Zeit 248); **zu|sạm|men|stel|len** ⟨sw. V.; hat⟩: **1.** *an einen gemeinsamen Platz zueinanderstellen, nebeneinanderstellen:* Tische, Stühle, die Betten z.; stellt euch näher zusammen! **2.** *etw. unter einem bestimmten Aspekt Ausgewähltes so anordnen, gestalten, daß etw. Einheitliches, Zusammenhängendes entsteht:* ein Menü, Programm, eine Sendung, Ausstellung, eine Liste, Bilanz z.; es lohnt sich, alle Fakten, Daten einmal zusammenzustellen; ein Orchester, eine Band, Gruppe z.; die Delegation ist noch nicht zusammengestellt worden; ... ist entschieden worden, einen Sonderzug zusammenzustellen, mit dem diese Solidaritätsgüter nach Rumänien gebracht werden (Freie Presse 30. 12. 89, 5); **Zu|sạm|men|stel|lung,** die: **1.** *das Zusammenstellen (2):* sie haben bei der Z. des vorliegenden Bandes wertvolle Hilfe geleistet. **2.** *etw., was unter einem bestimmten Gesichtspunkt zusammengestellt worden ist:* eine historische Z. der Ereignisse; **zu|sạm|men|stim|men** ⟨sw. V.; hat⟩: **1.** *miteinander harmonieren:* die Instrumente haben nicht zusammengestimmt. **2.** *mit etw. übereinstimmen:* die Angaben, Aussagen stimmen nicht zusammen; **zu|sạm|men|stop|peln** ⟨sw. V.; hat⟩ (ugs. abwertend): *aus allen möglichen Bestandteilen dilettantisch, notdürftig zusammensetzen, herstellen:* in aller Eile einen Aufsatz, ein Buch z.; wenn er überhaupt noch einmal einen eigenen Duft zusammenstoppelte, dann war es vollkommen demodiertes, unverkäufliches Zeug (Süskind, Parfum 65); **Zu|sạm|men|stoß,** der: **a)** *(bes. von Fahr-, Flugzeugen) Zusammenprall; Kollision:* bei dem Z. [der Züge] gab es viele Tote; **b)** *heftige Auseinandersetzung:* einen Z. mit seinem Vorgesetzten haben; Der Kommandant ... ist zusammen mit fünf seiner Soldaten bei einem Z. *(einer kriegerischen Auseinandersetzung)* mit Contrafreischärlern gefallen (NZZ 30. 8. 86, 2); Wo lag ... der Kulminationspunkt, im Z. der Arbeiter mit dem Sekretär und in der Verhandlung vor der Kontrollkommission? (Loest, Pistole 234); es kam zu Zusammenstößen zwischen Polizei und Demonstranten; **zu|sạm|men|sto|ßen** ⟨st. V.; ist⟩: **1. a)** *(bes. von Fahr-, Flugzeugen) zusammenprallen; kollidieren:* die zwei Maschinen sind frontal zusammengestoßen; die Straßenbahn ist mit einem Lkw zusammengestoßen; wir stießen [mit den Köpfen] zusammen; **b)** (seltener) *eine heftige Auseinandersetzung haben:* er ist mit dem Vorarbeiter zusammengestoßen. **2.** *eine gemeinsame Grenze haben:* es gibt keinen Zaun an der Stelle, wo die beiden Grundstücke zusammenstoßen; **zu|sạm|men|strei|chen** ⟨st. V.; hat⟩ (ugs.): *durch Streichungen stark kürzen:* einen Text, eine Rede z.; Ü So ... wurden die Sozialfonds der Betriebe zusammengestrichen (Spiegel 43, 1977, 54); zusammenlaufen (1 a, b); **zu|sạm|men|strö|men** ⟨sw. V.; ist⟩: vgl. zusammenlaufen (1 a, b); **zu|sạm|men|stückeln¹** ⟨sw. V.; hat⟩: *aus vielen einzelnen Teilen, Stückchen zusammensetzen, herstellen:* aus den Stoffresten ein paar Hosen für die Kinder z.; **zu|sạm|men|stücken¹** ⟨sw. V.; hat⟩: *zusammenstückeln:* Sonderbar zusammengestückt und ohne alle normannische Monumentalität der Dom (Fest, Im Gegenlicht 119); **Zu|sạm|men|sturz,** der: *das Zusammenstürzen:* ... die betreffende historische Gebäude ... vor dem Z. zu bewahren (NNN 4. 3. 88, 6); **zu|sạm|men|stür|zen** ⟨sw. V.; ist⟩: *krachend in Trümmer gehen, zusammenbrechen* (1): Eines der größten Radioteleskope der Welt ist ... ohne äußere Einwirkung in sich zusammengestürzt (Freie Presse 18. 11. 88, 1); der Bau, die Tribüne ist vor ihren Augen zusammengestürzt; Ü man sieht eine Welt z.; **zu|sạm|men|stut|zen** ⟨sw. V.; hat⟩ (ugs.): vgl. zusammenstreichen; **zu|sạm|men|su|chen** ⟨sw. V.; hat⟩: *zu einem bestimmten Zweck nach u. nach ausfindig machen u. herbeischaffen, zusammenbringen:* die notwendigen Papiere, Unterlagen z.; ich muß [mir] meine Sachen, mein Handwerkszeug erst noch z.; Es sind fünf dufte Jungs ..., die ich mir selbst zusammengesucht habe (Freizeitmagazin 26, 1978, 2); **zu|sạm|men|tra|gen** ⟨unr. V.; hat⟩: *von verschiedenen Stellen herbeischaffen u. zu einem bestimmten Zweck sammeln:* Holz, Vorräte [für den Winter] z.; Bauernmöbel, unterschiedlich verziert, also zusammengetragen (Bastian, Brut 16); Ü Material für eine Dokumentation z.; Die vom Personal des Kraftwerks zusammengetragenen Daten werden ... überprüft (Brückenbauer 11. 9. 85, 13); **zu|sạm|men|tref|fen** ⟨st. V.; ist⟩: **1.** *sich begegnen, sich treffen:* ich traf im Theater mit alten Bekannten zusammen. **2.** *gleichzeitig sich ergänzend geschehen, stattfinden:* hier treffen mehrere günstige Umstände z.; **Zu|sạm|men|tref|fen,** das ⟨o. Pl.⟩: *Begegnung* (1), *Treffen* (1): Ort, Tag und Stunde des von mir erbetenen -s (Stern, Mann 403); **zusạm|men|trei|ben** ⟨st. V.; hat⟩: *[von allen Seiten] an einen bestimmten Ort, auf einen Haufen treiben:* Hier werden nachts die Ziegen und Schafe zusammengetrieben (Chotjewitz, Friede 198); die Häftlinge wurden im Hof zusammengetrieben; **zu|sạm|men|tre|ten** ⟨st. V.⟩: **1.** (ugs.) *jmdn. so [brutal] treten, daß er [ohne sich wehren zu können] zusammenbricht* ⟨hat⟩: einen Häftling z.; Vor der Schule trat er den körperbehinderten Lehrer zusammen (MM 27. 3. 81, 19); ein Fußballspieler ..., der einen Gegner zusammengetreten hat (Widmer, Kongreß 177). **2.** *sich (als Mitglieder einer Vereinigung, Organisation, Institution o. ä.) versammeln* ⟨ist⟩: der neue Bundestag tritt erst Mitte Oktober zusammen; zu Beratungen z.; **zu|sạm|men|trom|meln** ⟨sw. V.; hat⟩ (ugs.): *alle in Frage kommenden Leute zu einem bestimmten Zweck zusammenrufen:* die Belegschaft z.; Trommelten hochrangige Bonner Politiker eilig Pressekonferenzen zusammen? (Freie Presse 21. 8. 89, 2); Er war es, der die Fachärzte zu der gemeinsamen Besprechung zusammengetrommelt hat (Borell, Romeo 163); **zu|sạm|men|tun** ⟨unr. V.; hat⟩: **1.** (ugs.) **a)** *an eine gemeinsame Stelle bringen, legen:* Äpfel und Birnen in einer Kiste z.; **b)** *zusammenlegen* (3): alle Oberschulen wurden zusammengetan. **2.** ⟨z. + sich⟩ *sich zu einem bestimmten Zweck mit jmdm. verbinden; sich zusammenschließen:* sich in Geheimbünden z.; sie haben sich mit der neuen Partei zusammengetan; Alle Bürger müßten sich ... zusammentun, um zu retten (Rheinische Post 12. 5. 84, 14); **zu|sạm|men|wach|sen** ⟨st. V.; ist⟩: *[wieder] in eins wachsen:* der Knochen will nicht z.; zusammengewachsene Augenbrauen; Ü die beiden Städte wachsen langsam zusammen; zu einer Gemeinschaft z.; Wir sind zu einer Truppe zusammengewachsen, die sich vor hohen Ansprüchen nicht scheut (Freie Presse 19. 11. 88, 3); **zu|sạm|men|we|hen** ⟨sw. V.; hat⟩: *an eine Stelle, auf einen Haufen wehen:* der Wind hat den Schnee zusammengeweht; **zu|sạm|men|wer|fen** ⟨st. V.; hat⟩: **1. a)** *an eine Stelle, auf einen Haufen werfen:* zusammengeworfenes Gerümpel. **2.** *wahllos in einen Zusammenhang bringen, vermengen:* hier werden gänzlich verschiedene Dinge, Begriffe zusammengeworfen. **3.** (ugs.) *(Geld) in eine gemeinsame Kasse tun:* die Ersparnisse z.; **zu|sạm|men|wickeln¹** ⟨sw. V.; hat⟩: *wickelnd* (1) *zusammenschnüren* (1): Dann wickelte er alles zusammen zu einem unordentlichen Bündel (Gerlach, Demission 85); **zu|sạm|men|wir|ken** ⟨sw. V.; hat⟩: **a)** (geh.) *zusammenarbeiten:* bei dem Projekt haben zahlreiche Spezialisten zusammengewirkt; Die Betriebe sind verpflichtet, mit den ... örtlichen Räten zusammenzuwirken (Freie Presse 30. 12. 89, 6); **b)** *[sich in einem bestimmten Zusammenhang ergänzend] vereint wirken:* mehrere Umstände wirkten hier glücklich zusammen; ⟨subst.:⟩ das Zusammenwirken der Natur erforschen; **zu|sạm|men|zäh|len** ⟨sw. V.; hat⟩: *eines zum anderen zählen; addieren:* Wahlstimmen z.; schnell im Kopf alles z.; keiner hat die Tiere je zusammengezählt [hat je gezählt, wieviel es sind; Stern, Mann 272); **zu|sạm|men|zie|hen** ⟨unr. V.⟩: **1.** ⟨hat⟩ **a)** *durch Ziehen bewirken, daß sich etw. aufeinander zubewegt [so daß es kleiner, enger wird, schrumpft, sich schließt]:* eine Schlinge z.; ein Loch [mit einem Faden] z.; seine Brauen nachdenklich z.; die Säure zieht den Mund zusammen; Sein höhnisch-zynisches Spiel ... hatte mir den Magen zusammengezogen (Erné,

Kellerkneipe 67); **b)** ⟨z. + sich⟩ *kleiner, enger werden; schrumpfen:* die Haut zieht sich zusammen; bei Kälte ziehen sich die Körper zusammen. **2.** *an einem bestimmten Ort konzentrieren, sammeln* ⟨hat⟩: Truppen z.; Das war ein Lager, in dem alle Referendare vor dem Examen ... zusammengezogen wurden (Spiegel 21, 1979, 15). **3.** *addieren* ⟨hat⟩: Zahlen, Summen z. **4.** ⟨z. + sich⟩ *zusammenballen* (b), *zusammenbrauen* (2) ⟨hat⟩: ein Gewitter zieht sich [über den Bergen] zusammen; Ü ein Unheil zieht sich [über mir] zusammen; Alles zog sich um ihn zusammen, schnürte ihn ein (Härtling, Hubert 322). **5.** *gemeinsam eine Wohnung beziehen* ⟨ist⟩: sie ist mit ihrem Freund zusammengezogen; die beiden sind zusammengezogen; Ihr spießiges Leben leid, beschließen eines Tages Alexa, Fernand und Louis, in einer Wohngemeinschaft zusammenzuziehen (Spiegel 8, 1985, 216); **Zu|sam|men|zie|hung**, die: *das Zusammenziehen* (1–3); **zu|sam|men|zim|mern** ⟨sw. V.; hat⟩ (ugs.): vgl. zusammenschustern; **Zu|sam|men|zucken**[1] ⟨sw. V.; ist⟩: *vor Schreck eine ruckartige Bewegung machen:* der Knall ließ ihn z.; ein Verlegenheitskandidat. Er zuckt keineswegs zusammen (*läßt sich nichts anmerken, zeigt keine Gefühlsregung*), wenn man ihn so nennt (natur 10, 1991, 44); **Zu|sam|men|zug**, der (schweiz.): *das Zusammenziehen* (2); *Einberufung:* Bis nächsten Frühling stehen allein zehn Länderspiele auf dem Programm, dazu Zusammenzüge und Trainingspiele (Basler Zeitung 9. 10. 85, 40).

zu|samt ⟨Präp. mit Dativ⟩ [mhd. zesamt] (landsch. veraltend): *zusammen mit, mitsamt.*

Zu|satz, der; -es, Zusätze [spätmhd. zuosaz]: **1.** ⟨o. Pl.⟩ *das Hinzufügen; Beigabe* (1); *Zugabe:* unter Z. von Öl wird die Mayonnaise ständig gerührt. **2.** *Stoff, Substanz, die etw. anderem zugesetzt wird:* Aromastoffe, Farbstoffe als Z., Zusätze zu Lebensmitteln; Im übrigen hängt es bei der „Car-Garantie" davon ab, daß der Käufer regelmäßig bestimmte Zusätze für Motoröl, Getriebeöl und Kraftstoff einfüllen läßt (ADAC-Motorwelt 3, 1983, 29). **3.** *etw., was einem Text als Ergänzung, Erweiterung od. Erläuterung seines Inhalts hinzugefügt wird:* Zusätze zu einem Vertrag; einen Z. anbringen, machen; das Manuskript wurde durch Zusätze ergänzt; er ... begriff zuerst nicht, daß er etwas Überflüssiges gesagt hatte, das mit jedem Zusatz an Wahrheit gewann (Bieler, Mädchenkrieg 505); **Zu|satz|ab|kom|men**, das: *Abkommen, das ein bereits bestehendes Abkommen ergänzt, zusätzlich dazu abgeschlossen wird;* **Zu|satz|an|trag**, der: vgl. Zusatzabkommen; **Zu|satz|bad**, das: *warmes Heilbad* (2) *mit einem Zusatz (z. B. einem Extrakt aus Heilkräutern);* **Zu|satz|be|stim|mung**, die: vgl. Zusatzabkommen; **Zu|satz|brems|leuch|te**, die (Kfz-T.): *eine von zwei am Heckfenster eines Autos anzubringenden kleinen Leuchten* (1 a), *die (zusätzlich zum Bremslicht) beim Bremsen aufleuchten;* **Zu|satz|fra|ge**, die: *zusätzliche Frage bes. in einer Diskus-*

sion, Debatte, Verhandlung o. ä.: gestatten Sie eine Z.?; **Zu|satz|ge|rät**, das: *Gerät, das ein anderes ergänzt:* ein Z. zum Empfang von Bildschirmtexten; **zu|sätz|lich** ⟨Adj.⟩: *zu etw. bereits Vorhandenem, Gegebenem ergänzend, erweiternd hinzukommend:* -e Kosten, Belastungen; Tausende wollten noch mehr wissen, wollten -e Informationen haben (Freizeitmagazin 26, 1978, 8); Aus dem -en Verkehr könne die Bahn aber einen Mehrertrag ... erwarten (NZZ 25. 10. 86, 36); ich möchte dich nicht noch z. belasten; Damals hatte die Dämmung noch Lücken, und eine kleine Gastherme mußte z. mitheizen (natur 2, 1991, 65); **Zu|satz|steu|er**, die: *zusätzliche Steuer;* **Zu|satz|stoff**, der: ⟨Stoff (2 a), *der einer Sache bei der Herstellung zugesetzt wird:* Wir suchen ... einen Reisenden zum Verkauf unserer Wurstgewürze u. -e an Metzgereien (Augsburger Allgemeine 22./23. 4. 78, IV); **Zu|satz|ta|rif**, der: *zusätzlicher Tarif;* **Zu|satz|teil**, das: vgl. Zusatzgerät; **Zu|satz|ver|si|che|rung**, die: *zusätzliche Versicherung;* **Zu|satz|zahl**, die: *zusätzliche Gewinnzahl beim Lotto, durch die bei fünf richtigen Gewinnzahlen der Gewinn erhöht wird.*

zu|schalt|bar ⟨Adj.⟩: *sich zuschalten lassend:* Kombiwagen ... mit automatisch -em Vierradantrieb (Rhein. Merkur 2. 2. 85, 15); **zu|schal|ten** ⟨sw. V.; hat⟩: *(bei technischen Geräten, Anlagen o. ä.) durch Schalten* (1 a) *hinzufügen, hinzutreten lassen:* Auf Außenstrecken kann ein Dieselgenerator zugeschaltet werden (ADAC-Motorwelt 7, 1979, 9); die Sendung läuft bereits, wir schalten uns zu (Funk, Ferns.; *stellen eine Verbindung her u. übernehmen das Programm*).

zu|schan|den [eigtl. erstarrter Dativ Pl. von ↑Schande] ⟨in Verbindung mit bestimmten Verben⟩: **1.** (geh.) *in einen Zustand des Zerstört-, Zugrundegerichtetseins:* jmds. Hoffnungen z. machen (*zerstören, vereiteln*); all seine Pläne gingen z.; er hat seinen Wagen z. gefahren; Ich will mein Pferd ja nicht z. reiten (Hartlaub, Muriel 73); ein Sägeblatt, das an einem im Holz verborgenen Eisenstück z. (*zerstört, unbrauchbar*) geworden war (Ransmayr, Welt 31). ◆ **2.** *jmdn. z. machen* (*beschämen;* eigtl. = bewirken, daß jmd. nicht mit Ehren bestehen kann): denn ein Mädchen hat dich z. gemacht (Schiller, Kabale V, 1).

zu|schan|zen ⟨sw. V.; hat⟩ [zu frühnhd., mhd. schanzen = Glücksspiel treiben, zu ↑²Schanze] (ugs.): *jmdm., sich unterderhand etw. Vorteilhaftes verschaffen:* jmdm. einen guten Posten, einen Auftrag z.; Er habe sich und seinen Beamten die Entscheidungskompetenz zugeschanzt (MM 30. 11. 84, 6).

zu|schar|ren ⟨sw. V.; hat⟩: *scharrend ausfüllen, bedecken:* ein Loch z.

zu|schau|en ⟨sw. V.; hat⟩ (landsch., bes. südd., österr., schweiz.): ↑**Zuschauer**, der; -s, - [wohl nach lat. spectator]: *jmd., der einem Vorgang, bes. einer Aufführung, Vorführung o. ä. zusieht:* viele Z. waren von dem Stück, vom Fußballspiel, der Revue begeistert; die Z. rasten vor Begeisterung; er wurde unfreiwilli-

ger Z. (*Augenzeuge*) des Vorfalls; **Zu|schau|er|gunst**, die: vgl. Volksgunst: An zweiter Stelle der Z. liegt nach wie vor die „heute"-Sendung (Rheinpfalz 25. 4. 94, 31); **Zu|schaue|rin**, die; -, -nen: w. Form zu ↑Zuschauer; **Zu|schau|er|ku|lis|se**, die: *Gesamtheit von Zuschauern, die den Rahmen für etw. abgeben:* das Länderspiel fand vor einer imposanten Z. statt; **Zu|schau|er|raum**, der: **a)** *an einen Bühnen-, Orchesterraum o. ä. sich anschließender Raum mit Sitzreihen für die Zuschauer;* **b)** *Gesamtheit der Zuschauer in einem Zuschauerraum* (a): der [ganze] Z. klatschte Beifall; **Zu|schau|er|tri|bü|ne**, die: *Tribüne* (2); **Zu|schau|er|zahl**, die: *Anzahl der Zuschauer bei einer Veranstaltung o. ä.:* eine enttäuschende Z.; die -en haben erfreulich zugenommen, sind merklich zurückgegangen; Die -en bei uns sind eine Katastrophe (Kicker 82, 1981, 26).

zu|schau|feln ⟨sw. V.; hat⟩: *mit Hilfe einer Schaufel zuschütten* (1): eine Grube z.

zu|schei|ßen ⟨sw. V.; hat⟩ (derb): *nach und nach vollständig mit seinem Kot bedecken:* die Tauben haben das Denkmal, mir den ganzen Balkon zugeschissen; laß dich bloß z.! (*du kannst nichts, mit dir ist nichts los, du kannst dich begraben lassen*).

zu|schen|ken ⟨sw. V.; hat⟩ (geh.): *zusätzlich (zu einer schon im Trinkgefäß vorhandenen Menge) einschenken:* jmdm. noch etwas [Tee, Wein] z.; ⟨auch o. Akk.-Obj.:⟩ „Darf ich z. (*nachschenken* 1 a)?" fragte meine Mutter (Kempowski, Uns 113).

zu|schicken[1] ⟨sw. V.; hat⟩: *jmdm.] zustellen lassen, [ins Haus] schicken* (1); *zusenden:* ich schicke Ihnen die Unterlagen per Post zu; den neuen Katalog kriegt sie immer umsonst zugeschickt.

zu|schie|ben ⟨st. V.; hat⟩: **1. a)** *durch Schieben zumachen:* die Schublade, Abteiltür z.; **b)** *durch Schieben zuschütten:* ... Müll ... 23 Halden ... sieben sind bereits zugeschoben und als Deponien nicht mehr kenntlich (natur 4, 1991, 33). **2. a)** *zu jmdm. hinschieben:* er schob es über den Tisch, über den Zaun, durchs Glas, den Brotteller zu; „Wollen Sie mir das etwas kleiner machen", sagte ich, indem ich ihm den Tausender wieder zuschob (Th. Mann, Krull 189); Ü Er ... versorgte Sie hin und wieder mit kleinen Nebenbeschäftigungen, die er ihr über seine Agentur zuschob (*zukommen ließ*; Ossowski, Liebe ist 355); **b)** *etw. Unangenehmes, Lästiges von sich abwenden u. einem anderen übertragen od. zur Last legen; auf jmd. anders schieben:* jmdm. die Schuld, die Verantwortung, die Dreckarbeit z. **3.** ⟨z. + sich⟩ *sich allmählich (auf jmdn., etw.) zubewegen:* in einem Autopulk, der sich mühsam, ständig stockend, vom Taunus auf Frankfurt zuschob (Härtling, Hubert 311); ... konnte man die dunklen Wirbel hören, mit denen er (= der Strom) sich dem Meere zuschob (Wiechert, Jeromin-Kinder 510).

zu|schie|ßen ⟨st. V.⟩: **1.** *(den Ball) in Richtung auf jmdn., etw. schießen* (2) ⟨hat⟩: er schoß den Ball dem Linksaußen zu; Ü Kantorek schießt mir einen Blick zu, als ob er mich fressen möchte (Remarque, Westen 126). **2.** *(gleichsam wie ein Pfeil)*

zuschippen

sich schnell u. geradewegs auf jmdn., etw. zubewegen ⟨ist⟩: er schoß auf mich zu, kam auf mich zugeschossen; der Wagen schoß auf den Abgrund zu. **3.** (ugs.) *als Zuschuß (1) beisteuern* ⟨hat⟩: kannst du 50 Mark z.?; Bund und Land wollen zusammen zehn Millionen zum Kaufpreis von 15 Millionen z. (Welt 24. 10. 83, 1).
zu|schip|pen ⟨sw. V.; hat⟩ (nordd., md.): zuschaufeln.
Zu|schlag, der; -[e]s, Zuschläge: **1. a)** *bestimmter Betrag, um den ein Preis, Gehalt o. ä. erhöht wird:* die Ware wurde mit einem Z. von 10 Mark verkauft; **b)** *Entgelt, Gebühr, die unter bestimmten Bedingungen zusätzlich zu dem normalen Entgelt, der normalen Gebühr zu zahlen ist:* für Nacht-, Feiertagsarbeit werden Zuschläge gezahlt; Wohlfahrtsmarken sind Briefmarken, für die ein Z. erhoben wird; der Intercity-Zug kostet [zehn Mark] Z. **2.** (Eisenb.) *zusätzliche Fahrkarte für die Benutzung von schnellfahrenden Zügen, die Zuschlag (1 b) kostet:* einen Z. brauchen, lösen. **3. a)** *durch Hammerschlag gegebene Erklärung des Versteigerers, daß er ein Gebot als Höchstgebot annimmt:* an wen erfolgte der Z.?; jmdm. den Z. erteilen; bei der Auktion fand ein Gebot von 2 500 Mark den Z.; der Meistbietende, das höchste Gebot bekommt den Z.; **b)** *Auftrag, der jmdm. im Rahmen einer Ausschreibung erteilt wird:* jmdm. den Z. für etw. geben, erteilen; Die Kraftwerk Union erhält den Z. zum Bau eines Schwerwasserreaktors (Spiegel 36, 1979, 57). **4.** (Bautechnik, Hüttenw.) *bestimmter Stoff, der bei einem zugeschlagen (8) wird;* **zu|schla|gen** ⟨st. V.⟩ [9: zu ↑schlagen (14)]: **1. a)** *mit Schwung, Heftigkeit geräuschvoll schließen* ⟨hat⟩: die [Auto]tür, das Fenster, den Kofferraum z.; ein Buch z. *(zuklappen, schließen);* **b)** *mit einem Schlag zufallen* ⟨ist⟩: Dann schlug mit einem Knall der Klavierdeckel zu (Hesse, Steppenwolf 201); paß auf, daß [dir] die Wohnungstür nicht zuschlägt. **2.** (selten) *durch [Hammer]schläge [mit Nägeln o. ä.] fest zumachen, verschließen:* eine Kiste z. **3.** *durch Schlagen, Hämmern in eine bestimmte Form bringen* ⟨hat⟩: Steine für eine Mauer [passend] z. **4.** *mit einem Schläger zuspielen* ⟨hat⟩: dem Partner den Ball z. **5.** ⟨hat⟩ **a)** *einen Schlag (1 a), mehrere Schläge gegen jmdn. führen:* kräftig, hart, rücksichtslos, zweimal, mit der Faust z.; der Täter holte aus und schlug zu; Ü die Armee, die Polizei schlug zu; daß der Staat die Macht ... besitzt, erbarmungslos zuzuschlagen (Mehnert, Sowjetmensch 305); das Schicksal, der Tod schlug zu; **b)** *etw. Bestimmtes tun (bes. etw., was man gewohnheitsmäßig tut, was typisch für einen ist [u. was allgemein gefürchtet ist, nicht gutgeheißen wird]):* der Mörder hat wieder zugeschlagen; ein Unbekannter, der sich darauf spezialisiert hat, Toiletten zu verstopfen ... Bereits 15mal schlug der Stopfer zu (MM 25. 2. 74, 9); Brechts Erben haben wieder zugeschlagen: Vorbeugend verboten sie eine ... Aufführung des „Guten Menschen ..." (Spiegel 29, 1981, 149); **c)** (ugs.) *sich beim Essen, Trinken keinerlei Zurück-* *haltung auferlegen:* „Das kommt mir vor wie Ramadan", spottete ein Bediensteter, „nach Sonnenuntergang wird zugeschlagen" (Spiegel 1, 1985, 20); nach der Diät wieder [richtig, voll] z. können; bei dem geräucherten Lachs, dem Champagner haben sie ganz schön zugeschlagen; Ü die Stadt will jetzt bei den Parkgebühren z. (ugs.; *will sie kräftig erhöhen);* **d)** (ugs.) *ein Angebot, eine gute Gelegenheit o. ä. wahrnehmen, einen Vorteil nutzen:* bei diesem [günstigen] Angebot mußte ich einfach z.; die Wohnung war noch frei, da haben wir gleich zugeschlagen. **6.** ⟨hat⟩ **a)** *(bei einer Versteigerung) durch Hammerschlag als Eigentum zuerkennen:* das Buch wurde [einem Schweizer Bieter] mit fünfzehntausend Mark zugeschlagen; Auch ein zweites Bild van Goghs ... konnte nicht zugeschlagen werden *(fand keinen Käufer;* MM 5. 12. 90, 13); **b)** *im Rahmen einer Ausschreibung (als Auftrag) erteilen:* der Auftrag, der Neubau wurde einer belgischen Baufirma zugeschlagen; **c)** *als weiteren Bestandteil hinzufügen, angliedern o. ä.:* das Haus wurde dem Erbe des Sohnes zugeschlagen; die Zinsen können ausgezahlt oder dem Kapital zugeschlagen werden; ... hatte der Stadtrat bereits beschlossen, ... die Gassenarbeit dem Sozialamt ... zuzuschlagen *(als Aufgabe zu übertragen;* NZZ 14. 4. 85, 25). **7.** *(einen Betrag o. ä.) auf etw. aufschlagen* ⟨hat⟩: [zu] dem/auf den Preis werden noch 10 % zugeschlagen. **8.** (Bautechnik, Hüttenw.) *einen bestimmten Stoff bei der Herstellung von Mörtel u. Beton od. bei der Verhüttung von Erzen zusetzen* ⟨hat⟩. ◆ **9.** *zusagen (2)* ⟨hat, seltener: ist⟩: Nur schlägt er mir auch nicht zu (Lessing, Nathan III, 1); **zu|schlag|frei** ⟨Adj.⟩ (bes. Eisenb.): *Zuschlag (1 b) [benutzbar], nicht zuschlagpflichtig:* dieser Zug ist z.; **Zu|schlag|kal|ku|la|ti|on:** ↑Zuschlagskalkulation; **Zu|schlag|kar|te,** die (Eisenb.): *Zuschlag (2);* **zu|schlag|pflich|tig** ⟨Adj.⟩ (bes. Eisenb.): *[für den Benutzer] mit der Pflicht zur Zahlung eines Zuschlags (1 b) verbunden;* **Zu|schlag|satz:** ↑Zuschlagssatz; **Zu|schlags|kal|ku|la|ti|on,** Zuschlagkalkulation, die; -, -en (Wirtsch.): *(bei der Abrechnung der Kosten für einzelne Stücke angewandtes) Verfahren, bei dem die unmittelbar erfaßten Kosten (z. B. Material, Lohn) die mittelbar erfaßten Gemeinkosten durch Zuschläge hinzugerechnet werden;* **Zu|schlags|satz,** Zuschlagsatz, der (Amtsspr.): *Satz (5), in dessen Höhe ein Zuschlag (1) liegt;* **Zu|schlag|steu|er,** die: *Steuer, die als Zuschlag zu anderen Steuern erhoben wird (z. B. Solidaritätszuschlag);* **Zu|schlag|stoff,** der (Bautechnik, Hüttenw.): *Zuschlag (4).*
zu|schlei|fen ⟨st. V.; hat⟩: vgl. zufeilen: der Korkenzieher müßte zugeschliffen werden (Fels, Kanakenfauna 139); Ü trotz dieser glanzvoll zugeschliffenen Bemerkung (Musil, Mann 876).
zu|schlie|ßen ⟨st. V.; hat⟩: *abschließen* (1 a): die Haustür, das Haus, das Zimmer, den Koffer z.; ⟨auch o. Akk.-Obj.:⟩ wenn du die Wohnung verläßt, vergiß nicht zuzuschließen.
zu|schlur|fen ⟨sw. V.; ist⟩: *schlurfend (auf jmdn., etw.) zugehen:* ... schlurfte er zielstrebig auf eine Kneipe zu (Grass, Unkenrufe 45).
zu|schmei|ßen ⟨st. V.; hat⟩ (ugs.): **1.** *zuwerfen (1):* die Tür [hinter sich], den Kofferraum[deckel] z. **2.** *zuwerfen (2):* eine Grube [mit Sand] z. **3.** *zuwerfen (3):* jmdm. die Schlüssel, den Ball, eine Leine z.; Ü Birgitt und Dagmar schmeißen sich Blicke zu, die alles verheißen (Ossowski, Flatter 46).
zu|schmet|tern ⟨sw. V.; hat⟩: *mit Wucht zuwerfen (1):* die Tür, den Kofferraum z.
zu|schmie|ren ⟨sw. V.; hat⟩: *schmierend (2 c) mit etw. ausfüllen, verschließen:* die Ritzen, Fugen, Löcher [mit Kitt, Gips] z.; nur notdürftig zugeschmierte Risse.
zu|schnal|len ⟨sw. V.; hat⟩: *mit einer Schnalle, mit Schnallen schließen:* die Skistiefel, den Tornister, den Gürtel z.
zu|schnap|pen ⟨sw. V.⟩: **1.** *schnappend (3) zufallen, sich schließend* ⟨ist⟩: die Tür, der Deckel, die Falle, das Taschenmesser schnappte zu. **2.** *plötzlich (nach jmdm., etw.) schnappen u. den Betreffenden, das Betreffende zu fassen bekommen* ⟨hat⟩: plötzlich schnappte der Hund zu.
Zu|schnei|de|brett, das: *(beim Sattler, Schuster o. ä.) Brett, auf dem Material zugeschnitten wird;* **Zu|schnei|de|kurs,** **Zu|schnei|de|kur|sus,** der: *Kurs im Zuschneiden von Kleidungsstücken;* **Zu|schnei|de|ma|schi|ne,** die: *(in der Konfektion) Maschine zum Zuschneiden;* **zu|schnei|den** ⟨unr. V.; hat⟩: **a)** *durch Schneiden in eine bestimmte, die gewünschte, die zweckentsprechende Form bringen:* Zaunlatten, Bretter für Kisten z.; die Leisten hat mir der Tischler gleich [passend] zugeschnitten; den Stoff für ein/zu einem Kostüm z.; Blechteile bis zehn Millimeter Dicke werden per Laserstrahl ... zugeschnitten (NNN 23. 2. 88, 1); seine Fingernägel waren spitz zugeschnitten und poliert (Becher, Prosa 113); Ü Dagegen war Cooks Arbeit von Anfang an auf die Bedürfnisse des breiten ... Publikums zugeschnitten (Enzensberger, Einzelheiten I, 194); **b)** *(etw. aus Stoff) nach bestimmten Maßen so schneiden, daß es anschließend genäht werden kann:* ein Kleid [nach einem Schnittmuster] z.; **Zu|schnei|der,** der; -s, -: *jmd., der Schnitte herstellt u. Kleidungsstücke zuschneidet;* **Zu|schnei|de|rin,** die; -, -nen: w. Form zu ↑Zuschneider.
zu|schnei|en ⟨sw. V.; ist⟩: *von Schnee ausgefüllt, verdeckt, versperrt werden:* der Eingang, der Weg ist [total] zugeschneit.
Zu|schnitt, der; -[e]s, -e: **1. a)** ⟨o. Pl.⟩ *das Zuschneiden:* der Quadratmeter kostet einschließlich Z. 57 Mark; eine Maschine für den Z. von Blechen; **b)** *Bereich (bes. innerhalb einer Produktionsstätte), wo der Zuschnitt des Materials erfolgt:* Ich arbeite im VEB Textilwerke ... Mein Arbeitsplatz ist im Z. (Freie Presse 17. 2. 89, Beilage S. 4); **c)** *zugeschnittenes Stück Material:* Überall, wo größere ... ausgestanzt werden (Herrenjournal 2, 1967, 127). **2.** *Art u. Weise, wie etw. zugeschnitten ist:* der Z. des Anzugs ist ganz modern; Ü Die Backenknochen hatten mongolischen Z. (NZZ 12. 10. 85, 7). **3.** *Format (2), Rang (2), Niveau (3), Größenord-*

nung (1): Jedesmal, wenn man diese Stadt wiedersieht, verschlägt es einem von neuem den Atem: Welche Dimensionen! Was für ein Z.! (Dönhoff, Ära 73); Gute Spieler, darunter ein oder zwei Persönlichkeiten internationales -s (Kikker 6, 1982, 52); Alles war von einfachstem Z. Man saß an rohen, fettigen Holztischen (Fest, Im Gegenlicht 280); ein Mann von diesem, seinem Z. wird es weit bringen.

zu|schnü|ren ⟨sw. V.; hat⟩: *mit einer Schnur o. ä. [die herumgebunden wird] fest zumachen, verschließen:* ein Paket, die Schuhe z.; Ü Sein Magen war wie zugeschnürt *(er konnte nichts essen;* H. Gerlach, Demission 167).

zu|schrau|ben ⟨sw. V.; hat⟩: *durch Schrauben [eines Schraubverschlusses auf etw.] verschließen:* das Marmeladenglas, die Thermosflasche z.; ♦ ⟨bes. im nordd. Sprachgebrauch auch st. V.:⟩ ... waren von außen die Läden vorgeschlagen und von innen zugeschroben (Storm, Schimmelreiter 31).

zu|schrei|ben ⟨st. V.; hat⟩ [mhd. zuoschrīben = schriftlich zusichern, melden, ahd. zuoscrīban = hinzu-, zusammenfügen; be-, vermerken]: **1. a)** *jmdm., etw. für den Urheber, die Ursache von etw. erklären; etw. auf jmdn., etw. zurückführen:* dieses Bild wurde [fälschlich] Botticelli zugeschrieben; jmdm. das Verdienst, die Schuld an etw. z.; ... werden dem Täter bereits 15 solcher Raubüberfälle zugeschrieben (NZZ 26. 8. 83, 26); jedenfalls schrieb er den Vorfall mit jugendlichem Übermut zu (Erné, Kellerkneipe 256); daß Linner die ihm zugeschriebenen Äußerungen nicht getan hat (Enzensberger, Einzelheiten I, 65); daß es so weit gekommen ist, hast du dir selbst zuzuschreiben *(daran trägst du selbst die Schuld);* **b)** *glauben, der Meinung sein, daß einer Person, Sache etw. Bestimmtes zukommt, eigentümlich ist:* einer Quelle wunderkräftige Wirkung z.; jmdm. bestimmte Fähigkeiten, Eigenschaften, Neigungen z.; Man schreibt der Landschaft einen bestimmten Einfluß auf das Seelenleben ... zu (Mantel, Wald 13). **2.** *(auf jmds. Namen, Konto o. ä.)* überschreiben: jmdm. eine Summe, ein Grundstück z.; dieser Betrag wird dem Reservefonds zugeschrieben. **3.** *(ugs.) dazuschreiben;* **Zu|schrei|bung,** die; -, -en: **1. a)** *das Zuschreiben* (1 a): *die ... Erstaufführung der „Markus-Passion" ..., deren Z. an Carl Philipp Emanuel Bach mittlerweile bezweifelt wird (Welt 8. 3. 89, 2);* **b)** *das Zuschreiben* (1 b): *daß der literarische Rang nichts ist, was der Dichter innewohnte, sondern eine Z., die die Kritiker ... vornehmen (sondern etwas, was ihm der Kritiker zuschreibe;* W. Schneider, Sieger 458). **2.** (selten) *das Zuschreiben* (2, 3).

zu|schrei|en ⟨st. V.; hat⟩: *schreiend zurufen:* jmdm. eine Warnung, Schimpfwörter z.; Satanas apage! schrie er mir zu (Stern, Mann 418).

zu|schrei|ten ⟨st. V.; ist⟩ ⟨geh.⟩: **1.** *schreitend auf jmdn., etw. zugehen:* langsam, hoheitsvoll auf jmdn., etw. z., zugeschritten kommen; Während Schulz seiner

Wohnung zuschritt (Kirst, 08/15, 81). **2.** *ausschreiten* (2): ... nahm sich ihr Gang nicht besonders grazil aus, sondern eher zuschreitend, fast ein wenig zu wacker (Strauß, Niemand 157).

Zu|schrift, die; -, -en: *Schreiben, in dem jmd. als Interessent, Leser, Hörer von etw. Bestimmtem zu der betreffenden Sache Stellung nimmt:* sie hat auf ihre Annonce drei -en bekommen; der Moderator erhielt nach der Sendung zahlreiche empörte, begeisterte -en; auf anonyme -en gehen wir grundsätzlich nicht ein.

zu|schul|den ⟨Adv.⟩: nur in der Verbindung *sich etw. z. kommen lassen (etw. Unrechtes tun, ein Unrecht begehen, eine Schuld auf sich laden;* eigtl. erstarrter Dativ Pl. von ↑Schuld): Du hast Dir arge Übertreibungen ... z. kommen lassen (Th. Mann, Krull 400); sie hat sich nichts, nie etwas z. kommen lassen.

Zu|schuß, der; Zuschusses, Zuschüsse: **1.** *Betrag, der jmdm. zur Verfügung gestellt wird, um ihm bei der Finanzierung einer Sache zu helfen; finanzielle Hilfe:* staatliche Zuschüsse; einen Z. beantragen, bekommen, bewilligen, gewähren; der Staat leistet, zahlt einen beträchtlichen Z. für den Bau, zu den Baukosten; Was die Miete anging, versprach er Zuschüsse (Brecht, Groschen 96). **2.** (Druckw.) *(vom Drucker) über die errechnete Auflage hinaus vorbereitete Anzahl von Druckbogen zum Ausgleich von Fehldrucken;* **Zu|schuß|be|trieb,** der: *Betrieb, der sich finanziell nicht selbst erhalten kann, auf Zuschüsse angewiesen ist;* **Zu|schuß|bo|gen,** der (Druckw.): vgl. Zuschuß (2); **Zu|schuß|ex|em|plar,** das ⟨meist Pl.⟩ (Verlagswesen): *(vom Verleger) über die vertraglich vereinbarte Auflagenhöhe eines Buches hinaus hergestelltes Exemplar zum Austausch fehlerhafter od. beim Vertrieb beschädigter Exemplare;* **Zu|schuß|ge|schäft,** das: *Verlustgeschäft:* Der Wankel-Wagen war ein Z. geworden (ADAC-Motorwelt 8, 1979, 15); **Zu|schuß|un|ter|neh|men,** das: vgl. Zuschußbetrieb; Ü Janz Westberlin ist doch ein einziges in Milliardenhöhe (Prodöhl, Tod 36); **Zu|schuß|wirt|schaft,** die: vgl. Zuschußbetrieb.

zu|schu|stern ⟨sw. V.; hat⟩ (ugs.): **1.** *auf heimliche Art dafür sorgen, daß jmdm. etw. [für ihn Vorteilhaftes] zuteil wird, daß jmd. etw. [für ihn Vorteilhaftes] bekommt:* jmdm. einen Posten, Vorteile z.; ... gegenseitig Steuer- und Spendenmillionen zuschustern (Spiegel 8, 1983, 46). **2.** *(Geld) zuschießen, zusetzen:* sein Vater hat zu dem Moped einiges z. müssen ⟨auch o. Akk.-Obj.:⟩ bei diesem Geschäft hat er zugeschustert.

zu|schüt|ten ⟨sw. V.; hat⟩: **1.** *durch Hineinschütten von Erde, Sand o. ä. ausfüllen, zumachen:* eine Grube, einen Teich z.; Ü Dies innere Wissen ist ... bei Erwachsenen oft mit einem Wust von bösen Erfahrungen zugeschüttet (natur 9, 1991, 7). **2.** (ugs.) *schüttend zu etw. hinzufügen:* Wasser z.; **Zu|schüt|tung,** die; -, -en: *das Zuschütten.*

zu|schwei|ßen ⟨sw. V.; hat⟩: *schweißend verschließen:* ein Loch, einen Behälter z.

zu|schwel|len ⟨st. V.; ist⟩: *durch eine Schwellung verschlossen, verengt werden:* das Auge schwillt allmählich zu; der Hals war fast ganz zugeschwollen.

zu|schwim|men ⟨st. V.; ist⟩: **1.** *sich schwimmend (auf jmdn., etw.) zubewegen:* sie kam auf mich zugeschwommen. **2.** (ugs.) *sich als Schwimmender beeilen:* schwimm zu!

zu|schwin|gen ⟨st. V.; ist⟩: *sich schwingend schließen:* die Flügeltür schwang zu.

zu|schwö|ren ⟨st. V.; hat⟩ ⟨geh.⟩: **a)** *durch einen Schwur zusichern, fest versprechen; geloben:* jmdm., sich [gegenseitig] einander Treue z.; ... drückte er ihn inbrünstig an sich ... und schwor ihm zu, daß ... (Th. Mann, Joseph 647); **b)** *durch einen Eid* vgl. *verpflichten:* wie wir ... unsere Grundsätze, denen wir zugeschworen haben, durchsetzen wollen (Bundestag 189, 1968, 10250); **c)** ⟨s. + sich⟩ *sich schwören* (3): ... hatte er sich zugeschworen, ihr Ehre zu machen ..., indem er es weit brachte (Th. Mann, Hoheit 193).

zu|se|geln ⟨sw. V.; ist⟩: *sich segelnd (auf jmdn., etw.) zubewegen:* das Boot, der Vogel kam genau auf uns zugesegelt.

zu|se|hen ⟨st. V.; hat⟩: **1. a)** *auf etw., was vorgeht, was jmd. tut, betrachtend seinen Blick richten; einen Vorgang o. ä. mit den Augen verfolgen:* jmdm. [beim Arbeiten, beim Spiel] interessiert, gedankenvoll, aufmerksam z.; einem Vorgang, jmds. Treiben, einem Feuerwerk z.; ich könnte den Tanzenden stundenlang z.; Er ... sah gelassen zu, wie Bolina die Leiter herunterkletterte (Edschmid, Liebesengel 112); ⟨subst.:⟩ mir wird schon vom [bloßen] Zusehen ganz schwindlig; **b)** *[genau] hinsehen:* durch eine Marmorplatte, die aber, wenn man zusah, Glas war, die Marmor vortäuschte (Muschg, Gegenzauber 176); Wie sie aber näher zusah, war es nicht ihr Vater (Gaiser, Schlußball 43); Nur den Namen wechseln und, wenn man genau zusah, die Physiognomien (Enzensberger, Einzelheiten I, 113); ⟨subst.:⟩ bei näherem/genauerem Zusehen erkennt man, erweist sich, stellt sich heraus, daß ... **2.** *etw. (was nicht so ist, wie es eigentlich sein sollte) geschehen lassen, ohne etw. dagegen zu unternehmen:* [einem Unrecht] ruhig, unbeteiligt, untätig z.; ohnmächtig z. müssen, wie etw. geschieht; Tatenlos muß sie z. ..., wie es die Tochter Lorchen mit dem Mahlknecht treibt (Grass, Hundejahre 22); Gegen seine Überzeugung sieht er zu, wie die einen deportiert, die andern hingerichtet werden (St. Zweig, Fouché 112). **3.** *tun, was erforderlich ist, um etw. Bestimmtes sicherzustellen; für etw. Bestimmtes Sorge tragen:* sieh zu, daß nichts passiert, daß du pünktlich bist!; Ich hau' ab, sieh zu (kümmere dich darum), wie du alleine hier rauskommst (H. Kolb, Wilzenbach 64); sieh zu, wo du bleibst *(sorge selbst für dich)!*; soll er [doch] z., wie er damit fertig wird *(damit fertig zu werden ist sein Problem [u. nicht meins, unsers o. ä.]);* **Zu|se|hen,** das: in der Fügung *auf Z. hin* (schweiz.): *auf Widerruf, bis auf weiteres):* es sei inzwischen sicher, daß die Mieter auf Z. hin darin verbleiben können (Basler Zeitung 12. 5. 84, 39); **zu|se|hends**

Zuseher

⟨Adv.⟩: *in so kurzer Zeit, daß man die sich vollziehende Veränderung [fast] mit den Augen verfolgen, wahrnehmen kann:* z. abnehmen, größer werden; sich z. erholen; seine Stimmung hob sich z.; Er wird z. ungehalten (Frischmuth, Herrin 131); Sobald die Regen fallen, werden die Steppen fast z. grün (Grzimek, Serengeti 308); **Zu|se|her**, der; -s, - (bes. österr.): *Zuschauer:* ... die einen geradezu phantastischen Zuwachs an -n und Einschaltquoten ausweisen werden (Presse 30. 3. 84, 3); **Zu|se|he|rin**, die; -, -nen (bes. österr.): w. Form zu ↑ Zuseher.
zu|sein ⟨unr. V.; ist; nur im Inf. u. Part. zusammengeschrieben⟩: **1.** (ugs.) **a)** *geschlossen, nicht geöffnet, offen sein:* die Tür ist zu; ihre Augen waren zu; die Flasche, das Weckglas, der Deckel scheint nicht richtig zuzusein; Und warum hat das Verdeck ... z. müssen? (Fallada, Mann 36); **b)** *(für Besucher, Kunden o. ä.) geschlossen sein:* der Laden, der Schalter, das Museum war schon zu; Nach Berlin ... wollte er nicht. Aber Frankfurt war zu *(in Frankfurt ruhte der Flugbetrieb;* Heym, Nachruf 372); Ü Die Kunstszene in Deutschland ist für jemanden wie mich total zu *(bietet jmdm. wie mir keine Chance, sich zu profilieren o. ä.;* tip 13, 1983, 19); im Schuldienst ist alles zu *(besteht ein Einstellungsstopp);* **c)** *verstopft sein:* meine Nase ist zu; der Abfluß, die Einspritzdüse war zu; Ü die Autobahn ist in beiden Richtungen zu *(durch Staus blockiert).* **2.** (salopp) *betrunken sein:* Das ist zwar bekloppt, aber wenn ich zu bin, ist mir das egal (Spiegel 34, 1985, 59).
zu|sen|den ⟨unr. V.; sandte/(seltener:) sendete zu, hat zugesandt/(seltener:) zugesendet⟩: *zuschicken;* **Zu|sen|der**, der; -s, -: *jmd., der jmdm. etw. zusendet, zugesandt hat;* **Zu|sen|de|rin**, die; -, -nen: w. Form zu ↑ Zusender; **Zu|sen|dung**, die; -, -en: **a)** *das Zusenden;* **b)** *etw. Zugesandtes.*
zu|set|zen ⟨sw. V.; hat⟩ [mhd. zuosetzen = auf jmdn. eindringen, ihn verfolgen (zuerst wohl auf den Schwertkampf bezogen)]: **1.** *zu einem Stoff hinzufügen u. damit vermischen, verschmelzen o. ä.:* [zu] dem Wein Wasser, Zucker z.; dem Silber Kupfer z.; Zichorien ... wurden früher ... dem teuren Kaffee zugesetzt, um dessen Genuß zu verlängern (natur 3, 1991, 84). **2.** *(Geld) für etw. aufwenden u. vom eigenen Kapital verlieren:* viel Geld z.; ⟨auch o. Akk.-Obj.:⟩ immer nur z. müssen; weil sie (= die Verleger) an ihren Autoren zusetzten (Koeppen, Rußland 202); Ü du hast nichts zuzusetzen (ugs.; *hast keine Kraftreserven);* ⟨auch o. Akk.-Obj.:⟩ Jason d'Aspin mußte zwar vorübergehend ... Igor Barbes vorbeilassen, konnte aber nochmals z. *(sein Tempo steigern;* NZZ 30. 8. 83, 26); ⟨subst.:⟩ sie hat nicht viel zum Zusetzen (ugs.; *hat keine großen Kraftreserven).* **3. a)** *jmdm. hartnäckig zu etw. zu bewegen, zu überreden suchen; jmdn. in lästiger Weise bedrängen:* jmdm. mit Bitten, einem Anliegen z.; sie hat ihm so lange zugesetzt, bis er es getan hat; Sie setzte ihrem Onkel ... hart zu, er solle seine Einwilligung ... geben (Jahnn, Geschichten 227); „Du mußt dir das klarmachen", setzte ihr Fischel weiter zu (Musil, Mann 1565); **b)** *auf jmdn. mit Heftigkeit eindringen [u. ihn dabei verletzen]:* jmdm. heftig z.; Während die Großmutter Matern ... dem armen Lorchen mit dem Kochlöffel zusetzte (Grass, Hundejahre 29); **c)** *sich auf jmds. physischen od. psychischen Zustand in unangenehmer, negativer Weise auswirken:* die Krankheit, die Hitze, der Verlust, ihr Tod hat ihm [sehr/ziemlich] zugesetzt; Die Beziehung ist jetzt in die Brüche gegangen. Das hat ihm schwer zugesetzt (Zwerenz, Quadriga 54); Ü ... eine Mobilität, die zum Beispiel den Dialekten stark zugesetzt hat (NZZ 25. 10. 86, 34). **4.** ⟨z. + sich⟩ *durch Schmutz, Ablagerungen o. ä. verschlossen werden:* die Düse, die Benzinleitung hatte sich zugesetzt; ein mit Wasserstein total zugesetztes Rohr.
zu|si|chern ⟨sw. V.; hat⟩: *[offiziell] etw. Gewünschtes tun. Gefordertes als sicher zusagen; garantieren* (a): jmdm. etw. [feierlich, vertraglich] z.; jmdm. Diskretion, seine Hilfe, finanzielle Unterstützung, freies Geleit, Straffreiheit z.; Der Händler haftete nur für Eigenschaften, die er ausdrücklich zugesichert hatte (ADAC-Motorwelt 10, 1979, 15); Ü eine Religion, die ... ihren Sünden vergab, um am Ende dem Gläubigen ... Unsterblichkeit zuzusichern (Thieß, Reich 200); die in der Verfassung zugesicherten *(verbrieften)* Rechte; **Zu|si|che|rung**, die; -, -en: **a)** *das Zusichern:* zur Z. von Straffreiheit waren die Behörden nicht bereit; **b)** *etw., wodurch etw. zugesichert wird:* Da ihm seine Koalitionspartner ... diese Z. aber nicht glaubten (Dönhoff, Ära 25); Daß Sellmanns Wunsch entsprochen wurde, ergab sich aus den -en bei Sophies Eintritt in das Kloster (Bieler, Mädchenkrieg 440).
zu|sie|geln ⟨sw. V.; hat⟩: *mit einem Siegel verschließen:* einen Brief z.
zu|spach|teln ⟨sw. V.; hat⟩: *mit Spachtelmasse zuschmieren.*
Zu|spät|kom|men|de, der u. die; -, -n ⟨Dekl. ↑ Abgeordnete⟩: *jmd., der zu spät kommt;* **Zu|spät|kom|mer**, der; -s, - (ugs.): *jmd., der [häufig, gewohnheitsmäßig] zu spät kommt;* **Zu|spät|kom|me|rin**, die; -, -nen (ugs.): w. Form zu ↑ Zuspätkommer.
zu|spa|zie|ren ⟨sw. V.; ist⟩: *sich spazierend (auf jmdn., etw.) zubewegen:* sie kamen auf ihn zuspaziert; Erfrischt ... spazierte der ... Bankier ... dem Café zu (Frank, Wagen 3).
Zu|spei|se, die; -, -n: **a)** (österr., sonst veraltet) *zu etw. anderem gereichte Speise, Beilage:* Reis ist eine sehr dankbare Z. (Horn, Gäste 210); Sie soll ... den Bergleuten marinierte Heringe als Sakuska, als Z. zum Bier, vorsetzen (Strittmatter, Laden 108); **b)** (selten) *Beikost.*
zu|sper|ren ⟨sw. V.; hat⟩ (südd., österr.): **1.** *zu-, ab-, verschließen:* die Tür, das Zimmer, das Auto, den Koffer z. **2. a)** *schließen* (7 a): Sperr den Laden zu. Ich will mit dir hinausfahren (Danella, Hotel 193); **b)** *schließen* (7 b): Die Diskothek sperrt erst um zwei Uhr in der Früh zu (Zenker, Froschfest 78); **c)** *schließen* (7 c): Zwar hat man dort ... auch mit Zigeunersonderschulen experimentiert, die man aber Gott sei Dank bald wieder zugesperrt hat (Wiener 11, 1983, 21); Wenn mich heute einer engagiert, sperre ich morgen meinen Laden zu *(gebe ich ihn auf;* Frischmuth, Herrin 122); **d)** *schließen* (7 d): ... mußte jede zweite Hemdenfabrik in Bangladesch z. (natur 2, 1991, 4).
Zu|spiel, das; -[e]s (Ballspiele): *das Zuspielen:* schnelles, genaues, geschicktes, steiles Z.; sein Z. kam meist an die falsche Adresse (Express 6. 10. 68, 11); **zu|spie|len** ⟨sw. V.; hat⟩ [wohl urspr. vom Kartenspiel]: **1.** (Ballspiele) *(vom Ball, Puck) an einen Spieler der eigenen Mannschaft weiterleiten, abgeben:* er spielte ihm den Ball zu steil zu; ⟨auch o. Akk.-Obj.:⟩ du mußt schneller, genauer z.; Ü Begeisternd, wie sich hier die Musiker das melodische Material zuspielten (Orchester 7/8, 1984, 671). **2.** *wie zufällig zukommen lassen:* einem Sender ein Tonband, Filmmaterial z.; wem konnte daran gelegen sein, ... der Informationen der bürgerlichen Presse zuzuspielen? (v. d. Grün, Glatteis 152). **3.** *(auf Tonträger Aufgezeichnetes) zusätzlich zu etw. anderem abspielen:* eine Musik z.; **Zu|spie|lung**, die; -, -en: **1.** *das Zuspielen.* **2.** *etw. Zugespieltes* (3): Zuspielungen vom Tonband bereichern die klangliche Palette des Werkes (Orchester 5, 1983, 468).
zu|spit|zen ⟨sw. V.; hat⟩: **1. a)** *spitzen:* einen Pfahl z.; Ü Man müsse doch jede Frage z. *(scharf fassen, genau formulieren),* um an den Kern der Widersprüche zu kommen! (Chr. Wolf, Himmel 205); **b)** ⟨z. + sich⟩ (selten) *sich zu einer Spitze verjüngen, spitz zulaufen, spitz werden:* der Mast spitzt sich [nach oben] zu. **2. a)** *ernster, schlimmer, schwieriger werden lassen:* diese Kriegsdrohung hat die Lage noch weiter zugespitzt; andere Motive müssen hinzugekommen sein, um die Verhältnisse gefährlich zuzuspitzen (Thieß, Reich 496); **b)** ⟨z. + sich⟩ *ernster, schlimmer, schwieriger werden, sich verschärfen:* die politische Lage, der Konflikt, die Krise spitzt sich [bedrohlich, gefährlich] zu; die Auseinandersetzungen, Probleme, Widersprüche spitzten sich immer mehr zu; der Fall, gegen Ende sich zur privaten Tragödie zuspitze (Kant, Impressum 187); **Zu|spit|zung**, die; -, -en: **1.** *das Zuspitzen* (1 a), *Zugespitztwerden.* **2.** *das Zuspitzen* (2), *Sichzuspitzen:* an einer [weiteren] Z. des Konflikts ist auch die andere Seite nicht interessiert.
Zu|spra|che, die; -, -n: **1.** *das Zusprechen* (1): kein Wort des Trostes erreicht Rouilles zerrissenes Gemüt, keine Z. wirkt auf den zerrütteten Verstand (G. Vesper, Nördlich 149). **2.** (schweiz.) *Zusprechen;* **zu|spre|chen** ⟨st. V.; hat⟩ [mhd. zuospreche̋n = zu jmdm. sprechen; anklagen]: **1. a)** *mit Worten zuteil werden lassen, geben:* jmdm. Trost, Hoffnung z.; er sprach ihr, sich selbst Mut zu; Zu beiden Seiten des Rasendes saßen sie ..., versuchten, ... ihm Beruhigung zuzusprechen (Seidel, Sterne 186); **b)** *in bestimmter, auf eine positive Wirkung bedachter Weise zu jmdm. sprechen, mit Worten auf jmdn. einzuwirken suchen:*

jmdm. gut, beruhigend, besänftigend, ermutigend, tröstend, freundlich z.; Ich will gleich zu ihr gehen, dachte sie. Ich will ihr z. (Fussenegger, Haus 539); Ü Nach Nara ..., weil eine innere Stimme ihm zusprach *(eingab)*, das wenigstens müsse er gesehen haben (Muschg, Sommer 95). **2. a)** *offiziell als jmdm. gehörend anerkennen; zuerkennen:* das Gericht sprach die Kinder, das Sorgerecht der Mutter zu; das Erbe wurde ihm zugesprochen; ihnen gehörte die Weltmeisterschaft, die ihnen die Preisrichter denn auch zusprachen (Maegerlein, Triumph 63); **b)** *zuerkennen, zuschreiben:* einer Pflanze Heilkräfte z.; Verdienste, die man ihm z. muß; Der Katarrh der Luftwege, den man zusprach *(bescheinigte, attestierte;* Th. Mann, Krull 51); **c)** (schweiz.) *(als finanzielle Unterstützung o. ä.) gewähren, bewilligen:* Der Betrag ist ein Teil der 8 Mio. Fr., die der Bund ... der Interamerikanischen Entwicklungsbank zugesprochen hatte (NZZ 26. 8. 83, 18). **3.** (geh.) *etw. zu sich nehmen, von etw. genießen:* dem Essen reichlich, kräftig, tüchtig, eifrig, fleißig, nur mäßig z.; Er scheint wirklich wieder übergenug dem Whisky zugesprochen zu haben (Prodöhl, Tod 130). ♦ **4.** *einen kurzen Besuch machen:* eine Rittertafel ... Obenan saß der Heermeister ... nun folgten die Ritter nach ihrer Ancienität; Fremde hingegen, die zusprachen, mußten mit den untersten Plätzen vorlieb nehmen (Goethe, Dichtung u. Wahrheit 12); Wir hatten drei Stunden dahin zu gehen, weil wir unterwegs in einigen Häusern zusprachen (Rosegger, Waldbauernbub 136); **Zu|spre|chung**, die; -, -en: *das Zusprechen* (2).

zu|sprin|gen ⟨st. V.; ist⟩: **a)** *sich springend, schnell laufend, in großen Sprüngen, Sätzen auf jmdn., etw. zubewegen:* der Hund kam auf mich zugesprungen; fröhlich sprangen sie dem Festplatz zu; **b)** (landsch.) [*um einzugreifen, zu helfen o. ä.*] *hinzueilen; beispringen* (a): einem Überfallenen beherzt z.; „Aufhören!" schrie ich und wollte z. (Broch, Versucher 354).

Zu|spruch, der; -[e]s (geh.): **1.** *tröstendes, aufmunterndes o. ä. Zureden:* freundlicher, ermutigender, trostreicher, menschlicher Z.; aller Z. war vergebens; Z. brauchen, suchen; bis die Magd ... die Tobende, die keinem Z. und keinem Trost mehr zugänglich war, in die Arme nahm (Ransmayr, Welt 37); gütige, liebevolle Worte des -s. **2.** *Besuch, Teilnahme, Zulauf:* bei diesen Konzerten ist der Z. immer sehr groß; das neue Lokal findet [großen, ziemlichen, viel] Z., erfreut sich großen -s; Auf Jahrmärkten kann man beobachten, welch regen Z. gewisse Stände haben (Kusenberg, Mal 69). **3.** *Zustimmung, Beifall:* Die ... These ... soll ... Widerspruch, aber auch Z. aus berufenem Munde gefunden haben (Grass, Blechtrommel 81); während die „Betrachtungen eines Unpolitischen" verständlicherweise auf keinen Z. trafen (Reich-Ranicki, Th. Mann 174).

Zu|stand, der; -[e]s, Zustände [zu veraltet zustehen = dabeistehen; sich ereignen]: **a)** *augenblickliches Beschaffen-, Geartetsein; Art u. Weise des Vorhandenseins von jmdm., einer Sache in einem bestimmten Augenblick; Verfassung, Beschaffenheit:* ein krankhafter, normaler, ungewohnter, tranceähnlicher Z.; der ursprüngliche, natürliche, momentane, damalige Z.; körperlicher, psychischer, geistiger Z. ist bedenklich, hat sich gebessert, wird immer schlimmer; der bauliche Z. des Hauses war einwandfrei; der feste, flüssige, gasförmige Z. *(Aggregatzustand)* eines Stoffes; das Gemüse in möglichst frischem, in rohem Z. verzehren; Sie ... lag stundenlang in einem Z. zwischen Schlaf und Ohnmacht (Thieß, Legende 103); das Auto, das Haus, die Maschine ist alt, aber [noch] in gutem Z.; er hat in seinem betrunkenen Z. allerlei angestellt; sie befand sich in einem Z. der Panik, der Verzweiflung, im Z. geistiger Verwirrung; die Gebäude sind alle in einem ordentlichen, verwahrlosten, jämmerlichen Z.; er wurde in äußerst kritischem Z. *(Gesundheitszustand)* operiert; in deinem Z. (ugs.; *in diesem fortgeschrittenen Stadium der Schwangerschaft)* willst du noch verreisen?; * **Zustände bekommen/kriegen** (ugs.; *wütend, ärgerlich, rasend werden; sich sehr aufregen, ärgern);* **b)** *augenblicklich bestehende Verhältnisse; Lage, Situation:* ein gesetzloser, chaotischer Z.; der derzeitige, gegenwärtige, vorherige Z.; die wirtschaftlichen, sozialen, politischen Zustände in einem Land; hier herrschen unerträgliche, unmögliche, paradiesische Zustände; die Zustände in den Krankenhäusern müssen geändert werden; das ist ein unhaltbarer Z.!; Was für Zuständen leben wir eigentlich? (Dönhoff, Ära 57); R das ist doch kein Z.! (ugs.; *so kann es nicht bleiben, das muß geändert werden);* [das sind ja] Zustände wie im alten Rom! (ugs.; *das sind ja üble, schlimme, unmögliche Verhältnisse!);* **zu|stan|de** in den Verbindungen **etw. z. bringen** (1. *etw. [trotz Schwierigkeiten, Hindernissen] bewirken, bewerkstelligen; herstellen:* eine Einigung, eine Koalition z. bringen. 2. *ersetzen, herbeischaffen:* Wenn kürzlich ... die gestohlenen Bilder ... zustande gebracht werden konnten, war das allerdings einem Hinweis zu verdanken [Presse 6. 8. 69, 10]); **z. kommen** *(trotz gewisser Schwierigkeiten bewirkt, bewerkstelligt, hergestellt werden, entstehen, gelingen):* das Geschäft, die Ehe kam nicht, doch noch z.; es wollte kein Gespräch z. kommen; die Initiative von Frei wurde z. *(wird angenommen),* und zwar mit 79 Stimmen (NZZ 24. 8. 83, 26); ♦ **z. sein** *(fertig* 1 c *sein):* Den er mir zum Durchlesen heraufbringt, sobald er (= der Brief) z. sein wird (Schiller, Kabale III, 1); **Zu|stan|de|kom|men**, das; -s: *das Zustandegebrachtwerden, das Sichergeben:* das Zustandekommen des Vertrages; **zu|stän|dig** ⟨Adj.⟩: **1.** *zur Bearbeitung, Behandlung, Abwicklung von etw. berechtigt, verpflichtet, dafür verantwortlich; die Kompetenz für etw. besitzend; kompetent:* die -e Behörde, Stelle; das -e Amt, Gericht; der für diese Fragen -e Minister; die Genehmigung wurde von -er Seite gegeben; dafür sind wir nicht z.; es fühlte sich niemand z. **2.** nur in der Verbindung **z. nach** (österr. Amtsspr.; *heimat-, wohnberechtigt in):* Sie sind nach Eisenstadt z. (Sobota, Minus-Mann 53); **zu|stän|di|gen|orts** ⟨Adv.⟩ (Papierdt.): *an zuständiger Stelle, von zuständiger Seite:* ... wird dem Vorwurf ... z. nachdrücklich widersprochen (NZZ 29. 8. 25); **Zu|stän|dig|keit**, die; -, -en: **a)** *das Zuständigsein; Befugnis, Kompetenz:* dem Bund fehlt die Z. zur Regelung des Kommunalrechts (Fraenkel, Staat 161); Durch die verfassungsrechtliche Verteilung der -en (Bundestag 188, 1968, 10170); Ü So hieße es, die Z. des Literaturkritikers überschreiten, wollten wir uns hierüber Gedanken machen (Reich-Ranicki, Th. Mann 190); **b)** *Zuständigkeitsbereich:* das fällt nicht in unsere Z.; Die Ausübung der Justizhoheit in ... strafrechtlichen Fällen gehört zur Z. der „ordentlichen Gerichte" (Fraenkel, Staat 103); **Zu|stän|dig|keits|be|reich**, der: *Bereich, für den jmd., eine Behörde o. ä. zuständig ist;* **zu|stän|dig|keits|hal|ber** ⟨Adv.⟩ (Papierdt.): *aus Gründen der Zuständigkeit, der Zuständigkeit wegen:* Er ... reichte den Brief z. an den Ortskommandanten weiter (Kuby, Sieg 166); **zu|ständ|lich** ⟨Adj.⟩ (selten): *den herrschenden Zustand betreffend, darin beharrend;* **Zu|stands|än|de|rung**, die (Physik): *Änderung eines thermodynamischen Zustands;* **Zu|stands|dia|gramm**, das (Physik): *graphische Darstellung, die den Zusammenhang zwischen den Zustandsgrößen eines thermodynamischen Systems bzw. das Verhalten eines Stoffes bei Änderung einer od. mehrerer Zustandsgrößen wiedergibt;* **Zu|stands|glei|chung**, die (Physik): *Gleichung, die den Zusammenhang zwischen den Zustandsgrößen angibt;* **Zu|stands|grö|ße**, die (Physik): *Größe, die den Zustand eines thermodynamischen Systems charakterisiert (z. B. Druck, Temperatur);* **Zu|stands|haf|tung**, die (Rechtsspr.): *Haftung des Eigentümers für bewegliche od. unbewegliche Sachen hinsichtlich der Gefahren, die von ihnen ausgehen;* **Zu|stands|pas|siv**, das (Sprachw.): *Form des Verbs, die angibt, in welchen Zustand das Subjekt geraten ist, aus einer vorher getätigten Handlung war* (z. B. die Tür ist geöffnet); **Zu|stands|verb**, das (Sprachw.): *Verb, das einen Zustand, ein Beharren bezeichnet* (z. B. liegen, wohnen).

zu|stat|ten [vgl. vonstatten]: in der Verbindung **jmdm., einer Sache z. kommen** *(für jmdn., etw. nützlich, hilfreich, von Vorteil sein):* für diesen Sport, beim Basketballspielen kommt ihm seine Größe sehr z.; Uns kommt es allerdings im Augenblick gut z., daß die Steppe schwarz und kahl geworden ist (Grzimek, Serengeti 304).

zu|ste|chen ⟨st. V.; hat⟩: *mit einem spitzen Gegenstand, einer Stichwaffe zustoßen:* er zog sein Messer und stach zu.

zu|stecken¹ ⟨sw. V.; hat⟩: **1.** *durch Stecken, Heften mit Nadeln o. ä. [notdürftig] schließen, zusammenfügen:* den Riß in der Gardine z. **2.** *heimlich, von andern unbemerkt geben, schenken, unauffällig zu-*

kommen lassen: jmdm. Geld, einen Zettel, eine Waffe, etwas zu essen z.; nette Burschen, die mir oft was zusteckten (Hilsenrath, Nazi 24); Fouché steckt ihnen Nachrichten zu und sie (= die Bankiers) ihm dafür Anteil an den Gewinnen (St. Zweig, Fouché 94).

zu|ste|hen ⟨unr. V.; hat; südd., österr., schweiz.: ist⟩ [mhd. zuostēn = geschlossen sein; beistehen, zuteil werden, zukommen, angehören, zuständig sein]: **1.** *etw. sein, worauf jmd. einen [rechtmäßigen] Anspruch hat, was jmd. zu bekommen hat:* dieses Geld, der größere Anteil steht ihm zu; der Partei stehen 78 Mandate zu; dieses Recht steht jedem zu; Da er aber Parlamentsabgeordneter war, stand ihm Immunität gegen Maßnahmen der vollziehenden Gewalt zu (Prodöhl, Tod 76). **2.** *zukommen* (3): ein Urteil über ihn steht mir nicht zu; es steht dir nicht zu, ihn zu verdammen; daß es dem Drehorgelmann ... überhaupt nicht zustand, dem jungen Hans Castorp etwas zu verbieten (Th. Mann, Zauberberg 542).

zu|stei|gen ⟨st. V.; ist⟩: *als Mitfahrer in ein Fahrzeug steigen, bes. an einer Haltestelle als Fahrgast in ein öffentliches Verkehrsmittel einsteigen:* In Schusterkrug stiegen Gregor Knessin und Joachim Bertulek zu (Grass, Hundejahre 85); ist [hier] noch jemand zugestiegen? (Aufforderung des Schaffners, Kontrolleurs an etwa zugestiegene Fahrgäste, Fahrkarten zu lösen bzw. ihre Fahrkarten vorzuzeigen).

Zu|stell|be|zirk, der: *verwaltungstechnischer Bezirk der Post o. ä. für die Zustellung von etw.;* **zu|stel|len** ⟨sw. V.; hat⟩: **1.** *durch Hinstellen, Aufstellen von etw. versperren:* ihr habt den Eingang mit euren Kisten zugestellt; Bei Veranstaltungen werden sogar die Gehwege zugestellt *(zugeparkt;* MM 23. 12. 82, 18). **2.** (Amtsspr.) *meist durch die Post zuschicken, überbringen; durch eine Amtsperson förmlich übergeben:* ein Paket durch einen Boten, per Post z.; die Post wird hier täglich zweimal zugestellt; der Gerichtsvollzieher hat ihm das Schriftstück, die Klage zugestellt; **Zu|stel|ler**, der; -s, - (Amtsspr.): *jmd., der (bes. als Angestellter der Post) etw. zustellt;* **Zu|stel|le|rin**, die; -, -nen (Amtsspr.): w. Form zu ↑Zusteller; **Zustell|ge|bühr**, die (Postw.): *an die Post zu entrichtende Gebühr für die Zustellung einer Sendung;* **Zu|stel|lung**, die; -, -en (Amtsspr.): *das (im Falle einer amtlichen Übergabe zu beurkundende) Zustellen* (2) *von etw.:* die tägliche Z. der Post; die Z. der Klage, des Urteils erfolgt durch die Behörde; **Zu|stel|lungs|ur|kun|de**, die (Amtsspr.): *schriftliche Beurkundung der amtlichen Zustellung eines Schriftstücks;* **Zu|stell|ver|merk**, der (Postw.): *Vermerk des Zustellers auf einer Postsendung (bei dem vergeblichen Versuch einer Zustellung o. ä.).*

zu|steu|ern ⟨sw. V.⟩: **1.** ⟨ist⟩ **a)** *in Richtung auf jmdn., etw. zufahren:* das Schiff steuert dem Hafen/auf den Hafen zu; Ü Der schweizerische Kapitalexport scheint ... auf einen neuen Rekord zuzusteuern (Vaterland 26. 7. 84, 5); das Regime steuert dem Abgrund zu; alles steuert auf eine Katastrophe zu *(treibt ihr zu):* **b)**

(ugs.) *zielstrebig in Richtung auf jmdn., etw. zugehen:* auf die nächste Kneipe z. **2.** *in Richtung auf jmdn., zu einem Ziel hinlenken* ⟨hat⟩: er steuerte den Wagen dem Wald/auf den Wald, direkt auf uns zu. **3.** (ugs.) *beisteuern* ⟨hat⟩: Ob er nicht etwas zum Kostgeld z. könne (Kühn, Zeit 55).

zu|stim|men ⟨sw. V.; hat⟩: **a)** *seine Übereinstimmung mit der Meinung eines andern dartun; äußern, mit jmdm. der gleichen Meinung zu sein:* in diesem Punkt stimme ich Ihnen völlig zu, kann ich Ihnen nicht z.; Stimmst du mir darin zu, daß jeder Schritt von der Lüge weg ein Schritt auf die Wahrheit zu ist? (Stern, Mann 245); er nickte zustimmend; **b)** *mit etw. einverstanden sein; etw. billigen, gutheißen, akzeptieren:* einem Vorschlag, einem Plan, einem Programm, einer These, jmds. Auffassung z.; das Parlament hat dem Gesetzentwurf mit großer Mehrheit zugestimmt; „Giovanni, soll ich?" stieß er heraus. „Ja!" stimmte der Freund begeistert zu (Thieß, Legende 24); **Zu|stim|mung**, die; -, -en: *das Zustimmen; Bejahung, Billigung, Einverständnis; Plazet:* jmdm. seine Z. [zu etw.] geben, verweigern; versagen; Der Chef nickt Z. *(nickt zustimmend;* Fries, Weg 181); das findet nicht meine Z.; dafür brauchen wir die Z. der Eltern, des Betriebsrats; jmds. Z. einholen müssen; sein Vorschlag fand lebhafte, allgemeine, einhellige, uneingeschränkte Z. *(fand Beifall, wurde begrüßt);* Er nahm Sophies Schweigen für Z. (Bieler, Mädchenkrieg 263); das kann die Regierung nur mit Z. des Parlaments verfügen; **zu|stim|mungs|be|dürf|tig** ⟨Adj.⟩: *nur mit der Zustimmung einer bestimmten Instanz erlaubt, möglich;* **Zu|stim|mungs|ge|setz**, das: *Bundesgesetz, das der Zustimmung des Bundesrats bedarf.*

zu|stop|fen ⟨sw. V.; hat⟩: **1.** *durch Hineinstopfen von etw. schließen, dicht, undurchlässig machen:* ein Loch, eine Ritze in der Wand mit Papier, mit einem Lappen z.; ich habe mir die Ohren mit Watte zugestopft; Ü An der Westfront ... bleibt ein Loch, und hier werden sie kaum eins z. (Plievier, Stalingrad 167). **2.** *durch Stopfen beseitigen:* das Loch im Strumpf z.

zu|stöp|seln ⟨sw. V.; hat⟩: *mit einem Stöpsel, Korken o. ä. verschließen:* das Waschbecken, die Badewanne z.; ein Reagenzglas mit einem Korken z.; Er stöpsele den Flacon zu (Süskind, Parfum 84).

zu|sto|ßen ⟨st. V.⟩: **1.** *durch einen Stoß schließen* ⟨hat⟩: die Tür mit dem Fuß, dem Ellbogen z.; Dann verschloß er die Kiste, stieß der Schubladen zu (Seidel, Sterne 156). **2.** *in Richtung auf jmdn., etw. einen raschen, heftigen Stoß ausführen* ⟨hat⟩: plötzlich [mit dem Messer] z.; Der Bock stieß mit seinen Hörnern zu; Der Torero tritt dem Stier nun mit dem Degen entgegen. Er stößt zu (Koeppen, Rußland 53); sobald der rüttelnde Falke ein Beutetier erspäht hat, stößt er zu (Zool., Jägerspr.; *stürzt er sich darauf);* Ü er läßt die Leidenschaft der andern sich verbrauchen und wartet geduldig, bis sie sich ... eine Blöße geben: dann erst stößt er unerbittlich zu (St. Zweig, Fouché 11).

3. *unerwartet eintreten, sich plötzlich ereignen u. dabei jmdn. speziell, in oft unangenehmer Weise betreffen;* jmdm. *geschehen, widerfahren* ⟨ist⟩: hoffentlich ist den beiden nichts, nichts Schlimmes, kein Unglück zugestoßen; Die hat das Geschäft, eine kleine Goldgrube, ... den ... Verkäuferinnen vermacht ... Ob mir auch mal so was zustößt? (Kronauer, Bogenschütze 348); du weißt, wenn mir etwas zustößt (verhüll.; *wenn ich sterben sollte),* habe ich für dich gesorgt; einmal ... hatten sie eine Begegnung, stieß ihnen ein Abenteuer zu (geh., veraltet; *war ein Abenteuer),* das ... Klaus Heinrichs Seele doch mächtig ergriff (Th. Mann, Hoheit 44).

zu|stre|ben ⟨sw. V.; ist⟩: *sich eilig, zielstrebig in Richtung auf jmdn., etw. zubewegen:* die Menge strebte dem Ausgang/auf den Ausgang zu; Ü Bald würde sie wieder ... die Kirchtürme vorüberziehen sehen, die pfeilgleich dem Himmel zustrebten (A. Kolb, Schaukel 95); alles schien ... einem guten Ende zuzustreben (Brod, Annerl 21).

Zu|strom, der; -[e]s: **1.** *das Strömen zu einer Stelle, einem Ort hin:* der Z. frischen Wassers; der Z. warmer Meeresluft nach Europa hält an; Ü Als die französische Staatskasse den Z. des englischen Geldes spürte ... (Jacob, Kaffee 173). **2.** *das Herbeiströmen, Kommen an einen Ort:* der Z. von Flüchtlingen [nach Westeuropa] hält an, nimmt zu; Infolge des nicht endenden -s von Menschen, die in der Großstadt ihr Glück zu finden hofften (Thieß, Reich 352). **3.** *Zulauf* (1): Der Verband ... sieht bei den ... Naturheilkundlern ... einen ständig anwachsenden Z. von Behandlungssuchenden (Allgemeine Zeitung 6. 2. 85, 5); Die Natur- und Umweltbewegung erlebt einen Z. wie nie zuvor (natur 3, 1991, 97); Dieses Jahr fanden gerade die Bläserkurse größten Z. (NNN 2. 10. 86, 3); **zu|strö|men** ⟨sw. V.; ist⟩: **1.** *zu einer vorhandenen Masse strömen:* die Abwässer strömen ungeklärt dem Meer zu; die von Westen zuströmende Warmluft läßt die Temperatur ansteigen; Ü Aus der Fülle der Meldungen, die der F. A. Z. Stunde um Stunde aus vielen Quellen zuströmen (Enzensberger, Einzelheiten I, 25); Aus der Erde, aus der Luft aber strömen uns Abwehrkräfte zu (Remarque, Westen 44); ich aber rede edel, und es strömt mir zu! (Th. Mann, Krull 412). **2.** *sich in großen Mengen, Scharen in Richtung auf jmdn., etw. zubewegen, herbeiströmen, kommen:* alles strömte den Ausgängen/auf die Ausgänge zu; Ü da seine Schriften nach Tausenden zählten und die Hörer ihm nur so zuströmten (Thieß, Reich 217).

Zu|stupf, der; -[e]s, -e u. Zustüpfe (schweiz.): **a)** *materielle, bes. finanzielle Unterstützung; Zuschuß:* Wenn die Stadt Zürich ... große finanzielle Zustüpfe vom Kanton erhält (NZZ 16. 3. 87, 34); Und wenn man sich ... eine kleine Reise leistet (mit einem Z. der Kinder) ... (NZZ 21. 8. 83, 29); **b)** *zusätzliche Einnahme:* Auch kein großer Z. für die Gemeindekasse sind die Wasserzinsen (LNN 31. 7. 84, 23); sich einen kleinen Z. verdienen.

zu|stür|men ⟨sw. V.; ist⟩: *sich schnell, in oft wilder Bewegung in Richtung auf jmdn., etw. zubewegen:* sie kam auf uns zugestürmt; ein kleines Kaninchenkind, das ... der nächsten Deckung zustürmt (Lorenz, Verhalten I, 183).

zu|stür|zen ⟨sw. V.; ist⟩: *sich ungestüm, oft unvermittelt in Richtung auf jmdn., etw. zubewegen:* auf jmdn. zugestürzt kommen; ... eines Köters, der in unregelmäßigen Manieren querfeldein auf uns zustürzt (Imog, Wurliblume 62).

zu|stut|zen ⟨sw. V.; hat⟩: *stutzend in eine bestimmte Form bringen:* die Hecken z.; jmdm. den Bart z.; die ... kugelig zugestutzten nackten Akazien (Rinser, Mitte 53); Ü er fand es vorzüglich, wie die Dirne den Steppenwolf zustutzte (*wie sie ihm Manieren beibrachte;* Th. Mann, Joseph 408).

♦ **zu|su|deln**, sich ⟨sw. V.; hat⟩: *sich über u. über beschmutzen:* Ich nahm, am Abend des zweiten Tages, den ich im Schweinekoben zugebracht, die Pferde, die sich darin doch zugesudelt hatten (Kleist, Kohlhaas 15).

zu|ta|ge ⟨Adv.⟩: in den Verbindungen **z. treten/kommen** (1. *an der [Erd]oberfläche erscheinen:* unter dem Eis tritt der nackte Fels z.; An anderen Orten tritt Wasser z. [NBI 39, 1989, 35]. 2. *deutlich, offenkundig werden:* Der Hang zur Einsamkeit tritt bei dem Kind zunächst in dem Wunsch z., still und abgeschlossen zu spielen [Jens, Mann 39]. 3. *auftauchen* (2b): Durch den Sturz des Schah-Regimes kamen immer mehr Dokumente z., die ... [elan 1, 1980, 40]); **etw. z. bringen/ fördern** (*etw. zum Vorschein bringen, ans Licht befördern, aufzeigen;* urspr. wohl Bergmannsspr.): Aus den Reisetaschen und Köfferchen förderten sie Revolver, Pistolen und Munitionspäckchen z. (Prodöhl, Tod 45); die Untersuchung brachte viel Belastendes z.; **z. liegen** (*frei liegen, durch nichts be-, verdeckt sein*): ... mir blieb nichts übrig, als das Brustgefieder auszureißen, so daß bald schon mein nacktes Fleisch ... z. liegt (Stern, Mann 428); **[offen/klar o. ä.] z. liegen** (*deutlich erkennbar, offenkundig sein*): der Fehler liegt klar z.

zu|tan|ken ⟨sw. V.; hat⟩: vgl. zugießen: noch ein paar Liter z.; Hat man Sommerdieselkraftstoff im Tank, bedarf es ... der Vorsorge. Dann sollte man bis zu maximal 30 Prozent Benzin z. (Saarbr. Zeitung 20. 12. 79, IV).

Zu|tat, die; -, -en: a) ⟨meist Pl.⟩ *zur Herstellung von etw., bes. einer Speise, benötigter, verwendeter Bestandteil:* erlesene, wertvolle, köstliche, frische -en; die -en [für den Kuchen] zusammenstellen, einkaufen; Stoff und alle anderen -en für ein Kleid besorgen; Konfekt aus den besten -en; das Mehl mit den übrigen -en verrühren, vermischen; Ü Da sich nämlich in Günters Affäre alle -en zu einem Fall gefunden hatten, und sie wußte wirklich nicht, was sie hindern sollte, diese -en zusammenzurühren und vor die Gruppenleitung zu bringen (Chr. Wolf, Nachdenken 84); b) *etw. [als Ergänzung, zur Bereicherung] Hinzugefügtes, Beigegebenes:* diese Stelle ist eine Z. des Übersetzers; eine gotische Kirche mit barocken -en; Sinnvolle -en wie ...

ABS ... treiben den Preis locker nach oben (ADAC-Motorwelt 5, 1986, 72).

zu|teil ⟨Adv.⟩: in der Verbindung **z. werden** (geh.; *gewährt, auferlegt werden; [vom Schicksal od. von einer höhergestellten Person] zugeteilt werden*): ihm wurde eine hohe Ehre, ein großes Glück, ein schweres Schicksal z.; sie wollten ihren Kindern eine gute Erziehung z. werden lassen; angesichts der Behandlung, die der Kanzler ihm z. werden ließ, sei er nicht bereit, weiter im Kabinett zu verbleiben (Dönhoff, Ära 24); dem Buch wurde wenig Beachtung z.; **zu|tei|len** ⟨sw. V.; hat⟩: a) *(jmdm.) übertragen, zuweisen; (an jmdn.) vergeben:* jmdm. eine Aufgabe, Rolle z.; jmdn. einer Abteilung, einer Einheit z.; das Kennzeichen kriegt der Fahrzeughalter von der Zulassungsstelle zugeteilt; dann hat er mich einem Korporal zugeteilt (Hacks, Stücke 169); daß es unmöglich sei, die Grenze zu passieren, ohne ... einem Transport zugeteilt worden zu sein (Bieler, Mädchenkrieg 494); b) *als Anteil, Portion, Ration abgeben, austeilen; jmdm. den ihm zukommenden od. zugebilligten Teil geben:* den Kindern das Essen, ihre Portionen z.; den Parteien werden die Mandate nach der Zahl der Stimmen zugeteilt; im Kriege wurden die Lebensmittel zugeteilt (rationiert); Je höher die Bewertungsziffer ist, um so schneller wird der Bausparvertrag zugeteilt (Wirtsch.; *wird der Bausparer die Bausparsumme zur Verfügung gestellt;* DM 5, 1966, 8); **Zu|tei|lung**, die; -, -en: 1. *das Zuteilen.* 2. *das Zugeteilte; zugeteilte Menge, Ration:* Bald möchte es mehr die ersten -en geben, nicht? (Kempowski, Uns 83); **zu|tei|lungs|reif** ⟨Adj.⟩ (Wirtsch.): *(von Bausparverträgen) so weit angespart, daß eine Zuteilung möglich ist:* ein -er Bausparvertrag.

zu|tiefst ⟨Adv.⟩ (emotional): *aufs tiefste, äußerst, sehr:* z. beleidigt, gekränkt, enttäuscht sein; etw. z. bedauern, bereuen, verabscheuen; jmdn. z. verachten; gegen die Diktatur, an deren z. geistfeindlichem Charakter für keinen Klarsichtigen der geringste Zweifel bestehen konnte (K. Mann, Wendepunkt 262).

zu|tra|gen ⟨st. V.; hat⟩: 1. *zu jmdm. hintragen:* jmdm. Steine z.; das Tier trägt den Jungen Futter zu; der Wind trug uns den Duft der Linden zu; ⟨subst.:⟩ Beim Zutragen der Niststoffe ist die Rollenverteilung ... ganz verschieden (Lorenz, Verhalten I, 233); Ü jmdm. Nachrichten, Gerüchte z.; er trägt ihm alles, was er hört, sofort zu; Es sei ihm zugetragen worden, Hubert habe in Prerau so eine Bratkartoffelliebschaft gehabt (Härtling, Hubert 125). 2. ⟨z. + sich⟩ (geh.) *in einer bestimmten Situation [als etw. Besonderes] eintreten u. ablaufen; sich ereignen, begeben:* Jener Vorfall ... hat sich wenige Jahre später ... zugetragen (Langgässer, Siegel 151); da trug sich etwas Seltsames zu; die Geschichte hat sich wirklich [so] zugetragen; So erzähle mir denn, was sich mit dir zugetragen hat! (Jahnn, Nacht 133); es trug sich aber zu, daß bald hernach die Mutter das Kind in den Wald schickte, Beeren zu sammeln; **Zu|trä|ger**, der; -s, - [mhd. zuotrager] (ab-

wertend): *jmd., der anderen Leuten od. einem Auftraggeber heimlich Nachrichten zuträgt:* gewiß würde dieser nützliche Z. das Dunkel ... aufhellen (Kuby, Sieg 138); **Zu|trä|ge|rei**, die; -, -en (abwertend): a) ⟨o. Pl.⟩ *das heimliche Zutragen* (1): „Rechtswissenschaftler kennen „kein demokratisches Land mit einem solchen System der Z." (Spiegel 30, 1976, 4); b) *das Zugetragene; Klatsch:* daß die Rabbanith ... sich auch weigerte, den -en ein Ohr zu leihen (Buber, Gog 154); **Zu|trä|ge|rin**, die; -, -nen (abwertend): w. Form zu ↑ Zuträger; **zu|träg|lich** ⟨Adj.⟩ [zu ↑ zutragen in der veralteten Bed. „nützen" od. zu veraltet Zutrag = Nutzen]: *günstig, nützlich, hilfreich:* Zuträgliche Umstände sind ... dabei behilflich (Th. Mann, Krull 401); daß die Verstädterung ... „das der Natur -e Maß überschritten hat" (Augsburger Allgemeine 22./23. 4. 78, 2); die kalte Luft ist ihm, der Gesundheit nicht z.; ... kann Wärme ... erträglich, ja z. sein für irdisches Leben (Stern, Mann 158); **Zu|träg|lich|keit**, die; -: *das Zuträglichsein.*

zu|trau|en ⟨sw. V.; hat⟩: a) *der Meinung sein, glauben, daß der Betreffende die entsprechenden Fähigkeiten, Eigenschaften für etw. besitzt:* jmdm. Talent, Ausdauer z.; Ich hätte Ihnen eine bessere Erziehung zugetraut (Ott, Haie 297); Soviel Feingefühl traut man ihm gar nicht zu, wie? (Sebastian, Krankenhaus 49); traust du dir diese Aufgabe zu?; ich würde es mir schon z., das selbst zu reparieren; ich habe mir, meiner Gesundheit zuviel zugetraut; b) *glauben, daß jemand etw. [Negatives] tun, zustande bringen konnte; etw. von jmdm. erwarten:* jmdm. einen Mord, keine Lüge z.; ihm ist alles zuzutrauen; das hätte ich ihm nie zugetraut!; ich hätte ihm niemals zugetraut, daß er das fertigbringt; Sollte sie Gerda etwas erzählt haben? Zuzutrauen wäre es ihr (Remarque, Obelisk 101); **Zu|trau|en**, das; -s: *feste Überzeugung, daß jmd. od. etw. etwas Bestimmtes leisten kann; Vertrauen in jmds. Fähigkeiten u. Zuverlässigkeit:* festes Z. zu jmdm. haben; er gewann das Z. seiner Vorgesetzten; er hat das Z. zu sich selbst verloren; Es liegt etwas Rührendes in diesem unerschütterlichen Z. des einfachen Volkes zu seinem Monarchen (Hacks, Stücke 262); **zu|trau|lich** ⟨Adj.⟩: *Zutrauen habend; vertrauend ohne Scheu u. Ängstlichkeit:* ein -er Mensch; die Kinder sind sehr z.; friedliche Tauben setzen sich z. auf Schulter und Helm (Spoerl, Maulkorb 154); **Zu|trau|lich|keit**, die; -, -en: 1. ⟨o. Pl.⟩ *zutrauliches Wesen;* kindliche Z.; er war voller Z. (Broch, Versucher 197). 2. *zutrauliche Äußerung, Handlungsweise.*

zu|tref|fen ⟨st. V.; hat⟩ /vgl. zutreffend/: a) *stimmen, richtig sein, dem Sachverhalt entsprechen:* die Annahme, die Behauptung, die Feststellung, der Vorwurf trifft zu; Der Wunsch war der Vater des Gedankens, oder das Gegenteil traf zu (Reich-Ranicki, Th. Mann 174); es trifft nicht zu, daß es nicht auch anders gegangen wäre; ... sei es, daß die Miniatoren den Stil der Tafelbilder imitieren. Letzteres trifft etwa auf jenen Meister zu (gilt

zutreffend

etwa für jenen Meister), der ... (Bild. Kunst III, 71); **b)** *auf jmdn. anwendbar, für jmdn. od. etw. passend sein:* die Beschreibung trifft auf ihn, auf diesen Fall zu; diese Regel trifft hier nicht zu; das Attribut „umweltfreundlich" trifft auf diese Produkte nur bedingt zu; ... ob er sich ... in römischer Geschichte ... auskennt ..., das ist egal. Allerdings: Für einen Arzt mag dies z., für einen Diplomaten nicht (Dönhoff, Ära 193); **zu|treffend** ⟨Adj.⟩: *(in bezug auf eine Feststellung o. ä.) richtig:* eine -e Bemerkung; was hülfe die -ste Analyse der sozialen Neurose ...? (Freud, Unbehagen 189); die Diagnose erwies sich als z.; auf diese Weise konnte ich mir ein Bild von Deutschland machen, das eher -er war als alles, was in der offiziellen Sowjetpresse mitgeteilt wurde (Leonhard, Revolution 237); er hat z. geantwortet, ausgesagt; ⟨subst.:⟩ Zutreffendes (Amtsdt.; *die für diesen speziellen Fall in Frage kommende, richtige unter den vorgedruckten Antworten*) bitte unterstreichen, ankreuzen!; **zu|tref|fen|den|falls** ⟨Adv.⟩ (Papierdt.): *falls es zutrifft.*
zu|trei|ben ⟨st. V.⟩: **1.** *zu jmdm., etw. hintreiben, in Richtung auf jmdn., etw. treiben* ⟨hat⟩: das Wild den Jägern/auf die Jäger z. **2.** *in Richtung auf jmdn., etw. [durch eine Strömung] treiben* ⟨ist⟩: das Boot treibt auf die Felsen zu; wir sahen eine breite Wolkenbank auf uns z. (Loest, Pistole 187); Ü das Land treibt [unaufhaltsam] einer Katastrophe zu; ... trieben die Auseinandersetzungen ... auf ihren Höhepunkt zu (NJW 19, 1984, 1072).
zu|tre|ten ⟨st. V.⟩: **1.** *in Richtung auf jmdn., etw. treten, einige Schritte machen* ⟨ist⟩: auf jmdn. z. **2.** vgl. zuschlagen (5a) ⟨hat⟩: plötzlich z.
zu|trin|ken ⟨st. V.; hat⟩: *jmdm. mit erhobenem Glas grüßen u. auf sein Wohl trinken:* jmdm. z.; sie tranken sich zu; ◆ ⟨auch mit Akk.-Obj.:⟩ ... trank ihm hierauf noch einmal das Gedeihen ihres Geschäfts zu (Kleist, Kohlhaas 15).
Zu|tritt, der; -[e]s [mhd. zuotrit]: **a)** *das Hin[ein]gehen, Eintreten, Betreten:* der Z. zur Bibliothek steht jedermann offen; [Unbefugten ist der] Z. verboten!; Z. nur mit Sonderausweis; kein Z. [... z. etw.] haben, erhalten *(die Erlaubnis haben, erhalten, etw. zu betreten);* In den Zirkus nun hatte der Arme unentgeltlich Z. (Thieß, Reich 356); jmdm. den Z. verwehren, verweigern; ich bin also nicht als Gefängnisgeistlicher hier – dieses Amt ... ermöglichte mir lediglich den Z. zu Ihnen (Kirst, 08/15, 758); Ü so daß er ... den Z. zur Offizierskarriere erlangte (H. Mann, Unrat 7); **b)** *(von Flüssigkeiten od. Gasen) das Eindringen, Hinzukommen:* Phosphor entzündet sich beim Z. von Luft.
Zu|trunk, der; -[e]s (geh.): *das Zutrinken.*
zut|schen ⟨sw. V.; hat⟩ [lautm.] (landsch.): *hörbar saugend trinken; lutschen:* ... fährt der alte Piesch dazwischen, schluckt sein Bier und wischt sich zutschend über den Mund (Ossowski, Flatter 123).
zu|tu|lich usw.: ↑zutunlich usw.; **zu|tun** ⟨unr. V.; hat⟩ /vgl. zugetan/ [mhd., ahd. zuotuon] (ugs.): **1.** *dazutun:* etwas Wasser z. **2. a)** *[ver]schließen:* tu den Mund zu!; Es ist unser Teil, ... die Augen z. *(schlafen)* zu dürfen (Goes, Hagar 69); Ü Das Herz war zugetan und verschlossen, für lange Jahre (Wiechert, Jeromin-Kinder 546); **b)** ⟨z. + sich⟩ *zugehen* (6): die Tür tat sich hinter ihm zu. **3.** ⟨z. + sich⟩ (südwestd.) *sich etw. zulegen, anschaffen;*
Zu|tun, das; -s: *Hilfe, Unterstützung:* So war ich denn in der grausamen Lage eines, der sein kurzes Glück durch eigenes Z. noch verkürzen muß (Heym, Schwarzenberg 127); Ihre Tochter wurde unter behördlichem Z. in den Haushalt des Mannes verbracht (NZZ 21. 12. 86, 29); * meist in der Verbindung **ohne jmds. Z.** *(ohne jmds. Mitwirkung):* es geschah ganz ohne mein Z.; eines Abends ... kam es, nicht ohne Z. Genovefas, auf dem dunklen Gange ... zu einer Begegnung (Th. Mann, Krull 61); **zu|tun|lich,** ⟨auch:⟩ **zutulich** ⟨Adj.⟩ [zu veraltet ich zutun = sich bei jmdm. beliebt machen] (veraltend): *zutraulich, anschmiegsam:* Er war zutunlichen Wesens (Th. Mann, Joseph 441); Er war gleich überaus zutunlich und nett zu mir (Katia Mann, Memoiren 46); **Zu|tun|lich|keit,** ⟨auch:⟩ **Zutulichkeit,** die; - (veraltend): *das Zutunlichsein:* Ihre Zutunlichkeit ist nicht geheuchelt ... und auch ohne Berechnung (Joho, Peyrouton 69).
zu|tu|scheln ⟨sw. V.; hat⟩ (ugs.): *tuschelnd mitteilen:* während sich die Leute zutuscheln, daß der Doktor es an Sorgsamkeit habe fehlen lassen (Kemelman [Übers.], Mittwoch 3).
zu|un|gun|sten: **I.** ⟨Präp. mit Gen., veraltet auch nachgestellt mit Dativ⟩ *zum Nachteil, Schaden von jmdm., etw.:* das Kräfteverhältnis hat sich z. des Westens verschoben; ... fiel am Barren die Vorentscheidung z. der Einheimischen (NZZ 1./2. 5. 83, 27). **II.** ⟨Adv.⟩ (in Verbindung mit „von") *nachteilig, schädlich für jmdn.:* ... gab es durch das 2:0 für Nalbach einen Platztausch z. von Düppenweiler (Saarbr. Zeitung 17. 12. 79, 21/23).
zu|un|terst ⟨Adv.⟩: *unter allem anderen, ganz unten (auf einem Stapel, in einem Fach o. ä.):* etw. z. in den Koffer packen; An Büchern besitzt unsere Familie zwei, sie liegen im Kleiderschrank z. (Zwerenz, Kopf 15); Ü ... ergibt sich eine ... Hierarchie der künstlerischen Mittel; z. steht der bloß einfarbig „miniierte" Großbuchstabe, zuoberst die Bildinitiale oder das Vollbild (Bild. Kunst III, 64).
zu|ver|die|nen ⟨sw. V.; hat⟩ (ugs.): *dazu-, hinzuverdienen:* die Frau verdient [ein paar hundert Mark] zu; wieviel darf ein Rentner z.?; **Zu|ver|dienst,** der; -[e]s, -e: *zusätzlich verdientes Geld:* der Z. darf 900 Mark nicht übersteigen.
zu|ver|läs|sig ⟨Adj.⟩: **a)** *so, daß man sich auf ihn, darauf verlassen kann:* ein -er Arbeiter, Freund, Verbündeter; ein ausgesprochen -es Auto; ... was wir zahlreiche wissenschaftlich -e Editionen deutscher Klassiker verdanken (Saarbr. Zeitung 8./9. 12. 79, III); Ein gut geschlagener Haken gewährt einen -en *(sicheren)* Halt (Eidenschink, Eis 48); das Lexikon ist sehr z.; diese Methode ist mir nicht z. *(sicher)* genug; sie ist politisch z. *(hat mit Sicherheit die richtige politische Einstellung);* er arbeitet sehr z.; die Maschine funktioniert z.; **b)** *mit großer Sicherheit zutreffend, richtig:* -e Informationen, Prognosen, Daten, Meßergebnisse; ein -er *(glaubwürdiger)* Zeuge, Gewährsmann, Informant; aus -er Quelle verlautet, daß ...; da Stankos Angaben sich als durchaus z. erwiesen (Th. Mann, Krull 181); das kann ich z. *(mit Sicherheit)* bestätigen; **Zu|ver|läs|sig|keit,** die; -: **a)** *das Zuverlässigsein;* zuverlässige (a) *Beschaffenheit:* Damit allein schon ist ihre politische Z. gewährleistet (Tucholsky, Zwischen 76); ich schätze an ihm vor allem seine Z.; dieses nicht zuletzt wegen seiner großen Z. so erfolgreiche Auto; **b)** *das Zuverlässigsein;* zuverlässige (b) *Beschaffenheit:* ich zweifle an der Z. der Angaben; **Zu|ver|läs|sig|keits|fahrt,** die (Motorsport): *Wettbewerb, bei dem die technische Leistungsfähigkeit der Fahrzeuge u. die Qualität des Materials unter schwierigen Bedingungen getestet werden;* **Zu|ver|läs|sig|keits|prü|fung,** die (Fachspr.): *Prüfung auf zuverlässige Beschaffenheit;* **Zu|ver|läs|sig|keits|test,** der: vgl. Zuverlässigkeitsprüfung.
Zu|ver|sicht, die; - [mhd. zuovers¡ht, ahd. zuofirsiht]: *festes Vertrauen auf eine positive Entwicklung in der Zukunft, auf die Erfüllung bestimmter Wünsche u. Hoffnungen:* ruhige, gelassene, heitere, feste, unerschütterliche, große Z. erfüllte ihn, seine Z. verlieren; sie strahlt Z. aus; seine Gelassenheit verbreitete Z.; ich teile ihre Z.; voll/voller Z. sein; Dies zur Berichtigung, wenn Sie geglaubt haben sollten, ich wäre von blinder Z. (Reich-Ranicki, Th. Mann 147); **zu|ver|sicht|lich** ⟨Adj.⟩: *voller Zuversicht, hoffnungsvoll, optimistisch:* eine -e Stimmung; mit -er Miene; da bin ich ganz z.; der Arzt gibt sich z.; Der Pilot schaute z. zum drohenden Himmel auf. Er sagte, wir kommen noch bis Moskau (Koeppen, Rußland 139); **Zu|ver|sicht|lich|keit,** die; -: *zuversichtliche Haltung; Zuversicht.*
zu|viel ⟨Indefinitpron.⟩: *mehr als genug, nötig, angemessen, gewünscht:* z. Arbeit; in der Suppe ist z. Salz; er scheint z. Geld zu haben; dazu hat er viel z. Angst; ... daß es z. Menschen gibt (Sloterdijk, Kritik 502); er weiß z.; sie hat sich z. zugemutet; ich will euch nicht z. versprechen, verraten; er redet mir z.; die Arbeit wurde ihr z.; Sie lieben Mario, ich habe Mario, eine von uns ist z. (Konsalik, Promenadendeck 289); Wohnung war z. gesagt – es war nur ein einziges Zimmer (Leonhard, Revolution 11); jeder Verkehrstote ist ein Verkehrstoter z.; einen, ein Glas z. getrunken haben (ugs.; *betrunken sein);* das ist z. des Guten/des Guten z. (iron.; *das geht über das erträgliche Maß hinaus);* R ich krieg' z.! (salopp; *das ist schlimm, regt mich auf);* was z. ist, ist z.! *(meine Geduld ist am Ende);* lieber besser z. als zuwenig; **zu|viel,** die; -s, -s: *Übermaß:* das Z. an Nässe begünstige immer stärker den Pilzbefall (Saarbr. Zeitung 12./13. 7. 80, 30/32); „Madame", sagt er ohne ein Z. an Charme ...: „bon voyage!" (Frisch, Montauk 159).

zu|vor ⟨Adv.⟩: *zeitlich vorhergehend; davor; erst einmal:* ich komme, aber z. muß ich noch etwas erledigen; jetzt ist er genauso ratlos wie z.; sie war glücklicher als je z.; Nie z. oder nachher in meinem Leben war ich derart abgespalten (K. Mann, Wendepunkt 75); Das Jahr wurde trocken und heiß wie keines z. (Ransmayr, Welt 119); am Abend, in der Woche, drei Tage, tags, kurz z. hatte es geschneit; Zuvor *(bis zu dem Moment)* war das Rennen relativ monoton verlaufen (NZZ 30. 8. 83, 24).

zu|vor|derst ⟨Adv.⟩: **1.** *ganz vorne:* z. saßen die Ehrengäste; die z. im Schrank stehende Flasche. **2.** *zuerst, in erster Linie, vor allem:* Wolfgang Plath ... erzählt zunächst die Geschichte ..., natürlich nicht z. die Schlachten, als vielmehr deren Hintergründe und Resultate (Tages Anzeiger 10. 7. 82, 39); ... liegt es z. in der ... Verantwortung des Gesetzgebers und der Regierung, ... die ... Entscheidungen zu treffen (NJW 18, 1984, 1002); **zu|vör|derst** ⟨Adv.⟩ (veraltend): *in erster Linie, zuerst, vor allem:* das natürliche Recht der Eltern und die z. ihnen obliegende Pflicht (Fraenkel, Staat 129); ... vertraute ich z. meinen Sinnen (Stern, Mann 38).

zu|vor|kom|men ⟨st. V.; ist⟩ /vgl. zuvorkommend/: **a)** *etw., was ein anderer auch tun wollte, vor diesem tun u. ihn auf diese Weise daran hindern, es ihm unmöglich machen:* er wollte bezahlen, aber er ist ihr zuvorgekommen; Wenn er jetzt nicht dem Vater zuvorkam und zum Angriff überging, würde er auf der Strecke bleiben (Ossowski, Liebe ist 330); Sie wollte es (= das Gift) ihm bringen und ihm damit die Möglichkeit geben, dem Henker zuvorzukommen (Rinser, Mitte 211); **b)** *handeln, bevor etw. Erwartetes, Befürchtetes eintritt od. geschieht:* ... hofft er durch eine rasche Versöhnung noch dem Unheil zuvorzukommen (St. Zweig, Fouché 158); Und um allen weiteren Bezichtigungen zuvorzukommen: „Ich bin stur wie ein Bock." (Frischmuth, Herrin 23); Sie gehorchte Pamela auf den Wink und kam ihren Wünschen zuvor (A. Kolb, Daphne 123); **zu|vor|kom|mend** ⟨Adj.⟩ [1. Part. von ↑ zuvorkommen]: *höflich, liebenswürdig u. hilfsbereit andern kleine Gefälligkeiten erweisend:* ein -er Mensch, Verkäufer; ein -es Wesen; er hat eine sehr -e Art, ist äußerst z.; Latten wurde von allen Seiten ... z., fast wie ein Kranker bedient (Andres, Liebesschaukel 128); **Zu|vor|kom|men|heit**, die; -: *zuvorkommendes Wesen, Verhalten:* jmdn. mit großer Z. behandeln; **zu|vor|tun** ⟨unr. V.; hat⟩ (geh.): *auf einem bestimmten Gebiet schneller, tüchtiger sein als jmd. anders; jmdn. in etw. übertreffen (1 a):* es jmdm. [an Geschicklichkeit] z.

Zu|waa|ge, die; -, -n (bayr., österr.): *beim Kauf von Fleisch dazugelegte [u. mitgewogene] Knochen:* Ü daß die Enttäuschung mitunter eine unliebsame „Zuwaage" *(unvermeidliche Begleiterscheinung)* solcher Geschäfte ist (Presse 15. 7. 69, 6).

Zu|wachs, der; -es, (Fachspr.:) Zuwächse: *durch Wachstum, ein Anwachsen erfolgende Zunahme, Vermehrung von Personen od. Sachen:* ein Z. an Vermögen, Einkommen, Mitgliedern; der Z. an Prestige und Achtung nach außen und an Macht und Einfluß nach innen (Baum, Bali 242); das letzte Jahr brachte bei den Neuzulassungen einen hohen Z.; 1980 und 1981 müssen die Rentner sich mit Zuwächsen von jeweils nur vier Prozent begnügen (Spiegel 1/2, 1980, 22); die Familie hat Z. bekommen (scherzh.; *es hat sich bei ihr Nachwuchs eingestellt*); * auf Z. *(absichtlich etwas zu groß gearbeitet o. ä., weil man damit rechnen muß, daß die größere Form, das größere Modell künftig benötigt wird):* den Mantel für den Kleinen nähe, kaufe ich auf Z.; Sie müssen bedenken, daß wir auch auf Z. bauen mußten (Cotton, Silver-Jet 20); **zu|wach|sen** ⟨st. V.; ist⟩: **1. a)** *sich an den Wundrändern her in einem Heilungsprozeß schließen:* die Wunde ist zugewachsen; **b)** *durch Pflanzenwachstum völlig überwuchert, bedeckt, ausgefüllt werden:* der Weg ist zugewachsen; das Loch in der Hecke wächst allmählich zu; das Fenster war mit Efeu zugewachsen; die Lichtung z. lassen. **2.** *im Lauf der Zeit, auf Grund bestimmter Umstände zufallen, zuteil werden:* sie spürte, wie ihr neue Kräfte zuwuchsen; der Medizin sind neue Aufgaben zugewachsen; dem Fernsehen ist dadurch noch mehr Einfluß zugewachsen; ... wie viele Milliarden dem Fiskus durch Rauchen zuwachsen (Neue Kronen Zeitung 12. 5. 84, 18). **3.** *in eine bestimmte Richtung, in Richtung auf etw. wachsen:* die Pflanze wächst auf die Lichtquelle zu; Ü ... wächst nun schon mein dritter Roman auf einen geradezu unheimlichen Umfang zu (Wohmann, Absicht 113); **Zu|wachs|ra|te**, die (Fachspr.): *in Prozenten ausgedrücktes Verhältnis des Zuwachses in bezug auf einen statistischen Wert:* die Z. der Stahlindustrie; das Unternehmen verzeichnete, hatte, erzielte, erwartet eine Z. von 6 %; die Branche mit der höchsten Z.; **Zu|wachs|steu|er**, die: *Steuer, deren Bemessungsgrundlage der Zuwachs an Einkommen od. Vermögen ist.*

Zu|wahl, die; -, -en: *das Hinzuwählen; Kooptation:* die Z. eines weiteren Ausschußmitglieds; **zu|wäh|len** ⟨sw. V.; hat⟩: *hinzuwählen:* ... warum man Frau Professor N. nicht längst zugewählt worden sei (Gregor-Dellin, Traumbuch 150).

♦ **zu|wal|len** ⟨sw. V.; ist⟩: *zugehen (1):* Er bot einer jungen Dame den Arm, andere Herren bemühten sich um andere Schönen, es fand sich, was sich paßte, und man wallte dem rosenumblühten Hügel zu (Chamisso, Schlemihl 18).

Zu|wan|de|rer, Zuwanderer, der; -s, -: *jmd., der zuwandert, zugewandert ist:* Das Verhältnis zwischen den Briten und den ... einheimischen und indischen Zuwanderern (Augsburger Allgemeine 14. 2. 78, 2); **Zu|wan|de|rin**, die; -, -nen: w. Form zu ↑ Zuwanderer; **zu|wan|dern** ⟨sw. V.; ist⟩: *von auswärts, bes. aus einem anderen Land, in ein Gebiet, an einen Ort kommen, um dort zu leben:* sie sind aus der Ukraine nach Bayern zugewandert; **Zu|wan|de|rung**, die; -, -en: *das Zuwandern:* In Mähren hielt sich der Luchs etwas länger durch Z. aus den Westkarpaten (Tier 12, 1971, 21); Trotz der Z. von 700 000 Aus- und Übersiedlern ... hat die Arbeitslosigkeit nicht zugenommen (Freie Presse 3. 1. 90, 1); **Zu|wand|rer**: ↑ Zuwanderer.

zu|wan|ken ⟨sw. V.; ist⟩: *wankend auf jmdn., etw. zugehen:* auf jmdn., etw. z.; er kam auf mich zugewankt.

zu|war|ten ⟨sw. V.; hat⟩: *die Zeit verstreichen lassen, ohne zu handeln; untätig bleiben:* ich werde noch bis Freitag z.; Daher darf mit der Einführung des Mehrheitswahlrechts nicht länger zugewartet werden (Bundestag 189, 1968, 10252).

zu|we|ge ⟨Adv.⟩: *in den Verbindungen* etw. z. bringen *(etw. zustande bringen):* ... was Frankreich tut, um eine Entspannung mit der Sowjetunion z. zu bringen (W. Brandt, Begegnungen 152); Und zuweilen brachte er es z., daß den Männern die Gänsehaut über den Rücken lief (Brot und Salz 212); mit etw. z. kommen *(mit etw. fertig werden, zurechtkommen);* gut/schlecht o. ä. z. sein (ugs.; *in guter, schlechter gesundheitlicher Verfassung sein*): sie ist 95 und noch prima z.; wie bist du heute z. *(wie geht es dir, wie fühlst du dich heute)*?

Zu|we|gung, die; -, -en: *Zugangs-, Zufahrtsweg, -straße:* Die Z. zum Flugplatz führt über die Tankstelle Heyken (Jeversches Wochenblatt 30. 11. 84, 5).

zu|we|hen ⟨sw. V.⟩: **1.** *durch Wehen mit Sand, Schnee völlig bedecken* ⟨hat⟩: Hinter ihnen wehte der Ostwind die Spuren wieder zu (Schnabel, Marmor 68). **2.** *in Richtung auf jmdn., etw. wehen* ⟨hat⟩: der Wind weht auf das Land zu. **3.** *durch den Luftzug an jmdn. herangetragen werden* ⟨ist⟩: die Abgase wehten uns direkt zu; Ü Von irgendwo ist mir eine Stärke zugeweht, gegen die ... (Remarque, Obelisk 234). **4.** *durch Luftzug zu jmdm. gelangen lassen* ⟨hat⟩: jmdm. [mit dem Fächer] Kühlung z.

zu|wei|len ⟨Adv.⟩ [eigtl. erstarrter Dativ Pl. von ↑ Weile] (geh.): **a)** *zu gewissen Zeiten, manchmal* (a): z. scheint es, als sei er etwas verwirrt; Ich dachte auch nicht oft daran. Nur z., wenn er sich in seiner Koje ausstreckte (Jahnn, Geschichten 151); Sie ist ... launenhaft, z. liebenswert, dann wieder erschreckend (K. Mann, Wendepunkt 29); Er spricht ... mit einer ... durchdringenden, aber niemals verführerischen Stimme (Sieburg, Robespierre 76); **b)** *manchmal* (b): Onkel Carol pflegte ... alle Leute, die ihm gefielen, einzuladen. Die kamen dann irgendwann einmal ... angereist und blieben z. wochenlang (Dönhoff, Ostpreußen 21).

zu|wei|sen ⟨st. V.; hat⟩: *als befugte Instanz [mit einem diesbezüglichen Hinweis] zuteilen:* jmdm. eine Arbeit, eine Rolle, einen Platz, eine Wohnung z.; das Arbeitsamt hat ihm einen Arbeitsplatz zugewiesen; ihr wurden drei Hilfskräfte zugewiesen; einer Institution Gelder, Mittel z.; der Staat ist ihm die ihm zugewiesenen *(seine in der Verfassung festgelegten)* Aufgaben wahrzunehmen; Ü wo ein Mensch die ihm vom Schicksal zugewiesene Sendung ... vollendet (Thieß, Reich 76); jmdm. Schuld [an

Zuweisung

etw.] z. *(geben);* **Zu|wei|sung,** die; -, -en: *das Zuweisen.*
zu|wen|den ⟨unr. V.⟩: **1.** ⟨wandte/wendete zu, hat zugewandt/zugewendet⟩ *sich, etw. zu jmdm., etw. hinwenden:* sich seinem Nachbarn, Nebenmann z.; die Blicke aller wandten sich ihm zu; jmdm. den Rükken z.; das Gesicht der Sonne z.; Die beiden Herren saßen, einander halb zugewandt, an erhöhtem Ort (Th. Mann, Hoheit 13). **2.** ⟨wandte/wendete zu, hat zugewandt/zugewendet⟩ *seine Aufmerksamkeit o. ä. auf etw. richten; sich mit jmdm., etw. befassen, beschäftigen:* sich dem Studium, einer Angelegenheit, einem Problem, einem anderen Thema, wieder seiner Beschäftigung z.; einer Sache sein Interesse, seine Aufmerksamkeit z.; jmdm. seine Liebe, Fürsorge z.; Auch Daphne wendete sie ihre Mißbilligung zu (A. Kolb, Daphne 143); diesen Zustand, in dem ich mich nur dem Kind zuwandte (Bachmann, Erzählungen 112); Soll er sich den Christdemokraten ... z.? *(sich ihnen anschließen?;* Grass, Hundejahre 470); Ü das Glück wandte sich ihr zu; das Interesse hatte sich inzwischen anderen Dingen zugewendet; die Gott zugewandte Seele. **3.** ⟨wendete/(selten:) wandte zu, hat zugewendet/(selten:) zugewandt⟩ *jmdm., einer Institution etw. als Zuwendung zukommen lassen:* jmdm. Geld z.; Morton findet Gönner, die ihm große Summen zuwenden (Thorwald, Chirurgen 144); **Zu|wen|dung,** die; -, -en: **1.** *Geld, das jmd. jmdm., einer Institution zukommen läßt, schenkt:* eine einmalige Z. in Höhe von 1 000 DM erhalten; jmdm., einem Jugendheim [finanzielle] -en machen *(ihm Geld zukommen lassen, schenken);* Die ... Kulturarbeit der ... Jugendverbände wird durch -en der Bundesregierung ... gefördert (Fraenkel, Staat 178). **2.** ⟨o. Pl.⟩ *freundliche, liebevolle Aufmerksamkeit, Beachtung, die jmd. jmdm. zuteil werden läßt:* was ihm vor allem fehlt, ist Z.; Kinder brauchen sehr viel Z.; in seiner heimlichen Sehnsucht nach menschlicher Z. und Zärtlichkeit, nach Liebe (Reich-Ranicki, Th. Mann 131).
zu|we|nig ⟨Indefinitpron.⟩: *nicht genug; weniger als nötig, angemessen:* z. Geld; in der Suppe ist z. Salz; er hat noch z. Erfahrung; viel z. Leute; das ist mir [als Beweis] z.; sie ißt, verdient z.; Bei euch ist zuviel von Asiaten, Afrikanern ... die Rede und z. von Berlin, der Wiedervereinigung ... (Dönhoff, Ära 174); ich kenne mich hier z. aus; sie hat mir zehn Mark z. herausgegeben; **Zu|we|nig,** das; -s: *zu geringes Maß; Mangel:* ein Zuviel an Niederschlägen kann ebenso zu Mißernten führen wie ein Z.
zu|wer|fen ⟨st. V.; hat⟩: **1.** *etw. laut u. heftig schließen:* die Tür [hinter sich], den Wagenschlag, den Kofferraumdeckel z. **2.** *Erde o. ä. in eine Vertiefung werfen, bis sie ausgefüllt ist; zuschütten* (1): einen Graben, eine Grube [mit Sand] z. **3.** *etw. zu jmdm. hinwerfen, damit er es auffängt:* jmdm. die Schlüssel, den Ball z.; Vögel und ein Heizer ... warfen den Männern auf dem Floß eine Leine zu (Ott, Haie 174); Ü jmdm. einen Blick, ein Lächeln,

eine Kußhand z.; Wir werfen ihnen in gebrochenem Französisch Sätze zu, die uns gerade einfallen (Remarque, Westen 105).
zu|wi|der: I. ⟨Adv.⟩ **1.** *jmds. Wünschen entgegengesetzt, gerade nicht entsprechend u. seine Abneigung in starkem Maße hervorrufend:* er, seine Art, dieser Gedanke, dieses Essen ist mir z.; Abschiedsszenen waren ihr immer z. (Fries, Weg 133); Pfuscherei ist mir in tiefster Seele z. (Brot und Salz 232); er ist ein Usurpator, und als solcher ist er sich selbst von Grund aus z. (Thieß, Reich 540); es ist ihr z., von anderen abhängig zu sein; ⟨landsch. auch attr.:⟩ Ein -er Kerl, dieser Klenk (Feuchtwanger, Erfolg 14). **2. a)** *entgegenstehend:* die Umstände waren seinen Plänen z.; das Schicksal war ihm, seinem Vorhaben dieses Mal z.; **b)** *(einer Sache) widersprechend, (mit etw.) unvereinbar:* ... hielt er ... die ... Obszönität des Vorgebrachten nicht für schicklich und dem Schamgefühl des zarten Geschlechts z. (Maass, Gouffé 252). **II.** ⟨Präp. mit vorangestelltem Dativ⟩ *entgegen:* dem Abkommen, dem Verbot, allen Gepflogenheiten z. griff er doch ein; Berlin, das seinem Landesverfassungsrecht z. noch kein Verfassungsgericht errichtet hat (Fraenkel, Staat 337); **zu|wi|der|handeln** ⟨sw. V.; hat⟩: *im Widerspruch zu etw. handeln; gegen etw. verstoßen:* dem Gesetz, einer Anordnung, einer Vorschrift, einem Verbot z.; **Zu|wi|der|han|deln|de,** der u. die; -n, -n ⟨Dekl. ↑ Abgeordnete⟩: *jmd., der einer Anordnung, einem Verbot zuwiderhandelt:* Z. müssen mit Bestrafung rechnen; **Zu|wi|der|hand|lung,** die; *gegen ein Verbot, eine Anordnung gerichtete Handlung:* -en [gegen diese Vorschriften] werden streng geahndet; bei Z. erfolgt kostenpflichtiges Abschleppen; **zu|wi|der|lau|fen** ⟨st. V.; ist⟩: *in der zu etw. anderem konträren Richtung wirken; im Widerspruch zu etw. stehen:* ein solches Verhalten liefe seinen eigenen Interessen zuwider; das läuft den Vorschriften, der Verfassung zuwider; Hier läuft das jüdische Recht dem säkularen Recht nicht zuwider (Kemelman [Übers.], Mittwoch 154); eine den Intentionen des Autors zuwiderlaufende Interpretation.
zu|win|ken ⟨sw. V.; hat; 2. Part. standardspr. nicht korrekt: zugewunken⟩: **a)** *in Richtung auf jmdn. winken, um ihn auf diese Weise zu grüßen:* jmdm. beim, zum Abschied z.; sich [gegenseitig]/(geh.:) einander im Vorübergehen z.; **b)** *jmdm. gegenüber durch Winken ausdrücken:* jmdm. einen Gruß z.; in einer Woche wirst du mir vom Bahnhof aus Lebewohl z. (Remarque, Obelisk 118).
zu|wu|chern ⟨sw. V.; ist⟩: vgl. zuwachsen (1b): Das Haus war so zugewuchert, daß niemand darin wohnen konnte. Rosen bis zum Dach hinauf! (Widmer, Kongreß 164).
zu|zah|len ⟨sw. V.; hat⟩: *eine bestimmte Summe zusätzlich zahlen:* eine Mark z.; die Krankenkasse zahlt nur 60 Prozent, den Rest muß der Patient [selber] z.; Ü daß ... der Unschuldige dabei zuzahlte *(Leid erfuhr;* Thieß, Reich 305); **zu|zählen** ⟨sw. V.; hat⟩: **a)** *dazurechnen;* **b)** *einem Bereich, einer Gruppe zuordnen u. entsprechend einschätzen:* jmdn. seinem Freundeskreis z.; dieses Bauwerk ist bereits dem Barock zuzuzählen; **Zu|zahlung,** die; -, -en: *das Zuzahlen:* bei dieser Brillenfassung brauchen Sie keine Z. zu leisten; Im Omnibus werden alle gültigen Fahrausweise des Schienenverkehrs ohne Z. anerkannt (Göttinger Tageblatt 30. 8. 85, 13); **Zu|zäh|lung,** die; -, -en: *das Zuzählen.*
zu|zei|ten ⟨Adv.⟩ [erstarrter Dativ Pl. von ↑ Zeit]: *zu gewissen Zeiten, eine gewisse Zeit hindurch:* daß er z. seine „Rückfälle" oder „Touren" hatte (Bredel, Väter 71).
zu|zeln ⟨sw. V.; hat⟩ [lautm.] (bayr., österr. ugs.): **1.** *lutschen; saugen:* ... mit der er New Yorks neuestes Modegetränk ... durch den Strohhalm zuzelte (Neue Kronen Zeitung 12. 5. 84, 6). **2.** *lispeln.*
zu|ze|men|tie|ren ⟨sw. V.; hat⟩: *mit Zement verschließen, ausfüllen:* ein Loch im Fußboden, den Abfluß z.
zu|zie|hen ⟨unr. V.⟩ [mhd. zuoziehen = zufügen; verschließen, ahd. zuoziehen = anziehen]: **1.** ⟨hat⟩ **a)** *durch Heranziehen schließen, eine Öffnung verschließen:* die Tür [hinter sich] z.; **b)** *durch Zusammenziehen eine Öffnung verschließen:* den Vorhang, die Gardinen z.; einen Reißverschluß, jmdm. das Kleid z.; **c)** *(eine Schnur o. ä.) festziehen, fest zusammenziehen:* einen Knoten, eine Schleife, einen Beutel z. ⟨auch z. + sich:⟩ je mehr du ziehst, desto fester zieht sich die Schlinge zu; Ü wenn die Kurve sich ... zuzieht (Jargon; auch ihre Krümmung zunimmt; ADAC-Motorwelt 4, 1983, 51). **2.** *hinzuziehen* ⟨hat⟩: einen Spezialisten, Gutachter, Anwalt, Arzt, Dolmetscher z.; Ulrich war diesen Erörterungen nicht zugezogen worden (Musil, Mann 224). **3.** ⟨hat⟩ **a)** *[als Folge eigenen Verhaltens, Verschuldens] bekommen, erleiden:* ich habe mir [dabei] eine Erkältung, eine Infektion, eine Verletzung, einen Rippenbruch zugezogen; **b)** *auf sich ziehen:* sich [mit etw.] jmds. Zorn, Haß, Antipathie z.; Annemarie zog sich heftige Vorwürfe zu, weil sie ..., ohne vorher zu fragen, einen Hängeschrank ... angeschafft hatte (Schreiber, Krise 185). **4.** *von auswärts in einem Ort als Einwohner hinzukommen* ⟨ist⟩: aus der Großstadt z.; er ist [hier] neu zugezogen; wir sind erst letztes Jahr zugezogen; Übersiedler, die von der Bundesrepublik in die DDR zugezogen sind (Klee, Pennbrüder 52). **5.** *sich [ziehend] irgendwohin bewegen* ⟨ist⟩: die Aufständischen ziehen auf die Hauptstadt zu; die Vögel ziehen von den Bergen zu; Ü kein Strom zog dem Haff und dem Meere zu (Wiechert, Jeromin-Kinder 29). **6.** (seltener) *dazurechnen, addieren:* erst 20 % Rabatt abziehen und dann 13 % Mehrwertsteuer z. (Mathematik I, 47); **Zu|ziehung,** die; -: *das Zuziehen* (2): die Z. eines Facharztes; **Zu|zug,** der; -[e]s, Zuzüge: **1.** *das Zuziehen* (4): der Z. aus dem Umland; Gegenwärtig ist in Saarbrücken ... ein verstärkter Z. von Asylbewerbern festzustellen (Saarbr. Zeitung 30. 11. 79, 34); den Z. von Arbeitskräften fördern; Aber nach Westberlin werden Sie kaum

Z. *(eine Zuzugsgenehmigung)* bekommen (Fühmann, Judenauto 177). **2.** *Verstärkung durch Hinzukommen:* die Partei hat starken Z. bekommen; Den ... Abgang Roger Hegis kompensieren die Aarauer mit den Zuzügen von Ruedi Zahner (vom SC Zug) ... und Thomas Zwahlen (Oltner Tagblatt 26. 7. 84, 13); heute bei dem leichten Nebel, der immer wieder Z. vom Meer erhält (Fr. Wolf, Menetekel 551): **Zu|zü|ger**, der; -s, - ⟨schweiz.⟩: **1.** *Zuzügler:* Gegenüber dem Vorjahr wurde eine Abnahme der Z. von 209 registriert (NZZ 29. 4. 83, 26). **2.** *jmd., der neu zu einer Gruppe stößt, sich ihr anschließt:* Sie will ... Frankreichs große Linkspartei bleiben, die sich auch -n öffnet (Tages Anzeiger 14. 10. 85, 3); **Zu|zü|ge|rin**, die; -, -nen ⟨schweiz.⟩: w. Form zu ↑Zuzüger; **Zu|züg|ler**, der; -s, -: *jmd., der zugezogen ist, zuzieht* (4): Z. aus dem Süden, dem Umland; **Zu|züg|le|rin**, die; -, -nen: w. Form zu ↑Zuzügler; **zu|züg|lich** ⟨Präp. mit Gen.⟩ [wohl geb. nach „abzüglich"] (bes. Kaufmannsspr.): *hinzukommend, hinzuzurechnen:* die Wohnung kostet 800 Mark z. der Heizkosten ⟨ohne Beugung des alleinstehenden Subst. im Sg.:⟩ der Katalog kostet 30 DM z. Porto; ⟨im Pl. mit Dativ nicht erkennbarem Gen.:⟩ z. Beträgen für Verpackung und Versand; **Zu|zugs|ge|neh|mi|gung**, die; -, -en: *behördliche Genehmigung für den Zuzug* (1): Erst die Z., dann Arbeit. Also auf zum Wohnungsamt (Kempowski, Uns 330).

zu|zur|ren ⟨sw. V.; hat⟩ (bes. Seemannsspr.): *mit einer Schnur o. ä. fest zuziehen:* daß sein weiteres Kostüm von einem zugezurrten Parka verhüllt wurde (Rothmann, Stier 127).

zu|zwin|kern ⟨sw. V.; hat⟩: *jmdn. zwinkernd ansehen, um ihm auf diese Weise etw. auszudrücken, mitzuteilen:* jmdm. vertraulich, gönnerhaft, ermunternd z.; sich [gegenseitig] z.; ... sagte er und ... sah ... zu einer Dame ... hinüber, ... zwinkerte ihr mit einem Auge zu und deutete dabei seitlich mit dem Kopfe auf mich (Th. Mann, Krull 238).

Zvie|ri, der od. das; -s, - [mundartl. zusger. aus: zu vier (Uhr Gegessenes)] ⟨schweiz.⟩: *Imbiß am Nachmittag; Vesper:* In der Dorfbeiz nahmen sie ihren Z. ein (NZZ 13. 10. 84, 44).

ZVS = Zentralstelle für die Vergabe von Studienplätzen.

zwacken[1] ⟨sw. V.; hat⟩ [mhd. zwacken, ablautend zu ↑zwicken] (ugs.): **1.** *kneifen* (1): der Käfer hat mir/mich in den Zeh gezwackt; sein Körper war unempfindlich, man hätte ihn brennen und z. können (Th. Mann, Zauberberg 742); Ü er wird von Neid gezwackt. **2.** *kneifen* (2).

zwang: ↑zwingen; **Zwang**, der; -[e]s, Zwänge [mhd. zwanc, dwanc, twanc, ahd. thwanga (Pl.), zu ↑zwingen u. eigtl. = das Zusammenpressen, Drükken]: **a)** *Einwirkung od. Androhung von Gewalt:* körperlicher Z.; der Z. der Gesetze; Z. auf jmdn. ausüben; jmdm. Z. auferlegen; den Z. nicht länger ertragen können; sich dem Z. auflehnen; seine Kinder ohne Z. erziehen; unter ei-nem fremden Z. handeln, zu leiden haben; alles (= was er sagte) kam wie unter dem Z. eines fremden Befehls (Frisch, Stiller 172); **b)** *starker Drang in jmdm.:* Ein ihr selbst unbegreiflicher innerer Z. kettete sie an diesen ... Mann (Musil, Mann 43); Sie gähnen, ... weil ein schwer zu bekämpfender Z. Sie gähnen läßt (Natur 76); Gleichzeitig spürte ich einen Z., meine Blase zu entleeren, daß ... (Thorwald, Chirurgen 36); **c)** *Beschränkung der eigenen Freiheit u. Ungeniertheit, mit der sich jmd. andern gegenüber äußert;* Der Dr. Matthäi ... tat sich keinen Z. mehr an, legte die widerwärtige, feierliche Sanftmut ab (Feuchtwanger, Erfolg 391); wir wollen Sie nicht [nur] keinen Z. an (lassen Sie sich durch nichts zurückhalten); Ü einem Begriff, Text Z. antun (ihn den eigenen Ansichten entsprechend deuten, auslegen); **d)** *starker Einfluß, dem sich jmd. nicht entziehen kann:* der Z. seiner Persönlichkeit; ... wie unser Blick immer wieder von diesem Versteckten ... angezogen wird ... Es ist fast wie ein hypnotischer Z. (Thielicke, Ich glaube 139); jmds. Z. erliegen; **e)** *von gesellschaftlichen Normen ausgeübter Druck auf menschliches Verhalten:* sozialer Z.; der Z. der Konvention, der Mode; bürgerliche, gesellschaftliche Zwänge; die Zwänge der Zivilisation; es besteht kein Z. (keine Verpflichtung), etwas zu kaufen; aus einem gewissen Z. heraus handeln; **f)** *Bestimmung der Situation in einem Bereich durch eine unabänderbare Gegebenheit, Notwendigkeit:* wirtschaftliche, biologische, technische Zwänge; Uns redet keiner in den Spielplan, aber die Zwänge der Tarifverträge bestimmen indirekt die Spielpläne (NJW 19, 1984, 1089); der Z. zur Kürze, Selbstbehauptung; Denn unter dem Z. der Verhältnisse löste sie (= die Verlobung) sich wieder auf (Th. Mann, Krull 64); **g)** (Psych.) *das Beherrschtsein von Vorstellungen, Handlungsimpulsen gegen den bewußten Willen:* für den neurotischen Z. ..., der es dem Ich später unmöglich machen wird, die Sexualfunktion zu beherrschen (Freud, Abriß 61); Patienten mit Wasch-, Kontroll- oder sonstigen [krankhaften] Zwängen leiden unter einem Z.; **zwän|ge**: ↑zwingen; **zwän|gen** ⟨sw. V.; hat⟩ [mhd. zwengen, twengen, ahd. dwengen, Veranlassungswort zu ↑zwingen u. eigtl. = drücken machen]: **1.** *gewaltsam auf engem Raum irgendwohin schieben, bringen o. ä.:* dicke Bücher in seine Aktentasche z.; seinen Kopf durch einen Spalt z.; sich durch die Sperre z.; in den überfüllten Bus z.; Er ... zwängte sich zwischen die anderen (Böll, Adam 12); Hermann muß sich in seinen Konfirmandenanzug z. (Bieler, Bär 21); Ü etw. in ein System z.; Die Art, wie hier das Denken in feste Bahnen gezwängt wird, unantastbare Glaubensverpflichtungen gefordert werden (Niekisch, Leben 35). **2.** ⟨schweiz.⟩ *drängeln* (2): das Kind hat so lange gezwängt, bis sie ihm das Spielzeug gekauft hat; **Zwän|ge|rei**, die; -, -en ⟨schweiz. abwertend⟩: **1.** *das Zwängen* (2: hör mit dieser Z.! **2.** *eigensinniges, unnachgiebiges Beharren auf einer Forde-*rung, Durchsetzen eines Ziels: der angesichts der Rechtslage vielfach als Z. empfundene Weiterzug des Entscheides ans Verwaltungsgericht (NZZ 13. 10. 84, 29); **zwäng|haft** ⟨Adj.; -er, -este⟩: **a)** *[wie] unter einem Zwang geschehend, erfolgend:* ein -es Verhalten; ... attestieren Therapeuten „ihren" Spielern ... psychische Leiden, die häufig mit dem -en Zocken einhergehen (Hamburger Abendblatt 12. 5. 84, 24); Ich beziehe ihr Gespräch auf mich. Dieser Gedanke wird geradezu z. (wird zu einer regelrechten Zwangsvorstellung), weil ich sie nicht verstehe (Rhein. Merkur 2. 2. 85, 25); durch mich, der ich z. überall Zeichen setzen mußte (Grass, Butt 31); **b)** (selten) *erzwungen, gewaltsam u. daher gekünstelt:* seine Bewegungen wirken z.; **Zwang|huf**, der (Fachspr.): *fehlerhaft ausgebildeter Pferdehuf, bei dem die Seiten nicht [genügend] nach außen geneigt sind;* **zwang|läu|fig** ⟨Adj.⟩ (Technik): *nur einen Antrieb besitzend, der alle nicht gewünschten Bewegungen ausschließt:* -e Getriebe; die Kette ist z.; **Zwang|läu|fig|keit**, die; - (Technik): *zwangläufige Beschaffenheit;* **zwang|los** ⟨Adj.; -er, -este⟩: **a)** *ohne Eingeschränktheit durch Regeln, Förmlichkeiten, Konvention:* ein -es Benehmen, Beisammensein; Dies war das Zeichen, daß der -e Teil des Abends nunmehr beginnen dürfe (K. Mann, Wendepunkt 124); sich ganz z. mit jmdm. unterhalten; es ging dort ziemlich, ganz, allzu z. zu; z. (natürlich, frei) über etw. sprechen; **b)** *unregelmäßig hinsichtlich der Anordnung, Aufeinanderfolge o. ä.:* die Zeitschrift erscheint in -er Folge; die Pflanzenkübel waren z. über die Terrasse verteilt; **Zwang|lo|sig|keit**, die; -: *zwanglose Art;* **zwangs|adop|tie|ren** ⟨sw. V.; hat⟩: *gegen den Willen der leiblichen Eltern adoptieren:* Ich erfuhr, daß ... ihre Kinder zwangsadoptiert worden sind (Spiegel 47, 1976, 74); **Zwangs|adop|ti|on**, die: *gegen den Willen der leiblichen Eltern erfolgende Adoption;* **Zwangs|an|lei|he**, die: *Staatsanleihe, zu deren Aufnahme bestimmte Personen od. Unternehmen gesetzlich verpflichtet sind;* **Zwangs|ar|beit**, die ⟨o. Pl.⟩: **1.** *mit schwerer körperlicher Arbeit verbundene Freiheitsstrafe:* zu 25 Jahren Z. verurteilt werden. **2.** *Arbeit, zu der jmd. (widerrechtlich) zwangsverpflichtet, gezwungen wird:* jmdn. zu Z. heranziehen, einsetzen; **Zwangs|ar|bei|ter**, der: **1.** *zu Zwangsarbeit* (1) *Verurteilter.* **2.** *jmd., der Zwangsarbeit* (2) *tun muß:* Ja, auch Siemens beschäftigt Z. aus einigen KZ (Hochhuth, Stellvertreter 208); Die Vorschriften über die Behandlung der ausländischen Z. sind streng (Chotjewitz, Friede 83); **Zwangs|ar|bei|te|rin**, die: w. Form zu ↑Zwangsarbeiter; **Zwangs|ar|beits|la|ger**, das: *Arbeitslager* ... bei denen, deren Eltern in den Stalinschen -n gefangengehalten wurden (Leonhard, Revolution 93); **Zwangs|auf|ent|halt**, der: *Aufenthalt, zu dem jmd. aus bestimmten Gründen gezwungen ist;* **zwangs|aus|bür|gern** ⟨sw. V.; hat⟩: *zwangsweise* (a) *ausbürgern:* aus der Staatspartei ... Wolf Biermann zwangsausbürgerte (Spiegel 22, 1977, 76); **Zwangs|aus|bür|ge|rung,**

zwangsbeglücken

die: *zwangsweise* (a) *Ausbürgerung;* **zwangs|be|glücken**[1] ⟨sw. V.; hat⟩ (bes. österr., schweiz. iron.): *jmdm. etw. von fragwürdigem Wert zuteil werden lassen u. ihm keine Möglichkeit lassen, sich dem zu entziehen: über eine Einrichtung ..., die die Fahrgäste der Wiener U-Bahn seit Freitag zwangsbeglückt* (Presse 22. 11. 83, 10); **Zwangs|be|glückung**[1], die: (bes. österr., schweiz. iron.): *das Zwangsbeglücken: eine Absage an die Z. durch den Staat* (NZZ 14. 4. 85, 2); **zwangs|be|ur|lau|ben** ⟨sw. V.; hat⟩ (ugs.): *in Zwangsurlaub schicken: Ein ... Altenpfleger ..., der sich offen zum Schwulsein bekannt hatte, wurde von seinem Arbeitgeber zwangsbeurlaubt* (Spiegel 33, 1985, 146); **Zwangs|be|wirt|schaf|tung**, die: *zwangsweise* (a) *Bewirtschaftung;* **zwangs|ein|wei|sen** ⟨st. V.; hat⟩: *zwangsweise* (a) *(in eine Heilanstalt o. ä.) einweisen: ... könne man den Mann nicht zur Entziehungskur z.* (Klee, Pennbrüder 118); **Zwangs|ein|wei|sung**, die: *zwangsweise* (a) *Einweisung (in eine Heilanstalt o. ä.);* **Zwangs|ent|lüf|tung**, die: *auch bei geschlossenen Fenstern in einem Pkw wirksame Entlüftung;* **Zwangs|ent|zug**, der: *zwangsweise* (a) *Entziehung einer Droge, eines Suchtmittels;* **zwangs|er|näh|ren** ⟨sw. V.; hat⟩: *ohne das Einverständnis des Betreffenden od. gegen dessen Willen [künstlich] ernähren:* Hungerstreikende werden künftig nicht mehr zwangsernährt (Frankfurter Rundschau 25. 1. 85, 4); **Zwangs|er|näh|rung**, die: *das Zwangsernähren;* **Zwangs|eva|ku|ie|ren** ⟨sw. V.; hat⟩: *unter Anwendung von Zwang evakuieren;* **Zwangs|eva|ku|ie|rung**, die: *das Zwangsevakuieren;* **Zwangs|ex|ma|tri|ku|la|ti|on**, die (Hochschulw.): *zwangsweise* (a) *Exmatrikulation;* **zwangs|ex|ma|tri|ku|lie|ren** ⟨sw. V.; hat⟩ (Hochschulw.): *zwangsweise* (a) *exmatrikulieren;* **Zwangs|geld**, das (Rechtsspr.): *Geldzahlung, die auferlegt wird, wenn jmd. einer Verpflichtung nicht nachkommt;* **Zwangs|ge|walt**, die ⟨o. Pl.⟩ (Rechtsspr.): *Machtbefugnis einer staatlichen Behörde, Zwang auszuüben, Gewalt anzuwenden;* **Zwangs|hand|lung**, die (Psych.): *vom bewußten Willen nicht zu beeinflussende unsinnige Handlung auf Grund eines Zwanges* (g): *das Stehlen ist bei ihm eine Z.;* **Zwangs|hei|rat**, die (ugs.): *unter Zwang zustande kommende Heirat;* **Zwangs|herr|schaft**, die: *auf gewaltsamer Unterwerfung beruhende Herrschaft; Gewaltherrschaft;* **Zwangs|hy|po|thek**, die: *bei einer Zwangsvollstreckung zwangsweise* (a) *Eintragung einer Hypothek ins Grundbuch;* **Zwangs|idee**, die: *Zwangsvorstellung;* **Zwangs|jacke**[1], die: *bei Tobsüchtigen verwendete, hinten zu schließende Jacke aus grobem Leinen, deren überlange, geschlossene Ärmel auf dem Rücken zusammengebunden werden: jmdn. in eine Z. stecken; Die liegt in einer Z.!* (Hilsenrath, Nazi 322); Ü *chemische Z.* (Jargon: *der Ruhigstellung dienende Medikamente, bes. Neuroleptika): ... hat er sich immer ... „gegen die Z. einer Doktrin" gewehrt* (Reich-Ranicki, Th. Mann 232); **Zwangs|kol|lek|ti|vie|rung**, die: *zwangsweise* (a) *Kollektivierung:* die Z. der Landwirtschaft; **Zwangs|kurs**, der (Bankw.): *gesetzlich festgelegter Kurs, zu dem Banknoten in Zahlung genommen werden müssen;* **Zwangs|la|ge**, die: *Bedrängnis, in der jmdm. keine andere Wahl zu handeln bleibt; Dilemma: Der Verteidiger beläßt es nicht dabei, ... die moralische Z. aufzuzeigen* (Noack, Prozesse 100); *er ist, befindet sich in einer Z.;* **zwangs|läu|fig** ⟨Adj.⟩: *auf Grund bestimmter Gegebenheiten gar nicht anders möglich; automatisch* (2 a): *eine -e Entwicklung, Folge; dadurch verbraucht man z. mehr Energie; das führt z. dazu, daß ...; Das Wort eines Kindes von vornherein in Zweifel zu ziehen muß es z. zum Lügen verleiten* (Bastian, Brut 18); **Zwangs|läu|fig|keit**, die; -, -en: **1.** ⟨o. Pl.⟩ *zwangsläufige Art:* Wir nähern uns so dem atomaren Holocaust mit beängstigender Z. (Alt, Frieden 58). **2.** *etw. Zwangsläufiges: Es gibt dabei ... -en, denen wir mit keinerlei Maßnahmen ausweichen können* (Bundestag 188, 1969, 10165); **Zwangs|li|zenz**, die: *aufgrund einer gesetzlichen Verpflichtung zu erteilende urheberrechtliche Lizenz;* **zwangs|mä|ßig** ⟨Adj.⟩ (selten): *aufgrund eines Zwangs; durch Druck erzwungen;* **Zwangs|maß|nah|me**, die: *[staatliche] Maßnahme, durch die ein Verhalten o. ä. erzwungen werden soll: Die Süchtigen zu entwöhnen ist kaum möglich, weil -n von Politikern ... abgelehnt werden* (Saarbr. Zeitung 7. 12. 79, 15); **Zwangs|mit|tel**, das: *Mittel zur Durchsetzung einer behördlichen Anordnung: jmdm. Z. androhen;* **Zwangs|neu|ro|se**, die (Psych.): *durch Symptome des Zwangs* (g), *durch Gewissensangst u. Schuldgefühle gekennzeichnete Neurose;* **zwangs|neu|ro|tisch** ⟨Adj.⟩ (Psych.): *einer Zwangsneurose gehörend, für sie kennzeichnend:* -es Verhalten; **Zwangs|pau|se**, die: *erzwungene, unfreiwillige Pause: eine krankheits-, verletzungs-, wetterbedingte Z. einlegen müssen;* **zwangs|pen|sio|nie|ren** ⟨sw. V.; hat⟩: *ohne das Einverständnis des Betroffenen od. gegen dessen Willen pensionieren: ... hatte man ihn auf Grund seiner Abstammung zwangspensioniert* (Goldschmidt, Garten 26); *zwangspensionierte Offiziere;* **Zwangs|pen|sio|nie|rung**, die: *das Zwangspensionieren, Zwangspensioniertwerden;* **zwangs|räu|men** ⟨sw. V.; hat⟩: *(eine Wohnung, ein Haus, ein Grundstück) zwangsweise* (a) *frei machen: eine Wohnung z.;* **Zwangs|räu|mung**, die: *das Zwangsräumen: ihm droht die Z. [seiner Wohnung];* **Zwangs|re|gu|lie|rung**, die (Börsenw.): *einseitiger Abschluß eines Börsengeschäfts, wenn ein Partner die geforderte Leistung nicht erbringt;* **zwangs|re|kru|tie|ren** ⟨sw. V.; hat⟩: *zwangsweise* (a) *rekrutieren: Die Belgier hatten Mobutu einst ... für die Armee zwangsrekrutiert* (Spiegel 39, 1974, 86); *von 130000 Elsässern und Lothringern, die ... von der deutschen Wehrmacht zwangsrekrutiert wurden* (Badische Zeitung 12. 5. 84, 5); **Zwangs|re|kru|tie|rung**, die: *das Zwangsrekrutieren;* **Zwangs|spa|ren**, das; -s: *Sparen aufgrund gesetzlichen Zwangs;* **Zwangs|ste|ri|li|sa|ti|on**, die: *das Zwangssterilisieren;* **zwangs|ste|ri|li|sie|ren** ⟨sw. V.; hat⟩: *ohne das Einverständnis des Betreffenden od. gegen dessen Willen sterilisieren:* Rund 400000 Menschen wurden zwischen 1933 und 1945 zwangssterilisiert (Spiegel 2, 1990, 107); **zwangs|tau|fen** ⟨sw. V.; hat⟩: *ohne das Einverständnis des Betreffenden od. gegen dessen Willen taufen:* Wir alle ... wurden ... an seichter Stelle in die Radune getrieben, wo uns Adalberts Nachfolger, der Prälat Ludewig, zwangsgetauft hat (Grass, Butt 110); **Zwangs|test**, der: *zwangsweise* (a) *durchgeführter [medizinischer] Test: Das Gesetz ... ermöglicht Maßnahmen, die von -s bei betroffenen Personenkreisen ... bis hin zur Quarantäne infizierter Personen gehen* (Rheinpfalz 11. 2. 87, 3); **zwangs|te|sten** ⟨sw. V.; hat⟩: *einem Zwangstest unterziehen:* warum müssen sich Prostituierte z. lassen, während ihre Kunden die Krankheit unterverbreiten können? (Spiegel 42, 1989, 240); **zwangs|um|sie|deln** ⟨sw. V.; hat⟩: *zwangsweise* (a), *unter Anwendung von Zwang umsiedeln: damit die Polizei die Familie nicht zwangsumsiedelt* (Plenzdorf, Legende 93); *sie wurden nach Kasachstan zwangsumgesiedelt;* **Zwangs|um|sie|de|lung**, die: ↑ Zwangsumsiedlung; **Zwangs|um|sied|ler**, der: *jmd., der zwangsumgesiedelt wird;* **Zwangs|um|sied|le|rin**, die: w. Form zu ↑ Zwangsumsiedler; **Zwangs|um|sied|lung**, die: *Zwangsumsiedelung, die: das Zwangsumsiedeln:* die Errichtung israelischer Siedlungen und die Zwangsumsiedlung arabischer Bewohner (horizont 13, 1978, 6); **Zwangs|um|tausch**, der: *Pflichtumtausch:* Z., sonst obligatorisch 13 Mark pro Kopf und Tag, findet nicht statt (Spiegel 41, 1978, 46); Senkt DDR Z. *(den Zwangsumtauschsatz)?* (Rheinpfalz 16. 9. 83, 1); **Zwangs|um|tausch|satz**, der: *für den Pflichtumtausch geltender Satz* (5): *Die Erhöhung des -es durch die DDR wurde ... scharf kritisiert* (MM 17. 10. 80, 1); **Zwangs|ur|laub**, der (ugs.): *Unterbrechung der beruflichen Tätigkeit aufgrund einer nicht auf Wunsch des Betroffenen erfolgenden Beurlaubung: Die ... Redakteure ... gingen in Z.* (Spiegel 11, 1988, 111); **Zwangs|ver|ei|ni|gung**, die: *zwangsweise* (a) *Vereinigung:* die Z. von SPD und KPD zur „Sozialistischen Einheitspartei Deutschlands" (Fraenkel, Staat 350); **Zwangs|ver|fah|ren**, das (Rechtsspr.): *Verfahren, das die Erzwingung von etw. bezweckt;* **Zwangs|ver|gleich**, der (Rechtsspr.): *während des Konkurses geschlossener Vertrag zwischen Schuldner u. nicht bevorrechteten Gläubigern, der die gleichmäßige [teilweise] Befriedigung dieser Gläubiger beinhaltet;* **zwangs|ver|pflich|ten** ⟨sw. V.; hat⟩: *zwangsweise* (a) *verpflichten, für eine bestimmte Tätigkeit heranziehen: ... die Zigeuner für ihren Film zwangsverpflichtet habe* (MM 27. 6. 85, 14); **Zwangs|ver|pflich|tung**, die: *das Zwangsverpflichten;* **zwangs|ver|schicken**[1] ⟨sw. V.; hat; nur im Inf. u. im 2. Part. gebr.⟩: *deportieren:* daß alle waffenfähigen Fremden zwangsverschickt werden sollten (Seghers, Transit 120); **Zwangs|ver-**

schickung[1], die: *Deportation;* **zwangs̲ver|set|zen** ⟨sw. V.; hat⟩: *ohne das Einverständnis des Betroffenen od. gegen dessen Willen versetzen* (1 b): Der Chef der Bonner Steuerfahndung ... wurde zwangsversetzt (Spiegel 46, 1982, 4); **Zwangs|ver|set|zung,** die: *das Zwangsversetzen;* **Zwangs|ver|si|che|rung,** die: *Pflichtversicherung;* **zwangs̲|ver|stei|gern** ⟨sw. V.; hat; nur im Inf. u. 2. Part. gebr.⟩ (Rechtsspr.): *einer Zwangsversteigerung unterziehen:* ein Haus z.; **Zwangs|ver|stei|ge|rung,** die (Rechtsspr.): *zwangsweise (a) Versteigerung zur Befriedigung der Gläubiger;* **Zwangs|ver|tei|di|ger,** der (ugs.): *Pflichtverteidiger;* **Zwangs|ver|tei|di|ge|rin,** die (ugs.): w. Form zu ↑ Zwangsverteidiger; **Zwangs|ver|wal|tung,** die (Rechtsspr.): *gerichtliche Verwaltung eines Grundstücks (im Rahmen der Zwangsvollstreckung), bei der die Erträge, bes. Mieten, an die Gläubiger abgeführt werden;* **Zwangs|voll|streckung**[1], die (Rechtsspr.): *Verfahren zur Durchsetzung von Ansprüchen unter staatlichem Zwang im Auftrag der Berechtigten;* **zwangs̲|vor|füh|ren** ⟨sw. V.; hat⟩ (Amtsspr.): *jmdn. unter Anwendung polizeilicher Gewalt einer Behörde o. ä., bes. einem Gericht, vorführen:* jmdn. dem Amtsarzt z.; der Zeuge wurde [dem Richter] zwangsvorgeführt; **Zwangs|vor|füh|rung,** die (Amtsspr.): *das Zwangsvorführen, Zwangsvorgeführtwerden:* wurde die Z. angeordnet; **Zwangs|vor|na|me,** der: *(im Nationalsozialismus) Vorname, zu dessen Führung jmd. aufgrund seiner Zugehörigkeit zu einer bestimmten Gruppe gezwungen wird:* ... so der Z. für alle Jüdinnen, wie „Israel" für alle männlichen Juden ... (Giordano, Die Bertinis 324); **Zwangs|vor|stel|lung,** die (Psych.): *als Erscheinungsform des Zwangs (g) immer wieder auftretende Vorstellung, die willentlich nicht zu unterdrücken ist, obwohl sie im Widerspruch zum eigenen logischen Denken steht; fixe Idee:* an -en leiden; Kortner leidet unter der Z., daß alle, die nicht wie er emigrieren mußten, an seiner Flucht aus Nazi-Deutschland ... schuld sind (Kinski, Erdbeermund 224); **zwangs|wei|se** ⟨Adv.⟩: *a) durch behördliche Anordnung, behördliche Maßnahmen erzwungen:* einen Beamten z. versetzen; eine Summe z. beitreiben; jmdn. z. versichern; ⟨auch attr.:⟩ Zu -n Impfungen ist es ... nirgends gekommen (Hörzu 38, 1973, 152); *b) zwangsläufig:* Die sich Z. vergrößernde Differenz zwischen Möglichem und Wirklichem (Gruhl, Planet 255); ⟨auch attr.:⟩ dieses z. Inhalieren von Tabakschwelprodukten (Bundestag 188, 1968, 10150); **Zwangs|wirt|schaft,** die ⟨o. Pl.⟩: *Wirtschaftsform, bei der der Staat als Zentrale die gesamte Planung der Wirtschaft übernimmt u. die Ausführung der Pläne überwacht:* Weder herrscht z. B. in den USA die freie Marktwirtschaft noch in der UdSSR die reine Z. (Fraenkel, Staat 375). **zwan|zig** ⟨Kardinalz.⟩ [mhd. zweinzec, zweinzic, ahd. zweinzug, zu ↑zwei u. ↑-zig, eigtl. = zwei Zehner] (in Ziffern: 20): vgl. achtzig; **Zwan̲|zig,** die, -; -: vgl. Achtzig; **zwan|zi|ger** ⟨indekl. Adj.⟩ (mit Ziffern: 20er): vgl. achtziger: die goldenen z. Jahre; vgl. Roaring Twenties); [1]**Zwan|zi|ger,** der, -s, -: vgl. Achtziger; [2]**Zwan|zi|ger,** die; -, - (ugs.): *Zwanzigpfennigmarke;* **Zwan|zi|ge|rin,** die; -, -nen: w. Form zu ↑[1]Zwanziger; **Zwan|zi|ger|jah|re** ⟨Pl.⟩: vgl. Achtzigerjahre; **zwan|zig|fach** ⟨Vervielfältigungsz.⟩ (mit Ziffern: 20fach): vgl. achtfach; **Zwan|zig|fa|che,** das; -n (mit Ziffern: 20fache): vgl. Achtfache; **Zwan|zig|flach,** das, **Zwan|zig|fläch|ner,** der; -s, - (Geom.): *Ikosaeder;* **zwan|zig|jäh|rig** ⟨Adj.⟩: vgl. achtjährig; **zwan|zig|jähr|lich** ⟨Adj.⟩: vgl. achtjährlich; **zwan|zig|mal** ⟨Wiederholungsz.; Adv.⟩: vgl. achtmal; **Zwan|zig|mark|schein,** der: vgl. Fünfmarkschein; **Zwan|zig|pfen|nig|mar|ke,** die (mit Ziffern: 20-Pfennig-Marke): *Briefmarke mit dem Wert von 20 Pfennig;* **Zwan|zig|pfen|nig|stück,** das (mit Ziffern: 20-Pfennig-Stück, 20-Pf-Stück): *Münze im Wert von zwanzig Pfennig;* **zwan|zigst...** ⟨Ordinalz. zu ↑zwanzig⟩ (in Ziffern: 20.): vgl. acht...; **zwan|zig|stel** ⟨Bruchz.⟩ (als Ziffer: $\frac{1}{20}$): vgl. achtel; **Zwan|zig|stel,** das, schweiz. meist: der, -s, -: vgl. Achtel (a); **zwan|zig|stens** ⟨Adv.⟩ (in Ziffern: 20.): vgl. achtens.

zwar ⟨Adv.⟩ [mhd. z(e)wāre = fürwahr, zusger. aus ↑zu u. ↑wahr]: **1.** in Verbindung mit „aber" od. „[je]doch"; leitet eine Feststellung ein, der eine Einschränkung folgt: *wohl* (6): er ist z. groß, doch an seinen Bruder reicht er noch nicht heran; das ist z. verboten, aber es hält sich keiner daran. **2.** in Verbindung mit voranstehendem „und"; leitet eine Erläuterung zu einer unmittelbar vorher gemachten Äußerung ein: *genauer gesagt:* er soll mich anrufen, und z. sofort; ich lehne das ab, und z. aus exstdem Grund ...; Knopf trinkt nur Schnaps, und z. Korn, nichts anderes (Remarque, Obelisk 26).

zwat|ze|lig ⟨Adj.⟩ [zu ↑zwatzeln] (landsch.): *ungeduldig, unruhig, zappelig;* **zwat|zeln** ⟨sw. V.; hat⟩ [urspr. Kinderspr.; laut- u. bewegungsnachahmend] (landsch.): *unruhig, zappelig sein.*

Zweck, der; -[e]s, -e [mhd., ahd. zwec = Nagel, zu ↑zwei, urspr. = gegabelter Ast, Gabelung; später: Nagel, an den die Zielscheibe aufgehängt ist, od. Nagel, der in der Mitte der Zielscheibe sitzt; Zielpunkt]: **1.** *etw., was jmd. mit einer Handlung beabsichtigt, bewirken, erreichen sucht; [Beweggrund u.] Ziel einer Handlung:* der Z. seines Tuns ist, ...; der Z. Ihrer Reise?; der Z. der Übung (ugs. scherzh.; *das angestrebte Ziel)* war, ...; einen bestimmten Z. haben, verfolgen; sich einen Z. (geh.; *ein Ziel*) setzen; einen bestimmten, seinen Z. erfüllen *(für Z. Beabsichtigtes taugen);* seinen -en dienstbar machen *(für seine Ziele nutzen);* einem vernünftigen, wohltätigen, karitativen Z. dienen; keinem anderen Z. dienen als ...; Ich möchte nicht ..., daß ein Dozent mich für seine -e einspannt (Nossack, Begegnung 105); das Gerät ist für militärische -e nicht geeignet ... für private, für seine -e nutzen; Es schien ein reines Schmuckstück zu sein, ohne weiteren Z. (Seghers, Transit 211); etw. zu bestimmten -en benutzen; etw. dient zu einem bestimmten Z.; R der Z. heiligt die Mittel *(für einen guten Zweck sind alle Mittel erlaubt);* den Jesuiten [fälschlicherweise] als Quintessenz ihrer Moral zugeschrieben). **2.** *in einem Sachverhalt, Vorgang o. ä. verborgener, erkennbarer Sinn (5):* der Z. des Ganzen ist nicht zu erkennen; Leugnen hat keinen Z. mehr, Beweise erdrückend (Frisch, Stiller 442); Was hat das alles für einen Z.? Was kommt schon dabei heraus? (Dönhoff, Ära 96); es hat wenig Z., keinen Z. [mehr], auf eine Besserung zu hoffen; die ganze Angelegenheit ist ohne Z. und Sinn/Ziel; **Zweck|auf|wand,** der ⟨Finanzw.⟩: *in die Kostenrechnung eingehender, kostengleicher Aufwand;* **Zweck|bau,** der ⟨Pl. -ten⟩: *allein nach den Prinzipien der Zweckmäßigkeit errichteter Bau, Nutzbau:* ein nüchterner, reiner Z.; **Zweck|be|haup|tung,** die: *zweckgerichtete Behauptung; nur dem Erreichen eines bestimmten Ziels dienende Behauptung;* **Zweck|be|stimmt|heit,** die: *Finalität;* **Zweck|be|stim|mung,** die ⟨o. Pl.⟩: *Bestimmung* (2 a): Mit der Villa Bühler, die im vergangenen September ... ihrer neuen Z. übergeben wurde (NZZ 29. 1. 83, 29); **Zweck|bin|dung,** die (Finanzw.): *Bindung bestimmter öffentlicher Finanzmittel an einen vorgegebenen Verwendungszweck;* **Zweck|bünd|nis,** das: *aus pragmatischen Gründen geschlossenes Bündnis:* Irak und Saudi-Arabien, einst einander spinnefeind, schlossen ein Z. (Spiegel 43, 1979, 185); **Zweck|den|ken,** das; -s: *pragmatisches Denken (das auf bestimmte Zwecke gerichtet ist):* der aufgeklärte Absolutismus hatte ... die Religion in äußerlichem Z. auf sittenpolizeiliche Aufgaben reduziert (Fraenkel, Staat 156); **zweck|dien|lich** ⟨Adj.⟩ (Papierdt.): *dem Zweck, für den etw. vorgesehen o. ä., dienlich, förderlich:* -e Vorgehensweise, Maßnahme; -e Hinweise nimmt jede Polizeidienststelle entgegen; Wäre es nicht -er, wenn Sie die Fragen an mich richteten? (Habe, Namen 233); daß ich es im Augenblick nicht für z. halte, solche Gespräche von uns aus zu beginnen (Bundestag 190, 1968, 10281); **Zweck|dien|lich|keit,** die; - (Papierdt.): *das Zweckdienlichsein:* ich habe Zweifel an der Z. eines solchen Schrittes.

Zwecke[1], die; -, -n [Nebenf. von ↑Zweck]: **1.** (landsch.) *kurzer Nagel mit breitem Kopf, bes. Schuhnagel:* Ein plumper Schuh mit dicken -n (Strittmatter, Wundertäter 484). **2.** (veraltend) *Reiß-, Heftzwecke:* Ein ... Zimmer ... mit hohen leeren Wänden, in denen noch die Nägel und die -n früherer Mieter ... (Hofmann, Fistelstimme 133); **zwecken**[1] ⟨sw. V.; hat⟩ (landsch.): *anzwecken:* ein Poster an die Wand z.

zweck|ent|frem|den ⟨sw. V.; hat; meist im Inf. u. 2. Part. gebr.⟩: *[mißbräuchlich] für einen eigentlich nicht vorgesehenen Zweck verwenden:* Wohnraum [als Lager] z.; Der Metzger ... wird nun vor dem Kadi erklären müssen, wie es kam, den Betonmischer derart zweckzuentfremden (MM 8. 10. 75, 15); da zweckentfremdet wieder jemand unsere Liebeslaube (Bruder, Homosexuelle 64); zweckentfremdete Gelder, Steuermittel; **Zweck|ent|frem|dung,** die: *das Zweckentfremden:* eine unzulässige Z. von Wohnraum, Steuergeldern; **zweck|ent|spre|chend** ⟨Adj.⟩: *seinem vorgesehenen Zweck entsprechend:* -e Kleidung; etw. z. verwenden; **zweck|frei** ⟨Adj.⟩: *nicht einem bestimmten Zweck dienend; nicht auf einen unmittelbaren Nutzen ausgerichtet:* -e Forschung; daß Kunst nicht unbedingt z. sein muß (Spiegel 33, 1985, 72); Von den ... Mitteln verbleiben rund 100 Millionen z. *(ohne Zweckbindung)* in der Bundeskasse (NZZ 29. 4. 83, 21); **Zweck|freiheit,** die ⟨o. Pl.⟩: *das Zweckfreisein:* Die Z. der Wissenschaft ist keine Anmaßung (Natur 29); **zweck|fremd** ⟨Adj.⟩: *nicht dem eigentlichen Zweck entsprechend:* die -e Verwendung von Steuermitteln; etw. z. nutzen; **zweck|ge|bunden** ⟨Adj.⟩ (Finanzw.): *einer Zweckbindung unterliegend:* -e Gelder, Zuschüsse; ... stellt die Fifa ... Mittel ... zur Verfügung, die z. ... eingesetzt werden (NZZ 23. 10. 86, 40); **Zweck|ge|bun|den|heit,** die, - (Finanzw.): *das Zweckgebundensein;* **zweck|ge|mäß** ⟨Adj.⟩: *dem eigentlichen Zweck gemäß, angemessen;* **Zweck|ge|mein|schaft,** die; -: vgl. Zweckbündnis; **zweck|ge|rich|tet** ⟨Adj.⟩: *auf einen bestimmten Zweck hin ausgerichtet:* wenn Gewohnheit mir wieder die bedächtige Schritt-für-Schritt-Logik -en Schreibens aufnötigen will (Stern, Mann 114); z. handeln; **zweck|haft** ⟨Adj.⟩: *mit einem Zweck verbunden:* ein -es Handeln; **Zweck|haf|tig|keit,** die; -: *das Zweckhaftsein:* Im Lauf des 18. Jahrhunderts begann sich die strenge Z. des Reisens zu lockern (Enzensberger, Einzelheiten I, 187); **zweck|kon|form** ⟨Adj.⟩: *zweckentsprechend:* wie die Mittel besser und -er eingesetzt werden könnten (NZZ 23. 10. 86, 31); **Zweck|leuch|te,** die: *nach rein funktionalen Gesichtspunkten gestaltete Lampe;* **zweck|los** ⟨Adj.; -er, -este⟩: **1.** *ohne Sinn; nutzlos, vergeblich:* ein völlig -e Anstrengung; Der Versuch war von vornherein z.; es ist z., hier um Hilfe zu bitten. **2.** *(seltener) keinen bestimmten Zweck erfüllend; ohne bestimmte Absicht;* **Zweck|lo|sig|keit,** die; -: *das Zwecklossein;* **Zweck|lü|ge,** die: *einem bestimmten Zweck, der Verfolgung eines bestimmten Ziels dienende Lüge:* Das Magazin hat die Macht, ... offizielle -n dem allgemeinen Gelächter preiszugeben (Enzensberger, Einzelheiten I, 100); **zweck|mä|ßig** ⟨Adj.⟩: **a)** *so geartet, beschaffen, daß es seinen Zweck gut erfüllt:* eine [sehr, wenig] -e Ausrüstung; Die Einrichtung des Büros ist nüchtern und z. (Richartz, Büroroman 10); **b)** *sinnvoll* (1); *im gegebenen Zusammenhang nützlich:* ein -es Verhalten; es ist [nicht], ich halte es [nicht] für z., so zu handeln; ... hat es sich ... als z. erwiesen, das Geldwesen ... durch kaufmännische Geschäftstransaktionen zu regulieren (Fraenkel, Staat 364); zweckmäßig *(zweckmäßigerweise)* leert man also vor der Süßspeise sein Glas (Horn, Gäste 100); **zweck|mä|ßig|er|wei|se** ⟨Adv.⟩: *aus Gründen der Zweck-*

mäßigkeit; **Zweck|mä|ßig|keit,** die; -: *das Zweckmäßigsein:* Ob der Ausdruck höchster Z. nicht schon von den großen Klassikern für einen wesentlichen Bestandteil des Schönen erklärt worden sei? (Musil, Mann 350); **Zweck|mä|ßig|keits|er|wä|gung,** die: *an der Zweckmäßigkeit orientierte Erwägung;* **Zweck|mel|dung,** die: *zu einem bestimmten, nicht im bloßen Informieren bestehenden Zweck verbreitete Meldung:* eine von der Kriminalpolizei lancierte Z. (Noack, Prozesse 158); **Zweck|op|ti|mis|mus,** der: *auf eine bestimmte Wirkung zielender, demonstrativ zur Schau getragener Optimismus:* Es kann ... Z. gewesen sein, wenn er behauptet, dem Wirtschaftsministerium fühle er sich auch als Laie gewachsen (Spiegel 8, 1985, 42); Vielleicht machte er auch nur in Z. (Ziegler, Liebe 287); **zweck|op|ti|mi|stisch** ⟨Adj.⟩: *von Zweckoptimismus bestimmt:* Die Prognose des Bundesamtes ... sei eine „rein -e Schätzung" (NZZ 10. 8. 84, 18); **Zweck|pes|si|mis|mus,** der: *auf eine bestimmte Wirkung zielender, demonstrativ zur Schau getragener Pessimismus:* ob die düsteren Energieprognosen „Z. sind" (Spiegel 44, 1979, 288); **zweck|pes|si|mi|stisch** ⟨Adj.⟩: *von Zweckpessimismus bestimmt:* ein -es Szenario; **Zweck|pro|pa|gan|da,** die: vgl. Zweckoptimismus; **zweck|ra|tio|nal** ⟨Adj.⟩ (Philos.): *dem Prinzip der Zweckrationalität entsprechend:* aus der Mitte eines Systems -en Handelns (Habermas, Spätkapitalismus 48); **Zweck|ra|tio|na|li|tät,** die (Philos.): *rational abwägbares Handlungsprinzip im Bereich des sozialen Handelns;* **zwecks** ⟨Präp. mit Gen.⟩ [erstarrter Gen. von ↑Zweck] (Amtsspr.): *zum Zwecke des ...:* er wurde z. Feststellung der Personalien auf die Wache gebracht; Allerdings wird der Turm z. Antennenmontage nochmals gesperrt werden müssen (NZZ 2. 9. 86, 25); Frau ... und Kind suchen Frau/Mann mit Kind z. Lebenserleichterung (tango 9, 1984, 104); **Zweck|satz,** der (Sprachw.): *Finalsatz;* **Zweck|set|zung,** die: vgl. Zielsetzung: ... gerät alles, was man für absolut hielt, in ein relatives Licht. Alles wird eine Frage ... der Z. (Sloterdijk, Kritik 355); **Zweck|spa|ren,** das; -s: *das Sparen* (1 a) *für einen bestimmten Zweck* (z. B. Bausparen); **Zweck|steu|er,** die: **a)** *Steuer, deren Aufkommen bestimmten Zwecken zugeführt wird;* **b)** *Steuer, mit der ein bestimmter, nicht im fiskalischen Bereich liegender Zweck verfolgt wird;* **Zweck|stil,** der (Archit.): *Funktionalismus* (1); **Zweck|ver|band,** der: *der gemeinsamen Erfüllung bestimmter Aufgaben dienender Zusammenschluß von Gemeinden u. Gemeindeverbänden:* eine Stadt und 31 Gemeinden, die in 3 Gemeinde- und 4 Zweckverbänden zusammenarbeiten (NBI 36, 1983, 22); **Zweck|ver|mö|gen,** das (Rechtsspr.): *zweckgebundenes Vermögen einer Stiftung;* **zweck|voll** ⟨Adj.⟩: vgl. zweckmäßig: mit Ausnahme der Seebeute, ... die er es z. erscheint, sie in den nächsten Hafen zu liefern (Jacob, Kaffee 123); **zweck|wid|rig** ⟨Adj.⟩: *seinem eigentlichen Zweck zuwiderlaufend:* etw. z.

verwenden; **Zweck|wid|rig|keit,** die: *das Zweckwidrigsein.*

zween ⟨Kardinalz.⟩ [mhd., ahd. zwēne] (veraltet): *zwei (männliche Form):* Zwischen je z. Fliederbüschen hatte ein bronzener Brandenburger mit dem Säbel gefuchtelt (Kant, Impressum 148).

Zweh|le, die; -, -n [mhd. twehel(e), zwehel, ahd. twahilla, dwahilla, urspr. = Badetuch, zu ahd. dwahal = (Laugen)bad, zu einem Verb mit der Bed. „waschen, baden"] (westmd.): *Hand-, Tischtuch.*

zwei ⟨Kardinalz.⟩ [mhd., ahd. zwei (s. Form; vgl. zween, zwo)] (als Ziffer: 2): vgl. acht: z. Personen, Millionen; z. Mark fünfzig; Nummer, Seite, Zimmer, Gleis z.; z. von euch; wir z.; sie gehen [je] z. und z. nebeneinander; wir waren zu -en/ Wenn -e (= zwei Menschen) Krach miteinander haben (Kant, Impressum 207); Zweie (= zwei Flaschen) hab' ich in die Diele gestellt (Schädlich, Nähe 102); der Bund -er [mächtiger] Kaiser, -er Liebenden/(seltener:) -er Liebender; innerhalb -er Jahre, dieser z. Jahre; in, nach, vor z. Jahren; Eine Vermutung, mehr nicht. Aber wenn man z. und z. zusammenzählt *(wenn man es recht bedenkt),* gibt es einen Sinn (Danella, Hotel 413); das läßt sich nicht mit z., drei (ugs.; *ganz wenigen*) Worten erklären; viele Grüße von uns -en; R dazu gehören immer noch z. *(dazu bedarf es einer weiteren Person, die dabei mitmacht);* das ist so sicher, wie z. mal z. vier ist (ugs.; *das ist ganz gewiß, absolut sicher*); Spr wenn z. dasselbe tun, so ist es nicht dasselbe *(es kommt auch darauf an, wer es tut. Bestimmtes tut);* ** für z. (über das übliche Maß hinausgehend, wirklich sehr viel, eine Menge; in bezug auf ein bestimmtes Tun):* er ißt, arbeitet, quatscht für z.; **Zwei,** die; -, -en: **a)** *Ziffer* 2; **b)** *Spielkarte mit zwei Zeichen;* **c)** *Anzahl von zwei Augen beim Würfeln:* er würfelt dauernd -en; **d)** *Zeugnis-, Bewertungsnote* 2; *gut* (1 a): sie hat die Prüfung mit [einer, der Note] Z. bestanden; **e)** (ugs.) *Wagen, Zug der Linie* 2; vgl. ¹Acht; **Zwei|ach|ser,** der; -s, -: vgl. Dreiachser; **zwei|ach|sig** ⟨Adj.⟩: *dreiachsig;* **Zwei|ak|ter,** der; -s, -: vgl. Dreiakter; **zwei|ak|tig:** vgl. einaktig; **zwei|ar|mig** ⟨Adj.⟩: vgl. achtarmig; **zwei|ato|mig** ⟨Adj.⟩ (Chemie, Physik): *aus jeweils zwei zu einem Molekül verbundenen Atomen bestehend:* -e Moleküle; gewöhnlicher -er Sauerstoff; **zwei|äu|gig** ⟨Adj.⟩: *zwei Augen habend;* Ü eine -e *(mit je einem Objektiv für Bildbeobachtung u. Aufnahme versehene)* Spiegelreflexkamera; **zwei|bah|nig** ⟨Adj.⟩ (Verkehrsw.): **a)** *mit je einer Fahrbahn für beide Verkehrsrichtungen [versehen]:* eine -e Schnellstraße; **b)** (selten) *zweispurig* (1 b): Die ... Planungskonzeption, die einen -en Ausbau der B 9 ... vorsieht (Bundestag 189, 1968, 10188); **Zwei|ban|den|spiel,** das (Billard): *zweifach über die Bande erfolgendes Spiel;* **zwei|bän|dig** ⟨Adj.⟩: vgl. achtbändig; **Zwei|bei|ner,** der; -s, - (ugs. scherzh.): *Mensch (als zweibeiniges Tier);* **Zwei|bei|ne|rin,** die; -, -nen (ugs. scherzh.): w. Form zu ↑Zweibeiner; **zwei|bei|nig** ⟨Adj.⟩: vgl. dreibeinig; **zwei|bet|tig** ⟨Adj.⟩: *mit zwei Betten [ausgestattet];*

Zwei|bett|zim|mer, das: vgl. Dreibettzimmer; **Zwei|blatt,** das: *am Erdboden wachsende Orchidee mit nur zwei Stengelblättern, fadenförmigen Wurzeln u. Blüten mit langen, schmalen, aus zwei Zipfeln bestehenden Lippen;* **zwei|blätt|rig** ⟨Adj.⟩: vgl. dreiblättrig; **Zwei|decker**[1]**,** der: **1.** Doppeldecker (1). **2.** (Seew. veraltend) Zweideckschiff; **Zwei|deck|schiff,** das (Seew. veraltend): *Schiff mit zwei Decks;* **zwei|deu|tig** ⟨Adj.⟩ [LÜ von lat. aequivocus = doppelsinnig, mehrdeutig]: **a)** *unklar, so od. so zu verstehen, doppeldeutig* (a): ein -er Satz, Orakelspruch; *während er weitersprach ... über Philipp, in einem -en Tone, der Lob wie Tadel anklingen ließ* (Schneider, Erdbeben 65); er hat es bewußt b) formuliert; **b)** *harmlos klingend, aber von jedermann als unanständig, schlüpfrig, anstößig zu verstehen; doppeldeutig* (b): -e Witze, Bemerkungen; **Zwei|deu|tig|keit,** die; -, -en: **1.** ⟨o. Pl.⟩ *das Zweideutigsein; zweideutiger Charakter.* **2.** *zweideutige Äußerung;* **zwei|di|men|sio|nal** ⟨Adj.⟩: *in zwei Dimensionen angelegt od. wiedergegeben, flächig [erscheinend]:* ein -es Bild; Denken wir uns einmal eine -e Welt, in der es nur Erstreckungen in Länge und Breite gibt ... (Haber, Welten 80); **Zwei|di|men|sio|na|li|tät,** die; -: *zweidimensionaler Charakter;* **Zwei|drit|tel|ge|sell|schaft,** die (Politik Jargon): *Gesellschaft, in der eine große (etwa ein Drittel umfassende) Minderheit von Armut Betroffener ist. Bedrohter ausgegrenzt, von der Teilhabe am Wohlstand ausgeschlossen ist:* der von der Z., in welcher ... das letzte Drittel aus Arbeitslosen, Sozialhilfeempfängern und Kleinrentnern auf der Strecke bleibt (Frankfurter Rundschau 13. 12. 86, 3); **Zwei|drit|tel|mehr|heit,** die (Politik): *Mehrheit von zwei Dritteln der abgegebenen Stimmen:* für Verfassungsänderungen ist eine Z. erforderlich; **Zwei|drit|tel|ta|ler,** der: *Silbermünze im Wert von zwei drittel Talern* (a); **zwei|ei|ig** ⟨Adj.⟩: vgl. eineiig; dizygot; **zwei|ein|halb** ⟨Bruchz.⟩ (in Ziffern: 2¹/₂): vgl. achteinhalb; **zwei|en,** sich ⟨sw. V.; hat⟩ (veraltet): *sich zueinandergesellen;* **Zwei|er,** der; -s, -: **1.** (ugs.) *Zweipfennigstück.* **2.** (Rudern) *Rennboot für zwei Ruderer.* **3.** (landsch.) *Zwei.* **4.** (Golf) *Spiel von zwei Einzelspielern gegeneinander.* **5.** (schweiz.) *Flüssigkeitsmenge von zwei Dezilitern:* ... stellten ihm die Serviertöchter ungefragt einen Z. Veltliner hin (Widmer, Kongreß 138); **Zwei|er|an|schluß,** der (Fernspr.): *von einer gemeinsamen Leitung ausgehende Anschlüsse für zwei Teilnehmer, die zwar getrennte Rufnummern haben, aber nicht zur gleichen Zeit telefonieren können;* **Zwei|er|be|zie|hung,** die: *Beziehung zwischen zwei Menschen, die zusammen ein Paar* (1a) *bilden:* Konflikte gibt es in jeder Z.; Wir hatten die Schnauze voll von -en, wo man den anderen als Privateigentum begreift (Spiegel 45, 1980, 120); **Zwei|er|bob,** der: vgl. Viererbob; **Zwei|er|ge|spann,** das: *Zweigespann:* Ü Die Sonderkommission zum Beispiel, das Z. (*Gespann* 2) Parilla und Jandell (Zwerenz, Quadriga 44); **Zwei|er|ka|jak,** der; -s, -s, seltener: das: vgl. Einerkajak; **Zwei|er|ki|ste,** die (ugs.): *Zweierbeziehung:* ... packte viele Saarbrückerinnen und Saarbrücker plötzlich die Lust, ihre „Zweierkiste" zu legalisieren (Saarbr. Zeitung 29. 12. 85, 15); außerdem is' die schon mit dem Wirt in der Z. (*mit dem Wirt liiert*; Welt 1. 10. 83, 24); **Zwei|er|ko|lon|ne,** die (schweiz.): *Kolonne aus jeweils zwei nebeneinander hergehenden Personen:* in Z. Gattungsz.; indekl.⟩ [↑ -lei]: **a)** *von doppelter, zweifach verschiedener Art:* z. Sorten, Arten; auf z. Weise, Art; Vielleicht ist ihr nicht bewußt, daß es z. Deutsche gab und gibt (Berger, Augenblick 103); **b)** *zwei verschiedene Dinge, Handlungen:* zu trinken gibt es z.; wir sollten z. tun; das Wort kann z. bedeuten; daraus kann man z. schließen; Es ist aber z. *(es ist ein Unterschied, es ist nicht dasselbe),* ob Washington oder Paris ein Disengagement vorschlagen (Dönhoff, Ära 202); Ordnung und Ordnung war z. *(unter Ordnung wurde zweierlei verstanden*; Bastian, Brut 63); **Zwei|er|rei|he,** die: vgl. Dreierreihe: In -n geht es in den Spazierhof (Sobota, Minus-Mann 79); **Zwei|er|spiel,** das (Golf): *Zweier* (4); **Zwei|er|sy|stem,** das (Math.): *Dualsystem* (1); **Zwei|er|takt,** der: vgl. Dreiertakt; **Zwei|er|tisch,** der: *Tisch, der dafür vorgesehen ist, daß zwei Personen daran sitzen:* der Kellner wies uns einen kleinen Z. an; die Schüler sitzen im Klassenzimmer an -en; **Zwei|er|zim|mer,** das: **a)** *Zweibettzimmer, Doppelzimmer;* **b)** *[Arbeits]zimmer für zwei Personen;* **zwei|fach** ⟨Vervielfältigungsz.⟩ (mit Ziffer: 2fach): achtfach; doppelt: er ist -er Weltmeister im Langlauf; er wurde wegen -en Mordes verurteilt; in -er *(zweierlei)* Hinsicht; diesem er ein Erbe dankt es (= Europa) seinen Glanz. Golgatha und die Akropolis sind die Garanten europäischer Zivilisation (K. Mann, Wendepunkt 184); der -e Vater (ugs.: *der Vater zweier Kinder*; Saarbr. Zeitung 5./6. 6. 80, 18); Ein Band ... ist z. *(in zwei Exemplaren)* vorhanden (Frisch, Montauk 177); damit sein Fall z. *(zweimal)* geprüft werden kann (Mostar, Unschuldig 15); **Zwei|fa|che,** das; -n (mit Ziffern: 2fache): vgl. Achtfache; **zwei|fä|che|rig** ⟨Adj.⟩ (Bot.): vgl. -fächerig; **Zwei|fa|mi|li|en|haus,** das: *Einfamilienhaus;* **Zwei|far|ben|druck,** der: vgl. Dreifarbendruck; **zwei|far|big,** (österr.:) **zwei|fär|big** ⟨Adj.⟩: *zwei Farben aufweisend, in zwei Farben gehalten;* **Zwei|far|big|keit,** (österr.:) **Zwei|fär|big|keit,** die: *das Zweifarbigsein;* **Zwei|fel,** der; -s, - [mhd. zwīvel, ahd. zwīfal, zu ↑zwei u. ↑falten, eigtl. = (Ungewißheit bei) zweifach(er Möglichkeit)]: *Bedenken, schwankende Ungewißheit, ob jmdm., jmds. Äußerung zu glauben ist, ob ein Vorgehen, eine Handlung richtig u. gut ist, ob etw. gelingen kann o. ä.:* lähmender, quälender, bohrender Z.; bange, [un]begründete Z.; bei jmdm. regt sich der Z.; es besteht kein, nicht der geringste Z., daß ...; darum waren bei meiner Geburt auch Z. an Konstanzes leiblicher Mutterschaft laut geworden (Stern, Mann 20); Kein Z. *(zweifellos),* ich mochte die Dame (Zwerenz, Kopf 201); dein Z. *(deine Skepsis)* ist nicht berechtigt; daran kann kein Z. sein; leiser Z. steigt in ihm auf; es waren Z. [an der Wahrheit dieser Aussage] gekommen, ob ...; Z. hegen; ich habe keinen Z. an ihrer Aufrichtigkeit; das wird den letzten Z. über die Echtheit des Textes beseitigen; man sollte ihre Z. ausräumen; er ließ keinen Z. daran, daß es ihm ernst war; das unterliegt keinem Z.; man hat uns darüber nicht im Z. gelassen; jmd., eine Sache ist über jeden Z. erhaben; von -n *(Skrupeln)* geplagt sein; * **außer [allem] Z. stehen** *(ganz sicher feststehen, nicht bezweifelt werden können);* **Z. in etw. setzen/etw. in Z. ziehen/**(seltener:) **stellen** *(bezweifeln):* Es ist für mich unstreitig, daß man die im Grundgesetz geregelte staatliche Ordnung vom Grundsatz her in Z. ziehen darf (W. Brandt, Begegnungen 272); **[über etw.] im Z. sein** (1. *etw. nicht ganz genau wissen.* 2. *sich noch nicht entschieden haben [etw. Bestimmtes zu tun]*); **ohne Z.** *(bestimmt, ganz gewiß).* **Zwei|fel|der|wirt|schaft,** die: vgl. Dreifelderwirtschaft; **zwei|fel|haft** ⟨Adj.⟩, -er, -este [mhd. zwīvelhaft]: **a)** *mit Zweifeln in bezug auf die Richtigkeit od. Durchführbarkeit behaftet; fraglich, unsicher; problematisch:* ein Werk von -em Wert; Immer wieder sei darauf aufmerksam gemacht, bei -en Funden eine Pilzberater aufzusuchen (Freie Presse 22. 8. 89, 3); es ist z., ob er das durchhalten kann; **b)** *zu [moralischen] Bedenken Anlaß gebend, fragwürdig, bedenklich, anrüchig; dubios:* eine -e Person, Angelegenheit; Das sind die Folgen -en Umgangs (Fallada, Herr 150); Sie ahnt nicht, daß ihr Mann durch recht -e Geschäfte Karriere gemacht hat (Bild und Funk 22, 1966, 33); sein plötzlicher Reichtum erschien der Polizei z.; ◆ **c)** *ungläubig, voller Zweifel:* Was in Jena durch die Veränderung beim Stadtrat und der Polizei bewirkt werden möchte, bin ich ... neugierig zu beobachten. Es mag wohl verzeihlich sein, wenn ich es bleibe (Goethe, Brief an C. G. Voigt 25. 9. 1809); Er sah sie z. an (Hauff, Jud Süß 424); **zwei|fel|los** ⟨Adv.⟩ (emotional): *ohne Zweifel, bestimmt:* er hat z. recht; Ein Rücktritt Erhards würde z. zum Aufruhr der Fraktion und zu einer Kabinettskrise führen (Dönhoff, Ära 24); z. sehenswert war der Kulturpalast der Fabrik (Koeppen, Rußland 133); Z. war es eine ungewöhnliche Nacht (Plievier, Stalingrad 276); **zwei|feln** ⟨sw. V.; hat⟩ [mhd. zwīveln, ahd. zwīfalen, zwīfalōn]: *unsicher sein in bezug auf einen Sachverhalt od. ein [künftiges] Geschehen; in Frage stellen, in Zweifel ziehen:* sie sah mich an, als zweifle sie an meinem Verstand; auch die Generale der Luftwaffe zweifelten an der Möglichkeit einer ausreichenden Versorgung (Plievier, Stalingrad 219); man zweifelte [daran], daß es gelingen würde; daran ist nicht zu z.; sie zweifelt, ob sie der Einladung folgen soll; **Zwei|fels|fall,** der: *unklarer, Zweifel erweckender Fall:* schwer zu entscheidende Zweifelsfälle; im Z. rufen Sie bitte die Auskunft an; **Zwei|fels|fra|ge,** die:

vgl. Zweifelsfall; **zwei|fels|frei** ⟨Adj.⟩: *so beschaffen, daß keine Zweifel bestehen:* ein -er Beweis; das Ergebnis ist z.; Bei der letzten Mahlzeit der Nitribitt habe es sich z. um Reisbrei gehandelt (Noack, Prozesse 31); in mehreren Kratern, die z. durch den Aufschlag von Meteoriten entstanden sind (Kosmos 2, 1965, 60); **zwei|fels|oh|ne** ⟨Adv.⟩ [*frühnhd.* aus: Zweifels ohne sein] (emotional): *bestimmt, ganz gewiß:* z. war es ein Mord; Es handelt sich z. um das bestbewachte humangenetische Institut der Welt (natur 2, 1991, 49); z. kann ich nicht zwei Sachen gleichzeitig tun (Mayröcker, Herzzerreißende 111); **Zwei|fel|sucht**, die; - (selten): *Drang, an allem u. jedem zu zweifeln.*
zwei|fen|strig ⟨Adj.⟩: vgl. dreifenstrig;
zwei|flam|mig ⟨Adj.⟩: *mit zwei Glühlampen, Heizplatten o. ä. [versehen]:* ein -er Gaskocher; der Leuchter ist z.
Zweif|ler, der; -s, - [mhd. zwivelære, ahd. zwîfalāri]: *jmd., der zu Zweifeln neigt, Zweifel hat, etw. bezweifelt; Skeptiker:* dies Ergebnis muß auch den letzten Z. überzeugen; **Zweif|le|rin**, die; -, -nen: w. Form zu ↑ Zweifler; **zweif|le|risch** ⟨Adj.⟩: *voller Zweifel, Zweifel ausdrückend; skeptisch:* ein -es Lächeln; ..., sind die Erben der Aufklärung heute nervös, z. und forciert – illusionslos auf dem Weg in den globalen Zynismus (Sloterdijk, Kritik 950).
zwei|flü|ge|lig, zweiflüglig ⟨Adj.⟩: vgl. einflügelig; **Zwei|flüg|ler** ⟨Pl.⟩: *Dipteren;*
zwei|flüg|lig: ↑ zweiflügelig; **zwei|fran|ken|stück**, das: vgl. Zweipfennigstück; **Zwei|fränk|ler**, der; -s, - (schweiz. ugs.): *Zweifrankenstück;* **Zwei|fron|ten|krieg**, der: *Krieg, bei dem ein Land an zwei Fronten zugleich kämpfen muß:* Ü Würde die katholisch-reaktionäre Regierung auf die Dauer imstande sein, ihren Z. gegen Nazis und Sozialisten durchzuführen? (K. Mann, Wendepunkt 291); **Zwei|fü|ßer**, der; -s, -: vgl. Zweibeiner; **zwei|fü|ßig** ⟨Adj.⟩: **1.** vgl. dreifüßig. **2.** (Verslehre) vgl. fünffüßig.
Zweig, der; -[e]s, -e [mhd. zwîc, ahd. zwîg, zu ↑ zwei u. eigtl. = der Aus-zwei-Bestehende (= „gegabelter Ast")]: **1.** *[von einer Gabelung ausgehendes] einzelnes Laub od. Nadeln, Blüten u. Früchte tragendes Teilstück eines Astes an Baum od. Strauch; seitlicher Trieb, verzweigtes Stück:* ein grüner, blühender, starker, geknickter, belaubter Z.; Nur Tannennadeln und ausgetrocknete -e knacken unter seinen Schuhen (Ossowski, Flatter 18); die -e brechen auf *(setzen Grün od. Blüten an);* -e abbrechen, abschneiden; die Bäume, die damals ihre -e über das Tempelchen gebreitet hatten (Geissler, Wunschhütlein 138); * **auf keinen/** (auch:) **einen grünen Z. kommen** (ugs.: *keinen Erfolg, kein Glück/Erfolg, Glück haben; es zu nichts/zu etwas bringen;* der grüne Zweig steht in dieser Wendung bildlich für das Wachsen der Natur im Frühjahr): Wer hier nicht arbeitet, der kommt auf keinen grünen Z. (Bild 12. 4. 64, 40). **2. a)** *Nebenlinie einer Familie, eines Geschlechtes:* Sein Z. der Familie war nie so wohlhabend (Kemelman [Übers.],

Dienstag 18); ... daß er damals gerade Larsgårda geerbt hatte, einen kleinen Besitz ..., der dem schwedischen Z. der Quints gehörte (Brückner, Quints 24); **b)** *[Unter]abteilung, Sparte:* ein Z. der Naturwissenschaften; der altsprachliche und der neusprachliche Z. eines Gymnasiums; Kein Z. der griechischen Kunst ... zeigt ein so buntes Bild (Bild. Kunst I, 22); Die Bemühungen gelten allen -n der Sozialpolitik (Fraenkel, Staat 314); **Zweig|bahn**, die: *Nebenbahn;* **Zweig|betrieb**, der: *[auswärtige] Nebenstelle eines größeren Betriebes.*
zwei|ge|lei|sig: ↑ zweigleisig; **zwei|ge|schlech|tig** ⟨Adj.⟩ (Bot.): *männliche u. auch weibliche Geschlechtsorgane aufweisend;* **Zwei|ge|schlech|tig|keit**, die; - (Bot.): *das Zweigeschlechtigsein;* **zwei|ge|schlecht|lich** ⟨Adj.⟩: vgl. eingeschlechtlich; **zwei|ge|schos|sig** ⟨Adj.⟩: vgl. achtgeschossig; **zwei|ge|sich|tig** ⟨Adj.⟩: *doppelgesichtig;* **Zwei|ge|spann**, das: vgl. Dreigespann; **Zwei|ge|spräch** (veraltet): *Zwiegespräch;* **zwei|ge|strichen** ⟨Adj.⟩: vgl. dreigestrichen; **zwei|ge|teilt** ⟨Adj.⟩: *[von der Mitte her] in zwei Teile geteilt:* eine -e Tür; Ü Berlin als -e Stadt; So war die „letzte Turnstunde" des Jahres z. Zuerst boten die Aktiven in der Turnhalle einen breiten Querschnitt ihres Könnens ... (Saarbr. Zeitung 28. 12. 79, 21); **Zwei|ge|wal|ten|leh|re**, die ⟨o. Pl.⟩: *(bes. im MA.) Lehre von Kirche u. Staat als den beiden herrschenden Gewalten.*
Zweig|ge|schäft, das: *Filiale (1).*
zwei|gip|fe|lig, **zwei|gipf|lig** ⟨Adj.⟩: *mit zwei Gipfeln [versehen];* **zwei|glei|sig** ⟨Adj.⟩: **a)** *mit zwei Gleisen (je einem für beide Fahrtrichtungen) [ausgestattet]:* eine -e Bahnstrecke; **b)** *zwei Möglichkeiten, Wege verfolgend:* eine -e Erziehung; sie führten -e *(auf zwei Ebenen bestrittene u. daher nicht offene, aufrichtige)* Verhandlungen; ... worauf es ankommt, nämlich darauf, z. zu fahren: vermehrt zu rüsten und gleichzeitig zu verhandeln (Dönhoff, Ära 76); ◆ **c)** *zwei Gleise* (c) *aufweisend:* Es saben keine Straßen durch das Tal, sie haben ihre -en Wege, auf denen sie ihre Felderzeugnisse mit einspännigen Wäglein nach Hause bringen (Stifter, Bergkristall 6); **Zwei|gleisig|keit**, die; -: *das Zweigleisigsein;* **zwei|glied|rig** ⟨Adj.⟩: vgl. achtgliedrig.
Zweig|li|nie, die: **a)** *Nebenlinie einer Bahnstrecke;* **b)** vgl. Zweig (2 a); **Zweig|nie|der|las|sung**, die: *Filiale* (2); **Zweig|post|amt**, das: *kleineres, einem Hauptpostamt zugeordnetes Postamt;* **Zweig|spit|ze**, die: *Spitze eines Zweiges* (1); **Zweig|stel|le**, die: vgl. Zweigniederlassung; **Zweig|werk**, das: vgl. Zweigbetrieb.
Zwei|hän|der, der; -s, -: *Schwert, das mit beiden Händen geführt wird* (z. B. Flamberg); **zwei|hän|dig** ⟨Adj.⟩: vgl. einhändig; **zwei|häu|sig** ⟨Adj.⟩ (Bot.): *(von einer einzelnen Pflanze) entweder nur männliche od. nur weibliche Blüten aufweisend; diözisch;* **Zwei|häu|sig|keit**, die; - (Bot.): *das Zweihäusigsein;* **Zwei|heit**, die; -: **a)** *Dualismus* (1, 2); **b)** *Zusammengehörigkeit von zwei Dingen od. Personen:*

die Schönheit lag hier im Doppelten, in der lieblichen Z. (Th. Mann, Krull 99); **zwei|hen|ke|lig**, **zwei|henk|lig** ⟨Adj.⟩: *mit zwei Henkeln [versehen];* **zwei|höcke|rig**[1], **zwei|höck|rig** ⟨Adj.⟩: vgl. einhöckerig: das -e Kamel; **Zwei|hu|fer**, der; -s, - (Zool.): *Paarhufer;* **zwei|hu|fig** ⟨Adj.⟩ (Zool.): *paarhufig;* **zwei|hun|dert** ⟨Kardinalz.⟩ (in Ziffern: 200): vgl. hundert; **Zwei|hun|dert|mark|schein**, der (in Ziffern: 200-Mark-Schein): vgl. Fünfmarkschein; **Zwei|jah|res|plan**, der: vgl. Fünfjahresplan; **zwei|jäh|rig** ⟨Adj.⟩: vgl. achtjährig; **zwei|jähr|lich** ⟨Adj.⟩: vgl. achtjährlich; **Zwei|jahr|plan**, der: *Zweijahresplan;* **Zwei|kam|mer|sy|stem**, das: *Verfassungssystem, bei dem im Unterschied zum Einkammersystem die gesetzgebende Gewalt von zwei getrennten Kammern od. Parlamenten (z. B. Unterhaus u. Oberhaus, Bundestag u. Bundesrat o. ä.) ausgeht;* **Zwei|kampf**, der [LÜ von lat. duellum; ↑ Duell]: **1.** *mit Waffen ausgetragener Kampf zwischen zwei Personen; Duell:* jmdn. zum Z. herausfordern. **2.** (Sport) *Wettkampf zwischen zwei Personen od. Mannschaften:* an der Spitze des Feldes entwickelte sich ein dramatischer Z.; Seine Stärke im Z. *(im Kampf Mann gegen Mann um den Ball),* sein Kopfballspiel und seine Übersicht stempeln ihn zu einem der besten Verteidiger Europas (Kicker 6, 1982, 57); **Zwei|kampf|stär|ke**, die ⟨o. Pl.⟩: *Stärke* (6 a) *im Kampf Mann gegen Mann um den Ball;* **Zwei|kanal|ton**, der (Ferns.): *Möglichkeit der Übertragung von zwei unterschiedlichen, wahlweise einzuschaltenden Tonwiedergaben (z. B. deutsche oder englische Sprache bei einem Fernsehfilm) auf den beiden für den Stereoempfang vorgesehenen Fernsehkanälen;* **zwei|keim|blät|te|rig**: ↑ zweikeimblättrig; **Zwei|keim|blät|te|rig|keit**: ↑ Zweikeimblättrigkeit; **zwei|keim|blätt|rig**, zweikeimblätterig ⟨Adj.⟩ (Bot.): vgl. einkeimblättrig; **Zwei|keim|blätt|rig|keit**, Zweikeimblätterigkeit, die; - (Bot.): *das Zweikeimblättrigsein;* **Zwei|kern|sta|di|um**, das: *Dikaryont;* **Zwei|klas|sen|ge|sell|schaft**, die: *Gesellschaftsform, die aus einer Klasse der Wohlhabenden u. einer Klasse der Mittellosen besteht, wobei eine starke Mittelschicht fehlt;* **Zwei|kom|po|nen|ten|kle|ber** (ugs.), **Zwei|kom|po|nen|ten|kleb|stoff**, der: *aus zwei getrennt vorliegenden Komponenten bestehender Klebstoff, der seine Wirkung erst durch die Vermischung der beiden Komponenten entfaltet;* **Zwei|ko|or|di|na|ten|meß|ge|rät**, das: *optisches Meßgerät, mit dem Längenmaße in einer Ebene eines zu messenden Objekts bestimmbar sind;* **zwei|köp|fig** ⟨Adj.⟩: **1.** *aus zwei Personen bestehend:* ein -es Direktorium. **2.** *mit zwei Köpfen [versehen]:* das Wappen zeigt einen -en Adler; **Zwei|korn**, das ⟨o. Pl.⟩: *Emmer;* **Zwei|kreis|an|la|ge**, die (Technik): *technische Anlage aus zwei getrennten Teilen, die aber der gleichen Funktion dienen;* **Zwei|kreis|brem|se**, die (Kfz-T.): *Bremse, bei der das Bremspedal auf zwei unabhängig voneinander arbeitende [hydraulische] Systeme wirkt (so daß bei etwaigem Ausfall eines Kreises der andere seine volle Kraft behält);* **Zwei|kreis|sy-**

stem, das (Wirtsch.): *Buchhaltung, bei der die Konten für innerbetriebliche Kosten u. Leistungen einerseits u. für den außerbetrieblichen Verkehr (Ein- u. Verkauf) andererseits in getrennten Kreisen geführt werden;* **Zwei|li|ter|fla|sche,** die: *Flasche mit zwei Litern Fassungsvermögen;* **zwei|mäh|dig** ⟨Adj.⟩: vgl. einmähdig; **zwei|mal** ⟨Wiederholungsz.; Adv.⟩ (mit Ziffer: 2mal): vgl. achtmal; **zwei|ma|lig** ⟨Adj.⟩ (mit Ziffer: 2malig): vgl. achtmalig; **Zwei|mann|boot,** das: *Boot für zwei Personen;* **Zwei|mark|stück,** das: vgl. Fünfmarkstück; **Zwei|ma|ster,** der; -s, -: vgl. Dreimaster (1); **zwei|mo|na|tig** ⟨Adj.⟩: vgl. achtmonatig; **zwei|mo|nat|lich** ⟨Adj.⟩: vgl. achtmonatlich; **Zwei|mo|nats|schrift,** die: *Zeitschrift, die alle zwei Monate erscheint;* **zwei|mo|to|rig** ⟨Adj.⟩: vgl. einmotorig; **Zwei|na|tu|ren|leh|re,** die ⟨o. Pl.⟩ (Theol.): *Lehre, die besagt, daß in Jesus Christus zwei Naturen – die göttliche u. die menschliche – vereint sind;* **Zwei|nut|zungs|ras|se,** die: *Haustierrasse, die zweifach genutzt wird (z. B. das Rind als Lieferant für Milch u. für Fleisch);* **Zwei|par|tei|en|sy|stem,** das: *Staatsform, bei der nur zwei große Parteien (als Regierungs- u. Oppositionspartei) vorkommen:* die USA haben mit Republikanern und Demokraten ein Z.; **Zwei|per|so|nen|stück,** das: *Stück (6 a) mit nur zwei Personen* (3); **Zwei|pfen|nig|stück,** das: *Geldmünze mit dem Wert von zwei Pfennig;* **Zwei|pfund|brot,** das: vgl. Dreipfundbrot; **Zwei|pfün|der,** der; -s, -: vgl. Dreipfünder; **Zwei|pha|sen|strom,** der (Elektrot. früher): *System von zwei Wechselströmen mit einer Phasenverschiebung um 90°;* **zwei|pha|sig** ⟨Adj.⟩: vgl. einphasig; **Zwei-plus-vier-Ver|trag,** der ⟨o. Pl.⟩: *der Vertrag wurde zwischen den beiden deutschen Staaten u. den vier Siegermächten des zweiten Weltkriegs (Frankreich, Großbritannien, Sowjetunion, USA) abgeschlossen]: völkerrechtlicher Vertrag von 1990 über die äußeren Aspekte der deutschen Einheit;* **zwei|po|lig:** vgl. einpolig; bipolar; **Zwei|punkt|gurt,** der: *Sicherheitsgurt, der an zwei Punkten in der Karosserie verankert ist;* **Zwei|punkt|re|ge|lung,** die (Technik): *Regelung durch einen Regler, der nur zwei Größen (z. B. „ein", „aus") aufweist;* **Zwei|rad,** das: *durch Treten von Pedalen od. durch einen Motor angetriebenes Fahrzeug mit zwei in einer Spur hintereinander angebrachten Rädern;* ↑zweirädrig: **Zwei|rä|de|rig, Zwei|rad|fah|rer,** der: *jmd., der ein Zweirad fährt;* **Zwei|rad|fah|re|rin,** die: w. Form zu ↑Zweiradfahrer; **zwei|räd|rig,** auch (seltener:) **zwei|rä|de|rig** ⟨Adj.⟩: vgl. dreirädrig; **Zwei|re|gi|men|te|leh|re, Zwei|rei|che|leh|re,** die ⟨o. Pl.⟩ (Theol.): *auf Luther zurückgehende, an die Zweigewalten anschließende Lehre, wonach Gott die Welt auf zweierlei Weise – im geistlichen Reich durch sein geistliches Regiment, im weltlichen Reich durch sein weltliches Regiment – regiert;* **Zwei|rei|her,** der (Schneiderei): *Herrenanzug, dessen Jackett zwei senkrechte Knopfreihen hat;* Doppelreiher: er trug einen grauen Z.; Mutter in Tracht, Vater im dunkelblauen Z. (Bieler, Bär 370);

zwei|rei|hig ⟨Adj.⟩: vgl. einreihig; **Zwei|ru|de|rer,** der: *Bireme;* **zwei|sai|tig:** vgl. fünfsaitig; **zwei|sam** ⟨Adj.⟩: (selten): *gemeinsam, einträchtig zu zweien:* sie lebten z. in ihrem großen Haus; **Zwei|sam|keit,** die; -, -en: *zweisames Leben od. Handeln:* Jahre schönster, harmonischer Z.; sich nach Geborgenheit und Z. sehnen; **zwei|schich|tig** ⟨Adj.⟩: vgl. einschichtig (2, 3); **zwei|schif|fig** ⟨Adj.⟩: vgl. dreischiffig; **zwei|schlä|fe|rig** (seltener), **zwei|schlä|fig, zwei|schläf|rig** ⟨Adj.⟩: *für zwei Personen zum Schlafen vorgesehen:* ein -es Bett (Doppelbett); Also standen neben dem zweischläfigen Ehebett dicht bei dicht zwei Kinderbetten (Grass, Butt 542); **Zwei|schnei|der,** der: *Gerät, meist mit zwei Hartmetallschneiden, zum Bohren spröder Werkstoffe wie Glas usw.;* **zwei|schnei|dig** ⟨Adj.⟩ [spätmhd. zweisnidic]: *mit zwei Schneiden versehen, an beiden Seiten geschliffen:* -es Messer, Schwert; Ü eine -e Angelegenheit *(etw., was zwar Vorteile hat, aber auch ins Gegenteil umschlagen kann);* Elektronik im Auto ist z. und eine zweifelhafte Reklame, wenn eine Sache „aus Frankreich kam" (Jacob, Kaffee 144); **Zwei|schnei|dig|keit,** die, -: *das Zweischneidigsein;* **zwei|schü|rig** ⟨Adj.⟩: vgl. einschürig; **zwei|schüs|sig** ⟨Adj.⟩ (Weberei): *mit jeweils zwei gleichlaufenden Schußfäden in einem Fach* (3); **zwei|sei|tig** ⟨Adj.⟩: 1. vgl. achtseitig. 2. *nach zwei Seiten hin, zwischen zwei Parteien o. ä.* -e (bilaterale) Verträge; die Auffassung der Herrschaft als eine -en (gegenseitigen) Pflichtbindung von Herrscher und Untertanen (Fraenkel, Staat 267); **Zwei|sei|tig|keit,** die; -: *das Zweiseitigsein;* **zwei|sil|big** ⟨Adj.⟩: vgl. achtsilbig; **Zwei|sit|zer,** der; -s, -: *Viersitzer;* **zwei|sit|zig** ⟨Adj.⟩: vgl. viersitzig; **zwei|spal|tig** ⟨Adj.⟩: vgl. dreispaltig; **Zwei|spän|ner,** der: 1. vgl. Dreispänner. 2. (Bauw.) *Wohnhaus mit jeweils zwei an einem Treppenabsatz liegenden Wohnungen;* **zwei|spän|nig** ⟨Adj.⟩ [2: Ü von 1]: 1. vgl. achtspännig: Die Bespannung -er Fuhrwerke ... mit nur einem Zugtier ist unzulässig (Straßenverkehrsrecht, StVZO 196). ♦ 2. *zweischläfrig:* Da alle drei Gesellen in einem -en Bett schlafen mußten (Keller, Kammacher 205); **Zwei|spitz,** der: *[zu verschiedenen Uniformen, bes. von Marineoffizieren, getragener] Hut mit zwei aufgeschlagenen, rechts u. links od. vorn u. hinten spitz zulaufender Krempe;* **zwei|spra|chig** ⟨Adj.⟩: a) *zwei Sprachen sprechend, verwendend;* bilingual: ein -es Gebiet (Gebiet, in dem zwei Sprachen gesprochen werden); das Kind wächst z. auf; b) *in zwei Sprachen [abgefaßt]* bilinguisch: ein -es Wörterbuch; die Straßenschilder in Südtirol sind z.; **Zwei|spra|chig|keit,** die; -: *das Zweisprachigsein;* **zwei|spu|rig** ⟨Adj.⟩: 1. a) *zweigleisig* (a): eine -e Bahnstrecke; b) *(von Straßen) mit zwei Fahrspuren versehen.* 2. *(von Fahrzeugen) mit je parallel im Abstand der Spurweite nebeneinander herlaufenden Rädern:* ein Pkw ist -es Fahrzeug; **Zwei|staa|ten|theo|rie,** die ⟨o. Pl.⟩ (Völkerr. früher): *Theorie, nach*

der Deutschland aus zwei Staaten mit unterschiedlichen Gesellschaftssystemen besteht; **Zwei|staat|lich|keit,** die: *Existenz zweier unabhängiger Staaten, die in bezug auf die Bevölkerung, Sprache usw. eine Einheit bilden;* **zwei|stäm|mig** ⟨Adj.⟩ (Biol.): *diphyletisch;* **Zwei|stär|ken|glas,** das: *Bifokalglas;* **zwei|stel|lig** ⟨Adj.⟩: vgl. achtstellig; **zwei|stim|mig** ⟨Adj.⟩: vgl. dreistimmig; **zwei|stöckig**¹ ⟨Adj.⟩: vgl. achtstöckig; **zwei|strah|lig** ⟨Adj.⟩: vgl. dreistrahlig; **Zwei|strom|land,** das; -[e]s: *Gebiet zwischen Euphrat u. Tigris;* Mesopotamien; **zwei|stück|lig** ⟨Adv.⟩: *in je zwei Stücken;* **Zwei|stu|fen|ra|ke|te,** die: vgl. Dreistufenrakete; **zwei|stu|fig** ⟨Adj.⟩: vgl. einstufig; **zwei|stün|dig** ⟨Adj.⟩: vgl. achtstündig; **zwei|stünd|lich** ⟨Adj.⟩: vgl. achtstündlich; **zweit:** in der Fügung **zu z.** *(als Gruppe von zwei Personen):* wir sind zu z.; **zweit...** ⟨Ordinalz. zu ↑zwei⟩ (als Ziffer: 2.): er war schon der zweite, der mich darauf ansprach; der zweite von hinten; dieser Ort ist ihre zweite Heimat; ein zweiter Mozart (ugs. übertreibend; *ein hervorragender Musiker);* eine Verbrennung zweiten (mittleren) Grades; [die] zweite Stimme *(Begleitstimme)* singen; das wird mir nicht ein zweites Mal *(wird mir nie wieder)* passieren; sie gehört nur zur zweiten Garnitur, zum zweiten Aufgebot *(zur Reserve)* ihrer Mannschaft; der zweite/Zweite Weltkrieg; ⟨subst.:⟩ am zweiten des Monats; er ging als Zweiter *(als Zweitplazierter hinter dem Sieger)* aus dem Rennen hervor; bitte einmal Zweiter *(eine Fahrkarte zweiter Klasse)* nach München!; **Zwei|ta|fel|pro|jek|ti|on,** die: *Abbildungsverfahren in der Geometrie, bei dem der darzustellende Gegenstand durch je eine senkrechte Parallelprojektion auf zueinander senkrechte Bildebenen projiziert wird;* **zwei|tä|gig** ⟨Adj.⟩: vgl. achttägig: ein -er Kongreß; **zweit|täg|lich** ⟨Adj.⟩: vgl. achttäglich: das Schiff verkehrt z.; **Zwei|tak|ter,** der; -s, -: kurz für ↑Zweitaktmotor; **Zwei|takt|mo|tor,** der (Kfz-T.): *Verbrennungsmotor mit zwei Arbeitsgängen (im ersten Einströmen u. Verdichten des Benzin-Luft-Gemischs, im zweiten Verbrennen u. Auspuffen);* **zweit|äl|test...** ⟨Adj.⟩: *hinsichtlich des Alters an zweiter Stelle stehend:* die zweitälteste Einwohnerin; **zwei|tau|send** ⟨Kardinalz.⟩ (in Ziffern: 2 000): vgl. tausend; **Zwei|tau|sen|der,** der: vgl. Achttausender; **zwei|tau|send|jäh|rig** ⟨Adj.⟩: *2 000 Jahre dauernd, bestehend:* die zweitausendjährige Akropolis; **Zweit|aus|fer|ti|gung,** die: *zweite Ausfertigung;* ¹Doppel (1), Duplikat; **Zweit|au|to,** das; **Zweit|be|ruf,** der: *zweiter [zusätzlich erlernter] Beruf;* **Zweit|be|sit|zer,** der: *jmd., der einen Wagen o. ä. unmittelbar vom ersten Besitzer, aus erster Hand übernommen hat;* **Zweit|be|sit|ze|rin,** die: w. Form zu ↑Zweitbesitzer; **zweit|best...** ⟨Adj.⟩: *vgl. zweitältest...:* der zweitbeste Schüler seiner Klasse; **Zweit|druck,** der: vgl. Erstdruck; **zwei|tei|len** ⟨sw. V.; hat⟩ (selten): *in zwei Teile teilen:* einen Apfel z.; ich muß mich verdoppeln, mich z.; ein Teil von Louis Venosta muß reisen, während der andere in Paris ... bleiben

Zweiteiler

darf (Th. Mann, Krull 280); **Zwei|tei|ler,** der (ugs.): **1.** *zweiteiliger Badeanzug.* **2.** *zweiteiliges Kleid.* **3.** *zweiteiliges Fernsehspiel o. ä.;* **zwei|tei|lig** ⟨Adj.⟩: vgl. achtteilig; **Zwei|tei|lung,** die: *Teilung in zwei Hälften, Abschnitte, Gruppen o. ä.;* **Zwei|te-Klas|se-Wa|gen,** der: ↑ Zweiter-Klasse-Wagen; **zwei|tel|mal** ⟨Adv.⟩: in der Verbindung **das z.** *(das zweite Mal);* **zwei|ten|mal** ⟨Adv.⟩: in der Verbindung **beim, zum z.** *(beim, zum zweiten Mal);* **zwei|tens** ⟨Adv.⟩ (als Ziffer: 2.): an zweiter Stelle, als zweiter Punkt; **Zwei|ter-Klas|se-Wa|gen,** Zweite-Klasse-Wagen, der: *Eisenbahnwagen der zweiten Wagenklasse;* **Zweit|er|kran|kung,** die: *zu einer Krankheit [als Folgeerscheinung] hinzukommende Erkrankung;* **Zweit|fahr|zeug,** das: vgl. Zweitwagen; **Zweit|fri|sur,** die (verhüll.): *von Frauen meist aus modischen Gründen getragene Perücke;* **Zweit|ge|rät,** das: *zweites Gerät (z. B. Rundfunk-, Fernsehgerät o. ä.) in einem Haushalt;* **zweit|größt...** ⟨Adj.⟩: vgl. zweitältest...: *die zweitgrößte Stadt;* **zweit|höchst...** ⟨Adj.⟩: vgl. zweitältest...: *der zweithöchste Berg;* **Zweit|imp|fung,** die (Med.): *wiederholte Impfung mit dem gleichen Impfstoff in einem bestimmten zeitlichen Abstand zur Erstimpfung; Revakzination;* **Zweit|kin|der|geld,** das: *Kindergeld für das zweite Kind;* **Zweit|klaß-** (schweiz.): vgl. Erstklaß-; **Zweit|kläs|ser,** der; -s, - (bes. md.): vgl. Erstklässer; **Zweit|kläs|se|rin,** die; -, -nen (bes. md.): w. Form zu ↑Zweitklässer; **zweit|klas|sig** ⟨Adj.⟩ (abwertend): *von geringerem Ansehen, Ruf; nicht zur ersten Klasse, Garnitur gehörend:* ein -es Lokal; ich sehe in den Scheidungsgesetzen nichts, was eine Frau als z. erscheinen läßt (Kemelman [Übers.], Dienstag 40); **Zweit|klas|sig|keit,** die (abwertend): *das Zweitklassigsein;* **Zweit|kläß|ler** (österr.), **Zweit|kläß|ler,** der; -s, - (südd., schweiz.): vgl. Erstklaßler; **Zweit|kläß|le|rin,** die; -, -nen (österr.): w. Form zu ↑Zweitklaßler; **Zweit|kläß|le|rin,** die; -, -nen (südd., schweiz.): w. Form zu ↑Zweitkläßler; **zweit|längst...** ⟨Adj.⟩: vgl. zweitältest...: *der zweitlängste Fluß Europas;* **zweit|letzt...** ⟨Adj.⟩: *an vorletzter Stelle [stehend];* **Zweit|li|gist,** der: vgl. Erstligist; **Zwei|tou|ren|druck|ma|schi|ne, Zwei|tou|ren|ma|schi|ne** [...'tu:...], die: *beim Flachdruck verwendete Maschine, bei der sich der Zylinder während des Vor- u. Rücklaufs zweimal dreht;* **zwei|tou|rig** ⟨Adj.⟩: *jeweils zwei Umdrehungen (für jeden Arbeitsgang) machend:* eine -e Maschine; **Zweit|pla|cier|te,** (eingedeutscht:) **Zweit|pla|zier|te,** der u. die: vgl. Erstplacierte; **zweit|ran|gig** ⟨Adj.⟩: **a)** *zweiten Ranges, nicht so dringlich, weniger wichtig:* ein -es Problem; eine -e Frage, Aufgabe; Die Nationalität ist dabei völlig z. *(unwichtig;* Weber, Tote 33); **b)** (abwertend) *zweitklassig:* Der reiche Bankier ... wird in einem -en Hotel ermordet aufgefunden (Bild und Funk 11, 1966, 53); er gehörte eigentlich in eine niedere Kategorie der Offizierssoldaten, war also einwandfrei z. (Kirst, 08/15, 240); ♦ **Zwei|tritt,** der: *Tanz im ²/₄-Takt:* Aber sie schien bei diesem Tanze gar nicht mitzuhalten, und endlich ging auch der zu Ende, und ein anderer, ein Z., der eben erst hier in die Mode gekommen war, folgte (Storm, Schimmelreiter 47); **Zweit|schlag,** der [LÜ von engl. second strike] (Politik): *auf einen Angriff mit Nuklearwaffen folgender Vergeltungsschlag, der mit Waffen geführt wird, die so konstruiert sind, daß sie einem ersten Atomangriff standhalten;* **zweit|schlech|test...** ⟨Adj.⟩: vgl. zweitältest...; **Zweit|schlüs|sel,** der: *zweiter Schlüssel zum Gebrauch neben dem Originalschlüssel;* **zweit|schönst...** ⟨Adj.⟩: vgl. zweitältest...: *der zweitschönste Rassehund;* **Zweit|schrift,** die: *Zweitausfertigung;* **Zweit|se|kre|tä|rin,** die: *zweite Sekretärin, die zusätzlich zu einer anderen Sekretärin für jmdn., etw. zuständig ist;* **Zweit|spra|chen|er|werb,** der: *Erwerb einer zweiten Sprache zu einem Zeitpunkt, da die erste bereits ganz od. teilweise beherrscht wird;* **Zweit|stim|me,** die: *Stimme, die der Wähler bei der Wahlen zum Bundestag für die Landesliste einer Partei abgibt;* **Zweit|stu|di|um,** das: *zweites Studium nach einem bereits abgeschlossenen Studium;* **zwei|tü|rig** ⟨Adj.⟩: vgl. viertürig; **Zweit|wa|gen,** der: *zweites, auf denselben Besitzer zugelassenes Auto:* Die Leute besitzen mehr als ein Auto, und viele wollen den VW als Z. (Spiegel 14, 1969, 145); **Zweit|woh|nung,** die: *zweite Wohnung [für Wochenenden od. Urlaub];* **Zwei|und|drei|ßig|stel|no|te,** die (Musik): vgl. Achtelnote; **Zwei|und|drei|ßig|stel|pau|se,** die (Musik): vgl. Achtelpause; **zwei|und|ein|halb** ⟨Bruchz.⟩: vgl. achtundeinhalb; **Zwei|vier|tel|takt** [-'firt|-], der: vgl. Dreivierteltakt; **Zwei|we|ge|fahr|zeug,** das: *Fahrzeug, das durch ein verstellbares Fahrwerk sowohl auf der Straße als auch auf Schienen fahren kann;* **Zwei|we|ge|hahn,** der (Technik): vgl. Dreiwegehahn; **zwei|wer|tig:** vgl. dreiwertig (1, 2); **zwei|wö|chent|lich** ⟨Adj.⟩: vgl. achtwöchentlich; **zwei|wöl|chig** ⟨Adj.⟩: vgl. achtwöchig; **Zwei|zack,** der; -s, -e: vgl. Dreizack; **zwei|zackig¹** ⟨Adj.⟩: vgl. dreizackig; **Zwei|zahn,** der: *einjähriges od. ausdauerndes Kraut mit gegenständigen Blättern u. Früchten, die 2–4 kleine, wie Widerhaken nach rückwärts gebogene Borsten tragen;* **zwei|ze|hig** ⟨Adj.⟩: vgl. einzehig; **Zwei|zei|ler,** der; -s, -: vgl. Vierzeiler; **zwei|zei|lig** ⟨Adj.⟩: **1.** vgl. achtzeilig. **2.** *immer eine Zeile freilassend:* ein z. geschriebener Text; **Zwei|zim|mer|woh|nung,** die: vgl. Dreizimmerwohnung; **Zwei|zü|ger,** der; -s, - (Problemschach): vgl. Einzüger (1); **zwei|zü|gig** ⟨Adj.⟩: *zwei Züge (14 b) aufweisend, in zwei Abteilungen geteilt:* eine -e Schule; **Zwei|zy|lin|der,** der (ugs.): vgl. Achtzylinder; **Zwei|zy|lin|der|mo|tor:** vgl. Achtzylindermotor; **zwei|zy|lind|rig** ⟨Adj.⟩: vgl. achtzylindrig.

Zwen|ke, die; -, -n [H. u.]: *(in zahlreichen Arten bes. in Wäldern wachsendes) Süßgras.*

zwerch ⟨Adv.⟩ [mhd. twerch, ahd. twerah, dwerah = schräg, verkehrt, quer, H. u., verwandt. eigtl. = verdreht u. verw. mit ↑drechseln] (landsch.): *quer;* **Zwerch|fell,** das: *aus Muskeln u. Sehnen bestehende Scheidewand zwischen Brust- u. Bauchhöhle (bei Menschen u. Säugetieren); Diaphragma (1);* **Zwerch|fell|läh|mung¹,** die: *Bewegungsunfähigkeit des Zwerchfells;* **Zwerch|fell|at|mung,** die ⟨o. Pl.⟩: *Atmung, die durch die Bewegung des Zwerchfells bestimmt wird;* **Zwerch|fell|bruch,** der (Med.): *Hiatushernie;* **zwerch|fell|er|schüt|ternd** ⟨Adj.⟩: **a)** *(vom Lachen) sehr heftig;* **b)** *zu heftigem Lachen reizend:* -e Komik; Daher denn auch die französischen Witzblätter nicht gerade z. sind (Tucholsky, Werke II, 200); **Zwerch|gie|bel,** der (Archit.): vgl. Zwerchhaus; **Zwerch|haus,** das (Archit.): *quer zum Giebel aus dem Dach hervortretender, in einer Ebene mit der Fassade abschließender Gebäudeteil in der Form eines [mehrgeschossigen] Häuschens;* ♦ **Zwerch|sack,** der: *(im landsch. Sprachgebrauch) [Ruck]sack, der quer über der Schulter getragen wird:* warum habt Ihr den Z. vorn bei Euch auf dem Roß gebunden und nicht hinten? (Hebel, Schatzkästlein 25); wenn nun der Mann zu seinem Weibe heimkommt, ihr seinen Handel rühmt, so die Kinder alle passen, bis der Z. aufgeht, darin auch was für sie sein mag (Mörike, Mozart 259).

Zwerg, der; -[e]s, -e [mhd., ahd. twerc, H. u., hängt viell. im Sinne von „Trugwesen" mit ahd. gidrog = Gespenst zusammen]: **1.** *(in Märchen u. Sagen auftretendes) kleines, meist hilfreiches Wesen in Menschengestalt (das man sich meist als kleines Männchen mit Bart u. [roter] Zipfelmütze vorstellt); Gnom* (a): Schneewittchen und die sieben -e. **2.** *kleinwüchsiger Mensch; Gnom* (b): Benny Burns, dieser vierzigjährige verwachsene Z. (Fr. Wolf, Menetekel 175); Ü ... der Nachweis, daß Europa kein raumfahrttechnischer Z. neben den USA und der Sowjetunion mehr ist (Saarbr. Zeitung 27. 12. 79, 2). **3.** (Astron.) *Zwergstern;* **zwerg|ar|tig** ⟨Adj.⟩: *in der Art u. Weise eines Zwerges (1, 2);* **Zwerg|baum,** der (Bot.): *kleinwüchsiger Baum;* **Zwerg|be|trieb,** der: *sehr kleiner Betrieb;* **Zwerg|dackel¹,** der; **Zwerg|ein|auf|stand,** der (ugs.): *unnötige Aufregung, Empörung:* mach hier doch keinen Z.!; **zwer|gen|haft** (seltener:) **zwerghaft** ⟨Adj.; -er, -este⟩: **1.** *auffallend klein[wüchsig]:* ein -er Wuchs, Mensch. **2.** *wie ein Zwerg (1) aussehend:* in dem Märchenspiel traten -e Gestalten auf; **Zwer|gen|kö|nig,** der: *König der Zwerge* (1); **Zwer|gen|wer|fen, Zwerg|ge|wer|fen,** das; -s: *Wettkampf, bei dem ein kleinwüchsiger Mensch möglichst weit geworfen werden muß:* Das in den USA erfundene „Zwergenwerfen", das jetzt auch in Frankreich praktiziert wurde, ist gestern ... offiziell verboten worden (Rheinpfalz 28. 11. 91, 36); **Zwerg|flie|gen|schnäp|per,** der; **Zwerg|form,** die: *sehr kleine Spielart von etw. (bes. von Tieren od. Pflanzen);* **Zwerg|fü|ßer,** der; -s, -: *Tausendfüßer, der nicht an jedem Segment seines Körpers ein Beinpaar hat;* **Zwerg|ga|le|rie,** die (Archit.): *unter dem Dachgesims einer Kirche (meist nur an der Apsis) ausgesparte, an der Außenseite von kleinen Säulen gegliederte Galerie;* **Zwerg-**

gras, das: *niedrig wachsendes Gras (1) mit sehr dünnen Stengeln;* **zwerg|haft:** ↑zwergenhaft; **Zwẹrg|huhn,** das: *sehr kleines, oft schön gefärbtes Haushuhn;* **Zwẹrg|hund,** der: *Hund einer Zwerghundrasse;* **Zwẹrg|hund|ras|se,** die: *Rasse sehr kleiner Hunde;* **zwẹr|gig** ⟨Adj.⟩ (seltener): *zwergenhaft;* **Zwẹr|gin,** die; -, -nen [mhd. twerginne, twergin]: w. Form zu Zwerg (1, 2); **Zwẹrg|kie|fer,** die *(in mittel- u. südeuropäischen Gebirgen vorkommende) kleinwüchsige, meist in die Breite wachsende Kiefer;* **Zwẹrg|männ|chen,** das (Zool.): *Männchen, das im Vergleich zu dem Weibchen seiner Art um ein Vielfaches kleiner ist;* **Zwẹrg|maus,** die: *sehr kleine Maus mit gelbbraunem Fell u. weißer Bauchseite, die im hohen Gras u. in Getreidefeldern lebt;* **Zwẹrg|mo|schus|tier,** das: *vor allem in afrikanischen u. asiatischen Wäldern u. Trockengebieten heimischer, kleiner Paarhufer mit braunem Fell, das weiß gezeichnet ist;* **Zwẹrg|mot|te,** die: *kleine Motte mit meist buntgefärbten, oft mit silberner od. goldener Zeichnung versehene Flügeln mit winziger Spannweite;* **Zwẹrg|obst,** das: *Formobst (1);* **Zwẹrg|pal|me,** die: *in den Mittelmeerländern heimische, niedrige, sich buschig verzweigende Fächerpalme mit gelben Blüten u. rötlichen Früchten;* **Zwẹrg|pflan|ze,** die: *erb- od. umweltbedingt nicht zu normaler Größe entwickelte, aber fortpflanzungsfähige Pflanze;* **Zwẹrg|pin|scher,** der: *vgl. Zwergdackel;* **Zwẹrg|pu|del,** der: *vgl. Zwergdackel;* **Zwẹrg|schnäp|per,** der: *(zu den Fliegenschnäppern gehörender) Singvogel mit bräunlichem Gefieder am Kopf u. Rücken, weißlicher Brust u. orangefarbener Kehle;* **Zwẹrg|schu|le,** die: *Schule (bes. in ländlichen Gebieten), in der auf Grund geringer Schülerzahlen Schüler mehrerer Schuljahre in einem Klassenraum unterrichtet werden;* **Zwẹrg|staat,** der: *vgl. Kleinstaat: Von ihrem Büro aus kümmerte sie sich auch um die Zukunft des -es Monaco* (Hörzu 40, 1982, 40); **Zwẹrg|stern,** der (Astron.): *Fixstern mit geringem Durchmesser u. schwacher Leuchtkraft;* **Zwẹrg|strauch,** der: *vgl. Zwergbaum;* **Zwẹrg|ti|ger|kat|ze,** die: *in Indien u. Hinterindien heimische Katze (2) mit zimtbraunem bis gelbgrauem Fell, das in Reihen angeordnete Flecken aufweist, u. getüpfeltem Schwanz;* **Zwẹrg|volk,** das: *zwergwüchsiges Volk;* **Zwẹrg|wes|pe,** die: *kleine Wespe, deren Flügel eng gestartig verschmälert u. dicht mit langen Wimperhaaren besetzt sind;* **Zwẹrg|wick|ler,** der: *sehr kleiner Wickler (2);* **Zwẹrg|wuchs,** der: **1.** (Med.) *krankhafter Stillstand des Längenwachstums beim Menschen; Nanismus.* **2.** (Biol.) *(bei bestimmten Menschen- sowie Tier- u. Pflanzenrassen) Längenwachstum, das stark unter dem Durchschnitt liegt;* **zwẹrg|wüch|sig** ⟨Adj.⟩: *kleinwüchsig;* **Zwẹrg|zi|ka|de,** die: *kleine, meist gelblichgrüne Zikade, die häufig für Kulturpflanzen schädlich wird.*

Zwẹt|sche, die; -, -n [spätmhd. tzwetzschken, zwetsch(g)en, über das Roman.-Vlat. zu spätlat. damascena (Pl.) = *Pflaumen aus Damaskus* < griech. Damaskēná = *die damaskische (Frucht),* als Heimat der Obstart galt schon in der Antike die Gegend von Damaskus in Syrien]: **1.** *der Pflaume ähnliche, länglich-eiförmige, dunkelblaue Frucht des Zwetschenbaums mit grünem, süß schmeckendem Fruchtfleisch u. länglichem Kern.* **2.** kurz für ↑Zwetschenbaum; **Zwẹt|schen|baum,** der: *Obstbaum mit Zwetschen als Früchten;* **Zwẹt|schen|kern,** der: *Kern einer Zwetsche;* **Zwẹt|schen|ku|chen,** der: *vgl. Pflaumenkuchen;* **Zwẹt|schen|mus,** das: *aus Zwetschen hergestelltes Mus;* **Zwẹt|schen|schnaps,** der: *vgl. Pflaumenschnaps;* **Zwẹt|schen|was|ser,** das ⟨Pl. ...wässer⟩: *Zwetschenschnaps; Quetsch;* **Zwẹt|sche,** die; -, -n (landsch., österr.; auch Fachspr.): *Zwetsche (1, 2);* *seine sieben -n [ein]packen* (ugs.; *seine Habseligkeiten einpacken [u. sich entfernen]);* **Zwẹt|schgen|baum** usw. (südd., schweiz. u. Fachspr.): ↑Zwetschenbaum usw.; **Zwẹtsch|ke,** die; -, -n (österr.): *Zwetsche (1, 2);* **Zwẹtsch|ken|baum** usw. (österr.): ↑Zwetschenbaum usw.; **Zwẹtsch|ken|knö|del,** der (österr.): *Knödel aus Kartoffelteig mit einer Zwetsche in der Mitte;* **Zwẹtsch|ken|kram|pus,** der (österr.): *aus gedörrten Zwetschen hergestellte Figur [des ²Krampus];* **Zwẹtsch|ken|pfef|fer,** der (österr.): *Mus aus gedörrten Zwetschen;* **Zwẹtsch|ken|rö|ster,** der (österr.): *Röster* (2 a, b) *aus Zwetschen.*

Zwịcke¹, die; -, -n [1: zu ↑zwicken; 2: Nebenf. von ↑Zwecke; 3: H. u.; wohl zu mhd., ahd. zwi- (in Zus.) = zwei-]: **1.** (landsch.) *Beißzange (1).* **2.** (veraltet) *Zwecke.* **3.** (Biol.) *als Zwilling mit einem männlichen Tier geborenes fortpflanzungsunfähiges Kuhkalb od. weibliches Ziegenlamm;* **Zwịckel¹,** der; -s, - [1: mhd. zwikkel, verw. mit ↑Zweck bzw. zwicken, eigtl. = *keilförmiges Stück;* 3: vgl. verzwickt; 4: wohl urspr. gaunerspr., zu zwicken]: **1.** *keilförmiger Einsatz an Kleidungsstücken:* einen Z. unter angeschnittenen Ärmeln einsetzen; eine Strumpfhose mit Z.; Ü *einen weit nach Süden reichende Z. des Kreises Gifhorn heißt Papenteich* (B. Vesper, Reise 124). **2.** (Archit.) **a)** *Teil des Gewölbes, der den Übergang von einem mehreckigen Grundriß zu einer Kuppel bildet* (z. B. Pendentif, Trompe); **b)** *Wandfläche zwischen zwei Bogen einer Arkade.* **3.** (landsch.) *sonderbarer, schrulliger Mensch:* ein komischer Z. **4.** (Jugendspr. veraltend) *Zweimarkstück:* Ich hielt ihnen die Preise in den Diskotheken vor, und wir einigten uns dann schließlich pro Mann auf einen Z. (2 Mark; Ossowski, Bewährung 40); **zwịcken¹** (sw. V.; hat) [mhd., ahd. zwicken, wohl Intensivbildung zu ahd. zwīgōn = *ausreißen, rupfen, pflücken,* zu: zwīg = *Zweig,* in mhd. Zeit Anlehnung an mhd. zwec (↑Zweck) u. im Sinne von „mit Nägeln befestigen, einklemmen" gebr.]: **1.** (bes. südd., österr.) *[leicht] kneifen (1):* jmdm./jmdn. in die Wange z.; *Auch ist es ihm gelungen, sie in die ausgestreckte Handfläche zu z.* (Frischmuth, Herrin 14); *so wird dieses (= ein Raubtier) immer in dem Augenblick, wo es auf einen Vogel losstürzt, von einem anderen in den Schwanz gezwickt* (Lorenz, Verhalten I, 250). **2.** (bes. südd., österr.) **a)** *[leicht] kneifen (2 a):* die Hose zwickt am Bund; *schließlich auch die Kleidung, „echte Langlaufkleidung", versteht sich, die zwickt und spannt und zu wenig Schweiß absorbiert* (Alpinismus 2, 1980, 20); **b)** *[leicht] kneifen (2 b):* sein Ischias zwickt ihn; *nun zwickt sein/zwickt ihn der Bauch; als er älter wurde, begann es ihn überall zu z. und zu zwacken* (bekam er alle möglichen kleineren Beschwerden); Ü *ihr Gewissen zwickte ein wenig* (Fallada, Jeder 32). **3.** (österr.) *(einen Fahrschein) lochen, entwerten:* der Schaffner hat meine Fahrkarte noch nicht gezwickt. **4.** (bes. österr.) *(mit einer Klammer) befestigen:* die Socken mit einer Wäscheklammer auf die Leine z.; ... *nahm er abends die Zeichnungen mit nach Hause, zwickte sie aufs eigene Reißbrett* (Bieler, Bär 43); **Zwịcker¹,** der; -s, - [2: H. u., heute verstanden als „sehr trockener Wein, der zwickt"]: **1.** (bes. südd., österr.) *Kneifer:* einen randlosen Z. hat er auf der Nase (Kempowski, Zeit 142). **2.** *elsässischer Weißwein, der ein Verschnitt aus weniger guten Trauben ist.* ◆ **3.** (bes. in landsch. Sprachgebrauch) *Verweis, Ermahnung:* es tät' wohl dem einen und jenem ein kleiner Z. gut (Storm, Schimmelreiter 32); **Zwịck|müh|le,** die; -, -n [zu mhd. zwi- = zwei-, also eigtl. = *Zweimühle, Zwiemühle,* nach der Möglichkeit im Mühlespiel, durch den gleichen Zug eine Mühle zu öffnen u. eine zweite zu schließen]: **1.** *Stellung der Steine im Mühlespiel, bei der man durch Hin- u. Herschieben eines Steines jeweils eine neue Mühle hat.* **2.** (ugs.) *schwierige, verzwickte Lage, aus der es keinen Ausweg zu geben scheint:* in einer Z. sein, sitzen, stecken; *Diese Anlage war der Ausweg aus der Z., in die viele Energiesparer bislang geraten sind* (natur 2, 1991, 65).

Zwie|back, der; -[e]s, ...bäcke u. -e [zu mhd., ahd. zwi- (in Zus.) = zwei-, eigtl. = *zweimal Gebackenes,* LÜ von ital. biscotto (↑Biskotte) od. frz. biscuit (↑Biskuit)]: *Gebäck in Gestalt einer dicken Schnitte, das nach dem Backen geröstet wird, wodurch es knusprig-hart u. haltbar wird.*

Zwie|bel, die; -, -n [mhd. zwibel, zwibolle, ahd. zwibollo, cipolle, über das Roman. < (spät)lat. cepul(l)a, Vkl. von lat. cepa = Zwiebel]: **1. a)** *knollenförmiger, der Speicherung von Nährstoffen dienender, meist unterirdisch wachsender Sproß der Zwiebelpflanzen mit dünner, trockener [schuppiger] Schale, mit konzentrisch angeordneten dicken, fleischigen, meist weißen Blättern bestehendem Innerem, Wurzeln an der Unterseite u. dicklichen, oft röhrenförmigen Blättern an der Oberseite:* die -n der Tulpen, Hyazinthen, Schneeglöckchen; **b)** *Zwiebelpflanze, deren Sproß die Zwiebel (1 c) ist:* ein Beet mit -n; **c)** *(als Gewürz u. Gemüse verwendete) Zwiebel (1 a) mit meist hellbrauner, dünner Schale u. aromatisch riechendem, scharf schmeckendem Innerem:* eine Z. in Ringe schneiden, braten; als sie die -n schälte, tränten ihre Augen; Gulasch mit

Zwiebeldach

viel -n. **2.** *Zwiebeldach:* in dem kleinen Turm mit der schindelblättrigen Z. (Schaper, Tag 17). **3.** (ugs. scherzh.) *[TaschenJuhr:* ... indem er lässig in die Westentasche griff und eine altmodische silberne Z. herauszog (Lentz, Muckefuck 162); Drei nach halb warst du hier oben, oder deine Z. geht falsch (Brot und Salz 398). **4.** (ugs. scherzh.) *kleiner, fester Haarknoten:* eine Z. haben, tragen; **Zwie|bel|dach**, das: *Dach bes. [Kirch]turms, das in der Form einer Zwiebel ähnelt;* **Zwie|bel|fisch**, der [urspr. von mehreren aus verschiedenen Schriftarten („wie ein Haufen kleiner Fische") durcheinandergeratenen Buchstaben] (Druckerspr.): *beim Setzen versehentlich verwendeter, von der Schrift des übrigen Satzes abweichender Buchstabe;* **Zwie|bel|flie|ge**, die: *grünlich schimmernde Fliege, die die Eier an Jungpflanzen von Zwiebeln, Lauch o. ä. legt, so daß die Larven dann die Pflanzen zerstören können;* **zwie|bel|för|mig** ⟨Adj.⟩: *in der Form einer Zwiebel ähnlich;* **Zwie|bel|ge|wächs**, das: *Zwiebelpflanze;* **Zwie|bel|hau|be**, die (Archit.): *zwiebelförmige kleine Kuppel als Abschluß eines [Kirch]turms;* **Zwie|bel|ku|chen**, der: *Kuchen aus Hefeteig mit einem Belag aus Zwiebeln, Speck [saurer Sahne u. Eiern];* **Zwie|bel|kup|pel**, die (Archit.): *zwiebelförmige Kuppel;* **Zwie|bel|mar|mor**, der: *Cipollin;* **Zwie|bel|mu|ster**, das: *blaues Dekor auf Porzellan, das stilisierte Pflanzen darstellt;* **zwie|beln** ⟨sw. V.; hat⟩ [H. u., viell. nach der Vorstellung, daß man jmdm. wie einer Zwiebel nach u. nach die Häute abzieht od. ihn wie beim Zwiebelschälen zum Weinen bringt] (ugs.): *jmdm. hartnäckig [mit etw.] zusetzen; schikanieren:* der Lehrer zwiebelt die Schüler; ein Unteroffizier kann einen Gemeinen ... derartig z., daß er verrückt wird (Remarque, Westen 37); **Zwie|bel|pflan|ze**, die (Bot.): *Pflanze, die zur Speicherung von Nährstoffen einen knollenförmigen Sproß ausbildet;* **Zwie|bel|ring**, der: *Ring, der sich beim Querschneiden einer Zwiebel (1 c) ergibt;* **Zwie|bel|schale**, die: *Schale einer Zwiebel;* **Zwie|bel|schei|be**, die; vgl. Zwiebelring; **Zwie|bel|sup|pe**, die: *aus Fleischbrühe mit Zwiebeln (1 c) hergestellte Suppe [die mit Toast u. Käse überbacken serviert wird];* **Zwie|bel|turm**, der: *[Kirch]turm mit einer Zwiebelhaube.*
Zwie|bra|che, die; -, -n [zu mhd., ahd. zwi- (in Zus.) = zwei-] (veraltet): *das zweite Pflügen eines Ackers im Herbst;* **zwie|brachen** ⟨sw. V.; hat⟩ (veraltet): *einen Acker zum zweiten Male pflügen;* **zwie|fach** (Vervielfältigungsz.) [mhd. zwivach] (geh. veraltend): *zweifach:* Diese Deutschen werden aber auf eine nicht abzusehende Zeit in einem besetzten Land leben, einem z. besetzten (Heym, Schwarzenberg 276); **Zwie|fa|che**, der; -n, -n ⟨Dekl. ↑ Abgeordnete⟩: *(bes. in Bayern u. Österreich getanzter) Volkstanz mit häufigem Wechsel von geradem u. ungeradem Takt;* **zwie|fäl|tig** ⟨Adj.⟩ [mhd. zwivaltic] (geh. veraltend): *zweifach;* **Zwie|fal|ti|ge**, der; -n, -n ⟨Dekl. ↑ Abgeordnete⟩: *Zwiefache;* **zwie|ge|näht** ⟨Adj.⟩: *doppelt genäht:* Küstermann schaute an seinem karierten Hemd, den Kniebundhosen hinunter auf sein -es Schuhwerk (Hahn, Mann 150); **Zwie|ge|sang**, der; -[e]s, ...gesänge (selten): *Duett* (1 b); **zwie|ge|schlech|tig** ⟨Adj.⟩ (veraltend): *zweigeschlechtig;* **Zwie|ge|schlech|tig|keit**, die; - (veraltend): *Zwiegeschlechtigkeit;* **zwie|ge|schlecht|lich** ⟨Adj.⟩: *auf beide Geschlechter gerichtet, beide Geschlechter betreffend;* **Zwie|ge|schlecht|lich|keit**, die; -: *das Zwiegeschlechtlichsein;* **zwie|ge|sich|tig** ⟨Adj.⟩ (geh. veraltend): *doppelsichtig;* **zwie|ge|spal|ten** ⟨Adj.⟩ (geh.): *in zwei Teile gespalten;* **Zwie|ge|spräch**, das; -[e]s, -e (geh.): *[vertrauliches] Gespräch, Gedankenaustausch zwischen zwei Personen:* sie führten lange -e; **Zwie|griff**, der; -[e]s, -e (Turnen): *Griff, bei dem eine Hand im Kamm- u. die andere im Ristgriff greift;* **zwie|griffs** ⟨Adv.⟩ (Turnen): *im,* mit Zwiegriff; **Zwie|laut**, der; -[e]s, -e (Sprachw.): *Diphthong;* **Zwie|licht**, das; -[e]s [aus dem Niederd. < zwielicht, eigtl. = halbes, gespaltenes Licht]: **1. a)** *Dämmerlicht (in dem die Umrisse von etw. Entfernterem nicht mehr genau zu erkennen sind):* Ein kaltes Z. lag über der Gegend (Hauptmann, Thiel 44); **b)** *Licht, das durch Mischung von natürlichem dämmrigen u. künstlichem Licht entsteht:* im, bei Z. zu lesen ist schlecht für die Augen; Ü Er lag noch eine Zeitlang in dem sonderbaren Z. von Traum und Wirklichkeit (Remarque, Triomphe 196). **2.** * *ins Z. geraten, bringen (in eine undurchsichtig-fragwürdige Situation geraten, bringen);* **zwie|lich|tig** ⟨Adj.⟩: *undurchsichtig* (2) *u. daher suspekt:* ein -er Geschäftemacher; So versuchen gewisse -e Verkäufer, Tonbandaufnahmen gegenüber den Kunden als Druckmittel einzusetzen (Brückenbauer 11. 9. 85, 8); Schliemanns Persönlichkeit, ein nicht ganz Kaufmann, nicht ganz Gelehrter (Ceram, Götter 66); **Zwie|milch|er|näh|rung**, die; -: *Ernährung eines Säuglings mit Muttermilch u. Kuhmilch;* **Zwie|na|tur**, die; -, -en (geh.): *doppelgesichtige (b) Art, Beschaffenheit;* **Zwie|ras|se**, die; -, -n: *Zweinutzungsrasse;* **Zwie|sel**, die; -, -n ⟨auch: der; -s; - [mhd. zwisel, ahd. zwisila = Gabel; zu mhd., ahd. zwi- (in Zus.) = zwei-]: **1.** (landsch.) *Baum mit gegabeltem Stamm u. zwei Kronen.* **2.** ⟨der⟩ (Reiten) *Aussparung in der Mitte des Sattels, die bewirkt, daß die Rückenmuskulatur des Pferdes beim Reiten nicht belastet wird;* **Zwie|sel|bee|re**, die [viell. weil die Blüten häufig zu zweien aus einer Knospe hervorkommen] (landsch.): *Vogelkirsche;* **Zwie|sel|dorn**, der ⟨Pl. ...dörner⟩ [viell. zu ↑Zwiesel (1)] (landsch.): *Stechpalme;* **zwie|se|lig**, zwieslig ⟨Adj.⟩ [mhd. zwiselec] (landsch.): *gegabelt, gespalten;* **zwie|seln**, sich ⟨sw. V.; hat⟩ [mhd. zwiseln] (landsch.): *sich gabeln, sich spalten;* **zwies|lig**: ↑zwieselig; **Zwie|spalt**, der; -[e]s, -e u. ...spälte ⟨Pl. selten⟩ [rückgeb. aus ↑zwiespältig]: **a)** *inneres Uneinssein; Unfähigkeit, sich für eine von zwei Möglichkeiten zu entschließen, ihr den Vorrang zu geben:* der Z. zwischen Gefühl und Vernunft; ... diesen zuckenden Z. von Begehren und Angst (Hesse, Steppenwolf 101); Wenn wir den tiefen Z. unserer christlichen Existenz erleben (Thielicke, Ich glaube 312); in einen Z. geraten; er befand sich in einem inneren Z.; **b)** (seltener) *Uneinigkeit:* ein Z. innerhalb der Partei; **zwie|späl|tig** ⟨Adj.⟩ [spätmhd. zwispeltic, ahd. zwispaltig, eigtl. = in zwei Teile gespalten]: *in sich uneins; widersprüchlich, kontrovers:* -e Gefühle; der kleine stille Teufelssee ... hinterließ einen -en Eindruck in mir (Berger, Augenblick 19); er ist ein -er Charakter; Meine Stellung zu Thomas Mann ist sehr z. (Reich-Ranicki, Th. Mann 266); **Zwie|späl|tig|keit**, die; -: *das Zwiespältigsein;* **Zwie|spra|che**, die; -, -en ⟨Pl. selten⟩ (geh.): *das Sichaussprechen mit einem [imaginären] Partner:* Z. mit dem Toten halten; Ich halte stumme Z. mit den Leuchtzeichen der Instrumententafel vor meinen Knien (Koeppen, Rußland 205); Während der Z. mit Prohaska hatten sich mir die unwahrscheinlichsten Perspektiven eröffnet (Ziegler, Labyrinth 243); **Zwie|tracht**, die; - [mhd. zwitraht < mniederd. twidracht, zu: twēdrägen = sich entzweien, Gegenwort zu ↑Eintracht] (geh.): *Zustand der Uneinigkeit, des Unfriedens; Streit; starke Disharmonie:* Streit und Z. über die Anteile führten zum Verrat des gesamten Unternehmens (Prodöhl, Tod 188); Z. stiften, säen; unter/zwischen ihnen war, herrschte Z.; **zwie|träch|tig** ⟨Adj.⟩ [mhd. zwitrehtec < mniederd. twidrachtich, -drechtich] (selten): *voller Zwietracht,* -drechtich] (selten): *voller Zwietracht,* **Zwie|wuchs**, der; -es, ...wüchse (Landw.): **1.** *Verformung der Kartoffelknolle in die Form einer Hantel.* **2.** *verspätete Neubildung von Halmen an Getreidepflanzen (bes. nach Wetterschäden).*
Zwilch, der; -[e]s, -e: *Zwillich;* **zwil|chen** ⟨Adj.⟩: *aus Zwilch bestehend:* eine -e Hose; ♦ **Zwilch|fet|zen**, der: *(bes. in landsch. Sprachgebrauch) Tuch, Lappen aus Zwillich:* Herzhaft wuschen am Brunnen mit einem handlichen Z. stämmige Mägde ihre rotbrächten Gesichter (Gotthelf, Spinne 4); **Zwilch|ho|se:** ↑Zwillichhose; **Zwilch|jacke[1]:** ↑Zwillichjacke; **Zwil|le**, die; -, -n [verw. mit ↑Zwiesel; vgl. mniederd. twil] (landsch.): **1.** *Astgabel.* **2.** *[aus einer Astgabel gefertigte] gabelförmige Schleuder;* **Zwil|lich**, der; -s, ⟨Sorten:⟩ -e [mhd. zwil(i)ch, subst. aus: zwil(i)ch = zweifädig (in Anlehnung an lat. bilix = zweifädig, zu: licium = Faden), ahd. zwilīh = zweifach, mhd., ahd. zwi- = zwei-]: *dichtes, strapazierfähiges Gewebe (bes. aus Leinen), das bes. für Arbeitskleidung, Handtücher verwendet wird;* **Zwil|lich|ho|se**, Zwilchhose, die: *Hose aus Zwillich;* **Zwil|lich|jacke[1]**, Zwilchjacke, die: *Jacke aus Zwillich;* **Zwil|ling**, der; -s, -e [mhd. zwillinc, zwinlinc, zwinelinc, ahd. zwiniling, zu ahd. zwinal = doppelt, zu ↑zwei, also eigtl. = Zweiling]: **1.** *eines von zwei gleichzeitig ausgetragenen Kindern:* eineiige, zweieiige -e; sie ist ein Z.; die beiden sind -e; * *siamesische -e ([meist an der Brust od. am Rücken, auch an den Köpfen] miteinander verwachsene eineiige Zwillinge;* nach den Zwillingsbrüdern Chang u. Eng [1811 bis 1874] aus Siam, heute Thailand). **2.** (Astrol.) **a)** ⟨Pl.⟩ *Tier-*

kreiszeichen für die Zeit vom 21. 5. bis 21. 6.: im Zeichen -e, der -e geboren sein; **b)** *jmd., der im Zeichen Zwillinge* (2 a) *geboren ist:* sie ist [ein] Z.; diese Eigenschaft soll für alle -e typisch sein. **3. a)** *Geschütz mit zwei gekoppelten, gleichzeitig feuernden Rohren;* **b)** *Doppelbüchse, -flinte;* **Zwi̱l̲lings|art,** die (Biol.): *nahe verwandte Art* (4 b); **Zwi̱l̲lings|bru|der,** der: vgl. Zwillingsgeschwister: die beiden sind Zwillingsbrüder; **Zwi̱l̲lings|for|mel,** die (Sprachw.): *aus zwei mit „und" od. „oder" miteinander verbundenen Wörtern bestehende feste sprachliche Verbindung* (z. B. Haus und Hof); **Zwi̱l̲lings|for|schung,** die: *[human]genetische Forschungsrichtung, die untersucht, ob u. inwieweit Merkmalsunterschiede erbbedingt sind od. von Umwelteinflüssen herrühren;* **Zwi̱l̲lings|ge|burt,** die: *Geburt, bei der Zwillinge zur Welt kommen;* **Zwi̱l̲lings|ge|schütz,** das: *Zwilling* (3 a); **Zwi̱l̲lings|ge|schwi|ster** ⟨Pl.⟩: *Geschwister, die als Zwillinge geboren wurden;* **Zwi̱l̲lings|ma|schi|ne,** die (Technik): *moderne einstufige Dampfmaschine mit zwei Zylindern;* **Zwi̱l̲lings|paar,** das: *verschiedengeschlechtliche Zwillinge;* **Zwi̱l̲lings|rei|fen,** der: *doppelter Reifen (bes. bei Lkws);* **Zwi̱l̲lings|schwe|ster,** die: vgl. Zwillingsgeschwister.

Zwi̱ng|burg, die; -, -en: *große, oft stark befestigte Burg im MA., von der aus das umliegende Land beherrscht, deren Bewohner zur Anerkennung der Herrschaft des Grundherrn gezwungen werden konnten;* **Zwi̱n|ge,** die; -, -n (Technik): **1.** *Werkzeug mit verstellbaren* ¹*Backen* (2) *zum Einspannen, Zusammenhalten, Zusammenpressen von Werkstücken o. ä.* **2.** *ringod. zylinderförmige Vorrichtung zum Zusammenhalten, Befestigen ausgespruchter [hölzerner] Teile an etw.* (z. B. *am Griff eines Werkzeugs, am unteren Ende eines Krückstocks o. ä.):* mit einem jungen Mann, ... den er mit der Z. eines Regenschirms am Hosenboden kitzelte (Augustin, Kopf 146); **zwi̱n|gen** ⟨st. V.; hat⟩ /vgl. gezwungen/ [mhd. zwingen, twingen, dwingen, ahd. dwingan, eigtl. = zusammendrücken, -pressen, einengen]: **1. a)** *durch Drohung, Anwendung von Gewalt o. ä. dazu veranlassen, etw. zu tun* od. *etw. bringen; nötigen;* jmdn. z., etw. zu tun, zu unterlassen; jmdn. zu einem Geständnis, zum Sprechen, zum Rücktritt, zur Umkehr z.; Sie proklamieren hier das Recht der Parteispitze, alle zum Gehorsam zu z. (Mehnert, Sowjetmensch 236); Der Liebhaber meiner Mutter hat mich zur Liebe gezwungen (Zinn, Sohn 28); das Flugzeug wurde zum Landen gezwungen; du mußt nicht gehen, es zwingt dich niemand; Du kannst es doch nicht z.! *(erzwingen;* Plenzdorf, Leiden 127); **b)** ⟨z. + sich⟩ *sich mit großer Selbstüberwindung dazu bringen, etw. zu tun; sich sehr zu etw. überwinden:* du mußt dich z., etwas mehr zu essen; das sah Klaus Heinrich, als er sich zwang, die Augen aufzuschlagen (Th. Mann, Hoheit 47); er zwang sich zum Arbeiten, zu Lächeln, zur Ruhe; Wir sprachen auch ein paar Worte, und ich hatte das Gefühl, als zwänge Frau An-

dernoth sich fortwährend (Gaiser, Schlußball 181/182). **2.** *ein bestimmtes Verhalten, Handeln notwendig, unbedingt erforderlich machen, notwendigerweise herbeiführen:* die Situation zwang uns, rasch zu handeln, zwang uns zur Eile; die Wirklichkeit, die uns ständig zu Entscheidungen zwingt (Dönhoff, Ära 8); wir sind gezwungen, das Geschäft aufzugeben; wir sehen uns gezwungen, gerichtlich vorzugehen; ich sehe mich zu diesen Maßnahmen gezwungen; ⟨häufig im 1. Part.:⟩ diese Gründe sind nicht, sind durchaus zwingend *(sehr überzeugend, stichhaltig);* es besteht dazu eine zwingende *(unbedingte, unerläßliche)* Notwendigkeit; Dabei ist die Sollvorschrift ... für den Regelfall als zwingende *(unabdingbare)* Vorschrift anzusehen (NJW 19, 1984, 1139); eine Aussage von zwingender *(unwiderlegbarer, schlagender, stringenter)* Logik. **3.** (geh.) *mit Gewalt veranlassen, an einen bestimmten Ort zu gehen; gewaltsam bewirken, sich an eine bestimmte Stelle, in eine bestimmte Lage zu begeben:* die beiden Gefesselten auf einen Stuhl, zu Boden z.; sie zwangen die Gefangenen in einen engen Raum; Tagsüber streifte er die Küste entlang, bis die Hitze ihn in den Schatten der Felswände zwang (Ransmayr, Welt 202); Kaum haben die Beamten die beiden Rebellen ... erkannt, stürzen sie sich mit Brachialgewalt auf sie und zwingen sie in den Polizeigriff (Reitz, Zweite Heimat 858); Ü in seinen Dienst z.; ... einen einfachen Mann, der in die Partei gezwungen wurde (Bienek, Erde 320); dann hat ihre Mutter sie doch durchs Gymnasium gezwungen (Frischmuth, Herrin 90). **4.** (landsch.) *bewältigen, meistern* (a), *schaffen* (4 a): er wird diese Arbeit schon z.; was die Kumpels zwingen, das zwing' ich doch auch (Marchwitza, Kumiaks 22); **Zwi̱n|ger,** der; -s, - [1: mhd. twingære = Bedränger, Zwingherr; (befestigter) Raum zwischen (Stadt)mauer u. Graben]: **1. a)** *kurz für* ↑*Hundezwinger;* **b)** *(seltener) Raubtierkäfig:* Ich habe einen Hunger wie einen Bären in dem Z. (Reinig, Schiffe 106). **2.** *Betrieb für die Zucht von Rassehunden;* **Zwi̱ng|herr,** der; -n (selten -en), -en: *(bes. im MA.) meist mit Gewalt, gewaltsam, despotisch auftretender Herrscher, Grundherr;* **Zwi̱ng|herr|schaft,** die; - (selten): *unumschränkte Herrschaft eines Zwingherrn.*

Zwi̱ng|li|a|ner, der; -s, - [nach dem schweiz. Reformator U. Zwingli (1484–1531)]: *Anhänger Zwinglis, der von ihm geprägten reformatorischen Glaubenslehre;* **Zwi̱ng|li|a|ne|rin,** die; -, -nen: w. Form zu ↑Zwinglianer.

zwi̱n|ken ⟨sw. V.; hat⟩ (veraltet): *zwinkern;* **zwi̱n|kern** ⟨sw. V.; hat⟩ [Iterativbildung zu mhd. zwinken = blinzeln]: *die Augenlider, oft mit einer bestimmten Absicht, um jmdm. ein Zeichen zu geben o. ä., rasch auf u. ab bewegen, [wiederholt] zusammenkneifen u. wieder öffnen:* nervös, vielsagend, unruhig, vergnügt, schelmisch, vertraulich [mit den Augen] z.; Der Alte preßte die Lippen zusammen und zwinkerte gegen das Licht (Langgässer, Siegel 320); Hell lachte Gustav mich an, aus

den blauen Augen listig zwinkernd (Hesse, Steppenwolf 215).

zwi̱r|beln ⟨sw. V.; hat⟩ [mhd. zwirbeln, Iterativbildung zu: zwirben = (herum)drehen, wirbeln, viell. Vermischung von: zirben = (herum)drehen u. wirbel, ↑Wirbel]: *mit den Fingerspitzen [schnell] zwischen zwei od. drei Fingern drehen:* einen Faden z.; seinen Schnurrbart, die Bartenden z.; ... den verzierten Stab, den er bravourös in die sommerlichen Lüfte zwirbelt (Schädlich, Nähe 150); wie er sich den Schlips um den Hals gezwirbelt *(gewunden)* hatte (Kant, Impressum 117).

Zwirn, der; -[e]s, (Sorten:) -e [mhd. zwirn, eigtl. = Doppelter (= zweifacher Faden), zu ↑zwei]: **1.** *aus unterschiedlichen Fasern, bes. aus Baumwolle od. auch Flachs bestehendes, meist sehr reißfestes Garn, das aus zwei od. mehreren Fäden zusammengedreht ist u. bes. zum Nähen verwendet wird:* schwarzer, weißer, starker, fester Z.; drei Rollen Z. kaufen; Ich komme in die Küche, als Sophie gerade Z. um die Rouladen wickelt (Schädlich, Nähe 134). **2.** *Gewebe aus Zwirn;* ¹**zwi̱r|nen** ⟨sw. V.; hat⟩ [mhd. zwirnen; ahd. de zwirnōt = gezwirnt]: *durch Zusammendrehen zu Zwirn verarbeiten:* Seide[nfäden] z.; ein Gewebe aus gezwirntem Material; ²**zwi̱r|nen** ⟨Adj.⟩: *aus Zwirn, gezwirntem Material bestehend:* ein -es Gewebe; **Zwi̱r|ner,** der; -s, -: *jmd., der mit Hilfe entsprechender Maschinen in einem Betrieb Garn zwirnt, Zwirn herstellt* (Berufsbez.); **Zwi̱r|ne|rei,** die; -, -en: *Betrieb, in dem Garn gezwirnt, Zwirn hergestellt wird;* **Zwi̱r|ne|rin,** die; -, -nen: w. Form zu ↑Zwirner; **Zwi̱rn|hand|schuh,** der: *aus dünnem Garn gefertigter Handschuh;* **Zwi̱rns|fa|den,** der: *Faden vom Zwirn:* ein langer, kurzer, weißer, starker Z.; etwas mit einem Z. vernähen; * **an einem Z. hängen** (↑Faden 1).

zwi̱|schen: **I.** ⟨Präp. mit Dativ u. Akk.⟩ [mhd. zwischen, verkürzt aus mhd. in zwischen, enzwischen; in zuisken, ↑inzwischen; eigtl. Dativ Pl. von mhd. zwisc, ahd. zuiski = zweifach, je zwei] **1.** (räumlich) ⟨mit Dativ⟩ **a)** *kennzeichnet das Vorhandensein von jmdm., einer Sache innerhalb eines durch zwei Begrenzungen markierten Raumes:* er steht dort z. seinem Vater und seinem Bruder; sie hält eine Zigarette z. den Fingern; **b)** *kennzeichnet eine Erstreckung von etw. innerhalb von zwei begrenzenden Punkten:* die Entfernung, der Abstand z. den Häusern, den Punkten A und B; **c)** *kennzeichnet das Vorhandensein inmitten einer Anzahl, Menge o. ä.; mitten in; mitten unter;* z. den Sträuchern wuchsen ein paar Blumen; er saß z. lauter fremden Leuten. **2.** (räumlich) ⟨mit Akk.⟩ **a)** *kennzeichnet die Hinbewegung in einen Bereich etwa in der Mitte eines durch zwei Begrenzungen markierten Raumes:* etwa in der Mitte wo: er setzte das Auto z. zwei Straßenbäume; er setzte sich z. die beiden Strandkörbe; **b)** *kennzeichnet die Hinbewegung auf einen Bereich, eine Stelle inmitten einer Anzahl, Menge o. ä.; mitten in; mitten unter:* er setzt sich z. seine Gäste; den Brief z. alte Papiere legen; er

Zwischenabrechnung

pflanzte Blumen z. die Sträucher. **3.** (zeitlich) ⟨mit Dativ od. Akk.⟩ kennzeichnet einen Zeitpunkt etwa in der Mitte von zwei zeitlichen Begrenzungen: z. dem 1. und 15. Januar; Zwei Drittel der Unfälle passieren z. Freitagnachmittag und dem Sonntagabend (NZZ 10. 8. 84, 5); z. acht und neun Uhr; z. Wachen und Schlafen; sein Geburtstag liegt z. Weihnachten und Neujahr, fällt z. das Weihnachtsfest und Neujahr; z. dem Vorfall und dem heutigen Tag liegen 3 Wochen; was auch in den zwanziger und dreißiger Jahren, also z. den beiden Kriegen noch geschah (Dönhoff, Ostpreußen 43). **4.** ⟨mit Dativ⟩ **a)** kennzeichnet eine Wechselbeziehung: eine Diskussion z. *(unter)* den Teilnehmern; die Freundschaft, das Vertrauen z. zwei Menschen wie dir und mir; War das in Wirklichkeit ein Spielchen z. seinen Eltern gewesen (Kronauer, Bogenschütze 304); es ist aus z. ihnen (ugs.; *ihre Freundschaft, Beziehung ist zerbrochen*); es entstand ein heftiger Streit z. *(unter)* den Parteien, z. ihm und seiner Frau; Erwünscht sei mehr Toleranz z. Praktikern und Theoretikern (NZZ 1. 2. 83, 11); Handelsbeziehungen z. verschiedenen Ländern; **b)** kennzeichnet eine Beziehung, in die Unterschiedliches zueinander gesetzt wird: das Verhältnis z. Theorie und Praxis; Die sich zwangsweise vergrößernde Differenz z. Möglichem und Wirklichem ist übrigens eine Quelle wachsender Unzufriedenheit (Gruhl, Planet 255); das Haus ist ein Mittelding z. Hotel und Privatpension; sie schweben z. Furcht und Hoffnung; z. Wein und Wein ist ein großer Unterschied (ugs.; *nicht alle Weine sind von gleicher Qualität*); **c)** kennzeichnet eine Mittelstellung od. -stufe (innerhalb einer [Wert]skala o. ä.): eine Farbe z. Grau und Blau. **II.** ⟨Adv.⟩ **1.** kennzeichnet bei Maß- u. Mengenangaben einen Wert innerhalb der angegebenen Grenzwerte: die Bäume sind z. 15 und 20 Meter hoch; der Preis liegt z. 80 und 100 Mark; Der Quadratmeter Terra aber kostet z. fünf- und zehntausend Lire (Fels, Kanakenfauna 86); Großvater arbeitete auch noch mit, obwohl er schon z. 80 und 90 Jahre alt war (Wimschneider, Herbstmilch 5). **2.** (ugs., bes. nordd.) als abgetrennter Teil von den Adverbien „dazwischen, wozwischen": das darf da nicht z. sein; **Zwi|schen|ab|rech|nung**, die: *vorläufige Abrechnung*; eine Z. vorlegen, machen; **Zwi|schen|akt**, der (früher): *(im Theater) Zeitspanne zwischen zwei Akten einer Aufführung, mit der etw. (z. B. Musik, Ballett) ausgefüllt wurde;* **Zwi|schen|akt|mu|sik**, die: *in den Zwischenakten dargebotene Bühnenmusik; Entreakt;* **Zwi|schen|applaus**, der: *spontaner Applaus während einer Darbietung u. in einer Rede;* **Zwi|schen|auf|ent|halt**, der: *kürzerer Aufenthalt (1) während einer Reise;* **Zwi|schen|auf|hel|lung**, die (Met.): *Aufhellung des Himmels, die nur vor kurzer Dauer ist;* **Zwi|schen|aus|lands|ver|kehr**, der: *Transitverkehr;* **Zwi|schen|aus|weis**, der: *[vorläufiger] Ausweis, der nur vorübergehend Gültigkeit hat;* **Zwi|schen|be|ben**, das: *Erdbeben, das in mittlerer*

Tiefe unter der Erdoberfläche stattfindet; **Zwi|schen|be|mer|kung**, die: *Bemerkung, Einwurf, mit dem jmd. die Rede, den Vortrag o. ä. eines anderen unterbricht od. stört;* **Zwi|schen|be|richt**, der: vgl. Zwischenabrechnung; **Zwi|schen|bescheid**, der: vgl. Zwischenabrechnung; **zwi|schen|be|trieb|lich** ⟨Adj.⟩: *zwischen einzelnen Betrieben, Unternehmen stattfindend:* -e Vereinbarungen; Für die entsprechende Leitung der innerbetrieblichen wie der -en Organisation sollte man die fähigsten Menschen einsetzen (NNN 11, 1982, o. S.); **Zwi|schen|bi|lanz**, die: vgl. Zwischenabrechnung: Gut ein Viertel der Bundesligasaison 1981/82 ist gelaufen – Zeit für eine erste Z. (Kicker 82, 1981, 18); **zwi|schen|blen|den** ⟨sw. V.; hat; nur im Inf. u. Part. gebr.⟩ (Film): *einblenden;* **Zwi|schen|blu|tung**, die: *zwischen zwei Menstruationsblutungen auftretende Blutung;* **Zwi|schen|bo|den**, der: *Zwischendecke;* **Zwi|schen|buch|han|del**, der: *zwischen Verlag u. Sortiment eingeschalteter Buchhandel (z. B. das Barsortiment);* **Zwi|schen|deck**, das: **a)** *zwischen Hauptdeck u. Boden eines großen Schiffes gelegenes Deck;* **b)** *(früher) zum Laderaum gehörender Raum unter Deck als Massenquartier für Auswanderer;* **Zwi|schen|decke**[1], die (Bauw.): *[zur Verminderung der Raumhöhe] zusätzlich eingezogene Decke zwischen zwei Stockwerken;* **Zwi|schen|ding**, das (ugs.): *Mittelding;* **zwi|schen|drein** ⟨Adv.⟩: **a)** (räumlich) *zwischen anderes, andere Genannte; dazwischen (1 b):* auf dem Tisch lag ein Stapel Bücher, er legte seines z.; **b)** (zeitlich) *zwischendurch (1 a):* Ab und an rauchte er eine Pfeife z. (Leip, Klabauterflagge 54); **zwi|schen|drin** ⟨Adv.⟩: **a)** (räumlich) *zwischen anderem, anderen Genannten; dazwischen (1 a):* Die Mannschaften hockten auf Gartenstühlen ... z. die Männer aus Stanislaus' Stube (Strittmatter, Wundertäter 412); **b)** (zeitlich) (ugs.) *(in einer kurzen Pause) während eines anderen Vorgangs; zwischendurch (1 c):* etw. z. erledigen; Das letzte Wort hat der Dichter. Nicht jetzt. Nicht z., solange alle noch laut und getrennt vor sich hin reden (Strauß, Niemand 151); **zwi|schen|durch** ⟨Adv.⟩: **1.** (zeitlich) **a)** *in Abständen, von Zeit zu Zeit (während eines gleichzeitigen anderen Vorgangs o. ä.):* sie las und sah z. nach dem Baby; Beide ... konnten ihr Studium noch nicht abschließen, weil sie z. das Geld dafür verdienen müssen (NBJ 36, 1983, 14); Es ist kein Spiel für z., man muß sich hineinspielen (Zivildienst 2, 1986, 37); **b)** *in der Zwischenzeit:* er hatte z. mehrmals die Stellung gewechselt; **c)** *innerhalb von, zwischen zwei zeitlichen Markierungen o. ä.:* du darfst nicht so viel z. essen; Trotz liebevoller Geschenke zu Weihnachten, zum Geburtstag und manchmal auch z. bleibt die Oma die „Ersatzmutter", die finanziell am leichtesten zu verkraften ist (Eltern 2, 1980, 2); Was ist, wenn ich z. mal irgendwo anders tanke? (ADAC-Motorwelt 11, 1986, 56). **2.** (räumlich) *vereinzelt hier u. da (zwischen anderem Vorhandenen o. ä.):* ein Parkplatz voller Autos und z. ein paar Motor-

räder; Gestapelte Campingmöbel sollte man durch Decken z. vor Beschädigung schützen (Brückenbauer 11. 9. 85, 26). **3.** *zwischen etw. hindurch:* z. fallen; z. verlaufen; **zwi|schen|ein** ⟨Adv.⟩ (selten): **1.** (geh.) *zwischendurch (1 a):* Jaakob weinte vor Freuden und lachte z. (Th. Mann, Joseph 143). **2.** (räumlich) *mitten zwischen anderem Vorhandenen:* in einem Brief ... des gleichen Jahres findet sich z. die Bemerkung (Kantorowicz, Tagebuch 201); **Zwi|schen|eis|zeit**, die (Geol.): *Zeitraum zwischen zwei Eiszeiten; Interglazial;* **zwi|schen|eis|zeit|lich** ⟨Adj.⟩ (Geol.): *zwischen zwei Eiszeiten [liegend, geschehend]; interglazial;* **Zwi|schen|er|geb|nis**, das: vgl. Zwischenabrechnung; **Zwi|schen|ex|amen**, das: vgl. Zwischenprüfung; **Zwi|schen|fall**, der: **a)** *unerwartet eintretendes (häufig unangenehm berührendes, peinliches) Vorkommnis, das den Ablauf der Ereignisse unterbricht:* ein peinlicher, bedauerlicher, lustiger Z.; es kam zu einem Z.; die Reise, Veranstaltung verlief ohne Zwischenfälle; Weit bekanntere Abfahrer ... waren in erster Linie froh, die 803 m Höhendifferenz überwunden zu haben (NZZ 30. 1. 83, 27); **b)** ⟨Pl.⟩ *Unruhen, Tumulte:* es kam zu blutigen, schweren Zwischenfällen; **Zwi|schen|far|be**, die: *Farbe, Farbton, der zwischen zwei benachbarten Farben einzuordnen ist;* **zwi|schen|fi|nan|zie|ren** ⟨sw. V.; hat; nur im Inf. u. Part. gebr.⟩ (Bankw.): *eine Zwischenfinanzierung vornehmen:* einen Bausparvertrag z.; Den Rest des Kaufbetrages sollte Barbara Flick per Darlehen z. (MM 10. 6. 86, 2); **Zwi|schen|fi|nan|zie|rung**, die (Bankw.): *kurzfristiges Überbrücken eines zugesagten, aber noch nicht verfügbaren Kredits durch einen kurzfristigen Kredit;* **Zwi|schen|fra|ge**, die: vgl. Zwischenbemerkung; **Zwi|schen|frucht**, die ⟨o. Pl.⟩ (Landw.): *Frucht, die (zeitlich) zwischen zwei auf einem Feld angebauten Fruchtarten angebaut wird;* **Zwi|schen|frucht|bau**, der ⟨o. Pl.⟩: *Anbau von Zwischenfrucht;* **Zwi|schen|fut|ter**, das (Schneiderei): *(bei Oberbekleidung) zwischen Stoff u. eigentlichem Futter eingearbeitetes festes Gewebe zur Erhöhung der Formbeständigkeit;* **Zwi|schen|gas**, das ⟨o. Pl.⟩ (Kfz-T.): *Gas (3 a), das während des Schaltvorgangs zur Steigerung der Drehzahl des Motors zugeführt wird:* Z. geben; **Zwi|schen|ge|bir|ge**, das (Geol.): *zwischen zwei Faltengebirgen liegender, von jüngerer Faltung aber nicht mehr betroffener Teil der Erdkruste;* **Zwi|schen|ge|richt**, das (Kochk.): *kleineres Gericht, das bei einem großen Menü zwischen zwei Hauptgängen gereicht wird;* **Zwi|schen|ge|schoß**, das: *im Verhältnis zu den übrigen Geschossen eines Hauses niedrigeres Geschoß; Halbgeschoß:* Sie hatten im Z. gewohnt, das hieß in Wien der Mezzanin (Rolf Schneider, November 193); **Zwi|schen|glied**, das: vgl. Bindeglied; **Zwi|schen|grö|ße**, die: *(in bezug auf Konfektionskleidung u. Schuhe) zwischen den genormten Größen liegende Größe;* **Zwi|schen|halt**, der (schweiz.): *Zwischenaufenthalt;* **Zwi|schen|han|del**, der: *Großhandel, der Halbfabrikate kauft u. ver-*

kauft; *Transithandel:* Es wird streng darauf geachtet werden müssen, daß der Z. seine Margen nicht übermäßig erhöht (Basler Zeitung 27. 8. 80, 2); **Zwi|schen|händ|ler,** der: *Händler für den Zwischenhandel;* **Zwi|schen|händ|le|rin,** die: w. Form zu ↑ Zwischenhändler; **zwi|schen|her** ⟨Adv.⟩ (selten): *zwischendurch;* **zwi|schen|hin|ein** ⟨Adv.⟩ (schweiz., sonst veraltet): *zwischendurch:* Die Politiker sollten sich vielleicht doch z. der alten Weisheit erinnern, die da besagt, daß der Krug so lange zum Brunnen geht, bis er bricht (NZZ 12. 10. 85, 47); **Zwi|schen|hirn,** das (Anat.): *Teil des Gehirns bei Mensch u. Wirbeltier, der Thalamus, Hypophyse u. Zirbeldrüse umfaßt;* **Zwi|schen|hoch,** das (Met.): *zwischen zwei Tiefdruckgebieten für kurze Zeit wirksam werdendes Hochdruckgebiet:* ein kleines Z. hat sich über Mitteleuropa durchgesetzt; Ü Der Rückgang der Zahl der Arbeitslosen im September signalisiert ... lediglich ein Z. (Welt 6. 10. 79, 2); **zwi|schen|in|ne** ⟨Adv.⟩ (landsch.): *dazwischen;* **Zwi|schen|jahr,** das: *als Pause innerhalb einer größeren Entwicklung, zur Überbrückung zwischen zwei Phasen der Ausbildung, der sportlichen, beruflichen Betätigung o. ä. eingeschobenes Jahr:* Die Stipendien sind übrigens mit ein Grund, weshalb Bruno Stutzer kein Z. eingelegt hat (Tages Anzeiger 5. 11. 91, 11); Außerdem legen so verdienstvolle Athletinnen ... ein Z. ein, da sie Mutterfreuden entgegensehen (Freie Presse 22. 6. 89, 5); **Zwi|schen|kie|fer|kno|chen,** der: *bei den Wirbeltieren einschließlich des Menschen vorhandener, zwischen den beiden Oberkieferknochen sitzender Knochen, der die Schneidezähne trägt;* **zwi|schen|kirch|lich** ⟨Adj.⟩: *interkonfessionell;* **Zwi|schen|kon|to,** das: *Interimskonto;* **Zwi|schen|kre|dit,** der: vgl. Zwischenfinanzierung; **Zwi|schen|la|ger,** das: *Lager, in dem etw. zwischengelagert wird;* **zwi|schen|la|gern** ⟨sw. V.; hat; nur im Inf. u. Part. gebr.⟩: *an einem bestimmten Ort vorübergehend lagern* (3 b): radioaktive Abfälle z.; Die giftigen Rückstände sollen zunächst in Tirol zwischengelagert werden (Spiegel 47, 1986, 15); **Zwi|schen|la|ge|rung,** die: *das Zwischenlagern;* **zwi|schen|lan|den** ⟨sw. V.; hat; nur im Inf. u. Part. gebr.⟩: *eine Zwischenlandung vornehmen:* wir mußten bei unserem Flug einmal z., sind einmal zwischengelandet; **Zwi|schen|lan|dung,** die: *auf dem Flug auf ein Ziel hin als Unterbrechung eingelegte Landung eines Flugzeugs auf einem Flugplatz:* Der Luftpirat ... war bei der ersten Z. ... an Bord gekommen (MM 24. 2. 75, 3); **Zwi|schen|lauf,** der (Leichtathletik): *Lauf um die Qualifikation für den Endlauf;* **Zwi|schen|lö|sung,** die: *Lösung* (1 a) *für etw., die nicht als endgültig gelten kann od. soll:* Den Sowjets will der Kanzler klarmachen, daß nur Zugeständnisse in Genf od. die Nachrüstung stoppen könnten; jetzt soll eine Z. gefunden werden (Spiegel 27, 1983, 19); **Zwi|schen|mahl|zeit,** die: *kleinere Mahlzeit, Imbiß zwischen den Hauptmahlzeiten;* **Zwi|schen|mei|ster,** der: *Handwerker, der für ein Unternehmen Rohprodukte od.*

Halbfabrikate in eigener Werkstatt weiterverarbeitet od. zur Bearbeitung weitervermittelt; **zwi|schen|mensch|lich** ⟨Adj.⟩: *die Beziehungen zwischen Menschen betreffend:* der -e Bereich; -e Beziehungen; Die Persönlichkeit des Alkoholkranken ... ist nicht ausreichend in der Lage, ... -e Verbindungen zu pflegen (Gesundheit 7, 1976, 204); **Zwi|schen|mu|sik,** die: *Musik, mit der eine Pause überbrückt wird;* **Zwi|schen|pau|se,** die: *kleine Pause;* **Zwi|schen|pro|dukt,** das (Wirtsch.): *aus chemischen Rohstoffen gewonnenes Erzeugnis, das zur Herstellung von Fertigprodukten dient;* **Zwi|schen|prü|fung,** die: *Prüfung während der Ausbildungszeit, des Studiums;* **Zwi|schen|raum,** der: **1.** *freier Raum bes. zwischen zwei Dingen (der Spielraum zwischen etw. bzw. Lücke in einem eigentlich zusammenhängenden Ganzen sein kann):* einen Meter, eine Zeile Z. lassen; Zwischenräume zwischen den Zähnen; Zwischenräume zwischen Möbeln; der Z. *(Abstand)* zwischen den beiden Läufern verringert sich immer mehr. **2.** *zeitlicher Abstand, der zwischen Vorgängen, Tätigkeiten o. ä. liegt:* die Zwischenräume zwischen den Ereignissen; in kurzen Zwischenräumen (Intervallen); **Zwi|schen|rech|nung,** die: *vorläufige [Hoch]rechnung;* **Zwi|schen|reich,** das: **1.** (veraltet) *Interregnum.* **2.** *(in der Vorstellung) außerhalb des Irdischen angesiedelter Bereich (zwischen Leben u. Tod, Himmel u. Erde);* **zwi|schen|rein** ⟨Adv.⟩ (ugs.): *zwischendurch:* Ja, ich hör' mal gern z. eine Operette (Fichte, Wolli 318); **Zwi|schen|ring,** der (Fot.): *für Nahaufnahmen verwendeter, zwischen Kamera u. Objektiv zu schraubender Ring;* **Zwi|schen|rip|pen|mus|kel,** der (Anat.): *zwischen den Rippen liegender Muskel;* **Zwi|schen|ruf,** der: vgl. Zwischenbemerkung: den Redner durch -e unterbrechen; **Zwi|schen|ru|fer,** der: *jmd., der einen Zwischenruf gemacht hat:* es gab eine ganze Reihe störender Z.; **Zwi|schen|ru|fe|rin,** die: w. Form zu ↑ Zwischenrufer; **Zwi|schen|run|de,** die (Sport): *Wettkampf, der zwischen Vorrunde u. Endrunde absolviert wird:* hier bekommt die Mannschaft die reelle Chance, sich ... für die Z. zu qualifizieren (Kicker 6, 1982, 31); **Zwi|schen|sai|son,** die: *zwischen Vor- u. Hauptsaison liegender Zeitraum;* **Zwi|schen|satz,** der: **1.** (Sprachw.) *in einen Satz* (1) *eingeschalteter Teilsatz.* **2.** (Musik) *zwischen zwei Sätze* (4 b) *eingeschalteter kleinerer Satz;* **zwi|schen|schal|ten** ⟨sw. V.; hat; nur im Inf. u. Part. gebr.⟩: *dazwischenschalten;* **Zwi|schen|schal|tung,** die: *das Zwischenschalten;* **Zwi|schen|schein,** der (Wirtsch.): *Interimsschein;* **Zwi|schen|schicht,** die: *etw., was sich als Schicht* (1) *zwischen etw. anderem befindet;* **Zwi|schen|soh|le,** die: *Sohle, die sich zwischen Laufsohle u. Brandsohle eines Schuhs befindet;* **Zwi|schen|spiel,** das: **1.** (Musik) **a)** *(in einem Musikstück) von einem Hauptteil zum anderen überleitender Abschnitt;* **b)** *instrumentale Überleitung zwischen Strophen eines Liedes, Chorals.* **c)** *Zwischenaktmusik.* **2.** (Literaturw.) *zwischen die Akte eines Dramas einge-*

schobenes, selbständiges, kleines Spiel; Episode; Intermezzo; **Zwi|schen|spurt,** der (bes. Leichtathletik): *Steigerung des Tempos über eine kürzere Strecke innerhalb eines Laufwettbewerbs:* einen Z. einlegen; zu einem Z. ansetzen; **zwi|schen|staat|lich** ⟨Adj.⟩: *zwischen einzelnen Staaten stattfindend o. ä.; international:* -e Beziehungen; **Zwi|schen|sta|di|um,** das: *Entwicklungsstadium zwischen Anfangs- u. Endstadium;* **Zwi|schen|sta|ti|on,** die: **1.** *Zwischenaufenthalt:* irgendwo kurz Z. machen; Am nächsten Tag fuhren sie mit Z. in Dresden nach Prag zurück (Bieler, Mädchenkrieg 213). **2.** *Ort, an dem jmd. Zwischenstation* (1) *macht:* Köln war die erste Z. unserer Reise; Ü eine Z. in seinem Entwicklungsgang; Das Heim ... ist eine Z. von Vergangenheit und Zukunft (Klee, Pennbrüder 66); **Zwi|schen|stock,** der: *Zwischengeschoß;* **Zwi|schen|stock|werk,** das: *Zwischengeschoß;* **Zwi|schen|stoff|wech|sel,** der (Med.): *intermediärer Stoffwechsel;* **Zwi|schen|stopp,** der: *Zwischenaufenthalt;* **Zwi|schen|streit,** der (Rechtsspr.): *(im Zivilprozeß) Streit über Verfahrensfragen;* **Zwi|schen|stück,** das: **1.** *Verbindungsstück zwischen Teilen.* **2.** *Zwischenspiel* (2); **Zwi|schen|stu|fe,** die: *vgl. Zwischenstadium;* **Zwi|schen|stun|de,** die: *Freistunde;* **Zwi|schen|text,** der: *erläuternder Text, der Bilder, Szenen o. ä. verbindet;* **Zwi|schen|ti|tel,** der: **1.** (Film, Ferns.) *zwischen den einzelnen Szenen o. ä. erscheinender erklärender Text in* [Stumm]*filmen.* **2.** (Druckw.) *auf einem besonderen Blatt gedruckte Kapitelzahl, -überschrift od. gliedernde Überschrift eines Buchabschnitts;* **Zwi|schen|ton,** der: *farbliche Nuance:* ein Z. zwischen Rot und Lila; Ü Differenzierungen und Zwischentöne lagen ihm fern, sein Feldzeichen war die Heftigkeit (Zwerenz, Kopf 127); **Zwi|schen|trä|ger,** der (abwertend): *jmd., der etw., was er von jmdm. über jmdn. erfahren hat, einem anderen zuträgt, zwischen verschiedenen Parteien hin- u. herträgt;* **Zwi|schen|trä|ge|rin,** die (abwertend): w. Form zu ↑ Zwischenträger; **Zwi|schen|tür,** die: *Tür zwischen einzelnen Räumen o. ä.:* Sie schickte Stefan ins Nebenzimmer; durch die Z. hindurch würde er alles hören können (Rolf Schneider, November 146); **Zwi|schen|ur|teil,** das (Rechtsspr.): *(im Zivilprozeß) zwischenzeitlich ergehendes Urteil (über einen einzelnen Streitpunkt);* **Zwi|schen|ver|fah|ren,** das (Rechtsspr.): *(im Strafprozeß) Verfahren, in dem das für die Hauptverhandlung zuständige Gericht nach Anklageerhebung entscheidet, ob das Hauptverfahren zu eröffnen od. das ganze Verfahren einzustellen ist;* **Zwi|schen|ver|pfle|gung,** die (schweiz.): *Vesper* (2); **Zwi|schen|wand,** die: *nichttragende Wand, Trennwand:* eine Z. einziehen; **Zwi|schen|wir|bel|schei|be,** die (Anat.): *Bandscheibe;* **Zwi|schen|wirt,** der (Biol., Med.): *pflanzlicher, tierischer od. menschlicher Organismus, in dem sich ein Parasit für die Dauer einer bestimmten Entwicklungsphase aufhält;* **Zwi|schen|zäh|ler,** der: *einem Zähler nachgeordneter Zähler, der nur für einen Teilbereich den Energie-*

Zwischenzahnlaut

verbrauch mißt; **Zwi|schen|zahn|laut,** der ⟨Sprachw.⟩: *Interdental;* **Zwi|schen|zeit,** die: **1.** *Zeitraum zwischen zwei zeitlichen Markierungspunkten:* die Z., -en mit anderen Arbeiten ausfüllen; in der Z. *(inzwischen)* ist hier viel geschehen; Das Geld ist ihm völlig ausgegangen, obwohl ihm in der Z. von der Post etwas geschickt worden ist (Zenker, Froschfest 84). **2.** ⟨Sport⟩ *für das Zurücklegen einer Teilstrecke gemessene Zeit:* eine gute Z. haben; **zwi|schen|zeit|lich** ⟨Adj.⟩ (bes. Amtsspr.): *in/während der inzwischen abgelaufenen Zeit; unterdessen:* die Sache hat sich z. erledigt; Sie konnten zwei Täter ... überwältigen und einer ... Streifenwagenbesatzung übergeben. Der dritte Täter hatte sich z. abgesetzt (MM 27. 6. 79, 20); **Zwi|schen|zell|raum,** der ⟨Biol.⟩: *Zwischenraum zwischen den einzelnen Zellen; Interzellulare, Interzellularraum;* **Zwi|schen|zeug|nis,** das: **1.** *Schulzeugnis, das zu einem bestimmten Zeitpunkt während des Schuljahrs gibt.* **2.** *Zeugnis, das ein Arbeitnehmer vom Arbeitgeber verlangen kann, wenn er über die Beurteilung seiner Arbeit Kenntnis haben möchte;* **Zwi|schen|ziel,** das: *vorläufiges Ziel, das jmd. ansteuert;* **Zwi|schen|zins,** der (Bankw.): *Diskont.*

Zwist, der; -[e]s, -e [aus dem Niederd. < mniederd. twist < mniederl. twist, eigtl. = Zweiteilung, Entzweiung; Trennung, verw. mit ↑zwei] (geh.): *durch erhebliche Uneinigkeit hervorgerufener Zustand des Zerwürfnisses, der Feindseligkeit; durch meist langwierige, oft mit Verbissenheit geführte Streitigkeiten charakterisierter Konflikt:* einen Z. mit jmdm. haben, austragen; in Z. Familie, zwischen den Brüdern hat es nie einen Z. gegeben; einen Z. beilegen, beenden; sie haben den alten Z. endgültig begraben; Die Gerüchte über die Ansiedlung von Tausenden Flüchtlingen hätten nationalistischen Z. angeheizt (Freie Presse 14. 2. 90, 4); sie leben im/in Z. miteinander, sind in Z. geraten; **zwi|stig** ⟨Adj.⟩ (geh. veraltet): *einen Zwist betreffend, auf ihm beruhend:* ~e Auseinandersetzungen; **Zwi|stig|keit,** die; -, -en ⟨meist Pl.⟩ (geh.): *meist mit Verbissenheit geführte Streitigkeit:* eheliche, familiäre -en; zunal interne -en in die Partei ... in zwei Lager gespalten haben (NZZ 1./2. 5. 83, 20); alle -en vergessen, beenden.

zwit|schern ⟨sw. V.; hat⟩ [verstärkende Form mhd. zwitzern, ahd. zwizziron, urspr. lautm.]: **a)** *(von bestimmten Vögeln) eine Reihe rasch aufeinanderfolgender, hoher, oft hell schwirrender, aber meist nicht sehr lauter Töne von sich geben:* die Vögel zwitscherten und sangen bereits vor Sonnenaufgang; **b)** *zwitschernd (a) hören lassen, von sich geben:* ein Vogel zwitschert sein Lied; Ü sie zwitscherte, daß sie ihn liebe; Am 8. Juni zwitschern *(singen)* die beiden ... fröhliche Volkslieder (Freizeitmagazin 12, 1978, 36); **c)** ***einen Z.** (ugs.): *etw. Alkoholisches trinken;* wohl nach dem Geräusch des Ausschlürfens des Schnapsglases od. des Reibens des Korkens am Flaschenhals als Aufforderung zum Trinken): die Frau, mit der ich jetzt verheiratet bin, hat ja auch ganz gern einen gezwitschert (Schreiber, Krise 237).

Zwit|ter, der; -s, - [mhd., ahd. zwitarn, 1. Bestandteil zu ↑zwei, 2. Bestandteil H. u., wohl eigtl. = zweierlei; zweifach(er Rasse od. Abstammung)]: *Hermaphrodit:* ich glaube, wenn eine Frau ein Z. ist, dann kann sie umoperiert werden (Fichte, Wolli 274); Ü das Buch ist ein literarischer Z.; der Commodore ist ein ausgesprochener Z. Die Frontpartie ist nahezu gleich mit jener des ... Senators ... hinten ... ist er wiederum ein echter Rekord (Caravan 1, 1980, 36); **Zwit|ter|bildung,** die: *zwittrige, hermaphroditische Bildung;* **Zwit|ter|blü|te,** die (Bot.): *Blüte mit Staub- u. Fruchtblättern;* **Zwit|ter|ding,** das (seltener): *Mittelding;* **Zwit|ter|form,** die: vgl. *Zwitterbildung;* **zwit|ter|haft** ⟨Adj.⟩: *die Art eines Zwitters aufweisend, einem Zwitter ähnlich, wie ein Zwitter:* ein -es Wesen, Gebilde; **Zwit|ter|haf|tig|keit,** die; -: *zwitterhafte Beschaffenheit;* **zwit|te|rig** ⟨Adj.⟩: ↑*zwittrig;* **Zwit|ter|ion,** das ⟨meist Pl.⟩: *chemische Verbindung, die sowohl eine Gruppe mit positiver als auch eine Gruppe mit negativer Ladung enthält;* **Zwit|ter|stel|lung,** die: *nicht eindeutige, nicht festgelegte Stellung, Lage, Situation zwischen zwei od. auch mehreren Möglichkeiten in einer sozialen Z. sein;* **Zwit|ter|tum,** das; -s: *Zwittrigkeit;* **Zwit|ter|we|sen,** das: **1.** ⟨o. Pl.⟩ *Zwittrigkeit.* **2.** vgl. *Zwitterbildung:* Im Gegensatz zu den ... Homosexuellen gelten die Transvestiten als Z. und ... sogar als Glücksbringer (Fest, Im Gegenlicht 232); **zwittrig,** zwitterig ⟨Adj.⟩: *die Merkmale eines Zwitters aufweisend; doppelgeschlechtig:* eine -e Pflanze; Ü die leitenden Angestellten sind -e Vertrauenspersonen; Juros Lebenserfahrungen sind zwittrig, inländisch und ausländisch (Strittmatter, Der Laden 546); **Zwit|trig|keit,** die; -: *zwittriges Wesen, zwittrige Art.*

♦ **zwit|zern** ⟨sw. V.; hat⟩ [spätmhd. zwitzern, eigtl. = zwitschern, urspr. laut- u. bewegungsnachahmend]: **a)** *glitzern, schimmern; flimmern:* Hast du den großen Kometen gesehen? ... Und wie das zwitzert alles so durcheinander (Goethe, Götz V); **b)** *sich unruhig, zitternd hin und her bewegen:* ... und zu den Worten zwitzerte lüstern sein rot Bärtchen auf und ab (Gotthelf, Spinne 42).

zwo ⟨Kardinalz.⟩ [mhd., ahd. zwō, zwā (w. Form von ↑zwei)] (ugs., häufig auch aus Gründen der Deutlichkeit, um eine akustische Verwechslung mit „drei" zu vermeiden): *zwei.*

zwölf ⟨Kardinalz.⟩ [mhd. zwelf, ahd. zwelif, 1. Bestandteil zu ↑zwei, 2. Bestandteil zu einem germ. Wort mit der Bed. „Überbleibsel, Rest", also = Zahl, die sich ergibt, wenn man zehn gezählt hat, u. noch zwei übrigbleiben (in Ziffern: 12): vgl. acht: z. Apostel; die z. Monate des Jahres; z. Stück sind ein Dutzend; Den Überfall auf Frankreich entlohnte Hitler dann ... gleich in einer Generale mit dem Marschallstab (Spiegel 16, 1982, 138); Ü Maßnahmen gegen das Waldsterben sollten nicht erst fünf vor z. *(wenn es fast schon zu spät ist)* getroffen werden; wenn man merkt, daß man nur ein alter Trottel ist, hat es schon z. geschlagen *(ist es zu spät;* Konsalik, Promenadendeck 310); **Zwölf,** die; -, -en: **a)** *Ziffer 12:* eine Z. schreiben; **b)** (ugs.) *Wagen, Zug der Linie 12;* vgl. ¹*Acht;* **Zwölf|eck,** das; -[e]s, -e: vgl. *Achteck;* **zwölf|eckig**¹ ⟨Adj.⟩: vgl. *achteckig;* **zwölf|ein|halb** ⟨Bruchz.⟩: (in Ziffern: 12½): vgl. *achteinhalb;* **Zwölf|en|der,** der; -s, -: **1.** ⟨Jägerspr.⟩ vgl. *Achtender.* **2.** (ugs. scherzh. veraltend): *Soldat mit einer Dienstzeit von zwölf Jahren:* für Arbeitslose od. sogenannte Z. aus der Bundeswehr ... mit Hauptschulabschluß, Berufsausbildung und Familie (Spiegel 1/2, 1981, 66); **Zwölf|er,** der; -s, - (landsch.): *Zwölf;* **Zwöl|fer|kar|te,** die: vgl. *Zehnerkarte;* **zwöl|fer|lei** ⟨best. Gattungsz.; indekl.⟩ [↑-lei]: vgl. *achterlei;* **Zwöl|fer|packung**¹, die: vgl. *Zehnerpackung;* **Zwölf|er|sy|stem,** das (selten): *Duodezimalsystem;* **zwölf|fach** ⟨Vervielfältigungsz.⟩ (mit Ziffern: 12fach): vgl. *achtfach;* **Zwölf|fa|che,** das; -n (mit Ziffern: 12fache): vgl. *Achtfache;* **Zwölf|fin|ger|darm,** der [vgl. *Duodenum*]: *an dem Magenausgang anschließender, hufeisenförmig gebogener Teil des Dünndarms;* **Zwölf|fin|ger|darm|ge|schwür,** das: *Geschwür in der Wand des Zwölffingerdarms;* **Zwölf|flach,** das, **Zwölf|fläch|ner,** der (Geom.): *Dodekaeder;* **zwölf|hun|dert** ⟨Kardinalz.⟩ (in Ziffern: 1 200): *eintausendzweihundert;* **zwölf|jäh|rig** ⟨Adj.⟩: vgl. *achtjährig;* **zwölf|jähr|lich** ⟨Adj.⟩: vgl. *achtjährlich;* **Zwölf|kampf,** der (Sport): *Mehrkampf im Turnen für Männer, bei dem an sechs verschiedenen Geräten je eine Pflicht- u. eine Kürübung ausgeführt werden;* **Zwölf|kämp|fer,** der (Sport): *Turner, der einen Zwölfkampf bestreitet;* **zwölf|mal** ⟨Wiederholungsz.; Adv.⟩ (mit Ziffern: 12mal): vgl. *achtmal;* **zwölf|ma|lig** ⟨Adj.⟩: vgl. *achtmalig;* **Zwölf|mei|len|zo|ne,** die: *entlang der Küste verlaufender, 12 Seemeilen breiter Meeresstreifen, dessen äußerer Rand das Hoheitsgebiet bestimmter Küstenstaaten begrenzt;* **Zwölf|pro|phe|ten|buch,** das ⟨o. Pl.⟩: *die zwölf Schriften der Propheten des Alten Testaments;* **zwölft:** in der Fügung *zu z. (mit zwölf Personen):* sie kommen zu z.; **zwölft..** ⟨Ordinalz. zu ↑zwölf⟩ [mhd. zwelft, ahd. zwelifto] (in Ziffern: 12.): vgl. *acht...;* **Zwölf|ta|fel|ge|set|ze** ⟨nur mit Art.; Pl.⟩: *ältestes römisches Gesetzgebungswerk;* **zwölf|tel** ⟨Bruchz.⟩ (als Ziffer: 1/12): vgl. *achtel;* **Zwölf|tel,** das, schweiz. meist: der; -s, - [mhd. zwelfteil]: vgl. *Achtel* (a); **Zwölf|ten** ⟨Pl.⟩ (landsch.): *die Zwölf Nächte;* **zwölf|tens** ⟨Adv.⟩ (als Ziffer: 12.); vgl. *achtens;* **Zwölf|tö|ner,** der; -s, - (Musik Jargon): *Komponist, der Zwölftonmusik komponiert;* **Zwölf|ton|mu|sik,** die ⟨o. Pl.⟩: *in einer Technik komponierte Musik, der die Grundlage u. Ausgangspunkt eine Reihe ist, die die zwölf Töne des temperierten Systems je einmal enthält, wobei nur die Töne selbst zueinander (unabhängig von ihrer Lage in der Oktave) in Beziehung gesetzt werden; Dodekaphonie;* **Zwölf|ton|ner,** der; -s, -: vgl. *Achttonner;* **Zwölf|ton|rei|he,** die (Musik): *Tonfolge, die die zwölf Töne des temperierten Systems je einmal enthält* (u. die

Grundlage u. Ausgangspunkt der Zwölftonmusik ist); **Zwölf|ton|tech|nik,** die ⟨o. Pl.⟩ (Musik): *Technik der Zwölftonmusik;* **Zwölf|uhr|läu|ten,** das; -s: *Mittagsläuten: das Mittagessen für die Drucker und Setzer mußte pünktlich zum Z. auf dem Tisch stehen* (Kühn, Zeit 43); **zwölf|und|ein|halb** ⟨Bruchz.⟩: vgl. achtundeinhalb; **Zwölf|zy|lin|der,** der: vgl. Achtzylinder; **Zwölf|zy|lin|der|mo|tor,** der: vgl. Achtzylindermotor; **zwölf|zy|lin|drig** ⟨Adj.⟩: vgl. achtzylindrig.
zwot... ⟨Ordinalz. zu ↑zwo⟩ (ugs.): ↑zweit...; **zwo|tens** ⟨Adv.⟩ (ugs.): ↑zweitens.
z. Wv. = zur Wiedervorlage.
z. w. V. = zur weiteren Veranlassung.
Zy|an, (chem. Fachspr.:) Cyan, das; -s [zu griech. kýanos = Lasurstein; blaue Farbe] (Chemie): *giftige Kohlenstoff-Stickstoff-Verbindung mit Bittermandelgeruch;* **Zya|nat** (chem. Fachspr.:) Cyanat, das; -[e]s, -e (Chemie): *Salz der Zyansäure;* **Zya|ne,** die; -, -n [griech. kýanos, ↑Zyan] (geh.): *Kornblume;* **zya|nen|blau** ⟨Adj.⟩: *kornblumenblau;* **Zya|nid,** (chem. Fachspr.:) Cyanid, das; -s, -e (Chemie): *Salz der Blausäure;* **Zy|an|ka|li,** (seltener:) **Zy|an|ka|li|um,** das; -s [zu ↑Zyan u. ↑Kalium]: *weißes, in Wasser leicht lösliches Kaliumsalz der Blausäure, das sehr giftig ist;* **Zya|no|me|ter,** das; -s, - [zu griech. kyáneos = dunkelblau, schwarzblau u. ↑-meter (1)] (Met.): *Skala zur Bestimmung der Blaufärbung des Himmels;* **Zy|an|op|sie,** die; -, -n [zu griech. ópsis = das Sehen] (Med.): *zu den Chromatopsien gehörende Sehstörung, bei der die vom Auge fixierten Gegenstände bläulich erscheinen;* **Zya|no|se,** die; -, -n [zu griech. kyáneos, ↑Zyanometer] (Med.): *blaurote Verfärbung der Haut u. der Schleimhäute infolge Sauerstoffmangels im Blut;* **zya|no|tisch** ⟨Adj.⟩ (Med.): *mit Zyanose verbunden, auf ihr beruhend;* **Zya|no|ty|pie,** die; -, -n: **1.** ⟨o. Pl.⟩ *bestimmtes Lichtpausverfahren zur Herstellung weißer Kopien auf blauem Grund.* **2.** *mit Hilfe der Zyanotypie (1) hergestellte Kopie; Blaupause;* **Zy|an|säu|re,** die: *Derivat der Blausäure;* **Zy|an|was|ser|stoff,** der: kurz für ↑Zyanwasserstoffsäure; **Zy|an|was|ser|stoff|säu|re,** die: *Blausäure.*
Zya|thus: ↑Kyathos.
Zy|gä|ne, die; -, -n [1: griech. zýgaina; 2: übertr. von (1), nach den hammerförmig verdickten Fühlern]: **1.** *zu den Hammerhaien gehörender Fisch.* **2.** *kleinerer Schmetterling mit grünen od. dunklen, rotgefleckten Vorderflügeln.*
Zy|go|ma [auch: 'tsy:goma], das; -s, Zygomata [griech. zýgōma, zu: zygón = Joch] (Anat.): *Jochbogen (1);* **zy|go|ma|tisch** ⟨Adj.⟩ (Anat.): *zum Jochbogen (1) gehörend;* **zy|go|morph** ⟨Adj.⟩ [zu griech. zygón = Joch u. morphḗ = Gestalt] (Bot.): *(von der Blüte) mit nur einer Symmetrieebene (z. B. bei Lippen-, Schmetterlingsblütlern);* **Zy|go|spo|re,** die; -, -n (Bot.): *dickwandige Zygote;* **Zy|go|te,** die; -, -n [zu griech. zygōtós = durch ein Joch verbunden] (Biol.): *(bei der Befruchtung) aus der Verschmelzung der beiden Kerne der männlichen u. weiblichen Keimzelle entstehende [diploide] Zelle, aus der ein Lebewesen entsteht.*
zykl-, Zykl-: ↑zyklo-, Zyklo-; **Zy|kla|den:** ↑Kykladen; **zy|kla|men** ⟨Adj.⟩ [zu ↑Zyklamen]: *lilarot;* **Zy|kla|me,** die; -, -n (österr., schweiz.), **Zy|kla|men,** das; -s, - [lat. cyclamen < griech. kyklámīnos, zu: kýklos, ↑Zyklus (nach der runden Wurzelknolle)]: *Alpenveilchen;* **Zy|klen:** Pl. von ↑Zyklus; **Zy|kli|de,** die; -, -n [zu griech. -eidḗs = -förmig, zu. eídos = Aussehen, Form] (Math.): *ringförmige Fläche im Mittelpunkt in dreidimensionalen Raum (z. B. Torus 2);* **Zy|kli|ker** [auch: 'tsyk...], Kykliker, der; -s, -: *Dichter altgriechischer Epen, die später zu einem Zyklus mit Ilias u. Odyssee als Mittelpunkt zusammengefaßt wurden;* **zy|klisch,** (chem. Fachspr.:) cyclisch [auch: 'tsyk...] ⟨Adj.⟩ [lat. cyclicus < griech. kyklikós]: **1.** *einem Zyklus (1) entsprechend, in Zyklen sich vollziehend: Die Idee vom -en Ablauf des Weltgeschehens; Der Mensch ... begeht nach -er Art seine Irrtümer von neuem* (Jacob, Kaffee 214); *Sie sind alle Bestandteil des -en Weiterbildungsprogramms, das die Ingenieurschule ... durchführt* (NNN 1. 3. 88, 2); *etw. läuft z. ab, verläuft z.* **2.** *einen Zyklus (2) bildend; auf einer bestimmten, sich aus dem Inhalt ergebenden Folge beruhend: der -e Aufbau eines musikalischen, literarischen Werks; das Werk ist z. angelegt.* **3.** *kreis-, ringförmig: -e Verbindungen* (Chemie): *organische Verbindungen, in denen die Atome ringförmig geschlossene Gruppen bilden); In der Schule hatten es ihm die Polymere angetan, die -en Verbindungen und das Erdöl* (Springer, Was 76); *-e Vertauschung* (Math.; *Vertauschung der Elemente einer bestimmten Anordnung, wobei jedes Element durch das daraufolgende u. das letzte durch das erste ersetzt wird).* **4.** *den Zyklus (5) betreffend, ihm entsprechend, auf ihm beruhend: die -e Bewegung der Konjunktur* (Stamokap 34); **Zy|kli|tis,** die; -, ...itiden (Med.): *Entzündung des Ziliarkörpers;* **zy|klo-, Zy|klo-,** (vor Vokalen meistens:) zykl-, Zykl- [lat. cyclus < griech. kýklos, ↑Zyklus] ⟨Best. in Zus. mit der Bed.⟩: *Kreis; kreisförmig (z. B. zyklothym, Zykloide);* **Zy|klo|ge|ne|se,** die; -, -n (Met.): *Entstehung eines Zyklone;* **Zy|klo|gramm,** das; -s, -e [↑-gramm]: *graphische Darstellung einer in sich geschlossenen Folge zusammengehöriger Vorgänge o. ä. (z. B. in der Bautechnik in bezug auf Fließfertigung im Taktverfahren): dieses Unternehmen soll ... dazu verpflichtet werden, die geplanten Bauprojekte nach -en fertigzustellen* (Neues D. 18. 6. 64, 3); **zy|klo|id** ⟨Adj.⟩ [zu griech. -oeidḗs = ähnlich; zu: eídos = Aussehen, Form]: **1.** (Math.) *einem Kreis ähnlich.* **2.** (Psych., Med.) *in zyklischem Wechsel manische u. depressive Zustände zeigend, dadurch gekennzeichnet: ein -es Temperament, -e Psychosen;* **Zy|kloi|de,** die; -, -n (Math.): *Kurve, die ein Punkt auf dem [verlängerten] Radius eines auf einer Geraden rollenden Kreises beschreibt; Radkurve;* **Zy|klo|id|schup|pe,** die; -, -n: *(bei Knochenfischen) rundliche Schuppe (1);* **Zy|klo|ly|se,** die; -, -n [↑Lyse] (Met.): *Auflösung einer Zyklone;* **Zy|klo|me|ter,** das; -s, - [↑-meter (1)] (veraltet): *Wegmesser;* **Zy|klo|me|trie,** die; - [↑-metrie] (veraltet): **1.** *Lehre von den Berechnungen am Kreis unter Verwendung von Winkeln bzw. Winkelfunktionen.* **2.** *Wegmessung;* **zy|klo|me|trisch** ⟨Adj.⟩ *-e Funktion* (Math.; *Arkusfunktion);* ¹**Zy|klon,** der; -s, -e [engl. cyclone, zu griech. kyklós, ↑Zyklus]: **1.** (Met.) *heftiger Wirbelsturm in tropischen Gebieten: Die Meteorologen meldeten ..., daß sich in diesen Minuten vom Aralsee her ein Z. näherte* (Freie Presse 16. 11. 88, 4). **2.** Ⓦ (Technik) *Gerät, mit dem durch die Wirkung von Zentrifugalkraft Teilchen fester Stoffe aus Gasen od. Flüssigkeiten abgeschieden werden;* ²**Zy|klon** Ⓦ, das; -s [Kurzw. aus: *Blausäure enthaltendes, gasförmiges Schädlingsbekämpfungsmittel;* **Zy|klo|ne,** die; -, -n (Met.): *wanderndes Tiefdruckgebiet;* **Zy|klo|no|path,** der; -en, -en [↑-path (1)] (Med., Psych.): *besonders wetterfühliger Mensch;* **Zy|klo|no|pa|thie,** die; - [↑-pathie (1)] (Med., Psych.): *Wetterfühligkeit;* **Zy|klo|no|pa|thin,** die; -, -nen (Med., Psych.): w. Form zu ↑Zyklonopath; **Zy|klo|no|se,** die; -, -n (Med.): *Krankheitserscheinung bei wetterfühligen Personen;* **Zy|klop,** der; -en, -en [lat. Cyclops < griech. kýklōps, viell. zu: kýklos (↑Zyklus) u. ṓps = Auge, also eigtl. = der Rundäugige] (griech. Myth.): *Riese mit nur einem, in der Mitte der Stirn sitzenden Auge;* **Zy|klo|pen|mau|er,** die: *aus großen, unregelmäßigen Steinblöcken ohne Mörtel errichtete Mauer [aus frühgeschichtlicher Zeit];* **Zy|klo|pho|rie,** die; -, -n [zu ↑zyklo-, Zyklo- u. griech. phoreín = tragen, bringen] (Med.): *Form des Schielens, bei der das Auge um die Längsachse verdreht ist;* **Zy|klo|pie,** die; -, -n [zu ↑Zyklop] (Med.): *Mißbildung des Gesichts, bei der die Augenhöhlen zu einer einzigen Höhlung verschmolzen sind;* **zy|klo|pisch** ⟨Adj.⟩: *von gewaltiger Größe; gigantisch: eine -e Mauer; Die seltsamen Türme ... haben meterdicke Mauern aus -en Feldsteinen* (Chotjewitz, Friede 201); **Zy|klo|ple|gie,** die; -, -n [zu ↑zyklo-, Zyklo- u. griech. plēgḗ = Schlag, Hieb] (Med.): *Lähmung des Ziliarmuskels, die zur Lähmung der Akkomodation (1b) des Auges führt;* **Zy|klo|ra|ma,** das; -s, ...men [zu griech. hórama, ↑Panorama] (veraltet): *Rundblick (a);* **Zy|klo|sto|me,** der; -n, -n ⟨meist Pl.⟩ [zu griech. stóma = Mund] (Zool.): *Rundmaul;* **Zy|klo|them,** das; -s, -e [zu griech. thémis = Ordnung] (Geol.): *regelmäßige Aufeinanderfolge bestimmter Sedimente u. Lebensgemeinschaften;* **zy|klo|thym** ⟨Adj.⟩ [zu griech. thymós = Seele, Gemüt] (Psych., Med.): *die Charakteristika bzw. Symptome der Zyklothymie aufweisend: ein -es Temperament, -e Psychose;* **Zy|klo|thy|me,** der u. die; -n, -n ⟨Dekl. ↑Abgeordnete⟩ (Med., Psych.): *jmd., der zyklothym ist;* **Zy|klo|thy|mie,** die; - (Psych., Med.): *kontaktfreudiges, gefühlswarmes, in periodischem Wechsel zwischen niedergeschlagenen u. heiteren Stimmungslagen neigendes Temperament;* **Zy|klo|tron** [auch: 'tsyk...], das; -s, -e, auch: ...one [engl. cyclotron, zu griech. kýklos (↑Zyklus) u. -tron, ↑Isotron] (Kernphysik): *Beschleu-*

zyklotronisch

niger, in dem geladene Elementarteilchen od. Ionen zur Erzielung sehr hoher Energien in eine spiralförmige, beschleunigte Bewegung gebracht werden; **zy|klo|tronisch** ⟨Adj.⟩ (Kernphysik): *mit dem Zyklotron beschleunigt; auf das Zyklotron bezogen;* **Zy|klus** [auch: 'tsʏklʊs], der; -, Zyklen [lat. cyclus < griech. kýklos = Kreis(lauf), Ring, Rad; Auge]: **1.** *kreisförmig in sich geschlossene Folge zusammengehöriger Vorgänge; Kreislauf regelmäßig wiederkehrender Dinge od. Ereignisse:* der Z. der Jahreszeiten; einem Z. unterliegen; wer prüft schon die ... Modeseiten, die in streng festgelegten Zyklen ein ums andere Mal verkünden: „Man kann wieder ..." (Szene 6, 1983, 12). **2.** *Reihe, Folge inhaltlich zusammengehörender (literarischer, musikalischer, bildnerischer) Werke derselben Gattung, Folge von Vorträgen o. ä.;* ein Z. von Geschichten, Liedern, Farblithographien; Als der Z. *(Liederzyklus)* gegen halb elf beendet war, traten Amery, Jarmila und ein unbekanntes Mädchen zum Podium (Bieler, Mädchenkrieg 145). **3.** (Med.) *periodische Regelblutung der Frau in dem Intervall bis zum Einsetzen der jeweiligen nächsten Menstruation:* Während der Stillzeit schützt die Pille nur noch bedingt ... und der Z. schlägt mitunter Kapriolen (Stuttg. Zeitung 2. 12. 89, 51). **4.** (Math.) *Permutation (2), die bei zyklischer Vertauschung einer bestimmten Anzahl von Elementen entsteht.* **5.** (Wirtsch.) *regelmäßig im Zeitablauf abwechselnd einem Maximum u. einem Minimum zustrebende Periode.*
Zy|lin|der [tsi..., seltener: tsy...], der; -s, - [lat. cylindrus < griech. kýlindros = Walze, Rolle, Zylinder, zu: kylíndein = rollen, wälzen]: **1.** (Geom.) *geometrischer Körper, bei dem zwei parallele, ebene, kongruente, meist kreisrunde Grundflächen durch einen Mantel (7) miteinander verbunden sind.* **2.** (Technik) *(bei Kolbenmaschinen) röhrenförmiger Hohlkörper, in dem sich gleitend ein Kolben bewegt:* einen Z. schleifen; der Motor hat vier Z.; die Maschine stößt ... zischende Dämpfe aus ihren -n (Hauptmann, Thiel 38); Clark fuhr ... mit zwei Ventilen pro Z. (Welt 26. 5. 65, 22). **3.** *zylindrisches Glas einer Gas-, Petroleumlampe (zum Schutz der Flamme vor Luftzug).* **4.** *(bei feierlichen Anlässen od. als Teil der Berufstracht getragener) hoher, steifer [Herren]hut [aus schwarzem Seidensamt] mit zylindrischem Kopf u. fester Krempe:* [bei Beerdigungen] einen Z. tragen; er erschien in Frack und Z.; An der Spitze marschieren die Veteranen ... mit Z. und Gehrock (Kempowski, Zeit 118). **5.** (Med.) *walzenförmiger, im Harn auftretender Fremdkörper.* **6.** (Datenverarb.) *Gesamtheit der Spuren (4 b) mit gleichem Radius bei Magnetplattenspeichern;* **Zy|lin|der|block**, der ⟨Pl. ...blöcke⟩ (Technik): *als Einheit angeordnete Gruppe der Zylinder (2);* **Zy|lin|der|bü|ro**, das: *Sekretär (4) mit einer aufrollbaren, einer Jalousie od. einem Rolladen ähnlichen Vorrichtung zum Verschließen;* **Zy|lin|der|epi|thel**, das (Bot.): *aus hohen, zylindrischen Zellen bestehendes Epithel;* **Zy|lin|der|glas**, das: *zur Behebung des*

Astigmatismus nur in einer Richtung gekrümmtes Brillenglas; **Zy|lin|der|hut**, der: *Zylinder (4);* **Zy|lin|der|kopf**, der (Technik): *oberster Teil eines Zylinders (2):* den Z. festziehen; **Zy|lin|der|lauf|büch|se**, die (Technik): *in das Motorgehäuse eingesetzter Zylinder bei Verbrennungsmotoren:* weil an dem Rohr zwischen Z. und Kühler ein kleines Loch entstanden war (Frankenberg, Fahrer 147); **Zy|lin|der|man|tel**, der (Geom.): *Mantel (7);* **Zy|lin|der|pro|jek|ti|on**, die: *Kartendarstellung mit einem Zylindermantel als Abbildungsfläche;* **-zy|lin|drig**: in Zusb., z. B. zweizylindrig, vierzylindrig *(mit zwei, vier Zylindern versehen);* mit Ziffer: 2zylindrig, 4zylindrig; **zy|lin|drisch** ⟨Adj.⟩: *die Form eines Zylinders (1) aufweisend:* ein -es Glas; Möhren sollen z. geformt, glatt und nicht zu kurz sein (e & t 5, 1987, 25); **Zy|lin|drom**, das; -s, -e (Med.): *gallertartige Geschwulst an den Speicheldrüsen u. Schleimdrüsen der Mundhöhle mit zylindrischen Hohlräumen.*
Zy|ma|se, die; - [frz. zymase, zu griech. zýmē, ↑Enzym]: *aus Hefe gewonnenes Gemisch von Enzymen, das die alkoholische Gärung verursacht.*
Zym|bal: ↑Zimbal.
zy|misch ⟨Adj.⟩ [zu ↑Zymase] (Chemie): *die Gärung betreffend, darauf beruhend, dadurch entstanden;* **Zy|mo|gen**, das; -s, -e [↑-gen] (Chemie): *Vorstufe eines Enzyms;* **Zy|mo|lo|ge**, der; -n, -n [↑-loge]: *Chemiker auf dem Gebiet der Zymologie;* **Zy|mo|lo|gie**, die; - [zu griech. zýmē (↑Enzym) u. ↑-logie]: *Wissenschaft von der Gärung, von den Enzymen;* **Zy|mo|lo|gin**, die; -, -nen: w. Form zu ↑Zymologe.
zy|mös ⟨Adj.⟩ [lat. cymosus = voller Sprossen, zu: cyma = Sproß] (Bot.): *sympodial.*
Zy|mo|tech|nik, die; - [zu griech. zýmē, ↑Enzym]: *Technik im Bereich der Gärungsvorgänge;* **zy|mo|tisch** ⟨Adj.⟩ (Chemie): *Gärung bewirkend.*
Zyn|ege|tik, die; - [zu griech. kynēgétēs = Führer der Jagdhunde, zu: kýōn (Gen.: kynós) = Hund] (Jagdw.): *Kunst, Hunde abzurichten;* **zyn|ege|tisch** ⟨Adj.⟩ (Jagdw.): *die Zynegetik betreffend;* **Zy|ni|ker**, der; -s, - [zu ↑zynisch]: *zynischer Mensch; bissiger, die Wertgefühle anderer herabsetzender Spötter:* Du bist gemein; ein Z., ein saufender Z., weiter nichts (Konsalik, Promenadendeck 163); Dem Z. erscheinen die Gefühle des Mitmenschen lächerlich, weil er selbst keine Gefühle mehr hat (Zorn, Mars 54); **Zy|ni|ke|rin**, die; -, -nen: w. Form zu ↑Zyniker; **zynisch** ⟨Adj.⟩ [(frz. cynique <) lat. cynicus < griech. kynikós = zur Philosophenschule der ↑Kyniker gehörend, eigtl. = hündisch, zu: kýōn = Hund]: **a)** *auf grausame, den Anstand beleidigende Weise spöttisch:* ein -er Mensch, Charakter; eine -e Bemerkung; es war in Wirklichkeit kein Lächeln, sondern ein häßliches, -es Grinsen, das auf seinen Lippen lag (Süskind, Parfum 304); er wirkt kalt und z.; die Kriegserlebnisse hatten ihn z. gemacht; Wie z. klingt mir da die Redensart vom „Fest der Liebe" (Hörzu 50, 1991, 140); **b)** *eine Haltung zum Ausdruck bringend, die in einer Situation, Sache ge-*

radezu als konträr, paradox u. daher jmds. Gefühle um so mehr verachtend w. verletzend empfunden wird: die -e Ausbeutung der Notlage eines andern; Es sei z., das Jubiläum zu feiern und gleichzeitig die Schließung des Schauspiels zu planen (Saarbr. Zeitung 9. 10. 79, 7); Churchill ... handelte zwischen 1943 und 1945 leider nicht nur z., sondern auch leichtfertig (Spiegel 1, 1982, 24); **Zy|nis|mus**, der; -, ...men [urspr. Bez. für die Lebensphilosophie der ↑Kyniker; spätlat. cynismus < griech. kynismós = kynische Philosophie]: **1.** ⟨o. Pl.⟩ *zynische Art, Haltung:* jmds. Z. unerträglich finden; Ich ... weiß nie, wann deine Rede von Ernsthaftigkeit in Z. umschlägt, von Herzlichkeit in Spott (Stern, Mann 243); Es ist in dieser Autobiographie ... viel Schwermut und auch Bitterkeit, doch keine Spur von Z. oder Menschenverachtung (Reich-Ranicki, Th. Mann 236). **2.** ⟨meist Pl.⟩ *zynische Bemerkung:* Ich kenne Männer, die ... in trauter Männerrunde Zynismen über die Frauenbewegung vom Stapel zu lassen (Dierichs, Männer 81); Das Spiegel-Feuilleton weiß nicht erst seit gestern, sich durch arrogante Zynismen und eine liberale Schnoddrigkeit ins rechte Licht zu setzen (Spiegel 11, 1981, 10). **3.** ⟨o. Pl.⟩ *Lebensanschauung der Kyniker.*
Zy|per|gras, das; -es [lat. cyperos < griech. kýpeiros, nach der Insel Zypern]: *(in den Tropen u. Subtropen verbreitetes) Riedgras;* **Zy|per|kat|ze**, die; -, -n: *gestreifte Hauskatze;* **Zy|pern**; -s: *Inselstaat im Mittelmeer;* **Zy|per|wein**, der; -[e]s, Sorten: - *zyprischer Wein;* **Zy|prer**, der; -s, -: Ew.; **Zy|pre|rin**, die; -, -nen: w. Form zu ↑Zyprer.
Zy|pres|se, die; -, -n [mhd. zipresse(nboum), ahd. cipressenboum < lat. cupressus, cypressus < griech. kypárissos]: *(zu den Nadelgehölzen gehörender) in warmen Regionen bes. des Mittelmeerraumes wachsender Baum mit kleinen, schuppenförmigen Blättern, kleinen kugeligen Zapfen u. hochstrebenden, eine dichte Pyramide bildenden Ästen;* **zy|pres|sen** ⟨Adj.⟩ [mhd. zipressīn]: *aus Zypressenholz;* **Zy|pres|sen|hain**, der: *kleiner Wald von Zypressen;* **Zy|pres|sen|holz**, das: *Holz der Zypresse;* **Zy|pres|sen|kraut**, das: *(im Mittelmeerraum heimische) aromatisch duftende, immergrüne Pflanze mit gefiederten, filzig behaarten Blättern u. gelben Blütenköpfchen;* **Zy|pres|sen|öl**, das: *aus Nadeln u. Früchten einer bestimmten Zypressenart gewonnenes ätherisches Öl, das in der Parfümerie u. zum Inhalieren verwendet wird.*
Zy|pri|er, der; -s, -: Ew. zu ↑Zypern; **Zy|prie|rin**, die; -, -nen: w. Form zu ↑Zyprier; **Zy|pri|ot**, der; -en, -en: Ew. zu ↑Zypern; **Zy|prio|tin**, die; -, -nen: w. Form zu ↑Zypriot; **zy|prio|tisch**, **zy|prisch** ⟨Adj.⟩.
zy|ril|lisch: ↑kyrillisch.
Zyr|tol|ith [auch: ...'lɪt], der; -s u. -en, -e[n] [zu griech. kyrtós = gekrümmt u. ↑-lith]: *Varietät des Zirkons.*
zyst-, Zyst-: ↑zysto-, Zysto-; **Zyst|al|gie**, die; -, -n [zu griech. kýstis (↑Zyste) u. álgos = Schmerz] (Med.): *Schmerzempfindung in der Harnblase;* **Zy|ste**, die; -, -,

-n [griech. kýstis, ↑Zystis]: **1.** (Med.) *krankhafter, mit Flüssigkeit gefüllter sackartiger Hohlraum im Gewebe:* sie hat -n in der Brust; eine Z. operativ entfernen. **2.** (Biol.) *von zahlreichen niederen Pflanzen u. Tieren gebildete feste Kapsel als Schutzvorrichtung zum Überdauern ungünstiger Lebensbedingungen;* **Zy|ste|in,** das; -s [die Säure wird mit dem Harn ausgeschieden] (Biol., Chemie): *schwefelhaltige, als Baustein von Eiweißkörpern vorkommende Aminosäure;* **Zyst|ek|to|mie,** die; -, -n (Med.): **1.** *operative Entfernung der Gallen- od. Harnblase.* **2.** *operative Entfernung einer Zyste* (1); **Zy|sten|le|ber,** die (Med.): vgl. Zystenlunge; **Zy|sten|lun|ge,** die (Med.): *als angeborene Mißbildung auftretende Lunge mit zahlreichen Hohlräumen;* **Zy|sten|nie|re,** die (Med.): vgl. Zystenlunge; **Zy|stin,** das; -s (Biol., Chemie): *im Keratin u. in Nieren- u. Harnblasensteinen vorkommende schwefelhaltige Aminosäure;* **Zy|stis,** die; -, Zysten [griech. kýstis] (Med.): *(Harn)blase;* **zy|stisch** ⟨Adj.⟩ (Med.): **1.** *Zysten* (1) *bildend;* ein -er Tumor. **2.** *die Harnblase betreffend;* **Zy|sti|tis,** die; -, ...titiden (Med.): *Entzündung der Harnblase;* **Zy|sti|zer|ko|se,** die; -, -n [zu ↑Zystizerkus] (Med.): *durch die* ¹*Finnen* (1) *des Schweinebandwurms verursachte, verschiedene Organe (z. B. Augen, Ohren, Gehirn) befallende Krankheit, die sich durch heftige Krämpfe äußert;* **Zy|sti|zer|kus,** der; -, ...ken [zu griech. kérkos = Schwanz]: ¹*Finne* (1) *des Bandwurms;* **zy|sto-, Zy|sto-,** (vor Vokalen meist:) zyst-, Zyst- [griech. kýstis, ↑Zyste] ⟨Best. vor Zus. mit der Bed.⟩: *[Harn]blase* (z. B. Zystektomie, Zystoskopie); **Zy|sto|gra|phie,** die; -, -n [↑-graphie] (Med.): *röntgenographische Untersuchung u. Darstellung der Harnblase nach Anwendung von Kontrastmitteln;* **Zy|stom,** das; -s, -e [zu ↑Zyste] (Med.): *Geschwulst, die vor allem in den Eierstöcken, Brustdrüsen, Lungen, Nieren, Hoden u. in der Schilddrüse auftritt;* **Zy|sto|pye|li|tis,** die; -, ...itiden [zu griech. pýelos = Becken] (Med.): *Entzündung von Harnblase u. Nierenbecken;* **Zy|sto|skop,** das; -s, -e [zu griech. skopeīn = betrachten] (Med.): *Blasenspiegel;* **Zy|sto|sko|pie,** die; -, -n (Med.): *Blasenspiegelung;* **Zy|sto|spas|mus,** der; -, ...men (Med.): *Blasenkrampf;* **Zy|sto|sto|mie,** die; -, -n [zu griech. stóma, ↑Stoma] (Med.): *operative Herstellung einer Verbindung zwischen der Harnblase u. der äußeren Haut zur Ableitung des Urins bei einem Verschluß der Harnröhre;* **Zy|sto|to|mie,** die; -, -n [zu griech. tomḗ = Schnitt] (Med.): *operative Öffnung der Harnblase;* **Zy|sto|ze|le,** die; -, -n [zu griech. kḗlē = Bruch] (Med.): *krankhafter Vorfall [von Teilen] der Harnblase.*

Zy|ti|sin, das; -s, -e [zu ↑Zytisus] (Med.): *in vielen Schmetterlingsblütlern (u. a. im Goldregen) vorkommendes giftiges Alkaloid;* **Zy|ti|sus,** der; -, - [lat. cytisus < griech. kýtisos = strauchartige Kleeart] (Bot.): *Goldregen.*

zy|to-, Zy|to- [zu griech. kýtos = Rundung, Wölbung] ⟨Best. in Zus. mit der Bed.⟩: *Zelle* (z. B. zytogen, Zytoplasma); **Zy|to|ar|chi|tek|to|nik,** die; - (Med.): *Anordnung u. Aufbau der Nervenzellen im Bereich der Großhirnrinde;* **Zy|to|blast,** der; -en, -en [zu griech. blastós = Keim]: **1.** (Med., Biol.) *Zellkern.* **2.** (Biol.) *Mitochondrium;* **Zy|to|bla|stom,** das; -s, -e (Med.): *bösartige Geschwulst aus unreifen Gewebszellen;* **Zy|to|chrom,** das; -s, -e [zu griech. chrōma = Farbe] (Med.): *in fast allen Zellen vorhandener Farbstoff, der bei der Oxydation die Rolle von Enzymen spielt;* **zy|to|de,** die; -, -n [zu griech. -ōdēs = ähnlich] (Biol.): *Zelle, Protoplasma ohne Kern;* **Zy|to|dia|gno|stik,** die; -, -en (Med.): *mikroskopische Untersuchung von Geweben, Flüssigkeiten, Ausscheidungen des Körpers im Hinblick auf das Vorhandensein anomaler Zellen; Zelldiagnostik (z. B. zur Früherkennung von Krebs);* **zy|to|gen** ⟨Adj.⟩ [↑-gen] (Biol.): *von Zelle gebildet;* **Zy|to|ge|ne|tik,** die; - (Med., Biol.): *Wissenschaft von den Zusammenhängen zwischen der Vererbung u. dem Bau der Zelle;* **Zy|to|go|nie,** die; -, -n [zu griech. gonḗ = das Entstehen, Erzeugung] (Biol.): *Fortpflanzung durch ungeschlechtliche od. geschlechtliche Einzelzellen;* **Zy|to|lo|ge,** der; -n, -n [↑-loge] (Med.): *Wissenschaftler auf dem Gebiet der Zytologie;* **Zy|to|lo|gie,** die; - [↑-logie] (Med.): *Wissenschaft von der Zelle, ihrem Aufbau u. ihren Funktionen; Zellforschung; Zellenlehre; Zellehre;* **Zy|to|lo|gin,** die; -, -nen: w. Form zu ↑Zytologe; **zy|to|lo|gisch** ⟨Adj.⟩ (Med.): *die Zytologie betreffend, auf ihr beruhend, zu ihr gehörend; mit den Mitteln, Methoden der Zytologie;* **Zy|to|ly|se,** die; -, -n [↑Lyse] (Med.): *Abbau, Auflösung von Zellen (z. B. der Blutzellen durch Hämolysine);* **Zy|to|ly|sin,** das; -s, -e (Med.): *Substanz, Antikörper (wie Hämolysin) mit der Fähigkeit, Zellen aufzulösen;* **Zy|to|me|ga|lie,** die; -, -n [zu griech. mégas (megal-) = groß] (Med.): *Viruskrankheit, die durch auffallend große Zellen in drüsigen Organen, bes. in den Speicheldrüsen, gekennzeichnet ist;* **Zy|to|plas|ma,** das; -s, ...men (Biol.): *Plasma einer Zelle ohne das Kernplasma; Zellplasma;* **Zy|to|sko|pie,** die; -, -n [zu griech. skopeīn = betrachten, beschauen] (Med.): *Zytodiagnostik;* **Zy|to|som,** das; -s, -e, **Zy|to|so|ma,** das; -s, -ta [zu griech. sōma = Körper] (Fachspr. früher): *Mitochondrium;* **Zy|to|sta|ti|kum,** das; -s, ...ka [zu griech. statikós, ↑Statik] (Med., Biol.): *Substanz (wie etwa radioaktive Isotope, Hormone), die die Entwicklung u. Vermehrung schnell wachsender Zellen hemmt;* **zy|to|sta|tisch** ⟨Adj.⟩ (Med., Biol.): *als Zytostatikum wirkend; die Entwicklung, Vermehrung schnell wachsender Zellen hemmend:* eine -e Substanz; eine -e Behandlung; **Zy|to|stom,** das; -s, -e, **Zy|to|sto|ma,** das; -s, -ta [zu griech. stóma, ↑Stoma] (Zool.): *einer Mundöffnung entsprechender Bereich an der Oberfläche der Zelle bei Wimpertierchen, durch den Nahrung aufgenommen wird; Zellmund;* **Zy|to|to|xin,** das; -s, -e (Med., Biol.): *Zellgift;* **zy|to|to|xisch** ⟨Adj.⟩ (Med., Biol.): *(von chemischen Substanzen) schädigend, vergiftend auf die Zelle einwirkend; zellvergiftend, zellschädigend:* eine -e Substanz; **Zy|to|to|xi|zi|tät,** die; - (Med., Biol.): *Fähigkeit bestimmter chemischer Substanzen, Gewebszellen zu schädigen, abzutöten;* **Zy|to|zen|trum,** das; -s, ...tren (Biol.): *Zentrum der Zelle.*

Zz. = Zinszahl.
z. Z., z. Zt. = zur Zeit.

Nachträge zum Quellenverzeichnis

Bergius, C. C.: Jenseits der Gobi. Düsseldorf-Wien-New York: ECON Verlag, 1989.
Bernhard, Thomas: Das Kalkwerk. Frankfurt a. M.: Suhrkamp Verlag, 1984. – EA 1970.
Bernhard, Thomas: Die Erzählungen. Frankfurt a. M.: Suhrkamp Verlag, 1979.
Bornheimer Brücke (Anzeigenblatt). Frankfurt.
Brauchbar, Mathis/Heer, Heinz: Zukunft Alter: Herausforderung und Wagnis. München: Artemis & Winkler Verlag, 1993.
Bruyn, Günter de: Zwischenbilanz. Eine Jugend in Berlin. Frankfurt a. M.: S. Fischer Verlag, 1992.
Burger, Hermann: Brenner. Erster Band: Brunsleben. Frankfurt a. M.: Suhrkamp Verlag, 1989.
Büttner, Rainer: Alf – Hallo, da bin ich. München: Droemersche Verlagsanstalt Th. Knaur Nachf., 1989.
Canetti, Elias: Das Augenspiel. Lebensgeschichte 1931–1937. München-Wien: Carl Hanser Verlag, 1985.
Deutsche Lehrerzeitung (Mitteilungsblatt). Berlin.
Die ganze Woche/Fernsehillustrierte Dabei (Zeitschrift). Wien.
Drewermann, Eugen: Und legte ihnen die Hände auf. Predigten über die Wunder Jesu. Düsseldorf: Patmos Verlag, 1993.
Eppelmann, Rainer: Fremd im eigenen Haus. Mein Leben im anderen Deutschland. Köln: Kiepenheuer & Witsch Verlag, 1993.
Eppler, Erhard: Kavalleriepferde beim Hornsignal. Die Krise der Politik im Spiegel der Sprache. Frankfurt a. M.: Suhrkamp Verlag, 1992.
Fels, Ludwig: Kanakenfauna. Fünfzehn Berichte. Darmstadt-Neuwied: Hermann Luchterhand Verlag, 1982.
Fischer, Joschka: Die Linke nach dem Sozialismus. Hamburg: Hoffmann und Campe Verlag, 1992.
Focus. Das moderne Nachrichtenmagazin. München.
Goldschmidt, Georges-Arthur: Die Absonderung. Zürich: Ammann Verlag, 1991.
Goldschmidt, Georges-Arthur: Ein Garten in Deutschland. Übers. von Eugen Helmlé. Zürich: Ammann Verlag, 1989. – EA 1988.
Grass, Günter: Unkenrufe. Göttingen: Steidl Verlag, 1992.
Gremliza, Hermann L.: Ein Volk gibt Gas. 28 Berichte zur Lage der deutschen Nation. Hamburg: Gremliza Verlags GmbH, 1992.
Grosser, Alfred: Mein Deutschland. Hamburg: Hoffmann und Campe Verlag, 1993.
Heidenreich, Elke: Kolonien der Liebe. Reinbek: Rowohlt Verlag, 1992.
Heller, Eva: Der Mann, der's wert ist. München: Droemersche Verlagsanstalt Th. Knaur Nachf., 1993.
Henscheid, Eckhard: Dolce Madonna Bionda. Zürich: Haffmans Verlag, 1983.
Hilbig, Wolfgang: „Ich". Frankfurt a. M.: S. Fischer Verlag, 1993.
Hofmann, Gert: Die kleine Stechardin. München-Wien: Carl Hanser Verlag, 1994.
Höhler, Gertrud: Spielregeln des Glücks. Düsseldorf: ECON Taschenbuch Verlag, 1990.
Kirchhoff, Bodo: Gegen die Laufrichtung. Frankfurt a. M.: Suhrkamp Verlag, 1993.
Kunze, Reiner: Am Sonnenhang. Tagebuch eines Jahres. Frankfurt a. M.: S. Fischer Verlag, 1993.
-ky: Blut will der Dämon. Reinbek: Rowohlt Taschenbuch Verlag, 1993.
Mahlsdorf, Charlotte von: Ich bin meine eigene Frau. Ein Leben. St. Gallen-Berlin-São Paulo: Edition diá, 1992.
Maron, Monika: Nach Maßgabe meiner Begreifungskraft. Frankfurt a. M.: S. Fischer Verlag, 1993.
McGuane, Thomas: Das Blaue vom Himmel. Übers. von Michael Strand. Frankfurt a. M.: S. Fischer Verlag, 1993.
Meier, Pirmin: Paracelsus. Arzt und Prophet. Annäherungen an Theophrastus von Hohenheim. Zürich: Ammann Verlag, 1993.
Merian: Italienische Riviera. Heft 3/37. Hamburg: Hoffmann und Campe Verlag, 1990.
Merian: Kreta. Heft 2/43. Hamburg: Hoffmann und Campe Verlag, 1990.
Merian: Türkei. Heft 4/46. Hamburg: Hoffmann und Campe Verlag, 1993.
Müller, Herta: Der Fuchs war damals schon der Jäger. Reinbek: Rowohlt Verlag, 1992.
Nooteboom, Cees: Rituale. Übers. von Hans Herrfurth. Frankfurt a. M.: Suhrkamp Verlag, 1993.
Norfolk, Lawrence: Lemprière's Wörterbuch. Übers. von Hanswilhelm Haefs. München: Albrecht Knaus Verlag, 1992.
Pross, Harry: Memoiren eines Inländers 1923–1993. München: Artemis & Winkler Verlag, 1993.
Reitz, Edgar: Die zweite Heimat. Chronik einer Jugend in 13 Büchern. München: Wilhelm Goldmann Verlag, 1993.
Rosei, Peter: Bei schwebendem Verfahren. Stuttgart: Klett-Cotta Verlag, 1993.
Rothmann, Ralf: Stier. Frankfurt a. M.: Suhrkamp Verlag, 1991.
Schmidt, Renate: Mut zur Menschlichkeit. München: edition ferenczy bei Bruckmann, 1993.
Schönwiese, Christian-Dietrich: Klima im Wandel. Tatsachen, Irrtümer, Risiken. Stuttgart: Deutsche Verlags-Anstalt, 1992.
ski (Zeitschrift). Mannheim.
Sontag, Susan: Der Liebhaber des Vulkans. Übers. von Isabell Lorenz. München-Wien: Carl Hanser Verlag, 1993.
Sparkasse (Zeitschrift). Stuttgart.
Standard, Der. Österreichs unabhängige Tageszeitung für Wirtschaft, Politik und Kultur (Zeitung). Wien.
Thiering, Barbara: Jesus von Qumran. Sein Leben neu geschrieben. Übers. von Sieglinde Denzel und Susanne Naumann. Gütersloh: Gütersloher Verlagshaus, 1993.
Timm, Uwe: Die Entdeckung der Currywurst. Köln: Kiepenheuer & Witsch Verlag, 1993.
Todt, Arno: Gentechnik im Supermarkt. Lebensmittel aus der Retorte – Ein kritischer Ratgeber für Verbraucher. Reinbek: Rowohlt Taschenbuch Verlag, 1993.
Vesper, Guntram: Lichtversuche. Dunkelkammer. Frankfurt a. M.: Frankfurter Verlagsanstalt, 1992.
Weber, Peter: Der Wettermacher. Frankfurt a. M.: Suhrkamp Verlag, 1993.
Wickert, Ulrich: Und Gott schuf Paris. Hamburg: Hoffmann und Campe Verlag, 1993.
Widmer, Urs: Der Kongreß der Paläolepidopterologen. Zürich: Diogenes Verlag, 1989.
Wirtschaftswoche (Zeitschrift). Wien.
Woche, Die (Zeitung). Hamburg.
Woelk, Ulrich: Freigang. Frankfurt a. M.: Fischer Taschenbuch Verlag, 1990.
Zinn, Dorit: Mein Sohn liebt Männer. Frankfurt a. M.: Fischer Taschenbuch Verlag, 1992.

Nachträge zum Wörterverzeichnis

Ali|en ['eɪliən], der od. das; -s, -s [engl. alien, eigtl. = Fremder, Ausländer < lat. alienus, zu: alius = ein anderer]: *außerirdisches Lebewesen:* ... stießen Hopkins und andere Untertassenforscher auf „absolut überzeugende Belege" für das unheimliche Treiben der -s (Spiegel 38, 1987, 160).
Al|ko|hol|pro|blem, das; -s, -e ⟨meist Pl.⟩ (verhüll.): *Alkoholismus* (a): *Diesmal lautet der konkrete Vorwurf:* -e (Gong 21, 1991, 15).
An|chor|man ['ɛŋkɐmən], der; -, ...men [...mən; engl. anchorman, aus: anchor = Anker u. man = Mann]: *Journalist o.ä., der im Rundfunk, Fernsehen bes. in Nachrichtensendungen die einzelnen journalistischen Beiträge vorstellt, die verbindenden Worte u. Kommentare spricht u.ä.:* Für das damals neue RTL-TV-Programm entwickelte er ein Nachrichtenkonzept und war als „Anchorman" über acht Jahre lang ebenfalls erfolgreich (Gong 2, 1993, 5); **An|chor|wo|man** ['ɛŋkɐwʊmən], die; -, ...women [...wɪmɪn; engl. anchorwoman, zu: woman = Frau]: *Journalistin o.ä., die im Rundfunk, Fernsehen bes. in Nachrichtensendungen die einzelnen journalistischen Beiträge vorstellt, die verbindenden Worte u. Kommentare spricht u.ä.:* Als sie die Moderation der „Tagesthemen" aufgab, wurde es still um die einst einflußreiche A. (Sonntag Aktuell 20. 2. 94, 14).
As|sess|ment|cen|ter, das; -s, - [engl. assessment centre, aus: assessment = Einschätzung, Beurteilung u. centre, ↑Center]: *psychologischer Testverfahren, bei dem jmds. Eignung bes. für einen Führungsposten festgestellt werden soll.*
Atom|schmug|gel, der; -s: *gesetzwidrige Einfuhr u. Ausfuhr von atomaren Materialien:* Nach Ansicht des hessischen Umweltministers ... ist wegen des -s „bundesweit höchste Alarmstufe angesagt" (RNZ 12. 10. 92, 1).
Beu|te|kunst, die; - (salopp): *Kunst* (1b), *die im Krieg erbeutet wurde:* Der Direktor der Eremitage ... hatte jüngst bei der Eröffnung einer Ausstellung mit wertvoller „Beutekunst" aus Deutschland gemeint, ... (RNZ 22./23. 4. 95, 13).
Bünd|nis 90/Die Grü|nen = Zusammenschluß der Parteien „Bündnis 90" und „Die Grünen"; **Bünd|nis|grü|ne**, der u. die; -n, -n: *Mitglied der Partei Bündnis 90/Die Grünen.*
Ca|stor|be|häl|ter, der; -s, - [Kurzwort für engl. **Ca**sk for **S**torage and **T**ransport **o**f **R**adioactive Material]: *Behälter zum Transportieren u. Lagern von radioaktivem Material:* Ein C. ist sechs Meter lang und kann mit 19 Brennelementen ... beladen werden (MM 25. 4. 95, 2).
Cham|pi|ons League ['tʃɛmpiəns 'liːg], die; - - [engl., aus: champion (↑Champion) u. league = Liga] (Fußball): *Pokalwettbewerb der europäischen Landesmeister, bei dem die Viertelfinalgegner durch Punktspiele ermittelt werden.*
Chip|kar|te ['tʃɪp...], die; -, -n: *Plastikkarte mit einem elektronischen Chip* (3), *die als Ausweis, Zahlungsmittel o.ä. verwendet wird:* Die Krankenscheine zur Behandlung bei Ärzten und Zahnärzten werden nach und nach aus dem Verkehr gezogen. Statt dessen wird eine elektronische C. eingeführt (Welt 31. 3. 92, 11).
Com|pu|ter|ani|ma|ti|on [kɔmˈpjuː...], die; -, -en: *durch Computer erzeugte Darstellung mehrdimensionaler bewegter Bilder auf einem Bildschirm:* Mit -en wurde sogar der Moment der Explosion und seine nachfolgenden Auswirkungen anschaulich ins Bild gesetzt (MM 15. 3. 95, 34); **com|pu|ter|ani|miert** ⟨Adj.⟩: *durch Computeranimation erzeugt:* -e Saurier.
Cy|ber|space ['saɪbɐspeːs], der; -, -s [...sɪs] [engl. cyberspace, zusgez. aus: cybernetics = Kybernetik u. space = Raum]: *Raum, Scheinwelt der virtuellen Realität:* Mittels hochauflösendem Stereosichtgerät und empfindlichen Bewegungssensoren an Kopf und Händen katapultiert sich der junge Held aus dem Rollstuhl per Datenleitung direkt in den C. (Spiegel 23, 1992, 256).
Dai|ly Soap ['deɪli 'soʊp], die; - -, - - s [engl., aus: daily = täglich u. soap = Seife; vgl. Seifenoper] (Jargon): *unterhaltende triviale Fernsehserie, deren Folgen täglich gesendet werden:* Dennoch berichtet Burchard Röver ... von einer 80prozentigen Werbeausbuchung der „Daily Soaps" (MM 4./5. 2. 95, Wochenendbeilage o. S.).
Da|ten|au|to|bahn, die; -, -en (Datenverarb.): *Einrichtung zur schnellen Übertragung großer Datenmengen (z. B. über das Telefonnetz):* Der flächendeckende Ausbau der D. läuft jedoch auch im Ursprungsland der Multimediavisionäre, also in den USA, schleppender an, als Regierung und Medienkonzerne das vor zwei Jahren prophezeit hatten (MM 15. 2. 95, 34).
Di|no, der; -s, -s (ugs., oft scherzh.): *kurz für* ↑ Dinosaurier: Solange „Jurassic Park" noch in den Kinos läuft, bleiben die -s hip (Wiener 11, 1993, 16).
Dop|pel|klick, der; -s, -s (Datenverarb.): *zweimaliges Anklicken mit der Maustaste.*
Dream Team ['driːm tiːm], das; - -s, - -s [engl. dream team, eigtl. = Traumteam, aus: dream = Traum u. team, ↑Team]: *in ihrer Art als ideal [zusammengesetzt] empfundene Mannschaft, ideales Gespann, wie man es sich ersehnt, erträumt hat:* Norwegens „Dream Team" greift in der alpinen Kombination gemeinsam nach Gold (Rheinpfalz 15. 2. 94, 8); Das „Dream Team" in der Formel 1 scheint perfekt. Mercedes wird bereits im nächsten Jahr den britischen Rennstall McLaren mit Motoren beliefern (MM 6. 10. 94, 13).
Dumpf|backe¹, die; -, -n (salopp): *törichter, einfältiger Mensch.*
Ec|sta|sy ['ɛkstəzɪ], die; -, -s [engl. ecstasy, eigtl. = Ekstase < afrz. extasie < spätlat. ecstasis < griech. ékstasis, ↑Ekstase]: *halluzinogene Designerdroge:* Mitte der achtziger Jahre ist E. erstmals in der Bundesrepublik aufgetaucht (Zeit 10. 9. 93, 13); was bei mir und bei anderen früher mit einer halben E. *(Pille der Droge Ecstasy)* am Abend begonnen hat, das geht jetzt unter drei Pillen ... gar nicht mehr (Tempo 10, 1993, 50).
Ein|greif|trup|pe, die; -, -n (Milit.): *Truppe, die für einen Sondereinsatz in militärischen Krisengebieten zusammengestellt worden ist:* Die umgerüstete und wesentlich verstärkte internationale E. in Südjemen besteht vor allem aus Palästinensern, Südjemeniten und Äthiopiern (Welt 7. 9. 79, 1); Weinberger will dem amerikanischen Präsidenten Reagan die Bildung einer neuen speziellen E. für Notsituationen am Persischen Golf vorschlagen (Marine 6, 1981, 205).
Er|mitt|ler, der; -s, -: *jmd., der die Ermittlungen* (b) *durchführt:* Die Obduktion der ... Leichen bestätigte damit den entsprechenden Verdacht der E. (MM 22./23. 4. 95, 12); **Er|mitt|le|rin**, die; -, -nen: w. Form zu ↑ Ermittler.
Event [iˈvɛnt], der od. das; -s, -s [engl. event < afrz. event < lat. eventus, zu: eventum, 2. Part. von: evenire = herauskommen; sich zutragen, ereignen] (Jargon): *besonderes Ereignis:* Doch die Stars waren dem ... größten E. des ATP-Kalenders vorzeitig abhanden gekommen (Tages Anzeiger 5. 11. 91, 15).
Ex|trem|sport, der; -[e]s, (Arten:) -e ⟨Pl. selten⟩: *mit höchster körperlicher Beanspruchung, mit besonderen Gefahren verbundener Sport* (z.B. Triathlon, Free climbing); **Ex|trem|sport|art**, die; -, -en: *einzelne Disziplin* (3) *des Extremsports.*
Fax|an|schluß, der; -schlusses, -schlüsse: *Anschluß eines Faxgerätes an das Fernmeldenetz.*
Fleece [fliːs], das; - [engl. fleece, verw. mit ↑Vlies]: *synthetischer Flausch* (1); **Fleece|jacke¹** ['fliːs...], die; -, -n: *Jacke aus Fleece:* ... war zur Todeszeit mit einer grauen Jogginghose sowie einer buntgemusterten F. ... bekleidet (MM 15. 12. 92, 17).
Gameboy ⓦ ['geːmbɔy], der; -[s], -s [engl., aus: game = Spiel u. boy = Junge]: *kleines, in der Hand zu haltendes elektronisches Gerät für bestimmte Spiele in der Art von Computerspielen (die bes. Schnelligkeit u. Reaktion erfordern):* LCD-Bildschirme von Laptops oder -s enthalten krebserregende Substanzen (Focus 3, 1993, 6); Ich sitze seit Monaten ... zu Hause, spiele mit meinem G. (Spiegel 10, 1993, 248).
Ge|ne|ra|ti|on X [auch: dʒɛnəˈreɪʃən ɛks], die; --: *neue Generation von 20- bis 30jährigen, die durch Orientierungslosigkeit, Desinteresse am Allgemeinwohl u.a. charakterisiert ist:* Die G. X aber steht wieder auf Liebe, Treue und Familie (Wiener 1, 1994, 35); „Generation X" nannte der amerikanische Autor Douglas Coupland all jene jungen Menschen, die, nach jahrzehntelangem Wohlstandswachstum, den Reichtum ihrer Eltern nicht mehr halten können (Spiegel 11, 1995, 131).

Nachträge zum Wörterverzeichnis

Grunge [grandʒ], der; - [engl. grunge, zu engl.-amerik. grungy = schmutzig; unansehnlich; mies]: **1. a)** *Stil der Rockmusik, für den harte Gitarrenklänge u. eine lässige Vortragsweise typisch sind:* Dort (= in Seattle) entstand Ende der 80er Jahre eine Musikrichtung irgendwo zwischen Heavy Metal und Punk, genannt G. (Sonntag Aktuell 25. 4. 93, 16); **b)** *Rockmusik im Stil des Grunge* (1 a). **2. a)** *Moderichtung* (1 a), *die bewußt unansehnlich, schmuddelig aussieht:* Der Rezessionslook naht. Sein Name: „Grunge"...: abgewetzte Hosen, Karohemden, die wüst mit 70er-Jahre-Chic kombiniert werden, grobe Pullis, dazu klobige Schnürstiefel (Focus 3, 1993, 128); **b)** *Kleidung im Stil des Grunge* (2 a): Wer „in" sein will, trägt „Grunge" (Sonntag Aktuell 25. 4. 93, 16).
han|deln ['hɛndļn] ⟨sw. V.; hat⟩ [engl. to handle] (Jargon): *handhaben, gebrauchen:* mir ist egal, wie du das handelst.
Han|dy ['hɛndi], das; -s, -s [zu engl. handy = griffbereit, greifbar; praktisch, zu: hand = Hand]: *handliches schnurloses Funktelefon:* Der Geschäftsführer hatte die Faxen dicke, nachdem immer mehr Gäste mit dem H. in der Brusttasche ihre Bedeutung durch das Kommunikationsgerät demonstrierten (MM 13. 5. 94, 30).
Her|mes|bürg|schaft, die; -, -en [nach der Hermes Kreditversicherungs-AG, die die Ausfuhrgarantien im Namen u. für Rechnung des Bundes gewährt] (Wirtsch.): *von der deutschen Bundesregierung geleistete Ausfuhrgarantie:* Bonn hingegen ist lediglich bereit, bestimmte Waren, die von den Polen auf Kredit gekauft worden, durch -en abzusichern (Saarbr. Zeitung 14. 3. 80, 2).
High Im|pact ['haɪ 'ɪmpɛkt], der; - -s, - -s [engl., aus ↑high u. ↑Impact] (Sport): *hoher Grad, große Belastung, starke Wirkung:* ... alle, die den größeren körperlichen Streß des herkömmlichen Aerobics („High Impact") reduzieren ... wollen (MM 17. 2. 88, 17).
In|ter|ak|ti|vi|tät, die; - (bes. Datenverarb.): *Dialog* (3): Wahrscheinlich haben Sie irgendwo vernommen, daß es bald bis zu 500 Kanäle im Fernsehen geben könnte und daß die I. vielversprechende Veränderungen mit sich bringt (MM 28. 6. 94, 3).
Ka|nal|tun|nel, der; -s: *Tunnel unter dem Ärmelkanal, der Großbritannien mit dem europäischen Festland verbindet.*
Lo|ser ['luːzə], der; -s, - [engl. loser, zu: to lose = verlieren] (salopp): *Versager, Verlierer:* Ich bin der L. Ich bin der Mann, der immer den kürzeren zieht (Spiegel 21, 1994, 126); Kaurismäkis L. sind stark, sie wehren sich trotzig und rebellisch gegen ein Schicksal, das dem Zuschauer längst klar umrissen vor Augen steht (Wiener 3, 1994, 25).

Low Im|pact ['loʊ 'ɪmpɛkt], der; - -s, - -s [engl., aus: low = niedrig u. ↑Impact] (Sport): *niedriger Grad, geringe Belastung, schwächere Wirkung:* L. I. reduziert diesen Streß, indem zu jeder Zeit wenigstens ein Fuß auf der Erde ist (kein Hüpfen, kein Joggen) (MM 17. 2. 88, 17).
Maus|klick, der; -s, -s (Datenverarb.): *das Anklicken mit der Maustaste:* Wo man zuvor zwischen den Seiten blättern mußte, kommt hier per M. die Information auf den Bildschirm (MM 8./9. 4. 95, 52);
Maus|ta|ste, die; -, -n (Datenverarb.): *eine der Tasten, die auf der Maus* (5) *angebracht sind.*
Mi|kro|fa|ser, die; -, -n [↑ mikro-, Mikro-] (Textilind.): *für Stoffe der Oberbekleidung verwendete Faser aus Polyester, die aus feinsten Strukturen besteht u. dadurch Luft einschließen kann, so daß die Stoffe wärme- u. feuchtigkeitsregulierend, luftdurchlässig u. sehr leicht sind:* das ist ein Stoff aus feinsten -n (Chic 9, 1984, 63).
Mul|ti|me|dia, das; -[s] ⟨meist o. Art.⟩ [zu ↑multi-, Multi- u. ↑¹Medium]: *das Zusammenwirken, die Anwendung von verschiedenen Medien (Texten, Bildern, Computeranimationen, -graphiken, Musik, Ton) [mit Hilfe von Computern]:* M., so glauben Soziologen, wird unsere Informationsverarbeitung und -wahrnehmung verändern (Stuttg. Zeitung 12. 2. 94, 73).
Nu|kle|ar|kri|mi|na|li|tät, die; -: *Gesamtheit der kriminellen Handlungen, die mit nuklearen Stoffen in Zusammenhang stehen:* BKA-Chef ... warnt vor der Gefahr der N. (MM 27. 5. 94, 4).
On|line|be|trieb ['ɔnlaɪn...], der; -[e]s, -e [↑ on line] (Datenverarb.): *Betriebsart von Geräten, die direkt mit einer Datenverarbeitungsanlage verbunden sind:* Wir arbeiten im O. ... sowie mit der Lichtsatzanlage ... (NZZ 16. 10. 81, 11); **On|line|da|ten|bank|dienst, On|line|dienst**, der; -[e]s, -e (Datenverarb.): *Dienst* (2), *der den Zugriff auf bzw. die Nutzung von Daten, die in einer Datenbank gespeichert sind, im Onlinebetrieb anbietet:* Das Herumstöbern in Datenbanken und das Verschicken von elektronischer Post ... setzt außerdem voraus, daß ein Zugang zu einem der Onlinedienste vorhanden ist (MM 16. 3. 95, 6).
Out|sour|cing ['aʊtsoːɐsɪŋ], das; -[s], -s [engl. outsourcing, zu: out = aus u. source = Quelle] (Wirtsch.): *Übergabe von Firmenbereichen, die nicht zum Kernbereich gehören, an spezialisierte Dienstleistungsunternehmen:* Für die GfK eröffnet sich die Chance des O. ihres Rechenzentrums bei gleichzeitigem Verbleib in ihren Räumen (FAZ 22. 3. 93, B 11); Mit O. von DV-Leistungen sind die meisten Kunden zufrieden (VDI nachrichten 27. 8. 93, 1).
Pea|nuts ['piːnats] ⟨Pl.⟩ [engl. peanuts, eigtl. = Erdnüsse, aus: pea = Erbse u. nut = Nuß] (Jargon): *Kleinigkeit* (a); *Dinge, die nicht der Rede wert sind:* 440 000 DM. Aber das sind wohl nur „Peanuts" im Vergleich zu den knapp 150 000 000 DM (!) für den vierspurigen Fahrlachtunnel (MM 16. 8. 93, 22); Dagegen sind Bestechungsgelder nur P. (Spiegel 23, 1994, 91); Und wegen solcher „Peanuts" stellt er gleich den Fortbestand der ARD in Frage (Zeit 3. 2. 95, 1).
Po|li|ti|cal cor|rect|ness [...k| -], die; - - [engl. political correctness, eigtl. = politische Korrektheit]: *von einer bestimmten [linken, liberalen] Öffentlichkeit als richtig eingestufte Gesinnung (die dazu führt, daß bestimmte Wörter, Handlungen o. ä. als diskriminierend, pejorativ empfunden werden könnten, vermieden werden):* daß alle Fragen nach dem, was in Deutschland „rechts" genannt werden muß, als Furor einer neuen P. c. ausgegeben werden (Zeit 15. 4. 94, 1).
Pro|sec|co, der; -[s], -s [ital. prosecco, nach dem gleichnamigen ital. Ort]: *italienischer Schaum-, Perl od. Weißwein:* Aspirin auflösen und trinken, zehn Minuten warten und einen P. hinterherschicken (Wiener 10, 1993, 38).
Schmerz|the|ra|peut, der; -en, -en (Med.): *Fachmann, bes. Arzt, auf dem Gebiet der Schmerztherapie:* Für jeden Patienten steht eine Krankenschwester zur Verfügung, für alle ein Arzt, ein S., ein Seelsorger (Frankfurter Rundschau 8. 4. 89, ZB 5); **Schmerz|the|ra|peu|tin**, die; -, -nen (Med.): w. Form zu ↑ Schmerztherapeut; **schmerz|the|ra|peu|tisch** ⟨Adj.⟩ (Med.): *die Schmerztherapie betreffend:* schließlich werden -e Spezialeinrichtungen gebraucht, um den geschätzten 600 000 Problemfälle angemessen versorgen zu können (Zeit 7. 1. 94, 33); **Schmerz|the|ra|pie**, die; -, -n (Med.): *Behandlung chronischer Schmerzen:* Dringend notwendig ist die feste Verankerung der S. ... in der ärztlichen Fortbildung (Zeit 7. 1. 94, 33); die Stimmen derer, die eine Sterbebegleitung an den Kliniken kombiniert mit einer S. fordern, werden lauter (Frankfurter Rundschau 8. 4. 89, ZB 5).
Step|ae|ro|bic, das; -s od. die; - [aus ↑ Step u. ↑ Aerobic] (Sport): *Aerobic unter Zuhilfenahme einer stufenartigen Vorrichtung:* Während Mutti bei der S. etwas für ihre Fitneß tut ... (Mannheimer Wochenblatt 16, 1995, 5).
Up|date ['apdeɪt], das; -s, -s [engl. update, aus: up = nach oben, auf u. date = Datum] (Datenverarb.): *aktualisierte [u. verbesserte] Version eines Softwareprogramms, einer Datei o. ä.:* das U. eines Programms auf den Markt bringen; Ü Nach ein paar -s in Sachen Brokdorf und Gorleben folgert der Mensch ... (natur 6, 1991, 107).

4096

147.31

YOUNGSTOWN STATE UNIVERSITY
3 1217 00677 7299

NOV 15 1995

FOR REFERENCE
Do Not Take From This Room

FOR REFERENCE

Do Not ~~Take From This~~ Room

WILLIAM F. MAAG LIBRARY
YOUNGSTOWN STATE UNIVERSITY